# CÓDIGO CIVIL
## Comentado

# CÓDIGO CIVIL Comentado

DOUTRINA E JURISPRUDÊNCIA

Lei n. 10.406, de 10.01.2002

**COORDENADOR**

Ministro Cezar Peluso

**AUTORES**

Claudio Luiz Bueno de Godoy

Francisco Eduardo Loureiro

Hamid Charaf Bdine Jr.

José Roberto Neves Amorim

Marcelo Fortes Barbosa Filho

Mauro Antonini

Milton Paulo de Carvalho Filho

Nelson Rosenvald

Nestor Duarte

19ª EDIÇÃO

revisada e atualizada

2025

manole

editora

PRODUÇÃO EDITORIAL: Sônia Midori Fujiyoshi
CAPA: Ricardo Yoshiaki Nitta Rodrigues
IMAGEM DA CAPA: Freepik
PROJETO GRÁFICO: Departamento Editorial da Editora Manole

**CIP-BRASIL. CATALOGAÇÃO NA PUBLICAÇÃO
SINDICATO NACIONAL DOS EDITORES DE LIVROS, RJ**

C61
19. ed.

Código Civil comentado: doutrina e jurisprudência: Lei n. 10.406 de 10.01.2002 / Claudio Luiz Bueno de Godoy ... [et al.]; coordenação Cezar Peluso. – 19. ed., rev. e atual. – Barueri [SP]: Manole, 2025.

Inclui índices
ISBN 978-85-204-6780-0

1. Brasil. [Código civil (2002)]. 2. Direito civil - Brasil. I. Godoy, Claudio Luiz Bueno de. II. Peluso, Cezar.

24-95360 CDU: 347(81)(094.4)

Meri Gleice Rodrigues de Souza – Bibliotecária – CRB-7/6439



1ª edição – 2007; reimpressão – 2007; 2ª edição – 2008; 3ª edição – 2009; 4ª edição – 2010; 5ª edição – 2011; reimpressão – 2011; 6ª edição – 2012; reimpressão – 2012; 7ª edição – 2013; 8ª edição – 2014; reimpressão – 2014; 9ª edição – 2015; 10ª edição – 2016; 11ª edição – 2017; 12ª edição – 2018; 13ª edição – 2019; 14ª edição – 2020; 15ª edição – 2021; reimpressão – jun. 2021; 16ª edição – 2022; 17ª edição – 2023; 18ª edição – 2024; 19ª edição – 2025
Data de fechamento desta edição: 26.01.2025.

Editora Manole Ltda.
Alameda Rio Negro, 967 – cj. 717 – Alphaville
06454-000 – Barueri – SP – Brasil
Fone: (11) 4196-6000
www.manole.com.br | https://atendimento.manole.com.br/

Impresso no Brasil
*Printed in Brazil*

## COORDENADOR

**MINISTRO CEZAR PELUSO**

Presidente do Supremo Tribunal Federal (2010-2012) e do Conselho Nacional de Justiça (2010-2012).

## AUTORES

**CLAUDIO LUIZ BUENO DE GODOY**

Desembargador do Tribunal de Justiça do Estado de São Paulo. Professor Titular de Direito Civil da Faculdade de Direito da Universidade de São Paulo. Membro do Conselho Nacional de Justiça no biênio 2005-2007.

**FRANCISCO EDUARDO LOUREIRO**

Desembargador do Tribunal de Justiça do Estado de São Paulo, com assento na 1ª Câmara de Direito Privado. Mestre em Direito Civil pela Pontifícia Universidade Católica de São Paulo (PUC/SP). Professor universitário. Diretor da Escola Paulista da Magistratura no biênio 2018-2019. Corregedor-Geral do Tribunal de Justiça de São Paulo no biênio 2024-2025.

**HAMID CHARAF BDINE JR.**

Doutor e Mestre em Direito Civil pela Pontifícia Universidade Católica de São Paulo (PUC/SP). Desembargador aposentado do Tribunal de Justiça do Estado de São Paulo. Professor da Faculdade de Direito da Universidade Presbiteriana Mackenzie entre 2008 e 2020. Advogado.

**JOSÉ ROBERTO NEVES AMORIM**

Advogado, consultor jurídico, Desembargador aposentado do Tribunal de Justiça do Estado de São Paulo e Conselheiro do Conselho Nacional de Justiça (CNJ) no biênio 2011-2013. Mestre e Doutor pela Pontifícia Universidade Católica de São Paulo (PUC/SP). Diretor (até junho/2023) e Professor Titular de Direito Processual Civil da Faculdade de Direito da Fundação Armando Alvares Penteado (Faap). Coordenador do curso de pós-graduação *lato sensu* em Processo Civil da Faap. Professor de pós-graduação da Escola Paulista da Magistratura (EPM). Professor convidado de pós-graduação *lato sensu* da Escola Superior do Ministério Público do Estado de São Paulo. Ex-Coordenador do Núcleo Permanente de Métodos Consensuais de Solução de Conflitos (NUPEMEC) do Tribunal de Justiça do Estado de São Paulo.

**MARCELO FORTES BARBOSA FILHO**

Desembargador do Tribunal de Justiça do Estado de São Paulo. Mestre e Doutor em Direito pela Universidade de São Paulo (USP). Professor da Faculdade de Direito da Universidade Presbiteriana Mackenzie. Bacharel em Ciências Econômicas pela Universidade Presbiteriana Mackenzie.

**MAURO ANTONINI**

Juiz de Direito em São Paulo. Mestre em Direito Civil pela Universidade de São Paulo (USP).

**MILTON PAULO DE CARVALHO FILHO**

Desembargador do Tribunal de Justiça do Estado de São Paulo. Doutor em Direito Processual Civil pela Pontifícia Universidade Católica de São Paulo (PUC/SP). Mestre em Direito pela Universidade Presbiteriana Mackenzie. Especialista em Novos Temas de Direito Privado pela Escola Paulista da Magistratura. Professor da Faculdade de Direito da Universidade Presbiteriana Mackenzie e da Faculdade de Direito da Fundação Armando Alvares Penteado (Faap). Vice-diretor da Escola Paulista da Magistratura (EPM) no biênio 2020-2021.

**NELSON ROSENVALD**

Advogado e parecerista. Professor do corpo permanente do Doutorado e do Mestrado do Instituto Brasileiro de Ensino, Desenvolvimento e Pesquisa (IDP/DF). Pós-Doutor em Direito Civil pela Università Roma Tre. Pós-Doutor em Direito Societário pela Universidade de Coimbra. *Visiting Academic* na Oxford University. Professor Visitante na Universidade Carlos III, Madrid. Doutor e Mestre em Direito Civil pela Pontifícia Universidade Católica de São Paulo (PUC/SP). Presidente do Instituto Brasileiro de Estudos de Responsabilidade Civil (IBERC). Membro da Comissão de Reforma do Código Civil. Foi Procurador de Justiça do Ministério Público de Minas Gerais.

**NESTOR DUARTE**

Professor Titular de Direito Civil da Faculdade de Direito da Universidade de São Paulo (USP). Professor em cursos da Escola Paulista da Magistratura (EPM). Doutor e Livre-docente em Direito Civil pela Faculdade de Direito da Universidade de São Paulo (USP). Desembargador aposentado do Tribunal de Justiça do Estado de São Paulo. Ex-Procurador do Estado de São Paulo. Advogado. Membro do Instituto dos Advogados de São Paulo (IASP), da Academia Brasileira de Direito Civil (ABDC), do Instituto Brasileiro de Direito Contratual (IBDCONT) e do Instituto Brasileiro de Estudos de Responsabilidade Civil (IBERC).

# SUMÁRIO

# ÍNDICE DOS COMENTÁRIOS

# APRESENTAÇÃO

Apresentar, com seriedade, uma obra jurídica, qualquer que ela seja, é sempre considerável responsabilidade, porque traduz convite a uma experiência intelectual que é, no fundo, uma aventura, tanto mais arriscada quanto múltiplas são as tentações atuais a que nos submete a publicidade de um mercado intensamente produtivo, mas pouco escrupuloso nas críticas e nas escolhas. Hoje, escreve-se, publica-se e, até, vende-se muito sobre todas as áreas do Direito. Não admira, portanto, falte à maioria dos livros, de edição quase semanal, algum avanço ou subsídio científico, que, significando proveito teórico ou prático, dependem da recusa de conclusões imediatas, da desconfiança de intuições aparentes, enfim, da reflexão e da demora.

Mas não posso deixar de assumir tal responsabilidade neste caso. E por várias razões, das quais a primeira está em que são jovens todos os comentadores do Código Civil vigente, de modo que lhes não podia negar apoio e estímulo, menos porque apenas sejam jovens do que pelo fato de, sendo-o, terem furtado a horas de descanso, ou doutros afazeres, uma devoção exemplar à pesquisa e ao estudo da mais importante das nossas codificações.

A segunda, mas não menos importante do ponto de vista pessoal, senão, quem sabe, a mais importante, é porque, dos autores, conheci, muito de perto, na magistratura paulista, de que fazem parte, e, em especial, na árdua tarefa de me assessorarem na direção e sobretudo nos cursos de pós-graduação que introduzimos na Escola Paulista da Magistratura, quase todos eles, mestres e doutores em Direito Civil pela USP e pela PUC. Posso dar, pois, vivo testemunho da sua vocação, talento e seriedade, assim como não temo prenunciar-lhes o mais alto prestígio na condição profissional de magistrados, se não cederem às recompensas espirituais da dedicação exclusiva ao magistério. E os que não conheci tão próximo no exercício das atividades forenses, conheci da obra mesma, se, para igual juízo, já não me bastasse o integrarem o mesmo grupo e provarem as mesmas afinidades.

A terceira está na obra em si, que, como proposta, não podia deixar de ser ousada, como convém a jovens e a empreitadas dificultosas, como esta de dar contas, artigo por artigo, num único volume, do alcance de todo o Código Civil. Embora saiba toda a gente que o domínio das variadas províncias desse ramo fundamental da ciência jurídica, que é o Direito Civil, exija alguns anos de convivência com seu estudo sistemático, sem fronteiras territoriais nem limitações históricas, estou em que, além do enriquecimento pessoal que vai implicado nos próprios comentários, prestam os autores valioso serviço às letras jurídicas, à divulgação científica e à orientação profissional.

Na opção metodológica por comentários breves, cuja síntese não exclui a necessidade de juízos mais reflexivos sobre as proposições em que se exprimem, remetem-se ao direito revogado, à legislação correlata e à jurisprudência que se vai formando na interpretação dos novos textos. E em tudo valem-se da experiência de juízes (que são todos, exceto Nelson Rosenvald, procurador de justiça, a quem não falta igual tirocínio), que lhes indicou as dúvidas, questões e indagações mais frequentes no quotidiano do fórum. E, com serem breves, nada perdem em substância os comentários, segundo seus propósitos, que breves mas insuperáveis foram os que teceu Clóvis Bevilacqua.

O tempo há de corrigir-lhes os senões que caracterizam toda produção humana, e a crítica reta lhes permitirá o aperfeiçoamento constante, sem o qual perecem, sem memória, os livros jurídicos mais auspiciosos. E esta é uma promessa em que acredito, com a fé que só nos dá o conhecimento das pessoas.

ANTONIO CEZAR PELUSO
Ministro do Supremo Tribunal Federal

# LISTA DE ABREVIATURAS E SIGLAS

Ação resc.: ação rescisória
ADCT: Ato das Disposições Constitucionais Transitórias
ADI: Ação direta de inconstitucionalidade
ADPF: Arguição de descumprimento de preceito fundamental
Ag. Reg.: agravo regimental
AI: agravo de instrumento
Ap.: apelação
Câm.: Câmara
Câm. de Dir. Com.: Câmara de Direito Comercial
Câm. de Dir. Priv.: Câmara de Direito Privado
Câm. de Dir. Públ.: Câmara de Direito Público
c/c: combinado com
CC: Código Civil
CC/1916: Código Civil de 1916 (Lei n. 3.071/16)
CC/2002: Código Civil de 2002 (Lei n. 10.406/2002)
CC n.: conflito de competência n.
CCom: Código Comercial (Lei n. 556/1850)
CDC: Código de Defesa do Consumidor (Lei n. 8.078/90)
CEJ: Centro de Estudos Judiciários
CF: Constituição Federal
CJF: Conselho da Justiça Federal
CLT: Consolidação das Leis do Trabalho (DL n. 5.452/43)
CPC/39: Código de Processo Civil de 1939 (DL n. 1.608/39)
CPC/73: Código de Processo Civil de 1973 (Lei n. 5.869/73)
CPC/2015: Código de Processo Civil de 2015 (Lei n. 13.105/2015)
CPM: Código Penal Militar (DL n. 1.001/69)
CPP: Código de Processo Penal (DL n. 3.689/41)
CPPM: Código de Processo Penal Militar (DL n. 1.002/69)
CR: Constituição da República
CSMSP: Conselho Superior da Magistratura do Estado de São Paulo
CTB: Código de Trânsito Brasileiro (Lei n. 9.503/97)
CTN: Código Tributário Nacional (Lei n. 5.172/66)
c/ rev.: com revisão
DEJT: *Diário eletrônico da Justiça do Trabalho*
Des.: desembargador
*DJ*: *Diário da Justiça*
*DJe*: *Diário da Justiça eletrônico*
DL: decreto-lei
DNRC: Departamento Nacional de Registro do Comércio
*DOU*: *Diário Oficial da União*
EAOAB: Estatuto da Advocacia e da OAB (Lei n. 8.906/94)
EC: Emenda Constitucional
ECA: Estatuto da Criança e do Adolescente (Lei n. 8.069/90)
EIRELI: empresa individual de responsabilidade limitada (atual SLU; v. adiante)

Emb. de diverg.: embargos de divergência
Emb. decl.: embargos declaratórios
Emb. infring.: embargos infringentes
EPP: empresa de pequeno porte
EREsp: embargos de divergência no recurso especial
*HC*: *habeas corpus*
IN: instrução normativa
IPTU: Imposto Predial e Territorial Urbano
j.: julgado
JEC: Juizado Especial Cível
JECC: Juizados Especiais Cíveis e Criminais
LC: lei complementar
Lindb: Lei de introdução às normas do Direito Brasileiro (DL n. 4.657/42)
Loman: Lei Orgânica da Magistratura Nacional (LC n. 35/79)
Lomp: Lei Orgânica do Ministério Público (Lei n. 8.625/93)
LRP: Lei de Registros Públicos (Lei n. 6.015/73)
LUG: Lei Uniforme de Genebra (Decreto n. 57.663/66)
MC: medida cautelar
ME: microempresa
MEI: microempresário individual
Min.: Ministro(a)
MP: Ministério Público
MP n.: Medida Provisória n.
MS: mandado de segurança
n.: número
ONU: Organização das Nações Unidas
p.: página
PL: projeto de lei
Proc.: processo
Prov.: provimento
r.: referido(a)
R.: Região
RE: recurso extraordinário
Rec.: recurso
Rec. inom.: recurso inominado
Reex. necess.: Reexame necessário
rel.: relator(a)
Repem: Registro Público de Empresas Mercantis
Res.: resolução
REsp: recurso especial
RFB: Receita Federal do Brasil
RO: recurso ordinário
RR: recurso de revista
S.: seção
S.A.: sociedades anônimas
SE: sentença estrangeira
SEC: sentença estrangeira contestada
segs.: seguintes
SLU: sociedade limitada unipessoal (v. Lei n. 14.195/2021)
s/ rev.: sem revisão
STF: Supremo Tribunal Federal
STJ: Superior Tribunal de Justiça
T.: turma
TAC: Tribunal de Alçada Civil
TACSP: Tribunal de Alçada Civil de São Paulo
T. Crim.: turma criminal
T. Espec.: turma especializada
T. Rec. Cível: Turma(s) Recursal(is) Cível(is)
TFR: Tribunal Federal de Recursos
TJMG: Tribunal de Justiça de Minas Gerais
TJRS: Tribunal de Justiça do Rio Grande do Sul
T. Rec.: turma recursal
TST: Tribunal Superior do Trabalho
*v.*: *vide*
*v. g.*: *verbi gratia*
v.m.: voto da maioria
v.u.: votação unânime

# DECRETO-LEI N. 4.657, DE 04 DE SETEMBRO DE 1942

*Lei de Introdução às normas do Direito Brasileiro.*
Ementa com redação dada pela Lei n. 12.376, de 30.12.2010.

O PRESIDENTE DA REPÚBLICA, usando da atribuição que lhe confere o art. 180 da Constituição, decreta:

▪ **Art. 1º** Salvo disposição contrária, a lei começa a vigorar em todo o País 45 (quarenta e cinco) dias depois de oficialmente publicada.

§ 1º Nos Estados estrangeiros, a obrigatoriedade da lei brasileira, quando admitida, se inicia 3 (três) meses depois de oficialmente publicada.

§ 2º *(Revogado pela Lei n. 12.036, de 01.10.2009.)*

§ 3º Se, antes de entrar a lei em vigor, ocorrer nova publicação de seu texto, destinada a correção, o prazo deste artigo e dos parágrafos anteriores começará a correr da nova publicação.

§ 4º As correções a texto de lei já em vigor consideram-se lei nova.

▪ **Art. 2º** Não se destinando à vigência temporária, a lei terá vigor até que outra a modifique ou revogue.

§ 1º A lei posterior revoga a anterior quando expressamente o declare, quando seja com ela incompatível ou quando regule inteiramente a matéria de que tratava a lei anterior.

§ 2º A lei nova, que estabeleça disposições gerais ou especiais a par das já existentes, não revoga nem modifica a lei anterior.

§ 3º Salvo disposição em contrário, a lei revogada não se restaura por ter a lei revogadora perdido a vigência.

▪ **Art. 3º** Ninguém se escusa de cumprir a lei, alegando que não a conhece.

▪ **Art. 4º** Quando a lei for omissa, o juiz decidirá o caso de acordo com a analogia, os costumes e os princípios gerais de direito.

▪ **Art. 5º** Na aplicação da lei, o juiz atenderá aos fins sociais a que ela se dirige e às exigências do bem comum.

▪ **Art. 6º** A Lei em vigor terá efeito imediato e geral, respeitados o ato jurídico perfeito, o direito adquirido e a coisa julgada.

*Caput* com redação dada pela Lei n. 3.238, de 01.08.1957.

§ 1º Reputa-se ato jurídico perfeito o já consumado segundo a lei vigente ao tempo em que se efetuou.

Parágrafo acrescentado pela Lei n. 3.238, de 01.08.1957.

§ 2º Consideram-se adquiridos assim os direitos que o seu titular, ou alguém por ele, possa exercer, como aqueles cujo começo do exercício tenha termo prefixo, ou condição preestabelecida inalterável, a arbítrio de outrem.

Parágrafo acrescentado pela Lei n. 3.238, de 01.08.1957.

§ 3º Chama-se coisa julgada ou caso julgado a decisão judicial de que já não caiba recurso.

Parágrafo acrescentado pela Lei n. 3.238, de 01.08.1957.

▪ **Art. 7º** A lei do país em que for domiciliada a pessoa determina as regras sobre o começo e o fim da personalidade, o nome, a capacidade e os direitos de família.

§ 1º Realizando-se o casamento no Brasil, será aplicada a lei brasileira quanto aos impedimentos dirimentes e às formalidades da celebração.

§ 2º O casamento de estrangeiros poderá celebrar-se perante autoridades diplomáticas ou consulares do país de ambos os nubentes.

Parágrafo com redação dada pela Lei n. 3.238, de 01.08.1957.

§ 3º Tendo os nubentes domicílio diverso, regerá os casos de invalidade do matrimônio a lei do primeiro domicílio conjugal.

§ 4º O regime de bens, legal ou convencional, obedece à lei do país em que tiverem os nubentes domicílios, e, se este for diverso, à do primeiro domicílio conjugal.

§ 5º O estrangeiro casado, que se naturalizar brasileiro, pode, mediante expressa anuência de seu cônjuge, requerer ao juiz, no ato de entrega do decreto de naturalização, se apostile ao mesmo a adoção do regime de comunhão parcial de bens, respeitados os direitos de terceiros e dada esta adoção ao competente registro.

Parágrafo com redação dada pela Lei n. 6.515, de 26.12.1977.

§ 6º O divórcio realizado no estrangeiro, se um ou ambos os cônjuges forem brasileiros, só será reconhecido no Brasil depois de 1 (um) ano da data da sentença, salvo se houver sido antecedida de separação judicial por igual prazo, caso em que a homologação produzirá efeito imediato, obedecidas as condições estabelecidas para a eficácia das sentenças estrangeiras no país. O Superior Tribunal de Justiça, na forma de seu regimento interno, poderá reexaminar, a requerimento do interessado, decisões já proferidas em pedidos de homologação de sentenças estrangeiras de divórcio de brasileiros, a fim de que passem a produzir todos os efeitos legais.

Parágrafo com redação dada pela Lei n. 12.036, de 01.10.2009.

§ 7º Salvo o caso de abandono, o domicílio do chefe da família estende-se ao outro cônjuge e aos filhos não emancipados, e o do tutor ou curador aos incapazes sob sua guarda.

§ 8º Quando a pessoa não tiver domicílio, considerar-se-á domiciliada no lugar de sua residência ou naquele em que se encontre.

▪ **Art. 8º** Para qualificar os bens e regular as relações a eles concernentes, aplicar-se-á a lei do país em que estiverem situados.

§ 1º Aplicar-se-á a lei do país em que for domiciliado o proprietário, quanto aos bens móveis que ele trouxer ou se destinarem a transporte para outros lugares.

§ 2º O penhor regula-se pela lei do domicílio que tiver a pessoa, em cuja posse se encontre a coisa apenhada.

▪ **Art. 9º** Para qualificar e reger as obrigações, aplicar-se-á a lei do país em que se constituírem.

§ 1º Destinando-se a obrigação a ser executada no Brasil e dependendo de forma essencial, será esta observada, admitidas as peculiaridades da lei estrangeira quanto aos requisitos extrínsecos do ato.

§ 2º A obrigação resultante do contrato reputa-se constituída no lugar em que residir o proponente.

▪ **Art. 10.** A sucessão por morte ou por ausência obedece à lei do país em que era domiciliado o defunto ou o desaparecido, qualquer que seja a natureza e a situação dos bens.

§ 1º A sucessão de bens de estrangeiros, situados no País, será regulada pela lei brasileira em benefício do cônjuge ou dos filhos brasileiros, ou de quem os represente, sempre que não lhes seja mais favorável a lei pessoal do *de cujus*.

Parágrafo com redação dada pela Lei n. 9.047, de 18.05.1995.

§ 2º A lei do domicílio do herdeiro ou legatário regula a capacidade para suceder.

▪ **Art. 11.** As organizações destinadas a fins de interesse coletivo, como as sociedades e as fundações, obedecem à lei do Estado em que se constituírem.

§ 1º Não poderão, entretanto, ter no Brasil filiais, agências ou estabelecimentos antes de serem os atos constitutivos aprovados pelo Governo brasileiro, ficando sujeitas à lei brasileira.

§ 2º Os governos estrangeiros, bem como as organizações de qualquer natureza, que eles tenham constituído, dirijam ou hajam investido de funções públicas, não poderão adquirir no Brasil bens imóveis ou suscetíveis de desapropriação.

§ 3º Os governos estrangeiros podem adquirir a propriedade dos prédios necessários à sede dos representantes diplomáticos ou dos agentes consulares.

▪ **Art. 12.** É competente a autoridade judiciária brasileira, quando for o réu domiciliado no Brasil ou aqui tiver de ser cumprida a obrigação.

§ 1º Só à autoridade judiciária brasileira compete conhecer das ações relativas a imóveis situados no Brasil.

§ 2º A autoridade judiciária brasileira cumprirá, concedido o *exequatur* e segundo a forma estabelecida pela lei brasileira, as diligências deprecadas por autoridade estrangeira competente, observando a lei desta, quanto ao objeto das diligências.

▪ **Art. 13.** A prova dos fatos ocorridos em país estrangeiro rege-se pela lei que nele vigorar, quanto ao ônus e aos meios de produzir-se, não admitindo os tribunais brasileiros provas que a lei brasileira desconheça.

▪ **Art. 14.** Não conhecendo a lei estrangeira, poderá o juiz exigir de quem a invoca prova do texto e da vigência.

▪ **Art. 15.** Será executada no Brasil a sentença proferida no estrangeiro, que reúna os seguintes requisitos:

*a)* haver sido proferida por juiz competente;

*b)* terem sido as partes citadas ou haver-se legalmente verificado a revelia;

*c)* ter passado em julgado e estar revestida das formalidades necessárias para a execução no lugar em que foi proferida;

*d)* estar traduzida por intérprete autorizado;

*e)* ter sido homologada pelo Supremo Tribunal Federal.

Veja art. 105, I, *i*, CF, sobre a competência para homologar sentenças estrangeiras pelo STJ.

**Parágrafo único.** *(Revogado pela Lei n. 12.036, de 01.10.2009.)*

▪ **Art. 16.** Quando, nos termos dos artigos precedentes, se houver de aplicar a lei estrangeira, ter-se-á em vista a disposição desta, sem considerar-se qualquer remissão por ela feita a outra lei.

▪ **Art. 17.** As leis, atos e sentenças de outro país, bem como quaisquer declarações de vontade, não terão eficácia no Brasil, quando ofenderem a soberania nacional, a ordem pública e os bons costumes.

▪ **Art. 18.** Tratando-se de brasileiros, são competentes as autoridades consulares brasileiras para lhes celebrar o casamento e os mais atos de Registro Civil e de tabelionato, inclusive o registro de nascimento e de óbito dos filhos de brasileiro ou brasileira nascidos no país da sede do Consulado.

*Caput* com redação dada pela Lei n. 3.238, de 01.08.1957.

§ 1º As autoridades consulares brasileiras também poderão celebrar a separação consensual e o divórcio consensual de brasileiros, não havendo filhos menores ou incapazes do casal e observados os requisitos legais quanto aos prazos, devendo constar da respectiva escritura pública as disposições relativas à descrição e à partilha dos bens comuns e à pensão alimentícia e, ainda, ao acordo quanto à retomada pelo cônjuge de seu nome de solteiro ou à manutenção do nome adotado quando se deu o casamento.

Parágrafo acrescentado pela Lei n. 12.874, de 29.10.2013.

§ 2º É indispensável a assistência de advogado, devidamente constituído, que se dará mediante a subscrição de petição, juntamente com ambas as partes, ou com apenas uma delas, caso a outra constitua advogado próprio, não se fazendo necessário que a assinatura do advogado conste da escritura pública.

Parágrafo acrescentado pela Lei n. 12.874, de 29.10.2013.

▪ **Art. 19.** Reputam-se válidos todos os atos indicados no artigo anterior e celebrados pelos cônsules brasileiros na vigência do Decreto-lei n. 4.657, de 04 de setembro de 1942, desde que satisfaçam todos os requisitos legais.

*Caput* acrescentado pela Lei n. 3.238, de 01.08.1957.

**Parágrafo único.** No caso em que a celebração desses atos tiver sido recusada pelas autoridades consulares, com fundamento no art. 18 do mesmo Decreto-lei, ao interessado é facultado renovar o pedido dentre em 90 (noventa) dias contados da data da publicação desta Lei.

Parágrafo acrescentado pela Lei n. 3.238, de 01.08.1957.

▪ **Art. 20.** Nas esferas administrativa, controladora e judicial, não se decidirá com base em valores jurídicos abstratos sem que sejam consideradas as consequências práticas da decisão.

Artigo acrescentado pela Lei n. 13.655, de 25.04.2018.

**Parágrafo único.** A motivação demonstrará a necessidade e a adequação da medida imposta ou da invalidação de ato, contrato, ajuste, processo ou norma administrativa, inclusive em face das possíveis alternativas.

▪ **Art. 21.** A decisão que, nas esferas administrativa, controladora ou judicial, decretar a invalidação de ato, contrato, ajuste, processo ou norma administrativa deverá indicar de modo expresso suas consequências jurídicas e administrativas.

Artigo acrescentado pela Lei n. 13.655, de 25.04.2018.

**Parágrafo único.** A decisão a que se refere o *caput* deste artigo deverá, quando for o caso, indicar as condições para que a regularização ocorra de modo proporcional e equânime e sem prejuízo aos interesses gerais, não se podendo impor aos sujeitos atingidos ônus ou perdas que, em função das peculiaridades do caso, sejam anormais ou excessivos.

▪ **Art. 22.** Na interpretação de normas sobre gestão pública, serão considerados os obstáculos e as dificuldades reais do gestor e as exigências das políticas públicas a seu cargo, sem prejuízo dos direitos dos administrados.

Artigo acrescentado pela Lei n. 13.655, de 25.04.2018.

§ 1º Em decisão sobre regularidade de conduta ou validade de ato, contrato, ajuste, processo ou norma administrativa, serão consideradas as circunstâncias práticas que houverem imposto, limitado ou condicionado a ação do agente.

§ 2º Na aplicação de sanções, serão consideradas a natureza e a gravidade da infração cometida, os danos que dela provierem para a administração pública, as circunstâncias agravantes ou atenuantes e os antecedentes do agente.

§ 3º As sanções aplicadas ao agente serão levadas em conta na dosimetria das demais sanções de mesma natureza e relativas ao mesmo fato.

▪ **Art. 23.** A decisão administrativa, controladora ou judicial que estabelecer interpretação ou orientação nova sobre norma de conteúdo indeterminado, impondo novo dever ou novo condicionamento de direito, deverá prever regime de transição quando indispensável para que o novo dever ou condicionamento de direito seja cumprido de modo proporcional, equânime e eficiente e sem prejuízo aos interesses gerais.

Artigo acrescentado pela Lei n. 13.655, de 25.04.2018.

**Parágrafo único.** (*Vetado.*)

▪ **Art. 24.** A revisão, nas esferas administrativa, controladora ou judicial, quanto à validade de ato, contrato, ajuste, processo ou norma administrativa cuja produção já se houver completado levará em conta as orientações gerais da época, sendo vedado que, com base em mudança posterior de orientação geral, se declarem inválidas situações plenamente constituídas.

Artigo acrescentado pela Lei n. 13.655, de 25.04.2018.

**Parágrafo único.** Consideram-se orientações gerais as interpretações e especificações contidas em atos públicos de caráter geral ou em jurisprudência judicial ou administrativa majoritária, e ainda as adotadas por prática administrativa reiterada e de amplo conhecimento público.

▪ **Art. 25.** (*Vetado.*)

Artigo acrescentado pela Lei n. 13.655, de 25.04.2018.

▪ **Art. 26.** Para eliminar irregularidade, incerteza jurídica ou situação contenciosa na aplicação do direito público, inclusive no caso de expedição de licença, a autoridade administrativa poderá, após oitiva do órgão jurídico e, quando for o caso, após realização de consulta pública, e presentes razões de relevante interesse geral, celebrar compromisso com os interessados, observada a legislação aplicável, o qual só produzirá efeitos a partir de sua publicação oficial.

Artigo acrescentado pela Lei n. 13.655, de 25.04.2018.

§ 1º O compromisso referido no *caput* deste artigo:

I – buscará solução jurídica proporcional, equânime, eficiente e compatível com os interesses gerais;

II – (*vetado*);

III – não poderá conferir desoneração permanente de dever ou condicionamento de direito reconhecidos por orientação geral;

IV – deverá prever com clareza as obrigações das partes, o prazo para seu cumprimento e as sanções aplicáveis em caso de descumprimento.

§ 2º (*Vetado.*)

▪ **Art. 27.** A decisão do processo, nas esferas administrativa, controladora ou judicial, poderá impor compensação por benefícios indevidos ou prejuízos anormais ou injustos resultantes do processo ou da conduta dos envolvidos.

Artigo acrescentado pela Lei n. 13.655, de 25.04.2018.

§ 1º A decisão sobre a compensação será motivada, ouvidas previamente as partes sobre seu cabimento, sua forma e, se for o caso, seu valor.

§ 2º Para prevenir ou regular a compensação, poderá ser celebrado compromisso processual entre os envolvidos.

▪ **Art. 28.** O agente público responderá pessoalmente por suas decisões ou opiniões técnicas em caso de dolo ou erro grosseiro.

Artigo acrescentado pela Lei n. 13.655, de 25.04.2018.

§§ 1º a 3º (*Vetados.*)

▪ **Art. 29.** Em qualquer órgão ou Poder, a edição de atos normativos por autoridade administrativa, salvo os de mera organização interna, poderá ser precedida de consulta pública para manifestação de interessados, preferencialmente por meio eletrônico, a qual será considerada na decisão.

Artigo acrescentado pela Lei n. 13.655, de 25.04.2018.

§ 1º A convocação conterá a minuta do ato normativo e fixará o prazo e demais condições da consulta pública, observadas as normas legais e regulamentares específicas, se houver.

§ 2º (*Vetado.*)

▪ **Art. 30.** As autoridades públicas devem atuar para aumentar a segurança jurídica na aplicação das normas, inclusive por meio de regulamentos, súmulas administrativas e respostas a consultas.

Artigo acrescentado pela Lei n. 13.655, de 25.04.2018.

**Parágrafo único.** Os instrumentos previstos no *caput* deste artigo terão caráter vinculante em relação ao órgão ou entidade a que se destinam, até ulterior revisão.

Rio de Janeiro, 04 de setembro de 1942;
121º da Independência e 54º da República.

GETÚLIO VARGAS
*Alexandre Marcondes Filho / Oswaldo Aranha*

# ÍNDICE SISTEMÁTICO DO CÓDIGO CIVIL

## PARTE GERAL

### LIVRO I
### DAS PESSOAS

#### Título I
#### Das Pessoas Naturais



#### Título II
#### Das Pessoas Jurídicas



#### Título III
#### Do Domicílio



### LIVRO II
### DOS BENS

#### Título Único
#### Das Diferentes Classes de Bens



### LIVRO III
### DOS FATOS JURÍDICOS

#### Título I
#### Do Negócio Jurídico

### Título II
### Dos Atos Jurídicos Lícitos



### Título III
### Dos Atos Ilícitos



### Título IV
### Da Prescrição e da Decadência



### Título V
### Da Prova



# PARTE ESPECIAL

## LIVRO I
## DO DIREITO DAS OBRIGAÇÕES

### Título I
### Das Modalidades das Obrigações



### Título II
### Da Transmissão das Obrigações



### Título III
### Do Adimplemento e Extinção das Obrigações



### Título IV
### Do Inadimplemento das Obrigações

## Título V
## Dos Contratos em Geral



## Título VI
## Das Várias Espécies de Contrato

### Título III
### Do Estabelecimento



### Título IV
### Dos Institutos Complementares



## LIVRO III
## DO DIREITO DAS COISAS

### Título I
### Da Posse



### Título II
### Dos Direitos Reais



### Título III
### Da Propriedade

## Título IV
## Da Superfície



## Título V
## Das Servidões



## Título VI
## Do Usufruto

### Título VII
### Do Uso



### Título VIII
### Da Habitação



### Título IX
### Do Direito do Promitente Comprador



### Título X
### Do Penhor, da Hipoteca e da Anticrese



### Título XI
### Da Laje



## LIVRO IV
## DO DIREITO DE FAMÍLIA

### Título I
### Do Direito Pessoal

#### *Subtítulo I*
#### *Do Casamento*



#### *Subtítulo II*
#### *Das Relações de Parentesco*

## Título II
## Do Direito Patrimonial

### *Subtítulo I*
### *Do Regime de Bens entre os Cônjuges*



### *Subtítulo II*
### *Do Usufruto e da Administração dos Bens de Filhos Menores*



### *Subtítulo III*
### *Dos Alimentos*



### *Subtítulo IV*
### *Do Bem de Família*



## Título III
## Da União Estável



## Título IV
## Da Tutela, da Curatela e da Tomada de Decisão Apoiada



# LIVRO V
# DO DIREITO DAS SUCESSÕES

## Título I
## Da Sucessão em Geral



## Título II
## Da Sucessão Legítima



## Título III
## Da Sucessão Testamentária

## Título IV
## Do Inventário e da Partilha



## LIVRO COMPLEMENTAR
## DAS DISPOSIÇÕES FINAIS E TRANSITÓRIAS

# LEI N. 10.406, DE 10 DE JANEIRO DE 2002

*Institui o Código Civil.*

O PRESIDENTE DA REPÚBLICA:

Faço saber que o CONGRESSO NACIONAL decreta e eu sanciono a seguinte Lei:

## PARTE GERAL

## LIVRO I
## DAS PESSOAS

### TÍTULO I
### DAS PESSOAS NATURAIS

### CAPÍTULO I
### DA PERSONALIDADE E DA CAPACIDADE

**Art. 1º Toda pessoa é capaz de direitos e deveres na ordem civil.**

Pessoa é o ente que pode ser sujeito de relações jurídicas.

A capacidade jurídica ou de direito se vincula à personalidade jurídica, encarecendo, porém, Bevilaqua que "cumpre distinguir a personalidade da capacidade, que é a extensão dada aos poderes de ação contidos na personalidade, ou, como diz Teixeira de Freitas, ao modo de ser geral das pessoas" (BEVILAQUA, Clóvis. *Theoria geral do direito civil*, 6. ed. atualizada por Achilles Bevilaqua. Rio de Janeiro, Francisco Alves, 1953, p. 81).

A personalidade é um atributo que consiste na aptidão para o desempenho de um papel jurídico, ou seja, para adquirir direitos e contrair obrigações.

O CC/2002, diferentemente do anterior, refere-se a deveres em lugar de obrigações, evidentemente para abarcar não só as relações patrimoniais.

Igualmente, em lugar de referir-se ao homem como sujeito de direito, refere-se à pessoa. A razão disso se entende com a própria diretriz estabelecida pela nova lei que privilegia o exame das relações jurídicas e não o indivíduo em si mesmo, acentuando Miguel Reale "que a palavra homem tem sentido genérico e abstrato de indivíduo, ao passo que a palavra pessoa indica o ser humano enquanto situado perante os demais componentes da coletividade" ("A Constituição e o Código Civil". In: *O Estado de S. Paulo*, 18.11.2003).

De certo modo, a referência à *pessoa* se liga mesmo à origem etimológica, do latim *persona – ae*. Segundo R. Limongi França, "servia aquele vocábulo inicialmente para designar a máscara usada pelos atores teatrais, graças à qual lhes era assegurado o aumento do volume da voz. Por analogia, passou a palavra a ser utilizada no Direito para designar o ser humano, enquanto desempenha o seu papel no teatro da vida jurídica. Isso se deu na Idade Média, pois no Direito romano a ideia correspondente era expressa pelo vocábulo *caput*" (*Instituições de direito civil*, 4. ed. São Paulo, Saraiva, 1996, p. 45).

Atualmente, a simples existência do homem vivo confere-lhe a qualidade de pessoa, embora nem sempre assim tenha ocorrido, pois, faltando o que correspondia no Direito romano ao *status libertatis*, como ao escravo, o ser humano estava excluído do conceito jurídico de *caput*, sendo tido como *res* (coisa).

A capacidade, porém, aqui mencionada é a de direito ou de gozo, que difere da capacidade de fato ou de exercício. Aquela é atribuída a todo ser humano, mas esta só a possuem os que têm a faculdade de exercer por si os atos da vida civil.

Por outro lado, não apenas o ser humano é dotado de personalidade, porque a ordem jurídica reconhece a certas entidades, que são as pessoas jurídicas, a capacidade de exercer direitos e contrair obrigações.

**Jurisprudência:** Ação cominatória. Ação de obrigação de fazer. Pedido para que o réu proceda à alteração do contrato social, com a inclusão dos autores (herdeiros do sócio falecido) no quadro social da empresa. O herdeiro, conquanto incapaz, tem direito de integrar o quadro social. Os autores, ora apelantes, foram reconhecidos como herdeiros do sócio falecido M.V., como consta do inventário. Pelo contrato social (cláusula 13ª) e pela lei (art. 1.028, CC), o falecimento do sócio autoriza o ingresso de todos os herdeiros no quadro social da empresa. No caso, apesar de o contrato social autorizar o ingresso do herdeiro, desde que maior e capaz (cláusula 13ª), é importante lembrar que tal condicionante é apenas transitória e temporária, uma vez que a menor Gabrielle, tornando-se capaz, poderá pleitear o seu ingresso no quadro social. Ademais, o absolutamente incapaz tem capacidade de direito (de gozo), decorrente de sua personalidade (arts. 1º e 2º do CC). Quanto à menoridade, a pessoa por não ter aptidão para exercer pessoal e autonomamente os atos da vida civil (falta de capacidade de fato ou de exercício), continua sendo titular de direitos e obrigações (art. 5º, CC). O que não se permite é que o menor incapaz pratique atos de administração, em razão de sua incapacidade de exercício, mas nada impede que seja sócio de empresa, justamente por ser titular de quotas sociais. Na hipótese, na medida em que as quotas sociais foram objeto da herança e regularmente transferidas aos herdeiros, como reconhecido no processo de inventário do M.V., estes têm o direito de gozo dos respectivos direitos e, pois, de integrar o quadro societário. Recurso provido nessa parte. Embargos de declaração. Multa. Afastamento. Ausência dos requisitos do 1.026, § 2º, CPC. Embargos de declaração opostos pelos autores apelantes que não se apresentam manifestamente protelatórios. Multa que deve ser afastada. Recurso provido neste tópico. (TJSP, Ap. Cível n. 1033324-57.2019.8.26.0564/SP, 2ª Câm. Res. de Dir. Empr., rel. Sérgio Shimura, j. 20.04.2022)

Apelação cível. Anulatória de escritura pública. Pedido de efeito suspensivo em preliminar. Rejeitado. Nulidade da sentença. *Citra petita*. Causa madura. Impugnação à justiça gratuita. Ausência de provas. Concessão de justiça gratuita. Ato incompatível. Preclusão lógica. Nulidade de negócio. Art. 166 do CC. Incapacidade civil. Exceção. Provas necessárias. Idoso. Garantia de prioridade. Analfabeto. Observância dos requisitos legais para práticas de atos da vida civil. Ônus da prova. Art. 373, I, do CPC. O meio adequado para formular pedido de efeito suspensivo é através de petição em separado e não nas próprias razões recursais. Incorre em vício de julgamento, caracterizador de nulidade, a sentença que deixa de apreciar suscitadas (decisão *citra petita*); que aprecia pedidos fora da lide (decisão *extra petita*), e as que vão além dos pedidos (decisão *ultra petita*), considerando-se os aspectos subjetivos e objetivos da demanda. É "ônus do impugnante comprovar a suficiência econômico-financeira do beneficiário da justiça gratuita" (Ag. Reg. no AREsp n. 27.245/MG, rel. Min. Antônio Carlos Ferreira, 4ª T. do STJ, j. 24.04.2012, *DJe* 02.05.2012). O pagamento das custas inviabiliza a concessão do benefício da gratuidade judiciária, por se tratar de ato incompatível com a necessidade da justiça gratuita, operando-se a preclusão lógica. O negócio jurídico é nulo quando visível a ocorrência das hipóteses elencadas no art. 166 do CC. A capacidade civil é regra, devendo a exceção ser comprovada por meio da sistematização das provas. O analfabeto e o idoso, por assim o ser, não podem ser desqualificados para os atos da vida civil, sendo necessária apreciação sistematizada das provas para análise da exceção à regra insculpida no art. 1º do CC, que reza que toda pessoa é capaz de direitos e deveres na ordem civil. Os cuidados dispensados aos idosos por familiares ou terceiros não ensejam o reconhecimento de sua incapacidade civil. Nos termos do art. 373 do CPC, o ônus da prova incumbe ao autor, quanto ao fato constitutivo de seu direito e ao réu o ônus de demonstrar o fato impeditivo, modificativo ou extintivo do direito do autor. (TJMG, AC n. 10141170012092001/MG, rel. Des. Marcos Henrique Caldeira Brant, j. 13.05.2020, *DJe* 05.06.2020)

Ação declaratória de inexistência de contrato cumulada com repetição de indébito e indenização por danos morais. Documento apresentado apenas na apelação. Inviabilizada a apresentação ao juízo *a quo*. Possibilidade. Contratação legítima. Analfabetismo não constitui incapacidade civil. Ausência de ato ilícito. Repetição de indébito e indenização por danos morais indevidos. Apelação parcialmente provida. 1 – Admissível a juntada e o conhecimento do contrato apresentado pelo Banco apelante às fls. 162/165, vez que: restou caracterizada a impossibilidade de apresentação no Juízo *a quo*, inexistiu má-fé e, ainda, foi respeitado o contraditório. 2 – A validade da avença não pode ser afastada tão somente pelo fato de ser a recorrida pessoa analfabeta, haja vista que não é o analfabetismo causa de incapacidade civil, arts. 3º e 4º do CC, e, tampouco há nos autos demonstração de que tenha o Banco apelante praticado qualquer conduta ilícita, fundada em erro, dolo ou coação, a fim de possibilitar a realização do ajuste. 3 – Reconhecida a legitimidade da contratação, e, por consequência, dos descontos realizados no benefício previdenciário da promovente, não há que se falar em repetição de indébito, vez que imprescindível a existência de cobrança e pagamento indevido pelo consumidor, parágrafo único do art. 42 do CDC. 4 – O CC estabelece em seu art. 186 que "aquele que, por ação ou omissão voluntária, negligência ou imprudência, violar direito e causar dano a outrem, ainda que exclusivamente moral, fica obrigado a reparar o dano", logo, só haverá reparação de dano se houver ato ilícito por parte do ofensor, ou seja, uma conduta em desacordo com a ordem jurídica que viole direito subjetivo individual, criando o dever da reparação. 5 – Inexistindo a demonstração de conduta danosa não há que se falar em dever reparatório. 6 – Apelação conhecida e parcialmente provida. (TJCE, AC n. 0005125-20.2011.8.06.0066, rel. Sérgia Maria Mendonça Miranda, *DJe* 04.09.2012, p. 120)

Pedido de obrigação de fazer cumulado com indenização por dano moral. Contrato firmado por menor representado pela mãe. Possibilidade. Toda pessoa é capaz de direitos e deveres na ordem civil (art. 1º, CC). Inadimplência. Retirada de linha telefônica e negativação do nome em cadastros restritivos de crédito. Exercício regular do direito. O usuário da linha telefônica retirada por falta de pagamento não tem o direito de resguardar o seu código de acesso, mesmo que venha a pagar o seu débito. Danos morais inexistentes. Sentença de improcedência mantida, afastada a litigância de má-fé. (TJRJ, Ap. Cível n. 2005.001.44820, rel. Des. Paulo Maurício Pereira, j. 14.02.2006)

**Art. 2º A personalidade civil da pessoa começa do nascimento com vida; mas a lei põe a salvo, desde a concepção, os direitos do nascituro.**

O nascimento com vida fixa o início da personalidade, ou seja, a partir daí o ente passa a ser sujeito de direito e de deveres.

As exigências no Direito brasileiro são mais simples que as de algumas outras legislações, como aquelas que reclamam para a aquisição da personalidade não só o nascimento com vida, mas a viabilidade, *habilis vitae*, ou que o recém-nascido tenha figura humana ou que haja vivido ao menos vinte e quatro horas.

Ter nascido com vida, porém, é requisito inafastável, e sua ocorrência ou não determina consequência da mais alta relevância, inclusive do aspecto sucessório. Exemplificativamente, tendo nascido com vida, herdará os bens de seu pai, que houver falecido antes de seu nascimento, ou seja, enquanto nascituro, e, vindo a falecer em seguida o recém-nascido, os bens serão transmitidos a sua mãe. Já se for um natimorto, não herdará, e os bens do pai antes falecido irão para os herdeiros que tiver, observada a ordem de vocação hereditária.

A segunda parte do dispositivo ressalva os direitos do nascituro.

Nascituro é o ser concebido, mas não nascido, que ainda se acha nas entranhas maternas.

Há controvérsia doutrinária acerca da condição jurídica do nascituro, todavia, nos termos da lei, é sustentável que a personalidade já se inicia com a concepção, pois, sem tal atributo, inviável supor a existência de direitos subjetivos; contudo, não se trata de um atributo definitivo para o nascituro, que se irá consolidar ou resolver conforme ocorra ou não o nascimento com vida.

À face, entretanto, dessa capacidade é que o nascituro tem direito a curador (art. 1.779), pode ser reconhecido (art. 1.609, parágrafo único) e receber doações (art. 542).

De interesse médico-legal, também, é o momento a partir do qual se deve considerar a existência do nascituro, sustentando Silmara J. A. Chinellato a relevância da nidação do ovo no útero, até porque só daí por diante é possível garantir "em tese, a viabilidade do desenvolvimento e sobrevida do ovo, que se transformará em embrião e feto", além de ser "importante para o diagnóstico da gravidez" (*Tutela civil do nascituro*. São Paulo, Saraiva, 2000, p. 161).

Não se há de confundir, porém, o nascituro com a prole eventual. A prole eventual não passa de mera expectativa; contudo, a lei permite que lhe sejam atribuídos bens na sucessão e que ficará sob a guarda de curador nomeado pelo juiz, pelo prazo de dois anos, dentro do qual, salvo disposição em contrário do testador, deverá ser concebido o herdeiro esperado, e, tal não ocorrendo, os bens serão deferidos aos herdeiros legítimos (arts. 1.799, I, e 1.800).

Por fim, o natimorto não escapou à preocupação do legislador, sendo alcançado por algumas das proteções concernentes aos direitos da personalidade (art. 53 da Lei n. 6.015, de 31.12.1973), como o nome, a imagem e a sepultura (Enunciado n. 1 – I Jornada de Direito Civil).

**Jurisprudência:** Direito civil. Acidente automobilístico. Aborto. Ação de cobrança. Seguro obrigatório. DPVAT. Procedência do pedido. Enquadramento jurídico do nascituro. Art. 2º do CC/2002. Exegese sistemática. Ordenamento jurídico que acentua a condição de pessoa do nascituro. Vida intrauterina. Perecimento. Indenização devida. Art. 3º, I, da Lei n. 6.194/74. Incidência. 1 – A despeito da literalidade do art. 2º do CC – que condiciona a aquisição de personalidade jurídica ao nascimento –, o ordenamento jurídico pátrio aponta sinais de que não há essa indissolúvel vinculação entre o nascimento com vida e o conceito de pessoa, de personalidade jurídica e de titularização de direitos, como pode aparentar a leitura mais simplificada da lei. 2 – Entre outros, registram-se como indicativos de que o Direito brasileiro confere ao nascituro a condição de pessoa, titular de direitos: exegese sistemática dos arts. 1º, 2º, 6º e 45, *caput*, do CC; direito do nascituro de receber doação, herança e de ser curatelado (arts. 542, 1.779 e 1.798 do CC); a especial proteção conferida à gestante, assegurando-se-lhe atendimento pré-natal (art. 8º do ECA, o qual, ao fim e ao cabo, visa a garantir o direito à vida e à saúde do nascituro); *alimentos gravídicos*, cuja titularidade é, na verdade, do nascituro e não da mãe (Lei n. 11.804/2008); no direito penal a condição de pessoa viva do nascituro – embora não nascida – é afirmada sem a menor cerimônia, pois o crime de aborto (arts. 124 a 127 do CP) sempre esteve alocado no título referente a "Crimes contra a pessoa" e especificamente no capítulo "Dos crimes contra a vida" – tutela da vida humana em formação, a chamada vida intrauterina (MIRABETE, Julio Fabbrini. *Manual de direito penal*, v. II. 25. ed. São Paulo: Atlas, 2007, p. 62-3; NUCCI, Guilherme de Souza. *Manual de direito penal*. 8. ed. São Paulo: RT, 2012, p. 658). 3 – As teorias mais restritivas dos direitos do nascituro – natalista e da personalidade condicional – fincam raízes na ordem jurídica superada pela CF/1988 e pelo CC/2002. O paradigma no qual foram edificadas transitava, essencialmente, dentro da órbita dos direitos patrimoniais. Porém, atualmente isso não mais se sustenta. Reconhecem-se, corriqueiramente, amplos catálogos de direitos não patrimoniais ou de bens imateriais da pessoa – como a honra, o nome, imagem, integridade moral e psíquica, entre outros. 4 – Ademais, hoje, mesmo que se adote qualquer das outras duas teorias restritivas, há de se reconhecer a titularidade de direitos da personalidade ao nascituro, dos quais o direito à vida é o mais importante. Garantir ao nascituro expectativas de direitos, ou mesmo direitos condicionados ao nascimento, só faz sentido se lhe for garantido também o direito de nascer, o direito à vida, que é direito pressuposto a todos os demais. 5 – Portanto, é procedente o pedido de indenização referente ao seguro DPVAT, com base no que dispõe o art. 3º da Lei n. 6.194/74. Se o preceito legal garante indenização por morte, o aborto causado pelo acidente subsume-se à perfeição ao comando normativo, haja vista que outra coisa não ocorreu, senão a morte do nascituro, ou o perecimento de uma vida intrauterina. 6 – Recurso especial provido. (STJ, REsp n. 1.415.727/SC, 4ª T., rel. Min. Luis Felipe Salomão, j. 04.09.2014)

Apelação cível. Reexame necessário. Ação de obrigação de fazer. Município de Sinop e Estado de Mato Grosso. Fornecimento de fármaco. Alto custo. Decisão que exclui o município do polo passivo da demanda. Impossibilidade. Paciente gestante. Risco à vida do nascituro. Responsabilidade solidária entre os entes federados. Apelo provido. Sentença parcialmente retificada. 1 – A saúde é direito de todos e dever do Estado como um todo, incluindo a União, Estado, Distrito Federal e Município, conforme disposições dos arts. 23 e 196, da CF, sendo entendimento do STF que é dever e responsabilidade solidária do Estado, em sentido amplo, a assistência à saúde dos cidadãos. 2 – O art. 2º do CC dispõe que a personalidade civil da pessoa começa do nascimento com vida, mas a lei põe a salvo, desde a concepção os direitos do nascituro. 3 – Não se pode afastar da Municipalidade a sua responsabilidade ao custeio de tratamento de saúde de paciente e seu nascituro, sendo direito social a ser cumprido, uma vez que a responsabilidade é solidária entre todos os entes federados. 4 – Inteligência dos arts. 11, § 2º, do ECA, bem como art. 217 da Constituição deste Estado. (TJMT, Ap./Reex. Necess. n. 103.814/2011, rel. Des. Maria Erotides Kneip Baranjak, *DJe* 02.08.2012, p. 27)

Seguro. Vida e acidente pessoais. Ação de cobrança. Natimorto. Exegese. A personalidade civil da pessoa começa do nascimento com vida, mas a lei põe a salvo, desde a concepção, os direitos do "nascituro" (aquele que vai nascer, ou o ser humano que foi concebido e que tem o nascimento como certo), daí entender-se que o "natimorto" não chega a adquirir personalidade jurídica, uma vez que é expulso – já morto – do útero materno, inviável, portanto, a pretensão à indenização securitária requerida pelos genitores. Recurso improvido. (TJSP, 34ª Câm. de Dir. Priv., Ap. Cível n. 818.666-0/6/Botucatu, rel. Des. Irineu Pedrotti, j. 01.02.2006, v.u., voto n. 8.633)

Apelação cível. Seguros. Ação de indenização. Seguro DPVAT. Direito de a mãe receber a indenização correspondente ao nascituro. Possibilidade jurídica do pedido. A personalidade civil da pessoa começa do nascimento com vida; mas a lei põe a salvo, desde a concepção, os direitos do nascituro. Inteligência do art. 2º do nCC. Insurgência contra o termo inicial de incidência da correção monetária. A correção monetária incide desde a data da ocorrência do evento danoso. Manutenção do índice fixado em sentença. O IGP-M é o indexador que melhor reflete a realidade inflacionária. Sentença mantida. Apelo desprovido. (TJRS, Ap. Cível n. 70.010.345.999, 6ª Câm. Cível, rel. Ney Wiedemann Neto, j. 24.11.2005, *DJ* 09.12.2005)

Penal. Processual penal. Júri federal. Infanticídio a bordo de aeronave. Materialidade e autoria. Dúvidas. Tese da defesa: ausência de provas. Tese da acusação: verossimilhança. Sentença de pronúncia. Juízo de admissibilidade. Certeza. Mitigação.

1 – Para comprovação do nascimento com vida – vida extrauterina – apresenta-se suficiente o laudo de exame cadavérico conclusivo de ter o neonato nascido vivo e ter falecido em decorrência de asfixia mecânica e traumatismo craniano.

2 – A ausência, no laudo pericial, de esclarecimento quanto ao método empregado para a docimasia pulmonar não fragiliza as conclusões técnicas quando cons-

tam do laudo todos os procedimentos da necropsia realizada na vítima, como a abertura do crânio, da caixa torácica e da cavidade abdominal, com exame e investigação dos órgãos vitais, e que levaram à conclusão do nascimento com vida exterior.

3 – Para o juízo de admissibilidade de submissão do crime ao julgamento pelo Júri, a prova disponível nos autos mostra-se hábil à comprovação da materialidade. O fato de ter a ré conhecimento de sua gravidez, já em estado avançado, sendo esta de risco, e ter passado a sofrer intenso sangramento no interior de banheiro de aeronave, de reduzidíssimo espaço, em pleno voo, e sem que buscasse auxílio a se evitar risco à própria saúde e à de seu filho, são elementos a revelarem ser plausível o entendimento de ter intentado esconder que houvesse entrado em estado de parto e dado à luz.

4 – A dúvida quanto ao fato de ter sido a vida do recém-nascido retirada por ato de sua própria mãe, ou por circunstâncias adversas e involuntárias, provocadas pela sucção do neonato pelo sistema de descarga do vaso sanitário da aeronave, não é suficiente a impedir que o crime seja submetido ao Tribunal do Júri, na medida em que, mesmo nada tendo de absurdo a tese da defesa, por falta de elementos a tal convencimento, principalmente pela não realização de provas técnicas específicas, imprescindíveis, e não superáveis pelo conhecimento comum ou por meras suposições, nem por isso deixou de haver nos autos elementos bastantes ao reconhecimento de ser verossímil, provável e compatível a tese da acusação.

5 – Sendo a sentença de pronúncia um mero juízo de admissibilidade, para o qual não se exige um juízo de certeza, basta que da mesma resulte o convencimento do julgador quanto à existência do crime e de indícios suficientes de ser o réu o seu autor, e daí sucumbindo o princípio do *in dubio pro reo* em favor do princípio *in dubio pro societate*.

6 – Não se exige para a sentença de pronúncia que os elementos fático-jurídicos disponíveis nos autos sejam assaz convincentes à condenação, posto que tal percepção é exclusiva do juízo emanado da soberania do Júri popular. (TRF, 1ª R., Rec. Crim. n. 199.933.010.003191, rel. Des. Federal Ítalo Fioravanti Sabo Mendes, j. 18.10.2005)

Ilegitimidade de parte. Ativa. Inocorrência. Investigação de paternidade. Nascituro. Representação processual pela mãe. Personalidade jurídica. Condição de existência. Nascimento com vida. Irrelevância. Capacidade de estar em juízo existente. Proteção ao nascimento e à gestante, ademais, expressamente prevista na Lei n. 8.069/90. Recurso não provido. Ao nascituro assiste capacidade para ser parte. O nascimento com vida investe o infante na titularidade da pretensão de direito material, até então apenas uma expectativa resguardada. (TJSP, Ap. Cível n. 193.648-1/Indaiatuba, rel. Des. Renan Lotufo, 14.09.1993)

---

**Art. 3º São absolutamente incapazes de exercer pessoalmente os atos da vida civil os menores de 16 (dezesseis) anos.**

*Caput* com redação dada pela Lei n. 13.146, de 06.07.2015.

**I a III** – ***(Revogados pela Lei n. 13.146, de 06.07.2015.)***

---

A questão referente à incapacidade vincula-se ao estado da pessoa, ou seja, ao modo de apresentar-se, de acordo com certa situação jurídica.

Conquanto o estado não tenha a importância que possuía outrora, como no Direito romano, indiscutível sua relevância no que se pode denominar *estado jurídico*, consideradas a idade e a integridade mental (BEVILAQUA, Clóvis. *Theoria geral do direito civil*, 6. ed. atualizada por Achilles Bevilaqua. Rio de Janeiro, Francisco Alves, 1953, p. 93).

A lei considera certas pessoas inaptas a exercer por si os atos da vida civil, em razão da falta de discernimento, por impossibilidade de manifestar a vontade, ou porque não atingiram idade suficiente ou porque acometidas de doença mental impediente de administrar a si e a seus bens, ou seja, "as causas de incapacidade de exercício são diversas: podem decorrer da idade, do estado de saúde física ou mental da pessoa ou de outra especial situação que a fez temporária ou definitivamente impossibilitada de reger, por si, sua pessoa e seus bens" (NERY, Rosa Maria de Andrade; NERY JÚNIOR, Nelson. *Instituições de direito civil*, v. I e II. São Paulo, RT, 2015, p. 15).

No tocante à idade, ao tempo das Ordenações distinguiam-se o homem e a mulher, sendo aquele considerado incapaz até completar 14 anos e esta, até 12, fincadas na tradição do Direito Romano (Institutas de Justiniano – L.I – Tít. XXII), o que fez Teixeira de Freitas figurar igualmente na Consolidação das Leis Civis de 1855 (art. 25) e, no Esboço, eram consideradas absolutamente incapazes "as pessoas por nascer" e "os menores impúberes" (art. 41).

Em decorrência de enfermidade, as Ordenações empregavam diferentes palavras para indicar os que consideravam privados de entendimento, a saber: sandeu, furioso, desajuizado, desmemoriado, mentecapto, demente (*v.* PEREIRA, Lafayete Rodrigues. *Direitos da família* – anotações e adaptações ao Código Civil por José Bonifácio de Andrade e Silva. Nota 178. Rio de Janeiro, Virgílio Maia & Comp., 1918, p. 320). Teixeira de Freitas, na Consolidação das Leis Civis, adotou a expressão "loucos de todo gênero" e, também, os prodígios, para qualificá-los como incapazes "equiparados aos menores" e, no Esboço, preferiu a referência à alienação mental (art. 78), sendo assim declarados "os indivíduos de um e outro sexo que se acharem em estado habitual de mania, demência ou imbecilidade; ainda mesmo que tenham lúcidos intervalos, ou a mania pareça parcial" (art. 79).

O CC/1916 arrolou as seguintes pessoas como absolutamente incapazes: os menores de 16 anos, os loucos de todo gênero, os surdos-mudos que não puderem exprimir a sua vontade e os ausentes, declarados tais por ato do juiz (art. 5º), tema que gerou vivo debate quando da discussão do projeto, colhendo-se pareceres de renomados especialistas (v. FERREIRA COELHO, A. *Código Civil dos Estados Unidos do Brasil comparado, comentado e analisado*, v. IV, Parte Geral. Rio de Janeiro: Officinas Graphicas do "Jornal do Brasil", 1922, p. 19/270).

Já o CC/2002, na redação primitiva deste artigo, considerou absolutamente incapazes: I) os menores de 16 anos; II) os que, por enfermidade ou deficiência mental, não tiverem o necessário discernimento para a prática desses atos; III) os que, mesmo por causa transitória, não puderem exprimir sua vontade.

A Lei n. 13.146, de 06.07.2015 (Estatuto da Pessoa com Deficiência), deu nova redação ao *caput* do art. 3º e revogou seus incisos, de modo que a incapacidade decorrente de outras causas, que não a idade, foi definida apenas como relativa e tratada no artigo seguinte.

Assim, apenas os menores de 16 anos são reputados absolutamente incapazes, devendo ser representados nos atos da vida civil.

Há aqui uma questão de direito intertemporal. Aqueles que foram reconhecidos absolutamente incapazes, nos moldes do texto anterior da lei, não perderão essa condição enquanto por decisão judicial não forem alterados os limites da curatela (arts. 1.772 do CC e 755 do CPC/2015), contudo, perderão, desde a entrada em vigor do novo texto legal, o benefício do art. 198, I, do CC, porquanto ele se refere somente aos incapazes de que trata o art. 3º, e dado o efeito imediato da lei (art. 6º da Lindb).

**Jurisprudência:** Contrato. Empréstimo bancário. Efetivação por meio de caixa eletrônico. Consumidor que é pessoa interditada, ou seja, incapaz para os atos da vida civil – art. 3º, II, CC/2002. Fato que era conhecido pelo banco. Negócio nulo de pleno direito. Hipótese em que cumpria ao banco-fornecedor e não ao consumidor afastar sua responsabilidade pelo ocorrido. Relação de consumo que prevê a responsabilidade objetiva do fornecedor. Sentença mantida. Recurso improvido. (TJSP, Ap. Cível n. 7.307.150.600, 23ª Câm. de Dir. Priv., rel. J. B. Franco de Godói, j. 04.02.2009, *DJ* 25.02.2009)

Apelação cível. Curatela. Interdição. Compete à Justiça Estadual apreciar ação proposta visando à nomeação de curador, apesar de objetivar benefício junto ao INSS para o interditando. Visando a interdição à declaração de incapacidade da pessoa, é juridicamente impossível o pedido formulado pelos pais do infante, que tem apenas sete anos de idade e já é absolutamente incapaz de exercer pessoalmente os atos da vida civil, por força de lei (art. 3º, I, do CC). Apelação cível desprovida. Unânime. (TJRS, Ap. Cível n. 70.012.207.551, 8ª Câm. Cível, rel. Walda Maria Melo Pierro, j. 15.12.2005, *DJ* 24.01.2006)

Curatela. Interditando cego, em decorrência de *diabetes mellitus*. Ausência de incapacidade permanente ou transitória que afete a manifestação da vontade. Laudo pericial que aponta pelo discernimento do periciando. Caso em que não se verifica incapacidade relativa, o que desautoriza o estabelecimento de curatela. Limitação de direitos da pessoa sobre sua própria gestão que, com a introdução das alterações realizadas pelo Estatuto da Pessoa com Deficiência, se tornou medida excepcionalíssima. Termo de curatela de beneficiário com deficiência que não mais pode ser exigido pelo INSS. Art. 110-A da Lei n. 8.213/91. Hipótese em que outros meios jurídicos, como o mandato ou tomada de decisão apoiada, se mostram mais adequados. Sentença mantida. Recurso improvido. (TJSP, Ap. n. 0056408-81.2012.8.26.0554/Santo André, 6ª Câm. de Dir. Priv., rel. Eduardo Sá Pinto Sandeville, j. 02.06.2016)

---

**Art. 4º São incapazes, relativamente a certos atos ou à maneira de os exercer:**

*Caput* com redação dada pela Lei n. 13.146, de 06.07.2015.

**I – os maiores de dezesseis e menores de dezoito anos;**

**II – os ébrios habituais e os viciados em tóxico;**

Inciso com redação dada pela Lei n. 13.146, de 06.07.2015.

**III – aqueles que, por causa transitória ou permanente, não puderem exprimir sua vontade;**

Inciso com redação dada pela Lei n. 13.146, de 06.07.2015.

**IV – os pródigos.**

**Parágrafo único. A capacidade dos indígenas será regulada por legislação especial.**

Parágrafo com redação dada pela Lei n. 13.146, de 06.07.2015.

---

O rol dos relativamente incapazes foi modificado pela Lei n. 13.146, de 06.07.2015, e a significativa alteração é notada comparando-se o critério eleito para definição de incapacidade relativa, além da idade. No texto anterior, consideravam-se relativamente incapazes: "I – os maiores de dezesseis anos e menores de dezoito anos II – os ébrios habituais e os viciados em tóxico, e os que, por deficiência mental, tenham o discernimento reduzido; III – os excepcionais, sem desenvolvimento mental completo; IV – os pródigos".

Não se vincula mais, expressamente, a incapacidade à deficiência ou incompleto desenvolvimento mental, reportando-se, apenas, à impossibilidade de exprimir a vontade. Já no tocante aos ébrios e viciados, a despeito de omissão acerca da incapacidade de manifestação da vontade ou falta de discernimento, é necessário compreender que a incapacidade só deve ser reconhecida se esses vícios tiverem determinado o comprometimento das faculdades mentais.

Aliás, quando da nomeação de curador, deverá o juiz, necessariamente, declarar "segundo as particularidades da pessoa, os limites da curatela" (arts. 1.772 do CC e 755, I e II, do CPC/2015).

Efetivamente, significativa alteração no regime da curatela foi trazida pela Lei n. 13.146/2015 (Estatuto da Pessoa com Deficiência), que estabeleceu os seguintes lindes: a) a curatela afetará tão somente os atos relacionados aos direitos de natureza patrimonial e negocial; b) a curatela não alcança o direito ao próprio corpo, à sexualidade, ao matrimônio e privacidade, à educação, à saúde, ao trabalho e ao voto; c) a curatela da pessoa com deficiência será proporcional às necessidades e às circunstâncias de cada caso, e durará o menor tempo possível (arts. 84 e 85).

Ao estabelecer a lei que a curatela será proporcional, deve-se harmonizar com os institutos de representação e assistência aludidos no art. 1.747, I, aplicável à curatela (art. 1.781), de modo que poderá o juiz, caso o incapaz não tenha qualquer possibilidade de manifestar a vontade, atribuir poder de representação, ainda que a incapacidade seja legalmente considerada relativa, uma vez que a absoluta ficou restrita aos menores de 16 anos.

Difícil é a questão quando se trata de incapaz que ainda não sofreu interdição. Se o agente não for notoriamente impossibilitado de exprimir a vontade, deve-se preservar o negócio, para a proteção da boa-fé do outro contratante. Se, porém, for notória, deve ser anulado.

A incapacidade relativa é a que impede o sujeito de realizar os negócios jurídicos sem a assistência de quem a lei comete tal mister, ou seja, pais, tutores ou curadores.

A incapacidade relativa determina-se pelo critério da idade ou por impossibilidade de exprimir a vontade. São relativamente incapazes os maiores de 16 e menores de 18 anos; todavia, não poderão eximir-se de obrigação assumida invocando a idade se dolosamente a ocultaram quando inquiridos pela outra parte ou se por ocasião do ato declararam-se maiores (art. 180). Atos existem, porém, que podem ser praticados sem tal assistência, como o testamento feito por maior de 16 anos (art. 1.860, parágrafo único), a aceitação de mandato (art. 666) ou servir de testemunha (art. 228, I).

A pessoa relativamente incapaz pode não ser desprovida totalmente da possibilidade de manifestar a vontade, de tal modo que os atos por ela praticados são apenas anuláveis (art. 171, I), admitindo a confirmação ou ratificação (art. 172), e seu desfazimento depende da iniciativa do interessado (art. 177). Necessário observar que a lei vigente não se louvou no critério do discernimento, mas no da possibilidade ou não de manifestação da vontade. Ocorre, porém, que, conforme Vicente Rao, "os elementos volitivos compreendem a vontade propriamente dita, a vontade de declarar e a vontade do conteúdo da declaração, constituindo, com o fato ou comportamento da declaração, requisito essencial dos atos jurídicos" (*Ato jurídico*. 3ª tir. São Paulo, Max Limonad, 1961, p. 133). Assim, não basta o ato exterior para configuração da manifestação da vontade, tendo de se cumprir as etapas anteriores. Logo, se a pessoa não tem possibilidade de entender ou discernir, a manifestação, ou o ato exterior, será inválido.

A prodigalidade também acarreta relativa incapacidade e caracteriza-se pela desordenada dilapidação do patrimônio, com gastos imoderados, e sua interdição "só o privará de, sem curador, emprestar, transigir, dar quitação, alienar, hipotecar, demandar ou ser demandado, e praticar, em geral, os atos que não sejam de mera administração" (art. 1.782).

Quanto aos indígenas, sua incapacidade é regulada por lei especial (Lei n. 6.001/73 – Estatuto do Índio), e sua proteção encontra assento na CF (arts. 231 e 232), assinalando-se, também, que o novo texto deixou de referir-se a *índios*, preferindo *indígenas*.

**Jurisprudência:** Interdição. Pessoa incapacitada de exprimir sua vontade de forma irreversível. Incapacidade relativa. Inteligência dos arts. 3º e 4º, CC. Curatela que é medida protetiva e proporcional às necessidades da pessoa com deficiência. Sentença mantida. Recurso improvido. Trata-se de apelação da sentença de fls. 114 em que foi julgado procedente o pedido de interdição formulado por M.A.S. em proteção de J.B.D. para declará-lo "relativamente incapaz de praticar os seguintes atos sem Curador que o(a) represente: emprestar, transigir, dar quitação, alienar, hipotecar, demandar ou ser demandado e administrar os seus bens, enquanto perdurarem as causas ora consideradas para a interdição, nos termos do art. 4º, III, do CC (redação alterada pela Lei n. 13.146/2015)", nomeando a requerente como curadora especial. Não houve imputação dos ônus de sucumbência. Inconformada, apelou a requerente (fls. 134/141), pugnando pela decretação da incapacidade absoluta de J.B.D. Oferecidas contrarrazões (fls. 145/148), foram os autos remetidos a esta Corte. A Procuradoria Geral de Justiça opinou pelo desprovimento do recurso. É o relatório, adotado, quanto ao restante, o da sentença apelada. Conforme disposto nos arts. 3º e 4º do CC, com redação dada pela Lei n. 13.146/2015, são considerados absolutamente incapazes somente as pessoas menores de 16 anos. No que diz respeito às pessoas incapazes permanentemente de exprimir sua vontade, *"A definição de curatela de pessoa com deficiência constitui medida protetiva extraordinária, proporcional às necessidades e às circunstâncias de cada caso, e durará o menor tempo possível"* (grifos nossos, art. 84, Lei n. 13.146/2015). Com efeito, *"A ação de interdição se funda na dignidade da pessoa humana e tem cunho protecionista, razão pela qual só se justifica para atender os interesses e as necessidades próprias do curatelando"* (REsp n. 1.824.208/BA, 3ª T. do STJ, rel. Min. Nancy Andrighi, em 10.12.2019). No caso, apurou-se por perícia que o interditando "É pessoa que apresenta comprometimento do raciocínio lógico, não conseguindo exprimir desejos ou necessidade, o que o impossibilita de imprimir diretrizes de vida. Há restrição total para atos de vida negocial e patrimonial, como fazer empréstimos, conciliar, dar quitação, alienar, hipotecar, demandar ou ser demandado, praticar atos que não sejam de mera administração. O quadro descrito é irreversível" (fls. 96, item 6). Assim, a despeito da irreversibilidade da condição de José Benedito, não se há de cogitar de incapacidade absoluta. A sentença bem dimensionou o alcance da curatela às necessidades do relativamente incapaz, não merecendo nenhuma censura. Não é demais realçar que *"A curatela é o encargo imposto a alguém para reger e proteger a pessoa que, por causa transitória ou permanente, não possa exprimir a sua vontade, administrando os seus bens. O curador deverá ter sempre em conta a natureza assistencial e o viés de inclusão da pessoa curatelada, permitindo que ela tenha certa autonomia e liberdade, mantendo seu direito à convivência familiar e comunitária, sem jamais deixá-la às margens da sociedade"* (REsp n. 1.515.701/RS, 4ª T. do STJ, rel. Min. Luis Felipe Salomão, em 02.10.2018). Nega-se provimento ao recurso. (TJSP, Ap. cível n. 1006417-73.2019.8.26.0005/SP, 1ª Câm. de Dir. Priv., rel. Luiz Antonio de Godoy, j. 06.07.2022)

Embargos a execução fiscal. ISS, exercício de 1999. Multa tributária. Alegação de ilegitimidade do embargante para receber a autuação em razão da incapacidade relativa. Inocorrência. Ato válido por ter sido o menor assistido pelo representante legal. Sentença reformada. Recurso provido. (TJSP, Ap. n. 0001942-93.2012.8.26.0019/SP, 15ª Câm. de Dir. Públ., rel. Rodrigues de Aguiar, j. 21.06.2016)

Interdição. Prova médica que atesta ausência de estado duradouro de privação de discernimento, mesmo constatado vício no uso de drogas. Incapacidade acidental que não autoriza seja o indivíduo privado da gestão de sua vida civil. Previsão do art. 4º, IV, do CC. Internação que se faça necessária não se há de confundir, necessariamente, com a medida extrema pretendida. Improcedência. Sentença mantida. Recurso desprovido. (TJSP, Ap. n. 0000759-30.2010.8.26.0481/Presidente Epitácio, 1ª Câm. de Dir. Priv., rel. Des. Claudio Godoy, *DJe* 22.02.2013)

Processual civil e previdenciário. Pensão por morte. Indígena. Comprovação do indeferimento administrativo. Interesse de agir. 1 – Apesar de não ter havido o indeferimento do requerimento administrativo de pensão por morte de indígena, deve-se considerar que se trata de pedido que é reiteradamente indeferido pelo INSS e, ainda, que o autor não possuía os documentos solicitados (CPF, RG ou CTPS), fato que reafirma a conclusão de que o benefício seria negado. 2 – Apesar de o CC/2002 não considerar os indígenas como pessoas relativamente incapazes, diversamente do que fazia o CC/1916 (art. 6º, III), deve ser reconhecida sua situação de vulnerabilidade econômico-social. 3 – Diante da presunção do indeferimento do benefício, seja em razão da prática reiterada do INSS quanto aos segurados especiais, seja em razão da omissão do interessado em apresentar documentos solicitados, tendo apresentado outros, não há falar em falta de interesse de agir pelo fato de o autor ter provocado o Judiciário antes da decisão final do INSS. (TRF, 4ª R., Ap. Cível n. 2009.70.060.007.466, 6ª T., rel. Des. João Batista Pinto Silveira, j. 21.10.2009, *DJ* 27.10.2009)

AVC isquêmico. Paciente hospitalizado. Absolutamente incapaz. Art. 3º, CC. Causa transitória. Procuração por instrumento público. Nulidade. Art. 166, I, CC. Escritura pública. Anulação. A teor do art. 3º do CC é absolutamente incapaz aquele que, mesmo por causa transitória, não puder exprimir sua vontade. Paciente hospitalizado com quadro de AVC isquêmico, um dia após sair da UTI, não tem capacidade para gerir sua própria pessoa, conforme constatação médica nos autos. Havendo a incapacidade absoluta no momento em que foi outorgada a procuração, deve ser reconhecida sua nulidade, a teor do disposto no art. 166, I, do CC. Por consequência, a escritura firmada com procuração nula também está eivada de vícios que geram a sua anulação. Apelação não provida. (TJMG, Proc. n. 1.0699.02.018427-0/001(1), rel. Alberto Aluízio Pacheco de Andrade, j. 28.08.2007, publ. 06.09.2007)

Constitucional. Administrativo. Opção pela nacionalidade brasileira. Homologação. Contando o requerente, à época do pedido, com dezesseis anos de idade e, por isso, sendo menor relativamente incapaz, não estaria impedido de optar nem de postular a homologação de sua opção pela nacionalidade brasileira, mas a opção, neste caso, seria provisória, sujeita à confirmação depois de atingida a maioridade, aos 18 anos, fato aliás já ocorrido. (TRF, 4ª R., Ap. n. 2004.700.200.48241, rel. Des. Valdemar Capeletti, j. 15.02.2006)

---

**Art. 5º A menoridade cessa aos dezoito anos completos, quando a pessoa fica habilitada à prática de todos os atos da vida civil.**

**Parágrafo único. Cessará, para os menores, a incapacidade:**

**I – pela concessão dos pais, ou de um deles na falta do outro, mediante instrumento público, independentemente de homologação judicial, ou por sentença do juiz, ouvido o tutor, se o menor tiver dezesseis anos completos;**

**II – pelo casamento;**

**III – pelo exercício de emprego público efetivo;**

**IV – pela colação de grau em curso de ensino superior;**

**V – pelo estabelecimento civil ou comercial, ou pela existência de relação de emprego, desde que, em função deles, o menor com 16 (dezesseis) anos completos tenha economia própria.**

---

Aos 18 anos completos cessa a menoridade e, não havendo causa outra de incapacidade ou de inabilitação, a pessoa torna-se apta para a prática de todos os atos da vida civil.

O CC/1916 fixava o início da maioridade aos 21 anos, tendo, porém, o novo ordenamento igualado o momento da maioridade civil com a criminal, estabelecendo-a aos 18 anos; é dominante a doutrina no sentido de que tal idade estará completa "no primeiro instante do dia do aniversário do menor" (LIMONGI FRANÇA, R. *Instituições de direito civil*, 4. ed. São Paulo, Saraiva, 1996, p. 60).

A incapacidade dos menores, todavia, poderá cessar por outros modos que não o implemento da idade, a saber:

"Pela concessão dos pais, ou de um deles na falta do outro, mediante instrumento público, independentemente de homologação judicial". Trata-se de negócio jurídico formal, pois exige escritura pública. A concordância haverá de ser de ambos os pais. O CC/1916 dispunha que era atribuição "do pai, ou, se for morto, da mãe". A CF/88, entretanto, veio a estabelecer que "os direitos e deveres referentes à sociedade conjugal são exercidos igualmente pelo homem e pela mulher" (art. 226, § 5º), de modo que a regra legal (art. 9º, parágrafo único, do CC/1916) não fora recepcionada. A lei em vigor, sem ofensa ao texto constitucional, exige a participação de ambos os pais. Na falta de um, cabe ao outro, com exclusividade, proceder à outorga, e por "falta" tanto se entende a morte, a incapacidade, a ausência ou, simplesmente, o desconhecimento do paradeiro. Neste último caso, por se tratar de circunstância fática, será necessário o suprimento judicial para reconhecer essa circunstância.

Exigindo a lei a concordância de ambos os pais, não distingue se estes são ou não casados, e, mesmo estando o menor sob a guarda de um deles, é imprescindível a concordância de quem não a tem. Havendo, contudo, oposição injustificada, cabe o suprimento judicial, já que a lei expressamente repele o abuso do direito (art. 187).

A emancipação concedida pelos pais produz efeitos independentemente de homologação judicial.

Se o menor estiver sob tutela (art. 1.728), a emancipação será concedida por sentença do juiz, ouvido o tutor, em procedimento de jurisdição voluntária (art. 719 do CPC/2015).

Em qualquer caso, seja por concessão dos pais, seja por sentença, a emancipação é irrevogável e só será possível se o menor tiver 16 anos completos e reclama registro de emancipação no Registro Civil de Pessoas Naturais (arts. 9º, II, do CC e 29, IV, da Lei n. 6.015/73).

"Pelo casamento". Podem casar o homem e a mulher com 16 anos, mas, enquanto não atingida a maioridade civil, necessitarão de autorização de ambos os pais ou seus representantes legais (art. 1.517). Divergindo os pais, ou havendo denegação injusta, caberá suprimento judicial (arts. 1.519 e 1.631, parágrafo único).

A união estável não faz cessar a incapacidade, por se tratar de uma situação de fato. Mesmo se realizada a publicização mediante o registro no livro "E" do Registro Civil das Pessoas Naturais.

O art. 1.520 possibilitava o casamento, mediante suprimento de idade, de menor que não houvesse atingido idade núbil, para evitar cumprimento de pena criminal ou em caso de gravidez. A Lei n. 13.811, de 12.03.2019, entretanto, deu nova redação àquele dispositivo do CC e proibiu o casamento, em qualquer caso, de quem não atingiu idade núbil.

Com o casamento, cessa para os menores a incapacidade e esta não se restabelece pela dissolução do casamento ou da sociedade conjugal.

É de notar que o estabelecimento de união estável não faz cessar a incapacidade dos menores.

"Pelo exercício de emprego público efetivo." A regra para a investidura em cargo ou emprego público é a submissão e "aprovação prévia em concurso público de provas ou de provas e títulos, de acordo com a natureza e a complexidade do cargo ou emprego, na forma prevista em lei, ressalvadas as nomeações para cargo em comissão declarado em lei de livre nomeação e exoneração" (art. 37, II, da CF). Cargo público de provimento efetivo é aquele dependente de aprovação em concurso, e só nessa hipótese cessará para os menores a incapacidade.

A nomeação para cargo de provimento em comissão, bem como as admissões mediante processos seletivos, que não se confundem com o concurso público, não determinam a cessação de incapacidade. Também não se identifica a contratação pelo regime da CLT nas empresas públicas e sociedades de economia mista, que têm personalidade jurídica privada.

Assim, cargo efetivo só se reconhece na administração direta, nas autarquias e nas fundações criadas pelo Estado com personalidade jurídica pública, que prestigiosa corrente doutrinária equipara às autarquias, ou nas associações públicas.

Identifica-se, aqui, tanto quanto no caso do inciso IV, cessação de incapacidade por habilitação intelectual.

"Pela colação de grau em curso de ensino superior". Essa hipótese é de improvável verificação fática, diante do número de anos nos diversos ciclos de ensino: fundamental, médio e universitário, este último considerado superior.

"Pelo estabelecimento civil ou comercial, ou pela existência de relação de emprego, desde que, em função deles, o menor com dezesseis anos completos tenha economia própria". A ocorrência de qualquer dessas hipóteses, consoante Maria Helena Diniz, "é sinal de que a pessoa tem amadurecimento e experiência, podendo reger sua própria pessoa e patrimônio, sendo ilógico que para cada ato seu houvesse uma autorização paterna ou materna" (*Curso de direito civil brasileiro*, 18. ed. São Paulo, Saraiva, 2002, v. I, p. 179).

É preciso que o menor conte 16 anos completos. Aliás, a CF proíbe "qualquer trabalho a menores de dezesseis anos, salvo na condição de aprendiz, a partir de quatorze anos" (art. 7º, XXXIII).

O estabelecimento civil ou comercial haverá de ocorrer com recursos próprios, sem auxílio de terceiros, e não se confunde com a continuação da empresa antes exercida "por seus pais ou pelo autor de herança" (art. 974 do CC).

A prova do estabelecimento com economia própria deverá ser registrada no Registro Público de Empresas Mercantis (Junta Comercial) ou no Registro Civil das Pessoas Jurídicas (art. 1.150), por aplicação do art. 976.

Não dispõe a lei acerca do meio de prova pertinente. Tratando-se de relação de emprego, prova-a a Carteira de Trabalho ou instrumento escrito, mas pode ser suprida por todos os meios permitidos em Direito (art. 456 da CLT). No caso de estabelecimento, a comprovação de economia própria poderá dar-se por documentos fiscais ou outros que confirmem a economia própria. Contra essas formas de extinção de incapacidade, além da emancipação e do casamento, manifestava-se Clovis Beviláqua, que não as contemplou em seu projeto primitivo (*Código Civil comentado*, 11. ed. Rio de Janeiro, Francisco Alves, 1956, v. I).

Indagação de difícil resposta é a concernente à definitividade da cessação da incapacidade nesses casos.

Clóvis Bevilaqua, comentando o disposto no art. 9º, parágrafo único, do CC anterior, diz: "Os outros casos de emancipação, o exercício de função pública, a colação de grau científico e o estabelecimento civil ou comercial representam uma ociosa persistência do direito anterior, que se não concilia bem com o art. 391, II. Não os contemplou o *Projeto Primitivo*, introduziu-os, no Código, uma emenda de Fausto Cardoso, contra a qual se opuseram objeções no *Em defesa*, p. 349 a 355" (*Código Civil comentado*, 11. ed. Rio de Janeiro, Francisco Alves, 1956, v. I, p. 163).

Noutra oportunidade, coerente com tal entendimento de inutilidade, reputam irrevogáveis e, portanto, definitivos tanto a emancipação por concessão dos pais como "os outros casos, a que se refere o CC, art. 9º, parágrafo único" (BEVILAQUA, Clóvis. *Theoria geral do direito civil*, 6. ed. atualizada por Achilles Bevilaqua. Rio de Janeiro, Francisco Alves, 1953, p. 126).

Como visto, o fundamento para a cessação da incapacidade nessas hipóteses é a necessidade de gestão dos próprios negócios; desaparecendo esse motivo e retornando o menor ao poder familiar, porque extinto o estabelecimento ou cessada a relação de emprego, não será lógico que esteja o menor na dependência econômica dos pais e mantenha sua independência para os negócios jurídicos. Desse modo, as hipóteses do art. 5º, parágrafo único, V, são de cessação resolúvel da incapacidade, respeitado o ato jurídico perfeito, bem como a habilitação para sua sustentação ou defesa em juízo independentemente de assistência.

Os demais casos de cessação de incapacidade são definitivos, em razão das diversas causas que os inspiram e que não se confundem com a eventual transitoriedade das atividades econômicas. Vale, porém, acrescentar que, a despeito da emancipação, subsiste a responsabilidade dos pais pela reparação civil dos danos causados pelos filhos menores.

---

**Art. 6º A existência da pessoa natural termina com a morte; presume-se esta, quanto aos ausentes, nos casos em que a lei autoriza a abertura de sucessão definitiva.**

---

O dispositivo trata de duas espécies de morte: a natural ou física e a presumida (*ficta mors*).

Inexiste, nas leis vigentes, morte civil, embora se possa divisar algo assemelhado, especialmente em matéria sucessória, no trato dos efeitos da exclusão de herdeiro, cujos descendentes "sucedem, como se ele morto fosse antes da abertura da sucessão" (art. 1.816).

A morte natural ou física ocorre com a cessação de todas as funções vitais, cabendo, porém, à medicina legal a definição do momento de sua ocorrência e devendo o óbito ser registrado no Registro Civil das Pessoas Naturais (arts. 9º, I, do CC e 29, III, da Lei n. 6.015/73), cujo assento se fará "em vista do atestado de médico, se houver no lugar, ou, em caso contrário, de duas pessoas qualificadas que tiverem presenciado ou verificado a morte" (art. 77 da Lei n. 6.015/73).

A morte presumida se dá, para os ausentes (arts. 22 e 23), quando autorizada a abertura da sucessão definitiva, ou seja, dez anos depois de passada em julgado a sentença que concede a abertura da sucessão provisória (art. 37 do CC) ou provando-se que o ausente conta oitenta anos de idade, e que de cinco datam as últimas notícias dele (art. 38 do CC).

Por não poder identificar-se completamente a morte física com a ficta, retornando o ausente nos dez anos subsequentes à abertura da sucessão definitiva, recuperará seus bens, na conformidade, todavia, do art. 39; entretanto, o casamento do ausente presumido morto fica dissolvido (art. 1.571, § 1º).

**Jurisprudência:** Reexame necessário. Apelação cível. Estado de Minas Gerais. Ação de ressarcimento de dano ao erário. Pagamento de proventos a ex-servidor ausente. Ação direcionada contra o espólio após a abertura da sucessão provisória. Legitimidade. Levantamentos realizados pela ex-companheira que era procuradora do ausente e curadora nomeada judicialmente. Irregularidade não verificada. Levantamentos realizados de boa-fé. O art. 28, do CC, dispõe que a sentença que determinar a abertura da sucessão provisória, logo que passe em julgado, enseja a abertura do inventário e a partilha dos bens, como se o ausente fosse falecido. Dessa forma, após a abertura da sucessão provisória, o Estado somente poderia ajuizar a ação contra o Espólio e não contra a ex-companheira. Assim, não há falar na ilegitimidade passiva do espólio. O ente público alega que o ex-servidor público faleceu em 01.08.2006 e foram concedidos proventos após o seu falecimento, que foram sacados indevidamente. Contudo, não consta dos autos que o ex-servidor tenha falecido no dia 01.08.2006. Em 2006 houve apenas a abertura de sucessão provisória do ex-servidor. Na data apontada pelo Estado de Minas Gerais o ex-servidor não foi declarado morto, logo, não procede a alegação de que houve pagamento de proventos após o seu falecimento. O art. 6º, do CC, não deixa qualquer dúvida sobre a questão quando estabelece que "a existência da pessoa natural termina com a morte; presume-se esta, quanto aos ausentes, nos casos em que a lei autoriza a abertura de sucessão definitiva". A abertura da sucessão provisória permite o início do inventário, contudo, para os demais efeitos legais, não se pode considerar o ausente efetivamente morto enquanto não houver abertura da sucessão definitiva, nos termos do citado art. 6º, do CC. (TJMG, AC n. 10040130081793001/MG, rel. Des. Dárcio Lopardi Mendes, j. 09.06.2016, *DJe* 14.05.2016)

Agravo de instrumento. A existência da pessoa natural termina com a morte, não se concebendo a atuação do advogado em nome da parte que faleceu em data anterior ao ajuizamento da ação, hipótese absolutamente diversa daquela contemplada na regra dos arts. 43 e 265, ambos do CPC/73. Ato que intimou as partes para o recolhimento de diligências do oficial de justiça, praticado pelo cartório judicial (art. 162, § 4º, do CPC), que conflita com a parte final da r. decisão de fls. 190 e 191. Deixa-se de conhecer do recurso interposto por Deodato Dias Martins e Jandyra Mendes Villar, com observação. (TJSP, AI n. 2059519-13.2016.8.26.0000, 7ª Câm. de Dir. Públ., rel. Luiz Sergio Fernandes de Souza, j. 27.06.2016)

Ação de cobrança. Caderneta de poupança. Pretensão de recebimento de diferença de correção monetária, relativa ao mês de abril de 1990 (valores não bloqueados). Ação ajuizada após o falecimento do autor. Extinção, com a morte, da personalidade civil da pessoa natural. Inexistência de personalidade jurídica e, via de consequência, de capacidade processual. Impossibilidade de aforamento de ação judicial, em nome da própria pessoa, depois de sua morte. Aplicação do art. 6º do novo CC e dos arts. 3º e 7º do CPC. Ação julgada procedente. Hipótese de extinção da ação reconhecida. Recurso prejudicado. (TJSP, Ap. cível c/ rev. n. 7.266.746.400, 13ª Câm. de Dir. Priv., rel. Zélia Maria Antunes Alves, j. 19.11.2008, *DJ* 04.12.2008)

**Art. 7º Pode ser declarada a morte presumida, sem decretação de ausência:**

**I – se for extremamente provável a morte de quem estava em perigo de vida;**

**II – se alguém, desaparecido em campanha ou feito prisioneiro, não for encontrado até dois anos após o término da guerra.**

**Parágrafo único. A declaração da morte presumida, nesses casos, somente poderá ser requerida depois de esgotadas as buscas e averiguações, devendo a sentença fixar a data provável do falecimento.**

Legislação correlata: art. 88, Lei n. 6.015, de 31.12.1973.

A morte é presumida quando, embora não sendo possível encontrar-se o cadáver, nas circunstâncias previstas na lei, o óbito for considerado provável.

A possibilidade da morte tanto pode dar-se em razão do decurso de tempo como em virtude de uma catástrofe ou acidente. Neste último caso, demonstrada a presença da pessoa no evento, não há necessidade de espera, a fim de se declarar a morte.

São requisitos para declaração de óbito, sem decretação de ausência: a) o desaparecimento da pessoa; b) não ter sido encontrado o cadáver para exame; c) prova da presença no local em que ocorreu o perigo; d) circunstância que identifique a probabilidade da morte, ou seja, a verossimilhança de sua ocorrência.

Cabível, também, a declaração de morte presumida do desaparecido ou feito prisioneiro em campanha, se não vier a ser encontrado até dois anos após o fim do conflito.

A declaração de morte presumida será judicial, a requerimento de interessado, após a cessação das buscas.

Estabelece a Lei n. 6.015/73 que o procedimento a ser adotado é a justificação (art. 88), acrescentando, também, o CC que a sentença deverá fixar a data provável do falecimento; logo, não se trata de justificação no sentido estrito do art. 861 do CPC/73, em que "o juiz não se pronunciará sobre o mérito da prova" (art. 866, parágrafo único), mas de procedimento de jurisdição voluntária cabente no art. 719 do CPC/2015.

A Lei n. 9.140, de 04.12.1995, alterada pelas Leis ns. 10.536, de 14.08.2002, e 10.875, de 01.06.2004, reconheceu como mortas pessoas desaparecidas em razão de participação ou acusação de participação em atividades políticas no período de 02.09.1961 a 05.10.1988.

Para fins de obtenção de benefício previdenciário, basta "prova do desaparecimento do segurado, em consequência de acidente, desastre ou catástrofe" (art. 78, § 1º, da Lei n. 8.213/91), dispensando a declaração de morte presumida ou qualquer prazo de ausência.

**Jurisprudência:** Ausência. Declaração. Pretensão que não se confunde com a comprovação de desaparecimento do segurado, para fins previdenciários, em procedimento para o qual foi citado apenas o INSS. Distinção, por igual, do reconhecimento da morte presumida, previsto nos arts. 7º do CC/2002 e 88 da Lei n. 6.015/73, que autoriza o registro do óbito e reclama a citação dos filhos, da promitente vendedora e da seguradora, como terceiros interessados, bem como intervenção do MP, cabendo ao juiz fixar a data provável da morte. Pedidos. Cumulação. Declaração de ausência, c/c pedido de quitação do contrato por óbito do compromissário e repetição do indébito. Inadmissibilidade em face da incompatibilidade procedimental. Inteligência do art. 292, § 1º, III, e § 2º, do CPC. Extinção do processo sem exame do mérito. Decisão mantida. Recurso improvido, com observações. (TJSP, Ap. Cível n. 285.292-4/6, 6ª Câm. de Dir. Priv., rel. Waldemar Nogueira Filho, j. 08.11.2007)

Previdenciário e processual civil. Apelação cível. Declaração de morte presumida. Fins previdenciários. Declaração de ausência. Diferenciação. Legitimidade do INSS. Desaparecimento do segurado. Dependente. Concessão da pensão por morte. Antecipação da tutela.

Verifica-se inequívoca diferenciação entre a declaração de ausência, tratada pelos Códigos Civil e de Processo Civil, e o reconhecimento da morte presumida do segurado, para fins previdenciários, preconizado no art. 78 da Lei n. 8.213/91; os procedimentos não induzem litispendência entre si, sendo inclusive diversa a competência para o julgamento de cada qual. Impropriedade da extinção do processo sem o julgamento do mérito.

Cabendo ao INSS a implementação do benefício, deve ele, e não o segurado ausente, integrar o polo passivo da demanda.

Devidamente constatados o desaparecimento do cônjuge da apelante pelo prazo estabelecido na legislação, a condição de segurado em que se enquadrava e a dependência econômica (inclusive presumida) da parte, impõe-se a concessão da pensão por morte, não representando óbices intransponíveis a sua não inscrição, pelo instituidor, no rol de dependentes ou a existência de outro possível dependente.

Impõe-se a concessão da tutela antecipada, sob inspiração do inciso LXXVIII do art. 5º da CR, assegurando-se a implementação do benefício devido à apelante, no prazo de 15 (quinze) dias, contados da intimação do INSS.

Apelação parcialmente provida. (TRF, 2ª R., Ap. n. 2001.020.102.08720, rel. Des. Sergio Feltrin Corrêa, j. 25.01.2006)

**Art. 8º Se dois ou mais indivíduos falecerem na mesma ocasião, não se podendo averiguar se algum dos comorientes precedeu aos outros, presumir-se-ão simultaneamente mortos.**

A questão referente à fixação do momento do óbito de duas ou mais pessoas tem relevo em matéria sucessória, já que, com a morte, "a herança transmite-se, desde logo, aos herdeiros legítimos e testamentários" (art. 1.784 do CC), de modo que, se um dos falecidos for herdeiro do outro, é preciso averiguar qual deles morreu primeiro. Não sendo possível essa determinação, presumem-se simultaneamente mortos.

A regra sobre a comoriência é arbitrária, já que não são uniformes as legislações sobre o tema e, no Direito romano, por exemplo, se "mandava presumir, de duas pessoas falecidas, na mesma ocasião, sendo uma delas ascendente da outra, que o ascendente havia falecido primeiro, se o descendente fosse púbere, e, no caso oposto, teria falecido depois"; entretanto, "não havendo entre os comorientes esse vínculo de parentesco, entendia-se que a morte se dera ao mesmo tempo" (BEVILAQUA, Clóvis. *Theoria geral do direito civil*, 6. ed. atualizada por Achilles Bevilaqua. Rio de Janeiro, Francisco Alves, 1953, p. 130).

A presunção de morte simultânea só encontra guarida quando há incerteza invencível acerca de qual dos comorientes precedeu ao outro, mas, conforme Serpa Lopes, "pouco importa que as mortes hajam ocorrido como consequência do mesmo acidente ou que tais acontecimentos se tenham dado por causas diversas e em locais diferentes, diversamente do Direito alemão, que condiciona a presunção ao fato das mortes simultâneas terem ocorrido no mesmo acidente" (*Curso de direito civil*, 3. ed. Rio de Janeiro, Freitas Bastos, 1960, v. I, p. 266).

Trata-se, ainda, de presunção relativa, podendo, pois, ser contestada.

**Jurisprudência:** Agravo de instrumento. Ação de inventário. Preliminares de inadmissibilidade do recurso. Rejeitadas. Acidente automobilístico. Falecimento do casal. Exame de corpo de delito e certidão de óbito. Lapso de oito minutos entre as mortes. Premoriência. Decisão reformada. Embora o CPC/2015 tenha restringido as hipóteses de cabimento do Agravo de Instrumento, em que somente poderão ser impugnadas por meio de referido recurso as decisões interlocutórias que versem sobre as questões elencadas no rol taxativo do art. 1.015, é importante observar que o parágrafo único do referido artigo autoriza, também, o cabimento do recurso de agravo de instrumento contra decisões interlocutórias proferidas em processos de inventário. Não há que se falar em inadmissibilidade do recurso por ausência de peças obrigatórias, quando encontra-se nos autos a petição que deu ensejo à decisão agravada e a petição de oposição dos herdeiros do espólio, peças suficientes à compreensão da controvérsia. Nos termos do art. 8º, do CC, "se dois ou mais indivíduos falecerem na mesma ocasião, não se podendo averiguar se algum dos comorientes precedeu aos outros, presumir-se-ão simultaneamente mortos". Considerando a informação dos exames de corpo de delito e das certidões de óbito em que o inventariado faleceu oito minutos antes de sua convivente, é possível constatar a precedência da morte entre o casal e, portanto, deve ser reformada a r. decisão agravada, pois reconhecida a premoriência do varão em relação à varoa e não comoriência. Decisão: deram provimento ao recurso. (TJMG, AI n. 10363110043363001/MG, 6ª Câm. Cível, rel. Des. Yeda Athias, j. 25.04.2017, *DJe* 08.05.2017)

Comoriência. Acidente de carro. Bebê de onze meses. Parada cardiorrespiratória. Existência de ligeira sensibilidade das pupilas ("fotorreagentes"). Transporte para o hospital, sem que fosse atestado o óbito pelo corpo de bombeiros. Mãe e avó que faleceram no mesmo acidente. Presunção legal não afastada pelas provas. Recurso não provido. (TJSP, Ap. cível c/ rev. n. 1.927.594.500, 8ª Câm. de Dir. Priv., rel. Joaquim Garcia, j. 04.03.2009, *DJ* 18.03.2009)

Comoriência. Presunção legal. Elisão. Prova. Não se podendo afirmar com absoluta certeza, em face da prova dos autos, a premoriência de uma das vítimas de acidente em que veículo é abalroado e vem a explodir quase em seguida, deve ser mantida a presunção legal de comoriência. Apelo improvido. (TJMG, Proc. n. 1.0137.06.900006-5/001(1), rel. Cláudio Costa, j. 09.11.2006, publ. 01.12.2006)

**Art. 9º Serão registrados em registro público:**
**I – os nascimentos, casamentos e óbitos;**
**II – a emancipação por outorga dos pais ou por sentença do juiz;**
**III – a interdição por incapacidade absoluta ou relativa;**
**IV – a sentença declaratória de ausência e de morte presumida.**

Legislação correlata: art. 29, Lei n. 6.015, de 31.12.1973.

O registro público referido é o Registro Civil das Pessoas Naturais (art. 1º, § 1º, I, da Lei n. 6.015/73).

A pessoa natural tem começo e fim e, segundo R. Limongi França, "é entre esses extremos que, fundamentalmente, elas desempenham o seu *papel* (lembremo-nos do sentido metafórico de *persona*) no palco da vida jurídica, papel que se modifica conforme o estado, a capacidade e os demais atributos da personalidade" (*Instituições de direito civil*, 4. ed. São Paulo, Saraiva, 1996, p. 92), sendo de suma importância o controle estatal desses fatos para a segurança das relações jurídicas.

O registro é ato principal de documentação desses elementos que determinam o estado e a capacidade da pessoa natural, cujas formalidades estão disciplinadas pela Lei n. 6.015, de 31.12.1973, que dispõe sobre os registros públicos e dá outras providências.

É também sujeita a registro a opção de nacionalidade (art. 29, VII, da Lei n. 6.015/73), que poderá ser feita em qualquer tempo (art. 12, I, *c*, da CF).

**Jurisprudência:** Registro público. Nascimento de criança morta. Certidão de nascimento. Impossibilidade. Registro no livro "C auxiliar" (arts. 33, V, e 53, § 1º, da Lei n. 6.015/73). A lei determina que ao nascituro que nasce sem vida, ou seja, que não respirou, não se faz certidão de nascimento e, posteriormente, a de óbito, mas apenas o registro no livro próprio. Embora a lei ponha a salvo os direitos do nascituro desde a concepção, é com o nascimento com vida que o indivíduo adquire personalidade civil (art. 2º do CC), alcançando direitos personalíssimos como patrimonial e ao nome. Recurso improvido, por maioria. (TJRS, Ap. Cível n. 70.020.535.118, 8ª Câm. Cível, rel. Claudir Fidélis Faccenda, j. 25.10.2007, *DJ* 01.11.2007)

**Art. 10. Far-se-á averbação em registro público:**
**I – das sentenças que decretarem a nulidade ou anulação do casamento, o divórcio, a separação judicial e o restabelecimento da sociedade conjugal;**
**II – dos atos judiciais ou extrajudiciais que declararem ou reconhecerem a filiação;**
**III – *(Revogado pela Lei n. 12.010, de 03.08.2009.)***

Legislação correlata: art. 29, § 1º, Lei n. 6.015, de 31.12.1973.

A averbação é ato acessório e documenta as modificações de fatos já registrados, dispondo a Lei n. 6.015/73: "A averbação será feita pelo oficial do cartório em que constar o assento à vista da carta de sentença, de mandado ou de petição acompanhada de certidão ou documento legal e autêntico" (art. 97).

O casamento válido só se dissolve pela morte de um dos cônjuges ou pelo divórcio (art. 1.571, § 1º).

É nulo o casamento contraído nas condições do art. 1.548 e anulável o realizado nas hipóteses do art. 1.550.

A sociedade conjugal se dissolve, além de nos casos de dissolução do casamento, também pela nulidade ou anulação desse e pela separação judicial (art. 1.571).

A sociedade conjugal dissolvida pela separação judicial poderá ser restabelecida a qualquer tempo, "por ato regular em juízo" (art. 1.577), bastando, pois, que as partes postulem sua reconstituição.

O reconhecimento de filhos havidos do casamento é irrevogável e poderá dar-se por ocasião do próprio registro ou por escritura pública ou particular, por testamento e por manifestação em juízo, ainda que em ação com objetivo diverso (art. 1.609). Além do reconhecimento voluntário, a filiação poderá ser declarada por sentença (art. 1.616).

O inciso III do art. 10 estabelecia o registro "dos atos judiciais ou extrajudiciais de adoção", mas foi revogado pela Lei n. 12.010, de 03.08.2009 (art. 8º), que, também, deu nova redação aos arts. 1.618 e 1.619 do CC, por força dos quais a adoção de menores se faz conforme a Lei n. 8.069, de 13.07.1990 (ECA), aplicável, no que couber, à adoção de maiores de 18 anos.

A separação consensual ou o divórcio nas mesmas circunstâncias poderão fazer-se por escritura pública, independentemente de homologação judicial, a qual será título hábil para o registro civil e o registro de imóveis (art. 733 do CPC/2015).

**Jurisprudência:** Menor. Paternidade. Reconhecimento por ocasião de acordo realizado no processo. Expedição de mandado de averbação ao Cartório de Registro Civil. Admissibilidade. Hipótese em que o ato judicial (revestido inclusive de fé pública), perfeito no fundo e na forma, e com a chancela do MP, sem dúvida se consubstancia "documento público" válido e eficaz, portanto, a produzir todos os efeitos de direito. Recurso provido nesse sentido. (TJSP, AI n. 153.757-1, rel. Reis Kuntz, j. 05.09.1991)

## CAPÍTULO II
## DOS DIREITOS DA PERSONALIDADE

**Art. 11. Com exceção dos casos previstos em lei, os direitos da personalidade são intransmissíveis e irrenunciáveis, não podendo o seu exercício sofrer limitação voluntária.**

O objeto dos direitos da personalidade são faculdades jurídicas que se situam no âmbito da própria pessoa, definindo-os R. Limongi França como aqueles "cujo objeto são os diversos aspectos da própria pessoa do sujeito, bem assim da sua projeção essencial no modo exterior" (*Instituições de direito civil*, 4. ed. São Paulo, Saraiva, 1996, p. 1.031), e, segundo o mesmo autor, esses aspectos são basicamente o físico, o intelectual e o moral.

No campo do direito à integridade física situam-se os direitos à vida (art. 5º, III e XLVII, *a* e *e*, da CF), ao próprio corpo, vivo ou morto, ao corpo alheio, vivo ou morto, e a suas partes separadas, sendo que, no tocante a estas últimas, o tema ganha relevância, quando se tratar de remoção de órgãos para fins de transplante, cuja facilitação é determinada pela CF (art. 199, § 4º), ou ainda quando se cuida de transplante de órgãos, de que trata a Lei n. 9.434, de 04.02.1997, e cuja coleta, processamento, estocagem, distribuição e aplicação de sangue é determinada pela Lei n. 10.205/2001.

O direito à integridade intelectual compreende a liberdade de pensamento e de expressão e os direitos morais ou imateriais do autor e do inventor, com assento constitucional (art. 5º, IV, IX, XXVII, XXVIII e XXIX) e disciplina infraconstitucional (Lei n. 9.610/98, que dispõe sobre os direitos autorais; Lei n. 9.609/98, que dispõe sobre proteção de propriedade intelectual sobre programas de computadores; Lei n. 9.279/96, que dispõe sobre direitos e obrigações relativas à propriedade industrial).

A integridade moral é garantida mediante o reconhecimento dos direitos à liberdade, à honra, ao recato, ao segredo e ao sigilo, à imagem e à identidade, de que tratam dispositivos constitucionais (art. 5º, V, X, XII, XIV, LVI, LX e LXXII) e legais (Lei n. 9.507/97, que regula o direito de acesso à informação e o procedimento do *habeas data*; LC n. 105/2001, que dispõe sobre o sigilo das operações de instituições financeiras; Lei n. 6.015/73 – registros públicos).

Os direitos da personalidade são absolutos, extrapatrimoniais e perpétuos. De seu caráter absoluto decorre a oponibilidade *erga omnes*, na medida em que geram o dever geral de abster-se de sua violação. Sua extrapatrimonialidade afasta a possibilidade de transmissão e, em consequência, são direitos impenhoráveis. Sendo perpétuos, não comportam renúncia, nascendo e extinguindo-se com a pessoa, embora sob alguns aspectos possam gozar de proteção para depois da morte.

A impossibilidade de renúncia não significa, entretanto, que a pessoa não possa em algumas circunstâncias, como ao revelar fatos de sua intimidade, deixar de exercê-los, mas tal não significa que deles abriu mão, podendo, por isso, a qualquer tempo recuperar-lhes o pleno exercício.

**Jurisprudência:** Súmula n. 403, STJ: Independe de prova do prejuízo a indenização pela publicação não autorizada de imagem de pessoa com fins econômicos ou comerciais.

Súmula n. 404, STJ: É dispensável o aviso de recebimento (AR) na carta de comunicação ao consumidor sobre a negativação de seu nome em bancos de dados e cadastros.

Agravo interno no agravo em recurso especial. Medida cautelar inominada com pedido de liminar. Decisão monocrática que conheceu do agravo para, de plano, dar provimento ao apelo extremo da parte adversa. Insurgência do autor. 1 – O STF definiu que o direito ao esquecimento é incompatível com a CF (Tema n. 786). Assim, o direito ao esquecimento, porque incompatível com o ordenamento jurídico brasileiro, não é capaz de justificar a atribuição da obrigação de excluir publicações relativas a fatos verídicos. Precedentes. 2 – Agravo interno desprovido. (STJ, Ag. Interno no AREsp n. 1.559.476/RJ, 4ª T., rel. Min. Marco Buzzi, j. 22.04.2024, *DJe* 25.04.2024)

Dano à imagem. Direito da personalidade. Veiculação da imagem do autor em carnês de pagamento (conta de energia elétrica). Ausência de autorização. Reprodução para fins comerciais. Sentença que reconheceu o dano moral. Apelação requerendo reforma total da sentença. Recurso adesivo para majoração. 1 – A imagem constitui um dos elementos inerentes à personalidade, sendo o respectivo direito intransmissível e irrenunciável, porém, disponível. 2 – O conjunto probatório é firme no sentido de que não houve autorização do titular do direito para o uso de sua imagem em propaganda da ré. 3 – A utilização da imagem ocorreu com nítidos fins publicitários e comerciais. 4 – O dever de indenizar decorre da constatação da utilização da imagem sem autorização e com fins comerciais, sendo desnecessária a comprovação de veiculação de cunho vexatório. 5 – Danos morais que devem ser majorados. Desprovimento do recurso da ré. Provimento parcial ao recurso adesivo. (TJRJ, Ap. n. 2007.001.13848, rel. Des. Elton Leme, j. 26.06.2007)

Apelação. Ação de indenização por danos morais. Legitimidade do espólio. Direitos da personalidade. Preliminar acolhida. O exercício da defesa dos direitos da personalidade é de caráter personalíssimo, não podendo ser transferidos a outrem. A ação de indenização pelos danos morais sofridos em virtude de cobranças indevidas não pode ser ajuizada pelo espólio da vítima das cobranças, eis que este não manifestou em vida o seu desejo à tutela reparatória. Nos termos do art. 11 do CC, os direitos da personalidade são intransmissíveis. (TJMG, Ap. Cível n. 1.0145.06.334053-6/001, rel. Nilo Lacerda, j. 02.05.2007, publ. 12.05.2007)

---

**Art. 12. Pode-se exigir que cesse a ameaça, ou a lesão, a direito da personalidade, e reclamar perdas e danos, sem prejuízo de outras sanções previstas em lei.**

**Parágrafo único. Em se tratando de morto, terá legitimação para requerer a medida prevista neste artigo o cônjuge sobrevivente, ou qualquer parente em linha reta, ou colateral até o quarto grau.**

---

Os direitos da personalidade são oponíveis *erga omnes* e sua violação configura descumprimento de obrigação legal de não fazer, dando, porém, ensejo a sanções de natureza pública ou privada.

No campo do direito público, encontram previsão no direito penal, quando esse pune os crimes contra a honra a que se aliam instrumentos constitucionais como as ações de *habeas corpus* e *habeas data*.

A sanção privada compreende não só a indenização, que não é instrumento específico de proteção dos direitos da personalidade, como a pretensão cominatória, a que aludem os arts. 536, § 5º, e 537, § 5º, do CPC/2015. No caso, portanto, é possível a cumulação de indenização por perdas e danos com a multa pelo descumprimento da determinação judicial de cessação da ameaça ou lesão.

Ainda, conquanto a morte ponha termo à existência da pessoa natural (art. 6º do CC), o cônjuge supérstite ou qualquer parente na linha reta ou colateral até o quarto grau do falecido têm legitimidade para reclamar sanções contra a violação dos direitos da personalidade deste, pois sobrevive-lhe "em algumas espécies, a proteção legal", no dizer de Orlando Gomes (*Introdução ao direito civil*, 12. ed. Rio de Janeiro, Forense, 1996, p. 153), ou, consoante Rosa Maria de Andrade Nery e Nelson Nery Junior, "o sistema jurídico reconhece – agora como projeção da existência anterior daquele que já não existe sobre a esfera judiciária de outros, no caso, de seus sucessores – a tutela de certos direitos e deveres que se projetaram para seus sucessores por virtude da titularidade de bens jurídicos típicos da humanidade de quem já se foi, como é o caso da proteção do nome, da boa fama, da memória e dos frutos da potência intelectiva e criativa de seu antigo titular" (*Instituições de direito civil*, v. I, t. II – Parte Geral. São Paulo, RT, 2015, p. 37).

A legitimidade do cônjuge, também, deve ser estendida àquele com quem o finado vivia em união estável, em razão dos vínculos morais que a lei exige para reconhecê-la (art. 1.724).

**Jurisprudência:** Súmula n. 323, STJ: A inscrição do nome do devedor pode ser mantida nos serviços de proteção ao crédito até o prazo máximo de cinco anos, independentemente da prescrição da execução.

Agravo interno no agravo em recurso especial. Ação de reparação por danos morais. Evento morte. Omissão, contradição ou carência de fundamentação inexistentes. Acórdão devidamente justificado. Responsabilidade da insurgente, legitimidade ativa dos autores e valor da indenização. Quantia razoável e proporcional. Súmula n. 7/STJ. Agravo interno desprovido. 1 – Não há nenhuma omissão, contradição ou carência de fundamentação a ser sanada no julgamento estadual, portanto inexistentes os requisitos para reconhecimento de ofensa aos arts. 489 e 1.022 do CPC. O acórdão dirimiu a controvérsia com base em fundamentação sólida, sem tais vícios, tendo apenas resolvido a celeuma em sentido contrário ao postulado pela parte insurgente. 2 – As conclusões adotadas na segunda instância – ocorrência de danos morais, legitimidade dos autos para pleitear a reparação, bem como o montante fixado para reparação – foram extraídas da análise fático-probatória dos autos. Aplicação da Súmula n. 7/STJ. 3 – Conquanto "a legitimidade para pleitear a reparação por danos morais seja, em princípio, do próprio ofendido, titular do bem jurídico tutelado diretamente atingido (CC/2002, art. 12; CC/1916, arts. 75 e 76), tanto a doutrina como a jurisprudência têm admitido, em certas situações, como colegitimadas também aquelas pessoas que, sendo muito próximas afetivamente ao ofendido, se sintam atingidas pelo evento danoso, reconhecendo-se, em tais casos, o chamado dano moral reflexo ou em ricochete. O dano moral indireto ou reflexo é aquele que, tendo se originado de um ato lesivo ao direito personalíssimo de determinada pessoa (dano direto), não se esgota na ofensa à própria vítima direta, atingindo, de forma mediata, direito personalíssimo de terceiro, em razão de seu vínculo afetivo estreito com aquele diretamente atingido" (Ag. Interno no REsp n. 2.026.618/MA, 4ª T., rel. Min. Maria Isabel Gallotti, j. 04.09.2023, *DJe* 08.09.2023). 4 – Agravo interno desprovido. (STJ, Ag. Interno no AREsp n. 2.542.393/MG, 3ª T., rel. Min. Marco Aurélio Bellizze, j. 24.06.2024, *DJe* 26.06.2024)

Apelação cível. Contrato de mútuo bancário. Empréstimo consignado em folha de pagamento. Limitação a 30% do rendimento líquido. Respeito ao princípio da dignidade da pessoa humana. Danos morais não configurados. Ausência de comprovação de situação capaz de violar atributos da personalidade. Recurso parcialmente provido. 1 – Não se podem admitir descontos irrestritos integrais aos proventos creditados e na conta-corrente, cabendo impor-se limitação a um percentual razoável, com vistas à garantia e observância do princípio da dignidade humana. 2 – Verifica-se em diversos regramentos que o percentual de 30% sobre os rendimentos líquidos afigura-se como uma margem aceitável e razoável a permitir a possibilidade de adimplemento das obrigações firmadas e, ao mesmo tempo, não ameaçar ou criar risco de vulneração ao princípio da dignidade humana. 3 – Os incômodos e aborrecimentos sofridos pelo consumidor, ao se deparar com cobranças indevidas ou dificuldades para resolver problemas da contratualidade, são dissabores do cotidiano. A simples cobrança em si mesma não ofende nenhum direito personalíssimo e irrenunciável (art. 11 do CC), a ponto de gerar um direito compensatório. Para que se possa falar de dano moral é preciso que os atributos da personalidade, como nome, integridade física, honra, imagem, etc. sejam atingidos de alguma forma, o que não restou comprovado. 4 – Recurso conhecido e parcialmente provido. (TJAM, Ap. n. 0620114-27.2017.8.04.0001, rel. Délcio Luís Santos, j. 17.12.2018, *DJe* 01.02.2019)

Ação de indenização. Danos morais. Possibilidade de os sucessores postularem indenização em nome do falecido. Nos termos do art. 12 do CC, pode-se exigir que cesse a ameaça, ou a lesão, a direito da personalidade, e reclamar perdas e danos, sem prejuízo de outras sanções previstas em lei. Em se tratando de morto, terá legitimação para requerer a medida prevista neste artigo o cônjuge sobrevivente, ou qualquer parente em linha reta, ou colateral até o quarto grau. Hipótese, contudo, que não comporta reconhecimento de dano moral. Recurso provido para julgar-se improcedente a ação proposta. (T. Rec. – RS, Rec. cível n. 71.000.861.427, 2ª T. Rec. Cível, rel. Clovis Moacyr Mattana Ramos, j. 24.05.2006, *DJ* 14.06.2006)

Civil. Danos morais e materiais. Direito à imagem e à honra de pai falecido.

Os direitos da personalidade, de que o direito à imagem é um deles, guardam como principal característica a sua intransmissibilidade. Nem por isso, contudo, deixa de merecer proteção a imagem e a honra de quem falece, como se fossem coisas de ninguém, porque elas permanecem perenemente lembradas nas memórias, como bens imortais que se prolongam para muito além da vida, estando até acima desta [...]. Daí porque não se pode subtrair dos filhos o direito de defender a imagem e a honra de seu falecido pai, pois eles, em linha de normalidade, são os que mais se desvanecem com a exaltação feita à sua memória, como são os que mais se abatem e se deprimem por qualquer agressão que lhe possa trazer mácula. Ademais, a imagem de pessoa famosa projeta efeitos econômicos para além de sua morte, pelo que os seus sucessores passam a ter, por direito próprio, legitimidade para postularem indenização em juízo, seja por dano moral, seja por dano material. Primeiro recurso especial das autoras parcialmente conhecido e, nessa parte, parcialmente provido.

Segundo recurso especial das autoras não conhecido. Recurso da ré conhecido pelo dissídio, mas improvido. (STJ, REsp n. 521.697/RJ, rel. Min. Cesar Asfor Rocha, j. 20.03.2006)

---

**Art. 13. Salvo por exigência médica, é defeso o ato de disposição do próprio corpo, quando importar diminuição permanente da integridade física, ou contrariar os bons costumes.**

**Parágrafo único. O ato previsto neste artigo será admitido para fins de transplante, na forma estabelecida em lei especial.**

---

Legislação correlata: Lei n. 9.434, de 04.02.1997.

A integridade física é direito da personalidade e, portanto, indisponível. Se, porém, a separação de parte do corpo não importar sua diminuição permanente nem contrariar os bons costumes, é admitida, sendo que a Lei n. 9.434, de 04.02.1997, exclui da compreensão de tecidos o sangue, o esperma e o óvulo (art. 1º, parágrafo único).

O dispositivo cuida, evidentemente, da disposição de partes do corpo vivo, que, também, é permitida para fins de transplante e tratamento, observadas as regras estabelecidas em lei especial (Lei n. 9.434/97). Assim é que pode doar a pessoa juridicamente capaz, sendo beneficiário o cônjuge, parente consanguíneo até o quarto grau, mediante autorização preferencialmente por escrito e perante testemunhas. Para qualquer outra pessoa, dependerá de autorização judicial, que é dispensada no caso de medula óssea. O incapaz poderá doar medula óssea, desde que haja consentimento de ambos os pais ou seus responsáveis legais, haja autorização judicial e não ofereça o ato risco para sua saúde. A doação é revogável.

A disposição só se pode dar gratuitamente.

A gestante não pode dispor de tecidos, órgãos ou partes de seu corpo vivo, salvo para transplante de medula óssea, não oferecendo risco a sua saúde ou ao feto.

O autotransplante depende apenas do consentimento do indivíduo ou de seus pais ou responsáveis, se for incapaz.

**Jurisprudência:** Civil. Constitucional. Alvará judicial. Cirurgia de vasectomia. Incapaz. Pedido judicial para portador da síndrome de Willians. Indeferimento. Medida extremada. Direito fundamental e personalíssimo. Violação. Provimento negado. Sentença mantida. 1 – A concessão de autorização judicial para a realização de cirurgia de esterilização em incapaz constitui medida excepcional, que deve ser precedida de expressa e razoável justificativa, e mediante controle do Ministério Público, porquanto medida capaz de restringir direito fundamental com limitação a dignidade da pessoa humana. 2 – A medida se mostra extremada, por ferir diretamente o direito personalíssimo da pessoa humana. 3 – O CC brasileiro afirma que, "salvo por exigência médica, é defeso o ato de disposição do próprio corpo, quando importar diminuição permanente da integridade física, ou contrariar os bons costumes" (art. 13), estabelecendo a tutela geral dos direitos da personalidade no art. 12. 4 – Nos casos em que a esterilização é indicada, entendemos deva ser a última instância de um processo técnico científico desenvolvido e não como "atalho" para enfrentamento da sexualidade e reprodução de portador de deficiência. 5 – Lembra-se, por oportuno, que o direito de constituir família deve sempre que possível ser preservado, qualquer que seja a deficiência. 6 – Sentença mantida. Recurso desprovido. (TJDF, Ap. n. 0009916-55.2015.8.07.0004/DF, 7ª T. Cível, rel. Des. Romeu Gonzaga Neiva, j. 24.10.2018, *DJe* 06.11.2018)

Ação de retificação do registro de nascimento. Transexual. Adequação do sexo psicológico ao sexo genital. Sentença de procedência. Apelação. Sentença que julgou procedente o pedido, deferindo a alteração no registro civil, consistente na substituição do nome do requerente, passando a figurar como pessoa do sexo feminino. Características físicas e emocionais do sexo feminino. Art. 13 do CC. Defeso o ato de dispor do próprio corpo. Exceção quando for por exigência médica. Ciência moderna trata o transexualismo como uma questão neurológica. Análise citogenética. Prova definitiva para determinar o sexo. Diferença encontrada nos cromossomos sexuais é a chave para a determinação do sexo. Cirurgia de mudança de sexo não é modificadora do sexo. Mera mutilação do órgão genital, buscando a adaptação do sexo psicológico com o sexo genital. Mudança de sexo implicaria reconhecimento de direitos específicos das mulheres. Segurança jurídica. Mudança do nome do apelado se afigura possível. Arts. 55 e 58 da Lei n. 6.015/73. Nome pode ser alterado quando expõe a pessoa ao ridículo. Quanto a mudança de sexo, a pretensão deve ser rejeitada. Modificação do *status* sexual encontra vedação no art. 1.604 do CC. Ensejaria violação ao preceito constitucional que veda casamento entre pessoas do mesmo sexo. Retificação do sexo no assento de nascimento tem como pressuposto lógico a existência de erro. Inexistência de erro. Apesar da aparência feminina, ostenta cromossomos masculinos. Dá-se provimento ao recurso. (TJRJ, Ap. n. 2007.001.24198, rel. Des. Mônica Costa Di Piero, j. 07.08.2007)

Civil. Estado individual. Imutabilidade. Cirurgia de transgenitalização. Autorização judicial. Pedido. Impossibilidade jurídica. O art. 13, *caput*, do CC (Lei n. 10.406, de 10.01.2002) veda o ato de disposição do próprio corpo, quando importar diminuição permanente da integridade física ou contrariar os bons costumes, salvo por exigência médica. A exigência médica a que se refere o dispositivo do CC deve ser entendida como a necessidade imperiosa de transformação ou de remoção de órgão do corpo, cientificamente provada, em decorrência de patologia grave e curável, exclusivamente, por meio daqueles procedimentos interventivos extremos. O sexo, como estado individual da pessoa, é informado pelo gênero biológico. O sexo, do qual derivam direitos e obrigações, procede do Direito e não pode variar de sua origem natural sem legislação própria que a acautele e discipline. Nega-se provimento ao recurso. (TJMG, Proc. n. 1.0672.04.150614-4/001(1), rel. Almeida Melo, j. 12.05.2005, publ. 14.06.2005)

---

**Art. 14. É válida, com objetivo científico, ou altruístico, a disposição gratuita do próprio corpo, no todo ou em parte, para depois da morte.**

**Parágrafo único. O ato de disposição pode ser livremente revogado a qualquer tempo.**

---

Legislação correlata: Lei n. 9.434, de 04.02.1997.

A disposição para depois da morte pode ser de todo o corpo ou de parte ou partes dele. Será, necessariamente, gratuita e é revogável.

A Lei n. 9.434, de 04.02.1997, regula a disposição *post mortem* de tecidos, órgãos e partes do corpo humano para fins de transplante.

A retirada de órgãos para essa finalidade deverá ser precedida de diagnóstico de morte encefálica, constatada e registrada por dois médicos não integrantes da equipe de remoção e transplante, sendo admitida a presença de médico da confiança da família do falecido no ato de comprovação e atestação da morte encefálica.

A autorização para retirada de partes do corpo do morto poderá ser dada pelo próprio doador e é revogável, não estabelecendo a lei forma especial; entretanto, pela necessidade de documentação, terá de ser por escrito, sendo aconselhável, embora não obrigatória, a escritura pública.

Não havendo autorização do doador, a retirada de tecidos e órgãos de falecido terá de ser autorizada pelo cônjuge ou parente maior de idade, observada a linha sucessória, reta ou colateral, até o segundo grau inclusive.

Tratando-se de incapaz, a autorização deverá ser permitida expressamente por ambos os pais ou por seus responsáveis legais.

Não é permitida a remoção de órgãos de pessoa não identificada.

Não tendo a morte ocorrido sob assistência médica, ou se a causa for mal definida ou a morte suspeita, é necessária autorização de patologista encarregado da investigação.

Após a retirada de tecidos, órgãos ou partes do corpo, o cadáver será condignamente recomposto para ser entregue aos parentes ou aos responsáveis legais.

**Art. 15. Ninguém pode ser constrangido a submeter-se, com risco de vida, a tratamento médico ou a intervenção cirúrgica.**

O direito à vida é indisponível, de modo que o médico está autorizado, em princípio, a realizar todos os procedimentos para a recuperação do paciente, independentemente da aquiescência deste.

Se, porém, a cirurgia ou o tratamento indicados oferecem risco, terá de obter o consentimento do enfermo ou de seu representante legal, se incapaz de manifestar validamente a vontade. Somente se a obtiver é que poderá realizá-los.

Não só no trato do doente com o médico a questão se põe, mas também no âmbito contratual e no previdenciário. Assim é que o segurado da previdência social não pode ser compelido a submeter-se a tratamento ou cirurgia de risco, buscando a cura, tão somente para evitar o recebimento de benefício devido em razão de doença. Igualmente, não está o contratante de seguro adstrito a submeter-se a esses tratamentos ou cirurgia, para livrar a seguradora do pagamento de indenização.

Especial proteção o Estatuto da Pessoa com Deficiência (Lei n. 13.146/2015) veio a dispensar nesse campo, estabelecendo que: a) a pessoa com deficiência não poderá ser obrigada a se submeter à intervenção clínica ou cirúrgica, a tratamento ou institucionalização forçada, devendo o consentimento dos que se encontrarem em situação de curatela ser suprido na forma da lei; b) o consentimento prévio, livre e esclarecido da pessoa com deficiência é indispensável para a realização de tratamento, procedimento hospitalizado e pesquisa científica e, em caso de pessoa em situação de curatela, deve assegurar-se sua participação no maior grau possível para obtenção de consentimento; c) a pesquisa científica envolvendo pessoa com deficiência em situação de tutela ou curatela será excepcional; d) a pessoa com deficiência só será atendida sem consentimento prévio em caso de risco de morte e de emergência em saúde (arts. 11 a 13).

**Jurisprudência:** Intervenção cirúrgica. Consentimento informado. Inobservância do art. 15, CC/2002. Precedentes. Dano material. Perda da chance. Dano moral configurado. O paciente deve participar na escolha e discussão acerca do melhor tratamento tendo em vista os atos de intervenção sobre o seu corpo. Necessidade de informações claras e precisas sobre eventual tratamento médico, salientando seus riscos e contraindicações, para que o próprio paciente possa decidir, conscientemente, manifestando seu interesse através do consentimento informado. No Brasil, o Código de Ética Médica há muito já previu a exigência do consentimento informado *ex vi* arts. 46, 56 e 59 do atual CC. O CC/2002 acompanhou a tendência mundial e positivou o consentimento informado no seu art. 15. A falta injustificada de informação ocasiona quebra de dever jurídico, evidenciando a negligência e, como consequência, o médico ou a entidade passa a responder pelos riscos da cirurgia não informados ao paciente. A necessidade do consentimento informado só poderá ser afastada em hipótese denominada pela doutrina como privilégio terapêutico, não ocorrentes no presente caso. Perda superveniente do interesse de agir quanto ao pedido de condenação do réu a implantar a prótese necessária à radicalização de incontinência urinária, uma vez que o esfíncter artificial não mais soluciona o problema do autor. Nesse diapasão, não há que se falar em fixação das astreintes. Persiste o pedido quanto à condenação em todas as despesas oriundas do tratamento adequado da incontinência urinária, cabendo apuração em sede de liquidação por artigos, haja vista a não consolidação das lesões nos termos do art. 608 do CPC. Dano moral configurado, impondo-se a redução como forma de equidade, por disposição do parágrafo único do art. 944 do CC/2002; considerando que o réu agiu de acordo com a ciência médica no que tange ao procedimento, observando-se como única falha a falta do consentimento informado. Provimento parcial do primeiro recurso e desprovimento do segundo apelo. (TJRJ, Ap. n. 2006.001.13957, rel. Des. Roberto de Abreu e Silva, j. 17.10.2006)

Acidente do trabalho. Benefício. Aposentadoria por invalidez previdenciária. Concessão administrativa. Cancelamento ante a negativa de submissão a intervenção cirúrgica. Inadmissibilidade.

Despropositado o cancelamento do benefício previdenciário, eis que não é lícito à Administração Pública determinar ao acidentado a realização de cirurgia, ato causador de violência física ao ser humano, traduzindo, comumente, risco de vida. (II TACSP, Ap. s/ rev. n. 203.901-00/9, 6ª Câm., rel. Juiz Soares Lima, j. 30.09.1987, in *JTA(RT)* 109/255)

Acidente do trabalho. Doença. Mal da coluna. Incapacidade total para o trabalho. Reconhecimento pela autarquia. Imposição de cirurgia. Inadmissibilidade.

Reconhecida pela autarquia a incapacidade total do obreiro, a cirurgia da coluna, com ou sem risco, não pode ser imposta ao trabalhador com a finalidade de aumentar sua capacidade de trabalho. (II TACSP, Ap. s/ rev. n. 338.759-00/1, 8ª Câm., rel. Juiz Narciso Orlandi, j. 06.05.1993, in *JTA(Lex)* 144/511)

**Art. 16. Toda pessoa tem direito ao nome, nele compreendidos o prenome e o sobrenome.**

O nome civil é o principal elemento de identificação da pessoa natural, definindo-o R. Limongi França como "a designação pela qual se identificam e distinguem as pessoas naturais, nas relações concernentes ao aspecto civil de sua vida jurídica" (*Do nome civil das pessoas naturais*, 3. ed. São Paulo, RT, 1975, p. 22), sendo que comporta, segundo o mesmo autor, os seguintes elementos fundamentais: prenome e apelido de família. O apelido de família também se denomina de modo corrente como patronímico ou sobrenome e serve para indicar a família a que a pessoa pertence.

O prenome pode ser simples (Sidney, Rodrigo, Simone, Juliana, Rafaela, Tiago) ou composto (Regina Marina, André Luís, Delma Lúcia, Ana Luísa) e não raro são os nomes compostos de forma a homenagear, com a combinação, ascendente que, na família, gozou de estima (ex.: Luís Felipe e Luís Henrique, lembrando o ascendente Luís). O prenome, simples ou composto, pode vir imediatamente ligado ao sobrenome (José Silva) ou mediante partícula (José da Silva). Considerando que, na mesma família, pode haver pessoas com nome idêntico, a posição familiar é definida por *agnome* (José da Silva **Filho**).

Evidentemente, as pessoas no trato social não são chamadas pelo nome completo, tendo um pelo qual atende, que é o nome vocatório, sendo que muitas vezes, no meio em que vive, o indivíduo é conhecido por alcunha ou apelido decorrente de alguma particularidade (Aleijadinho), fato também corriqueiro entre criminosos (Sete Dedos).

Segundo José Roberto Neves Amorim, os elementos componentes do nome são os seguintes: "prenome, nome de família, sobrenome, agnome, partícula e conjugação, nome vocatório, apelido e alcunha, hipocrístico, pseudônimo e heterônimo, títulos nobiliárquicos e heterônimos" (*Direito ao nome da pessoa física*. São Paulo, Saraiva, 2003, p. 9).

A disciplina referente à colocação do nome e as hipóteses de alteração encontram-se na Lei de Registros Públicos (Lei n. 6.015/73, arts. 54 a 58). Nota-se, porém, no tocante à mudança do prenome, a evolução doutrinária e jurisprudencial para atender a situações de fato merecedoras de amparo. Em caso de adoção, vigora o disposto na Lei n. 8.069/90 (ECA) – art. 47, § 5º.

No CNJ, o Provimento n. 73, de 28.06.2018, regulou a averbação da alteração do prenome e do gênero nos assentos de nascimento e casamento de pessoa transgênero no Registro Civil das Pessoas Naturais.

Não regateou, também, o legislador, trazendo, com a Lei n. 14.382, de 27.06.2022, substancial modificação, na medida em que alterou a Lei de Registros Públicos, a principiar com a nova compreensão do que compõe o nome, conforme a redação dada ao art. 55: "Toda pessoa tem direito ao nome, nele compreendidos o prenome e o sobrenome, observado que ao prenome serão acrescidos os sobrenomes dos genitores ou de seus ascendentes, em qualquer ordem e, na hipótese de acréscimo de sobrenome de ascendente que não conste das certidões apresentadas, deverão ser apresentadas as certidões necessárias para comprovar a linha ascendente". Ainda, facilitou a alteração, seja para o recém-nascido (art. 55, § 4º), seja para os que atingirem a maioridade, consoante o art. 56 e seu § 1º: "A pessoa registrada poderá, após ter atingido a maioridade civil, requerer pessoalmente e imotivadamente a alteração de seu prenome, independentemente de decisão judicial, e a alteração será averbada e publicada em meio eletrônico. § 1º A alteração imotivada de prenome poderá ser feita na via extrajudicial apenas 1 (uma) vez, e sua desconstituição dependerá de sentença judicial". Além disso, essa lei veio a permitir a alteração extrajudicial: "Art. 57. A alteração posterior de sobrenomes poderá ser requerida pessoalmente perante o oficial de registro civil, com a apresentação de certidões e de documentos necessários, e será averbada nos assentos de nascimento e casamento, independentemente de autorização judicial".

**Jurisprudência:** Apelação cível. Direito civil. Retificação de registro civil proposta em 2016 pretendendo alteração do prenome. Transexual. Procedência do pedido, com determinação de averbação da decisão à margem do termo e informação da mesma nas certidões expedidas. Apelação da requerente pretendendo a alteração também do gênero registral e que seja vedada a expedição de certidão com informação da alteração. 1) Apelante transexual, conforme parecer psicológico e relatório social. 2) Direito fundamental subjetivo de o transgênero alterar o prenome e o sexo registrais, vedada a expedição de certidão de inteiro teor, salvo a requerimento do próprio interessado ou por determinação judicial. Questão pacífica no âmbito do egrégio Supremo Tribunal Federal, conforme julgamento do RE n. 670.422, com repercussão geral. O Tribunal fixou a seguinte tese: "i) O transgênero tem direito fundamental subjetivo à alteração de seu prenome e de sua classificação de gênero no registro civil, não se exigindo, para tanto, nada além da manifestação de vontade do indivíduo, o qual poderá exercer tal faculdade tanto pela via judicial como diretamente pela via administrativa; ii) Essa alteração deve ser averbada à margem do assento de nascimento, vedada a inclusão do termo 'transgênero'; iii) Nas certidões do registro não constará nenhuma observação sobre a origem do ato, vedada a expedição de certidão de inteiro teor, salvo a requerimento do próprio interessado ou por determinação judicial; iv) Efetuando-se o procedimento pela via judicial, caberá ao magistrado determinar de ofício ou a requerimento do interessado a expedição de mandados específicos para a alteração dos demais registros nos órgãos públicos ou privados pertinentes, os quais deverão preservar o sigilo sobre a origem dos atos". 3) Procedimento de jurisdição voluntária. Possibilidade de acolhimento do pedido recursal de alteração do gênero, apesar de o mesmo não ter constado expressamente na inicial. Não se exige nada além da manifestação de vontade do indivíduo, o qual pode exercer a faculdade tanto pela via judicial como diretamente pela via administrativa. Provimento do recurso. (TJRJ, 8ª Câm. Civ., Ap. n. 02819317720168190001, rel. Des. Norma Suely Fonseca Quintes, j. 18.01.2019)

Direito constitucional e civil. Registros públicos. Registro civil das pessoas naturais. Alteração do assento de nascimento. Retificação do nome e do gênero sexual. Utilização do termo transexual no registro civil. O conteúdo jurídico do direito à autodeterminação sexual. Discussão acerca dos princípios da personalidade, dignidade da pessoa humana, intimidade, saúde, entre outros, e a sua convivência com princípios da publicidade e da veracidade dos registros públicos. Presença de repercussão geral. O Tribunal, por maioria, reputou constitucional a questão, vencido o Min. Teori Zavascki. O Tribunal, por maioria, reconheceu a existência de repercussão geral da questão constitucional suscitada, vencido o Min. Teori Zavascki. Min. Dias Toffoli (Relator). Julgado mérito de tema com repercussão geral. O Tribunal, por maioria e nos termos do voto do Relator, apreciando o tema 761 da repercussão geral, deu provimento ao recurso extraordinário. Vencidos parcialmente os Mins. Marco Aurélio e Alexandre de Moraes. Nessa assentada, o Min. Dias Toffoli (Relator) reajustou seu voto para adequá-lo ao que o Plenário decidiu na ADI n. 4.275. Em seguida, o Tribunal fixou a seguinte tese: "i) O transgênero tem direito fundamental subjetivo à alteração de seu prenome e de sua classificação de gênero no registro civil, não se exigindo, para tanto, nada além da manifestação de vontade do indivíduo, o qual poderá exercer tal faculdade tanto pela via judicial como diretamente pela via administrativa; ii) Essa alteração deve ser averbada à margem do assento de nascimento, vedada a inclusão do termo 'transgênero'; iii) Nas certidões do registro não constará nenhuma observação sobre a origem do ato, vedada a expedição de certidão de inteiro teor, salvo a requerimento do próprio interessado ou por determinação judicial; iv) Efetuando-se o procedimento pela via judicial, caberá ao magistrado determinar de ofício ou a requerimento do interessado a expedição de mandados específicos para a alteração dos demais registros nos órgãos públicos ou privados pertinentes, os quais deverão preservar o sigilo sobre a origem dos atos". Vencido o Min. Marco Aurélio na fixação da tese. Ausentes, neste julgamento, o Min. Gilmar Mendes, e, justificadamente, a Ministra Cármen Lúcia (Presidente). Presidiu o julgamento o Min. Dias Toffoli (Vice-Presidente). Plenário, 15.08.2018. (STF, Pleno, RE n. 670.422-RG/RS, rel. Min. Dias Toffoli, j. 11.09.2014, *DJe* 21.11.2014)

Registro civil. Autor que ostenta ao longo de toda sua vida nome consoante certidão de nascimento, mas em desconformidade com o assento do seu registro civil. Pretensão de retificação de tal registro negada pelo juízo *a quo*. Inconformismo. Se o nome do indivíduo é a marca pela qual é reconhecido por seus pares e se distingue destes, faz o mesmo parte dos direitos de personalidade. Autor que por décadas ostentou nome, oriundo de certidão de nascimento, como provado pela documental acostada. Direito público subjetivo previsto pelo art. 16 do CC. Não admissão de ser o mesmo compelido, ao ingressar em idade provecta, a reformar todos os assentos administrativos de sua vida até então. Inteligência dos arts. 57 e 109, da LRP. Retificação que se impõe. Provimento do apelo. (TJRJ, Ap. n. 2007.001.24611, rel. Des. Pedro Freire Raguenet, j. 11.09.2007)

Nome. Registro civil. Retificação. Inclusão de sobrenome da família. Admissibilidade. Adição de mais um nome, da tradição familiar, ao nome civil, que se mostra perfeitamente possível. Inteligência do art. 113 da Lei n. 6.015/73 (TJMG, Ap. Cível n. 1.0686.06.178008-2/001, 5ª Câm. Cível, rel. Nepomuceno Silva, j. 24.05.2007). (*RT* 864/333)

Nome. Registro civil. Retificação. Alteração dos nomes paterno e materno. Admissibilidade. Modificação que visa à identificação da pessoa com a família e com a sociedade (TJSP, Ap. Cível n. 437.107-4/5-00, 5ª Câm. Cível, rel. Dimas Carneiro, j. 06.09.2006). (*RT* 856/190)

Apelação cível. Alteração de prenome. Homem com prenome feminino. Motivação suficiente para o deferimento. Um dos avanços da nova legislação civil, através do CC em vigor, é ter dado espaço especial aos direitos da personalidade, seguindo a regra de que toda a pessoa tem direito ao nome, nele compreendidos o prenome e o sobrenome (art. 16, CC/2002). Tal regra não pode se afastar do princípio constitucional da dignidade da pessoa humana, onde, à evidência, é inadmissível a permanência de um prenome que expõe a pessoa ao ridículo e a situações vexatórias, como a do autor, que ostenta um prenome eminentemente feminino. Possibilidade de alteração, de acordo com o art. 57, da LRP. Precedentes. Apelação cível provida (TJRS, Ap. Cível n. 70.014.074.652, 8ª Câm. Cível, rel. José Ataídes Siqueira Trindade, j. 09.03.2006, *DJ* 22.03.2006). (*RJTJRS* 258/229)

Nome. Alteração de prenome. Admissibilidade. Decurso de mais de um ano após a maioridade civil. Hipótese excepcional e motivada. Inteligência do art. 57, *caput*, da Lei n. 6.015/73. Admite-se a alteração do nome civil após o decurso do prazo de um ano, contado da maioridade civil, somente por exceção e motivadamente, nos termos do art. 57, *caput*, da Lei n. 6.015/73. (STJ, REsp n. 538.187/RJ, rel. Min. Nancy Andrighi, j. 21.02.2005)

Registro civil. Nome. Retificação. Pedido fundado em razão de a genitora, após o divórcio, ter adotado o nome de solteira. Inadmissibilidade. Inexistência de erro quando da lavratura do assento de nascimento. Mudança do nome em razão do divórcio da mãe. Falta de motivação. Ausência de erro. Recurso desprovido. Descabe falar em retificação de registro civil quando, nos autos, não há comprovação de erro quando da lavratura do assento de nascimento. Não há que se falar em retificação de registro civil, sob o fundamento da genitora, após o divórcio, ter adotado o nome de solteira (TJPB, Ap. n. 42838-8/001, 4ª Câm. Cível, rel. Des. Carlos Antônio Sarmento, j. 18.04.2006). (*RT* 853/323)

Registro civil. Retificação. Nome. Inclusão de apelido ao prenome pelo qual a requerente é comprovadamente conhecida no meio social em que vive. Admissibilidade. Inteligência dos arts. 55, parágrafo único [atual § 1º], e 58 da Lei n. 6.015/73. É admitida a retificação de registro civil, nos termos dos arts. 55, parágrafo único, e 58 da Lei n. 6.015/73, para a inclusão de nome ao prenome pelo qual a requerente é comprovadamente conhecida no meio social em que vive. (TJPI, Ap. n. 3.000.808, rel. Des. João Batista Machado, j. 15.10.2003)

Nome. Exclusão do patronímico do ex-marido trinta anos após a separação, quando da conversão em divórcio. Inadmissibilidade. Hipótese em que a ex-mulher ficou autorizada, por consenso de fato, a se identificar com o nome de casada. Supressão que feriria o patrimônio de sua personalidade. O divórcio que se decreta trinta anos depois da separação, período no qual a mulher separada ficou autorizada, por consenso de fato, a se identificar com o nome de casada, não poderá subtrair desta o item do patrimônio da personalidade humana, uma questão de dignidade humana ou de preservação dos sinais de identificação com a prole (arts. 1º, III, da CF, e 25, parágrafo único, da Lei n. 6.015/73). (TJSP, Ap. n. 243.486-4/4, rel. Des. Enio Santarelli Zuliani, j. 17.12.2002)

Registro civil. Nome. Exclusão de apelido de família. Tradicional nome familiar que, popularmente, é usado para designar o órgão sexual masculino. Inadmissibilidade da pretensão. Mera autoafirmação social que não se resolve com a mudança do patronímico. Inteligência do art. 56 da Lei n. 6.015/73. O art. 56 da Lei n. 6.015/73 não permite a exclusão de apelido de família, tradicional nome familiar, pelo simples fato de, popularmente, ser usado para designar o órgão sexual masculino, pois não se trata de vergonha do nome de família, mas de autoafirmação social, questão que não se resolve com a mudança do patronímico. (TJSP, Ap. n. 209.542-4/1, rel. Des. Enio Santarelli Zuliani, j. 18.12.2001)

Nome. Adição de sobrenome. Pretensão. Manifestação por adolescente, que perdeu o pai quando criança, visando acrescentar o apelido do padrasto, também adotado por sua genitora, quando do novo casamento, bem como pelos irmãos resultantes do enlace matrimonial. Admissibilidade, desde que permaneçam os apelidos de família. Inteligência da Lei n. 6.015/73.

A Lei n. 6.015/73 não proíbe a adição de sobrenome, razão pela qual a adolescente que perdeu seu pai em acidente automobilístico quando criança tem o direito de adicionar ao seu nome o apelido do padrasto, também adotado por sua genitora, quando do novo casamento, bem como pelos irmãos resultantes do enlace matrimonial, desde que permaneçam os apelidos de família. (TJRJ, Ap. n. 2000.001.02164, rel. Des. Mauro Fonseca Pinto Nogueira, j. 14.11.2000)

Retificação civil. Nome. Retificação. Erro quanto ao nome da genitora nos assentos de nascimento dos filhos. Admissibilidade da pretensão para inserção do nome correto. No caso de erro quanto ao nome da genitora nos assentos de nascimento dos filhos, estes devem ser retificados para inserção de nome correto. (TJMS, Ap. n. 59.849-8, rel. Des. Oswaldo Rodrigues de Melo, j. 15.03.2000)

Registro civil. Nome. Ação de retificação. Demanda proposta pela ex-companheira supérstite. Admissibilidade. Conjunto probatório que demonstra que ela conviveu, *more uxorio*, com o *de cujus* pelo menos desde sua nomeação como curadora provisória no processo de interdição, além de constar como dependente perante a previdência social. Muito embora a autora da ação de retificação de registro não seja parente consanguínea do falecido, o conjunto probatório demonstra que ela conviveu, *more uxorio*, pelo menos desde sua nomeação como sua curadora provisória no processo de sua interdição, inclusive, na Carteira de Trabalho e Previdência Social do *de cujus* consta o nome dela como sua dependente perante a Previdência Social, razão por que não há que se cogitar da falta de interesse processual, possibilidade jurídica do pedido ou de legitimidade da ex-companheira supérstite. (*RT* 822/245)

Registro civil. Nome. Modificação de prenome masculino para feminino. Pretensão manifestada por transexual que se submeteu a cirurgia de mudança de sexo. Admissibilidade, ainda que não se admita a existência de erro no registro. Circunstância que expõe o requerente ao ridículo. Interpretação do art. 55, parágrafo único, c/c o art. 109 da Lei n. 6.015/73. Ainda que não se admita a existência de erro no registro civil, não se pode negar que a utilização de nome masculino por transexual que se submeteu a cirurgia de mudança de sexo o expõe ao ridículo, razão pela qual admite-se a modificação para o prenome feminino que o autor da pretensão vem se utilizando para se identificar, nos moldes do art. 55, parágrafo único, c/c o art. 109 da Lei n. 6.015/73. (*RT* 790/155)

---

**Art. 17. O nome da pessoa não pode ser empregado por outrem em publicações ou representações que a exponham ao desprezo público, ainda quando não haja intenção difamatória.**

---

Erigindo a ordem constitucional, como fundamento, a dignidade da pessoa humana (art. 1º, III, da CF), não pode esta sofrer manifestações que a exponham à execração pública; por conseguinte, seu nome, que é o principal elemento de identificação, também não pode ser desse modo utilizado. A proibição, todavia, não alcança a liberdade de informar, nos limites estabelecidos pela CF (art. 5º, IV, V e X).

Embora o legislador haja tomado o nome como objeto dessa proteção, mais amplo é o sentido, pois alberga a inviolabilidade dos direitos à honra, à intimidade, ao recato e ao segredo pessoal.

Na esteira desse entendimento é que se veda a indevida inscrição do nome da pessoa em cadastros negativos de instituições de proteção ao crédito, porquanto acarreta não só restrições em suas atividades econômicas, mas, sobretudo, abalo de ordem moral.

**Jurisprudência:** Súmula n. 221, STJ: São civilmente responsáveis pelo ressarcimento do dano, decorrente de publicação pela imprensa, tanto o autor do escrito quanto o proprietário do veículo de divulgação.

Retificação de registro civil. Assento de nascimento. Retificação. Menor. Alteração de prenome AAA para BBB. Motivação religiosa que não justifica a mudança. Ausência de escárnio ou depreciação, não sendo tampouco potencialmente capaz de expô-la ao ridículo. Inadmissibilidade. Inteligência do art. 58 da Lei n. 6.015/73. Sentença mantida. Recurso improvido. (TJSP, Ap. n. 444.900-9/0, rel. Des. Silvério Ribeiro, j. 19.07.2006)

Nome. Alteração. Prenome que, de tão indesejado, causa constrangimento e distúrbios psicológicos a seu portador. Julgamento no estado da lide que não permite que a parte prove os fatos alegados. Violação a direito subjetivo do pretendente.

Se o pretendente é tão indesejado, vindo a causar constrangimento e distúrbios psicológicos ao seu portador, pode vir a ser alterado, dependendo da prova dos fatos articulados, sendo, desse modo, de extrema precipitação a decisão do julgador que não possibilita a produção de provas, julgando no estado da lide, eis que provar o alegado é mais que ônus, é também direito subjetivo da parte, sendo irrelevante que ao Magistrado pareça supérflua a produção de prova, dada a imutabilidade do prenome. (TJSP, Ap. n. 168.532-4/9, rel. Des. Enio Santarelli Zuliani, j. 20.03.2001)

Registro civil. Retificação de nome. Impossibilidade jurídica do pedido. Inocorrência. Nome passível de ser explorado com escárnio. Acolhimento da pretensão que não contraria o interesse público. Procedência. Recurso provido. Para a segurança social assegura-se a imutabilidade do nome, como forma de garantia de identificação da pessoa. Em linha de interesse privado, o nome integra o direito da personalidade, direito de nossa particular esfera de interesse, não sendo correto recomendar paciência ao recorrente por não se conferir ao nome em questão significado descortês. (TJSP, Ap. Cível n. 199.871-1/Poá, rel. Des. Jorge Almeida, j. 24.11.1993)

**Art. 18. Sem autorização, não se pode usar o nome alheio em propaganda comercial.**

A utilização do nome é privativa de seu titular, como decorrência de se tratar de um direito da personalidade, portanto, intransmissível.

Nada impede, porém, que o titular do nome autorize sua utilização, de modo gratuito ou oneroso, sem que isso importe revogação do entendimento de que o nome é *res extra commercium*. É o que se dá comumente nas propagandas de certos produtos cujo uso é associado a suposta utilização também por artistas de nomeada, mas nesses casos, consoante afirma R. Limongi França, "o que há é realçamento da personalidade do cedente, cabendo-lhe sempre o direito de interditar o produto ou a obra que ostente o seu nome, desde que haja abuso e sua personalidade e identificação sejam afetadas" (*Do nome civil das pessoas naturais*, 3. ed. São Paulo, RT, 1975, p. 300).

Idêntico realçamento da personalidade do titular do nome ocorre com a manutenção deste ligado a sociedade de que fez parte, com vistas à conservação de clientela, cativa do renome do antigo sócio, como, aliás, expressamente autorizado em sociedade de advogados, que pode manter o nome de sócio falecido "desde que prevista tal possibilidade no ato constitutivo" (art. 16, § 1º, da Lei n. 8.906/94).

**Jurisprudência:** Responsabilidade civil. Uso indevido do nome. Prejuízo extrapatrimonial. É vedada a utilização do nome alheio com propósito comercial sem a devida autorização – art. 18 do CC/2002. Caso em que curso pré-vestibular incluiu o nome do autor dentre os seus ex-alunos que tiveram aprovação para ingresso em Universidades, a despeito de o demandante jamais haver frequentado a instituição-ré. Uso indevido do nome do indivíduo com fins comerciais. Dano moral expresso na natural contrariedade da pessoa em ter seu apelido vinculado a serviço do qual não se valeu. A indenização não deve ser em valor ínfimo, nem tão elevada que torne desinteressante a própria inexistência do fato. Atendimento às particularidades das circunstâncias do evento. Incidência do princípio da proporcionalidade. Indenização arbitrada em 1º grau mantida. Por maioria, acolheram os embargos, vencido o relator, que os acolhia em menor extensão. (TJRS, Emb. Infring. n. 70.025.123.647, 5º Grupo de Câmaras Cíveis, rel. Jorge Alberto Schreiner Pestana, j. 18.07.2008, *DJ* 12.09.2008)

Publicação em jornais de nome de estudante aprovado em 1º lugar em vestibular como se fosse aluno de estabelecimento de ensino. Dano moral configurado. 1 – O contrato de prestação de serviços educacionais, uma vez rescindido, não pode produzir o efeito de manter a imagem de aluno vinculada à imagem do estabelecimento educacional. 2 – A cláusula de autorização de divulgação do nome e imagem inserida em contrato padronizado, sem qualquer destaque, é inválida, pois fere o princípio basilar da boa-fé previsto em nosso CC e no CDC. 3 – O nome da pessoa, como integrante dos direitos de sua personalidade, deve ser respeitado, e não pode ser divulgado para fins comerciais sem a expressa autorização de seu titular (arts. 16 e 18 do CC). 4 – Veiculação de propaganda de curso preparatório para vestibular atrelada ao nome de estudante que deixou de ser aluno do estabelecimento, e não emitiu a devida autorização para este fim, denota o firme propósito lucrativo de obter divulgação da empresa e captar novos alunos. 5 – Desmerecimento do êxito do autor que, mesmo estudando sozinho, conseguiu ser aprovado em 1º lugar para certame bastante concorrido e disputado. 6 – Dano moral configurado, devendo ser considerado, na fixação do *quantum*, o necessário caráter punitivo do estabelecimento de ensino que, fugindo a seu dever de educar, altera verdade dos fatos a fim de angariar lucros. 7 – Quantia de R$ 15.000,00 que atende à devida penalidade a ser imposta, bem como aos princípios da razoabilidade e da proporcionalidade. 8 – A condenação em valor superior ao sugerido na inicial não reflete na sucumbência (precedentes do STJ). Recurso provido para julgar-se procedente o pedido. (TJRJ, Ap. n. 2006.001.00538, rel. Des. Simone Gastesi Chevrand, j. 07.03.2006)

Associação civil. Estatuto. Inserção não autorizada de nome civil INADM. Direito personalíssimo protegido pelo ordenamento jurídico RNP. Sendo uma expressão da personalidade o nome de uma pessoa, viva ou morta, merece a proteção do direito. Assim, contra a sua vontade ou de cônjuge e herdeiros, se esta for falecida, não pode ser inserido em estatutos sociais. (TJSP, Rec. n. 210.753, rel. Des. Gildo dos Santos, j. 19.08.1993)

**Art. 19. O pseudônimo adotado para atividades lícitas goza da proteção que se dá ao nome.**

"Pseudônimo", que etimologicamente significa falso nome, resultando do hibridismo *pseudos* (do grego, mentira, falsidade) e *nomen* (do latim, nome), não significa um nome destinado a ocultar ilicitamente por inteiro a identidade de quem o ostenta, mas encobrir a identidade somente em certos aspectos correspondentes à atividade profissional ou intelectual da pessoa.

O pseudônimo pode constituir-se de nome totalmente diverso do verdadeiro, ou por composição anagramática, consistente na combinação de letras, ou pela justaposição de primeiras letras do nome e sobrenome.

A finalidade pode ser literária, artística ou religiosa. Em circunstâncias especiais, como no caso de guerra ou funções policiais, também se adotam pseudônimos.

Não se deve, porém, confundir pseudônimo com alcunha, que, na linguagem comum, também se designa por apelido e normalmente se refere a uma característica particular do indivíduo. Igualmente não se pode confundir com anonimato, pois o pseudônimo também tem função identificadora.

A proteção dispensada ao pseudônimo encontra-se na legislação referente aos direitos autorais, como se vê das disposições da Lei n. 9.610, de 19.02.1998 (arts. 12 e 24, II).

Quanto à extensão da proteção do pseudônimo, embora utilizado apenas em determinadas atividades do sujeito, é inegável que sua influência não se esgota na própria atividade. Assim é que o contrato celebrado com pseudônimo não pode ser negado por quem sob essa identificação o firmou. No campo do direito processual, sendo o caso de citação por edital, tem o citando, se ostentar pseudônimo notório, o direito de naquele ato ter mencionado o pseudônimo, sob pena de não atender o chamamento editalício a uma de suas finalidades, que é permitir-se tenha conhecimento de quem se trata ou, ainda, informar o interessado de que está sendo chamado a defender-se.

É, porém, necessário, para que o pseudônimo ganhe proteção, que haja adquirido a importância do nome, o que se configura pelo uso e pela notoriedade.

**Jurisprudência:** Agravo de instrumento. Direito ao nome *x* registro de nome de domínio. Artista renomado. Vasta proteção legal ao nome. Uso de nome alheio de forma indevida. Deferimento dos efeitos da tutela para o fim de que o domínio com nome do artista deixe de ser utilizado indevidamente. Proibição da venda do domínio. Agravo de instrumento provido. 1 – Diante da farta proteção legal ao nome ou pseudônimo, não se pode admitir que o nome do Agravante, artista renomado no cenário televisivo atual, seja veiculado e atrelado a um determinado produto ou serviço, sem que haja ao menos sua autorização ou conivência com relação ao fato. 2 – Não obstante as pessoas públicas em geral terem menor privacidade em sua vida íntima, por outro lado, permitir que tenham seu nome e sobrenome utilizados para fins lucrativos, sem sua autorização, seria demasiadamente desarrazoado. (TJPR, AI n. 1023705-9/PR, 7ª Câm. Cível,rel. Des. Antenor Demeterco Junior, v.u., j. 03.09.2013)

Nome. Alteração de prenome. Inadmissibilidade. Utilização de pseudônimo artístico que não induz a notoriedade exigida pelo art. 58 da Lei n. 6.015/73, para viabilizar a modificação. Inexistência de provas de que a requerente é publicamente conhecida pelo nome utilizado no exercício da profissão. Prenome que não revela qualquer conteúdo vexatório. Hipótese, ademais, que a requerente possui protestos lavrados contra a sua pessoa e a alteração poderia causar prejuízos aos seus credores.

A utilização de pseudônimo artístico não induz a notoriedade exigida pelo art. 58 da Lei n. 6.015/73 para viabilizar a alteração do prenome da requerente, quando inexistir provas de que é publicamente conhecida pelo nome utilizado no exercício da profissão, mormente se seu nome não revela qualquer conteúdo vexatório de forma a permitir o abrandamento do princípio da imutabilidade do nome. Ademais, a requerente possui protestos lavrados contra a sua pessoa, e o deferimento de seu pedido poderia causar prejuízos aos seus credores. (TJSP, Ap. n. 392.456/0-00, rel. Des. Denegá Morandini, j. 18.10.2005)

Apelação cível. Uso de nome civil por pessoa jurídica. Necessidade de expressa autorização. Sentença que se mantém. Consoante lição da boa doutrina, o direito ao nome é absoluto; produz efeito *erga omnes*, pois todos têm o dever de respeitá-lo. É, como os demais direitos da personalidade, intransmissível, imprescritível, irrenunciável. A utilização do nome civil, nome de família ou pseudônimo ou apelido notoriamente conhecidos e nome artístico singular, como marca, depende da expressa autorização de seu titular, conforme exegese do art. 124, XV e XVI, da Lei n. 9.279/96. (TJMG, Proc. n. 2.0000.00.417199-1/000(1), rel. Domingos Coelho, j. 03.03.2004, publ. 13.03.2004)

Direito civil. Uso de pseudônimo. "Tiririca". Exclusividade. Inadmissibilidade.

I – O pseudônimo goza da proteção dispensada ao nome, mas, por não estar configurado como obra, inexistem direitos materiais e morais sobre ele.

II – O uso contínuo de um nome não dá ao portador o direito ao seu uso exclusivo. Incabível a pretensão do autor de impedir que o réu use o pseudônimo "Tiririca", até porque já registrado, em seu nome, no Inpi.

IV [*sic*] – Recurso especial não conhecido. (STJ, REsp n. 555.483, rel. Min. Antônio de Pádua Ribeiro, j. 14.10.2003)

Citação edital. Réu mais conhecido por pseudônimo ou nome artístico. Necessidade de que ele conste obrigatoriamente do edital. Omissão que, no caso, teria explicado a revelia. Anulação do processo. Embargos infringentes rejeitados.

Quando o réu é mais conhecido por algum pseudônimo ou nome artístico, deve este constar obrigatoriamente do edital de citação. Verificando-se que a omissão do apelido possa ter explicado a revelia e a deficiência da defesa em prejuízo do réu, dever-se-á anular o processo (TJSP, Emb. Infring. n. 192.134, rel. Des. Felizardo Calil, j. 10.02.1971). (*RT* 440/67)

---

**Art. 20. Salvo se autorizadas, ou se necessárias à administração da justiça ou à manutenção da ordem pública, a divulgação de escritos, a transmissão da palavra, ou a publicação, a exposição ou a utilização da imagem de uma pessoa poderão ser proibidas, a seu requerimento e sem prejuízo da indenização que couber, se lhe atingirem a honra, a boa fama ou a respeitabilidade, ou se se destinarem a fins comerciais.**

**Parágrafo único. Em se tratando de morto ou de ausente, são partes legítimas para requerer essa proteção o cônjuge, os ascendentes ou os descendentes.**

---

O direito à integridade moral abarca, dentre outros, os aspectos referentes à intimidade, ao segredo e à imagem. A observância desses direitos é sempre exigível e sua violação acarretará indenização se atingir a honra ou se tiver objetivos comerciais.

Pode, todavia, a pessoa autorizar que sua imagem ou fatos que, de ordinário, devem ficar na intimidade venham a público, autorização essa que, dado o caráter irrenunciável dos direitos da personalidade, é sempre revogável.

Questão que pode oferecer dificuldade é a relativa à publicação de cartas, no tocante à legitimidade para autorizá-la, se do remetente ou do destinatário. Considerando-se que o legislador quer proteger a intimidade, somente poderá autorizar a publicação a pessoa referida, seja o subscritor, seja o destinatário.

A lei contém ressalvas, admitindo a divulgação da imagem ou de fato quando necessária a fins judiciais ou que interessem à ordem pública. Além dessas, o retrato de uma pessoa pode ser exibido quando justificado, segundo Orlando Gomes, por "sua notoriedade, o cargo que desempenha, exigência de política ou de justiça, finalidades científicas, didáticas ou culturais, ou quando a reprodução da imagem vier enquadrada na de lugares públicos ou de fatos de interesse público, ou que em público haja decorrido" (*Introdução ao direito civil*, 12. ed. Rio de Janeiro, Forense, 1996, p. 156). Evidentemente, mesmo nessas circunstâncias não se tolerará o abuso (art. 187), notadamente se verificado o objetivo comercial.

Não obstante a cessação da personalidade com a morte, alguns aspectos do direito da personalidade são preservados, como a honra, a boa fama da pessoa falecida, o que, aliás, também legitima a revisão criminal de condenado falecido (art. 623 do CPP), de modo que a respectiva proteção pode ser reclamada pelo cônjuge, ascendente ou descendente, compreendendo-se nesse rol também o convivente.

**Jurisprudência:** Súmula n. 574, STJ: Para a configuração do delito de violação de direito autoral e a comprovação de sua materialidade, é suficiente a perícia realizada por amostragem do produto apreendido, nos aspectos externos do material, e é desnecessária a identificação dos titulares dos direitos autorais violados ou daqueles que os representem.

Ação de indenização. Publicação de fotografia vinculada a evento criminoso. Ofensa à honra. Dano moral. Valor indenizatório. Correção monetária. Juros moratórios. A liberdade de expressão não pode ser considerada um direito absoluto. Pelo contrário, ante o princípio da proporcionalidade, em última análise, o direito de informar deve ceder espaço sempre que o seu exercício importar sacrifício indevido dos direitos inerentes à personalidade. Configura ofensa à imagem a publicação, a exposição ou a utilização da imagem de uma pessoa de modo a lhe atingir a honra, a boa fama ou a respeitabilidade, devendo o responsável pela publicação responder pelos danos morais daí decorrentes, na forma disposta no art. 20 do CC. O arbitramento do dano moral deve ser realizado com moderação, em atenção à realidade da vida e às peculiaridades de cada caso, proporcionalmente ao grau de culpa e ao porte econômico das partes. Ademais, não se pode olvidar, consoante parcela da jurisprudência pátria, acolhedora da tese punitiva acerca da responsabilidade civil, da necessidade de desestimular o ofensor a repetir o ato. Logo, deve ser mantida a indenização fixada na sentença, de acordo com as circunstâncias enunciadas. Em se tratando de indenização a título de danos morais, por razões lógicas, o termo *a quo* da correção monetária é a data da prolação da decisão que fixou o *quantum* da indenização. Os juros moratórios, por sua vez, incidem a partir do evento danoso, conforme dispõe a Súmula n. 54 do STJ. (TJMG, Proc. n. 1.0024.07.405303-4/001(1), rel. Cláudia Maia, j. 31.01.2008, publ. 22.02.2008)

Apelação cível. Uso indevido de imagem. Direito à imagem que decorre do direito à personalidade, na forma do art. 5º, X, CF/88 c/c art. 20 do CC/2002. Captação e difusão da imagem alheia que deve estar expressamente autorizada pelo detentor de tal direito personalíssimo, sob pena de lesão. Direito que resta agravado *in re ipsa* pelo simples fato da ausência de autorização específica e prévia para a publicação da imagem. Réu que não se desincumbiu do ônus de provar, conforme art. 333, II, do CPC, ter a autora autorizado a veiculação de sua imagem em revista distribuída no comércio e indústria do ramo de vidro e congêneres. Provas documentais e testemunhais que comprovam o uso desautorizado da imagem da pessoa pública-autora. Valor fixado à guisa de condenação, a ser arbitrado em liquidação de sentença, que estabelece *bis in idem*. Valor que se ajusta. Liquidação de sentença que deverá apurar o valor à guisa de cachê pela artista-apelada que seria devido caso tivesse havido autorização oficial e regular. Recurso a que se dá parcial provimento. (TJRJ, Ap. n. 2007.001.47462, rel. Des. Cristina Tereza Gaulia, j. 19.09.2007)

Danos morais. Direito à imagem. Programa televisivo. Homenagem. O direito à imagem consubstancia um dos direitos da personalidade previstos e amparados na lei civil (art. 20, CC) e na CF (art. 5º, X) que lhe garantem a inviolabilidade, bem como a efetiva reparação do dano moral ou patrimonial decorrente do uso desautorizado da imagem de uma pessoa, se lhe atingirem a honra, a boa fama e a respeitabilidade ou caso se destinem a fins comerciais. Releva notar que direito à imagem reveste-se de duplo conteúdo: moral, porque direito de personalidade e patrimonial, porque assentado no princípio segundo o qual a ninguém é lícito locupletar-se à custa alheia. A prova carreada nos autos demonstra que o programa "Aguenta Coração" exibido pela emissora de televisão, no qual houve a exibição da imagem do autor, mesclou a narrativa de fatos verídicos com a homenagem ao protagonista de evento ocorrido na vida real. *In casu*, um caminhoneiro que salvou a vida de vítimas de um acidente, ao retirá-las de um ônibus que caíra em um rio. Não se evidenciou ofensa à honra, à reputação, ao bom nome ou à dignidade do autor, bem como qualquer lesão de sentimento que ensejasse o direito à reparação moral. Há que analisar no caso concreto as circunstâncias que envolveram a exposição da imagem da pessoa, a fim de evitar-se a imotivada concessão de reparação por dano moral, desvirtuando-se as finalidades do instituto. No caso *sub judice*, a matéria televisiva, em nenhum momento, expôs o autor ao vexame. Pelo contrário, somente quis homenageá-lo. Desprovimento do recurso. (TJRJ, Ap. n. 2007.001.45556, rel. Des. Roberto de Abreu e Silva, j. 11.09.2007)

Civil e processual civil. Reexame de prova. Divergência. Danos morais e materiais. Direito à imagem. Sucessão. Sucumbência recíproca. Honorários.

Os direitos da personalidade, de que o direito à imagem é um deles, guardam como principal característica a sua intransmissibilidade.

Nem por isso, contudo, deixa de merecer proteção a imagem de quem falece, como se fosse coisa de ninguém, porque ela permanece perenemente lembrada nas memórias, como bem imortal que se prolonga para muito além da vida, estando até acima desta, como sentenciou Ariosto. Daí por que não se pode subtrair da mãe direito de defender a imagem de sua falecida filha, pois são os pais aqueles que, em linha de normalidade, mais se desvanecem com a exaltação feita à memória e a qualquer agressão que possa lhes trazer mácula.

Ademais, a imagem de pessoa famosa projeta efeitos econômicos para além de sua morte, pelo que os seus sucessores passam a ter, por direito próprio, legitimidade para postularem indenização em juízo.

A discussão nos embargos infringentes deve ficar adstrita única e exclusivamente à divergência que lhe deu ensejo.

Ao alegar ofensa ao art. 535 do CPC, o recorrente deve especificar as omissões e contradições que viciaram o aresto atacado, sob pena de inviabilizar o conhecimento do recurso especial.

Ademais, na hipótese, o acórdão dos aclaratórios não contém esses vícios.

"A pretensão de simples reexame de prova não enseja recurso especial." (Súmula n. 7, STJ)

Sem demonstração analítica do dissídio, não se conhece do recurso especial pela letra *c*. (STJ, REsp n. 268.660/RJ, rel. Min. Cesar Asfor Rocha, j. 21.11.2000, v.u.)

---

**Art. 21. A vida privada da pessoa natural é inviolável, e o juiz, a requerimento do interessado, adotará as providências necessárias para impedir ou fazer cessar ato contrário a esta norma.**

---

Corolário de regra constitucional (art. 5º, X, da CF/88), é vedada a intromissão de estranhos na vida privada. Trata-se de obrigação de não fazer decorrente da lei e cujo descumprimento pode ser coibido mediante provimento jurisdicional de natureza cominatória.

Extensão dessa regra acha-se no art. 1.513 do CC, que proíbe "interferir na comunhão de vida instituída pela família".

Não se confundem vida privada e intimidade, na medida em que essa se volta para o mundo interior do indivíduo, compreendidos, por exemplo, seus segredos, enquanto aquela, para o mundo exterior, que corresponde ao direito de manter o modo de vida que aprouver. Sob um ou outro aspecto, todavia, a proteção concedida é contra a indiscrição alheia.

**Jurisprudência:** Ação de indenização por danos materiais e morais. Disparo de alarme antifurto em estabelecimento comercial. Situação vexatória e humilhante causando constrangimento ao cliente. Dano moral caracterizado. O estabelecimento comercial expôs publicamente o cliente a situação constrangedora, em decorrência do acionamento indevido de alarme antifurto, descabendo alegar legítima defesa do patrimônio, conceito que não se sobrepõe à honra e à dignidade, e o tratamento dispensado por funcionário seu que o conduziu ao caixa pelo braço. Muito embora se reconheça o direito de defesa do patrimônio deve o comerciante observar o direito de terceiros, inclusive se relacionado à honra e à imagem. A intimidade, a vida privada, a honra e a imagem das pessoas são invioláveis, assegurado o direito à indenização pelo dano moral decorrente de sua violação. Estando demonstrado o vexame público imposto à autora, caracterizado está o dano moral, em cujo critério de fixação há de considerar a capacidade financeira do ofensor, de molde a inibi-lo a futuras reincidências, ensejando-lhe expressivo, mas suportável gravame patrimonial. Valor que, no caso em exame, foi adequadamente valorado em R$ 10.000,00, devendo ser mantido. Quanto à aplicação da regra estabelecida no art. 21 do CPC, não deve prevalecer ante o estabelecido na jurisprudência deste Tribunal, através do Enunciado n. 13 aprovado no Encontro de Desembargadores de Câmaras Cíveis do TJRJ, realizado em Armação dos Búzios, segundo o qual a indenização por dano moral, fixada em valor inferior ao requerido, não implica, necessariamente, sucumbência recíproca. Sentença que se confirma. (TJRJ, Ap. n. 2005.001.41178, rel. Des. Maria Augusta Vaz, j. 20.12.2005)

Responsabilidade civil. Dano moral. Violação. Direitos da personalidade. Intimidade. Veiculação. Lista telefônica. Anúncio comercial equivocado. Serviços de massagem. A conduta da prestadora de serviços telefônicos caracterizada pela veiculação não autorizada e equivocada de anúncio comercial na seção de serviços de massagens viola a intimidade da pessoa humana ao publicar telefone e endereços residenciais. No sistema jurídico atual, não se cogita da prova acerca da existência de dano decorrente da violação aos direitos da personalidade, dentre eles a intimidade, imagem, honra e reputação, já que, na espécie, o dano é presumido pela simples violação ao bem jurídico tutelado. Recurso especial parcialmente conhecido e provido. (STJ, REsp n. 506.437/SP, rel. Min. Fernando Gonçalves, j. 16.09.2003, v.u.)

## CAPÍTULO III
## DA AUSÊNCIA

### *Seção I*
### *Da Curadoria dos Bens do Ausente*

**Art. 22. Desaparecendo uma pessoa do seu domicílio sem dela haver notícia, se não houver deixado representante ou procurador a quem caiba administrar-lhe os bens, o juiz, a requerimento de qualquer interessado ou do Ministério Público, declarará a ausência, e nomear-lhe-á curador.**

Caracteriza-se a ausência pela incerteza da existência de pessoa que desapareceu de seu domicílio, sem dar notícias. Se ela não deixar procurador, ou caso este não possa ou não queira exercer o mandato, uma vez requerida por interessado ou pelo MP, dar-se-á a declaração judicial de ausência e nomeação de curador.

O CC/1916 qualificava o ausente como pessoa absolutamente incapaz (art. 5º, IV), o que representava um equívoco, pois, na verdade, a proteção que nesse caso se dispensa é aos bens, e, até certo ponto, no aguardo do retorno de seu proprietário.

É competente para declaração de ausência o juiz da comarca em que domiciliado o desaparecido (art. 1.160 c/c o arts. 744 e 738 do CPC/2015); todavia, se o objetivo é apenas a obtenção de benefício previdenciário da União ou de autarquia federal, há entendimento jurisprudencial no sentido de que a competência é da Justiça Federal.

Para fins previdenciários existe regra específica, visando ao recebimento de benefícios de pessoas desaparecidas, o que se justifica pelo caráter alimentar das prestações. Assim é que a Lei n. 8.213, de 24.07.1991, dispõe que "por morte presumida do segurado, declarada pela autoridade judicial competente, depois de seis meses de ausência, será concedida pensão provisória [...]" (art. 78).

**Jurisprudência:** Declaração de ausência. Procedimento de jurisdição voluntária. Duas fases. Arrecadação de bens e nomeação de curador. Abertura da sucessão provisória. Ausência de bens. Interesse processual na simples declaração de ausência. Possibilidade. Há a possibilidade de que uma ação seja ajuizada tão somente para declarar a ausência de alguém que desapareceu de seu domicílio, ainda que essa pessoa não tenha deixado bens, visto que o desaparecimento pode gerar efeitos na esfera cível de outras pessoas, como cônjuge e filhos. (TJMG, AC n. 10672062189770001/MG, rel. Vanessa Verdolim Hudson Andrade, j. 20.05.2014, *DJe* 28.05.2014)

Civil. Declaração de ausência. Hipótese em que a autora, ora apelante, requereu a declaração de ausência do seu filho [...], com base nos arts. 22 e 25 do CC. A declaração de ausência com fundamento nos dispositivos invocados pressupõe a efetiva existência de bens pertencentes ao ausente, os quais serão administrados pelo curador. Insista-se que o interesse tutelado pela norma em questão é o patrimônio do ausente que deverá ser resguardado para o caso de sua volta, quando o desaparecimento é recente, ou preservado para garantir aos sucessores o recebimento da herança, na hipótese de ser improvável o reaparecimento. Ausência de bens configurada. Falta de interesse processual. Sentença mantida. Recurso desprovido. (TJRJ, Ap. n. 2007.001.02513, rel. Des. Marco Antonio Ibrahim, j. 01.03.2007)

Conflito de competência. Ausência.
A ausência deve ser declarada pela Justiça Estadual, salvo se o pedido tiver como único objetivo a percepção de benefício previdenciário mantido pela União ou autarquia sua. Conflito de competência conhecido para declarar competente o MM. Juiz de Direito da 1ª Vara de Órfãos e Sucessões do Rio de Janeiro. (STJ, CC n. 30.633/RJ, rel. Min. Ari Pargendler, j. 14.02.2001, v.u.)

---

**Art. 23. Também se declarará a ausência, e se nomeará curador, quando o ausente deixar mandatário que não queira ou não possa exercer ou continuar o mandato, ou se os seus poderes forem insuficientes.**

---

Se a pessoa desaparecida tem representante, em princípio não se declarará a ausência.

A representação pode ser legal ou convencional (art. 115) e, no primeiro caso, não se há de cogitar de recusa de exercê-la. Já no segundo caso, é possível que o mandatário não queira ou não possa exercer ou continuar exercendo o mandato, e é faculdade do mandatário a renúncia (art. 682, I). Também pode ocorrer que o mandato seja insuficiente, acarretando a ineficácia dos negócios realizados além da outorga (art. 662).

Em tais circunstâncias, é cabível a declaração de ausência e nomeação de curador, tal qual no caso de o desaparecido não deixar procurador, só variando o prazo exigido para tanto (art. 26).

O procedimento que terá de ser seguido acha-se nos arts. 744 e seguintes do CPC/2015.

---

**Art. 24. O juiz, que nomear o curador, fixar-lhe-á os poderes e obrigações, conforme as circunstâncias, observando, no que for aplicável, o disposto a respeito dos tutores e curadores.**

---

A curadoria do ausente não se identifica com a curatela deferida aos incapazes, até porque o nCC, diferentemente do anterior, não incluiu os ausentes entre os incapazes, porém, segue, no que for aplicável, as regras pertinentes aos tutores e curadores. Com efeito, no rol dos sujeitos à curatela não se acha o ausente (art. 1.767).

Não obstante isso, os efeitos da curatela do ausente contêm, além dos aspectos patrimoniais, alguns pessoais.

No âmbito patrimonial, competem os atos de administração e, com autorização judicial, nos casos previstos em lei, os de disposição dos bens.

No campo pessoal, a influência está na extensão de sua autoridade aos filhos do ausente que não estejam sob o poder familiar, por força do disposto no art. 1.778.

A nomeação de curador é ato de juiz, entendendo, todavia, Nelson Nery Júnior e Rosa Maria de Andrade Nery nada impedir "que os pais indiquem curador para filho passível de declaração de ausência, por testamento ou por outro meio (art. 1.729, parágrafo único)" (*Novo Código Civil e legislação extravagante anotados*. São Paulo, RT, 2002, p. 25), indicação, contudo, que não é de observância obrigatória pelo magistrado.

Em razão das disposições acerca da curatela e da tutela aplicáveis, os mesmos motivos de recusa relacionados no art. 1.736 podem ser opostos, assim como a mesma ordem de escolha, tanto à força do art. 25 como do art. 1.775, sem embargo do art. 1.109 do CPC, que exclui os procedimentos de jurisdição voluntária da legalidade estrita. O curador está sujeito à fiscalização judicial e deve prestar contas (arts. 1.755 e 1.781), ressalvado se se tratar de cônjuge casado em comunhão universal de bens e não houver determinação judicial em contrário (art. 1.783).

---

**Art. 25. O cônjuge do ausente, sempre que não esteja separado judicialmente, ou de fato por mais de dois anos antes da declaração da ausência, será o seu legítimo curador.**

**§ 1º Em falta do cônjuge, a curadoria dos bens do ausente incumbe aos pais ou aos descendentes, nesta ordem, não havendo impedimento que os iniba de exercer o cargo.**

**§ 2º Entre os descendentes, os mais próximos precedem os mais remotos.**

**§ 3º Na falta das pessoas mencionadas, compete ao juiz a escolha do curador.**

---

A lei estabelece uma ordem para nomeação de curador, preferindo o cônjuge não separado judicialmente ou de fato por mais de dois anos antes da declaração de ausência. A regra ficou em descompasso com a do art. 1.775, que se refere, também, ao companheiro, devendo-se, pois, entender que este, nas mesmas circunstâncias, será o curador dos bens do ausente, já que à hipótese se aplicam as regras a respeito dos curadores (no presente artigo).

Na falta do cônjuge ou companheiro nas condições acima é que a curadoria será deferida aos pais ou descendentes, sendo que entre estes os mais próximos excluem os mais remotos.

Não existindo os parentes consanguíneos indicados, estando inibidos (art. 1.735) ou apresentando escusa (art. 1.736), compete ao juiz escolher o curador. A ordem estabelecida na lei não é absoluta, podendo ser alterada motivadamente (art. 723, parágrafo único, do CPC/2015).

## *Seção II*
## *Da Sucessão Provisória*

---

**Art. 26. Decorrido um ano da arrecadação dos bens do ausente, ou, se ele deixou representante ou procurador, em se passando três anos, poderão os interessados requerer que se declare a ausência e se abra provisoriamente a sucessão.**

---

Três são as etapas no procedimento, que se regula pelos arts. 744 e seguintes do CPC/2015: a) a declaração de ausência; b) arrecadação dos bens com nomeação de curador; e c) abertura da sucessão provisória.

A distinção entre as fases é importante, na medida em que a arrecadação pode ser determinada de ofício pelo juiz (arts. 738 c/c 744 do CPC/2015), enquanto o requerimento de declaração de ausência e abertura de sucessão provisória dependem de iniciativa de interessado.

Justifica-se a arrecadação inclusive de ofício, porque, no dizer de José Olympio de Castro Filho, "o desaparecimento de alguém do seu domicílio, sem deixar quem lhe administre os bens, cria para estes uma situação de abandono capaz de gerar graves consequências não só para o indivíduo como para a comunidade, nascendo daí o interesse do Estado em prover sua conservação e segurança, não só no interesse de cidadão e seus herdeiros, sucessores ou credores, como também no interesse público" (*Comentários ao Código de Processo Civil*, 2. ed. Rio de Janeiro, Forense, 1980, v. X, p. 223).

Feita a arrecadação, o juiz mandará publicar editais na rede mundial de computadores, no sítio do tribunal a que estiver vinculado e na plataforma de editais do Conselho Nacional de Justiça, onde permanecerá por um ano, ou, não havendo sítio, no órgão oficial e na imprensa da comarca, durante um ano, reproduzida de dois em dois meses, anunciando a arrecadação e chamando o ausente a entrar na posse de seus bens (art. 745 do CPC/2015).

Não comparecendo o ausente ou quem o represente e também não havendo prova da morte, decorrido um ano da arrecadação se o desaparecido não deixar representante ou procurador, ou três anos, se houver deixado, poderá ser requerida por qualquer interessado (art. 27) a abertura de sucessão provisória.

**Jurisprudência:** Processual civil. Inventário. Feita a declaração de ausência cumpre fazer-se a abertura da sucessão provisória para que posteriormente seja aberto o inventário. Aplicação do art. 1.165 do CPC. Apelo provido. (TJRJ, Ap. n. 2005.001.37759, rel. Des. Celso Ferreira Filho, j. 14.12.2005)

---

**Art. 27. Para o efeito previsto no artigo anterior, somente se consideram interessados:**

**I – o cônjuge não separado judicialmente;**

**II – os herdeiros presumidos, legítimos ou testamentários;**

**III – os que tiverem sobre os bens do ausente direito dependente de sua morte;**

**IV – os credores de obrigações vencidas e não pagas.**

---

Se a arrecadação dos bens é, também, informada por interesse público, a declaração de ausência e a sucessão provisória tocam precipuamente o interesse privado, daí por que para requerê-las se exige legitimidade, isto é, a lei estabelece quais pessoas poderão fazê-lo: o cônjuge não separado judicialmente, incluindo-se, também, o convivente (art. 1.725); os presumidos herdeiros, legítimos ou testamentários; os que tiverem sobre os bens do ausente direito dependente de sua morte, como o nu-proprietário, se o ausente for o usufrutuário, ou o fideicomissário, se o ausente for o fiduciário; o doador com direito de retorno dos bens (art. 547); e os credores de obrigações vencidas e não pagas.

**Art. 28. A sentença que determinar a abertura da sucessão provisória só produzirá efeito cento e oitenta dias depois de publicada pela imprensa; mas, logo que passe em julgado, proceder-se-á à abertura do testamento, se houver, e ao inventário e partilha dos bens, como se o ausente fosse falecido.**

**§ 1º Findo o prazo a que se refere o art. 26, e não havendo interessados na sucessão provisória, cumpre ao Ministério Público requerê-la ao juízo competente.**

**§ 2º Não comparecendo herdeiro ou interessado para requerer o inventário até trinta dias depois de passar em julgado a sentença que mandar abrir a sucessão provisória, proceder-se-á à arrecadação dos bens do ausente pela forma estabelecida nos arts. 1.819 a 1.823.**

A sentença que determina a abertura da sucessão provisória produz efeitos no processo e fora dele.

No processo, transitada em julgado, passa-se às providências relativas ao testamento, ao inventário e à partilha. Há impropriedade de expressões na lei, pois, se o testamento for público, não haverá *abertura*, de modo que se deve entender o dispositivo como sendo a adoção da providência cabível dentre aquelas contidas nos arts. 735 a 737 do CPC/2015, conforme se trate de testamento ordinário (público, cerrado ou particular, art. 1.862), ou especial (marítimo, aeronáutico e militar, arts. 1.886 e 1.887). Também a referência "ao inventário e partilha dos bens, como se o ausente fosse falecido" não se harmoniza com o art. 6º, que manda presumir a morte do ausente, "nos casos em que a lei autoriza a abertura da sucessão definitiva". Para conciliar as duas regras, não se deve entender a parte final do art. 28 como uma presunção, mas como simples equiparação.

Fora do âmbito do respectivo processo, todavia, os efeitos se produzem cento e oitenta dias depois de publicada a sentença pela imprensa, sem se cogitar de trânsito em julgado, cessando a curadoria dos bens e deferindo-se a posse dos bens aos herdeiros, que exercerão as prerrogativas disso decorrentes.

No âmbito do Direito de Família, a autoridade do curador (art. 24 c/c o art. 1.778) se estende aos filhos menores do desaparecido que não estiverem sob o poder familiar, e a estes terá de ser dado tutor quando cessada a curadoria.

O ausente, no CC/1916, era considerado absolutamente incapaz e, por isso, contra ele não corria prescrição (art. 5º, IV, c/c o art. 169, I). Não tendo a lei atual definido o ausente como absolutamente incapaz, a partir de sua vigência contra os declarados ausentes passou a fluir prazo prescricional.

Não sendo, porém, requerida a abertura da sucessão provisória no termo final do prazo a que alude o art. 26, cumpre ao MP requerê-la. Essa iniciativa tem sido reputada inútil, senão para cumprir um ritual, pois, não comparecendo herdeiro ou interessado na abertura de inventário, a herança será considerada jacente (arts. 1.819 e segs. do CC).

O inventário, se for requerido, segue o mesmo procedimento como se o ausente morto fosse, inclusive com incidência do imposto de transmissão.

**Jurisprudência:** Súmula n. 331, STF: É legítima a incidência do imposto de transmissão *causa mortis* no inventário por morte presumida.

Os direitos que eventualmente sobrevierem ao ausente, desde que desapareceu sem dele haver notícias, e que sejam dependentes da condição da sua existência passam, na forma da lei, às pessoas que seriam chamadas à sua titularidade, se o ausente fosse falecido. Interpretação dos arts. 28 do CC (efeitos da sentença de declaração de ausência e abertura de sucessão provisória) e 943, IV, do CPC (bens que devem ser arrolados no processo de inventário e partilha). Direito comparado, no qual se haure a mesma solução, e que se há de ter como princípio de direito, aplicável entre nós (art. 4º da Lindb). Doutrina de Luiz da Cunha Gonçalves. Com a declaração de ausência e a abertura da sucessão provisória, o ausente presume-se morto e sua esposa, portanto, viúva. Aberta, no curso da década do art. 37 do CC, sucessão de sua ex-esposa, em que, se vivo, recolheria meação, os bens que a ele, a tal título, caberiam, passam diretamente aos sucessores da *de cujus*. Na década seguinte à declaração de ausência, aquele que herda em lugar do desaparecido tem a propriedade resolúvel dos bens que recebe. Decisão monocrática de relator, em sentido contrário, que se reforma. Agravo interno (CPC, § 1º do art. 557) provido. (TJSP, Ag. Reg. n. 20101577620158260000/SP, rel. Cesar Ciampolini, j. 28.04.2015, *DJe* 17.07.2015)

**Art. 29. Antes da partilha, o juiz, quando julgar conveniente, ordenará a conversão dos bens móveis, sujeitos a deterioração ou a extravio, em imóveis ou em títulos garantidos pela União.**

Trata-se de providência acauteladora, porquanto ainda provisória a sucessão, devendo o quanto possível ser preservada a fazenda do ausente.

Acha-se, porém, na discricionariedade do juiz ordenar a conversão, o que, todavia, não dispensa fundamentação (arts. 93, IX, da CF e 11 do CPC/2015) e avaliação.

**Art. 30. Os herdeiros, para se imitirem na posse dos bens do ausente, darão garantias da restituição deles, mediante penhores ou hipotecas equivalentes aos quinhões respectivos.**

**§ 1º Aquele que tiver direito à posse provisória, mas não puder prestar a garantia exigida neste artigo, será excluído, mantendo-se os bens que lhe deviam caber sob a administração do curador, ou de outro herdeiro designado pelo juiz, e que preste essa garantia.**

**§ 2º Os ascendentes, os descendentes e o cônjuge, uma vez provada a sua qualidade de herdeiros, poderão, independentemente de garantia, entrar na posse dos bens do ausente.**

A imissão na posse dos bens do ausente, enquanto provisória a sucessão, comporta a distinção sobre se se trata de herdeiro necessário ou não.

Os herdeiros necessários – descendentes, ascendentes e cônjuge (art. 1.845) – estão dispensados da prestação de garantia. Os demais, legítimos (art. 1.829, IV) ou testamentários (art. 1.857), bem como o convivente, que nesse passo não se equipara ao cônjuge (art. 1.790), têm de dar garantia de restituição dos bens, no equivalente aos respectivos quinhões, mediante penhor ou hipoteca. A garantia real, todavia, pode ser substituída por outra, a critério do juiz, uma vez que, no caso, não está adstrito a observar legalidade estrita (art. 723, parágrafo único, do CPC/2015).

A garantia, se os bens não forem consumíveis, poderá ser dada com eles mesmos, segundo José Olympio de Castro Filho, "sem necessidade de estabelecer o sucessor provisório ônus sobre os bens próprios" (*Comentários ao Código de Processo Civil*, 2. ed. Rio de Janeiro, Forense, 1980, v. X, p. 244).

Se dentre os herdeiros de que se exija garantia algum não puder prestá-la, ficará excluído e os bens que lhe tocariam serão confiados a curador idôneo ou a outro herdeiro, que der garantia. O excluído, entretanto, que justificar falta de recursos poderá receber metade dos rendimentos do quinhão que lhe caberia (art. 34).

**Art. 31. Os imóveis do ausente só se poderão alienar, não sendo por desapropriação, ou hipotecar, quando o ordene o juiz, para lhes evitar a ruína.**

A regra é que, durante a sucessão provisória, os herdeiros possam fruir dos rendimentos e administrar os bens imóveis. Os atos de disposição são excepcionais, não podendo ser praticados por mera utilidade, mas por necessidade, salvo o caso de desapropriação.

Quando necessária, a alienação será judicial, observando-se o disposto nos art. 730 do CPC/2015, além de não poder desfazer-se por preço vil, ou seja, com observância do art. 891, e seu parágrafo, do CPC/2015. Se, contudo, o bem for de incapaz, não poderá ser alienado caso não alcance 80% do valor da avaliação (art. 896 e seu § 2º, do CPC/2015).

**Art. 32. Empossados nos bens, os sucessores provisórios ficarão representando ativa e passivamente o ausente, de modo que contra eles correrão as ações pendentes e as que de futuro àquele forem movidas.**

Trata-se de modalidade de representação legal.

Se o processo disser respeito a determinado bem, em cuja posse estiver um ou alguns dos herdeiros, somente estes precisarão ser demandados ou terão de demandar. Já se se referir às obrigações ou à totalidade dos bens, podendo comprometer o acervo, todos terão de demandar ou ser demandados.

Pode parecer incoerência essa hipótese de representação porque o ausente se reputa falecido para a finalidade de transmissão de posse, mas vivo – tanto que representado – para fins processuais. Resolve-se, porém, a contradição, porque, embora tido como falecido o ausente, é esperado seu reaparecimento.

**Art. 33. O descendente, ascendente ou cônjuge que for sucessor provisório do ausente, fará seus todos os frutos e rendimentos dos bens que a este couberem; os outros sucessores, porém, deverão capitalizar metade desses frutos e rendimentos, segundo o disposto no art. 29, de acordo com o representante do Ministério Público, e prestar anualmente contas ao juiz competente.**

**Parágrafo único. Se o ausente aparecer, e ficar provado que a ausência foi voluntária e injustificada, perderá ele, em favor do sucessor, sua parte nos frutos e rendimentos.**

Os herdeiros necessários auferirão todos os frutos e rendimentos dos bens que lhes couberem. Os demais, legítimos ou testamentário, terão de reservar metade desses frutos e rendimentos, capitalizando-os, para entregá-los ao ausente, se reaparecer.

A capitalização se fará em imóveis ou títulos garantidos pela União (art. 29), para o que será ouvido o MP, devendo esses herdeiros também prestar contas anualmente.

Estabelece a lei, todavia, uma punição para aquele que voluntária e injustificadamente desertar de seu domicílio e de seus negócios, que é a perda de frutos e rendimentos que lhe caberiam.

Pode, também, ocorrer que durante o período de sucessão provisória fique provada a morte do ausente. Nesse caso, cessará a sucessão provisória, ensejando a partir de então a conversão em definitiva, com todas as consequências da transmissão dos bens aos herdeiros (art. 1.784).

**Art. 34. O excluído, segundo o art. 30, da posse provisória poderá, justificando falta de meios, requerer lhe seja entregue metade dos rendimentos do quinhão que lhe tocaria.**

Os herdeiros legítimos, que não são necessários, e os testamentários serão imitidos na posse dos bens se derem garantia de restituição deles (art. 30).

A lei, todavia, a título de amparo, permite que aquele que não pôde imitir-se na posse provisória, justificando não ter meios, aufira metade dos rendimentos. Isso não significa que irá administrar esses bens, os quais ficarão sob curadoria ou administração de outro herdeiro designado pelo juiz.

**Art. 35. Se durante a posse provisória se provar a época exata do falecimento do ausente, considerar-se-á, nessa data, aberta a sucessão em favor dos herdeiros, que o eram àquele tempo.**

A certeza da morte do ausente acarreta a cessação da sucessão provisória, que se torna definitiva e, consequentemente, aplicável o disposto no art. 1.784, ou seja, transmitem-se os bens aos herdeiros, que o eram na época do falecimento.

**Art. 36. Se o ausente aparecer, ou se lhe provar a existência, depois de estabelecida a posse provisória, cessarão para logo as vantagens dos sucessores nela imitidos, ficando, todavia, obrigados a tomar as medidas assecuratórias precisas, até a entrega dos bens a seu dono.**

Comparecendo o ausente durante o período de sucessão provisória, esta cessará, observando o contraditório presente no art. 745, § 4º, do CPC/2015. O mesmo ocorre se ficar provada sua existência. Nesse caso, os herdeiros deixarão de auferir os frutos e rendimentos, mas ficam obrigados a guardar e conservar os bens até sua entrega ao dono, tal qual gestor de negócio.

### *Seção III*
### *Da Sucessão Definitiva*

**Art. 37. Dez anos depois de passada em julgado a sentença que concede a abertura da sucessão provisória, poderão os interessados requerer a sucessão definitiva e o levantamento das cauções prestadas.**

Legislação correlata: art. 745, § 3º, do CPC/2015 (art. 1.167, CPC/73).

A morte da pessoa natural é presumida quando autorizada a abertura da sucessão definitiva (art. 6º).

A transformação em sucessão definitiva não é automática, devendo ser requerida pelo interessado e, à sentença que declarar, devem ser ultimadas providências decorrentes da sucessão provisória, como a verificação da gestão dos sucessores provisórios, com vistas ao levantamento das garantias. O excluído na forma do art. 34 também pode requerer a abertura da sucessão definitiva.

Considerando, ainda, que no registro público consta a sentença de abertura de sucessão provisória (art. 104, parágrafo único, da Lei n. 6.015/73), consoante José Olympio de Castro Filho, "outra decisão judicial necessariamente terá de ser ali averbada, para pôr fim ao estado de ausência e fazer constar a abertura da sucessão definitiva, com possível repercussão no Registro Imobiliário" (*Comentários ao Código de Processo Civil*, 2. ed. Rio de Janeiro, Forense, 1980, v. X, p. 247), além dos efeitos pessoais, como a dissolução do casamento (art. 1.571, § 1º).

O prazo para se tornar definitiva a sucessão é de dez anos, contados do trânsito em julgado da sentença que concede a abertura da sucessão provisória (veja art. 38).

**Jurisprudência:** Inventário. Sucessão definitiva de ausente. Supressão de sentença de sucessão provisória. Inadmissibilidade. Formalidades exigidas pelo art. 1.164 do CPC. Cessação que só pode ser declarada após devidamente processada a sucessão provisória. Recurso não provido. (TJSP, AI n. 245.079-1, rel. Des. Luís Carlos de Barros, j. 23.03.1995)

**Art. 38. Pode-se requerer a sucessão definitiva, também, provando-se que o ausente conta oitenta anos de idade, e que de cinco datam as últimas notícias dele.**

Legislação correlata: art. 745, § 3º, do CPC/2015 (art. 1.167, CPC/73).

Dois são os requisitos para ser requerida a abertura da sucessão definitiva, presumindo-se, também, morto o ausente (art. 6º): a) a idade de oitenta anos e b) que suas últimas notícias sejam de pelo menos cinco anos. Desse modo, o prazo do art. 37 pode ser abreviado.

A lei não estabelece o termo inicial de contagem dos cinco anos, todavia é imprescindível que haja previamente a abertura da sucessão provisória, pois esta é que se converte em definitiva. Também não há regra especial para verificação dessa contagem; por isso, é admissível a comprovação pelos meios ordinários de prova.

**Jurisprudência:** Civil. Inventário. Sucessão definitiva dos bens de ausente. Declaração judicial da ausência. Necessidade. A sucessão definitiva dos bens do ausente que tem oitenta anos de idade e há mais de cinco anos encontra-se desaparecido e sem dar notícias, somente pode ocorrer após a declaração judicial da ausência, observadas as regras da lei civil e o rito estabelecido na lei processual civil. (TJMG, Proc. n. 1.0441.06.007839-7/001(1), rel. Alberto Vilas Boas, j. 09.10.2007, publ. 24.10.2007)

---

**Art. 39. Regressando o ausente nos dez anos seguintes à abertura da sucessão definitiva, ou algum de seus descendentes ou ascendentes, aquele ou estes haverão só os bens existentes no estado em que se acharem, os sub-rogados em seu lugar, ou o preço que os herdeiros e demais interessados houverem recebido pelos bens alienados depois daquele tempo.**

**Parágrafo único. Se, nos dez anos a que se refere este artigo, o ausente não regressar, e nenhum interessado promover a sucessão definitiva, os bens arrecadados passarão ao domínio do Município ou do Distrito Federal, se localizados nas respectivas circunscrições, incorporando-se ao domínio da União, quando situados em território federal.**

---

A sucessão definitiva de que tratam os arts. 37 e 38 só se consolida dez anos após sua abertura. Em meio a esse prazo, conforme observava Bevilaqua, "ainda que o herdeiro tenha a livre disposição dos bens, responde, nesse período, pelo preço das alienações feitas" (*Código Civil comentado*, 11. ed. Rio de Janeiro, Francisco Alves, 1956, v. II, p. 374).

Regressando o ausente ou algum de seus descendentes ou ascendentes, aquele ou estes receberão os bens deixados ou seus equivalentes. A referência a descendentes e ascendentes é incompleta, pois o que o legislador quis referir são os herdeiros necessários, logo se deve incluir o cônjuge (art. 1.845).

# TÍTULO II
# DAS PESSOAS JURÍDICAS

## CAPÍTULO I
## DISPOSIÇÕES GERAIS

---

**Art. 40. As pessoas jurídicas são de direito público, interno ou externo, e de direito privado.**

---

Pessoas jurídicas são entidades a que a lei atribui personalidade jurídica.

Para realizarem finalidade comum, vários indivíduos juntam seus esforços e bens, mas, para agirem em unidade, é preciso que o grupo adquira personalidade, atuando em nome próprio, e não em nome de cada um de seus integrantes. Daí a regra segundo a qual a personalidade da pessoa jurídica não se confunde com a de seus integrantes *universitas distat a singulis*.

Embora atendendo à imperatividade natural decorrente da natureza gregária do homem, a pessoa jurídica é uma criação técnica, que reconhece o fato e o disciplina, daí afirmar Orlando Gomes que "a personalidade, isto é, a atribuição de capacidade jurídica à semelhança do que ocorre com as pessoas naturais, é uma *ficção de Direito*, porque não passa de simples processo técnico" (*Introdução ao direito civil*, 12. ed. Rio de Janeiro, Forense, 1996, p. 180).

Por vários modos se classificam as pessoas jurídicas, a começar pelo regime jurídico a que se submetem, distinguindo-se, sob esse aspecto, as pessoas jurídicas públicas, de direito interno e de direito externo, das pessoas jurídicas de direito privado.

As pessoas jurídicas de direito público externo regulam-se pelo direito internacional, compreendendo não só os Estados soberanos, como entidades internacionais (ONU, OEA). As pessoas jurídicas de direito público interno são as entidades estatais, tanto de natureza política (União, Estados, Municípios, Distrito Federal) como simplesmente administrativas (autarquias e fundações com personalidade jurídica pública), não se incluindo, porém, nessa classe as empresas públicas e as sociedades de economia mista, que têm personalidade privada (art. 173, § 2º, da CF), embora com participação total ou parcial de entidades estatais e dependentes de lei específica (art. 37, XIX, da CF).

As pessoas jurídicas privadas englobam as sociedades (simples ou empresárias), as associações e as fundações, além dos partidos políticos (art. 17, § 2º, da CF e Lei n. 9.096/95).

Quanto à nacionalidade, dividem-se as pessoas jurídicas em nacionais e estrangeiras (arts. 1.126 e 1.134 do CC).

No que se refere ao tempo de duração, podem ser por tempo indeterminado ou determinado (art. 46, I).

---

**Art. 41. São pessoas jurídicas de direito público interno:**

**I – a União;**

**II – os Estados, o Distrito Federal e os Territórios;**

**III – os Municípios;**

**IV – as autarquias, inclusive as associações públicas;**

Inciso com redação dada pela Lei n. 11.107, de 06.04.2005.

**V – as demais entidades de caráter público criadas por lei.**

**Parágrafo único. Salvo disposição em contrário, as pessoas jurídicas de direito público, a que se tenha dado estrutura de direito privado, regem-se, no que couber, quanto ao seu funcionamento, pelas normas deste Código.**

---

As pessoas jurídicas de direito público interno integram a administração pública direta e indireta (art. 37 da CF), distinguindo-se as de caráter político – União, Estados, Municípios e Distrito Federal (art. 1º da CF) – e as meramente administrativas (autarquias, associações públicas e fundações com personalidade jurídica pública). Exercem todas elas, porém, atividade pública.

A Lei n. 11.107/2005, ao dar nova redação ao art. 41 do Código, colocou ao lado das autarquias, as associações públicas, antes não previstas. Estas, contudo, constituem modalidade de autarquia a qual, segundo sua estrutura, pode classificar-se em **fundacional** e **corporativa** ou associativa, sendo que a autarquia fundacional se identifica com a fundação de direito público (cf. Maria Sylvia Zanella Di Pietro. *Direito administrativo*, 24. ed. São Paulo, Atlas, 2011, p. 442 e 444).

Referindo-se, contudo, o inciso V às "demais entidades de caráter público criadas por lei" resulta claro que o rol do CC é meramente exemplificativo. Já "os Territórios Federais integram a União, e sua criação, transformação em Estado ou reintegração ao Estado de origem serão reguladas em lei complementar" (art. 18, § 2º, da CF). Podem, também, a União, os Estados, os Municípios e o Distrito Federal criar pessoas jurídicas com estrutura de direito privado, como são os casos das empresas públicas e das sociedades de economia mista (art. 173, § 1º, II, da CF).

**Jurisprudência:** Súmula n. 525 do STJ: A Câmara de Vereadores não possui personalidade jurídica, apenas personalidade judiciária, somente podendo demandar em juízo para defender os seus direitos institucionais.

---

**Art. 42. São pessoas jurídicas de direito público externo os Estados estrangeiros e todas as pessoas que forem regidas pelo direito internacional público.**

---

Além dos Estados estrangeiros, têm personalidade jurídica de direito público externo os organismos internacionais, regidos pelo direito internacional público, como a ONU, a OEA etc.

A atuação das pessoas jurídicas de direito público externo dentro do território nacional é limitada (art. 11, §§ 1º a 3º, da Lindb). A competência para dirimir litígios com a União, o Estado, o Distrito Federal ou o Território é originária do STF (art. 102, I, *e*, da CF) e, quando contenderem com Município ou pessoa domiciliada ou residente no País, é da Justiça Federal (art. 109, II, da CF), com recurso ordinário para o STJ (art. 105, II, *c*, da CF).

---

**Art. 43. As pessoas jurídicas de direito público interno são civilmente responsáveis por atos dos seus agentes que nessa qualidade causem danos a terceiros, ressalvado direito regressivo contra os causadores do dano, se houver, por parte destes, culpa ou dolo.**

---

A responsabilidade civil do Estado é objetiva, consoante o art. 37, § 6º, da CF, que, na mesma regra, inclui as pessoas jurídicas de direito público e as de direito privado prestadoras de serviços públicos. Já a responsabilidade dos servidores públicos é subjetiva.

Isso significa que, para haver indenização das entidades públicas, basta a prova do dano sem o concurso do ofendido e do nexo causal, mas, na ação de regresso contra seus agentes, ter-se-á de provar dolo ou culpa destes.

Durante sua evolução, a matéria primeiramente foi envolvida pela irresponsabilidade, passando para a responsabilidade com culpa e, posteriormente, pela chamada responsabilidade pública, fundada no risco que a atividade estatal oferece. Hely Lopes Meirelles, ao incluir o tema sob a doutrina do direito público, divisou as seguintes teses: da culpa administrativa, do risco administrativo e do risco integral. Sem embargo de críticas a essas duas últimas subdivisões, situou o estágio atual na teoria do risco administrativo, pelo que "a vítima fica dispensada da prova de culpa da administração, mas esta poderá demonstrar a culpa total ou parcial do lesado no evento danoso, caso em que a Fazenda Pública se eximirá integral ou parcialmente da indenização" (*Direito administrativo brasileiro*, 22. ed. atualizada por Eurico de Azevedo Andrade, Délcio Balestero Aleixo e José Emmanuel Burle Filho. São Paulo, Malheiros, 1990, p. 563).

Para que se aplique a regra da responsabilidade objetiva, segundo Maria Sylvia Zanella Di Pietro, devem-se preencher os seguintes requisitos: 1) que se trate de pessoa jurídica de direito público ou de direito privado prestadora de serviço público; 2) que a entidade preste serviços públicos, ficando excluídas as entidades da administração indireta, que executam atividade econômica de natureza privada; 3) que haja um dano causado a terceiros em decorrência da prestação de serviço público; 4) que o dano seja causado por agente das aludidas pessoas jurídicas, sejam agentes políticos, administrativos ou particulares em colaboração com a Administração, sem interessar o título sob o qual prestam o serviço; 5) que o agente, ao causar o dano, aja nessa qualidade (*Direito administrativo*, 15. ed. São Paulo, Atlas, 2003, p. 530). Quanto a este último requisito, deve-se acrescentar que a aparência invencível de que o agente atua nessa qualidade corre a favor da vítima que pleiteia indenização.

A diversidade de tratamento verificada no tocante à responsabilidade do Estado, que é objetiva, e do servidor, que é subjetiva, repercute na órbita tanto do direito material como do direito processual, porquanto o art. 125, II, do CPC/2015 admite a denunciação da lide "àquele que estiver obrigado, por lei ou pelo contrato, a indenizar, em ação regressiva, o prejuízo de quem foi vencido no processo". Desse modo, caberia a denunciação da lide ao agente público, entretanto, essa intervenção de terceiro não permite a introdução de fundamento novo na demanda, como o pressuposto da culpa, inexigível para a cobrança contra o Estado. Maria Sylvia Zanella Di Pietro resolveu a questão do seguinte modo: a) quando a ação se funda em culpa anônima do serviço ou apenas na responsabilidade objetiva decorrente do risco, descabe a denunciação; b) quando a ação se funda na responsabilidade objetiva, mas com alegação de culpa do agente público, não só é cabível a denunciação da lide, como o litisconsórcio passivo facultativo ou a propositura diretamente contra o agente culpado (op. cit., p. 537).

---

**Art. 44. São pessoas jurídicas de direito privado:**

**I – as associações;**

**II – as sociedades;**

**III – as fundações;**

**IV – as organizações religiosas;**

Inciso acrescentado pela Lei n. 10.825, de 22.12.2003.

**V – os partidos políticos;**

Inciso acrescentado pela Lei n. 10.825, de 22.12.2003.

**VI – *(Revogado pela Lei n. 14.382, de 27.06.2022.)***

**VII – os empreendimentos de economia solidária.**

Inciso acrescentado pela Lei n. 15.068, de 23.12.2024.

**§ 1º São livres a criação, a organização, a estruturação interna e o funcionamento das organizações religiosas, sendo vedado ao poder público negar-lhes reconhecimento ou registro dos atos constitutivos e necessários ao seu funcionamento.**

Parágrafo acrescentado pela Lei n. 10.825, de 22.12.2003.

**§ 2º As disposições concernentes às associações aplicam-se subsidiariamente aos empreendimentos de economia solidária e às sociedades que são objeto do Livro II da Parte Especial deste Código.**

Antigo parágrafo único renumerado pela Lei n. 10.825, de 22.12.2003, e com redação dada pela Lei n. 15.068, de 23.12.2024.

**§ 3º Os partidos políticos serão organizados e funcionarão conforme o disposto em lei específica.**

Parágrafo acrescentado pela Lei n. 10.825, de 22.12.2003.

---

Classificaram-se as pessoas jurídicas de direito privado em associações, fundações e sociedades, distinguindo-se tanto pelo modo de constituir-se como pelas finalidades. A Lei n. 10.825, de 22.12.2003, deu nova redação ao art. 44 do CC, acrescentando as organizações religiosas e os partidos políticos entre as espécies de pessoas jurídicas privadas. Aquelas e estes, todavia, muito se aproximam das associações, por terem finalidades não econômicas e se sustentarem na organização de pessoas.

As associações se formam pela reunião de pessoas, físicas ou jurídicas, com objetivos não econômicos (art. 53), sendo plena a liberdade de associação para fins lícitos, vedada a interferência estatal em seu funcionamento, mas não são permitidas as de caráter paramilitar (art. 5º, XVII e XVIII, da CF).

As fundações são instituídas pela dotação de bens, com finalidades também não econômicas, mas limitadas a alguns setores (art. 62).

As sociedades constituem-se de pessoas que somam esforços ou recursos para atingir objetivos de natureza econômica, partilhando entre si os resultados (art. 981). Subdividem-se em sociedades empresárias e simples. As empresárias podem organizar-se sob formas típicas assim denominadas: sociedade em nome coletivo (art. 1.039); sociedade em comandita simples (art. 1.045); sociedade limitada (art. 1.052); sociedade anônima ou companhia regida por lei especial, aplicando-se nos casos omissos o CC (arts. 1.088 e 1.089); e sociedade em comandita por ações (art. 1.090). Subsidiariamente à disciplina da Parte Especial, aplicam-se às sociedades as regras pertinentes às associações.

Os partidos políticos encontram previsão constitucional (art. 17, § 2º, da CF) e são disciplinados pela Lei n. 9.096, de 19.09.1995.

A criação, a organização, a estruturação e o funcionamento de organizações religiosas sem ingerência do Estado encontram amparo na CF (arts. 5º, VI, e 19, I).

Cumpre lembrar que a Lei n. 12.441/2011 dera solução, embora parcial, à contenda que assim era exposta por Rubens Requião: "No Direito brasileiro não se pode falar em personificação da empresa, sendo ela encarada como simples objeto de direito. A tal classificação não se atém, todavia, o Prof. Orlando Gomes, pois, na sua *Introdução ao direito civil*, a contesta: 'Uma terceira posição é assumida pelos que recusam à empresa, quer a qualidade de sujeito de direito, quer a de objeto. Fugiria aos termos dessa alternativa, porque seria um *tertius genus* (Messineo)'. Para os que assim pensam, a empresa não pode ser objeto de direito, porque a atividade não é objeto, e não pode ser sujeito, porque é precisamente uma forma de atividade do empreendedor ou empresário, que é o sujeito. A impugnação da tese de que a empresa é um conjunto de coisas funda-se no pressuposto de que ela se distingue da 'azienda', a qual seria o objeto dos direitos do empresário. Parece-nos, todavia, que a atividade pode constituir objeto de direito, posta sob tutela jurídica. Nessas condições, percebemos a empresa como objeto de direito" (*Curso de direito comercial*, 26. ed. São Paulo, Saraiva, 2006, v. I, p. 60). Optara, então, o legislador por criar a figura da Empresa Individual de Responsabilidade Limitada, incluindo-a no rol das pessoas jurídicas (art. 44, VI), cuja disciplina aquela mesma lei estabeleceu, introduzindo o art. 980-A no CC. Não se tratava de uma sociedade, nos moldes do art. 981, que exige pluralidade de pessoas e natureza contratual, mas de uma verdadeira afetação patrimonial, gênero em que se distinguem duas espécies: o patrimônio autônomo e o patrimônio separado; este com segregação de bens de um mesmo sujeito, e aquele com a criação de outro sujeito. Isso era antevisto por Vicente Rao, embora sob a qualificação de patrimônio separado: "Mais cedo ou mais tarde, o princípio da responsabilidade individual limitada a um patrimônio separado para fins de exploração econômica acabará por prevalecer em razão do impulso que é suscetível de imprimir às atividades econômicas, eliminando, ao mesmo tempo, a prática quotidiana das sociedades simuladas" (*O direito e a vida dos direitos*. São Paulo, Max Limonad, v. II, p. 367).

Já a Lei n. 13.247, de 12 de janeiro de 2016, dando nova redação ao art. 15 da Lei n. 8.906/94, criou a sociedade unipessoal de advocacia, de modo que, nesse caso, a pessoa jurídica constituída por uma só pessoa física se definiu como sociedade, cuja denominação deve conter a expressão Sociedade Individual de Advocacia.

A Empresa Individual de Responsabilidade Limitada (EIRELI), entretanto, teve duração efêmera, abolida pela Lei n. 14.382, de 27.06.2022, que revogou o inc. VI do art. 44 do CC e todo o Título I-A do Livro II, que a regia.

Essa abolição era previsível desde a Lei n. 13.874/2019, que acrescentou os §§ 1º e 2º ao art. 1.052 do CC, possibilitando a sociedade limitada unipessoal, sem as exigências do também revogado art. 980-A do CC, entre as quais a de que o capital social não podia ser inferior a cem vezes o maior salário mínimo vigente no país e que a pessoa natural só poderia constituir uma única pessoa jurídica dessa espécie.

Nova pessoa jurídica, por outro lado, foi prevista na Lei n. 13.465, de 11.07.2016, que determinou a instituição do Operador Nacional do Sistema de Registro Eletrônico de Imóveis (ONR), que será organizado como pessoa jurídica de direito privado, sem fins lucrativos, cabendo à Corregedoria Nacional de Justiça do Conselho Nacional de Justiça "exercer a função de agente regulador do ONR" (art. 76, §§ 2º e 4º).

Por fim, a Lei n. 15.068, de 23.12.2024, instituiu a derradeira espécie de pessoa jurídica de direito privado, "os empreendimentos de economia solidária", aos quais se aplicam subsidiariamente, também, as disposições atinentes às associações que já eram aplicadas às sociedades. Essa novel modalidade de pessoa jurídica é assim definida no art. 2º de sua lei instituidora: "Art. 2º A economia solidária compreende as atividades de organização da produção e da comercialização de bens e de serviços, da distribuição, do consumo e do crédito, observados os princípios da autogestão, do comércio justo e solidário, da cooperação e da solidariedade, a gestão democrática e participativa, a distribuição equitativa das riquezas produzidas coletivamente, o desenvolvimento local, regional e territorial integrado e sustentável, o respeito aos ecossistemas, a preservação do meio ambiente e a valorização do ser humano, do trabalho e da cultura".

Na verdade, essa lei ocupa-se da função econômica e social da empresa e não da estrutura da pessoa jurídica que a exerce.

A Lei n. 15.068, de 23.12.2024, acresentou o inciso VII a este artigo, criando uma modalidade de pessoa jurídica, os empreendimentos de economia solidária, cuja compreensão e objetivos estão em seu art. 2º.

---

**Art. 45. Começa a existência legal das pessoas jurídicas de direito privado com a inscrição do ato constitutivo no respectivo registro, precedida, quando necessário, de autorização ou aprovação do Poder Executivo, averbando-se no registro todas as alterações por que passar o ato constitutivo.**

**Parágrafo único. Decai em três anos o direito de anular a constituição das pessoas jurídicas de direito privado, por defeito do ato respectivo, contado o prazo da publicação de sua inscrição no registro.**

---

Criação técnica, a existência da pessoa jurídica de direito privado tem início com a inscrição do ato constitutivo no registro competente. Em regra, para funcionar, não depende de autorização do Poder Público, mas, nos casos em que isso se exige (art. 170, parágrafo único, da CF), deve-se proceder à inscrição (art. 119, parágrafo único, da Lei n. 6.015/73).

As associações, fundações, sociedades simples e partidos políticos são inscritos no Registro Civil das Pessoas Jurídicas (art. 114 da Lei n. 6.015/73) e as sociedades empresárias, no Registro Público de Empresas Mercantis (art. 967), ou seja, na Junta Comercial que tem "funções executiva e administrativa dos serviços de registro" (art. 3º, II, Lei n. 8.934/94).

O registro confere personalidade jurídica, entretanto, a entidade tem sua origem na manifestação da vontade – unilateral, por ato *inter vivos* ou *causa mortis*, nas fundações; bilateral ou ainda plurilateral, mas sem objetivos coincidentes, nas associações e nas sociedades (*adunatio hominum ad aliquid unum communiter agendum*). Enquanto não inscritas as sociedades no registro competente, dizem-se irregulares ou de fato, porquanto sem personalidade jurídica, mas nelas já se identifica o elemento subjetivo imprescindível que é a *affectio societatis*. Nesse sentido é que ensina Maria Helena Diniz: "O processo genético da pessoa jurídica de direito privado apresenta duas fases: 1) a do ato constitutivo, que deve ser escrito, e 2) a do registro público" (*Curso de direito civil brasileiro*, 18. ed. São Paulo, Saraiva, 2002, v. I, p. 230).

Para anular o ato constitutivo que padecer de vício, há o prazo decadencial de três anos contado da publicação da respectiva inscrição.

A capacidade pressupõe a personalidade; todavia, existem certos grupos que, embora sem possuí-la, circulam no meio jurídico, legitimados a certos atos ou modo particular de atuarem, como as sociedades e associações irregulares, a massa falida, a herança jacente, o espólio, o condomínio (art. 75, V a VII e IX, do CPC/2015), como também merecedora de proteção jurídica, embora despersonalizada, é a família (art. 226 da CF).

Não cuidou o CC do início da personalidade das pessoas jurídicas de direito público, uma vez que se insere no âmbito do direito constitucional (art. 18 da CF).

**Jurisprudência:** Registro de pessoas jurídicas. Registros de livros contábeis referentes a período anterior ao registro dos atos constitutivos da pessoa jurídica. Impossibilidade. 1 – Nos termos do *caput* do art. 45 do CC/2002, começa a existência legal da pessoa jurídica de direito privado com a inscrição do ato constitutivo no respectivo registro, revelando-se, portanto, descabida a pretensão de apontamento de livros contábeis referentes a período anterior ao registro dos atos constitutivos. 2 – Desprovimento do apelo. (TJRS, Ap. Cível n. 70.022.661.359, 5ª Câm. Cível, rel. Paulo Sérgio Scarparo, j. 23.01.2008, *DJ* 06.02.2008)

**Art. 46. O registro declarará:**

**I – a denominação, os fins, a sede, o tempo de duração e o fundo social, quando houver;**

**II – o nome e a individualização dos fundadores ou instituidores, e dos diretores;**

**III – o modo por que se administra e representa, ativa e passivamente, judicial e extrajudicialmente;**

**IV – se o ato constitutivo é reformável no tocante à administração, e de que modo;**

**V – se os membros respondem, ou não, subsidiariamente, pelas obrigações sociais;**

**VI – as condições de extinção da pessoa jurídica e o destino do seu patrimônio, nesse caso.**

O registro dá a publicidade necessária acerca da pessoa jurídica e interessa tanto para o relacionamento entre os que a integram como para suas relações com terceiros.

Os requisitos que devem ser preenchidos dizem respeito à identificação e compreendem: a denominação; a sede, onde a pessoa jurídica centraliza seus negócios e interesses; os fins a que se destina, o que importa na determinação de sua natureza; os recursos de que inicialmente foi dotada para atingir os objetivos. Também devem ser identificados os criadores da entidade.

O modo de funcionamento e a representação interessam aos que contratam com a pessoa jurídica, pois a eficácia de seus negócios depende da legitimidade de quem os praticou (art. 47).

A alteração dos estatutos deve estar condicionada a regras preestabelecidas, para segurança dos sócios ou associados.

A responsabilidade dos membros pelas obrigações sociais é matéria de suma relevância, porque a personalidade da pessoa jurídica não se confunde com a de seus integrantes e, salvo disposição em contrário no ato constitutivo ou por motivos excepcionais (art. 50), aqueles não respondem pelas dívidas sociais.

As condições de extinção compreendem não só os motivos que a acarretam, que são legais ou convencionais, como também a destinação do patrimônio.

Os partidos políticos têm natureza associativa, mas com regime especial, para cujo registro (art. 120, parágrafo único, da Lei n. 6.015/73) deverão ser observados os requisitos da lei especial (Lei n. 9.096/95).

**Art. 47. Obrigam a pessoa jurídica os atos dos administradores, exercidos nos limites de seus poderes definidos no ato constitutivo.**

A manifestação de vontade da pessoa jurídica se dá pelos administradores, cujos poderes devem ser fixados no ato constitutivo.

Quem o ato constitutivo indicar para administrar e representar a pessoa jurídica (art. 46, III) tem legitimidade, que, no caso, é fator de eficácia do negócio jurídico e, no dizer de Antonio Junqueira de Azevedo, "pode ser definida como a qualidade do agente consistente na aptidão, obtida pelo fato de estar o agente na titularidade de um poder, para realizar eficazmente um negócio jurídico; ela existe por causa de uma relação jurídica anterior" (*Negócio jurídico – existência, validade e eficácia*. São Paulo, Saraiva, 1974, p. 69). A ineficácia decorrerá da insuficiência de poderes. Já se não houver poder algum e, portanto, faltar a mencionada "relação jurídica anterior", a hipótese será a de invalidade do negócio, porque vontade alguma foi manifestada, e a isso equivalem as declarações de quem não recebeu qualquer poder de representação da pessoa jurídica. Ressalvam-se, porém, as hipóteses nas quais é possível arguir a teoria da aparência, assim sustentada por Orlando Gomes, caso "o falso diretor, ou o falso gerente, se comporte aos olhos de todos e para com terceiros como se realmente estivesse a exercer, por título legítimo, a administração da sociedade" (*Transformações gerais do direito das obrigações*, 2. ed. São Paulo, RT, 1980, p. 123).

**Art. 48. Se a pessoa jurídica tiver administração coletiva, as decisões se tomarão pela maioria de votos dos presentes, salvo se o ato constitutivo dispuser de modo diverso.**

**Parágrafo único. Decai em três anos o direito de anular as decisões a que se refere este artigo, quando violarem a lei ou estatuto, ou forem eivadas de erro, dolo, simulação ou fraude.**

A pessoa jurídica, não sendo dotada, no dizer de Serpa Lopes, "de um elemento anímico, tal qual se dá na pessoa natural, tem necessidade de se prevalecer de um meio que realize aquela exteriorização tão necessária à realização dos principais atributos de sua personalidade" (*Curso de direito civil*, 3. ed. Rio de Janeiro, Freitas Bastos, 1960, v. I, p. 347), levantando-se para isso as teorias da *representação* e do *órgão*, predominando esta por motivos que Pontes de Miranda (*Tratado de direito privado*, 4. ed. São Paulo, RT, 1983, v. I, p. 412) resume na *presentação* da pessoa jurídica, porque, não sendo incapaz, não há que se falar em representação, mas na habilitação que pode conferir, em virtude de sua capacidade, a certos órgãos, segundo determinado em seus atos constitutivos.

Cabe distinguir, porém, órgãos deliberativos daqueles que se manifestam pela pessoa jurídica. Assim é que Manuel A. Domingues de Andrade afirma que os primeiros "resolvem ou decidem os negócios da pessoa colectiva, mas não tratam com terceiros". São os órgãos internos. Os segundos tratam com terceiros e, "embora devendo cumprir as determinações dos órgãos deliberativos, são eles quem exterioriza a vontade da pessoa colectiva" (*Teoria geral da relação jurídica*, 4. reimpr. Coimbra, Almedina, 1974, v. I, p. 115). São órgãos externos ou executivos.

O art. 47, portanto, cuida dos órgãos externos, ao passo que o art. 48 se refere aos internos.

As deliberações tomadas pelos órgãos internos o serão por maioria simples, salvo disposição em contrário do ato constitutivo.

O parágrafo único tem redação ambígua, pois se refere a prazo decadencial de três anos para anular as decisões referidas no *caput*, quando violarem a lei ou o estatuto, ou forem eivadas de erro, dolo, simulação ou fraude. O objetivo de se estabelecer o prazo decadencial é, a partir de seu termo final, estabilização da relação entre os integrantes da pessoa jurídica, já que a deliberação a que se refere é de órgão *interno*. Assim, deve-se entender que tanto a insuficiência de *quorum* como os vícios referidos são bastantes para desafiar a anulação, ficando, porém, o ato convalidado pelo decurso do tempo.

A segunda dificuldade é que a lei sujeitou a prazo decadencial hipóteses de nulidade absoluta, ou seja, simulação (art. 167), que não convalesce (art. 169). Considerando se, todavia, que se trata de relações internas da pessoa jurídica, predominando o interesse privado, é de entender que, no caso específico do parágrafo único do art. 48, todos os vícios apontados acarretam nulidade relativa (art. 171, *caput*), portanto, sanáveis a bem da pessoa jurídica.

**Art. 48-A. As pessoas jurídicas de direito privado, sem prejuízo do previsto em legislação especial e em seus atos constitutivos, poderão realizar suas assembleias gerais por meio eletrônico, inclusive para os fins do disposto no art. 59 deste Código, respeitados os direitos previstos de participação e de manifestação.**

Artigo acrescentado pela Lei n. 14.382, de 27.06.2022.

A realização de assembleias por meio eletrônico foi prevista na Lei n. 14.010, de 10.06.2020 (art. 12), para os condomínios edilícios, em caráter excepcional, até 30.10.2020, diante do isolamento social necessário durante a pandemia do coronavírus.

Também, desde o CC/1916 (art. 1.081, I), já se consideravam presentes as pessoas que contratassem por telefone, ou por meio de comunicação semelhante, conforme o CC vigente (art. 428, I).

Assim, não causa espécie este artigo, incluído na legislação codificada e que a atualiza com as modernas opções tecnológicas, mas sem força cogente.

Conquanto referindo-se a pessoas jurídicas de direito privado, e não sendo o condomínio edilício uma pessoa jurídica, nada obstaria que também se aplicasse essa disposição, independentemente de previsão na convenção condominial, por força do art. 4º da Lindb, que traz a analogia como um meio de integração do Direito, porquanto, conforme Maria Helena Diniz, "a analogia é tão somente um processo revelador de normas implícitas" (*Lei de Introdução às Normas do Direito Brasileiro interpretada*, 18. ed. São Paulo, Saraiva, 2013, p. 135). Deveras, salienta Caio Mário da Silva Pereira: "Embora não seja uma pessoa jurídica, no condomínio há que decidir, da mesma forma que, quanto a ela, tudo o que consulte aos interesses gerais" (*Condomínio e incorporações*, 11. ed., atual. por Sylvio Capanema de Souza e Melhim Namem Chalhub. Rio de Janeiro, Forense, 2014, p. 148).

Afastando qualquer óbice, sobreveio a Lei n. 14.309, de 08.03.2022, que incluiu o art. 1.354-A no CC, admitindo a convocação, a realização e a deliberação em quaisquer assembleias condominiais na forma eletrônica, desde que não vedada na convenção e que sejam preservados aos condôminos direito de voz, debate e voto, além de a convenção esclarecer que a assembleia se realizará por meio eletrônico. A mesma Lei n. 14.309/2022 estendeu a modalidade eletrônica para todas as reuniões, deliberações e votações das organizações da sociedade civil (art. 4º-A da Lei n. 13.019/2014).

**Art. 49. Se a administração da pessoa jurídica vier a faltar, o juiz, a requerimento de qualquer interessado, nomear-lhe-á administrador provisório.**

Trata-se de autêntica intervenção judicial na esfera privada. Justifica-se, porque a continuidade da pessoa jurídica em grande parte interessa a terceiros, não devendo sofrer solução de continuidade.

A falta de administração a que a lei se refere pode dar-se tanto por razões de ordem jurídica como de ordem material, ficando a entidade acéfala.

Não há procedimento específico na lei processual, mas, pela própria natureza do provimento almejado, deve-se seguir o geral da jurisdição voluntária (art. 719 do CPC/2015).

Cessa a atuação do administrador provisório tão logo seja outro indicado na forma do ato constitutivo.

**Jurisprudência:** Direito civil e processual civil. Agravo de instrumento. Pedido de nomeação de administrador provisório para pessoa jurídica. Associação dos notários e registradores do Maranhão – ANOREG/MA. Possibilidade. Art. 49 do CC. Conexão entre processos. Existência de liame subjetivo. Reunião entre os feitos. Necessidade. I – A pessoa jurídica não pode ser considerada genericamente incapaz para a prática de atos jurídicos, mesmo que lhe falte, de maneira momentânea ou com *animus* de definitividade, quem a possa presentar. II – Justamente pelo fato de que a pessoa jurídica não pode ficar "acéfala", estabelece o art. 49 do CC que, se a "administração da pessoa jurídica vier a faltar, o juiz, a requerimento de qualquer interessado, nomear-lhe-á administrador provisório", medida das mais lídimas, para a garantia das relações jurídicas. III – O instituto da conexão, nos termos do art. 103 do CPC, ocorre quando duas ou mais ações tiverem o mesmo pedido ou a mesma causa de pedir, seja próxima, seja remota. IV – Conforme orientação jurisprudencial do Superior Tribunal de Justiça, não se exige a identidade absoluta do objeto ou da causa de pedir, bastando que exista um liame entre as ações, ensejando a possibilidade de julgamento simultâneo, evitando-se, assim, a prolação de decisões múltiplas e contraditórias. V – Recurso provido, de acordo com o parecer ministerial. (TJMA, 2ª Câm. Civ., AI n. 0301912014/MA, rel. Marcelo Carvalho Silva, j. 12.05.2015, *DJe* 14.05.2015)

Sociedade. Administração. Sociedade limitada composta de dois sócios. Falecimento do sócio que detinha os poderes de administração da sociedade. Sócia remanescente sem poderes para representar e gerir os negócios da empresa. Sociedade inativa há muitos anos, mas com patrimônio considerável. Administração que constitui elemento essencial das sociedades empresárias. Nomeação da única sócia como administradora da sociedade, em sede de antecipação da tutela. Aplicação analógica do art. 49 do CC. Agravo provido, com observação. (TJSP, AI n. 0099186-45.2013.8.26.0000/São Vicente, 1ª Câm. Res. de Dir. Emp., rel. Alexandre Marcondes, *DJe* 19.06.2013)

Entidade sindical. Situação anômala. Permissão do art. 49 do novo CC. Judiciário. Nomeação de administração provisória. (Voto vencido) Anômala a situação de entidade sindical, nos termos permitidos pelo art. 49 do novo CC, deve o Judiciário nomear administração provisória. V.v.: Pedido de nomeação de administrador para sindicato. Impossibilidade jurídica. Inépcia da inicial que se confirma. 1 – A entidade privada – sindicato – é autodirigida por seus associados, inviabilizando-se o pedido de nomeação de administrador provisório, ante flagrante impossibilidade jurídica de haver intervenção do Judiciário sem que os trâmites legais para a eleição, preconizados nos estatutos respectivos, hajam sido levados a efeito. 2 – Assim, inepta a inicial que pede o que é impossível juridicamente, pelo que bem extinto o processo sem apreciação do mérito. (TJMG, Proc. n. 2.0000.00.436952-0/000(1), rel. Juiz Francisco Kupidlowski, j. 14.10.2004, publ. 10.11.2004)

---

**Art. 49-A. A pessoa jurídica não se confunde com os seus sócios, associados, instituidores ou administradores.**

Artigo acrescentado pela Lei n. 13.874, de 20.09.2019.

**Parágrafo único. A autonomia patrimonial das pessoas jurídicas é um instrumento lícito de alocação e segregação de riscos, estabelecido pela lei com a finalidade de estimular empreendimentos, para a geração de empregos, tributo, renda e inovação em benefício de todos.**

---

O Código Civil vigente não trouxera uma disposição semelhante à que se encontrava no art. 20 do Código de 1916: "As pessoas jurídicas têm existência distinta da dos seus membros". Comentando-a, afirmou Clóvis Bevilaqua: "A consequência imediata da personificação da sociedade é distingui-la, para os efeitos jurídicos, dos membros, que a compõem. Pois que cada um dos sócios é uma individualidade e a sociedade uma outra, não há como lhes confundir a existência.

A sociedade, constituída por seu contrato, e personificada pelo registro, tem um fim próprio, econômico ou ideal; move-se, no mundo jurídico, a fim de realizar esse fim; tem direitos seus, e, em regra, um patrimônio, que administra, e com o qual assegura, aos credores, a solução das dívidas, que contrai" (*Código Civil comentado,* 10. ed. Rio de Janeiro, Francisco Alves, 1855, v. I, p. 183).Confortava-se aquela regra em duas parêmias invocadas por R. Limongi França: "*universitas distat a singulis* e *quod debet iniversitas non debent singuli et quod debent singuli non debet universitas*" (*Instituições de Direito Civil,* 4. ed. São Paulo, Saraiva, 1996, p. 67).

Nos albores do Código de 2002, embora depois estabelecendo os limites da aplicação da desconsideração da personalidade jurídica, Carlos Alberto Menezes Direito aduziu: "No direito brasileiro, a teoria da desconsideração da personalidade jurídica cresceu para desafiar a regra do art. 20 do CC de 1916". (A desconsideração da personalidade jurídica. In: *Aspectos controvertidos do novo Código Civil* – Estudos em homenagem ao Min. José Carlos Moreira Alves. São Paulo, RT, 2003, p. 87). Esse desafio, contudo, jamais foi entendido como a eliminação da distinção entre o patrimônio dos sócios e o da sociedade, mas o art. 49-A, introduzido pela Lei n. 13.874, de 20.09.2019, reafirmou a distinção em termos expressos, tal qual no Código de 1916. Reafirmou-se essa posição com a Lei n. 12.441/2003, que introduzira a figura da Empresa Individual de Responsabilidade Limitada (EIRELI) no art. 44, VI, do CC. Essa disposição, porém, foi revogada pela Lei n. 14.382, de 27.06.2022, mas encontra-se a figura da sociedade unipessoal de responsabilidade limitada (art. 1.052, §§ 1º e 2º, do CC) incluída pela Lei n. 13.874/2019.

Essa matéria, contudo, não era de cogitação apenas contemporânea às referidas inserções no CC, pois dela já se ocupara Vicente Rao, na vigência do Código de 1916 (*O direito e a vida dos direitos.* São Paulo, Max Limonad, s/d., v. 2, p. 366-7): "de há muito vem ocupando a atenção dos juristas a possibilidade da organização e funcionamento de sociedades de um único sócio, pessoa física ou jurídica de direito privado (*Einmanngesellschaften*, na Alemanha; *one man companies*, na Inglaterra), para o exercício de atividades econômicas com patrimônio separado e, pois, com responsabilidade igualmente distinta (*Riv. Dir. Comm.*, 1954, v. LII, 1ª pte., p. 95). Essa forma de separação patrimonial que, quando reveste certas modalidades, é encarada por alguns juristas italianos como negócio indireto de tipo fiduciário (*Riv. Dir. Comm.*, 1932, 1ª pte., p. 799), ou negócio permitido pelo novo CC italiano (arts. 2.326, 2.448 e 2.479; BRUNELLI, *Il Libro del Lavoro,* n. 421), não é, ainda, admitida por nosso direito (Waldemar Ferreira, *Instituições*, 4. ed., n. 272), porém, mais cedo ou mais tarde, o princípio da responsabilidade individual limitada a um patrimônio separado para fins de exploração econômica acabará por prevalecer em razão do impulso que é suscetível de imprimir às atividades econômicas, eliminando, ao mesmo tempo, a prática quotidiana das sociedades simuladas". Apenas uma observação é cabível sobre esse vaticínio, que é a diferença entre patrimônio autônomo e patrimônio separado, que são espécies do gênero afetação.

O patrimônio autônomo se configura pela criação de outro sujeito de direito, que passa a ser proprietário de bens ou titular de direitos, como ocorre na fundação (art. 44, III, do CC) e na sociedade limitada unipessoal (art. 1.052, §§ 1º e 2º).

Já o patrimônio separado se caracteriza pela segregação do patrimônio de um mesmo sujeito, com finalidade determinada. Essa parcela não é, necessariamente, retirada do patrimônio dele, mas apenas destinada a um fim especial, com o que fica livre do alcance dos demais credores que não se vinculam ao negócio a que se destina a referida parcela, e pelo que, também, não há um rompimento absoluto com a concepção tradicional da unidade do patrimônio. Em razão disso, também, Caio Mário da Silva Pereira prefere qualificá-la como "massa de bens" ou "acervos bonitários", e não como patrimônio distinto do mesmo sujeito (*Instituições de direito civil*, 20. ed. revista e atualizada por Maria Celina Bodin de Moraes. Rio de Janeiro, Forense, 2004, v. I, p. 396). Nessa categoria entra o patrimônio de afetação, previsto no Capítulo I-A da Lei n. 4.591, de 16.12.1964, introduzido pela Lei n. 10.931, de 02.08.2009.

O Código, aqui se referindo à autonomia patrimonial, induz a contorno decorrente da criação de uma pessoa jurídica, o que, entretanto, não exclui as regras protetivas do patrimônio separado, disciplinado na legislação especial.

---

**Art. 50. Em caso de abuso da personalidade jurídica, caracterizado pelo desvio de finalidade ou pela confusão patrimonial, pode o juiz, a requerimento da parte, ou do Ministério Público quando lhe couber intervir no processo, desconsiderá-la para que os efeitos de certas e determinadas relações de obrigações sejam estendidos aos bens particulares de administradores ou de sócios da pessoa jurídica beneficiados direta ou indiretamente pelo abuso.**

*Caput* com redação dada pela Lei n. 13.874, de 20.09.2019.

**§ 1º Para os fins do disposto neste artigo, desvio de finalidade é a utilização da pessoa jurídica com o propósito de lesar credores e para a prática de atos ilícitos de qualquer natureza.**

Parágrafo acrescentado pela Lei n. 13.874, de 20.09.2019.

**§ 2º Entende-se por confusão patrimonial a ausência de separação de fato entre os patrimônios, caracterizada por:**

Parágrafo e incisos acrescentados pela Lei n. 13.874, de 20.09.2019.

**I – cumprimento repetitivo pela sociedade de obrigações do sócio ou do administrador ou vice-versa;**

**II – transferência de ativos ou de passivos sem efetivas contraprestações, exceto os de valor proporcionalmente insignificante; e**

**III – outros atos de descumprimento da autonomia patrimonial.**

**§ 3º O disposto no *caput* e nos §§ 1º e 2º deste artigo também se aplica à extensão das obrigações de sócios ou de administradores à pessoa jurídica.**

Parágrafo acrescentado pela Lei n. 13.874, de 20.09.2019.

**§ 4º A mera existência de grupo econômico sem a presença dos requisitos de que trata o *caput* deste artigo não autoriza a desconsideração da personalidade da pessoa jurídica.**

Parágrafo acrescentado pela Lei n. 13.874, de 20.09.2019.

**§ 5º Não constitui desvio de finalidade a mera expansão ou a alteração da finalidade original da atividade econômica específica da pessoa jurídica.**

Parágrafo acrescentado pela Lei n. 13.874, de 20.09.2019.

---

Legislação correlata: art. 28, Lei n. 8.078, de 11.09.1990 (CDC).

A personalidade da pessoa jurídica não se confunde com a de seus integrantes nem com a de seus administradores, e isso era norma expressa no art. 20 do CC/1916, restabelecida no art. 49-A do CC.

O princípio se sustenta na medida em que a lei atribui personalidade a entidades que especifica (art. 44).

Sucede, porém, que muitas vezes os sócios ou administradores, agindo contrariamente às finalidades estatutárias ou abusando da personalidade jurídica da pessoa jurídica, acarretam prejuízos a terceiros, quase sempre pela promiscuidade dos negócios próprios com os da entidade que administram. A fim de pôr cobro a esses desvios é que se formou a doutrina conhecida como *disregard of legal entity*, também chamada doutrina da penetração, para vincular e atingir o patrimônio dos sócios. Adverte, porém, Rubens Requião que "não se trata, é bom esclarecer, de considerar ou declarar nula a personificação, mas de torná-la ineficaz para determinados atos", e prossegue delimitando "que a personalidade jurídica não constitui um direito absoluto, mas está sujeita e contida pela teoria da fraude contra credores e pela teoria do abuso de direito" (*Curso de direito comercial*, 22. ed. São Paulo, Saraiva, 1995, v. I, p. 277).

De certo modo, a lei tributária já trouxera o embrião dessa possibilidade ao tratar da responsabilidade (art. 135, III, do CTN). A teoria da desconsideração da pessoa jurídica, todavia, entrou para o Direito positivo brasileiro, no CDC (Lei n. 8.078/90), cujo art. 28 contém um elenco de situações nas quais pode o juiz desconsiderar a pessoa jurídica da sociedade: "O juiz poderá desconsiderar a personalidade jurídica da sociedade quando, em detrimento do consumidor, houver abuso de direito, excesso de poder, infração da lei, fato ou ato ilícito ou violação dos estatutos ou contrato social. A desconsideração também será efetivada quando houver falência, estado de insolvência, encerramento ou inatividade da pessoa jurídica provocados por má administração".

Na doutrina e na jurisprudência, veio a admitir-se também a denominada desconsideração inversa, permitindo responsabilizar a pessoa jurídica pelas obrigações de seus sócios, quando estes desviam bens ou recursos de seu patrimônio, para o da sociedade sem finalidades legítimas, em geral, fora do objeto social (CALÇAS, Manoel de Queiroz Pereira. *Sociedade limitada no Novo Código Civil*, São Paulo, Atlas, 2003, p. 16), inclusive com a repercussão no direito de família, para prejudicar o cônjuge na separação ou no divórcio (LÔBO, Paulo. *Famílias*. 4. ed. São Paulo, Saraiva, 2003, p. 160). O CPC/2015, por fim, introduziu essa nova figura, a da desconsideração inversa, na legislação (art. 133, § 2º), que veio a ser prevista também no CC, com a inscrição do § 3º pela Lei n. 13.874/2019.

A desconsideração da personalidade jurídica é ato privativo do juiz, que, também, não agirá de ofício, dependendo de iniciativa da parte ou do MP quando lhe couber intervir no processo. A decisão fixará quais relações ou obrigações serão estendidas aos sócios ou administradores, de modo que a pessoa jurídica não se extingue, mas é apenas afastado o véu protetor, para que os bens particulares daqueles respondam pelos atos abusivos ou fraudulentos.

O CPC/2015 determinou que a desconsideração da personalidade jurídica seja decidida em incidente cabível em todas as fases do processo, dispensando-se, todavia, o incidente, quando requerida na petição inicial (arts. 133 a 137).

O CDC, que antecedeu o CC, é pródigo na extensão da responsabilidade da pessoa jurídica, não se limitando às hipóteses de fraude contra credores ou de abuso do direito, conforme delimitara Rubens Requião. Já o CC não cuidara de uma delimitação segura, dando ensejo a interpretações as mais variadas, inclusive ao não restringir expressamente a extensão dos efeitos somente àqueles que tivessem sido beneficiados pelos desmandos. A Lei n. 13.874, de 20.09.2019, porém, estabeleceu algumas diretrizes, dando nova redação ao *caput* do art. 50 do CC, e acrescentou parágrafos, que dão balizamento para a desconsideração.

Em primeiro lugar, ficou claro que só respondem pelas obrigações aqueles que direta ou indiretamente se beneficiaram pelo abuso.

O abuso compreende as figuras do desvio de finalidade e da confusão patrimonial.

Quanto ao desvio de finalidade, deve ser qualificado pelo propósito de lesar credores ou de praticar ilícitos, não abarcando, portanto, hipóteses de má administração ou condutas não intencionais.

Conquanto em rol exemplificativo, o § 2º encerra a ideia de que a confusão patrimonial se configura pelos atos contrários à autonomia preconizada no art. 49-A, qualificada como instrumento lícito de alocação e segregação de riscos, o que significa dizer que somente a prática ilícita o desconstitui.

Esses mesmos requisitos devem ser observados para a desconsideração inversa de que trata o § 3º.

**Jurisprudência:** Súmula n. 435, STJ: Presume-se dissolvida irregularmente a empresa que deixar de funcionar no seu domicílio fiscal, sem comunicação aos órgãos competentes, legitimando o redirecionamento da execução fiscal para o sócio-gerente.

Agravo de instrumento. Desconsideração da personalidade jurídica. Certidão de crédito. I – A desconsideração da personalidade jurídica mitiga a autonomia da pessoa jurídica, mas não a elimina. Portanto, apesar de a medida possibilitar a busca de bens das sócias para saldar a dívida da sociedade, não transfere o débito a elas. Logo, é incabível expedir certidão de crédito em nome das sócias da empresa-agravada, que remanesce incólume como ente capaz de direitos e obrigações. II – Agravo de instrumento desprovido. (TJDF, AI n. 20120020273289, 6ª T. Cível, rel. Vera Andrighi, j. 20.02.2013, *DJe* 05.03.2013)

Administrativo. Agravo regimental no agravo em recurso especial. Desconsideração da personalidade societária e responsabilidade pessoal dos seus sócios e acionistas controladores. Incabimento. Ausência de comprovação de desvio de finalidade ou de excesso de poder. Necessidade de reexame do conjunto fático-probatório dos autos. Impossibilidade em sede de recurso especial. Incidência da Súmula n. 7/STJ. Agravo regimental desprovido. 1 – Com apoio no material fático-probatório constante dos autos, o Tribunal local concluiu pela ausência de comprovação de desvio de finalidade ou de excesso de poder a fim de justificar a aplicação da Teoria da Desconsideração da personalidade societária. Infirmar tal entendimento implicaria reexame de provas, o que é vedado nesta oportunidade a teor do que dispõe a Súmula n. 7 do STJ. 2 – A teoria da desconsideração da personalidade jurídica tem aplicação no domínio do direito obrigacional e se restringe aos casos em que a entidade originariamente obrigada deixa de desempenhar a tempo e modo o dever jurídico assumido, em decorrência ou em face de atos praticados pelos seus dirigentes, controladores ou acionistas, com desvio de finalidade ou excesso de poder (art. 50 do CC), pelo que estes assumem a responsabilidade ilimitada pela solvência daquele mesmo dever. 3 – A insolvência da sociedade, ocorrente quando os seus recursos são insuficientes para responder pelas obrigações assumidas, não enseja, por si só, a aplicação da teoria da desconsideração de sua personalidade, eis que os seus acionistas e controladores não estão legalmente obrigados a realizar aportes financeiros emergenciais. 4 – Agravo regimental da Companhia de Saneamento Básico de São Paulo – Sabesp desprovido. (STJ, Ag. Reg.-Ag.-REsp n. 28.612, 1ª T., rel. Min. Napoleão Nunes Maia Filho, *DJe* 21.08.2012)

Agravo de instrumento. Cumprimento de sentença condenatória. Deferimento de penhora *on-line* de numerário existente em contas bancárias/aplicações do devedor. Frustração da penhora em face da informação da inexistência de saldo nas contas bancárias. Devedor é sócio controlador de sociedades empresariais e considerado o maior revendedor de veículos da América Latina. Pedido de aplicação da desconsideração inversa da personalidade jurídica para que a penhora recaia em saldos bancários das sociedades empresariais controladas pelo devedor. Indeferimento pelo juiz de primeiro grau. Reconhecimento da possibilidade de se declarar a desconsideração da personalidade jurídica incidentalmente na fase de execução de sentença, não se exigindo ação autônoma, mas, observando-se o contraditório, a ampla defesa e o devido processo legal. Prova de que o sócio devedor é, em rigor, "dono" da sociedade limitada anônima fechada, das quais é o presidente, controlador de fato, e, apesar da participação minoritária de sua esposa, ficam elas caracterizadas como autênticas sociedades unipessoais. Confusão patrimonial entre sócio e sociedades comprovada. Patrimônio particular do sócio controlador constituído de bens que, na prática, mesmo que penhorados, não seriam convertidos em pecúnia para a satisfação do credor. Oferecimento de bens imóveis à penhora, que, por se situarem no Estado da Paraíba, distantes mais de 2.600 km de São Paulo, onde tramita a execução, com nítido escopo de se opor maliciosamente à execução, empregando ardis procrastinatórios, que configura ato atentatório à dignidade da justiça. Agravo provido, para deferir a desconsideração inversa da personalidade jurídica das sociedades empresárias indicadas (Limitada e S.A. fechada), autorizada a penhora virtual de saldos de contas bancárias. (TJSP, AI n. 9016597-13.2008, 29ª Câm., rel. Des. Pereira Calças, j. 26.11.2008)

Agravo de instrumento. Alienação fiduciária. Execução. Desconsideração da personalidade jurídica. Impossibilidade. Não estando preenchidos os requisitos do art. 50, do CC, quais sejam, o abuso da personalidade jurídica mediante o desvio de finalidade e a confusão patrimonial, bem como a desativação irregular da empresa, não há como ser deferida a medida extrema e excepcional, não bastando, para tanto, que a empresa executada não tenha bens passíveis de penhora, devendo existir nos autos prova efetiva da conduta faltosa dos sócios. Negado provimento ao agravo de instrumento. (TJRS, AI n. 70.025.249.046, 14ª Câm. Cível, rel. Isabel de Borba Lucas, j. 28.08.2008, *DJ* 10.09.2008)

Civil. Execução. Sociedade empresária. Desconsideração da personalidade jurídica. Desvio de finalidade. Demonstração. Transferência de recursos entre pessoas jurídicas que possuem sócios comuns. Operação que visou frustrar a satisfação da dívida exequenda. Fraude à execução. Uso abusivo da personalidade jurídica. Em face do disposto no art. 50 do CC, o deferimento do pedido de desconsideração da personalidade jurídica de sociedade empresária reclama a demonstração pelo requerente da ocorrência de desvio de finalidade ou confusão patrimonial, não sendo suficiente a inexistência de bens passíveis de satisfazer crédito reclamado em ação de execução. A transferência de recursos financeiros realizada entre sociedades empresárias que possuem sócios comuns com o objetivo de inviabilizar a satisfação de dívida exequenda caracteriza o desvio de finalidade e possibilita o deferimento do pedido de desconsideração da personalidade jurídica, a fim de que o patrimônio dos sócios possa ser atingido pela penhora. (TJMG, Proc. n. 1.0024.97.105367-3/002(1), rel. D. Viçoso Rodrigues, j. 15.07.2008, publ. 02.08.2008)

Agravo de instrumento. Execução de título extrajudicial. Desconsideração da personalidade da empresa devedora, com o fim de dirigir a execução ao patrimônio dos sócios. Pedido deferido em primeiro grau. Prevalência do pleito dos exequentes, para cuja satisfação se faz a execução forçada. Título constituído contra pessoa jurídica, que se oculta deliberadamente da penhora, nem indica bens sobre os quais incidisse. Manutenção desta como executada, sem prejuízo de chamar-se à responsabilidade os seus sócios. Aplicação do art. 50 do vigente CC. Recurso desprovido. (TJRJ, AI n. 2007.002.20679, rel. Des. Jesse Torres, j. 29.08.2007)

Execução por título judicial. Ação ordinária. Desconsideração de pessoa jurídica. Admissibilidade. Art. 50 do CC. Pressupostos presentes. Decisão recorrida que desconsiderou a personalidade jurídica da empresa executada. Caracterização de fraude com abuso da personalidade jurídica da ré originária, particularmente por conta de irregular cisão parcial da referida sociedade, com a transferência de parte de seu patrimônio para a nova empresa constituída, ensejando para esta última, em prejuízo da primeira, cujo patrimônio restou esvaziado, sensível aumento de capital social, quando já pendente a demanda. Penhora *on-line*. Admissibilidade. Recurso improvido. (TJSP, AI n. 506.532-4/1-00, rel. Des. Eduardo Braga, j. 19.06.2007)

Desconsideração da personalidade jurídica. Inaplicabilidade. Execução. Ausência de provas de que os sócios agiram com excesso de poderes ou infração à lei, ao contrato social ou aos estatutos. Inteligência do art. 596 do CPC.

Execução. Expedição de ofício à Receita Federal. Pedido formulado pelo exequente com vistas à localização de bens do devedor. Inadmissibilidade, diante da ausência de provas de que o credor tenha esgotado todas as possibilidades de localizar bens passíveis de constrição. Interesse particular que não se confunde com interesse público (TJSP, AI n. 7.101.602-7, 18ª Câm. Cível, j. 26.10.2006). (*RT* 858/276)

Penhora. Inexistência de bens. Executada. Pessoa jurídica. Pedido de desconsideração da personalidade jurídica. Impossibilidade. Hipóteses taxativas do art. 50 do CC. Inexistência. Recurso improvido. (TJSP, AI n. 1.066.368-0/4, rel. Amaral Vieira, j. 03.10.2006)

Penhora. Incidência sobre bens de sócios de pessoa jurídica. Cabimento. Aplicação da teoria da desconsideração da personalidade jurídica. Art. 50 do CC. Paralisação da empresa por mais de um ano. Constatação de deliberação para dissolução irregular da sociedade. Indícios de fraude e evidências da intenção de procrastinar a execução. Inaplicabilidade, ainda, da norma do art. 620 do CPC ante a falta de indicação pretérita de bens suscetíveis à constrição e de fácil alienação. Agravo de instrumento provido. (TJSP, AI n. 1343242-9/00, rel. Des. sorteado José Reynaldo, j. 19.01.2005)

---

**Art. 51. Nos casos de dissolução da pessoa jurídica ou cassada a autorização para seu funcionamento, ela subsistirá para os fins de liquidação, até que esta se conclua.**

**§ 1º Far-se-á, no registro onde a pessoa jurídica estiver inscrita, a averbação de sua dissolução.**

**§ 2º As disposições para a liquidação das sociedades aplicam-se, no que couber, às demais pessoas jurídicas de direito privado.**

**§ 3º Encerrada a liquidação, promover-se-á o cancelamento da inscrição da pessoa jurídica.**

---

A dissolução da pessoa jurídica corresponde a sua extinção e, segundo Caio Mário da Silva Pereira, pode assumir três modalidades: convencional, legal e administrativa (*Instituições de direito civil*, 19. ed. Rio de Janeiro, Forense, 2000, v. I, p. 219).

Dissolução convencional é a deliberada pelos membros da entidade, devendo ser observado o *quorum* e condições previstos no ato constitutivo (arts. 46, VI, 54, VI, e 1.033, II e III). Também se inclui na modalidade de dissolução convencional a extinção pelo vencimento do prazo ou implemento da condição, já que decorrentes do ato constitutivo.

A dissolução legal se dá quando, por força de lei superveniente, for impossível a continuidade da pessoa jurídica, o que, entretanto, não ocorre automaticamente, mas por meio de sentença declaratória.

A dissolução administrativa decorre da cassação de autorização de funcionamento. A CF, porém, quanto às associações, estabelece que "só poderão ser compulsoriamente dissolvidas ou ter suas atividades suspensas por decisão judicial, exigindo-se, no primeiro caso, o trânsito em julgado" (art. 5º, XIX).

Embora extinta a pessoa jurídica, não é possível a terminação imediata das relações jurídicas de que participa, daí por que se segue a fase de liquidação, a fim de apurar os créditos, pagar os débitos e destinar o patrimônio remanescente. Para isso é nomeado um liquidante (arts. 1.102 e segs.).

A destinação do patrimônio difere se se tratar de pessoa jurídica de fins não econômicos ou de fins econômicos. Entre as primeiras, ainda, a liquidação de uma associação distingue-se do que ocorre com as fundações (arts. 61 e 69). No tocante às sociedades, à face de suas finalidades econômicas, o remanescente será partilhado entre os sócios (art. 1.108), em duas fases assinaladas no registro, averbando-se a dissolução e promovendo-se o cancelamento da inscrição ao término da liquidação.

A dissolução da sociedade teve seu procedimento disciplinado pelo CPC/39, mesmo após a vigência do CPC/73 (art. 1.218, VII), passando agora ao procedimento comum (art. 1.046, § 3º, do CPC/2015) ao passo que a dissolução parcial de sociedade observará procedimento especial (arts. 599 a 609 do CPC/2015).

**Jurisprudência:** Ação de reintegração de posse. Legitimidade ativa *ad causam*. Dissolução da sociedade. Personalidade jurídica. Subsistência até conclusão da liquidação. Descrição do imóvel. Necessidade de individualização da área esbulhada. Art. 927 do CPC. Requisitos. Ausência. Inépcia da inicial. A dissolução da sociedade não extingue a personalidade jurídica de imediato, pois a pessoa jurídica continua a existir até que se concluam as negociações pendentes, procedendo-se à liquidação das ultimadas. Inteligência do art. 51 do CC. O pedido de reintegração de posse, deve individualizar a área dita esbulhada, por aplicação do art. 927 do CPC, sob pena de inviabilizar a ordem judicial que conceder a reintegração. (TJMG, Proc. n. 1.0183.03.062470-8/001(1), rel. Elias Camilo, j. 09.11.2006, publ. 05.12.2006)

**Art. 52. Aplica-se às pessoas jurídicas, no que couber, a proteção dos direitos da personalidade.**

As pessoas jurídicas, em verdade, não têm direitos da personalidade, cujas características se vinculam aos atributos do ser humano. A despeito disso, alguns aspectos relevantes dos direitos da personalidade podem ser estendidos à pessoa jurídica.

Desse modo, interessa a uma pessoa jurídica preservar sua boa fama, punindo-se as condutas ilícitas que venham a deslustrá-la. É nesses limites que deve ser compreendida a extensão dos direitos da personalidade às pessoas jurídicas, pois outras questões concernentes à marca, ao nome comercial, à invenção e aos demais bens incorpóreos inerentes à atividade empresarial se situam no campo de proteção da propriedade industrial, com legislação específica (Lei n. 9.279/96).

**Jurisprudência:** Súmula n. 227, STJ: A pessoa jurídica pode sofrer dano moral.

Apelação cível. Ação de cancelamento de protesto c/c indenização por danos materiais e morais. Duplicatas. Entrega de mercadoria em desconformidade com o pedido. Protesto irregular. Pessoa jurídica. Dano moral. Direitos da personalidade. Nome. Abalo. Dano presumido. Indenização devida. O protesto irregular de título cambial caracteriza-se conduta ilícita, passível de indenização por dano moral, dano presumido, por abalo do nome, direito da personalidade, cuja proteção se estende também à pessoa jurídica, nos termos do art. 52 do CC. (TJMG, Ap. Cível n. 1.0707.06.125793-7/001(1), rel. Luciano Pinto, j. 24.07.2008, publ. 12.08.2008)

## CAPÍTULO II
## DAS ASSOCIAÇÕES

**Art. 53. Constituem-se as associações pela união de pessoas que se organizem para fins não econômicos.**

**Parágrafo único. Não há, entre os associados, direitos e obrigações recíprocos.**

As associações são pessoas jurídicas de finalidades não econômicas, que se constituem pela união de pessoas. Tanto quanto as sociedades, apresentam uma estrutura interna fundada em um conjunto de pessoas (*universitas personarum*), mas diferem entre si, porque as sociedades têm fins econômicos, enquanto as associações não; distinguem-se as associações das fundações, porque estas têm por substrato um patrimônio (*universitas bonorum*).

O CC/1916 empregava a expressão "sociedade" também para designar entidades meramente associativas (art. 16, I), tendo, porém, o novo Código estabelecido a correta distinção que a doutrina já extremava, como se vê no ensinamento de Washington de Barros Monteiro: "Salientamos inicialmente que, do ponto de vista doutrinário, não se confundem sociedades civis e associações. Nas primeiras, há o fito de lucro, enquanto, nas segundas, inexiste finalidade lucrativa. O objeto das associações é puramente cultural, beneficente, altruísta, religioso, esportivo ou moral" (*Curso de direito civil*, 30. ed. São Paulo, Saraiva, 1991, v. I, p. 111).

A lei cuidou de dizer que entre associados não há direitos e obrigações recíprocos, coisa diversa do que ocorre na sociedade, onde as pessoas "reciprocamente se obrigam a contribuir, com bens ou serviços, para o exercício de atividade econômica e a partilha, entre si, dos resultados" (art. 981).

O direito de associar-se é constitucionalmente assegurado, não podendo, contudo, as pessoas serem obrigadas a associar-se ou permanecer associadas (art. 5º, XVII e XX, da CF).

**Jurisprudência:** Ação civil pública. Impedimento de cobrança de custo adicional. Rompimento dos lacres dos medidores de consumo individual. IPEDC. Ilegitimidade ativa. Processo extinto sem julgamento de mérito. Carência de ação.

Nos termos do art. 5º da Lei n. 7.347/85, a associação é parte legítima para propor ação civil pública.

O art. 53 do CC é claro ao estabelecer que as associações constituem-se pela união de pessoas que se organizam para fins não econômicos.

O IPEDC não pode ser considerado como associação porquanto se depreende da análise de seu estatuto social que presta atividades de assessoria e consultoria a brasileiros, estrangeiros, pessoas físicas, jurídicas, órgãos públicos, economia mista, e multinacionais (art. 8º), mediante remuneração, consubstanciada em taxa da administração paga mensalmente pelos filiados.

Os objetivos sociais do IPEDC não se coadunam com o interesse difuso em causa.

Prequestionamento sobre a legislação invocada estabelecido pelas razões de decidir.

Apelação improvida. (TRF, 4ª R., Ap. n. 2003.710.200.91545/RS, rel. José Paulo Baltazar Jr., j. 17.05.2006)

**Art. 54. Sob pena de nulidade, o estatuto das associações conterá:**

**I – a denominação, os fins e a sede da associação;**

**II – os requisitos para a admissão, demissão e exclusão dos associados;**

**III – os direitos e deveres dos associados;**

**IV – as fontes de recursos para sua manutenção;**

**V – o modo de constituição e de funcionamento dos órgãos deliberativos;**

Inciso com redação dada pela Lei n. 11.127, de 28.06.2005.

**VI – as condições para a alteração das disposições estatutárias e para a dissolução;**

**VII – a forma de gestão administrativa e de aprovação das respectivas contas.**

Inciso acrescentado pela Lei n. 11.127, de 28.06.2005.

Devendo servir ao registro, o estatuto das associações deve conter os elementos necessários àquele (art. 121 da Lei n. 6.015/73).

O estatuto encerra a disciplina fundamental da associação e a caracteriza, por isso deve conter, sob pena de nulidade: elementos que a identificam e requisitos acerca da admissão e da demissão de associados; direitos e deveres destes em relação à entidade; as fontes de onde retirará os recursos para manutenção e atingir os fins a que se destina; o modo de constituir-se e funcionar os órgãos deliberativos e diretivos, bem como as condições para sua própria alteração; e, por fim, as regras para a dissolução. A Lei n. 11.127, de 28.06.2005, alterou a redação deste artigo para destacar o requisito pelo qual, também, deve o estatuto conter a disciplina da gestão administrativa e da aprovação das contas respectivas, de modo que tanto os órgãos deliberativos como os de mera gestão devem ter, no âmbito de suas atribuições, a atuação delimitada claramente no estatuto. A falta de alguma dessas disposições invalida o estatuto.

De suma importância são as disposições referentes aos órgãos da associação, distinguindo a lei os órgãos de deliberação, da mera "gestão administrativa", cujas funções não se confundem, ambos, porém, não podendo agir arbitrariamente, mas segundo os ditames da lei e do estatuto.

Tendo a lei, ainda, se referido a "gestão administrativa", não se há de confundir esta ordem com a "administração". Gestão administrativa é função auxiliar, cumpridora das decisões dos administradores, que podem participar da classe dos órgãos deliberativos. Essa distinção se impõe, também, na medida em que o art. 59, I, refere-se a administradores, embora nada impeça que os administradores diretamente exerçam a gestão administrativa, cumulando funções.

A associação determina a estruturação de um grupo de pessoas com base em normas estatutárias e, segundo Maria Helena Diniz, deve cumprir "a exigência de uma regulamentação bastante uniforme e severa, no estatuto, dos direitos e deveres dos associados que devem ser observados" (*Curso de direito civil brasileiro*, 18. ed. São Paulo, Saraiva, 2002, v. I, p. 223).

**Art. 55. Os associados devem ter iguais direitos, mas o estatuto poderá instituir categorias com vantagens especiais.**

Divide-se o dispositivo em duas partes: a) os associados devem ter direitos iguais; b) o estatuto pode instituir categorias com vantagens especiais. Isso significa que a regra é a igualdade de direitos e deveres, porém é possível dividir os associados em categorias diferentes.

Adverte Silvio de Salvo Venosa sobre a dificuldade de saber, no caso concreto, se é válida a concessão de vantagens especiais contrariando a igualdade de direitos e conclui "que a melhor solução é entender que toda entidade dessa espécie deve garantir os direitos mínimos aos associados e que as vantagens são excepcionais a algumas categorias que, por natureza, sejam diferenciadas, como, por exemplo, a atribuição da categoria de 'sócio benemérito' a alguém estranho inicialmente aos quadros sociais, mas que tenha trazido efetivo benefício à entidade" (*Direito civil – Parte Geral*. São Paulo, Atlas, 2002, p. 278). Além dessa hipótese, que, na verdade, representa uma honraria, outras há, como as classificações comumente adotadas de *sócios proprietários, sócios remidos, sócios fundadores*, que trazem consequências jurídicas mais sérias, no tocante à restituição de contribuições prestadas ao patrimônio (art. 61, § 1º) ou ao direito de votar e ser votado.

Essas distinções são possíveis e não infirmam a primeira parte do dispositivo legal, pois os "iguais direitos" a que se refere dizem respeito, apenas, ao acesso às vantagens que constituem o objeto da associação.

**Art. 56. A qualidade de associado é intransmissível, se o estatuto não dispuser o contrário.**

**Parágrafo único. Se o associado for titular de quota ou fração ideal do patrimônio da associação, a transferência daquela não importará, de per si, na atribuição da qualidade de associado ao adquirente ou ao herdeiro, salvo disposição diversa do estatuto.**

A associação é entidade que se forma tendo por substrato as pessoas (*universitas personarum*) e, muitas vezes, leva em conta atributos personalíssimos, como é o caso de entidades associativas de determinada categoria profissional.

Desse modo, em regra, a qualidade de associado não traz conteúdo patrimonial. Pode, entretanto, o estatuto dispor de forma diversa.

Ressalve-se que, se o associado houver contribuído ou tiver direito sobre parcela do patrimônio, isso pode ser objeto de transmissão por negócio *inter vivos* ou *causa mortis* ou, ainda, pela sucessão legítima, ficando o sucessor com direito ao valor equivalente, mas não adquirirá a condição de associado, exceto por disposição em contrário do estatuto.

**Jurisprudência:** Embargos à execução fiscal. Embargos de terceiro. Bem impenhorável.

1 – A sentença está sujeita ao duplo grau de jurisdição obrigatório, tendo em vista a sucumbência da autarquia. Aplicação do art. 475, III, do CPC e da Súmula n. 620 do STF.

2 – A constrição judicial realizada sobre o título de clube não é válida, ainda que esteja em nome do sócio-executado.

3 – É bem de natureza essencialmente familiar, já que adquirido para toda família ("título familiar").

4 – A qualidade de associado do clube é intransmissível em virtude do caráter pessoal das associações.

5 – Apelação e remessa oficial, tida por ocorrida, improvidas. (TRF, 3ª R., Ap. n. 90.030.345.406/SP, rel. Vesna Kolmar, j. 22.05.2007)

---

**Art. 57. A exclusão do associado só é admissível havendo justa causa, assim reconhecida em procedimento que assegure direito de defesa e de recurso, nos termos previstos no estatuto.**

*Caput* com redação dada pela Lei n. 11.127, de 28.06.2005.

**Parágrafo único. (*Revogado pela Lei n. 11.127, de 28.06.2005.*)**

---

Este dispositivo foi profundamente alterado pela Lei n. 11.127, de 28.06.2005. A redação anterior dispunha que o reconhecimento de motivo grave caracterizador de justa causa era atribuição de assembleia especialmente convocada e mediante deliberação fundamentada da maioria absoluta dos presentes e se a decisão fosse de outro órgão, na conformidade do estatuto, haveria recurso para a assembleia.

O novo texto simplificou a matéria, de modo que o reconhecimento da justa causa deverá ocorrer em procedimento próprio, o qual, evidentemente, poderá dar-se perante a diretoria, que facultará ao acusado ampla defesa e de sua decisão cabe recurso, naturalmente, para a assembleia. Se, entretanto, a decisão for originária da assembleia, trata-se do órgão hierarquicamente mais elevado, não cabendo falar-se em recurso.

Os requisitos para exclusão do associado têm de constar do estatuto (art. 54, II) e ela só pode ocorrer por justa causa.

Os motivos caracterizadores de justa causa podem figurar *numerus clausus* ou *numerus apertus* no estatuto e, neste último caso, o reconhecimento de motivo grave não é arbitrário. Isso, porém, não significa inexistir margem para discricionariedade, tendo em conta a natureza da associação, para a qual o comportamento do sócio pode ser de primordial importância. Essa discricionariedade na avaliação da conduta não está sujeita à interferência do Poder Judiciário, que, entretanto, não está inibido de apurar eventual abuso, ou desvio de finalidade, ou inexistência do motivo alegado, que maculam a decisão. Igualmente, a razoabilidade da decisão não pode ficar à margem da apreciação judicial, tal qual preconiza Maria Sylvia Zanella Di Pietro no âmbito do direito administrativo: "Existem situações extremas em que não há dúvida possível, pois qualquer pessoa normal, diante das mesmas circunstâncias, resolveria que elas são certas ou erradas, justas ou injustas, morais ou imorais, contrárias ou favoráveis ao interesse público; e existe uma zona intermediária, cinzenta, em que essa definição é imprecisa e dentro da qual a decisão será discricionária, colocando-se fora do alcance do Poder Judiciário" (*Direito administrativo*, 15. ed. São Paulo, Atlas, 2003, p. 80).

---

**Art. 58. Nenhum associado poderá ser impedido de exercer direito ou função que lhe tenha sido legitimamente conferido, a não ser nos casos e pela forma previstos na lei ou no estatuto.**

---

A norma vem limitar a discricionariedade no âmbito das associações.

Os direitos e deveres dos associados devem estar definidos no estatuto (art. 54, III), não podendo os órgãos de deliberação e administração contrariá-los. Igualmente, se investido o associado em alguma função, só poderá dela ser afastado de acordo com a lei ou o estatuto (art. 59, II).

---

**Art. 59. Compete privativamente à assembleia geral:**

*Caput* com redação dada pela Lei n. 11.127, de 28.06.2005.

**I – destituir os administradores;**

Inciso com redação dada pela Lei n. 11.127, de 28.06.2005.

**II – alterar o estatuto.**

Inciso com redação dada pela Lei n. 11.127, de 28.06.2005.

**Parágrafo único. Para as deliberações a que se referem os incisos I e II deste artigo é exigido deliberação da assembleia especialmente convocada para esse fim, cujo *quorum* será o estabelecido no estatuto, bem como os critérios de eleição dos administradores.**

Parágrafo com redação dada pela Lei n. 11.127, de 28.06.2005.

---

Este dispositivo foi alterado pela Lei n. 11.127/2005. Na redação anterior eram atribuições privativas da assembleia: eleger e destituir administradores, aprovar contas e alterar estatutos.

A eleição de administradores e a aprovação de contas deixaram de constar expressamente deste artigo como sendo de atribuição privativa da assembleia, o que impõe remeter-se ao art. 54, que formula os requisitos de validade do estatuto, entre os quais o modo de constituição e funcionamento dos órgãos deliberativos e a forma de gestão administrativa e de aprovação das respectivas contas.

Já a destituição dos administradores é ato privativo da assembleia especial, que deliberará segundo o *quorum* estabelecido no estatuto. Igualmente, a alteração dos estatutos depende de aprovação em assembleia especialmente convocada, observando-se o *quorum* que o estatuto fixar.

Vê-se que o texto atual reduziu a competência privativa da assembleia, de modo que, exceto nas hipóteses deste artigo, todas as outras matérias de interesse da associação poderão ser decididas pela assembleia ou por outros órgãos de que o estatuto incumbir.

---

**Art. 60. A convocação dos órgãos deliberativos far-se-á na forma do estatuto, garantido a 1/5 (um quinto) dos associados o direito de promovê-la.**

Artigo com redação dada pela Lei n. 11.127, de 28.06.2005.

---

O dispositivo foi alterado pela Lei n. 11.127/2005. O texto primitivo se referia à convocação da assembleia geral, apenas.

Não só a assembleia geral, mas todos os órgãos deliberativos podem ser convocados por um quinto dos associados, além de poder sê-lo por outros modos e oportunidades previstos no estatuto.

Dessume-se, também, que não só a assembleia é considerada órgão deliberativo, o que significa dizer que as decisões podem inserir-se na competência da assembleia ou de outros órgãos da associação que o estatuto qualificar como deliberativo.

---

**Art. 61. Dissolvida a associação, o remanescente do seu patrimônio líquido, depois de deduzidas, se for o caso, as quotas ou frações ideais referidas no parágrafo único do art. 56, será destinado à entidade de fins não econômicos designada no estatuto, ou, omisso este, por deliberação dos associados, à instituição municipal, estadual ou federal, de fins idênticos ou semelhantes.**

**§ 1º Por cláusula do estatuto ou, no seu silêncio, por deliberação dos associados, podem estes, antes da destinação do remanescente referida neste artigo, receber em restituição, atualizado o respectivo valor, as contribuições que tiverem prestado ao patrimônio da associação.**

**§ 2º Não existindo no Município, no Estado, no Distrito Federal ou no Território, em que a associação tiver sede, instituição nas condições indicadas neste artigo, o que remanescer do seu patrimônio se devolverá à Fazenda do Estado, do Distrito Federal ou da União.**

---

A associação é entidade de fins não econômicos (art. 53) e, uma vez extinta, seu patrimônio remanescente será destinado a entidade congênere. Essa destinação corresponde à etapa final de uma liquidação, pois devem ser pagos os débitos e recebidos os créditos que houver, aplicando-se o disposto no art. 51, que se refere a "pessoa jurídica", compreendendo-se, portanto, as associações.

Caso haja associados com direito a cota ou a fração ideal do patrimônio, esta será atribuída a seu titular (art. 56, parágrafo único).

Também receberão os valores correspondentes monetariamente atualizados os associados que tiverem contribuído para aquisição ou aumento do patrimônio, mas desde que para isso haja previsão estatutária.

A destinação do que remanescer pode ou não estar definida no estatuto. Se estiver, observam-se suas disposições. Se não estiver, deliberará a assembleia, que, entretanto, está limitada por lei a encaminhá-lo para instituição de âmbito municipal, estadual ou federal de fins idênticos ou assemelhados, nesta ordem. A abrangência municipal, estadual ou federal não significa que a entidade beneficiária deva ser necessariamente pública, pois se trata de uma questão meramente territorial.

Se não existir entidade de fins idênticos ou semelhantes no Município, no Estado, no Distrito Federal ou no Território onde sediada a associação dissolvida, o restante do patrimônio será entregue à Fazenda Estadual, do Distrito Federal ou da União. Observe-se, aqui, que o Município, nesse caso, não será beneficiário.

**Jurisprudência:** Ação ordinária. Associação. Patrimônio líquido. Destinação. Art. 61 do CCB. Aquisição. Pedido juridicamente impossível. O art. 61 do CCB autoriza que a associação dissolvida verta seu patrimônio líquido para outra de idênticos fins, e não que associação, interessada no patrimônio líquido de outra, requeira, em juízo, a aquisição. Logo, o pedido de aquisição de imóvel pertencente à associação, dissolvida ou não, é juridicamente impossível, pois a destinação do patrimônio líquido é ato vinculado à competência estatutária, e ao Poder Judiciário cabe zelar pelo cumprimento do que restou deliberado no estatuto, ou deliberação de associados para tal desiderato. Apelo improvido. (TJMG, Proc. n. 1.0429.03.002805-5/001(1), rel. Nilson Reis, j. 31.10.2006, publ. 17.11.2006)

## CAPÍTULO III
## DAS FUNDAÇÕES

**Art. 62. Para criar uma fundação, o seu instituidor fará, por escritura pública ou testamento, dotação especial de bens livres, especificando o fim a que se destina, e declarando, se quiser, a maneira de administrá-la.**

**Parágrafo único. A fundação somente poderá constituir-se para fins de:**

Parágrafo com redação dada pela Lei n. 13.151, de 28.07.2015.

**I – assistência social;**

Inciso acrescentado pela Lei n. 13.151, de 28.07.2015.

**II – cultura, defesa e conservação do patrimônio histórico e artístico;**

Inciso acrescentado pela Lei n. 13.151, de 28.07.2015.

**III – educação;**

Inciso acrescentado pela Lei n. 13.151, de 28.07.2015.

**IV – saúde;**

Inciso acrescentado pela Lei n. 13.151, de 28.07.2015.

**V – segurança alimentar e nutricional;**

Inciso acrescentado pela Lei n. 13.151, de 28.07.2015.

**VI – defesa, preservação e conservação do meio ambiente e promoção do desenvolvimento sustentável;**

Inciso acrescentado pela Lei n. 13.151, de 28.07.2015.

**VII – pesquisa científica, desenvolvimento de tecnologias alternativas, modernização de sistemas de gestão, produção e divulgação de informações e conhecimentos técnicos e científicos;**

Inciso acrescentado pela Lei n. 13.151, de 28.07.2015.

**VIII – promoção da ética, da cidadania, da democracia e dos direitos humanos;**

Inciso acrescentado pela Lei n. 13.151, de 28.07.2015.

**IX – atividades religiosas; e**

Inciso acrescentado pela Lei n. 13.151, de 28.07.2015.

**X – (*Vetado.*)**

Inciso acrescentado pela Lei n. 13.151, de 28.07.2015.

Fundação é um acervo de bens, com destinação específica, a que a lei atribui personalidade jurídica. Pode ser criada por negócio jurídico *inter vivos* (escritura pública) ou *causa mortis* (testamento). É negócio jurídico formal e será inscrito no Registro Civil de Pessoas Jurídicas (art. 114, I, da Lei n. 6.015/73).

Para criá-la, o instituidor fará dotação de bens livres, isto é, passíveis de alienação e que não estejam constritos para garantia real ou por ato judicial (penhora, arresto, sequestro). Também, se o instituidor tiver herdeiros necessários, a dotação não poderá ultrapassar o limite de 50% da herança (art. 1.789). Igual limite se impõe na instituição por escritura pública, conquanto não se identifique com uma doação inegável a semelhança (art. 549). É imprescindível que a finalidade seja declarada. Outro tanto não ocorre com o modo de administrar, pois o instituidor pode sobre isso dispor, como atribuir a outrem essa tarefa (art. 65).

Circunscreveu o legislador o objeto da fundação. Na redação primitiva, o CC contemplava os fins religiosos, morais, culturais ou de assistência. A Lei n. 13.151, de 28.07.2015, estendeu o rol dispondo-os em nove incisos deste dispositivo. Percebe-se a diferença de tratamento em relação às associações, pois, quanto a estas, apenas assinalou que não terão fins econômicos (art. 53).

Essa restrição não estava expressa no CC anterior, e a inovação é salutar, pois, conforme aduz Maria Helena Diniz, as fundações não podem ter fins "econômicos, nem fúteis" e, sobretudo, não se podem desvirtuar "os fins fundacionais para atender a interesses particulares do instituidor" (*Curso de direito civil brasileiro*, 18. ed. São Paulo, Saraiva, 2002, v. I, p. 211). Essa delimitação de objeto aplica-se, porém, exclusivamente às fundações instituídas por particulares, uma vez que, quando instituídas pelo poder público, incide o disposto no art. 37, XIX, da CF, pelo que caberá a lei complementar "definir as áreas de sua atuação".

**Art. 63. Quando insuficientes para constituir a fundação, os bens a ela destinados serão, se de outro modo não dispuser o instituidor, incorporados em outra fundação que se proponha a fim igual ou semelhante.**

Se insuficientes os bens dotados, respeitar-se-á a determinação do instituidor, mas, se este nada dispuser, os bens serão incorporados a outra fundação congênere.

Três são as soluções propostas doutrinariamente (SILVA PEREIRA, Caio Mário da. *Instituições de direi-*

*to civil*, 19. ed. Rio de Janeiro, Forense, 2000, v. I, p. 225): a) nulidade do ato por impossibilidade material; b) conversão em títulos de dívida pública, até que aumentados com os rendimentos ou doações se torne possível a realização da fundação; c) incorporação a outra fundação já existente. O CC/1916 optara pela segunda solução (art. 25); o CC/2002 adotou a terceira. A verificação da viabilidade da fundação incumbe ao MP, ressalvada apreciação judiciária se a decisão for contrária (art. 764 do CPC/2015).

**Jurisprudência:** Agravo de instrumento. Testamento. Cláusula que destina certa parte do dinheiro da testadora à criação de fundação que atue na proteção à criança e adolescente. Pretensão de modificação do encargo. Alegação de que a verba é insuficiente. Decisão que indefere o pedido. Inconformismo. Parcial acolhimento. Caso em que a verba deixada pela testadora é manifestamente insuficiente para a instituição de fundação, com aquisição de imóvel dotado de todos os requisitos de habitabilidade, segurança, higiene e segurança, além da contratação de pessoal com a capacitação técnica, conforme exigências do ECA. Pretensão de o encargo ser adaptado para destinação dos numerários a determinada associação ou a determinada fundação. Previsão legal de que, quando insuficientes os fundos destinados à instituição de fundação, deverão eles ser incorporados por fundação já existente (CC, art. 63). Decisão parcialmente reformada, para o fim de o Ministério Público indicar ao Juízo outra fundação para receber a verba deixada. Deram parcial provimento ao recurso. (TJSP, AI n. 22700925820188260000/SP, rel. Alexandre Coelho, j. 16.05.2019, *DJe* 16.05.2019)

---

**Art. 64. Constituída a fundação por negócio jurídico entre vivos, o instituidor é obrigado a transferir-lhe a propriedade, ou outro direito real, sobre os bens dotados, e, se não o fizer, serão registrados, em nome dela, por mandado judicial.**

---

O dispositivo encerra a irrevogabilidade da instituição da fundação por escritura pública. Se por testamento, é da natureza deste a revogabilidade (art. 1.858).

Na vigência do Código anterior, Caio Mário da Silva Pereira sustentou a revogabilidade da instituição por ato *inter vivos* até o momento em "que se constitua definitivamente, com a aprovação dos seus estatutos, realizada pela autoridade competente, e o registro que lhe atribui personalidade jurídica" (*Instituições de direito civil*, 19. ed. Rio de Janeiro, Forense, 2000, v. I, p. 226). Sob a égide do Código atual, diz Silvio de Salvo Venosa que "a promessa do instituidor que se traduz na dotação de bens ou direitos possui caráter irrevogável e irretratável, autorizando a execução específica" (*Direito civil – Parte Geral*. São Paulo, Atlas, 2002, p. 285).

A transferência dos bens compulsoriamente só será possível depois da inscrição da fundação no registro (art. 45), porque antes não tem personalidade jurídica, mas, enquanto isso não se definir, o instituidor fica inibido de revogar a dotação, porque frustraria a própria criação da entidade.

Se a inscrição não ocorrer, a dotação é ineficaz, restando, porém, uma indagação, sobre se a transferência poderá ser exigida para outra fundação congênere, caso o motivo tenha sido a insuficiência de bens para constituir a fundação (art. 63). A resposta é negativa, pois a lei diz que o instituidor é obrigado a transferir-lhe os bens e não a outra fundação.

Não definiu a lei quem tem legitimidade para requerer a expedição de mandado judicial. Poderá fazê-lo o MP ou aquele a quem o instituidor cometer a aplicação do patrimônio (art. 65).

---

**Art. 65. Aqueles a quem o instituidor cometer a aplicação do patrimônio, em tendo ciência do encargo, formularão logo, de acordo com as suas bases (art. 62), o estatuto da fundação projetada, submetendo-o, em seguida, à aprovação da autoridade competente, com recurso ao juiz.**

**Parágrafo único. Se o estatuto não for elaborado no prazo assinado pelo instituidor, ou, não havendo prazo, em cento e oitenta dias, a incumbência caberá ao Ministério Público.**

---

O instituidor, necessariamente, deverá indicar na escritura ou no testamento os fins a que a fundação se destina e fazer a dotação de bens. Facultativamente declarará a maneira de administrá-la (art. 62), cujo mister poderá atribuir a outrem, daí por que Washington de Barros Monteiro afirmar: "Duas são as modalidades de formação, a *direta* e a *fiduciária*. Na primeira, o próprio instituidor pessoalmente a tudo provê; na segunda, ele entrega a outrem a organização da obra projetada" (*Curso de direito civil*, 30. ed. São Paulo, Saraiva, 1991, v. I, p. 119).

O CC anterior não fixava prazo para a elaboração do estatuto, mas o novo Código, supletivamente, estabeleceu-o, caso outro não tenha sido determinado pelo instituidor. Terá, então, a pessoa indicada para tanto o prazo de 180 dias, contado, evidentemente, da ciência da indicação.

Elaborado o estatuto, será submetido ao MP, que verificará se foram observadas as bases da fundação e se os bens são suficientes ao fim a que ela se destina. O MP aprovará o estatuto, ou indicará as modificações que entender necessárias, ou, se considerá-la inviável, denegará aprovação, cabendo recurso ao juiz, que, antes de suprir a aprovação, poderá mandar fazer no estatuto modificações a fim de adaptá-lo ao objetivo do instituidor.

Não sendo o estatuto elaborado por quem indicara o instituidor, no prazo assinado na lei, passa a atribuição ao MP. Aquele prazo, no regime do CPC/73, era de seis meses (art. 1.202, II), que foi revogado para prevalecer o de 180 dias, cujas contagens são diferentes (art. 132, *caput* e § 3º).

O procedimento relativo à organização e fiscalização das fundações é disciplinado pelos arts. 764 e 765 do CPC/2015.

---

**Art. 66. Velará pelas fundações o Ministério Público do Estado onde situadas.**

**§ 1º Se funcionarem no Distrito Federal ou em Território, caberá o encargo ao Ministério Público do Distrito Federal e Territórios.**

Parágrafo com redação dada pela Lei n. 13.151, de 28.07.2015.

**§ 2º Se estenderem a atividade por mais de um Estado, caberá o encargo, em cada um deles, ao respectivo Ministério Público.**

---

O MP exerce importante função no que diz respeito às fundações. Assim, cabe a órgão daquela instituição o exame do estatuto para verificar se foram observadas as bases da fundação e se os bens são suficientes.

Caso tenha o MP objeções ao estatuto, se forem sanáveis os defeitos, indicará as modificações necessárias. Sendo, porém, de todo inviável, negará aprovação. Poderá, porém, o interessado, nos dois últimos casos, requerer ao juiz o suprimento da aprovação.

Incumbirá ao MP elaborar o estatuto, submetendo-o à aprovação do juiz, quando o instituidor não o fizer nem designar quem o faça ou, ainda, quando o designado não cumprir o encargo no prazo assinado pelo instituidor ou no de 180 dias, se este não o estipular.

Toda alteração estatutária tem de ser submetida ao MP, que, se não a admitir, ensejará recurso ao juiz.

A fiscalização do MP, porém, não se limita a questões estatutárias, dispondo a lei que lhe incumbe "velar" pelas fundações. Isso significa que sua atuação se estende à fiscalização da administração, inclusive para promover a destituição de administradores que se afastem de suas finalidades ou lhe imprimam gestão desastrosa.

Quanto à preservação do patrimônio, em princípio os bens são inalienáveis, até para assegurar o cumprimento de seus fins. Não o tendo vedado o instituidor ou o estatuto, é possível a alienação de bens, por necessidade ou utilidade, conforme deliberação dos competentes para gerir e representar a fundação, e com aprovação do MP.

Se as atividades se estenderem por mais de um Estado, será atribuída a fiscalização a cada qual.

O § 1º deste artigo, que atribui ao MP Federal, no Distrito Federal e em território, o encargo de velar pelas fundações foi declarado inconstitucional pelo STF (ADI n. 2.794-8/DF) e veio a ser modificado pela Lei n. 13.151 de 28.07.2015, que deu a incumbência ao Ministério Público do Distrito Federal e territórios.

As fundações de natureza previdenciária, entretanto, não estão sujeitas à fiscalização do MP (LC n. 109/2001), assim como as fundações criadas pelo Poder Público, com personalidade jurídica pública, que se sujeitam ao controle dos Tribunais de Contas (art. 71, II, da CF).

---

**Art. 67. Para que se possa alterar o estatuto da fundação é mister que a reforma:**

**I – seja deliberada por dois terços dos competentes para gerir e representar a fundação;**

**II – não contrarie ou desvirtue o fim desta;**

**III – seja aprovada pelo órgão do Ministério Público no prazo máximo de 45 (quarenta e cinco) dias, findo o qual ou no caso de o Ministério Público a denegar, poderá o juiz supri-la, a requerimento do interessado.**

Inciso com redação dada pela Lei n. 13.151, de 28.07.2015.

---

O estatuto da fundação não é imutável, porém as alterações não são inteiramente livres, devendo observar requisitos de ordem formal e material.

A modificação deve ser aprovada por maioria de dois terços dos que têm atribuição de gerir e representar a fundação; não pode contrariar seus fins; e necessita de aprovação do MP ou suprimento judicial, se por aquele for denegada (art. 764, I, do CPC/2015).

O Código anterior exigia apenas maioria absoluta e não previa expressamente recurso contra a negativa de aprovação do MP (art. 28, I e III), o que, entretanto, veio a ser previsto, inclusive na lei processual (art. 764, I, do CPC/2015).

---

**Art. 68. Quando a alteração não houver sido aprovada por votação unânime, os administradores da fundação, ao submeterem o estatuto ao órgão do Ministério Público, requererão que se dê ciência à minoria vencida para impugná-la, se quiser, em dez dias.**

---

Se a mudança do estatuto não obtiver a aquiescência da unanimidade dos competentes para gerir e representar a fundação, quando submetida à apreciação do MP, requererão os administradores que se dê ciência à minoria vencida.

Essa regra pôs em compasso o CC e o CPC/73, que continha disposição semelhante (art. 1.203, parágrafo único), pois o CC/1916, nesse caso, apenas outorgava em seu art. 29 à minoria vencida possibilidade de reclamo judicial, no prazo de um ano, salvo direito de terceiros. O novo estatuto processual não repete a disposição, mas prevalece a exigência deste dispositivo do CC.

---

**Art. 69. Tornando-se ilícita, impossível ou inútil a finalidade a que visa a fundação, ou vencido o prazo de sua existência, o órgão do Ministério Público, ou qualquer interessado, lhe promoverá a extinção, incorporando-se o seu patrimônio, salvo disposição em contrário no ato constitutivo, ou no estatuto, em outra fundação, designada pelo juiz, que se proponha a fim igual ou semelhante.**

---

A fundação, se instituída por prazo determinado, em seu termo ficará extinta.

A extinção também poderá se dar caso se torne ilícita, impossível ou inútil a finalidade da fundação. A ilicitude ocorrerá se o objeto não mais for legalmente admitido; a impossibilidade, quando não mais puder se manter, em regra pela insuficiência de recursos; e a inutilidade, se o objeto não mais oferecer interesse, como no caso de uma fundação que se dedicasse ao amparo de doenças que foram erradicadas.

Pode o instituidor no ato constitutivo, ou o estatuto, estabelecer a destinação dos bens da fundação, se e quando vier a extinguir-se. Caso assim não disponha, o patrimônio será incorporado a outra fundação, de finalidade idêntica ou semelhante, designada pelo juiz.

A extinção será promovida por qualquer interessado ou pelo MP (art. 765 do CPC/2015).

**Jurisprudência:** Reexame necessário. Ação civil pública. Fundação municipal. Extinção. Competência exclusiva do Poder Legislativo municipal. Embora possua personalidade jurídica de direito privado, à fundação pública não se aplicam as normas de extinção previstas no art. 69 do CC, dependendo sua extinção de autorização legal. Sentença confirmada no reexame necessário. (TJMG, Reex. Necess. n. 10079100123375001, rel. Judimar Biber, j. 08.08.2019, *DJe* 21.08.2019)

Apelação cível. Direito privado não especificado. Ação de extinção de fundação. A fundação somente poderá se extinguir nos casos estritos enumerados no art. 69 do CC e art. 1.204 do CPC. Necessidade de preservação da vontade declarada pelo instituidor. Deram provimento ao recurso. Unânime. (TJRS, Ap. Cível n. 70.020.700.399, 11ª Câm. Cível, rel. Antônio Maria Rodrigues de Freitas Iserhard, j. 19.03.2008)

# TÍTULO III
# DO DOMICÍLIO

---

**Art. 70. O domicílio da pessoa natural é o lugar onde ela estabelece a sua residência com ânimo definitivo.**

---

Domicílio é a sede jurídica das pessoas. Etimologicamente, vem do latim *domus*, que significa casa. A definição legal, porém, afastou-se desse significado para agregar dois elementos: um objetivo, que é a residência, e outro subjetivo, que é o ânimo definitivo. Daí, então, não se confundir com a simples moradia, embora esta também não seja desprovida, em alguns casos, de relevância jurídica (p. ex., art. 5º, XI, da CF e art. 53, II, *e*, do CPC/2015).

A determinação da sede jurídica, sob vários aspectos, é importante tanto no campo do direito material como no processual, a saber: a) efetivar-se-á o pagamento no domicílio do devedor (art. 327); b) a sucessão abre-se no lugar do último domicílio do falecido (art. 1.785); c) as ações fundadas em direito pessoal ou em direito real sobre bens móveis serão propostas, em regra, no foro do domicílio do réu (art. 46 do CPC/2015).

Existem cinco espécies de domicílio: a) voluntário, que se subdivide em único ou plural (art. 71) e é o escolhido pelo sujeito, sendo também voluntário o do itinerante (art. 73); b) legal ou necessário, fixado por lei (art. 76); c) profissional, concernente às relações da profissão (art. 72); d) contratual, estabelecido no contrato para o exercício e cumprimento de direitos e obrigações (arts. 78 do CC e 63 do CPC/2015); e) facultativo, correspondente ao do agente diplomático se alegar extraterritorialidade (art. 77).

Também as pessoas jurídicas possuem domicílio (art. 75).

**Jurisprudência:** Agravo de instrumento. Exceção de incompetência. Ação fundada em direito pessoal. Foro do domicílio do réu. O domicílio da pessoa natural é o lugar onde ela estabelece a sua residência com ânimo definitivo (art. 70 do CC). Possuindo mais de uma residência, e em se tratando de ação fundada em direito pessoal (art. 94, CPC), a ação em regra será proposta no domicílio do réu. Ainda que não tenha sido formalmente recebida pelo juiz condutor do feito, o equívoco praticado jamais poderia prejudicar o direito de defesa do excipiente, já que, independentemente de seu recebimento, a apresentação da exceção de incompetência "é ato processual apto a produzir a suspensão do processo" (STJ, REsp n. 243.492/MS, 3ª T., rel. Min. Nancy Andrighi). Improvimento do recurso. (TJRJ, AI n. 2006.002.15132, rel. Des. Maldonado de Carvalho, j. 03.10.2006)

**Art. 71. Se, porém, a pessoa natural tiver diversas residências, onde, alternadamente, viva, considerar-se-á domicílio seu qualquer delas.**

A hipótese é de domicílio plural, ou seja, aquela em que a pessoa mantém mais de um local definitivo de residência, o que se caracteriza pela alternância.

O CC/1916 distinguia a pluralidade de domicílio tanto pela diversidade de residências onde a pessoa alternadamente vivesse como pela existência de vários centros de ocupações habituais. Esta última circunstância no Código atual veio disciplinada no art. 72, que trata do domicílio profissional.

Acerca do domicílio plural, ensina Washington de Barros Monteiro: "O indivíduo que assim se desdobra dispersa a sua personalidade. Em matéria de competência judiciária poderá ser acionado em qualquer dos lugares. A lei considera domicílio todos eles" (*Curso de direito civil*, 30. ed. São Paulo, Saraiva, 1991, v. I, p. 128). O mesmo entendimento vigora sob o CC/2002, que também acolheu a pluralidade de domicílios, que o CC francês repelira (art. 102).

**Jurisprudência:** Conflito negativo de competência entre juízes estaduais na função constitucionalmente delegada consoante art. 109, § 3º, da CF/88. Competência do domicílio do réu. Regra de competência relativa. Declaração de ofício. Impossibilidade. Caso de hipossuficiente que possui mais de um domicílio (art. 32 do CC antigo, e art. 71 do atual) que pode demandar contra o INSS, postulando benefício, em qualquer deles. Súmula n. 33 do Col. STJ. 1 – Se o segurado, hipossuficiente, possui mais de um domicílio (o que é possível na órbita civil conforme o art. 32 do CC revogado e do art. 71 do atual) a teor do permissivo constitucional contido no § 3º do art. 109 da Constituição pode demandar pleito de benefício previdenciário contra o INSS no foro estadual instalado em qualquer deles. 2 – A competência territorial é relativa e depende de exceção da parte interessada. Inocorrência no caso. Impossibilidade de sua declaração de ofício. Aplicação do art. 112 do CPC e Súmula n. 33 do STJ. (TRF, 3ª R., CC n. 2002.030.002.96874/SP, rel. Juiz Johonsom Di Salvo, j. 07.05.2003)

**Art. 72. É também domicílio da pessoa natural, quanto às relações concernentes à profissão, o lugar onde esta é exercida.**

**Parágrafo único. Se a pessoa exercitar profissão em lugares diversos, cada um deles constituirá domicílio para as relações que lhe corresponderem.**

A pessoa pode residir com ânimo definitivo em determinado lugar e em outro centralizar suas atividades profissionais. Nesse caso, há modalidade especial de domicílio, de modo que, para as relações concernentes ao exercício da profissão, o lugar onde esta é exercida se considera domicílio.

O domicílio profissional, além de especial, pode ser plural, quando a pessoa em diversas localidades exercer sua profissão. Necessário, porém, divisar que o domicílio profissional só se caracteriza se na localidade também houver o estabelecimento com ânimo definitivo, não bastando o exercício de trabalhos eventuais ou temporários.

**Art. 73. Ter-se-á por domicílio da pessoa natural, que não tenha residência habitual, o lugar onde for encontrada.**

O itinerante tem domicílio no local onde for encontrado.

Fixando os princípios fundamentais sobre o domicílio no Direito brasileiro, Pontes de Miranda afirma que, diferentemente de outros sistemas, não se admite a falta de domicílio, de modo que todos têm domicílio, mesmo "o que não tem residência, nem moradia (princípio da cogência do domicílio)" (*Tratado de direito privado*, 4. ed. São Paulo, RT, 1983, v. I, p. 255).

**Art. 74. Muda-se o domicílio, transferindo a residência, com a intenção manifesta de o mudar.**

**Parágrafo único. A prova da intenção resultará do que declarar a pessoa às municipalidades dos lugares, que deixa, e para onde vai, ou, se tais declarações não fizer, da própria mudança, com as circunstâncias que a acompanharem.**

Ocorre mudança de domicílio quando a pessoa natural transfere a residência com a intenção de transferir para outra localidade o centro de seus interesses.

Dada a importância do domicílio, é fundamental a prova da intenção de mudar, que se fará: a) pela declaração às municipalidades dos lugares que deixa e para onde vai; b) pelas circunstâncias da mudança.

Silvio Rodrigues pondera que as declarações às municipalidades raramente se dão "na vida prática, de modo que a lei admite, como prova da intenção de mudar o domicílio, a presença daquelas circunstâncias que rodeiam tal ato, ou seja, o comportamento do indivíduo, revelador de sua intenção de fixar novo centro de suas atividades" (*Direito civil - Parte Geral*, 32. ed. São Paulo, Saraiva, 2002, v. I, p. 108). Não se pode, porém, desprezar, para caracterizar a transferência do domicílio, a mudança do domicílio eleitoral, uma vez que o Código Eleitoral, consoante observa Paulo Lauro (*Código Eleitoral comentado por assunto e Lei de Inelegibilidade explicada de forma prática*. São Paulo, Editora Brasileira de Direito, 1975, p. 151), ao impor ao eleitor requerer ao juiz do novo domicílio sua transferência, estabelece exigências, que oferecem subsídios para confirmar a intenção de mudar que a lei civil reclama.

---

**Art. 75. Quanto às pessoas jurídicas, o domicílio é:**

**I - da União, o Distrito Federal;**

**II - dos Estados e Territórios, as respectivas capitais;**

**III - do Município, o lugar onde funcione a administração municipal;**

**IV - das demais pessoas jurídicas, o lugar onde funcionarem as respectivas diretorias e administrações, ou onde elegerem domicílio especial no seu estatuto ou atos constitutivos.**

**§ 1º Tendo a pessoa jurídica diversos estabelecimentos em lugares diferentes, cada um deles será considerado domicílio para os atos nele praticados.**

**§ 2º Se a administração, ou diretoria, tiver a sede no estrangeiro, haver-se-á por domicílio da pessoa jurídica, no tocante às obrigações contraídas por cada uma das suas agências, o lugar do estabelecimento, sito no Brasil, a que ela corresponder.**

---

As pessoas jurídicas possuem domicílio, ou sede jurídica, e, conforme aduz Maria Helena Diniz, "como não têm residência, é o local de suas atividades habituais, de seu governo, administração ou direção, ou, ainda, o determinado no ato constitutivo" (*Curso de direito civil brasileiro*, 18. ed. São Paulo, Saraiva, 2002, v. I, p. 245).

Sendo de direito público de natureza política, as pessoas jurídicas têm domicílio onde se localizar o respectivo governo; entretanto, não se devem confundir as regras jurídicas concernentes ao domicílio com as referentes ao foro, de modo que, embora o domicílio da União seja o Distrito Federal, "as causas em que a União for autora serão aforadas na seção judiciária onde tiver domicílio a outra parte" e "as causas intentadas contra a União poderão ser aforadas na seção judiciária em que for domiciliado o autor, naquela onde houver ocorrido o ato ou fato que deu origem à demanda ou onde esteja situada a coisa, ou, ainda, no Distrito Federal" (art. 109, §§ 1º e 2º, da CF). As mesmas regras se aplicam às autarquias, a despeito de sua natureza meramente administrativa.

As pessoas jurídicas de direito privado têm por domicílio o local onde estiver sua diretoria, podendo, entretanto, no ato constitutivo, eleger domicílio especial. A sede da diretoria não se confunde com estabelecimento, embora a este também se atribua relevância jurídica (art. 3º da Lei n. 11.101/2005).

Se a pessoa jurídica tiver vários estabelecimentos em lugares diferentes, cada qual será considerado domicílio para os atos nele praticados. Trata-se de pluralidade de domicílio, que mais serve a definir a competência em matéria jurisdicional, beneficiando aqueles que houverem com ela contratado.

Do mesmo modo e para as mesmas finalidades, as pessoas jurídicas estrangeiras, quanto às obrigações contraídas no Brasil, terão por domicílio o estabelecimento correspondente no território nacional (Lei n. 8.884/94, com a redação dada pelo art. 2º, § 1º, da Lei n. 10.149/2000).

**Jurisprudência:** Súmula n. 363, STF: A pessoa jurídica de direito privado pode ser demandada no domicílio da agência ou estabelecimento em que se praticou o ato.

Agravo de instrumento. Tributário e processual civil. Exceção de incompetência. Pessoa jurídica com estabelecimentos em lugares diversos. Art. 75, § 1º, do CC, art. 100, do CPC e art. 127, II, do CTN. Agravo provido.

1 – De acordo com o art. 75, § 1º, do CC/2002, tendo a pessoa jurídica diversos estabelecimentos em lugares diferentes, cada um deles será considerado domicílio para os atos nele praticados. Isto significa que, para fins tributários, cada estabelecimento constitui uma unidade autônoma e individualizável.

2 – O art. 100 do CPC, de sua feita, dispõe que é competente o foro do lugar onde se acha a agência ou sucursal, quanto às obrigações que ela contraiu.

3 – Por sua vez, preceitua o inciso II do art. 127 do CTN, que na falta de eleição, pelo contribuinte ou responsável, de domicílio tributário, considera-se como tal, quanto às pessoas jurídicas de direito privado ou às firmas individuais, o lugar da sua sede, ou, em relação aos atos ou fatos que derem origem à obrigação, o de cada estabelecimento. Nesse sentido, precedentes desta Corte e do STJ. (TRF, 4ª R., AI n. 2007.040.001.30686/RS, rel. Otávio Roberto Pamplona, j. 03.07.2007)

---

**Art. 76. Têm domicílio necessário o incapaz, o servidor público, o militar, o marítimo e o preso.**

**Parágrafo único. O domicílio do incapaz é o do seu representante ou assistente; o do servidor público, o lugar em que exercer permanentemente suas funções; o do militar, onde servir, e, sendo da Marinha ou da Aeronáutica, a sede do comando a que se encontrar imediatamente subordinado; o do marítimo, onde o navio estiver matriculado; e o do preso, o lugar em que cumpre a sentença.**

---

Domicílio necessário é o estabelecido por lei, independentemente da vontade do sujeito, por isso também chamado domicílio legal.

O domicílio legal, todavia, não afasta o voluntário, que pode ou não coincidir com aquele, dizendo Pontes de Miranda: "A pessoa pode estabelecer domicílio onde queira, porém não afasta com isto o domicílio legal" (*Tratado de direito privado*, 4. ed. São Paulo, RT, 1983, v. I, p. 257).

Sendo a pessoa absoluta ou relativamente incapaz, o domicílio será o de seu representante ou assistente. Assim, o menor que não reside com os pais por motivo de estudos conservará o domicílio destes e, se forem separados, o daquele que detiver a guarda.

Quanto aos servidores públicos, nota-se que o Código se referiu, apenas, ao exercício permanente das funções, diferentemente do anterior, que excluía das hipóteses de domicílio legal o exercício de cargo em comissão. Não há, no texto atual, qualquer vinculação à natureza do provimento, bastando que haja permanência, ou seja, por todo o período do ano, e que não seja o exercício alternado ou periódico.

O militar de força terrestre do serviço ativo tem por domicílio o lugar em que servir, assim entendido como a guarnição a que pertencer, e não o lugar em que eventualmente estiver durante missão ou treinamento.

O militar da Marinha e o da Aeronáutica têm por domicílio a unidade a que se subordinarem, não importando seus deslocamentos.

O marítimo, isto é, integrante da Marinha Mercante, é domiciliado onde for matriculado o navio.

O preso tem por domicílio o lugar em que cumpre a sentença, devendo-se, portanto, entender que o domicílio necessário só se configura com a sentença condenatória, não abarcando casos de prisão provisória. Pontes de Miranda vai além, dizendo que "é preciso que tenha havido condenação trânsita em julgado" (op. cit., p. 266). No caso específico do preso condenado, não se conserva o domicílio voluntário, à falta do pressuposto da residência ou centralização de negócios alhures.

---

**Jurisprudência:** Conflito negativo de competência. Ação de indenização. Absolutamente incapaz. Domicílio necessário. Foro privilegiado. Abrangência do art. 98 do CPC. Competência do juízo suscitado. Patente a incapacidade do autor da ação de indenização, impõe-se o reconhecimento da sua *capitio diminutio*, sendo o seu domicílio legal ou necessário, nos termos do art. 76 do CC/2002, o do seu representante. Instrumentalizando a norma de direito material, que vincula o domicílio do incapaz ao domicílio do seu representante legal, o CPC, em seu art. 98, estabeleceu que "a ação em que o incapaz for réu se processará no foro do domicílio do seu representante". Entendendo que à aludida norma processual deve ser dada uma maior abrangência, por meio de uma interpretação sistemática, de modo que, também nas ações em que o incapaz figurar como demandante seja reconhecido o foro privilegiado do seu representante, eis que a proteção dos seus interesses constitui um dos princípios basilares do ordenamento jurídico pátrio, de igualar os desiguais. (TJMG, Conflito negativo de competência n. 1.0000.07.452938-9/000, rel. Des. Eduardo Mariné da Cunha, j. 02.08.2007)

Previdenciário. Processo. Domicílio necessário. Servidor público. Art. 76, CC. Comarca não sede de vara federal. Art. 109, § 3º, CF.

1 – O servidor público possui domicílio necessário, nos termos do art. 76, do CC, no lugar em que exercer permanentemente suas funções, sendo este foro competente para a propositura de ação para discutir questões de natureza previdenciária.

2 – O art. 109, § 3º, da CF, possibilita o processo e o julgamento na Justiça Estadual, no foro do domicílio dos segurados, sempre que a comarca não seja sede de vara do juízo federal. (TRF, 4ª R., AI n. 2006.040.000.33871/PR, rel. Des. Otávio Roberto Pamplona, j. 03.05.2006)

Servidor público. Delegado de polícia. Ajuda de custo. Natureza da verba. Domicílio do servidor público. Local da designação e onde presta o serviço. Presunção absoluta. 1 – O servidor público tem domicílio necessário no lugar onde exerce permanentemente suas funções. Inteligência do art. 76 do CC. Presunção absoluta, segundo a doutrina. 2 – A ajuda de custo tem natureza indenizatória e previsão no art. 53, II, da Lei-RS n. 7.366/83, c/c o art. 91 da LC-RS n. 10.098/94. Destina-se a compensar as despesas de instalação do servidor que, no interesse do serviço, passe a ter exercício na nova sede, com mudança de domicílio. 3 – O apelado foi removido, *ex officio*, da 17ª Delegacia de Polícia de São Jerônimo, para a 7ª Delegacia de Polícia localizada no bairro Belém Novo, em Porto Alegre, bairro onde o apelado está residindo desde março de 2003. Apelação improvida. Sentença de procedência confirmada. Vencido o relator. (TJRS, Ap. Cível n. 70.011.595.055,

3ª Câm. Cível, rel. Nelson Antônio Monteiro Pacheco, j. 18.08.2005, *DJ* 03.10.2005)

**Art. 77. O agente diplomático do Brasil, que, citado no estrangeiro, alegar extraterritorialidade sem designar onde tem, no país, o seu domicílio, poderá ser demandado no Distrito Federal ou no último ponto do território brasileiro onde o teve.**

A regra que estabelece o domicílio do diplomata tem natureza processual, pois parte do pressuposto de que tenha sido "citado no estrangeiro". Deve, ainda, gozar de extraterritorialidade e alegá-la.

Reunidos esses requisitos, se designar o lugar onde tem domicílio no Brasil, este prevalecerá. Se não designar, poderá o autor demandá-lo no Distrito Federal ou no último ponto do território nacional onde tiver sido domiciliado.

A matéria é, também, de interesse do direito público internacional, pelo que aduz Bevilaqua: "O ministro diplomático mantém o seu domicílio no país que representa. É perante os tribunais do seu país que o devem acionar os seus credores, exceto: 1º) se, expressamente, renuncia esse privilégio, mediante autorização do seu governo; 2º) se, autorizado, comparece perante tribunal estrangeiro; 3º) se se trata de questão sobre imóvel situado em território estrangeiro" (*Código Civil comentado*, 11. ed. Rio de Janeiro, Francisco Alves, 1956, v. I, p. 210).

**Art. 78. Nos contratos escritos, poderão os contratantes especificar domicílio onde se exercitem e cumpram os direitos e obrigações deles resultantes.**

Trata-se do domicílio convencional.

Muitas vezes confundido com o foro de eleição, o local determinado pelas partes onde se exercitam e cumprem os direitos e obrigações se relaciona com o art. 327: "Efetuar-se-á o pagamento no domicílio do devedor, salvo se as partes convencionarem diversamente, ou se o contrário resultar da lei, da natureza da obrigação ou das circunstâncias. Parágrafo único. Designados dois ou mais lugares, cabe ao credor escolher entre eles".

É, portanto, a convenção sobre o local de execução do contrato.

No âmbito do direito processual, a regra encontra paralelo no art. 63 do CPC/2015, segundo o qual as partes "podem modificar a competência em razão do valor e do território, elegendo foro onde serão propostas as ações oriundas de direitos e obrigações".

Nas relações de consumo, todavia, a eleição de foro encontra óbice se dificultar a defesa do consumidor (art. 6º, VIII, da Lei n. 8.078/90).

**Jurisprudência:** Súmula n. 335, STF: É válida a cláusula de eleição do foro para os processos oriundos do contrato.

# LIVRO II
# DOS BENS

## TÍTULO ÚNICO
## DAS DIFERENTES CLASSES DE BENS

### CAPÍTULO I
### DOS BENS CONSIDERADOS EM SI MESMOS

#### *Seção I*
#### *Dos Bens Imóveis*

**Art. 79. São bens imóveis o solo e tudo quanto se lhe incorporar natural ou artificialmente.**

Embora utilizados, muitas vezes, como sinônimos, não se confundem bens e coisas, podendo-se dizer que estas são o gênero e aqueles, espécies, distinguindo R. Limongi França como "*coisa*, tudo o que se encontra, já no mundo exterior, já no mundo interior do homem", enquanto "*bem* é a coisa que constitui ou pode constituir o objeto de um direito", de modo que, também, "em se tratando de coisas materiais, o que caracteriza o bem jurídico é o valor econômico, oriundo da utilidade e da limitação", ou seja, aquilo que é útil, por satisfazer uma necessidade, e raro, por não existir em abundância tal que a todos seja acessível. Em se tratando de coisas imateriais, "são elas objeto dos direitos quando apresentam pelo menos um interesse moral" (*Instituições de direito civil*, 4. ed. São Paulo, Saraiva, 1996, p. 98), como a honra, a liberdade, a propriedade literária etc.

Os bens, segundo Bevilaqua, "constituem a parte positiva do patrimônio" (*Theoria geral do direito civil*, 6. ed. atualizada por Achilles Bevilaqua. Rio de Janeiro, Francisco Alves, 1953, p. 209), já que, no dizer de Planiol, o patrimônio é único, como a pessoa ("*le patrimoine est un, comme la personne; tous les biens et toutes les charges forment une masse unique*") (*Traité élémentaire de droit Civil*. Paris, Librairie Générale de Droit & de Jurisprudence, 1908, t. I, p. 681), finalizando Maria Helena Diniz: "o patrimônio é o complexo de relações jurídicas de uma pessoa, apreciáveis economicamente" (*Curso de direito civil brasileiro*, 18. ed. São Paulo, Saraiva, 2002, v. I, p. 276).

É preciso destacar, porém, que existem certas coisas que não podem ser objeto de apropriação ou alienação, daí a classificação em "coisas no comércio e fora do comércio (*res extra commercium*)", a que aludia o art. 69 do CC/1916. A inviabilidade pode ser natural, como se dá com o ar atmosférico, ou por disposição de lei, como nos casos de bens cuja utilização é proibida (ex.: alguns tóxicos), além de hipóteses de inalienabilidade voluntária, estabelecida nas doações ou testamentos, sendo, todavia, nesses casos, relativa e temporária a impossibilidade.

Por vários modos se classificam os bens, levando-se em conta certa peculiaridade, de modo que um mesmo objeto pode inserir-se em várias classificações, como um lápis, que é *móvel* e *fungível*, e um prédio, que é *imóvel*, mas *público* ou *particular*.

A ramificação básica é a que os classifica em: a) bens considerados em si mesmos, ou em sua própria individualidade, e b) bens reciprocamente considerados, ou um em relação a outro.

Considerados em si mesmos comportam subdivisão quanto: a) à tangibilidade (tangíveis, também chamados corpóreos ou materiais, ou intangíveis, incorpóreos ou imateriais); b) à mobilidade (móveis ou imóveis); c) à fungibilidade (fungíveis ou infungíveis); d) à consumibilidade (consumíveis ou não consumíveis); e) à divisibilidade (divisíveis ou indivisíveis); f) ao modo de constituição (singulares ou coletivos); g) à titularidade (públicos ou particulares).

O art. 79 define os bens imóveis por natureza, ou seja, os que não se podem transportar, sem alteração da natureza. Na verdade, imóvel por natureza é apenas o solo, porém o Código incluiu na mesma classificação as acessões. As árvores e frutos da terra enquanto não separados consideram-se imóveis, mas podem ser alienados para corte ou colheita e, nesses casos, classificam-se como móveis por antecipação.

No CC/1916 também se incluíam "o espaço aéreo e o subsolo" (art. 43, I), cuja propriedade, entretanto, não se harmoniza com a CF (art. 176, §§ 1º a 4º), mas o Código vigente estabeleceu o compasso ao dispor que "a propriedade do solo não abrange as jazidas, minas e demais recursos minerais, os potenciais de energia hidráulica, os monumentos arqueológicos e outros bens referidos por leis especiais" (art. 1.230), sem embargo de que "a propriedade do solo abrange a do espaço aéreo e subsolo correspondentes, em altura e profundidade úteis ao seu exercício, não podendo o proprietário opor-se a atividades que sejam realizadas, por terceiros, a uma altura ou profundidade tais, que não tenha ele interesse legítimo em impedi-las" (art. 1.229).

A legislação especial estabelece regras acerca das águas (Decreto n. 24.643/34) e de minas (DL n. 227/67).

**Art. 80. Consideram-se imóveis para os efeitos legais:**

**I – os direitos reais sobre imóveis e as ações que os asseguram;**

**II – o direito à sucessão aberta.**

A distinção entre bens móveis e imóveis guarda certo paralelismo com a classificação romana em *res mancipi* e *nec mancipi*, pois, segundo o valor atribuído, exigia-se ou não a solenidade da *mancipatio*, sendo as mais importantes chamadas *res mancipi*. Na Idade Média, o imóvel apresentava maior relevância; os móveis eram considerados bens secundários. Pelo alto valor que muitos apresentam, como as cotas societárias, as coisas móveis vêm ganhando importância. Remanesce, todavia, a tradição de se reputarem imóveis certos bens que são naturalmente móveis, para realçar o valor.

O CC/1916, além dos "direitos reais sobre imóveis, inclusive o penhor agrícola, e as ações que os asseguram", bem como "o direito à sucessão aberta", incluía entre os imóveis "as apólices de dívida pública com a cláusula de inalienabilidade" (art. 44).

São direitos reais sobre imóveis a superfície, as servidões, o usufruto, o uso, a habitação, o direito do promitente comprador de imóvel, a hipoteca e a anticrese (art. 1.225). As ações, propriamente, não se classificam como bens, dado o caráter público que ostentam e que não se confunde com o eventual direito material discutido. Já quanto ao direito à sucessão aberta, pouco importa que o acervo seja composto só de bens móveis, pois se refere, apenas, ao direito à herança e somente após a partilha é que se tratará dos bens individualmente.

Ganha relevo a circunstância de esses bens serem considerados imóveis pelo fato de suas alienações, em regra, exigirem escritura pública (art. 108).

O Código atual não incluiu entre os bens imóveis por definição legal o penhor agrícola, como fazia o art. 44, I, do CC/1916, porém o penhor rural, que compreende o agrícola e o pecuário, está sujeito ao registro no Serviço de Registro de Imóveis do local em que estiverem as coisas empenhadas (art. 1.438).

---

**Art. 81. Não perdem o caráter de imóveis:**

**I – as edificações que, separadas do solo, mas conservando a sua unidade, forem removidas para outro local;**

**II – os materiais provisoriamente separados de um prédio, para nele se reempregarem.**

---

Em algumas circunstâncias, embora naturalmente tornadas móveis, as partes do imóvel conservam a qualidade de imóveis. Trata-se de uma ficção legal e vinculada à intenção do proprietário de reempregá-las.

Os materiais de construção, como telhas, tijolos e madeiras, adquirem o caráter de imóveis quando empregados numa construção. Se retirados provisoriamente e em geral para consertos ou reformas, não perdem esse caráter.

O dispositivo inseriu hipótese nova em relação ao CC/1916. Neste (art. 46) só entravam em tal categoria o que se acha no inciso II: "os materiais provisoriamente separados de um prédio, para nele se reempregarem". O contido no inciso I não se refere a partes do edifício, mas a toda edificação que for transportada para outro local. Por certo, são as construções pré-fabricadas ou blocos de edifícios. Removidos para outro terreno, a este ficarão incorporados e não mais ao anterior, contudo não perderão o caráter de imóvel. As consequências, porém, são relevantes, a começar pelo cancelamento da averbação da construção no Registro de Imóveis e modificação do valor venal para fins de lançamento tributário. Não previu o legislador a hipótese de o imóvel de onde se retira a edificação ter sido hipotecado (art. 1.474), o que importa redução da garantia, parecendo que a remoção, no caso, terá de ser autorizada pelo credor (art. 1.499, IV).

## *Seção II*
## *Dos Bens Móveis*

---

**Art. 82. São móveis os bens suscetíveis de movimento próprio, ou de remoção por força alheia, sem alteração da substância ou da destinação econômico-social.**

---

São os bens móveis por natureza, compreendendo duas espécies: os semoventes (animais) e as coisas inanimadas. Podem ser deslocados ou deslocar-se sem que percam seus atributos, mas não readquirem a qualidade de móveis os materiais provisoriamente separados de um prédio para nele se reempregarem (art. 81, II).

Os atributos a serem preservados, quando removidos esses bens, são tanto a substância material como a utilidade para os fins a que se destinam.

Navios e aeronaves, embora móveis por natureza, são tratados pela lei como imóveis, sujeitando os à hipoteca (art. 1.473, VI e VII).

As árvores destinadas a corte e os frutos que devem ser colhidos consideram-se móveis por antecipação, do que decorre a desnecessidade de outorga uxória e a incidência de imposto sobre circulação de mercadorias e não de transmissão de bens imóveis.

---

**Art. 83. Consideram-se móveis para os efeitos legais:**

**I – as energias que tenham valor econômico;**

**II – os direitos reais sobre objetos móveis e as ações correspondentes;**

**III – os direitos pessoais de caráter patrimonial e respectivas ações.**

---

São os bens móveis por definição legal.

Devem-se acrescer a essa classificação os direitos de autor, conforme a Lei n. 9.610, de 19.02.1998 (art. 3º), e a propriedade industrial, disciplinada pela Lei n. 9.279, de 14.05.1996 (art. 5º).

Em relação ao CC/1916, nota-se a inclusão das energias que tenham valor econômico, que são bens incorpóreos, como assinala Orlando Gomes: "Bem incorpóreo, o que, não tendo existência material, pode ser objeto de direito. Têm essa natureza as forças naturais, de valor econômico, tais como a *energia elétrica*, a *energia térmica* e a *energia fonética*" (*Introdução ao direito civil*, 12. ed. Rio de Janeiro, Forense, 1996, p. 212). O CP já equiparava "à coisa móvel a energia elétrica ou qualquer outra que tenha valor econômico" (art. 155, § 3º).

Entre os direitos reais sobre coisas móveis, acham-se a propriedade, o usufruto dos móveis e semoventes, o penhor e as pretensões nele fundadas.

Por direitos pessoais de caráter patrimonial entendem-se os direitos de crédito.

---

**Art. 84. Os materiais destinados a alguma construção, enquanto não forem empregados, conservam sua qualidade de móveis; readquirem essa qualidade os provenientes da demolição de algum prédio.**

---

Os materiais de construção podem situar-se nos seguintes momentos: a) antes de empregados; b) empregados na construção; c) retirados de uma construção para nela mesmo se reempregarem; d) provenientes de demolição.

Empregados numa construção ou dela retirados para serem reempregados são coisas imóveis (arts. 79 e 81, II). Antes de serem empregados ou oriundos de demolição, os materiais são coisas móveis.

A definição desses momentos, em razão do tratamento jurídico diferente que recebem as coisas móveis e imóveis, é relevante.

## *Seção III*
## *Dos Bens Fungíveis e Consumíveis*

---

**Art. 85. São fungíveis os móveis que podem substituir-se por outros da mesma espécie, qualidade e quantidade.**

---

A fungibilidade é atributo próprio das coisas móveis, de modo que dessa classificação ficam excluídos os imóveis.

São fungíveis as coisas móveis que apresentam equivalência com outras. Para Manuel A. Domingues de Andrade, "uma relação jurídica versa sobre coisas fungíveis quando tem por objecto uma certa quantidade de coisas de determinado gênero, quantidade a preencher, na altura própria (cumprimento da obrigação de entregar ou de restituir), com quaisquer coisas do gênero previsto, desde que perfaçam o montante indicado (*res quae in genere suo functionem recipiunt*)" (*Teoria geral da relação jurídica*, 4. reimpr. Coimbra, Almedina, 1974, v. I, p. 252).

Em vários aspectos a classificação das coisas em fungíveis ou infungíveis é importante, por exemplo: a) no contrato de empréstimo, se fungível, trata-se de mútuo e, se infungível, de comodato (arts. 579 e 586); b) na locação, que se presta apenas a coisa infungível (art. 565); c) na compensação, que é admitida entre coisas fungíveis (art. 369); d) no pagamento com coisa fungível que o credor tenha consumido de boa-fé (art. 307, parágrafo único); e) na definição de coisa incerta (art. 243); f) no procedimento para entrega de coisa (arts. 461-A e 1.102-A do CPC/73; arts. 498 e 700 do CPC/2015).

Por motivos de ordem subjetiva ou convenção, certas coisas fungíveis podem ganhar a qualificação de infungíveis, como exemplifica Clóvis Bevilaqua: "Assim, alguém empresta uma garrafa de vinho, para lhe ser restituída a mesma" (*Código Civil comentado*, 11. ed. Rio de Janeiro, Francisco Alves, 1956, v. I, p. 225).

---

**Art. 86. São consumíveis os bens móveis cujo uso importa destruição imediata da própria substância, sendo também considerados tais os destinados à alienação.**

---

Duas são as espécies: o consumo material e o consumo civil ou jurídico. Na primeira, ocorre a destruição física, que, na verdade, significa a perda da forma primitiva que lhe dá aptidão para a função econômica, como no caso dos alimentos e dos combustíveis e também da tinta depois de empregada nas paredes. Na segunda, ocorre simplesmente a alienação da coisa, como a venda das mercadorias de um estabelecimento comercial, uma vez que a utilização normal é exatamente o esgotamento do estoque.

Não se prestam as coisas consumíveis ao usufruto (arts. 1.390 e 1.400), porque aquelas se caracterizam pela inviabilidade de conservação dos atributos necessários a atingir suas finalidades.

Coisas não consumíveis são aquelas que, embora utilizadas, preservam suas qualidades para os fins a que se destinam. Com o passar do tempo ocorrerá a deterioração, perecendo as primitivas forma e utilidade, como é normal a todas as coisas materiais, mas isso não as faz inclusas na classificação de coisas consumíveis, cuja característica é a destruição imediata. Em posição intermediária encontram-se as coisas deterioráveis (*res quae usu minuuntur*), como roupas e calçados, porém, do ponto de vista jurídico, são meras variantes das não consumíveis. No CDC (Lei n. 8.078/90), a distinção aparece com a denominação de serviço e de produto não duráveis ou duráveis (art. 26, I e II).

## *Seção IV*
## *Dos Bens Divisíveis*

**Art. 87. Bens divisíveis são os que se podem fracionar sem alteração na sua substância, diminuição considerável de valor, ou prejuízo do uso a que se destinam.**

Trata-se de critério de divisão real ou material, porque, também, é possível a divisão ideal, conforme se dá no condomínio, em que para cada condômino supõe-se uma fração ideal do bem.

A divisão jurídica exige que cada parte venha a constituir um todo, com função econômica, como no caso de um terreno dividido em lotes. Se houver comprometimento da utilidade, ainda que materialmente possível, a coisa deve considerar-se indivisível.

A indivisibilidade ou divisibilidade é levada em consideração na definição e nas consequências de várias relações jurídicas, tanto no campo dos direitos pessoais como no dos reais. Assim é que as obrigações podem ser divisíveis ou indivisíveis (arts. 257 a 263); as servidões prediais são indivisíveis (art. 1.386); a hipoteca é indivisível (art. 1.420, § 2º). No condomínio, múltiplas são as consequências da indivisibilidade, como a tendência ao desaparecimento da comunhão (art. 1.322) e o direito de preferência do condômino na aquisição da coisa indivisível (art. 504).

**Art. 88. Os bens naturalmente divisíveis podem tornar-se indivisíveis por determinação da lei ou por vontade das partes.**

Os bens podem ser indivisíveis: a) por natureza; b) por disposição legal; c) pela vontade das partes.

São indivisíveis por natureza aqueles que não podem partir-se sem alteração em sua substância ou perda da função econômica.

A indivisibilidade legal ocorre quando, embora naturalmente divisível a coisa, é inviável a divisão em virtude de proibição da lei, como no caso dos terrenos loteados (art. 4º, II, da Lei n. 6.766/79) ou do imóvel rural abaixo do módulo (art. 65 da Lei n. 4.504/64). Não fica, porém, vedado o condomínio.

Mediante negócio jurídico, pode-se estabelecer a indivisibilidade do bem, entretanto, essa situação compulsoriamente não pode figurar por prazo superior a cinco anos (art. 1.320, §§ 1º a 3º).

## *Seção V*
## *Dos Bens Singulares e Coletivos*

**Art. 89. São singulares os bens que, embora reunidos, se consideram *de per si*, independentemente dos demais.**

Nessa classificação dos bens, que atende ao modo de sua constituição, o CC/1916 dizia que "as coisas simples ou compostas, materiais ou imateriais, são singulares ou coletivas". Desde logo criticada, inclusive por Bevilaqua, que a reputava sem interesse prático e por seu caráter artificial, tanto que abandonada no projeto primitivo, mas inserida pela comissão revisora do Governo (*Código Civil comentado*, 11. ed. Rio de Janeiro, Francisco Alves, 1956, v. I, p. 229), foi aplaudida por Orlando Gomes, afirmando que em Direito a distinção não se faz como na Química e o critério é econômico-social (*Introdução ao direito civil*, 12. ed. Rio de Janeiro, Forense, 1996, p. 226).

O atual Código suprimiu a referência às *coisas simples* e *compostas*, firmando a divisão em *singulares* e *coletivas*.

Na definição de Bevilaqua, "coisas singulares são as que se consideram *de per si*, na sua individualidade" (op. cit.), ou seja, cada unidade cumpre isoladamente sua função econômica.

**Art. 90. Constitui universalidade de fato a pluralidade de bens singulares que, pertinentes à mesma pessoa, tenham destinação unitária.**

**Parágrafo único. Os bens que formam essa universalidade podem ser objeto de relações jurídicas próprias.**

Por universalidade se entendem as coisas coletivas, definindo Bevilaqua: "Coisas coletivas (*universitates rerum*) são as que, sendo compostas de várias coisas singulares, se consideram em conjunto, formando um todo econômico (*ex distantibus constant*), e designando-se por um nome genérico (*uni nomini subjecta*). Distinguem-se em universalidades de fato, que são agregados de coisas corpóreas, como um rebanho, uma loja, uma biblioteca; e universalidades de direito, unidades abstratas de coisas e direitos, como o patrimônio, a herança, o dote, os pecúlios" (*Theoria geral do direito civil*, 6. ed. atualizada por Achilles Bevilaqua. Rio de Janeiro, Francisco Alves, 1953, p. 235).

Criticada a distinção entre universalidades de fato e de direito por parte da doutrina (Fadda e Bensa), o legislador, entretanto, a mantém, sendo valiosos os subsídios trazidos por Serpa Lopes para identificar a universalidade de fato: "1º) uma multipluricidade de coisas autônomas, distintas entre elas; 2º) que as coisas tenham uma individualidade econômica própria e um valor de comércio isolada e independentemente do agregado a que estiverem filiadas; 3º) uma comum destinação econômica" (*Curso de direito civil*, 3. ed. Rio de Janeiro, Freitas Bastos, 1960, v. I, p. 369).

Dada a autonomia de cada um dos objetos, na universalidade de fato, é possível estabelecer-se relação jurídica a respeito de cada objeto que compõe a coletividade, por exemplo, a venda ou doação de um livro de certa biblioteca.

**Art. 91. Constitui universalidade de direito o complexo de relações jurídicas, de uma pessoa, dotadas de valor econômico.**

A universalidade de direito se identifica pela submissão a regras estabelecidas em lei. Assim é que Orlando Gomes a define como "um complexo de direitos e obrigações a que a ordem jurídica atribui caráter unitário, como o dote ou a herança. A unidade é resultante da lei", caracterizando-se: "a) por ser constituída por um complexo de relações jurídicas; b) porque o vínculo unitário e funcional resulta exclusivamente da lei; c) pela indiferença dos seus elementos e sua permutabilidade, sem que contravenha a sua unidade de identidade" (*Introdução ao direito civil*, 12. ed. Rio de Janeiro, Forense, 1996, p. 227).

Dessas características resultam consequências de ordem prática da mais alta relevância, como a sub-rogação real, embora não repetida expressamente, como constava do art. 56 do CC/1916 (*in judicis universalibus res succedit in loco pretii et praetium in loco rei*), mas contida no art. 39 do Código atual e na regra de que o patrimônio do devedor é a garantia comum dos credores, sem importar a época em que os bens naquele entraram (art. 957).

É, pois, a lei que estabelece a função da universalidade de direito.

## CAPÍTULO II
## DOS BENS RECIPROCAMENTE CONSIDERADOS

**Art. 92. Principal é o bem que existe sobre si, abstrata ou concretamente; acessório, aquele cuja existência supõe a do principal.**

Na classificação dos bens reciprocamente considerados, ou um em relação a outro, distinguem-se o principal e o acessório.

Coisa principal é a que tem existência própria, independente de outra, e acessória, a que supõe a existência de outra, a principal.

O CC/1916 cuidava de oferecer, nos arts. 60 a 62, um rol das várias espécies de acessórios: os frutos, os produtos, os rendimentos, os produtos orgânicos do solo, os minerais (excluídos pela legislação posterior), as obras de aderência permanente, feitas acima ou abaixo da superfície, e as benfeitorias. Não o fez de modo sistemático o Código atual, mas nele se enumeram os frutos e os produtos (arts. 95 e 1.232), e, quanto aos minerais, acomodou-se à CF (arts. 1.230 do CC e 176 da CF).

A regra existente no art. 59 do Código anterior, segundo a qual, "salvo disposição em contrário, a coisa acessória segue a principal", não foi repetida no CC/2002, entretanto prevalece como forma suplementar de expressão do Direito, na medida em que inserida em conhecido brocardo jurídico – *cum principalis causa non consistit, ne ea quidem, quae sequuntur, locum habent* (LIMONGI FRANÇA, R. *Brocardos jurídicos*, 2. ed. São Paulo, RT, 1969, p. 104). Além disso, segundo Bevilaqua, "este é o cânon fundamental da teoria da acessão (D. 34.2, fr. 19, § 13 – *accessio cedat principali*)" (*Código Civil comentado*, 11. ed. Rio de Janeiro, Francisco Alves, 1956, v. II, p. 233).

Observam, ainda, Nelson Nery Jr. e Rosa Maria de Andrade Nery que "a regra não repetida expressamente neste capítulo foi mantida no corpo do CC: v. CC 1.209; CC 233; CC 364; CC 287" (*Novo Código Civil e legislação extravagante anotados*. São Paulo, RT, 2002, p. 48).

Necessário, entretanto, advertir que diversa é a regra no que diz respeito às pertenças (art. 94) e que importante inovação trouxe o Código em vigor no tocante às acessões, invertendo a regra tradicional, "se a construção ou a plantação exceder consideravelmente o valor do terreno" (art. 1.255, parágrafo único; veja também os arts. 1.258 e 1.259).

**Art. 93. São pertenças os bens que, não constituindo partes integrantes, se destinam, de modo duradouro, ao uso, ao serviço ou ao aformoseamento de outro.**

As pertenças, espécie de coisa acessória, não eram mencionadas no CC/1916, conquanto nessa categoria se pudessem incluir os imóveis por acessão intelectual ("tudo quanto no imóvel o proprietário mantiver intencionalmente empregado em sua exploração industrial, aformoseamento ou comodidade" – art. 43, III).

Segundo José Carlos Moreira Alves, "embora haja autores que sustentem o contrário, no Direito romano não se conheceram as pertenças que são as coisas – à semelhança dos *instrumenta* e dos *ornamenta* do Direito romano – que, não obstante, tenham individualidade própria, o titular de direito real sobre elas coloca a serviço ou como ornamento da coisa principal" (*Direito romano*, 13. ed. Rio de Janeiro, Forense, 2002, v. I, p. 143).

Assim, as pertenças são coisas acessórias que, conservando individualidade e autonomia, têm com a principal, de modo duradouro, uma subordinação econômica, para atingir suas finalidades. São exemplos a moldura de um quadro, a engenhoca adaptada a um veículo para melhor desempenho de seu motor ou economia de combustível, as máquinas e implementos agrícolas em uma fazenda ou ornamentos, como vasos de flores de uma residência.

São elementos essenciais para caracterização das pertenças: a) vínculo intencional, material ou ideal, de se pôr a serviço da coisa principal; b) destinação duradoura, permanente e efetiva a bem da coisa principal, não se caracterizando se for meramente transitória ou inócua.

**Jurisprudência:** Apelação. Ação de busca e apreensão. Alienação fiduciária de veículo. Recurso do réu. Pedido de restituição da pertença instalada (aparelho de som automotivo). Cabimento. Prova da existência da pertença. Precedentes. Recurso provido. Reforma parcial da r. sentença. 1 – O aparelho de som instalado em veículo alienado fiduciariamente ostenta natureza jurídica de pertença (CC, arts. 93 e 94), pois serve ao veículo de forma duradoura, sem, contudo, perder sua individualidade e autonomia. Precedentes deste Eg. TJSP e do Col. STJ. 2 – No caso, o auto de apreensão indicou expressamente a existência do aparelho de som no veículo apreendido, estando suficientemente provada sua presença no veículo. Precedente do Col. STJ admitindo o auto de apreensão como prova idônea e suficiente para caracterização da pertença. Recurso do réu provido. (TJSP, Ap. Cível n. 1006672-77.2021.8.26.0161/SP, 30ª Câm. de Dir. Priv., rel. Maria Lúcia Pizzotti, j. 23.05.2022)

**Art. 94. Os negócios jurídicos que dizem respeito ao bem principal não abrangem as pertenças, salvo se o contrário resultar da lei, da manifestação de vontade, ou das circunstâncias do caso.**

O dispositivo encerra uma exceção à regra consagrada *accessorium sequitur principale*. Discorrendo sobre texto assemelhado do Código português (art. 210º/2), critica Antonio Menezes Cordeiro: "Trata-se dum aparatoso erro histórico: desde o Direito romano, passando pelo intermédio, pelos Direitos francês, alemão e italiano e pelo Direito português clássico – basta ver Guilherme Moreira e Manuel de Andrade – que a autonomização de coisas acessórias e/ou pertenças sempre teve o sentido útil de aplicar, ainda que de modo mais ou menos matizado, ao acessório, o regime do principal. A não ser assim, nem se compreenderia o porquê da autonomização da categoria: sendo uma coisa distinta, é evidente que nunca haveria que lhe aplicar o regime duma outra. De todo o modo, a regra está em vigor: haverá que viver com ela" (*Tratado de direito civil português*, 2. ed. Coimbra, Almedina, 2002, v. I (Parte Geral), t. II (Coisas), p. 170).

Para que as pertenças sigam a sorte da coisa principal, é preciso que: a) exista disposição legal a respeito, ou b) ocorra manifestação da vontade das partes, que pode ser expressa ou tácita, ou c) as circunstâncias do caso autorizem a interpretação nesse sentido (art. 111).

**Jurisprudência:** Processual civil. Ação de busca e apreensão. Decisão que ordena a devolução de pertença de propriedade do devedor fiduciário. Cabimento. Precedentes do STJ. Decisão mantida na íntegra. Os negócios jurídicos que dizem respeito ao bem principal não abrangem as pertenças, salvo se o contrário resulta da lei, da manifestação de vontade, ou das circunstâncias do caso (art. 94, do CC/02). Consoante precedente do STJ, extraído do REsp n. 1.667.227/RS, a pertença instalada e adquirida pelo devedor fiduciante, em automóvel objeto de busca e apreensão, pode ser por este retirada, dada a natureza *sui generis* deste bem acessório. (TJMG, AI n. 10000190368688001, rel. Luiz Artur Hilário, j. 02.07.2019, *DJe* 12.07.2019)

**Art. 95. Apesar de ainda não separados do bem principal, os frutos e produtos podem ser objeto de negócio jurídico.**

Frutos são bens que de outro nascem periodicamente, sem destruição ou prejuízo para este (*fructus est quidquid ex re nasci et renasci solet*). São utilidades periodicamente advindas do capital, portanto vinculadas à destinação econômica.

Caracterizam-se os frutos pela periodicidade, pela inalterabilidade da substância e por serem separáveis do bem principal. Classificam-se em *naturais* (resultam do desenvolvimento orgânico), *industriais* (dependem da intervenção humana) e *civis* (equivalem aos rendimentos, como juros e aluguéis). Quanto ao estado, dividem-se em *pendentes* (os unidos à coisa que o produz), *percebidos* (os já colhidos) e *percipiendos* (os que já podiam ser colhidos, mas não foram). Essas distinções têm importância prática no tratamento da posse (arts. 1.214 a 1.216) e do usufruto (arts. 1.394 a 1.399).

Produtos são utilidades retiradas de uma coisa com diminuição da quantidade até esgotar-se (ex.: minerais, a lã do carneiro, o leite etc.).

O CC/1916 referia-se, também, a rendimentos, que, na verdade, são os frutos civis.

Os frutos e produtos podem ser transacionados antes de separados, o que permite qualificá-los como coisas móveis por antecipação em certas circunstâncias.

**Art. 96. As benfeitorias podem ser voluptuárias, úteis ou necessárias.**

**§ 1º São voluptuárias as de mero deleite ou recreio, que não aumentam o uso habitual do bem, ainda que o tornem mais agradável ou sejam de elevado valor.**

**§ 2º São úteis as que aumentam ou facilitam o uso do bem.**

**§ 3º São necessárias as que têm por fim conservar o bem ou evitar que se deteriore.**

Benfeitorias são despesas e obras destinadas à conservação (necessárias), melhoramentos ou melhor utilização (úteis) e aformoseamento (voluptuárias) de uma coisa.

As definições legais correspondem às de Paulo e guardam interesse no tratamento da posse (arts. 1.219 a 1.222). "O possuidor de boa-fé tem direito à indenização das benfeitorias necessárias e úteis, bem como, quanto às voluptuárias, se não lhe forem pagas, a levantá-las, quando o puder sem detrimento da coisa, e poderá exercer o direito de retenção pelo valor das benfeitorias necessárias e úteis" (art. 1.219). Já "ao possuidor de má-fé serão ressarcidas somente as benfeitorias necessárias; não lhe assiste o direito de retenção pela importância destas, nem o de levantar as voluptuárias" (art. 1.220). O mesmo interesse se dá na locação predial urbana (art. 35 da Lei n. 8.245, de 18.10.1991).

Não se devem confundir benfeitorias com acessões, embora em muitas circunstâncias recebam tratamento assemelhado. A acessão se caracteriza pela aquisição de coisa nova, enquanto a benfeitoria se faz sobre coisa antes já existente.

**Jurisprudência:** Anulação de negócio jurídico. Posse de boa-fé. Direito de indenização e retenção por benfeitorias úteis e necessárias. Realizadas pelo possuidor de boa-fé benfeitorias necessárias, entendidas como aquelas que visam a conservar a coisa ou evitar que ela se deteriore, ou úteis, definidas como as que aumentam ou facilitam o uso do bem, terá o possuidor direito à indenização, podendo, em ambos os casos, exercer o direito de retenção. Considera-se possuidor de boa-fé aquele que ignora o vício ou o obstáculo que lhe impede a aquisição da coisa ou do direito possuído. (TJMG, Proc. n. 2.0000.00.489342-1/000(1), rel. Duarte de Paula, j. 17.11.2005, publ. 07.12.2005)

**Art. 97. Não se consideram benfeitorias os melhoramentos ou acréscimos sobrevindos ao bem sem a intervenção do proprietário, possuidor ou detentor.**

As benfeitorias pressupõem a intenção de conservar, melhorar ou aformosear o bem, mediante intervenção humana. Bem por isso é que podem ser indenizadas, para coibir o enriquecimento sem causa (arts. 1.219 e 1.220).

O que provém da natureza, sem dispêndio do possuidor, não enseja indenização, porquanto o acréscimo não é devido à atividade do homem. Tratamento excepcional, todavia, recebe a avulsão, que pode dar lugar a indenização (art. 1.251), mas que, de resto, não se insere propriamente no âmbito das benfeitorias, e sim no da acessão (art. 1.248, III).

## CAPÍTULO III
## DOS BENS PÚBLICOS

**Art. 98. São públicos os bens do domínio nacional pertencentes às pessoas jurídicas de direito público interno; todos os outros são particulares, seja qual for a pessoa a que pertencerem.**

Quanto ao respectivo sujeito ou titular, os bens se classificam em públicos ou particulares.

São públicos os bens pertencentes às pessoas jurídicas de direito público interno (art. 41), e particulares os demais, sejam seus proprietários pessoas físicas ou outras pessoas jurídicas.

Os governos estrangeiros ou entidades por estes constituídas, ou que dirijam ou hajam investido em funções públicas, encontram restrições legais para aquisição de bens no Brasil (art. 11, §§ 2º e 3º, da Lindb, e Lei n. 4.331/64).

O domínio público, segundo Hely Lopes Meirelles, exterioriza-se "em poderes de soberania e em direitos de propriedade. Aqueles se exercem sobre todas as coisas de interesse público, sob a forma de *domínio eminente*; este só incide sobre os bens pertencentes às entidades públicas, sob a forma de *domínio patrimonial*" (*Direito administrativo brasileiro*, 22. ed. São Paulo, Malheiros, 1990, p. 433). O domínio eminente é manifestação da soberania e é em razão dele que o Estado firma limitações sobre a propriedade privada e mantém um poder sobre todas as coisas encontradas em seu território. O domínio patrimonial é direito de propriedade, embora sujeito a regras do direito público.

**Jurisprudência:** Apelação. Usucapião. Posse de área de imóveis originalmente da Prefeitura Municipal de São Roque e da CPTM. Área da Prefeitura Municipal que não é passível de usucapião. CPTM. Empresa pública submetida ao regime de direito privado. Bens da empresa que podem ser objeto de usucapião. Inteligência do art. 98 do CC. Necessidade de complementação da prova pericial para correta descrição da área ocupada. Sentença anulada. (TJSP, Ap. Cível n. 0002375-45.2012.8.26.0586/SP, 7ª Câm. de Dir. Priv., rel. Luis Mario Galbetti, j. 17.12.2021)

Direito constitucional, civil e processual civil. Recurso de apelação. Ação de usucapião extraordinário. Bem imóvel de propriedade de sociedade de economia mista estadual. Natureza privada. Possibilidade de aquisição através de ação de usucapião. Art. 173, II, da CF/88 e art. 98 do CC. Precedentes do STJ. Ausência de afetação do bem. Inaplicabilidade do art. 515, § 3°, do CPC [art. 1.013, § 3°, do CPC/2015]. Necessidade de instrução do feito na instância originária. Sentença anulada. Recurso provido. Diante da personalidade jurídica de direito privado das sociedades de economia mista, seus bens são, conforme expressa previsão legal, privados (art. 98, CC). Não se deixa de reconhecer, por tal motivo, a distinção entre as que exercem atividade puramente econômica, daquelas prestadoras de serviços eventualmente de natureza pública, nos termos previstos no art. 173, § 1°, *in fine*, da CF/88. Dicotomia insuficiente para levar à conclusão de que os bens das sociedades de economia mista seriam insuscetíveis de usucapião, a depender da natureza de sua atividade. Em que pese respeitáveis construções doutrinárias em sentido contrário, não há que se levar em conta tal critério para enquadrar seus bens como regidos por normas de ordem pública, com exceção das hipóteses legalmente previstas, dentre as quais não se inclui a impossibilidade de usucapião. Incidência do art. 173, II, da CF. Precedentes do STJ. Intenção de regularização da área pela apelada que, não obstante sua relevância social, não configura a afetação do bem, por não haver, até o momento, uma utilização efetiva para finalidade específica, no que não se pode negar a jurisdição ao apelante sob tal justificativa. Possibilidade de manejo da ação de usucapião que se faz presente, cabendo apenas perquirir se os requisitos legais foram preenchidos para configuração da prescrição aquisitiva em relação à área pretendida. O que não colide com os interesses da coletividade que eventualmente ocupar as demais áreas a serem regularizadas, sem deslembrar que, em caso de oposição de terceiros à posse do Apelante no imóvel, tal aspecto poderá (e deverá) ser objeto de exame no mérito da ação. Inviabilidade de aplicação do art. 515, § 3°, do CPC [art. 1.013, § 3°, do CPC/2015] para apreciação do mérito diretamente pelo Tribunal, pois os elementos constantes dos autos não permitem a aplicação da denominada "teoria da causa madura", sendo necessário o retorno dos autos ao juízo *a quo* para instrução do feito, tendo em vista a profusa matéria fática a ser examinada. Recurso provido para anular a sentença, com o consequente retorno do feito à vara de origem para regular processamento. (TJPE, Ap. n. 0011492-24.2009.8.17.0810, 2ª Câm. Cível, rel. Des. Cândido José da Fonte Saraiva de Moraes, *DJe* 17.07.2013, p. 152)

---

**Art. 99. São bens públicos:**

**I – os de uso comum do povo, tais como rios, mares, estradas, ruas e praças;**

**II – os de uso especial, tais como edifícios ou terrenos destinados a serviço ou estabelecimento da administração federal, estadual, territorial ou municipal, inclusive os de suas autarquias;**

**III – os dominicais, que constituem o patrimônio das pessoas jurídicas de direito público, como objeto de direito pessoal, ou real, de cada uma dessas entidades.**

**Parágrafo único. Não dispondo a lei em contrário, consideram-se dominicais os bens pertencentes às pessoas jurídicas de direito público a que se tenha dado estrutura de direito privado.**

---

O dispositivo traz uma classificação e uma enumeração de bens públicos.

A classificação contém, segundo Maria Sylvia Zanella Di Pietro, "terminologia própria, peculiar ao Direito brasileiro, não seguindo o modelo estrangeiro, onde é mais comum a bipartição dos bens públicos, conforme o regime jurídico adotado" (*Direito administrativo*, 15. ed. São Paulo, Atlas, 2003, p. 540).

A enumeração não é exaustiva, achando-se na CF outras referências, como ao "meio ambiente ecologicamente equilibrado, bem de uso comum do povo" (art. 225) e às jazidas, que "pertencem à União" (art. 176), sendo que, no rol de Hely Lopes Meirelles, "as terras públicas compõem-se de terras devolutas, plataforma continental, terras ocupadas pelos silvícolas, terrenos de marinha, terrenos acrescidos, ilhas dos rios públicos e oceânicas, álveos abandonados, além das vias e logradouros públicos e áreas ocupadas com as fortificações e edifícios públicos" (*Direito administrativo brasileiro*, 22. ed. São Paulo, Malheiros, 1990, p. 463).

Bens de uso comum do povo são aqueles a que todos têm acesso, gratuitamente ou não (art. 103); bens de uso especial, os afetados a atividades inerentes ao serviço público. Os bens dominicais integram o chamado domínio privado do Estado, porque nem afetados ao uso coletivo nem ao serviço público.

O parágrafo único do art. 99, que não encontra correspondência no CC/1916, permite, porém, que a lei instituidora de uma pessoa jurídica pública qualifique seus bens, independentemente da destinação que tiverem.

**Jurisprudência:** Súmula n. 496, STJ: Os registros de propriedade particular de imóveis situados em terrenos de marinha não são oponíveis à União.

Processual civil e administrativo. Ofensa ao art. 535 do CPC. Aplicação da Súmula n. 284 do STF, por analogia. Bens públicos. Terreno de marinha. Ilegalidade do procedimento demarcatório. Ausência de prequestionamento. Incidência da Súmula n. 211 desta Corte Superior. Registro imobiliário. Caracterização do bem como terreno de marinha. Mandado de segurança. Via adequada. Questão meramente de direito. Oponibilidade em face da União. Caracterização do bem como propriedade particular. Impossibilidade. Propriedade pública constitucionalmente assegurada (CR/88, art. 20, VII). 1 – Não se pode conhecer da violação do art. 535 do CPC, pois as alegações que fundamentaram a pretensa ofensa são genéricas, sem discriminação dos pontos efetivamente omissos, contraditórios ou obscuros. Incide, no caso, a Súmula n. 284 do STF, por analogia. 2 – A controvérsia acerca da ilegalidade do procedimento demarcatório na espécie, pela desobediência do rito específico previsto no DL n. 9.760/46 – vale dizer: ausência de notificação pessoal dos recorrentes – não foi objeto de análise pela instância ordinária, mesmo após a oposição de embargos de declaração, razão pela qual aplica-se, no ponto, a Súmula n. 211 desta Corte Superior. 3 – No caso concreto, o mandado de segurança é via adequada para discutir a oponibilidade de registros de imóveis em face da União para fins de descaracterização do bem sobre o qual recai ônus financeiro como terreno de marinha. 4 – Esta Corte Superior possui entendimento pacificado no sentido de que o registro imobiliário não é oponível em face da União para afastar o regime dos terrenos de marinha, servindo de mera presunção relativa de propriedade particular – a atrair, p. ex., o dever de notificação pessoal daqueles que constem deste título como proprietário para participarem do procedimento de demarcação da linha preamar e fixação do domínio público –, uma vez que a Constituição da República vigente (art. 20, VII) atribui originalmente àquele ente federado a propriedade desses bens. Precedentes. 5 – Recurso especial parcialmente conhecido e, nesta parte, não provido. Julgamento submetido à sistemática do art. 543-C do CPC e à Res. n. 8/2008. (STJ, REsp n. 1.183.576/ES, 1ª S., rel. Min. Mauro Campbell Marques, j. 08.09.2010, *DJe* 29.09.2010)

Administrativo. Ação de reintegração de posse. Estabelecimento comercial construído em terreno de marinha. Ocupação irregular. Mesas e cadeiras em área de praia. Bem da União de uso comum do povo. Impossibilidade de ocupação por particular. Demolição, com direito a indenização. Boa-fé do ocupante. Cobrança da multa prevista na Lei n. 9.636/98. Impossibilidade. Irretroatividade.

1 – Pretensão da União de obter reintegração de posse contra a empresa proprietária da Barraca Segredos do Mar – 12, localizada na Praia do Francês, no Município de Marechal Deodoro/AL, que comercializa alimentos e bebidas.

2 – Do conjunto probatório colacionado aos autos, verifica-se que a ocorrência do esbulho restou comprovada, em razão de que o citado estabelecimento comercial foi construído em terreno de marinha, sem autorização da União para a sua regular ocupação, nos termos do DL n. 9.760/46, além do que foi construído em local destinado como área verde, ou seja, não sujeita à edificação, bem como vem se expandindo irregularmente em direção à praia, área de uso comum do povo, o que é vedado pelo art. 10, *caput*, §§ 1º e 3º, da Lei n. 7.661/88.

3 – Sendo as praias bens públicos da União de uso comum do povo, não são legalizáveis as construções e as limitações nelas empreendidas, por não serem passíveis de ocupação individual por particular.

4 – Apesar de irregular, sendo a posse de boa-fé, haja vista que a Barraca em questão teve o apoio da Empresa Alagoana de Turismo, o que deu a aparência de regularidade à situação, é cabível indenização pela demolição das construções, a teor do art. 1.255 do CC/2002.

5 – A imposição de multa pela União, em face da ocupação irregular, nos termos da Lei n. 9.636, de 15.05.1998, não é devida, visto que a ocupação do terreno é anterior ao referido dispositivo legal, que não pode retroagir para estipular multas por infrações administrativas. Apelações e remessa oficial improvidas. (TRF, 5ª R., Ap. n. 2002.800.000.13756/AL, rel. Des. Frederico Pinto de Azevedo, j. 05.07.2007)

---

**Art. 100. Os bens públicos de uso comum do povo e os de uso especial são inalienáveis, enquanto conservarem a sua qualificação, na forma que a lei determinar.**

---

Os bens de uso comum do povo e os de uso especial são inalienáveis ou indisponíveis, porque destinados à coletividade ou ao serviço público, respectivamente.

Há duas modalidades de bens públicos: os de domínio público do Estado, compreendendo os de uso comum do povo e os de uso especial, e os de domínio privado do Estado, ou seja, os bens dominicais (DI PIETRO, Maria Sylvia Zanella. *Direito administrativo*, 15. ed. São Paulo, Atlas, 2003, p. 541). Os de uso comum do povo sequer têm valoração patrimonial; os demais possuem valor patrimonial, mas os de uso especial são inalienáveis, porque afetados.

**Jurisprudência:** Súmula n. 340, STF: Desde a vigência do CC, os bens dominiais, como os demais bens públicos, não podem ser adquiridos por usucapião.

Apelação cível. Transferência de sepultura. Alvará indeferido. I – Os bens públicos de uso comum do povo e os de uso especial são inalienáveis, enquanto conservarem a sua qualificação, na forma que a lei determinar. II – Nenhum concessionário de sepultura ou mausoléu poderá negociar sua concessão, seja a que título for. III – Terrenos de cemitérios são bens públicos de uso especial, não podendo ser alienados, mas simplesmente concedidos aos particulares para as sepulturas, na forma do respectivo regulamento local. (TJPA, Ap. n. 00123350620078140301, rel. Helena Percila de Azevedo Dornelles, j. 18.04.2011, *DJe* 27.04.2011)

**Art. 101. Os bens públicos dominicais podem ser alienados, observadas as exigências da lei.**

Os bens dominicais se acham no chamado patrimônio disponível, consoante se extrai do Regulamento do Código de Contabilidade Pública da União (Decreto n. 15.783, de 08.11.1922, art. 807), podendo ser alienados.

A alienação desses bens públicos, porém, não é livre, sujeitando-se a regras de direito público, devendo obedecer ao disposto na Lei n. 14.133, de 01.04.2021, art. 76. É certo, ainda, como adverte Marçal Justen Filho, que "as regras acerca de alienações abrangem amplamente outras modalidades de relacionamento" (*Comentários à Lei de Licitações e contratos administrativos*, 8. ed. São Paulo, Dialética, 2001, p. 167), por exemplo, a concessão de direito real de uso de bens imóveis, forma de alienação não admitida sobre bens particulares, disciplinada pelo DL n. 271, de 28.02.1967.

Disciplina especial também ocorre na destinação de terras públicas e devolutas, que deverá ser compatibilizada com a política agrícola e com o plano nacional de reforma agrária (art. 188 da CF). Já as terras ocupadas tradicionalmente pelos índios são inalienáveis e indisponíveis, e os direitos sobre elas, imprescritíveis (art. 231, § 4º, da CF); também são indisponíveis as terras devolutas ou arrecadadas pelo Estado, por ações discriminatórias, necessárias à proteção dos ecossistemas naturais (art. 225, § 5º, da CF).

**Jurisprudência:** Direito processual civil e administrativo. Bem público. Ação de extinção de condomínio. Fração pertencente a município. Possibilidade. Prévia autorização legislativa. Prescindibilidade.

1 – É direito potestativo do condômino de bem imóvel indivisível promover a extinção do condomínio mediante alienação judicial da coisa (CC/1916, art. 632; CC/2002, art. 1.322; CPC, art. 1.117, II) [sem correspondente no CPC/2015]. Tal direito não fica comprometido com a aquisição, por arrecadação de herança jacente, de parte ideal do imóvel por pessoa jurídica de direito público.

2 – Os bens públicos dominicais podem ser alienados "nos casos e na forma que a lei prescrever" (CC/1916, arts. 66, III, e 67; CC/2002, art. 101). Mesmo sendo pessoa jurídica de direito público a proprietária de fração ideal do bem imóvel indivisível, é legítima a sua alienação pela forma da extinção de condomínio, por provocação de outro condômino. Nesse caso, a autorização legislativa para a alienação da fração ideal pertencente ao domínio público é dispensável, porque inerente ao regime da propriedade condominial.

3 – Recurso especial a que se nega provimento. (STJ, REsp n. 655.787/MG, rel. Min. Teori Albino Zavascki, j. 09.08.2005)

**Art. 102. Os bens públicos não estão sujeitos a usucapião.**

A CF proíbe a usucapião de imóveis públicos (arts. 183, § 3º, e 191, parágrafo único). Na verdade, após graves divergências doutrinárias e jurisprudenciais, o Decreto n. 22.785, de 31.05.1933, expressamente o proibiu, seguindo-se outras normas semelhantes (DL ns. 710/38 e 9.760/46), o que também ficou consolidado na jurisprudência (Súmula n. 340 do STF). As Constituições de 1934, 1937 e 1946, todavia, admitiam a usucapião *pro labore*, que, porém, não foi previsto na Constituição de 1967. No campo da legislação ordinária, a Lei n. 6.969/81 estabelecia usucapião especial sobre terras devolutas rurais, o que não foi recepcionado pela Constituição vigente.

Sem embargo das questões envolventes na história da propriedade rural, passando do período das sesmarias para o de posses (Lei n. 601, de 18.09.1890) e depois o inaugurado pela Constituição da República de 1891, o conceito de terras devolutas, segundo Maria Sylvia Zanella Di Pietro, continua sendo residual – "aquelas que não estão destinadas a qualquer uso público nem incorporadas ao domínio privado"

(*Direito administrativo*, 15. ed. São Paulo, Atlas, 2003, p. 587).

A proibição constitucional, entretanto, não impede a legitimação de posse, disciplinada pela Lei n. 6.383, de 07.12.1976, após ação discriminatória (art. 29). A legitimação de posse difere do usucapião, pois este é forma originária de aquisição da propriedade, enquanto na legitimação o Poder Público entrega o título de domínio ao particular.

**Jurisprudência:** Súmula n. 340, STF: Desde a vigência do CC, os bens dominicais, como os demais bens públicos, não podem ser adquiridos por usucapião.

Súmula n. 496, STJ: Os registros de propriedade particular de imóveis situados em terrenos de marinha não são oponíveis à União.

Processual civil e reintegração de posse. Agravo retido. Benfeitorias. Indenização. Impossibilidade. Posse clandestina, sem justo título e sem boa-fé.

1 – Os réus deixaram de pedir expressamente o julgamento do agravo retido, na forma da norma ínsita no art. 523, parágrafo único, do CPC [sem correspondente no CPC/2015], impondo-se, assim, dele não conhecer.

2 – Os bens públicos são insuscetíveis de usucapião, nos termos do art. 183, § 3º, da CF e do art. 102, do novo CC, sendo, portanto, legítima a pretensão do Instituto Nacional do Seguro Social no sentido da reintegração de posse do imóvel.

3 – A questão da indenização das benfeitorias realizadas no imóvel requer uma ponderação acerca da aferição da boa-fé dos possuidores, conforme preceitua o parágrafo único do art. 71, do DL n. 9.760/46.

4 – Os réus invadiram o terreno, levantando edificações para suas residências, por sua conta e risco, fato este que não foi negado em suas contestações. Assim, a posse se deu de forma clandestina, sem justo título e sem boa-fé. Em consequência, inexistindo boa-fé, não fazem os réus jus à indenização pelas benfeitorias realizadas (art. 1.219, CC).

5 – Agravo retido não conhecido e recurso improvido. (TRF, 2ª R., Ap. n. 251.253, Proc. n. 2000.020.106.36294/RJ, rel. Juíza Liliane Roriz, j. 11.05.2005)

Ação de usucapião. Bem de propriedade da prefeitura. Indisponibilidade. Recurso provido. Os bens pertencentes às pessoas jurídicas de direito público são bens públicos e por isso não são suscetíveis de usucapião, consoante estabelecem o § 3º, do art. 183, o parágrafo único do art. 191 da CF, o art. 102 do CC/2002 e a Súmula n. 340 do STF. (TJMG, Proc. 1.0672.02.088854-7/001(1), rel. Otávio Portes, j. 03.10.2007, publ. 09.11.2007)

**Art. 103. O uso comum dos bens públicos pode ser gratuito ou retribuído, conforme for estabelecido legalmente pela entidade a cuja administração pertencerem.**

Bens de uso comum do povo são aqueles a que toda a coletividade tem acesso. Sobre eles ninguém tem exclusividade ou privilégio. Isso, porém, não significa que por sua utilização nada possa ser cobrado. Não deixa, portanto, uma rodovia em que se cobra pedágio de ser bem público de uso comum do povo.

Do fato, contudo, de ser o uso franqueado ao povo, mas sob a administração do Poder Público, decorre que os danos experimentados pelos particulares, que não tenham agido culposamente, obrigam o Estado a indenizar, se houver falta de conservação ou de obra necessária.

**Jurisprudência:** DNIT. Permissão de uso de subsolo. Estradas e faixas de domínio. Uso especial de bem público. Possibilidade de cobrança de remuneração. Natureza da cobrança. Preço público.

Consoante o disposto no art. 103 do CC, até mesmo o uso comum dos bens públicos poderá ser remunerado, a critério da entidade responsável pela administração do bem. Com muito mais razão, o uso especial dos bens públicos – a utilização individualizada de um bem que está disponível ao uso comum do povo – poderá ser oneroso.

A permissão de uso é ato negocial, unilateral, discricionário e precário, através do qual a administração faculta ao particular a utilização individual de determinado bem público. Como ato negocial, pode ser gratuito ou remunerado.

A referida cobrança não pode ser confundida com tributo, pois é mera remuneração pela utilização de bem público – constitui-se em preço público – mediante Contrato de Permissão Especial de Uso.

Em se tratando de bens públicos federais ou de bens públicos sob sua administração, possui a União a competência para regulamentar a sua utilização, podendo, ainda, conceder tal prerrogativa a instituições legalmente habilitadas. Tal é o caso do DNIT, que regulamenta a utilização das faixas de domínio das rodovias sob sua administração. (TRF, 4ª R., Ap. n. 2006.700.001.70098/PR, rel. Juíza Vânia Hack de Almeida, j. 31.07.2007)

Utilização de bem público. Remuneração. Viabilidade. Não implica inconstitucionalidade por vício de qualquer natureza a promulgação de lei municipal que diga serem passíveis de remuneração os bens públicos utilizados por particulares. Inteligência no art. 103 do CC, precedentes doutrinários e jurisprudenciais. Matéria clarificada em ADI julgada pelo Órgão Especial do Tribunal de Justiça. Sentença reformada em reexame necessário, segurança denegada. Voto vencido. (TJRS, Reex. necess. n. 70.008.069.650, 2ª Câm. Cível, rel. Túlio de Oliveira Martins, j. 02.06.2004)

ADI. Igrejinha. Utilização de bem público. Remuneração. Viabilidade. Não exibe defeito gerador de decreto de inconstitucionalidade lei que estabeleça a remunerabilidade de bens públicos, que estejam sendo utilizados, ainda que em parte, por particular. Há, inclusive, previsão legal no CC (art. 103). Ação julgada improcedente. (TJRS, Tribunal Pleno, ADI n. 70.006.725.022, rel. Vasco Della Giustina, j. 01.03.2004)

# LIVRO III
# DOS FATOS JURÍDICOS

## TÍTULO I
## DO NEGÓCIO JURÍDICO

### CAPÍTULO I
### DISPOSIÇÕES GERAIS

**Art. 104. A validade do negócio jurídico requer:**
**I – agente capaz;**
**II – objeto lícito, possível, determinado ou determinável;**
**III – forma prescrita ou não defesa em lei.**

No tocante à disciplina do negócio jurídico é que o CC/2002, dentro da parte geral, "apresenta maiores alterações", conforme reconhece José Carlos Moreira Alves, em relação ao Código anterior (*A Parte Geral do Projeto do Código Civil brasileiro*. São Paulo, Saraiva, 1986, p. 96).

Definia, o CC/1916, o *ato jurídico* (art. 81) e, à época de sua elaboração, ainda não existiam estudos mais aprofundados para estabelecer com precisão o que especificamente se considerava *negócio jurídico*, subtraindo-o da designação genérica de *ato jurídico*. Serpa Lopes, contudo, e ainda na vigência do antigo ordenamento, distinguia: "Vejamos, então, quais as diferenças entre fato jurídico, ato jurídico e negócio jurídico. Enquanto o fato jurídico é um acontecimento produtor de uma modificação no mundo jurídico voluntário ou não, enquanto o ato jurídico é um ato voluntário, mas em que a vontade pode não exercitar uma função criadora ou modificativa ou extensiva de uma determinada situação jurídica, como uma declaração de nascimento perante o Oficial de Registro, abrangendo até o próprio ato ilícito, o negócio jurídico é sempre eminentemente manifestação de vontade produzindo efeitos jurídicos, isto é, destinada a produzir os efeitos jurídicos atribuídos pela ordem jurídica, não podendo compreender senão atos lícitos, suscetíveis de um determinado tratamento pela ordem jurídica" (*Curso de direito civil*, 3. ed. Rio de Janeiro, Freitas Bastos, 1960, v. I, p. 405).

É nesse sentido que Enneccerus considera o negócio jurídico uma manifestação que contém uma ou várias declarações de vontade a que o ordenamento jurídico reconhece como apta a produzir efeito jurídico qualificado como efeito desejado ("*el negocio jurídico es un supuesto de hecho que contiene una o varias declaraciones de voluntad y que el ordenamiento jurídico reconoce como base para producir el efecto jurídico calificado de efecto querido*") (ENNECCERUS, L.; KIPP, T. e WOLFF, M. *Derecho civil (Parte General)*, 2. ed. trad. do alemão por Blas Pérez González e José Alguer. Barcelona, Bosch, Casa Editorial, 1953, v. II, p. 56). Também assim, Orlando Gomes: "Negócio jurídico é toda declaração de vontade destinada à produção de efeitos jurídicos correspondentes ao intento prático do declarante, se reconhecido e garantido pela lei" (*Introdução ao direito civil*, 12. ed. Rio de Janeiro, Forense, 1996, p. 269).

Essa manifestação de vontade, para realizar os efeitos desejados, tem de preencher requisitos tais que o negócio jurídico, no dizer de Antonio Junqueira de Azevedo, deve ser examinado, "a fim de verificar se ele obtém plena realização, no 'plano de existência, plano da validade e plano da eficácia'" (*Negócio jurídico – existência, validade e eficácia*. São Paulo, Saraiva, 1974, p. 32), de onde se extraem os *elementos* de existência, *requisitos* de validade e *fatores* de eficácia que, se presentes, conferem ao negócio jurídico a completa aptidão para produzir os efeitos a que se destina. A ausência de algum deles impede ou prejudica a produção desses efeitos. Daí, então, poder-se dividir a análise do negócio jurídico, como faz R. Limongi França, dentro de uma estrutura *regular* ou *irregular* (*Manual de direito civil*, 2. ed. São Paulo, RT, 1971, v. I, p. 219).

O Código não se ocupou do plano da existência, nem tratou sistematicamente do que concerne à eficácia, embora haja disposições que a isso se vinculem (ex.: art. 1.653). No entanto, ocupou-se em profusão dos aspectos concernentes aos requisitos de validade (art. 104) e das consequências de sua falta, distinguindo os negócios inválidos em nulos (arts. 166 e 167) e anuláveis (art. 171).

É imprescindível a todo negócio jurídico, embora a lei não o haja mencionado, a manifestação da vontade. Assim também a capacidade do agente, pois, se absolutamente incapaz, acarretará a nulidade absoluta (arts. 166 e 167) e, se relativamente incapaz, a nulidade relativa (art. 171, I). Isso não significa que os incapazes não podem realizar negócio jurídico; poderão fazê-lo, representados ou assistidos (arts. 115 e segs.). Não se confunde, porém, capacidade com legitimação, porque, para certos negócios, além daquela, o sujeito deverá preencher algum requisito especial, como a outorga uxória na venda de bens imóveis (art. 1.647), ou não incorrer em impedimento (art. 497). O objeto haverá de ser lícito, ou seja, não proibido por lei, nem contrário à ordem pública, à moral ou aos bons costumes. Não pode, também, consubstanciar prestação fisicamente impossível ou se referir a coisa inexistente ou insuscetível de determinação. A impossibilidade aqui referida tem de ser absoluta, isto é, não realizável por qualquer pessoa (veja art. 106).

A forma, na verdade, conquanto inserida entre os requisitos de validade, só é exigível quando a lei a estabelecer (art. 107), dizendo Caio Mário da Silva Pereira: "Exprime-se o princípio hoje vigente, afirmando-se a liberdade da manifestação da vontade, o qual só excepcionalmente é postergado, e, então, quando a lei exige a sujeição a determinada forma, as partes não têm o direito de convencionar forma diversa" (*Instituições de direito civil*, 19. ed. Rio de Janeiro, Forense, 2000, v. I, p. 311). Ao reverso, quando a forma é livre, podem as partes convencionar a adoção de escritura pública (art. 109). Além da forma, alguns negócios jurídicos exigem a intervenção estatal, que é a solenidade, como no casamento (art. 1.533).

**Jurisprudência:** Apelação cível. Responsabilidade civil. Ação declaratória de nulidade contratual cumulada com ação de indenização. Legitimidade passiva. Contrato firmado com pessoa absolutamente incapaz. Nulidade. Cadastramento em rol de inadimplentes. ACSP. Comunicação prévia. Dever de indenizar. *Quantum*. A preliminar de ilegitimidade passiva da Associação Comercial de São Paulo em razão do reconhecimento da nulidade do contrato será analisada em conjunto com o mérito. A alegação de ilegitimidade passiva da ACSP diante da situação fática não merece prosperar, haja vista esta ter sido a responsável pela inscrição da requerente em órgãos de restrição de crédito, devendo permanecer incluída no polo passivo desta lide. O réu Banco do Brasil S/A, descuidando-se de diretrizes inerentes ao desenvolvimento regular de sua atividade, contratou com pessoa absolutamente incapaz, o que contraria o art. 104 do CC e torna nulo o contrato havido entre as partes. Não verificou os requisitos essenciais à constituição do negócio jurídico, simplesmente considerando idôneos os dados neles constantes, não conferiu se a pessoa que apresentava os documentos possuía capacidade civil para tanto. E, assim agindo, assumiu os riscos de sua conduta. Não basta para elidir sua responsabilização argumentar que a requerente contraiu débitos para com o banco demandado com a manutenção de conta aberta indevidamente. Para tanto, seria necessário que demonstrasse a adoção de medidas consistentes na verificação dos documentos apresentados, o que não fez. Conforme recente jurisprudência do STJ, a comunicação ao consumidor sobre a inscrição do seu nome nos registros de proteção ao crédito constitui obrigação exclusiva do órgão responsável pela manutenção do cadastro. Os documentos acostados aos autos pela ACSP da presente ação dão conta do envio de correspondência à demandante em momento anterior à efetivação do cadastramento. O endereço para onde foram remetidas as comunicações coincide com o informado pela autora na petição inicial. Afastada a presença da conduta ilícita e antijurídica da demandada Associação Comercial de São Paulo e, com isso, rechaçado o nexo entre causa e efeito, não se configura o dever de indenizar em relação a esta. Trata-se de dano moral *in re ipsa*, que dispensa a comprovação da extensão dos danos, sendo estes evidenciados pelas circunstâncias do fato. Indenização reduzida para R$ 5.000,00, sendo tão somente o Banco Brasil S/A responsável pelo pagamento da condenação. Tal quantia se mostra adequada ao caso e aos parâmetros adotados por este Colegiado. Juros de mora de 1% ao mês e correção monetária pela variação mensal do IGP-M, ambos desde a data deste acórdão. Orientação desta Câmara. Redistribuídos os ônus da sucumbência. Preliminares afastadas. Apelo do Banco do Brasil S/A parcialmente provido. Apelo da Associação Comercial de São Paulo provido. Unânime. (TJRS, Ap. Cível n. 70.022.958.052, 9ª Câm. Cível, rel. Iris Helena Medeiros Nogueira, j. 04.06.2008, *DJ* 10.06.2008)

Apelação cível. Ação de imissão de posse. Permissão de uso. Ausência de possibilidade jurídica de ação. Extinção mantida. Não há como considerar válido o negócio jurídico alegado, porquanto inexistente objeto lícito e possível conforme o disposto contido no art. 104 do CC/2002. Negaram provimento ao apelo. (TJRS, Ap. Cível n. 70.014.088.124, 17ª Câm. Cível, rel. Alexandre Mussoi Moreira, j. 23.03.2006, *DJ* 04.05.2006)

---

**Art. 105. A incapacidade relativa de uma das partes não pode ser invocada pela outra em benefício próprio, nem aproveita aos cointeressados capazes, salvo se, neste caso, for indivisível o objeto do direito ou da obrigação comum.**

---

A incapacidade relativa é colocada como exceção pessoal, de modo que não pode ser arguida pela outra parte no negócio jurídico, nem aproveita aos demais interessados, salvo se indivisível o objeto do direito ou da obrigação comum.

O CC/1916 (art. 83) referia-se à incapacidade de uma das partes como não passível de invocação pela outra em seu proveito, abrangendo, pois, tanto a incapacidade absoluta como a relativa. O CC/2002, porém, restringiu a vedação às hipóteses de incapacidade relativa, de modo que a incapacidade absoluta escapa a essa proibição, o que apresenta coerência com o disposto no art. 169, pois o negócio realizado com absolutamente incapaz é nulo e, assim, não suscetível de confirmação, nem convalesce pelo decurso de tempo.

Na hipótese de indivisibilidade, por não ser possível a separação dos interesses, o vício da incapacidade relativa pode ser arguido pelo cointeressado capaz.

**Art. 106. A impossibilidade inicial do objeto não invalida o negócio jurídico se for relativa, ou se cessar antes de realizada a condição a que ele estiver subordinado.**

Objeto de negócio jurídico são as vantagens patrimoniais ou extrapatrimoniais que dele se retiram, e a lei inquina de nulidade o negócio que tenha objeto impossível (art. 166, II).

A impossibilidade do objeto pode ser *física* ou *jurídica*; *absoluta* ou *relativa*; *atual* ou *superveniente*.

É fisicamente impossível o objeto quando a inaptidão decorrer de sua natureza, não podendo figurar em qualquer relação jurídica (ex.: venda de um dinossauro vivo), e juridicamente impossível quando a ordem jurídica não o admitir (ex.: venda de entorpecentes).

Há impossibilidade absoluta quando a ninguém é dado satisfazer a prestação e relativa se a impossibilidade se referir a quem deva cumprir a obrigação, mas sendo possível para outras.

Será atual a impossibilidade quando ocorrente por ocasião da celebração do negócio e superveniente se verificada na ocasião em que a obrigação deva ser cumprida.

A impossibilidade que retira validade ao negócio jurídico é a absoluta, se inicial; se superveniente, acarreta a extinção da obrigação, sendo que, se houver culpa do devedor, responderá por perdas e danos. Já a impossibilidade relativa não o invalida.

A última parte do dispositivo vincula-se à regra do art. 125, pelo que a condição suspensiva, enquanto não realizada, impede a aquisição do direito. Por esse motivo, é válido o negócio sob condição suspensiva se antes do implemento desta a prestação se tornar possível.

**Art. 107. A validade da declaração de vontade não dependerá de forma especial, senão quando a lei expressamente a exigir.**

A regra é a liberdade de forma; entretanto, para alguns negócios, a lei estabelece forma especial e servirá sempre para sua documentação, uma vez que corresponde ao modo de exteriorizar a vontade.

A exigência da forma se prende à necessidade de resguardar a manifestação da vontade de deformações, facilitando a prova do negócio jurídico, sendo certo que, "quando a lei exigir, como da substância do ato, o instrumento público, nenhuma outra prova, por mais especial que seja, pode suprir-lhe a falta" (art. 366 do CPC/73; *v.* art. 406 do CPC/2015).

Desse modo, a escritura pública é exigida na generalidade dos negócios jurídicos que visem à constituição, transferência, modificação ou renúncia de direitos reais sobre imóveis de valor superior a trinta vezes o maior salário mínimo vigente no país (art. 108), porém essa exigência não se estende ao contrato preliminar (art. 466). Para o testamento, há exigência de forma, que, entretanto, é *plúrima*, ou seja, pode o testador escolher uma entre as três admitidas, concernentes ao testamento: particular, cerrado ou público (art. 1.862).

Não se confunde a forma, todavia, com a *solenidade*, que é outro requisito de validade de alguns negócios jurídicos (art. 166, V).

Para os negócios realizados no estrangeiro, aplica-se a lei do lugar, quanto à forma (*locus regit actum* – art. 13 da Lindb), mas, para terem valor de prova no Brasil, se tiverem sido redigidos em outro idioma, deverão ser vertidos para a língua portuguesa (art. 192, parágrafo único, do CPC/2015).

**Art. 108. Não dispondo a lei em contrário, a escritura pública é essencial à validade dos negócios jurídicos que visem à constituição, transferência, modificação ou renúncia de direitos reais sobre imóveis de valor superior a trinta vezes o maior salário mínimo vigente no País.**

Dentre as hipóteses exigentes de forma especial, acham-se aquelas "que visem à constituição, transferência, modificação ou renúncia de direitos reais sobre imóveis de valor superior a trinta vezes o maior salário mínimo vigente no País", salvo as exceções legais.

O negócio jurídico, porém, não transfere o domínio ou outro direito real sobre bens imóveis, o que será alcançado pelo registro do título no Serviço de Registro de Imóveis da circunscrição a que pertencer (art. 1.245), daí por que a lei se referir a negócio que vise à atribuição de direito real e não a negócio que o atribui.

Como exceções legais, não exigentes de escritura pública, podem-se citar a incorporação de imóveis para a formação do capital social das sociedades por ações (art. 89 da Lei n. 6.404/76), as aquisições mediante financiamento imobiliário (art. 61, § 5º, da Lei n. 4.380/64, introduzido pela Lei n. 5.049/66) e a alienação fiduciária de bens imóveis (art. 38 da Lei n. 9.514/97).

**Jurisprudência:** Inventário. Decisão que determinou que a renúncia à herança realizada por termo nos autos se desse por procuração por instrumento público. Aplicação do art. 1.806 c/c 108 do CC. Direito à sucessão aberta é considerado bem imóvel para fins legais. Necessidade de instrumento público para renúncia a direitos sobre bens imóveis de valor superior a 30 salários mínimos. Valor da herança *sub judice* é inferior a tal quantia, de modo que não se exige o instrumento público para o ato. Decisão reformada. Recurso provido. Dá-se provimento ao recurso. (TJSP, AI n. 2177078-15.2021.8.26.0000/SP, 4ª Câm. de Dir. Priv., rel. Marcia Dalla Déa Barone, j. 15.12.2021)

Registro de imóveis. Dúvida julgada procedente. Contrato particular de compra e venda de imóvel a que atribuído valor superior a trinta salários mínimos. Obrigatoriedade de celebração do negócio jurídico por instrumento público, na forma do art. 108 do CC. Não incidência, para esse efeito, do piso salarial fixado para determinadas categorias profissionais em legislação estadual. Recurso não provido. (TJSP, Ap. Cível n. 1065900-69.2021.8.26.0100/SP, Conselho Superior de Magistratura, rel. Ricardo Anafe (Corregedor-Geral), j. 22.11.2021)

Apelação cível. Compra e venda. Instrumento particular. Nulidade do negócio jurídico. 1 – À transferência de direitos reais sobre bens imóveis de valor superior a trinta vezes o salário mínimo mister se faz, à validade do negócio jurídico, a realização através de escritura pública. Incidência do art. 108 do CCB. Nulo é o contrato celebrado entre as partes por forma diversa daquela prescrita em lei, qual seja, a forma escrita e por instrumento público. Abrangência do inciso IV do art. 166 do CCB. 2 – A recognição da nulidade é questão de ordem pública, podendo ser feito de ofício pelo Magistrado, sem a necessidade de requerimento pela parte, a qualquer tempo e grau de jurisdição. 3 – Com o reconhecimento judicial da nulidade, não pode o negócio jurídico eivado de tal vício produzir qualquer efeito no mundo jurídico, bem como no fático. A declaração de nulidade possui eficácia *ex tunc*, retroagindo à data da celebração do contrato e fazendo retornar as coisas ao estado anterior como se o negócio não tivesse sido celebrado. Devendo as partes regressar ao *status quo ante*, faz jus o autor à devolução das quantias despendidas com o pagamento do preço acordado, desde que comprovadas nestes autos. O valor de R$ 24.500,00, ajustado como sinal, deve ser reembolsado, acrescido de correção monetária. 4 – Conhecimento e não provimento do recurso e reconhecimento, de ofício, da nulidade do contrato de compra e venda celebrado entre as partes, restituindo-as ao *status quo ante* através da devolução dos valores comprovadamente pagos pelo comprador, tal seja, a quantia de R$ 24.500,00, acrescida de correção monetária desde a data do desembolso. Encargos da sucumbência *pro rata*. (TJRJ, Ap. n. 2007.001.27161, rel. Des. José Carlos Paes, j. 27.06.2007)

**Art. 109. No negócio jurídico celebrado com a cláusula de não valer sem instrumento público, este é da substância do ato.**

Embora livre a forma para determinado negócio jurídico, podem as partes estabelecer que será celebrado por escritura pública. Trata-se da chamada *forma contratual*, porque eleita pelas partes contratantes, e, por isso, outra prova do negócio não será admitida, já que da substância do ato (art. 406 do CPC/2015). Nada impede que os contratantes arrependam-se e, por mútuo consentimento, desfaçam o ajuste acerca da forma.

**Art. 110. A manifestação de vontade subsiste ainda que o seu autor haja feito a reserva mental de não querer o que manifestou, salvo se dela o destinatário tinha conhecimento.**

A manifestação da vontade é imprescindível para a formação do negócio jurídico, entretanto vontade e declaração nem sempre coincidem. A segurança das relações jurídicas, porém, reclama que se empreste eficácia ao que foi declarado e não ao que, eventualmente, for desejado, mas não declarado. Por esse motivo, o que foi objeto da reserva mental, em regra, não é levado em conta.

Vicente Rao, que, nesse processo, reconhece a existência de três elementos volitivos – vontade, vontade de declaração e vontade de conteúdo –, afirma que "a reserva mental é uma particular espécie de vontade não declarada, por não querer, o agente, declará-la. É uma vontade que o agente intencionalmente oculta, assim procedendo para sua declaração ser entendida pela outra parte, ou pelo destinatário (como seria pelo comum dos homens) tal qual exteriormente se apresenta, embora ele, declarante, vise a alcançar não os efeitos de sua declaração efetivamente produzida, mas os que possam resultar de sua reserva", e acrescenta que, "nesta hipótese, nenhum conflito juridicamente existe, porque o direito valor algum atribui a essa atitude omissiva do declarante: a vontade intencionalmente não declarada, no caso, não pode chocar-se com a vontade declarada" (*Ato jurídico*. São Paulo, Max Limonad, 1961, p. 210).

Esse entendimento, todavia, é abrandado pela *teoria da confiança*, na medida em que, segundo Orlando Gomes, "empresta valor à aparência da vontade, se não é destruída por circunstâncias que indiquem má-fé em quem acreditou ser verdadeira. Havendo divergência entre a vontade interna e a declaração, os contraentes de boa-fé, a respeito dos quais tal vontade foi imperfeitamente manifestada, têm direito a considerar firme a declaração que se podia admitir como vontade efetiva da outra parte, ainda quando esta houvesse errado de boa-fé ao declarar a própria vontade. Enquanto, pois, tem um dos contratantes razão para acreditar que a declaração corresponde à vontade do outro, há de se considerá-la perfeita, por ter suscitado a legítima confiança em sua veracidade". Conclui dizendo: "A aparência da vontade não é levada em conta em todas as circunstâncias e sem outras considerações. Necessário que possa despertar a convicção de que se trata de vontade real. Concede-se à declaração valor relativo, tornando-a decisiva sempre que a confiança no seu conteúdo se possa fundar na boa-fé de destinatário. Pode-se esquematizar assim a teoria: a declaração de vontade é eficaz, ainda quando não corresponde à vontade interna do declarante, se o destinatário não souber, ou não puder saber, que não corresponde à vontade" (*Transformações gerais do direito das obrigações*, 2. ed. São Paulo, RT, 1980, p. 14). A reserva mental conhecida do declaratário, entretanto, se encobrir ilicitude, sofre as consequências da simulação (art. 167).

Para Nelson Nery Jr. e Rosa Maria de Andrade Nery, a reserva mental possui dois elementos constitutivos: "a) uma declaração não querida em seu conteúdo; b) propósito de enganar o declaratário (ou mesmo terceiro)" (*Novo Código Civil e legislação extravagante anotados*. São Paulo, RT, 2002, p. 58). Maria Helena Diniz (*Curso de direito civil brasileiro*, 18. ed. São Paulo, Saraiva, 2002, v. I, p. 405) classifica a reserva mental do seguinte modo: a) inocente, quando não há intenção de prejudicar, porém dá ensejo a ação declaratória da existência de relação jurídica (art. 19, I, do CPC/2015); b) ilícita, se houver o intuito de prejudicar; c) absoluta, se o declarante nada pretende; d) relativa, se o declarante pretende algo diverso do que declarou; e) unilateral, se somente um dos contratantes manifesta vontade contrária ao seu querer; f) bilateral, se ambos expressarem vontade em desacordo com a real intenção.

Inúmeros são os exemplos que ilustrariam o exame da reserva mental, sendo, porém, de inegável clareza o trazido por Nelson Nery Jr. e Rosa Maria de Andrade Nery (op. cit.): "quando o declarante manifesta a sua vontade no sentido de emprestar dinheiro a um seu amigo (contrato de mútuo), porque este tinha a intenção de suicidar-se por estar em dificuldades financeiras. A intenção do declarante não é a de realizar o contrato de mútuo, mas tão somente salvar o amigo do suicídio. Ainda assim, o propósito de engano se encontra presente, sendo hipótese típica de reserva mental". Nos termos da lei, é irrelevante o que ficou no íntimo do declarante – salvo se o declaratário tiver conhecimento da reserva –, pois o que importa é o que declarou.

**Jurisprudência:** Apelação cível. Ação de manutenção de posse julgada improcedente e pedido contraposto de reintegração julgado procedente. Validade de ajuste para desocupação do prédio firmado pela autora comodatária. Manifestação de vontade sob alegada reserva mental (art. 110 do CC). Desconhecimento do destinatário. Prova oral que demonstra a regularidade da avença e o esbulho praticado pela autora. 1 – Sendo desconhecida a reserva mental pelo destinatário do ajuste, reputa-se válido o negócio jurídico mesmo se uma das partes, secretamente, guarda a intenção de não cumprir o contrato (art. 110, CC), o que constitui a chamada simulação unilateral. 2 – Fica afastada a coação se restou demonstrado que a autora foi regularmente assistida por profissional do Direito. 3 – A permanência da autora no imóvel após o prazo formalmente estabelecido para desocupação caracteriza esbulho a ensejar a correspondente proteção possessória. Desprovimento do recurso. (TJRJ, Ap. n. 2007.001.08074, rel. Des. Elton Leme, j. 30.05.2007)

**Art. 111. O silêncio importa anuência, quando as circunstâncias ou os usos o autorizarem, e não for necessária a declaração de vontade expressa.**

A manifestação da vontade pode ser tácita ou expressa. O CC/1916 estabelecia que "a manifestação de vontade, nos contratos, pode ser tácita, quando a lei não exigir que seja expressa" (art. 1.079). A mesma regra pode ainda ser aproveitada.

O silêncio, por sua vez, é modalidade de manifestação da vontade, que ora é tratada como subespécie da manifestação tácita, ora como da expressa, e, na literatura nacional, já foi seu alcance exaustivamente estudado por Serpa Lopes (*O silêncio como manifestação da vontade nas obrigações*, 2. ed. Rio de Janeiro, Livraria Suíça, Walter Rolter Editora, 1961).

Não se deve entender o silêncio segundo a noção vulgar, quando a questão for jurídica, pois nesta importa não só o não falar, como o não fazer. Tampouco é possível dar guarida ao dito popular "quem cala consente".

Para que o silêncio opere juridicamente, é preciso, consoante as conclusões de Serpa Lopes: a) a manifestação da vontade mediante um comportamento negativo; b) que as circunstâncias sejam concludentes; c) que a parte tenha o dever ou obrigação, bem como a possibilidade de falar; d) a convicção da outra parte de haver no comportamento negativo uma direção inequívoca e incompatível com a expressão de vontade oposta. Há, portanto, exigência de boa-fé bilateral.

Entre esses requisitos sobrelevam as circunstâncias, pois, conforme Manuel A. Domingues de Andrade, "o silêncio não pode interessar quando isolado de qualquer circunstância anterior ou concomitante – máxime um comportamento da contraparte ou de outrem" (*Teoria geral da relação jurídica*, 4. reimpr. Coimbra, Almedina, 1974, v. II, p. 138).

O silêncio opera como produtor de efeitos, por exemplo, nos casos de contratos renovados ou prorrogados, destacando-se o de locação de imóveis, em que é usual a inclusão de cláusula pela qual se entende prorrogado o prazo caso não haja manifestação em sentido contrário de uma das partes, sem embargo de, na hipótese, ocorrerem prorrogações legais (arts. 46, § 1º, 50 e 56, parágrafo único, da Lei n. 8.245/91), ante a falta de oposição do locador.

**Jurisprudência:** Apelação cível. Alimentos. Cumprimento de sentença. A estipulação do silêncio como quitação da dívida não deve prosperar, pois contrária ao disposto expressamente no art. 111 do CC. No caso de quitação de dívida, ainda mais de dívida de natureza alimentar, é necessária a declaração de vontade expressa. Sentença anulada. Apelo provido. (TJSP, Ap. Cível n. 1011758-52.2019.8.26.0564/SP, 8ª Câm. de Dir. Priv., rel. Silvério da Silva, j. 10.03.2022)

Embargos do devedor. Proposta de acordo. Silêncio da parte. Transação. Impossibilidade. A transação tem caráter contratual, e, assim, a vontade das partes é elemento essencial à sua formação. O silêncio somente importa anuência quando as circunstâncias ou os usos a autorizarem e desde que não seja necessária a declaração de vontade expressa. Apelação provida e sentença cassada. (TJMG, Proc. n. 2.0000.00.447636-8/000(1), rel. Roberto Borges de Oliveira, j. 31.05.2005, publ. 13.08.2005)

**Art. 112. Nas declarações de vontade se atenderá mais à intenção nelas consubstanciada do que ao sentido literal da linguagem.**

A manifestação da vontade encerra o conteúdo do negócio jurídico. É preciso configurarem-se dois elementos: a *vontade* e sua *declaração*.

Nem sempre, porém, o que foi declarado é suficiente para exprimir fielmente a vontade. Isso não significa, também, que a vontade omitida da declaração deva ser levada em conta. Nesses termos o que se procura é extrair dos elementos contidos na declaração a intenção das partes, "fora da expressão verbal imperfeita, indecisa, obscura ou insuficiente", conforme aduz Bevilaqua (*Código Civil comentado*, 11. ed. Rio de Janeiro, Francisco Alves, 1956, v. I, p. 265).

Essa regra, além de servir à interpretação do negócio jurídico, pode-se dizer que o integra, pois se trata de bem definir a manifestação da vontade como seu elemento primordial, que deve prevalecer sobre o literal da linguagem.

**Jurisprudência:** Ação de cobrança cumulada com rescisão de contrato e reintegração de posse. Habitação popular. Contrato nominado de mútuo com garantia hipotecária, revelando, pela análise das cláusulas, verdadeira compra e venda. Entidade sem fins lucrativos que tem por finalidade precípua construir, com recursos próprios, casa simples e resistente, sem obter lucro e cobrar juros, junto às famílias de baixa renda, sem poder aquisitivo para adquirir moradia decente para si e seus familiares. Sentença que – acolhendo a tese de nulidade do contrato por simulação em razão de não se tratar de contrato de mútuo – deu pela improcedência do pedido. Simulação não caracterizada. Nas declarações de vontade se atenderá mais à intenção nelas consubstanciada do que ao sentido literal da linguagem. Inteligência dos arts. 112 e 113 do CC. Se a ninguém causa dano, é descabida a invalidação do ato. Se fraudulenta, falta aos partícipes da fraude condições morais para alegá-la. *Potentior est quam vox mens dicents*. O princípio traduz, de plano, a repulsa do legislador ao exorcismo da forma, do ritual, do formalismo sem entranhas. O intérprete do negócio jurídico não pode ficar adstrito à expressão gramatical, e seu trabalho hermenêutico não consistirá apenas no exame filológico do teor linguístico da declaração de vontade. Validade do negócio jurídico celebrado entre as partes. Inadimplência incontroversa. Provimento do recurso para julgar procedente o pedido, decretando a rescisão do contrato celebrado entre as partes e determinando a imediata reintegração da autora. Associação Habitat para a Humanidade – na posse do imóvel. (TJRJ, Ap. n. 2006.001.29211, rel. Des. Maria Henriqueta Lobo, j. 10.10.2006)

**Art. 113. Os negócios jurídicos devem ser interpretados conforme a boa-fé e os usos do lugar de sua celebração.**

**§ 1º A interpretação do negócio jurídico deve lhe atribuir o sentido que:**

Parágrafo e incisos acrescentados pela Lei n. 13.874, de 20.09.2019.

**I – for confirmado pelo comportamento das partes posterior à celebração do negócio;**

**II – corresponder aos usos, costumes e práticas do mercado relativas ao tipo de negócio;**

**III – corresponder à boa-fé;**

**IV – for mais benéfico à parte que não redigiu o dispositivo, se identificável; e**

**V – corresponder a qual seria a razoável negociação das partes sobre a questão discutida, inferida das demais disposições do negócio e da racionalidade econômica das partes, consideradas as informações disponíveis no momento de sua celebração.**

**§ 2º As partes poderão livremente pactuar regras de interpretação, de preenchimento de lacunas e de integração dos negócios jurídicos diversas daquelas previstas em lei.**

Parágrafo acrescentado pela Lei n. 13.874, de 20.09.2019.

---

Legislação correlata: CCom, art. 131, 1 e 4 (*revogado*).

Trata-se de regra de interpretação que milita a favor da segurança das relações jurídicas.

A manifestação da vontade não subsiste apenas sobre si mesma, pois subentende-se que a ela estão agregadas as consequências jurídicas decorrentes, ainda que as partes delas queiram afastar-se. Também isso compreende o dever de colaboração das partes, a fim de que o negócio jurídico produza os efeitos que lhe são próprios, não podendo uma das partes impedir ou dificultar a ação da outra no cumprimento de suas obrigações, ou seja, devem as partes agir com lealdade e confiança.

Servem, igualmente, os costumes do lugar como regra interpretativa, que, no particular, se denominam usos negociais e usos integrativos, para diferirem do costume ou uso normativo, que corresponde à fonte ou forma de expressão do Direito (art. 4º da Lindb). Observa-se que o costume a ser aplicado é o do lugar da celebração (arts. 9º, § 2º, da Lindb, e 435 do CC).

O CC não se ocupara de oferecer com abundância regras interpretativas, o que foi enaltecido por Caio Mário da Silva Pereira, nos seguintes termos: "De quantos princípios se possam encontrar repetidos na prática judiciária, o CC/1916 cuidou de isolar um, que permanece no CC/2002. Esta sobriedade normativa, em matéria de interpretação do negócio jurídico, merece tanto maiores aplausos quanto mais certo é que nos sistemas em que o legislador se derramou por luxo de regras hermenêuticas como se deu com o CC francês, arts. 1.156 a 1.164, os tribunais têm julgado que as disposições relativas à interpretação das convenções não passam de conselhos oferecidos ao juiz sem caráter imperativo. O princípio geral a que nos estamos referindo é o do art. 112, repetição quase literal do art. 85 do CC/1916, o qual estabelece que nas declarações de vontade se atenderá mais à sua intenção do que ao sentido literal da linguagem, e neste passo aproxima-se do direito alemão, que institui regra semelhante no art. 133 do BGB" (*Instituições de direito civil*, 20. ed. atualizada por Maria Celina Bodin de Moraes. Rio de Janeiro, Forense, 2004, v. I, p. 500).

A Lei n. 13.874, de 20.09.2019, acrescentou, porém, ao art. 113, que se referia apenas à interpretação conforme a boa-fé e os usos do lugar de sua celebração, um rol de critérios, os quais, todavia, sempre foram prestigiados e já constaram, em linhas gerais, do art. 131, números 1 a 5, do CCom, na parte revogada pelo CC (art. 2.045). O primeiro deles, que se refere ao comportamento das partes posterior à celebração, era observado na doutrina e constara no 3: "o fato dos contraentes posterior ao contrato, que tiver relação com o objeto principal, será a melhor explicação da vontade que as partes tiverem no ato da celebração do mesmo contrato". O segundo assemelha-se ao 4: "o uso e prática geralmente observada no comércio nos casos da mesma natureza, e especialmente o costume do lugar onde o contrato deva ter execução, prevalecerá a qualquer inteligência em contrário que se pretenda dar às palavras". O terceiro estava, igualmente, compreendido no 1: "a inteligência simples e adequada, que for mais conforme à boa-fé, e ao verdadeiro espírito e natureza do contrato, deverá sempre prevalecer à rigorosa e restrita significação das palavras". O quarto encontraria paralelo no 5: "nos casos duvidosos, que não possam resolver-se segundo as bases estabelecidas, decidir-se-á em favor do devedor". O quinto aproxima-se do 2: "as cláusulas duvidosas serão entendidas pelas que o não forem, e que as partes tiverem admitido; e as antecedentes e subsequentes, que tiverem em harmonia, explicarão as ambíguas".

Evidentemente, essas regras consubstanciam diretrizes gerais que devem ser complementadas pelas regras pertinentes ao caso concreto, como se dá, por exemplo, na fiança, conforme o art. 819 do CC.

A novidade veio no § 2º, que permitiu às partes livremente pactuar regras interpretativas "diversas daquelas previstas em lei". Isso tem afinidade com a autonomia privada, mas não poderá ferir norma de ordem pública, como é aquela que determina a interpretação de cláusula duvidosa a favor do aderente (arts. 423 e 424).

---

**Art. 114. Os negócios jurídicos benéficos e a renúncia interpretam-se estritamente.**

---

Contrato-benéfico é aquele que traz obrigação para apenas uma das partes, como é o caso da doação pura e simples, na qual o donatário não está adstrito a qualquer contraprestação, embora não se lhe dispense a aceitação da liberalidade.

Casos que impõem interpretação estrita, oferece-nos o Código, na doação (arts. 538 a 564), na fiança (art. 819) e na transação (art. 843).

A renúncia é modo geral de extinção dos direitos, a que o CC/1916 não se referia, mas que a doutrina reconhecia (cf. BEVILAQUA, Clóvis. *Código Civil comentado*, 11. ed. Rio de Janeiro, Francisco Alves, 1956, v. I, p. 257). O atual Código mencionou-a expressamente para, ao lado dos negócios jurídicos benéficos, determinar que sua interpretação seja estrita. Dá-se a renúncia quando o titular manifesta a vontade de desfazer-se do direito ou não o aceitar. Várias são as hipóteses, como a renúncia ao direito de propriedade (art. 1.275, II), à prescrição (art. 191), à decadência convencional (arts. 209 e 211), à herança (art. 1.806). Inclui-se entre os modos de *extinção subjetiva* de direitos, pois não depende de aceitação de outra pessoa, mesmo que eventualmente dela se beneficie.

## CAPÍTULO II
## DA REPRESENTAÇÃO

**Art. 115. Os poderes de representação conferem-se por lei ou pelo interessado.**

Há representação quando uma pessoa atua juridicamente em nome de outra. Esse poder resulta de lei ou de concessão pelo interessado. A prática de atos meramente materiais, em decorrência de contrato de trabalho, por exemplo, não configura representação, pois é inerente a esta a repercussão no universo jurídico do representado.

Os atos de representação legal, em regra, têm lugar no âmbito do direito de família, por institutos de proteção da personalidade, que são o poder familiar (art. 1.690), a tutela (art. 1.747, I) e a curatela (art. 1.772). A representação voluntária se dá no campo da autonomia privada, normalmente pela procuração, que a lei qualifica como o instrumento de mandato (art. 653), ou mediante a figura do preposto (arts. 1.169 e segs.).

Caio Mário da Silva Pereira (*Instituições de direito civil*, 20. ed. Rio de Janeiro, Forense, 2004, v. I, p. 621) acrescenta uma terceira modalidade de representação, denominada mista, quando os poderes decorrem da lei, mas ficando a designação do representante a cargo dos interessados, como se dá em matéria de condomínio edilício, nas figuras do síndico ou da comissão de representantes do condomínio.

Guillermo A. Borda (*Manual de derecho civil – Parte General*, 9. ed. Buenos Aires, Editorial Perrot, 1979, p. 437) afirma, também, que a representação se dá por conveniência ou por necessidade, que será jurídica, como no caso de incapazes, ou de fato, como no caso do enfermo que não pode se deslocar. Esta última figura era identificada no art. 1.780, revogado pela Lei n. 13.146, de 06.07.2015.

Não se deve, porém, confundir representação com figuras afins, tais como a substituição (art. 18 do CPC/2015), a anuência (art. 220) ou outros modos de auxiliar a realização do negócio jurídico (mediadores, assessores, intérpretes, agentes públicos encarregados da lavratura de documentos, tabeliães etc.).

**Art. 116. A manifestação de vontade pelo representante, nos limites de seus poderes, produz efeitos em relação ao representado.**

A atuação do representante é limitada pela lei ou pelo contrato e só obriga o representado se exercida nesses limites.

Desse modo, não podem os pais ultrapassar "os limites da simples administração, salvo por necessidade ou evidente interesse da prole, mediante prévia autorização do juiz" (art. 1.691) ou o tutor adquirir bens do tutelado ou deles dispor (art. 1.749), o mesmo ocorrendo com o curador (art. 1.774). O mandato "em termos gerais só confere poderes de administração", sendo necessários poderes especiais "para alienar, hipotecar, transigir, ou praticar outros quaisquer atos que exorbitem da administração ordinária" (art. 661, § 1º), encontrando limitações, também, a procuração geral para o foro que não engloba poderes "para receber citação, confessar, reconhecer a procedência do pedido, transigir, desistir, renunciar ao direito sobre o qual se funda a ação, receber, dar quitação e firmar compromisso e assinar declaração de hipossuficiência econômica, que devem constar de cláusula específica" (arts. 105 do CPC/2015 e 5º, § 2º, da Lei n. 8.906/94). O preposto, quando gerente, considera-se autorizado a praticar todos os atos necessários ao exercício dos poderes que lhe foram outorgados e as limitações da outorga dependem de arquivamento e averbação do instrumento no Registro Público de Empresas Mercantis, salvo se provado serem conhecidas da pessoa que com ele tratou (arts. 1.173 e 1.174).

**Jurisprudência:** Agravo de instrumento. Desapropriação. Depósito judicial. Devolução. Expropriante representado nos autos pelo mandatário constituído extrajudicialmente. A manifestação da vontade pelo representante, ao cumprir o objeto do mandado, em nome do representado, nos limites dos poderes que lhe foram conferidos, produz efeitos jurídicos relativamente ao representado, que adquirirá os direitos deles decorrentes ou assumirá as obrigações que deles advierem. Sendo o Município de Belo Horizonte o ente expropriamte, embora representado nos autos pela sua autarquia municipal, a ele deve ser restituído ou em favor dele convertido em renda a quantia depositada judicialmente, no cumprimento do mandato. (TJMG, AI n. 1.0024.05.876689-0/002(1), rel. Des. Edilson Fernandes, j. 28.08.2007)

**Art. 117. Salvo se o permitir a lei ou o representado, é anulável o negócio jurídico que o representante, no seu interesse ou por conta de outrem, celebrar consigo mesmo.**

**Parágrafo único. Para esse efeito, tem-se como celebrado pelo representante o negócio realizado por aquele em quem os poderes houverem sido substabelecidos.**

A regra é a invalidade do contrato consigo mesmo, porém é admitido se o autorizar a lei ou o representado. Nessa categoria se situa o mandato *in rem propriam*, que importa a transmissão de direito ao procurador em causa própria, o qual passa a agir em seu próprio nome e em seu próprio interesse. Deve, por isso, o respectivo instrumento conter todos os elementos do negócio principal, e o mandato assim outorgado é irrevogável (art. 685). Não se confunde, todavia, com a aquisição que o mandatário pode fazer do bem cuja venda esteja encarregado, se o fizer diretamente do mandante (Súmula n. 165 do STF). Inexistindo previsão legal ou contratual, é anulável o negócio que o representante fizer consigo mesmo. O mesmo vício se verificará se realizado pelo representante com o substabelecido.

**Jurisprudência:** Súmula n. 60, STJ: É nula a obrigação cambial assumida por procurador do mutuário vinculado ao mutuante, no exclusivo interesse deste.

Civil. Autocontrato (contrato consigo mesmo). Art. 117 do CC. Anulabilidade. Salvo se o permitir a lei ou o representado, é anulável o negócio jurídico que o representante, no seu interesse ou por conta de outrem, celebrar consigo mesmo. Logo, uma vez praticado o ato pelo primeiro réu e em seu próprio benefício, a declaração judicial de nulidade da escritura de cessão de direitos e ação de meação de herança é medida jurídica que se mostra adequada, não se sujeitando, por conseguinte, a modificação objetivada. Sentença correta. Improvimento do recurso. (TJRJ, Ap. n. 2006.001.65267, rel. Des. Maldonado de Carvalho, j. 06.03.2007)

**Art. 118. O representante é obrigado a provar às pessoas, com quem tratar em nome do representado, a sua qualidade e a extensão de seus poderes, sob pena de, não o fazendo, responder pelos atos que a estes excederem.**

A representação pode ser legal ou convencional. Na primeira hipótese, os limites estão fixados na lei, como se vê, por exemplo, nas disposições acerca da tutela (art. 1.749). Na representação convencional, os poderes são estabelecidos no respectivo instrumento, como é o caso da procuração (art. 654, § 1º). Cabe ao representante provar, à pessoa com quem tratar em nome do representado, sua qualidade e a extensão dos poderes.

Uma coisa, porém, são os poderes do representante, que vinculam as relações firmadas com terceiros, e outra, as instruções do representado, mormente na representação convencional, pois se destas o representante afastar-se, mas nos limites dos poderes que lhe foram conferidos, nenhuma consequência advirá para o terceiro com quem contratar, respondendo, apenas, perante o representado. Se, entretanto, exorbitar na extensão conferida, responderá o representante, também, perante o terceiro de boa-fé com quem contratar.

**Art. 119. É anulável o negócio concluído pelo representante em conflito de interesses com o representado, se tal fato era ou devia ser do conhecimento de quem com aquele tratou.**

**Parágrafo único. É de cento e oitenta dias, a contar da conclusão do negócio ou da cessação da incapacidade, o prazo de decadência para pleitear-se a anulação prevista neste artigo.**

O representante deve ser fiel aos interesses do representado, daí por que é anulável o negócio jurídico por aquele realizado em nome deste, se com seus interesses colidirem.

A lei não distinguiu interesse jurídico daquele meramente de fato, de modo que, em um e outro caso, a representação poderá vir a ser questionada se a pessoa com quem o representante tratar em nome do representado tiver conhecimento da colidência de interesses. Não exige também a lei demonstração de prejuízo ao representado, para caracterizar a eiva.

Quando se tratar de representação legal, a vedação é contornada pela nomeação de curador especial, consoante o disposto no art. 72, I, do CPC/2015.

O vício, entretanto, não é absoluto, admitindo a ratificação, e só se reconhece por provocação do interessado, que tem o prazo decadencial de 180 dias, a contar da conclusão do negócio ou da cessação da incapacidade, para anulá-lo.

**Art. 120. Os requisitos e os efeitos da representação legal são os estabelecidos nas normas respectivas; os da representação voluntária são os da Parte Especial deste Código.**

A representação legal rege-se pelas disposições do respectivo instituto: poder familiar (arts. 1.630 e segs.), tutela (arts. 1.728 e segs.) e curatela (arts. 1.767 e segs.).

A representação convencional rege-se pelo negócio jurídico entabulado entre representante e representado. Submetem-se, todavia, estes às regras legais que disciplinam o referido negócio.

## CAPÍTULO III
## DA CONDIÇÃO, DO TERMO E DO ENCARGO

**Art. 121. Considera-se condição a cláusula que, derivando exclusivamente da vontade das partes, subordina o efeito do negócio jurídico a evento futuro e incerto.**

A condição é cláusula acessória típica e geral. Da qualidade de ser típica resulta que não deve ser confundida com outras figuras, também típicas (ex.: termo e encargo), tampouco deve ser tomada no sentido comum em que muitas vezes se emprega o vocábulo para definir situações de fato (ex.: arts. 1.322 do CC e 52, § 3º, da Lei n. 8.245/91). É geral, porque cabente em negócios jurídicos pertinentes a mais de uma das divisões da parte especial.

Para se caracterizar verdadeiramente a condição, distinguindo-a, também, das chamadas condições impróprias, é preciso a concorrência dos seguintes elementos que emergem da definição legal: a) evento futuro, de que depende a eficácia do negócio; b) dependência da vontade e não diretamente da lei; c) incerteza da ocorrência do evento.

O evento a que se subordina a eficácia do negócio, não sendo futuro e incerto, desqualifica a condição, dizendo-se, então, imprópria *quae ad praeteritum vel praesens tempus referentum.*

A relevância prática dessa cláusula é possibilitar ao sujeito ter em conta o futuro, que é incerto, mas somente fazendo gerar os efeitos do negócio de acordo com seu interesse, segundo o rumo que tomarem os acontecimentos.

Por exceção há negócios que não admitem condição (ex.: aceitação e renúncia da herança – art. 1.808; reconhecimento de filho – art. 1.613 etc.).

**Art. 122. São lícitas, em geral, todas as condições não contrárias à lei, à ordem pública ou aos bons costumes; entre as condições defesas se incluem as que privarem de todo efeito o negócio jurídico, ou o sujeitarem ao puro arbítrio de uma das partes.**

Lícitas são as condições que não contrariam a lei ou os bons costumes, e ilícitas, aquelas que a lei e os bons costumes condenam. Trata-se de uma regra. Conhecida na doutrina como condição proibida é a cláusula *si non nupseris*, a que, todavia, se contrapõe haver nulidade apenas se a proibição de casar-se for absoluta e não apenas com certa ou determinada pessoa.

Cuidou o legislador, porém, de exemplificar alguns casos em que a condição será considerada ilícita, a saber: a) se o negócio jurídico ficar privado de efeitos (ex.: doação de uma casa, sob condição de o donatário sobre ela não exercer os direitos de proprietário, concernentes ao uso e gozo); b) se potestativa, pois a condição cujo implemento ficar no alvedrio de uma das partes retira-lhe a característica da incerteza. Somente as condições puramente potestativas são proibidas (ex.: se comparecer à reunião para a qual foi convidado), e não as simplesmente potestativas, ou seja, quando dependerem de algum fator alheio ao exclusivo alvedrio da parte (ex.: marcar um gol em uma partida de futebol).

**Jurisprudência:** Apelação. Serviços profissionais. Ação de cobrança de honorários advocatícios. Procedência do pedido. Contrato de prestação de serviços com cláusula condicional suspensiva. Pagamento dos honorários condicionado à venda de bens de propriedade da ré. Condição futura e incerta que sujeita os efeitos do negócio jurídico realizado entre as partes ao puro arbítrio de apenas uma delas. Inadmissibilidade. Intelecção do art. 122 do CC. Implemento da condição obstado maliciosamente pela ré com o objetivo de se furtar ao cumprimento da obrigação. Aplicação do disposto na primeira parte do art. 129 do CC. Recurso improvido. Está evidente que se trata a hipótese de condição sujeita ao puro arbítrio de apenas uma das partes, que tem maliciosamente obstado seu implemento para manter indefinidamente suspensa sua obrigação de pagamento pelos serviços já satisfatoriamente prestados. Aplicável ao caso, portanto, o disposto na última parte do art. 122 cumulado com a primeira parte do art. 129, ambos do CC, reputando-se verificada a condição suspensiva da obrigação para o fim de possibilitar ao autor a cobrança dos seus honorários. (TJSP, Ap. n. 10080943520158260602, rel. Adilson de Araujo, j. 26.07.2016, *DJe* 26.07.2016)

**Art. 123. Invalidam os negócios jurídicos que lhes são subordinados:**

**I – as condições física ou juridicamente impossíveis, quando suspensivas;**

**II – as condições ilícitas, ou de fazer coisa ilícita;**

**III – as condições incompreensíveis ou contraditórias.**

As cláusulas estipuladas pelas partes que sejam impossíveis não podem prevalecer. Distinguem-se, aqui, porém, sob dois critérios: a) o da classificação da condição a que acederia – suspensiva ou resolutiva; b) o da natureza da impossibilidade – física ou jurídica.

Classificam-se as condições pelo modo de atuarem em suspensivas e resolutivas. Aquelas, enquanto não verificadas, impedem a aquisição e o exercício do direito a que visam (art. 125) e, no tocante a estas, enquanto não realizadas, vigora o negócio jurídico (art. 127).

A impossibilidade física afasta o elemento essencial da condição que é a incerteza, pois certa será sua inocorrência. A impossibilidade jurídica se dá quando contrária à ordem jurídica, e, por isso, não lhe é conferida validade, sob pena de incontornável contradição.

Manuel A. Domingues de Andrade, com precisão, diz: "A verdadeira condição impossível é a que de todo não pode realizar-se, por impossibilidade física ou legal. Exemplo de impossibilidade física (ou material): se tocares o céu com um dedo (*si digito coelum tetigeris*). A impossibilidade legal propriamente dita consistirá em ter-se posto como condição de eficácia de um negócio a realização válida de outro que por lei não pode realizar-se validamente" (*Teoria geral da relação jurídica*, 4. reimpr. Coimbra, Almedina, 1974, v. II, p. 370).

O CC/1916, sem mencionar, nesse particular, a distinção entre as suspensivas e resolutivas, considerava as condições fisicamente impossíveis como não existentes e as juridicamente impossíveis como determinantes de invalidade do ato (art. 116). O Código atual reuniu pelo critério da impossibilidade tanto as físicas como as juridicamente impossíveis, quando suspensiva a condição, para considerá-las contaminadoras de invalidade do ato.

Pela mesma razão que as condições juridicamente impossíveis, também invalidam os negócios jurídicos as condições ilícitas ou de fazer coisa ilícita. A ilicitude pode decorrer de contrariedade à lei, como à moral ou aos bons costumes. Nessa classe de condição ilícita inclui-se a instituição de herdeiro ou legatário "sob a condição captatória de que disponha, também por testamento, em benefício do testador, ou de terceiro" (art. 1.900, I).

Por fim, se com todo esforço de interpretação não for possível compreender a condição aposta ou se entre as condições houver contradição, o negócio se invalidará. Não se deve confundir, porém, essa hipótese com a das condições perplexas, que representam um fato inconciliável com os efeitos do negócio jurídico, e é por isso que a condição se terá por nula (art. 122).

A eiva determinada pela hipótese do inciso I é restrita às condições suspensivas, e as dos incisos II e III incidem sobre as suspensivas e resolutivas. Deve-se observar, contudo, em todas as hipóteses, que a invalidade pode não atingir todo o negócio, se a condição proibida subordinar apenas uma parte dele, sendo o negócio cindível.

---

**Art. 124. Têm-se por inexistentes as condições impossíveis, quando resolutivas, e as de não fazer coisa impossível.**

---

Sendo da essência da condição a incerteza, as que forem impossíveis ou a de fazer coisa impossível não contêm esse atributo, adverte Clóvis Bevilaqua, comentando o CC/1916, que "a impossibilidade da condição manifesta a vontade de que esta não seja cumprida, porque ninguém pode esperar que outrem faça impossíveis ou que a natureza subverta as suas leis" (*Código Civil comentado*, 11. ed. Rio de Janeiro, Francisco Alves, 1956, v. I, p. 298).

Observa-se, todavia, que o Código anterior (art. 116) estabelecia como não existentes as condições fisicamente impossíveis ou de não fazer coisa impossível, sem distinguir se suspensivas ou resolutivas, mas que as "juridicamente impossíveis invalidam o ato a elas subordinado", de modo que, também Bevilaqua, nos mesmos escólios, sustenta a distinção e afirma: "Não se podem pôr, na mesma linha, essas condições, as imorais e as juridicamente impossíveis. Se matares, se cometeres tal torpeza, são condições em que o direito deve reconhecer uma vontade perversa, que tenta destruir as bases da vida jurídica. Se os rios correrem da foz para as cabeceiras, será um gracejo, ou uma extravagância, que não passa de condição para o ato" (op. cit.).

O Código atual não distinguiu, para as condições resolutivas, a impossibilidade física da impossibilidade jurídica. Usou critério diverso, partindo do modo de atuar da condição, pois, se suspensiva a condição, tanto a impossibilidade física como a jurídica determinam a invalidade do negócio a ela subordinado (art. 123, I), mas, se resolutiva a condição, seja física ou juridicamente impossível, tem-se por não existente. Também a condição de não fazer coisa impossível, suspensiva ou resolutiva, considera-se inexistente.

---

**Art. 125. Subordinando-se a eficácia do negócio jurídico à condição suspensiva, enquanto esta se não verificar, não se terá adquirido o direito, a que ele visa.**

---

A condição suspensiva, enquanto não verificada, impede a aquisição e, por consequência, o exercício do direito. Difere, aqui, do termo inicial, que apenas suspende o exercício, mas não a aquisição do direito (art. 131), e do encargo, que, salvo se imposto como condição suspensiva pelo disponente, não suspende a aquisição nem o exercício do direito (art. 136).

Não obstante impediente da aquisição do direito até seu implemento, uma vez verificada a condição, considera-se o direito existente desde a celebração do negócio, se *inter vivos*, ou da abertura da sucessão, se *causa mortis*. Esse princípio da retroatividade da condição, porém, encontra lindes. As partes devem curvar-se ao disposto no art. 126, pelo que as disposições incompatíveis, antes de realizada a condição, não terão valor. Quanto a terceiros de boa-fé, entretanto, o advento da condição não terá efeito retroativo.

Não é pacífica, entretanto, a tese da retroatividade das condições, posicionando-se favoravelmente Serpa Lopes (*Curso de direito civil*, 3. ed. Rio de Janeiro, Freitas Bastos, 1960, v. I, p. 497), juntamente com M. I. Carvalho de Mendonça, mas contrariamente a Clóvis Bevilaqua e Lacerda de Almeida, para os quais, no Direito brasileiro, "não se encontra consagrado em qualquer dos seus textos o princípio da retroatividade", concluindo, porém, que "nem por isso os resultados deixam de ser os mesmos", quer se adote o sistema francês, que admite a retroatividade, quer o alemão, que a repele.

Pode alguma perplexidade surgir diante do disposto no art. 6º, § 2º, da Lindb: "Consideram-se adquiridos assim os direitos que o seu titular, ou alguém por ele, possa exercer, como aqueles cujo começo do exercício tenha termo prefixo, ou *condição preestabelecida inalterável, o arbítrio de outrem*". A contradição é aparente, porquanto o art. 6º, § 2º, da Lindb e o art. 125 do CC têm incidência em campos distintos, assinalando R. Limongi França que "é preciso não confundir aquisição de direito em relação às partes contratantes e direito adquirido, para os fins da incidência da lei nova. No primeiro caso, predominava o interesse particular; no segundo, o social. Naquele, a questão fundamental é saber a que patrimônio pertence o direito, se do alienante, se do adquirente; neste, o problema que se coloca é o da estabilidade das relações jurídicas, à face do conflito entre a lei nova e a lei do tempo do negócio"; e arremata: "Nada impede pois que, sem contradição, o legislador tenha um determinado conceito de aquisição de direitos para a primeira hipótese, e outro para direito adquirido, relativamente à segunda" (*Direito intertemporal brasileiro*, 2. ed. São Paulo, RT, 1968, p. 457). Também procura remover a dificuldade Clóvis Bevilaqua ao comentar o dispositivo correspondente do CC/1916: "No art. 118, o Código tem em vista o efeito da condição suspensiva, e declara que, enquanto não se verificar essa condição, o direito a ela subordinado é apenas possibilidade em via de atualizar-se. Essa possibilidade o legislador respeita; quando legisla, não impede que se realize, porque é um valor jurídico apreciável, embora ainda em formação. Se a lei nova não respeitasse o direito condicionado, verificada a condição, em seguida, o indivíduo sofreria um prejuízo, e a lei nova teria destruído uma formação jurídica criada pela anterior" (*Código Civil comentado*, 11. ed. Rio de Janeiro, Francisco Alves, 1956, v. I, p. 298).

**Jurisprudência:** Recuperação judicial. Decisão que indeferiu pedido de cessão de direitos creditórios de recuperanda, oriundos de precatórios estaduais, como dação em pagamento de dívida para com sociedade uniprofissional, cujos advogados patrocinaram os interesses da devedora em diversos procedimentos administrativos tributários. Fundamento da decisão: ser concursal o crédito que se pretendia pagar. Agravo de instrumento. Controvérsia sobre a classificação do crédito, subdivido em remuneração pela prestação mensal de serviços advocatícios (acrescida de reembolsos de despesas) e honorários advocatícios *ad exitum*. Em relação às despesas da atividade advocatícia e aos honorários mensais, deve ser observada a tese 1.051, fixada pelo STJ, e a jurisprudência remansosa sobre o tema. Obrigação de trato sucessivo ou de prestação continuada. Fatos geradores sucedidos ao longo do tempo. Natureza extraconcursal dos créditos constituídos após o pedido de recuperação judicial; concursal dos anteriores. Honorários de êxito. Por força do art. 125 do CC, a celebração do contrato de prestação de serviços advocatícios gera mero direito expectativo em relação aos honorários *ad exitum*, que, enquanto direito expectado, não existem até o implemento da condição. Pontes de Miranda: "A condição somente concerne ao plano da eficácia. O efeito mínimo produziu-se; os figurantes estão vinculados, ou o está o figurante. Só o efeito condicionado não se produziu, porque depende. Aquele, a quem o efeito aproveita, expecta, – tem direito a esperar, direito expectativo. [...] Com o advento da condição, surge o direito expectado". O advento da condição suspensiva produz efeitos *ex nunc*, salvo se as partes convencionarem a retroação. O êxito em patrocínio de demandas, portanto, produz efeitos apenas quando ocorrer, ou seja, apenas com a vitória constituir-se-á direito de crédito ao pagamento deste tipo de honorários. Ainda Pontes: "Muito se discutiu se o implemento da condição suspensiva tem retroeficácia. [...] É falso que a retrotração seja elemento do conceito de condição; o próprio adjetivo 'resolutória' aposto à condição final é compreensivo de condição resolutória próprio sensu e da resilitória. Certo estava M. I. Carvalho de Mendonça [...] em repelir a retrotração da condição suspensiva. [...]

No terreno dos direitos de crédito, o figurante ou os figurantes podem estabelecê-la para o caso de se implir a condição suspensiva, ou resolutiva. [...] A atribuição de retroeficácia é parte do conteúdo do ato jurídico". Doutrina e jurisprudência das Câmaras de Direito Empresarial deste Tribunal. Precedente específico da 2ª Câmara (AI n. 2039301-22.2020.8.26.0000, Ricardo Negrão). Hipótese em que se deverá apurar, em liquidação de sentença, o momento de cada êxito alcançado pelos advogados, para confronto com a data do pedido de recuperação judicial. Se anterior, o crédito será concursal. Caso contrário, extraconcursal. Reforma parcial da decisão agravada. Agravo de instrumento a que se dá parcial provimento. (TJSP, AI n. 2238741-96.2020.8.26.0000/SP, 1ª Câm. Res. de Dir. Empr., rel. Cesar Ciampolini, j. 23.02.2022)

Ação reivindicatória. Contrato particular de compra e venda. Pendência de condição suspensiva. Não verificação do evento. Improcedência do pedido. A condição suspensiva pactuada impede que o negócio jurídico produza seus efeitos enquanto não ocorrido o evento a que sua eficácia ficou subordinada, conforme estabelece o art. 125 do CC/2002. Tendo sido pactuado entre as partes que a desocupação do bem dependeria do cumprimento da obrigação por parte da empresa cedente, o que não ocorreu, não há como se exigir a entrega do imóvel pela vendedora. (TJMG, Proc. n. 1.0145.01.013994-0/003(1), rel. Alvimar de Ávila, j. 08.10.2008, publ. 27.10.2008)

Ação monitória. Cheque prescrito. Honorários de profissional liberal. Cheque cobrado estava sob condição suspensiva (art. 125 do CC), ou seja, dependia do resultado favorável na ação indenizatória movida contra o Estado do Rio Grande do Sul. Não tendo ocorrido o evento futuro e incerto, fica afastada a exigibilidade do título. Mantida sentença. Negaram provimento. Unânime. (TJRS, Ap. Cível n. 70.020.267.001, 16ª Câm. Cível, rel. Ergio Roque Menine, j. 22.08.2007, *DJ* 28.08.2007)

**Art. 126. Se alguém dispuser de uma coisa sob condição suspensiva, e, pendente esta, fizer quanto àquela novas disposições, estas não terão valor, realizada a condição, se com ela forem incompatíveis.**

Não obstante a regra do art. 125, segundo o qual, pendente condição suspensiva, não se adquire o direito a que visa o negócio jurídico, não ficam as partes livres de consequências se realizarem disposições incompatíveis com a condição acordada, vindo esta a ocorrer. Decorre isso do princípio da retroatividade das condições.

Essas consequências variam de acordo com a natureza do objeto e em relação às partes ou a terceiros. As disposições aqui referidas compreendem alienações, cessões ou constituição de direitos reais, não abrangendo os atos de administração.

Em relação a terceiro de boa-fé, a superveniência da condição não o prejudica, em regra, de modo que ficam salvos os negócios sobre bens fungíveis e móveis em geral de boa-fé adquiridos, e imóveis, se no registro não contiver menção à cláusula de condição. Também não interfere o implemento de condição sobre os frutos percebidos.

Responderá, porém, a parte por perdas e danos se, realizado ato de disposição incompatível com a condição entabulada, não puder restabelecer a integralidade do negócio firmado.

**Art. 127. Se for resolutiva a condição, enquanto esta se não realizar, vigorará o negócio jurídico, podendo exercer-se desde a conclusão deste o direito por ele estabelecido.**

Condição resolutiva é aquela, segundo R. Limongi França, "cujo modo de atuar opera de tal forma que a eficácia do ato, em vigor desde o instante do entabulamento, se resolve com a realização de evento futuro e incerto. Exemplo: cedo-te esta casa, para que nela mores enquanto fores solteiro" (*Instituições de direito civil*, 4. ed. São Paulo, Saraiva, 1996, p. 145).

No Código anterior, o parágrafo único do art. 119 dispunha que "a condição resolutiva de obrigação pode ser expressa, ou tácita; operando, no primeiro caso, de pleno direito, e por interpelação judicial, no segundo". Tratava-se, na verdade, de *cláusula resolutiva*, de modo que o novo Código, acertadamente, incluiu idêntica disposição no art. 474, na disciplina dos contratos.

**Art. 128. Sobrevindo a condição resolutiva, extingue-se, para todos os efeitos, o direito a que ela se opõe; mas, se aposta a um negócio de execução continuada ou periódica, a sua realização, salvo disposição em contrário, não tem eficácia quanto aos atos já praticados, desde que compatíveis com a natureza da condição pendente e conforme aos ditames de boa-fé.**

Pendente condição resolutiva, os efeitos da relação jurídica vigoram, enquanto aquela não se realizar (art. 127), como no exemplo da propriedade resolúvel (art. 1.359). Distingue, porém, o legislador os negócios instantâneos, ou de execução única, daqueles de execução continuada, ou de duração, quando subordinados a condição resolutiva. Se instantâneos, operando-se a resolução, as partes são repostas no estado anterior; se de execução continuada, as prestações satisfeitas e os efeitos produzidos não são atingidos. Não se deve, entretanto, confundir negócio de execução diferida, que participa da classificação de negócios instantâneos, com execução continuada, que é de duração, pois, nesse caso, a obrigação, embora única, se subdivide em prestações periódicas.

---

**Art. 129. Reputa-se verificada, quanto aos efeitos jurídicos, a condição cujo implemento for maliciosamente obstado pela parte a quem desfavorecer, considerando-se, ao contrário, não verificada a condição maliciosamente levada a efeito por aquele a quem aproveita o seu implemento.**

---

Tanto se condena o dolo de quem, em benefício próprio, impede a realização da condição como de quem força seu implemento.

Não pode, todavia, a condição depender da vontade exclusiva de uma das partes, porque, assim sendo, a cominação é de nulidade (art. 122). A conduta profligada tem, ainda, de provir da parte que vier a ser favorecida, não de terceiro.

---

**Art. 130. Ao titular do direito eventual, nos casos de condição suspensiva ou resolutiva, é permitido praticar os atos destinados a conservá-lo.**

---

Embora eventual o direito, enquanto pendente a condição, quem do implemento desta vier a beneficiar-se pode praticar os atos de conservação. Por tais se entendem aqueles destinados a impedir o perecimento de direito futuro, sem interferir no direito daquele que em seu patrimônio presentemente o ostenta. Assim, por exemplo, pode o titular do direito eventual interromper a prescrição (art. 203), ou exercer atos materiais, como a reforma de prédio, ou, ainda, reclamar do titular atual conduta compatível com a preservação da coisa ou a garantia de direito futuro, como a prestação de caução, exigível do fiduciário pelo fideicomissário (art. 1.953, parágrafo único).

---

**Art. 131. O termo inicial suspende o exercício, mas não a aquisição do direito.**

---

Termo é o momento a partir do qual tem início (*dies a quo*) ou se extingue (*dies ad quem*) uma relação de direito. Difere da condição, porque, enquanto esta é futura e incerta, o termo é evento futuro e certo. Pode, entretanto, não se conhecer o momento em que ocorrerá, como é o caso do evento *morte de uma pessoa*, daí dizer-se equivocadamente "termo incerto", que, na verdade, é, apenas, indeterminado ou impreciso (cf. LIMONGI FRANÇA, R. *Instituições de direito civil*, 2. ed. São Paulo, Saraiva, 1991, p. 144).

O termo inicial suspende o exercício, mas não a aquisição do direito, diferentemente da condição suspensiva, que suspende a aquisição e o exercício do direito (art. 125).

Há negócios jurídicos que não podem sujeitar-se a termo e, segundo Vicente Rao, duas regras, "uma de doutrina e outra de direito positivo, restringem a liberdade de sujeição dos atos jurídicos a termo: a primeira não permite a oposição de termo quando este seja incompatível com a natureza do direito de que se trata e a segunda a exclui quando, em caso expresso e imperativamente indicado, a oposição não é tolerada por lei" (*Ato jurídico*. São Paulo, Max Limonad, 1961, p. 363). Nesta última classe encontram-se a adoção (art. 1.628), o reconhecimento de filhos (art. 1.613), a aceitação e a renúncia de herança (art. 1.808). Pode-se, porém, instituir herdeiro a termo, mediante fideicomisso (art. 1.898).

---

**Art. 132. Salvo disposição legal ou convencional em contrário, computam-se os prazos, excluído o dia do começo, e incluído o do vencimento.**

**§ 1º Se o dia do vencimento cair em feriado, considerar-se-á prorrogado o prazo até o seguinte dia útil.**

**§ 2º Meado considera-se, em qualquer mês, o seu décimo quinto dia.**

**§ 3º Os prazos de meses e anos expiram no dia de igual número do de início, ou no imediato, se faltar exata correspondência.**

**§ 4º Os prazos fixados por hora contar-se-ão de minuto a minuto.**

---

Prazo é o período de tempo que medeia entre o termo inicial e o termo final em uma relação jurídica.

A contagem do prazo se dá em unidades de tempo, como horas, dias, meses e anos, para cada uma das quais estabelecendo a lei regra específica.

Sendo o prazo contado em dias, salvo disposição em contrário, exclui-se o de início e conta-se o de vencimento. Por dois fundamentos justifica-se o critério: a) o aritmético, porque a soma do dia inicial com o prazo resulta nessa conclusão (ex.: o prazo de cinco dias, desde o dia 1º, vencerá no dia 6; b) o do aproveitamento, pois, se se incluísse o dia de início na contagem, parte dele já haveria transcorrido e o beneficiário do prazo teria prejuízo.

Em matéria penal, todavia, "o dia do começo inclui-se no cômputo do prazo" (art. 10 do CP), mas não em matéria processual penal, cuja contagem segue a regra comum (art. 798, § 1º, do CPP).

Pode ainda ocorrer que a contagem estabelecida na lei seja em dias úteis, e, nesse caso, observada a regra geral, excluem-se, também, domingos, feriados e dias em que não há expediente, intercalados no período (ex.: art. 165 da Lei n. 14.133/2021 e art. 219 do CPC).

As partes, igualmente, nos contratos, podem fixar critério diverso de contagem.

Se o prazo terminar em feriado ou em domingo, ou ainda se o ato tiver de ser praticado em local onde naquele dia não há expediente (ex.: agências bancárias aos sábados), prorroga-se para o primeiro dia útil subsequente. A lei é expressa no tocante ao termo final de prazo que cair em feriado, silenciando, no campo do direito material, acerca do dia de início, quando for domingo ou feriado. Pelo mesmo fundamento que impede o início da contagem no dia do começo, para não prejudicar o destinatário do prazo, com mais razão não deve iniciar-se em dia não útil, aplicando-se subsidiariamente o art. 224, § 3º, do CPC, pelo que "os prazos somente começam a correr do 1º (primeiro) dia útil".

As mesmas regras devem ser observadas na contagem regressiva dos prazos. O prazo é regressivo, em regra, quando deva vencer até certa data, por exemplo, entrega de documentos até dez dias antes da data em que o negócio irá realizar-se. Nesses casos, contando-se regressivamente o prazo, se ele findar-se em domingo ou feriado, vencerá no primeiro dia útil anterior. É o que ensina Cândido Rangel Dinamarco: "a contagem dos prazos regressivos rege-se pelas mesmas disposições vigentes para os prospectivos, aplicados de modo rigorosamente oposto, como que num espelho do tempo" (*Instituições de direito processual civil.* São Paulo, Malheiros, 2001, v. II, p. 568).

Se, porém, o prazo for estabelecido em horas contar-se-á de minuto a minuto. Evidente a dificuldade se houver início ou vencimento do prazo no domingo ou feriado. Para contorná-la, entende-se que o prazo só terá início à zero hora do dia útil seguinte, de modo que o dia será considerado por inteiro. O mesmo deve ocorrer com o termo final.

A definição de mês, diversamente do que ocorria no CC/1916 (art. 125, § 3º), que considerava "o período sucessivo de 30 (trinta) dias completos", acomodou-se ao que já vinha disposto na Lei n. 810, de 06.09.1949 (arts. 1º e 2º), o mesmo ocorrendo com a de ano. A contagem de mês e ano termina no dia correspondente do mês ou ano do termo inicial. Se isso não for possível, como na hipótese do dia 29 de fevereiro que se venceria em ano não bissexto, prorroga-se para o dia seguinte – 1º de março.

Meado sempre será o décimo quinto dia do mês, seja este fevereiro, com 28 dias; março, com 31; ou abril, com 30.

A Lei n. 11.419, de 19.12.2006, que dispõe sobre a informatização do processo judicial, ao disciplinar a publicação eletrônica, estabelece "como data da publicação o primeiro dia útil seguinte ao da disponibilização de informação no Diário de Justiça eletrônico" e que "os prazos processuais terão início no primeiro dia útil que seguir ao considerado como data de publicação" (art. 4º, §§ 3º e 4º).

**Jurisprudência:** Execução. Instrumento particular de ratificação de acordos judiciais, referendado pelos advogados dos transatores. Nomeação de bens à penhora. Prazo de 24 horas. Intempestividade.

– "Os prazos fixados por hora contar-se-ão de minuto a minuto" (art. 125, § 4º, do CC). Hipótese em que registrada a hora da citação da devedora. Inaplicação ao caso da regra inscrita no art. 184 do CPC.

– Constitui título executivo extrajudicial o instrumento de transação referendado pelos advogados dos transatores (art. 585, II, do CPC). Alegação de ausência de poderes quanto a um dos advogados subscritores a depender do exame de matéria fático-probatória. Incidência da Súmula n. 7-STJ. Recurso especial conhecido, em parte, e desprovido. (STJ, REsp n. 187.444, rel. Min. Barros Monteiro, j. 17.03.2003)

Ação de prestação de contas. Segunda fase. Prazo para apresentação das contas. Prazo fixado em horas. Contagem. Precedentes da Corte.

1 – Como já assentou a Corte, o prazo fixado em horas conta-se minuto a minuto. No caso, irrelevante o fato de não constar da certidão a hora da intimação. O acórdão recorrido beneficiou a recorrente com a prorrogação do início para o primeiro minuto do dia seguinte ao da juntada do mandado, adiando o seu termo final para o momento da abertura do expediente forense do dia seguinte ao do encerramento do prazo de 48 horas, considerando que este caiu no domingo.

2 – Recurso especial não conhecido. (STJ, REsp n. 416.689, rel. Min. Carlos Alberto Menezes Direito, j. 17.02.2003)

Bem comum. Alienação judicial. Impossibilidade de requerimento da adjudicação do bem, nos termos do art. 1.119 do CPC. Condôminos que, embora não intimados da realização da praça, tinham ciência da data designada. Direito de preferência do condômino, ademais, que somente pode ser exercido ou no ato do leilão, após a oferta do licitante, ou, no máximo, até a assinatura do auto de arrematação, a ser lavrado no prazo de 24 horas após a realização da praça. Hipóteses dos autos, todavia, em que o direito de preferência do condômino foi exercido a destempo, pois que manifestado quando já decorrido o prazo de 14 horas, que, no caso, é contado minuto a minuto, tornando-se a venda judicial perfeita, acabada e irretratável. Recurso não provido. (TJSP, AI n. 075.430-4/SP, 1ª Câm. de Dir. Priv., rel. Des. Guimarães e Souza, j. 03.02.1998)

Prova. Testemunhal. Substituição. Audiência adiada. Inteligência do art. 407, *caput*, do CPC. Contagem regressiva a partir da data redesignada para a nova audiência. Processo anulado. Recurso provido. Se a audiência é adiada, sem que se tenha iniciado a instrução que nela deva fazer-se, o prazo de cinco dias para depósito do rol de testemunhas conta-se, regressivamente, a partir da data da nova designação. (TJSP, Ap. Cível n. 207.891-1/SP, rel. Des. Cezar Peluso, j. 09.08.1994)

**Art. 133. Nos testamentos, presume-se o prazo em favor do herdeiro, e, nos contratos, em proveito do devedor, salvo, quanto a esses, se do teor do instrumento, ou das circunstâncias, resultar que se estabeleceu a benefício do credor, ou de ambos os contratantes.**

A regra é que o prazo seja estabelecido a favor do devedor ou do herdeiro, ressalvadas as hipóteses em que das circunstâncias ou das disposições do negócio jurídico se possa concluir que o foi a benefício do credor ou de ambos os contratantes.

No Direito argentino, fincado em que o prazo supõe-se estabelecido a favor de ambas as partes, acentua Guillermo A. Borda que a questão tem importância, porque, se o prazo fosse estabelecido a favor de devedor, este poderia pagar antes do vencimento; se fosse a favor de credor, este poderia exigir o cumprimento da obrigação a qualquer momento, razão pela qual a obrigação deve ser cumprida no dia do vencimento, salvo se o contrário resultar expressa ou tacitamente do negócio ("*la cuestión tiene importancia, porque si el plazo se supusiera establecido en favor del deudor, este podría pagar antes del vencimiento; si lo fuera en favor del acreedor, este podría exigir en cualquier momento el cumplimiento de la obligación. El principio general es pues, que la obligación debe pagar-se el día del vencimiento del plazo, ni antes ni depués, salvo, que lo contrario sugiera expresa o tácitamente de los términos del acto*") (*Manual de derecho civil*, 9. ed. Buenos Aires, Editorial Perrot, 1979, p. 492). Com o mesmo raciocínio, no Direito brasileiro é de admitir a possibilidade de o devedor antecipar o pagamento ou de o herdeiro abrir mão antecipadamente de vantagens, mas isso não pode importar restrição compulsória a direito do credor, decorrente do mesmo contrato, salvo se o contrário resultar do ajustado ou das circunstâncias do negócio.

**Art. 134. Os negócios jurídicos entre vivos, sem prazo, são exequíveis desde logo, salvo se a execução tiver de ser feita em lugar diverso ou depender de tempo.**

A referência é feita aos negócios *inter vivos*, porquanto os *causa mortis* dependem do óbito do disponente, obedecendo, quanto a estes, a regras especiais, como a do art. 1.923, § 1º, acerca da entrada na posse dos bens pelo legatário.

Mesmo nos negócios *inter vivos*, alguns há que, por sua natureza ou local de execução, subordinam o cumprimento da obrigação a prazo tácito, como a venda de coisa futura, a exemplo de determinada safra, que depende da colheita, ou entrega de certo objeto em local distante ou de difícil acesso.

Essa regra está em harmonia com a do art. 331, mas não pode ser dissociada do art. 397, parágrafo único, acerca da mora, segundo o qual, "não havendo termo, a mora se constitui mediante interpelação judicial ou extrajudicial".

**Art. 135. Ao termo inicial e final aplicam-se, no que couber, as disposições relativas à condição suspensiva e resolutiva.**

Há semelhanças e diferenças entre condição e termo: aquela é futura e incerta e este, futuro e certo. A condição suspensiva, enquanto não verificada, impede a aquisição e o exercício do direito, já o termo inicial suspende o exercício, mas não a aquisição (arts. 125 e 131). Por isso, apenas, "no que couber", aplicam-se ao termo as regras pertinentes à condição, entre as quais as dos arts. 126, 127 e 130.

**Art. 136. O encargo não suspende a aquisição nem o exercício do direito, salvo quando expressamente imposto no negócio jurídico, pelo disponente, como condição suspensiva.**

Encargo ou modo "é a cláusula acessória, em virtude da qual se estabelecem modificações à vantagem criada pelo ato jurídico, já mediante o estabelecimento de uma determinada aplicação da coisa, já por meio da exigência de certa prestação", conforme define R. Limongi França (*Instituições de direito civil*, 4. ed. São Paulo, Saraiva, 1996, p. 148). A par do encargo propriamente dito, ajustados a sua definição, acham-se o encargo condicional, que se comporta como uma variante da condição, dela diferindo porque admite situar-se no alvedrio de uma das partes (art. 122), e o encargo impróprio, que se situa como simples conselho e, portanto, desprovido da coercitividade própria do encargo (art. 562).

Diversamente do que ocorre quando sujeito a condição suspensiva (art. 125) ou a termo (art. 131), o modo ou encargo não suspende a aquisição nem o exercício do direito. Pode, entretanto, nos contratos-benefícios ou nas liberalidades (ex.: doação) ou no testamento, o disponente subordinar a aquisição e o exercício ou somente o exercício do direito ao cumprimento do encargo.

**Art. 137. Considera-se não escrito o encargo ilícito ou impossível, salvo se constituir o motivo determinante da liberalidade, caso em que se invalida o negócio jurídico.**

Difere nas consequências se a ilicitude ou impossibilidade do encargo for ou não determinante da liberalidade. Na segunda hipótese, o encargo ter-se-á por não escrito; na segunda, invalidará o negócio jurídico.

Essa regra se vincula às dos arts. 104, II, e 166, III, e encontra paralelo nas disposições dos arts. 123, I e II, e 124, referentes às condições ilícitas ou impossíveis.

## CAPÍTULO IV
## DOS DEFEITOS DO NEGÓCIO JURÍDICO

### *Seção I*
### *Do Erro ou Ignorância*

**Art. 138. São anuláveis os negócios jurídicos, quando as declarações de vontade emanarem de erro substancial que poderia ser percebido por pessoa de diligência normal, em face das circunstâncias do negócio.**

A manifestação de vontade é elemento essencial do negócio jurídico, mas, se, embora ocorrente a declaração de vontade, esta se deu em desconformidade com o querer do agente, o negócio jurídico será viciado.

Em regra, os motivos que impelem o agente à realização de um negócio jurídico são irrelevantes, porém o processo psíquico para a formação de vontade é relevante, de modo que, se a declaração decorrer de noção inexata ou de falsa ideia a respeito do objeto principal ou acerca de pessoa, ou ainda sobre a norma jurídica (art. 139), poderá caracterizar-se *erro*, que é vício capaz de levar à anulação do negócio.

Conquanto equiparada pelo legislador, difere a ignorância do erro, pois aquela significa a ausência completa de conhecimento, e este, o conhecimento inexato.

Para anular o negócio, o erro deve ser essencial, ou seja, incidente sobre o objeto principal da declaração ou sobre qualidades substanciais do objeto ou essenciais da pessoa a que se refira.

Não é necessário que o erro seja comum a ambas as partes nos negócios bilaterais, bastando que atinja a vontade de uma delas. Exige-se, todavia, que, no equívoco ou falsa representação, possa incidir pessoa de diligência normal (*vir medius*), mas não é pacífico que deva ser escusável. Esse atributo, na verdade, varia de acordo com a pessoa que o alega, não sendo escusável o erro em matéria técnica ou profissional do declarante, por exemplo. A exigência de que o erro seja escusável se justifica em benefício da confiança que deve estar presente nas relações jurídicas. O essencial, porém, é que o erro seja percebido ou reconhecível pelo outro contratante, a quem a declaração é dirigida.

**Jurisprudência:** Apelação cível. Ação de nulidade de negócio jurídico por vício de consentimento. Erro escusável (art. 138 do CC). Ausência de provas de que a parte demandada sonegou informações acerca da transação comercial, ou induziu os autores em erro. Ônus que lhe incumbia (art. 373, I, do CPC/2015) – Manutenção da sentença. 1 – Para que o negócio jurídico se exponha à invalidação, o erro deve ser aquele "que poderia ser percebido por pessoa de diligência normal, em face das circunstâncias do negócio" (art. 138 do CC). 2 – Inexistindo, nos autos, comprovação de que a parte demandada/vendedor tenta [tenha] sonegado informações acerca do indigitado negócio jurídico, ou mesmo induzido a erro os autores/compradores, ou seja, não verificado vício de consentimento que poderia levar à desconstituição do negócio jurídico, ônus que lhe competia, a manutenção do *decisum* de 1º grau é medida que se impõe. Recurso conhecido e desprovido. Decisão unânime. (TJSE, 2ª Câm. Cível, AC n. 00137110920178250001, rel. José dos Anjos, j. 29.01.2019)

**Art. 139. O erro é substancial quando:**

**I – interessa à natureza do negócio, ao objeto principal da declaração, ou a alguma das qualidades a ele essenciais;**

**II – concerne à identidade ou à qualidade essencial da pessoa a quem se refira a declaração de vontade, desde que tenha influído nesta de modo relevante;**

**III – sendo de direito e não implicando recusa à aplicação da lei, for o motivo único ou principal do negócio jurídico.**

A anulação do negócio tem lugar no caso de erro substancial, que se configura quando: a) interessa à natureza do negócio, o que recai sobre seus efeitos jurídicos, como na hipótese de se suporem os de comodato, quando são os de locação; b) interessa ao objeto principal da declaração, isto é, sobre sua identificação (*error in corpore*) – por exemplo, o imóvel alugado ou vendido –, ou a alguma qualidade essencial (*error qualitatis*); c) concerne à identidade (*error personae*) ou qualidade essencial (*error qualitatis*) da pessoa a quem a declaração se refira, desde que tenha influído de modo relevante.

O erro de direito não era previsto no CC/1916. A inovação, porém, não conflita com o art. 3º da Lindb ("ninguém se escusa de cumprir a lei, alegando que não a conhece"), pois a hipótese do art. 139, III, é a de ideia equivocada sobre as consequências jurídicas da norma. Necessário, todavia, que o erro tenha sido o motivo único ou o principal do negócio.

O erro de direito, todavia, não pode ser alegado, para anular transação, "a respeito das questões que foram objeto de controvérsia entre as partes" (art. 849, parágrafo único).

**Jurisprudência:** Indenizatória. Compra e venda de motocicleta em revenda. Negócio jurídico realizado com vício de consentimento por parte da autora, pessoa semianalfabeta, no intuito de ser avalista do filho. Contrato firmado fora da loja. Contexto probatório que indica o erro substancial na contratação, especialmente quanto às qualidades essenciais da avença (art. 139 do CC). Negócio desfeito, com o retorno das partes ao *status quo ante*, já tendo havido a devolução do bem. Danos morais ocorrentes no caso concreto, em especial ante o caráter punitivo e pedagógico da medida, dada a conduta do banco em imputar negócio jurídico sem o mínimo esclarecimento ao consumidor. *Quantum* adequado. Sentença mantida por seus próprios fundamentos. Recurso improvido. (TJRS, Rec. Cível n. 71.003.845.179, 2ª T. Rec. Cível, rel. Carlos Eduardo Richinitti, j. 21.05.2013, *DJe* 24.05.2013)

Ação anulatória de fiança. Erro substancial quanto a declaração de vontade. Alegação de fiança prestada para pessoa diversa da pretendida. Fiança válida. 1 – A mera alegação de percepção equivocada do negócio não tem o condão de invalidar a fiança prestada, se por meio de prova colhida nos autos restou comprovado que o fiador não tomou as cautelas necessárias ao assinar o contrato. 2 – Erro substancial do art. 139 do atual CCB não configurado. 3 – Prova analisada de forma exaustiva pelo magistrado *a quo*. Conheceram do apelo e negaram-lhe provimento. Unânime. (TJRS, Ap. Cível n. 70.002.030.542, rel. Juiz Sergio Luiz Grassi Beck, j. 20.12.2005)

**Art. 140. O falso motivo só vicia a declaração de vontade quando expresso como razão determinante.**

Em regra, o erro quanto ao motivo do negócio não o vicia, na medida em que corresponde à razão subjetiva ou ao impulso psíquico do agente. Não deve, por isso, confundir-se com a causa, que corresponde à base objetiva do negócio.

Assim, na compra e venda, a intenção é propiciar a transferência de domínio (art. 481), logo a declaração de vontade deve ser emitida com essa intenção, não importando, porém, que ela se faça porque o vendedor necessita de dinheiro ou porque o objeto não mais lhe ofereça a utilidade de outrora. O mesmo não ocorre se expressamente o agente declarar o porquê do negócio jurídico, como, por exemplo, na doação "feita em contemplação de merecimento do donatário" (art. 540), se se verificar que este não teve o mérito suposto.

O falso motivo só viciará o negócio se vier expresso como determinante de sua realização.

**Jurisprudência:** Facebook. Suspensão de conta. Alegação de motivo (violação da política de uso). Prova não produzida. Ato ilícito. 1 – O sistema contratual brasileiro é anticausalista, mas não ignora o motivo, quando este é causa determinante do ato (art. 140, CC). 2 – Denúncia motivada do contrato, que depende da prova da existência da causa para ser eficaz. Prova não produzida pela parte denunciante. 3 – Ausente a prova do motivo determinada da suspensão/cancelamento da conta, o seu restabelecimento é de rigor. Danos morais. Suspensão. Conta. Facebook. Motivo não comprovado. Várias tentativas de restabelecimento frustradas. Ocorrência. 4 – Há danos morais quando ocorre a suspensão motivada da conta do usuário, sem a comprovação do motivo, tendo o usuário realizado vários procedimentos a pedido do Facebook, que não lhe solucionou o problema. 5 – Recurso inominado ao qual se dá provimento para julgar procedentes os pedidos. (TJSP, Rec. Inom. Cível n. 0006405-09.2020.8.26.0016/SP, 7ª T., rel. Christopher Alexander Roisin, j. 31.03.2022)

**Art. 141. A transmissão errônea da vontade por meios interpostos é anulável nos mesmos casos em que o é a declaração direta.**

A interposição tanto pode ser de um meio de transmissão, qual o telégrafo, o fax, ou em razão de mecanismos de correção de texto automáticos, como de um mensageiro. Irrelevante, também, se houve ou não má-fé do intermediário, ressalvados, evidentemente, os ressarcimentos no campo da responsabilidade civil em caso de dolo ou culpa. Importa, apenas, que a vontade seja transmitida com fidelidade e o erro incida sobre aspecto substancial do negócio.

**Art. 142. O erro de indicação da pessoa ou da coisa, a que se referir a declaração de vontade, não viciará o negócio quando, por seu contexto e pelas circunstâncias, se puder identificar a coisa ou pessoa cogitada.**

Essa disposição se entende com a do art. 112, que manda atender mais à intenção que ao sentido literal da linguagem.

O erro na designação de pessoa ou coisa, quando estas puderem ser identificadas pelas circunstâncias, entra na classificação do erro acidental, que não dá ensejo à anulação do negócio. Assim, o equívoco na indicação do estado civil ou do domicílio da pessoa não vicia. Do mesmo modo, a simples troca de nomes, como no caso de o testador deixar um legado para a pessoa de nome "José", porque lhe salvou a vida em um naufrágio, mas quem o salvou se chama "Antônio", e a este é que se referia na verdade.

**Art. 143. O erro de cálculo apenas autoriza a retificação da declaração de vontade.**

Considerada a exatidão da matemática, não configura erro o resultado obtido por errônea aplicação de suas regras. Assim, no caso de preço obtido na venda por medida de extensão (art. 500), não havendo divergência sobre a área e o preço unitário, pouco importa que, ao multiplicá-los, tenham as partes chegado a valor equivocado, bastando a correção do resultado. Nesse caso, não pode qualquer das partes pretender o desfazimento do negócio, mas apenas a retificação do que foi equivocadamente declarado.

Em situações de evidente engano ou de lapso ostensivo, o mesmo raciocínio deve ser aplicado ao *erro de escrita*, embora sem previsão expressa da lei (art. 4º da Lindb).

**Art. 144. O erro não prejudica a validade do negócio jurídico quando a pessoa, a quem a manifestação de vontade se dirige, se oferecer para executá-la na conformidade da vontade real do manifestante.**

Estando as partes concordes acerca do objeto do negócio, a despeito de equivocada declaração de vontade, não há lugar para a anulação. A hipótese pode decorrer de errônea designação da coisa, como, por exemplo, a "casa n. 100", quando se trata da "casa n. 102", objeto de promessa de venda não registrada, dispondo-se o promitente vendedor a alienar esta última, por reconhecer o equívoco.

## *Seção II*
## *Do Dolo*

**Art. 145. São os negócios jurídicos anuláveis por dolo, quando este for a sua causa.**

O dolo é definido por Clóvis Bevilaqua como "o artifício ou expediente astucioso, empregado para induzir alguém à prática de um ato, que o prejudica, e aproveita ao autor do dolo ou a terceiro" (*Código Civil comentado*, 11. ed. Rio de Janeiro, Francisco Alves, 1956, v. I, p. 273).

A lei, todavia, não erige o prejuízo como elementar do dolo, contentando-se com que haja manifestação de vontade por força de ilicitude do comportamento do *deceptor*.

Diferentemente do erro, em que o prejudicado se engana (erro espontâneo), no dolo aquele é enganado (erro provocado). O autor do dolo é o *deceptor* e o enganado, *deceptus*.

Muitas são as modalidades de dolo, que a doutrina reconhece, como: positivo ou negativo, correspondendo a condutas comissiva ou omissiva do deceptor; *dolus bonus* e *dolus malus*, sendo aquele tolerado quando não vai além dos limites de enaltecer um bem ou serviço; essencial ou acidental, segundo seja determinante ou não da manifestação da vontade do enganado.

O dolo pode ser exercido pela parte ou por terceiro (art. 148). Somente o dolo essencial pode dar ensejo à anulação do negócio.

**Art. 146. O dolo acidental só obriga à satisfação das perdas e danos, e é acidental quando, a seu despeito, o negócio seria realizado, embora por outro modo.**

Diferentemente do que ocorre no dolo essencial, em que a consequência é a anulação do negócio, sendo acidental o dolo, acarretará somente o pagamento de indenização, se configurado prejuízo para o *deceptus*.

Considera-se acidental o dolo quando não for determinante da realização do negócio, porquanto o sujeito o realizaria ainda que por outro modo ou em circunstâncias mais vantajosas.

**Art. 147. Nos negócios jurídicos bilaterais, o silêncio intencional de uma das partes a respeito de fato ou qualidade que a outra parte haja ignorado, constitui omissão dolosa, provando-se que sem ela o negócio não se teria celebrado.**

O silêncio é reconhecido como uma das formas de manifestação da vontade, conforme as circunstâncias, e, também, tem significado quando configura comportamento ilícito.

O dolo pode caracterizar-se tanto por comportamento comissivo como omissivo. Nesse caso, em geral, a conduta dolosa se dá por *reticência*, mas tal só apresenta relevância quando existir o dever de informar; esse comportamento é o esperado e, por isso, segundo Manuel A. Domingues de Andrade, "o que decide neste capítulo são os ditames de boa-fé na contratação, mas não deve passar desapercebido que cada estipulante tem os seus próprios interesses e salvaguardas" (*Teoria geral da relação jurídica*, 4. reimpr. Coimbra, Almedina, 1974, v. II, p. 259).

**Jurisprudência:** Rescisão de contrato. Contrato de promessa de compra e venda e de permuta. Arras. Perda. CC, art. 1.095. Inocorrência nas circunstâncias do caso. Culpa dos promitentes-vendedores. Configuração. Provimento parcial. 1 – Não é nula a sentença que, percorrendo a recomendação do art. 458 do CPC, desata a *quaestio*, não de modo *extra*, *citra* ou *ultra petita*, mas segundo a versão de uma das partes. 2 – "Presume-se fraudulenta a alienação ou oneração de bens ou rendas, ou seu começo, por sujeito passivo em débito para com a Fazenda Pública por crédito tributário regularmente inscrito como dívida ativa em fase de execução" (CTN, art. 185). 3 – "Nos negócios jurídicos bilaterais, o silêncio intencional de uma das partes a respeito de fato ou qualidade que a outra parte haja ignorado, constitui omissão dolosa, provando-se que sem ela o negócio não se teria celebrado" (CC/2002, art. 147). 4 – "A cláusula penal tem caráter coercitivo, objetivando compelir o devedor a satisfazer o prometido e também fixar antecipadamente o valor das perdas e danos devidos ao contraente inocente, na hipótese de inexecução contratual por parte do outro contratante. Descumprido por um dos contratantes o prazo prévio para notificação visando à rescisão do contrato, responderá pelo pagamento da multa compensatória pactuada. Improcede a pretensão de cumulação de cláusula penal com perdas e danos e lucros cessantes, uma vez que a cláusula penal compensatória se constitui em prévia determinação dos valores pretendidos." (TAMG, 1ª Câm. Cível, Ap. n. 319.937-7, rel. Juiz Gouvêa Rios, j. 28.11.2000, v.u.). 5 – Retornando as partes ao *statu quo ante*, descabe indenizar a parte culpada, pela ocupação de imóveis que o inocente daria como parte de pagamento. Reconvenção improcedente. (TJMG, Ap. n. 2.0000.00.378083-8/000, rel. Des. Nepomuceno Silva, j. 29.04.2003)

---

**Art. 148. Pode também ser anulado o negócio jurídico por dolo de terceiro, se a parte a quem aproveite dele tivesse ou devesse ter conhecimento; em caso contrário, ainda que subsista o negócio jurídico, o terceiro responderá por todas as perdas e danos da parte a quem ludibriou.**

---

Duas são as situações: a) aquela em que a parte beneficiada tenha ou deva ter conhecimento da maquinação; b) aquela em que a parte beneficiada não tenha ou da qual não seja exigível ter conhecimento da maquinação. Na primeira, o negócio é anulável, se a parte não alertou a outra sobre o ilícito em curso por obra de terceiro e, na segunda, pode o negócio subsistir, mas o terceiro que houver levado a cabo a conduta dolosa responderá por perdas e danos (arts. 402 a 404 do CC).

Idêntica solução se impõe quando na parte há mais de uma pessoa e apenas uma delas praticou o dolo, em prejuízo de outra parte, não se anulando o negócio, mas compondo-se perdas e danos a favor de quem sofreu o prejuízo.

O CC/1916 tinha redação mais singela, dizendo que "pode também ser anulado o ato por dolo de terceiro, se uma das partes o soube", entretanto idêntica interpretação já era autorizada.

---

**Art. 149. O dolo do representante legal de uma das partes só obriga o representado a responder civilmente até a importância do proveito que teve; se, porém, o dolo for do representante convencional, o representado responderá solidariamente com ele por perdas e danos.**

---

Distingue-se nas consequências o dolo praticado pelo representante legal daquele que é praticado pelo representante convencional (art. 115). Em se tratando de representante legal, o representado só responde até o limite de seu proveito, enquanto se se tratar de representação convencional, o representado responde solidariamente pelos prejuízos (arts. 275 a 285 e 402 a 404 do CC).

A solução apenas indenizatória vincula-se ao dolo acidental (art. 146), porquanto, se for essencial, acarretará a nulidade relativa (art. 145).

Esses limites se verificam, no tocante ao dolo do representante, se este agir nos termos de seus poderes (art. 116), pois, do contrário, terá de responder na conformidade do art. 118.

---

**Art. 150. Se ambas as partes procederem com dolo, nenhuma pode alegá-lo para anular o negócio, ou reclamar indenização.**

---

A lei não ampara nenhuma das partes se a torpeza for bilateral e, nesse caso, não importa se de uma das partes o dolo se configurou por ação e o da outra por omissão, nem se se trata de dolo principal a conta de uma e acidental a conta de outra.

Resolveu, também, o texto legal o alcance da regra, pois, doutrinariamente, há opiniões que sustentam apenas o efeito de excluir a ação anulatória, mas não a correspondente exceção; outros entendem que o negócio será duplamente anulável, conforme expõe Manuel A. Domingues de Andrade (*Teoria geral da relação jurídica*. Coimbra, Almedina, 1974, v. II, p. 263). Dizendo que nenhuma das partes pode alegá-lo, seja para anular o negócio, seja para pedir indenização, compreendeu o autor tanto a ação como a exceção e albergou tanto as hipóteses de dolo principal (art. 145) como de dolo acidental (art. 146).

## *Seção III*
## *Da Coação*

**Art. 151. A coação, para viciar a declaração da vontade, há de ser tal que incuta ao paciente fundado temor de dano iminente e considerável à sua pessoa, à sua família, ou aos seus bens.**

**Parágrafo único. Se disser respeito a pessoa não pertencente à família do paciente, o juiz, com base nas circunstâncias, decidirá se houve coação.**

A coação que vicia a declaração da vontade é a moral (*vis compulsiva*), pois a coação física (*vis absoluta*) elimina completamente a vontade.

Segundo Bevilaqua, a coação de que trata o artigo "é um estado de espírito, em que o agente, perdendo a energia moral e a espontaneidade do querer, realiza o acto, que lhe é exigido" (*Theoria geral do direito civil*, 6. ed. Rio de Janeiro, Francisco Alves, 1953, p. 283).

O pressuposto da coação é o temor (*metus*) de um mal dirigido à própria pessoa do paciente, a seus bens ou a terceiros. Quando a ameaça recair sobre terceiro não pertencente à família do declarante, caberá ao juiz averiguar a existência de efetivos vínculos que determinem a perda da serenidade, para aquiescer diante da ameaça. A referência à família compreende não só o círculo mais restrito constituído do cônjuge, dos descendentes e dos ascendentes, mas deve abarcar os colaterais se, no tocante a estes, ficarem demonstrados os laços da afeição. Igualmente se inclui, em idêntica posição do cônjuge, o companheiro (arts. 1.723 e 1.724 do CC).

Não é, porém, qualquer ameaça hábil a configurar coação, devendo preencher os seguintes requisitos: a) gravidade; b) incutir no paciente temor fundado; c) tratar-se de dano iminente; d) o dano terá de ser considerável; e) ser a ameaça injusta; e f) ser causa determinante do negócio.

O Código anterior (art. 98) exigia que o dano fosse igual, pelo menos, ao receável do ato extorquido. O novo ordenamento não faz essa gradação, de modo que caberá ao juiz, tendo em conta as circunstâncias apontadas no art. 152, aquilatar se se trata de ameaça "que influencia a vontade do coacto a ponto de alterar suas determinações, embora não possa, no momento, verificar, com justeza, se será inferior ou superior ao resultante do ato extorquido" (DINIZ, Maria Helena, *Código Civil anotado*, 10. ed. São Paulo, Saraiva, 2004, p. 167).

**Jurisprudência:** A ameaça de exercício normal de um direito transmuda-se em coação quando a forma e as circunstâncias utilizadas pela parte para fazê-lo caracterizam excesso, abuso com o condão de influir no ânimo do contratante e dele retirar o livre-arbítrio, a possibilidade de declarar a sua vontade com independência (TJRO, Câm. Especial, Ap. n. 98.000.583-3, rel. Des. Renato Mimessi, j. 30.04.1998). (*RT* 760/392)

Se o credor usa irregularmente as vias de direito para extorquir ruinosa declaração de vontade do devedor, forçando sua vontade com a representação exagerada de males consideráveis que lhe adviriam ou a pessoa de sua família na hipótese de recusa da declaração, evidente o vício de consentimento caracterizador de coação, responsável pelo defeito do ato jurídico assim obtido, não legitimando as ameaças a alegação da prática de crimes de ordem pública pelo coagido. Então, o que verdadeiramente monta sob a capa da ação lícita é o abuso de direito, o exercício arbitrário de suas razões, a prepotência vulgar (I TACSP, Ap. n. 390.375, 7ª Câm., rel. Juiz Vasconcellos Pereira, j. 09.08.1988). (*RT* 634/107)

Negócio jurídico. Coação. Inocorrência. Pedido de anulação de escritura pública. Cumprimento de obrigação assumida quando do pedido de aprovação de loteamento. Lei municipal que exigia a doação, pelo loteador, de 5% da área dominical ao Município. Alegação da autora de que assim o fez para poder liberar a hipoteca dada em garantia. Inadmissibilidade. Hipótese em que, além de ter assumido a obrigação, quando da aprovação do loteamento, a autora cumpriu-a, lavrando a escritura de doação. Ausência de ameaça, configuradora da coação, a ensejar a invalidação do negócio jurídico (TJSP, Ap. n. 311.103-5/1-00, 1ª Câm. de Dir. Públ., rel. Des. Franklin Nogueira, j. 14.08.2007). (*RT* 866/179)

**Art. 152. No apreciar a coação, ter-se-ão em conta o sexo, a idade, a condição, a saúde, o tempera-**

**mento do paciente e todas as demais circunstâncias que possam influir na gravidade dela.**

O critério para averiguação da ocorrência de coação é subjetivo e deve reportar-se à época e ao local dos fatos.

Aquilo que é suficiente para abalar o equilíbrio de pessoa madura e sã pode ser irresistível para o mais jovem e também para o idoso ou para o enfermo. A ameaça ocorrente em local onde o paciente conta com recursos ou amizades, se necessitar de socorro, pode ter sua gravidade atenuada e, ao reverso, se o paciente encontrar-se desamparado, o temor avulta.

**Jurisprudência:** Negócio jurídico. Anulação. Para a coação invalidar o negócio jurídico, a ameaça imposta à parte declarante deve ser determinante, grave, iminente e injusta. Para que sejam aferidas as condições do art. 152 do CC, precisa-se de um mínimo de provas que a autora não produziu, não se desincumbindo do ônus de comprovar os fatos constitutivos de seu direito. Desprovimento do recurso. (TJRJ, Ap. n. 2005.001.38477, rel. Des. Odete Knaack de Souza, j. 26.01.2006)

**Art. 153. Não se considera coação a ameaça do exercício normal de um direito, nem o simples temor reverencial.**

É excludente da coação a ameaça de exercício regular de um direito, porque o pressuposto é a injustiça da ameaça. Não escapa da eiva, entretanto, a ameaça de exercício abusivo de direito, porquanto considerado ato ilícito (art. 187 do CC).

O simples temor reverencial também não configura coação, desde que não acompanhado de ameaça que por si só a caracterize. Segundo Clóvis Bevilaqua, "por temor reverencial entende-se o receio de desgostar o pai, a mãe ou outras pessoas a quem se deve obediência e respeito" (*Theoria geral do direito civil*, 6. ed. Rio de Janeiro, Francisco Alves, 1953, p. 287).

Além dessas excludentes expressamente referidas, outras há, toda vez que a ameaça não preencher os requisitos do art. 151, assim no caso de mal inverossímil ou remoto, ou quando o temor seja infundado.

**Jurisprudência:** Civil e consumidor. Concessionária de energia elétrica demandada por panificadora. Ação de reparação de danos. Apontada nulidade de contrato de parcelamento. Débito contraído por alegado vício de consentimento. Não constitui coação o normal exercício de um direito. Inteligência do art. 153 do CC/2002. Mero aborrecimento não configura dano moral. Desprovimento do apelo. (TJRJ, Ap. n. 2005.001.51289, rel. Des. Luiz Fernando de Carvalho, j. 22.08.2006)

Apelação cível. Ação anulatória. Despesas hospitalares. Obrigação contratual assumida. Alta hospitalar. Coação. Sucumbência recursal. Despesa hospitalar. Coação: O fato da nota promissória ter sido assinada pela autora, quando da alta hospitalar de sua irmã, embora a paciente possuir plano de saúde, não tem o condão de demonstrar que o negócio não tenha sido ajustado de livre e espontânea vontade pela parte apelante ou que esta tenha sido coagida quando da assinatura do título. Não há elementos seguros que isso se trate de coação de natureza de temor de dano iminente e considerável à sua pessoa, à sua família, ou aos seus bens (art. 151 do CC brasileiro). Tampouco se revela coação a ameaça do exercício normal de um direito que, no caso, é alguém assumir pagamento de dívida hospitalar quando o plano de saúde recusa cobertura (art. 153 do CC). Sucumbência recursal: O art. 85, § 11, do CPC/2015 estabelece que o Tribunal, ao julgar recurso, majorará os honorários fixados anteriormente levando em conta o trabalho adicional realizado em grau recursal. Sucumbência recursal reconhecida e honorários fixados em prol do procurador da parte requerida majorados. Negaram provimento ao recurso de apelação. (TJRS, 19ª Câm. Cível, Ap. n. 70.078.448.750, rel. Eduardo João Lima Costa, j. 11.10.2018, *DJe* 17.10.2018)

**Art. 154. Vicia o negócio jurídico a coação exercida por terceiro, se dela tivesse ou devesse ter conhecimento a parte a que aproveite, e esta responderá solidariamente com aquele por perdas e danos.**

Se a parte a quem aproveita o negócio realizado sob coação for conivente com terceiro, autor da coação, bastando dela ter conhecimento, ou que dela devesse ter conhecimento, responderá solidariamente pelos prejuízos, além de suportar a anulação do negócio (arts. 171, II, 275 a 285 e 402 a 404 do CC).

O Código anterior exigia que o conhecimento da coação pela parte beneficiada fosse prévio (art. 101, § 1º), mas o atual não fez essa alusão, o que determina que seja a mesma a consequência, tanto se o conhecimento for prévio como se for concomitante à realização do negócio.

**Art. 155. Subsistirá o negócio jurídico, se a coação decorrer de terceiro, sem que a parte a que aproveite dela tivesse ou devesse ter conhecimento; mas o autor da coação responderá por todas as perdas e danos que houver causado ao coacto.**

O negócio jurídico realizado sob coação praticada por terceiro sem o conhecimento da parte que se beneficia, ou que dela não tivesse conhecimento, não será anulável, porém responderá o autor da coação pelos prejuízos que causar (arts. 402 a 404 do CC).

No CC/1916 (art. 101, § 2º), em tal hipótese, o negócio era anulável, mas só o autor da coação respondia por perdas e danos. O Código em vigor, como observara José Carlos Moreira Alves, "inova, em matéria de coação de terceiro, protegendo a boa-fé do contratante não coacto, e dando ao coagido, ao invés da ação para anular o negócio jurídico, perdas e danos contra o coator" (*A Parte Geral do Projeto de Código Civil brasileiro*. São Paulo, Saraiva, 1986, p. 56).

### *Seção IV*
### *Do Estado de Perigo*

**Art. 156. Configura-se o estado de perigo quando alguém, premido da necessidade de salvar-se, ou a pessoa de sua família, de grave dano conhecido pela outra parte, assume obrigação excessivamente onerosa.**

**Parágrafo único. Tratando-se de pessoa não pertencente à família do declarante, o juiz decidirá segundo as circunstâncias.**

O estado de perigo, incluído no Código entre os defeitos do negócio jurídico, constava do projeto de Clóvis Bevilaqua (art. 121), não tendo vingado no texto do CC/1916, permanecendo, por isso, dividida a doutrina nacional sobre o tema quanto à solução a ser dada nessa hipótese.

Ocorre estado de perigo, apto a invalidar o negócio com prestação excessivamente onerosa, quando este for realizado na iminência de dano à própria parte ou a alguém de sua família, sendo o fato conhecido pela outra parte. Também pode configurar-se caso o perigo diga respeito a pessoa não pertencente à família, mas caberá ao juiz avaliar as circunstâncias.

É necessária a concorrência dos seguintes elementos: a) assunção de obrigação excessivamente onerosa; b) existência de iminente risco à pessoa, real ou fundadamente suposto; c) conhecimento do risco pela parte que se beneficia.

Múltiplas são as possibilidades de ocorrência. Exemplifica Moacyr de Oliveira: "É o pai que, tendo o filho sequestrado, assegura promessa de recompensa de importância vultosa, que o levará à insolvência, ou a vítima de acidente grave que, para não sucumbir com a família em local sem recursos, firma por meios indiretos contratos de mútuo, transporte, depósito, empreitada, assistência médica e hospitalar, sem possibilidade de saldar prontamente os títulos cambiais" ("Estado de perigo". In: *Enciclopédia Saraiva do direito*, v. 33, p. 506).

Tendo o Código estabelecido a consequência da nulidade relativa, caso tenha havido efetiva e necessária prestação de serviço, não prevalecerá o valor pecuniário acordado, mas haverá direito ao ressarcimento, que deve ser arbitrado.

**Jurisprudência:** Apelação cível. Ação de cobrança. Prestação de serviços médico-hospitalares. Paciente em estado grave. Procedimento cirúrgico urgente. Assunção de dívida exorbitante. Aplicação do CDC. Estado de perigo. Art. 156, CC. Cláusula geral. Princípio da operabilidade. Vício de consentimento. Art. 171, II, CC. Abuso da cobrança. Direito à saúde e à vida digna. Proteção constitucional (arts. 1º, III, 5º e 196). Empresas privadas. Sistema brasileiro do atendimento à saúde (arts. 196 e 199, CF). Apelação conhecida e improvida. Sentença mantida. 1 – A relação havida entre o hospital e o paciente é de caráter consumerista, motivo pelo qual incidem todos os princípios e regras previstos no Estatuto do Consumidor (Lei n. 8.078/90) nos contratos entre estes firmados. Ademais, é nítida a adesão em bloco às cláusulas previstas no instrumento contratual desta natureza. 2 – Salta aos olhos o eminente estado de perigo (art. 156 do CC) que maculou o pacto do caso concreto, o que resulta no vício de consentimento emitido pelo próprio paciente e pelo familiar responsável, ao autorizar procedimentos cirúrgicos de caráter urgente no valor de R$ 72.368,98 (fls. 21). 3 – Nestas situações, o risco à vida e a situação de desespero dos pacientes e dos familiares é tão presumido que, inclusive, recente vedação legal passou a instituir como crime a exigência de cheque-caução, nota promissória ou qualquer garantia, ou mesmo o preenchimento de formulários administrativos, como condição para o atendimento médico-hospitalar emergencial (art. 135-A, CP). A fim de evitar práticas abusivas das instituições hospitalares, que implicam tirar proveito da dor e da sensibilidade dos seres humanos para auferir lucro. Há, na hipótese, nítida violação moral. 4 – O direito a uma vida digna, principalmente com saúde, é garantia constitucional (art. 1º, III, c/c art. 5º) e dever do Estado, o qual deve proporcioná-lo "mediante políticas sociais e econômicas que visem à redução do risco de doença e de outros agravos" (art. 196); Daí a importância de uma releitura do ordenamento jurídico que permita avivar esta visão na aplicação do Direito, afastando a outra anterior, egoística e individualista. 5 – A operabilidade é um dos princípios que solidificam a nova roupagem do CC, possibilitando que o intérprete recorra às chamadas cláusulas gerais como outra forma de obtenção da justiça, conferindo às normas maior validade, eficácia e efetividade. É o caso do art. 156 do CC. 6 – As empresas privadas que prestam serviço de saúde em caráter suplementar ao prestado pelo Estado também têm o dever de arcar com o ônus, principalmente em decorrência da finalidade a que se propõe, do custeio da assistência à saúde dos seus contratantes, não podendo evocar ser esta função precípua do Estado para desobrigar-se do seu dever, já que fazem parte do sistema brasileiro do atendimento à saúde (Lei n. 9.656/98, art. 1º). Junte-se a este entendimento a previsão dos arts. 196 e 199 da CF. 5 – Apelo conhecido e improvido. Sentença mantida. (TJCE, AC n. 0118984-83.2009.8.06.0001, rel. Clécio Aguiar de Magalhães, *DJe* 05.02.2013, p. 61)

Embargos à ação monitória. Contrato de cheque especial. Taxa de juros. Estado de perigo. Inocorrência.

Embargos à ação monitória ajuizada pela CEF, visando à cobrança de dívida resultante do inadimplemento de contrato de cheque especial.

Improcedente a alegação de violação ao disposto no § 3º do art. 192 da CF, em sua redação original, tenha sido violado, tendo em vista entendimento do STF de que tal dispositivo não era autoaplicável.

O estado de perigo, a que se refere o art. 156 do CC, não pode ser alegado como razão do inadimplemento da obrigação contratualmente assumida, porquanto não há prova nem que a utilização do cheque especial tenha ocorrido por necessidade premente do cliente de se salvar ou de salvar pessoa da família, nem que a CEF tivesse conhecimento dessa hipótese.

Apelação improvida. (TRF, 5ª R., Ap. n. 356.564, rel. Des. Ubaldo Ataíde Cavalcante, j. 30.11.2006)

## *Seção V*
## *Da Lesão*

**Art. 157. Ocorre a lesão quando uma pessoa, sob premente necessidade, ou por inexperiência, se obriga a prestação manifestamente desproporcional ao valor da prestação oposta.**

**§ 1º Aprecia-se a desproporção das prestações segundo os valores vigentes ao tempo em que foi celebrado o negócio jurídico.**

**§ 2º Não se decretará a anulação do negócio, se for oferecido suplemento suficiente, ou se a parte favorecida concordar com a redução do proveito.**

A lesão tanto pode dar-se pela desproporção grave entre as prestações opostas como na cobrança extorsiva de juros, reservando-se as expressões lesão contratual e lesão usurária. Daquela é que se ocupa o dispositivo, já que esta é disciplinada no art. 591, além das sanções contidas no Decreto n. 22.626, de 07.04.1933.

Ocorrerá lesão, apta a invalidar o negócio, quando, em negócio comutativo, uma das partes, por inexperiência ou necessidade premente, se obriga a prestação significativamente desproporcional à outra.

Não se exige o conhecimento das circunstâncias pelo beneficiário, bastando o prejuízo do lesado. Diz Moreira Alves (*A Parte Geral do Projeto do Código Civil brasileiro*. São Paulo, Saraiva, 1986, p. 109) que, "ao contrário do que ocorre com o estado de perigo em que o beneficiário tem de conhecê-lo, na lesão o próprio conhecimento é indiferente para que ela se configure".

A desproporção deve ser averiguada por ocasião do negócio, daí importar anulação, e não resolução, como se dá na superveniente onerosidade excessiva (art. 478 do CC).

O negócio também poderá ser salvo, se o beneficiado oferecer complementação de valor ou concordar com a redução do proveito, ajustando-se as prestações (*reductio ad aequitatem*).

A dificuldade está em saber quando o valor é inadequado. Oferece, todavia, Antonio Menezes Cordeiro argumento histórico de peso, fundado em constituição atribuída aos imperadores romanos Diocleciano e Maximiano, autorizando a rescisão "quando o preço fosse inferior à metade do valor da coisa (*ultra dimidium*)" e, "na base deste fragmento, os glosadores da escola de Bolonha autorizaram um instituto que designaram *laesio enormis*. Mais tarde, ocorreriam referências a uma *laesio enormissima*, quando a desproporção entre o preço e o valor fosse ainda maior" (*Tratado de direito civil português* – Parte Geral. Coimbra, Almedina, 2000, t. I, p. 451).

**Jurisprudência:** Recurso especial. Ação declaratória de nulidade de cláusula contratual por abusividade c/c restituição de valores e danos morais. Serviços advocatícios. Pleito de nulidade da cláusula *quota litis*, a qual estabelecia a remuneração do advogado no percentual de 50% do benefício previdenciário obtido. Causa de pedir fundada na lesão (CC, art. 157). Prazo decadencial de 4 anos, contado do dia em que realizado o negócio jurídico. Art. 178, II, do CC. Demanda ajuizada mais de 12 anos após a celebração do contrato. Decadência. Reforma do acórdão recorrido. Improcedência do pedido, com resolução de mérito, nos termos do art. 487, II, do CPC/2015. Recurso provido. 1 – A controvérsia posta nos autos cinge-se em saber se (i) houve decadência do direito da autora em pleitear a nulidade da cláusula contratual *quota litis*, na qual se estipulou a remuneração ad exitum do advogado no percentual de 50% do benefício previdenciário auferido pela constituinte; e (ii) se seria possível ao Poder Judiciário revisar cláusula contratual, fixando novo percentual, a despeito de já ter sido prestado efetivamente o serviço contratado. 2 – O art. 157 do CC estabelece que [...]. Em atenção ao princípio da conservação do negócio jurídico, o § 2º do referido dispositivo legal é expresso em determinar que [...]. 3 – O prazo para anular o negócio jurídico inquinado com o vício da lesão, isto é, quando a pessoa, sob premente necessidade ou por inexperiência, obrigar-se a prestação manifestamente desproporcional ao valor da contraprestação, é de quatro anos, contado do dia em que se realizou o negócio jurídico correlato, a teor do disposto no art. 178, II, do CC. 4 – Na hipótese, da leitura da petição inicial, é possível constatar que a própria autora, ora recorrida, reconhece que houve lesão ao celebrar o contrato advocatício subjacente, pois sustentou que o advogado da sociedade recorrente se valeu "de situação de desespero da parte", "posição de fragilidade" e da sua "pouca ou quase nenhuma instrução" – premente necessidade e inexperiência – para firmar um contrato com cláusula abusiva (em razão da manifesta desproporcionalidade do percentual cobrado a título remuneratório), como também citou acórdão desta Corte Superior que, em situação análoga, reconheceu justamente a ocorrência de lesão na hipótese em que o advogado "valendo-se de situação de desespero da parte, firma contrato *quota litis* no qual fixa sua remuneração *ad exitum* em 50% do benefício econômico gerado pela causa" (REsp n. 1.155.200/DF). 5 – Dessa forma, considerando que o contrato objeto do presente litígio foi firmado em 23.04.2007 e a ação subjacente foi ajuizada somente em 25.07.2019, impõe-se o reconhecimento da decadência do direito da autora, pois há muito decorrido o prazo decadencial de quatro anos. 6 – Recurso especial provido. (STJ, REsp n. 1.965.312/PR, rel. Min. Marco Aurélio Bellizze, j. 16.04.2024, 3ª T., *DJe* 18.04.2024)

Apelação. Arrendamento rural. Ação de revisão contratual. Remuneração pelo arrendamento gritantemente desproporcional para com o justo valor de mercado. Negócio celebrado com senhora octogenária, iletrada e sem nenhuma experiência em negócios, aparentemente iludida por promessas da nora e dos netos, com os quais contratou. Situação ensejando a aplicação do instituto da lesão, previsto no art. 157 do CC. Mácula cujo reconhecimento pode implicar, licitamente, nos termos do § 2º daquele dispositivo, a revisão da prestação considerada lesiva, por admitido esse efeito pela parte favorecida. Sentença de acolhimento do pedido. Confirmação. Recurso não conhecido na passagem em que inova no plano fático. Apelação conhecida apenas em parte e, nessa parte, desprovida. (TJSP, Ap. cível s/ rev. n. 1.240.408.006, 25ª Câm. de Dir. Priv., rel. Ricardo Pessoa de Mello Belli, j. 05.05.2009, *DJ* 15.06.2009)

## *Seção VI*
## *Da Fraude contra Credores*

**Art. 158. Os negócios de transmissão gratuita de bens ou remissão de dívida, se os praticar o devedor já insolvente, ou por eles reduzido à insolvência, ainda quando o ignore, poderão ser anulados pelos credores quirografários, como lesivos dos seus direitos.**

**§ 1º Igual direito assiste aos credores cuja garantia se tornar insuficiente.**

**§ 2º Só os credores que já o eram ao tempo daqueles atos podem pleitear a anulação deles.**

É anulável o negócio jurídico praticado em fraude pauliana, que se distingue da fraude decorrente da violação de negócios jurídicos pretéritos e da fraude à lei imperativa, esta acarretando a nulidade absoluta (art. 166, VI).

Reconhecida é a dificuldade para definir a fraude, não obstante o princípio *fraus omnia corrumpit*, propugnando-se, inclusive, por conceituá-la por exclusão, ou seja, pelo que não é. Alvino Lima, especialmente no tocante à fraude contra credores, diz que consiste "na prática, pelo devedor, de ato ou atos jurídicos, absolutamente legais em si mesmos, mas prejudiciais aos interesses dos credores, frustrando, ciente e conscientemente, a regra jurídica que institui a garantia patrimonial dos credores sobre os bens do devedor" (*A fraude no direito civil*. São Paulo, Saraiva, 1965, p. 24). Trata-se de um vício social, porquanto prejudicados são os credores e não uma das partes no negócio.

É o dano causado aos credores decorrente da insolvabilidade do devedor, com a participação de terceiro.

Há necessidade de existir um crédito anterior, para que se possa pleitear a anulação, divergindo, contudo, a doutrina se se considera anterior o crédito sob condição suspensiva ou pendente termo inicial. Nesse caso, a ação anulatória só procede se houver *consilium fraudis*, porque aí a conduta terá sido dolosamente preparada, pois, na verdade, a condição suspensiva e o termo inicial suspendem, respectivamente, a existência e o exercício de um direito.

A observação acerca da exigência do *consilium fraudis*, no caso, mais se impõe na medida em que a lei atual não exige, em regra, para a caracterização de fraude contra credores, que o devedor conheça seu estado de insolvabilidade – "ainda quando o ignore", diz o texto legal –, diversamente do Código anterior (art. 106), de modo que, hoje, basta o *eventus damni*. Por idêntico motivo, perdeu o interesse a indagação sobre se deve existir o *animus nocendi*.

É verdade, porém, que pela lei anterior sustentava Bevilaqua que pouco importava o conhecimento "do estado dos seus bens" ou "que o soubesse aquele que lucrou com a liberalidade" (*Código Civil comentado*, 11. ed. Rio de Janeiro, Francisco Alves, 1956, v. I, p. 287), mas o afastamento do requisito do *consilium fraudis* não resultava claramente da lei, como se dá no Código em vigor.

Igualmente sem razão é o dissenso a respeito de se tratar de negócio ineficaz ou anulável, pois a lei o coloca no campo das nulidades relativas (art. 171, II), ao contrário do que ocorre na fraude de execução (art. 792, § 1º, do CPC), em que o negócio é ineficaz.

Têm legitimidade para propor ação anulatória os credores quirografários que o forem ao tempo dos negócios fraudulentos e os que ostentarem garantias, se estas se tornarem insuficientes.

No rol dos negócios passíveis de anulação encontram-se todos os que acarretarem diminuição do patrimônio, não apenas as alienações, mas outros como a renúncia à herança, aos legados e à prescrição e os pagamentos antecipados.

**Jurisprudência:** Súmula n. 195, STJ: Em embargos de terceiro não se anula ato jurídico, por fraude contra credores.

Agravo interno no agravo em recurso especial. Decisão da presidência. Reconsideração. Ação pauliana. Fraude contra credores. Anterioridade do crédito. Não demonstrada. Vício afastado. Acórdão recorrido em sintonia com a jurisprudência do STJ (Súmula n. 83/STJ). Agravo interno provido para conhecer do agravo e negar provimento ao recurso especial. 1 – A ocorrência de fraude contra credores demanda: i) a anterioridade do crédito; ii) a comprovação de prejuízo ao credor (*eventus damni*); iii) tenha o ato jurídico praticado levado o devedor à insolvência; e iv) o conhecimento, pelo terceiro adquirente, do estado de insolvência do devedor (*scientia fraudis*). 2 – O Eg. Tribunal de Justiça afastou a alegação de fraude contra credores, em razão de inexistência de crédito anterior ao negócio dito como fraudulento, bem como da não demonstração de predeterminação fraudulenta, em sintonia, portanto, com a jurisprudência do STJ. 3 – Agravo interno provido, em juízo de reconsideração, no sentido de conhecer do agravo para negar provimento ao recurso especial. (STJ, Ag. Interno no AREsp n. 2.386.391/PR, 4ª T., rel. Min. Raul Araújo, j. 26.02.2024, *DJe* 29.02.2024)

Agravo interno no agravo em recurso especial. Ação pauliana. Art. 1.022 do CPC. Omissão. Ausência. Deficiência de fundamentação. Súmula n. 284/STF. Fraude contra credores. Requisitos comprovados. Consequência. Credor fraudado. Negócio. Ineficácia. Reexame de provas. Impossibilidade. Súmula n. 7/STJ. 1 – Não há falar em negativa de prestação jurisdicional se o tribunal de origem motiva adequadamente sua decisão, solucionando a controvérsia com a aplicação do direito que entende cabível à hipótese, apenas não no sentido pretendido pela parte. 2 – No caso de o artigo apontado como violado não apresentar conteúdo normativo suficiente para fundamentar a tese desenvolvida no recurso especial, incide, por analogia, a Súmula n. 284/STF. 3 – Na hipótese vertente, encontram-se preenchidos os requisitos para o reconhecimento da ocorrência de fraude contra credores: (i) a anterioridade do crédito; (ii) a comprovação de prejuízo ao credor, decorrente de ato de disposição que tenha agravado ou levado o devedor ao estado de insolvência, e (iii) o conhecimento, pelo terceiro adquirente, do estado de insolvência do devedor. 4 – A consequência do reconhecimento da fraude contra credores é a ineficácia do negócio em relação ao credor fraudado. A condenação dos réus na recomposição do acervo patrimonial, no caso de alienação sucessiva, é a solução adequada para resguardar os interesses do terceiro adquirente de boa-fé. 5 – No caso em apreço, rever a conclusão do aresto impugnado para acolher a pretensão da recorrente demandaria o reexame fático-probatório dos autos, a atrair o óbice na Súmula n. 7/STJ. 6 – Agravo interno não provido. (STJ, Ag. Interno no AREsp n. 2.088.072/SP, 3ª T., rel. Min. Ricardo Villas Bôas Cueva, j. 20.11.2023, *DJe* 23.11.2023)

Procede a ação pauliana se o devedor, sabendo da existência do débito, desfaz-se de seus bens em curto espaço de tempo, sem demonstrar posteriormente sua solvabilidade, ciente de que, assim o fazendo, prejudicaria o credor, frustrando recebimento de seu crédito. Decisão mantida. Apelo improvido. (TAPR, Ap. n. 37.406-9, 1ª Câm., rel. Juiz Emílio Prohmann, j. 07.04.1992). (*RT* 698/181)

Fraude contra credores. Devedor que, em acordo em separação consensual realizada pouco antes do ajuizamento da ação, doa todos os seus bens à ex-esposa. Ciência do estado de insolvência a que ficaria reduzido e das dívidas já vencidas que contraíra em decorrência de sua atividade comercial e em benefício da família. Partilha que, portanto, deixa transparecer intuito caviloso. Falta, ademais, de transcrição, não produzindo efeitos contra terceiros. Permanência dos bens em condomínio. Impossibilidade de prosperarem embargos de terceiro opostos pela mulher alegando ser a única proprietária dos bens arrestados. Improcedência mantida (I TACSP, Ap. n. 411.681-0, 3ª Câm., rel. Juiz Antônio de Pádua Ferraz Nogueira, j. 26.06.1989). (*RT* 645/107)

Execução. Embargos de terceiro. Fraude contra credores. Separação consensual. Meação da mulher. Citação. A alienação de bens às vésperas de uma execução por dívida, mesmo ainda não pendente a lide, é de ser considerada feita em fraude contra credores, mormente se o estado de insolvência do alienante era evidente e notório.

A separação consensual dos cônjuges devedores, com partilha de bens, promovida aceleradamente na mesma época em que se iniciavam as execuções, embora concluída antes da citação, faz presumir a existência de artifício deliberadamente preparado em fraude contra credores, presunção que se fortalece quando os cônjuges permanecem juntos e se exibem publicamente em estado de convivência plena.

Tendo participado ativamente da fraude cometida pelo marido, perde a mulher o direito de preservar sua meação, via embargos de terceiro.

Admite-se o reconhecimento de fraude contra credores manifestada em processo de embargos de terceiro, não sendo imprescindível a citação do executado, visto que, por se encontrar este integrado à execução, tem, quase sempre, pleno conhecimento do debatido nos embargos de terceiro, processo acessório e apensado àquele.

Na contestação aos embargos de terceiro é lícito arguir, como matéria de defesa, tanto a nulidade quanto a anulabilidade do título do autor, não exorbitando a sentença que acolher uma daquelas formas de inviabilidade (TAMG, Ap. n. 23.739, 3ª Câm., rel. Juiz Moacir Pedroso, j. 12.02.1985). (*RT* 605/173)

O reconhecimento de fraude contra credores, cuja hipótese é de anulabilidade (arts. 106 e 107 do CC), deve ser obtido por meio de ação pauliana, da qual participem todos os envolvidos, e não em embargos de terceiro, de objeto limitado, restringindo-se apenas a afastar a constrição judicial (TAPR, Ap. n. 69.372-5, 7ª Câm., rel. Juiz Wilde Pugliese, j. 20.02.1994). (*RT* 716/276)

Apelação cível. Ação pauliana. Doação para afilhada com reserva de usufruto. Redução da devedora à insolvência. O negócio jurídico gratuito que reduz o devedor à insolvência caracteriza fraude contra credores, conforme o art. 158 do novo CC, não havendo necessidade de ver-se comprovado o *consilium fraudis*, o que justifica a procedência da demanda. Negaram provimento aos recursos. (TJRS, Ap. Cível n. 70.018.787.994, 17ª Câm. Cível, rel. Alzir Felippe Schmitz, j. 05.08.2008, *DJ* 18.08.2008)

**Art. 159. Serão igualmente anuláveis os contratos onerosos do devedor insolvente, quando a insolvência for notória, ou houver motivo para ser conhecida do outro contratante.**

Não só os negócios jurídicos a título gratuito são passíveis de anulação, quando prejudiciais aos credores. Também o são os onerosos, quando a insolvabilidade for notória ou se for possível o seu conhecimento pelo outro contratante.

Tratando-se de negócios gratuitos, a anulação por fraude contra credores dispensa que o estado de insolvabilidade seja conhecido por qualquer uma das partes, mas se o negócio é oneroso exige-se que tenha dele conhecimento ou possa ter aquele que contratar com o insolvável.

**Art. 160. Se o adquirente dos bens do devedor insolvente ainda não tiver pago o preço e este for, aproximadamente, o corrente, desobrigar-se-á depositando-o em juízo, com a citação de todos os interessados.**

**Parágrafo único. Se inferior, o adquirente, para conservar os bens, poderá depositar o preço que lhes corresponda ao valor real.**

Em se tratando de negócio a título oneroso, pode o adquirente forrar-se da anulação se depositar em juízo o preço ainda não pago, desde que este seja próximo ao do mercado. É cabível a ação de consignação em pagamento (art. 335). Se o preço for inferior, desejando o adquirente conservar o bem, poderá depositar o valor real correspondente.

**Art. 161. A ação, nos casos dos arts. 158 e 159, poderá ser intentada contra o devedor insolvente, a pessoa que com ele celebrou a estipulação considerada fraudulenta, ou terceiros adquirentes que hajam procedido de má-fé.**

Há litisconsórcio passivo necessário e unitário entre o devedor insolvável e a pessoa que com ele contratou na estipulação considerada fraudulenta (art. 114 do CPC/2015).

Já o terceiro que vier a adquirir a título oneroso somente será sujeito passivo se houver alegação de sua má-fé. Não comprovada a má-fé deste, resolver-se-á em perdas e danos o negócio celebrado entre o insolvável e a pessoa que com este houver contratado. O terceiro adquirente a título gratuito, ainda que de boa-fé, poderá ser demandado.

Aplicam-se nas ações anulatórias por fraude contra credores as regras concernentes aos frutos, contidas nos arts. 1.201, 1.214 e seguintes.

**Jurisprudência:** Ação pauliana. Sucessivas alienações de imóveis que pertenciam aos devedores. Anulação de compra de imóvel por terceiros de boa-fé. Impossibilidade. "Direito civil. Recurso especial. Omissão. Inexistência.

Ação pauliana. Sucessivas alienações de imóveis que pertenciam aos devedores. Anulação de compra de imóvel por terceiros de boa-fé. Impossibilidade. Limitação da procedência aos que agiram de má-fé, que deverão indenizar o credor pela quantia equivalente ao fraudulento desfalque do patrimônio do devedor. Pedido que entende-se implícito no pleito exordial. 1 – A ação pauliana cabe ser ajuizada pelo credor lesado (*eventus damni*) por alienação fraudulenta, remissão de dívida ou pagamento de dívida não vencida a credor quirografário, em face do devedor insolvente e terceiros adquirentes ou beneficiados, com o objetivo de que seja reconhecida a ineficácia (relativa) do ato jurídico – nos limites do débito do devedor para com o autor –, incumbindo ao requerente demonstrar que seu crédito antecede ao ato fraudulento, que o devedor estava ou, por decorrência do ato, veio a ficar em estado de insolvência e, cuidando-se de ato oneroso – se não se tratar de hipótese em que a própria lei dispõe haver presunção de fraude –, a ciência da fraude (*scientia fraudis*) por parte do adquirente, beneficiado, subadquirentes ou sub-beneficiados. 2 – O acórdão reconhece que há terceiros de boa-fé, todavia, consigna que, reconhecida a fraude contra credores, aos terceiros de boa-fé, ainda que se trate de aquisição onerosa, incumbe buscar indenização por perdas e danos em ação própria. Com efeito, a solução adotada pelo Tribunal de origem contraria o art. 109 do CC/1916 – correspondente ao art. 161 do CC/2002 – e também afronta a inteligência do art. 158 do mesmo diploma – que tem redação similar à do art. 182 do CC/2002 –, que dispunha que, anulado o ato, restituir-se-ão as partes ao estado, em que antes dele se achavam, e não sendo possível restituí-las, serão indenizadas com o equivalente. 3 – 'Quanto ao direito material, a lei não tem dispositivo expresso sobre os efeitos do reconhecimento da fraude, quando a ineficácia dela decorrente não pode atingir um resultado útil, por encontrar-se o bem em poder de terceiro de boa-fé. Cumpre, então, dar aplicação analógica ao art. 158 do CC [ao], que prevê, para os casos de nulidade, não sendo possível a restituição das partes ao estado em que se achavam antes do ato, a indenização com o equivalente. Inalcançável o bem em mãos de terceiro de boa-fé, cabe ao alienante, que adquiriu de má-fé, indenizar o credor' (REsp n. 28.521/RJ, 4ª T., rel. Min. Ruy Rosado de Aguiar, j. 18.10.1994, *DJ* 21.11.1994, p. 31.769). 4 – Recurso especial parcialmente provido". (STJ, REsp n. 1.100.525, 4ª T., rel. Min. Luis Felipe Salomão, *DJe* 23.04.2013)

Apelação cível. Ação pauliana. Litisconsórcio passivo necessário. Ausência de citação de litisconsortes. Nulidade absoluta. Desconstituição da sentença. A ação pauliana tem por objetivo desconstituir negócio jurídico realizado em fraude a credores. Deve ser proposta, por consequência, contra todos os participantes do negócio fraudulento, em litisconsórcio passivo necessário. Aplicação do art. 161 do CC. Precedentes jurisprudenciais. Tratando-se de litisconsórcio passivo necessário, a sentença só produzirá efeitos se presente a citação de todos os litisconsortes, consoante determina o art. 47 do CPC. A ausência de citação de litisconsortes acarreta a nulidade dos atos subsequentes ao momento em que deveria ter sido efetuada, para que lhes seja viabilizado o exercício do direito à defesa. Precedentes desta Corte. Preliminar de nulidade acolhida. Sentença desconstituída. (TJRS, Ap. n. 70.009.853.615, rel. Des. André Luiz Planella Villarinho, j. 21.12.2006)

**Art. 162. O credor quirografário, que receber do devedor insolvente o pagamento da dívida ainda não vencida, ficará obrigado a repor, em proveito do acervo sobre que se tenha de efetuar o concurso de credores, aquilo que recebeu.**

O credor quirografário que receber antecipadamente seu crédito deverá restituir o que lhe foi pago, para concorrer com os demais credores.

Sucede que o pagamento antecipado subtrai dos demais credores parcela do patrimônio do devedor, que é garantia comum dos credores (art. 957 do CC).

**Art. 163. Presumem-se fraudatórias dos direitos dos outros credores as garantias de dívidas que o devedor insolvente tiver dado a algum credor.**

A garantia que prejudica, e é, portanto, inválida, é a real, pois coloca o credor que a recebe em posição de vantagem no concurso (arts. 958 e 961 do CC).

Para restabelecer a igualdade, sendo o devedor insolvável, a garantia oferecida deve ser anulada.

**Art. 164. Presumem-se, porém, de boa-fé e valem os negócios ordinários indispensáveis à manutenção de estabelecimento mercantil, rural, ou industrial, ou à subsistência do devedor e de sua família.**

Na classificação dos negócios jurídicos de natureza patrimonial, distinguem-se os de disposição dos de simples administração. Estes, conforme R. Limongi França, "implicam tão somente o exercício de direitos restritos sobre o objeto, de tal modo que não haja alteração substancial dele, atual ou potencialmente" (*Instituições de direito processual civil*, 2. ed. São Paulo, Saraiva, 1991, p. 131). Nessa categoria estão os atos de administração ordinária, destinados à manutenção de uma atividade, ou os necessários para a mantença própria e da família, pelo que inexiste diminuição patrimonial e, portanto, não podem configurar fraude contra credores.

**Art. 165. Anulados os negócios fraudulentos, a vantagem resultante reverterá em proveito do acervo sobre que se tenha de efetuar o concurso de credores.**

**Parágrafo único. Se esses negócios tinham por único objeto atribuir direitos preferenciais, mediante hipoteca, penhor ou anticrese, sua invalidade importará somente na anulação da preferência ajustada.**

Com a anulação do negócio jurídico devem as partes voltar à situação anterior (art. 182 do CC), entretanto, no caso de fraude contra credores, o devedor nada aproveitará, pois a vantagem se destina aos credores em concurso.

Se o negócio fraudulento consistir em mera outorga de garantia, a anulação apenas retirará a preferência, volvendo o credor beneficiado à categoria de quirografário.

## CAPÍTULO V DA INVALIDADE DO NEGÓCIO JURÍDICO

**Art. 166. É nulo o negócio jurídico quando:**

**I – celebrado por pessoa absolutamente incapaz;**

**II – for ilícito, impossível ou indeterminável o seu objeto;**

**III – o motivo determinante, comum a ambas as partes, for ilícito;**

**IV – não revestir a forma prescrita em lei;**

**V – for preterida alguma solenidade que a lei considere essencial para a sua validade;**

**VI – tiver por objetivo fraudar lei imperativa;**

**VII – a lei taxativamente o declarar nulo, ou proibir-lhe a prática, sem cominar sanção.**

Em uma estrutura irregular, quando inválidos, os negócios jurídicos se classificam como nulos ou anuláveis. Aqueles, também ditos inquinados por nulidade absoluta, estão privados da produção de qualquer efeito, porque ofendem a ordem pública. Já estes interessam basicamente à ordem privada e, por isso, produzem efeitos, até que algum interessado promova a anulação (arts. 169 e 177 do CC).

Segundo Orlando Gomes, a nulidade absoluta contém as seguintes características: a) imediata (invalida o negócio desde sua formação); b) absoluta (pode ser alegada por qualquer interessado, pelo MP quando couber intervir e, encontrando-a provada, deverá o juiz pronunciá-la de ofício); c) incurável (as partes não podem saná-la e o juiz não pode supri-la); e d) perpétua (porque não se extingue pelo decurso do tempo) (*Introdução ao direito civil*, 12. ed. Rio de Janeiro, Forense, 1996, p. 474).

A nulidade absoluta ocorre quando há negação dos requisitos do art. 104, sendo que, no tocante à capacidade do agente, haverá nulidade se este for absolutamente incapaz, mas, se a incapacidade for relativa, o negócio apenas será anulável (art. 171, I, do CC).

Além das hipóteses de confronto com o art. 104, são nulos os negócios se o motivo animador de ambas as partes for ilícito (art. 883) ou se for preterida solenidade (ex.: a do testamento público – art. 1.864, II), ou se se objetiva fraudar lei cogente, ou ainda se a lei declarar sua nulidade ou proibir-lhe a prática, sem cominar outra sanção (ex.: contrato que tem por objeto herança de pessoa viva – art. 426).

Especial dificuldade existe na verificação da fraude à lei, porquanto a violação, nesse caso, é sub-reptícia. Assinala Alvino Lima que "no ato contrário à lei existe um contraste imediato e direto entre o resultado do negócio e o conteúdo da proibição legal, ao passo que a *fraus legi* pressupõe um itinerário indireto, mediante a degradação do negócio principal a simples instrumento, para conseguir o fim ulterior consistente na frustração da proibição" (*A fraude no direito civil*. São Paulo, Saraiva, 1965, p. 293). Exemplo desse itinerário indireto é o contrato de compra e venda, para furtar-se à proibição do pacto comissório na hipoteca (art. 1.428 do CC).

**Art. 167. É nulo o negócio jurídico simulado, mas subsistirá o que se dissimulou, se válido for na substância e na forma.**

**§ 1º Haverá simulação nos negócios jurídicos quando:**

**I – aparentarem conferir ou transmitir direitos a pessoas diversas daquelas às quais realmente se conferem, ou transmitem;**

**II – contiverem declaração, confissão, condição ou cláusula não verdadeira;**

**III – os instrumentos particulares forem antedatados, ou pós-datados.**

**§ 2º Ressalvam-se os direitos de terceiros de boa-fé em face dos contraentes do negócio jurídico simulado.**

A simulação no CC/1916 acarretava nulidade relativa (art. 147, II), tendo no atual Código sido inserida no rol dos defeitos que determinam nulidade absoluta.

É simulado o negócio em que, na definição de Manuel A. Domingues de Andrade, ocorre "a divergência intencional entre a vontade e a declaração, procedente do acordo entre o declarante e o declaratário e determinada pelo intuito de enganar terceiros" (*Teoria geral da relação jurídica*. Coimbra, Almedina, 1974, v. II, p. 169).

Para se caracterizar a simulação são necessários a intencionalidade da divergência entre a vontade e a declaração, o acordo entre as partes e o objetivo de enganar. Se houver intuito de iludir, mas não de prejudicar, diz-se então simulação inocente. Indaga-se a respeito da possibilidade de simulação em negócios unilaterais, o que, entretanto, é viável em hipóteses restritas, como na revogação de mandato, para dar satisfação a terceiro, desafeto do mandatário, supostamente destituído.

A simulação guarda certa proximidade com os negócios fiduciários e com os realizados em fraude à lei, sem que se confundam. Nos negócios fiduciários haverá uma recondução à situação efetivamente desejada, e, na fraude à lei, ocorre o objetivo de frustrar-lhes as proibições, o que acarreta a nulidade absoluta.

Embora a lei comine de nulidade o negócio simulado, poderá prevalecer o que se desejou celebrar, se válido na substância e na forma, ou seja, se não encontrar óbice legal. Assim, por exemplo, uma doação dissimulada em compra e venda, se feita a quem não poderia receber a liberalidade, ou doado, por quem não pudesse doar, será nula; contudo, se as partes forem livres para firmar o contrato de doação, mas assim não o qualificando por questões de fato que não ofendem a ordem jurídica, o negócio, se atendidos os requisitos formais, prevalecerá como efetiva doação.

No rol dos negócios simulados encontram-se aqueles que aparentam negócio inexistente ou diverso do verdadeiro; os celebrados com pessoa diversa da que auferirá o proveito; os que encerram falsidade ideológica por conter disposições não verdadeiras; e os documentos com data anterior ou posterior à verdadeira.

Terceiros de boa-fé não terão prejudicados seus direitos, se verificada a simulação, embora esta determine nulidade absoluta, com efeitos *ex tunc*.

**Jurisprudência:** Recurso especial. Embargos à execução. Negativa de prestação jurisdicional. Ausência. Contrato de mútuo com necessidade de investimento da quantia assim obtida em debênture de sociedade coligada ao Banco Santos. Artigos indicados que não possuem conteúdo normativo apto a afastar a tese do acórdão estadual quanto a ilicitude das operações de reciprocidade. Súmula n. 284 do STF. Simulação. Art. 167 do CC/2002. Negócio jurídico nulo. A simulação pode ser alegada por uma das partes contra a outra. Inoponibilidade das exceções pessoais a terceiros de boa-fé. Massa falida que não pode ser considerada terceira quanto aos negócios celebrados pela sociedade falida. Honorários recursais. Art. 85, § 11, do NCPC. Recurso especial conhecido em parte e nela não provido. 1 – Não há falar em omissão e falta de fundamentação no acórdão se o Tribunal estadual motivou adequadamente sua decisão, solucionando a controvérsia com a aplicação do direito que entendeu cabível à hipótese, apenas não no sentido pretendido pela parte. 2 – Os dispositivos legais que tratam da dação em pagamento (art. 356 do CC/2002), do efeito da transferência do empréstimo, com os riscos a partir de então assumidos pelo mutuário (art. 587 do CC/2002), da vinculação da garantia ao cumprimento da obrigação (art. 1.419 do CC/2002) e do direito de excussão (art. 1.422 do CC/2002), não possuem conteúdo normativo apto a alterar o acórdão estadual, que concluiu pela ilicitude das operações de reciprocidade entabuladas pela instituição financeira. Incidência, por analogia, da Súmula n. 284 do STF. 3 – O negócio jurídico simulado é nulo e consequentemente ineficaz (art. 167 do CC/2002). 4 – Com o advento do CC/2002 ficou superada a regra que constava do art. 104 do CC/1916, pela qual, na simulação, os simuladores não poderiam alegar o vício um contra o outro, pois ninguém poderia se beneficiar da própria torpeza. O art. 167 do CC/2002 alçou a simulação como motivo de nulidade do negócio jurídico. Sendo a simulação uma causa de nulidade do negócio jurídico, pode ser alegada por uma das partes contra a outra (Enunciado n. 294/CJF da IV Jornada de Direito Civil). Precedentes e doutrina. 5 – O Tribunal paulista, ao analisar o conjunto fático-probatório dos autos, concluiu que o negócio jurídico entabulado pelas partes, consistente na celebração de contrato de mútuo com necessidade de investimento da quantia obtida em debênture de sociedade coligada, não padecia de vício de consentimento (dolo). Os negócios assim realizados não pretenderam estimular em momento algum o desenvolvimento das atividades da empresa tomadora do empréstimo, e sim camuflar a prática de negócio diverso, simulado por parte da instituição financeira. 6 – A inoponibilidade das exceções pessoais também não se aplica a massa falida, composta em seu aspecto objetivo pelo acervo patrimonial outrora pertencente a sociedade falida, uma vez que ela apenas sucede esta última nas relações jurídicas por ela mantidas, não sendo possível considerá-la terceira em relação a negócios celebrados pela sociedade cuja quebra foi decretada (REsp n. 1.501.640/SP, minha relatoria, 3ª T., j. 27.11.2018, REPDJe de 07.12.2018, *DJe* de 06.12.2018). 7 – Em razão da aplicabilidade das regras do CPC/2015 e do não provimento do presente recurso, majoro os honorários fixados anteriormente, em 5% do valor atualizado da causa, limitados a 20%, nos termos do art. 85, §§ 2º e 11, do NCPC. 8 – Recurso especial conhecido em parte e nela não provido. (STJ, REsp n. 2.037.095/SP, 3ª T., rel. Min. Moura Ribeiro, j. 19.03.2024, *DJe* 11.04.2024)

Ação declaratória de nulidade de alteração de contrato social. Alegação da autora apelante, de que nunca figurou como sócia da empresa. Simulação (art. 167, CC). Vício que não se convalesce pelo decurso do tempo (art. 169, CC). A autora alega que a corré Marcia Azevedo a incluiu, indevidamente, como sócia da empresa [...], quando, em verdade, sempre foi funcionária. Situação que vem gerando transtornos, tanto que está sendo envolvida em ações cíveis e trabalhistas ajuizadas contra a empresa. Situação retratada nos autos que se subsume à simulação, por conter declaração não verdadeira. Rés Márcia, Sandra e Solange que foram citadas por edital e defendidas pela Defensoria Pública. Corréu Fabio que, ao contestar a ação, reiterou a prática simulada, consistente na inclusão de funcionários no quadro social da [...]. Corréu Fabio que também propôs ação contra as rés, com base nas mesmas práticas simuladas, tendo essa Câmara Reservada de Direito Empresarial já reconhecido a ocorrência de tais irregularidades, no julgamento da Apelação n. 1028069-03.2015.8.26.0002. Recurso provido. (TJSP, Ap. Cível n. 0041784-71.2011.8.26.0001/SP, 2ª Câm. Res. de Dir. Empr., rel. Sérgio Shimura, j. 29.03.2022)

Ação ordinária. Contrato bancário. Simulação. Subsistência do simulado. Litigância de má-fé. Não merece guarida o pedido da parte autora de anulação do contrato, e muito menos o de indenização por danos morais, haja vista que evidenciado nos autos que o negócio foi realizado através de simulação da qual participou. Também provam os autos que o empréstimo contratado foi, na verdade, endereçado à empresa corré, esta a verdadeira contratante, que se valeu de empregado, sem bens passíveis de constrição, como "testa de ferro". Perfeita a sentença em sua carga declaratória, ao reconhecer a existência de negócio simulado, permanecendo o mútuo pactuado com a empresa como devedora. Feliz a remissão ao art. 167 do CC/2002, que prega ser nulo o negócio jurídico simulado, mas subsiste o que se dissimulou, se válido for na substância e na forma. Também resta claro que tanto a parte autora como a segunda ré alteraram a verdade dos fatos durante a instrução probatória, litigando de má-fé, nos termos do art. 17, II, do CPC, sendo devida a multa do art. 18 desse diploma. (TRF, 4ª R., Ap. Cível n. 2007.71.130.002.287, 4ª T., rel. Edgard Antônio Lippmann Júnior, j. 11.02.2009, *DJ* 09.03.2009)

Negócio jurídico. Cessão de cotas em sociedade empresária. Anulação. Simulação. Configuração. Casal em crise matrimonial. Transferência efetuada pelo marido e sócio gerente em favor da sua irmã sem prova de desembolso do preço e sem concordância da esposa meeira. Marido que continua a atuar na sociedade formalmente como auxiliar de escritório. Doação dissimulada da parte da esposa. Nulidade absoluta (art. 167, § 1º, I e II, do CC/2002). Irrelevância de a ação de separação judicial não ter sido ainda julgada. Ação procedente. Apelação desprovida. (TJSP, Ap. c/ rev. n. 4.986.844.300, 10ª Câm. de Dir. Priv., rel. Guilherme Santini Teodoro, j. 27.08.2008)

**Art. 168. As nulidades dos artigos antecedentes podem ser alegadas por qualquer interessado, ou pelo Ministério Público, quando lhe couber intervir.**

**Parágrafo único. As nulidades devem ser pronunciadas pelo juiz, quando conhecer do negócio jurídico ou dos seus efeitos e as encontrar provadas, não lhe sendo permitido supri-las, ainda que a requerimento das partes.**

As nulidades absolutas são insanáveis, por afrontar a ordem pública. Podem alegá-las qualquer interessado e o MP quando tiver de intervir no processo. Encontrando-as provadas, deverá o juiz, de ofício, pronunciá-las, não lhe sendo dado supri-las, ainda que a pedido das partes. São, por isso, ditas incuráveis.

**Art. 169. O negócio jurídico nulo não é suscetível de confirmação, nem convalesce pelo decurso do tempo.**

Em razão de serem incuráveis e perpétuas as nulidades absolutas, não podem os negócios nulos ser confirmados, e por isso também não podem ser objeto de novação (art. 367). Igualmente o decurso de tempo não faz desaparecer o vício.

Constitui, porém, exceção o art. 1.859 do CC, em razão do qual se extingue "em cinco anos o direito de impugnar a validade do testamento, contado o prazo da data do seu registro".

**Art. 170. Se, porém, o negócio jurídico nulo contiver os requisitos de outro, subsistirá este quando o fim a que visavam as partes permitir supor que o teriam querido, se houvessem previsto a nulidade.**

Trata-se da conversão dos negócios jurídicos. Assim, a venda de imóvel de valor superior a trinta vezes o salário mínimo, não havendo exceção por lei especial, exige escritura pública (art. 108). Firmado o negócio por instrumento particular, será nulo (art. 166, IV), entretanto, poderá valer como promessa de venda, até porque "o contrato preliminar, exceto quanto à forma, deve conter todos os requisitos essenciais ao contrato a ser celebrado" (art. 462).

Para que a conversão seja admitida, consoante Manuel A. Domingues de Andrade (*Teoria geral da relação jurídica*. Coimbra, Almedina, 1974, v. II, p. 433), é necessário que o negócio nulo contenha os requisitos do negócio sucedâneo, o qual terá de dizer respeito ao mesmo objeto e, finalmente, que se demonstre que tenham as partes desejado o negócio sucedâneo se tivessem constatado a deficiência do negócio realizado.

Difere a hipótese de outras assemelhadas, como o negócio dissimulado (art. 167) e o negócio alternativo, ou seja, quando as partes preveem outro negócio caso aquele primeiramente desejado não possa prevalecer, e tampouco se identifica com a conversão meramente formal, que confere a qualidade de documento particular ao documento público se este não atender a todos os requisitos, mas estiver assinado pelas partes (arts. 215 e 219).

---

**Art. 171. Além dos casos expressamente declarados na lei, é anulável o negócio jurídico:**

**I – por incapacidade relativa do agente;**

**II – por vício resultante de erro, dolo, coação, estado de perigo, lesão ou fraude contra credores.**

---

As nulidades relativas são decretadas em atenção ao interesse particular das partes e não da ordem pública, como ocorre nas nulidades absolutas.

São anuláveis os negócios jurídicos praticados por pessoa relativamente incapaz (art. 4º), bem como os contaminados por vício de consentimento ou que consubstanciem fraude contra credores. No CC/1916, também a simulação determinava nulidade relativa.

Além dessas hipóteses, a lei estabelece outras em que se comina a nulidade relativa (ex.: doação de cônjuge adúltero a seu cúmplice – art. 550; venda de ascendente a descendente sem o consentimento dos demais e do cônjuge – art. 496 etc.).

Por outro lado, o CC exclui a possibilidade de anulação de transação por erro de direito "a respeito das questões que foram objeto de controvérsia entre as partes" (art. 849, parágrafo único).

---

**Art. 172. O negócio anulável pode ser confirmado pelas partes, salvo direito de terceiro.**

---

O negócio anulável pode ser confirmado, diferentemente do que ocorre com o negócio nulo (art. 169).

O CC/1916 dizia que "o ato anulável pode ser ratificado pelas partes", e Bevilaqua (*Código Civil comentado*, 11. ed. Rio de Janeiro, Francisco Alves, 1956, v. I, p. 334) identificava as expressões ratificação e confirmação como "o ato pelo qual se expunge *(do negócio)* o vício de anulabilidade que o infirmava". Já Serpa Lopes, embora reconhecendo que o Código não distinguia confirmação de ratificação, argumentava que "confirmação é a restauração da vontade viciada por parte da própria pessoa que a manifestou daquele modo; ratificação, ao contrário, é a intervenção de uma vontade até então inoperante, é a ratificação de fato alheio, enquanto a confirmação é a ratificação de fato próprio" (*Curso de direito civil*, 3. ed. Rio de Janeiro, Freitas Bastos, 1960, v. I, p. 518).

Não há motivo para entender que o novo Código não quis abarcar a ratificação uma vez que preferiu referir-se à confirmação, pois, se o negócio é anulável por incapacidade relativa, tanto poderá ser confirmado pelo então relativamente incapaz, quando atingir a maioridade, como ratificado por seu assistente antes disso.

Quando se tratar de nulidade relativa por vício da vontade, o ato de confirmação deverá ocorrer depois de se achar o agente isento para consentir, porque, do contrário, a eiva perdurará.

Não repetiu a nova lei que a ratificação (ou confirmação) retroage à data do ato (art. 148 do CC/1916), mas era mesmo desnecessário, porque tal acréscimo nada significava além de que a ratificação atingia todas as consequências já advindas como as vindouras, e era fonte de dissenso doutrinário (Serpa Lopes, op. cit., p. 520).

A confirmação, entretanto, não poderá prejudicar direitos de terceiros.

Não se deve confundir a confirmação com a novação, porquanto, nesta, outra relação jurídica surge, diferente da anterior (art. 361).

Quanto à natureza, a confirmação é ato unilateral, que não pode ser impedida pela outra parte, porque não significa um novo contrato.

---

**Art. 173. O ato de confirmação deve conter a substância do negócio celebrado e a vontade expressa de mantê-lo.**

---

Trata-se da confirmação expressa.

Embora não se exija a reprodução integral dos termos do negócio, nem que se esclareça o motivo que daria ensejo à sua anulação, o ato de confirmar deve conter as cláusulas principais que caracterizam o negócio confirmado e a vontade expressa de mantê-lo.

Quanto à forma, terá de seguir a mesma do negócio confirmado, sendo, pois, daquela que exige escritura pública, será esta da substância do ato.

**Art. 174. É escusada a confirmação expressa, quando o negócio já foi cumprido em parte pelo devedor, ciente do vício que o inquinava.**

Trata-se da confirmação tácita.

O cumprimento voluntário do negócio, após a ciência do vício que o inquina, caracteriza a vontade da confirmação, a fim de que se produzam os efeitos. Basta que o cumprimento seja parcial, o que revela o caráter irrevogável da confirmação. É, porém, necessário que o defeito já seja conhecido e a parte não mais esteja sujeita às circunstâncias que determinaram a eiva.

**Art. 175. A confirmação expressa, ou a execução voluntária de negócio anulável, nos termos dos arts. 172 a 174, importa a extinção de todas as ações, ou exceções, de que contra ele dispusesse o devedor.**

A confirmação é irrevogável, por isso, uma vez ocorrente, expressa ou tacitamente, retira da parte as vias de impugnação do negócio que era anulável. Tal não significa, porém, que o próprio ato de confirmação não possa estar viciado e, neste caso, o defeito do negócio primitivo não se terá apagado.

**Art. 176. Quando a anulabilidade do ato resultar da falta de autorização de terceiro, será validado se este a der posteriormente.**

Quando o negócio jurídico for anulável por falta de autorização de terceiro (ex.: art. 496), esta poderá ser concedida posteriormente, com o que o vício ficará sanado. A anuência terá de observar a mesma forma do negócio confirmado, logo, se esta exigir escritura pública, também a anuência deverá ser dada por escritura pública (art. 220 do CC).

**Art. 177. A anulabilidade não tem efeito antes de julgada por sentença, nem se pronuncia de ofício; só os interessados a podem alegar, e aproveita exclusivamente aos que a alegarem, salvo o caso de solidariedade ou indivisibilidade.**

Os negócios anuláveis produzem efeitos até que, por sentença, sejam retirados do mundo jurídico, daí a natureza *ex nunc* do reconhecimento judicial das nulidades relativas.

Somente os prejudicados podem alegar a nulidade relativa, não podendo o juiz pronunciá-la de ofício, nem sendo dado ao MP argui-la.

A anulação só aproveita a quem houver alegado, salvo se a obrigação for indivisível (art. 258) ou solidária (art. 264).

Por força do art. 503, § 1º, do CPC/2015, se a anulabilidade for questão prejudicial poderá ser decidida expressa e incidentalmente no processo.

**Jurisprudência:** A anulabilidade do ato de transmissão dos direitos possessórios, por vícios de consentimento, está sujeita à apreciação no âmbito da possessória, quando as mesmas pessoas são os contratantes e as partes da ação (TJRO, Ap. n. 98.000.583-3, Câm. Especial, rel. Des. Renato Mimessi, j. 30.04.1998). (*RT* 760/392)

**Art. 178. É de quatro anos o prazo de decadência para pleitear-se a anulação do negócio jurídico, contado:**

**I – no caso de coação, do dia em que ela cessar;**

**II – no de erro, dolo, fraude contra credores, estado de perigo ou lesão, do dia em que se realizou o negócio jurídico;**

**III – no de atos de incapazes, do dia em que cessar a incapacidade.**

O prazo para anular os negócios jurídicos é decadencial e, nesse ponto, o novo CC cuidou de extremá-lo dos prazos prescricionais.

Quando sujeito o caso à decadência, em regra, direito e ação surgem simultaneamente do mesmo fato. A lei, porém, estabelece o termo inicial do prazo de quatro anos, na hipótese de nulidade relativa do negócio jurídico estabelecida no art. 171, I e II: a) no caso de coação, do dia em que cessar; b) nos casos dos outros defeitos (erro, dolo, estado de perigo, lesão e fraude contra credores), do dia em que o negócio se realizou; c) na hipótese de incapacidade relativa, a partir da cessação da incapacidade.

**Jurisprudência:** Agravo interno no recurso especial. Ação de anulação de partilha amigável decorrente de dissolução de sociedade conjugal. Prazo decadencial de 4 anos. Art. 178 do CC. Precedentes. Agravo interno desprovido. 1 – "É assente perante este STJ que o prazo ânuo para se pleitear a anulação de partilha, disposto nos arts. 1.029, parágrafo único, do CPC/1973, atual 567, parágrafo único; e 2.027, do CC, aplica-se, tão somente, ao âmbito sucessório, de modo que, quando se tratar de anulação de partilha por ocasião de dissolução de união estável, separação judicial ou divórcio, o prazo decadencial aplicável é o previsto no art. 178, do CC, de 4 anos" (Ag. Interno no REsp n. 1.546.979/SP, 4ª T., rel. Min. Maria Isabel Gallotti, j. 10.04.2018, *DJe* 16.04.2018). 2 – No caso, o acórdão recorrido entendeu aplicável o prazo ânuo do art. 2.027 do CC, impondo-se o retorno dos autos ao Tribunal de origem para que, afastada a decadência, prossiga no julgamento da apelação. 3 – Agravo interno desprovido. (STJ, Ag. Interno no REsp n. 1.897.743/SP, 4ª T., rel. Min. Raul Araújo, j. 13.11.2023, *DJe* 21.11.2023)

**Art. 179. Quando a lei dispuser que determinado ato é anulável, sem estabelecer prazo para pleitear-se a anulação, será este de dois anos, a contar da data da conclusão do ato.**

Além dos casos referidos nos incisos I e II do art. 171, serão anuláveis outros negócios jurídicos que a lei assim declarar. Quanto a estes, se a lei nada dispuser a respeito do prazo decadencial para a anulação, será de dois anos.

**Art. 180. O menor, entre dezesseis e dezoito anos, não pode, para eximir-se de uma obrigação, invocar a sua idade se dolosamente a ocultou quando inquirido pela outra parte, ou se, no ato de obrigar-se, declarou-se maior.**

O menor relativamente incapaz já possui entendimento, embora se presuma reduzido. Se, entretanto, age com malícia, esta infirma a deficiência decorrente da idade, porque consegue convencer a outrem, daí o brocardo *malitia supplet aetatem*.

Em tal circunstância, não poderá o menor, para fugir das obrigações, alegar defeito de idade.

**Art. 181. Ninguém pode reclamar o que, por uma obrigação anulada, pagou a um incapaz, se não provar que reverteu em proveito dele a importância paga.**

Em regra, anulado o negócio jurídico ou declarada sua nulidade, volvem as partes à situação anterior (art. 182), entretanto, se a nulidade, absoluta ou relativa, decorrer de incapacidade da parte, aquele que pagou ao incapaz não terá direito à repetição, salvo se provar que o que foi pago reverteu em proveito do incapaz.

**Art. 182. Anulado o negócio jurídico, restituir-se-ão as partes ao estado em que antes dele se achavam, e, não sendo possível restituí-las, serão indenizadas com o equivalente.**

Anulado o negócio, ou declarada sua nulidade, as partes voltam ao *statu quo ante*. Se isso for impossível, o prejudicado será indenizado com o equivalente em dinheiro.

A regra comporta exceções, como a do art. 181, acerca do pagamento feito aos incapazes, e dos arts. 1.214, 1.217 e 1.219, a respeito da boa-fé.

A declaração de nulidade atinge a terceiro, cujo direito tenha sido adquirido com base no ato nulo, porque ninguém pode transferir mais direito do que possui, ressalvada a aplicação das regras acima, concernentes à boa-fé.

**Art. 183. A invalidade do instrumento não induz a do negócio jurídico sempre que este puder provar-se por outro meio.**

Quando o negócio não exigir forma especial, a nulidade do instrumento não importará nulidade do negócio, pois, nesse caso, são admitidos outros meios de prova.

Assim, quando o negócio não exigir escritura pública, mas por meio desta for realizado, entretanto, inquinada de nulidade, o negócio valerá, porque pode ser provado por instrumento particular. Trata-se de conversão formal.

**Art. 184. Respeitada a intenção das partes, a invalidade parcial de um negócio jurídico não o prejudicará na parte válida, se esta for separável; a invalidade da obrigação principal implica a das obrigações acessórias, mas a destas não induz a da obrigação principal.**

Os negócios jurídicos, pelo critério de sua composição, dividem-se em simples e complexos, "conforme se constituam de declarações de vontade própria de um só, ou de vários negócios", consoante Orlando Gomes (*Introdução ao direito civil*, 12. ed. Rio de Janeiro, Forense, 1996, p. 299).

Sendo o negócio complexo e inválido um dos negócios jurídicos, os demais prevalecem, salvo se for outra a intenção das partes, como no caso de lhes interessar apenas o ajuste por inteiro. É a aplicação da regra *utile per inutile non vitiatur*. Não se deve, também, confundir negócio complexo com negócios coligados. Aquele é único, enquanto estes são vários.

Adotando-se o critério da divisão, na classificação das obrigações, de um lado consideradas em si mesmas e de outro reciprocamente, há nesta última hipótese o negócio principal e o acessório. A invalidade do negócio acessório não se comunica com o principal; já a invalidade do negócio principal fulmina o acessório. Assim, em uma fiança locatícia, sendo esta nula, o contrato de locação não será nulo, mas se o contrato de locação for nulo, a fiança também o será, porque a fiança é acessória – *accessorium sequitur suum principale* – ressalvado o disposto no art. 824.

## TÍTULO II
## DOS ATOS JURÍDICOS LÍCITOS

**Art. 185. Aos atos jurídicos lícitos, que não sejam negócios jurídicos, aplicam-se, no que couber, as disposições do Título anterior.**

O Código divisou o ato jurídico em sentido estrito do negócio jurídico, ambos compreendidos no gênero ato jurídico em sentido amplo.

Distingue-se o ato jurídico em sentido estrito do negócio jurídico porque neste existe manifestação da vontade apta a determinar efeitos jurídicos, ao passo que naquele os efeitos jurídicos dimanam da lei.

Classifica Orlando Gomes (*Introdução ao direito civil*, 12. ed. Rio de Janeiro, Forense, 1996, p. 253) os atos jurídicos em atos materiais e de participações. Aqueles são comportamentos como a fixação do domicílio, e não têm destinatário; enquanto estes são declarações de vontade, sem intento negocial, mas que objetivam infundir em outrem um evento psíquico, como no caso das notificações, interpelações e protestos (arts. 726 e segs. do CPC/2015).

Aos atos jurídicos lícitos, no que couber, aplicam-se as regras pertinentes aos negócios jurídicos.

## TÍTULO III
## DOS ATOS ILÍCITOS

**Art. 186. Aquele que, por ação ou omissão voluntária, negligência ou imprudência, violar direito e causar dano a outrem, ainda que exclusivamente moral, comete ato ilícito.**

Consiste a responsabilidade civil na obrigação de indenizar o dano, patrimonial ou moral, causado a outrem.

Encarece Aguiar Dias que "não pode haver responsabilidade sem a existência de um dano, e é verdadeiro truísmo sustentar esse princípio, porque, resultando a responsabilidade civil em obrigação de ressarcir, logicamente não pode concretizar-se onde não há que reparar" (*Da responsabilidade civil*, 10. ed. Rio de Janeiro, Forense, 1995, v. II, p. 713).

O dano pode surgir tanto em atividade disciplinada por um contrato, daí a chamada responsabilidade contratual (ex.: contrato de transporte), como em atividade independente de qualquer ajuste com o prejudicado, sendo esta a responsabilidade extracontratual (ex.: acidente de trânsito).

São elementos indispensáveis para obter a indenização: 1) o dano causado a outrem, que é a diminuição patrimonial ou a dor, no caso de dano apenas moral; 2) nexo causal, que é a vinculação entre determinada ação ou omissão e o dano experimentado; 3) a culpa, que, genericamente, engloba o dolo (intencionalidade) e a culpa em sentido estrito (negligência, imprudência ou imperícia), correspondendo em qualquer caso à violação de um dever preexistente.

Em regra, a exigibilidade da reparação subordina-se a um elemento subjetivo, o dolo ou a culpa, do causador do dano. Excepcionalmente, porém, a culpa ou o dolo têm sua comprovação dispensada, nas hipóteses submetidas ao regime da responsabilidade objetiva, ou seja, nos casos especificados em lei, ou quando a atividade normalmente exercida pelo autor do dano implicar, por sua natureza, risco para os direitos de outrem (art. 927, parágrafo único, do CC).

Não só o causador efetivo do dano está adstrito a indenizar, porquanto essa responsabilidade se estende a outras pessoas àquele vinculadas, na conformidade do art. 932.

O incapaz também responde pelos prejuízos que causar, se as pessoas por ele responsáveis não tiverem obrigação de fazê-lo ou não dispuserem de meios suficientes, entretanto, nesse caso, a indenização deverá ser equitativa e não será devida, se privar do necessário o incapaz ou as pessoas que dele dependem (art. 928, parágrafo único, do CC).

**Jurisprudência:** Súmula n. 28, STF: O estabelecimento bancário é responsável pelo pagamento de cheque falso, ressalvadas as hipóteses de culpa exclusiva ou concorrente do correntista.

Súmula n. 491, STF: É indenizável o acidente que cause a morte de filho menor, ainda que não exerça trabalho remunerado.

Súmula n. 562, STF: Na indenização de danos materiais decorrentes de ato ilícito cabe a atualização de seu valor, utilizando-se, para esse fim, dentre outros critérios, os índices de correção monetária.

Súmula n. 37, STJ: São cumuláveis as indenizações por dano material e dano moral oriundos do mesmo fato.

Súmula n. 130, STJ: A empresa responde, perante o cliente, pela reparação de dano ou furto de veículo ocorrido em seu estacionamento.

Súmula n. 227, STJ: A pessoa jurídica pode sofrer dano moral.

Súmula n. 246, STJ: O valor do seguro obrigatório deve ser deduzido da indenização judicialmente fixada.

Súmula n. 359, STJ: Cabe ao órgão mantenedor do Cadastro de Proteção ao Crédito a notificação do devedor antes de proceder à inscrição.

Súmula n. 370, STJ: Caracteriza dano moral a apresentação antecipada de cheque pré-datado.

Súmula n. 385, STJ: Da anotação irregular em cadastro de proteção ao crédito, não cabe indenização por dano moral, quando preexistente legítima inscrição, ressalvado o direito ao cancelamento.

Súmula n. 387, STJ: É lícita a cumulação das indenizações de dano estético e dano moral.

Súmula n. 388, STJ: A simples devolução indevida de cheque caracteriza dano moral.

---

**Art. 187. Também comete ato ilícito o titular de um direito que, ao exercê-lo, excede manifestamente os limites impostos pelo seu fim econômico ou social, pela boa-fé ou pelos bons costumes.**

---

Não constitui ato ilícito o exercício regular de um direito (art. 188, I, do CC), todavia, não se permitem excessos que contrariem os fins econômicos e sociais daquele.

Define R. Limongi França: "O abuso de direito consiste em um ato jurídico de objeto lícito, mas cujo exercício, levado a efeito sem a devida regularidade, acarreta um resultado que se considera ilícito" (*Instituições de direito civil*, 2. ed. São Paulo, Saraiva, 1991, p. 889).

Em diversas outras passagens, o CC coíbe o abuso de direito, a saber, nos arts. 421, 422, 1.228, §§ 1º e 2º, e 1.648, bem como a legislação extravagante, a exemplo da hipótese de limitação ao direito de o inquilino purgar a mora nas ações de despejo por falta de pagamento (art. 62, parágrafo único, da Lei n. 8.245/91). No campo do direito constitucional, várias são as condenações de conduta abusiva (arts. 14, §§ 9º e 10, e 173, § 4º, da CF). No âmbito do direito processual, o litigante que abusar das faculdades que lhe são concedidas responde por isso (arts. 79 a 81 do CPC/2015).

Não exige a lei o elemento subjetivo, ou a intenção de prejudicar, para a caracterização do abuso de direito, bastando que seja distorcido o seu exercício.

---

**Art. 188. Não constituem atos ilícitos:**

**I – os praticados em legítima defesa ou no exercício regular de um direito reconhecido;**

**II – a deterioração ou destruição da coisa alheia, ou a lesão a pessoa, a fim de remover perigo iminente.**

**Parágrafo único. No caso do inciso II, o ato será legítimo somente quando as circunstâncias o tornarem absolutamente necessário, não excedendo os limites do indispensável para a remoção do perigo.**

---

São excludentes de ilicitude, ainda que a conduta produza danos a terceiros, a legítima defesa, o exercício regular de um direito e o estado de necessidade. A essas categorias identificáveis no dispositivo do CC pode-se acrescentar o estrito cumprimento do dever legal, a que alude o art. 23, III, do CP, sem que isso exclua a responsabilidade civil do Estado (art. 37, § 6º, da CF). É, ainda, a lei penal que define: "Considera-se em estado de necessidade quem pratica o fato para salvar de perigo atual, que não provocou por sua vontade, nem podia de outro modo evitar, direito próprio ou alheio, cujo sacrifício, nas circunstâncias, não era razoável exigir-se" (art. 24, *caput*, do CP). Aplicável, também, sua definição de legítima defesa: "Entende-se em legítima defesa quem, usando moderadamente dos meios necessários, repele injusta agressão, atual ou iminente, a direito seu ou de outrem" (art. 25 do CP).

Em qualquer das hipóteses, responderá o agente pelo excesso que cometer (arts. 187 do CC e 23, parágrafo único, do CP).

Não obstante o paralelismo com a responsabilidade penal, dispõe o CC que "a responsabilidade civil é independente da criminal, não se podendo questionar mais sobre a existência do fato, ou sobre quem seja o seu autor, quando estas questões se acharem decididas no juízo criminal" (art. 935).

É necessário, também, observar que o ato praticado em estado de necessidade, embora não considerado ilícito, dá lugar à indenização, se a pessoa lesada ou o dono da coisa destruída ou deteriorada "não forem culpados do perigo" (art. 929 do CC).

**Jurisprudência:** Apelação cível. Direito privado não especificado. Ação de indenização por danos morais. Protesto. Ausência de ato ilícito. Débito efetivamente existente, pois ausente prova do pagamento (quitação). Ônus que recaía ao autor, por força do art. 333, I, CPC, do qual não se desincumbiu. Exercício regular de direito do credor. Ausência de ato ilícito. Exegese do art. 188 do CC. Demanda julgada improcedente. Sentença confirmada. Recurso de apelação ao qual se nega provimento. (TJRS, Ap. n. 70.021.062.443, rel. Des. Pedro Celso Dal Prá, j. 13.09.2007)

Responsabilidade civil. Ação indenizatória. Dano moral. Matéria jornalística publicada com base em dados fornecidos por terceiros. Inexistência de conteúdo calunioso, difamatório e injurioso. Matéria que está dentro do alcance dos parâmetros do direito civil e nos limites de segurança da informação, consoante o direito constitucional. Verba indevida (TJSP, Ap. n. 195.584-4/8-00, 5ª Câm. de Dir. Priv., rel. Des. Oldemar Azevedo, j. 09.11.2005). (*RT* 846/250)

# TÍTULO IV
# DA PRESCRIÇÃO E DA DECADÊNCIA

## CAPÍTULO I
## DA PRESCRIÇÃO

### *Seção I*
### *Disposições Gerais*

**Art. 189. Violado o direito, nasce para o titular a pretensão, a qual se extingue, pela prescrição, nos prazos a que aludem os arts. 205 e 206.**

O vocábulo prescrição é originário de *praescriptio*, que deriva do verbo *praescribere*, significando "escrever antes".

Nas denominadas ações temporárias, que se contrapunham às ações perpétuas, ao estatuir a fórmula, determinava o pretor ao juiz que absolvesse o réu se expirado o prazo de sua duração, e essa parte preliminar da fórmula se chamava *praescriptio*. Daí o entendimento que a prescrição corresponderia à extinção da ação e foi conceituada por Clóvis Bevilaqua como "a perda da acção attribuida a um direito, e de toda a sua capacidade defensiva, em consequência do não uso dellas, durante um determinado espaço de tempo" (*Theoria geral do direito civil*, 6. ed. atualizada por Achilles Bevilaqua. Rio de Janeiro, Francisco Alves, 1953, p. 370).

Assentando que a ação é direito público subjetivo de pedir a prestação jurisdicional (art. 5º, XXXV, da CF), a prescrição não mais pode ser compreendida naqueles termos, mas deve ser conceituada como a perda da exigibilidade do direito pelo decurso do tempo. Não é o direito que se extingue, apenas sua exigibilidade.

Alguns justificam a prescrição como uma sanção à negligência do titular do direito que não o exerce em certo lapso de tempo (*dormientibus non succurrit jus*), enquanto outros procuram explicá-la com motivos de ordem pública, dada a necessidade de consolidação das situações jurídicas.

Para que se configure a prescrição são necessários: a) a existência de um direito exercitável; b) a violação desse direito *(actio nata)*; c) a ciência da violação do direito; d) a inércia do titular do direito; e) o decurso do prazo previsto em lei; e f) a ausência de causa interruptiva, impeditiva ou suspensiva do prazo.

Quando o direito se dividir em cotas periódicas, distingue-se a prescrição nuclear, ou de fundo de direito, da prescrição parcelar. Assim, enquanto não for negado o próprio direito, sujeitam-se a prescrição somente as parcelas (art. 3º do Decreto n. 20.910, de 06.01.1932), salvo que a própria lei pode estabelecer a imprescritibilidade do próprio direito, fazendo a prescrição incidir apenas sobre as parcelas (art. 104 da Lei n. 8.213/91). No caso de créditos resultantes de relações de trabalho, a prescrição parcelar é quinquenal, todavia, ocorrerá a prescrição nuclear "dois anos após a extinção do contrato de trabalho" urbano ou rural (art. 7º, XXIX, da CF).

**Jurisprudência:** Súmula n. 443, STF: A prescrição das prestações anteriores ao período previsto em lei não ocorre quando não tiver sido negado, antes daquele prazo, o próprio direito reclamado ou a situação jurídica de que ele resulta.

Súmula n. 85, STJ: Nas relações jurídicas de trato sucessivo em que a Fazenda Pública figure como devedora, quando não tiver sido negado o próprio direito reclamado, a prescrição atinge apenas as prestações vencidas antes do quinquênio anterior à propositura da ação.

Súmula n. 229, STJ: O pedido do pagamento de indenização à seguradora suspende o prazo de prescrição até que o segurado tenha ciência da decisão.

Súmula n. 278, STJ: O termo inicial do prazo prescricional, na ação de indenização, é a data em que o segurado teve ciência inequívoca da incapacidade laboral.

Súmula n. 573, STJ: Nas ações de indenização decorrente de seguro DPVAT, a ciência inequívoca do caráter permanente da invalidez, para fins de contagem do prazo prescricional, depende de laudo médico, exceto nos casos de invalidez permanente notória ou naqueles em que o conhecimento anterior resulte comprovado na fase de instrução.

Direito civil. Recurso especial. Ação declaratória de inexigibilidade de débito prescrito. Prescrição da pretensão. Instituto de direito material. Definição. Plano da eficácia. Princípio da indiferença das vias. Prescrição que não atinge o direito subjetivo. Cobrança extrajudicial de dívida prescrita. Impossibilidade. Manutenção do acórdão estadual. 1 – Ação de conhecimento, por meio da qual se pretende o reconhecimento da prescrição, bem como a declaração judicial de inexigibilidade do débito, ajuizada em 04.08.2021, da qual foi extraído o presente recurso especial, interposto em 26.09.2022 e concluso ao gabinete em 03.08.2023. 2 – O propósito recursal consiste em decidir se o reconhecimento da prescrição impede a cobrança extrajudicial do débito. 3 – Inovando em relação à ordem jurídica anterior, o art. 189 do CC/2002 estabelece, expressamente, que o alvo da prescrição é a pretensão, instituto de direito material, compreendido como o poder de exigir um comportamento positivo ou negativo da outra parte da relação jurídica. 4 – A pretensão não se confunde com o direito subjetivo, categoria estática, que ganha contornos de dinamicidade com o surgimento da pretensão. Como consequência, é possível a existência de direito subjetivo sem pretensão ou com pretensão paralisada. 5 – A pretensão se submete ao princípio da indiferença das vias, podendo ser exercida tanto judicial, quanto extrajudicialmente. Ao cobrar extrajudicialmente o devedor, o credor está, efetivamente, exercendo sua pretensão, ainda que fora do processo. 6 – Se a pretensão é o poder de exigir o cumprimento da prestação, uma vez paralisada em razão da prescrição, não será mais possível exigir o referido comportamento do devedor, ou seja, não será mais possível cobrar a dívida. Logo, o reconhecimento da prescrição da pretensão impede tanto a cobrança judicial quanto a cobrança extrajudicial do débito. 7 – Hipótese em que as instâncias ordinárias consignaram ser incontroversa a prescrição da pretensão do credor, devendo-se concluir pela impossibilidade de cobrança do débito, judicial ou extrajudicialmente, impondo-se a manutenção do acórdão recorrido. 8 – Recurso especial conhecido e desprovido. (STJ, REsp n. 2.088.100/SP, 3ª T., rel. Min. Nancy Andrighi, j. 17.10.2023, *DJe* 23.10.2023)

Administrativo. Processual civil. Infecção hospitalar. Danos morais. Prescrição. Termo inicial. Súmula n. 7/ STJ. 1 – O instituto da prescrição é regido pelo princípio da *actio nata*, ou seja, o curso do prazo prescricional tem início com a efetiva lesão do direito tutelado, pois nesse momento nasce a pretensão a ser deduzida em juízo, caso resistida, como preceitua o art. 189 do CC/2002. Relativamente às ações contra a Fazenda Pública, o princípio é o mesmo, conforme se pode verificar no art. 1º do Decreto n. 20.910/32, que regula a matéria. 2 – O Tribunal regional afastou a prescrição por entender que "quando foi ajuizada a ação, ainda havia a possibilidade de a autora sofrer a perda completa da visão. Do fato, podemos depreender que os danos advindos da infecção hospitalar ainda estavam se processando, de modo que não se pode acolher o argumento de que a ação estava prescrita". 3 – Constata-se que tal entendimento foi exarado com base no acervo fático-probatório dos autos. Assim, conclusão diversa da alcançada pelo acórdão recorrido esbarra no óbice da Súmula 7/STJ. 4 – Recurso especial não provido. (STJ, REsp n. 1.345.742, 2ª T., rel. Min. Herman Benjamin, *DJe* 15.02.2013, p. 697)

Embargos infringentes. Seguro. Cobrança. Prescrição ânua. Art. 206, § 1º, II, *b*, do CC. Termo inicial. Concessão da aposentadoria pelo INSS. Requerimento administrativo. Suspensão do prazo. Súmula n. 229 do STJ. Prescrição configurada. O prazo prescricional da ação do segurado contra o segurador se perfaz em um ano e deve ser contabilizado a partir do fato gerador da pretensão, e não da negativa do pagamento. Inteligência do art. 206, § 1º, II, *b*, do CC/2002. Na hipótese de aposentadoria por invalidez pelo INSS, o termo inicial da prescrição é a data da concessão do benefício, pois o segurado obtém ciência inequívoca da sua incapacidade laboral. O requerimento administrativo do pagamento de seguro suspende o prazo prescricional, que volta a fluir a partir do dia da recusa (Súmula n. 229 do STJ). V.v. A prescrição da ação do segurado em face da seguradora é de um (1) ano, conforme disposto no art. 178, § 6º, do CC/1916 e na Súmula n. 101 do STJ. O termo inicial para contagem da prescrição em questão é a data da efetiva ciência, pelo segurado, da negativa de pagamento do seguro pela seguradora, por força da *actio nata*, visto que a pretensão juridicamente protegida e, consequentemente, o interesse de agir, somente surgem após a lesão ao direito material, ou seja, com a recusa do pagamento da verba securitária. Até o momento em que ocorre a negativa da seguradora em pagar o seguro não há ato ilícito a ensejar a pretensão do segurado, porquanto a seguradora ainda não violou o direito de o mesmo receber o pagamento da verba securitária. Ressalte-se, ainda, que o art. 189 do CC/2002 expressamente faz referência à violação do direito material como condição para o surgimento da pretensão, que poderá ser extinta pela prescrição. [...] Como se vê, não é qualquer pretensão que tem relevância para fins de prescrição, mas sim aquela que surgiu da violação, da lesão do direito material. Não obstante a Súmula n. 229 do STJ use, em seu texto, a expressão "suspensão", deve-se entender seu sentido não pela literalidade, mas pela teleologia. Assim, o que ocorre, em verdade, é uma interrupção do prazo, sob pena de se impedir o acesso do segurado ao Judiciário, cometendo-se grave injustiça em relação a ele. (TJMG, Emb. Infring. n. 2.0000.00.481886-6/002, rel. Des. Renato Martins Jacob, j. 16.03.2006)

**Art. 190. A exceção prescreve no mesmo prazo em que a pretensão.**

A questão referente à prescrição das exceções é controvertida; assevera Antonio Luís de Câmara Leal, em *Da prescrição e da decadência* (3. ed. atualizada por José de Aguiar Dias. Rio de Janeiro, Forense, 1978, p. 44), que "não há acordo entre os escritores: se uns, como Savigny, são pela absoluta imprescritibilidade das exceções, outros, como Chironi, são pela sua prescritibilidade; e outros, como Mirabelli, admitem tanto a prescritibilidade como a imprescritibilidade, conforme a natureza da exceção". Vergando-se por esta última corrente, aduz que "se a exceção tem seu fundamento em título diverso daquele que serve de base à ação, constituindo um meio de ataque, e não de simples defesa, e tendo por fim não a conservação de um estado atual do objeto da demanda, mas o reconhecimento de um novo estado, diverso do atual, essa exceção é prescritível, porque só tem a feição processual de exceção, sendo, porém, no fundo uma verdadeira ação ou reconvenção".

Embora o Código não restrinja o conteúdo da exceção que se sujeita à prescrição, corretos se afiguram os limites acima, porque é elementar da prescrição a existência de um direito exercitável.

**Art. 191. A renúncia da prescrição pode ser expressa ou tácita, e só valerá, sendo feita, sem prejuízo de terceiro, depois que a prescrição se consumar; tácita é a renúncia quando se presume de fatos do interessado, incompatíveis com a prescrição.**

A renúncia é o modo de despojamento de direitos. O fato de um direito não ser exercido, todavia, não implica renúncia, porque esta deve ser expressa ou decorrente de circunstâncias que possibilitem entendê-la desejada pelo titular, quando, então, se diz tácita.

Quanto à prescrição, a renúncia encontra os seguintes limites: a) só pode ocorrer depois de consumada a prescrição, isto é, não se admite a renúncia prévia; b) não pode prejudicar terceiros, de modo que ao devedor insolvável não é lícito renunciar à prescrição referente a um de seus débitos, prejudicando os demais credores.

A renúncia é unilateral, ou seja, independe da anuência da outra parte.

Não pode renunciar à prescrição quem não esteja na livre administração de seus bens, assim os absoluta ou relativamente incapazes, ainda que por intermédio dos que os representem ou assistam, pois os atos de disposição carecem de autorização judicial e devem atender ao interesse do incapaz.

**Jurisprudência:** Prescrição. Ação revisional de contrato de abertura de crédito em conta-corrente ("cheque especial"). Pretensão à exclusão da prática de capitalização de juros e de ressarcimento de enriquecimento sem causa. Renúncia tácita do réu, por haver praticado ato incompatível com o pedido de reconhecimento da prescrição. Caracterização da hipótese prevista na parte final do art. 191 do novo CC. Prova. Ação revisional de contrato de abertura de crédito em conta-corrente ("cheque especial"). Perícia contábil. Dispensabilidade de sua realização para afastar a alegação de capitalização de juros. Desnecessidade dos quesitos apresentados pelo banco réu para tal fim. Agravo retido desprovido. Contrato. Abertura de crédito em conta-corrente ("cheque especial"). Capitalização. Licitude. Inaplicabilidade ao caso das vedações da Lei de Usura (Decreto n. 22.626/33). Juros remuneratórios. Livre pactuação. Legalidade. Limitação constitucional em 12% ao ano. Eficácia contida até sua revogação pela EC n. 40/2003. Súmulas ns. 596 e 648 do STF. Aplicação da Súmula vinculante n. 7 da referida Corte Suprema. Repetição do indébito. Descabimento da pretensão. Sucumbência carreada ao autor. Litigância de má-fé. Inocorrência. Não configuração das hipóteses elencadas pelo art. 17 do CPC. Ação improcedente. Agravo retido desprovido, apelo do réu provido, por maioria, e recurso do autor desprovido, com observação. (TJSP, Ap. Cível n. 1.342.325.900, 12ª Câm. de Dir. Priv., rel. José Reynaldo, j. 03.06.2009, *DJ* 06.07.2009)

**Art. 192. Os prazos de prescrição não podem ser alterados por acordo das partes.**

As normas referentes à prescrição, entre elas a fixação de seu prazo, têm natureza imperativa, de modo que apenas a lei pode declarar algum direito imprescritível e os particulares não podem dilatar ou diminuir os prazos prescricionais. Por idêntica razão, não lhes é dado criar outros motivos de interrupção ou suspensão do curso do prazo prescricional.

Na sistemática do CC, mesmo no de 1916, comentava Clóvis Bevilaqua (*Theoria geral do direito civil*, 6. ed. atualizada por Achilles Bevilaqua. Rio de Janeiro, Francisco Alves, 1953, p. 419) que não há lugar para alusão à "prescrição imemorial *(cujus origo memoriam excessit)*", em razão da adoção de prazo geral (art. 206) e, por outro lado, conforme Câmara Leal (*Da prescrição e da decadência*, 3. ed. atualizada por José de Aguiar Dias. Rio de Janeiro, Forense, 1978, p. 37), "todo o estudo relativo à imprescritibilidade se ressente de um certo empirismo", reduzindo-se à casuística legal.

**Art. 193. A prescrição pode ser alegada em qualquer grau de jurisdição, pela parte a quem aproveita.**

A prescrição pode ser alegada a qualquer momento, enquanto a causa estiver pendente de julgamento. Não é necessário que o seja na contestação (art.

342, III, do CPC) nem que se faça em primeiro grau de jurisdição. É inadmissível, todavia, a alegação apenas em sede de recurso especial, continuando válido o que dizia Câmara Leal (*Da prescrição e da decadência*, 3. ed. atualizada por José de Aguiar Dias. Rio de Janeiro, Forense, 1978, p. 78) à época em que a função monofilática concernente à legislação infraconstitucional era do STF: "se a prescrição não foi alegada perante a justiça estadual e a lei federal que a rege não se tornou, portanto, objeto da discussão, claro está que a sentença, deixando de aplicá-la, não lhe negou eficiência, não foi proferida 'contra a letra de lei federal, sobre cuja aplicação se haja questionado', e o recurso extraordinário se faz inadmissível". Faltaria prequestionamento (Súmulas ns. 282 e 356 do STF e 211 do STJ).

Igualmente, em ação rescisória não se pode alegar prescrição que não fora arguida na ação em que tenha sido proferida a sentença rescindenda. Na fase de cumprimento de sentença, a prescrição que se admite alegar é a superveniente a ela (art. 525, § 1º, VII, do CPC/2015).

A alegação da prescrição incumbe à parte a quem aproveita, estendendo-se, porém, a terceiros que pela prescrição forem favorecidos.

A prescrição, também, pode ser reconhecida de ofício (art. 332, § 1º, do CPC/2015).

---

**Art. 194.** ***(Revogado pela Lei n. 11.280, de 16.02.2006.)***

---

O art. 194 estabelecia que: "O juiz não pode suprir, de ofício, a alegação de prescrição, salvo se favorecer a absolutamente incapaz".

No CC/1916, era ao juiz vedado conhecer de ofício da prescrição de direitos patrimoniais (art. 166) alertando, contudo, Clóvis Bevilaqua (*Código Civil comentado*, 11. ed. Rio de Janeiro, Francisco Alves, 1956, v. I, p. 355) que isto fazia supor "que o Juiz possa conhecer da prescrição de direitos não patrimoniais, quando é certo que, precisamente, os direitos patrimoniais é que são prescritíveis. Não há prescrição se não de direitos patrimoniais. Os direitos que são emanações diretas da personalidade, os de família puros, não prescrevem".

A Lei n. 11.280, de 16.02.2006, com entrada em vigor 90 dias depois de publicada, expressamente, revogou o art. 194 do CC (art. 11) e modificou o § 5º do art. 219 do CPC, que passará a vigorar com a seguinte redação: "O juiz pronunciará, de ofício, a prescrição". O CPC/2015 permite ao juiz julgar liminarmente o pedido, se verificar, desde logo, a prescrição ou a decadência (art. 332, § 1º), mas, salvo nesse caso, a prescrição e a decadência não serão reconhecidas sem que antes seja dada às partes oportunidade de manifestar-se (art. 487, parágrafo único).

A lei vigente afastou-se da tradição, ao determinar o reconhecimento da prescrição, de ofício, pelo Juiz, com o objetivo de conferir celeridade ao processo, entretanto, tem de conviver com o art. 191 do CC, que permite a renúncia da prescrição. Deste modo, o reconhecimento, de ofício, da prescrição não se poderá dar caso o interessado a ela tenha, anteriormente, renunciado.

---

**Art. 195. Os relativamente incapazes e as pessoas jurídicas têm ação contra os seus assistentes ou representantes legais, que derem causa à prescrição, ou não a alegarem oportunamente.**

---

Contra os absolutamente incapazes (art. 3º do CC) não corre prescrição (art. 198, I), mas corre contra os relativamente incapazes (art. 4º). Desse modo, o dolo ou a negligência de quem os assiste (pais, tutores, curadores) acarreta a obrigação de indenizar, se não propuserem as ações cabíveis em tempo útil ou deixarem de alegar a prescrição que lhes aproveita oportunamente.

Igual direito ressarcitório têm as pessoas jurídicas se forem prejudicadas pela omissão de seus representantes nessas mesmas circunstâncias.

Tal qual no CC/1916, esse ressarcimento já se podia entender albergado nas regras pertinentes à responsabilidade civil (arts. 186 e 927), também aqui aplicáveis, contudo houve por bem o legislador estabelecer norma específica.

---

**Art. 196. A prescrição iniciada contra uma pessoa continua a correr contra o seu sucessor.**

---

A fluição do prazo prescricional é contínua, aplicando-se o princípio da *accessio temporis*.

O CC/1916 referia-se à continuação contra o "herdeiro", mas a doutrina (BEVILAQUA, Clóvis. *Código Civil comentado*, 11. ed. Rio de Janeiro, Francisco Alves, 1956, v. I, p. 355) já entendia a expressão como compreensiva do sucessor tanto a título singular como universal, no que difere do usucapião, em que se distingue o sucessor a título universal do singular (arts. 1.207 e 1.243 do CC).

## *Seção II*
## *Das Causas que Impedem ou Suspendem a Prescrição*

---

**Art. 197. Não corre a prescrição:**

**I – entre os cônjuges, na constância da sociedade conjugal;**

**II – entre ascendentes e descendentes, durante o poder familiar;**

**III – entre tutelados ou curatelados e seus tutores ou curadores, durante a tutela ou curatela.**

A fluição do prazo prescricional pode ser estancada por três causas ditas preclusivas que assim se classificam: a) impeditivas; b) suspensivas; c) interruptivas.

As causas impeditivas tolhem o início do prazo; as suspensivas fazem cessar o seu curso e, quando volta a fluir, conta-se o tempo antes transcorrido, restando o prazo remanescente; as interruptivas impedem o andamento do prazo e, cessados os efeitos da causa interruptiva, a contagem recomeça por inteiro, salvo disposição legal em contrário (art. 9º do Decreto n. 20.910, de 06.01.1932).

Não é unânime a doutrina segundo a qual as causas que suspendem o curso do prazo prescricional são taxativas, havendo quem sustente a sobrevivência da regra *contra non valentem agere non currit praescriptios*, ou seja, não corre contra quem estiver absolutamente impossibilitado de agir.

Razões de ordem moral impedem que o prazo prescricional corra entre cônjuges na constância da sociedade conjugal e entre as pessoas que exercem o poder familiar, a tutela e a curatela ou se submetem a eles, porquanto, no dizer de Clóvis Bevilaqua, "a afeição e confiança, que devem existir entre as pessoas a que o Código se refere, não permitiriam que se criasse a situação jurídica da prescrição" (*Código Civil comentado*, 11. ed. Rio de Janeiro, Francisco Alves, 1956, v. I, p. 358).

A dissolução da sociedade conjugal se dá nas hipóteses do art. 1.571, em que não se encontra o caso da separação de fato, contudo, sendo esta separação voluntária, não se deve dar por suspenso ou impedido o curso do prazo prescricional depois de um ano do rompimento da convivência sem ânimo de reconciliação, pois já seria causa de separação judicial (art. 1.573, IV, do CC), além do que se presume o desaparecimento da afeição que era o fundamento da regra legal (art. 5º da Lindb).

Se consideradas taxativas as causas de suspensão do prazo prescricional, não fica este suspenso com relação às ações contra terceiros que, eventualmente, possam acarretar prejuízos para o cônjuge, como naqueles casos em que poderá ocorrer a denunciação da lide, conforme se vê do entendimento de Câmara Leal (*Da prescrição e da decadência*, 3. ed. atualizada por José Aguiar Dias. Rio de Janeiro, Forense, 1978, p. 137).

Tendo a lei se referido ao impedimento ou à suspensão entre ascendentes e descendentes durante o poder familiar, duas dificuldades podem ser suscitadas: a) se o prazo prescricional corre entre os parentes em linha reta não vinculados pelo pátrio poder; e b) se suspenso ou destituído do pátrio poder, passa a correr a prescrição contra ou a favor dos pais.

Essas questões só podem ser resolvidas tendo em vista o fundamento moral da regra.

Câmara Leal (op. cit., p. 139) afirmava que a suspensão ou o impedimento são restritos "aos descendentes e ascendentes ligados pelo pátrio poder" e que a cessação dessa isenção ocorreria na destituição mas não na mera suspensão do pátrio poder.

Considerando-se que é a afeição o fundamento da regra, não se poderia admitir que o legislador quisesse indispor avós e netos, ainda que por intermédio dos pais destes. Assim, parece mais consentâneo com os objetivos da lei que se entenda ser a vigência do poder familiar simples termo, dentro do qual se presume a falta ou o reduzido grau de entendimento da pessoa menor, e, por isso, liberando-a do ônus de litigar.

A segunda questão parece bem resolvida por Câmara Leal, porquanto a extinção do poder familiar (pátrio poder no CC/1916) é definitiva, enquanto a suspensão, temporária (arts. 1.635 a 1.638 do CC); logo, naquele caso, a isenção da prescrição deve cessar, enquanto neste, deve perdurar.

Por fim, as mesmas razões que impõem a harmonia entre ascendentes e descendentes exigem que entre tutelados ou curatelados e seus tutores ou curadores não corra prescrição (art. 1.735, III, do CC).

**Jurisprudência:** Processual civil. Ação de indenização por ato ilícito. Apelação cível. Fazenda Pública estadual. Prescrição quinquenal. Art. 1º do Decreto n. 20.910/32. Menor impúbere. Inaplicabilidade. Recurso não provido.

1 – Cuidam os autos de ação de indenização ajuizada por M.F.R.S. contra o Estado do Amazonas objetivando indenização por danos estéticos sofridos por sua filha após ter recebido a terceira dose de vacina antirrábica. A sentença julgou prescrito o direito pelo desaparecimento da tutela legal. No recurso especial, o Estado alega que houve ofensa aos arts. 198 do CC/2002; 269, IV, do CPC e 1º do Decreto n. 20.910/32. Em síntese, defende no recurso especial a reforma do acórdão recorrido, para o reconhecimento da prescrição, pelo lapso temporal de mais de 5 (cinco) anos do evento danoso até a propositura da respectiva ação, extinguindo-se o processo com resolução do mérito, na forma do art. 269, IV, do CPC. Contrarrazões pelo conhecimento e não provimento do recurso.

2 – Ação de indenização. Sequelas decorrentes da má-prestação de serviço médico em hospital público.

Ação manejada pela genitora da vítima, que contava com 8 (oito) anos à época do sinistro e com 14 (quatorze) à época do ajuizamento. Representação legal decorrente de expressa disposição legal (art. 8º do CPC c/c art. 1.634, V, do CC). A prescrição não corre contra os absolutamente incapazes (art. 198, I, do CC). Prescrição afastada. Precedente do STJ.

3 – Recurso especial conhecido e não provido. (STJ, REsp n. 993.249/AM, 1ª T., rel. Min. José Delgado, j. 06.03.2008, *DJ* 03.04.2008, p. 1)

Ação anulatória. Contrato de compra e venda de imóvel. Simulação. Prescrição. União estável. Causa impeditiva. Art. 168, I, do CC/1916. Prejudicialidade externa. Suspensão do processo. Inteligência do art. 265, V, *a*, do CPC. Na forma do art. 168, I, do CC/1916, reproduzido pelo art. 197, I, do CC/2002, o prazo prescricional não corre, entre cônjuges, devendo tal preceito ser estendido, por analogia, àqueles que vivem em união estável, conforme reiterado entendimento jurisprudencial. De acordo com a alínea *a* do inciso IV do art. 265 do CPC, quando a sentença de mérito depender do julgamento de outra causa, ou da declaração da existência da relação jurídica, que constitua o objeto principal de outro processo pendente, o processo será suspenso por período não superior a um ano, após o qual incumbe ao julgador decidir a questão incidentalmente, conforme dispõe o § 5º do mesmo artigo. Assim, considerando a existência de ação pendente, anteriormente proposta, na qual se pleiteia o reconhecimento da união estável, entre a apelante e o apelado, questão que se revela prejudicial, já que a sua eventual procedência implicará o afastamento da aventada prescrição, a teor do art. 168, I, do CC (novo CCB, art. 197, I), afigura-se como a melhor solução o sobrestamento do feito, até que seja proferida decisão final na ação de reconhecimento de união estável. (TJMG, Proc. n. 1.0024.04.459002-4/001(1), rel. Tarcísio Martins Costa, j. 01.04.2008, publ. 19.04.2008)

Embargos de declaração em apelação cível. Prescrição entre cônjuges. Termo final da suspensão. Encerramento da convivência. Inteligência do inc. I do art. 197 do CC. Omissão sanada. A regra suspensiva da prescrição entre cônjuges incide somente até o encerramento da convivência, nos termos das disposições do inc. I do art. 197 da Lei Civil, e não até o encerramento definitivo do vínculo matrimonial que se opera mediante o trânsito em julgado do decreto de divórcio. Embargos de declaração acolhidos sem efeito infringente. (TJRS, 7ª Câm. Cível, Emb. Decl. n. 70.076.505.841, rel. Sandra Brisolara Medeiros, j. 27.03.2019, *DJe* 01.04.2019)

**Art. 198. Também não corre a prescrição:**

**I – contra os incapazes de que trata o art. 3º;**

**II – contra os ausentes do País em serviço público da União, dos Estados ou dos Municípios;**

**III – contra os que se acharem servindo nas Forças Armadas, em tempo de guerra.**

Não corre prescrição contra os absolutamente incapazes (art. 3º). Com a Lei n. 13.146, de 06.07.2015, a incapacidade absoluta ficou restrita aos menores de 16 anos, de modo que, a partir da sua vigência, não se estende o benefício aos que, sob a égide da antiga redação do art. 3º do CC, também eram considerados absolutamente incapazes.

Tampouco contra aqueles que estiverem ausentes do País em serviço público da União, dos Estados ou dos Municípios ou ainda engajados nas Forças Armadas, em tempo de guerra (arts. 21, II, 22, III, e 84, XIX, da CF). No tocante aos que estejam em serviço público no exterior, a lei não reclama que sejam servidores públicos no sentido estrito, sendo suficiente que exerçam atividade assim qualificada. Assinala Maria Sylvia Zanella Di Pietro que "serviço público é toda atividade que a administração pública executa, direta ou indiretamente, para satisfazer à necessidade coletiva, sob regime predominantemente público" (*Direito administrativo*, 15. ed. São Paulo, Atlas, 2003, p. 60).

**Jurisprudência:** Decisão monocrática. Agravo de instrumento. Execução de alimentos. Exceção de pré-executividade rejeitada. Alegação de prescrição. Prazo prescricional que não corre entre ascendentes e descendentes durante o poder familiar. Art. 197, II, do CC. Prescrição não configurada. Decisão mantida. Negado seguimento ao recurso. Art. 557 do CPC. 1 – Trata-se de agravo de instrumento interposto por J.C.S.R. contra a decisão proferida em "Execução de Alimentos" n. 0021795-11.2013.8.16.018 (Projudi), em trâmite na 3ª Vara de Família e Sucessões do Foro Central da Comarca da Região Metropolitana de Curitiba, que rejeitou a exceção de pré-executividade por considerar que não está prescrita a pretensão do agravado (fls. 101/102). Em suas razões, sustenta o agravante, em síntese, que: i) a pretensão do agravado está sim prescrita porque as prestações alimentares têm natureza diversa de outros créditos prevalecendo, em razão disso, a norma do art. 206, § 1º, do CC, sobre a do art. 198, I, do mesmo Código; ii) o agravado em 16.04.2010 atingiu 16 anos, tornando-se, nos termos do art. 4º do CC, relativamente incapaz, momento no qual se iniciou o curso do prazo prescricional para haver prestações alimentares; iii) porém, apenas em 13.11.2013, os alimentos, em tese, devidos, foram executados pelo agravado, quando já transcorrido em muito o prazo prescricional de dois anos; iv) o agravado, aliás, começou a trabalhar aos 16 anos, extinguindo-se, por consequência, o poder familiar em razão da emancipação. Requer, assim, a atribuição de efeito suspensivo ao recurso e, ao final, a reforma da decisão agravada para ser declarada prescrita a pretensão do Agravado (fls. 8/17). 2 – Da atenta análise da exceção de pré-executividade manejada pelo agravante (seq. 36.1) em cotejo com as razões que alicerçaram este recurso, nota-se que constitui inovação recursal a alegação de que o agravado, porque teria começado a laborar aos 16 anos, não estaria mais sob o poder familiar. O recurso, neste ponto, portanto, não pode ser conhecido porque "o exame, na segunda instância, de questões não debatidas no juízo monocrático ofende o princípio do duplo grau de jurisdição" (STJ, REsp n. 1.068.637/RS, 5ª T., rel. Min. Jorge Mussi, j. 26.05.2009). No mais, o recurso deve ter seu seguimento negado, de plano, porque em manifesto confronto com a jurisprudência dominante deste Tribunal. Isso porque não se cogita contradição entre o art. 197, II, e o art. 198, I, ambos do CC. Segundo o inciso II do art. 197 do CC, não corre a prescrição "entre ascendentes e descendentes, durante o poder familiar", o qual se extingue, consoante disposto no inciso II do art. 1.635 do mesmo Código, com a maioridade civil, que se dá com o atingimento dos 18 anos (art. 5º do CC) ou com a concessão da emancipação. Por sua vez, o inciso I do art. 198 do CC prescreve: "Também não corre a prescrição: I – contra os incapazes de que trata o art. 3º", ou seja, os menores de 16 anos (absolutamente incapazes). A interpretação conjunta de tais regras permite concluir que, em regra, a prescrição não corre contra menores de 16 anos, contudo, em se tratando de pretensões entre pais e filhos, a prescrição não corre até que estes completem 18 anos ou até que sejam emancipados. É de se destacar o seguinte excerto do Agravo de Instrumento n. 1.058.285-1, de relatoria da eminente Desembargadora Rosana Amara Girardi Fachin que, em caso análogo ao presente, assim elucidou a controvérsia: "Importante consignar, nesse sentido, que a mencionada causa não se confunde com aquela prevista no art. 198, I, do CC, que diz respeito aos incapazes. Em realidade, o poder familiar suspende o curso do prazo prescricional em razão do vínculo que estabelece entre ascendentes e descendentes, impondo aos pais a responsabilidade e o dever de cuidado em relação aos seus filhos, que deles dependem e que se submetem a sua autoridade. Dessa maneira, vislumbra-se que a suspensão da prescrição visa à proteção dos interesses dos alimentandos, bem como à preservação das relações familiares. E é justamente por tais motivos que o prazo prescricional apenas passa a correr, entre descendentes e ascendentes, no momento em que cessa o poder familiar, o que ocorreu, no caso em análise, com a maioridade civil do alimentando, no momento em que completou 18 anos de idade, consoante dispõe o art. 5º do CC: 'A menoridade cessa aos 18 anos completos, quando a pessoa fica habilitada à prática de todos os atos da vida civil'". E no mesmo sentido os seguintes julgados desta Corte: "Ação de execução de alimentos. Exceção de pré-executividade prescrição da pretensão de cobrar as parcelas e quitação das parcelas. Prescrição que não flui entre ascendentes e descendentes enquanto perdurar o poder familiar. Inteligência do art. 197, II, CC. Quitação referente a outra demanda executiva, que não englobou as parcelas discutidas nesta demanda. Recurso desprovido" (TJPR, 11ª Câm. Cível, AI n. 1274664-6, rel. Des. Sigurd Roberto Bengtsson, j. 18.03.2015, destacou-se). "Agravo de instrumento. Cumprimento de acordo judicial. Prestações alimentícias. Exceção de pré-executividade. Decisão monocrática que rejeitou a alegação de prescrição. Não fluência de prescrição entre ascendentes e descendentes durante o exercício do poder familiar. Genitor (executado) que, inobstante não exercer a guarda, não se excepciona do comando que obsta a incidência de prescrição. Exequente que não havia alcançado a maioridade civil no momento da propositura do cumprimento de sentença. Ausência de prescrição. Decisão acertada. Recurso desprovido" (TJPR, AI n. 1280043-4, 12ª Câm. Cível, rel. Des. Denise Kruger Pereira, j. 18.03.2015, destacou-se). No caso, o agravado completou 18 anos no dia 16.04.2012 (fls. 6/seq. 1.4) e o feito de origem foi ajuizado no dia 14.11.2013 (seq. 1.1), ou seja, dentro do prazo de dois anos previsto no art. 206, § 2º, do CC, para haver prestações alimentares. 3 – Nesses termos, com fundamento no art. 557, *caput*, do CPC, nego seguimento ao recurso porque em manifesto confronto com a jurisprudência desta Corte. 4 – Intimem-se. 5 – Comunique-se, via mensageiro, o d. Juízo de origem acerca desta decisão e, oportunamente, restituam-se à origem. (TJPR, Proc. n. 1495061-9, 11ª Câm. Cível, rel. Mario Nini Azzolini, j. 10.02.2016)

Administrativo. Prescrição do fundo de direito. Menor impúbere. Inocorrência. Art. 198, I, da Lei n. 10.406/2002.

1 – A matéria em debate na presente apelação diz respeito à ocorrência ou não da prescrição do fundo de direito do autor, menor impúbere, para reivindicar a pensão por morte do pai, uma vez que transcorridos seis anos entre o ato de licenciamento e o ajuizamento da presente ação.

2 – A Lei n. 10.406/2002, novo CC (art. 169, I, do CC/1916), no seu art. 198, I, dispõe que não corre prescrição contra os incapazes de que trata o art. 3º. O inciso I do art. 3º preceitua que são absolutamente incapazes os menores de dezesseis anos. Precedentes.

3 – Na presente hipótese o autor é absolutamente incapaz e, por essa razão, alcança a supramencionada cláusula normativa.

4 – Recurso provido. (TRF, 2ª R., Ap. n. 295.624/RJ, rel. Juiz Guilherme Calmon Nogueira da Gama, j. 11.10.2005)

Agravo interno. Responsabilidade civil. Decisão interlocutória do juízo de primeiro grau que rejeitou a preliminar de prescrição. Cabimento do agravo de instrumento. O STJ tem firmado entendimento no sentido de que decisão interlocutória sobre prescrição ou decadência é impugnável de imediato por agravo de instrumento (a exemplo, o REsp n. 1.778.237/RS). Assim, revendo posicionamento anterior, passo a entender pela admissão do recurso na hipótese, de modo que vai provido o agravo interno, a fim de conhecer do agravo de instrumento. Mérito do agravo de instrumento. Prescrição. Incapaz. Estatuto da Pessoa com Deficiência. Alteração legislativa. Não implementação, no caso concreto. Consabido que a Lei n. 13.146/2015 (Estatuto da Pessoa com Deficiência) alterou o CC, assentando, dentre outras determinações, que apenas os menores de 16 anos são absolutamente incapazes de exercer pessoalmente os atos da vida civil. Foram excluídos do rol, portanto, os que, mesmo por causa transitória, não puderem exprimir sua vontade, bem como aqueles que, por enfermidade ou deficiência mental, não tiverem o necessário discernimento para a prática desses atos. A norma modificativa passou a viger em 02.01.2016. Assim, em se tratando de pessoa que deixou de ser considerada absolutamente incapaz perante a lei, apenas a partir da vigência da mudança legislativa é que a prescrição passou a correr contra si, em interpretação do art. 198, I, do CC. Inexiste disposição legal que excepcione a supracitada regra impeditiva da prescrição. Ademais, a tese de que a nomeação de curador poria fim à incapacidade, fazendo correr a prescrição contra o curatelado, encontra óbice no próprio STJ, tendo sido afastada em recentes julgados da 1ª e da 2ª Turmas. No caso concreto, porquanto a ação foi ajuizada em 09.04.2018, não se tem por implementada a prescrição quer se cogite da aplicação dos prazos do diploma revogado, quer dos do CC/02. Agravo interno provido para conhecer do agravo de instrumento e, no mérito, negar-lhe provimento. Unânime. (TJRS, 9ª Câm. Cível, Ag. n. 70.080.612.963, rel. Eduardo Kraemer, j. 24.04.2019, *DJe* 26.04.2019)

---

**Art. 199. Não corre igualmente a prescrição:**
**I – pendendo condição suspensiva;**
**II – não estando vencido o prazo;**
**III – pendendo ação de evicção.**

---

Essas são causas objetivas que tolhem o curso do prazo prescricional.

Na verdade, em tais casos, o prazo prescricional não começa a fluir, pois a condição suspensiva impede a aquisição do direito (art. 125); não vencido o prazo, a obrigação é inexigível (art. 394) e, quanto à evicção (arts. 447 a 457), aponta Clóvis Bevilaqua "que o comprador de uma coisa não pode invocar a prescrição em seu favor, se terceiro propuser ação de evicção, e enquanto esta não for julgada" (*Código Civil comentado*, 11. ed. Rio de Janeiro, Francisco Alves, 1956, v. I, p. 360).

Também não corre prescrição durante a tramitação de procedimentos administrativos para estudo, reconhecimento ou pagamento de dívida da Fazenda Pública (art. 4º do Decreto n. 20.910, de 06.01.1932).

**Jurisprudência:** Apelação cível. Contrato de assunção e novação passiva de dívida. Ação declaratória com pedido de interrupção da prescrição. Nulo é o contrato de assunção e novação de dívida que firmado pelo credor sob vício de consentimento. Reconhecimento de que a única responsável pelo pagamento da dívida é a própria Edel Seguradora, que foi quem contratou os serviços prestados pela autora. Prazo prescricional suspenso a partir da transferência da dívida, tendo em vista a condição suspensiva. Inteligência do art. 199, I, do CC. Apelo provido em parte. (TJRS, Ap. Cível n. 70.011.124.377, 6ª Câm. Cível, rel. Artur Arnildo Ludwig, j. 24.01.2008)

Apelação civil. Seguro de vida em grupo. Cobertura para doenças crônicas. Prazo de carência. Dever de informar. Indenização securitária devida. Danos morais não configurados. Prescrição. 1 – As hipóteses de causas objetivas que suspendem ou interrompem o prazo prescricional da ação não são taxativas, podendo ser ampliadas por analogia. Exegese do art. 199 do CC/2002. Situação em que, após a negativa da seguradora, a segurada ajuizou contra ela cautelar de exibição de documentos, oportunidade em que novamente foi suspenso o prazo até a intimação sobre a apresentação das cláusulas gerais do contrato e respectiva apólice. Além disso, esses documentos se mostraram essenciais ao ajuizamento da demanda de cobrança. 2 – Tendo a seguradora agido com incúria, ao não informar, de modo claro e objetivo, ao segurado sobre o prazo de carência, impõe-se sua condenação ao pagamento da indenização a que se obrigou contratualmente. 3 – Tratando-se de inadimplemento contratual, os danos morais apenas são admitidos excepcionalmente. Dessa forma, é dever da parte comprovar que tal inadimplemento gerou reflexos percucientes na esfera íntima do indivíduo para, somente nesse caso, ser reconhecido eventual direito à reparação pecuniária. Assim, inexistindo tal prova, inexiste dano a ser reparado. 6 [*sic*] – Readequação dos honorários arbitrados na sentença. Apelo e recurso adesivo desprovidos. (TJRS, Ap. Cível n. 70.024.171.092, 5ª Câm. Cível, rel. Paulo Sérgio Scarparo, j. 21.05.2008, *DJ* 30.05.2008)

**Art. 200. Quando a ação se originar de fato que deva ser apurado no juízo criminal, não correrá a prescrição antes da respectiva sentença definitiva.**

A responsabilidade civil é independente da criminal, entretanto não se poderá "questionar mais sobre a existência do fato ou sobre quem seja o seu autor, quando estas questões se acharem decididas no juízo criminal" (art. 935 do CC).

No CPP, regramento semelhante encontra-se nos arts. 63 a 67.

O CP (art. 91, I) estabelece que a sentença penal condenatória transitada em julgado torna certa a obrigação de indenizar, constituindo título executivo judicial (arts. 63 do CPP e 515, VI, do CPC/2015).

Em tais circunstâncias, não fica o prejudicado por ato criminoso impedido de ajuizar ação reparatória do dano, entretanto, se houver sentença penal condenatória, poderá executá-la contra o mesmo réu e, para isso, a lei forra de prescrição a vítima, para obter indenização, enquanto não julgada a ação penal.

A dificuldade se encontra em saber: a) se absolvido o réu, extinta sua punibilidade ou arquivado o inquérito policial, o prazo prescricional se terá transcorrido; b) quando se iniciou o período de suspensão ou se se trata de impedimento do curso do prazo prescricional.

A lei não diz que o prazo não corre apenas se a sentença for condenatória, de modo que o que a lei confere como causa de suspensão é que o fato seja suscetível de apuração no juízo criminal, logo, se houver absolvição ou qualquer outro modo do encerramento de processo penal que não impeça a ação indenizatória, ainda assim o prazo prescricional estará suspenso.

Quanto ao termo inicial da suspensão não se deve entender como a data do ilícito. O texto não se refere a fato que *constitui crime*, mas a fato que *deve ser apurado no juízo criminal*, e a verificação dessa circunstância só se dá com o recebimento da denúncia ou da queixa. Nesse sentido estão os comentários de Fabrício Zamprogna Matiello: "A suspensão da prescrição se dá desde o dia em que tiver início a ação penal, através do recebimento da denúncia ou medida afim, até que transite em julgado a correspondente sentença" (*Código Civil comentado*. São Paulo, LTr, 2003, p. 161).

Não obstante a ação penal só se dirija contra os autores do dano, o prazo prescricional ficará suspenso, também, para o ajuizamento da ação contra os responsáveis, já que na lei não se encontra limitação desse efeito (art. 932 do CC).

**Jurisprudência:** Agravo interno no agravo em recurso especial. Ação de reparação civil *ex delicto* c/c indenização por danos morais. Acidente de trânsito. Vítima fatal. Prazo prescricional. Termo inicial. Trânsito em julgado da sentença penal condenatória art. 200 do CC. Agravo interno desprovido. 1 – A jurisprudência desta Corte Superior firmou-se no sentido de que, "em se tratando de ação civil *ex delicto*, o início do prazo prescricional para ajuizamento da demanda começa a fluir a partir do trânsito em julgado da ação penal condenatória" (Ag. Interno nos EAREsp n. 1.707.773/RS, 2ª S., rel. Min. Marco Buzzi, j. 23.08.2023, *DJe* 11.09.2023). 2 – Na hipótese dos autos, a pretensão de reparação civil almejada pelos ora agravados teve origem em fato apurado na Justiça criminal. Assim, somente a partir da sentença proferida nos autos da ação penal que condenou a ora agravante ao pagamento de prestação pecuniária em favor da família da vítima de trânsito (07.03.2016) começou a correr o prazo prescricional trienal, com fulcro nos arts. 200 e 206, § 3º, V, do CC. 3 – Agravo interno a que se nega provimento. (STJ, Ag. Interno no AREsp n. 2.425.751/MG, 3ª T., rel. Min. Marco Aurélio Bellizze, j. 26.02.2024, *DJe* 28.02.2024)

Ação de indenização. Acidente automobilístico. Prescrição. Inocorrência. Art. 200 do novo CCB. Desconstituição da sentença. Retorno dos autos à origem para a realização da instrução. Como as lesões corporais estavam sendo apuradas no juízo criminal, a prescrição não correu antes da respectiva sentença definitiva, que, no caso, homologou a transação. A partir desse momento, a prescrição passou a correr, na dicção do art. 200 do novo CCB. Logo, comprovado o encerramento do processo criminal em março de 2006, o ajuizamento da ação indenizatória, em abril de 2006, sobre o mesmo fato apresenta uma pretensão hígida, vale dizer, não prescrita. Assim, desconstitui-se a sentença e determina-se a realização da instrução. Recurso provido. Sentença desconstituída. (TJRS, Rec. n. 71.001.150.523, rel. Juíza Maria José Schmitt Santanna, j. 11.09.2007)

Indenização. Fato apurado no juízo criminal. Prescrição. Conforme a exegese do art. 200 do CC, se a ação de responsabilidade civil tem origem em fato apurado no juízo criminal, o curso de sua prescrição fica suspenso até que sobrevenha a sentença definitiva naquele juízo. (TJMG, Proc. n. 1.0142.07.019260-4/001(1), rel. Guilherme Luciano Baeta Nunes, j. 10.06.2008, publ. 28.06.2008)

Apelação cível. Pedido de indenização por ato ilícito. Prescrição. Prazo. Termo inicial. Art. 200 do CC/2002. Hipótese em que o prazo prescricional é de três anos, nos termos do art. 206, § 3º, V, do CC/2002, a partir do trânsito em julgado da sentença penal condenatória ou da solução do evento na esfera criminal, por se tratar de causa suspensiva que impede o início da fluência do prazo prescricional, a teor do disposto no art. 200 do CC. Precedentes jurisprudenciais. Deram provimento à apelação. Sentença desconstituída de ofício. Unânime. (TJRS, Ap. Cível n. 70.025.014.606, 9ª Câm. Cível, rel. Léo Romi Pilau Jr., j. 13.08.2008)

---

**Art. 201. Suspensa a prescrição em favor de um dos credores solidários, só aproveitam os outros se a obrigação for indivisível.**

---

A suspensão do curso do prazo prescricional estabelecida por causa subjetiva é benefício que só pode ser invocado pela pessoa em cujo favor foi conferido. Desse modo, ainda que se trate de obrigação solidária (art. 264), não beneficia os demais credores. Tratando-se de obrigação indivisível, entretanto, a isenção se estende aos outros credores, dada a natureza do objeto, por motivo de ordem econômica ou pela razão determinante do negócio (art. 258 do CC).

**Jurisprudência:** Acidente de veículo. Ação de reparação de danos materiais e morais. Colisão entre bicicleta e automóvel em estrada de rodagem. Prazo prescricional de três anos (CC/2002, arts. 206, § 3º, V, e 2.028) a incidir da data de vigência do atual CC, ou, então, a partir daí, da data em que cada autor completou 16 anos (CC/1916, arts. 5º, I, e 169, I; CC/2002, arts. 3º, I, e 198, I). A regra do art. 200 do CC/2002 só é aplicável para os casos de intercomunicação entre as jurisdições cível e criminal. A suspensão da prescrição em favor de credor só aproveitam os outros se solidários em obrigação indivisível (CC, art. 201). Não incidência da regra do art. 515, § 3º, do CPC, à míngua de causa madura. Recurso provido em parte. (TJSP, Ap. cível s/ rev. n. 992.070.309.689, 25ª Câm. de Dir. Priv., rel. Antônio Benedito Ribeiro Pinto, j. 06.08.2009, *DJ* 07.09.2009)

## *Seção III*
## *Das Causas que Interrompem a Prescrição*

---

**Art. 202. A interrupção da prescrição, que somente poderá ocorrer uma vez, dar-se-á:**

**I – por despacho do juiz, mesmo incompetente, que ordenar a citação, se o interessado a promover no prazo e na forma da lei processual;**

**II – por protesto, nas condições do inciso antecedente;**

**III – por protesto cambial;**

**IV – pela apresentação do título de crédito em juízo de inventário ou em concurso de credores;**

**V – por qualquer ato judicial que constitua em mora o devedor;**

**VI – por qualquer ato inequívoco, ainda que extrajudicial, que importe reconhecimento do direito pelo devedor.**

**Parágrafo único. A prescrição interrompida recomeça a correr da data do ato que a interrompeu, ou do último ato do processo para a interromper.**

---

Pela interrupção, o curso do prazo prescricional é estancado e, cessados os efeitos da causa interruptiva, a contagem do prazo recomeça por inteiro, salvo disposição legal em contrário. Especial atenção merece o prazo quinquenal das ações contra a Fazenda Pública, disciplinado pelo Decreto n. 20.910, de 06.01.1932 e pelo DL n. 4.597, de 19.08.1942, notadamente no tocante à particular regra sobre a interrupção do prazo prescricional (recomeça a correr pela metade do prazo) e sobre a extensão que julgados têm adotado, para sua incidência tanto nas ações contra a Fazenda Pública, como dessa contra particulares.

A interrupção se dá quando o titular do direito manifesta por uma das formas previstas em lei a intenção de exercê-la ou quando o devedor manifesta inequivocamente o reconhecimento daquele direito.

Segundo o texto legal, a interrupção só poderá ocorrer uma vez, e essa inovação diante do que dispunha o Código anterior, mas que já constava do Decreto n. 20.910/32 (art. 8º), objetiva "não se eternizarem as interrupções de prescrição" (MOREIRA ALVES, José Carlos. *A Parte Geral do Projeto de Código Civil brasileiro*. São Paulo, Saraiva, 1986, p. 154). Uma dificuldade, porém, necessita ser contornada, pois, interrompida a prescrição por um dos modos previstos nos incisos II a VI, seria inconcebível entender que, voltando a correr, na conformidade do parágrafo único, não mais fosse detida com o despacho ordenatório da citação (inciso I), levando, eventualmente, à sua consumação no curso do processo, ainda que a parte nele fosse diligente. Assim, é compreensível que a interrupção por uma só vez diz respeito, apenas, às causas dispostas nos incisos II a VI, de modo que, em qualquer hipótese, fica ressalvada a interrupção fundada no inciso I.

No CC/1916, a interrupção se dava "pela citação pessoal feita ao devedor" (art. 172, I), o que veio repetido no art. 219 do CPC/73, entretanto, a lei civil vigente estabeleceu como fato interruptivo da prescrição "o despacho do juiz, mesmo incompetente, que ordenar a citação". O CPC/2015 harmonizou-se com o CC, dispondo, também, que a interrupção se dá pelo despacho que ordena a citação (art. 240, § 10) desde que o interessado a promova no prazo e na forma da lei processual. A lei processual estabelece que a parte deve adotar em dez dias as providências necessárias para viabilizar a citação, sob pena de não retroagir à data em que se tem por interrompida a prescrição, ou seja, a da propositura da ação. Não fica, porém, a parte prejudicada pela demora imputável ao serviço judiciário (art. 240, §§ 1º a 3º, do CPC/2015 e Súmula n. 106 do STJ). Dessas regras emerge que, embora a interrupção da prescrição se dê com o despacho que a ordenar, a citação é imprescindível para conferir-lhe tal eficácia e deve suceder no prazo e na forma que o CPC prescreve. A circunstância, porém, de a citação ocorrer fora do lapso temporal estabelecido não invalida o processo e, por isso, nesse caso, a interrupção se verificará na data em que a citação se efetivar.

Para que se dê o efeito interruptivo da prescrição, não precisa ser competente o juiz que a ordenar, e a lei não distingue se se trata de incompetência absoluta ou relativa; isso se deve ao fato, segundo Clóvis Bevilaqua, de que "as regras concernentes à competência dos juízes oferecem dificuldades e dúvidas, sendo frequentes os enganos e as controvérsias nesta matéria" (*Código Civil comentado,* 11. ed. Rio de Janeiro, Francisco Alves, 1956, v. I, p. 362).

O protesto a que alude o inciso II é o judicial e vem disciplinado nos arts. 726 e segs. do CPC/2015. Aliás, segundo Humberto Theodoro Júnior, uma de suas finalidades é, justamente, prover a conservação de um direito, como no caso do protesto interruptivo da prescrição (*Comentários ao Código de Processo Civil.* Rio de Janeiro, Forense, 1978, v. V, p. 346).

Igualmente, o protesto cambial, disciplinado pela Lei n. 9.492, de 10.09.1997, interrompe a prescrição, diferentemente do que se entendia com base no Código anterior, de modo que não mais subsiste a Súmula n. 153 do STF (simples protesto cambiário não interrompe a prescrição).

No inventário podem os credores do espólio requerer o pagamento das dívidas vencidas e exigíveis. Se houver concordância das partes, o juiz declarará habilitado o credor, para o qual se fará a separação de dinheiro ou bens a fim de satisfazer o crédito. Se não houver concordância, será o credor remetido para as vias ordinárias. Também poderão requerer a habilitação os credores de dívida líquida e certa não vencida, nesse caso, todavia, não se pode falar em prazo prescricional em curso. Requerida a habilitação, mostra o credor a intenção de receber o que entende devido, daí a aptidão para interromper o prazo prescricional.

Em concurso de credores, que se dá com a insolvabilidade do devedor (arts. 955 e segs.), eles são convocados para apresentar a declaração de crédito (art. 761, II, do CPC/73), sem embargo de que também pode o credor requerer a declaração de insolvência (art. 754 do CPC/73) e, com idêntico direito, o devedor ou seu espólio (art. 759, do CPC/73). Apresentado o título pelo credor, para fins de habilitação, fica interrompida a prescrição, notando-se que a declaração de insolvência determina o vencimento antecipado das dívidas e a execução concursal (art. 751, I e III, do CPC/73). O CPC/2015 manteve a disciplina do anterior quanto às execuções contra devedor insolvente (art. 1.052 do CPC/2015).

A interrupção da prescrição ocorre, igualmente, por qualquer ato judicial que coloque o devedor em mora e, nesse passo, há dissenso doutrinário, pois, consoante já observava Câmara Leal acerca de regra semelhante do CC/1916, "esse dispositivo tem servido de pábulo a recriminações. Bevilaqua que foi o seu autor, pois ele já figurava no projeto primitivo, não soube justificá-lo, abstendo-se de figurar uma hipótese sequer em que possa ter aplicação [...]" (*Da prescrição e da decadência,* 3. ed. atualizada por José Aguiar Dias. Rio de Janeiro, Forense, 1978, p. 188). Encontrar-se-iam, porém, nesse rol as medidas preparatórias, preventivas e incidentes, disciplinadas no processo cautelar (arts. 796 e segs. do CPC), entretanto, mesmo essas não estariam todas albergadas, conforme prestigiosa orientação jurisprudencial consolidada na Súmula n. 154 do STF (simples vistoria não interrompe a prescrição). Buscando critério para a aplicação dessa causa interruptiva da prescrição, Yussef Said Cahali invoca certas qualidades da medida processual, trazidas pela doutrina, como quando há cognição completa ou incompleta na sentença; intimidade com o processo principal, reputando-se como início dele (Carpenter) ou a participação do requerido no processo cautelar (Breno Fischer). Em síntese, produzirá efeito interruptivo a providência de natureza processual que revele inequívoca intenção do credor de haver o crédito que entende possuir (*Aspectos processuais da prescrição e da decadência.* São Paulo, RT, 1979, p. 59).

Além das condutas a cargo do credor que interrompem o prazo prescricional, pode a interrupção decorrer de ato do devedor que, sem deixar dúvida, reconhece a existência de direito do credor. Assim resume Câmara Leal (op. cit., p. 192): "Sempre que o sujeito passivo pratique algum ato ou faça alguma declaração, verbal ou escrita, que não teria praticado ou feito, se fosse sua intenção prevalecer-se da prescrição em curso, esse ato ou declaração, importando em reconhecimento direto ou indireto do direito do titular, interrompe a prescrição".

A legislação especial oferece outras tantas disposições a respeito da interrupção da prescrição, pertinentes aos casos específicos que disciplina (ex.: Lei n. 6.435/77, art. 66, V; CTN, art. 174, parágrafo único; DL n. 204/67, art. 17, parágrafo único, etc.). Inclui-se, também, o disposto no art. 19, § 2º, da Lei n. 9.307, de 23.09.1996 (redação conforme a Lei n. 13.129/2015): "A instituição da arbitragem interrompe a prescrição, retroagindo à data do requerimento de sua instauração, ainda que extinta a arbitragem por ausência de jurisdição".

Interrompida a prescrição, recomeça da data do ato que a interrompeu, mas se a interrupção se der em processo judicial o reinício se dará do último ato neste praticado. O Código atual não repetiu o art. 175 do CC/1916, de modo que, mesmo extinto sem apreciação do mérito ou anulado o processo, a interrupção da prescrição se terá dado. Se, porém, no curso do processo o autor deixar de praticar ato que lhe competia, deixando-o paralisado voluntariamente, por tempo idêntico ou superior ao do prazo prescricional, dar-se-á a prescrição intercorrente (art. 921, § 4º, do CPC/2015).

A prescrição intercorrente, na execução fiscal, pode ser reconhecida de ofício, na conformidade do § 4º do art. 40 da Lei n. 6.830, de 22.09.1980, acrescentado pela Lei n. 11.051, de 29.12.2004.

O CPC/2015 disciplinou a prescrição intercorrente (arts. 921, § 4º, e 924, V).

**Jurisprudência:** Súmula n. 383, STF: A prescrição em favor da Fazenda Pública recomeça a correr, por dois anos e meio, a partir do ato interruptivo, mas não fica reduzida aquém de cinco anos, embora o titular do direito a interrompa durante a primeira metade do prazo.

Súmula n. 314, STJ: Em execução fiscal, não localizados bens penhoráveis, suspende-se o processo por um ano, findo o qual se inicia o prazo de prescrição quinquenal intercorrente.

Administrativo. Recurso especial representativo de controvérsia (art. 543-C do CPC). Responsabilidade civil do estado. Ação indenizatória. Prescrição. Prazo quinquenal (art. 1º do Decreto n. 20.910/32) x prazo trienal (art. 206, § 3º, V, do CC). Prevalência da lei especial. Orientação pacificada no âmbito do STJ. Recurso especial não provido. 1 – A controvérsia do presente recurso especial, submetido à sistemática do art. 543-C do CPC e da Res. STJ n. 8/2008, está limitada ao prazo prescricional em ação indenizatória ajuizada contra a Fazenda Pública, em face da aparente antinomia do prazo trienal (art. 206, § 3º, V, do CC) e o prazo quinquenal (art. 1º do Decreto n. 20.910/32). 2 – O tema analisado no presente caso não estava pacificado, visto que o prazo prescricional nas ações indenizatórias contra a Fazenda Pública era defendido de maneira antagônica nos âmbitos doutrinário e jurisprudencial. Efetivamente, as Turmas de Direito Público desta Corte Superior divergiam sobre o tema, pois existem julgados de ambos os órgãos julgadores no sentido da aplicação do prazo prescricional trienal previsto no CC/2002 nas ações indenizatórias ajuizadas contra a Fazenda Pública. Nesse sentido, os seguintes precedentes: REsp n. 1.238.260/PB, 2ª T., rel. Min. Mauro Campbell Marques, *DJe* 05.05.2011; REsp n. 1.217.933/RS, 2ª T., rel. Min. Herman Benjamin, *DJe* 25.04.2011; REsp n. 1.182.973/PR, 2ª T., rel. Min. Castro Meira, *DJe* 10.02.2011; REsp n. 1.066.063/RS, 1ª T., rel. Min. Francisco Falcão, *DJe* 17.11.2008; EREsp n. 1.066.063/RS, 1ª S., rel. Min. Herman Benjamin, *DJe* 22.10.2009). A tese do prazo prescricional trienal também é defendida no âmbito doutrinário, entre outros renomados doutrinadores: José dos Santos Carvalho Filho (*Manual de direito administrativo*, 24. ed. Rio de Janeiro, Lumen Júris, 2011, p. 529-30) e Leonardo José Carneiro da Cunha (*A Fazenda Pública em juízo*, 8. ed. São Paulo, Dialética, 2010, p. 88-90). 3 – Entretanto, não obstante os judiciosos entendimentos apontados, o atual e consolidado entendimento deste Tribunal Superior sobre o tema é no sentido da aplicação do prazo prescricional quinquenal – previsto do Decreto n. 20.910/32 – nas ações indenizatórias ajuizadas contra a Fazenda Pública, em detrimento do prazo trienal contido do CC/2002. 4 – O principal fundamento que autoriza tal afirmação decorre da natureza especial do Decreto n. 20.910/32, que regula a prescrição, seja qual for a sua natureza, das pretensões formuladas contra a Fazenda Pública, ao contrário da disposição prevista no CC, norma geral que regula o tema de maneira genérica, a qual não altera o caráter especial da legislação, muito menos é capaz de determinar a sua revogação. Sobre o tema: Rui Stoco (*Tratado de responsabilidade civil*, 7. ed. São Paulo, RT, 2007, p. 207-8) e Lucas Rocha Furtado (*Curso de direito administrativo*, 2. ed. Belo Horizonte, Fórum, 2010, p. 1.042). 5 – A previsão contida no art. 10 do Decreto n. 20.910/32, por si só, não autoriza a afirmação de que o prazo prescricional nas ações indenizatórias contra a Fazenda Pública foi reduzido pelo CC/2002, a qual deve ser interpretada pelos critérios histórico e hermenêutico. Nesse sentido: Marçal Justen Filho (*Curso de direito administrativo*, 5. ed. São Paulo, Saraiva, 2010, p. 1.296-9). 6 – Sobre o tema, os recentes julgados desta Corte Superior: Ag. Reg. no AREsp n. 69.696/SE, 1ª T., rel. Min. Benedito Gonçalves, *DJe* 21.08.2012; Ag. Reg. no EREsp n. 1.200.764/AC, 1ª S., rel. Min. Arnaldo Esteves

Lima, *DJe* 06.06.2012; Ag. Reg. no REsp n. 1.195.013/AP, 1ª T., rel. Min. Teori Albino Zavascki, *DJe* 23.05.2012; REsp n. 1.236.599/RR, 2ª T., rel. Min. Castro Meira, *DJe* 21.05.2012; Ag. Reg. no AREsp n. 131.894/GO, 2ª T., rel. Min. Humberto Martins, *DJe* 26.04.2012; Ag. Reg. no AREsp n. 34.053/RS, 1ª T., rel. Min. Napoleão Nunes Maia Filho, *DJe* 21.05.2012; Ag. Reg. no AREsp n. 36.517/RJ, 2ª T., rel. Min. Herman Benjamin, *DJe* 23.02.2012; EREsp n. 1.081.885/RR, 1ª S., rel. Min. Hamilton Carvalhido, *DJe* 01.02.2011. 7 – No caso concreto, a Corte *a quo*, ao julgar recurso contra sentença que reconheceu prazo trienal em ação indenizatória ajuizada por particular em face do Município, corretamente reformou a sentença para aplicar a prescrição quinquenal prevista no Decreto n. 20.910/32, em manifesta sintonia com o entendimento desta Corte Superior sobre o tema. 8 – Recurso especial não provido. Acórdão submetido ao regime do art. 543-C, do CPC, e da Resolução STJ n. 8/2008. (STJ, Emb. Decl. no REsp n. 1.251.993/PR, 1ª S., rel. Min. Mauro Campbell Marques, j. 12.06.2013, *DJe* 21.06.2013)

Tributário. Execução fiscal. Nulidade da CDA. Súmulas ns. 282, 284 e 356/STF. Prescrição. Reconhecimento de ofício. Lei n. 11.051/2004. 1 – Aplicam-se os óbices previstos nas Súmulas ns. 282 e 356/STF quando as questões suscitadas no especial não foram debatidas no acórdão recorrido, nem, a respeito, foram opostos embargos de declaração. 2 – A falta de indicação do dispositivo legal supostamente contrariado, por não permitir a compreensão de questão infraconstitucional hábil para viabilizar o trânsito do recurso especial, atrai o impedimento consignado na Súmula n. 284/STF. 3 – Não é possível decretar de ofício a prescrição de créditos tributários. Precedentes. 4 – A Lei n. 11.051/2004, por possuir feição processual, aplica-se imediatamente aos processos em curso. 5 – Recurso especial parcialmente conhecido e, nessa parte, provido. (STJ, REsp n. 817.120/RS, rel. Min. João Otávio de Noronha, j. 28.03.2006)

**Art. 203. A prescrição pode ser interrompida por qualquer interessado.**

Não só o titular do direito pode interromper a prescrição, mas todo aquele que tiver interesse material ou moral na interrupção poderá promovê-la.

Entre os interessados acham-se os assistentes dos relativamente incapazes (contra os absolutamente incapazes não corre prescrição – art. 198, I), os representantes das pessoas jurídicas (art. 195) ou os representantes em geral, legais ou convencionais. Segundo Arnaldo Rizzardo, "quanto ao terceiro com legítimo interesse, estão o fiador e o avalista de uma pessoa que tem um crédito a receber, e a pessoa que é credora de um terceiro cujo direito sobre um bem corre o risco de perder-se pela prescrição" (*Parte Geral do Código Civil*, 2. ed. Rio de Janeiro, Forense, 2003, p. 621).

No campo dos que podem ter interesse moral, inclui Maria Helena Diniz o cônjuge, o companheiro, ascendentes do titular da pretensão etc. (*Código Civil anotado*, 10. ed. São Paulo, Saraiva, 2004, p. 211).

**Art. 204. A interrupção da prescrição por um credor não aproveita aos outros; semelhantemente, a interrupção operada contra o codevedor, ou seu herdeiro, não prejudica aos demais coobrigados.**

**§ 1º A interrupção por um dos credores solidários aproveita aos outros; assim como a interrupção efetuada contra o devedor solidário envolve os demais e seus herdeiros.**

**§ 2º A interrupção operada contra um dos herdeiros do devedor solidário não prejudica os outros herdeiros ou devedores, senão quando se trate de obrigações e direitos indivisíveis.**

**§ 3º A interrupção produzida contra o principal devedor prejudica o fiador.**

O dispositivo consagra a regra *persona ad personam non fit interruptio*, isto é, a interrupção só aproveita ou prejudica, respectivamente, a quem a promove ou aquele contra quem se dirige. Exceção a essa regra se acha nas obrigações solidárias, sejam elas ativas, sejam passivas, de modo que, promovida a interrupção por um dos credores solidários, serve ela aos demais, e, quando processada contra um dos devedores solidários, aos outros os efeitos se estenderão.

Considerando, porém, que a solidariedade não se propaga para além da morte (arts. 270 e 276), a interrupção da prescrição feita contra um dos herdeiros do devedor solidário só atingirá os demais herdeiros desse devedor se a obrigação for indivisível.

A interrupção da prescrição processada contra o devedor principal atinge o fiador, tendo em conta a natureza acessória da fiança.

O Código não se referiu à interrupção da prescrição em relação ao avalista, entretanto, dada a solidariedade (art. 43 do Decreto n. 2.044, de 31.12.1908), aplicam-se, no particular, as regras pertinentes a esta.

Especial atenção merece o prazo quinquenal das ações contra a Fazenda Pública, disciplinado pelo Decreto n. 20.910, de 06.01.1932 e pelo DL n. 4.597, de 19.08.1942, notadamente no tocante à particular regra sobre a interrupção do prazo prescricional (recomeça a correr pela metade do prazo) e sobre a extensão que julgados têm adotado para sua incidência tanto nas ações contra a Fazenda Pública como desta contra particulares.

## *Seção IV*
## *Dos Prazos da Prescrição*

**Art. 205. A prescrição ocorre em dez anos, quando a lei não lhe haja fixado prazo menor.**

Os prazos prescricionais classificam-se em geral e especiais, como assinala Câmara Leal: "Nosso CC estabeleceu, para prescrição das ações, um prazo geral e diversos prazos especiais, ficando subordinadas àquele as ações para as quais não se fixou um prazo especial. Daí duas classes de prescrição: a) a geral, comum ou ordinária; e b) a especial" (*Da prescrição e da decadência*, 3. ed. atualizada por José de Aguiar Dias. Rio de Janeiro, Forense, 1978, p. 224).

Este dispositivo trata do prazo geral de prescrição.

O Código anterior estabelecia prazo geral distinguindo as ações pessoais das ações reais (art. 177), em virtude de emenda ao projeto primitivo de Clóvis Bevilaqua. O novo ordenamento unificou-o em dez anos. Os prazos especiais estão contidos no art. 206 e na legislação extravagante.

É necessário também distinguir a prescrição nuclear ou de fundo de direito, que atinge a pretensão referente a uma relação jurídica, da prescrição parcelar, que fulmina somente cotas periódicas (art. 7º, XXIX, da CF; art. 3º do Decreto n. 20.910, de 06.01.1932).

O direito intertemporal nessa matéria é regulado pelo art. 2.028, contudo, não haveria como se estabelecer conflito entre prazo geral do CC/1916 e prazo especial do CC/2002, todavia a jurisprudência nem sempre se mostra fiel a essa exigência de identidade do objeto para aplicação daquela regra de transição, mas é fora de dúvida que o prazo diminuído só teve sua contagem iniciada após a entrada em vigor do novo Código.

**Jurisprudência:** Agravo regimental. Prestação de serviços. Mandato judicial. Interposição de recurso intempestivo pelo advogado. Indenização. Perda de uma chance. Prazo prescricional decenal (10 anos). Responsabilidade civil contratual. Inteligência do art. 205 do CC. Precedentes do STJ. Sentença anulada. Recurso manifestamente procedente. Decisão monocrática mantida. Agravo não provido. (TJSP, Ag. n. 0008886-69.2007.8.26.0510/Rio Claro, 28ª Câm. de Dir. Priv., rel. Gilson Delgado Miranda, j. 26.04.2016)

Administrativo e civil. Ação de cobrança. Diferenças devidas a título de bolsa-auxílio de estágio. Prescrição. Pessoa jurídica de direito privado. Aplicabilidade da regra prevista no CC. 1 – Conforme a jurisprudência não se aplica às pessoas jurídicas de direito privado. Pacífica do STJ, o prazo prescricional previsto no Decreto n. 20.910/32. Assim, detendo a ré, Fundação para o Desenvolvimento de Recursos Humanos – FDRH, tal natureza jurídica, a ela deve ser aplicada a regra prevista no CC. 2 – No caso, a autora ajuizou ação de cobrança pretendendo o pagamento de diferenças não recebidas a título de bolsa-auxílio de estágio. A atividade foi estabelecida mediante a assinatura de termos de compromisso, que configuram instrumentos contratuais, mas os valores devidos precisam ser apurados mediante interpretação de legislação local. Essa circunstância evidencia a ausência de liquidez da dívida, afastando a aplicação da regra do art. 206, § 5º, I, do CC. Assim, admite-se o prazo de dez anos para o exercício da pretensão, conforme a regra geral. 3 – Recurso especial a que se dá provimento. (STJ, REsp n. 1.501.773/RS, 2ª T., rel. Diva Malerbi (des. conv. da TRF-3ª R.), j. 04.02.2016)

Direito civil. Execução de alimentos. Prescrição. Novo CC. Redução. Contagem do novo prazo. Termo inicial. O prazo prescricional em curso, quando diminuído pelo novo CC, só sofre a incidência da redução a partir da sua entrada em vigor, quando cabível (art. 2.028). Nesse caso, a contagem do prazo reduzido se dá por inteiro e com marco inicial no dia 11.01.2003, em homenagem à segurança e à estabilidade das relações jurídicas. Precedentes. Recurso especial não conhecido. (STJ, REsp n. 717.457/PR, rel. Min. Cesar Asfor Rocha, j. 27.03.2007)

Civil e processual. Agravo regimental. Ação de indenização. Prescrição. Inocorrência. CC/2002, arts. 2.028 e 206, § 3º, V. Exegese.

I – O prazo prescricional da ação, previsto na lei substantiva revogada, cuja metade ainda não houvesse transcorrido até a vigência do novo CC e por este tenha sido reduzido, como na hipótese, para três anos, tal interstício deve ser contado integralmente a partir de 11.01.2003. Precedentes. II – Inocorrência da prescrição da ação indenizatória na hipótese dos autos, em virtude de o sinistro ter ocorrido em 17.03.1997. III – Agravo regimental desprovido. (STJ, Ag. Reg. no REsp n. 698.128/DF, rel. Min. Aldir Passarinho Júnior, j. 12.09.2006)

**Art. 206. Prescreve:**

**§ 1º Em um ano:**

**I – a pretensão dos hospedeiros ou fornecedores de víveres destinados a consumo no próprio estabelecimento, para o pagamento da hospedagem ou dos alimentos;**

Esses são casos de prazos especiais de prescrição. A enumeração é exemplificativa, pois a Constituição, a legislação extravagante e a especial trazem outros casos (p. ex.: art. 7º, XXIX, CF; art. 1º, Decreto n. 20.910/32; art. 12, Lei n. 6.453/77; art. 27, Lei n. 8.078/90; art. 104, Lei n. 8.213/91; art. 70, Anexo I, Decreto n. 57.663/66; art. 59, Lei n. 7.357/85; art. 168, CTN; art. 21, Lei n. 4.717/65; arts. 285 e segs., Lei n. 6.404/76 etc.).

O CC/1916 estabelecia o prazo prescricional de seis meses, contado do último pagamento (art. 178, § 5º, V), fixando o prazo de um ano, para a ação dos donos de casa de pensão, educação ou ensino, contando-se ainda o prazo do vencimento de cada uma das prestações (art. 178, § 6º, VII). Presentemente não existe distinção entre as modalidades de hospedagem. Não há, também, determinação do termo inicial do prazo, razão por que se aplicam as disposições do art. 397 e parágrafo referentes à mora, além da incidência do penhor legal (arts. 1.467, I, e 1.470). Esse termo deve ser homologado na forma dos arts. 874 e segs. do CPC. Entende, porém, Arnaldo Rizzardo que o prazo prescricional se inicia "unicamente depois de obedecidos os trâmites exigidos para a homologação" (*Parte Geral do Código Civil*, 2. ed. Rio de Janeiro, Forense, 2003, p. 629).

---

**II – a pretensão do segurado contra o segurador, ou a deste contra aquele, contado o prazo:**

➤ Inciso revogado pela Lei n. 15.040, de 09.12.2024 (*DOU* 10.12.2024), que entra em vigor após decorrido 1 (um) ano de sua publicação oficial.

***a)* para o segurado, no caso de seguro de responsabilidade civil, da data em que é citado para responder à ação de indenização proposta pelo terceiro prejudicado, ou da data que a este indeniza, com a anuência do segurador;**

***b)* quanto aos demais seguros, da ciência do fato gerador da pretensão;**

---

O CC/1916 estabelecia prazos diversos, conforme o local onde ocorresse o fato determinante da indenização, se no Brasil ou no exterior (art. 178, §§ 6º, II, e 7º, V). O CC/2002 unificou o prazo em um ano. Distingue-se, contudo, o termo inicial: se o segurado é demandado por terceiro prejudicado, a partir da citação; se o segurado paga com anuência do segurador, a partir da data em que ocorre a indenização. Se o pagamento é feito em parcelas, neste último caso, tem-se que o prazo prescricional se inicia com a solução da última. O CPC, mesmo em procedimento sumário, admite a intervenção de terceiro fundada em contrato de seguro (art. 280).

Fora essas hipóteses, o prazo prescricional se conta da ciência de fato gerador. A ciência que se leva em conta é o conhecimento inequívoco de evento, assim, meros sintomas, ou tratamentos, sem diagnóstico definitivo de moléstia incapacitante não geram o marco inicial.

Também é de ver que a prescrição ânua diz respeito à ação entre segurado e segurador, não alcançando o beneficiário, que está excluído da incidência desse prazo reduzido.

Igualmente, entende-se que o dispositivo deve alcançar os efeitos do contrato entre as partes no tocante a seu objeto, não compreendendo as indenizações em razão de danos causados por fato do serviço, regidas pelo CDC (arts. 3º, § 2º, 14 e 27 da Lei n. 8.078/90).

O § 1º, II, do art. 206 foi revogado pelo art. 133 da Lei n. 15.040, de 09.12.2024 (*DOU* 10.12.2024), com *vacatio* de um ano a partir de sua publicação, e a prescrição em matéria de seguro passa a ser regida pelas seguintes disposições: "Art. 126. Prescrevem: I – em 1 (um) ano, contado da ciência do respectivo fato gerado [...]. Art. 127. Além das causas previstas na Lei n. 10.406, de 10 de janeiro de 2002 (Código Civil), a prescrição da pretensão relativa ao recebimento de indenização ou capital segurado será suspensa uma única vez, quando a seguradora receber pedido de reconsideração da recusa de pagamento. Parágrafo único. Cessa a suspensão no dia em que o interessado for comunicado pela seguradora de sua decisão final".

**Jurisprudência:** Súmula n. 101, STJ: A ação de indenização do segurado em grupo contra a seguradora prescreve em um ano.

Súmula n. 278, STJ: O termo inicial do prazo prescricional, na ação de indenização, é a data em que o segurado teve ciência inequívoca da incapacidade laboral.

Tratando-se de seguro por invalidez permanente, ainda que anteriormente negada a cobertura pela seguradora, ao fundamento de incorrer a alegada incapacidade laboral, o *dies a quo* do prazo prescricional há de recair na data da concessão pelo INSS da aposentadoria por invalidez, uma vez que nessa oportunidade restou caracterizada a ocorrência da condição sob a qual pendia a obrigação da seguradora, que já não poderia mais esquivar-se ao pagamento sob a alegação de inocorrência do sinistro. (II TACSP, Ap. c/ rev. n. 547.320/0, 1ª Câm., rel. Juiz Renato Sartorelli, j. 31.05.1999, v.u.)

A prescrição ânua prevista no art. 178, § 6º, II, do CC não alcança o mero beneficiário que se submete ao prazo previsto no art. 177 (vinte anos) do mesmo diploma legal. É regra consagrada da hermenêutica a que diz não poder o intérprete criar exceção onde a lei não excepciona. (II TACSP, Ap. c/ rev. n. 548.496-0/6, 2ª Câm., rel. Juiz Peçanha de Moraes, j. 07.06.1999, v.u.)

1 – O terceiro beneficiário de seguro facultativo em grupo não se confunde com a figura do segurado e não se sujeita ao prazo prescricional ânuo previsto no art. 178, § 6º, II, do CC, diante do princípio básico de que as regras sobre prescrição devem ser interpretadas restritivamente.

2 – Havendo condenação, devem-se aplicar os parâmetros do § 3º do art. 20 do CPC na fixação dos honorários, levando em conta o zelo do profissional e o tempo de duração do processo, desenvolvendo-se no caso concreto há quase uma década. (II TACSP, Ap. c/ rev. n. 597.166-0/6, 10ª Câm., rel. Juiz Soares Levada, j. 09.05.2001, v.u.)

Seguro de vida em grupo. Prescrição ânua. Regra que não atinge o beneficiário, apenas o segurado. (II TACSP, Ap. c/ rev. n. 578.264-0/6, 10ª Câm., rel. Juiz José Araldo da Costa Telles, j. 31.05.2000, v.u.)

Monitória. Contrato de seguro de vida em grupo e/ou acidentes pessoais. Prescrição ânua (CC, art. 206, § 1º, II, *b*). Termo inicial. Proposta. Assinatura falsa. Ausência. A prescrição ânua do art. 206, § 1º, II, *b*, do CC, que flui a partir da ocorrência da lesão (violação) do direito (CC, art. 189), é contada da ciência, pelo segurado, da negativa de pagamento da indenização pela seguradora, e não da ocorrência do sinistro. Assim, a jurisprudência cristalizada do STJ (Súmula n. 278) deve ser interpretada conforme o CC em vigor. É nulo o contrato de seguro quando falsa é a assinatura do proponente. Aliás, falsa a assinatura do proponente, tem-se por não apresentada as informações constantes do cartão proposta. (TJMG, Ap. n. 1.0024.03.009750-5/001, rel. Des. Saldanha da Fonseca, j. 18.10.2006)

---

**III – a pretensão dos tabeliães, auxiliares da justiça, serventuários judiciais, árbitros e peritos, pela percepção de emolumentos, custas e honorários;**

---

Estão incluídos nesta regra os delegatários do foro extrajudicial (art. 236 da CF), bem como os auxiliares da Justiça (art. 139 do CPC). Os créditos destes, se não forem pagos no curso do processo, poderão ser exigidos em ação ou execução própria.

---

**IV – a pretensão contra os peritos, pela avaliação dos bens que entraram para a formação do capital de sociedade anônima, contado da publicação da ata da assembleia que aprovar o laudo;**

---

A hipótese é restrita à avaliação dos bens que servirem para a formação de capital da sociedade anônima (art. 156, § 2º, I, da CF; art. 7º da Lei n. 6.404/76).

O prazo prescricional tem seu início com a publicação da ata da assembleia que aprovar o laudo (art. 8º, §§ 1º e 6º, da Lei n. 6.404/76). Em igual prazo prescreve a ação contra o perito para haver reparação civil pela avaliação dos bens (art. 287, I, da Lei n. 6.404/76).

---

**V – a pretensão dos credores não pagos contra os sócios ou acionistas e os liquidantes, contado o prazo da publicação da ata de encerramento da liquidação da sociedade.**

---

Dissolvida a sociedade, passa-se à sua liquidação, com vistas ao recebimento dos créditos e pagamento de débitos. Entre os credores poderão estar os sócios ou acionistas (arts. 1.102 e segs. do CC; arts. 208 e segs. da Lei n. 6.404/76), que terão o prazo referido a contar da publicação da ata de encerramento para pleitear seus créditos.

Não se refere o dispositivo aos associados que poderão ter créditos, na conformidade do art. 61, § 1º, do CC, os quais, entretanto, terão de ser reclamados antes da destinação do remanescente do patrimônio, sendo essa uma causa preclusiva do direito, não se podendo, por isso, cogitar de prazo prescricional especial.

---

**§ 2º Em dois anos, a pretensão para haver prestações alimentares, a partir da data em que se vencerem.**

---

O direito aos alimentos é imprescritível, alcançando a prescrição, apenas, as respectivas parcelas, ou seja, não existe prescrição nuclear ou de fundo de direito, mas, somente, a prescrição parcelar, como já vinha dispondo a Lei n. 5.478/68 (art. 23), cujo prazo foi reduzido de cinco para dois anos.

**Jurisprudência:** Embargos do devedor. Execução de alimentos. Prescrição. 1 – Sendo maior e capaz o credor e tendo a execução sido promovida sob a égide do CC em vigor, aplica-se o prazo prescricional nele previsto, podendo a prescrição ser reconhecida de ofício. Inteligência do art. 219, § 5º, do CPC e do art. 206, § 2º, do CC/2002. 2 – A obrigação alimentar não cessa, por si só, com a maioridade do alimentando, e não havendo qualquer prova da exoneração do encargo alimentar, não há empecilho algum à execução. 3 – A prescrição não atinge a obrigação alimentar, apenas as parcelas alimentares anteriores ao último biênio contado da propositura da ação. Incidência do art. 219, § 1º, CPC. Recurso provido. (TJRS, Ap. n. 70.019.211.614, rel. Des. Sérgio Fernando de Vasconcellos Chaves, j. 27.06.2007)

**§ 3º Em três anos:**

**I – a pretensão relativa a aluguéis de prédios urbanos ou rústicos;**

No CC anterior o prazo era de cinco anos (art. 178, § 10, IV).

A referência a aluguéis exclui os encargos da locação eventualmente não solvidos pelo inquilino (art. 23, I, da Lei n. 8.245/91), e também neste dispositivo não se incluem os débitos condominiais.

**II – a pretensão para receber prestações vencidas de rendas temporárias ou vitalícias;**

As rendas mencionadas são as dispostas pelos arts. 803 a 813.

**III – a pretensão para haver juros, dividendos ou quaisquer prestações acessórias, pagáveis, em períodos não maiores de um ano, com capitalização ou sem ela;**

A prescrição se restringe às parcelas que periodicamente vencerem, havendo ou não capitalização, contando-se dos respectivos vencimentos. O CC/2002, entretanto, não trouxe regra semelhante à do art. 167 do CC/1916, segundo a qual com o principal prescrevem os direitos acessórios, mas ainda é possível sustentar esse entendimento, por força do art. 4º da Lindb, ante o princípio *cum principalis causa non consistit, ne ea quidem, quae sequuntur, locum habent.*

**IV – a pretensão de ressarcimento de enriquecimento sem causa;**

Não havia regra semelhante no CC/1916.

O termo inicial do prazo se dá com a verificação de locupletamento, sendo a matéria disciplinada nos arts. 884 a 886. Não se deve confundir o tema do enriquecimento sem causa, cujo regramento constitui inovação do Código vigente, com o tratamento do pagamento indevido (arts. 876 a 883), embora o pagamento indevido, assim como o enriquecimento por falta do resultado previsto, possa considerar-se hipóteses especiais de enriquecimento injustificado (ALMEIDA COSTA, Mário Júlio. *Direito das obrigações*. Coimbra, Atlântida 1968, p. 144).

**Jurisprudência:** Recurso especial representativo de controvérsia. Art. 543-C do CPC. Direito civil. Financiamento de plantas comunitárias de telefonia (PCTs). Ação de ressarcimento dos valores pagos. Prescrição. 1 – Para efeitos do art. 543-C do CPC: A pretensão de ressarcimento do valor pago pelo custeio de Plantas Comunitárias de Telefonia (PCTs), não existindo previsão contratual de reembolso pecuniário ou por ações da companhia, submete-se ao prazo de prescrição de vinte anos, na vigência do CC/1916 (art. 177), e de três anos, na vigência do CC/2002, por se tratar de demanda fundada em enriquecimento sem causa (art. 206, § 3º, IV), observada a fórmula de transição prevista no art. 2.028 do mesmo diploma legal. 2 – No caso concreto, o pagamento que se alega indevido ocorreu em novembro de 1996, data a partir da qual se iniciou o prazo prescricional, que se encerrou em janeiro de 2006 (três anos, a contar da vigência do novo Código). O autor ajuizou a ação em fevereiro de 2009, portanto sua pretensão está alcançada pela prescrição. 3 – Recurso especial não provido. (STJ, REsp n. 1.220.934/RS, 2ª S., rel. Min. Luis Felipe Salomão, j. 24.04.2013, *DJe* 12.06.2013)

1 – Recurso especial representativo de controvérsia. Civil. Contrato de plano ou seguro de assistência à saúde. Pretensão de nulidade de cláusula de reajuste. Alegado caráter abusivo. Cumulação com pretensão de restituição dos valores pagos indevidamente. Efeito financeiro do provimento judicial. Ação ajuizada ainda na vigência do contrato. Natureza continuativa da relação jurídica. Decadência. Afastamento. Prazo prescricional trienal. Art. 206, § 3º, IV, do CC/2002. Pretensão fundada no enriquecimento sem causa. 2 – Caso concreto: entendimento do tribunal *a quo* converge com a tese firmada no repetitivo. Prescrição trienal. Enriquecimento sem causa. Pedido de reconhecimento da prescrição ânua prevista no art. 206, § 1º, II, do CC/2002. Afastamento. Recurso especial a que se nega provimento. 1 – Em se tratando de ação em que o autor, ainda durante a vigência do contrato, pretende, no âmbito de relação de trato sucessivo, o reconhecimento do caráter abusivo de cláusula contratual com a consequente restituição dos valores pagos indevidamente, torna-se despicienda a discussão acerca de ser caso de nulidade absoluta do negócio jurídico – com provimento jurisdicional de natureza declaratória pura, o que levaria à imprescritibilidade da pretensão – ou de nulidade relativa – com provimento jurisdicional de natureza constitutiva negativa, o que atrairia os prazos de decadência, cujo início da contagem, contudo, dependeria da conclusão do contrato (CC/2002, art. 179). Isso porque a pretensão última desse tipo de demanda, partindo-se da premissa de ser a cláusula contratual abusiva ou ilegal, é de natureza condenatória, fundada no ressarcimento de pagamento indevido, sendo, pois, alcançável pela prescrição. Então, estando o contrato ainda em cur-

so, esta pretensão condenatória, prescritível, é que deve nortear a análise do prazo aplicável para a perseguição dos efeitos financeiros decorrentes da invalidade do contrato. 2 – Nas relações jurídicas de trato sucessivo, quando não estiver sendo negado o próprio fundo de direito, pode o contratante, durante a vigência do contrato, a qualquer tempo, requerer a revisão de cláusula contratual que considere abusiva ou ilegal, seja com base em nulidade absoluta ou relativa. Porém, sua pretensão condenatória de repetição do indébito terá que se sujeitar à prescrição das parcelas vencidas no período anterior à data da propositura da ação, conforme o prazo prescricional aplicável. 3 – Cuidando-se de pretensão de nulidade de cláusula de reajuste prevista em contrato de plano ou seguro de assistência à saúde ainda vigente, com a consequente repetição do indébito, a ação ajuizada está fundada no enriquecimento sem causa e, por isso, o prazo prescricional é o trienal de que trata o art. 206, § 3º, IV, do CC/2002. 4 – É da invalidade, no todo ou em parte, do negócio jurídico, que nasce para o contratante lesado o direito de obter a restituição dos valores pagos a maior, porquanto o reconhecimento do caráter ilegal ou abusivo do contrato tem como consequência lógica a perda da causa que legitimava o pagamento efetuado. A partir daí fica caracterizado o enriquecimento sem causa, derivado de pagamento indevido a gerar o direito à repetição do indébito (arts. 182, 876 e 884 do CC/2002). 5 – A doutrina moderna aponta pelo menos três teorias para explicar o enriquecimento sem causa: a) a teoria unitária da deslocação patrimonial; b) a teoria da ilicitude; e c) a teoria da divisão do instituto. Nesta última, basicamente, reconhecidas as origens distintas das anteriores, a estruturação do instituto é apresentada de maneira mais bem elaborada, abarcando o termo causa de forma ampla, subdividido, porém, em categorias mais comuns (não exaustivas), a partir dos variados significados que o vocábulo poderia fornecer, tais como o enriquecimento por prestação, por intervenção, resultante de despesas efetuadas por outrem, por desconsideração de patrimônio ou por outras causas. 6 – No Brasil, antes mesmo do advento do CC/2002, em que há expressa previsão do instituto (arts. 884 a 886), doutrina e jurisprudência já admitiam o enriquecimento sem causa como fonte de obrigação, diante da vedação do locupletamento ilícito. 7 – O art. 884 do CC/2002 adota a doutrina da divisão do instituto, admitindo, com isso, interpretação mais ampla a albergar o termo causa tanto no sentido de atribuição patrimonial (simples deslocamento patrimonial), como no sentido negocial (de origem contratual, por exemplo), cuja ausência, na modalidade de enriquecimento por prestação, demandaria um exame subjetivo, a partir da não obtenção da finalidade almejada com a prestação, hipótese que mais se adequa à prestação decorrente de cláusula indigitada nula (ausência de causa jurídica lícita). 8 – Tanto os atos unilaterais de vontade (promessa de recompensa, arts. 854 e segs.; gestão de negócios, arts. 861 e segs.; pagamento indevido, arts. 876 e segs.; e o próprio enriquecimento sem causa, arts. 884 e segs.) como os negociais, conforme o caso, comportam o ajuizamento de ação fundada no enriquecimento sem causa, cuja pretensão está abarcada pelo prazo prescricional trienal previsto no art. 206, § 3º, IV, do CC/2002. 9 – A pretensão de repetição do indébito somente se refere às prestações pagas a maior no período de três anos compreendidos no interregno anterior à data do ajuizamento da ação (art. 206, § 3º, IV, do CC/2002; art. 219, *caput* e § 1º, do CPC/73; art. 240, § 1º, do CPC/2015). 10 – Para os efeitos do julgamento do recurso especial repetitivo, fixa-se a seguinte tese: Na vigência dos contratos de plano ou de seguro de assistência à saúde, a pretensão condenatória decorrente da declaração de nulidade de cláusula de reajuste nele prevista prescreve em 20 anos (art. 177 do CC/1916) ou em 3 anos (art. 206, § 3º, IV, do CC/2002), observada a regra de transição do art. 2.028 do CC/2002. 11 – Caso concreto: Recurso especial interposto por [...] Sociedade Cooperativa de Serviços Médicos Ltda. a que se nega provimento. (STJ, REsp n. 1.360.969/RS, 2ª S., rel. Min. Marco Buzzi, j. 10.08.2016, *DJe* 19.09.2016)

**V – a pretensão de reparação civil;**

Sem regra semelhante no Código anterior, que a sujeitava ao prazo geral.

A reparação civil encontra residência nos arts. 186 e 187. Também haverá obrigação de indenizar nos casos em que se admite a responsabilidade objetiva (art. 927, parágrafo único, do CC).

Por se tratar de inovação, sem correspondência no direito anterior, ficaria excluída a regra de transição do art. 2.028, contudo a jurisprudência nem sempre manifestou fidelidade à perfeita identidade do objeto para adoção da regra de direito intertemporal, conquanto não repudie a determinação do efeito imediato, ou seja, a aplicação desde o início da vigência da lei nova (art. 6º da Lindb).

Acesa contenda jurisprudencial se verificou acerca da aplicação do prazo trienal ou apenas para a responsabilidade civil extracontratual ou, também, para a responsabilidade extracontratual. A solução, no sentido da aplicação em ambos os casos, que prevaleceu, durante algum tempo, todavia, não podia passar ao largo de que o campo da responsabilidade civil é diverso do simples inadimplemento contratual. As consequências do inadimplemento regem-se pelo art. 475, enquanto a responsabilidade civil se finca nos arts. 186 a 188 e 927 a 954. Por isso, no caso de prejuízos decorrentes do descumprimento contratual, o prazo de prescrição é o geral, enquanto, na hipótese de dano ocorrido durante a execução do contrato ou em razão dela, o prazo trienal seria aplicável. Essa inclusão jurisprudencial, contudo, foi revertida para inclinar-se pela dicotomia, ou seja, trienal o prazo para a responsabilidade civil extracontratual e decenal para a responsabilidade civil contratual, o que é mais apropriado, na medida em que há título específico no CC acerca da responsabilidade civil (arts. 927 a 954), apartado do direito contratual (arts. 421 e 480).

O dano reparável tanto é o material como o moral, iniciando-se o prazo prescricional da data do ato ou fato que autorizar a reparação, salvo se o ato também constituir crime.

**Jurisprudência:** Civil e processual civil. Embargos de divergência no recurso especial. Dissenso caracterizado. Prazo prescricional incidente sobre a pretensão decorrente da responsabilidade civil contratual. Inaplicabilidade do art. 206, § 3º, V, do CC. Subsunção à regra geral do art. 205, do CC, salvo existência de previsão expressa de prazo diferenciado. Caso concreto que se sujeita ao disposto no art. 205 do diploma civil. Embargos de divergência providos. I – Segundo a jurisprudência deste STJ, os embargos de divergência tem como finalidade precípua a uniformização de teses jurídicas divergentes, o que, *in casu*, consiste em definir o prazo prescricional incidente sobre os casos de responsabilidade civil contratual. II – A prescrição, enquanto corolário da segurança jurídica, constitui, de certo modo, regra restritiva de direitos, não podendo assim comportar interpretação ampliativa das balizas fixadas pelo legislador. III – A unidade lógica do CC permite extrair que a expressão "reparação civil" empregada pelo seu art. 206, § 3º, V, refere-se unicamente à responsabilidade civil aquiliana, de modo a não atingir o presente caso, fundado na responsabilidade civil contratual. IV – Corrobora com tal conclusão a bipartição existente entre a responsabilidade civil contratual e extracontratual, advinda da distinção ontológica, estrutural e funcional entre ambas, que obsta o tratamento isonômico. V – O caráter secundário assumido pelas perdas e danos advindas do inadimplemento contratual, impõe seguir a sorte do principal (obrigação anteriormente assumida). Dessa forma, enquanto não prescrita a pretensão central alusiva à execução da obrigação contratual, sujeita ao prazo de 10 anos (caso não exista previsão de prazo diferenciado), não pode estar fulminado pela prescrição o provimento acessório relativo à responsabilidade civil atrelada ao descumprimento do pactuado. VI – Versando o presente caso sobre responsabilidade civil decorrente de possível descumprimento de contrato de compra e venda e prestação de serviço entre empresas, está sujeito à prescrição decenal (art. 205, do CC). Embargos de divergência providos. (STJ, ED em REsp n. 1.281.594/SP, rel. Min. Benedito Gonçalves, j. 20.03.2019, *DJe* 23.05.2019)

Embargos de divergência em recurso especial. Responsabilidade civil. Prescrição da pretensão. Inadimplemento contratual. Prazo decenal. Interpretação sistemática. Regimes jurídicos distintos. Unificação. Impossibilidade. Isonomia. Ofensa. Ausência. 1 – Ação ajuizada em 14.08.2007. Embargos de divergência em recurso especial opostos em 24.08.2017 e atribuído a este gabinete em 13.10.2017. 2 – O propósito recursal consiste em determinar qual o prazo de prescrição aplicável às hipóteses de pretensão fundamentadas em inadimplemento contratual, especificamente, se nessas hipóteses o período é trienal (art. 206, § 3º, V, do CC/2002) ou decenal (art. 205 do CC/2002). 3 – Quanto à alegada divergência sobre o art. 200 do CC/2002, aplica-se a Súmula n. 168/STJ ("Não cabem embargos de divergência quando a jurisprudência do Tribunal se firmou no mesmo sentido do acórdão embargado"). 4 – O instituto da prescrição tem por finalidade conferir certeza às relações jurídicas, na busca de estabilidade, porquanto não seria possível suportar uma perpétua situação de insegurança. 5 – Nas controvérsias relacionadas à responsabilidade contratual, aplica-se a regra geral (art. 205 do CC/2002) que prevê dez anos de prazo prescricional e, quando se tratar de responsabilidade extracontratual, aplica-se o disposto no art. 206, § 3º, V, do CC/2002, com prazo de três anos. 6 – Para o efeito da incidência do prazo prescricional, o termo "reparação civil" não abrange a composição da toda e qualquer consequência negativa, patrimonial ou extrapatrimonial, do descumprimento de um dever jurídico, mas, de modo geral, designa indenização por perdas e danos, estando associada às hipóteses de responsabilidade civil, ou seja, tem por antecedente o ato ilícito. 7 – Por observância à lógica e à coerência, o mesmo prazo prescricional de dez anos deve ser aplicado a todas as pretensões do credor nas hipóteses de inadimplemento contratual, incluindo o da reparação de perdas e danos por ele causados. 8 – Há muitas diferenças de ordem fática, de bens jurídicos protegidos e regimes jurídicos aplicáveis entre responsabilidade contratual e extracontratual que largamente justificam o tratamento distinto atribuído pelo legislador pátrio, sem qualquer ofensa ao princípio da isonomia. 9 – Embargos de divergência parcialmente conhecidos e, nessa parte, não providos. (STJ, Emb. de Div. em REsp n. 1.280.825/RJ, rel. Min. Nancy Andrighi, j. 27.06.2018)

Agravo interno no agravo em recurso especial. Processual civil (CPC/73). Direito autoral. Ecad. Pretensão fundada em responsabilidade civil. Prescrição trienal. Art. 206, § 3°, V, do CC. 1 – A cobrança em juízo dos direitos decorrentes da execução de obras musicais sem prévia e expressa autorização do autor envolve pretensão de reparação civil, a atrair a aplicação do prazo de prescrição de três anos de que trata o art. 206, § 3°, V, do CC, observadas as regras de transição previstas no art. 2.028 do mesmo diploma legal, não importando se proveniente de relações contratuais ou extracontratuais. 2 – Agravo desprovido. (STJ, Ag. Int. no AREsp n. 893.943/SP, 3ª T., rel. Min. Paulo de Tarso Sanseverino, j. 08.08.2017, *DJe* 22.08.2017)

Agravo interno no agravo em recurso especial. Direito civil. Ação com fundamento em direito de natureza pessoal. Prescrição decenal. Decisão mantida. Recurso desprovido. 1 – Aplica-se o prazo de prescrição decenal (art. 205 do CC/2002) quando o pedido de reparação civil tem por fundamento contrato celebrado entre as partes. O prazo prescricional previsto no art. 206, § 3°, V, do CC/2002 alcança a pretensão de reparação civil por danos decorrentes de responsabilidade extracontratual. Precedente. 2 – Nessa linha, observa-se que não houve prescrição, porquanto "a apelante teve conhecimento das cláusulas contratuais firmadas entre a apelada e outra empresa em julho de 2001" e "a ação foi ajuizada em 17.02.2012", conforme a premissa de fato fixada pela Corte de origem; em 11.01.2003, por ocasião da entrada em vigor do atual CC, havia-se passado pouco mais de um ano desde o ajuizamento dessa ação e o prazo prescricional decenal do art. 205, que teve seu início em 11.01.2003, terminaria somente em 11.01.2013. 3 – Agravo regimental não provido. (STJ, Ag. Reg. no AREsp n. 477.387/DF, 4ª T., rel. Min. Raul Araújo, j. 21.10.2014, *DJe* 13.11.2014)

Agravo regimental no recurso especial. Processual civil. Ação indenizatória. Violação do art. 535 do CPC. Inexistência. Prescrição. Reexame de matéria fática. Súmula n. 7/STJ. Impossibilidade. 1 – Inexistência de maltrato ao art. 535 do CPC quando o acórdão recorrido, ainda que de forma sucinta, aprecia com clareza as questões essenciais ao julgamento da lide. 2 – O art. 206, § 3°, V, do CC, regula o prazo prescricional relativo às de reparação de danos na responsabilidade civil extracontratual. 3 – A pretensão indenizatória da parte autora, nascida do inadimplemento contratual, obedece ao prazo prescricional decenal por ter natureza contratual. 4 – Não apresentação pela parte agravante de argumentos novos capazes de infirmar os fundamentos que alicerçaram a decisão agravada. 5 – Agravo regimental desprovido. (STJ, Ag. Reg. no REsp n. 1.317.745/SP, 3ª T., rel. Min. Paulo de Tarso Sanseverino, j. 06.05.2014, *DJe* 14.05.2014)

Administrativo. Recurso especial representativo de controvérsia (art. 543-C do CPC). Responsabilidade civil do estado. Ação indenizatória. Prescrição. Prazo quinquenal (art. 1° do Dec. n. 20.910/32) x prazo trienal (art. 206, § 3°, V, do CC). Prevalência da lei especial. Orientação pacificada no âmbito do STJ. Recurso especial não provido.

1. A controvérsia do presente recurso especial, submetido à sistemática do art. 543-C do CPC e da Res. STJ n. 8/2008, está limitada ao prazo prescricional em ação indenizatória ajuizada contra a Fazenda Pública, em face da aparente antinomia do prazo trienal (art. 206, § 3°, V, do CC) e o prazo quinquenal (art. 1° do Dec. n. 20.910/32).

2. O tema analisado no presente caso não estava pacificado, visto que o prazo prescricional nas ações indenizatórias contra a Fazenda Pública era defendido de maneira antagônica nos âmbitos doutrinário e jurisprudencial. Efetivamente, as Turmas de Direito Público desta Corte Superior divergiam sobre o tema, pois existem julgados de ambos os órgãos julgadores no sentido da aplicação do prazo prescricional trienal previsto no CC/2002 nas ações indenizatórias ajuizadas contra a Fazenda Pública. Nesse sentido, os seguintes precedentes: REsp n. 1.238.260/PB, 2ª T., rel. Min. Mauro Campbell Marques, *DJe* 5.5.2011; REsp n. 1.217.933/RS, 2ª T., rel. Min. Herman Benjamin, *DJe* 25.4.2011; REsp n. 1.182.973/PR, 2ª T., rel. Min. Castro Meira, *DJe* 10.2.2011; REsp n. 1.066.063/RS, 1ª T., rel. Min. Francisco Falcão, *DJe* 17.11.2008; EREsp sim n. 1.066.063/RS, 1ª S., rel. Min. Herman Benjamin, *DJe* 22.10.2009). A tese do prazo prescricional trienal também é defendida no âmbito doutrinário, dentre outros renomados doutrinadores: José dos Santos Carvalho Filho (*Manual de Direito Administrativo*, 24. ed., Rio de Janeiro, Editora Lumen Júris, 2011, p. 529/530) e Leonardo José Carneiro da Cunha (*A Fazenda Pública em Juízo*, 8. ed., São Paulo, Dialética, 2010, p. 88/90).

3. Entretanto, não obstante os judiciosos entendimentos apontados, o atual e consolidado entendimento deste Tribunal Superior sobre o tema é no sentido da aplicação do prazo prescricional quinquenal – previsto no Dec. n. 20.910/32 – nas ações indenizatórias ajuizadas contra a Fazenda Pública, em detrimento do prazo trienal contido do CC/2002.

4. O principal fundamento que autoriza tal afirmação decorre da natureza especial do Dec. n. 20.910/32, que regula a prescrição, seja qual for a sua natureza, das pretensões formuladas contra a Fazenda Pública, ao contrário da disposição prevista no CC, norma geral que regula o tema de maneira genérica, a qual não altera o

caráter especial da legislação, muito menos é capaz de determinar a sua revogação. Sobre o tema: Rui Stoco (*Tratado de Responsabilidade Civil*. Editora Revista dos Tribunais, 7. ed. São Paulo, 2007; p. 207/208) e Lucas Rocha Furtado (*Curso de Direito Administrativo*. Editora Fórum, 2. ed. Belo Horizonte, 2010. p. 1.042).

5. A previsão contida no art. 10 do Dec. n. 20.910/32, por si só, não autoriza a afirmação de que o prazo prescricional nas ações indenizatórias contra a Fazenda Pública foi reduzido pelo CC/2002, a qual deve ser interpretada pelos critérios histórico e hermenêutico. Nesse sentido: Marçal Justen Filho (*Curso de Direito Administrativo*. Editora Saraiva, 5. ed. São Paulo, 2010; p. 1.296/1.299).

6. Sobre o tema, os recentes julgados desta Corte Superior: AgRg no AREsp n. 69.696/SE, 1ª T., rel. Min. Benedito Gonçalves, *DJe* 21.8.2012; AgRg nos EREsp n. 1.200.764/AC, 1ª S., rel. Min. Arnaldo Esteves Lima, *DJe* 06.06.2012; Ag. Reg. no REsp n. 1.195.013/AP, 1ª T., rel. Min. Teori Albino Zavascki, *DJe* 23.05.2012; REsp n. 1.236.599/RR, 2ª T., rel. Min. Castro Meira, *DJe* 21.05.2012; Ag. Reg. no AREsp n. 131.894/GO, 2ª T., rel. Min. Humberto Martins, *DJe* 26.04.2012; Ag. Reg. no AREsp n. 34.053/RS, 1ª T., rel. Min. Napoleão Nunes Maia Filho, *DJe* 21.05.2012; Ag. Reg. no AREsp n. 36.517/RJ, 2ª T., rel. Min. Herman Benjamin, *DJe* 23.02.2012; EREsp n. 1.081.885/RR, 1ª S., rel. Min. Hamilton Carvalhido, *DJe* 01.02.2011.

7. No caso concreto, a Corte *a quo*, ao julgar recurso contra sentença que reconheceu prazo trienal em ação indenizatória ajuizada por particular em face do Município, corretamente reformou a sentença para aplicar a prescrição quinquenal prevista no Dec. n. 20.910/32, em manifesta sintonia com o entendimento desta Corte Superior sobre o tema.

8. Recurso especial não provido. Acórdão submetido ao regime do art. 543-C, do CPC, e da Res. STJ n. 8/2008. (STJ, REsp n. 1.251.993/PR, rel. Min. Mauro Campbell Marques, j. 12.12.2012, *DJe* 19.12.2012)

**VI – a pretensão de restituição dos lucros ou dividendos recebidos de má-fé, correndo o prazo da data em que foi deliberada a distribuição;**

A pretensão é fundada no direito societário e encontra disciplina na Lei n. 6.404/76 (arts. 191, 201 e 287, II, *c*).

**VII – a pretensão contra as pessoas em seguida indicadas por violação da lei ou do estatuto, contado o prazo:**

***a)* para os fundadores, da publicação dos atos constitutivos da sociedade anônima;**

***b)* para os administradores, ou fiscais, da apresentação, aos sócios, do balanço referente ao exercício em que a violação tenha sido praticada, ou da reunião ou assembleia geral que dela deva tomar conhecimento;**

***c)* para os liquidantes, da primeira assembleia semestral posterior à violação;**

Trata-se, consoante Arnaldo Rizzardo, de ação cabível "contra os desmandos, o excesso de mandato, os desvios de fundos e valores, a desídia no desempenho das funções, a apropriação do patrimônio da sociedade, a omissão de medidas administrativas, e toda série de atos e negócios prejudiciais, desde que presente a má-fé e até a culpa" (*Parte Geral do Código Civil*, 2. ed. Rio de Janeiro, Forense, 2003, p. 639).

Assemelhado é o disposto no art. 287, II, *b*, da Lei n. 6.404/76, que também oferece rol exemplificativo de condutas vedadas e que dão azo à reparação de danos (art. 158 c/c o art. 217).

**VIII – a pretensão para haver o pagamento de título de crédito, a contar do vencimento, ressalvadas as disposições de lei especial;**

O dispositivo é residual, porquanto ficam ressalvadas as regras de leis especiais (p. ex.: art. 59, Lei n. 7.357/85).

Trata-se da ação cambial na modalidade de execução (art. 784, I, do CPC/2015), porque, findo o prazo prescricional desta, remanesce a possibilidade de outra via processual, a ação monitória (art. 700 do CPC/2015).

**Jurisprudência:** A prescrição prevista no art. 59 da Lei n. 7.357/85 refere-se exclusivamente à forma executiva de cobrança, não impedindo o uso da ação monitória para o recebimento da dívida oriunda de cheques não honrados. (STJ, REsp n. 168.777/RJ, 4ª T., rel. Min. Aldir Passarinho Jr., j. 16.12.1999, v.u.)

**IX – a pretensão do beneficiário contra o segurador, e a do terceiro prejudicado, no caso de seguro de responsabilidade civil obrigatório.**

É a hipótese do seguro obrigatório (DPVAT) destinado às pessoas vítimas de acidentes automobilísticos, transportadas ou não, e regulado pela Lei n. 6.194, de 19.09.1974.

A indenização é devida pelo simples resultado danoso, lesão corporal ou óbito, cujo valor a lei estabelece, bem como o procedimento administrativo para seu recebimento (Lei n. 11.482, de 31.05.2007).

O prazo prescricional de três anos encontrou objeção em corrente jurisprudencial, fundada na circunstância de a indenização do seguro obrigatório ser devida independentemente de ocorrência de ato ilícito, sendo, também, devida ao próprio condutor do veículo, o que retiraria a circunstância de tratar-se propriamente de seguro de responsabilidade civil. Esse encaminhamento, todavia, não prosperou, e o STJ consolidou o entendimento no sentido de o prazo prescricional ser trienal.

**Jurisprudência:** Súmula n. 405 do STJ: A ação de cobrança do seguro obrigatório (DPVAT) prescreve em três anos.

Agravo regimental no agravo em recurso especial. Civil. Violação do art. 535 do CPC. Não ocorrência. Indenização securitária. Seguro de vida em grupo. Ação proposta pelo terceiro beneficiário. Prescrição. Prazo decenal. Correção monetária e juros moratórios. Alteração do termo inicial de ofício em apelação. Possibilidade. Matéria de ordem pública. 1 – Não há falar em negativa de prestação jurisdicional se o tribunal de origem motiva adequadamente sua decisão, solucionando a controvérsia com a aplicação do direito que entende cabível à hipótese, apenas não no sentido pretendido pela parte. 2 – O prazo prescricional para o ajuizamento de ação indenizatória por terceiro beneficiário de contrato de seguro de vida em grupo é decenal, nos termos do art. 205 do CC/2002. Ressalte-se que a situação é diversa da demanda proposta por segurado contra a seguradora, ocasião em que o prazo é ânuo. 3 – A matéria relativa aos juros de mora e à correção monetária é de ordem pública, pelo que a alteração do termo inicial de ofício no julgamento de recurso de apelação pelo tribunal na fase de conhecimento do processo não configura *reformatio in pejus*. 4 – Agravo regimental não provido. (STJ, Ag. Reg. no AREsp n. 455.281/RS, 3ª T., rel. Min. Ricardo Villas Bôas Cueva, j. 10.06.2014)

Seguro de vida e acidentes pessoais. Embargos à execução. Morte do segurado. Pretensão dos beneficiários contra o segurador. Prescrição. Prazo decenal. Inocorrência. Termo inicial. Contagem a partir da ciência do fato gerador da pretensão. Ajuizamento da ação securitária dentro do prazo legal. Inteligência do art. 205 do CC. Prejudicial ao mérito rejeitada. Morte do segurado. Pretensão dos beneficiários contra o segurador. Doença preexistente. Não caracterização. Inexistência de omissão pelo segurado. Indenização devida. Dever de observância ao princípio da boa-fé que rege as relações contratuais. Inteligência do art. 765 do CC. Correção monetária. Termo inicial. A partir da morte do segurado surge a obrigação da seguradora em efetivar a respectiva indenização securitária. Juros moratórios. Termo inicial. Obrigação contratual. Incidência a partir da citação válida. Inaplicabilidade da Súmula n. 54 do STJ, porquanto de ilícito absoluto não se trata. Recurso parcialmente provido, neste particular. (TJSP, Ap. n. 0000407-33.2011.8.26.0030, 32ª Câm. de Dir. Priv., rel. Luis Fernando Nishi, j. 13.03.2014)

Agravo regimental. Cobrança. Seguro obrigatório. DPVAT. Prescrição. Ocorrência. Precedentes. Agravo improvido. I – No que se refere ao prazo prescricional para o ajuizamento de ação em que o beneficiário busca o pagamento da indenização referente ao seguro obrigatório, o entendimento assente nesta Corte é no sentido de que o prazo prescricional é de três anos, nos termos do art. 206, § 3º, IX, do CC. II – Agravo regimental improvido. (STJ, Ag. Reg. no REsp n. 1.057.098/SP, 3ª T., rel. Min. Massami Uyeda, j. 14.10.2008)

---

**§ 4º Em quatro anos, a pretensão relativa à tutela, a contar da data da aprovação das contas.**

---

Os tutores, no fim de cada ano de administração, submeterão ao juiz o balanço de sua gestão e, a cada dois anos, ou quando deixam a tutela, prestarão contas, não valendo a quitação do menor que atingir a plena capacidade antes da aprovação judicial (arts. 1.755 e 1.762).

O mesmo prazo deve ser observado na curatela (art. 1.774).

Aprovadas as contas começa a correr o prazo para a propositura da ação pela parte lesada, ressalvada a hipótese de suspensão (art. 197, III).

---

**§ 5º Em cinco anos:**

**I – a pretensão de cobrança de dívidas líquidas constantes de instrumento público ou particular;**

---

Sem correspondência no Código anterior. Pelo atual Código, qualquer dívida resultante de documento público ou particular, tenha ou não força executiva, submete-se à prescrição quinquenal, contando-se do respectivo vencimento.

É necessário, porém, que a dívida seja líquida, cuja definição a lei não repetiu, mas vinha, com propriedade, definida no art. 1.533 do CC/1916: "Considera-se líquida a obrigação certa, quanto à sua existência, e determinada, quanto ao seu objeto". Sendo ilíquida a obrigação, não se aplica essa regra; porém, não se considera ilíquida a dívida cuja importância, para ser determinada, depende apenas de operação aritmética.

**Jurisprudência:** Súmula n. 291, STJ: A ação de cobrança de parcelas de complementação de aposentadoria pela previdência privada prescreve em cinco anos.

Súmula n. 427, STJ: A ação de cobrança de diferenças de valores de complementação de aposentadoria prescreve em cinco anos contados da data do pagamento.

Súmula n. 503, STJ: O prazo para ajuizamento de ação monitória em face do emitente de cheque sem força executiva é quinquenal, a contar do dia seguinte à data de emissão estampada na cártula.

Apelação. Ré. Ação monitória. Ausência de prescrição da pretensão do autor. O termo inicial para contagem do prazo prescricional foi o dia 29.07.1997. Levando-se em conta que os fatos se deram sob a égide do CC/1916, o prazo prescricional correspondia a 20 anos, nos termos do art. 177 do referido *Codex*. Por força da regra de transição contido no art. 2.028 do atual CC, o prazo prescricional aqui discutido passou a ser aquele previsto mais precisamente no art. 206, § 5º, I, já que se trata de dívida constante de instrumento público particular, cujo prazo em questão seria de cinco anos, com termo inicial estabelecido em 11.01.2003. Nesse contexto, o Banco BMD teria até o dia 11.01.2008 para a propositura desta demanda. Tal como se observa da autuação, a presente lide foi proposta no dia 08.01.2008. Logo, três dias antes do prazo sobreveio a distribuição desta demanda, situação esta que implicou a interrupção do prazo prescricional com a citação válida da ré. Assim, não há que falar na prescrição da pretensão do autor. Invalidade do negócio jurídico em razão da incapacidade relativa da ré. Inocorrência. À época da formalização do contrato a ré possuía incapacidade civil relativa em razão de sua idade. Em razão do descumprimento do prazo contido no art. 178, § 9º, V, *c*, do antigo CC por parte da ré, a partir do momento em que adquiriu a maioridade civil, não há que se falar na invalidade do contrato mantido entre as partes. Art. 252, do Regimento Interno do Eg. TJSP. Em consonância com o princípio constitucional da razoável duração do processo, previsto no art. 5º, LXXVIII, da Carta da República, é de rigor a ratificação dos fundamentos da sentença recorrida. Precedentes deste Tribunal de Justiça e do STJ. Recurso improvido nestes pontos. Apelação. Ré. Ação monitória. Incorreção do CPF da ré contido no contrato que ampara o pedido monitório. Mera irregularidade que não invalida o negócio mantido entre as partes nem descaracteriza a sua incontroversa inadimplência. Recurso improvido neste ponto. Apelação. Autor. Ação monitória. Prescrição trienal dos juros cobrados pelo autor. Inocorrência. Tratando-se de cobrança dos juros agregados ao valor principal, não há que se falar em prestação acessória, o que afasta a incidência do prazo prescricional de três anos previsto no art. 206, § 3º, III, do CC. Precedente do STJ. Recurso provido. (TJSP, Ap. n. 0000839-57.2008.8.26.0224/ Guarulhos, 38ª Câm. de Dir. Priv., rel. Eduardo Siqueira, j. 01.06.2016)

Ação de cobrança. Contrato de transporte. Taxa de sobre-estadia de *containers* (*demurrage*) oriunda de disposição contratual. Devolução de *containers* por prazo superior ao avençado. Prazo prescricional de cinco anos, previsto no art. 206, § 5º, I, do novo CC. Entendimento do STJ expresso no julgamento do REsp n. 1.192.847/ SP. Inocorrência de prescrição. (TJSP, Ap. n. 0021868-17.2011.8.26.0562, 24ª Câm. de Dir. Priv., rel. Plinio Novaes de Andrade Júnior, j. 28.04.2016)

Corretagem de seguros. Cobrança de comissão. 1 – Prescrição. Prazo de cinco anos. Inteligência do art. 206, § 5º, I, do CC. Reconhecimento parcial. Comissões anteriores ao quinquênio legal prescritas. 2 – Pagamento de comissões à corretora que não assinou a proposta de seguros. Autora que, na qualidade de corretora que intermediou o negócio, tem direito ao recebimento da quantia indevidamente paga a terceiro. Recurso parcialmente provido. (TJSP, Ap. n. 0201175-61.2008.8.26.0100/ São Paulo, 28ª Câm. de Dir. Priv., rel. Gilson Delgado Miranda, j. 20.10.2015)

Execução. Nota promissória vinculada a contrato de financiamento. Cobrança de quantia inferior à constante na cártula correspondente ao valor contratual e seus acréscimos. Circunstância que não retira a liquidez e certeza do título. Necessidade de simples operação aritmética para apuração do *quantum*. Carência afastada. Declaração de voto (STJ, REsp n. 4.703-116/MG, 4ª T., rel. Min. Barros Monteiro, j. 26.03.1991, v.u.). (*RT* 670/181)

Processual civil e empresarial. Demanda monitória. Nota fiscal. Documento hábil para embasar o pedido. Prescrição do direito de cobrar a dívida. Não ocorrência. Prescreve em 5 (cinco) anos a pretensão de cobrança de dívidas líquidas constantes de instrumento público ou particular (inciso I do § 5º do art. 206 do CC). A demanda monitória compete a quem pretender, com base em prova escrita sem eficácia de título executivo, pagamento de soma em dinheiro, entrega de coisa fungível ou de determinado bem móvel. Admitida a dívida, representada pela nota fiscal que instrui a inicial, e não comprovado o pagamento, tem-se como correta a sentença que, rejeitando os embargos, constituiu, de pleno direito, o título executivo judicial. Preliminar de prescrição rejeitada e recurso não provido. (TJRJ, Ap. n. 2007.001.06621, rel. Des. Lindolpho Morais Marinho, j. 06.06.2007)

**II – a pretensão dos profissionais liberais em geral, procuradores judiciais, curadores e professores**

**pelos seus honorários, contado o prazo da conclusão dos serviços, da cessação dos respectivos contratos ou mandato;**

Consideram-se profissionais liberais aqueles que celebram contrato de prestação de serviço, agindo com autonomia, em razão de suas qualificações técnicas ou científicas.

No caso de advogados, o mesmo prazo é estabelecido pelo art. 25 da Lei n. 8.906, de 04.07.1994.

Salvo disposição legal ou contratual em contrário, o prazo prescricional tem início com o término do serviço, mas, se as prestações forem periódicas, a cada vencimento (art. 597).

Embora a lei se refira aos profissionais liberais, não se podem desconhecer as sociedades por estes formadas (art. 15 da Lei n. 8.906/94), que, na verdade, constituem o modo de organizar o trabalho, em regra de natureza personalíssima, de sorte que mesmo para as sociedades de profissionais liberais o prazo prescricional é o mesmo.

**III – a pretensão do vencedor para haver do vencido o que despendeu em juízo.**

O dispositivo se entende com os ônus sucumbenciais, disciplinados pelo CPC (arts. 82, § 2º, e 85 do CPC/2015).

Assim, transitada em julgado a sentença, terá o vencedor o prazo acima para executar as verbas que lhe foram deferidas em razão do sucumbimento processual, dando-se o mesmo com o advogado que tem direito autônomo para executar a sentença quanto aos honorários (art. 23 da Lei n. 8.906/94).

**Jurisprudência:** Processual civil e previdenciário. Honorários advocatícios de sucumbência. Fixação pelas instâncias ordinárias. Matéria fático-probatória. Incidência da Súmula n. 7/STJ. Acidente de trabalho. Ação regressiva do INSS contra o empregador. Princípio da isonomia. Prescrição. 1 – Os recursos especiais impugnam acórdão publicado na vigência do CPC/73, sendo-lhe exigidos, pois, os requisitos de admissibilidade na forma prevista naquele código de ritos, com as interpretações dadas, até então, pela jurisprudência do STJ, conforme o Enunciado Administrativo n. 2, aprovado pelo Plenário do STJ em 09.03.2016. Recurso especial de [...] Advogados S/C e Outra. 2 – Caso em que o Tribunal de origem consignou que "a fixação dos honorários advocatícios em 1% sobre o valor atualizado da causa, cujo valor foi estabelecido na inicial em R$ 440.872,56 (fls. 10), mostra-se compatível com a complexidade da causa, o tempo e o trabalho do advogado para a defesa do interesse da ré, inclusive com produção de prova testemunhal, de acordo com os parâmetros estabelecidos no § 3º do art. 20 do CPC" (fls. 662, e-STJ). 3 – Nesses casos, o STJ atua na revisão da verba honorária somente quando esta tratar de valor irrisório ou exorbitante, o que não se configura neste caso. 4 – O STJ pacificou a orientação de que o *quantum* da verba honorária, em razão da sucumbência processual, está sujeito a critérios de valoração previstos na lei processual e sua fixação é ato próprio dos juízos das instâncias ordinárias, às quais competem a cognição e a consideração das situações de natureza fática. 5 – Assim, o reexame das razões de fato que conduziram a Corte de origem a tais conclusões significa usurpação da competência das instâncias ordinárias. 6 – Dessa forma, aplicar posicionamento distinto do proferido pelo aresto confrontado implica reexame da matéria fático-probatória, o que é obstado a este Tribunal Superior, conforme determina a Súmula n. 7/STJ: "A pretensão de simples reexame de prova não enseja recurso especial". 7 – Os recorrentes ([...] Advogados S/S e [...] do Brasil Ltda.) reiteram, em seus memoriais, as razões do recurso especial, não apresentando nenhum argumento novo. Recurso especial do Instituto Nacional do Seguro Social. 7 – [*sic*] A 1ª Seção do STJ, por ocasião do julgamento do REsp n. 1.251.993/PR, submetido à sistemática do art. 543-C do CPC/73, assentou a orientação de que o prazo prescricional nas ações indenizatórias contra a Fazenda Pública é quinquenal, conforme previsto no art. 1º do DL n. 20.910/32, e não trienal, nos termos do art. 206, § 3º, V, do CC/2002. 8 – A jurisprudência é firme no sentido de que, pelo *princípio da isonomia*, o mesmo prazo deve ser aplicado nos casos em que a Fazenda Pública é autora, como nas ações de regresso acidentárias. Precedentes: REsp n. 1.668.967/ES, rel. Min. Og Fernandes, 2ª T., *DJe* 15.08.2017; Ag. Reg. no REsp n. 1.541.129/SC, rel. Min. Assusete Magalhaes, 2ª T., *DJe* 17.11.2015; e REsp n. 1.499.511/RN, rel. Min. Herman Benjamin, 2ª T., *DJe* 05.08.2015. 9 – A pretensão ressarcitória da autarquia previdenciária prescreve em cinco anos, contados a partir do pagamento do benefício previdenciário. 10 – O Tribunal *a quo* consignou que, conforme relatado pelo INSS, o implemento do benefício previdenciário ocorreu em 05.04.2005. A propositura da ação de regresso deu-se em 17.01.2014 (fls. 661, e-STJ). Assim, está caracterizada a prescrição. Conclusão. 11 – Recurso especial de [...] Advogados Associados S/C e outra não conhecido e recurso especial do Instituto Nacional do Seguro Social não provido. (STJ, REsp n. 1.703.156/RJ, 2ª T., rel. Min. Herman Benjamin, j. 16.11.2017, *DJe* 19.12.2017)

Responsabilidade civil. Concessionária de serviço público prestadora de serviço de transporte. Prazo prescricional. Revisão da jurisprudência. Art. 1º-C da Lei n. 9.494/97. Princípio da especialidade. Art. 97 da CF e Súmula vinculante n. 10/STF. Prescrição quinquenal. 1 – O prazo de prescrição das ações indenizatórias movidas em desfavor de pessoa jurídica de direito privado prestadora de serviços públicos de transporte é quinquenal, consoante o disposto no art. 1º-C da Lei n. 9.494/97. 2 – Entendimento consagrado a partir da aplicação da regra da especialidade do disposto no art. 97 da CF, que prevê a cláusula de reserva de plenário, bem como da Súmula vinculante n. 10 do STF, que vedam ao julgador negar a aplicação de norma que não foi declarada inconstitucional. 3 – Recurso especial provido. (STJ, REsp n. 1.277.724/PR, 3ª T., rel. Min. João Otávio de Noronha, j. 26.05.2015, *DJe* 10.06.2015)

---

**Art. 206-A. A prescrição intercorrente observará o mesmo prazo de prescrição da pretensão, observadas as causas de impedimento, de suspensão e de interrupção da prescrição previstas neste Código e observado o disposto no art. 921 da Lei n. 13.105, de 16 de março de 2015 (Código de Processo Civil).**

Artigo com redação dada pela Lei n. 14.382, de 27.06.2022.

---

Anote-se que este artigo foi introduzido pela Lei n. 14.195/2021, com redação mais econômica: "A prescrição intercorrente observará o mesmo prazo da prescrição da pretensão".

A Lei n. 14.382/2022 acrescentou as causas de impedimento, suspensão e interrupção previstas no CC. Esse acréscimo, todavia, ao referir-se apenas ao regramento da legislação codificada, não exclui outros previstos na legislação especial, como, exemplificativamente, da Lei de Execução Fiscal (LEF, art. 40), do processo de insolvência, ainda regulado pelo CPC/73 (art. 777), por força do art. 1.052 do CPC/2015, da Lei de Recuperação de Empresas e Falência (LRF, art. 6º, I) ou do art. 1.056 do CPC.

Prescrição é matéria dos domínios do direito civil, mas nítido é seu envolvimento com o direito processual, que não olvida o assento no direito material, tanto que a sentença que a reconhece é definitiva (art. 487, III, do CPC), ou de mérito, e não somente terminativa.

Além disso, entre as causas de interrupção do prazo prescricional, acha-se o despacho do Juiz que ordena a citação e, interrompido deste modo, só recomeça a correr a partir do último ato do processo para interrompê-lo (art. 202, I e parágrafo único, do CC), não se vendo preocupação com a duração do processo.

No âmbito do direito processual, contudo, surgiu a questão atinente à paralisação do processo por inércia do titular do direito, que desafiava qualquer das justificativas para acolher a prescrição, seja a de punição à inércia, seja motivo de ordem pública, dada a necessidade de consolidação das situações jurídicas.

A Lei n. 11.051, de 29.12.2004, acrescentou o § 4º ao art. 40 da Lei n. 6.830, de 22.09.1980, que disciplina a execução fiscal, conferindo a possibilidade de reconhecer-se a prescrição intercorrente.

O CPC vigente, inovando em relação ao anterior, tratou expressamente da prescrição intercorrente (arts. 921 e 924, §§ 4º e 5º), inclusive com regra de direito intertemporal (art. 1.056).

Define-a Cândido Rangel Dinamarco: "É intercorrente a prescrição cujo prazo flui e se consuma no curso de um processo pendente" (*Instituições de direito processual civil*, 4. ed. São Paulo, Malheiros, 2019, v. IV, p. 900).

O prazo prescricional será o mesmo da pretensão, mas com termo inicial apurado no curso do processo, e não desde a violação do direito (art. 189 do CC). É preciso, ainda, que a paralisação do processo seja decorrente da inércia da parte credora da prestação, sendo, portanto, inóxia a demora imputável ao devedor ou inerente à tramitação normal do processo.

Vê-se, também, que todo o regramento da prescrição intercorrente vincula-se à execução ou ao cumprimento de sentença (art. 513 do CPC), isso porque a inércia do autor no processo de conhecimento acarreta sua extinção sem resolução do mérito (art. 485, III, do CPC), embora isso contribua para a ocorrência da prescrição, porque, se o motivo da sentença terminativa for a inércia do autor, a citação não terá o condão de interromper a prescrição.

**Jurisprudência:** Súmula n. 150, STF: Prescreve a execução no mesmo prazo de prescrição da ação.

Súmula n. 314, STJ: Em execução fiscal, não localizados bens penhoráveis, suspende-se o processo por um ano, findo o qual se inicia o prazo da prescrição quinquenal intercorrente.

Recurso especial. Incidente de assunção de competência. Ação de execução de título extrajudicial. Prescrição intercorrente da pretensão executória. Cabimento. Termo inicial. Necessidade de prévia intimação do credor-exequente. Oitiva do credor. Inexistência. Contraditório desrespeitado. Recurso especial provido. 1. As teses a serem firmadas, para efeito do art. 947 do CPC/2015 são as seguintes: 1.1 Incide a prescrição intercorrente, nas causas regidas pelo CPC/73, quando o exequente permanece inerte por prazo superior ao de prescrição do direito material vindicado, conforme interpretação extraída do art. 202, parágrafo único, do

CC/2002. (STJ, REsp n. 1.604.412, rel. Min. Marco Aurélio Bellizze, j. 27.06.2018)

## CAPÍTULO II
## DA DECADÊNCIA

**Art. 207. Salvo disposição legal em contrário, não se aplicam à decadência as normas que impedem, suspendem ou interrompem a prescrição.**

Decadência é a perda do direito pelo decurso do prazo estabelecido para seu exercício. Define-a Câmara Leal: "decadência é a extinção do direito pela inércia de seu titular, quando sua eficácia foi, de origem, subordinada à condição de seu exercício dentro de um prazo prefixado, e este se esgotou sem que esse exercício se tivesse verificado" (*Da prescrição e da decadência,* 3. ed. atualizada por José de Aguiar Dias. Rio de Janeiro, Forense, 1978, p. 101).

Conquanto assinalada a distinção entre prescrição e decadência por Clóvis Bevilaqua (*Theoria geral do direito civil,* 6. ed. atualizada por Achilles Bevilaqua. Rio de Janeiro, Francisco Alves, 1953, p. 367), autor do anteprojeto do CC, o CC/1916 não disciplinava sistematicamente a decadência, inserindo num mesmo dispositivo (art. 178) prazos prescricionais e prazos decadenciais, o que levou os doutrinadores a buscar critérios diferenciadores, alguns com base científica e outros meramente empíricos, conforme se vê no estudo de Yussef Said Cahali (*Aspectos processuais da prescrição e da decadência.* São Paulo, RT, 1979, p. 9).

Aplaudido por Silvio Rodrigues (*Direito civil,* 32. ed. São Paulo, Saraiva, 2002, v. I, p. 329) foi o critério baseado na origem da ação, proposto por Agnelo Amorim Filho: "1ª – Estão sujeitas a prescrição: todas as ações condenatórias e somente elas (arts. 177 e 178 do CC); 2ª – Estão sujeitas a decadência (indiretamente), isto é, em virtude da decadência do direito a que correspondem: as ações constitutivas que têm prazo especial de exercício fixado em lei; 3ª – São perpétuas (imprescritíveis): a) as ações constitutivas que não têm prazo especial de exercício fixado em lei; e b) todas as ações declaratórias" (Critério científico para distinguir a prescrição da decadência e para identificar as ações imprescritíveis – *RT* 300/7 e *RT* 744/725).

O critério, válido na generalidade dos casos, colide, porém, com o texto de algumas disposições legais, como as do art. 1.815, *caput* e parágrafo único, do CC, que se refere a "declarar por sentença" a indignidade do herdeiro, sujeitando o direito de demandar ao prazo de "quatro anos, contados da abertura da sucessão", e, já no caso de deserdação, estabelece que "o direito de provar a causa da deserdação extingue-se no prazo de quatro anos, a contar da data da abertura do testamento". Não obstante isso, e apesar do verbo empregado, nesses casos, o efeito da sentença é constitutivo negativo do direito do herdeiro. Já o Decreto n. 20.910, de 06.01.1932, dispõe que "todo e qualquer direito ou ação contra a Fazenda Federal, estadual, ou municipal, seja qual for a sua natureza, prescrevem em 5 (cinco) anos, contados da data do ato ou fato do qual se originaram" (art. 1º), não se vendo distinção pelo critério da classificação das ações; igualmente o CTN que, além de incluir a prescrição como causa de extinção do crédito tributário e não só da pretensão, submete a prazo prescricional bienal "a ação anulatória da decisão administrativa que denegar a restituição" (art. 169). Bem de ver, porém, que estes dois últimos diplomas legais não se ocuparam da prescrição das exceções.

Tradicionalmente se insere nas diferenças entre prescrição e decadência o fato de aquela estar sujeita a interrupção e suspensão, enquanto esta é fatal, não se suspendendo nem se interrompendo, embora tal distinção não participe da essência desses institutos, variando conforme a opção do legislador (CAHALI, Yussef Said. Op. cit., p. 9). Assim, com o CDC (art. 26, § 2º, da Lei n. 8.078/90) apareceram na legislação brasileira causas que obstam ou suspendem o prazo decadencial.

O CC colocou como exceções os obstáculos do curso do prazo decadencial, de maneira que a regra continua sendo a sua natureza contínua, e só por disposição legal em sentido contrário os prazos decadenciais têm o curso obstado, suspenso ou interrompido.

**Jurisprudência:** Agravo interno no recurso especial. Ação rescisória. Prazo decadencial. Dois anos. Resolução CNJ n. 313/2020. Suspensão dos prazos processuais. Decadência. Prazo material. Não aplicabilidade da resolução. Expediente forense regular. Não aplicabilidade do art. 975, § 1º, CPC. Direito extinto. 1 – A regra do prazo decadencial é o seu transcurso sem interrupções e suspensões, nos termos do art. 207 do CC. As exceções – ou seja, as hipóteses em que se suspende o prazo –, interpretam-se restritivamente. 2 – A decadência é prazo material. Assim, a suspensão dos prazos processuais operada pela Resolução CNJ n. 313/2020, em decorrência da pandemia de covid-19, não é suficiente para prorrogação do termo final do prazo decadencial da ação rescisória. 3 – Tampouco houve feriado, férias forenses, recesso ou ausência de expediente forense em decorrência da Resolução CNJ n. 313/2020. Conceitos que não se confundem com suspensão do prazo processual. Agravo interno improvido. (STJ, Ag. Interno no REsp

n. 1.940.587/SP, 3ª T., rel. Min. Humberto Martins, j. 08.04.2024, *DJe* 12.04.2024)

Ação anulatória de ato jurídico cumulada com danos morais e materiais. Ausência de nulidades absolutas no acordo homologado judicialmente. O erro é causa de anulabilidade do negócio jurídico. Decadência do direito do autor reconhecida. Aplicação do art. 178, II, do CC. Inadmissibilidade da interrupção da decadência pela expressa previsão legal do art. 207 do CC. (TJSP, Proc. n. 0004001-32.2012.8.26.0091/Mogi das Cruzes, 15ª Câm. de Dir. Priv., rel. Jairo Oliveira Júnior, j. 31.05.2016)

**Art. 208. Aplica-se à decadência o disposto nos arts. 195 e 198, I.**

Trata-se de exceção à regra de que os prazos decadenciais não sofrem impedimento, suspensão ou interrupção de seu curso. Desse modo, não corre decadência contra os absolutamente incapazes (art. 198, I), e têm os relativamente incapazes e as pessoas jurídicas ação contra os seus assistentes ou representantes legais que deram causa à decadência ou não a alegaram oportunamente (art. 195).

**Art. 209. É nula a renúncia à decadência fixada em lei.**

A decadência se classifica em legal e convencional. A decadência legal é irrenunciável, mas a ela pode renunciar a parte, se for convencional. Esse entendimento já era manifestado por Câmara Leal, sob o argumento de que o particular não pode "derrogar os imperativos impostos pelo legislador", mas, "se a decadência resulta de prazos prefixados pela vontade do homem, em declaração unilateral ou em convenção bilateral, nada impede a sua renúncia, depois de consumada, porque quem tem poderes para estabelecer uma condição ao exercício do direito também o tem para revogar essa condição" (*Da prescrição e da decadência*, 3. ed. atualizada por José de Aguiar Dias. Rio de Janeiro, Forense, 1978, p. 101).

**Art. 210. Deve o juiz, de ofício, conhecer da decadência, quando estabelecida por lei.**

A decadência legal acha-se no âmbito da ordem pública, não sendo passível de renúncia (art. 209), podendo, por isso, o juiz dela conhecer de ofício.

**Jurisprudência:** Recurso especial interposto contra acórdão que, conhecendo a decadência do mandado de segurança, julgou prejudicada a apelação. Comprovação dos requisitos expressos nas alíneas *a* e *c*, do inciso III, do art. 105, CR/88, com relação ao mérito da ação. Recurso não conhecido.

1 – A decadência, mesmo na vigência do CC/1916, podia, perfeitamente, ser declarada, de ofício, pelo juiz. O CC/2002 previu, expressamente, essa competência ao magistrado, no art. 210.

2 – Conhecida a preliminar de decadência, de ofício, pelo Tribunal *a quo* e julgando prejudicada a apelação, é inadmissível recurso especial, fundamentado nas alíneas *a* e *c*, do inciso III, do art. 105, da CR/88, onde, tanto os dispositivos de lei federal, supostamente, violados, como o acórdão paradigma da divergência alegada, referem-se apenas ao mérito da ação.

3 – Recurso não conhecido. (STJ, REsp n. 575.629/DF, rel. Min. Paulo Gallotti, j. 09.12.2005)

**Art. 211. Se a decadência for convencional, a parte a quem aproveita pode alegá-la em qualquer grau de jurisdição, mas o juiz não pode suprir a alegação.**

A decadência convencional atende exclusivamente ao interesse privado e, consoante Caio Mário da Silva Pereira (*Instituições de direito civil*, 20. ed. atualizada por Maria Celina Badim de Moraes. Rio de Janeiro, Forense, 2004, p. 691), "não estando em jogo um motivo de ordem pública, descabe o suprimento judicial da alegação ou a declaração desta *ex officio*" (art. 211). Pode, porém, ser alegada no processo em qualquer grau de jurisdição, nos mesmos moldes do que é possível em se tratando de prescrição (art. 193), ou seja, excluídas as sedes de recurso extraordinário e recurso especial, se não houver prequestionamento.

Diferentemente do que ocorre com a decadência legal, o Juiz não pode conhecer de ofício da decadência convencional.

## TÍTULO V
## DA PROVA

**Art. 212. Salvo o negócio a que se impõe forma especial, o fato jurídico pode ser provado mediante:**
**I – confissão;**
**II – documento;**
**III – testemunha;**
**IV – presunção;**
**V – perícia.**

Provar significa demonstrar a veracidade de um fato, e por vários meios a prova pode ser produzida.

A matéria interessa tanto ao direito material como ao direito processual, podendo-se dizer que no direito civil se encontram os meios de prova e no direito processual o modo de produzi-la em juízo, sem embargo; a produção da prova também pode dar-se extrajudicialmente, como nos procedimentos administrativos e na arbitragem (art. 5º, LV, da CF; art. 22 da Lei n. 9.307, de 23.09.1996).

Em regra, o objeto da prova são os fatos, entretanto, pode ser necessário fazer prova de direito consubstanciado em leis estrangeiras, estaduais, municipais ou em costumes (art. 376 do CPC/2015; art. 14 da Lindb). Trata-se, na verdade, de prova da existência e vigência da lei ou costume.

O fato a ser provado deve ser relevante para o desate do litígio, determinado e controvertido (art. 374 do CPC/2015).

Fixado o objeto da prova, deverão ser escolhidos os meios para produzi-la.

Os meios de prova não podem ser escolhidos indistintamente, variando de acordo com o fato, o ato ou o negócio sobre o qual deva incidir.

Há um vínculo entre a prova e a forma dos negócios jurídicos, pois alguns deles exigem forma especial e em tal circunstância outro meio de prova não será admitido (arts. 104, III, 107 e 166, IV, do CC; art. 406 do CPC/2015). A forma corresponde à exteriorização do negócio, ou ao modo como se apresenta, tal como o caso da escritura pública na venda e compra de imóveis. Diz Clóvis Bevilaqua que a prova "é o revestimento jurídico que exterioriza a declaração da vontade" (*Theoria geral do direito civil*, 6. ed. atualizada por Achilles Bevilaqua. Rio de Janeiro, Francisco Alves, 1953, p. 313).

Exceto nesse caso, em que a forma e a prova se confundem, não existe hierarquia entre os meios de prova; a enumeração legal também não é taxativa (art. 369 do CPC/2015), ou seja, a legislação brasileira, conforme ensina Moacyr Amaral Santos, "relaciona os meios de prova sem que com isso exclua outros que entre os relacionados não se encontrar" (*Prova judiciária no cível e comercial*. São Paulo, Max Limonad, 1952, v. I, p. 78). No rol previsto em lei, ainda, deve-se mencionar como meio de prova a ata notarial (art. 384 do CPC/2015 e art. 7º, III, da Lei n. 8.935/94).

Assim, cabe a quem tiver o ônus da prova (art. 373 do CPC/2015) eleger o meio que melhor resultado pode trazer. Para tanto, três são os requisitos gerais que têm de guiar a escolha, isto é, a prova há de ser: a) admissível; b) pertinente; c) concludente (BEVILAQUA, Clóvis. Op. cit., p. 313). Segundo R. Limongi França, admissível "é a prova não proibida por lei" (art. 5º, LVI, da CF); pertinente é a prova adequada à demonstração do fato ou ato; concludente "é a prova hábil a demonstrar com precisão o ato ou fato. Não é concludente a prova que o faz de modo vago, impossibilitando um juízo seguro" (*Instituições de direito civil*, 2. ed. São Paulo, Saraiva, 1991, p. 157).

Confissão é a admissão da veracidade de um fato por uma das partes, que aproveita à outra parte. Pode ser judicial ou extrajudicial, espontânea ou provocada (arts. 389, 390 e 394 do CPC/2015).

Em regra a confissão é indivisível, não podendo ser invocada na parte que beneficia e rejeitada na que prejudica, exceto quando o confitente lhe aduzir fatos novos, suscetíveis de constituir fundamento de defesa de direito material ou de reconvenção (art. 395 do CPC/2015).

Não vale como confissão a admissão de fatos referentes a direitos indisponíveis, nem deve ser ela confundida com o reconhecimento da procedência do pedido ou renúncia ao direito pleiteado, porquanto, simples meio de prova não equivale à determinação do direito.

Documentos, na definição de Arnaldo Rizzardo, "constituem elementos concretos, nos quais são descritos, representados ou narrados atos ou negócios jurídicos" (*Parte Geral do Código Civil*, p. 693). Não só os escritos compreendem os documentos, mas também as imagens e expressões sonoras (art. 422 do CPC/2015). Documento, entretanto, não é sinônimo de instrumento, porquanto este, conforme define João Mendes Júnior, "é a forma especial, dotada de força orgânica para realizar ou tornar exequível um ato" (*Direito judiciário brasileiro*, 5. ed. Rio de Janeiro, Freitas Bastos, 1960, p. 183).

Os documentos, assim como os instrumentos, classificam-se em públicos ou particulares, conforme sejam emanados de autoridade pública no exercício de suas funções ou provindos de particulares.

Testemunha é a pessoa estranha ao fato ou ato, mas que dele tem conhecimento. Define Moacyr Amaral Santos (*Comentários ao Código de Processo Civil*, 2. ed. Rio de Janeiro, Forense, 1977, v. IV, p. 261) como "a pessoa distinta dos sujeitos processuais que, convocada na forma da lei, por ter conhecimento do fato ou ato controvertido entre as partes, depõe sobre este em juízo, para atestar sua existência. Distinguem-se, porém, as testemunhas instrumentárias (arts. 1.864, II, e 1.876, § 1º, do CC), que comparecem nos negócios jurídicos para atestar a veracidade de sua formação, das judiciais (art. 453 do CPC/2015), que são convocadas para depor em juízo. Também nos procedimentos administrativos é admissível a prova testemunhal (art. 38, § 2º, da Lei n. 9.784, de 29.01.1999).

Presunção, no dizer de Paula Batista, "é a consequência que a lei ou o juiz tira de um facto certo como prova de um outro facto, cuja verdade se quer saber" (*Compêndio de theoria e prática do processo civil comparado com o Commercial e de hermenêutica jurídica*, 8. ed. São Paulo, Acadêmica Saraiva & Cia, 1935, p. 107).

Classificam-se as presunções em legais e comuns. As presunções legais são absolutas *(juris et jure)*, quando não admitem prova em sentido contrário, ou relativas, também chamadas disputáveis *(juris tantum)*, quando admitem prova em sentido oposto. Ainda entre umas e outras encontram-se as intermédias, quando a lei só admite a prova contrária em condições especiais.

As presunções comuns, também chamadas simples ou *hominis*, fundam-se naquilo que normalmente acontece (art. 375 do CPC/2015).

Perícia é a prova técnica que, segundo Moacyr Amaral Santos (op. cit., p. 335), "consiste no meio pelo qual, no processo, pessoas entendidas e sob compromisso verificam fatos interessantes à causa, transmitindo ao juiz o respectivo parecer". A perícia se dá mediante exame, que é a inspeção sobre pessoas, coisas móveis e semoventes; vistoria, que ocorre sobre imóveis; e avaliação, que é a apuração de valor em dinheiro de coisas, direitos ou obrigações, sendo que se reserva a expressão arbitramento quando se trata de liquidação (art. 509 do CPC/2015).

---

**Art. 213. Não tem eficácia a confissão se provém de quem não é capaz de dispor do direito a que se referem os fatos confessados.**

**Parágrafo único. Se feita a confissão por um representante, somente é eficaz nos limites em que este pode vincular o representado.**

---

A regra assemelha-se à do art. 392, § 1º, do CPC/2015.

Sendo o direito indisponível, a confissão da parte não afeta a relação de direito discutida. Também não pode a confissão elidir os efeitos das presunções absolutas.

Para confessar, o representante tem de estar especialmente autorizado (art. 661 do CC; arts. 105 e 392, § 2º, do CPC/2015).

---

**Art. 214. A confissão é irrevogável, mas pode ser anulada se decorreu de erro de fato ou de coação.**

---

A confissão é irretratável, entretanto pode ser anulada por vício consistente em erro de fato ou coação.

O erro de direito não dá lugar à anulação de confissão (art. 139, III), e o de fato, para anulá-la, deve ser substancial (art. 138).

O CPC admite a anulação da confissão por erro de fato ou coação (art. 393 do CPC/2015). Além de, nesses casos, o sistema permite a invalidação quando se verificar intenção de fraudar ou simulação (NERY JUNIOR, Nelson e NERY, Rosa Maria de Andrade. *Comentários ao Código de Processo Civil* – Novo CPC. São Paulo, Revista dos Tribunais, 2015, p. 1.025). Ao dolo não se refere o CC, e o CPC/2015 não repetiu fundamento calcado em dolo (art. 352 do CPC/73).

---

**Art. 215. A escritura pública, lavrada em notas de tabelião, é documento dotado de fé pública, fazendo prova plena.**

**§ 1º Salvo quando exigidos por lei outros requisitos, a escritura pública deve conter:**

**I – data e local de sua realização;**

**II – reconhecimento da identidade e capacidade das partes e de quantos hajam comparecido ao ato, por si, como representantes, intervenientes ou testemunhas;**

**III – nome, nacionalidade, estado civil, profissão, domicílio e residência das partes e demais comparecentes, com a indicação, quando necessário, do regime de bens do casamento, nome do outro cônjuge e filiação;**

**IV – manifestação clara da vontade das partes e dos intervenientes;**

**V – referência ao cumprimento das exigências legais e fiscais inerentes à legitimidade do ato;**

**VI – declaração de ter sido lida na presença das partes e demais comparecentes, ou de que todos a leram;**

**VII – assinatura das partes e dos demais comparecentes, bem como a do tabelião ou seu substituto legal, encerrando o ato.**

**§ 2º Se algum comparecente não puder ou não souber escrever, outra pessoa capaz assinará por ele, a seu rogo.**

**§ 3º A escritura será redigida na língua nacional.**

**§ 4º Se qualquer dos comparecentes não souber a língua nacional e o tabelião não entender o idioma em que se expressa, deverá comparecer tradutor público para servir de intérprete, ou, não o havendo na localidade, outra pessoa capaz que, a juízo do tabelião, tenha idoneidade e conhecimento bastantes.**

**§ 5º Se algum dos comparecentes não for conhecido do tabelião, nem puder identificar-se por documento, deverão participar do ato pelo menos duas testemunhas que o conheçam e atestem sua identidade.**

---

A escritura pública tem o caráter de instrumento público. No CC/1916, em sua primeira edição, o dispositivo correspondente referia-se a instrumento público, vindo a ser alterado para escritura pública pelo Decreto n. 3.725, de 15.01.1919.

Dizendo a lei que a escritura pública é um documento dotado de fé pública, significa que goza de presunção de veracidade, invertendo-se, por isso, o ônus da prova. Cessa, porém, a fé do documento público se for declarada judicialmente a falsidade (art. 427 do CPC/2015).

Além dos requisitos mencionados, outros há decorrentes da legislação extravagante, especialmente da Lei n. 7.433, de 18.12.1985, e da Lei n. 6.015, de 31.12.1973 (arts. 222 a 225).

As funções do tabelião estão regulamentadas pela Lei n. 8.935, de 18.11.1994.

A escritura pública tem de mencionar a data e o local de sua realização (arts. 8º e 9º da Lei n. 8.935/94); identificar as partes e demais comparecentes com as respectivas assinaturas e deve ser lida em sua presença; mencionar o cumprimento das disposições legais e fiscais exigíveis (art. 1º, § 2º, da Lei n. 7.433/85); e transcrever claramente a manifestação da vontade das partes e intervenientes.

A circunstância de algum dos comparecentes não poder ou não saber escrever não impede que seja a escritura pública lavrada, permitindo-se a assinatura por outrem a seu rogo.

A escritura pública será redigida no idioma nacional, mas, se algum dos comparecentes não o souber e o tabelião não entender o idioma em que se expressa, ficará presente um tradutor público e, se não houver no lugar, outra pessoa idônea capaz de servir como intérprete (art. 8º, III, da Lei n. 8.934, de 18.11.1994).

Em princípio os comparecentes devem identificar-se com documento e só excepcionalmente poderá ocorrer a identificação indireta por duas testemunhas.

**Jurisprudência:** Recurso de apelação. Promessa de compra e venda. Ação ordinária. Declaração de nulidade de compra e venda. Preliminar de ausência de oportunidade às partes para se manifestarem nos autos. Rejeição. Deixando transcorrer *in albis* o prazo que lhe fora aberto, não é dado à parte vir a juízo, em grau de apelação, insurgir-se contra ausência de oportunidade para se manifestar nos autos. Mérito. Alegação de nulidade da compra e venda. Ausência de outorga uxória e de consentimento. Fato constitutivo do direito da parte autora não demonstrado. Está fadada ao insucesso a ação anulatória de compra e venda, quando demonstrado pela prova dos autos que houve o necessário consentimento da esposa meeira à venda do imóvel. A prova de vício de consentimento, quando o ato é instrumentalizado por escritura pública, há de vir de forma estreme de dúvida, uma vez que o documento é dotado de fé pública, fazendo prova plena, à luz do que estatui, inclusive, o art. 215 do CC. Preliminar desacolhida e recurso de apelação improvido. Unânime. (TJRS, Ap. n. 70.007.470.511, rel. Des. Pedro Celso Dal Prá, j. 06.10.2005)

---

**Art. 216. Farão a mesma prova que os originais as certidões textuais de qualquer peça judicial, do protocolo das audiências, ou de outro qualquer livro a cargo do escrivão, sendo extraídas por ele, ou sob a sua vigilância, e por ele subscritas, assim como os traslados de autos, quando por outro escrivão consertados.**

---

As certidões tiradas dos atos ou das peças processuais ou de livros a cargo do escrivão constituem documento público, gozando, por isso, de fé pública ou presunção de veracidade, conforme Maria Sylvia Zanella Di Pietro (*Direito administrativo*, 15. ed. São Paulo, Atlas, 2003, p. 191), e têm a mesma força que os originais (art. 425, I, do CPC/2015).

É atribuição legal do escrivão expedir certidões (art. 152, V, do CPC/2015), podendo estas serem extraídas por outro servidor, desde que sob vigilância daquele.

---

**Art. 217. Terão a mesma força probante os traslados e as certidões, extraídos por tabelião ou oficial de registro, de instrumentos ou documentos lançados em suas notas.**

---

O notário ou tabelião e o oficial de registro ou registrador têm fé pública (art. 3º da Lei n. 8.935/94), gozando as certidões por estes expedidas de presunção de veracidade, valendo como se fossem os originais (art. 365, II, do CPC/73).

---

**Art. 218. Os traslados e as certidões considerar-se-ão instrumentos públicos, se os originais se houverem produzido em juízo como prova de algum ato.**

---

Traslados e certidões de atos processados em juízo são instrumentos públicos, dotados de força orgânica (MENDES JÚNIOR, João. *Direito judiciário brasileiro*, 5. ed. Rio de Janeiro, Freitas Bastos, 1960, p. 183), ou seja, aptos a gerar os efeitos estabelecidos no processo, fazendo a mesma prova que os originais (art. 425, I, do CPC/2015).

---

**Art. 219. As declarações constantes de documentos assinados presumem-se verdadeiras em relação aos signatários.**

**Parágrafo único. Não tendo relação direta, porém, com as disposições principais ou com a legitimidade das partes, as declarações enunciativas não eximem os interessados em sua veracidade do ônus de prová-las.**

---

As declarações referidas são dispositivas ou enunciativas. Somente aquelas (*caput*) necessariamente gozam de presunção de veracidade por dizerem respeito aos elementos principais do negócio. Na observação de Clóvis Bevilaqua (*Código Civil comentado*, 11. ed. Rio de Janeiro, Francisco Alves, 1956, v. I, p. 314), "sem essa presunção, os negócios jurídicos, feitos em boa-fé, não teriam firmeza, e a vida social se não poderia desenvolver".

As declarações enunciativas (parágrafo único) podem ou não ter relação direta com as principais. Se não tiverem essa relação, não eximem os interessados de provar sua veracidade, já que não estão atreladas à parte essencial do negócio. Essa regra sobre as declarações meramente enunciativas, que também constava do Código anterior, não é muito clara, como apontava R. Limongi França (*Instituições de direito civil*, 2. ed. São Paulo, Saraiva, 1991, p. 159), sendo mais elucidativo o texto do CPC/2015: "Quando, todavia, contiver declaração de ciência, de a determinado fato, o documento particular prova a ciência, mas não o fato em si, incumbindo o ônus de prová-lo ao interessado em sua veracidade" (art. 408, parágrafo único, do CPC/2015). Acerca do tema, aliás, Moacyr Amaral Santos distingue documento e declaração (*Prova judiciária no cível e comercial*. São Paulo, Max Limonad, v. IV, p. 36).

**Jurisprudência:** Ação de despejo cumulada com cobrança de aluguéis. Aplicação da regra prevista no art. 131 do CC/1916, segundo a qual as declarações constantes de documentos assinados presumem-se verdadeiras em relação aos signatários. Inaceitável o desvirtuamento pela autora de suas próprias declarações para impor consequências desvantajosas em detrimento da parte adversária. Improvimento do recurso. (TJRJ, Ap. n. 2006.001.25088, rel. Des. Edson Vasconcelos, j. 27.09.2006)

Apelação cível. Ação de cobrança, com fulcro em contrato de autorização para promoção e venda de imóvel, com exclusividade, com prazo de vigência de 120 dias. Sentença que julga improcedente o pedido autoral. Apelo. Se o réu/apelado assinou tal autorização passando-se como proprietário do imóvel, não pode alegar tal falsidade em proveito próprio, para se eximir da obrigação assumida em tal documento. A condição de proprietário do imóvel posto à venda é imprescindível e insuperável em relação à validade da escritura de compra e venda, entretanto, em relação à autorização para promoção da venda, ou seja de intermediação de imobiliária para a venda de um imóvel, esta pode ser feita por terceiro com autorização do proprietário. Mesmo que não exista autorização escrita dos proprietários para o réu/apelado viabilizar a venda do imóvel em tela, tornou-se evidente que ela se deu verbalmente, ante as provas trazidas aos autos de que o réu/apelado participou efetivamente de todas as fases negociais, inclusive perante aos vendedores, compradores e corretora que efetivou a venda. A regra disposta no art. 131 do CC/1916 (art. 219 do CC/2002) é no sentido de que "As declarações constantes de documento assinados presumem-se verdadeiras em relação aos signatários". O réu/apelado alega mais não provou vícios de tal documento, dispensando, inclusive, provas periciais pertinentes, portanto, a despeito de ele ser ou não o proprietário do referido imóvel, responde pela obrigação de pagar a comissão pactuada (5% do valor da venda) à autora/apelante, uma vez que o imóvel foi vendido no prazo de vigência daquela autorização, que prevê exclusividade. Provido o apelo. (TJRJ, Ap. n. 2006.001.23049, rel. Des. Luiz Eduardo Rabello, j. 06.09.2006)

**Art. 220. A anuência ou a autorização de outrem, necessária à validade de um ato, provar-se-á do mesmo modo que este, e constará, sempre que se possa, do próprio instrumento.**

Há negócios jurídicos que a pessoa não pode realizar sem a anuência de outrem. Nesse rol encontram-se: alienar ou gravar com ônus real um imóvel, por quem seja casado, salvo no regime de separação absoluta de bens (art. 1.647, I); a realização de negócio jurídico por relativamente incapaz (arts. 1.634, V, 1.747, I, e 1.774); e a venda de ascendente para descendente (art. 496).

A forma exigível do negócio tem de ser observada na anuência e, sempre que possível, constará do mesmo instrumento, mas existindo, por outro lado, a possibilidade de validação posterior (art. 176).

**Art. 221. O instrumento particular, feito e assinado, ou somente assinado por quem esteja na livre disposição e administração de seus bens, prova as obrigações convencionais de qualquer valor; mas os seus efeitos, bem como os da cessão, não se operam, a respeito de terceiros, antes de registrado no registro público.**

**Parágrafo único. A prova do instrumento particular pode suprir-se pelas outras de caráter legal.**

Instrumento particular é aquele elaborado e assinado ou somente assinado pelos interessados sem a intervenção de agente ou delegatário público.

O instrumento particular prova obrigações acordadas de qualquer valor, ficando, porém, excluídas aquelas hipóteses que exigem escritura pública (art. 108), bem como os atos e negócios jurídicos de ordem não econômica, especialmente os concernentes ao direito de família.

O CC/2002 não mais exige a presença de duas testemunhas, como fazia o anterior, entretanto, a lei processual, para emprestar força executiva ao instrumento, mantém a exigência (art. 2.043 do CC; art. 784, III, do CPC/2015).

A eficácia resultante do instrumento particular se dá entre as partes, mas, para operar em relação a terceiros, precisa ser registrado no registro público (art. 127, I, da Lei n. 6.015/73).

Cessa a fé do documento particular se declarada judicialmente sua falsidade (art. 427 do CPC/2015) ou, se impugnada sua autenticidade, enquanto não se comprovar sua veracidade, e, ainda, se assinado em branco for impugnado seu conteúdo por preenchimento abusivo (art. 428, I e II, do CPC/2015).

Dizendo o parágrafo único que a prova do instrumento particular pode suprir-se por outras de caráter legal, entender-se-ia que não há negócio em que o instrumento particular seja de substância, todavia, existem alguns que, embora não reclamando o documento público, não dispensam a prova escrita, como o depósito voluntário (art. 646).

---

**Art. 222. O telegrama, quando lhe for contestada a autenticidade, faz prova mediante conferência com o original assinado.**

---

O telegrama faz prova, e sua autenticidade, se contestada, deverá ser conferida pelo original assinado.

Caso não haja assinatura, o que se dá, por exemplo, quando solicitado aos correios por telefone, outros meios de prova poderão ser utilizados para a comprovação da autenticidade.

Presume-se o telegrama conforme o original, provando-se a data da expedição e do recebimento (art. 414 do CPC/2015).

O telegrama tem força probante de documento particular se o original constante da estação expedidora tiver sido assinado pelo remetente (art. 413 do CPC/2015).

---

**Art. 223. A cópia fotográfica de documento, conferida por tabelião de notas, valerá como prova de declaração da vontade, mas, impugnada sua autenticidade, deverá ser exibido o original.**

**Parágrafo único. A prova não supre a ausência do título de crédito, ou do original, nos casos em que a lei ou as circunstâncias condicionarem o exercício do direito à sua exibição.**

---

As cópias obtidas por meio fotográfico valem como prova.

Refere-se o dispositivo à necessidade de autenticação por tabelião, entretanto a ausência dessa formalidade, por si, não invalida a prova, devendo o interessado impugnar-lhe a autenticidade para desmerecê-la.

A cópia fotográfica não substitui o título de crédito para a ação cambial.

**Jurisprudência:** Prova. Documento particular. Ausência de autenticação. Admissibilidade. Relevância somente no caso de a parte contrária impugnar. Fiança. Ausência de outorga uxória. Nulidade absoluta. Inteligência do art. 235, III, c/c o art. 145, IV, do CC (II TACSP, Ap. c/ rev. n. 511.299-00/0, 3ª Câm., rel. Juiz Milton Sanseverino, j. 23.06.1998, v.u.). (*RT* 758/252)

Documento. Fotocópia. Impugnação. A impugnação a documento apresentado por cópia há de fazer-se com indicação do vício que apresente, se o impugnante tem acesso ao original. Não se há de acolher a simples afirmação genérica e imprecisa de que não autêntico. Recurso especial. Inviabilidade para reavaliação da prova. (STJ, REsp n. 94.626/RS, 3ª T., rel. Min. Eduardo Ribeiro, j. 16.06.1998, v.u.)

---

**Art. 224. Os documentos redigidos em língua estrangeira serão traduzidos para o português para ter efeitos legais no País.**

---

Não impõe a lei que o instrumento particular feito no Brasil o seja em língua nacional, como se dá com a escritura pública (art. 191, parágrafo único, do CPC/2015), sendo, porém, usual que se faça na língua do país. Os documentos estrangeiros, também, em geral, são redigidos na língua local.

Tendo o documento em língua estrangeira de ser usado no Brasil, deverá ser traduzido (art. 8º, III, da Lei n. 8.934/94) para o português (art. 191, parágrafo único, do CPC/2015).

A exigência de tradução tem sido abrandada pela jurisprudência, quando o documento apresentado em juízo não apresentar dificuldade para sua compreensão, porque não acarreta prejuízo às partes.

**Jurisprudência:** Processual civil. Documento redigido em língua estrangeira, desacompanhado da respectiva tradução juramentada (art. 157, CPC). Admissibilidade. Dissídio jurisprudencial não comprovado. 1 – Em se tratando de documento redigido em língua estrangeira, cuja validade não se contesta e cuja tradução não é indispensável para a sua compreensão, não é razoável negar-lhe eficácia de prova. O art. 157 do CPC, como toda regra instrumental, deve ser interpretado sistematicamente, levando em consideração, inclusive, os princípios que regem as nulidades, nomeadamente o de que nenhum ato será declarado nulo, se da nulidade não resultar prejuízo para acusação ou para a defesa (*pas de nulitté sans grief*). Não havendo prejuízo, não se pode dizer que a falta de tradução, no caso, tenha importado violação ao art. 157 do CPC. 2 – Recurso especial a que se nega provimento. (STJ, REsp n. 616.103/SC, rel. Min. Teori Albino Zavascki, j. 14.09.2004)

**Art. 225. As reproduções fotográficas, cinematográficas, os registros fonográficos e, em geral, quaisquer outras reproduções mecânicas ou eletrônicas de fatos ou de coisas fazem prova plena destes, se a parte, contra quem forem exibidos, não lhes impugnar a exatidão.**

Participam essas reproduções da prova documental, embora não sejam literais. O que as diferencia é que não são formadas pelo cérebro do seu autor, mas decorrem do próprio fato ou ato documentado. Classificam-se como documentos diretos porque "o fato representado se transmite diretamente para a coisa representativa" (AMARAL SANTOS, Moacyr. *Comentários ao Código de Processo Civil*, 2. ed. Rio de Janeiro, Forense, 1977, v. IV, p. 163).

Cabe à parte contra quem forem apresentadas impugnar-lhes a exatidão, quando terão de ser submetidas a exame pericial (arts. 77 e 422 do CPC/2015). As mesmas regras a respeito dessas provas se aplicam à forma impressa das mensagens eletrônicas – *e-mail* (art. 422, § 3º, do CPC/2015).

A Lei n. 11.419, de 19.12.2006, trouxe significativa alteração nessa matéria, ao dispor sobre a informatização do processo judicial, estabelecendo que "os documentos produzidos eletronicamente e juntados aos processos eletrônicos com garantia da origem e de seu signatário", na forma que estabelece, "serão considerados originais para todos os efeitos legais" (art. 11), acrescendo, ainda, regras ao CPC, acerca de "reproduções digitalizadas de qualquer documento, público ou particular" (art. 365, V e VI, e §§ 1º e 2º).

**Art. 226. Os livros e fichas dos empresários e sociedades provam contra as pessoas a que pertencem, e, em seu favor, quando, escriturados sem vício extrínseco ou intrínseco, forem confirmados por outros subsídios.**

**Parágrafo único. A prova resultante dos livros e fichas não é bastante nos casos em que a lei exige escritura pública, ou escrito particular revestido de requisitos especiais, e pode ser ilidida pela comprovação da falsidade ou inexatidão dos lançamentos.**

Aparentemente o dispositivo contraria o princípio segundo o qual a pessoa não pode forjar a prova para si previamente: *nemo sibi titulum constituit*. Sucede, entretanto, que os livros e fichas provam contra as pessoas a quem pertencem. A fim de fazer prova a seu favor, o empresário terá de ostentar escrituração sem vício extrínseco ou intrínseco, ou seja, lastreada em elemento estranho aos livros, conforme salienta João Eunápio Borges (*Curso de direito comercial terrestre*, 2. ed. Rio de Janeiro, Forense, 1964, p. 217). Não fica, porém, aquele a quem pertencer os livros inibido de provar que os lançamentos não correspondem à verdade dos fatos (art. 417 do CPC/2015). A escrituração, por outro lado, é indivisível, de modo que, "se dos fatos que resultam dos lançamentos, uns são favoráveis aos interesses do autor e outros lhe são contrários, ambos serão considerados em conjunto como verdade" (art. 419 do CPC/2015).

A prova resultante dos livros e fichas não substitui a escritura pública, nem o instrumento particular dependente de requisitos especiais.

O empresário e as pessoas jurídicas em geral estão sujeitos à exibição da escrita, inclusive em procedimentos preparatórios (art. 381 do CPC/2015), ressalvadas as restrições dos arts. 1.190 e 1.191 do CC. O CPC/2015 estabelece uma limitação à eficácia da prova a favor do empresário, a de que o litígio se dê entre empresários (art. 418 do CPC/2015).

**Jurisprudência:** Súmula n. 260, STF: O exame de livros comerciais, em ação judicial, fica limitado às transações entre os litigantes.

Súmula n. 390, STF: A exibição judicial de livros comerciais pode ser requerida como medida preventiva.

**Art. 227. (*Revogado pela Lei n. 13.105, de 16.03.2015*).**

**Parágrafo único. Qualquer que seja o valor do negócio jurídico, a prova testemunhal é admissível como subsidiária ou complementar da prova por escrito.**

O art. 227 foi revogado pelo CPC/2015 e tinha a seguinte redação: "salvo os casos expressos, a prova exclusivamente testemunhal só se admite nos negócios jurídicos cujo valor não ultrapasse o décuplo do maior salário mínimo vigente no País ao tempo em que foram celebrados". O parágrafo único admitia a prova testemunhal subsidiária ou complementar da prova escrita, qualquer que fosse o valor do contrato.

A superveniente lei processual dispôs sobre a matéria do seguinte modo: "a prova testemunhal é sempre admissível, não dispondo a lei de modo diverso" (art. 442 do CPC/2015). Assim, apenas os negócios ou atos para os quais a lei exige prova escrita é que a testemunhal será vedada (p. ex., fiança – art. 819 do CC; distrato, se o contrato se der na forma escrita – art. 472 do CC). Mesmo nos casos em que a lei exige prova escrita de obrigação, porém, é admissível a prova testemunhal "quando houver começo de prova por escrito, emanado da parte contra a qual se pretende produzir a prova" (art. 444 do CPC/2015).

---

**Art. 228. Não podem ser admitidos como testemunhas:**

**I – os menores de dezesseis anos;**

**II e III – (*Revogados pela Lei n. 13.146, de 06.07.2015.*)**

**IV – o interessado no litígio, o amigo íntimo ou o inimigo capital das partes;**

**V – os cônjuges, os ascendentes, os descendentes e os colaterais, até o terceiro grau de alguma das partes, por consanguinidade, ou afinidade.**

**§ 1º Para a prova de fatos que só elas conheçam, pode o juiz admitir o depoimento das pessoas a que se refere este artigo.**

Antigo parágrafo único renumerado pela Lei n. 13.146, de 06.07.2015.

**§ 2º A pessoa com deficiência poderá testemunhar em igualdade de condições com as demais pessoas, sendo-lhe assegurados todos os recursos de tecnologia assistiva.**

Parágrafo acrescentado pela Lei n. 13.146, de 06.07.2015.

---

A testemunha tem de estar em condições de depor, o que se verifica em relação à sua capacidade, idoneidade e compatibilidade com a situação (DINIZ, Maria Helena. *Código Civil anotado,* 10. ed. São Paulo, Saraiva, 2004, p. 237).

Moacyr Amaral Santos (*Comentários ao Código de Processo Civil,* 2. ed. Rio de Janeiro, Forense, 1977, v. IV, p. 286) esclarece que a capacidade de testemunhar consiste "na aptidão, reconhecida pela lei, de a pessoa ser ouvida como testemunha". Impedida é a testemunha que, embora capaz, "pode ser, em razão de sua posição jurídica relativamente às partes na demanda, *incompatível* com a função de testemunhar". Nesse rol estão a própria parte, cônjuges e alguns parentes próximos ou afins e aqueles que intervêm como representante ou assistente da parte. A suspeição decorre das razões mais variadas, como "condições especiais da testemunha, natureza do fato probando, forças psíquicas como receio, afeição, interesse, vingança, irreflexão, paixão, vaidade".

A Lei n. 13.146, de 06.07.2015, ao revogar os incisos II e III do art. 228 do CC, aboliu a restrição que se fazia aos que "por enfermidade ou retardamento mental, não tiveram discernimento para a prática dos atos da vida civil e aos cegos e surdos, quando a ciência do fato que se quer provar depende dos sentidos em que lhe faltaram". O propósito de inclusão que traz a lei revogadora deu o remédio da facilitação por "todos os recursos de tecnologia assertiva", de modo que mesmo o portador de deficiência será admitido a depor, mas, evidentemente, se os sentidos que lhe faltarem prejudicar a percepção dos fatos (cegueira e surdez) seu depoimento não poderá ser tido como prova concludente.

A despeito de inovação no campo do direito material, observa-se um descompasso com a também nova legislação processual, já que o CPC/2015 traz um rol de incapazes, em virtude de "enfermidade ou deficiência mental", pela falta de discernimento ou impossibilidade de transmitir as percepções na ocasião do depoimento, por motivo de cegueira e surdez (art. 447, § 1º, do CPC/2015).

Tendo em conta que a Lei n. 13.146, de 06.07.2015, é posterior ao CPC/2015 (Lei n. 13.105, de 16.03.2015), mas a *vacatio legis* daquela termina antes do início da vigência do CPC, surge a questão da natureza desse prazo. Segundo Vicente Rao, "os autores se dividem em duas principais correntes: uma que distingue a publicação e o início de obrigatoriedade como conceitos e momentos substancialmente distintos; outra que considera o aludido prazo como parte, ou elemento constitutivo da própria publicação" e concluiu que "na realidade o decurso desse lapso de tempo corresponde a uma condição essencial exigida para que se iniciem os efeitos de obrigatoriedade das leis, quando estas não marcarem, elas próprias, o começo de sua vigência (*O direito e a vida dos direitos.* São Paulo, Max Limonad, 1960, v. I, p. 370). A redação do art. 1º da Lindb, que se refere ao momento em que "a lei começa a vigorar", leva à conclusão segundo a qual a revogação da lei anterior se dará no término da *vacatio legis* da lei revogadora. Desse modo, no processo judicial – excluindo-se, portanto, os procedimentos administrativos e outras vias de solução de conflitos – teriam se restaurado as restrições dos incisos II e III do art. 228 do CC; entretanto, para que seu novo § 2º não perca a utilidade, pode-se adotar uma posição conciliadora no sentido de que a incapacidade para depor nos termos do § 1º, I, II e IV, do CPC/2015 só será reconhecida se não houver meio de assegurar que a pessoa deficiente possa testemunhar "em igualdade de condições com as outras pessoas".

**Jurisprudência:** Processual civil. Ação de separação litigiosa. Pedido de oitiva dos filhos do casal, todos já maiores. Possibilidade, dada a especificidade da hipótese, em que os fatos que se objetiva provar se deram, via de regra, no recôndito do lar. Permissivo legal consistente na norma do parágrafo único do art. 228 do CC, bem como § 4º, do art. 405, do CPC. Recurso provido. (TJMG, Proc. n. 1.0024.04.386392-7/001, rel. Des. Pinheiro Lago, j. 02.08.2005)

**Art. 229.** *(Revogado pela Lei n. 13.105, de 16.03.2015.)*

Este artigo foi revogado pelo CPC/2015, o qual estabelece o seguinte: "Art. 448. A testemunha não é obrigada a depor sobre fatos: I – que lhe acarretem grave dano, bem como ao seu cônjuge ou companheiro e aos seus parentes consanguíneos ou afins, em linha reta ou colateral, até o terceiro grau; II – a cujo respeito, por estado ou profissão, deva guardar sigilo".

O fundamento é ético e de alta relevância.

O sigilo profissional muitas vezes é imposição legal (arts. 7º, XIX, e 34, VII, da Lei n. 8.906/94). Também os vínculos familiares e de afeição justificam a dispensa e, igualmente, os direitos da personalidade referentes à intimidade, à honra e à integridade física (arts. 11 e 21).

Deve-se atentar, porém, que se trata de faculdade que a testemunha tem de não depor, nessas situações, mas não está desobrigada de comparecer à audiência para a qual foi convocada. A isenção é, apenas, de não revelar os fatos.

**Art. 230.** *(Revogado pela Lei n. 13.105, de 16.03.2015.)*

Revogada essa disposição, o CPC/2015 admite as presunções *hominis* ou simples (art. 375).

**Art. 231. Aquele que se nega a submeter-se a exame médico necessário não poderá aproveitar-se de sua recusa.**

As partes têm o dever de colaboração no processo (art. 6º do CPC/2015) e, tratando-se de ônus, uma vez descumprido, não podem valer-se da própria torpeza para alegar insuficiência da prova que beneficiaria a outra parte.

**Jurisprudência:** Ação de cobrança. Contrato de seguro. Acidente de veículo. Cláusula prevendo isenção da seguradora em virtude de embriaguez do segurado. Havendo prova de que se encontrava o condutor embriagado quando do acidente, não há lugar para afastamento de cláusula de exclusão de responsabilidade. Hipótese onde evidenciada a circunstância em razão de existência de laudo do DML, secundada por negativa do periciando em se submeter a exame de sangue. Aplicação do disposto no art. 231 do CC, segundo o qual aquele que se nega a submeter-se a exame médico necessário não poderá aproveitar-se de sua recusa. Sentença de primeiro grau mantida por seus próprios fundamentos. Recurso improvido. (TJRS, Rec. n. 71.000.640.094, rel. Juiz Clovis Moacyr Mattana Ramos, j. 14.04.2005)

**Art. 232. A recusa à perícia médica ordenada pelo juiz poderá suprir a prova que se pretendia obter com o exame.**

O juiz pode determinar à parte que se submeta a perícia médica para exame (art. 464 do CPC/2015), constituindo ônus, cujo cumprimento não pode ser obtido coercitivamente. Recusando-se ela, porém, está o juiz autorizado a interpretar que a prova favoreceria a outra parte.

Não se trata, contudo, de consequência inexorável, porquanto a recusa há de ser injustificável e essa circunstância tem de ser examinada em função do conjunto probatório, podendo ser infirmada por outros elementos de prova.

**Jurisprudência:** Súmula n. 301, STJ: Em ação investigatória, a recusa do suposto pai a submeter-se ao exame de DNA induz presunção *juris tantum* de paternidade.

Investigação de paternidade. Indícios substanciais da paternidade. Exame de DNA. Recusa imotivada à realização. Art. 232, CC. Aplicabilidade imediata. Ato processual posterior à sua vigência. Paternidade reconhecida. Nos termos do art. 232 do CC, a recusa à perícia médica ordenada pelo juiz poderá suprir a prova que se pretendia obter com o exame. A norma não é impositiva, de forma que submete a recusa ao prudente arbítrio do Juiz que, se encontrar elemento de convicção bastante, deve considerar suprida a prova, se nenhuma justificativa louvável foi arguida. (TJMG, Proc. n. 1.0245.02.006359-1/001(1), rel. Vanessa Verdolim Hudson Andrade, j. 29.04.2008, publ. 17.06.2008)

Apelação. Investigação de paternidade. Recusa imotivada a se submeter ao exame de DNA. Presunção de paternidade. Litigância de má-fé. A recusa imotivada da parte investigada a se submeter ao exame de DNA gera presunção de paternidade. Inteligência dos arts. 231 e 232 do CCB. Súmula n. 301 do STJ. Age com deslealdade processual, tipificadora da má-fé, quem se recusa imotivadamente a se submeter a perícia genética, e depois alega falta de provas para a paternidade. Precedentes jurisprudenciais. Negaram provimento. Condenaram a apelante às penas da litigância de má-fé. (TJRS, Ap. n. 70.020.922.878, rel. Des. Rui Portanova, j. 13.09.2007)

## ADENDO

Acha-se em tramitação no Congresso Nacional um projeto de lei que altera o CC, incluída a Parte Geral.

Começam as inovações pelo reconhecimento da "personalidade internacional a todas as pessoas naturais em território internacional" (parágrafo único do art. 1º).

No campo das incapacidades, alarga o da incapacidade absoluta, corrigindo a dificuldade enfrentada na proteção dos que não podem "por nenhum meio expressar sua vontade", hoje tidos como relativamente incapazes, apesar dessa absoluta limitação (art. 4º, III).

Quanto ao Registro Civil das Pessoas Naturais, ampliam-se os atos registráveis, com nítida preocupação com os direitos da personalidade e a regulação do estado civil.

Acerca das pessoas jurídicas, há um detalhamento dos requisitos para a desconsideração da personalidade jurídica e uma simplificação no ato constitutivo de associações, bem como a delimitação do velamento das fundações pelo Ministério Público. Fica extinto o domicílio plural do agente diplomático, sendo fixado o domicílio legal "no último ponto do território brasileiro onde teve aquele domicílio".

São expressamente incluídos como coisas "os conteúdos digitais dotados de valor econômico".

Há uma inovadora qualificação dos animais, como "seres vivos sencientes e passíveis de proteção jurídica própria, em virtude de sua natureza especial".

A relevância da aparência vem expressa no parágrafo único do art. 116. Na proposta, observam-se sutilezas em relação ao texto atual, como a cominação de nulidade do negócio pela simulação, ainda que inocente e o avanço no tema processual, prescindindo "de ação judicial própria, mas a decisão incidental que a reconhecer fará coisa julgada". Relevantes disposições são as dos §§ 1º e 2º, do art. 169, estabelecendo a prescritibilidade das pretensões decorrentes de negócios nulos, bem como "que, excepcionalmente, negócios jurídicos nulos produzem efeitos decorrentes da boa-fé, ao menos de uma das partes, a serem preservados, quando justificadas por interesses merecedores de tutela". O § 1º do art. 171 resolve a tormentosa questão da anulabilidade por "preexistência de incapacidade relativa", mesmo antes da sentença de interdição, com ressalva dos direitos de terceiro de boa-fé. O parágrafo único do art. 178 fixa termo inicial de "prazo de decadência para a anulação de negócio jurídicos que admitam registro" o qual "será contado deste ou da sua ciência, o que ocorrer primeiro". O art. 179 fixa múltiplos momentos de desencadeamento de prazo decadencial para anulação do negócio jurídico, que será "de dez anos, a contar da data de conclusão do ato, do seu eventual registro ou de sua ciência, o que ocorrer primeiro". O art. 189 é acrescido de parágrafos, estabelecendo o início de prazo prescricional "com o surgimento da pretensão, que decorre da exigibilidade do direito subjetivo", entretanto, o § 2º fixa que "ressalvado o previsto na legislação especial, nos casos de responsabilidade civil extracontratual, a contagem do prazo prescricional inicia-se a partir do momento em que o titular do direito tem conhecimento ou deveria ter do dano sofrido e de quem o causou"; nota-se a menção, apenas, à responsabilidade extracontratual. Acrescenta, porém, o § 3º, que, se o dano, "por sua natureza, só puder ser conhecido em momento futuro, o prazo contar-se-á do momento em que dele, e de seu autor, tiver ciência o lesado", até o limite de "10 anos, contados da data da violação do direito". A nova redação proposta ao art. 193 permite o reconhecimento da prescrição de ofício nas instâncias ordinárias ou extraordinária", o que, evidentemente, infirma a exigência atual de prequestionamento. O art. 198, I, obvia uma dificuldade, livrando da prescrição tanto os absolutamente incapazes, como os relativamente incapazes, enquanto não lhes for dada assistência. O previsto parágrafo único do art. 200 dá solução à dúvida sobre o momento exato em que se suspende o prazo prescricional, "quando se tratar de ilícito também criminal", fazendo depender o termo inicial de instauração de inquérito policial ou com o recebimento de denúncia ou de queixa, "desde que não decorrido o prazo de 5 (cinco) anos". A interrupção da prescrição, possível apenas uma vez, ganhou uma exceção, ou seja, a do inciso I, concernente ao despacho que ordenar a citação. Com isso, eventual extinção do primeiro processo sem resolução do mérito, não afasta esse efeito para um processo subsequente. Por fim, quanto aos prazos prescricionais, merece atenção a fixação do prazo geral de 5 anos, em lugar dos 10 anos atuais (art. 205) e o parágrafo único solucionará a dúvida acerca de ser aplicável somente à responsabilidade civil extracontratual ou também à contratual, pois em ambos os casos o prazo será o mesmo. O § 2º do art. 206, a respeito da pretensão para haver prestações alimentícias é revogado, que é de 2 anos, passando a 3, conforme o novo § 3º, a partir dos vencimentos (§ 3º, I). Sem menção ao prazo referente à reparação civil, é de se entender ficar sujeita tanto a responsabilidade contratual, como a extracontratual ao prazo geral de 5 anos. No que se refere ao reconhecimento da decadência, poderá o juiz de ofício reconhecer a legal como a convencional (art. 211). Fica restrita a prova do estado das pessoas às formas registráveis (art. 212-A). A implantação da forma eletrônica nas escrituras públicas é prevista nos arts. 215 e 219. O parágrafo único do art. 224 dispensará a tradução de documentos, quando as partes, por procuradores, e o juiz puderem compreendê-los. O art. 228 se amolda ao que dispõem outras leis já vigentes a respeito do depoimento de crianças e adolescentes. O art. 232, que determina consequências à recusa à perícia médica, é revogado.

# PARTE ESPECIAL

## LIVRO I
## DO DIREITO DAS OBRIGAÇÕES

### TÍTULO I
### DAS MODALIDADES DAS OBRIGAÇÕES

#### CAPÍTULO I
#### DAS OBRIGAÇÕES DE DAR

##### *Seção I*
##### *Das Obrigações de Dar Coisa Certa*

**Art. 233. A obrigação de dar coisa certa abrange os acessórios dela embora não mencionados, salvo se o contrário resultar do título ou das circunstâncias do caso.**

**Introdução. Conceito.** A obrigação é a relação jurídica por intermédio da qual o sujeito passivo (devedor) se obriga a dar, fazer ou não fazer alguma coisa (prestação) em benefício do sujeito ativo (credor). Seus elementos são as partes, a prestação e o vínculo jurídico. A prestação é sempre uma conduta do devedor. Terá natureza patrimonial e consistirá em um dar, fazer ou não fazer. Renan Lotufo, invocando lição de Clóvis Bevilaqua, afirma que "o fundamento das obrigações é a boa-fé", sob pena de "funestas consequências pela falta de confiança mútua entre as pessoas" (*Código Civil comentado*. São Paulo, Saraiva, 2003, v. II, p. 1). Em razão desse fundamento é que as obrigações não podem ser vistas apenas sob o aspecto do interesse do credor à satisfação de seu crédito, nem como um vínculo que leva à submissão absoluta do devedor. Sua concepção contemporânea leva em consideração os interesses do devedor na satisfação de sua dívida, conduzindo a uma visão dinâmica, e não estática, da relação jurídica. A obrigação deve ser vista como uma relação complexa, que compreende interesses recíprocos em evolução, de modo que se desenvolvam na direção da satisfação da prestação (cf. a obra de Clóvis do Couto e Silva. *A obrigação como processo*. São Paulo, José Bushatsky, 1976). Ainda segundo Renan Lotufo, "o contrato, tal qual a obrigação, relação jurídica complexa, é um processo que, como ensina o eminente professor Clóvis do Couto e Silva, tem dinamismo e somente chegará ao seu bom êxito se contar com a colaboração leal dos dois participantes. Não há mais, segundo o novo Código, o velho protagonista 'contratante', mas *os contratantes*, em constante interação, com respeito à posição e aos interesses de cada um" (op. cit., p. 10). No campo das obrigações, o credor poderá exigir a prestação do devedor e, se este último não adimpli-la espontaneamente, poderá também exigir judicialmente seu efetivo cumprimento ou indenização por perdas e danos que será suportada por seu patrimônio (arts. 389 e 391 do CC). Essa distinção entre a conduta devida e a responsabilidade oriunda do inadimplemento é consagrada pela teoria dualista, que se contrapõe à unitária e pode ser identificada nos casos de obrigações com garantia fidejussória prestada por terceiro – em que se pode verificar que o patrimônio do devedor da obrigação (o locatário, por exemplo) não é o único sobre o qual podem recair as consequências do inadimplemento (pois também poderá ser alcançado o patrimônio do fiador) (cf. a propósito das mencionadas teorias VARELA, João de Matos Antunes. *Obrigações em geral*. Coimbra, Almedina, 2000, v. I, p. 143-57). No direito das obrigações, o vínculo se estabelece entre as pessoas, embora seu conteúdo seja patrimonial, diversamente do que ocorre com os direitos reais, em que a relação jurídica se estabelece, em primeiro lugar, entre o titular do direito e o bem e, posteriormente, atinge as pessoas obrigadas a respeitá-la. **Fontes das obrigações** são os atos ou fatos de onde elas se originam, ou, na lição de Orlando Gomes, "o *fato jurídico* ao qual a lei atribui o efeito de suscitá-la", pois, prossegue, "entre a *lei*, esquema geral e abstrato, e a *obrigação*, relação jurídica singular entre pessoas, *medeia* sempre um *fato*, ou se configura uma situação, considerando idôneo pelo ordenamento jurídico para determinar o dever de prestar" (*Obrigações*. Rio de Janeiro, Forense, 1986, p. 31). As leis são sempre a fonte imediata das obrigações, enquanto fontes mediatas são fatos ou situações capazes de produzi-las. O CC em vigor não disciplinou as fontes das obrigações. Contudo, a partir da definição adotada, podemos identificar os contratos, os atos unilaterais e os atos ilícitos entre as fontes disciplinadas por ele, sem prejuízo, porém, da existência de outras que possam subsumir no conceito estabelecido (MONTEIRO, Washington de Barros. *Curso de direito civil*, 1ª parte, 32. ed., atualizada por Carlos Alberto Dabus Maluf. São Paulo, Saraiva, 2003, v. IV, p. 42-4). Após a disciplina das modalidades, o Livro "Do Direito das Obrigações" disciplinou a transmissão, o adimplemento e o inadimplemento das obrigações e suas consequências. No Título I, do Livro I, estão disciplinadas as modalidades das obrigações, que correspondem a um critério de classificação, e verificam-se as consequências estabelecidas a partir dessa classificação. **Classificação.** Importa registrar, de início, que o interesse da classificação das obrigações resulta da possibilidade de, a partir dela, reduzi-las a alguns poucos grupos com características semelhantes, de modo a tornar possível invocar os princípios aplicáveis a cada um deles e simplificar as soluções para as questões que suscitam (PEREIRA, Caio Mário da Silva. *Instituições de direito civil,* 20. ed., atualizada por Luiz Roldão de Freitas Gomes. Rio de Janeiro, Forense, 2003, v. II, p. 45). Adotando-se o critério utilizado por Maria Helena Diniz (*Curso de direito civil,* 16. ed. São Paulo, Saraiva, 2002, v. II, p. 49), as obrigações podem ser classificadas segundo os critérios seguintes:

**Consideradas em si mesmas:** a) quanto ao vínculo: civil, moral ou natural; b) quanto à execução: simples, cumulativa, alternativa ou facultativa; c) quanto ao tempo do adimplemento: instantânea, continuada ou diferida; d) quanto ao fim: de meio, de resultado ou de garantia; e) quanto aos elementos acidentais: condicional, modal ou a termo; f) quanto à pluralidade de sujeitos: divisível, indivisível ou solidária; e g) quanto à liquidez do objeto: líquida e ilíquida.

**Consideradas umas em relação às outras**, isto é, de modo recíproco, as obrigações serão acessórias ou principais.

**A obrigação de dar**, objeto do artigo em exame, tem natureza positiva, exigindo que o devedor pratique uma conduta, e não que se omita. Quando seu objeto for coisa certa (móvel ou imóvel), como é o caso deste dispositivo, o devedor só satisfaz a prestação se entrega ao credor o bem especificamente individuado pelas partes. Como ensina Renan Lotufo, a coisa é certa quando em sua identificação houver indicação da quantidade, do gênero e de sua individuação, que a torne única (op. cit., p. 17). Desse modo, não há possibilidade de a escolha do bem se verificar em momento posterior ao surgimento da obrigação. A entrega do bem pode se destinar a transferir o domínio, assegurar o uso (entregar) ou restituir ao proprietário (GONÇALVES, Carlos Roberto. *Direito civil brasileiro.* São Paulo, Saraiva, 2004, v. II, p. 53). No nosso sistema, a transmissão do domínio não se aperfeiçoa com a criação da obrigação, sendo indispensável que se verifique o registro, para os imóveis (arts. 1.227 e 1.245), e a tradição, para os móveis (arts. 1.226 e 1.267), o que revela a importância do dispositivo em exame. Na lição de Carlos Roberto Gonçalves, "a obrigação de dar coisa certa confere ao credor simples direito pessoal *(jus ad rem)* e não real *(jus in re)*. O contrato de compra e venda, por exemplo, tem natureza obrigacional" (op. cit., p. 43). Do mesmo teor: BIERAMBAUM, Gustavo. "Classificação: obrigações de dar, fazer e não fazer". *Obrigações: estudos na perspectiva civil-constitucional,* coord. Gustavo Tepedino. Rio de Janeiro, Renovar, 2005, p. 123, que acrescenta que a obrigação, por si só, não cria direito *erga omnes.* Assim, o credor da obrigação de dar coisa certa que não tenha tido anterior posse do bem ou que não for seu proprietário não se pode valer de demandas possessórias ou dominiais para recuperá-lo. No entanto, poderá se valer de ação destinada a obrigar o devedor a entregar-lhe o bem (arts. 498 e 806 a 810 do CPC/2015; arts. 461-A e 621 a 628 do CPC/73), como decorrência da obrigação assumida. No caso do art. 498, o pedido é de condenação na entrega de coisa certa formulado por quem não dispõe de título executivo. Na hipótese do art. 806 do CPC/2015 (art. 621 do CPC/73), o credor dispõe do título extrajudicial. Tais dispositivos viabilizaram ao credor de obrigação de dar coisa certa a possibilidade de obtê-la diretamente, fazendo valer a força obrigatória que do contrato resulta. A obrigação só se converterá em perdas e danos se o credor a requerer ou se a tutela específica ou a obtenção do resultado prático correspondente for impossível (arts. 499 e 538, § 3º, do CPC/2015; arts. 461, § 1º, e 461-A, § 3º, do CPC/73). Neste sentido lecionam Carlos Roberto Gonçalves (op. cit., p. 43-5) e Everaldo Augusto Cambler (*Comentários ao Código Civil brasileiro.* Rio de Janeiro, Forense, 2003, v. III, p. 60-4). Acrescente-se que tal espécie de providência já havia sido prevista no art. 83 do CDC. Se o bem cuja entrega foi prometida ao credor vier a ser novamente alienado a terceiro, que efetivamente adquire o domínio pela tradição ou pelo registro, o primeiro adquirente não poderá exigi-lo, porque seu direito pessoal não poderá se opor ao direito real do segundo adquirente (GONÇALVES, Carlos Roberto. Op. cit., p. 45). No entanto, caso haja má-fé do terceiro, poder-se-á sustentar a proteção do direito do primeiro, levando-se em conta a função social dos contratos e a boa-fé objetiva, consagradas nos arts. 421 e 422 do CC. É o que se pode extrair da lição de Antonio Junqueira de Azevedo em parecer publicado na *RT,* n. 750, p. 113: "A responsabilidade do terceiro é, pois, aquiliana. 'Efetivamente, se um contrato deve ser considerado como fato social, como temos insistido, então a sua real existência há de impor-se por si mesma, para poder ser invocada contra terceiros, e, às vezes, até para ser oposta por terceiros às próprias partes. Assim é que não só a violação de contato por terceiro pode gerar responsabilidade civil deste (como quando terceiro destrói a coisa que devia ser prestada, ou na figura da indução ao inadimplemento do negócio jurídico alheio), como também terceiros podem opor-se ao contrato, quando sejam por ele prejudicados (o instituto da fraude contra terceiros é exemplo típico disso)' (NORONHA, Fernando. *O direito dos contratos e seus princípios fundamentais.* São Paulo, Saraiva, 1994, p. 119)". E ainda: "Não é possível que, ao final do século XX, os princípios de direito contratual se limitem àqueles da *survival of the fittest*, ao gosto de Spencer, no ápice do liberalismo sem peias; seria fazer *tabula rasa* de tudo que ocorreu nos últimos cem anos. A atual diminuição do Estado não pode significar a perda da noção, conquistada com tanto sofrimento, de tantos povos e de tantas revoluções, de *harmonia social*. O alvo, hoje, é o equilíbrio entre sociedade, Estado e indivíduo. O contrato não pode ser considerado como um ato que somente diz respeito às partes; do contrário voltaríamos a um capitalismo selvagem, em que a vitória é dada justamente ao menos escrupuloso" (trecho extraído da p. 119). Nas hipóteses em que o credor faz jus à entrega para poder usar o bem de propriedade do devedor (locação) ou para recuperá-lo em razão de sua condição de proprietário ou de qualquer direito de que sobre a coisa disponha (depositário) – e não para adquirir a propriedade –, será possível que ele se valha da mesma espécie de proteção processual conferida ao adquirente (arts. 498 e 806 a 810 do CPC/2015; arts. 461-A e 621 a 628 do CPC/73), embora, em alguns desses casos, seja possível admitir a adequação de demandas de natureza possessória ou petitória. Se a hipótese é de credor proprietário ou possuidor, serão adequadas as ações petitórias ou possessórias. Se o credor não é proprietário nem possuidor, utiliza-se do procedimento previsto nos artigos mencionados – será o caso do locatário, a quem o locador não entrega o imóvel locado. O art. 233 assegura que os acessórios do bem objeto da prestação estarão abrangidos pela obrigação assumida. Assim, ao devedor cumprirá entregar ao credor os acessórios do bem que é objeto da obrigação. Imagine-se que alguém aliena ao comprador um terreno sobre o qual há uma edificação, sem que da matrícula ou da escritura conste a construção. Admitindo-se que a acessão seja acessório do solo (arts. 79 e 92 do CC), ela deverá seguir o destino deste, transferindo-se ao adquirente, que se tornará proprietário do todo (solo e construção). A regra resulta do princípio de que o acessório segue o principal – não repetido no CC/2002, diversamente do que ocorria com o art. 59 do CC/1916, mas consagrado pela doutrina como princípio e extraído do disposto no art. 92 do CC. O dispositivo de que ora se trata ressalva, porém, a possibilidade de o acessório não seguir o principal: a) em razão de as partes assim haverem convencionado – o que se insere nos limites de sua autonomia privada; e b) em virtude das circunstâncias do caso. Nesta última situação estaria incluída a hipótese em que os acessórios tivessem sido, temporariamente, separados do bem principal. Caso isso se tenha verificado, as circunstâncias deverão ser examinadas para que seja possível concluir se os acessórios devem ou não seguir o principal. O art. 575 do CC argentino expressamente inclui os acessórios temporariamente afastados do bem principal entre os que acompanham o principal (CAMBLER, Everaldo Augusto. Op. cit., p. 61). O CC brasileiro, porém, no art. 233, permite que as circunstâncias de cada caso sejam avaliadas para que se conclua se o acessório destacado segue ou não o bem principal a ser entregue. O tema em exame remete ao tratamento dado às pertenças pelo art. 94 do CC – pertenças são bens que não constituem parte integrante do principal, mas se destinam de modo duradouro a seu uso, serviço ou aformoseamento. Nesse dispositivo, há ressalva expressa no sentido de que as pertenças (acessórios que são) não seguem o bem principal, se o negócio jurídico só diz respeito a este. Dessa forma, as pertenças são exceção à regra do art. 233, pois, no que se refere a elas, somente disposição expressa fará com que estejam abrangidas pelo negócio que tenha por objeto o bem principal. Interessante exemplo a respeito pode ser constatado no caso de alienação de imóvel rural em que o vendedor se compromete a entregar não apenas o imóvel, mas também os animais e as máquinas que nele se encontram (as pertenças) – negócio que na prática comercial é denominado "venda de porteira fechada". Nessa espécie de transação, não havendo menção expressa às pertenças, somente o imóvel terá sido alienado, sem que ao negócio se aplique a disposição prevista nesse artigo. Os acessórios a que se refere o artigo em exame, segundo Renan Lotufo, que invoca Mário Júlio de Almeida Costa, não se resumem aos que se vinculam à coisa, mas também aos relacionados ao comportamento do devedor (op. cit., p. 18). Segundo o ilustre comentarista, entre os acessórios da obrigação estariam os deveres anexos oriundos da boa-fé objetiva (ver comentário ao art. 422). Dessa forma, seriam deveres acessórios do devedor: guardar a coisa vendida, embalá-la, transportá-la, fornecer informações necessárias etc. (obra e local citados).

**Jurisprudência:** Ação de obrigação de fazer c/c indenização. Acordo celebrado entre genitor de locatário e locador, a fim de quitar saldo de dívida locatícia. Dação em pagamento parcial de veículo automotor. Necessidade de entrega do bem e de seus acessórios, ainda que não previstos expressamente no instrumento. Exegese do art. 233 do CC. Relevância do equipamento de conversão do combustível retido pelo autor, porquanto a modificação consta no registro do automóvel. (TJSP, AC n. 10082415020208260161/Diadema, 34ª Câm. de Dir. Priv., rel. Gomes Varjão, j. 30.06.2023, *DJ* 30.06.2023)

Apenas havendo disposição contratual em contrário, o que não foi demonstrado pela ré, nas obrigações de entregar coisa certa, os acessórios devem seguir a sorte do principal, conforme preceitua o art. 233 do CC, não cabendo a devolução dos objetos, mesmo porque estes devem ter seu pedido de restituição realizado pelo proprietário e não por terceiros. 4 – Apelação conhecida, porém não provida. (TJCE, Ap. n. 765813-88.2000.8.06.0001/1, rel. Des. Paulo Francisco Banhos Ponte, *DJe* 17.08.2011, p. 16)

Como requisito objetivo para deferimento do pedido incidental de depósito judicial das parcelas devidas, é necessário que compreenda a totalidade da prestação devida (CC, art. 314), conforme a obrigação (CC, arts. 233, 244 e 313), incluindo os frutos naturais ou os juros vencidos, quando estipulados ou legalmente devidos. Estando o devedor inadimplente, pode o credor, no exercício regular do seu direito, observada a disposição do § 2º do art. 43 do CDC, promover a inscrição do seu nome nos cadastros de restrição ao crédito, sem que essa providência possa ser considerada abusiva. Não procede o pleito do devedor inadimplente de se manter na posse do veículo objeto do contrato, sob pena de violar preceito constitucional. (TJMG, AI n. 1.0702.09.606719-5/001, 14ª Câm. Cível, rel. Antônio de Pádua, *DJe* 30.03.2010)

Apelação cível. Responsabilidade civil pelos riscos da coisa. Compra e venda de gado para engorda e abate. Morte de semovente após operada a tradição. Ônus do prejuízo que recai sobre o adquirente. Improcedência da ação. Tendo o Juiz julgado a demanda em estrita observância aos pedidos deduzidos pelas partes, ainda que por fundamentos diversos daqueles declinados na inicial, não há falar em nulidade da sentença por *extra petita*. Em matéria de responsabilidade civil pelos riscos da coisa, em obrigação de dar coisa certa, vigora o princípio do *res perit domino*. Assim, em se tratando de compra e venda de gado para engorde e abate, a morte de animal ocorrida após a tradição, e sem culpa do vendedor, implica em prejuízo do adquirente. Inteligência do art. 234, c/c o art. 492, *caput* e parágrafos, do CC/2002. Apelação não provida. (TJRS, Ap. Cível n. 70.028.503.571, 6ª Câm. Cível, rel. Liege Puricelli Pires, j. 17.09.2009)

Considerando que cabe execução de entrega de coisa certa se o cumprimento da obrigação prevista no art. 233 do CC/2002 está consubstanciada em título executivo: TJMG, Ap. Cível n. 1.0702.07.401054-8/001(1), rel. Wagner Wilson, j. 13.05.2009.

Alienação fiduciária. Busca e apreensão efetivada. Sentença de procedência. Posse consolidada nas mãos do credor. Pretensão da ré de retirada dos acessórios. Não cabimento. Art. 233 do CC. Recurso não provido. De acordo com o art. 233 do CC, nas obrigações de entregar coisa certa, os acessórios devem seguir a sorte do principal, a não ser que haja disposição contratual em contrário, o que não foi demonstrado pela ré. Alienação fiduciária em garantia. Mora caracterizada. Busca e apreensão procedente. Apelação. Alegação de cobrança de valores abusivos. Impertinência. Recurso não provido. Na ação de busca e apreensão, não há lugar para revisão das cláusulas contratuais, mas unicamente para a questão da existência ou não de esbulho possessório a justificar a retomada do bem por parte do proprietário, mormente quando, apesar de alegar a abusividade dos valores exigidos pelo credor, a devedora fiduciária sequer deposita os valores incontroversos de forma a purgar a mora. Trata-se de ação meramente possessória, a qual prescinde de qualquer apreciação do *quantum debeatur*, vez que não se trata de ação de cobrança. (TJSP, Ap. c/ Rev. n. 1.077.239.002, 31ª Câm. de Dir. Priv., rel. Paulo Ayrosa, j. 22.07.2008)

Alienação fiduciária. Busca e apreensão de veículo. Ação julgada procedente. Sentença mantida. Pedido de devolução de acessórios acoplados no veículo. Não provada a aquisição dos equipamentos pelo devedor. Pretensão negada. Partes acessórias que seguem o principal. Exegese do art. 233 do atual CC. Recurso improvido. (TJSP, Ap. c/ Rev. n. 1.010.971.001, 32ª Câm. de Dir. Priv., rel. Francisco Occhiuto Júnior, j. 06.12.2007)

Os acessórios de bem alienado fiduciariamente devem ser restituídos ao Banco credor por ocasião do cumprimento da liminar concedida em ação de busca e apreensão. (TJSP, AI n. 1.133.293-0/1, rel. Des. Ruy Coppola, j. 08.11.2007)

Cédula de produto rural. Execução para entrega de coisa incerta. Conversão em execução por quantia. Admissibilidade. Apesar do objetivo específico da execução para a entrega de coisa ser a procura do bem no patrimônio do devedor ou de terceiro, caso não mais seja encontrada a coisa, ou no caso de destruição ou alienação, poderá o credor optar pela entrega de quantia em dinheiro equivalente ao seu valor, convertendo a execução para entrega em execução por quantia certa, nos termos do art. 627 c/c 631 do CPC [arts. 809 c/c 813 do CPC/2015]. (TJSP, AI n. 1.107.961-0/2, rel. Des. Emanuel Oliveira, j. 27.06.2007)

A ação de obrigação de dar coisa certa é inadequada se o bem não foi identificado quanto a sua quantidade e gênero. (TJSP, Ap. n. 490.825.4/0, rel. Des. Paulo Alcides, j. 10.04.2007)

Ação declaratória. Obrigação de dar coisa certa. Garagens. Construtora-legitimidade. Revelia. Efeitos relativos. Considera-se legítima a parte que, em sendo procedente a ação, deverá suportar os efeitos oriundos da sentença. A obrigação é pessoal e não real, regulada pelos arts. 233 e segs. do CC/2002, quando o que se pretende é o cumprimento de uma obrigação, que é a de dar coisa certa. É pacífico o entendimento de que a presunção de veracidade que trata o art. 319 do CPC [art. 344 do CPC/2015] é relativa, e não absoluta, podendo o juiz decidir a causa segundo o seu livre convencimento. (TJMG, Proc. n. 1.0024.06.935479-3/001(1), rel. Alberto Aluízio Pacheco de Andrade, j. 27.03.2007)

Reserva de domínio. Compra e venda. Reintegração de posse. Obrigação de dar coisa certa. Ausência de ressalva quanto ao acessório não acompanhar o principal. Admissibilidade. Os acessórios acompanham o principal em seu destino; o proprietário do principal, salvo exceção legal ou convencional, é o proprietário dos acessórios; os acessórios assumem natureza do principal. À coisa principal por tal modo estão unidos que, dela separados, esta ficaria incompleta. (II TAC, Ap. n. 614.841-00/8, rel. Juiz Mendes Gomes, j. 15.10.2001)

Propaganda em jornal. Venda de automóvel. CDC. Concessionária. Obrigação de entregar o veículo. A relação jurídica contratual entre as partes aperfeiçoou-se no momento em que o autor pagou o sinal adquirindo o veículo descrito no recibo (art. 1.094 do CC e art. 48 do CDC), firmando a presunção do acordo final e tornando obrigatório o contrato. Desse modo, o fornecedor assumiu a obrigação de dar coisa certa e determinada ao descrever o produto adquirido com todas as suas qualidades, dentre as quais se identifica a cor do automóvel como um elemento essencial do negócio jurídico. Assim, não se apresenta lícita ao devedor a pretensão de entregar coisa diversa da pactuada, nos moldes do art. 863 do CC. Por outro lado, o preço do objeto é um elemento essencial do negócio jurídico de compra e venda de um automóvel, não podendo sujeitar-se à retratação unilateral do fornecedor, tornando a cláusula contratual nula de pleno direito por ser abusiva, puramente potestativa, e infringir as normas dos arts. 115 e 1.125 do CC, e 51, X, do CDC. Provimento parcial do apelo quanto à ação de obrigação de dar e integral na ação consignatória. (TJRJ, Ap. n. 2000.001.09444, rel. Des. Roberto de Abreu e Silva, j. 10.10.2000)

Constitui título executivo extrajudicial o documento particular firmado pelo devedor e duas testemunhas para qualquer modalidade de obrigação. O art. 627 do CPC [art. 809 do CPC/2015] deve ser interpretado de modo a ensejar a conversão da obrigação de dar coisa certa em pagamento de quantia em dinheiro, tendo em vista a redação atual do art. 585, II, do mesmo Código. (*RT* 777/408)

No sentido de que a obrigação de pagar em dinheiro tem natureza de obrigação de dar coisa certa: *JTA* 185/349.

O contrato preliminar de promessa de venda, tal como o definitivo de compra e venda, gera apenas obrigações. Assim como este não transfere a propriedade, aquele não confere direito real ao compromissário, servindo apenas como título à sua constituição que se verifica pela inscrição no registro imobiliário. A inscrição pode ser feita a qualquer tempo, e antes disso o direito real não estará constituído. Mesmo que se admita a validade do contrato entre as partes contratantes, o promitente-vendedor não ficará privado dos direitos de alienar e onerar a coisa, porque a privação desses direitos só se verifica quando o promitente-comprador adquire, pela inscrição do contrato, o direito real. Por conseguinte, não poderá opor o seu direito a terceiros, permanecendo inócua a cláusula de irretratabilidade. (*RT* 647/102)

**Doutrina:** Fonte das obrigações, Moacir Adiers: *RT* 832/687.

---

**Art. 234. Se, no caso do artigo antecedente, a coisa se perder, sem culpa do devedor, antes da tradição, ou pendente a condição suspensiva, fica resolvida a obrigação para ambas as partes; se a perda resultar de culpa do devedor, responderá este pelo equivalente e mais perdas e danos.**

---

Este artigo cuida das hipóteses de obrigação de entrega de coisa certa que perece antes da tradição. Isto é, daqueles casos em que a obrigação de entregar ou restituir ainda não foi cumprida, mas o seu objeto, que é certo, se perde – por ato ilícito ou deterioração de qualquer origem. Segundo Caio Mário da Silva Pereira, "o conceito de perda para o direito é lato, e tanto abrange o seu desaparecimento total (*interitus rei*) quanto ainda o deixar de ter as suas qualidades essenciais, ou tornar-se indisponível, ou situar-se em lugar que se tornou inatingível, ou ainda de confundir-se com outra. Logo, as regras devem ter em vista a deterioração ponderável, não sendo curial a rejeição da coisa por danificação insignificante. A apreciação da ressalva é de se fazer em face das circunstâncias" (*Instituições de direito civil*, 20. ed., atualizada por Luiz Roldão de Freitas Gomes. Rio de Janeiro, Forense, 2003, v. II, p. 51). O credor da obrigação não receberá o bem que lhe é devido, cumprindo verificar quais as consequências deste fato. Em sua primeira parte, o artigo estabelece que cada qual dos obrigados (credor e devedor) deve ser restituído à situação em que se encontrava antes de a obrigação ser assumida, se não houver culpa do devedor ou se o bem se perdeu enquanto ainda pendia condição suspensiva (art. 125 do CC). Assim, se o veículo pelo qual o credor já pagou for roubado, sem que nenhuma culpa possa ser imputada ao devedor da obrigação de entregar – isto é, o alienante –, o negócio estará resolvido e, em consequência, o valor pago será restituído ao comprador. O legislador opta por considerar que, até o momento da entrega da coisa, os riscos correm por conta do proprietário, que suportará o prejuízo. E acrescenta que essa mesma solução será adotada se o negócio tiver seus efeitos suspensos por uma condição suspensiva. Isto é, se o carro não houver sido entregue ao adquirente em razão de o contrato estabelecer que isso só ocorreria se o adquirente recebesse uma promoção em seu trabalho (fato futuro e incerto caracterizador da condição). Solução diversa, porém, será adotada se o devedor da obrigação tiver culpa pelo perecimento do bem – por exemplo, quando deixa de entregar o veículo ao comprador porque, culposamente, o envolveu em acidente que o inutilizou. Nessa hipótese, além de restituir ao adquirente o valor já recebido, estará sujeito à obrigação de indenizá-lo por perdas e danos (art. 402 do CC). Não se deve concluir que o bem seja de propriedade do devedor até o momento da entrega. Em primeiro lugar, porque o bem pode ser imóvel, de modo que a transferência do domínio pode ocorrer antes da entrega da posse, se o registro do negócio a preceder, em face do disposto no art. 1.245 deste Código. Em segundo, porque o proprietário do bem, na obrigação de restituir, é o credor, e não o devedor. Dessa forma, a conclusão extraída do presente dispositivo é que o legislador impõe ao proprietário – credor ou devedor – o prejuízo decorrente da perda do bem ("a coisa perece para o dono"), se não houver culpa do devedor. E, se ele for culpado, a segunda parte do dispositivo o obriga a indenizar o credor. Nessa hipótese, se o proprietário do bem for o credor – em um contrato de comodato, por exemplo –, poderá postular indenização do devedor e entre as perdas e danos estará o valor do próprio bem que pereceu. Verifique-se que o valor do bem é o montante pecuniário correspondente a seu equivalente, sentido que se deve conferir a essa expressão, adotada no presente dispositivo. O devedor deve entregar ao credor, se agiu com culpa, não outro bem, mas sim o valor de um outro bem parecido ao que pereceu (GONÇALVES, Carlos Roberto. *Direito civil brasileiro*. São Paulo, Saraiva, 2004, v. II, p. 54). Segundo Everaldo Augusto Cambler, a perda referida nesse artigo ocorrerá quando "o objeto perde as qualidades essenciais, ou o valor econômico; se confunde com outro, de modo que se não possa distinguir; fica em lugar de onde não pode ser retirado (art. 78 do CC/1916). Carvalho Santos acrescenta a esse rol, ainda, o desaparecimento natural da coisa, ou o perecimento jurídico, quando a coisa é posta fora do comércio" (*Comentários ao Código Civil brasileiro*. Rio de Janeiro, Forense, 2003, v. III, p. 65).

**Jurisprudência:** Apelação cível. Indenização. Entrega de quadro a restaurador para a remoção de tinta branca que cobria pintura atribuída a Anita Malfatti. Ilegitimidade de parte afastada. Indenização. Devida. Quadro que desapareceu na posse do restaurador. Necessidade de indenizar. Art. 234, do CC. Dúvida acerca de ser a pintura sob a tinta branca de autoria da referida artista. Indícios inábeis para afastar toda e qualquer dúvida em torno da autoria. Impossibilidade de impor condenação tendo como lastro a autoria, todavia, necessidade de indenização pela culpa dos requeridos. Valor de R$ 70.000,00 que atende as circunstâncias do caso. Valor a ser corrigido pela Taxa Selic. Procedência parcial do apelo. (TJSP, Ap. Cível n. 10202130620208260100/SP, 25ª Câm. de Dir. Priv., rel. Almeida Sampaio, j. 26.09.2024, publ. 27.09.2024)

Apelação cível. Ação de cobrança. Nota promissória. Contrato de compra e venda de equinos. Sentença que julgou improcedentes os pedidos da inicial e os apresentados em reconvenção. Obrigação de dar coisa certa. Morte de um dos cavalos antes da transmissão da posse. Coisa que pereceu para o vendedor (*res perit domino*). Art. 234 do CC. Obrigação resolvida em parte. Ausência de registro do segundo cavalo na ABCCC (Associação Brasileira de Criadores de Cavalos Crioulos). Impossibilidade do autor de cumprir integralmente com a sua obrigação contratual, de modo que não pode exigir da parte ré o pagamento do preço dos bens. Teoria da exceção do contrato não cumprido. Art. 476 do CC. Provas nos autos que permitem presumir que o contrato foi rescindido pelas partes, por meio verbal. Sentença mantida. Recurso conhecido e desprovido. (TJPR, Ap. n. 00085787520208160083/Francisco Beltrão, 2ª Câm. Cível, rel. subst. Carlos Mauricio Ferreira, j. 17.07.2023, *DJ* 21.07.2023)

Uma vez que foi rescindido o contrato de arrendamento mercantil, incumbe ao devedor reintegrar a instituição financeira na posse do objeto da avença. Contudo, por haver a perda do automóvel, em razão da ocorrência de caso fortuito (crime de furto), a obrigação é resolvida, de modo que as partes retornam ao *status quo ante*, pelo que deve a empresa de arrendamento mercantil restituir à devedora os valores pagos a título de VRG, a fim de evitar enriquecimento sem causa de qualquer das partes, à luz do disposto no art. 234 do CC. Recurso conhecido e parcialmente provido. (TJSC, AC n. 2007.029670-5, rel. Des. Subst. Júlio César Knoll, *DJe* 05.06.2012)

Rescindido o contrato de compra e venda por culpa do comprador que deixou de providenciar a regularização da cessão do financiamento e transferência da propriedade do bem, deve ser restituída a coisa em favor da vendedora e, em caso de perda, o equivalente em dinheiro e mais perdas e danos. Exegese do art. 234 do CC. Recurso do réu Marcelo não conhecido e desprovido o de Cristiano. (TJSP, Ap. n. 0004526-37.2008.8.26.0452/Piraju, 27ª Câm. de Dir. Priv., rel. Gilberto Leme, *DJe* 27.09.2012, p. 1.567)

Rescisão de contrato de compra e venda de telefone celular. Autora obrigada a devolver o telefone à ré. Aparelho furtado antes da tradição. Obrigação resolvida para ambas as partes. Entendimento do art. 234 do CC. Autora que deve ficar com o prejuízo, mesmo porque não se cogita de culpa da ré pela perda coisa. Recurso improvido. (TJSP, AI n. 000376, 3ª T. Cível, rel. Theodureto Camargo, j. 14.07.2008)

Cobrança. Contrato. Compra e venda. Sistema Financeiro da Habitação. Rescisão. Alteração do percentual a ser financiado, de total para 70% do saldo devedor. Greve dos cartórios, demora na entrega da documentação, intransigência da empresa em não aceitar protocolos. Circunstâncias alheias à vontade do apelado fizeram protrair a avença para o mês seguinte, o que acarretou correção dos valores do contrato (inflação em 1993). Salário do mutuário não atualizado, o que inviabiliza a venda, por não atingir a renda exigida para o financiamento. Rescisão decretada. Cobrança procedente. Devolução do valor pago (arts. 865, 879 e 888 do CC/1916) [arts. 234, 248 e 256 do CC/2002] determinada. Recurso parcialmente provido para reconhecer a possibilidade de retenção, pela vendedora, de 10% do valor pago de despesas administrativas e não 5% do valor da avença como pretendia a empresa. (TJSP, Ap. Cível c/ Rev. n. 162.548-4/8/São Vicente, 8ª Câm. de Dir. Priv., rel. Des. Luiz Ambra, j. 08.02.2007, v.u., voto n. 2.856)

**Art. 235. Deteriorada a coisa, não sendo o devedor culpado, poderá o credor resolver a obrigação, ou aceitar a coisa, abatido de seu preço o valor que perdeu.**

Neste dispositivo, o legislador já não cuida do perecimento do bem, objeto do dispositivo anterior, mas de sua deterioração – ou seja, danificação sem destruição total –, facultando ao credor resolver a obrigação ou aceitar a coisa, mas exigir abatimento do preço correspondente à desvalorização proveniente da deterioração. Assegura-se ao prejudicado a possibilidade de optar pela solução que preferir. Para a hipótese de a deterioração ter resultado de conduta culposa do devedor, a solução da questão está estabelecida no artigo seguinte.

**Jurisprudência:** Execução de sentença. Entrega de coisa certa. Havendo deterioração da coisa, dever-se-á, em liquidação, apurar o valor dos danos a serem reparados. Desnecessidade de instauração de outro processo. (STJ, REsp n. 38.478, rel. Min. Eduardo Ribeiro, j. 15.03.1994)

**Art. 236. Sendo culpado o devedor, poderá o credor exigir o equivalente, ou aceitar a coisa no estado em que se acha, com direito a reclamar, em um ou em outro caso, indenização das perdas e danos.**

Se a deterioração da coisa resultar de culpa do devedor, assegura-se ao credor a possibilidade de optar entre exigir o equivalente ou aceitar a coisa com a deterioração que apresentar. Em qualquer caso, fará jus à indenização por perdas e danos. Caso o credor não receba o produto que lhe é devido em perfeitas condições, poderá exigir abatimento do preço, deduzindo-se a quantia decorrente da desvalorização (art. 235 do CC), e indenização por perdas e danos. Poderá, ainda, desistir do negócio e receber a devolução do valor equivalente ao do bem em perfeito estado. Vale observar que o credor é autorizado a exigir o valor do bem, mesmo que ele seja superior ao que foi pago, pois o objetivo do dispositivo é imputar a perda proveniente da deterioração ao proprietário do bem – que, no caso, é o devedor da obrigação de entrega de coisa certa. Sobre o conceito de equivalência, verifiquem-se os comentários ao art. 234.

**Jurisprudência:** Processual civil. Agravo de instrumento. Ação ordinária de obrigação de fazer. Contrato de permuta de terreno por área construída. Inadimplemento contratual. Não entrega das unidades. Recebimento da coisa no estado em que se encontra. Art. 236 do CC. Concessão de tutela antecipada. Art. 461, § 3º, CPC [sem correspondente no CPC/2015]. Possibilidade de ineficácia da medida ao provimento final. Deterioração dos bens. Transferência dos imóveis para conclusão das obras. Possibilidade. Ausência de objeção pela parte contrária. Recurso provido. 1 – A concordância com o pedido pelos agravados, aliada à relevância da fundamentação e à possibilidade de ineficácia da medida se concedida ao final, tendo em vista a deterioração que sofrerão, permite a transferência das unidades inacabadas às partes a que foram prometidas, com base no art. 236 do CC, para que estas venham a concluí-las. 2 – Sendo culpado o devedor, poderá o credor exigir o equivalente, ou aceitar a coisa no estado em que acha, com direito a reclamar, em um ou em outro caso, indenização das perdas e danos (art. 236 do atual CC). 3 – Antecipação de tutela que se concede nos termos do art. 461, § 3º, do CPC [sem correspondente no CPC/2015]. (TJPR, AI n. 0328557-8/Matinhos, 6ª Câm. Cível, rel. Juíza Lélia S. M. Negrão Giacomet, *DJPR* 02.06.2006)

---

**Art. 237. Até a tradição pertence ao devedor a coisa, com os seus melhoramentos e acrescidos, pelos quais poderá exigir aumento no preço; se o credor não anuir, poderá o devedor resolver a obrigação.**

**Parágrafo único. Os frutos percebidos são do devedor, cabendo ao credor os pendentes.**

---

Se, até a tradição, a coisa principal receber melhoramentos e acrescidos, pertencerão eles ao devedor, que poderá exigir aumento de preço. Ensina Carlos Roberto Gonçalves que melhoramento é tudo o que opera mudança para melhor na coisa principal; acrescido é o que se acrescenta a ela (*Direito civil brasileiro*. São Paulo, Saraiva, 2004, v. II, p. 49). Caso o credor não concorde com o aumento do preço que dos melhoramentos e acrescidos resultar, o devedor poderá resolver a obrigação e cada qual das partes retornará à situação anterior sem direito a indenização, pois tratar-se-á de exercício de direito do devedor. Esse artigo parece estar em conflito com o art. 233, pois melhoramentos e acrescidos são acessórios do bem principal, de modo que, nos termos deste último dispositivo, haviam de estar abrangidos pelo principal. A conciliação de ambos é possível se se admitir que os acessórios de que trata o art. 233 são os que já existiam ao tempo da realização do negócio, enquanto os melhoramentos e acrescidos referidos no dispositivo de que ora se trata são os que surgem após a realização do negócio. Identifica-se a aplicação dessa regra na hipótese em que um criador adquire uma vaca em um leilão. De acordo com as regras do estabelecimento, ela lhe será entregue em quinze dias. No entanto, nesta oportunidade, ficou prenha, de modo que o arrematante receberá, além da vaca, a cria que a acompanha. A incidência do art. 237 à hipótese autoriza o alienante a exigir remuneração pela cria, que lhe pertence, pois foi acrescida ao bem principal após a efetivação do negócio. Ruy Rosado de Aguiar Júnior pondera que o devedor não tem direito de acionar o credor pelo aumento, mas lhe é conferida a possibilidade de postular a extinção do contrato diante da recusa ao pagamento (*Extinção dos contratos por incumprimento do devedor*, Aide, 2003, p. 164). Registre-se, porém, que a solução não deve ser aplicada se ficar evidenciada má-fé do devedor que pode acrescer melhoramentos na coisa para inviabilizar o negócio ou obrigar o devedor a pagar mais pelo bem. Nessa hipótese, a solução poderá ser o reconhecimento culposo do devedor, o que implica mora ou inadimplemento apto a obrigá-lo a indenizar (arts. 389 e 395 deste Código). Somente no caso de acréscimos feitos de boa-fé a disposição poderá incidir. Arnaldo Rizzardo, porém, opina no sentido de que não se incluem nesse dispositivo acessões e obras produzidas pelo homem (*Obrigações*, Forense, 2004, p. 90). Em relação aos frutos, o parágrafo único estabelece que serão do devedor os percebidos e do credor os pendentes. Vale dizer: aqueles que o devedor colher antes de entregar o bem ao credor lhe pertencerão. Mas os que ainda estiverem ligados ao bem principal quando ocorrer a tradição serão do credor. **Reserva de domínio ou venda a contento.** Segundo Gustavo Bierambaum, nos casos de venda a contento ou com reserva de domínio, a tradição em favor do adquirente se aperfeiçoa antes da efetiva transmissão do domínio, de maneira que o risco da coisa já lhe é transferido desde logo e ele não ficará livre do dever de pagar o preço estipulado ("Classificação: obrigações de dar, fazer e não fazer". *Obrigações: estudos na perspectiva civil-constitucional*, coord. Gustavo Tepedino. Rio de Janeiro, Renovar, 2005, p. 127).

**Jurisprudência:** [...] 2. A repartição dos riscos entre o vendedor e o comprador observa a mesma linha divisória da tradição ou da entrega da coisa ao comprador, a partir daí cessa a responsabilidade do vendedor sobre a coisa. Se os riscos são do comprador, este sujeita-se à perda da coisa e mais ao pagamento do preço. Recurso conhecido e não provido. (TJPR, Proc. n. 0057072-04.2012.8.16.0001/Curitiba, 17ª Câm. Cível, rel. Des. Rosana Amara Girardi Fachin, j. 06.12.2018)

Bem móvel. Ação de cobrança c/c indenizatória. Compra e venda de cítricos (laranja). Erradicação do pomar devido ao ataque de pragas. Má-fé da ré não configurada. Ré que efetivamente comunicou a autora sobre a inviabilidade econômica do seu pomar. Resolução contratual por força maior. Indenização indevida. Adiantamentos feitos pela autora. Restituição devida. Inteligência do art. 237 do CC. Sucumbência exclusiva da autora mantida. Ação improcedente. Agravos retidos não conhecidos. Recurso desprovido, com observação. (TJSP,

Ap. n. 0125133-34.2009.8.26.0100/São Paulo, 35ª Câm. de Dir. Priv., rel. Melo Bueno, *DJe* 19.12.2014, p. 1.072)

Arrendamento mercantil. Reintegração de posse. Equipamento de som. Não comprovação de que tais bens integravam o veículo arrendado na época da contratação. Obrigação de devolução dos acessórios mantida. Melhoramento que autoriza a indenização do devedor na forma dos arts. 237, 242 e 1.219 do CC. Possibilidade de conversão automática em perdas e danos. Consectário lógico da impossibilidade de entrega das coisas. Arts. 461-A, § 3º, e 461, § 1º, do CPC [arts. 538, § 3º, e 499 do CPC/2015]. Recurso improvido. (TJSP, Ap. n. 0003943-88.2010.8.26.0482/Presidente Prudente, 29ª Câm. de Dir. Priv., rel. Hamid Bdine, *DJe* 25.03.2014, p. 1.295)

**Art. 238. Se a obrigação for de restituir coisa certa, e esta, sem culpa do devedor, se perder antes da tradição, sofrerá o credor a perda, e a obrigação se resolverá, ressalvados os seus direitos até o dia da perda.**

A obrigação de dar coisa certa compreende a de restituir. Nesta também há obrigação de dar coisa certa, com a diferença de que aquilo que se deve entregar ao credor já lhe pertencia – é o que ocorre com o comodato de bem móvel. Nesse caso, o devedor não é o proprietário do bem, de maneira que, se a coisa perece em suas mãos, antes da tradição, a perda será do credor – valendo o princípio de que a coisa perece para o dono, na medida em que a coisa lhe pertence e está em mãos do devedor obrigado a restituí-la. Contudo, se até o dia da perda o devedor estava obrigado a pagar pelo bem ao credor, ou se outros direitos lhe eram assegurados, este fará jus ao seu recebimento. Este artigo se aplica, como já se disse, ao comodato, de maneira que o comodatário não está obrigado a indenizar o proprietário se o trator que tomou emprestado para arar a terra for roubado de sua propriedade, ou mesmo furtado de local seguro em que se encontrava, uma vez que nesses casos não haverá culpa do comodatário – devedor da obrigação de restituir.

**Jurisprudência:** Trata-se de recurso de apelação cível contra sentença que julgou improcedentes os pedidos formulados na inicial de ação de indenização de danos morais. O autor apelante alega ser ilícita sua inscrição no cadastro de inadimplentes, já que, em se tratando de alienação fiduciária de automóvel e uma vez furtado este, as parcelas restantes do contrato não são mais devidas, pois, havendo a perda do objeto a ser restituído caso haja inadimplemento do contrato fiduciário, sem que, no entanto, o devedor seja culpado pela referida perda, resolve-se a obrigação em detrimento do credor, tal qual dispõe o art. 869 do CC/1916 [art. 238 do CC/2002]. Pois bem, no contrato fiduciário, como se sabe, se o possuidor direto do objeto contratual não adimplir com as prestações avençadas, deve ele restituir a posse do objeto ao alienante, de modo que o respectivo contrato fiduciário resolve-se após quitadas as parcelas remanescentes por meio de nova alienação do objeto a terceiro(s). Tais consequências, inclusive, constam do contrato fiduciário juntado nos autos (fls. 51v). Neste caso, pois, o autor apelante, após ter seu veículo furtado, deixou de pagar as prestações avençadas e, portanto, deveria restituir o automóvel que lhe fora alienado fiduciariamente. Entretanto, como esse bem se perdeu sem que o autor apelado fosse culpado, por força dos arts. 869 do CC/1916 e 238 do CC/2002, eximiu-se ele da obrigação de restituir o automóvel e, logo, o contrato fiduciário, como já se explicou, resolveu-se, não restando mais obrigações para nenhum dos contratantes, até porque o valor do automóvel furtado certamente bastaria para adimplir as 15 parcelas remanescentes, cuja soma, à época dos fatos, não ultrapassava R$ 5.000,00; *vide* a petição inicial de busca e apreensão intentada pela ré apelada (fls. 39). Desse modo, nada devendo o autor apelante à ré apelada, evidencia-se a ilicitude da inscrição do nome daquele no cadastro de inadimplentes, concluindo-se, daí, pela manutenção da decisão liminar que determinou a exclusão do nome do autor apelante do aludido cadastro (fls. 58 e 59), e pela responsabilização da ré apelada para com os danos morais causados ao autor apelado em razão da restrição creditícia, tal como preveem os arts. 186 e 927 do CC. Ante o exposto, dar provimento ao recurso é medida que se impõe. (TJSC, Ap. Cível n. 2008.001220-5, rel. Des. Carlos Prudêncio, *DJe* 03.05.2012)

Ação de resolução de prestação de serviços de televisão a cabo. Furto do aparelho decodificador. Contrato de comodato. Força maior. Tempestividade do recurso. Configurando-se o furto como causa de força maior, pois sendo inevitável o prejuízo suportado pelo desapossamento do consumidor de seu decodificador, não há como responsabilizá-lo pela perda do aparelho. Nesse sentido, o previsto no art. 238, do CC. Recurso provido. (T. Rec. – RS, Rec. Cível n. 71.001.661.982, 1ª T. Rec. Cível, rel. Ricardo Torres Hermann, j. 07.08.2008, *DJ* 12.08.2008)

**Art. 239. Se a coisa se perder por culpa do devedor, responderá este pelo equivalente, mais perdas e danos.**

Diversamente do que consta do art. 238, nesse dispositivo há previsão de perdas e danos, que serão devidos pelo devedor da obrigação de restituir coisa certa se ela se perder por sua culpa. Na obrigação de restituir coisa pertencente ao credor, o devedor será responsabilizado pelo pagamento do equivalente em dinheiro, mais perdas e danos, se agir com negligência, imprudência ou imperícia. A solução prevista nesse dispositivo corresponde à prevista no art. 236 para o caso de deterioração da coisa.

**Jurisprudência:** Apelação cível. Ação declaratória de inexistência de débito. Sentença de improcedência. Irresignação do autor. Relação de consumo. Responsabilidade objetiva. No contrato de arrendamento mercantil, o bem permanece à disposição do arrendatário para uso e gozo, durante a vigência do contrato, preservada a propriedade ao arrendante. Pacto que pode prever, ao final, a compra da coisa pelo arrendatário. Apelante que era arrendatário e que transferiu informalmente o bem arrendado, não cumprindo a obrigação de contratação de seguro veicular. Culpa pela perda da coisa. Art. 239 do CC. Contrato de arrendamento que prevê o pagamento de indenização ao arrendador em razão da perda do bem. Ausência de violação aos arts. 46 e 51 do CDC. Teses de contratação de seguro (prestamista) e configuração de danos morais que representam inadmissível inovação recursal. Art. 1.013, § 1º, CPC. Sentença que se mantém. Desprovimento do recurso. (TJRJ, Ap. n. 00058766320088190029 202300154171, 2ª Câm. de Dir. Priv., rel. Des. Andrea Maciel Pacha, j. 24.07.2023, *DJ* 28.07.2023)

Apelação com revisão. Bem móvel. Ação declaratória c/c indenização por danos morais e materiais. Contrato de financiamento de veículo em nome de terceiro devidamente quitado. Automóvel sabidamente pertencente à autora. Venda, pela ré, que se equipara à perda do bem por culpa do devedor. Resolução em perdas e danos (art. 239 do CC). Aplicação do ditame do art. 252 do Regimento do TJSP. Recurso desprovido. (TJSP, Ap. n. 0036101-71.2011.8.26.0577/São José dos Campos, 26ª Câm. de Dir. Priv., rel. Antonio Nascimento, *DJe* 03.07.2013, p. 1.195)

Declaratória de inexistência de débito. Autora declara em juízo que era sua a responsabilidade em caso de subtração das joias que pertenciam à ré. Obrigação de dar coisa certa na modalidade restituir. Na obrigação de restituir, a coisa pertence ao credor, mas se encontra temporariamente com o devedor e perecendo a coisa por culpa deste último, ou assumindo ele o dever de ressarcir os prejuízos ocorridos, inclusive em caso de subtração, compete ao mesmo devedor repor o valor equivalente à coisa perecida. Art. 239 do CC. Sentença de improcedência mantida. Recurso não provido. (TJSP, Ap. n. 991090387334, 37ª Câm. de Dir. Priv., rel. Roberto Mac Cracken, j. 28.04.2010)

Ap. c/ Rev. n. 903.194-0/4, Comarca: São José do Rio Preto – 2ª Vara Cível. Apelante: Engenharia e Construção [...] Ltda. Apelado: Locadora Comercial [...] Ltda. Voto n. 11.659. Locação de bens móveis. Furto. Indenização devida. Procedência reconhecida. Recurso improvido. A demonstração inequívoca do descuido, e por exclusiva culpa da requerida, que permitiu o furto dos bens locados, deve responder pelo valor equivalente dos bens, de acordo com o disposto no art. 239 do CC. (TJSP, Ap. c/ Rev. n. 903.194.400, rel. Armando Toledo, j. 16.05.2006)

A pretensão inicial refere-se à consignação de ambas as espécies, pois objetiva a devolução de bombas de gasolina, poste com emblema da marca da apelada, em princípio infungíveis, além do dinheiro pelos tanques de combustível, que se encontram enterrados no estabelecimento da apelante, que, pelo menos na origem são fungíveis. Ademais, basta que o custo de desenterrar os tanques supere o valor destes para que seja cogitável a hipótese prevista no art. 239 do novo CC, aplicável à espécie por força do art. 2.035 deste mesmo diploma. Aliás, existe até jurisprudência deste Tribunal que acolhe a pretensão inicial, conforme se infere da Ap. n. 1.168.006-5, da relatoria do Juiz Antônio Ribeiro, da 1ª Câmara, bem como da Ap. n. 908.040-4, da relatoria de Matheus Fontes, da 12ª Câmara, também deste Tribunal. Enfim, não se pode, de plano, afastar a pretensão, que, em princípio, se mostra viável de ser examinada, pelo que se afasta a extinção do processo. Diante do exposto, dá-se provimento ao recurso. Presidiu o julgamento, com voto, o Juiz Márcio Franklin Nogueira (3º Juiz) e dele participou o Juiz Luiz Burza Neto (revisor). São Paulo, 18.08.2004. (TJSP, Ap. c/ Rev. n. 1.251.044.600, 8ª Câm. de Férias de julho de 2004, rel. Rui Cascaldi, j. 18.08.2004)

Portanto, sendo do locatário a obrigação de restituir a coisa certa (imóvel locado), a sua responsabilidade está disciplinada nos arts. 868 e 865 do CCB. Se a coisa se perder por culpa do devedor, responderá ele pelo equivalente, mais perdas e danos (CCB, arts. 870 e 865, segunda alínea), pois cessa, no momento em que o locador é imitido na posse do imóvel, a obrigação de restituir. Em consequência, até a imissão, responderá o locatário pelo pagamento dos alugueres e eventuais danos. (II TAC, AI n. 460.180, rel. Juiz Clóvis Castelo, j. 27.05.1996)

**Art. 240. Se a coisa restituível se deteriorar sem culpa do devedor, recebê-la-á o credor, tal qual se ache, sem direito a indenização; se por culpa do devedor, observar-se-á o disposto no art. 239.**

Esse dispositivo tem relação com os arts. 238 e 239, mas, ao contrário destes, não se refere à perda do bem que se está obrigado a restituir, mas sim ao bem danificado – isto é, estragado, mas não integralmente destruído. As soluções são as mesmas dos mencionados dispositivos: se não houver culpa do devedor, o credor recebe o bem deteriorado e não tem direito a perdas e danos. Se houver culpa, pode postular o valor equivalente à desvalorização pela deterioração – ou ao necessário para os reparos –, além da indenização por perdas e danos (pois a segunda parte do dispositivo em exame remete ao art. 239 do CC). O tratamento do tema coincide com o que é dado no art. 235, que se refere à coisa deteriorada.

**Jurisprudência:** Apelação cível. Bem móvel. Indenização por danos morais e materiais. Ausência de elementos a fundamentar a pretensão dos autores pelos danos extrapatrimoniais. Danos materiais devidos, porém limitados. Negócio jurídico envolvendo bem móvel. Motor automotivo alienado sem as perfeitas condições de uso. Direito de exigir o valor proporcional do preço. Comodato. Ausência de prova de culpa do comodatário. Incidência da regra da *res perit domino* (CC, art. 240). Carência de provas a corroborar a asserção do autor a respeito da ocorrência de danos morais. Meros aborrecimentos. Indenização indevida. Recurso desprovido, preliminar afastada. (TJSP, Ap. n. 0017406-72.2010.8.26.0361/Mogi das Cruzes, 26ª Câm. de Dir. Priv., rel. Antonio Nascimento, *DJe* 13.02.2013, p. 1.480)

Obrigação de restituir. Fogão entregue para conserto cuja devolução é solicitada após largo período de tempo. Aquele que recebe determinado bem para conserto, mesmo decorrido largo período de tempo, não pode recusar-se a devolvê-lo, notadamente quando admite, por ocasião de seu depoimento pessoal, que embora desmontado, ainda o possui. Eventual deterioração da coisa, questão que não foi objeto da lide, deverá ser solvida por ocasião do cumprimento da obrigação consagrada na sentença, na forma do art. 240 do CC. Recurso improvido. Sentença mantida por seus próprios fundamentos. (T. Rec. – RS, Rec. Cível n. 71.000.602.292, 2ª T. Rec. Cível, rel. Luiz Antônio Alves Capra, j. 23.02.2005, *DJ* 14.03.2005)

**Art. 241. Se, no caso do art. 238, sobrevier melhoramento ou acréscimo à coisa, sem despesa ou trabalho do devedor, lucrará o credor, desobrigado de indenização.**

Refere-se aos casos mencionados no art. 238, isto é, à obrigação de restituir. O bem encontra-se em poder do devedor, mas é de propriedade do credor, de modo que tudo o que a ele for acrescido a este pertencerá, pois o acessório segue o principal. No entanto, para que não haja enriquecimento sem causa do credor à custa do devedor, se os melhoramentos ou acréscimos resultarem de despesa ou trabalho do devedor, estará aquele obrigado a indenizá-lo – o que se extrai da norma *a contrario sensu* – e está disciplinado no artigo seguinte.

**Art. 242. Se para o melhoramento, ou aumento, empregou o devedor trabalho ou dispêndio, o caso se regulará pelas normas deste Código atinentes às benfeitorias realizadas pelo possuidor de boa-fé ou de má-fé.**

**Parágrafo único. Quanto aos frutos percebidos, observar-se-á, do mesmo modo, o disposto neste Código, acerca do possuidor de boa-fé ou de má-fé.**

Cuida-se de disciplinar o modo pelo qual se vai apurar o valor da indenização que o credor pagará ao devedor por melhoramentos ou acréscimos decorrentes de seu trabalho ou com despesas suportadas por este. As normas escolhidas pelo legislador são as atinentes às benfeitorias realizadas pelo possuidor, que se encontram disciplinadas nos arts. 1.219 a 1.222 do CC. Do mesmo modo, no que tange aos frutos do bem a restituir, adotar-se-ão as regras dos arts. 1.214 a 1.216 do CC. Segundo Carlos Roberto Gonçalves, "estando o devedor de boa-fé, tem direito à indenização dos melhoramentos ou aumentos *necessários* e *úteis*; quanto aos voluptuários, se não for pago o respectivo valor, [o devedor] pode levantá-los *(jus tollendi)*, quando o puder sem detrimento da coisa e se o credor não preferir ficar com eles, indenizando o seu valor" (*Direito civil brasileiro*. São Paulo, Saraiva, 2004, v. II, p. 50).

**Jurisprudência:** Comodato de imóvel. Realização de melhorias pelo comodatário. Pleito de ressarcimento de valores. Retomada do bem. Comodatário que, na condição de possuidor do boa-fé, tem direito à indenização pelas benfeitorias úteis e necessárias empregadas no imóvel, sob pena de enriquecimento indevido do proprietário. Aplicação dos arts. 242 e 1.219 do CC. Recurso provido para o fim de julgar procedente o pedido. (T. Rec. – RS, Rec. Cível n. 71.001.121.979, 3ª T. Rec. Cível, rel. Eugênio Facchini Neto, j. 27.02.2007, *DJ* 14.03.2007)

## *Seção II*
## *Das Obrigações de Dar Coisa Incerta*

**Art. 243. A coisa incerta será indicada, ao menos, pelo gênero e pela quantidade.**

A obrigação de dar coisa incerta só é possível se o credor e o devedor tiverem condições mínimas de identificar o bem a ser entregue. Essa identificação mínima reside na indicação do gênero e da quantidade. Verifique-se que tanto um quanto outro devem ser indicados, pois não se trata de requisitos alternativos, na medida em que a presença de apenas um deles não permitirá a escolha ou concentração – ato pelo qual se identifica a coisa incerta, que, neste momento, se torna certa e passa a ser regida pelas regras aplicáveis à obrigação de dar coisa certa. Basta imaginar que a obrigação de entregar cem sacas de café é obrigação de dar coisa incerta, pois não há especificação do tipo de café a ser entregue, de modo que diversos deles poderão representar o atendimento da prestação. Não é suficiente afirmar que o objeto da prestação é cem sacas (quantidade), sem especificar o gênero do produto, pois a obrigação será inexequível. Do mesmo modo, não basta dizer que deverão ser entregues sacas de café colombiano (gênero), sem a indicação da quantidade delas. Não sendo a prestação determinável – pelo gênero e pela quantidade –, ao menos haverá que reconhecer a invalidade do negócio nos termos do disposto nos arts. 166, II, c/c 104, II, do CC. A obrigação de dar coisa incerta não se confunde com as obrigações alternativas (arts. 252 a 256 do CC), nas quais as prestações são especificadas e não se identificam apenas pelo gênero e pela quantidade. Essencialmente, nas alternativas, as prestações colocadas à escolha de um dos contratantes são, em si, certas e determinadas, não sendo, necessariamente, do mesmo gênero (BIERAMBAUM, Gustavo, "Classificação: obrigações de dar, fazer e não fazer". *Obrigações: estudos na perspectiva civil-constitucional*, coord. Gustavo Tepedino. Rio de Janeiro, Renovar, 2005, p. 133).

**Jurisprudência:** Processo civil e civil. Ação de obrigação de fazer e indenizatória de perdas e danos. Contrato de serviço portuário. Recebimento, classificação, armazenamento e embarque de soja. Ilegitimidade passiva dos fiadores. Inocorrência. Coisa fungível. Perda da coisa. Responsabilidade objetiva do operador portuário. Precedentes. Danos emergentes. Restituição de adiantamentos devida. Custos de *demurrage* não comprovados. Lucros cessantes em razão de oscilação do mercado de *commodities* incabíveis. Sentença parcialmente reformada. 1 – Afasta-se a ilegitimidade passiva, porque de fato houve inadimplemento parcial de contrato expressa e especificamente afiançado pelas pessoas físicas requeridas. A assunção da obrigação concerne ao objeto do contrato e não formalmente ao tempo aí estipulado. Nem se argumente com a suposta limitação do valor da fiança porque, a despeito da possibilidade trazida pelo art. 823 do CC, no caso concreto o contrato de prestação de serviços portuários expressamente previu a fiança integral, em sua cláusula 3.4.5. 2 – A obrigação de dar coisa incerta é uma obrigação genérica, enquanto a obrigação de dar coisa certa é específica. Na obrigação de dar coisa certa, se esta se perder sem culpa do devedor, fica resolvida a obrigação. Já na obrigação genérica, como o gênero nunca perece, antes da escolha não poderá o devedor alegar perda ou deterioração da coisa, ainda que por força maior ou caso fortuito. (TJSP, Ap. n. 4012686-65.2013.8.26.0562, 35ª Câm. de Dir. Priv., rel. Artur Marques, j. 17.07.2017)

Recurso de agravo retido. Realização de avaliação dos semoventes baseada na idade definida em contrato. Perda de objeto. Não conhecimento. Recurso de apelação cível. Embargos à execução. Obrigação de entregar coisa incerta. Descumprimento. Conversão em perdas e danos. Alegação de excesso na execução. Não observância do gênero dos bens, objeto do contrato inadimplido. Desobediência ao art. 243 do CC. Recurso conhecido e parcialmente provido. Nas obrigações de dar coisa incerta (arts. 243 e segs. do CC), ao se converter a obrigação inadimplida em perdas e danos (art. 389 do CC), deve-se respeitar a quantidade e o gênero dos bens discriminados em contrato. (TJMT, Ap. n. 105109/2011, rel. Des. Dirceu dos Santos, *DJe* 18.04.2012, p. 85)

Assalto realizado durante a realização do pagamento não exclui o dever de pagar, porque se trata de obrigação de dar coisa incerta: TJSP, Ap. n. 9103446-85.2008.8.26.0000, rel. Des. Paulo Alcides, j. 15.12.2011.

A discrepância entre o produto entregue pela fornecedora e aquele encomendado pelo consumidor é suficiente para justificar o pedido de substituição integral porque a vendedora assumiu obrigação de entregar coisa certa e não outra que pudesse ser determinada tão somente pelo gênero e quantidade (art. 243, CC). (TJSP, Ap. n. 990102352188, 35ª Câm. de Dir. Priv., rel. Artur Marques, j. 09.08.2010)

Acórdão que considerou inadequada ação de obrigação de dar coisa certa porque o bem não foi identificado quanto a sua quantidade e gênero. (TJSP, Ap. n. 490.825.4/0, rel. Des. Paulo Alcides, j. 10.04.2007)

**Art. 244. Nas coisas determinadas pelo gênero e pela quantidade, a escolha pertence ao devedor, se o contrário não resultar do título da obrigação; mas não poderá dar a coisa pior, nem será obrigado a prestar a melhor.**

Esse dispositivo se aplica aos casos em que a coisa a ser entregue é determinada apenas pelo gênero e pela quantidade. Assegura que a escolha deverá ser feita pelo devedor, se o título não dispuser de modo diverso. Trata-se de norma de natureza dispositiva, uma vez que nada impede que as partes decidam atribuir a escolha ao credor ou à terceira pessoa. Nos casos em que o devedor é quem escolhe o bem a ser entregue, isto é, quem decide qual a coisa certa dentre as várias alternativas fixadas pelo gênero e pela quantidade, o dispositivo em exame estabelece que ele deverá optar pelo bem de qualidade intermediária, pois não poderá dar bem da pior qualidade, nem estará obrigado a dar da melhor. No tratamento do legado, no direito das sucessões, o CC, em seu art. 1.929, estabelece que, se o legado foi determinado pelo gênero, a escolha será feita pelo herdeiro, que também deverá optar por bem de qualidade intermediária. O art. 1.930 determina que se aplique a mesma regra quando a escolha do legado for deixada ao arbítrio de terceiro ou, quando esse não quiser ou não puder exercer a escolha, do juiz. O art. 244 deve ser interpretado segundo o princípio de que o devedor deve escolher, entre as várias alternativas possíveis, um bem de qualidade intermediária (PEREIRA, Caio Mário da Silva. *Instituições de direito civil*, 20. ed., atualizada por Luiz Roldão de Freitas Gomes. Rio de Janeiro, Forense, 2003, v. II, p. 56). O fato de o artigo indicar que o devedor não pode escolher a coisa pior poderá dar ao intérprete a impressão de que ele está autorizado a entregar o penúltimo bem na ordem de gradação. Ou seja, havendo dez bens, o devedor pode escolher o que estiver em nono lugar em uma hipotética tabela de classificação. A interpretação que melhor atende à finalidade do dispositivo, contudo, é a que considera que ele estará sempre obrigado a entregar um bem de qualidade intermediária. Essa conclusão está adequada à boa-fé objetiva – o dever de agir como homem reto, leal e solidário, atento aos interesses do outro contratante (art. 422 do CC). Nada impede, porém, adverte Caio Mário, que as partes convencionem que será entregue o pior ou o melhor entre as coisas do gênero (op. cit., p. 56). Gustavo Bierambaum, a nosso ver com razão, discorda de Sílvio Rodrigues e sustenta que também o credor que tiver a opção de escolha não poderá eleger o melhor dos bens disponíveis ("Classificação: obrigações de dar, fazer e não fazer". *Obrigações: estudos na perspectiva civil-constitucional*, coord. Gustavo Tepedino. Rio de Janeiro, Renovar, 2005, p. 130).

**Jurisprudência:** Processo civil. Agravo de instrumento. Cumprimento de sentença. Cumprimento pretendido pelo devedor que desborda do título judicial. Rejeição da impugnação. 1. Embora o acordo homologado judicialmente não tenha estipulado que a escolha caberia à requerida, por certo é que, em se tratando de móveis, é natural a sua prévia aquiescência, em especial porque não é dado ao devedor oferecer o pior que houver no mercado, sendo o meio-termo o padrão legal, à míngua de especificação contratual (art. 244, CC). 2. Demonstrado, pois, o pagamento da quantia de R$ 3.600,00 pela aquisição dos móveis por parte da credora e o ressarcimento tão somente da quantia de R$ 1.263,49 por parte do devedor, a pretendida complementação é medida que encontra correspondência no título executivo judicial. 3. Recurso improvido. (TJSP, AI n. 2148789-38.2022.8.26.0000/SP, 7ª Câm. de Dir. Priv., rel. Ademir Modesto de Souza, j. 26.07.2022, publ. 26.07.2022)

Admitindo a obrigação de dar em pagamento unidades indeterminadas de empreendimento imobiliário, desde que seja possível identificar os bens a serem entregues. (STJ, REsp n. 1.313.270, 3ª T., rel. Min. Nancy Andrighi, *DJe* 26.05.2014, p. 451)

1 – Não havendo previsão contratual quanto a espécie de "boi" que serviria de parâmetro para o cálculo do débito residual de compra e venda celebrada pelas partes, a concentração pertence ao devedor (CC, art. 244). 2 – A cláusula décima primeira do contrato de compra e venda realizado pelas partes é clara e precisa ao dispor que quaisquer ônus que incidissem sobre a propriedade até a data da assinatura da escritura definitiva eram de inteira responsabilidade do promitente vendedor – o apelante/agravante. 3 – Recurso conhecido e desprovido. (TJES, Ag. Reg. em Ap. Cível n. 24.07.032485-0, rel. Dair José Bregunce de Oliveira, *DJe* 27.01.2012, p. 28)

Arrematação. Obrigação de entregar coisa incerta. Bem determinado pelo gênero e pela quantidade. Transferência da posse em razão de liberação judicial da penhora. Reforma da decisão em grau de recurso. Antes da escolha, não poderá o devedor alegar perda ou deterioração da coisa, ainda que por força maior ou caso fortuito (art. 246 do CC). Logo, os executados não podem deixar de cumprir a obrigação de entregar coisa incerta, determinada pelo gênero e pela quantidade, alegando que já não tem a posse dos semoventes arrematados, porque a obrigação pode ser cumprida mediante a entrega de quaisquer semoventes com as mesmas especificações, o que, por óbvio, exclui os animais piores do rebanho (art. 244 do CC). (TRT, 18ª R., Ap. n. 0096300-02.2001.5.18.0054, 2ª T., rel. Juiz Eugênio José Cesário Rosa, *DJe* 31.01.2013, p. 43)

Direito privado não especificado. Arrematação de imóveis não individualizados. Execução. Agravo contra decisão que deferiu os pedidos de imissão de posse e de demarcação das áreas arrematadas por agrimensor indicado pelo próprio credor. Não havendo dissenso entre as partes quanto ao pedido de abstenção do credor de se ver imitido na posse dos imóveis arrematados, porém não individualizados, nesse particular é de ser provido o recurso. Não evidenciado, num primeiro momento, qualquer prejuízo às partes, nada obsta que se defira o processamento, nos próprios autos da execução, pedido de demarcação e divisão das áreas arrematadas, desde que feita por perito nomeado pelo Juízo e observado o regramento contido no art. 875 do CC/1916 (art. 244 do novel CC). Agravo parcialmente provido. Unânime. (TJRS, AI n. 70.008.954.984, 10ª Câm. Cível, rel. Jorge Alberto Schreiner Pestana, j. 02.09.2004)

**Art. 245. Cientificado da escolha o credor, vigorará o disposto na Seção antecedente.**

Após a escolha do bem a ser entregue, ele estará individualizado e deixará de ser incerto. Em consequência, as regras que se aplicam à solução do cumprimento da obrigação são aquelas da seção antecedente destinadas às obrigações de dar coisa certa. O dispositivo deixa assentado que somente após a cientificação do credor tornar-se-á certa a coisa objeto da obrigação. O art. 876 do CC/1916 estabelecia a própria escolha como momento a partir do qual incidiam as regras da seção anterior, o que permitia a interpretação de que o devedor podia fazer a escolha e aplicar as regras da obrigação de dar coisa certa antes mesmo de o credor saber qual bem especificamente lhe seria entregue. Outra questão que o dispositivo pode suscitar é o fato de ele cuidar apenas da identificação da escolha ao credor, sem disciplinar os casos em que a faculdade de escolher é dele, e não do devedor. É certo, porém, que nesse caso a escolha do credor tornará certa a obrigação apenas a partir do momento em que for cientificado o devedor. Até essa oportunidade, a escolha feita pelo credor não pode ser oponível ao devedor. Do mesmo modo, acrescenta Renan Lotufo, "se a concentração for da competência do credor ou de terceiro, aplicar-se-á outra regra, qual seja, ela somente obterá eficácia no instante em que for comunicada ao devedor ou a ambos, quando a escolha for de terceiro. Do contrário, conforme Antunes Varela (*Das obrigações em geral*, p. 850), o devedor não saberia que coisas lhe podiam ser exigidas, nem o credor com que coisas poderia contar" (*Código Civil comentado*. São Paulo, Saraiva, 2003, v. II, p. 44). Não se diga, porém, que a cientificação da escolha referida no presente dispositivo seja suficiente para caracterizar a mora. É possível que o momento da escolha não coincida com o do cumprimento efetivo, de maneira que, a despeito de a escolha ter sido cientificada ao interessado, ele ainda não fará jus à entrega. Assim, se um criador de cães é obrigado a entregar um animal ao adquirente no prazo de noventa dias, o fato de lhe comunicar qual o cão que lhe será entregue não implica que não possa aguardar o decurso do prazo estipulado para fazer a entrega. Nessa hipótese, é válida a escolha e a obrigação passa a ser de entrega de coisa certa. As regras a respeito da mora e do inadimplemento absoluto passam a ser as relativas à obrigação de dar coisa certa (arts. 233 e segs. do CC).

**Art. 246. Antes da escolha, não poderá o devedor alegar perda ou deterioração da coisa, ainda que por força maior ou caso fortuito.**

Até o momento da escolha – ou, mais especificamente, como assegura o artigo antecedente, até a cientificação da escolha –, não há individualização do bem a ser entregue pelo devedor, de modo que não é possível admitir o perecimento ou a deterioração para a resolução da obrigação. Com efeito, até a escolha, o bem indicado pelo gênero e pela quantidade pode ser encontrado para a satisfação da obrigação devida, sendo irrelevante que o bem separado pelo devedor, com o objetivo de dar cumprimento à obrigação, venha a se perder ou deteriorar. É essencial para que a escolha produza efeitos em relação ao credor que ela seja exteriorizada, permitindo que se possa saber exatamente qual o bem que será entregue ao credor (art. 245 do CC). Adverte Caio Mário da Silva Pereira que somente por exceção se poderá dizer que determinado gênero desapareceu completamente (*Instituições de direito civil*, 20. ed., atualizada por Luiz Roldão de Freitas Gomes. Rio de Janeiro, Forense, 2003, v. II, p. 57). Enquanto houver possibilidade de encontrar quantidade suficiente do gênero da coisa indicada para cumprimento da prestação, o adimplemento será possível. Talvez a regra não possa ser aplicada com extremo rigor em hipóteses específicas, em que, a despeito de a obrigação recair sobre a entrega de coisa incerta e de o ajuste ser celebrado entre as partes, seja possível extrair que a universalidade sobre a qual recairá a escolha integra gênero restrito (MIRANDA, Pontes de. *Tratado de direito privado*. Campinas, Bookseller, 2003, t. XXII, p. 134-5). Nesse caso, se todos os bens perecerem ou se deteriorarem sem culpa do devedor, será aplicável à hipótese a solução própria das obrigações de dar coisa certa (arts. 234 e 235 do CC) (PEREIRA, Caio Mário. Op. cit., p. 57). Caso o perecimento ou a deterioração resultarem de culpa do devedor, as soluções serão as que se estabelecem nos arts. 234, segunda parte, e 236. Basta imaginar que determinada viúva de um marceneiro se obriga a entregar ao credor uma das várias mesas confeccionadas por ele. No entanto, antes da data da entrega, os móveis são furtados, de maneira que a infungibilidade da obrigação irá impedi-la de cumprir tal obrigação, sendo irrelevante que se tratasse de obrigação de dar coisa incerta, determinada apenas pelo gênero e pela quantidade (CRUZ, Gisela Sampaio da. "Obrigações alternativas e com faculdade alternativa. Obrigações de meio e de resultado". *Obrigações: estudos na perspectiva civil-constitucional*, coord. Gustavo Tepedino. Rio de Janeiro, Renovar, 2005, p. 150-1). O tema também foi enfrentado por Gustavo Bierambaum que aponta outra exceção à regra em exame: mercadoria que deixa de ser fabricada entre o momento da celebração do negócio e o da concentração – momento da identificação da coisa, que passa a ser certa ("Classificação: obrigações de dar, fazer e não fazer". *Obrigações: estudos na perspectiva civil-constitucional*, coord. Gustavo Tepedino. Rio de Janeiro, Renovar, 2005, p. 132).

**Jurisprudência:** Atribuindo responsabilidade à transportadora por danos a mercadoria cujo risco conhecia ao aceitar o dever de transportá-la incólume ao destino. (TJSP, Ap. n. 3000689-30.2013.8.26.0586/São Roque, 13ª Câm. de Dir. Priv., rel. Francisco Giaquinto, *DJe* 14.04.2015, p. 1.505)

Arrematação. Obrigação de entregar coisa incerta. Bem determinado pelo gênero e pela quantidade. Transferência da posse em razão de liberação judicial da penhora. Reforma da decisão em grau de recurso. Antes da escolha, não poderá o devedor alegar perda ou deterioração da coisa, ainda que por força maior ou caso fortuito (art. 246 do CC). Logo, os executados não podem deixar de cumprir a obrigação de entregar coisa incerta, determinada pelo gênero e pela quantidade, alegando que já não têm a posse dos semoventes arrematados, porque a obrigação pode ser cumprida mediante a entrega de quaisquer semoventes com as mesmas especificações, o que, por óbvio, exclui os animais piores do rebanho (art. 244 do CC). (TRT, 18ª R., Ap. n. 0096300-02.2001.5.18.0054, 2ª T., rel. Juiz Eugênio José Cesário Rosa, *DJe* 31.01.2013, p. 43)

Obrigação pecuniária que atrai o regime jurídico da obrigação de dar coisa incerta, especialmente a respeito dos riscos sobre a coisa fungível. O devedor não pode alegar força maior ou caso fortuito se houver a perda ou deterioração da coisa. Aplicação do art. 246 do CC. (TJSP, Ap. Cível s/ Rev. n. 1.264.427.001, rel. Carlos Alberto Garbi, j. 09.06.2009)

Cobrança. Compra e venda. Safra de arroz. Inadimplemento dos vendedores, que não entregaram o produto na data pactuada, não obstante a quitação do preço pelo comprador. Frustração da safra que nem sempre escusa o devedor de cumprir a entrega de coisa incerta. 1 – A frustração da safra em virtude de alterações climáticas e interrupção do fornecimento público de água, não se constitui em causa justificativa de inadimplemento, porquanto se trata de risco inerente à atividade agrícola. Não configuração de força maior, salvo situações excepcionais, por se tratar de obrigação de dar coisa incerta. Aplicação do disposto no art. 246 do CC. 2 – Havendo contrato escrito dando conta da obrigação contraída pelos réus, e sendo incontroverso o seu inadimplemento, impositiva a manutenção da sentença de procedência do pedido. Recurso desprovido. (T. Rec. – RS, Rec. Cível n. 71.001.363.811, 3ª T. Rec. Cível, rel. Eugênio Facchini Neto, j. 16.10.2007, *DJ* 22.10.2007)

## CAPÍTULO II
## DAS OBRIGAÇÕES DE FAZER

**Art. 247. Incorre na obrigação de indenizar perdas e danos o devedor que recusar a prestação a ele só imposta, ou só por ele exequível.**

Nas obrigações de fazer, a prestação consiste em uma atividade humana (um trabalho físico, intelectual ou mesmo a prática de um ato ou negócio jurídico). Distinguem-se das obrigações de dar porque compreendem essa conduta humana como antecedente lógico de uma eventual obrigação de entrega. Nas obrigações de dar, essa entrega não é precedida de uma atividade humana consistente em fazer. A distinção, portanto, está posta no fazer, que não se identifica quando a obrigação for apenas de dar. É obrigação de fazer a de um cantor que comparece a determinado local no dia estabelecido para um espetáculo. Do mesmo modo, será de fazer a obrigação do pintor que entrega um quadro na data estabelecida. Neste último caso, a entrega do quadro pode caracterizar uma obrigação de dar, mas será de fazer em razão da atividade artística obrigatoriamente desenvolvida antes da entrega. Mas a obrigação será apenas de dar se a prestação consiste em entregar um veículo cujo preço já tenha sido recebido pelo vendedor. A inexecução da obrigação de dar coisa certa e da de fazer ou não fazer autoriza a aplicação da multa no processo de execução (arts. 806, § 1º, e 814 do CPC/2015; arts. 621, parágrafo único, e 645 do CPC/73). Assim como os bens (art. 85 do CC), as obrigações de fazer também podem ser fungíveis ou infungíveis. Serão fungíveis sempre que a atividade devida puder ser efetivada por terceiro, e não pelo próprio devedor. Infungíveis, quando isso não for possível, isto é, quando aquele que se obrigou não puder ser substituído por outro que exerça atividade equivalente à sua. Fungível é a obrigação de consertar determinado veículo, pois diversos mecânicos são capazes da mesma tarefa. Mas é infungível a substituição do cantor Ney Matogrosso em um espetáculo, tendo em vista suas características individuais. Nos casos em que a obrigação é fungível, não há necessidade de converter a execução da obrigação de fazer em perdas e danos, pois será possível obter o mesmo resultado previsto originalmente. No entanto, se a obrigação é infungível – tal como são as mencionadas nesse dispositivo –, obrigatoriamente o credor deverá se satisfazer com as perdas e danos decorrentes do inadimplemento. A obrigação de outorga de escritura definitiva, ou de praticar determinado negócio jurídico, deve ser havida como obrigação fungível, pois pode ser suprida por deliberação judicial tal como especificamente previsto nos arts. 498 (art. 461-A do CC/73) e 501 do CPC/2015 (art. 466-A do CPC/73). Com acerto, Gustavo Bierambaum adverte que a conversão em perdas e danos é solução a ser evitada, pois melhor será, em geral, a obtenção da própria prestação devida, e registra que ela será a preferível sempre que "o cumprimento forçado dessa obrigação não resultar em violência à liberdade do devedor" ("Classificação: obrigações de dar, fazer e não fazer". *Obrigações: estudos na perspectiva civil-constitucional*, coord. Gustavo Tepedino. Rio de Janeiro, Renovar, 2005, p. 139). Vale notar, nesse aspecto, que para compelir o devedor ao cumprimento da obrigação de fazer infungível será de significativa valia a multa de que trata o art. 461, § 5º, do CPC/73 (arts. 139, IV, e 536, § 1º, do CPC/2015).

**Jurisprudência:** Admitindo a conversão da obrigação de fazer em perdas e danos: TJSP, Ap. n. 0009192-80.2011.8.26.0483/Presidente Venceslau, 4ª Câm. de Dir. Priv., rel. Fábio Quadros, *DJe* 28.05.2015, p. 2.583; TJSP, Ap. n. 0047768-33.2011.8.26.0002/São Paulo, 33ª Câm. de Dir. Priv., rel. Carlos Nunes, *DJe* 19.09.2014, p. 2.040.

**Art. 248. Se a prestação do fato tornar-se impossível sem culpa do devedor, resolver-se-á a obrigação; se por culpa dele, responderá por perdas e danos.**

A obrigação de fazer pode tornar-se impossível sem culpa do devedor. Nesse caso, as partes devem ser restituídas ao estado em que se encontravam antes da impossibilidade, sem a obrigação de indenizar perdas e danos. Contudo, haverá obrigação de indenizar perdas e danos se o devedor for o culpado da impossibilidade.

**Jurisprudência:** Recursos inominados. Ação indenizatória. Negócio jurídico entre particulares. Contrato de compra e venda de ponto comercial de *petshop*. Parte do pagamento que seria feito mediante a prestação de serviços pela ré como responsável técnica da *petshop* adquirida pela autora. Inviável considerar a obrigação como resolvida nos termos do art. 248 do CC, pois se trata de contrato de compra e venda no qual parte do pagamento se daria mediante o cumprimento da obrigação em questão. Dever da parte ré de adimplir com o saldo devido à autora. Condenação mantida. Pedido contraposto de condenação da autora ao pagamento de multa contratual por ter impossibilitado a ré de exercer o direito de preferência na venda posterior do ponto comercial. Ausência de comprovação de notificação. Multa devida. Condenação mantida. Recursos desprovidos. (TJRS, Recurso Inominado n. 5158271-91.2022.8.21.0001/Porto Alegre, 3ª T. Recursal, rel. Luís Francisco Franco, j. 07.12.2023, publ. 07.12.2023)

Prestação de serviço de planejamento, organização e administração de feiras. Evento adiado em razão da pandemia pela covid-19. Resolução contratual sem culpa das partes retorno ao estado anterior art. 248, CC. Restituição do valor pago com retenção de parte dele pela ré no percentual de 20%. Sentença mantida. Recurso desprovido. (TJSP, Ap. Cível n. 1115788-41.2020.8.26.0100/SP, 30ª Câm. de Dir. Priv., rel. Andrade Neto, j. 01.12.2021, publ. 01.12.2021)

Considerando que se a obrigação se torna impossível sem culpa do devedor, o contrato resolve-se sem perdas e danos: TJDFT, Ap. Cível do Juizado Especial n. 20110111035989 (773353), rel. p/ o ac. Juiz Luís Gustavo B. de Oliveira, *DJe* 31.03.2014, p. 343; e TJPR, AI n. 1084006-3, 11ª Câm. Cível, rel. Des. Ruy Muggiati, *DJe* 22.11.2013, p. 262.

Obrigação de fazer. Transferência do veículo no Detran. Impossibilidade da prestação. I – Nas obrigações de fazer, a impossibilidade da prestação acarreta a resolução da obrigação ou a conversão em perdas e danos. Art. 248 do CC. II – A negligência do alienante em outorgar título hábil à transferência no Detran, aliada à deterioração do veículo pelos anos de uso, causou o desmanche do bem em ferro-velho sem ter havido o registro da cadeia dominial. Resolvida a obrigação de fazer (transferência do automóvel no Detran), pois a culpa preponderante é do autor. III – Apelação desprovida. (TJDFT, Ap. Cível n. 20.050.111.195.932, rel. Des. Vera Andrighi, *DJe* 04.10.2012, p. 145)

Civil. Recurso especial. Obrigação de construtor/empreiteiro. Natureza da obrigação. Morte do construtor/empreiteiro. Transmissão da obrigação aos herdeiros e sucessores. Dependência do objeto do contrato.

– Quando o que mais importa para a obra é que seja feita exclusivamente por determinado empreiteiro ou construtor, a obrigação desse é personalíssima e não se transmite aos seus herdeiros e sucessores, conforme dispunha o art. 878 do CC/1916 e agora dispõe a segunda parte do art. 626 do CC/2002.

– Quando na contratação de uma obra o fator pessoal das habilidades técnicas do empreiteiro ou construtor não é decisivo para a contratação, a obrigação desse não é personalíssima e, por isso, transmite-se aos seus herdeiros e sucessores, nos termos do art. 928 do CC/1916 e da primeira parte do art. 626 do CC/2002.

– Em regra, a obrigação do empreiteiro ou construtor não é personalíssima, porquanto a obra pode ser executada por várias pessoas, como ocorre em geral, a exemplo das obras feitas mediante concorrência pública com a participação de várias construtoras e das pequenas construções feitas mediante a escolha do empreiteiro que oferecer o menor preço.

– Na presente hipótese, com a morte do construtor, a sua obrigação transmitiu-se aos seus herdeiros, pois a obra não demandava habilidades técnicas exclusivas do falecido.

– Recurso especial provido. (STJ, REsp n. 703.244, 3ª T., rel. Min. Nancy Andrighi, j. 15.04.2008, *DJe* 29.04.2008)

Obrigação de fazer. Impossibilidade de cumprimento da obrigação pelo contratante. Ausência de culpa. Inexistência de notícia de desmembramento do prédio no momento da celebração do contrato. Falta de diligência não demonstrada. Resolução da obrigação. Exegese do art. 248 do CC. Apelação não provida. (TJSP, Ap. c/ Rev. n. 723.358.000, 33ª Câm. de Dir. Priv., rel. João Carlos Sá Moreira de Oliveira, j. 20.02.2008)

Apelação cível. Ação de cumprimento contratual ou indenização. Reconvenção. Promessa de compra e venda. Dação em pagamento. Bem do qual o promitente comprador não detém a propriedade. Revenda. Boa-fé objetiva. Preliminar de nulidade da sentença. Denunciação da lide. A denunciação da lide só é possível nos casos arrolados no art. 70 do CPC [art. 125 do CPC/2015], dos quais não se cuida a ação em tela. Hipótese de evicção que não se insere nos limites da lide, justificando o indeferimento do pedido. Preliminar rejeitada. Mérito. Contrato de promessa de compra e venda de bens imóveis, firmado entre as partes, no qual a ré deu em pagamento imóvel sobre o qual detinha mera cessão de direitos de uso, comprometendo-se contratualmente a regularizar a situação. Impossibilidade de cumprimento do contrato pela demandada, visto que os direitos sobre o mesmo bem foram cedidos a mais de uma pessoa, impondo-se a conversão da obrigação de fazer em compensação pecuniária equivalente ao valor do imóvel dado em pagamento. Art. 248 do CC. Precedentes do STJ. Intervenção da ré, em promessa de compra e venda feita pela autora a terceiro, sobre o mesmo bem, anuindo com a transação, em manifestação tácita sobre condição prevista em cláusula de contrato anterior. Reconvenção. Indenização por dano moral. O julgamento de improcedência de ação, por si só, não constitui dano moral passível de reparação indenizatória. Correspondência remetida à parte sem ofensa a honra. Improcedência do pedido confirmada. Preliminar rejeitada e apelação desprovida. (TJRS, Ap. Cível n. 70.016.464.117, 18ª Câm. Cível, rel. André Luiz Planella Villarinho, j. 09.08.2007, *DJ* 16.08.2007)

Direito privado não especificado. Ação condenatória e reparatória de danos morais. Serviço de telefonia móvel. Promoção "Vivo namorando". Obrigação de fazer. Impossibilidade técnica. Conversão em perdas e danos. Possibilidade. Indenização do dano moral. Manutenção do *quantum* fixado na sentença. Reconhecida a falha na prestação do serviço disponibilizado pela operadora de telefonia móvel, e evidenciada a impossibilidade técnica de reinclusão do demandante na promoção levada a efeito por aquela, fato contra o qual não há oposição, possível se mostra a conversão da obrigação de fazer em perdas e danos, a serem apurados em liquidação. Inteligência do disposto nos arts. 248 do CC e 633 do CPC [art. 816 do CPC/2015]. Sopesadas as circunstâncias fáticas do feito, e as condições econômicas das partes, e atento às indenizações comumente manejadas pela Câmara, resta majorada a indenização por danos morais. Descabe o prequestionamento, posto que o magistrado não é obrigado a responder a toda e qualquer indagação de ordem legal formulada pelo recorrente. Apelação parcialmente provida e recurso adesivo provido. Unânime. (TJRS, Ap. Cível n. 70.012.219.085, 10ª Câm. Cível, rel. Jorge Alberto Schreiner Pestana, j. 04.08.2005, *DJ* 23.08.2005)

**Art. 249. Se o fato puder ser executado por terceiro, será livre ao credor mandá-lo executar à custa do devedor, havendo recusa ou mora deste, sem prejuízo da indenização cabível.**

**Parágrafo único. Em caso de urgência, pode o credor, independentemente de autorização judicial, executar ou mandar executar o fato, sendo depois ressarcido.**

Este artigo trata das obrigações fungíveis – as que podem ser executadas por terceiro –, admitindo que a recusa ou a mora do devedor autoriza o credor a obter a prestação por intermédio da atuação de outra pessoa. A execução do serviço por terceiro haverá de ser custeada pelo que seria pago ao credor. Observe-se que, além da remuneração do terceiro, o devedor inadimplente deverá pagar a indenização das perdas e danos que provocou. Importante alteração desse artigo em relação ao seu equivalente do CC/1916, é que neste a execução por terceiro impedia a cumulação com o pedido de perdas e danos, enquanto o dispositivo em vigor expressamente autoriza a cumulação. É preciso observar que não se autoriza o credor a postular a devolução do dinheiro pago e, além disso, a condenação do inadimplente a pagar ao terceiro; o presente artigo autoriza a indenização de outros prejuízos que o inadimplemento lhe cause – decorrentes do atraso na conclusão da obrigação de fazer, por exemplo –, mas jamais que se enriqueça à custa do inadimplente. E haveria enriquecimento se ele recebesse de volta o que pagou e ainda obrigasse o inadimplente a pagar ao terceiro o adimplemento da obrigação. Assim sendo, se o terceiro que executar a tarefa devida por ele cobrar preço superior ao que ele recebeu, a diferença correrá por sua conta, na medida em que corresponde a prejuízo do credor, que receberia o serviço pelo preço inferior acordado com o devedor inadimplente. Outra importante novidade está consagrada no parágrafo único desse dispositivo, que deve ser compreendido e interpretado com cautela. Cuida-se da autotutela que já era prevista no CC/1916 em relação à proteção possessória (art. 502), repetida no § 1º do art. 1.210 do CC em vigor. A autotutela é um meio de proteção de direito que dispensa a intervenção judicial. Para ser utilizado, depende da presença dos seguintes requisitos: a) que o caso justifique a urgência; b) que o credor se utilize apenas dos meios necessários indispensáveis para evitar o dano decorrente do inadimplemento do devedor; e c) que não haja condições de obter a intervenção judicial. Tais requisitos resultam da necessidade de limitar à justiça privada as hipóteses excepcionais. Dessa forma, se o cumprimento da obrigação não precisar ser imediato, ou se houver possibilidade de obter a intervenção judicial, não há razão para que o credor faça justiça por suas próprias mãos. Se o credor se exceder na execução do fato, não levando em conta que deve fazê-lo do modo menos gravoso para o devedor, poderá haver abuso de direito tal como definido no art. 187 do CC (CAMBLER, Everaldo Augusto. *Comentários ao Código Civil brasileiro*. Rio de Janeiro, Forense, 2003, v. III, p. 109). É possível imaginar determinadas hipóteses em que a urgência do cumprimento da prestação torne imperiosa a execução do fato imediatamente: determinado município contrata empresa para executar serviços de reparo no esgoto municipal. Contudo, embora a necessidade do reparo já fosse conhecida, a empresa contratada atrasa o cumprimento de sua tarefa e, em certo fim de semana, o agravamento do problema compromete o bairro residencial servido pela rede de esgoto a ser consertada. A urgência e a impossibilidade de intervenção judicial, bem como os danos consideráveis suportados pelos munícipes, autorizam a municipalidade a mandar outra empresa executar a tarefa devida pela empresa inadimplente, que estará obrigada a suportar o preço pago para o terceiro executor, ressarcindo a credora. Também seria adequado invocar exemplo frequente em nossos tribunais. Aquele em que determinado consumidor não é atendido pelo hospital conveniado com seu plano médico. Em decorrência da urgência do procedimento, poderá exigir tratamento de terceiros, carreando as despesas correspondentes ao administrador do plano, obrigado a lhe dar a indispensável cobertura. Dispositivo equivalente a esse será encontrado no parágrafo único do art. 251 do CC, que se distingue do presente apenas porque se refere à obrigação de não fazer. A regra em exame expressamente autoriza a cumulação dos pedidos de execução e de indenização, sem utilizar a conjunção "ou" do art. 881 do CC/1916, a qual parecia indicar que as alternativas eram excludentes, isto é, ou o credor postulava a execução ou a indenização, embora seja possível que a execução forçada da obrigação não exclua eventuais prejuízos decorrentes do inadimplemento.

**Jurisprudência:** Agravo de instrumento. Cumprimento de sentença. Obrigação de fazer consistente no reparo de vícios construtivos apurados no condomínio edilício. Inércia da devedora na execução dos serviços sob sua responsabilidade. Obrigação que será cumprida por terceiro, a mando do credor e às custas da devedora, conforme autorização expressamente deferida no título executivo judicial. Art. 249 do CC. Ao credor assiste o direito de mandar executar a medida, incumbindo à devedora arcar com custos informados. É pertinente contudo, desde que a agravante pague os honorários, que o Perito do Juízo acompanhe a execução dos serviços para que se observe o que foi determinado no acórdão, conforme a apuração pericial e os agravamentos diante do tempo decorrido em razão da inércia da agravante. Recurso desprovido com observação. (TJSP, AI n. 2007186-06.2024.8.26.0000/SP, 4ª Câm. De Dir. Priv., rel. Alcides Leopoldo, j. 14.03.2024, publ. 14.03.2024)

Recurso inominado. Consumidor. Ação de rescisão de contrato c/c indenização por danos material e moral. Contratação de serviço de móveis planejados. Cumprimento parcial do contrato. Dever de indenizar, nos termos do art. 249 do CC. Reconhecimento do percentual de 60% inadimplido, afastando a condenação à indenização dos gastos da autora com acabamento e painel da TV, incluídos nos 60%, sob pena de haver indenização em duplicidade. Recurso provido em parte. (TJRS, Rec. Inom. n. 5004580-61.2020.8.21.0087, 3ª T. Rec. Cível, rel. Luís Francisco Franco, j. 09.11.2023, publ. 09.11.2023)

Apelação. Ação desconstitutiva, declaratória, consignatória e condenatória. Contratos de modernização e manutenção de elevadores em condomínio edilício. Recursos de ambas as partes. Inadimplemento imputável à ré. Diversos defeitos apurados em perícia. Necessidade de finalização do elevador. Valores exigíveis da ré. Consignação em pagamento. Concordância da ré. 1 – A prestação defeituosa dos serviços contratados enseja o inadimplemento e a consequente resolução contratual, descabendo exigir do autor/contratante o remanescente do preço. 2 – Constatada a deficiência quanto ao sistema duplex (diálogo entre elevadores), um dos maiores atrativos do contrato inadimplido, cabe ao autor, à custa da ré devedora, a finalização dos serviços com terceiros (CC, art. 249, *caput*). Possibilidade de quantificar os serviços a serem prestados em fase de liquidação de sentença. 3 – O pedido consignatório relativo a um dos contratos foi olvidado pelo i. Juízo *a quo*, circunstância que não impede o julgamento definitivo neste recurso, considerando a teoria da causa madura e a concordância da ré em contrarrazões. Consignação procedente. Recurso do autor parcialmente provido. Recurso da ré não provido. (TJSP, Ap. Cível n. 1118481-66.2018.8.26.0100/SP, 30ª Câm. de Dir. Priv., rel. Maria Lúcia Pizzotti, j. 07.03.2022, publ. 07.03.2022)

Cobrança. Prestação de serviços de medicina diagnóstica. Obrigação de manutenção do equipamento que incumbia à contratada. Reparos realizados pela contratante. Contratada que pretende cobrar valor integral da prestação de serviços sem desconto dos valores gastos com os reparos. Inteligência do art. 249, parágrafo único, do CC. Credor que, mediante urgência no cumprimento da obrigação de fazer, pode mandar executá-la, sendo depois ressarcido pelos gastos incorridos. Hipótese à qual se aplicam os arts. 368 e seguintes do CC. Compensação de valores devidos que é direito do devedor. Valores a serem compensados que, contudo, limitam-se às despesas efetivamente comprovadas nos autos. Apelação parcialmente provida. (TJSP, Ap. n. 0009001-77.2012.8.26.0296/Jaguariúna, 33ª Câm. de Dir. Priv., rel. Sá Moreira de Oliveira, *DJe* 21.05.2015, p. 2.132)

Empreitada com preço determinado. Paralisação da obra sem causa justificada, faltando 30% para a conclusão. Perícia elaborada em medida cautelar de antecipação de prova. Obra finalizada por terceiro pelo preço de R$15.000,00. Valor semelhante ao calculado pelo perito. Finalização da obra por terceiro autorizada pelo art. 249 do CC. Recurso desprovido. (TJSP, Ap. n. 4000930-82.2013.8.26.0037/Araraquara, 36ª Câm. de Dir. Priv., rel. Pedro Baccarat, *DJe* 06.04.2015, p. 1.665)

Processual civil. Vício na sentença. Imposição de astreintes em relação a evento futuro e incerto. A sentença condicionou a imposição de astreintes a novos vazamentos. Contudo, no decorrer da demanda, demonstrou-se que muitas foram as causas dos vazamentos. Assim, não se pode considerar a imposição de obrigação futura, sem conhecimento da causa de possíveis novos vazamentos. Cumpre observar que a sentença genérica é admitida em raras exceções, sendo a certeza requisito da sentença, como dispõe o art. 460, parágrafo único, do CPC, *in verbis*: "A sentença deve ser certa, ainda quando decida relação jurídica condicional". Preliminar acolhida. Condomínio. Pedido cominatório. Infiltrações em apartamento situado no último andar. Suposta falta de manutenção de área comum do condomínio. O condomínio tem a obrigação de reparar, como efetivamente o fez, a causa das infiltrações. Embora exista indicativo de que o réu não realizou adequada manutenção na área comum do condomínio, certo é que, após a propositura da presente demanda, o condomínio não se manteve inerte. Tanto é assim que o perito confirmou a adequação dos primeiros reparos, que, entretanto, não foram suficientes para a solução da infiltração em virtude de novas causas supervenientes (telhas desalinhadas e oxidação do duto de extravasamento da caixa-d'água), noticiadas no transcorrer da demanda. Não se evidencia mora a facultar à autora a realização de reparos, "às suas expensas e por sua conta", com reembolso posterior pelo condomínio. Tampouco se vislumbra caso de urgência, nos termos do disposto no art. 249 do CC. Nessas condições, melhor que a obrigação seja cumprida pelo próprio réu. Indenização por danos morais. A autora é proprietária do imóvel danificado e não se duvida do aborrecimento grave por ela sofrido em razão dos reclamos apresentados pelo inquilino. Não conseguiu resolver extrajudicialmente a questão e viu-se obrigada a ajuizar a presente demanda. Considerando as circunstâncias apontadas, revela-se justificada a reparação concedida na sentença no valor de R$ 15.000,00. Recurso parcialmente provido para condenar o réu a efetuar os reparos necessários, a fim de que as causas dos vazamentos e infiltrações sejam definitivamente resolvidas, no prazo de dez dias, sob pena de multa diária no valor de R$ 1.000,00, excluída, portanto, a imposição de astreintes em relação a novos vazamentos. (TJSP, Ap. n. 1006238-58.2013.8.26.0100/São Paulo, 10ª Câm. de Dir. Priv., rel. Carlos Alberto Garbi, *DJe* 02.10.2014, p. 1.855)

Muro divisório. Ameaça de desabamento. Área em condomínio. Rateio de despesas. Possibilidade de adiantamento do pagamento por um dos condôminos. Direito ao reembolso. Direito civil. Muro divisório. Risco de iminente desabamento no local. Urgência configurada. Existência de condomínio que, em tese, autorizaria qualquer das partes a realizar, por si só, a obra. Inviabilidade econômica decorrente da hipossuficiência financeira dos envolvidos. Despesas da obra que deverão ser divididas *pro rata* desde o início. Possibilidade de adiantamento, por uma das partes, do pagamento do terceiro que realizar a obra. Aplicação do parágrafo único do art. 249 do CC. Direito de ressarcimento que poderá ser exercido nestes mesmos autos, caso reconhecido o dever da outra parte de contribuir com a construção. Confirmação da decisão liminar concedida em sede recursal. Recurso parcialmente provido. (TJRJ, AI n. 0043258-75.2011.8.19.0000/Bom Jesus de Itabapoana, 2ª Câm. Cível, rel. Des. Alexandre Camara, *DJe* 12.07.2012, p. 22)

Para a realização de reparos nos telhados dos prédios, ante a má prestação dos serviços efetuados pelo agravado, com base no art. 249 do CC. Pugna pela concessão do efeito suspensivo ao presente instrumento, e ao final, pelo provimento do mesmo. O pedido de efeito suspensivo formulado pela agravante foi indeferido (fls. 197/199-TJ) por este relator. Não houve manifestação da parte agravada (fls. 204-TJ). (TJPR, AI n. 0867608-8, rel. Juiz Conv. Subst. Roberto Antônio Massaro, *DJe* 02.07.2012, p. 91)

Direito obrigacional. Perdas e danos. Contrato verbal para fabricação de mobiliário residencial. Desrespeito ao prazo de entrega. Parcial inadimplemento da avença. Contratação, pelo consumidor, de outra empresa para a finalização do serviço. Despesa excedente que deve ser custeada pela primitiva contratante. Exegese dos arts. 249, *caput* e parágrafo único, 402 e 403, todos do CC. Ônus da sucumbência. Decaimento recíproco. Distribuição. Cabimento de honorários advocatícios, não obstante a revelia do réu. Precedente do STJ. Recurso parcialmente provido. 1 – Se em face da obrigação de fazer inadimplida o credor tiver de contratar o serviço de terceiro para concluí-la, as perdas e danos correspondentes poderão ser exigidas do primitivo contratante, responsável pela mora, a teor do art. 249 do CC. 2 – Não obstante a intempestividade da resposta e a consequente decretação da revelia, é devida a distribuição dos honorários advocatícios em razão de sucumbência recíproca. (TJSC, Ap. Cível n. 2011.056200-9, rel. Des. Eládio Torret Rocha, *DJe* 10.04.2012)

Direito civil e processual. Ação de reintegração de posse cumulada com indenização por danos materiais e morais. Requisitos do art. 927 do CPC [art. 561 do CPC/2015] presentes. Esbulho caracterizado. Procedência da possessória em favor da parte que sofreu o esbulho. Alegação de propriedade pelo réu. Discussão irrelevante. Dano moral. Inocorrência. Dano material. Ocorrência. Sucumbência recíproca. Ocorrência. 1 – A ação de reintegração de posse permite ao autor recuperar a posse perdida em razão de esbulho e depende da comprovação dos seguintes pressupostos: posse do autor, esbulho praticado pelo réu e perda da posse (art. 927 do CPC) [art. 561 do CPC/2015]. 2 – Considerada a natureza possessória da ação de reintegração, eventual discussão acerca da qualidade de proprietário do réu é irrelevante para o deslinde da demanda. 3 – O mero dissabor ou aborrecimento não gera dano moral indenizável. 4 – Deve a suplicada demolir o muro que construiu e edificar outro no local em que se encontrava o anterior, não podendo ser de qualidade inferior ao antigo. Caso a demandada não cumpra a obrigação em 60 (sessenta) dias, estão autorizados os demandantes a mandar executar a obra à custa da demandada, nos termos do art. 249 do CC. 5 – Ante a sucumbência da demandante quanto aos danos morais, há ocorrência da sucumbência recíproca prevista no art. 21 do CPC [art. 86 do CPC/2015], compensando-se os honorários e dividindo-se as custas processuais. 6 – Recurso de apelação parcialmente provido. (TJPE, Ap. Cível n. 161443-9, rel. Des. Francisco Manoel Tenorio dos Santos, *DJ* 27.05.2011)

Obrigação de fazer. Contrato de prestação de serviço. Instalações elétrica, hidráulica e colocação de forro que não apresentam qualidade esperada por não atenderem ao quesito segurança. Fios condutores de energia elétrica que expõem a perigo as pessoas residentes no local da instalação. Contratação de terceiro para reexecução dos serviços e conclusão da parte faltante a custo do prestador/devedor. Inteligência do art. 249 do

CCB. Sentença modificada. Procedência do pedido e improcedência do contrapedido. Recurso inominado do autor provido. Recurso inominado do réu improvido. (TJRS, Rec. Cível n. 71.002.164.507, 3ª T. Rec. Cível, rel. Carlos Eduardo Richinitti, j. 29.04.2010)

Obrigação de fazer. Pedido de tutela antecipada objetivando restabelecer o fornecimento de água na unidade condominial do autor. Admissibilidade. Condomínio que, possuindo meios processuais e legais para a cobrança das cotas em atraso, não está legalmente autorizado a proceder a interrupção de serviço essencial ao condômino inadimplente. Decisão reformada. Recurso provido, com observação. (TJSP, AI n. 1.091.181-7, rel. Des. Walter César Exner, j. 08.03.2007)

Tratando-se de obrigação de fazer fungível, como por exemplo a construção de uma obra, o inadimplemento permitirá a construção por um terceiro às custas do devedor. Na hipótese em que há obrigação de não fazer (não praticar determinado ato), que pode ser convertida em obrigação de fazer fungível (obrigação de desfazer o ato), o juiz pode determinar, no caso de inadimplemento da obrigação fungível, o desfazimento por um terceiro também às custas do devedor. No caso de obrigação de fazer infungível ou de obrigação de não fazer insuscetível de conversão em obrigação de fazer fungível, pode ser imposta a multa. Note-se, porém, que a multa pode ser aplicada em face de qualquer espécie de obrigação de fazer ou de não fazer, infungível ou fungível. (STJ, REsp n. 441.466/RS, rel. Min. Luiz Fux, j. 22.04.2003)

Conquanto se cuide de obrigação de fazer fungível, ao autor é facultado pleitear a cominação da pena pecuniária. Inteligência dos arts. 287 e 644 do CPC [respectivamente, sem correspondente e art. 536, § 4º do CPC/2015]. (*RSTJ* 25/389)

As obrigações de fazer infungíveis também são objeto de pedido cominatório, eis que irrelevante seja o objetivo da prestação fungível, porque também o é nas obrigações de dar, quanto nas de fazer. A prestação, no caso das de fazer, revela-se como uma atividade pessoal do devedor, objetivando aproveitar o serviço contratado. (STJ, REsp n. 6.314, rel. Min. Waldemar Zveiter, j. 25.02.1991)

## CAPÍTULO III
## DAS OBRIGAÇÕES DE NÃO FAZER

**Art. 250. Extingue-se a obrigação de não fazer, desde que, sem culpa do devedor, se lhe torne impossível abster-se do ato, que se obrigou a não praticar.**

A obrigação de não fazer consiste em impor a alguém uma abstenção. Na hipótese desse dispositivo, essa abstenção se torna impossível sem culpa do devedor. A consequência é a extinção da obrigação. A obrigação de não fazer pode se verificar no compromisso de não demolir determinada edificação existente em um terreno. A obrigação assumida estará extinta se a construção desmoronar em decorrência de fenômenos naturais, pois o desmoronamento tornará impossível cumprir a obrigação de não demolir.

**Art. 251. Praticado pelo devedor o ato, a cuja abstenção se obrigara, o credor pode exigir dele que o desfaça, sob pena de se desfazer à sua custa, ressarcindo o culpado perdas e danos.**

**Parágrafo único. Em caso de urgência, poderá o credor desfazer ou mandar desfazer, independentemente de autorização judicial, sem prejuízo do ressarcimento devido.**

Diversamente do que ocorre no artigo antecedente, este trata do inadimplemento culposo da obrigação de não fazer. O devedor infringe a obrigação, praticando o ato a cuja abstenção se obrigou – constrói no terreno em que havia servidão de não edificar. A solução prevista nesse dispositivo é autorizar o credor a exigir que o próprio devedor desfaça o ato, ou desfazê-lo à sua custa, e que, além disso, indenize perdas e danos. No exemplo da construção em terreno sujeito à servidão de não construir, o credor da obrigação pode obter decisão judicial que o autorize a contratar um terceiro para demolir a obra e ainda receber indenização por perdas e danos – que, aqui, como no disposto no art. 249, não é alternativa, mas acréscimo, como registra Renan Lotufo (*Código Civil comentado*. São Paulo, Saraiva, 2003, v. II, p. 54). No parágrafo único está disciplinada a autotutela. O texto encontra equivalência no parágrafo único do art. 249. Pode ser aplicado aos casos em que não haja urgência, caracterizada pela gravidade dos danos provocados pelo inadimplemento e pela impossibilidade de obter intervenção judicial imediata. É possível identificar esse caso no exemplo seguinte: um pequeno empresário cede seu direito de manter uma barraca de pastéis em uma feira agropecuária a outro vendedor de pastéis. No instrumento de cessão de direitos, assume a obrigação de não se instalar no local com o comércio de pastéis, pois isso acarretaria redução das vendas do cessionário. No único dia em que a feira se realizaria, o cessionário verifica que o cedente do direito de se instalar está montando sua barraca de pastéis para funcionar no mesmo local. Haverá urgência, pois não existirá tempo de obter intervenção judicial e os danos correspondentes a seu lucro naquele dia serão de difícil reparação, já que o vendedor de pastéis é insolvente. Assim, estarão presentes os requisitos do parágrafo único do art. 251 do CC, que permitem que o credor da obrigação tome as providências a seu alcance para impedir a infração contratual. Poderá, por exemplo, conseguir que a administração da feira agropecuária imponha a abstenção ao dono da barraca de pastéis. Vale registrar, em observação também pertinente para o parágrafo único do art. 249, que o credor que atuar sem a intervenção judicial deverá indenizar os danos que causar ao devedor, se se constatar posteriormente que por alguma razão ele não era credor da obrigação. Nesse caso, ele terá agido com infração ao dever contratual de respeito ao outro contratante, oriundo da boa-fé objetiva (art. 422 do CC) ou com abuso de direito (art. 187 do CC).

**Jurisprudência:** Direito de vizinhança. Nunciação de obra nova. Obra de vizinho que já havia sido concluída quando do ajuizamento da ação. Ausência de prejuízo à obra do autor. Construção instável, sem condições básicas de segurança. Demolição de parte da obra pelo réu. Impossibilidade da obrigação de fazer. Conversão em perdas e danos, nos termos do art. 461, § 1º, do CPC [art. 499 do CPC/2015]. Indenização, porém, indevida. Demolição feita sem consentimento do proprietário ou ordem judicial em virtude do risco que representava. Urgência. Autotutela prevista no art. 251, parágrafo único, do CC. Pedido improcedente. Recurso improvido. (TJSP, Ap. n. 0002096-44.2009.8.26.0625/Taubaté, 32ª Câm. de Dir. Priv., rel. Hamid Bdine, *DJe* 06.02.2013, p. 1.310)

## CAPÍTULO IV
## DAS OBRIGAÇÕES ALTERNATIVAS

**Art. 252. Nas obrigações alternativas, a escolha cabe ao devedor, se outra coisa não se estipulou.**

**§ 1º Não pode o devedor obrigar o credor a receber parte em uma prestação e parte em outra.**

**§ 2º Quando a obrigação for de prestações periódicas, a faculdade de opção poderá ser exercida em cada período.**

**§ 3º No caso de pluralidade de optantes, não havendo acordo unânime entre eles, decidirá o juiz, findo o prazo por este assinado para a deliberação.**

**§ 4º Se o título deferir a opção a terceiro, e este não quiser, ou não puder exercê-la, caberá ao juiz a escolha se não houver acordo entre as partes.**

Obrigações alternativas são aquelas em que o devedor cumpre a prestação devida se atender a uma entre duas ou várias opções de conduta possíveis. Tal como estabelece o art. 244, que cuida da obrigação de dar coisa incerta, este dispositivo confere ao devedor a opção de escolher entre as alternativas dadas sempre que não houver disposição diversa. O § 1º veda ao devedor conjugar partes de prestações diversas para cumprir sua obrigação. As seguradoras, por exemplo, cumprem sua obrigação quando entregam ao segurado, em substituição a um automóvel furtado, outro da mesma espécie ou o valor equivalente (prestações alternativas), mas não podem obrigá-lo a receber um carro mais simples do que o que estava segurado completando o preço em dinheiro. Nos casos em que as prestações forem periódicas, a opção pode se verificar a cada período, nos termos do § 2º do presente dispositivo, que modificou o § 2º do art. 884 do CC/1916, que só se referia a prestações anuais. Essa possibilidade de a opção ser renovada a cada período não é consagrada apenas ao devedor, a despeito do contido no *caput*, mas a todos os que tiverem a opção da escolha, como observa Nelson Rosenvald (*Direito das obrigações*. Niterói, Impetus, 2004, p. 101). Posição diversa, porém, é adotada por Washington de Barros Monteiro (*Curso de direito civil*, 32. ed., atualizada por Carlos Alberto Dabus Maluf. São Paulo, Saraiva, 2004, v. IV, p. 120), que considera que somente ao devedor se confere a possibilidade de fazer a opção periodicamente, o que, no entanto, não se justifica, pois não há razão para tratar as partes diversamente. Também não se pode concluir que, em virtude do que consta do *caput*, os parágrafos só digam respeito à opção do devedor, pois os §§ 3º e 4º são claramente destinados a qualquer optante (inclusive terceiros), o que remete à conclusão de que não há motivo para restringir a incidência da regra do § 2º apenas à opção feita pelo devedor. Caso o devedor não exerça seu direito de escolha, o credor poderá se valer do disposto no art. 800 do CPC/2015 (art. 571 do CPC/73) e aparelhar execução para compeli-lo a optar em dez dias, sob pena de devolver-se a ele o direito de optar. Os §§ 3º e 4º trazem significativa inovação ao tema das obrigações alternativas ao atribuir ao juiz o dever de efetivar a escolha dentre as diversas alternativas sempre que não houver acordo unânime entre os vários optantes ou quando o terceiro a quem foi atribuída a escolha não puder ou não quiser fazê-la. O § 3º remete a escolha ao juiz ainda que apenas um dos diversos optantes discorde da escolha, pois exige que ela seja unânime. Não se adotou o critério de admitir a escolha da maioria, como se fez na disciplina da administração do condomínio (art. 1.323 do CC). Também não se disciplinou o modo pelo qual o juiz deve proceder à escolha, parecendo que deve optar pela melhor das opções existentes, e não pela intermediária, pois essa regra só foi prevista para a obrigação de dar coisa incerta (art. 244 do CC). A distinção decorre do fato de que prestações alternativas, ao contrário do que ocorre entre coisas incertas, são certas – cada uma delas – e não estão identificadas somente pelo gênero e pela quantidade.

**Jurisprudência:** Rescisão de contrato de compra e venda de ponto comercial, instalações e equipamentos. Casa noturna [...]. Pedido de rescisão do contrato com restituição dos bens do estabelecimento ou, sendo impossível a devolução dos bens, que o réu seja condenado ao pagamento das parcelas inadimplidas. Inexistência de relação de acessoriedade entre os pedidos do autor. A obrigação do réu apelante não é alternativa, vez que o contrato não prevê duas ou mais obrigações a escolha do devedor (art. 325, CPC e art. 252, CC). O que se verifica nos autos é [que] houve cumulação de pedido principal (rescisão do contrato e restituição dos bens) com subsidiário, na hipótese de não se acolher o principal (condenação ao pagamento das parcelas inadimplidas), nos termos do art. 326, CPC. Diante da impossibilidade de restituição dos bens, vez que o réu transferiu o estabelecimento a terceiro, cabível a condenação do réu ao pagamento das parcelas não pagas. Valor cobrado e inadimplemento incontroversos. Recurso desprovido. (TJSP, Ap. Cível n. 1043136-09.2019.8.26.0602/SP, 2ª Câm. Res de Dir. Empr., rel. Sérgio Shimura, j. 16.02.2022, publ. 16.02.2022)

Reconhecendo que nos casos de obrigação alternativa, cabe ao devedor a escolha da prestação, impondo-se sua prévia citação no processo de execuçao. (TJRS, AI n. 70.067.544.353, 11ª Câm. Cível, rel. Antônio Maria Rodrigues de Freitas Iserhard, j. 13.07.2016)

**Concluindo pela imutabilidalde da escolha nas prestações alternativas:** Nas obrigações alternativas a escolha é a concentração da obrigação na prestação indicada, momento no qual torna-se simples, pelo que, apenas a escolhida poderá ser reclamada. (STJ, REsp n. 1.074.323/SP, 4ª T., rel. Min. João Otávio de Noronha, j. 22.06.2010, *DJe* 28.10.2010)

Apelação cível. Ação de cobrança. Obrigações alternativas. Possibilidade de a sentença facultar ao devedor qual das obrigações prefere adimplir, desde que não exista acordo que afaste a incidência do art. 252 do CC. A escolha, nas obrigações alternativas, cabe ao devedor, se outra coisa não foi estipulada; caso dos autos. Correta a sentença, portanto, que dá ao réu a faculdade de optar pelo pagamento de quantia ou entrega de coisas, dando-lhe prazo para tanto. Correção monetária. Termo inicial da incidência. Sentença reformada. A correção do valor da parte pecuniária da obrigação alternativa deve ser corrigido desde a data posta no documento que dá conta da existência do débito, porque desde lá o valor cru sofreu aviltamento frente à desvalorização da moeda. Distribuição dos ônus sucumbenciais. Sucumbência recíproca. Divisão dos encargos. Apelação parcialmente provida. (TJRS, Ap. Cível n. 70.016.471.898, 9ª Câm. Cível, rel. Marilene Bonzanini Bernardi, j. 20.12.2006, *DJ* 27.12.2006)

**Art. 253. Se uma das duas prestações não puder ser objeto de obrigação ou se tornada inexequível, subsistirá o débito quanto à outra.**

Tal disposição alcança os casos em que uma das prestações perece ou não pode ser objeto da obrigação sem culpa do devedor. As hipóteses em que a impossibilidade decorre da culpa são tratadas nos artigos seguintes. Importa notar que, nesses casos, somente uma das prestações remanesce e, por isso mesmo, concentra-se nela a opção, passando a haver uma obrigação simples, e não alternativa. É possível, porém, imaginar algum caso em que a alternativa seja a essência da obrigação. Nesse caso, desaparecendo a alternativa, é de considerar resolvida a obrigação. Imagine-se que um viajante contrate prestações alternativas consistentes em ter à sua escolha, em determinado local de seu percurso, um barco ou um avião para prosseguir viagem. Essas alternativas lhe são essenciais, pois somente desse modo poderá prosseguir a viagem aventureira a que se comprometeu. No entanto, nesse local isolado, o barco que era uma de suas alternativas sofre uma pane que o impossibilita de navegar. A consolidação da obrigação na entrega do avião não atenderá às suas necessidades, pois condições climáticas inesperadas poderão acarretar sua inutilidade. Desse modo, antes mesmo de chegar ao local da entrega da prestação, poderá dar por desfeito o negócio, na medida em que a existência das alternativas é, por si mesma, fundamental ao resultado visado pelo credor. No exemplo dado, a própria alternatividade desaparece, de modo que o que se verificará será uma cláusula resolutiva – ou seja, desaparecendo uma das duas alternativas, resolve-se a obrigação.

**Jurisprudência:** Alienação fiduciária. Obrigação de devolver o bem em 24 horas ou o equivalente em dinheiro. Veículo roubado. Uma vez perecido o bem, mantém-se a obrigação de pagamento do equivalente, nos termos do art. 904 do CPC [sem correspondente no

CPC/2015]. Perecimento do bem não extingue a obrigação, que é alternativa. (TJSP, Ap. n. 1.088.715-0/0, rel. Des. João Carlos Sá Moreira de Oliveira, j. 10.10.2007)

**Art. 254. Se, por culpa do devedor, não se puder cumprir nenhuma das prestações, não competindo ao credor a escolha, ficará aquele obrigado a pagar o valor da que por último se impossibilitou, mais as perdas e danos que o caso determinar.**

O art. 254 disciplina hipóteses em que as prestações não puderem ser cumpridas por culpa do devedor. No dispositivo em exame, trata-se de verificar as consequências do perecimento da prestação por culpa do devedor. Nesse caso, a escolha não é feita pelo credor, mas sim pelo próprio devedor culpado do perecimento. Por sua culpa, alguma ou algumas das alternativas se tornam impossíveis. Enquanto remanescerem alternativas será o caso de imaginar que o devedor culpado optou por elas e descartou a que pereceu por culpa sua. Caso somente uma única prestação permaneça, será esta devida ao credor, já que as demais pereceram por culpa do devedor – o que equivale a uma espécie de escolha efetuada por ele, que não foi diligente para preservar as outras. Nesse caso, portanto, cuidar-se-á de uma prestação simples, que se perde por culpa do devedor. A solução deste art. 254 é a mesma do art. 234, segunda parte. Em ambos os artigos, além de pagar o valor da própria prestação que se impossibilitou, o devedor culpado deverá indenizar as perdas e danos (art. 402 do CC). Ao afirmar que essa regra se aplica aos casos em que a escolha não cabe ao credor, o legislador autoriza sua incidência quando a opção ficar a cargo de terceiro. No entanto, a interpretação não parece adequada, pois, nessa hipótese, o devedor que, culposamente, provocasse o perecimento podia apenas subtrair as alternativas oferecidas ao credor – ainda que para serem escolhidas por terceiro –, consolidando a escolha na prestação que melhor lhe conviesse. A regra, portanto, só se justifica nos casos em que a opção de escolha seja do próprio devedor, não alcançando aquelas em que o direito de optar seja do credor ou de terceiro. A questão pode ser exemplificada com determinada situação em que, ao se separar consensualmente, o casal convencionou que o marido, no período de um ano, optaria entre entregar à esposa um apartamento em construção – do qual era promitente comprador – ou uma casa de padrão médio em determinado bairro. Caso, por culpa do marido, o apartamento não possa ser entregue (porque ele deixou de pagar as prestações), considera-se que ele deve entregar à esposa a residência de padrão médio (que deve ser considerada obrigação de dar coisa incerta, regida pelo disposto nos arts. 243 a 246 do CC). Se a opção, porém, foi conferida a um amigo do casal, o comportamento do ex-marido não pode impedi-lo de escolher o apartamento, remetendo-se a solução do conflito ao art. 255 deste Código. Gisela Sampaio da Cruz enfrenta a hipótese em que ambas as prestações alternativas perecem simultaneamente, por culpa do devedor com direito de escolha e conclui que, por analogia, há que se admitir que a ele se assegure o direito de pagar o valor da prestação que escolher com perdas e danos ("Obrigações alternativas e com faculdade alternativa. Obrigações de meio e de resultado". *Obrigações: estudos na perspectiva civil-constitucional*, coord. Gustavo Tepedino. Rio de Janeiro, Renovar, 2005, p. 165). O CC não disciplina a possibilidade da coisa perecer ou se perder por culpa do credor. Mas a solução, nessa hipótese, caso a escolha seja do devedor, será assegurar-lhe o exercício desse direito. Ou seja, se escolhe a prestação atingida pela conduta do credor, este suporta o resultado de sua conduta; se a outra prestação for escolhida, o devedor poderá perseguir a indenização pela remanescente danificada ou que pereceu (CRUZ, Gisela Sampaio da. "Obrigações alternativas e com faculdade alternativa. Obrigações de meio e de resultado". *Obrigações: estudos na perspectiva civil-constitucional*, coord. Gustavo Tepedino. Rio de Janeiro, Renovar, 2005, p. 166).

**Art. 255. Quando a escolha couber ao credor e uma das prestações tornar-se impossível por culpa do devedor, o credor terá direito de exigir a prestação subsistente ou o valor da outra, com perdas e danos; se, por culpa do devedor, ambas as prestações se tornarem inexequíveis, poderá o credor reclamar o valor de qualquer das duas, além da indenização por perdas e danos.**

Nos casos em que a opção de escolha é do credor, a solução para as hipóteses em que qualquer das prestações se torna impossível por culpa do devedor é permitir que o credor escolha entre a prestação remanescente e aquela que pereceu por culpa do devedor. Se o credor escolhe a prestação subsistente, não há prejuízo de qualquer espécie, de maneira que não haverá necessidade de regulamentar a questão em relação às perdas e danos. Contudo, se o credor optar pela prestação que pereceu, o devedor deverá indenizá-lo, pagando-lhe o valor da própria prestação além das perdas e danos. Também será o caso de obrigar o devedor a pagar o valor do bem e as perdas e danos, se ambas as prestações se tornarem inexequíveis, cumprindo ao credor optar por uma delas.

**Jurisprudência:** Processual civil. Recurso especial. Obrigação alternativa. Escolha do credor. Inexiquibilidade da prestação escolhida. Incidência das disposições do art. 255 do CPC [art. 288 do CPC/2015]. 1 – Nas obrigações alternativas a escolha é a concentração da obrigação na prestação indicada, momento no qual torna-se simples, pelo que, apenas a escolhida poderá ser reclamada. 2 – Segundo dispõe o art. 255 do CC, se a escolha couber ao credor e uma das prestações houver perecido, pode escolher a outra ou optar pelo valor da perdida mais perdas e danos. 3 – Devedor de obrigação alternativa que grava com ônus reais imóvel que era objeto de possível escolha pelo credor, sem adverti-lo de tal hipótese, torna viciosa escolha, mormente quando não honrar a obrigação com credor hipotecário que, posteriormente, vem a executar a garantia. Assim, concentrada a obrigação em prestação inexigível por culpa do devedor, terá o credor o direito de exigir a prestação subsistente ou o valor da outra. 4 – Recurso especial conhecido e provido. (STJ, REsp n. 1.074.323/SP, 4ª T., rel. Min. João Otávio de Noronha, j. 22.06.2010, *DJe* 28.10.2010, p. 672)

**Art. 256. Se todas as prestações se tornarem impossíveis sem culpa do devedor, extinguir-se-á a obrigação.**

Essa disposição decorre das anteriores. Havendo culpa do devedor nos casos em que a opção lhe pertencer, considera-se que a última prestação perdida era aquela pela qual ele optou (art. 253); se a opção era do credor e houve culpa do devedor, faculta-se a ele optar por uma delas (art. 254). No entanto, se as prestações se tornam impossíveis sem culpa do devedor, a obrigação se extingue e as partes retornam à situação em que se encontravam anteriormente (art. 234, segunda parte).

## CAPÍTULO V
## DAS OBRIGAÇÕES DIVISÍVEIS E INDIVISÍVEIS

**Art. 257. Havendo mais de um devedor ou mais de um credor em obrigação divisível, esta presume-se dividida em tantas obrigações, iguais e distintas, quantos os credores ou devedores.**

A indivisibilidade da obrigação deve ser examinada com base na definição de divisibilidade de bens prevista nos arts. 87 e 88 deste Código. Os bens são divisíveis quando é possível fracioná-los e cada uma das partes oriundas do fracionamento mantiver as características essenciais do todo, com redução proporcional de seu valor. A indivisibilidade pode acarretar diminuição considerável de valor ou prejuízo do uso, decorrentes da divisão. Também poderá decorrer da lei ou da vontade das partes. No que se refere às obrigações, serão elas indivisíveis quando o fracionamento da prestação for vedado por lei ou pelo contrato, ou acarretar redução considerável do valor da parte fracionada. Dessa forma, haverá indivisibilidade se determinado conjunto musical for contratado para um espetáculo e decidir realizá-lo apenas com dois ou três de um total de seis músicos, na medida em que haverá considerável redução de seu valor em decorrência da alteração das características fundamentais da exibição. A divisibilidade da obrigação decorre da prestação – a obrigação será divisível ou indivisível segundo seu objeto seja ou não passível de divisão. Inovação que pode ser compreendida no estudo do art. 87 da Parte Geral é a indivisibilidade decorrente do critério econômico. O dispositivo de que ora se trata estabelece uma presunção. Considera que a obrigação divisível presume-se dividida em tantas obrigações, iguais e distintas, quantos sejam os credores ou devedores. A regra é dispositiva. Nada impede que credores ou devedores estabeleçam proporções distintas. Caso não o façam, serão titulares de partes iguais.

**Jurisprudência:** Agravo de instrumento. Direito de família. Alimentos. Filhos menores. Falecimento de um dos beneficiários. Redimensionamento do encargo. Possibilidade. Tutela de urgência. Concessão. Reforma do pronunciamento de origem. A obrigação alimentar é personalíssima e, via de regra, intransmissível, pelo que, com o falecimento de um dos credores, cessa a obrigação alimentar em relação a ele (art. 1.707 do CC/2002). Ainda que a pensão alimentícia tenha sido estabelecida em valor único para 2 beneficiários, salvo disposição expressa em contrário, prevalece o caráter de divisibilidade da obrigação, de acordo com o número de alimentandos, a teor do art. 257 do CC/2002. Nesse sentido, revela-se possível, em sede de tutela de urgência, a redução proporcional do valor dos alimentos, que permanecem destinados ao outro alimentando. Recurso provido. (TJMG, AI n. 1745860-26.2023.8.13.0000, 4ª Câm. Cível Especial., rel. Des. Eduardo Gomes dos Reis (des. conv.), j. 23.11.2023, publ. 28.11.2023)

Administrativo e civil. Contrato de financiamento. Revisão. Título executivo. Condenação dos litisconsortes. Solidariedade não presumida. Responsabilidade. Rateio proporcional. 1. Havendo condenação de mais de um réu, e sendo omissa a sentença em relação à parcela de responsabilidade de cada demandado, a solução para essa omissão, na execução, deve partir da premissa de que "a solidariedade não se presume; resulta da lei ou da vontade das partes" (art. 265 do CC). 2. No caso, inexiste qualquer previsão legal e/ou convencional quanto à obrigação solidária entre os corréus para com o agravante; em razão disso, aplicável a norma do art. 257 do CC, segundo a qual, "havendo mais de um devedor ou mais de um credor em obrigação divisível, esta se presume dividida em tantas obrigações, iguais e distintas, quantos os credores ou devedores". 3. A norma do art. 25, § 1º, do CDC rege a responsabilidade solidária daqueles que provocam dano ao consumidor por vício do produto ou do serviço, não sendo esta a relação jurídica estabelecida entre o agravante e os agravados, decorrente de revisão de contrato de mútuo, de modo que, por se tratar de exceção à regra geral do art. 265 do CC, a previsão de solidariedade contida no supracitado dispositivo deve ser interpretada restritivamente. 4. Recurso especial não provido. (STJ, REsp n. 1.647.238/RJ, 1ª T., j. 17.05.2022, *DJe* 09.06.2022)

No sentido de que obrigações divisíveis sejam repartidas de modo proporcional em tantas partes quantos forem os credores e devedores: TJPR, Ap. Cível n. 1048407-4, rel. Des. Rosana Amara Girardi Fachin, *DJe* 27.11.2013, p. 288.

Contrato de honorários e obrigação divisível. 1 – Firmado contrato de prestação de serviços advocatícios entre duas pessoas e escritório de advocacia, presume-se a divisão do valor a ser pago como contraprestação pelo serviço em duas parcelas iguais, sendo cada um dos contratantes responsável individualmente pelo pagamento de uma delas. 2 – Segundo o art. 257 do CC, "havendo mais de um devedor ou mais de um credor em obrigação divisível, esta presume-se dividida em tantas obrigações, iguais e distintas, quantos os credores ou devedores". 3 – Não havendo no contrato cláusula prevendo a solidariedade entre os devedores, não é possível o ajuizamento de execução somente em face de um dos devedores se este já efetuou o pagamento de sua cota-parte. Portanto, faz-se necessária a propositura da execução em face daquele que ainda está com a sua obrigação pendente. Apelação cível não provida. (TJPR, Ap. Cível n. 1066021-2, 15ª Câm. Cível, rel. Des. Jucimar Novochadlo, *DJe* 11.09.2013, p. 511)

Civil e processo civil. Apelação. Embargos à execução. Pluralidade de credores. Obrigação divisível. Execução de valor total. Excesso configurado. Honorários advocatícios. Sucumbência mínima do embargante. Fixação equitativa. Compensação de honorários. Possibilidade. Sentença parcialmente reformada. Tratando-se de pluralidade de credores de obrigação divisível, configura excesso a execução do valor integral do débito por apenas um deles. Inteligência do art. 257 do CC. Exsurge do título judicial que são oito os credores do débito nele fixado, cabendo, portanto, aos embargados a cota correspondente a 1/8 do seu valor atualizado. Decaído o embargante de parte mínima do pedido, aplica-se a regra contida no parágrafo único do art. 21 do CPC [art. 86, parágrafo único, do CPC/2015], devendo a condenação ao pagamento de honorários advocatícios recair apenas sobre o embargado. Em sede de embargos à execução, os honorários advocatícios devem ser fixados segundo apreciação equitativa, nos termos do art. 20, § 4º, do CPC [art. 85, § 8º, do CPC/2015], permitida a compensação da verba honorária ora fixada, com aquela arbitrada em favor da parte ora apelada na ação de conhecimento, a teor da Súmula n. 306 do STJ. Apelação provida. (TJAC, Ap. n. 0000237-54.2010.8.01.0010, 1ª Câm. Cível, rel. Des. Adair Longuini, *DJe* 11.07.2013, p. 4)

Agravo regimental em agravo de instrumento. Execução. Fracionamento de crédito. Credores diversos. Possibilidade. Regimental improvido. É possível o desmembramento de ação de execução contra a Fazenda Pública para a satisfação dos créditos exequendos, aplicando-se à hipótese vertente o art. 257 do atual CC, que determina que "havendo mais de um devedor ou mais de um credor em obrigação divisível, esta se presume dividida em tantas obrigações, iguais ou distintas, quantos os credores, ou devedores". Não trazendo a agravo regimental qualquer argumento capaz de ensejar a modificação do entendimento proferido, a manutenção da decisão agravada é medida que se impõe. (TJMS, Ag. Reg. n. 0027589-40.2012.8.12.0000/50001, 2ª Câm. Cível, rel. Des. Tânia Garcia de Freitas Borges, *DJe* 25.10.2012, p. 24)

Considerando que em conta-corrente conjunta solidária entre marido e mulher, a penhora só pode alcançar a metade do valor em conta: TJSP, Ap. Cível n. 7.041.405.800, rel. Rui Cascaldi, j. 19.11.2008.

Direito civil. Alienação de imóvel. Pagamento a um dentre os vários credores. Inexistência de solidariedade. Pagamento errôneo que não quita a obrigação. Resolução do negócio jurídico por culpa e retorno ao *status quo ante*. A solidariedade não se presume (art. 265, CC/2002). Ao contrário, havendo mais de um credor, ou devedor, em obrigação divisível, esta se divide entre tantas obrigações, iguais e distintas, quanto os credores ou devedores. O devedor de obrigação divisível, não havendo solidariedade, deve cuidar para que o pagamento seja feito a todos os credores. Feito a apenas um deles, deve ser verificado se este tem poderes para dar quitação em nome dos demais. Se o pagamento é feito a quem não é credor único nem tem poderes para representar os demais credores, há negligência do devedor, podendo haver resolução do negócio jurídico com o retorno das partes ao *status quo ante*. Recurso especial não conhecido. (STJ, REsp n. 868.556, 3ª T., rel. Min. Nancy Andrighi, j. 05.11.2008, *DJ* 18.11.2008)

Processual civil. Honorários do perito. Benefício da gratuidade concedido apenas a dois dos autores. Obrigação das empresas coautoras de arcar com parte dos honorários do perito. Caso em que a ação foi proposta por duas pessoas físicas e duas pessoas jurídicas. Sendo quatro os autores e estando dois deles a litigar sob o pálio da gratuidade da justiça, das duas empresas coautoras, não beneficiárias da benesse legal, somente pode ser exigido o pagamento de 50% dos honorários periciais. Aplicação do art. 23 do CPC [art. 87 do CPC/2015] e dos arts. 257 e 265 do CC. Agravo de instrumento provido, em parte. (TJRS, AI n. 70.024.922.015, 5ª Câm. Cível, rel. Jorge Luiz Lopes do Canto, j. 20.06.2008, *DJ* 07.07.2008)

Ação de prestação de contas. Segunda fase. Honorários advocatícios. Obrigação divisível. Princípio do concurso *partes fiunt*. Juros legais. Incidência. Nos termos do art. 257, do CC, havendo mais de um devedor ou mais de um credor em obrigação divisível, esta presume-se dividida em tantas obrigações, iguais e distintas, quantos os credores ou devedores. A parte que litiga sob o pálio da assistência judiciária gratuita, vencida na lide, de forma integral ou parcial, deve ser condenada ao pagamento das custas, ficando apenas suspensa a sua exigibilidade. É inequívoco o direito do credor perceber os juros de mora de 12% ao ano, pela expressa previsão legal deste encargo para qualquer tipo de obrigação pecuniária vencida, nos termos do art. 406 do atual CC, c/c o art. 161, § 1º, do CTN, observada a vigência da Lei n. 10.406/2002 de forma que, até aquela data, devem prevalecer os encargos previstos na antiga codificação. (TJMG, Proc. n. 1.0672.02.094538-8/001(1), rel. Elias Camilo, j. 01.11.2007)

Direito de família. Alimentos. Obrigação. Cessação. Maioridade. Direito de acrescer. Redução do encargo. Fixação *intuitu familiae*. Divisibilidade. Havendo desequilíbrio no binômio possibilidade do alimentante e necessidade do alimentado, impõe-se a revisão do *quantum* da prestação alimentar, sempre regida pela cláusula *rebus sic stantibus*, de forma que a sentença que fixa alimentos não faz coisa julgada material. Prescreve ainda o art. 1.695 do CC/2002 serem devidos os alimentos quando quem os pretende não tem bens suficientes, nem pode prover, pelo seu trabalho, à própria mantença, e aquele, de quem se reclamam, pode fornecê-los, sem desfalque do necessário ao seu sustento. Conforme preceitua o art. 1.694 do CC/2002, devem os alimentos servirem aos que dele necessitem para viverem de modo compatível com a sua condição social, inclusive para atender às necessidades de sua educação. Se há mais de um credor, a obrigação é divisível e, consequentemente, aplica-se-lhe o princípio do Direito das Obrigações, do art. 257 do CC/2002, no sentido de que a existência de mais de um devedor, ou mais de um credor, em obrigação divisível, esta presume-se dividida em tantas obrigações, iguais e distintas, quantos os credores, salvo estipulação em contrário. (TJMG, Proc. n. 1.0024.02.876710-1/001(1), rel. Carreira Machado, j. 14.04.2005)

---

**Art. 258. A obrigação é indivisível quando a prestação tem por objeto uma coisa ou um fato não suscetíveis de divisão, por sua natureza, por motivo de ordem econômica, ou dada a razão determinante do negócio jurídico.**

---

Como já se disse no comentário ao art. 257, a divisibilidade da obrigação decorre da divisibilidade da prestação. É o que está afirmado nesse dispositivo, que acrescenta a indivisibilidade oriunda de razão determinante do negócio jurídico – e o exemplo dessa hipótese pode ser o mesmo que foi invocado no art. 257: um conjunto musical, cujo espetáculo não se mantém com as mesmas características se apenas parte dos músicos participar da exibição. Essa regra não constava do Código revogado. Sua inclusão deixou assentado que a prestação é que define a divisibilidade da obrigação e acrescentou a hipótese da indivisibilidade econômica, inovação do art. 87.

**Jurisprudência:** Apelação. Ação de cobrança. Encargos condominiais. Respeitável sentença de procedência. Inconformismo do espólio afastado. Inépcia da inicial. Não configuradas hipóteses do art. 330, I, § 1º, do CPC. Falta de documento que constitui mero defeito sanável. Cerceamento de defesa. Inocorrência. Publicação dando ciência dos documentos pela imprensa oficial. Ausência de argumentos aptos a afastar a veracidade dos boletos de cobrança. Pretensão descabida de cobrança apenas em nome da corré. Dívida indivisível. Proprietários que são devedores solidários. Inteligência dos arts. 258 e 259, do CC. Dívida com natureza *propter rem*. Deveres dos condôminos. Art. 1.336, I, do CC. Honorários sucumbenciais arbitrados de acordo com a lei processual e entendimento firmado no Tema n. 1.076, do Col. STJ. Recurso da correquerida Virgínia. Indeferimento do benefício da justiça gratuita com determinação do recolhimento do preparo. Decurso do prazo sem a comprovação. deserção caracterizada. Recurso do espolio desprovido. Recurso da correquerida não conhecido. (TJSP, Ap. Cível n. 1002287-13.2022.8.26.0562/

Santos, 27ª Câm. de Dir. Priv., rel. Dario Gayoso, j. 22.11.2023, publ. 22.11.2023)

Agravo de instrumento. Etapa de cumprimento de julgado. Condenação em cobrança de despesas de condomínio. Penhora sobre a totalidade da unidade em débito (existência de coproprietários, não convocados na fase de conhecimento). Cabimento. Inteligência dos arts. 258 e 275 do CC. Art. 655-B do CPC [art. 843 do CPC/2015]. Recurso do devedor. Desprovimento. (TJSP, AI n. 0018699-88.2013.8.26.0000/São Paulo, 30ª Câm. de Dir. Priv., rel. Carlos Russo, *DJe* 21.05.2013, p. 1.073)

Prestação de serviços. Empreitada. Rescisão contratual cumulada com inexigibilidade de títulos e cancelamento de protesto, com pedido liminar, e restituição de pagamento. I – Validade da sentença que não abordou a impugnação do valor da causa. Possibilidade de apreciação da impugnação em sede de apelação. Ausência de prejuízo processual. Princípios da economicidade e da celeridade do processo. Aplicação do critério legal do valor do contrato (art. 259, V). II – Contrato de empreitada. Construção de poços artesianos com vazão total mínima de 400 m³ mediante contraprestação mensal baseada no consumo de água. Entrega de apenas um poço com vazão de 90 m³. Pretensão de resolução baseada no inadimplemento absoluto. Não acolhimento: a divisibilidade, física e econômica, deve prevalecer sobre a indivisibilidade jurídica da obrigação contratual. Função econômico-social do contrato de empreitada. Critério da utilidade contínua da prestação e do prejuízo que pode acarretar a restituição das prestações. Aplicação do conceito de indivisibilidade da obrigação (art. 258 do CC) conforme os princípios do direito contratual brasileiro positivo: princípio da conservação dos negócios jurídicos (Enunciado n. 22 da I JDC), da função social dos contratos (art. 421 do CC) e da boa-fé objetiva (art. 422 do CC), que orientam a aplicação da norma no sentido da máxima eficácia e utilidade do contrato. III – Caracterização do adimplemento parcial. Comprovação nos autos de que a dona da obra aufere utilidade parcial do poço entregue. Resolução parcial do contrato no que concerne à parcela da obrigação não cumprida. Remuneração proporcional à obrigação parcialmente adimplida, conforme os critérios de consumo de água estipulados no contrato. Abatimento da remuneração proporcional, tendo em vista que a dona da obra não auferiu a utilidade global a que visava e outros prejuízos (inteligência do art. 389 do CC). IV – Inexigibilidade das duplicatas. Decisão constitutiva do inadimplemento parcial. Efeitos *ex nunc*. A exigibilidade das parcelas mensais nasce com o presente acórdão. Cancelamento dos protestos e da inscrição nos cadastros de proteção ao crédito. V – Inaplicabilidade da restituição das parcelas pagas em dobro (parágrafo único do art. 42 do CDC). Caracterização no caso em espécie de engano justificável de direito. Restituição das parcelas pagas por meio de compensação. VI – Litigância de má-fé não caracterizada. Ausência de comprovação cabal do dolo da autora e de prejuízo processual. Sucumbência recíproca. Apelação parcialmente provida, com determinação. (TJSP, Ap. n. 9138839-08.2007.8.26.0000/Piracicaba, 22ª Câm. de Dir. Priv., rel. Andrade Marques, *DJe* 18.10.2012, p. 1.851)

Agravo interno. Uma das características da obrigação alimentar é a ausência de solidariedade. Assim, em que pese a obrigação de sustento da prole seja de ambos os genitores, ela é não solidária e divisível, de forma que o alimentando pode direcionar a ação contra qualquer um deles. Ademais, no caso, trata-se de ação revisional de alimentos, onde deve ser perquirida a alteração do binômio alimentar, nos termos do art. 1.699 do CCB, de forma que, por este motivo também, é descabida a denunciação da lide à genitora do agravado. Negaram provimento. Unânime. (TJRS, Ag. n. 70.039.676.879, 8ª Câm. Cível, rel. Luiz Felipe Brasil Santos, j. 18.11.2010)

Apelação cível. Responsabilidade civil. Indenização paga a coerdeiro em detrimento dos demais. 1 – Indenização paga a coerdeiro a título de indenização por demolição de casa construída na área pertencente ao *de cujus*. Inexistência de prova de que a casa, e não apenas o terreno, pertencia à sucessão. Indevida a indenização, pois não houve desapropriação da área, que está sendo partilhada entre os demais herdeiros. 2 – Pode o devedor da sucessão desobrigar-se, até a partilha, pagando a qualquer dos coerdeiros, por se tratar de obrigação indivisível. 2 – *[sic]* Pagamento de aluguéis a coerdeiro pelo uso de área pertencente ao *de cujus*. Fatos narrados de forma confusa. Inexistência de comprovação. Ônus que cabia ao autor, por força do disposto no art. 333, I, do CPC [art. 373, I, do CPC/2015]. Negaram provimento. Unânime. (TJRS, Ap. Cível n. 70.022.389.647, 9ª Câm. Cível, rel. Odone Sanguiné, j. 18.06.2008, *DJ* 25.06.2008)

**Art. 259. Se, havendo dois ou mais devedores, a prestação não for divisível, cada um será obrigado pela dívida toda.**

**Parágrafo único. O devedor, que paga a dívida, sub-roga-se no direito do credor em relação aos outros coobrigados.**

As obrigações indivisíveis aproximam-se das solidárias, ao estabelecer que qualquer devedor será obrigado pela integralidade do débito se a prestação não for divisível. Basta confrontar esse dispositivo com o art. 264 para chegar a essa conclusão. Contudo, como leciona Nelson Rosenvald, "enquanto a solidariedade é subjetiva, resultando da convenção ou imposição normativa, a indivisibilidade é objetiva, pois resulta de óbice ao fracionamento da obrigação" (*Direito das obrigações*. Niterói, Impetus, 2004, p. 99). Caio Mário da Silva Pereira aponta as distinções fundamentais entre solidariedade e indivisibilidade: "1ª) a causa da solidariedade é o título e a da indivisibilidade é (normalmente) a natureza da prestação; 2ª) na solidariedade cada devedor paga por inteiro, porque deve por inteiro, enquanto que na indivisibilidade solve a totalidade, em razão da impossibilidade jurídica de repartir em cotas a coisa devida; 3ª) a solidariedade é uma relação subjetiva, e a indivisibilidade objetiva, em razão de que, enquanto a indivisibilidade assegura a unidade da prestação, a solidariedade visa a facilitar a exação do crédito e o pagamento do débito; 4ª) a indivisibilidade justifica-se, às vezes, com a própria natureza da prestação, quando o objeto é em si mesmo insuscetível de fracionamento, enquanto a solidariedade é sempre de origem técnica, resultando ou da lei ou da vontade das partes, porém, nunca um dado real; 5ª) a solidariedade cessa com a morte dos devedores, mas a indivisibilidade subsiste enquanto a prestação a suportar; 6ª) a indivisibilidade termina quando a obrigação se converte em perdas e danos, enquanto que a solidariedade conserva esse atributo" (*Instituições de direito civil*, 20. ed., atualizada por Luiz Roldão de Freitas Gomes. Rio de Janeiro, Forense, 2003, v. II, p. 79-80). Caso um dos devedores pague a dívida, opera-se a sub-rogação no direito do credor. Ou seja, o devedor que paga se torna credor dos demais devedores, de quem poderá cobrar as respectivas cotas-partes.

**Jurisprudência:** Agravo de instrumento. Cobrança despesa loteamento. Penhora. Bem indivisível. Constrição da integralidade do bem. Admissibilidade. Ainda que eventual detentor de fração ideal da unidade condominial não tenha figurado no polo passivo da demanda. Obrigação de natureza solidária e *propter rem* (CC/2002, art. 259). Litisconsórcio facultativo. Meação preservada, em atenção do art. 843 do CPC. Recurso provido. (TJSP, AI n. 2061994-29.2022.8.26.0000/SP, 5ª Câm. de Dir. Priv., rel. Moreira Viegas, j. 12.05.2022, publ. 12.05.2022)

Afastando o litisconsórcio necessário nos casos das obrigações solidárias e no das indivisíveis: TJMT, AI n. 126465/2013, rel. Des. Serly Marcondes Alves, *DJe* 28.03.2014, p. 62; e TJSP, AI n. 2059557-30.2013.8.26.0000/São Paulo, 32ª Câm. de Dir. Priv., rel. Francisco Occhiuto Júnior, *DJe* 18.12.2013, p. 2.159)

Despesas condominiais. Ação de cobrança. Decisão que indefere a desistência da ação em relação a um coproprietário que não fora citado, a pretexto de que se trata de litisconsorte necessário. Reforma. Necessidade. Obrigação indivisível. Possibilidade de o credor ajuizar ação contra um dos coobrigados ou contra todos os devedores (art. 259 do CC). Mera faculdade do credor que afasta a tese de litisconsórcio necessário. Rateio condominial que tem, ademais, natureza de obrigação *propter rem* e possibilita o ajuizamento da ação em face do proprietário ou do possuidor da unidade condominial devedora, o que reforça a ideia de litisconsórcio facultativo. Recurso provido. (TJSP, AI n. 0265723-65.2012.8.26.0000/São Paulo, 28ª Câm. de Dir. Priv., rel. Júlio Vidal, *DJe* 07.02.2013, p. 1.180)

Despesas condominiais. Ação de cobrança. Inadimplemento do condômino. Procedência decretada em primeira instância. 1 – O apelante, na qualidade de coproprietário, é devedor solidário das obrigações condominiais, vez que a obrigação é indivisível, nos termos dos arts. 259 e 275 do CC, podendo a ação de cobrança das despesas condominiais ser ajuizada em face de qualquer um dos titulares da unidade. 2 – Cuidando-se de obrigação *propter rem*, o bem gerador do débito e seu proprietário respondem pelos encargos condominiais, o que se constata pelo registro imobiliário pertinente. 3 – Ausência de qualquer documento que comprove a efetiva quitação do débito condominial, sendo dever do condômino, na proporção de sua parte, concorrer com as despesas de conservação ou divisão da coisa, e suportar os ônus a que estiver sujeita. 4 – O cálculo da correção monetária e dos juros moratórios deve mesmo incidir a partir do respectivo vencimento de cada uma das parcelas em atraso e não do ajuizamento da demanda e citação, respectivamente, por se tratar de dívida *ex re*, certa, líquida e exigível a partir de seu vencimento, nos termos do art. 397 do CC. Jurisprudência sedimentada do Col. STJ. 5 – Contudo, afigurando-se excessiva a verba honorária fixada, é de se proceder à sua minoração, devendo ser atendidos os parâmetros do art. 20, § 3º, do CPC [arts. 82, § 2º, e 85, § 17, do CPC/2015]. 6 – Deram parcial provimento ao recurso, para os fins constantes do acórdão. (TJSP, Ap. n. 0268798-83.2010.8.26.0000/São Paulo, 25ª Câm. de Dir. Priv., rel. Vanderci Álvares, *DJe* 17.12.2012, p. 1.211)

Agravo de instrumento. Exceção de pré-executividade. Execução regressiva de título extrajudicial proposta por devedor solidário em face do devedor principal. Dívida quitada pelo devedor solidário, mediante acordo firmado com o banco credor, nos autos de anterior ação de execução. Devedor solidário que se sub-rogou nos direitos do credor. Inteligência do art. 259 c/c art. 349 do

CC. Tratando-se de obrigação solidária, qualquer devedor pode efetuar o pagamento da totalidade do débito, independentemente da anuência dos demais coobrigados, voltando-se contra aquele em favor de quem a dívida foi constituída (art. 285, CC). Título executivo hábil a aparelhar a execução. Decisão mantida. Recurso negado. Impenhorabilidade de veículo utilizado no exercício da profissão. Tema pendente de apreciação nos embargos à execução. Impossibilidade de apreciação pelo Tribunal, sob pena de supressão de um grau de jurisdição. Recurso não conhecido, nesta parte. Agravo de instrumento negado, na parte conhecida. (TJSP, AI n. 0137189-06.2012.8.26.0000/Paulo de Faria, 13ª Câm. de Dir. Priv., rel. Francisco Giaquinto, *DJe* 10.09.2012, p. 1.002)

Agravo de instrumento. Ação de indenização em fase de execução. Responsabilidade solidária dos réus. Transação realizada por alguns dos réus com os autores. Agravante que não participou do acordo. Quitação do débito. Sub-rogação da agravada nos direitos dos credores originários. Possibilidade de prosseguimento da execução contra o agravante tendo a agravada como credora sub-rogada. Exegese dos arts. 259 e 346 do CC e 567, III, do CPC [art. 778, IV, do CPC/2015]. Decisão mantida. Recurso desprovido. (TJPR, AI n. 0851208-1, 9ª Câm. Cível, rel. Des. José Augusto Gomes Aniceto, *DJe* 06.03.2012, p. 475)

Apelação. Embargos à execução. Carência da ação de execução. Ausência de título executivo. Distinção entre a solidariedade e a indivisibilidade. A solidariedade passiva não gera sub-rogação nos direitos do credor. Necessidade de ação de regresso. Impossibilidade de execução direta. Magistério de Pontes de Miranda. Demais pedidos da apelação prejudicados. Condenação do apelado em custas processuais e honorários advocatícios. Recurso conhecido e provido por fundamento diverso do apresentado nas razões recursais. 1 – Ao compulsar detidamente os autos e examinar as alegações das partes, verifico que há carência da ação executiva, como sustenta a apelante, entretanto, reconheço-a por fundamento diverso do apresentado nas razões recursais. 2 – Não se vislumbra interesse processual executivo na modalidade adequação, porquanto não há título executivo que reconheça crédito constituído contra a apelante em favor do apelado. 3 – Deveras, a decisão judicial em que se funda a execução apenas impõe aos sócios da empresa reclamada em processo trabalhista uma responsabilidade solidária pelo pagamento dos créditos devidos ao reclamante naquele processo. Em momento algum, porém, constitui qualquer crédito líquido e certo em favor do exequente, ora apelado. 4 – Tal importa em afirmar que, não obstante o exequente, ora recorrido, tenha utilizado o art. 259 do CC, que trata das obrigações indivisíveis, como supedâneo para promover a execução direta do título judicial contra os demais devedores solidários, mister explicitar que o instituto da solidariedade não se confunde com o da indivisibilidade, em que pese as semelhanças entre seus efeitos. 5 – O mestre Caio Mario da Silva Pereira oferece as distinções substanciais entre a solidariedade e a indivisibilidade, as quais, a par da exteriorização comum, intimamente diversificam-se. 6 – Em conformidade com o art. 283 da lei material civil, o legislador não dispôs do mesmo modo que procedeu com a indivisibilidade em relação à solidariedade passiva, não prevendo expressamente que o pagamento pelo devedor solidário gere a sub-rogação nos direitos do credor. 7 – Neste cenário, mister ressaltar que direito de regresso não se confunde com a sub-rogação. Confira-se o sempre notável magistério do saudoso Pontes de Miranda: "[...] Desde que o codevedor solidário desinteressa o credor e, assim, se libera a si e aos outros codevedores solidários, toca-lhe ação de reembolso (Rückgriffsanspruch). A solução brasileira foi essa, e não a da transferência do crédito (sub-rogação pessoal). Isso não quer dizer que o credor não possa ceder a um dos devedores o crédito, ou que outrem não possa assumir a dívida de um dos coobrigados" (MIRANDA, Pontes de. *Tratado de direito privado*. 3.ed. São Paulo, RT, 1984, p. 353-4 [...]). 8 – Dessarte, conclui-se que o apelado não poderia executar diretamente o título judicial, uma vez que a decisão estabelece tão somente o crédito da reclamante quanto à dispensa indevida em relação à sociedade empresária. 9 – Não há, na decisão trazida aos autos, nenhum crédito estabelecido do apelante em relação à apelada, de forma que o exequente carece de interesse processual executivo, impõe-se acolher os embargos à execução interpostos por Terezinha das Graças Oggioni Moura, e declarar extinta a execução. 10 – Diante do exposto, restam, portanto, prejudicados os demais argumentos apresentados nas razões do apelo. 11 – Condenação do apelado ao pagamento das custas processuais e honorários advocatícios que fixo em R$ 1.000,00, em atendimento ao disposto no art. 20, § 4º, CPC [arts. 82, § 2º, e 85, § 17, do CPC/2015]. 12 – Recurso conhecido e provido por fundamento diverso do apresentado nas razões recursais. (TJES, Ap. Cível n. 0034650-27.2008.8.08.0024, rel. Ronaldo Gonçalves de Sousa, *DJe* 22.06.2012, p. 54)

Despesas de condomínio. Cobrança. Propositura da ação contra os proprietários. Coproprietária revel. Ação julgada procedente. Apelação. Alegação de cerceamento de defesa ante julgamento antecipado da lide. Julgamento antecipado era de rigor, ausente necessidade de produção de prova. Preliminar rejeitada. Apelação. Renovação dos argumentos iniciais. Responsabilidade dos proprietários da unidade condominial pelo débito condominial. Inexistência de comprovação nos autos de que a ex-esposa do réu tenha se responsabilizado pelo pagamento dos encargos condominiais. Ausência de averbação da separação no registro imobiliário. Inexistência de prova de que o condomínio tenha sido comunicado acerca da separação de corpos. Legitimidade do corréu apelante para figurar no polo passivo. Natureza *propter rem* da obrigação. Obrigação indivisível (art. 259 do CC). Solidariedade configurada. Resistência injustificada. Ocorrência. Litigância de má-fé da ré reconhecida. Sentença mantida. Recurso improvido, com observação. (TJSP, Ap. n. 9197664-71.2009.8.26.0000/SP, 32ª Câm. de Dir. Priv., rel. Francisco Occhiuto Júnior, j. 05.05.2011)

Execução. Cumprimento de sentença. Penhora. Deferimento. Alegação de que o imóvel, indivisível, é gravado, em parte, com cláusula de impenhorabilidade. Irrelevância. Dívida de taxas de manutenção de loteamento. Obrigação *propter rem*. Penhora que recaiu sobre o imóvel gerador das despesas. Eventuais cláusulas de inalienabilidade, impenhorabilidade ou incomunicabilidade que incidem sobre o imóvel não prevalecem quanto ao crédito de natureza *propter rem*. Penhora permitida pela lei. Decisão mantida. Recurso desprovido. (TJSP, AI n. 0004470-94.2011.8.26.0000/Cotia, 4ª Câm. de Dir. Priv., rel. Teixeira Leite, 07.04.2011)

Apelação cível. Interposição contra sentença que julgou improcedentes embargos à execução. Contrato de locação. Fiança. Responsabilidade do fiador sobre as obrigações assumidas no instrumento particular. Penhora de imóvel. A impenhorabilidade não pode ser oposta em face de execução movida por obrigação decorrente de fiança concedida em contrato de locação. Exegese do art. 3°, VII, da Lei n. 8.009/90. Penhora de parte ideal de bem indivisível. Legalidade. Somente as frações de propriedade dos executados serão levadas à hasta pública. Parte ideal de terceiros não atingida. Sentença mantida. Apelação não provida. (TJSP, Ap. n. 0038811-88.2007.8.26.0000/São José dos Campos, 26ª Câm. de Dir. Priv., rel. Mario A. Silveira, j. 30.03.2011)

Não há que se falar em cerceamento de defesa, em razão da decretação da pena de revelia, pois o apelado foi devidamente citado para os atos e termos da presente ação, bem como intimado para comparecer à audiência de Tentativa de Conciliação. A ação de cobrança de despesas condominiais pode ser ajuizada em face de apenas um dos titulares da unidade, quando mais de um houver, uma vez que se trata de obrigação indivisível, cuja responsabilidade é solidária, não configurando hipótese de litisconsórcio passivo necessário. Recurso improvido. (TJSP, Ap. n. 9084886-32.2007.8.26.0000/Ribeirão Preto, 34ª Câm. de Dir. Priv., rel. Gomes Varjão, j. 14.03.2011)

Agravo de instrumento. Despesas condominiais. Copropriedade. Ação que prossegue apenas contra um dos donos do imóvel que gerou as despesas ora cobradas. Obrigação indivisível. Litisconsórcio unitário e facultativo. Agravo provido. (TJSP, AI n. 0022196-81.2011.8.26.0000/São Paulo, 34ª Câm. de Dir. Priv., rel. Rosa Maria de Andrade Nery, j. 14.03.2011)

Despesas de condomínio. Ação de cobrança. Decisão de primeiro grau que determinou a constrição de apenas metade ideal do imóvel que originou a dívida. Decisão que merece ser reformada. Dívida de obrigações condominiais. Obrigação solidária. Caráter pessoal da ação. Bem imóvel indivisível. Prosseguimento da execução pela totalidade. Reserva produto da alienação, nos termos do art. 655-B do CPC [art. 843 do CPC/2015]. Precedentes do STJ. Recurso provido, com a reforma da r. decisão de primeiro grau. (TJSP, AI n. 0573441-11.2010.8.26.0000/São Paulo, 33ª Câm. de Dir. Priv., rel. Carlos Nunes, j. 28.02.2011)

"Tem inteira aplicabilidade, no caso, a teoria da indivisibilidade, preconizada no art. 259 do CC/2002, o qual dispõe que havendo dois ou mais devedores, e a prestação não for divisível, cada um será obrigado pela dívida toda. É o que sucede no caso em questão, em que a transportadora contratada, no caso a agravante, ainda que tenha locado os serviços a outra empresa, que igualmente figura no polo passivo da ação, responde pelo resultado final, sendo indivisível, portanto, a responsabilidade pelo inadimplemento do contrato, pela má prestação do serviço e pelos danos advindos de sua execução. O referido contrato assemelha-se ao de empreitada, no qual a prestação de serviços está direcionada para a consecução de determinada obra. Portanto, se o contratante principal repassar a execução do serviço a outra empresa, se terceirizar a realização da tarefa que lhe foi atribuída, não pode escusar-se da responsabilidade". (trecho extraído do acórdão publicado em *RT* 861/263, p. 265)

Agravo de instrumento. Processo de ação de cobrança de rateio de despesas de condomínio. Desistência da ação quanto a um dos corréus. Etapa de execução. Penhora. Possibilidade de penhora de toda a unidade condominial, por se tratar de obrigação indivisível. Exegese do art. 259 do CC. Necessidade, contudo, de oportuna intimação do comunheiro para efeito da adjudicação ou alienação do bem, por aplicação analógica do art. 698 e do princípio do devido processo. Agravo a que se dá provimento, com observação. (TJSP, AI n. 990100652583, 25ª Câm. de Dir. Priv., rel. Ricardo Pessoa de Mello Belli, j. 23.03.2010)

Condomínio. Despesas. Cobrança. Ação julgada procedente. Alegação de litispendência em relação a processo anterior e no qual o condômino restou condenado ao pagamento das despesas vencidas até novembro de 2003. Novo pedido condenatório para despesas vencidas posteriormente. Ausência de identidade de pedido. Processo movido contra um dos titulares de direitos. Litisconsórcio necessário. Não ocorrência. Obrigação indivisível. Recurso improvido. Não há a acenada litispendência. Não se trata da mesma demanda, mas de outra diversa e que busca condenação do devedor ao pagamento das despesas de condomínio posteriores ao termo final fixado em processo precedente. As despesas podem ser reclamadas por inteiro de um ou de ambos os titulares de direitos, cuidando-se na espécie de obrigação indivisível (cf. art. 259 do CC), em que cada um é obrigado pela dívida toda. (TJSP, Ap. Cível n. 1.228.832-0/06, rel. Des. Kioitsi Chicuta, j. 11.12.2008)

Despesas de condomínio. Copropriedade. Solidariedade passiva. Recurso improvido. Para o pagamento de despesas condominiais não é possível decompor uma unidade autônoma em duas partes, o que permite concluir, com base nos arts. 259 e 275 do CC vigente, que o condomínio pode executar qualquer um dos coproprietários do apartamento, ficando este, na forma do parágrafo único do art. 259, sub-rogado no direito do credor em relação aos outros coobrigados. (TJSP, Ap. n. 1.114.484-3, rel. Des. Artur Marques, j. 23.07.2007)

Apelação cível. Interposição contra sentença que julgou procedente ação de cobrança de despesas condominiais. A desistência da ação movida contra um dos corréus prescinde da concordância dos demais. Apelante que se limitou a formular pedido genérico de produção de provas. Inocorrência de cerceamento de defesa. Coproprietários do imóvel que respondem solidariamente pelo pagamento das verbas condominiais, nos termos do que preconiza o art. 259 do CC. Legitimidade passiva da apelante configurada. Sentença correta. Apelação não provida. (TJSP, Ap. n. 1.047.529-2, rel. Des. Mário A. Silveira, j. 11.07.2007)

---

**Art. 260. Se a pluralidade for dos credores, poderá cada um destes exigir a dívida inteira; mas o devedor ou devedores se desobrigarão, pagando:**

**I – a todos conjuntamente;**

**II – a um, dando este caução de ratificação dos outros credores.**

---

Qualquer credor pode exigir toda a dívida. No entanto, o devedor só se desobrigará se convocar os demais credores para que recebam a prestação em conjunto, ou, ainda, se exigir do credor a quem efetuar o pagamento que ofereça caução de que repassará a parte dos demais. Imagine-se que três pessoas têm o direito a um veículo de uma concessionária. Um deles comparece ao estabelecimento para recebê-lo. A concessionária está obrigada a entregá-lo, pois o artigo em exame autoriza o credor a cobrá-la. Contudo, deve chamar os outros dois credores, ou exigir que o credor que compareceu a seu estabelecimento lhe dê garantias de que irá obter a anuência dos outros – pedindo, por exemplo, que deixe um outro veículo em seu poder, ou que lhe dê um imóvel em hipoteca, ou lhe entregue títulos de crédito. Se assim não proceder, o devedor poderá ser compelido a pagar os demais credores que não foram receber o veículo, pois terá feito indevido pagamento, como decorre da aplicação desse artigo. Verifique-se que o pagamento de obrigação indivisível impõe ao devedor cautelas inexigíveis no caso do devedor de diversos credores solidários, pois, neste último caso, o pagamento independe dos cuidados exigidos nesse dispositivo (art. 269).

**Jurisprudência:** Locação. Ação regressiva movida por fiadora em face do afiançado. Multiplicidade de fiadores. Afiançado que argúi matéria preliminar de carência de ação por ilegitimidade ativa de parte. Rejeição. Inaplicabilidade do art. 260 do CC, eis que não se trata de obrigação divisível ou indivisível, mas solidária. Coobrigada que detém legitimidade ativa para pleitear a obrigação por inteiro (art. 267, CC). Devedor que não pode sequer invocar o art. 831 do diploma civil e defender quota-parte de credores solidários, pois não detém legitimidade extraordinária para postular direito alheio. Preliminar afastada. Locação. Ação regressiva movida por fiadora em face do afiançado. Pretensão ao recebimento de acordo entabulado entre os garantes e o locador. Sentença de procedência. Manutenção. Não demonstrando o afiançado que o valor do acordo era superior, contrário ou prejudicial a seus interesses, basta à fiadora comprovar apenas o desembolso para fazer jus ao ressarcimento. Cobrança devida. Inteligência do art. 832 do CC. Recurso desprovido. (TJSP, Ap. n. 0194434-68.2009.8.26.0100/São Paulo, 28ª Câm. de Dir. Priv., rel. Júlio Vidal, *DJe* 14.05.2013, p. 960)

Monitória. Procedência parcial dos embargos monitórios. Inconformismo. Trata-se de obrigação indivisível convencional. Credor que poderá exigir a dívida inteira. Apelantes alegaram em contestação que a importância constante na planilha não se apresenta líquida, certa e exigível, havendo discordância também em relação aos índices de correção e juros. Trata-se de matéria de alta complexidade, demandando a realização de cálculos. Inexistência nos autos de elementos suficientes para solucionar a lide. Necessidade de instrução probatória, especialmente a perícia contábil. Autos que devem ser enviados para 1ª instância a fim de que seja feita a instrução processual. Recurso parcialmente provido para anular a sentença a fim de que haja a dilação probatória para que outra seja proferida após a instrução regular do feito. (TJSP, Ap. Cível c/ Rev. n. 4.212.984.300, rel. Ribeiro da Silva, j. 11.03.2009)

Direito civil. Alienação de imóvel. Pagamento a um dentre os vários credores. Inexistência de solidariedade. Pagamento errôneo que não quita a obrigação. Resolução do negócio jurídico por culpa e retorno ao *status quo ante*. A solidariedade não se presume (art. 265, CC/2002). Ao contrário, havendo mais de um credor, ou devedor, em obrigação divisível, esta se divide entre tantas obrigações, iguais e distintas, quanto os credores ou devedores. O devedor de obrigação divisível, não havendo solidariedade, deve cuidar para que o pagamento seja feito a todos os credores. Feito a apenas um deles, deve ser verificado se este tem poderes para dar quitação em nome dos demais. Se o pagamento é feito a quem não é credor único nem tem poderes para representar os demais credores, há negligência do devedor, podendo haver resolução do negócio jurídico com o retorno das partes ao *status quo ante*. Recurso especial não conhecido. (STJ, REsp n. 868.556, 3ª T., rel. Min. Nancy Andrighi, j. 05.11.2008, *DJ* 18.11.2008)

**Art. 261. Se um só dos credores receber a prestação por inteiro, a cada um dos outros assistirá o direito de exigir dele em dinheiro a parte que lhe caiba no total.**

Este artigo complementa o anterior, que estabelece o modo pelo qual o devedor deve cumprir a obrigação se esse entrega a prestação indivisível a um dentre vários credores. Aqui, cuida de impor ao credor que recebeu a prestação por inteiro o dever de pagar aos demais credores. Deve fazê-lo em dinheiro, observando a proporcionalidade do crédito de cada um. A regra privilegia o credor que mais rapidamente exige a prestação indivisível, pois lhe confere a vantagem de ficar com o bem e pagar a parte dos demais. Provoca solução injusta, na medida em que, no que se refere a determinadas espécies de prestação, os demais podem ter interesse em permanecer com o bem e, eventualmente, pagar mais pela cota dos outros credores. Parece possível, e em maior conformidade com a igualdade de direitos dos diversos credores, solucionar a questão aplicando-se ao caso o disposto no art. 1.322 deste Código por analogia, isto é, mediante venda e partilha do preço. À luz do direito português, Antunes Varela registra que o credor que receber o bem indivisível deve permitir que os demais credores exerçam sobre a coisa o seu direito de cotitular (*Das obrigações em geral*. Coimbra, Almedina, 2000, v. I, p. 819). Não se trata de negar vigência ao dispositivo em exame, mas de facultar que o bem indivisível fique, não com o credor que o recebeu diretamente, mas com qualquer um dos outros credores, que ficará, este sim, obrigado a restituir o valor da cota-parte aos demais em dinheiro.

**Jurisprudência:** Consumidor. Responsabilidade por vício de qualidade de produto. Computador defeituoso. 5 – O objeto a restituir (um computador) é, por sua natureza, indivisível, já que insuscetível de fracionamento (art. 258, CC/2002). Logo, indivisível será a obrigação imposta ao consumidor que, nos termos do que dispõe o art. 261 do CC, diante da pluralidade de credores, poderá realizar a entrega do bem a qualquer deles. O credor que vier a receber o produto a ser restituído pelo consumidor, a seu turno, porque unido aos demais por vínculo de solidariedade e também por conta da indivisibilidade do objeto, se torna devedor aos demais credores. 6 – Imperativo, de tal modo, manter, por seus próprios e jurídicos fundamentos, a douta sentença atacada. Recurso conhecido e improvido. 7 – Em face da sucumbência, conforme disposição expressa no *caput* do art. 55 da Lei n. 9.099/95, condeno o recorrente ao pagamento das custas processuais e honorários advocatícios que fixo em 15% do valor da condenação. 8 – Acórdão lavrado por súmula de julgamento, conforme permissão posta no art. 46 da Lei dos Juizados Especiais estaduais cíveis. (TJDFT, Ap. Cível n. 20070410089064, 2ª T., rel. Juíza Diva Lucy Ibiapina, *DJe* 07.12.2010, p. 286)

**Art. 262. Se um dos credores remitir a dívida, a obrigação não ficará extinta para com os outros; mas estes só a poderão exigir, descontada a quota do credor remitente.**

**Parágrafo único. O mesmo critério se observará no caso de transação, novação, compensação ou confusão.**

Ocorrendo de um dos credores da prestação indivisível perdoar a dívida, por certo que só pode abrir mão do que lhe pertence, ou seja, de sua cota-parte. Os demais, ao exigirem a prestação, devem restituir ao devedor o que foi objeto de remissão por um dos credores – já que se trata de prestação indivisível. A mesma solução se aplica aos casos de novação, compensação ou confusão. Em qualquer das hipóteses, o devedor é obrigado a entregar um bem a diversos credores (um cachorro de raça, no valor de R$ 3.000,00). Um dos credores, contudo, remitiu sua parte na dívida. Em consequência – admitindo-se que houvesse três credores –, os outros dois que não remitiram só poderão exigir o cão pagando R$ 1.000,00 ao devedor – isto é, a parte que lhe foi doada por um dos credores.

**Art. 263. Perde a qualidade de indivisível a obrigação que se resolver em perdas e danos.**

**§ 1º Se, para efeito do disposto neste artigo, houver culpa de todos os devedores, responderão todos por partes iguais.**

**§ 2º Se for de um só a culpa, ficarão exonerados os outros, respondendo só esse pelas perdas e danos.**

Quando se afirma que a obrigação se resolveu em perdas e danos, o que se está dizendo é que o devedor será obrigado a pagar os efetivos prejuízos dos credores, além de seus lucros cessantes, o que se faz em dinheiro. Ora, se não é a própria prestação que será entregue ao credor, mas sim determinada importância, não há indivisibilidade, pois o dinheiro pode ser fracionado em tantas partes quantos forem os credores. O § 1º deste dispositivo determina que todos os devedores paguem igualmente o valor da indenização, se todos agiram com culpa. Dessa forma, ainda que alguns dos devedores sejam responsáveis por frações distintas do bem, haverá igualdade entre eles no que se refere ao pagamento da indenização. Ou seja, desaparecerá a indivisibilidade e a divergência nas cotas de cada um. Caso apenas um dos devedores tenha culpa pelo dano causado pela prestação, responderá sozinho pelas perdas e danos, exonerando-se os demais. Mas há hipóteses em que mais de um dos devedores é culpado pela danificação e, nesses casos, todos os culpados respondem por partes iguais. Anote-se que não haverá responsabilidade solidária nesse caso – como não há no caso do parágrafo primeiro –, mas sim responsabilidade de cada um por parte da indenização. A solidariedade não está expressa e, por isso, não pode ser reconhecida (art. 265 do CC).

**Jurisprudência:** Embargos de declaração recebidos como agravo regimental. Ação de responsabilidade civil. Apelação dos autores julgada procedente de forma monocrática. Aclaratórios que revolvem o mérito da decisão singular. Natureza de agravo regimental. Acidente automobilístico que ocasionou a morte de membro da família dos autores. *Dies a quo* do prazo prescricional. Data do evento morte e não do acidente de trânsito. Prazo suspenso em favor de autor menor de idade. Natureza indivisível da obrigação de indenizar. Extensão da causa suspensiva aos demais coautores. Agravo regimental conhecido e desprovido. Em suas razões, o recorrente aduz obscuridade no *decisum* singular de minha relatoria, sob o argumento de que não poderia ter sido acolhida a tese de suspensão da prescrição em favor de todos os recorridos, dada a indivisibilidade da obrigação. Sustenta que o art. 263 do CC estabelece que perde a qualidade de indivisível a obrigação que se resolver em perdas e danos. Sustenta que o *dies a quo* seria a data do acidente automobilístico e não do óbito. No caso concreto, tenho como *dies a quo* do evento danoso, quer na vertente material, quer na moral, a data do óbito da vítima do acidente de trânsito, que se deu em 12.09.2008, uma vez que a morte é o fato gerador do dever de indenizar ou não o acidente de trânsito. O *de cujus* deixou viúva e dois filhos, contando, na data da propositura da lide (12.09.2011) com 16 anos e 13 anos de idade. Em se tratando de litigante menor de dezesseis anos, a fluência do prazo prescricional fica suspensa enquanto durar a incapacidade civil relativa. Em relação ao filho maior de dezesseis e de sua genitora, a causa suspensiva também se aplica, por força do comando estabelecido no art. 201 do CC, haja vista a natureza indivisível da obrigação de indenizar. Não há que se confundir a conversão de obrigação indivisível em perdas e danos com a obrigação de indenizar que tem como fundamento a responsabilidade civil. Aqui, é evidente que o fracionamento acarretaria alteração na sua substância, diminuição considerável de valor, ou prejuízo do uso a que se destina. Agravo regimental conhecido e desprovido. (TJCE, Emb. Decl. n. 0503107-67.2011.8.06.0001/50000, rel. Ademar Mendes Bezerra, *DJe* 03.05.2013, p. 37)

## CAPÍTULO VI
## DAS OBRIGAÇÕES SOLIDÁRIAS

### *Seção I*
### *Disposições Gerais*

**Art. 264. Há solidariedade, quando na mesma obrigação concorre mais de um credor, ou mais de um devedor, cada um com direito, ou obrigado, à dívida toda.**

A solidariedade está definida nesse dispositivo. Em uma mesma obrigação, mais de um credor ou devedor tem direito, ou está obrigado, como se fosse o único credor ou devedor. É o que se verifica, por exemplo, quando um débito em dinheiro (bem divisível) é assumido solidariamente por duas pessoas. O credor poderá cobrar a totalidade da dívida de um só dos devedores, porque, havendo solidariedade, pode agir como se apenas um dos devedores existisse. Por outro lado, se a solidariedade for ativa (diversos credores), a dívida pode ser exigida por qualquer deles em sua integralidade. Como se verificará no dispositivo seguinte, somente a lei ou o contrato podem estabelecer a solidariedade.

**Jurisprudência:** Agravo de instrumento. Cumprimento de sentença. Ressarcimento ao erário. Solidariedade. Lei. 1. No cumprimento de sentença proferida em ação de ressarcimento ao erário, a solidariedade estampada no título exequendo decorre de lei. 2. Em se tratando de obrigação solidária em que o credor moveu a ação em desfavor dos dois devedores, só o pagamento integral da dívida é suficiente para extinguir a obrigação, ainda que proveniente de apenas um devedor. Inteligência do art. 264 do CC. 3. Recurso conhecido e provido. (TJDF, AI n. 07182991220238070000174 8805, 7ª T. Cível, rel. Getúlio de Moraes Oliveira, j. 23.08.2023, *DJ* 06.09.2023)

Apelação. Cumprimento de sentença. Compromisso de compra e venda. Extinção, reconhecida a ilegitimidade ativa. Inconformismo da exequente. Acolhimento. Incidente iniciado pelo escritório de advocacia que patrocinou a defesa da exequente, então ré, no processo de conhecimento. Legitimidade. Advogado que representa a sociedade de advogados não necessitava ter subscrito petições no processo, bastando fazer parte do corpo de profissionais que receberam poderes de mandato. Reconhecimento. Exegese dos arts. 264, 267, 268 e 269, CC. Advogados de sociedade de advocacia que são credores solidários. Ausência, outrossim, de impugnação ao cálculo do débito apresentado pela credora. *Quantum*. Acolhimento. Não pagamento da condenação dentro do prazo legal. Honorários advocatícios e multa devidos. Art. 523, § 1º, do CPC. Impugnação rejeitada. Execução. Prosseguimento em seus ulteriores termos. Apelação provida. (TJSP, Ap. Cível n. 0003530-47.2021.8.26.0011/SP, 8ª Câm. de Dir. Priv., rel. Pedro de Alcântara da Silva Leme Filho, j. 17.12.2021, publ. 17.12.2021)

Reconhecendo a solidariedade entre o órgão mantenedor de cadastro de inadimplentes e o credor por inclusão indevida do nome do devedor no rol de inadimplentes: TJSC, Ap. n. 2011.026561-7, rel. Des. Denise Volpato, j. 12.07.2012, e Ap. n. 2012.020275-9, rel. Des. Jaime Ramos, j. 10.07.2012.

Processual civil e civil. Apelação. Ação de indenização por danos morais. *Site* de relacionamento. Orkut. Exposição de imagem/texto de conteúdo pejorativo e difamatório. Não identificação do usuário. Responsabilidade das empresas proprietárias do site. Agravo retido. Não conhecimento. Preliminar de ilegitimidade passiva. Rejeição. Responsabilidade civil objetiva. Arts. 14, 20 e 23 do CDC. Teoria do risco. Dever de indenizar. Reconhecimento. *Quantum* indenizatório. Prudência e moderação. Observância necessária. Majoração. Cabimento. 1º recurso provido e 2º recurso não provido. Não atendido o disposto no art. 523 do CPC [sem correspondente no CPC/2015], não se conhecerá do agravo retido. – Os legitimados para o processo são os sujeitos da lide, ou seja, os titulares dos interesses em conflito. A legitimidade ativa caberá ao titular do interesse afirmado na pretensão, e a passiva ao titular do interesse que se opõe ou resiste à pretensão. – O prestador do serviço de site de relacionamento, que disponibiliza na internet um serviço sem dispositivos de segurança e controle mínimos e, ainda, permite a publicação de material de conteúdo livre, sem sequer identificar o usuário, deve responsabilizar-se pelo risco oriundo do seu empreendimento e de forma objetiva por incidência do CDC. Recursos conhecidos. Provido o 1º e não provido o 2º. (TJMG, Proc. n. 1.0024.07.794839-6/001(1), rel. Des. Márcia de Paoli Balbino, j. 02.12.2010)

Se os devedores são solidários qualquer um tem o dever de cumprir a obrigação por inteiro: TJSP, AI n. 992.090.413.201, rel. Norival Oliva, j. 29.09.2009.

Não há litisconsórcio necessário entre devedores solidários e o credor tem a faculdade de ajuizar a ação em face de qualquer um ou de todos os responsáveis: STJ, REsp n. 848.424, rel. Min. Fernando Gonçalves, j. 07.08.2008.

Prestação de serviços. Cobrança de mensalidades escolares. Cumprimento de sentença. Fase do art. 475-L. Impugnação do executado julgada improcedente. Alegação de falta de intimação da coexecutada. Descabimento. Bem de família. Não configuração. Tratando-se de dívida solidária, pode o exequente exigir a dívida comum, total ou parcialmente, de qualquer um dos devedores (art. 264 do CC). Além disso, não pode a parte postular, em nome próprio, direito alheio, tendo em vista que a arguição de nulidade compete, no caso, à coexecutada ou ao exequente. Inteligência do art. 6º do CPC [art. 18 do CPC/2015]. Bem de família. Inexistência de prova de que o imóvel penhorado serve de moradia do casal ou da entidade familiar, a teor do art. 1º da Lei n. 8.009/90. Decisão mantida. Recurso não provido, v.u. (TJSP, AI n. 1.157.208.009, 35ª Câm. de Dir. Priv., rel. Manoel Justino Bezerra Filho, j. 07.04.2008)

Ilegitimidade *ad causam*. Polo passivo. Banco depositário. Ação de cobrança de diferença de rendimentos creditados em cadernetas de poupança. Legitimidade do réu confirmada. Precedentes jurisprudenciais. Polo ativo. Ajuizamento da demanda pelo cotitular da referida conta. Possibilidade. Existência de solidariedade legal (art. 264 do CC, que reproduz o disposto do parágrafo único do art. 896 do revogado CC/1916) que possibilita, mas não obriga, a propositura da ação em litisconsórcio com demais cotitulares. Confirmação da legitimidade do autor. Contrato. Caderneta de poupança. Diferença de remuneração. Planos Bresser e Verão, de junho de 1987 e janeiro de 1989. Possibilidade jurídica do pedido. Presença do pressuposto de admissibilidade. Afastamento da tese de defesa, calcada no estrito cumprimento de norma de ordem pública e consequente ausência de direito adquirido, fundamentos dissociados da sistemática ditada constitucionalmente em nosso ordenamento jurídico. Prescrição. Prazo. Juros remuneratórios e correção monetária. 20 (vinte) anos. Aplicação da regra geral do art. 177 do CC/1916, e não do art. 445 do CCom, ou 178, § 10, III, do CC/1916. Precedentes do STJ. Inaplicabilidade ao caso do art. 205 do CC vigente. Inteligência do art. 2.028 do referido *Codex*. Interrupção com a citação, retroagindo à data da propositura da ação, nos termos do art. 219, § 1°, do CPC [arts. 240, § 1°, e 802, parágrafo único, do CPC/2015]. Juros moratórios. Termo inicial. Data da citação. Aplicação do art. 405 do CC. Taxa. 1% ao mês. Interpretação conjunta do art. 406 do CC e § 1° do art. 161 do CTN. Apelação do autor provida e apelo do Banco réu desprovido. (TJSP, Ap. n. 7.176.723.2, rel. Des. José Reynaldo, j. 03.10.2007)

Embargos do devedor. Preliminar. Ausência de demonstrativo de débito. Inocorrência. Rejeição. Mérito. *Quantum* da execução. Devedor solidário. Obrigação pelo adimplemento do total da dívida. Inteligência do art. 896, do CC/1916 (CC/2002, art. 264). Honorários advocatícios. Fixação. Nas execuções por quantia certa, se o demonstrativo de débito contém os valores devidamente especificados – principal, encargos e multas –, estão atendidos os pressupostos do inciso II, do art. 614, do CPC [art. 798, I, *a*, do CPC/2015]. Há solidariedade quando na mesma obrigação concorre mais de um credor, ou mais de um devedor, cada um com direito, ou obrigado, à dívida toda, por força do parágrafo único, do art. 896, do CC/1916 (CC/2002, art. 264). O avalista de título de crédito vinculado a contrato de mútuo também responde pelas obrigações pactuadas, quando no contrato figurar como devedor solidário, *ex vi* da Súmula n. 26, do Augusto STJ. A sentença que julga improcedentes os embargos do executado tem natureza meramente declaratória, ensejando, assim, a aplicação da regra prevista no § 4°, do art. 20, do *Codex* instrumental. (TJMG, Proc. n. 2.0000.00.496071-8/000(1), rel. Renato Martins Jacob, j. 09.06.2005)

A obrigação solidária constitui relação obrigacional decorrente da vontade das partes e cada devedor responde integralmente pelo cumprimento da obrigação, como se fosse o único devedor. (II TAC, AI n. 799.097-00/7, 8ª Câm., rel. Juiz Orlando Pistoresi, j. 29.05.2003)

**Art. 265. A solidariedade não se presume; resulta da lei ou da vontade das partes.**

A presunção não é admitida em relação à solidariedade. Presunção é a aplicação a um fato desconhecido de uma verdade conhecida em relação a outros fatos semelhantes. No caso da solidariedade, não se pode reconhecê-la sem que a estabeleça a lei ou o acordo de vontades. E assim é porque não é o usual que diversos credores ou devedores em uma mesma relação jurídica não estabeleçam exatamente o que lhes cabe em determinada prestação. A lei (ver art. 942, parágrafo único) ou o contrato, exclusivamente, poderão estipular a solidariedade. Verifique-se, porém, que a impossibilidade de presumir a solidariedade não significa que ela não possa ser reconhecida a partir dos termos de determinado contrato, que deve ser interpretado de acordo com o disposto no art. 112 do CC, ou seja, levando-se em conta mais a intenção consubstanciada na declaração do que sua literalidade.

**Jurisprudência:** Ação de cobrança. Autor pretende o recebimento de quantia pela execução de serviços de produção de móveis planejados para os réus. Sentença de parcial procedência. Apelo de ambas as partes. Impossibilidade de cobrança de valores dos corréus E. A. Z. e E. A. Z. F. Contrato a servir como base para a cobrança pretendida firmado apenas com a senhora C. S., não se podendo presumir a solidariedade (art. 265 do CC). Corré C. S. que celebrou contratação de prestação de serviços com E. L. de C., estranho à lide. Alegação do autor de que assumiu a posição contratual de E. L de C. mediante cessão, com o que os corréus teriam acordado verbalmente. Inexistência de provas de tal concordância. Autor que não logrou êxito em se desvencilhar do ônus que lhe imputa o art. 373, I, do CPC, não se podendo presumir o consentimento, pela via verbal, na cessão de posição contratual de instrumento firmado por escrito. Exegese dos arts. 268 e 654, § 1°, do CC. Ausência de prova do consentimento sobre a cessão que inviabiliza a procedência da demanda. Sentença reformada. Recurso do autor desprovido e recurso dos réus provido. (TJSP, Ap. Cível n. 1004015-29.2016.8.26.0650/

SP, rel. Mary Grün, j. 21.07.2022, 32ª Câm. de Dir. Priv., publ. 22.07.2022)

Veja no art. 257 a seguinte decisão: STJ, REsp n. 1.647.238/RJ, 1ª T., j. 17.05.2022, *DJe* 09.06.2022.

Afastando a solidariedade em cumprimento de sentença, se essa decisão não a previu expressamente: TJSE, Ap. Cível n. 201400820278, rel. Des. Ricardo Múcio Santana de A. Lima, *DJe* 25.09.2014, p. 77).

Juizados especiais. Embargos de declaração. Alegação de contradição. Responsabilidade solidária aplicada ao caso em análise. Art. 7º, parágrafo único, do CDC. Embargos rejeitados. Trata-se de embargos de declaração opostos pelo réu/recorrente que alega contradição no V. Acórdão, vez que o V. Acórdão condenou o banco corréu solidariamente ao pagamento dos danos morais, quando deveria ter imputado a responsabilidade subsidiária, tendo em vista que a solidariedade não se presume (art. 265 do CC). O CDC no art. 7º, parágrafo único, dispõe: "tendo mais de um autor a ofensa, todos responderão solidariamente pela reparação dos danos previstos nas normas de consumo". Assim, cabível a condenação do corréu solidariamente ao pagamento dos danos morais no presente caso. Dessa forma, rejeito os embargos. (TJDFT, Ap. Cível n. 2012.02.1.000970-9, rel. Juiz João Fischer, *DJe* 11.07.2013, p. 271)

Embargos à execução. Cobrança de honorários advocatícios de ação sobre determinação para prestação de medicamentos, onde Município e Fazenda do Estado foram solidariamente condenados. Sentença que fixou solidariedade entre os réus para responderem pela verba honorária. Impossibilidade. Art. 23, do CPC [art. 87 do CPC/2015], expressamente admite o princípio da proporcionalidade. "Para que a solidariedade existisse, seria preciso regra expressa" (Pontes de Miranda). Recurso provido. (TJSP, Ap. n. 0005146-22.2009.8.26.0288, rel. Francisco Vicente Rossi, j. 14.05.2012)

Acordo firmado entre autor e um dos réus. Obrigação solidária para com o segundo réu. Inocorrência. Não há que se falar em obrigação solidária, pois o CC é claro ao dispor que a solidariedade não se presume, que ela resulta da lei ou da vontade das partes, o que não ocorreu nos autos. (TJSP, Ap. n. 9175708-67.2007.8.26.0000, rel. Des. Sandra Galhardo Esteves, j. 11.04.2012).

**Conta conjunta:**

[...] Afirmando que a solidariedade só se verifica em relação ao banco, mas não em relação a terceiros, "de modo que o ato praticado por um dos titulares não afeta os demais nas relações jurídicas e obrigacionais com terceiros, haja vista que a solidariedade não se presume, devendo resultar da vontade da Lei ou da manifestação de vontade inequívoca das partes (art. 265 do CC). 3 – Nessa linha de intelecção, é cediço que a constrição não pode se dar em proporção maior que o numerário pertencente ao devedor da obrigação, preservando-se o saldo dos demais cotitulares, aos quais é franqueada a comprovação dos valores que integram o patrimônio de cada um, sendo certo que, na ausência de provas nesse sentido, presume-se a divisão do saldo em partes iguais". (STJ, REsp n. 1.184.584, 4ª T., rel. Min. Luis Felipe Salomão, *DJe* 15.08.2014, p. 2.446)

No mesmo sentido: TJMG, Ap. Cível n. 1.0699.11.006889-6/002, 4ª Câm. Cível, rel. Dárcio Lopardi Mendes, *DJe* 07.05.2015.

Reconhecendo que cada correntista é credor de todo o saldo depositado, de modo solidário: STJ, REsp n. 1.229.329, rel. Min. Humberto Martins, j. 17.03.2011.

Fornecimento de água e coleta de esgoto não tem natureza de obrigação *propter rem*. A solidariedade resulta da lei ou da vontade das partes. Decreto estadual não pode instituir solidariedade. Matéria da competência da União, de conformidade com o art. 22, I, da CF/88. (TJSP, Ap. c/ Rev. n. 9128535-81.2006.8.26.0000, 11ª Câm. de Dir. Priv., rel. Des. Moura Ribeiro, j. 10.02.2011)

Responsabilidade civil. Conta conjunta. Danos morais por negativação de cotitular da conta-corrente conjunta procedida pelo Banco, por dívida decorrente de saldo devedor da referida conta. Danos morais não reconhecidos pela sentença. O contratante da conta-corrente conjunta responde solidariamente por dívida gerada pela referida conta perante o Banco, decorrente da solidariedade entre os correntistas para com o Banco (art. 265 do CC). Age em exercício regular de direito o Banco nestas circunstâncias. Decisão mantida. Recurso negado. (TJSP, Ap. n. 991070276235, 20ª Câm. de Dir. Priv., rel. Francisco Giaquinto, j. 30.06.2010)

Execução. Título judicial. Pluralidade de devedores. Solidariedade. A solidariedade não se presume, mas resulta da lei ou da vontade das partes. Art. 265 do CC. Para que se firme, entretanto, não se exigem palavras, podendo resultar de manifestação implícita das partes. Hipótese em que os devedores se obrigaram contratualmente ao pagamento total da dívida, sendo a vontade e a intenção, portanto, no sentido de pagarem, de forma solidária, a totalidade da dívida. Agravo improvido. (TJSP, AI n. 991090256760, 24ª Câm. de Dir. Priv., rel. Salles Vieira, j. 22.10.2009)

Recurso de apelação interposto contra r. sentença que julgou improcedentes embargos à execução. Alegação de incorreção. Execução de honorários advocatícios. Litisconsórcio passivo. Condenação do embargado ao pagamento do valor integral da sucumbência. Hipótese que não presume a existência de solidariedade. Obrigação que somente decorre da lei ou da vontade das partes. Inteligência dos arts. 265 do CC e 23 do CPC [art. 87 do CPC/2015]. Precedentes do Col. STJ. Necessária reforma da r. sentença. Condenação por litigância de má-fé afastada. Recurso provido. (TJSP, Ap. Cível n. 991.030.496.584, rel. Simões de Vergueiro, j. 21.10.2009)

Direito civil. Alienação de imóvel. Pagamento a um dentre os vários credores. Inexistência de solidariedade. Pagamento errôneo que não quita a obrigação. Resolução do negócio jurídico por culpa e retorno ao *status quo ante*. A solidariedade não se presume (art. 265, CC/2002). Ao contrário, havendo mais de um credor, ou devedor, em obrigação divisível, esta se divide entre tantas obrigações, iguais e distintas, quanto os credores ou devedores. O devedor de obrigação divisível, não havendo solidariedade, deve cuidar para que o pagamento seja feito a todos os credores. Feito a apenas um deles, deve ser verificado se este tem poderes para dar quitação em nome dos demais. Se o pagamento é feito a quem não é credor único nem tem poderes para representar os demais credores, há negligência do devedor, podendo haver resolução do negócio jurídico com o retorno das partes ao *status quo ante*. Recurso especial não conhecido. (STJ, REsp n. 868.556, 3ª T., rel. Min. Nancy Andrighi, j. 05.11.2008, *DJ* 18.11.2008)

Prestação de serviços. Empresa especializada em fornecimento de mão de obra a empreiteiras. Execução do empreendimento denominado *Great Adventure* do Playcenter. Solidariedade passiva. Inexistência. Solidariedade não se presume. Decorre de lei ou da vontade das partes. Inteligência do disposto no art. 896 do CC/1916 reproduzido no art. 265 do CC pátrio. Contrato firmado entre a autora e a ré não tem o condão de vincular terceiros que não participaram do negócio entabulado entre as partes. Ausente o vínculo jurídico, não há lugar para se falar em solidariedade. Simples fiscalização na condução dos trabalhos e controle de qualidade na execução da obra não são suficientes ao reconhecimento do vínculo jurídico reclamado pela recorrente neste procedimento. Recurso desprovido. (TJSP, Ap. c/ Rev. n. 941.672.001, 28ª Câm. de Dir. Priv., rel. Júlio Vidal, j. 01.04.2008)

Os litisconsortes vencidos respondem pela condenação sucumbencial em proporção (CPC, art. 23) [art. 87 do CPC/2015]. A solidariedade só se admite quando expressa em sentença exequenda por força da coisa julgada. (STJ, REsp n. 848.058, 3ª T., rel. Min. Humberto Gomes de Barros, j. 04.12.2007)

O STJ, ao interpretar o art. 23 do CPC [art. 87 do CPC/2015], vem entendendo ser inaplicável, em honorários advocatícios, o princípio da solidariedade, salvo se expressamente consignado na sentença exequenda, que restou irrecorrida.

II – Caso não haja menção expressa no título executivo quanto à solidariedade das partes que sucumbiram no mesmo polo da demanda, vige o princípio da proporcionalidade, nos termos do art. 896 do CC/1916 (art. 265 do CC atual).

III – Assim, inaplicável o princípio da solidariedade na condenação em custas e honorários advocatícios, pois o art. 23 do CPC [art. 87 do CPC/2015] é taxativo: "Concorrendo diversos autores ou diversos réus, os vencidos respondem pelas despesas e honorários em proporção". (*RSTJ* 201/319)

Apartamento em construção vendido sem prévio registro da incorporação. Empreendimento não concluído. Solidariedade da corretora e da construtora pela devolução do valor recebido e pela indenização em geral. (TJSP, Ap. n. 150.560-4, rel. Des. Maurício Vidigal, j. 21.02.2006)

Resultando inequívoca a intenção das partes contratantes no sentido de que os rotulados "avalistas" respondem solidariamente com o devedor principal pelos encargos assumidos no instrumento contratual, não se mostra admissível o excessivo apego ao formalismo para, sob o simples argumento de não haver aval em contrato, excluir a responsabilidade daqueles que, de forma iniludível e autonomamente, se obrigaram pelo pagamento de integralidade da dívida. (STJ, REsp n. 200.421, rel. Min. Sálvio de Figueiredo Teixeira, j. 15.08.2000)

Afastando a solidariedade por ausência de previsão legal ou contratual: TJSP, AI n. 0238635-52.2012.8.26.0000, rel. J. B. Franco de Godoi, j. 20.02.2013; TJSP, AI n. 1.031.488-00/5/Santos, 27ª Câm. de Dir. Priv., rel. Des. Beatriz Braga, j. 30.05.2006; *JTA* 178/267; STJ, REsp n. 489.369, rel. Min. Castro Filho, j. 01.03.2005; II TAC, AI n. 847.841-00/5, rel. Juiz Lino Machado, j. 12.05.2004; Ap. n. 539.996, 11ª Câm., rel. Juiz Artur Marques, j. 27.11.1999.

Honorários profissionais. Dentista. Cobrança. Solidariedade passiva. Pais judicialmente separados. Obrigação contraída por um deles em benefício da prole. Inexistência. Cabimento da ação somente em face do contratante.

É princípio de direito civil que a obrigação decorre da manifestação de vontade daquele que quer se obrigar, ou seja, ninguém é devedor contra sua vontade. (II TAC, Ap. n. 486.257, 9ª Câm., rel. Juiz Ferraz de Arruda, j. 23.07.1997)

**Art. 266. A obrigação solidária pode ser pura e simples para um dos cocredores ou codevedores, e condicional, ou a prazo, ou pagável em lugar diferente, para o outro.**

Embora solidária, a obrigação pode ser pura e simples para alguns dos cocredores ou codevedores e sujeita a termo ou condição para outros. O que se admite nesse dispositivo é que haja distinção de tratamento aos devedores ou credores solidários, sem que isso comprometa a própria solidariedade. Peculiaridades relacionadas a cada credor ou devedor podem autorizar a distinção de tratamento, sem que as razões determinantes da solidariedade sejam abaladas.

## *Seção II*
## *Da Solidariedade Ativa*

**Art. 267. Cada um dos credores solidários tem direito a exigir do devedor o cumprimento da prestação por inteiro.**

O dispositivo equivale ao disposto no art. 260, relativo às obrigações indivisíveis. No entanto, o legislador não cercou a hipótese dos cuidados que conferiu à prestação indivisível (arts. 260 e 261 do CC). E a dispensa das mesmas cautelas decorre de, na solidariedade, a questão se resolver internamente entre os credores, que a estipularam em decorrência da autonomia de suas vontades (contrato) ou foram obrigados legalmente a suportá-la. Destarte, a solidariedade entre credores sempre autoriza os que não receberam suas partes a cobrá-las do credor que recebeu a totalidade da prestação, mas não há obrigação do devedor de cercar-se de cautelas para proteger os demais credores, como é obrigado a fazer pelo art. 260, no que se refere às prestações indivisíveis.

**Jurisprudência:** Apelação cível. Ação de adjudicação compulsória proposta por apenas um dos compromissários compradores. Ação de direito pessoal. Possibilidade de apenas um dos credores solidários demandar o cumprimento por inteiro da obrigação de fazer. Inteligência do art. 267 do CC. Compromisso de compra e venda. Comprovação da quitação do preço. Exceção da usucapião em favor dos requeridos que deve ser objeto de ação própria, não impedindo a adjudicação compulsória da parte ideal pertencente aos litigantes. Sentença de extinção sem resolução do mérito reformada. Recurso provido para julgar-se procedente a ação. (TJSP, Ap. Cível n. 10014186420198260462/Poá, 4ª Câm. de Dir. Priv., rel. Alcides Leopoldo, j. 25.05.2023, *DJ* 26.05.2023)

Agravo de instrumento. Cumprimento provisório de sentença ajuizado em face do Banco do Brasil S/A por apenas um dos emitentes. Busca pela totalidade do crédito. Aplicabilidade do art. 267 do CC/2002. Decisão reformada. Recurso provido. 2. Detém legitimidade para o ajuizamento de cumprimento de sentença de cédula rural, oriundo da Ação Civil Pública n. 94.0008414-4, qualquer um dos emitentes do título, de forma conjunta ou isolada, em razão da divisibilidade da obrigação (art. 267 do CC). (TJPR, AI n. 0005472-49.2021.8.16.0058/Campo Mourão, 15ª Câm. Cível, rel. Luiz Carlos Gabardo, j. 18.10.2022)

Veja no art. 264 a seguinte decisão: TJSP, Ap. Cível n. 0003530-47.2021.8.26.0011/SP, 8ª Câm. de Dir. Priv., rel. Pedro de Alcântara da Silva Leme Filho, j. 17.12.2021, publ. 17.12.2021.

**Conta conjunta bancária:** Agravo de instrumento. Liquidação de sentença derivada de ação civil pública movida pelo Idec relativamente a expurgos inflacionários em cadernetas de poupança. Decisão que determinou a emenda da inicial para juntar-se procuração e documentos do cotitular da conta bancária. Descabimento. Abertura de conta bancária conjunta que configura solidariedade ativa, na medida em que cada qual dos titulares autorizado está a movimentá-la livremente. Solidariedade ativa que garante a qualquer cotitular a formulação de pedido que diga respeito a créditos de qualquer natureza que tais correntistas possam ter junto à instituição financeira, exigindo do devedor o cumprimento da prestação por inteiro. Inteligência do art. 267 do CC. Entendimento do STJ. Recurso provido. (TJSP, AI n. 2210256-62.2015.8.26.0000, 17ª Câm. de Dir. Priv., rel. João Batista Vilhena, j. 26.09.2017)

A solidariedade ativa a que se refere o art. 2º, da Lei n. 8.245/91, não exige formação do litisconsórcio necessário, podendo cada um dos locadores mover ação de despejo por denúncia vazia, conforme comando do art. 267 do CC. (TJSP, Ap. n. 0042143-70.2011.8.26.0114/Campinas, 26ª Câm. de Dir. Priv., rel. Felipe Ferreira, *DJe* 03.07.2013, p. 1.196)

No mesmo sentido: TJSP, Ap. n. 0025957-06.2010.8.26.0114/Campinas, 35ª Câm. de Dir. Priv., rel. Gilberto Leme, *DJe* 22.04.2015, p. 2.030.

Locação de imóvel. Execução de título extrajudicial. Impugnação. 1 – O espólio possui legitimidade ativa para demandar na cobrança de encargos locatícios, em solidariedade, nos termos do art. 2º da Lei n. 8.245/91. 2 – O credor solidário tem o direito de exigir a dívida na integralidade. Art. 267 do CC. 3 – Recurso improvido. (TJRS, AI n. 0079961-10.2011.8.26.0000/São Paulo, 25ª Câm. de Dir. Priv., rel. Vanderci Álvares, j. 11.05.2011)

**Art. 268. Enquanto alguns dos credores solidários não demandarem o devedor comum, a qualquer daqueles poderá este pagar.**

A razão determinante dessa regra é que o devedor não precisa se preocupar com o fato de outros credores fazerem jus à prestação. Enquanto nenhum deles postular o cumprimento, o pagamento feito a qualquer dos credores solidários extingue o débito, e os demais credores deverão se dirigir ao que recebeu. Como já se disse nos comentários ao art. 267, o devedor dos credores solidários pode pagar qualquer deles sem as cautelas previstas no art. 260. Não pode, porém, agir com negligência ou imprudência e prejudicar os demais, pois, nesse caso, violará o princípio da boa-fé objetiva e estará caracterizado o abuso de direito (art. 187 do CC).

**Jurisprudência:** Veja no art. 265 a seguinte decisão: TJSP, Ap. Cível n. 1004015-29.2016.8.26.0650/SP, rel. Mary Grün, j. 21.07.2022, 32ª Câm. de Dir. Priv., publ. 22.07.2022

Ação cominatória. Sentença de procedência para determinar que a requerida outorgue a escritura de imóvel à autora. Obrigação solidária. A ré alega que não recebeu sua quota-parte. Comprovado o pagamento integral efetuado a uma das credoras solidárias. Aplicação dos arts. 268 e 269 do CC. O devedor de obrigação solidária pode adimplir a qualquer um dos credores solidários e o pagamento assim efetuado quita a obrigação. Responde pelas quotas dos demais credores solidários aquele que recebeu o pagamento. Recurso não provido. (TJSP, Ap. Cível n. 1000818-34.2017.8.26.0132, 8ª Câm. de Dir. Priv., rel. Benedito Antonio Okuno, j. 08.05.2020)

1 – Nos termos dos arts. 268 e 269 do CC, havendo pluralidade de credores, o devedor poderá promover ao pagamento a apenas um deles, desobrigando-se em relação a todos caso seja no valor integral da dívida. Dessa forma, nenhum credor poderá exigir do devedor pagamento, ainda que na proporção de sua quota, eis que se extinguiu a obrigação. 2 – A solidariedade não se presume, resulta da lei ou da vontade das partes. Tendo os credores firmado contrato de compra e venda de equipamentos em parceria, evidenciada a solidariedade, razão pela qual o pagamento integral da dívida oriunda da penhora dos bens, realizado a um deles, desobriga o vendedor/devedor em relação ao outro. (TJMS, Ap. Cível n. 2011.015519-6/0000-00, 3ª T. Cível, rel. Des. Fernando Mauro Moreira Marinho, *DJe* 13.09.2011, p. 19)

Extinção do processo. Cautelar de arresto. Pretensão de que este recaia sobre bens da devedora comum, executada em ação proposta por outra credora solidária. Alegação de que, por ser credora solidária da devedora comum, tem o direito de exigir a dívida por inteiro, pois que independente da relação entre as credoras solidárias. Descabimento. Inadmissibilidade de fracionamento da prestação depois de ajuizada a ação de execução desta. Incidência do art. 268 do CC vigente, correspondente ao art. 899 do CC revogado. Cabimento, contudo, do ingresso da credora solidária nos autos da execução já incoada pela outra credora, na qualidade de assistente simples. Aplicação dos arts. 50 e 598 do CPC [arts. 119 e 771, parágrafo único, do CPC/2015]. Indeferimento da inicial mantido. Recurso improvido. (TJSP, Ap. c/ Rev. n. 7.040.606.100, 23ª Câm. de Dir. Priv., rel. Oséas Davi Viana, j. 05.04.2006)

**Art. 269. O pagamento feito a um dos credores solidários extingue a dívida até o montante do que foi pago.**

Essa disposição alterou sua equivalente no CC/1916, para que ficasse consignado que o pagamento feito a um dos credores solidários extingue a dívida no equivalente ao que foi pago, mas não totalmente, como constava do art. 900 do diploma revogado. Ora, se o credor pode receber a totalidade, não há o que o impeça de receber parte da dívida. Mas somente aquilo que recebeu será deduzido do total. Imagine-se um débito de R$ 90.000,00 com três credores solidários. Caso o devedor pague R$ 45.000,00 a um dos credores, continuará devendo-lhes R$ 45.000,00, em relação aos quais subsiste a solidariedade. Essa disposição também justifica alguma reflexão referente à supressão do parágrafo único do revogado art. 900, que determinava a incidência do *caput* aos casos de novação, compensação e remissão. Parece que a ausência de repetição da regra não altera a solução da matéria. Novação, remissão e compensação não são pagamento, mas modos de adimplemento da obrigação (Título III deste Livro). Nesses casos, tanto quanto no pagamento, o devedor fica liberado da dívida. Constitui um desvirtuamento conceitual admitir que o devedor fique forro quando recebe a quitação de um dos credores, sem a audiência dos demais, mas não se liberte do vínculo se recebe o perdão, pois que as outras causas extintivas têm o mesmo poder liberatório do pagamento e devem produzir igual efeito (PEREIRA, Caio Mário da Silva. *Instituições de direito civil*, 20. ed., atualizada por Luiz Roldão de Freitas Gomes. Rio de Janeiro, Forense, 2003, v. II, p. 92). Vale observar, porém, que o cocredor que remitir, compensar ou novar o débito fica responsável perante os demais credores pelo débito originário, se não houver sido autorizado a tanto (ROSENVALD, Nelson. *Direito das obrigações*. Niterói, Impetus, 2004, p. 90).

**Jurisprudência:** Veja no art. 268 a seguinte decisão: TJSP, Ap. c/ Rev. n. 7.040.606.100, 23ª Câm. de Dir. Priv., rel. Oséas Davi Viana, j. 05.04.2006.

---

**Art. 270. Se um dos credores solidários falecer deixando herdeiros, cada um destes só terá direito a exigir e receber a quota do crédito que corresponder ao seu quinhão hereditário, salvo se a obrigação for indivisível.**

---

Entre os herdeiros que sucedem ao credor solidário e os demais credores não se estabelece a solidariedade até então existente. Desse modo, cada um dos herdeiros poderá, apenas, cobrar do devedor o valor do que lhe couber – ou seja, sua cota no valor da dívida. A exigência da integralidade da prestação só será possível se a prestação for indivisível, aplicando-se então à hipótese a regra do art. 260, que, como visto, exige que o devedor, para exonerar-se da obrigação, pague a todos os credores conjuntamente, ou exija caução daquele que recebe, assegurando o repasse do valor devido aos demais credores. Não há solidariedade entre os herdeiros e os cocredores solidários em relação ao credor falecido. A parte final do dispositivo apenas autoriza qualquer dos herdeiros a exigir a prestação por inteiro, em face de sua indivisibilidade, sem consagrar a solidariedade entre ele e os outros credores.

**Jurisprudência:** Responsabilidade civil. Indenização. Herdeiros necessários x companheira do *de cujus*. Rejeitada preliminar de não conhecimento do recurso da ré. Existência de contas conjuntas solidárias. Solidariedade ativa caracterizada. Inteligência do art. 901 do CC/1916 (atual art. 270). Hipótese de refração de crédito. Doutrina. Direito dos herdeiros à metade dos valores sacados das contas de investimento. Não responsabilidade da instituição financeira pelos saques. Direito da cotitular de movimento as contas bancárias. Ônus da sucumbência. Aplicação do art. 21, *caput*, do CPC [art. 86 do CPC/2015] c/c a Súmula n. 306 do Col. STJ]. Recursos da ré e dos autores desprovidos. (TJSP, Ap. Cível c/ Rev. n. 3.866.894.400, rel. Guimarães e Souza, j. 28.04.2009)

Cobrança. Depósitos em conta-corrente conjunta vinculada a fundo de investimento. Casal sob o regime da separação legal de bens. Espólio do falecido marido que pleiteia da viúva a totalidade dos valores depositados na constância do casamento e que foram sacados por aquela. Ausência de esforço comum de cunho econômico para a formação do patrimônio aplicado. Todavia, natureza solidária da conta implica copropriedade do numerário confiado à instituição financeira. Direito dos herdeiros tão somente à metade da importância. Incidência do art. 270 do CC/2002 (art. 901 do CC/1916). Sociedade de fato constituída por vontade de ambos os cônjuges. Esforço comum que no presente caso se vincula à própria convivência do casal com apoio sentimental e material nos afazeres do lar. Exegese do art. 259 do CC/1916 e Súmula n. 377 do STF. Necessidade de impor a devolução apenas do montante necessário para a correta meação do patrimônio questionado. Sentença de procedência. Recurso provido em parte. (TJSP, Ap. n. 511.978-4/8, rel. Des. William Marinho, j. 05.07.2007)

Locação. Morte do locador. Coerdeiro que somente poderá exigir e dar quitação da quota do aluguel correspondente ao seu quinhão hereditário. Hipótese de obrigação divisível. Inteligência dos arts. 10 da Lei n. 8.245/91 e 901 do CC. (II TACSP, *RT* 759/270)

Falecendo o locador, a locação transmite-se aos herdeiros. O coerdeiro só tem o direito de exigir e, consequentemente, só pode dar quitação da cota do aluguel correspondente ao seu quinhão hereditário. (II TAC, Ap. n. 519.769, 5ª Câm., rel. Juiz Pereira Calças, j. 12.08.1998)

Sucessão. Conta conjunta. Morte de um dos depositantes. Direitos de herdeiro-credor solidário. Princípios da solidariedade. Não se devem confundir os princípios da solidariedade com os direitos do herdeiro do credor solidário. A esse respeito, provê o art. 901 do CC, no sentido de que os herdeiros fazem jus, cada qual, à cota de crédito que constituir a herança. E, nas relações internas entre credores solidários, o art. 903 estipula que o credor que houver recebido o pagamento responderá aos outros pela parte que lhes caiba. Na solidariedade ativa a parte de cada credor pode variar da divisão proporcional à entrega a um só da totalidade do crédito recebido. Não há dúvida de que o crédito que resulta de obrigação solidária se transmite aos herdeiros do credor na medida da participação dele. Quando se sustenta que o cotitular da conta conjunta pode sacar toda a soma depositada, naturalmente pretende-se dizer que o devedor se libera com o pagamento integral a qualquer um dos credores solidários. Contudo, o falecimento de um dos credores pode fazer nascer outra relação de direito entre o credor sobrevivo – ou credores sobreviventes – e os herdeiros do credor falecido. Se, nas relações internas entre os credores solidários, o morto fazia jus a certa parte, esta será o valor da herança. Mas, se não há elementos acerca do valor da cota de cada qual, não se deve presumir a igualdade de quinhões, ou de cotas, ou de partes. Na solidariedade passiva, o Código presume iguais no débito as partes de todos os codevedores, a menos que a dívida solidária interesse exclusivamente a um dos devedores, hipótese em que este responderá por toda ela para com aquele que houver pago – arts. 913 e 914. Todavia, na solidariedade ativa não há presunção de igualdade no crédito entre os cocredores. (TJRJ, Ap. n. 3.717/86, 1ª Câm., rel. Des. Doreste Baptista)

**Art. 271. Convertendo-se a prestação em perdas e danos, subsiste, para todos os efeitos, a solidariedade.**

Nesse caso, a prestação converte-se em perdas e danos, ou seja, a prestação original é substituída por dinheiro, tal como foi determinado no art. 402 deste Código. Essa circunstância implica que a prestação original seja substituída por bem divisível. Não haveria, aparentemente, razão para que a solidariedade subsistisse. Contudo, o legislador optou por preservá-la, para todos os efeitos, considerando que as razões que determinaram a fixação da solidariedade – legal ou convencional – ainda permanecem e justificam sua subsistência.

**Jurisprudência:** Agravo de instrumento. Cumprimento de sentença. Decisão que rejeita exceção de pré-executividade. Novação. Não configurada. Ausência de requisitos. Conversão da obrigação de fazer em perdas e danos. Arts. 499 e 816 do CPC. Art. 84, § 1º, do CDC. Art. 271 do CC. Agravo conhecido e desprovido. 1. Para caracterização da novação devem estar presentes os seguintes requisitos: a) existência de uma obrigação anterior válida, b) a criação de uma nova obrigação e c) vontade de novar. 2. No caso em tela, verifica-se que houve a conversão da obrigação de fazer em perdas e danos, nos moldes dos arts. 499 e 816 do CPC, bem como art. 84, § 1º, do CDC, não havendo que se falar em novação. Ressalta-se que mesmo realizada a conversão da obrigação, permanece a solidariedade entre as partes, nos moldes do art. 271 do CC. 3. Recurso conhecido e desprovido. Vistos, relatados e discutidos estes autos de AI n. 0017533-48.2023.8.16.0000, em que são agravante Companhia de Habitação do Paraná, e agravado Jaime Kruger. (TJPR, AI n. 00175334820238160000/Foz do Iguaçu, 5ª Câm. Cível, rel. substituto Marcelo Wallbach Silva, j. 31.07.2023, *DJ* 02.08.2023)

Recurso inominado. Ação de obrigação de fazer c/c indenização por danos morais. Telefonia. Portabilidade numérica. Execução de sentença. Conversão da obrigação de fazer solidária em perdas e danos. Inteligência do art. 271, do CC. Sentença mantida. Recurso conhecido e desprovido. I – Relatório. (TJPR, Proc. n. 0009099-65.2013.8.16.0018/Maringá, 3ª T. Recursal, rel. Juiz Marco Vinícius Schiebel, j. 10.02.2017)

O advogado que não interpõe o recurso cabível, deixando escoar o prazo, sem consultar o cliente sobre a desistência, responde pelos danos causados por sua omissão. No caso, o mandato foi outorgado a vários advogados com poderes para atuarem em conjunto ou isoladamente, respondendo todos solidariamente pela desídia de permanecerem inertes quanto à interposição da apelação. (STJ, REsp n. 596.613, rel. Min. Cesar Asfor Rocha, j. 19.02.2004)

**Art. 272. O credor que tiver remitido a dívida ou recebido o pagamento responderá aos outros pela parte que lhes caiba.**

A remissão da dívida ou o recebimento do pagamento gera o compromisso para o credor que perdoar ou receber a obrigação de responder perante os demais credores pela parte que caiba a cada um deles. Diversamente do que está previsto para a obrigação indivisível, no art. 260, nesse dispositivo a obrigação é genérica e não impõe nenhum comportamento ao devedor, que pode efetuar a quitação a qualquer dos credores sem preocupação com a garantia do recebimento dos demais. Segundo Caio Mário, a regra incide sobre outras modalidades extintivas, além da remissão, tais como novação, compensação e dação (*Instituições de direito civil*, 20. ed., atualizada por Luiz Roldão de Freitas Gomes. Rio de Janeiro, Forense, 2003, v. II, p. 92-3).

**Jurisprudência:** Apelação cível. Ação de despejo por falta de pagamento c/c cobrança. Sentença de parcial procedência. Apelos de ambas as partes. Contrato verbal de locação. Autora que é cousufrutuária do imóvel locado. Descabimento da pretensão da autora de exercício integral do direito do usufruto e da perda desse direito por parte do cousufrutuário pela sua não fruição (art. 1.410, VIII, CC). Providência que dependia de ação declaratória de extinção de usufruto (art. 725, CPC). Locatária que pagou, corretamente, a metade do locativo a cada um dos usufrutuários. Há prova nos autos de acordo com o locador varão para a redução do valor do aluguel, cujo pagamento foi demonstrado. A pluralidade de locadores implica solidariedade de obrigações e deveres (art. 2º, Lei de Locações) e, estando caracterizada a solidariedade de credores, incide o disposto no art. 272, CC, a saber, "O credor que tiver remitido a dívida ou recebido o pagamento responderá aos outros pela parte que lhes caiba". Pago o valor do locativo ao locador varão, está extinta a obrigação da locatária no pagamento dos aluguéis reclamados nesta ação (art. 385, CC). Cabe à autora se voltar em relação ao locador varão, que recebeu integralmente o valor dos aluguéis. Manutenção da sentença quanto à rejeição da cobrança de verbas de IPTU. Verba que é encargo do locador (art. 22, VIII, da Lei de Locações), não havendo transferência dessa obrigação ao locatário por meio de cláusula expressa no contrato escrito de locação. Ação julgada improcedente. Apelação da autora não provida. Apelação da ré provida. (TJSP, Ap. Cível n. 1002317-63.2018.8.26.0279/SP, 35ª Câm. de Dir. Priv., rel. Morais Pucci, j. 27.05.2022, publ. 27.05.2022)

Apelações cíveis. Ação monitória. Contrato de honorários firmado com dois advogados. Solidariedade ativa. Desnecessidade de inclusão no polo ativo de todos os contratados. Viúva que se obrigou ao pagamento integral do contratado. Parte legítima para responder à ação, possibilitado o regresso contra os demais herdeiros em procedimento apartado, na proporção de cada quinhão recebido da herança. Prova escrita suficiente a embasar a pretensão do autor, eis que o contrato de honorários, devidamente assinado, constitui prova hábil a demonstrar a existência de um crédito em seu favor. Base de cálculo. Avaliação realizada pela Fazenda Pública. Validade. Verba honorária mantida. *Decisum* escorreito. Apelos desprovidos. I – Não há qualquer dispositivo legal que impeça que somente um dos advogados mencionados na procuração/contrato proponha, isoladamente, a execução da verba honorária. A partir do recebimento do total da dívida por qualquer um dos credores solidários, esse responderá perante os outros pela parte que lhe cabia, conforme preceitua o art. 272 do CC. II – Carreada aos autos, prova escrita suficiente a embasar a pretensão do autor e formar a convicção do julgador quanto a existência efetiva do crédito em favor daquele, restam cumpridos os requisitos da tutela monitória, criada justamente para desburocratizar a prestação jurisdicional. (TJPR, Ap. Cível n. 775967-5, 12ª Câm. Cível, rel. Juiz Conv. Subst. Roberto Antônio Massaro, *DJe* 04.11.2011, p. 564)

Caso um dos credores solidários proceda à remissão do débito, a obrigação extingue-se para o devedor originário e o outro credor só tem direito de cobrança em face daquele que remitiu: TJSP, Ap. Cível c/ Rev. n. 1.201.961.002, rel. Pereira Calças, j. 11.02.2009.

Ação de responsabilidade civil. Indenização. Ação procedente. Réus e coproprietários que alienaram o imóvel e não transferiram o valor correspondente à fração ideal da autora, também coproprietária do bem. Responsabilidade dos alienantes de repassarem o percentual de 25% do valor da venda à outra coproprietária. Vedação ao enriquecimento sem causa. (TJSP, Ap. n. 397.471.4-5, rel. Des. Ariovaldo Santini Teodoro, j. 02.12.2008)

**Art. 273. A um dos credores solidários não pode o devedor opor as exceções pessoais oponíveis aos outros.**

Exceção é "a palavra técnica que tem hoje o significado de defesa, contrastando com a ação que é o ataque" (GONÇALVES, Carlos Roberto. *Comentários ao Código Civil brasileiro.* Rio de Janeiro, Forense, 2003, v. III, p. 168). Não pode ser conhecida de ofício, ao contrário do que se verifica com as objeções, de maneira que somente sua alegação pelo réu autoriza seu exame pelo juiz da causa. Exceção pessoal é aquela que se contrapõe a apenas um dos credores solidários, não alcançando os demais. Exceções comuns são aquelas que podem ser alegadas perante qualquer dos credores solidários. É o caso da nulidade do negócio, da exceção de inadimplemento ou de causas de adimplemento, como pagamento, novação, dação etc. (arts. 304 a 388). A conclusão que este dispositivo permite, portanto, é que o devedor pode se defender perante todos os credores solidários com as exceções comuns e com as pessoais relativas a cada um deles. Destarte, se o devedor não puder ofertar exceção pessoal oponível a um dos credores solidários que ajuizou a demanda, estará obrigado a pagar aos que figuram na demanda a cota indevida ao primeiro. Nesse caso, só lhe restará ajuizar ação específica ante o credor em relação ao qual dispunha de uma ação específica para receber a restituição do que indevidamente pagou aos demais. Caso, por exemplo, A, B e C sejam credores solidários de Y e somente A o tenha coagido a firmar o instrumento de confissão de dívida, sem que a coação seja conhecida pelos demais, Y não poderá invocar o defeito em ação ajuizada por B. Desse modo, poderá este receber a integralidade da dívida, cabendo a Y ajuizar ação ante o coator A, para receber o que indevidamente pagou. Não poderá, porém, nos termos do presente artigo, invocar a coação de A em relação a B, autor da ação. Observe-se que a solução encontraria equivalência com o disposto no art. 154 do CC, já que A deve ser considerado terceiro em relação ao negócio jurídico celebrado entre B, C e Y, pois os dois primeiros desconheciam a coação. É certo, contudo, que A fará jus ao recebimento de sua cota-parte recebida por B e C, pois a coação dirigiu-se a Y e não pode ser invocada pelos cocredores, para excluir seu direito ao crédito.

---

**Art. 274. O julgamento contrário a um dos credores solidários não atinge os demais, mas o julgamento favorável aproveita-lhes, sem prejuízo de exceção pessoal que o devedor tenha direito de invocar em relação a qualquer deles.**

Artigo com redação dada pela Lei n. 13.105, de 16.03.2015.

---

Houve modificação na redação deste artigo pelo art. 1.068 da Lei n. 13.105/2015 (CPC). A modificação, contudo, não altera o conteúdo da regra, limitando-se a corrigir imperfeição oriunda da afirmação contida no dispositivo alterado de que o julgamento favorável ao credor aproveitaria aos demais credores solidários, a menos que se funde em exceção pessoal que o credor possa invocar em relação a qualquer deles. Ou seja, ficou assentado que o devedor que perde a demanda para um dos credores pode invocar exceções pessoais a outro dos credores que vier a intentar ação pela mesma dívida. A interpretação da redação anterior era a mesma. Em comentário à alteração em exame, Ronaldo Cramer assinala que não havia possibilidade, como dizia a redação original, que a decisão fosse ao mesmo tempo favorável aos credores solidários e fundada em exceção pessoal do devedor, pois, se se fundasse em exceção pessoal do devedor, o pedido original do credor seria improcedente e a nenhum deles podia aproveitar (*Breves comentários ao Novo Código de Processo Civil*. WAMBIER, Teresa Arruda Alvim; DIDIER JR., Fredie; TALAMINI, Eduardo; DANTAS, Bruno (coords.). São Paulo, RT, 2015, p. 2.390). Por isso é que a nova redação sustenta que aos credores que não participaram da demanda vencida por um dos credores, o devedor poderá opor as exceções pessoais que tiver contra outros credores que moverem ação em relação a ele. O comentário feito ao artigo, portanto, subsiste na íntegra.

O julgamento contrário a um dos credores solidários não atinge os demais, enquanto o favorável aproveita-lhes, a menos que se funde em exceção pessoal ao credor que o obteve. Se o julgamento de uma ação movida por um dos credores solidários lhe é desfavorável (acolhendo-se, por exemplo, alegações de inexistência do débito, quitação, ou inépcia da inicial), seus efeitos não podem atingir os demais, que não integraram a relação jurídica processual. Mas, se os argumentos apresentados pelo devedor nessa mesma ação forem rejeitados, a decisão aproveitará aos demais credores, o que parece significar a extensão dos efeitos subjetivos da coisa julgada a quem não integra a lide (ROSENVALD, Nelson. *Direito das obrigações*. Niterói, Impetus, 2004, p. 92). Essa regra geral, porém, não prevalece quando a defesa apresentada pelo réu for exceção pessoal relativa ao credor que se sagrou vencedor. Alegação capaz de comprometer o sucesso da ação de cobrança movida pelo credor solidário é a prescrição. Caso o devedor articule a prescrição da pretensão do credor que ajuizou a demanda, sua rejeição pela sentença, com consequente condenação da obrigação de pagar, aproveita aos demais credores, segundo a parte final do dispositivo em exame. No entanto, se a rejeição da alegada prescrição resultar da peculiaridade da condição do credor que ajuizou a ação, cuja menoridade impedia a fluência do prazo prescricional, nos termos do inciso I do art. 198 do CC, a sentença não pode aproveitar aos demais credores. O julgamento favorável ao absolutamente incapaz decorre de uma condição pessoal sua, e insuscetível de ser aproveitada pelos demais. A exceção comum, portanto, torna-se pessoal em relação ao credor, pois foi sua condição específica de incapaz que impediu a fluência do prazo e essa situação não socorre os demais credores capazes. Registre-se que o disposto no art. 204 do CC não se aplica ao exemplo dado, pois a incapacidade é hipótese de suspensão, e não de interrupção do prazo prescricional. E, no que tange aos casos de suspensão, os demais credores solidários só serão beneficiados se o objeto da prestação for indivisível (art. 201 do CC). O fato de o julgamento favorável aproveitar aos demais credores não prejudica o devedor, que já teve ampla oportunidade de defesa no primeiro processo ajuizado. De outro lado, se o credor que ajuíza a ação foi malsucedido por sua inépcia ou descuido, essa situação não prejudica os cocredores, que poderão ajuizar a ação sem reflexo daquela anteriormente ajuizada. A regra preserva o interesse dos credores que não participaram do processo e podem produzir outras provas ou deduzirem melhores argumentos em defesa de seus próprios interesses. Solução contrária permitia que o crédito de que são titulares perecesse sem que tivessem o direito de defendê-lo. A segunda parte do artigo em exame oferece solução diversa para o caso em que o julgamento – procedência ou improcedência – for favorável a um dos credores solidários. Nesse caso, a regra é que a decisão produz efeitos em relação aos outros credores, que poderão se beneficiar do conteúdo da sentença. No entanto, esse benefício não lhes poderá ser concedido nos casos em que o sucesso do credor na demanda resulte de exceção pessoal que apenas a ele diga respeito. Nos casos de defeito do negócio jurídico, a pessoalidade da exceção parece menos relevante na prática. Havendo defeito, o negócio deve ser anulado em ação especificamente movida para esse fim (art. 177 do CC). Contudo, como a anulação compreende todo o negócio, não haverá como admitir sua subsistência parcial apenas no que se refere ao credor que possui uma exceção pessoal que possa beneficiá-lo (caso do estado de perigo desconhecido por algum dos credores de uma confissão de dívida).

**Jurisprudência:** Apelação. Recurso dos embargantes. Embargos à execução. Contrato de locação. Discussão sobre a responsabilidade dos fiadores e eventual exoneração. Contrato resolvido por força de sentença judicial anterior. Extensão dos efeitos da coisa julgada aos embargantes. Exoneração inconteste. Eventual permanência da locatária no imóvel que não vincula os embargantes. Ausência de responsabilidade por débitos posteriores e relativos a um novo contrato celebrado após o despejo. Extinção da execução em face dos embargantes. Reforma da r. sentença. Pedidos iniciais procedentes. Recurso dos embargantes provido. 1 – Os efeitos da coisa julgada podem alcançar terceiros que não participaram do processo da qual emergiu, desde que o resultado seja benéfico ao terceiro. Invocável a doutrina da "preclusão colateral" (*defensive or offensive nonmutual collateral estoppel*, ou Bernhard *doctrine*), que admite ser possível a coisa julgada beneficiar terceiros não integrantes da lide original. Entendimento doutrinário, jurisprudencial e legal (CC, art. 274, 2ª parte; CPC, art. 506, p. ex). Precedentes desta Col. Câmara. 2 – No caso, houve ação de despejo anterior na qual restou resolvido o contrato de locação. Embora não fosse necessária a citação dos fiadores (litisconsórcio facultativo; Lei federal n. 8.245/91, art. 62, I), a eficácia da coisa julgada pode ser aproveitada, pois benefica. 3 – Considerando que o contrato foi resolvido anteriormente por sentença transitada em julgado, é fácil concluir que os embargantes, na condição de fiadores, não possuem mais relação com o embargado, descabendo sua responsabilidade por dívidas posteriores e que decorrem de continuidade da locatária no imóvel, cenário que gerou novo contrato de locação sem participação dos embargantes. Recurso dos embargantes provido. (TJSP, Ap. Cível n. 1001201-16.2022.8.26.0268/Itapecerica da Serra, 30ª Câm. de Dir. Priv., rel. Maria Lúcia Pizzotti, j. 03.04.2024, publ. 04.04.2024)

Agravo de instrumento. Transporte. Indenização. Condenação solidária. Levantamento de valores. Ainda que uma das rés tenha depositado em juízo parcela da condenação, tendo em vista que a sentença as condenou de maneira solidária ao pagamento de importância devida à autora e que o recurso interposto por uma pode beneficiar a outra, inviável é, desde já, autorizar o levantamento de valores. Inteligência dos arts. 509 do CPC [art. 1.005 do CPC/2015] e 274 do CC/2002. Agravo de instrumento improvido. (TJRS, AI n. 70.035.390.715, 11ª Câm. Cível, rel. Luiz Roberto Imperatore de Assis Brasil, j. 30.06.2010)

Execução fiscal. Prescrição intercorrente. Ocorrência. Favorecimento aos demais responsáveis solidários. 1 – O redirecionamento da execução contra o sócio deve ocorrer no prazo de cinco anos da citação da pessoa jurídica, de modo a não tornar imprescritível a dívida fiscal. Precedentes. 2 – Se o pagamento da dívida por um dos sócios favorece aos demais, por igual razão a prescrição da dívida arguida por um dos sócios, e reconhecida pelo juízo competente, aproveita aos demais devedores solidários, nos termos do art. 125 do CTN e arts. 274 e 275 do CC. Agravo regimental improvido. (STJ, Ag. Reg. no REsp n. 958.846, 2ª T., rel. Min. Humberto Martins, j. 15.09.2009, *DJe* 30.09.2009) (*RMDCPC* 32/114)

## *Seção III*
## *Da Solidariedade Passiva*

**Art. 275. O credor tem direito a exigir e receber de um ou de alguns dos devedores, parcial ou totalmente, a dívida comum; se o pagamento tiver sido parcial, todos os demais devedores continuam obrigados solidariamente pelo resto.**

**Parágrafo único. Não importará renúncia da solidariedade a propositura de ação pelo credor contra um ou alguns dos devedores.**

Este artigo oferece o conceito de solidariedade passiva, segundo a qual o débito é exigido total ou parcialmente de apenas um ou alguns dos diversos devedores, que não poderão invocar sua responsabilidade parcial para pagar apenas o que lhes cabe no total da dívida. Embora existam vários devedores, cada um deles é visto, do ponto de vista do credor, como se fosse um único, de modo que ele poderá optar entre receber a dívida de todos os devedores, ou cobrá-la integralmente de apenas um deles. Em consequência, o credor pode optar pela cobrança que lhe convier: todo o débito de um dos devedores; a cota de cada devedor em relação a cada um deles; a cota do devedor em relação a este e o saldo de um ou de todos em conjunto; enfim, poderá postular o valor da dívida do modo que desejar, sem restrições. A segunda parte do artigo impõe a conservação da solidariedade em relação ao saldo devedor que subsiste após o pagamento parcial. Significa dizer: mesmo se um dos devedores paga sua cota-parte do débito ao credor, nem por isso deixa de ser solidariamente responsável pelo restante da dívida ainda não saldada. Não haverá renúncia à solidariedade se a ação for proposta perante um ou alguns devedores, pois o credor, se não obtiver êxito na demanda deduzida ante um dos devedores, poderá ajuizar ação para receber o débito integral, ou parcial, dos demais devedores. Essa regra, contida no parágrafo único do artigo, foi alterada em relação ao art. 910 do CC/1916 – que expressamente autorizava o ajuizamento de outra ação em relação aos demais devedores ainda não acionados, valendo-se da expressão "não fica inibido de acionar os outros". A mudança na redação do dispositivo motivou reflexão de Eduardo M. G. de Lyra Jr., que considerou possível a interpretação segundo a qual o credor, ao optar por ajuizar a ação em relação a um dos devedores, não pode, posteriormente, cobrar a dívida de outro devedor, a não ser em determinadas circunstâncias limitadoras desse direito. Sustenta que o parágrafo único do artigo em exame apenas expressa a subsistência da solidariedade em relação aos devedores acionados nessa demanda (que responderão pela totalidade da dívida), mas vetou o ajuizamento de nova ação em relação aos demais devedores (*Revista de Direito Privado*. São Paulo, RT, 2003, v. XIII, p. 29-50). A posição adotada por Lyra Jr., porém, não conta com a concordância de Renan Lotufo, que esclarece que o credor que não obtém seu crédito do devedor solidário cobrado em primeiro lugar não está impedido de cobrar os demais, conjunta ou individualmente, pois o objetivo da solidariedade é facilitar a cobrança do crédito e proteger o credor do risco de insolvência (*Código Civil comentado*. São Paulo, Saraiva, 2003, v. II, p. 111). O mesmo entendimento é perfilhado por Carlos Roberto Gonçalves (*Comentários ao Código Civil brasileiro*. Rio de Janeiro, Forense, 2003, v. II, p. 173).

**Jurisprudência:** Agravo de instrumento. Cumprimento de sentença. Condenação solidária. Credor que exige a integralidade da dívida de um dos codevedores. Executada que pleiteou a sua substituição no polo passivo pela codevedora avalista. Indeferimento. A solidariedade passiva (CC, art. 264) faculta ao devedor exigir e receber de um ou de alguns dos devedores, parcial ou totalmente, a dívida comum (CC, art. 275). Ficando aquele que pagou integralmente ao credor com direito de regresso contra os demais devedores solidários (CC, art. 283). Substituição pretendida inviável. Decisão mantida. Recurso não provido. (TJSP, AI n. 2102119-39.2022.8.26.0000/SP, 15ª Câm. de Dir. Priv., rel. Achile Alesina, j. 21.06.2022, publ. 21.06.2022)

Agravo de instrumento. Responsabilidade civil. Indenização por danos materiais e morais. Cumprimento de sentença. Inconformismo trazido pela exequente em face da r. decisão interlocutória que manteve a extinção do feito em relação à R. R. S/A. Transação com relação a um dos devedores solidários, persistindo o restante da dívida com relação ao devedor subsistente. Acordo homologado com relação a um dos devedores solidários que não aproveita os demais. Inteligência dos arts. 275, 277, 282 e 844 do CC. Decisão reformada. Recurso provido. (TJSP, AI n. 2288702-69.2021.8.26.0000/SP, rel. José Carlos Ferreira Alves, j. 29.04.2022, 2ª Câm. de Dir. Priv., publ. 29.04.2022)

Agravo de instrumento. Cumprimento de sentença. Decisão que homologou acordo celebrado entre a credora e uma das coexecutadas, julgando extinto o processo em relação à ela e determinando o prosseguimento em relação ao outro devedor solidário. Quitação parcial do débito. Art. 275 do CC. Devedor solidário que não participou da transação permanece responsável pelo pagamento do saldo remanescente. Precedentes. Decisão mantida. Recurso improvido. (TJSP, AI n. 2212597-51.2021.8.26.0000/SP, 24ª Câm. de Dir. Priv., rel. Plinio Novaes de Andrade Júnior, j. 17.12.2021, publ. 17.12.2021)

Recurso especial. Ação ordinária em execução. Honorários advocatícios. Solidariedade constante da sentença exequenda. Aplicação do art. 275 do CC. 1 – Expressamente imposta na sentença, com trânsito em julgado, a solidariedade na condenação da verba honorária sucumbencial, aplica-se a norma do art. 275 do CC, permitindo-se ao vencedor da demanda escolher contra quem executará referidos honorários, em valor total ou parcial. 2 – Recurso especial conhecido e provido. (STJ, REsp n. 1.343.143, 2ª T., rel. Min. Castro Meira, *DJe* 06.12.2012, p. 503)

Direito civil. Recurso especial. Seguro DPVAT. Ação de complementação de indenização securitária. Legitimidade de seguradora diversa da que realizou o pagamento a menor. Solidariedade passiva. Incidência do art. 275, *caput* e parágrafo único, do CC/2002. 1 – A jurisprudência é sólida em afirmar que as seguradoras integrantes do consórcio do seguro DPVAT são solidariamente responsáveis pelo pagamento das indenizações securitárias, podendo o beneficiário cobrar o que é devido de qualquer uma delas. 2 – Com efeito, incide a regra do art. 275, *caput* e parágrafo único, do CC/2002, segundo a qual o pagamento parcial não exime os demais obrigados solidários quanto ao restante da obrigação, tampouco o recebimento de parte da dívida induz a renúncia da solidariedade pelo credor. 3 – Resulta claro, portanto, que o beneficiário do seguro DPVAT pode acionar qualquer seguradora integrante do grupo para o recebimento da complementação da indenização securitária, não obstante o pagamento administrativo realizado a menor tenha sido efetuado por seguradora diversa. 4 – Recurso especial provido. (STJ, REsp n. 1.108.715, 4ª T., rel. Min. Luis Felipe Salomão, *DJe* 28.05.2012, p. 1.173)

No caso de pagamento parcial da dívida por um ou algum dos devedores, todos os demais continuam solidariamente responsáveis pelo remanescente: STJ, REsp n. 1.108.715/PR, 4ª T., rel. Min. Luís Felipe Salomão, j. 15.05.2012 (em caso de pagamento parcial do DPVAT cobrado em que a ação é ajuizada em face de seguradora diversa).

Condomínio em edifício. Ação de cobrança de despesas condominiais. Obrigação indivisível. Cobrança que pode ser direcionada contra qualquer dos titulares da unidade, se mais de um houver. Legitimidade passiva da coproprietária. Responsabilidade solidária. Litisconsórcio passivo facultativo e não necessário. Procedência bem decretada na origem. Recurso desprovido. Considerado o caráter solidário e indivisível da natureza da obrigação *propter rem* (arts. 259 e 275, CC), o credor pode demandar contra um ou alguns dos devedores. Preliminar de ilegitimidade passiva afastada. No caso, é impositiva a prevalência do interesse da massa condominial, com o propósito de resgatar o mais rápido possível o montante das despesas inadimplidas, resguardado o direito de regresso. Incidem os juros de mora a partir do vencimento de cada parcela, pois que se cuida de obrigação líquida decorrente da própria convenção do condomínio. (TJSP, Ap. n. 009456-93.2007.8.26.0562, rel. Des. Reinaldo Caldas, j. 07.03.2012)

[...] II – Na hipótese dos autos, ao Banco-credor, por inexistir, à época, individualização da quota pertencente a cada herdeiro, o que se daria somente com a consecução da partilha, era dada a possibilidade de promover ação de execução (única, ressalte-se), com lastro na retrocitada Escritura Pública de Confissão de Dívida, em face do espólio, bem como da codevedora, ora recorrida. Entretanto, o Banco-credor, deixando de se valer dessa via judicial, entendeu por bem habilitar o respectivo crédito nos autos do inventário, no que logrou êxito;

III – Nesse contexto, considerando que, após a habilitação do crédito, os bens reservados serão alienados em hasta pública, observando-se, no que forem aplicáveis, as regras da execução por quantia certa contra devedor solvente, tal como determina o art. 1.017 do CPC [art. 642 do CPC/2015], o ajuizamento de "nova" execução, com base no mesmo crédito, agora, contra o codevedor, redundará, na prática, na existência de duas execuções concomitantes para cobrar a mesma dívida, o que não se afigura lícito. Veja-se que, nessa descabida hipótese, ter-se-ia duplicidade de penhora para satisfazer o mesmo débito, bem como de condenações às verbas sucumbenciais, o que, inequivocamente, onera, em demasia, o devedor, contrariando, por conseguinte, o art. 620 do CPC [art. 805 do CPC/2015];

IV – Efetivamente, tal proceder, além de não observar o princípio da menor onerosidade para o executado, denota, inequivocamente, falta de interesse de agir do autor da ação, na modalidade necessidade;

V – Recurso especial improvido. (STJ, REsp n. 1.167.031/RS, 3ª T., rel. Min. Massami Uyeda, j. 06.10.2011)

No caso de pagamento parcial da dívida por um ou algum dos devedores, todos os demais continuam solidariamente responsáveis pelo remanescente: REsp n. 1.108.715/PR, rel. Min. Luís Felipe Salomão (em caso de pagamento parcial do DPVAT cobrado em que a ação é ajuizada em face de seguradora diversa).

Direito civil. Agravo regimental no recurso especial. Solidariedade passiva. Dois codevedores. Transação com um deles. Outorga de quitação plena. Extinção da solidariedade. Direito civil. Indenização. Dano efetivo. Danos morais. Alteração pelo STJ. Valor exorbitante ou ínfimo. Possibilidade. Na solidariedade passiva o credor tem a faculdade de exigir e receber, de qualquer dos codevedores, parcial ou totalmente, a dívida comum. Havendo pagamento parcial, todos os demais codevedores continuam obrigados solidariamente pelo valor remanescente. O pagamento parcial efetivado por um dos codevedores e a remissão a ele concedida, não alcança os demais, senão até a concorrência da quantia paga ou relevada. Na espécie, contudo, a sobrevivência da solidariedade não é possível, pois resta apenas um devedor, o qual permaneceu responsável por metade da obrigação. Diante disso, a consequência lógica é que apenas a recorrida permaneça no polo passivo da obrigação, visto que a relação solidária era constituída de tão somente dois codevedores. O acolhimento da tese do recorrente, no sentido de que a recorrida respondesse pela integralidade do valor remanescente da dívida, implicaria, a rigor, na burla da transação firmada com a outra devedora. Isso porque, na hipótese da recorrida se ver obrigada a satisfazer o resto do débito, lhe caberia, a teor do que estipula o art. 283 do CC/2002, o direito de exigir da outra devedora a sua quota, não obstante, nos termos da transação, esta já tenha obtido plena quitação em relação à sua parte na dívida. A transação implica concessões recíprocas, não cabendo dúvida de que o recorrente, ao firmá-la, aceitou receber da outra devedora, pelos prejuízos sofridos (correspondentes a metade do débito total), a quantia prevista no acordo. Assim, não seria razoável que a outra devedora, ainda que por via indireta, se visse obrigada a despender qualquer outro valor por conta do evento em relação ao qual transigiu e obteve quitação plena. Os arts. 1.059 e 1.060 do CC/2002 exigem dano material efetivo como pressuposto do dever de indenizar. O dano deve, por isso, ser certo, atual e subsistente. Precedentes. A intervenção do STJ, para alterar valor fixado a título de danos morais, é sempre excepcional e justifica-se tão somente nas hipóteses em que o *quantum* seja ínfimo ou exorbitante, diante do quadro delimitado pelas instâncias ordinárias. Precedentes. Agravo provido para conhecer parcialmente do recurso especial e, nesta parte, lhe dar provimento. (STJ, Ag. Reg. no REsp n. 1.091.654, rel. Min. Nancy Andrighi, j. 17.03.2009)

Despesas de condomínio. Cobrança. Solidariedade dos coproprietários. Legitimidade de qualquer um deles para responder pela dívida toda da unidade autônoma. Os coproprietários da unidade autônoma são devedores solidários na forma do art. 275, do CC, podendo o credor optar por exigir a dívida de todos ou de qualquer um deles. Justiça gratuita. Requisitos presentes. Benefício concedido. Nos termos do art. 4º da Lei n. 1.060/50, a parte desfrutará dos benefícios da assistência judiciária mediante simples afirmação de que não tem condições de pagar as custas processuais e os honorários advocatícios sem prejuízo do sustento próprio ou de sua família. Recurso do autor provido. Apelação da requerida parcialmente provida. (TJSP, Ap. s/ Rev. n. 1.088.957.006, 34ª Câm. de Dir. Priv., rel. Emanuel Oliveira, j. 02.07.2008)

Agravo de instrumento. Execução fiscal. Rejeição de objeção de não executividade. Imposto Predial e Territorial Urbano. Taxas de conservação de vias e logradouros públicos, de extinção e prevenção de incêndios e de remoção de lixo domiciliar. Exercícios de 1994 a 1996. Prescrição. Não configuração. Imóvel pertencente a várias pessoas naturais. Obrigação solidária. Citação válida de um dos coproprietários antes do decurso do prazo prescricional. Interrupção da prescrição contra todos os devedores solidários. Inclusão dos demais coobrigados no polo passivo. Admissibilidade. Prescrição intercorrente não verificada. Inexistência de inércia do credor. Inteligência do art. 40, § 4º, da Lei n. 6.830/80 e dos arts. 124, I, 125, III, e 174, parágrafo único, I, do CTN, c/c os arts. 204, § 1º, e 275, parágrafo único, do CC. Recurso desprovido. (TJSP, AI n. 6.645.365.700, 14ª Câm. de Dir. Públ., rel. Geraldo Xavier, j. 28.02.2008)

Cisão de sociedade e solidariedade da companhia cindida: Execução. Título judicial. Substituição da executada no polo passivo por força de sua cisão. Descabimento contra a vontade do credor. Obrigação solidária. Na hipótese de cisão parcial da sociedade anônima a companhia cindida é sempre solidariamente responsável pelas obrigações que tiver assumido anteriormente à cisão, na forma do disposto na segunda parte do *caput* do art. 233 da Lei n. 6.404/76. Consequentemente, por força dos princípios da solidariedade passiva, ao credor assiste o direito de exigir a dívida, por inteiro, de qualquer um dos codevedores (art. 904 do CC/1916 e art. 275 do novo estatuto civil), e tendo optado em cobrá-la com exclusividade da empresa cindida, nada justifica, contra sua vontade, instalar a sociedade que absorveu parcela do patrimônio da cindida no polo passivo da execução. (TJSP, AI n. 1.119.831.003, 28ª Câm. de Dir. Priv., rel. Amaral Vieira, j. 13.11.2007)

Também não é demais anotar que, tratando-se de obrigações solidárias (emitente e avalista) ambos respondem pelo débito, como se fosse o único devedor, *in totum et totaliter* pelo cumprimento da obrigação. (TJSP, AI n. 7.127.791-9, rel. Des. Newton Neves, j. 03.04.2007)

Pré-executividade. Exceção. Rejeição. Pretensão de evitar lesividade decorrente da penhora, quando se evidencia não ostentar o pretenso credor título executivo extrajudicial ou judicial que o habilite à execução. Ausência de condição da ação pela não inclusão da Serasa no polo passivo da ação. Inocorrência da carência da execução pela mera circunstância de ter sido esta proposta apenas contra o Banco, olvidando-se o credor da devedora solidária Serasa. Conduta autorizada pelo disposto no art. 275 do CC, que repete a redação do art. 904 do estatuto revogado. Credor poderá executar apenas um ou algum dos devedores solidários, à sua vontade, sendo as consequências dessa conduta expressamente previstas na lei. Impossibilidade de rediscutir o devedor matéria assentada em decisão judicial transitada em julgado, na qual restou estabelecida de forma cabal a solidariedade. Litigância de má-fé afastada, por não se vislumbrar que o pedido do devedor tenha decorrido de conduta dolosa. Recurso parcialmente provido. (TJSP, AI n. 7.101.670-5/00, rel. Des. Manoel Mattos, j. 06.03.2007)

O princípio da ampla responsabilidade adotado pelo art. 904 do CC então vigente (art. 275 do CC atual) para o intuito da solidariedade passiva impede que se estabeleça limitação de obrigação a um, ou alguns devedores solidários, cada um dos quais é responsável por todo o débito perante o credor. Essa regra tem o escopo de proporcionar maior facilidade ao credor na cobrança do seu crédito. Nesse sentido, a doutrina de J. M. de Carvalho Santos (*Código Civil Brasileiro interpretado*,

3. ed. Freitas Bastos, p. 221-9), de Álvaro Villaça Azevedo (*Curso de direito: teoria geral das obrigações*, 9. ed. atual. RT, p. 100-5) e de Caio Mário da Silva Pereira (*Instituições de direito civil*. Teoria Geral das Obrigações. 20. ed. rev. Forense, v. II, p. 95-102). (TJSP, Ap. n. 16.594.646-00, rel. Juiz Dimas Carneiro, j. 01.02.2006)

Locação. Embargos. Fiadores. Devedor solidário. Falência da locatária. Os fiadores, como devedores solidários, podem ser acionados não havendo que se cogitar em habitação do crédito perante o respectivo juízo da falimentar, *ex vi* do art. 275 do CC, que autoriza ao credor a exigência da dívida contra o devedor que escolher. (TJSP, Ap. c/ Rev. n. 703.248.0/5/SP, 35ª Câm. de Dir. Priv., rel. Des. Clóvis Castelo, j. 27.06.2005, v.u.)

Direito de vizinhança. Construção. Responsabilidade solidária. Danos materiais. Solidariedade do proprietário e do construtor pela reparação civil. Exigibilidade ou recebimento pelo credor de um ou alguns dos devedores, parcial ou totalmente. Possibilidade. Art. 275, *caput*, do CC. (TJSP, AI n. 962.751-0/5/SP, 34ª Câm. de Dir. Priv., rel. Des. Gomes Varjão, j. 26.10.2005, v.u., voto n. 7.985)

A dívida dos coproprietários com relação ao condomínio caracteriza-se como obrigação solidária, em que o credor tem direito a exigir e receber de um ou de alguns dos devedores, parcial ou totalmente, o débito comum, conforme dispõem os arts. 904 do antigo CC e 275 do novo diploma. Dessa forma, percebe-se que o litisconsórcio passivo é facultativo e não necessário, a teor do art. 46, I, do CPC [art. 113, I, do CPC/2015]. (II TAC, AI n. 789.169, 2ª Câm., rel. Juiz Andratta Rizzo, j. 14.04.2003)

No mesmo sentido: Ap. n. 632.631-00/4, 7ª Câm., rel. Juiz William Campos, j. 29.01.2002; Ap. n. 626.877-00/3, 3ª Câm., rel. Juiz Cambrea Filho, j. 19.02.2002; e Ap. n. 690.482-00/0, 2ª Câm., rel. Juiz Andratta Rizzo, j. 30.06.2003; todos do Eg. II TAC.

O proprietário e o construtor são responsáveis solidários pela reparação civil de todos os danos causados pela construção a vizinho. Por se tratar de obrigação solidária, o credor pode exigi-la e recebê-la de um ou alguns dos devedores, parcial ou totalmente, nos termos do art. 904 do CC. (II TAC, Ap. n. 623.951-00/9, 10ª Câm., rel. Juiz Gomes Varjão, j. 05.06.2002)

O credor de dívida solidária, na forma do art. 910 do CC, propondo a ação contra um dos devedores solidários, não fica inibido de acionar os outros. (*JTA* 193/400)

O codevedor solidário, em contrato acessório de fiança que, em transação, satisfaz a dívida por inteiro, tem o direito assegurado de voltar-se, regressivamente, contra os demais coobrigados, para deles exigir a cota-parte correspondente. A transação é modo indireto de extinguir o litígio, mas não desonera e nem transmuda a origem obrigacional da dívida. (II TAC, Ap. n. 634.744-00/8, 11ª Câm., rel. Juiz Artur Marques, j. 13.05.2002)

Responsabilidade civil extracontratual. Ilícito para cuja produção concorrem várias pessoas. Solidariedade. Havendo solidariedade passiva, todos os devedores respondem, perante o credor, pela integralidade da dívida, não importando o grau da culpa de cada um. (STJ, REsp n. 68.210/MS, rel. Min. Eduardo Ribeiro, *DJ* 07.10.1996)

Do mesmo teor: STJ, Emb. Decl. no Ag. Reg. no CC n. 39.984/RJ, rel. Min. Fernando Gonçalves, j. 24.11.2004.

**Art. 276. Se um dos devedores solidários falecer deixando herdeiros, nenhum destes será obrigado a pagar senão a quota que corresponder ao seu quinhão hereditário, salvo se a obrigação for indivisível; mas todos reunidos serão considerados como um devedor solidário em relação aos demais devedores.**

O herdeiro do devedor solidário responde apenas por sua cota no quinhão hereditário. No entanto, se a obrigação for indivisível, responderá pela integralidade do bem, já que não haverá possibilidade de pagamento parcial. Os diversos herdeiros reunidos serão considerados como se fossem um só devedor solidário em relação aos demais codevedores. Dessa forma, pela parte do débito de responsabilidade do devedor falecido todos os herdeiros respondem, estabelecendo-se uma solidariedade legal. O art. 1.792 do CC limita a responsabilidade do herdeiro ao valor da herança, dispositivo compatível com o de que ora se trata.

**Jurisprudência:** Ação de cobrança de honorários advocatícios. Reconvenção. Procedência parcial do pedido principal e improcedência da reconvenção. Sentença confirmada. Não se conhece do recurso dos requeridos/reconvintes que apenas se limitaram a transcrever *ipsis litteris* os termos da contestação e da reconvenção, descumprindo assim o inciso II do art. 514 do CPC [art. 1.010, II e III, do CPC/2015]. Tratando-se de obrigação divisível, como é o crédito por honorários, nenhum dos herdeiros será obrigado a pagar senão a quota que corresponder ao seu quinhão hereditário (art. 276 do CC), não se aplicando ao caso o art. 1.791 do CC, que diz respeito à indivisibilidade do direito e não das obrigações dos herdeiros. Recurso dos requeridos/reconvintes não conhecido. Recurso do autor não provido. (TJSP, Ap. n. 0009276-34.2009.8.26.0586/São Roque, 28ª Câm. de Dir. Priv., rel. Manoel Justino Bezerra Filho, *DJe* 19.09.2014, p. 2.014)

Cumprimento de sentença. Bloqueio *on-line* de conta-corrente de titularidade de um dos herdeiros de devedor solidário. Observância do art. 276 do CC. Agravante que não estaria obrigado a arcar com o pagamento da totalidade da dívida, mas tão somente com a quota correspondente ao seu quinhão hereditário. Desbloqueio do valor excedente a R$ 39.847,03 determinado recurso provido. (TJSP, AI n. 0222840-06.2012.8.26.0000/São Paulo, 1ª Câm. de Dir. Priv., rel. Luiz Antonio de Godoy, *DJe* 03.06.2013, p. 1.252)

**Art. 277. O pagamento parcial feito por um dos devedores e a remissão por ele obtida não aproveitam aos outros devedores, senão até à concorrência da quantia paga ou relevada.**

O pagamento efetuado por um dos devedores não o libera da solidariedade em relação ao saldo devedor (art. 275). No entanto, o pagamento parcial e a remissão obtida por um dos devedores devem ser deduzidos do valor da dívida. A solidariedade subsiste em relação ao remanescente, como já afirmado, e não se poderia concluir pela quitação total ou liberação do devedor que efetua o pagamento.

**Jurisprudência:** Juízo de retratação. Art. 1.030, II, do CPC/2015. Devolução à Turma Julgadora para adequação ou manutenção do julgado no que toca aos critérios de recomposição do montante da condenação imposta à municipalidade de Nuporanga e demais corréus (REsp n. 1.495.146/MG – Tema n. 905). Ação de Indenização por danos morais c/c indenização por lucros cessantes em decorrência de acidente de trânsito. Acórdão que, em sede de apelação, ao negar provimento aos recursos dos corréus e dar parcial provimento ao recurso adesivo dos autores, reconheceu a responsabilidade solidária do Município de Nuporanga. Adequação do acórdão. Responsabilidade decorrente de relação extracontratual. Crédito não tributário. Critérios de recomposição monetária. Acórdão ora em juízo de retratação que manteve a sentença recorrida no que diz respeito aos juros e à atualização monetária, ou seja: as parcelas vencidas deverão ser corrigidas monetariamente pelos índices da Tabela Prática do Eg. TJSP e acrescidas de juros de mora de 1% ao mês, desde a data em que deveriam ser pagas e; ao pagamento de indenização por danos morais, a cada um dos autores, no importe de R$ 50.000,00, corrigida monetariamente a contar deste momento e acrescida de juros legais a partir do evento danoso. Tema n. 905 do STJ. Tese fixada nos seguintes termos: "3. Índices aplicáveis a depender da natureza da condenação. 3.1 Condenações judiciais de natureza administrativa em geral. As condenações judiciais de natureza administrativa em geral sujeitam-se aos seguintes encargos: (a) até dezembro/2002: juros de mora de 0,5% ao mês; correção monetária de acordo com os índices previstos no Manual de Cálculos da Justiça Federal, com destaque para a incidência do IPCA-E a partir de janeiro/2001; (b) no período posterior à vigência do CC/2002 e anterior à vigência da Lei n. 11.960/2009: juros de mora correspondentes à taxa Selic, vedada a cumulação com qualquer outro índice; (c) período posterior à vigência da Lei n. 11.960/2009: juros de mora segundo o índice de remuneração da caderneta de poupança; correção monetária com base no IPCA-E". Fixação, todavia, que deve observar os termos do art. 280 do CC, ante a condenação solidária de pessoas naturais com leis de regência diferentes (pessoas físicas e municipalidade). Retratação do acórdão, nos termos dos arts. 1.040, II, e 1.041, *caput* e § 1º, todos do CPC/2015. (TJSP, Ap. Cível n. 0000757-21.2010.8.26.0397/SP, 27ª Câm. de Dir. Priv., rel. Ricardo Chimenti, j. 05.04.2022, publ. 06.04.2022)

Submetido o presente recurso de apelação a novo julgamento pela Turma Julgadora, em razão da determinação do Exmo. Des. Presidente da Seção de Direito Privado, nos termos do art. 1.030, II, do CPC. Acidente de trânsito. Acidente envolvendo veículo do filho dos autores que ocasionou sua morte. Animal na pista. Responsabilidade solidária do proprietário do animal e da municipalidade. Sentença que julgou parcialmente procedentes os pedidos, mantida pelo v. Acórdão que negou provimento ao apelo do proprietário do animal e deu parcial provimento ao apelo da Municipalidade, apenas no que se refere à fixação de correção monetária e juros de mora sobre as indenizações fixadas. Tema Repetitivo n. 905 do Eg. STJ fixou que "3. Índices aplicáveis a depender da natureza da condenação. 3.1 Condenações judiciais de natureza administrativa em geral. As condenações judiciais de natureza administrativa em geral, sujeitam-se aos seguintes encargos: (a) até dezembro/2002: juros de mora de 0,5% ao mês; correção monetária de acordo com os índices previstos no Manual de Cálculos da Justiça Federal, com destaque para a incidência do IPCA-E a partir de janeiro/2001; (b) no período posterior à vigência do CC/2002 e anterior à vigência da Lei n. 11.960/2009: juros de mora correspondentes à taxa Selic, vedada a c/c qualquer outro índice; (c) período posterior à vigência da Lei n. 11.960/2009: juros de mora segundo o índice de remuneração da caderneta de poupança; correção monetária com base no

IPCA-E". Critérios já observados pelo v. acórdão anterior. Fixação, todavia, que deve observar os termos do art. 280 do CC, ante a condenação solidária de pessoas naturais com leis de regência diferentes (pessoa física e municipalidade). V. acórdão parcialmente modificado, para constar a observação acima. (TJSP, Ap. Cível n. 0003172-65.2014.8.26.0484/SP, 32ª Câm. de Dir. Priv., rel. Mary Grün, j. 13.12.2021, publ. 13.12.2021)

Agravo de instrumento. Cumprimento de sentença. Recurso contra decisão que julgou improcedente a impugnação de excesso de execução e reduziu a multa para o valor de R$ 20.000,00. Responsabilidade solidária. Transação celebrada com devedor solidário. O pagamento parcial feito por um dos devedores e a remissão por ele obtida não aproveitam aos outros devedores, senão até à concorrência da quantia paga ou relevada (art. 277 do CC). Multa vencida. A redução da multa não preservaria os efeitos coercitivos necessários. Ato atentatório contra a justiça não configurada. A conduta do agravante não se enquadra em nenhuma das hipóteses do art. 774 do CPC. Recurso provido em parte, com observação. (TJSP, AI n. 2116637-73.2018.8.26.0000, 15ª Câm. de Dir. Priv., rel. Elói Estevão Troly, j. 20.08.2018)

Danos morais. *Quantum* indenizatório. Manutenção. Existência, contudo, de acordo entre autor e corré titular do veículo, com extinção parcial do processo em relação a ela. Possibilidade. Obrigação que, embora solidária, não importa relação jurídica indivisível. Tratando-se de reparação pecuniária, cindível na relação interna entre codevedores, não há óbice, em tese, para que um deles celebre transação, reconhecendo antecipadamente sua parcela da obrigação e obtendo remissão parcial do débito, com renúncia ao caráter solidário. Art. 48 do CPC [art. 117 do CPC/2015]. Prosseguimento do feito em relação ao devedor restante. Abatimento da parcela obrigacional atinente ao devedor remido. Art. 277 do CC. Recurso parcialmente provido. (TJSP, Ap. n. 0027901-77.2005.8.26.0224/Guarulhos, 25ª Câm. de Dir. Priv., rel. Hugo Crepaldi, *DJe* 01.07.2015)

Indenização por danos morais. Extinção do feito em relação a um dos corréus, em face de acordo celebrado, e determinação de prosseguimento do feito quanto ao outro. Admissibilidade. Condutas distintas imputadas aos requeridos e que fundamentam o pleito reparatório. Responsabilidade a ser apurada no curso da demanda. Hipótese em que pagamento parcial de dívida comum por um devedor solidário não exonera os demais. Inteligência dos arts. 275 e 277 do CC. Previsão expressa do instrumento da transação. Decisão mantida. Agravo desprovido. (TJSP, AI n. 2100460-39.2015.8.26.0000/São Paulo, 6ª Câm. de Dir. Priv., rel. Vito Guglielmi, *DJe* 30.06.2015)

1 – O art. 277 do CC estabelece que "o pagamento parcial feito por um dos devedores e a remissão por ele obtida não aproveitam aos outros devedores, senão até à concorrência da quantia paga ou relevada". 2 – "na solidariedade passiva o credor tem a faculdade de exigir e receber, de qualquer dos codevedores, parcial ou totalmente, a dívida comum. Havendo pagamento parcial, todos os demais codevedores continuam obrigados solidariamente pelo valor remanescente. O pagamento parcial efetivado por um dos codevedores e a remissão a ele concedida, não alcança os demais, senão até a concorrência da quantia paga ou relevada. Na espécie, contudo, a sobrevivência da solidariedade não é possível, pois resta apenas um devedor, o qual permaneceu responsável por metade da obrigação. Diante disso, a consequência lógica é que apenas a recorrida permaneça no polo passivo da obrigação, visto que a relação solidária era constituída de tão somente dois (*sic*) codevedores (...)" (Ag. Reg. no REsp n. 1.091.654/PR, 3ª T., rel. Min. Nancy Andrighi, j. 17.03.2009, *DJe* 25.03.2009). 3 – Acordo entre a autora e o médico-cirurgião não constitui prejudicial para a formulação de nova pretensão indenizatória em desfavor da clínica, devedora solidária. O ajuste implica apenas a liberação do médico com relação à quota-parte pela qual era responsável. Em razão disso, a ação contra a recorrente é cabível, limitada ao saldo remanescente. É dizer: a devedora solidária não tem razão ao arguir remissão pelo acordo celebrado com o codevedor; porém, tem melhor sorte quanto à compensação do valor já pago. Decisão dar parcial provimento. Unânime. (TJDFT, Proc. n. 20100310319954, rel. Des. Waldir Leôncio Lopes Júnior, *DJe* 16.04.2013, p. 118)

Direito processual civil. Direito civil. Ação de indenização de danos morais. Envio de nome ao cadastro de restrição ao crédito. Dívida paga. Inscrição indevida. Relação consumerista. Responsabilidade solidária do estabelecimento comercial. Transação. Efeitos não extensivos aos demais réus. Valor da indenização. Manutenção. Valor proporcional ao dano. 1 – É solidária a responsabilidade da administradora do cartão de crédito e do estabelecimento comercial por eventual dano causado ao consumidor, até mesmo porque, no caso, o último atuou como intermediário da operação comercial, integrando a cadeia de fornecimento. Assim, verificada a legitimidade passiva ad causam da empresa [...] Cia. Ltda. 2 – Na solidariedade passiva o credor tem a faculdade de receber, de qualquer codevedor, a dívida comum, de forma parcial ou total. Havendo transação com pagamento parcial por um dos devedores solidários, todos os demais permanecem obrigados solidariamente ao remanescente. A quitação concedida pela autora a apenas um deles, expressamente, não alcança os demais, segundo inteligência dos arts. 275, 277 e 844, § 3º, todos do CC. 3 – Ocorrido o protesto indevido, com a inscrição imprópria dos dados da parte autora nos órgãos de proteção ao crédito, incontestável o dever do estabelecimento comercial à indenização dos danos morais, frente ao concreto prejuízo suportado pela ofendida, oriundo da prática de ato irregular pela instituição bancária. Ademais, conforme entendimento assentado pelo STJ, na ocorrência de inscrição no cadastro de proteção ao crédito o dano moral é presumido. 4 – O arbitramento do valor da indenização por danos morais deve ser proporcional às peculiaridades do caso, justificando-se na hipótese sua manutenção, para se atender à finalidade de punir e prevenir sem causar enriquecimento sem causa da indenizada, especialmente se observado o patamar da Câmara e do STJ para casos análogos. (TJPR, Ap. Cível n. 0909125-6, 15ª Câm. Cível, rel. Des. Hayton Lee Swain Filho, *DJe* 12.12.2012, p. 419)

Agravo de instrumento. Ação de execução. Obrigação. Solidária. Transação feita pelo credor e alguns devedores. Quitação parcial. Em havendo quitação parcial da dívida através da transação realizada por alguns dos devedores solidários, a execução prossegue contra os demais devedores solidários, deduzidos os valores já recebidos. Incidente a regra do art. 277 do CC. Agravo provido de plano, forte no art. 557, § 1º-A, do CPC [art. 932, V, *a*, do CPC/2015]. (TJRS, AI n. 70.036.354.108, 20ª Câm. Cível, rel. Rubem Duarte, j. 08.06.2010)

Ação declaratória. Prestação de serviços. Sentença de procedência. Condenação das rés ao pagamento de indenização por danos morais de forma solidária. Composição amigável com uma das devedoras. Possibilidade. Remissão parcial do débito que extingue a dívida no que concerne à devedora remida. Dicção dos arts. 275, 277 e 388 do CC. Prejuízo à apelante. Inexistência. Total da dívida que não poderá ser exigida sem abatimento da parte remida. Recurso provido. (TJSP, AI n. 992090884921, 27ª Câm. de Dir. Priv., rel. Dimas Rubens Fonseca, j. 17.11.2009)

Na solidariedade passiva o credor tem a faculdade de exigir e receber, de qualquer dos codevedores, parcial ou totalmente, a dívida comum. Havendo pagamento parcial, todos os demais codevedores continuam obrigados solidariamente pelo valor remanescente. O pagamento parcial efetivado por um dos codevedores e a remissão a ele concedida não alcançam os demais, senão até a concorrência da quantia paga ou relevada. Na espécie, contudo, a sobrevivência da solidariedade não é possível, pois resta apenas um devedor, o qual permaneceu responsável por metade da obrigação. Diante disso, a consequência lógica é que apenas a recorrida permaneça no polo passivo da obrigação, visto que a relação solidária era constituída de tão somente dois codevedores. O acolhimento da tese do recorrente, no sentido de que a recorrida respondesse pela integralidade do valor remanescente da dívida, implicaria, a rigor, a burla da transação firmada com a outra devedora. Isso porque, na hipótese da recorrida se ver obrigada a satisfazer o resto do débito, lhe caberia, a teor do que estipula o art. 283 do CC/2002, o direito de exigir da outra devedora a sua quota, não obstante, nos termos da transação, esta já tenha obtido plena quitação em relação à sua parte na dívida. A transação implica concessões recíprocas, não cabendo dúvida de que o recorrente, ao firmá-la, aceitou receber da outra devedora, pelos prejuízos sofridos (correspondentes a metade do débito total), a quantia prevista no acordo. Assim, não seria razoável que a outra devedora, ainda que por via indireta, se visse obrigada a despender qualquer outro valor por conta do evento em relação ao qual transigiu e obteve quitação plena [...]. (STJ, Ag. Reg. no REsp n. 1.091.654, rel. Min. Nancy Andrighi, j. 17.03.2009)

No mesmo sentido: STJ, Ag. Reg. no Ag. n. 692.427, 3ª T., rel. Min. Humberto Gomes de Barros, j. 26.11.2007, *RSTJ* 128/355.

**Art. 278. Qualquer cláusula, condição ou obrigação adicional, estipulada entre um dos devedores solidários e o credor, não poderá agravar a posição dos outros sem consentimento destes.**

Aquilo que o credor convenciona com apenas um ou alguns dos devedores não pode prejudicar a posição dos demais, salvo se eles concordarem. Ora, as disposições contratuais em geral só produzem efeito para os contratantes, e não atingem terceiros – o que decorre dos princípios da força obrigatória e da relatividade contratual. Destarte, os devedores solidários que não assumiram a obrigação adicional, por ela não respondem. Mais do que isso: além de assegurar que a obrigação não pode ser imposta aos que não a contraíram, o dispositivo em exame acrescenta que ela não pode prejudicar a posição dos demais. Ou seja, se o que foi convencionado apenas entre o credor e algum dos devedores vier a prejudicar de certo modo os codevedores, poderão estes suscitar a invalidade do pacto adicionado em relação a eles para eximir-se do prejuízo.

**Jurisprudência:** Monitória. Contrato de crédito em conta-corrente. Embargos. Rejeição. Transação parcial feita entre o credor e parte dos devedores solidários. Acordo esse que implicou o agravamento da obrigação. Situação que não pode onerar o devedor solidário que não participou da transação. Art. 278 c/c 844, § 3º, do CC. Sentença confirmada. Recurso desprovido. (TJSP, Ap. n. 9000046-46.2008.8.26.0100/SP, 17ª Câm. de Dir. Priv., rel. Irineu Fava, *DJe* 11.06.2014, p. 1.422)

Corretagem. Ação anulatória. Corretoras de seguro. Acordo extrajudicial realizado em ação de cobrança entre credor e devedor solidário. Anulação da transação descabida. Litisconsórcio passivo facultativo. Eventual valor pago a maior pelo devedor que celebrou o acordo que pode ser oposto pelo devedor que não transacionou. Inteligência do art. 278 do CC. Ação extinta, por falta de interesse de agir. Recurso desprovido. (TJSP, Ap. n. 1045452-56.2013.8.26.0100/São Paulo, 35ª Câm. de Dir. Priv., rel. Melo Bueno, *DJe* 27.02.2014, p. 1.731)

Monitória. Contrato de crédito em conta-corrente. Embargos. Rejeição. Transação parcial feita entre o credor e parte dos devedores solidários. Acordo esse que implicou o agravamento da obrigação. Situação que não pode onerar o devedor solidário que não participou da transação. Arts. 278 c/c 844, § 3º, do CC. Sentença confirmada. Recurso desprovido. (TJSP, Ap. n. 9000046-46.2008.8.26.0100/São Paulo, 17ª Câm. de Dir. Priv., rel. Irineu Fava, *DJe* 25.10.2012, p. 939)

Embora se reconheça, em regra, a solidariedade passiva do locador e locatário na obrigação decorrente do consumo de água e esgoto no imóvel, na hipótese de acordo entre o locatário e a concessionária do serviço sem anuência do locador, com agravamento posterior do débito pela falta de corte e continuidade do serviço que continua a não ser pago, além de inviabilizar ação de despejo por infração contratual, incidente a regra do art. 278 do CC/2002 (art. 907 do CC/1916), tornando inexigível o crédito do locador. (TJSP, Ap. Cível c/ Rev. n. 1.123.461.004, rel. Adilson de Araújo, j. 07.04.2009)

**Art. 279. Impossibilitando-se a prestação por culpa de um dos devedores solidários, subsiste para todos o encargo de pagar o equivalente; mas pelas perdas e danos só responde o culpado.**

A questão diz respeito ao perecimento ou deterioração da prestação objeto da solidariedade. Caso o fato não seja decorrente de culpa de qualquer dos devedores, a obrigação se resolve sem o compromisso de indenizar. No entanto, havendo culpa de todos, ou de ao menos um, dos devedores solidários, a solidariedade subsiste em relação ao equivalente da prestação. Contudo, somente o devedor ou os devedores culpados responderão pelas perdas e danos oriundos do perecimento ou da deterioração. A regra não diz, mas, se houver mais de um culpado, o valor da indenização é de responsabilidade solidária destes (art. 942, parágrafo único, do CC).

**Jurisprudência:** Cessão de estabelecimentos comerciais. Distinção entre "ponto" e "estabelecimento comercial". Ponto comercial que constitui apenas um dos elementos do estabelecimento. Lojas prestadoras de serviços à apelante que foram transferidas com os bens existentes no local. Aviamento. Sobrevalor oriundo da organização dos bens, que prescinde da propriedade destes. Transferência sucessiva que leva à responsabilidade da adquirente nos termos do art. 1.146 do CC. Desnecessidade de contabilização do débito para que seja reconhecida a solidariedade, diante das circunstâncias do caso concreto, indicativas da inteira ciência do adquirente quanto à situação financeira do alienante. Norma que objetiva afastar surpresas pelo adquirente quanto ao passivo do estabelecimento. Sucessão de fatos ocorridos que não permitem que se escuse a apelante da alegada ignorância. Exclusão apenas da cláusula penal, uma vez que as perdas e danos, somente podem ser cobradas do devedor solidário que deu causa ao descumprimento do contrato. Honorários advocatícios fixados no mínimo legal de 10% sobre o valor da condenação não admitem maior compressão. Sentença reformada somente para excluir a cláusula penal. Recurso provido em parte. (TJSP, Ap. Cível n. 0124662-47.2011.8.26.0100, rel. Francisco Loureiro, j. 28.11.2013)

Responsabilidade civil. Indenização por danos decorrentes de contrato de compra e financiamento de bem móvel. Inscrição indevida do nome do autor no sistema de proteção ao crédito. Dano moral. Configuração. Omissão relevante da corré RGV. Presunção do dano. Manutenção da condenação imposta. Princípios da razoabilidade e proporcionalidade atendidos. Dano material. Ausência do dever de indenização pela cobrança de juros de cheque especial. Falta de provas dos fatos constitutivos do direito do autor. Ônus que lhe pertencia, nos termos do art. 333, I, do CPC [art. 373, I, do CPC/2015]. Responsabilidade do corréu Banco [...]. Inexistência de ato ilícito. Efeitos da sentença proferida em outra ação da qual não foi parte afasta o dever de indenizar os danos decorrentes da inscrição indevida. Art. 472, primeira parte, do CPC [art. 506 do CPC/2015]. Contrato de financiamento coligado à compra e venda. Falta de prova da comunicação da resolução do contrato principal. Cobrança do financiamento legítima. Dever de indenizar afastado. Art. 279 do CC. Ônus da sucumbência mantidos. Recurso improvido. (TJSP, Ap. n.

9199419-33.2009.8.26.0000/São Paulo, 32ª Câm. de Dir. Priv., rel. Hamid Bdine, *DJe* 28.11.2012, p. 1.492)

Prevalece a solidariedade pelo inadimplemento, mas pelas perdas e danos só responderá o culpado, pois se é uma pena civil, resultante de culpa, e pessoal, não pode ir além da pessoa do próprio culpado, já que ninguém é responsável por culpa alheia. Apenas o culpado ou os culpados arcarão com o ônus das perdas e danos. (II TAC, Ap. n. 642.483-00/0, 11ª Câm., rel. Juiz Artur Marques, j. 18.11.2002)

**Art. 280. Todos os devedores respondem pelos juros da mora, ainda que a ação tenha sido proposta somente contra um; mas o culpado responde aos outros pela obrigação acrescida.**

A hipótese tratada nesses autos não se confunde com aquela de que cuida o artigo antecedente, pois aqui não se cuida exclusivamente da impossibilidade da prestação. No caso desse dispositivo, a prestação pode também ter sido adimplida, mas não da forma e do modo devidos, incidindo juros de mora. Assim, trata-se de dispositivo que disciplina os casos em que incidem juros moratórios em dívida na qual exista solidariedade passiva. Esses juros são acessórios da obrigação principal – a prestação –, de maneira que a solidariedade a eles se estende. Mas o valor dos juros decorre da conduta culposa de um ou alguns dos devedores que a provocou, de maneira que caberá a este, ou a estes, indenizar os devedores não culpados pelo valor dos juros, ou seja, a obrigação acrescida. A regra não contempla outros prejuízos, que não sejam os juros. Assim, outros valores provenientes da mora serão de exclusiva responsabilidade do codevedor culpado (art. 279 do CC). Inclusive os juros suplementares previstos no parágrafo único do art. 404 do CC não estão compreendidos nessa regra, pois não são juros de mora, expressão de conteúdo restritivo. Essa interpretação restritiva justifica-se também porque a regra a prevalecer é a da responsabilidade subjetiva no que tange ao valor das perdas e danos (art. 279), de maneira que não se justifica interpretação ampliativa. Ora, se pelas perdas e danos decorrentes da impossibilidade da prestação só responde o devedor culpado (art. 279), nada justifica que pelas perdas e danos que resultem da mora outra seja a solução legal – salvo no que se refere aos juros, como já se viu.

**Jurisprudência:** Processual civil. Embargos de declaração. Erro material. Verificada a ocorrência de erro material no voto, pois constatado que os vencidos foram citados na vigência do CC/2002 e não sob a égide do CC/1916, há que se dar provimento ao recurso de embargos de declaração com o fim de sanar o aludido vício. Juros de mora. Marco inicial. Indenização por danos materiais. CC/2002, art. 280. Embargos de declaração providos em parte. Considerando que os juros moratórios compõem o *quantum* indenizatório, devem incidir a partir da data que o primeiro devedor solidário foi citado, pois, do contrário, estar-se-ia decidindo em prejuízo dos credores e concedendo vantagem indevida à devedora solidária citada anteriormente aos demais. "Todos os devedores respondem pelos juros da mora, ainda que a ação tenha sido proposta somente contra um; mas o culpado responde aos outros pela obrigação acrescida" (CC/2002, art. 280). (TJSC, Emb. Decl. n. 0695191-72.2004.8.24.0023, 5ª Câm. de Dir. Civil, rel. Luiz Cézar Medeiros, j. 03.10.2017)

**Disciplinando o termo inicial dos juros em relação a devedores solidários:** A data de início para incidência dos juros de mora ocorre quando da citação do primeiro devedor solidário ou coobrigado, a teor do art. 280 do CC. Precedentes jurisprudenciais. Apelação provida. (TJRS, Ap. Cível n. 70.065.370.694, 16ª Câm. Cível, rel. Des. Paulo Sergio Scarparo, j. 16.07.2015)

Os réus foram condenados solidariamente ao pagamento de quantias, com incidência de juros a contar da citação. Tratando-se de obrigação solidária, o termo inicial dos juros é a data da primeira citação, porque nesse momento se fez presente o efeito de constituição em mora em relação à primeira demandada, que repercutiu na esfera jurídica do corréu, por decorrência do que estabelece o art. 280 do CC. Inviável a abertura da contagem do prazo a partir da última citação, pois é o próprio chamamento que determina a abertura da contagem, não a juntada do último mandado (art. 219 do CPC c/c art. 405 do CC) [art. 240 do CPC/2015]. (TJSP, AI n. 2046542-23.2015.8.26.0000/São Paulo, 31ª Câm. de Dir. Priv., rel. Antonio Rigolin, *DJe* 20.05.2015, p. 2.133)

Agravo de instrumento. Cumprimento de sentença. Pagamento parcial da condenação feito de forma espontânea pelo agravante. Desnecessária a intimação prévia para pagamento, valendo a ciência da sentença. Decisão agravada bem fundamentada. Razões que levaram à homologação do laudo do contador devidamente expostas. Critérios utilizados pelo contador judicial observaram os exatos termos da sentença. Saldo principal identificado pela simples leitura da sentença e da petição inicial. Termo inicial dos juros moratórios da data de citação do interessado. Art. 280 do CC. O agravante é garantidor da dívida e, contratualmente, responsável solidário pelo pagamento integral dela. Correção do cálculo do contador judicial. Decisão mantida. Cálculo homologado. Recurso improvido. (TJSP, AI n. 0097135-95.2012.8.26.0000/São Paulo, 32ª Câm. de Dir. Priv., rel. Hamid Bdine, *DJe* 18.10.2012, p. 1.939)

Processual civil. Ação de despejo c/c cobrança movida contra locatário e fiador. Procedência parcial no juízo *a quo*. Inconformismo do fiador. 1 – Alegação de incidência de juros de mora a partir da citação do fiador. Devedores solidários. Constituição em mora com a primeira citação válida. Art. 280 do CC/2002. Mora desde a citação do locatário mantida. 2 – Remuneração do curador especial. Curatelado vencido. Fixação de honorários a cargo do estado. Apelo em parte provido. 1 – Em demanda com réus solidários, a sua constituição em mora é efetivada a partir da primeira citação válida, nos termos do art. 280 do CC/2002. 2 – O curador especial nomeado faz jus à remuneração pelo múnus público exercido conforme o regime da LC n. 155/97, devendo o Estado arcar com a respectiva verba honorária se vencido o curatelado. (TJSC, Ap. Cível n. 2010.043974-5, rel. Des. Monteiro Rocha, *DJe* 22.06.2012)

A indenização do DPVAT pode ser cobrada de qualquer seguradora que integre o convênio formado para operar o seguro, notadamente em função da solidariedade existente entre elas [...]. Juros de mora. Incidência a partir da data em que a primeira seguradora foi interpelada extrajudicialmente para o pagamento, nos termos do art. 397, parágrafo único, c/c o art. 280 do CC [...]. (TJSP, Ap. Cível n. 992.070.239.222, rel. Pereira Calças, j. 30.09.2009)

**Art. 281. O devedor demandado pode opor ao credor as exceções que lhe forem pessoais e as comuns a todos; não lhe aproveitando as exceções pessoais a outro codevedor.**

O devedor demandado poderá deduzir em ação ajuizada pelo credor as exceções comuns e as que lhe forem pessoais. Contudo, não pode apresentar exceções que sejam pessoais para outros devedores. Nesse caso, o pagamento será integral, questionando-se as consequências jurídicas desse fato para o devedor que possui exceções pessoais insuscetíveis de alegação em virtude de ele não ter sido incluído na lide. O devedor solidário estará obrigado a responder pela integralidade da dívida, como decorre desse dispositivo. Terá, ainda, o direito de regresso contra o devedor que não figurou na demanda e que não teve oportunidade de opor ao credor a exceção pessoal de que dispunha em relação a ele. A este devedor restarão duas alternativas: a) voltar-se contra o credor para exercer seu direito – se houve coação, por exemplo, deve postular perdas e danos (art. 154 do CC), admitindo-se que os outros devedores não tenham sabido da coação; e b) suportar o pagamento de sua cota-parte, sem possibilidade de postular a devolução do que lhe cabia do credor que a recebeu, se tal não for possível – como ocorre com a prescrição, consumada apenas em relação a ele, uma vez que nessa hipótese não lhe será dado postular a restituição (PEREIRA, Caio Mário da Silva. *Instituições de direito civil*, 20. ed., atualizada por Luiz Roldão de Freitas Gomes. Rio de Janeiro, Forense, 2003, v. II, p. 302-3).

**Jurisprudência:** [...] 3 – Se, além de terem figurado como fiadores, o casal executado reconheceu, expressamente, estar obrigado pelo pagamento da obrigação principal da confissão de dívida, devem eles ser considerados devedores solidários da dívida confessada. 4 – Como a exceção pessoal de um dos devedores solidários não pode aproveitar aos demais, a irregularidade na representação da sociedade quando da confissão da dívida não pode beneficiar o casal executado. Inteligência do art. 281 do CC/2002. 5 – Irregularidade na representação da sociedade conhecida pelo cônjuge do casal executado, que, mesmo não sendo mais sócio da pessoa jurídica, contraiu a dívida originária e a confessou em nome desta. 6 – Recurso especial provido. (STJ, REsp n. 1.385.957, 3ª T., rel. Min. Paulo de Tarso Sanseverino, *DJe* 21.08.2013, p. 906)

**Art. 282. O credor pode renunciar à solidariedade em favor de um, de alguns ou de todos os devedores.**

**Parágrafo único. Se o credor exonerar da solidariedade um ou mais devedores, subsistirá a dos demais.**

A solidariedade é instrumento de garantia do credor, que, consequentemente, dele pode abrir mão. A renúncia pode referir-se a um, alguns ou todos os devedores, pois não acarreta nenhum prejuízo à situação dos outros devedores. Observe-se que os devedores não contemplados com a renúncia continuam obrigados pela integralidade da dívida, o que não altera a situação em que se encontravam, pois continuarão autorizados a cobrar a cota-parte do que foi liberado da solidariedade. O devedor contemplado com a dispensa, e somente ele, passará a responder perante o credor apenas pela parte da dívida que lhe cabe, liberando-se da obrigação de cumprir a totalidade da prestação. Esse é o único efeito da renúncia. O devedor não dispensado da solidariedade não pode invocar a redução da parte do codevedor contemplado com ela se cobrado pela integralidade da prestação, nos termos do disposto no artigo antecedente, pois se trata de exceção pessoal.

**Jurisprudência:** Cumprimento de sentença. Obrigação solidária. Depósito de valor parcial do débito efetuado por codevedor. Juízo que deliberou pela extinção do feito em relação ao depositante, à vista do pedido de levantamento. Credor que não manifestou oportuna contrariedade. Renúncia à solidariedade configurada. Art. 282 do CC. Recurso improvido. (TJSP, AI n. 22894567420228260000/Limeira, rel. Augusto Rezende, j. 26.05.2023, *DJ* 26.05.2023)

Cumprimento de sentença. Ajuizamento em face de todos os condenados solidariamente. Suposta renúncia do credor à solidariedade. Rejeição. Compete ao credor escolher entre seus devedores aquele que melhor lhe aprouver para o cumprimento da obrigação, podendo preferir um, algum ou todos. Não é de se presumir que o credor tenha querido cercear sua garantia (*nemo juri suo facile renuntiare praesumitur*). Inexigibilidade, todavia, da multa, isso em razão do acolhimento, em parte, da impugnação por excesso da execução. Recurso provido em parte. (TJSP, AI n. 6.089.634.100, rel. A. Santini Teodoro, j. 03.02.2009)

Condomínio. Despesas condominiais. Cobrança. Alegação de dificuldades financeiras como motivo para não adimplir com o débito. Irrelevância. Dívida incontroversa. Ação ajuizada em face de casal separado. Desistência no que tange à mulher. Admissibilidade pelo princípio da solidariedade entre os condôminos. Exegese dos arts. 275 e 282 do CC. Recurso improvido. (TJSP, Ap. s/ Rev. n. 1096152009, 29ª Câm. de Dir. Priv., rel. Francisco Thomaz, j. 18.06.2008)

Acidente de veículo. Ação de indenização. Sentença. Execução. Renúncia. Saldo devedor. Agravo provido. Nos termos dos arts. 282 do CC/2002 e 912 do CC/1916, havendo solidariedade entre três devedores e renunciando o credor em relação a dois deles pelo pagamento parcial, só pode executar o saldo devedor remanescente correspondente a 1/3 da condenação. (TJSP, AI n. 992.060.654.006, 26ª Câm. do D. 3º Grupo (extinto II TAC), rel. Norival Oliva, j. 14.05.2007)

**Art. 283. O devedor que satisfez a dívida por inteiro tem direito a exigir de cada um dos codevedores a sua quota, dividindo-se igualmente por todos a do insolvente, se o houver, presumindo-se iguais, no débito, as partes de todos os codevedores.**

Uma vez tendo quitado a dívida em sua totalidade, o devedor pode exigir dos demais a cota correspondente, pois entre os solidários não se mantém a possibilidade de aquele que pagou cobrar a totalidade da dívida dos demais devedores. Ele poderá postular de cada codevedor a cota-parte de cada um, exclusivamente. A parte de cada um dos devedores solidários presume-se igual, havendo, portanto, necessidade de prova de que essa igualdade não subsiste. Caso um dos devedores seja insolvente, aquele que pagou sua cota-parte fará jus à divisão daquilo que ele lhe devia entre os codevedores. Assim, se quatro devedores (A, B, C e D) deviam R$ 100.000,00 a Y e A efetuou o pagamento total da dívida, poderá cobrar R$ 25.000,00 dos outros devedores (B, C e D, responsáveis por cotas iguais). Se D é insolvente, seus R$ 25.000,00 serão suportados por A, B e C, de modo que A poderá cobrar dos outros dois R$ 8.333,33 – correspondentes à parte de D.

**Jurisprudência:** Apelação cível. Ação de indenização por danos morais e materiais em fase de cumprimento de sentença. Sentença de indeferimento de processamento da execução, relativa a direito de regresso em face de corréu, devedor solidário, com arquivamento da fase de cumprimento de sentença. Codevedor que satisfez a execução por inteiro, sub-rogando-se nos direitos do credor, nos termos do art. 346 do CC. Cota parte de cada devedor no débito que, na ausência de estipulação diversa, se presume igual. Prosseguimento da execução nos próprios autos. Possibilidade. Inteligência do art. 283 do CC. Sentença reformada. Recurso provido. (TJSP, Ap. Cível n. 00352594720238260100/SP, rel. Pastorelo Kfouri, 7ª Câm. de Dir. Priv., j. 18.07.2024, publ. 18.07.2024)

Recurso especial. Condomínio e sucessão. Ação de cobrança de despesas condominiais. Bem imóvel objeto de partilha. Regência pelas regras do condomínio até a partilha. Partilha realizada na hipótese. Subsistência da copropriedade por ato voluntário dos coproprietários. Solidariedade quanto às despesas condominiais. Obrigação de natureza *propter rem*. Recurso desprovido. 1. O direito à herança, que abrange a totalidade de bens e direitos do falecido, além de se considerar um bem imóvel por determinação legal (art. 80, II, do CC), defere-se como um todo unitário, mesmo que vários sejam os herdeiros (art. 1.791, *caput*, do CC), considerando-se uma universalidade de direito (art. 91 do CC), de natureza indivisível, portanto, a reger-se pelas normas relativas ao condomínio, enquanto não realizada a partilha (art. 1.791, parágrafo único, do CC). 2. Antes da partilha, a responsabilidade pelos débitos provenientes do *de cujus* e dos bens e direitos a serem divididos recai sobre a massa indivisível e unitária representativa da herança. Após a partilha, os herdeiros só se obrigam, cada qual, proporcionalmente à parte que lhe cabe na herança (art. 1.997, *caput*, do CC), observado o limite do respectivo quinhão. 3. Por outro lado, havendo bens imóveis a serem partilhados dos quais se originam despesas condominiais, deve-se atentar para a natureza *propter rem* dessas obrigações, daí advindo a solidariedade entre os coproprietários, caso persista situação de condomínio entre alguns ou todos os sucessores após a partilha. 4. Infere-se que a solidariedade, neste caso, resulta da própria lei, na medida em que o art. 1.345 do CC admite a responsabilização do atual (ou dos atuais) proprietário(s) do imóvel no que concerne às despesas condominiais, inclusive pelos débitos pretéritos à aquisição do bem, afigurando-se decorrência lógica desse dispositivo a possibilidade de cobrança da integralidade da dívida de quaisquer dos coproprietários de uma mesma unidade individualizada, na linha do disposto no art. 275 do CC, ressalvando-se o direito de regresso do condômino que satisfez a dívida por inteiro contra os demais codevedores, nos termos do art. 283 do CC. 5. Portanto, subsistindo o condomínio sobre determinado bem imóvel após a partilha, não mais por disposição legal, mas por ato voluntário dos coerdeiros que aceitaram a herança, respondem solidariamente os sucessores coproprietários do imóvel pelas respectivas despesas condominiais, independentemente da expedição do formal de partilha, aí não se aplicando a regra legal de que o herdeiro somente responde pelas forças da herança, resguardado o direito de regresso constante do art. 283 do CC. 6. Recurso especial desprovido. (STJ, REsp n. 1.994.565/MG, 3ª T., rel. Min. Marco Aurélio Bellizze, j. 26.09.2023, *DJe* 03.10.2023)

A questão trazida a debate consiste em definir se é o caso de aplicação direta da regra de solidariedade comum (art. 283 do CC), ou se a instituição financeira tem o direito de ser indenizada pela integralidade da dívida pela qual foi condenada a pagar, em ação indenizatória. 3.1. No caso em concreto, as partes foram condenadas, solidariamente, a indenizar a vítima pelos danos sofridos em decorrência do ato ilícito praticado pelo recorrido, que dela subtraiu dinheiro e joias, que estavam mantidos em um cofre, por ela alugado, no antigo Banco Banespa que, por sua vez, falhou no dever de vigilância e proteção do conteúdo depositado sob a sua guarda. 4. A controvérsia deve ser analisada sob a perspectiva da fase interna da relação obrigacional solidária, inaugurada a partir do cumprimento da prestação originária, e não da fase externa (relação entre codevedor e credor). 4.1. Na ação de regresso por sub-rogação, nasce uma nova relação jurídica, baseada, exclusivamente, no vínculo interno entre os codevedores e fundada na responsabilidade. 5. Sob a perspectiva dessa relação interna, é inequívoco que o ato ilícito praticado pelo recorrido foi a causa determinante dos danos sofridos pela vítima e pelo dever de indenizar, em razão da subtração ilícita dos objetos por ela depositados no cofre da então instituição bancária. 6. Fracionar o ressarcimento, como fez o Tribunal estadual, implicaria um enriquecimento injustificável do recorrido à custa do recorrente, que é, justamente, o que o direito de regresso busca vedar. 7. Nesse caso, portanto, é imperioso concluir que a solidariedade passiva estabelecida na ação indenizatória interessou, unicamente ao recorrido, devendo ele arcar integralmente com a dívida, nos termos do art. 285 do CC. 8. Recurso especial provido. (STJ, REsp n. 2.069.446/SP, 3ª T., rel. Min. Moura Ribeiro, j. 23.05.2023, *DJe* 29.05.2023)

Veja a seguinte decisão no art. 275: TJSP, AI n. 2102119-39.2022.8.26.0000/SP, 15ª Câm. de Dir. Priv., rel. Achile Alesina, j. 21.06.2022, publ. 21.06.2022.

Em caso de cobrança regressiva pelo devedor solidário que pagou a integralidade da dívida, cada um dos demais coobrigados responde, exclusivamente, por sua parte na dívida: Embargos à execução. Cédula de crédito bancário. 1 – Quitação integral da dívida junto ao credor originário por um dos garantidores, com substituição no polo ativo da execução. Pretensão de execução contra os demais codevedores deve limitar-se à respectiva cota de cada um. Exegese do art. 283 do CC. 2 – Verba honorária. Fixação segundo apreciação equitativa. Inteligência do art. 20, § 4º, do CPC/73, vigente à época da prolação da sentença. Redução, de rigor. Apelo provido em parte para julgar parcialmente procedentes os embargos apenas para reduzir a verba honorária. (TJSP, Ap. n. 1003285-33.2014.8.26.0506/Ribeirão Preto, 11ª Câm. de Dir. Priv., rel. Gilberto dos Santos, j. 28.04.2016)

[...] Diante disso, a consequência lógica é que apenas a recorrida permaneça no polo passivo da obrigação, visto que a relação solidária era constituída de tão somente dois codevedores. O acolhimento da tese da recorrente, no sentido de que a recorrida respondesse pela integralidade do valor remanescente da dívida, implicaria, a rigor, a burla da transação firmada com a outra devedora. Isso porque, na hipótese da recorrida se ver obrigada a satisfazer o resto do débito, lhe caberia, a teor do que estipula o art. 283 do CC/2002, o direito de exigir da outra devedora a sua quota, não obstante, nos termos da transação, esta já tenha obtido plena quitação em relação à sua parte na dívida. A transação implica concessões recíprocas, não cabendo dúvida de que a recorrente, ao firmá-la, aceitou receber da outra devedora, pelos prejuízos sofridos (correspondentes a metade do débito total), a quantia prevista no acordo. Assim, não seria razoável que a outra devedora, ainda que por via indireta, se visse obrigada a despender qualquer outro valor por conta do evento em relação ao qual transigiu e obteve quitação plena. Os arts. 1.059 e 1.060 do CC/2002 exigem dano material efetivo como pressuposto do dever de indenizar. O dano deve, por isso, ser certo, atual e subsistente. Precedentes. A intervenção do STJ, para alterar valor fixado a título de danos morais, é sempre excepcional e justifica-se tão somente nas hipóteses em que o *quantum* seja ínfimo ou exorbitante, diante do quadro delimitado pelas instâncias ordinárias. Precedentes. A proporcionalidade da sucumbência deve levar em consideração o número de pedidos formulados na inicial e o número de pedidos efetivamente julgados procedentes ao final da demanda. Precedentes. Recurso especial parcialmente conhecido e, nesse ponto, provido. (STJ, REsp n. 1.089.444, 3ª T., rel. Min. Nancy Andrighi, j. 09.12.2008, *DJ* 03.02.2009)

Ação ambiental. Guarujá. Execução. Multa diária. Penhora. Embargos. Transferência da propriedade. 1 – Exceção de pré-executividade. A exceção de pré-executividade permite a análise de nulidades aparentes do título executivo ou de questões, embasadas em prova pré-constituída, que justifiquem o não prosseguimento da execução. Não é meio idôneo para discutir o excesso de execução nem, como no caso dos autos, o cumprimento parcial ou total da obrigação, que exige a produção de provas. 2 – Embargos. Penhora. Admite-se a interposição de embargos sem penhora ou depois de penhora insuficiente, se impossível ao devedor garantir a execução no todo ou em parte. Necessidade de compatibilizar a segurança do juízo e o direito de o devedor opor-se à execução. 3 – Multa diária. Parte ideal. A responsabilidade objetiva e a solidariedade permite a cobrança da multa diária integral de qualquer dos condôminos, independentemente da proporção possuída. O executado poderá, à evidência, em ação autônoma recuperar do condômino a parte que lhe couber. Aplicação dos arts. 275 e 283 do CC. 4 – Obrigação de fazer. Alienação do bem. A alienação do bem recomenda, uma vez que somente quem tem a posse pode promover a recuperação da área degradada, que a execução da obrigação de fazer se volte contra o proprietário sucessor. Questão complexa, a ser discutida nos embargos. 5 – Multa diária. Valor. A multa cominatória pode ter o valor alterado para mais ou para menos no curso da execução, conforme o contexto de cada processo. Inviabilidade de alterar a multa neste momento, ante a precariedade do instrumento e a falta de informações relevantes. Questão que o juiz apreciará no momento oportuno, caso interpostos os embargos. Agravo provido em parte para, efetivada a penhora dos bens indicados, facultar ao agravante a interposição de embargos ainda que insuficiente a garantia, com observação. (TJSP, AI n. 7.060.205.700, Câm. Especial de Meio Ambiente, rel. Torres de Carvalho, j. 24.04.2008)

Execução. O devedor solidário que foi o único a ter bens penhorados na execução movida pelo credor, sub-rogando-se no crédito excedente a sua quota-parte nos termos do art. 913 do CC, está legitimado a prosseguir na execução (art. 567, III, do CPC) [art. 778, § 1º, do CPC/2015]; seu crédito, na hipótese, é líquido, certo e estará documentalmente comprovado, a autorizar o arresto de bens de codevedor se ocorrente uma das situações previstas no art. 813 do CPC [sem correspondente no CPC/2015]. Agravo desprovido. (TJSP, 8ª Câm. de Dir. Priv., AI n. 120.643-4/SP, rel. Des. Aldo Magalhães, j. 22.09.1999, v.u.)

**Art. 284. No caso de rateio entre os codevedores, contribuirão também os exonerados da solidariedade pelo credor, pela parte que na obrigação incumbia ao insolvente.**

O art. 282 autoriza o credor a renunciar à solidariedade em relação a um ou alguns dos devedores. Dessa forma, o presente dispositivo confere aos demais devedores o direito de receber do devedor liberado da solidariedade o ressarcimento de sua parte na obrigação do insolvente, obrigando-o a participar do prejuízo daí resultante. A dispensa da solidariedade, como mencionado, não exclui a obrigação do contemplado com a renúncia de ressarcir o devedor que paga a dívida, pagando-lhe sua cota-parte (art. 283 do CC). O presente artigo apenas deixa evidenciada a obrigação do dispensado da solidariedade de participar do prejuízo causado pela insolvência de um dos codevedores. Nos termos do disposto no art. 278 do CC, a exoneração da solidariedade não pode agravar a situação dos demais devedores.

**Art. 285. Se a dívida solidária interessar exclusivamente a um dos devedores, responderá este por toda ela para com aquele que pagar.**

Existem hipóteses em que há solidariedade entre os devedores, mas ela interessa apenas a um deles. Isso ocorre nos casos de contratos bancários em que o garantidor é devedor solidário, mas o mútuo é feito no interesse do mutuário, exclusivamente, e nos contratos de locação, nos quais o fiador é devedor solidário, mas o ajuste se faz para atender ao interesse do locatário. Nesses casos, se o garantidor ou fiador quita o débito, não se aplica a presunção de igualdade das cotas, nem se limita a possibilidade de o devedor que paga cobrar dos demais apenas uma fração da dívida (art. 283 do CC). O garantidor e o fiador poderão cobrar do garantido e do locatário o valor integral que pagaram ao credor na medida em que o débito não é de seu interesse e em nada os beneficiou.

**Jurisprudência:**

**Envolvendo solidariedade entre empregador e empregado nas ações de responsabilidade civil:** Embora a condenação solidária obrigue ambas as partes ao pagamento da dívida, quando o débito originar-se de dívida solidária que só a um devedor interessou, descabe a este exigir do outro que arque com a metade do débito. 2 – Por decorrência legal e moral, não há que se exigir do devedor solidário que contribua para o pagamento de obrigação, que só a outro aproveitou. 3 – Em sendo a dívida oriunda de débito trabalhista de empregado da apelante – Associação Evangélica Beneficente [...] – Não tendo o referido servidor nenhum vínculo com a apelada – Instituto [...] –, ainda que declarada a solidariedade, exigir-se o pagamento de ambas agrediria a norma legal e moral, pela qual deva repousar as relações jurídicas. 4 – Solidariedade que aproveita tão só ao credor (no caso o funcionário). 5 – Paga a dívida pelo empregador, não terá este direito a exigir do outro que contribua para o pagamento do débito. Paga a dívida por aquele que não possui vínculo empregatício, deve ele ser reembolsado pelo empregador. 6 – Hipótese que não se aplica o art. 283 do CC, mas sim o art. 285 do referido diploma. (TJPR, Ap. Cível n. 1120121-3, 7ª Câm. Cível, rel. Des. Luiz Sérgio Neiva de Lima Vieira, *DJe* 27.11.2014, p. 223)

Agravo de instrumento. Exceção de pré-executividade. Execução regressiva de título extrajudicial proposta por devedor solidário em face do devedor principal. Dívida quitada pelo devedor solidário, mediante acordo firmado com o banco credor, nos autos de anterior ação de execução. Devedor solidário que se sub-rogou nos direitos do credor. Inteligência do art. 259 c/c art. 349 do CC. Tratando-se de obrigação solidária, qualquer devedor pode efetuar o pagamento da totalidade do débito, independentemente da anuência dos demais coobrigados, voltando-se contra aquele em favor de quem a dívida foi constituída (art. 285 do CC). Título executivo hábil a aparelhar a execução. Decisão mantida. Recurso negado. (TJSP, AI n. 0137189-06.2012.8.26.0000, rel. Des. Francisco Giaquinto, j. 29.08.2012)

Produto. Vícios. Ação proposta em face do comerciante. Denunciação da lide à fabricante. Possibilidade. Recurso provido. Quando o produto apresenta vícios, o comerciante e a empresa fabricante respondem solidariamente (art. 18 do CDC). Entretanto, como a existência dos vícios é de responsabilidade exclusiva da fabricante, o comerciante, por força do art. 285 do CC, tem direito de regresso contra ela, sendo cabível, portanto, a denunciação da lide, nos termos do art. 70, III, do CPC [art. 125, II, do CPC/2015]. (TJSP, AI n. 1.241.175.007, rel. Armando Toledo, j. 28.04.2009)

1 – Fiança. Obrigação solidária assumida contratualmente. Possibilidade de execução direta pelo locador, sub-rogando-se a fiadora nos direitos do credor originário. Arts. 275, *caput*, e 285 do CC, arts. 904 e 915 do CC/1916. 2 – A exceção à impenhorabilidade prevista no art. 3º, VII, da Lei n. 8.009/90 não é inconstitucional, pois o tratamento conferido ao fiador é o mesmo que deve ser dado ao locatário quando do exercício do direito de regresso por aquele, devendo eventual bem imóvel do locatário responder pelo débito originário da fiança honrada por quem o afiançou. 3 – Não é obrigatória audiência de tentativa de conciliação se a hipótese dos autos subsume-se à do art. 330, I, CPC [art. 355, I, do CPC/2015]. (TJSP, Ap. c/ Rev. n. 665.340.000, rel. Soares Levada, j. 05.05.2004)

Cheque. Conta-corrente conjunta. Título emitido por apenas um dos correntistas. Fato que não obriga o pagamento da cambial pelo outro. Solidariedade nos contratos bancários que se desenvolve nos limites das relações pactuadas entre o Banco e os titulares da conta-corrente conjunta. Inteligência dos arts. 896 e 915 do CC. *Ementa da redação:* Nos contratos bancários, a solidariedade tanto ativa como passiva, disciplinada nos arts. 896 e 915 do CC, desenvolve-se nos limites das relações pactuadas entre o Banco e os titulares da conta-corrente conjunta, razão pela qual não se pode confundir titular de conta conjunta com emitente solidário do cheque, pois a existência daquele tipo de conta, por si só, não conduz à solidariedade no pagamento do título emitido por apenas um dos correntistas. (*RT* 770/260, rel. Juiz Artur César Beretta da Silveira)

## TÍTULO II
## DA TRANSMISSÃO DAS OBRIGAÇÕES

### CAPÍTULO I
### DA CESSÃO DE CRÉDITO

**Art. 286. O credor pode ceder o seu crédito, se a isso não se opuser a natureza da obrigação, a lei, ou a convenção com o devedor; a cláusula proibitiva da cessão não poderá ser oposta ao cessionário de boa-fé, se não constar do instrumento da obrigação.**

Créditos e dívidas têm natureza patrimonial e há interesse social e econômico em sua transmissão, a título universal ou singular, em razão da morte ou de ato negocial. No Direito romano, a obrigação estabelecia um vínculo pessoal tão estreito entre as pessoas que não se considerava possível transferi-lo a outros sujeitos. Também havia excesso de formalismo na constituição das obrigações, o que exigia que qualquer alteração subjetiva se procedesse com repetição de fórmulas, constituindo-se uma nova obrigação. Além do mais, a execução forçada da obrigação, em caso de inadimplemento, significava fazer incidir a coercitividade diretamente sobre a pessoa do devedor. Contudo, a expansão comercial ocorrida ainda na época romana revelou que a transmissão das obrigações era essencial. Evolui-se, assim, para a transmissão de créditos, de débitos e até mesmo da própria posição contratual. Como ensina Renan Lotufo, é preciso observar que, embora transferência e sucessão sejam termos equivalentes, o primeiro diz respeito ao objeto e o segundo, ao sujeito (*Código Civil comentado*. São Paulo, Saraiva, 2003, v. II, p. 140). A transmissão de créditos, das dívidas e da posição jurídica de qualquer dos contratantes é fenômeno de grande relevância prática nas transações comerciais. Na vida econômica, diversas são as hipóteses em que a satisfação das obrigações pecuniárias não se concretiza em espécie. Nesses casos, a transmissão da obrigação de uma pessoa a outra é instrumento essencial para estimular a circulação de riquezas, prestigiando o crédito. E o crédito sempre foi havido como elemento integrante do patrimônio do credor, passível de transmissão como qualquer outro de seus componentes, a título gratuito ou oneroso. Vale observar que muitas vezes a obrigação não é extinta, mas substituída. Identificam-se, portanto, três espécies de transmissão de obrigações: a cessão de crédito, a cessão de débito e a cessão da posição contratual. O CC em vigor, em capítulo próprio, disciplinou a cessão de crédito e a assunção de dívida, que não havia sido contemplada no CC/1916. A transmissão do crédito é sua passagem de um sujeito a outro, figurando entre os atos de alienação. Renan Lotufo registra que na cessão "o que se tem é uma mesma situação jurídica, em que o cessionário continua na situação do cedente; não se criam situações cronologicamente sucessivas quanto ao crédito" (op. cit., p. 141). A cessão de crédito pode resultar de um negócio jurídico, da lei ou de uma decisão judicial. Haverá cessão legal, por exemplo, quando a lei impuser a transferência de juros e garantias, como ocorre no art. 287 do CC. E haverá cessão judicial quando a decisão atribuir a determinado herdeiro ou legatário um crédito do falecido. Para Luiz Manuel Telles de Menezes Leitão os requisitos da cessão de créditos são os seguintes: um negócio jurídico que estabeleça a transmissão da totalidade ou de parte do crédito; a inexistência de impedimentos legais ou contratuais a essa transmissão; e a não ligação do crédito à pessoa do credor como decorrência da própria natureza da prestação (*Direito das obrigações*. Coimbra, Almedina, 2002, v. II, p. 14). Normalmente, o negócio jurídico que serve de base à cessão é um contrato, de modo que serão necessárias, para sua formação, a declaração do cedente e a do cessionário. Mas também é possível que a cessão de créditos tenha origem em negócio jurídico unilateral, como ocorre no testamento. A cessão não é possível quando houver proibição legal ou contratual. A proibição legal verifica-se nas hipóteses em que a lei impede a transmissão do crédito – como ocorre com o direito de alimentos. Dessa espécie de proibição são exemplos os arts. 520 e 1.749, III, do CC, que, respectivamente, proíbem a cessão do direito de preferência convencionado nos contratos de compra e venda e que o tutor seja cessionário de crédito do tutelado. A proibição contratual se verifica quando as próprias partes convencionam, expressa ou tacitamente, que o crédito não poderá ser objeto de cessão. A cláusula proibitiva da cessão deve constar do instrumento. Do contrário, presume-se que tenha havido autorização para ceder. A regra prestigia a boa-fé, pois não se pode admitir que, em uma sociedade marcada pela massificação e rapidez, os terceiros possam ser prejudicados pela proibição que desconhecem – se conhecem, não se verifica a boa-fé de que trata esse artigo. A proibição da cessão também pode decorrer da natureza da obrigação. É o que se verifica com o direito de alimentos devidos ao cônjuge em razão da separação e com os direitos da personalidade, que, nos termos do art. 11 do CC, não são transmissíveis. Observe-se que o que não se pode transmitir é o próprio direito, mas não o valor pecuniário dele decorrente. Se os alimentos foram pagos, ou se representam débito inadimplido, pode-se operar a transmissão sem prejuízo do objetivo legal: transmitir o direito personalíssimo. Nessas hipóteses, o que se estará cedendo é apenas a expressão monetária decorrente do direito insuscetível de transferência. É relevante registrar que na cessão de créditos não há extinção da obrigação constituída, mas substituição da posição do credor. O crédito se transfere ao cessionário com suas vantagens e desvantagens, exatamente como pertencia ao cedente. No direito moderno, admite-se, de modo geral, que o credor pode ceder a terceiro o seu crédito sem o consentimento do devedor. Exige-se apenas que o devedor seja informado da cessão, a fim de que ela lhe seja oponível. Assim é porque o devedor não tem interesse juridicamente protegido para se opor à cessão. Nessa relação jurídica, o credor que transmite o crédito é chamado cedente; o adquirente do crédito, cessionário; o devedor do crédito transmitido, devedor cedido. Para Sílvio Rodrigues, "a cessão de crédito é o negócio jurídico, em geral de caráter oneroso, pelo qual o sujeito ativo de uma obrigação a transfere a terceiro, ao negócio original, independentemente da anuência do devedor" (*Direito civil*. São Paulo, Saraiva, 2002, v. II, p. 91). Como negócio jurídico, a cessão de crédito depende dos pressupostos de validade consagrados no art. 104 do CC. Isto é, as partes devem ser capazes, o objeto deve ser lícito, determinado ou determinável e a forma deve ser prescrita ou não defesa em lei. Importante modalidade de transmissão de crédito é a sub-rogação, que pode ser definida como "a substituição do credor na titularidade do direito a uma prestação fungível, pelo terceiro que cumpre em lugar do devedor ou que faculta a este os meios necessários ao cumprimento" (VARELA, João de Matos Antunes. *Obrigações em geral*. Coimbra, Almedina, 1997, v. II, p. 335-6). Embora seja um modo de transferir crédito, a sub-rogação está fundada no cumprimento, enquanto a cessão tem sua base jurídica em contrato celebrado entre o transmitente e o adquirente do crédito. Ademais, o sub-rogado só poderá receber do devedor aquilo que desembolsou, diversamente do que ocorre com o cessionário, que não enfrenta essa limitação. Observam-se, porém, que as regras aplicáveis à sub-rogação convencional são as mesmas da cessão de crédito, em face do disposto no art. 348 do CC. Ao contrário do que ocorria com o CC/1916, cujo art. 1.078 expressamente determinava a aplicação das regras da cessão de crédito à de outros direitos para os quais não houvesse modo especial de transferência, o Código em vigor não reproduziu essa regra. No entanto, é possível sua aplicação às hipóteses equivalentes em face da analogia. Se o objeto da cessão atentar contra a moral e os bons costumes, ela não será válida, se for do conhecimento do cessionário. Caso ele esteja de boa-fé, o fato não lhe poderá ser oposto. Também não podem ser cedidos créditos de caráter estritamente pessoal, ou personalíssimos. Dessa espécie são aqueles destinados à satisfação de um interesse físico ou moral da pessoa. Nesses casos, mesmo não havendo vedação legal ou convencional, a transferência não será possível. A cessão não é admitida para proteger os interesses do devedor em decorrência da relevância que assume a pessoa do credor em relação à prestação. Essa relevância pode ter caráter econômico decorrente da pessoa do credor, ou resultar do fato de que sua execução poderá prejudicar economicamente o devedor. Finalmente, é necessário atentar para o fato de que, se a cessão acarretar dificuldades ao devedor, será legítimo que ele se oponha a ela (LOTUFO, Renan. *Código Civil comentado*. São Paulo, Saraiva, 2003, v. II, p. 153) ou que exija a manutenção das condições existentes e vigentes. Do contrário, e dependendo das condições em que se realiza o negócio, poderá postular perdas e danos. **Condições personalíssimas do cedente.** Há possibilidade de determinadas condições personalíssimas do cedente do crédito interferirem diretamente nas condições do crédito. É o que ocorre, exemplificativamente, com o crédito pertencente às instituições financeiras e aos consumidores. As primeiras estão autorizadas a contratar juros superiores a 12% ao ano (Súmulas ns. 596 do STF e 294 e 296 do STJ) e os segundos se valem de disposições protetivas do CDC. A cessão desses créditos não poderá autorizar o cessionário a se valer das mesmas disposições excepcionais, se ele não estiver na mesma situação pessoal do cedente, isto é, se não for instituição financeira no primeiro caso e consumidor, no segundo. A pessoa do credor, nos casos mencionados, é de tal modo relevante para as condições do crédito que, embora não seja obstáculo para a cessão, impede que os acessórios vinculados às suas condições personalíssimas acompanhem o crédito. Outro exemplo significativo será o de sub-rogação em direito do consumidor por uma seguradora. Ainda que o CDC reconheça a vulnerabilidade do consumidor, não se poderá transferir todo o tratamento benéfico que lhe é dispensado à seguradora com a incidência pura e simples do art. 349 do CC – recorde-se que à sub-rogação são aplicáveis os dispositivos da cessão de crédito (art. 348 do CC), o que aproxima a questão do tema central dessa obra. A matéria é enfrentada no Direito Português, cujo CC, em seu art. 582, n. 1, contém expressa referência ao fato de os acessórios não acompanharem o crédito se forem inseparáveis do credor. Luís Manuel Teles de Menezes Leitão, em capítulo de sua obra denominado "A Transmissão do direito a juros", observa que os acessórios do crédito se transmitem ao cessionário desde que não sejam inseparáveis da pessoa do credor (LEITÃO, Luís Manuel Teles de Menezes. *Cessão de créditos*. Coimbra, Almedina, 2005, p. 335). Mais adiante, o autor cuida da cessão de créditos ao consumo e adverte que ela não pode ser incluída entre as relações de consumo quando compreende a transmissão do crédito concedido ao consumidor, pelo fornecedor do produto ou serviço a um agente financeiro: "Efectivamente, embora o crédito possa ser cedido no âmbito de uma operação de financiamento, a verdade é que o fato de o negócio não ser celebrado com consumidores torna absolutamente inviável a sua integração nesta categoria" (idem, ibidem, p. 336). A circunstância de o CC brasileiro nada dispor especificamente a respeito não obsta a que se chegue a esta conclusão, pois determinadas características do crédito podem estar de tal modo vinculadas à peculiar situação do credor-cedente que, embora não impeçam sua transmissão, não podem acompanhá-lo como acessório. Antunes Varela, também examinando o tema à luz do CC português, observa que a "inseparabilidade mede-se pelo fundamento ou razão de ser do acessório. São inseparáveis do cedente os atributos do crédito que, pela sua natureza ou por convenção dos interessados, não podem transferir-se ou não devem considerar-se transferidos para o adquirente" (VARELA, Antunes. *Das obrigações em geral*, v. II. Coimbra, Almedina, 1997, p. 327).

**Jurisprudência:** Agravo de instrumento. Execução de título extrajudicial. Cessão de crédito. Substituição processual. Comprovação da cessão de crédito. Possibilidade. Uma vez preenchidos os requisitos do art. 286 do CC, a cessão de crédito já produz seus efeitos legais, legitimando o cessionário a perseguir o crédito adquirido, bem como realizar atos que visam conservá-lo, independentemente do conhecimento pelo devedor, conforme prevê o art. 293 do CC. A substituição processual está expressamente autorizada pelo art. 778, do nCPC. Precedente do STJ. Decisão reformada. Recurso provido. (TJSP, AI n. 21689469520238260000/Guaíra, 15ª Câm. de Dir. Priv., rel. Achile Alesina, j. 08.08.2023, *DJ* 08.08.2023)

Embargos à execução. Procedência. Contrato de prestação de serviços. Emissão de duplicatas. Cessão de crédito. Execução ajuizada pela cessionária. Contrato de prestação de serviços cedido que possui cláusula proibitiva de cessão. Impossibilidade da cessão. Art. 286 do CC. Pacto de *non cedendo*. Vedação derivada de convenção. Procedência dos embargos mantida por fundamentos jurídicos distintos. Fixação de honorários advocatícios na execução e nos embargos. Descabimento. Discussão sobre a mesma dívida. Sentença reformada neste aspecto. Recurso provido em parte. (TJSP, Ap. Cível n. 10074192520228260506/SP, 14ª Câm. de Dir. Priv., rel. Thiago de Siqueira, j. 24.02.2023, *DJ* 24.02.2023)

Veja no art. 265 a seguinte decisão: TJSP, Ap. Cível n. 1004015-29.2016.8.26.0650/SP, rel. Mary Grün, j. 21.07.2022, 32ª Câm. de Dir. Priv., publ. 22.07.2022.

Agravo de instrumento. Execução. Cessão de crédito. Substituição processual. Caso concreto que demonstra, ainda, a existência de cessões anteriores do crédito exequendo. A cessão de crédito, prevista nos arts. 286 a 298, do CC, configura um negócio jurídico bilateral, gratuito ou oneroso, pelo qual o credor, na qualidade de cedente, transfere a terceiro, este na qualidade de cessionário, no todo ou em parte a sua posição num determinado negócio jurídico. Como regra, por força do art. 778, § 2º, do CPC, a cessão de crédito do título executivo não depende de anuência do executado para fins de substituição do polo ativo do processo executivo. Entretanto, revendo as provas documentais produzidas nos autos de origem, especificamente a cessão de crédito noticiada, tal ato de transferência e crédito entre vivos não possui qualquer demonstração da legitimidade ou regularidade dos seus respectivos subscritores para fins de representação negocial celebrada entre cedente e cessionário, tampouco para fins de comprovar a existência de poderes para essa mesma finalidade. Necessidade de revogação da decisão que acolheu o pedido de substituição processual para determinar que a parte exequente, suposta cedente da obrigação exequenda, apresente nos autos de origem os instrumentos que comprovem a cadeia de cessões de crédito, assim como, em relação a esta última, comprove a sua regularidade mediante a demonstração de adequada representação para a celebração deste negócio jurídico, bem como os poderes inerentes para tal fim, inclusive com a correta qualificação do cedente e cessionário, bem como das pessoas naturais que representam essas entidades na aludida cessão de crédito, para somente após ser apreciado o requerimento de substituição processual, sob pena de, por consequência lógica, restar mantido o agravado no polo ativo do processo executivo, pelo indeferimento da substituição processual. Recurso provido, com determinação. (TJSP, AI n. 2046092-36.2022.8.26.0000/SP, 22ª Câm. de Dir. Priv., rel. Roberto Mac Cracken, j. 24.05.2022, publ. 24.05.2022)

Embargos à execução. Contrato de prestação de serviços. Emissão de duplicatas. Cessão de crédito. Pretensão da embargante de extinção da execução. Contrato de prestação de serviços cedido que possui cláusula proibitiva de cessão. Impossibilidade da cessão. Art. 286 do CC. Pacto de *non cedendo*. Vedação derivada de convenção. Boa-fé do exequente cessionário não configurada, pois tem o dever de diligência quanto à documentação e validade do crédito cedido. Embargos acolhidos em parte para extinguir a execução. Recurso provido em parte. (TJSP, Ap. Cível n. 1082397-95.2020.8.26.0100/SP, 14ª Câm. de Dir. Priv., rel. Thiago de Siqueira, j. 03.05.2022, publ. 03.05.2022)

Embargos à execução. Cessão de crédito decorrente de cota cancelada de grupo de consórcio encerrado. Desnecessidade de anuência da administradora do consórcio. Reconhecimento da validade e eficácia do título executivo. Ação de execução está fundamentada no "contrato de consórcio" (após contemplação da cota) e do "Instrumento particular de cessão e transferência de direitos creditórios sobre cota de consórcio cancelada" (fls. 221/222), buscando-se o recebimento do valor de R$ 33.285,77. Cuida-se de cota cancelada e grupo de consórcio já encerrado. Ausência de prejuízo, prescindindo-se de análise pessoal do adquirente daquele crédito. Aplicação do art. 286 do CC. Validade da cessão de crédito discutida nos autos, e consequentemente, a exigibilidade do título executivo extrajudicial, independente da concordância do devedor. Incidência do art. 778, § 2º, do CPC e do art. 290 do CC. Ciência ao devedor, conforme observado na notificação extrajudicial emitida pela apelante em face do banco embargante (fls. 254/257). Ausência de impugnação do valor cobrado. Embargos à execução improcedentes em segundo grau. Sentença reformada. Recurso provido. (TJSP, Ap. Cível n. 1100858-18.2020.8.26.0100/SP, 20ª Câm. de Dir. Priv., rel. Alexandre David Malfatti, j. 06.12.2021, publ. 07.12.2021)

Embargos de divergência em agravo em recurso especial. Eletrobrás. Empréstimo compulsório. Cessão de crédito. Necessidade de notificação do devedor. Ajuizamento de ação de cobrança pelo credor-cessionário. Citação. Art. 290 do CC. Requisito cumprido. Embargos de divergência acolhidos. 1. Por ocasião do julgamento do REsp n. 1.119.558/SC, 1ª S., em 09.05.2012, *DJe* 01.08.2012, sob a sistemática do art. 543-C do CPC, ficou consignado que "os créditos decorrentes da obrigação de devolução do empréstimo compulsório, incidente sobre o consumo de energia elétrica, podem ser cedidos a terceiros, uma vez inexistente impedimento legal expresso à transferência ou à cessão dos aludidos créditos, nada inibindo a incidência das normas de direito privado à espécie, notadamente do art. 286 do CC". E, outrossim, que "o art. 286 do CC autoriza a cessão de crédito, condicionada à notificação do devedor". 2. A ausência de notificação do devedor sobre a cessão do crédito não torna a dívida inexigível, ressalvada a hipótese em que tenha havido a quitação ao credor originário. Precedentes desta Corte Superior. 3. Se a falta de comunicação da cessão do crédito não afasta a exigibilidade da dívida, basta a citação do devedor na ação de cobrança ajuizada pelo credor-cessionário para atender ao comando do art. 290 do CC, que é a de "dar ciência" ao devedor do negócio, por meio de "escrito público ou particular". 4. A partir da citação, o devedor toma ciência inequívoca da cessão de crédito e, por conseguinte, a quem deve pagar. Assim, a citação revela-se suficiente para cumprir a exigência de cientificar o devedor da transferência do crédito. 5. Embargos de divergência acolhidos para, reformando o acórdão embargado e a decisão monocrática respectiva, conhecer do agravo e dar provimento ao recurso especial, a fim de cassar o acórdão proferido no agravo de instrumento e determinar ao juízo de primeiro grau que dê prosseguimento à Ação Ordinária n. 5008197-07.2010.4.04.7000. (STJ, EAREsp n. 1.125.139/PR, Corte Especial, rel. Min. Laurita Vaz, j. 06.10.2021, *DJe* 17.12.2021)

FIDCs: 1 – Com a edição da MP n. 1.637/1998, convertida na Lei n. 10.198/2001, houve a introdução no ordenamento jurídico de conceituação próxima à do direito americano, estabelecendo que constituem valores mobiliários os títulos ou contratos de investimento coletivo que gerem direito de participação, de parceria ou de remuneração, inclusive resultante de prestação de serviços, cujos rendimentos advenham do esforço do empreendedor ou de terceiros. A definição de valor mobiliário se ajusta à dinâmica do mercado, pois abrange os negócios oferecidos ao público, em que o investidor aplica seus recursos na expectativa de obter lucro em empreendimento administrado pelo ofertante ou por terceiro. 2 – Os Fundos de Investimento em Direito Creditório – FIDCs foram criados por deliberação do CMN, conforme Res. n. 2.907/2001, que estabelece, no art. 1º, I, a autorização para a constituição e o funcionamento, nos termos da regulamentação a ser estabelecida pela CVM, de fundos de investimento destinados preponderantemente à aplicação em direitos creditórios e em títulos representativos desses direitos, originários de operações realizadas nos segmentos financeiro, comercial, industrial, imobiliário, de hipotecas, de arrendamento mercantil e de prestação de serviços, bem como nas demais modalidades de investimento admitidas na referida regulamentação. 3 – Portanto, o FIDC, de modo diverso das atividades desempenhadas pelos escritórios de *factoring*, opera no mercado financeiro (vertente mercado de capitais) mediante a securitização de recebíveis, por meio da qual determinado fluxo de caixa futuro é utilizado como lastro para a emissão de valores mobiliários colocados à disposição de investidores. Consoante a legislação e a normatização infralegal de regência, um FIDC pode adquirir direitos creditórios por meio de dois atos formais: o endosso, cuja disciplina depende do título de crédito adquirido, e a cessão civil ordinária de crédito, disciplinada nos arts. 286-298 do CC, *pro soluto* ou *pro solvendo*. 4 – Foi apurado pelas instâncias ordinárias que se trata de cessão de crédito *pro solvendo* em que a recorrida figura como fiadora (devedora solidária, nos moldes do art. 828 do CC) na cessão de crédito realizada pela sociedade empresária de que é sócia. O art. 296 do CC estabelece que, se houver pactuação, o cedente pode ser responsável ao cessionário pela solvência do devedor. (STJ, REsp n. 1.634.958, rel. Min. Luis Felipe Salomão, j. 06.08.2019, *DJe* 03.09.2019)

O contrato de fomento mercantil ou *factoring* constitui modalidade de cessão de crédito a título oneroso (deságio). A existência da cláusula proibitiva da cessão encontra respaldo legal no art. 286 do CC/2002. Havendo, no contrato originário, previsão de cláusula obstativa de cessão dos créditos dele decorrentes, incumbe ao credor obter o prévio e expresso consentimento do devedor acerca da cessão, sob pena de ineficácia desta em relação ao aludido devedor. (TJMG, AC n. 10290140002566001, rel. Des. José de Carvalho Barbosa, j. 23.07.2019, *DJe* 02.08.2019)

Falência. Título (duplicata) sacado por força de contrato oneroso e objeto de cessão, sendo obrigação originária de negócio envolvendo fabricação de peças de veículos pesados, como caminhões e ônibus. Ocorre que o contrato formalizado e registrado no Cartório de Títulos e Documentos previa, de forma expressa, o pacto de *non cedendo* (art. 286 do CC), de modo que a devedora não está obrigada a pagar ao cessionário, que não poderá alegar boa-fé (previsão em contrato registrado). O cessionário não poderia ignorar a cláusula de intransmissibilidade que impede a decretação da quebra. Sentença que afastou a falência mantida. Não provimento. Vistos. Trata-se de apelação interposta por [...] Fundo de Investimento em Direitos Creditórios. Não padronizados. Interposta contra a sentença de fls. 397/399 no processo em que contende com [...] Indústria e Comércio de Veículos Ltda. que julgou improcedente o pedido falimentar feito, com fundamento no art. 94, I, da Lei n. 11.101/2005, em razão de duplicata mercantil vencida, não paga e contestada, a qual foi recebida por cessão decorrente de contrato de fomento mercantil celebrado com quem figura como cedente (Metalúrgica [...]). O argumento recursal é o de que tratando de cessão de crédito caberia à cessionária, empresa de *factoring*, proceder à análise do título que lhe seria cedido, a fim de verificar a regularidade da cessão. Alega a apelante que há irregularidade na representação da ré; que houve erro material na sentença, pois proferida por um juiz e assinada digitalmente por outro; que a cessionária não é empresa de *factoring*, mas fundo de investimento; que a autora agiu. (TJSP, Ap. n. 1065071-98.2015.8.26.0100, rel. Des. Enio Santarelli Zuliani, j. 29.11.2017)

Inexigibilidade de débito. Inexistência de relação jurídica entre as partes. Não reconhecimento. Prova do vínculo. Existência. Ônus do credor. Atendimento. Arts. 333, II, e 334, II, do CPC. Cessão de direito sobre crédito. Substituição processual. Ingresso do cessionário no polo ativo. Possibilidade. Capacidade processual. Arts. 7º e 12, VIII, do CPC/73. Reconhecimento. Não violação da regra dos arts. 41 e 42 do CPC/73. Ciência do devedor. Reconhecimento. Natureza bilateral da cessão de crédito entre o credor e outrem que se caracteriza pela simples transmissão pelo credor a um terceiro de seus direitos na relação obrigacional. Art. 286 do CC. Mudança no polo ativo da relação obrigacional pela troca de credores que não exige prévio consentimento do devedor, bastando seja cientificado da ocorrência. CC, art. 290. Inexigibilidade de anuência ou notificação formal, bastando a ciência – anterior ou posterior ao negócio – como meio de atestar o conhecimento e satisfazer o requisito da informação. Vício formal a afastar a eficácia da cessão de crédito em relação ao devedor. Não reconhecimento. Recurso de agravo interno provido, apelação não provida. (TJSP, Ag. n. 1065871-97.2013.8.26.0100, 18ª Câm. de Dir. Priv., rel. Des. Henrique Rodriguero Clavisio, j. 26.07.2016)

Declaratória de inexigibilidade de título. Duplicata. Saque indevido. Endosso-translativo. Cessão de crédito. Endosso-mandato. Banco. Dano moral. *Quantum* indenizatório. 1 – Se o banco que recebeu a duplicata por endosso-mandato não foi cientificado previamente sobre a falta de higidez da cobrança e agiu dentro dos limites de suas responsabilidades com o mandante, não é possível imputar-lhe qualquer responsabilidade pelo protesto indevido do título. Inteligência da Súmula n. 476 do STJ. 2 – A empresa cessionária que recebeu, por endosso-translativo, títulos sem aceite e não adotou a cautela de exigir prova de sua idoneidade deve responder solidariamente com a emitente pelos danos advindos para o sacado. 3 – Para a fixação do *quantum* indenizatório, levam-se em conta determinados critérios baseados nas condições econômicas e sociais das partes, bem como a intensidade do dano, atendidos os princípios da razoabilidade e proporcionalidade. Ação extinta em face do "Banco [...]" e procedente em face dos corréus "M. R." e "R.". Recurso do "Banco [...]". Provido, e improvido o do corréu "M. R.". (TJSP, Ap. n. 0003332-67.2014.8.26.0136, 21ª Câm. de Dir. Priv., rel. Des. Itamar Gaino, j. 27.06.2016)

Recurso especial. Habilitação de crédito trabalhista em ação falimentar regida pelo DL n. 7.661/45. 1 – Aplicação retroativa da Lei n. 11.101/2005. Não ocorrência. 2 – Cessão do crédito trabalhista. Pretensão do cessionário de manter a preferência legal do crédito falido na ordem de pagamento na falência. Impossibilidade. Transmissão do crédito e de todos os acessórios dele (do crédito) decorrentes, e não daqueles inerentes à condição personalíssima do cedente (no caso, a de empregado da falida). 3 – Recurso especial improvido. 2.1 – Tal como o atual CC dispõe em seus arts. 286 e 287, o diploma de 1916 preceituava em seus arts. 1.065 e 1.066 a possibilidade de o credor ceder seus créditos, "desde que se a isso não se opusesse a natureza da obrigação, a lei ou a convenção com o devedor", explicitando, ainda, que a transmissão, salvo disposição em contrário, abrangeria todos os acessórios. Por acessórios do crédito, compreende-se, naturalmente, os direitos de preferência, os privilégios, os direitos reais e pessoais de garantia, entre outros direitos, inerentes ao crédito transmitido. Não se transmitem ao cessionário, assim, os direitos acessórios indissociáveis da pessoa do cedente, decorrentes de sua condição personalíssima, salvo, naturalmente, se o cessionário detiver a mesma condição pessoal do cedente. 2.2 – Nessa linha de raciocínio, levando-se em conta que o privilégio legal conferido ao crédito trabalhista na falência gravita em torno da condição pessoal de empregado de seu titular, e não do crédito propriamente dito, conclui-se que a cessão do aludido crédito a cessionário que não ostenta a condição de empregado da falida não implica a transmissão do privilégio legal na falência, não mais subsistindo, por conseguinte, a qualidade de crédito preferencial. 3 – Recurso especial improvido. (STJ, REsp n. 1.526.092/SP, 3ª T., rel. Min. Marco Aurélio Bellizze, j. 15.03.2016, *DJe* 01.04.2016)

Sobre a cessão de créditos bancários, cujas características não são transmissíveis com o crédito, com larga fundamentação, em especial em relação à inadmissibilidade de lei infraconstitucional dispor em sentido diverso: TJSP, Ap. n. 0013147-56.2011.8.26.0019, rel. Des. Roberto Mac Cracken, j. 11.06.2015, e TJSP, Ap. n. 1004179-18.2014.8.26.0309, rel. Des. Roberto Mac Cracken, j. 12.02.2015. Registre-se, contudo, que a posição foi alterada pelo Recurso Especial anteriormente citado (STJ, REsp n. 1.634.958, rel. Min. Luis Felipe Salomão, j. 06.08.2019, *DJe* 03.09.2019).

No mesmo sentido: TJSP, Ap. n. 1004179-18.2014.8.26.0309, rel. Des. Roberto Mac Cracken, j. 12.02.2015.

A respeito da inadmissibilidade de características do débito vinculadas à condição pessoal do cedente serem invocadas pelo cessionário, confira-se extenso e bem fundamentado acórdão do TJSP que negou a adquirentes de créditos bancários o direito de cobrar taxa de juros superiores à taxa legal, por considerar que elas só são autorizadas para instituições financeiras: "É de registro que, mesmo em patamar infralegal, inexiste qualquer normatização que determine que os créditos cedidos por instituição financeira a cessionário não integrante do Sistema Financeiro Nacional devam manter a mesma natureza atribuída aos contratos bancários. Assim, no caso específico, mostra-se totalmente inadequada a cobrança de encargos contratuais cuja permissão é exclusiva das entidades pertencentes ao Sistema Financeiro Nacional. Fundos, securitizadoras, *factoring*, bancos em liquidação extrajudicial (falência administrativa) e massas falidas não podem ultrapassar, no tocante à cobrança de juros, a barreira de ordem pública estabelecida pelo Decreto n. 22.626/33. Recurso de apelação parcialmente provido". (TJSP, Ap. n. 0001561-69.2011.8.26.0262, 22ª Câm. de Dir. Priv., rel. Roberto Mac Cracken, j. 09.10.2014)

Vale, porém, o registro de que o art. 29, § 1º, da Lei n. 10.931/2004 autorizou que o endosso em preto das cédulas de crédito bancário autorize o cessionário, "mesmo não sendo instituição financeira ou entidade a ela equiparada, poderá exercer todos os direitos por ela conferidos, inclusive cobrar os juros e demais encargos na forma pactuada na cédula".

É essa disposição legal que é enfrentada nos acórdãos acima indicados, que concluem pela inconstitucionalidade do artigo.

DPVAT: O dirigismo contratual é consectário da nova dogmática do direito civil gravitante em torno do texto constitucional e legitimadora da proibição legal de cessão do crédito do DPVAT. (STF, ADIs ns. 4.350 e 4.627, rel. Min. Luiz Fux, j. 23.10.2014)

Admitindo a cessão de créditos de origem trabalhista: TJRR, Ap. Cível n. 0010.11.911101-0, Câm. Única, rel. Juiz conv. Leonardo Cupello, j. 17.06.2014.

Dispensando a anuência do devedor para validade da cessão, salvo se houver cláusula proibitiva da cessão: TJPR, AI n. 1157112-1, 17ª Câm. Cível, rel. Des. Fernando Paulino da Silva Wolff Filho, *DJe* 12.03.2014, p. 427.

No STJ, há decisão de igual teor em relação às sub-rogações provenientes das relações de consumo: [...] Ademais, é bem de ver que há condições personalíssimas do cedente que, apesar de não impedirem a cessão, não serão transferidas ao cessionário caso ele não se encontre na mesma situação pessoal daquele. De fato, a pessoa do credor, suas qualidades pessoais, muitas vezes, possuem tamanha relevância para as condições do crédito ou para determinado tratamento peculiar que, embora não seja obstáculo para a cessão e troca da titularidade jurídica, limitará, a certo ponto, a transmissão dos acessórios que estejam diretamente vinculados a ele, é claro, desde que também não se reflitam como qualidades do cessionário. 5 – No caso, o recorrente ajuizou ação objetivando adimplemento contratual em seu domicílio – Florianópolis, Santa Catarina – por ser cessionário de milhares de contratos de participação financeira de consumidores de serviços de telefonia. Ocorre que não há falar em cessão automática da condição personalíssima de hipossuficiente do consumidor originário ao cessionário para fins de determinação do foro competente para o julgamento. Deverá o magistrado, isto sim, analisar as qualidades deste para averiguar se o mesmo se encontra na mesma situação pessoal do cedente. Assim, afastando-se a qualidade de consumidor dos cedentes, principalmente quanto a sua hipossuficiência – condição personalíssima –, há de se aplicar, no tocante ao cessionário dos contratos de participação financeira, as regras comuns de definição do foro de competência. (STJ, REsp n. 1.266.388, rel. Min. Luis Felipe Salomão, j. 17.12.2013)

Processual civil. Embargos de declaração no recurso especial representativo de controvérsia. Art. 543-C do CPC [arts. 1.036 e 1.038 a 1.041 do CPC/2015]. Empréstimo compulsório da Eletrobrás. Restituição do valor recolhido pelo contribuinte. Cessão de crédito. Possibilidade. Impedimento legal. Inexistência. Disponibilidade do direito de crédito. Art. 286 do CC. Substituição do sujeito passivo da relação jurídica tributária. Não ocorrência. Compensação dos débitos no consumo de energia. Ausência de previsão no título executivo. Coisa julgada. Impossibilidade. Omissões não evidenciadas. Inovação de argumentos. Impossibilidade. Embargos rejeitados. 1 – Os embargos de declaração, a teor do art. 535 do CPC [art. 1.022 do CPC/2015], prestam-se a sanar obscuridade, contradição ou omissão eventualmente presentes no julgado. 2 – O acórdão embargado asseverou que a jurisprudência das Turmas que compõem a 1ª Seção do STJ é no sentido de que os créditos decorrentes da obrigação de devolução do empréstimo compulsório, incidente sobre o consumo de energia elétrica, podem ser cedidos a terceiros, uma vez inexistente impedimento legal expresso à transferência ou à cessão dos aludidos créditos, nada inibindo a incidência das normas de direito privado à espécie, notadamente do art. 286 do CC. 3 – O art. 286 do CC autoriza a cessão de crédito, condicionada à notificação do devedor. Da mesma forma, a legislação processual permite ao cessionário promover ou prosseguir na execução "quando o direito resultante do título executivo lhe foi transferido por ato entre vivos" (art. 567, II, do CPC) [art. 778, § 1º, III, do CPC/2015]. 4 – À parte não cabe inovar para conduzir à apreciação do Tribunal, em embargos de declaração, temas não ventilados no recurso especial. Os embargantes, no presente caso, inovam a lide ao pretender o exame de questões não debatidas nas instâncias ordinárias. 5 – Embargos de declaração rejeitados. (STJ, Emb. Decl. no REsp n. 1.119.558, 1ª S., rel. Min. Arnaldo Esteves Lima, j. 24.04.2013, *DJe* 07.05.2013, p. 108)

Direito do consumidor. Contrato de promessa de compra e venda de imóvel. Cessionário de direito. Atraso na entrega da unidade. Crise econômica. Força maior não demonstrada. Lucros cessantes. 1 – Acórdão elaborado de conformidade com o disposto no art. 46 da Lei n. 9.099/95 e arts. 12, IX, 98 e 99 do Regimento Interno das Turmas Recursais. Recurso próprio, regular e tempestivo. 2 – Preliminar de ilegitimidade e falta de interesse de agir. O exame das condições da ação deve ser feito com abstração dos fatos demonstrados no curso do processo. O reconhecimento da titularidade da obrigação exige a análise da estrutura da relação jurídica, o que denota que a questão é de mérito. Precedente (Ap. Cível n. 20.111.310.010.578, 2ª T. Rec. JEDF, j. 17.01.2012, *DJ* 18.01.2012, p. 160). Preliminar que se afasta. 3 – Solidariedade. Em contrato firmado pelo promitente vendedor e por interveniente garante, pode o promitente comprador exigir o cumprimento das obrigações de um ou de outro por força do próprio contrato. Ainda que assim não fosse, o CDC reconhece a solidariedade entre os integrantes da cadeia de serviços, conforme previsto nos arts. 25 e 34 do CDC. 4 – Cessão da posição contratual. A posição que o promitente comprador ocupa na relação contratual pode ser cedida a terceiro, o que implica transferência de todos os direitos e pretensões de titularidade do cedente (art. 286 do CC). Assim, se já ocorreu a mora, a pretensão a eventuais indenizações dela decorrentes são transferidas ao cessionário, não havendo que se falar em risco do cessionário, ou limitação temporal da mora. Não obstante, não pode haver modificação da sentença favorável ao recorrido em face do princípio *tantum devolutum quantum appellatum*. 5 – Força maior. A crise econômica mundial não constitui motivo de força maior a justificar o atraso no cumprimento da obrigação. Ao contrário, é circunstância que se insere no risco do empreendedor. Ademais, o prazo de carência de 180 dias já é suficiente para abranger eventual excludente de responsabilidade. 6 – Lucros cessantes. A privação da posse do imóvel em decorrência do atraso na entrega já é fato econômico suficiente para demonstrar o prejuízo do credor. Além disso, a afirmação do autor de que com o negócio, pretendia livrar-se do pagamento de aluguel não foi impugnada de forma específica pelo réu, o que faz incidir a presunção de veracidade de que trata o art. 302 do CPC [art. 341 do CPC/2015], aplicável à espécie. Sentença que se confirma pelos seus próprios fundamentos. 7 – Recurso conhecido, mas não provido. Custas processuais e honorários advocatícios, no valor de R$ 400,00, pelo recorrente. (TJDFT, Proc. n. 20.120.110.481.890, rel. Juiz Aiston Henrique de Sousa, *DJe* 11.04.2013, p. 273)

Civil e processo civil. Agravo de instrumento. Execução. Cessão de crédito. Sub-rogação do cessionário nos direitos do cedente. 1 – Havendo transmissão onerosa e total do crédito para terceiro, este se torna titular do direito creditório, com todos os seus acessórios e garantias, conforme arts. 286 e 287 do CC, razão por que há de ser confirmada a decisão que entendeu pela sub-rogação do adquirente/cessionário nos direitos do cedente em relação ao crédito originário. 2 – Recurso não provido. (TJDFT, Proc. n. 20.120.020.218.055, rel. Des. Cruz Macedo, *DJe* 01.03.2013, p. 130)

Processo civil. Recurso especial. Violação do art. 535 não configurada. Direito das obrigações. Cessão de créditos oriundos de empréstimo compulsório sobre energia elétrica. Responsabilidade do cedente pela existência do crédito. 1 – Não ocorre violação ao art. 535 do CPC [art. 1.022 do CPC/2015] quando o Juízo, embora de forma sucinta, aprecia fundamentadamente todas as questões relevantes ao deslinde do feito, apenas adotando fundamentos divergentes da pretensão do recorrente. Precedentes. 2 – Os créditos decorrentes da obrigação de devolução do empréstimo compulsório incidente sobre o consumo de energia elétrica podem ser cedidos a terceiros, uma vez que inexistente impedimento legal expresso à sua transferência ou cessão, desde que o pagamento pela cedida (Eletrobrás) se dê mediante conversão em participação acionária ou em dinheiro no vencimento do empréstimo (REsp n. 1.119.558/SC, 1ª S., j. 09.05.2012 sob a sistemática do art. 543-C do CPC, *DJe* 01.08.2012) [arts. 1.036 e 1.038 a 1.041 do CPC/2015]. 3 – A validade da cessão de créditos oriundos da devolução de empréstimo compulsório sobre energia elétrica submete-se não apenas ao preenchimento dos requisitos insertos no art. 104 do CC, como também ao fato de a devolução do empréstimo compulsório não se dar mediante a compensação dos débitos com valores resultantes do consumo de energia, ficando sua eficácia sujeita à notificação do cedido (art. 286 do CC). 4 – No presente feito, consoante assentado pelo Tribunal de origem, a cessão foi realizada de forma absolutamente regular – o que denota o preenchimento de todos os requisitos –, tendo havido a necessária notificação à devedora. 5 – O cedente é responsável pela existência do crédito transmitido ao cessionário, ou seja, pela concretude do crédito cedido. O art. 295 do CC preocupa-se em interditar o locupletamento ilícito do cedente, o que certamente ocorreria se lhe fosse permitido receber do cessionário pela transferência de crédito inexistente. 6 – Recurso especial não provido. (STJ, REsp n. 988.849/RS, 4ª T., rel. Min. Luis Felipe Salomão, *DJe* 31.10.2012, p. 534)

Cessão de posição contratual. Promessa de compra e venda. Indenização. Cessão sucessiva de direitos de aquisição de unidade autônoma de bem imóvel. Cedente pretende obter das partes responsáveis pela construção e entrega do imóvel reparação civil por atraso na finalização da obra. Responsabilidade estritamente contratual. Uma vez cedidas as posições jurídicas ativas de que o autor era titular, deixou de existir relação obrigacional que vincule as partes. Dever de indenizar não configurado. Recurso desprovido. (TJSP, Ap. n. 0032392-68.2009.8.26.0554, rel. Milton Carvalho, j. 13.09.2012)

Consórcio. Cessão de direitos de crédito a terceiro. Anuência da administradora. Inexigibilidade, considerada a natureza da obrigação e a inexistência de cláusula contratual impeditiva. Inteligência do art. 286 do CC. Ação de obrigação de fazer, consistindo na transferência perante o consórcio. Procedência. Recurso provido para esse fim. (TJSP, Ap. n. 991090356749 (7394912100), 13ª Câm. de Dir. Priv., rel. Luiz Sabbato, j. 07.10.2009)

Apelação. Ação de busca e apreensão de veículo conexa com ação de consignação em pagamento. Contrato de cessão de direitos referentes a veículo financiado e alienado fiduciariamente em garantia sem anuência do credor fiduciário, da seguradora do pagamento do débito e da devedora solidária. Posterior falecimento do cedente com o consequente acionamento da cobertura securitária cujas áleas se referiam exclusivamente à pessoa deste. Impossibilidade do cessionário beneficiar-se da situação, sob pena de chancela de enriquecimento sem causa. Violação do disposto no art. 1.065 do CC/1916 (atual art. 286 do CC/2002). Sentença de improcedência da busca e apreensão e procedência da consignatória reformada. Apelo provido. (TJSP, Ap. Cível n. 992.050.678.263, rel. Pereira Calças, j. 26.08.2009)

Admitindo a cessão do seguro obrigatório: TJSP, Ap. Cível n. 931.079-0/7/São José do Rio Preto, 26ª Câm. de Dir. Priv., rel. Juiz Elias Júnior de Aguiar Bezerra, j. 13.03.2006; TJSP, Ap. Cível s/ Rev. n. 1.122.628.006, rel. Orlando Pistoresi, j. 21.01.2009.

Admitindo que o crédito cedido à União seja cobrado por execução fiscal, ainda que tenha natureza privada: STJ, REsp n. 1.126.491, rel. Min. Eliana Calmon, j. 16.12.2008.

Compromisso de compra e venda. Cessão de crédito. A cessão do crédito relativo às prestações a serem pagas pelo promitente comprador, não envolvendo a cessão pré-contrato, não retira a legitimidade do promitente vendedor para pleitear a rescisão. (STJ, REsp n. 163.599, rel. Min. Eduardo Ribeiro, j. 27.04.1998, *DJU* 15.06.1998)

Cobrança. Seguro. Ação intentada por oficina mecânica contra o segurado, em face do não recebimento da verba equivalente aos serviços prestados em veículo. Inadmissibilidade, se o prestador de serviços possui exclusividade com a seguradora, inclusive sendo parte no contrato. Hipótese que caracteriza cessão de crédito, onde a companhia de seguros passa a ser a responsável pelo adimplemento dos reparos efetuados. A oficina mecânica que realiza conserto de veículo, objeto de contrato de seguro, não pode intentar ação de cobrança contra o segurado, em face do não recebimento da verba equivalente aos serviços prestados, se possuía exclusividade com a seguradora, inclusive fazendo parte do contrato, que se tornou plurilateral, pois, em tais hipóteses, caracteriza-se a cessão de crédito, em que o segurado transmite ao prestador de serviços o crédito que possui com a companhia de seguros, que passa a ser a responsável pelo adimplemento dos reparos efetuados no bem. (*RT* 755/277)

Contrato. Bilateralidade. Cumprimento integral por um dos contratantes. Cessão por ele a terceiro que configura cessão de crédito e não de contrato. Circunstância que não permite ao contratante-cedido invocar a *exceptio non adimpleti contractus*. Outorga da escritura de venda e compra determinada. Ação procedente. Recurso não provido. Se o contrato bilateral já foi inteiramente cumprido por um contratante, a cessão por ele feita a terceiro não configura cessão de contrato, mas de crédito, circunstância que não permite ao contratante que se convencionou chamar cedido invocar a *exceptio non adimpleti contractus*. (*JTJ* 207/151)

***Factoring***: A faturizadora, a quem as duplicatas aceitas foram endossadas por força do contrato de cessão de crédito, não ocupa a posição de terceiro de boa-fé imune às exceções pessoais dos devedores das cártulas. 3 – Recurso especial conhecido e desprovido. (STJ, REsp n. 1.439.749, 3ª T., rel. Min. João Otávio de Noronha, *DJe* 15.06.2015, p. 2.473)

Nos contratos de *factoring* aplicam-se as regras da cessão de crédito, e não as do endosso: STJ, Ag. Reg. no AREsp n. 591.952, rel. Min. Raul Araújo, j. 19.04.2016.

Admissível, em relações jurídicas decorrentes de contratos de *factoring*, a oposição de exceções pessoais derivadas do negócio subjacente ao faturizador/cessionário pelo devedor do crédito/emitente de título de crédito, ainda mais quando não notificado da cessão de crédito. Válido e eficaz o pagamento efetuado pelo devedor quando não notificado da cessão de crédito ao faturizador cessionário (CC/2002, arts. 290, 292 e 294). Reconhecimento da existência de quitação do cheque em questão, uma vez que a autora faturizadora não foi diligente ao deixar de notificar o devedor a respeito da cessão do crédito representado pelo título. Recurso provido. (TJSP, Ap. n. 0041000-89.2008.8.26.0554/Santo André, 20ª Câm. de Dir. Priv., rel. Rebello Pinho, *DJe* 18.06.2015)

Ação declaratória de inexigibilidade do título oriundo de nota fiscal de serviço. Prestação de serviço não realizada. Desaparecimento da causa do título. Sentença de procedência. A prova de que o devedor e sacado teve ciência inequívoca da cessão de crédito à empresa de *factoring*, sem contrapor a cessação da causa do título até o momento da cessão, torna-a eficaz em relação a ele. As exceções pessoais do devedor só podem ser opostas ao cessionário quando ele estiver, em relação à cessão de crédito, na mesma situação em que estava o cedente, isto é, tenham origem anterior ao momento em que ficou ciente da cessão. Aqui, hipótese que é diversa. Obrigação exigível. Improcedência da ação. Apelação provida. (TJSP, Ap. n. 990093563550, 36ª Câm. de Dir. Priv., rel. Romeu Ricupero, j. 16.09.2010)

Ação anulatória. Cheques. Transferência. Compra e venda desfeita. Alegação da empresa de *factoring* quanto à inoponibilidade de exceções pessoais contra si. Descabimento. Hipótese de cessão de crédito e não de endosso cambial. Procedência mantida. Recurso não provido. (TJSP, Rec. n. 7.145.937-3, rel. Des. Souza José, j. 25.09.2007)

À conta dessa argumentação, é forçoso concluir-se que, para além de ser inconteste a legitimidade passiva da empresa de *factoring*, porquanto adquiriu o título mediante contrato de fomento, o fato de receber duplicatas sem haver precedentemente se cercado da certeza de que efetivamente correspondiam a uma verdadeira compra e venda mercantil ou a uma prestação de serviço, a expõe às consequências negativas dessa ação. E a circunstância de ter ou não havido comunicação da cessão é absolutamente irrelevante para a sacada, se o saque foi feito sem que existisse lastro para tanto. (TJSP, Ap. n. 7.165.789-3, rel. Des. Souza José, j. 18.09.2007)

Cessão da posição contratual. Necessidade do consentimento do cedido para produção de seus efeitos, sob pena de o negócio se restringir a cedente e o cessionário. (TJSP, Ap. n. 940.719-0/9, rel. Des. Artur Marques, j. 07.08.2006)

**Ilegitimidade *ad causam*.** Ação reparatória de danos por acidente de trabalho. Empresa que adquiriu a carteira de beneficiários de plano de saúde da antiga empregadora da autora. Hipótese em que a simples aquisição da carteira de beneficiários não importa sucessão da adquirente nas obrigações da alienante. Ilegitimidade passiva da adquirente reconhecida. Extinção do processo determinada. Recurso provido. (TJSP, AI n. 1.010.628/8, rel. Des. Rodrigues da Silva, j. 04.09.2007)

**Art. 287. Salvo disposição em contrário, na cessão de um crédito abrangem-se todos os seus acessórios.**

A cessão não é novação, pois nesta última um novo crédito substitui o anterior. Na cessão, o mesmo crédito subsiste, transmitindo-se com todos os seus acessórios ao cessionário. Essa circunstância está consagrada no presente dispositivo. A distinção entre a cessão e a novação é relevante sobretudo quando se verifica que na primeira a intervenção do devedor é desnecessária, embora indispensável na segunda. E nem sempre a concordância do devedor com a novação é obtida com facilidade. Ademais, como a novação extingue a dívida anterior, todos os acessórios a ela vinculados também se extinguem, fazendo desaparecer as garantias da obrigação original. No caso da cessão, fianças e hipotecas oferecidas em garantia da dívida irão permanecer vinculadas a ela, ainda que o credor não seja o mesmo do momento da constituição da obrigação. O terceiro garantidor oferece-se para garantir a dívida levando em conta a pessoa do devedor. Como esta não é substituída, a cessão do crédito é irrelevante para aquele que oferece a garantia. Nada impede, porém, que as partes ressalvem a transmissão da garantia, estabelecendo que ela não acompanhará a transmissão do crédito. Na lição de Renan Lotufo, que se reporta ao Direito italiano, português e espanhol, dentre os acessórios que acompanham a cessão do crédito estão os frutos porventura produzidos (*Código Civil comentado*. São Paulo, Saraiva, 2003, v. II, p. 144). Mas não são apenas os acessórios do crédito que se transferem ao cessionário. Também as vicissitudes da relação de crédito, que possam enfraquecê-lo ou destruí-lo, são transferidas, pois ao devedor não é permitido nem mesmo se opor à cessão. Em decorrência disso, o devedor não pode ser colocado em situação inferior àquela em que se encontrava perante o cedente. Condições personalíssimas do cedente: vejam-se os comentários feitos em item específico no artigo anterior.

**Jurisprudência:** Agravo de instrumento. Execução de título extrajudicial. Cédula de crédito bancário. Cessão do crédito exequendo e substituição processual no polo ativo da execução pelo Fundo de Investimento cessionário agravado. Alegação de que o Fundo de Investimento cessionário agravado não se equipara a instituição financeira, recalculando-se o débito exequendo com a aplicação de juros remuneratórios de 1% ao mês e correção monetária pela tabela do TJSP, com exclusão da taxa CDI. Descabimento. Jurisprudência do STJ no sentido de que os Fundos de Investimentos se equiparam às instituições financeiras, por atuarem no mercado financeiro captando e intermediando a aplicação de recursos financeiros, em moeda nacional ou estrangeira (REsp n. 1.634.958/SP). Pretensão desarrazoada de exclusão dos encargos contratuais acessórios ao crédito exequendo cedido à agravada. "Na cessão de um crédito abrangem-se todos os seus acessórios" (art. 287 do CC), independente de anuência do devedor. Recurso negado. (TJSP, AI n. 22455076820208260000/São Paulo, 13ª Câm. de Dir. Priv., rel. Francisco Giaquinto, j. 31.03.2023, *DJ* 31.03.2023)

Processo civil. Agravo de instrumento. Execução. Cessão de crédito. Sub-rogação do cessionário nos direitos do cedente. 1 – Havendo transmissão onerosa e total do crédito para terceiro, este se torna titular do direito creditório, com todos os seus acessórios e garantias, conforme arts. 286 e 287 do CC, razão por que há de ser confirmada a decisão que entendeu pela sub-rogação do adquirente/cessionário nos direitos do cedente em relação ao crédito originário. 2 – Recurso não provido. (TJDFT, Proc. n. 20.120.020.218.055, rel. Des. Cruz Macedo, *DJe* 01.03.2013, p. 130)

Ação ordinária. Cessão de crédito decorrente de empréstimos compulsórios. Possibilidade. Cedente que descumpriu sua obrigação, percebendo parte do crédito anteriormente transmitido ao cessionário. Acessórios que devem ser incluídos na condenação, em observância ao disposto no art. 287 do CC, a serem apurados em liquidação por arbitramento. Cotação média das ações entre a data da citação e a data do laudo deverá ser considerada para definição do valor das ações em reais. Sucumbência mínima do autor caracterizada. Reforma parcial da r. sentença. Nega-se provimento ao recurso interposto pela ré e dá-se parcial provimento ao recurso interposto pelo autor. (TJSP, Ap. n. 990.10.373996-5/São Paulo, 5ª Câm. de Dir. Priv., rel. Christine Santini, *DJe* 28.04.2011, p. 1.036)

Se o crédito foi cedido após o deferimento da medida proibitiva e ainda quando em discussão judicial, se estendia ao cessionário, uma vez que este adquire todos os direitos e deveres em relação ao crédito cedido. Exegese do art. 287 do CC. (TJRS, Ap. Cível n. 70.024.818.221, 9ª Câm. Cível, rel. Marilene Bonzanini Bernardi, j. 26.05.2010)

Processo civil. Cédula de crédito comercial. Ação de busca e apreensão. Embargos de terceiro julgados procedentes. Honorários advocatícios. Execução. Banco [...] S.A. e Caixa Econômica Federal. Legitimidade passiva *ad causam*.

1 – Lastreada em empréstimo concedido pelo Banco Central do Brasil, a Caixa Econômica Federal, através de Instrumento Contratual de Aquisição de Ativos, Consolidação, Confissão e Pagamento de Dívidas e Outras Avenças, adquiriu, em 30.04.1997, a carteira de crédito imobiliário e os créditos inadimplentes da carteira comercial do Banco [...] S.A.

2 – Se cédula de crédito comercial foi objeto de cessão à Caixa Econômica Federal, esta assume todos os seus acessórios, a teor do art. 287 do CC/2002, e passa a ser responsável por eventuais ônus daí decorrentes.

3 – A Caixa Econômica Federal tem legitimidade para figurar no polo passivo de execução de honorários advocatícios arbitrados em sentença proferida em embargos de terceiro incidental à ação de busca e apreensão relacionada com crédito que lhe foi cedido pelo Banco [...] S.A. (TRF, 4ª R., AI n. 200.804.000.074.493, 3ª T., rel. Roger Raupp Rios, j. 29.07.2008)

Execução de sentença. Desapropriação. Decisão que indeferiu o pedido da expropriada de recebimento de eventual diferença no tocante aos juros. Acerto. E que ocorreu, no caso, a cessão do crédito, não constando do Termo Particular de Cessão. Nenhuma ressalva ou exclusão. Assim, cedido o crédito, cedem-se todos os direitos decorrentes deste direito. O cessionário passa, por conseguinte, a ter legitimidade para postular eventual diferença que entender devida com relação ao crédito adquirido. Art. 287 do CC. Agravo improvido. Voto. (TJSP, AI n. 7.116.705.400, 7ª Câm. de Dir. Públ., rel. Guerrieri Rezende, j. 28.01.2008)

Ação de cobrança. Cessão de crédito oriunda de contratos bancários. Companhia securitizadora. Entidade não integrante do Sistema Financeiro Nacional. Impossibilidade de cobrança de encargos bancários.

É de registro que, mesmo em patamar infralegal, inexiste qualquer normalização que determine que os créditos cedidos por instituição financeira à companhia de securitização devam manter a mesma natureza atribuída aos contratos bancários. Assim, no caso específico, a partir das datas dos respectivos vencimentos dos contratos em questão, tendo em vista que as companhias securitizadoras não são instituições financeiras, não integrando, portanto, o Sistema Financeiro Nacional, mostra-se totalmente inadequado permitir que aquelas, como cessionárias de créditos bancários, tenham a prerrogativa de promover a cobrança de encargos contratuais cuja permissão é exclusiva das entidades pertencentes ao Sistema Financeiro Nacional.

O Sistema Financeiro Nacional é constituído, nos termos da lei (Lei n. 4.595, de 31.12.1964), basicamente, pelo Conselho Monetário Nacional, Banco Central do Brasil, Banco do Brasil S.A., BNDES e das demais instituições financeiras públicas e privadas, sendo que, para os efeitos da referida lei (Lei n. 4.595/64), as instituições financeiras somente poderão funcionar no País mediante prévia autorização do Banco Central do Brasil. A apelada (empresa securitizadora) não pertence ao Sistema Financeiro Nacional e nem é fiscalizada pelo Banco Central do Brasil. Decisão em consonância com sentido do verbete sumular n. 596 do Excelso STF. Recurso parcialmente provido. (TJSP, Ap. n. 7.030.892-4, rel. Des. Roberto Mac Cracken, j. 18.10.2007)

Cuida-se de ação aforada por hospital que, após prestar atendimento às vítimas de variados acidentes de trânsito, tornou-se cessionário do suposto direito às diferenças da indenização prometida pelo DPVAT.

Ora, sendo esse o fundamento da propositura, a ela não se podia aplicar a regra de competência anunciada no art. 100, parágrafo único, do CPC [art. 53, V, do CPC/2015], segundo a qual "nas ações de reparação do dano sofrido em razão de delito ou acidente de veículos, será competente o foro do domicílio do autor ou do local do fato".

Com efeito, a referida disposição se volta especificamente para a demanda promovida pela vítima do acidente, a quem a lei procura beneficiar, mediante a designação daqueles foros alternativos, em consideração à natureza social do seguro veicular obrigatório.

Cuida-se, portanto, de uma prerrogativa personalíssima e, por isso, dela não se aproveita a pessoa jurídica que se torna cessionária dos direitos de múltiplas vítimas de acidentes automobilísticos e, nessa condição, vem a juízo pleitear diferenças de indenização. Tal entendimento, aliás, coaduna-se com a convicção da doutrina no sentido de a cessão de direitos transferir ao cessionário as vantagens que são ínsitas ao crédito, mas não as prerrogativas que são pessoais do credor. (TJSP, Ap. n. 1.086.967-0/8, rel. Des. Arantes Theodoro, j. 15.02.2007)

Agravo de instrumento. Locação de imóveis. Execução. Bem de fiador. Penhora. Possibilidade. Cessão de crédito. Transferência integral da relação jurídica. Recurso improvido. 1 – "A EC n. 26/2000, que deu nova redação ao art. 6º, incluindo na CF o direito à moradia, é norma programática, que serve de diretriz ao Poder Público na implementação de políticas que assegurem referido direito, não afastando, contudo, a penhorabilidade do bem imóvel do fiador locatício, persistindo a exceção do inciso VII, do art. 3º da Lei n. 8.009/90". 2

– A cessão de crédito tem como principal efeito a transferência para o cessionário da titularidade integral da relação jurídica cedida, isto é, o crédito e seus acessórios, que formam um todo de caráter patrimonial, constituindo-se num bem que tem valor de troca, podendo ser passível de alienação. (CC/1916, art. 1.066, recepcionada pelo art. 287 do vigente CC) (TJSP, AI n. 1.008.772.800, rel. Egidio Giacoia, j. 13.03.2006)

**Art. 288. É ineficaz, em relação a terceiros, a transmissão de um crédito, se não celebrar-se mediante instrumento público, ou instrumento particular revestido das solenidades do § 1º do art. 654.**

A lei não impõe forma especial às cessões, que são negócios não solenes e consensuais, mas, para que ela seja eficaz em relação a terceiros, exige que a cessão seja celebrada mediante instrumento público ou particular, com os requisitos do art. 654, § 1º, do CC. Prevê a ineficácia da cessão em relação a terceiros se ela não for celebrada dessa forma, substituindo a expressão "não vale" do art. 1.067 do CC/1916. É que a validade do negócio diz respeito apenas à relação estabelecida entre as partes que celebram a cessão. Os efeitos da cessão em relação a terceiros são irrelevantes à validade dela. A razão de o sistema legal condicionar a eficácia da cessão em relação a terceiros à existência de um instrumento público ou particular é a necessidade de os terceiros poderem conhecer sua existência. No entanto, tal exigência não basta para que terceiros tenham conhecimento da cessão se não for atendida a regra do art. 221 do CC, que condiciona a produção dos efeitos ao registro no cartório competente. O CC/1916, em seu art. 1.067, condicionava a eficácia do instrumento de cessão em relação a terceiros ao cumprimento dos requisitos do art. 135 daquele diploma legal – que fazia expressa menção à necessidade da transcrição do instrumento no registro competente. Atualmente, sem o instrumento público ou particular com os requisitos mencionados no § 1º do art. 654 do CC, não é possível que ele produza efeitos em relação a terceiros. O registro no órgão competente, contudo, permitirá que se presuma seu conhecimento em caráter absoluto. Inexistindo o registro, a prova do conhecimento dependerá do exame de cada situação concreta. Mais uma vez, o dispositivo indica que a validade do negócio jurídico resulta do consenso entre cedente e cessionário, pois somente a produção dos seus efeitos perante terceiros é que fica condicionada à existência de instrumento apropriado, ou seu registro. As cessões de direitos hereditários e de créditos hipotecários dependem de instrumento público, na lição de Pablo Stolze Gagliano e Rodolfo Pamplona Filho, que se reportam aos arts. 289 e 1.793 do CC (*Novo curso de direito civil*. São Paulo, Saraiva, 2002, v. II, p. 268). Deles, porém, se discorda em relação à cessão de direitos hereditários, que continua passível de transmissão por termo nos autos, como ensina Humberto Theodoro Jr. (*Comentários ao novo Código Civil*. Rio de Janeiro, Forense, 2003, v. III, t. II, p. 442). A cessão do crédito com garantia real dependerá da anuência do cônjuge à luz do disposto, pois haverá modificação subjetiva do direito real consubstanciado na garantia (art. 1.647, I, do CC), aplicando-se ao caso, ainda, o disposto no art. 108. Se se tratar de cessão de título prescrito ou já protestado, quando a lei cambial afirma que não se tratará de endosso, mas de cessão de crédito, a regra é que os requisitos formais são dispensáveis, porque a lei especial que rege a matéria se satisfaz com o mero endosso do título (ROSA JR., Luiz Emygdio F. da. *Títulos de crédito*. Rio de Janeiro, Renovar, 2000, p. 209 e 219). De acordo com o item 10 do art. 129 da Lei n. 6.015/73, a cessão de direitos e de créditos, a reserva de domínio e a alienação fiduciária de bens móveis e as constrições judiciais ou administrativas sobre bens móveis corpóreos e sobre direitos de crédito podem ser registrados no cartório de título e documentos.

**Jurisprudência:** Agravo de instrumento. Cumprimento de sentença. Cessão de crédito. Valores decorrentes de benefício acidentário. Possibilidade. Art. 100, §§ 13 e 14, da CF. Desnecessidade de instrumento público. Princípio da liberdade das formas. Inteligência dos arts. 107 e 288, ambos do CC. Reconhecimento da validade da cessão de crédito inscrito em precatório celebrada por contrato. Decisão reformada. Recurso provido. (TJSP, AI n. 2244676-83.2021.8.26.0000/SP, 17ª Câm. de Dir. Públ., rel. Carlos Monnerat, j. 01.02.2022, publ. 01.02.2022)

Não deve subsistir o negócio jurídico dissimulado – cessão de crédito – quando não observados os requisitos de forma e validade, nos termos do art. 288 do CC. (TJDF, Proc. n. 0019995-84.2015.8.07.0007, rel. Des. Roberto Freitas, j. 10.04.2019, *DJe* 06.05.2019)

A ausência da notificação não torna inexigível a dívida: TJRN, Ap. Cível n. 2014.004184-1, 1ª Câm. Cível, rel. Des. Expedito Ferreira, *DJe* 17.07.2014, p. 65.

Considerando indispensável o instrumento escrito para eficácia da cessão perante terceiros: O credor pode ceder o seu crédito, se a isso não se opuser a natureza da obrigação, a lei, ou a convenção com o devedor (art. 286 do CC), sendo ineficaz, em relação a terceiros, a transmissão de um crédito, se não se celebrar mediante instrumento público, ou instrumento particular revestido das solenidades do § 1º do art. 654 (art. 288 do CC), e sem eficácia em relação ao devedor, senão quando a este notificada (art. 290 do CC). Inexistência da prova documental da cessão específica do crédito informado ao Serasa e SCPC, razão pela qual foi indevida a negativação de dívida, feita por quem não se mostrou credor. Dano moral caracterizado. Recurso desprovido. (TJSP, Ap. n. 0024390-49.2009.8.26.0477/ Praia Grande, 1ª Câm. de Dir. Priv., rel. Alcides Leopoldo e Silva Júnior, *DJe* 03.03.2015, p. 1.659)

No mesmo sentido: TJRS, Ap. Cível n. 70.059.877.597, 9ª Câm. Cível, rel. Des. Paulo Roberto Lessa Franz, j. 16.07.2014; e TJSP, Ap. n. 0028005-07.2010.8.26.0576/ São José do Rio Preto, 34ª Câm. de Dir. Priv., rel. Soares Levada, *DJe* 22.01.2014, p. 1.139.

Cobrança. Prestação de serviços. Preliminares. Cessão de crédito. Ilegitimidade de parte. Inexistência de razões de convencimento. Mera alegação. Devedor a quem a cessão de crédito é ineficaz, se não celebrada por escrito. Art. 288 do CC. Rejeição. Cerceamento de defesa. Encerramento da fase de instrução. Decisão que não foi impugnada por recurso. Preclusão (CPC, art. 473) [art. 507 do CPC/2015]. Mérito. Demonstração dos serviços prestados. Créditos provados. Dever de remuneração reconhecido. Sentença mantida. Recurso improvido. (TJSP, Ap. n. 0009858-56.2010.8.26.0438/Penápolis, 33ª Câm. de Dir. Priv., rel. Hamid Bdine, *DJe* 19.06.2013, p. 1.388)

Embargos de terceiro. Cessão de crédito decorrente de ação de cobrança feita pelas executadas em favor do embargante. Penhora no rosto dos autos da ação de cobrança ordenada pelo juízo da execução. Fraude à execução não caracterizada. Má-fé não demonstrada. Incidência da Súmula n. 375 do STJ. Cessão de crédito operada por instrumento particular não registrado. Ausência de publicidade do ato negocial que retira sua eficácia perante terceiro. Inteligência dos arts. 221 e 288 do CC. Manutenção da penhora em favor do embargado. Recurso desprovido. (TJSP, Ap. n. 0202614-05.2011.8.26.0100/São Paulo, 4ª Câm. de Dir. Priv., rel. Milton Carvalho, *DJe* 29.01.2013, p. 1.204)

Civil. Cessão de créditos. Inexigência de formalidades para sua realização. Execução ajuizada pelo cessionário. Possibilidade. 1 – O CC não exige forma especial para realização de cessão de crédito, exceto para que seja eficaz perante terceiro (art. 288 do CC). 2 – Comprovado o negócio jurídico de cessão de créditos entre cedente e cessionário, este último tem legitimidade para ingressar com ação de execução em face do devedor. 3 – Recurso não provido. (TJDFT, Proc. n. 20.090.710.326.610, rel. Des. João Mariosi, *DJe* 15.04.2011. p. 121)

Embargos de terceiro. Mandato. Prestação de contas. Adjudicação de bem imóvel do executado. Instrumento particular de cessão de crédito anterior. Descabimento. Ineficácia perante a embargada, nos termos do art. 288 do CC. Embargos improcedentes. Recurso desprovido. (TJSP, Ap. n. 992080284212, 35ª Câm. de Dir. Priv., rel. Melo Bueno, j. 16.08.2010)

Ação de cobrança. Indenização do seguro obrigatório DPVAT. Morte decorrente de acidente automobilístico. Cessão de direitos. O crédito referente ao seguro DPVAT não se trata de direito personalíssimo, podendo ser validamente cedido. No caso, a cessão de crédito se revestiu das solenidades do § 1º do art. 654 do CC, ao qual remete o art. 288 do mesmo diploma legal, inexistindo qualquer nulidade. Suficientemente comprovados o acidente automobilístico, o falecimento da vítima e o nexo de causalidade entre ambos. Desnecessária a juntada do boletim de ocorrência quando o próprio auto de necropsia faz menção ao acidente. A indenização por morte equivale a 40 salários mínimos. Não prevalecem as disposições do CNPS que estipulam teto inferior ao previsto na Lei n. 6.194/74. A alteração do valor da indenização, introduzida pela MP n. 340, somente é aplicável aos sinistros ocorridos a partir de sua vigência, que se deu em 29.12.2006 – o que não é o caso dos autos. É legítima a vinculação da indenização ao salário mínimo, na medida em que não ocorre como fator indexador. A indenização deve corresponder a 50% do valor que seria normalmente pago em caso de morte, porquanto o acidente foi provocado por veículo não identificado, sob a égide da Lei n. 6.194/74, mas antes da modificação operada pela Lei n. 8.441/74 (*sic*, Lei n. 6.194/74). Assim, o principal condenatório deve ser reduzido para R$ 9.300,00. Juros de mora, de 12% ao ano, e correção monetária, pelo IGP-M, corretamente fixados, respectivamente, a partir da citação e do ajuizamento da ação. Aplicação da Súmula n. 14 das Turmas Recursais do JEC/RS, revisada em 19.12.2008. Recurso improvido. (TJRS, Rec. Cível n. 71.002.476.190, 3ª T. Rec. Cível, T. Rec., rel. Eduardo Kraemer, j. 08.04.2010)

Honorários advocatícios. Imposto de renda na fonte. Pessoa jurídica. Agravo de instrumento interposto em face de decisão que indeferiu o pedido de expedição de alvará para levantamento de honorários de sucumbência sem a retenção na fonte do imposto de renda à alíquota de pessoa física. O agravante pretende a expedição do alvará em favor da sociedade de advogados. Mas o mandato foi outorgado individualmente, até porque a sociedade nem existia quando do trâmite da ação. De outro lado, a suposta cessão de crédito à sociedade é imprestável ao fim colimado. Foi assinada pelo advogado na qualidade de cedente e de cessionário (aí como sócio-gerente), e é inoponível a terceiros, nos termos do art. 288 do CC. Agravo desprovido. (TRF, 2ª R., AI n. 144.790, rel. Des. Guilherme Couto, j. 05.03.2009)

Monitória. Cessão de crédito. Realização por instrumento particular, sem o competente registro, sendo ineficazes em relação a terceiros. Entendimento do art. 288 do CC. As rés são estranhas às cessões de créditos, pois não participaram das transações levadas a efeito nem foram regularmente notificadas, nos termos do art. 290 do CC. São válidos os pagamentos efetuados pelas apeladas à cedente, o que não afasta a responsabilidade desta perante o cessionário. Ação extinta. Recurso improvido. (TJSP, Ap. Cível n. 7.311.885.300, rel. Carlos Lopes, j. 19.01.2009)

Agravo de instrumento. Tributário e processual civil. Cessão de créditos de precatório. Eficácia em relação a terceiros. Desnecessidade de anuência do credor. Arts. 286, 288 e 290, do CC/2002. Substituição no polo ativo da relação processual. Impossibilidade. Inoponibilidade de convenções particulares perante o Fisco. Art. 123 do CTN. Cancelamento do precatório para realização de compensação administrativa. Art. 66 da Lei n. 8.383/91. Inaplicabilidade da Lei n. 9.430/96. Impossibilidade de compensação de créditos de terceiros e de alteração da via eleita para execução do crédito. Art. 78 do ADCT. Agravo improvido.

1 – A cessão de créditos de precatório está prevista no ordenamento jurídico pátrio, não se fazendo necessária a intervenção judicial para tanto. Sobre o tema, dispõe o art. 286 do CC.

2 – A cessão realizada, desde que atenda aos requisitos legais (realização por escritura pública e por instrumento particular posteriormente registrado), tem eficácia plena em relação não apenas ao cedente e cessionário, mas também a terceiros, de acordo com o disposto no art. 288 do CC/2002, contudo, apenas terá eficácia em relação ao devedor depois que esse é notificado da transmissão, não sendo necessária sua anuência, segundo o art. 290, do CC/2002.

3 – No caso concreto, a autora da Ação n. 2004.71.00. 038404-3, Indústria de [...] Ltda., cedeu, por escritura pública, o crédito referente ao precatório, ainda não expedido, em favor de CWM Comércio e Administração de [...] Ltda. que, por sua vez, o repassou a empresa Cooperativa Vinícola [...], a qual peticionou ao juízo da execução pelo cancelamento do precatório, informando que pretende utilizar o referido crédito para compensação administrativa, com base no art. 66 da Lei n. 8.383/91.

4 – Tratando-se, como no caso, de transação particular que versa sobre créditos públicos, não é possível o ingresso de novo titular no polo ativo da relação processual, uma vez que o art. 123, do CTN, estabelece que não se pode opor ao Fisco as convenções particulares, relativas à responsabilidade pelo pagamento de tributos. Precedente desta Corte.

5 – A Lei n. 9.430/96 não é aplicável ao caso, uma vez que voltada especificamente aos tributos ou contribuições administrados pela Secretaria da Receita Federal. As compensações de créditos do INSS continuam regidas pelo art. 66 da Lei n. 8.383/91, com a redação dada pela Lei n. 9.069/95. Todavia, esse dispositivo legal só autoriza o contribuinte a compensar o que ele mesmo recolheu indevidamente com débitos subsequentes.

6 – A jurisprudência entendeu que essa forma de compensação era própria do regime de lançamento por homologação, em que o sujeito passivo é obrigado a recolhimentos de tributos periódicos e sucessivos, sendo-lhe facultado corrigir numa competência o pagamento indevido ou excessivo ocorrido em competência anterior. Mas não há previsão de compensar créditos de terceiros, e é sabido que a compensação, em direito tributário, encontra-se vinculado ao princípio da estrita legalidade (art. 170 do CTN).

7 – A exequente pode optar pela execução de seu crédito por precatório ou pela compensação, no entanto, eleita uma via, e já deflagrada sua operacionalização, não é possível optar pela outra, como pretende a agravante no caso concreto.

8 – As disposições do art. 78 do ADCT apenas autorizam a cessão dos créditos objeto de pagamento parcelado do precatório, não autorizando o uso desses créditos para compensação, até porque isso entraria em choque com o objetivo daquela moratória constitucional. Precedentes do STJ e desta Corte.

9 – Agravo de instrumento improvido. (TRF, 4ª R., AI n. 200.704.000.095.248/RS, 2ª T., rel. Otávio Roberto Pamplona, j. 25.09.2007)

Acórdão. Embargos à execução. Instrumento particular de cessão de crédito. Duplicatas acompanhadas do comprovante de entrega da mercadoria. Título executivo. Ilegitimidade de parte e ausência de interesse de agir. Inocorrência. Desnecessidade de registro do termo de cessão para obrigar a devedora perante o credor. Este não se confunde com a figura do terceiro. Basta-lhe o conhecimento do negócio. Inteligência do art. 288 do CC e art. 129 da LRP. Citação que tem equivalência à notificação. (TJSP, Ap. n. 1.257.246-4/00, rel. Des. Sulaiman Miguel Neto, j. 05.02.2007)

Cessão de crédito. Terceiros. Oposição. A cessão de crédito não inscrita no registro de títulos e documentos não é oponível a terceiros para fins de exclusão do crédito da constrição judicial. Precedente citado: STJ, REsp n. 19.661/SP, *DJ* 08.06.1992. (STJ, REsp n. 422.927/RO, rel. Min. Ruy Rosado, j. 03.09.2002)

Na cessão civil de crédito, o depoimento pessoal do cedente juízo constitui mero ato de instrução processual, insuscetível de substituir a necessidade de comunicação escrita da cessão ao devedor, como exigida pelo art. 1.069 do CC. (STJ, REsp n. 317.632, rel. Min. Nancy Andrighi, j. 18.12.2001)

Cessão de crédito. Rescisão do contrato que o gerou. A ação de rescisão contratual é de quem participou do contrato – não do cessionário dos créditos decorrentes desse ajuste; acórdão que atribui à cessão de crédito efeito próprio da cessão de contrato. Recurso especial conhecido e provido. (STJ, REsp n. 97.554, rel. Min. Ari Pargendler, j. 25.04.2000)

Sobrepartilha. Pedido indeferido. Cessão tida por absolutamente ineficaz por não ter sido feita através de instrumento público e por ter sido assinada pela inventariante. Apelante que sustenta não existir nenhuma determinação legal para que a cessão e transferência do título de fundo social tenha que ser feita através de instrumento público. Instrumento de mandato que deve gerar todos os efeitos legais, jurídicos e de direito que a lei lhe empresta. O instrumento particular, feito e assinado, ou somente assinado por quem esteja na disposição e administração livre de seus bens, sendo subscrito por duas testemunhas, prova as obrigações convencionais de qualquer valor. Mas os seus efeitos, bem como os da cessão, não se operam, a respeito de terceiros (art. 1.067), antes de transcrito no registro público. Inteligência dos arts. 135 e 1.067 do CC. Não vale, em relação a terceiros, a transmissão de um crédito, se não celebrar mediante instrumento público, ou instrumento particular revestido das solenidades do art. 135 (art. 1.068). Recurso não provido. (TJSP, Ap. Cível n. 012.630-4/SP, 9ª Câm. de Dir. Priv., rel. Des. Brenno Marcondes, j. 30.06.1998, v.u.)

**Art. 289. O cessionário de crédito hipotecário tem o direito de fazer averbar a cessão no registro do imóvel.**

O crédito garantido por hipoteca pode ser cedido. Para ser oponível a terceiros é preciso que dê ingresso no registro do imóvel, o que dependerá de escritura pública e outorga uxória, pois haverá alteração subjetiva do titular do crédito com garantia real, aplicando-se ao caso o disposto nos arts. 108 e 1.647, I, deste Código.

**Jurisprudência:** Agravo de instrumento. Execução fundada em título extrajudicial. Decisão que autorizou a prática de atos urgentes, com base no art. 266 do CPC [art. 314 do CPC/2015], e determinou a averbação da cessão de crédito hipotecário havida nos autos, perante o cartório imobiliário direito do cessionário de crédito, previsto no art. 289 do CC, a fim de assegurar os direitos que lhe foram transferidos e garantir a sua eficácia *erga omnes*. Possibilidade de prejuízos a eventuais terceiros de boa-fé, que autoriza a prática deste ato durante a suspensão do processo. Urgência da medida justificada. Na decisão agravada não foi examinada a validade da cessão de crédito, de sorte que tal questão não poderá ser analisada nesta fase recursal, sob pena de supressão de instância. Decisão mantida. Recurso improvido. (TJSP, AI n. 0255715-29.2012.8.26.0000/Ribeirão Preto, 24ª Câm. de Dir. Priv., rel. Plinio Novaes de Andrade Júnior, *DJe* 19.06.2013, p. 1.324)

Locação de imóvel. Embargos de terceiro. Efetuada a baixa da hipoteca averbada, e sem o devido registro do instrumento particular de cessão de crédito hipotecário, a dação em pagamento efetuada após a propositura da ação configura fraude à execução. Sentença mantida. Recurso improvido. (TJSP, Ap. Cível c/ Rev. n. 992.090.374.214, rel. Felipe Ferreira, j. 12.08.2009)

**Art. 290. A cessão do crédito não tem eficácia em relação ao devedor, senão quando a este notificada; mas por notificado se tem o devedor que, em escrito público ou particular, se declarou ciente da cessão feita.**

Embora seja terceiro em relação à cessão, que se aperfeiçoa sem seu consentimento (ver comentário ao art. 288), o certo é que a eficácia do negócio em relação ao devedor depende de sua notificação, ou de que declare conhecê-la em instrumento público ou particular, ainda que não elaborado com esse objetivo específico, pois a lei não faz tal exigência. Na maioria dos casos, a cessão de crédito pode ser celebrada sem forma solene, mas em sede doutrinária foi discutido se ela se aperfeiçoa sem a notificação do devedor. O exame da questão tinha maior relevância na vigência do CC/1916, cujo art. 1.069 afirmava a invalidade da cessão até a notificação. No entanto, parte da doutrina e da jurisprudência já afirmava que a expressão "não valerá" equivalia a "não será eficaz" (AZEVEDO, Antonio Junqueira de. *Negócio jurídico, existência, validade e eficácia*. São Paulo, Saraiva, 2000, p. 54-5). A legislação em vigor deixou evidente que apenas a eficácia da cessão em relação ao devedor dependerá de sua ciência. Tal conclusão se extrai não só do presente artigo, mas também dos arts. 288 e 293, que autorizam o cessionário a exercer atos conservatórios de seu direito independentemente do conhecimento do fato pelo devedor – o que só é possível porque se lhe reconhece o direito independentemente da notificação. O mencionado dispositivo legal destaca que a ciência do cedido deve ser expressa e formal. Pode ser judicial ou não, promovida pelo cedente ou pelo cessionário e, tratando-se de dívida solidária, deve ser feita a todos os codevedores. Não se aplica, porém, àquelas hipóteses em que não há relação direta entre o portador e o devedor (títulos de crédito) (LOTUFO, Renan. *Código Civil comentado*. São Paulo, Saraiva, 2003, v. II, p. 149).

**Jurisprudência:** Agravo interno no recurso especial. Ação declaratória de inexistência de dívida. Decisão monocrática que deu provimento ao reclamo da parte adversa. Insurgência recursal do demandante. 1. Consoante orientação firmada no âmbito desta Corte Superior "a ausência de notificação quanto à cessão de crédito, prevista no art. 290 do CC, não tem o condão de isentar o devedor do cumprimento da obrigação, tampouco de impedir o registro do seu nome, quando inadimplente, em órgãos de restrição ao crédito, mas apenas dispensar o devedor que tenha prestado a obrigação diretamente ao cedente de pagá-la novamente ao cessionário" (Ag. Reg. no AREsp n. 311.428/RS, rel. Min. João Otávio de Noronha, 3ª T., j. 05.11.2013, *DJe* 11.11.2013). 2. Agravo interno desprovido. (STJ, Ag. Int. no REsp n. 2.058.409/RS, 4ª T., rel. Marco Buzzi, j. 05.06.2023, *DJe* 14.06.2023)

Nas operações de *factoring*, o crédito se transfere por cessão de crédito e não por endosso, admitindo-se que o devedor invoque as exceções pessoais ao cessionário: STJ, Ag. Reg. no AREsp n. 591.952/SP, 4ª T., rel. Min. Raul Araújo, j. 19.04.2016.

Agravo regimental no agravo em recurso especial. Cessão do crédito. Ausência de notificação ao devedor. Exigibilidade da dívida. Art. 290 do CC. Citação. Ciência da cessão. Agravo improvido. 1 – O objetivo da notificação prevista no art. 290 do CC é informar ao devedor quem é o seu novo credor, a fim de evitar que se pague o débito perante o credor originário, impossibilitando o credor derivado de exigir do devedor a obrigação então adimplida. 2 – A falta de notificação não destitui o novo credor de proceder aos atos que julgar necessários para a conservação do direito cedido. 3 – A partir da citação, a parte devedora toma ciência da cessão de crédito e daquele a quem deve pagar. 4 – Agravo regimental improvido. (STJ, Ag. Reg.-Ag.-REsp n. 104.435, 4ª T., rel. Min. Raul Araújo, *DJe* 18.12.2014, p. 128)

Considerando que a notificação não exonera o devedor do cumprimento da obrigação, mas apenas evita que pague a quem não tem mais titularidade do crédito; e acrescentando que se o débito não foi pago ao cedente, não pode o devedor invocar a falta de notificação para isentar-se da obrigação. (TJRS, Ap. Cível n. 70.059.088.195, 19ª Câm. Cível, rel. Des. Eduardo João Lima Costa, j. 10.07.2014)

Afirmando a ilegitimidade do cessionário para cobrar o débito se não for demonstrada a notificação (a nosso ver sem razão): TJMG, Ap. Cível n. 1.0433.12.013694-3/001, 16ª Câm. Cível, rel. conv. Pedro Aleixo, *DJe* 07.07.2014.

Afastando a possibilidade de o devedor apresentar exceções pessoais oponíveis ao cedente, se não as informou ao cessionário no momento em que foi notificado: TJDFT, Ap. Cível n. 20120110127333(792511), rel. p/ o ac. Des. Alfeu Machado, *DJe* 29.05.2014, p. 63.

A ausência da notificação torna ineficaz a cessão, mas não inválida: STJ, REsp n. 1.401.075, 3ª T., rel. Min. Paulo de Tarso Sanseverino, *DJe* 27.05.2014, p. 1.501.

***Factoring***

Apelação. Cessão de crédito. Contrato de fomento mercantil. Duplicata. Inexigibilidade. Responsabilidade. Endosso. Irregularidade do título. Quitação. Solidariedade. O contrato de *factoring* tem natureza civil de cessão de crédito (precedentes), impondo a notificação do devedor da transferência ("endosso") dos títulos. Cessão de crédito, interpretação teleológica do art. 290, do CC, dispositivo que pretende evitar o pagamento equivocado ao credor primitivo. Ineficácia da transmissão que permitiu o protesto irregular do título. Precedentes. Duplicata que é título causal, exigível, a despeito da falta de aceite, desde que demonstrado o negócio jurídico subjacente (arts. 15, II, *b*, e 21 da Lei n. 5.474/68). Requisitos legais. Inconteste legitimidade, aferida a partir da relação de direito material. Endosso-mandato que não repele a responsabilidade da instituição bancária garantir a higidez do título emitido de forma fraudulenta. Precedentes desta Col. Câmara. A solidariedade não se presume, decorre da vontade expressa das partes ou da Lei hipótese de responsabilidade civil expressamente prevista em lei (art. 942 do CC), subsunção ao disposto no art. 265 do CC. Manutenção da decisão por seus próprios e bem lançados fundamentos no art. 252 do Regimento Interno do TJSP. Recurso não provido. (TJSP, Ap. n. 0165517-13.2007.8.26.0002/São Paulo, 20ª Câm. de Dir. Priv., rel. Maria Lúcia Pizzotti, *DJe* 16.07.2014, p. 1.185)

Declaratória de inexigibilidade de título (duplicata). Cessão de crédito. Título adquirido pela corré S.F.M. Ltda. por cessão de crédito celebrada com a sacadora da duplicata, em operação de fomento mercantil. O pagamento feito pela devedora à credora primitiva após a ciência inequívoca da cessão do crédito, caracterizada pela notificação encaminhada via fac-símile a autora que, inclusive, confirmou a entrega das mercadorias e a regularidade da duplicata, não exonera a sacada da obrigação com a cessionária credora do título (arts. 290 e 292 do CC). Pagamento inválido, sem eficácia liberatória perante a cessionária, atual credora do título. Sentença reformada. Recurso provido. (TJSP, Ap. n. 0003844-48.2008.8.26.0625/Taubaté, 13ª Câm. de Dir. Priv., rel. Francisco Giaquinto, *DJe* 14.07.2014, p. 1.582)

Processual civil. Apelação civil. Cessão do crédito. Ausência de notificação ao devedor. Exigibilidade da dívida. Art. 290 do CC. Súmula n. 83/STJ. 1 – No caso em tela o Tribunal *a quo* consignou que "a ausência de notificação prévia não é circunstância hábil para invalidar a obrigação, porquanto se limita a desobrigar o devedor quanto a cumpri-la junto ao cessionário, enquanto dela não ciente". 2 – O devedor, citado em ação de cobrança pelo cessionário da dívida, não pode opor resistência fundada na ausência de notificação. Aplicação da Súmula n. 83/STJ. 3 – Agravo regimental não provido. (STJ, Ag. Reg.-REsp n. 1.353.806, 2ª T., rel. Min. Herman Benjamin, *DJe* 08.05.2013, p. 256)

Agravo regimental no recurso especial. Decisão mantida. Afronta aos arts. 282, 283 e 458, II, do CPC [arts. 319, 320 e 489, II, do CPC/2015]. Ofensa ao art. 290 do CC. Regular citação. Ciência. Cessão eficaz. Reexame fático-probatório. Enunciado n. 7 da súmula do STJ. Dissídio jurisprudencial. Não comprovação. Provimento negado. 1 – O Tribunal de origem, com base nos fatos e provas dos autos, entendeu que a apelada trouxe aos autos documentos que legitimam o recebimento de seu crédito. O acolhimento das razões de recurso, na forma pretendida, demandaria o reexame de matéria fática. Incidência do Verbete n. 7 da súmula desta Corte. 2 – Havendo regular citação do devedor inadimplente, acarretando sua inequívoca ciência daquele a quem deve pagar, não há que se falar em ineficácia da cessão de crédito a fim de eximi-lo do cumprimento da obrigação. Precedente. 3 – Não se conhece de recurso especial interposto com fundamento no art. 105, III, *c*, da CF se não comprovado o dissídio nos moldes dos arts. 541, parágrafo único, do CPC [art. 1.029, § 1º, do CPC/2015], e 255, §§ 1º e 2º, do RISTJ. 4 – Agravo regimental a que se nega provimento. (STJ, Ag. Reg. no REsp n. 1.183.255, 4ª T., rel. Min. Maria Isabel Gallotti, *DJe* 17.10.2012, p. 384)

Cessionário que responde por negativação de dívida já paga pelo devedor ao cedente antes da notificação que dá notícia da transmissão do crédito: TJSP, Ap. n. 9207058-05.2009.8.26.0000, rel. Des. Sérgio Shimura, j. 18.07.2012.

Não reconhecendo a responsabilidade do cessionário pelo saque de duplicata sem causa em razão de a devedora não lhe ter encaminhado oposição no momento em que notificada da cessão: TJSP, Ap. n. 0006671-85.2009.8.26.0596, rel. Des. Luiz Sabbato, j. 16.07.2012.

A notificação do devedor é indispensável para que a cessão seja oponível ao devedor (*factoring*): TJSP, Ap. n. 0074550-54.2009.8.26.0000, rel. Des. Nelson Jorge, j. 04.07.2012, e Ap. n. 914.0254-55.2009.8.26.0000, rel. Des. Cândido Além, j. 26.06.2012.

Reconhecendo que a falta de notificação acarreta ineficácia da cessão em relação ao devedor, e não invalidade: Ap. n. 9132334-30.2009.8.26.0000, rel. Francisco Loureiro, j. 24.05.2012.

Dispensando a concordância do devedor para substituição processual do cedente pelo cessionário em execução: AI n. 0038724-59.2012.8.26.0000, rel. Des. Tasso Duarte de Melo, j. 23.05.2012.

Cambial. Duplicata. Contrato de prestação de serviços. Transporte de carga. Endosso translativo à ré. Inexistência de vício ou defeito do serviço que comprometeria a exigibilidade da cártula. Negócio de *factoring* entre a sacadora e a ré. Eficácia da cessão de crédito mesmo ante a ausência de notificação da autora. Recurso desprovido. (TJSP, Ap. n. 9145811-28.2006.8.26.0000, rel. Des. Jacob Valente, j. 23.11.2011)

Execução. Cessão de crédito. Consentimento ou notificação do devedor que não é requisito de validade da cessão de crédito. Notificação do devedor, à qual alude o art. 290 do atual CC, que tem por finalidade apenas cientificar o devedor de que o pagamento deve ser realizado em face de outro credor. Ausência dessa notificação que não implica em invalidade da cessão de crédito, mas na validade de eventual pagamento realizado pelo devedor em face do primitivo credor e na possibilidade de o devedor opor em face do cessionário as exceções pessoais que detém contra o cedente. Execução. Cessão de crédito. Caso em que o agravante limitou-se a atacar a legitimidade dos agravados para figurarem no polo ativo da execução. Descaramento. Cessionário do crédito, transmitido por ato entre vivos, que pode promover a execução. Art. 567, II, do CPC [art. 778, § 1º, III, do CPC/2015]. Ausência de notificação que, por si só, não exonera o devedor, sobretudo quando inexiste prova do pagamento, sob pena de enriquecimento ilícito. Inviabilidade de se extinguir o processo sem resolução de mérito. Agravo desprovido. (TJSP, AI n. 0068911-84.2011.8.26.0000/Bebedouro, 23ª Câm. de Dir. Priv., rel. José Marcos Marrone, j. 01.06.2011)

Negando eficácia à cessão de crédito por ausência de notificação: TJMG, Ap. Cível n. 1.0105.05.169824-6/001(1)/Porto Alegre, 5ª Câm. Cível, rel. Des. Nicolau Masselli, j. 13.01.2011.

Ação monitória. Cheque prescrito. Endosso em branco. Legitimidade ativa do portador de boa-fé. Alegação de desfazimento do negócio e liquidação do título. *Causa debendi*. Necessidade de demonstração. Prescrição do título. Endosso. Cessão. Manutenção da sentença. 1 – O cheque prescrito extinguiu todas as garantias constantes do título, inclusive o endosso, que se transmudou em cessão ordinária de crédito. 2 – Ausentes as formalidades para a configuração da cessão de crédito, tal como a notificação do devedor, não procede a pretensão do portador do título ao recebimento da quantia nele consignada. 3 – Recurso não provido. (TJMG, Proc. n. 1.0024.05.814939-4/001(1), rel. Des. José Marcos Vieira, j. 20.10.2010)

Ação monitória. Contrato de mútuo. Exceção de pré-executividade. Cessão de crédito. Ilegitimidade ativa. Não ocorrência. A necessidade de notificação de que trata o art. 290 do CC relaciona-se ao conhecimento do devedor de que deverá efetuar os pagamentos devidos ao cessionário, reconhecendo os efeitos jurídicos decorrentes da cessão ocorrida. Mostrando-se válido o instrumento de cessão de crédito não há carência da ação por ilegitimidade *ad causam*. Prescrição. Não ocorrência. Como se trata de contrato de mútuo e não de simples cobrança de serviços escolares, aplica-se (ao caso) a prescrição vintenária. Em 11.01.2003, com a vigência do novo regramento sobre a prescrição, ainda não havia fluído mais da metade do prazo da lei anterior, o que fez incidir a partir daí o prazo de 5 anos do inciso I, § 5º, do art. 206 do CC c/c art. 2.028, ambos do CC/2002. Proposta a ação em 19.06.2007, não está prescrito o direito de ação da Agravada que objetiva o recebimento das prestações vencidas a partir de julho de 2001. (TJSP, AI n. 990093551780, 34ª Câm. de Dir. Priv., rel. Irineu Pedrotti, j. 23.08.2010)

Monitória. Cartão de crédito. Ausência de prévia notificação do requerido, para ciência da cessão de crédito ocorrida. Inteligência do art. 290 do CC. Hipótese que não afasta instauração do processo monitório. Inicial instruída com contrato não assinado, mas com extratos completos e detalhados. Possibilidade. Recurso provido. (TJSP, Ap. Cível n. 7.359.961.200, rel. Antônio Ribeiro, j. 06.10.2009)

Responsabilidade civil. Inexigibilidade do débito. Cessão de crédito sem notificação do devedor. Ausência de pagamento. Ineficácia prevista no art. 290 do CC protege apenas o devedor que pagou o débito ao credor originário sem conhecimento sobre a cessão, para não ser lhe exigido a pagar novamente ao cessionário. Existência de débito pendente. Inscrição em cadastro de inadimplentes. Comprovação da postagem da comunicação de inscrição, nos termos do art. 43, § 2º, do CDC. Sentença confirmada. Recurso não provido. (TJSP, Ap. Cível c/ Rev. n. 6.107.554.200, rel. Elcio Trujillo, j. 04.03.2009)

Cessão de crédito. Adjudicação. Contrato de mútuo representado por títulos executivos extrajudiciais. Execuções com penhora imobiliária. Cessão de crédito ligado a débito que se aproxima de R$ 8.000.000,00 e feito pelo Banco do Brasil ao corréu pela simbólica quantia de R$ 800.000,00. Cessão de direito prevista no art. 286 do CC que não exige notificação prévia, mas que pelo art. 290 condiciona a sua eficácia em relação ao devedor à sua notificação. Obrigatoriedade da notificação que enseja a conclusão de que se presta, dentre outros, ao exercício da preferência pelo devedor. A procedência da ação era de rigor não só pela legalidade do exercício da preferência exercido através desta demanda, mas também para prestigiar o princípio da menor onerosidade, nos termos do art. 620 do CPC [art. 805 do CPC/2015], bem como para consolidar o princípio que veda firmemente o enriquecimento sem causa, a teor do art. 884 do CC. Princípios da boa-fé objetiva. A aplicação da interpretação integrativa da norma em benefício do devedor e sem prejuízo do credor original e do cessionário, tem, na sua essência, a realização de justiça concreta com base no princípio da razoabilidade, da equidade e de todos os princípios gerais de direito. Recurso improvido. (TJSP, Ap. Cível n. 5.687.574.100, 4ª Câm. de Dir. Priv., j. 11.09.2008)

Processual civil. Ausência de prequestionamento. Súmula n. 282/STF. Incidência. Execução de título judicial. Cessão de direitos. Notificação do devedor. Desnecessidade. Precedentes. 1 – Não se conhece de recurso especial quanto a matéria que não foi especificamente enfrentada pelo Tribunal de origem (Lei n. 9.430/1996 e art. 286 do CC/2002). Dada a ausência de prequestionamento. Incidência das Súmula n. 282/STF. 2 – A cessão de crédito *sub judice* é tratada especificamente pelo art. 567 do CPC [art. 778, § 1º, do CPC/2015], não se aplicando o disposto no art. 1.069 do CC/1916 [art. 290 do CC/2002], que exige a notificação do devedor. 3 – Precedentes das Turmas do STJ. 4 – Recurso especial de que se conhece parcialmente e a que, nessa parte, nega-se provimento. (STJ, REsp n. 720.207, 2ª T., rel. Min. Herman Benjamin, j. 07.08.2008, *DJ* 24.03.2009)

Tributário. Precatório quitado na forma do art. 78 do ADCT. Possibilidade de cessão de créditos. Habilitação do cessionário nos autos da execução. Art. 567, II, do CPC [art. 778, § 1º, III, do CPC/2015].

1 – Em se tratando da imposição constitucional de pagamento parcelado de precatórios, o art. 78 do ADCT expressamente possibilita a cessão dos créditos, a fim de minimizar os efeitos da demora ao credor. Assim, de rigor a aplicação do art. 567, II, do CPC [art. 778, § 1º, do CPC/2015], que permite ao cessionário promover a execução ou nela prosseguir quando o direito resultante do título executivo lhe tenha sido transferido. 2 – Diante da expressa previsão constitucional para cessão dos créditos, não há falar na aplicação do art. 42, § 1º, do CPC [art. 109, § 1º, do CPC/2015], que exige o consentimento da parte contrária para que seja viabilizado o ingresso do cessionário no polo ativo processual, sob pena de exigir requisito não estipulado pela Carta Maior para cessão dos créditos. 3 – Nos termos do CC, a cessão de crédito apenas possui eficácia perante o devedor com a sua notificação (art. 290), dispensada a sua anuência. Segundo o mesmo *Codex*, a falta de notificação ao devedor apenas tem o condão de desobrigá-lo caso efetue o pagamento ao credor primitivo (art. 292), não importando, contudo, a ilegitimidade do cessionário para promover ou continuar a execução, já que este pode exercer os atos conservatórios do direito cedido independentemente do conhecimento da cessão pelo devedor (art. 293). 4 – Na hipótese, realizada a cessão por meio de escritura pública, revela-se perfeitamente possível a habilitação do cessionário nos autos para que sejam as parcelas remanescentes do precatório diretamente a ele pagas. 5 – Agravo de instrumento provido. (TFR, 4ª R., AI n. 200.804.000.132.134/RS, 1ª T., rel. Joel Ilan Paciornik, j. 23.07.2008)

Alienação fiduciária. Busca e apreensão. Ilegitimidade *ad causam* da autora. A cessão de crédito não tem eficácia em relação ao devedor, senão quando provado que este foi devidamente intimado. Inteligência do CC, 290. A relação que envolve alienante e alienatário é de consumo e, portanto, se subsume ao regramento do CDC. Sentença mantida. Recurso improvido. (TJSP, Ap. c/ Rev. n. 1.134.493.009, 34ª Câm. de Dir. Priv., rel. Rosa Maria de Andrade Nery, j. 23.07.2008)

1 – A compensação de crédito tributário só pode ser feita pela empresa que obteve a sua certificação judicial. Impossível a sua utilização por terceiro, em consequência de negócio jurídico de cessão celebrado. 2 – Não há dispositivo legal autorizando que contribuinte utilize créditos de terceiros para quitação de débitos. (STJ, REsp n. 939.651, 1ª T., rel. Min. José Delgado, j. 18.12.2007)

Contratos bancários. Ação revisional cumulada com repetição de indébito. Cessão de crédito. Questão que foge ao âmbito da lide, pois, não tendo sido notificada ao devedor, conforme a exigência legal, é ineficaz em relação a ele, que continua vinculado ao primitivo credor. Preliminar de ilegitimidade passiva arguida em contrarrazões repelida. Recurso improvido neste aspecto. (TJSP, Ap. Cível n. 7.085.232-3, rel. Des. Itamar Gaino, j. 31.10.2007)

Cambial. Cheque. Cessão de crédito. Cessionária excluída por ilegitimidade. Empresa de *factoring* deve buscar a satisfação de eventual crédito através de meios próprios. Prova da quitação do débito ao credor original (cedente). Recurso desprovido. Sentença mantida. (TJSP, Ap. n. 1.094.718-1, rel. Des. Mauro Conti Machado, j. 17.10.2007)

*Vide* no art. 288: TRF, 4ª R., AI n. 200.704.000.095.248/RS, 2ª T., rel. Otávio Roberto Pamplona, j. 25.09.2007.

1 – Não há que se falar em nulidade do processo, se não ocorre verdadeiro aditamento da petição, mas mera correção de erro material, com possibilidade ainda de ampla defesa da parte contrária. 2 – A cessão de crédito não vale em relação ao devedor, senão quando a ele notificada, contudo, a manifestação de conhecimento pelo devedor sobre a existência da cessão supre a necessidade de prévia notificação [...]. (TJSP, Ap. n. 7.154.429-5, rel. Des. Gilberto dos Santos, j. 30.08.2007)

Cessão de crédito. Requisitos. Falta de notificação prévia do executado acerca da transferência do crédito. Desnecessidade, na hipótese, pois a ciência da cessão resultou da própria atuação do devedor no feito. Executado que não impugnou em nenhum momento a cessão, mesmo intimado a se manifestar sobre ela. Nulidade inexistente. Decisão mantida. Recurso não provido. (TJSP, AI n. 7.163.091-0, rel. Des. João Camilo Prado Costa, j. 07.08.2007)

Do mesmo teor: TJSP, AI n. 7.145.320-8, rel. Des. João Camilo Prado Costa, j. 05.06.2007.

Substituição processual. Execução por título extrajudicial. Cessão de crédito. Requerimento formulado pelo cessionário. Ausência de intimação da parte contrária. Recusa dos executados. Inteligência dos arts. 42, § 1º, e 567, II, do CPC [arts. 109, § 1º, 778, § 1º, III, do

CPC/2015]. Discordância que deve ser respeitada, independente das razões. Recurso provido. (TJSP, AI n. 7.156.135-6, rel. Des. Antonio Benedito Ribeiro Pinto, j. 31.07.2007)

Ilegitimidade *ad causam*. Preclusão para sanar defeito de representação processual. Impertinência. Validade de cartão do CNPJ que ostenta mera irregularidade fiscal. Representação sanada nos autos de execução. Preliminar rejeitada. Cambial. Notas promissórias. Emissão com base em contrato de mútuo. Inaplicabilidade da Súmula n. 258 do STJ. Inconfundibilidade de endosso com cessão de crédito, nos termos dos arts. 290 e 910 do CC. Apelação desprovida. (TJSP, Ap. n. 7.0390.499-00, rel. Des. Andrade Marques, j. 29.05.2007)

Responsabilidade civil. Duplicata transmitida por cessão de crédito. Pagamento feito ao credor original. Admissibilidade. Devedor que não foi notificado da operação. Protesto que seria indevido, tanto mais por não ter qualquer utilidade. Negligência da apelante, portadora do título, caracterizada. Inteligência do art. 290 do CC.

Dano moral. Inocorrência. Simples envio de duplicata para protesto, obstado por liminar dada em medida cautelar, não gera qualquer prejuízo de ordem moral. Condenação, nessa parte, afastada. Apelação parcialmente provida. (TJSP, Ap. n. 7.126.605-4, rel. Des. José Tarciso Beraldo, j. 18.04.2007)

Consentimento do devedor para ingresso do cessionário na execução: 1 – Os arts. 41 e 42 do CPC [arts. 108 e 109 do CPC/2015], que dizem respeito ao processo de conhecimento, impuseram como regra a estabilidade da relação processual e, havendo cessão da coisa ou do direito litigioso, o adquirente ou o cessionário somente poderão ingressar em juízo com a anuência da parte contrária. 2 – No processo de execução, diferentemente, o direito material já está certificado e o cessionário pode dar início à execução ou nela prosseguir sem que tenha que consentir o devedor. 3 – Os dispositivos do CC (arts. 290 do CC/2002 e 1.069 do CC/1916), que regulam genericamente a cessão de crédito como modalidade de transmissão das obrigações, não se aplicam à espécie, mas o CPC, que é norma especial e dispôs diversamente quando se trata de cessão de crédito *sub judice*. (STJ, REsp n. 726.535, rel. Min. Eliana Calmon, j. 17.04.2007)

No mesmo sentido: STJ, REsp n. 687.761, rel. Min. Eliana Calmon, j. 06.12.2005.

Ação monitória. Cessão de direitos. O registro da cessão somente tem o condão de gerar efeitos contra terceiros. Vinculação do devedor. Necessidade de notificação eficaz. Sentença reformada. (TJSP, Ap. c/ Rev. n. 7.020.951-5, rel. Des. Antonio Manssur Filho, j. 13.04.2007)

Ilegitimidade de parte. Contrato de execução de obras. Cessão de crédito. Notificação suprida pelo protesto. Preliminar rejeitada. (TJSP, Ap. n. 7.130.917-8/00, rel. Des. Heraldo de Oliveira, j. 04.04.2007)

É válida a cessão de crédito sem a participação da devedora, ainda que a eficácia a ela dependa de sua notificação. Presente prova de gastos de tratamento médico, cabe a seguradora pagar ao hospital os valores de seguro obrigatório que lhe foram cedidos. Ausente documento essencial é possível o indeferimento parcial da petição inicial de ofício. Recurso não provido, mas indeferida parcialmente a petição inicial de ofício. (TJSP, Ap. n. 955.339-0/5, rel. Des. Marcelo Benacchio, j. 13.02.2007)

Contrato. Cessão de crédito. Devedor não notificado. Irrelevância, pois exigido o pagamento pela cessionária, o devedor não demonstrou ter pago ao cedente. Art. 290 do nCC. Dispositivo legal destinado a preservar o devedor do cumprimento indevido da obrigação. Avença, ademais, firmada após o período de vencimento da obrigação principal, sendo que em razão da mora do réu-embargante, a sua citação para a ação atendeu eficazmente à notificação. Prova do pagamento do débito inexistente. Ação monitória procedente. Recurso desprovido. (TJSP, Ap. n. 922.599-4/São José do Rio Pardo, 23ª Câm. de Dir. Priv., rel. Des. José Marcos Marrone, j. 19.04.2006, v.u., voto n. 4.817)

A cessão de crédito não vale em relação ao devedor, senão quando a ele notificada, contudo, a manifestação de conhecimento pelo devedor sobre a existência da cessão supre a necessidade de prévia notificação. Precedentes desta Turma. Em consonância com o disposto no art. 567, II, do CPC [art. 778, § 1º, do CPC/2015], pode ser dispensada a anuência do devedor quando formulado pedido de substituição do polo ativo do processo de execução, pois este ato processual não interfere na existência, validade ou eficácia da obrigação. (STJ, REsp n. 588.321, 3ª T., rel. Min. Nancy Andrighi, j. 04.08.2005)

*Factoring*. Transferência de crédito. Falta de notificação à devedora. Inexistência de direito líquido e certo. (STJ, RO em MS n. 3.974, rel. Min. Antônio de Pádua Ribeiro, j. 03.05.2005)

1 – "Passando o agente financeiro a receber do cessionário as prestações amortizadoras do financiamen-

to, após tomar conhecimento da transferência do imóvel financiado a termo, presume-se que ele consentiu tacitamente com a alienação" (STJ, EREsp n. 70.684, rel. Min. Garcia Vieira, *DJ* 14.02.2000). 2 – A alienação do imóvel objeto do contrato de mútuo operou-se em 1989, quando ainda inexistia exigência legal de que o agente financeiro participasse da transferência do imóvel, não estando a mesma vedada por nenhum dispositivo legal. Consequentemente, inaplicáveis as regras contidas na Lei n. 8.004/90, que obriga a interveniência do credor hipotecário e a assunção, pelo novo adquirente, do saldo devedor existente na data da venda. 3 – Situação fática em que o credor (Banco [...]) foi notificado em três ocasiões sobre a transferência do contrato. Embora tenha manifestado sua discordância com o negócio realizado, permaneceu recebendo as prestações até o mês de abril de 1995, ensejando a anuência tácita da transferência do mútuo. 4 – Consoante o princípio *pacta sunt servanda*, a força obrigatória dos contratos há de prevalecer, porquanto é a base de sustentação da segurança jurídica, segundo o vetusto CC/1916, de feição individualista, que privilegiava a autonomia da vontade e a força obrigatória das manifestações volitivas. Não obstante, esse princípio sofre mitigação, uma vez que sua aplicação prática está condicionada a outros fatores, como *v. g.*, a função social, as regras que beneficiam o aderente nos contratos de adesão e a onerosidade excessiva. 5 – Recurso especial desprovido. (STJ, REsp n. 573.059, rel. Min. Luiz Fux, j. 14.09.2004)

Cancelamento de protesto. Duplicata. Cessão de crédito. *Factoring*. Notificação do devedor. Pagamento ao cedente. Invalidade. Direito de regresso. Improcedência do pedido. A operação de *factoring* representa contrato misto, implicando, entre outros aspectos, verdadeira cessão de crédito, em que este é adquirido pelo cessionário, que assume o risco de sua cobrança. Se, após sua notificação acerca da aquisição do título em operação de faturização, o devedor faz o pagamento ao cedente, o ato revela-se inválido, sendo possível ao cessionário, para a competente cobrança, proceder ao protesto da duplicata. Efetuando o devedor o pagamento à empresa cedente, que o aceita, sabendo não mais ser credora da obrigação, manifesto o direito de regresso daquele contra esta. (TAMG, Ap. Cível n. 361.096-4, 7ª Câm. Cível, rel. Juiz Vieira de Brito, *DJMG* 14.03.2003)

Na cessão civil de crédito, o depoimento pessoal do cedente em juízo constitui mero ato de instrução processual, insuscetível de substituir a necessidade de comunicação escrita da cessão ao devedor, como exigida pelo art. 1.069 do CC. (STJ, REsp n. 317.632, rel. Min. Nancy Andrighi, j. 18.12.2001)

[...] Em atendimento ao disposto no art. 1.069 do CC, a eficácia da sub-rogação convencional (art. 986, I, do mesmo Estatuto), em relação aos devedores, exige que sejam estes notificados do ajuste. Na hipótese, não foi dada ciência à fiadora da sub-rogação de créditos de aluguéres e encargos, realizada entre a locadora e a empresa administradora do imóvel locado, que ajuizou a execução.

A citação dos fiadores em ação que executa créditos decorrentes de aluguéres e encargos não tem o condão de suprir a notificação exigida pelo art. 1.069 do CC, devendo ser restabelecido o teor da sentença de primeiro grau, que extinguiu a execução por ilegitimidade ativa da empresa executante. (STJ, REsp n. 304.389, rel. Min. Gilson Dipp, j. 03.05.2001)

Nesse mesmo sentido: II TAC, AI n. 569.182-00, rel. Juiz Paulo Ayrosa, j. 16.03.1999, e *RSTJ* 154/132.

A disposição do art. 1.069 do CC, que determina seja o devedor notificado da ocorrência da cessão do crédito, se destina a garantir a eficácia do negócio em relação a ele. Caso não ocorra, válido será o pagamento efetuado ao cedente, e, por essa razão, o termo final da notificação só pode ser a data do pagamento. Enquanto persistir a situação de inadimplência, a comunicação pode se dar a qualquer tempo, sendo suficiente, para tanto, até mesmo a citação no processo da ação de cobrança. Atingido o devedor pela eficácia do negócio, consolida-se a legitimidade ativa da parte cessionária. (II TAC, Ap. n. 591.341-00, rel. Juiz Antonio Rigolin, j. 24.10.2000)

Considerando que não há necessidade de notificação com forma especial, pois é suficiente manifestação de conhecimento da cessão pelo devedor. (STJ, REsp n. 94.698, rel. Min. Carlos Alberto Menezes Direito, *DJ* 08.05.2000)

Examinando o acórdão recorrido, a natureza do contrato firmado entre as partes, apoiado na disciplina dos arts. 1.065 e segs. do CC, e, ainda, com apoio na prova dos autos, afirmando que não teve o interessado ciência do mesmo contrato, com a presença das Súmulas ns. 5 e 7 da corte, não é possível descartar o pagamento feito diretamente ao credor originário, mediante recibo em separado. (STJ, REsp n. 100.511, rel. Min. Carlos Alberto Menezes Direito, j. 22.09.1997)

Não é razoável exigir que o agricultor emitente de cédula de produto rural entregue a mercadoria na sede da cessionária, localizada a mais de mil quilômetros do local da produção. À falta de comunicação da cessão, é eficaz a entrega na sede do estabelecimento da primitiva credora, que recebe o produto e dá quitação. (*RSTJ* 187/387)

Não existe na disciplina do art. 1.069 do CC nenhum comando para que seja feita comunicação formal, bastando que tenha o devedor conhecimento do fato, assim, no caso, a existência de escritura de doação das cotas. (*JSTJ* 132/66)

---

**Art. 291. Ocorrendo várias cessões do mesmo crédito, prevalece a que se completar com a tradição do título do crédito cedido.**

---

Entre os diversos cessionários do mesmo crédito prevalecerá o que receber a entrega do título do crédito – que não é o título de crédito sujeito a leis próprias. Ou seja, será cessionário o que receber o documento original que representa a dívida. Os demais haverão de cobrar do cedente aquilo que pagaram pelo crédito que ele não lhes transferiu de fato. Trata-se de ato ilícito praticado pelo cedente, suficiente para ensejar o desfazimento do negócio e a obrigá-lo por perdas e danos.

---

**Art. 292. Fica desobrigado o devedor que, antes de ter conhecimento da cessão, paga ao credor primitivo, ou que, no caso de mais de uma cessão notificada, paga ao cessionário que lhe apresenta, com o título de cessão, o da obrigação cedida; quando o crédito constar de escritura pública, prevalecerá a prioridade da notificação.**

---

Caso o devedor efetue o pagamento ao cedente, sem saber da cessão, o ato será válido, cabendo àquele que o recebeu indevidamente restituí-lo ao cessionário – o que reforça a convicção de que o negócio entre cedente e cessionário já era eficaz: tanto era que o recebimento indevido haverá de ser repassado ao cessionário. Tal solução prestigia a boa-fé do devedor. Prevalece na doutrina e na jurisprudência a ideia de que o conhecimento da cessão pelo devedor só é relevante porque, até que isso se verifique, o pagamento que ele efetuar ao cedente tem eficácia liberatória (ver comentário ao art. 290 do CC). A invalidade do pagamento efetuado ao cedente nesses casos depende de o cessionário comprovar a ciência da cessão pelo devedor. Verifique-se que não se exige concordância do devedor para a validade da cessão, mas mero conhecimento dela. Entre nós, a notificação do devedor é condição de eficácia da cessão em relação a ele, nos termos do disposto no art. 290 do CC. Como se verá no comentário ao art. 294, outra consequência da notificação é que, a partir dela, novas exceções oponíveis pelo devedor ao cedente não poderão ser ofertadas ao cessionário. No art. 290 do CC, o legislador utilizou a expressão eficácia, em lugar de validade, adotada no art. 1.069 do CC/1916. No mais, manteve a mesma estrutura do dispositivo constante do Código revogado. O presente artigo desobriga o devedor em relação à obrigação cedida sempre que pagar o credor primitivo antes de ter conhecimento da cessão, ou, ainda, quando paga ao cessionário que apresenta, com o título da cessão, o da própria obrigação cedida, nos casos em que mais de uma lhe é notificada. Acrescenta que quando o título for escritura pública prevalecerá a prioridade da notificação. O título do crédito deve ser o original, na medida em que o dispositivo pretende atribuir à posse do documento a prioridade no direito ao seu recebimento, como consagrado, aliás, no artigo antecedente. Desde logo, esse artigo merece o registro de que não pode ser aplicado aos títulos de crédito, em relação aos quais a obrigação de pagar resulta da condição de ser o recebedor o portador do instrumento, tendo em vista a abstração, literalidade e autonomia de que é dotado (ROSA JR., Luiz Emygdio F. da. *Títulos de crédito*. Rio de Janeiro, Renovar, 2000, p. 52, 56 e 62). Nesses casos, embora semelhantes as soluções, o fundamento jurídico é diverso, na medida em que abstração e autonomia não são encontradas no título objeto de cessão. Nos casos de cessão de crédito, enquanto não houver ciência do cedido, ela não precisa ser respeitada pelo devedor. Essa razão justifica o sentido da norma referida, pois o devedor pagará perante aquele, já que antes da notificação não é obrigado a vincular-se ao terceiro, cessionário. O cedente que recebe o valor antes da notificação deverá fazer a entrega do pagamento ao cessionário, sob pena de enriquecimento sem causa, uma vez que já não é o titular do crédito. Se várias cessões tiverem sido feitas será necessário verificar a eficácia delas perante o devedor. Somente as que lhe forem notificadas serão eficazes. E, segundo o art. 292 do CC, entre estes, terá preferência o que lhe apresentar o título de cessão e o da obrigação cedida, com exceção dos casos em que o crédito consta de escritura pública, quando prevalecerá a prioridade da notificação. A regra de que ora se trata refere-se à tradição do título representativo do crédito cedido, e não a um título de crédito. Segundo Renan Lotufo, o dispositivo trata de hipótese que contraria o princípio da boa-fé. O comportamento do cedente é ilícito, o que justifica a existência de uma regra que estabeleça a preferência de uma cessão sobre as outras (*Código Civil comentado*. São Paulo, Saraiva, 2003, v. II, p. 150).

**Jurisprudência:** Recurso inominado. Consumidor. Cessão de crédito. Fundo creditório. Notificação da cessão ao suposto devedor que não implica sua concordância com a existência e validade do crédito. Inteligência dos arts. 286, 290, 292 e 294 do CC. Ausência de comprovação da existência do suposto crédito, ainda que comprovada a sua cessão. Inexigibilidade. Inclusão indevida do consumidor em lista de inadimplentes. Dano moral configurado. Reparação razoável e proporcional arbitrada em R$ 5.000,00. Sentença mantida por outros fundamentos. Recurso não provido. (TJSP, Rec. Inom. Cível n. 1013190-48.2023.8.26.0344/Marília, 5ª T. Rec. Cível, Colégio Recursal, rel. Henrique Nader, j. 13.03.2024, publ. 13.03.2024)

A ausência de notificação sobre a cessão do crédito não exonera o devedor de sua dívida, apenas o desobriga no caso de efetuar o pagamento ao credor primitivo, nos termos do art. 292 do CC. Precedentes do STJ. (TJMG, AC n. 10000181001991001, rel. Des. Sérgio André da Fonseca Xavier, j. 27.11.2018, *DJe* 29.11.2018)

Falta de notificação acarreta apenas a desobrigação do devedor que pagar ao credor primitivo (art. 292 do mesmo diploma legal). Crédito está devidamente documentado legitimando a cobrança do pedido contraposto. Ratificação dos fundamentos da sentença (art. 252 do novo RITJSP). Ação sumária de declaração de inexistência de débito c/c dano moral improcedente e procedente o pedido contraposto. Recurso improvido. (TJSP, Ap. n. 0185394-28.2010.8.26.0100/São Paulo, 1ª Câm. de Dir. Priv., rel. Paulo Eduardo Razuk, *DJe* 10.05.2013, p. 1.056)

No mesmo sentido em caso semelhante: TJSP, Ap. n. 0120352-61.2012.8.26.0100, rel. Des. Fortes Barbosa, j. 17.10.2013.

Tendo sido os cheques transferidos para empresa de faturização, deve o devedor ser notificado dessa transferência, para que a operação tenha eficácia perante ele (art. 290, primeira parte, CC). Inexistindo tal notificação ou ciência da transmissão dos cheques ao factor, deve ser considerado válido o pagamento efetuado pelo devedor diretamente ao antigo credor (art. 292, primeira parte, CC). Sentença mantida. Recurso não provido. (TJSP, Ap. n. 990101387247, 37ª Câm. de Dir. Priv., rel. Roberto Mac Cracken, j. 06.08.2010)

O fato de o devedor não ter sido notificado da cessão de crédito não o exonera da obrigação, pois esta não é uma condição da cessão, mas apenas um ônus do próprio credor em assegurar o recebimento do valor a que tem direito. Isso porque, a teor do art. 292 do CC, o devedor fica desobrigado se, antes de ter conhecimento da cessão, paga o credor primitivo, cenário não reproduzido nos autos em exame. Apelo provido. Sentença desconstituída. (TJRS, Ap. Cível n. 70.031.406.044, 12ª Câm. Cível, rel. Umberto Guaspari Sudbrack, j. 29.04.2010)

Declaratória de existência de relação jurídica c/c condenatória em obrigação de fazer consistente no cancelamento de protesto de título. Duplicata mercantil. Ação proposta pelo sacado em face da emitente dos títulos, que os transmitiu a terceiro por endosso translativo. Dação em pagamento realizada em favor da sacadora após a cessão de crédito. O pagamento feito ao credor primitivo após a ciência inequívoca da cessão do crédito, caracterizada pela notificação de protesto, não exonera o devedor da obrigação perante o cessionário credor dos títulos (arts. 290 e 292 do CC). Assim, o reconhecimento da dação em pagamento em favor da sacadora cedente é inócuo, pois não tem qualquer eficácia liberatória perante o cessionário, que é o único legitimado a providenciar a baixa do protesto dos títulos. Sentença mantida. Recurso negado. (TJSP, Ap. Cível n. 7.030.114.500, rel. Francisco Giaquinto, j. 09.03.2009)

Ação declaratória de anulação de título de crédito c/c pedido de declaração de inexigibilidade de obrigação cambiária e cancelamento de protesto, precedida de cautelar de sustação de protesto, julgadas improcedentes. Apelação da autora firme nas teses de que (1) a faturizadora protestou indevidamente duplicatas já pagas à faturizada, contra ela; (2) os títulos são inexigíveis porque houve acordo de resgate antecipado firmado com a faturizada, credora originária; (3) não foi notificada da cessão de crédito celebrada entre faturizada e a faturizadora, conforme prevê o art. 290, do CC e a cláusula 8ª do contrato de *factoring*; e, (4) como não foi previamente notificada da cessão, o pagamento antecipado feito à faturizada deve prevalecer. Preliminar de inovação em sede de recurso suscitada nas contrarrazões que se afasta com base no art. 517, do CPC [art. 1.014 do CPC/2015]. Acolhimento do inconformismo. Inexigibilidade dos títulos. Pagamento antecipado feito de boa-fé. Autora que não foi previamente notificada da cessão dos créditos, nos termos do art. 290, do CC. Prevalecimento do pagamento feito ao credor originário, conforme dispõe o art. 292, do CC. Recurso conhecido e provido. (TJSP, Ap. n. 7.254.555.200, 11ª Câm. de Dir. Priv., rel. Moura Ribeiro, j. 31.07.2008)

Veja no art. 290: TFR, 4ª R., AI n. 200.804.000.132.134/RS, 1ª T., rel. Joel Ilan Paciornik, j. 23.07.2008.

Legitimidade do cessionário para perseguir o crédito cedido em juízo: STJ, REsp n. 997.059, rel. Min. Humberto Gomes de Barros, j. 17.03.2008.

Apelação. Ação de indenização. Cessão de crédito. Procurador do cedente que, após a cessão, recebe juros referentes ao crédito cedido. Responsabilidade do cedente frente ao cessionário pelo ato do mandatário outrora constituído, por mandato ainda então em vigor (CC, art. 679). Sentença de procedência da demanda confirmada. Apelação e agravo retido prejudicados na passagem em que discutiam temas decididos em definitivo mediante agravo de instrumento antes interposto e ulteriormente julgado. (TJSP, Ap. c/ Rev. n. 907.668-0/8, rel. Des. Ricardo Pessoa de Mello Belli, j. 28.08.2007)

Cambial. Cheque. Título transferido por cessão de crédito. Ação ordinária de anulação de título de crédito, precedida de medida cautelar de sustação de protesto, julgadas procedentes em relação à cedente e extinta sem julgamento do mérito em relação à cessionária. Cabimento. Inconformismo da cessionária. Insubsistência. Hipótese em que o devedor pagou ao credor original antes de ter sido notificado da cessão. Incidência dos arts. 290 e 292 do novo CC, que se confrontam com os arts. 1.069 e 1.071 do CC/1916. Pagamento hígido apto a desobrigar o devedor. Recurso improvido. (TJSP, Ap. n. 1.107.366-4/Porto Feliz, 11ª Câm. de Dir. Priv., rel. Des. Moura Ribeiro, j. 19.04.2007, v.u., voto n. 8.312)

Cessão. Transação. CC, arts. 1.069 e 1.071. A falta de notificação ao devedor de que houve cessão conduz a que essa não lhe seja oponível, sendo válido e eficaz o pagamento que efetuar ao cedente, primitivo credor. O mesmo, entretanto, não ocorre com a transação. (STJ, REsp n. 235.642, rel. Min. Eduardo Ribeiro, j. 10.12.1999)

**Art. 293. Independentemente do conhecimento da cessão pelo devedor, pode o cessionário exercer os atos conservatórios do direito cedido.**

Admite-se que o cessionário do crédito exerça atos de proteção de seu crédito, mesmo que da cessão o devedor não tenha conhecimento. Esse dispositivo, além de reforçar a convicção de que o negócio da cessão se aperfeiçoa com as manifestações de vontade dos credores cedente e cessionário (pois apenas por esse motivo é possível reconhecer ao cessionário legitimidade para os atos conservatórios), autoriza que ele tome as referidas medidas antes da eficácia do negócio perante o devedor. É possível, pois, que o cessionário ajuíze ação cautelar de arresto para conservar o patrimônio do devedor que pretenda cair em situação de insolvência (art. 813 do CPC/73; sem correspondência no CPC/2015).

**Jurisprudência:** Ação declaratória de inexistência de débito. Negativação realizada por cessionária de crédito. Existência da dívida comprovada. Possibilidade de negativação. Cessionária que pode exercer atos de proteção de seu crédito, ainda que o devedor desconheça a cessão realizada. Art. 293 do CC. Ação julgada improcedente. Sentença mantida. Recurso improvido. (TJSP, Ap. n. 1058132-68.2016.8.26.0100, rel. Des. Coutinho de Arruda, j. 01.11.2018)

Negativação realizada por cessionária de crédito repassado por empresa bancária (Banco [...]). Existência e validade da dívida comprovada pela documentação acostada aos autos. Regularidade da cessão do crédito. Débito exigível. Possibilidade de negativação do nome do devedor. Cessionário que pode exercer atos de proteção de seu crédito, ainda que o devedor desconheça a cessão realizada. Inteligência do art. 293 do CC. Precedentes deste Egrégio Tribunal. Responsabilidade civil não configurada. Recurso desprovido. (TJSP, Ap. n. 0100065-14.2011.8.26.0100, rel. Des. Milton Carvalho, j. 13.12.2012)

Possibilidade da devedora opor exceções pessoais em relação ao cessionário (faturizadora), porque as relações existentes entre estas implica cessão civil, não sendo regidas pelo direito cambial (art. 294, CC). Tutela deferida. Recurso provido. (TJSP, AI n. 990093613735, 20ª Câm. de Dir. Priv., rel. Francisco Giaquinto, j. 22.02.2010)

O cessionário tem legitimidade ativa para perseguir em juízo o crédito objeto da cessão. (STJ, REsp n. 997.059, 3ª T., rel. Min. Humberto Gomes de Barros, j. 17.03.2008)

Execução hipotecária. Substituição, no polo ativo, do credor original por outrem, que quitou a dívida com sub-rogação expressa dos respectivos direitos, que inclui os da hipoteca. Admissibilidade. Registro do instrumento no cartório de registro de imóveis, satisfazendo exigência constante de acórdão anterior. Natureza da execução que não arreda o direito do agravante. Antigo credor e executados, ademais, que não veiculam objeção. Inteligência do disposto no art. 293 do CC. Despacho de indeferimento reformado. Agravo provido. (TJSP, AI n. 7.084.988-6/00, rel. Des. José Tarciso Beraldo, j. 24.01.2007)

**Art. 294. O devedor pode opor ao cessionário as exceções que lhe competirem, bem como as que, no momento em que veio a ter conhecimento da cessão, tinha contra o cedente.**

O momento da notificação do devedor cedido tem relevância em razão do seguinte: a) até que ela ocorra, o devedor pode pagar seu débito ao credor primitivo (art. 292, primeira parte, do CC); e b) a partir da notificação, o devedor pode opor, tanto ao cedente quanto ao cessionário, as exceções que lhe competirem e das quais dispunha até aquela oportunidade. O devedor não pode ter sua posição agravada em decorrência da cessão. Os defeitos e vícios que comprometem o crédito não são sanados em virtude dela, mas a modificação subjetiva que se opera na obrigação pode gerar situações que não existiam até então (LOTUFO, Renan. *Código Civil comentado*. São Paulo, Saraiva, 2003, v. II, p. 153). Se houver exceção pessoal do devedor em relação ao cessionário, ela só poderá ser afirmada após a notícia da cessão, já que até aquele momento seus efeitos não se produziam em relação ao cedido. Renan Lotufo também observa que as exceções pessoais do cedido em face do cedente devem ser arguidas tempestivamente, sob pena de não mais poderem ser suscitadas perante o cessionário, que é pessoa diversa (op. cit., p. 154). No mesmo sentido se manifestam Munir Karam (*O novo Código Civil*, estudos em homenagem a Miguel Reale, coordenado por Domingos Franciulli Neto, Gilmar Ferreira Mendes e Ives Gandra da Silva Martins. São Paulo, LTr, 2003, p. 318) e Caio Mário da Silva Pereira (*Instituições de direito civil*, 20. ed., atualizada por Luiz Roldão de Freitas Gomes. Rio de Janeiro, Forense, 2003, v. II, p. 379). Em relação às exceções, o cedido poderá invocar pagamento, defeitos do negócio jurídico, compensação, prescrição, incapacidade etc. No entanto, tratando-se de exceções pessoais, se não as alegar até a época da notificação, não poderá apresentá-las mais tarde, pois seu silêncio equivale à anuência com os termos do negócio e revela seu propósito de efetuar a quitação da obrigação transferida. O CC/2002 não repetiu a parte final do art. 1.072 do CC/1916, que vedava ao cedido opor ao cessionário de boa-fé a simulação do cedente. E assim o fez, porque a simulação deixou de ser causa de invalidação por anulação, para caracterizar nulidade (art. 167 do CC), de modo que não será possível manter a validade do negócio, como ocorria na vigência do diploma legal revogado. Contudo, terceiros de boa-fé terão seus direitos ressalvados em face dos contraentes do negócio jurídico simulado (art. 167, § 2º, do CC). Destarte, se o cessionário estiver de boa-fé, poderá, eventualmente, postular seu crédito em relação ao devedor. O devedor que não apresentar ao cessionário essas exceções ficará impedido de fazê-lo mais tarde, salvo se demonstrar motivo justificado para tê-lo deixado de fazer. Seu silêncio implica prestigiar a presunção do cessionário de que nenhum obstáculo enfrentaria além dos que naturalmente resultam do título. Essa limitação temporal ajusta-se ao princípio da boa-fé objetiva: é dever do cedido informar ao cessionário todas as defesas de que pretenderá fazer uso oportunamente, para não o surpreender mais tarde.

**Jurisprudência**: Apelação cível. Títulos de crédito. Ação declaratória de inexigibilidade de crédito e nulidade de título executivo extrajudicial c/c danos morais. Sentença de procedência. Faturizadora que figurou como cessionária de crédito inexistente, uma vez que a devedora já havia quitado o montante devido. Emissão de duplicatas e protesto de títulos inexigíveis pela faturizadora. Arguição de ausência de má-fé. Irrelevância. Higidez do crédito que integra o risco da atividade da faturizadora, nos termos do art. 927, parágrafo único, do CC. Oponibilidade da exceção pessoal do devedor à cessionária, nos termos do art. 294 do CC, não se aplicando as normas cambiárias. Dano moral caracterizado. Indenização mantida em R$ 10.000,00 em vista das circunstâncias do caso concreto. Sentença mantida. Recurso desprovido. (TJSP, Ap. Cível n. 10037515620208260008/SP, 24ª Câm. de Dir. Priv., rel. Nazir David Milano Filho, j. 01.10.2024, publ. 01.10.2024)

Cambiais. Duplicatas. Cessão de crédito mediante operações de *factoring* devidamente informadas à sacada, havida entre a sacadora e a corré F.F. Assessoria e Fomento Mercantil. Confirmação pela autora, sem qualquer ressalva, da regularidade dos títulos adquiridos de boa-fé pela cessionária. Posterior devolução da mercadoria que deu ensejo ao saque das cambiais. Desfazimento do negócio jurídico subjacente que não pode ser oposto ao endossatário de boa-fé. Art. 294 do CC. Sentença mantida. Recurso não provido. (TJSP, Ap. Cível n. 1003159-60.2019.8.26.0650/SP, 13ª Câm. de Dir. Priv., rel. Heraldo de Oliveira, j. 06.12.2021, publ. 06.12.2021)

Duplicata. Título cedido em contrato de fomento mercantil. Oposição da exceção de contrato não cumprido contra a faturizadora cessionária. Admissibilidade. Equivalência à cessão civil. Possibilidade de discussão da *causa debendi*. Inteligência do art. 294 do CC. Ônus da prova da existência de lastro para emissão da nota fiscal que era da ré, detentora atual do crédito, ou da sacadora, que foi revel. Apresentação de documentos apenas no recurso de apelação. Inadmissibilidade. Art. 435 do CPC somente admite a juntada de documentos relativos a fatos novos, desconhecidos das partes, ou cuja produção era impossível anteriormente. Prova sobre fato alegado na petição inicial. Inadmissibilidade. Prova que já deveria ter sido produzida em momento oportuno. Distribuição dos ônus de sucumbência que deve ser mantida, pois proporcional ao decaimento dos pedidos das partes tanto na ação principal, quanto na reconvenção. Ação declaratória de inexigibilidade de título e reconvenção parcialmente procedentes. Sentença mantida. Honorários advocatícios majorados de 15% para 20% do valor atualizado da causa (na ação principal) e da condenação (na reconvenção), conforme o disposto no art. 85, § 11, do CPC. Recursos desprovidos. (TJSP, Ap. Cível n. 1000622-95.2017.8.26.0445/SP, rel. Álvaro Torres Júnior, j. 24.01.2022, 20ª Câm. de Dir. Priv., publ. 24.01.2022)

Nas operações de *factoring*, o crédito se transfere por cessão de crédito e não por endosso, admitindo-se que o devedor invoque as exceções pessoais ao cessionário: STJ, Ag. Reg. no AREsp n. 591.952/SP, 4ª T., rel. Min. Raul Araújo, j. 19.04.2016; TJSC, Ap. n. 0037043-33.2008.8.24.0038, 1ª Câm. de Dir. Comercial, rel. Cinthia Beatriz da Silva Bittencourt Schaefer, j. 14.07.2016; STJ, Ag. Reg. no AREsp n. 118.372/RS, 4ª T., rel. Min. Raul Araújo, j. 23.02.2016, *DJe* 07.03.2016; STJ, Ag. Reg. no AREsp n. 1.283.369/RS, 3ª T., rel. Min. João Otávio de Noronha, j. 04.02.2016, *DJe* 18.02.2016.

Apelação. Ação de indenização. Cessão de crédito. Inscrição dos dados cadastrais do apelante perante os órgãos de proteção ao crédito. Exegese do art. 294 do CC. Corretamente se valeu o apelante, com fulcro no art. 294, do CC, ao opor exceção de caráter pessoal à apelada (inexigibilidade do crédito cedido pelo Banco do Brasil S.A.), a fim de afastar a inscrição de seus dados pessoais perante os órgãos de proteção ao crédito e postular indenização pelos danos morais suportados em razão de tais fatos. De outro lado, a apelada em momento algum dos autos demonstrou que agiu de maneira cautelosa ao adquirir o crédito cedido pelo Banco do Brasil S.A. e inscrever o apelante no rol dos mal pagadores, não se desincumbindo do ônus imposto pelo art. 333, II, do CPC [art. 373, II, do CPC/2015]. Responsabilidade civil configurada. Dano *in re ipsa*. A ocorrência do dano moral no presente caso é presumida diante da indevida inscrição dos dados cadastrais do apelante perante os órgãos de proteção ao crédito. *Quantum debeatur*. A fixação deve ser realizada sob os critérios da razoabilidade e proporcionalidade. O valor indenizatório deve ser razoável para confortar o abalo sofrido pelo apelante, e, ao mesmo tempo, mostrar-se suficiente para desestimular novas condutas análogas por parte da apelada, além de ser observada a capacidade econômico-financeira das partes. O valor arbitrado em R$ 10.000,00 guarda observância aos princípios da razoabilidade e proporcionalidade. Sentença reformada. Recurso provido. (TJSP, Ap. n. 0010324-45.2012.8.26.0223/Guarujá, 38ª Câm. de Dir. Priv., rel. Eduardo Siqueira, *DJe* 02.07.2013, p. 920)

Falência. Pedido apoiado em nota promissória. Empresa de *factoring*. Impossibilidade de pedido de falência. No contrato de fomento mercantil, a cedente (faturizada) não pode ser acionada pela faturizadora, em regresso, em caso de inadimplemento por parte do terceiro devedor, salvo quando comprovada a existência de vício inerente ao negócio jurídico subjacente. Precedentes jurisprudenciais. Recurso improvido. (TJSP, Ap. n. 0079967-87.2012.8.26.0224, rel. Des. Lígia Araújo Bisogni, j. 08.04.2013)

Cobrança. Contrato de fomento mercantil. Empresa de *factoring*. Alegação de prescrição. Ação regressiva condicionada à violação do direito, constatada por ocasião da inexigibilidade dos títulos decretada em ação monitória. Responsabilidade pela existência do crédito (art. 295 do CC). Taxa de juros. Empresa de *factoring* que se sujeita às limitações impostas pela Lei da Usura. Verificada, todavia, aplicação de juros dentro dos parâmetros legais. Juros capitalizados. Planilha que demonstra aplicação de juros simples. Recurso improvido. (TJSP, Ap. n. 011792-49.2011.8.26.0071, rel. Des. Lígia Araújo Bisogni, j. 12.12.2012)

Petição inicial. Atendimento satisfatório ao disposto nos arts. 282 e 283 do CPC [arts. 319 e 320 do CPC/2015], com apresentação de causa de pedir e pedido. Alegação de inépcia repelida. Legitimidade *ad causam*. Ação declaratória de nulidade de título de crédito. Legitimidade do endossatário para responder por protesto de suposta duplicata sem lastro. Vício que não configura exceção pessoal. Título, ademais, transferido por cessão de crédito. Inteligência do art. 294 do CC. Carência afastada. Dano moral. Saque e protesto de duplicata. Duplicata sem lastro em compra e venda comercial. Demonstração de existência do negócio que era ônus do portador do título, tanto mais em se tratando de empresa de faturização. Inexistência, nos autos, de qualquer documento que demonstre minimamente a realização do negócio. Inteligência do inciso II do art. 333 do CPC [art. 373, II, do CPC/2015]. Protesto indevido. Fato que ocasionou danos morais. Fixação da indenização em R$ 3.000,00. Razoabilidade, dadas as peculiaridades do caso. Diminuição inadmissível. Sentença mantida. Apelação improvida. (TJSP, Ap. Cível n. 7.368.823.600, rel. José Tarciso Beraldo, j. 19.08.2009)

Cheques pós-datados. Desfazimento do negócio que os originou. Transferência, todavia, pelo beneficiário-originário a terceiro. Título que, na verdade, perdeu a característica de "ordem de pagamento à vista", passando a constituir mero contrato. Efeitos da transferência que se identificam com aqueles decorrentes da cessão de crédito. Possibilidade de o devedor opor ao terceiro às exceções de caráter pessoal que tiver contra o beneficiário-originário. Recurso não provido. (TJSP, Ap. n. 7.173.456-4, rel. Des. Souza José, j. 25.09.2007)

[...] 2 – Não tendo a sub-rogação, em que pese procedida antes do ajuizamento da ação declaratória de inexistência de débito, sido notificada ao devedor, pode este opor ao sub-rogado as exceções pessoais que apresenta em relação ao credor originário (inteligência do art. 294, combinando com o art. 348, do CC). 3 – Como não subsistia a obrigação, indevida a inscrição do nome do autor em cadastro restritivo de crédito, fato que por si só acarreta o dano moral indenizável, tendo sido a indenização na hipótese fixada de forma correta. Recurso improvido. (T. Rec. – RS, Rec. Cível n. 71.001.243.435, 1ª T. Rec. Cível, rel. Ricardo Torres Hermann, j. 13.09.2007)

*Factoring*. Exceções pessoais apresentadas pela devedora após notificada da cessão. Além disso, cuida-se de duplicatas sem aceite e sem causa, vício alegável a qualquer tempo. Ininvocabilidade da teoria da aparência. Ação de cobrança desacolhida no primeiro grau. Apelo não provido. (TJSP, Ap. n. 7.120.912-0, rel. Des. Silveira Paulilo, j. 12.09.2007)

[...] Além disso, a autora é cessionária dos direitos e obrigações da instituição de ensino, o que significa que lhe são oponíveis as exceções que a devedora tiver contra a cedente, diante do que determina o art. 294 do nCC, aplicável à espécie, visto que a cessão foi celebrada em 01.08.2005 [...]. Esse dispositivo, no que interessa, reproduz o que dispunha o art. 1.072 do antigo CC. E a extinção do direito de cobrança pode ser alegada, assim como poderia ser alegada a extinção do próprio crédito (cf., a propósito, Antônio da Silva Cabral, *Cessão de contratos*, Saraiva, p. 157). Ocorrida a cessão, não há nenhuma modificação do direito do devedor, pois, como afirma com propriedade Arnaldo Rizzardo: "As defesas que lhe eram asseguradas antes continuam a ser exercitáveis depois" (*Direito das Obrigações*. Saraiva, 2. ed., 2004, p. 267). Em consequência, a prescrição pode ser alegada (cf. Rizzardo, ob. e loc. cit.). No caso em tela, a apelada é cessionária de crédito já prescrito e não pode mesmo cobrá-lo judicialmente. (TJSP, Ap. c/ Rev. n. 7.104.906-2, rel. Des. Campos Mello, j. 15.05.2007)

Embargos à execução fundada em cheque endossado após a devolução pelo Banco. Endosso qualificado como cessão civil (art. 27, da Lei n. 7.357, de 1985), que assegura ao emitente do cheque o direito de opor ao endossatário as defesas que tinha contra o endossante. Alegação de vinculação do cheque à dívida já paga ao endossante sem amparo na prova dos autos. Prova oral e expedição de ofício desnecessárias à resolução da controvérsia, pois o pagamento haveria de ser demonstrado por meio de documento. Julgamento antecipado da lide correto. Cerceamento de defesa inexistente. Subsistência da obrigação cambiária validamente constituída. Sentença mantida. Apelação desprovida. (TJSP, Ap. c/ Rev. n. 1.152.730-9, rel. Des. Paulo Furtado de Oliveira Filho, j. 26.02.2007)

No *factoring* ou faturização, o vínculo estabelecido entre o faturizador e o faturizado equipara-se ao decorrente da cessão de crédito, pelo que é possível ao comprador a oposição de exceções pessoais ao faturizador/cedente. Aplicação do art. 294 do CC atual (art. 1.072, CC/1916). Irrelevância de terem sido entregues cheques ao faturizador, pois a oponibilidade das exceções pessoais se dá pela natureza do negócio jurídico entabulado, não pela natureza do título em cobrança. Apelo improvido. (TJSP, Ap. c/ Rev. n. 7.061.533.300, 11ª Câm. de Dir. Priv., rel. Soares Levada, j. 29.06.2006)

Comprovada, todavia, a ciência, pelo terceiro adquirente, sobre a mácula no negócio jurídico que deu origem à emissão do cheque, as exceções pessoais do devedor passam a ser oponíveis ao portador, ainda que se trate de empresa de *factoring*.

Nessa hipótese, os prejuízos decorrentes da impossibilidade de cobrança do crédito, pela faturizadora, do emitente do cheque, devem ser discutidos em ação própria, a ser proposta em face do faturizado. (STJ, REsp n. 612.423, rel. Min. Nancy Andrighi, j. 01.06.2006)

Cheque. Desconstituição do negócio subjacente. Operação de *factoring*.

Pode o emitente do cheque, que não teve ciência do contrato celebrado entre a faturizada e a faturizadora, opor ao cessionário as defesas pessoais que poderia deduzir contra o cedente. Inviabilidade de aplicar à cessão de crédito em exame os princípios inerentes às operações cambiárias. (TARS, Ap. n. 196.190.391, rel. Juíza Maria Isabel Broggini, j. 26.08.1997)

Execução por título extrajudicial. Cambial. Cheque. Endosso. Título nominativo apresentado e não pago. Transferência pelo tomador após a devolução por falta de fundos. Caracterização como cessão de crédito. Perda da qualidade cambial. Art. 19 da Lei Uniforme. Cabimento de ação de conhecimento. Embargos do devedor procedentes. Sentença mantida. (I TACSP, Ap. Cível n. 410.590/89-0/Americana, 8ª Câm., rel. Juiz Augusto F. M. F. de Arruda, j. 20.09.1989)

**Art. 295. Na cessão por título oneroso, o cedente, ainda que não se responsabilize, fica responsável**

**ao cessionário pela existência do crédito ao tempo em que lhe cedeu; a mesma responsabilidade lhe cabe nas cessões por título gratuito, se tiver procedido de má-fé.**

O primeiro efeito da cessão é transferir para o cessionário a titularidade integral da relação jurídica, ou seja, do crédito e seus acessórios. A questão da garantia do crédito cedido é outro importante efeito da cessão. Consiste na obrigação do cedente de responder pela existência da dívida na época da realização do negócio. Compreendem-se na existência da dívida seus acessórios e garantias (MAIA, Mairan. *Comentários ao Código Civil brasileiro.* Rio de Janeiro, Forense, 2003, v. III, p. 243). Mas Renan Lotufo adverte que o dispositivo só se refere aos casos de nulidade, pois os negócios anuláveis são existentes para os efeitos desse artigo (*Código Civil comentado.* São Paulo, Saraiva, 2003, v. II, p. 157). No entanto, se o crédito cedido for anulado por ato imputável ao cedente e desconhecido ao cessionário, poderá este postular a resolução da cessão ou perdas e danos em relação ao primeiro por inadimplemento contratual. Por outro lado, se a razão da anulabilidade era desconhecida ao cedente, ou se o cessionário concordou com o risco de anular-se o crédito cedido, a cessão deve subsistir. Mais uma vez, aproximam-se a cessão a título oneroso e a compra e venda. Nesta última, o vendedor deve fazer boa a coisa alienada; na primeira, o cedente é responsável pela existência do crédito no momento da realização do negócio. Essa garantia protege o cessionário das hipóteses em que ele não consegue a titularidade do crédito, ou, após consegui-la, vem a perdê-la por conduta imputável ao cedente. A responsabilidade pela existência do crédito, tratando-se de cessão gratuita, só existe se o cedente houver procedido de má-fé, porque o cessionário, nessas hipóteses, não sofre nenhuma redução patrimonial, de modo que, inexistindo má-fé do cedente, não há razão para responsabilizá-lo pela inexistência do crédito cedido. Confiram-se, ainda, a respeito desse tema o comentário ao art. 297.

**Jurisprudência:** Apelação cível. Negócios jurídicos bancários. Ação declaratória de inexistência de débito c/c obrigação de não fazer. Legitimidade passiva *ad causam* do cedente. Ausência de comprovação da higidez do negócio jurídico. Sentença mantida. Nas cessões onerosas de crédito, o cedente é responsável pela existência do crédito, nos termos do art. 295 do CC. Considerando que a parte apelada busca o reconhecimento da inexistência de débito e a cessação da cobrança da dívida, tanto o cedente quanto o cessionário são partes legítimas para figurar no polo passivo da demanda. No mérito, os réus não lograram êxito em demonstrar a higidez do contrato *sub judice*, sobretudo em face da discrepância entre a assinatura do contrato e os demais documentos apresentados pela parte autora. Apelação cível desprovida. Unânime. (TJRS, Ap. Cível n. 5012706-34.2021.8.21.0033, 20ª Câm. Cível, rel. Glênio José Wasserstein Hekman, j. 08.11.2023, publ. 20.11.2023)

Execução de título extrajudicial. Determinação de emenda da exordial, convertendo-se o procedimento para o comum. Manutenção. Ausência de título que espelhe obrigação líquida, certa e exigível em face dos executados. Inicial instruída com duplicatas e contrato de faturização. Recusa dos sacados a pagar as cártulas em razão de vício de origem não demonstrada. O contrato de *factoring* está sujeito ao regramento da cessão civil (pois, apesar da transferência do título ser operada formalmente por endosso, em sua essência há uma compra e venda de crédito, mediante pagamento à vista), e, portanto, o faturizado fica responsável ao faturizador pela existência do crédito ao tempo em que lhe cedeu (CC, art. 295). Por isso, o reconhecimento da certeza e da liquidez da obrigação dependia da demonstração de que os devedores dos títulos cedidos se recusaram a pagar os débitos neles estampados, em razão de vício na origem. Para que o processo de execução possa se desenvolver validamente, o título executivo deve incutir no espírito do magistrado a certeza, a liquidez e a exigibilidade da obrigação. Porém, a exequente, efetivamente, não possui título que espelhe obrigação líquida, certa e exigível contra os executados. Mostrou-se correta, nessa ordem de ideias, a determinação de conversão do procedimento para o comum. Agravo não provido. (TJSP, AI n. 2143828-54.2022.8.26.0000/SP, 12ª Câm. de Dir. Priv., rel. Sandra Galhardo Esteves, j. 21.07.2022, publ. 21.07.2022)

Apelação. Ações anulatória e cautelar de sustação de protesto julgadas procedentes. Nota promissória. Alegação de que o título era garantia de contrato de faturização. Impossibilidade de declaração de inexigibilidade da nota promissória. Hipótese dos autos em que restou demonstrada a existência de acordo entre a faturizadora e a faturizada acerca do pagamento de valor representado em duplicata cuja causa não restou demonstrada. Recompra que não é ilegal, se adstrita aos títulos eivados de nulidade ou sem comprovação de origem cedente. Faturizado que é responsável pela existência do crédito por ocasião da cessão. Inteligência do art. 295 do CC. Existência de voluntariedade da apelada ao celebrar acordos e efetuar pagamento parcial do débito concernente à duplicata viciada. Pleito cautelar que não mais subsiste ante a higidez da nota promissória. Plausibilidade do direito invocado afastada apelo provido para se decretar a improcedência das ações declaratória e cautelar. (TJSP, Ap. n. 0043967-32.2009.8.26.0309/ Jundiaí, 12ª Câm. de Dir. Priv., rel. Castro Figliolia, *DJe* 22.04.2013, p. 987)

A cessionária, faturizadora, é responsável solidária pelos danos sofridos pelo cedido, por haver providenciado contra ele o protesto de duplicata simulada e de haver registrado seu nome em cadastro de inadimplentes. É-lhe facultado, porém, o reembolso do que pagar perante a sacadora, cedente, por ter sido autora do ato delituoso e por ser responsável pela existência do crédito cedido. Arbitra-se a indenização de danos morais principalmente com base na intensidade dos danos, observados os princípios da proporcionalidade e da razoabilidade. Arts. 241, III, e 191 do CPC [respectivamente, arts. 231, § 1º, e 229 do CPC/2015]. Arts. 294 e 295 do CC. Ação procedente. Recurso não provido, com observação. (TJSP, Ap. n. 991090041497, 21ª Câm. de Dir. Priv., rel. Itamar Gaino, j. 30.06.2010)

Embargos à execução. Cessão onerosa de crédito. Art. 295 do CC. Crédito representado por instrumento declarado nulo. Sentença mantida. Com a declaração de nulidade do instrumento que representava o crédito cedido onerosamente ao embargante, aplicável a regra do art. 295 do CC. O crédito, da forma como foi cedido, não existe. Sentença mantida. Apelo desprovido. Unânime. (TJRS, Ap. Cível n. 70.029.052.941, 20ª Câm. Cível, rel. Rubem Duarte, j. 24.03.2010)

Interesse processual. Ação monitória. Nota promissória dada em garantia de cessão de créditos no bojo de contrato de *factoring*. Impossibilidade da cobrança pela faturizadora para se ressarcir da inadimplência dos títulos adquiridos. Hipótese que não configurava carência de ação, mas improcedência. Nota promissória que somente poderia ser utilizada para ressarcimento de títulos com vício de origem (art. 295 do CC). Processo extinto por falta de interesse processual. Recurso provido em parte para afastar a extinção sem julgamento de mérito do processo e, de ofício, com base no art. 515, § 3º, do CPC [art. 1.013, § 3º, I, do CPC/2015], julgar improcedente a ação. (TJSP, Ap. Cível n. 7.115.525.400, rel. Rui Cascaldi, j. 29.04.2009)

Apelação. Falência requerida por empresa de fomento mercantil, com base em cheques emitidos pela faturizada. Responsabilidade do cedente-faturizado, perante o faturizador, decorrente da lei e obrigatória, referente ao direito de regresso derivado da garantia da existência do crédito cedido, chamada "responsabilidade por vício/evicção", ou *in veritas*, prevista no art. 295, do CC. Legitimidade da assunção, de forma expressa, pelo cedente-faturizado da responsabilidade convencional ou opcional, ou *in bonitas*, pela solvência do devedor, nos termos do art. 296, do CC. Admissibilidade do pedido de falência contra o faturizado, desde que a inicial seja instruída com o contrato. (TJSP, Ap. c/ Rev. n. 5.413.354.900, Câm. Esp. de Falências e Recuperações Judiciais, rel. Pereira Calças, j. 28.05.2008)

Responsabilidade civil. Cessão de crédito. Alegação de dolo por parte da cedente. Excludente capaz de desconstituir o crédito cedido. Exceção oponível, nos termos do art. 1.073 do CC/1916 [art. 295 do CC/2002], sob a égide do qual se desenrolaram os fatos. Necessidade de dilação probatória. Sentença anulada. Apelação da autora provida para esse fim, prejudicada a da ré. (TJSP, Ap. n. 7.170.250-0, rel. Des. Luiz Sabbato, j. 17.10.2007)

Negócio jurídico. Cessão de crédito. Simulação. Dolo de ambas as partes. Pleitos de cobrança, ou sucessivo de indenização, formulados por uma delas. Ação improcedente. Aplicação dos arts. 97 e 1.073 do CC/1916 [art. 295 do CC/2002], correspondentes aos arts. 150 e 295 do atual. Sentença incensurável. Recurso desprovido. (TJSP, Ap. Cível n. 7.148.001-0/SP, 13ª Câm. de Dir. Priv., rel. Des. Luiz Sabbato, j. 01.08.2007, v.u., voto n. 12.684)

Duplicata. Emissão sem causa. Transferência para empresa de *factoring*. Protesto. Nada obstante a transferência do crédito, a responsabilidade do protesto indevido é do cedente-faturizado, uma vez que responsável pelo crédito cedido ao tempo da cessão. Inteligência do art. 295 do CC/2002. Legitimidade passiva reconhecida. Improvimento do recurso.

Na prática do *factoring*, na cessão por título oneroso, o cedente-faturizado, ainda que não se responsabilize, fica responsável ao cessionário faturizador pela existência do crédito ao tempo em que lhe cedeu (art. 1.073 do CC/1916, art. 295 do CC/2002). A lei impõe-lhe a obrigação de responder pela positiva existência do crédito. (TJSP, Ap. c/ Rev. n. 7.098.047-9, rel. Des. Pedro Alexandrino Ablas, j. 25.04.2007)

Fica o cedente responsável pela existência do crédito, mas não, necessariamente, pela possibilidade prática de que seja satisfeito. (STJ, REsp n. 74.440, rel. Min. Eduardo Ribeiro, j. 18.03.1997)

**Art. 296. Salvo estipulação em contrário, o cedente não responde pela solvência do devedor.**

O cedente responde pela existência do crédito, mas não pela insolvência do devedor, salvo estipulação nesse sentido. O negócio da cessão é especulativo, de modo que aquele que adquire um crédito, em geral, o faz mediante vantagem econômica. Em razão disso, suporta o eventual inadimplemento do devedor. Do contrário, nenhum risco existiria e não haveria motivo para que o cessionário obtivesse vantagem econômica. Nada obsta a que as partes convencionem em sentido diverso, assumindo o cedente a condição de garantidor da dívida, inclusive como devedor solidário, o que se incluiria nos limites de sua autonomia privada. Nesses casos, considera-se que o cedente garante a solvabilidade do devedor até o momento da cessão (RODRIGUES, Sílvio. *Direito civil*. São Paulo, Saraiva, 2002, v. II, p. 99). Nessa oportunidade, o cessionário deve conhecer a situação do cedido. Mas, se ele se torna insolvente após a efetivação da cessão, isso é irrelevante, pois representa um risco do negócio que é especulativo. Havendo o cedente assumido a responsabilidade pela solvência do devedor, ela se limitará ao valor por ele recebido, corrigido monetariamente e acrescido de juros de mora, como previsto no art. 297 deste Código. Registre-se que a possibilidade de o cedente responder pela solvência do devedor, tornando-se coobrigado, não é admitida quando se tratar de *factoring*, como se verifica da jurisprudência adiante colacionada.

**Jurisprudência:** Apelação. Ação monitória. Cessão de crédito com previsão de responsabilidade solidária do cedente pela solvência do crédito cedido. Embora semelhantes, os Fundos de Investimento em Direitos Creditórios (FIDCs) não se confundem com as empresas faturizadoras. Possibilidade da estipulação da responsabilidade solidária do cedente. Art. 296 do CC. Adequação do manejo de ação monitória em face do cedente. Anulação da r. sentença proferia. Recurso a que se dá provimento, com determinação. (TJSP, Ap. Cível n. 1180347-02.2023.8.26.0100/SP, rel. Mauro Conti Machado, j. 10.04.2024, publ. 10.04.2024)

Embargos à execução. Demanda executiva fundada no Termo de Cessão atrelado a um contrato principal que regulamenta as cessões de crédito firmadas entre as partes. Atuação do exequente/apelante como fundo de investimento em direitos creditórios, que não se confunde com fomento mercantil (*factoring*). Precedentes do STJ e desta Corte de Justiça. Título que possui higidez e executividade plena em face dos executados. Cláusula contratual estipulando a responsabilidade do cedente em caso de inadimplemento do devedor. Obediência ao art. 296 do CC. Obrigações assumidas que permanecem íntegras. Necessidade de prosseguimento da demanda executiva para a satisfação do crédito do exequente. Sentença reformada. Recurso provido. (TJSP, Ap. Cível n. 1037139-91.2022.8.26.0100/SP, 38ª Câm. Dir. Priv., rel. Anna Paula Dias da Costa, j. 06.12.2023, publ. 07.12.2023)

Embargos à execução. Notas promissórias emitidas em garantia de contrato de cessão de direitos creditórios. Cessão de crédito *pro solvendo*. Cláusula contratual que estipula a responsabilidade solidária da devedora principal e dos coobrigados, ora Apelantes, pela solvência dos devedores das duplicatas cedidas. Atuação dos FIDC (Fundos de Investimento em Direitos Creditórios) que não se confunde com a atuação das empresas de *factoring*. Validade da cláusula contratual que prevê a responsabilidade da cedente e coobrigados pela solvência do devedor. Inteligência do art. 296 do CC e art. 2°, XV, da IN CVM n. 356/2001. Notas promissórias que são dotadas de autonomia e se revestem de certeza, liquidez e exigibilidade. Execução hígida. Sentença de improcedência mantida. Recurso não provido. (TJSP, AC n. 10040993120218260011/SP, 12ª Câm. de Dir. Priv., rel. Tasso Duarte de Melo, j. 24.10.2023, publ. 26.10.2023)

Apelação. Falência. Pedido lastreado em título de crédito (nota promissória). Sentença de improcedência. Inconformismo da autora. Acolhimento. A r. sentença está acometida por erro de premissa, pois, diferente do que ali constou, a execução do mesmo título foi dirigida apenas em face dos avalistas, pessoas físicas, que não se confundem com a sociedade que integram como sócios (art. 49-A do CC). Ausência de entrave, portanto, ao prosseguimento da falência, se a aqui acionada não é demandada na execução. Tratando-se de pedido de falência, com fundamento no inciso I, do art. 94, da Lei n. 11.101/2005, dispensável a prova da insolvência. Súmula n. 43, desta Eg. Corte. Sentença anulada. Causa madura. Julgamento que se dá nesta instância, na forma do art. 1.013, § 3°, do CPC. O vínculo entre as partes está materializado em contrato de cessão de crédito para fundo de investimento em direitos creditórios, com cláusulas que dispõem sobre a obrigação, da cedente, de recompra dos títulos de crédito cedidos e não solvidos pelos sacados. A apelante é Fundo de Investimento em Direitos Creditórios (FIDC) e tem natureza jurídica distinta das sociedades empresariais que atuam no fomento mercantil. Distinção da atuação entre os FIDCs e sociedades de faturização. Orientação jurisprudencial do Col. STJ. Higidez da previsão contratual de responsabilização da cedente pela solvência do devedor (art. 296 do CC). Autora que cuidou de provar a comunicação, aos sacados das duas duplicatas "viciadas", da cessão do crédito, além da causa do não pagamento, qual seja, a emissão, pela aqui requerida/cedente, de títulos em duplicidade. Há notícia, inclusive, de que foram negociados e pagos a outro FIDC. Regularidade formal do pedido de falência, com comprovada impontualidade e higidez do protesto da nota promissória que garantia o contrato de cessão de direitos creditórios, nos termos da Súmula n. 52, deste Eg. Tribunal. Decreto de falência. Sentença reformada. Recurso provido, com determinação. (TJSP, Ap. Cível n. 1001185-86.2020.8.26.0315/SP, 2ª Câm. Res. de Dir. Empr., rel. Grava Brazil, j. 03.06.2022, publ. 03.06.2022)

Falência. Pedido baseado em impontualidade. Improcedência. Reforma. Cessão de crédito a Fundo de Investimento em Direitos Creditórios (FIDC), com cláusula de recompra dos títulos de créditos cedidos e não solvidos pelo devedor. Natureza jurídica diversa das sociedades empresariais que atuam no fomento mercantil. Precedente do Col. STJ. Validade da cláusula que prevê a responsabilização do cedente pela solvência do devedor. Inteligência do art. 296 do CC. Comprovação da impontualidade e higidez dos protestos. Cabimento da decretação da falência. Apelo provido, com determinação. (TJSP, Ap. Cível n. 1000221-28.2021.8.26.0584/SP, 2ª Câm. Res. de Dir. Empr., rel. Natan Zelinschi de Arruda, j. 10.05.2022, publ. 16.05.2022)

Nota promissória emitida em garantia de operação de fomento mercantil para o desconto antecipado de títulos. Inexigibilidade da cártula. Irresponsabilidade do faturizado e, por consequência, dos avalistas pela solvência do título cedido. Art. 296 do CC. Ausência de início de prova da ciência do embargante/sacador/cedente quanto à suposta falta de higidez dos quirógrafos. Sentença mantida. Inclusão de honorários recursais. Recurso não provido. (TJSP, Ap. n. 10006443820188260278, rel. Des. César Peixoto, j. 19.12.2018)

***Factoring***

Direito civil e empresarial. Contrato de *factoring*. Cessão de crédito *pro soluto* (arts. 295 e 296 do CC). Garantia da existência do crédito cedido. Direito de regresso de *factoring* reconhecido. 1 – Em regra, a empresa de *factoring* não tem direito de regresso contra a faturizada – com base no inadimplemento dos títulos transferidos –, haja vista que esse risco é da essência do contrato de *factoring*. Essa impossibilidade de regresso decorre do fato de que a faturizada não garante a solvência do título, o qual, muito pelo contrário, é garantido exatamente pela empresa de *factoring*. 2 – Essa característica, todavia, não afasta a responsabilidade da cedente em relação à existência do crédito, pois tal garantia é própria da cessão de crédito comum – *pro soluto*. É por isso que a doutrina, de forma uníssona, afirma que no contrato de *factoring* e na cessão de crédito ordinária, a faturizada/cedente não garante a solvência do crédito, mas a sua existência sim. Nesse passo, o direito de regresso da *factoring* contra a faturizada deve ser reconhecido quando estiver em questão não um mero inadimplemento, mas a própria existência do crédito. 3 – No caso da moldura fática incontroversa nos autos, fica claro que as duplicatas que ensejaram o processo executivo são desprovidas de causa – "frias" –, e tal circunstância consubstancia vício de existência dos créditos cedidos – e não mero inadimplemento –, o que gera a responsabilidade regressiva da cedente perante a cessionária. 4 – Recurso especial provido. (STJ, REsp n. 1.289.995, 4ª T., rel. Min. Luis Felipe Salomão, *DJe* 10.06.2014, p. 1.627)

Apelação cível. Embargos à execução. Contrato de *factoring*. Nada impede que, no contrato de *factoring*, haja estipulação da responsabilidade subsidiária do faturizado. Ao contrário, há claramente o permissivo do referido art. 296 do CC. Na situação presente, em que o faturizador, não tendo alcançado êxito perante o devedor-cedido, cobra o valor da duplicata contra o cedente, em caráter de regresso, há clara estipulação contratual a esse respeito. Assim, é totalmente possível que a empresa de faturização direcione a sua pretensão contra a sacadora dos títulos inadimplidos, consoante refere o contrato de fomento mercantil firmado entre as partes, em suas cláusulas 9ª e 10ª e também, como dispõe a jurisprudência, mostrando que a operação se afigura lícita. Sentença mantida. Apelo desprovido. (TJRS, Ap. Cível n. 70.045.072.592, 16ª Câm. Cível, rel. Munira Hanna, j. 29.05.2014)

Ação revisional. Contrato de fomento mercantil (*factoring*). Cessão de crédito. Nota promissória. Termo de confissão de dívida. A responsabilidade do cedente perante o cessionário pela existência do crédito cedido decorre de estipulação legal (art. 295 do CC), respondendo, também, pela higidez econômica do devedor se a assumir por convenção (art. 296 do CC). No *factoring*, a responsabilidade do cedente-faturizado pode ser convencionada. Não tendo o faturizador alcançado êxito perante o devedor-cedido, pode cobrar o valor da duplicata contra o cedente, em caráter de regresso, uma vez presente clara estipulação contratual a esse respeito. Embargos infringentes acolhidos. (TJSP, Emb. Infring. n. 0111596-49.2006.8.26.0011/SP, 21ª Câm. de Dir. Priv., rel. Itamar Gaino, *DJe* 28.03.2014, p. 1.841)

Embargos à execução. Nota promissória. Contrato. *Factoring*. Título emitido em garantia. Cerceamento de defesa. 1 – Não há cerceamento de defesa quando o julgamento da lide independe de dilação probatória. 2 – No contrato de *factoring*, que envolve a compra de crédito mediante pagamento à vista, a responsabilidade do cedente-faturizado pode ser convencionada para o caso de insolvência do devedor. Inteligência do art. 296 do CC. Embargos à execução julgados improcedentes. Recurso provido. (TJSP, Ap. n. 0006148-18.2012.8.26.0451/ Piracicaba, 21ª Câm. de Dir. Priv., rel. Itamar Gaino, *DJe* 28.06.2013, p. 1.191)

Ação de cobrança. Entrega de cheque nominal a terceiro, sem endosso. Configuração de cessão de crédito. Arguição de que o cheque foi dado pelo réu ao autor como parte de pagamento. Cheque devolvido. Pretensão de cobrança do réu. Desacolhimento. Cedente responde pela existência e não pela solvibilidade do crédito. Inteligência dos arts. 295 e 296 do CC. Inexistindo prova que o cheque é nulo, inexigível ou que exista exceção que o inutilize, cabia ao autor se voltar judicialmente contra a emitente do título para somente se vencido quanto à existência do crédito se voltar contra o réu. Cobrança improcedente. Sentença mantida pelos próprios fundamentos. Art. 252 do Regimento Interno do Eg. Tribunal. Recurso improvido. (TJSP, Ap. n. 9076186-96.2009.8.26.0000/Panorama, 17ª Câm. de Dir. Priv., rel. Erson T. Oliveira, *DJe* 25.03.2013, p. 803)

Apelação cível. Ação monitória. Cessão de crédito. Ausência de cláusula prevendo a responsabilidade do cedente pela solvência do devedor. Ilegitimidade passiva deste. Extinção do processo em relação a ele, sem resolução do mérito. Acolhimento da preliminar. 1 – Havendo cessão de crédito, o cedente somente terá legitimidade para figurar no polo passivo da ação monitória se expressamente se comprometeu a solver a obrigação em caso de insolvência do devedor/cedido. 2 – Apurando que não há cláusula comprometendo o cedente, deve ser a ação ajuizada também em relação a ele ser extinta sem resolução do mérito, nos termos do inciso VI, do art. 267, do CPC [art. 485 do CPC/2015]. (TJMG, Proc. n. 1.0112.05.052143-7/002(1), rel. Des. Pedro Bernardes, j. 14.12.2010)

Ação de anulatória de título c/c pedido indenizatório, precedida de medida cautelar de sustação de protesto. Alegação de quitação ante a cessão de crédito. Reconvenção. Improcedência da ação principal e cautelar e procedência da reconvenção. Apelação. Pedido de nulidade do processo afastado. Comparecimento espontâneo da ré supriu a falta de citação pessoal. Art. 214, *caput* e seu § 1º. Duplicata mercantil por indicação. Questão relativa ao valor da cártula superada. Valores distintos em decorrência do pagamento parcial realizado. Título não apresentado para aceite é questão afeta à própria apelante que o teria retido. Cessão de crédito. Não se provou a quitação do débito junto à credora pela distribuidora. Cessão não concedida em caráter *pro soluto*. Regra do art. 296 do CC que somente será aplicada, se não houver estipulação em contrário. Ressalvado na cessão a responsabilidade do cedente pela solvibilidade do crédito junto à ré. Decisão mantida. Recurso desprovido. (TJSP, Ap. n. 991080419051, 21ª Câm. de Dir. Priv., rel. Virgilio de Oliveira Junior, j. 03.03.2010)

Apelação. Falência arrimada em execução frustrada prevista no art. 94, II, da LRF. Possibilidade de discussão no processo de falência da executividade dos títulos que deram espeque à execução frustrada. Improcedência da falência sob o fundamento da ausência de responsabilidade da devedora, uma vez que a execução singular fundou-se em cheques objeto de fomento mercantil, transmitidos por cessão de crédito, e não por endosso, inexistindo responsabilidade da cedente pela solvência do devedor. Há dois tipos de operação de fomento mercantil: I – *pro soluto* em que o faturizado (cedente) não assume a responsabilidade pela solvência do devedor do crédito cedido, respondendo somente pelos vícios ou evicção (art. 295, CC), chamada de responsabilidade *in ventas*; II – *pro solvendo* em que o faturizado (cedente) assume expressamente no contrato a responsabilidade pela solvência do devedor do crédito cedido (art. 296, CC), chamada responsabilidade *in bonitas*. Inexistindo no contrato previsão expressa de responsabilidade do faturizado pela solvência dos créditos, não pode a faturizadora invocar o direito de regresso em virtude do não pagamento do título pelo devedor. O endosso por meio do qual o faturizado formaliza a transferência do título ao faturizador, tem efeito de cessão ordinária, não incidindo as regras cambiais que estabelecem a responsabilidade do endossante pelo pagamento do título endossado. Inteligência do art. 21 da Lei do Cheque. Apelo desprovido, mantida a sentença de improcedência da ação de falência. (TJSP, Ap. Cível c/ Rev. n. 620.447.500, rel. Pereira Calças, j. 18.08.2009)

Bem de família. Documentos suficientes para reconhecimento de que a apelante reside no imóvel com sua família. Impenhorabilidade reconhecida. Registro imobiliário da natureza de bem de família dispensável na Lei n. 8.009/90. Penhora cancelada. Crédito cedido habilitado em concordata e pago por notas promissórias em execução. Executividade reconhecida. Cessão do crédito habilitado em concordata que torna a devedora das notas titular do produto de eventual pagamento. Solvência do devedor do crédito cedido indiferente para a eficácia da cessão (art. 296 do CC). Ausência de uma das notas promissórias. Manutenção da nota em poder do Banco. Execução possível. Exibição necessária. Redução do valor da dívida em face da possibilidade de extravio e circulação da nota. Recurso parcialmente provido. (TJMG, Ap. n. 9.190.127.700/São Paulo, rel. Hamid Charaf Bdine Júnior, 12ª Câm. de Dir. Priv. A, j. 15.08.2008)

*Factoring*. Contrato de fomento, não constituindo nova modalidade de crédito. Risco do faturizador pela liquidação dos títulos negociados. Exigência de garantia inadmissível, ante a natureza do relacionamento entre faturizador e faturizado. Monitória de cobrança. Embargos. Procedência. Recurso provido para esse fim. (TJSP, Ap. n. 7.174.958-7, rel. Des. Luiz Sabbato, j. 17.10.2007)

Tem fundamento no art. 296 do CC de 2002 a responsabilização expressa do cedente dos títulos, em operação de *factoring*, pela solvência dos devedores. (TJSP, AI n. 500.877.4/1-00, rel. Des. Lino Machado, j. 29.08.2007)

Direito comercial. Contrato de *factoring*. Ação declaratória de nulidade de títulos. Protesto. Dano moral. Ação declaratória de nulidade de títulos c/c indenização por dano moral decorrente do protesto indevido, ao fundamento de que as notas promissórias foram obtidas com base em disposição contratual ilegal, já que o faturizado, ao ceder seus créditos, não responde pela insolvência do devedor. Sentença que julgou procedente o pedido, para declarar nulas todas as notas promissórias e títulos que tiveram origem na confissão de dívida; e condenou a ré ao pagamento de indenização por dano moral, arbitrada em R$ 30.000,00. Reconhecido por anterior acórdão desta Câmara, proferido no julgamento da apelação em requerimento de falência com base nos mesmos títulos, que, embora as notas promissórias estejam vinculadas ao instrumento de confissão de dívida, esta se constituiu em artifício para mascarar o *factoring*, não há como reconhecer a validade dos títulos. Encontra-se sumulado o entendimento no sentido de que a pessoa jurídica pode sofrer dano moral; e este resulta configurado com o simples protesto. Considerando, todavia, que a ficha cadastral da autora apresenta mais de 400 protestos no período de 1994/1998 e 21 no ano de 1999, não há que se falar em dano moral. Ante a sucumbência recíproca, incide a norma do art. 21 do CPC [art. 86 do CPC/2015]. Provimento parcial do recurso para excluir a condenação por dano moral e para que as despesas processuais e os honorários sejam recíproca e proporcionalmente distribuídos e compensados. (TJRJ, Ap. Cível n. 2005.001.51724, 18ª Câm. Cível, rel. Des. Cassia Medeiros, j. 24.10.2006)

Falência. Fundamento. Requerimento fundado na impontualidade de nota promissória emitida em garantia de recompra de títulos faturizados. Responsabilidade da faturizada pela existência do crédito (vício/evicção) e pela solvência do devedor, diante da expressa previsão contratual. Cambial emitida em branco, preenchida pelo *factor*, não caracteriza título líquido, certo e exigível para fins de falência. A exigência da faturizadora de emissão de nota promissória em branco pela faturizada, em garantia do pagamento dos títulos objeto do negócio de fomento mercantil, para posterior preenchimento no caso de vício ou inadimplemento, configura prática abusiva que acarreta a nulidade da cambial. Inteligência dos arts. 295 e 296 do CC/2002. Sentença de extinção mantida. Recurso improvido. (TJSP, Ap. Cível n. 453.671-4/5-00/SP, Câm. Especial de Falências e Recuperações Judiciais de Direito Privado, rel. Des. Pereira Calças, j. 09.08.2006, v.u., voto n. 11.271)

Faturização. Execução de promissória vinculada a contrato de faturização, emitida em garantia. Execução contra o avalista afastada por se admitir a falsidade da assinatura lançada na cambial. Cessionário, na faturização, que assume o risco de não receber os créditos cedidos. Contrato que se distingue do desconto porque é uma cessão de crédito sem direito de regresso contra o cedente. Mesmo em se cuidando de cessão regulada pelo direito civil, na qual o cedente tem de responder pela existência do crédito ao tempo em que lho cedeu (art. 1.073), a ação não seria de execução, por faltar ao título os requisitos do art. 586 do CPC [art. 783 do CPC/2015], liquidez, certeza e exigibilidade. A ação de execução não é adequada à verificação da existência ou não de justa causa ou lastro a cada um dos títulos cedidos, objeto do contrato de faturização. Cerceamento de defesa não caracterizado. Sentença que não padece de qualquer vício. Embargos procedentes. Recurso improvido. (I TACSP, Ap. n. 822.067-5/SP, 11ª Câm., rel. Juiz Urbano Ruiz, j. 31.05.2001)

O *factoring* distancia-se de instituição financeira justamente porque seus negócios não se abrigam no direito de regresso e nem na garantia representada pelo aval ou endosso. Daí que nesse tipo de contrato não se aplicam os juros permitidos às instituições financeiras. É que as empresas que operam com o *factoring* não se incluem no âmbito do Sistema Financeiro Nacional. O empréstimo e o desconto de títulos, a teor da Lei n. 4.595/64, do art. 17, são operações típicas, privativas das instituições financeiras, dependendo sua prática de autorização governamental. (STJ, REsp n. 119.705, rel. Min. Waldemar Zveiter, j. 07.04.1998)

*Factoring*. Título de crédito. Cessão pelo faturizado através de endosso cambiário. *Factor* que exige garantia. Inadmissibilidade, pois a natureza das obrigações entre as partes é marcada pelo risco. (*RT* 776/240)

*Factoring*. Contrato de fomento, não constituindo nova modalidade de crédito. Risco do faturizador pela liquidação dos títulos negociados. Exigência de garantia inadmissível, ante a natureza do relacionamento entre faturizador e faturizado. Anulação da nota promissória emitida pelo faturizado. Apelação não provida. (*JTA* 167/115)

No mesmo sentido: *RT* 774/263-4.

**Art. 297. O cedente, responsável ao cessionário pela solvência do devedor, não responde por mais do que daquele recebeu, com os respectivos juros; mas tem de ressarcir-lhe as despesas da cessão e as que o cessionário houver feito com a cobrança.**

Quando o cedente se responsabilizar pela solvência do devedor, a lei só o obriga a responder até o limite daquilo que houver recebido, com os respectivos juros, bem como com as despesas que o cessionário houver suportado com a cessão e com a cobrança. Embora o artigo não diga, é certo que também a correção monetária deve ser incluída no reembolso, na medida em que representa apenas a manutenção do valor da moeda no tempo, corroído pelo processo inflacionário. A limitação imposta pela lei visa a inibir a especulação usurária. Mais uma vez, é o princípio de que a cessão de crédito é um negócio em que o cessionário assume um risco decorrente da remuneração que justifica essa limitação legal. Como se vê, de modo geral, o cedente responde apenas pela existência do crédito ao tempo da realização do negócio. No entanto, esse princípio não prevalece em duas hipóteses previstas na lei: a) a cessão a título gratuito, se o cedente agiu de boa-fé. Nesse caso, o cessionário nada deu em troca, de modo que a inexistência do crédito não lhe causa nenhum prejuízo. Caso o cedente tenha agido de má-fé, continuará responsável pela existência do crédito; b) nos casos em que a lei impõe a cessão do crédito. Segundo o art. 1.076 do CC/1916, o credor original era liberado de responder pela realidade da dívida ou pela solvência do devedor. Tal preceito não foi repetido no CC, cabendo verificar se resulta da lógica que inspira o instituto. Sílvio Rodrigues avalia que o credor não desejava transferir, de modo que não deve responder pela existência ou pela solvência (*Direito civil*. São Paulo, Saraiva, 2002, v. II, p. 101). No entanto, se ele se intitulava credor e a lei estabeleceu a transferência do crédito certa de que isso era verdadeiro – o que se deve examinar em cada caso –, não há por que dispensá-lo da responsabilidade pela existência do crédito. No mesmo sentido está o pensamento de Pablo Stolze Gagliano e o de Rodolfo Pamplona Filho (*Novo curso de direito civil*. São Paulo, Saraiva, 2002, v. II, p. 271). No tratamento que dispensa ao art. 295 do CC, Renan Lotufo cuida de distinguir crédito futuro, expectativa de direito e crédito inexistente. Afirma que expectativa é a situação que existe na esfera jurídica do cedente, e a cessão compreende a posição que poderá transformar-se num direito de tal natureza. No que tange ao crédito futuro, a transferência da situação jurídica não se opera desde logo, pois esse efeito só se produzirá "se e quando o crédito for existente no âmbito do cedente" (*factoring*) (*Código Civil comentado*. São Paulo, Saraiva, 2003, v. II, p. 156). A parte final do dispositivo legal ressalva a sua obrigação de também ressarcir as despesas da cessão e aquelas que o cessionário suportar para fazer a cobrança.

**Jurisprudência:** Ação revisional e reconvenção. Contrato de fomento mercantil. *Factoring*. Deságio. Impossibilidade de revisão. Caso concreto. Matéria de fato. Inexistência de juros. Não há falar em revisão de contrato de *factoring*, posto que não se confunde com contrato bancário, onde há a incidência de juros. Precedentes. Cláusula contratual que transfere à faturizada a responsabilidade pela inadimplência dos títulos cedidos. Validade. Em regra, na operação de *factoring*, por se tratar de cessão onerosa de crédito, onde a empresa faturizadora, ao adquirir créditos da faturizada, é remunerada com comissão, ela assume os riscos que envolvem o negócio, inclusive aqueles ligados à liquidação do crédito. Contudo, havendo estipulação contratual em que a cedente assume a responsabilidade pela solvibilidade dos devedores frente à cessionária, deve responder pela obrigação de pagamento do débito. Recompra dos títulos que não desnatura a operação de *factoring*. Inteligência dos arts. 296 e 297 do nCC. Precedentes. Sentença confirmada. Negaram provimento ao apelo. Unânime. (TJRS, AC n. 70.046.729.331, 15ª Câm. Cível, rel. Des. Otávio Augusto de Freitas Barcellos, j. 04.04.2012)

A faturizadora não pode pretender o melhor dos dois mundos negociais: trabalha como tal e quer a incidência da lei civil para rotular seu negócio como sendo cessão de crédito, porque nesta hipótese, sim, a cedente pode se obrigar pelo pagamento da obrigação cedida (art. 297 do CC/2002). (TJSP, Ap. Cível n. 991040016650, 11ª Câm. de Dir. Priv., rel. Moura Ribeiro, j. 21.01.2010)

Execução fundada em cheque em que o apelante figura como endossante. Endosso regular, o que torna o apelante parte legítima para ação executiva com relação à sua obrigação. Tal endosso foi realizado pelo apelante, pessoa física, e não na qualidade de representante legal de empresa. Não aplicação do disposto no art. 297 do novo CC, por não estar configurada a hipótese de cessão civil *pro solvendo* neste caso, diante da natureza dos fatos aduzidos na execução. Recurso desprovido. Sentença mantida. (TJSP, Ap. c/ Rev. n. 1.261.364.600, 23ª Câm. de Dir. Priv. A, rel. Mario Chiuvite Júnior, j. 27.03.2006)

**Art. 298. O crédito, uma vez penhorado, não pode mais ser transferido pelo credor que tiver conhecimento da penhora; mas o devedor que o pagar, não tendo notificação dela, fica exonerado, subsistindo somente contra o credor os direitos de terceiro.**

A transferência do crédito penhorado caracteriza fraude à execução. Até a notificação, será válido o pagamento efetuado pelo devedor. Depois dessa ocasião, o pagamento será havido como fraudulento e o devedor poderá ser obrigado a pagar novamente a dívida. Somente após a intimação da penhora, o cedido fica obrigado a fazer os pagamentos conforme a ordem judicial. Confira-se a respeito do tema o comentário ao art. 312.

**Jurisprudência:** Apelação cível. Execução de títulos extrajudiciais. Embargos à execução. Cessão de crédito penhorado judicialmente. Fraude à execução. Inviabilidade do processo de execução. Sentença reformada para acolher os embargos e decretar a extinção do processo de execução. 1 – Reza o art. 298 do CC que "o crédito, uma vez penhorado, não pode mais ser transferido pelo credor que tiver conhecimento da penhora; Mas o devedor que o pagar, não tendo notificação dela, fica exonerado, subsistindo somente contra o credor os direitos de terceiro". 2 – Uma vez realizada a penhora judicial do crédito, o credor fica impossibilitado de cedê-lo, pois a penhora servirá como garantia para o resgate da obrigação no processo em que foi penhorada. Caso o titular do crédito venha a cedê-lo, seu ato constitui fraude a execução. 3 – A titular de crédito que foi objeto de penhora judicial anterior à cessão do crédito é parte ilegítima para exigir o pagamento pelo devedor do título, porquanto o direito/crédito dele proveniente estará vinculado ao processo judicial em que foi penhorado. 4 – A fraude à execução em relação à cessão do título torna ineficaz o ato em relação ao credor e ao processo de execução, permanecendo válida em relação ao cedente e ao cessionário dos títulos. (TJDFT, AC n. 20110110525246, rel. Des. J. J. Costa Carvalho, *DJe* 06.05.2013, p. 164)

O contrato de fomento mercantil ou *factoring* celebrado entre as rés caracteriza-se, frente ao ordenamento jurídico brasileiro, como cessão de crédito, tendo natureza diversa dos institutos de direito cambiário, tal como o endosso. Destarte, em sede de *factoring*, são oponíveis as exceções pessoais, pois aplicáveis os arts. 286/298 do CC/2002. Sendo legítima a contraordem dos títulos emitidos, medida a se impor é a sustação dos respectivos protestos procedidos, porquanto inexigíveis os títulos em face do emitente. (TJRS, Ap. Cível n. 70.031.461.775, 6ª Câm. Cível, rel. Liege Puricelli Pires, j. 30.06.2010)

Cessão de crédito. Ato jurídico praticado com infringência ao disposto no art. 298 do CC/2002. Crédito em questão que era objeto de penhora para garantia de dívida. Nulidade absoluta. Reconhecimento que pode ser feito nos próprios autos. CC, arts. 166, VII, e 168. Exclusão do pedido de assistência litispendencial formulado pela cessionária. Agravo provido para esse fim. (TJSP, AI n. 500.718-4/7, rel. Des. José Geraldo de Jacobina Rabello, j. 08.11.2007)

## CAPÍTULO II
## DA ASSUNÇÃO DE DÍVIDA

**Art. 299. É facultado a terceiro assumir a obrigação do devedor, com o consentimento expresso do credor, ficando exonerado o devedor primitivo, salvo se aquele, ao tempo da assunção, era insolvente e o credor o ignorava.**

**Parágrafo único. Qualquer das partes pode assinar prazo ao credor para que consinta na assunção da dívida, interpretando-se o seu silêncio como recusa.**

A assunção da dívida pode ser definida como a transmissão singular da dívida de um devedor para terceiro, que passa a ocupar seu lugar na relação obrigacional. O terceiro assume a dívida e se compromete a saldá-la. Tal comportamento não implica que o crédito originário esteja extinto e que tenha sido substituído por outro, mas sim que o mesmo débito seja exigido do novo devedor que assumiu a responsabilidade por ele. Segundo Mário Júlio de Almeida Costa, "a ideia subjacente é a da transferência da dívida do antigo para o novo devedor, mantendo-se a relação obrigacional" (*Direito das obrigações*. Coimbra, Almedina, 2000, p. 759). Denomina-se interna a assunção que se verifica por contrato celebrado entre o antigo e o novo devedor, ratificado pelo credor; e externa aquela que resulta de contrato estabelecido entre o novo devedor e o credor, com ou sem consentimento do antigo devedor. No primeiro caso, não havendo ratificação do credor, não se consolida a assunção de dívida. Assim sendo, até a ratificação, será permitido aos devedores – antigo e novo – desfazerem o negócio. Na realidade, como adverte Renan Lotufo, a leitura do art. 299 do CC, ora em exame, assegura que enquanto não ocorrer o consentimento do credor não haverá assunção da dívida, pois ele é elemento necessário para o nascimento da transmissão. O credor depositou confiança no devedor, de modo que sua manifestação de vontade é fundamental para que ele possa ser substituído por outro (*Código Civil comentado*. São Paulo, Saraiva, 2003, v. II, p. 166). Outra classificação possível para a assunção de dívida distingue aquela em que o devedor se exonera da obrigação daquela em que ele se mantém solidariamente obrigado perante o credor. A primeira é denominada assunção liberatória e a segunda, cumulativa. Na lição de Renan Lotufo, a omissão do Código no tratamento da assunção cumulativa "tem sua lógica". Ensina que a assunção cumulativa não é hipótese de transmissão da obrigação, mas mera "pluralidade subjetiva no polo passivo, de obrigação previamente existente" (op. cit., p. 168). Desse modo, a transmissão da obrigação não se opera, havendo apenas a adesão de outro devedor à mesma relação jurídica. Mário Júlio de Almeida Costa também se manifesta no sentido de que somente haverá verdadeira assunção de dívida no caso da assunção liberatória (op. cit., p. 759). Assim, "enquanto não manifestado o assentimento do credor, o devedor primitivo encontra-se vinculado juridicamente a este, podendo dele ser exigido o pagamento do débito" (MAIA, Mairan. *Comentários ao Código Civil brasileiro*. Rio de Janeiro, Forense, 2003, p. 262). São **requisitos** da assunção de dívida o consentimento do credor e a existência e a validade da obrigação transferida (PEREIRA, Caio Mário da Silva. *Instituições de direito civil*, atualizado por Luiz Roldão de Freitas Gomes. Rio de Janeiro, Forense, 2003, v. II, p. 383). Aparentemente, Arnaldo Rizzardo não concorda com esta posição (*Direito das obrigações*. Rio de Janeiro, Forense, 2004, p. 285). O consentimento do credor é sempre necessário, porque ele conta com o patrimônio do devedor para garantir o seu crédito. Desse modo, teria de suportar prejuízo se o devedor pudesse transferir o débito para terceiro insolvente. A ausência do referido consentimento implica a solidariedade do antigo devedor, que se mantém vinculado ao débito, como resulta da leitura do artigo em exame. Desse modo, não havendo consentimento do credor, a assunção é válida e eficaz, mas não se reconhece a exoneração do antigo devedor (COSTA, Mário Júlio de Almeida. Op. cit., p. 760). O referido consentimento pode se exteriorizar no momento da assunção ou posteriormente. O parágrafo único do art. 299 do CC/2002, em estudo, estabeleceu a possibilidade de o consentimento ser solicitado por notificação, mas negou a possibilidade de ele ser tácito, afastando a presunção a partir do silêncio do credor que não se manifesta no prazo que lhe for solicitado para recusar seu consentimento expressamente. Pablo Stolze Gagliano e Rodolfo Pamplona Filho afirmam que já na vigência do CC/1916 não seria possível admitir anuência tácita (*Novo curso de direito civil*. São Paulo, Saraiva, 2002, v. II, p. 272). Renan Lotufo enfrenta a questão e sustenta que o comportamento concludente – de que trata Paulo da Motta Pinto (*Declaração tácita e comportamento concludente no negócio jurídico*. Coimbra, Almedina, 1995) –, consistente, por exemplo, em o credor receber pagamentos parciais de terceiro, representa aceitação expressa, e não tácita, de modo que estaria incluída na disposição desse artigo em exame (op. cit., p. 172). Caio Mário da Silva Pereira afirma que o recebimento parcial de pagamentos ou juros caracterizará aceitação válida, ainda que a considere tácita, e não expressa – divergindo, nesse aspecto, de Renan Lotufo (*Instituições de direito civil*, 20. ed., atualizada por Luiz Roldão de Freitas Gomes. Rio de Janeiro, Forense, 2003, v. II, p. 383). A inexistência ou invalidade da obrigação transferida poderá ser alegada pelo assuntor ou pelo devedor primitivo, mas, se se tratar de defeito sanável, a anuência de todos os envolvidos no negócio implicará confirmação, afastando sua invalidade, de acordo com o disposto no art. 172 do CC (PEREIRA, Caio Mário da Silva. Op. cit., p. 383). Também se faz necessário o consentimento do novo devedor, que não pode ser obrigado a assumir uma dívida contra a sua vontade. No entanto, o consentimento do devedor primitivo é dispensável na denominada assunção de dívida externa, pois, como se verificou acima, esta se estabelece a partir de negócio originariamente celebrado entre o credor e o novo devedor, sem que se justifique a necessidade de anuência do devedor, cuja situação não se alterará (caso as partes convencionem que ele permanecerá vinculado ao débito) ou melhorará (se ele for exonerado da obrigação). No caso em que o devedor primitivo for exonerado da obrigação, incidirão as regras dos arts. 304 e seguintes deste Código, por aplicação analógica. O consentimento expresso do credor é essencial, e ocorrerá a exoneração do devedor primitivo sempre que o devedor substituto não for insolvente, ou, sendo, o fato for do conhecimento do credor. Havendo consentimento expresso e não sendo o assuntor insolvente, desaparece a responsabilidade patrimonial do devedor primitivo. Outro requisito da assunção consiste em que ela seja fundada em contrato que exista e que não seja inválido. Nos casos em que o novo devedor for insolvente, o dispositivo em exame só admite a exoneração do antigo devedor se o credor tiver conhecimento dessa circunstância. O dispositivo legal não se refere à má-fé, mas apenas ao conhecimento. Dessa forma, para liberar o antigo devedor de sua obrigação, é necessário que ele tenha ciência da insolvência do devedor que assume a obrigação – pode-se imaginar uma raríssima situação em que o primitivo devedor seja insolvente e o credor aceite sua substituição por outro insolvente, de cuja situação ele tem conhecimento, porque acredita na maior capacidade de recuperação deste último. De modo geral, todas as dívidas podem ser objeto de assunção, com exceção daquelas que, por seu conteúdo, devem ser cumpridas pessoalmente pelo devedor, ou cuja transferência seja vetada pela lei (GOMES, Luiz Roldão de Freitas. *Da assunção e sua estrutura negocial.* Rio de Janeiro, Lumen Juris, 1998, p. 89). A assunção de dívida pode se dar pelos seguintes modos: a) **expromissão**: mediante contrato celebrado entre o credor e o novo devedor. Pode ser liberatória, quando o primitivo devedor não continua vinculado ao débito, e cumulativa, nos casos em que o antigo devedor se torna solidariamente responsável com o assuntor. Orlando Gomes pondera que, nessas hipóteses, haverá repercussão em relação ao novo devedor: na cumulativa, ele terá direito regressivo contra o devedor originário, em decorrência da solidariedade; na liberatória, assegura-se-lhe o direito de "voltar-se contra o devedor originário, invocando as regras do enriquecimento sem causa" (*Obrigações*. Rio de Janeiro, Forense, 1986, p. 270). Há então repercussão em relação ao devedor originário. b) **delegação**: mediante contrato celebrado entre o devedor e o terceiro. Também poderá ter efeito liberatório ou cumulativo, sempre dependendo da existência do consentimento do credor.

**Jurisprudência:** Apelação cível. Ação monitória. O devedor alega transferência da obrigação a terceiro estranho ao contrato. Assunção de dívida não configurada. Art. 299 do CC. Chamamento ao processo incabível. Cerceamento de defesa não configurado. Sentença de procedência mantida. A apelante alega cerceamento de defesa, em razão da não apreciação do pedido de chamamento ao processo. O Juízo de origem esclareceu que a discussão quanto à responsabilidade de terceiro se confunde com mérito do processo, de modo que a sua apreciação apenas na sentença não configura cerceamento de defesa. A apelante, pretende se exonerar de sua responsabilidade, a partir da conjugação de dois contratos distintos e independentes. Não demonstrado o consentimento expresso do credor, indispensável à assunção de dívida, nos termos do art. 299 do CC. Inexiste a assunção de dívida pela terceira, sendo descabido o pedido de chamamento ao processo. Não verificada a exoneração da ré, rejeita-se a alegação de ilegitimidade passiva. Sendo incontroverso o inadimplemento, a ré deve ser condenada ao pagamento do débito apontado. Recurso conhecido e não provido. (TJRJ, Ap. n. 0804986-48.2022.8.19.0014, 16ª Câm. de Dir. Priv., rel. Des. Maria Augusta Vaz Monteiro de Figueiredo, j. 28.02.2024, publ. 01.03.2024)

Apelação. Execução fiscal. Terceiro. Termo de confissão de dívida e parcelamento. Assunção de dívida. Nos termos do art. 299 do CC/2002, desde que haja consentimento expresso do credor, é facultado ao terceiro assumir a obrigação, ocasião na qual o devedor primitivo será exonerado da dívida. (TJMG, Ap. Cível n. 01228437420138130324, 3ª Câm. Cível, rel. Jair Varão, j. 30.03.2023, *DJ* 31.03.2023)

Obrigação de fazer c/c danos morais. Legítima cobrança e anotação do nome da autora em cadastros de inadimplentes. Ausência de fundamento para a rescisão do contrato de financiamento firmado entre as partes. Pretensão de transferir a dívida a terceiro sem a anuência da instituição financeira credora. Impossibilidade (art. 299 do CC). Improcedência mantida. Aplicação do art. 252 do Regimento Interno do TJSP. Recurso desprovido. (TJSP, Ap. n. 4028463-37.2013.8.26.0224/Guarulhos, 11ª Câm. de Dir. Priv., rel. Rômolo Russo, *DJe* 17.07.2014, p. 1.490)

Mandado de segurança. Execução fiscal. Embargos infringentes. Art. 34 da Lei n. 6.830/80. Parcelamento do débito por terceiro interessado. Assunção de dívida configurada. Extinção do processo. Segurança denegada. 1 – A existência de acordo extrajudicial firmado entre terceiro alheio à relação obrigacional e a autarquia exequente implica assunção de dívida, nos termos do art. 299 do CC. 2 – Uma vez exonerado o devedor primitivo, réu na execução fiscal, ante a assunção de dívida por terceiro, não pode o feito prosseguir em relação a ele, já que a obrigação originária foi extinta. (TJMG, MS n. 1.0000.12.063396-1/000, 8ª Câm. Cível, rel. Bitencourt Marcondes, *DJe* 02.06.2014)

Contrato de cessão de posição contratual celebrado entre as demandantes e a sociedade franqueada não lhes confere legitimidade para a causa pois é inválido, uma vez que não contou com a anuência da franqueadora cedida. Imperiosa a extinção da ação principal sem julgamento do mérito por ilegitimidade *ad causam* ativa. (TJSP, Ap. n. 0175523-42.2008.8.26.0100, rel. Des. Francisco Loureiro, j. 21.05.2013). No mesmo sentido: 0003959-93.2008. 8.26.0132, rel. Des. Carlos Henrique Miguel Trevisan, j. 16.05.2013.

A assunção de dívida por terceiro solvente com a anuência do credor, e sem a intervenção do devedor primitivo, exonera este da obrigação. Inteligência do art. 299 do CC. (TJSP, Ap. n. 9158974-41.2007.8.26.0000, rel. Des. Walter Fonseca, j. 12.04.2013). No mesmo sentido: Ap. n. 0034512-78.2009.8.26.0071, rel. Des. Francisco Giaquinto, j. 08.02.2012.

Civil. Busca e apreensão. Conversão em ação de depósito. Veículo financiado. Venda do ágio. Assunção da dívida por terceiro. Art. 299 do CC. Anuência do credor. Ausência. Inviabilidade. 1 – Não se verificando a anuência do credor em contrato de financiamento com cláusula de alienação fiduciária, fica sem efeito a transferência da posse do bem feita a terceiro, permanecendo o devedor cedente responsável pelas obrigações assumidas no contrato. 2 – Recurso não provido. (TJDFT, Proc. n. 20080710026649, rel. Des. Cruz Macedo, *DJe* 25.05.2012, p. 191)

Não reconhecendo a assunção por ausência da anuência expressa do credor: TJSP, Ap. n. 2011.101748-8, rel. Des. Ricardo Fontes, j. 07.03.2012.

Apelação cível. Ação de rescisão contratual cumulada com ação de cobrança. Os valores apurados no laudo pericial se apresentam corretos. Os demais montantes se referem a obrigações do autor. Evidenciado contrato de trespasse, o que acarreta a assunção das dívidas. Negaram provimento a apelação. Unânime. (TJRS, Ap. Cível n. 70.036.528.537/Canoas, 16ª Câm. Cível, rel. Ergio Roque Menine, j. 26.05.2011)

Prestação de serviços médico-hospitalares. Ação de cobrança de despesas. Celebração de novo "termo de responsabilidade com assunção de dívida" que constituiu expromissão do primitivo devedor. Anuência inequívoca da credora, que aceitou o expromitente. Legitimidade deste em assumir a dívida, por se tratar do pai da paciente cuja vida foi salva em razão do atendimento de urgência. Ilegitimidade passiva declarada, com extinção do processo sem resolução do mérito. Apelação provida. (TJSP, Ap. n. 9270939-87.2008.8.26.0000/São Paulo, 30ª Câm. de Dir. Priv., rel. Edgard Rosa, j. 18.05.2011)

Ação de cobrança. Coassunção de dívida. Solidariedade entre os devedores. Juros de mora correção monetária. Termo inicial. Ação ordinária de cobrança. Na assunção cumulativa ou coassunção, o assuntor assume a dívida juntamente com o devedor originário, obrigando-se, solidariamente, a pagá-la integralmente. Nas ações ordinárias de cobrança, os juros de mora e a correção monetária contam-se, respectivamente, da citação e do ajuizamento da ação. (TJMG, Proc. n. 0018971-08.2010.8.13. 0499, rel. Des. Marcos Lincoln, j. 18.05.2011)

Apelação cível. Ação declaratória. Tarifa de água e esgoto. Inadimplemento por locatário do imóvel. Assunção de dívida inexistente. Responsabilidade do locador. Recurso provido. 1 – Em linha de princípio, a responsabilidade pelo pagamento da tarifa de água e esgoto é do proprietário ou do possuidor do imóvel, salvo assunção de dívida pelo locatário. 2 – Inexistente a assunção de dívida, o locador deve pagar a tarifa e, se quiser, buscar o ressarcimento junto ao locatário. 3 – Apelação cível conhecida e provida para acolher a pretensão inicial. (TJMG, Proc. n. 1.0702.09.584594-8/001(1), rel. Des. Caetano Levi Lopes, j. 10.05.2011)

Execução fiscal. Tarifas de água e esgoto. Acordo para assunção e parcelamento da dívida por terceiro. Caráter irrevogável. Liberação do devedor originário. Extinção do processo. A celebração de acordo entre a exequente e terceiro, com assunção e parcelamento de dívida relativa a tarifas de água e esgoto, acarreta a liberação do devedor originário e a extinção da execução fiscal contra ele promovida (CC – art. 299). Recurso não provido. (TJMG, Proc. n. 1.0702.99.006524-6/001(1), rel. Des. Almeida Melo, j. 31.03.2011)

Emitido cheque pelo autor em favor de um dos réus, por alegada dívida de sociedade ao qual exercia a função de sócio administrador, descabe o pedido de reconhecimento da assunção de dívida, porquanto ausente prova do consentimento do credor, na forma exigida no art. 299 do CC/2002. Apelação não provida. (TJRS, Ap. Cível n. 70.035.248.293, 17ª Câm. Cível, rel. Liege Puricelli Pires, j. 19.08.2010)

Não havendo anuência expressa do credor, nos termos do art. 299 do CC, não há como reconhecer a existência de assunção de dívida. Recurso de apelação conhecido em parte e desprovido na extensão em que conhecido. (TJRS, Ap. Cível n. 70.035.270.644, 18ª Câm. Cível, rel. Pedro Celso Dal Prá, j. 10.06.2010)

Nesse sentido: STJ, Ag. Reg. no AI n. 1.290.626/TO, 4ª T., rel. Min. Luis Felipe Salomão, j. 24.05.2011, *DJe* 30.05.2011; TJRS, Ap. Cível n. 70.041.620.642/Porto Alegre, 18ª Câm. Cível, rel. Pedro Celso Dal Prá.

Ação monitória. Contrato de empréstimo bancário. Assunção de dívida. Ação proposta em face do devedor primitivo pretendendo o credor provar a simulação da assunção de dívida entre devedor e terceiro, na monitória. Ausência de interesse processual configurada, ante a inadequação do meio processual eleito. A ação monitória é o meio pelo qual o credor de quantia certa ou coisa móvel determinada cobra a satisfação de seu direito com base em prova escrita e sem eficácia de título executivo, não se prestando a desconstituir relação jurídica (art. 1.102-A, CPC) [art. 700 do CPC/2015]. Sem que tenha sido previamente desconstituída a assunção de dívida, entre devedor primitivo e terceiro, em litisconsórcio passivo, em ação própria, incabível o ajuizamento da ação monitória em face do devedor originário com base na obrigação cedida, anuída pela credora. Pela assunção de dívida é transmitida a obrigação pelo devedor para terceiro, que passa a ocupar seu lugar na relação obrigacional, que se obriga a honrá-la, com o consentimento expresso do credor (art. 299 do CC). Ausência de interesse processual, como condição da ação, matéria de ordem pública que pode ser reconhecida de ofício pelo Tribunal (art. 267, § 3°, do CPC) [art. 485, § 3°, do CPC/2015]. De ofício, julgaram extinto o processo, sem resolução do mérito, prejudicado o recurso. (TJSP, Ap. Cível n. 7.030.071.500, rel. Francisco Giaquinto, j. 15.06.2009)

Ação de cobrança. Prestação de serviço de telefonia móvel. Acordo firmado com o réu e terceira pessoa no Juizado Especial Cível para que o segundo assumisse a dívida com a autora. Instrumento particular de confissão de dívida do valor ora cobrado firmado entre a autora e o réu naquela ação, assumindo inteiramente a responsabilidade pelo débito. Assunção de dívida. Art. 299 do CC/2002. Concordância expressa da credora. Solidariedade não se presume, decorre da lei ou da vontade das partes, não configurada no instrumento de confissão de dívida. Ilegitimidade passiva reconhecida. Recurso improvido. (TJSP, Ap. c/ Rev. n. 995.204.007, 33ª Câm. de Dir. Priv., rel. Cristiano Ferreira Leite, j. 04.06.2008)

A orientação jurisprudencial desta Corte considera ser o cessionário de imóvel financiado pelo SFH parte legítima para discutir e demandar em juízo questões pertinentes às obrigações assumidas e aos direitos adquiridos através dos cognominados "contratos de gaveta", porquanto, com o advento da Lei n. 10.150/2000, teve ele reconhecido o direito à sub-rogação dos direitos e obrigações do contrato primitivo. (STJ, REsp n. 868.058, 2ª T., rel. Min. Carlos Fernando Mathias, j. 17.04.2008)

Tributário. Civil. Cessão de crédito do Banco do Brasil à União. MP n. 2.196-3. Lei n. 9.138/95. Execução fiscal. Continência. Assunção de dívida. Cláusula de solidariedade do débito. I – Nos termos do art. 105 do CPC [art. 55, § 1°, do CPC/2015], o Juiz, de ofício ou a pedido das partes, pode reunir os processos havendo conexão ou continência. Também procede enfatizar que nos termos do art. 28 da Lei n. 6.830/90 [*sic*], tal reunião se dá por conveniência da unidade de garantia da execução. II – Nos termos do art. 299 do CC, é facultado a terceiro assumir a obrigação do devedor, com o consentimento expresso do credor. A anuência expressa do credor é exigida, haja vista que aquele passaria a receber os valores a que teria direito outra pessoa, com a qual não contratou. III – Observando a presente questão, verifica-se, nos termos da escritura de confissão e assunção de dívidas com garantia hipotecária e cessão de créditos, condição imposta pelo credor para aceitar a transmissão da obrigação do débito para terceiro, que foi a solidariedade da dívida, ou seja, o confitente devedor, continuou responsável solidariamente ao assuntor, pelo cumprimento da dívida confessada. IV – A MP n. 2.196-3 ao estabelecer o Programa de Fortalecimento das Instituições Financeiras Federais, permitiu à União adquirir, do Banco do Brasil, do Banco da Amazônia e do Banco do Nordeste, todos os ativos originários de operações de crédito rural alongadas ou renegociadas com base na Lei n. 9.138/95, de forma a proporcionar o saneamento dos ativos das instituições financeiras do setor público. V – O art. 39, § 2°, da Lei n. 4.320/64, determina a inscrição dos créditos da Fazenda Pública de natureza tributária ou não tributária em Dívida Ativa, dentre estes os provenientes de sub-rogação de hipoteca, fiança, aval ou outra garantia, de contratos em geral ou de outras obrigações legais. VI – Ausência de verossimilhança nas alegações de ilegitimidade da cessão de crédito e da inscrição em CDA, sobretudo em face do amplo rol de hipóteses que permitem a inscrição do crédito na dívida ativa, não sendo a referida inscrição uma exclusividade dos créditos de natureza fiscal. VII – Estando o débito em discussão judicial e encontrando-se garantido mediante hipoteca conforme previsto em cláusula contratual, não deve haver a inclusão do nome do dito devedor nos cadastros de inadimplentes. Precedente (AC n. 313.260, rel. Des. Fed. Marcelo Navarro, *DJ* 14.09.2005, p. 1.141, n. 177). VIII – Apelação de M. M. L. improvida. IX – Apelação dos autores parcialmente providas. (TRF, 5ª R., Ap. Cível n. 436.806, 4ª T., rel. Des. Federal Ivan Lira de Carvalho, j. 15.04.2008)

Apelação cível. Embargos do devedor. Preliminar de ilegitimidade passiva. Execução de duplicatas sem aceite, protestadas e com a prova da prestação dos serviços. Título líquido, certo e exigível. Honorários advocatícios. Manutenção do *quantum* arbitrado. Litigância de má-fé. Arguição em contrarrazões. Possibilidade. A assunção de dívida ocorre quando há a transferência passiva da obrigação e só ocorre se o credor expressamente concordar, nos termos do art. 299 do CC, sendo certo que o silêncio do credor na troca do devedor implica em recusa, a teor do disposto no parágrafo único do citado artigo. A duplicata sem aceite, protestada por falta de aceite e de pagamento, e acompanhada da prova dos serviços prestados pelo exequente, nos termos do art. 15, § 2º, da Lei de Duplicatas, é título líquido, certo e exigível, apto a ser executado. As duplicatas emitidas e juntadas na inicial da execução em apenso foram devidamente levadas a protesto, estão acompanhadas dos comprovantes de recebimento da mercadoria (fls. 17/154 – autos da execução), dos quais não se encontra nenhuma recusa comprovada do aceite, tornando-se título executivo hábil, certo, líquido e exigível. É lícito ao recorrido requerer a aplicação de penalidade por litigância de má-fé, em contrarrazões, sem apresentação de recurso autônomo, se considerar que o recurso é atentatório à dignidade da justiça ou procrastinatório. Indefere aplicação de penalidade. V.v.: O pedido de condenação por litigância de má-fé deve ser alegado em sede de recurso adesivo e, não, em contrarrazões à apelação. (TJMG, Proc. n. 1.0114.04.047539-3/002(1), rel. Hilda Teixeira da Costa, j. 10.04.2008)

Civil e processo civil. Contrato de financiamento imobiliário. Transferência. Ilegitimidade ativa. Ausência de anuência do agente financeiro. Quitação. Cláusula contratual em instrumento particular de transferência. Recurso. Desprovido. Cuida-se de apelação cível interposta pelo autor contra sentença que, nos autos de ação de conhecimento, pelo rito ordinário, ajuizada em face do Instituto Nacional do Seguro Social – INSS, julgou extinto o processo, sem resolução do mérito, nos termos do art. 267, I e VI, c/c art. 295, II, do CPC [arts. 485, I e IV, c/c 330, II, do CPC/2015], sob o fundamento de que o demandante não possui legitimidade para ajuizar a ação proposta. Na hipótese, o autor firmou, em 24 de maio de 1973, escritura de Contrato Particular de Compromisso de Transferência (fls. 14/16) tendo como objeto o imóvel [...]. Ao que parece, de acordo com as alegações do autor e mediante a análise dos documentos acostados às fls. 17/19 e 22, o referido imóvel foi objeto de financiamento concedido pelo INSS a E. M. S., que, não tendo interesse em dar continuidade ao pactuado, firmou com o apelante o aludido compromisso, a fim de ceder-lhe os direitos decorrentes da relação jurídica originária. O MM. Juízo *a quo*, em sentença de fls. 113/116, decidiu pela ausência de legitimidade ativa para a demanda, sob o fundamento de que "a cessão de direitos relativa ao imóvel financiado, sem que tenha havido a devida anuência do agente financeiro, é ineficaz em relação a este último" e de que, por força do disposto no art. 299 do CCB, o silêncio do credor em anuir deve ser interpretado como recusa, especialmente por se tratar de pessoa jurídica de direito público. De fato, a legislação civil, com vistas a proteger as características do que foi pactuado na relação jurídica originária, exige o expresso consentimento do credor quando da transmissão da obrigação a um terceiro pelo devedor primitivo. De acordo com tal previsão, a legitimidade do autor para ter reconhecida a propriedade do referido imóvel depende da comprovação da ciência e da anuência do INSS com relação à transferência realizada. Conforme se depreende dos autos, ainda que existam elementos que comprovem o pagamento integral das parcelas do financiamento – declaração do próprio INSS às fls. 19, afirmando que o imóvel em questão encontra-se quitado desde setembro de 1986 – não há documento que ateste a concordância da autarquia com o pactuado entre o apelante e E. M. S., parte do contrato originário. Nesse particular, observa-se ainda que em nome deste último foram fornecidas as Guias de Recebimento de Prestação de Financiamento acostadas às fls. 62/91. É de se ressaltar também que no contrato particular firmado entre o autor cessionário dos direitos oriundos do financiamento e o devedor primitivo (fls. 14/16) consta cláusula que obriga os cedentes – E. M. S. e sua mulher N. S. S. – a transferir para o nome do apelante os direitos à aquisição do imóvel financiado tão logo todas as parcelas fossem adimplidas. No entanto, não há nos autos prova de que essa exigência tenha sido suprida, razão pela qual entendo que deve ser afastada a legitimidade do autor para a propositura da presente demanda. Na verdade trata-se de hipótese em que o apelante não mantém com a autarquia ré relação jurídica que enseje a discussão do direito postulado. Qualquer direito relativo ao imóvel objeto do financiamento deve ser questionado em face do devedor primitivo, ainda que o autor alegue, à fl. 6, que aquele se encontra desaparecido. Recurso desprovido. (TRF, 2ª R., Ap. Cível n. 378.397, Proc. n. 200551015190063/RJ, 5ª T. Especializada, rel. Des. Federal Vera Lucia Lima, j. 24.03.2008)

Cessão da posição contratual: "Não se pode cogitar de cessão de posição contratual. Para que se opere regularmente a cessão do compromisso de compra e venda pelo promitente comprador como cessão de posição contratual a terceiro, é necessário o consentimento inequívoco do promitente vendedor, em observância à regra geral do art. 299, *caput*, do CC". (José Osório de Azevedo Júnior, *Compromisso de compra e venda*, 5. ed., Malheiros, p. 257)

Inviável admitir que o cedido que não consentiu com a cessão seja obrigado a reconhecer-lhe a eficácia. Ou houve consentimento, sendo a cessão válida e eficaz, ou não houve consentimento, mantendo-se a relação jurídica firme em relação ao cedido. No sistema brasileiro, não há disciplina jurídica específica para a cessão da posição contratual, devendo a concordância do cedido ser expressa, como elemento de validade da cessão e não apenas condição para sua eficácia na medida em que até mesmo para a mera assunção da dívida tal circunstância está consignada no art. 299 do CC. (TJSP, Ap. n. 510.061.4/6-00, rel. Francisco Loureiro, j. 25.10.2007)

No mesmo sentido: TJSP, Ap. n. 513.556.4/7-00, rel. Francisco Loureiro, j. 27.09.2007.

Exige o art. 299, do CC, a anuência expressa do credor para assunção de dívida por terceiro.

A princípio, não demonstrada essa anuência, diante da dúvida, falta prova inequívoca da alegação para a antecipação dos efeitos da tutela. (TJSP, AI n. 113.032.1900, rel. Des. João Carlos Sá Moreira de Oliveira, j. 05.09.2007)

O título em execução, que se consubstancia no acordo trasladado a fls. 42/43 da execução, objeto de homologação judicial (fls. 18 da execução), recebeu a adesão voluntária por parte da apelada, que assumiu pessoal e voluntariamente a corresponsabilidade pelo cumprimento da obrigação resultante do título executivo, a possibilitar o reconhecimento de sua condição como nova devedora (CPC, art. 568, III) [art. 779, III, do CPC/2015].

Ensina Humberto Theodoro Júnior (*Curso de direito processual civil*, ed. eletr.), que "daí dizer o art. 568, III, do CPC [art. 779, III, do CPC/2015], que a execução poderá atingir o 'novo devedor', que assumiu, 'com o consentimento do credor', a obrigação resultante do título executivo".

A assunção da dívida será possível em duas circunstâncias: a) em ato negocial de que participem o velho e o novo devedor; e b) em ato unilateral do novo devedor. Em ambas as hipóteses, porém, será sempre indispensável "o consentimento do credor" (art. 568, III) [art. 779, III, do CPC/2015]. Faltando este, qualquer ajuste do devedor com terceiro, visando a transmitir-lhe a dívida, será tido como *res inter alios acta*, sem qualquer eficácia perante o titular do crédito e sem qualquer efeito em relação à legitimidade das partes para a execução forçada.

Satisfeito o pressuposto do assentimento do credor, a assunção da dívida poderá ocorrer sob três situações distintas: a) com exoneração do primitivo devedor e com seu consentimento (novação por delegação); b) com exoneração do primitivo devedor, mas sem o seu consentimento (novação por expromissão); c) por assunção pura e simples da dívida pelo novo devedor, sem excluir a responsabilidade do devedor primitivo que, de par com o assunto, continua vinculado à obrigação, caso em que não se pode falar em novação.

A afirmação de que a embargante houvesse firmado o documento de fls. 17 dos autos da execução na qualidade de mera mandatária ou gestora de negócios do devedor primitivo não comporta acolhimento, máxime quando se lê, em todas as letras, que a apelada assumiu, pessoalmente, o encargo de pagamento da pensão arbitrada em favor dos executados ("a primeira passará a pagar à segunda, a título de pensão" – *sic*). (TJSP, Ap. c/ Rev. n. 1.107.098-0/2, rel. Des. Carlos Vieira Von Adamek, j. 06.08.2007)

Da leitura dos autos, extrai-se que o instrumento particular de cessão de direitos e obrigações firmado entre o terceiro [...] e os embargados data de 30.03.2001. Já o instrumento de escritura de venda e compra é posterior, de 20.06.2001.

Não se pode dizer que houve novação, pois não estão presentes todos os requisitos necessários: (1) existência de uma primeira obrigação; (2) uma nova obrigação; (3) a intenção de novar *(animus novandi)*.

No caso em tela, operou-se a assunção da dívida. (TJSP, Ap. n. 410.864.4/1-00, rel. Francisco Loureiro, j. 01.03.2007)

Compromisso de compra e venda. Cessão. Assunção de dívida. Alegada concordância tácita do credor à transferência de devedor. Inadmissibilidade. Na assunção de dívida não se admite supor que a ausência de contranotificação configura aceitação tácita do credor-cedido ao cessionário ou assuntor, com a transferência do polo passivo da relação obrigacional, mas sim interpretada como recusa à transferência. Imprescindibilidade, portanto, de clara e inequívoca, expressa ou tácita concordância do cedido com o negócio celebrado entre o cedente devedor e o cessionário assuntor, posto envolver o cumprimento do contrato base. Inteligência do art. 299, parágrafo único, do CC. Recurso improvido. (TJSP, Ap. Cível n. 247.550-4/6/Bragança Paulista, 2ª Câm. de Dir. Priv., rel. Des. Ariovaldo Santini Teodoro, j. 15.08.2006, v.u., voto n. 14.838)

**Art. 300. Salvo assentimento expresso do devedor primitivo, consideram-se extintas, a partir da assunção da dívida, as garantias especiais por ele originariamente dadas ao credor.**

"A cessão de dívida é o negócio pelo qual o devedor transfere para outra pessoa sua posição na relação jurídica e de modo que esta o substitua na obrigação" (RODRIGUES, Sílvio. *Direito civil*. São Paulo, Saraiva, 2002, v. II, p. 104). Trata-se, portanto, de substituição que se verifica na mesma relação jurídica. Se a substituição originar outra relação jurídica, haverá novação (KARAM, Munir. *O novo Código Civil, estudos em homenagem ao prof. Miguel Reale*. São Paulo, LTr, 2003, p. 322). De acordo com Munir Karam, a distinção entre assunção de dívida e novação subjetiva passiva significa, em termos práticos, diferenças quanto "aos meios de defesa oponíveis ao credor e aos meios acessórios, que aderem à obrigação transmitida. O prazo prescricional, por exemplo, pode ser aproveitado pelo assuntor" (op. cit., p. 322). A anuência expressa do credor e dos garantidores para a eficácia da assunção de dívida faz com que muitos autores considerem que a novação subjetiva passiva seja vantajosa em relação a ela. As garantias, como acessórios que acompanham o crédito, deverão se manter, salvo se o antigo devedor ou o terceiro responsável por ela não consentir na transmissão da dívida. Assim é porque quem se propõe a garantir uma obrigação leva em conta, substancialmente, a pessoa e a situação patrimonial do devedor, de maneira que qualquer alteração passiva subjetiva modifica a base das condições presentes para a concessão da garantia. No entanto, se aquele que assume a dívida (o cessionário) já era garantidor da mesma obrigação – como proprietário da coisa penhorada ou hipotecada, por exemplo –, não faria sentido liberá-lo em razão da assunção de dívida. A regra do CC é que as garantias especiais dadas ao credor originário extinguem-se a partir da assunção da dívida, salvo consentimento expresso do devedor. Ao se referir ao consentimento expresso do devedor, o legislador parece ter querido alcançar também as hipóteses em que a garantia tenha sido prestada por terceiro. Não seria lógico exigir consentimento expresso do devedor, para manter vinculada a garantia prestada por ele, e dispensá-lo em relação a terceiros, em que é meramente garantidor em contrato benéfico (PEREIRA, Caio Mário da Silva. *Instituições de direito civil*, atualizada por Luiz Roldão de Freitas Gomes. Rio de Janeiro, Forense, 2003, v. II, p. 384). Segundo Renan Lotufo, porém, "o que se há de entender por especiais, no texto legal, são as garantias que não eram inerentes ao nascimento da dívida, que, se não existissem, não impediriam o surgimento do negócio". Segundo ele, "o devedor as oferece como um *plus* de sua parte, além do que pelo negócio ficará obrigado" (*Código Civil comentado*. São Paulo, Saraiva, 2003, p. 175). Assim sendo, conclui-se que, entre nós, as garantias não subsistem em hipóteses de assunção de dívida, salvo se houver expresso consentimento do garantidor – seja ele o próprio devedor, seja o terceiro, estranho ao débito assumido. Caio Mário da Silva Pereira observa que "os acréscimos permanecem a favor do credor, como os juros vencidos, cláusula penal etc. Os *privilégios* e as garantias pessoais do devedor, estritamente, terminam com a mutação; as reais sobrevivem, com exceção das que tenham sido dadas por terceiro estranho à relação, a não ser que este anua na sobrevivência" (op. cit., p. 384-5). Não vale, a esse respeito, o princípio de que o acessório segue o principal. Munir Karam observa que "a solução do NCCB, em verdade, contrasta com as adotadas na maioria das outras legislações. Apenas no Direito espanhol parece predominar a tese de que, só no caso em que o devedor preste seu assentimento, as garantias permanecem em favor do credor" (op. cit., p. 323). Em contrapartida, adverte o mesmo autor: "o que se tem por pacificado na doutrina é que as garantias prestadas por terceiros, como fiança, hipoteca, penhores, não sobrevivem à transferência da dívida" (op. cit., p. 323). O exame do presente dispositivo leva à conclusão de que, salvo expressa concordância do devedor primitivo ou do terceiro garantidor, extinguem-se as garantias pessoais ou reais dadas ao débito cedido (MAIA, Mairan. *Comentários ao Código Civil brasileiro*. Rio de Janeiro, Forense, 2003, p. 264).

**Jurisprudência:** Apelação cível. Pedido de reserva de crédito. Assunção da dívida. Garantia extinta. Classificação como crédito quirografário. O art. 300 do CC estabelece que as garantias especiais, tais como as reais, consideram-se extintas a partir da assunção da dívida, a não ser que haja assentimento expresso do devedor. Não havendo demonstração nos autos de anuência do devedor, há que reconhecer a extinção das garantias, pelo que o crédito deve ser tido como quirografário. (TJMG, Ap. Cível n. 00264336720178130338, 21ª Câm. Cível Especializada, rel. Adriano de Mesquita Carneiro, j. 01.03.2023, *DJ* 03.03.2023)

A responsabilidade do fiador pelas dívidas oriundas da locação perdura nos casos em que o contrato se prorroga por prazo indeterminado, salvo se o fiador obtiver sua exoneração por meio de notificação ou caracterização de hipótese contida na Súmula n. 214 do STJ. A responsabilidade do fiador, no primeiro caso, perdura por 120 dias contados do recebimento da notificação, se houver ou, no caso de aditamento à locação, sem anuência dos fiadores, haverá exoneração com relação ao ajuste. Locação de imóveis para fins não residenciais. Embargos à execução. Aditamento ao contrato de locação sem anuência dos fiadores. Ânimo de novar. Inexistência. Assunção da dívida por terceiro a teor do art. 299 do CC. Exoneração de responsabilidade dos garantes no período do ajuste. Inteligência dos arts. 300 e 819 do CC. Aplicabilidade da Súmula n. 214 do STJ. Apelo adesivo e recurso principal improvidos. (TJSP, Ap. n. 0005727-67.2011.8.26.0223/Guarujá, 31ª Câm. de Dir. Priv., rel. Armando Toledo, *DJe* 02.07.2013, p. 871)

Ação de cobrança de dívida condominial. Título judicial. Sentença arbitral. Fase de cumprimento. Termo de confissão de dívida assinado por terceiro. Novação. Não configuração. Inexistência de nova obrigação. Transmissão. Assunção de dívida – externa e liberatória. Consentimento do credor. Dá-se provimento ao recurso para o fim de extinguir-se a execução. (TJSP, AI n. 1.128.855--0/8, rel. Des. Beatriz Braga, j. 16.10.2007)

Ilegitimidade ativa *ad causam*. Ação revisional de contrato de abertura de crédito em conta-corrente (cheque especial). Reconhecimento no caso, eis que a assunção, pelo autor, do saldo negativo existente na conta de titularidade de sua ex-mulher, em acordo de separação judicial, não se consumou, em face da recusa expressa do credor quanto à transferência, restando ao autor, na condição de terceiro interessado, pagar o débito sem discuti-lo. Hipótese em que, tendo a assunção de dívida natureza contratual, com o estabelecimento da relação entre o terceiro (novo devedor) e o credor, há necessidade de consentimento tácito ou expresso, pelo credor, de uma proposta, partida do interessado em assumi-la. Inteligência dos arts. 299, parágrafo único, 302 e 304, todos do CC/2002, e 930 do CC/1916. Exame de doutrina. Ação extinta. Agravo retido provido. (TJSP, Ap. c/ Rev. n. 7.026.691-8, rel. Des. Itamar Gaino, j. 06.12.2006)

**Art. 301. Se a substituição do devedor vier a ser anulada, restaura-se o débito, com todas as suas garantias, salvo as garantias prestadas por terceiros, exceto se este conhecia o vício que inquinava a obrigação.**

Se a substituição do devedor for anulada restaura-se o débito com suas garantias, mas os terceiros só voltarão a ser considerados garantidores se conheciam o vício que comprometia a obrigação. Embora o dispositivo se refira à anulação, parece que seria mais próprio o uso da expressão invalidade, pois também as hipóteses de nulidade poderão justificar sua incidência ao caso (LOTUFO, Renan. *Código Civil comentado*. São Paulo, Saraiva, 2003, v. II, p. 177). No caso de assunção de dívida, salvo consentimento expresso do terceiro garantidor, essas garantias não prevalecerão. Mas, se a assunção for invalidada, o débito original se restabelece, com exceção das garantias prestadas por terceiros – por terceiros, observe-se, porque o devedor original e as garantias que ele houver prestado se restabelecerão. Somente se o terceiro tinha conhecimento do vício é que a garantia prestada por ele será restabelecida. O conhecimento do vício implicaria a má-fé de sua conduta, razão pela qual não seria considerado exonerado de sua obrigação em relação à dívida. A regra consagra a boa-fé objetiva, uma vez que o garantidor é responsável pela sorte do credor (ver comentário ao art. 422). E, como tal, mesmo não integrando o negócio da assunção como parte, tem deveres de lealdade e de informação, de maneira que não se exonera da dívida se conhecia o vício que inquinava a obrigação (LOTUFO, Renan. Op. cit., p. 177). A obrigação a que se refere o presente artigo é a assunção de dívida, pois ao seu desfazimento é que se refere o texto. O restabelecimento da dívida original e das garantias ofertadas pelo devedor primitivo não pode, porém, prejudicar terceiros de boa-fé (PEREIRA, Caio Mário da Silva. *Instituições de direito civil*, 20. ed. atualizada por Luiz Roldão de Freitas Gomes. Rio de Janeiro, Forense, 2003, v. II, p. 386). Assim, se o devedor primitivo aliena a terceiro de boa-fé o bem que havia dado em penhor para a garantia do débito assumido por terceiro, o restabelecimento da dívida nos termos do disposto nesse artigo não pode implicar perda do bem pelo adquirente – desde que não tenha agido maliciosamente.

**Jurisprudência:** Bem móvel. Ação de rescisão contratual cumulada com pedido de indenização e obrigação de fazer. Contrato de cessão de dívida. Anuência do credor. Ausência de litisconsórcio necessário entre cessionário e credor. Inexistência de dispositivo legal específico sobre a legitimidade conjunta. Possibilidade, ademais, de solução distinta para as referidas pessoas jurídicas. Inteligência do art. 301 do CC. Decisão reformada. Recurso provido. (TJSP, AI n. 990.09.238321-3/São Paulo, 32ª Câm. de Dir. Priv., rel. Walter Cesar Exner, *DJe* 17.05.2011, p. 1.589)

Ação monitória. Prova escrita. Cheque prescrito. Título hábil a constituir início de prova, mas que se tornou inexigível diante da nulidade da assunção da dívida, pela ré-emitente, que entregou a cártula a seu filho, em branco, com a presunção de que seria preenchida no valor por ele informado, sem ter consciência da magnitude da obrigação assumida. Aplicação, na hipótese, da regra estampada no art. 301 do CC/2002, que restabelece a obrigação do primitivo devedor. Exame de doutrina. Recurso improvido. (TJMG, Ap. Cível n. 7.099.028.800, 21ª Câm. de Dir. Priv., rel. Itamar Gaino, j. 12.12.2007)

Ação declaratória de inexistência de débito. Fatura gerada com fundamento em Resolução da Aneel. Violação do medidor de energia elétrica (rompimento do lacre de aferição) na unidade consumidora. Débito objeto de confissão de dívida. Infração administrativa imputada a terceiro. Assunção de dívida. Inoponibilidade das exceções pessoais. Art. 302 do CC. Inteligência. 1 – Confessado o débito gerado por terceiro, supostamente responsável pelo medidor de energia elétrica, cujos lacres de aferição foram violados, a hipótese subsume-se aos arts. 299 *et seq.* do CC, não podendo, o novo devedor, opor ao credor as exceções pessoais que competiam ao devedor primitivo. 2 – Hipótese em que o novo devedor opôs-se à dívida confessada, ao argumento de que não fora ele o autor da infração administrativa geradora do débito. 3 – Improcedência dos pedidos. (TJMG, Proc. n. 1.0024.05.697014-8/001(1), rel. Mauro Soares de Freitas, j. 27.09.2007)

**Art. 302. O novo devedor não pode opor ao credor as exceções pessoais que competiam ao devedor primitivo.**

No que se refere aos meios de defesa, eventual inadimplemento do antigo devedor no cumprimento das obrigações que assumiu em relação ao assuntor não é oponível ao credor. O novo devedor também não pode opor ao credor meios de defesa de que dispunha o antigo devedor contra o credor. Contudo, pode valer-se dos meios de defesa derivados da relação estabelecida entre ele próprio e o credor. De modo geral, considera-se a assunção de dívida um contrato abstrato, tanto no que se refere às relações entre o assuntor e o antigo devedor, quanto no que diz respeito às estabelecidas entre o assuntor e o credor. Por essa razão o assuntor não pode levantar objeções derivadas da assunção de dívida. Os meios de defesa do antigo devedor transferem-se ao novo, com exceção daqueles que forem posteriores à assunção e dos que possuírem caráter personalíssimo – isto é, as exceções pessoais do antigo devedor não podem ser invocadas por ele, tais como compensação, defeitos do negócio original etc. (MAIA, Mairan. *Comentários ao Código Civil.* Rio de Janeiro, Forense, 2003, v. III, p. 269). Luiz Roldão de Freitas Gomes, após examinar as questões relativas aos meios de defesa disponíveis ao novo devedor, afirma que os princípios a eles relativos não podem ser tratados com "rigidez que os imobilize, cerrando portas a tratamento diverso para casos em que sua inflexível aplicação, a par de não corresponder à sistemática em torno do assunto, não atenderia a um preceito de justiça" (*Da assunção de dívida e sua estrutura negocial.* Rio de Janeiro, Lumen Juris, 1998, p. 198-9, sendo oportuno registrar que o autor relaciona inúmeras hipóteses em que considera adequada essa flexibilização nas páginas 187 a 198). O CC/2002 veda ao cessionário do débito valer-se das exceções pessoais que competiam ao antigo devedor. Contudo, é preciso registrar que o conceito de exceções pessoais compreende apenas aquelas questões vinculadas diretamente à pessoa do devedor, com causa distinta da dívida estabelecida entre as partes (compensação, por exemplo), pois aquelas que tiverem origem na própria dívida assumida deverão ser admitidas (pagamentos, inadimplemento etc.).

**Art. 303. O adquirente de imóvel hipotecado pode tomar a seu cargo o pagamento do crédito garantido; se o credor, notificado, não impugnar em trinta dias a transferência do débito, entender-se-á dado o assentimento.**

Havendo aquisição de imóvel hipotecado, e desejando o adquirente assumir o débito correspondente, faculta-lhe esse dispositivo notificar o credor para assentir com a transferência, que se presumirá, caso ele não a impugne em trinta dias. Trata-se de exceção à regra de que o silêncio do credor a respeito da assunção deve ser interpretado como recusa. O credor está garantido pela hipoteca, o que, de certo modo, revela que os cuidados de que se deve cercar para concordar com a assunção da dívida são menores, justificando-se o menor rigor legislativo. Caberá ao credor com garantia hipotecária apresentar suas razões para a recusa, que não pode ser arbitrária, sob pena de abuso de direito (art. 187 do CC). Acrescente-se que a vedação à cessão do financiamento, nos casos do Sistema Financeiro da Habitação, não foi revogada por esse dispositivo, pois foi contemplada em legislação especial (art. 1º da Lei n. 8.004, de 14.03.1990).

**Jurisprudência:** Imissão de posse. Contrato de compra e venda de imóvel em construção. Cláusula. Tolerância para entrega. Não abusividade. Cessão de obrigação e direitos. Art. 303, CC. Anuência tácita. 30 dias. Alienação fiduciária. Hipoteca. Analogia. Demora. Entrega de imóvel. Dano moral. Aborrecimento. Não cabimento. Recusa de financiamento imobiliário. Não comprovação. Certidão de "habite-se". Imissão de posse. Não razoabilidade. É válida cláusula contratual de contrato de compra e venda de imóvel em construção que prevê tolerância para entrega do bem pela fornecedora, não configurando abusividade conforme dispõe o art. 51, IV, do CDC. Construtor não é obrigado a anuir cessão de obrigações e direitos de contrato de compra e venda, pois o art. 303, do CC, prevê a anuência tácita do credor quando o bem estiver gravado com hipoteca, ao passo que pode ser interpretado analogicamente quando o bem imóvel estiver alienado fiduciariamente. A demora na entrega do imóvel, embora cause aborrecimentos, não enseja reparação por danos morais. Não é razoável imissão de posse ao mutuário que não comprove a recusa de financiamento imobiliário por instituição financeira por levar somente a certidão de "habite-se" sem a sua averbação em cartório de registro de imóveis. (TJDFT,

Proc. n. 20100710150122, rel. Des. Ana Maria Duarte Amarante Brito, *DJe* 02.08.2012, p. 209)

Apelação. Ação de obrigação de fazer. Contrato particular de compra e venda. Imóvel hipotecado. Assunção de dívida. Pretensão de assunção, pelo cessionário dos direitos hereditários, de dívida do espólio junto à agente financeiro. Ausência de anuência expressa do credor (art. 299, CCB) ou sua notificação irrespondida (art. 303, CCB). Dívida securitizada. Manifestação, na resposta, que figura oposição. Negaram provimento. (TJRS, Ap. n. 70.039.113.337, 19ª Câm. Cível, rel. Des. Carlos Rafael dos Santos Júnior, j. 27.03.2012)

Processual civil. Compromisso de compra e venda. Cessão de direitos sem participação da compromissária vendedora. Ilegitimidade ativa dos cessionários que se mantém, porém, pela ausência de comprovação do pagamento das parcelas. Impossibilidade de incidir a assunção de dívida (art. 303 do CC). Não provimento ao recurso. (TJSP, Ap. n. 994071103886, 2ª T. Crim., rel. Teixeira Leite, j. 26.08.2010)

Embargos de terceiro manejados em ação de rescisão de compra e venda cumulada com reintegração de posse, por quem se diz cessionária [sem anuência do credor] da posição contratual. Hipótese em que a situação da credora não se modificou diante do não pagamento das prestações. Embargante que não comprova o pagamento da dívida para efeitos do art. 303 do CC. Provimento para julgar os embargos improcedentes. (TJSP, Ap. Cível n. 6.049.474.000, rel. Enio Zuliani, j. 17.09.2009)

Sistema Financeiro da Habitação. Contrato de gaveta. Cessão de direitos sem a anuência do Banco. Ilegitimidade ativa dos cessionários. Cabimento. Discussão de cláusulas. Requisitos formais da assunção de dívida não cumpridos. Aplicação do art. 299 c/c o art. 303 do CC. Precedentes de jurisprudência. Vedação, demais, ao novo devedor, de discutir a formação e a composição da dívida por ele assumida. Aplicação do art. 302 c/c o art. 303 do CC. Legitimidade ativa do devedor primitivo que exclui, à evidência, a legitimidade de quem não assumiu, formalmente, a dívida. Agravo improvido. (TJSP, AI n. 7.371.512.300, rel. Erson T. Oliveira, j. 19.08.2009)

Administrativo. Sistema Financeiro da Habitação. FCVS. Cessão de obrigações e direitos. "Contrato de gaveta". Transferência de financiamento. Necessidade de concordância da instituição financeira mutuante. Lei n. 10.150, de 2000 (art. 20). 1 – A cessão de mútuo hipotecário carece da anuência da instituição financeira mutuante, mediante comprovação de que o cessionário atende aos requisitos estabelecidos pelo SFH. Precedente da Corte Especial: REsp n. 783.389/RO, rel. Min. Ari Pargendler, Corte Especial, j. 21.05.2008, *DJ* 30.10.2008. 2 – Consectariamente, o cessionário de mútuo habitacional, cuja transferência se deu sem a intervenção do agente financeiro, não possui legitimidade *ad causam* para demandar em juízo questões pertinentes às obrigações assumidas no contrato *ab origine*. 3 – Ressalva do ponto de vista do relator no sentido de que, a despeito de a jurisprudência da Corte Especial entender pela necessidade de anuência da instituição financeira mutuante, como condição para a substituição do mutuário, a hipótese *sub judice* envolve aspectos sociais que devem ser considerados. 4 – A Lei n. 8.004/90 estabelece como requisito para a alienação a interveniência do credor hipotecário e a assunção, pelo novo adquirente, do saldo devedor existente na data da venda. 5 – A Lei n. 10.150/2000, por seu turno, prevê a possibilidade de regularização das transferências efetuadas sem a anuência da instituição financeira até 25.10.96, à exceção daquelas que envolvam contratos enquadrados nos planos de reajustamento definidos pela Lei n. 8.692/93, o que revela a intenção do legislador de possibilitar a regularização dos cognominados "contratos de gaveta", originários da celeridade do comércio imobiliário e da negativa do agente financeiro em aceitar transferências de titularidade do mútuo sem renegociar o saldo devedor. 6 – Deveras, consoante cediço, o princípio *pacta sunt servanda*, a força obrigatória dos contratos, porquanto sustentáculo do postulado da segurança jurídica, é princípio mitigado, posto sua aplicação prática estar condicionada a outros fatores, como, por *v. g.*, a função social, as regras que beneficiam o aderente nos contratos de adesão e a onerosidade excessiva. 7 – O CC/1916, de feição individualista, privilegiava a autonomia da vontade e o princípio da força obrigatória dos vínculos. Por seu turno, o CC/2002 inverteu os valores e sobrepõe o social em face do individual. Dessa sorte, por força do CC/1916, prevalecia o elemento subjetivo, o que obrigava o juiz a identificar a intenção das partes para interpretar o contrato. Hodiernamente, prevalece na interpretação o elemento objetivo, vale dizer, o contrato deve ser interpretado segundo os padrões socialmente reconhecíveis para aquela modalidade de negócio. 8 – Sob esse enfoque, o art. 1.475 do diploma civil vigente considera nula a cláusula que veda a alienação do imóvel hipotecado, admitindo, entretanto, que a referida transmissão importe no vencimento antecipado da dívida. Dispensa-se, assim, a anuência do credor para alienação do imóvel hipotecado em enunciação explícita de um princípio fundamental dos direitos reais. 9 – Deveras, jamais houve vedação de alienação do imóvel hipotecado, ou gravado com qualquer outra garantia real, porquanto função da sequela. O titular do direito real tem o direito de seguir o imóvel em poder de quem quer que o detenha, podendo excuti-lo mesmo que tenha sido transferido para o patrimônio de outrem distinto da pessoa do devedor. 10 – Dessarte, referida regra não alcança as hipotecas vinculadas ao SFH, posto que para esse fim há lei especial – Lei n. 8.004/90 –, a qual não veda a alienação, mas apenas estabelece como requisito a interveniência do credor hipotecário e a assunção, pelo novo adquirente, do saldo devedor existente na data da venda, em sintonia com a regra do art. 303 do CC/2002. 11 – Com efeito, associada à questão da dispensa de anuência do credor hipotecário está a notificação dirigida ao credor, relativamente à alienação do imóvel hipotecado e à assunção da respectiva dívida pelo novo titular do imóvel. A matéria está regulada nos arts. 299 a 303 do novel CC – da assunção de dívida [...]. 12 – *Ad argumentandum tantum*, a Lei n. 10.150/2000 permite a regularização da transferência do imóvel, além de a aceitação dos pagamentos por parte da Caixa Econômica Federal revelar verdadeira aceitação tácita. Precedentes do STJ: Emb. decl. no REsp n. 573.059/RS e REsp n. 189.350/SP, *DJ* 14.10.2002. 13 – Agravo regimental desprovido. (STJ, Ag. Reg. no REsp n. 838.127, 1ª T., rel. Min. Luiz Fux, j. 17.02.2009, *DJ* 30.03.2009)

No mesmo sentido: STJ, REsp n. 627.424, rel. Min. Luiz Fux, j. 06.03.2007; STJ, REsp n. 573.059, rel. Min. Luiz Fux, j. 14.09.2004.

Sistema Financeiro de Habitação. Cessão de contrato. "Contrato de gaveta". Solicitação de transferência pelo cessionário. Silêncio do credor. Aceitação tácita. Interpretação dos arts. 299 a 303 do CC. Recurso a que é dado provimento. (TJSP, Ap. n. 1.183.618-1, rel. Des. Souza Lopes, j. 12.09.2007)

1 – Se a transferência de imóvel financiado apesar de efetivada sem consentimento do agente financeiro consolidou-se com o integral pagamento das 180 prestações pactuadas, não faz sentido declarar sua nulidade.

2 – Em tal circunstância, os agentes financeiros, que se mantiveram inertes, enquanto durou o financiamento, carecem de interesse jurídico, para resistirem à formalização de transferência. (STJ, REsp n. 355.771, rel. Min. Humberto Gomes de Barros, j. 18.11.2003)

Cessão de crédito hipotecário. Cessão de contrato. Legitimidade *ad causam*. Provido o recurso, afastando a ilegitimidade ativa da [...] S.A. Comercial, Construtora e Importadora, que, como credora de imóvel objeto de contrato de promessa de compra e venda, em escritura pública, outorgara poderes ao Banco [...] S.A. para, em seu nome, propor ação de rescisão de contrato contra devedores inadimplentes, cumulada com reintegração de posse, não significando, porém, que a referida cessão de crédito implicaria a cessão do pré-contrato. Daí, tem-se que prevalece a legitimidade da recorrente para, na ação de resilição, conforme ajuizara, constituir os réus em mora por meio da notificação judicial. (STJ, REsp n. 97.554/SP, 3ª T., rel. Min. Ari Pargendler, j. 25.04.2000)

É remansosa a jurisprudência de ambas as turmas de direito público desta Col. Corte no sentido de que na transferência do contrato de financiamento de imóvel, celebrado com base no Sistema Financeiro da Habitação, é mister a interveniência do agente financeiro. Precedente. (STJ, REsp n. 94.394, rel. Min. José de Jesus Filho, j. 10.10.1996)

O direito positivo vigente sempre admitiu a cessão de contratos relativos a imóveis mediante simples trespasse ou transferência, sendo a ele contrária a sua oneração com um novo financiamento. De outra parte, a hipoteca vincula o bem gravado, acompanhando-o sempre onde quer que se encontre. Adere à coisa, sem, no entanto, trazer limitações quanto ao direito de dispor, não impedindo o direito de sequela, transações ou alienações. DL n. 2.291/86, com a redação do DL n. 2.046/88, art. 9º, Lei n. 8.004/90, art. 1º, parágrafo único. Ofensa não caracterizada. Dissenso pretoriano configurado. (STJ, REsp n. 43.230, rel. Min. Antônio de Pádua Ribeiro, j. 19.08.1996)

# TÍTULO III
# DO ADIMPLEMENTO E EXTINÇÃO DAS OBRIGAÇÕES

## CAPÍTULO I
## DO PAGAMENTO

### *Seção I*
### *De Quem Deve Pagar*

**Art. 304. Qualquer interessado na extinção da dívida pode pagá-la, usando, se o credor se opuser, dos meios conducentes à exoneração do devedor.**

**Parágrafo único. Igual direito cabe ao terceiro não interessado, se o fizer em nome e à conta do devedor, salvo oposição deste.**

De acordo com o ensinamento de Caio Mário da Silva Pereira, "o pagamento é o fim normal da obrigação", mas não o único, já que ela também pode se extinguir de outras maneiras: "a) pela execução forçada, seja em forma específica, seja pela conversão da coisa devida no seu equivalente; b) pela satisfação direta ou indireta do credor, por exemplo, na compensação; c) pela extinção sem caráter satisfatório, como na impossibilidade da prestação sem culpa do devedor, ou na remissão da dívida" (*Instituições de direito civil*. 20. ed., atualizada por Luiz Roldão de Freitas Gomes. Rio de Janeiro, Forense, 2003, v. II, p. 168).

Ao ser constituída a obrigação, o credor pode exigir o cumprimento da prestação e o devedor fica obrigado a cumpri-la no tempo e do modo devidos. O Capítulo III do Livro das Obrigações do atual CC cuida do adimplemento e da extinção das obrigações. Disciplina, portanto, os meios necessários e aptos a extinguir a obrigação. O CC/1916 denominava como *Dos efeitos das obrigações* o capítulo que tratava das hipóteses de adimplemento.

Normalmente, a obrigação nascida de qualquer de suas fontes extingue-se pelo pagamento, ou seja, pelo cumprimento da prestação devida ao credor, no prazo e do modo estabelecidos. Pagamento, portanto, representa o cumprimento da prestação devida em qualquer de suas modalidades – fazer, não fazer ou dar –, e não apenas a correspondente à entrega de dinheiro. Na definição de Clóvis, "pagamento é execução voluntária da obrigação" (LOTUFO, Renan. *Código Civil comentado*. São Paulo, Saraiva, 2003, v. II, p. 185). Caio Mário da Silva Pereira registra que o pagamento deve coincidir com a coisa devida e tem como efeito essencial a extinção da obrigação (op. cit., p. 183).

O adimplemento pode ser direto, indireto ou anormal. No primeiro caso, corresponde à própria prestação originalmente prevista (pagamento, portanto); no segundo, resulta de outro fenômeno (consignação, novação, compensação etc.); no terceiro, ocorre quando a obrigação extingue-se sem cumprimento, como nos casos de perecimento do bem sem culpa do devedor, prescrição, invalidade etc. O pagamento será voluntário quando efetuado espontaneamente pelo devedor e forçado, quando resultar da intervenção judicial.

No entanto, além do pagamento, expressão que corresponde ao adimplemento, há outras formas de extinção das obrigações – confusão, remissão, compensação etc. –, que, no entanto, não equivalem ao adimplemento. Renan Lotufo pondera que a doutrina distingue as hipóteses de extinção satisfativa e não satisfativa do crédito (op. cit., p. 184). Para que se possa reconhecer o pagamento, é essencial que seja prestado aquilo que é devido, em sua integralidade e por inteiro, como Caio Mário da Silva Pereira registra (op. cit., p. 183). Se qualquer desses requisitos não se verificar, não haverá pagamento, embora seja possível que se reconheça a extinção da obrigação em decorrência de outro fato (dação em pagamento, por exemplo). Além disso, o pagamento supõe a existência de obrigação anterior, pois dá lugar à repetição do indébito, isto é, a restituição do objeto do pagamento àquele que o efetuou por erro (RIZZARDO, Arnaldo. *Direito das obrigações*. Rio de Janeiro, Forense, 2004, p. 297).

O artigo em exame cuida de disciplinar a possibilidade de interessados e não interessados efetuarem o pagamento. Para a exata compreensão desse artigo, é preciso compreender o sentido da expressão "interessado na extinção da dívida". Serão interessados os que, juridicamente, estiverem obrigados a efetuar o pagamento, ou seja, a dar cumprimento à prestação assumida – como é o caso dos garantidores em geral. A responsabilidade já assumida por eles no momento em que a obrigação foi constituída os autoriza e os legitima a pagar o débito e a utilizar todos os meios necessários para a exoneração. Até mesmo um credor do devedor pode ter interesse em quitar sua dívida para evitar a penhora, preservando, assim, sua garantia. Ou um inquilino do imóvel pode decidir quitar a dívida do locador para que o bem não seja arrematado, evitando assim a legitimação do despejo. Nessas duas hipóteses, haverá terceiros juridicamente interessados na extinção da dívida, que, segundo o dispositivo em exame, poderão valer-se de todos os meios destinados à exoneração da dívida (como a consignação em pagamento).

O interesse jurídico referido não contempla somente os que integrarem a relação jurídica estabelecida entre credor e devedor, mas também os que nela não figuram, embora possam suportar as consequências do inadimplemento. No parágrafo único deste dispositivo, assegura-se ao terceiro não interessado o direito de valer-se dos mesmos meios necessários de que o devedor para extinguir a obrigação, desde que o faça em nome e à conta deste. O terceiro não interessado é o que não integra a relação jurídica a que o devedor se vincula e também não tem qualquer espécie de interesse jurídico no pagamento. Neste parágrafo, admite-se a oposição do devedor ao pagamento a ser efetuado por terceiro não interessado em nome do próprio devedor. Significa dizer, portanto, que o devedor só pode opor-se ao pagamento que o terceiro não interessado pretende efetuar em nome daquele, mas não ao terceiro vinculado juridicamente a sua obrigação ou ao não interessado que pague em seu próprio nome, isto é, em nome dele, terceiro, hipótese contemplada no dispositivo seguinte. O devedor poderá se opor a este pagamento pretendido pelo terceiro não interessado em nome dele, devedor, já que este é o titular do direito subjetivo de cumprir pessoalmente a obrigação.

O pagamento efetuado pelo terceiro interessado implica sub-rogação, isto é, transmissão do crédito do credor originário ao terceiro que cumpre a obrigação do devedor (art. 346, III, do CC). O devedor não cumpriu sua obrigação, embora o credor tenha recebido a satisfação de seu crédito. Deste modo, a dívida não foi extinta, mas transferida ao terceiro que a saldou. A oposição que o devedor pode apresentar ao pagamento do terceiro não interessado pode decorrer de seu interesse em quitar a dívida, mas também de razões íntimas pelas quais considere inadmissível que alguém, por qualquer motivo, decida dar cumprimento à sua obrigação. É o caso do fiscal de rendas, ou de outro servidor público, que não tenha condições de cumprir determinada obrigação, mas pretende impedir que o terceiro não interessado o faça em seu lugar, pretendendo assegurar o respeito à sua reputação – imagine-se que o terceiro não interessado que deseja pagar sua dívida seja um conhecido contraventor.

A possibilidade de oposição ao pagamento ofertado pelo terceiro não interessado em nome do devedor remete à seguinte reflexão: o credor é impedido de receber o crédito a que faz jus em decorrência da oposição do devedor? A resposta deve ser negativa, pois o credor não pode ver-se impedido de receber o que lhe é devido, ainda que terceiro não interessado pretenda pagá-lo. Aliás, solução contrária estaria em conflito com o tratamento dispensado à cessão do crédito. Ora, a aceitação da quitação do débito por terceiro não interessado – ainda que contrariando a oposição do devedor – seria possível por sub-rogação convencional do crédito (art. 347 do CC). O negócio seria válido e bastaria que o devedor original fosse notificado para que a cessão fosse eficaz em relação a ele (arts. 290 e 348 do CC).

Quais os efeitos, portanto, da oposição do devedor, se o credor pode recebê-lo a despeito de sua oposição? O primeiro deles, extraído da conjugação do parágrafo único com o *caput* do artigo em exame, corresponde à impossibilidade de o terceiro não interessado valer-se dos meios conducentes à exoneração do devedor: caso o credor não queira receber e o devedor se oponha ao pagamento, o terceiro não interessado não pode valer-se dos meios conducentes à exoneração, ainda que o faça em nome do devedor. O segundo efeito se verificará se o credor aceitar do terceiro não interessado o pagamento oferecido em nome do devedor que a ele se opõe. Desse modo, o pagamento será eficaz para desobrigar o devedor em relação ao credor, mas afastará o reconhecimento da liberalidade que a doutrina identifica nesses casos (MARTINS-COSTA, Judith. *Comentários ao novo Código Civil*. Rio de Janeiro, Forense, 2003, v. V, t. I, p. 107. RODRIGUES, Sílvio. *Direito civil*. São Paulo, Saraiva, 2002, v. II, p. 127. ROSENVALD, Nelson. *Direito das obrigações*. Niterói, Impetus, 2004, p. 138).

Registre-se, porém, que a presunção de liberalidade não é a regra, pois o comum não é a doação, mas, sim, a onerosidade. A doutrina, porém, reconhece no parágrafo único em exame uma presunção de liberalidade em razão de dois fatos:

a) o art. 305 do CC só se refere ao direito de ressarcimento do terceiro não interessado que paga em seu próprio nome, de modo que no caso do pagamento feito em nome do próprio devedor não haveria direito ao ressarcimento (RODRIGUES, Sílvio. op. cit., p. 127); e

b) as liberalidades dependem de aceitação (arts. 385 e 539 do CC). Assim, a possibilidade de o devedor opor-se ao pagamento que o terceiro não interessado pretende efetuar em nome do primeiro – acréscimo do parágrafo em exame com relação ao art. 930, parágrafo único, do CC/1916 – destinou-se a evidenciar o caráter de liberalidade desse caso de pagamento.

Contudo, insista-se que as liberalidades não se presumem, porque excepcionais, de modo que o terceiro não interessado poderá postular o recebimento do que pagou em benefício do devedor, ainda que tenha havido oposição deste, como esclarece Renan Lotufo: "É evidente que houve uma vantagem econômica para o devedor, que não sofreu qualquer diminuição em seu patrimônio, o que ocorreria com o adimplemento por sua conta. Pelo contrário, o devedor originário teve um benefício patrimonial, um enriquecimento sem causa, à custa da atuação do terceiro. Nesse caso, portanto, o terceiro só poderá exercer pretensão em face do devedor, comprovando que este obteve vantagem patrimonial sem motivo determinante prestigiado pelo Direito, isto é, enriquecimento sem causa" (op. cit., p. 189).

Destarte, a oposição do devedor se prestará a dois efeitos: impedir tanto que o terceiro se valha de meios conducentes à exoneração como o reconhecimento de uma liberalidade, se, porventura, o terceiro manifestar seu propósito de fazê-la, porque esta não se presume. Judith Martins-Costa, que admite a presunção de liberalidade nesse caso, sustenta que ela é relativa, não absoluta (op. cit., p. 108). Mas, ao se admitir que a liberalidade não se presume, ela só ocorrerá se o devedor aceitar o pagamento do terceiro, sem oposição, e se ele manifestar seu propósito de efetuar a liberalidade. Mário Júlio de Almeida Costa conclui neste mesmo sentido: se existe doação, há necessidade de estar presente o elemento intencional na conduta do terceiro e a aceitação do devedor. Do contrário, mesmo quando o pagamento é feito em nome do devedor, o terceiro não interessado pode postular o reembolso sob pena de enriquecimento sem causa (*Direito das obrigações*. Coimbra, Almedina, 2000, p. 925).

A existência do art. 305 do CC, ao que parece, decorre da impossibilidade de o terceiro valer-se dos meios conducentes à exoneração da dívida se pretender pagar em nome próprio, e não à presunção de liberalidade, que estaria presente no art. 304, parágrafo único. Ademais, no caso do artigo seguinte, não haverá liberalidade.

Todavia, o devedor não pode opor-se ao pagamento do terceiro vinculado juridicamente à obrigação ou ao não interessado que pague em seu próprio nome, hipótese contemplada no dispositivo seguinte. O pagamento efetuado pelo terceiro interessado implica sub-rogação, isto é, transmissão do crédito do credor originário ao terceiro que cumpre a obrigação do devedor (art. 346, III, do CC). O devedor não cumpre sua obrigação, embora o credor tenha recebido a satisfação de seu crédito. Desse modo, a dívida não foi extinta, mas transferida ao terceiro que a saldou.

**Jurisprudência:** Apelação cível. Processual civil. Ação de ressarcimento com pedido de tutela de urgência. Título executivo pago por terceiro não interessado. Legitimidade para cobrança. Direito a ressarcimento. Inteligência dos arts. 304 e 305 do CCB. Recurso conhecido e improvido. Sentença mantida. 1 – O débito representado pela cédula de crédito bancário que já foi objeto de execução extinta pelo pagamento pode ser cobrado por terceiro não interessado, ainda que houvesse oposição do devedor originário. Apesar de o pagamento relatado nos autos ter sido realizado por terceiro, não se revela, no presente caso, o instituto da sub-rogação, tal como previsto no art. 346, III, do CC. 2 – O pagamento efetuado por terceiro não altera a relação obrigacional discutida nos autos, de modo que a parte autora/apelada tem legitimidade para pleitear o reembolso do valor pago por ocasião da quitação da dívida. É da Inteligência dos arts. 304 e 305 do CCB. [...] O fato de terceiro não interessado ter realizado o pagamento da dívida, conforme o permissivo do art. 305 do CC, não afasta a legitimidade da autora, ora apelada, da posição de devedora na suposta relação obrigacional existente com a credora. 5 – O terceiro desinteressado não tem relação jurídica com o devedor, ou mesmo reflexa com o credor. É possível que exista outra espécie de relação jurídica, como a de parentesco (pai e filho), mas ela não assume relevância para conferir interesse jurídico a ponto de qualificar o terceiro como interessado. Sua posição jurídica é desconexa da relação obrigacional. 6 – O débito para o qual pretende ser ressarcida a autora/apelada é plenamente devido, uma vez que decorreu de contrato devidamente formalizado e já liquidado em sede de execução judicial, incontroverso, portanto, cuja origem remonta a ato realizado sem coerção ou qualquer vício de consentimento. 6.1 – Igualmente verifica-se que não houve vício na manifestação de vontade da autora/apelada quando, por liberalidade e sem vício de vontade, optou por pagar a dívida da ré/apelante, razão por que perfeitamente aplicável o disposto nos arts. 304 e 305 do CC, já mencionados. 7 – Recurso conhecido e improvido. Sentença mantida. (TJDF, Ap. Cível n. 07128050320228070001, 2ª T. Cível, rel. Renato Scussel, j. 20.09.2023, publ. 03.11.2023)

Preliminar de não conhecimento do recurso por ausência de impugnação aos fundamentos da sentença. Não ocorrência. Exposição de fatos no apelo que não guardam relação com o processo. Mero erro material. Apelante que, no restante do arrazoado, impugnou especificamente os fatos relativos ao caso e os fundamentos da sentença. Dialeticidade recursal observada. Art. 1.010, III, do CPC cumprido. Ação declaratória de inexigibilidade de débito c/c indenização por dano material e moral julgada parcialmente procedente. Apelante que, por meio do sistema Bacenjud, bloqueou indevidamente valor do limite do cheque especial da apelada. Apelante que foi condenado na devolução à apelada do valor indevidamente transferido à Justiça do Trabalho de R$ 6.299,62 e no pagamento de indenização por danos morais no valor de R$ 10.000,00. Responsabilidade objetiva. Art. 14 do CDC. Bloqueio recaiu sobre o limite de cheque especial da apelada. Inexistência de prova em contrário. Limites de crédito em conta que não estão sujeitos a bloqueio por meio do sistema Bacenjud. Devolução do valor indevidamente transferido que era imperativa. Dano moral que se patenteou. Ocorrência de penhora indevida de crédito. Manipulação unilateral e descabida da conta do apelado. Violação da paz de espírito do consumidor. Fixação da indenização em R$ 10.000,00. Valor adequado às circunstâncias do fato, proporcional ao dano e com observância ao caráter educativo-punitivo que compõe a indenização na hipótese. Sentença mantida nos termos do art. 252 do RITJSP. Observação de que a apelante arcou com a dívida da apelada. Posição de terceiro que pagou a dívida sem interesse. Art. 304 do CC. Como as partes se tornaram reciprocamente credores e devedores mutuamente, admite-se a compensação entre o crédito do apelante e o débito referente à indenização por dano moral devida à apelada. Resultado: recurso desprovido, com observação. (TJSP, Ap. Cível n. 1119075-46.2019.8.26.0100/SP, 12ª Câm. de Dir. Priv., rel. Castro Figliolia, j. 16.02.2022, publ. 16.02.2022)

Nos termos do art. 304 do CC, qualquer interessado na extinção da dívida pode pagá-la, usando, se o credor se opuser, dos meios conducentes à exoneração do devedor. Direito subjetivo à realização do pagamento e ao acesso ao domínio por parte dos recorridos. (TJSP, AC n. 0000391-77.2013.8.26.0493, rel. Des. Rosangela Telles, j. 30.05.2019)

Apelação cível. Ação de indenização por danos morais e materiais. Pagamento de dívida por terceiro. Restituição do valor perante o credor. Descabimento. Inteligência do art. 304 do CC. Danos materiais. Não comprovação. Danos morais. Inocorrência. A teor do art. 304 do CC, qualquer interessado na extinção da dívida pode pagá-la, usando, se o credor se opuser, dos meios cabíveis, como é o caso da ação consignatória. A perda da posse do veículo que se encontrava quitado, ainda que tenha sido ocasionada por culpa exclusiva da instituição financeira, não foi capaz de gerar ao autor abalos de ordem moral, porquanto não comprovou ser proprietário ou possuidor do bem à época do ato de apreensão. (TJMG, Ap. Cível n. 1.0461.14.008156-7/001, rel. Des. Juliana Campos Horta, j. 09.08.2017)

Apelação cível. Relação de consumo. Ação de repetição de indébito e indenizatória. Energia elétrica. Alegação de transferência de titularidade condicionada à quitação dos débitos deixados em aberto por locatária que sofreu ação de despejo do imóvel. Interrupção do fornecimento do serviço. Sentença de improcedência com espeque na primeira parte do art. 304 do CC [...]. Contrato de locação e ação de despejo que comprovam a utilização do serviço pela locatária no período de cobrança da dívida. Dívida que deve ser cobrada de quem efetivamente se utilizou do serviço. Inequívoca utilização do serviço pela locatária, débito em aberto que não pode ser repassado a parte autora. Inteligência da Súmula n. 196-TJRJ: "o débito tarifário não pode ser transferido ao novo usuário do serviço essencial". Demandante comprova, através de protocolos, que buscou a solução administrativamente, todavia não obteve êxito na solução do impasse. Indiscutível a inexigibilidade do débito, já que alusivo aos serviços prestados a outro usuário, que não tem nenhuma relação com a parte autora. Daí o inegável dano moral. Cabia a ré, diante do apelo e dos documentos da consumidora, buscar resolver a questão em tempo razoável, a fim de minimizar o desgaste e a perda do tempo útil da parte. Falha na prestação do serviço que enseja o dever de indenizar. Devolução em dobro das quantias pagas indevidamente, com fulcro no art. 42, parágrafo único, do CDC e a persistência da ré em realizar cobranças por serviço não utilizado pela autora, a despeito da reclamação administrativa. Interrupção indevida do serviço essencial é conduta abusiva apta a configurar a lesão extrapatrimonial, tanto mais quando se condiciona o seu restabelecimento à quitação por pessoa que não se utilizou do serviço. Verba indenizatória ora fixada em R$ 5.000,00 que se adequa às circunstâncias do caso concreto, além de observar aos princípios da razoabilidade e proporcionalidade, e ao caráter punitivo-pedagógico. Inversão do ônus da sucumbência. Dá-se provimento ao recurso. (TJRJ, Ap. n. 0241767-07.2015.8.19.0001, 24ª Câm. Cível Consumidor, rel. Ana Célia Montemor Soares Rios Gonçalves, j. 03.05.2017)

Civil. Embargos à execução. Locação residencial. Débitos de IPTU, consumo de água e alugueres. Abatimento de valores depositados em conta bancária. Pagamento por terceiro. Irrelevância. Art. 304, CC. Repetição do indébito. Art. 940, CC. Descabimento. Pagamento efetuado por meio diverso do avençado e não informado ao credor. Cobrança por serviço de limpeza. Ausente termo de vistoria e orçamentos. Sentença parcialmente reformada. 1 – Qualquer interessado na extinção da dívida pode pagá-la, usando, se o credor se opuser, dos meios conducentes à exoneração do devedor. No caso concreto, não se pode ignorar que a pessoa que efetuou as transferências bancárias possui o mesmo sobrenome dos devedores, e que a apelante não explicou a que título seria credora daqueles valores, que não em virtude da relação locatícia. Assim, pode-se dizer que a apelante aquiesceu com o pagamento daquela forma, estando correta a r. sentença ao determinar o desconto dos R$ 4.000,00 da dívida global. 2 – A cobrança do valor por parte da apelante, ainda que já houvesse pagamento, não autoriza a aplicação da sanção do art. 940 do CC, na medida em que o pagamento se deu de forma diversa àquela avençada, além de não identificar a quais verbas se referia. 3 – A cobrança da integralidade da multa contratual compensatória é indevida, ainda que o contrato preveja expressamente a cobrança integral independentemente do tempo de cumprimento do contrato. A cláusula penal não pode configurar fonte de enriquecimento e tem natureza de prévia liquidação das perdas e danos, razão por que deve sempre guardar correspondência com o valor presumido do prejuízo experimentado pelo contratante isento de culpa. 4 – A cobrança pela limpeza do imóvel foi corretamente excluída da condenação, ante a inexistência de termo de vistoria para atestar o estado de entrega do imóvel, a ausência de demonstração de que os devedores tivessem sido notificados a efetuar a limpeza, e a inexistência de documentos suficientes para demonstrar a razoabilidade do valor cobrado. 5 – Recurso parcialmente provido para excluir a repetição simples ou em dobro fundada no art. 940, CC. (TJSP, Ap. n. 1014493-25.2015.8.26.0006, 35ª Câm. de Dir. Priv., rel. Artur Marques, j. 20.02.2017)

Ação de cobrança. Pagamento de dívida por terceiro interessado. Sub-rogação. Autores que tiveram seu imóvel penhorado em processo de execução movido contra os réus, uma vez reconhecida fraude de execução na alienação do bem. Acordo celebrado entre o credor originário e os autores. Hipótese de sub-rogação legal. Inteligência dos arts. 304 e 346, III, do CC. Recursos desprovidos. (TJSP, Ap. n. 0006923-94.2011.8.26.0248/ Indaiatuba, 4ª Câm. de Dir. Priv., rel. Milton Carvalho, *DJe* 28.06.2013, p. 1.067)

Locador que paga a dívida do locatário perante a companhia fornecedora de água é terceiro não interessado que tem direito de regresso contra o inquilino: TJSP, Ap. n. 9088892-14.2009.8.26.0000, rel. Hamid Bdine, j. 16.07.2012.

Ação de obrigação de fazer. Promessa de compra e venda. Pretensão de transferência de dívidas. Ausência de interesse de agir. A cláusula de assunção de dívida, como pagamento de parte do preço da transação, implicava anuência de terceiro, o credor, que não participou da avença. Assim, ausente o interesse de agir quando dirigida a demanda somente em face dos promitentes vendedores, pois a hipótese, se fosse o caso, deveria ter se resolvido, em tempo hábil, mediante a adoção do previsto no art. 304, *caput*, do CCB, que renova regra anterior. Desimporta, outrossim, para o reconhecimento da ausência de interesse de agir, o fato de ter havido a securitização da dívida mediante iniciativa dos alienantes. Ação julgada extinta, reconhecida a ausência de interesse de agir. Apelo provido. (TJRS, Ap. Cível n. 70.036.907.939, 17ª Câm. Cível, rel. Elaine Harzheim Macedo, j. 15.07.2010)

Declaratória. Inexigibilidade de títulos. Duplicatas. Ação procedente. Alegação de pagamento efetuado por quem não era o devedor. Exegese do art. 304 do CC. Pagamento que, salvo expressa oposição do credor e do devedor, pode ser feito por terceira pessoa, interessada ou não. Pagamento aceito pelo credor. Exoneração do devedor. Inexigibilidade dos títulos reconhecida. Sustação definitiva do protesto determinada. Recurso improvido. (TJSP, Ap. n. 991060495745, 20ª Câm. de Dir. Priv., rel. Miguel Petroni Neto, j. 21.06.2010)

Consignação em pagamento. Parcelas de financiamento de veículo. Injusta recusa do credor, na medida em que se recusou a continuar recebendo mediante débito em conta-corrente que não a da devedora. Forma de pagamento que em nada prejudicava as garantias do contrato e nem qualquer outro direito do credor, pois os pagamentos seriam feitos em nome e por conta da devedora. Existência, ademais, de disposição legal expressa (art. 304, CC) no sentido de que qualquer interessado na extinção da dívida pode pagá-la. Ação procedente. Recurso não provido. (TJSP, Ap. Cível n. 991.090.486.332, rel. Gilberto dos Santos, j. 05.11.2009)

Compra e venda de bem móvel. Resilição do contrato. Devolução da quantia dada a título de sinal. Bem dado como sinal que pertence a terceiro, interessado na extinção da dívida, mas alheio à lide (CC, art. 304). Parte que não pode pleitear em nome próprio direito alheio, salvo quando autorizada por lei (CPC, art. 6º) [art. 18 do CPC/2015]. Danos emergentes e lucros cessantes. Ausência de prova do direito da autora (CPC, art. 333, I) [art. 373, I, do CPC/2015]. Recurso improvido, rejeitada a preliminar. De ofício, extinto o processo sem resolução do mérito quanto ao pedido de restituição do valor dado a título de sinal, nos termos do art. 267, VI, do CPC [art. 485, VI, do CPC/2015]. (TJSP, Ap. Cível c/ Rev. n. 972.770.008, rel. Gomes Varjão, j. 02.03.2009)

Ação de consignação em pagamento e de chaves de imóvel. O fiador é parte legítima para propor ação de consignação na condição de terceiro interessado. Recusa do recebimento das chaves pelo locador. (TJSP, Ap. não provida n. 1.145.305-0/3, rel. Eros Piceli, j. 02.10.2008)

Pagamento de dívida de terceiro. Reembolso. Compra e venda de imóvel. Imóvel não transferido para o comprador. Tentativa de venda direta para terceiro. Débito fiscal da imobiliária. Pagamento pelo antigo comprador para viabilizar a venda ao terceiro. Pedido de ressarcimento do valor pago. Art. 304 do CC. Arguição de pagamento a maior. Irrelevância. Condenação mantida. Recurso improvido. (TJMG, Rec. Inom. n. 6.816, 2ª T. Crim., rel. Erson Teodoro de Oliveira, j. 17.07.2008)

A orientação jurisprudencial desta Corte considera ser o cessionário de imóvel financiado pelo SFH parte legítima para discutir e demandar em juízo questões pertinentes às obrigações assumidas e aos direitos adquiridos através dos cognominados "contratos de gaveta", porquanto, com o advento da Lei n. 10.150/2000, teve ele reconhecido o direito à sub-rogação dos direitos e obrigações do contrato primitivo. (STJ, REsp n. 868.058, 2ª T., rel. Min. Carlos Fernando Mathias, j. 17.04.2008)

Recurso especial. Execução hipotecária decorrente de débito de contrato de mútuo. Sistema Financeiro da Habitação. Pagamento efetivado por terceiro interessado. Pretendida afronta ao art. 4º, § 1º, da Lei n. 5.741/71, que prevê as consequências em virtude do não pagamento da dívida. Inocorrência. Aplicação do art. 930 do CC (atual art. 304 do CC). Recurso especial não conhecido. – Da leitura do dispositivo legal tido por violado, verifica-se que a penhora, a nomeação de depositário (art. 4º), a expedição de mandado de desocupação contra a pessoa que estiver ocupando o imóvel (§ 1º) e, bem assim, a desocupação do próprio executado (§ 2º), deve ser observada no caso do não pagamento da dívida. – O proceder do interessado estava previsto no art. 930 do CC, atualmente disposto no art. 304 do novo diploma civil [...]. De qualquer forma, poderia o terceiro, ainda que não interessado, efetuar o pagamento, "em nome e por conta do devedor" (parágrafo único, do art. 930, do CC). (STJ, REsp n. 184.577, rel. Min. Franciulli Netto, j. 01.04.2003)

Aquele que adquire o imóvel hipotecado é interessado, para os efeitos do art. 930, *caput*, do CC, no pagamento das prestações de resgate do mútuo, porque a respectiva falta implica a execução do gravame. Ao credor é defeso recusar o recebimento, porque o pagamento não tem o efeito de integrar o comprador do imóvel na relação de financiamento. Recurso especial não conhecido. (STJ, REsp n. 154.457, rel. Min. Ari Pargendler, j. 06.12.2002)

Restituindo a avalizada ao avalista o valor que este pagou ao Banco, embora tenha já quitado a sua dívida em decorrência de decisão judicial transitada em julgado, equipara-se ao terceiro interessado a que se refere o inciso III do art. 985 do CC para o fim de receber do Banco o que pagou a maior. (STJ, REsp n. 401.443, rel. Min. Carlos Alberto Menezes Direito, *DJU* 23.09.2002)

Não se admite depósito elisivo da falência por terceiro interessado, pois a medida é privativa do devedor. Ademais, inócuo é o depósito se a falência é decretada em razão da anormalidade nos negócios sociais da instituição, sujeita à intervenção pelo Banco Central. (TJSP, AI n. 270.518-1, rel. Des. Ernani de Paiva, j. 08.02.1996)

O pagamento de aluguel, levado a cabo por terceiro interessado, não implica alteração de sujeitos do contrato de locação. (II TAC, Ap. n. 365.639, rel. Juiz Antônio Vilenilson, j. 20.06.1995)

---

**Art. 305. O terceiro não interessado, que paga a dívida em seu próprio nome, tem direito a reembolsar-se do que pagar; mas não se sub-roga nos direitos do credor.**

**Parágrafo único. Se pagar antes de vencida a dívida, só terá direito ao reembolso no vencimento.**

---

No caso deste dispositivo, o terceiro não interessado paga a dívida em seu próprio nome, não em nome do devedor, como no caso referido no parágrafo único do dispositivo anterior. No caso presente, o ordenamento não autoriza o terceiro a valer-se de todos os meios necessários ao adimplemento, ao contrário do que ocorre nos casos do art. 304. Apesar disso, o pagamento pode ocorrer, de modo que o dispositivo em exame assegura ao terceiro que seja reembolsado daquilo que pagou, cobrando a importância do devedor que se beneficia com o ato. Mas nesse caso não se opera a sub-rogação. A distinção é relevante. Ora, se a sub-rogação não ocorrer, o terceiro não faz jus ao ressarcimento da integralidade do débito que liquidou, mas apenas ao montante que entregou ao credor. Aplica-se essa regra às obrigações de pagar em dinheiro; por exemplo, no caso de terceiro que resgata uma dívida de R$ 1.000,00 por R$ 900,00, pois recebe um desconto de 10% do credor, só poderá cobrar do devedor os R$ 900,00 que pagou. Além disso, se a dívida estava garantida por fiança ou hipoteca, tais garantias não beneficiarão o terceiro, já que ele não se sub-roga na obrigação original, podendo, de acordo com o disposto no artigo em exame, apenas recuperar aquilo que efetivamente gastou (art. 349 do CC).

O parágrafo único deste artigo proíbe o terceiro não interessado de cobrar o reembolso mencionado no *caput* antes da data do vencimento da dívida, caso tenha procedido ao pagamento antes desse prazo.

**Jurisprudência:** Ação de regresso. Sentença de extinção do feito, sem julgamento do mérito, em razão de ilegitimidade ativa e passiva. Preliminar de inépcia recursal rejeitada. Hipótese de manutenção da sentença. Acordo firmado pela pessoa jurídica em reclamação trabalhista. Pagamento da dívida feito por terceiros estranhos ao quadro social e à lide. Direito de regresso que pertence aos referidos terceiros, e não ao autor, e que deve ser exercido em face da sociedade, e não dos sócios. Art. 305, CC. Litigância de má-fé não configurada. Apelação do autor não provida. (TJSP, Ap. Cível n. 10001463720188260505/Ribeirão Pires, 1ª Câm. Res. de Dir. Empr., rel. Alexandre Lazzarini, j. 10.04.2023, *DJ* 10.04.2023)

Execução de cédula de crédito bancário. Terceiros desinteressados que pretendem liquidar o débito. Divergência relativa ao *quantum* devido. Decisão que autoriza o depósito judicial do valor oferecido. Decisão mantida. Os terceiros, proprietários de 90% do imóvel penhorado, podem efetuar o pagamento da dívida. O art. 305 do CC preceitua que o terceiro desinteressado pode pagar a dívida, tendo direito, caso o pagamento seja feito em nome próprio, ao reembolso do que pagar. Entretanto, a decisão recorrida nada está a decidir a respeito da liquidação do débito e da extinção da execução, razão pela qual deve ser mantida. Recurso não provido. (TJSP, AI n. 0269121-20.2012.8.26.00009/São Bernardo do Campo, 11ª Câm. de Dir. Priv., rel. Marino Neto, *DJe* 18.04.2013, p. 1.408)

A celebração de contrato de prestação de serviços para cobrança de taxas condominiais, com o adiantamento das taxas ao condomínio, caracteriza hipótese de pagamento por terceiro não interessado, *ex vi* do art. 305 do CC, sendo forçoso reconhecer a ilegitimidade ativa *ad causam*. 2 – Por se tratar a dívida condominial de obrigação *propter rem*, é cabível a responsabilização do atual proprietário do imóvel, independentemente de a dívida ser anterior a sua aquisição. (TJPR, AC n. 0936233-0, 10ª Câm. Cível, rel. Des. Luiz Lopes, *DJe* 27.09.2012, p. 283)

Ação de indenização. Autora que intermediou venda de imóvel. Posterior ciência de que o imóvel alienado ainda não havia sido quitado pelos réus, promitentes vendedores. Pagamento efetuado pela autora ao proprietário, a fim de assegurar aos promitentes compradores o bem contratado. Demanda que visa à cobrança dos valores desembolsados, em face dos promitentes vendedores. Prova de quitação do instrumento anterior. Inocorrência. Interpretação da cláusula contratual no sentido de que o pagamento seria efetuado em momento posterior à celebração. Prova testemunhal produzida frágil e isolada, que não logrou demonstrar o pagamento. Autora que faz jus ao reembolso. Solução adequada diante das circunstâncias dos autos, ainda que os réus desconhecessem do pagamento efetuado. Inteligência dos arts. 305 e 306 do CC. Valor do reembolso (R$ 35.000,00) correto. Sentença confirmada. Recurso desprovido. (TJSP, Ap. n. 0018213-48.2007.8.26.0248, rel. Des. Milton Carvalho, j. 13.09.2012)

Bem móvel. Compra e venda de veículo. Pagamento. Terceiro não interessado. Sub-rogação. Ausência. Retomada do bem. Impossibilidade – art. 305 do novo CC. Recurso improvido. (TJSP, Ap. n. 992051391650, 27ª Câm. de Dir. Priv., rel. Emanuel Oliveira, j. 09.03.2010)

Cobrança relativa a despesas médicas e hospitalares. Prova idônea a respeito da obrigação da ré. Pagamento feito por terceiro diretamente à entidade hospitalar. Direito de reembolso. Inteligência do art. 305 do CC. Honorários de anestesista, segundo a praxe são cobrados pelo chefe da equipe. Recurso improvido. (TJSP, Ap. cível c/ rev. n. 975.970.008, rel. Andreatta Rizzo, j. 01.04.2009)

Execução. Cessão de crédito. Ocorrência. Existência de cessão de crédito, pois é isso o que consta do respectivo termo, não ocorrendo a hipótese de pagamento de dívida por terceiro não interessado. Crédito excutido era circulável, não havendo motivo que impeça a sua transferência. Crédito envolve direito patrimonial e se reconhece a total disponibilidade, pois diz respeito ao direito de propriedade. Inaplicabilidade do art. 290 do CC (notificação do devedor), pois tal dispositivo tem a finalidade exclusiva de cientificar o obrigado em relação a quem vai pagar. Art. 305 do CC não se aplica a hipótese, mas sim a caso diferente, em que qualquer interessado na extinção da dívida efetua o pagamento sem oposição do credor e desonera o devedor. Ou, quando o terceiro não interessado, o faz em nome e a conta do devedor, salvo oposição deste. Só nessas hipóteses, mas não na cessão de crédito, autoriza-se ao terceiro interessado a cobrança junto ao devedor, cabendo-lhe apenas reembolsar-se perante o devedor. Subsistência da decisão que deferiu a substituição, no polo ativo da execução, do cedente pela cessionária do crédito excutido, com o indeferimento da pretensão dos devedores, de limitar a execução a ser promovida pela cessionária ao valor que esta pagou ao cedente. Decisão mantida. Recurso desprovido. (TJSP, AI n. 7.237.125.000, 20ª Câm. de Dir. Priv., rel. Álvaro Torres Jr., j. 04.08.2008)

Obrigação de dar. Extinção da obrigação. Pagamento. Quitação de saldo devedor por terceiro não interessado através de depósito bancário. Alegação de que agiu com mera liberalidade. Improcedência. Prova documental de que efetuou o pagamento em nome próprio. Ônus probatório do qual recorrida não se desincumbiu. Obrigação civil caracterizada. Cobrança procedente. Apelação provida para esse fim. (TJSP, Ap. n. 1.261.775-9, rel. Des. Ricardo Negrão, j. 28.07.2008)

Ação de cobrança [...]. Autor que paga prestações de compra de veículo em nome da ré, sua então namorada, bem como acessórios incorporados àquele. Veículo que, rompido o relacionamento, ficou com ela. Provas documental e testemunhal. Desnecessidade de recibos e notas em nome do próprio autor, bastando a certeza de que efetuou os pagamentos em nome da ré. Situação que chega a ser de terceiro interessado. Parcial procedência da ação [...] mantida. Apelo da ré improvido. (TJSP, Ap. c/ Rev. n. 927.090-0/4, rel. Des. Dyrceu Cintra, j. 02.08.2007)

Pagamento. Terceiro não interessado. Alienação de veículo envolvido em acidente e penhora do bem quando ele já havia sido vendido. Embargos de terceiro julgados improcedentes e pagamento feito pelo terceiro à credora dos primitivos devedores. Art. 931 do CC/1916. Ação julgada procedente. Recursos improvidos.

O terceiro não interessado, que paga a dívida alheia e em seu próprio nome, tem direito a reembolsar-se do que pagou (art. 931, CC/1916), sob pena de ocorrer enriquecimento sem causa dos beneficiados com o pagamento. (TJSP, Ap. c/ Rev. n. 970.787-0/5, rel. Des. Kioitsi Chicuta, j. 14.06.2007)

Locação. Monitória. Embargos julgados improcedentes. Recurso. Carência da ação ao entendimento de ilegitimidade de partes e falta de interesse de agir. Terceiro não interessado que efetuou pagamentos em nome próprio ao credor. Recebimento de valores idênticos em ação de despejo movida contra o devedor originário (locatário) e os fiadores. Prova. Existência. Reembolso. CC/1916, art. 931. Admissibilidade. Via eleita adequada. Reconhecimento. Carência da ação afastada. Litigância de má-fé. Não caracterização. Sentença confirmada. Assiste ao terceiro não interessado que paga dívida alheia em seu próprio nome o direito ao reembolso, nos termos do art. 931 do CC/1916, vigente à data dos fatos (novo CC, art. 305). Recurso improvido. (TJSP, Ap. c/ Rev. n. 754.704-0/2, rel. Des. Walter Zeni, j. 24.01.2007)

Apelação cível. Indenização. Evicção. Veículo furtado. Direito de regresso. Ressarcimento de danos. Legitimidade ativa. Terceiro que pagou a dívida. Ausência de sub-rogação. Venda de veículo furtado. Acordo homologado com trânsito em julgado. Prova de quitação idônea. O terceiro interessado, que paga a dívida em seu próprio nome, tem direito a reembolsar-se do que pagar, mas não se sub-roga nos direitos do credor, como expressamente mencionado no art. 305 do CC/2002, sendo, portanto, parte ilegítima para figurar no polo ativo da demanda que pretende reaver montante pago a terceiro evicto. Em que pese o art. 940 do CC/1916, atual art. 320, do CC/2002 dispor sobre o conteúdo da quitação regular, não estabelece o mencionado dispositivo o princípio de que o pagamento não possa ser demonstrado por outros meios de prova. Assim, existindo nos autos acordo devidamente homologado por sentença, transitada em julgado, é o mesmo documento idôneo a comprovar a quitação aludida pelo referido dispositivo. Tendo a evicção sempre como causa vício preexistente ao ato de alienação, compete ao adquirente a ação regressiva contra quem lhe vendera o bem, não sendo essencial que o adquirente tenha sido privado da coisa por via judicial, bastando, apenas, que seja passível de sofrer ação a respeito da coisa adquirida, depois da sua tradição. (TJMG, Proc. n. 2.0000.00.505994-7/000(1), rel. Domingos Coelho, j. 21.06.2006)

Pagamento de débito feito por terceiro. Contrato de risco. Ausência de prova. Ressarcimento. Inexistindo prova da existência de contrato de risco, o terceiro que paga dívidas deve ser ressarcido integralmente da quantia despendida, nos termos do art. 305 do CC/2002 (art. 931 do CC/1916). Caso contrário, há enriquecimento ilícito do devedor, em detrimento do terceiro que quita a dívida. (TJMG, Proc. n. 2.0000.00.437653-6/000(1), rel. Armando Freire, j. 02.09.2004)

Terceiro. Liquidação de débito. Arts. 930 a 931 do CC. O terceiro que se afirma interessado para dar validade ao pagamento da dívida há que comprovar sua situação jurídica e resgatar a dívida pela quantia efetivamente devida. Recurso provido, em parte. (TJSP, Ap. Cível n. 199.584-4/7/SP, 5ª Câm. de Dir. Priv., rel. Des. Silveira Netto, j. 23.08.2001, v.u.)

Cobrança. Despesas de condomínio. Ação regressiva promovida pelo titular de domínio contra o ocupante do imóvel. Possibilidade. Interesse de agir decorrente da possibilidade em ser acionado pelo condomínio para cobrança de débitos em aberto. Autor que pode ter agido como terceiro não interessado. Pagamento feito em nome próprio. Aplicação do disposto nos arts. 931 e 985 do CC. Extinção do processo afastada. Recurso provido. (II TAC, Ap. n. 547.778-00/4, 8ª Câm., rel. Juiz Ruy Coppola, j. 13.05.1999)

I – A sub-rogação pessoal é a substituição nos direitos creditórios, operada em favor de quem pagou a dívida ou para isso forneceu recursos. Em outras palavras, na sub-rogação se dá a substituição de um credor por outro, permanecendo todos os direitos do credor originário (sub-rogante) em favor do novo credor (sub-rogado). Dá-se, assim, a substituição do credor, sem qualquer alteração na obrigação do devedor.

II – Existem dois tipos de sub-rogação pessoal: a legal (art. 985 do CC) e a convencional (art. 986, idem). A primeira decorre *ipso iure*, enquanto a segunda tem origem em acordo de vontades.

III – Diversamente da legal (art. 985 do CC), na sub-rogação convencional (art. 986) não se questiona a existência de interesse do terceiro que efetuou o pagamento para outrem, mas apenas a existência de contrato que transfira expressamente os direitos creditórios e a ausência de justo motivo do devedor para recusar o pagamento. (STJ, REsp n. 141.971, rel. Min. Sálvio de Figueiredo Teixeira, j. 27.04.1999)

Pagamento. Terceiro não interessado. Direito de reembolso. Art. 931 do CC. Tendo efetuado o pagamento de dívida de terceiro, pode o autor pleitear do réu o reembolso do que despendeu em benefício deste, por meio da ação de locupletamento. (TJSP, Ap. Cível n. 63.380-4/Pindamonhangaba, 6ª Câm. de Dir. Priv., rel. Des. Ernani de Paiva, j. 11.02.1999, v.u.)

A existência de parentesco entre a pessoa que fora protestada e aquela que pagou o protesto não leva à conclusão de que o pagamento foi feito por terceiro interessado na extinção da obrigação. O interesse advém do vínculo obrigacional existente, tal como o fiador que paga a dívida do locatário ou a seguradora que paga os prejuízos do segurado; assim, temos que o recorrido é terceiro não interessado.

Na hipótese de pagamento de dívida por terceiro não interessado, incide o art. 305 do CC/2002. (*BAASP* 2.396/960)

Ao pagar dívida trabalhista de outrem em nome próprio, à qual poderia ser compelido a pagar posteriormente, pela ocorrência da sucessão de empregadores, por encontrar-se no mesmo local e explorando a mesma atividade econômica de sua antecessora, emerge o interesse legal que sub-roga o novo credor em todos os direitos com as mesmas garantias e privilégios do antigo credor com relação ao devedor. Em sendo o crédito derivado da relação de emprego, ou seja, verba trabalhista de caráter trabalhista, é patente seu privilégio sobre os demais créditos habilitados na falência, cuja característica acompanha o crédito para o novo credor. (*RT* 771/339)

---

**Art. 306. O pagamento feito por terceiro, com desconhecimento ou oposição do devedor, não obriga a reembolsar aquele que pagou, se o devedor tinha meios para ilidir a ação.**

---

O devedor não está obrigado a reembolsar o terceiro que pagou sua dívida, se tinha meios para ilidir a ação, desde que desconhecesse o pagamento ou se opusesse a ele. A disposição se aplica tanto ao terceiro interessado quanto ao não interessado, uma vez que o dispositivo não os distingue e em ambas as hipóteses é possível vislumbrar prejuízo ao devedor, que tem argumentos para exonerar-se da obrigação indevidamente paga pelo terceiro.

No entanto, há hipóteses em que o devedor apresenta argumentos não convincentes para ilidir a ação de cobrança. Importa saber se, nesses casos, o terceiro interessado fica impedido de efetuar o pagamento. Parece que o dispositivo deve ser interpretado como uma espécie de cláusula aberta, que permite ao juiz examinar em cada caso a consistência do argumento apresentado pelo devedor. Assim, se o locatário deseja impedir o fiador de quitar seu débito, sob o fundamento de que o direito à moradia é assegurado constitucionalmente – de maneira que o locador não pode cobrá-lo, tendo em vista a inconstitucionalidade e a natureza residencial da locação –, a fragilidade do argumento não impede o fiador de pagar a dívida. Contudo, se o argumento apresentado pelo devedor principal é sério e sua admissibilidade provável, ele tem direito de se eximir da obrigação de reembolso em relação ao terceiro. É interessante observar que, em todas essas hipóteses, a discussão só se estabelecerá se o terceiro efetivamente pagar o credor; do contrário a discussão não será viável.

**Jurisprudência:** Responsabilidade civil. Autora que pleiteia o ressarcimento pelo pagamento de autuação de multa tributária decorrente de irregularidade na emissão de notas fiscais. Oposição da ré ao pagamento. Comprovação da existência de meios para ilidir a cobrança. Inteligência do art. 306 do CC. Recurso provido. (TJSP, AC n. 10004615620178260002, 3ª Câm. de Dir. Priv., rel. Des. Maria Salete Corrêa Dias, j. 20.03.2019)

Devedor que não está obrigado a reembolsar o terceiro que pagou sua dívida, se tinha meios para ilidir a ação, desde que desconhecesse o pagamento (CC, art. 306). Multas que foram apontadas após mais de dois anos em prontuário de órgão de trânsito. Ausência de notificação do infrator para apresentação de sua defesa dentro do prazo de 30 dias (CTB, art. 281, parágrafo único, I). Insubsistência do auto de infração. Decadência do direito de punir do Estado. Réu devedor que tinha meios de defesa para obstar a cobrança do crédito tributário. Reembolso indevido. Sucumbência invertida. Recurso da autora prejudicado. Recurso do réu provido. (TJSP, Ap. n. 0008232-36.2010.8.26.0071/Bauru, 29ª Câm. de Dir. Priv., rel. Hamid Bdine, *DJe* 03.12.2014, p. 1.531)

Apelação cível. Monitória. Presença dos requisitos legais previstos no art. 1.102 do CPC [CPC/73]. Prova escrita sem eficácia executiva. Desnecessidade da anuência do devedor quando, por ocasião dos documentos juntados, possível a presunção acerca da existência do direito pretendido. Mérito. Pagamento por terceiro. Inexistência de oposição nos termos do art. 306 do CC. Inércia dos devedores por praticamente cinco anos, embora cientes do pagamento realizado. Comportamento contraditório. Devedores que, além de tudo, não demonstraram ter meios para ilidir a ação da apelada. Sentença mantida. Recurso ao qual se nega provimento. (TJPR, AC n. 0988360-5, 6ª Câm. Cível, rel. Des. Carlos Eduardo A. Espínola, *DJe* 28.05.2013, p. 148)

Mandato. Terceiro não interessado. Cobrança de condenação em ação trabalhista de responsabilidade da ré recolhida em parte pelo autor. Incontroversa a existência do débito. Prova do pagamento judicial realizado. Inocorrência da hipótese do art. 306 do CC. Ré que não demonstrou que dispunha de meios para elidir a condenação (art. 333, II, CPC) [art. 373, II, do CPC/2015]. Dever de a ré ressarcir o autor pelo proveito econômico obtido com a quitação parcial da dívida judicial. Vedação ao enriquecimento sem causa. Litigância de má-fé não configurada. Sentença mantida. Recurso improvido. (TJSP, Ap. n. 0003175-30.2010.8.26.0526/Salto, 32ª Câm. de Dir. Priv., rel. Hamid Bdine, *DJe* 15.05.2013, p. 1.246)

Ação de cobrança. Direito de reembolso. Ausência de pagamento do IPVA, relativo aos exercícios de 1997 e 1998, pelo alienante do veículo. Venda do automóvel ocorrida em abril de 1999. Comprador que efetuou o pagamento do tributo incidente sobre o automóvel, referente a período anterior à alienação, a fim de obter o certificado de licenciamento do bem. Hipótese em que o antigo proprietário não se desincumbiu do ônus da prova no tocante à isenção de pagamento do IPVA, concedida pela Fazenda Pública. Ademais, não se verificou, no presente caso, a prescrição. De rigor a procedência do pedido, dada a inexistência de meios pelo devedor para ilidir a cobrança do tributo e a demonstração dos valores despendidos pelo autor. Exegese do art. 306 do CC. Recurso improvido. (TJSP, Ap. n. 992.09.083395-2/Indaiatuba, 34ª Câm. de Dir. Priv., rel. Gomes Varjão, *DJe* 28.06.2012, p. 1.629)

Pagamento. Terceiro interessado. Direito de reembolso. O pagamento de dívida por terceiro (CC/2002, art. 306), de modo a não ensejar o direito de reembolso, deve preencher três condições: a) o pagamento de dívida é feita por terceiro; b) o devedor desconhece o pagamento ou se opõe ao pagamento; c) o devedor tinha meios para "ilidir a ação", ou seja, a cobrança da dívida feita pelo terceiro. Não apresentando o devedor fato "sério e sua admissibilidade provável", para se opor ao pagamento efetuado por terceiro, irrelevante, torna irrelevante ter ou não conhecimento do pagamento. Incidência de correção monetária e juros de mora sobre o valor devido como reembolso, sob pena de enriquecimento ilícito do devedor. Apelação não provida. (TJSP, Ap. n. 990093532883, 18ª Câm. de Dir. Priv., rel. Alexandre Lazzarini, j. 04.05.2010)

Apelação cível. Ação declaratória. Direito privado não especificado. Contrato de compra e venda de ativos. Pedido de declaração de cumprimento integral do avençado. Inviabilidade. Indevida compensação de saldo devedor com supostos créditos decorrentes de pagamento, pelo demandante, de honorários pagos a ex-procurador do demandado. Ausência de estipulação expressa entre as partes contratantes. Pagamento que não pode ser oposto ao réu. Pedido de cumprimento de obrigação de fazer, referente à transferência de bem imóvel dado em pagamento pelo autor conforme cláusula contratual. Inviabilidade, na espécie, ante a ausência de juntada de cópia da matrícula do imóvel. Descabe a pretensão da autora de ver certificado judicialmente, mediante provimento declaratório, o cumprimento integral das obrigações por ela assumidas em contrato de compra de ativos firmada com a ré, se remanesce em aberto saldo devedor, ao qual pretende a demandante o pagamento por compensação com supostos créditos decorrentes de pagamento por ela efetuado ao anterior advogado da requerida, o qual agora patrocina a causa da autora. Ausência de acordo expresso entre as partes no sentido de que tal pagamento implicaria adiantamento de parcela devida, sendo inoponível à demandada o aludido pagamento, na forma do art. 306 do CC/2002, ausente prova do consentimento do devedor ao pagamento efetuado em seu nome pelo terceiro não interessado. Inviável o pedido cominatório, no sentido de compelir a ré a transferir a titularidade de bem imóvel dado em pagamento parcial na forma contratada, se a demandante deixou de trazer aos autos cópia da matrícula do bem, de modo a viabilizar o exame dos poderes atinentes ao domínio. Apelação não provida. (TJRS, Ap. Cível n. 70.033.275.876, 17ª Câm. Cível, rel. Liege Puricelli Pires, j. 08.04.2010)

Pagamento precipitado pelos embargados, sem comunicar o embargante, efetivo devedor, para que pudesse se opor à cobrança de dívida prescrita, ficando dessa forma privados do reembolso. Inteligência do art. 306 do atual CC. Embargante que reunia meios de se opor à cobrança, em virtude da evidente prescrição da dívida. Sentença reformada. Recurso provido para julgar procedentes os embargos e decretar a improcedência da ação monitória, invertidos os ônus da sucumbência. (TJSP, Ap. Cível c/ Rev. n. 4.434.304.800, rel. Salles Rossi, j. 14.10.2009)

Adquirente do estabelecimento que se precipitou ao efetuar o pagamento indevido, ficando privado do reembolso. Exegese do art. 306 do CC/02. Terceiro interessado que efetuou o pagamento sem o conhecimento das alienantes do estabelecimento, efetivas devedoras, impedindo que se opusessem ao pagamento. Devedoras que tinham meios de ilidir a cobrança por meio de recursos administrativos, que culminaram no cancelamento de ofício da autuação. Autor remetido à via da repetição de indébito em face da Fazenda Municipal. Manutenção da improcedência da ação. Recurso improvido. (TJSP, Ap. Cível n. 4.555.594.900, rel. Francisco Loureiro, j. 19.02.2009)

Ação de cobrança. Despesas de condomínio. Nulidade da sentença. Inexistência. O réu era parte legítima para figurar no polo passivo da demanda, pois o registro de propriedade só deixa de produzir seus efeitos quando cancelado (art. 252 da Lei n. 6.015/73). Insurgência em relação à importância cobrada. A apelante faz alegação genérica e sequer indica qual valor reputa devido ou o critério que deveria ter sido adotado pelo autor para apurar o débito. Pagamento efetuado por terceiro. Possibilidade. A anuência ou conhecimento do devedor são questões afetas a eventual pedido de reembolso por parte de quem pagou (art. 306 do CC). Nega-se provimento ao recurso, com observação. (TJSP, Ap. s/ Rev. n. 1.098.398.002, 27ª Câm. de Dir. Priv., rel. Beatriz Braga, j. 04.03.2008)

Ação de cobrança. Dívida de IPTU de imóvel, anterior ao contrato de compra e venda, quitada pela compradora. Impossibilidade de outra solução. Interpretação do art. 306 do CC. Sentença que obrigou a empresa a reembolsar aquela que pagou mantida. Recurso improvido. (TJSP, Ap. Cível n. 347.397.4/6-00, rel. Des. Teixeira Leite, j. 29.03.2007)

---

**Art. 307. Só terá eficácia o pagamento que importar transmissão da propriedade, quando feito por quem possa alienar o objeto em que ele consistiu.**

**Parágrafo único. Se se der em pagamento coisa fungível, não se poderá mais reclamar do credor que, de boa-fé, a recebeu e consumiu, ainda que o solvente não tivesse o direito de aliená-la.**

---

O pagamento que acarretar a transmissão da propriedade só será eficaz quando quem o fizer tiver condições de alienar o objeto sobre o qual o negócio recai. É que o pagamento feito com o que não pode ser alienado por quem o transmite não poderá ser aperfeiçoado, de maneira que o credor não se tornará titular da propriedade e, consequentemente, não haverá adimplemento.

Porém, se o bem transmitido for fungível (art. 85 do CC) e quem o recebeu, de boa-fé, o tenha consumido, aquele que o entregou não pode mais reclamá-lo, mesmo que não tivesse o direito de aliená-lo. Nessa hipótese, o terceiro titular do bem deverá cobrar eventual prejuízo daquele que pagou indevidamente. É que, em se tratando de bem consumível, não haverá possibilidade de o terceiro reivindicá-lo, o que, como se viu, é possível em relação aos bens ainda encontráveis em poder do credor.

Renan Lotufo registra que a boa-fé deve estar presente desde a recepção do bem até seu consumo (*Código Civil comentado*. São Paulo, Saraiva, 2003, v. II, p. 197). Nada impede, no entanto, que aquele que transmitiu sem estar em condições de alienar o bem venha a adquiri-lo posteriormente, convalidando o pagamento (op. cit., p. 196).

A eficácia de que trata este dispositivo depende da conjugação entre a capacidade negocial e a legitimação, ou o poder de dispor sobre o bem entregue em pagamento. Poderá haver capacidade de efetuar a entrega – obrigação de dar –, sem que haja possibilidade de transferir o domínio, hipótese em que o pagamento não será eficaz (MARTINS-COSTA, Judith. *Comentários ao novo Código Civil*. Rio de Janeiro, Forense, 2003, v. V, t. I, p. 123). Sílvio Rodrigues menciona a hipótese de negócio validamente constituído, mas no qual o pagamento se faz ao tempo em que o devedor era incapaz, e o autor conclui que o adimplemento é válido se o credor tiver agido de boa-fé e consumido o bem entregue em pagamento (*Direito civil*. São Paulo, Saraiva, v. II, 2002, p. 130).

**Jurisprudência:** Bem móvel. Reivindicatória. Locatário que entregou equipamento recebido em comodato de terceiro ao locador para quitar débitos locatícios. Impossibilidade. Locatário que não tinha poderes para transmissão da propriedade do bem. Pagamento a ser repetido na forma estabelecida no art. 307 do CC. Pagamento feito por quem não tinha poderes para transmitir a propriedade que só é eficaz, se se tratar de bem fungível e consumido, como previsto no art. 307, parágrafo único, do CC. Recurso improvido. (TJSP, Ap. n. 0001456-60.2009.8.26.0360/Mococa, 32ª Câm. de Dir. Priv., rel. Hamid Bdine, *DJe* 06.02.2013, p. 1.300)

Processo civil. Execução de título executivo extrajudicial. Ilegitimidade passiva. Ocorrência. Desconsideração da personalidade jurídica da empresa devedora. Ausência dos requisitos. Para a sua caracterização, contudo, não basta terem restadas infrutíferas as tentativas de localização de bens da executada, ou haver insuficiência patrimonial para quitar o débito excutido, nem tampouco sua "situação irregular". Abuso de personalidade. Inocorrência. Não comprovação de desvio de finalidade ou confusão patrimonial. Art. 50 do CC. Falta de escrituração contábil para caracterizar confusão patrimonial. Insuficiência. Desconsideração afastada. Ilegitimidade passiva dos sócios da devedora. Execução de título executivo extrajudicial. Excesso de execução. Ocorrência. Ausência de memória de cálculo. Irrelevância. O excesso de execução se deu não em virtude de cálculos equivocados ou de desconsideração de pagamentos anteriormente efetuados, e sim pela cobrança de juros ilegais e abusivos. Matéria de ordem pública. Manutenção dos valores indevidos já pagos no patrimônio dos embargados. Inadmissibilidade. Enriquecimento sem causa. Norma do art. 307, parágrafo único, do CC, almeja proteger a situação do credor de boa-fé que consome coisa fungível dada pelo devedor contra o verdadeiro dono da coisa, o que não é o caso. Recurso desprovido. (TJSP, Ap. n. 0111999-08.2007.8.26.0100/São Paulo, 20ª Câm. de Dir. Priv., rel. Álvaro Torres Júnior, *DJe* 09.10.2012, p. 1.214)

## *Seção II*
## *Daqueles a Quem se Deve Pagar*

**Art. 308. O pagamento deve ser feito ao credor ou a quem de direito o represente, sob pena de só valer depois de por ele ratificado, ou tanto quanto reverter em seu proveito.**

Os pagamentos devem ser efetuados ao próprio credor ou a seu representante. Se isso não se verificar, a validade do pagamento dependerá da ratificação do credor ou da prova que reverteu em proveito dele. São hipóteses diversas. O pagamento pode ser feito ao representante do credor, desde que prove essa condição (art. 118 do CC), ou dependendo de ratificação futura, expressa ou tácita.

Também pode ser válido, independentemente da ratificação ou da prova da representação, o pagamento que reverte em proveito do credor, o que dependerá de prova a ser produzida pelo devedor, ou pelo terceiro que efetuou o adimplemento. É o exemplo do devedor que deve determinada importância ao credor e quita um débito dele. Não há hipótese de representação, mas há reversão do pagamento da dívida em proveito do credor, que obterá a quitação.

Também se verifica a situação tratada neste dispositivo quando determinada quantia é entregue pelo locatário de um imóvel a uma pessoa que conhece os dados da conta-corrente do locador (antigo empregador seu). Essa pessoa efetua o depósito do valor do aluguel nessa conta, com o propósito de quitar a dívida, mas sem que exista vínculo de representação entre aquele que efetuou depósito e o credor. Porém, o pagamento terá sido feito corretamente, na medida em que reverteu em proveito do locador.

**Jurisprudência:** Apelação. Ação de reparação de danos. Transporte marítimo. Autora que realizou o pagamento devido em duplicidade. Pleito de restituição. Alegação da ré de que a conta em realizada a primeira transação estava bloqueada em razão de ação judicial e não teve acesso aos valores. Impertinência. Conta em que realizada a transação que é de titularidade da autora e que foi objeto de acordo, no qual restou previsto que os valores constritos seriam levantados pelo banco-exequente. Prova dos autos a indicar que os valores foram revertidos em favor da ré. Exegese do art. 308 do CC. Restituição do valor pago a maior que se mostra de rigor, sob pena de enriquecimento ilícito da ré. Sentença mantida. Nega-se provimento ao recurso. (TJSP, Ap. Cível n. 10063414720228260004/SP, 19ª Câm. de Dir. Priv., rel. Sidney Braga, j. 11.10.2024, publ. 11.10.2024)

Apelação. Duplicata mercantil. Cessão de crédito a terceiro. Notificação ao devedor. Pagamento posterior. Quitação não oponível ao cessionário. Ação monitória. Duplicata mercantil. Cessão de crédito a terceiro, após confirmação da regularidade e validade do título. Notificação ao devedor, na forma do art. 290 do CC. Posterior pagamento ao cedente. Quitação inoponível ao cessionário. Arts. 292 e 308 do CC: – A quitação dos títulos, outorgada pelo credor originário e cedente, não é oponível ao cessionário, se o pagamento se deu após a notificação do devedor sobre a cessão de crédito (CC, art. 290). Exegese dos arts. 292 e 308 do CC. Recurso não provido. (TJSP, Ap. Cível n. 1013364-47.2022.8.26.0003/SP, 13ª Câm. de Dir. Priv., rel. Nelson Jorge Júnior, j. 07.12.2023, publ. 07.12.2023)

Seguro obrigatório (DPVAT). Cobrança. Alegação de pagamento a credor putativo. Inocorrência. Ré que sequer demonstrou sua diligência e cautela ao efetuar pagamento anterior de modo a observar a ordem prevista no art. 792 do CC (art. 4º da Lei n. 6.194/74). Inteligência do art. 308 do CC. Indenização devida pela metade à consorte do *de cujus*. Correção monetária a contar do evento e juros de mora a contar da citação. Ação procedente em parte. Recurso parcialmente provido. (TJSP, Ap. n. 0011065-23.2012.8.26.0664/Votuporanga, 25ª Câm. de Dir. Priv., rel. Walter Cesar Exner, *DJe* 26.06.2013, p. 981)

Processo civil. Duplicata. Protesto. Competência do tabelião. Intimação. Formalidades. Pagamento. Art. 308, do CCB. Art. 19, §§ 1º e 2º, da Lei n. 9.492/97. Pagamento feito a pessoa diversa. Inscrição em órgãos de proteção ao crédito. Possibilidade. Honorários advocatícios. Critérios para fixação. Protesto é o ato formal e solene pelo qual se prova a inadimplência e o descumprimento de obrigação originada em títulos e outros documentos de dívida. É de competência privativa do tabelião de protesto de títulos, na tutela dos interesses públicos e privados, a protocolização, a intimação, o acolhimento da devolução ou do aceite, o recebimento do pagamento, do título e de outros documentos de dívida, bem como lavrar e registrar o protesto ou acatar a desistência do credor em relação ao mesmo, proceder às averbações, prestar informações e fornecer certidões relativas a todos os atos praticados, na forma da lei. A teor do art. 14, da Lei n. 9.492/97, protocolizado o título ou documento de dívida, o tabelião de protesto expedirá a intimação ao devedor, no endereço fornecido pelo apresentante do título ou documento, considerando-se cumprida quando comprovada a sua entrega no mesmo endereço. A intimação deverá conter nome e endereço do devedor, elementos de identificação do título ou documento de dívida, e prazo limite para cumprimento da obrigação no tabelionato, bem como número do protocolo e valor a ser pago. Conforme o art. 308, do CCB, o pagamento deve ser feito ao credor ou a quem de direito o represente, sob pena de só valer depois de por ele ratificado, ou tanto quanto reverter em seu proveito. O pagamento do título ou do documento de dívida apresentado para protesto será feito diretamente no tabelionato competente, no valor igual ao declarado pelo apresentante, acrescido dos emolumentos e demais despesas. No ato do pagamento, o tabelionato de protesto dará a respectiva quitação, e o valor devido será colocado à disposição do apresentante no primeiro dia útil subsequente ao do recebimento. O pagamento feito a pessoa que não figure como credora na relação jurídica e seja estranha à relação jurídica havida entre as partes, ainda que de boa-fé, não possui o condão de obstar a inscrição do nome do devedor em órgãos de proteção ao crédito. Os honorários não podem ser fixados de maneira a aviltar o trabalho dos patronos constituídos, nem de maneira excessiva, que não coadune com os preceitos estabelecidos no art. 20, § 3º, do CPC [art. 85, § 2º, do CPC/2015]. Devem, pois, ser fixados de modo razoável e prezar pelo equilíbrio entre o tempo despendido e o esforço desempenhado pelo causídico. Recurso conhecido e não provido. (TJDFT, Proc. Cível n. 20120111869317, rel. Des. Ana Maria Duarte Amarante Brito, *DJe* 11.06.2013, p. 268)

Compromisso de venda e compra de bem imóvel. Ação de rescisão de contrato c/c reintegração de posse. 1 – Tutela antecipada. Concessão da medida no bojo da sentença. Inconformismo dos réus. Matéria, entretanto, já apreciada por esta relatoria em sede de agravo de instrumento. 2 – Pagamento efetuado à corretora de imóveis que intermediou a negociação. Inadmissibilidade. Ausência, na espécie, de mandato conferido pelos compromissários-vendedores para o recebimento da importância. Inaplicabilidade da Teoria da Aparência. Pagamento com erro. Incidência do disposto no art. 308 do CC. Sentença preservada nos termos do art. 252 do RITJSP. Apelo conhecido em parte e, na parte conhecida, improvido. (TJSP, Ap. n. 0001821-90.2011.8.26.0604/Sumaré, 3ª Câm. de Dir. Priv., rel. Donegá Morandini, *DJe* 03.05.2013, p. 1.525)

Apelação. Autor. Declaratória. Cheque. Ré, ora Apelada, como beneficiária e portadora. Alegação de pagamento a terceiro. Inexistência de prova da autorização do terceiro para recebimento do valor. Exegese do art. 308 do CC. Inadmissibilidade da alegação de pagamento de boa-fé a credor putativo. Sentença mantida. Recurso não provido. (TJSP, Ap. n. 990093297388, 37ª Câm. de Dir. Priv., rel. Tasso Duarte de Melo, j. 12.05.2010)

Consignação em pagamento. Fatura do cartão de crédito vencida em 20.08.2006, mas paga em 23.08.2008 [...], sem os acréscimos contratuais e legais. O credor aceitou o pagamento, mas com a ressalva de que os acréscimos contratuais decorrentes do pagamento com atraso. Inaplicabilidade do disposto no art. 308 do CC. Para validade do pagamento é necessária que seja feita no vencimento ou, se com atraso, mas com os acréscimos decorrentes da mora. Inexistência dos alegados danos morais. Recurso não provido. (TJSP, Ap. Cível n. 7.301.805.200, rel. Paulo Hatanaka, j. 13.04.2009)

Execução de alimentos. Decisão que rejeitou recibo de quitação. Cabimento. Pagamento a quem não detinha a guarda dos alimentandos. Negativa, ademais, de recebimento do valor declarado, por quem o firmou. Inteligência do art. 308 do CC. Agravo conhecido diretamente e negado provimento em seu mérito. (TJSP, AI n. 6.157.954.000, rel. Sebastião Carlos Garcia, j. 05.02.2009)

Ação monitória. Pagamento da dívida a menor impúbere. Dívida subsistente. Inteligência do art. 308 do CC. Cerceamento de defesa não configurado. Sentença mantida. (TJSP, Ap. c/ Rev. n. 1.003.086.007, 36ª Câm. de Dir. Priv., rel. Pedro Baccarat, j. 25.09.2008)

O pagamento nas relações civis só tem poder liberatório quando efetuado diretamente ao credor ou a pessoa autorizada por este a receber, consoante estabelece o art. 308 do CC. Ademais, a prova da satisfação da obrigação está consubstanciada no recibo de quitação dos mesmos, *ex vi legis* do art. 324 da lei civil antes invocada, o que não ocorreu no caso em tela, de sorte que o débito em questão existe e pende de pagamento integral no valor reconhecido pela decisão. Da distribuição do ônus sucumbencial. 8 – Quanto à irresignação do autor no que tange à forma de distribuição dos ônus sucumbencial entendo que merece guarida. Compulsando os termos da inicial, é possível verificar que, de todos os pedidos de indenização pelos danos materiais, apenas em relação às despesas com as corridas de táxi, não obteve êxito. 9 – Importa destacar que em relação ao pedido de reparação pelos danos morais, o deferimento de quantia menor do que a postulada na exordial, não induz sucumbência recíproca. Inteligência do enunciado da Súmula n. 326 do STJ. Negado provimento ao apelo do demandado e dado parcial provimento ao apelo da parte autora. (TJRS, Ap. Cível n. 70.021.062.906, 5ª Câm. Cível, rel. Jorge Luiz Lopes do Canto, j. 13.08.2008)

Cheque. Ação declaratória de inexigibilidade de título de crédito c/c ação de cobrança. Compra e venda de veículo automotor. Prova de que o pagamento foi efetuado a terceiro sem que ele fosse autorizado a receber, e sem que fosse ratificado pelo réu ou revertesse em seu proveito. Pagamento a terceiro ineficaz em relação ao réu. Inteligência do art. 306 do CC. Apelo desprovido. (TJSP, Ap. c/ Rev. n. 7.045.063-6, rel. Des. Borges Pereira, j. 22.11.2006)

Demonstrado que o valor cobrado foi efetivamente pago a mandatário convencional do credor, a obrigação deve ser considerada cumprida, ou seja, quitada para todos os fins atinentes à espécie, mesmo porque, os pagamentos efetuados devem ser considerados válidos nos termos do art. 934 do CC/1916 (art. 308 do CC/2002), então vigente quando da propositura da presente ação de cobrança, que dispõe que o pagamento deve ser feito ao credor ou a quem de direito o represente. (TJSP, Ap. s/ Rev. n. 1.295.859.500, 24ª Câm. de Dir. Priv., rel. Roberto Mac Cracken, j. 24.08.2006)

O pagamento efetuado na pessoa do mandatário somente aproveita ao mandante quando ratificado pelo credor. Exegese do art. 934, do CC. (II TAC, Ap. n. 624.351-00, 2ª Câm., rel. Juiz William Campos, j. 18.12.2001)

Seguro. Pagamento efetuado ao corretor e não repassado ao segurado. Relação jurídica entre o segurado e a seguradora. Inadimplemento. Inteligência do art. 934 do CC. Recurso não provido. Se o pagamento não for feito ao credor ou a seu legítimo representante, será invalidado e não terá força liberatória, devendo ser ratificado. (TJSP, Ap. Cível n. 3.400-4/Ribeirão Preto, 8ª Câm. de Dir. Priv., rel. Des. Debatin Cardoso, j. 12.12.1997, v.u.)

Compromisso de compra e venda. Prestações. Consignação em pagamento. Legitimidade passiva *ad causam*. Ação proposta contra a administradora do loteamento, e não contra o proprietário credor. Continuada prática do recebimento dos valores por aquela. Circunstância que coloca o devedor em condições de exigir que o intermediário receba. Aplicação do art. 934 do CC. (TJSP, *RT* 656/96)

---

**Art. 309. O pagamento feito de boa-fé ao credor putativo é válido, ainda provado depois que não era credor.**

---

O artigo cuida da hipótese em que o pagamento é feito de boa-fé a alguém que se comporta de modo a fazer com que o devedor acredite ser ele o próprio credor, ou seu representante. O pagamento será válido, ainda que essa pessoa não seja o credor ou seu representante. O credor putativo é aquele que, em razão de seu comportamento, parece ser o próprio credor. Essa aparência não deve ser avaliada apenas em relação ao próprio devedor, mas em face de todos, de modo objetivo. Para admitir a putatividade do credor, não basta a convicção pessoal do devedor de que aquele é o verdadeiro credor (LOTUFO, Renan. *Código Civil comentado*. São Paulo, Saraiva, 2003, v. II, p. 203).

Uma vez realizado o pagamento válido ao credor putativo, resta ao verdadeiro credor perseguir o crédito daquele que indevidamente o recebeu, pois o devedor originário está exonerado da obrigação.

**Jurisprudência:** Ação de cobrança de contribuições condominiais. Pagamento feito pontualmente a empresa que administrava o condomínio, mas teve o contrato rescindido por decisão da assembleia. Não demonstrada a ciência da ré sobre a rescisão. Boletos enviados à residência da ré mesmo após a rescisão. Boa-fé demonstrada. Pagamento putativo. Aplicação do art. 309 do CC. Reconvenção da condômina pleiteando a devolução em dobro da quantia cobrada e indenização por danos morais. Inaplicabilidade do art. 940 do CC, porque não demonstrada a má-fé do autor. Dano moral que não se configura por cobrança que não produz constrangimentos ou embaraços. Ação e reconvenção improcedentes. Recursos desprovidos. (TJSP, Ap. n. 0163093-87.2010.8.26.0100/São Paulo, 36ª Câm. de Dir. Priv., rel. Pedro Baccarat, *DJe* 10.06.2013, p. 1.247)

Locação de imóvel. Ação de cobrança. Dois contratos de locação, envolvendo locadores diferentes pagamento putativo (CC, art. 309). Reconhecimento. Honorários sucumbenciais. Valor adequado. Sentença mantida. I – O pagamento feito de boa-fé ao credor putativo é válido, mesmo sendo provado depois que não era credor (CC, art. 309). II – Nas ações em que não há condenação, a verba honorária advocatícia deve ser fixada equitativamente pelo juiz, nos termos do § 4º do art. 20 do CPC [art. 85, § 8º, do CPC/2015], em valor compatível com o trabalho desenvolvido, a dignidade do profissional, a natureza da ação e o tempo exigido para o serviço, conforme ocorreu *in casu*. (TJSP, Ap. n. 0000761-37.2010.8.26.0695/Atibaia, 35ª Câm. de Dir. Priv., rel. Mendes Gomes, *DJe* 11.04.2013, p. 1.333)

Apelação cível. Ação de cobrança. Seguro obrigatório. DPVAT. Requerimento da indenização pelos filhos do *de cujus*. Pagamento administrativo efetuado à mãe da vítima. Certidão de óbito apresentada por ela no processo administrativo que não informava possuir ele filhos. Legitimidade do pagamento parcial efetuado na via administrativa. Credora putativa. Inteligência do art. 309 do CC. Aplicação da teoria da aparência. Sentença parcialmente reformada. Complementação devida aos filhos do falecido. Recurso conhecido e parcialmente provido. (TJPR, AC n. 0929044-2, 9ª Câm. Cível, rel. Des. Domingos José Perfetto, *DJe* 29.01.2013, p. 341)

Agravo regimental. Agravo de instrumento. Obrigação securitária. Acordo. Pagamento ao falido. Credor putativo. Art. 309, do CC. Provimento. 1 – No caso em apreço, a recorrente foi condenada ao pagamento de seguro e entabulou acordo com a credora, cuja falência fora decretada anteriormente, sem que tivesse conhecimento do fato nem se consignando eventual má-fé no acórdão recorrido. 2 – Inexistindo, pois, prova da má-fé e elemento que pudesse cientificar o devedor que o representante da credora não mais detinha poderes de administração, é de se reputar válido o pagamento feito a credor putativo. Inteligência do art. 309 do CC. 3 – Agravo regimental provido. (STJ, Ag. Reg.-AI n. 1.225.463, 4ª T., rel. Min. Maria Isabel Gallotti, *DJe* 19.12.2012, p. 1.055)

Apelação cível. Honorários de profissionais liberais. Serviços contábeis e consultoria fiscal. Pagamento efetuado a credor putativo. Caso em que a parte, de boa-fé, efetuou o pagamento pelos serviços de assessoria contábil e fiscal ao advogado que, por indicação da credora contratada, representou seus interesses em juízo. Credor putativo. Pagamento válido. Art. 309 do CC. Apelo desprovido. (TJRS, Ap. Cível n. 70.037.536.463, 16ª Câm. Cível, rel. Paulo Sérgio Scarparo, j. 12.08.2010)

Ação de cobrança. Sindicato dos Professores de Osasco e Região. Contribuição assistencial. Impossibilidade. Incompetência da Justiça Estadual para decidir sobre contribuição estipulada em convenção coletiva. Contribuição sindical. Pagamento feito à Federação dos Trabalhadores de Ensino de São Paulo. Possibilidade. Boa-fé configurada. Aplicação do disposto no art. 309 do CC. Sentença mantida. Recurso improvido. (TJSP, Ap. n. 994051564006 (5106785500), 12ª Câm. de Dir. Públ., rel. Burza Neto, j. 10.03.2010)

Processo civil. Acordo. Homologação judicial afastada nesta instância. Pagamento efetuado nos termos do acordo em primeira instância. Alegação de pagamento efetuado a credor aparente. Art. 309 do CC. Ineficácia do pagamento. Recurso improvido. Para que o pagamento feito a credor aparente ou putativo tenha validade, apesar de não ser o verdadeiro *accipiens*, é preciso a ocorrência de dois requisitos: a boa-fé do *solvens* e a escusabilidade, ou, a reconhecibilidade de seu erro. Por isso, prestigia-se o princípio da boa-fé, beneficiando a pessoa que, agindo cautelosa e criteriosamente, foi levada, por erro escusável ou reconhecível, a proceder de determinada forma. (TJSP, AI n. 992.090.729.675, rel. Artur Marques, j. 19.10.2009)

Recurso especial. Civil. Credor putativo. Teoria da aparência. Necessidade de diligência do devedor. Responsabilidade contratual. Juros. Fluência a partir da citação. 1 – Pela aplicação da teoria da aparência, é válido o pagamento realizado de boa-fé a credor putativo. 2 – Para que o erro no pagamento seja escusável, é necessária a existência de elementos suficientes para induzir e convencer o devedor diligente de que o recebente é o verdadeiro credor [...]. (STJ, REsp n. 1.044.673, 4ª T., rel. Min. João Otávio de Noronha, j. 02.06.2009, *DJ* 15.06.2009)

Mandado de segurança. Fornecimento de água. Autarquia que não pode interromper o serviço por dívida pretérita. Devedor que pagou de boa-fé a quem julgou ser representante da credora. Aplicação do art. 309 do CC/2002. Recurso desprovido. (TJSP, Ap. c/ Rev. n. 998.407.008, 36ª Câm. de Dir. Priv., rel. Pedro Baccarat, j. 10.07.2008)

Apelação cível. Cobrança. Contribuição sindical. Pagamento de boa-fé feito a credor putativo. Validade. Inteligência do art. 309 do CC (art. 935 do antigo CC). Sindicato rival que se apresentava aparentemente como titular do crédito. Boa-fé da devedora consubstanciada pela presteza no recolhimento das contribuições, assim como pelo tempo transcorrido (4 anos) até que a Federação credora reclamasse a legitimidade dos valores. Precedente desta Col. Corte. Federação que deverá pleitear junto ao sindicato rival o direito que lhe cabe. Reforma do r. julgado atacado. Provimento. (TJRS, Ap. s/ Rev. n. 4.159.485.500, 12ª Câm. de Dir. Públ., rel. Prado Pereira, j. 21.05.2008)

Ação de cobrança. Seguro obrigatório (DPVAT). Procedência. Pagamento de indenização já efetuado a mãe da vítima, que se apresentou à seguradora como única herdeira. Aplicação da teoria da aparência. Pagamento reputado válido. Recurso provido, com inversão do ônus da sucumbência. (TJSP, Ap. n. 1.033.339-0, rel. Des. Cesar Lacerda, j. 19.02.2008)

O pagamento feito de boa-fé ao credor putativo é válido, mesmo provando-se depois que não era credor. (TJSP, Ap. n. 969.041-0/7, rel. Des. Francisco Thomaz, j. 14.11.2007)

Indenizatória. Contrato bancário. Desconto de títulos. Pagamento a credor putativo. Quitação da parcela. Validade do pagamento. Reza o art. 309 do CC que "O pagamento feito de boa-fé ao credor putativo é válido, ainda provado depois que não era credor". No caso dos autos, não foi alegado adequadamente, tampouco demonstrado, que o apelante tinha conhecimento da celebração de operação desconto de duplicatas realizado entre o Banco apelado e a empresa apelada, tanto que, conforme se aufere dos autos, existe comprovante de pagamento, mediante depósito em conta-corrente, efetivado em favor da empresa apelada, a qual, poderia, tendo em vista que era a endossatária da referida duplicata, comunicar à apelante para fins de proceder corretamente o pagamento do valor do título de crédito. Contudo, nos autos, não constam informações nesse sentido, mas sim, de que a empresa apelada recebeu o valor relativo à prestação, o que deve ser considerado, para os devidos fins de direito, como pagamento a credor putativo, o que leva à quitação da mencionada parcela. Recurso provido para reconhecer a quitação, especificamente da prestação. Recurso parcialmente provido. (TJSP, Ap. c/ Rev. n. 7.033.495.700, rel. Des. Roberto Mac Cracken, j. 31.05.2007)

Compra e venda. Bem móvel. Existência de instituição financeira no interior do estabelecimento comercial. Negócio concretizado mediante pagamento em parcelas feito diretamente à loja comercial conforme os recibos juntados aos autos. Validade. Dívida devidamente quitada, mesmo porque nos termos da Lei, o pagamento feito de boa-fé ao credor putativo é válido, ainda provado depois que não era credor. Art. 309 do novo CC. Ausência, ademais, de prova hábil do contrato autônomo de financiamento da dívida. Declaratória de inexigibilidade de título de crédito procedente. Recurso desprovido. (TJSP, Ap. n. 1.247.830/3/Paraguaçu Paulista, 11ª Câm. de Dir. Priv., rel. Des. Gilberto Pinto dos Santos, j. 12.06.2006, v.u., voto n. 7.662)

**Art. 310. Não vale o pagamento cientemente feito ao credor incapaz de quitar, se o devedor não provar que em benefício dele efetivamente reverteu.**

Se o devedor tiver consciência da incapacidade de seu credor e, apesar disso, efetuar o pagamento, sua exoneração ficará condicionada à prova de que o benefício – ou seja, o pagamento –, reverteu em proveito do credor incapaz. Sílvio Rodrigues adverte que se o devedor não tiver ciência da incapacidade, o pagamento será válido, prestigiando-se a boa-fé daquele que paga ou punindo-se a malícia do credor: "Note-se que o texto do art. 310 usa o advérbio *cientemente*, ao se referir ao pagamento feito ao incapaz de quitar. Bevilaqua insiste no fato de ser condição de ineficácia do pagamento a ciência pelo *solvens*, da incapacidade do *accipiens*. Nesse sentido, se o devedor tinha razão suficiente para supor que tratava com pessoa incapaz, ou se, dolosamente, foi induzido a crer que desaparecera a incapacidade existente, prevalecerá o pagamento desde que se prove o erro escusável do devedor ou dolo do credor" (RODRIGUES, Sílvio. *Direito civil*. São Paulo, Saraiva, 2002, v. II, p. 132).

O pagamento é ato jurídico (ou ato-fato jurídico, na lição de Pontes de Miranda. *Tratado de direito privado*, 1. ed., atualizada por Vilson Rodrigues Alves. Campinas, Bookseller, 2003, v. XXIV, p. 114), de modo que a vontade só pode produzir um resultado: a quitação. Dessa forma, o recebimento pelo incapaz pode ser eficaz se efetivamente o beneficiou. A regra aplica-se tanto aos absolutamente quanto aos relativamente incapazes, como observa Caio Mário da Silva Pereira, ponderando, no que se refere aos primeiros, que, embora o ato praticado pelo devedor seja nulo, nada justifica que o credor enriqueça em prejuízo de quem paga, se o pagamento reverteu em seu proveito (*Instituições de direito civil*, 20. ed., atualizada por Luiz Roldão de Freitas Gomes. Rio de Janeiro, Forense, 2003, v. II, p. 181).

**Jurisprudência:** Ação de cobrança. Seguro obrigatório (DPVAT). Prescrição. Inocorrência. Autores absolutamente incapazes quando do ajuizamento da demanda. Prazo prescricional que sequer começou a correr. Inteligência do art. 198, I, do CC. Representação processual devidamente regularizada. Pagamento efetuado a pessoa que não era o beneficiário, além de realizado de forma diversa da estabelecida em alvará judicial. Comprovação de que os valores foram revertidos em benefícios dos apelados. Ausência. Quitação. Não comprovação. Inteligência do art. 308 c/c art. 310 do CC. Valor da indenização. Salário mínimo. Referência que não se confunde com indexação. Legalidade. Prevalência da lei de regência sobre a regulação do CNSP. Recurso desprovido. (TJSP, Ap. n. 990093145480, 27ª Câm. de Dir. Priv., rel. Dimas Rubens Fonseca, j. 18.05.2010)

Declaratória precedida de cautelar de sustação de protesto. Duplicata. Título formalmente perfeito. Pagamento feito a quem já não era mais credor. Fato do conhecimento da empresa que efetuou o pagamento. Pagamento inválido. Art. 310 do CC. Sentença confirmada. Recurso desprovido. (TJSP, Ap. Cível n. 7.329.794.200, rel. Irineu Fava, j. 26.08.2009)

**Art. 311. Considera-se autorizado a receber o pagamento o portador da quitação, salvo se as circunstâncias contrariarem a presunção daí resultante.**

O instrumento de quitação faz prova de que seu portador pode receber o pagamento, o que implica exoneração do devedor. No entanto, as situações específicas podem contrariar essa presunção. O instrumento de quitação pode ter sido furtado do escritório do credor. Caso tiver conhecimento do furto, mas sem saber que o instrumento de quitação estava entre os bens subtraídos, o devedor, ao ser procurado por um desconhecido que quiser receber o débito vencido oferecendo-lhe quitação, deve suspeitar desse comportamento, acautelando-se para não pagar a eventual autor do crime de furto. O exame das circunstâncias de cada caso concreto é que autorizará a inversão da presunção de que o portador do instrumento não está autorizado a receber.

**Jurisprudência:** Cobrança. Daqueles a quem se deve pagar. Representante do credor. Aparência. Instrumento de quitação. Inteligência dos arts. 308 e 311 do CC. O pagamento deve ser feito ao credor ou a quem de direito o represente, sob pena de só valer depois de ratificado por ele, ou tanto quanto reverter em seu proveito. Considera-se autorizado a receber o pagamento o portador da quitação. O devedor que não exige quitação regular, mas ainda assim efetua o pagamento, paga mal e pode pagar duas vezes. (TJMG, Proc. n. 2.0000.00.511231-2/000(1), rel. Fabio Maia Viani, j. 12.01.2006)

A aparência de direito produz os mesmos efeitos da realidade de direito, quando se faz pagamento ao credor ou a quem o represente, vigente o princípio da boa-fé. É válido o pagamento feito a então Síndica, embora existente ação contestando essa qualidade, mas sem que fosse nomeado administrador judicial ou síndico-dativo; não era exigível do devedor, diante das peculiaridades do caso, conduta diversa. Ao condomínio restaria a ação de prestação de contas ou de locupletamento ilícito contra a então síndica. (II TAC, Ap. n. 623.176-00/2, 1ª Câm., rel. Juiz Vanderci Álvares, j. 27.11.2001)

**Art. 312. Se o devedor pagar ao credor, apesar de intimado da penhora feita sobre o crédito, ou da impugnação a ele oposta por terceiros, o pagamento não valerá contra estes, que poderão constranger o devedor a pagar de novo, ficando-lhe ressalvado o regresso contra o credor.**

Uma vez intimado de que o valor que deve ao credor foi penhorado por dívida deste último, o devedor não deve efetuar o pagamento diretamente a ele, mas sim depositá-lo em juízo, nos autos da ação movida em face do credor. Caso efetue o pagamento diretamente ao credor, estará fraudando a execução (art. 792 do CPC/2015; art. 593 do CPC/73). A regra tem equivalente no art. 298 do CC, segundo o qual o devedor que desconhece a penhora e efetua o pagamento exonera-se da obrigação.

Também não é eficaz o pagamento efetuado após impugnação de terceiros. A ineficácia só é oponível aos terceiros que notificam o devedor, que poderão obrigá-lo a pagar novamente se o pagamento ao credor ocorrer após a notificação. Nessa hipótese, o devedor poderá postular o reembolso daquilo que pagou ao credor. Renan Lotufo pondera que essa impugnação deve ser judicial, sendo que a extrajudicial não produz o mesmo efeito (*Código Civil comentado*. São Paulo, Saraiva, 2003, v. II, p. 211). No entanto, Caio Mário da Silva Pereira admite que a impugnação se faça por intermédio do Cartório de Títulos e Documentos (*Instituições de direito civil*, 20. ed., atualizada por Luiz Roldão de Freitas Gomes. Rio de Janeiro, Forense, 2003, v. II, p. 182) e Judith Martins-Costa considera suficiente o simples protesto (*Comentários ao novo Código Civil*. Rio de Janeiro, Forense, 2003, v. V, t. I, p. 157). Se as impugnações forem várias, o devedor deve consignar o valor em uma das ações e comunicar os demais Juízos (art. 335, IV, do CC).

**Jurisprudência:** Apelação. Ação de embargos à execução. Sentença de improcedência. Embargante apela. Cessão de direitos creditórios de cota cancelada que difere da cessão de contrato de consórcio ativo. Prescinde de prévia anuência da administradora do consórcio. Notificação da administradora dos termos da cessão de crédito (art. 290 do CC). Pagamento efetuado ao consorciado cedente contemplado. Irrelevância. Administradora que fica obrigada a pagar de novo, ressalvado o direito de regresso (art. 312 do CC). Descontos a título de multa contratual (cláusula penal). Inadmissibilidade, diante da ausência de demonstração de prejuízo do grupo consorcial ou da administradora do consórcio (art. 373, II, do CPC). Sentença mantida. Recurso não provido. (TJSP, Ap. Cível n. 1002107-60.2023.8.26.0271/Itapevi, 22ª Câm. de Dir. Priv., rel. Júlio César Franco, j. 20.02.2024, publ. 20.02.2024)

Apelação. Embargos à execução. Nota promissória. Alegação de convenção verbal, condicionando sua exigibilidade a julgamento de ações e execuções, ainda não ocorrida. Falta de impugnação específica pelo embargado (art. 302, *caput*, do CPC) [art. 341, *caput*, do CPC/2015]. Presunção (relativa) de veracidade afastada. Argumento inverossímil ante o contexto dos autos. Insolvência do credor. Fato que, por si só, não compromete o pagamento da dívida. Ausência de notícia de penhora ou impugnação ao crédito executado. Inaplicabilidade dos arts. 312 e 477 do CC. Exigibilidade e exequibilidade da nota promissória mantidas. Juros moratórios. Fixação em 1% ao mês. Legalidade (arts. 406 desse Código e 161, § 1°, do CTN). Inaplicabilidade da taxa Selic. Sentença mantida. Litigância de má-fé não caracterizada. Prequestionamento. Inexistência de violação a quaisquer preceitos legais. Propósito de oportuna interposição de recurso extraordinário e/ou especial. Recurso desprovido. (TJSP, Ap. n. 0016051-10.2010.8.26.0011/São Paulo, 15ª Câm. de Dir. Priv., rel. Vicentini Barroso, *DJe* 23.04.2013, p. 1.076)

Execução por título extrajudicial. Contrato de arrendamento firmado pela agravante com uma das coexecutadas. Descumprimento à ordem judicial de depósito em juízo das prestações relativas ao contrato de arrendamento. Inteligência da regra contida no art. 312 do CC. Hipótese em que o crédito, representado pelas prestações do contrato de arrendamento, integra o patrimônio da devedora e constitui garantia da credora exequente. Situação em que, estando ciente da penhora, ao efetuar o pagamento diretamente à sua credora, sujeitou-se a devedora da prestação a nova cobrança pela exequente, credora daquela, neste processo executivo. Admissibilidade, dadas as peculiaridades do caso, de bloqueio *on-line* de ativos financeiros pertencentes à depositária que afrontou a ordem judicial, limitados aos valores que deveriam ter sido depositados em juízo. Determinação de instauração de inquérito policial para a apuração da prática do crime de desobediência preservada. Decisão mantida. Recurso improvido. (TJSP, AI n. 0512601-35.2010.8.26.0000/Porto Ferreira, 19ª Câm. de Dir. Priv., rel. João Camillo de Almeida Prado Costa, *DJe* 29.04.2011, p. 973)

O demandante sequer poderia efetuar pagamentos diretamente ao exequente, porquanto este teve seu crédito penhorado, informação esta que se presume a ciência do autor, uma vez que não houve nenhuma irresignação nesse sentido, havendo intimação de seu patrono desta circunstância. Desta forma, independentemente se protocolado tempestivamente e acrescido do pagamento das custas processuais, o pacto não seria homologado, à luz do que preceitua o art. 312 do CC. (TJRS, Ap. Cível n. 70.034.432.484, 5ª Câm. Cível, rel. Jorge Luiz Lopes do Canto, j. 31.03.2010)

Ação monitória. Bem móvel. Produtos entregues em nome do autor na portaria do edifício onde reside. Posterior desaparecimento. Impossibilidade de que se responsabilize a empresa que produziu os equipamentos pelo ocorrido. Exegese do disposto nos arts. 308 e 311 do CC. Sentença de improcedência que se mantém. Recurso do autor não provido. (TJSP, Ap. Cível n. 992.051.074.329, rel. Antônio Maria, j. 06.10.2009) Trecho do acórdão: "Além disso, apresentando-se a zeladora ou a síndica [...] à frente do edifício, é de se presumir que tivesse autorização do morador para receber os produtos, com entendimento por extensão daquilo que previsto no art. 311 do CC em vigor. Aplica-se, além disso, a teoria da aparência, certo que não esclareceu o apelante o motivo de não se encontrar no local dos fatos ou alguém de sua família, no momento da entrega".

Apelação cível. Contrato administrativo. Obra civil. Subcontratação. Dívida da subcontratante ao subcontratado. Cobrança do subcontratado contra o contratante. Alegação de impugnação mediante notificação judicial. [...] 2 – É possível, mediante notificação judicial, o subcontratado impugnar o pagamento do contratante-devedor ao subcontratante-credor, por dívida deste àquele, caso em que a inobservância pode constrangê-lo a pagar de novo. Assim dispunha o art. 938 do CC/1916, e dispõe o art. 312 do CC/2002. Todavia, para que a notificação seja eficaz, o crédito do subcontratado face ao subcontratante deve estar devidamente certificado em título executivo. É imprescindível certa parcimônia nessa forma de impugnação, a fim de evitar práticas abusivas. Tal não se configurando à época da notificação, e sim apenas três anos e meio após, quando houve sentença judicial reconhecendo o crédito do subcontratado face ao subcontratante, o pagamento feito a este pelo contratante foi bom. Por conseguinte, desmerece acolhida pedido de condenação do contratante, articulado pelo subcontratado, por descumprimento do art. 938 do CC/1916, então vigente. 3 – Apelação desprovida, confirmando-se a sentença pela conclusão. (TJRS, Ap. Cível n. 70.013.652.813, 1ª Câm. Cível, rel. Irineu Mariani, j. 25.04.2007)

## *Seção III*
## *Do Objeto do Pagamento e sua Prova*

**Art. 313. O credor não é obrigado a receber prestação diversa da que lhe é devida, ainda que mais valiosa.**

A regra era prevista para a obrigação de coisa certa e passou a ser regra geral dos pagamentos: o credor não é obrigado a receber prestação diversa da que lhe é devida, ainda que mais valiosa. Dessa forma, seja a obrigação de dar, fazer ou não fazer, não será possível obrigar o credor a aceitar prestação que não seja a que foi objeto do ajuste.

O conceito de prestação diversa compreende tanto a quantidade quanto a qualidade. O credor não pode ser obrigado a receber uma mansão no litoral baiano, no valor de R$ 1.000.000,00, se o devedor se obrigou a lhe entregar um apartamento de 50 metros quadrados em Cidade Ademar, periferia de São Paulo. O credor pode exigir a entrega deste último, a despeito da intenção do devedor em lhe entregar a casa de praia.

A entrega de uma prestação diversa daquela devida só é possível se houver anuência do credor, o que implicará dação em pagamento, hipótese de adimplemento que se examinará adiante (arts. 356 a 359).

**Jurisprudência:** Agravo de instrumento. Ação de cobrança de despesas de condomínio. Etapa de execução. Pretendida constituição de usufruto sobre a unidade geradora das despesas. Requerimento nesse sentido formulado pelo executado. Recusa do exequente. Indeferimento do pleito. Decisão acertada. Constituição de usufruto processual que não se equipara a penhora, mas representa a maneira de pagamento da dívida. Credor não podendo ser compelido a aceitar que o cumprimento da obrigação se faça por modo ou pela entrega de objeto diversos do convencionado (CC, art. 313). Disciplina da constituição do usufruto processual apenas contemplando, com efeito, o procedimento a tanto instaurado por iniciativa do exequente, consoante os arts. 716 e segs. do CPC [arts. 867 e segs. do CPC/2015]. Agravo a que se nega provimento. (TJSP, AI n. 990100601326, 25ª Câm. de Dir. Priv., rel. Ricardo Pessoa de Mello Belli, j. 09.03.2010)

Não se pode impor ao credor o recebimento de seu crédito de forma parcelada, eis que o art. 313 do CC estipula que o credor não é obrigado a receber prestação diversa da que lhe é devida, ainda que mais valiosa. (TJSP, AI n. 6.275.454.300, rel. Romeu Ricupero, j. 27.10.2009)

Proibição do *salvere aliud pro alio* prevista expressamente art. 313 do CC. Aplicação, ademais, da Lei n. 8.078/90 que impõe ao fornecedor a obrigação de informar corretamente ao consumidor acerca do produto adquirido. Sentença. Recurso não provido. (TJSP, Ap. Cível n. 992.070.509.963, rel. Marcondes D'Angelo, j. 17.09.2009)

Locação de imóvel. Ação de despejo por falta de pagamento. Sentença válida. Litigância de má-fé não configurada. 3 – Conquanto o recorrente sustente ter ajustado verbalmente o pagamento dos locativos e encargos atrasados, não há prova nenhuma nesse sentido. Logo, como ninguém é obrigado a receber de forma diversa da convencionada, ainda que mais valiosa (CC, art. 313), não se pode impor o pagamento dos débitos de forma parcelada ao credor. 4 – Não configuração de litigância de má-fé da apelada. Apelação conhecida em parte, e, na parte conhecida, não provida. (TJSP, Ap. s/ Rev. n. 1.095.585.009, 25ª Câm. de Dir. Priv., rel. Antonio Benedito Ribeiro Pinto, j. 18.03.2008)

Mensalidades escolares. Ação de cobrança. Procedência. Entidade de ensino que obviamente não está obrigada a reajustar as mensalidades de acordo com a situação financeira do aluno e nem em receber seu crédito de forma diversa da ajustada (art. 313 do CC), ou seja, em parcelamento que atenda exclusivamente às condições financeiras do aluno inadimplente. Apelação não provida. (TJSP, Ap. s/ Rev. n. 1.123.157.005, 36ª Câm. de Dir. Priv., rel. Romeu Ricupero, j. 28.02.2008)

Interesse processual. Ausência. Devedores que ajuízam uma ação rotulada de "ação de dação em pagamento" para compelir o credor a receber um imóvel ao invés de dinheiro. Inadmissibilidade. Inexistência de direito a efetuar forma de pagamento diversa da avençada, contra a vontade do credor. Art. 313 do CC. Apelação não provida. (TJSP, Ap. c/ Rev. n. 7.168.800.900, rel. Des. Ulisses do Valle Ramos, j. 19.09.2007)

Alienação fiduciária (bem móvel). Ação de busca e apreensão. Cerceamento do direito de ampla defesa não configurado. A realização da audiência preliminar não é justificável na hipótese de julgamento antecipado da lide, seja porque o réu não postulou a purga da mora, seja porque não é o caso de ingressar na fase saneadora, porquanto embora a questão de mérito seja também de direito, não existe necessidade de produzir prova em audiência: o réu não recolheu o valor exato da parcela em mora. Considera-se em mora o devedor que não efetuar o pagamento no tempo, lugar e forma que a lei ou a convenção estabelecer. Com efeito, o credor não é obrigado a receber prestação diversa da que lhe é devida, ainda que mais valiosa, de mais a mais, ainda que a obrigação tenha por objeto prestação divisível, não pode o credor ser obrigado a receber, nem o devedor a pagar, por partes, se assim não se ajustou. Recurso não provido. (TJSP, Ap. c/ Rev. n. 1.048.814-0/2, rel. Des. Antônio Benedito Ribeiro Pinto, j. 21.08.2007)

Portanto, mesmo que se admita a autenticidade e a origem dos documentos apresentados pela embargante, é certo que não se demonstrou qualquer estipulação acerca da forma de pagamento e dos valores representados no instrumento contratual e seus aditamentos. Ou seja, se a devedora pagou de forma diversa daquela inicialmente estipulada, cabia-lhe exigir um terceiro aditamento do contrato, de modo a legitimar a forma de pagamento que sustenta ter adotado. (TJSP, Ap. c/ Rev. n. 7.137.177-2, rel. Des. Rodrigo César Muller Valente, j. 25.06.2007)

Mútuo bancário. Quitação ou compensação pretendida mediante apólice da dívida pública federal oferecida em pagamento. Prestação diversa da contratada. Substituição do objeto da obrigação não consentida pelo credor. Título da dívida pública, ademais, sem cotação em mercado. Inidoneidade reconhecida, inclusive para garantia do cumprimento de obrigações ajuizadas. Arts. 863 e 995 do CC/1916 e 655, III, do CPC [art. 835, II e VI, do CPC/2015] ou IX, com a redação dada pela Lei n. 11.382/2006. Improcedência da ação ordinária intentada. Recurso improvido. (TJSP, Ap. c/ Rev. n. 1.025.124-2, rel. Des. Correia Lima, j. 22.05.2007)

Tributário e processual civil. Ação de consignação em pagamento. Pretensão de se consignar coisa diversa da que constitui objeto da prestação. Justa recusa por parte do credor. Ação que se mostra inadequada para o fim pretendido pelo devedor, qual seja, o depósito de documentos para serem apreciados pelo credor. (STJ, REsp n. 708.421, Min. Francisco Falcão, j. 10.04.2006)

Na ação de consignação em pagamento, o credor não está compelido a receber coisa diversa do objeto da obrigação. Assim, pode ele exigir o adimplemento da obrigação pecuniária por meio de pagamento em dinheiro, não estando obrigado a aceitar o depósito judicial de título de dívida pública. (STJ, REsp n. 323.411, rel. Min. Nancy Andrighi, j. 19.06.2001)

Arrendamento mercantil. *Leasing*. Ação de consignação. Proposta de dação em pagamento. Caracterização. Inadmissibilidade. A ação de consignação em pagamento não tem por objeto proposta de dação em pagamento, ou seja, substituição das prestações em dinheiro por pedras preciosas. (II TAC, Ap. n. 645.008-00/0, rel. Juiz Ferraz Felizardo, j. 29.08.2000)

**Art. 314. Ainda que a obrigação tenha por objeto prestação divisível, não pode o credor ser obrigado a receber, nem o devedor a pagar, por partes, se assim não se ajustou.**

A obrigação divisível não pode ser paga de forma parcial se isso não foi convencionado. Esse dispositivo encontra paralelo no art. 313, segundo o qual ninguém é obrigado a receber prestação diversa da que lhe é devida. Contudo, se a obrigação for fracionada entre diversos credores, não se poderá negar ao credor o direito de efetuar o pagamento proporcionalmente a cada um dos credores, como o art. 257 do CC autoriza. Observe-se, contudo, que os pagamentos parciais não acarretam redução das garantias da dívida, nos termos do art. 1.421 deste Código (PEREIRA, Caio Mário da Silva. *Instituições de direito civil*, 20. ed., atualizada por Luiz Roldão de Freitas Gomes. Rio de Janeiro, Forense, 2003, v. II, p. 185).

Convém destacar, porém, que o CDC autoriza o consumidor a quitar seu débito antecipadamente, total ou parcialmente, nos casos do seu art. 52, § 2º, da legislação consumerista, e que a boa-fé e as hipóteses de adimplemento substancial do contrato podem permitir que se identifiquem exceções à regra consagrada nesse dispositivo (MARTINS-COSTA, Judith. *Comentários ao novo Código Civil*. Rio de Janeiro, Forense, 2003, v. V, t. I, p. 188). Desse modo, é possível reconhecer abuso de direito (art. 187 do CC) na recusa do credor em receber o pagamento parcelado de contas de luz ou água em atraso, para evitar o corte de energia, pois a outra solução possível será cortar o fornecimento e cobrar a dívida. Assim, se o consumidor quer pagar os débitos vincendos e parcelar o atrasado, não se vislumbra finalidade social e econômica útil para a recusa ao recebimento parcelado, como o Eg. I TAC já teve oportunidade de decidir em acórdão proferido nos autos do AI n. 1.130.350.7, rel. Juiz Rui Cascaldi, j. 16.10.2002.

No que se refere ao adimplemento substancial, vale invocar a lição de Judith Martins-Costa: "a *substantial performance*, ensina Couto e Silva, constitui o adimplemento tão próximo do resultado final, que, tendo-se em vista a conduta das partes, exclui-se o direito de resolução, permitindo-se tão somente o pedido de indenização" (ibidem, p. 112). A ilustre autora sustenta que, nos casos de adimplemento substancial, o pagamento parcelado é de ser admitido (ibidem, p. 188).

O abuso de direito do credor poderia ser identificado nos casos em que o devedor inadimplente não dispõe de patrimônio algum, ou opõe à execução embargos que protelam por muito tempo o recebimento efetivo da dívida. Nessas hipóteses, qual a razão jurídica para que o credor recuse o parcelamento? Se não houver fundamento jurídico defensável para essa recusa, ela será abusiva, a despeito do teor do artigo em exame.

Atualmente, a possibilidade de parcelamento da dívida está prevista no art. 916 do CPC/2015 (art. 745-A do CPC/73), que admite expressamente que o executado deposite nos autos da execução, no prazo dos embargos, 30% do valor devido, com custas e honorários, e obtenha o parcelamento do saldo em seis parcelas. Tal dispositivo dispensa o exame do prejuízo do credor com o procedimento e a verificação da possibilidade econômica do devedor. Limita-se a criar uma regra genérica que parcialmente revoga o art. 314 do CC. Mas o parcelamento admitido pelo CPC também não pode ser absoluto: identificada situação em que o parcelamento pleiteado pelo devedor é dispensável e que a demora é extremamente nociva ao credor, abre-se a possibilidade de utilizar os argumentos até aqui expostos para, agora, afastar a regra benéfica ao devedor e recusar a aplicação do art. 916 do CPC/2015 (art. 745-A do CPC/73) ao caso, com amparo na boa-fé objetiva e na vedação ao abuso de direito.

**Jurisprudência:** Recurso inominado. Energia elétrica. Pedido de parcelamento. Serviço essencial. Comprovada dificuldade econômica da autora, agravada pelo fato de possuir dependente menor com deficiência. Art. 314 do CC que não é norma absoluta. prevalência, no caso, do princípio da dignidade da pessoa humana e do mínimo existencial. Fornecimento de serviço essencial. Precedentes do STJ e desta turma recursal. Sentença mantida. Negado provimento ao recurso. (TJRS, Rec. Inom. n. 5004276-81.2022.8.21.0155, 2ª T. Rec. Cível, rel. Marcio Andre Keppler Fraga, j. 01.11.2023, publ. 08.11.2023)

Locação de imóvel residencial. Ação de despejo por falta de pagamento c/c cobrança de aluguéis e acessórios. Sentença de procedência. Apelo da locatária. Arguição de preliminar de cerceamento de defesa, em razão da não produção de prova testemunhal, sustentando, no mérito, que realizou viagem, solicitando à imobiliária que enviasse os boletos para a residência de sua filha, o que não foi feito, e que, ao retornar, procurou a administradora da locação para quitar os débitos de forma parcelada, o que não foi aceito. Cerceamento de defesa não caracterizado. Juiz que é destinatário das provas. Prova testemunhal despicienda no presente caso. Pagamento que se prova por meio de recibo. Inadimplemento confesso. Credor que não é obrigado a receber o pagamento de forma diferente do convencionado, nos termos do art. 314 do CC. Precedentes. Sentença mantida. Honorários majorados. Recurso não provido. (TJSP, Ap. Cível n. 1010430-38.2021.8.26.0008/SP, 27ª Câm. de Dir. Priv., rel. Alfredo Attié, j. 13.03.2022, publ. 13.03.2022)

Cumprimento de sentença de alimentos. Insurgência contra a r. sentença de extinção por satisfação da dívida, em razão de bloqueio judicial. Excesso de execução não verificado. Não apresentação de descritivo de débito pormenorizado, a autorizar a rejeição liminar do cálculo apresentado pelo executado (art. 525, § 5º, CPC). Pedido de parcelamento do débito. Não acolhimento. Existência de vedação legal (art. 916, § 7º, CPC) e falta de anuência do credor (art. 314, CC). Débito, ademais, que tem natureza alimentar, o que reforça a necessidade de pagamento integral. Sentença preservada. Apelo desprovido. (TJSP, Ap. Cível n. 1042569-58.2021.8.26.0100/SP, 3ª Câm. de Dir. Priv., rel. Donegá Morandini, j. 27.01.2022, publ. 27.01.2022)

Apelação cível. Direito público não especificado. Fornecimento de água. Alegação de sentença *extra petita*. Rejeição. Imposição de parcelamento da dívida. Descabimento. Faculdade do credor. Art. 314 do CC. A interpretação do pedido deve considerar o conjunto da postulação (art. 322, § 2º, CPC), de modo a permitir ao magistrado extrair dos autos o provimento jurisdicional que mais se adeque à pretensão autoral, tal como ocorreu na hipótese. É entendimento uniforme desta Corte de que inexiste qualquer disposição legal que obrigue o credor a parcelar seu crédito, pois o parcelamento da dívida é uma faculdade que lhe assiste. Inteligência do art. 314 do CC. Precedentes. Preliminar de nulidade da sentença rejeitada. Apelação provida. (TJRS, Ap. Cível n. 70.078.895.216, 22ª Câm. Cível, rel. Des. Marilene Bonzanini, j. 13.12.2018, *DJe* 18.01.2019)

Locação de imóvel. Ação de despejo por falta de pagamento c/c cobrança. A credora não é obrigada a receber prestação diversa da qual lhe é devida, ainda que mais valiosa. De mais a mais, ainda que a obrigação tenha por objeto prestação divisível, não pode a credora ser obrigada a receber, nem a devedora a pagar, por partes, se assim não se ajustou. Recurso não provido. (TJSP, Ap. n. 9051529-90.2009.8.26.0000/Praia Grande, 25ª Câm. de Dir. Priv., rel. Antonio Benedito Ribeiro Pinto, j. 24.02.2011)

Bolsa de estudo restituível. Conclusão do curso no 1º semestre de 2003 e previsão de início do pagamento da bolsa em 01.07.2004. Inadimplemento do bolsista, inclusive por confessada impossibilidade de pagamento. Incidência da cláusula 8º, que prevê, no caso de inadimplemento de quaisquer prestações mensais, o vencimento antecipado de toda a dívida. Cláusula que não é ilegal e nem abusiva. Se com o inadimplemento a partir de 01.07.2004, houve o vencimento antecipado de toda a dívida, incide o art. 314 do CC, ou seja, o credor não pode ser obrigado a receber, por partes, se assim não se ajustou. Improcedência mantida. Apelação não provida. (TJSP, Ap. n. 990100024922, 36ª Câm. de Dir. Priv., rel. Romeu Ricupero, j. 09.09.2010)

Não admitindo o parcelamento do débito proposto pelo devedor por ausência de anuência do credor. (TJSP, Ap. Cível n. 992.090.796.488, rel. Renato Sartorelli, j. 01.09.2009; TJSP, AI n. 1.214.716.003, rel. Nestor Duarte, j. 26.01.2009)

Pela mesma razão, indeferindo a inicial: TJSP, Ap. n. 990.10.408516-0, rel. Des. Ana de Lourdes Coutinho Silva, j. 15.12.2010.

Alienação fiduciária. Busca e apreensão convertida em depósito. Procedência. Pedido de renegociação da dívida. Descabimento. A comprovação da mora do devedor fiduciante caracteriza o inadimplemento contratual e, não havendo êxito na busca e apreensão, resta autorizada a conversão em ação de depósito e consequente condenação na entrega do bem ou seu equivalente em dinheiro. Conciliação. Descabido o pedido para que o credor fiduciário seja compelido a renegociar o valor da dívida. Os contratantes podem realizar a composição amigável a qualquer tempo; no entanto, inexiste obrigação legal do credor de receber as parcelas em atraso por partes, ainda que o objeto da obrigação seja divisível, a teor do art. 314 do CC, nem está obrigado a aceitar proposta de pagamento de valor inferior ao débito, de sorte que não é possível a imposição da conciliação. Recurso não provido, v.u. (TJSP, Ap. c/ Rev. n. 1.150.703.003, 35ª Câm. de Dir. Priv., rel. Manoel Justino Bezerra Filho, j. 18.02.2008)

Dívida. Consumo de água. Vazamento. Débito admitido. Acordo para parcelamento. Pedido de redução do montante acordado e novo critério de parcelamento. Imposição pelo juízo. Ausência de discussão referente ao efetivo consumo. Equidade. Inadmissibilidade. Recurso provido. A intervenção judicial nos contratos bilaterais é admissível quando resulta de ilegalidade, abuso ou onerosidade excessiva. Em se tratando de acordo decorrente de débito de consumo de água agravado por vazamento, inclusive com parcelamento já feito, o sistema jurídico não atribui ao juízo poderes para reduzir o total do débito apurado pelo medidor de consumo, ainda que por equidade. Quanto ao parcelamento do valor apurado, ainda que resulte em valor muito alto para o devedor, o juízo também não pode intervir, em face do disposto no art. 314 do CC, o qual garante ao credor o direito de receber por inteiro ou, se em parcelas, pelo valor por ele acordado. De resto, a informalidade do processo no sistema dos Juizados Especiais não permite atribuir-se à presente ação a abrangência aplicável à ação declaratória de insolvência civil. (TJSP, Rec. Inom. n. 30.872, 2ª T. Crim., rel. Erson Teodoro de Oliveira, j. 31.01.2008)

Alienação fiduciária (bem móvel). Ação de busca e apreensão. Cerceamento do direito de ampla defesa não configurado. A realização da audiência preliminar não é justificável na hipótese de julgamento antecipado da lide, seja porque o réu não postulou a purga da mora, seja porque não é o caso de ingressar na fase saneadora, porquanto embora a questão de mérito seja também de direito, não existe necessidade de produzir prova em audiência: o réu não recolheu o valor exato da parcela em mora. Considera-se em mora o devedor que não efetuar o pagamento no tempo, lugar e forma que a lei ou a convenção estabelecer. Com efeito, o credor não é obrigado a receber prestação diversa da que lhe é devida, ainda que mais valiosa, de mais a mais, ainda que a obrigação tenha por objeto prestação divisível, não pode o credor ser obrigado a receber, nem o devedor a pagar, por partes, se assim não se ajustou. Recurso não provido. (TJSP, Ap. c/ Rev. n. 1.048.814-0/2, rel. Des. Antônio Benedito Ribeiro Pinto, j. 21.08.2007)

Consignação em pagamento. Cartão de crédito. Pretensão ao pagamento da dívida de forma parcelada. Benefício, entretanto, que dependia de prévia autorização da administradora. Inocorrência de deficiência de informação. Ação julgada improcedente. Recurso provido para esse fim. (TJSP, Ap. c/ Rev. n. 1.332.678-2, rel. Des. Eduardo Sá Pinto Sandeville, j. 02.08.2007)

Condomínio. Despesas condominiais. Não admitindo o parcelamento do débito condominial: TJSP, Ap. n. 0017851-92.2012.8.26.0564/São Bernardo do Campo, 25ª Câm. de Dir. Priv., rel. Hugo Crepaldi, *DJe* 01.07.2015; TJSP, Ap. Cível n. 1.044.996-0/6/Santo André, 25ª Câm. de Dir. Priv., rel. Des. Antônio Benedito Ribeiro Pinto, j. 24.07.2007, v.u., voto n. 11.280.

Condomínio. Despesas condominiais. Cobrança. Parte do recurso não conhecido por falta de interesse recursal. Autor postula a fixação de verba honorária advocatícia na sentença atacada, entretanto, olvidou-se que a providência já foi lá adotada. Cobrança excessiva, mas de boa-fé, não dá lugar às sanções do art. 1.531 do CC/1916 (CC/2002, art. 940). Fora das hipóteses legais, não se admite compelir o credor a receber em parcelas o montante das cotas condominiais se desse modo não ajustou com o devedor (CC, art. 314). Aplicação do art. 461, § 3º, do CPC [sem correspondente no CPC/2015], não encontra justificativa, pois a ação não é de obrigação de fazer ou de não fazer, mas sim de dar (pagar quantia). Cotas de condomínio são periódicas e se consideram implícitas no pedido, e devem ser incluídas na condenação, se não pagas, enquanto durar a obrigação. Norma do art. 290, do CPC [art. 323 do CPC/2015], insere-se na sistemática que persegue a economia processual, no objetivo de se evitar o surgimento de demandas múltiplas. Recurso provido na parte conhecida. (TJSP, Ap. Cível n. 1.053.613-0/3/Campinas, 25ª Câm. de Dir. Priv., rel. Des. Antônio Benedito Ribeiro Pinto, j. 24.07.2007, v.u., voto n. 11.276)

Sendo a intenção do devedor, no caso concreto, não a de pagar o tributo, no montante que entende devido, mas sim a de obter moratória, por meio de parcelamento em 240 meses, é inviável a utilização da via consignatória, que não se presta à obtenção de provimento constitutivo, modificador de um dos elementos conformadores da obrigação (prazo). (STJ, Ag. Reg. no Ag. n. 811.147, rel. Min. Teori Albino Zavascki, j. 15.02.2007)

No mesmo sentido: STJ, REsp n. 886.757, rel. Min. Teori Albino Zavascki, j. 15.02.2007.

Com efeito, não houve recusa injusta do credor em receber. Na verdade, o apelado deixou claro no contraditório que não aceitaria o pagamento na forma ofertada pelo apelante, ou seja, em quatro parcelas, pois, em razão de acordo firmado pelas partes [...] o valor do débito era de R$ 1.950,00, com data de vencimento para 27.01.2006. Inadmissível, portanto, a pretensão do apelante, uma vez que o credor não é obrigado a receber de forma diversa da pactuada. Nesse sentido o art. 314 do CC [...]. Nesse caso, foi justa a recusa, pois quem tem direito a receber mais, não pode ser compelido a receber menos. (TJSP, Ap. c/ Rev. n. 7.113.311.200, rel. Des. Luiz Sabbato, j. 07.02.2007)

A pretensão do devedor em descaracterizar a mora a que incidiu, pelo inadimplemento do pagamento da prestação devida em contrato de arrendamento mercantil – *leasing* –, sob o argumento de que se propôs a pagar seu débito parcelado, não pode subsistir. De fato, não se pode obrigar o credor a receber por partes aquilo a que tem direito de receber por inteiro. (*RT* 814/293)

**Art. 315. As dívidas em dinheiro deverão ser pagas no vencimento, em moeda corrente e pelo valor nominal, salvo o disposto nos artigos subsequentes.**

Tratando-se de dívida em dinheiro, faz-se o pagamento por seu valor nominal em moeda corrente. O dispositivo ressalva as regras dos artigos posteriores, nos quais estão disciplinadas a teoria da imprevisão (art. 317) e a vedação do emprego do dólar como critério de correção monetária (art. 318).

Trata-se da adoção do princípio do nominalismo, definido por Carlos Roberto Gonçalves como aquele pelo qual "se considera como valor da moeda o valor nominal que lhe atribui o Estado" (GONÇALVES, Carlos Roberto. *Direito civil brasileiro*. São Paulo, Saraiva, 2004, v. II, p. 58). O autor distingue com precisão dívidas de dinheiro, disciplinadas neste artigo, e as de valor: as primeiras têm por objeto o próprio dinheiro, enquanto as últimas visam à representação do valor de algum bem. Por exemplo, dívidas de dinheiro são as de pagar débito oriundo de empréstimo de dinheiro; dívidas de valor são as que equivalem ao valor necessário ao conserto de um automóvel danificado por ato ilícito do devedor (ibidem, p. 60).

Segundo Sílvio Rodrigues, "o devedor de uma importância em dinheiro se libera oferecendo a quantidade de moeda inscrita em seu título de dívida e em curso no lugar do pagamento, seja qual for a alteração no valor intrínseco da moeda" (*Direito civil*. São Paulo, Saraiva, 2002, v. II, p. 143).

**Jurisprudência:** Execução de título extrajudicial. Caracterização como locação e não como *leasing* financeiro. Ausência de testemunhas instrumentárias. Irrelevante, no caso, em que não questionada a autenticidade do título e seus aditivos. Via executiva mantida. Aplicação do art. 585, II, do CPC [art. 784, II a IV, do CPC/2015]. Índice de conversão dos pagamentos em moeda estrangeira. Possibilidade. Ausência de afronta aos arts. 315 e 318 do CC, cabíveis à espécie e posteriores às leis que instituíram o Plano Real. Pagamento efetivado em reais e não em moeda estrangeira. Impossibilidade jurídica da execução bem afastada, não configurada alegada compra e venda a prazo e sim locação. Agravo retido rejeitado. Inquirição do perito em audiência que não é obrigatória, podendo ser substituída por esclarecimentos prestados por escrito nos autos, sem prejuízo às partes. Preliminar rejeitada. Apelo improvido; agravo retido rejeitado. (TJSP, Ap. n. 0065194-07.2001.8.26.0100/São Paulo, 34ª Câm. de Dir. Priv., rel. Soares Levada, *DJe* 14.06.2013, p. 1.268)

[...] 3 – A jurisprudência desta Corte é no sentido da "impossibilidade de utilização de pedras preciosas para quitação de débito relativo a contrato de mútuo com garantia hipotecária" (AC n. 2000.33. 00.023099-1/BA, rel. Juiz conv. Avio Mozar Jose Ferraz de Novaes, 5ª T., *DJ* 16.12.2005, p. 60), seja porque obrigar-se o credor a receber prestação diversa da que lhe é devida, ainda que mais valiosa, esbarra em disposição legal, seja porque as dívidas em dinheiro devem ser pagas em moeda corrente e pelo valor nominal (art. 315 do CC). Precedentes. 4 – Apelação a que se nega provimento. (TRF, 1ª R., Ap. Cível n. 2002.38.030.043.875, rel. Des. João Batista Moreira, j. 18.05.2009)

Ação de indenização por danos morais julgada extinta sem apreciação do mérito em relação ao supermercado e improcedente em relação ao autoposto. Apelação da autora firme na tese de que (1) o supermercado possui legitimidade para figurar no polo passivo da ação; e, (2) sofreu inúmeros constrangimentos e por isso faz jus à indenização pleiteada. Não acolhimento. Não há que se falar em legitimidade passiva *ad causam*, tendo em vista que os fatos ocorreram com o funcionário e no interior do posto de gasolina. Estabelecimento réu que recusou o cheque diante da existência de dívida junto ao supermercado. Réu que agiu no exercício regular de um direito. Dívida pecuniária da qual só se liberta pelo pagamento em dinheiro (art. 315, do CC/2002, que se confronta com o art. 947, do CC/1916). Sentença mantida. Preliminar rejeitada. Recurso não provido. (TJSP, Ap. sumaríssima n. 1.300.717.700/Americana, 11ª Câm. de Dir. Priv., rel. Moura Ribeiro, j. 12.06.2008)

Instrumento de confissão de dívida que não prevê a incidência de correção monetária. Ela é devida para a recomposição do valor da moeda de curso forçado, conforme preceituam os arts. 315 e 317 do novo CC e art. 1º, § 1º, da Lei n. 6.899/81. Recurso improvido. Litigância de má-fé. Inexistência, porque existiu apenas o exercício do direito de ação. (TJMG, Ap. Cível n. 7.054.029.300/ Espírito Santo do Pinhal, rel. Edison Tetsuzo Namba, 19ª Câm. de Dir. Priv. E, j. 25.04.2008)

Acórdão. Moeda estrangeira. Ação monitória. Conversão em reais, moeda corrente. Cobrança. Moeda estrangeira apenas considerada como indexador. Pagamento que está sendo exigido em moeda nacional. Legalidade (Decreto n. 24.038/34, DL n. 857/69, arts. 315 e 318 do CC). Decisão mantida. Recurso improvido. Vistos, relatados e discutidos estes autos de AI n. 1.265.636-3, da Comarca de Jundiaí, sendo agravante L.C.H. e agravado R.C.S. acordam, em 11ª Câm. do I TAC, por votação unânime, em negar provimento ao recurso. Insurge-se o agravante, em ação monitória, contra a r. decisão que admitiu a cobrança de obrigação contraída em moeda estrangeira. Funda sua pretensão nos arts. 315 e 318 do CC os quais esclarecem que as dívidas em dinheiro hão de ser pagas em moeda corrente, revelando-se nulas as convenções de pagamento em moeda estrangeira. O magistrado assim decidiu pelo fato do credor ter convertido o valor em reais, moeda corrente. De fato, no Brasil, desde 1934, o Decreto n. 24.038, modificado pelo DL n. 857/69 e preservado pelo art. 315 do CC, nossa moeda, o real, tem curso forçado, excetuadas as obrigações referentes a importação ou exportação de mercadorias; financiamentos ou prestação de garantias relativas às operações de exportação de bens de produção nacional, vendidos a crédito para o exterior, os contratos de compra e venda de câmbio e outras dessa ordem. Nada impede, entretanto, que a moeda estrangeira seja utilizada ou considerada como indexador, quando o pagamento, fora daqueles casos de comércio exterior, por evidente, será exigido em moeda nacional, corrente, feita a conversão. Nessa linha são os precedentes indicados na resposta ao recurso (REsp ns. 194.629/ SP, 4.819/RJ, 11.801/RJ, 1990/0028310-4, 57581/SC, 119.773/RS e 13.520/SP). Correta, assim, a r. decisão, que fica mantida, negando-se provimento ao recurso. Participaram do julgamento os Juízes Silveira Paulilo e Melo Colombi. São Paulo, 11.03.2004. (TJSP, AI n. 1.265.636.300, 11ª Câm. (extinto I TAC), rel. Urbano Ruiz, j. 11.03.2004)

**Art. 316. É lícito convencionar o aumento progressivo de prestações sucessivas.**

As prestações sucessivas podem ser aumentadas progressivamente, desde que haja convenção das partes nesse sentido. Este dispositivo torna possível a adoção de cláusula de correção monetária nos negócios jurídicos, o que implica reconhecimento de que a desvalorização do valor nominal da moeda será afastada mediante a adoção de um critério que preserve o valor real do dinheiro.

O processo inflacionário faz com que o valor nominal não se conserve compatível com a evolução dos preços, de modo que o que se pode comprar com R$ 100,00 em determinado mês custará mais no mês seguinte. O critério pelo qual o débito de R$ 100,00 será atualizado para a manutenção do poder de compra equivale à correção monetária.

É assente na doutrina e na jurisprudência que a correção monetária não aumenta o valor da dívida, pois representa mero mecanismo destinado a evitar o aviltamento do valor da moeda – assim, apenas atualiza e recompõe esse valor –, de modo que, aparentemente, a correção monetária não seria o objeto desta regra.

No entanto, o que o presente dispositivo contempla é o valor nominal referido no artigo anterior, de maneira que o aumento deste não significa acréscimo do valor substancial da dívida em dinheiro, mas apenas seu aumento nominal, com consequente manutenção do valor real, de modo a se destinar também à correção monetária.

O artigo também contempla as hipóteses em que as partes pactuam determinado aumento real do valor da prestação, como ocorre, por exemplo, nos contratos de locação de pontos comerciais em *shopping centers*. Esses centros de compras costumam contratar locação com cláusula que prevê aumento percentual do valor do aluguel a cada ano ao longo do prazo de duração do pacto. Trata-se de um aumento progressivo do valor da prestação.

Nada impede que a legislação especial, ao disciplinar matérias relevantes e de interesse social, venha a limitar a possibilidade da cláusula de atualização monetária, bem como impor limites a ela por agressividade do valor das prestações. O fato de haver cláusula dessa espécie não afasta a incidência das regras dos arts. 317 e 478 do CC. A denominada cláusula móvel, "pela qual o valor da prestação deve variar segundo os índices de custo de vida" é utilizada para combater os malefícios da desvalorização da moeda e não se confunde com as hipóteses dos arts. 317 e 478, que dependem de circunstâncias supervenientes à celebração do contrato, irrelevantes para a adoção e incidência da primeira.

A regra em exame, porém, não exclui a incidência geral da atualização monetária às dívidas de dinheiro, mesmo que ausente cláusula móvel de aumento progressivo do valor, pois o instituto "está ancorado na equidade e no princípio geral de Direito (agora acolhido em cláusula geral, art. 884) que veda o enriquecimento injustificado" (MARTINS-COSTA, Judith. *Comentários ao novo Código Civil.* Rio de Janeiro, Forense, v. V, t. I, 2003, p. 201 e segs.).

**Jurisprudência:** Ação revisional de instrumento particular de venda e compra de lote (Loteamento "B.S." – Duartina/SP), c/c o pedido de repetição do indébito. Procedência parcial em juízo de primeiro grau. Eleição do IGP-M como indexador de reajustamento. Legalidade prevista nos arts. 316 e 487 do CC. Substituição pelo IPCA [hoje desfavorável!] em razão da elevação do índice convencionado. Inviabilidade, tratando-se de típico fenômeno inflacionário, fato previsível e ínsito à álea da operação, coisa notória nos países em desenvolvimento e nas economias emergentes, atingindo a todos, sem exceção. Simetria e paridade das obrigações, arts. 421 e 421-A do CC. Sentença reformada. Inversão da disciplina da sucumbência, observada eventual benesse da isenção. Recurso provido. (TJSP, Ap. Cível n. 10013813820228260169/Duartina, 9ª Câm. de Dir. Priv., j. 12.05.2023, *DJ* 12.05.2023)

---

**Art. 317. Quando, por motivos imprevisíveis, sobrevier desproporção manifesta entre o valor da prestação devida e o do momento de sua execução, poderá o juiz corrigi-lo, a pedido da parte, de modo que assegure, quanto possível, o valor real da prestação.**

---

Podem verificar-se razões imprevisíveis que desequilibrem o valor da prestação devida entre o momento em que ela foi estabelecida e o momento de seu pagamento. Nesse caso, será possível que o juiz corrija o valor da prestação, assegurando seu valor real. O dispositivo em exame estabelece os requisitos necessários para essa intervenção:

a) os motivos devem ser imprevisíveis, mas não há exigência de que sejam extraordinários, como ocorre no art. 478;

b) a desproporção entre a prestação devida deve ser manifesta, isto é, deve ser suficientemente expressiva e estar identificada. Essa desproporção deve ser verificada levando-se em conta as prestações; ou seja, o critério é objetivo, não sendo possível a adoção de um critério puramente subjetivo, que leve em conta a desproporcionalidade e a imprevisibilidade do ponto de vista de quem está obrigado ao cumprimento da prestação, como ocorre com a hipótese prevista no art. 6º, V, do CDC;

c) o reequilíbrio do valor da prestação deve ser postulado pela parte, sendo vedado ao juiz implementá-lo de ofício;

d) a existência de uma relação obrigacional duradoura, sucessiva ou mesmo instantânea, desde que com o adimplemento parcelado; e

e) os acontecimentos que geraram o desequilíbrio não podem ser imputáveis ao lesado.

A intervenção deve restringir-se ao reequilíbrio das prestações. Este dispositivo deve ser visto em conjugação com a regra do art. 478 deste Código, que disciplina a resolução por onerosidade excessiva e não prevê a possibilidade de reequilíbrio e preservação do contrato, se o réu não se oferecer para modificar equitativamente as condições do ajuste (art. 479 do CC), salvo se a prestação couber a apenas uma das partes (art. 480 do CC).

A conjugação do dispositivo em exame com os ora referidos autoriza a parte prejudicada pelo desequilíbrio a ajuizar a ação com o objetivo de preservar o contrato e adequar o valor real da prestação, sem necessidade de optar pela resolução, como parece sugerir o art. 478.

Renan Lotufo registra que este artigo "adota a teoria da imprevisão e permite intervenção judicial no reequilíbrio da obrigação", observando que o fato "passou despercebido pela maioria da doutrina" (*Código Civil comentado*. São Paulo, Saraiva, 2003, v. II, p. 227 e segs.).

Não há razão para considerar que o art. 317 só se aplique às obrigações de pagamento em dinheiro. Sua inclusão no capítulo do pagamento em geral, ainda que ao lado de dispositivos referentes às obrigações de pagar em dinheiro, não impede que se estenda a incidência da teoria da imprevisão nele consagrada para outras hipóteses e modalidades de obrigações (ibidem, p. 317 e segs.).

Também não se restringe aos casos de obrigação oriunda de contrato, sendo significativos os casos em que o desequilíbrio identifica-se em prestações impostas por decisão judicial – por exemplo, nas sentenças que condenam o responsável pela indenização a pagar alimentos a quem o defunto devia –, ou decorrentes da redução de capacidade de trabalho. Caso a vítima de um acidente que teve reduzida sua capacidade de trabalho, em razão de motivos imprevisíveis, retome sua capacidade plena de trabalho, é possível concluir que a desproporção manifesta entre o valor pago pelo culpado de seu acidente e a aptidão integral para a atividade profissional autorizam o reequilíbrio do valor da prestação, reduzindo-se ou eliminando-se a verba alimentar imposta pela sentença. O dispositivo não se confunde com as hipóteses de lesão e estado de perigo, na medida em que não se trata de defeito contemporâneo ao surgimento da obrigação, mas sim de fato imprevisível ocorrido entre o momento de sua constituição e o do pagamento.

Nada impede que a arbitragem seja utilizada para adequar o valor da prestação, a despeito de o dispositivo referir-se expressamente à correção feita pelo juiz. Em se tratando de obrigação de natureza contratual, a arbitragem tem previsão expressa na Lei n. 9.307/96. As partes podem convencionar sua utilização, sobretudo porque esse diploma, de natureza especial, não foi revogado pelo CC, que é lei geral (art. 2º, § 2º, da Lindb).

**Jurisprudência:** Apelação. Civil. Processual civil. Locação não residencial. Ação renovatória c/c pleito revisional. Art. 19 da Lei n. 8.245/91. Não observância do prazo trienal. Art. 317 do CC. Inaplicabilidade. Recurso conhecido e desprovido. 1 – Dispõe o art. 19 da Lei n. 8.245/91 que, "não havendo acordo, o locador ou locatário, após três anos de vigência do contrato ou do acordo anteriormente realizado, poderão pedir revisão judicial do aluguel, a fim de ajustá-lo ao preço de mercado". Assim, somente após o transcurso de 3 anos do contrato ou do último acordo firmado entre locador e locatário quanto ao valor do aluguel é que se poderá requerer sua revisão judicial, ainda que não se tenha atingido o valor de mercado do bem no último acordo. 2 – O fato de o pleito revisional ter sido cumulado com ação renovatória da locação comercial, que objetiva a proteção do estabelecimento ao assegurar o ponto comercial, não afasta a incidência, na hipótese, da disposição expressa no art. 19 da Lei n. 8.245/91. 3 – Considerando a adoção da teoria da imprevisão no âmbito do Direito Locatício, haja vista o oferecimento de instrumento jurídico voltado à revisão judicial do aluguel, não há que se falar em análise do caso à luz do disposto no art. 317 do CC. Além disso, ressoa clara a pretensão da apelante de ajustar o valor do aluguel ao padrão de mercado sem observar o triênio fixado na lei, em detrimento do intuito da referida norma de restabelecer o equilíbrio contratual. 4 – Recurso conhecido e desprovido. Honorários majorados. (TJDF, Proc. n. 00361582620168070001, 2ª T. Cível, rel. Des. Sandra Reves, j. 10.04.2019, *DJe* 22.04.2019)

**Questões pessoais não ensejam alteração das condições contratuais:** A má situação financeira, agravada pelo desemprego, depressão e problemas de ordem pessoal, alegada pela devedora, não caracterizam fatos supervenientes ensejadores da onerosidade excessiva, que justifiquem a resolução ou a revisão do contrato, nos termos dos arts. 317 e 478, do CC, por serem pessoais e subjetivas, sem relação direta com contrato objeto da ação, ou seja, sem implicarem desequilíbrio da confissão de dívida, em que lastreada a execução, nem desproporção das respectivas prestações, nem configuram caso fortuito ou força maior, nos termos do art. 393, do CC, uma vez que não se tratam de acontecimentos extraordinários ou imprevisíveis, não afastando, portanto, a obrigação da apelante de pagar a dívida contratada. Afastadas as alegações deduzidas pelo apelante, de rigor, a manutenção da r. sentença, no que concerne ao julgamento de improcedência dos embargos à execução. Recurso conhecido, em parte, e provido, em parte. (TJSP, Ap. n. 0132536-83.2011.8.26.0100/São Paulo, 20ª Câm. de Dir. Priv., rel. Rebello Pinho, *DJe* 25.05.2015, p. 1.984)

Revisão de contrato c/c consignação em pagamento. Réus que não aceitaram renegociar o débito. Boletos que foram enviados com vencimento expirado. Improcedência do pedido. Inconformismo. Desacolhimento. Vendedor que não é fornecedor nos termos do art. 3º da Lei n. 8.078/90. Diploma legal que não é aplicável ao caso. Redação simples e individualizada dos instrumentos. Contrato de adesão não configurado. Contrato civil puro que depende da imprevisibilidade e da onerosidade excessiva para ser alterado. Inteligência dos arts. 317 e 478 do CC. Fatos não ocorridos. Envio dos boletos com atraso não comprovado. Vendedor que não é obrigado a aceitar a renegociação proposta pelos autores. Sentença mantida. Recurso desprovido. (TJSP, Ap. n. 0014685-80.2008.8.26.0309/Jundiaí, 5ª Câm. de Dir. Priv., rel. J. L. Mônaco da Silva, *DJe* 22.05.2013, p. 1.073)

Instrumento de confissão de dívida que não prevê a incidência de correção monetária. Ela é devida, para a recomposição do valor da moeda de curso forçado, conforme preceituam os arts. 315 e 317 do novo CC e art. 1º, § 1º, da Lei n. 6.899/81. Recurso improvido. Litigância de má-fé. Inexistência, porque existiu apenas o exercício do direito de ação. (TJSP, Ap. Cível n. 7.054.029.300, 19ª Câm. de Dir. Priv. E, rel. Edison Tetsuzo Namba, j. 25.04.2008)

Prestação de serviços. Erradicação de cupins. Ação de cobrança. Contraprestação desproporcional. Revisão do valor da dívida. Admissibilidade. O art. 317, do CC, autoriza a revisão judicial dos contratos, caso haja desequilíbrio contratual ou desproporção da contraprestação, como no caso dos autos. Multa moratória prevista no contrato de 10%. Redução para 2%. Admissibilidade. Aplicabilidade do CDC. Não pode subsistir a multa moratória de 10% fixada no contrato de prestação de serviços, sendo possível sua redução para 2%, nos termos do CDC. Recurso parcialmente provido. (TJSP, Ap. c/ Rev. n. 970.676.001, 34ª Câm. de Dir. Priv., rel. Emanuel Oliveira, j. 31.10.2007)

Sistema financeiro da habitação. Obrigações pactuadas entre as partes, em respeito ao princípio da autonomia da vontade. Abusividade dos juros não caracterizada. Capitalização dos juros, ainda que vedada, não comprovada. Adequação da tabela *Price* como método de amortização dos contratos de financiamento imobiliário. Inocorrência da lesão enorme. Inaplicabilidade da teoria da *rebus sic stantibus*, uma vez que os fatos ocorridos não eram imprevisíveis. Embargos improcedentes. (TJSP, Ap. c/ Rev. n. 7.167.385-3, rel. Des. Carlos Lopes, j. 18.09.2007)

Contrato. Importação de mercadorias. Financiamento. Estipulação em moeda estrangeira. Necessidade de o capital emprestado e a respectiva correção monetária acompanharem a evolução do poder de compra da moeda brasileira. Abrupto e inesperado aumento. Desequilíbrio contratual caracterizado. Teoria da onerosidade excessiva superveniente aplicada. Distribuição fraterna dos ônus da sobrevalorização cambial do dólar. Orientação do STJ neste sentido. Ação revisional procedente. Recurso de apelação provido. Embargos infringentes rejeitados. (TJSP, Emb. Infring. n. 999.177-7/02, rel. designado Des. Ricardo Negrão, j. 07.08.2007)

Reserva de domínio. Compra e venda mercantil com assunção de dívida em moeda estrangeira e outras avenças. Revisão contratual. Variação cambial. Indexação de prestações pelo INPC, em substituição ao dólar. Invocação da teoria da imprevisão. Descabimento. Aplicação de regra acolhida pelo CDC. Caracterização de onerosidade excessiva. Inteligência dos arts. 6°, V, CDC e 5° da LICC [atual Lindb]. Revisão autorizada. Julgamento monocrático reformado. (TJSP, Ap. c/ Rev. n. 774.119-0/7, rel. Des. Amorim Cantuária j. 26.06.2007)

Compra e venda. Cobrança de resíduo inflacionário. Inadmissibilidade. Ausência de previsão contratual. Pagamento de todas as parcelas por parte dos compromissários compradores. Cerceamento de defesa. Inocorrência. Desnecessidade da prova pericial. Matéria de direito, limitando-se à interpretação de cláusula contratual. Onerosidade excessiva afastada. Inflação não é fato imprevisto ou imprevisível. Decisão mantida. Recurso denegado. (TJSP, Ap. Cível n. 486.121.4/2-00, rel. Des. Reis Kuntz, j. 09.02.2007)

Comercial. 1 – Compra e venda de safra futura a preço certo. A compra e venda de safra futura, a preço certo, obriga as partes se o fato que alterou o valor do produto agrícola (sua cotação no mercado internacional) não era imprevisível. 2 – Cédula de produto rural. A emissão de cédula de produto rural, desviada de sua finalidade típica (a de servir como instrumento de crédito para o produtor), é nula. Recurso especial conhecido e provido em parte. (STJ, REsp n. 722.130, rel. Min. Ari Pargendler, j. 15.12.2005)

---

**Art. 318. São nulas as convenções de pagamento em ouro ou em moeda estrangeira, bem como para compensar a diferença entre o valor desta e o da moeda nacional, excetuados os casos previstos na legislação especial.**

---

Legislação correlata: art. 1°, Lei n. 10.192, de 14.02.2001; DL n. 857, de 11.09.1969.

Diversamente dos dispositivos que disciplinavam esta questão antes da vigência do CC/2002, este artigo veda não apenas o pagamento de obrigações em moeda estrangeira, mas também sua utilização como critério de correção monetária, na medida em que se refere expressamente à impossibilidade de usar a variação da moeda estrangeira para compensar a diferença entre seu valor e o valor da moeda nacional, sendo excluídos, porém, os casos previstos em lei especial.

Resta saber, contudo, se a interpretação que se dará ao dispositivo não será aquela que prevaleceu até o momento, isto é, a de que ele se restringe a impedir o curso de moeda estrangeira no Brasil. A Lei n. 9.069, de 29.06.1995, recepcionou o DL n. 857/69 e vedou o pagamento em moeda estrangeira, embora tenha estabelecido exceções, entre as quais os contratos de importação e exportação, que, em face da natureza especial da lei, continuam passíveis de previsão de pagamento em moeda estrangeira.

**Jurisprudência:** Apelação cível. Recurso adesivo. Transporte marítimo. Ação de cobrança. Sentença de parcial procedência confirmada. Precedente. Condenação em moeda estrangeira que, no lugar de observar o pedido formulado na inicial – em moeda nacional –, que não tem o condão de macular o desfecho alcançado a ponto de nulificar o ato com o reconhecimento de vício extra ou *ultra petita*. Embora o art. 318 do CC inviabilize seja definida condenação de valor em moeda estrangeira, plausível, na espécie, a fim de prestigiar o devido processo legal e o dever de cooperação, de ofício, explicitar que a condenação deve corresponder à quantia de R$ 26.007,30, mantida a atualização monetária e juros de mora definidos na sentença. Legitimidade passiva da ré, recorrente adesiva ratificada, eis que a análise dos documentos que acompanham a inicial, nos tópicos específicos relativos ao pagamento do frete, reflete a incidência da responsabilidade de negociadores, moldura na qual está inserida a demandada. Incabível dar guarida à integralidade do reconhecimento do direito invocado ao efeito de ver integrado na rubrica condenatória as despesas portuárias que supostamente integrariam a composição do frete, haja vista o fato de que não consta nenhum valor no campo *collect do bill of lading*, afora o discriminado como frete. Honorários advocatícios. Art. 85, § 11, do CPC. Apelação cível e recurso adesivo improvidos. Disposição de ofício. (TJRS, Ap. Cível n. 50028537520148210023/Rio Grande, 11ª Câm. Cível, rel. Guinther Spode, j. 24.03.2023, *DJ* 31.03.2023)

Embargos acolhidos, julgada extinta a execução inconformismo da embargada firme nas teses de que (1) a confissão de dívida homologada pelo juízo de Serra-ES é título líquido, certo e exigível; (2) a embargante não apresentou exceção de incompetência, motivo pelo qual a confissão de dívida pode ser executada em Comarca diversa; (3) o instrumento celebrado entre as partes elegeu a Comarca de São Paulo como o foro competente para dirimir as controvérsias oriundas do contrato; (4) é possível a convenção em moeda estrangeira quando o pagamento for efetuado em moeda nacional, nos termos do art. 318, do CC; e, subsidiariamente (5), a verba honorária deve ser reduzida; e, (6) a sentença deve ser anulada e os autos remetidos para a Comarca de Serra-ES. Acolhimento parcial. Sentença homologatória que criou o título judicial que não sendo honrado abre ensejo ao seu cumprimento nos mesmos autos. Inteligência do art. 475-N, V, do CPC [sem correspondente no CPC/2015]. Honorários advocatícios. Aplicação do art. 20, § 4º, do CPC [art. 85, §§ 3º e 8º, do CPC/2015]. Verba honorária reduzida. Recurso parcialmente provido. (TJSP, Ap. n. 0207481-46.2008.8.26.0100/São Paulo, 11ª Câm. de Dir. Priv., rel. Moura Ribeiro, *DJe* 18.06.2013, p. 1.283)

Ação monitória. Legitimidade de parte *ad causam* verificada. Desnecessidade de produção de outras provas. Não demonstrado o descumprimento do contrato por parte da apelada. Convenção de pagamento em moeda estrangeira. A possibilidade de conversão em moeda nacional excepciona a regra do art. 318 do CC. Recurso improvido. (TJSP, Ap. n. 992.08.055049-4/Diadema, 34ª Câm. de Dir. Priv., rel. Nestor Duarte, *DJe* 11.01.2012, p. 1.156)

Compra e venda com reserva de domínio. Assunção de dívida em moeda estrangeira. Inadmissibilidade. DL n. 857/69, art. 1º, e Lei n. 8.880/94, art. 6º. Inexistência de demonstração de que o contrato em questão se enquadraria em algumas das exceções previstas nestes dispositivos legais. Pretensão da demandante de afastar a utilização desta moeda estrangeira como fator de correção monetária das prestações do contrato, substituindo-a pelo INPC do IBGE, a partir de janeiro de 1999, que deve ser acolhida. Procedência da ação revisional e da cautelar de sustação de protesto. Recurso da autora provido. (TJSP, Ap. n. 0010476-69.2001.8.26.0000/São Carlos, 14ª Câm. de Dir. Priv., rel. Thiago de Siqueira, j. 04.05.2011)

Apelação cível. Direito privado não especificado. Confissão de dívida. Não conhecimento do recurso. Indexação do pagamento em dólares. Nulidade. Inexistência. Recurso que, apesar de repetir os argumentos utilizados na petição inicial, ataca os termos do decisório. Cláusula contratual que não prevê o pagamento em moeda estrangeira, tão somente estabelece um indexador para pagamento em moeda corrente nacional. Os arts. 1º do DL n. 857/69 e 318 do CC vedam a pactuação de adimplemento em moeda estrangeira, nada restringindo acerca da indexação do pagamento. Não há falar em nulidade na cláusula contratual. Sentença confirmada. Negaram provimento ao recurso. Unânime. (TJRS, Ap. Cível n. 70.036.071.108, 18ª Câm. Cível, rel. Nelson José Gonzaga, j. 02.09.2010)

Compromisso particular de compra e venda de participação societária. Estipulação do preço em moeda estrangeira, ainda que acenada a conversão em moeda nacional. Nulidade. Vedação contida nos arts. 315 e 318 do CC. Contrato sem preço. Anulação total do negócio jurídico. Matéria de ordem pública a ser conhecida de ofício. Sentença mantida. Recurso improvido. (TJSP, Ap. n. 994060391918, 8ª T. Cível, rel. Caetano Lagrasta, j. 14.04.2010)

Ação de cobrança. Bem móvel. Ação objetivando a cobrança de valores decorrentes da aquisição de uma máquina de costura, com preço fixado em ienes japoneses. Produto importado. Pagamentos ocorridos que não observaram a conversão necessária. Saldo existente. Contrato regular e legal, porquanto possível é a utilização de moeda estrangeira em transações que envolvam produtos importados, cujo pagamento deverá ser realizado em moeda nacional. Precedentes. Ausência de vícios ou de qualquer ilegalidade. Nota fiscal, em valores da moeda nacional que decorre de exigência legal. Pedido juridicamente possível, pois não há qualquer impedimento legal. Saldo existente e confessado pelo apelante. Recurso improvido. (TJSP, Ap. Cível n. 992.051.383.950, rel. Carlos Nunes, j. 29.09.2009)

Direito civil e comercial. Contratação em moeda estrangeira. Pagamento mediante conversão em moeda nacional. Indexação de dívidas pela variação cambial de moeda estrangeira. Contrato civil de mútuo. Alegação de agiotagem. Inversão do ônus da prova de regularidade jurídica das respectivas obrigações. O art. 1º do Decreto n. 23.501/33 proíbe a estipulação de pagamentos em moeda estrangeira, regra essa mantida pelo art. 1º do DL n. 857/69 e pelo art. 1º da Lei n. 10.192/2001 e, mais recentemente, pelos arts. 315 e 318 do CC/2002. A vedação aparece, ainda, em leis especiais, como no art. 17 da Lei n. 8.245/91, relativa à locação. A exceção a essa regra geral vem prevista no art. 2º do DL n. 857/69, que enumera hipóteses em que se admite o pagamento em moeda estrangeira. A despeito disso, pacificou-se no STJ o entendimento de que são legítimos os contratos celebrados em moeda estrangeira, desde que o pagamento se efetive pela conversão em moeda nacional. O entendimento supra, porém, não se confunde com a possibilidade de indexação de dívidas pela variação cambial de moeda estrangeira, vedada desde a entrada em vigor do Plano Real (Lei n. 8.880/94), excepcionadas as hipóteses previstas no art. 2º do DL n. 857/69. Quando não enquadradas nas exceções legais, as dívidas fixadas em moeda estrangeira não permitem indexação. Sendo assim, havendo previsão de pagamento futuro, tais dívidas deverão, no ato de quitação, ser convertidas para moeda nacional com base na cotação da data da contratação e, a partir daí, atualizadas com base em índice de correção monetária admitido pela legislação pátria. Não obstante o art. 3º da MP n. 1.965-14/2000, cuja última reedição se deu sob o n. 2.172-32/2001, impute ao credor ou beneficiário de contratos civis de mútuo o ônus de provar a regularidade jurídica das correspondentes obrigações, a inversão do ônus da prova é vinculada à demonstração, pelo devedor, da verossimilhança de suas alegações. Recurso especial a que se nega provimento. (STJ, REsp n. 804.791, 3ª T., rel. Min. Nancy Andrighi, j. 03.09.2009, *DJe* 25.09.2009)

Locação de bens móveis declaratória de nulidade de cláusulas. Nulidade da sentença. Carência do exame indispensável às questões relevantes para o deslinde da causa.

Inocorrência. Cláusulas contratuais que determinam a atualização do débito pelo dólar norte-americano. Nulidade. Reconhecimento. Afronta e inobservância aos art. 27, § 2º, da Lei n. 9.096/95 e do art. 6º, da Lei n. 8.880/94. (TJSP, Ap. c/ Rev. n. 784.401-0/7, rel. Des. Neves Amorim, j. 21.08.2007)

Registro de imóveis. Penhor industrial. Valor do crédito fixado em moeda estrangeira, ausência de certidão negativa de débito do INSS e de tributos e contribuições federais. Inadmissibilidade. Incidência do art. 318 do CC que veda convenções que utilizam moeda não nacional. Ocorrência. Ingresso no fólio. Impossibilidade. Recurso não provido. (TJSP, Conselho Superior da Magistratura, Ap. n. 677-6/0/Barueri, rel. Des. Gilberto Passos de Freitas, j. 26.04.2007, v.u., voto n. 14.634)

Ressalte-se que não trata a discussão a respeito de estar o acordo inserido ou não nas hipóteses que excepcionam o comando do art. 1º do DL n. 857/69, previstas no art. 2º e seus incisos, o que obsta a análise da questão sob a ótica das exceções legais e de sua aplicabilidade ou não ao processo.

Da mesma forma, salutar definir que não se trata de indexação em moeda estrangeira, o que é rechaçado pelo art. 27 da Lei n. 9.069/95 (Lei do Plano Real) ao atrelar a correção monetária à variação acumulada do Índice de Preços ao Consumidor – IPC.

Desde que expressamente previsto que o pagamento realizar-se-á por meio da respectiva conversão em moeda nacional, é válida a contratação em moeda estrangeira, consideradas as peculiaridades do processo. (STJ, REsp n. 647.672, rel. Min. Nancy Andrighi, j. 14.02.2007)

Empréstimo. Moeda estrangeira. Cobrança. Avalistas. A primeira questão do recurso refere-se à validade de empréstimo externo em moeda estrangeira, questão já pacificada no âmbito deste Superior Tribunal no sentido de que é possível a pactuação do empréstimo nesse tipo de moeda, desde que o pagamento seja efetuado em moeda nacional, pela conversão cambial. No caso, cuida-se de contrato que é tomado no exterior em dólares americanos. Com repasse para o mutuário no Brasil, fato incontroverso, a quebra do parâmetro levará, fatalmente, ao desequilíbrio, se vinculado a padrão diverso. A situação é diferente daquela em que o mútuo é realizado unicamente com recursos nacionais, fonte e destinação, para cumprimento no país, sem compromissos assumidos pelo Banco mutuante no exterior, que, assinale-se, não necessitam ser individualizados previamente em relação a cada tomador ulterior. Quanto ao segundo ponto, foram objeto da execução o contrato, o aditivo e a nota promissória, de sorte que o aval dado na cártula vinculada ao título é possível e legal, daí o cabimento da cobrança contra os avalistas. De outro lado, há garantia hipotecária atrelada ao cumprimento do contrato, de modo que, seja por uma seja por outra forma, os corréus podem ser executados (Súmula n. 27, STJ). Finalmente, no que concerne à instrução da execução, desnecessário que sejam apresentadas as parcelas atualizadas, visto que o são mediante simples cálculo matemático. Suficiente, pois, o demonstrativo da dívida original e sua evolução, como foi assinalado na sentença de primeiro grau. Não fora isso suficiente – e é – de toda sorte teria o Tribunal estadual, então, de oportunizar, previamente, a complementação da instrução ao exequente nos termos do art. 616 do CPC [art. 801 do CPC/2015]. Isso posto, a Turma conheceu do recurso e lhe deu provimento para restabelecer a sentença monocrática. (STJ, REsp n. 332.944/MG, rel. Min. Aldir Passarinho Jr., j. 28.11.2006)

Válida a execução que tem como títulos contrato de repasse de empréstimo externo em moeda estrangeira, com previsão de pagamento equivalente em moeda nacional, acompanhado de nota promissória.

II – "Pode a execução fundar-se em mais de um título extrajudicial relativos ao mesmo negócio" (Súmula n. 27/STJ).

III – Correta a execução movida contra os garantes, seja em função de aval dado na nota promissória, seja em razão da hipoteca atrelada ao contrato. STJ, REsp n. 332.944, Min. Aldir Passarinho Jr., j. 28.11.2006. É válida, no Brasil, a contratação de pagamento em moeda estrangeira, desde que seja feito pela conversão em moeda nacional.

A jurisprudência do STJ entende que, em se tratando de obrigação constituída em moeda estrangeira, a sua conversão em moeda nacional deve ocorrer na data do efetivo pagamento e não em data pretérita. (STJ, REsp n. 680.543, rel. Min. Nancy Andrighi, j. 16.11.2006)

De outra banda, o Eg. STF já decidiu pela viabilidade do pagamento do prêmio de seguro em moeda estrangeira, desde que convertido para a moeda nacional, dando interpretação ao disposto no art. 2°, I, do DL n. 857, de 11.09.1969, valendo conferir:

Contrato de seguro de transporte marítimo internacional. Pagamento do prêmio do seguro em dólares norte-americanos. DL n. 857, de 1969, art. 2°, I. Cláusula do contrato de seguro que estipula o pagamento do prêmio em dólares, apesar de a indenização dever ser paga em cruzeiros, e de ser a beneficiária residente do Brasil. Razoável entendimento do art. 2°, I, do DL n. 857, de 1969. Recurso extraordinário não conhecido. STF, RE n. 107.748/SP, 2ª T., rel. Min. Francisco Rezek, j. 17.12.1985, *DJ* 14.03.1986, p. 3.392, *Ement.* 1.411-05/84 (extraído do *site* oficial do STF). (TJSP, AI n. 104.283-5-0/7, rel. Des. Walter Cesar Exner, j. 17.08.2006)

Monitória. Confissão de dívida. Indicação do montante da dívida em moeda estrangeira, que representa apenas a medida da obrigação. Inexistência de estipulação de pagamento em moeda estrangeira ou a sua vinculação a essa moeda. Valor convertido na inicial para a moeda corrente. Não verificação, em princípio, de nenhuma nulidade, nos termos de nossa legislação. Art. 318 do CC/2002. Recurso não provido. (TJSP, Ap. c/ Rev. n. 1.220.204.900, 11ª Câm. de Dir. Priv. A, rel. Luiz Fernando Pinto Arcuri, j. 17.02.2006)

Reserva de domínio. Compra e venda. Revisão contratual. Ação julgada procedente. Sociedade de fomento comercial e pessoa jurídica não comerciante. Reserva de domínio de veículo vinculado a contrato de faturização (*factoring*). Operação de natureza comercial, que não se amolda às operações de natureza financeira. Cláusula de reajuste de prestações pela variação cambial. Vedação legal. Não enquadramento nas exceções do DL n. 857/69. Nulidade da cláusula. Substituição da variação cambial pelo INPC. Admissibilidade. Sentença mantida. Recurso improvido. (TJSP, Ap. n. 679.855-0/2, rel. Des. Walter Zeni, j. 11.11.2004, *JTJ* 303/93)

Veja no art. 315 o seguinte acórdão: TJSP, AI n. 1.265.636.300, 11ª Câm. (extinto I TAC), rel. Urbano Ruiz, j. 11.03.2004.

**Art. 319. O devedor que paga tem direito a quitação regular, e pode reter o pagamento, enquanto não lhe seja dada.**

A quitação regular é o instrumento que comprova o adimplemento da prestação, de modo que aquele que paga pode exigi-la sempre, inclusive se recusando a efetuar o pagamento se ela não lhe for dada.

Se a não entrega da quitação regular resultar de fato que não seja a recusa injusta do credor, o devedor deve valer-se da ação de consignação, sob pena de o atraso no adimplemento caracterizar abuso de direito. Imagine-se que o credor não possa outorgar o recibo porque foi acometido de uma doença que o impeça de firmar o recibo. A recusa do devedor a realizar o pagamento até a recuperação da saúde do credor não é compatível com a função social e econômica (art. 187).

**Jurisprudência:** Inexistência de início de prova documental capaz de comprovar o pagamento da dívida, ainda que parcial. Ausência de recibo de quitação, conforme previsto no art. 319 do CC. Inviabilidade de realização de outras provas. Inadmissibilidade de prova exclusivamente testemunhal, por força do art. 401 do CPC [sem correspondente no CPC/2015]. Sentença mantida. Recurso improvido. (TJSP, Ap. n. 991060228550, 17ª Câm. de Dir. Priv., rel. Erson T. Oliveira, j. 25.08.2010)

Locação de imóveis. Cobrança. Pagamento. Prova testemunhal. Impossibilidade. Recurso improvido. O pagamento somente pode ser provado mediante a apresentação de recibos, pois, de acordo com o art. 319 do CC, o devedor pode reter o pagamento caso haja recusa do credor em lhe fornecer a quitação. (TJSP, Ap. Cível s/ Rev. n. 1.218.738.005, rel. Armando Toledo, j. 05.05.2009)

Declaratória. Débito confessado. Pagamento parcial alegado. Pretensão à apuração do real valor devido. Descabimento. Quantia e forma de pagamento não mencionadas pela autora. Quitação regular não comprovada. Art. 319 do CC. Matéria eminentemente documental. Oitiva de testemunhas e prova pericial impertinentes ao deslinde da controvérsia. Sentença mantida. Recurso improvido. (TJSP, Ap. Cível n. 7.067.899.000, rel. Carlos Luiz Bianco, j. 11.02.2009)

Locação de bens móveis. Cobrança. Relação jurídica entre as partes e fatos constitutivos do direito da autora. Demonstração. Alegação de pagamento em contestação. Quitação por escrito. Não demonstração. Sentença de improcedência. Reforma. Necessidade. Condenação da ré a pagar à autora os valores pretendidos na inicial devidamente corrigidos. Admissibilidade. Recurso provido. (TJSP, Ap. n. 842.924.0/0, rel. Des. Rocha de Souza, j. 06.11.2008)

Monitória. Notas promissórias. O pagamento somente se comprova mediante quitação regular e só há quitação regular com os requisitos do art. 320 do CC/2002 (art. 940 do CC/1916). A circunstância de os títulos estarem custodiados em instituição financeira não impedia a apelante de exigir quitação em separado. (TJSP, Ap. n. 7.154.476-4, rel. Des. Pedro Alexandrino Ablas, j. 17.10.2007)

Ora, o pagamento de título cambial ou cambiariforme comprova-se pela exibição do próprio título, que no ato é devolvido ao devedor, ou se se tratar de pagamento parcial, comprova-se por recibo em separado, além de anotação na cártula (*RT* 699/86, acórdão da lavra do Des. Morato de Andrade), que acrescenta ser inadmissível a prova testemunhal. (TJSP, Ap. c/ Rev. n. 7.095.053-5, rel. Des. Thiers Fernandes Lobo, j. 21.08.2007)

O recibo de pagamento é a única prova de que pode se valer o devedor para demonstrar que adimpliu a obrigação. É o que soa o art. 319 do vigente CC. (TJSP, Ap. c/ Rev. n. 1.116.175.900, rel. Des. Mendes Gomes, j. 13.08.2007)

A retenção de pagamento só pode ser dirigida à respectiva negativa de quitação (CC/1916, art. 939 e CC/2002, art. 319). (STJ, REsp n. 655.220, rel. Min. Humberto Gomes de Barros, j. 12.09.2006)

Para a solução da questão, portanto, é necessário definir se há, ou não, mora do devedor, de modo que a interpretação dos arts. 319 e 396 do CC/2002 (cujos equivalentes, no CC/1916, eram os arts. 939 e 963) torna-se fundamental. Dispõem essas normas:

"Art. 319. [...]

Art. 396. Não havendo omissão imputável ao devedor, não incorre este em mora".

Seguindo essas duas regras, não basta o vencimento da obrigação para que o devedor esteja constituído em mora. É necessário que o pagamento seja acompanhado da quitação dada pelo credor (cuja negativa dá ao devedor direito de retenção do pagamento), e que eventual atraso não seja imputável ao devedor.

Ora, se em um contrato de empréstimo, como o *sub judice*, é alegada a cobrança ilegal de encargos, a dívida naturalmente perde, não apenas a sua certeza (quanto à parte impugnada do débito), mas sobretudo sua liquidez. Essa perda decorre, não do ato do devedor de discutir a dívida, ou de se recusar a pagá-la, mas de ato alheio à sua vontade, ou seja, da ilícita exigência formulada pelo credor, e de sua consequente recusa em conferir quitação a um pagamento feito sem que essa exigência seja cumprida. Vale dizer, estamos exatamente no âmbito dos arts. 319 e 396 do CC/2002.

Não se pode considerar em mora o devedor que não adimpla uma obrigação ilíquida. A respeito da questão, confira-se a opinião de Orlando Gomes (*Obrigações*, 14. ed., Forense, 2000, p. 170)

"Se o atraso não decorre de fato imputável ao devedor, mora não há, conforme a doutrina dominante.

Cumpre-lhe, porém, provar que o cumprimento foi retardado sem culpa sua. De várias escusas se pode valer para justificar a demora em satisfazer a prestação. *Dentre outras, a iliquidez da dívida*, a ignorância a respeito do lugar em que se encontra o credor, o desconhecimento da interpelação e, como é óbvio, em todos os casos em que a causa do retardamento seja o caso fortuito."

No mesmo sentido é a opinião de Caio Mário da Silva Pereira (*Instituições de direito civil*, v. II, 17. ed., Rio de Janeiro, 1998), que pondera que a "exigibilidade imediata pressupõe ainda a liquidez e a certeza", acrescentando, linhas adiante, que a obrigação é "líquida quando, além da certeza do débito, está apurado seu montante ou individuada a prestação. Já no Direito romano vigia o princípio de que não se configurava a mora nas obrigações ilíquidas – *in illiquidis non fit mora*". É fato que Caio Mário mais adiante em sua obra, apresenta exceções a esse princípio, citando o art. 1.536 do CC/1916.

Essa norma, todavia, trata da incidência de juros da liquidação das obrigações, e não de multa moratória.

Todos esses princípios encontram-se plenamente refletidos na legislação. O art. 397 do CC/2002 (art. 960 do CC/1916) estabelece de maneira expressa a liquidez da obrigação como requisito para a caracterização da mora, seja nas dívidas contraídas com prazo de vencimento, seja naquelas que dependem de prévia interpelação. Eis a redação do dispositivo:

"Art. 397. O inadimplemento da obrigação, positiva *e líquida*, no seu termo, constitui de pleno direito em mora o devedor.

Parágrafo único. Não havendo termo, a mora se constitui mediante interpelação judicial ou extrajudicial".

Vale ressaltar que a hipótese dos autos é completamente diferente daquela enfrentada por ocasião do julgamento do REsp n. 527.618/RS. Naquela oportunidade, julgava-se a possibilidade de determinação liminar de exclusão do nome do devedor dos cadastros de inadimplência. Ou seja, julgava-se com base em um juízo de verossimilhança acerca das alegações. Daí a legitimidade da exigência de que o autor segure o juízo, mediante depósito ou caução, e de que suas alegações sejam revestidas de verossimilhança.

Quando se está diante de um julgamento de mérito, como ocorre na hipótese dos autos, julgamento esse que confirma, de maneira definitiva, a existência de cobrança de encargos indevidos num contrato de empréstimo, não há como considerar líquida a dívida, de modo a caracterizar a mora.

O argumento de que a resistência do devedor é promovida de má-fé também não convence. Isso porque a má-fé pode estar, tanto de um lado, como do outro na relação jurídica de direito material. Ou seja, tanto se pode dizer que o devedor age de má-fé ao contestar a dívida sem depósito, como se pode alegar que a instituição financeira age de má-fé ao cobrar mais do que lhe é devido. São duas faces da mesma moeda, com o agravante de que o credor dispõe de maiores possibilidades de compreender e valorar a ilicitude de seu comportamento.

Forte em tais razões, alinho-me ao entendimento defendido pelo Min. Carlos Alberto Menezes Direito em seu voto. As hipóteses de cobrança de multa moratória são completamente diferentes dos pedidos de exclusão liminar do nome do devedor dos cadastros de inadimplência. Não há como admitir a incidência de multa moratória nestas hipóteses. (voto vista da Min. Nancy Andrighi proferido no STJ, REsp n. 713.329/RS, rel. Min. Ari Pargendler, j. 23.08.2006)

Prova. Documento. Locação. Despejo por falta de pagamento c/c cobrança. Comprovação escrita de pagamento. Forma solene. Ausência. O devedor que paga tem direito à quitação regular, nos termos do art. 319 do CC/2002. Se a quitação não lhe for entregue, ou se lhe for oferecida desacompanhada dos requisitos legais, a própria lei abre ao devedor os meios de defesa. Recurso improvido. (TJSP, Ap. Cível n. 1.034.467-0/1/SP, 35ª Câm. de Dir. Priv., rel. Des. Melo Bueno, 12.06.2006, v.u., voto n. 10.902)

Para firmeza das relações jurídicas e tranquilidade social, devem os atos jurídicos revestir a forma legal, que lhes atribui existência e visibilidade. No caso de pagamento, a forma é a quitação; a ela tem direito o devedor, que pode retardar a solução, até que a forneça o credor. (II TAC, Ap. n. 657.586-00/6, rel. Juiz Ribeiro Pinto, j. 03.06.2003)

---

**Art. 320. A quitação, que sempre poderá ser dada por instrumento particular, designará o valor e a espécie da dívida quitada, o nome do devedor, ou quem por este pagou, o tempo e o lugar do pagamento, com a assinatura do credor, ou do seu representante.**

**Parágrafo único. Ainda sem os requisitos estabelecidos neste artigo valerá a quitação, se de seus termos ou das circunstâncias resultar haver sido paga a dívida.**

---

O dispositivo expressa a possibilidade de a quitação ser conferida por instrumento particular, e seu parágrafo único admite que se confira eficácia ao documento que não contiver os requisitos do *caput*, se de seus termos ou das circunstâncias resultar haver sido paga a dívida.

O dispositivo deixa evidente a necessidade da prova escrita da quitação.

É preciso verificar se a disposição em exame revogou o disposto no art. 403 do CPC/73 (sem correspondente no CPC/2015). Aparentemente, é possível conjugá-los: os termos e as circunstâncias podem revelar o pagamento, ainda que sem princípio de prova documental, se o débito é inferior a dez salários mínimos. No entanto, quando faz menção aos requisitos, o legislador parece referir-se a um documento, único amparo fático para a verificação de tais requisitos.

A indicação do valor do pagamento é essencial, pois a quitação pode ser parcial. Também é preciso que a dívida esteja identificada, já que podem existir diversas relações jurídicas entre as partes. Do mesmo modo, a indicação do nome de quem pagou, e em nome de quem o fez, tem reflexos importantes, tendo em vista o disposto nos arts. 304 e 305 do CC, já que pode haver ou não sub-rogação e discussão a respeito da possibilidade de o terceiro não interessado que paga em nome do devedor fazer jus ao ressarcimento (art. 305 do CC).

A quitação também permite que o seu portador se legitime a receber o pagamento (art. 311 do CC). Em se tratando de dívida consubstanciada em um título, a quitação aperfeiçoa-se com a restituição do mesmo (art. 324).

A exigência de designação da data e do lugar do pagamento resulta do fato de que ele deve ser oportuno, sob pena de incidirem correção monetária e juros de mora, e de que há lugar certo para a quitação (arts. 327 e segs.).

**Jurisprudência:** A prova do pagamento há de ser feita por documento escrito: TJMG, Ap. n. 1.0479.14.004503-6/001, rel. Des. Márcio Idalmo Santos Miranda, j. 05.07.2016; TJSP, Ap. n. 935.222-3/Jundiaí, 23ª Câm. de Dir. Priv., rel. Des. Oséas Davi Viana, j. 07.03.2007, v.u., voto n. 8.630; TJMG, Proc. n. 1.0024.03.945895-5/001(1), rel. Dárcio Lopardi Mendes, j. 15.12.2005.

A quitação, para ter sua validade, mesmo por instrumento particular, deve sempre designar o valor e a espécie da dívida quitada, o nome do devedor, ou quem por este pagou, o tempo e o lugar do pagamento, com a assinatura do credor, ou do seu representante. Se o documento não contiver tais requisitos, não pode ser apresentado como prova efetiva de pagamento. (TJSP, Ap. Cível n. 5.791.955.500, rel. Luis Ganzerla, j. 16.03.2009)

No mesmo sentido: TJSP, Ap. n. 990.07.051678-3, rel. Des. Francisco Giaquinto, j. 13.12.2010.

Locação de imóvel (não residencial). Ação de despejo por falta de pagamento c/c cobrança. Recibos desprovidos dos requisitos do art. 319 do CC podem ser aceitos como prova de quitação, se de seus termos ou circunstâncias resultar haver sido paga a dívida (CC, art. 320, parágrafo único). Redução do valor da condenação. Recurso provido em parte. (TJSP, Ap. cível s/ rev. n. 1.083.590.005, rel. Antônio Benedito Ribeiro Pinto, j. 27.01.2009)

Apelação. Cobrança de expurgos de poupança. "Plano Verão". Quitação tácita afastada. Prescrição vintenária. Aplicação da tabela prática de atualizações deste tribunal. A quitação exige manifestação expressa de vontade (art. 320, CC), não havendo que se falar em quitação tácita. Tanto os juros remuneratórios quanto a correção monetária agregam-se ao capital, perdendo, desta forma, a natureza de acessórios, pelo que a prescrição para sua cobrança é vintenária. Para a atualização do débito deve ser aplicada a Tabela Prática deste Tribunal. Sentença mantida integralmente. Recurso improvido. (TJSP, Ap. n. 7.268.958.200, 37ª Câm. de Dir. Priv., rel. Eduardo Almeida Prado Rocha de Siqueira, j. 24.09.2008)

Execução. Nota promissória. Embargante que alega nulidade da r. sentença por cerceamento de defesa. Pretensão de produção de prova testemunhal para comprovar a quitação do título executivo. Credor que entregou ao embargante documentos comprobatórios dos pagamentos parcelados e, segundo a defesa do embargante, maliciosamente executou título dado como garantia e assinado em branco. Nulidade rechaçada e recurso desprovido. Há de se ter por inócua a prova oral, quando a obrigação necessariamente se resolverá pela apresentação de prova documental. A quitação, que sempre poderá ser dada por instrumento particular, designará o valor e a espécie da dívida quitada, o nome do devedor, ou quem por este pagou, o tempo e o lugar do pagamento, com a assinatura do credor ou do seu representante. Cautelas do art. 320 do CC, não adotadas pelo recorrente. Relevância da circunstância de que notas promissórias, em regra, são quitadas com sua devolução ao emitente, nos moldes do art. 321 do CC. Título, contudo, que ficou retido com o credor, a sinalizar a inexistência da quitação. Quem diz efetuar pagamentos parcelados tendo também emitido nota promissória, adota cautelas para constar daqueles recibos parciais que os mesmos estão vinculados ao título que se busca resgatar. Minudências que não autorizavam o reconhecimento da quitação alegada pelo recorrente. (TJSP, Rec. Inom. n. 11.187, 3ª T. Cível, rel. Roberto Caruso Costabile e Solimene, j. 12.06.2008)

Declaratória. Nulidade de títulos de crédito. Ônus da prova. Art. 333, I. O autor apelante qualifica-se como comerciante e é sócio de empresa que tem por objetivo o fomento comercial, ou seja, suas qualificações não demonstram que seja pessoa que ignora os costumes mercantis, isto é, deveria o recorrente exigir o competente instrumento de quitação das supostas obrigações que vinha sorvendo, como direito que lhe assiste, nos termos do art. 319 do novo CC (antigo art. 939 do CC/1916), e, caso o credor não lhe emitisse tal instrumento de quitação, teria o direito de reter o respectivo pagamento até o momento em que lhe fosse fornecida a prova da quitação, prova esta que deveria estar, ao menos em regra, nos moldes do quanto estabelecido pelo art. 320 do novo CC (antigo art. 940 do CC/1916), situação esta que não se aufere dos documentos acostados aos autos. Protesto. Presunção de regularidade não elidida pelo autor. Protesto cambial. Exercício regular de direito. Inexistência de ato ilícito. Inexistência do dever de indenizar. Recurso não provido. (TJSP, Ap.

c/ Rev. n. 7.030.887.300, rel. Des. Roberto Mac Cracken, j. 28.06.2007)

Embargos de devedor. Decisão *extra petita*. Preliminar refutada. Pagamento parcial do débito comprovado. Anotações feitas no verso da nota promissória pelo próprio credor. Reconhecimento. Art. 320 do CC. Aplicação. Recurso improvido. "1 – Refuta-se a preliminar de decisão *extra petita* quando se verifica que a condenação imposta na sentença foi requerida na inicial e rechaçada nas alegações finais. 2 – Se o próprio credor reconhece que fez anotações de valores e cálculos no verso de nota promissória, configurado está o recebimento parcial do débito, nos termos do art. 320 do CC, especialmente seu parágrafo único". (TJMG, Proc. n. 2.0000.00.482364-9/000(1), rel. Francisco Kupidlowski, j. 29.09.2005)

Alimentos. Execução. Depósito realizado em conta diversa da estipulada em antigo acordo. Irrelevância. Hipótese em que o pagamento foi feito ao verdadeiro credor, e não a terceiro. Inteligência dos arts. 310 e 320 do CC. Sentença mantida. Recurso improvido. (TJSP, Ap. Cível n. 367.455-4/8/Penápolis, 6ª Câm. de Dir. Priv., rel. Des. Vito Guglielmi, 10.03.2005, v.u.)

Discute-se o valor da cobertura correspondente ao seguro obrigatório – DPVAT, em razão de atropelamento fatal que vitimou a esposa do autor. A 2ª Seção, por maioria, decidiu que a fixação da cobertura do DPVAT em salários mínimos não infringe a legislação, porquanto se cuida de mero critério indenizatório, de cunho legal e específico dessa natureza de cobertura, sem característica de indexação inflacionária. A jurisprudência inclinou-se em considerar como não representativo de quitação total o recibo dado em caráter geral, para afastar um direito que é assegurado por força de lei ao credor, caso do DPVAT (art. 3°, *a*, da Lei n. 6.194/74). Precedentes citados: REsp n. 129.182/SP, *DJ* 30.03.1998; REsp n. 195.492/RJ, *DJ* 21.08.2000; e REsp n. 257.596/SP, *DJ* 16.10.2000". (STJ, REsp n. 296.675, rel. Min. Aldir Passarinho Júnior, j. 20.08.2002)

No mesmo sentido: *JTA* 161/212.

Desse modo, ainda que a lei civil (art. 1.093 do CC) disponha que a quitação não precisa obedecer à forma do contrato, vale a advertência de Carvalho Santos: "Não se deduza daí, como querem muitos doutores, que, mesmo referente à quantia superior a mil cruzeiros, possa a quitação ser provada por testemunhas. Já mostramos a improcedência desse modo de ver, deixando evidenciado que o texto supra deve ser entendido de harmonia com o disposto no art. 940 *et seq.*, o que, aliás, já ensinara Clóvis Beviláqua, ao comentar o texto supra". (*RT* 816/237, rel. Juiz Marciano da Fonseca)

**Art. 321. Nos débitos, cuja quitação consista na devolução do título, perdido este, poderá o devedor exigir, retendo o pagamento, declaração do credor que inutilize o título desaparecido.**

Nos casos em que a devolução do título é a prova da quitação e ele se perder, o devedor pode exigir que o credor ajuíze a ação de anulação de título ao portador (arts. 907 a 913 do CPC/73; art. 259, II, e demais artigos do intervalo sem correspondentes no CPC/2015). Observe-se, contudo, que o dispositivo não se refere a esta ação específica e considera satisfatória a mera declaração do credor a respeito. No entanto, é preciso verificar que a regra tem incidência nos casos em que o débito está representado por título de crédito, que pode ter sido transferido por endosso a terceiro de boa-fé. Nessa hipótese, tratando-se de título de crédito, incide o princípio da inoponibilidade das exceções pessoais ao terceiro de boa-fé (REQUIÃO, Rubens. *Curso de direito comercial*. São Paulo, Saraiva, 1981, v. II, p. 413; COELHO, Fábio Ulhoa. *Manual de direito comercial*. São Paulo, Saraiva, 1995, p. 217), de modo que o portador do título terá direito a exigir novo pagamento do credor.

Assim, a ação de anulação do título será necessária para conhecimento de terceiros interessados – como é o caso do endossatário de boa-fé. E o devedor, como observa Caio Mário da Silva Pereira, pode ainda optar pelo depósito judicial para receber o pagamento, citando o credor e, por edital, os terceiros interessados (*Instituições de direito civil*, 20. ed., atualizada por Luiz Roldão de Freitas Gomes. Rio de Janeiro, Forense, 2003, v. II, p. 202 e segs.).

Outra questão que o artigo em exame provoca é a de saber quais são os títulos cuja quitação consiste em sua devolução ao credor. Aparentemente, aceitam-se apenas os títulos que podem circular por endosso, na medida em que os demais não dependem do resgate do título para quitação, sobretudo em face do disposto nos arts. 286, 290 e 292 deste Código. Segundo o art. 290, somente após a notificação a cessão de crédito é oponível ao devedor, que se eximirá de pagar novamente se não houver sido notificado pelo cessionário do crédito (art. 292). A disposição em exame, embora só se refira ao título perdido, também se aplica ao título destruído.

**Jurisprudência:** Sustação de protesto c/c anulatória de título extrajudicial. Alegação de pagamento parcial do valor do título não demonstrada. Recibo passado sem os requisitos do art. 320 do CC. Hipótese na qual a providência do art. 321 do mesmo diploma não foi adotada. Título que permanece hígido. Recurso improvido. Recurso adesivo. Honorários advocatícios. Pretensão à majoração do montante fixado na sentença. Cabimento. Hipótese em que a verba foi arbitrada de maneira parcimoniosa. Fixação em R$ 1.000,00. Art. 20, § 4º, do CPC [art. 85, §§ 3º e 8º, do CPC/2015]. Recurso provido. (TJSP, Ap. cível c/ rev. n. 7.285.338.400, rel. Mário de Oliveira, j. 12.08.2009)

Execução. Nota promissória. Embargante que alega nulidade da r. sentença por cerceamento de defesa. Pretensão de produção de prova testemunhal para comprovar a quitação do título executivo. Credor que entregou ao embargante documentos comprobatórios dos pagamentos parcelados e, segundo a defesa do embargante, maliciosamente executou título dado como garantia e assinado em branco. Nulidade rechaçada e recurso desprovido. Há de se ter por inócua a prova oral, quando a obrigação necessariamente se resolverá pela apresentação de prova documental. A quitação, que sempre poderá ser dada por instrumento particular, designará o valor e a espécie da dívida quitada, o nome do devedor, ou quem por este pagou, o tempo e o lugar do pagamento, com a assinatura do credor ou do seu representante. Cautelas do art. 320 do CC, não adotadas pelo recorrente. Relevância da circunstância de que notas promissórias, em regra, são quitadas com sua devolução ao emitente, nos moldes do art. 321 do CC. Título, contudo, que ficou retido com o credor, a sinalizar a inexistência da quitação. Quem diz efetuar pagamentos parcelados tendo também emitido nota promissória adota cautelas para constar daqueles recibos parciais que os mesmos estão vinculados ao título que se busca resgatar. Minudências que não autorizavam o reconhecimento da quitação alegada pelo recorrente. (TJSP, Rec. Inom. n. 11.187, 3ª T. Cível, rel. Roberto Caruso Costabile e Solimene, j. 12.06.2008)

Sobre inoponibilidade das exceções pessoais ao portador do título que estiver de boa-fé: n. 1.210.397-6, rel. Des. Luiz Carlos de Barros, j. 23.10.2007, n. 7.153.582-3, rel. Des. Térsio José Negrato, j. 17.10.2007. I TAC, Ap. n. 831.134-0, 5ª Câm., rel. Juiz Álvaro Torres Jr., *BAASP* n. 2.055/121-e, 2.053/118-e, *JSTJ* 58/232, 22/147 e 17/143, *RSTJ* 13/379, *RT* 739/295, 736/251, 701/171, 691/200 e 670/94 e *JTA* 167/201, 166/71, 160/34, 155/125, 138/100, 113/293 e 102/36.

Embargos à execução. Notas promissórias. Julgamento antecipado dos embargos. Alegações genérica e tacunosas de prática de agiotagem, de ilegal capitalização de juros e de pagamentos parciais não respaldadas em qualquer prova material. Inadmissibilidade da prova exclusivamente testemunhal (art. 101 do CPC) [revogado pela Lei n. 9.307/96]. Prova de pagamento que deveria ser feita mediante a exibição de recibo de quitação. Cerceamento do direito à produção de prova não caracterizado. Inexistência de nulidade da sentença. Títulos executivos extrajudiciais – art. 585, I, do CPC [art. 784, I, do CPC/2015], dotados de liquidez, certeza e exigibilidade. Cobrança tão somente de juros moratórios de 6% ao ano e correção monetária. Apelação improvida. (TJSP, Ap. n. 1.250.762-5, rel. Des. Alexandre Marcondes, j. 09.04.2007)

Prova. Testemunha. Monitória. Embargos. Cheque destinado a pagamento de mercadorias. Negócio celebrado entre comerciantes. Pretensão do emitente de provar o pagamento por prova exclusivamente testemunhal. Impossibilidade. Arts. 319 e 321 do novo CC. Julgamento dos embargos no estado. Sentença confirmada. Recurso improvido. (TJSP, Ap. n. 7.074.492-2/Cardoso, 24ª Câm. de Dir. Priv., rel. Des. Manoel Justino Bezerra Filho, j. 19.10.2006, v.u., voto n. 2.687)

Responsabilidade civil. Ato ilícito. Cobrança indevida de cheque e inscrição de nome no Cadastro de Emitentes de Cheques Sem Fundos do Banco Central do Brasil. Danos moral e material não constatados. Inocorrência de afronta ao art. 42 do CDC. Verificação da existência do débito e de inclusão automática do emitente no banco de dados da autarquia, após a devolução de cheques por insuficiência de saldo na conta-corrente bancária. Providência de baixa da pendência, após o pagamento. Demora atribuída ao autor, por ser-lhe lícito exigir a entrega do título contra o pagamento (art. 942 do CC/1916, correspondente ao 312 do ora vigente). Ação indenizatória improcedente. Apelação desprovida. (TJSP, Ap. c/ Rev. n. 887.703.400, 12ª Câm. de Dir. Priv., rel. José Reynaldo, j. 18.05.2005)

Em ação com o fim de anular contrato de *joint venture*, foi obtida, mediante medida cautelar incidental, a sustação dos efeitos do pacto e da carta de crédito, bem como do embarque de quaisquer equipamentos. O recorrido ofereceu embargos à execução, sustentando a inexigibilidade da letra de câmbio que fundamentava a pretensão executória, uma vez que originária de carta de crédito, cujos efeitos foram suspensos em ação cautelar. Entendeu o Tribunal *a quo* que o avalista não poderia opor exceção pessoal do devedor, a não ser que demonstrada a má-fé do credor, inexistente no caso em exame. Prosseguindo o julgamento, a Turma, provendo o recurso, entendeu que existem exceções que se ligam exclusivamente ao avalizado, não afetando a existência do débito e outras dizem com o próprio débito, atingindo o avalista diretamente. Quando não se trata de circunstância peculiar a seu emitente, mas diz com a razão de ser de sua existência, a exceção será oponível também por seu avalista. Outrossim não existe dispositivo legal que impeça, em relação ao avalista, invocação de matéria pertinente à relação original. Precedente citado: STJ, REsp n. 43.119/RS, *DJ* 12.02.1996. (STJ, REsp n. 162.332/SP, rel. Min. Eduardo Ribeiro, j. 29.06.2000)

Sobre duplicatas: acórdão em que são apontadas algumas hipóteses nas quais, em caráter excepcional, as questões são oponíveis ao endossante: I TAC, Ap. n. 677.427-2, 5ª Câm. Extraordinária B, rel. Juiz Cunha Garcia, j. 27.05.1997.

Hipóteses em que o terceiro figura no título como único beneficiário, sem endosso em preto: *JTA* 167/101 e I TAC, Ap. n. 833.934.8, 9ª Câm., rel. Juiz Luiz Carlos de Barros.

Ilegitimidade *ad causam* do endossatário-mandatário, também com referência à matéria a ele oponível: *RSTJ* 94/177 e *RT* 740/251.

Terceiro de boa-fé em poder de cheque furtado. Responsabilidade do emitente pelo pagamento reconhecida: *JTA* 145/192.

**Art. 322. Quando o pagamento for em quotas periódicas, a quitação da última estabelece, até prova em contrário, a presunção de estarem solvidas as anteriores.**

A disposição resulta da presunção de que o credor geralmente não concorda em receber o valor de uma parcela se as anteriores não houverem sido pagas. Contudo, essa presunção não é absoluta - pois nada impede que o credor demonstre haver concordado em receber o valor da última parcela sem ter recebido as anteriores - e não prevalecerá em todas as hipóteses em que se tratar de prestações periódicas.

O dispositivo se refere a quotas, o que leva à conclusão de que se trata de pagamentos de um mesmo preço em parcelas - prestações da compra de um imóvel ou de um contrato de mútuo. Mas não compreende os casos em que a periodicidade decorre da renovação da contraprestação (execução continuada), como ocorre com despesas de condomínio, fornecimento de energia e de direito de uso de linha telefônica, nas quais a prestação paga é autônoma, renovada periodicamente. Nessas hipóteses, o pagamento remunera a contraprestação mensal, de maneira que, ao aceitar a quitação, o credor não está reconhecendo o pagamento das parcelas anteriores - que correspondem a outra contraprestação. Vale dizer, somente se as prestações dizem respeito a um mesmo débito, a presunção relativa consagrada neste artigo terá validade. Acrescente-se que a regra não se aplica apenas em relação à última das parcelas previstas, mas também aos casos em que uma parcela intermediária for paga sem quitação de qualquer das anteriores (SILVA PEREIRA, Caio Mário da. *Instituições de direito civil*, 20. ed., atualizada por Luiz Roldão de Freitas Gomes. Rio de Janeiro, Forense, 2003, v. II, p. 204).

**Jurisprudência:** Locação. Pedidos de despejo e de cobrança. Invocação de questão não suscitada nem discutida em primeiro grau de jurisdição. Inovação em sede recursal. Inadmissibilidade. Alugueres. Contraprestação de execução continuada. Inaplicabilidade da presunção relativa de pagamento prevista no art. 322 do CC. Sentença correta. Recurso parcialmente conhecido e, na parte conhecida, não provido. (TJSP, Ap. Cível n. 1003274-17.2021.8.26.0099/SP, 35ª Câm. de Dir. Priv., rel. Gilson Delgado Miranda, j. 29.06.2022, publ. 29.06.2022)

Admitindo o afastamento da presunção de pagamento das prestações anteriores: TJDF, Proc. n. 07106123120178070020, 6ª T. Cível, rel. Des. Alfeu Machado, j. 06.06.2019, *DJe* 12.06.2019.

[...] 6 – Para a incidência do art. 322 do CC (art. 943 do CC/1916), as prestações periódicas devem ter origem em fato gerador uno. Se estiverem vinculadas a fatos geradores independentes e autônomos, a questão deve ser apreciada sob a perspectiva da imputação do pagamento, na forma prescrita nos arts. 352 a 355, do mesmo diploma legal. 7 – Inviável a revisão dos honorários advocatícios fixados na sentença se não houve recurso para o tribunal e se a questão não foi prequestionada. 8 – Recurso especial parcialmente conhecido e desprovido. (STJ, REsp n. 1.211.407, 3ª T., rel. Min. João Otávio de Noronha, *DJe* 07.03.2014, p. 483)

Juntada intempestiva de documentos indispensáveis ao julgamento da lide. Documentos que deveriam ter sido juntados no prazo assinalado para oferecimento de impugnação. Preclusão. Exegese do art. 396 do CPC [art. 434 do CPC/2015]. Título executivo que estabelece o pagamento em quotas periódicas. Prova da quitação das dezoito últimas prestações. Presunção de estarem pagas as prestações anteriores não ilidida pelo Apelante. Inteligência do art. 322 do CC. Sentença mantida. Recurso não provido. (TJSP, Ap. n. 990093523876, 37ª Câm. de Dir. Priv., rel. Tasso Duarte de Melo, j. 02.09.2010)

Direito civil. Obrigações. Taxas condominiais. Prestações periódicas. Quitação sem ressalva de débito de prestação anterior. Não prevalece no caso de quotas condominiais a presunção do art. 322 do CC [...], pois são imprescindíveis para a preservação do bem comum e autônomas com relação umas às outras. Precedentes da 2ª Seção e das Turmas que a compõem. Recurso especial provido. (STJ, REsp n. 817.348, 3ª T., rel. Sidnei Beneti, j. 20.05.2010, *DJe* 10.06.2010)

Cancelamento de plano de saúde por inadimplência relativa há mais de 3 anos. Presunção de pagamento. Conforme se depreende dos autos, o demandado promoveu o cancelamento de plano de saúde do autor no ano de 2006 por débito relativo ao ano de 2003. Tal conduta mostra-se abusiva, uma vez que cabia à requerida comprovar de forma clara a inexistência de pagamento, uma vez que, nos termos do art. 322, a quitação das parcelas posteriores faz presumir que a alegadamente inadimplida também estivesse paga. Não havendo tal prova, o juízo de improcedência do recurso se impõe. Cabe por fim referir que durante o período relativo ao mês da cobrança, o autor utilizou normalmente os serviços, o que somente reforça a presunção de que tal parcela estaria quitada. Sentença confirmada por seus próprios fundamentos. Recurso desprovido. (TJRS, Rec. Cível n. 71.002.365.609, 3ª T. Rec. Cível, rel. Leandro Raul Klippel, j. 26.03.2010)

Considerando que a presunção de quitação não alcança cotas condominiais: STJ, Emb. de diverg. em REsp n. 712.106, rel. Min. João Otávio de Noronha, j. 09.12.2009; STJ, REsp n. 556.317, rel. Min. Laurita Vaz, j. 10.09.2009; STJ, REsp n. 852.417, Min. Castro Filho, j. 29.11.2006; II TAC, Ap. n. 693.079-00/9, 2ª Câm., rel. Juiz Felipe Ferreira, j. 29.07.2003.

Embargos à execução. Cobrança de parcelas referentes à aquisição de imóvel. Comprovação de pagamento de parcelas posteriores. Em se tratando de prestações periódicas, a quitação da última estabelece, até prova em contrário, a presunção de estarem solvidas as anteriores. Aplicabilidade do art. 322 do CC. Ônus do credor de demonstrar inadimplência. Embargos improcedentes. Recurso provido. (TJSP, Ap. Cível n. 7.053.527.000, rel. Windor Santos, j. 07.04.2009)

Monitória. Execução de acordo homologado. Alegação de cumprimento integral da avença e de extravio de comprovantes de pagamento. Pagamento de parcela posterior que enseja presunção de pagamento das parcelas anteriores. Art. 322, do CC. Demonstração de ocorrência de furto no estabelecimento do executado, que corrobora suas alegações no sentido do extravio dos comprovantes de pagamento faltantes. Cumprimento de acordo reconhecido. Má-fé não configurada. Recurso parcialmente provido. (TJSP, AI n. 7.256.073.300, 21ª Câm. de Dir. Priv., rel. Antonio Marson, j. 18.06.2008)

Recurso especial. Processual civil. Sistema Financeiro da Habitação – SFH. Anterior mandado de segurança impetrado somente contra o extinto BNH. Agente financeiro que comparece nos autos espontaneamente arguindo preliminar e discorrendo sobre o mérito. Litisconsorte passivo necessário. *Decisum* que lhe é oponível. Coisa julgada. Quitação do saldo devedor. Liberação da hipoteca. Súmula n. 7 deste STJ. Quanto à possibilidade de extinção do contrato, é fato incontroverso que o mutuário efetuou o pagamento dos encargos mensais, nos valores determinados na decisão do mandado de segurança citado, até obter a quitação da última prestação, conforme comprovado pelos documentos acostados aos autos, já analisados pelo magistrado *a quo*. Razão pela qual, sem fundamentação legal a negativa de quitação apresentada pelo agente financeiro, uma vez que a quitação da última prestação presume o pagamento total da dívida, conforme dispõe o art. 322 do CC/2002 [...] (fl. 248). 8 – Recurso especial parcialmente conhecido e, nessa parte, desprovido. (STJ, REsp n. 824.073, 1ª T., rel. Luiz Fux, j. 03.04.2008, *DJ* 28.04.2008)

Ação de adjudicação compulsória, cumulada com pleito indenizatório por danos morais e revisão contratual. Contrato de compra de lote de terreno para pagamento em 120 parcelas. Quitação do preço. Recusa da vendedora em lavrar escritura, ao argumento de existência de saldo devedor. Descabimento. Recibos emitidos mensalmente pela vendedora, sem qualquer ressalva, além da inexistência de notificação da adquirente quanto ao alegado saldo devedor. Inteligência do art. 943 do CC/1916, vigente à época (atual art. 322). Recurso improvido. (TJSP, Ap. c/ Rev. n. 5.180.894.100, 6ª Câm. de Dir. Priv., rel. Sebastião Carlos Garcia, j. 29.11.2007)

Compra e venda. Instrumento particular. Quitação. É relativa a presunção de cumprimento da obrigação pela quitação da última parcela. Recurso provido. (TJSP, Recurso n. 1.107.906-0/3, rel. Juiz Alcides Leopoldo e Silva Júnior, j. 11.09.2007)

Apelação cível. Interposição contra sentença que julgou procedente ação de despejo por falta de pagamento. Prestações sucessivas. Aplicação do art. 322 do CC. Ônus do devedor. Ausência de provas da quitação do débito. Sentença mantida. Apelação não provida. (TJSP, Ap. s/ Rev. n. 1.064.724.000, rel. Des. Mario A. Silveira, j. 15.08.2007)

No direito tributário, a quitação de parcelas subsequentes não cria a presunção de pagamento das anteriores. Inteligência do art. 158 do CTN. (STJ, REsp n. 776.570, rel. Min. Luiz Fux, j. 13.02.2007)

No mesmo sentido: STJ, REsp n. 627.675, rel. Min. Luiz Fux, j. 21.09.2004.

Contrato. Arrendamento mercantil. *Leasing*. Cuidando-se de prestações periódicas, cobradas entre 1997 a 2000, com o reconhecimento do pagamento do principal, sem ressalvas do credor, aplicam-se às presunções contidas nos arts. 943 e 944, do CC/1916 (art. 322 do CC/2002). De ser declarado cumprido o contrato nessas circunstâncias com o reconhecimento da transferência da propriedade do bem arrendado pelo exercício da opção de compra avençada no contrato. Recurso provido. (TJSP, Ap. Cível n. 731.617-0/9/São Bernardo do Campo, 26ª Câm. de Dir. Priv., rel. Des. Norival Oliva, 06.03.2006, v.u., voto n. 12.532)

Contrato. Locação de espaço publicitário em ônibus. Indenizatória por rescisão unilateral da avença. Contrato atípico. Manutenção da relação negocial após o prazo firmado no instrumento. Vigência por prazo indeterminado. Possibilidade de rescisão unilateral imotivada por qualquer das partes. Multa contratual convencionada para a hipótese de rescisão antecipada da avença que somente pode ser aplicada durante a vigência do prazo originalmente estipulado. Reconvenção apresentada pela ré sob o fundamento de que a autora não pagou nenhum dos aluguéis ajustados. Comprovação do pagamento das últimas prestações mensais. Quitação das últimas parcelas de obrigação cujo pagamento é dividido em quotas periódicas que estabelece a presunção de pagamento das prestações anteriores. Inteligência do art. 943 do CC/1916 (correspondente ao art. 322 do novo Código). Litigância de má-fé não caracterizada. Ação julgada improcedente e reconvenção julgada parcialmente procedente em 1ª instância. Recurso parcialmente provido, para decretar a improcedência da reconvenção apresentada pela ré. (TJSP, Ap. cível c/ rev. n. 892.908-0/2/Jundiaí, 32ª Câm. de Dir. Priv., rel. Des. Ruy Coppola, j. 16.02.2006, v.u., voto n. 10.981)

Cabe ao credor, se efetivamente pagas as últimas cotas, desconstituir a presunção prevista no art. 943 do CC/1916 (art. 322 do CC/2002). (STJ, REsp n. 712.106, rel. Min. Carlos Alberto Menezes Direito, j. 25.10.2005)

A teor do art. 943 do CC revogado, constitui presunção *iuris tantum*, a favor do devedor, de que a comprovação da quitação das prestações periódicas subsequentes, sem ressalvas do credor, faz presumir a realização do pagamento das parcelas anteriores. Precedentes. (STJ, Ag. Reg. no Ag. n. 525.444, rel. Min. Laurita Vaz, j. 04.08.2005)

Despesas de condomínio. Valores antigos cobrados pelo condomínio, após minucioso levantamento contábil, aprovado pelos condôminos. Prescrição inocorrente. Presunção *iuris tantum* do pagamento. Prova nos autos da inadimplência da ré, com relação à quase inteireza do pedido inicial. Prova do pagamento da despesa de apenas cinco meses. Com relação a quatro deles, o condomínio retificou a inicial. Inversão do julgado para julgar a ação procedente, condenando-se à ré também ao pagamento de juros e de correção monetária conforme convenção, mais despesas e custas processuais e honorários de advogados. Todas as despesas vencidas antes da entrada em vigor do CC/2002. (II TAC, Ap. n. 831.723-00/2, rel. Juíza Rosa Maria de Andrade Nery, j. 17.03.2004)

I – Em se tratando de prestações periódicas, a quitação da última gera a presunção relativa de já terem sido pagas as anteriores, incumbindo a prova em contrário ao credor, conforme o art. 943 do CC. II – Pode o credor recusar a última prestação periódica, estando em débito parcelas anteriores, uma vez que, ao aceitar, estaria assumindo o ônus de desfazer a presunção *juris tantum* prevista no art. 943 do CC, atraindo para si o ônus da prova. Em outras palavras, a imputação do pagamento, pelo devedor, na última parcela, antes de oferecidas as anteriores, devidas e vencidas, prejudica o interesse do credor, tornando-se legítima a recusa no recebimento da prestação. (*RSTJ* 136/377)

---

**Art. 323. Sendo a quitação do capital sem reserva dos juros, estes presumem-se pagos.**

---

Este dispositivo consagra o princípio de que os acessórios seguem o principal. Os juros são fruto do capital, rendimentos produzidos pela coisa quando utilizada por quem não é o proprietário (art. 95 do CC) e, portanto, seguem-no. Se houver quitação do capital, os juros presumem-se pagos.

A correção monetária, por seu turno, não corresponde a juros, pois não remunera o uso do capital. Destina-se a preservar o valor nominal da moeda corroído pelo processo inflacionário, de maneira que não há presunção de que o pagamento singelo do débito – desatualizado – impeça o credor de postular a atualização proveniente da correção monetária, pois o contrário implicaria enriquecimento injusto do devedor, que pagaria menos do que deve.

A presunção em exame é também relativa, pois admite a demonstração de que a quitação do principal não alcançou os juros (LOTUFO, Renan. *Código Civil comentado*. São Paulo, Saraiva, 2003, v. II, p. 324).

**Jurisprudência:** Exceção de pré-executividade. Parcelamento de dívida tributária. Recolhimento de todas as parcelas. Fazenda que agora cobra juros e multa. Carnês emitidos pela Secretaria da Fazenda. Inexistência, no acordo ou nos carnês, de ressalvas que permitissem a cobrança de parcelas não enumeradas. CC, art. 323. Exceção acolhida. Honorários advocatícios devidos pela Fazenda. Recurso da excipiente provido, não provido o da Fazenda. (TJSP, Ap. n. 0001676-72.1998.8.26.0189/ Fernandópolis, 10ª Câm. de Dir. Públ., rel. Urbano Ruiz, *DJe* 18.01.2013, p. 937)

Cobrança de encargos. Duplicatas quitadas quando do apontamento do protesto. Pagamento do valor nominal do título. Pretensão da emitente em receber os encargos oriundos da alegada mora, período declarado entre o vencimento do título e a data do pagamento. Inteligência dos arts. 323 e 324 do vigente CC (arts. 944 e 945 do CC revogado). Presunção relativa que somente se afasta em caso da prova em contrário. Ônus da autora (art. 333, I, do CPC) [art. 373, I, do CPC/2015]. Sentença mantida. Recurso improvido. (TJSP, Ap. n. 1.157.585.400, 14ª Câm. de Dir. Priv., rel. Ligia Araújo Bisogni, j. 09.04.2008)

Adjudicação compulsória. Comprovação da quitação. Direito de outorga da escritura pública. Impossibilidade de se exigir resíduos inflacionários. Inexistência de qualquer ressalva no momento de recebimento das prestações. Incidência dos arts. 943 e 944 do CC/1916. Presença de ato jurídico perfeito. Aplicação do art. 6º, § 1º, da LICC [atual Lindb] e art. 5º, XXXVI, da CF. Precedentes. Sentença de procedência. Recurso improvido. (TJSP, Ap. n. 0.153.943-4/9/SP, 5ª Câm. de Dir. Priv., rel. Des. Oscarino Moeller, j. 05.09.2007, v.u., voto n. 16.544)

Apelação. Ação de busca e apreensão fundada em alienação fiduciária. 1 – Mora não positivada. Ausência de recepção, no endereço do devedor, da carta de notificação. Desatenção ao texto expresso do art. 2º, § 2º, do DL n. 911/69. 2 – Devedor que, ademais, promoveu consignação extrajudicial das quantias que considerava devidas, antes mesmo da notificação para a positivação da mora. Ausência de resistência do credor ao procedimento de consignação. Devedor tido por liberado da obrigação, nos termos do art. 890, §§ 1º e 2º, do CPC [art. 539, §§ 1º e 2º, do CPC/2015]. Válida a notificação para a cientificação do credor quanto ao procedimento consignatório, muito embora recepcionada a correspondência no endereço de filial da empresa, por se referir a obrigação a operação inerente à atividade empresarial da pessoa jurídica e por ter a operação sido realizada no âmbito da filial. 3 – Mora, de qualquer modo, não caracterizada, já que parcela significativa do suposto débito se refere a prestações satisfeitas com atraso, mas sem ressalvas (CC, 323). 4 – Sentença de improcedência confirmada. Preliminares afastadas; apelação conhecida apenas em parte e, nessa parte, improvida. (TJSP, Ap. c/ Rev. n. 1.026.994.700, 25ª Câm. do D. Terceiro Grupo (extinto II TAC), rel. Ricardo Pessoa de Mello Belli, j. 21.08.2007)

A regra contida no art. 323 do CC/2002 [...] não contempla a correção monetária que, por não constituir um *plus*, objetiva tão somente a reposição do valor real da moeda. (STJ, REsp n. 911.046/GO, rel. Min. João Otávio de Noronha, j. 12.06.2007)

Ação de cobrança fundada em contrato administrativo, visando o recebimento de verbas acessórias relativas a juros e correção monetária. Quitação do principal, afirmada pela ré, que não foi negada pela autora. Pretensão inadmissível, desde que, sendo a quitação do capital sem reservas, presumem-se pagos os juros (CC, art. 944; novo CC, art. 323), pois o acessório segue o principal. Ônus da prova que cabia à autora (CPC, art. 333, I) [art. 373, I, do CPC/2015], que dele não se desincumbiu. Ação improcedente. Recurso improvido. (TJSP, Ap. c/ Rev. n. 3.327.135/9, rel. Des. Oliveira Passos, j. 23.05.2007)

Prazo prescricional para os juros não compreende a correção monetária. A regra do art. 178, § 10, III, do CC só alcança os juros, porque a ação foi proposta mais de cinco anos após a data em que eles se tornaram devidos. A correção monetária é mera recomposição do capital e não tem natureza acessória: I TAC, Ap. n. 822.253-1, 10ª Câm., rel. Juiz Simões de Vergueiro, j. 04.12.2001; I TAC, Ap. n. 828.399-6, 6ª Câm., rel. Juiz Marciano da Fonseca, j. 05.06.2001; I TAC, Ap. n. 732.980-4, 1ª Câm., rel. Juiz Silva Russo, j. 16.11.1998; STJ, REsp n. 166.621, rel. Min. Waldemar Zveiter, j. 04.08.1998 e *JTA* 158/209.

I – Não se faz incidente a hipótese do art. 945, se a entrega do título ao devedor fez surgir a presunção do pagamento da dívida; e não elidida a presunção exonerativa, no prazo estabelecido no art. 945, § 1º, do CC, não pode o credor, com fundamento nela, demandar o devedor ou pretender a rescisão do compromisso firmado, mormente quando, a teor do art. 944 do referido Código, resultou comprovado que a quitação do capital o foi sem a ressalva dos eventuais juros. (STJ, REsp n. 236.005, rel. Min. Waldemar Zveiter, j. 08.06.2000)

Duplicatas pagas singelamente no Cartório de Protestos – Incidência de correção monetária: A respeito do tema a jurisprudência de nossos tribunais está pacificada: I TAC, Ap. n. 789.289-5, rel. Juiz Silva Russo, j.

07.02.2000, *RSTJ* 96/280, *JTA* 167/127, 164/142, 156/41, 153/96 e 150/141, *AASP* 2.058/125-e.

Cobrança. Juros moratórios. Omissão por sentença transitada em julgado, em ação de indenização por apossamento administrativo. Levantamento do depósito que constitui, além da quitação do principal, a presunção absoluta do pagamento dos juros. Art. 944 do CC. Processo extinto. Art. 267, V, do CPC [art. 485, V, do CPC/2015]. Recurso não provido. (*JTJ* 114/57)

**Art. 324. A entrega do título ao devedor firma a presunção do pagamento.**

**Parágrafo único. Ficará sem efeito a quitação assim operada se o credor provar, em sessenta dias, a falta do pagamento.**

Trata-se de dispositivo que deve ser conjugado com o disposto no art. 321, do qual se aproxima, mas se distingue. Enquanto o art. 321 refere-se aos casos em que a prova da quitação consiste na devolução do título – os que circulam por endosso –, este artigo é mais amplo, incidindo em todos os casos em que o título representativo da dívida – não título de crédito obrigatoriamente – for entregue ao devedor.

A presunção, porém, não pode prevalecer em inúmeras hipóteses em que houver mais de uma via do título, ou quando a restituição nada significar – basta imaginar que o locador entrega o contrato de locação –, a fim de que ele obtenha uma cópia. Será necessário, portanto, averiguar cada situação concreta. Se a entrega do título representar o débito com exclusividade – uma confissão de dívida, por exemplo – e for entregue ao devedor, haverá incidência do dispositivo em exame.

O dispositivo não repetiu a hipótese do § 2º do art. 945 do Código revogado, de modo que não é mais possível demonstrar que não houve pagamento quando houver quitação por instrumento público. Será possível, porém, nos casos de quitação conferida por instrumento tanto público quanto particular, demonstrar a ocorrência de qualquer defeito do negócio jurídico e postular sua anulação (art. 171 do CC). Nesses casos, porém, não é a falta de pagamento que prevalecerá, mas a invalidade da quitação que acarretará a subsistência da dívida inadimplida.

A esse respeito, confiram-se os acórdãos referidos no comentário ao art. 320, nos quais ficou reconhecido que pagamentos inferiores ao devido nos casos de seguro obrigatório não compreendem aquilo que efetivamente não foi pago, o que limita o alcance da quitação plena e geral. O parágrafo único estabelece um prazo decadencial de sessenta dias para que o credor demonstre a falta de pagamento.

**Jurisprudência:** Ação declaratória de inexistência de débito c/c repetição de indébito e danos morais. Alegado ajuizamento pelo réu de execução de título extrajudicial com base em suposta dívida inexistente entre as partes. Aplicação do CDC, por se tratar de relação de consumo. Inaplicabilidade da inversão do ônus da prova, por ausência de verossimilhança das alegações. Execução movida pelo requerido com base em notas promissórias emitidas pelo autor em decorrência de serviços odontológicos prestados à sua esposa. Prova no sentido da efetiva prestação dos serviços odontológicos pelo réu. Notas promissórias em mãos do credor, presumindo-se a persistência do débito (CC, art. 324). Recurso negado. (TJSP, Ap. Cível n. 1005651-12.2021.8.26.0664/SP, 13ª Câm. de Dir. Priv., rel. Francisco Giaquinto, j. 01.06.2022, publ. 01.06.2022)

Compromisso de compra e venda. Rescisão contratual. Inadimplemento do comprador. Notas promissórias. Posse do título pelo devedor. Afastamento da presunção estabelecida pelo art. 324 do CC. Pagamento não comprovado. Análise de todas as questões debatidas. Decisão fundamentada. Sentença mantida por seus próprios fundamentos, conforme art. 252 do RITJSP. Recurso desprovido. (TJSP, Ap. Cível n. 1000175-62.2020.8.26.0426/SP, 4ª Câm. de Dir. Priv., rel. Fábio Quadros, j. 07.02.2022, publ. 07.02.2022)

Apelação cível e recurso adesivo. Ação declaratória de inexistência de débito c/c indenização por perdas e danos. Dívida oriunda de compra e venda de botijões de gás. Notas promissórias emitidas. Sentença de parcial procedência. Apelação cível. 1 – Alegação de ocorrência de litispendência e coisa julgada. Análise do ponto em despacho saneador. Ausência de interposição de recurso em momento oportuno. Preclusão. Não conhecimento. 2 – Prova do pagamento. Quitação. Art. 320 do CC. Prova documental carreada que não se presta à comprovação da quitação. Prova exclusivamente testemunhal. Inadmissibilidade. Precedentes desta Corte estadual. Débito estampado em títulos de crédito. Literalidade dos títulos que requer que a quitação conste da cártula ou de eventual documento que lhe retire a exigibilidade, a liquidez ou a certeza. Presunção de não pagamento que milita contra o devedor em razão de os títulos estarem em poder do credor. Art. 324 do CC. Demandante que sequer trouxe aos autos qualquer elemento de prova capaz de ao menos indicar a existência do acordo verbal supostamente celebrado entre as partes. Situação que faz incidir a vedação do art. 401 do CPC [sem correspondente no CPC/2015], dado que o acordo supostamente celebrado engloba montante total superior ao limite de 10 (dez) salários mínimos, conforme o Poder Judiciário. Tribunal de Justiça, Ap. Cível n. 990.870-

-7, cód. 1.07.030, valores da época. Prova exclusivamente testemunhal inadmissível na espécie. Sentença reformada. Inversão do ônus de pagamento das verbas de sucumbência, mantido o arbitramento realizado em primeira instância. Recurso parcialmente conhecido e, na parte conhecida, provido. Recurso adesivo. Sentença que reconheceu como devidas as três últimas promissórias, com vencimentos para novembro e dezembro de 2008 e janeiro de 2009. Pretensão de reconhecimento da inexistência total do crédito executado. Ausência de prova do pagamento. Recurso prejudicado em razão da procedência da apelação interposta pela parte ré, em que se reconheceu a ausência de prova do pagamento do débito cuja declaração de inexistência se pretendia. Recurso adesivo prejudicado. (TJPR, AC n. 0990870-7, 16ª Câm. Cível, rel. Juiz Conv. Subst. Francisco Eduardo Gonzaga de Oliveira, *DJe* 15.05.2013, p. 269)

4.1. "1 – Como a posse do título de crédito faz presumir a sua quitação pelo devedor (art. 324 do CC), a sua detenção pelo credor firma a presunção do não pagamento. 2 – Alegando o devedor a quitação do valor da cártula que se encontra em poder do credor, a lei a ele comete a obrigação de fazer prova efetiva desse pagamento. Não se desincumbindo desse mister, responde pela dívida cobrada. 3 – Recurso provido." (Ap. Cível n. 20030310100535, rel. Antoninho Lopes, *DJ* 25.11.2009, p. 198). 5 – Recurso conhecido e provido. (TJDFT, Proc. n. 20080111694815, rel. Des. João Egmont, *DJe* 20.09.2012, p. 193)

Apelação cível. Ação de cobrança. Recibo de quitação. Desconstituição. Prescrição. Art. 324, parágrafo único, CCB/2002. Recurso provido. "Não havendo prova de que o pagamento se deu de forma parcial, presume-se extinta a dívida com a apresentação da quitação plena e regular passada pela credora à devedora, mormente quando escoado há mais de um ano o prazo previsto para a desconstituição do recibo (art. 324, parágrafo único, do CC) e comprovado que a credora aceitou sem óbices as parcelas posteriores" (Ap. Cível n. 2007.024716-6/Caçador, rel. Des. Henry Petry Junior). (TJSC, AC n. 2009.016372-5, rel. Des. Subst. Stanley da Silva Braga, *DJe* 02.07.2012)

Responsabilidade civil. Dano moral. Inscrição nos órgãos de restrição ao crédito. Presunção de pagamento pela entrega do título ao devedor. Art. 324 do CC. Falta de quitação que deveria ter sido demonstrada pelo credor. Baixa nos bancos de dados que deve ser feita pelo devedor, quando resgata o título protestado. Assistência judiciária deferida em primeiro grau. Recurso não provido. (TJSP, Ap. Cível n. 7.178.532.900, rel. Antônio Ribeiro, j. 18.12.2009)

Ação monitória. Cheque. Correção monetária. Termo inicial. Data do vencimento. A correção monetária não é acréscimo de valor, mas manutenção do valor real da moeda, devendo ser contada, portanto, a partir do vencimento da dívida. [...] Como se sabe, os títulos de crédito podem ser transferidos via endosso, figurando como titulares do crédito os portadores do título. Tanto é assim, que estabelece o CC que há pagamento válido, mesmo sem recibo, para o portador do título, de acordo com o disposto no art. 324. Ora, considerando que o cheque é ordem de pagamento à vista, obviamente o valor devido ao endossatário pode ser cobrado diretamente do devedor originário, e não exclusivamente do endossante, até por medida de economia processual. Também correta a sentença quanto ao termo inicial de correção monetária que, é bom lembrar, não representa acréscimo de valor, mas mera manutenção do poder real da moeda, cujo valor é corroído pelo processo inflacionário. (TJSP, Ap. Cível n. 7.124.398.600, rel. José Guilherme Di Rienzo Marrey, j. 26.03.2009)

Contendo o recibo de quitação, mencionando a emissão do cheque no mesmo dia em que o documento particular foi firmado, os requisitos do art. 940 da lei substantiva, a força probante do documento é eficaz para comprovar a quitação da obrigação, se o credor não alegar e provar em juízo, em sessenta dias após, qualquer causa de nulidade do ato jurídico, prevista no art. 147, II. (TJSP, Ap. n. 1.069.291-0/6, rel. Des. Clóvis Castelo, j. 16.03.2009)

Agravo de instrumento. Decisão que não acolhe arguição de decadência prevista no art. 324, parágrafo único, do CC. Momento processual inadequado. Prova pericial recomendável para aferir a alegada quitação. Questão que pode vir a ser reconhecida por ocasião do julgamento do mérito da causa. Decisão confirmada. Recurso desprovido. (TJSP, AI n. 7.298.812.000, rel. Irineu Fava, j. 11.03.2009)

Duplicata mercantil. Protesto. Cancelamento verbal da dívida. Julgamento antecipado. Cerceamento do direito de produção de provas. Não caracterização. Remissão. Quitação. Documento escrito. Necessidade. Art. 324, CC. 1 – Tratando-se de cobrança consubstanciada em título de crédito – documento escrito – apenas a apresentação do título pelo devedor (art. 324, CC) ou de prova escrita pode comprovar quitação ou remissão da dívida, principalmente quando ainda mantido o protesto do título pelo credor. 2 – É cabível o julgamento antecipado da lide quando dispensável prova oral e necessária prova documental que deveria ter sido produzida na inicial e não foi, descaracterizado o cerceamento do direito à produção de provas ou cerceamento de defesa. (TJSP, Ap. c/ Rev. n. 1.170.955.009, 31ª Câm. de Dir. Priv., rel. Fábio Rogério Bojo Pellegrino, j. 14.08.2008)

Cobrança de encargos. Duplicatas quitadas quanto do apontamento do protesto. Pagamento do valor nominal do título. Pretensão da emitente em receber os encargos oriundos da alegada mora, período declarado entre o vencimento do título e a data do pagamento. Inteligência dos arts. 323 e 324 do vigente CC (arts. 944 e 945 do CC revogado). Presunção relativa que somente se afasta em caso da prova em contrário. Ônus da autora (art. 333, I, do CPC) [art. 373, I, do CPC/2015]. Sentença mantida. Recurso improvido. (TJSP, Ap. n. 1.157.585.400, 14ª Câm. de Dir. Priv., rel. Ligia Araújo Bisogni, j. 09.04.2008)

Consignação em pagamento. Contrato de compra e venda de imóvel. Inadimplemento. Justa recusa. Falta de prova. Cheque. Devolução ao emitente. Presunção de pagamento. Litigância de má-fé. Não configuração. Aos credores consignados incumbe provar a justeza da recusa, em virtude do apontado inadimplemento contratual e desfazimento do negócio. Só o distrato é capaz de demonstrar a extinção das obrigações assumidas por contrato escrito. A devolução do título, em especial o cheque, ao seu emitente implica presunção relativa de pagamento do débito, que deve ser desconstituída no prazo estipulado no § 1º [errata; parágrafo único] do art. 324 do CC. Para a configuração da litigância de má-fé, exige-se prova robusta tanto do dolo na prática de atos atentatórios ao andamento processual, como também do dano acarretado à parte contrária. (TJMG, Proc. n. 1.0017.06.022099-7/003(1), rel. José Antônio Braga, j. 29.01.2008)

Ação de cobrança. Quitação outorgada pela entrega do título. Alegação de erro. Presunção de pagamento não afastada. Ônus do credor. Art. 945 do CC/1916. Honorários. Fixação dentro dos limites legais. Decisão mantida. Recurso improvido. (TJSP, Ap. n. 7.079.607-3, rel. Des. Eduardo Sá Pinto Sandeville, j. 10.10.2007)

Ação monitória. Notas promissórias prescritas. Cerceamento de defesa. Inocorrência. Requisitos do título. Pagamento. Prova da quitação. I – O CPC, no art. 130 [art. 370 do CPC/2015], atribui ao Juiz de Direito competência para determinar as provas necessárias à instrução do processo, indeferindo as diligências inúteis ou meramente protelatórias, exatamente para impedir instrução desnecessária ao deslinde da causa nos processos que já se acham suficientemente prontos para o julgamento. II – A ação monitória, a teor do disposto pelo art. 1.102-A, do CPC [art. 700 do CPC/2015], é instrumento processual destinado a quem pretende, com base em prova escrita sem eficácia de título executivo, pagamento de soma em dinheiro, entrega de coisa fungível ou de determinado bem móvel. Qualquer documento escrito que não se revista das características de título executivo é hábil para ensejar a ação monitória, a exemplo da nota promissória sem a indicação da data de sua emissão e o local de seu pagamento. III – O pagamento prova-se pela entrega do título ao devedor, nos termos do art. 324, *caput*, do CC, ou por meio de recibo de quitação. Inadmissível a prova exclusivamente testemunhal a comprovar o pagamento da dívida quando seu valor supere a quantia de dez salários mínimos vigentes no país na época de formalização do negócio (arts. 401 e 402, CPC) [sem correspondente e art. 444 do CPC/2015]. IV – Recurso de apelação a que se nega provimento. (TJMG, Proc. n. 1.0718.07. 500042-9/001(1), rel. Fernando Botelho, j. 04.10.2007)

A entrega do título ao devedor faz surgir a presunção do pagamento da dívida, que somente pode ser ilidida no prazo previsto no art. 324, § 1º, do CC/2002. (STJ, REsp n. 798.003/PB, rel. Min. Nancy Andrighi, j. 25.09.2007)

Compromisso de compra e venda. Preço quitado. Ação de obrigação de fazer. Lavratura de escritura definitiva. Procedência. Nota promissória final devolvida pelo credor ao devedor, em poder deste e exibida nos autos. Presunção de pagamento. Aplicação do art. 945 e § 1º do CC/1916, norma renovada no art. 324 e parágrafo único do vigente CC. Prova contrária não elidida pelos réus. Recurso desprovido. (TJSP, Ap. Cível n. 250.302-4/2/Americana, 5ª Câm. de Dir. Priv., rel. Des. Oscarlino Moeller, j. 19.09.2007, v.u., voto n. 16.986)

Cobrança. Despesas médico-hospitalares. Título representativo da dívida exibido pelo devedor. Presunção de quitação. Ocorrência. Tendo o acionado exibido originais de duas notas promissórias, sem ressalvas de eventuais débitos, com emissão e vencimento no mesmo dia em que firmados os termos de responsabilidade pelas despesas médico-hospitalares referentes aos serviços prestados, bem como recibos de quitação de valores diversos, abrolha em seu favor a presunção de quitação, no som do art. 324 do atual CC. (TJSP, Ap. c/ Rev. n. 973.158.100, rel. Des. Clóvis Castelo, j. 21.08.2007)

I – Em verdade, se milita em favor do recorrido a presunção do pagamento da dívida, conforme estatui a citada norma, dele não se poderia exigir nenhuma prova. Ao contrário, cumpria ao pretenso credor elidi-la, porém, através de provas concretas, dentro do prazo de sessenta dias estabelecido no referido art. 945 do mesmo diploma legal, o que, reafirma-se, não logrou a recorrente fazer, deixando precluir seu direito. (STJ, REsp n. 103.743, rel. Min. Waldemar Zveiter, j. 24.11.1997)

**Art. 325. Presumem-se a cargo do devedor as despesas com o pagamento e a quitação; se ocorrer aumento por fato do credor, suportará este a despesa acrescida.**

Somente se o aumento das despesas necessárias para o pagamento da dívida resultar de fato imputável ao credor ele suportará a despesa acrescida, pois o devedor responde pelas despesas normais. A regra visa a assegurar ao credor o direito de receber a dívida em sua integralidade, o que não ocorreria se as despesas fossem abatidas do que lhe é pago.

Incluem-se entre as despesas que correm a cargo do devedor as de natureza tributária, valendo notar que o dispositivo não é cogente, de modo que nada impede que as partes estipulem regra diversa, isto é, que as despesas correrão por conta do credor. Também serão de responsabilidade do credor as despesas acrescidas por fato que lhe seja imputado, como mudar o local do pagamento, estar em mora etc.

**Jurisprudência:** Revisional de contrato bancário. Abertura de limite de crédito rotativo em conta corrente ("cheque especial"). Procedência parcial do pedido para condenar o réu a restituir, na forma dobrada, os valores debitados da conta bancária da autora a título de pacote de serviços e de extrato consolidado, pois não provada a sua contratação. Razões recursais no sentido de regularidade da cobrança de tarifas administrativas previstas em contrato de financiamento de veículo e de responsabilidade legal do devedor pelas despesas com o pagamento (art. 325 do CC), além de invocar o princípio do *pacta sunt servanda*. Razões dissociadas dos fundamentos da r. sentença para o acolhimento de tais pedidos. Falta de impugnação específica da sentença. Violação ao art. 1.010, II e III, do NCPC. Recurso não conhecido nesse ponto. Repetição do indébito em dobro. Cabimento. Cobrança por encargos não contratados que configura ofensa à boa-fé objetiva. STJ, EAREsp n. 600.663/RS. Sentença mantida. Recurso conhecido em parte e não provido na parte conhecida. (TJSP, Ap. Cível n. 1039299-18.2020.8.26.0114/SP, 12ª Câm. de Dir. Priv., rel. Tasso Duarte de Melo, j. 18.05.2022, publ. 18.05.2022)

Ação cominatória julgada procedente. Inconformismo da cooperativa-ré firme na tese de que não pode ser compelida a emitir boletos bancários porque (1) não é instituição financeira; (2) o autor se obrigou a pagar o valor das parcelas no seu estabelecimento; e (3) a obrigação assumida pelo autor é *portable*. Acolhimento. Autor que aceitou a característica *portable* da obrigação. Presunção legal de que correm a cargo do devedor as despesas com o pagamento e a quitação. Art. 325, do CC. Sucumbência fixada. Recurso provido. (TJSP, Ap. n. 3001808-14.2009.8.26.0506/Ribeirão Preto, 11ª Câm. de Dir. Priv., rel. Moura Ribeiro, *DJe* 18.04.2013, p. 1.409)

Cancelamento de protestos. Emolumentos. Acordo judicial entabulado entre as partes, com reconhecimento e quitação do débito, por parte da autora, que assumiu, inclusive, as custas para levantamento das restrições existentes em seu nome. Pretensão à isenção das custas e emolumentos exigidos pelo tabelião para efetivação do cancelamento dos protestos. Inadmissibilidade. Autora que deve honrar com o acordo entabulado, assim como a ré, que forneceu a documentação necessária para o cancelamento das restrições. Possibilidade de isenção das mencionadas custas, pela parte interessada, desde que o tabelião possa cobrá-las diretamente da parte vencida. Hipótese em que a autora é a parte vencida, vez que reconheceu e quitou a dívida a ela imputada. Obrigação do devedor arcar com as despesas necessárias para o pagamento e quitação. Inteligência do art. 325 do novo CC e item 6 da nota explicativa da Tabela IV que integra a Lei n. 11.331/2002. Sentença mantida. Apelo improvido. (TJSP, Ap. Cível n. 7.200.930.400, rel. Salles Vieira, j. 07.05.2009)

Processual civil. Alienação fiduciária. Revisão contratual. Contratos quitados. Possibilidade. "O fato de o obrigado cumprir com a sua prestação prevista em contrato de adesão não o impede de vir a Juízo discutir a legalidade da exigência feita e que ele, diante das circunstâncias, julgou mais conveniente cumprir". Civil. Alienação fiduciária. Revisão contratual. Tarifa de emissão de carnê (TEC). Ilegalidade. Inocorrência. Art. 325 do CC. Despesas a cargo do devedor. Previsão contratual. [...] Civil. Alienação fiduciária. Revisão contratual. Ilegalidade reconhecida. Repetição em dobro. Impossibilidade. Princípio que veda o enriquecimento sem causa. Repetição simples. Recurso parcialmente provido. "A repetição do indébito é possível de forma simples, não em dobro, se verificada a cobrança de encargos ilegais, tendo em vista o princípio que veda o enriquecimento sem causa do credor, independente da comprovação do erro no pagamento, pela complexidade do contrato em discussão, no qual são inseridos valores sem que haja propriamente voluntariedade." (TJSP, Ap. c/ Rev. n. 1178675002/Taubaté, 35ª Câm. de Dir. Priv., rel. Artur Marques, j. 14.07.2008)

Estou a divergir do entendimento firmado pela 4ª Turma no precedente citado, que, *concessa venia*, não analisou a controvérsia à luz da legislação específica, Lei n. 9.492/97, tendo, inadvertidamente, aplicado ao caso concreto precedentes que tratavam de cancelamento de inscrição em órgãos de proteção ao crédito, e não de baixa de protesto. Nas hipóteses de inscrição em órgão de restrição creditícia, a jurisprudência desta Corte é assente quanto à responsabilidade do credor pela exclusão do nome do devedor quando quitada a dívida. Contudo, tenho que tal posicionamento não se aplica aos casos de cancelamento de protesto, à vista da legislação específica. Acompanho, sobre o tema em debate, os fundamentos lançados no já mencionado REsp n. 442.641/PB, em que a eminente Ministra relatora Nancy Andrighi, ao concluir ser de responsabilidade do devedor o cancelamento de protesto efetuado no exercício regular de direito, após o pagamento da dívida, assim se manifestou: "O acórdão recorrido considerou que, pago pelo devedor o título levado a protesto, a ele incumbe o ônus de proceder ao cancelamento do protesto. Este entendimento coaduna-se com a exegese de que o apontamento a protesto de título não pago pelo devedor no vencimento constitui exercício regular de direito do credor. Por outro lado, a Lei n. 9.492/97, de aplicação especial *in casu*, não impõe ao credor o dever de proceder ao cancelamento do registro. O art. 26 da Lei n. 9.492/97 apenas indica o rol de legitimados a requerer o cancelamento ('qualquer interessado'). Desta norma não se pode concluir, com evidência, que o credor esteja juridicamente obrigado a promover o cancelamento do protesto. E, se não há dever jurídico na espécie, não se pode inferir, por consequência, tenha o credor, ora recorrido, agido com culpa, o que afasta a procedência do pedido deduzido pela ora recorrente. Essa é, inclusive, a solução adotada pelo novo CC, ao estatuir em seu art. 325 que as despesas com o pagamento e a quitação do débito presumem-se a cargo do devedor." (STJ, REsp n. 842.092, rel. Min. Cesar Asfor Rocha, j. 27.03.2007)

Se a relação jurídica existente entre as partes não é de consumo e o protesto foi realizado em exercício regular de direito (protesto devido), o posterior pagamento do título pelo devedor, diretamente ao credor, não retira o ônus daquele em proceder ao cancelamento do registro junto ao cartório competente. (STJ, REsp n. 442.641, rel. Min. Nancy Andrighi, j. 21.08.2003)

**Art. 326. Se o pagamento se houver de fazer por medida, ou peso, entender-se-á, no silêncio das partes, que aceitaram os do lugar da execução.**

Caso as partes não tenham ajustado de modo diverso, o pagamento em medida ou peso se fará segundo as regras do local da execução da obrigação. A disposição mereceu crítica de Luiz Roldão de Freitas Gomes, atualizador da obra de Caio Mário da Silva Pereira. Segundo o autor, "mais curial seria que prevalecesse a presunção de que se aplique o sistema métrico decimal. Afastaria dúvidas, e dispensaria a prova de que em dado lugar se usa critério diferente, e eliminaria polêmicas e dissídios" (*Instituições de direito civil*, 20. ed. Rio de Janeiro, Forense, 2003, v. II, p. 187).

O autor tem razão. De fato, o sistema métrico é conhecido e presumivelmente utilizado. Dessa forma, mesmo em face da disposição em exame, será possível adotá-lo se as circunstâncias do caso assim o recomendarem. Valerá a boa-fé daquele que pactuou convicto de que seria adotado sistema mais frequente: sistema métrico decimal. A adoção de critérios de medida ou peso excepcionais, ainda que adotados no lugar da execução, poderá implicar violação à boa-fé objetiva de que trata o art. 422 do CC.

## *Seção IV*
## *Do Lugar do Pagamento*

**Art. 327. Efetuar-se-á o pagamento no domicílio do devedor, salvo se as partes convencionarem diversamente, ou se o contrário resultar da lei, da natureza da obrigação ou das circunstâncias.**

**Parágrafo único. Designados dois ou mais lugares, cabe ao credor escolher entre eles.**

A regra é a de que o local do pagamento será o do domicílio do devedor. Caberá ao credor escolher entre mais de um lugar possível. A indicação do local de pagamento da dívida tem natureza dispositiva, de maneira que não impede que convencionem local diverso.

**Jurisprudência:** Conflito de competência. Execução de honorários. Regra do art. 327, CC/2002. Convenção entre as partes. Foro de eleição. Competência do juízo suscitado. Dispõe o art. 327, CC, que o pagamento será efetuado no domicílio do devedor, salvo quando há convenção diversa entre as partes, ou se o contrário resultar da lei, da natureza da obrigação ou das circunstâncias. Constando que o contrato de prestação de serviços advocatícios prevê a eleição do foro, deve ser reconhecida a competência do Juízo suscitado. (TJMG, CC n. 10000222532632000/MG, 17ª Câm. Cível, rel. Amauri Pinto Ferreira, j. 15.02.2023, *DJ* 16.02.2023)

Não entabulado contrato entre as partes fixando o local do cumprimento das obrigações, o foro competente é o do domicílio do réu. Inteligência do art. 327 do CC. Decisão mantida. Recurso improvido. (TJSP, AI n. 1.217.675-0, rel. Des. Felipe Ferreira, j. 28.01.2009)

O art. 101, I, do CDC, se refere à competência para o ajuizamento de ação com a finalidade de apurar a responsabilidade do fornecedor por danos que causou, não tendo aplicação à ação onde o fornecedor exige o cumprimento de obrigação firmada em contrato verbal. Se as partes nada convencionaram a respeito do local do cumprimento da obrigação, o pagamento deverá ser efetuado no domicílio atual do devedor, isto é, no do tempo do pagamento e não no do tempo do contrato (CC, art. 327, 1ª parte) e, em consequência, a competência para a ação que exige seu cumprimento e a do foro do domicílio do devedor ou de sua sede, se ele for pessoa jurídica, nos termos do art. 100, IV, *d*, do CPC [art. 53, III, *d*, do CPC/2015]. Agravo não provido. (TJSP, AI n. 1.177.967.005, 28ª Câm. de Dir. Priv., rel. Carlos Nunes, j. 16.09.2008)

Processo civil. Agravo regimental. Ação de cobrança. Honorários de profissional liberal. Contrato que não estabelece foro de eleição. Competência firmada pela regra geral do art. 94, CPC [art. 46 do CPC/2015]. Exegese do art. 327, CC. Recurso improvido. "O CC prevê no art. 327 que o pagamento deve ser feito no domicílio do devedor, salvo se as partes convencionarem diversamente, ou se o contrário resultar da lei, da natureza da obrigação ou das circunstâncias. Destarte, não havendo convenção ou lei especificando foro diverso, é competente aquele em que domiciliado o devedor." (TJSP, Ag. Reg. n. 1.177.229.020, 35ª Câm. de Dir. Priv., rel. Artur Marques, j. 28.07.2008)

Agravo de instrumento. Honorários de profissionais liberais. Advogado. Arbitramento de honorários. Exceção de incompetência. Ausência de contrato escrito. Aplicabilidade do art. 327 do CC. Pagamento no domicílio do devedor. Admissibilidade. Agravo de instrumento provido. (TJSP, AI n. 992.060.411.626, 36ª Câm. do D. Oitavo Grupo (extinto II TAC), rel. Jayme Queiroz Lopes, j. 08.02.2007)

Competência. Foro. Cobrança de honorários de advogado. Ausência de cláusula específica, determinando local de pagamento. Incidência da regra que prevê o pagamento no local de domicílio do devedor. Art. 950 do antigo CC (art. 327 do atual CC). Pretensão à prorrogação da competência rejeitada. Exceção de incompetência acolhida. Remessa ao juízo do local onde a ré tem domicílio. Recurso desprovido. (TJSP, AI n. 1.037.613-0/4/São Paulo, 35ª Câm. de Dir. Priv., rel. Des. Mendes Gomes, j. 19.06.2006, v.u., voto n. 11.358)

Competência. Exceção de incompetência. Contratação de profissional de advocacia. Foro do local onde se pretende o cumprimento da obrigação. Inexistência, porém, de contrato escrito. Competência que, dessa forma, passa a ser determinada conforme a regra do art. 327 do CC, que determina o pagamento no domicílio do devedor. Competência do foro do domicílio do devedor. Reconhecimento. Recurso provido, determinada a remessa dos autos. (TJSP, AI n. 1.024.202-0/8/São Simão, 25ª Câm. de Dir. Priv., rel. Juiz Antônio Benedito Ribeiro Pinto, j. 04.04.2006, v.u., voto n. 8.335)

Inexistindo contrato escrito entre as partes, tudo dependendo de comprovação durante a instrução processual, a competência para o julgamento da ação de cobrança de honorários deve ser fixada em conformidade com norma insculpida no art. 950 do CC, no sentido de que "efetuar-se-á o pagamento no domicílio do devedor". (II TAC, AI n. 721.782-00/0, rel. Juiz Mendes Gomes, j. 26.11.2001)

No mesmo sentido: II TAC, AI n. 771.455-00/8, rel. Juiz Henrique Nelson Calandra, j. 15.04.2003.

Mora do credor reconhecida por não haver prova de que ele enviou faturas de cobrança ao domicílio do devedor: *RT* 863/352.

---

**Art. 328. Se o pagamento consistir na tradição de um imóvel, ou em prestações relativas a imóvel, far-se-á no lugar onde situado o bem.**

---

A tradição de um imóvel consiste em sua entrega ao credor, de modo que só pode realizar-se, de fato, no local onde estiver situado. O dispositivo, porém, tem relevância, na medida em que a tradição pode ser apenas simbólica, consistente na entrega das chaves. Nesse caso, deverá ocorrer no local em que estiver situado o imóvel, salvo disposição expressa em sentido diverso, pois a regra é de natureza dispositiva.

A segunda parte do artigo, que estabelece regra destinada a fixar o lugar do pagamento das prestações relativas a imóvel, igualmente tem natureza dispositiva, porque também nesse caso não se vislumbra nenhuma razão de ordem pública que impeça as partes de alterar o local dos pagamentos.

---

**Art. 329. Ocorrendo motivo grave para que se não efetue o pagamento no lugar determinado, poderá o devedor fazê-lo em outro, sem prejuízo para o credor.**

---

O dispositivo reconhece a possibilidade de validação do pagamento feito em local distinto daquele pactuado pelas partes. No entanto, condiciona sua eficácia à verificação de um motivo grave e à ausência de prejuízo ao credor. Não se trata de mera conveniência do devedor, mas de motivo sério que dificulte o cumprimento da obrigação.

Observe-se que haverá mora em caso de o adimplemento não se dar no prazo ajustado. Contudo, há hipóteses em que, sem motivo grave, por mera conveniência do devedor, altera-se o modo de pagamento, sem prejuízo do credor. É o caso do inquilino que deposita o valor do aluguel na conta do locador, sem lhe entregar diretamente o numerário, como havia sido pactuado – ou do condômino que procede do mesmo modo. Se não se constatar prejuízo ao credor, não parece razoável negar validade ao pagamento apenas porque não houve motivo grave para o devedor.

Contudo, mesmo razões pessoais do credor para exigir o pagamento no local ajustado poderão acarretar o reconhecimento do pagamento incorreto pelo devedor (por exemplo: o credor, esperando receber em uma de suas contas, de cujo saldo era devedor, não transferiu para esta o dinheiro da outra em que se fez indevidamente o depósito, porque desconhecia a conduta do devedor, suportando juros em seu saldo negativo). Não se imagine, porém, que o pagamento não será válido – o que implicaria enriquecimento sem causa –, mas apenas que não será eficaz até chegar às mãos do credor, ou até que ele possa afastar eventuais prejuízos.

Em determinadas hipóteses, ainda, será possível considerar que os requisitos previstos neste dispositivo não são cumulativos (motivo grave e ausência de prejuízo). Bastará que o motivo seja grave e não haja condições de o devedor efetuar o pagamento no local ajustado para que se presuma não haver prejuízo ao credor. A interpretação diversa implicaria negar incidência da regra, uma vez que o prejuízo do credor com a mudança do local do pagamento acarretaria a invalidade do pagamento, mesmo diante de motivo capaz de impedir o devedor de fazê-lo no local estabelecido.

**Art. 330. O pagamento reiteradamente feito em outro local faz presumir renúncia do credor relativamente ao previsto no contrato.**

O comportamento reiterado do credor ao aceitar pagamentos feitos em local diverso daquele que foi ajustado implica alteração tácita do local do pagamento. Essa modificação já era admitida na vigência do Código revogado, assim como é possível reconhecê-la em diversas outras situações semelhantes, na qual a conduta dos contratantes, ou dos obrigados, implica a anuência com sua modificação.

Aliás, o comportamento capaz de provocar modificações contratuais poderia ser reconhecido pela incidência da hipótese prevista no art. 111 deste Código, na qual o próprio silêncio é havido como anuência, quando as circunstâncias ou os usos o autorizarem, não sendo necessária a declaração expressa de vontade.

**Jurisprudência:** Apelação cível. Consignação em pagamento. Recusa do credor em receber as parcelas. Pagamentos iniciais realizados em local diverso do contratado. *Supressio*. Art. 330 do CC. Consignação em pagamento procedente. Recurso provido. O pagamento feito em outro lugar faz presumir renúncia do credor/requerido ao previsto no contrato. "Corroborando com o princípio da boa-fé e com a possibilidade jurídica da *supressio*, o art. 330 do CC estabelece que o pagamento reiteradamente feito em outro local faz presumir renúncia do credor relativamente ao previsto no contrato" [...]. (TJMS, Ap. Cível n. 08008821720188120024, 3ª Câm. Cível, rel. Des. Claudionor Miguel Abss Duarte, j. 19.08.2019, *DJe* 20.08.2019)

Apelação cível. Ação de indenização por danos morais decorrente de inscrição nos órgãos restritivos de crédito. Sentença de procedência. Recurso da empresa requerida. Compra parcelada de computador. Inscrição no cadastro de inadimplentes decorrente de parcela quitada cinco dias após o vencimento. Alegação de o pagamento ter ocorrido de forma diversa à pactuada (depósito em conta), dificultando a sua identificação. Conjunto probatório que demonstra terem sido todas as parcelas pagas via depósito bancário e com atraso de alguns dias. Presunção de renúncia do credor ao previsto no contrato. Exegese do art. 330 do CC/2002. Restrição creditícia formalizada mais de dois meses após o pagamento da parcela. Negligência da requerida que, ao aceitar o pagamento através de depósito bancário, não ficou atenta à movimentação da sua conta corrente. Insubsistência, ademais, da alegação de o requerente ter se quedado inerte após o recebimento da notificação prévia. Ausência de prova capaz de demonstrar o recebimento da referida correspondência pelo autor. Ato ilícito configurado. Dano moral presumido (*in re ipsa*). Responsabilidade objetiva reconhecida. Prequestionamento. Inviabilidade. Sentença mantida. Recurso conhecido e desprovido. Litigância de má-fé. Intuito protelatório reconhecido. Inteligência do art. 17, VII, do CPC [art. 80, VII, do CPC/2015]. Aplicação, de ofício, da multa e da pena de indenização previstas no art. 18 do caderno processual civil. Recurso conhecido e desprovido. (TJSC, AC n. 2009.053519-1, rel. Des. Subst. Denise Volpato, *DJe* 19.06.2012)

Ação de cobrança. Valores referentes a contrato de compra e venda, com preço parcelado. Utilização de procedimento sumário [art. 275, I, do CPC; sem correspondente no CPC/2015]. Admissibilidade. Caracterização da mora dos adquirentes do lote a partir do vencimento da primeira parcela inadimplida, por se tratar de *mora ex re*, que se constitui independentemente de interpelação do vendedor. Pagamento das prestações realizado de forma diferente da convencionada, presumindo-se a renúncia ao contratado, o que é permitido pelo sistema [exemplo da situação do art. 330 do CC/2002], com a possibilidade de cobrança fragmentada da dívida. Sentença mantida. Não provimento. (TJSP, Ap. n. 4.036.794.000, 4ª Câm. de Dir. Priv., rel. Enio Zuliani, j. 12.06.2008)

## *Seção V*
## *Do Tempo do Pagamento*

**Art. 331. Salvo disposição legal em contrário, não tendo sido ajustada época para o pagamento, pode o credor exigi-lo imediatamente.**

Em geral, o pagamento é feito na data previamente ajustada pelas partes. No entanto, há hipóteses em que o momento da exigência da obrigação não está previsto, de maneira que sua exigência é imediata.

**Jurisprudência:** Apelação. Distrato de permuta de imóveis c/c indenização por danos morais. Procedência, em parte. Apelo dos réus. Rejeição das matérias preliminares. Mérito. Controvérsia a respeito do tempo do pagamento. Contrato que não previu termo para pagamento do valor a que se obrigaram os recorrentes. Inteligência do art. 331 do CC. Pagamento à vista. Apelantes que se imitiram na posse do imóvel da autora e que não poderiam ignorar a condição de devedores, sob o argumento de que não foram notificados. Observância do dever de boa-fé. Confirmação da sentença. Majoração dos honorários do patrono da autora, nos termos do art. 85, § 11, do CPC, respeitada a gratuidade deferida aos apelantes. Não provimento. (TJSP, Ap. Cível n. 1003262-17.2019.8.26.0505/SP, 4ª Câm. de Dir. Priv., rel. Enio Zuliani, j. 13.12.2021, publ. 13.12.2021)

Recurso especial. Cumprimento de sentença. Ações de separação judicial e de alimentos. Acordo judicial homologado para por fim ao litígio. Descumprimento do ajuste. Obrigação sem estipulação de vencimento. Acórdão local que reputou em mora o devedor desde a homologação da transação. Insurgência do devedor. 1 – Hipótese em que os litigantes (ex-cônjuges) transacionaram e obtiveram a homologação judicial do acordo, atribuindo ao recorrente (ex-marido) a responsabilidade pelo pagamento de despesas condominiais. Posterior descumprimento da obrigação. Fixação, pelas instâncias ordinárias, de incidência de encargos moratórios a partir da data da composição entre as partes. Inviabilidade. Necessidade de prévia notificação para constituição da mora. 2 – A Inexistência de estipulação quanto ao vencimento da obrigação enseja a possibilidade de o credor exigi-la *incontinenti* ou noutro momento, observado o prazo prescricional. Inteligência do art. 331 do CC/2002. 3 – Contudo, tratando-se de mora *ex persona*, a cobrança do débito subordina-se à interpelação judicial ou extrajudicial, a fim de que o devedor seja constituído em mora, nos termos do art. 397, parágrafo único, do CC/2002. 4 – Na hipótese, considerando que a credora deixou de promover a diligência supra, deve-se reputar incidentes os desdobramentos da mora a partir da instauração do procedimento de cumprimento de sentença, sendo o termo *a quo* dos juros e da correção monetária, a data da intimação e a do início da fase expropriatória, respectivamente. 5 – Recurso especial provido. (STJ, REsp n. 1.358.408, 4ª T., rel. Min. Marco Buzzi, *DJe* 08.04.2013, p. 3.136)

Monitória. Nota promissória sem data do vencimento. Via monitória adequadamente manejada. Aplicação do disposto no art. 331 do CC/2002. Prescrição afastada. Descabimento na hipótese do chamamento ao processo. Pessoa física que não se confunde com a jurídica. Correção monetária a contar da data da propositura da ação e juros de mora a contar da citação. Apelo improvido. (TJSP, Ap. n. 7.241.807.600, 21ª Câm. de Dir. Priv. E, rel. Richard Paulro Pae Kim, j. 26.09.2008)

Embargos à execução. *Exceptio non adimpleti contractus*. Pagamento parcelado conforme acordo judicial. Obrigação de fazer descumprida. Inoponibilidade da exceção. Inexistindo cláusula no acordo que preveja condição ou prazo para o início da prestação de fazer nele prevista, a obrigação é exigível imediatamente, nos termos do art. 331 do CC. A exceção do contrato não cumprido não pode ser alegada contra a parte que iniciou o adimplemento das suas obrigações exatamente como previsto no acordo. (TJMG, Proc. n. 1.0518.06.101987-4/001(1), rel. Nilo Lacerda, j. 14.08.2007)

Monitória. Documento. Omissão quanto à data de pagamento. Irrelevância. Fato que leva à exigibilidade imediata. Art. 952 do CC. Recurso provido. (*JTJ* 246/234)

Agravo de instrumento. Monitória. Interposição contra ato judicial que deferiu prova testemunhal. Cabimento. Hipótese em que há prova escrita comprovando a existência da dívida da agravada, que não nega a veracidade do documento apresentado. Alegação de falta de fixação de data para o pagamento. Irrelevância. Diante de omissão, pode o credor exigi-la imediatamente. Inteligência do art. 952 do CC. Recurso provido. (TJSP,

AI n. 186.866-4/Guarulhos, 1ª Câm. de Dir. Priv., rel. Des. Guimarães e Souza, j. 15.02.2001, v.u.)

---

**Art. 332. As obrigações condicionais cumprem-se na data do implemento da condição, cabendo ao credor a prova de que deste teve ciência o devedor.**

---

Obrigações condicionais são aquelas que só podem ser exigidas quando se verificar evento futuro e incerto (art. 121 do CC). A leitura do artigo em exame revela que a condição de que se trata é a suspensiva, pois a resolutiva não acarretará o cumprimento da obrigação (art. 127 do CC), mas sim o contrário, ou seja, a suspensão do cumprimento já iniciado. Desse modo, no caso em que a exigibilidade da obrigação depende do implemento da condição, ela será exigida desde o momento em que se verificar, mas dela deve ser dada a ciência ao devedor. Explica-se: a condição produz efeitos de imediato, retroagindo ao momento de sua ocorrência, independente da ciência do devedor. Esta, no entanto, deve ser provada para que se possa exigir o pagamento devido.

Como a obrigação de pagar retroage ao momento em que o evento se verifica, os acessórios da dívida serão calculados desde a implementação da condição, não desde a ciência do fato pelo devedor. Contudo, até que o devedor tenha ciência da implementação da condição, ele não estará em mora, como se verifica na leitura do art. 394 deste Código.

**Jurisprudência:** Apelação. Ação declaratória cumulada com cobrança. Servidora municipal. Pretensão ao recebimento de gratificação por nível universitário. Admissibilidade. Termo *a quo* a partir do momento em que a ré foi informada. Obrigação condicional. Aplicação do art. 332 do CC. Incidência de tal verba sobre o padrão, mais as verbas efetivamente incorporadas, excluídas as de caráter eventual. Manutenção dos honorários advocatícios fixados na sentença. Recursos voluntário e oficial parcialmente providos. (TJSP, Ap. Cível c/ Rev. n. 7.280.105.200, rel. Oswaldo Luiz Palu, j. 21.10.2009)

Agravo de instrumento. Ação de rescisão de compromisso de compra e venda c/c reintegração de posse. Pedido reconvencional para devolução dos valores pagos. Sentença de parcial procedência. Título que embora líquido, não é exigível senão quando cumprida a obrigação de desocupação do imóvel. Obrigação condicional. Aplicação do art. 332 do CC. Pedido de gratuidade da justiça que deve ser formulado em primeira instância. Aplicação do art. 7º da Lei n. 1.060/50. Recurso improvido. (TJSP, AI n. 6.509.654.300, rel. Luiz Antônio Costa, j. 12.08.2009)

Na espécie, o contrato não previa data certa para o pagamento do preço pactuado, mas estipulava que o preço seria integralmente pago "na venda da unidade 12 (doze) do Edifício [...], seja em que tempo for". Vale dizer, havia disposição contratual prevendo uma condição suspensiva, qual seja, a venda da unidade 12.

E, nos termos do art. 953 do CC/1916, correspondente ao art. 332 do Código atual, cabe ao credor provar que o devedor tivera ciência do implemento da condição, sob pena de não lhe poder exigir o pagamento.

Na hipótese de que se cuida, provou o credor a venda da unidade 12 do Edifício [...] pela juntada de cópia da escritura de compra e venda do imóvel [...] e que autoriza o ajuizamento da presente ação.

A simples alegação da requerida de que se faz necessária a aquisição dos móveis pelo comprador da unidade não encontra respaldo nos termos do contrato que não prevê referida condição para o adimplemento de sua obrigação. A única e exclusiva condição prevista contratualmente consiste na venda da unidade 12, sem nenhuma ressalva quanto ao interesse do comprador do imóvel em adquirir os bens móveis que o guarnecem.

Comprovada a implementação da condição suspensiva prevista no contrato, exigível o pagamento do valor pactuado entre as partes. (TJSP, Ap. c/ Rev. n. 924.014-0/3, rel. Des. Orlando Pistoresi, j. 31.01.2007)

Apelação cível. Ação de cobrança de honorários. Demonstrado o patrocínio de causas. Honorários condicionados ao êxito. Ausente prova do recebimento das prestações buscadas. Ônus do advogado/autor. Diante da previsão de que os honorários advocatícios somente serão recebidos ao final, em caso de êxito na demanda, incidindo sobre o valor recebido pelo contratante, recai sobre o causídico o ônus de demonstrar que essa condição se implementou e que o devedor foi informado dessa situação, a teor do art. 332 do CC/2002. Inexistindo vedação legal à estipulação dos honorários *ad exitum*, admite-se que assim convencionem os contratantes, devendo ser privilegiado, nos limites da legalidade, o *pacta sunt servanda*. (TJSP, Proc. n. 1.0525.04.052893-3/001(1), rel. Heloisa Combat, j. 27.07.2006)

---

**Art. 333. Ao credor assistirá o direito de cobrar a dívida antes de vencido o prazo estipulado no contrato ou marcado neste Código:**

**I – no caso de falência do devedor, ou de concurso de credores;**

**II – se os bens, hipotecados ou empenhados, forem penhorados em execução por outro credor;**

**III – se cessarem, ou se se tornarem insuficientes, as garantias do débito, fidejussórias, ou reais, e o devedor, intimado, se negar a reforçá-las.**

**Parágrafo único. Nos casos deste artigo, se houver, no débito, solidariedade passiva, não se reputará vencido quanto aos outros devedores solventes.**

Trata-se de hipóteses de vencimento antecipado da dívida por imposição legal, e não contratual. São os casos em que o credor constata que há risco de o devedor tornar-se inadimplente e não poder saldar a dívida. Nesses casos, é adequado assegurar ao credor a possibilidade de perseguir seu crédito antes do vencimento, para evitar o prejuízo.

A presunção verifica-se na hipótese do inciso I, quando o devedor falir ou se estabelecer concurso de credores. Nos dois casos, identifica-se a insuficiência do patrimônio do devedor para honrar suas dívidas, legitimando-se o credor a perseguir seu crédito antes do vencimento, para, desse modo, participar da partilha dos bens arrecadados.

Na hipótese do inciso II, o credor dispõe de garantias – hipotecária ou pignoratícia –, mas sobre elas recai penhora capaz de comprometê-las, ou de indicar o estado de insolvência. A possibilidade de o credor reconhecer o vencimento antecipado da dívida também beneficia o terceiro titular do crédito que motivou a penhora. É que a garantia real faz prevalecer o crédito garantido em relação aos demais, quirografários ou aqueles em que a garantia tenha sido posteriormente concedida. Dessa forma, não fosse o vencimento antecipado, não haveria possibilidade de a penhora recair sobre o bem dado em garantia. A solução deste dispositivo concilia e viabiliza que outros credores se beneficiem do bem dado em hipoteca ou penhor, sem prejuízo daquele que obteve a garantia real. A anticrese foi excluída deste dispositivo, uma vez que a penhora sobre o bem dado em anticrese não compromete a garantia, que incide sobre os frutos do bem. Em consequência, a penhora que atingir o próprio bem não poderá comprometer os seus frutos, aos quais o credor terá direito a título de garantia.

Se a penhora, porém, revelar insuficiência da garantia, poderá incidir sobre o caso a regra do inciso III deste dispositivo. Também os credores com garantias reais ou fidejussórias poderão considerar vencido antecipadamente o débito, se o devedor for intimado a reforçar a garantia que se tornou insuficiente e não o fizer (inciso III). Nesses casos, o credor vinculou o negócio à garantia, de maneira que, se ela se fragiliza, assiste-lhe o direito de postular o reforço. Caso ele não se efetive, reconhece-se vencido o débito antecipadamente.

A disposição do parágrafo único aplica-se aos casos de solidariedade passiva. Diversos devedores são responsáveis pela dívida e cada um deles será obrigado pela dívida toda (art. 264). Também nessas hipóteses será possível verificar a ocorrência dos eventos relacionados no dispositivo em exame. Caso isso se verifique em relação a alguns dos devedores solidários, somente em relação a eles será aplicado o dispositivo, reconhecendo-se o vencimento antecipado da dívida. Em consequência, o débito não estará vencido em relação aos demais devedores solidários, dos quais o credor só poderá exigir o débito após o vencimento. Incidirá a essas hipóteses a regra do art. 281, pois o vencimento antecipado será reconhecido apenas aos devedores insolventes. Estes, se tiverem que responder pela dívida, não poderão arguir o vencimento que se dará em ocasião posterior – pois o vencimento já se verificou em relação a eles (art. 333 do CC) –, na medida em que isso é exceção pessoal só invocável pelos demais devedores solidários solventes.

Nada impede que, além das hipóteses previstas no presente artigo, os contratantes, com amparo na autonomia privada de que dispõem, estipulem outras hipóteses de vencimento antecipado. É o que ocorre, por exemplo, nos casos de pagamento em parcela em que se estipula que o inadimplemento de uma das parcelas acarretará o vencimento antecipado de todas as subsequentes.

**Jurisprudência:** Ação monitória. Contrato de abertura de crédito para financiamento estudantil. Fies. Vencimento antecipado da dívida. Inadimplemento de 26 prestações. Cobrança integral da dívida. Possibilidade. Cláusula 13ª do contrato e art. 333 do CC. Cerceamento de defesa. Prova pericial contábil. Desnecessidade. Matéria exclusivamente de direito. Agravo retido prejudicado. Recurso de apelação improvido. Sentença mantida. 1 – A falta de pagamento de três prestações constitui causa de vencimento antecipado da dívida consoante cláusula 13ª do contrato, de modo que nos termos do art. 333 do CC, assistirá ao credor o direito de cobrar a dívida por inteiro, antes de vencido o prazo ajustado contratualmente. 2 – No caso, é fato incontroverso nos autos que não foram adimplidas 26 prestações, razão pela qual é autorizado à CEF cobrar integralmente o seu crédito. 3 – O art. 330 do CPC [art. 355 do CPC/2015] permite ao magistrado julgar antecipadamente a causa e dispensar a produção de provas quando a questão for unicamente de direito e os documentos acostados aos autos forem suficientes ao exame do pedido. 4 – Considerando que os valores, índices e taxas que incidiram sobre o valor do débito estão bem especificados nos autos e, além disso, a questão relativa ao abuso na cobrança dos encargos contratuais é matéria exclusivamente de direito, porquanto basta mera interpretação das cláusulas do contrato firmado entre as partes para se apurar as ilegalidades apontadas, não há necessidade de se anular o feito para a produção de perícia contábil. 5 – Recurso de apelação improvido. Sentença mantida. (TRF, 3ª R., Ap. Cível n. 1.245.880, rel. Juíza Ramza Tartuce, j. 11.05.2009)

Agravo interno contra decisão monocrática que negou liminar seguimento à agravo de instrumento por ausência de interesse recursal do agravante. Inconformismo firme nas teses de que (1) muito embora o recurso tenha sido rechaçado por força de juízo negativo de admissibilidade, na verdade, a decisão ingressou no mérito da pretensão recursal, motivo pelo qual o agravo deveria ter sido analisado pelo colegiado; (2) o caso não se enquadra em nenhuma das hipóteses previstas no art. 557 do CPC [arts. 932, IV, *a* e *b*, e 1.011, I, do CPC/2015]; (3) possui interesse jurídico na alteração da decisão monocrática por lhe causar indevido prejuízo financeiro; e (4) a obrigação em debate é solidária, daí a legitimidade da cobrança do valor integral do débito em face da codevedora solidária [...]. Não acolhimento. Notória ausência de interesse recursal. Ao credor assistirá o direito de cobrar a dívida antes de vencido o prazo se se tornarem insuficientes as garantias e se o devedor, intimado, se negar a reforçá-las (art. 333, III, do CC/2002). Mas, havendo solidariedade passiva, não se reputará vencido o débito quanto aos outros devedores solventes (art. 333, parágrafo único, do CC/2002). Recurso não provido. (TJSP, Ag. Reg. n. 7.338.269.301, rel. Moura Ribeiro, j. 30.04.2009)

Sistema Financeiro da Habitação. Contrato de financiamento. Inaplicabilidade do art. 954, II, do CC, que permite a cobrança antecipada da dívida quando penhorado o bem hipotecado em execução por outro credor, ante o regime legal do empréstimo (Lei n. 5.741/71). Penhora que recai sobre os direitos do devedor, continuando o crédito garantido pela hipoteca do imóvel, ao que acresce o preceito superveniente da Lei n. 8.009/90, tornando impenhoráveis os "bens de família", desconstituída a constrição. Declaração de voto vencedor, ressalvada a irretroatividade da lei nova. (I TACSP, *RT* 662/102)

## CAPÍTULO II
## DO PAGAMENTO EM CONSIGNAÇÃO

**Art. 334. Considera-se pagamento, e extingue a obrigação, o depósito judicial ou em estabelecimento bancário da coisa devida, nos casos e forma legais.**

As formas e os casos estabelecidos em lei para que se faculte ao devedor a consignação estão estabelecidos nos artigos posteriores. Nessas hipóteses, o depósito judicial ou em estabelecimento bancário da quantia ou coisa devida (art. 539, § 1º, do CPC/2015; art. 890, § 1º, do CPC/73) equivalerá ao pagamento, liberando o devedor de sua obrigação. A consignação não é possível em relação às obrigações negativas e às de fazer.

**Jurisprudência:** Não admitindo a consignação para parcelamento de dívida: TJRS, Ap. n. 70.046.132.254, rel. Des. Isabel Dias Almeida, j. 14.12.2011.

Efetuado o bloqueio de quantia suficiente para cumprimento da dívida, exonerou-se o executado da obrigação. Inteligência do art. 334 do CC. Responsabilidade pelos juros e correção monetária que passou a ser do Banco depositário. (TJSP, Emb. Decl. n. 7.324.745.901, rel. Ligia Araújo Bisogni, j. 01.07.2009)

Agravo de instrumento. Depósito judicial de aluguéres com efeito de pagamento. Ação anulatória de venda de imóvel locado por ofensa a direito de preferência. Descabimento. Recurso desprovido. O depósito judicial somente tem efeito de pagamento, e extingue a obrigação, nos casos e formas legais (CC/2002, art. 334). A simples autorização judicial para efetuar o depósito não configura pagamento, sendo que a consignação somente terá força liberatória da obrigação se a ação for julgada procedente, restando prematura a concessão deste efeito *initio litis*. (TJSP, AI n. 1.201.955.002, 35ª Câm. de Dir. Priv., rel. Clóvis Castelo, j. 15.09.2008)

Execução fiscal. Penhora. Nomeação. Depósito em ação consignatória. Salvo quando a ação consignatória concirna ao débito objeto da execução em que se nomeia bem à penhora. Não é de admitir que essa nomeação recaia sobre depósito em dinheiro efetuado naquela demanda, porque, oferecida a pecúnia em consignação, já constitui ela meio satisfativo de outro crédito (arg. art. 334, CC/2002), a cujo adimplemento se encontra processualmente vinculada (arg. arts. 338 e 339, Código cit.). Não provimento do agravo interno. (TJSP, AI n. 7.366.375.901, 11ª Câm. de Dir. Públ., rel. Ricardo Dip, j. 03.03.2008)

O depósito em consignação é modo de extinção da obrigação, com força de pagamento, e a correspondente ação consignatória tem por finalidade ver atendido o direito material do devedor de liberar-se da obrigação e de obter quitação. Trata-se de ação eminentemente declaratória: declara-se que o depósito oferecido liberou o autor da respectiva obrigação. 3 – Sendo a intenção do devedor, no caso concreto, não a de pagar o tributo, no montante que entende devido, mas sim a de obter moratória, por meio de parcelamento em 240 meses, é inviável a utilização da via consignatória, que não se presta à obtenção de provimento constitutivo, modificador de um dos elementos conformadores da obrigação (prazo). (STJ, Ag. Reg. no Ag. n. 811.147, rel. Min. Teori Albino Zavascki, j. 15.02.2007)

No mesmo sentido: STJ, REsp n. 886.757, rel. Min. Teori Albino Zavascki, j. 15.02.2007.

Em relação a mutuários do Sistema Financeiro de Habitação, em cujos contratos está prevista cláusula de reajustamento das prestações pelo Plano de Equivalência Salarial, não tem eficácia jurídica alguma a cautelar que simplesmente autoriza o depósito judicial da prestação, já que, quanto ao valor reconhecidamente devido, não há controvérsia entre as partes, sendo desnecessária a ação cautelar. Para essa finalidade, em caso de recusa, é ilegítima a ação cautelar de depósito, sendo própria para tal fim a ação consignatória, na qual o depósito – instituto de direito material – é equiparado, para todos os efeitos, a pagamento (CC/2002, art. 334). Igualmente ilegítima é a liminar que proíbe a cobrança judicial, pelo demandado, de valores que entende devidos, eis que tal determinação importa limitação ao direito constitucional de acesso ao judiciário e contrasta com o disposto no art. 585, § 1º, do CPC [art. 784, § 1º, do CPC/2015]. (STJ, REsp n. 605.831, rel. Min. Teori Albino Zavascki, j. 03.08.2005)

Não há qualquer vedação legal a que o contribuinte lance mão da ação consignatória para ver satisfeito o seu direito de pagar corretamente o tributo quando entende que o Fisco está exigindo prestação maior que a devida. É possibilidade prevista no art. 164 do CTN. Ao mencionar que "a consignação só pode versar sobre o crédito que o consignante se propõe a pagar", o § 1º daquele artigo deixa evidenciada a possibilidade de ação consignatória nos casos em que o contribuinte se propõe a pagar valor inferior ao exigido pelo Fisco. Com efeito, exigir valor maior equivale a recusar o recebimento do tributo por valor menor. (STJ, REsp n. 659.779, rel. Min. Teori Albino Zavascki, j. 14.09.2004)

No mesmo sentido: STJ, REsp n. 606.289, rel. Min. Teori Albino Zavascki, j. 17.08.2004.

Ajuizada ação consignatória antes de intentada a ação de busca e apreensão, com depósito das prestações consideradas devidas, não cabe deferir medida liminar de busca e apreensão. (STJ, REsp n. 489.564, rel. Min. Ruy Rosado de Aguiar, j. 17.06.2003)

Na ação de consignação em pagamento, o credor não está compelido a receber coisa diversa do objeto da obrigação. Assim, pode ele exigir o adimplemento da obrigação pecuniária por meio de pagamento em dinheiro, não estando obrigado a aceitar o depósito judicial de título de dívida pública. (STJ, REsp n. 323.411, rel. Min. Nancy Andrighi, j. 19.06.2001)

**Art. 335. A consignação tem lugar:**

**I – se o credor não puder, ou, sem justa causa, recusar receber o pagamento, ou dar quitação na devida forma;**

**II – se o credor não for, nem mandar receber a coisa no lugar, tempo e condição devidos;**

**III – se o credor for incapaz de receber, for desconhecido, declarado ausente, ou residir em lugar incerto ou de acesso perigoso ou difícil;**

**IV – se ocorrer dúvida sobre quem deva legitimamente receber o objeto do pagamento;**

**V – se pender litígio sobre o objeto do pagamento.**

As hipóteses constantes deste dispositivo não devem ser havidas como taxativas, pois podem surgir outros casos não contemplados, nos quais também se justifique a consignação. É o que ocorre, por exemplo, nas hipóteses em que o devedor pretende pagar ao credor valor proveniente de alteração contratual oriunda da aplicação da teoria da imprevisão ou de reconhecimento de nulidades contratuais – como as fundadas nos arts. 39 e 51 do CDC.

No caso do inciso I, o credor se recusa, sem justa causa, a receber ou a dar quitação. A essa recusa equivale o comportamento do credor que se oculta para evitar o recebimento. A recusa ao recebimento deve ser injusta, pois, do contrário, não poderá ser obrigado a receber. Também autoriza a consignação a hipótese em que o credor não vai ou não manda receber (inciso II), bem como quando não for capaz de receber, for desconhecido ou estiver em local ignorado ou de difícil acesso (inciso III). Finalmente, se o devedor ficar em dúvida sobre a quem deve pagar ou se pender litígio sobre o objeto, admite-se que se valha da consignação (incisos IV e V).

**Jurisprudência:** Consignação em pagamento. Parcela contratual. Depósito acrescido de encargos. Mora não caracterizada. A ação de consignação em pagamento é aquela que permite ao devedor, ou a terceiro interessado, nos casos previstos no art. 335 do novo CC, exonerar-se da obrigação, oferecendo ao credor a quantia ou a coisa devida, depositando o valor, se persistir a recusa. Recurso não provido. (TJMG, AC n. 1.0024.09.478083-0/001, 14ª Câm. Cível, rel. Evangelina Castilho Duarte, *DJe* 11.04.2012)

Consignação em pagamento. Duplicatas mercantis vencidas. Títulos descontados pela credora com a faturizadora ré. Alegação do devedor de dúvida objetiva a quem realizar o pagamento em razão da pendência judicial entre a credora e a faturizadora. Petição inicial liminarmente indeferida por falta de interesse de agir por considerar inadequado o manejo da consignatória para afastamento da mora *debitoris* e por entender inexistente prova acerca da dúvida objetiva. Apelação do autor devedor reeditando a sua tese. Acolhimento. Mora *debitoris* que não obsta o pagamento pela consignatória. Aplicação dos arts. 344 e 335, IV, todos do CC. Demonstração da pendência do litígio entre a cedente e cessionária sobre a legitimidade da cobrança das cártulas. Sentença anulada a fim de que os autos retornem à vara de origem e ali tenham regular prosseguimento. Recurso provido. (TJSP, Ap. Cível n. 991.090.366.116, rel. Moura Ribeiro, j. 22.10.2009)

Ação de consignação em pagamento. Mandato. Advogado. Depósito judicial. Credor. Recusa indevida. Ação procedente. Recurso não provido. Considerando o disposto no art. 335, I, da lei substantiva, e não restando demonstrada justa causa para a recusa, a procedência da consignatória foi corretamente decidida pela sentença recorrida, que não merece qualquer reparo. (TJSP, Ap. Cível n. 992.080.754.200, rel. Clóvis Castelo, j. 05.10.2009)

Consignação em pagamento. Duplicatas mercantis protestadas. Boletos bancários e notas fiscais enviados a endereço distinto do devedor. Configuração da hipótese do art. 335, II, do CC. Mora do credor configurada. Possibilidade de pagamento em consignação. Recurso provido. (TJSP, Ap. Cível c/ Rev. n. 7.363.149.500, rel. Tasso Duarte de Melo, j. 02.09.2009)

Ação de consignação em pagamento de cheque protestado. Petição inicial liminarmente indeferida por falta de interesse de agir. Apelação do autor, emitente da cártula, firme na tese de que a consignação em pagamento é a única forma de conseguir obter quitação e retirar o seu nome do cadastro de inadimplentes, uma vez que a credora encontra-se em local incerto e não sabido. Acolhimento. Pagamento que não pode ser efetuado, após o protesto, diretamente no cartório, sem a carta de anuência da credora. Direito à quitação pela via consignatória. Aplicação do art. 334 c/c o art. 335, III, do CC. Sentença anulada a fim de que os autos retornem à vara de origem e tenham regular prosseguimento. Oferta que deve corresponder aos acréscimos da mora. Recurso provido, com observação. A consignação em pagamento é remédio hábil para o emitente de cheque sem fundo protestado se livrar da restrição quando desconhecer o paradeiro do beneficiário da cártula, desde que a oferta tenha considerado os acréscimos da mora. (TJSP, Ap. Cível n. 7.368.346.400, rel. Moura Ribeiro, j. 13.08.2009)

Ação de consignação em pagamento. Condições. Interesse de agir. Pendência de litígio sobre o objeto do pagamento que envolve o autor devedor e terceiro. Hipótese que não se adequa ao art. 335, V, do CC, que contempla apenas o litígio entre credor e terceiro a possibilitar ao devedor a consignação em pagamento. Carência de ação evidenciada. Sentença mantida. Recurso negado. (TJSP, Ap. Cível n. 7.315.431.100, rel. Francisco Giaquinto, j. 30.03.2009)

Ação de consignação em pagamento. Falta de envio de boleto destinado ao pagamento de serviço de acesso à Internet. Recusa ao recebimento caracterizada. Inteligência do art. 335 do CC. Apelo improvido. (TJSP, Ap. c/ Rev. n. 1.135.525.006, 36ª Câm. de Dir. Priv., rel. Arantes Theodoro, j. 14.08.2008)

Locação. Consignação das chaves. Recusa do locador. Ausência de justa causa. Arts. 335, I, do CC e 890 do CPC [art. 539 do CPC/2015]. Finda a locação, tem o locatário direito de devolver as chaves, simbolizando a entrega do imóvel ao locador; se há dívidas em atraso, se o imóvel estava ou não em boas condições, se há ou não multa a ser paga, tudo isto constitui matéria não passível de discussão em ação de consignação de chaves, ante o direito do locatário de devolver o imóvel, mesmo que responda posteriormente, pelos meios ordinários cabíveis, por dívidas e obrigações em aberto. Havendo resistência injusta ao recebimento, a ação é procedente e o locador deve ser condenado em custas e honorários. Recurso não provido, v.u. (TJSP, Ap. c/ Rev. n. 876.123.000, 35ª Câm. de Dir. Priv., rel. Manoel Justino Bezerra Filho, j. 11.08.2008)

Consignação em pagamento. Cambial. Devolução de cheque por insuficiência de fundos e inclusão do nome da apelante nos cadastros de inadimplentes. Não localização do credor. Pretensão ao depósito judicial para quitação do débito, bem como para excluir o nome da apelante dos cadastros de inadimplentes. Processo extinto sem julgamento do mérito por ausência de interesse de agir. Aplicação do art. 515, § 3°, do CPC [art. 1.013, § 3°, do CPC/2015]. Exegese do art. 335, III, do CC. Possibilidade da consignação quando o credor não puder dar quitação na forma devida ou o mesmo encontrar-se em lugar incerto. Recurso provido para determinar-se o depósito do principal mais encargos, desde a data da emissão do título e ainda, para exclusão do nome da apelante do cadastro de inadimplentes, oficiando-se o Banco Central, oportunamente. (TJSP, Ap. n. 7.231.466.200, 24ª Câm. de Dir. Priv., rel. Cardoso Neto, j. 07.08.2008)

Arrendamento mercantil. Consignatória. Inexistência de mora do credor. Interesse de agir. Ausência. Extinção da ação de ofício. O direito à consignação em pagamento exige a presença das condições impostas no CC, em especial, a do art. 335, I, do CC, qual seja, a *mora accipiendi*, ou seja, que haja injusta recusa por parte do credor em receber o que lhe é devido e, diante da ausência de tal requisito é evidente a inexistência de condição da ação, pelo que, de ofício, é indeferida a inicial, sem exame de mérito, prejudicado o agravo interposto. (TJSP, AI n. 1.187.739.005, 31ª Câm. de Dir. Priv., rel. Paulo Ayrosa, j. 24.06.2008)

Seguro empresarial. Ação de consignação em pagamento. Dúvida quanto ao recebimento da indenização securitária. Inexistência, todavia, de qualquer dúvida a ensejar a consignatória. Cláusula contratual que aponta a ré Sigma, proprietária do prédio sinistrado, como beneficiária da indenização securitária. Aplicação do disposto no art. 335, IV, do CC. Irrelevância de eventual divergência das rés em relação ao recebimento da indenização diante da clareza do contrato a respeito do beneficiário do seguro. Sentença de extinção mantida. Apelo improvido. (TJSP, Ap. c/ Rev. n. 4.780.624.900, 3ª Câm. de Dir. Priv., rel. Donegá Morandini, j. 11.03.2008)

Unicidade sindical. Competência. Conflito julgado pelo STJ. Justiça Comum. Sentença de 1ª instância anterior à Emenda n. 45/2004. Consignação em pagamento. Dúvida quanto ao sindicato com legitimidade para receber a contribuição. Consignatória procedente. Hipótese do art. 335, IV, do CC. A entidade com constituição regular e inscrição no Ministério do Trabalho merece ser contemplada pela contribuição. Recursos improvidos. (TJSP, Ap. Cível n. 4.111.845.900, 8ª Câm. de Dir. Públ., rel. Celso Bonilha, j. 19.12.2007)

Ação de consignação em pagamento. Dívida proveniente de cheque sem fundos. Possibilidade, pois o devedor tem direito à extinção de sua obrigação. Ação que não serve apenas a evitar, mas também a purgar a mora do devedor. Caso, ademais, em que o devedor alega não saber o paradeiro do último portador do cheque, portanto configurando hipótese em que a lei expressamente admite o pagamento por consignação (art. 335, II, CC). Extinção do processo afastada. Recurso provido para tal fim. "A mora do devedor não lhe retira o direito de saldar seu débito, devendo o credor receber, desde que o pagamento se faça com os encargos decorrentes do atraso e a prestação ainda lhe seja útil." (TJSP, Ap. n. 7.177.474.800, 11ª Câm. de Dir. Priv., rel. Gilberto dos Santos j. 24.10.2007)

Agravo de instrumento. Consignação em pagamento. Pretensão de depósito dos valores que o autor-agravante entende devidos. Impossibilidade. Ausência de comprovação da injusta recusa, requisito da mesma. Inteligência do art. 335, I, do CC. Recurso desprovido, nessa parte. (TJSP, AI n. 7.143.352-0, rel. Des. Walter Fonseca, j. 16.08.2007)

Consignação em pagamento. Condomínio. Despesas condominiais. Pretensão, após seguidas tentativas de consignação extrajudicial, por recusa do credor (valor depositado insuficiente para a quitação da dívida e ajuizamento da ação de cobrança). Inadmissibilidade. Ausência dos pressupostos do art. 335 do CC/2002. Inadimplemento da obrigação, positiva e líquida, no seu termo, constitui de pleno direito, em mora o devedor (CC/2002, art. 397). Improcedência da consignação em apenso, mantendo-se a procedência da cobrança. Recurso da ré, provido em parte para excluir o valor de suposto crédito do qual não se encontrou a origem. (TJSP, Ap. Cível s/ Rev. n. 1.069.993-0/1/SP, 25ª Câm. de Dir. Priv., rel. Des. Antônio Benedito Ribeiro Pinto, j. 24.07.2007, v.u.)

Consignação em pagamento. Cambial. Cheque. Decisão que indeferiu a petição inicial e extinguiu o processo. Reforma da sentença. Cabimento da ação de consignação em pagamento em caso de não localização do credor. Inteligência do art. 335, CC. Demais pretensões colocadas no recurso que devem ser buscadas no juízo de primeiro grau, porque a norma contida no art. 515, § 1º, do CPC [art. 1.013 do CPC/2015], não autoriza o tribunal a inobservar o princípio do duplo grau de jurisdição. Recurso provido para, anulado o decisório, prosseguir-se normalmente no feito. (TJSP, Ap. Cível n. 7.119.463-5/SP, 14ª Câm. de Dir. Priv., rel. Des. Lígia Araújo Bisogni, j. 04.04.2007, v.u., voto n. 1.690)

Consignação em pagamento. Âmbito. Despesas de condomínio. Cobrança conjunta de despesas condominiais e de valor relativo ao ressarcimento de danos alegadamente causados pelo condômino, que são controvertidos. Possibilidade de consignação daquelas evidenciada. Art. 335, I, do CC. Recurso improvido. (TJSP, Ap. Cível c/ Rev. n. 1.063.063-0/0/Itatiba, 27ª Câm. de Dir. Priv., rel. Des. Carlos Giarusso Santos, j. 27.02.2007, v.u., voto n. 2.467)

Consignação em pagamento. Interesse processual. Credor em lugar incerto. Depósito do valor da obrigação com os acréscimos da mora. Art. 335, III, do CC. Integralidade do depósito não impugnada. Art. 899 do CPC [art. 545 do CPC/2015]. Possibilidade de acolhimento do pedido nessa sede. Art. 515, § 3º, do CPC [art. 1.013, § 3º, do CPC/2015]. Desnecessidade de retorno dos autos à origem. Pretensão procedente. Obrigação extinta. Cancelamento do protesto. Expedição de ofício ao cartório para esse fim. Recurso provido. Ônus da sucumbência. Responsabilidade da ré. Honorários advocatícios. Fixação em R$ 500,00. (TJSP, Ap. n. 7.113.747-2, rel. Des. Roberto Bedaque, j. 13.02.2007)

Admite-se a cumulação dos pedidos de revisão de cláusulas do contrato e de consignação em pagamento das parcelas tidas como devidas por força do mesmo negócio jurídico. (STJ, REsp n. 464.439, rel. Min. Nancy Andrighi, j. 23.06.2003)

Consignação em pagamento. Alienação fiduciária. "Injusta recusa" (art. 973, I). Recusa do credor em receber parcela consignada. Caracterização. Cabimento.

A constituição em mora, quando ainda não produziu consequências irreversíveis, não inibe a consignação em pagamento, meio idôneo para o devedor se libertar da obrigação, quando injusta a recusa do credor. (II TAC, Ap. n. 655.394-00/0, rel. Juiz William Campos, j. 10.06.2003)

No mesmo sentido: II TAC, Ap. n. 620.369-00/0, rel. Juiz William Campos, j. 05.02.2002.

[...] III – Plenamente possível a revisão das cláusulas contratuais em sede de ação consignatória, eis que necessária à correlação entre o valor depositado e o efetivamente devido. Precedentes. (STJ, REsp n. 264.592, rel. Min. Aldir Passarinho Júnior, j. 01.04.2003)

Transparecendo, pelo comportamento do credor, sua injusta recusa em receber seu crédito, legitimado está o devedor em promover a sua consignação judicial, nos termos do art. 890 do CPC [art. 539 do CPC/2015]. (II TAC, Ap. n. 746.668-00/4, rel. Juiz Paulo Ayrosa, j. 03.09.2002)

Oferta de valor inferior ao devido. Necessidade de justificação para exame da viabilidade do pedido: Deste modo, a oferta inferior que os autores querem consignar havia de estar justificada, para que se pudesse, ao menos, examinar sua viabilidade: I TAC, Ap. n. 841.215-3, 1ª Câm., rel. Juiz Edgard Jorge Lauand, j. 16.12.2001; I TAC, Ap. n. 842.343-6, 10ª Câm., rel. Juiz Paulo Hatanaka, j. 13.11.2001; e I TAC, Ap. n. 836.283-2, 10ª Câm., rel. Juiz Paulo Hatanaka, j. 09.10.2001.

Consignação em pagamento. Prestação remanescente de compromisso de compra e venda de imóvel. Recusa por insuficiência da oferta, que veio desfalcada dos juros de mora e da correção monetária. Defesa, porém, omissa sobre o exato montante reputado devido. Desconsideração (art. 896, parágrafo único, do CPC) [art. 544 do CPC/2015]. Ação procedente. Apelação do autor provida. Reclamando o réu a insuficiência da oferta na ação de consignação em pagamento, compete-lhe o ônus de apontar o valor reputado devido, sem o que completamente inadmissível e vazia a defesa. (TJSP, Ap. n. 39.264-4, 2ª Câm. de Dir. Priv., rel. Des. José Roberto Bedran, j. 02.06.1998)

Ação de consignação em pagamento proposta por condômino pretendendo depositar as despesas ordinárias do condomínio, excluída a exigibilidade concomitante de multas infracionais que lhe foram impostas. Reconhecimento da justa recusa do condomínio em receber parcialmente as despesas condominiais. Possibilidade da exigência concomitante da multa infracional e despesas gerais condominiais. Comprovação da prática da infração, consistente em manter cão na unidade residencial, afrontando cláusula da convenção. (II TAC, Ap. n. 479.178-00/8, 5ª Câm., rel. Juiz Pereira Calças, j. 02.04.1997)

Consignação em pagamento. Aluguel. Dívida *quérable*. Recebimento do débito no domicílio do devedor. Ônus do credor. Exegese do art. 973, II, do CC.

Em se tratando de dívida quesível (*quérable*), cabe ao credor o ônus de buscar o pagamento no domicílio do devedor ou determinar que outrem faça em seu nome, pena de quedando inerte, restar configurada a sua mora (art. 973, II, do CC). (II TAC, Ap. n. 320.773.125.498-4/8-00, rel. Juiz Guerrieri Rezende, j. 22.12.1992)

Mandato. Consignação em pagamento. Advogado. Devolução de valor levantado em juízo. Quantia certa. Recusa do credor em receber. Interesse processual do autor. Existência. Cabimento.

Conquanto no exercício de mandato, se a quantia devida não está sujeita à prestação de contas em forma mercantil, diante da inexistência de despesas, pertinente é a utilização da ação de consignação em pagamento, diante da recusa do credor em receber, estando presente, pois, interesse processual. (*JTA* 183/513)

Consignação em pagamento. Fundamento. Dúvida sobre o credor legítimo. Mera alegação do autor. Descaracterização.

A consignação fundada na dúvida sobre quem deva receber o objeto do pagamento precisa ser consubstanciada em motivação séria, que inculca na mente do devedor o desconhecimento de quem validamente possa receber a prestação, ou que resulte da dubiedade gerada pelo comparecimento de várias pessoas que simultaneamente se apresentam como titulares do mesmo crédito. (*JTA* 161/573)

**Art. 336. Para que a consignação tenha força de pagamento, será mister concorram, em relação às pessoas, ao objeto, modo e tempo, todos os requisitos sem os quais não é válido o pagamento.**

A consignação não implicará alteração das condições para o pagamento no que se refere à pessoa que deve pagar ou receber, ao objeto, ao lugar e ao tempo. Todos esses fatores permanecerão inalterados, embora seja admissível consignar em virtude de uma circunstância que a justifique, como anotado nos comentários ao artigo anterior.

**Jurisprudência:** Agravo regimental no recurso especial. Ação de consignação em pagamento improcedente. Valor depositado insuficiente. Pagamento de dívida como terceiro interessado. Necessidade de depósito integral compreendendo prestação devida, juros, correção e eventuais despesas. 1 – "A teor da jurisprudência desta Corte, aliás, fundamentada no caráter *propter rem* das quotas condominiais, uma vez transferido o imóvel, a ação de cobrança dos encargos a ele correspondentes pode ser proposta tanto contra o proprietário como contra o promissário comprador, pois o interesse prevalente é o da coletividade de receber os recurso para pagamento de despesas indispensáveis e inadiáveis, podendo o credor escolher, entre aqueles que tenham uma relação jurídica vinculada ao imóvel, ou seja, a responsabilidade pelas quotas deve ser aferida de acordo com as circunstâncias do caso concreto" (REsp n. 771.610/SP, rel. Min. Jorge Scartezzini, 4ª T., unânime, *DJ* 13.03.2006). 2 – "A consignação em pagamento visa exonerar o devedor de sua obrigação, mediante o depósito da quantia ou da coisa devida, e só poderá ter força de pagamento se concorrerem 'em relação às pessoas, ao objeto, modo e tempo, todos os requisitos sem os quais não é válido o pagamento' (art. 336 do novo CC)" (REsp n. 1.194.264/PR, rel. Min. Luis Felipe Salomão, 4ª T., unânime, *DJe* 04.03.2011). 3 – Agravo regimental a que se nega provimento. (STJ, Ag. Reg.-REsp n. 947.460, rel. Min. Maria Isabel Gallotti, *DJe* 10.04.2012, p. 759)

Despesas de condomínio. Ação de consignação em pagamento. Inicial indeferida liminarmente. Processo julgado extinto (CPC/267, I, e 295, III) [respectivamente, arts. 485, I, e 330, III, do CPC/2015]. Prestações vencidas. Depósitos efetuados em valor inferior ao devido. Imposição de parcelamento do débito ao credor. Inadmissibilidade. Sentença mantida. Na ação de consignação em pagamento, o depósito judicial do valor consignado tem por objetivo a extinção da obrigação, razão pela qual sua validade depende do preenchimento dos requisitos estabelecido pelo art. 336 do CC, especialmente a integralidade do valor devido. Recurso improvido. (TJSP, Ap. Cível s/ Rev. n. 1.251.026.000, rel. Walter Zeni, j. 18.06.2009)

Agravo inominado. Consignação em pagamento. Insuficiência dos depósitos. 1 – Insuficiência do depósito efetuado, eis que o valor consignado é inferior àquele apurado pela perícia, não sendo o credor obrigado a aceitar menos do que o devido, nos termos do art. 336 do CC/2002 e dos arts. 890 e seguintes do CPC [arts. 539 e segs. do CPC/2015]. 2 – Recurso provido. (TRF, 2ª R., Ag. Interno na Ap. Cível n. 391.269, 7ª T. Especializada, rel. Des. Fed. Luiz Paulo S. Araujo Filho, j. 27.08.2008)

Contrato. Prestação de serviços. Descumprimento contratual por parte da apelada. Inocorrência. Culpa pela extrapolação do prazo que não pode ser imputada à apelada. Apelante que não cumpriu com suas obrigações contratuais, e que não pode imputar à apelada qualquer responsabilidade. Recurso não provido. Consignação em pagamento. Apelante que já estava em mora à época do aforamento da ação. Apelante que não adimpliu a obrigação na forma convencionada e que não pode se valer da consignação de pagamento. Inteligência do art. 336 do CC. Recurso não provido. (TJSP, Ap. n. 7.199.737.400, 17ª Câm. de Dir. Priv., rel. Tersio Negrato, j. 02.04.2008)

Consignação em pagamento. Locação. Aluguéis. Inadimplência de vários meses. Segundo o art. 336 do CC/2002, a consignação para ter força de pagamento há de ser feita no tempo e lugar convencionados. Ademais, caso proposta ação de despejo e cobrança, poderá o locatário valer-se do disposto no art. 62, II, III e IV, da Lei n. 8.245/91. Ausência de interesse processual na modalidade adequação. Mantido o decreto de extinção do processo, sem resolução do mérito. Recurso desprovido. (TJSP, Ap. c/ Rev. n. 1.139.225.005, 27ª Câm. de Dir. Priv., rel. Francisco Casconi, j. 27.11.2007)

Consignação em pagamento. Indeferimento da inicial. Demanda que exige ajuizamento imediato, logo após o vencimento da obrigação. Hipótese em que a apelante propôs a ação estando em débito há quase três anos. Circunstância que caracteriza a mora e impede a aplicabilidade do procedimento especial da consignatória. Improvimento do recurso. O especial procedimento da consignação em pagamento exige que a ação seja ajuizada imediatamente após o vencimento da obrigação, a fim de que a quitação possuía validade, conforme preceitua o art. 336 do CC/2002. Além de pretender consignar quantia que entende devida pelo consumo de energia elétrica, ofereceu o pagamento da prestação em setembro de 2004, de forma que, quando do ajuizamento da ação, estava em débito há quase três anos. Dessa forma, ficou caracterizada a mora obstando o manejo do procedimento especial da consignação em pagamento após tão longo período de impontualidade. (TJSP, Ap. c/ Rev. n. 7.103.195.500, rel. Des. Pedro Ablas, j. 04.04.2007)

Na ação de consignação em pagamento, o credor não está compelido a receber coisa diversa do objeto da obrigação. Assim, pode ele exigir o adimplemento da obrigação pecuniária por meio de pagamento em dinheiro, não estando obrigado a aceitar o depósito judicial de título de dívida pública. (STJ, REsp n. 323.411, rel. Min. Nancy Andrighi, j. 19.06.2001)

Arrendamento mercantil. *Leasing*. Ação de consignação. Proposta de dação em pagamento. Caracterização. Inadmissibilidade. A ação de consignação em pagamento não tem por objeto proposta de dação em pagamento, ou seja, substituição das prestações em dinheiro por pedras preciosas. (II TAC, Ap. n. 645.008-00/0, rel. Juiz Ferraz Felizardo, j. 29.08.2000)

Em face de preceito expresso de lei, a consignação, para que tenha força de pagamento, impõe que concorram em relação às pessoas, ao objeto, modo e tempo, todos os requisitos sem os quais não é válido o pagamento. Ao devedor em mora – já que não adimpliu a obrigação no tempo e forma convencionados – é defeso utilizar-se da consignação com efeito de pagamento. (*RT* 739/221)

**Art. 337. O depósito requerer-se-á no lugar do pagamento, cessando, tanto que se efetue, para o depositante, os juros da dívida e os riscos, salvo se for julgado improcedente.**

A regra fundamental deste artigo é a que consagra o momento do depósito como aquele em que se considera efetuada a quitação. Segundo ele, os efeitos da sentença de procedência proferida nos autos da ação de consignação retroagem ao momento do depósito. Em consequência, a mora do consignante desaparece desde que seja depositada a coisa ou a quantia devida e ele ficará exonerado de seus efeitos desde o momento em que efetiva o depósito.

**Jurisprudência:** Ação de consignação em pagamento. Financiamento bancário. Improcedência. Alegada propriedade da via para satisfação do débito. Invocada injusta recusa do credor, por ter havido acordo para parcelamento do débito. Desacolhimento. Existência da dívida e seu vencimento incontroversos. Pagamento parcelado dependente de convenção entre as partes. Ocorrência desta negada pelo credor e não comprovada pela devedora. Incumbência da última, ao ser fato constitutivo de seu direito. Oferta e depósitos subsequentes feito em parcelas, não pelo total do débito. Justa recusa configurada. Inteligência dos arts. 976 do CC anterior – art. 337 do atual – e 891 do CPC [art. 540 do CPC/2015]. Recurso improvido. Não tencionando o autor de consignatória questionar e rever as condições contratuais, mas exibindo como causa de pedir injusta recusa do credor em receber a dívida parceladamente, com objetivo de satisfazê-la judicialmente desta forma, amolda-se a pretensão deduzida ao figurino do art. 973, I, do CC então vigente, ao estar havendo recusa injusta do credor em receber o pagamento no modo convencionado. Se não comprova o promovente a existência do acordo de parcelamento e sendo moroso confesso, a única forma de ver extinta sua obrigação de pagar, mediante a oferta, é fazê-la considerando o integral e correto valor devido, com os acréscimos decorrentes de sua mora, previstos legal e contratualmente, nos termos dos arts. 976 da lei civil substantiva e 891 do diploma instrumental. O depósito a menor conduz à improcedência, pela recusa fundada em justo motivo. (TJSP, Ap. c/ Rev. n. 997.516.600, 11ª Câm. de Dir. Priv., rel. Vieira de Moraes, j. 13.07.2006)

O art. 976 do CC aplica-se à consignação em pagamento e não no processo executório. São situações totalmente diversas: numa o devedor impinge o pagamento ao credor, noutra o exequente-credor força o executado-devedor ao adimplemento duma obrigação, constante de título judicial ou extrajudicial. Assim, o art. 976 do CC não incide em depósito ocorrido em execução. (STJ, Ag. Reg. no AI n. 393.719, rel. Min. Humberto Gomes de Barros, j. 25.05.2003)

**Art. 338. Enquanto o credor não declarar que aceita o depósito, ou não o impugnar, poderá o devedor requerer o levantamento, pagando as respectivas despesas, e subsistindo a obrigação para todas as consequências de direito.**

Autoriza-se o devedor a desistir de consignar – e suportar as consequências de eventual mora ou inadimplemento –, até o momento da manifestação do credor. Depois que o credor aceitar a oferta depositada, não pode o devedor desistir da consignação. Assim sendo, a partir da aceitação ou impugnação, a prestação ofertada não pode mais ser levantada pelo consignante, que se verá obrigado a suportar as consequências da demanda ajuizada.

O art. 545, § 1º, do CPC/2015 (art. 899, § 1º, do CPC/73) autoriza que o credor levante o valor oferecido, mesmo que a oferta seja inferior ao valor devido, sem que isso implique concordância. O dispositivo em exame autoriza o devedor a desistir da ação antes da resposta do credor, mas acarreta sua responsabilidade pelo pagamento das despesas – inclusive as processuais (art. 90 do CPC/2015; art. 26 do CPC/73).

No aspecto processual, a desistência está disciplinada pelo art. 734, § 4º, do CPC/2015 (art. 267, § 4º, do CPC/73), que a condiciona ao consentimento do réu se ela for postulada após o decurso do prazo de contestação. Caso o credor manifeste sua aceitação, haverá quitação, de acordo com o disposto no art. 546, parágrafo único, do CPC/2015 (art. 897, parágrafo único, do CPC/73), o que também se verifica no caso da revelia.

**Jurisprudência:** Agravo de instrumento. Ação de obrigação de fazer. Pretensão à antecipação dos efeitos da tutela, para que a autora consignante possa levantar o depósito em consignação realizado na instituição bancária ré, por inércia do credor consignado em aceitá-lo ou impugná-lo. Possibilidade. Não havendo aceitação ou impugnação do depósito em consignação extrajudicial pelo credor consignado, pode o devedor levantá-lo, arcando com as consequências de seu eventual inadimplemento, como se a consignação nunca tivesse ocorrido. Inteligência do art. 338 do CC vigente. Recurso provido. (TJSP, AI n. 990093225697, 17ª Câm. de Dir. Priv., rel. Walter Fonseca, j. 12.05.2010)

Execução fiscal. Penhora. Nomeação. Depósito em ação consignatória. Salvo quando a ação consignatória concirna ao débito objeto da execução em que se nomeia bem à penhora. Não é de admitir que essa nomeação recaia sobre depósito em dinheiro efetuado naquela demanda, porque, oferecida a pecúnia em consignação, já constitui ela meio satisfativo de outro crédito (arg. art. 334, CC/2002), a cujo adimplemento se encontra processualmente vinculada (arg. arts. 338 e 339, Código cit.). Não provimento do agravo interno. (TJSP, AI n. 7.366.375.901, 11ª Câm. de Dir. Públ., rel. Ricardo Dip, j. 03.03.2008)

Em razão da extinção do processo sem julgamento do mérito, decorrente da homologação do pedido de desistência da ação de consignação em pagamento formulado pelo autor, na qual não houve contestação, tem ele o direito ao levantamento das quantias depositadas em juízo, posto que a obrigação junto ao réu subsiste para todas as consequências de direito. (STJ, REsp n. 583.354, rel. Min. Nancy Andrighi, j. 07.12.2004)

---

**Art. 339. Julgado procedente o depósito, o devedor já não poderá levantá-lo, embora o credor consinta, senão de acordo com os outros devedores e fiadores.**

---

Se o pedido do devedor for procedente, o depósito pertence ao credor. Assim sendo, o devedor não poderá levantar o depósito, salvo se o credor concordar com essa medida.

Mesmo que ele o faça, será preciso verificar se outros devedores e fiadores da dívida concordam com que o devedor o faça. Outros devedores e o fiador do mesmo débito, entenda-se, pois o dispositivo pretende assegurar o direito de regresso de outros devedores da obrigação indivisível ou em que haja solidariedade. Assim, outros devedores e o fiador da dívida paga pelo devedor, mesmo que não sejam parte no feito, deverão ser intimados de que ele tem o depósito à sua disposição e poderão invocar seus direitos nesses mesmos autos, para se reembolsarem sem necessidade de nova demanda.

Essa interpretação é possível e consentânea com a instrumentalidade do processo, pois os outros devedores e o fiador poderão debater com o consignante eventuais direitos que tiverem sobre a importância consignada, assegurado o amplo contraditório e atendido o princípio da economia processual.

Conclusão diversa implicaria obrigar o consignante a deixar o valor depositado e aguardar o ajuizamento da ação pelos demais devedores ou fiadores, o que poderia não se verificar. E ele não poderia levantar o bem ofertado, em face do que dispõe a parte final do dispositivo em exame.

---

**Art. 340. O credor que, depois de contestar a lide ou aceitar o depósito, aquiescer no levantamento, perderá a preferência e a garantia que lhe competiam com respeito à coisa consignada, ficando para logo desobrigados os codevedores e fiadores que não tenham anuído.**

---

A disposição completa o artigo antecedente. Se o devedor fizer o depósito do pagamento e posteriormente o levantar, com a aquiescência do credor, torna-se insubsistente eventual garantia de que ele dispunha sobre a coisa consignada. Caso os codevedores e os fiadores não hajam anuído com o levantamento – e ele se fizer contrariando o disposto no art. 339 –, eles ficarão liberados da obrigação que tinham em relação ao credor.

---

**Art. 341. Se a coisa devida for imóvel ou corpo certo que deva ser entregue no mesmo lugar onde está, poderá o devedor citar o credor para vir ou mandar recebê-la, sob pena de ser depositada.**

---

Nos casos mencionados neste dispositivo, a presunção é a de que o devedor não pode levar o bem a depósito, pois, sendo imóvel, não se desloca de um lugar para outro sem perder suas características essenciais. É o caso dos imóveis e dos outros bens que devem permanecer onde se encontram. A providência a ser tomada para a consignação se restringirá a chamar o credor para recebê-la ou mandar alguém fazê-lo, sob pena de considerar-se efetuado o depósito. Não é possível, em caso de o credor não ir receber, depositar em outro lugar o bem. Assim sendo, considera-se feito o depósito e o bem permanece onde se encontra.

**Art. 342. Se a escolha da coisa indeterminada competir ao credor, será ele citado para esse fim, sob cominação de perder o direito e de ser depositada a coisa que o devedor escolher; feita a escolha pelo devedor, proceder-se-á como no artigo antecedente.**

Como visto no comentário ao art. 244, a escolha da coisa indeterminada é feita pelo devedor, mas nada impede convencionar-se que ela seja feita pelo credor. É dessa última hipótese que se cuida no presente dispositivo. O devedor ajuíza ação para compelir o credor a fazer a opção, permitindo-lhe que cumpra a prestação devida. Ao ser citado, o credor deve indicá-la, sob pena de o direito ser transferido ao devedor, que poderá fazer a opção, observando-se a disposição do art. 244, e depositar a coisa, caso o credor não a venha receber.

**Art. 343. As despesas com o depósito, quando julgado procedente, correrão à conta do credor, e, no caso contrário, à conta do devedor.**

Esta disposição está relacionada com os arts. 82, § 2º, e 85, § 17, do CPC/2015 (art. 20 do CPC/73). Disso decorre que o vencido na demanda consignatória suporta os ônus da sucumbência (arts. 82, § 2º, e 85, § 17, do CPC/2015; art. 20 do CPC/73). Às despesas processuais se acrescentam as despesas com o depósito.

Vale observar, porém, que o dispositivo não coincide com o dispositivo processual mencionado, na medida em que contempla as despesas com o depósito da coisa devida e recusada pelo credor. E elas não são despesas decorrentes do processo, mas assumidas extrajudicialmente para conservação do bem devido em depósito. Por exemplo, se a hipótese é de entregar um automóvel, o depósito objeto deste artigo consiste em manter o veículo em um estacionamento até o término da ação. As diárias do estacionamento serão pagas pelo autor, se seu pedido não for acolhido, e pelo réu, se procedente.

**Art. 344. O devedor de obrigação litigiosa exonerar-se-á mediante consignação, mas, se pagar a qualquer dos pretendidos credores, tendo conhecimento do litígio, assumirá o risco do pagamento.**

O devedor que tiver prestação sujeita a conflito entre pessoas que se intitulam, simultaneamente, suas credoras, deve valer-se da consignação para não correr o risco de, ao ser reconhecido o direito do credor a quem ele não pagou, ver-se obrigado a pagar novamente.

O dispositivo remete ao art. 312, que afirma a possibilidade de o devedor ser compelido a pagar novamente, se pagar a determinado devedor, apesar de conhecer a impugnação de outros supostos credores.

A leitura do presente artigo reforça a ideia exposta nos comentários ao art. 312, no sentido de que a impugnação ao pagamento, feita por terceiros, não precisa ser judicial. Ora, se há necessidade de consignação pelo devedor, é crível que uma impugnação que lhe seja encaminhada extrajudicialmente, desde que séria e fundamentada – com boa-fé objetiva, portanto –, seria capaz de gerar dúvida sobre a idoneidade da quitação, demonstrando ao devedor a existência do litígio sobre a prestação.

Em consequência, na dúvida e ciente do conflito, o devedor estaria obrigado a consignar. Recorde-se que a jurisprudência tem exigido o conhecimento da execução para identificar a fraude à execução. Desse modo, imagine-se que uma execução esteja ajuizada e, embora o executado tenha recebido citação, ainda não recebeu o pagamento pela venda de um imóvel de sua propriedade. A comunicação da existência da execução ao adquirente do imóvel lhe daria ciência do litígio e o obrigaria a depositar nos autos da execução o saldo do preço, sob pena de reconhecimento da fraude – no pagamento, e não na aquisição do bem. Raciocínio análogo é possível em relação à fraude contra credores (art. 160). O adquirente de um bem toma conhecimento de que o vendedor tem débitos e se tornará insolvente com a alienação. Esse conhecimento lhe é dado pela comunicação feita extrajudicialmente pelo credor. Ora, para não correr o risco do desfazimento do negócio com amparo na fraude alegada, o adquirente deverá consignar o valor de acordo com o disposto no art. 160 e neste que ora se examina.

**Jurisprudência:** Tutela antecipada. Sistema Financeiro da Habitação. Reajuste de prestações. Discussão acerca o montante efetivamente devido. Depósito judicial das prestações vincendas nos valores considerados incontroversos. Possibilidade. Admissibilidade da tutela antecipada de providência de natureza cautelar. Inteligência do § 7°, do art. 273, introduzido pela Lei

n. 10.444/2002. Adequação da via eleita para efetivação do depósito judicial. Recurso improvido neste tocante. Tutela antecipada. Sistema Financeiro da Habitação. Reajuste de prestações. Discussão acerca do montante efetivamente devido. Pretensão ao depósito judicial das parcelas do financiamento nos valores considerados incontroversos. Cabimento. Presença das condições mencionadas no art. 273 do CPC [art. 300 do CPC/2015]. Antecipação de tutela concedida. Recurso parcialmente provido. Tutela antecipada. Sistema Financeiro da Habitação. Reajuste de prestações. Depósito judicial das prestações vincendas nos valores considerados incontroversos. Aplicabilidade dos efeitos decorrentes da ação consignatória à antecipação de tutela concedida. Suspensão dos efeitos da mora. Abstenção de proceder à execução hipotecária prevista no DL n. 70/66 e com a ação dos juros de mora (arts. 344 do CC/2002 e 891 do estatuto processual). Antecipação de tutela concedida mediante apresentação dos comprovantes de pagamentos dos tributos e taxas condominiais incidentes sobre a unidade residencial (art. 49 da Lei n. 10.931/2004). Recurso parcialmente provido. (TJSP, AI n. 7.109.902-4/00, rel. Des. Ricardo Negrão, j. 23.01.2007)

**Art. 345. Se a dívida se vencer, pendendo litígio entre credores que se pretendem mutuamente excluir, poderá qualquer deles requerer a consignação.**

O dispositivo autoriza que os credores que litigam a respeito de determinado débito postulem que o devedor promova a consignação quando pender litígio entre eles e ocorrer o vencimento da dívida. Para a incidência da regra é essencial que entre os diversos pretendentes ao crédito exista litígio pendente à época do seu vencimento (MARTINS-COSTA, Judith. *Comentários ao novo Código Civil*. Rio de Janeiro, Forense, 2003, v. V, t. I, p. 424).

## CAPÍTULO III
## DO PAGAMENTO COM SUB-ROGAÇÃO

**Art. 346. A sub-rogação opera-se, de pleno direito, em favor:**

**I – do credor que paga a dívida do devedor comum;**

**II – do adquirente do imóvel hipotecado, que paga a credor hipotecário, bem como do terceiro que efetiva o pagamento para não ser privado de direito sobre imóvel;**

**III – do terceiro interessado, que paga a dívida pela qual era ou podia ser obrigado, no todo ou em parte.**

Ocorre a sub-rogação sempre que alguém passa a ocupar a posição de outra pessoa em determinada relação jurídica, como revelam as hipóteses relacionadas neste dispositivo. A regra não é taxativa, pois não há razão de ordem pública que impeça a criação de outros casos de sub-rogação com amparo na autonomia privada – a liberdade das pessoas de dispor sobre sua própria esfera de direitos e deveres, como, aliás, verifica-se do disposto no artigo seguinte.

A sub-rogação na posição do credor aproxima-se da cessão de crédito, mas são distintos porque nesta nem sempre haverá quitação, o que é imperioso na sub-rogação, em que o credor original tem seu crédito satisfeito. Os institutos, porém, são próximos quando se verifica que, assim como na sub-rogação, na cessão de crédito, os acessórios (frutos e garantias) seguem o principal, salvo disposição contrária. E, em ambas as figuras, não há necessidade de intervenção do devedor para a validade do negócio, mas apenas para sua eficácia (art. 290). A proximidade de ambas, aliás, justifica a subsidiariedade da incidência das normas da cessão de crédito à sub-rogação (art. 348).

Os casos versados no presente artigo são de sub-rogação legal, isto é, aquelas em que a sub-rogação decorre pura e simplesmente da previsão da lei. As hipóteses em que a sub-rogação é convencional – vale dizer, do ajuste de vontades – estão no art. 347. A primeira hipótese de sub-rogação legal resulta dos casos em que o credor paga a dívida de alguém que é seu devedor, para evitar a concorrência de outro credor. É o caso, por exemplo, do credor quirografário que quita o débito de outro credor, que conta com garantia hipotecária, para desse modo, poder penhorar e adjudicar o imóvel hipotecado. Em face da sub-rogação, todas as garantias e os demais acessórios do débito quitado passarão a pertencer ao credor que a quitou, pois, com a sub-rogação, o sub-rogado passa a ocupar o lugar que antes pertencia ao sub-rogante na mesma relação jurídica – que se mantém inalterada.

O disposto no inciso II deste artigo ampliou a abrangência do dispositivo correspondente no CC/1916 (art. 985, II), pois não se limita a impor a sub-rogação ao adquirente de imóvel hipotecado que paga a dívida. Também a confere a qualquer um que pagar dívida para não ser privado do direito sobre imóvel.

A regra não se restringe aos adquirentes dos imóveis hipotecados, mas a outros, que pretendam exercer direitos sobre eles e para isso sejam obrigados a pagar o credor hipotecário (PEREIRA, Caio Mário da Silva. *Instituições de direito civil*, 20. ed., atualizada por Luiz Roldão de Freitas Gomes. Rio de Janeiro, Forense, 2003, v. II, p. 225. LOTUFO, Renan. *Código Civil comentado.* São Paulo, Saraiva, 2003, v. II, p. 302). O terceiro pode quitar a dívida para evitar que o imóvel adquirido pelo devedor de uma execução seja penhorado. Embora o bem não esteja hipotecado, a quitação da dívida implicará sub-rogação em favor do adquirente do bem, nos termos do dispositivo em exame.

Finalmente, o inciso III cuida dos casos em que aquele que paga é terceiro interessado e, por isso, podia ser obrigado pela dívida, no todo ou em parte. O dispositivo remete ao art. 304, que tem redação mais abrangente, ao reconhecer a possibilidade de qualquer interessado quitar a dívida do devedor. No entanto, ao condicionar a sub-rogação legal – "de pleno direito", na expressão adotada pelo legislador – ao fato de o terceiro interessado ser ou poder ser responsabilizado pelo pagamento da dívida, a regra não deve excluir os casos em que essa responsabilidade seja indireta. Os juridicamente interessados que não são responsáveis pela dívida – como o inquilino que paga dívida do locador para evitar a arrematação judicial do bem (ver comentário ao art. 304) –, também estarão automaticamente sub-rogados no direito do credor.

Caio Mário da Silva Pereira registra outros casos de sub-rogação legal: segurador que paga indenização pelo dano de seu segurado, aquele que paga débito fiscal em nome do devedor, interveniente voluntário que resgata débito cambial e herdeiro que paga dívida da herança com recurso próprio (op. cit., p. 225).

**Jurisprudência:** Apelação. Ação regressiva de débito trabalhista. Empresa em recuperação judicial. Sentença de procedência. 1. Pretenso ressarcimento dos valores pagos pela municipalidade decorrentes de verbas trabalhistas que foram integralmente quitadas pelo ente público, condenado subsidiariamente em ação ajuizada na Justiça do Trabalho. Caso concreto que revela sub-rogação na dívida. Exegese do art. 346, III, do CC. 2. Alegação da requerida no sentido de que o crédito almejado deve ser considerado como concursal e, portanto, se sujeitar ao concurso de credores, eis que tanto o contrato de trabalho, quanto os valores pleiteados são datados anteriormente ao pedido de recuperação judicial. Inviabilidade. 3. Crédito constituído após o pedido de recuperação judicial e aprovação do plano na Assembleia Geral de Credores. Quantia cobrada que não se submete ao concurso de credores decorrente da recuperação judicial da apelante. Fato gerador que deve(ria) ser considerado quando do pagamento integral do débito junto à Justiça do Trabalho. Não é o caso. Regular observância ao art. 49 da Lei n. 11.101/2005 sendo de natureza extraconcursal o crédito perseguido. 4. Não desconhece este relator que a questão não é pacífica. Tema n. 1.051 do Col. STJ. 5. Recurso desprovido. Sentença mantida. (TJSP, Ap. Cível n. 1015297-72.2020.8.26.0602/SP, rel. Oswaldo Luiz Palu, j. 10.03.2022, 9ª Câm. de Dir. Públ., publ. 10.03.2022)

O terceiro interessado que paga a dívida de pessoa diversa, sub-roga-se nos direitos desta (art. 346, III, CC). Nesse caso, o terceiro passa a ser pessoa legítima para postular, em nome próprio, a declaração de inexigibilidade do título usado para o pagamento da dívida (art. 349, CC). Causa madura. Possibilidade de julgamento direito pelo tribunal. Demonstração de inexecução da prestação de serviço adjacente ao cheque. Ausência de impugnação específica dos fatos narrados pelo autor. Título inexigível. Protesto cancelado. 2 – Na forma do permissivo do art. 515, § 3º, CPC, o Tribunal pode julgar desde logo a lide quanto se tratar de causa que estiver em condições de imediato julgamento. 3 – Diante da presença de alegações plausíveis, de documentos e da ausência de impugnação específica pela outra parte, presume-se como verdadeiros os fatos narrados pelo autor e acolhe-se seu pedido, na forma do art. 302 do Código de Processo Civil. Recurso provido. (TJSP, Ap. n. 0912380-50.2012.8.26.0506/Ribeirão Preto, 20ª Câm. de Dir. Priv., rel. Alberto Gosson, *DJe* 03.07.2015)

Responsabilidade civil. Indenização. Autores que adquiriram bem imóvel da ré que foi penhorado. Pagamento da dívida pelos compradores. Condenação da ré à devolução do valor pago. Adequação. Danos morais. Inocorrência. A condenação da ré ao pagamento dos valores desembolsados pelos autores é correto, tanto para que seja evitado o enriquecimento sem causa, quanto em razão do disposto no inciso II do art. 346 do CC. Recursos não providos. (TJSP, Ap. n. 0001606-31.2011.8.26.0470/Porangaba, 7ª Câm. de Dir. Priv., rel. Luis Mario Galbetti, *DJe* 24.07.2014, p. 1.233)

Agravo de instrumento. Execução por título extrajudicial. Decisão de rejeição da objeção de pré-executividade. Irresignação improcedente. 1 – Representação processual. Ausência de defeito. Procuração outorgada em benefício do subscritor do agravo que, embora anterior à constituição de novo mandato, possui poderes mais específicos que os consignados na procuração posterior. Representação aparentemente regular. 2 – Formação do recurso. Regularidade. Peças necessárias já carreadas aos autos. Desnecessidade de outros elementos para a compreensão do tema recursal. 4 [*sic*] – Título executivo. Liquidez dos títulos que embasam a execução, consubstanciados nos contratos de financiamento celebrados entre os executados e as instituições financeiras. 5 – Sub-rogação. Exequente/agravada que detém legitimidade para executar os contratos de financiamento celebrados com as instituições financeiras, por haver satisfeito as dívidas em proveito dos executados, no cumprimento de contrato de venda celebrado com as instituições financeiras. Hipótese caracterizando sub-rogação legal, nos termos do art. 346, III, do CC. Ausência de notificação quanto à sub-rogação que, de todo modo, ainda que se tratasse de sub-rogação convencional, não teria o condão de comprometer a validade e eficácia do ato. Precedentes. Preliminares afastadas. Agravo desprovido. (TJSP, AI n. 2053690-56.2013.8.26.0000/SP, 19ª Câm. de Dir. Priv., rel. Ricardo Pessoa de Mello Belli, *DJe* 26.06.2014, p. 1.163)

Seguro habitacional. Ação visando à cobertura securitária por danos físicos em imóvel decorrentes de incêndio. Prescrição ânua. Não ocorrência. Comunicação do sinistro feito à CDHU por intermédio da Prefeitura Municipal com quem realizou a contratação do financiamento. Exigência da comunicação do sinistro atendida. Não comprovação da comunicação do indeferimento da cobertura. A cobertura para danos físicos ao imóvel visa proteger a garantia do financiamento, recuperando-o ao estado anterior, e, portanto, de interesse do agente financeiro, que tem responsabilidade solidária com a seguradora, isto porque é assente que se aplicam as disposições do CDC aos financiamentos imobiliários regidos pelas normas do SFH, e no sistema do CDC, respondem solidariamente todos aqueles que se inserem na cadeia de fornecimento de produtos ou serviços. Havendo sido admitida a denunciação da lide à seguradora, por economia processual, deve ser reconhecido o direito da sub-rogada CDHU, por força do inciso III do art. 346 do CC, devendo a Cosesp ressarcir a importância devida, além das verbas da sucumbência da lide secundária. Recurso provido. (TJSP, Ap. n. 9070183-28.2009.8.26.0000/Nova Odessa, 1ª Câm. de Dir. Priv., rel. Alcides Leopoldo e Silva Júnior, *DJe* 08.05.2014, p. 1.533)

Sub-rogação implementada em benefício do convênio médico da vítima: Ação de regresso. Despesas hospitalares. Acidente ocorrido em evento artístico. Consumidores beneficiários do plano atendidos. Laudo pericial que atesta que o desabamento de camarote se deu por falha no travamento do piso. Dever de reembolso manifesto. Expressa sub-rogação do convênio médico. Inteligência dos arts. 305 e 346, I, do CC. Aplicação do disposto no art. 252 do Regimento Interno deste Tribunal. Sentença de procedência mantida. Recursos desprovidos. (TJSP, Ap. n. 0051175-05.2010.8.26.0577/São José dos Campos, 7ª Câm. de Dir. Priv., rel. Mendes Pereira, *DJe* 28.03.2014, p. 1.750)

Considerando que condições personalíssimas do credor originário não se transmitem àquele que se sub-roga no crédito (cf. comentário ao art. 286 do CC), v. a seguinte decisão no art. 286: STJ, REsp. n. 1.266.388, rel. Min. Luis Felipe Salomão, j. 17.12.2013.

Ação de cobrança. Sub-rogação. Avalista que efetua pagamento junto ao credor. Direito de cobrar do devedor principal. Aplicação do art. 346, III, do CCB. Sentença mantida em parte. Ilegitimidade passiva da ré reconhecida. Recurso parcialmente provido. É de ser acolhida a preliminar de ilegitimidade passiva da recorrente Almerinda na medida em que não assinou a nota promissória quitada pelo autor. No mérito, tendo o autor recorrido efetuado o pagamento da dívida na qual o recorrente Alcindo era o devedor principal, aplica-se o art. 346, III, do CCB, operando-se a sub-rogação. Logo, tem direito ao reembolso. A argumentação do recorrente de que a dívida estava prescrita em relação ao recorrido, avalista, em face do decurso do prazo de 3 anos da LUG, não merece acolhida. O recorrente efetivamente beneficiou-se com a quitação, pois em relação a ele, recorrente, não se havia operado a prescrição pelo art. 206, § 5º, I, do CCB. Interpretação diversa, por outro lado, no sentido de que o autor não deveria ter pago, fere o mais comezinho princípio de Justiça. (TJRS, Rec. Inom. n. 71.003.122.223, 2ª T. Rec. Cível, rel. Vivian Cristina Angonese Spengler, j. 28.03.2012)

Direito civil. Recurso especial. Seguro de transporte de mercadoria. Fatos ocorridos antes da vigência do CC/2002, que passou a regular o transporte de pessoas e coisas. Sinistro. Indenização. Sub-rogação. Seguradora assume a posição da segurada. Relação mercantil. Inaplicabilidade das regras do CDC. 1 – A seguradora, arcando com a indenização securitária, está sub-rogada nos direitos de sua segurada, podendo, dentro do prazo prescricional aplicável à relação jurídica entabulada por esta, buscar o ressarcimento do que despendeu, nos mesmos termos e limites que assistiam à segurada. 2 – No entanto, a relação jurídica existente entre a segurada e a transportadora ostenta nítido caráter mercantil, não podendo, em regra, ser aplicadas as normas inerentes às relações de consumo, pois, segundo apurado pela instância ordinária, "o segurado utilizou a prestação de serviço da ré transportadora como insumo dentro do processo de transformação, comercialização ou na prestação de serviços a terceiros; não se coadunando, portanto, com o conceito de consumidor propriamente dito, mas sim pretendendo a exploração da atividade econômica visando a obtenção do lucro". 3 – O CC/2002 regula o contrato de transporte de pessoas e coisas nos arts. 730 a 756. No entanto, a referida relação jurídica era anteriormente regulada pelo DL n.

2.681/1912, aplicando-se a prescrição ânua, conforme dispunha o art. 9º do mencionado Diploma. Precedentes do STF e desta Corte. 4 – Recurso especial não conhecido. (STJ, REsp n. 982.492/SP, 4ª T., rel. Min. Luis Felipe Salomão, j. 27.09.2011)

Ilegitimidade *ad causam*. Coavalista. Monitória. Sub-rogação legal de terceiro interessado, nos termos do art. 346, III, do CC. Circunstância em que o fiador quitou as prestações do contrato em aberto e aforou a presente ação monitória cobrando da empresa devedora principal e de apenas um dos avalistas do contrato os valores que pagou. Possibilidade. Observância de que a sub-rogação transfere o direito integral do credor originário ao novo titular. Inteligência do art. 349 do CC. É faculdade do credor optar por demandar contra o devedor principal, fiador ou avalistas, ou ainda contra todos. Assunção pela corré da condição de devedora solidária, ao figurar no contrato como avalista, de forma que está sujeita, em consequência, ao adimplemento da dívida nos moldes do pactuado, ressalvando-se, contudo, o seu direito de regresso, em prol do princípio da equidade, a fim de repartir o prejuízo entre o outro coavalista. Recurso provido. (TJSP, Ap. n. 990102857395, 17ª Câm. de Dir. Priv., rel. Tersio Negrato, j. 11.08.2010)

Cobrança. Ação regressiva proposta pelo atual proprietário do imóvel contra a antecessora no que toca a despesas condominiais. Imóvel adquirido mediante arrematação. Competência residual desta Eg. Câmara. Precedentes. Natureza *propter rem* da obrigação. Pagamento efetuado pelo atual proprietário perante o condomínio. Sub-rogação legal. Inteligência do art. 346, II, do CC. Ressarcimento devido. Dívida referente a período em que a requerida era a proprietária do bem. Procedência mantida. Recurso improvido. (TJSP, Ap. n. 992050924892, 8ª T. Cível, j. 30.06.2010)

Locação. Cobrança de tarifas de consumo de água de imóvel dado em locação e inadimplidas pela locatária e fiadores. Pagamento feito por terceiros interessados, sucessores da locadora e nu-proprietários do imóvel. Sentença de extinção por ilegitimidade ativa. Recurso provido. Julgamento pelo mérito em segundo grau. Procedência parcial do pedido. Recurso provido, em parte. 1 – Os autores têm legitimidade ativa para a cobrança, posto haverem quitado obrigação pendente dos réus, operando-se, pois, sua sub-rogação no crédito da anterior credora. A par disso, por serem sucessores da anterior locadora, que também poderia ser responsabilizada pelo consumo de água, tinham interesse na quitação. Extinção do processo por ilegitimidade ativa que é de se afastar. 2 – Provado o pagamento de obrigação inadimplida pelos réus, locatária e fiadores, operou-se a sub-rogação, com fincas no art. 346, III, do CC, de modo que os réus devem, sim, recompor o patrimônio desfalcado dos autores, reembolsando o valor da dívida paga. 3 – Contudo, é inexigível dos réus a cobrança relativa ao consumo de água do mês de fevereiro de 2005 porque diz respeito a consumo posterior à desocupação e entrega do imóvel, em 16 de junho de 1999. Sentença cassada. Procedência parcial decretada. Recurso provido em parte. (TJSP, Ap. Cível n. 992.080.647.900, rel. Reinaldo Caldas, j. 30.09.2009)

Agravo de instrumento interposto contra decisão que acolheu exceção de incompetência oposta nos autos da execução de título extrajudicial movida por empresa sub-rogada nos créditos derivados de contrato de refinanciamento bancário contra produtor agrícola. Inconformismo da excepta firme nas teses de que: (1) o contrato objeto da controvérsia não pode ser enquadrado no conceito de consumo porque o refinanciamento foi pactuado por produtor agrícola para implemento da sua atividade empresarial; (2) é inaplicável ao caso o parágrafo único do art. 112 do CPC [art. 63, § 3º, do CPC/2015]; e (3) a cláusula de eleição de foro deve ser respeitada porque foi livremente pactuada. Não acolhimento. Excipiente devedor que é produtor rural domiciliado em Primavera do Leste/MT. Celebração de contrato de financiamento junto ao Banco do Brasil para saldar dívida pendente com a excepta. Inadimplemento do mútuo pelo devedor. Excepta que se sub-rogou nos créditos derivados do contrato e ajuizou a execução. Contrato de refinanciamento que se configura como típico contrato de adesão. Disparidade de poder econômico entre as partes que justificou até o refinanciamento do débito através do Banco do Brasil. Foro de eleição que dificulta de sobremaneira a defesa do devedor residente em Primavera do Leste/MT. Remessa dos autos que se determina pela aplicação do art. 112, parágrafo único, do CPC [art. 63, § 3º, do CPC/2015]. Particularidades do caso concreto que justificam a aplicação do dispositivo. Precedentes do Col. STJ. Recurso não provido. A sub-rogação transfere ao novo credor todos os direitos, ações, privilégios e garantias ao devedor comum, mas não o põe a salvo do sistema jurídico que protege a defesa deste último nos contratos de adesão. (TJSP, AI n. 7.388.775.100, rel. Moura Ribeiro, j. 20.08.2009)

Processual civil. Ilegitimidade passiva. Arrematação. Responsabilidade pela dívida do credor hipotecário. Sub-rogação legal. Legitimidade de parte reconhecida. Nulidade da sentença. Ausência das condições da ação. Inocorrência. Preliminares afastadas. O crédito cobrado pelo recorrido originava-se de dívida condominial, que se caracteriza por ser *propter rem*, ou seja, vinculada à própria coisa e não ao titular do domínio à época de sua constituição. Como tal, a dívida se transferiu para o recorrido no instante em que este arrematou o bem, por sub-rogação legal, nos termos dos arts. 346, II, e 350 do CC, pelo que resulta procedente a ação de cobrança proposta em face do novo proprietário da unidade condominial, cabendo-lhe a possibilidade de buscar o reembolso frente aos ocupantes do imóvel, por ação regressiva. No mais, presentes todos os documentos essenciais ao conhecimento da causa, bem como a possibilidade jurídica do pedido, a legitimidade das partes e o interesse processual, não há que se cogitar a nulidade invocada. (TJSP, Ap. Cível s/ Rev. n. 1.231.063.002, rel. Paulo Ayrosa, j. 23.06.2009)

Ação regressiva. Fiador sub-rogado nos direitos do credor da locação. Penhora sobre imóvel de moradia do locatário. Impossibilidade. A teor do art. 1º da Lei n. 8.009/90, o bem imóvel destinado à moradia da entidade familiar é impenhorável. Excetua-se a obrigação decorrente de fiança concedida em contrato de locação, isto é, autoriza-se a constrição de imóvel pertencente a fiador. Sub-roga-se o fiador nos direitos do locador tanto nos privilégios e garantias do contrato primitivo quanto nas limitações (arts. 346 e 831, CC; art. 3º, VII, Lei n. 8.009/90). A transferência dos direitos inerentes ao locador em razão da sub-rogação não altera a prerrogativa inexistente para o credor originário. O locatário não pode sofrer constrição em imóvel que reside, seja em ação de cobrança de débitos locativos, seja em regressiva. Recurso especial não provido. (STJ, REsp n. 1.081.963, 5ª T., rel. Min. Jorge Mussi, j. 18.06.2009, *DJe* 03.08.2009)

Locação de imóvel (finalidade não residencial). Ação de execução. Efetivação de pagamento por terceiro para não ser privado de direito sobre imóvel: sub-rogação legal (CC, art. 346, II – segunda parte). Incidência de pleno direito, independentemente da concordância do credor ou do devedor. Sucessão no polo passivo do processo de execução (CPC, art. 567, III) [art. 778, § 1º, IV, do CPC/2015]. Princípio da utilidade da execução. Agravo não provido. (TJSP, AI n. 1.155.749.005, 25ª Câm. de Dir. Priv., rel. Antonio Benedito Ribeiro Pinto, j. 29.07.2008)

Recurso. Apelação. Inclusão de inconformismo contra decisão anterior à sentença, que vedara novas retiradas dos autos de cartório com base no disposto no parágrafo único do art. 196 do CPC [art. 234, §§ 1º e 2º, do CPC/2015]. Inadmissibilidade, por se tratar de provimento sujeito a agravo de instrumento, que não foi interposto. Não conhecimento da matéria cerceamento de defesa. Embargos à execução prontamente julgados. Admissibilidade, em se tratando de matéria apenas de direito, tanto mais que a pretensão do apelante seria tão somente produção de prova oral, inadequada aos temas em debate. Inteligência do disposto no art. 740 do CPC [art. 920, I a III, do CPC/2015]. Alegação de nulidade repelida. Penhora. Incidência sobre eucaliptos. Admissibilidade. Falta de enquadramento no disposto no art. 649 do CPC [art. 833 do CPC/2015]. Caso, ademais, em que a penhora não abrangeu a totalidade da produção. Produção, ademais, também de outros bens. Execução por título extrajudicial. Cédula rural pignoratícia oriunda de financiamento de insumos. Credora que pagou a dívida, porque vinculada à operação por contrato de garantia celebrado com a instituição bancária financiadora dos bens, sub-roga-se no direito à execução. Sub-rogação hígida, tanto mais existindo fiança. Caso, ademais, em que os insumos financiados foram vendidos pela credora e o financiamento foi por ela indicado. Qualidade de terceiro interessado, em razão da fiança. Inteligência do disposto no inciso III do art. 346 do CC. Impugnação genérica ao valor cobrado, que não se sustenta. Sentença de improcedência dos embargos mantida. Apelação parcialmente conhecida e improvida. (TJSP, Ap. n. 7.215.833.300, 14ª Câm. de Dir. Priv., rel. José Tarciso Beraldo, j. 09.04.2008)

Agravo regimental. Condomínio. Adjudicação. Imóvel. Pagamento dos débitos. Sub-rogação. Arts. 983, III, e 988 do Código Beviláqua. – O arrematante que se sub-rogou nos direitos do condomínio, em ação de regresso, tem a faculdade de cobrar o que pagou do antigo proprietário, do promissário comprador ou do possuidor direto. (STJ, Ag. Reg. no Ag. Reg. no AI n. 775.421, 3ª T., rel. Humberto Gomes de Barros, j. 03.12.2007, *DJ* 14.12.2007)

O douto Magistrado elaborou criteriosa separação das contas que seriam da sociedade para reconhecer o direito ao reembolso de metade dos valores pagos com recursos próprios do autor, o que é absolutamente correto e consentâneo com a regra do art. 884 do CC de 2002 (proibição ao enriquecimento sem causa). Considera-se que o pagamento, pelo sócio, de dívidas da sociedade, opera sub-rogação, o que autoriza o reembolso, tendo em vista que há interesse jurídico na satisfação da dívida, pressuposto do direito ao reembolso (art. 346, III, do CC de 2002). (TJSP, Ap. n. 348.195-4/1, rel. Des. Enio Santarelli Zuliani, j. 27.09.2007)

Indenização a que restou condenada juntamente com outros codevedores sub-roga-se nos direitos, ações, privilégios e garantias do primitivo, em relação à dívida, contra a devedora principal e demais fiadores (art. 349 do CC). Mas, para exercer os direitos do credor primitivo em procedimento executório, deve observar o prazo prescricional do processo de conhecimento (Súmula n. 150 do STF). (TJSP, AI n. 1.121.561-0/7, rel. Des. Kioitsi Chicuta, j. 30.08.2007)

Ilegitimidade *ad causam*. Tabelião de Notas e de Protesto. Legitimidade ativa do tabelião responsável para ressarcimento de valor despendido em razão de furto de cheque emitido para pagamento de título apontado para protesto. Ausência de adequação. Devolução que independe de prévia declaração de ineficácia do título. Preliminares afastadas. Cobrança. Cheque emitido para pagamento de duplicata apontada para protesto pelo Banco do Brasil. Ocorrência de furto. Ressarcimento realizado pelo tabelião diretamente ao beneficiário. Sub-rogação caracterizada nos termos do art. 346, III, do CC. Apelação desprovida, com aplicação de pena ao apelante por litigância de má-fé. Litigância de má-fé. Caracterização. Recurso meramente protelatório. (TJSP, Ap. c/ Rev. n. 7.023.833.400, rel. Des. Martins Pinto, j. 02.05.2007)

Compra e venda. Bem imóvel. Ação de cobrança. Adquirente que pagou a dívida do réu para liberar o imóvel da penhora. Sub-rogação. Reconhecimento. Aplicação do art. 985, II, do CC/1916 (art. 346, II, do CC/2002). Sentença de procedência mantida. Recurso não provido. (TJSP, Ap. Cível n. 275.997-4/5/Mogi Mirim, rel. Des. Dimas Carneiro, j. 15.03.2006, v.u., voto n. 1.566)

Terceiro que paga a dívida pela qual podia ser obrigado sub-roga-se no direito do credor, abrangidos os direitos, ações, privilégios e garantias deste em relação à dívida, inclusive no que se refere à inoponibilidade da impenhorabilidade do bem de família pelo fiador (arts. 985 e 988 do CC e art. 3°, VII, da Lei n. 8.009/90). (II TAC, Ap. n. 641.311-00/0, 3ª Câm., rel. Juiz Cambrea Filho, j. 25.02.2003)

Restituindo a avalizada ao avalista o valor que este pagou ao Banco, embora tenha já quitado a sua dívida em decorrência de decisão judicial transitada em julgado, equipara-se ao terceiro interessado a que se refere o inciso III do art. 985 do CC para o fim de receber do Banco o que pagou a maior. (STJ, REsp n. 401.443, rel. Min. Carlos Alberto Menezes Direito, *DJU* 23.09.2002)

Concluindo que a sub-rogação, porque só transfere ao terceiro que paga a dívida os direitos, privilégios e garantias do credor, não lhe confere o direito de penhorar o bem de família do locatário de imóvel, porque tal privilégio também não era conferido do credor original. (II TAC, AI n. 720.595.00/9, rel. Juiz Nestor Duarte, j. 28.11.2001)

Competência. Foro de eleição. Contrato. Fiança. Ação monitória. Fiador sub-rogado que paga dívida do afiançado. Eleição de foro no contrato principal. Privilégio que se transfere ao sub-rogado. Prosseguimento do feito onde distribuída a ação. Exceção de incompetência afastada. Recurso provido. (I TAC, AI n. 969.968.9, rel. Juiz Nelson Ferreira, j. 22.11.2000)

I – A sub-rogação pessoal é a substituição nos direitos creditórios, operada em favor de quem pagou a dívida ou para isso forneceu recursos. Em outras palavras, na sub-rogação se dá a substituição de um credor por outro, permanecendo todos os direitos do credor originário (sub-rogante) em favor do novo credor (sub-rogado). Dá-se, assim, a substituição do credor, sem qualquer alteração na obrigação do devedor.

II – Existem dois tipos de sub-rogação pessoal: a legal (art. 985 do CC) e a convencional (art. 986, *idem*). A primeira decorre *ipso iure*, enquanto a segunda tem origem em acordo de vontades. (STJ, REsp n. 141.971, rel. Min. Sálvio de Figueiredo Teixeira, j. 27.04.1999)

Seguro-saúde. Despesas médico-hospitalares. Reembolso pretendido pelo filho da segurada que, em razão da negativa injustificada da seguradora em cobrir o evento, custeou todo o tratamento médico necessário para o restabelecimento da saúde de sua genitora. Admissibilidade. Hipótese de sub-rogação. Inteligência do art. 346, III, do CC/2002. (TJSP, *RT* 845/242)

---

**Art. 347. A sub-rogação é convencional:**

**I – quando o credor recebe o pagamento de terceiro e expressamente lhe transfere todos os seus direitos;**

**II – quando terceira pessoa empresta ao devedor a quantia precisa para solver a dívida, sob a condição expressa de ficar o mutuante sub-rogado nos direitos do credor satisfeito.**

---

Nos casos previstos neste artigo, não é a lei que impõe a sub-rogação, mas a convenção das partes. Assim, no primeiro caso, o credor recebe seu crédito e transfere todos os seus direitos ao terceiro que paga. É o que ocorre nos casos em que a companhia de seguros indeniza o prejuízo suportado pelo segurado e, nos termos do contrato, sub-roga-se nos direitos dele para perseguir a indenização contra o responsável pelos danos. Ou nas hipóteses em que as administradoras de imóveis pagam aos proprietários que lhes conferem seus bens o valor dos aluguéis não pagos pelo inquilino e, pessoalmente, cobram a dívida de locatários e fiadores. Nesses exemplos, a sub-rogação só é possível porque reconhecida no contrato celebrado pelas partes. Também é convencional a sub-rogação decorrente dos casos em que alguém empresta o dinheiro para o devedor saldar dívida com terceiro, mas exige que o credor satisfeito lhe sub-rogue seus direitos.

**Jurisprudência:** Prestação de serviços (energia elétrica). Ação regressiva de indenização. Acolhimento de exceção de incompetência, para encaminhamento do processo ao foro do local dos fatos. Cassação. Sub-rogação da seguradora nos direitos dos segurados que lhe confere, também, a prerrogativa de ajuizar a ação no foro de seu domicílio. Precedentes desta Câmara. Ao realizar o pagamento da indenização securitária prevista na apólice, a seguradora se sub-rogou nos direitos de seus segurados. Por força desse fenômeno jurídico, lhe são transmitidos todos os direitos dos segurados. A lei não distingue, dentre tais direitos, aqueles de ordem material dos de ordem processual. Por isso, é despiciendo perquirir a respeito de eventual hipossuficiência técnica da seguradora em relação à concessionária. Uma vez que o vínculo jurídico de direito material que regia a relação entre a concessionária e os segurados se submetia à legislação consumerista, todos os direitos que lhes eram assegurados foram transmitidos à seguradora sub-rogada, inclusive o de ajuizar a ação regressiva no foro de sua escolha. Se a sub-rogação não tem o condão de ampliar o direito que assistia o titular originário, tampouco é possível falar em sua limitação. Afinal, na sub-rogação convencional "o credor recebe o pagamento de terceiro e expressamente lhe transfere todos os seus direitos" (CC, art. 347, I). Agravo provido. (TJSP, AI n. 2025147-57.2024.8.26.0000/SP, 12ª Câm. de Dir. Priv., rel. Sandra Galhardo Esteves, j. 11.04.2024, publ. 11.04.2024)

Agravo de instrumento. Ação de regresso. Danos elétricos. Competência. Possibilidade de ajuizamento no foro da sede da seguradora. Sub-rogação que se dá com relação a todos os direitos do segurado, de ordem material e processual. Art. 347 do CC. Regência da relação pelo CDC. Agravante que podia ajuizar a ação no foro de sua sede, o que fez. Decisão de declinação de competência reformada. Agravo provido. (TJSP, AI n. 21445046520238260000/São Paulo, 12ª Câm. de Dir. Priv., rel. Castro Figliolia, j. 23.08.2023, *DJ* 23.08.2023)

Agravo de instrumento. Despesas condominiais. Execução de título extrajudicial. Interposição contra decisão que indeferiu pedido de sucessão processual. Termo de acordo extrajudicial firmado entre condomínio e administradora com expressa sub-rogação de direitos creditórios. Ilegitimidade ativa da sub-rogante para executar tais débitos. Art. 347, *caput* e inciso I, e art. 349, ambos do CC. Execução, entretanto, que tem por objeto débitos não incluídos na sub-rogação. Prosseguimento da execução apenas em relação a esses débitos. Crédito sub-rogado que poderá ser reclamado por meio de via própria. Agravo parcialmente provido. (TJSP, AI n. 2001904-55.2022.8.26.0000/SP, 33ª Câm. de Dir. Priv., rel. Ana Lucia Romanhole Martucci, j. 19.04.2022, publ. 19.04.2022)

Ação de cobrança. Pretensão ao recebimento de crédito decorrente de contrato de cessão/sub-rogação. Cerceamento de defesa. Inocorrência. Desnecessidade de dilação probatória, pois as provas documentais a serem apresentadas não seriam suplantadas eventualmente por produção de provas de outra natureza (especialmente perícia em livros contábeis ou prova oral). Suficiência do contrato de cessão/sub-rogação para amparar o crédito visado, tendo sido atendidas os requisitos legais para a hipótese, não se mostrando necessária a exigência de comprovação do pagamento feito pela cessionária à cedente, eis que a cessionária sub-rogou-se nos direitos creditórios descritos no instrumento entre elas firmado (sub-rogação convencional, art. 347 do CC). Sentença reformada. Recurso provido. (TJSP, Ap. n. 0008744-92.2010.8.26.0564/São Bernardo do Campo, 13ª Câm. de Dir. Priv., rel. Heraldo de Oliveira, j. 24.02.2016)

Locação de imóvel. Ação de cobrança. Administradora que se sub-roga nos direitos da locadora por força do contrato de administração do imóvel. Art. 347 do CC. Legitimidade ativa. Reconhecimento. Extinção afastada. Sentença reformada. Conquanto a autora não seja a locadora do imóvel, tem legitimidade ativa para ajuizamento da ação de cobrança dos aluguéis e encargos da locação em razão de ter-se sub-rogado nos direitos da locadora por força do disposto no contrato de administração (art. 347 do CC). Recurso parcialmente provido. (TJSP, Ap. n. 0018366-58.2011.8.26.0566/São Carlos, 35ª Câm. de Dir. Priv., rel. Gilberto Leme, *DJe* 03.07.2015)

Execução. Sub-rogação convencional. Hipótese que se subsume ao art. 347, I, do CC. Aplicação do art. 349 e não 350 do mesmo diploma. Recurso provido para afastar a limitação deste último dispositivo. (TJSP, Ag. n. 7.219.299-7, rel. Des. Silveira Paulilo, j. 05.03.2008)

Execução. Depositário infiel. Pagamento com sub-rogação convencional. Art. 347, I, do CC. Consideração de que nos casos de sub-rogação convencional, assiste ao sub-rogado os mesmos direitos do credor originário, ainda que tenha desembolsado valor menor. Insuficiência da quantia depositada nos autos. Decreto de prisão mantido. Recurso desprovido. (TJSP, AI n.

7.161.003.200, 20ª Câm. de Dir. Priv., rel. Luis Carlos de Barros, j. 31.01.2008)

Diversamente da legal (art. 985 do CC), na sub-rogação convencional (art. 986, *idem*) não se questiona a existência de interesse do terceiro que efetuou o pagamento para outrem, mas apenas a existência de contrato que transfira expressamente os direitos creditórios e a ausência de justo motivo do devedor para recusar o pagamento. (STJ, REsp n. 141.971, rel. Min. Sálvio de Figueiredo Teixeira, j. 27.04.1999)

O sub-rogado só pode transferir ao sub-rogante o crédito que efetivamente possui. Se o segurado já recebeu parte de seu prejuízo do culpado pelo acidente, não pode transferir à seguradora a integralidade do valor da reparação de seu prejuízo: *RSTJ* 85/223, *RT* 652/100, I TAC, Ap. n. 732.346-2, 5ª Câm. de Férias, rel. Juiz Nivaldo Balzano, j. 30.07.1997.

**Art. 348. Na hipótese do inciso I do artigo antecedente, vigorará o disposto quanto à cessão do crédito.**

Quando a sub-rogação decorrer do fato de o credor receber seu crédito e convencionar a transferência de todos os seus direitos com o terceiro que pagou, a sub-rogação será regida pelas disposições que regem a cessão de crédito (arts. 286 a 298).

**Jurisprudência:** Afirmando que o prazo prescricional para o sub-rogado se inicia da data do pagamento por ele efetuado: REsp n. 1.769.522, rel. Min. Nancy Andrighi, j. 12.03.2019; REsp n. 1.432.999, rel. Min. Marco Aurélio Bellize, j. 16.05.2017.

Carta de arrematação, entretanto, insuficiente para o ingresso no fólio imobiliário. Documento tirado em face daquele que não figura como o proprietário tabular da unidade. Incontroversa necessidade da medida. Resistência não manifestada pelos réus, seja do compromissário adquirente ou dos vendedores do bem. Arrematação que importou na sub-rogação dos direitos do primitivo compromissário em proveito da autora (art. 349, CC). Circunstância suficiente à propositura da ação. Quitação do preço, ademais, não questionada. Procedência da demanda que se impõe. Precedente. Sentença reformada. Apelo provido. (TJSP, Ap. n. 0010355-02.2010.8.26.0590/São Vicente, 3ª Câm. de Dir. Priv., rel. Donegá Morandini, *DJe* 09.04.2015, p. 1.945)

Nas hipóteses de sub-rogação convencional decorrente da situação prevista no art. 347, I, do CC, aplicam-se as disposições que regem a cessão de crédito, cuja eficácia em relação ao devedor sujeita-se à notificação deste acerca da sub-rogação. A falta de notificação dos devedores impõe o reconhecimento da ilegitimidade ativa da administradora do imóvel que se sub-rogou no crédito do locador. Preliminar de ilegitimidade ativa acolhida. Recurso provido. (TJSP, Ap. n. 992060620594, 28ª Câm. de Dir. Priv., rel. Cesar Lacerda, j. 29.06.2010)

[...] 2 – Não tendo a sub-rogação, em que pese procedida antes do ajuizamento da ação declaratória de inexistência de débito, sido notificada ao devedor, pode este opor ao sub-rogado as exceções pessoais que apresenta em relação ao credor originário (inteligência do art. 294, c/c o art. 348 do CC). 3 – Como não subsistia a obrigação, indevida a inscrição do nome do autor em cadastro restritivo de crédito, fato que por si só acarreta o dano moral indenizável, tendo sido a indenização na hipótese fixada de forma correta. Recurso improvido. (T. Rec. – RS, Rec. Cível n. 71.001.243.435, 1ª T. Rec. Cível, rel. Ricardo Torres Hermann, j. 13.09.2007)

1 – Em atendimento ao disposto no art. 1.069 do CC, a eficácia da sub-rogação convencional (art. 986, I, do CC), em relação aos devedores, exige que sejam estes notificados do ajuste. Na hipótese, não foi dada ciência aos fiadores da sub-rogação de créditos de alugueres e encargos, realizada entre a locadora e a empresa administradora do imóvel locado. 2 – A citação dos fiadores em ação que executa créditos decorrentes de alugueres e encargos não tem o condão de suprir a notificação exigida pelo art. 1.069 do CC, devendo ser mantido o acórdão *a quo*, que extinguiu a execução por ilegitimidade ativa da autora. (STJ, REsp n. 189.945, rel. Min. Gilson Dipp, j. 23.11.1999)

No mesmo sentido: STJ, REsp n. 304.389, rel. Min. Gilson Dipp, j. 03.05.2001.

**Art. 349. A sub-rogação transfere ao novo credor todos os direitos, ações, privilégios e garantias do primitivo, em relação à dívida, contra o devedor principal e os fiadores.**

Caso ocorra a sub-rogação, o sub-rogado torna-se titular de tudo o que cabia ao primeiro credor, não podendo receber além daquilo de que este dispõe, como asseguram alguns dos acórdãos citados nos comentários ao artigo antecedente, pois a sub-rogação opera substituição do credor perante o devedor, que não pode ver sua situação agravada. Ademais, em se tratando de substituição, aquele que substitui o credor não pode obter mais do que ele tinha para lhe transferir.

Ao ser efetuada a sub-rogação, no entanto, o novo credor pode exercer em relação ao devedor tudo o que o primeiro credor dispunha contra ele. Desse modo, se o consumidor tem os privilégios da hipossuficiência que lhe reconhece o CDC, caso obtenha o ressarcimento em virtude do seguro que contratou, a seguradora poderá invocar o tratamento benéfico conferido pelas normas consumeristas ao segurado e deduzi-las em face do causador do dano. Imagine-se o caso de um defeito do veículo gerar um acidente com prejuízos ao motorista, que recebe a indenização da companhia de seguros. Ao pagar a indenização, a seguradora sub-roga-se nos direitos do consumidor e pode invocar o disposto nos arts. 12 e 26 do CDC para se ressarcir dos eventuais prejuízos que indenizou ao segurado.

Waldemar Zveiter, em acórdão proferido nos autos do REsp n. 257.833 do Eg. STJ, julgado em 13.03.2001, deixou assentada essa conclusão, ponderando que a seguradora sub-roga-se em todos os direitos do segurado, sobretudo no que se refere à indenização integral assegurada ao consumidor.

**Condições personalíssimas do sub-rogante:** posição parcialmente divergente sobre o tema, naquilo que se refere aos créditos e direitos com condições particulares decorrentes de características personalíssimas do titular do crédito ou do direito, está exposta em nota específica nos comentários ao art. 286 deste Código.

**Jurisprudência:** Ação de cobrança. Preliminar de incompetência relativa acolhida para afastar cláusula de eleição de foro. Incorreção. Autora que, ao quitar a dívida, na qualidade de fiadora, sub-rogou nos direitos, ações, privilégios e garantias do credor primitivo, nos termos do art. 349 do CC. Prevalência e validade da cláusula de eleição de foro. Decisão reformada. Recurso provido. (TJSP, AI n. 20193247820198260000, 15ª Câm. de Dir. Priv., rel. Des. Vicentini Barroso, j. 16.04.2019)

Dispensando a reconvenção para o reconhecimento da compensação: TJRS, Ap. Cível n. 70.067.286.807, 18ª Câm. Cível, rel. Nelson José Gonzaga, j. 25.02.2016.

Empreitada. Cobrança. Direito das obrigações. Pretensão de ressarcimento de débito trabalhista de empreiteiro com que o dono da obra foi obrigado a arcar. Pagamento com sub-rogação. Prescrição. Prazo aplicável à relação jurídica originária. Inteligência do art. 349 do CC. Ademais, falta de demonstração de que se pendente providência ou discussão após o depósito dos valores no feito trabalhista, mais de dez anos antes do ajuizamento. Pretensão prescrita. Sentença mantida. Recurso desprovido. (TJSP, Ap. n. 1080659-19.2013.8.26.0100/SP, 1ª Câm. de Dir. Priv., rel. Claudio Godoy, j. 15.03.2016)

O art. 786, § 2°, do CC não pode ser interpretado como direito absoluto da seguradora em reaver aquilo que despendeu para indenizar a segurada. Há a regra do art. 349 do mesmo estatuto civil e só se transfere o que se tem, ou seja, no momento do pagamento feito pela seguradora, nenhum era o direito da segurada em relação ao sinistro. "Se o segurado (primitivo credor) não poderia mais demandar contra o causador do dano, em razão de acordo extrajudicial celebrado entre ambos, com plena e geral quitação, não há falar em sub-rogação, ante a ausência do direito ser transmitido" (REsp n. 127.656, rel. Min. Barros Monteiro). (TJSP, Ap. n. 0005060-67.2013.8.26.0011, 32ª Câm. de Dir. Priv., rel. Des. Kioitsi Chicuta, j. 24.02.2014)

Contrato de transporte. Regressiva pela seguradora contra a empresa de transportes. A empresa seguradora sub-rogou-se nos direitos da reparação por danos materiais em virtude do contrato de seguro, a quem indenizou pelos danos materiais. A relação jurídica que rege este litígio é a de sub-rogação nos direitos de indenização oriundos do contrato de transporte de carga que restou descumprido, conforme estabelece o art. 349 do CC/2002, antigo art. 988 do CC/1916. Incide à espécie o disposto no art. 14 da Lei n. 8.078/90, que consagra a responsabilidade objetiva dos fornecedores de prestação de serviço de transporte de carga pela reparação dos danos causados aos consumidores. A indenização decorrente do extravio ou danos à bagagem ou mercadoria deve ser ampla, não se limitando aos valores estabelecidos em legislações específicas. Aplicação do CDC. Afastamento da indenização tarifada do art. 262 do Código Brasileiro do Ar. Sentença mantida. Apelo improvido. (TJSP, Ap. Cível n. 7.025.910.400, rel. Richard Paulro Pae Kim, j. 26.03.2009)

Alimentos. Sub-rogação. Decisão que reconheceu a prescrição das prestações. Alegação de que com a sub-rogação os créditos alimentares teriam passado a ter natureza pessoal, não se sujeitando à prescrição tal como reconhecido. Inviabilidade. O crédito que era alimentar continua a ter a mesma natureza, com as mesmas vantagens e, necessariamente, as mesmas desvantagens. Inteligência do art. 349, do CC. Recurso desprovido. (TJSP, AI n. 5.316.514.200, 1ª Câm. de Dir. Priv., rel. Luiz Antonio de Godoy, j. 04.12.2007)

Terceiro que paga a dívida pela qual podia ser obrigado sub-roga-se no direito do credor, abrangidos os direitos, ações, privilégios e garantias deste em relação à dívida, inclusive no que se refere à inoponibilidade da impenhorabilidade do bem de família pelo fiador (arts. 985 e 988 do CC, e art. 3°, VII, da Lei n. 8.009/90).

(II TAC, Ap. n. 641.311-00/0, 3ª Câm., rel. Juiz Cambrea Filho, j. 25.02.2003)

O fiador que paga a dívida locatícia do afiançado se sub-roga nos direitos do credor principal, mercê do que, na ação regressiva contra o afiançado, este não poderá invocar a impenhorabilidade do bem de família prevista na Lei n. 8.009/90, uma vez que se trata de obrigação decorrente da fiança. Interpretação que ensejasse ao afiançado livrar-se do pagamento regressivo ao seu fiador, sob o escudo da impenhorabilidade do bem de família, afrontaria o conceito de justiça e vulneraria o princípio da razoabilidade. (II TAC, AI n. 701.575-00/1, 5ª Câm., rel. Juiz Pereira Calças, j. 27.06.2001)

A nova Lei do Inquilinato restringiu o alcance do regime de impenhorabilidade dos bens patrimoniais residenciais instituído pela Lei n. 8.009/90, considerando passível de constrição judicial o bem familiar dado em garantia por obrigação decorrente de fiança concedida em contrato locatício. Com o pagamento da dívida pelo fiador da relação locatícia, fica este sub-rogado em todas as ações, privilégios e garantias que tinha o locador-credor em relação ao locatário-devedor, nos termos do CC, art. 988. – A jurisprudência já pacificou entendimento no sentido de ser vedada a penhora de bem de família do locatário, em execução proposta pelo locador a fim de solver dívida advinda da relação locatícia. – Se ao locador-credor não é possibilitado constringir judicialmente o imóvel do locatário, e a sub-rogação transmite os direitos e ações que possuía o credor, consequência lógica é que ao fiador tal privilégio não pode ser assegurado, de vez que não existia para o credor primitivo. (STJ, REsp n. 263.114, rel. Min. Vicente Leal, j. 10.04.2001)

**Art. 350. Na sub-rogação legal o sub-rogado não poderá exercer os direitos e as ações do credor, senão até à soma que tiver desembolsado para desobrigar o devedor.**

Verifica-se que o dispositivo contempla aquele que obtém a sub-rogação em uma das hipóteses do art. 346 com tratamento diverso do que é assegurado aos que se sub-rogam da forma prevista no art. 347. No caso da convencional, os direitos que se transmitem são integrais – inclusive com a possibilidade de multas, juros etc. –, enquanto na legal, somente o total desembolsado pode ser exigido pelo novo credor.

A distinção no tratamento resulta do fato de que, nos casos do art. 346, a sub-rogação é imperativo legal destinado a conferir proteção às pessoas que são obrigadas a pagar a dívida em virtude de situações específicas que lhe causariam danos. No entanto, na sub-rogação convencional, a garantia é plena porque amparada na livre convenção estipulada pelas partes.

**Jurisprudência:** Apelação. Ação regressiva. Fiança em contrato de locação residencial. Pagamento parcial da obrigação. Acordo entre fiadores e locador. Recurso dos réus. Alegação de inoponibilidade do acordo aos réus. Descabimento. Benefício explícito do acordo. Sub-rogação legal limitada ao valor do pagamento. 1 – O acordo entre fiadores e locador constitui espécie de remissão parcial da dívida, reduzindo-a ao montante remanescente, o qual será perseguido exclusivamente em face dos locatários (CC, arts. 388, 818 e 820). 2 – Os efeitos do acordo entre fiadores e locador alcançaram os réus/locatários, uma vez que estes tiveram exponencial redução da obrigação remanescente, posteriormente renegociada com o locador. 3 – Possibilidade de sub-rogação legal no montante pago pelos fiadores, ainda que fruto de acordo direto com o locador, considerando que o pagamento da obrigação, total ou parcial, enseja a sub-rogação nos direitos creditórios (CC, arts. 350 e 831). Recurso dos réus não provido. (TJSP, Ap. Cível n. 1004632-96.2020.8.26.0084/SP, rel. Maria Lúcia Pizzotti, j. 09.12.2021, 30ª Câm. de Dir. Priv., publ. 09.12.2021)

Ação de ressarcimento por danos causados em acidente de veículo. Seguradora. Direito de regresso. A requerente, seguradora do veículo sinistrado, cobriu os danos decorrentes do acidente de trânsito, tornando-se parte legítima por sub-rogação legal para propor ação indenizatória contra o causador do prejuízo. (TJSP, Ap. Cível c/ Rev. n. 926.996.009, rel. Irineu Pedrotti, j. 06.07.2009)

Processual civil. Ilegitimidade passiva. Arrematação. Responsabilidade pela dívida do credor hipotecário. Sub-rogação legal. Legitimidade de parte reconhecida. Nulidade da sentença. Ausência das condições da ação. Inocorrência. Preliminares afastadas. O crédito cobrado pelo recorrido originava-se de dívida condominial, que se caracteriza por ser *propter rem*, ou seja, vinculada à própria coisa e não ao titular do domínio à época de sua constituição. Como tal, a dívida se transferiu para o recorrido no instante em que este arrematou o bem, por sub-rogação legal, nos termos dos arts. 346, II, e 350 do CC, pelo que resulta procedente a ação de cobrança proposta em face do novo proprietário da unidade condominial, cabendo-lhe a possibilidade de buscar o reembolso frente aos ocupantes do imóvel, por ação regressiva. No mais, presentes todos os documentos essenciais ao conhecimento da causa, bem como a possibilidade jurídica do pedido, a legitimidade das partes e o interesse processual, não há que se cogitar a nulidade invocada. (TJSP, Ap. cível s/ rev. n. 1.231.063.002, rel. Paulo Ayrosa, j. 23.06.2009)

Apelação. Ação ordinária de cobrança. Negócio jurídico de compra e venda de imóvel. Posterior constrição judicial sobre o bem. Débito de responsabilidade do anterior proprietário. Quitação do débito pelo comprador. Pagamento por sub-rogação. Responsabilidade do devedor primitivo limitada ao montante do débito. CC/2002, art. 350. Recurso parcialmente provido. O terceiro interessado que quita dívida para fim de liberar constrição pendente sobre imóvel sub-roga-se no direito de demandar em face do alienante imediato do bem, o qual assumiu os riscos da evicção. A adoção de outro entendimento, não permitindo que o comprador fosse ressarcido dos prejuízos advindos da penhora sobre o bem que adquiriu regularmente e de boa-fé, ensejaria ofensa ao princípio universal que veda o enriquecimento sem causa, expressamente acolhido no direito pátrio nos arts. 884 a 886 do novo CC. Ao sub-rogado, ou seja, àquele que pagou a obrigação de responsabilidade do devedor, não é dado receber mais do que receberia o credor primitivo, estando a operação limitada ao valor efetivamente desembolsado para quitar o débito, nos termos do art. 350 do CCB/2002. (TJMG, Proc. n. 1.0024.04.512291--8/001(1), rel. Lucas Pereira, j. 10.08.2006)

Condomínio. Despesas condominiais. Cobrança. Ação regressiva por arrematante da unidade. Legitimidade passiva. Antigo proprietário. Despesas anteriores à aquisição. Quitação pelo arrematante. Sub-rogação legal. Admissibilidade. O crédito cobrado pelo recorrido originava-se de dívida condominial, que se caracteriza por ser *propter rem*, ou seja, vinculada à própria coisa e não ao titular do domínio à época de sua constituição. Como tal, a dívida se transferiu para o recorrido no instante em que este arrematou o bem em praça pública, por sub-rogação legal, nos termos dos arts. 346, II, e 350 do CC, pelo que resulta procedente a ação de cobrança proposta em face do primitivo devedor, ex-proprietário do imóvel. (TJSP, Ap. c/ Rev. n. 881.746-00/9, rel. Des. Paulo Ayrosa, j. 01.03.2005)

Falência. Habilitação de crédito. Sub-rogação legal. Requisitos do art. 989 do CC observados. Resistência da massa falida não acolhida. Incidência de honorários de advogado. Recurso de massa falida provido parcialmente, e provido integralmente o recurso adesivo do habilitante. Na sub-rogação legal o sub-rogado não poderá exercer os direitos e as ações do credor, senão até à soma que tiver desembolsado para desobrigar o devedor (art. 989 do CC). Na espécie, o habilitante pretende habilitar apenas o valor que desembolsou, contrariamente ao que imaginou o douto magistrado, que acabou, nesse erro de entendimento, admitindo a inclusão de valor maior. E, como a resistência da massa falida não foi acolhida, há de responder por honorários de advogado, posto que o pedido do habilitante acabou por ser inteiramente acolhido (TJSP, Ap. Cível n. 40.513--4/Taubaté, 9ª Câm. de Dir. Priv., rel. Des. Ruiter Oliva, j. 19.08.1997, v.u.). (*RT* 729/126)

**Art. 351. O credor originário, só em parte reembolsado, terá preferência ao sub-rogado, na cobrança da dívida restante, se os bens do devedor não chegarem para saldar inteiramente o que a um e outro dever.**

A preferência para o recebimento do crédito será daquele que recebeu parcialmente seu crédito do sub--rogado, se houver concorrência entre eles. Trata-se de uma modalidade específica de preferência, que dá prioridade ao pagamento integral do credor parcialmente reembolsado.

Assim, se ambos executarem o devedor, não prevalecerá a anterioridade da penhora na relação jurídica entre eles estabelecida (art. 909 do CPC/2015; art. 712 do CPC/73). Exemplificativamente, caso o segurado esteja cobrando do causador dos danos em seu veículo o valor da franquia, terá preferência para receber a quantia se concorrer com a seguradora que cobra do mesmo réu o montante que indenizou ao segurado. Assim será, em decorrência da regra ora examinada, que prioriza a quitação integral do credor original em relação ao sub-rogado.

Será esta regra de ordem pública? Ou o sub-rogado pode convencionar com o credor que ele terá preferência? Parece que, de modo geral, sim, pois a autonomia privada admite tal ajuste, mas não na relação de consumo, pois pode haver iniquidade no contrato de seguro, cujo objeto é o ressarcimento integral dos prejuízos do segurado-consumidor.

## CAPÍTULO IV
## DA IMPUTAÇÃO DO PAGAMENTO

**Art. 352. A pessoa obrigada, por dois ou mais débitos da mesma natureza, a um só credor, tem o direito de indicar a qual deles oferece pagamento, se todos forem líquidos e vencidos.**

Imputação do pagamento é a indicação de qual entre mais de um débito líquido e vencido com o mesmo credor está sendo pago. Para que seja possível e necessário imputar o pagamento, são necessários os requisitos seguintes:

a) que existam dois ou mais débitos;

b) que esses débitos tenham a mesma natureza;

c) que o credor seja o mesmo; e

d) que todos sejam líquidos e vencidos.

É possível deduzir que os débitos que dependem de imputação devem ser da mesma natureza, líquidos e vencidos, porque, em caso contrário, não há risco de dúvida sobre qual deles está sendo pago. Assim, se uma obrigação é de dar e a outra de fazer, certamente não há dúvida de que a primeira conduta não pode significar o adimplemento da segunda obrigação. O mesmo pode ser dito se somente uma das obrigações se venceu ou está liquidada.

O dispositivo não repetiu a parte final do art. 991 do CC/1916, que admitia a imputação da dívida ilíquida ou não vencida, desde que o credor concordasse com isso. Contudo, tal procedimento ainda parece válido e possível, na medida em que se insere no limite de disponibilidade de direito das partes (autonomia privada).

É certo, porém, que deve haver ajuste expresso nesse sentido, sem possibilidade de presunção, ou de imposição do credor, o que acarretaria abuso de direito (art. 187). Haveria tal abuso, por exemplo, se a instituição financeira incluísse em determinado contrato que os pagamentos efetuados pelo mutuário seriam primeiro destinados a quitar dívida ainda não vencida, mas com juros reduzidos – porque subsidiados, por exemplo –, em lugar da quitação de outro débito vencido, mas com maior taxa de juro – como cheque especial.

**Jurisprudência:** Cheque. Ação declaratória de inexigibilidade. Pagamento do título mediante dois depósitos bancários feitos em favor da ré. Alegação desta de que tais depósitos referem-se a outro título, vencido posteriormente. Inadmissibilidade. Assertiva não provada e que não prevaleceria, porquanto os depósitos efetuados perfazem exatamente o valor do cheque em questão. Incidência da regra sobre imputação do pagamento prevista no art. 352 do CC. Procedência parcial da ação que deve ser mantida. Recurso da ré improvido. (TJSP, Ap. n. 1.155.190.700, 14ª Câm. de Dir. Priv., rel. Thiago de Siqueira, j. 11.06.2008)

Alienação fiduciária em garantia. Ação de consignação em pagamento julgada procedente. Apelo do réu. Interesse de agir da autora presente. Alegação de haver o credor condicionado o recebimento de prestações à quitação de outra dívida. Saldo devedor em conta corrente. Exigência ilegal. Art. 352 do CC/2002. Contestação intempestiva desentranhada. Fato constitutivo do direito da autora incontroverso. Art. 319 do CPC [art. 344 do CPC/2015]. Procedência da ação que se impunha. Quitação limitada aos valores depositados. Ressalva. Honorários advocatícios excessivos. Redução. Apelo parcialmente provido. (TJSP, Ap. c/ Rev. n. 1.136.501.009, 36ª Câm. de Dir. Priv., rel. Dyrceu Cintra, j. 27.03.2008)

---

**Art. 353. Não tendo o devedor declarado em qual das dívidas líquidas e vencidas quer imputar o pagamento, se aceitar a quitação de uma delas, não terá direito a reclamar contra a imputação feita pelo credor, salvo provando haver ele cometido violência ou dolo.**

---

Verifique-se que a imputação será feita pelo credor se estiverem presentes dois requisitos:

a) o devedor quita e não indica qual das dívidas quer saldar; e

b) o devedor aceita a quitação de uma delas oferecida pelo devedor.

Assim, se o devedor não aceita a quitação de determinada dívida e exige a de outra, estará, a rigor, fazendo ele próprio a imputação. Se, no entanto, aceitar a quitação de uma dívida que não lhe convém, só poderá reclamar da imputação se demonstrar violência ou dolo do credor.

A restrição do artigo às hipóteses de violência ou dolo, contudo, não exclui o reconhecimento de outros defeitos do negócio jurídico, ainda que se considere que a quitação é ato jurídico lícito, por força do disposto no art. 185 deste Código. Dessa forma, também o erro poderá autorizar a reclamação, desde que identificados os requisitos do art. 138 do CC. Por exemplo, o credor de uma indenização por dívida decorrente de redução de capacidade de trabalho imputa o pagamento nas pensões mensais que o réu lhe deve, e este a aceita, porque supõe que se trata de dívida de alimentos, cujo não pagamento autoriza a prisão do inadimplente. No entanto, os juros incidentes sobre a indenização dos danos materiais e morais são os da taxa Selic – porque assim foi estabelecido na decisão judicial –, de maneira que lhe seria mais conveniente quitar os juros vencidos até o momento, e não as pensões mensais mais recentes – até porque, admita-se, os juros mais recentes da taxa Selic são mais reduzidos. Na hipótese aventada, teria havido erro de direito do devedor, que poderia reclamar da imputação aceita, ainda que não havendo dolo ou violência. A coação e o dolo estão contemplados no presente artigo.

Se ocorrerem os demais defeitos tipificados na Parte Geral – fraude contra credores e simulação –, não encontrarão obstáculo no presente dispositivo, porque o destinatário da norma é apenas o devedor, e não há limitações impostas a terceiros, como são as vítimas de fraude ou simulação. Não se diga que a imputação é negócio unilateral, pois o próprio dispositivo cuida de ressalvar a necessidade de aceitação dela pelo devedor.

**Jurisprudência:** Ação monitória. Cobrança. Valores referentes a compra e vendas mercantis de combustíveis e lubrificantes, que só eram fornecidos mediante pagamento antecipado. Prova dos autos no sentido de que, a despeito da possibilidade de outros créditos em favor da autora, a dívida em questão se encontra paga, pois os depósitos bancários feitos correspondem exatamente aos das notas fiscais em cobrança. Impossibilidade, portanto, da imputação de pagamento por parte da credora, pois isso só seria possível se não tivesse havido indicação alguma por parte da devedora (art. 353, CC). Embargos acolhidos. Recurso provido para tal fim. (TJSP, Ap. n. 7.212.532.900, 11ª Câm. de Dir. Priv., rel. Gilberto dos Santos, j. 06.03.2008)

Juros. Capitalização. Pretensão à capitalização de juros no cálculo do débito. Descabimento. Suspensão do art. 5º da MF n. 2.170-36, por liminar na ADI n. 2.316-1. Aplicabilidade da Súmula n. 121 do STF. Pretensão afastada. Juros. Capitalização. Alegação de que não se aplica ao caso o método de amputação do pagamento primeiro aos juros e depois ao capital. Descabimento. Hipótese em que a dívida em questão é ilíquida, uma vez que decorre de contrato de abertura de crédito em conta-corrente, o que exclui a aplicação da mencionada regra. Arts. 991 e 993 do CC/1916. Pretensão afastada. Recurso improvido. (TJSP, Ap. n. 7.105.257-8, rel. Des. Rubens Cury, j. 02.10.2007)

Alimentos. Provisórios. Pagamento realizado mediante depósito bancário e judicial. Existência, todavia, de contrato de locação celebrado entre as partes. Atraso no pagamento de alugueres verificado. Inexistência de qualquer estipulação da destinação do depósito bancário realizado. Notificação extrajudicial enviada ao executado informando-o da imputação do pagamento (parte do aluguel devido). Validade. Art. 353 do novo CC. Recurso desprovido. (TJSP, AI n. 454.313-4/0-00/SP, 1ª Câm. de Dir. Priv., rel. Des. Luiz Antonio do Godoy, j. 15.08.2006, v.u., voto n. 12.416)

Não incide a regra prevista no art. 354 do CC, que prevê a imputação do pagamento dos juros antes do débito principal, pois os contratos do SFH são regidos por legislação especial. (STJ, REsp n. 815.062, rel. Min. Castro Meira, j. 04.04.2006)

**Art. 354. Havendo capital e juros, o pagamento imputar-se-á primeiro nos juros vencidos, e depois no capital, salvo estipulação em contrário, ou se o credor passar a quitação por conta do capital.**

A regra não exclui, como se vê, que as partes ajustem que o pagamento do capital se dará antes dos juros. Desse modo, somente quando o devedor não fizer a imputação, nem houver imputação expressa feita pelo credor com aceitação do devedor (art. 352) este dispositivo terá incidência. O dispositivo só incide nos casos em que as dívidas a serem pagas sejam o próprio capital e os juros respectivos. Não incide quando se tratar de juros de determinada dívida e capital de outra, mas é certo que esse caso pode sujeitar-se à incidência analógica ou subsidiária deste artigo.

**Jurisprudência:** [...] O STJ pacificou a orientação de que a regra de imputação de pagamentos estabelecida no art. 354 do CC é inaplicável às dívidas da Fazenda Pública. 3 – Agravo regimental não provido. (STJ, Ag. Reg.-Ag.-REsp n. 233.963, 2ª T., rel. Min. Herman Benjamin, *DJe* 13.06.2013, p. 1.533)

Comissão de permanência e juros compensatórios. Previsão contratual expressa. Inocorrência. Cobrança. Impossibilidade. Acréscimos moratórios incidentes ao débito. Taxa média de juros apurada pelo Banco Central do Brasil, desde que não seja maior que aquela efetivamente aplicada pela instituição financeira: não se autoriza a cobrança de comissão de permanência quando não existe previsão contratual expressa, de modo que, nessa hipótese, os acréscimos moratórios incidentes ao débito serão devidos pela taxa média de juros apurada pelo Banco Central do Brasil, desde que não seja maior que aquela efetivamente aplicada pela instituição financeira. Capitalização mensal de juros. Contrato bancário. Celebração anterior à edição da MP n. 1.963-17, de 30.03.2000. Impossibilidade da cobrança: Anteriormente à edição da MP n. 1.963-17, de 30.03.2000, é ilícita a captação de juros mensais capitalizados nos contratos bancários. Capitalização de juros. Cheque especial. Pagamento de apenas parte do débito. Aplicação do art. 993 do CC revogado e do art. 354 do CC vigente. Impossibilidade. Ausência de liquidez da dívida: tratando-se de dívida ilíquida, em que se confundem o capital e os juros, não se autoriza a aplicação do art. 993 do CC revogado e do art. 354 do CC vigente aos débitos oriundos de cheque especial. Recurso não provido. (TJSP, Ap. n. 9199697-05.2007.8.26.0000, rel. Des. Nelson Jorge Júnior, j. 15.03.2012).

De igual teor: TJSP, Ap. n. 9228617-52.2008.8.26.0000, rel. Des. Nelson Jorge Jr., j. 12.04.2012.

Juros. Capitalização. Contrato de abertura de crédito em conta-corrente. Anatocismo. Ocorrência. Capitalização dos juros em periodicidade inferior a um ano que é vedada em relação aos contratos firmados antes da

MP n. 1.963-17/2000. Possibilidade, porém, da imputação do pagamento primeiramente dos juros, segundo o art. 354 do CC. Recurso parcialmente provido. (TJSP, Ap. n. 7382563-7/00, 21ª Câm. de Dir., rel. Itamar Gaino, j. 14.04.2010, v.u.)

Processual civil. Tributário. Recurso especial. Execução contra a Fazenda Pública. Precatório. Violação do art. 535 do CPC [art. 1.022 do CPC/2015]. Não ocorrência. Art. 354 do CC. Regra da imputação do pagamento. Aplicabilidade, por se tratar de conta destinada à expedição de precatório para pagamento de valor que, devido à existência de erro material no primeiro cálculo, não foi pago na sua integralidade. 1 – É pacífica a jurisprudência do STJ no sentido de que não viola o art. 535 do CPC [art. 1.022 do CPC/2015], tampouco nega a prestação jurisdicional, o acórdão que, mesmo sem ter examinado individualmente cada um dos argumentos trazidos pelo vencido, adota, entretanto, fundamentação suficiente para decidir de modo integral a controvérsia. 2 – No julgamento do REsp n. 796.431/RS, esta relatora já teve a oportunidade de se manifestar no sentido de que "o valor a ser atualizado para a expedição do precatório complementar é único, composto de todas as parcelas que integraram a condenação inicial (principal, juros, honorários etc.). Uma vez atualizado o valor do precatório, frise-se, apenas em relação às diferenças apuradas no período em que o valor do crédito permanecia sem qualquer atualização monetária, estarão automaticamente atualizadas todas as parcelas que o integravam. Por esse mesmo motivo, não há falar em nova condenação ao pagamento de honorários advocatícios, tampouco em aplicação da norma contida no art. 993 do CC/1916, a qual dispõe que, 'havendo capital e juros, o pagamento imputar-se-á primeiro nos juros vencidos, e, depois, no capital, salvo estipulação em contrário, ou se o credor passar a quitação por conta do capital'." 3 – Na hipótese, entretanto, não se trata de precatório complementar destinado ao pagamento de diferenças apuradas no período em que o valor do crédito, antes das alterações promovidas pela EC n. 30/2000, permanecia sem qualquer atualização monetária. 4 – Trata-se, no caso, de conta destinada à expedição de precatório para pagamento de valor que, devido à existência de erro material na primeira conta, não foi pago na sua integralidade. 5 – Com efeito, conforme relata a própria recorrente, "expedida requisição, foram pagos valores em maio de 2004. Referida requisição foi expedida constando equivocadamente como data base para a correção monetária e inclusão de juros setembro de 2000, quando deveria ter constado setembro de 1996, restando diferença remanescente a ser paga, não passível de confusão com complementação de precatório por ausência de correção monetária ou juros da data da expedição até a data do pagamento". 6 – Nessa hipótese, contrariamente à orientação apresentada no julgamento do REsp n. 796.431/RS, entende-se que deve incidir a regra da imputação do pagamento prevista no art. 354 do CC, consoante precedentes desta Corte Superior: REsp n. 665.871/SC, 2ª T., rel. Min. João Otávio de Noronha, *DJ* 19.12.2005; REsp n. 688.725/SC, 1ª T., rel. Min. Teori Albino Zavascki, *DJe* 19.11.2008. 7 – Recurso especial desprovido. (STJ, REsp n. 1.106.575, 1ª T., rel. Min. Denise Arruda, j. 16.06.2009, *DJ* 05.08.2009)

Contrato bancário. Abertura de crédito rotativo em conta-corrente. Hipótese em que foi constatado pela perícia contábil que os créditos mensais feitos em conta-corrente prestaram-se à amortização dos juros relativos ao mês anterior. Inexistência de incorporação dos juros ao débito acumulado. Adoção da regra da imputação do pagamento, pois, havendo capital e juros o pagamento imputar-se-á primeiro nos juros vencidos e depois no capital, ressalvada expressa pactuação em sentido contrário, o que não se verifica na espécie. Inteligência do art. 354 do CC. Situação em que os juros não estarão sendo agregados ao débito acumulado e sobre o qual serão calculados os juros do mês seguinte, inexistindo, portanto, afronta às regras contidas no art. 4º do Decreto n. 22.626/33 ou na Súmula n. 121 do STF. Capitalização em periodicidade inferior à anual não verificada. Sentença mantida. Recurso improvido. Contrato bancário. Abertura de crédito rotativo em conta-corrente. Juros remuneratórios. Hipótese em que há expressa pactuação da taxa de juros compensatórios. Inadmissibilidade de sua limitação. Incidência da Lei n. 4.595/64, que estabelece a submissão das instituições financeiras às regras editadas pelo Conselho Monetário Nacional. Necessidade, tão somente, de recálculo do débito com a finalidade de estrita observância, mês a mês, da taxa mensal de juros pactuada, afastada a admissibilidade de sua aplicação pela média. Pedido inicial julgado parcialmente procedente. Recurso provido, em parte. (TJSP, Ap. Cível c/ Rev. n. 7.341.392.200, rel. João Camillo de Almeida Prado Costa, j. 25.05.2009)

Ação monitória. Contrato bancário. Juros. Capitalização mensal. 1 – Os contratos celebrados antes da vigência da MP n. 2.170-36/2001 não comportam capitalização de juros em períodos inferiores a um ano, ainda que expressamente pactuada. 2 – O art. 354 do CC Brasileiro garante ao credor o direito de, primeiro, imputar o pagamento nos juros vencidos e, depois, no capital. (TFR, Ap. Cível n. 200570000233780/PR, 3ª T., rel. Roger Raupp Rios, j. 29.07.2008)

Com efeito, "Na hipótese do usuário do cartão efetuar a quitação apenas do valor mínimo constante na fatura, tem-se o pagamento por imputação primeiro nos juros vencidos e depois no capital, conforme inteligência do art. 993 do CC/1916 e art. 354 do CC/2002, circunstância que afasta a ocorrência de capitalização, porquanto com o pagamento, estão solvidos os juros, não se afigurando a contagem de juro sobre juro. Contudo, quando não há pagamento, há capitalização, pois os juros são incorporados ao saldo devedor, passando a compor a base de cálculo sobre a qual incidirão novos juros" (TJPR, Ap. Cível n. 301.370-7, Ac. n. 6.326, 15ª Câm. Cível, rel. p/ acórdão Des. Hayton Lee Swain Filho, j. 22.11.2006, *DJ* 12.01.2007). (TJSP, Ap. n. 7.145.977--7, rel. Des. Melo Colombi, j. 03.10.2007)

Dívidas não vencidas e líquidas não podem ser objeto de imputação de pagamento. (TJSP, Ap. n. 7.076.658--8, rel. Des. Ligia Araújo Bisogni, j. 22.08.2007)

Evidentemente, em liquidação de conta-corrente, os débitos são lançados diariamente, com fechamento, normalmente, em períodos mensais. Efetuando depósitos aleatórios no decorrer do período e sempre em valores fracionados e inferiores ao montante do débito principal, não há como o correntista imputar o pagamento [...], consoante a lição do item *b* retromencionado [...]. (TJSP, Ap. c/ Rev. n. 7.059.022-4, rel. Des. Andrade Marques, j. 27.02.2007)

Juros. Capitalização. Alegação de que não se aplica ao caso o método da imputação do pagamento primeiro aos juros e depois ao capital. Cabimento. Hipótese em que a dívida em questão é ilíquida, uma vez que decorre de contrato de abertura de crédito em conta--corrente, o que exclui a aplicação da mencionada regra. Arts. 362 e 354 do novo CC. Ação procedente, ordenando-se o recorrido a efetivar a repetição do indébito. Recurso provido para esse fim. (TJSP, Ap. c/ Rev. n. 7.050.086-2, rel. Des. Rubens Cury, j. 30.11.2006)

O segundo ponto diz com a imputação de pagamento com a alegação de que o julgado "acabou privilegiando a amortização do capital a cuja restituição está obrigado o mutuário à amortização dos juros incidentes sobre o capital que deve ser restituído" [...]. A impugnação vem com base no art. 993 do CC. Com razão também neste ponto a instituição financeira. É que o sistema legal não agasalha a solução aventada no julgado para assegurar o que chamou de "regular amortização" [...]. A Corte já assentou que o "sistema de prévio reajuste e posterior amortização do saldo devedor não fere a comutatividade das obrigações pactuadas no ajuste, uma vez que, de um lado, deve o capital emprestado ser remunerado pelo exato prazo em que ficou à disposição do mutuário, e, de outro, restou convencionado no contrato que a primeira parcela será paga apenas no mês seguinte ao do empréstimo do capital" (STJ, REsp n. 427.329/SC, rel. Min. Nancy Andrighi, *DJ* 09.06.2003). Ora, o acórdão reconhece essa circunstância [...], mas cuida de criar um sistema próprio para adequar a dívida para que o mutuário mantenha "regular o nível de amortização do financiamento" [...] pondo os juros em conta apartada, atualizada de acordo com o contrato. Mas esse sistema, de fato, deixa fora de alcance aquele previsto para o financiamento no âmbito da aquisição da casa própria, além de, no meu entender, malferir a regra do art. 993 do CC/1916, 342 do vigente. (STJ, REsp n. 788.406, rel. Min. Carlos Alberto Menezes Direito, j. 21.11.2006). Nota do autor: o acórdão faz menção ao art. 342, embora aparentemente tenha querido se referir ao 354.

Contrato. Prestação de serviços bancários. Abertura de crédito em conta-corrente. Revisional. Insurgência contra aplicação da teoria da imputação do pagamento (art. 354 do CC). Fato que, no âmbito da devolutividade recursal, não constitui óbice ao provimento do recurso, para julgar procedente a demanda. Recurso provido, com observação. (TJSP, Ap. Cível n. 7.048.991--7/Araçatuba, 22ª Câm. de Dir. Priv., rel. Des. Campos Mello, j. 02.05.2006, v.u., voto n. 13.813)

Aplica-se a regra contida no art. 993 do CC no caso do débito envolver capital e juros, imputando-se o pagamento aos juros vencidos, salvo estipulação em contrário, ou se o credor passar a quitação por conta do capital. (*JTA* 186/442)

**Art. 355. Se o devedor não fizer a indicação do art. 352, e a quitação for omissa quanto à imputação, esta se fará nas dívidas líquidas e vencidas em primeiro lugar. Se as dívidas forem todas líquidas e vencidas ao mesmo tempo, a imputação far-se-á na mais onerosa.**

O dispositivo, como sua primeira parte revela, incide sobre os casos em que nem o devedor, nem o credor fazem a imputação. Não havia necessidade de dizer que o pagamento compreenderia as dívidas líquidas e vencidas, pois isso já resulta da interpretação da parte final do art. 352. O legislador, porém, quis eliminar a possibilidade de se sustentar que a dívida mais onerosa não vencida pudesse ser considerada quitada antes daquela, menos onerosa, mas já vencida. O credor tem direito de considerar quitadas as dívidas vencidas e líquidas antes das não vencidas ou ilíquidas, a despeito da maior onerosidade, como, aliás, revela o art. 352, que só contempla a imputação de dívidas vencidas e líquidas. Anote-se que as partes podem, livremente, estabelecer o contrário (ver comentário ao art. 352), mas esse artigo dispõe sobre os casos em que nada é convencionado a respeito.

**Jurisprudência:** Duplicatas. Depósito bancário realizado pela devedora. Inexigibilidade das cártulas. Não reconhecimento. Escorreita a decisão do juízo monocrático que não reconheceu o comprovante de depósito bancário enquanto prova de pagamento dos títulos objurgados, haja vista a existência de outras obrigações constituídas entre as partes, aplicando, por conseguinte, ao caso, a regra de imputação de pagamento plasmada no art. 355, primeira parte, do CC. (TJSP, Ap. Cível n. 7.239.268.800, rel. Renato Siqueira De Pretto, j. 19.02.2009)

Processual civil e administrativo. Execução de sentença. Forma de imputação dos pagamentos administrativos. Conforme o disposto na parte final do art. 355 do CC, os pagamentos efetuados devem ser imputados primeiro na dívida mais onerosa. Os pagamentos feitos na via administrativa devem ser imputados primeiro no principal, iniciando pelas parcelas mais antigas, e depois nos juros. Com o pagamento ocorre a quitação parcial do débito, deixando de haver mora sobre a parcela quitada. (TRF, 4ª R., AI n. 2008.04.000.408.061, rel. Márcio Antônio Rocha, j. 18.02.2009)

Embargos à execução de prestação alimentícia. Cobrança da multa (10%) prevista em acordo em caso de atraso no pagamento das prestações mensais. Admissibilidade. Depósitos realizados sempre com atraso o que justifica e autoriza a incidência da penalidade. Possibilidade do levantamento pelo exequente da importância depositada, tendo em vista que os embargos foram recebidos somente no efeito devolutivo e por se tratar de dívida alimentar. Recurso do embargado parcialmente acolhido para incluir no débito o valor referente ao mês de agosto de 2006, posto que o pagamento realizado diz respeito a prestação anterior, ainda não quitada, e deve a ela ser imputado. Inteligência dos arts. 352 e 355 do CC. Sentença reformada. Recurso do embargante improvido e provido em parte aquele interposto pelo embargado. (TJSP, Ap. c/ Rev. n. 5.398.644.200, 8ª Câm. de Dir. Priv., rel. Salles Rossi, j. 24.04.2008)

Locação. Despejo por falta de pagamento. Purgação da mora através de dação em pagamento. Aceitação. Faculdade do locador. Recurso não provido. Salvo disposição contratual em contrário, não tem o locador obrigação de aceitar, para pagamento de aluguel convencionado em pecúnia, prestação de natureza diversa, ainda que mediante dação em pagamento. (TJSP, Ap. Cível n. 770.199-0/8/Franca, 29ª Câm. de Dir. Priv., rel. Des. Sebastião Oscar Feltrin, j. 04.05.2005, v.u.)

## CAPÍTULO V
## DA DAÇÃO EM PAGAMENTO

**Art. 356. O credor pode consentir em receber prestação diversa da que lhe é devida.**

Ao contrário do art. 995 do Código revogado, o presente dispositivo admite a dação em pagamento mesmo nas dívidas que não sejam em dinheiro – embora tal providência já fosse admitida, pois se insere nos limites da autonomia privada. A dação implica extinção da obrigação originalmente contraída pelo devedor mediante concordância do credor em receber outra prestação, distinta da convencionada: por exemplo, aceita receber em serviços prestados pelo devedor, que lhe devia dinheiro ou concorda em dar quitação de dívida de dinheiro ao receber um quadro de um pintor consagrado.

Não há contradição entre este dispositivo e o art. 313, porque não se trata de obrigar o credor a receber prestação diversa da estipulada, mas sim de contar com seu consentimento na entrega de prestação diversa, o que inclui a dação em pagamento entre os negócios jurídicos bilaterais – conjugação das vontades destinada a extinguir direitos de natureza patrimonial. A aceitação do credor é essencial à validade da dação. Distingue-se da novação, porque acarreta o adimplemento da prestação, diversamente desta última, em que nova obrigação ainda não adimplida substitui a anterior, igualmente não cumprida.

**Jurisprudência:** Recurso especial. Ação monitória. Fiança e aval. Distinção. O primeiro tem natureza cambial e o segundo de direito comum. Dação em pagamento. Origem. Recebimento de coisa distinta da anteriormente avençada. Acordo entre credor e devedor. Requisitos. Existência de obrigação prévia. Acordo posterior com anuência do credor. Entrega efetiva de coisa diversa. Exigência de anuência expressa do credor. Segurança jurídica. Ausência de demonstração, na espécie. Incidência da Súmula n. 7/STJ. Recurso especial improvido. I – O aval refere-se exclusivamente aos títulos de crédito e, portanto, só se presta em contrato cambiário, exigindo-se, por conseguinte, que o avalista pague somente pelo que avalizou, representando obrigação solidária. Por sua vez, a fiança constitui-se em uma garantia fidejussória ampla, passível de aplicação em qualquer espécie de obrigação e tem natureza subsidiária. Na espécie, cuida-se, portanto, de fiança; II – A origem do instituto da dação em pagamento (*datio in solutum* ou *pro soluto*) traduz a ideia de acordo, realizado entre o credor e o devedor, cujo caráter é liberar a obrigação, em que o credor consente na entrega de coisa diversa da avençada, nos termos do que dispõe o art. 356 do CC; III – Para configuração da dação em pagamento, exige-se uma obrigação previamente criada; um acordo posterior, em que o credor concorda em aceitar coisa diversa daquela anteriormente contratada e, por fim, a entrega da coisa distinta com a finalidade de extinguir a obrigação; IV – A exigência de anuência expressa do credor, para fins de dação em pagamento, traduz, *ultima ratio*, garantia de segurança jurídica para os envolvidos no negócio jurídico, porque, de um lado, dá ao credor a possibilidade de avaliar, a conveniência ou não, de receber bem diverso do que originalmente contratado. E, por outro lado, assegura ao devedor, mediante recibo, nos termos do que dispõe o art. 320 do CC, a quitação da dívida; V – Na espécie, o recorrente não demonstrou, efetivamente, a anuência expressa do credor para fins de comprovação da existência de dação em pagamento, o que enseja a vedação de exame de tal circunstância, nesta Corte Superior, por óbice da Súmula n. 7/STJ; VI – Recurso especial improvido. (STJ, REsp n. 1.138.993/SP, 3ª T., rel. Min. Massami Uyeda, j. 03.03.2011, *DJe* 16.03.2011)

Por dicção dos arts. 313 e 356 do CC atual a recusa do credor, ainda que desmotivada, é suficiente para obstar a dação de bem imóvel ofertada com propósito de desonerar o devedor. (TJMG, Ap. Cível n. 1.0324.06.038022-1/001(1), rel. Saldanha Da Fonseca, j. 27.01.2010)

Não admitindo que o credor seja compelido a aceitar coisa diversa da que lhe é devida: TJRS, Ap. Cível n. 70.039.710.223/Passo Fundo, 18ª Câm. Cível, rel. Nelson José Gonzaga, j. 09.06.2011; TJSP, Ap. Cível n. 7.305.171.700, rel. Soares Levada, j. 27.11.2008; TRF, 1ª R., Ap. Cível n. 2000.34.000.186.120, rel. Juíza Mônica Neves Aguiar da Silva (conv.), j. 26.08.2009.

Negando a dação compulsória de pedras preciosas em substituição a dinheiro: TJSP, Ap. n. 1.195.147.800, 14ª Câm. de Dir. Priv., rel. Virgilio de Oliveira Júnior, j. 13.08.2008.

Tributário. Títulos da dívida agrária. Extinção do crédito tributário. Dação em pagamento. Impossibilidade. Necessidade de consentimento do credor. Arts. 3º, 141 e 156 do CTN. I – A dação em pagamento é um instituto de direito civil que prevê a anuência do credor, ou seja, constitui uma faculdade do credor concordar com a substituição do dinheiro por coisa, nos termos do art. 356 do CC. A Fazenda Pública não pode ser obrigada a aceitar esta forma negociada de quitação de obrigações, exceto se houver expressa autorização legal (art. 141 do CTN), por contrariar os princípios que norteiam a administração pública. II – Mesmo com o advento da LC n. 104/2001, que acrescentou o inciso XI ao art. 156 do CTN, o qual possibilitou "a dação em pagamento em bens imóveis, na forma e condições estabelecidas em lei", continuou a Fazenda Pública sem poder aceitar bens que não sejam imóveis, além de ter de observar a forma e condições, estabelecidas em lei ordinária, da pessoa titular do crédito. III – O art. 3º do CTN dispõe que as obrigações de natureza tributária devem ser adimplidas por intermédio de pecúnia, sendo esta a sua forma exclusiva de pagamento. As TDA's não possuem valor líquido apurável, nem cotação em bolsa, sendo de difícil circulação e desinteressantes para o mercado, não estando a Fazenda Nacional obrigada a receber os referidos títulos. IV – Apelação improvida. (TFR, 5ª R., Ap. Cível n. 445.409, 4ª T., rel. Des. Federal Marco Bruno Miranda Clementino, j. 17.06.2008, *DJ* 07.07.2008, p. 128)

Administrativo e civil. Contrato de concessão de uso de área. Previsão de pagamento em espécie. Ação objetivando a dação em pagamento das obrigações ao portador emitidas pela Eletrobrás. Impossibilidade face ao não consentimento dos credores. Antecipação da tutela. Descabimento, no caso. I – O direito obrigacional estabelece que o credor de certo bem ou valor não pode ser obrigado a receber coisa diversa da devida, ainda que mais valiosa (art. 313 do CC/2002, antigo art. 863 do CC/1916), e, também, de que não ocorre dação em pagamento sem assentimento do credor (art. 356 do novo CC, antigo art. 995 do CC/1916). Quanto ao CTN, as formas de extinção do crédito tributário são bem claras (art. 97, VI) e, fora as hipóteses previstas, opera-se a regra estabelecida no CC. II – Havendo previsão contratual de pagamento em espécie e tendo em vista a recusa dos credores em receber coisa diversa (no caso, as obrigações ao portador emitidas pela Eletrobrás), não se fazem presentes os pressupostos para a concessão da tutela antecipada (sobretudo em face da notória ausência de verossimilhança nas alegações da autora da ação), razão pela qual o agravo há de ser improvido. III – Agravo de instrumento improvido. (TFR, 2ª R., AI n. 107.344, 5ª T. Especializada, rel. Des. Federal Antonio Cruz Netto, j. 30.04.2008, *DJU* 12.05.2008, p. 661)

Negando a dação compulsória de mercadorias em substituição a dinheiro: TJSP, Ap. c/ Rev. n. 979.503-0/0, rel. Des. César Lacerda, j. 04.09.2007.

Reconvenção. Mora confessada. Cláusula contratual dispondo que, no caso de inadimplência, os bens ali descritos seriam entregues à requerida como forma de quitação da dívida. Procedência. Confessado o débito e havendo cláusula expressa no contrato no sentido de que a falta de pagamento das prestações ajustadas, ensejaria a entrega dos bens ali escritos, à reconvinte (requerida) como forma de quitação da dívida, a procedência da pretensão era de rigor. (TJSP, Ap. c/ Rev. n. 883.784-0/2, rel. Des. Irineu Pedrotti, j. 31.01.2007)

A recusa do credor prejudica o pedido de dação em pagamento. O credor não pode ser obrigado a aceitar a substituição da garantia de bem previamente negociado entre as partes. O Poder Judiciário não pode suprir o consentimento do credor. Recurso improvido. (TJDF, Ap. Cível n. 2004.02.002577-3/DF, rel. Des. Iran de Lima, j. 13.11.2006)

Locação. Despejo por falta de pagamento. Purgação da mora através de dação em pagamento. Aceitação. Faculdade do locador. Recurso não provido. Salvo disposição contratual em contrário, não tem o locador obrigação de aceitar, para pagamento de aluguel convencionado em pecúnia, prestação de natureza diversa, ainda que mediante dação em pagamento. (TJSP, Ap. Cível n. 770.199-0/8/Franca, 29ª Câm. de Dir. Priv., rel. Des. Sebastião Oscar Feltrin, j. 04.05.2005, v.u.)

Devedora que, em mora, já ajuizada ação de busca e apreensão pelo credor, pretende, em procedimento autônomo, dar em pagamento título da dívida pública, em lugar do bem alienado em garantia. Impossibilidade jurídica do pedido reconhecida, com o consequente indeferimento da petição inicial, por sentença, dado que não se pode impor ao credor a aceitação da substituição proposta. (II TAC, Ap. n. 733.893-00/4, rel. Juiz Sá Duarte, j. 10.04.2002)

A declaração de entrega do veículo não menciona valores, nem encerra quitação, logo, não pode valer como dação em pagamento. Inviável, portanto, reconhecer a extinção da obrigação, e não sendo seguido o procedimento ditado pelo DL n. 911/69, impossível adiantar-se a respeito de eventual cabimento de extinção do processo. Em consequência, não há razão jurídica comprovada para ser o devedor excluído do cadastro negativo de entidade de proteção ao crédito. (II TAC, AI n. 716.350-00/2, rel. Juiz Nestor Duarte, j. 12.12.2001)

Na ação de consignação em pagamento, o credor não está compelido a receber coisa diversa do objeto da obrigação. Assim, pode ele exigir o adimplemento da obrigação pecuniária por meio de pagamento em dinheiro, não estando obrigado a aceitar o depósito judicial de título de dívida pública. (STJ, REsp n. 323.411, rel. Min. Nancy Andrighi, j. 19.06.2001)

A ação de consignação em pagamento não tem por objeto proposta de dação em pagamento, ou seja, substituição das prestações em dinheiro por pedras preciosas. (II TAC, Ap. n. 645.008-00/0, rel. Juiz Ferraz Felisardo, j. 29.08.2000)

**Art. 357. Determinado o preço da coisa dada em pagamento, as relações entre as partes regular-se-ão pelas normas do contrato de compra e venda.**

São as regras da compra e venda que incidem sobre os casos em que as partes estabelecem o preço do bem dado em pagamento. Assim, o negócio da dação será uma compra e venda, em que o devedor ocupa a posição do vendedor e o credor, a do comprador.

Se não houver indicação de valor específico do bem dado em pagamento, mas houve intenção de dar em pagamento e aceitação do bem, será imperioso o reconhecimento da quitação, só sendo possível prevalecer eventual saldo se as partes convencionarem a respeito.

**Jurisprudência:** Dação em pagamento. Uma vez fixado pelas partes o valor da coisa dada em pagamento, aplicável as regras do contrato de compra e venda, sendo de responsabilidade do vendedor os débitos anteriores à tradição. Improcedência da ação que se mantém. (TJSP, Ap. cível c/ rev. n. 1.108.999.001, rel. Cláudio Teixeira Villar, j. 09.06.2009)

A declaração de entrega do veículo não menciona valores, nem encerra quitação, logo, não pode valer como dação em pagamento. Inviável, portanto, reconhecer a extinção da obrigação, e não sendo seguido o procedimento ditado pelo DL n. 911/69, impossível adiantar-se a respeito de eventual cabimento de extinção do processo. Em consequência, não há razão jurídica comprovada para ser o devedor excluído do cadastro negativo de entidade de proteção ao crédito. (II TAC, AI n. 716.350-00/2, rel. Juiz Nestor Duarte, j. 12.12.2001)

Dação em pagamento. Extinção da obrigação, se o preço da coisa dada não for determinado.

Não havendo as partes determinado o preço da coisa dada em pagamento, não se aplica à espécie o art. 996 do CC. Não havendo sido determinado o preço do feijão em sacas, recebido pelo apelado do apelante, ocorreu a substituição de uma prestação pela outra, efetuando-se o pagamento com coisa diversa, *aliud pro alio*, que caracteriza a *datio in solutum*.

O efeito produzido é a extinção da obrigação, qualquer que seja o valor da coisa dada em substituição. Não importa que valha mais ou menos do que a quantia devida. Se valer menos, o credor não poderá exigir a diferença. Se valer mais, o devedor não terá o direito de exigir a restituição do excedente (GOMES, Orlando. *Obrigações*, 3. ed., p. 138). O recebimento do feijão por conta dos juros pressupunha a ressalva expressa do apelado, com a quitação parcial, subsistindo a obrigação pelo restante (PEREIRA, Caio Mário da Silva. *Teoria geral das obrigações*, 3. ed., p. 187). Não tendo havido ressalva alguma do apelado, que não forneceu ao apelante quitação parcial, operou-se o efeito liberatório da dação em pagamento em relação à totalidade da obrigação. (I TAC, Ap. n. 460.179/6, 1ª Câm., rel. Juiz Paulo Eduardo Razuk, j. 15.06.1992)

**Art. 358. Se for título de crédito a coisa dada em pagamento, a transferência importará em cessão.**

Este artigo trata das hipóteses em que o título de crédito é de emissão do próprio devedor. Segundo Renan Lotufo, embora pareça, não se trata de uma novação, pois a nova obrigação subsiste ao lado da antiga, "servindo a mais recente como forma mais rápida de realização do crédito" (*Código Civil comentado*. São Paulo, Saraiva, 2003, v. II, p. 335).

Se o título dado em pagamento houver sido emitido por terceiro, a afirmação de que se trata de cessão de crédito significa que a transferência do título de crédito não se sujeita às regras cambiárias do endosso. Assim, o portador não pode valer-se da inoponibilidade das exceções pessoais ao terceiro de boa-fé, pois, regendo-se a relação jurídica pela cessão de crédito, serão oponíveis ao portador – cessionário do título por força da dação em pagamento –, as mesmas exceções de que ele dispunha contra o credor originário até que venha a ter conhecimento da transferência (art. 294).

Observe-se que isso só se verifica porque a entrega do título pelo devedor ao credor configurou cessão, e não endosso, nos termos do dispositivo ora em exame. O comentário ao art. 294 é pertinente à interpretação e aplicação do presente dispositivo. Maria Helena Diniz observa que, nessa hipótese, o cedido deve ser notificado, de acordo com o disposto no art. 290, e o devedor fica responsável pela existência do débito dado em pagamento (art. 295) (*Curso de direito civil brasileiro*. São Paulo, Saraiva, 2002, v. II, p. 270). A autora conta com a concordância de Judith Martins-Costa (*Comentários ao novo Código Civil*. Rio de Janeiro, Forense, 2003, v. V, t. I, p. 497).

**Jurisprudência:** Embargos à execução. Títulos extrajudiciais (duplicatas). Alegação de que a dação em pagamento de cheques de terceiro ainda que não compensados extingue a dívida, outorgando-lhe quitação, conforme art. 358 do CC. Descabimento. Apenas quando efetivamente recebido o valor cobrado, em dinheiro, ou se compensados os cheques extinguir-se-ia a dívida, pois os títulos foram dados *in solvendum*. *In casu*, como não houve nenhum recebimento e foi frustrada a compensação dos cheques por ausência de fundos, nenhum pagamento ocorreu, remanescendo a dívida representada pelas duplicatas. Improcedência dos embargos de rigor. Recurso não provido. (TJSP, Ap. Cível n. 7.359.905.400, rel. Gilberto dos Santos, j. 25.06.2009)

Recurso tempestivo, regularmente processado e respondido. É o relatório. Houve cessão de crédito, como destacado na r. sentença. A própria inicial informa que, por conta da dívida, a apelante recebeu da apelada cheques emitidos por terceiro e tentou receber os respectivos valores, donde se infere inequivocamente que os recebeu como parte do pagamento. O credor consentiu em receber prestação diversa da originalmente devida. E sendo título de crédito a coisa dada em pagamento, a transferência importa em cessão (arts. 995 e 997 do CC antigo, e arts. 356 e 358 do CC em vigor). É, portanto, cessão de crédito por expressa definição legal, que independe da celebração de instrumento público ou particular, ou de notificação e ciência do devedor originário. (TJSP, Ap. c/ Rev. n. 1.017.319.600, 17ª Câm. de Dir. Priv. B, rel. Jairo Oliveira Júnior, j. 27.10.2005)

**Art. 359. Se o credor for evicto da coisa recebida em pagamento, restabelecer-se-á a obrigação primitiva, ficando sem efeito a quitação dada, ressalvados os direitos de terceiros.**

A evicção está disciplinada nos arts. 447 a 457 deste Código. Se ela se verificar quanto ao bem entregue em dação, as consequências não serão as previstas no art. 450, mas sim a sua desconsideração, para que se restabeleça a obrigação primitiva. Com isso, as consequências do inadimplemento desta é que serão impostas aos inadimplentes, e não as que da evicção decorreram.

A incidência das demais disposições da evicção à dação é reconhecida neste dispositivo, de maneira que o devedor que adimplir sua prestação por intermédio da dação pode pactuar reforço, diminuição ou exclusão da responsabilidade (art. 448), sujeitando-se, nesse caso, ao disposto no art. 449. Também poderá optar entre o restabelecimento da obrigação primitiva e sua quitação parcial, se a evicção for parcial, tendo em vista o disposto no art. 455. Finalmente, poderá proceder à denunciação por saltos aos anteriores proprietários do bem e deixar de resistir à ação do evictor, se o devedor que lhe deu o bem em pagamento não atender à denunciação (arts. 455 e segs.).

**Jurisprudência:** Civil. Processo civil. Ação monitória. Preliminar. Ilegitimidade ativa. Rejeitada. Cartão de crédito. Renegociação de dívida. Novação subjetiva ativa. Requisitos. Extinção da obrigação anterior. Nova obrigação. Substituição da dívida anterior e do credor. Intenção de novar. Comprovada. 1 – Regularizada a representação processual da parte autora e reconhecida a regularidade pelo juízo ao sentenciar, não que se se falar ilegitimidade ativa. 2 – A novação consiste na assunção de nova dívida, tendo por consequência a extinção da anterior. Uma das hipóteses de novação é a subjetiva, que ocorre quando o devedor contrai uma nova obrigação, de modo que o credor originário seja substituído e o devedor fique quite com este e cuja intenção de novar (*animus novandi*) depende de manifestação expressa ou tácita, mas sempre inequívoca, quanto à vontade de constituir um novo vínculo obrigacional (arts. 360, I e 361, ambos do CC). 3 – Para que ocorra a novação da dívida é imprescindível que sejam observados os requisitos previstos no art. 360 do CC, quais sejam, a existência de uma obrigação anterior válida e de novas declarações de vontade aptas a constituir obrigação subsequente, com o intuito de novar. 4 – A renegociação de dívida assinada digitalmente pelas partes contratantes e com substituição do credor originário demonstra inequívoco ânimo de novar, constituindo-se nova dívida para extinguir e substituir a anterior. 5 – Recurso conhecido e desprovido. (TJDF, 07326810720238070001, 3ª T. Cível, rel. Maria de Lourdes Abreu, j. 25.07.2024, publ. 09.08.2024)

Quando o acordo perde a eficácia, porque os títulos dos bens dados em dação para o pagamento da dívida são declarados nulos, fica restabelecida a dívida primitiva e a correção monetária tem como termo inicial a data da transação ou acordo que chancelou a dação em pagamento. (TJPR, Proc. n. 0000168-24.2018.8.16.0107, 17ª Câm. Cível, rel. Des. Lauri Caetano da Silva, j. 23.04.2020)

Nulidade de doação e obrigação de fazer consistente na outorga de escritura pública de imóvel. Pretensão baseada em instrumento particular de dação em pagamento de imóvel posteriormente doado a outrem. Determinação de emenda da petição inicial para adequação do pedido e integração na lide da esposa do autor (art. 10, *caput*, CPC) [art. 73, *caput*, do CPC/2015]. Dação não revestida da forma essencial à validade do negócio jurídico (arts. 104, III, 108 e 166, IV, CC). Modo extintivo de obrigação que, à vista da determinação do preço da coisa dada em pagamento, se rege pelas normas do contrato de compra e venda (art. 357, mesmo Código). Dação não equiparável a contrato preliminar. Evicção da coisa recebida em pagamento suscetível de restabelecer a obrigação primitiva, ficando sem efeito a quitação (art. 359, Código referido). Caso concreto a não ensejar obrigação de fazer conducente à outorga de escritura. Possibilidade, tão só, à vista do restabelecimento do *status quo ante*, do aparelhamento de ação de fraude contra credores, a par do exercício de direito ínsito às consequências do inadimplemento. Situação que não traduz ação sobre direito real imobiliário, a prejudicar questão relativa ao art. 10, *caput*, do CPC [art. 73, *caput*, do CPC/2015]. Recurso desprovido, na parte não prejudicada. (TJSP, AI n. 6.317.824.900, rel. Vicentini Barroso, j. 17.03.2009)

Dação em pagamento. Evicção. Apreensão de automóvel dado como parte de pagamento na aquisição de outro veículo. Quitação inoperante e subsistência da obrigação primitiva. Responsabilidade do comprador admitida pela entrega de cheque no valor correspondente ao bem apreendido. Ação monitória procedente. Declaração de inexigibilidade da dívida, inadmissível diante do que dispõe o art. 359 do CC. Recurso não provido. Litigância de má-fé. Indenização. Admissibilidade. Utilização de todos os meios processuais à disposição para procrastinar o cumprimento de obrigação, que sabia a parte ser líquida e certa. Recurso não provido. (TJSP, Ap. n. 1.052.085.700, 20ª Câm. de Dir. Priv., rel. Bernardo Mendes Castelo Branco Sobrinho, j. 10.12.2007)

## CAPÍTULO VI
## DA NOVAÇÃO

**Art. 360. Dá-se a novação:**

**I – quando o devedor contrai com o credor nova dívida para extinguir e substituir a anterior;**

**II – quando novo devedor sucede ao antigo, ficando este quite com o credor;**

**III – quando, em virtude de obrigação nova, outro credor é substituído ao antigo, ficando o devedor quite com este.**

Na novação, credor e devedor ajustam nova obrigação com a intenção deliberada (ânimo de novar) de substituir a obrigação anterior. Nem a prestação original nem a nova prestação assumida são cumpridas, de modo que há substituição de uma obrigação pendente por outra igualmente pendente – vale dizer, ainda devida pelo devedor. Embora não tenha recebido a primeira prestação que lhe era devida, o credor aceita que ela seja considerada extinta, porque só poderá exigir o adimplemento da obrigação que a substituiu.

Trata-se, portanto, de um modo extintivo, mas não satisfativo, da obrigação. Sua natureza é sempre contratual, pois não pode ser imposta pela lei. Para que a novação se caracterize, são necessários os requisitos seguintes:

a) existência de uma primeira obrigação;

b) uma nova obrigação; e

c) intenção de novar *(animus novandi)*.

São espécies de novação:

a) objetiva, que compreende a substituição do objeto da prestação, mantendo-se as mesmas partes da obrigação;

b) subjetiva, que estabelece a substituição do credor (ativa) ou do devedor (passiva); e

c) mista, que se caracteriza pela substituição tanto das partes quanto do objeto.

O inciso I do presente dispositivo refere-se à novação objetiva, em que se substitui a própria dívida, mantendo-se as partes inalteradas: por exemplo, Milton devia R$ 100,00 a Mauro, que aceita a oferta de que Milton lave seus carros no próximo final de semana. Verifique-se que a novação objetiva consiste em uma modificação substancial do objeto ou em sua natureza. Assim, se a modificação é de pouca significância para o conteúdo da prestação, não há novação, como ocorre quando o devedor aceita parcelar uma dívida à vista, quando concorda em fazer pequeno abatimento de valor, ou quando há reforço de garantia. A novação objetiva também pode resultar da mudança da natureza da obrigação. Por exemplo, José celebra promessa de venda de um imóvel a Pedro, que não consegue pagar todas as parcelas do preço. Assim, José e Pedro concordam em modificar a promessa de compra e venda para um contrato de locação e os valores que Pedro pagou a José são abatidos dos aluguéis. Desse modo, extinguiu-se a promessa, que foi substituída pela locação (novação objetiva, na medida em que as obrigações de prometer a escritura definitiva e a de dar imóvel em locação são substancialmente distintas).

Já a novação subjetiva pode ser ativa (credor) ou passiva (devedor). Será passiva no caso do inciso II deste artigo, no qual um novo devedor assume nova obrigação em relação ao credor, reconhecendo-se, em consequência, a quitação do primitivo devedor. Cumpre observar que a novação subjetiva passiva pressupõe não apenas um novo devedor, mas também que ele assuma uma nova obrigação, distinta da original, em relação ao credor. Se a obrigação for a mesma, o caso será de assunção de dívida, o que é disciplinado nos arts. 299 a 303.

De todo modo, tanto na assunção quanto na novação subjetiva passiva, é essencial a concordância do credor, sob pena de invalidade do negócio, pois o interesse do credor na solvência de seu devedor justifica a indispensabilidade de sua anuência. Diversamente, a novação prevista no inciso III é subjetiva e ativa, amparada na substituição de um credor por outro, aliada à substituição da obrigação, sob pena de caracterizar-se cessão de crédito (arts. 286 a 298). Nos dois casos de novação subjetiva, a prestação deve ser modificada de modo substancial, caso contrário, não haverá novação, mas sim assunção de dívida ou cessão de crédito (MARTINS-COSTA, Judith. *Comentários ao novo Código Civil*. Rio de Janeiro, Forense, 2003, v. V, t. I, p. 521 e segs.). Caio Mário da Silva Pereira esclarece que na cessão de crédito a mesma obrigação se transfere ao credor, enquanto na novação, a dívida original se extingue (*Instituições de direito civil*, 20. ed., atualizada por Luiz Roldão de Freitas Gomes. Rio de Janeiro, Forense, 2003, v. II, p. 251). No caso do inciso III, a novação pode ocorrer sem anuência do devedor original, que ficará quite com o credor.

**Jurisprudência:** 1 – Os requisitos essenciais à configuração da novação são: a intenção de novar, a preexistência de obrigação e a criação de nova obrigação, podendo ser também reconhecida em razão da evidente incompatibilidade da nova obrigação com a anterior. 2 – Não pode ser excluída a possibilidade de a novação ocorrer por meio da emissão de títulos de crédito, sendo necessária a análise das circunstâncias e eventuais elementos do caso para verificação quanto a sua incidência. 3 – Assim, o acórdão da Corte local aponta o *animus novandi*, sendo consignado que há documento colacionado aos autos pela ré – sem impugnação pelo autor –, demonstrando a celebração de acordo entre as partes, resultando na extinção da obrigação anterior e que, "mediante a emissão da nota promissória houve novação do débito, tudo de acordo com o disposto no inciso I do art. 999 do CC/1916, correspondente ao inciso I do art. 360 do CC/2002". 4 – Desse modo, não é cabível a análise a respeito da alegada prescrição da obrigação anterior, porque extinta em consequência da novação objetiva. 5 – Recurso especial não provido. (STJ, REsp n. 963.472, rel. Min. Luis Felipe Salomão, j. 25.10.2011)

Prorrogação do prazo para pagamento não caracteriza novação: TJSP, Ap. n. 0026891-54.2006.8.26.0000/Jales, 18ª Câm. de Dir. Priv., rel. Alexandre Lazzarini, j. 29.03.2011; TJMG, Proc. n. 1.0024.06.988958-2/001(1), rel. Des. Wanderley Paiva, j. 04.05.2011.

Apelação cível. Declaratória. Duplicatas vencidas e não pagas. Termo de cessão de crédito e quitação de dívida. Novação. Inocorrência. Direito de crédito. Protesto. Exercício regular de direito. 1 – A novação não se presume, devendo ser expressa a intenção das partes, não se constatando o *animus novandi*, se houve a mera transmissão do crédito. 2 – Não verificada a novação, e tendo em vista a prevalência da obrigação originária, em razão de o termo de cessão de crédito não ter consolidado os seus efeitos, o protesto constitui exercício regular do direito do credor. (TJMG, Proc. n. 1.0024.08.056678-9/001(1), rel. Des. Marcos Lincoln, j. 04.05.2011)

Agravo de instrumento. Locação. Ação de despejo c/c cobrança. Cumprimento de sentença. Novação. Inocorrência. Mero parcelamento de dívida não implica em ânimo de novar. Pagamento. Inocorrência. Ausência de comprovantes quanto ao período cobrado. Juros moratórios. Excesso de execução não configurado. Penhora sobre bem de família de fiador. Admissibilidade. Avaliação errônea dos bens penhorados. Inocorrência. Mera arguição genérica, insuficiente para afastar presunção de fé pública do Sr. Oficial de Justiça. Recurso improvido. (TJSP, Ag. n. 1.168.082-0/6, rel. Des. Luís Fernando Nishi, j. 14.10.2008)

Apelação. Embargos à execução. Locação. Fiança. Majoração do valor do aluguel em medidas bastante superiores às que resultariam do reajustamento contratual. Quadro evidenciando inequívoco aditamento ao contrato, sem anuência dos garantes. Fiadores não respondendo pelos valores resultantes das majorações, nos termos da orientação jurisprudencial cristalizada na Súmula n. 214 do STJ. Responsabilidade dos garantes, porém, pelo pagamento dos aluguéis e encargos em atraso, aplicados, para a apuração do valor histórico dos aluguéis, os índices dos reajustes contratuais, na periodicidade ali também determinada. Sentença de improcedência dos embargos parcialmente reformada. Situações como a dos autos não evidenciam novação, pois não se verifica a constituição de "nova dívida para extinguir e substituir a anterior", como exige o art. 360, I, do CC para a caracterização da chamada novação objetiva; traduzem, sim, revisão consentida das bases do negócio, para dar-lhe continuidade. A disciplina legal da fiança não prevê a exoneração do garante em casos tais, embora seja de rigor, para não vulnerar o princípio segundo o qual o fiador não responde além daquilo a que se obrigou, expresso na Súmula n. 214, limitar a respectiva responsabilidade à real medida da obrigação afiançada. (TJSP, Ap. c/ Rev. n. 1.030.200.002, 25ª Câm. de Dir. Priv., rel. Ricardo Pessoa de Mello Belli, j. 09.09.2008)

I – Ação ordinária objetivando o expurgo de juros c/c pedido de repetição de indébito. Contrato de conta corrente com abertura de crédito. Cheque especial. CDC – Empréstimos Eletrônicos. Taxa de juros. Anatocismo. II – Sentença de procedência, determinando o expurgo dos juros capitalizados ilegalmente e a repetição do indébito pela quantia paga a maior, no valor de R$ 207.119,10. III – Contratos de empréstimo renovados com taxa de juros prefixadas e parcelas fixas, livremente pactuados. Novação caracterizada. Art. 360, I, novo CC. IV – Inexistência de anatocismo ou capitalização de juros, o que não se caracteriza pela simples aplicação da Tabela Price. V – Ademais, as instituições financeiras não estão sujeitas a limites da taxa de juros. Súmula n. 596 – STF. VI – Incidência da MP n. 2.170-36/2001. Antecedentes jurisprudenciais. VII – Reforma da sentença, para julgar improcedente o pedido autoral, invertidos os ônus sucumbenciais. VIII – Provimento do recurso. (TJRJ, Ap. n. 2008.001.35463, 4ª Câm. Cível, rel. Des. Paulo Maurício Pereira, j. 26.08.2008)

Penal. Sonegação fiscal. Inépcia da denúncia. Inocorrência. Parcelamento da dívida. Rescisão. Novação. Extinção da punibilidade. Impossibilidade. Inexigibilidade de conduta diversa. Ônus da defesa. Ausência de prova inconteste. Emprego de fraude. Incidência de continuidade delitiva. 1 – O dolo é caracterizado pela intenção livre e consciente de suprimir tributos através de informações falsas às autoridades fazendárias, tendo sido, assim, configurado o elemento subjetivo no presente caso, inexistindo um especial fim de agir, sendo despiciendo qualquer outro elemento subjetivo diverso, como o *animus* de se obter benefício indevido. 2 – Ao contrário do que sustenta a defesa, a opção pelo Refis não se equipara ao pagamento integral do débito, e, portanto, não gera os mesmos efeitos legais deste, especialmente se comprovado que o parcelamento foi rescindido por inadimplência. 3 – O parcelamento do débito não configura novação, por não haver substituição dos elementos que a caracterizam, como a relação jurídica, devedor, credor ou objeto da prestação, conforme o art. 360, do CC, sendo o parcelamento apenas uma redefinição do prazo do débito e acréscimos legais. 4 – A alegação de dificuldades financeiras que pode ser considerada como excludente de criminalidade, deve estar cabalmente comprovada nos autos, o que não se verifica na hipótese e, também, não se aplica ao caso concreto por se tratar de crime de sonegação fiscal mediante fraude. 5 – A prática delitiva consistente na declaração de receitas inferiores às efetivamente recebidas, no intuito de não pagar os tributos devidos pelo desenvolvimento das atividades comerciais da empresa, se efetivou por três exercícios financeiros consecutivos (1997, 1998 e 1999), nas mesmas condições de tempo, lugar e maneira de execução, configurando, desta forma, a continuidade delitiva. 6 – Apelação do réu improvida. (TRF, 2ª R., Ap. Crim. n. 5.256, 2ª T. Especializada, rel. Des. Federal Liliane Roriz, j. 19.06.2008, *DJU* 01.07.2008, p. 137)

Monitória. Alegação de novação. Cooperativa que é devedora do autor. Ausência de deliberação expressa, em assembleia geral ordinária, acerca da novação dos débitos da cooperativa. *Animus novandi* não demonstrado. Sentença mantida. Recurso improvido. (TJSP, Ap. n. 364.916.4/0, rel. Des. A. C. Mathias Coltro, j. 25.06.2008)

Dação em pagamento. Evicção. Apreensão de automóvel dado como parte de pagamento na aquisição de outro veículo. Quitação inoperante e subsistência da obrigação primitiva. Responsabilidade do comprador admitida pela entrega de cheque no valor correspondente ao bem apreendido. Ação monitória procedente. Declaração de inexigibilidade da dívida, inadmissível diante do que dispõe o art. 359 do CC. Recurso não provido. Litigância de má-fé. Indenização. Admissibilidade. Utilização de todos os meios processuais à disposição para procrastinar o cumprimento de obrigação, que sabia a parte ser líquida e certa. Recurso não provido. (TJSP, Ap. n. 1.052.085.700, 20ª Câm. de Dir. Priv., rel. Bernardo Mendes Castelo Branco Sobrinho, j. 10.12.2007)

Locação. Residencial. Fiança. Pacto entre locadora e locatário que resulta em majoração do valor mensal do aluguel acima dos índices legais. Novação afastada. Inexigibilidade, no entanto, do aumento acima dos índices pactuados no contrato originário. Responsabilidade do fiador limitada. Excesso de execução reconhecido. Recurso parcialmente provido. (TJSP, Ap. Cível n. 744.378-0/0/SP, 30ª Câm. de Dir. Priv., rel. Des. Andrade Neto, j. 08.08.2007, v.u., voto n. 3.194)

Da leitura dos autos, extrai-se que o instrumento particular de cessão de direitos e obrigações firmado entre o terceiro [...] e os embargados data de 30.03.2001. Já o instrumento de escritura de venda e compra é posterior, de 20.06.2001. Não se pode dizer que houve novação, pois não estão presentes todos os requisitos necessários: (1) existência de uma primeira obrigação; (2) uma nova obrigação; (3) a intenção de novar (*animus novandi*). (TJSP, Ap. Cível n. 410.864.4/1-00, rel. Francisco Loureiro, j. 01.03.2007)

Novação. Contratos bancários. Ação revisional. Novação da obrigação expressa com contrato de confissão de dívida celebrado pelas partes. Novação reconhecida (art. 360, I, do CC) que, no entanto, não impede a discussão das avenças anteriores – Súmula n. 286 do STJ. Recurso provido parcialmente. (TJSP, Ap. Cível n. 7.022.493-6/Piracicaba, 20ª Câm. de Dir. Priv., rel. Des. Francisco Giaquinto, j. 30.01.2007, v.u., voto n. 1.205)

Compra e venda com reserva de domínio. Mora. Rescisão contratual. Devolução do bem ao proprietário. Novação. Pretensão de validade de contrato anterior repelida. Incontroverso nos autos o contrato de compra e venda mercantil com cláusula de reserva de domínio firmado entre as partes, com inadimplemento pelo apelante, regularmente constituído em mora, correta a sentença de procedência da demanda ajuizada. O novo contrato assinado, objeto desta ação, representou, em verdade, novação do negócio jurídico (art. 999, III, do CC/1916 – art. 360, III, do atual Código). (TJSP, Ap. c/ Rev. n. 702.790.000, rel. Adilson de Araújo, j. 05.09.2006)

Novação. Contrato. Prestação de serviços. Gastos hospitalares. Assunção da internação pela apelante. Nova avença desta com a genitora da paciente realizada após a sua alta médica. Presença, neste documento, de cláusula contratual onde ela passou a ser a única responsável pela quitação dos encargos despendidos. Substituição do primeiro contrato evidenciada. Intenção de novar caracterizada. Art. 999, II, do CC/1916. Alegação de solidariedade afastada, pois não vislumbrado, neste segundo pacto, expressa deliberação nesse sentido. Art. 896 do CC/1916. Cancelamento do protesto tirado determinado. Declaratória de inexistência de relação jurídica cumulada com pedido de inexigibilidade da cambial procedentes. Recurso provido para esse fim. (TJSP, Ap. n. 1.187.432-7/SP, 15ª Câm. de Dir. Priv., rel. Des. Waldir de Souza José, j. 22.08.2006, v.u., voto n. 10.714)

Novação. Contrato. Embargos à execução. Renegociação de contratos anteriores. Celebração de novo que, nos termos do art. 999, I, do CC/1916, tem como corolário a extinção das dívidas contraídas naqueles tendo sido substituídas por outra nova e distinta. O novo contrato vige independentemente dos anteriores que, uma vez extintos, impossibilita a discussão da origem da dívida, em sede de embargos à execução, cuja natureza é desconstitutiva. Sentença mantida. Recurso improvido. (TJSP, Ap. Cível n. 998.015-8/São Carlos, 12ª Câm. de Dir. Priv., rel. Des. Manoel Justino Bezerra Filho, j. 28.06.2006, v.u., voto n. 2.194)

Agravo de instrumento. Obrigação de fazer. Corte do fornecimento de água. Inadimplemento. Possibilidade. Novação. Alteração dos devedores. Possibilidade. É possível a interrupção do fornecimento de água em razão do inadimplemento das tarifas, uma vez que "nos contratos bilaterais, nenhum dos contratantes, antes de cumprida a sua obrigação, pode exigir o implemento da do outro" (art. 476 do CC), sendo vedado, ainda, o enriquecimento sem causa – art. 884 do CC. O art. 22 da Lei n. 8.245/90, ao determinar que "os serviços essenciais devem ser contínuos", o faz em consonância com os já mencionados arts. 476 e 884 do CC, eis que, em relação aos interesses individuais, referidos serviços são prestados sob o regime do Direito Privado. A novação celebrada entre a concessionária e o antigo locatário, em relação ao débito específico, impossibilita o corte do fornecimento de água do proprietário do imóvel, *ex vi* do art. 360, II, do CC. Recurso parcialmente provido. (TJSP, AI n. 900.679.100, rel. Carlos Giarusso Santos, j. 30.08.2005)

Contrato bancário. Novação. Revisão dos contratos extintos. Possibilidade. A novação não impede a revisão dos contratos findos para afastar eventuais ilegalidades. (STJ, REsp n. 510.319, 3ª T., rel. Min. Humberto Gomes de Barros, j. 20.09.2004)

Arrendamento mercantil. *Leasing*. Reintegração de posse. Renegociação da dívida. Pagamento efetuado. Pedido de reintegração liminar após renegociação. Mora inexistente. Inadmissibilidade. Operada a novação, que tem o condão de extinguir e substituir a dívida anterior e seus efeitos, dentre os quais a mora, tem-se por injustificado o ajuizamento de demanda reintegratória. (II TAC, Ap. n. 667.408-00/9, 11ª Câm., rel. Juiz Clóvis Castelo, j. 19.04.2004)

Fica caracterizada a novação quando o credor por título judicial transaciona com o devedor, consolidando o débito vencido acrescentando outras parcelas, estabelecendo novo valor e ressalvando que o inadimplemento acarretaria a conversão do acordo em título passível de execução. (II TAC, Ap. n. 684.584-00/1, rel. Juiz Norival Oliva, j. 29.07.2003)

No mesmo sentido: II TAC, Ap. n. 573.713-00/5, rel. Juiz Campos Petroni, j. 11.05.2000.

A novação convalida obrigação anulável, assim a fiança sem outorga uxória quando substituída por confissão de dívida do marido. (II TAC, Ap. n. 643.473-00/2, rel. Juiz Eros Piceli, j. 12.02.2003)

Condomínio. Despesas condominiais. Cobrança. Novação. Inocorrência. Cabimento. Despesas condominiais. Ação de cobrança. Novação. Não ocorrência. Fundamentação suficiente. (II TAC, Ap. s/ Rev. n. 651.818-00/0, 3ª Câm., rel. Juiz Ribeiro Pinto, j. 28.01.2003)

Afastada pelas partes, expressamente, na petição de acordo a intenção de novar, a execução deve prosseguir pelos valores constantes dos títulos originários. (STJ, REsp n. 169.953, rel. Min. Barros Monteiro, j. 03.09.2002)

1 – A novação objetiva prevista no CC, art. 999, I, tem como um de seus requisitos a intenção ou ânimo de novar, que pode ser expresso ou tácito. Para se verificar se houve ou não a novação da obrigação locatícia se faz imprescindível o reexame das provas dos autos, o que não é cabível ante o óbice da Súmula n. 7 do STJ. 2 – O fiador não pode ser responsabilizado por alterações contratuais das quais não participou e por elas exigidas, uma vez que a fiança é contrato benéfico, não se admitindo interpretação extensiva. (STJ, REsp n. 160.045, rel. Min. Edson Vidigal, j. 19.02.1998)

Contrato. Novação. Descaracterização. Nova contratação que não substituiu a originária, mas apenas ratificou suas condições e acrescentou novas garantias. Circunstância que revela a continuidade da transação anterior. (*RT* 860/409)

Confissão de dívida: Reconhecendo que a confissão de dívida firmada pelo Banco e pelo devedor é novação e, portanto, extinguem-se as dívidas anteriores, de modo que o devedor solidário que não subscreve a confissão não responde pelo novo débito e faz jus a indenização por danos morais se seu nome for negativado pela obrigação primitiva. (*RT* 859/372)

---

**Art. 361. Não havendo ânimo de novar, expresso ou tácito mas inequívoco, a segunda obrigação confirma simplesmente a primeira.**

---

Em todas as hipóteses relacionadas no artigo antecedente a novação será reconhecida somente se as partes apresentarem o ânimo de novar. A novação pode ser demonstrada a partir do ânimo tácito das partes, e não apenas da previsão expressa. Vale notar que no CC/1916 não havia expressa referência à possibilidade de o ânimo de novar ser tácito, o que levou a jurisprudência a concluir que somente haveria possibilidade de provar a novação por escrito. A ausência de intenção de novar não implica que a segunda obrigação seja inválida, mas apenas que seus termos se conjugam à primeira, de forma que se considere a nova obrigação somada à primeira, que subsiste válida e eficaz, salvo no que foi alterada pela nova obrigação.

Entende-se como ânimo de novar a intenção de as partes extinguirem a obrigação que as vincula, sem adimplemento, mas por meio de sua substituição por outra. Essa intenção deve ser o desejo das partes, não sendo possível obtê-lo a partir de regras de interpretação (LOTUFO, Renan. *Código Civil comentado*. Rio de Janeiro, Saraiva, 2003, v. II, p. 353).

A intenção de novar é identificada, em geral, na incompatibilidade entre a antiga e a nova obrigação. Na novação, é essencial que exista uma obrigação pendente de cumprimento, para que outra seja criada em substituição. Alterações de prazos de pagamento, mudanças de taxas de juros e cláusula penal e reforço de garantias não revelam intenção de novar, como já foi observado nos comentários ao artigo antecedente. A alteração da causa da obrigação, porém, justifica solução contrária, pois implica alteração substancial do regime jurídico (ibidem, p. 354).

A novação não pode recair sobre dívida prescrita, pois pressupõe dívida válida e eficaz, e a que foi alcançada pela prescrição não é eficaz; contudo, nada impede que o devedor efetue o pagamento por intermédio da constituição de nova dívida, que, no entanto, terá natureza jurídica distinta da novação (ibidem, p. 354). Desse modo, a dívida nula ou prescrita não pode ser novada, mas a nova dívida subsiste se dela resultar a demonstração inequívoca de que o devedor teve o propósito de a esta última renunciar (PEREIRA, Caio Mário da Silva. *Instituições de direito civil*, 20. ed., atualizada por Luiz Roldão de Freitas Gomes. Rio de Janeiro, Forense, 2003, v. II, p. 246). A esse respeito confirma-se o comentário ao art. 367.

**Jurisprudência:** É irrelevante a discussão quanto à possibilidade jurídica de proceder à novação objetiva de dívida prescrita, tendo em vista que é perfeitamente possível a realização de pagamento deste tipo de débito, ainda que de forma indireta, na medida em que se trata de obrigação natural, a qual, embora seja inexigível, é passível de satisfação espontânea por parte do devedor. Regramento do art. 882 do CC. (TJRS, Ap. Cível n. 70.035.045.103, 5ª Câm. Cível, rel. Jorge Luiz Lopes do Canto, j. 31.03.2010)

Despesas de condomínio. Cobrança. Novação. Caracterização. Ajuste firmado entre as partes para reduzir o valor objeto do primitivo acordo. Reconhecimento. Sentença mantida. Recurso improvido. A novação, que constitui a conversão de uma dívida por outra para extinguir a primeira, pressupõe o ânimo de novar, expresso ou claramente deduzido dos termos da nova obrigação, porque, na falta dessa intenção, subsistem as duas obrigações, vindo a segunda a reforçar e confirmar, simplesmente, a primeira, nos termos do disposto no art. 361 do CC. (TJSP, Ap. Cível n. 992.090.534.491, rel. Orlando Pistoresi, j. 02.09.2009)

Locação. Despejo. Execução. Acordo judicial para parcelamento da dívida. Ausência de participação do fiador embargante. Irrelevância. Alegação de novação. Descabimento. Ausência do ânimo de novar. Segunda obrigação que confirma simplesmente a primeira. Inteligência do art. 361 do CC. Esse parcelamento, muito frequente nos contratos de locação, está compreendido no dever de cooperação e solidariedade que o credor tem em face da boa-fé objetiva exigida em todos os contratos. Somente pode extinguir a fiança quando comprovado que o ajuste causou agravamento da situação do devedor, o que não ocorreu no caso. Alegação de bem de família. Exceção prevista no art. 3°, VII, da Lei n. 8.009/90. Recurso improvido. (TJSP, Ap. c/ Rev. n. 1.198.045.000, 26ª Câm. de Dir. Priv., rel. Carlos Alberto Garbi, j. 01.09.2008)

Execução. Título extrajudicial. Acordo para liquidação parcelada do débito. Novação. Inadmissibilidade. Necessidade de ânimo inequívoco, expresso ou tácito, nesse sentido. CC, art. 361. Extinção de acessórios e garantias da dívida não operada. Recurso improvido. (TJSP, AI n. 7.240.047.600, 22ª Câm. de Dir. Priv., rel. Matheus Fontes, j. 10.06.2008)

Civil. Sistema Financeiro da Habitação. Renegociação de dívida. Novação. Inocorrência. Cessação da mora. Procedência dos embargos à arrematação. I – A questão deduzida em juízo circunscreve-se à determinação dos efeitos de renegociação da dívida. Discute-se se houve novação e, consequentemente, extinção da dívida cuja execução levou à arrematação de imóvel. II – Através da novação, cria-se uma obrigação nova em substituição a uma obrigação anterior, que se extingue. Para tanto, é indispensável que as partes manifestem inequívoca intenção de novar (*animus novandi*) – na forma do art. 361 do CC. III – Na verdade, a renegociação de dívida implica a alteração de elementos acidentais do vínculo, sem modificá-lo a ponto de criar uma nova obrigação. IV – Com a renegociação da dívida, cessa a mora do devedor e o título deixa de ser exigível, desaparecendo um dos pressupostos da execução. V – Ainda que o devedor não cumpra o novo acordo, faz-se necessário promover um novo procedimento executivo em lugar do atual, cujos efeitos, entre eles a arrematação, não podem ser aproveitados. VI – Recurso conhecido e improvido. (TRF, 2ª R., Ap. Cível n. 382.854, rel. Des. Fed. Mauro Luis Rocha Lopes, j. 26.03.2008, *DJU* 17.04.2008, p. 193)

Execução por título extrajudicial. Duplicatas. Novação. Inocorrência. Ausência de nova obrigação e ânimo de novar. Mera dilação no prazo de pagamento. Sentença mantida. Recurso não provido. (TJSP, Ap. n. 7.163.649-6, rel. Des. Maia da Rocha, j. 26.09.2007)

Embargos à execução. Nota promissória. Dívida originária de termo aditivo de pedido de venda. Novação. Título de crédito que apenas confirma a obrigação anterior, com acréscimo de encargos moratórios. Inexistência de *animus novandi*. Aplicação do art. 361 do CC/2002 (art. 1.000 do CC/1916). Incidência dos juros moratórios pactuados no termo aditivo. Condomínio. Alegação de que a dívida é de responsabilidade de condomínio de fato. Prova que indica que a obrigação foi contraída individualmente pelo embargante. Direito de regresso contra os integrantes do suposto condomínio de fato (art. 1.318 do CC/2002 e art. 625 do CC/1916). Apelação do embargante improvida. Embargos à execução. Nota promissória. Julgamento *extra petita* não caracterizado. Sentença que determina a exclusão da correção monetária com base na variação cambial e determina a redução da multa moratória de 10% para 2%. Encargos não incluídos no cálculo da dívida e não exigidos na execução. Apelação da embargada provida. Embargos à execução. Nota promissória. Atualização da dívida original com base na taxa do CDI (Certificados de Depósito Interbancário) e acréscimo de juros moratórios de 1,5% ao mês. Acréscimos ilegais. Embargada que não é instituição financeira. Natureza do CDI, taxa de juros privativa das operações interbancárias. Limitação dos juros nos termos do art. 1º da Lei de Usura. Exclusão dos encargos determinada de ofício e sua substituição por correção monetária com base na variação do IGPM e juros moratórios de 1% ao mês. (TJSP, Ap. c/ Rev. n. 1.191.870-6, rel. Des. Alexandre Augusto Pinto Moreira Marcondes, j. 04.06.2007)

Novação. Cheque dado para o pagamento de empréstimo. Inocorrência, houve apenas uma tentativa do agravado em receber o que lhe era devido e não propriamente uma novação, já que esta não ocorre quando o credor concede ao devedor moratória, abatimento do preço, ou maiores facilidades no pagamento. Inexistindo ânimo de novar expresso ou tácito, mas inequívoco, a segunda obrigação confirma simplesmente a primeira, nos exatos termos do art. 361 do CC. Recurso não provido. Monitória. Circunstância em que o empréstimo que deu origem ao cheque executado foi contraído quando o agravante ainda era sócio da empresa executada. Responsabilidade do agravante pelo pagamento do título. Recurso não provido. (TJSP, AI n. 7.129.711-9, rel. Des. Tércio José Negrato, j. 09.05.2007)

Contrato. Prestação de serviços. Parcelamento de dívida. Ato confirmatório da obrigação originária. Alegação de novação. Insubsistência. Inteligência do art. 361 do CC. Sentença mantida. Recurso não provido. (TJSP, Ap. Cível n. 936.642-0/2/Osasco, 26ª Câm. de Dir. Priv., rel. Des. Felipe Ferreira, j. 25.09.2006, v.u., voto n. 10.808)

Novação. Requisitos. Locação de imóveis. Não há novação obrigacional no caso concreto à míngua de *animus novandi*. As partes da relação jurídica original foram mantidas, logo, não há se falar em novação subjetiva. De mais a mais, não se pode concluir tenha havido manifestação de vontade de novar a partir do locador e do locatário *(animus novandi)*, tal qual destinada a extinguir a obrigação precedente, substituindo-a (CC/1916, art. 1.000; CC/2002, art. 361). Recurso improvido. (TJSP, Ap. Cível n. 880.320-0/0/SP, 25ª Câm. de Dir. Priv., rel. Des. Antônio Benedito Ribeiro Pinto, j. 23.05.2006, v.u., voto n. 8.586)

A mera alteração de datas de vencimentos de parcelas e a redução parcial de alguns pagamentos não caracterizam a novação: *JTA* 162/39 e 157/126, *RT* 748/220, e Serpa Lopes (*Curso de direito civil*. São Paulo, Freitas Bastos, 1989, v. II, p. 235).

A novação só pode ser demonstrada por escrito: *JTA* 162/39, 157/126 e 145/135, I TAC, Ap. n. 856.997-3, 8ª Câm., rel. Juiz Luiz Burza, j. 10.03.2004; Ap. n. 561.977-8, 1ª Câm., rel. Juiz Ademir Carvalho Benedito, j. 13.11.1995; Ap. n. 541.538, 6ª Câm. Especial de janeiro de 1994, rel. Juiz Carlos Roberto Gonçalves, j. 11.01.1994; Ap. n. 395.021, 1ª Câm., rel. Juiz Sílvio Marques, j. 25.10.1988; TJ, Ap. n. 123.501, 1ª Câm., rel. Des. Renan Lotufo, j. 16.03.1990.

Novação. Requisito. *Animus novandi*. Inexistência. Não reconhecimento. A novação é forma indireta de extinção de uma obrigação porque outra a substitui. Na novação objetiva é o objeto ou a causa da obrigação que se modifica, isto é, do conteúdo ou da *causa debendi*. Além disso, deve existir o *animus novandi* (art. 1.000 do CC/1916) que, no art. 361 do CC/2002, vem afirmando: "não havendo ânimo de novar, expresso ou tácito, mas inequívoco, a segunda obrigação confirma simplesmente a segunda". (II TAC, Ap. n. 660.122-00/5, 11ª Câm., rel. Juiz Artur Marques, j. 27.01.2003)

A elevação do locativo mensal não importa substituição da dívida anterior, pelo que inviável a pretensão de exoneração da fiança por ocorrência de novação do devedor principal para com o credor sem seu consentimento. (II TAC, Ap. n. 537.850, 3ª Câm., rel. Juiz Cambrea Filho, j. 09.03.1999)

Ausência de intenção de novar, isto é, de substituir o débito original, é essencial para caracterizar-se a novação: *RT* 759/327.

1 – A novação objetiva, prevista no CC, art. 999, I, tem como um de seus requisitos a intenção ou o ânimo de novar, que pode ser expresso ou tácito. Para se verificar se houve ou não a novação da obrigação locatícia fora das premissas postas no acórdão recorrido se faz imprescindível o reexame das provas dos autos, o que não é cabível ante o óbice da Súmula n. 7 do STJ. (STJ, REsp n. 167.709, rel. Min. Edson Vidigal, j. 20.02.1998)

Precedente da Corte descarta a apuração da existência do *animus novandi* no patamar recursal, considerando que o acórdão recorrido baseou-se, expressamente, nos elementos de fato para afastá-lo, não se podendo, pois, ter como extinta a obrigação anterior. (*RSTJ* 103/223)

**Art. 362. A novação por substituição do devedor pode ser efetuada independentemente de consentimento deste.**

Assim, como é possível a assunção de dívida sem consentimento do devedor (art. 299 do CC), também é possível que a novação se faça dessa maneira. A novação que se faz sem o consentimento do devedor denomina-se expromissão. É certo, contudo, que a anuência do credor é essencial, pois não se pode obrigá-lo a aceitar um novo devedor, com extinção da dívida original.

Na novação, se o novo devedor for insolvente, o credor que aceitou não pode acionar o devedor primitivo, diversamente do que ocorre na assunção de dívida (art. 299), a não ser que tenha havido má-fé do sujeito passivo, como se verá no dispositivo seguinte. Se a hipótese for de assunção de dívida, em caso de insolvência do novo devedor, o mero desconhecimento do fato pelo credor já o autoriza a perseguir o crédito contra o devedor primitivo.

**Jurisprudência:** Embargos do devedor. Execução. Notas promissórias. Instrumento de confissão de dívida celebrado entre o credor e o filho do devedor. Declaração do credor se comprometendo a devolver as cártulas objeto da presente execução. Novação caracterizada independente do consentimento do devedor. Art. 362 do novo CC. Embargos procedentes. Apelação desprovida. Sentença mantida. (TJSP, Ap. n. 7.044.956.200, 21ª Câm. de Dir. Priv., rel. Ademir Benedito, j. 20.08.2008)

Ilegitimidade *ad causam*. Assunção de dívida por terceiro sem anuência do devedor. Pagamento através de cheques pré-datados. Hipótese de verdadeira novação passiva. Art. 362 do CC. Apelação desprovida. (TJSP, Ap. sumaríssima n. 7.235.917.000, 22ª Câm. de Dir. Priv., rel. Andrade Marques, j. 29.04.2008)

Embargos à execução. Acervo documental. Acostado aos autos que demonstra ter ocorrido novação, na medida em que houve substituição dos devedores, ora embargantes, passando a nova mutuária a se responsabilizar pela dívida total. Sentença de procedência confirmada. Recurso do embargado não provido. Honorários advocatícios. Montante arbitrado. (TJSP, Ap. n. 7.033.421-7, rel. Des. Elmano de Oliveira, j. 26.09.2007)

**Art. 363. Se o novo devedor for insolvente, não tem o credor, que o aceitou, ação regressiva contra o primeiro, salvo se este obteve por má-fé a substituição.**

Nos casos em que o devedor primitivo é substituído por outro, sem que aquele ofereça seu consentimento, o credor não pode cobrá-lo se o novo devedor for insolvente. Nesta hipótese, o novo devedor assumiu a dívida sem qualquer participação do primeiro e o credor o aceitou sem ressalvas.

No entanto, a solução será outra se o primitivo devedor obteve sua própria substituição, delegando o pagamento a terceiro que sabia ser insolvente. A má-fé do primeiro devedor é que justifica o teor do presente artigo, que assegura ao credor o direito regressivo de cobrar daquele o valor do débito, que não poderá receber do novo devedor.

O teor deste dispositivo parece mais abrangente do que o art. 299, que cuida de hipótese semelhante nos casos de assunção de dívida. No referido dispositivo, é essencial que a insolvência do novo devedor seja conhecida do antigo. No caso da novação, o artigo ora em exame refere-se à má-fé, conceito mais abrangente do que a mera consciência da insolvência. De todo modo, parece que o caso mais frequente de má-fé é o de reconhecimento da insolvência do novo devedor. É possível, porém, que a má-fé esteja centrada em qualidade pessoal do novo devedor, capaz de prejudicar o credor, sem que essa qualidade seja a de insolvência. Imagine-se o caso em que o novo devedor esteja se mudando para o exterior, fato que não o torna insolvente, mas dificulta enormemente o processo de execução destinado à cobrança da dívida. Tal fato poderá ensejar o direito de regresso do credor contra o devedor primitivo, no caso de novação, mas não o habilita a cobrar-lhe no caso da assunção de dívida, no qual valeria a exoneração desse devedor, segundo o que dispõe o art. 299.

**Jurisprudência:** Recurso. Apelação. Vício contratual. Dolo. Questão só agitada em sede apelatória. Exame obstado. Art. 515, § 1º, do CPC [art. 1.013, § 1º, do CPC/2015]. Recurso não conhecido, nessa parte. Monitória. Contrato de prestação de serviços para negociação de dívidas da ré. Recebimento, pelo autor, de cheques *pro solvendo*, que restaram apresentados, devolvidos pelo sacado, protestados e não pagos. Necessidade de demonstração clara e inequívoca do impresumível *animus novandi*. Novação inocorrida (art. 360 do CC). Incidência do art. 361 e incidência do art. 363, ambos do CC. Incolumidade da obrigação primitiva. Validade da multa convencionada como cláusula penal, mantida por maioria da Turma Julgadora a multa de 10% por inaplicabilidade do CDC à espécie, abatido o valor correspondente aos cheques recebidos pelo autor, observado o reajuste clausulado sub 10, incidentes juros de mora da citação (art. 406, CC). Valor devido a recalcular-se segundo tais parâmetros. Sucumbência recíproca, observado o art. 11 da Lei n. 1.060/50, quanto ao autor. Recurso, na parte conhecida, provido em parte. (TJSP, Ap. n. 7.153.817.100, 22ª Câm. de Dir. Priv., rel. Thiers Fernandes Lobo, j. 12.02.2008)

[...] de serviços hospitalares endereçada ao responsável pela internação, que não é parente do paciente. Cheque devolvido ao responsável em face de o irmão do paciente ter assumido a dívida. Novação subjetiva passiva reconhecida. Ânimo tácito de novar inequívoco. Impossibilidade de ser cobrado o débito do anterior devedor, nos termos do art. 363 do CC. Recurso improvido. (TJSP, Ap. s/ Rev. n. 7.012.384.900, 14ª Câm. de Dir. Priv. C, rel. Hamid Charaf Bdine Júnior, j. 05.05.2006)

---

**Art. 364. A novação extingue os acessórios e garantias da dívida, sempre que não houver estipulação em contrário. Não aproveitará, contudo, ao credor ressalvar o penhor, a hipoteca ou a anticrese, se os bens dados em garantia pertencerem a terceiro que não foi parte na novação.**

---

Os acessórios e as garantias da dívida extinguem-se com a novação. Trata-se de decorrência da regra de que o acessório segue o principal. Assim, se a dívida originária extingue-se por força da novação, o mesmo deve ocorrer em relação a seus acessórios, aí compreendida a própria garantia.

A segunda parte do dispositivo elimina a possibilidade de manterem-se garantias que recaiam sobre bens de terceiros, se eles não integrarem a novação. Ou seja, se não fizerem parte da novação. É certo que não há exigência de que o terceiro proprietário do bem dado em garantia concorde expressamente com sua permanência. Basta que ele integre a novação e que haja estipulação que preveja a subsistência das garantias, sem que ele se oponha. Tal disposição remete ao disposto nos arts. 287 e 300 deste Código, que cuidam dos acessórios e das garantias da dívida nos casos de cessão de crédito e de assunção de dívida.

A regra ora em exame tem aplicação tanto aos casos de novação objetiva quanto subjetiva, ativa ou passiva, na medida em que não distingue entre ambos. Desse modo, se houver novação por substituição do credor, as garantias se extinguem, diversamente do que ocorre com a cessão de crédito, na qual as garantias subsistem, se não houver disposição em contrário (art. 287 do CC). No caso da novação subjetiva passiva, também não prevalecerão as garantias, tal como ocorre com a hipótese de assunção de dívida. Nos casos tratados neste artigo, está expresso, porém, ao contrário do que ocorre no art. 300, que as garantias prestadas por terceiros não subsistirão, se eles não forem parte na novação. Na assunção de dívida, segundo o mencionado art. 300, a solução é idêntica, mas não resulta da literalidade desse artigo, como demonstrado nos comentários correspondentes.

**Jurisprudência:** Presença do *animus novandi* (intenção de novar). Criação de nova relação jurídica desvinculada do contrato originário. Seguro prestamista vigente no instrumento contratual primitivo. Extinção. Inteligência do art. 364 do CC. 1 – Nos termos do art. 360, I, do CC, a novação corresponde a instituto jurídico pelo qual ocorre a substituição de uma obrigação anterior por uma obrigação nova, diversa da primeira criada pelas partes. Seu principal efeito é a extinção da dívida primitiva, com todos os acessórios e garantias, sempre que não houver estipulação em contrário. 2 – O conjunto fático e probatório contido nos autos demonstra que a operação bancária que culminou com a extinção do contrato originário e a celebração da cédula de crédito bancário objeto desta lide consistiu em novação de dívida, estando expresso no novo instrumento contratual a intenção de novar (*animus novandi*) dos contratantes. 3 – Considerando a criação de relação jurídica nova e desvinculada daquela que lhe deu origem, as garantias e acessórios vigentes no pacto contratual originário, inclusive o seguro prestamista, não tem mais vigência, já que não foram previstos expressamente no novo negócio jurídico bancário, conforme exige o art. 364 do CC. 4 – Recurso de apelação desprovido. Majoração dos honorários advocatícios fixados na r. sentença, por força do art. 85, § 11, do CPC. (TJDF, 0749338-58.2022.8.07.0001, 3ª T. Cível, rel. Ana Maria Ferreira da Silva, j. 08.05.2024, publ. 22.05.2024)

Agravo de instrumento. Impugnação de crédito. Decisão que julgou improcedente a pretensão autoral. Inconformismo da credora. Novação objetiva da obrigação. Ausência de qualquer ressalva acerca da manutenção das garantias constituídas outrora tampouco ajuste para constituição de novas outras. Inexistência de garantias que salvaguardem o crédito tutelado atualmente. Inteligência do art. 364 do CC. Fato gerador do crédito que data de momento anterior ao pedido de recuperação judicial. Escorreito enquadramento do crédito na classe quirografária. Decisão mantida. Recurso desprovido. (TJSP, AI n. 2038977-61.2022.8.26.0000/SP, 1ª Câm. Res. de Dir. Empr., rel. Azuma Nishi, j. 28.06.2022, publ. 28.06.2022)

Apelação. Cumprimento de sentença promovido contra a Fazenda Pública do Município de Ribeirão Preto. Pretensão de recebimento da cláusula penal moratória decorrente do atraso no pagamento das parcelas de acordo celebrado no bojo da Ação Coletiva n. 0020149-81.2005.8.26.0506. Suspensão do pagamento das parcelas, por força de liminar concedida no Processo n. 0051085-21.2007.8.26.0506. Credores que escolheram entre a novação da dívida e o ajuizamento de execução individual para satisfação do crédito. Sentença de extinção, com fulcro no art. 485, VI do CPC. Pretensão de reforma afastada. I. A adesão do credor ao reparcelamento equivale à novação da obrigação e, salvo disposição expressa em contrário, acarreta a extinção do antigo débito e de todos os seus efeitos e garantias, conforme disciplina o art. 364 do CC. Inexigibilidade da cláusula penal referente ao primeiro acordo celebrado, que foi extinto pelo reparcelamento. II. Ao credor que optou pela execução da avença é facultado, conforme disciplina do art. 411 do CC, a exigência da cláusula penal em conjunto com o desempenho da obrigação principal. Se assim não procedeu, não se pode permitir o desmembramento de créditos oriundos do mesmo vínculo obrigacional, sob pena de flagrante burla ao sistema dos precatórios. III. Recurso improvido. (TJSP, Ap. Cível n. 0011541-35.2021.8.26.0506/SP, rel. Paola Lorena, j. 25.01.2022, 3ª Câm. de Dir. Públ., publ. 25.01.2022)

Direito civil e empresarial. Recuperação judicial. Homologação do plano. Novação *sui generis*. Efeitos sobre terceiros coobrigados. Extinção da execução. Descabimento. Manutenção das garantias. Arts. 49, § 1º, e 59, *caput*, da Lei n. 11.101/2005. 1 – A novação prevista na lei civil é bem diversa daquela disciplinada na Lei n. 11.101/2005. Se a novação civil faz, como regra, extinguir as garantias da dívida, inclusive as reais prestadas por terceiros estranhos ao pacto (art. 364 do CC), a novação decorrente do plano de recuperação traz como regra, ao reverso, a manutenção das garantias (art. 59, *caput*, da Lei n. 11.101/2005), sobretudo as reais, as quais só serão suprimidas ou substituídas "mediante aprovação expressa do credor titular da respectiva garantia", por ocasião da alienação do bem gravado (art. 50, § 1º). Assim, o plano de recuperação judicial opera uma novação *sui generis* e sempre sujeita a uma condição resolutiva, que é o eventual descumprimento do que ficou acertado no plano (art. 61, § 2º, da Lei n. 11.101/2005). 2 – Portanto, muito embora o plano de recuperação judicial opere novação das dívidas a ele submetidas, as garantias reais ou fidejussórias, de regra, são preservadas, circunstância que possibilita ao credor exercer seus direitos contra terceiros garantidores e impõe a manutenção das ações e execuções aforadas em face de fiadores, avalistas ou coobrigados em geral. 3 – Deveras, não haveria lógica no sistema se a conservação dos direitos e privilégios dos credores contra coobrigados, fiadores e obrigados de regresso (art. 49, § 1º, da Lei n. 11.101/2005) dissesse respeito apenas ao interregno temporal que medeia o deferimento da recuperação e a aprovação do plano, cessando tais direitos após a concessão definitiva com a homologação judicial. 4 – Recurso especial não provido. (STJ, REsp n. 1.326.888, 4ª T., rel. Min. Luis Felipe Salomão, *DJe* 05.05.2014, p. 2.488)

Rescisão de compromisso de venda e compra c/c pedido de restituição de valores pagos. Partes que celebraram um segundo contrato em substituição ao anterior. Novação. Contrato anterior extinto. Descabida execução da multa prevista no primeiro instrumento, já que a novação extingue os acessórios e garantias da dívida, sempre que não houver estipulação no art. 364 do CC. Apelação desprovida. (TJSP, Ap. n. 0023259-98.2011.8.26.0564/São Bernardo do Campo, 5ª Câm. de Dir. Priv., rel. Moreira Viegas, *DJe* 13.01.2014, p. 660)

Apelação. Ação declaratória. Intervenientes garantidores de cédula rural pignoratícia e hipotecária. Imóvel dado em garantia. Sentença que declarou a prescrição. Aplicação da regra de transição do art. 2.028 do CC/2002. Prazo prescricional do § 5º, I, do art. 206 do CC/2002. Alegação de ajuizamento de execução. Não inclusão do apelado no polo passivo. Ausência de prova de que a cédula foi executada. Ônus do réu. Art. 333 c/c art. 396 do CPC [art. 373 c/c art. 434 do CPC/2015]. Inércia do credor configurada. Assunção de dívida por terceiro. Ocorrência de novação. Cláusula de exclusão expressa dos intervenientes. Art. 364 do CC/2002 e arts. 1.003 e 1.004 do Código anterior. Desconstituição da garantia. Recurso não provido. O termo inicial da exigibilidade do título de crédito se dá com o vencimento da sua última parcela, mesmo que vencida antecipadamente a dívida. Não transcorrida mais da metade do prazo prescricional do CC/1916, aplica-se a regra de transição do art. 2.028 do CC/2002. Ultrapassados os 5 anos previstos no § 5º, I, do art. 206 do CC/02 sem que o credor tenha efetuado qualquer ato visando à execução da obrigação contra o interveniente, configurada está sua prescrição, com a consequente extinção da obrigação hipotecária. Cabe ao réu provar o fato impeditivo, modificativo ou extintivo do direito do autor, devendo instruir a resposta com documentos que atestem suas alegações (art. 333 c/c art. 396 do CPC) [art. 373 c/c art. 434 do CPC/2015]. A assunção de dívida com cláusula excluindo expressamente o interveniente garantidor desconstitui de imediato a hipoteca, pois a novação extingue os acessórios e garantias da dívida, sempre que não houver estipulação em contrário. Não aproveitará, contudo, ao credor ressalvar o penhor, a hipoteca ou a anticrese, se os bens dados em garantia pertencerem a terceiro que não foi parte na novação (art. 364 do CC). (TJMT, Ap. n. 81904/2013, rel. Des. Rubens de Oliveira Santos Filho, *DJe* 02.12.2013, p. 23)

Novação. Empreiteiras. Contratos celebrados com o DER. Valor da dívida consolidado e pagamento com títulos de emissão de empresa pública. Companhia Paulista de Administração de Ativos. Novação operada extinguindo os acessórios e garantias da dívida anterior. Ação de cobrança dos juros improcedente. Sentença mantida. Recurso improvido. (TJSP, Ap. Cível c/ Rev. n. 3.147.205.900, rel. Antônio Carlos Malheiros, j. 13.01.2009)

Novação. Empreitadas. Obrigações contraídas pelo DER. Valor da dívida consolidado e pago com a entrega de títulos de emissão de empresa pública criada com esse objetivo (Cia. Paulista de Administração de Ativos – Lei estadual n. 9.361/96). Novação operada. Novo devedor que substituiu o antigo. Novação que extinguiu os acessórios e garantias da dívida novada (CC, art. 364). Ação de cobrança improcedente. Recurso não provido. (TJSP, Ap. n. 581.404.5/0-00, rel. Des. Urbano Ruiz, j. 22.10.2007)

Locação de imóveis. Embargos à execução. Moratória. Novação. Extinção da fiança. Ao firmar acordo com os locatários, no curso da locação, para renegociação e parcelamento da dívida, sem consentimento da fiadora, resta caracterizada a moratória além da novação, por estar presente o *animus novandi,* extintivo e substitutivo da dívida anterior. Inteligência dos arts. 838, I, e 364, do CC. Sentença reformada. Recurso provido. (TJSP, Ap. c/ Rev. n. 1.022.395.002, 26ª Câm. de Dir. Priv., rel. Felipe Ferreira, j. 01.10.2007)

Penhora. Imóvel residencial hipotecado em garantia de dívida. Novação celebrada por instrumento particular não assinado pela mulher do devedor hipotecante. Cláusula contida no instrumento particular que estende a hipoteca a outras dívidas. Hipoteca extinta em relação à dívida originária e à dívida nova por conta da novação, da inobservância da forma legal (escritura pública) para constituir ou alterar a hipoteca e da falta de consentimento do cônjuge para ratificar a garantia real. Impenhorabilidade do imóvel residencial dos devedores corretamente reconhecida. Inexistência de violação à Lei n. 8.009/90 ou ao art. 364 do novo CC. Embargos infringentes desprovidos. (TJSP, Emb. Infring. n. 1.124.236.502, 21ª Câm. de Dir. Priv. A, rel. Paulo Furtado de Oliveira Filho, j. 15.02.2007)

Hipoteca. Extinção da garantia pelo desaparecimento da obrigação principal em contrato de novação. Art. 849 do CC/1916. Desnecessidade de menção à garantia. Necessidade da averbação prevista pelo art. 817, primeira parte, daquele Estatuto. Aplicação dos arts. 1.003 e 1.004 do CC anterior. Manutenção dos honorários fixados no patamar mínimo de 10%, incidentes sobre o valor da causa. Recurso improvido. (TJSP, Ap. n. 1.147.929-3/Piracicaba, 13ª Câm. de Dir. Priv., rel. Juiz Luiz Sabbato, j. 30.11.2005, v.u., voto n. 9.523)

A novação da obrigação sem o consentimento do fiador, exonera-o da garantia acessória. (II TAC, Ap. n. 787.651-00/0, rel. Juiz José Malerbi, j. 30.06.2003)

---

**Art. 365. Operada a novação entre o credor e um dos devedores solidários, somente sobre os bens do que contrair a nova obrigação subsistem as preferências e garantias do crédito novado. Os outros devedores solidários ficam por esse fato exonerados.**

---

Os devedores solidários que não participam da novação feita entre um devedor solidário e o credor ficam exonerados da dívida. A novação, como já se disse em comentários nos artigos anteriores, acarreta a extinção da dívida original e sua substituição por outra. Consequência lógica dessa definição é que, se o credor admite substituir a dívida original de vários devedores solidários, concordando que apenas um deles permaneça responsável pela nova obrigação surgida, a responsabilidade dos demais desaparece, na medida em que se extinguiu a única dívida pela qual eram responsáveis.

A regra aproxima-se do disposto no artigo anterior, mas distingue-se dele porque a obrigação dos demais devedores solidários não é acessória, mas principal. Mas, tal como ocorre com o pagamento, se a novação é parcial, os demais devedores solidários permanecem obrigados pelo que não foi contemplado na novação (art. 269 do CC).

**Jurisprudência:** Contrato de empréstimo. Embargos à execução julgados parcialmente procedentes. Inconformismo das embargantes com preliminar de cerceamento de defesa diante do julgamento antecipado da lide, além de sustentarem no mérito que (1) a execução deve ser suspensa porque está em curso o pedido de recuperação judicial da empresa-devedora; (2) o banco-embargado não tem interesse de agir porque com a recuperação judicial a dívida será novada, nos termos do art. 59, da Lei n. 11.101/2005; (3) a execução deve ser extinta em relação à devedora Maria Sueli, nos termos do art. 365 do CC, porque a novação implica liberação do devedor solidário; (4) a cédula de crédito bancário não é título executivo extrajudicial; (5) a Lei n. 10.931/2004 é inconstitucional; (6) suportam a cobrança de juros abusivos, acima do limite legal de 12% ao ano; (7) é vedada a capitalização; (8) a comissão de permanência não pode ser cumulada com outros encargos; e (9) fazem jus à repetição dos valores pagos indevidamente. Preliminar rejeitada. Cerceamento de defesa não caracterizado. O juiz é o destinatário das provas, cabendo a ele decidir pela necessidade de produção delas. Não acolhimento. Prazo de 180 dias previsto no § 4º, do art. 6º, da Lei n. 11.101/2005, que já se exauriu. Novação da dívida e extinção do feito em relação à coembargante Maria Sueli. Ausência de elementos novos aptos a alterarem o entendimento já firmado no AI n. 7.293.019-9, interposto pelas apelantes. Falta de comprovação de que o plano de recuperação judicial foi aprovado pelos credores. Eventual aprovação que não provoca a exoneração imediata da obrigação primitiva. Novação estabelecida pela lei que é sempre condicional e não implica a extinção imediata da dívida novada e das suas garantias. A cédula de crédito bancário constitui título executivo extrajudicial nos termos dos arts. 26 e 28, da Lei n. 10.931/2004. Não aplicação da Súmula n. 233, do STJ, que se reporta a contrato de abertura de crédito. Situações jurídicas diversas. Juros remuneratórios que seguem o parâmetro da média do mercado. Embargantes que não apontaram a cobrança de valores indevidos. De acordo com a Súmula vinculante n. 7 do Col. STF, não há limitação constitucional dos juros em 12% ao ano, pela revogação do art. 192, § 3º, da CF, que jamais foi autoaplicável. Inteligência da Súmula n. 596, do Col. STF. Inocorrência de capitalização. Inexistência de valores a serem restituídos. Comissão de permanência não exigida na execução que deverá prosseguir na primeira instância. Aplicabilidade da Súmula n. 294, do Col. STJ. Matéria preliminar rejeitada. Recurso não provido, com observação. (TJSP, Ap. n. 9126216-38.2009.8.26.0000/SP, 11ª Câm. de Dir. Priv., rel. Moura Ribeiro, *DJe* 25.06.2014, p. 1.483)

Execução de título extrajudicial. Bloqueio de ativos do garantidor do contrato originário exequendo. Acordo firmado sem a anuência do garantidor. Exoneração da garantia. A confissão de dívida sem a anuência do garantidor do contrato originário implica extinção da sua responsabilidade já que a renegociação, em decorrência da mora, fez caracterizar a moratória para o devedor e consequente novação da dívida. Exegese dos arts. 365, 366 e 838, I, do CC e precedente do Col. STJ. Recurso provido. (TJSP, AI n. 2026943-69.2013.8.26.0000/SP, 18ª Câm. de Dir. Priv., rel. William Marinho, *DJe* 11.02.2014, p. 1.304)

Contratos de empréstimo (capital de giro) e operações de desconto de títulos garantidos por notas promissórias. Embargos à execução julgados improcedentes. Inconformismo dos devedores-embargantes arguindo preliminares de (1) nulidade da sentença por terem padecido com o julgamento antecipado da lide, na medida em que a d. Magistrada *a quo* não apreciou o pedido de produção de prova pericial contábil; (2) ausência de título executivo líquido e certo que implica a extinção do feito sem julgamento do mérito; e (3) ausência de interesse de agir, tendo em vista o deferimento do plano de recuperação judicial da empresa-codevedora aos 04.11.2008, geradora da extinção da execução, além de sustentar no mérito que (4) a execução deve ser, no mínimo, suspensa, de acordo com o art. 6º da Lei n. 11.101/2005; (5) o plano de recuperação judicial implica novação dos créditos anteriores ao pedido, de acordo com o art. 59 do mesmo diploma legal e rompe o vínculo obrigacional em relação aos demais coobrigados, segundo o art. 365 do CC/2002; (6) a manutenção da r. sentença terá um efeito nefasto à atividade da recuperanda, pois impossibilitará o cumprimento do seu plano de recuperação judicial e ferirá o princípio da isonomia entre os credores; (7) os borderôs de desconto das duplicatas não foram juntados aos autos, tampouco os respectivos protestos e, consequentemente, não houve prova do inadimplemento; (8) já realizou o pagamento parcial da dívida aos 02.05.2007, no valor de R$ 12.360,00; (9) suportam a cobrança de juros abusivos e capitalizados diariamente que superam o limite previsto na Lei da Usura, o que é vedado em nosso ordenamento jurídico; (10) é vedada a capitalização, ainda que expressamente convencionada, de acordo com a Súmula n. 121 do Col. STF; e (11) o aumento arbitrário do lucro obtido pela instituição financeira acarretou enorme desequilíbrio contratual, o que é expressamente vedado pelo art. 173, § 4º, da CF/88. Contrarrazões com pleito de não conhecimento do recurso porque as razões estão em confronto com a Súmula n. 596 do Col. STJ. Conhecimento parcial do recurso com seu parcial provimento. Apelação que preencheu os requisitos do art. 514 do CPC [art. 1.010 do CPC/2015]. Inconformismo que apenas em pequena parte está em confronto com a Súmula n. 596 do Col. STF. Cerceamento de defesa não caracterizado. O juiz é o destinatário das provas, cabendo a ele decidir pela necessidade de produção delas. Prova pericial contábil dispensável. Feito maduro para julgamento pela discussão de matéria de direito, estando a fática demonstrada. Contrato de empréstimo (capital de giro) assinado por duas testemunhas, acompanhado do respectivo demonstrativo de débito atualizado. Título executivo extrajudicial líquido e certo (art. 585, II, do CPC) [art. 585, II a IV, do CPC/2015]. Matéria preliminar rejeitada. Notícia de extinção da execução sem julgamento do mérito em relação à empresa-codevedora após a homologação do seu pedido de recuperação judicial. Prosseguimento da execução tão somente contra o codevedor Sérgio. Decisão transitada em julgado aos

24.09.2010. Ausência de interesse recursal da empresa-codevedora neste quesito. A novação da dívida por força da recuperação judicial não implica a liberação do vínculo obrigacional em relação aos demais coobrigados. Inteligência do art. 49, § 1º, do CPC [*sic*] [art. 118 do CPC/2015]. Borderôs de desconto de títulos não são títulos executivos extrajudiciais. Ausência de liquidez. Ausência de comprovação do inadimplemento dos dois títulos objetos da operação de desconto. Juros remuneratórios que seguem o parâmetro da média do mercado. De acordo com a Súmula vinculante n. 7, do Col. STF, não há limitação constitucional dos juros remuneratórios em 12% ao ano, pela revogação do art. 192, § 3º, da CF que jamais foi autoaplicável. Inteligência da Súmula n. 596 do Col. STF. Inocorrência de capitalização. Aplicação do art. 354 do CC/2002. Devedores-embargantes que não demonstraram que as taxas de juros cobradas se distanciaram da média praticada pelo mercado em operações da mesma espécie. Cabe ao embargante, que diz ter pago parte da dívida, a prova do pagamento em respeito ao art. 319 do CC/2002. Pagamento é negócio jurídico e só tem força liberatória plena quando o devedor manifesta vontade de extinguir a obrigação, pagando-a no tempo, lugar e forma convencionados. Devedor-embargante que deverá suportar o pagamento do débito apontado pelo credor-embargado nos moldes já fixados em primeira instância, descontado o valor objeto das operações de desconto de títulos (título n. 118139/2, no valor de R$ 986,05; e título n. 118234/1, no valor de R$ 325,81). Matéria preliminar rejeitada. Sucumbência proporcionalmente rateada. Recurso conhecido em parte e parcialmente provido. (TJSP, Ap. n. 0092634-06.2009.8.26.0000/São Paulo, 11ª Câm. de Dir. Priv., rel. Moura Ribeiro, *DJe* 29.11.2012, p. 1.346)

Embargos de declaração. Execução. Cédula de crédito bancário. Aprovada a recuperação judicial da empresa devedora, ocorre a suspensão da execução apenas contra a empresa, prosseguindo a demanda contra os demais devedores solidários. Não se aplica o disposto no art. 365 do CC/2002, visto que a aprovação da recuperação não tem o condão de operar a novação, nos termos dos arts. 360 a 367 do CC/2002. Inexistência das alegadas omissões, obscuridades ou contradições. Embargos de declaração rejeitados. (TJSP, Emb. Decl. n. 7.305.213.001, rel. Paulo Hatanaka, j. 20.07.2009)

Execução de título extrajudicial. Transação. Homologação judicial. Novação. Caracterização. Prosseguimento da execução. Impossibilidade. Pelos termos do acordo realizado nos autos dos embargos do devedor, verifica-se que a intenção das partes foi, efetivamente, de substituir a dívida anterior, representada por notas promissórias, pelo título judicial, consistente na transação homologada judicialmente. Destarte, impossível o prosseguimento da execução das notas promissórias, na medida em que a dívida originária foi substituída pelo acordo realizado nos autos dos embargos do devedor, devidamente homologado, não podendo coexistir ambas as obrigações. Se a novação se opera somente entre o credor e um dos devedores solidários, o outro fica exonerado, nos termos do que dispõe o art. 365 do CC. (TJMG, Ap. Cível n. 1.0024.08.954969-5/002(1), rel. Eduardo Mariné da Cunha, j. 04.06.2009)

Execução. Avalista. Recuperação judicial prevista na Lei n. 11.101/2005 que não atinge os direitos de crédito detidos em face de devedores solidários, fiadores e avalistas, podendo o respectivo titular exercê-los em sua inteireza. Art. 49, § 1º, da mencionada lei. Agravantes. Pessoas físicas que figuram no polo passivo da execução em virtude de serem avalistas. Execução. Avalista. Novação da dívida não impede que o agravado promova a execução em face dos avalistas. Art. 59 da Lei n. 11.101/2005 que prevê, expressamente, a preservação das garantias do crédito. Execução. Avalista. Inaplicabilidade do art. 365 do atual CC. Prevalência da norma especial inserida no art. 59 da Lei n. 11.101/2005. Caso em que não se verificou a perda superveniente do interesse processual do agravado. Impossibilidade de suspensão da execução no tocante à empresa agravante. Decorrido o prazo de 180 dias do deferimento do processamento da recuperação judicial. Agravo desprovido. Agravo regimental. Decisão que nega o efeito suspensivo ao agravo de instrumento. Liminar que somente é passível de reforma no momento do julgamento do agravo de instrumento. Aplicação do par. único do art. 527 do CPC [art. 1.019 do CPC/2015]. Recurso não conhecido. (TJSP, AI n. 7.317.008.000, rel. José Marcos Marrone, j. 25.03.2009)

Embargos de declaração. Embargos à execução. Contrato de abertura de crédito fixo. Deferimento da recuperação judicial da empresa devedora principal. O disposto no art. 59 da Lei n. 11.101/2005 atinge apenas e tão só o falido, mas não os avalistas e demais coobrigados da obrigação, pelo simples motivo de que os efeitos da falência não atingem estes, mas só o falido. Também, não se aplica ao caso o disposto no art. 365 do CC/2002, na medida em que a hipótese legal se trata de novação por iniciativa da vontade espontânea do credor e de um dos devedores solidários, ao contrário, da recuperação judicial que é imposição legal e judicial decorrente de situação pré-falimentar do devedor. Inexistência das alegadas omissões ou contradições. Embargos de declaração rejeitados. (TJSP, Emb. Decl. n. 7.1194.15.901, 19ª Câm. de Dir. Priv., rel. Paulo Hatanaka, j. 29.01.2008)

Novação. Configuração. Confissão de dívida subscrita apenas pelo devedor principal e a codevedora solidária. Ausência do outro garante solidário ao ato. Majoração da dívida. Prosseguimento da execução pelo montante confessado no instrumento particular, sem anuência do cogarante. Manifesta intenção de substituir a dívida anterior. Ânimo de novar caracterizado tacitamente. Desoneração do encargo de garante solidário. Extinção da execução em relação ao autor. Rescisória procedente. (TJSP, Ação Rescisória n. 7.109.617-0, rel. Des. Ricardo Negrão, j. 04.09.2007)

Agravo de instrumento. Tutela antecipada. Obrigação de fazer. Promessa de outorga de escritura de hipoteca. Liminar deferida para obstar a alienação dos bens objeto da desavença. Alegação de que a aprovação ao plano de recuperação judicial por implicar novação acarretaria a exoneração do devedor solidário. Inadmissibilidade. Subsistência das garantias prestadas por terceiro. Arts. 49, § 1º, e 59 da Lei n. 11.101/2005. Recurso improvido. (TJSP, AI n. 7.114.387-0, rel. Des. Eduardo Sá Pinto Sandeville, j. 23.01.2007)

Locação. Residencial. Bem imóvel. Demandas contrapostas. Pleito exoneratório promovido por fiadores (ação declaratória), réus em ação de cobrança ajuizada pela locadora. Hipótese de novação contratual suficientemente relevante para desobrigar os fiadores, tratando-se de ajuste superveniente a que não foram convocados. Inteligência dos arts. 1.005, 1.090, 1.483, todos do CC/1916 (diploma de regência) e Súmula n. 214 do STJ. Sentença reformada. Procedente a declaratória, com prejuízo da ação de cobrança, extinta sem apreciação do mérito, nos termos do art. 267, VI, do CPC [art. 485, VI, do CPC/2015] (ilegitimidade passiva *ad causam*). Recurso dos fiadores provido. (TJSP, Ap. Cível n. 747.443-00/2/SP, 30ª Câm. de Dir. Priv., rel. Des. Carlos Russo, j. 26.10.2005, v.u., voto n. 5.631)

**Art. 366. Importa exoneração do fiador a novação feita sem seu consenso com o devedor principal.**

A fiança é contrato acessório do principal, de modo que a exoneração do fiador com o devedor principal, nos casos em que a novação se fizer sem seu consentimento, já resultaria da leitura do art. 364. O dispositivo confere tratamento benéfico à fiança, resultado da aplicação do art. 114 do CC.

Observe-se que a exoneração só resulta da novação – obrigação original que se extingue por força do surgimento de outra, que a substitui –, de maneira que, se não se caracterizar a substituição do débito original, o fiador permanece responsável pela dívida, pois a nova obrigação apenas confirmará a primeira, nos termos do disposto no art. 361. No entanto, se não houver novação, mas o devedor principal modificar as condições do contrato, aumentando o valor da dívida, não se pode responsabilizar pelo aumento o fiador que, embora não exonerado, não assumiu a responsabilidade pelo acréscimo. É o que está consagrado na Súmula n. 214 do Eg. STJ, em relação à locação de imóveis: "O fiador na locação não responde por obrigações resultantes de aditamento ao qual não anuiu".

**Jurisprudência:** Execução. Título extrajudicial. Contrato de locação. Administradora do imóvel que paga os aluguéis inadimplidos. Sub-rogação convencional. Alteração da área locada mediante ajuste verbal entre o locador e o locatário. Exoneração dos fiadores. Art. 366 do CC. Carência de ação reconhecida. Recurso improvido. Ao pagar o débito locatício em cumprimento ao contrato de prestação de serviços de administração do imóvel, a exequente ficou sub-rogada nos direitos do credor, conforme expressamente convencionado no contrato de locação. Entretanto, a ocorrência de acordo verbal entre o locador e o locatário para alteração da área locada, implicou novação, determinando a extinção da fiança, ante a falta de aquiescência dos fiadores (art. 366 do CC). (TJSP, Ap. n. 0015531-88.2010.8.26.0451/Piracicaba, 31ª Câm. de Dir. Priv., rel. Antonio Rigolin, *DJe* 24.09.2013, p. 1.331)

Locação de imóveis. Embargos à execução. Fiança. Término do prazo contratual. Subsistência. Art. 39 da Lei n. 8.245/91. Estabelecida a responsabilidade do fiador até a efetiva entrega das chaves do imóvel locado, não há como admitir-se extinção da fiança pelo término do prazo contratual. Locação. Fiança. Novação. Inocorrência. A realização de acordo entre locador e locatária, reduzindo o valor do locativo mensal, ainda que sem anuência do fiador, não o exonera de suas responsabilidades. Execução. Fiador. Locação. Cessão. Contrato que a veda. Exoneração não configurada. Art. 13 da Lei n. 8.245/91. Responsabilidade do fiador que persiste. Impossível cogitar-se de exoneração da fiança se a validade da cessão da locação estava condicionada ao prévio consentimento por escrito do locador e na hipótese inexistente. Recurso improvido. (TJSP, Ap. Cível n. 992.070.617.006, rel. Orlando Pistoresi, j. 02.09.2009)

Locação. Embargos a execução. Alegada novação objetiva decorrente de acordo celebrado entre locador e locatário a fiançado em ação de despejo cumulado com cobrança. Inocorrência. Alegada exoneração da fiança ante a existência de moratória. Descabimento. Descabida a alegação de que teria ocorrido novação objetiva decorrente de acordo celebrado entre locador e locatário em ação de despejo cumulado com cobrança, e que não teria contado com a participação dos locadores, pois não há se falar em exoneração da fiança pela ocorrência de novação, diante da inexistência de uma nova relação locatícia, ou mesmo prorrogação do contrato inicial, sendo plenamente exigível do garante locador que responda solidariamente pelas obrigações decorrentes da locação até a data da efetiva entrega das chaves. Ademais, a tolerância ou inércia do locador em demandar contra o devedor principal ou mesmo suspender a ação iniciada contra este, não constitui hipótese de moratória, não incidindo, portanto, a desoneração prevista no art. 1.503, I, do revogado CC. (TJSP, Ap. c/ Rev. n. 907.097-0/5, rel. Des. Amorim Cantuária, j. 25.09.2007)

No mesmo sentido: TJSP, Ap. s/ Rev. n. 1.080.547-0/9, rel. Des. Mendes Gomes, j. 23.07.2007.

Locação. Execução baseada em acordo de parcelamento feito entre a locadora e a locatária em ação de despejo. Novação (art. 838, I, CPC) [sem correspondente no CPC/2015]. Exoneração do fiador. Apelo provido para julgar procedentes os embargos e extinguir a execução. (TJSP, Ap. c/ Rev. n. 1.019.379-0/5, rel. Des. Dyrceu Cintra, j. 02.03.2007)

Prescrição. Aplicação do novo CC a prazos iniciados no regime do antigo Código. Contagem inicial a partir de 11.01.2003. Inteligência do art. 2.028 do novo Código. Se o prazo prescricional passar a ser contado de acordo com o novo regime de direito civil, para casos iniciados no regime do direito anterior, o novo prazo estabelecido deve tomar como marco inicial o dia da entrada em vigor do CC/2002, ou seja, o dia 11.01.2003. Prescrição afastada, v.u. Fiança. Acordo com o afiançado, sem anuência do fiador. Liberação do fiador. O inciso I do art. 103 do CC/1916 trazia estipulação no sentido de que o fiador ficaria desobrigado se, sem consentimento seu, o credor concedesse moratória ao devedor. O novo CC, em disposição mais abrangente, em seu art. 366, estabelece que importa exoneração da fiança, a novação feita sem o consenso do fiador. Celebrado novo negócio entre afiançado e devedor direto, sem o comparecimento do fiador, este fica liberado da obrigação. Recurso provido, v.u. Alienação fiduciária. Venda/extrajudicial. Necessidade de ciência ao devedor e fiador. Inexistência de ciência. Impossibilidade de cobrança contra o não cientificado. Aplicação do CDC, art. 6º, VIII, e art. 51, IV e XV. A venda extrajudicial prevista no art. 2º do DL n. 911/69 deve ser cientificada ao adquirente do bem e fiadores, para que possam acompanhar a negociação e resguardar direitos próprios (REsp n. 209.410/MG). Realizada a venda sem a devida ciência, o saldo devedor acaso encontrado não poderá ser cobrado do adquirente e fiador, que eventualmente poderiam até ter saldo credor a receber (REsp n. 363.810/DF). Recurso provido, v.u. (TJSP, Ap. c/ Rev. n. 7.078.446.600, 24ª Câm. de Dir. Priv., rel. Manoel Justino Bezerra Filho, j. 19.10.2006)

I – A fiança é dada em caráter personalíssimo, de sorte que mesmo em caso de garantia dada a favor de pessoa jurídica, tal elemento sofre afetação quando há transferência de titularidade na empresa, fazendo desaparecer a razão essencial daquele ato.

II – Destarte, vendidas as cotas sociais e comunicada a autora de que isso ocorrera, bem como que a fiança antes celebrada deixava de existir, improcede a pretensão da credora de considerar perene a garantia, ainda que novos sócios, desconhecidos dos garantes, houvessem passado a gerir os negócios e assumido dívidas posteriores àquela comunicação. (STJ, REsp n. 419.128, rel. Min. Aldir Passarinho Júnior, j. 06.03.2003)

A elevação do locativo mensal não importa substituição da dívida anterior, pelo que inviável a pretensão de exoneração da fiança por ocorrência de novação do devedor principal para com o credor sem seu consentimento. (II TAC, Ap. n. 537.850-00/4, rel. Juiz Cambrea Filho, j. 09.03.1999)

[...] 2 – O fiador não pode ser responsabilizado por alterações contratuais das quais não participou e por elas exigidas, uma vez que a fiança é contrato benéfico, não se admitindo interpretação extensiva. (STJ, REsp n. 160.045, rel. Min. Edson Vidigal, j. 19.02.1998)

Locação. Fiança. Acordo para majoração de aluguel que não constitui novação a afastar, nos termos do art. 1.006 do CC, a garantia prestada pelo fiador. Existência, ademais, de cláusula contratual obrigando-o até a entrega das chaves. (TARS, *RT* 664/151)

**Art. 367. Salvo as obrigações simplesmente anuláveis, não podem ser objeto de novação obrigações nulas ou extintas.**

As obrigações anuláveis podem ser confirmadas pelas partes, como assegurado pelo disposto no art. 172. Em consequência, se a dívida é anulável – como se verifica nos casos relacionados no art. 171 deste Código –, pode ser confirmada pelas partes e, portanto, substituída por outra, operando-se validamente a novação. Ao contrário, as dívidas inexistentes ou nulas (como as que resultam de violação ao disposto no art. 166) não podem produzir efeitos e, em consequência, não são passíveis de extinguirem-se por novação, porque isso implicaria confirmação delas, o que está vedado pelo art. 169 do CC. Admitir a novação de dívida nula ou inexistente implicaria confirmá-la por sua substituição.

Nos casos de violação ao disposto nos arts. 39 e 51 do CDC, por exemplo, haverá nulidade insuscetível de confirmação ou convalidação, de maneira que não será possível novação que envolva violação a um desses dispositivos. Se o fornecedor celebra com o consumidor contrato no qual há cláusula em que se transfere a terceiro a responsabilidade pelo ressarcimento de vício do produto, há violação ao inciso III do mencionado art. 51. Logo, se posteriormente, ao ser identificado o vício, o terceiro firma contrato com o consumidor para indenizá-lo em razão do vício, exonerando o fornecedor, essa novação subjetiva é inválida, pois infringe o presente artigo, representando novação de cláusula nula. Hipótese frequente é aquela em que os estabelecimentos financeiros ajustam renegociação de dívidas com os consumidores por intermédio de instrumento em que estabelecem o reconhecimento de dívida na qual está embutida quantia abusivamente cobrada – isto é, com amparo em cláusula nula. A Súmula n. 286 do Eg. STJ consagra entendimento a respeito do tema: "A renegociação de contrato bancário ou a confissão da dívida não impede a possibilidade de discussão sobre eventuais ilegalidades dos contratos anteriores". Ao proceder assim, estabelece que a novação não será reconhecida se acobertar cobrança de juros oriunda de disposição nula – e não meramente anulável.

Finalmente, ao proibir a novação de dívida inexistente, o dispositivo impede que se opere a novação das dívidas a que falte um elemento de constituição – vontade, objeto possível ou forma exigida pela lei, ou não vedada por ela (art. 104). Mas estariam aqui compreendidas as dívidas prescritas? Ao ocorrer a prescrição, a dívida torna-se inexigível, pois a pretensão de recebimento estará extinta (art. 189). Mas nada impede que o devedor renuncie à prescrição, de modo expresso ou tácito (art. 191). A novação da dívida prescrita, porém, seria uma forma de renúncia tácita ao prazo prescricional. Por exemplo, o pai que deve mensalidades escolares a uma escola pode, após a prescrição, decidir prestar serviços à escola, dando aulas especiais aos alunos, ou pintando o prédio. Haverá novação objetiva e válida, na medida em que a ele era dado renunciar à prescrição. Contudo, não haverá novação se o pagamento se fizer por entrega de título de crédito sem intenção de novar *(animus novandi)*, o que representa mero instrumento de quitação (CAMBLER, Everaldo Augusto. *Curso avançado de direito civil*. São Paulo, RT, 2002, v. II, p. 172).

Elucidativa, a propósito da novação das dívidas prescritas, a reflexão de Ana Luiza Maia Nevares, em "Extinção das obrigações sem pagamento: novação, compensação, confusão e remissão", em *Obrigações: estudos na perspectiva civil-constitucional*. Rio de Janeiro, Renovar, 2005, p. 435: "Quanto às obrigações prescritas, aponta Caio Mário da Silva Pereira que a novação de obrigação prescrita não tem efeito e não obriga o devedor, ressalvando, no entanto, que por ser lícito ao devedor renunciar a prescrição já consumada (CC, art. 191), prevalecerá a novação de dívida prescrita se resultar inequívoco o propósito de renunciar a prescrição". Já Orlando Gomes aduz que "o devedor que aceita a novação de dívida prescrita estará renunciando tacitamente ao direito de invocá-la".

Cumpre, pois, concluir que a possibilidade de novar decorre, substancialmente, da possibilidade de confirmação ou convalidação do débito novado, destinando-se este artigo a vedar que a novação seja utilizada para dar validade a dívidas originalmente dotadas de vícios que violem a ordem pública ou interesses sociais relevantes que acarretem nulidade absoluta.

**Jurisprudência:** Ação monitória. Alegação de nulidade no Termo de Ajustamento de Conduta. Presentes os requisitos dos arts. 104, II, e 166, II, do CC. Nulidade reconhecida. A existência de TAC firmado com o Ministério Público não autoriza o descumprimento de lei, nem constitui causa de exclusão da ilicitude. Não há novação de obrigação nula (art. 367, CC). Sentença mantida. (TJSP, Ap. n. 0158277-28.2011.8.26.0100/São Paulo, 1ª Câm. Res. de Dir. Empres., rel. Enio Zuliani, *DJe* 18.03.2013, p. 1.274)

Renegociação agrupando débitos anteriores. Questionamento dos encargos extintos na novação, para desconstituir o pacto em vigor. Inadmissibilidade. Cláusulas anuláveis. Convalescimento pela transação. (TJSP, Ap. n. 7.169.253-4, rel. Des. Luiz Sabbato, j. 17.10.2007)

Prestação de serviços educacionais. Cobrança. Prescrição anual. Não reconhecimento. Prestações que foram pagas através de cheque. Novação da dívida, que se desvinculou do preceito estampado no art. 178, § 6º, VII, do CC/1916 e se inseriu na regra geral que impõe prescrição em 20 (vinte) anos. Sentença mantida. Recurso não provido. (TJSP, Ap. c/ Rev. n. 1.056.536-0/7, rel. Des. Marcondes D'Ângelo, j. 14.08.2007)

Execução de título extrajudicial. Embargos do devedor. Prescrição a favor do município embargante reconhecida. Inexistência de novação. Termo de confissão de dívida que não caracteriza novação da obrigação. Honorários de advogado fixados nos termos do art. 20, § 4º, do CPC. Recursos desprovidos. (TJSP, Ap. Cível c/ Rev. n. 541.585 5/2-00, rel. Des. Oliveira Santos, j. 25.06.2007)

Embargos a execução. Instrumento de novação e confissão de dívida. Ilegalidade dos juros de 3,6% ao mês calculados sobre a dívida original. Nulidade de pleno direito nos termos do Decreto n. 22.626/33. Ilegalidade não convalidada pela novação, nos termos do art. 367 do CC. Redução da taxa de juros a 1% ao mês. Apelação da embargada improvida. Execução. Instrumento de novação e confissão de dívida. Título executivo que preenche os requisitos do art. 585, II, do CPC. Mora dos devedores que decorre do simples inadimplemento da obrigação. Desnecessidade de prévia notificação, nos termos do art. 960 do CC/1916 (art. 397 do CC/2002). Título que indica o valor das parcelas e as datas de vencimento. Apelação dos embargantes improvida. (TJSP, Ap. c/ Rev. n. 1.198.373.000, 21ª Câm. de Dir. Priv. A, rel. Alexandre Augusto Pinto Moreira Marcondes, j. 30.11.2006)

Contratos bancários. Revisão judicial. Novação. Os contratos bancários são passíveis de revisão judicial, ainda que pagos. A novação não convalida cláusulas nulas (art. 1.007 do CC). (STJ, REsp n. 469.522, rel. Min. Ruy Rosado de Aguiar, j. 25.02.2003)

No mesmo sentido: STJ, REsp n. 438.700, rel. Min. Ruy Rosado de Aguiar, j. 15.04.2003, e *AASP* 2.332/759.

I – Possível a revisão de cláusulas contratuais celebradas antes da novação se há uma sequência na relação negocial e a discussão não se refere, meramente, ao acordo sobre prazos maiores ou menores, descontos, carências, taxas compatíveis e legítimas, limitado ao campo da discricionariedade das partes, mas à verificação da própria legalidade do repactuado, tornando necessária a retroação da análise do acordado desde a origem, para que seja apreciada a legitimidade do procedimento bancário durante o tempo anterior, em que por atos sucessivos foi constituída a dívida novada. (STJ, REsp n. 166.651, rel. Min. Aldir Passarinho Júnior, j. 15.08.2002)

## CAPÍTULO VII
## DA COMPENSAÇÃO

**Art. 368. Se duas pessoas forem ao mesmo tempo credor e devedor uma da outra, as duas obrigações extinguem-se, até onde se compensarem.**

O artigo contém a própria definição de compensação: meio de pagamento pelo qual a obrigação do devedor em relação ao credor extingue-se segundo o valor de outra obrigação devida pelo mesmo credor ao mesmo devedor. Essa extinção ocorre até que sejam iguais os valores dos débitos respectivos. A regra representa o reconhecimento de que se A deve R$ 1.000,00 a B, que, por sua vez, deve R$ 500,00 a A, considera-se o crédito do primeiro quitado parcialmente, para que subsista apenas um saldo de R$ 500,00.

**Jurisprudência:** Não admitindo a compensação entre créditos de titularidade distintas: STJ, Ag. Reg. na MC n. 21.917, 1ª T., rel. Min. Napoleão Nunes Maia Filho, *DJe* 24.02.2014, p. 354.

Não se admite a compensação se os créditos não são recíprocos ou se há prejuízo a terceiros: TJSC, Ap. n. 2008.005864-1, rel. Des. Sérgio Luiz Junkes, j. 04.04.2012.

Compensação e repetição de indébito. Depois de apurados os débitos e créditos de cada parte, possível efetuar-se a compensação entre os valores encontrados. Se constatada a existência de saldo credor em favor da parte autora, viável a repetição do indébito, na forma simples, eis que ausente má-fé da parte ré na cobrança efetivada, a qual se deu com base no contratado, e antes do crivo judicial. Mantidas, porém, as cláusulas contratuais, não há formação de crédito em favor do autor, logo não há o que compensar ou repetir. Negaram provimento. Unânime. (TJRS, Ap. Cível n. 70.042.965.954, 18ª Câm. Cível, rel. Pedro Celso Dal Prá, j. 09.06.2011)

No mesmo sentido: TJRS, Ap. Cível n. 70.042.874.537, 18ª Câm. Cível, rel. Pedro Celso Dal Prá, j. 09.06.2011; TJRS, Ap. Cível n. 70.034.031.252, 12ª Câm. Cível, rel. Ana Lúcia Carvalho Pinto Vieira Rebout, j. 09.06.2011.

Ação revisional. Contrato bancário. Abertura de crédito em conta-corrente. Anatocismo capitalização de juros de forma composta. Tema que foi objeto de análise pelo STJ em procedimento de recurso repetitivo. Possibilidade de capitalização mensal de juros, desde que expressamente pactuada, nos contratos de mútuo bancário celebrados após a edição da MP n. 1.963-17/2000 (reeditada sob o n. 2.170-36/2001). Hipótese em que o contrato é anterior à MP n. 1.963-17/2000. Capitalização de forma composta que merece ser afastada. Restituição em dobro das quantias cobradas a mais. Não cabimento, diante da ausência de má-fé da instituição financeira. Recurso parcialmente provido. Pedido de compensação sob a alegação de existência de outra ação entre as mesmas partes em que o ora devedor se transmuda em credor. Liquidez da dívida a ser compensada não demonstrada. Impossibilidade de aplicação do instituto da compensação, nos termos do art. 369 do CC. Recurso em parte provido. (TJSP, Ap. n. 3380-14.2001.8.26.0000/Itápolis, 23ª Câm. de Dir. Priv., rel. Paulo Roberto de Santana, j. 23.03.2011)

Apelação. Ação de cobrança. Indenização securitária. Preliminar. Ilegitimidade passiva. Instituição bancária.

Mesmo grupo. Teoria da aparência. Sinistro. Previsão contratual. Cobertura devida. Compensação. Falta de prova da condição de credor. Recurso improvido. Aplica-se a teoria da aparência quando o contrato de seguro é celebrado dentro da agência bancária de instituição financeira que integra grupo econômico ao qual pertence a seguradora. Daí decorre a legitimidade passiva do banco. A seguradora está obrigada a indenizar pelas garantias constantes da apólice. A compensação prevista no art. 368 do CC/2002 somente tem cabimento quando efetivamente comprovado que duas pessoas são ao mesmo tempo credora e devedora uma da outra. (TJMG, Ap. Cível n. 1.0525.09.158648-3/001(1), rel. Marcelo Rodrigues, j. 14.07.2010)

Considerando indispensável a prova da existência do crédito do devedor perante o credor: TJSP, Ap. cível c/ rev. n. 882.808.000, rel. Vanderci Álvares, j. 22.05.2009.

Prestação de serviços. Execução de título judicial e de embargos à execução. Compensação de créditos decorrentes de verba honorária. Exegese dos arts. 368 e 369 do CC. Indeferimento. Recurso improvido. A compensação, na exegese dos arts. 368 e 369, ambos do CC, demanda identidade entre devedor e credor, além de existência de dívidas líquidas e vencidas e, tratando-se de execução relativa a honorários de sucumbência pertencentes ao patrono da recorrida, não há como compensá-lo com aqueles do advogado da recorrente, cuja liquidez não restou demonstrada. (TJSP, AI n. 1.173.504.000, 35ª Câm. de Dir. Priv., rel. Clóvis Castelo, j. 07.07.2008)

[...] A Lei n. 10.637, de 2002, por seu art. 49, somente permite a compensação de débitos próprios do sujeito passivo com créditos seus. 4 – Não há lei autorizando a compensação tributária com crédito de terceiros. Há, portanto, de se homenagear o princípio da legalidade. 5 – No REsp n. 803.629, a 1ª Turma assentou que a cessão de direitos de créditos tributários só tem validade para fins tributários quando do negócio jurídico participa a Fazenda Pública. Precedentes: REsp n. 653.553/MG, rel. Min. Denise Arruda. REsp n. 962.096, rel. Min. José Delgado, j. 04.10.2007.

[...] 5 – O que autoriza a compensação, nos termos do art. 368 do CC é o fato de duas pessoas serem ao mesmo tempo credor e devedor uma da outra. 6 – As diferenças apuradas pela Contadoria Judicial pertencem aos autores, enquanto que os valores a serem devolvidos dizem respeito à verba honorária, cujos credores são os seus advogados, de modo que não há que se falar em compensação. 7 – Agravo improvido. (TRF, 3ª R., AI n. 306.234, 5ª T., rel. Juíza Ramza Tartuce, j. 01.10.2007)

Falência. Compensação. Hipótese que se amolda ao art. 122, parágrafo único, II, da Lei n. 11.101/2005. Para se negar a compensação pretendida, tem-se, obrigatoriamente, que reconhecer que a credora do falido, no caso a agravante, está agindo de má-fé, mesmo porque somente a malícia ou a fraude exclui a compensação entre créditos normalmente compensáveis. Prova dos autos. Má-fé não caracterizada. Agravo de instrumento provido. (TJSP, AI n. 440.506-4/3-00, rel. Des. Romeu Ricupero, j. 29.08.2007)

Possível é a compensação quando o acórdão afirma que houve pagamento efetuado por terceiro para quitação do débito da empresa recorrida, não violando o julgado o disposto no art. 1.009 do CC anterior. (STJ, REsp n. 656.999, rel. Min. Carlos Alberto Menezes Direito, j. 22.03.2007)

Execução por título judicial. Exceção de pré-executividade (ajuizada pela ré condenada a pagar diferença de remuneração por inadimplemento contratual) acolhida para extinguir a execução. Pagamento, em primeiro lugar, da verba sucumbencial fixada na objeção de pré-executividade em favor da devedora originária, para que seja posteriormente permitida a execução da condenação principal e seus consectários pertencentes à autora (credora originária). Inadmissibilidade. Compensação do valor referente à condenação sucumbencial sofrida naquele incidente (ocorrido por ocasião da pretendida liquidação do julgado) com o principal decorrente da sentença que deu pela procedência do pedido. Cabimento. Inteligência do art. 368 do CC. Preliminares rejeitadas e recurso provido. (TJSP, AI n. 672.901-5/7-00/SP, 9ª Câm. de Dir. Públ., rel. Des. Antonio Rulli, j. 08.08.2007, v.u., voto n. 16.942)

Os honorários advocatícios de sucumbência, quando vencedor o ente público, não constituem direito autônomo do procurador judicial, porque integram o patrimônio público da entidade. Logo, é legítima a compensação determinada pelo juízo de origem. (STJ, REsp n. 668.586, rel. Min. Denise Arruda, j. 03.10.2006)

No caso, estão presentes tais requisitos. O acórdão recorrido autorizou a compensação de débitos fiscais vencidos e vincendos com crédito de precatório em nome de terceiro e cedido à agravante, cujo valor pende de decisão judicial. A compensação é instituto jurídico de efeitos constitutivos que opera a extinção das obrigações até o limite compensado, não sendo admitido, em matéria tributária, em caráter provisório, enquanto pendente discussão sobre a existência dos créditos respectivos. Nesse sentido a Súmula n. 212/STJ. Ag. Reg. na MC n. 11.496, rel. Min. Teori Albino Zavascki, j. 12.09.2006.

É assente neste sodalício que a compensação de valores e a repetição de indébito são cabíveis sempre que verificado o pagamento indevido, em repúdio ao enriquecimento ilícito de quem o receber, independentemente da comprovação do erro. (STJ, Ag. Reg. no REsp n. 783.678, rel. Min. Hélio Quaglia Barbosa, j. 12.09.2006)

[...] 2 – As regras contidas no CC sobre compensação são gerais em relação às normas que regem os contratos do Sistema Financeiro da Habitação, devendo ter aplicação apenas subsidiária. 3 – Tratando-se de contrato com cobertura pelo FCVS, não se justifica a compensação com o saldo devedor, pois este não será de responsabilidade do mutuário, mas do próprio fundo. (STJ, REsp n. 839.331, rel. Min. Castro Meira, j. 17.08.2006)

Honorários de advogado. Arbitramento. Procedimento sumário. Inexistência de contrato escrito. Necessidade de intervenção judicial (art. 22, § 2°, da Lei n. 8.906/94). Compensação de dívidas. Inadmissibilidade. Obrigações contraídas com terceiro não podem ser compensadas. Exegese do art. 368 do CC. Anulação do processo de ofício, com determinação da realização de arbitramento. Recurso provido para este fim. (TJSP, Ap. n. 881.884-0/5/SP, 26ª Câm. de Dir. Priv., rel. Des. Andreatta Rizzo, j. 06.03.2006, v.u., voto n. 14.920)

A ordem de nomeação de bens à penhora elencada no art. 11 da Lei n. 6.830/80 pode ser relativizada, sendo aceitável que a constrição recaia sobre precatório judicial expedido pela exequente em que o devedor do precatório é autarquia estadual com personalidade jurídica diversa da parte recorrida, o Estado do Rio Grande do Sul. (STJ, REsp n. 807.414, rel. Min. Castro Meira, j. 16.02.2006)

A compensação (como qualquer outro instituto com eficácia jurídica constitutiva) é incompatível com provimentos jurisdicionais de natureza provisória, como são as medidas liminares. Não se pode constituir e nem desconstituir "provisoriamente". O que se admite, em ações constitutivas, é apenas antecipar providências práticas que poderão decorrer da futura constituição ou desconstituição da obrigação. (STJ, Ag. Reg. no REsp n. 643.677, rel. Min. Teori Albino Zavascki, j. 07.02.2006)

O advogado tem direito autônomo de executar a decisão judicial, na parte em que condenou o vencido ao pagamento dos ônus sucumbenciais, exegese admitida por esta Corte ainda na vigência da legislação anterior à Lei n. 8.906/94, que alterou o art. 23 do antigo Estatuto da OAB. [...] II – A nova redação do § 4° do art. 20 do CPC deixa induvidosa a possibilidade de fixação dos honorários advocatícios na execução e nos embargos. III – É inadmissível a compensação dos honorários advocatícios, objeto desta execução, com os créditos existentes entre o banco e as empresas que se utilizaram dos serviços profissionais dos exequentes. (STJ, REsp n. 541.308, rel. Min. Ari Pargendler, j. 11.11.2003)

Sílvio de Salvo Venosa ensina que, "No tocante à obrigação prescrita, se a prescrição operou antes da coexistência das dívidas, não pode a dívida ser compensada, porque há inexigibilidade e porque a prescrição extingue a pretensão. No entanto, se os dois créditos coexistiram antes de se escoar o prazo de prescrição, houve compensação de pleno direito. Cabe ao juiz tão somente declará-la [...]" (*Direito civil: teoria geral das obrigações e dos contratos*. 3. ed. Atlas, p. 301). Neste mesmo sentido, o que doutrinam Miguel Maria de Serpa Lopes (*Curso de direito civil: obrigações em geral*, v. III, Freitas Bastos, 5. ed., p. 250) e Euclides de Mesquita (*A compensação no direito civil brasileiro*. São Paulo, Editora Universitária de Direito, p. 94-5). Assim, para se decidir pela possibilidade ou não da pretendida compensação, necessário se torna saber se, no momento em que o crédito exequendo tornou-se exigível, o lapso prescricional do crédito do agravante ainda se encontrava em curso ou não. (I TACSP, AI n. 1.249.290-7, rel. Des. Ary Bauer, j. 21.10.2003)

Execução. Locação. Aluguel. Fiador. Indenização por benfeitorias. Compensação. Direito do locatário. Liquidez e certeza do crédito. Ausência. Inadmissibilidade. Locação. Execução direcionada contra fiador. Indenização por benfeitorias. Compensação. Hipótese em que o suposto direito pertence à locatária e não ao garante e, de todo modo, não se apresenta crédito certo, líquido e vencido de modo a autorizar compensação. (II TAC, Ap. n. 652.129-00/6, rel. Juiz Arantes Theodoro, j. 10.04.2003)

[...] IV – Creditado reajuste a menor, assiste ao poupador o direito de obter a diferença, correspondente à incidência do percentual sobre as importâncias investidas na primeira quinzena de janeiro/89, no percentual de 42,72% (STJ, REsp n. 43.055/SP). V – Não há que se falar em compensação entre o percentual devido em janeiro/89 e os valores pagos nos meses subsequentes na relação contratual estabelecida entre o poupador e o banco mutuante, uma vez que o instituto do art. 1.009 do CC exige reciprocidade de dívidas, enquanto que, no caso, os valores pagos foram os contratualmente pactuados. (STJ, REsp n. 186.395, rel. Min. Sálvio de Figueiredo Teixeira, j. 10.11.1998)

I – A via dos embargos à execução é adequada à suscitação de pagamentos feitos pelas partes, a mesmo título, com vistas a compensação de valores. II – Constatados, na fase de liquidação, pagamentos a maior e a menor, devem ser compensados, ainda que a sentença exequenda seja omissa, dado que é vedado o enriquecimento sem causa. (*RSTJ* 158/509)

**Art. 369. A compensação efetua-se entre dívidas líquidas, vencidas e de coisas fungíveis.**

Para serem compensados, os débitos devem ser líquidos, ou seja, devem referir-se a importância determinada. Devem, ainda, estar vencidos, isto é, ser passíveis de exigência imediata. E, finalmente, devem ser fungíveis entre si. Vale dizer, os débitos devem compreender prestações que podem ser substituídas umas pelas outras (art. 85 do CC).

Em determinadas situações, porém, é possível identificar compensação entre dívidas ilíquidas. Isso se verificará por imposição judicial, quando, em um processo de conhecimento – que compreenda dívidas desprovidas de certeza e liquidez –, no qual exista reconvenção. Ao se verificar que o autor é credor do réu, tanto quanto este é credor daquele, sem que os respectivos débitos estejam liquidados, o juiz poderá acolher os pedidos de ambos e determinar que se compensem por ocasião da execução, após a liquidação. Não se deve, porém, confundir essa situação com aquela em que o credor de um débito vencido e líquido, representado por título judicial, pretende receber o valor devido e o réu afirma que não pagará a importância, porque o título tem origem em venda de determinado estabelecimento comercial que tem dívidas remanescentes com terceiros – ilíquidas e não vencidas –, as quais deseja compensar. Nesse último exemplo, a situação é de suspensão da exigibilidade da cambial em virtude do inadimplemento contratual do credor, que deve tornar boa a venda e, portanto, não pode permitir que o devedor – adquirente do estabelecimento –, tenha que arcar com débito de sua responsabilidade. A suspensão da exigibilidade estará amparada no disposto no art. 476.

**Jurisprudência:** A compensação, na exegese dos arts. 368 e 369, ambos do CC, demanda identidade entre devedor e credor, além de existência de dívida líquidas e vencidas e, tratando-se de crédito locatício pleiteado em ulterior ação monitória, ausente ainda reconhecimento judicial, a certeza de exigibilidade não restou demonstrada, de modo que não há como compensá-lo com aqueles do credor. Não admitindo a compensação entre credores e devedores distintos: Declaratória de invalidade de contrato de mútuo celebrado com o falido. Se o contrato de mútuo nada mais foi do que simulação de negócio realizado de fato e serviu para encobrir a despatrimonialização do mutuante em detrimento de seus credores, embora nulo entre as partes, não produz efeito em relação a terceiros de boa-fé? Se não considerados nulos por simulação, mesmo assim tais contratos não dão ensejo a compensação de débitos e créditos perante o falido e terceiro, uma vez que não se compensam dívidas relativas a devedor e credor diferentes. Honorários advocatícios moderadamente fixados. Apelação conhecida em parte, e, na parte conhecida, desprovida. Desprovimento do recurso adesivo. (TJSP, Ap. n. 9103535-11.2008.8.26.0000/São Paulo, Câm. Reservada à Falência e Recuperação, rel. Lino Machado, j. 01.03.2011)

Execução. Aplicação dos institutos da confusão e da compensação. Inviabilidade. A confusão não se aplica aqui, por não ser líquido o quinhão da herança do executado, notadamente por não ter havido distribuição de bens aos herdeiros, mesmo porque não houve abertura do inventário do autor da herança. Inaplicabilidade do art. 380 do CC. Compensação. Instituto que se aplica somente se houver reciprocidade de dívidas, o que não é o caso, não incidindo o disposto no art. 369 do CC. Recurso desprovido. (TJSP, AI n. 990102106918, 20ª Câm. de Dir. Priv., rel. Álvaro Torres Júnior, j. 18.10.2010)

Embargos à execução. Compensação entre honorários advocatícios devidos pela sucumbência nos embargos, com crédito requisitado em precatório na mesma ação principal. Possibilidade. Dívidas líquidas e vencidas. Reciprocidade entre credores e devedores. Enquadramento nos arts. 368 e 369 do CC. Recurso não provido. (TJSP, AI n. 8.901.175.900, rel. Fermino Magnani Filho, j. 24.08.2009)

Cumprimento de sentença. Impugnação. Compensação de valores. Indeferimento. Manutenção. Agravante que pretende compensar valor decorrente de acórdão transitado em julgado com provável crédito a ser reconhecido em ação ordinária de cobrança entre as mesmas partes e em fase inicial de processamento. Não cabimento. Elementos dos autos indicam a inviabilidade do encontro de contas preconizado pela doutrina, por ausência de um de seus requisitos, qual seja, o da certeza e exigibilidade dos créditos compensandos. Inteligência do art. 369 do CC. (TJSP, Ap. n. 597.522.4/7, rel. Des. Francisco Loureiro, j. 09.10.2008)

[...] 3 – Locação de imóveis. Embargos à execução. Compensação de créditos com pagamento de luvas. Requisitos legais não preenchidos. Recurso desprovido. Inviável a pretensão de compensação se não se está diante de dívidas líquidas, certas e exigíveis. Sentença mantida. Recurso desprovido. (TJSP, Ap. n. 1.202.000-0, rel. Des. Reinaldo Caldas, j. 08.10.2008)

Veja também: STJ, AI n. 807.324, 4ª T., rel. Min. Aldir Passarinho Júnior, j. 24.03.2009; TRF, 3ª R., Ap. Cível n. 2001.61.020054949, rel. Juiz Mairan Maia, j. 25.04.2007.

Execução por título judicial. Pretensão à suspensão da execução para futura compensação com eventual crédito decorrente de ação *ex empto*, onde se discute devolução de parte do valor pago ou desfazimento do negócio. Inadmissibilidade. Mera expectativa de direito, ainda não julgada em definitivo, que não pode ser compensada com crédito líquido, certo e exigível. Aplicação dos arts. 368 e 369 do atual CC. Recurso improvido. (TJSP, Ap. Cível n. 1.087.992-6/SP, 23ª Câm. de Dir. Priv., rel. Des. Rizzatto Nunes, j. 13.09.2006, v.u., voto n. 5.882)

**Art. 370. Embora sejam do mesmo gênero as coisas fungíveis, objeto das duas prestações, não se compensarão, verificando-se que diferem na qualidade, quando especificada no contrato.**

Este dispositivo estabelece uma exceção ao artigo anterior, pois impede que dívidas líquidas, vencidas e fungíveis sejam compensadas se a qualidade delas diferir – ou seja, se uma for muito superior à outra – e se essa qualidade estiver especificada no contrato. Note-se que os requisitos são cumulativos: deve haver diferença na qualidade das dívidas e ela deve estar especificada no contrato.

**Jurisprudência:** Ação de anulação de título de crédito e declaratória de nulidade de cláusula contratual cumulada com condenatória. Violação ao art. 21 da Lei de Locações. Cláusula de remuneração variável em contrato de sublocação que, eventualmente, ultrapasse o valor da locação não é nula ou inválida, porém é ineficaz em relação aos valores que sobejem o valor da locação principal. Anulação afastada. Compensação de valores. Possibilidade. O art. 370 do CC não veda a compensação de obrigações de origens diversas, apenas as que divirjam de qualidade. Possibilidade de declaração de inexigibilidade ante o pedido de anulação. Recurso da ré parcialmente provido. (TJSP, Ap. Cível c/ Rev. n. 1.241.397.004, rel. Pereira Calças, j. 01.04.2009)

Agravo de instrumento. Sucumbência do agravante nos embargos acolhidos. Pretendida compensação pelo Banco agravante com outros processos. Indeferimento do juízo. Inteligência do art. 370 do CC. Acerto da r. decisão. Agravo desprovido (voto 6.472). (TJSP, AI n. 7.179.026.000, 19ª Câm. de Dir. Priv., rel. Sampaio Pontes, j. 29.01.2008)

Ação declaratória. Inexistência de título. Compensação de créditos entre a autora e a requerida. Não incidência do art. 1.011 do CC. Recurso improvido. Honorários de advogado. Fixação mediante apreciação equitativa. Valor da causa pequeno. Aplicabilidade não do critério do art. 20, § 3°, do CPC [art. 85, § 2° do CPC/2015], mas sim o do § 4°, do mesmo dispositivo legal. Recurso improvido. Vistos, relatados e discutidos estes autos de Apelação n. 814.045-4, da Comarca de Santo André, sendo apelante [...] Informática Ltda. e apelada [...] Representações Ltda. Acordam, em 4ª Câm. do I TAC, por votação unânime, negar provimento ao recurso. Trata-se de apelação (fls. 39/45) interposta contra sentença (fls. 35/37), cujo relatório fica adotado e que julgou procedentes medida cautelar de sustação de protesto e ação anulatória de título. Sustenta a recorrente que distintas as dívidas, porque uma se refere a compra e venda mercantil, enquanto outra foi simplesmente alegada, mas não provada pelo apelado e diz como uma prestação de serviço, de modo que não podem ser objeto de compensação como alvitrado pelo autor para justificar a falta de pagamento do seu débito. Reitera que o valor cobrado pelo apelado foi devidamente quitado. Argumenta, finalmente, que excessivos os honorários fixados em R$ 500,00, equivalentes a mais de 50% do valor da condenação. Recebido (fls. 47), foi o recurso processado regularmente, com contrarrazões (fls. 48/58). É o relatório. Cuida-se de ação anulatória de título precedida de sustação de protesto, buscando a autora a extinção da obrigação estampada em duplicata mercantil apresentada (por indicação) a notário de protestos, asseverando que no desenvolvimento da encerrada representação comercial da requerida restou-lhe crédito do qual deveria apenas ser abatido o valor das mercadorias retidas, de sorte que inexistente lastro para emissão do título cuja anulação foi pleiteada. Apresentou o autor nota fiscal representativa do débito em aberto (fls. 9), não logrando a ré, apesar de intimada (fls. 33), produzir prova da respectiva quitação. Diante da existência de crédito em favor da ré e de um crédito em favor da autora, a sentença considerou extinta a obrigação do autor, mediante compensação. Não incide, no caso, disposição do art. 370 do CC (art. 1.011, do CC/1916), que versa a respeito de compensação entre prestações de mesmo gênero mas de qualidades diferentes, quando especificadas em contrato. Nesse sentido, Maria Helena Diniz: "A compensação requer identidade da qualidade dos débitos, quando especificada em contrato, pois, se os objetos, embora da mesma espécie, forem de qualidade diversa, não se poderá compensar. Assim, não se poderá compensar o débito de vinho Bordéus do produtor X de tal data com uma dívida do mesmo vinho do produtor Y de outra data". (*Código Civil anotado*, 7. ed., fls. 741.) No caso dos autos, certas quanto à existência, determinadas quanto ao objeto e vencidas ambas obrigações em dinheiro, na forma dos arts. 368 e 369 do CC (arts. 1.009 e 1.010 do CC/1916), é aplicável a compensação. Assim, não tinha a recorrente crédito relativo à venda de mercadorias que justificasse a emissão do título, objeto do pedido, que deve ser anulado, portanto, em razão de falta de origem. Quanto à verba honorária, também não merece reparo a sentença atacada, pois aplicou o disposto no art. 20, § 4º, do CPC [art. 85, §§ 8º e 3º do CPC/2015], certo que ainda que reduzido seja o valor da causa, devem os honorários advocatícios corresponder a condigna remuneração do trabalho do profissional, não se justificando, portanto, a fixação, segundo o critério do § 3º, do mesmo dispositivo legal, de modo que não é alterada a quantia fixada, R$ 500,00. Bem por isso, é negado provimento ao recurso. Presidiu o julgamento, com voto, o Juiz Oséas Davi Viana (revisor) e dele participou o Juiz Rizzatto Nunes. São Paulo, 10.11.2004. (TJSP, Ap. c/ Rev. n. 814.045.400, 4ª Câm. (extinto I TAC), rel. Renato Gomes Corrêa, j. 10.11.2004)

**Art. 371. O devedor somente pode compensar com o credor o que este lhe dever; mas o fiador pode compensar sua dívida com a de seu credor ao afiançado.**

A primeira parte do dispositivo não é inovadora, pois somente se poderá falar em compensação (art. 368) quando as duas pessoas forem simultaneamente credor e devedor uma da outra. A segunda parte, porém, permite que o fiador obtenha a compensação do crédito do afiançado contra o seu credor. Assim, em uma mesma relação jurídica, ao ser ajuizada a cobrança pelo credor em face do devedor afiançado, ele não pode apresentar um crédito de seu fiador em relação ao credor para compensá-lo. No entanto, se o fiador é executado, poderá postular a compensação do valor devido pelo credor ao devedor afiançado, porque isso lhe é permitido pelo presente artigo.

**Jurisprudência:** Locação comercial. Legitimidade ativa da fiadora. Pretensão de constituição de crédito para eventual compensação. Possibilidade. O art. 371 do CC autoriza o fiador a pleitear a compensação do crédito do afiançado contra seu credor, o que o legitima para reclamar por benfeitorias que o locatário introduza no imóvel locado. Danos emergentes não comprovados. Impossibilidade de presunção. Inadimplemento contratual. Inocorrência. Sentença mantida. Recurso improvido. (TJSP, Ap. n. 0228204-55.2009.8.26.0002/SP, 29ª Câm. de Dir. Priv., rel. Hamid Bdine, *DJe* 03.06.2014, p. 1.501)

Embargos do devedor. [...] Aquele que presta fiança está legitimado a pleitear compensação, nos termos do art. 371 do atual CC (art. 1.013 do CC/1916) [...]. (TJMG, Ap. Cível n. 2.0000.00.472615-8/000(1), rel. José Antônio Braga, j. 21.02.2006)

Cobrança. Débito relativo a contrato de locação. Crédito do fiador embargante contra o exequente. Compensação. Admissibilidade. Inteligência do art. 1.013 do CC. (TACRJ, *RT* 607/199)

**Art. 372. Os prazos de favor, embora consagrados pelo uso geral, não obstam a compensação.**

Ao ser concedido prazo para o devedor saldar a dívida por mera liberalidade, sem novação ou alteração contratual, não há impedimento para que se considere o débito vencido e, portanto, passível de compensação.

**Art. 373. A diferença de causa nas dívidas não impede a compensação, exceto:**
**I – se provier de esbulho, furto ou roubo;**
**II – se uma se originar de comodato, depósito ou alimentos;**
**III – se uma for de coisa não suscetível de penhora.**

A causa é o elemento comum a todo negócio jurídico da mesma espécie. Indica a razão pela qual são estabelecidas as contraprestações, mas não se confunde com o motivo, que se relaciona com a razão subjetiva dos contratantes, cuja identificação não é possível ao intérprete ou ao julgador. Assim, deve ser definido o que seja causa para a aplicação exata do presente dispositivo.

O fato de os negócios terem causas distintas não impede a compensação, de maneira que as dívidas que atenderem aos requisitos do art. 369 podem ser compensadas, mesmo que uma delas resulte de um mútuo de dinheiro e outra de uma indenização por acidente de veículos ou da alienação de uma propriedade rural. Importante, apenas, é que sejam líquidas, vencidas e fungíveis, salvo as exceções relacionadas no presente dispositivo.

A hipótese do inciso I quer impedir que créditos ilícitos sejam compensados com outros, de origem lícita, pois isso implicaria inadmissível igualdade de tratamento entre valores distintos: créditos licitamente obtidos e créditos obtidos com violação ao direito.

Observe-se, contudo, que outros créditos podem ter origem ilícita – homicídio, apropriação indébita etc. –, sem que a compensação esteja vedada expressamente. Destarte, a impossibilidade de conferir tratamento distinto a hipóteses bastante semelhantes convence de que os casos relacionados são apenas exemplificativos e todos os bens adquiridos mediante delito não serão passíveis de compensação.

A segunda hipótese indicada no inciso II refere-se aos débitos originados de comodato, depósito ou alimentos. A vedação destina-se a evitar que o comodatário, o depositário e o alimentante compensem o dever de restituir com outros créditos, o que implicaria inadmissível retenção do bem infungível que se encontra em seu poder – no comodato e no depósito – e extinção de obrigação consistente em pagar alimentos destinado à subsistência do credor.

Observe-se que, se as dívidas não tiverem causas distintas, a compensação é possível: dois comodatos, dois depósitos ou duas verbas alimentares respectivas. Assinale-se que a jurisprudência vem admitindo a compensação nos casos em que houver má-fé da credora e não admite que alimentos não decorrentes de relação familiar estejam sujeitos a essa regra – de modo que o crédito de natureza alimentar resultante em acidente de trabalho pode ser compensado com débito do empregado por mútuo que contratou com seu empregador.

Finalmente, o inciso III não permite a compensação que se refira a coisa insuscetível de penhora (como são os bens de família e os relacionados no art. 833 do CPC/2015; art. 649 do CPC/73). Se os bens não são suscetíveis de penhora, o credor não pode pretender compensação que os envolva. O credor pode desejar valores representados pelo débito contraído por seu empregado, que é seu credor por salários. Assim, pretende efetuar a compensação entre o salário que deve a seu credor e o valor que ele lhe deve pelo mútuo. Como o salário é insuscetível de penhora (art. 833, IV, do CPC/2015; art. 649, IV, do CPC/73), o empregador é obrigado a pagar seu empregado, sem efetuar a compensação, executando seu crédito em ação própria, porque a compensação é vedada por este dispositivo.

**Jurisprudência:** Apelação. Divórcio. Partilha. Alimentos ex-cônjuge. Compensação. Impossibilidade. Poderá ocorrer a extinção de obrigações através da compensação, quando duas pessoas forem reciprocamente credoras e devedoras uma da outra e até o limite em que se compensarem. O art. 1.707 do CC dispõe que o crédito alimentar é insuscetível de cessão, compensação ou penhora e o art. 373 do CC/2002 estabelece que a diferença de causa das dívidas não impede a compensação, exceto se uma se originar de comodato, depósito ou alimentos. (TJMG, Ap. Cível n. 50076291820208130707, 4ª Câm. Cível Especializada, rel. Maria Luiza Santana Assunção, j. 09.02.2023, *DJ* 13.02.2023)

Compensação de honorários no novo CPC: Agravo de instrumento. Ação de cobrança. Cumprimento de sentença. Pedido de compensação das verbas honorárias impostas em sede de ação principal reconvenção. Descabimento. Proibição expressa trazida pelo art. 85, § 14, do novo CPC. Inexistência de semelhança entre credor e devedor, tendo em vista que os créditos não pertencem às partes, mas a seus respectivos causídicos. Honorários advocatícios que possuem natureza alimentar, amoldando-se à exceção prevista no art. 373, II, do CC. Precedentes desta Corte. Reforma do entendimento adotado em primeiro grau. Recurso provido. (TJSP, 25ª Câm. de Dir. Priv., rel. Hugo Crepaldi, j. 19.05.2016)

Processual civil e civil. Objeção de pré-executividade. Título executivo. Requisitos. Violação ao art. 162, § 2º, do CPC [art. 230, § 2º, do CPC/2015]. Inexistência. Alimentos. Compensação. Condenação em honorários. Impossibilidade. I – A verba alimentícia foi fixada em 2,5 salários mínimos, a ser paga no dia 10 de cada mês, em decisão que antecipou os efeitos da tutela, posteriormente confirmada por sentença transitada em julgado. Assim sendo, a obrigação é certa, quanto a sua existência e determinada quanto a seu objeto, líquida e exigível. II – O imóvel do qual são retirados os aluguéis para pagamento da pensão alimentícia é de propriedade comum das partes, de forma que apenas a cota-parte destinada ao devedor é que deve ser utilizada para satisfação da obrigação. III – O direito a alimentos é irrenunciável e o respectivo crédito é insuscetível de compensação (CC, arts. 373, II, e 1.707). Depois, despesas efetuadas por mera liberalidade não podem ser compensadas, pois o devedor deve satisfazer a obrigação na forma determinada na sentença, máxime porque "o credor não é obrigado a receber prestação diversa da que lhe é devida, ainda que mais valiosa" (CC, art. 313). IV – A condenação ao pagamento de honorários é incabível, porquanto o acolhimento da objeção de pré-executividade não resultou na extinção da execução, total ou parcialmente. V – Negou-se provimento ao recurso. (TJDFT, Proc. n. 20120020274780, rel. Des. José Divino de Oliveira, *DJe* 16.04.2013, p. 163)

Apelação cível. Ação constitutiva de crédito c/c compensação de alimentos. Compensação de dívida de alimentos. Impossibilidade (arts. 373 e 1.707 do CC). Relativização da regra de incompensabilidade. Necessidade de demonstração do enriquecimento sem causa do alimentado. Não verificação. Pagamento de pensão de forma diversa do que fora estabelecido no título. Mera liberalidade do alimentante. Irrepetibilidade dos alimentos.

Recurso conhecido e não provido. Há casos previstos na lei em que não será possível a compensação da dívida, dentre eles, tem-se a dívida de alimentos (arts. 373 e 1.707, do CC). Inexistindo prova de que o alimentando enriqueceu injustamente com os pagamentos extras, é mais seguro e coerente concluir que a compensação o privaria de recursos indispensáveis à sua própria mantença, o que desvirtuaria a natureza do direito alimentar. Os pagamentos realizados, de forma diversa daquela fixada no título executivo, não desoneram o devedor de cumprir sua obrigação de alimentar. Não há que se reconhecer a possibilidade de compensar valores pagos por mera liberalidade do alimentante. Os alimentos, uma vez prestados, são irrepetíveis, vale dizer, não são restituíveis. (TJMS, Ap. n. 0801357-49.2012.8.12.0002, 3ª Câm. Cível, rel. Des. Rubens Bergonzi Bossay, *DJe* 01.07.2013)

Agravo de instrumento. Pedido de compensação entre os honorários advocatícios de sucumbência gerados em ação de atentado com os oriundos de ação de dissolução de sociedade. Identidade de partes. Possibilidade. Aplicação da Súmula n. 306 do STJ. Inaplicabilidade do art. 373, III, do CC. Duas verbas impenhoráveis. Ausência de prejuízo para qualquer das partes. Recurso conhecido e provido. (TJPR, AI n. 0910538-0, 18ª Câm. Cível, rel. Des. Renato Lopes de Paiva, *DJe* 03.12.2012, p. 310)

Apelação cível. Reparação de danos em virtude de acidente automobilístico requerido, proprietário de veículo, que o cede ao filho da autora, para que este o conduza numa rodovia, de madrugada, após saírem de uma festa, na qual ambos ingeriram bebida alcoólica, vindo o condutor a envolver-se em acidente, que resultou em sua morte instantânea. Culpa concorrente do proprietário e do condutor. Indenização por danos morais devida. Pensionamento devido. Termo final. Redução. Sucumbência recíproca caracterizada. Compensação da verba honorária. Impossibilidade. Recurso parcialmente provido. 1 – Diante da atitude deliberada do requerido, de entregar o veículo ao filho da autora, que não tinha habilitação, para que este o conduzisse numa rodovia, de madrugada, após saírem de uma festa, na qual ambos tinham ingerido bebida alcoólica, impõe responsabilizá-lo pelo evento, de forma concorrente, por ter escolhido mal a pessoa a quem entregou o automotor, restando caracterizada a culpa na modalidade *in eligendo*. 2 – Nas famílias de baixa renda é comum os filhos auxiliarem os pais na manutenção das despesas do lar, contudo, salvo casos excepcionais, em que a vítima for menor de idade e, comprovadamente, arrimo de família, a pensão mensal pelo falecimento de filho é devida até a data em que aquela, por presunção, completaria 25 anos de idade. 3 – Considerando que a Lei n. 11.382/2006 passou a estabelecer a impenhorabilidade dos honorários do profissional liberal, no inciso IV, do art. 649, do CPC [art. 833, IV, do CPC/2015]; e considerando a natureza alimentar conferida atualmente à verba honorária, ainda que sucumbencial, sedimentada está a discussão, no sentido de ser inviável o acolhimento da compensação, que encontra óbice nos incisos II e III, do art. 373, do CC em vigor. (TJPR, AC n. 0841199-4, rel. Des. Luiz Lopes, *DJe* 30.04.2012, p. 205)

Recurso devolvido à Câmara pela 3ª vice-presidência desta Corte para viabilizar juízo de retratação, haja vista a interposição de recurso especial contra o acórdão anterior. Art. 543-C, § 7º, II, do CPC [art. 1.040, II, do CPC/2015]. Juros remuneratórios. Limitação à média de mercado. Aplicabilidade, mesmo diante do decidido pelo STJ no REsp n. 1.061.530/RS. Exame do caso concreto que conduz a conclusão no sentido da abusividade da taxa aplicada. Inviabilidade de compensar honorários advocatícios. Verba alimentar. Aplicação do art. 373, II, do CC. Consequência lógica do disposto em precedentes do STF e do STJ. Questão não abordada no julgamento em que se aplicou o incidente de recurso repetitivo. Manutenção do anteriormente decidido. (TJSC, AC n. 2009.020728-5, rel. Des. Jorge Luiz de Borba, *DJe* 05.03.2012)

Embargos à execução opostos pela Fazenda Municipal. Excesso de execução reconhecido na sentença impondo ao exequente o pagamento de verba honorária em favor da Fazenda Municipal, facultada a compensação ou abatimento do crédito exequente. Impossibilidade. Inteligência dos arts. 170, *caput*, do CTN e 373, II, do CC. Verba honorária de caráter autônomo e alimentar pertence a princípio aos patronos do vencedor e não do erário (art. 23 do Estatuto da OAB). Recurso provido para afastar a compensação. (TJSP, Ap. n. 0020563-41.2009.8.26.0053/São Paulo, 15ª Câm. de Dir. Públ., rel. Rezende Silveira, *DJe* 03.07.2013, p. 1.445)

Apelação. Embargos do devedor. Título executivo judicial decorrente de indenização por danos morais. Credores que são devedores de contribuições condominiais, também já julgada. Compensação entre os débitos e créditos. Natureza dos valores que não a impede no caso em análise (art. 373 do CC). Credor e devedor que se confundem. Sentença de parcial procedência mantida. Recurso não provido. (TJSP, Ap. n. 9133396-08.2009.8.26.0000/São Paulo, 3ª Câm. de Dir. Priv., rel. João Pazine Neto, *DJe* 15.03.2013, p. 1.789)

Tributário. Compensação. Lei local autorizativa. Imprescindibilidade. ICMS. Precatório devido por pessoa jurídica distinta. Impossibilidade de extinção do crédito tributário. 1 – A extinção de crédito tributário mediante compensação somente é possível se houver lei autorizativa na esfera do estado. Precedentes do STJ. 2 – Ademais, seria inviável a extinção de crédito de ICMS por meio de compensação com precatório devido por pessoas jurídicas distintas (autarquia estadual/Departamento de Estradas e Rodagem – DER/PR). Precedentes do STJ. 3 – Nesse contexto, é desnecessária a análise de suposto poder liberatório, pois o art. 78, § 2º, do ADCT, é expresso ao referir-se a "tributos da entidade devedora". 4 – A inexistência de identidade entre os devedores dos precatórios e o credor do tributo (ICMS) afasta a aplicabilidade do dispositivo constitucional. 5 – Agravo regimental não provido. (STJ, Ag. Reg. no Rec. em MS n. 2008.0272618-6, 2ª T., rel. Min. Herman Benjamin, j. 18.08.2009, *DJ* 27.08.2009)

Alimentos. Cerceamento de defesa inocorrente. Matéria preclusa. Compensação dos alimentos. Impossibilidade. Art. 373, II, do CC. Abrandamento buscando evitar enriquecimento sem causa. Compensação dos valores pagos em excesso diluída em prestações. Litigância de má-fé não caracterizada. Verba honorária bem fixada. Recurso provido em parte. (TJSP, Ap. Cível c/ Rev. n. 6.117.804.300, rel. Beretta da Silveira, j. 17.02.2009)

Embargos à execução. Cobrança de alimentos pretéritos. Compensação do crédito alimentar com pagamento de outros débitos e entrega de veículo a um dos filhos. Incompensabilidade dos alimentos nos termos do art. 373, II, do CC. Apresentação de declaração em que a apelada desiste da ação de execução de alimentos. Acordo que só ganha eficácia jurídica com o comparecimento de ambas as partes ao processo e a homologação do juízo. Não efetuado. Cerceamento de defesa inocorrente. Agravo retido e apelação improvidos. (TJSP, Ap. c/ Rev. n. 5.792.674.000, 2ª Câm. de Dir. Priv., rel. Neves Amorim, j. 23.09.2008)

Agravo de instrumento. Execução por título extrajudicial. Cartas de fiança. Deferimento de compensação entre o valor de bens havidos como impenhoráveis e o crédito exequendo. Alegada impossibilidade. Desacolhimento. Bens reconhecidos como impenhoráveis depois de regular arrematação. Direito do executado, apenas, a crédito correspondente ao valor deles. Impenhorabilidade não alcançando esse crédito, por não atender à condição de bem de família. Inteligência dos art. 373, III, do CC, e art. 694, § 2º, do CPC [sem correspondente no CPC/2015]. Recurso improvido. Estando a alienação judicial perfeita e acabada, pois verificada antes do reconhecimento judicial da impenhorabilidade, não mais tem o executado direito à coisa em si, só ela reconhecida como bem de família, indispensável ao regular funcionamento de um lar. Passa a ter direito, somente, a um crédito formado pela obrigação legal do exequente de restituir o valor dos bens penhorados e arrematados (art. 694, § 2º, do CPC) [sem correspondente no CPC/2015]. E semelhante crédito, à evidência, não pode ser havido como impenhorável, porquanto não reúne a condição de bem de família que outorgou a impenhorabilidade aos bens constritos. (TJSP, AI n. 7.165.388.600, 11ª Câm. de Dir. Priv., rel. Vieira de Moraes, j. 16.01.2008)

Assim, não vislumbro ausência de interesse processual no pedido de compensação dos débitos decorrentes do fornecimento de cana-de-açúcar e subscrição de ações. Porém, inadequado o pedido em relação aos valores decorrentes da ação de cobrança. (TJSP, Ap. n. 324.584-4/1-00, rel. Des. Ariovaldo Santini Teodoro, j. 13.11.2007)

Possessória. Reintegração de posse. Bem imóvel. Anterior ação de rescisão de compromisso de venda e compra julgada procedente, sem direito de retenção ao comprador, vencido na demanda. Retorno da posse do imóvel ao vendedor. Obrigatoriedade. Notificação para desocupação desatendida. Esbulho caracterizado. Impossibilidade de compensação de créditos. Exegese do art. 373, I, do CC. Procedência da ação. Decisão mantida. Recurso improvido. (TJSP, Ap. Cível n. 1.105.744-0/Piracicaba, 14ª Câm. de Dir. Priv., rel. Des. Ligia Araújo Bisogni, j. 13.09.2006, v.u., voto n. 1.166)

Cobrança. Cédula rural. Pignoratícia e hipotecária. Banco que se apropria de dinheiro em conta-corrente com amparo em cláusula contratual. Apropriação ocorrida dois anos após a verificação do crédito. Abusividade da cláusula reconhecida. Boa-fé objetiva inexistente. Compensação de valores inadmissível em virtude da ilicitude do procedimento do banco. Interpretação ampliativa do art. 373, I, do CC. Sentença de procedência. Recurso improvido. (TJSP, Ap. c/ Rev. n. 3.005.256.500, 14ª Câm. de Dir. Priv. C, rel. Hamid Charaf Bdine Jr., j. 11.08.2006)

"A compensação" é um modo de extinção de obrigação, até onde se equivalerem, entre pessoas que são, ao mesmo tempo, devedor e credora uma da outra (DINIZ, Maria Helena. *Código Civil anotado*, 11. ed., São Paulo, Saraiva, 2005, p. 362). O crédito do apelante-autor decorrente do fornecimento de cana-de-açúcar no valor de [...] para a apelada-ré e o crédito desta oriundo da subscrição de ações no valor de [...], podem ser objeto de compensação, uma vez que ambos são dívidas de valor (homogeneidade das prestações) e inexistem elementos nos autos para afastar a sua liquidez. Referidos débitos são certos quanto à existência e determinados quanto ao objeto. E "para a compensação não se exige a identidade de *causa debendi*. A diversidade ou diferença de causa não obsta a que se verifique a compensação, salvo se proveniente de esbulho, furto ou roubo, por serem condutas ilícitas, de comodato e depósito, por terem por fundamento a confiança existente entre os envolvidos e por base a posse precária, extinguindo-se com a devolução da coisa a quem de direito, de alimentos, a compensação dele retiraria os meios para a sobrevivência com dignidade, de coisa impenhorável, por ser inexigível. Possível será a compensação entre dívidas decorrentes de causa diversa" (DINIZ, Maria Helena. *Código Civil anotado*, 11. ed., São Paulo, Saraiva, 2005, p. 366). Além disso, em face dos documentos [...], perceptível que as partes convencionaram a possibilidade da compensação de valores pela subscrição das ações com os créditos decorrentes do fornecimento de cana-de-açúcar (compensação voluntária). Ademais, os documentos [...], por serem de emissão da própria apelada-ré, demonstram a existência de débitos e créditos entre eles. Por outro lado, tais valores independem de apuração judicial ou ação de cobrança, uma vez reconhecidos pelas partes. Porém, diversamente do que sustenta o apelante-autor, incabível a compensação com base nos valores reconhecidos na ação de cobrança. Para este crédito, ausente o requisito da certeza, uma vez que a questão está *sub judice* e ainda não transitada em julgado. Confira-se: "Execução por título judicial. Pretensão da apelante à compensação de crédito que possui junto à recorrida. Descabimento, pois tal crédito é objeto de recurso pendente de julgamento. Hipótese, ademais, em que a importância pretendida pela recorrente inclui verba honorária, que é do advogado e não da parte. Recurso não provido" (TJSP, Ap. n. 0.952.035-4/00/Sorocaba, 12ª Câm. de Dir. Priv., rel. Des. Carlos Alberto Bondioli, j. 03.03.2005).

Ilegalidade da cláusula inserida em contratos bancários que autorizam desconto em conta-corrente do valor do salário do devedor: *JTA* 180/93, 178/19 e 175/174, TARS, Ap. n. 196.049.191, rel. Juiz Aldo Ayres Torres, j. 21.08.1996; e TARS, Ap. n. 196.073.761, rel. Juiz Roque Miguel Fank, j. 27.06.1996.

Impossibilidade de compensação de alimentos, salvo em caso de má-fé: *RJTJESP* 123/237 e 116/326; TJSP, Ap. n. 211.942-1/6, 2ª Câm., rel. Des. Cezar Peluso, j. 11.10.1994.

**Art. 374.** ***(Revogado pela Lei n. 10.677, de 22.05.2003.)***

**Art. 375. Não haverá compensação quando as partes, por mútuo acordo, a excluírem, ou no caso de renúncia prévia de uma delas.**

É permitido às partes, nos limites de sua autonomia privada, que acordem sobre a impossibilidade de compensar ou que renunciem previamente à compensação. Assim, a validade desse ajuste segue as regras incidentes aos negócios jurídicos em geral e, em sede de relação de consumo, é necessário verificar se a composição não está vedada em cada situação concreta pelo disposto nos arts. 39 e 51 do CDC.

**Art. 376. Obrigando-se por terceiro uma pessoa, não pode compensar essa dívida com a que o credor dele lhe dever.**

Se alguém se obriga a pagar débito de terceiro, não pode compensá-lo com um débito de que seja credor contra o credor do terceiro. Nesse caso, o devedor assume uma obrigação que não é sua, de maneira que o dispositivo veda-lhe que faça isso com o intuito de não pagar seu débito, compensando-o. A regra implica que o devedor só pode compensar com o credor o que este lhe dever diretamente (MARTINS-COSTA, Judith. *Comentários ao novo Código Civil*. Rio de Janeiro, Forense, 2003, v. V, t. I, p. 627).

**Art. 377. O devedor que, notificado, nada opõe à cessão que o credor faz a terceiros dos seus direitos, não pode opor ao cessionário a compensação, que antes da cessão teria podido opor ao cedente. Se, porém, a cessão lhe não tiver sido notificada, poderá opor ao cessionário compensação do crédito que antes tinha contra o cedente.**

Este artigo deve ser conjugado com os arts. 290 e 294. No art. 294, afirma-se que todas as exceções de que o devedor dispõe em face do credor primitivo podem ser opostas ao novo credor (o cessionário do crédito). Nesse dispositivo, não há ressalva de que essas exceções devem ser informadas ao novo credor no momento em que se lhe dá ciência da cessão, mas, como revelam os comentários correspondentes, essa é a interpretação prevalente, que prestigia a boa-fé. Quando se tratar de compensação, a necessidade de manifestação está expressamente estabelecida no dispositivo que ora se examina.

**Jurisprudência:** Embargos do devedor. Cheque repassado a empresa de *factoring*. Cessão de crédito. Ausência de notificação do devedor. Possibilidade de oposição das exceções pessoais. Cerceamento de defesa. O *factoring* consiste numa cessão onerosa de crédito em que um comerciante transfere, mediante pagamento, a empresa faturizadora títulos de crédito e assume os riscos de sua cobrança. É condição de eficácia da cessão de crédito a ciência do devedor da existência da transferência do crédito a terceira pessoa (art. 290 do CC/2002). O emitente de cheque que desconhece o contrato celebrado entre faturizador e faturizada pode opor ao cessionário as defesas pessoais que poderia deduzir contra o empresário faturizado, inteligência do art. 377 do CC/2002. (TJMG, Proc. n. 2.0000.00.505435-3/000(1), rel. Antônio de Pádua, j. 27.09.2005)

**Art. 378. Quando as duas dívidas não são pagáveis no mesmo lugar, não se podem compensar sem dedução das despesas necessárias à operação.**

A compensação interessa a ambas as partes que dela se valem, de modo que eventuais despesas suportadas por uma das partes para efetivá-la devem ser descontadas do valor a compensar, evitando que uma das partes tenha despesa superior à da outra para consolidar adimplemento do interesse de ambas. A dedução acarreta a igualdade das partes em relação aos interesses a serem compensados, evitando que uma delas tenha maior prejuízo que a outra.

**Art. 379. Sendo a mesma pessoa obrigada por várias dívidas compensáveis, serão observadas, no compensá-las, as regras estabelecidas quanto à imputação do pagamento.**

A compensação acarreta o adimplemento, de modo que este dispositivo consagra a aplicação à espécie das regras da imputação de pagamento (arts. 352 a 355) às hipóteses em que houver mais de uma dívida a compensar. Tudo o que foi dito a respeito da imputação de pagamento nos comentários correspondentes aplica-se aos casos em que mais de uma dívida for compensável.

**Art. 380. Não se admite a compensação em prejuízo de direito de terceiro. O devedor que se torne credor do seu credor, depois de penhorado o crédito deste, não pode opor ao exequente a compensação, de que contra o próprio credor disporia.**

A compensação pode ser utilizada para que determinado credor obtenha a satisfação de seu crédito em prejuízo de outros credores, como quando, por hipótese, entre diversos credores, somente seu crédito seja fungível em relação ao do devedor. Havendo vários credores de dívidas vencidas, líquidas e fungíveis, porém, o dispositivo remete à necessidade de execução e concurso de credores, para que se verifique quem efetuará primeiro a penhora do bem.

A parte final do dispositivo é mais simples: caso o devedor se torne credor do devedor após seu crédito estar penhorado por terceiro, a compensação não é permitida, pois acarretaria fraude à execução (art. 792 do CPC/2015; art. 593 do CPC/73). Aqui, o crédito do credor é penhorado por terceiro, de maneira que ele deve pagar o terceiro e iniciar a cobrança do seu crédito contra o devedor, sem prejudicar o terceiro que obteve a penhora do crédito. Observe-se que a penhora é do crédito do credor contra o devedor, que tanto pode ser representada por dinheiro quanto por uma obrigação de dar ou de fazer, como a que se refere a direitos de aquisição de um imóvel, desde que seja possível identificar nestes últimos casos os requisitos estabelecidos no art. 369.

**Jurisprudência:** Agravo interno. Agravo em recurso especial. Execução de título extrajudicial. Compensação de crédito. Impossibilidade. Art. 380 do CC. Necessidade de reexame fático. Súmulas ns. 7 e 568 do STJ. Decisão mantida. Agravo não provido. 1. Não cabe, em recurso especial, reexaminar matéria fático-probatória (Súmula n. 7/STJ). 2. Nos exatos termos do art. 380 do CC, não se admite a compensação em prejuízo de direito de terceiro. Precedentes. 3. Agravo interno a que se nega provimento. (STJ, Ag. Int. no AREsp n. 2.114.948/SP, 4ª T., rel. Min. Maria Isabel Gallotti, j. 17.04.2023, *DJe* 24.04.2023)

Execução. Aplicação dos institutos da confusão e da compensação. Inviabilidade. A confusão não se aplica aqui, por não ser líquido o quinhão da herança do executado, notadamente por não ter havido distribuição de bens aos herdeiros, mesmo porque não houve abertura do inventário do autor da herança. Inaplicabilidade do art. 380 do CC. Compensação. Instituto que se aplica somente se houver reciprocidade de dívidas, o que não é o caso, não incidindo o disposto no art. 369 do CC. Recurso desprovido. (TJSP, AI n. 990102106918, 20ª Câm. de Dir. Priv., rel. Álvaro Torres Júnior, j. 18.10.2010)

Agravo de instrumento. Compensação. Possibilidade de prejuízo de direito de terceiro. Inadmissibilidade. Nos termos do art. 380 do CC, não se admite a compensação em prejuízo de direito de terceiro. Havendo possibilidade de ocorrer prejuízo em face da Fazenda Pública, é inadmissível a aplicação do instituto da compensação de créditos e débitos entre as partes, porquanto o crédito fiscal tem preferência a qualquer outro, seja qual for a sua natureza. (TJMG, AI n. 1.0702.03.042726-5/008(1), rel. Alvimar de Ávila, j. 28.01.2009)

Julgamento antecipado da lide. Cerceamento de defesa. Inocorrência, ao julgador cabe decidir sobre a utilidade ou necessidade das provas, indeferindo as diligências inúteis ou meramente protelatórias, nos exatos termos do art. 130 do CPC [art. 370 do CPC/2015]. Preliminar rejeitada. Consignação em pagamento. Apelante que quer compensar o seu crédito com o crédito do apelado. Desacolhimento. Apelado que sofreu intervenção do Bacen, o que implicou a suspensão da exigibilidade das obrigações vencidas e na inexigibilidade dos depósitos já existentes à data de sua decretação, nos termos do art. 6º da Lei n. 6.024/74. Compensação dos créditos que implicaria em pagamento privilegiado em relação aos demais credores do banco falido, o que é vedado pelo art. 380 do CC. Recurso não provido. (TJSP, Ap. n. 7.052.189.600, 17ª Câm. de Dir. Priv., rel. Tersio Negrato, j. 30.06.2008)

Contrato. Bancário. Ação visando a anulação de contratos de mútuo e a compensação de créditos. Autora que pede reforma do julgado, sob argumentação básica de que, como condição à contratação, o banco teria imposto à apelante a aquisição de títulos (debêntures) que jamais teria adquirido, portanto tendo havido "venda casada" de serviços, vedada pela lei. Insiste na possibilidade de compensação do pretenso débito com créditos existentes. O que contamina e torna ilícita a chamada "operação casada" ou "venda casada" é o abuso ou a exploração de uma parte pela outra, de modo a que o adquirente não tenha outra alternativa, senão adquirir ambos os produtos. Se isso não fica demonstrado, inviável reconhecer nulidade no negócio. Pretendida compensação inadmissível. Só se podem compensar dívidas líquidas e vencidas (art. 369, CC) e desde que não resulte em prejuízo de direito de terceiro (art. 380, CC). Ação improcedente. Recurso não provido. (TJSP, Ap. Cível n. 7.071.355-2/SP, 11ª Câm. de Dir. Priv., rel. Des. Gilberto Pinto dos Santos, j. 14.09.2006, v.u., voto n. 8.185)

## CAPÍTULO VIII
## DA CONFUSÃO

**Art. 381. Extingue-se a obrigação, desde que na mesma pessoa se confundam as qualidades de credor e devedor.**

Quando A deve a B, mas, de algum modo, torna-se titular desse mesmo crédito, extingue-se a obrigação, pois não haverá possibilidade ou necessidade de adimplir a si mesmo. Tal hipótese costuma ocorrer nos casos em que o devedor é o único sucessor do credor e sobrevém a morte deste último. Nesse caso, o crédito do credor será transmitido ao devedor, que, em consequência, será credor e devedor de si mesmo em relação à mesma obrigação, que será considerada extinta nos termos deste dispositivo. A confusão é meio legal de extinção da dívida, de maneira que será reconhecida mesmo que não haja intenção das partes ou manifestação de vontade nesse sentido.

**Jurisprudência:** Não há confusão se o crédito e o débito se consolidam em pessoas jurídicas distintas, ainda que integrantes de um mesmo grupo econômico: TJSP, Ap. n. 0250703-33.2009.8.26.0002, rel. Melo Colombi, j. 29.01.2016.

Honorários advocatícios. Defensoria Pública do Estado. 1 – Sentença. Limites. Não é extra ou *ultra petita* a sentença que reconhece a confusão entre credor e devedor e reconhece a inexigibilidade do crédito, ainda que alegada apenas na réplica. A falta de oitiva da embargada não implica em nulidade, ante a vinda do processo ao segundo grau e análise de suas razões. 2 – Honorários. Defensoria Pública. A Defensoria Pública do Estado é órgão ligado à Procuradoria Geral do Estado. Situação caracterizada pelo "instituto da confusão" (art. 318 do CC atual), pelo qual se extingue a obrigação na hipótese em que se confundam, na mesma pessoa, as qualidades de credor e devedor. REsp n. 820.931/RJ, 1ª T., 20.03.2007, rel. Teori Albino Zavascki. Ag. Reg. no REsp n. 685.032/RS, 2ª T., 15.05.2008, rel. Carlos Fernando Mathias. Procedência. Recurso do autor a que se negou seguimento. Agravo interno desprovido. (TJSP, Ag. Reg. n. 0391815-93.2009.8.26.0000/São Paulo, 10ª Câm. de Dir. Públ., rel. Torres de Carvalho, j. 14.03.2011)

De igual teor: TJRJ, Ap. n. 0007015-37.2008.8.19.0001, 20ª Câm. Cível, rel. Des. Jacqueline Montenegro, j. 20.06.2011.

Embargos. Oposição pela Fazenda do Estado de São Paulo, alvejando, por motivo de confusão entre as pessoas do credor e do devedor, execução de verba honorária. Sentença de acolhimento dos embargos. A norma do inciso VI, art. 741, CPC [art. 535, IV, do CPC/2015], propiciando, pela via dos embargos, a oposição de causa impeditiva, modificativa ou extintiva da obrigação exequenda, embora abranja a possibilidade de desfiar-se a confusão inscrita no art. 381, CC, limita-se a causas supervenientes à sentença objeto da execução. Impossibilidade consequente de revolver, fora do âmbito rescisório, sentença acobertada por eficácia preclusiva. (TJSP, AI n. 9.394.105.301, rel. Ricardo Dip, j. 26.10.2009)

Processual civil. Agravo regimental em agravo de instrumento. Honorários advocatícios. Defensoria Pública.

CC – art. 381 (confusão). Pressupostos. 1 – Segundo noção do direito das obrigações, ocorre confusão quando uma mesma pessoa reúne as qualidades de credor e devedor. 2 – Em tal hipótese, por incompatibilidade lógica e expressa previsão legal extingue-se a obrigação. 3 – Com base nessa premissa, a jurisprudência desta Corte tem assentado o entendimento de que não são devidos honorários advocatícios à Defensoria Pública quando atua contra a pessoa jurídica de direito público da qual é parte integrante. 4 – *A contrario sensu*, reconhece-se o direito ao recebimento dos honorários advocatícios se a atuação se dá em face de ente federativo diverso, como, por exemplo, quando a Defensoria Pública estadual atua contra município. 5 – Agravo regimental não provido. (STJ, Ag. Reg. no AI n. 1.131.351, 2ª T., rel. Min. Eliana Calmon, j. 20.08.2009, *DJ* 10.09.2009)

No mesmo sentido: STJ, REsp n. 1.108.013/RJ, 1ª S., rel. Min. Eliana Calmon, j. 03.06.2009, *DJe* 22.06.2009.

Apelação cível. Fornecimento de medicamento para Alzheimer e hiperplasia benigna de próstata. É dever do Estado garantir a saúde da população. Receituários e exames feitos por médicos conveniados ao SUS. Multa diária. Admissibilidade. Impossibilidade de condenação em honorários a favor da Defensoria Pública quando litiga contra a Fazenda Pública. Confusão entre credor e devedor (art. 381 do CC). Recursos parcialmente providos. (TJSP, Ap. c/ Rev. n. 6.733.385.400, rel. Des. Venicio Salles, j. 02.10.2007)

Inaplicabilidade do instituto da confusão, previsto no art. 381, do CC/2002, à espécie. Isto porque é o Município, e não o Estado, que figura como devedor da verba honorária no caso em comento. (STJ, Ag. Reg. no Ag. Reg. no REsp n. 736.179, rel. Min. Luiz Fux, j. 17.05.2007)

[...] 2 – O Estado não paga honorários advocatícios nas demandas em que a parte contrária for representada pela Defensoria Pública. Precedentes. 3 – Extingue-se a obrigação quando configurado o instituto da confusão (art. 318 do CC atual). (STJ, REsp n. 598.260, rel. Min. João Otávio de Noronha, j. 13.02.2007). Nota do autor: o correto seria art. 381 do CC, e não 318, como constou da ementa.

Do mesmo teor: STJ, REsp n. 820.931, rel. Min. Teori Albino Zavascki, j. 20.03.2007 e STJ, REsp n. 592.694, rel. Min. João Otávio de Noronha, j. 06.02.2007.

Não recolhendo o prêmio, o proprietário do veículo fica obrigado, em via de regresso, a ressarcir aquilo que a seguradora viesse a pagar ao acidentado. Destarte, como, no caso, o acidentado é o proprietário do veículo, verifica-se tratar de clássico caso de confusão (art. 381 do CC), pois caracterizada a reunião, na mesma pessoa, das qualidades de credor e de devedor de uma mesma relação obrigacional. (TJSP, Ap. s/ Rev. n. 1.013.453-0/1, rel. Des. Artur Marques, j. 29.01.2007)

**Art. 382. A confusão pode verificar-se a respeito de toda a dívida, ou só de parte dela.**

Este artigo permite o reconhecimento da confusão como modo de extinguir a dívida, mesmo que ela não compreenda todo o débito, mas alcance-o apenas em parte.

**Art. 383. A confusão operada na pessoa do credor ou devedor solidário só extingue a obrigação até a concorrência da respectiva parte no crédito, ou na dívida, subsistindo quanto ao mais a solidariedade.**

Credores ou devedores solidários fazem jus ao crédito ou são responsáveis pelo débito em sua integralidade. Dessa forma, perante aquele com que estabelecem a relação jurídica podem agir individualmente como se cada um deles fosse o único credor ou devedor. A confusão, porém, não poderá, segundo o dispositivo em exame, acarretar a extinção da totalidade da dívida, pois somente parte dela diz respeito a cada credor ou devedor solidário.

Admitindo-se, pois, que a confusão com um só dos devedores solidários ou credores solidários extinguisse a dívida, os demais credores se veriam compelidos a cobrar o cocredor, que obteve satisfação de seu débito sem vantagem para eles, o mesmo se verificando em relação ao devedor, o que é vedado no presente dispositivo.

Tal procedimento não corresponde ao disposto nos arts. 267 e 269, que, no primeiro, ao definir solidariedade ativa, permite que qualquer credor exija a dívida na integralidade, e, no segundo, só autoriza extinção da dívida em valor superior à parte do credor, até o montante do que foi pago, se efetivamente ocorreu pagamento, isto é, se houve adimplemento daquilo efetivamente devido. Na confusão, como se verifica do exame do presente dispositivo, a solução é diversa.

**Art. 384. Cessando a confusão, para logo se restabelece, com todos os seus acessórios, a obrigação anterior.**

Se a confusão cessar – porque, exemplificativamente, o ascendente credor, diversamente do que se imaginava, está vivo, de modo que o débito do descendente para com ele não se consolidou nas mãos deste –, o débito se restabelecerá com todos os seus acessórios.

No entanto, garantias e direitos reais de terceiros constituídos no momento em que se operou a confusão devem ser respeitados (PEREIRA, Caio Mário da Silva. *Instituições de direito civil*, 20. ed., atualizada por Luiz Roldão de Freitas Gomes. Rio de Janeiro, Forense, 2003, v. II, p. 274). Em consequência da cessação da confusão, o crédito volta a existir com todos os acessórios que a ele se vinculavam. Segundo Sílvio Rodrigues, a confusão cessa porque é fundada em causa transitória ou ineficaz (*Direito civil*. São Paulo, Saraiva, 2002, v. II, p. 224).

**Jurisprudência:** Cobrança. Confusão. Correção monetária. Juros de mora. 1 – Não há confusão, modo de extinção da obrigação, quando credor e devedor são pessoas jurídicas distintas, com registros distintos, contabilidades individualizadas e capital social próprio. Ademais, a cessação da alegada confusão patrimonial e administrativa e a demonstração de interesse na manutenção do vínculo obrigacional são suficientes à restauração da obrigação. Inteligência do art. 384 do CC. 2 – A correção monetária não constitui um *plus*, devendo incidir desde à época em que fixado o valor original do débito. 3 – Tratando-se de responsabilidade contratual, contam-se os juros a partir da citação. (TJMG, Proc. n. 1.0024.05.846432-2/001(1), rel. Wagner Wilson, j. 03.04.2008)

## CAPÍTULO IX
## DA REMISSÃO DAS DÍVIDAS

**Art. 385. A remissão da dívida, aceita pelo devedor, extingue a obrigação, mas sem prejuízo de terceiro.**

A remissão implica extinção não satisfativa do débito. É a declaração do credor, aceita pelo devedor, de que não deseja receber o que lhe é devido. No sistema do CC, a discussão sobre a natureza jurídica da remissão e sobre a necessidade de concordância do devedor para validade ou eficácia da mesma, uma vez que o dispositivo em exame consagra expressamente a impossibilidade de extinguir-se a obrigação sem anuência do devedor.

Segundo Renan Lotufo, esta regra consagra, novamente, o princípio da socialidade, permitindo ao devedor discordar da remissão e insistir no adimplemento (*Código Civil comentado*. São Paulo, Saraiva, 2003, v. II, p. 418). Acrescenta que se confere prestígio à liberdade do devedor e "de seu direito a cumprir o dever obrigacional" (op. cit., p. 419).

O dispositivo encontra paralelo no parágrafo único do art. 304, que também não admite o pagamento por terceiro se o devedor se opuser. Também neste dispositivo se dá proteção ao devedor, que pretende, pessoalmente, adimplir o débito.

**Jurisprudência:** Apelação. Processo civil. Contrato. Prestação. Serviços advocatícios. *Pacta sunt servanda*. Honorários. Serviço efetivamente prestado. Ausência. Adimplemento. Remissão. Dívida. Inocorrência. 1. O contrato faz lei entre as partes e deverá ser observado pelos contratantes, como consectário da segurança jurídica que deve nortear as relações sociais (*pacta sunt servanda*). 2. O causídico deve ser remunerado pelos serviços prestados, de maneira proporcional ao trabalho desenvolvido, de acordo com as regras estabelecidas no art. 22, § 2°, da Lei n. 8.906/94 e no art. 14 do Código de Ética e Disciplina da OAB. 3. Conforme se infere do disposto no art. 385 do CC, a extinção da obrigação pela remissão depende da conjunção de três requisitos: (i) ânimo da parte do credor de perdoar a dívida; (ii) aceitação do perdão por parte do devedor; e (iii) ausência de prejuízo a terceiro. 4. Negou-se provimento à apelação. (TJDF, Ap. Cível n. 07032361820228070020, 7ª T. Cível, rel. Fabrício Fontoura Bezerra, j. 08.03.2023, *DJ* 28.03.2023)

**Art. 386. A devolução voluntária do título da obrigação, quando por escrito particular, prova desoneração do devedor e seus coobrigados, se o credor for capaz de alienar, e o devedor capaz de adquirir.**

Se o credor restitui ao devedor o instrumento particular que representa seu crédito, conclui-se que perdoou a dívida em relação a todos os devedores e coobrigados, se ambos forem capazes. Registre-se que o dispositivo só menciona o instrumento particular, na medida em que o instrumento público pode ser objeto de extração de diversas vias, o que, portanto, não significa que a entrega de uma delas ao devedor externe intenção de o credor desonerar o devedor. A prova da desoneração estabelecida neste dispositivo configura presunção relativa. Nada impede que o credor demonstre que a entrega do instrumento ao devedor não resultou de sua intenção de desonerá-lo.

**Jurisprudência:** Cambial. Promissória. Título exigível. Remissão parcial da dívida não demonstrada. Art. 1.053 do CC/1916. Pagamento que se demonstra pela devolução do título ou declaração do credor. Nexo entre essa obrigação e a transferência de imóvel mais quantia em dinheiro ao apelado não demonstrado. Recurso não provido. (TJSP, Ap. c/ Rev. n. 7.076.714.100, 22ª Câm. de Dir. Priv., rel. Roberto Bedaque, j. 09.01.2007)

Entrega de título ao devedor pelo credor. Presunção relativa possível de ser elidida. Remissão da dívida. Inexistência do ânimo de perdoar. Descaracterização. Alegação de desvirtuamento do princípio do livre convencimento. Não explicitação dos motivos da insurgência. Desconsideração das provas produzidas. Inocorrência. Não conhecimento desta parte. Verbete n. 284 da Súmula do STF. Matéria de prova. Reexame defeso em sede especial. Enunciado n. 7 da Súmula do STJ. (*RSTJ* 83/258)

**Art. 387. A restituição voluntária do objeto empenhado prova a renúncia do credor à garantia real, não a extinção da dívida.**

O penhor é garantia real pela qual determinado bem móvel é entregue pelo devedor ao credor com a intenção de garantir a dívida. Quando o credor entrega o bem ao devedor, não há extinção da dívida, mas apenas renúncia à garantia. A garantia é acessório da dívida, e sua extinção não acarreta a do principal – ou seja, da própria dívida.

**Art. 388. A remissão concedida a um dos codevedores extingue a dívida na parte a ele correspondente; de modo que, ainda reservando o credor a solidariedade contra os outros, já lhes não pode cobrar o débito sem dedução da parte remitida.**

Caso o credor decida proceder à remissão de parte da dívida de um dos devedores solidários, não pode pretender cobrá-la dos demais, a quem não a concedeu. Dessa forma, deve abater do total da dívida solidária a parte remitida, cobrando-lhe apenas o saldo devido.

**Jurisprudência:** Apelação. Seguro. Inexistência de relação jurídica c/c repetição de indébito e indenização por danos morais. Parte que pretende sua majoração. Cabimento, conforme precedentes desta Câmara em casos análogos, com o fim de assegurar ao lesado uma justa reparação, sem incorrer, contudo, em enriquecimento ilícito. Honorários advocatícios. Compatibilidade do arbitramento de acordo com o art. 85, § 2º, em detrimento da aplicação do art. 85, § 8º, ambos do CPC. Percentual fixado que remunera condignamente o trabalho desempenhado pelos patronos da autora, ressaltando a baixíssima complexidade do feito. Recurso parcialmente provido. (TJSP, Ap. Cível n. 1000762-17.2022.8.26.0264/ Itajobi, 36ª Câm. de Dir. Priv., rel. Walter Exner, j. 24.05.2024, publ. 24.05.2024)

Embargos de declaração. Alegada omissão. Inexistência. A menção à regra dos arts. 277 e 388, ambos do CC, a princípio, afigurou-se uma superfetação, haja vista que os autores ressalvaram, expressamente, ao conceder remissão parcial do valor devido, no acordo firmado com uma das devedoras solidárias, que persistiam no firme propósito de prosseguir na ação contra a outra devedora solidária (tanto assim que a plena e rasa quitação se deu de forma mútua apenas). De qualquer maneira, para vencer eventual dificuldade no concernente ao direito aplicado à espécie, cuida-se de deixar suficientemente clara a aplicação das regras legais mencionadas. Embargos acolhidos, sem efeito modificativo. (TJSP, Emb. Decl. Cível n. 02453828220078260100/ SP, 7ª Câm. de Dir. Públ., rel. Luiz Sergio Fernandes de Souza, j. 30.01.2023, *DJ* 30.01.2023)

Locação de imóvel. Execução. Fiadores que figuram no contrato como principais pagadores e solidários quanto às obrigações do locatário. Art. 39 da Lei n. 8.245/91. Remissão parcial do débito que extingue a dívida na parte concernente ao devedor remido. Admissibilidade. Inteligência dos arts. 275, 277 e 388 do CC/2002. Ausência de prejuízo aos apelantes, o credor não mais poderá reclamar a dívida toda, sem abatimento de seu crédito da parte remida. Recurso conhecido e desprovido. (TJSP, Ap. c/ Rev. n. 884.965.004, 31ª Câm. de Dir. Priv., rel. Francisco Casconi, j. 05.08.2008)

Locação de imóveis. Consignatória. Depósitos feitos. Aceitação ou impugnação da oferta. Inexistência. Desistência da ação. Admissibilidade. Levantamento dos depósitos pelo consignante. Desnecessidade da concordância do credor. Inteligência do art. 338 do CC. Desistência homologada e processo extinto (CPC, art. 267, VIII) [art. 485, VIII, do CPC/2015]. Recurso provido. (TJSP, AI n. 1.111.877-2/00, rel. Des. Walter Zeni, j. 12.07.2007)

# TÍTULO IV
# DO INADIMPLEMENTO DAS OBRIGAÇÕES

## CAPÍTULO I
## DISPOSIÇÕES GERAIS

**Art. 389. Não cumprida a obrigação, responde o devedor por perdas e danos, mais juros, atualização monetária e honorários de advogado.**

*Caput* com redação dada pela Lei n. 14.905, de 28.06.2024.

**Parágrafo único. Na hipótese de o índice de atualização monetária não ter sido convencionado ou não estar previsto em lei específica, será aplicada a variação do Índice Nacional de Preços ao Consumidor Amplo (IPCA), apurado e divulgado pela**

**Fundação Instituto Brasileiro de Geografia e Estatística (IBGE), ou do índice que vier a substituí-lo.**
Parágrafo acrescentado pela Lei n. 14.905, de 28.06.2024.

---

Os contratos – e as obrigações de modo geral – devem ser cumpridos, porque são obrigatórios para as partes *(pacta sunt servanda).* Distingue-se a responsabilidade que tem origem no inadimplemento de contrato ou em declaração unilateral de vontade daquela em que não se tem presente qualquer vínculo obrigacional anterior. A primeira é denominada responsabilidade contratual e a segunda, extracontratual ou aquiliana.

A responsabilidade contratual, ora examinada, está fundada na culpa em sentido amplo. Isto é, a obrigação de indenizar resulta da intenção do inadimplente de descumprir o contrato e causar prejuízo, ou da negligência, da imprudência ou da imperícia com que se houve. A obrigação de indenizar resultante do inadimplemento contratual pressupõe culpa do inadimplente. Na hipótese do inadimplemento contratual, a culpa é presumida – ao contrário do que ocorre na responsabilidade aquiliana –, de maneira que o ônus de ilidir tal presunção é do inadimplente, que só se exonera se demonstrar a ocorrência de caso fortuito ou força maior (art. 393 do CC). Nada impede que o devedor assuma expressamente a responsabilidade indenizatória mesmo nas hipóteses em que se verifique caso fortuito ou força maior.

Os requisitos necessários ao reconhecimento da obrigação do inadimplente de indenizar o credor, na lição de Maria Helena Diniz, são os seguintes: a) obrigação violada; b) nexo de causalidade entre o fato e o dano produzido; c) culpa; e d) prejuízo ao credor (*Curso de direito civil brasileiro*. São Paulo, Saraiva, 2002, v. II, p. 359).

Em caso de não cumprimento, o inadimplente responde por perdas e danos, mais juros e atualização monetária, segundo índices oficiais, e honorários de advogado, de acordo com a regra do art. 389 do CC. Segundo Renan Lotufo, tais verbas não dependem do pedido expresso para serem concedidas, porque previstas em lei (*Código Civil comentado*. São Paulo, Saraiva, 2003, v. III, p. 431).

A regra não se aplica apenas às obrigações decorrentes do contrato, pois as obrigações também podem decorrer do negócio unilateral e de ordem judicial (LOTUFO, Renan. Op. cit., p. 429). A mesma consequência impõe-se quando a obrigação é cumprida de modo imperfeito, isto é, de modo distinto daquele que foi estabelecido ou de forma intempestiva (art. 395 do CC).

O fato de o art. 389 do CC não haver reproduzido a expressão do art. 1.056 do CC/1916 ("ou deixando de cumpri-la pelo modo e no tempo devidos") não significa que o cumprimento imperfeito da obrigação não gere perdas e danos, pois a primeira frase do dispositivo mencionado compreende essa hipótese. Ademais, a mora (cumprimento que não se faz no tempo, no lugar e na forma estabelecidos em lei ou em convenção) é disciplinada nos arts. 394 e 395 e também prevê obrigação de o inadimplente suportar perdas e danos.

O Código em vigor alterou o nome do presente capítulo. Denominou-o *Do Inadimplemento das Obrigações* em lugar de *Das Consequências da Inexecução das Obrigações*. A nova expressão é mais abrangente que a anterior e, como observa Renan Lotufo, "compreende, primeiramente, o estudo do inadimplemento da obrigação *em si mesmo,* e, depois, o das suas consequências" (op. cit., p. 425).

O adimplemento da obrigação é o modo regular pela qual ela se extingue. Já o inadimplemento provoca rompimento na estrutura social, autorizando o credor a reagir e lançar mão de certos meios para satisfazer seu crédito. Verifica-se quando o devedor não cumpre a prestação devida de modo voluntário ou quando, involuntariamente, fica impedido de fazê-lo. Haverá inexecução voluntária se o inadimplemento resultar de fato imputável ao devedor. A infração ao dever de cumprir a obrigação assumida pode resultar de conduta dolosa ou culposa (negligência, imprudência ou imperícia).

A impossibilidade no cumprimento da prestação, porém, pode decorrer de fato não imputável ao devedor e, se tal ocorrer, não lhe serão exigíveis as verbas indenizatórias contempladas nesse artigo. Acrescente-se que haverá reconhecimento de impossibilidade não imputável ao devedor se o cumprimento da prestação exigir dele "um esforço extraordinário e injustificável" (SAVI, Sérgio. "Inadimplemento das obrigações, mora e perdas e danos". *Obrigações: estudos na perspectiva civil-constitucional*. Rio de Janeiro, Renovar, 2005, p. 462).

Contudo, a expressão inadimplemento também tem um conteúdo objetivo, oriundo da constatação de que a prestação não foi conferida ao credor. Há uma tendência doutrinária, aliás, de identificar o inadimplemento com essa situação objetiva, independentemente de culpa (ROSENVALD, Nelson. *Direito das obrigações*. Niterói, Impetus, 2004, p. 242, e RIZZARDO, Arnaldo. *Direito das obrigações*. Rio de Janeiro, Forense, 2004, p. 507). De fato, nem sempre a culpa do devedor terá relevância para a identificação do inadimplemento. Nesse passo, vale invocar a observação de Renan Lotufo, que registra: "o interesse do credor merece proteção segura e adequada, inclusive nas hipóteses em que o adimplemento foi impedido por causas estranhas à 'imputabilidade' do devedor" (op. cit., p. 426). Não se afasta, ainda, a hipótese de o devedor responsabilizar-se expressamente por prejuízos que não lhe sejam imputáveis, como se extrai do art. 393 (RIZZARDO, Arnaldo. *Direito das obrigações*. Rio de Janeiro, Forense, 2004, p. 480).

No CDC, verificam-se diversas hipóteses em que o inadimplemento contratual legitimará a obrigação de indenizar independentemente da culpa do fornecedor, pois, também no aspecto contratual, a responsabilidade haverá de amparar-se na teoria do risco, ultrapassando-se, aliás, de alguma maneira a distinção entre responsabilidade contratual e extracontratual. Nesse sentido, a lição de Luiz Antonio Rizzato Nunes (*Comentários ao Código de Defesa do Consumidor*. São Paulo, Saraiva, 2000, p. 151): "Poder-se-ia dizer que antes – por incrível que possa parecer – risco do negócio era do consumidor. Era ele quem corria o risco de adquirir um produto ou serviço, pagar seu preço (e, assim, ficar sem seu dinheiro) e não poder dele usufruir adequadamente, ou, pior, sofrer algum dano. É extraordinário, mas esse sistema teve vigência até 10 de março de 1991, em flagrante injustiça e inversão lógica e natural das coisas. Agora, com a Lei n. 8.078, o risco integral do negócio é do fornecedor".

Se o descumprimento da obrigação for involuntário por resultar de caso fortuito ou força maior, não haverá responsabilidade indenizatória daquele que não cumpre a prestação. A despeito das hipóteses em que a culpa é dispensada para justificar a indenização, ela continua sendo necessária, como regra geral, para que se justifique impor-se a obrigação de reparar perdas e danos, não se distinguindo da responsabilidade extracontratual, nesse aspecto (LOTUFO, Renan. Op. cit., p. 428).

Observe-se que a impossibilidade de que se trata neste capítulo é a superveniente, ou seja, que não se verificava no momento do nascimento da obrigação, uma vez que a impossibilidade contemporânea à sua formação é tratada no plano da validade dos negócios jurídicos, disciplinada no art. 104 do CC/2002 (LOTUFO, Renan. Op. cit., p. 428).

A regra do presente dispositivo refere-se ao inadimplemento absoluto – aquele em que a obrigação não foi nem poderá ser cumprida de modo útil e satisfatório. É o que ocorre, por exemplo, com o perecimento do objeto. Nesse caso, o inadimplemento absoluto poderá ser total ou parcial, caso a integralidade da prestação, ou parte dela, não puder ser cumprida.

O inadimplemento relativo é aquele em que a obrigação não é cumprida no tempo, no lugar e na forma devidos, mas poderá sê-lo, com um proveito para o credor. Nesse caso, estará caracterizada a mora, disciplinada pela regra do art. 394. Nos arts. 389 e 394, o legislador distinguiu entre o inadimplemento total e parcial e a mora. Na primeira hipótese, a prestação não pode ser cumprida, integral ou parcialmente, e será substituída por indenização. Na segunda, ainda que de modo imperfeito, a prestação pode ser satisfeita, mas sua imperfeição autoriza o credor a postular indenização.

A distinção, portanto, decorre de remanescer a possibilidade de o credor satisfazer a obrigação. Enquanto ela existir, haverá inadimplemento relativo; se ela deixar de existir, será absoluto. Não se confundem inadimplemento parcial absoluto e mora, portanto, uma vez que, no primeiro, parte da obrigação não tem possibilidade de ser adimplida, na segunda, ela sempre remanesce.

Na última parte do art. 234, cuida-se do inadimplemento absoluto. O art. 236, conforme o interesse do credor, admite as duas hipóteses: aceitação com deterioração, ou indenização por perdas e danos. A primeira hipótese equivale a inadimplemento absoluto parcial. O direito à indenização corresponde a efeito da mora (LOTUFO, Renan. Op. cit., p. 429). Contudo, se a obrigação consiste na entrega de diversos bens e alguns são recebidos intactos pelo credor, enquanto outros perecem, somente há mora em relação a estes, pois, quanto aos demais, o adimplemento aperfeiçoou-se.

A obrigação inadimplida pode ser de dar, fazer ou não fazer. O art. 389 apresenta regra geral, aplicável a todas essas modalidades. A indenização corresponderá, em qualquer caso, aos prejuízos que a mora ou o inadimplemento causarem ao credor. No primeiro caso, porém, o credor poderá, por um lado, perseguir a própria prestação, além da indenização pelos prejuízos que suportou. Por outro lado, em caso de inadimplemento, a indenização equivale à própria prestação não recebida, ou recebida em parte. As perdas e danos correspondem ao prejuízo patrimonial ou extrapatrimonial da parte prejudicada pelo inadimplemento. Sua satisfação equivale à recomposição de sua situação patrimonial e devem, portanto, ser proporcionais ao prejuízo efetivamente sofrido. Dessa forma, a indenização equivalerá ao "valor do bem jurídico lesado, a fim de evitar enriquecimento ilícito por parte do credor" (DINIZ, Maria Helena. Op. cit., p. 359).

O legislador não distinguiu entre dolo e culpa no que se refere às consequências do inadimplemento, tratando de modo geral a culpa genérica como suficiente para gerar a obrigação indenizatória. A distinção entre conduta dolosa e culposa só foi havida como relevante para os contratos benéficos de que trata o art. 392 do CC. Nos contratos onerosos, as partes têm direitos e deveres recíprocos e estão em condições de igualdade para responder por culpa ou dolo.

Pode ser que ocorra a mora, mas não o inadimplemento, de modo que ainda seja proveitoso ao credor o cumprimento da obrigação. Nesse caso, será aplicável a regra do art. 395 do CC. O devedor em mora estará sujeito às mesmas perdas e danos previstas no art. 389 do CC. Esse dispositivo consagrou, ao lado das perdas e danos, a obrigação do inadimplente de pagar juros, atualização monetária e honorários de advogado. Os juros, como se verá nos comentários aos arts. 404, 405 e 406, destinam-se a remunerar, ou a indenizar, os prejuízos que o atraso no cumprimento da obrigação principal, ou do pagamento da indenização proveniente do inadimplemento, provoca ao credor. A atualização monetária destina-se a evitar que a desvalorização da moeda em decorrência do processo inflacionário avilte o valor monetário devido, acarretando sua insuficiência para repor o credor na situação em que ele se encontrava anteriormente ao inadimplemento.

A preocupação do legislador em fazer menção expressa à correção monetária decorre do período em que foi elaborado o texto. Nos anos de 1970 e 1980, o processo inflacionário no Brasil gerou inúmeras perplexidades para a compreensão da correção monetária – o que, de certo modo, foi superado pela edição da Lei n. 6.899/81, que disciplinou sua incidência aos processos judiciais. A preocupação do legislador levou-o a consagrar no texto do CC a incidência da correção monetária como imperativo ético e econômico para a composição das perdas e danos.

Para evitar enriquecimento sem causa, a correção monetária deve ser calculada sempre a partir do momento em que a dívida tiver seu valor real fixado, pois se evitará, dessa forma, que a inflação verificada a partir daí impeça o credor de receber, em valores reais, o montante que efetivamente lhe é devido. Em relação ao ato ilícito, o Eg. STJ editou a Súmula n. 43, do teor seguinte: "Incide correção monetária sobre dívida por ato ilícito a partir da data do efetivo prejuízo". Explica-se: se alguém é credor de R$ 1.000,00 daquele que causou dano a seu veículo, essa importância é válida e atual na data da elaboração do orçamento (10.05.2000, hipoteticamente). Ao ser ajuizada a demanda e após decorrerem dois anos para o pagamento, aquela quantia não será suficiente para o reparo do veículo, pois os valores dos serviços e das peças a serem substituídas correspondem, dois anos após o orçamento, a R$ 2.400,00. Para que o credor seja de fato indenizado, a correção monetária seguirá o índice que manterá atualizado o valor devido.

Não se confunde a correção monetária com os juros, nem se pode admitir que ela seja realizada por índice a que se agreguem juros, pois tal proceder implicaria desvirtuamento de seu objetivo: a correção monetária nada acresce ao valor – como fazem os juros –, limitando-se a mantê-lo atualizado.

Finalmente, o dispositivo em exame acrescenta os honorários de advogado ao valor indenizatório. Ao acrescentar a verba honorária entre os valores devidos em decorrência das perdas e danos, parece que o legislador quis permitir que a parte prejudicada pelo inadimplemento possa cobrar o que despendeu com honorários, seja antes de ajuizar a ação, seja levando em conta a diferença entre aquilo que contratou com seu cliente e aquilo que foi arbitrado a título de sucumbência. Não se pode supor que tenha feito menção a essa verba apenas para os casos de ajuizamento da ação, quando houver a sucumbência, pois, nessa hipótese, a solução já existiria nos arts. 82, § 2º, e 85, § 17, do CPC/2015 (art. 20 do CPC/73) e não é adequada a interpretação que conclui pela inutilidade do dispositivo. As dificuldades apontadas para a incidência deste dispositivo tampouco preocupam. Se o credor contratar um advogado que resolveu extrajudicialmente sua questão, ao obter indenização por perdas e danos sem necessidade de ingressar em juízo, haverá prejuízo para ele se da quantia obtida tiver que deduzir os honorários devidos ao profissional. Por isso é que a disposição se revela adequada: para que a indenização devida ao credor, vítima do inadimplemento, seja plena, sem necessidade de dedução dos honorários da atuação extrajudicial. Caso o valor dos honorários contratados pelo credor se revele exagerado, haverá abuso de direito (art. 187) e só se reconhecerá a ele o direito ao pagamento de honorários adequados ao que usualmente se paga por atividades daquela espécie – indicada, inclusive, pela Tabela de Honorários da OAB. Nem se imagine que o fato represente novidade no sistema indenizatório. Diariamente, condenam-se causadores de danos a indenizar o valor dos honorários médicos, que também se sujeitam à verificação de sua razoabilidade. Idêntico tratamento merecerão os honorários de advogado. O Eg. STJ, contudo, ainda não consolidou a posição a respeito do tema.

Este dispositivo poderá incidir nos casos de competência do Juizado Especial nos quais a regra especial afasta a verba de sucumbência (arts. 54 e 55 da Lei n. 9.099/95). Com efeito, se aquele que se vale dos serviços do Juizado precisar constituir advogado em demanda sujeita ao disposto neste artigo, poderá postular a verba honorária como integrante de sua indenização, e o fará com amparo nos arts. 389 e 404 deste Código, pois não serão honorários de sucumbência, mas da intervenção extrajudicial de seu procurador. Não seria lógico que a atuação extrajudicial do advogado fosse remunerada e que isso não fosse possível nos casos em que ele precisasse ajuizar a ação perante o Juizado Especial. Pondere-se que o art. 55 da Lei n. 9.099/95 não seria desrespeitado, porque se dirige à verba de sucumbência, não às perdas e danos. Nas ações ajuizadas perante a Justiça Comum, os honorários dos arts. 82, § 2º, e 85, § 17, do CPC/2015 (art. 20 do CPC/73) não poderão substituir o valor contratado pelo vencedor da demanda com o advogado a que conferiu mandato judicial, legando-lhe o ônus de suportar a diferença entre este e a sucumbência fixada pelo julgador. Se assim for, o vencedor da demanda estará suportando prejuízo que lhe foi gerado pelo inadimplemento levado a efeito pela parte vencida, o que configura prejuízo que o presente dispositivo quer excluir.

A Lei n. 14.905/2024 introduziu o parágrafo único deste artigo elegendo o IPCA como o índice a ser adotado para a correção monetária, se não houver previsão diversa em contrato ou em lei específica. A disposição, é certo, só vale para as hipóteses em que o crédito se constituiu após a entrada em vigor da lei, mas não incide retroativamente, se violar direito adquirido ou coisa julgada.

Até a entrada em vigor da referida lei, 30.08.2024, o índice oficial de correção monetária era o INPC, ao menos para as dívidas judiciais, por força do disposto no Decreto n. 86.649/81, que prevalecerá.

**Jurisprudência:** Agravo interno no recurso especial. Civil e processual civil (CPC/1973). Busca e apreensão. Alienação fiduciária em garantia. Despesas e honorários advocatícios extrajudiciais. Pactuação. Legalidade. Precedentes específicos desta Corte. 1. Segundo a orientação jurisprudencial das Turmas que compõem a 2ª Seção desta Corte, é válida a cláusula contratual que prevê o pagamento das despesas decorrentes da cobrança extrajudicial da obrigação, suportadas pelo credor. 2. A previsão contratual de honorários advocatícios em caso de inadimplemento da obrigação decorre diretamente do art. 389 do CC, não guardando qualquer relação com os honorários de sucumbência. 3. Conclusões do acórdão recorrido no mesmo sentido da orientação desta Corte. 4. Agravo interno desprovido. (STJ, Ag. Int. no REsp n. 1.730.248/PE, 3ª T., j. 16.05.2022, *DJe* 19.05.2022)

Esta Corte possui entendimento firmado de que os custos decorrentes da contratação de advogado para ajuizamento de ação, por si só, não constituem ilícito capaz de ensejar danos materiais indenizáveis. Precedentes. (STJ, AI no REsp n. 1.515.433, rel. Min. Antonio Carlos Ferreira, j. 10.12.2016)

Do mesmo teor: STJ, EREsp n. 1.155.527/MG, rel. Min. Sidnei Beneti, *DJe* 28.06.2012; STJ, REsp n. 1.084.084/MG, rel. Min. Aldir Passarinho Júnior, j. 27.10.2009, *DJe* 07.12.2009; STJ, Ag. Reg. no AREsp n. 800.991, rel. Min. Benedito Gonçalves, j. 20.10.2016 (com voto vencido do Min. Napoleão Nunes Maia Filho); TJSP, Ap. n. 0010199-55.2012.8.26.0586/São Roque, 28ª Câm. de Dir. Priv., rel. Celso Pimentel, j. 26.01.2017; TJSP, Ap. n. 002980-21.2013.8.26.0348/Mauá, 29ª Câm. de Dir. Priv., rel. Carlos Henrique Miguel Trevisan, j. 24.01.2017; TJSP, Ap. n. 1002181-14.2015.8.26.0007, rel. Des. Enio Zuliani, j. 09.05.2016.

No sentido de que os honorários contratuais são devidos sem prejuízo dos da sucumbência, com os quais não se confundem: STJ, AI no AREsp n. 809.029, rel. Min. Herman Benjamin, j. 09.08.2016, Ag. Reg. no AREsp n. 606.676/RS, 2ª T., rel. Min. Humberto Martins; STJ, Ag. Reg. no REsp n. 1.312.613/MG, 3ª T., rel. Min. Paulo de Tarso Sanseverino; Ag. Reg. nos Emb. Decl. no REsp n. 1.412.965/RS, 3ª T., rel. Min. Sidnei Beneti, j. 17.12.2013; TJSP, Ap. n. 1005918-66.2014.8.26.0037/Araraquara, 2ª Câm. de Dir. Priv., rel. Rosangela Telles, j. 25.07.2016; TJSP, Ap. Cível n. 994.07.092.705-2, rel. Guilherme Santini Teodoro, j. 18.11.2010.

Nos termos do art. 389 do CC/2002 (que manteve a essência do art. 1.056 do CC/16), na responsabilidade contratual, para obter reparação por perdas e danos, o contratante não precisa demonstrar a culpa do inadimplente, bastando a prova de descumprimento do contrato. Dessa forma, nos acidentes de trabalho, cabe ao empregador provar que cumpriu seu dever contratual de preservação da integridade física do empregado, respeitando as normas de segurança e medicina do trabalho. Em outras palavras, fica estabelecida a presunção relativa de culpa do empregador. Recurso especial provido. (STJ, REsp n. 1.067.738, 3ª T., rel. Min. Sidnei Beneti, j. 26.05.2009, *DJ* 25.06.2009)

Responsabilidade civil. Ação de indenização por danos materiais decorrentes de anterior ação judicial extinta sem julgamento de mérito. Alegação de que o autor arcou com o pagamento dos honorários advocatícios contratados. Sentença que condenou as partes ao pagamento de sucumbência recíproca, com compensação das verbas. Previsão legal de indenização dos honorários contratados do art. 389 do CC, apenas quando houver inadimplemento contratual. Ausência de prova do contrato de honorários, ou de que tenha o autor pago qualquer verba a seus patronos. Falta documento essencial. Ausência de previsão legal para o pedido. Correta extinção do feito, sem resolução do mérito, com fulcro no art. 267, VI, do CPC [art. 485, VI, do CPC/2015]. Recurso improvido. (TJSP, Ap. n. 464.270.4/0, rel. Francisco Loureiro, j. 04.09.2008)

Cambial. Duplicata. Declaração de inexigibilidade. Admissibilidade. Emissão como se de prestação de serviços se tratasse, embora se referisse à responsabilização contratual por despesas com conserto de equipamentos. Responsabilidade civil. Dano material. Despesas com advogado. Admissibilidade. Finalidade da indenização que é restituir à situação anterior. Honorários sucumbenciais, ademais, que pertencem ao advogado. Inteligência do art. 389 do CC e art. 23 da Lei n. 8.906/94. Honorários de advogado. Fixação em R$ 1.500,00. Redução para R$ 1.000,00, dadas as características do caso. Valor que remunera adequadamente o trabalho do patrono do vencedor. Apelação provida. (TJSP, Ap. n. 7.245.734-4, rel. Des. José Tarciso Beraldo, j. 02.07.2008)

Ação de rescisão contratual, cumulada com perdas e danos. Extinção do processo sem resolução do mérito por carência de ação. Falta de interesse processual consubstanciada na ausência de prévia interpelação. Impropriedade. Inexigibilidade da notificação nos casos de rescisão fulcrada em abandono do imóvel. Inteligência do art. 390 do CC. Sentença reformada. Recurso provido. (TJSP, Ap. s/ Rev. n. 4.952.064.100, 8ª Câm. de Dir. Priv., rel. Caetano Lagrasta, j. 02.04.2008)

Bem móvel. Compra e venda de veículo. Ação de cobrança cumulada com rescisão contratual. Inadimplência comprovada. Rescisão do contrato com perdas e danos devidas. O inadimplemento contratual é causa de desfazimento do negócio jurídico celebrado entre as partes, respondendo o inadimplente pelas perdas e danos, nos termos do art. 389 do CC. Recurso provido. (TJSP, Ap. Cível c/ Rev. n. 980.702.008, rel. Emanuel Oliveira, j. 03.10.2007)

Plano de saúde. Descredenciamento de hospital sem prévia adoção das providências previstas no art. 18 da Lei n. 9.656/98. Recusa ilícita à cobertura de intervenção cirúrgica com o objetivo de esclarecer suspeita de câncer na laringe. Ocorrência de danos materiais e morais ao usuário dos serviços. Os danos morais decorrem da angústia intensa de paciente acometido de grave doença, que sofre embaraços para obter o tratamento curativo no estabelecimento a que faz jus. Os danos materiais correspondem ao valor comprovado dos honorários advocatícios que pagou à advogada para ajuizamento da ação cautelar. Recurso provido. (TJSP, Ap. Cível n. 406.819.4/2-00, rel. Francisco Loureiro, j. 28.06.2007)

Indenização. Pretensão de servidor municipal de ser indenizado pela prefeitura por despesas que teve com advogado para sua defesa em processo administrativo. Inadmissibilidade. Hipótese em que o contrato firmado entre servidor e advogado constitui relação estranha à prefeitura. Presença, ademais, de justo motivo para que a prefeitura abrisse processo administrativo contra o servidor, alcançado por graves acusações. Inexistência de atuação abusiva da prefeitura. Sentença mantida. Recurso improvido. (TJSP, Ap. c/ Rev. n. 621.223.5/4-00, rel. Des. Aloísio de Toledo César, j. 27.04.2007)

Honorários de advogado. Contratados. Reembolso pelo vencido em ação. Inadmissibilidade. Honorários de sucumbência que já são a consequência legal ao vencido para ressarcir o vencedor por despesas com advogado. Impossibilidade de também arcar com honorários contratados. Recurso provido, para julgar improcedente a ação. (TJSP, Ap. c/ Rev. n. 981.495-0/0, rel. Des. César Augusto Fernandes, j. 13.04.2007)

Contrato. Financiamento de veículo automotor. Ação de consignação em pagamento de prestações. Alegação de carência por insuficiência do depósito efetuado pelo demandante. Extemporaneidade. Inserção apenas nas razões recursais. Não conhecimento. Honorários de advogado. Estipulação contratual, em caso de perdas e danos. Previsão no art. 389 do CC. Exigibilidade, porém, apenas em função da propositura de ação judicial. Estabelecimento para atender às verbas de sucumbência, nos precisos termos do art. 8º do Decreto n. 22.626/33. Apelação conhecida em parte, e nesta, desprovida. (TJSP, Ap. c/ Rev. n. 7.090.891.500, rel. Des. José Reynaldo, j. 14.02.2007)

Considerando que o aumento do risco do serviço para o consumidor, nas prestações de serviços regidas pelo CDC, justifica o desfazimento do contrato a pedido do consumidor: I TAC, Ap. n. 1.126.139-9, rel. Juiz Amado de Faria, j. 29.01.2003.

Em sentido contrário: I TAC, Ap. n. 1.126.089-4, rel. Juiz Carlos Alberto Lopes, j. 29.01.2003.

Honorários de advogado. Cobrança. Atividade referente à cobrança extrajudicial de dívida. Ausência de obrigação de remuneração do trabalho do advogado da outra parte, se a tanto não se obrigou especificamente no acordo a respeito. Inépcia da petição inicial decretada. Recurso não provido. (*JTJ* 308/186)

**Art. 390. Nas obrigações negativas o devedor é havido por inadimplente desde o dia em que executou o ato de que se devia abster.**

Se a obrigação for negativa – daquelas em que se exige do devedor um *não fazer* –, estará caracterizado o inadimplemento desde o momento em que o ato que não devia ser praticado se verificou. Observe-se que todos os comentários ao artigo anterior, a respeito do inadimplemento bem como da mora, valem para essa hipótese, pois nem sempre o inadimplemento das obrigações de não fazer é absoluto. É possível imaginar hipóteses em que a obrigação negativa seja continuada (não fazer concorrência, por exemplo) e, nesse caso, a prestação será do interesse do credor mesmo após um determinado inadimplemento. No exemplo mencionado, o inadimplemento contratual pode ser interrompido, o que interessa ao credor, sem necessidade de considerar-se o inadimplemento absoluto. No entanto, segundo o dispositivo em exame, aquele que não pode fazer concorrência ao fundo de comércio que alienou a terceiro está em mora e é inadimplente desde o dia em que vende produtos do mesmo ramo. Gustavo Bierambaum, porém, sustenta que somente a obrigação positiva admite a mora: "Classificação: obrigações de dar, fazer e não fazer" (*Obrigações: estudos na perspectiva civil-constitucional*, coord. Gustavo Tepedino. Rio de Janeiro, Renovar, 2005, p. 122).

**Jurisprudência:** Revenda de automóveis (contrato de concessão comercial). Pretensão de resolver o contrato, devido ao seu descumprimento pela revendedora. Procedência. 1 – Interpelação judicial (desnecessidade). Conforme o acórdão estadual, era desnecessária a interpelação ou notificação, "porque se de um lado a infração atinge a essência do contrato, não se tratando de infração leve que pode ser relevada se não mais praticada, de outro não envolve prestação de natureza econômica". Segundo a sentença, "independentemente de notificação porquanto aqui ocorreram atos ilícitos oriundos de obrigações negativas, como por exemplo a abstenção do desvio de clientela". Ora, na lição de Bevilaqua, "Na obrigação negativa não há interpelação. Praticado o ato de que o devedor se devia abster, já foi a obrigação infringida". Caso em que se não ofendeu o disposto no art. 119, parágrafo único, do CC. (*RSTJ* 140/251)

**Art. 391. Pelo inadimplemento das obrigações respondem todos os bens do devedor.**

A responsabilidade patrimonial do inadimplente está consagrada neste artigo, segundo o qual todos os bens do devedor respondem pelas perdas e danos decorrentes do inadimplemento da obrigação. Este dispositivo, embora não contenha a ressalva final do art. 789 do CPC/2015 (art. 591 do CPC/73) – "salvo as restrições estabelecidas em lei" –, não revogou a legislação que declara impenhoráveis determinados bens do devedor, tal como ocorre com o art. 833 do CPC/2015 (art. 649 do CPC/73).

Embora haja incompatibilidade aparente com a regra ampla do artigo em exame – que estabelece a responsabilidade integral dos bens do devedor pelo inadimplemento –, o certo é que os bens constantes do mencionado artigo – assim como o bem de família (Lei n. 8.009/90) continuariam sendo impenhoráveis ainda que a regra não existisse. Os bens indicados do art. 649 não podem ser penhorados; admiti-lo violaria o princípio de proteção à dignidade da pessoa humana consagrado no art. 1º, III, da CF. Ora, tais bens são essenciais para assegurar ao devedor uma vida minimamente digna: alimentos, sustento próprio e de sua família e trabalho.

Vale observar, contudo, que os bens relacionados nos incisos IV e VIII do mencionado art. 649 poderão ser penhorados, salvo se comprometerem o sustento digno do devedor e de sua família, como poderá ocorrer com os vencimentos e os salários e com o imóvel rural (incisos IV e X). Nesses dois últimos casos, se a penhora recair sobre parte de vencimentos ou salários expressivos, não comprometer o sustento e a vida digna do devedor (que perceba, por exemplo, rendimentos elevados), e, eventualmente, destinarem-se a quitar débito de maior valor social (alimentos devidos em razão de ato ilícito, por exemplo), não há por que manter a impenhorabilidade, ainda que parcial.

Aliás, a jurisprudência de nossos tribunais tem admitido a penhora de faturamento de pequenas empresas das quais, em muitos casos, são extraídos os rendimentos de manutenção das famílias dos sócios – cujas personalidades, é certo, não se confundem com a da sociedade –, de modo que as mesmas razões que justificam essa providência poderão autorizar a penhora de salários e vencimentos muito elevados.

Observe-se que a flexibilização da impenhorabilidade em alguns casos resulta da incidência do princípio da proporcionalidade à execução. Esse princípio constitucional permite que se afaste o rigor da regra quando desproporcional ao resultado a que se visa.

Dessa forma, se assegurar a impenhorabilidade integral de um salário expressivo comprometer a proporção a ser mantida entre a proteção à dignidade e o interesse social no cumprimento das obrigações, será possível flexibilizar a regra do art. 833 do CPC/2015 (art. 649 do CPC/73) e autorizar a penhora de parte dos rendimentos do devedor – tal como já se admite –, registre-se, na penhora do faturamento das empresas. Essa medida, certamente, também pode comprometer o sustento do pequeno empresário, sem que por isso se negue a penhorabilidade parcial.

Ora, já que a impenhorabilidade dos bens indicados no art. 833 do CPC/2015 (art. 649 do CPC/73) continuaria sendo passível de reconhecimento ainda que o dispositivo não exista, não se pode considerá-lo revogado pelo artigo que ora se examina sob o fundamento de que regra geral posterior é incompatível com a regra geral anterior (art. 2º, § 1º, da Lindb). Seria ilógico afirmar a revogação da lei anterior para manter a eficácia de seu conteúdo a partir da interpretação direta do art. 1º, III, da CF.

O bem de família permanece impenhorável, nos termos do disposto expressamente no art. 1.711. Em relação aos bens que guarnecem a residência do devedor, não há ressalva expressa no presente Código, concluindo-se que sua impenhorabilidade decorrerá do disposto no parágrafo único do art. 1º da Lei n. 8.009/90 e da proteção decorrente do princípio constitucional da dignidade da pessoa humana, se for o caso.

**Jurisprudência:** Processual civil. Recurso especial. Fraude de execução. Devedor citado em ação que procede à renúncia da herança, tornando-se insolvente. Ato atentatório à dignidade da justiça, caracterizando fraude à execução. Ineficácia perante o exequente. Pronunciamento incidental reconhecendo a fraude, de ofício ou a requerimento do exequente prejudicado, nos autos da execução ou do processo de conhecimento. Possibilidade. Renúncia translativa. Ato gratuito. Desnecessidade de demonstração da má-fé do beneficiado. Imposição de multa pela fraude, que prejudica a atividade jurisdicional e a efetividade do processo. Cabimento. 1 – Os bens presentes e futuros – à exceção daqueles impenhoráveis – respondem pelo inadimplemento da obrigação, conforme disposto nos arts. 591 do CPC [art. 789 do CPC/2015] e 391 do CC. Com efeito, como é o patrimônio do devedor que garante suas dívidas, caracteriza fraude à execução a disponibilidade de bens pelo demandado, após a citação, que resulte em sua insolvência, frustrando a atuação da Justiça, podendo ser pronunciada incidentalmente nos autos da execução, de ofício ou a requerimento do credor prejudicado, sem necessidade de ajuizamento de ação própria. 2 – O art. 592, V, do CPC [art. 790, V, do CPC/2015] prevê a ineficácia (relativa) da alienação de bens em fraude de execução, nos limites do débito do devedor para com o autor da ação. Nesse passo, não se trata de invalidação da renúncia da herança, mas sim na sua ineficácia perante o credor. O que não implica deficiência do negócio jurídico –, atingindo apenas as consequências jurídicas exsurgidas do ato. Por isso não há cogitar das alegadas supressão de competência do Juízo do inventário, anulação da sentença daquele Juízo, tampouco em violação à coisa julgada. 3 – Assim, mesmo em se tratando de renúncia translativa da herança, e não propriamente abdicação, se extrai do conteúdo do art. 1.813, do CC/2002, c/c o art. 593, III, do CPC [art. 792, V, do CPC/2015] que, se o herdeiro prejudicar seus credores, renunciando à herança, o ato será ineficaz perante aqueles que com quem litiga. Dessarte, muito embora não se possa presumir a má-fé do beneficiado pela renúncia, não há como permitir o enriquecimento daquele que recebeu gratuitamente os bens do quinhão hereditário do executado, em detrimento do lídimo interesse do credor e da atividade jurisdicional da execução. 4 – "É o próprio sistema de direito civil que revela sua intolerância com o enriquecimento de terceiros, beneficiados por atos gratuitos do devedor, em detrimento de credores, e isso independentemente de suposições acerca da má-fé dos donatários (*v. g.*, arts. 1.997, 1.813, 158 e 552 do CC/2002)" (REsp n. 1.163.114/MG, rel. Min. Luis Felipe Salomão, 4ª T., j. 16.06.2011, *DJe* 01.08.2011). 5 – Recurso especial não provido. (STJ, REsp n. 1.252.353, 4ª T., rel. Min. Luis Felipe Salomão, *DJe* 21.06.2013, p. 1.367)

Embargos de terceiro que visam a afastar a penhora que recai sobre a meação da mulher em depósito de caderneta de poupança. Execução movida em face de cooperativa. Penhora que atinge bens de administrador em razão de decreto judicial de desconsideração de personalidade jurídica. Decisão que pressupõe, em tese, a prática de ato ilícito. Em caso de ato ilícito, a meação do cônjuge só responde se houver prova de que o enriquecimento dele resultante trouxe benefício à família. Tal prova incumbe à exequente-embargada, que, na hipótese, não se desincumbiu desse ônus. Prevalência da regra geral de que a responsabilidade recai apenas sobre o patrimônio do devedor (CC, arts. 391 e 942, CPC, art. 592) [art. 790 do CPC/2015]. Recurso provido. (TJSP, Rec. inom. n. 28.811, 3ª T. Cível, rel. Theodureto de Almeida Camargo Neto, j. 06.12.2007)

Embargo à execução fiscal. IPTU. Exercícios de 1994 a 1995. Município de Tatuí. Excesso de penhora. Não configuração, pois outro bem não foi ofertado pelo devedor, todos seus bens (salvo exceções legais) respondem pelas dívidas (cf. art. 591, CPC e art. 391, CC) [art. 789 do CPC/2015], além do que quando de eventual alienação judicial o excesso cabe ao devedor. Multa e juros moratórios. Cabimento, pois uma é sanção pelo inadimplemento e os juros decorrem da demora no pagamento. CDA. Requisitos legais observados. Presunção de liquidez e certeza não afastada (arts. 3º da LEF e 204 do CTN). Apelo da embargante não provido. (TJSP, Ap. Cível n. 5.349.595.300, rel. Rodrigues Aguiar, *DJ* 19.06.2006)

A penhora de 30% dos valores depositados em conta bancária da executada é ilegal quando o montante é proveniente de pensionamento pago pelo INSS e da respectiva complementação efetuada por entidade de previdência privada. Ademais, não há nos autos qualquer referência a que possa ter outros depósitos, senão os provenientes da pensão. Assim sendo, como são destinados ao sustento da executada, bem como de sua família, os referidos valores são impenhoráveis conforme dispõe o art. 649 do CPC [art. 833 do CPC/2015]. A Turma conheceu e deu provimento ao recurso. (STJ, REsp n. 536.760, rel. Min. Cesar Asfor Rocha, j. 07.10.2003)

Penhora. Incidência sobre um terço do salário. Possibilidade. Pensão alimentícia decorrente de condenação com base no art. 1.537, II, do CC. Constrição deferida. Recurso improvido. (I TAC, Ap. n. 1.138.217-9, rel. Juiz Waldir de Souza José, j. 20.05.2003)

Penhora. Incidência sobre a soma em conta-corrente proveniente de salário. Impossibilidade. Bem considerado impenhorável. Aplicação do art. 649, IV, do CPC [art. 833, IV, do CPC/2015]. Hipótese em que o salário, no momento em que ele deixa de servir para o sustento natural do executado, pode, eventualmente, ser penhorado, desde que sobeje alguma quantia a ser preservada em algum tipo de aplicação financeira. (I TAC, Ap. n. 1.109.809-2, rel. Juiz Álvaro Torres Júnior, j. 28.08.2002)

Penhora. Incidência sobre honorários oriundos de serviços médicos prestados à Unimed. Verba distinta de salário. Circunstância, ademais, em que a penhora recai sobre 25% do recebido mensalmente até completar o valor do débito excutido. Constrição deferida. Recurso provido para esse fim. (I TAC, Ap. n. 1.075.433-1, rel. Juiz Urbano Ruiz, j. 11.04.2002)

---

**Art. 392. Nos contratos benéficos, responde por simples culpa o contratante, a quem o contrato aproveite, e por dolo aquele a quem não favoreça. Nos contratos onerosos, responde cada uma das partes por culpa, salvo as exceções previstas em lei.**

---

Contratos benéficos ou gratuitos são aqueles em que apenas uma das partes obtém vantagens, enquanto para a outra há apenas sacrifício (doações puras, por exemplo). Não se confundem com contratos unilaterais ou bilaterais, expressões utilizadas no artigo correspondente do Código revogado. Nesses casos, o contrato se aperfeiçoa, mas apenas uma ou ambas as partes têm prestações a cumprir – razão pela qual serão unilaterais ou bilaterais. Já nos contratos gratuitos, a parte a quem o contrato aproveita responde por simples culpa, mas só responde por dolo aquela a quem o contrato impõe apenas sacrifício.

A culpa simples – mesmo levíssima – obriga aquele que se beneficia do contrato a indenizar. No entanto, aquele a quem o contrato não beneficia só responde por dolo – conduta deliberadamente destinada a produzir o resultado danoso. Vale observar que a culpa grave equipara-se ao dolo. A regra confere tratamento benéfico ao que celebra o contrato sem auferir vantagem. Essa regra tem aplicação, exemplificativamente, ao comodatário e ao motorista que dá carona a terceiro (a questão é objeto da Súmula n. 145 do Eg. STJ: "no transporte desinteressado, de simples cortesia, o transportador só será civilmente responsável por danos causados ao transportado quando incorrer em dolo ou culpa grave"). Contudo, em relação especificamente ao denominado transporte de cortesia, que motivou a edição da Súmula n. 145, convém fazer o registro de que parte da doutrina tem considerado que ela já não pode prevalecer, uma vez que o art. 736 do CC afastou sua natureza contratual, e, em razão disso, a responsabilidade do transportador é regida apenas pela regra geral do art. 927 do CC (vejam-se o comentário feito neste Código por Claudio Godoy ao art. 736 e o artigo de Enio Santarelli Zuliani referido em nota específica indicada na sequência).

A segunda parte do art. 392 do CC afirma que nos contratos onerosos – aqueles em que há vantagens e sacrifícios recíprocos – qualquer das partes responde por culpa, salvo as exceções previstas em lei. É preciso observar que o art. 392 do CC alterou expressões utilizadas no art. 1.057 do CC, substituindo os termos *unilaterais* e *bilaterais* por, respectivamente, *benéficos* e *onerosos*. De fato, o tratamento menos rigoroso para as consequências do inadimplemento só se justifica caso se leve em conta a inexistência de vantagem para uma das partes, e não a presença de obrigações recíprocas, que caracteriza distinção entre contratos bilaterais e unilaterais.

**Jurisprudência:** Responsabilidade civil. Morte do pai da autora por afogamento. Acidente ocorrido quando o genitor da demandante se encontrava em barco pertencente e conduzido pelo réu. Argumentação da recorrente de que o requerido deve responder pelo acidente como transportador, nos termos do art. 734 do CC, não merece prosperar. Inexistência de contrato típico de transporte quando este é feito por amizade ou cortesia, nos termos do art. 736 do diploma. Inviável cogitar-se até mesmo de contrato atípico de transporte gratuito, dada a inexistência de vontade negocial na simples concessão de carona. Prevalecimento de tal tese poderia gerar até mesmo distorções com base no art. 392 do CC. Devida a aplicação dos princípios e regras da responsabilidade civil aquiliana do art. 927 do CC. Inexistência de dever do réu de indenizar a autora. Prova testemunhal demonstrou que a própria vítima deu causa ao seu afogamento, atirando-se à represa sem saber nadar, quando o barco se encontrava parado. Acidente ocorrido por culpa exclusiva da vítima, o que quebra o nexo de causalidade e constitui excludente de responsabilidade. Ação improcedente. Recurso improvido. (TJSP, Ap. n. 0001025-92.2009.8.26.0047/Assis, 6ª Câm. de Dir. Priv., rel. Francisco Loureiro, *DJe* 09.05.2013, p. 998)

Resolução de contrato legitimidade passiva de cônjuge de promitente vendedor (art. 10, § 1º, I, CC c/c art. 1.225, VII, CC). Réus cederam direito de compra de imóvel ao autor. Cedentes adquiriram direito de terceiro, sem verificar se este realmente tinha pago ao proprietário. Falta com dever que implica descumprimento culposo de obrigação contratual e enseja direito de ressarcimento (art. 392, CC). Dano moral inexistente. Recursos improvidos. (TJSP, Ap. n. 0039676-59.2011.8.26.0554/ Santo André, 7ª Câm. de Dir. Priv., rel. Luiz Antonio Costa, *DJe* 28.01.2013, p. 1.193)

Responsabilidade civil. Indenização. Furto de motocicleta em estacionamento disponibilizado pela empresa aos empregados e prestadores de serviços. Relação jurídica que pressupõe dever de custódia. Inaplicabilidade do art. 1.057, do CC/1916, art. 392, do CC atual, eis que a ré aufere vantagem da relação estabelecida. Ato ilícito caracterizado. Responsabilidade da empresa ré. Obrigação de reparar o dano que decorre da culpa *in vigilando* da empresa. Sentença que decretou a improcedência da demanda reformada. Ônus sucumbenciais invertidos. Recurso provido. (TJSP, Ap. c/ Rev. n. 266.030.4/2-00, 6ª Câm. de Dir. Priv., rel. Isabela Gama Magalhães, j. 14.02.2008)

Ação de cobrança. Prestação de serviços advocatícios. Inadimplemento. Correção monetária. Juros de mora. Imposto de renda. I – Dívida há de ser monetariamente corrigida desde a data do inadimplemento. Valor certo e determinado pactuado por meio de contrato. Montante do *contrahendo* comprovado mediante os empenhos. II – Ao caso concreto aplicam-se os ditames do art. 392 do CC Brasileiro. Juros de mora contar-se-ão a partir da data do pagamento. III – Na questão examinada, os valores à época devidos não chegaram a ultrapassar a faixa sobre a qual incidiria mais elevada alíquota de imposto de renda. Logo, incivil que o tributo a recolher seja o de percentual maior quando da condenação, posto que o credor não deu causa à mora (não se trata de *mora accipiendi*). Para estes fins (tributação – alíquota) considerar-se-á o mês de competência de cada parcela atrasada. Remessa necessária e recurso voluntário da Municipalidade desprovidos. Recurso adesivo do autor provido. (TJSP, Ap. c/ Rev. n. 277.031-5/6-00, 7ª Câm. de Dir. Públ., rel. Nogueira Diefenthaler, j. 21.01.2008)

Responsabilidade civil. Indenização. Dano material e moral. Furto de motocicleta em estacionamento de supermercado. Veículo pertencente a terceiro equiparado a empregado (prestador de serviços). Relação jurídica que pressupõe dever de custódia. Inaplicabilidade do art. 1.057 do CC/1916 (atual art. 392 CC/2002). Autor que comunicou a perda das chaves do veículo e empresa ré que consentiu com a permanência dele no estacionamento. Deveres de guarda e vigilância caracterizados. Precedentes desta Corte de Justiça e do Col. STJ. Aplicação do princípio da confiança. Provas suficientes da ocorrência do evento danoso. Precedentes. Ausência de interesse para impugnar o montante da condenação. Ônus da sucumbência. Subsistência. Recurso desprovido. Responsabilidade civil. Indenização. Dano material e moral. Furto de motocicleta em estacionamento de supermercado. Dano moral não caracterizado. Lucros cessantes inexistentes. Recurso desprovido. (TJSP, Ap. Cível c/ Rev. n. 3.210.524.200, rel. A. Santini Teodoro, j. 30.10.2007)

Contratos. Nos contratos, só responde por dolo ou culpa grave a parte a quem o contrato não favoreça (art. 1.057 do CC). (TJSP, Ap. Cível n. 24.224-4/SP, 8ª Câm. de Dir. Priv., rel. Des. Aldo Magalhães, j. 13.05.1998, v.u.)

**Doutrina:** "Responsabilidade civil. Acidente de trânsito. Transporte de cortesia. Ônibus. Morte do carona. Seria presumida a culpa do transportador?". ZULIANI, Enio Santarelli. *Revista de Direito Civil e Processual Civil*. 36/68-78.

---

**Art. 393. O devedor não responde pelos prejuízos resultantes de caso fortuito ou força maior, se expressamente não se houver por eles responsabilizado.**

**Parágrafo único. O caso fortuito ou de força maior verifica-se no fato necessário, cujos efeitos não era possível evitar ou impedir.**

---

Nas hipóteses de força maior ou caso fortuito, desaparece o nexo de causalidade entre o inadimplemento e o dano, de modo que não haverá obrigação de indenizar. Trata-se, portanto, de causa excludente da responsabilidade civil, contratual ou extracontratual.

Nada impede, porém, que as partes estabeleçam que a indenização será devida em caso de inadimplemento, mesmo que provocado por caso fortuito ou força maior. Considera-se caso fortuito ou força maior o fato necessário, cujos efeitos eram imprevisíveis ou inevitáveis (parágrafo único deste artigo). Embora a lei não faça distinção entre estas figuras, o caso fortuito representa fato ou ato estranho à vontade das partes (greve, guerra etc.); enquanto força maior é a expressão destinada aos fenômenos naturais (raio, tempestade etc.).

A característica mais importante dessas excludentes é a inevitabilidade, isto é, a impossibilidade de serem evitadas pelas forças humanas. Os requisitos para a configuração do caso fortuito ou da força maior são os seguintes: o fato deve ser necessário e não determinado por culpa do devedor; o fato deve ser superveniente e inevitável; o fato deve ser irresistível – fora do alcance do poder humano.

Entre as excludentes de responsabilidade previstas no CDC – arts. 12, § 3º, e 14, § 3º –, essas hipóteses não figuram como causas de exclusão de responsabilidade, o que levou alguns autores a afirmarem que elas não impedem a condenação dos fornecedores a pagar a indenização. Mas é preciso verificar que, se o caso fortuito ou a força maior eliminam o nexo de causalidade entre o defeito e o dano, não estarão presentes os requisitos dos arts. 12 e 14 do CDC, de modo que não será caso de excluir a responsabilidade, mas sim de não haver incidência da regra ao caso concreto. Registre-se que nem mesmo nos casos de responsabilidade objetiva se dispensa o nexo causal como um de seus elementos essenciais.

De todo modo, nas relações de consumo, convém registrar, há casos excepcionais que se inserem no risco assumido pelo fornecedor para obtenção do resultado prometido ao consumidor. Trata-se do chamado fortuito interno, compreendido na própria atividade empresarial – riscos de delitos para uma empresa de segurança são previsíveis e assumidos pelo fornecedor –, de modo que sua ocorrência não será capaz de eliminar o nexo de causalidade, obrigando o fornecedor a indenizar (MARTINS-COSTA, Judith. *Comentários ao novo Código Civil*. Rio de Janeiro, Forense, 2003, v. V, t. II, p. 201).

**Jurisprudência:** Locação. Ação de despejo por falta de pagamento. Sentença de procedência. Interposição de apelação pela ré. Requerimento de atribuição de efeito suspensivo à apelação interposta. Rejeição. Art. 58, V, da Lei n. 8.245/91. Questão que se encontra prejudicada a esta altura do processo. Preliminar de chamamento ao processo da seguradora garantidora da locação. Objeto desta demanda é apenas a rescisão do contrato de locação, com a consequente decretação de despejo da locatária, não havendo cumulação de pedido de cobrança. Legitimidade *ad causa* fica restrita àqueles que integram a relação contratual a ser rescindida. Pretendida inclusão da seguradora no polo passivo seria inútil ao deslinde da causa, razão pela qual deve realmente ser afastada, em respeito aos princípios da economia e da celeridade processuais. Exame do mérito. Pandemia de covid-19 deve ser entendida como caso fortuito ou força maior, pois se trata de acontecimento imprevisível, inevitável e que não foi produzido pelas partes, conforme o art. 393, parágrafo único, do CC. Efeitos da pandemia de covid-19 afetaram tanto a ré como a autora, já que esta última também tem compromissos com outros agentes econômicos e membros da sociedade, que, por sua vez, obrigam-se perante seus credores, e assim sucessivamente. Ainda que tenha provocado queda de faturamento da ré, a superveniência da pandemia de covid-19, por si só, não tem o condão de eximi-la da obrigação de pagamento dos aluguéis e encargos, pois isso significaria atribuir à autora o ônus de arcar com a maior parte ou a totalidade dos prejuízos decorrentes da pandemia, o que não se admite, sob pena de onerosidade excessiva e consequente quebra de isonomia contratual. Inadimplemento da locatária, ora ré, quanto aos aluguéis e encargos vencidos no período de fevereiro a junho de 2021 é incontroverso, já que ela própria afirma que contatou a seguradora garantidora da locação para efetuar o pagamento de tais valores. Garantia de seguro de fiança locatícia prestada no contrato de locação em discussão, na forma do art. 37, III, da Lei n. 8.245/91, constitui negócio à parte, celebrado entre a locadora e a seguradora, visando ao adiantamento do pagamento de obrigações locatícias inadimplidas pela locatária. O fato de a locadora ser beneficiária de seguro de fiança locatícia não tem o condão de eximir a locatária da obrigação de pagamento de aluguéis e encargos, sob pena de desvirtuamento da natureza acessória da garantia, com indevida transformação da seguradora em devedora principal. Adiantamentos relativos aos aluguéis e encargos vencidos no período de fevereiro a junho de 2021 não bastam para o reconhecimento da purgação da mora, porquanto não houve comprovação de pagamento de tais valores pela locatária, seja diretamente à locadora, seja à seguradora sub-rogada. Caracterização da infração de falta de pagamento de aluguéis e encargos pela locatária, ora ré, enseja a procedência desta ação, a qual, repita-se, tem por objeto apenas a rescisão do contrato de locação, com a consequente decretação de despejo da locatária, não havendo cumulação de pedido de cobrança.

Manutenção da r. sentença. Apelação não provida. (TJSP, Ap. Cível n. 1006766-25.2021.8.26.0161/SP, rel. Carlos Dias Motta, j. 30.06.2022, 26ª Câm. de Dir. Priv., publ. 30.06.2022)

Locação. Embargos à execução. Sentença de parcial procedência. Interposição de apelação pelos exequentes/embargados. Controvérsia sobre o eventual direito do locatário e fiadora, ora executados/embargantes, à revisão do contrato de locação celebrado com os locadores, ora exequentes/embargados, em decorrência dos efeitos da pandemia de covid-19 sobre a atividade econômica que era desenvolvida na loja locada, para fins de isenção dos aluguéis durante o período de fechamento do estabelecimento comercial por força das medidas restritivas de combate à disseminação da doença, bem como da multa por rescisão antecipada da avença. Exame da matéria controvertida. Pandemia de covid-19 deve ser entendida como caso fortuito ou força maior, pois se trata de acontecimento imprevisível, inevitável e que não foi produzido pelas partes, conforme os termos do art. 393, parágrafo único, do CC, valendo tal entendimento para ambas as partes da relação em discussão, bem como para os demais agentes econômicos e membros da sociedade. Locadores concederam desconto significativo no valor do aluguel durante a relação locatícia, bem como se mostraram predispostos a diferir o pagamento de 50% do valor do aluguel durante os meses de fechamento do estabelecimento comercial, o que evidenciou a sua condescendência perante as dificuldades financeiras enfrentadas pelo locatário e fiadora. Ainda que tenham impossibilitado o regular desenvolvimento da atividade econômica na loja locada, as medidas restritivas de combate à pandemia de covid-19 não têm o condão de afastar a exigibilidade dos aluguéis ou de reduzi-los ao patamar de 50%, mormente se forem consideradas as benesses já concedidas pelos locadores, pois isso significaria atribuir a estes últimos o ônus de arcar com a totalidade ou maior parte dos prejuízos decorrentes da pandemia, o que não se admite, sob pena de onerosidade excessiva e consequente quebra de isonomia contratual. Afastamento da redução determinada pelo juiz *a quo* e o consequente reconhecimento de que os aluguéis reclamados na execução originária (Processo n. 1016018-47.2020.8.26.0562) são exigíveis nos seus valores integrais são medidas que se impõem. Inobstante as benesses concedidas pelos locadores, não era razoável exigir que o locatário permanecesse vinculado ao contrato de locação sem ter a exata noção de quando poderia retomar o regular desenvolvimento de sua atividade econômica na loja locada. Ante a inviabilidade de regular desenvolvimento da atividade econômica na loja locada e a incerteza sobre o período de duração da pandemia, o reconhecimento do direito do locatário à rescisão antecipada do contrato, sem a imposição de multa, era mesmo cabível, a fim de promover o retorno das partes ao estado anterior à contratação, sem favorecer em demasia nenhuma das contratantes. Exclusão do valor relativo à multa por rescisão antecipada do contrato era mesmo cabível. Distribuição dos ônus sucumbenciais. Apesar do acolhimento da pretensão de exclusão do valor da multa por rescisão antecipado do contrato, os exequentes/embargados decaíram em parte mínima, haja vista que a aludida sanção corresponde a parcela diminuta do débito exequendo. Executados/embargantes devem responder pelo pagamento da integralidade das verbas de sucumbência, conforme o art. 86, parágrafo único, do CPC/2015. Reforma da r. sentença em conformidade com os fundamentos expostos. Apelação parcialmente provida. (TJSP, Ap. Cível n. 1020060-42.2020.8.26.0562/SP, 26ª Câm. de Dir. Priv., rel. Carlos Dias Motta, j. 18.04.2022, publ. 18.04.2022)

Apelação. Ação de reparação de danos. Sentença de procedência. Locação. *Shopping center*. Prejuízos advindos do desabamento do teto e alagamento da loja-autora. Má conservação do sistema de drenagem de calhas pelo réu. Preliminar. Cerceamento de defesa. Inocorrência. Provas acostadas aos autos suficientes ao conhecimento e apreciação da demanda. Magistrado é o destinatário da prova, a quem compete a apreciação da relevância e pertinência de determinada prova. Documentação juntada era suficiente ao conhecimento e julgamento de mérito. Mérito. Chuvas e ventos fortes e incomuns. Fato ocorrido em mês de verão que, no caso em apreço, não se constitui como caso fortuito ou força maior. Previsibilidade. Art. 393 do CCB. Estrutura do *shopping center* que deve, sempre e em qualquer época do ano, ser hábil a suportar rajadas de vento e fortes chuvas. Precedentes. Existência de distrato, em que as partes se dão quitação recíproca relacionada ao contrato de locação e não aos supostos problemas advindos do evento danoso. Troca de *e-mails* entre as partes posteriormente à assinatura do distrato, com assunto relacionado à entrega de documentos que seriam enviados à seguradora do *shopping*, para ressarcimento dos prejuízos oriundos do desabamento. Bem demonstrada a responsabilidade do réu pelos danos que causou à autora. Arts. 22, I e III, e 23, IX, ambos da Lei n. 8.245/91, e arts. 186 e 927, ambos do CCB. Recomposição patrimonial (danos emergentes) atinente às despesas com os reparos e adequação da loja e pela perda das mercadorias. Lucros cessantes incalculáveis pelo faturamento bruto da empresa. Apuração que deve ser feita em sede de liquidação de sentença, com a dedução de todas as despesas operacionais da loja-autora, inclusive tributos. Precedentes. Recurso parcialmente provido. (TJSP, Ap. Cível n. 1009211-34.2017.8.26.0362/SP, 36ª Câm. de Dir. Priv., rel. Lidia Conceição, j. 24.03.2022, publ. 24.03.2022)

Embargos à execução de título extrajudicial. Locação de imóvel comercial (loja em *shopping center*). Sentença procedência, acolhendo a tese subsidiária das embargantes, reduzindo o valor da multa rescisória. Recurso da embargada, pugnando pela aplicação do art. 54 da Lei n. 8.245/91, aduzindo que inflação e recessão não podem ser consideradas fatos imprevisíveis. Recurso adesivo das embargantes, pugnando pelo acolhimento da tese principal, reconhecendo-se a ocorrência de caso fortuito ou força maior, com base no art. 393 do CC, para isentá-la da multa contratual. Teorias da imprevisão e da quebra da base objetiva do negócio que se mostraram aplicáveis ao caso em apreço em razão do caráter extraordinário e imprevisível da pandemia da covid-19. Redução equitativa da multa nos termos do art. 413 do CC que é norma de *ius cogens*, constituindo poder-dever do juiz e, sobrepondo-se, portanto, ao disposto no art. 54 da Lei de Locação. Em que pese a excepcionalidade da situação, a o fechamento definitivo do negócio, ao menos em tese, não era inexorável, não se devendo aplicar o art. 393 do CC para isentar completamente as embargantes do pagamento da multa rescisória. Sentença mantida. Recursos não providos. (TJSP, Ap. Cível n. 1035536-44.2021.8.26.0576/SP, 27ª Câm. de Dir. Priv., rel. Alfredo Attié, j. 22.02.2022, public. 22.02.2022)

Responsabilidade civil. Interrupção e oscilação no fornecimento de energia elétrica. Danos morais e materiais devidos. A responsabilidade da distribuidora de energia elétrica não depende da demonstração de culpa. A presença de defeito na prestação do serviço induz à reparação do dano causado ao consumidor. O nexo de causalidade entre o defeito do serviço e o prejuízo deve estar presente. O caso fortuito e força maior podem excluir a responsabilidade do agente, de acordo com o art. 393 do CC. O caso fortuito tem origem nas forças da natureza. A força maior decorre de atos humanos. Não reconhecidos na hipótese em exame. No caso em julgamento, os elementos de prova indicam que o dano teve origem na falha do serviço. Dano moral *in re ipsa*. *Quantum* mantido diante da ausência de insurgência recursal, no ponto. Dano material comprovado. Ressarcimento devido. Apelação não provida. (TJRS, Ap. Cível n. 5000675-40.2018.8.21.0080/RS, 10ª Câm. Cível, rel. Marcelo Cezar Muller, j. 22.02.2022, publ. 25.02.2022)

Prestação de serviços. Ação de rescisão contratual c/c devolução de valores pagos. Sentença de improcedência. Interposição de apelação pela autora. Celebração de contrato no dia 10.09.2018, por meio do qual a autora contratou a ré para prestar o serviço consistente na promoção de baile de formatura em comemoração à conclusão do seu curso de odontologia em dezembro de 2019. Medidas restritivas de enfrentamento à disseminação da pandemia de covid-19 inviabilizaram a realização do baile de formatura na data inicialmente prevista (03.04.2020). Remarcação do evento para a data de 16.04.2021 e, posteriormente, para data de 08.04.2022. Pretensão de rescisão do contrato celebrado entre as partes e de restituição dos valores pagos à ré, sem qualquer imposição de multa contratual. Acolhimento. Inaplicabilidade da Lei n. 14.046/2020 ao caso concreto, pois a aludida legislação trata dos efeitos da pandemia de covid-19 sobre os eventos de turismo ou culturais, matéria que não é discutida nesta demanda. Inviabilidade de realização do baile de formatura na data inicialmente prevista foi ocasionada por caso fortuito ou força maior, qual seja, a superveniência da pandemia de covid-19, pelo qual a autora não havia se responsabilizado expressamente e, por isso, não pode suportar prejuízos decorrentes de tal acontecimento. Inteligência do art. 393, *caput*, do CC. Impossibilidade de se exigir que a autora aceitasse participar do baile de formatura somente quando os poderes públicos liberassem a realização de evento de tal natureza, haja vista a incerteza sobre o período de duração da pandemia de covid-19 e o fato de que, para a formanda, a comemoração somente seria interessante se ocorresse logo após a conclusão do curso, o que não se verificou no caso concreto. Alegação de assunção de despesas com a contratação de fornecedores responsáveis por proporcionar a estrutura necessária à realização do evento, por si só, não impede o acolhimento das pretensões da autora, pois eventuais prejuízos deveriam ser suportados pela ré por serem riscos inerentes à sua atividade e, no mais, esta última não estava impedida de buscar a rescisão dos pactos firmados com os referidos fornecedores. Ante a inviabilidade de realização do baile de formatura na data inicialmente prevista por caso fortuito ou força maior e o justificável desinteresse da autora em participar do evento na data remarcada, a rescisão do contrato e restituição dos valores que a autora pagou à ré (R$ 3.951,44), sem imposição de multa contratual, são medidas que se revelam cabíveis, a fim de promover o retorno das contratantes ao estado anterior à contratação, evitando-se o enriquecimento ilícito da ré. Reforma da r. sentença, para julgar procedente de ação. Apelação provida. (TJSP, Ap. Cível n. 1000776-27.2021.8.26.0008/SP, 26ª Câm.

de Dir. Priv., rel. Carlos Dias Motta, j. 16.12.2021, publ. 16.12.2021)

Locação de imóvel residencial. Ação de despejo por falta de pagamento cumulada com cobrança de aluguéis e encargos. Sentença de procedência. Manutenção do julgado. Locatária que contesta o feito, admite o débito e seu montante. Alegação de caso fortuito ou de força maior, ligados à sua situação de desemprego e de dificuldades financeiras. Inconsistência jurídica. Acontecimento previsível e evitável. Inteligência do art. 393, parágrafo único, do CC/2002. Apelo da ré desprovido. (TJSP, Ap. Cível n. 992.070.533.155, rel. Marcos Ramos, j. 23.09.2009)

Indenização por danos morais. [...] Improcedência. Autor vítima de assalto dentro das dependências do estabelecimento comercial réu. Ocorrência de caso fortuito, ante o emprego de ameaça mediante o uso de arma de fogo. Configurada a excludente do art. 393 do CC. Configurada a culpa de terceiro, não havendo que se falar em defeito ou falha na prestação dos serviços (art. 14, § 3º, I e II). Irrelevante se havia no local segurança contratado para essa função ou apenas um funcionário que orientava os clientes. Fato que, embora previsível, era mesmo inevitável, não se podendo se exigir do estabelecimento ou de seus prepostos, que evitassem o ocorrido, diante do emprego de arma de fogo pelos meliantes. Eventual reação dos prepostos da ré que não poderia ser exigida, já que colocaria em risco as pessoas presentes no local dos fatos. Sentença mantida. Recurso improvido. (TJSP, Ap. Cível s/ Rev. n. 4.928.364.400, rel. Salles Rossi, j. 17.06.2009)

Ação sumariíssima de indenização. Furto de dinheiro. Vítima que se achava em estacionamento. Relação de consumo entre ambos. Verossimilhança das alegações que autoriza a inversão do ônus da prova. Ré que deixa de demonstrar que o roubo se deu em outro lugar. Obrigação de velar pela segurança tanto dos veículos, quanto dos usuários. Interpretação imposta pela boa-fé objetiva (CC, art. 113). Hipótese que se insere no risco assumido pelo fornecedor. Fortuito interno. Recurso desprovido. (Colégio Recursal dos Juizados Especiais Cíveis e Criminais do Estado de São Paulo, Rec. Inom. n. 13.013, rel. Juiz Theodureto Camargo, j. 23.10.2008)

Responsabilidade civil. Concessionária de rodovia. Usuário cujo veículo colidiu com animais na pista. Ação de indenização. Legitimidade passiva da concessionária. Relação de consumo entre ela e os usuários. Aplicação do CDC. Responsabilidade objetiva. Caso fortuito ou força maior não caracterizados. Culpa exclusiva de terceiro não demonstrada. Dever de indenizar reconhecido pela sentença, que julgou procedente em parte a ação. Correta a rejeição do pedido de indenização por dano moral, pois este não se caracterizou. Corretos, também, o montante fixado para a indenização pelos danos materiais e os termos iniciais dos juros e correção monetária. Recurso do autor improvido. Recurso da ré e do litisdenunciado. IRB providos em parte, no tocante aos limites da responsabilidade da seguradora e do Instituto. (TJSP, Ap. n. 539.182-5/3, rel. Des. Antônio Carlos Villen, j. 18.08.2008)

Indenização. Roubo de veículo. Serviço de manobrista. Ilegitimidade passiva da empresa que organizou a festa (*buffet*) reconhecida. Contrato firmado com a segunda demandada (empresa responsável pelos serviços de manobrista e parqueamento dos veículos) onde essa expressamente assumiu os riscos por quaisquer danos causados aos veículos dos convidados, inclusive em caso de roubo. Indenização devida em favor do autor exclusivamente pela empresa que prestou tais serviços. Inteligência do art. 393 do CC (anterior 1.058, parágrafo único, do CC/1916). O devedor somente responde pelos danos advindos de força maior (roubo) se expressamente assumiu essa responsabilidade. Contrato firmado entre as demandadas onde há essa expressa previsão, até mesmo para maior conforto e segurança dos usuários. Verba honorária. Insurgência cabível. Processo que contou com ampla dilação probatória (duas perícias) o que justifica e autoriza a elevação da condenação a esse título. Sentença reformada. Recurso da correquerida [...] Buffet Infantil Ltda. provido para reconhecer sua ilegitimidade passiva *ad causam*, julgando extinto o processo com relação a ela na forma do que dispõe o art. 267, VI, do CPC [art. 485, VI, do CPC/2015]; parcial provimento ao recurso adesivo interposto pelo autor para majorar a verba honorária para o patamar de 15% sobre a condenação imposta agora exclusivamente à codemandada [...] Park Serviços Ltda., negando provimento ao recurso por ela interposto. (TJSP, Ap. c/ Rev. n. 5.618.284.500, 8ª Câm. de Dir. Priv., rel. Salles Rossi, j. 08.05.2008)

Locação de veículo. Cláusula contratual prevendo que, em caso de roubo, o locatário se responsabiliza pelo pagamento de 20% do valor de um veículo 0 km e por lucros cessantes correspondentes a trinta dias de locação. Incidência do disposto no art. 393 do CC, ou seja, o devedor não responde pelos prejuízos resultantes de caso fortuito ou força maior, a não ser que expressamente houver por eles se responsabilizado. Hipótese, ademais, em que não há que se falar em contrato de adesão e em incidência do disposto no art. 424 do CC. Sentença mantida. Improcedência da ação declaratória de inexigibilidade de cláusula contratual e de título e procedência da ação de cobrança. Apelação não provida. (TJSP, Ap. s/ Rev. n. 1.119.362.003, 36ª Câm. de Dir. Priv., rel. Romeu Ricupero, j. 08.05.2008)

A força maior tem subjacente a noção de inevitabilidade: será todo o acontecimento natural ou ação humana que, embora previsível ou prevenido, não se pode evitar, nem em si, nem em suas consequências (a prisão, o roubo, uma ordem da autoridade, etc.). Caracterizada, na hipótese, a explosão de artefato deixada em local público, provavelmente por membros de torcida de futebol, como força maior, não se há de exigir qualquer responsabilidade do apelante, mesmo porque, segundo a regra acolhida pelo art. 393 do CC, caso fortuito ou de força maior não se comporta com a culpa. Preliminares prejudicadas. Recurso provido. (TJSP, Ap. Cível c/ Rev. n. 805.522.001, rel. Amorim Cantuária, j. 29.01.2008)

Ação de reparação de danos. Danos causados por raio no estabelecimento da autora. Impossibilidade de se estabelecer responsabilidade da concessionária de energia elétrica se o fato não é possível de ser evitado ou impedido. Art. 393 do CC em confronto com o art. 14 do CDC. Improcedência da ação mantida. Apelação não provida. (TJSP, Ap. c/ Rev. n. 900.126.000, rel. Des. Eros Piceli, j. 05.09.2007)

Indenização. Roubo de veículo em estacionamento comercial. Prova documental. Apresentação com a apelação (sem a alegação de força maior). Admissibilidade. Art. 397 do CPC [art. 435 do CPC/2015] permite a juntada de documentos a qualquer tempo, quando a parte objetiva se contrapor a fatos anteriormente alegados (hipótese dos autos). Demanda julgada parcialmente procedente (com relação aos danos materiais). Prova da ocorrência do roubo do veículo da autora em estacionamento da ré. Impossibilidade de se imputar culpa a esta última, diante da grave ameaça por arma de fogo (força maior). Inteligência dos arts. 393 e 642 do CC. Inaplicabilidade da teoria da responsabilidade objetiva à hipótese. Danos morais pela demora do recebimento do valor do veículo (35 dias). Inadmissibilidade. Estacionamento que foi diligente, acionando a seguradora e não pode ser responsabilizado pelo período em que a autora ficou sem o veículo e nem pela demora no recebimento do valor do seguro. Afastamento da responsabilidade que, ademais, exclui o dever de indenizar. Sentença reformada. Recurso provido. (TJSP, Ap. c/ Rev. n. 4.900.624.700, rel. Des. Salles Rossi, j. 17.08.2007)

Alienação fiduciária. Ação de busca e apreensão convertida em ação de depósito. Procedência. Bem apreendido pelo Detran. Inexistência de caso fortuito (parágrafo único do art. 393 do CC). Equivalente em dinheiro: a expressão "equivalente em dinheiro" refere-se ao valor da coisa, salvo se o débito for menor, hipótese em que este prevalece por ser o menos oneroso para o devedor. O valor do equivalente em dinheiro a ser entregue pelo executado não deve incluir acréscimos de juros, multas, comissão de permanência, etc., limitando-se à soma das prestações vencidas, corrigidas desde o respectivo vencimento. Apelação provida em parte (equivalente em dinheiro). (TJSP, Ap. n. 1.116.515-3, rel. Des. Romeu Ricupero, j. 16.08.2007)

Civil. Ação de indenização. Cheques furtados de agência bancária. Uso indevido por terceiro. Devolução injustificada de cheques emitidos pelas correntistas. Dano moral. Valor. Manutenção. Juros moratórios. Cálculo. I – A segurança é prestação essencial à atividade bancária. II – Não configura caso fortuito ou força maior, para efeito de isenção de responsabilidade civil, a ação de terceiro que furta, do interior do próprio banco, talonário de cheques emitido em favor de cliente do estabelecimento. III – Ressarcimento devido às autoras, pela reparação dos danos morais por elas sofridos pela circulação de cheques falsos em seus nomes, gerando constrangimentos sociais, como a devolução indevida de cheques regularmente emitidos pelas correntistas e injustificadamente devolvidos. IV – Recurso especial não conhecido. (STJ, REsp n. 750.418/RS, rel. Min. Aldir Passarinho Júnior, j. 12.09.2006)

1 – O parágrafo único do art. 393 do CC define o caso fortuito como um fato necessário, cujos efeitos não era possível evitar ou impedir, portanto, irresistível. Trata-se de acontecimento que escapa a toda diligência, inteiramente estranho à vontade do devedor da obrigação. 2 – Não se desonera da obrigação de indenizar o locatário de equipamento (projetor de imagens) de valor relativamente elevado, que o deixa, sem vigilância, no local em que se realiza evento no interior de hotel em que transitam muitas pessoas. 3 – Revela-se exorbitante o pedido de indenização por danos emergentes embasado no preço de aquisição originário do equipamento locado, devidamente atualizado desde o valor da compra, o qual foi furtado quando já tinha mais de 30 meses de uso, ocasião em que já apresentava desgastes, superação tecnológica e desvalorização natural, o que justifica a redução, por equidade, de 50% do valor do pleito. 4 – Não havendo provas de que os acessórios (tela de projeção e 10 metros de extensão) tenham sido devolvidos à locadora juntamente com o principal, é devida a indenização também quanto a essa parte. 5 – O art. 402 do CC prescreve, *in verbis*: "Salvo as exceções expressamente previstas em lei, as perdas e danos devidas ao credor abrangem, além do que ele efetivamen-

te perdeu, o que razoavelmente deixou de lucrar". As aferições de lucros cessantes não constituem valores imaginários ou fantasiosos, pressupõem juízo de probabilidade. Na espécie, ficaram comprovados prejuízos pela perda da coisa furtada e o descumprimento da obrigação. 6 – Recurso conhecido e parcialmente provido. Unânime. (TJDF, Ap. Cível n. 2004.01.1.089178/DF, rel. Des. Waldir Leôncio Júnior, j. 21.06.2006)

Não há cogitar de força maior, pois para que haja sua ocorrência é imprescindível a constatação de fatos necessários cujos efeitos não são possíveis de evitar ou impedir, a teor do que preconiza o art. 393, parágrafo único, do CC/2002, o que não ocorre com um movimento grevista. Ressalte-se que a parte possui o ônus de zelar pelos prazos processuais, que devem ser obedecidos a despeito da paralisação. (STJ, Ag. Reg. no REsp n. 813.024, rel. Min. Gilson Dipp, j. 18.04.2006)

No mesmo sentido: STJ, Ag. Reg. no REsp n. 753.133, rel. Min. Gilson Dipp, j. 23.08.2005.

Não pode ser acolhida a alegação de força maior quando o fato alegado para justificá-la ocorreu bem antes da obrigação contratual ser assumida, como apurado nas instâncias ordinárias. (STJ, REsp n. 637.454, rel. Min. Carlos Alberto Menezes Direito, j. 17.02.2005)

Não caracteriza força maior a justificar rescisão do contrato de representação comercial por justa causa o estado de pré-falência da sociedade empresária. O risco do negócio, inerente aos contratos de matiz mercantil, é da sociedade empresária. (STJ, REsp n. 475.180, rel. Min. Nancy Andrighi, j. 07.12.2004)

[...] 3 – Segundo precedentes da 4ª Turma, o roubo de malotes, contendo cheques que, por isso, foram indevidamente descontados, não enseja força maior, apta a elidir a responsabilidade da instituição financeira pelo pagamento de indenização por danos morais. 4 – Recurso especial não conhecido. (STJ, REsp n. 605.014, rel. Min. Fernando Gonçalves, j. 04.05.2004)

## CAPÍTULO II
## DA MORA

**Art. 394. Considera-se em mora o devedor que não efetuar o pagamento e o credor que não quiser recebê-lo no tempo, lugar e forma que a lei ou a convenção estabelecer.**

Os requisitos para caracterizar a mora do devedor são os seguintes: exigibilidade da prestação, isto é, o vencimento de dívida líquida e certa; inexecução culposa; e constituição em mora quando *ex persona*, pois na mora *ex re* no dia do vencimento já se considera o devedor inadimplente.

O cumprimento imperfeito da obrigação e o atraso em seu adimplemento caracterizam mora. Assim, haverá mora não apenas quando ocorrer atraso no cumprimento da obrigação, mas também quando ele ocorrer em lugar ou de forma diversa daquela estabelecida pela lei ou pela convenção.

Acrescente-se que a quantidade não se inclui entre as hipóteses de defeitos capazes de caracterizar a mora, porque, no que diz respeito a ela, haverá inadimplemento parcial ou total, e não mora (LOTUFO, Renan. *Código Civil comentado*. São Paulo, Saraiva, 2003, v. II, p. 442). A culpa é requisito para identificação da mora, ainda que isso não esteja consignado expressamente no art. 394 do CC. A culpa como elemento da mora encontra fundamento no art. 396. No Direito brasileiro, a mora objetiva – sem culpa – não é possível, na medida em que ela se distingue do mero retardamento – este sim, corresponde ao mero atraso, independente da culpa (LOTUFO, Renan. Op. cit., p. 442).

Do retardamento, porém, resultam efeitos jurídicos. O principal deles é que gera presunção de culpa do devedor, de modo que, se houver atraso, é lícito presumir que haja culpa, cabendo ao devedor o ônus de provar que não agiu com culpa (LOTUFO, Renan. Op. cit., p. 442). Judith Martins-Costa, todavia, sustenta que a culpa não integra o conceito de mora (*Comentários ao novo Código Civil*. Rio de Janeiro, Forense, 2003, v. V, t. II, p. 232).

**Jurisprudência:** Prestação de serviço. Telefone. Corte. Dano moral. Não configuração. Recurso provido. Se o devedor deixou de cumprir condição do contrato de fornecimento do serviço, deixando de pagar o consumo verificado na data estabelecida, não poderá, *data venia*, sustentar que se mostrou cumpridor de suas obrigações e não incorreu em mora, eis que assim se considera quem não efetuar o pagamento no tempo, lugar e forma que a convenção estabelecer (CC, art. 394), sendo pertinente relembrar que o inadimplemento no seu termo constitui de pleno direito em mora o devedor (CC, art. 397). (TJSP, Ap. Cível c/ Rev. n. 1.120.153.001, rel. Orlando Pistoresi, j. 01.04.2009)

[...] sem força executiva. Juros de mora contados do vencimento de cada prestação. Está em mora o devedor que não efetua o pagamento no tempo convencionado (CC/1916, art. 955; CC/2002, art. 394). O inadimplemento de obrigação positiva e líquida no seu termo constitui de pleno direito o devedor em mora (art. 960; CC/2002, art. 397). Recurso improvido. (TJSP, Ap. c/ Rev. n. 977.406.003, 28ª Câm. de Dir. Priv., rel. Eduardo Sá Pinto Sandeville, j. 27.05.2008)

[...] Do voto da ementa anterior extrai-se passagem significativa, que distingue os encargos remuneratórios dos moratórios, para concluir que apenas a ilegalidade incluída nos primeiros é capaz de descaracterizar a mora: "Surge, então, a primeira questão: ao afirmar que a cobrança de encargos ilegais descaracteriza a mora, nossa jurisprudência se refere apenas aos encargos remuneratórios ou a estes e aos encargos moratórios? Sempre entendi que apenas a cobrança de encargos remuneratórios ilegais, pelo credor, é capaz de descaracterizar a mora do devedor. Ora, como admitir que encargos que só incidem após a mora podem descaracterizar o inadimplemento? Soa como verdadeiro contrassenso. Mas acabei por decidir em sentido contrário, percebendo que meu entendimento não se compatibilizava com a jurisprudência. Surpreendi-me, portanto, quando minhas decisões foram questionadas com o argumento de que estariam contrariando os julgados da Turma e da Seção. Sem pretender me eximir, caso esteja mesmo decidindo contra a jurisprudência, ressalto que a falta de clareza e coerência de nossos precedentes tem provocado séria instabilidade jurídica. As decisões unipessoais nem sempre traduzem o entendimento majoritário. Além disso, sempre que afetamos recursos à Seção, com o escopo de decidirmos questões relevantes e controversas, perdemo-nos em discussões marginais. Daí eu ter afirmado, em julgamento da 2ª Seção, que nós estávamos em mora com o jurisdicionado. A despeito disso, trago ao exame da Turma meu entendimento a respeito da questão: apenas a cobrança de encargos remuneratórios ilegais é capaz de descaracterizar a mora. Em outras palavras: mesmo que haja cobrança de encargos moratórios ilegais, a mora do devedor não pode ser descaracterizada. No caso concreto, o banco recorrente cobrou de forma cumulada comissão de permanência com correção monetária e juros e multa moratórios. De acordo com nossos precedentes, nessa situação cabe afastar os encargos do CC e manter a cobrança da comissão de permanência. Tais encargos são moratórios. Vale dizer: incidem após inadimplidos os encargos simplesmente remuneratórios. Por isso, a ilicitude da cobrança cumulada não descaracteriza a mora da recorrida. Dou provimento ao recurso especial para julgar parcialmente procedente o pedido de revisão de contrato formulado pela recorrida, declarando ilegal apenas a cobrança da correção monetária e dos juros e multa moratórios, após o vencimento da dívida, e julgar procedente o pedido de busca e apreensão formulado pelo banco recorrente." II – O mero descumprimento do acordo, principalmente o pagamento em data diversa e sem a correção avençada, já constitui em mora o devedor, sem necessidade de notificações ou interpelações, conforme os arts. 394 e 397 do CC atual, arts. 955 e 960 do CC/1916. A incidência dos juros, desde então, decorre da própria legislação, aplicando-se o percentual previsto no diploma civil (0,5% ao mês), dada a ausência de índice fixado no pacto. Recurso desprovido. (TJSP, Ap. c/ Rev. n. 3.710.445.000, rel. Des. Nogueira Diefenthaler, j. 01.10.2007)

[...] 8 – Havendo cobrança indevida de encargos pelo credor, o devedor tem direito à repetição simples, mesmo sem prova de que tenha pago por engano. 9 – Apenas a cobrança de encargos remuneratórios ilegais, pelo credor, descaracteriza a mora do devedor. Em outras palavras: mesmo que haja cobrança de encargos moratórios ilegais, a mora do devedor não pode ser descaracterizada. (STJ, REsp n. 899.662/RS, rel. Min. Humberto Gomes de Barros, j. 14.08.2007)

Seguro. Cobertura. Embargos de seguradora à execução de contrato de seguro. Atraso no pagamento de prestações do prêmio. Embargos improcedentes. Mora, ontem (CC/1916, art. 955) e hoje (CC/2002, art. 394), jamais se confundiu com mero atraso. Porque não se confunde com mero atraso, a mora não se constitui antes do aviso ou interpelação (art. 397, parágrafo único, do CC/2002) e suas consequências não se operam. O preceito do art. 763 do CC/2002 repete ideia do art. 12 e parágrafo único do DL n. 73/66, em cuja vigência o STJ definiu que, ausente interpelação, notificação ou aviso da seguradora ao segurado, ainda que de forma extrajudicial, pelo correio que seja, o mero atraso no pagamento do prêmio, que com mora purgável não se confunde, não autoriza rescisão, suspensão ou cancelamento do contrato nem perda do direito à indenização. A apólice haverá de ser honrada, abatido o débito. Recurso provido. (TJSP, Ap. Cível n. 1.019.664-0/9/Presidente Prudente, 28ª Câm. de Dir. Priv., rel. Des. Celso Pimentel, j. 20.03.2007, v.u., voto n. 12.743)

---

**Art. 395. Responde o devedor pelos prejuízos a que sua mora der causa, mais juros, atualização dos valores monetários e honorários de advogado.**

*Caput* com redação dada pela Lei n. 14.905, de 28.06.2024.

**Parágrafo único. Se a prestação, devido à mora, se tornar inútil ao credor, este poderá enjeitá-la, e exigir a satisfação das perdas e danos.**

---

Haverá mora quando a obrigação não for cumprida no tempo, no lugar e da forma estabelecidos, mas ainda puder ocorrer o adimplemento com proveito para o credor. Ele receberá a prestação, com juros, atualização monetária, honorários de advogado e cláusula penal. Mas se o atraso ou o cumprimento imperfeito da obrigação vierem a tornar a prestação inútil ao credor, ele poderá recusá-la e exigir perdas e danos, nos termos do disposto no parágrafo único deste dispositivo.

Mora e inadimplemento absoluto são espécies do gênero inadimplemento, mas diferem segundo a existência de utilidade da prestação para o credor. No presente artigo, cuida-se de sanção à conduta daquele que provoca prejuízos ao credor por não cumprir sua obrigação no tempo, no lugar e da forma devidos. Caso haja inadimplemento absoluto, a solução é a que está consagrada nos arts. 389 e seguintes do Código, a cujos comentários nos reportamos. Por exemplo, um bolo de casamento encomendado e não entregue não servirá para os noivos, de modo que o confeiteiro estará inadimplente em caráter absoluto. No entanto, o arrendatário de um veículo poderá efetuar o pagamento das prestações em atraso, se o credor ainda tiver interesse em recebê-las, acrescidas de correção monetária e dos juros legais. Nessa hipótese, haverá simples mora do devedor. Apesar dessa distinção, nos dois casos serão devidas as perdas e danos previstas neste artigo e no art. 389.

A mora, tanto quanto o inadimplemento absoluto, só autoriza a condenação do devedor em perdas e danos se ele tiver agido com culpa, que também nessa hipótese é presumida. A rigor, o dispositivo indica que a inutilidade da obrigação ao credor acarretará o inadimplemento absoluto.

Sobre correção monetária, juros e honorários de advogado, ver comentário ao art. 389.

O artigo em exame já não explicita que a atualização se dará por índices oficiais. Mas é certo que, em sintonia com o parágrafo único do art. 389 do CC, estabelece que a correção se dará segundo a variação do IPCA.

**Jurisprudência:** Direito do consumidor. Recurso especial. Ação civil pública. Cláusula que prevê responsabilidade do consumidor quanto aos honorários advocatícios contratuais decorrentes de inadimplemento contratual. Reciprocidade. Limites. Abusividade. Não ocorrência. 1 – Os honorários contratuais decorrentes de contratação de serviços advocatícios extrajudiciais são passíveis de ressarcimento, nos termos do art. 395 do CC/2002. 2 – Em contratos de consumo, além da existência de cláusula expressa para a responsabilização do consumidor, deve haver reciprocidade, garantindo-se igual direito ao consumidor na hipótese de inadimplemento do fornecedor. 3 – A liberdade contratual integrada pela boa-fé objetiva acrescenta ao contrato deveres anexos, entre os quais, o ônus do credor de minorar seu prejuízo buscando soluções amigáveis antes da contratação de serviço especializado. 4 – O exercício regular do direito de ressarcimento aos honorários advocatícios, portanto, depende da demonstração de sua imprescindibilidade para solução extrajudicial de impasse entre as partes contratantes ou para adoção de medidas preparatórias ao processo judicial, bem como da prestação efetiva de serviços privativos de advogado e da razoabilidade do valor dos honorários convencionados. 5 – Recurso especial provido. (STJ, REsp n. 1.274.629, 3ª T., rel. Min. Nancy Andrighi, *DJe* 20.06.2013, p. 120)

Compra e venda de imóvel. Associação e construtora. Responsabilidade solidária. Aplicação do CDC. Atraso injustificado na entrega de unidade autônoma. Devolução de valores pagos. Alugueres. Danos morais configurados. Apelação não provida. 1 – Ação de rescisão contratual movida em face de Associação e Construtora. Atraso injustificado na entrega de unidade imobiliária. 2 – Sentença que condenou as corrés, solidariamente, à restituição dos valores pagos, ao reembolso dos alugueres suportados pelos autores após a data prevista para entrega do imóvel até o ajuizamento da ação, e ao pagamento de indenização por danos morais (R$ 12.000,00). 3 – Corré Associação. Legitimidade passiva. Pessoa jurídica que se apresenta na cadeia de fornecimento, ao lado da construtora, e com quem os autores contrataram diretamente. Teoria da aparência. Responsabilidade solidária. 4 – Aplicabilidade do CDC. Associação utilizada como disfarce para atividade de comercialização de imóveis. 5 – Atraso injustificado na entrega do imóvel. Fotografias apresentadas pelos autores que demonstram a morosidade das obras e precário estado de conservação dos imóveis. Inadimplemento das rés configurado. Autores que estavam em dia com suas obrigações. 6 – Correta a r. sentença ao declarar rescindido o contrato por inadimplência das rés. Restituição de todos os valores pagos. 7 – Ressarcimento pelos alugueres suportados pelos autores após a data prevista para entrega da unidade e até o ajuizamento da ação. Art. 395, CC. Perdas e danos decorrentes da mora contratual. 8 – Danos morais também configurados no caso concreto. Atraso superior a seis anos da previsão de conclusão das obras. 9 – Hipótese que ultrapassa o limite do mero aborrecimento decorrente de inadimplemento contratual, frustradas as expectativas de melhoria de qualidade de vida, aliada à quebra dos deveres laterais da lealdade, boa-fé e colaboração, bem como ao princípio da função social do contrato. Abuso de direito. Valor indenizatório mantido. Razoabilidade. 10 – Apelação não provida. (TJSP, Ap. n. 0008594-88.2008.8.26.0562/Santos, 6ª Câm. de Dir. Priv., rel. Alexandre Lazzarini, *DJe* 09.05.2013, p. 984)

Arrendamento mercantil. Reintegração de posse c/c rescisão contratual e perdas e danos. Veículo roubado. Inexistência de cláusula na qual a arrendatária assume responsabilidade por caso fortuito e força maior. Todavia, verifica-se o agravamento decorrente da mora pelo descumprimento de obrigação de contratar seguro em benefício da arrendadora (art. 956, *caput*, do CC/1916; art. 395 do CC/2002). Juros, taxas e encargos moratórios contratuais. Adequação aos parâmetros jurisprudenciais. Impossibilidade de cumulação da comissão de permanência com outros encargos moratórios. Inteligência do enunciado das Súmulas ns. 30, 294 e 296 do STJ, bem como de precedentes daquela Corte Superior. Recurso parcialmente provido. (TJSP, Ap. Cível n. 992.060.071.566, rel. Pereira Calças, j. 07.10.2009)

Execução. Demora na implantação administrativa do benefício. Incidência de juros de mora no período de atraso. Possibilidade. Aplicação do art. 395 do CC. Recurso provido. (TJSP, Ap. s/ Rev. n. 7.053.555.800, 17ª Câm. de Dir. Públ. A, rel. Paulo Furtado de Oliveira Filho, j. 27.05.2008)

Arrendamento rural. Rescisão contratual. Mora incontroversa. Perdas e danos. O arrendatário culpado pela mora contratual dá ensejo à resolução da avença, bem como arca com os respectivos danos, nos termos do art. 956 do CC/16 (art. 395 do CC/02). Recurso desprovido. (TJSP, Ap. s/ Rev. n. 783.251.200, 27ª Câm. do D. Quarto Grupo (extinto II TAC), rel. Cambrea Filho, j. 04.09.2007)

[...] 3 – Juros de mora: a jurisprudência desta Corte está assentada na linha de que os juros de mora incidem a partir do momento em que, segundo previsto no contrato, o pagamento deveria ter ocorrido. O caso concreto, porém, revela uma exceção. Conforme asseverado pelas instâncias ordinárias, as notas fiscais apresentadas pela ora recorrente continham erros, como o valor da alíquota de ICMS. Dessa forma, considera-se absolutamente razoável o entendimento de que somente após a retificação dos documentos fiscais, com a apresentação dos valores inequivocamente corretos, é que se pode considerar como exigível o pagamento por parte do Estado, tendo incidência, então, os juros moratórios. Reforma do acórdão recorrido que fixou como termo *a quo* a data da citação válida. 4 – Correção monetária: nos termos da Súmula n. 43/STJ, incide correção monetária sobre dívida por ato ilícito a partir da data do efetivo prejuízo. O pensamento, por conseguinte, aplicado no item anterior ao cômputo dos juros de mora, deve ser estendido ao dia inicial da atualização monetária: a data em que foram apresentadas as notas fiscais retificadas. Manutenção do aresto vergastado. (STJ, REsp n. 909.800, rel. Min. José Delgado, j. 12.06.2007)

Ademais, a matéria já mereceu sedimentação por esta Segunda Seção, no sentido de que, "caracterizada a cobrança, pela instituição financeira, de parcela abusiva, somente restam autorizados os efeitos da mora depois de apurado o valor exato do débito, afastada, no caso, a multa moratória" (STJ, REsp n. 713.329/RS, rel. para acórdão Min. Menezes Direito, j. 23.08.2006, *DJU* 07.12.2006); em termos diversos, consolidou-se orientação de que os requisitos estabelecidos no REsp n. 527.618/RS (rel. Min. Cesar Asfor Rocha, *DJU* 24.11.2003) para impedir a inscrição do nome de devedores em cadastros de restrição ao crédito não se aplicam para descaracterizar a *mora debendi* e tornar inexigíveis seus encargos. (STJ, Ag. Reg. nos Emb. no REsp n. 285.331, rel. Min. Jorge Scartezzini, j. 13.12.2006)

No mesmo sentido: STJ, REsp n. 713.329, rel. Min. Carlos Alberto Menezes Direito, j. 23.08.2006.

Mútuo. Entrega de numerário pelo autor a ré admitida como verdadeira. Princípio de prova documental suficiente para a dilação probatória. Prova oral que assegura a existência de parte do empréstimo alegado. Juros de mora. Fluência desde a notificação extrajudicial. Regra prevista no parágrafo único do art. 395 do CC. Recurso principal improvido. Recurso adesivo parcialmente provido. (TJSP, Ap. Cível c/ Rev. n. 1.326.975.900, rel. Hamid Charaf Bdine Júnior, j. 05.05.2006)

1 – O devedor constitui-se em mora a partir da citação válida, situação que se mantém até o efetivo cumprimento da obrigação, não cessando mediante o oferecimento de embargos à execução. Observância dos arts. 219 do CPC [arts. 240, §§ 1º e 2º, 487 e 802, parágrafo único, do CPC/2015] e 401 e 405 do CC/2002. 2 – A parte embargante, entendendo serem excessivos os cálculos apresentados pelo exequente, deveria ter realizado o pagamento dos valores que acreditava serem devidos – parte incontroversa –, desvencilhando-se, de tal modo, da incidência de correção monetária e de juros de mora sobre referido montante. Inteligência dos arts. 394 e 395 do CC/2002. (STJ, REsp n. 767.498, rel. Min. Arnaldo Esteves Lima, j. 09.03.2006)

Direito civil. Rescisão contratual. Arts. 475 e 395, parágrafo único, do CC/02. O contrato firmado entre as partes é bilateral e oneroso, não podendo uma das partes modificar unilateralmente o que foi pactuado. Ficando uma das partes inadimplente, surge o direito subjetivo para a outra de pleitear a rescisão do contrato e devolução das parcelas pagas, já que o negócio não mais lhe é útil, restando àquela suportar as consequências do seu ato. (TJSP, Proc. n. 2.0000.00.462180-7/000(1), rel. Sebastião Pereira de Souza, j. 01.04.2005)

Indenização. Perdas e danos. Imóvel. Compra e venda. Mora na outorga da escritura. Obrigação cumprida a destempo. Inadimplemento temporário. Mero atraso no cumprimento da obrigação. Lucros cessantes não demonstrados. Verba indevida. Recurso não provido. (*JTJ* 268/160)

Seguro: atraso de uma parcela não pode acarretar suspensão dos efeitos do seguro – STJ, REsp n. 343.698. (*RT* 819/159)

**Art. 396. Não havendo fato ou omissão imputável ao devedor, não incorre este em mora.**

Este artigo assegura que a culpa do devedor é essencial para caracterização da mora, na opinião de Renan Lotufo (*Código Civil comentado*. São Paulo, Saraiva, 2003, v. II, p. 445), da qual diverge Judith Martins-Costa (*Comentários ao novo Código Civil*. Rio de Janeiro, Forense, 2003, v. V, t. II, p. 264). O essencial, porém, é que, se o cumprimento imperfeito ou extemporâneo da prestação não decorrer de fato ou de omissão imputada ao devedor, não haverá mora.

**Jurisprudência:** Agravo de instrumento. Execução de título extrajudicial. Crédito do devedor em ação trabalhista. Penhora no rosto dos autos respectivos. Correção monetária e juros de mora. Responsabilidade do devedor. Impossibilidade. Mora que foi purgada a partir da penhora sobre valor já depositado em juízo. Credor a quem caberia diligenciar para a efetivação da transferência do valor entre as contas judiciais e subsequente levantamento. Execução que se realiza no interesse do credor. Correção monetária que recai sobre a instituição financeira. Inteligência da Súmula n. 179 e jurisprudência do STJ. Recurso provido. 1. Trata-se de saber se o executado responde por correção monetária e juros moratórios a partir da efetivação da penhora no rosto dos autos de ação trabalhista onde possui crédito, ou se, a partir dali, não se podendo mais imputar ao devedor a demora, fica exonerado de tais encargos. 2. Não é possível imputar ao devedor, no caso, a demora da liberação do valor ao credor. Ao ser efetivada a penhora no rosto dos autos da ação trabalhista, o valor correspondente ao crédito perseguido pelo agravante naqueles autos já se encontrava depositado em Juízo. A partir dali, reputa-se oferecida a prestação ao credor (ora agravado), e a este caberia diligenciar juntos aos Juízos do trabalho e estadual para que fosse possibilitada a transferência do valor entre as duas contas judiciais e seu subsequente levantamento. Isso pois, conforme art. 797 do CPC, a execução se realiza no interesse do credor. Oferecida a prestação, não há mais que se falar em mora do devedor, consoante arts. 396 e 401 do CC. 3. Conforme Súmula n. 179 do Col. STJ, entre o momento do depósito e o do levantamento pelo exequente, é a instituição financeira depositária que responde pela correção monetária do valor em sua guarda. Precedentes. (TJSP, AI n. 2272068-95.2021.8.26.0000/SP, 31ª Câm. de Dir. Priv., rel. Adilson de Araujo, j. 26.01.2022, publ. 26.01.2022)

[...] V – Tanto o art. 963 da Lei n. 3.071, de 01.01.1916, quanto o art. 396 da Lei n. 10.406, de 10.01.2002, determinam que seja afastada a mora quando não demonstrado fato ou omissão imputável ao devedor. (TRF, 2ª R., Ap. Cível n. 389.356, 7ª T. Especializada, rel. Des. Federal Sergio Schwaitzer, j. 18.06.2008)

Execução de sentença. Ação de indenização em razão de redução da capacidade de trabalho. Sentença que fixa a condenação em 20% do salário percebido pelo autor na data da demissão. Ausência de indicação de critério de reajuste. Ré que paga valores fixos. Exequente que busca correção monetária do valor da condenação. Necessidade de observância da prescrição quinquenal. Dívida de caráter alimentar. Depois de homologada a liquidação, contenciosa ou amigável, e se esta não exclui a correção monetária, à dívida é aplicável a Lei n. 6.899/81, uma vez que aí já não se trata de atualizar benefícios. Exequente que inclui juros de mora. Inadmissibilidade. Omissão da sentença e inércia do credor que afastam a mora da executada. Art. 396 do CC que estabelece que não havendo fato ou omissão imputável ao devedor, não incorre este em mora. Necessidade de elaboração de novo cálculo pelo credor, excluindo os juros e observando a prescrição quinquenal. Apelo parcialmente provido. (TJSP, Ap. c/ Rev. n. 1.134.006.007, 32ª Câm. de Dir. Priv., rel. Ruy Coppola, j. 06.03.2008)

*Vide* no art. 319 o seguinte acórdão: voto vista da Min. Nancy Andrighi do STJ, proferido no REsp. n. 713.329/RS, rel. Min. Ari Pargendler, j. 23.08.2006.

[...] 2 – A mora *accipiendi* exclui o direito do locador ao recebimento da correção monetária do período compreendido entre a data da recusa ao pagamento dos alugueres e a data do efetivo depósito mediante ação consignatória. 3 – O fundamento da correção é a desvalorização monetária, em consequência do atraso no pagamento, evidentemente inexistente em se cuidando de mora do *accipiens*, que deve suportar os ônus de sua conduta contrária ao direito. (STJ, REsp n. 58.574, rel. Min. Hamilton Carvalhido, j. 20.11.2001)

No mesmo sentido: *RT* 763/160.

**Art. 397. O inadimplemento da obrigação, positiva e líquida, no seu termo, constitui de pleno direito em mora o devedor.**

**Parágrafo único. Não havendo termo, a mora se constitui mediante interpelação judicial ou extrajudicial.**

Se a obrigação é positiva e líquida e tem termo (prazo certo) para ser adimplida, verifica-se a mora na ocasião em que o cumprimento havia de ter sido implementado. A obrigação é positiva quando exige uma conduta comissiva do devedor – dar ou fazer –, pois, nas obrigações negativas, aplica-se à mora a regra prevista no art. 390, compreendida entre as disposições gerais aplicáveis ao inadimplemento absoluto e à mora. A obrigação é líquida nos casos em que for certa ou determinada, sem necessidade da elaboração de cálculo, como estava expresso no art. 1.533 do CC/1916, que não tem correspondência no CC/2002 – valendo notar que a necessidade de simples cálculos aritméticos não acarreta iliquidez.

Segundo o parágrafo único deste artigo, a interpelação extrajudicial ou judicial do devedor só será necessária nos casos em que não houver termo previsto para o adimplemento. Por essa razão, a jurisprudência que determina indistintamente serem os juros incidentes desde a citação, nos casos de inadimplemento contratual, não parece dar interpretação adequada a este dispositivo.

A mora verifica-se com a citação (efeito, aliás, dos arts. 240, §§ 1º e 2º, 487 e 802, parágrafo único, do CPC/2015; art. 219 do CPC/73) nos casos em que a obrigação não é positiva e líquida – pois há necessidade de seu reconhecimento ou da fixação de seu valor. Mas, caso se trate de decisão que se limita a reconhecer o inadimplemento no termo previsto, a mora retroage ao momento em que houve o inadimplemento, que haveria de ser o termo inicial para cálculo de juros.

O fato de haver uma decisão judicial condenando o devedor não significa que a obrigação já não fosse positiva e líquida, mas apenas que o devedor resistiu de modo injustificado a seu cumprimento, não havendo razão para os juros de mora só fluírem da citação, pois a mora já se havia perpetrado anteriormente, nos termos exatos deste dispositivo.

Se a obrigação é positiva e líquida – como a de pagar a mensalidade escolar na data prevista no contrato –, o devedor estará em mora de pleno direito no termo estabelecido (o dia do vencimento), independentemente de qualquer outra providência do credor. Mas se não houver termo estabelecido, o devedor só estará em mora após ser constituído por interpelação judicial ou extrajudicial. Essa é a denominada mora *ex persona*, que depende de providência do credor. Por exemplo, no comodato por prazo indeterminado, o esbulho só se caracteriza depois que o comodante notifica o comodatário, concedendo-lhe o prazo de trinta dias para desocupar o imóvel (mora *ex persona*).

O art. 14 do DL n. 58/37 e o art. 32 da Lei n. 6.766/69, que regulam loteamentos e exigem que os adquirentes de imóveis sejam notificados para pagar as prestações, ainda que haja valor certo das parcelas e data fixada para o pagamento, transformaram em mora *ex persona* o que poderia ser mora *ex re*. Disposição semelhante a respeito dos imóveis não loteados consta do DL n. 745/69, que cuida da venda de imóveis não loteados.

A Súmula n. 76 do Eg. STJ proclamou o entendimento de que "a falta de registro do compromisso de compra e venda de imóvel não dispensa a prévia interpelação para constituir em mora o devedor". Nesses casos, a notificação transforma a mora em inadimplemento absoluto e impede a purgação no prazo de resposta. Diante do teor da referida súmula, nem mesmo a regra dos arts. 240, §§ 1º e 2º, 487 e 802, parágrafo único, do CPC/2015 (art. 219 do CPC/73), que confere à citação força de constituir o devedor em mora, é suficiente para dispensar a notificação do comprador.

Ao se referir apenas à interpelação judicial ou extrajudicial, o parágrafo único do artigo em exame não elimina a adequação da notificação e do protesto – expressões utilizadas no art. 960 do CC/1916, que não foram repetidas no diploma legal em vigor – para constituir o devedor em mora, pois as expressões são genéricas e compreendem toda e qualquer forma capaz de levar ao devedor a notícia formal de descumprimento da obrigação.

Segundo Judith Martins-Costa, invocando Nelson Nery Jr. e Rosa Maria de Andrade Nery, interpelação, notificação, protesto ou citação judicial podem constituir o devedor em mora (*Comentários ao novo Código Civil*. Rio de Janeiro, Forense, 2003, v. V, t. II, p. 289). Renan Lotufo, contudo, em face da distinção formal de interpelação, notificação e protesto no CPC – Seção X, Capítulo II, do Título Único do Livro III –, sustenta o contrário (*Código Civil comentado*. São Paulo, Saraiva, 2003, v. II, p. 448).

**Jurisprudência:** É entendimento consolidado no STJ que, nos contratos administrativos, "(...) em se tratando de inadimplemento de obrigação contratual, positiva e líquida, o devedor estará em mora a partir do dia do vencimento da obrigação. Nesse norte: Ag. Int. no AREsp n. 1.473.920/SP, rel. Min. Francisco Falcão, 2ª T., *DJe* 28.10.2019" (Ag. Int. no REsp n. 1.928.405/SP, rel. Min. Herman Benjamin, 2ª T., j. 23.08.2021, *DJe* 31.08.2021). 3. O julgamento da causa em sentido contrário aos interesses e à pretensão de uma das partes não caracteriza a ausência de prestação jurisdicional, tampouco viola os arts. 489 e 1.022 do CPC. 4. Agravo interno não provido. (STJ, Ag. Int. no AREsp n. 2.182.572/MG, 2ª T., j. 13.02.2023, *DJe* 16.02.2023)

Agravo regimental no recurso especial. Civil e processo civil. Juros de mora. Termo inicial. Responsabilidade contratual. Obrigação positiva e líquida. Data do vencimento. Art. 397 do CC. Ação monitória aparelhada por notas fiscais. Possibilidade. Agravo regimental desprovido. (STJ, Ag. Reg.-REsp n. 1.255.468, 3ª T., rel. Min. Paulo de Tarso Sanseverino, *DJe* 17.06.2013, p. 1.169) Na locação, os juros incidem desde os vencimentos dos aluguéis: TJSP, Ap. n. 0185734-06.2009.8.26.0100, rel. Des. Dimas Rubens Fonseca, j. 19.06.2012.

No pagamento de mensalidades escolares, os juros fluem do vencimento: TJSP, Ap. n. 0015004-49.2012.8.26.0577, rel. Des. Luís Fernando Lodi, j. 22.05.2012.

Os juros de mora fluem do vencimento da nota promissória prescrita, pois a obrigação é positiva e líquida, de modo que a natureza da ação, se de cobrança ou monitória, não tem relevância: STJ, Ag. Reg. no REsp n. 740.362, rel. Min. Luís Felipe Salomão, j. 08.02.2011.

Cobrança. Dívida líquida, certa e com vencimento previamente determinado. Inadimplemento incontroverso. Desnecessidade de notificação premonitória. Art. 397 do CC que dispõe bastar o inadimplemento de obrigação positiva e líquida, no seu termo, para constituir em mora o devedor. Recurso improvido. (TJSP, Ap. Cível n. 6.797.984.200, rel. Maia da Cunha, j. 29.10.2009)

[...] 3 – Tendo a Administração admitido a existência de dívida de valor consolidado, sem, contudo, estipular prazo para seu pagamento, torna-se inaplicável a regra prevista no *caput* do art. 397 do CC, devendo os juros moratórios incidir a partir da citação, nos termos do art. 397, parágrafo único, c/c 405 do CC e 219, *caput*, do CPC [art. 240 do CPC/2015], calculados sobre o montante nominalmente confessado. 4 – Recurso especial conhecido e parcialmente provido para determinar a incidência dos juros moratórios a partir da citação. (STJ, REsp n. 1.112.114, 3ª S., rel. Min. Arnaldo Esteves Lima, j. 09.09.2009, *DJ* 08.10.2009)

Execução de obrigação de fazer (art. 632 do CPC) [art. 815 do CPC/2015]. Pretensão de que os executados cumpram o pactuado em instrumento particular de compra e venda de imóvel, saldando dívida que possuem junto ao Banco [...], conforme estipulado em cláusula contratual. Falta, no entanto, de estabelecimento de prazo para o cumprimento da referida cláusula. Necessidade de interpelação judicial ou extrajudicial dos executados, com a constituição em mora. Aplicação do disposto no art. 397, parágrafo único, do CC. Título que padece do requisito de exigibilidade, não servindo de lastro à execução. Extinção da execução mantida. Reconvenção. Descabimento em sede de execução. Extinção da reconvenção preservada. Sentença mantida. Apelos improvidos. (TJSP, Ap. Cível c/ Rev. n. 5.810.684.200, rel. Donegá Morandini, j. 29.09.2009)

Despesas condominiais. Ação de cobrança. Sentença de procedência. Necessidade de manutenção. Singela alegação do réu, proprietário da unidade autônoma, no sentido de que mudou-se e jamais foi constituído em mora pelo condomínio-autor. Inconsistência jurídica. Obrigação positiva e líquida. Mora *ex re*. Aplicabilidade do art. 960 do CC/1916 (art. 397 do atual diploma). Desnecessidade de prévia notificação do condômino. Cabe ao proprietário arcar com o pagamento das cotas vencidas, independentemente de notificação. Apelo do réu desprovido. (TJSP, Ap. s/ Rev. n. 1.087.529.001, 30ª Câm. de Dir. Priv., rel. Marcos Ramos, j. 24.09.2008)

1 – Nos termos do que preceitua o *caput* do art. 397 do CC vigente o termo é o vencimento de cada encargo condominial e assim o devedor encontra-se em mora a partir do vencimento da obrigação, não sendo necessário a notificação da empresa pública para a constituição da mora. (TRF, 3ª R., Ap. Cível n. 1.233.143, 1ª T., rel. Juiz Johonsom Di Salvo, j. 03.06.2008)

Ação de cobrança. Juros. Termo inicial. Constituição em mora. Despesas processuais. Reembolso à parte vencedora. Devido. Em se tratando de mora *ex persona*, em virtude da inexistência de termo de vencimento, não se pode falar em mora automaticamente constituída, motivo pelo qual se faz imprescindível que o interessado promova a interpelação daquele que assumiu determinada obrigação (art. 397, parágrafo único, do CC/2002). O mero requerimento extrajudicial de restituição de quantia paga é ato capaz de constituir em mora o devedor. Nos termos do art. 20 do CPC [arts. 82, § 2º, e 85, § 17, do CPC/2015], "a sentença condenará o vencido a pagar ao vencedor as despesas que antecipou e os honorários advocatícios". (TJMG, Proc. n. 1.0625.02.019568-5/001(1), rel. Elpídio Donizetti, j. 08.04.2008)

Habilitação de crédito. Rejeição. Condenação em honorários. Síndico e procurador da massa falida. Provimento. Restabelecimento em sede de recurso especial. Não conhecimento do agravo de instrumento no STF. Mora. Adimplemento espontâneo da obrigação. Não havendo prazo determinado para cumprimento da obrigação, a mora tem por termo inicial a citação para o processo executivo (art. 397, parágrafo único, do CC c/c art. 219 do CPC) [arts. 240, §§ 1º e 2º, 487 e 802, parágrafo único, do CPC/2015]. Se o devedor, antes mesmo da citação para o procedimento executório, cumpre, espontaneamente, a obrigação, depositando à disposição valor atualizado monetariamente, não há mora. Sucumbente em percentual mínimo, aplicável é o art. 21, parágrafo único, do CPC [art. 86, parágrafo único, do CPC/2015], pelo que impende seja alterado o comando sentencial relativo à distribuição da sucumbência. Apelo do exequente improvido e dos executados provido, para condenar o exequente na forma do art. 21, parágrafo único, do CPC [art. 86, parágrafo único, do CPC/2015]. (TJMG, Proc. n. 1.0079.97.013823-0/004(1), rel. Cláudio Costa, j. 27.03.2008)

Consoante o art. 397 do CC, ocorre a mora a partir do momento em que deveria ter ocorrido o pagamento na forma contratada. Quando não verificado o pagamento, caracteriza-se a mora *ex re*, de pleno direito. (TRF, 4ª R., Emb. infring. na Ap. Cível n. 200.371.000.313.342/RS, 2ª S., rel. Maria Lúcia Luz Leiria, j. 14.02.2008)

De outra parte, o instrumento de acordo entabulado entre as partes [...] encerra obrigação positiva e líquida (entrega de determinada quantidade de toneladas de cana-de-açúcar) e a termo (safra de 2001), levando à aplicação do disposto no art. 960 do CC/1916 (art. 397 do atual), sendo caso de dispensa de notificação premonitória. (TJSP, Ap. c/ Rev. n. 906.324-0/2, rel. Des. Luiz Felipe Nogueira, j. 28.11.2007)

Juros de mora. Verbas da sucumbência. Incidência a partir da data da sentença. Descabimento, não se tratando de caso de mora *ex re*. Citação para cumprimento da sentença que deve ser considerado o termo inicial dos juros. Inteligência do art. 219 do CPC [arts. 240, §§ 1º e 2º, 487 e 802, parágrafo único, do CPC/2015] e art. 960, parágrafo único, do CC/1916 (art. 397, parágrafo único, do CC/2002). Embargos em parte acolhidos. Sentença reformada. Recurso provido. (TJSP, Ap. n. 7.139.946-5, rel. Des. Paulo Roberto de Santana, j. 03.10.2007)

Apenas a cobrança de encargos remuneratórios ilegais, pelo credor, descaracteriza a mora do devedor. Em outras palavras: mesmo que haja cobrança de encargos moratórios ilegais, a mora do devedor não pode ser descaracterizada. (STJ, REsp n. 899.662, rel. Min. Humberto Gomes de Barros, j. 14.08.2007)

Consignação em pagamento. Condomínio. Despesas condominiais. Pretensão, após seguidas tentativas de consignação extrajudicial, por recusa do credor (valor depositado insuficiente para a quitação da dívida e ajuizamento da ação de cobrança). Inadmissibilidade. Ausência dos pressupostos do art. 335 do CC/2002. Inadimplemento da obrigação, positiva e líquida, no seu termo, constitui de pleno direito, em mora o devedor (CC/2002, art. 397). Improcedência da consignação em apenso, mantendo-se a procedência da cobrança. Recurso da ré, provido em parte para excluir o valor de suposto crédito do qual não se encontrou a origem. (TJSP, Ap. Cível s/ Rev. n. 1.069.993-0/1/SP, 25ª Câm. de Dir. Priv., rel. Des. Antônio Benedito Ribeiro Pinto, j. 24.07.2007, v.u.)

Prestação de serviços. Escola. Mensalidades. Cobrança. 1 – Irrelevante a falta de juntada do instrumento de contrato, se a parte não nega a prestação de serviços nem impugna especificamente os valores cobrados. 2 – Os juros e correção monetária incidem desde os vencimentos e não da citação, pois o inadimplemento da obrigação, positiva e líquida, no seu termo, constitui de pleno direito em mora o devedor (art. 397, CC). Recurso não provido. (TJSP, Ap. n. 7.122.369-7, rel. Des. Gilberto dos Santos, j. 14.03.2007)

Nos casos em que se busca a correção monetária dos saldos de cadernetas de poupança, relativos aos chamados Planos Collor e Verão, os juros de mora incidem a partir da citação. (STJ, REsp n. 766.643, rel. Min. Castro Filho, j. 28.06.2006)

Imprescindível a comprovação da mora, segundo o art. 1.071 do CPC [sem correspondente no CPC/2015], mas inexistente exclusividade do meio de comprová-la pelo protesto, em face do art. 397 do novo CC, razão pela qual, para tanto, é possível optar pela realização do protesto ou pela interpelação judicial ou extrajudicial. (STJ, REsp n. 586.409, rel. Min. Nancy Andrighi, j. 26.08.2004)

Sobre a questão dos autos, a Turma deu provimento somente ao recurso da empreiteira, por maioria, apenas quanto aos juros de mora, decidindo que estes devem incidir do momento em que, segundo o contrato, deveria ter ocorrido o pagamento, ou seja, do vencimento e, aplicando a regra *dies interpellat pro homine* (art. 960 do CC/1916), unânime quanto à incidência de correção monetária e honorários advocatícios na regra do art. 20, § 4º, do CPC [art. 85, §§ 8º e 3º, do CPC/2015]. Precedentes citados: REsp n. 34.663/SP, *DJ* 18.08.1993; REsp n. 26.826/ES, *DJ* 26.10.1992; e REsp n. 199.101/DF, *DJ* 27.09.1999. (STJ, REsp n. 419.266/SP, rel. Min. Humberto Gomes de Barros, j. 19.08.2003)

Há a presunção de que o imóvel gera despesas, e há a certeza de que a ré não pagou qualquer quantia referente ao período invocado pelo autor; em dívida de condomínio, a regra é *dies interpellat pro homine*, não necessitando qualquer procedimento judicial ou extrajudicial para a constituição da devedora em mora. (II TAC, Ap. n. 681.663, rel. Juiz Henrique Nelson Calandra, j. 29.07.2003)

Juros moratórios. Termo inicial. Pretensão de ser retroativo à data do pagamento parcial. Inadmissibilidade. Descaracterização da conduta da seguradora como ato ilícito. Ausência, ademais, dos requisitos do art. 159 do CC. Juros de mora incidentes a partir da citação. Recurso adesivo improvido. (I TAC, Ap. n. 1.020.029-2, rel. Juiz Ribeiro de Souza, j. 28.11.2001)

Com relação aos juros moratórios, também previstos na Convenção Condominial *data maxima venia*, é o caso de mora *ex re*; ou seja, a própria data de vencimento da obrigação serve como interpelação do devedor, consoante o brocardo *dies interpellat pro homine*. Portanto, havendo expressa indicação na Convenção de Condomínio sobre a incidência dos juros moratórios, devem eles incidir a partir de quinze dias após o vencimento de cada parcela em atraso. (II TAC, Ap. n. 575.815, rel. Juiz Aclibes Bulgarelli, j. 27.07.2000)

A necessidade da realização de cálculos para fixação da quantia exata do débito é irrelevante, não comprometendo a liquidez do título: STJ, REsp n. 177.637, rel. Min. Carlos Alberto Menezes Direito, j. 05.10.1999; STJ, REsp n. 150.021, Min. Waldemar Zveiter, j. 23.02.1999; I TAC, Ap. n. 744.447-5, 12ª Câm., rel. Juiz Beretta da Silveira, j. 27.11.1997; I TAC, Ap. n. 632.354-2, 7ª Câm., rel. Juiz Roberto Midolla, j. 25.02.1997; I TAC, Ap. n. 601.462, 9ª Câm., rel. Juiz Armindo Freire Mármora, j. 22.08.1995; *AASP* 1.806/325, *JTA* 165/503, 137/363 e 130/62, *RT* 686/222 e *JSTJ* 37/156.

Destarte, outro concluir não nos é possível, senão o de que em mora a recorrente, sendo aplicável, na espécie, o estabelecido no art. 960 do CC [...]. Não verificado o pagamento, por parte do devedor, neste momento, conforme disposto no art. 960 do Código Substantivo, ocorre a mora, de pleno direito e, advindo tal conceito da própria lei, esta mora é denominada *ex re*, com aplicação da regra *dies interpellat pro homine* (o termo interpela em lugar do credor). (*RSTJ* 159/264)

Busca e apreensão de bem objeto de venda com reserva de domínio julgada extinta sem julgamento de mérito. Mora comprovada por notificação extrajudicial e não por protesto. Imprescindível a comprovação da mora, segundo o art. 1.071 do CPC [sem correspondente no CPC/2015], mas inexistente exclusividade do meio de comprová-la, em face do art. 960, 2ª parte, do CC. Apelação provida, com observação, para, afastada a sentença, prosseguir o processo, com exame do requerimento de medida liminar. (*JTA* 197/694)

**Art. 398. Nas obrigações provenientes de ato ilícito, considera-se o devedor em mora, desde que o praticou.**

Haverá mora *ex re* quando houver prática de ato ilícito. Este artigo do CC fixa como o momento da prática do ato, aquele em que o devedor é considerado em mora. Em consequência disso, a Súmula n. 54 do STJ deixou assentado que os juros moratórios fluem do evento danoso nos casos de responsabilidade aquiliana.

**Jurisprudência:** Em acidente de veículos, os juros de mora fluem do evento danoso: TJSP, Ap. Cível s/ Rev. n. 1.262.857.004, rel. Pereira Calças, j. 19.08.2009; TJSP, Ap. Cível s/ Rev. n. 1.158.034.003, rel. Adilson Araújo, j. 12.05.2009.

Civil e processual. Ação indenizatória. Atropelamento em via férrea. Morte de pedestre maior de idade. Deficiência no isolamento e fiscalização da linha. Responsabilidade concorrente da empresa concessionária do transporte e da vítima reconhecida pelo tribunal *a quo*. Matéria de prova. Dano moral. Juros moratórios. Súmulas ns. 7 e 54-STJ. I – Proporcionalidade na condenação já respeitada pelo Tribunal *a quo*, cujas conclusões acerca da concorrência de culpas não têm como ser revistas pelo STJ, ao teor da Súmula n. 7. II – Em caso de responsabilidade extracontratual, os juros moratórios fluem a partir do evento danoso (Súmula n. 54 do STJ). (STJ, REsp n. 704.307, rel. Min. Aldir Passarinho Júnior, j. 16.05.2006)

Acidente veículo. Reparação de danos. Ação regressiva da seguradora. Juros de mora. Incidência desde a data do desembolso. Obrigação decorrente de ato ilícito. Exegese art. 398 do CC. Súmula n. 54 do STJ. Apelação não provida. (TJSP, Ap. s/ Rev. n. 908.071.000, 33ª Câm. de Dir. Priv., rel. João Carlos Sá Moreira de Oliveira, j. 04.06.2008)

Juros de mora. Remuneração de cadernetas de poupança. Planos Verão (1989), Collor I (1990) e Collor II (1991). Pretensão da contagem a partir da citação. Impropriedade. Origem em ato ilícito da casa bancária, devendo a mora ser contada desde a data do evento danoso, qual seja, a remuneração a menor em caderneta de poupança, sabida pelo banco. Súmulas ns. 43 e 54 do Eg. STJ e arts. 962 do CC revogado e 398 do atual. Recurso improvido. (TJSP, Ap. n. 7.158.462.600, rel. Des. Ricardo Negrão, j. 02.10.2007)

Juros. Moratórios. Fixação. Obrigação proveniente de ato ilícito. Considera-se a devedora em mora desde o momento em que praticou o ato ilícito ou concorreu para a sua prática. Aplicação do disposto no art. 398 do CC Brasileiro, combinado com a Súmula n. 54 do STJ. Marco a ser apurado em execução de sentença. Recurso adesivo da ré não provido. (TJSP, Ap. Cível n. 7.113.447-7/SP, 18ª Câm. de Dir. Priv., rel. Des. Carlos Alberto Lopes, j. 08.02.2007, v.u., voto n. 14.485)

Nas obrigações provenientes de delito, a mora se estabelece desde a ocorrência do evento danoso. (STJ, REsp n. 12.655, rel. Min. Peçanha Martins, j. 17.02.1994)

Na fixação do termo *a quo* para a contagem dos juros nos casos de indenização por dano a pessoa, a jurisprudência deste Tribunal tem feito a distinção sobre a natureza do ilícito: se a responsabilidade está fundada em contrato, os juros são contados a partir da citação, aplicando-se a regra geral do art. 1.536, § 2º, do CC ("contam-se os juros da mora, nas obrigações ilíquidas, desde a citação inicial"), combinada com o art. 219, *caput*, do CPC [art. 240 do CPC/2015]; se a responsabilidade é extracontratual e o ilícito é absoluto (art. 159 do CC), os juros fluem da data do fato, conforme enunciado na Súmula n. 54 do STJ ("Os juros moratórios fluem a partir do evento danoso em caso de responsabilidade extracontratual"), e do art. 962 do CC [...]. (*RSTJ* 104/357)

**Art. 399. O devedor em mora responde pela impossibilidade da prestação, embora essa impossibilidade resulte de caso fortuito ou de força maior, se estes ocorrerem durante o atraso; salvo se provar isenção de culpa, ou que o dano sobreviria ainda quando a obrigação fosse oportunamente desempenhada.**

A mora pode ser tanto do devedor (mora *solvendi*), quanto do credor (mora *accipiendi* ou *creditoris*). Este dispositivo trata da mora do devedor, e o seguinte, da mora do credor. A mora do devedor, que ocorre quando ele descumpre sua obrigação, é *ex re* – se decorrer de fato previsto na lei – ou *ex persona*.

Os arts. 390, 397, *caput*, e 398 estabelecem as hipóteses em que a mora resulta da lei. São elas: a execução do ato nas obrigações negativas; o inadimplemento da obrigação, positiva e líquida, no seu termo; e a prática do ato ilícito. A mora do devedor acarreta os efeitos de:

a) responsabilizá-lo por todos os prejuízos causados ao credor (art. 395); e

b) perpetuar a obrigação (art. 399). O devedor em mora responderá pela impossibilidade da prestação, mesmo se ela resultar de caso fortuito ou força maior, se ocorrido durante o atraso.

Segundo o artigo em exame, o devedor só se exonerará dessa responsabilidade se demonstrar que não agiu com culpa e que o fato ocorreria mesmo se a obrigação tivesse sido cumprida oportunamente. A redação do dispositivo legal é aparentemente defeituosa, porque, se o devedor demonstra que não agiu com culpa, não se pode reconhecer que esteja em mora. E, se não estava em mora, o presente dispositivo não incide ao caso concreto.

Nem se diga que a culpa a que o artigo se refere não é a que identifica a mora, mas sim a relativa à impossibilidade da prestação, pois, nesse caso, chegar-se-ia à conclusão de que o devedor em mora só responderia pelo dano ocorrido no atraso se agisse com culpa, o que não altera aquilo que se verifica quando, por sua culpa, ocorre impossibilidade da prestação, antes de ele estar em mora (no sentido de retardamento). E não se pode dar ao dispositivo legal interpretação que acarrete sua inutilidade ou perplexidade.

Na realidade, o devedor em mora só se exonerará da obrigação de indenizar caso se constate que o dano ocorreria mesmo que ele não estivesse em mora. Por exemplo, alguém atrasa a restituição de um imóvel recebido em comodato e, durante o período da mora, ocorre uma inundação que destrói o imóvel edificado. Houve, pois, força maior, que tornou impossível a prestação durante a mora, incidindo na espécie a primeira parte deste dispositivo. Contudo, o dano sobreviria mesmo que o imóvel houvesse sido restituído tempestivamente ao comodante, de modo que não se poderá obrigar o comodatário moroso a indenizar. Situação idêntica se verificaria se um veículo não fosse restituído à empresa de locação na data ajustada, mas fosse guardado no estacionamento em que ela mantém todos os seus outros veículos, de onde viesse a ser furtado. Também aqui seria possível concluir que o devedor em mora não deve ser responsabilizado, pois se o veículo tivesse sido devolvido na data estabelecida, estaria guardado no mesmo local, de maneira que, nas palavras de Judith Martins-Costa, "o dano sobreviria ainda quando a obrigação fosse oportunamente desempenhada". A interpretação adequada do presente dispositivo é a de que ele impõe ao devedor o ônus de demonstrar não ter agido com culpa, além de que o dano ocorreria ainda que a mora não ocorresse (*Comentários ao novo Código Civil*. Rio de Janeiro, Forense, 2003, v. V, t. II, p. 299).

**Jurisprudência:** Ação de obrigação de fazer objetivando compelir o réu a cumprir a obrigação de restituir os cheques da autora, prevista em termo de confissão de dívida, com a declaração de inexigibilidade dos débitos representados pelas cártulas. Sentença de parcial procedência. Recurso exclusivo do réu. Cerceamento de defesa. Inocorrência. Não há cerceamento de defesa quando as provas documentais autorizam o julgamento antecipado. Obrigação de fazer consistente na devolução dos cheques da autora. Alegação do réu de impossibilidade de cumprimento da obrigação em razão do furto dos cheques. Descabimento. Réu já se encontrava em mora quando ocorreu o suposto furto das cártulas, não podendo alegar isenção de culpa decorrente de caso fortuito ou força maior. Inteligência do art. 399 do CC. Ônus de sucumbência. Sucumbência mínima da autora. Réu deve arcar com a integralidade das verbas sucumbenciais. Sentença mantida. Adoção dos fundamentos da sentença pelo Tribunal. Incidência do art. 252, do RITJSP. Recurso negado. (TJSP, Ap. Cível n. 1012633-07.2020.8.26.0008/SP, 13ª Câm. de Dir. Priv., rel. Francisco Giaquinto, j. 22.06.2022, publ. 22.06.2022)

Tutela de urgência. Tutela em caráter antecedente. Ação de obrigação de fazer. Intento da autora de obter a suspensão de prestações de cédulas de crédito bancário, enquanto perdurar a pandemia de covid-19. Autora que admite a renegociação da obrigação nos autos de processo de execução em andamento ajuizado pelo réu. Teoria da imprevisão inaplicável ao caso, se de permeio à pandemia, a autora, em teoria, renegociou com o réu em condições mais favoráveis. Finalidade de suspender o processo de execução por meio oblíquo, que não seja pela oposição de embargos do devedor mediante garantia por penhora, caução ou depósito suficientes. Impossibilidade relativa no cumprimento da obrigação. Exegese do art. 399 do CC. Requisito da probabilidade do direito, previsto no art. 300 do novo CPC, não atendido. Recurso desprovido. (TJSP, AI n. 2008019-29.2021.8.26.0000/SP, 12ª Câm. de Dir. Priv., rel. Cerqueira Leite, j. 01.12.2021, publ. 03.12.2021)

Transporte marítimo. Cobrança de sobre-estadia (*demurrage*) de contêineres julgada improcedente (art. 285-A do CPC) [art. 332 do CPC/2015]. Apelação da autora, transportadora representada por seu agente marítimo, com preliminar de cerceamento de defesa ante o julgamento da ação nos termos do art. 285-A, do CPC [art. 332 do CPC/2015], além de sustentar no mérito que (1) ficou comprovada a relação contratual com a ré-importadora e sua responsabilidade pelo pagamento decorrente da entrega dos contêineres após o período ajustado – e, (2) a *demurrage* não tem natureza jurídica de cláusula penal, mas sim de indenização por descumprimento contratual, que se mostra devida no caso. Preliminar rejeitada. Cerceamento de defesa não caracterizado. Julgamento que contemplou as hipóteses do art. 285-A do CPC [art. 332 do CPC/2015]. Ação que merece procedência. Relação contratual comprovada. Sobre-estadia demonstrada porque provada a mora, o que permite a incidência do art. 399, do CC/2002. Valores que foram previstos em contrato, muito embora a contraprestação pela sobre-estadia não dependa de ajuste expresso. Cobrança devida. Matéria preliminar rejeitada. Sucumbência fixada. Recurso provido. (TJSP, Ap. n. 0023867-05.2011.8.26.0562/Santos, 11ª Câm. de Dir. Priv., rel. Moura Ribeiro, *DJe* 12.06.2013, p. 1.154)

Transporte marítimo. Ação declaratória de inexistência de débito c/c obrigação de fazer julgada improcedente. Reconvenção julgada procedente. Inconformismo da autora-reconvinda firme nas teses de que (1) não há relação contratual entre as partes; (2) os valores cobrados são abusivos e fogem aos usos e costumes do setor; (3) não concordou com a exigência de pagar o serviço de carregamento (*handling*), imposto como condição para a retirada dos contêineres do terminal; (4) a responsabilidade pelo pagamento dos valores cobrados pela ré-reconvinte é dos importadores, seus clientes; e (5) o costume reinante no transporte marítimo é não cobrar do armador nenhum valor para a retirada de contêiner vazio que permaneceu depositado com carga abandonada. Não acolhimento. Aplicação do art. 252 do RI deste Eg. Tribunal de Justiça. Sentença bem lançada que merece ser mantida por seus próprios fundamentos. Relação contratual comprovada. Notificação para a retirada dos contêineres vazios. Cobrança de armazenagem devida porque não elidida a mora, o que permite a incidência do art. 399 do CC. Contraprestação pela armazenagem de contêineres que não depende de ajuste expresso. Alegações genéricas de abusividade no valor de armazenagem e desequilíbrio contratual. Cobrança devida. Sentença mantida. Recurso não provido. (TJSP, Ap. n. 0016130-48.2011.8.26.0562/Santos, 11ª Câm. de Dir. Priv., rel. Moura Ribeiro, *DJe* 05.06.2013, p. 1.383)

Apelação. Indenização por danos materiais e morais. Prestação de serviços de filmagem e fotografia em festa de casamento. Inadimplemento parcial do contrato. Roubo do material. Circunstância que, ainda que fosse tida por verdadeira, não afastaria a responsabilidade da ré, que já estava em mora na data da subtração. Inteligência do art. 399 do CC. Danos materiais. Ressarcimento do valor pago pela filmagem. Multa compensatória. Aplicabilidade, em virtude do descumprimento parcial do contrato. Danos morais configurados. Situação que ultrapassou o mero aborrecimento ou dissabor cotidiano. Indenização devida. Redução do valor fixado, em observância aos princípios da razoabilidade e da proporcionalidade. Recurso do autor improvido e recurso do réu parcialmente provido. (TJSP, Ap. n. 0133940-72.2011.8.26.0100/São Paulo, 32ª Câm. de Dir. Priv., rel. Hamid Bdine, *DJe* 22.05.2013, p. 1.193)

Apelação. Ação de busca e apreensão fundada em alienação fiduciária. Conversão em ação de depósito. Sentença de improcedência da demanda. Furto do bem. Fato que não exime o devedor do cumprimento da obrigação relacionada ao depósito, por ter a subtração se verificado depois de já caracterizada a mora (CC, 399). (TJSP, Ap. Cível c/ Rev. n. 1.018.415.002, rel. Ricardo Pessoa de Mello Belli, j. 12.05.2009)

Apelação. Arrendamento mercantil. Ação de reintegração de posse. 1 – Roubo do veículo arrendado. Fato que não retira o interesse processual na ação de reintegração de posse. Em primeiro, porque a suposta subtração teria se verificado depois de já evidenciada a mora, período no qual os eventuais casos fortuitos ou de força maior são debitados à responsabilidade do devedor (CC, art. 399) [...]. (TJSP, Ap. Cível c/ Rev. n. 834.169.009, rel. Ricardo Pessoa de Mello Belli, j. 04.12.2007)

Responsabilidade civil. Desprendimento de rochas sobre imóvel em construção. Alegação de que o atraso na obra decorreu desse caso fortuito. Fato que não exime a responsabilidade do devedor se o mesmo já se encontrava em mora. Interpretação do art. 957 do CC. (TJRJ, *RT* 749/392)

---

**Art. 400. A mora do credor subtrai o devedor isento de dolo à responsabilidade pela conservação da coisa, obriga o credor a ressarcir as despesas empregadas em conservá-la, e sujeita-o a recebê-la pela estimação mais favorável ao devedor, se o seu valor oscilar entre o dia estabelecido para o pagamento e o da sua efetivação.**

---

É preciso observar que, se a culpa é necessária para caracterizar a mora do devedor, o mesmo não acontece em relação à do credor, como se verifica da leitura deste artigo. Desse modo, se o devedor oferece a prestação no tempo devido e o credor não a recebe, este estará em mora, independentemente de culpa. Nessa hipótese, o devedor deixa de responder pelos riscos da coisa. Imagine-se que alguém se compromete a entregar um veículo ao comprador na Praça José Bonifácio, em Piracicaba. O comprador atrasa-se para o encontro em razão de um acidente de trânsito que o impede de chegar ao local no horário que combinaram os contratantes. No exemplo imaginado, se o carro fosse furtado em poder do vendedor, o prejuízo seria suportado pelo comprador que se atrasou involuntariamente.

A culpa do credor é irrelevante para a caracterização de sua mora e o obriga a indenizar os prejuízos do devedor relativos à conservação e a outros danos que suportar, pois a menção às despesas de conservação não é taxativa, mas apenas exemplificativa. Ademais, se o valor do bem oscilar entre o dia previsto para o pagamento e o de sua efetivação, o credor pagará o preço mais favorável ao devedor.

Ocorre mora do credor quando ele não receber a prestação no tempo e do modo devidos. Para que ela se verifique são necessários os requisitos seguintes: o vencimento da obrigação, pois antes disso ela não é exigível e o devedor não pode liberar-se de seu cumprimento; a oferta da prestação; a recusa injustificada do credor em receber.

O devedor isento de dolo deixa de ter responsabilidade pela conservação da coisa se ocorrer mora do credor, como está consignado neste dispositivo. O dolo do devedor estará caracterizado se ele abandonar o bem em face do atraso do credor. A lei exige que o devedor tenha cuidados mínimos com o objeto da prestação, conferindo-lhe direito de reembolso pelas despesas de conservação. A oscilação de preço do produto ocorre, por exemplo, quando o comprador de certa quantidade de gado atrasa-se para retirá-lo da fazenda do vendedor, verificando-se o aumento do preço da arroba desde a data em que devia ter apanhado os animais. Caso isso ocorra, o comprador pagará o preço do produto vigente na data da retirada efetiva do gado.

O dolo referido no artigo não corresponde à intenção de lesar, mas à ausência de providências acautelatórias que evitem dano ao bem em seu poder. Segundo Rizzato, não se compreendem nessas providências despesas vultosas, "como pinturas de prédios, constante revisão de um equipamento, substituição de peças e outras conservações que reclamam altos custos, insuportáveis pela sua condição econômica" (RIZZARDO, Arnaldo. *Direito das obrigações*. Rio de Janeiro, Forense, 2004, p. 486).

Se a mora é simultânea, uma elimina a outra, ocorrendo compensação entre elas. As duas partes devem ser consideradas como se não estivessem em mora e nenhuma pode exigir perdas e danos da outra. Mas se as moras são sucessivas, permanecem os efeitos anteriores de cada uma. Ambas as partes respondem por perdas e danos do período em que estiveram em mora: o credor, pelos prejuízos que se verificaram enquanto ele recusou o recebimento do pagamento, e o devedor, pelos que se consumaram quando o primeiro concordou em receber e ele não quis pagar.

**Jurisprudência:** Apelação cível. Ação de consignação em pagamento c/c indenização por dano moral. Mora do credor. Art. 394, CC/2002. Devedor isento de responsabilidade. Recusa recebimento credor. Inscrição indevida nome devedor. Dano moral *in re ipsa*. Valor de indenização. Razoabilidade. Recurso desprovido. Considera-se em mora o credor que não quiser receber o pagamento no tempo, lugar e forma que a lei ou a convenção estabelecer (CC/2002, art. 394). Caracterizada a mora do credor, o devedor está isento de responsabilidade (CC/2002, art. 400). Conforme previsto no art. 335, I, do CC/2002, a consignação tem lugar "se o credor não puder, ou sem justa causa, recusar receber o pagamento, ou dar quitação na devida forma". "Inexistente a mora do devedor, a inscrição do seu nome nos cadastros de inadimplentes é indevida." (TJMT, RAC n. 95.650/2011) "É indenizável por dano moral a simples circunstância de inscrição indevida em cadastro de inadimplentes." (STJ, REsp n. 915.593/RS) Para o arbitramento da indenização de dano moral, o juiz deve considerar o valor da negativação e o tempo de permanência, a repercussão do ato danoso, repreender a conduta ilícita e compensar a vítima pelo prejuízo, sem enriquecimento (TJMT, RAC n. 18.714/2011). (TJMT, Ap. n. 13900/2013, rel. Des. Marcos Machado, *DJe* 12.06.2013, p. 10)

Ação de cobrança. Venda e compra de apartamento com pagamento de parte do preço em mercadorias. Cobrança fundada em suposto inadimplemento contratual da ré, que teria deixado de entregar as mercadorias. Prova documental nos autos, mediante correspondência eletrônica trocada entre as partes, de *mora accipiendi*. Aplicação do art. 400 do CC. Responsabilidade pela conservação da coisa a cargo do credor, que incorreu em mora ação de cobrança improcedente. Recurso do autor improvido. (TJSP, Ap. n. 0018474-97.2010.8.26.0477/ Praia Grande, 6ª Câm. de Dir. Priv., rel. Francisco Loureiro, *DJe* 11.03.2013, p. 1.084)

Ação ordinária de cobrança. Internação em hospital. Réu que não impugnou qualquer dos procedimentos pelos quais é demandado. Divergência que se restringe a cobrança de juros, correção monetária e multa. Observância do disposto no art. 400 do CC e art. 52 do CDC. Juros e multa de mora corretamente lixados. (TJSP, Ap. Cível c/ Rev. n. 7.091.381.800, rel. Carlos Lopes, j. 09.11.2006)

**Art. 401. Purga-se a mora:**

**I – por parte do devedor, oferecendo este a prestação mais a importância dos prejuízos decorrentes do dia da oferta;**

**II – por parte do credor, oferecendo-se este a receber o pagamento e sujeitando-se aos efeitos da mora até a mesma data.**

Purgar ou emendar a mora é o modo pelo qual se procede à sua cessação. Aquele que está em mora pode purgá-la, cumprindo a obrigação descumprida e indenizando a outra parte. A purgação só pode ser feita se ainda trouxer resultado útil ao credor. Do contrário, haverá inadimplemento absoluto.

Este artigo aponta as hipóteses em que a purgação da mora poderá ser feita pelo credor ou pelo devedor. A purgação da mora pelo devedor realiza-se mediante oferta da prestação atrasada mais o valor dos prejuízos dela resultantes. Os prejuízos a serem ressarcidos são os conhecidos, pois os ainda não conhecidos podem ser cobrados em ação autônoma, mas não impedem a emenda da mora. Em relação ao credor, a purgação verifica-se quando ele aceita receber o pagamento e sujeita-se aos efeitos da mora.

A purgação pode ocorrer a qualquer momento, desde que ainda seja útil ao credor. Desse modo, é possível concluir que a consignação é ação destinada a prevenir e a emendar a mora. A purgação da mora não se confunde com a sua cessação. Esta última não depende de um comportamento do moroso, pois resulta da própria extinção da obrigação em decorrência de outro fato que não seja imputável a ele. É o que ocorre quando as dívidas fiscais do devedor são anistiadas. Nesse caso, cessa a mora, produzindo efeitos pretéritos, pois os efeitos já produzidos serão afastados. Na purgação da mora, os efeitos produzidos não são pretéritos, porque estes últimos se conservam.

**Jurisprudência:** [...] 2 – O devedor é constituído em mora por ocasião de sua citação válida (art. 219 do CPC) [arts. 240, §§ 1º e 2º, 487 e 802, parágrafo único, do CPC/2015], permanecendo sob tal condição até o momento em que a purga, ou seja, oferece ao credor a prestação devida e a importância relativa aos prejuízos decorrentes do inadimplemento (correção monetária e juros de mora), conforme dispõe o art. 401, I, do CC. 3 – A interposição de embargos à execução não tem o condão de interromper a fluência dos juros de mora, ainda que constatado excesso nos cálculos exequendos, pois ao Executado é facultado o pagamento do valor incontroverso. 4 – Apelação desprovida. (TFR, 2ª R., Ap. Cível n. 379.995, 8ª T. Especializada, rel. Des. Federal Marcelo Pereira/no afast. Relator, j. 22.07.2008)

Consignação em pagamento. Petição inicial. Ao devedor em mora não é defeso utilizar-se da ação consignatória. Entendimento contrário que impossibilitaria o devedor de liberar-se de sua obrigação, impondo-lhe, injustamente, as consequências comerciais que daí derivam. Precedentes do STJ. Devedor que, todavia, deve consignar o valor suficiente para a satisfação do crédito, incluindo-se os encargos moratórios reputados como devidos. Art. 893, I, do CPC [art. 542, I, do CPC/2015] c/c art. 401, I, do atual CC. Extinção do processo sem resolução de mérito, por falta de interesse processual, que não se legitima. Sentença anulada. Apelo provido. (TJSP, Ap. Cível n. 7.159.372.100, rel. José Marcos Marrone, j. 12.03.2008)

Previdenciário. Revisão de benefício. Agravo legal. Percentual de juros de mora. Não incidência de juros de mora no período de processamento do precatório. Agravo legal do INSS parcialmente provido. – O termo final dos juros de mora persiste até que o devedor satisfaça a obrigação, a qual, no caso de pagamento em dinheiro, só será adimplida com a quitação do valor devido, salvo as hipóteses que a lei excepcionar (art. 401, I, do CC). – Agravo legal do INSS parcialmente provido. (TRF, 3ª R., Remessa de *ex officio* em Ap. Cível n. 1.216.089, 7ª T., rel. Juíza Eva Regina, j. 18.02.2008)

Contrato. Compromisso de compra e venda e aditivos contratuais. Consignação em pagamento. Reconvenção. Sentença de improcedência da consignação e procedência da reconvenção. Alegação de desproporcionalidade dos reajustes. Não ocorrência. Aplicação dos índices contratualmente ajustados. Taxa Referencial. TR. Possibilidade. Tabela *Price*. Legalidade nos contratos de financiamento imobiliário. Inexistência de anatocismo. Não caracterizada violação contratual ou quebra do negócio jurídico. Reajustes contratuais conforme pactuado. Depósitos parciais que não são hábeis para purgar a mora do devedor. Inteligência do art. 401, I, do CC/2002. Mora da compradora caracterizada. Inadimplência inconteste. Cabimento à resolução contratual e fixação de perdas e danos. Consignatória improcedente. Recurso da apelante autora desprovido. Contrato. Compromisso de compra e venda e aditivos contratuais. Consignação em pagamento. Reconvenção. Sentença de improcedência da consignação e procedência da reconvenção. Alegação de nulidade da r. sentença. Não ocorrência. Mérito. Cláusula 5.1.a.3. onerosamente excessiva. Inaplicabilidade. Adequada devolução dos valores à compradora com juros e correção monetária. Recurso da apelante-ré desprovido. (TJSP, Ap. c/ Rev. n. 2.923.094.100, rel. Des. Ariovaldo Santini Teodoro, j. 31.07.2007)

A parte embargante, entendendo serem excessivos os cálculos apresentados pelo exequente, deveria ter realizado o pagamento dos valores que acreditava serem devidos – parte incontroversa –, desvencilhando-se, de tal modo, da incidência de correção monetária e de juros de mora sobre referido montante. Inteligência dos arts. 394 e 395 do CC/2002. (STJ, REsp n. 767.498, rel. Min. Arnaldo Esteves Lima, j. 09.03.2006)

Mora. Purgação. Promessa de compra e venda. Financiamento não transferido. Atraso nas prestações junto à caixa. O pedido de purgação da mora não significa a renúncia do devedor à impugnação das parcelas cobradas pelo credor (art. 959 do CC). O promissário comprador em atraso junto ao agente financeiro e réu em ação de resolução de contrato promovido pelo promitente vendedor, pode dispor-se a depositar o valor do débito vencido, e ao mesmo tempo impugnar a exigência de aluguéis despendidos pelo vendedor depois que entregou o imóvel. Recurso conhecido e provido para admitir a oferta do devedor, excluída a exigência relativa aos aluguéis. Voto vencido. (STJ, REsp n. 66.976, 4ª T., rel. Min. Ruy Rosado de Aguiar, j. 11.12.1995)

Consignação em pagamento. Compromisso de compra e venda. Mora do devedor em data anterior à da propositura da ação. Irrelevância. Licitude da purgação da mora, ainda que ajuizada ação de rescisão. Art. 959, I, do CC. Ação procedente. Recurso provido. (*JTJ* 142/45)

## CAPÍTULO III
## DAS PERDAS E DANOS

**Art. 402. Salvo as exceções expressamente previstas em lei, as perdas e danos devidas ao credor abrangem, além do que ele efetivamente perdeu, o que razoavelmente deixou de lucrar.**

O inadimplemento da obrigação provoca danos àquele que é titular do direito de exigi-la. Esses danos podem acarretar redução patrimonial ou apenas constrangimentos e incômodos, que representam danos morais. Esses constrangimentos e incômodos, contudo, devem violar direitos de personalidade e atingir significativamente a dignidade da pessoa, pois se forem apenas aborrecimentos cotidianos e usuais, não justificam arbitramento de indenização. A indenização dos danos materiais deve atingir a integralidade do prejuízo experimentado pela vítima. Ou seja, são indenizáveis os danos emergentes e os lucros cessantes, como se depreende da leitura do art. 402 do CC.

Os danos emergentes correspondem à importância necessária para afastar a redução patrimonial suportada pela vítima. Lucros cessantes são aqueles que ela deixou de auferir em razão do inadimplemento. Este artigo estabelece que os lucros cessantes serão razoáveis. Com isso, pretende que eles não ultrapassem aquilo que razoavelmente se pode supor que a vítima receberia. Em contrapartida, este artigo estabelece que os danos emergentes não podem ser presumidos e devem abranger aquilo que a vítima efetivamente perdeu.

O dano indenizável deve ser certo e atual. Não pode ser meramente hipotético ou futuro. Mesmo quando se trata de lucros cessantes, é preciso que eles estejam compreendidos em cadeia natural da atividade interrompida pela vítima. O Eg. STJ já decidiu questão na qual abordou o tema: "O recorrente havia planejado construir um empreendimento imobiliário de grande porte, com projeto já aprovado pelas autoridades competentes. Sucede que parte da área foi objeto de ato expropriatório para a construção de metrô, o que causou retardamentos e redução do projeto original. Pleiteava, entre outros, a indenização por alegado prejuízo pela impossibilidade da implantação do empreendimento tal qual concebido e aprovado originalmente. Anotando que o projeto ainda não havia sido implantado quando da expropriação, a Turma entendeu que não há prejuízo a ser indenizado, tratando-se de dano apenas hipotético, uma expectativa de lucros coberta pela indenização do valor de mercado, que leva em conta o potencial econômico de exploração do imóvel. Caberia indenização por danos materiais se comprovados danos efetivos por despesas que a expropriada poderia ter se já iniciado o processo de implantação do referido projeto" (STJ, REsp n. 325.335, rel. Min. Eliana Calmon, j. 06.09.2001). Nesse sentido, os lucros cessantes são apenas os que podem ser constatados desde logo, mas que não se verificaram em decorrência do fato que o interrompeu, afastando-se meras expectativas frustradas.

**Jurisprudência:** [...] II – Não restou configurada a violação do art. 402 do CC, porquanto o recorrente não especificou valor a ser pago pelo não fornecimento das ações, nem indicou o *quantum* que valeriam, nem norteou nenhuma outra indenização que pudesse ser resultante do não fornecimento. III – Oportuno asseverar que, na lição de Nelson Nery Júnior (*Código Civil comentado*, 5. ed., p. 457), fazendo a casuística do art. 402 do CC com a interpretação da *RT* 613/138, assim definiu: "Não deve ser acolhido pedido de indenização por perdas e danos se a parte não descreve com precisão os prejuízos sofridos e os lucros cessantes, limitando-se a mencioná-los genericamente". (STJ, Ag. Reg. no REsp n. 1.011.128, 3ª T., rel. Min. Sidnei Beneti, j. 19.03.2009, *DJ* 03.04.2009)

Locação de imóveis. Contrato. Rescisão unilateral. Desatendimento ao art. 22 da Lei n. 8.245/91. Pode a locatária rescindir o contrato se o imóvel não se apresenta em perfeitas condições de uso. Perdas e danos. Comprovação. Indenização devida. A caracterização do descumprimento contratual dá azo a perdas e danos, nos termos do art. 402 do CC. Lucros cessantes. Prova efetiva da ocorrência. Inexistência. Reparação indevida. A reparação dos lucros cessantes somente é pertinente quando houver comprovação efetiva de sua ocorrência. Preliminares rejeitadas. Agravo retido improvido e recursos de apelação parcialmente providos. (TJSP, Ap. c/ Rev. n. 1.131.947.009, 34ª Câm. de Dir. Priv., rel. Emanuel Oliveira, j. 27.08.2008)

Direito de vizinhança. Nunciação de obra nova. Perdas e danos. Obra com desaterro do terreno. Desabamento de muro, movimentação do terreno do quintal e rachaduras no piso. Demonstração de que os danos no imóvel foram decorrentes da obra realizada no vizinho. Prova pericial. *Quantum* da indenização. O valor deve corresponder ao que o apelado efetivamente perdeu. Art. 402 do CC. Apelação não provida. (TJSP, Ap. Cível c/ Rev. n. 1.148.772.005, rel. Sá Moreira de Oliveira, j. 14.05.2008)

Embargos declaratórios. Efeito modificativo. Administrativo. Recurso especial. Rescisão de contrato administrativo. Indenização. Lucros cessantes. [...] 2 – Por lucros cessantes, deve-se entender o que razoavelmente se deixou de lucrar – essa é a dicção do art. 1.059 do CC/1916. Todavia, isso não autoriza que tais lucros sejam hipotéticos. Ao contrário, devem ser previsíveis já na celebração do contrato, ou seja, são indenizáveis os lucros que o contratante obteria com a execução direta do contrato, e não os que seriam obtidos em decorrência de fatores diversos ou indiretos aos efeitos do contrato. 3 – Embargos declaratórios acolhidos com efeito modificativo. (STJ, Emb. de Decl. no REsp n. 440.500, 2ª T., rel. João Otávio de Noronha, j. 23.10.2007)

Indenização. Lucros cessantes. Descabimento. Inviabilidade de indenizar lucro hipotético. Art. 1.059, *caput*, do CC/1916. Reparação das perdas e danos, quando admitida, na forma estipulada pelo art. 1.061 do mesmo Código ou 404 do novo CC. Ação de cobrança parcialmente procedente. Apelação provida em parte, com observação. (TJSP, Ap. c/ Rev. n. 1.169.733.100, rel. Des. José Reynaldo, j. 24.01.2007)

Promessa de compra e venda. Inadimplemento da promissária vendedora. Indenização. Valor atual do imóvel. Lucros cessantes. Dano positivo. O descumprimento do contrato de promessa de compra e venda de imóvel por parte da promitente vendedora leva à indenização do promissário comprador, que tem o direito de receber, além da devolução do preço, a diferença do valor atual do imóvel. No caso dos autos, a expressão contida no art. 1.059 do CC, incluindo nas perdas e danos "o que o credor razoavelmente deixou de lucrar", compreende a indenização pelo dano positivo, isto é, aquela suficiente para colocar o credor na situação em que estaria caso o contrato tivesse sido cumprido. O fato de ter sido pago apenas 10% do preço não permite seja calculada a indenização na exata proporção entre o acréscimo do patrimônio auferido pela vendedora com a valorização do bem e a quantia efetivamente paga pelo comprador, embora tal circunstância sirva como fator redutor da indenização. (STJ, REsp n. 403.037, rel. Min. Ruy Rosado de Aguiar, j. 28.05.2002)

A limitação do cálculo dos lucros cessantes ao tempo de vida útil da máquina a ser consertada não viola a coisa julgada que deferia lucros cessantes sem essa restrição. Peculiaridade da situação dos autos, em que a reparação do dano poderia chegar a valores exagerados, e ainda porque a reposição de novo e moderno equipamento propiciará à autora a obtenção dos lucros de que antes fora privada. (STJ, REsp n. 307.523, rel. Min. Ruy Rosado de Aguiar, j. 25.09.2001)

Consoante o magistério de Carvalho Santos "os lucros cessantes para serem indenizáveis devem ser fundados em bases seguras, de modo a não compreender os lucros imaginários ou fantásticos. Nesse sentido é que se deve entender a expressão legal: razoavelmente deixou de lucrar. A simples alegação de lucro que poderá ser obtido com os proventos esperados do contrato que não foi executado não pode ser objeto de indenização, por isso que se trata de uma impossibilidade ou expectativa" (*CCB interpretado*, v. XIV, p. 256). Washington de Barros Monteiro afasta a indenização a esse título se não for ao menos plausível ou verossímil, arredados benefícios ou interesses hipotéticos. O exemplo colacionado de Van Wetter é expressivo, pois se o vendedor deixa de entregar iscas para pesca projetada, vedado é ao comprador pretender ressarcir-se do valor dos peixes que apanharia se as iscas lhe tivessem sido realmente entregues (*C. D. Civil*, v. IV, 1979, p. 334). No caso concreto, a área em questão jamais foi utilizada para o plantio de laranja, e nem se praticaram atos iniciais compatíveis com a disposição de realizá-lo. Em consequência, são havidos por hipotéticos os lucros que os autores teriam se a gleba não lhes tivesse sido subtraída por causa preexistente ao contrato. (TJSP, Ap. n. 122.020-1, rel. Des. Godofredo Mauro, j. 21.11.1990)

O lucro cessante não se presume, nem pode ser imaginário. A perda indenizável é aquela que razoavelmente se deixou de ganhar. A prova da existência do dano efetivo constitui pressuposto ao acolhimento da ação indenizatória. Caso em que a corretora não se desincumbiu do ônus de comprovar a existência do dano sofrido com a quebra da exclusividade. A imposição da multa prevista no art. 538, parágrafo único, do CPC [art. 1.026, §§ 2º e 3º, do CPC/2015], condiciona-se a que o Tribunal justifique o cunho protelatório dos embargos de declaração. Escopo de promover o prequestionamento das matérias aventadas (Súmula n. 98 do STJ). (*RSTJ* 153/297)

Indenização. Perdas e danos. Imóvel. Compra e venda. Mora na outorga da escritura. Obrigação cumprida a destempo. Inadimplemento. Mero atraso no cumprimento da obrigação. Lucros cessantes não demonstrados. Verba indevida recurso não provido. (*JTJ* 268/160)

Afastando a indenização por lucros hipotéticos: *JTA* 161/542 e *JTS* 84/33.

---

**Art. 403. Ainda que a inexecução resulte de dolo do devedor, as perdas e danos só incluem os prejuízos efetivos e os lucros cessantes por efeito dela direto e imediato, sem prejuízo do disposto na lei processual.**

---

O fato de o inadimplemento da obrigação ter sido intencionalmente provocado pelo devedor (dolosamente, portanto) não permite que se imponha a ele a obrigação de indenizar valor superior aos prejuízos efetivamente suportados pelo credor e os lucros cessantes. Ou seja, a natureza punitiva da indenização não é admitida no presente dispositivo, que, no entanto, não se aplica aos casos de danos morais, nos quais essa natureza é amplamente admitida pela jurisprudência.

Ao se referir aos prejuízos efetivos e aos lucros cessantes, esta disposição restringe-se aos danos materiais, não permitindo que se considere vedada a indenização por dano moral.

De acordo com o artigo em exame, a lei processual não será excluída para impor sanção aos danos provocados pelo inadimplemento. Assim, as disposições processuais que se destinarem a impor sanção à parte inadimplente não foram revogadas pelo presente artigo (MARTINS-COSTA, Judith. *Comentários ao novo Código Civil*. Rio de Janeiro, Forense, 2003, v. V, t. II, p. 363).

**Jurisprudência:** Correio eletrônico. Exclusão injustificada de mensagens. Nexo causal configurado. Dever de informar violação. Dano moral. Consumidor. Obrigação de fazer cumulada com indenizatória. Plano de acesso à internet. Exclusão injustificada de mensagens da caixa de correio eletrônico. Nexo causal comprovado. Violação do direito à informação. Dano moral configurado. Recuperação das mensagens. Impossibilidade. Perdas e danos. Ausência de comprovação do direito alegado. Autora usuária, mediante pagamento mensal, do serviço de acesso à internet fornecido pelo réu, incluindo correio eletrônico. Alteração do plano de acesso que acarreta a perda das mensagens eletrônicas arquivadas. Comprovada a conduta e o nexo causal, este identificado como a alteração do plano, e não o tempo de permanência daquelas na caixa de entrada. Violação do princípio da transparência e do dever de informação relativamente à possibilidade de perda dos arquivos decorrente da mudança de plano. Dano moral que se verifica. Impossibilidade de recuperação das mensagens perdidas dado o decurso do tempo, o que inviabiliza a recuperação desse tipo de dado eletrônico. Pedido de conversão da obrigação em perdas e danos improcedente. Tratando-se de relação de consumo, sendo a autora consumidora, possível a inversão do ônus da prova se presentes os requisitos do art. 6º, VIII, do CDC. Tal inversão, entretanto, não afasta do autor a obrigação de fazer prova mínima de seu direito, que conduz à verossimilhança dos fatos alegados. A autora deixou de fazer qualquer prova relativamente à atividade profissional que alegou exercer através de seu correio eletrônico, assim como deixou de apresentar qualquer elemento hábil a conduzir à veracidade de suas afirmações relativamente ao conteúdo daquelas mensagens. Nos termos dos arts. 402 e 403 do CC, as perdas e danos abrangem o que o credor efetivamente perdeu e o que razoavelmente deixou de lucrar, incluindo tão somente os prejuízos efetivos e os lucros que comprovadamente deixou de auferir por efeito direto e imediato da inexecução pelo devedor. A sentença deve ser mantida. Negado provimento a ambos os recursos. (TJRJ, AC n. 0024210-98.2009.8.19.0001, 3ª Câm. Cível, rel. Des. Mario Assis Gonçalves, *DJe* 19.07.2012, p. 15)

[...] Além do mais, somente rende ensejo à responsabilidade civil o nexo causal demonstrado segundo os parâmetros jurídicos adotados pelo ordenamento. Nesse passo, vigora do direito civil brasileiro (art. 403 do CC/2002 e art. 1.060 do CC/1916), sob a vertente da necessariedade, a "teoria do dano direto e imediato", também conhecida como "teoria do nexo causal direto e imediato" ou "teoria da interrupção do nexo causal". 9 – Reconhecendo-se a possibilidade de vários fatores contribuírem para o resultado, elege-se apenas aquele que se filia ao dano mediante uma relação de necessariedade, vale dizer, dentre os vários antecedentes causais, apenas aquele elevado à categoria de causa necessária do dano dará ensejo ao dever de indenizar. (STJ, REsp n. 1.113.804, 4ª T., rel. Min. Luis Felipe Salomão, *DJe* 24.06.2010)

Responsabilidade civil. Venda de imóvel inexistente pelo réu ao genitor da autora verificada. Ocorrência de morte deste, por força de queda de avião que alugou, na tentativa de localização de referido bem. Adoção tanto pelo CC/1916 quanto pelo de 2002 da teoria do dano direto e imediato. Impossibilidade de sujeitar o autor do dano a todas as nefastas consequências do seu ato, quando já não ligadas a ele diretamente. Necessidade de existência de uma relação de causa e efeito direta e imediata entre o fato e o dano. Ocorrência do fato (venda de imóvel inexistente) que não foi apta a produzir o dano (morte do genitor da autora). Nexo causal inexistente. Honorários advocatícios. Ocorrência de plena observância dos comandos pertinentes da lei processual. Redução ou majoração indevidas. Recursos desprovidos. (TJSP, Ap. n. 353.967.4/7-00/São Joaquim da Barra, 1ª Câm. de Dir. Priv., rel. Des. Luiz Antonio de Godoy, j. 02.03.2010)

Direito civil. Rescisão de contrato de permuta visando à construção de *shopping center*. Fixação da indenização pelo valor atualizado do lote. Art. 1.056 do CC/1916. Rescindido o contrato celebrado visando à construção de *shopping center*, a indenização devida a título de danos emergentes deverá corresponder ao valor atualizado do lote e não àquele constante da escritura pública lavrada à época do negócio jurídico, sob pena de não se atender à necessidade de recomposição efetiva da perda patrimonial experimentada. Recurso especial parcialmente provido. (STJ, REsp n. 1.003.429, 3ª T., rel. Min. Nancy Andrighi, j. 28.04.2009, *DJ* 26.05.2009)

Prestação de serviços. Fornecimento de energia elétrica. Erro de medição. Fato que, no caso, pode ser enquadrado na hipótese de engano justificável, afastando a obrigação de devolver em dobro. Ausência, ademais, de prova de má-fé da concessionária, que reconhecendo o erro imediatamente devolveu o valor cobrado a maior. Danos indiretos. Não cabimento. Ausência de nexo causal entre o dano e o fato lesivo. Inteligência do art. 403 do CC. Ação improcedente. Recurso provido para esse fim. 1 – Se a cobrança indevida decorre de erro justificável, não cabe a imposição da pena de restituição em dobro. 2 – As perdas e danos só incluem os prejuízos efetivos e os lucros cessantes por efeito dela direto e imediato. Trata-se, pois, do prejuízo causado pela ação direta do ofensor e não daquele que eventualmente possa aparecer em seguida, fruto de outras circunstâncias que se interpõem. (TJSP, Ap. Cível n. 7.292.257.500, rel. Gilberto dos Santos, j. 06.11.2008)

Empresa que atua no segmento de consultoria em crédito imobiliário, mais especificamente na recuperação de créditos, via cobrança e execução administrativa de devedores do Sistema Financeiro da Habitação. Contrato de prestação de serviços por tempo indeterminado, sob a promessa de retribuição aos benefícios auferidos pela ré em decorrência da indicação feita pela autora. Ação cautelar e ação ordinária de perdas e danos, combinada com danos morais, lucros cessantes e danos emergentes. Improcedência das demandas. Inexistência de exclusividade. Autora que concentrou todas suas atividades no referido contrato. Eventual inadimplemento pela ré (remuneração não paga) que já está sendo discutido em processo autônomo. Feito que não tem propriamente o objeto de cobrança de valores e sim pedido de indenização por ato ilícito, eis que com os atos praticados pela requerida, teria ela inviabilizado a atividade mercantil da autora. Perdas e danos que só incluem os prejuízos efetivos e os lucros cessantes por efeito dela direto e imediato (art. 403 do atual CC). Não é, portanto, indenizável o denominado "dano remoto", que seria consequência "indireta" do inadimplemento, envolvendo lucros cessantes para cuja efetiva configuração tivessem de concorrer outros fatores que não fosse apenas a execução a que o devedor faltou, ainda que doloso o seu procedimento [...]. (TJSP, Ap. Cível c/ Rev. n. 1.110.359.007, rel. Romeu Ricupero, j. 28.08.2008)

O segurado lesado pelo inadimplemento da obrigação de pagar a indenização convencionada tem direito de receber, a título de danos emergentes, o valor correspondente ao aluguel de um veículo similar ao segurado, conquanto que o tenha efetivamente locado. No caso, como não se provou esse fato (locação), não há direito à indenização. Aplicabilidade do art. 1.060 do CC/1916, vigente na data dos fatos. (TJSP, Ap. c/ Rev. n. 956.014.800, rel. Des. Fábio Henrique Prado de Toledo, j. 11.09.2007)

[...] A jurisprudência deste STJ é firme no sentido de evidente exagero ou manifesta irrisão na fixação, pelas instâncias ordinárias, viola aos princípios da razoabilidade e da proporcionalidade, sendo possível, assim, a revisão da aludida quantificação. *In casu*, não se mostra irrisório nem exagerado; ao contrário, fora fixado com moderação e razoabilidade, o que afasta qualquer possibilidade de revisão nesta instância superior. 2 – A indenização deve ser proporcional ao dano sofrido pela vítima (art. 403 do CC), não havendo correspondência ao valor do título protestado. (STJ, Ag. Reg. no REsp n. 916.864, rel. Min. Hélio Quaglia Barbosa, j. 12.06.2007)

Arrendamento rural. Inadimplemento da arrendatária. Perdas e danos. O descumprimento de obrigações assumidas no contrato de arrendamento de gleba rural, das cláusulas sobre as condições em que deveria ser devolvida a terra ao término do prazo, permite o deferimento da parcela de lucros cessantes em favor da arrendante, cujo valor deve corresponder à diferença entre o proveito que a arrendante teria se tais melhorias tivessem sido feitas e o que teria com a terra nas condições em que foi depositada em juízo no dia final do prazo. (STJ, REsp n. 279.311, rel. Min. Ruy Rosado de Aguiar, j. 20.02.2001)

Indenização. Perdas e danos. Inexecução de *pactum de contrahendo*. Inexistência de prejuízo dela decorrente. Verba não devida. Interpretação do art. 1.060 do CC. Ação improcedente. Recurso provido para esse fim. (*JTJ* 144/32)

---

**Art. 404. As perdas e danos, nas obrigações de pagamento em dinheiro, serão pagas com atualização monetária, juros, custas e honorários de advogado, sem prejuízo da pena convencional.**

*Caput* com redação dada pela Lei n. 14.905, de 28.06.2024.

**Parágrafo único. Provado que os juros da mora não cobrem o prejuízo, e não havendo pena convencional, pode o juiz conceder ao credor indenização suplementar.**

---

Para Carlos Roberto Gonçalves, a verba honorária só será devida se houver ajuizamento da ação de cobrança das perdas e danos (*Direito civil brasileiro*. São Paulo, Saraiva, 2004, v. II, p. 376). No entanto, parece não ser essa a melhor interpretação do dispositivo legal em exame. Não seria necessária a referência expressa à verba honorária se ela só fosse devida em caso de ajuizamento da ação. Nesse caso, ela já seria devida por força do que está consignado nos arts. 82, § 2º, e 85, § 17, do CPC/2015 (art. 20 do CPC/73). E a lei não deve conter dispositivos desnecessários. Confira-se a propósito o comentário ao art. 389.

O parágrafo único do art. 404 do CC autoriza o credor a postular indenização suplementar se os juros de mora não cobrirem seu prejuízo e se não houver pena convencional (ver comentários aos arts. 389 e 408). Muitas vezes, os juros não correspondem ao prejuízo suportado pela vítima. Assim, a regra autoriza a postulação de eventual diferença, denominada indenização suplementar. É o que ocorre, por exemplo, quando a vítima deixa de receber a remuneração de determinada aplicação financeira superior aos juros de mora. Ou quando a atividade que desenvolveria com a prestação que não lhe foi entregue fosse capaz de produzir o rendimento superior aos juros moratórios.

Para que a indenização suplementar seja possível, porém, será necessário que o credor prove que os juros não cobrem o prejuízo e que não exista pena convencional contratada. No que se refere ao mútuo feneratício, cumpre verificar o art. 591 e os comentários a ele correspondentes.

A atualização monetária será apurada pela variação do IPCA.

**Jurisprudência:** Agravo regimental na reclamação. ADCs ns. 58 e 59 e ADIs ns. 5.867 e 6.021. Indenização suplementar. Art. 404 do CC. Ausência de aderência estrita. Agravo a que se nega provimento. 1. É inviável a reclamação quando o ato reclamado não possui aderência estrita ao paradigma apontado como afrontado. 2. A condenação ao pagamento de indenização suplementar decorrente da aplicação da norma do parágrafo único do art. 404 do CC, por perdas e danos, em valor correspondente à diferença entre a inflação do período e a taxa Selic, não guarda pertinência material com o que decidido por esta Corte nas ADC ns. 58 e 59, bem como nas ADIs ns. 5.867 e 6.021, razão pela qual inadmissível se mostra a reclamação. 3. Não se constitui paradigma para fins de reclamação constitucional decisão desta Corte desprovida de efeito vinculante proferida em processo do qual a parte beneficiária não integrou a relação processual. 4. Agravo regimental a que se nega provimento. (STF, Recl. n. 48.281/BA, 2ª T., rel. Edson Fachin, j. 18.12.2021, publ. 23.02.2022)

Bem móvel. Ação de obrigação de fazer c/c indenização por danos materiais e morais. Baixa da restrição do veículo junto ao Detran após acordo judicial firmado em embargos de terceiro. Descumprimento. Dano material consistente nos honorários advocatícios contratuais devidos. Dano moral não configurado. 1 – Comprovada a restrição do veículo após acordo firmado em ação de embargos de terceiro, em que reconhecida a boa-fé deste, é cabível a ação de obrigação de fazer para satisfazer a pretensão de liberação daquela. 2 – Não configura a perda patrimonial o dispêndio de numerário para aquisição de novo veículo, isso porque há tão somente a transformação do capital líquido em sólido, sem que o autor experimentasse prejuízo financeiro. 3 – Não é devida a indenização a título de honorários advocatícios contratuais pelo patrocínio na ação de embargos de terceiro, em virtude da transação sem disposição dessas despesas. 4 – Os honorários advocatícios contratuais, embora decorrentes de avença estritamente particular, devem ser ressarcidos pela parte sucumbente, mesmo que esta não tenha participado do ajuste, isso porque os honorários contratados, também conhecidos como honorários convencionais, integram o valor devido a título de perdas e danos, com fundamento na regra dos arts. 389, 395 e 404 do novo CC que tem plena aplicação e encontra respaldo no princípio da causalidade, segundo o qual aquele que der causa ao processo deverá custeá-lo, evitando-se que o vencedor tenha prejuízo com a demanda, e o princípio da *restitutio in integrum*, de modo a não se dar menos do que o efetivo prejuízo sofrido. Assim, comprovada a contratação e efetivo pagamento, correspondendo o valor com a tabela de honorários da OAB, devida será a indenização conforme pleiteada. 5 – O mero dissabor não configura, em regra, ato lesivo a ensejar a reparação de danos morais. Recurso principal desprovido e adesivo parcialmente provido. (TJSP, Ap. n. 0003982-70.2010.8.26.0002/São Paulo, 27ª Câm. de Dir. Priv., rel. Gilberto Leme, *DJe* 10.07.2013, p. 1.077)

Direito civil. Inadimplemento contratual. Honorários advocatícios. Ressarcimento. Dano moral. Indenização compensatória. Fixação do valor. 1 – A jurisprudência recente dos tribunais pátrios tem entendido que, em caso de inadimplemento contratual, o valor decorrente da contratação de advogado pela parte lesada deve ser ressarcido a título de perdas e danos, porquanto os arts. 389, 395 e 404 do CC preveem que a indenização referente à obrigação convertida em perdas e danos deve incluir os honorários de advogado. 2 – A reparação pelo dano moral deve, a um só tempo, tentar compensar a vítima pelo dano sofrido e evitar que o causador do dano reitere o comportamento abusivo. Daí falar-se em caráter repressivo e preventivo da indenização por danos morais ou, ainda, em caráter satisfativo-punitivo do dano moral. Nesse contexto, cumpre ao magistrado, em sua tarefa de buscar amenizar as consequências do mal infligido à vítima e também de advertir o ofensor que sua conduta não pode ser aceita, impondo-se maior cuidado com a honra alheia, fixar uma quantia que satisfaça essas finalidades. 3 – Na fixação do valor da reparação por dano moral, devem-se observar a posição social do ofendido e a do causador, além da extensão da dor sofrida, a gravidade da ofensa, dentre outros aspectos, de forma que o *quantum* seja razoável, sob pena de ensejar o locupletamento indevido da vítima. 4 – Recurso conhecido e parcialmente provido. (TJDFT, Proc. n. 20110410034205, rel. Des. Waldir Leôncio Lopes Júnior, *DJe* 07.05.2013, p. 77)

Apelação. Despesas de condomínio. Embargos à execução de título judicial. Excesso de execução e de penhora não demonstrados. Critério de atualização monetária e cálculo que, embora diverso do pactuado entre os transatores, favoreceu a devedora. Transação que previa o praceamento do bem integrante do condomínio em caso de novo inadimplemento. Admissibilidade da inclusão das custas devidas ao Estado por ocasião da satisfação da execução na planilha de cálculo elaborada pelo credor (art. 404, CC/2002). Recurso desprovido. (TJSP, Ap. Cível s/ Rev. n. 1.033.847.008, rel. Pereira Calças, j. 19.08.2009)

Cambial. Duplicata mercantil. Entrega de produto em quantidade inferior à contratada e mercadorias sem condições de uso. Afirmações desacompanhadas de prova documental ou técnica. Juntada, pela ré, de documentos probatórios da causa subjacente às emissões. Exigibilidade do título. Declaratória improcedente. Apelação desprovida. Perdas e danos. Duplicata mercantil. Exigibilidade judicialmente reconhecida. Pretensão da reconvinda ao pagamento de indenização suplementar, com fundamento no art. 404, parágrafo único, do CC. Improcedência. Falta de prova de que juros de mora não cobrem prejuízo, porque este não foi demonstrado nos autos. Reconvenção improcedente. Apelação desprovida. (TJSP, Ap. Cível n. 7.063.941.300, rel. Ricardo Negrão, j. 27.04.2009)

Demandante, limitando-se a mesma a pedir, a este título, o pagamento dos juros que esta quantia paga poderia render no mercado financeiro. Juros de mora que, ademais, já configuram as perdas e danos decorrentes da falta de pagamento do seguro, por configurar obrigação de pagamento em dinheiro, consoante previsto no art. 1.061 do CC/1916 (art. 404 do Código atual). Acolhimento deste pedido que deve ser afastado. Sentença reformada em parte para tanto. Recurso da ré parcialmente provido. (TJSP, Ap. n. 7.147.770.600, 14ª Câm. de Dir. Priv., rel. Thiago de Siqueira, j. 27.08.2008)

Tributário. Imposto de renda. Incidência sobre juros de mora. 1 – Os juros moratórios são, por natureza, verba indenizatória dos prejuízos causados ao credor pelo pagamento extemporâneo de seu crédito. Inteligência do art. 404 do CC (Lei n. 10.406, de 10.01.2002). 2 – No caso de mora no pagamento de verba trabalhista, que tem notória natureza alimentar, impondo ao credor a privação de bens essenciais de vida, e/ou o endividamento para cumprir seus próprios compromissos, a indenização, através dos juros moratórios, corresponde aos danos emergentes, ou seja, àquilo que o credor perdeu em virtude da mora do devedor. Não há nessa verba qualquer conotação de riqueza nova, a autorizar sua tributação pelo imposto de renda. Indenização não é renda. 3 – Precedentes desta Turma. (TRF, 4ª R., Ap. Cível n. 200771000292083/RS, 2ª T., rel. Vânia Hack de Almeida, j. 11.03.2008)

Ação de indenização. Danos morais e materiais. Incompetência da Justiça Estadual para a análise do pedido de indenização por danos morais. Danos materiais. Despesas com advogado. Ressarcimento. Improcedência. Indenização suplementar. Juros de mora capitalizados mensalmente. Pedidos improcedentes. Embargos de declaração. Multa. Cancelamento. Recurso parcialmente provido. A EC n. 45, que trata da "reforma judiciária", assentou a competência da Justiça do Trabalho para o processamento e julgamento das ações de indenização por dano moral ou patrimonial, decorrentes da relação de trabalho. É o que dispõe o art. 114, VI, da CF/88. No caso, a autora sustenta que sofreu ofensa moral, em virtude da necessidade de, diante do inadimplemento da requerida em assegurar seus direitos, ter que ajuizar uma demanda perante a Justiça do Trabalho. Assim, a competência para analisar o pedido de indenização por danos morais é da Justiça do Trabalho. V.V – Configuram-se danos materiais passíveis de indenização os valores gastos pela autora com o patrocínio de advogado em ação trabalhista ajuizada contra a ré, aplicando-se, *in casu*, o princípio da *restitutio in integrum*, pelo qual a parte deve ser restituída de qualquer diminuição em seu patrimônio, causada, indevidamente, por outrem. A indenização suplementar do parágrafo único do art. 404 do CCB/2002 somente deve ser fixada quando há prova de que a restituição, na forma do *caput* do dispositivo legal, não for suficiente à recomposição integral do patrimônio desfalcado. A norma do art. 3º do DL n. 2.322/87 determina a incidência de juros capitalizados de 1% ao mês, no pagamento de créditos trabalhistas, pelo que não se subsume ao caso analisado. Não evidenciado o intento manifestamente protelatório dos embargos de declaração, é de se cancelar a multa imposta com fulcro no art. 538, parágrafo único, do CPC [art. 1.026, §§ 2º e 3º, do CPC/2015]. (TJMG, Proc. n. 1.0024.07.393055-4/001(1), rel. Eduardo Mariné da Cunha, j. 06.03.2008)

Ainda que vigorasse o CC/2002, cujo art. 404, parágrafo único, admite indenização suplementar, seria preciso provar fato extraordinário e plenamente vinculado à demora no pagamento para que se julgasse procedente o pedido. Todavia, o autor limitou-se a alegar genericamente que sofreu danos morais e materiais, sem os discriminar ou descrever, e muito menos apontar os fatos de que decorreram e sua ligação com a demora no recebimento de seu benefício previdenciário. (TRF, 3ª R., Ap. Cível n. 857.174, 2ª T., rel. Juiz Henrique Herkenhoff, j. 26.02.2008)

Indenização suplementar: A incidência do art. 404, parágrafo único, do CC/2002, que estabelece a indenização suplementar quando insuficientes os juros de mora para compensarem os prejuízos, depende da interpretação do art. 2.035 deste estatuto civil. De acordo com o art. 2.035: "A validade dos negócios e demais atos jurídicos, constituídos antes da entrada em vigor deste Código, obedece ao disposto nas leis anteriores, referidas no art. 2.045, mas os seus efeitos, produzidos após a vigência deste Código, aos preceitos dele se subordinam, salvo se houver sido prevista pelas partes determinada forma de execução". Neste dispositivo há a consagração da "Escada Pontiana", elaborada por Pontes de Miranda, que dividiu o negócio jurídico em três planos: plano da existência, plano da validade e plano da eficácia. Por este dispositivo, aos elementos no plano da validade deve ser aplicada a norma do momento da constituição do negócio jurídico. Assim, se o negócio jurídico fora celebrado na vigência da codificação anterior, sua validade a ela se subordina. Por outro lado, quanto ao plano da eficácia, que cuida das consequências advindas do negócio jurídico, deve ser aplicada a norma do momento destes efeitos. Assim, se o negócio jurídico fora celebrado na vigência da codificação anterior, mas gera efeitos na vigência da atual – é o caso dos autos os efeitos do inadimplemento perduraram após a vigência da novel legislação –, poderá o novo Código incidir no que tange às consequências do inadimplemento da obrigação. No caso dos autos, o negócio jurídico fora constituído na vigência do CC/1916 – 30.01.1987 – e o descumprimento contratual – inadimplemento da obrigação – produziu seus efeitos durante a vigência do CC/1916, bem como se protraiu até o ajuizamento desta ação, isso na vigência do CC/2002. Assim, produzidos os efeitos do inadimplemento na vigência do CC/2002, perfeitamente aplicável o seu art. 404, parágrafo único. Além disso, a indenização suplementar, por estar no capítulo das perdas e danos, decorre diretamente dos efeitos do inadimplemento obrigacional. Esclarece a questão Maria Helena Diniz: "[...] A lei nova não pode alcançar a validade ou invalidade dos negócios jurídicos realizados antes de sua vigência, que se subordinarão ao previsto na lei revogada. Mas a novel norma poderá atingir a produção de seus efeitos legais ainda não completados, relativos, por exemplo, à atualização das prestações (CC, art. 317), às perdas e danos (CC, arts. 402 a 404) (é o caso dos autos), ao aumento progressivo de prestações sucessivas (CC, art. 316), preservando as consequências previstas em cláusulas contratuais. Se se negasse isso, estar-se-ia tornando instável uma relação constituída, ferindo princípios legais (LICC [atual LINDB], art. 6º, §§ 1º a 3º) e constitucionais (CF, art. 5º, XXXVI)" (DINIZ, Maria Helena. *Questões controvertidas no direito das obrigações e dos contratos: O impacto do art. 2.035 e parágrafo único nos contratos anteriores ao novo Código Civil*, coord. Mario Luiz Delgado e Jones Figueiredo Alves, v. IV. São Paulo, Método, 2005, p. 476). Entretanto, ainda que aplicável o art. 404, parágrafo único, o apelado-autor não faz jus à indenização suplementar, uma vez que não provou as perdas e danos, tampouco a insubsistência dos juros moratórios para a compensação dos prejuízos. Sem essa prova, descabe indenizar danos imaginários. Ademais, a indenização suplementar está estritamente relacionada com as perdas e danos. Assim, não provada esta, descabe pleitear aquela. E conforme esclarece Maria Helena Diniz, é indispensável a comprovação que os juros da mora não compensaram as perdas e danos para ensejar a indenização suplementar: "Se se comprovar que os juros da mora não cobrem as perdas e danos, não havendo estipulação de cláusula penal, o órgão judicante poderá conceder ao credor uma indenização suplementar que, tendo natureza reparatória, abranja o prejuízo por ele sofrido em razão do inadimplemento da obrigação pelo devedor" (DINIZ, Maria Helena. *Código Civil anotado*. 11. ed. São Paulo, Saraiva, 2005, p. 382). (TJSP, Ap. s/ Rev. n. 324.584-4/1-00, rel. Des. Ariovaldo Santini Teodoro, j. 13.11.2007)

Ação de indenização. Apólices de dívida pública. Extravio dos títulos depositados junto ao banco. Responsabilidade desse. Pedido de indenização declarado procedente quanto aos danos materiais, improcedente o de ressarcimento por danos morais. Recursos de ambos os litigantes. O do banco provido em parte para adequação da taxa de juros moratórios e para suprimir-se da condenação a indenização suplementar (art. 404, parágrafo único, do CC vigente). Preliminares rejeitadas. Recurso da autora desprovido. Manutenção da sentença quanto à improcedência do pedido de danos morais. Critérios e quantificação adequados quanto às indenizações relativas aos demais tópicos do pedido inicial. Recurso desprovido. (TJSP, Ap. c/ Rev. n. 7.021.831.200, rel. Des. Cardoso Neto, j. 26.10.2006)

Descabido o pedido de reparação por perdas e danos tal como pretendida pela demandante, pois conforme disposição legal (art. 1.061 do CC) as perdas e danos nas obrigações de pagamento em dinheiro consistem nos juros da mora e custas e, segundo se depreende da decisão lançada nos autos do inventário, além da indenização monetária das importâncias levantadas pelo *de cujus* foram também calculados os juros de mora. Do mesmo modo, também não vinga o pedido de reparação por dano moral, porquanto não verificado no que a conduta do advogado falecido tivesse atingido a esfera da personalidade da demandante, a ponto de ensejar reparação a esse título. (II TAC, Ap. n. 783.309-00/4, rel. Juiz Amorim Cantuária, j. 08.04.2003)

Não tendo o mandatário cuidado de repassar à mandante, prontamente, como lhe cabia, os valores recebidos em seu nome, tal comportamento constitui ilícito contratual, de onde decorre a sua responsabilidade pela reparação das perdas e danos, consistentes na correção monetária e nos juros de mora. (II TAC, Ap. n. 624.510-00/1, rel. Juiz Antonio Rigolin, j. 26.02.2002)

**Art. 405. Contam-se os juros de mora desde a citação inicial.**

O presente artigo teve sua redação modificada em relação ao seu correspondente no Código revogado, que só se referia à citação como termo inicial dos juros para as obrigações ilíquidas. Essa alteração tem levado alguns autores a considerar que todas as obrigações, líquidas ou não, só estão sujeitas aos juros de mora a contar da citação.

No entanto, a afirmação merece algumas reflexões. Os juros de mora são devidos em razão do atraso no cumprimento da obrigação, como está anotado nos comentários ao artigo seguinte. Dessa forma, se a obrigação, líquida ou não, não for cumprida tempestivamente, da forma e no tempo devidos, os juros serão devidos desde o inadimplemento.

Destarte, no caso do ato ilícito, a mora se verifica desde o momento em que ele é praticado (art. 398), no caso de obrigações positivas e líquidas, desde o termo previsto (art. 397) e, se não houver termo, desde a interpelação (art. 397, parágrafo único).

Como se vê, há hipóteses em que a mora se verifica antes da citação, não havendo razão para que os juros só sejam contados dessa oportunidade, na medida em que o inadimplente já está em mora e conhece sua obrigação de saldar o prejuízo. A solução mais adequada, portanto, é concluir que o artigo em exame tem natureza geral, aplicando-se a todos os casos em que não houver regra expressa de constituição de mora - de que são exemplos os arts. 397, parágrafo único, e 398. Nesse sentido, as lições de Renan Lotufo (*Código Civil comentado*. São Paulo, Saraiva, 2003, v. II, p. 464) e de Judith Martins-Costa (*Comentários ao novo Código Civil*. Rio de Janeiro, Forense, 2003, v. V, t. II, p. 374).

Arnaldo Rizzardo perfilha o mesmo entendimento e acrescenta que no caso de indenização por dano extracontratual não decorrente de ato ilícito, não incide a Súmula n. 54 do STJ ("Os juros moratórios fluem a partir do evento danoso, em caso de responsabilidade extracontratual"), uma vez que o art. 398 do CC refere-se expressamente ao ilícito para constituição da mora (RIZZARDO, Arnaldo. *Direito das obrigações*. Rio de Janeiro, Forense, 2004, p. 488).

Destarte, se a indenização resulta de ato lícito - tal como ocorre com as situações contempladas nos arts. 929 e 930 c/c o art. 188 do CC -, a mora só se dá com a citação e será inaplicável a Súmula n. 54 do STJ.

Vale acrescentar que se a mora só se consumar com a citação, a emenda da mora pode ser efetivada no prazo de resposta (RIZZARDO, Arnaldo. *Direito das obrigações*. Rio de Janeiro, Forense, 2004, p. 488). Essa possibilidade, porém, não é reconhecida nos casos em que, por força de dispositivo legal, a notificação levada a efeito transforma a mora em inadimplemento absoluto: "Inadmissível é a purgação da mora no prazo da contestação nos casos em que o compromissário comprador haja sido previamente interpelado na forma do disposto no art. 1º do DL n. 745/69" (*RT* 701/158). No mesmo sentido: *Lex-STJ* 58/270.

**Jurisprudência:** As parcelas devidas a partir do período compreendido entre a data da citação e a do trânsito em julgado (denominadas vincendas) devem observar as datas dos respectivos vencimentos para que se inicie o cômputo dos juros de mora, pois é desse momento em diante que elas passam a ser exigíveis. 5 – Recurso especial provido para determinar que a incidência dos juros de mora sobre as parcelas que se tornarem devidas a partir do período compreendido entre a data da citação e a do trânsito em julgado da fase de conhecimento tenha como termo inicial o vencimento da respectiva parcela. (STJ, REsp n. 1.603.173-9, rel. Min. Ricardo Villas Bôas Cueva, j. 09.04.2019)

Agravo regimental em agravo (art. 544 do CPC) [art. 1.042 do CPC/2015]. Ação indenizatória por danos morais decorrentes da indevida recusa de cobertura pela operadora de plano de saúde. Decisão monocrática que conheceu do reclamo do consumidor para dar provimento ao recurso especial, arbitrando o valor da verba indenizatória, acrescida de juros moratórios a partir da citação. 1 – Termo inicial dos juros de mora. A Segunda Seção desta Corte consolidou o entendimento de que o cômputo dos juros moratórios, resultantes de inadimplemento de obrigação contratual, inicia-se na data da citação do réu, por força da norma cogente inserta no art. 405 do CC/2002. Ademais, à luz da premissa lógico-jurídica firmada pelo citado órgão julgador, quando do julgamento do Recurso Especial n. 1.132.866/SP (rel. Min. Maria Isabel Gallotti, rel. p/ ac. Min. Sidnei Beneti, j. 23.11.2011, *DJe* 03.09.2012), a iliquidez da obrigação (como é o caso da indenização por dano moral) não tem o condão de deslocar o termo inicial dos juros moratórios para a data do arbitramento definitivo do *quantum debeatur*. 2 – Agravo regimental desprovido com imposição de multa. (STJ, Ag. Reg. no Ag. no REsp n. 72.494, 4ª T., rel. Min. Marco Buzzi, *DJe* 28.05.2013, p. 898)

Agravo regimental em recurso especial. Embargos à execução. Excesso. Juros moratórios. Incidência desde a data da citação. Inteligência do art. 405 do CC/2002. Recurso a que se dá provimento. 1 – A jurisprudência desta Corte revela-se consolidada no sentido de que, nos casos de indenização por responsabilidade contratual, a mora constitui-se a partir da citação e não da data do arbitramento do valor indenizatório. Precedentes. 2 – Agravo regimental a que se nega provimento. (STJ, Ag. Reg. no REsp n. 1.127.279, 4ª T., rel. Min. Luis Felipe Salomão, *DJe* 18.04.2013, p. 859)

Recurso especial. Demanda indenizatória. Recusa indevida à cobertura de plano de saúde. Beneficiária que, premida por risco de morte, efetua desembolso para aquisição de *stent*. Circunstância configuradora de cobrança indireta, autorizando, em princípio, a aplicação da penalidade prevista no art. 42, parágrafo único, do CDC, em desfavor do fornecedor. Ausência, todavia, de má-fé na conduta da operadora. Nulidade de cláusula contratual decretada em juízo. Impossibilidade da repetição de indébito em dobro. Recurso desprovido. 1 – Devolução em dobro de indébito (art. 42, parágrafo único, do CDC). Pressupostos necessários e cumulativos: (i) cobrança extrajudicial indevida de dívida decorrente de contrato de consumo; (ii) efetivo pagamento do indébito pelo consumidor; e (iii) engano injustificável por parte do fornecedor ou prestador. 1.1 – A conduta da operadora de plano de saúde que nega indevidamente fornecimento de *stent*, para aplicação em intervenção cirúrgica cardíaca, forçando o consumidor a adquiri-lo perante terceiros, configura cobrança extrajudicial indireta, ocasionando locupletamento do fornecedor e, por isso, possibilita, em tese, a aplicação da penalidade prevista no art. 42, parágrafo único, do CDC. 1.2 – Todavia, resta ausente, no caso, a má-fé do prestador do serviço, pois a negativa apresentada ao consumidor, ainda que abusiva, encontrava-se prevista em cláusula contratual, presumidamente aceita pelas partes quando da celebração do negócio jurídico. Não configurada a má-fé na cobrança extrajudicial, direta ou indireta, inviabiliza-se a cominação da penalidade atinente à repetição do indébito em dobro. Precedentes. 2 – Termo inicial dos juros de mora e da correção monetária. 2.1 – A Segunda Seção desta Corte consolidou o entendimento de que o cômputo dos juros moratórios, resultantes de inadimplemento de obrigação contratual, inicia-se na data da citação do réu, por força da norma cogente inserta no art. 405 do CC/2002. Ademais, à luz da premissa lógico-jurídica firmada pelo citado órgão julgador, quando do julgamento do Recurso Especial n. 1.132.866/SP (rel. Min. Maria Isabel Gallotti, rel. p/ ac. Min. Sidnei Beneti, j. 23.11.2011, *DJe* 03.09.2012), a iliquidez da obrigação (como é o caso da indenização por dano moral) não tem o condão de deslocar o termo inicial dos juros moratórios para a data do arbitramento definitivo do *quantum debeatur*. 2.2 – "A correção monetária do valor da indenização do dano moral incide desde a data do arbitramento" (Súmula n. 362/STJ). 3 – Recurso especial desprovido. (STJ, REsp n. 1.177.371, 4ª T., rel. Min. Marco Buzzi, *DJe* 30.11.2012, p. 598)

Seguro obrigatório. Incidência dos juros desde a citação: STJ, REsp n. 1.098.365, 2ª S., rel. Min. Luis Felipe Salomão, j. 28.10.2009, *DJ* 26.11.2009; STJ, REsp n. 1.120.615, 2ª S., rel. Min. Luis Felipe Salomão, j. 28.10.2009, *DJ* 26.11.2009.

Direito administrativo. Processual civil. Recurso especial representativo de controvérsia repetitiva. Servidor público estadual. Fator de Atualização Monetária – FAM. Reconhecimento administrativo. Interrupção da prescrição. Ocorrência. Juros moratórios. Termo inicial. Citação. Base de cálculo. Valor nominalmente confessado pela Administração. Recurso conhecido e parcialmente provido. 1 – O ato administrativo que reconhece a existência de dívida interrompe a contagem do prazo prescricional, recomeçando este a fluir apenas a partir do último ato do processo que causou a interrupção. Inteligência do art. 202, VI, e parágrafo único, do CC. 2 – Importa em interrupção da prescrição a confissão realizada por meio de certidão individual emitida pelo Tribunal de Justiça do Estado de São Paulo, acerca da existência de dívida de valor consolidado em favor de servidor público integrante de seu respectivo quadro, relativa ao Fator de Atualização Monetária – FAM, utilizado na correção dos vencimentos pagos em atraso no período de 1989 a 1994. 3 – Tendo a Administração admitido a existência de dívida de valor consolidado, sem, contudo, estipular prazo para seu pagamento, torna-se inaplicável a regra prevista no *caput* do art. 397 do CC, devendo os juros moratórios incidir a partir da citação, nos termos do art. 397, parágrafo único, c/c arts. 405 do CC e 219, *caput*, do CPC [art. 240, do CPC/2015], calculados sobre o montante nominalmente confessado. 4 – Recurso especial conhecido e parcialmente provido para determinar a incidência dos juros moratórios a partir da citação. (STJ, REsp n. 1.112.114, 3ª S., rel. Min. Arnaldo Esteves Lima, j. 09.09.2009, *DJ* 08.10.2009)

Agravo regimental. Agravo de instrumento. Civil. Juros moratórios. Obrigação ilíquida. Termo inicial. Data da citação. 1 – Segundo jurisprudência pacífica deste Tribunal Superior, o termo inicial dos juros de mora, nas obrigações ilíquidas, é a data da citação (art. 405 do CC). Incidência da Súmula n. 163 do STF. 2 – Agravo regimental não provido. (STJ, Ag. Reg. no AI n. 988.754, 3ª T., rel. Des. Vasco Della Giustina (conv.), j. 06.08.2009, *DJ* 28.08.2009)

Recurso especial. Civil. Credor putativo. Teoria da aparência. Necessidade de diligência do devedor. Responsabilidade contratual. Juros. Fluência a partir da citação. 1 – Pela aplicação da teoria da aparência, é válido o pagamento realizado de boa-fé a credor putativo. 2 –

Para que o erro no pagamento seja escusável, é necessária a existência de elementos suficientes para induzir e convencer o devedor diligente de que o recebente é o verdadeiro credor. 3 – Em caso de responsabilidade civil contratual, os juros são contados a partir da citação. 4 – Encontra óbice na Súmula n. 7/STJ a revisão, em sede de recurso especial, de questão referente à fixação de honorários advocatícios que não sejam irrisórios ou exorbitantes. 5 – Recurso especial conhecido em parte e parcialmente provido. (STJ, REsp n. 1.044.673, 4ª T., rel. Min. João Otávio de Noronha, j. 02.06.2009, *DJ* 15.06.2009)

Cobrança. Despesas de condomínio. Petição inicial instruída com todos os documentos indispensáveis ao ajuizamento da ação. Falta de comprovação dos castos efetuados pelo condomínio. Irrelevância. Presunção de licitude da cobrança. Cálculo não impugnado de maneira específica. Juros de mora convencionados em 1% ao mês. Admissibilidade. Percentual que não se afigura ilegal ou abusivo. Incidência a partir do vencimento de cada prestação em atraso. Ação procedente. Sentença mantida. Recurso não provido. (TJSP, Ap. n. 917.624-0/2, rel. Des. Erickson Gavazza Marques, j. 14.10.2008)

Ilegitimidade *ad causam*. Cobrança. Caderneta de poupança. Plano Bresser. Hipótese de reconhecimento de vínculo somente entre o poupador e o banco. Legitimidade do banco privado caracterizada. Preliminar afastada. Correção monetária. Caderneta de poupança. Plano Bresser. Cobrança de diferenças de remuneração não creditadas referentes a junho/julho de 1987. Prevalência das regras contratuais e do princípio da irretroatividade das leis. Remuneração devida. Recurso desprovido neste particular. Juros moratórios. Termo inicial. Contagem a partir da citação e não desde o evento. Art. 405 do novo CC, vigente na época da citação. Recurso parcialmente provido. (TJSP, Ap. n. 7.248.587.700, 11ª Câm. de Dir. Priv., rel. Renato Rangel Desinano, j. 11.09.2008)

No sentido de que os juros de mora incidem desde a citação, a não ser nos casos de mora *ex re* e de ato ilícito, quando fluem da forma prevista nos arts. 397 e 398 do CC: TJSP, AI n. 527.774-4/9, rel. Des. Maia da Cunha, j. 25.10.2007.

Apelação. Responsabilidade civil do Estado. Pedido de indenização por danos morais e estéticos, perdas e danos em razão de agressão cometida por policiais. Ausência de provas de danos materiais ou estéticos ou ainda das perdas e danos no período de um ano e meio indicado na inicial. Indenização somente no que tange aos danos morais. *Quantum* fixado em patamar adequado às circunstâncias. Incidência de juros de mora a partir da citação. Recurso voluntário dos autores José Alves Martins e Lucinda Leite Martins parcialmente provido.

Recurso voluntário da Fazenda e recurso *ex officio* improvido. (TJSP, Ap. c/ Rev. n. 450.000-5/6-00, rel. Des. Augusto Amaral Mello, j. 22.11.2007)

Considerando que o art. 405 do CC revogou a Súmula n. 54 do STJ: Comprovados os gastos efetuados pela seguradora no conserto do veículo segurado, surge o direito de regresso contra o causador do sinistro. 3 – A partir da vigência do CC/2002, os juros moratórios sempre fluem a partir da citação nos estritos termos do art. 405, pois é a partir daí que o réu foi constituído em mora, sendo inaplicável o enunciado da Súmula n. 54 do STJ, anterior ao novo diploma civil. (TJSP, Ap. c/ Rev. n. 915.361.000, rel. Des. Norival Oliva, j. 15.10.2007)

Contrato. Caderneta de poupança. Inadimplemento. Juros de mora. Termo inicial. Data da citação. Aplicação do art. 405 do CC. Embargos infringentes acolhidos. (TJSP, Emb. Infring. n. 7.126.964.802, rel. Des. José Reynaldo, j. 03.10.2007)

Em caso de responsabilidade contratual, os juros moratórios incidem a contar da citação. Precedentes. (STJ, REsp n. 939.919, rel. Min. Aldir Passarinho Júnior, j. 11.09.2007)

Juros moratórios. Termo inicial. Seguro. Obrigatório (DPVAT). Cobrança de diferença de indenização. Fluência dos juros a partir da citação, ocasião em que a seguradora foi constituída em mora. Incidência do art. 405 do CC/2002. Inaplicabilidade da Súmula n. 54 do STJ, por não se tratar de obrigação decorrente de ato ilícito. Recurso parcialmente provido. (TJSP, Ap. Cível s/ Rev. n. 1.025.207-0/2/São Vicente, 26ª Câm. de Dir. Priv., rel. Des. Norival Oliva, j. 30.07.2007, v.u., voto n. 14.900)

Na hipótese de responsabilidade civil contratual, o termo inicial dos juros moratórios é a data da citação, consoante dispõe o art. 405 do CC. Precedentes. (STJ, REsp n. 937.603, rel. Min. Castro Meira, j. 21.06.2007)

No mesmo sentido: STJ, REsp n. 796.272, rel. Min. Denise Arruda, j. 19.06.2007; e STJ, REsp n. 710.385, rel. originária Min. Denise Arruda, rel. p/ ac. Min. Teori Albino Zavascki, j. 28.11.2006.

Determinando que os juros corram da data do pagamento a menor: TJSP, Ap. s/ Rev. n. 964.380-0/6, rel. Des. Armando Toledo, j. 16.10.2007; TJSP, Ap. c/ Rev. n. 1.081.009-0/7, rel. Des. Sá Moreira de Oliveira, j. 14.11.2007; e Ap. c/ Rev. n. 11.336.920.000, Des. Silvia Rocha Gouvêa, j. 13.11.2007.

DPVAT. Determinando que os juros sejam contados da citação: STJ, REsp ns. 967.913, rel. Min. Ari Pargendler, j. 03.10.2007, e 907.428, rel. Min. Hélio Quaglia Barbosa, j. 17.10.2007; STJ, AI n. 928.114, rel. Min. Aldir Passarinho Júnior, j. 30.10.2007; e TJSP, Ap. s/ Rev. n. 983.657-0/2, rel. Des. José Malerbi, j. 26.11.2007.

Juros de mora desde a citação em caso em que passageiro de ônibus se machuca no trajeto: TJRJ, Ap. Cível n. 2007.001.21.572/RJ, rel. Des. Carlos Eduardo Moreira da Silva, j. 29.05.2007.

Embargos de declaração. Juros moratórios legais. Termo inicial. Fixação. Necessidade, ainda que não contidos na condenação. Súmula n. 254 do STF. Para os casos de dívida ilíquida, onde não é certa quanto à existência nem determinada quanto ao objeto (art. 1.533, CC/1916), só resta a aplicação do art. 405 do CC/2002 (ou art. 1.536, § 2º, do CC/1916), segundo a qual: contam-se os juros de mora desde a citação inicial [...]. (TJSP, Emb. Decl. n. 1.292.192.301, rel. Gilberto dos Santos, j. 03.05.2007)

Com o advento do novo CC (aplicável à espécie porque ocorrida a citação a partir de sua vigência), incidem juros de mora pela taxa Selic a partir da citação, não podendo ser cumulada com qualquer outro índice de correção monetária, porque já embutida no indexador. (STJ, REsp n. 897.043, rel. Min. Eliana Calmon, j. 03.05.2007)

Embargos de declaração. [...] Alega a embargante contradição no acórdão quanto ao termo inicial da incidência dos juros de mora. Conforme art. 1º da Lei n. 4.414/64 c/c art. 405 do CC, contam-se os juros desde a citação inicial. E não do trânsito em julgado, como decidido. (TJSP, Emb. Decl. n. 4.073.435.201, rel. Teresa Ramos Marques, j. 26.07.2006)

Nos casos em que se busca a correção monetária dos saldos de cadernetas de poupança, relativos aos chamados Planos Collor e Verão, os juros de mora incidem a partir da citação. (STJ, REsp n. 766.643, rel. Min. Castro Filho, j. 28.06.2006)

Civil. Correção monetária. Juros de mora. Perdas e danos. Danos emergentes e lucros cessantes. Como regra geral, por considerar-se em mora o devedor que não efetuar o pagamento no tempo, lugar e forma convencionados (art. 955 do CC), os juros moratórios são devidos a partir de então. Contudo, na hipótese de obrigação ilíquida, os juros moratórios são devidos somente a partir da citação, como estabelecido pelo § 2º do art. 1.536 do CC. A correção monetária não é um *plus* que se acrescenta, mas um *minus* que se evita. Outra motivação não tem e em nada mais importa senão em uma mera manutenção do valor aquisitivo da moeda, que se impõe por razões econômicas, morais e jurídicas, em nada se relacionando com pena decorrente da mora. Assim, no caso, a correção incide a partir do dia em que o pagamento deveria ter sido efetuado e que não foi. Os juros de mora se destinam a reparar os danos emergentes, ou positivos, e a pena convencional é a prévia estipulação para reparar os lucros cessantes, que são os danos negativos, vale dizer, o lucro que a inadimplência não deixou que se auferisse, resultando na perda de um ganho esperável. Não estabelecida previamente a pena convencional, pode o juiz, a título de dano negativo, estipular um valor do que o credor razoavelmente deixou de lucrar. (STJ, REsp n. 244.296, rel. Min. Cesar Asfor Rocha, j. 27.06.2000)

Juros de mora devidos a partir do vencimento de cada parcela em atraso, nos termos do art. 960 do CC, por se tratar de inadimplemento de obrigação positiva e líquida. Inexistência de violação ao art. 1.536, § 2º, do CC. (*JSTJ* 161/159)

## CAPÍTULO IV
## DOS JUROS LEGAIS

**Art. 406. Quando não forem convencionados, ou quando o forem sem taxa estipulada, ou quando provierem de determinação da lei, os juros serão fixados de acordo com a taxa legal.**

*Caput* com redação dada pela Lei n. 14.905, de 28.06.2024.

**§ 1º A taxa legal corresponderá à taxa referencial do Sistema Especial de Liquidação e de Custódia (Selic), deduzido o índice de atualização monetária de que trata o parágrafo único do art. 389 deste Código.**

Parágrafo acrescentado pela Lei n. 14.905, de 28.06.2024.

**§ 2º A metodologia de cálculo da taxa legal e sua forma de aplicação serão definidas pelo Conselho Monetário Nacional e divulgadas pelo Banco Central do Brasil.**

Parágrafo acrescentado pela Lei n. 14.905, de 28.06.2024.

**§ 3º Caso a taxa legal apresente resultado negativo, este será considerado igual a 0 (zero) para efeito de cálculo dos juros no período de referência.**

Parágrafo acrescentado pela Lei n. 14.905, de 28.06.2024.

---

Juros são os rendimentos do capital. Representam frutos civis, isto é, o pagamento pela utilização de determinado bem por um terceiro que não seja o titular do direito de usá-lo (art. 95). Correção monetária, a seu turno, é o modo pelo qual se elimina a desvalorização da moeda, corroída pelo processo inflacionário. A correção, pois, nada acresce ao valor da dívida. Apenas mantém o poder de compra do valor a pagar. Diversamente, os juros são frutos que se somam ao principal, agregando-lhe valor.

Os juros podem ser compensatórios ou moratórios. Os compensatórios remuneram a utilização do capital de outra pessoa. Decorrem da utilização consentida de capital de outrem, devendo ser previstos no contrato e estipulados pelos contratantes. Os moratórios são devidos nos casos em que houver atraso na restituição do capital ou do descumprimento de obrigação.

O artigo em exame teve sua redação alterada pela Lei n. 14.905, de 2024, vigente desde 30.09.2024, e passou a prever que os juros serão fixados de acordo com a taxa legal, sempre que não forem convencionados, ou quando o forem sem taxa estipulada ou resultarem de determinação da lei.

Desse modo, o dispositivo incide nas obrigações contratuais sem previsão específica do índice a ser adotado (de correção monetária ou juros) e nas obrigações extracontratuais.

A taxa legal de juros, prevê o § 1º, será a Selic, deduzido o índice de correção monetária de que trata o parágrafo único do art. 389 do CC, isso é, o IPCA. A dedução se justifica pelo fato de a Selic contemplar a correção monetária e os juros, de modo que, quando se cuidar da incidência pura e simples dos juros, a correção monetária deve ser excluída.

Desse modo, a taxa de juros será o valor da Selic menos o IPCA. O IPCA para expressar a correção monetária e a diferença apurada para contemplar a mora.

O legislador delegou ao Conselho Monetário Nacional a definição da metodologia do cálculo da taxa legal e sua forma de aplicação, o que evidencia a complexidade do critério adotado.

E ressalvou que a taxa será igual a zero quando vier a representar resultado negativo (§ 3º).

A lei não poderá violar a coisa julgada, de modo que, havendo decisão judicial transitada em julgado, não poderão ser revistos os índices adotados na decisão. Nesse sentido, decidiu o Eg. STJ em acórdão de 12.08.2024, relatado pelo Min. Marco Aurélio Bellizze: "1 – Esta Corte Superior entende que proceder à alteração dos índices de correção monetária estabelecidos no título judicial, na fase de cumprimento de sentença, configuraria violação à coisa julgada. 2 – Na hipótese, haja vista o título judicial consignar expressamente índices de correção monetária e de juros de mora, a sua substituição pela taxa Selic – na fase de cumprimento de sentença – viola a coisa julgada" (Ag. Int. no AREsp n. 255.1197). No mesmo sentido: bem. Decl. no Agravo em REsp n. 2.747.995, rel. Min. Ricardo Villas Bôas Cueva, j. 05.12.2024).

Ainda que a Lei n. 14.905/2024 não possa retroagir, é certo que coincide com a posição que o Eg. STJ já havia consagrado o entendimento de que a taxa legal de juros era a Selic, vedada a cumulação com outros índices: É pacífico o entendimento do STJ no sentido de que, "atualmente, a taxa dos juros moratórios a que se refere o art. 406 do CC/2002 é a taxa referencial do Sistema Especial de Liquidação e Custódia – SELIC, sendo inviável a sua cumulação com outros índices de atualização monetária (Ag. Int. no AREsp n. 1.199.672/PR, rel. Min. Marco Buzzi, *DJe* 08.10.2021)" (AREsp n. 2.781.796, rel. Min. Moura Ribeiro, j. 09.12.2024).

Sob o rito dos recursos repetitivos (REsp n. 1.795.982 e REsp repetitivo n. 1.111.117), o Eg. STJ deixou assentado o entendimento de que os juros moratórios anteriores à Lei n. 14.905/2024 serão calculados pela Selic: 1 – O art. 406 do CC/2002 deve ser interpretado no sentido de que é a Selic a taxa de juros de mora aplicável às dívidas de natureza civil, por ser esta a taxa "em vigor para a atualização monetária e a mora no pagamento de impostos devidos à Fazenda Nacional" (rel. Min. Raul Araújo, 21.08.2024).

Desse modo, tem-se que, já na data em que entrou em vigor a Lei n. 14.905/2024, a Selic era a taxa a ser adotada em decisões judiciais, em virtude da natureza vinculante da decisão.

Vale recordar que se a decisão judicial que tratar do tema, e ainda não houver transitado em julgado, pode ter o termo inicial e o índice de juros alterados até mesmo de ofício pelo órgão julgador: "Ressalte-se ainda que os juros de mora e a correção monetária constituem matéria de ordem pública, razão pela qual a alteração de ofício dos respectivos termos iniciais e dos índices não configura a *reformatio in pejus*. A esse respeito: Ag. Int. nos Emb. Decl. no AREsp n. 2.088.555/MS, 4ª T., rel. Min. Maria Isabel Gallotti, j. 27.03.2023, *DJe* 31.03.2023" (STJ, Ag. Int. no Ag. em REsp n. 1.243.696, rel. Min. João Otávio de Noronha, j. 27.05.2024.

A Lei n. 14.905/2024, por ter caráter material, não retroage. No que se refere, porém, aos juros moratórios relativos a negócios celebrados antes da vigência da Lei, cuidando-se de disposição relativa à eficácia, e não à validade do negócio, sua incidência é imediata, atingindo as parcelas vencidas já em sua vigência. Desse modo, se o negócio foi celebrado antes da vigência da Lei – sem previsão de taxa de juros –, os valores inadimplidos posteriormente, estarão sujeitos à nova lei. Nesse caso, não haverá violação a direito adquirido.

Para atender o § 2º do artigo em exame, o Conselho Monetário Nacional (CMN) regulamentou o cálculo da taxa de juros legal por meio da Resolução n. 5.171, publicada em 29.08.2024, que estabeleceu critério para que os juros sejam calculados.

**Jurisprudência:** Sentença reformada exclusivamente no que concerne ao critério de cálculo dos juros moratórios, ficando mantidos todos os demais termos da r. sentença. Os juros moratórios deverão incidir com base no critério legal de 1% ao mês para os juros de mora, com apoio no art. 406 do CC, exatamente como postulado na apelação da FESP. Honorários advocatícios majorados em grau de recurso. Gratuidade judiciária indeferida, recurso adesivo não conhecido e apelação provida. (TJSP, Ap. Cível n. 10560451320218260053/SP, 8ª Câm. de Dir. Públ., rel. Isabel Cogan, j. 20.09.2023, *DJ* 20.09.2023)

Agravo de instrumento. Civil e processual civil. Cumprimento de sentença. Honorários de sucumbência. Juros. Termo inicial. Trânsito em julgado. Taxa. Ausência de fixação no título. Art. 406 do CC. Taxa Selic. Tema n. 176 do STJ. Inaplicabilidade. Precedentes. Recurso conhecido e desprovido. Agravo interno prejudicado. 1. Trata-se, na origem, de cumprimento de sentença para cobrança de honorários de sucumbência. O Juízo de origem rejeitou a impugnação apresentada pela devedora, na qual suscitava excesso de execução decorrente do suposto erro na fixação do termo inicial para contagem dos juros de mora, bem como pela incidência de taxa indevida na medida de 1% ao mês. Os cálculos realizados pela Contadoria Judicial foram homologados e determinado o bloqueio de valores em contas bancárias da executada, até o limite do débito. 2. O termo inicial para incidência dos juros de mora sobre o débito executado consistente em honorários de sucumbência, quando forem fixados em percentual sobre o valor da causa, como é a hipótese, se dá a partir da exigibilidade da obrigação, que ocorre com o trânsito em julgado. 3. Diante da ausência de fixação expressa no título executivo judicial acerca da taxa de juros aplicável ao débito, incide a regra do art. 406 do CC, segundo o qual: "Quando os juros moratórios não forem convencionados, ou o forem sem taxa estipulada, ou quando provierem de determinação da lei, serão fixados segundo a taxa que estiver em vigor para a mora do pagamento de impostos devidos à Fazenda Nacional". 4. A tese vinculante fixada no julgamento do tema repetitivo n. 176 do STJ tem incidência restrita às hipóteses de título judicial exequendo constituído antes da entrada em vigor do CC/2002, o que não é o caso dos autos. 5. Considera-se válida a adoção de critério de juros de 1% ao mês para garantir a justa correção do saldo devedor executado decorrente de honorários de sucumbência. Precedentes dessa Corte. 6. Recurso conhecido e desprovido. Agravo interno prejudicado. (TJDF, AI n. 07185823520238070000174559 8, 2ª T. Cível, rel. Sandra Reves, j. 16.08.2023, *DJ* 05.09.2023)

Agravo interno no agravo em recurso especial. Cumprimento de sentença. Título judicial. Aplicação da taxa Selic. Não violação à coisa julgada. Agravo interno improvido. 1. No caso em exame, verifica-se das premissas fáticas assentadas pelas instâncias originárias que, na decisão objeto de cumprimento de sentença, não constam fixados expressamente consectários legais diversos da Selic, sendo estipulados genericamente a incidência de juros legais mensais de mora a contar da citação. 1.1 Nos termos do art. 406 do CC: "quando os juros moratórios não forem convencionados, ou o forem sem taxa estipulada, ou quando provierem de determinação da lei, serão fixados segundo a taxa que estiver em vigor para a mora do pagamento de impostos devidos à Fazenda Nacional". 1.2 Nos termos dos Temas ns. 99 e 112/STJ, a taxa de juros moratórios a que se refere o art. 406 do CC é a taxa referencial do Sistema Especial de Liquidação e Custódia – Selic, vedada a acumulação com correção monetária. 1.3 Não há falar em ofensa à coisa julgada quando o título judicial não consigna expressamente os índices de correção monetária e de juros de mora. 2. Agravo interno improvido. (STJ, Ag. Int. no AREsp n. 2.257.500/SP, 3ª T., rel. Min. Marco Aurélio Bellizze, j. 29.05.2023, *DJe* 01.06.2023)

A taxa de juros legal prevista no art. 406 do CC é a Selic, indexador que engloba juros de mora e correção monetária, não sendo possível cumulá-la com outro índice de atualização. 4. Reforma da decisão agravada. (TJPR, AI n. 0068735-98.2022.8.16.0000/Curitiba, 20ª Câm. Cível, rel. Fábio Marcondes Leite, j. 13.03.2023)

Veja no art. 277 a seguinte decisão: TJSP, Ap. Cível n. 0000757-21.2010.8.26.0397/SP, rel. Ricardo Chimenti, j. 05.04.2022, 27ª Câm. de Dir. Priv., publ. 06.04.2022.

Acidente de veículo. Indenizatória. Atropelamento por micro-ônibus. Falecimento da vítima. Culpa exclusiva do motorista pelo acidente. Pensão à companheira e ao filho comum, fixada pelo equivalente a dois terços de um salário mínimo. Pensão paga ao filho até atingir 25 anos. Danos morais majorados para 200 salários mínimos. Correção monetária do arbitramento. Juros de mora do evento danoso, e de acordo com o art. 406, do CC. Constituição de capital. Imposição legal.

Dedução do DPVAT. Cabimento, mediante comprovação. Sucumbência, na lide principal, exclusiva da ré. Honorários advocatícios sucumbenciais, na lide secundária, mantidos. Ação parcialmente procedente e lide secundária procedente. Recursos parcialmente providos, com observação. (TJSP, Ap. n. 0007152-35.2010.8.26.0007/São Paulo, 35ª Câm. de Dir. Priv., rel. Melo Bueno, *DJe* 17.07.2013, p. 916)

Agravos regimentais no recurso especial. Capitalização mensal dos juros. Fundamentos constitucional e infraconstitucional. Questão constitucional que não foi objeto do recurso extraordinário. Súmula n. 126/STJ. Juros remuneratórios. Limitação em 12% ao ano. Impossibilidade. Comissão de permanência. Súmula n. 294/STJ. Possibilidade de cobrança. Vedação da cumulação com juros de mora, multa moratória, juros remuneratórios e correção monetária. 1 – O Tribunal de origem enfrentou a controvérsia acerca da capitalização dos juros com base em fundamentos de natureza constitucional e infraconstitucional. O recorrente, no entanto, não suscitou a questão no recurso extraordinário interposto, de modo que se aplica a orientação consolidada na Súmula n. 126/STJ. 2 – Conforme jurisprudência pacífica do STJ, as instituições financeiras não se sujeitam à limitação dos juros remuneratórios estipulada na Lei de Usura (Decreto n. 22.626/33), Súmula n. 596/STF; a estipulação de juros remuneratórios superiores a 12% ao ano, por si só, não indica cobrança abusiva; são inaplicáveis aos juros remuneratórios dos contratos de mútuo bancário as disposições do art. 591, c/c o art. 406 do CC/2002; é admitida a revisão das taxas de juros remuneratórios em situações excepcionais, desde que caracterizada a relação de consumo e que a cobrança abusiva (capaz de colocar o consumidor em desvantagem exagerada – art. 51, § 1º, do CDC) fique cabalmente demonstrada, ante as peculiaridades do julgamento em concreto. 3 – A Eg. Segunda Seção desta Corte pacificou a orientação no sentido de ser admitida, no período de inadimplemento contratual, a comissão de permanência, à taxa média do mercado apurada pelo Banco Central do Brasil e limitada à taxa do contrato, desde que não esteja cumulada com correção monetária (Súmula n. 30/STJ), com juros remuneratórios (Súmula n. 296/STJ), com juros moratórios nem com multa contratual. 4 – Ademais, nos termos da jurisprudência desta Corte, a cláusula contratual que prevê a comissão de permanência não é potestativa (Súmula n. 294/STJ). 5 – Agravos regimentais a que se nega provimento. (STJ, Ag. Reg. no REsp n. 1.049.453, rel. Min. Raul Araújo, *DJe* 01.07.2013, p. 1.759)

Processual civil e tributário. Eletrobrás. Empréstimo compulsório. Correção monetária. Recurso repetitivo. Art. 543-C do CPC [art. 1.036 do CPC/2015]. 1 – A Primeira Seção, no julgamento dos REsp ns. 1.003.955/RS e 1.028.592/RS (assentada de 12.08.2009), submetidos ao rito dos recursos repetitivos (art. 543-C do CPC) [art. 1.036 do CPC/2015], pacificou entendimento quanto ao prazo prescricional e aos índices de juros e correção monetária aplicáveis na restituição do empréstimo compulsório sobre energia elétrica. 2 – Quanto aos juros remuneratórios decorrentes da diferença de correção monetária (juros reflexos), o termo *a quo* do prazo é o mesmo do principal (questão solucionada definitivamente no julgamento dos Emb. Decl. no REsp n. 1.059.528/RS, em 24.03.2010). 3 – Incide correção monetária sobre o empréstimo compulsório entre a data do pagamento pelo particular e 1º de janeiro do ano seguinte (data da consolidação do crédito). 4 – É ilegítima a pretensão de adotar correção monetária do dia 31 de dezembro até a data da assembleia de conversão. 5 – O contribuinte tem direito à correção monetária plena de seus créditos, empregando-se os índices fixados pelo STJ com base no Manual de Cálculos da Justiça Federal. 6 – Sobre os valores apurados em liquidação de sentença devem recair, até o efetivo pagamento, juros moratórios de 6% ao ano a partir da citação, nos termos dos arts. 1.062 e 1.063 do CC/1916, até 11.01.2003, quando passou a se aplicar a Taxa Selic (art. 406 do CC atual). 7 – É inviável a cumulação dos juros remuneratórios de 6% ao ano com qualquer outro índice. Os remuneratórios incidem apenas até a data do resgate; e os moratórios, a partir da citação. 8 – Agravo regimental não provido. (STJ, Ag. Reg.-Ag.-REsp n. 311.954, 2ª T., rel. Min. Herman Benjamin, *DJe* 31.05.2013, p. 923)

Agravo regimental nos embargos de declaração no recurso especial. Juros de mora. Termo inicial. Citação. Direito intertemporal. 1 – Os juros de mora devem ser aplicados, a partir da citação. 2 – As dívidas anteriores ao CC/2002 têm juros de mora de 0,5% ao mês (art. 1.062, CC/1916). Após a vigência do CC/2002 o índice é substituído pela taxa Selic (art. 406 do CC/2002), que engloba correção monetária e juros e, portanto, não poderá com tais índices ser acumulada. 3 – Agravo regimental a que se nega provimento. (STJ, Ag. Reg.-Emb. Decl.-REsp n. 1.025.111, 4ª T., rel. Min. Maria Isabel Gallotti, *DJe* 28.05.2013, p. 940)

Administrativo. Embargos de declaração no agravo regimental no agravo de instrumento. Omissão. Juros de mora. Indenização. MP n. 2.180-25/2001. Não incidência. Art. 406 do CC. Aplicabilidade. 1 – Considerando a natureza indenizatória das verbas em questão (conversão em pecúnia de licenças-prêmio e férias não gozadas), não se aplica à espécie o disposto na MP n. 2.180/2001, que incide apenas nas hipóteses de pagamento de verbas remuneratórias devidas a servidores e empregados públicos. 2 – Hipótese na qual os juros devem ser fixados segundo a forma prevista no art. 406 do CC. 3 – Embargos de declaração acolhidos, com efeitos infringentes, para, nessa extensão, estabelecer os juros de mora no percentual que estiver em vigor para a mora do pagamento de impostos à Fazenda Nacional. (STJ, Emb. Decl.-Ag. Reg.-AI n. 1.113.457, 6ª T., rel. Min. Og Fernandes, *DJe* 27.05.2013, p. 1.293)

Ação revisional. Contrato de arrendamento mercantil. *Leasing*. Caso concreto. "Apelação cível. Ação revisional. Contrato de arrendamento mercantil. *Leasing*. Caso concreto. Aplicação das sanções previstas no art. 359 do CPC [art. 400 do CPC/2015]. Admitido como verdadeiros os fatos que o autor pretendia provar com a juntada do contrato. CDC. Aplicação do CDC, nos termos do art. 3º, § 2º, da Lei n. 8.078/1990. Entendimento referendado pela Súmula n. 297 do STJ, de 12.05.2004. A possibilidade de revisão judicial do contrato de arrendamento mercantil, assim como as demais espécies de contrato comercial e civil tem seu permissivo legal na Magna Carta, que estabelece no art. 5º, inciso XXV, que 'a lei não excluirá da apreciação do Poder Judiciário lesão ou ameaça a direito'. Juros remuneratórios. Caso concreto. Tendo em vista que a arrendadora não juntou o contrato firmado para contrapor a alegação de incidência de juros abusivos, estes restam limitados à taxa média de mercado divulgada pelo Bacen para o período da contratação. Capitalização dos juros. Ante a ausência do contrato, é inviável a constatação de sua pactuação. Vedada a capitalização no caso concreto. Comissão de permanência (ou cobrança de juros remuneratórios na inadimplência). Inviável a constatação de contratação do referido encargo, eis que ausente o contrato firmado. Fixado o IGP-M como índice de correção monetária, eis que a jurisprudência indica ser o que melhor reflete a real perda inflacionária. Mora. Encargos da normalidade considerados ilegais. No caso concreto, vai descaracterizada a mora contratual. Juros moratórios. Fixados em 12% ao ano, de acordo com o entendimento pacífico da jurisprudência e conforme os arts. 1º e 5º do Decreto n. 22.626/1933, o que ademais está hoje consagrado pelo art. 406 do novo CC e pelo paradigma – REsp n. 1.061.530/RS. Multa moratória. Fixada em 2%, sobre o valor da parcela em atraso, nos termos do art. 52, § 1º, da Lei n. 8.078/1990. Direito à compensação de créditos e/ou repetição de indébito. Sendo apurada a existência de saldo devedor, devem ser compensados os pagamentos a maior feitos no curso da contratualidade. Caso se verifique que o débito já está quitado, devem ser devolvidos os valores eventualmente pagos a maior, na forma simples, corrigidos pelo IGP-M desde o desembolso e com juros legais desde a citação. Deferida a antecipação de tutela. Apelos parcialmente providos." (TJRS, AC n. 268296-66.2012.8.21.7000, 13ª Câm. Cível, rel. Des. Angela Terezinha de Oliveira Brito, *DJe* 27.08.2012)

Reconhecendo que os juros de mora são de 1% ao mês: TJSP, Ap. n. 0014499-89.2010.8.26.0114, rel. Des. Pedro Ablas, j. 13.06.2012.

Repetitivo. Juros. Mora. Coisa julgada. Trata-se de recurso repetitivo remetido ao julgamento da Corte Especial pela Segunda Seção em que a controvérsia está em saber se há violação da coisa julgada na medida em que o título judicial exequendo exarado em momento anterior ao CC/2002 fixa os juros de mora em 0,5% ao mês e, na execução do julgado, determina-se a incidência de juros de 1% ao mês a partir da lei nova. Ressalte-se que, com o julgamento do feito na Corte Especial, objetivava-se uniformizar o entendimento relativo a essa matéria neste Superior Tribunal. Desse modo, ao apreciar o Recurso Especial, observou-se, inicialmente, que a sentença de conhecimento foi proferida na vigência do revogado CC/1916, quando os juros sujeitavam-se à regra do seu art. 1.062. Contudo, com o advento do CC/2002, aquele dispositivo de lei deixou de existir, passando a matéria a ser disciplinada pelo art. 406 da novel codificação. Destacou-se que os juros são consectários legais da obrigação principal, razão por que devem ser regulados pela lei vigente à época de sua incidência. Em sendo assim, torna-se evidente que o juiz, na formação do título judicial, deve especificá-los conforme a legislação vigente. Dentro dessa lógica, havendo superveniência de outra norma, o título a ela se adéqua, sem que isso implique violação da coisa julgada. Assinalou-se que a pretensão de recebimento de juros moratórios renova-se mês a mês, tendo em vista tratar-se de efeitos futuros continuados de ato pretérito (coisa julgada). Cuida-se de corolário do princípio da aplicação geral e imediata das leis, conforme dispõe o art. 6º da LICC [atual Lindb]. Na verdade, seria inadmissível a aplicação ultra-ativa do CC revogado. Os juros de mora representam uma remuneração devida em razão do atraso no cumprimento de uma obrigação. O credor tem o direito de receber o valor exato que lhe é devido acrescido pelo valor da mora; pois, caso contrário, não haveria qualquer interesse do devedor na quitação, já que seria mais vantajoso aplicar aquele valor a juros de 12% ao ano, porquanto o não pagamento da dívida possibilitaria a atualização do valor do capital além da obtenção de 0,5% ao mês. Assim, não caracteriza violação da coisa julgada o entendimento do tribunal de origem de que é possível a fixação, em execução de sentença, do percentual de 12% ao ano previsto no novo CC, alterando, desse modo, especificamente, o percentual de 6% ao ano determinado pela sentença transitada em julgado e proferida quando vigente o CC/1916. Diante disso, a Corte Especial, por maioria, negou provimento ao recurso, ratificando o entendimento adotado pela Primeira Seção quando do julgamento do REsp n. 1.112.743/BA, *DJe* 31.08.2001, submetido ao rito previsto no art. 543-C do CPC [art. 1.036 do CPC/2015] e na Resolução n. 8/2008 do STJ (recurso repetitivo). Todavia, o Ministro Relator, vencido, sustentou que, em execução de título judicial, descabe modificar o índice dos juros de mora expressamente fixado pela sentença exequenda, mesmo que o CC/2002 tenha alterado o percentual, sob pena de ofensa à coisa julgada; quando, no entanto, não houver percentual de juros fixado em sentença prolatada antes da vigência do CC/2002, o critério deve ser de 6% ao ano nos termos do art. 1.062 do CC/1916, até o advento do CC/2002, adotando-se, a partir de então, o comando do art. 406 do CC/2002. (STJ, REsp n. 1.111.117/PR, Corte Especial, rel. originário Min. Luis Felipe Salomão, rel. p/ ac. Min. Mauro Campbell Marques, j. 02.06.2010, *DJe* 02.09.2010)

No sentido de que se aplica a taxa de 1% ao mês, e não a Selic – STJ: Processual civil e administrativo. Responsabilidade civil do Estado. Embargos de declaração. Ofensa ao art. 535 do CPC [art. 1.022 do CPC/2015] não configurada. Omissão. Inexistência. Ausência de prequestionamento. Súmula n. 282/STF. Responsabilidade objetiva. Falecimento de militar no cumprimento do serviço. Danos morais. Cabimento. Comprovação de culpa ou dolo. Prescindibilidade. Teoria do risco administrativo. Juros moratórios. 12% ao ano a partir do CC/2002. Manutenção do acórdão recorrido. [...] 12 – No caso sob exame, a instância de origem fixou os juros moratórios em 6% ao ano, a contar da data do evento (março de 1994), até janeiro de 2003, a partir de quando começa a incidir o percentual de 12% ao ano. 13 – Mantêm-se na íntegra os percentuais adotados no acórdão recorrido, porquanto inexiste nos autos recurso das partes com relação à aplicação da Taxa Selic após o advento do CC/2002. 14 – Recurso especial não provido. (STJ, REsp n. 963.353, 2ª T., rel. Min. Herman Benjamin, j. 20.08.2009, *DJ* 27.08.2009)

No sentido de que a taxa é de 1% ao mês: TJSP, Ap. n. 0005764-72.2009.8.26.0156/Cruzeiro, 26ª Câm. de Dir. Priv., rel. Des. Felipe Ferreira, j. 29.06.2011; TJSP, Ap. n. 0389665-08.2010.8.26.0000/São Paulo, 19ª Câm. de Dir. Priv., rel. Des. Paulo Hatanaka, j. 14.03.2011; TJSP, Ap. n. 994.06.117460-8, rel. Des. Viviani Nicolau, j. 30.11.2010.

Veja-se também: STJ, REsp n. 862.638, rel. Arnaldo Esteves Lima, j. 01.04.2008; STJ, AI n. 928.114, rel. Min. Aldir Passarinho Júnior; STJ, REsp n. 647.186, rel. Min. Carlos Alberto Menezes Direito, j. 01.09.2005; STJ, REsp n. 782.437, rel. Min. Castro Meira, j. 11.10.2005; STJ, REsp n. 437.614, rel. Min. Hélio Quaglia Barbosa, *DJU* 05.02.2007; TJSP, Ap. Cível c/ Rev. n. 6.512.574.000, rel. Romeu Ricupero, j. 27.10.2009; Ap. n. 7.022.599-3, rel. Des. Rizzatto Nunes, j. 24.10.2007; Ap. n. 7.141432-7, rel. Des. Heraldo de Oliveira, j. 17.10.2007; Ap. n. 1.310.052.400, rel. Des. Rui Cascaldi, j. 19.09.2007; Ap. n. 7.033.459-1, rel. Des. Elmano de Oliveira, j. 26.09.2007; Ap. Cível n. 431.937.4/9-00, rel. Francisco Loureiro, j. 25.10.2007; Ap. c/ Rev. n. 831.792.000, rel. Des. Campos Petroni, j. 27.11.2007; Ap. Cível n. 522.094-5/2, rel. Des. Soares Lima, j. 22.11.2007; Ap. n. 7.178.430-0, rel. Des. José Araldo da Costa Telles, j. 06.11.2007; Ap. c/ Rev. n. 1.089.243.005, rel. Des. Ruy Coppola, j. 22.11.2007; Ap. n. 7.022.769-5, rel. Des. Gilberto dos Santos, j. 24.10.2007; Ap. c/ Rev. n. 1.102.055-0/1, rel. Des. Carlos Alberto Garbi, j. 27.08.2007, e Ap. c/ Rev. n. 1.120.292.700, rel. Des. Newton Neves, j. 03.07.2007.

Administrativo e processual civil. Recurso representativo de controvérsia. Art. 543-C do CPC [art. 1.036 do CPC/2015] e Resolução STJ n. 08/2008. FGTS. Expurgos inflacionários. Execução de sentença. Taxa de juros. Novo CC. Violação à coisa julgada. Inexistência. Art. 406 do novo CC. Taxa Selic. 1 – Não há violação à coisa julgada e à norma do art. 406 do novo CC, quando o título judicial exequendo, exarado em momento anterior ao CC/2002, fixa os juros de mora em 0,5% ao mês e, na execução do julgado, determina-se a incidência de juros de 1% ao mês a partir da lei nova. 2 – Segundo a jurisprudência das duas Turmas de Direito Público desta Corte, devem ser examinadas quatro situações, levando-se em conta a data da prolação da sentença exequenda: (a) se esta foi proferida antes do CC/2002 e determinou juros legais, deve ser observado que, até a entrada em vigor do novo CC, os juros eram de 6% ao ano (art. 1.062 do CC/1916), elevando-se, a partir de então, para 12% ao ano; (b) se a sentença exequenda foi proferida antes da vigência do CC/2002 e fixava juros de 6% ao ano, também se deve adequar os juros após a entrada em vigor dessa legislação, tendo em vista que a determinação de 6% ao ano apenas obedecia aos parâmetros legais da época da prolação; (c) se a sentença é posterior à entrada em vigor do novo CC e determinar juros legais, também se considera de 6% ao ano até 11.01.2003 e, após, de 12% ao ano; e (d) se a sentença é posterior ao novo CC e determina juros de 6% ao ano e não houver recurso, deve ser aplicado esse percentual, eis que a modificação depende de iniciativa da parte. 3 – No caso, tendo sido a sentença exequenda prolatada em 08.10.1998 e fixado juros de 6% ao ano, correto o entendimento do Tribunal de origem ao determinar a incidência de juros de 6% ao ano até

11.01.2003 e, a partir de então, da taxa a que alude o art. 406 do novo CC, conclusão que não caracteriza qualquer violação à coisa julgada. 4 – "Conforme decidiu a Corte Especial, 'atualmente, a taxa dos juros moratórios a que se refere o referido dispositivo [art. 406 do CC/2002] é a taxa referencial do Sistema Especial de Liquidação e Custódia – Selic por ser ela a que incide como juros moratórios dos tributos federais (arts. 13 da Lei n. 9.065/95, 84 da Lei n. 8.981/95, 39, § 4°, da Lei n. 9.250/95, 61, § 3°, da Lei n. 9.430/96 e 30 da Lei n. 10.522/2002)' (EREsp n. 727.842, *DJ* de 20.11.08)" (REsp n. 1.102.552/CE, rel. Min. Teori Albino Zavascki, sujeito ao regime do art. 543-C do CPC [art. 1.036 do CPC/2015], pendente de publicação). 5 – O recurso deve ser provido tão somente para garantir a aplicação da taxa Selic a partir da vigência do novo CC, em substituição ao índice de 1% aplicado pelo acórdão recorrido. 6 – Recurso especial provido em parte. Acórdão sujeito ao regime do art. 543-C do CPC [art. 1.036 do CPC/2015] e da Resolução n. 8/STJ. (STJ, REsp n. 1.112.746, 1ª S., rel. Min. Castro Meira, j. 12.08.2009, *DJ* 31.08.2009)

De idêntico teor: STJ, REsp n. 1.125.195, rel. Min. Herman Benjamin, j. 20.04.2010; e REsp n. 1.112.743, 1ª S., rel. Min. Castro Meira, j. 12.08.2009, *DJ* 31.08.2009.

1 – A cumulação entre juros remuneratórios e moratórios é possível dada a distinção de suas naturezas. O primeiro remunera o capital exigível e o segundo indeniza o credor pelo retardamento na execução da prestação. 2 – Juros moratórios convencionados contratualmente. Incidência do art. 406, primeira parte, à hipótese dos autos. Agravo provido. (TJSP, AI n. 7.289.760.200, rel. Soares Levada, j. 27.11.2008)

Obrigação de trato sucessivo: [...] 6 – Os juros hão se ser calculados, a partir do evento danoso (Súmula n. 54/STJ), à base de 0,5% ao mês, *ex vi* art. 1.062 do CC/1916 até a entrada em vigor do novo CC (Lei n. 10.406/2002). 7 – A partir da vigência do novo CC (Lei n. 10.406/2002) os juros moratórios deverão observar a taxa que estiver em vigor para a mora do pagamento de impostos devidos à Fazenda Nacional (art. 406). Taxa esta que, como de sabença, é a Selic, nos expressos termos da Lei n. 9.250/95, inaplicável, *in casu*, em face do princípio processual *ne reformatio in pejus*. Precedentes: REsp n. 688.536/PA, *DJ* 18.12.2006; REsp n. 830.189/PR, *DJ* 07.12.2006; REsp n. 813.056/PE, rel. Min. Luiz Fux, 1ª T., j. em 16.10.2007, *DJ* 29.10.2007; REsp n. 947.523/PE, *DJ* 17.09.2007; REsp n. 856.296/SP, *DJ* 04.12.2006; Ag. Reg. no Ag. n. 766.853/MG, *DJ* 16.10.2006. 8 – Deveras, é cediço na Corte que o fato gerador do direito a juros moratórios não é o ajuizamento da ação, tampouco a condenação judicial, mas, sim, o inadimplemento da obrigação. 9 – Desta feita, tratando-se de fato gerador que se protrai no tempo, a definição legal dos juros de mora deve observância ao princípio do direito intertemporal segundo o qual *tempus regit actum*. 10 – Consectariamente, aplica-se à mora relativa ao período anterior à vigência do novo CC as disposições insertas no revogado CC/1916, regendo-se o período posterior pelo diploma civil superveniente. (REsp n. 745.825/RS, *DJ* 20.02.2006) 11 – A correção monetária independe de pedido expresso da parte interessada, não constituindo um *plus* que se acrescenta ao crédito, mas um *minus* que se evita, vale dizer: a correção monetária plena é mecanismo mediante o qual se busca a recomposição da efetiva desvalorização da moeda, a fim de se preservar o poder aquisitivo original. (STJ, Ag. Reg. no REsp n. 905.603, 1ª T., rel. Min. Luiz Fux, j. 09.09.2008)

No sentido de que os juros de mora são calculados pela Selic: [...] 20 – A partir da vigência do novo CC (Lei n. 10.406/2002) os juros moratórios deverão observar a taxa que estiver em vigor para a mora do pagamento de impostos devidos à Fazenda Nacional (art. 406). Taxa esta que, como de sabença, é a Selic, nos expressos termos da Lei n. 9.250/95. Precedentes: REsp n. 688.536/PA, *DJ* 18.12.2006; REsp n. 830.189/PR, *DJ* 07.12.2006; REsp n. 813.056/PE, rel. Min. Luiz Fux, 1ª T., j. 16.10.2007, *DJ* 29.10.2007; REsp n. 947.523/PE, *DJ* 17.09.2007; REsp n. 856.296/SP, *DJ* 04.12.2006; Ag. Reg. no Ag. n. 766.853/MG, *DJ* 16.10.2006. (STJ, REsp n. 944.884, 1ª T., rel. Francisco Falcão, j. 18.10.2007)

Consoante prevalece na Seção de Direito Privado, os juros de mora são devidos a partir da citação, observada a taxa de 0,5% ao mês (art. 1.062 do CC/1916), até o dia 10.01.2003; a partir de 11.01.2003, marco inicial da vigência do novo CC, será aplicada a taxa de 1%, nos termos do art. 406 deste último. (STJ, REsp n. 611.991, rel. Min. Hélio Quaglia Barbosa, j. 11.09.2007)

Do acórdão da ementa anterior extrai-se: Em benefício da clareza, os juros de mora são devidos a partir da citação, observada a taxa de 0,5% ao mês (art. 1.062 do CC/1916) até o dia 10.1.2003; a partir de 11.01.2003, marco inicial da vigência do novo CC, será devida a taxa de 1%, nos termos do art. 406 do atual diploma. Aliás, esse raciocínio tem sido reiteradamente perfilhado pelas Turmas que integram a Seção de Direito Privado; observa-se que a Terceira Turma, em voto condutor da lavra do Min. Carlos Alberto Menezes Direito, assentou que "Os juros legais, no caso, seguem a disciplina do art. 1.062 do CC/1916, devendo ser calculados a partir da entrada em vigor do novo Código pelo regime do respectivo art. 406" (cf. STJ, REsp n. 661.421, *DJ* 26.09.2005). O subscritor deste voto, de igual forma, quando do julgamento do REsp n. 856.296/SP pela 4ª Turma, esclareceu que "esta Corte de Justiça já firmou entendimento que devem ser fixados os juros de mora de 6% ao ano, contados a partir da citação, até o advento do novo CC, quando serão calculados nos termos de seu art. 406" (j. 07.11.2006).

Não pode ser examinada a aplicação da Selic aos juros moratórios quando não examinado o tema pelo tribunal local, valendo anotar que precedentes da Corte já aplicam essa orientação. (STJ, REsp n. 704.542, rel. Min. Carlos Alberto Menezes Direito, j. 17.05.2007)

A taxa à qual se refere o art. 406 do CC é a Selic, tendo em vista o disposto nos arts. 13 da Lei n. 9.065/95, 84 da Lei n. 8.981/95, 39, § 4º, da Lei n. 9.250/95, 61, § 3º, da Lei n. 9.430/96 e 30 da Lei n. 10.522/2002. (STJ, REsp n. 932.329, rel. Min. Teori Albino Zavascki, j. 15.05.2007)

Também pela aplicação da Taxa Selic: REsp n. 926.285, rel. Min. Francisco Falcão, j. 14.10.2008, EREsp n. 727.842, rel. Min. Teori Albino Zavascki, j. 08.09.2008 (Corte Especial).

Com o advento do novo CC (aplicável à espécie porque ocorrida a citação a partir de sua vigência), incidem juros de mora pela taxa Selic a partir da citação, não podendo ser cumulada com qualquer outro índice de correção monetária, porque já embutida no indexador. (STJ, REsp n. 897.043, rel. Min. Eliana Calmon, j. 03.05.2007)

A Turma, ao prosseguir o julgamento, na hipótese de reparação de danos materiais e morais decorrentes da inexecução do contrato de fornecimento de energia elétrica, bem como do exercício abusivo de sua interrupção para fins de cobrança, entendeu, por maioria, que a taxa à qual se refere o art. 406 do CC/2002 é a Selic. O Min. Teori Albino Zavascki, em seu voto-vista, o vencedor, sustentou que o art. 406, ao referir-se à taxa que estiver em vigor, expressa a opção do legislador em adotar uma taxa de juros variável, que pode ser modificada com o tempo. O art. 161, § 1º, do CTN, por sua vez, dispõe que a taxa de juros é de 1% ao mês se a lei não dispuser de modo diverso, o que denota sua natureza de norma supletiva, arredável por lei ordinária. O art. 13 da Lei n. 9.065/95, ao referir-se ao art. 84 da Lei n. 8.981/95, estabeleceu que, em casos de mora no pagamento de tributos arrecadados pela SRF, serão acrescidos juros equivalentes à Selic, e a utilização dessa taxa como juros de mora, em matéria tributária, foi confirmada por outras normas, tais como o art. 39, § 4º, da Lei n. 9.250/95 (repetição ou compensação de tributos); art. 61, § 3º, da Lei n. 9.430/96 e o art. 30 da Lei n. 10.522/2002. Outrossim, o STJ tem aplicado a Selic em demandas tributárias ao reputá-la constitucional, e o STF, na ADI n. 4/DF, *DJ* 25.06.1993, afirmou não haver vedação constitucional às previsões de juros superiores a 12% ao ano, isso em análise do art. 192, § 3º, da CF/1988, já revogado. Anotou, também, que, apesar de a Selic incluir juros e correção monetária, sua aplicação não acarreta *bis in idem*, visto estar condicionada à exclusão de qualquer outro índice de atualização. Já os votos vencidos entendiam que a Selic não possuía natureza moratória e sim remuneratória (acrescida de correção monetária), pois criada para atrair e remunerar investidores na compra de títulos públicos. Assim, em razão dessa natureza, seria impossível sua aplicação em casos de ilícito contratual, restando correta a aplicação dos juros de 12% ao ano a partir da entrada em vigor do CC/2002 (art. 161, § 1º, do CTN c/c art. 406 do CC/2002). Precedentes citados: STJ, REsp n. 806.348/SP, *DJ* 01.08.2006, e REsp n. 807.880/RN, *DJ* 23.05.2006. (STJ, REsp n. 710.385/RJ, rel. originária Min. Denise Arruda, rel. p/ ac. Min. Teori Albino Zavascki, j. 28.11.2006)

Tratando-se de obrigação de trato sucessivo, que se renova mês a mês, incidirá no caso a taxa dos juros moratórios prevista na lei vigente à época do vencimento. A taxa será de 0,5% ao mês, nos termos do art. 1.062 do CC/1916, até o advento do novo CC, a partir de quando, nos termos de seu art. 406, deverá ser aplicada a taxa que estiver em vigor para a mora no pagamento de impostos devidos à Fazenda Nacional que, nos termos da Lei n. 9.250/95, é a taxa Selic. Precedentes. (STJ, REsp n. 674.366, rel. Min. Arnaldo Esteves Lima, j. 14.11.2006)

No mesmo sentido de que a Selic só pode ser adotada sem incidência da correção monetária, por estar esta compreendida na primeira – STJ: REsp ns. 851.256, rel. Min. Eliana Calmon, j. 05.09.2006; 863.926, rel. Min. Eliana Calmon, j. 05.10.2006; e 823.818, rel. Min. Eliana Calmon, j. 20.06.2006; TJSP: Ap. n. 1.106.667-0/1, rel. Des. Alcides Leopoldo e Silva Júnior, j. 06.11.2007.

Benefício previdenciário: [...] Ademais, no cálculo da taxa Selic são levados em consideração os juros praticados no ambiente especulativo, refletindo as condições instantâneas de liquidez no mercado monetário (oferta *versus* demanda de recursos), decompondo-se em duas parcelas: taxa de juros reais e taxa de inflação no período considerado, sofrendo grande influência desta última. IV – Integra a Selic, ainda, a correção monetária, não podendo ser acumulada, a partir de sua incidência, com qualquer outro índice de atualização. V – A taxa Selic, portanto, não possui natureza moratória, e sim remuneratória, vez que pretende remunerar o investidor da maneira mais rentável possível, visando ao lucro, portanto, o que transmuda o intento pretendido com os juros moratórios, qual seja, punir o devedor pela demora no cumprimento da obrigação. VI – Em conclusão, a taxa Selic é composta de juros e correção monetária, não podendo ser acumulada com juros moratórios. Sua incidência, assim, configura evidente *bis in idem*, porquanto faz as vezes de juros moratórios, compensatórios e remuneratórios, a par de neutralizar os efeitos da inflação, constituindo-se em correção monetária por vias oblíquas. Daí, porque impossível sua acumulação com os juros moratórios. Precedentes. VII – A adoção da Selic conduz ao desequilíbrio social e à insegurança jurídica, porquanto é alterada unilateralmente pela Administração Federal conforme os "ânimos" do mercado financeiro e indicadores de inflação. VIII – Nesse contexto, por refletir atualização monetária e remuneração, a taxa Selic não se perfaz em instrumento adequado para corrigir débitos decorrentes de benefícios previdenciários em atraso, que possuem natureza alimentar e visam atender fins sociais. Precedentes. IX – A aplicação da taxa Selic é legítima apenas sobre os créditos do contribuinte, em sede de compensação ou restituição de tributos, bem como, por razões de isonomia, sobre os débitos devidos à Fazenda Nacional. Precedentes. X – A Eg. 5ª Turma desta Corte já decidiu no sentido de ser devida a taxa Selic somente para débitos de natureza tributária. XI – Este Tribunal é uníssono ao disciplinar que os juros moratórios nos benefícios previdenciários em atraso são devidos no percentual de 1% ao mês, em face de sua natureza alimentar. Aplicação do art. 406 do CC c/c art. 161, § 1º, do CTN. (STJ, REsp n. 823.228, rel. Min. Gilson Dipp, j. 06.06.2006)

Incidência do art. 406 a partir de sua vigência às obrigações pendentes: Juros de mora devidos no caso a partir da citação, à taxa de 0,5% ao mês (art. 1.062 do CC/1916) até o dia 10.01.2003 e, a partir de 11.01.2003, data de vigência do novo CC, pela taxa que estiver em vigor para a mora no pagamento de impostos devidos à Fazenda Nacional (art. 406 do atual CC). Recurso especial conhecido e provido parcialmente. (STJ, REsp n. 173.190/SP, 4ª T., rel. Min. Barros Monteiro, v.u., j. 13.12.2005, *DJU* 03.04.2006)

Cuida-se de recurso remetido à 2ª Seção deste Superior Tribunal em que se discute a limitação dos juros remuneratórios vencidos posteriormente a 11.01.2003, data da entrada em vigor da Lei n. 10.406/2002. Esse recurso trata da revisão de dois contratos nos autos, uma conta-corrente firmada ainda na vigência do CC/1916 e um contrato de empréstimo celebrado em 22.01.2003. A Seção reafirmou que as limitações impostas pelo Decreto n. 22.626/33 não se aplicam às taxas de juros cobradas pelas instituições bancárias ou financeiras em seus negócios jurídicos, cujas balizas encontram-se no contrato e regras de mercado, salvo as exceções legais (crédito rural, industrial e comercial). Por outro lado, ainda que aplicável às instituições bancárias a Lei n. 8.078/90 por força da Súmula n. 297/STJ, o entendimento sedimentado é o de que o pacto referente à taxa de juros só pode ser alterado se reconhecida sua abusividade em cada hipótese, desinfluente, para tal fim, a estabilidade inflacionária no período e imprestável o patamar de 12% ao ano, já que sequer a taxa média de mercado, que não é potestativa, é considerada excessiva para efeitos de validade da avença. Para os contratos de agentes do SFN celebrados posteriormente à vigência do novo CC, que é lei ordinária, os juros remuneratórios não estão sujeitos à limitação, devendo ser cobrados na medida em que ajustados entre os contratantes, que lhes conferiam idêntico tratamento antes do advento da Lei n. 10.406/2002, na mesma linha da Súmula n. 596 do STF. Não se afasta a conclusão a que chegou esta 2ª Seção sobre a incidência do CDC a tais contratos se demonstrada, concretamente, a abusividade. Com esse entendimento, a Seção conheceu em parte do recurso e, nessa parte, deu-lhe parcial provimento para que sejam observados os juros remuneratórios posteriormente a 11.01.2003, tal como pactuados. Precedentes citados: STJ, REsp n. 407.097/RS, *DJ* 29.09.2003, e REsp n. 271.214/RS, *DJ* 04.08.2003. (STJ, REsp n. 680.237, rel. Min. Aldir Passarinho Júnior, j. 23.11.2005)

1 – A utilização da taxa Selic somente é legítima para débitos de natureza tributária, hipótese diversa da dos autos. Precedentes. 2 – Deve ser afastada a aplicação do art. 406 do novo CC, em face da especialidade da norma inserta no art. 1º-F da Lei n. 9.494/97, que, especificamente, regula a incidência dos juros de mora nas condenações impostas à Fazenda Pública para pagamento de verbas remuneratórias. (STJ, Ag. Reg. no REsp n. 773.275, rel. Min. Laurita Vaz, j. 18.10.2005)

I – Os juros de mora devem ser fixados na base de 6% ao ano, contados a partir da citação, até o advento do novo CC quando serão calculados nos termos do art. 406, do Diploma substantivo. Precedentes: STJ, REsp n. 594.486/MG, rel. Min. Castro Filho, *DJ* 13.06.2005; Ag. Reg. no Ag. Reg. nos Emb. Decl. no REsp n. 556.068/PR, de minha relatoria, *DJ* 16.08.2004 e Emb. Decl. no REsp n. 528.547/RJ, rel. Min. José Delgado, *DJ* 01.03.2004. (STJ, Ag. Reg. no REsp n. 766.967, rel. Min. Francisco Falcão, j. 20.09.2005)

[...] devendo prevalecer a regra geral insculpida no art. 406 de que prevalecerá a taxa que estiver em vigor para a mora do pagamento de impostos devidos à Fazenda Nacional, atualmente representada pela Taxa Selic.

(TJMG, Ap. Cível n. 1.0024.03.104465-4-004/Belo Horizonte, 1ª Câm. Cível, rel. Des. Eduardo Andrade, j. 13.09.2005)

Recurso especial. Honorários. Base de cálculo. Valor da condenação. Partes igualmente sucumbentes. Compensação das despesas processuais. Juros de mora. I – Se houve condenação, seu valor constitui a base de cálculo dos honorários advocatícios. II – O art. 21 do CPC [art. 86 do CPC/2015] estabelece a distribuição e compensação recíproca das despesas e honorários entre os litigantes simultaneamente vencidos e vencedores. Em tais situações, às próprias partes a responsabilidade pelos honorários de seus respectivos advogados. III – Tratando-se de responsabilidade contratual, a mora constitui-se a partir da citação, e os juros respectivos devem ser regulados, até a data da entrada em vigor do novo Código, pelo art. 1.062 do diploma de 1916, e, depois dessa data, pelo art. 406 do atual CC. Recurso parcialmente provido. (STJ, REsp n. 729.456/MG, 3ª T., rel. Min. Castro Filho, v.u., j. 06.09.2005, *DJU* 03.10.2005)

Em face do novo CC (Lei n. 10.406/2002), as prestações vencidas deverão ser atualizadas de acordo com a taxa Selic, a qual compreende juros de mora e correção monetária, afastando, em consequência, a aplicação do IGP-DI, diante do art. 406 daquele Diploma. (TJSC, Ap. Cível n. 2005.017611-5/Urussanga, 2ª Câm. de Dir. Públ., rel. Des. Francisco Oliveira Filho, j. 30.08.2005, v.u.)

Os juros de mora, nas ações previdenciárias, que tenham natureza alimentar, incidem à taxa de 1% ao mês, a partir da citação válida, em conformidade com o art. 406 do CC/2002 c/c art. 161, § 1º, do CTN. (TJMG, Ap. Cível/Reex. Necess. n. 1.0024.04.427449-6-001/Belo Horizonte, 6ª Câm. Cível, rel. Des. Batista Franco, j. 30.08.2005, v.u.)

Dos juros de mora. Os juros moratórios devem incidir à taxa de 6% ao ano até a entrada em vigor do novo CC, momento em que passam a ser de 12% ao ano. Parcial provimento. (TJRS, Ap. Cível n. 70.012.211.199/Montenegro, 12ª Câm. Cível, rel. Des. Naele Ochoa Piazzeta, j. 18.08.2005, v.u.)

Juros de mora. Aplicação do art. 406 do atual CC, a partir da data da sua vigência. (TJRJ, Ap. Cível n. 20.186-2005/RJ, 17ª Câm. Cível, rel. Des. Fabrício Paulo B. Bandeira Filho, j. 27.07.2005, v.u.)

[...] (Súmula STJ n. 54), na forma do art. 406 do CC, aplicando-se a Selic uma única vez para os juros e a correção monetária. (TJRJ, Ap. Cível n. 36.653-04/RJ, 11ª Câm. Cível, rel. Des. Luiz Eduardo Rabello, j. 15.06.2005, v.u.)

A jurisprudência do Eg. STJ em perfilhado o entendimento de que após a vigência do novo Código a taxa de juros será regida pelo disposto no art. 406. (STJ, REsp n. 594.486, rel. Min. Castro Filho, j. 13.06.2005)

No mesmo sentido: STJ, Ag. Reg. no Ag. Reg. nos Emb. de Decl. no REsp n. 556.068, rel. Min. Francisco Falcão, *DJ* 16.08.2004, e Emb. de Decl. no REsp n. 528.547, rel. Min. José Delgado, j. 01.03.2004.

Tratando-se de responsabilidade contratual, a mora constitui-se a partir da citação, e os juros respectivos devem ser regulados, até a data da entrada em vigor do novo Código, pelo art. 1.062 do Diploma de 1916, e, depois dessa data, pelo art. 406 do atual CC. Recurso especial parcialmente provido. (STJ, REsp n. 594.486/MG, 3ª T., rel. Min. Castro Filho, j. 19.05.2005, v.u.)

Ocorrendo a citação sob a vigência do CC/1916, deve-se aplicar os juros legais previstos à época, ou seja, 6% ao ano. Por se tratar de instituto que se renova a cada mês, a partir da entrada em vigência do novo CC, aplica-se o percentual de 12% ao ano, consoante o disposto no art. 406 do CC/2002. (TJDF, Ap. Cível n. 2002.011.062.790-2/DF, 5ª T. Cível, rel. Des. Haydevalda Sampaio, j. 18.04.2005, v.u.)

Incide o índice de 6% a.a. a título de juros de mora a partir da citação e a data da entrada em vigor do novo CC, a partir da qual passa a incidir a regra do art. 406 deste novel diploma. (TJDF, Ap. Cível n. 2004.01.1.007045-7/DF, 4ª T. Cível, rel. Des. Cruz Macedo, j. 18.04.2005, v.u.)

Juros moratórios. Taxa Selic. Embargos do devedor. Execução por título extrajudicial. Novo CC. Inaplicabilidade. Mora constituída em data anterior à de vigência da Lei n. 10.406, de 10.01.2002, com entrada em vigor a partir de 10.01.2003. Irretroatividade da lei nova. Decisão confirmada. Recurso de agravo de instrumento não provido. (I TAC, AI n. 1.207.258-9/SP, 2ª Câm., rel. Juiz Amado de Faria, j. 30.06.2004, v.u.)

Execução. Honorários profissionais. Advogado. Cobrança. Juros moratórios. Lei de regência. Princípio *tempus regit actum*. Exegese dos arts. 406 e 2.035 do CC/2002. De natureza acessória, a obrigação de pagar juros moratórios rege-se pela lei vigente ao tempo em que a mora se verifica. Não se vincula, pois, à lei que vigia quando da obrigação principal, nem quando do ajuizamento da execução, porque o que aí se encontrava aperfeiçoado é o negócio, não a mora, que, para fim de juro, renova-se mês a mês. Assim, a mora após 11.01.2003 subordina-se ao disposto nos arts. 406 e 2.035 do CC/2002 (II TAC, AI n. 846.888-00/2, rel. Juiz Celso Pimentel, j. 04.05.2004). No mesmo sentido: *RT* 834/348.

Honorários profissionais. Advogado. Cobrança. Juros moratórios de 0,5%. Incidência a partir da citação. Admissibilidade. Exegese do art. 1.062 do CC. Os juros moratórios, de 0,5% ao mês (art. 1.062 do CC/1916), incidem a partir da constituição em mora do devedor, pela citação. (II TAC, Ap. n. 786.781, rel. Juiz Norival Oliva, j. 30.06.2003)

Hipótese em que a incidência de juros moratórios será de 6% ao ano, até o advento do novel Códex, e de 1% ao mês, a partir da data de sua entrada em vigor. Interpretação do art. 406 do CC (de 2002) c/c o art. 161 do CTN. (*RT* 834/348)

Por consequência, não obstante o pacto tenha sido firmado à luz do CC/1916, serão devidos os juros moratórios nos termos do CC/2002, art. 406. (*BAASP* 2.398/968)

Considerando que a taxa de juros após a vigência do CC é de 1%: *RT* 836/244.

**Art. 407. Ainda que se não alegue prejuízo, é obrigado o devedor aos juros da mora que se contarão assim às dívidas em dinheiro, como às prestações de outra natureza, uma vez que lhes esteja fixado o valor pecuniário por sentença judicial, arbitramento, ou acordo entre as partes.**

A sentença pode impor os juros de mora ao vencido, mesmo que não haja pedido expresso, tendo em vista o disposto no art. 322, § 1º, do CPC/2015 (art. 293 do CPC/73). Aliás, tais juros podem ser incluídos na liquidação, mesmo quando o pedido inicial e a condenação tiverem sido omissos (Súmula n. 254, STF).

**Jurisprudência:** Agravo de instrumento. Cumprimento de sentença. Insurgência contra cálculos apresentados pelo exequente. Juros moratórios que são considerados pedido implícito. Incidência da Súmula n. 254 do Col. STF, lastrada nos arts. 406 e 407 do CC, além do art. 322, §§ 1º e 2º, do CPC. Precedentes desta Eg. Corte de Justiça. Imperiosa a manutenção da r. decisão impugnada. Negado provimento. (TJSP, AI n. 2009470-55.2022.8.26.0000/SP, rel. Hugo Crepaldi, j. 18.02.2022, 25ª Câm. de Dir. Priv., publ. 18.02.2022)

**Dano moral e termo inicial dos juros de mora:** É assente neste Tribunal o entendimento de que os juros moratórios incidem desde a data do evento danoso em casos de responsabilidade extracontratual, hipótese observada no caso em tela, nos termos da Súmula n. 54/STJ: "Os juros moratórios fluem a partir do evento danoso, em caso de responsabilidade extracontratual". Na responsabilidade extracontratual, abrangente do dano moral puro, a mora se dá no momento da prática do ato ilícito e a demora na reparação do prejuízo corre desde então, isto é, desde a data do fato, com a incidência dos juros moratórios previstos na Lei. 2 – O fato de, no caso de dano moral puro, a quantificação do valor da indenização, objeto da condenação judicial, só se dar após o pronunciamento judicial, em nada altera a existência da mora do devedor, configurada desde o evento danoso. A adoção de orientação diversa, ademais, ou seja, de que o início da fluência dos juros moratórios se iniciasse a partir do trânsito em julgado, incentivaria o recorrismo por parte do devedor e tornaria o lesado, cujo dano sofrido já tinha o devedor obrigação de reparar desde a data do ato ilícito, obrigado a suportar delongas decorrentes do andamento do processo e, mesmo de eventuais manobras processuais protelatórias, no sentido de adiar a incidência de juros de mora. (STJ, REsp n. 1.132.866, rel. Min. Sidnei Beneti, j. 23.11.2011)

Embargos à execução. Juros de mora. Termo inicial. Citação. Honorários. Advento da Súmula n. 254, STF e art. 407, CCB. 1 – Os juros de mora somente se reputam devidos a partir da citação válida do devedor, na esteira dos arts. 219 do CPC [arts. 240, §§ 1º e 2º, 487 e 802, parágrafo único, do CPC/2015] e 405 do CC/2002. Planilha elaborada de acordo com o título executivo. 2 – Com base no art. 407 (antigo art. 1.064) do CC, e respaldo na jurisprudência, entende-se que os juros de mora devem incidir também sobre o valor da condenação nos honorários advocatícios. (TJMG, Ap. Cível n. 1.0024.08.134614-0/001(1), rel. Vanessa Verdolim Hudson Andrade, j. 09.02.2010)

Locação. Despejo por falta de pagamento cumulado com cobrança. Débito. Correção monetária. Termo inicial. A correção monetária sobre débito resultante de aluguéis impagos incide a partir do vencimento de cada obrigação, por força do disposto no art. 1º, § 1º, da Lei n. 6.899/81. Débito locativo. Juros de mora. Termo inicial. Constituição do devedor em mora. Os juros moratórios são devidos e a partir da constituição do devedor em mora, independem de disposição negocial a respeito e bem assim de comprovação do efetivo prejuízo, consoante deflui do disposto no art. 407 do CC ou mesmo de pedido expresso (STF, Súmula n. 254), como decorre do disposto no art. 293 do CC, incidindo, pois, a partir da citação [...]. (TJSP, Ap. Cível s/ Rev. n. 1.273.885.004, rel. Orlando Pistoresi, j. 05.08.2009)

Execução por título extrajudicial. Taxa de condomínio. Condenação que não incluiu juros de mora. Alegação de impossibilidade de exigência de juros de mora quando a sentença não os menciona. Juros de mora decorrem da própria demora no pagamento e são exigíveis ainda que não convencionados. Art. 407, CC. Juros devidos. Recurso não provido neste ponto. (TJSP, AI n. 7.360.253.200, rel. Melo Colombi, j. 29.07.2009)

Apelação. Embargos à execução. Alegação de excesso. Honorários periciais. Juros de mora. Não havendo o pagamento no momento oportuno, a cobrança dos juros é consectário lógico da mora, em decorrência do disposto no art. 407 do CC/2002. (TJMG, Ap. Cível n. 1.0024.08.101026-6/001(1), rel. Silas Vieira, j. 19.03.2009)

Transação. Homologação judicial. Execução em razão de inadimplemento do devedor. Incidência dos juros moratórios apesar de não previstos expressamente no acordo. Aplicação das regras do art. 293 do CPC [art. 322, § 1º, do CPC/2015] e do art. 1.064 do CC antigo (reproduzida no art. 407 do novo). Interpretação dada pela Súmula n. 254 do STF. Recurso desprovido. (TJSP, AI n. 5.362.974.200, 2ª Câm. de Dir. Priv., rel. Morato de Andrade, j. 12.02.2008)

Honorários advocatícios. Juros. Termo *a quo*. Honorários devidos a partir do trânsito em julgado da sentença que os estabeleceu. Incidência de juros de 1% ao mês. Art. 406 do CC. Recurso provido para tal fim. (TJSP, Ap. n. 7.155.925-6, rel. Des. Heraldo de Oliveira, j. 19.09.2007)

Juros de mora sobre o valor dos honorários advocatícios arbitrados judicialmente. Cômputo nos termos dos arts. 293 do CPC [art. 322, § 1º, do CPC/2015], 407 do CC c/c Súmula n. 254 do STF. Sucumbência recíproca nos embargos, impondo a divisão das despesas processuais, sem honorários advocatícios (CPC, art. 21) [art. 86 do CPC/2015]. (TJSP, Ap. c/ Rev. n. 5.557.865.700, rel. Des. Urbano Ruiz, j. 06.08.2007)

É certo que, na liquidação de sentença, os juros de mora podem ser incluídos independentemente da existência de previsão expressa na sentença condenatória (Súmula n. 284/STF). É que a condenação ao pagamento dos juros de mora decorre, *ex lege* – arts. 1.062 e 1.064 do CC/1916, correspondentes aos arts. 406 e 407 do atual CC, aplicáveis às pessoas jurídicas de direito público por força do disposto no art. 1º da Lei n. 4.414/64 –, da não efetivação do pagamento no tempo, lugar e forma legalmente previstos (CC, art. 394). Todavia, havendo ou não previsão expressa no título, uma vez expedido o precatório, a incidência dos juros deve ser definida em atenção à norma do art. 100 da Constituição, nos termos da orientação jurisprudencial mencionada. 4 – No presente caso, contudo, não há afirmação pelo acórdão recorrido de que o pagamento ocorreu fora do prazo estabelecido pelo art. 100 da Constituição, não se configurando, assim, a mora, e sendo, por essa razão, indevidos os juros moratórios [...]. (STJ, Ag. Reg. no AI n. 601.372/DF, rel. Min. Teori Albino Zavascki, j. 12.05.2005)

[...] II – Os juros legais, segundo boa doutrina, "sempre se consideram incluídos no pedido (art. 293). E, neste caso, mesmo que a sentença a eles não se refira, serão devidos, a partir da constituição em mora do devedor, pois o preceito é de direito material (art. 1.064 do CC). Tanto é verdade que a lei os manda incluir não no pedido, mas no principal". Logo, possível a inclusão, em segundo grau, dos juros legais, mesmo que não haja recurso nesse sentido e a sentença não tenha deles tratado. III – Tratando-se de ilícito extracontratual, os juros moratórios incidem a partir da data do ilícito (Súmula n. 54 do STJ). (STJ, REsp n. 202.826, rel. Min. Sálvio de Figueiredo Teixeira, j. 13.04.1999)

## CAPÍTULO V
## DA CLÁUSULA PENAL

**Art. 408. Incorre de pleno direito o devedor na cláusula penal, desde que, culposamente, deixe de cumprir a obrigação ou se constitua em mora.**

Cláusula penal é a obrigação acessória pela qual se estipula pena ou multa destinada a estimular o cumprimento da principal e evitar seu retardamento. Também pode ser denominada pena convencional ou multa contratual. A multa referida pode integrar contratos em geral e negócios jurídicos unilaterais (o testamento, por exemplo). Pode ser estabelecida conjuntamente com obrigação principal, ou em ato posterior, como autoriza o art. 409. Na maioria das vezes, corresponde a um valor em dinheiro, mas nada impede que represente a entrega de um outro bem, ou a abstenção de um fato. A referida cláusula pode destinar-se ao cumprimento de toda a obrigação, de alguma cláusula especial ou simplesmente à mora (art. 409 do CC).

A pena convencional tem natureza jurídica de um pacto secundário e acessório, cuja existência e destino estão vinculados à obrigação principal. Aplica-se a ela, portanto, a regra do art. 184 do CC, segundo o qual "a invalidade da obrigação principal implica a das obrigações acessórias, mas a destas não induz a da obrigação principal". Desse modo, se a obrigação principal se resolve sem culpa do devedor, extingue-se a cláusula penal. Mas a invalidade da cláusula penal não compromete a validade da principal.

As funções da cláusula penal são estimular o devedor a cumprir a obrigação e prefixar o valor de perdas e danos decorrentes do inadimplemento ou da mora, embora paire divergência doutrinária a respeito de sua finalidade principal (TEPEDINO, Gustavo; BARBOZA, Heloísa Helena e MORAES, Maria Celina Bodin de. *Código Civil interpretado*, v. I. Rio de Janeiro, Renovar, 2004, p. 742).

Pelas razões aduzidas no comentário ao art. 389 deste Código, recorde-se que há hipóteses em que o inadimplemento independe da culpa, pois basta a constatação objetiva do descumprimento da obrigação. Nesses casos, a expressão "culposamente", de que se vale o artigo ora em exame, deve ser havida como noção de mera imputação. Na doutrina, já se registrou que "andaria bem o novo legislador se mantivesse a locução anterior uma vez que a inserção do termo 'culposamente' poderia sugerir um novo requisito para aferição da aplicação da cláusula penal, este, contudo, de natureza objetiva. Tal solução, contudo, deve ser afastada interpretativamente, em homenagem à coerência do sistema" (TEPEDINO, Gustavo; BARBOZA, Heloísa Helena e MORAES, Maria Celina Bodin de. *Código Civil interpretado*, v. I. Rio de Janeiro, Renovar, 2004, p. 743).

Nos casos, porém, em que não houver descumprimento decorrente de fato imputável ao devedor (caso fortuito, força maior ou conduta do credor que impeça o devedor a adimplir), não haverá incidência da cláusula penal (RIZZARDO, Arnaldo. *Direito das obrigações*. Rio de Janeiro, Forense, 2004, p. 555-6).

**Jurisprudência:** Apelação. Ação monitória. "Contrato de cessão de espaço para uso temporário". Desistência da ocupação do espaço. Cláusula penal fixada em 100% do valor que seria devido se o espaço fosse efetivamente ocupado. Excesso manifesto. Redução. Honorários advocatícios contratuais. Descabimento. A cláusula penal tem por função estimular o contratante a cumprir a obrigação ou, em caso de inadimplemento, constituir uma prefixação das perdas e danos decorrentes do descumprimento da obrigação. Por isso, descumprida a obrigação por ato imputável ao devedor, será aplicável a multa compensatória prevista contratualmente, conforme estabelece a regra disposta no art. 408 do CC. Ao dispor que o juiz deve reduzir equitativamente a penalidade, o legislador explicitou que a norma é de natureza cogente e que os contratantes não podem afastá-la por ato consensual. As penalidades desta natureza devem, sempre, ser aplicadas segundo parâmetros equitativos, de acordo com a natureza e a finalidade do negócio jurídico entabulado. Por isso, tendo em conta que o disposto no art. 413 do CC é preceito de ordem pública, a circunstância de as partes terem estabelecido cominação em determinado valor ou percentual não impede, a pretexto de observância do princípio da obrigatoriedade dos contratos, que o magistrado proceda à redução equitativa da cláusula penal, com o que se atenderá à função social dos contratos. Assim, é legítima a pretensão da ré de ver reconhecido a redução da cláusula penal, tendo sido correta e adequadamente fixada na respeitável sentença em 30% do valor do contrato. Instaurada a demanda, os honorários advocatícios fixados pelas partes no contrato só têm aplicação na hipótese de resolução extrajudicial da controvérsia entre elas havida. Se o processo prosseguir até ser proferida sentença, só serão cabíveis os honorários que forem fixados pela decisão judicial, como estatui a norma cogente disposta no art. 85 do CPC, que atribui ao juiz o dever de condenar o vencido ao pagamento da verba honorária. Apelação desprovida. (TJSP, Ap. Cível n. 1023533-56.2019.8.26.0114/SP, 30ª Câm. de Dir. Priv., rel. Lino Machado, j. 21.03.2022, publ. 21.03.2022)

Apelação cível. Monitória. Cláusula penal. Juros. Repetição do indébito. 1 – A cláusula penal prevista no art. 408 do CC não se confunde com a multa moratória prevista no art. 1.336, § 1º, do mesmo Código, razão pela qual não está subordinada ao teto de 2% previsto neste último. 2 – Tratando-se de débito líquido e com termo certo, o termo inicial da incidência dos juros de mora é a data do vencimento da obrigação (CC, art. 397), ou seja, da data do vencimento de cada parcela. 3 – Não há condenação à repetição do indébito, se é correto o valor cobrado, inexistindo má-fé do credor. 4 – Negou-se provimento ao apelo da embargante. (TJDFT, AC n. 20110610069602, rel. Des. Sérgio Rocha, *DJe* 10.06.2013, p. 77)

A cláusula penal prevista no art. 408 do CC somente será devida caso o devedor deixe culposamente de cumprir a obrigação. Se a perda na produção se deu por caso fortuito, não há que se falar em culpa da contratada. Exegese do art. 393, CPC [sem correspondente no CPC/2015]. Ademais, prova incumbe à apelante, *ex vi*, art. 333, I, do Código de Processo, tendo a autora demonstrado os fatos constitutivos de seu direito, correto está o decreto de improcedência da ação. Sentença mantida. Recurso não provido. (TJSP, Ap. Cível n. 992.070.379.520, rel. Marcondes D'Angelo, j. 01.10.2009)

Condomínio. Despesas condominiais. Cobrança. Cumulação de multas. Cláusula penal e a do art. 475-J do CPC [art. 523, §§ 1º a 3º, do CPC/2015]. Possibilidade. A primeira, estabelecida no pacto homologado judicialmente, nos termos do art. 408 do CC, tendo cunho material. A segunda, decorrente da aplicação da citada norma do Código de Processo, tendo índole processual, portanto. Multas que não têm o mesmo fato gerador. Cumulação que, portanto, não incorre na vedação legal constante da máxima *non bis in idem*. Decisão que não admitiu a cumulação, reformada. Recurso provido. (TJSP, AI n. 1.089.834-0/7, rel. Des. Paulo Ayrosa, j. 13.02.2007)

[...] Obrigação de fazer. Retardamento no cumprimento. Imposição da cláusula penal. Indeferimento. Recurso não provido. Sendo a culpa elemento necessário à imposição da cláusula penal, nos termos do art. 408 do CC (antigo art. 921 do CC/1916), a ausência de sua existência afasta a condenação da empresa obrigada ao seu pagamento, mormente quando esta demonstra a impossibilidade de seu cumprimento no prazo originalmente fixado. (TJSP, Emb. Decl. n. 896.450.802, rel. Paulo Ayrosa, j. 13.09.2005)

**Art. 409. A cláusula penal estipulada conjuntamente com a obrigação, ou em ato posterior, pode referir-se à inexecução completa da obrigação, à de alguma cláusula especial ou simplesmente à mora.**

A cláusula pode ser estabelecida no momento da constituição da obrigação ou posteriormente e pode compreender sua inexecução completa ou parcial. Por exemplo, se o contrato tem por objeto a entrega de determinada obra em um prazo de sessenta dias, dele pode não constar cláusula penal alguma. Contudo, decorrido esse prazo, o credor da obrigação pode concordar em aumentá-lo para que a obra seja concluída e, por ocasião dessa prorrogação, estipular uma multa de determinado valor.

No caso das locações prediais urbanas, pode ocorrer, ainda, que a multa de três vezes o valor do aluguel só se refira à desocupação antecipada do imóvel, mas não compreenda os casos em que houver danos ao imóvel, ou sublocação irregular.

Nesses exemplos, a cláusula penal só incide sobre uma parte da obrigação a ser cumprida. A parte final do dispositivo em exame diz respeito à cláusula penal moratória, que se destina ao atraso ou à imperfeição no cumprimento da locação: o valor do aluguel é acrescido de multa de 10% se não for pago na data estabelecida.

Acrescenta Nelson Rosenvald que não se pode excluir a possibilidade de a cláusula penal não se vincular à mora, mas sim ao cumprimento defeituoso da prestação, no que se denomina *violação positiva do contrato*, "em razão da atividade do devedor causar danos independentes da prestação principal" (*Cláusula penal: a pena privada nas relações negociais*. Rio de Janeiro, Lumem Juris, 2004, p. 62-3).

**Jurisprudência:** Apelação. Ação de cobrança. Multa pela rescisão antecipada do contrato por culpa dos locadores e honorários advocatícios contratuais. Sentença de parcial procedência. Irresignação do locatário Autor que não se sustenta. Cláusula penal compensatória estipulada no contrato firmado entre as partes que tem como escopo a prefixação das perdas e danos para o caso de inadimplemento da obrigação (art. 409 do CC), o que, a princípio, desautoriza o pagamento de indenização além do valor da cláusula. O valor previamente pago pelos locadores na esfera extrajudicial referente ao aluguel de outro imóvel, bem como, as quantias eventualmente despendidas com a contratação de advogado para a propositura da presente ação de cobrança, encaixam-se dentro do conceito de danos materiais e compõem o montante indenizatório devido ao Autor em razão das perdas e danos sofridas decorrentes da rescisão antecipada do contrato por culpa exclusiva dos locadores, encontrando-se, portanto, abarcados pela multa contratual já prefixada na cláusula penal. Vedada a cumulação da multa contratual compensatória com a indenização por perdas e danos, sob pena de verdadeiro *bis in idem* e indevido enriquecimento sem causa de uma parte em detrimento da outra, já que ambas são decorrentes do mesmo fato gerador. Inexistência, ademais, de comprovação de prejuízo excedente a autorizar a indenização suplementar de que trata o art. 416, parágrafo único, do CC. Sentença mantida. Recurso desprovido. (TJSP, Ap. Cível n. 1004424-49.2021.8.26.0223/SP, 31ª Câm. de Dir. Priv., rel. L. G. Costa Wagner, j. 30.03.2022, publ. 30.03.2022)

Compromisso de venda e compra de imóvel. Embargos à execução por título extrajudicial. 1 – Cláusula penal. Multa, na espécie, que não é aplicável exclusivamente na hipótese de arrependimento. Feição moratória da penalidade, incidindo, também, no caso inadimplemento parcial da obrigação. Aplicação do disposto no art. 409 do CC. 2 – Mora dos embargantes. Reconhecimento. Iniciativa da retificação de área. Incidência do prazo de 90 dias a partir da averbação da retificação, ou seja, desde 29.02.2012, ocasião em que deveriam ter tomado conhecimento a respeito. Atualização monetária, com base na Tabela Prática do TJ, que deve incidir desde o referido marco. 3 – Redução da multa a 15% sobre o valor em aberto. Adequação. Aplicação do disposto no art. 413 do CC. Obrigação parcialmente cumprida. 4 – Sucumbência recíproca. Litigantes que restaram parcialmente vencidos (art. 21, CPC) [art. 86 do CPC/2015]. Adequação. Manutenção. Apelo dos embargantes parcialmente provido, com desprovimento do recurso dos embargados. (TJSP, Ap. n. 0025195-88.2012.8.26.0576/ São José do Rio Preto, 3ª Câm. de Dir. Priv., rel. Donegá Morandini, *DJe* 28.06.2013, p. 1.026)

A estipulação de penalidade para o caso de descumprimento do contrato, por si só, é legítima. Mais que isso, é possível a cumulação da multa moratória com a rescisória, tendo em vista a finalidade e natureza diferenciada das cláusulas penais respectivas (arts. 409 a 411 do CC/2002). O que não pode haver é a dupla penalização em razão do mesmo fato, ou a cumulação de duas penalidades com o mesmo objetivo, em respeito ao princípio contratual *ne bis in idem*. O dano moral da pessoa jurídica sempre encerrará, em última análise, um dano patrimonial, decorrente justamente de tal abalo de credibilidade no âmbito social, sendo imprescindível seja demonstrado o efetivo prejuízo experimentado. Recurso parcialmente provido. (TJMG, Ap. Cível n. 1.0439.08.078538-9/001(1), rel. Otávio Portes, j. 14.04.2010)

Contrato internacional de transporte marítimo. Sobre-estadia. Devolução de contêineres com atraso. Legítima a cobrança, aliás, prevista em documentos de embarque. Valor não desconhecido da contratante, eis que consta dos conhecimentos de embarque *Bill of lading* as normas de sobre-estadia de contêineres. Compromissos assumidos pela ré de devolver os equipamentos no prazo, e pagar eventual sobre-estadia. Art. 408 do CC. Cláusula penal cuja aplicação depende da comprovação de culpa. Inaplicabilidade. Responsabilidade da ré que decorre do contrato firmado. Sentença reformada parcialmente. Condenação da ré no pagamento da quantia pleiteada, todavia, convertida na moeda nacional, na data da propositura da ação, com atualização desde então pela Tabela Prática do Tribunal de Justiça, e juros de mora de 1% ao mês, da citação, invertida a verba honorária. Recurso provido, com observação. (TJSP, Ap. n. 7.093.116.900, 18ª Câm. de Dir. Priv., rel. Jurandir de Sousa Oliveira, j. 01.09.2008)

Processual civil. Ação de cobrança cumulada com revisão de cláusula contratual. Impertinência. Necessidade de prestação de contas quanto à cobrança e impossibilidade do pedido revisional. Agravo de instrumento provido. Carência reconhecida. Extinção da ação decretada. É evidente que a pretensão primeira da autora é que a ré lhe preste contas para que, então, se possa estabelecer se há ou não crédito a seu favor. Deveria, pois, ter proposto a ação adequada de prestação de contas, que comporta duas fases, com rito especial, jamais esta de cobrança, razão pela qual é de ser decretada a carência, por falta de interesse, na modalidade adequação. Quanto à inclusão de cláusula penal igualmente carente a autora, visto que a ação revisional de cláusula de contrato visa excluir, acrescer ou delimitar alguma cláusula preexistente e que tenha relação com o conteúdo contratual e não incluir cláusula não anteriormente pactuada no contrato e que visa à imposição de multa que satisfaça perdas e danos suportados pela parte contra a qual o descumprimento contratual se deu. Trata-se de multa cominatória ou cláusula penal, prevista nos arts. 408 e segs. do CC que, necessariamente, não precisa ser pactuada, visto que sua estipulação visa, previamente, a estabelecer o valor das perdas e danos, dispensando qualquer avaliação ou quantificação, a ser determinada nos termos dos arts. 402 e 404 e seu parágrafo único do CC. (TJSP, AI n. 1.139.356.008, 31ª Câm. de Dir. Priv., rel. Paulo Ayrosa, j. 11.12.2007)

Multa compensatória. Contrato. Comodato por tempo indeterminado. Notificação para desocupação do imóvel. Presença de cláusula penal estipulada com o objetivo de prevenir prejuízos decorrentes da inexecução completa da obrigação. Validade. Arts. 916 e 1.034 do CC. Verba devida, devendo ser compensada como valor estipulado a título de indenização por benfeitorias. Recurso provido para esse fim. (TJSP, Ap. n. 885.914-9/Marília, 18ª Câm. de Dir. Priv., rel. Des. Roque Mesquita, j. 06.10.2005, v.u., voto n. 8.730)

Falência. Autorizada a manutenção em funcionamento do parque fabril da falida por Cooperativa de seus ex-empregados. Decisão que não foi tempestivamente impugnada. Pretensa aplicação, por ato posterior e unilateral do juízo, de multa moratória à Cooperativa, em face de atrasos no pagamento de alugueres. Inadmissibilidade. Autorização judicial que não se confunde com contrato de arrendamento. Inaplicabilidade, pois, do art. 409 do CC à espécie. Cláusula penal, ademais, que não pode ser imposta unilateralmente. Decisão mantida. Agravo improvido. (TJSP, AI n. 3.022.964.600, rel. Percival Nogueira, *DJ* 05.11.2003)

Cláusula penal. O cumprimento tardio da prestação principal não inibe a cláusula penal moratória. Recurso especial não conhecido. (STJ, REsp n. 233.643, rel. Min. Ari Pargendler, j. 02.05.2002)

Execução. Locação. Multas moratória e compensatória. Cumulação. Inadmissibilidade. Diferem as multas moratória e compensatória. O objetivo daquela (moratória) é infundir na vontade do inquilino e impeli-lo a pagar os aluguéis até os respectivos vencimentos, enquanto esta (compensatória) tem por escopo uma mínima e prévia fixação de eventuais perdas e danos para o caso do descumprimento do contrato. Havendo cláusula penal estipulada no contrato, descabida a cumulação com a multa moratória. É o que determinam os arts. 917 e 918 do CC. (II TAC, Ap. n. 627.968, rel. Juiz Irineu Pedrotti, j. 03.04.2002)

**Art. 410. Quando se estipular a cláusula penal para o caso de total inadimplemento da obrigação, esta converter-se-á em alternativa a benefício do credor.**

Se houver cláusula penal para o caso de inadimplemento total, surgem duas alternativas ao credor, segundo se depreende deste dispositivo. A questão é saber quais as alternativas:

a) desistir da cláusula e provar os prejuízos em valor que a ultrapassem; ou

b) perseguir a cláusula e exigir o cumprimento da própria prestação.

A primeira alternativa parece descartada pelo disposto no art. 416, parágrafo único, segundo o qual a cobrança de prejuízos que ultrapassem o valor da cláusula só é possível se assim foi convencionado e, nesse caso, o valor da cláusula será o mínimo da indenização. Desse modo, não se colocam ao credor as alternativas de desistir do valor da cláusula para postular o montante de seus prejuízos, que podem ser cobrados – quando assim convencionado –, sem prejuízo do valor da cláusula.

Restam, portanto, as alternativas indicadas na letra b. O credor deverá optar entre exigir a própria prestação ou a cláusula penal, já que a cumulação de ambas implicaria seu enriquecimento sem causa: receberia a própria prestação e mais o previsto na cláusula penal exatamente para o caso de a obrigação principal não ser cumprida. Por isso é que o artigo só alcança as cláusulas estipuladas para o inadimplemento total, como está expressamente consignado.

No caso de cláusula prevista para o inadimplemento parcial, nada impede a cumulação vedada neste artigo, o qual exige que o credor opte entre as alternativas apresentadas. Se parte da obrigação não foi adimplida, o credor não precisa optar entre as alternativas, podendo cumular a multa com a exigência da própria obrigação, pois o adimplemento parcial poderá lhe ser útil, ainda que lhe acarretem prejuízos a ser compensados pelo valor da cláusula penal.

Anote-se que o artigo em exame só incidirá se a cláusula penal destinar-se ao inadimplemento total e este efetivamente ocorrer, porque se o inadimplemento for parcial será possível ao credor insistir no cumprimento parcial e na multa, a ser reduzida da forma prevista no art. 413. É que, embora o artigo se refira à estipulação da cláusula penal para o total inadimplemento, sua interpretação leva à conclusão de que sua incidência só se justifica se o inadimplemento total efetivamente ocorrer, não sendo suficiente a mera previsão contratual ou mesmo a exigência malsucedida do adimplemento (MARTINS-COSTA, Judith. *Comentários ao novo Código Civil*. Rio de Janeiro, Forense, 2003, v. V, t. II, p. 441). Essa conclusão encontra respaldo no dispositivo seguinte, que indica que as alternativas mencionadas neste art. 410 são efetivamente entre a cláusula e a exigência da obrigação e que o cumprimento parcial permite que se exijam cumulativamente cláusula e obrigação principal.

No artigo em exame, o credor deve optar, porque não pode cumular a exigência da cláusula com o cumprimento da obrigação, sob pena de enriquecimento ilícito (MARTINS-COSTA, Judith. Op. cit., p. 442). A cláusula penal prevista para o inadimplemento total da obrigação é compensatória e substitui o valor da indenização dele decorrente. Como pondera Judith Martins-Costa, "se a pena foi prometida para 'o caso de incumprimento', o credor só pode exigir a pena 'em lugar do cumprimento'. Porém, a regra agora contida no art. 410 (e, anteriormente, no art. 918) é *ius dispositivum*, isto é, pode haver pena para o caso de total inadimplemento sem ser compensatória: só se a considera compensatória se o contrário não resultar do negócio jurídico" (op. cit., p. 427). Sobre o tema, confira-se parecer de Márcio Louzada Carpena publicado na *RT* 817/121.

**Jurisprudência:** Apelação. Embargos à execução. Acordo extrajudicial. Sentença de reconhecimento de excesso de execução. Pleito para afastamento da limitação imposta à multa prevista no instrumento celebrado entre as partes, com o argumento de se tratar, em verdade, de multa compensatória, não sujeita à regra do art. 52, § 1º, do CDC. Argumento inconsistente. Com efeito, encarada que fosse a indigitada multa como compensatória, não seria cabível a respectiva cobrança cumulada com a da obrigação principal, pelo que se depreende da regra do art. 410 do CC. Acertada a sentença, portanto, ao considerar a aludida multa como moratória, dessa sorte sujeita à limitação estabelecida no estatuto consumerista. Negaram provimento à apelação. (TJSP, Ap. Cível n. 10175138620228260003/SP, 19ª Câm. de Dir. Priv., rel. Ricardo Pessoa de Mello Belli, j. 28.02.2023, *DJ* 28.02.2023)

Promessa de compra e venda. Rescisão contratual. Atraso injustificado na entrega do imóvel. Cumulação da cláusula penal. Moratória com indenização por perdas e danos. Possibilidade. Danos materiais. Reembolso dos alugueres pagos durante o atraso. Dano moral configurado. *Quantum* reparatório que não merece retoque. Reforma parcial da sentença. Trata-se de demanda indenizatório pelo atraso na entrega do imóvel adquirido pelo autor. A própria parte ré confessa administrativamente a sua mora, ao pagar o valor da cláusula penal referente ao atraso na entrega do imóvel. A controvérsia dos autos, então, cinge-se sobre a possibilidade de cumulação do pagamento da cláusula penal com o pedido de indenização por perdas e danos. A cláusula penal é a obrigação acessória que prevê o pagamento de multa para o caso de descumprimento da obrigação principal por fato imputável ao devedor, consistindo, assim, em uma pena convencional, na forma do art. 408 do novo CC. Referido instituto possui como fundamento o reforço do vínculo obrigacional, uma vez que estimula o cumprimento da obrigação principal, sem retardamentos. Como cediço, existem duas modalidades principais de cláusulas penais: a cláusula penal compensatória, via de regra vinculada ao inadimplemento total da obrigação principal (art. 410 do CC), e a cláusula penal moratória, incidente sobre o atraso no cumprimento da obrigação (art. 411 do CC). A cláusula penal compensatória estipula uma verdadeira liquidação antecipada das perdas e danos decorrente do inadimplemento da obrigação principal. Já a cláusula penal moratória, em que pesem os entendimentos em contrário, não possui esse caráter substitutivo, de prefixar as perdas e danos eventualmente devidos. Nessa modalidade, a multa prevista visa a punir o retardo no cumprimento da obrigação principal. Dessa forma, a possibilidade de cumulação da cláusula penal com o pedido de indenização por perdas e danos se sujeita ao tipo pactuado pelas partes. Conquanto a cumulação fique vedada na hipótese de cláusula penal compensatória, o mesmo não ocorre para a cláusula penal moratória, que não interfere na responsabilidade civil do devedor pelo seu atraso. Precedentes do STJ. Sendo assim, o art. 416, parágrafo único, do CC, que afasta a possibilidade de indenização suplementar, somente se mostra aplicável para a cláusula penal compensatória. *In casu*, trata-se de cláusula penal moratória, uma vez que decorre do atraso na entrega do imóvel. Desse modo, cabível a sua cumulação com a indenização por perdas e danos. Termo de quitação da indenização inserida no ato de vistoria e entrega das chaves do imóvel que se mostra abusivo. Contrato de adesão, que coloca o consumidor em posição amplamente desfavorável. O consumidor adere ao ato preestabelecido com a cláusula de quitação como condição para receber as chaves do imóvel adquirido e assim conseguir mudar do seu imóvel alugado. Danos materiais consistentes no pagamento de aluguéres durante o atraso na entrega do imóvel comprovados. Reembolso devido. Danos morais configurados. *Quantum* indenizatório razoavelmente fixado em R$ 5.000,00, considerando a frustração do sonho da casa própria, mas por outro lado o pagamento administrativo da multa moratória. Por fim, com a procedência do pedido de danos materiais, merece reforma a sentença no que se refere aos ônus sucumbenciais, para que sejam integralmente suportados pela parte ré. Provimento parcial do recurso autoral. Recurso do réu desprovido. (TJRJ, AC n. 0027478-96.2010.8.19.0205, 3ª Câm. Cível, rel. Des. Renata Cotta, *DJe* 24.04.2013)

Compra e venda de bem móvel. Cancelamento injustificado do pedido. Incidência de cláusula penal. A cláusula penal é alternativa do credor que pode escolher seu valor correspondente ou cobrar os prejuízos (art. 410 do CC). O inadimplemento total da obrigação diante do cancelamento do pedido encomendado especialmente pela apelante, sem culpa da apelada, permite a cobrança da multa. Recursos não providos. (TJSP, Ap. n. 0206203-73.2009.8.26.0100/São Paulo, 35ª Câm. de Dir. Priv., rel. José Malerbi, *DJe* 17.07.2013, p. 953)

Apelação. Execução por título judicial. Embargos à execução. Sentença de acolhimento parcial. Irresignação do embargado não merecendo ser conhecida no tópico em que questiona o decidido quanto ao termo inicial dos juros de mora, à falta de aptidão da peça recursal nessa passagem, por não ter combatido o raciocínio lógico exposto na sentença sobre a questão. Improcedência do inconformismo quanto ao mais. Transação exequenda estabelecendo, afora os usuais encargos moratórios, acréscimo a que se designou de "cláusula penal", de "50%". Falta de clareza do ato impondo a respectiva interpretação. Exame da disposição contratual, com atenção especial para a respectiva medida e para a circunstância de se ter estabelecido encargos moratórios usuais e suficientes, revelando tratar-se da chamada cláusula penal compensatória. Quadro em que não haveria lugar para exigir, a um só tempo, o cumprimento da obrigação principal e da cláusula penal compensatória. Sentença que, não obstante, manteve a incidência da citada cláusula, mas reduziu-lhe o montante. Falta de recurso do devedor. Decisão que se confirma tal como proferida, inclusive no tópico em que, acertadamente, afastou a cumulação da multa moratória. Preliminar de deserção afastada, com recomendação; apelação conhecida apenas em parte e, nessa parte, desprovida. (TJSP, Ap. n. 9099396-84.2006.8.26.0000/Pirapozinho, 25ª Câm. de Dir. Priv., rel. Des. Ricardo Pessoa de Mello Belli, j. 04.05.2011)

Apelação cível. Compra e venda de imóvel. Cláusula penal. Redução. Possibilidade. Cumulação de multa compensatória com fruição. *Bis in idem*. Não há que se falar em impossibilidade do pedido do inadimplente, mesmo se já houve o distrato, posto que busca o consumidor apenas a nulidade da cláusula penal e restituição das parcelas retidas indevidamente. Em rescisão de contrato de compra e venda de imóvel é cabível a estipulação de perda de parte das parcelas pagas, a título de cláusula penal, que deve ser fixada em percentual razoável. Inadmissível a cumulação de multa penal compensatória com indenização a título de fruição do imóvel, sob pena de se permitir a aplicação de duas penalidades pelo inadimplemento. Rejeitaram a preliminar. Negaram provimento ao recurso de apelação e julgaram prejudicado o recurso adesivo. (TJSP, Proc. n. 1.0145.08.493739-3/002(1), rel. Des. Tibúrcio Marques, j. 03.02.2011)

Locação de bens móveis. Equipamento de reprografia. Ação de cobrança. Sentença de procedência. Recurso da empresa locadora. Pretensão de que a correção monetária e os juros sobre a multa rescisória (compensatória) incidam a contar das prestações não adimplidas. Inconsistência. Na hipótese, era vedada a cumulação de pedidos de cumprimento da obrigação por inteiro e o recebimento da multa compensatória (cláusula penal). Inteligência do art. 918 do CC/1916 (art. 410 do atual diploma). Condenação mantida como na sentença, ante à falta de interposição de recurso por parte da empresa locatária ré. Apelo da autora desprovido. (TJSP, Ap. Cível s/ Rev. n. 1.036.504.001, rel. Marcos Ramos, j. 19.11.2008)

Locação. Despejo por falta de pagamento. Cobrança. Cláusula penal compensatória. Utilização para o caso de mora. Irregularidade. Substituição pela cláusula penal moratória. 1 – A punição da mora do locatário dá-se pela aplicação da cláusula penal moratória (art. 411, CC), e não pela aplicação da cláusula penal compensatória (art. 410, CC), também prevista contratualmente. 2 – A infração contratual consistente na *mora debitoris* é penalizada pela cláusula penal moratória (art. 411, CC), vedada sua cumulação com a cláusula penal compensatória (art. 410, CC), ou a aplicação em seu lugar, da cláusula penal compensatória, ainda que da mora decorra o decreto de despejo do imóvel. 3 – Nos termos do art. 410, do CC e a contrário senso do art. 411, CC, a cláusula penal compensatória não pode ser cumulativamente cobrada com o débito inadimplido, mas sim alternativamente, como antecipação de perdas e danos em caso de inadimplemento absoluto. Por consequência, o inadimplemento parcial também exclui a aplicação da cláusula penal compensatória, para o caso da mora. (TJSP, Ap. s/ Rev. n. 1.171.313.007, 31ª Câm. de Dir. Priv., rel. Fábio Rogério Bojo Pellegrino, j. 14.08.2008)

Bem móvel. Cobrança. Cláusula penal. Não vale a estipulação contratual de que a multa será sempre paga integralmente, qualquer que seja o tempo decorrido. (TJSP, Ap. c/ Rev. n. 950.439-0/9, rel. Des. Emanuel Oliveira, j. 23.05.2007)

Cláusula penal. Multa compensatória. Inadimplemento absoluto. Cumulação com pedido de ressarcimento de perdas e danos. Inadmissibilidade. Contrato omisso a respeito. Provimento parcial ao recurso da ré. Aplicação do art. 918 do CC. Se foi estipulada cláusula penal para hipótese de inadimplemento absoluto, tal prefixação exclui, na forma do art. 918 do CC, pretensão ao ressarcimento de outros prejuízos, tidos por especiais, ou próprios, a menos que a tenham previsto os contraentes. (TJSP, Ap. Cível n. 61.377-4/SP, 2ª Câm. de Dir. Priv., rel. Des. Cezar Peluso, j. 23.02.1999)

---

**Art. 411. Quando se estipular a cláusula penal para o caso de mora, ou em segurança especial de outra cláusula determinada, terá o credor o arbítrio de exigir a satisfação da pena cominada, juntamente com o desempenho da obrigação principal.**

---

A cláusula penal poderá ser compensatória ou moratória. Compensatória é a que se estipula para hipótese de inadimplemento total da obrigação (art. 410). Cláusula penal moratória é a que se destina a assegurar o cumprimento de outra cláusula, ou a evitar o retardamento ou o imperfeito cumprimento da obrigação, preestabelecendo o valor das perdas e danos.

A mora pode resultar do retardamento no cumprimento da obrigação, ou de seu cumprimento de modo diverso do estipulado, tal como disposto no art. 394 do CC. Em qualquer desses casos, a cláusula penal estipulada é moratória. Nada impede que o mesmo contrato contenha três cláusulas penais. Uma de natureza compensatória e outras duas, de natureza moratória, para casos de atraso e de cumprimento imperfeito da obrigação.

Em geral, o valor da multa compensatória é elevado, próximo do valor da obrigação principal. Se o valor da multa é reduzido, presume-se que tenha natureza moratória, pois os contratantes normalmente não fixam valor modesto para compensar perdas e danos decorrentes da inexecução total daquilo que ajustaram. Se a multa é compensatória, o art. 410 proíbe que o credor cumule a cobrança da cláusula penal com o cumprimento da obrigação, impondo ao credor o dever de optar entre uma ou outra, como afirmado no comentário ao referido dispositivo.

Em qualquer das hipóteses, o credor obterá o ressarcimento integral, de maneira que não pode exercer mais de uma das opções que lhe são concedidas. No entanto, quando se trata de cláusula penal moratória, nada impede que o credor exija cumulativamente o valor da multa e o cumprimento da obrigação. Nesse caso, a pena convencional tem valor reduzido e não haverá incompatibilidade na cumulação.

Diversamente da cláusula penal compensatória, a moratória não se destina a substituir a prestação no caso de total inadimplemento. Seu objetivo é "punir o devedor que presta morosamente" (MARTINS-COSTA, Judith. *Comentários ao novo Código Civil.* Rio de Janeiro, Forense, 2003, v. V, t. II, p. 447), porque não substitui a prestação e tem caráter punitivo é que pode ser cumulada com a exigência da prestação. A identificação da cláusula moratória resulta do fato de ela referir-se ao descumprimento de uma cláusula contratual ou de uma de suas prestações, mas não do inadimplemento absoluto, quando haveria cláusula penal compensatória.

**Jurisprudência:** Civil. Direito do consumidor. Ação de indenização. I – Atraso na entrega de obra. Caso fortuito ou força maior. Excesso de chuvas. Greve do transporte público. Paralisação da obra pela falta de funcionários. Descabimento. Falta da carta de "habite-se". Dever de indenizar da empresa de construção civil. Cobrança de taxas condominiais e tributos antes da emissão da carta de "habite-se". Ausência de responsabilidade do proprietário. Alegação de que o condomínio não poderia subsistir sem o devido rateio de despesas aos condôminos. Improcedência. Previsão de pagamento de multa em caso de atraso na entrega do imóvel. Aplicação de cláusula contratual. Cabimento. 1 – O excesso de chuvas ou eventual greve no transporte público não se prestam a afastar a obrigação da construtora em cumprir o pactuado, que deve ser suportada por ela, que é obrigada a arcar com os riscos da atividade. 2 – Não cabe à empresa contratada elidir-se de obrigação a qual assumiu contratualmente, utilizando-se de argumentos inconsistentes para desvencilhar-se de seu cumprimento, em especial, tratando-se de casos previsíveis. 3 – Diante da comprovada e injustificada mora por parte da construtora e diante da confissão dos apelantes, de forma expressa, a sua inadimplência, a qual tenta justificar o atraso na entrega do imóvel ao alegar ocorrência de caso fortuito ou força maior, qual seja a grande incidência de chuvas à época dos fatos, excederam em muito o razoável, fato este imprevisível, mas realmente ocorrido. 4 – Ensina Clóvis Bevilacqua, que caso fortuito e força maior são: "caso fortuito é o acidente produzido por força física inteligente, em condições que não podiam ser previstas pelas partes". "Força maior é o fato de terceiro, que criou, para a inexecução uma obrigação, um obstáculo, que a boa vontade do devedor não pode vencer" (in *Código Civil comentado*). 5 – Constatado que ocorreu atraso na entrega do imóvel com a carta de "habite-se", sem que se possa atribuir tal fato a caso fortuito ou força maior, responde a empresa de construção civil pela indenização mensal prevista em cláusula contratual. 6 – Somente após a concessão da carta de "habite-se", o pagamento de taxas condominiais e demais tributos referentes ao imóvel adquirido é de exclusiva responsabilidade do proprietário. 7 – Apesar de o contrato não prever o percentual de multa devido pelo fornecedor do serviço em caso de mora, a cláusula 4.2.1 estipula multa de 1% em caso de mora do consumidor. 8 – Ora, há manifesto desequilíbrio contratual gerador de onerosidade excessiva, uma vez que não se afigura razoável somente uma das partes arcar com ônus de inadimplemento. 9 – A cobrança da multa não elide a possibilidade do pedido de astreintes. Confira-se o disposto no art. 411 do CC: "Art. 411. Quando se estipular a cláusula penal para o caso de mora, ou em segurança especial de outra cláusula determinada, terá o credor o arbítrio de exigir a satisfação da pena cominada, juntamente com o desempenho da obrigação principal". II – Aplicação do CDC. Direito imobiliário. Direito processual civil. Contratos. Promessa de compra e venda de imóvel. Atraso. Entrega. Mora do promitente vendedor. Pedido de concessão de efeito suspensivo. Não cabimento. Tutela antecipada no bojo da sentença. Efeito meramente devolutivo. Sentença mantida. 1 – Nos termos do art. 47 do CDC, eventuais dúvidas nas cláusulas contratuais deverão ser interpretadas de maneira mais favorável ao consumidor. 2 – O CDC incide nos contratos de compra e venda de imóvel, em que construtora e incorporadora se obrigam à construção de unidade imobiliária. 3 – Estando a relação contratual em comento abrigada pelo manto protetivo do CDC, nos termos do art. 47 da norma consumerista, as cláusulas contratuais serão interpretadas de maneira mais favorável ao consumidor. 4 – A reforma introduzida no CPC pela Lei n. 10.352/2001 veda o recebimento da apelação no efeito suspensivo na hipótese em que a sentença confirma a antecipação dos efeitos da tutela, situação essa que agasalha a hipótese dos autos, tendo em vista que a decisão se deu no bojo da sentença. 5 – Prevê, o dispositivo legal, a possibilidade de se interpor o presente recurso contra decisão relativa aos efeitos em que a apelação é recebida, se demonstrado que essa decisão é suscetível de causar à parte lesão grave e de difícil reparação. 6 – Ao abrandar os efeitos do art. 520, VII, do CPC [art. 1.012, V, do CPC/2015], possibilitou, o legislador, que a parte prejudicada demonstre o prejuízo que pode lhe advir acaso recebida a apelação somente no efeito devolutivo. Apelação conhecida e não provida, para manter na íntegra a sentença recorrida. (TJDFT, Proc. n. 20110112138204, rel. Des. Alfeu Machado, *DJe* 12.11.2012, p. 72)

Locação. Despejo por falta de pagamento. Cobrança. Cláusula penal compensatória. Utilização para o caso de mora. Irregularidade. Substituição pela cláusula penal moratória. 1 – A punição da mora do locatário dá-se pela aplicação da cláusula penal moratória (art. 411, CC) e não pela aplicação da cláusula penal compensatória (art. 410, CC), também prevista contratualmente. 2 – A infração contratual consistente na mora *debitoris* é penalizada pela cláusula penal moratória (art. 411, CC), vedada sua cumulação com a cláusula penal compensatória (art. 410, CC), ou a aplicação em seu lugar da cláusula penal compensatória, ainda que da mora decorra o decreto de despejo do imóvel. 3 – Nos termos do art. 410 do CC e *a contrario sensu* do art. 411, CC, a cláusula penal compensatória não pode ser cumulativamente cobrada com o débito inadimplido, mas sim alternativamente, como antecipação de perdas e danos em caso de inadimplemento absoluto. Por consequência, o inadimplemento parcial também exclui a aplicação da cláusula penal compensatória, para o caso da mora. (TJSP, Ap. Cível s/ Rev. n. 1.171.313.007, rel. Fábio Rogério Bojo Pellegrino, j. 14.08.2008)

Cláusula penal. Possibilidade de sua execução cumulada com a execução da obrigação principal. Inteligência do art. 411, CC. Apelo provido. Sentença revogada. (TJSP, Ap. c/ Rev. n. 2.927.114.600, 3ª Câm. de Dir. Priv. B, rel. Edmundo Lellis Filho, j. 18.07.2008)

Multa compensatória. À vista da inexistência de multa moratória convencionada no ajuste, possível a sua incidência, observada, porém, a redução nos moldes previstos no art. 413 do CC/2002. Fixação em 10% sobre o valor do débito, em conformidade com os usos e costumes. (TJSP, Ap. s/ Rev. n. 1.107.230-0/7, rel. Des. Carlos von Adamek, j. 06.08.2007)

Despesas de condomínio. Ação de cobrança. Acordo homologado. Descumprimento parcial. Execução. Aplicação cumulativa das multas previstas nas cláusulas penal e moratória. Mesmo fato gerador (falta de pagamento). Inadmissibilidade. Não se admite a cumulação das multas previstas nas cláusulas penal e moratória pelo mesmo fato gerador (falta de pagamento da última parcela). Despesas de condomínio. Ação de cobrança. Acordo homologado. Cláusula penal c/c moratória. Opção do credor. Valor da cominação superior ao da obrigação. Exclusão da penalidade. Cabimento. Embora se admita a possibilidade jurídica do credor optar pela cláusula penal em prejuízo à moratória, é cabível a exclusão da cominação penal quando seu valor excede o da obrigação principal. Exegese do art. 412 do CC. (TJSP, AI n. 1.087.121-0/0, rel. Des. William Campos, j. 27.03.2007)

Multa compensatória. Moratória. Obrigação de fazer. Inadimplemento. Cláusula penal. Cumulação da multa compensatória com a moratória. Admissibilidade. Fatos geradores diversos. Arts. 918 e 919 do CC/1916. Recurso improvido. (TJSP, Ap. c/ Rev. n. 750.511-00/0/SP, 35ª Câm. de Dir. Priv., rel. Des. Clóvis Castelo, j. 12.12.2005, v.u., voto n. 8.740)

Mediação. Ação de cobrança. Acordo homologado em juízo. Descumprimento. Execução. Cláusula penal. Cabimento. Em face do descumprimento do acordo homologado em juízo, firmado nos autos da ação de cobrança fundada em mediação, torna-se exigível a cláusula penal pelo credor. Exegese do art. 411 do CC. (TJSP, AI n. 852.761.400, rel. William Campos, j. 01.06.2004)

Cláusula penal. Aplicação pela infração de qualquer cláusula. Pena convencional cumulativa. Aplicação dos arts. 919 e 1.061 do CC. (*RT* 557/94)

Locação. Cobrança acumulada de aluguéis e cláusula penal de caráter compensatório. Inadmissibilidade. Hipótese em que só se admite a segunda se de natureza moratória. Sentença mantida. Agravo improvido. Inteligência do art. 919 do CC. (II TACSP, *RT* 687/133)

Negócio jurídico. Inadimplemento contratual. Cláusula penal moratória. Cumulação com o adimplemento da obrigação contratual principal. Admissibilidade. Reparação que decorre da mora no cumprimento do dever contratual. Pagamento da multa, no entanto, que não retira o dever de realização da prestação assumida no contrato. Inteligência do art. 919 do CC/1916. (TJAL, *RT* 851/250)

**Art. 412. O valor da cominação imposta na cláusula penal não pode exceder o da obrigação principal.**

A redução do valor da cláusula penal só será possível nas seguintes hipóteses: ultrapassar o valor da obrigação principal; tiver sido cumprida em parte; seu valor revelar-se excessivamente elevado, tendo em vista a natureza e a finalidade do negócio (art. 413).

Nesses casos, o juiz deverá reduzir o valor da pena convencional, sem declarar sua ineficácia.

Nada impede que a multa contratual seja cumulada com os honorários de advogado: "É permitida a cumulação da multa contratual com os honorários de advogado, após o advento do CPC" (Súmula n. 616 do STF).

**Jurisprudência:** Segundo a jurisprudência deste Superior Tribunal, a multa decendial no seguro habitacional é devida, limitada ao valor da obrigação principal, sem o acréscimo de juros, nos termos do art. 412 do CC. 3. Em possuindo a multa decendial natureza acessória e, ainda, moratória, descabe sobre ele pretender a incidência de novos juros moratórios. Embargos de declaração rejeitados. (STJ, Emb. Decl. no Ag. Int. no REsp n. 1.867.679/SP, 3ª T., rel. Min. Humberto Martins, j. 14.08.2023, *DJe* 18.08.2023)

Afastando a relação jurídica entre a multa pelo descumprimento contratual e o art. 412 do CC: STJ, Ag. Reg. no REsp n. 1.237.976, rel. Min. Marco Aurélio Bellizze, j. 21.06.2012.

Tendo a agravante pagado o valor estipulado no acordo celebrado pelas partes (R$ 25.000,00), embora com poucos dias de atraso, revela-se abusiva a cláusula penal fixada, pois, somada à importância adimplida, ultrapassaria o valor total do débito originário, o que é inadmissível, nos termos do art. 412 do CC. Dadas as circunstâncias do caso, a multa deve ser reduzida equitativamente para 10% do valor do débito, com base no art. 413 do mencionado diploma legal. Recurso parcialmente provido. (TJSP, AI n. 1.254.730.000, rel. Gomes Varjão, j. 27.04.2009)

Contrato de compra e venda de soja. Inadimplemento contratual. Cláusula penal. Abusividade. Não reconhecimento. Recurso improvido. É lícito às partes, por mútuo consenso, estipular no contrato cláusula penal para a hipótese de inadimplemento, mostrando-se razoável sua fixação em 10% do preço de mercado do produto, em obediência ao limite previsto no art. 920 do CC/1916, atual art. 412 do CC/2002. (TJSP, Ap. Cível c/ Rev. n. 989.451.008, rel. Renato Sartorelli, j. 14.04.2009)

Rescisão contratual. Contrato para foto e filmagem de casamento. Foram contratados os serviços de foto e filmagem do casamento da autora para o dia 24.12.2005. Após assinado o contrato, a autora foi questionar a cláusula penal fixada em 50% do valor do contrato para a hipótese de desistência do contrato por parte da autora. Inteligência dos arts. 412 e 413 do CC/2002. O valor da cominação imposta na cláusula penal não pode ultrapassar o valor da obrigação principal. No caso, o percentual de 50% do valor do contrato está justificado porque toca com os lucros cessantes da Ré, oriundos da eventual frustração do contrato firmado, uma vez feita a reserva da data do evento, fica a Ré impedida de fazer outro contrato com outrem. Recurso não provido. (TJSP, Ap. n. 7.128.498.700, 19ª Câm. de Dir. Priv., rel. Paulo Hatanaka, j. 27.11.2007)

Prestação de serviços. Cobrança. Cláusula penal. Rescisão unilateral do contrato. Cabimento. Limitação ao valor do contrato. Recurso provido. A cláusula penal, salvo hipóteses especiais e impostas por normas específicas, porque livremente pactuada e por não extrapolar os limites previstos no art. 920 do CC/1916, correspondente ao art. 412 da Lei n. 10.406/2002, não se ostenta ilegal, motivo pelo qual se configura legítima sua cobrança nos termos contratados. (TJSP, Ap. c/ Rev. n. 939.893.900, rel. Des. Orlando Pistoresi, j. 25.07.2007)

Responsabilidade civil. Multa contratual. Limite para o valor da cláusula penal que se aplica apenas às hipóteses de multa moratória, e não se destina a compensar prejuízos suportados pelo credor. Ação julgada procedente. Recurso não provido. (TJSP, Ap. Cível c/ Rev. n. 496.119-4/1-00, rel. Des. Ary José Bauer Júnior, j. 05.06.2007)

Contrato. Transporte marítimo. Sobre-estadia de contêineres. Circunstância em que somadas as diárias desde o momento em que ocorreu a sobre-estadia, a multa atingiria valor superior ao bem. Embora a multa pela sobre-estadia seja devida, seu montante é limitado pelo valor dos contêineres, nos termos do art. 412 do CC. Recurso provido neste aspecto. (TJSP, Ap. s/ Rev. n. 7.022.623.400, rel. Des. Társio Negrato, j. 07.03.2007)

Contrato. Cláusula penal. 50% do valor do débito. Legalidade. Art. 412 do CC. Redução. Impossibilidade. Recurso improvido. (TJSP, Ap. Cível n. 912.702-0/0/Atibaia, 31ª Câm. de Dir. Priv., rel. Des. Paulo Ayrosa, j. 07.11.2006, v.u., voto n. 7.977)

[...] 2 – Não existe para o Direito Tributário uma regra que estabeleça limite para a penalidade. Assim, o limite da cláusula penal prevista no art. 412 do CC/2002 (equivalente ao art. 920 do antigo Código), em que o valor da penalidade não pode ultrapassar o valor da obrigação principal, só é válido para as relações privadas, eminentemente contratuais. 3 – Inaplicáveis ao crédito tributário e seus encargos os limites do CDC, posto não haver relação de consumo entre o Fisco e o contribuinte. 4 – Os juros de mora em se tratando de restituição de tributos devem ser contados na forma dos arts. 161 e 167 do CTN, ressalvada a existência de lei especial, não sendo aplicáveis o CC ou o CDC. 5 – Apelação não provida. (TRF, 1ª R., Ap. Cível n. 199801000036196/MG, 8ª T., rel. Des. Federal Maria do Carmo Cardoso, j. 25.11.2005, *DJ* 20.01.2006)

Nos termos postos pelo acórdão, que não desafiou especificamente a questão da redução, nada impede que as partes estabeleçam cláusula penal em torno da devolução das importâncias pagas, considerando a realidade dos autos e a ausência de impugnação quanto à redução do percentual. (STJ, REsp n. 697.138, rel. Min. Carlos Alberto Menezes Direito, j. 07.04.2005)

É válida a multa decendial pactuada para o atraso do pagamento da indenização, limitada ao montante da obrigação principal (CC/1916, art. 920). (STJ, REsp n. 651.227, rel. Min. Humberto Gomes de Barros, j. 02.09.2004)

Cláusula penal e astreintes não são expressões sinônimas, a primeira tem por finalidade assegurar a execução de uma convenção, ou seja, tem caráter reparatório. Já as *astreintes* têm natureza coercitiva, não podendo ser alcançada pela limitação do art. 920 do CC/1916 (atual art. 412), pois, caso contrário, estar-se-ia retirando seu efeito compulsório, desnaturando-se totalmente o instituto. (TRT, 15ª R., Ag. de Pet. n. 246-2001-00-0, Ap. Cível n. 15.936/2003, rel. Juiz Flávio Nunes Campos, j. 27.05.2003, *AASP* 2.356/832)

Já decidiu esta Corte que o "Decreto n. 22.626, como lei especial, só tem aplicação ao mútuo, não limitando a pena convencional prevista no art. 920 do CC", para concluir que "a cláusula penal prevista em contratos não regidos por norma especial só encontra limite no art. 920 do CC" (STJ, Emb. Decl. no REsp n. 85.356/SP, rel. Min. Eduardo Ribeiro, *DJ* 29.11.1999). (STJ, REsp n. 151.458, rel. Min. Carlos Alberto Menezes Direito, j. 08.11.2002)

Cumulação de perdas e danos com cláusula penal. Descabimento, porque esta última já representa uma pré-estimativa daquele pedido. Exegese do art. 920 do CC. (II TAC, Ap. n. 626.892, rel. Juiz Magno Araújo, j. 28.08.2001)

A cláusula penal que prevê, em caso de rescisão provocada pelo adquirente, a perda, em favor do alienante, do sinal de 20% do preço do imóvel objeto do contrato, não é abusiva, pois, além de guardar proporcionalidade com o valor da obrigação principal (CC/1916, art. 920; CC/2002, art. 412), tem amparo legal (CC/1916, art. 1.097; CC/2002, art. 418). (*RSTJ* 202/91)

Se a multa decendial prevista no contrato é aplicada pela sentença transitada em julgado sem previsão do *dies a quo* para a sua fluição, a fixação deste em fase de execução, por ocasião do julgamento dos embargos do devedor, se vier a resultar em valor superior ao limite estabelecido no art. 920 da lei substantiva civil – o da obrigação principal – dá margem à incidência da aludida norma, evitando-se enriquecimento sem causa do autor. II – Recurso conhecido em parte e parcialmente provido, para restringir o montante da multa ao valor da indenização securitária. (*JSTJ* 144/175)

Há diferença nítida entre a cláusula penal, pouco importando que seja a multa nela prevista moratória ou compensatória, e a multa cominatória, própria para garantir o processo por meio do qual pretende a parte a execução de uma obrigação de fazer ou não fazer. E a diferença é, exatamente, a incidência das regras jurídicas específicas para cada qual. Se o juiz condena a parte ré ao pagamento de multa prevista na cláusula penal avençada pelas partes, está presente a limitação contida no art. 920 do CC. Se, ao contrário, cuida-se de multa cominatória em obrigação de fazer ou não fazer, decorrente de título judicial, para garantir a efetividade do processo, ou seja, o cumprimento da obrigação, está presente o art. 644 do CPC [art. 536, § 4º, do CPC/2015], com o que não há teto para o valor da cominação. (*RT* 785/197)

---

**Art. 413. A penalidade deve ser reduzida equitativamente pelo juiz se a obrigação principal tiver sido cumprida em parte, ou se o montante da penalidade for manifestamente excessivo, tendo-se em vista a natureza e a finalidade do negócio.**

---

Diversamente do que estabelecia o art. 924 do CC revogado, o dispositivo é incisivo: o juiz tem o dever, não a possibilidade de reduzir, ao contrário do que constava do diploma legal revogado. A norma é de ordem pública, não admitindo que as partes afastem sua incidência, dispondo que a multa prevista é irredutível.

Há diplomas legais que estabelecem um limite para o valor da cláusula penal moratória. É o que ocorre com as leis que disciplinam o compromisso de compra e venda de imóveis loteados (DL n. 58/37 e Lei n. 6.766/79) e com a que reprime a usura (Decreto n. 22.626/33). No entanto, tais disposições, assim como a regra do art. 52, § 1º, do CDC, aplicam-se apenas às hipóteses de multa moratória, nas quais o objetivo é compensar o mero atraso no cumprimento da obrigação. Não se destinam a compensar prejuízos suportados pelo credor.

O presente artigo impõe ao juiz a obrigação de reduzir a penalidade nas hipóteses em que ela for superior à legal e aplica-se à multa moratória e à compensatória. Tratando-se de disposição de ordem pública, nada impede que o juiz a aplique de ofício.

Admite-se, ainda, que a regra em exame seja aplicada ao sinal ou arras, como se sustenta no comentário ao art. 417 deste Código.

**Jurisprudência:** Admitindo a redução da cláusula penal de ofício e em fase de cumprimento de sentença: Ag. Int. no Ag. em REsp n. 681.409, rel. Min. Raul Araújo, j. 07.02.2019.

No sentido de que a multa deve ser reduzida de ofício: REsp n. 1.447.247, 4ª T., rel. Min. Luis Felipe Salomão, j. 19.04.2018.

Aplicação do art. 413 do CC aos casos de locação: Recurso especial. Ação de cobrança de cláusula penal inserta em contrato de locação comercial. Redução judicial em caso de cumprimento parcial da obrigação avençada. Substituição do critério da proporcionalidade matemática pela equidade. Art. 413 do CC c/c art. 4º da Lei n. 8.245/91. (STJ, REsp n. 1.353.927, 4ª T., rel. Min. Luis Felipe Salomão, j. 17.05.2018, *DJe* 11.06.2018)

Sobre a utilização do critério de equidade no arbitramento da cláusula penal: Indenizatória. Contrato de prestação de serviços. Apresentador e editor-chefe de telejornal. Rescisão imotivada. Multa compensatória estabelecida em cláusula contratual. Montante manifestamente excessivo. Incidência do art. 413 do CC. Redução equitativa do valor da indenização. Critérios a serem observados. Adoção de cálculo aritmético com vista ao tempo faltante de cumprimento do contrato. Insuficiência. Indenização majorada. Recurso dos autores provido para este fim. Acolhimento de pedido subsidiário formulado na inicial. Reconhecimento da sucumbência recíproca. Apelo da ré provido. (TJSP, Ap. n. 0062432-17.2007.8.26.0000, rel. Milton Carvalho, j. 21.06.2011)

Considerando que a redução é norma cogente e aplica-se aos contratos anteriores à entrada em vigor do atual CC: STJ, REsp n. 887.946/MT, 3ª T., rel. Min. Paulo de Tarso Sanseverino, j. 10.05.2011.

Reduzindo o valor da multa em virtude do cumprimento parcial do contrato: TJSP, Ap. Cível n. 992.050.743.391, rel. Berenice Marcondes Cesar, j. 29.10.2009.

Reduzindo o valor da cláusula penal porque manifestamente excessiva: TJSP, Ap. Cível n. 992.060.623.372, rel. José Malerbi, j. 14.09.2009; TJSP, Ap. c/ Rev. n. 885.805.008, 26ª Câm. de Dir. Priv., rel. Norival Oliva, j. 18.08.2008; TJSP, AI n. 1.133.651-0/8, rel. Des. Andreatta Rizzo, j. 12.11.2007.

Afastando a cláusula contratual que ajusta a inaplicabilidade da regra do art. 413 do CC pelo juiz em virtude de sua natureza de norma de ordem pública, que torna obrigatória sua aplicação: TJSP, AI n. 6.545.834.900, rel. Ribeiro da Silva, j. 05.08.2009; TJSP, Ap. c/ Rev. n. 1.020.727-7, rel. Des. Felipe Ferreira, j. 15.10.2007.

Redução em caso de cumprimento parcial do contrato: A multa contratual deve ser exigível de forma proporcional, levando-se em consideração o período cumprido da relação *ex locato*, sendo irrelevante cláusula impressa de que deve ser paga integralmente. (TJSP, Ap. c/ Rev. n. 1.062.198-0/1, rel. Des. Renato Sartorelli, j. 01.10.2007)

Nesse sentido: TJSP, Proc. n. 0301735-12.2010.8.13.0000/Mogi das Cruzes, 6ª Câm. de Dir. Priv., rel. Des. Valdez Leite Machado, j. 20.01.2011; TJSP, Ap. n. 9064222-09.2009.8.26.0000, rel. Percival Nogueira, j. 09.06.2011)

Contrato. Compromisso de compra e venda e aditivos contratuais. Cessão de cotas sociais e locação comercial em *shopping center*. Multa por atraso. Cláusula penal exigida como compensatória. Valor resultante superior ao do valor da obrigação principal. Impossibilidade (CC/1916, art. 920). Faculdade judicial de operar sua redução (CC/1916, art. 924). Importe, ademais, que não pode superar 10% do valor da obrigação principal (Decreto n. 22.626/33). Dano moral. Inexiste reparabilidade a assegurar, se o autor não explicitar em que consistiriam os danos extrapatrimoniais resultantes da mora. Recurso provido em parte. (TJSP, Ap. Cível c/ Rev. n. 3.055.744.700, rel. Des. A. Santini Teodoro, j. 18.09.2007)

Prestação de serviços. Energia elétrica. Irregularidade no medidor. Inexistindo prova do fato constitutivo do direito do autor, ou seja, de que não procedem as irregularidades constatadas no medidor, cuja responsabilidade pela guarda lhe cabe, legítima a cobrança da diferença do valor não faturado, possibilitando o corte, em havendo inadimplemento. E, a respeito da legalidade, deve ser revisto o percentual cobrado a título de custo administrativo, que se afigura excessivo. Na verdade, essa cobrança tem natureza de cláusula penal e pode ser reduzida quando excessiva (art. 413, CC). O percentual máximo autorizado pela Aneel não foi justificado pela ré e deve ser reduzido a 15%, valor suficiente a compensar as despesas administrativas para apuração da fraude e sancionar o consumo irregular. Recurso parcialmente provido. (TJSP, Ap. c/ Rev. n. 1.101.854-0/5, rel. Des. Carlos Vieira von Adamek, j. 27.08.2007)

A estipulação da cláusula penal em 50% do valor do contrato não é ilegal e nem se reveste de abusividade, sendo possível sua estipulação em ajuste como o aqui tratado. A cláusula penal, salvo hipóteses especiais impostas por normas específicas, porque livremente pactuada e por não extrapolar os limites previstos no art.

920 do CC/1916, correspondente ao art. 412 da Lei n. 10.406/2002, não se ostenta ilegal, motivo pelo qual se configura legítima sua cobrança nos termos contratados. Não pode o devedor eximir-se de cumprir a pena convencional a pretexto de ser excessiva, só se considerando como tal se ultrapassado o limite legal, relevando salientar que a intervenção do juiz acabaria por inutilizar a estipulação da pena convencional. (TJSP, Ap. n. 939.893-0/9, rel. Des. Orlando Pistoresi, j. 25.07.2007)

Contrato. Prestação de serviços advocatícios. Rescisão imotivada. Inaplicabilidade da lei consumerista. Incidência da cláusula penal livremente ajustada entre as partes. Possibilidade de abrandamento a fim de considerar o cumprimento parcial da obrigação (art. 413 do CC). Recurso provido em parte. (TJSP, Ap. Cível n. 1.097.954-0/6/SP, 35ª Câm. de Dir. Priv., rel. Des. Artur Marques, j. 23.07.2007, v.u., voto n. 14.231)

Cláusula penal. Astreintes. Naturezas jurídicas diversas. Cumulação. Possibilidade. Cláusula penal é a obrigação acessória pela qual se estipula pena ou multa destinada a estimular o cumprimento da principal e evitar seu retardamento. Astreintes são instrumento processual destinado a garantir a efetividade da ordem emitida pelo órgão jurisdicional. Recurso improvido. (TJSP, AI n. 501.912-4/0-00, rel. Des. Teixeira Leite, j. 05.07.2007)

[...] 2 – Viola o Código do Consumidor (art. 51, IV, e seus §§ 1º e 2º), o contrato de adesão que prevê cláusula penal (cláusula 7.6 [...]) pelo seu descumprimento em favor apenas do fornecedor que o redigiu. Essa estipulação é evidentemente iníqua e abusiva, colocando o consumidor em desvantagem exagerada, além de ser incompatível com a equidade, uma vez que às partes celebrantes de um contrato deve ser dado tratamento igualitário no que respeita aos ônus decorrentes de seu descumprimento. (TJSP, Ap. c/ Rev. n. 696.366-0/9, rel. Des. Amaral Vieira, j. 12.06.2007)

Contrato. Cláusula penal. Locação. Locador que se obrigou a formalizar junto ao Cartório de Registro de Imóvel competente, o formal de partilha que lhe atribuía a propriedade plena do bem, sob pena de multa diária. Redução da penalidade. Faculdade que o magistrado pode exercer mesmo de ofício. Aplicação do art. 413 do CC. Recurso não provido. (TJSP, Ap. Cível n. 1.084.947-0/6/Diadema, 35ª Câm. de Dir. Priv., rel. Des. Artur Marques, j. 28.05.2007, v.u., voto n. 13.950)

Na resolução de compromisso de compra e venda de imóvel, por culpa do promitente-vendedor, não é aplicável o disposto no art. 924 do CC/1916, mas sim o parágrafo único do art. 1.092 do CC/1916, e, consequentemente, está o promitente-vendedor obrigado a devolver integralmente a quantia paga pelo promitente-comprador. Resolvida a relação obrigacional por culpa do promitente-vendedor que não cumpriu a sua obrigação, as partes envolvidas deverão retornar ao estágio anterior à concretização do negócio, devolvendo-se ao promitente-vendedor faltoso o direito de livremente dispor do imóvel, cabendo ao promitente-comprador o reembolso da integralidade das parcelas já pagas, acrescida dos lucros cessantes. A inexecução do contrato pelo promitente-vendedor, que não entrega o imóvel na data estipulada, causa, além do dano emergente, figurado nos valores das parcelas pagas pelo promitente-comprador, lucros cessantes a título de alugueres que poderia o imóvel ter rendido se tivesse sido entregue na data contratada. Trata-se de situação que, vinda da experiência comum, não necessita de prova (art. 335 do CPC) [art. 375 do CPC/2015]. Recurso não conhecido. (STJ, REsp n. 644.984, rel. Min. Nancy Andrighi, j. 16.08.2005)

1 – Não há vedação para que seja contratada a renúncia do direito de retenção por benfeitorias, afastada a aplicação do CDC, porquanto operação de compra e venda entre particulares, destacando o acórdão que não existe desequilíbrio entre as partes. 2 – Nos termos postos pelo acórdão, que não desafiou especificamente a questão da redução, nada impede que as partes estabeleçam cláusula penal em torno da devolução das importâncias pagas, considerando a realidade dos autos e a ausência de impugnação quanto à redução do percentual. (STJ, REsp n. 697.138, rel. Min. Carlos Alberto Menezes Direito, j. 07.04.2005)

Em ação de cobrança de despesas condominiais, é descabida a pretensão de redução da multa moratória, que tem caráter punitivo, com fulcro no art. 924 do então vigente CC, pois a multa prevista neste dispositivo legal, que admite eventual redução no caso de parcial cumprimento da obrigação, é a de natureza compensatória, por ser prefixação das perdas e danos, sendo então razoável concluir que, se a obrigação foi parcialmente cumprida, os prejuízos do credor não terão a extensão prevista. (II TAC, Ap. n. 764.562-00/9, rel. Juiz Arantes Theodoro, j. 25.09.2003)

Na conformidade com o disposto no art. 924 do CC/1916, acha-se o Juiz autorizado a reduzir a cláusula penal (perda total das prestações pagas) a patamar justo, com a finalidade de evitar o locupletamento indevido de qualquer das partes. (STJ, REsp n. 134.636, rel. Min. Barros Monteiro, j. 27.05.2003)

Celebrado o contrato antes da vigência do CDC, válida é a cláusula que prevê a perda das prestações pagas de um contrato de promessa de compra e venda. II – Todavia, tal direito não é absoluto, havendo que conformar-se às particularidades de cada caso concreto e consideradas as custas administrativas, operacionais e de corretagem da empresa construtora, sob pena de injustificada redução patrimonial. Retenção fixada em 25% das parcelas pagas. (STJ, REsp n. 59.626, rel. Min. Aldir Passarinho Júnior, j. 01.10.2002)

A norma do art. 924 do CC é disposição destinada a proteger a pessoa do devedor; de interesse público e não pode ser invalidada pela convenção das partes. Os apelantes satisfizeram grande parte do preço, justificando, assim, a redução da cláusula penal. (STJ, Ag. Reg. no AI n. 115.023, rel. Min. Barros Monteiro, j. 03.09.2002)

A jurisprudência, acolhendo lição doutrinária, na exegese do art. 924 do CC, delineia entendimento no sentido de que, cumprida em parte a obrigação, em caso de inexecução da restante, não pode receber a pena total, porque isso importaria em locupletar-se à custa alheia, recebendo ao mesmo tempo, parte da coisa e o total da indenização na qual está justamente aquela já recebida, sendo certo que a cláusula penal corresponde aos prejuízos pelo inadimplemento integral da obrigação. (II TAC, Ap. n. 633.399, 1ª Câm., rel. Juiz Vanderci Álvares, j. 25.05.2002)

Em contrato de arrendamento mercantil, a cláusula penal compensatória pelo inadimplemento contratual deve ser reduzida proporcionalmente quando cumprida em parte a obrigação, nos termos do art. 924 do CC. (II TAC, Ap. n. 560.364, 5ª Câm., rel. Juiz Luís de Carvalho, j. 12.04.2000)

Honorários profissionais. Advogado. Cobrança. Redução para um terço (art. 924 do CC). Contrato escrito. Misto de locação de serviços e de mandato. Incidência do art. 1.228 do CC. Valor das prestações vincendas. Inexistência de cláusula penal compensatória. Inadmissibilidade. As partes podem incluir no contrato, se quiserem, cláusula penal pré-ordenada à composição de perdas e danos. Não o fazendo ocorre a incidência do art. 1.228 do CC, a significar que inadmissível era e é a redução do valor das prestações vincendas para um terço. (II TAC, Ap. n. 534.663, rel. Juiz Milton Sanseverino, j. 09.03.1999)

---

**Art. 414. Sendo indivisível a obrigação, todos os devedores, caindo em falta um deles, incorrerão na pena; mas esta só se poderá demandar integralmente do culpado, respondendo cada um dos outros somente pela sua quota.**

**Parágrafo único. Aos não culpados fica reservada a ação regressiva contra aquele que deu causa à aplicação da pena.**

---

Caso a obrigação seja indivisível e sejam vários os devedores, se apenas um deles inadimplir o contrato, todos incorrerão na pena. No entanto, segundo este dispositivo, somente o culpado poderá ser cobrado pela dívida toda. Os demais responderão apenas por sua quota.

O parágrafo único deste dispositivo autoriza os não culpados a ajuizarem ação regressiva em face do culpado. Caso a obrigação seja divisível, só incorre na pena o devedor infrator, ou seu herdeiro, proporcionalmente à sua parte na obrigação (art. 415).

**Jurisprudência:** Apelação. Ação de cobrança c/c indenização. Contrato de transporte. Sentença de parcial procedência. Insurgência da ré embarcadora. Pedido de minoração da multa atribuída às requeridas em função do não pagamento do vale-pedágio. Obrigação legal cujo descumprimento enseja sanção objetivamente prevista no art. 8º da Lei n. 10.209/2001. E. STF que reconheceu a constitucionalidade do referido dispositivo legal no julgamento da ADI n. 6.031/DF. Multa equivalente ao valor dobrado do frete contratado, prevista na aludida norma, que não enseja enriquecimento sem causa. Arts. 412 e 414 do CC que, à luz do princípio da especialidade, não encontram campo de aplicação na espécie. Redução proporcional descabida. Precedentes deste Eg. TJSP. Sentença mantida. Recurso não provido. (TJSP, Ap. Cível n. 10079095420218260224/Guarulhos, 38ª Câm. de Dir. Priv., rel. Lavínio Donizetti Paschoalão, j. 25.04.2023, *DJ* 25.04.2023)

Veja no art. 279 o seguinte acórdão: TJSP. Ap. Cível n. 0124662-47.2011.8.26.0100, rel. Francisco Loureiro, j. 28.11.2013.

Recuperação judicial. Impugnação ao crédito. Instrumento particular de confissão de dívida com garantia real. Garantia consistente em lavratura de escritura de segunda hipoteca de imóvel pertencente à interveniente anuente, empresa controlada pela recuperanda. Cláusula penal prevendo que não outorgada a escritura no prazo de trinta dias, incidiria multa equivalente a 50% do valor do imóvel, assumida a obrigação pela recuperanda e pela interveniente anuente. Multa que deve ser incluída no QGC – quadro geral de credores. Inteligência do disposto nos arts. 263, 219 e 414 do atual CC. Indiscutível a solidariedade entre os devedores, a cláusula penal prevista contratualmente, há de ser exigida integralmente de qualquer um dos devedores solidários, já que compõe o valor da obrigação originariamente assumida por todos eles. Sentença reformada e agravo de instrumento provido determinando-se a inclusão da multa. (TJSP, AI n. 512.896-4/0-00, rel. Des. Romeu Ricupero, j. 31.10.2007)

**Art. 415. Quando a obrigação for divisível, só incorre na pena o devedor ou o herdeiro do devedor que a infringir, e proporcionalmente à sua parte na obrigação.**

No caso de obrigações com prestação divisível, somente o devedor que infringir a obrigação estará sujeito à cláusula penal e só responderá em proporção à sua parte na obrigação.

**Art. 416. Para exigir a pena convencional, não é necessário que o credor alegue prejuízo.**

**Parágrafo único. Ainda que o prejuízo exceda ao previsto na cláusula penal, não pode o credor exigir indenização suplementar se assim não foi convencionado. Se o tiver sido, a pena vale como mínimo da indenização, competindo ao credor provar o prejuízo excedente.**

A cláusula penal é semelhante às perdas e danos, da qual se distingue porque seu valor é arbitrado antecipadamente pelos contratantes, e não posteriormente, pelo juiz. As perdas e danos abrangem o dano emergente e o lucro cessante, nos termos do art. 402. Dessa forma, permitem que os prejuízos sejam ressarcidos integralmente.

Por contemplar uma estimativa antecipada feita pelos contratantes, a cláusula penal pode estar além ou aquém do montante efetivo dos prejuízos. A cláusula penal também não se confunde com a multa simples, constituída por certa importância que deve ser paga em caso de infração a certos deveres: multa de trânsito, multa por infração à convenção do condomínio etc. A multa simples não mantém relação com o ressarcimento dos danos, ou com o inadimplemento contratual, visando apenas a punir o infrator.

A multa penitencial é outro instituto que não se confunde com a cláusula penal. A cláusula penal é instituída em benefício do credor, como está expresso no art. 410 do CC. O devedor não tem a faculdade de optar entre cumprir a obrigação ou pagar a multa. A multa penitencial é estabelecida em favor do devedor. Caracteriza-se quando as partes estabelecem que ele poderá cumprir a prestação devida ou pagará multa.

Em relação às arras penitenciais, a cláusula penal apresenta semelhanças. Ambas são acessórias e destinam-se a garantir o cumprimento da obrigação, sendo certo que seus valores são prefixação de perdas e danos. Diferenciam-se, no entanto, em razão do seguinte:

a) a cláusula penal atua como elemento de coerção para evitar o inadimplemento contratual, enquanto as arras penitenciais, por permitirem o arrependimento, facilitam o descumprimento da avença. Nessa hipótese, segundo a regra do art. 420 do CC e a Súmula n. 412 do Eg. STF, ocorrerá a perda do sinal ou sua restituição em dobro, sem que nada mais possa ser exigido a título de perdas. É preciso observar, contudo, que a regra do art. 420 do CC só se refere às arras penitenciais, como se verá no estudo do item específico sobre o tema;

b) a cláusula penal pode ser reduzida pelo juiz em caso de cumprimento parcial da obrigação ou de montante manifestamente excessivo, o que não ocorre em relação às arras;

c) a cláusula penal é exigível somente se houver inadimplemento do contrato, mas as arras são pagas antecipadamente;

d) a cláusula aperfeiçoa-se com a simples estipulação no instrumento, mas as arras dependem da entrega de dinheiro ou de outro objeto.

Com a utilização da cláusula, as partes dispensam a necessidade da demonstração dos prejuízos e de sua liquidação, tornando-se suficiente a demonstração do inadimplemento. É o que está consignado neste art. 416. O parágrafo único deste dispositivo impede o credor de exigir o valor suplementar dos prejuízos, quando ele ultrapassar o da cláusula penal. Ressalva, porém, a possibilidade de as partes convencionarem o contrário, hipótese em que a pena estipulada corresponderá ao valor mínimo da indenização. Desse modo, caso os prejuízos demonstrados na ação sejam inferiores ao valor da pena convencional, prevalecerá este último.

Para Carlos Roberto Gonçalves, "não pode o credor pretender aumentar seu valor, a pretexto de ser insuficiente. Resta-lhe, neste caso, deixar de lado a cláusula penal e pleitear perdas e danos, que abrangem o dano emergente e o lucro cessante. O ressarcimento do prejuízo será, então, integral. A desvantagem é que terá de provar o prejuízo alegado. Se optar por cobrar a cláusula penal, estará dispensado desse ônus. Mas o ressarcimento pode não ser integral, se o *quantum* fixado não corresponder ao valor dos prejuízos" (*Direito civil brasileiro*. São Paulo, Saraiva, 2004, v. II, p. 384).

No entanto, talvez o melhor entendimento a respeito para esta questão é o de que, mesmo nos casos em que o credor pretender abrir mão da cláusula penal e demonstrar os prejuízos, estará impedido de fazê-lo se as partes optaram pela fixação prévia do montante por intermédio da aludida pena convencional, sem convencionar a possibilidade de cobrança de indenização suplementar (MARTINS-COSTA, Judith. *Comentários ao novo Código Civil*. Rio de Janeiro, Forense, 2003, v. V, t. II, p. 482).

Caso os prejuízos resultem de dolo ou de culpa extracontratual, não prevalecerá a cláusula penal, que apenas se destina às hipóteses de perdas e danos resultantes de culpa contratual (GONÇALVES, Carlos Roberto. Op. cit., p. 385).

**Jurisprudência:** Contrato de prestação de serviços de mão de obra. Tomadora que se viu obrigada ao pagamento de verbas trabalhistas que, por força do contrato, competiam à fornecedora. Ressarcimento. Sentença de procedência. Necessidade de manutenção. Distrato. Abrangência. Quitação limitada à cláusula penal. Ação de cobrança dos prejuízos excedentes. Art. 416, parágrafo único, do CC. Possibilidade. Recurso desprovido. (TJSP, Ap. Cível n. 992.070.068.304, rel. Marcos Ramos, j. 23.09.2009)

Ação de cobrança. Cláusula penal prevista em contrato de locação. Sentença que adota o valor provisório fixado em ação revisional, em detrimento dos definitivos que forem fixados. Julgamento *extra petita*. Inocorrência, tratando-se, tão só, de caso de procedência parcial. Notificação. Ato entregue no endereço contratual da ré, onde esta mantém "estabelecimento comercial", malgrado tenha transferido sua sede administrativa para outro local. Eficácia. Descabimento de repasse aos autores pelo eventual desencontro administrativo com o responsável pela recepção de correspondências. Mérito. Descumprimento contratual de obrigação referente à apresentação de documentos aos locadores. Cláusula penal. Incidência. Prova de prejuízo. Inadmissibilidade (art. 416, *caput*, CC). Redução proporcional. Ausência de cumprimento parcial que autorize a benesse (art. 413, CC). Cláusula penal. Fixação contratual em valor equivalente ao de um aluguel, este o vigente à época da infração. Verbas de sucumbência. Ônus da parte vencida (art. 20, *caput*, CPC) [arts. 82, § 2º, e 85, § 17, do CPC/2015]. Recurso dos autores parcialmente provido, desprovido o da ré. (TJSP, Ap. c/ Rev. n. 1.105.944.001, 28ª Câm. de Dir. Priv., rel. Claudio Lima Bueno de Camargo, j. 03.06.2008)

Por outro lado, o art. 927 do CC/1916, vigente na época dos fatos, previa que a pena convencional é exigível independentemente de prova dos prejuízos, de sorte que, *a contrario sensu*, todos os prejuízos experimentados pelo credor estão pré-ajustados, havendo necessidade de prova de que excederam a pena, sob pena de inequívoco *bis in idem*. A omissão do CC/1916 foi suprida no novo *Codex*, que prevê, no art. 416, que "[...] não pode o credor exigir indenização suplementar se assim não foi convencionado. Se o tiver sido, a pena vale como mínimo da indenização, competindo ao credor provar o prejuízo excedente". Destarte, embora o dispositivo não estivesse em vigor na data dos fatos, apenas consolida posição doutrinária já adotada por esta Turma Julgadora, de sorte que, como bem ponderado pelo magistrado *a quo*, embora a autora tenha dado causa à rescisão do contrato, faz jus ao reembolso do numerário pago que exceda a cláusula penal. (TJSP, Ap. c/ Rev. n. 1.024.176-0/9, rel. Des. Artur Marques, j. 26.03.2007)

Não é exigível a cláusula penal, quando ausentes provas da inexecução culposa do devedor e do prejuízo do credor, ainda que configurado o pagamento com atraso de um dia de duas prestações de um total de quatro parcelas. (TJSP, Ap. c/ Rev. n. 845.162-0/7, rel. Des. William Campos, j. 13.02.2007)

Multa compensatória. Ação de cobrança. Compra e venda de veículo. Inadimplemento por parte do comprador. Aplicação da pena pecuniária de 10%, prevista no contrato. Cabimento. Direito de arrependimento (art. 49 do CDC). Inaplicabilidade na hipótese. Contrato firmado no estabelecimento da ré. Inocorrência da tradição do bem (art. 1.126 do CC/1916, aplicável à época). Irrelevância. Prova do prejuízo irrelevante para a exigibilidade da multa (art. 927 do CC/1916). Limite do percentual estabelecido pelo art. 52, § 1º, do CDC, é aplicável apenas às multas de natureza moratória, e não ao presente caso. Sentença de procedência mantida. Recurso não provido. (TJSP, Ap. Cível n. 1.102.234-7/Campinas, 12ª Câm. de Dir. Priv., rel. Rui Cascaldi, j. 06.12.2006, v.u., voto n. 10.833)

Dispensando a necessidade da comprovação do prejuízo para aplicação da cláusula penal: TJSP, Ap. Cível c/ Rev. n. 7.056.124.100, rel. Soares Levada, j. 12.04.2006.

Contrato de prestação de serviço suplementar de transporte coletivo. Descumprimento por parte do contratado. Rescisão contratual. Cláusula penal. Multa fixada em valor equivalente a uma prestação mensal. Valor devido. Desnecessidade de demonstração de prejuízo. Recurso provido. Demonstrado o reiterado descumprimento de disposições contratuais por parte do apelado, a ensejar a rescisão do contrato firmado entre as partes, é devida a multa contratualmente prevista. O simples fato de haver-se efetuado o descredenciamento do apelado pela Transcon, que figurava como interveniente no contrato, não tem o condão de afastar a incidência da cláusula penal estipulada, vez que a rescisão, como visto, não decorreu fundamentalmente daquele, mas do inadimplemento contratual praticado pelo apelado. Nos termos do art. 416 do CC/2002, a cláusula penal é devida independentemente da comprovação de prejuízo. (TJMG, Proc. n. 1.0079.04.150846-0/001(1), rel. Lucas Pereira, j. 27.10.2005)

Diante do inadimplemento dos réus, que deixaram de cumprir a sua parte no contrato de compra e venda, e da inexistência de cláusula penal ou de arras, confirmatórias ou penitenciais, podem os autores requererem a rescisão contratual com perdas e danos, nos termos do parágrafo único do art. 1.092 do CC (de 1916). (*RT* 833/207)

## CAPÍTULO VI
## DAS ARRAS OU SINAL

**Art. 417. Se, por ocasião da conclusão do contrato, uma parte der à outra, a título de arras, dinheiro ou outro bem móvel, deverão as arras, em caso de execução, ser restituídas ou computadas na prestação devida, se do mesmo gênero da principal.**

O conceito jurídico de arras ou sinal é a quantia em dinheiro ou o bem móvel que um dos contratantes entrega ao outro o objetivo de confirmar o acordo de vontades e de servir de princípio de pagamento. Na doutrina contemporânea, "prevalece o sentido confirmatório ou de acordo final, tornando-o definitivo", pois, em regra, registra Arnaldo Rizzardo, "o sinal dado no início do contrato não autoriza arrependimento" (*Direito das obrigações*. Rio de Janeiro, Forense, 2004, p. 565). José Dionízio da Rocha, porém, sustenta que sua função preponderante é a de estabelecer um critério indenizatório ("Das arras ou sinal". *Obrigações: estudos na perspectiva civil-constitucional*. Rio de Janeiro, Renovar, 2005, p. 539/562).

O sinal só é possível nos contratos bilaterais destinados à transmissão do domínio e tem natureza de pacto acessório. A natureza jurídica das arras é de direito real, porque só se aperfeiçoam com a entrega do bem ou do dinheiro por um contratante ao outro.

Sinal e cláusula penal. Na lição de Nelson Rosenvald, são muitas as semelhanças entre o sinal e a cláusula penal: ambas destinam-se a "assegurar o cumprimento da obrigação" e "exercem função coercitiva, pois, em caso de inadimplemento, tanto a retenção da quantia adiantada como a devolução em dobro demonstram a feição sancionatória do sinal". Ademais, observa o autor, "o montante prefixado não se relaciona com os danos efetivos" em nenhuma das hipóteses (*Cláusula penal: a pena privada nas relações negociais*. Rio de Janeiro, Lumen Juris, 2007, p. 174-6). A aproximação das duas figuras autoriza a aplicação do art. 413 do CC ao caso de sinal que se revele excessivo (idem, ibidem, p. 177). No mesmo sentido a lição de Arnaldo Rizzardo (*Direito das obrigações*. Rio de Janeiro, Forense, 2004, p. 569), e a conclusão do Enunciado n. 165 do CEJ do CJF: "em caso de penalidade, aplica-se a regra do art. 413 ao sinal, sejam as arras confirmatórias ou penitenciais".

**Jurisprudência:** Ação de rescisão de contrato c/c restituição de valores. Compromisso de compra e venda de terreno em loteamento. Sentença de procedência parcial. Irresignação recursal. Possibilidade de desistência do negócio, pelos adquirentes, com retenção de percentual capaz de suprir despesas com publicidade e formalização de contrato. Retenção de 20% que se coaduna com a hipótese dos autos e com precedentes deste Col. TJSP. Arras confirmatórias. Descabimento de retenção. Art. 417 do CC. Devolução mantida. Correção monetária desde cada desembolso, sob pena de enriquecimento sem causa da parte vendedora. Juros de mora, contudo, que devem fluir do trânsito em julgado e não da citação, como constou na r. sentença. Inaplicabilidade da Lei n. 13.786/98 [*sic*, 2018] ao caso. Recurso provido em parte. (TJSP, Ap. Cível n. 1008919-79.2018.8.26.0664/SP, 10ª Câm. de Dir. Priv., rel. Wilson Lisboa Ribeiro, j. 06.04.2022, publ. 06.04.2022)

Compromisso de compra e venda de bem imóvel. Ação declaratória de inexistência de débitos, cumulada com indenização e restituição de valores pagos. 1 – Resilição da avença. Observância do disposto no art. 473 do CC, notadamente quanto à notificação. 2 – Perda do sinal. Descabimento, na espécie. Valores solvidos ao longo do tempo que, à luz do disposto no art. 417 do CC, não podem ser havidos como sinal. 3 – Devolução dos valores pagos pela adquirente. Observância daquilo que constou do contrato. Ampliação do percentual de retenção. Ausência de justificativa para tanto. 4 – Dano moral. Parcelas, à vista da válida resilição do contrato, que não eram devidas. Inscrição no rol dos inadimplentes que, *per si*, gera lesão moral indenizável. Reconhecimento. Valor da indenização: R$ 10.900,00. Suficiência, na espécie. Pretensão de redução afastada. Juros de mora. Incidência desde a citação inicial. Aplicação do disposto no art. 405 do CC. Sentença mantida. Apelo improvido. (TJSP, Ap. n. 0015889-60.2011.8.26.0114/Campinas, 3ª Câm. de Dir. Priv., rel. Donegá Morandini, *DJe* 20.08.2012, p. 1.037)

Prestação de serviços. Rescisão contratual. Culpa da contratante. Arras. Retenção pela contratada. Legalidade. Recurso não provido. A quantia inicial paga pela autora corresponde às arras ou sinal, nos termos do art. 417 do CC (art. 1.094 do CC/1916), cujo valor merece ser retido no caso do inadimplemento contratual ser debitado à ela, contratante, como ocorre *in casu*, com fundamento no art. 418 do CC (art. 1.097 do CC/1916). (TJSP, Ap. Cível c/ Rev. n. 1.035.284.005, rel. Paulo Ayrosa, j. 11.08.2009)

Apelação. Ação de cobrança c/c indenização por perdas e danos. Improcedência da ação e do pedido contraposto. Inconformismo. Pretensão à restituição das arras, com correção e juros, e honorários. Cabimento. Devem ser restituídas, nos termos do art. 417 do CC/2002, que tem uma redação mais clara que beneficia a autora. Nos casos de rescisão a jurisprudência desta Corte não admite a perda das quantias pagas a título de sinal ou arras. Devida correção monetária desde o ajuizamento, juros a partir da citação, custas e honorários de advogado de 10% sobre o valor da causa corrigido. Recurso provido (voto n. 14.340). (TJSP, Ap. s/ Rev. n. 3.786.544.100, 8ª Câm. de Dir. Priv., rel. Ribeiro da Silva, j. 08.05.2008)

No que tange à conversão em arras do valor adimplido pelos apelados, a pretensão não prospera ante a ausência de previsão contratual a respeito, haja vista que o "sinal" ou "arras" é quantia ou coisa entregue por um dos contratantes ao outro, como confirmação do acordo de vontades e princípio de pagamento, assumindo a função de pena convencional como sanção à parte que opte por se valer da faculdade de arrependimento, expressamente acordada. Todavia, embora assim seja, inexiste óbice para que, uma vez descumprido o contrato por culpa dos apelados, o autor seja ressarcido pelos prejuízos, razão pela qual tenho que 15% da importância despendida como parte de pagamento pelos apelados é quantia suficiente e cabal para este fim. Observo apenas que o saldo restante deverá ser restituído aos recorridos. (TJSP, Ap. c/ Rev. n. 242.005.4/3-00, rel. Des. Neves Amorim, j. 13.11.2007)

Com efeito, é fora de dúvida que os promitentes-compradores, mesmo que tenham dado causa à rescisão, têm o direito de reaver as prestações que despenderam, efetuado um justo desconto. A devolução das quantias pagas como quer a apelante, ou seja, com retenção de 30% a título de custos com o negócio e de 20% a título de honorários advocatícios, bem como a retenção das arras, não pode ser acolhida, em razão da faculdade que o juiz tem de revisar o contrato, quando nele exista alguma cláusula que imponha desequilíbrio entre as partes. (TJSP, Ap. n. 407.905-4/2-00, rel. Des. Testa Marchi, j. 30.10.2007)

Admitindo a redução equitativa do sinal: Compromisso de compra e venda. Rescisão por inadimplemento do preço. Pretensão dos vendedores a reter o valor integral da parcela inicial paga pela compradora, correspondente a mais da metade do preço. Inadmissibilidade. Redução equitativa efetuada em conformidade com o art. 413 do CC, aplicável mesmo às arras. Recurso provido em parte para repartir as verbas da sucumbência em conformidade com a derrota de cada parte. (TJSP, Ap. n. 473175-4/8-00, rel. Des. Morato de Andrade, j. 31.07.2007)

Diferentemente do que ocorre com as prestações periódicas, não há abuso ou ilegalidade na retenção das arras, não se lhes aplicando o art. 53 do CDC. Interpretação do contrato da maneira mais favorável ao consumidor, de modo a restituir 50% das arras ao comprador desistente, tal como ocorreria no caso de sua inadimplência. Recurso parcialmente provido. (TJSP, Ap. n. 179.987.4/0-00, rel. Des. Piva Rodrigues, j. 03.04.2007)

Contrato. Compromisso de compra e venda. Bem imóvel. Ação de rescisão contratual. Data aposta no contrato que se mostra diferente daquela consignada no recibo do pagamento do sinal, apesar de constar na avença que o pagamento das arras dar-se-ia no ato do ajuste. Aplicação, na hipótese, das disposições do art. 1.094 do CC/1916, sendo certo que a data do pagamento do sinal firma a presunção do acordo final e torna obrigatório o contrato. Impossibilidade de que a correção anual se fizesse pela data subscrita no pacto se sua constituição jurídica se deu em momento posterior. Quebra de cláusula sobre a anualidade do reajuste do valor das prestações. Desequilíbrio injustificável. Rescisão sem a imputação de multa à parte inocente. Sentença de procedência mantida. Recurso improvido. (TJSP, Ap. Cível c/ Rev. n. 190.460-4/6/SP, 5ª Câm. de Dir. Priv., rel. Des. Oscarlino Moeller, j. 31.01.2007, v.u., voto n. 15.982)

As arras, por envolverem prefixação de perdas e danos, devem ser devolvidas em dobro em caso de inadimplemento contratual – TJSP: Ap. ns. 138.814-4, rel. Des. Carlos Roberto Gonçalves, j. 27.05.2003; e 373.053-4/2, rel. Des. Elcio Trujillo, j. 18.04.2006.

Arras. Contrato em execução. Verba em dinheiro que se considera princípio de pagamento. Art. 1.096 do CC. (*JTJ* 161/34)

Arras. Restituição em dobro. Inadmissibilidade. Hipótese de arras confirmatórias ante a não estipulação de sua penitencialidade. Sinal que deve ser devolvido singelamente, acrescido de correção monetária, em razão do desfazimento do negócio. Art. 1.096 do CC. Recurso parcialmente provido. (*JTJ* 115/29)

[...] II – Celebrado entre vendedor e comprador recibo de sinal e princípio de pagamento, com cláusula vedatória de arrependimento, tem-se que, naquele momento, no que toca aos serviços de intermediação prestados pela empresa corretora, o negócio terminou, sendo devida a comissão respectiva, que não pode ser afastada ao argumento de que o comprador, a quem fora atribuído o ônus da corretagem, desistira da aquisição, celebrando distrato com o vendedor, que a aceitou. (*RT* 776/171)

---

**Art. 418. Na hipótese de inexecução do contrato, se esta se der:**

*Caput* com redação dada pela Lei n. 14.905, de 28.06.2024.

**I – por parte de quem deu as arras, poderá a outra parte ter o contrato por desfeito, retendo-as;**

Inciso acrescentado pela Lei n. 14.905, de 28.06.2024.

**II – por parte de quem recebeu as arras, poderá quem as deu haver o contrato por desfeito e exigir a sua devolução mais o equivalente, com atualização monetária, juros e honorários de advogado.**

Inciso acrescentado pela Lei n. 14.905, de 28.06.2024.

---

As arras podem ser confirmatórias ou penitenciais. Sua principal função é confirmar o contrato, tornando-o obrigatório. A entrega do sinal faz prova do acordo de vontades e as partes não podem mais rescindi-lo unilateralmente, sob pena de responder por perdas e danos, nos termos do disposto neste artigo e no seguinte. As arras confirmatórias tornam obrigatório o negócio e impedem o arrependimento de qualquer das partes. Na lição de Arnaldo Rizzardo, são seus elementos: "a) a entrega na conclusão do contrato, isto é, quando o mesmo se efetua, ou depois de enviada a proposta e emitida a aceitação; b) a entrega de dinheiro ou de um bem móvel; c) a devolução do dinheiro ou do bem quando da execução, ou conclusão do contrato; d) a faculdade de computar a quantia ou o bem móvel entregue no preço do negócio, se do mesmo gênero da coisa principal" (*Direito das obrigações*. Rio de Janeiro, Forense, 2004, p. 567). Note-se que não há menção ao arrependimento, presente apenas nas arras penitenciais. No caso do sinal confirmatório, o arrependimento de qualquer dos contratantes significa inadimplemento e o bem ou o valor entregue para tornar o negócio definitivo tem a função de prefixar o valor indenizatório.

O presente dispositivo estabelece que, se aquele que deu as arras não executar o contrato, as perderá em favor do outro, que poderá considerar desfeito o negócio. Acrescenta que se a inexecução foi de quem recebeu as arras, aquele que as deu pode considerar desfeito o contrato e exigir sua devolução, além do equivalente, atualizado monetariamente e acrescido de juros e honorários de advogado.

A parte final equivale à devolução em dobro prevista no art. 1.095 do CC/1916. A parte inocente pode satisfazer-se com a retenção do sinal, ou com sua devolução acrescida do equivalente. Mas pode também demonstrar que seu prejuízo foi superior ao valor do sinal e pretender a indenização suplementar. Nessa hipótese, prevista no art. 419, o valor das arras valerá como o mínimo da indenização.

A mudança do dispositivo pela Lei n. 14.905/2024 foi meramente de redação, suprimindo a referência à adoção dos índices oficiais de correção monetária, agora correspondentes ao IPCA, como se extrai do art. 389, parágrafo único, do CC.

**Jurisprudência:** Direito civil e processual civil. Recurso especial. Ação de resolução de promessa de compra e venda de imóvel c/c pedido de revisão de cláusulas contratuais. Negativa de prestação jurisdicional. Não ocorrência. Cláusula penal compensatória. Arras. Natureza indenizatória. Cumulação. Inadmissibilidade. Prevalência das arras. Juros de mora. Termo inicial. Trânsito em julgado. 1 – Ação ajuizada em 03.07.2014. Recurso especial interposto em 27.04.2016 e distribuído em 01.12.2016. 2 – Inexistentes os vícios de omissão, contradição, obscuridade ou erro material no acórdão recorrido, não se caracteriza a violação do art. 1.022 do CPC/2015. 3 – A cláusula penal compensatória constitui pacto acessório, de natureza pessoal, por meio do qual os contratantes, com o objetivo de estimular o integral cumprimento da avença, determinam previamente uma penalidade a ser imposta àquele que der causa à inexecução, total ou parcial, do contrato. Funciona, ainda, como fixação prévia de perdas e danos, que dispensa a comprovação de prejuízo pela parte inocente pelo inadimplemento contratual. 4 – De outro turno, as arras consistem na quantia ou bem móvel entregue por um dos contratantes ao outro, por ocasião da celebração do contrato, como sinal de garantia do negócio. Apresentam natureza real e têm por finalidades: a) firmar a presunção de acordo final, tornando obrigatório o ajuste (caráter confirmatório); b) servir de princípio de pagamento (se forem do mesmo gênero da obrigação principal); c) prefixar o montante das perdas e danos devidos pelo descumprimento do contrato ou pelo exercício do direito de arrependimento, se expressamente estipulado pelas partes (caráter indenizatório). 5 – Do regramento constante dos arts. 417 a 420 do CC/2002, verifica-se que a função indenizatória das arras se faz presente não apenas quando há o lícito arrependimento do negócio, mas principalmente quando ocorre a inexecução do contrato. 6 – De acordo com o art. 418 do CC/2002, mesmo que as arras tenham sido entregues com vistas a reforçar o vínculo contratual, tornando-o irretratável, elas atuarão como indenização prefixada em favor da parte "inocente" pelo inadimplemento, a qual poderá reter a quantia ou bem, se os tiver recebido, ou, se for quem os deu, poderá exigir a respectiva devolução, mais o equivalente. 7 – Evidenciada a natureza indenizatória das arras na hipótese de inexecução do contrato, revela-se inadmissível a sua cumulação com a cláusula penal compensatória, sob pena de violação do princípio do *non bis in idem* (proibição da dupla condenação a mesmo título). 8 – Se previstas cumulativamente, deve prevalecer a pena de perda das arras, as quais, por força do disposto no art. 419 do CC, valem como "taxa mínima" de indenização pela inexecução do contrato. 9 – Os juros moratórios, na hipótese de resolução do compromisso de compra e venda de imóvel por iniciativa dos promitentes compradores, devem incidir a partir da data do trânsito em julgado, posto que inexiste mora anterior do promitente vendedor. Precedentes. 10 – Recurso especial parcialmente conhecido e, nessa extensão, parcialmente provido. (STJ, REsp n. 1.617.652, 3ª T., rel. Min. Nancy Andrighi, j. 26.09.2017)

Ação indenizatória. Valor equivalente ao dado como arras em compromisso de compra e venda de imóvel. Pretensão descabida. Pactuação de arras não configurada. Valor integrante do preço. Devolução de forma simples. Apelação do autor não provida. 1 – Ação indenizatória por meio da qual pretende o autor a condenação do réu ao pagamento de valor equivalente ao dado como arras em contrato de compra e venda (art. 418, CC). Sentença de improcedência. Manutenção. 2 – Caso concreto em que não se vislumbra a pactuação de arras em nenhuma de suas modalidades (confirmatórias ou penitenciais). Quantia que representa simples parte integrante do preço. 3 – Rescisão da avença que, de qualquer modo, dependia de prévia análise pelo Poder Judiciário para que pudesse produzir todos os efeitos. Precedentes. 4 – Apelação do autor não provida. (TJSP, Ap. n. 0015386-59.2011.8.26.0269/Itapetininga, 6ª Câm. de Dir. Priv., rel. Alexandre Lazzarini, *DJe* 11.07.2013, p. 975)

Ação declaratória de nulidade de cláusula contratual c/c restituição de valores. Compra e venda de imóvel. Descumprimento por culpa da compradora. Sinal de pagamento. Finalidade e natureza distintas da multa contratual. Não aplicação do art. 418 do CC. Redução da multa pelo juiz. Possibilidade. Inteligência do art. 413 do CC. Litigância de má-fé não configurada. Não havendo a concretização da compra e venda de imóvel celebrada entre as partes por culpa da promitente compradora, fazem jus os promitentes vendedores ao recebimento da penalidade prevista na contratação, que no caso dos autos, a teor da cláusula contida no aditivo contratual apresentado, trata-se de uma multa e a qual não se confunde com o sinal de pagamento ajustado, mas apenas teve o seu valor a este equiparado. Não se confundindo a multa instituída na contratação, portanto, com o sinal de pagamento, ou seja, com as arras confirmatórias, face à finalidade e natureza distintas que possuem, incabível a aplicação do previsto no art. 418 do CC, para reconhecer aos promitentes vendedores o direito de reter o sinal pago pela promitente compradora, mas sendo, em contrapartida, possível a redução da multa estabelecida, dada a autorização contida no art. 413 do CC, quando esta se mostrar excessiva, como se deu na hipótese. Não havendo provas de que a requerente interpôs a presente ação imbuída de má-fé e nem tendo faltado com qualquer dever processual, descabida a pretendida condenação em litigância de má-fé. (TJSP, Proc. n. 1.0024.09.758214-2/001(1), rel. Des. Arnaldo Maciel, j. 17.05.2011)

Rescisão de compromisso de compra e venda decorrente do inadimplemento do comprador. As arras possuem natureza indenizatória, servindo para compensar em parte os prejuízos suportados, de modo que também devem ser levadas em consideração ao se fixar o percentual de retenção sobre os valores pagos pelo comprador. (STJ, REsp n. 1.224.921, rel. Min. Nancy Andrighi, j. 26.04.2011)

Compra e venda de veículo. Arras confirmatórias. Retenção. Impossibilidade. O fato de deixar o comprador de cumprir o avençado, impõe-lhe o dever de responder pelo desfazimento do contrato, mas não o ônus de perder em favor da vendedora, o que lhe fora entregue à título de arras confirmatórias. Recurso não provido. Súmula: Negaram provimento. (TJSP, Proc. n. 1.0672.08.299834-1/001(1), rel. Des. Pereira da Silva, j. 15.02.2011)

Apelação cível. Rescisão contratual. Contrato de compra e venda de imóvel. Financiamento junto a CEF. Liberação parcial. Inadimplemento contratual. Ausência de culpa dos compradores. Retenção de 20% sobre o valor do contrato e das arras. Impossibilidade. Recurso improvido. Não é devida a retenção a título de valores sobre o contrato, nem sobre as arras, quando o inadimplemento contratual não se deu por culpa dos compradores. Havendo apenas liberação parcial do financiamento junto a Caixa Econômica Federal, em virtude da existência de outro financiamento em nome dos compradores para aquisição de veículo, não há que se falar em culpa destes pelo inadimplemento, face a ausência de previsão contratual. (TJSP, Proc. n. 1.0079.07.367535-1/001(1), rel. Des. Nicolau Masselli, j. 25.11.2010)

Arras. O inadimplemento do contrato foi do réu apelado e, diante de sua revelia, é de se presumir o efeito penitencial das arras, perdendo-as em favor da autora apelante. Art. 418 do CC. Recurso provido. (TJSP, Ap. Cível c/ Rev. n. 6.821.044.400, rel. Beretta da Silveira, j. 10.11.2009)

Nesse sentido: *JSTJ* 71/260.

Compra e venda. Estabelecimento comercial. Cobrança de valor dado em contrato de compromisso, ao depois distratado. Sentença de procedência. Inicial apta, pela possibilidade jurídica do pedido. Prescrição genérica decenal inocorrente. Ausência de comprovação de promessa, no distrato verbal, de devolução integral. Arras confirmatórias, a implicar a perda, por quem deu causa à inexecução, em favor do outro contraente. Art. 418 do CC. Ação improcedente. Apelação provida. (TJSP, Ap. Cível c/ Rev. n. 5.289.094.300, rel. José Roberto Bedran, j. 01.09.2009)

Compra e venda. Rescisão do ajuste. Finalização da obra. Diferença, a menor, na metragem da área contratada e da efetivamente construída. Fato atribuível à ré. Suspensão do pagamento das prestações pelo autor. Impossibilidade de retenção pela ré (promitente vendedora) da quantia paga a título de arras ou sinal. Aplicação do art. 418, CC/2002. Despesas com corretagem e publicidade. Impossibilidade de desconto. Transferência dos custos para o comprador. Riscos da atividade empresarial desenvolvida pela ré. Discussão sobre a natureza da venda realizada (*ad corpus* ou *ad mensuram*). Área mencionada no contrato e a área real. Diferença que não ultrapassa 1/20 da extensão total anunciada. Relação de consumo. Hipótese a ser considerada sempre como venda conforme a medida. Interpretação favorável ao consumidor. Equilíbrio contratual. Boa-fé objetiva. Mantida a devolução de 80% das parcelas pagas, devidamente corrigida, em parcela única. Sentença mantida. Recurso não provido. (TJSP, Ap. c/ Rev. n. 5.090.334.600, 7ª Câm. de Dir. Priv., rel. Elcio Trujillo, j. 19.12.2007)

Ação de cobrança. Compra e venda de bem móvel. Não demonstração de que o objeto oferecido era diverso daquele negociado. Perda das arras em razão de descumprimento contratual, consoante art. 1.097 do CC/1916. Ação improcedente. Recurso improvido. (TJSP, Ap. c/ Rev. n. 973.712-0/4, rel. Des. Sá Duarte, j. 03.10.2007)

Apelação. Compra e venda. Atraso na entrega do imóvel por fatores previsíveis constitui culpa da construtora e não arrependimento do comprador, que deixa de estar obrigado ao pagamento. Quanto às arras, devem ser devolvidas por ter ocorrido culpa, conforme o art. 418 do CC. Impõe-se a devolução dos valores pagos de uma só vez, de acordo com o CDC, sem que sejam descontadas as despesas administrativas suportadas pela construtora, por ter motivado a rescisão. Juros de mora são devidos quando há culpa da parte inadimplente. Recurso parcialmente provido (voto n. 7.668). (TJSP, Ap. Cível n. 3.681.974.700, 9ª Câm. de Dir. Priv., rel. Sérgio Gomes, j. 25.09.2007)

Ação de rescisão de instrumento particular de cessão de direitos c/c restituição de quantias pagas. Cláusula contratual expressa que previu o atraso na entrega da documentação de praxe, bem como das certidões de objeto e pré-esclarecendo eventuais apontamentos, como motivo suficiente a ensejar a rescisão contratual. Faculdade concedida contratualmente à apelada. Rescisão devida. Inexistência de conduta ilícita ou abusiva. Aplicação típica do *pacta sunt servanda*. Devolução em dobro do sinal pago. Previsão contratual e inteligência do art. 418 do CC/2002. Recurso improvido. (TJSP, Ap. Cível c/ Rev. n. 42.2.438-4/0-00, rel. Des. Luiz Antônio Costa, j. 15.08.2007)

Transcreve-se, a propósito, a parte dispositiva da sentença: "Isto posto e considerando o mais que dos autos consta, julgo procedente a ação e declaro resolvido o contrato entre as partes; reintegro os autores na posse; defiro a restituição aos réus dos valores que pagaram com atualização monetária pela OTN e depois pela tabela de débitos judiciais, calculada dos desembolsos; condeno os réus a pagarem locativos de mercado pelo tempo de ocupação, apurando-se o valor em liquidação de sentença; defiro compensação dos valores e incidência sobre o valor da diferença de juros de mora de 6% a.a., contados da citação; e, condeno as partes nas custas, despesas processuais e honorários advocatícios de 20% sobre o valor dos locativos mais o valor da prestação e IPTU (réus) e sobre o valor da restituição (autores), compensando-se". Apelaram as partes: os autores insurgindo-se contra a ausência de condenação da perda do sinal (arras), conforme constava do contrato, e quanto à incidência de juros de mora nos valores a serem pagos pelos réus-recorridos, a título de locação, somente a partir da citação. Por sua vez, os réus se insurgiram contra a legalidade das notificações e pelo arbitramento de aluguel, com a manutenção da restituição integral dos valores pagos. O TJSP, reformando em parte a sentença, determinou a devolução das quantias pagas, assegurando, entretanto, à parte autora a retenção de 30% do valor pago. Em seu arrazoado, os recorrentes alegam que houve malferimento ao art. 1.097 do CC/1916, reproduzido no art. 418 do diploma atual, haja vista que não foi respeitada cláusula contratual que previa a retenção das arras por quem desse causa à rescisão do contrato. Inconformam-se, ainda, afirmando que o negócio efetuado entre as partes é anterior à Lei n. 8.078/90, portanto não cabe determinar a devolução por parte dos recorrentes aos recorridos de 70% do valor pago, o que fere, também, o citado dispositivo do CC, bem como ao art. 6º da LICC [atual Lindb]. Insurgem-se, ainda, quanto ao termo *a quo* da incidência da correção monetária. Apontam divergência jurisprudencial, citando ementas desta Corte a corroborar, em tese, as suas razões. De início, verifica-se que nem todos os artigos ditos violados foram objeto de manifestação do tribunal *a quo*, e acabaram ficando também à margem dos embargos declaratórios opostos. O prequestionamento, entendido como a necessidade de o tema objeto do recurso haver sido examinado pela decisão atacada, constitui exigência inafastável da própria previsão constitucional, ao tratar do recurso especial, impondo-se como um dos principais pressupostos ao seu conhecimento. Não basta à parte discorrer sobre os dispositivos legais que entende afrontados. Não examinada pela instância ordinária a matéria objeto do especial, e rejeitados os embargos declaratórios a integrar o acórdão recorrido, incide o enunciado da Súmula n. 211 deste Eg. STJ. De qualquer modo, o recurso merece ser apreciado, ainda que em parte, pela alínea *a* do permissivo constitucional, uma vez que o negócio é bem anterior à Lei n. 8.078/90. E, ainda que assim não fosse, em momento algum cuida de relação consumerista. Ademais, parece visível a ofensa ao art. 1.097 do CC de então, norma que acabou reproduzida no art. 418 do vigente, que autoriza o desfazimento do negócio e a perda das arras por quem as deu, se responsável pela inexecução do contrato. É bem o caso dos autos, devidamente reconhecido pelas instâncias ordinárias. Só que o juiz, ao deferir a restituição aos réus dos valores que pagaram, deixa a entender que nesses valores poderão estar incluídas as arras, o que não é correto, segundo a moldura legal [...]. Por sua vez, o Eg. Tribunal de origem mantém a decisão de primeiro grau, "somente alterando-a para determinar que os autores devolvam 70% do que foi paga aos requeridos...". Ora, isso, consoante asseveram os recorrentes, poderá implicar devolução de valor superior ao preço do imóvel. Feitas essas considerações, conheço em parte do recurso e, nessa parte, dou-lhe provimento, para julgar procedente o pedido exordial, em tudo tal como o fizera o juiz, na sentença, excluída, apenas, a devolução do valor correspondente às arras. (STJ, REsp n. 782.999, rel. Min. Castro Filho, j. 22.03.2007)

A cláusula penal que prevê, em caso de rescisão provocada pelo adquirente, a perda, em favor do alienante, do sinal de vinte por cento do preço do imóvel objeto do contrato, não é abusiva, pois, além de guardar proporcionalidade com o valor da obrigação principal (CC/1916, art. 920; CC/2002, art. 412), tem amparo legal (CC/1916, art. 1.097; CC/2002, art. 418).

[...] 6 – A redução da cláusula penal e, desse modo, a restituição à recorrente de parte do sinal pago, implicaria manifesta violação dos princípios constitucionais da legalidade, da isonomia e da impessoalidade, na medida em que estar-se-ia conferindo favorecimento indevido ao licitante contratado em desfavor dos concorrentes desclassificados. (*RSTJ* 202/91)

Compromisso de compra e venda. Desnecessidade de previsão contratual para o pedido de rescisão em virtude de inadimplemento de alguma das obrigações tanto pela promitente-vendedora como pela compromissária-compradora. Arras. Perda somente viável quando expressamente pactuada como penitencial. Hipótese, contudo, em que a ré somente pagou a primeira parcela do sinal. Autora que perdeu a disponibilidade do bem durante longo período. Fato que, até mesmo, ensejaria significativa indenização. Devolução indevida. Recurso improvido. (*JTJ* 271/55)

**Art. 419. A parte inocente pode pedir indenização suplementar, se provar maior prejuízo, valendo as arras como taxa mínima. Pode, também, a parte inocente exigir a execução do contrato, com as perdas e danos, valendo as arras como o mínimo da indenização.**

Segundo a parte final deste artigo, a parte inocente pode postular a execução do contrato com perdas e danos, valendo as arras como mínimo de indenização. Essa solução é possível quando as arras forem confirmatórias, isto é, confirmarem a celebração do contrato, sem direito de arrependimento. Sempre que as partes não convencionarem em sentido diverso, as arras serão consideradas confirmatórias. E, se confirmatórias, prevalece a função das arras de tornar definitivo o negócio, tanto que a parte final do presente artigo autoriza a parte inocente a exigir a execução do contrato e cumular tal pretensão com a indenização pelos prejuízos que houver suportado.

Se houver expressa referência à natureza penitencial das arras, considera-se presente o direito de arrependimento (TEPEDINO, Gustavo; BARBOZA, Heloísa Helena e MORAES, Maria Celina Bodin de. *CC interpretado*, v. I. Rio de Janeiro, Renovar, 2004, p. 763).

As arras serão penitenciais quando as partes convencionarem a possibilidade de arrependimento. Nesses casos, elas atuam como pena convencional, como sanção ao arrependimento, mesmo que ele tenha sido previsto. É o que está consignado no art. 420. Segundo esta regra, nesses casos, não haverá direito à indenização suplementar.

O CC/1916 não previa a possibilidade de a parte inocente postular indenização suplementar. Durante sua vigência, foi editada a Súmula n. 412 do Eg. STF, segundo a qual "No compromisso de compra e venda com cláusula de arrependimento, a devolução do sinal por quem o deu, ou a sua restituição em dobro por quem o recebeu, exclui indenização maior a título de perdas e danos, salvo os juros moratórios e os encargos do processo".

Para cobrança das arras não há necessidade de prova do prejuízo real. O sinal integra o valor da prestação devida nos casos em que ele é confirmatório, como revela o art. 417. Isso só não acontecerá se as arras não forem do mesmo gênero da obrigação principal. Mas se o sinal for penitencial, ele só terá natureza indenizatória (art. 420, parte final, do CC).

Em certas hipóteses, a jurisprudência admite que as arras sejam devolvidas simplesmente, e não em dobro: quando houver acordo entre as partes, quando ambos os contratantes agirem com culpa e quando o cumprimento do contrato não se verificar em decorrência de caso fortuito ou outro motivo estranho à vontade das partes. Nesse sentido: ROCHA, José Dionízio da. "Das arras ou sinal". *Obrigações: estudos na perspectiva civil-constitucional*. Rio de Janeiro, Renovar, 2005, p. 550.

As arras desempenham três funções: confirmam o contrato, servem de prefixação de perdas e danos e como princípio de pagamento, integrando o preço, se do mesmo gênero da obrigação principal. Nas hipóteses em que as arras não forem do mesmo gênero da obrigação principal, elas não integram o preço, mas representam uma garantia e devem ser devolvidas a quem as entregou quando o preço for pago integralmente.

**Jurisprudência:** Direito civil e processual civil. Agravo de instrumento. Ação de anulação de negócio de promessa de compra e venda c/c perdas e danos e pedido de tutela de urgência. Promessa de compra e venda de imóvel. Inadimplemento contratual, por parte dos promissários compradores, incontroverso. Sinal ou arras confirmatórias. Retenção pelo promitente vendedor. Possibilidade. Reintegração de posse mantida, em face da inadimplência contratual verificada. 1. Ao deixar de pagar, na data de vencimento avençada, parcela relativa ao preço estipulado em promessa de compra e venda de imóvel, os promissários compradores incorrem em inadimplemento apto a gerar a rescisão da avença, com a consequente retomada do bem e retenção, pelos promitentes vendedores, da quantia paga a título de arras confirmatórias expressamente pactuadas. 2. Nos termos do art. 419 do CC, as arras confirmatórias representam patamar mínimo de reparação de danos sofridos, pela parte inocente, em razão da rescisão do negócio jurídico por culpa da outra, e sua retenção, inclusive, poderia ser c/c indenização por prejuízos superiores ao seu valor, desde que efetivamente comprovados. Determino de ofício o depósito em juízo de R$ 560.000,00 pelos agravantes, considerando que este não é arras, mas sim princípio de pagamento do preço e deve ser restituído aos Agravantes, prazo de 10 dias, sob pena de revogação da liminar. Desprovimento do recurso. (TJRJ, AI n. 00842173920218190000, 22ª Câm. Cível, rel. Des. Teresa de Andrade Castro Neves, j. 26.05.2022, publ. 31.05.2022)

Ação de rescisão de contrato de trespasse c/c pedidos indenizatórios. Sentença de parcial procedência da ação, determinando-se aos réus que devolvam o estabelecimento aos autores, que, por sua vez, devem restituir as parcelas pagas do preço pagas pelos réus. Condenação dos réus, ademais, ao pagamento de multa contratual correspondente a 10% do valor do preço. Apelação dos autores-cedentes. Acordaram as partes o pagamento de arras confirmatórias, que servem como valor mínimo de indenização por perdas e danos a ser paga pela parte que deu causa à rescisão contratual. Verificada culpa dos réus, era, realmente, direito dos autores a retenção do sinal (art. 418 do CC). Retidas as arras, porém, "revela-se inadmissível sua cumulação com a cláusula penal compensatória, sob pena de violação do princípio do *non bis in idem* (proibição de dupla condenação a mesmo título)" (STJ, REsp n. 1.617.652, Nancy Andrighi). Ausente demonstração de dano material capaz de ensejar a exigibilidade de indenização suplementar (art. 419 do CC). Danos morais. Inexistência de violação aos direitos da personalidade da autora. Mero inadimplemento contratual não enseja indenização. Jurisprudência desta 1ª Câmara de Direito Empresarial. Parcial reforma da sentença recorrida. Apelação parcialmente provida. (TJSP, Ap. Cível n. 1008621-86.2020.8.26.0577/SP, 1ª Câm. Res. de Dir. Empres., rel. Cesar Ciampolini, j. 03.03.2022, publ. 03.03.2022)

Arras confirmatórias. Compromisso de compra e venda de imóvel. Inexecução. Direito de retenção. "Direito civil. Compromisso de compra e venda de imóvel. Arras confirmatórias. Inexecução do contrato por culpa de quem deu as arras. Direito de retenção. Ausência de prova de maior prejuízo. Inexistência de direito a indenização suplementar. Art. 419 do CC. Termo *a quo* dos juros moratórios. Citação. Negado provimento ao recurso. Sentença mantida. Os autores solicitaram a resilição do contrato firmado entre as partes por meio de notificação, contudo, passados mais de 90 dias, a empresa ré não havia proferido nenhuma resposta sobre o valor a ser devolvido. O d. Juízo de primeiro grau julgou parcialmente procedente o pedido inicial para condenar a ré a restituir aos autores o valor de R$ 9.766,00, acrescido de juros de 1% ao mês a contar da citação e correção monetária desde os respectivos desembolsos, conforme planilha de fls. 89-91. O recorrente sustenta que os recorridos rescindiram o contrato unilateralmente, assim não deve ser penalizado com as despesas inerentes ao imóvel e com a ausência de aplicação das multas previstas em contrato. Por fim, aduz que o termo *a quo* dos juros moratórios é o trânsito em julgado da ação. As arras, também denominadas cláusula penal, tem a função de preestabelecer o valor a ser pago para a parte prejudicada com a desistência ou arrependimento na realização do negócio jurídico e, neste caso, está prevista na Cláusula V, a, do contrato particular de compra e venda de imóvel às fls. 57. Verificada a desistência do contrato por parte dos adquirentes, o recorrente reterá as arras confirmatórias conferidas como princípio de pagamento, nos termos do art. 418 do CC. Entretanto, ao consumidor serão devolvidos os demais valores pagos pela compra do imóvel, descontados unicamente a quantia dada a título de sinal, sob pena de enriquecimento ilícito da construtora, porquanto não comprovou fazer jus a indenização suplementar em decorrência de prejuízo maior, a teor do art. 419 do CC. O termo inicial para fixação dos juros moratórios é a data da citação inicial, portanto correta a r. sentença. Ante o exposto, nego provimento ao recurso e mantenho a r. sentença recorrida. Vencida a parte recorrente, deverá arcar com custas processuais e honorários advocatícios, os quais fixo em 20% sobre o valor da condenação, a teor do art. 55 da Lei n. 9.099, de 26.09.1995. Acórdão lavrado conforme o art. 46 da Lei n. 9.099, de 26.09.1995." (TJDFT, Proc. n. 20110111327974, rel. Juiz Hector Valverde Santana, *DJe* 09.07.2012)

Compra e venda de imóvel. Sinal. Pretensão de sua restituição em dobro. Se quem deu o sinal não se arrependeu do contrato, desfeito por circunstâncias outras, não se impõe a restituição em dobro. CC, arts. 1.094 e 1.095. Recurso especial conhecido e provido em parte. (*JSTJ* 19/273)

É inválida a cláusula contratual que prevê a perda de parte das parcelas pagas pelo promissário-comprador, com a rescisão do compromisso de compra e venda de imóvel, ainda que seja a título de direito às arras, quando tal valor represente o enriquecimento sem causa do promitente-vendedor. (STJ, REsp n. 223.118, rel. Min. Nancy Andrighi, j. 19.11.2001)

---

**Art. 420. Se no contrato for estipulado o direito de arrependimento para qualquer das partes, as arras ou sinal terão função unicamente indenizatória. Neste caso, quem as deu perdê-las-á em benefício da outra parte; e quem as recebeu devolvê-las-á, mais o equivalente. Em ambos os casos não haverá direito a indenização suplementar.**

---

Nos casos em que o contrato estipular a possibilidade de arrependimento, o sinal indenizará a parte prejudicada pelo exercício desse direito, de modo que sua natureza será penitencial, ao punir o contratante que exerce o direito de se arrepender. Não será possível a indenização suplementar, pois o arrependimento já estava previsto desde a celebração do contrato, de maneira que o valor do sinal já foi avaliado pelos contratantes com o objetivo de indenizá-los no caso de arrependimento da outra parte.

Arnaldo Rizzardo observa que não há lugar ao arrependimento, mesmo no caso de arras penitenciais, se elas representarem início de pagamento, pois, forte em Pontes de Miranda, sustenta que nessa hipótese haveria contradição indesejada entre "firmeza e infirmeza do contrato" (*Direito das obrigações*. Rio de Janeiro, Forense, 2004, p. 565).

**Jurisprudência:** Apelação cível. Compra e venda de imóvel. Ação de resolução contratual ajuizada pelo promitente comprador. Parcial procedência. Irresignação. Recurso da promitente vendedora. Retenção do sinal. Impossibilidade. Apesar de o contrato ter previsto sua retenção integral, as arras penitenciais possuem função unicamente indenizatória e não dão direito à indenização suplementar. Cláusula penal que não respeitou a dicção do art. 420 do CC, sendo, portanto, nula. Retenção fixada pelo juízo que já repara eventuais perdas e danos, sob pena de *bis in idem*. Precedentes desta Col. Câmara. Retenção. Reconhecimento de validade e aplicabilidade da cláusula penal ou majoração para 25% dos valores pagos. Descabimento. Pretensão leonina que importaria desvantagem excessiva ao consumidor e enriquecimento ilícito da vendedora. Fixação em 20% sobre os valores pagos que se mostra compatível e se coaduna ao parâmetro do A. STJ. Percentual mantido. Taxa de fruição. Cabimento. Embora o objeto do contrato seja lote sem edificação, este possui caráter frugífero, resultando em efetivos prejuízos por conta da privação de seu uso e fruição. Precedentes deste Eg. Tribunal. Indenização devida, a partir da data de expedição do TVO até a liminar de resolução contratual. Recurso do promitente comprador. Retenção. Pretensão de fixação em 10% dos valores pagos. Inviabilidade, pois importaria em desequilíbrio contratual e prejuízo à empreendedora. Indenização por danos morais. Cabimento. Negativação do nome do adquirente providenciada pela fornecedora mesmo após ter sido notificada extrajudicialmente da escolha do consumidor de rescindir a avença. Ato ilícito, dano e nexo causal configurados (art. 186 c/c 927, CC). *Quantum* indenizatório arbitrado em R$ 5.000,00. Precedentes desta Col. 5ª Câmara de Direito Privado. Data base da resolução. Pretensão de ser fixada da notificação extrajudicial. Impossibilidade. Declaração judicial da extinção contratual que se deu com a antecipação da tutela provisória de urgência. Recursos parcialmente providos. (TJSP, Ap. Cível n. 1004407-89.2019.8.26.0576/SP, 6ª Câm. de Dir. Priv., rel. Rodolfo Pellizari, j. 01.12.2021, publ. 01.12.2021)

Decretando a perda do sinal em face do inadimplemento da compradora: TJSP, Ap. Cível c/ Rev. n. 5.490.274.100, rel. Donegá Morandini, j. 07.04.2009; TJSP, Ap. Cível n. 5.946.554.100, rel. Maia da Cunha, j. 09.10.2008.

Compra e venda. Resolução do contrato por culpa dos promitentes vendedores. Determinação de devolução dos valores pagos, com aplicação do art. 420 do CC [arras penitenciais]. Condenação solidária dos compromissários vendedores e da imobiliária. Admissibilidade. Comprovação de que houve violação aos deveres acessórios do contrato de corretagem, nos termos do art. 723 do CC. Sentença mantida. Não provimento. (TJSP, Ap. n. 4.688.654.500, 4ª Câm. de Dir. Priv., rel. Enio Zuliani, j. 24.04.2008)

Inicialmente, deve-se analisar o motivo da rescisão contratual. A autora não quis dar continuidade ao negócio em consequência do inadimplemento da ré, que não efetuou a entrega do bem no prazo estipulado. Não houve motivos alheios à sua vontade, mas sim culpa. Uma construtora é capaz de prever os fatores elencados como motivo do atraso, quais sejam, chuvas em excesso e alta inadimplência. Desse modo é indevida a aplicação do art. 420 do CC, uma vez que trata do simples arrependimento de uma das partes. Bem diferente é o arrependimento motivado pelo descumprimento de obrigação da outra parte, que encontra amparo no art. 418 do mesmo diploma legal, o qual adequa-se perfeitamente à situação descrita. Ou seja, as arras não devem ser retidas, mas sim devolvidas com correção monetária, juros e honorários de advogado. (TJSP, Ap. n. 368.197.4/7-00, rel. Des. Sérgio Gomes, j. 25.09.2007)

No tocante às arras, não há mesmo fundamento para a sua restituição em dobro, como determinado, pois a tanto não autoriza o art. 1.097 do CC/1916. É que apenas as arras penitenciais, a teor do art. 1.095 do mesmo Código, são restituídas em dobro, mas para isso é preciso que assim seja pactuado. À falta de estipulação em contrário, as arras devem ser consideradas como confirmatórias (cf. GONÇALVES, Carlos Roberto. "Direito das obrigações: Parte Especial". *Sinopses jurídicas*, v. 6. São Paulo, Saraiva, 1999), tendo a 3ª Câm. de Dir. Priv., em v. acórdão de que foi relator o Des. Luiz Antônio de Godoy, assentado que o arrependimento do promitente comprador somente acarreta a perda das arras quando expressamente pactuadas como penitenciais (*JTJ* 271/55), trazendo à colação precedente do Col. STJ, assim ementado: "Civil. Promessa de compra e venda de imóvel. Arras confirmatórias. Arrependimento da compradora. Inteligência dos arts. 1.094 a 1.097 do CC. Ordinariamente, as arras são simplesmente confirmatórias e servem apenas para início de pagamento do preço ajustado e, por demasia, se ter confirmado o contrato, seguindo a velha tradição do Direito romano no tempo em que o simples acordo, desvestido de outras formalidades, não era suficiente para vincular os contratantes. O arrependimento da promitente compradora só importa em perdas das arras se estas forem expressamente pactuadas como penitenciais, o que não se verifica na espécie. Recurso não conhecido." (STJ, 4ª T., REsp n. 110.528/MG, rel. Min. Cesar Asfor Rocha, j. 29.10.1998, v.u., *DJU* 01.02.1999, p. 199) "Arras. Compra e venda. Negócio não ultimado. Pedido de devolução em dobro. Arras que não têm caráter penitencial, mas confirmatório. Apelo provido. Sentença reformada. Ação improcedente." (cf. TJSP, Ap. Cível n. 119.000-4/8-00/Sorocaba, rel. Des. Octávio Helene) [...] "Contrato. Pretendido exercício de arrependimento. Inexistência de cláusula que o autorize. Obrigação de pagar multa compensatória." (cf. TJSP, Ap. Cível n. 241.166.4/0/SP, rel. Des. Antônio Vilenilson) "Compromisso de compra e venda. Imóvel. Ações de devolução de valores pagos e cobrança. [...] Sinal. Inclusão. Contrato de caráter irrevogável e irretratável. Natureza de arras confirmatórias (não penitenciais). Hipótese em que transferida a posse do lote (cf. Ap. cíveis ns. 172.194.4/0 e 232.077.4/2/Limeira, rel. Des. Ariovaldo Santini Teodoro)." (TJSP, Ap. Cível c/ Rev. n. 475.817-4/3-00, rel. Des. Reis Kuntz, j. 15.02.2007)

Contrato. Venda e compra. Infração de cláusula contratual, que se resolve em indenização. Penalidade legítima e justa. Mostra-se atendível, para efeito de indenização, a condenação do vendedor a pagar ao comprador o dobro do valor das arras dadas, se não lhe transmitiu no termo emprazada, a posse direta do imóvel adquirido (art. 420 do CC). Recurso improvido. (TJSP, Ap. Cível n. 188.922-4/5/Araraquara, 4ª Câm. de Dir. Priv., rel. Des. Carlos Biasotti, j. 16.12.2004, v.u.)

Quando a reserva de inscrição de apartamento comercializado na planta se faz por intermédio de documento incompleto e que sofre comprometimento imediato, com a devolução de um dos cheques emitidos pelo interessado, não convém considerá-lo como pré-contrato que penaliza o direito de arrependimento, legalizando a retenção do pagamento em favor do vendedor, como se fossem arras perdidas [arts. 1.095 do CC/1916 e 420 do novo], pelo perigo que esse expediente representa para as pessoas iludidas com a oferta do empreendimento imobiliário. Não provimento. (TJSP, Ap. Cível c/ Rev. n. 1.310.204.700, rel. Enio Zuliani, j. 21.03.2003)

Arras. Perda do sinal. Art. 1.095 do CC. Sucedâneo à indenização por perdas e danos. Garantia do direito de arrependimento. Contrato resolúvel. Recurso não provido. Nas arras penitenciais, com a entrega do sinal, é contemplado pelas partes o direito de arrependimento. (TJSP, Ap. Cível n. 196.640-2/Laranjal, rel. Des. Clímaco de Godoy, j. 13.04.1993)

Compromisso de compra e venda. Arras penitenciais. Caracterização somente quando ficar estipulado entre as partes o direito ao arrependimento. Inteligência do art. 1.095 do CC. (TJPR, *RT* 792/370)

Tratando-se penitenciais, a restituição em dobro do devidamente corrigido pelo promitente vendedor exclui indenização maior a título de perdas e danos. Súmula n. 412 do STF e precedentes do STJ. (*RSTJ* 110/281)

# TÍTULO V
# DOS CONTRATOS EM GERAL

## CAPÍTULO I
## DISPOSIÇÕES GERAIS

### *Seção I*
### *Preliminares*

**Art. 421. A liberdade contratual será exercida nos limites da função social do contrato.**

*Caput* com redação dada pela Lei n. 13.874, de 20.09.2019.

**Parágrafo único. Nas relações contratuais privadas, prevalecerão o princípio da intervenção mínima e a excepcionalidade da revisão contratual.**

Parágrafo acrescentado pela Lei n. 13.874, de 20.09.2019.

O art. 421 inaugura as disposições referentes aos contratos, tratando da função social do contrato. O recado do legislador é claro: em comum com a boa-fé objetiva (art. 422, CC) e o equilíbrio contratual (art. 478, CC), a função social do contrato ingressa no CC como princípio social contratual. Essa tríade de cláusulas gerais contratuais é irradiada pelos princípios constitucionais da solidariedade e igualdade material, constantemente sopesados com o princípio da autonomia privada. Quer dizer, a garantia da autorregulamentação dos particulares para a produção dos efeitos de suas relações jurídicas continua sendo a base do direito civil. Todavia, função social, boa-fé e equilíbrio contratual são princípios que propiciam uma adequação ao exercício da liberdade dos particulares, cada qual de determinada forma e intensidade. Portanto, o contrato do século XXI promove um quadro de valores constitucionais.

Em brevíssimas linhas, a cartografia contemporânea dos contratos localiza o princípio da solidariedade constitucional em dois quadrantes: no plano horizontal da exigência de cooperação intersubjetiva, materializa-se a boa-fé objetiva. Na verticalidade da recíproca colaboração dos contratantes com a coletividade, percebe-se a função social do contrato. Ou seja, a solidariedade penetra no mapa obrigacional de forma endógena (art. 422, CC) e exógena (art. 421, CC), ambas atuando de forma complementar, sendo por vezes porosas as fronteiras. Outra tríade aqui se exige: as diretrizes de Miguel Reale para o CC – a eticidade se desenha na boa-fé objetiva; a socialidade, na função social; em complemento, a separação entre esses princípios, com demarcação das respectivas áreas de atuação, pressupõe a operabilidade.

De maneira pedagógica, a função social do contrato nos ensina que o contrato não é um átomo, com eficácia *res inter alios acta*. Em verdade, o contrato é um fato social, conforme se extrai do art. 1º, IV, da CF, ao enfatizar, dentre os fundamentos da República, "os valores sociais do trabalho e da livre-iniciativa". Resta induvidoso que todo negócio jurídico é causal, um espaço promocional de fins do ordenamento jurídico. Porém, a doutrina detém enorme responsabilidade de conferir significado a essa cláusula geral, de forma a se valer de um elemento jurídico conformador atemporal e aberto, para favorecer interpretações evolutivas que preservem a dimensão de seu significado.

Para desempenhar a contento esse mister, temos que lapidar o conceito de função social do contrato de 2021, não mais de 2002. O art. 421 sofreu importante alteração pela Lei n. 13.874, de 20.09.2019, conhecida como Lei da Liberdade Econômica, a qual institui a Declaração de Direitos de Liberdade Econômica, estabelece garantias de livre mercado, análise de impacto regulatório e dá outras providências. Foram alteradas as redações dos arts. 49-A, 50, 113, 421, 421-A, 980-A, § 7º, e 1.052, §§ 1º e 2º, do CC. Proclama o art. 1º da Lei da Liberdade Econômica que "fica instituída a Declaração de Direitos de Liberdade Econômica, que estabelece normas de proteção à livre-iniciativa e ao livre exercício de atividade econômica e disposições sobre a atuação do Estado como agente normativo e regulador, nos termos do inc. IV do *caput* do art. 1º, do parágrafo único do art. 170 e do *caput* do art. 174 da CF". A sobredita norma explicita sua percepção sobre o "valor social da livre-iniciativa" e delimita interseções entre a autonomia privada e a função social do contrato. No período pós-Constituição, o "valor social" prevaleceu, em prol de categorias de hipossuficientes (*v.g.*, empregados) ou vulneráveis (consumidores). Todavia, o pêndulo oscilou em prol das forças do mercado, pois a realidade brasileira demonstra que, muitas vezes, um microempreendedor se encontra em situação de maior vulnerabilidade em relação a um funcionário amparado por regras trabalhistas.

Ao dispor que "interpretam-se em favor da liberdade econômica, da boa-fé e do respeito aos contratos, aos investimentos e à propriedade todas as normas de ordenação pública sobre atividades econômicas privadas", o § 2º do art. 1º da LLE pondera os substratos da dignidade da pessoa humana na ordem econômica, partindo da premissa de que, quanto maior o Estado, menor a margem de liberdade do cidadão. Não se quer dizer com isso que o Estado mínimo é a solução para os nossos problemas, pois, como enfatiza Guido Alpa: "a ideologia do mercado torna-se muitas vezes irrefletida, óbvia e supérflua" (ALPA, Guido. Contratto e mercato. In: *Le stagioni del contratto*. Bologna: Il Mulino, 2012, p. 113).

Nos termos do *caput* do art. 421, "a liberdade contratual será exercida nos limites da função social do contrato". As alterações inseridas na redação original do dispositivo estabelecem normas de proteção à livre-iniciativa e ao livre exercício de atividade econômica. O aperfeiçoamento legislativo manteve a essencialidade da função social no direito contratual, como cláusula geral de grande envergadura e com fins ainda imprecisos. A redação original do CC expressava: "A liberdade de contratar será exercida em razão e nos limites da função social do contrato [...]". Dirigimos nossos encômios ao legislador por duas razões: primeiramente, pela substituição da expressão liberdade de contratar por liberdade contratual: a liberdade de contratar é plena em uma ordem econômica pautada pela livre-iniciativa. Não existem restrições ao ato de se relacionar com outro. Nada obstante, a referência à "liberdade contratual" demonstra que cláusulas autorregulatórias nascidas da autonomia privada e integradas pela boa-fé objetiva serão, em casos extremos, sancionadas pelo ordenamento jurídico em seus planos de validade e eficácia, por violação a interesses dignos de proteção.

Porém, a segunda modificação é ainda mais relevante. Será que a liberdade contratual é exercida em razão da função social do contrato? Quem reputa a resposta como positiva, comunga da tese de que as relações negociais têm como finalidade instrumentalizar o contrato em prol das exigências maiores do ordenamento jurídico, como a justiça, a segurança, o valor social da livre-iniciativa, a liberdade econômica, o bem comum e o princípio da dignidade da pessoa humana. O conteúdo do contrato deve se adequar às finalidades eleitas pelos valores que estruturam a ordem constitucional vigente. Por essa razão, a função social do contrato legitima a liberdade contratual e a liberdade econômica. O contrato passa a ser visto como um fato social que deve voltar-se à realização de valores globais. Assim, veda-se o abuso da liberdade contratual como um ato ilícito objetivo (art. 187, CC).

Não compartilhamos desse raciocínio. A expressão "em razão" conformava a autonomia privada à dimensão social do contrato. Cremos que a liberdade contratual não se curva genericamente a uma função social que o negócio jurídico atenderá. O direito privado é o reduto da liberdade do indivíduo e as normas de ordem pública existem para impor limites negativos às suas iniciativas econômicas como um espaço de coerção, sempre que o exercício da liberdade dos contratantes possa causar danos às liberdades de terceiros afetados pelo contrato. Todavia, a função social não pode constranger particulares à efetivação de negócios jurídicos com fins que lhes sejam heterônomos. Quer dizer, em um Estado Democrático de Direito, com uma ordem econômica dirigida à liberdade de iniciativa, a função social não pode ser compreendida como uma transferência de liberdades privadas para um abstrato "sistema". O contrato não "é" função social: ele é "dotado" de função social. Inexiste hierarquia que submeta a autonomia privada aos desígnios de uma coletividade, como se contratantes fossem zeladores a serviço da sociedade. Em verdade, a coletividade é um conjunto de pessoas que integra um mercado de bens e serviços e aspira pela conciliação entre uma eficiente circulação de créditos e uma justa, previsível e segura regulamentação dos interesses que alicerçam esse mercado. As palavras sempre importam! A redação original do art. 421 subvertia a natureza das coisas, pois criava um abismo entre a legalidade imposta e a ordem espontânea. Somente em uma ordem planificada se admite que a liberdade contratual se efetive "em razão" da função social do contrato. O espaço de liberdade dos indivíduos não pode se submeter a valores metafísicos, sem cuidado com os efeitos das decisões que recaem difusamente sobre a coletividade. Considerando-se que a função social do contrato não é um dado, mas um construído, a partir da vigência das normas de sobredireito da Lei n. 13.874/2019, as sístoles e as diástoles desse modelo jurídico serão impactadas, sobremodo nos contratos empresariais. A propósito, no Enunciado n. 21 da I Jornada de Direito Comercial estabeleceu-se que, "nos contratos empresariais, o dirigismo contratual deve ser mitigado, tendo em vista a simetria natural das relações interempresariais".

Talvez a atual redação do art. 421 do CC sirva como inspiração para a doutrina refinar critérios objetivos para alcançar solução de compromisso entre as duas formas de liberdade equacionadas por Isaiah Berlin: negativa e positiva. Liberdade negativa é ausência de coerção exercida por terceiros. É o âmbito dentro do qual não somos coagidos a agir contra a nossa própria vontade ou desejo. O conceito negativo de liberdade pressupõe que a soberania do indivíduo deva ser respeitada, porque é ela a origem da criatividade e do progresso. Para tanto, o raio de ação da autoridade deve ser mínimo, só o indispensável para evitar o caos e a desintegração social, impedindo-se, assim, que o indivíduo seja sufocado ou mecanizado. Enquanto a liberdade negativa tem em conta o fato de os indivíduos serem diferentes, a liberdade positiva considera sobretudo o que eles possuem de semelhante. Essa é uma noção mais social, fundamenta-se na ideia de que a possibilidade de cada pessoa decidir o seu destino está em grande medida subordinada a causas sociais, alheias a sua vontade. A liberdade contratual não significa a mesma coisa para um dono de uma empresa e um desempregado. O conceito positivo de liberdade é um apelo às noções de solidariedade e responsabilidade social. As sociedades que obtiveram um compromisso entre as duas formas de liberdade são as que conseguiram níveis de vida menos injustos. Em suma, há um equilíbrio precário entre as duas formas de liberdade, pois "as liberdades negativa e positiva não são duas interpretações de um conceito, mas algo mais: duas atitudes profundamente divergentes e irreconciliáveis sobre os fins da vida humana" (BERLIN, Isaiah. Two concepts of freedom. In: BERLIN, Isaiah. *Four essays on liberty*. Oxford. Oxford University Press, 1979).

Fundamental é desvendar de que forma a cláusula geral da função social do contrato tem sido densificada no direito brasileiro. Indubitavelmente, ela consiste em uma das facetas da funcionalização das situações jurídicas subjetivas e, especialmente, da funcionalização dos negócios jurídicos. Superou-se a visão clássica, na qual o negócio jurídico era analisado de forma neutra, preocupando-se com a identificação dos contratantes e do objeto do contrato. Fazia-se suficiente que a relação obrigacional atendesse às regras de capacidade dos intervenientes, à licitude e à possibilidade da prestação. A teoria contratual era indiferente às razões do negócio, o porquê ou o para quê. Enfim, a dogmática civil clássica era anticausalista. Felizmente, essa dogmática restou superada pelas diretrizes adoradas pela lei civil de 2002. O direito privado passa a englobar a noção de causa. Cumpre precisar as estremas da funcionalização da liberdade contratual.

Registre-se que há certo consenso com relação a uma dicotomia entre função social interna e externa. No campo intersubjetivo, a função social persegue o equilíbrio dos contratos, uma maior igualdade entre os contratantes. Evita que o ser humano seja vítima de sua própria fragilidade ao realizar relações contratuais que, mesmo sob o pálio da liberdade contratual, culmine por instrumentalizá-lo ou, como intuiu Kant, converta a pessoa – que é um fim em si – em meio para fins alheios. O CJF reconhece a função social interna no Enunciado n. 360: "O princípio da função social dos contratos também pode ter eficácia interna entre as partes contratantes". Podemos ilustrar com um contrato de cessão de direito de imagem, no qual o cedente autoriza a exibição de cenas que ofendam à sua própria honra. No fundo, cuida-se de discussão sobre a possibilidade de autocontenção de situações existenciais pela via de um negócio jurídico. Por isso, julgamos que a referida função social pode ser encontrada na parte final do Enunciado n. 23 do CJF: "A função social do contrato, prevista no art. 421 do novo CC, não elimina o princípio da autonomia contratual, mas atenua ou reduz o alcance desse princípio quando presentes interesses metaindividuais ou interesse individual relativo à dignidade da pessoa humana".

A função social externa representaria o reflexo da relação contratual perante a sociedade, promovendo a confiança nas relações sociais. Nesse diapasão, dispõe o Enunciado n. 26 da I Jornada de Direito Comercial que "o contrato empresarial cumpre sua função social quando não acarreta prejuízo a direitos ou interesses, difusos ou coletivos, de titularidade de sujeitos não participantes da relação negocial". Com efeito, a danosidade social é presumida quando um contrato interempresarial resulta em oligopólio, conforme constata o Cade, viola normas ambientais ou gera transferência de tecnologia em contraste com normas do Inpi. O próprio art. 3º da LLE ponderou em abstrato a liberdade de iniciativa com a tutela ambiental ao enunciar que "são direitos de toda pessoa, natural ou jurídica, essenciais para o desenvolvimento e o crescimento econômicos do País, observado o disposto no parágrafo único do art. 170 da CF: II – desenvolver atividade econômica em qualquer horário ou dia da semana, inclusive feriados, sem que para isso esteja sujeita a cobranças ou encargos adicionais, observadas: *a*) as normas de proteção ao meio ambiente, incluídas as de repressão à poluição sonora e à perturbação do sossego público". Igualmente perniciosas à função social são deliberações societárias que atendem *shareholders* e ofendem *stakeholders*. A função social coloca em xeque a "supremacia dos acionistas", ou seja, a visão de que o único propósito da empresa seria trazer lucros para os seus sócios ou acionistas, sem levar em consideração o interesse de quaisquer outros indivíduos. O fato é que nem sempre um lado prevalecerá sobre o outro e que a proteção da atividade econômica deve levar em consideração todas as faces do princípio da função social da empresa no caso concreto.

Ainda no que tange à função social externa do contrato, pode-se cogitar de uma eficácia transobjetiva dos contratos. Nesse sentido, a redação do Enunciado n. 21 do CJF: "A função social do contrato, prevista no art. 421 do novo CC, constitui cláusula geral a impor a revisão do princípio da relatividade dos efeitos do contrato em relação a terceiros, implicando a tutela externa do crédito". Visualiza-se, assim, a diretriz da operabilidade, contextualizando o contrato à sociedade que o tangencia. Abre-se uma nova visão do mito da relatividade contratual em contraposição à eficácia *erga omnes* dos direitos reais. Mesmo diante de sua relatividade – pois as obrigações negociais se dirigem reciprocamente às partes –, os contratos produzem oponibilidade perante terceiros, acarretando um dever de abstenção, no sentido de que a sociedade não pode afetar uma relação obrigacional em andamento, nem ser afetada negativamente por ela.

A aplicação do princípio da função social com relação ao chamado "terceiro ofendido" fere aquele grupo de situações em que o ato de autonomia negocial é positivo para as partes, sem prejudicar interesses metaindividuais, mas acaba por vitimar um terceiro, completamente estranho ao negócio jurídico. Podemos exemplificar com a Súmula n. 308 do STJ: "A hipoteca firmada entre a construtora e o agente financeiro, anterior ou posterior à celebração da promessa de compra e venda, não tem eficácia perante os adquirentes do imóvel". A súmula foi inspirada em uma série de julgamentos envolvendo contratos de promessa de compra e venda em incorporações imobiliárias. Os promitentes compradores efetuavam o pagamento integral do preço, mas a incorporadora não cumpria com a sua obrigação de quitar a garantia hipotecária estabelecida com a instituição financiadora (mutuante) do empreendimento. Ocorre que, não obstante a quitação, os compradores não obtiveram liberação do gravame por problemas de inadimplência da construtora perante a instituição financeira. Se aplicássemos ao caso as lições legadas do direito romano, certamente os promitentes compradores teriam de quitar o financiamento perante o banco, haja vista que a hipoteca produz efeitos *erga omnes*, tendo aqueles ciência do gravame real quando da assinatura do contrato preliminar. Ademais, a hipoteca estaria devidamente registrada no RGI, permanecendo o ônus até que extinta a dívida que lhe deu origem. Nada obstante, os promitentes compradores foram bem-sucedidos em suas ações de tutela específica de obrigação de fazer – outorga de escritura e cancelamento do gravame hipotecário. Com efeito, o direito de crédito de quem financiou a construção das unidades destinadas à venda pode ser exercido amplamente contra a devedora, mas os adquirentes são os terceiros ofendidos que não tinham ciência da ausência de repasses ao banco dos valores que pagavam à incorporadora. A instituição financiadora fica limitada a receber dessas pessoas o pagamento das suas prestações, porém, os adquirentes não assumem qualquer responsabilidade de pagar duas dívidas: a própria, pelo valor real do imóvel, e a da construtora do prédio. A par da evidente constatação da hipossuficiência dos promitentes compradores, não tendo condições de apreciar o risco do negócio jurídico, certamente competiria à instituição credora fiscalizar o repasse das quantias, adotando as medidas pertinentes no momento adequado. A *supressio* se evidencia quando o titular de um direito subjetivo negligencia o seu exercício e, tardiamente, o exige em face de quem agiu de acordo com legítimas expectativas de confiança sobre a quitação do preço. Acresça-se que o mesmo raciocínio aplicável ao contrato de hipoteca estende-se ao difundido contrato de alienação fiduciária. A recusa do banco em substituir a garantia dada pela incorporadora em contrato de financiamento imobiliário, mesmo após a ciência de que a unidade habitacional se encontrava quitada, viola os deveres contratuais da informação e cooperação, tornando ineficaz o gravame perante o adquirente (STJ, REsp n. 1.576.164, 3ª T., j. 21.06.2019).

Em simetria, a função social do contrato também autoriza a configuração do modelo jurídico do "terceiro ofensor". Da mesma forma que um terceiro está protegido de contratos que possam vir a lhe prejudicar, os contratantes também estão protegidos da conduta de terceiros que possam prejudicar o vínculo. Aqui também impacta a distinção entre a eficácia das obrigações contratuais e a sua oponibilidade: "O princípio da função social condiciona o exercício da liberdade contratual e torna o contrato, como situação jurídica merecedora de tutela, oponível *erga omnes*. Isto é, todos têm o dever de se abster da prática de atos (inclusive a celebração de contratos) que saibam prejudiciais ou comprometedores da satisfação de créditos alheios. A oponibilidade dos contratos traduz-se, portanto, nesta obrigação de não fazer, imposta àquele que conhece o conteúdo de um contrato, embora dele não seja parte. Isso não implica tornar as obrigações contratuais exigíveis em face de terceiros (é o que a relatividade impede), mas impõe a terceiros o respeito por tais situações jurídicas, validamente constituídas e dignas da tutela do ordenamento (é o que a oponibilidade exige)" (NEGREIROS, Teresa. *Teoria dos contratos*. Rio de Janeiro, Renovar, 2004, p. 265). Percebe-se não se tratar de extensão de eficácia contratual a terceiros, mas de oponibilidade geral, que exigirá da coletividade um dever de *neminem laedere*, por imposição de solidariedade nas relações entre contratantes e sociedades. Terceiros não podem ser credores ou devedores de prestações em contratos de que não foram partes. Todavia, quanto aos deveres de conduta, a complexidade de qualquer obrigação exige que no processamento da relação jurídica as partes não possam lesar a sociedade ou por elas serem lesadas. Há uma via de mão dupla que demanda um atuar dos contratantes para o bem comum, assim como um agir da sociedade que não sacrifique o bem individual, considerado solidário em relação aos bens dos demais. O terceiro ofensor também está sujeito à eficácia transubjetiva das obrigações, pois o comportamento do terceiro não pode manifestamente interferir, perturbando o normal desempenho da prestação pelas partes. Para o que nos interessa, a tendência ao fortalecimento da autonomia privada pode ser complementada com uma análise da função social do contrato pela qual a violação ao dever anexo de proteção não seja restrita à boa-fé objetiva no âmbito interno dos contratantes, mas seja igualmente visualizada quando um terceiro contribui para o descumprimento de uma relação obrigacional em curso, mediante a realização de um segundo contrato – incompatível com o primeiro, frustrando as finalidades do credor por propiciar o inadimplemento e a consequente destruição da obrigação inicial.

Em 2022, o STJ decidiu que: "Terceiro ofensor também está sujeito à eficácia transubjetiva das obrigações, haja vista que seu comportamento não pode interferir indevidamente na relação, perturbando o normal desempenho da prestação pelas partes, sob pena de se responsabilizar pelos danos decorrentes de sua conduta". Segundo a decisão, a responsabilização de um terceiro, alheio à relação contratual, decorre da sua não funcionalização sob a perspectiva social da autonomia contratual, incorporando como razão prática a confiança e o desenvolvimento social na conduta daqueles que exercem sua liberdade. O terceiro não pode se associar a uma das partes para descumprir com a obrigação. Nesse caso, seria um terceiro-cúmplice no inadimplemento daquela prestação. Uma das hipóteses em que a conduta condenável do terceiro pode gerar sua responsabilização é a indução interferente ilícita, na qual o terceiro imiscui-se na relação contratual mediante informações ou conselhos com o intuito de estimular uma das partes a não cumprir seus deveres contratuais. Por sua vez, nota-se que esse entendimento tem sido aplicado para se reconhecer a responsabilidade do terceiro em relação a danos materiais causados aos contratantes em razão de seu comportamento, mas esse raciocínio é plenamente aplicável aos casos em que o proceder do terceiro configure danos extrapatrimoniais. Em face dessas premissas, constata-se que o caso concreto configura uma hipótese em que o terceiro ofensor causou lesão a um interesse existencial do atleta. Conforme o quadro fático delineado, ao enviar correspondência à patrocinadora do jogador de futebol, fez-se expressa menção a uma denúncia criminal oferecida perante a Justiça da Espanha, mas sem se limitar à mera reprodução dos fatos narrados na acusação criminal, tendo emitido juízo de valor sobre as circunstâncias e adjetivado a conduta do atleta como mentirosa, fraudulenta e desonesta. A conduta não pode ser caracterizada como exercício de sua liberdade de expressão, porquanto este direito constitucional compreende a autonomia de receber e transmitir informações ou ideias sem uma validação ou censura prévias por terceiros, mas encontra limites nos demais direitos fundamentais individuais. Por conseguinte, não configura ato ilícito a notícia de fatos verossímeis mediante opiniões severas ou irônicas, sobretudo quando se tratar de figuras públicas, o que, todavia, não justifica o ataque pessoal à vítima. Não se descura, também, de que o vínculo contratual entre atleta e patrocinadora não se rompeu após a emissão da carta, o que, contudo, não afasta a pretensão indenizatória do autor, pois, caso o contrato viesse a ser rescindido em decorrência da conduta da recorrente, a indenização abrangeria não apenas aquela decorrente dos danos morais, mas também a relativa aos danos patrimoniais por ele suportados (processo sob segredo de justiça, 3ª T., rel. Min. Marco Aurélio Bellizze, *DJe* 29.04.2022).

Qual é a sanção adequada à ruptura da função social de um contrato? Em casos extremos, o negócio jurídico deve ser invalidado por nulidade, uma vez ofendida norma de ordem pública, nos termos do parágrafo único do art. 2.035 do CC, se a ofensa ocorrer na origem da relação contratual. De toda sorte, deve-se buscar prestigiar o princípio da conservação dos negócios jurídicos, sempre que possível, restringindo a sanção ao plano da ineficácia da cláusula ofensiva à função social, mantendo-se a relação jurídica no restante. É o que se pode depreender da própria redação do art. 421 do CC, que se refere à relação entre a função social e o exercício (e não a validade) da liberdade contratual. Caso a violação à função social ocorra em momento diverso do da origem do contrato, também deve-se aplicar o mesmo entendimento. Nesse sentido, observa-se o Enunciado n. 22 do CJF: "A função social do contrato, prevista no art. 421 do novo CC, constitui cláusula geral que reforça o princípio de conservação do contrato, assegurando trocas úteis e justas".

No contexto da covid-19, uma última derivação do princípio da função social do contrato encontra maior evidência. Cuida-se da figura da frustração do fim do contrato. Situações em que, a despeito da permanência da viabilidade do cumprimento, a *performance* se torna algo radicalmente diverso da causa concreta do contrato. "A frustração do fim do contrato, como hipótese que não se confunde com a impossibilidade da prestação ou com a excessiva onerosidade, tem guarida no Direito brasileiro pela aplicação do art. 421 do CC" (Enunciado n. 166 do CJF). Trata-se de hipótese de impossibilidade objetiva total e superveniente da prestação na qual não há propriamente um fato do príncipe – atos normativos que suspendam ou proíbam uma atividade e inviabilizem o cumprimento de uma prestação –, mas que, a despeito de formalmente viável em seu sentido literal, o evento superveniente converte a prestação em algo radicalmente diferente, que, caso cumprido, seria algo completamente diferente do que fora originariamente previsto pelas partes. Ilustrativamente, uma conferência cancelada em razão de normas que impedem aglomerações em razão da pandemia pode justificar a frustração do fim do contrato de locação do espaço, se esse contrato foi concebido por ambas as partes tendo como causa concreta o evento cancelado. Vale dizer, conforme a alteração das circunstâncias, uma prestação pode se tornar impossível (força maior – art. 393, CC), extremamente dificultada (onerosidade excessiva – art. 478, CC) ou inútil (frustração do fim do contrato – art. 421, CC).

A teor do parágrafo único do art. 421, "nas relações contratuais privadas, prevalecerão o princípio da intervenção mínima e a excepcionalidade da revisão contratual". Dividiremos o exame da regra em duas partes. Ao determinar que a intervenção mínima prevalecerá nas relações contratuais privadas, a norma vincula Legislativo, Executivo e Judiciário à primazia da autonomia privada no âmbito das relações interindividuais e interempresariais. O legislador parte da premissa de que a eficácia horizontal de direitos fundamentais nas relações privadas somente se justificará como contenção do âmbito de liberdade dos contratantes quando presente uma assimetria substancial entre as partes, apenas verificada nas relações de consumo, porém inexistente nos pactos estabelecidos entre os quase-iguais (contratos civis) e os iguais (contratos empresariais). Ou seja, quando não se identifica em um dos polos da relação contratual a figura do consumidor – destinatário final de um produto ou serviço –, há de se prestigiar a liberdade contratual, a intangibilidade do pactuado e a relatividade do conteúdo negocial (infenso a terceiros), com espaço reduzido para as emanações do princípio constitucional da solidariedade, quais sejam: incidência da boa-fé objetiva, função social do contrato e equilíbrio contratual. Nesse sentido, dispõe o Enunciado n. 29 da I Jornada de Direito Comercial que "aplicam-se aos negócios jurídicos entre empresários a função social do contrato e a boa-fé objetiva (arts. 421 e 422 do CC), em conformidade com as especificidades dos contratos empresariais". A mitigação do alcance dos aludidos princípios contratuais como contenção dos excessos da autonomia privada é claramente percebida na redação do § 2º do art. 113, ao dispor que "as partes poderão livremente pactuar regras de interpretação, de preenchimento de lacunas e de integração dos negócios jurídicos diversas daquelas previstas em lei". Ou seja, pretendeu-se excluir do conceito de "norma de ordem pública" os cânones hermenêuticos da boa-fé objetiva, eis que os contratantes poderão expressamente indicar formas diversas de interpretação da avença. Nesse contexto, menciona-se o entendimento fixado pelo STJ, no *Informativo* n. 15 (Edição Extraordinária), de 23.01.2024, de que "não se mostra arbitrária ou discriminatória a exclusão, dos quadros da cooperativa, de médico cooperado que fundou nova cooperativa médica para operar no mesmo campo econômico da anterior, gerando evidente conflito de interesses". Afinal, ainda que, de acordo com princípio das portas abertas, que rege o sistema cooperativo, não possam existir restrições arbitrárias e discriminatórias à livre entrada de novos membros nas cooperativas, a livre adesão de cooperados não pode ser compreendida como princípio absoluto, mormente diante da necessidade de que a cooperativa defenda seus interesses legítimos, zelando não só pela qualidade do atendimento, mas também por sua saúde financeira e consequente sobrevivência no mercado do ramo de planos de saúde, sendo, por essa razão, legítimas as cláusulas estatutárias que visem evitar situações de conflitos de interesses que possam prejudicar o desempenho de sua atividade econômica (REsp n. 1.311.662/RJ, 4ª T., rel. Min. Raul Araújo, j. 12.09.2023, *DJe* 21.09.2023, por unanimidade).

Em sentido complementar, podemos dizer que o princípio da intervenção mínima particulariza o art. 2º da Lei n. 13.874/2019 (Lei da Liberdade Econômica) para o direito civil. Quando o art. 2º dessa lei enuncia a sua principiologia, inclui no inc. III "a intervenção subsidiária e excepcional do Estado sobre o exercício de atividades econômicas". Ao constranger a atuação estatal desmedida nas relações privadas, o legislador evita a exigência de autorizações imotivadas para a realização de atividades econômicas e dos contratos que lhe dão amparo, bem como ao dever de proporcionalidade do legislador ao mitigar a liberdade de iniciativa. A norma não se dirige apenas aos Poderes Executivo e Legislativo, pois também tutela os contratantes perante uma excessiva intervenção judicial, que comprometa a segurança jurídica.

Não há dúvidas de que existem espaços da economia que exigem uma desregulamentação, sobremodo pelo fator de insegurança consequente à forma heterodoxa com que, por vezes, juízes e tribunais aplicam os deveres anexos da boa-fé, a teoria do abuso do direito, a eficácia externa dos contratos e a teoria da imprevisão. Contudo, quando se decide pela incidência preferencial de um princípio da "intervenção mínima", o legislador negligencia que no amplo território das "relações contratuais privadas" existem assimetrias que – se não justificam a criação de um estatuto contratual diverso como o CDC – merecem atenção especial do ordenamento jurídico e exigem atuação estatal, sobretudo quanto aos *standards* de aplicação direta dos direitos fundamentais na resolução de litígios privados, levando-se sempre em consideração uma análise tópica voltada às peculiaridades de cada caso concreto. Aqui sugerimos três critérios objetivos: a) o grau de desigualdade fática entre as partes. A assimetria de poder numa relação aparentemente privada tende a comprometer o exercício da autonomia da parte mais fraca. Por isso, quanto mais a relação for assimétrica, maior será a vinculação da parte mais forte ao direito fundamental em jogo, e menor a tutela da autonomia privada; b) a natureza da questão sobre a qual gravita a controvérsia. Nas questões ligadas às opções existenciais da pessoa, a proteção à autonomia privada é maior. Já nos casos em que a autonomia do sujeito de direito ligar-se a alguma decisão de cunho puramente econômico ou patrimonial, tenderá a ser mais intensa a tutela ao direito fundamental contraposto; c) nas relações patrimoniais, a proteção da autonomia privada será maior quando estiverem em jogo bens considerados supérfluos para a vida humana, e menor quando o caso envolver bens essenciais para a dignidade da pessoa.

A segunda parte do parágrafo único acrescenta a excepcionalidade da revisão contratual (inc. III). Até o advento da Lei n. 13.874/2019 não havia norma geral com previsão de revisão de contratos, mesmo em situações excepcionais: a possibilidade de modificação dos efeitos dos contratos somente era admitida nas hipóteses dos arts. 157, § 2º, 317, 478 ou 479 do CC. Nenhum desses casos é propriamente uma hipótese de revisão geral dos contratos. Outras disposições sobre empreitada (art. 620 do CC) e locação (art. 19 da Lei n. 8.245/91) indicam hipóteses concretas e específicas. A norma de maior generalidade no sistema brasileiro é o dispositivo do art. 317 do CC, que funciona como mecanismo de revisão da prestação nas hipóteses de alterações supervenientes das circunstâncias, quando uma prestação se torna excessivamente onerosa para uma das partes, o que consequentemente afeta o contrato e justifica sua revisão.

Em um cenário de pandemia, a noção genérica de excepcionalidade da revisão de contratos interempresariais e intercivis abre o questionamento sobre a possibilidade de revisão dos contratos em hipóteses excepcionais ou quando atendidos os requisitos de alguma das teorias, como "teoria da imprevisão", "teoria da quebra da base objetiva" ou "teoria da onerosidade excessiva", tendo em vista que não há circunstância mais extraordinária e excepcional do que o surto de coronavírus. Não bastasse a situação fática de isolamento social considerado como necessário para evitar a proliferação do vírus, há uma miríade de atos normativos federais, estaduais e municipais restringindo o comércio, a circulação, o transporte de pessoas, entre outras limitações, cujos efeitos sobre os contratos são evidentes. As situações vividas por conta da suspensão do transporte de pessoas ou fechamento temporário de *shopping centers* certamente levarão à necessária alteração dos ajustes contratuais, tendo em vista fatos extraordinários, muitos inevitáveis e também imprevisíveis. A maior parte dos casos será ajustada entre as partes que, cientes da gravidade da situação, encontrarão alternativas adequadas e consensuais. Entretanto, haverá tantas outras que exigirão uma solução jurídica heterocompositiva para evento de magnitude como o que estamos passando. A parte final desse parágrafo único, como enfatiza Gerson Branco, detém conteúdo genérico, porém não pode ser considerado unicamente programático, tendo em vista que o sistema do Código acolhe hipóteses de tangibilidade contratual, assim como a tradição do direito privado nunca descurou da possibilidade de revisão das condições contratuais em situações extremas, seja pela presença de cláusulas abusivas e do esforço de integração e interpretação do contrato, seja pela alteração superveniente das circunstâncias, que devem prover as linhas para a interpretação e consolidação dessa nova norma, especialmente pertinente diante da grande crise na qual estamos submersos. Caberá agora à nossa doutrina completar o trabalho e enfrentar as inúmeras situações decorrentes da pandemia, que provocarão importantes alterações na "vida de relação" (na expressão cunhada por Emílio Betti), compreendida não somente em sua dimensão econômica, mas fundamentalmente ética e social (BRANCO, Gerson Luiz Carlos. Função social dos contratos, lei da liberdade econômica e o coronavírus. Disponível em: https://www.conjur.com.br/2020-mar-30/direito-civil-atual-funcao-social-contratos-lei-liberdade-economica-coronavirus. Acesso em: 06.07.2020).

---

**Art. 421-A. Os contratos civis e empresariais presumem-se paritários e simétricos até a presença de elementos concretos que justifiquem o afastamento dessa presunção, ressalvados os regimes jurídicos previstos em leis especiais, garantido também que:**

Artigo acrescentado pela Lei n. 13.874, de 20.09.2019.

**I – as partes negociantes poderão estabelecer parâmetros objetivos para a interpretação das cláusulas negociais e de seus pressupostos de revisão ou de resolução;**

**II – a alocação de riscos definida pelas partes deve ser respeitada e observada; e**

**III – a revisão contratual somente ocorrerá de maneira excepcional e limitada.**

---

O dispositivo incluído pela Lei n. 13.874/2019 estabelece importante distinção entre contratos civis e empresariais, aparentemente em descompasso com o que pretendeu o legislador de 2002, que buscou unificar as relações civis e empresariais, porém com exclusão de regulação das relações consumeristas. Enquanto o CC/1916 se servia de um conceito abstrato de "sujeito de direito" para exprimir uma teoria contratual forjada na igualdade formal entre contratantes que realizavam contratos paritários, o Código Reale abdicou do viés universalizante e, perfilhando-se ao art. 5º, XXXII, tratou de reger as relações civis e empresariais, relegando a análise das relações de consumo ao CDC.

Contudo, a nova redação do art. 421-A inaugura um novo capítulo no fenômeno da pluralização da subjetividade jurídica, autonomizando os contratos intercivis dos empresariais. Nas relações contratuais, as qualificações de civis, consumidores ou empresários são estatutárias e relacionais, pois, exemplificativamente, só poderá ser tratado como consumidor quem estiver situado em determinada relação (relação de consumo) e em determinada posição (*status*), conforme as circunstâncias do caso. Todos somos pessoas em qualquer circunstância, mas em cada contrato serão as circunstâncias que constituirão o filtro pelo qual serão sopesados os princípios e as regras contratuais, em consonância com os papéis sociais desempenhados pelos sujeitos contratantes. Após invocar o diálogo de fontes de Eric Jayme como forma de expressar a necessidade de uma aplicação das leis de direito privado coexistentes no ordenamento brasileiro, Cláudia Lima Marques ensina que a construção de um direito privado depende do grau de domínio dos aplicadores do direito sobre o sistema de coexistência do direito civil, do empresarial e do consumidor, "pois a reconstrução do direito privado brasileiro identificou três sujeitos: o civil, o empresário e o consumidor" (*O novo modelo de direito privado brasileiro e os contratos*, p. 55). Isso significa que o Código de 2002 disciplina as relações intercivis e interempresariais (entre iguais ou quase iguais), mas abdica de cuidar das relações entre consumidores e fornecedores (desiguais), incidindo microssistema legislativo específico para tanto, o CDC. Todavia, o *status* de cada um desses personagens é essencialmente dinâmico. Aquele sujeito de direito que, em determinada relação obrigacional, desempenha o papel de empresário, poderá atuar como civil em outro contrato, nada impedindo que, em algum momento, se identifique como consumidor. O mesmo tipo contratual ensejará aplicação de normas distintas, conforme a mutação subjetiva e finalística da hipótese de incidência. Quer dizer, a igualdade ou a diferença serão contextualizadas, de acordo com o papel a ser desempenhado pelo agente econômico comparativamente ao outro agente econômico de determinada relação jurídica. Um contrato de compra e venda será civil, empresarial ou de consumo conforme a posição que se encontre naquela obrigação específica. Três protagonistas que culminam por imprimir uma divisão entre um direito civil geral (a teoria geral das obrigações) e dois direitos especiais, o direito empresarial e o direito do consumidor. Em comum, o fato de que a constitucionalização do direito privado abarca os três modelos legislativos. A CF direciona o sistema jurídico de forma holística; o CC ocupa o posto de centralidade do direito privado e o microssistema consumerista atua de forma especial, podendo se servir do CC em caráter de complementaridade.

Nesta linha, decidiu o STJ, *Informativo* n. 768, de 28.03.2023: "De acordo com a teoria do diálogo das fontes, as fontes normativas, que hoje são plurais e, em muitos casos, convergentes, no lugar de apenas se excluírem mutuamente, devem também, frequentemente, dialogar entre si, cabendo ao aplicador do Direito coordená-las. Considerando especificamente a relação existente entre o direito da concorrência e o direito do consumidor, o diálogo se dá, nesse caso específico, sob a forma de coordenação e de adaptação sistemática. No entanto, esse diálogo de coordenação e de adaptação sistemática entre direito da concorrência e direito do consumidor apenas ocorre quando, de um lado, as normas consumeristas reforçam a proteção ao mercado concorrencial, ou quando, de outro lado, as normas concorrenciais somam esforços na proteção do consumidor" (REsp n. 1.866.232/SP, rel. Min. Paulo de Tarso Sanseverino, 3ª T., *DJe* 23.03.2023).

No tocante às relações de consumo, "Ao estabelecer as normas destinadas à proteção contratual do consumidor, o legislador não revogou a liberdade contratual, impondo-se apenas uma maior atenção ao equilíbrio entre as partes, numa relação naturalmente desequilibrada. A proteção contratual não é, portanto, sinônimo de impossibilidade absoluta de cláusulas restritivas de direito, mas de imposição de razoabilidade e proporcionalidade, sempre se tomando em consideração a natureza do serviço ou produto contratado" (STJ, *Informativo* n. 651, 02.08.2019, REsp n. 1.778.574/DF, rel. Min. Marco Aurélio Bellizze, 3ª T., *DJe* 28.06.2019). Ou seja, quando tratamos do chamado "direito à diferença", para muitos uma quarta geração de direitos fundamentais, a intrínseca vulnerabilidade do consumidor e a assimetria relacional impactam em normas que evitam o tratamento discriminatório daquele que adquire bens ou serviços no mercado, mas jamais suprime a autonomia privada, princípio basilar do direito civil. A defesa do consumidor se encontra no mesmo patamar constitucional da tutela da propriedade e da livre concorrência (art. 170, CF), qualquer hipótese de tensão entre os princípios será sujeita à otimização pela técnica da ponderação.

E os contratos empresariais? Pode-se dizer que o seu traço distintivo se encontra em requisitos subjetivos e objetivos: é aquele celebrado entre empresários (individuais/SLU/sociedades empresárias), no exercício da atividade empresária, ou seja, uma atividade economicamente organizada para a produção ou circulação de bens e serviços.

A distinção entre contratos civis e empresariais já é conhecida pela doutrina. A mens legis do dispositivo em comento já fora antecipada por dois enunciados do CJF. O primeiro deles é o n. 25 da I Jornada de Direito Comercial: "a revisão do contrato por onerosidade excessiva fundada no CC deve levar em conta a natureza do objeto do contrato. Nas relações empresariais, deve-se presumir a sofisticação dos contratantes e observar a alocação de riscos por eles acordada". O segundo é o n. 439 da V Jornada de Direito Civil: "A revisão do contrato por onerosidade excessiva fundada no CC deve levar em conta a natureza do objeto do contrato. Nas relações empresariais, observar-se-á a sofisticação dos contratantes e a alocação de riscos por eles assumidas com o contrato".

Se fizermos questão de ressaltar as distinções entre contratos empresariais e civis, por qual razão eles figuram juntos no *caput*? Isso se explica pelo fato de que existem similitudes. Em regra, ambos se qualificam como contratos de lucro. Tanto empresários como civis contratam com a intenção comum de obter benefícios econômicos. Isso é autoevidente nos contratos interempresariais, mas também é corriqueiro em contratos entre um não empresário e um empresário ou entre dois não empresários (*v. g.*, mútuo feneratício, art. 591, CC).

Como síntese, podemos dizer que o contrato contemporâneo é um ponto de encontro entre direitos fundamentais. A gradação da autonomia privada irá oscilar conforme a eficácia horizontal dos direitos fundamentais nas relações privadas. Portanto, a intensidade da intervenção dos princípios da igualdade material e solidariedade no âmbito conferido primariamente à liberdade dos particulares, por intermédio das cláusulas gerais da boa-fé objetiva, função social do contrato e equilíbrio contratual, dependerá de estarmos diante de contratos empresariais (autonomia privada forte), civis (autonomia privada média) ou consumeristas/massificados/adesão/administrativos/mercados regulados (autonomia privada fraca).

Adiante, a teor do *caput* do art. 421-A, institui-se presunção relativa de paridade e simetria entre as partes nos contratos civis e empresariais. Paritário é o contrato personalizado e negociado, sendo que na fase pré-contratual há diálogo sobre conteúdo entre sujeitos que o redigem. Por sua vez, simétrico é o contrato no qual o processo de negociação e execução se dá sem preponderância de uma das partes. Em princípio, não se pressupõe assimetria ou vulnerabilidade, presumindo-se que as partes dispõem dos mesmos poderes de negociação. Entretanto, na prática. é comum, mesmo que no âmbito empresarial, o desequilíbrio entre as partes. Ou seja, a presunção em comento é relativa e cede quando houver dependência econômica de uma das partes. Isto é, no direito empresarial eventual assimetria não deriva de uma vulnerabilidade congênita, mas da episódica constatação de uma dependência empresarial, visualizada quando um dos contratantes possui supremacia com possibilidade de impor as condições contratuais em um cenário no qual uma das empresas organizará as suas atividades segundo as diretrizes emanadas pelo outro empresário. Trata-se de um dado da experiência não incomum em contratos de colaboração, franquia e representação. Na situação de dependência econômica afloram cláusulas potestativas que conduzem ao enriquecimento injustificado e ao abuso do direito. Por essa razão, se existe discrepância de força econômica entre as partes, a tendência é que a mais forte redija as cláusulas do contrato de adesão. Nesse caso, uma das partes imporá o conteúdo contratual, sujeitando a outra a previsões abusivas. Elementos concretos revelam a assimetria por circunstâncias negociais. Na Análise Econômica do Direito, cogita-se do "efeito de aprisionamento" (*lock-in effect*). Hipóteses em que os altos custos de saída da relação contratual, mantém um dos contraentes atado ao vínculo em evidente lesão ao princípio da boa-fé objetiva, também presente nas relações interempresariais, mesmo que de forma menos intensa que nos contratos civis.

A quebra da presunção de paridade e simetria não apenas exsurge em cenários de dependência econômica. Quando saímos do padrão empresarial e civil dos contratos de lucro e migramos para os contratos existenciais, a qualificação jurídica se altera. O que caracteriza o contrato existencial não é a ausência do intuito de lucro, mas o fato de que o interesse primário de uma das partes é de caráter extrapatrimonial e se vincula ao acesso a um bem essencial à subsistência, mesmo com origem em uma prestação patrimonial. Se em relações de consumo, proliferam contratos existenciais, como de educação, energia elétrica e planos de saúde (STJ, REsp n. 1.330.919/MT, rel. Min. Luis Felipe Salomão, 4ª T., j. 02.08.2016), temos que lembrar que eles também figuram em relações intercivis como em contratos de locação ou compra e venda de imóvel para moradia. A necessidade de contratar – ínsita aos contratos existenciais – não se confunde com a vulnerabilidade das relações de consumo, porém, em comum, cuida-se de hipóteses em que a autonomia privada será conformada com mais intensidade aos princípios sociais contratuais.

Relativamente aos três incisos do art. 421-A, a autonomia privada viabiliza que, em contratos paritários interempresariais e intercivis, os contratantes envidem uma gestão de riscos, precavendo-se contra eventuais vicissitudes ao longo do iter obrigacional, estabelecendo a equação econômica que fundamenta a correspectividade do contrato. A Lei n. 13.874/2019 (Lei da Liberdade Econômica) revigorou a autodeterminação em termos de primazia de soluções consensuais em detrimento da heteronomia judicial, valorizando a alocação de riscos. Seguindo a noção de Enzo Roppo do contrato como vestimenta das operações econômicas, o art. 421-A captura um redimensionamento do sentido de contrato, que não mais se exaure no negócio jurídico bilateral que lhe deu origem, convertendo-se em uma "atividade contratual", realidade em permanente construção. Assim, é lícito às partes a delimitação consensual das esferas de responsabilidade para que possam se precaver contra eventuais vicissitudes. O contrato passa a ser tido como um instrumento jurídico posto à disposição das partes para a alocação de riscos economicamente previsíveis, para hoje e para o futuro. Com a gestão de riscos, as partes convertem a causa abstrata do contrato em uma causa concreta. Assim, mal ou bem gerido, o risco superveniente não ensejará intervenção externa sobre o que se convencionou. Diversamente da causa abstrata, consiste a causa concreta no objetivo prático visado pelas partes quando da celebração do negócio jurídico, sendo esse um fim a que se dirige dado negócio jurídico específico. Esse fim é imantado pelo que se pode denominar de função econômica do contrato, ou seja, quais os contributos econômicos que as partes razoavelmente podem esperar como advindos da relação negocial celebrada. A definição desse fim econômico prático que integra a causa concreta é correlata ao exercício da liberdade econômica.

Aliás, de acordo com o Enunciado n. 649 da IX Jornada de Direito Civil do CJF: "O art. 421-A, I, confere às partes a possibilidade de estabelecerem critérios para a redução da cláusula penal, desde que não seja afastada a incidência do art. 413".

Ao comentarmos o art. 478, trataremos do impacto da gestão de riscos sobre o fenômeno da alteração das circunstâncias por onerosidade excessiva. Contudo, já adiantamos que, ao facultar às partes negociantes a criação de pressupostos de revisão ou de resolução contratual (inc. I) e determinar que a alocação de riscos definida pelas partes deve ser respeitada e observada (inc. II), o art. 421-A sinaliza que no âmbito dos contratos civis e empresariais, o art. 478 do CC se coloca como regra subsidiária, apenas aplicável nos casos em que não houver uma gestão de riscos ou para os eventos supervenientes que extrapolem a álea, ingressando no terreno da "imprevisibilidade". Em sintonia, o Enunciado n. 23, aprovado na I Jornada de Direito Comercial, promovido pelo CJF em março de 2013 enfatiza que: "em contratos empresariais, é lícito às partes contratantes estabelecer parâmetros objetivos para a interpretação dos requisitos de revisão e/ou resolução do pacto contratual".

Excepcione-se tão somente às hipóteses de dependência no contexto empresarial. Como já observado, mesmo no entorno das relações empresariais é possível a existência de discrepância de poder econômico e técnico entre as partes. É corriqueira a contratação pela técnica de adesão em contratos de franquia ou *shopping center*. Assim, possibilitar a inserção de cláusulas com critérios objetivos de revisão ou resolução do contrato pode intensificar eventual desequilíbrio entre as partes contratantes.

**Art. 422. Os contratantes são obrigados a guardar, assim na conclusão do contrato, como em sua execução, os princípios de probidade e boa-fé.**

O CC tem como três grandes paradigmas a eticidade, a socialidade e a operabilidade. Destacamos aqui a eticidade, podendo ser conceituada como uma forma de comportamento desejável em determinado contexto espacial e temporal. A boa-fé objetiva é uma das formas de explicitação da diretriz da eticidade, atuando como parâmetro objetivo para direcionar os contratantes na aferição das condutas honestas e leais que guardem adequação com o acordado pelas partes, com correlação objetiva entre meios e fins. A boa-fé objetiva é uma boa-fé normativa e, por abranger a tutela de legítimas expectativas de confiança, poder-se-ia mesmo se cogitar de uma superposição, considerando-se a boa-fé como "confiança objetivada", no qual a confiança não se reduz a um estado de fato, porém crença efetiva em que o proceder recíproco não lesará as legítimas expectativas de confiança quanto ao agir, antes, durante ou depois do exaurimento das obrigações negociais. Cuida-se de verdadeiro *standard* jurídico, ou regra de comportamento. Por meio desse princípio, o comportamento das partes negociais deve estar de acordo com determinados padrões sociais de lisura e correção, de modo a visualizar no outro contratante um idêntico titular de direitos fundamentais, e não um antagonista. Percebe-se então uma atuação refletida, refletindo no outro, o parceiro. Em conclusão, a boa-fé é um arquétipo, no qual cada contratante ajusta a sua conduta a um determinado modelo objetivo de comportamento. A conduta esperada é a devida. Ao contrário do que se cogita a um primeiro olhar, a boa-fé fortalece a autonomia privada, pois estabiliza expectativas de comportamento, o que fortalece a segurança jurídica. A boa-fé, sob o pálio da confiança legítima, é fundamento para a força obrigatória dos contratos, ao lado do valor jurídico da promessa. Consequentemente, o negócio jurídico se solidifica como espaço de cooperação e respeito.

Portanto, a boa-fé atua, simultaneamente, como (I) modelo jurídico pois dela decorrem distintas figuras e manifestações, é ainda um (II) modelo de comportamento, pelo qual as partes na relação obrigacional ajustam suas condutas àquilo que comumente acontece em certo campo do tráfego jurídico e, finalmente atua como (III) princípio e cláusula geral, indicando um estado ideal de coisas, com alto grau de vagueza semântica, exigindo critérios de concretização por parte da doutrina e dos tribunais.

Não se confunde com a tradicional boa-fé subjetiva, um estado psicológico em que alguém possui a crença de ser titular de um direito que, em verdade, só existe na aparência. Na boa-fé psicológica o indivíduo se encontra em escusável situação de ignorância sobre a realidade dos fatos e da lesão a direito alheio. Apesar de não ser um princípio, a boa-fé subjetiva é considerada pelo legislador em várias passagens, ilustrativamente, nos arts. 1.201, 1.214, 1.219 e 1.561 do CC. A boa-fé subjetiva é uma "boa-fé de fato", estado anímico de desconhecimento de violação de situações jurídicas alheias, não sindicável por natureza. Isto é, com base em dados empíricos se presume a boa-fé subjetiva, para se confiar na plausibilidade de uma determinada situação. Enfim, a tutela da aparência em prol de quem tem crença de respeitar um direito não é um princípio ou regra, porém, elemento do suporte fático de uma regra. Por isso a boa-fé subjetiva é casuística – e possui aplicação restrita. Na maior parte dos casos é irrelevante: ninguém se furta ao cumprimento de regras alegando *animus* ou ignorância de deveres. Mais recentemente, a boa-fé subjetiva restou materializada no art. 3º, V, da Lei n. 13.874/2019. Na Declaração de direitos da liberdade econômica, se diz que é direito de toda pessoa, natural ou jurídica, "gozar de presunção de boa-fé nos atos praticados no exercício da atividade econômica". Uma presunção legal é uma regra cujo conteúdo estabelece efeitos quando da presença de determinada situação. Esse é o senso comum, pois quem alega a má-fé assume o ônus quanto à sua prova, por meio de elementos fáticos.

De toda sorte, as modalidades objetiva e subjetiva da boa-fé não são excludentes, nem necessariamente cumulativas. Um contratante pode estar agindo de boa-fé (subjetiva), mas não segundo a boa-fé (objetiva). A distinção é fundamental, pois a boa-fé objetiva é examinada externamente. Investiga-se a correção da conduta do indivíduo, independentemente de sua convicção. Enquanto isso, à boa-fé subjetiva corresponde à má-fé. O agir humano despido de lealdade e correção é apenas qualificado como carecedor de boa-fé objetiva. Assim como no qual no direito penal, irrelevante é a cogitação do agente. Citamos o famoso exemplo do caso do cantor Zeca Pagodinho, que rompeu contrato em andamento com a empresa A e se vinculou à empresa B, sua concorrente. Some-se a isso a utilização de *slogan*, em sua nova propaganda, que fazia menção, de forma depreciativa, ainda que sutil, à outra marca de cerveja, mediante os dizeres "fui provar outro sabor, eu sei, mas não largo meu amor, voltei". Embora tenha alegado que não sabia do seu compromisso de exclusividade com a empresa (eventual presença de boa-fé subjetiva), houve flagrante quebra do princípio da boa-fé objetiva (TJSP, Ap. Cível n. 9112793-79.2007.8.26.000, rel. Des. Mônaco da Silva).

A boa-fé objetiva tem três principais pressupostos. O primeiro refere-se a uma relação jurídica que ligue duas pessoas, sobre as quais recaem deveres especiais mútuos de conduta. O segundo liga-se aos padrões de comportamento exigíveis do profissional competente, naquilo que se traduz como *bonus pater familiae*. Por fim, o terceiro relaciona-se à reunião de condições suficientes para criar na outra parte um estado de confiança no negócio celebrado. O princípio da boa-fé correlaciona-se com a promoção do valor constitucional do solidarismo, pois há interesse coletivo de que as pessoas pautem seu agir na cooperação e na retidão. Ressalte-se que a boa-fé não pode ser tratada de forma intuicionista, pois não é "sentimento jurídico", segundo um "critério de equidade". A boa-fé distingue-se das noções de equidade e bons costumes. O princípio da boa-fé é justificado sistematicamente, sendo capaz de enunciar comportamentos concretos. Já a equidade não se baseia em regras técnicas e instrumentais, recorrendo a "sentimentos jurídicos", tratando-se de um princípio que permite ao aplicador da norma a possibilidade de abrandar o seu rigor, aproximando o direito da ideia de justiça. Observa-se que requisitos da boa-fé são mais rígidos, pressupondo uma especial confiança entre as pessoas que intervêm na relação jurídica concreta. Enquanto isso, os bons costumes referem-se a algo situado fora do direito e limitado à autonomia privada, já que, ao contrário da boa-fé, eles não prescrevem comportamentos, mas proscrevem condutas ofensivas à moral média. Logo, nem toda violação à boa-fé é contrária aos bons costumes, mas a recíproca não é verdadeira, pois toda conduta imoral representa uma ofensa à boa-fé. A análise da boa-fé no caso concreto deve afastar todo e qualquer aspecto subjetivo. Perquirem-se os aspectos objetivos, indagando-se: qual seria a conduta confiável e leal conforme os padrões culturais incidentes no tempo e no lugar, tendo em vista as peculiaridades das partes envolvidas e do objeto daquele contrato? Com base nessa contextualização, examina-se se os contratantes observaram ou não o padrão esperado. Assim, a boa-fé objetiva norteia o conteúdo geral da colaboração intersubjetiva.

Didaticamente, a boa-fé tem sido sistematizada em três setores operativos que elucidam sua multifuncionalidade: a) função interpretativa; b) função de controle; e c) função integrativa. No plano hermenêutico da otimização do comportamento contratual e do estrito cumprimento ao ordenamento jurídico, o art. 113 do CC dispõe que os negócios jurídicos devem ser interpretados de acordo com a boa-fé. O magistrado perseguirá o sentido correspondente às convenções sociais ao analisar a relação obrigacional que lhe é submetida. Remetemos o leitor aos comentários dos arts. 112 e 113 para um exame aprofundado dos momentos interpretativo e integrativo do negócio jurídico, com os importantes impactos advindos da vigência da Lei da Liberdade Econômica (Lei n. 13.874/2019).

Quanto à função de controle ou função de limite do exercício de direitos subjetivos, o art. 187 do CC dispõe que comete ato ilícito quem, ao exercer o seu direito, exceder manifestamente os limites impostos pela boa-fé, enquadrando-se na figura do abuso de direito. O princípio atua como máxima de conduta ético-jurídica. A cláusula geral do abuso do direito, amplia os limites da ilicitude, servindo a boa fé como termômetro para mensurar a partir de que ponto situações subjetivas formalmente lícitas – acordes com regras – estão sendo exercitadas de forma materialmente ilícita, violando princípios. Essa comparação entre a estrutura do direito e a sua funcionalidade conforma a autonomia privada a boa-fé objetiva. O exercício disfuncional de situações subjetivas enseja a construção de várias teorias que materializam o abuso do direito nos últimos vinte anos: adimplemento substancial, *supressio*, *venire contra factum proprium*, o dever de mitigar o próprio prejuízo, são ilustrações de como a ilicitude não mais se limite a ilegalidade ou a violação formal de regras, porém à contrariedade de um comportamento aos limites éticos do ordenamento jurídico. A matéria é examinada pormenorizadamente no art. 187 do CC.

O art. 422 expõe a função integrativa da boa-fé. O princípio direciona a interpretação do negócio jurídico, assim como é uma fonte geradora de deveres jurídicos para as partes (MARTINS-COSTA, Judith. A *boa-fé no direito privado*. Critérios para sua aplicação. São Paulo, Saraiva, 2018). Devem elas guardar, tanto nas negociações que antecedem o contrato como durante e após a execução deste, o princípio da boa-fé. Nesse ponto, observam-se os deveres de proteção, cooperação e informação – deveres anexos ou laterais –, propiciando a realização positiva do fim contratual na tutela aos bens e à pessoa da outra parte. Assim, a autodeterminação das partes atribui o conteúdo da relação obrigacional, o qual é integrado pela boa-fé. A prestação principal do negócio jurídico (dar, fazer e não fazer) é um dado decorrente da autonomia privada. Os deveres principais da prestação constituem o núcleo dominante, a corporeidade da relação obrigacional. Daí que sejam eles que definem o tipo do contrato. A liberdade contratual delimita a função econômica do negócio jurídico, suprindo a necessidade do credor de obter a utilidade bem ou de um fato por meio do comportamento do devedor. Entre o bem/fato a ser prestado e a necessidade do credor, encontra-se o interesse (*inter + est* = estar entre algo). Com a realização da prestação surge a satisfação do interesse objetivo. Ocorre que a satisfação dos interesses do credor tradicionalmente é vista por vínculo abstrato entre dois polos patrimoniais. Essa é a conformação da "relação obrigacional simples", um nexo estático entre crédito e débito, dimensionados por uma análise externa na qual prevalece um antagonismo, marcado pela subordinação do devedor ao interesse do credor. Nessa concepção, o adimplemento é reduzido à ato formal de realização da prestação (princípio da pontualidade).

Todavia, quando consideramos a boa-fé objetiva como um segundo alicerce do direito civil – ao lado da autonomia privada – podemos, tal como antecipou Clóvis do Couto e Silva, edificar a "obrigação como processo", uma finalidade/totalidade, consubstanciada em processo dinâmico que se inicia nas negociações preliminares e tem o adimplemento como ápice (COUTO E SILVA, Clóvis do. *A obrigação como processo*. Rio de Janeiro, FGV, 2006). Aqui se manifesta a diretriz da concretude, na medida em que se perfaz uma análise interna da relação obrigacional. Tem-se a ética da situação, que resume a marcante citação de José Ortega y Gasset: "Nós somos nós e nossas circunstâncias". Por conseguinte, fontes heterônomas edificam deveres na relação obrigacional, independentemente da vontade de seus participantes. Trata-se dos deveres de conduta, ou também conhecidos como deveres anexos, instrumentais, laterais, de proteção e tutela. Os deveres derivados da boa-fé, embora avolitivos, não são alheios à liberdade econômica. Ao contrário, são a ela instrumentais, na medida em que conduzem à causa concreta definida por meio do exercício dessa mesma liberdade. Os deveres de conduta são conduzidos ao negócio jurídico pela boa-fé, visando colocar a salvo o fiel processamento da relação obrigacional em que a prestação está inserida. Eles incidem sobre o devedor e o credor, protegendo os direitos fundamentais de ambos, promovendo comportamentos colaborativos, conduzindo-os ao "bom" adimplemento. Inexiste bom adimplemento quando há a frustração da causa concreta do contrato, ou seja, do objetivo prático visado pelas partes quando da celebração do negócio jurídico.

Essa postura cooperativa que conduzirá a um ponto de equilíbrio, viabiliza o cumprimento da prestação, com a satisfação dos interesses do credor (obtém a prestação), do devedor (recupera a liberdade jurídica cedida ao início da relação obrigacional), concluindo o projeto obrigacional com o atendimento pontual das expectativas comuns. Não por outra razão, observa-se o conteúdo do Enunciado n. 24 do CJF: "Em virtude do princípio da boa-fé, positivado no art. 422 do novo CC, a violação dos deveres anexos constitui espécie de inadimplemento, independentemente de culpa". Ainda, o Enunciado n. 168 daquele órgão: "O princípio da boa-fé objetiva importa no reconhecimento de um direito a cumprir em favor do titular passivo da obrigação". Ressalte-se que os deveres avoluntários de conduta são exigências fundadas na boa-fé e decorrentes do sistema, propiciando um alargamento do conteúdo contratual, o qual não se reporta a uma vontade tácita das partes, mas resulta de uma direta intervenção heterônoma, legitimada pela assunção de que o contrato atende, ou deva atender, a finalidades sociais.

O perímetro da boa-fé objetiva é mais amplo que aquele destinado ao negócio jurídico. Em verdade, as partes contratam mais do que aquilo que foi contratado. Isso é autoevidente nos contratos de duração, de execução sucessiva no tempo, diferentemente dos contratos instantâneas, em que há coincidência temporal entre a contratação e a execução. Nas obrigações duradouras requer-se especial observância de diligência no cumprimento da atividade assumida, já que, em uma vinculação de grande período, cada uma das partes depende, mais do que em qualquer outro caso, da boa-fé no cumprimento do convencionado. Quando o Enunciado n. 26 do CJF clarifica que "a cláusula geral contida no art. 422 do novo

CC impõe ao juiz interpretar e, quando necessário, suprir e corrigir o contrato segundo a boa-fé objetiva, entendida como a exigência de comportamento leal dos contratantes", culmina por evidenciar que a boa-fé objetiva satisfaz um conjunto de interesses que serão modulados conforme a concretude do vínculo. Enquanto o dever de proteção previne danos às esferas existenciais e patrimoniais das partes, o dever de cooperação (lealdade) remete a uma atuação positiva para garantir o alcance do resultado útil esperado. Some-se a estes o dever de informação, importando no esclarecimento de todos os aspectos atinentes ao desenvolvimento fisiológico da relação jurídica. Conforme deliberou o STJ em 2021 (*Informativo* n. 699), "a proibição à contraditoriedade desleal no exercício de direitos manifesta-se nas figuras da vedação ao comportamento contraditório (*nemo potest venire contra factum proprium*) e de que a ninguém é dado beneficiar-se da própria torpeza (*nemo auditur propriam turpitudinem allegans*). A conservação do negócio jurídico, nessa hipótese, significa dar primazia à confiança provocada na outra parte da relação contratual" (REsp n. 1.881.149/DF, rel. Min. Nancy Andrighi, 3ª T., j. 01.06.2021). Conforme deliberou o STJ em 2021 (*Informativo* n. 699), "a proibição à contraditoriedade desleal no exercício de direitos manifesta-se nas figuras da vedação ao comportamento contraditório (*nemo potest venire contra factum proprium*) e de que a ninguém é dado beneficiar-se da própria torpeza (*nemo auditur propriam turpitudinem allegans*). A conservação do negócio jurídico, nessa hipótese, significa dar primazia à confiança provocada na outra parte da relação contratual" (REsp n. 1.881.149/DF, 3ª T., rel. Min. Nancy Andrighi, j. 01.06.2021).

Depreende-se ainda do art. 422 do CC que os deveres de conduta relacionados ao cumprimento honesto e leal da obrigação também se aplicam às negociações preliminares e sobre aquilo que se passa depois do contrato. A teor do Enunciado n. 170 do CJF: "A boa-fé objetiva deve ser observada pelas partes na fase de negociações preliminares e após a execução do contrato, quando tal exigência decorrer da natureza do contrato". Por conseguinte, desde as tratativas já existe um contato social entre os contraentes, do qual resultam deveres de conduta voltados para a preservação de comportamentos leais e cuidados recíprocos no processo que eventualmente culminará na contratação. A ruptura imotivada das tratativas viola a boa-fé objetiva e compromete a confiança daquele que foi induzido a legítimas expectativas de que o contrato seria realizado. Nesse sentido, em meio a discussão a respeito de violação de patente de invento, no *Informativo* n. 20 (Edição Extraordinária), de 23.07.2023, o STJ determinou que "é possível a responsabilidade civil por ruptura abrupta de tratativas verificada na fase pré-contratual para a aquisição de invento, em decorrência da aplicação do princípio da boa-fé objetiva e diante da legítima expectativa criada" (REsp n. 2.078.517/RJ, 3ª T., rel. Min. Humberto Martins, j. 14.05.2024, *DJe* 22.05.2024, por maioria). Quando surgem deveres independentes a um eventual contrato, cogita-se da "transeficácia das obrigações" como fundamento da responsabilidade pré-negocial. Ilustrativamente, podemos aferir a ruptura imotivada das negociações preliminares quando A faz uma oferta de locação de imóvel comercial condicionada à execução de obras pelo proprietário B que ajustem o espaço às finalidades do empreendimento de A. Assim, A induz a contraparte a crer na contratação mediante a realização de despesas. Todavia, após o fim da reforma, A injustificadamente se retira das negociações. O *venire contra factum proprium* é flagrante em razão da desconformidade objetiva entre o primeiro comportamento, que gerou legítima expectativa de contratação, e o segundo comportamento, que não só frustrou a promessa, mas causou prejuízos a B, seja pela realização de obras, seja por não locar o espaço a terceiros no período das tratativas. Surge aqui importante discussão sobre se a indenização se limita ao interesse negativo de B, ou seja, o dano à confiança, traduzido nas perdas decorrentes da abertura das negociações preliminares – danos emergentes (despesas por obras) e lucros cessantes (oportunidades frustradas) –, ou se acresce ao interesse positivo, vale dizer, a tudo aquilo que B receberia se o contrato fosse celebrado.

Em sentido complementar, como nas palavras de Luiz Edson Fachin, o contrato não principia apenas com sua celebração, e, da mesma forma, "o contrato não acaba quando termina" (FACHIN, Luiz Edson. *Direito civil*: sentidos, transformações e fim. Rio de Janeiro, Renovar, 2015, p. 106). A responsabilidade pós-contratual surge em momento posterior à execução das obrigações negociais, quando um dos contratantes pratica uma conduta lícita, entretanto ofensiva a um dever de conduta independente da obrigação principal. Ocorre um comportamento que ofende a fruição do resultado útil da relação já extinta, violando então a finalidade do negócio jurídico. Nesse caso, tem-se a pós-eficácia dos deveres anexos, pelo fato de a efetividade da boa-fé se identificar com a noção da obrigação complexa, que não se exaure no momento da satisfação da prestação de dar, fazer ou não fazer. A necessidade de cooperação com o parceiro e a proteção de sua integridade físico-psíquica e patrimonial remanescem para além da execução do teor do contrato. Nesse sentido, coloca-se o Enunciado n. 25 do CJF: "O art. 422 do CC não inviabiliza a aplicação pelo julgador do princípio da boa-fé nas fases pré-contratual e pós-contratual". A denominada *culpa post pactum finitum* revela que nem sempre o ato-fato do pagamento e a quitação geram plena satisfação dos interesses objetivos envolvidos na relação jurídica. Se A prestava serviços para a empresa B e passa a desempenhar essa atividade para a empresa C, revelando segredos comerciais para o novo contratante, há evidentemente uma quebra da boa-fé objetiva posterior à extinção das obrigações contratuais. Evidentemente, se houvesse cláusula de confidencialidade não estaríamos diante de responsabilidade pós-contratual, mas de um inadimplemento propriamente dito, dispensando-se o recurso à função integrativa da boa-fé objetiva.

Lembre-se que o CC trata da boa-fé objetiva nos contratos empresariais e civis, em um enfoque qualitativamente diverso do esperado para a sua incidência no CDC. A conformação entre a autonomia privada e os direitos fundamentais é diversa em relações marcadamente assimétricas. Evidentemente, os deveres anexos penetram com maior intensidade no contexto de objetiva vulnerabilidade de contratantes consumidores, sendo ainda mais aguda essa intervenção no bojo de contratos existenciais (nos quais uma das partes busca aceder a bens essenciais) ou contratos cativos de longa duração, marcados por uma dependência estrutural ao fornecedor. Ilustrativamente, como ressai do art. 30 da Lei n. 8.078/90, o dever de informação nas relações consumeristas é mais do que dever anexo, trata-se de parte da obrigação principal por integração contratual compulsória, na medida em que a oferta do fornecedor é negócio jurídico vinculativo.

Em complemento, conforme decidiu o STJ, a regra de impenhorabilidade do bem de família trazida pela Lei n. 8.009/90 deve ser examinada à luz do princípio da boa-fé objetiva, que, além de incidir em todas as relações jurídicas, constitui diretriz interpretativa para as normas do sistema jurídico pátrio – *Informativo* n. 771, de 25.04.2023. Nesse sentido, "o fato de o bem imóvel ter sido adquirido no curso da demanda executiva não afasta a impenhorabilidade do bem de família. As regras que estabelecem hipóteses de impenhorabilidade não são absolutas. O art. 3º da Lei n. 8.009/90 prevê uma série de exceções à impenhorabilidade. A aquisição do imóvel posteriormente à dívida não configura, por si só, fraude à execução, tampouco afasta proteção conferida ao bem de família" (Ag. Int. nos Emb. Decl. no AREsp n. 2.182.745/BA, 4ª T., rel. Min. Raul Araújo, j. 18.04.2023, por unanimidade).

Em termos processuais, o CPC/2015 incluiu a boa-fé objetiva expressamente como norma a ser respeitada na esfera processual. Dispõe seu art. 5º que "aquele que de qualquer forma participa do processo deve comportar-se de acordo com a boa-fé". Ainda, o art. 6º dispõe que "todos os sujeitos do processo devem cooperar entre si para que se obtenha, em tempo razoável, decisão de mérito justa e efetiva". O legislador processual introduziu um modelo cooperativo, fundado no princípio da colaboração. E não se trata de um "simulacro" da boa-fé objetiva do direito privado. A boa-fé prevista no CC supõe a existência de que os interesses das partes convergem para o cumprimento, tal como foi projetado em seu nascedouro, pela exata forma com que se estabeleceu o "projeto obrigacional". Como dissemos linhas acima, o credor busca a satisfação da prestação, o devedor almeja a liberdade que cedeu ao se vincular. De modo diverso, no processo civil os interesses das partes são divergentes, uma vez que já se manifestou a crise do inadimplemento. Portanto, inexiste finalidade comum entre os litigantes, até mesmo porque a sentença e a execução apenas prestigiarão uma das partes. Verifica-se, assim, que a boa-fé processual está direcionada à atuação do magistrado. Ela complementará a boa-fé civil, ao convidar ao diálogo aquele que até então se mantinha em clausura. A condução do processo pelo juiz tem que ser cooperativa (art. 6º). Isso quer dizer que o juiz tem o dever de conduzir o processo de forma paritária, dialogando com as partes a fim de permitir que elas o influenciem nas suas decisões (arts. 9º a 11), legitimando-se a sua postura assimétrica apenas quando prolatada o julgamento da causa. O juiz tem deveres de esclarecimento, de diálogo, de preservação e de auxílio para os litigantes – a fim de que o processo possa de fato dar tutela aos direitos e refletir em seu resultado não um desfecho apenas formal, que extinga o processo sem resolução do mérito (art. 488), mas um fim que efetivamente enfrente o litígio existente entre as partes (art. 490), extinguindo o processo ou uma de suas fases com resolução de mérito (art. 487). (MARINONI, Luiz Guilherme; ARENHART, Sérgio Cruz; MITIDIERO, Daniel. *Novo curso de processo civil*. 2. ed., São Paulo, RT, 2016, p. 82). O processo como instrumento de efetivação do direito material, exige, por meio do princípio colaborativo, um compartilhamento de responsabilidades entre as partes e o juiz, para que se alcance uma decisão justa e efetiva. A par da natural assimetria na fase decisória – naturalmente o ato de sentenciar dispensa a dialética –, todo o comando do processo se dará em bases cooperativas, com destaque para os deveres judiciais anexos perante as partes, de auxílio, diálogo, esclarecimento e prevenção, todos destinados à preservação do equilíbrio de forças no desenrolar da lide. A adoção da boa-fé pelo CPC demonstra que o processo é uma técnica a serviço de uma ética de direito material.

Por isso, precisamos ir além, perseguindo a desjudicialização e a importância do princípio da boa-fé no alcance deste desiderato, tal como ressai do Enunciado n. 28 da II Jornada de Prevenção e Solução Extrajudicial de Litígios do CJF, de 2021: "Os princípios da boa-fé e da cooperação incidem sobre todo o sistema multiportas de acesso à Justiça, inclusive no foro extrajudicial". Com efeito, sendo os princípios da boa-fé e da cooperação de fundamental importância para a efetividade e celeridade da solução das controvérsias, devem ser aplicados não apenas aos processos judiciais, mas a todos e quaisquer instrumentos que compõem o denominado sistema multiportas de acesso à Justiça, notadamente os métodos extrajudiciais de solução de conflitos. No mesmo sentido, o Enunciado n. 132 da II Jornada de Prevenção e Solução Extrajudicial de Litígios do Conselho de Justiça Federal, de 2021: "O princípio da boa-fé objetiva, decorrente da eticidade, aplica-se à mediação". Com efeito, o procedimento da mediação, pautado na autonomia da vontade, pode trazer essa norma de forma extremamente onerosa a uma das partes, devendo, portanto, utilizar os princípios éticos para dar maior neutralidade para a aplicação da sanção no caso concreto.

**A boa-fé e a pandemia:** No extraordinário contexto da covid-19, a pandemia levou ao reconhecimento oficial da ocorrência de estado de calamidade pública no Brasil (Decreto Legislativo n. 6, de 20.03.2020). A qualificação do fato jurídico do coronavírus depende da causa de cada negócio jurídico, ou seja, da averiguação do concreto programa contratual e a identificação de sua funcionalidade. É sempre importante lembrar que não há como qualificar abstratamente um acontecimento na teoria contratual. Dessa maneira, em contratos de execução continuada, a covid-19 poderá se manifestar por três eficácias: a) uma impossibilidade objetiva total e superveniente da prestação, implicando em exoneração do devedor e resolução contratual. O rompimento do nexo causal decorre da necessariedade e inevitabilidade do evento (art. 393, CC). O afastamento do inadimplemento absoluto e da mora pode se dar por atos normativos que suspendem atividades ou inviabilizam o cumprimento de prestações. A resolução também terá lugar nas hipóteses de frustração do fim do contrato. Situações em que a despeito da permanência da viabilidade do cumprimento, a *performance* se torna algo radicalmente diversa da causa concreta do contrato (art. 421, CC); b) uma impossibilidade objetiva relativa da prestação, na qual há um agravamento do sacrifício econômico originário do negócio jurídico. Nas hipóteses de onerosidade excessiva a prestação ainda é viável, mas para se evitar o extremo desequilíbrio o ordenamento oferece um rol de alternativas que passam pela revisão contratual (art. 317, CC), resolução (art. 478, CC), ou mesmo a suspensão da execução contratual; c) por último, o fato jurídico da pandemia se evidencia em um contrato não pela impossibilidade objetiva (seja ela absoluta ou relativa) – pois o cumprimento da prestação não foi abalado –, mas pela própria repercussão sistêmica da covid-19 sobre a conjuntura socioeconômica, gerando situações que oscilam entre uma impossibilidade subjetiva (no qual a parte não dispõe de meios para cumprir), uma dificuldade subjetiva (capacidade de pagamento reduzida).

Consideramos que a boa-fé objetiva é posta a prova na epidemia do coronavírus de duas maneiras.

Primeiramente, momentos de crise, nos quais as necessidades econômicas se agravam, podem ser férteis ao incremento indesejável de comportamentos oportunistas, por vezes incentivados pelo respaldo do Judiciário. No extremo da quebra da boa-fé objetiva, consiste a prática de comportamentos oportunistas em condutas desleais por parte de credores e devedores que mantém a capacidade financeira de pagamento, porém se aproveitam do estado geral de crise para se furtar ao cumprimento de suas obrigações ou obter vantagens ilegítimas. Conforme enuncia Fernando Araújo se localiza no "facto de uma das partes, ou até ambas reciprocamente, poderem fazer degenerar a prometida conduta de cooperação numa conduta de apropriação de ganhos à custa dos interesses e expectativas da contraparte" (ARAÚJO, Fernando. Uma análise económica dos contratos – a abordagem económica, a responsabilidade e a tutela dos interesses contratuais. In: TIMM, Luciano Benetti (org.). *Direito & Economia*. Porto Alegre, Livraria do Advogado, 2008, p. 115). O comportamento leal, em contemplação à confiança legítima pautada na causa concreta do contrato, é a antítese do comportamento oportunista. A busca pelo benefício próprio é inerente às relações econômicas, e é o móvel da própria livre-iniciativa. O que não é desejável, nem para a Economia, nem para o Direito, é a conduta que, em busca desse benefício próprio, sejam empregados meios desleais. Daí por que, em regra, não há espaço no ordenamento jurídico, mesmo no âmbito da grave crise gerada pela covid-19, para pretensões de afastamento da mora apenas pela dificuldade subjetiva de prestar decorrente de redução de fluxo de caixa ou, ainda menos, pelo intento de não ter que recorrer a reservas financeiras ou, mesmo, obtenção de crédito.

Todavia, se, de um lado, é necessário rechaçar eventuais comportamentos oportunistas do devedor, não se pode olvidar que, em casos nos quais os efeitos extraordinários da pandemia efetivamente repercutem sobre o vínculo contratual, a boa-fé exige do credor comportamentos de cooperação, que, se não levados a efeito, também se caracterizarão como comportamentos oportunistas vedados pelo ordenamento. Aqui se destaca o dever de renegociação extrajudicial de contratos, como emanação da função integrativa da boa-fé especialmente importante em períodos de exceção. Em contratos onde não tenha sido inserida cláusula de *hardship*, pensamos ser viável a aplicação do princípio da boa-fé objetiva de forma a se impor um dever das partes de renegociar o conteúdo da avença em caso de onerosidade excessiva. A renegociação extrajudicial sobre as cláusulas atingidas pelo evento superveniente, extraordinário, imprevisível e que não foi objeto de gestão convencional, é uma derivação da incidência da boa-fé em todo o processo obrigacional. Não se trata, evidentemente, de um dever de se alcançar uma solução ou um resultado positivo, medida incoercível. O que se demanda é efetivo início de um processo de repactuação, mediante a comunicação à outra parte da incidência da alteração de circunstâncias, com apresentação a ela de uma proposta a ser estudada com seriedade, mesmo se eventualmente refutada. A nosso ver, a sua violação por uma das partes resultará em pretensão cumulativa de perdas e danos em favor da parte prejudicada, ao tempo em que ingressar com demanda de revisão ou resolução contratual. A recusa da renegociação diante do desequilíbrio contratual que eventualmente venha a favorecer economicamente uma das partes, enseja abuso do direito como comportamento oportunista (art. 187, CC), com eficácia indenizatória. Tal ilícito funcional assume reflexamente uma função preventiva da futura responsabilidade civil, face ao interesse em evitar a excessiva judicialização das ações de revisão e resolução contratual. Destarte, somente quando fracasse a séria tratativa de renegociação se dará o acesso aos arts. 478 e 479 do CC. Nesse sentido, mencionamos o Enunciado n. 169 do CJF: "O princípio da boa-fé objetiva deve levar o credor a evitar o agravamento do próprio prejuízo".

Em 2022, o STJ decidiu que: "É abusiva a rescisão do contrato de plano de saúde pela operadora com fundamento na inadimplência, se quando da notificação exigida pela Lei n. 9.656/98 o consumidor não mais se encontra inadimplente, tendo adimplido todas as parcelas devidas com correção monetária e juros de mora". A boa-fé objetiva impõe à operadora de plano de saúde o dever de agir visando à preservação do vínculo contratual, dada a natureza dos contratos de plano de saúde e a posição de dependência dos beneficiários, especialmente dos idosos. Assim, embora não se possa exigir que ela preste o serviço sem que para tanto receba a devida contraprestação, a rescisão do contrato por inadimplemento, autorizada pelo art. 13, II, da Lei n. 9.656/98, deve ser considerada a última medida, quando falhar a negociação da dívida ou a eventual suspensão do serviço. Sob essa perspectiva, mostra-se contrária aos deveres de cooperação e solidariedade a conduta de rescindir o contrato quando, "embora pagas com atraso, todas as parcelas estavam adimplidas até a competência 10/2020", revelando-se, sobretudo, contraditório o comportamento da operadora de fazê-lo em 2020, em meio à crise sanitária provocada pela pandemia da covid-19, depois de "acatar pagamentos com atraso". A situação de pandemia não constitui, por si só, justificativa para o não pagamento, mas é circunstância que, por seu grave impacto na situação socioeconômica mundial, não pode ser desprezada pelos contratantes, tampouco pelo Poder Judiciário. Não por outro motivo, inclusive, o legislador editou a Lei n. 14.010/2020 para dispor sobre o regime jurídico emergencial e transitório das relações jurídicas de direito privado no período da pandemia do coronavírus (covid-19), fixando como termo inicial o dia 20.03.2020. Conquanto esse regime jurídico emergencial e transitório não se aplique às obrigações vencidas antes de 20.03.2020, como se tem na espécie, dele se extrai a intenção do legislador de garantir a preservação das relações jurídicas e a proteção dos vulneráveis durante o estado de emergência pública. Tal panorama revela a ofensa à boa-fé objetiva pela operadora do plano de saúde ao rescindir o contrato de plano de saúde durante a pandemia (REsp n. 2.001.686/MS, 3ª T., rel. Min. Nancy Andrighi, *DJe* 18.08.2022).

**A boa-fé e o superendividamento:** A Lei n. 14.181/2021 atualiza o CDC para estabelecer um novo regime jurídico de prevenção e tratamento do superendividamento no Brasil. Não se trata de uma espécie de falência da pessoa física, mas sim de uma verdadeira política pública de fomento à concessão de crédito de maneira responsável, de educação financeira e de promoção de conciliação por meio de planos de pagamento, preservando-se a renda necessária para manutenção do consumidor superendividado e sua família com dignidade. Como pontuam Claudia Lima Marques e Laís Gomes Bergstein: "A sanção da Lei n. 14.181/2021 contribui para uma necessária evolução do mercado de crédito, bancário e financeiro para o paradigma do crédito responsável e reforçam a boa-fé que deve guiar as relações de consumo, valorizando o microssistema do CDC e a retomada da economia brasileira com mais dignidade do consumidor. Devolve-se ao superendividado a possibilidade de gestão do seu patrimônio, a dignidade de saldar as suas dívidas e reingressar no mercado de consumo, beneficiando a todos" (Nova Lei do Superendividamento: um respiro para o consumidor. Portal *Migalhas*, 27.07.2021. Disponível em: https://www.migalhas.com.br/depeso/349083/nova-lei-do-superendividamento-um-respiro-para-o-consumidor; acesso em: 20.10.2021).

Além de assegurar um mínimo existencial aos devedores, a Lei n. 14.181/2021 busca prevenir o superendividamento, por meio do crédito responsável, impondo-se a boa-fé não só na cobrança de dívidas, mas também na concessão de crédito. Instituem-se, assim, entre nós, meios legais para prevenir e tratar a questão do superendividamento, que é um fator de cruel exclusão social, sobretudo para brasileiros mais vulneráveis. A Lei n. 14.181/2021 promove, ainda, a harmonia no mercado de consumo, pois ao mesmo tempo em que promove a dignidade do consumidor, dando-lhe a chance do recomeço – em termos patrimoniais –, também possibilita maior igualdade no pagamento da dívida, já que hoje são apenas os bancos, com imensas estruturas de cobrança, que possuem condições de investir nessa cobrança, por assim dizer (conferindo maior igualdade, em termos reais, entre os credores, na prática).

A opção do legislador foi pela concepção de uma lei que se integra e se harmoniza com o CDC. Não só tratar o superendividamento, mas, sobretudo, preveni-lo. A inserção das regras sobre a matéria no corpo do CDC favorece, sem dúvida, uma interpretação integrada e herdeira de toda a principiologia construída ao longo de mais de 30 anos de vigência do CDC. Sabemos que cooperação, cuidado, informação e confiança são diretrizes fundamentais para a interpretação do direito privado do século XXI (não só nas relações de consumo, mas também nas relações civis. São deveres anexos que se incorporaram ao sistema).

O art. 54-A do CDC, em seu § 1º, conceitua: "Entende-se por superendividamento a impossibilidade manifesta de o consumidor pessoa natural, de boa-fé, pagar a totalidade de suas dívidas de consumo, exigíveis e vincendas, sem comprometer seu mínimo existencial, nos termos da regulamentação". O conceito é correto, adequado, e traz questões relevantes: a) o superendividado há de ser pessoa física; b) deve estar de boa-fé; c) as dívidas devem ser de consumo, isto é, devem se originar de uma relação de consumo (e não, por exemplo, aquelas relativas a aluguéis); d) o mínimo existencial é critério que deve iluminar todos os aspectos do superendividamento (um plano de pagamento que não observar esse critério será nulo).

Para aquilo que nos interessa nesse item, excluem-se da definição legal os consumidores pessoas naturais que tenham contraído dívidas mediante fraude ou má-fé – oriundas seja de contratos celebrados dolosamente com o propósito de não realizar o pagamento, seja da aquisição ou contratação de produtos e serviços de luxo de alto valor – o que inclui o comportamento daquele que as contrata já com o propósito de não adimplir. Prevalece a boa-fé, via de mão dupla, que deve ser observada tanto por consumidores como por fornecedores no mercado.

Some-se a isso que muitos devedores não possuem apenas um tipo de dívida, mas, sim, um conjunto proveniente de diversas fontes que agravam sua situação. Um bom exemplo são os empreendedores que, em muitos casos, têm dívidas na pessoa jurídica muito maiores do que na pessoa física. Num determinado momento, poderá haver comunicação das dívidas da pessoa jurídica com a pessoa física. Por vezes haverá uma impossibilidade de completa confiança na declaração do devedor quanto à sua capacidade de pagamento no momento em que pedir o crédito, em razão da dificuldade jurídica no acesso aos dados protegidos por sigilo bancário e outras informações financeiras, sendo que muitos dados não estão em uma rede atrelada ao sistema bancário oficial, mas, sim, em outros créditos de lojistas, que não estão compartilhados com os demais atores da concessão de créditos, o que pode infirmar a decisão de concessão.

Vale ressaltar o caráter ampliativo do Enunciado n. 650 da IX Jornada de Direito Civil do CJF: "O conceito de pessoa superendividada, previsto no art. 54-A, § 1º, do CDC, deve abranger, além das dívidas de consumo, as dívidas em geral, de modo a se verificar o real grau de comprometimento do seu patrimônio mínimo para uma existência digna". O enunciado possui a seguinte justificativa: "O atual conceito legal de superendividado encontra-se positivado no art. 54-A, § 1º, do CDC, o qual se refere apenas a 'dívidas de consumo'. Assim, apesar de a Lei n. 14.181/2021 ter sido editada com o propósito de resolver a problemática relacionada ao superendividamento das pessoas, não supriu totalmente a lacuna normativa, pois teve seu âmbito de incidência restringido apenas para as relações de consumo, tratando o problema, portanto, apenas de forma parcial, posto que as dívidas cíveis em geral não seriam abarcadas pela nova lei. Não há motivo razoável para que tais dívidas restem excluídas do conceito e, por conseguinte, do correspondente tratamento diferenciado que lhes deve ser conferido. Falar-se em reabilitação apenas do consumidor não é tratar do problema em sua totalidade. Se o superendividamento atinge, de forma crítica, o patrimônio da pessoa natural de forma global, então todos os débitos pendentes devem ser solucionados ou direcionados a um caminho de resolução. A indevida restrição do tema apenas para o âmbito das relações de consumo implica soluções parciais. Não parece adequado manter a discussão compartimentalizada (relações de direito civil x consumidor x empresarial), quando a complexidade do mundo contemporâneo apresentará pessoas com dificuldades no adimplemento de dívidas de várias naturezas distintas, o que denota a importância de um crescente diálogo entre fontes normativas, empreendido por uma perspectiva de interpretação sistemática para o enfrentamento do problema".

No tocante ao fornecedor de crédito, o CDC rejeita tanto a regra *caveat emptor* como a subinformação, as patologias do silêncio total e parcial. A regra do *caveat emptor* – completamente ultrapassada nas relações de consumo atuais – impõe não ao fornecedor, mas ao consumidor, os riscos relativos às informações sobre o produto e o serviço (o consumidor que deveria se esforçar para obtê-las, não seria dever do fornecedor disponibilizá-las com clareza). O art. 54-B,[1] nessa linha, especifica obrigações mínimas que compõem o dever de informação que o fornecimento de crédito na venda a prazo deverá conter, indo além do art. 52 do CDC. São inovações bem-vindas e relevantes. Por exemplo, a questão do custo efetivo total (CET) deverá discriminar, de forma realmente clara, todos os custos, isto é, absolutamente tudo que será cobrado do consumidor (o que é um avanço, sabemos bem como são redigidos esses contratos bancários e assemelhados). A informação, lembremos sempre, deverá ser prévia e adequada, conceitos fortes e de extraordinária importância no contexto do CDC.

Prosseguindo o escopo de ampliação do dever de informação, o art. 54-C do CDC destaca ser vedado, expressa ou implicitamente, na oferta de crédito ao consumidor, publicitária ou não: "[...] II – indicar que a operação de crédito poderá ser concluída sem consulta a serviços de proteção ao crédito ou sem avaliação da situação financeira do consumidor; III – ocultar ou dificultar a compreensão sobre os ônus e os riscos da contratação do crédito ou da venda a prazo; IV – assediar ou pressionar o consumidor para contratar o fornecimento de produto, serviço ou crédito, principalmente se se tratar de consumidor idoso, analfabeto, doente ou em estado de vulnerabilidade agravada ou se a contratação envolver prêmio; V – condicionar o atendimento de pretensões do consumidor ou o início de tratativas à renúncia ou à desistência de demandas judiciais, ao pagamento de honorários advocatícios ou a depósitos judiciais".

**Art. 423. Quando houver no contrato de adesão cláusulas ambíguas ou contraditórias, dever-se-á adotar a interpretação mais favorável ao aderente.**

Podemos conceituar o contrato de adesão como "aquele cujo conteúdo é unilateralmente definido por um dos contraentes, que o apresenta à contraparte, não podendo esta discutir qualquer de suas cláusulas: ou aceita em bloco a proposta contratual que lhe é feita, ou a rejeita e prescinde da celebração do contrato". O contrato de adesão é importante técnica para a formação contratual na sociedade atual, marcada pela massificação das relações econômicas e disparidade do poder negocial entre as partes. O contrato de adesão tem origem na fragmentação do conceito de contrato, destoando do paradigma clássico – e monolítico – da paridade ou consensualismo, envolvendo atores aparentemente simétricos que se vinculam pelo encontro entre oferta e aceitação. A contratação por adesão parte da premissa de que a liberdade da parte mais forte pode importar no sacrifício da mais frágil e que o princípio da igualdade substancial requer que a teoria geral dos contratos reflita a heterogeneidade dos sujeitos que se vinculam. Assim, só compreendemos a temática se partimos de uma tricotomia: contratos paritários, de adesão e de consumo.

No contrato de adesão o debate sobre o conteúdo é substituído pela adesão ao texto estabelecido e apresentado unilateralmente por um contraente à contraparte, sem que esta possa discutir qualquer das suas cláusulas: ou aceita integralmente em bloco a proposta contratual que lhe é apresentada ou a rejei-

1 Art. 54-B, Lei n. 8.078/90: "No fornecimento de crédito e na venda a prazo, além das informações obrigatórias previstas no art. 52 deste Código e na legislação aplicável à matéria, o fornecedor ou o intermediário deverá informar o consumidor, prévia e adequadamente, no momento da oferta, sobre: I – o custo efetivo total e a descrição dos elementos que o compõem; II – a taxa efetiva mensal de juros, bem como a taxa dos juros de mora e o total de encargos, de qualquer natureza, previstos para o atraso no pagamento; III – o montante das prestações e o prazo de validade da oferta, que deve ser, no mínimo, de 2 (dois) dias; IV – o nome e o endereço, inclusive o eletrônico, do fornecedor; V – o direito do consumidor à liquidação antecipada e não onerosa do débito, nos termos do § 2º do art. 52 deste Código e da regulamentação em vigor.

ta e prescinde da celebração do contrato. Desse conceito depreendem-se os três atributos dos contratos de adesão: predisposição das cláusulas, unilateralidade e rigidez. No contrato de adesão o conteúdo é inegociável, posto unilateralmente definido pelo contraente, sem qualquer liberdade de discussão do conteúdo das cláusulas, porém apenas a liberdade de aceitar ou não a contratação (*take it or leave it*). As tratativas existem, servindo apenas para cativar e persuadir o aderente, mas não como uma "negociação preliminar" propriamente dita. Assim, quanto à predisposição das cláusulas de fato, observa-se que estas são formuladas em etapa anterior à negociação, ainda que não escritas, ou seja, podem ainda estar em um arquivo de computador ou na memória da pessoa do predisponente.

Mesmo com um mínimo de liberdade contratual, o contrato de adesão é um negócio jurídico, remanescendo a liberdade de celebração por parte do aderente, o que já não se verifica nos contratos coativos ou necessários, nos quais a função social do contrato orienta a imposição da contratação, seja para fins de exercício de uma atividade (pagamento do seguro obrigatório DPVAT) ou para se evitar uma situação discriminatória de vedação à acesso a bens existenciais – alimentação, medicamentos (art. 39, IX, CDC) – ou mesmo, como consta do Enunciado n. 542 do CJF: "A recusa de renovação das apólices de seguro de vida pelas seguradoras em razão da idade do segurado é discriminatória e atenta contra a função social do contrato". Outrossim, por mais que um contrato de adesão dispense o debate, evidentemente não se pode aderir ao que exorbite limites legais. De acordo com a Súmula n. 473 do STJ: "O mutuário do SFH não pode ser compelido a contratar o seguro habitacional obrigatório com a instituição financeira mutuante ou com a seguradora por ela indicada". Isto é, o mutuário do SFH tem liberdade para escolher com quem irá contratar o seguro habitacional. Nesta linha, entendeu o STJ que: "Não se mostra abusiva a cobrança de tarifa para medição individualizada quando assegurada a livre escolha dos consumidores na contratação, com liberdade na formação do preço, de acordo com seus custos e em atenção às características da atividade realizada, respeitando-se a equivalência material das prestações e demonstrada a correspondente vantagem do consumidor" (*Informativo* n. 782, de 15.08.2023 – REsp n. 1.986.320/SP, 3ª T., rel. Min. Marco Aurélio Bellizze, j. 08.08.2023, por unanimidade).

O segundo atributo dos contratos de adesão é a unilateralidade. Para ser configurada a unilateralidade do conteúdo das cláusulas contratuais, é irrelevante sua autoria ou a forma como se deu a predisposição, bastando que uma das partes tenha determinado as cláusulas sem ingerência da outra. Aliás, mesmo que o conteúdo contratual seja elaborado por terceiros, o contrato é considerado de adesão. Assim, se A aluga o seu imóvel a B, utilizando como instrumento contratual um formulário adquirido em papelaria, obtendo a aquiescência de B sem qualquer discussão de conteúdo, haverá contrato de adesão. O mesmo se diga quando os termos da avença são pactuados por advogado, tabelião, imobiliária ou associação empresarial. Nas chamadas condutas sociais típicas, como ingressar em um ônibus ou obter crédito em uma máquina, o comportamento concludente é uma manifestação tácita de adesão a uma prévia oferta. Como as cláusulas serão impostas unilateralmente, o ordenamento vincula os deveres anexos de informação, proteção e cooperação também à fase inicial de contrato social, como ressaltamos nos comentários do art. 422.

Em decorrência dos dois primeiros atributos, observamos o terceiro atributo, a rigidez. As cláusulas no contrato de adesão não são propostas, mas sim rigidamente predispostas. Ou seja, as cláusulas não são comunicadas para servir ao diálogo, pois o predisponente apresenta os elementos definitivos do contrato.

O CC perdeu a oportunidade de disciplinar de forma mais completa a matéria, dedicando apenas os arts. 423 e 424 ao assunto. De toda sorte, o conceito de adesão no CC não coincide com o do CDC. A Lei n. 8.078/90 foi pioneira a regular especificamente o contrato de adesão, conceituando-o e estabelecendo seu regime jurídico e método de interpretação. Nos termos do art. 54: "Contrato de adesão é aquele cujas cláusulas tenham sido aprovadas pela autoridade competente ou estabelecidas unilateralmente pelo fornecedor sem que o consumidor possa discutir ou modificar substancialmente o seu conteúdo". Enquanto no CDC a tutela é dirigida a um sujeito vulnerável, no CC o contrato de adesão é percebido como uma específica forma de contratação que merece regime diferenciado, vazado em medidas compensatórias legais que reequilibrem o desequilíbrio prévio entre as partes. Lembramos que o consumidor é o sujeito visivelmente assimétrico e para tanto todo um microssistema joga a seu favor. Todavia, no contrato de adesão intercivil ou interempresarial se manifesta uma relativa desigualdade. "O contrato de adesão, mencionado nos arts. 423 e 424 do novo CC, não se confunde com o contrato de consumo" (Enunciado n. 171, CJF). Assim, é corriqueira a existência de adesão nas relações interprivadas, sendo certo que o CDC também tutela prioritariamente o consumidor quando ele realiza contratos negociados.

Com base no diálogo das fontes, as normas gerais do CC, quando mais benéficas ao consumidor do que as do CDC, podem ser aplicadas de forma subsidiária ao consumidor. Não é correto supor que por coexistir regime próprio dos contratos de adesão do CC e do CDC os contratos de adesão sejam específicos às relações de consumo. De fato, o CDC, por excelência, constitui-se em sede de tais contratos, entretanto, nas relações privadas, envolvendo empresários ou particulares, pode vislumbrar-se contratos de adesão. Exemplificativamente, o fenômeno dos contratos de adesão ocorre nas relações entre industrial e agricultor, instituição financeira e comerciante, banco e poupador, fabricante e distribuidor, franqueador e franqueado, concedente e concessionário, faturizador e faturizado, proprietário de *shopping center* e lojista, locador e locatário, entre outras. Igualmente, entre fiador e afiançado, como nos lembra o conteúdo do Enunciado n. 364, CJF: "No contrato de fiança é nula a cláusula de renúncia antecipada ao benefício de ordem quando inserida em contrato de adesão".

A contratação por adesão não induz à abusividade de cláusulas, sendo, todavia, um ambiente preferencial para a sua reprodução. No âmbito das relações privadas não há automático reconhecimento de abusividade de cláusulas contratuais, da mesma maneira que se pode identificar uma cláusula abusiva em um contrato integralmente negociado entre o consumidor e o fornecedor. A abusividade de uma cláusula contratual pode ocorrer em qualquer formato de contratação. Mesmo que as forças entre estipulante e aderente não estejam equilibradas em um contrato de adesão civil ou empresarial, as cláusulas podem ser equânimes e não consubstanciar disposições iníquas. Várias cláusulas são unilateralmente predeterminadas apenas por fatores de racionalidade empresarial, sem desconsideração do interesse do parceiro contratual. Todavia, não se pode negar que a própria técnica unilateral de construção do contrato de adesão propicia a incidência frequente de cláusulas excessivamente desfavoráveis aos aderentes. De toda sorte, da leitura do 423 depreende-se que nas relações privadas também é reconhecido o desequilíbrio prévio das partes. A lei pressupõe que o aderente está em uma situação de inferioridade. Consequentemente, as cláusulas do contrato de adesão devem ser interpretadas pró-aderente, como forma de reequilibrá-las. Qualquer obscuridade se volta contra o seu criador. Deve-se buscar a preservação do contrato, contudo na forma menos prejudicial ou agressiva ao aderente. Pretende-se reequilibrar e equalizar as partes, para que a relação negocial seja processada com paridade de sacrifícios, sem a submissão de uma parte à outra.

Há importante distinção na leitura comparativa do art. 423 do CC e do art. 47 do CDC. Nos termos deste, "as cláusulas contratuais serão interpretadas de maneira mais favorável ao consumidor". Assim, a norma do CDC deve ser aplicada de modo a beneficiar todos os contratos de adesão ou individualmente negociados, em todas as cláusulas, mesmo as claras e não contraditórias. Todavia, a teor do art. 423, nas relações civis e empresariais, somente nas cláusulas contraditórias a interpretação deve favorecer o aderente. A Lei n. 13.874/2019 introduziu a regra *contra proferentem*. Nos termos do inc. IV do § 1º do art. 113, a interpretação do negócio jurídico deve lhe atribuir o sentido que beneficiar a parte que não redigiu a cláusula. Presume-se que aquele que redigiu ou introduziu a cláusula está em posição privilegiada – podendo causar desequilíbrio contratual em relação à outra parte –, devendo assumir a responsabilidade por intencionalmente criar um resultado que favoreça os seus interesses, mitigando os riscos impostos ao outro contratante. É uma questão de senso comum, se a cláusula é obscura, a falta de clareza será suportada pelo redator. Trata-se mesmo de uma derivação da boa-fé objetiva, eis que o redator negligente será sancionado pela interpretação favorável a outra parte. Apesar da omissão do legislador, o art. 113 não estende a regra *contra proferentem* aos contratos de adesão, até mesmo pelo fato de que essas regras são disponíveis e as partes poderão livremente pactuar regras de interpretação, de preenchimento de lacunas e de integração dos negócios jurídicos diversas daquelas previstas em lei (art. 113, § 2º, CC). A ambiguidade da cláusula que sugere duas interpretações possíveis e o flagrante domínio de uma das partes na redação do contrato conduzem à aplicação da regra hermenêutica apenas em contratos paritários interprivados e não estandardizados, por mais que não seja tão singela a tarefa de identificar quem introduziu ou redigiu certa cláusula, além do fato de ser improvável a imposição de uma minuta sem prévia revisão pela contraparte em contratos que têm na interlocução a sua essência.

Enfim, pode-se dizer hoje que o direito dos contratos se depara com uma dualidade de espaços normativos, diferenciados pelo distinto grau de acolhimento da liberdade contratual. Há uma área em que a autonomia negocial é consagrada com muita amplitude e outra em que vigoram limites especiais de conteúdo fortemente restritivos da liberdade de modelação. As estipulações em contratos paritários e negociados – entre partes tendencialmente iguais – tendem a valorizar a esfera de autonomia privada nas relações interempresariais e civil. Contudo, uma intervenção mais ativa dos princípios sociais do contrato é demandada no âmbito de aplicação de um certo modo de contratar – a adesão a cláusulas contratuais gerais –, ou à natureza funcional da relação (como a relação de consumo). Nessas hipóteses, invocando a eficácia horizontal dos direitos fundamentais, a liberdade dos privados se submeterá a uma adequação com a igualdade material e a solidariedade, representadas nas relações contratuais pela boa-fé objetiva, função social do contrato e equilíbrio contratual.

Por fim, é importante enfatizar que as cláusulas contratuais gerais não possuem tratamento legislativo, porém se aplicam a atividades tipicamente profissionais que demandam cálculos antecipados de custos. Qual seria a relação entre contratos de adesão e cláusulas contratuais gerais? Seria uma relação de gênero e espécie. Ou seja, além de predisposição do conteúdo, unilateralidade e rigidez, as cláusulas contratuais gerais também demandam generalidade à abstração. Generalidade significa a aplicação uniforme das cláusulas a um número multiplicado de contratos que se projeta concluir. As cláusulas gerais contratuais (CCGs) possuem dimensão coletiva. Ademais, elas ostentam abstração, isto é, são estandardizadas e independem das peculiaridades e vicissitudes dos futuros contratantes. Portanto as CCGs performam em duas etapas consecutivas: a) a sua elaboração, abstraídas de futuros contratos. A oferta das cláusulas contratuais gerais é negócio jurídico unilateral. Elas já são válidas e eficazes e passíveis de registro e controle preventivo em abstrato (art. 51, § 4º, CDC); b) a segunda etapa consiste na celebração de cada contrato singular. O contrato de adesão é negócio jurídico bilateral concreto. O aderente não adere ao contrato de adesão, pois antes da adesão não há contrato. Ele adere às CCGs. Toda cláusula contratual geral gera contrato de adesão, mas a recíproca não é válida. Enfim, estamos diante de figuras autônomas, porém interdependentes.

**Art. 424. Nos contratos de adesão, são nulas as cláusulas que estipulem a renúncia antecipada do aderente a direito resultante da natureza do negócio.**

O preceito versa sobre o controle de conteúdo dos contratos de adesão na esfera das relações civis e empresariais. A leitura do dispositivo ressalta a diretriz de distinção dos limites entre os contratos paritários clássicos, os contratos de adesão interprivados e os contratos de consumo. Nos contratos típicos de adesão – em que não exista relação consumerista –, se houver discrepância entre a faculdade de determinado direito previsto em lei em favor do aderente e o conteúdo concreto do negócio jurídico, a lei deve prevalecer. Enquanto isso, nos contratos de consumo (sejam eles negociados ou por adesão), a lei prévia e abstratamente já sanciona algumas cláusulas pela invalidade, sendo irrelevante o contexto contratual em que estejam inseridas. Nesse sentido, observam-se as situações previstas no art. 51 do CDC. Conclui-se que "as cláusulas abusivas não ocorrem exclusivamente nas relações jurídicas de consumo. Dessa forma, é possível a identificação de cláusulas abusivas em contratos civis comuns, como, por exemplo, aquela estampada no art. 424 do CC/2002" (Enunciado n. 172 do CJF).

Comparativamente, o CDC estabelece controle de conteúdo mais rígido nos contratos de consumo, com várias cláusulas sendo abstratamente sancionadas pela nulidade, seja o contrato de adesão ou não. Conforme o inc. IV do art. 51, são nulas as cláusulas que "estabeleçam obrigações consideradas iníquas, abusivas, que coloquem o consumidor em desvantagem exagerada, ou sejam incompatíveis com a boa-fé ou a equidade". No CC, o art. 424 alcançará apenas as abusividades constatadas nos contratos de adesão. Isso ocorre porque essencialmente nas relações de consumo há desequilíbrio entre as partes. É defesa a inserção de cláusula em contrato de adesão por meio da qual o aderente renuncie à proteção do art. 424 do CC, já que se trata de preceito de ordem pública (art. 2.035, parágrafo único, CC). Uma cláusula que implica renúncia antecipada do aderente a um direito subjetivo será certamente lesiva à função social interna do contrato (art. 421, CC) e ao dever anexo de proteção (art. 422, CC), que devem pautar qualquer relação contratual. Nesse sentido, o Enunciado n. 364 do CJF dispõe: "No contrato de fiança é nula a cláusula de renúncia antecipada ao benefício de ordem quando inserida em contrato de adesão". Também resta vedado nos contratos por adesão a cláusula *solve et repete*, que implicaria renúncia do contratante ao direito de opor a exceção ao contrato não cumprido (art. 476, CC). Ainda, não se admite a renúncia à exceção de inseguridade, prevista no art. 477 do CC.

Some-se a isso o disposto na Súmula n. 335 do STJ: "Nos contratos de locação, é válida a cláusula de renúncia à indenização das benfeitorias e ao direito de retenção". Por certo a súmula é perfeitamente aplicável aos contratos negociados, porém o dispositivo em comento antecipa a incompatibilidade do verbete aos contratos por adesão. Prescreve o Enunciado n. 433 do CJF: "A cláusula de renúncia antecipada ao direito de indenização e retenção por benfeitorias necessárias é nula em contrato de locação de imóvel urbano feito nos moldes do contrato de adesão" (REsp n. 930.875/MT e REsp n. 1.087.471/MT, 3ª T., rel. Min. Sidnei Beneti, j. 14.06.2011).

Outrossim, fixado foro de eleição em contrato de adesão (art. 63, CPC) e sendo essa cláusula nula, pode o juiz decretar de ofício a sua invalidade, declinando o feito para o juízo de domicílio do réu. Em contratos interprivados, a cláusula de eleição de foro é em tese válida e eficaz, ainda que em contrato de adesão, desde que não exista hipossuficiência reconhecida ou dela não resulte especial dificuldade de acesso ao Judiciário. Aliás, como já decidiu o STJ, "o CDC não se aplica entre o franqueado e o franqueador e, mesmo que fosse possível reconhecer as regras consumeristas na hipótese dos autos, não se afastaria o foro de eleição, visto que isso só ocorre para o CDC quando configurada a dificuldade para o exercício da ampla defesa ou a abusividade estipulada no contrato".

Importante ressaltar que qualquer posição jurídica que acarrete desequilíbrio em desfavor do aderente deve ser corrigida pelo princípio da boa-fé objetiva. Embora a imposição do conteúdo contratual tenda à inserção de cláusulas excessivamente desfavoráveis aos aderentes, um contrato de adesão pode ser equânime e não consubstanciar disposições iníquas. Contudo, a possibilidade de elaborar a totalidade do conteúdo negocial faculta a uma das partes a transferência de riscos jurídicos do negócio para a parte aderente. Haverá antijuridicidade e ilicitude objetiva em qualquer atuação do estipulante ofensiva à cláusula geral do abuso do direito (art. 187, CC). Proíbe-se todo e qualquer exercício excessivo e desmedido de situações subjetivas que importe na aposição de cláusulas despidas de legitimidade, a ponto de ultrapassarem os limites éticos do ordenamento.

Frisamos a força extraordinária que o dever de informar desempenha nas relações de consumo, e de modo específico nas operações de crédito feitas por meio de contratos de adesão. No tocante ao superendividamento (Lei n. 14.181/2021), sem prejuízo do dever de informação e esclarecimento do consumidor e de entrega da minuta do contrato, nos contratos de adesão, o fornecedor deve prestar ao consumidor, previamente, as informações de que tratam o art. 52 e o *caput* do art. 54-B do CDC, além de outras porventura determinadas na legislação em vigor, e fica obrigado a entregar ao consumidor cópia do contrato, após a sua conclusão (CDC, art. 54-G, § 2º). Enfatiza-se a necessidade da entrega da cópia do contrato ao consumidor, de modo fácil e acessível.

---

**Art. 425. É lícito às partes estipular contratos atípicos, observadas as normas gerais fixadas neste Código.**

---

O direito civil contemporâneo supera o individualismo e o liberalismo econômico, privilegiando uma interpretação e aplicação à luz da Constituição. Reconhece-se hoje que a gênese dos contratos está na vontade – pautado nos valores constitucionais – de forma que as partes podem celebrar negócios jurídicos que não estejam expressamente previstos e regulamentados na lei. As atividades econômicas são inegavelmente dinâmicas. Ademais, sabe-se que os Códigos não acompanham a celeridade dos fatos, de forma que muitos negócios jurídicos não são ou demandam maior tempo para serem inseridos na legislação. Por essa razão, novos negócios jurídicos são construídos a partir dos já previstos legalmente, a fim de impingir novas funções econômicas aos institutos típicos tradicionais que não mais correspondem a soluções práticas.

Pode-se, então, afirmar que a atipicidade na contratação decorre do mundo globalizado e informatizado, caracterizado pelo incessante tráfego econômico e jurídico, cujo dinamismo requer cada vez mais a abertura da lei, sob pena de deparar com o engessamento e o anacronismo da legislação. Nesse ponto, temos uma importante diferenciação com o Direito Romano que, excessivamente formalista, reduzia os contratos aos tipos de negócios jurídicos taxativamente enumerados. Vislumbra-se nos contratos atípicos maior amplitude de ação reservada aos particulares em sua autonomia privada e sua liberdade contratual. Assim, não é incomum que se verifiquem contratos não previstos em lei, mas que são consagrados na prática social e reconhecidos juridicamente, sendo tratados pela doutrina e pela jurisprudência. É o que se observa das figuras do *factoring*, da concessão de *know-how* e da utilização de cartões de crédito, legalmente atípicos, apesar de socialmente típicos.

Contrato atípico não é sinônimo de "contrato inominado". Este nem mesmo é uma variação daquele. A nominação se refere aos casos de contratos que possuem *nomen iuris* na lei. Já a tipicidade, diz respeito aos contratos regulamentos em lei. O negócio fiduciário é contrato inominado e atípico. Pode-se observar, ainda, contratos que são nominados, mas não estão legalmente disciplinados, como o contrato de franquia – nominado e atípico. Por estar previsto em lei, todo contrato típico é nominado. Contudo, nem todo contrato nominado está tipificado legalmente. Para que um contrato seja considerado legalmente típico, a regulamentação legal deve corresponder, aproximadamente, ao tipo social e ser suficientemente completa para dar às partes a disciplina básica do contrato. Em regra, nos contratos típicos, a lei necessariamente oferta um modelo do contrato mesmo que mais ou menos amplo e até mais ou menos completo.

Os contratos atípicos podem ser puros e mistos. Os primeiros, são totalmente diversos dos tipos legais. Já os contratos atípicos mistos decorrem da associação de elementos de contratos diversos, de maneira a criar uma espécie contratual que não estava disciplinada em lei. Os contratos atípicos são classificados em singulares e mistos. Os contratos atípicos singulares são figuras atípicas, consideradas individualmente. Os contratos atípicos mistos apresentam-se: a) com contratos ou elementos somente típicos; b) com contratos ou elementos somente atípicos; c) com contratos ou elementos típicos e atípicos. Entendemos que o somatório em um, de dois ou mais contratos completos, em que circunstâncias sejam, não possibilita a consideração de cada avença como típica, afinal as prestações desses contratos mesclam-se em um todo, sem possibilidade de separação. Nesse sentido, podemos tomar o contrato de *leasing*, um contrato misto por conter elementos obrigacionais de origem diversa, mas harmonizados pela unidade de causa. Nessa modalidade, tem-se uma locação associada a um mútuo, com opção de compra e venda em sua fase final. Assim, os contratos que se formam de elementos de vários contratos típicos não são típicos, mas atípicos mistos.

Embora os contratos atípicos sejam uma resposta às necessidades do mundo atual, a liberdade contratual para elaboração de contratos atípicos é limitada e controlada pelos princípios da boa-fé objetiva, da função social e da justiça contratual. Deve-se lembrar que a autonomia privada não pode ferir a ordem pública (art. 2.035, parágrafo único, do CC). De toda sorte, a classificação de contratos típicos e atípicos parece tender ao desuso e à inadequação. Não mais, se toma como absoluta a afirmação segundo a qual o negócio concreto é típico se corresponde a uma *fattispecie* abstrata disciplinada pela lei e é atípico se não for previsto em lei. O mais importante é a concretude do contrato e não a sua previsão abstrata. Deve-se raciocinar por problemas e não por conceitos.

Por derradeiro, cumpre observar que a Lei n. 13.874/2019 buscou reduzir a burocratização, facilitando os atos negociais privados no país. Tem viés claramente ideológico, primando pelo liberalismo econômico. Nesse ponto, vai ao encontro à previsão do art. 425 no sentido de se possibilitar a criação de novas espécies contratuais. No entanto, a Declaração dos Direitos de Liberdade Econômica contém distorções que podem gerar verdadeiro imbróglio interpretativo. Já o ressaltamos nos comentários ao art. 421 e novamente aqui verificamos outra deturpação que o inc. VIII do art. 3º da Lei n. 13.874/2019 pode causar. O dispositivo estabelece como direito de toda pessoa natural e jurídica essencial para o desenvolvimento e o crescimento econômico do país "ter a garantia de que os negócios jurídicos empresariais serão objeto de livre estipulação das partes pactuantes, de forma a aplicar todas as regras de direito empresarial apenas de maneira subsidiária ao avençado, hipótese em que nenhuma norma de ordem pública dessa matéria será usada para beneficiar a parte que pactuou contra ela, exceto se para resguardar direitos tutelados pela administração pública ou de terceiros alheios ao contrato". Tal previsão contraria vários dispositivos do CC, inclusive os arts. 421 e 423. A função social do contrato, assim como as disposições favoráveis ao aderente são normas de ordem pública. Assim, é contraditório o inc. VIII do art. 3º daquele ato normativo, ao estabelecer que as partes podem livremente pactuar, afastando-se a proteção das normas de ordem pública. Ora, se é reconhecida a disparidade de forças na contratação, determinando-se uma interpretação favorável ao aderente no caso de dúvida, retira-se, com a outra mão, a proteção dada a este por diversas normas de ordem pública, inclusive aquelas previstas na própria medida provisória. Quanto ao art. 425, a liberdade de criar espécies contratuais, se interpretada na literalidade do inc. VIII do art. 3º, poderá acarretar graves desequilíbrios contratuais. Por essa razão, entendemos que a Lei n. 13.874/2019 deve ser interpretada numa visão civil-constitucional, não olvidando o princípio da livre-iniciativa, da liberdade econômica, mas também o princípio da solidariedade. Como subprincípios da solidariedade na esfera infraconstitucional, as diretrizes da eticidade, da operabilidade e da socialidade que direcionam o CC devem pautar a interpretação de toda legislação que discipline as relações privadas.

**Art. 426. Não pode ser objeto de contrato a herança de pessoa viva.**

O art. 426 veda o que a doutrina convencionou chamar de pacto sucessório, sendo-lhe sancionado com nulidade, caso seja celebrado. A invalidade alcança a própria estipulação pela pessoa de cuja herança se trata ou por duas pessoas alheias ao *de cujus*, independentemente do consentimento dos herdeiros e/ou legatários. As razões para nulificar o pacto são de ordem jurídica e moral. Primeiramente, restaria desnaturada a revogabilidade das disposições de última vontade, já que o contratante não poderia resilir unilateralmente o pacto, de forma que se privaria uma pessoa de regular a sua própria sucessão.

A vedação da sucessão contratual também é de ordem moral. A formalização de um contrato de tal natureza é conhecida como pacto corvina, pois gera clima de expectativa de óbito entre os herdeiros, que, como corvos, aguardam por esse momento. É flagrante a nulidade do ato pela ilicitude do objeto, pois a prestação atenta contra a ordem pública (art. 166, II, CC).

Dessa maneira, apenas o testamento é hábil e legítimo para transmitir todo um patrimônio. De toda sorte, para a celebração desse negócio jurídico, seja em suas modalidades ordinárias (arts. 1.862 a 1.885, CC), seja nas especiais (arts. 1.886 a 1.896, CC), é imprescindível o ato de vontade do testador e demais solenidades para afirmar a sua validade. Obviamente, a eficácia do negócio jurídico fica condicionada ao evento morte. O testamento é um negócio unilateral, podendo ser revogado a qualquer tempo, prevalecendo as derradeiras disposições do testador. Importante observar que é permitido um negócio jurídico bilateral diverso com o objetivo de partilhar o patrimônio do ascendente em vida. A doação é um ato entre vivos (art. 2.018, CC) e impõe que o doador estipule direito real de usufruto sobre renda suficiente para sua subsistência (art. 548, CC). Diferentemente das hipóteses vedadas pelo ordenamento jurídico, nessa doação ocorre a transferência antecipada de patrimônio que dispensa o futuro inventário. A divisão patrimonial produz efeitos imediatos sob a forma de escritura de doação, respeitando as legítimas dos herdeiros necessários.

A vedação não engloba o pacto sucessório, havendo a possibilidade de a pessoa de cuja herança se trata realizar liberalidades sobre bens integrantes de seu patrimônio. Tratando-se de disposições em prol de descendentes e cônjuge, qualquer valor porventura doado será considerado adiantamento de legítima, sujeito à colação ao tempo do óbito. A conferência é indispensável para a reposição da igualdade das legítimas (art. 544 c/c o art. 2.003, CC). Se a liberalidade for efetuada em favor de outros beneficiários, haverá a redução das doações que se revelem inoficiosas (art. 549, CC). O dispositivo em comento também não engloba a estipulação a favor de terceiros mortis causa. É da essência da atribuição a revogabilidade até o momento da morte do estipulante. Dessa forma, o terceiro tem uma situação de mera expectativa, tal qual a de quem foi designado como sucessor testamentário. Enfim, o direito será adquirido pelo terceiro, independentemente de aceitação, embora o momento dessa aquisição seja diferido no tempo. Entretanto, é importante observar que se trata de negócio jurídico *inter vivos* – com a prestação *post mortem* –, sendo a morte do estipulante um termo a que se subordinam os efeitos de execução do negócio. Nesse caso, o direito ingressa desde logo no patrimônio do beneficiário, mas em estado potencial, o que implica reconhecer que a prestação será cumprida em favor dos herdeiros de terceiro, caso ele venha a falecer antes do estipulante. Nesse sentido, observa-se o contrato de seguro regulado pelo art. 791 do CC. Nessa hipótese, o beneficiário conta com simples expectativa de direito até a ocorrência do sinistro, podendo ser imotivadamente substituído a qualquer tempo – até a verificação do óbito do estipulante –, sem que o segurador (promitente) possa opor qualquer objeção. Todavia, o CC reputa essa faculdade do estipulante como passível de renúncia.

## *Seção II*
## *Da Formação dos Contratos*

**Art. 427. A proposta de contrato obriga o proponente, se o contrário não resultar dos termos dela, da natureza do negócio, ou das circunstâncias do caso.**

O contrato não é um ato isolado. É uma relação inserida em um processo formado por uma sequência de atos e comportamentos humanos coordenados entre si e qualificados por normas jurídicas. Quando essa sequência de comportamentos corresponde ao esquema estabelecido pelo ordenamento jurídico, pode-se dizer que esse determinado contrato se formou, concluiu-se ou "ganhou existência". Falar-se em contrato como um processo demonstra que muitas vezes as relações obrigacionais não são concebidas de imediato. Por essa razão, podemos nos referir ao fenômeno da "formação progressiva do contrato". O iter negocial que levará até a conclusão do contrato poderá ser formado por graus ou de forma escalonada. Por essa razão, observa-se que o contrato se desenvolve em três etapas sucessivas: a) pré-contratual; b) contratual; c) pós-contratual.

A primeira fase é vislumbrada a partir de negociações preliminares, sendo conhecida como fase pré-contratual. Resultará em um contrato se houver o acordo entre as partes, no caso de contratos consensuais ou na entrega da coisa, no caso dos contratos reais. Observam-se nessa fase três momentos: a) negociações; b) proposta; e c) aceitação. As negociações ou tratativas são atos tendentes à averiguação da própria viabilização do contrato. Nesse momento, não existe proposta formalizada, capaz de vincular as partes, havendo, no máximo, uma carta de intenções subscrita pelas partes ou uma minuta, consubstanciando documento em que se indicam os contornos do negócio jurídico. Inexiste o elemento imprescindível consentimento que é observado no âmbito do contrato definitivo. Nas negociações preliminares, geralmente, as partes celebram acordos provisórios, usualmente denominados de minutas, esboços ou cartas de intenção.

Já no momento da proposta vislumbra-se a manifestação de vontade definida em todos os seus termos em um projeto de contrato, cuja conclusão e aperfeiçoamento dependerá somente da anuência da parte contrária. Na teoria clássica, o acordo de duas ou mais vontades é suficiente para o aperfeiçoamento do contrato bilateral, exceto se se tratar de contratos cuja forma é determinada em lei. Tem-se a aplicação do princípio do consensualismo, para o qual o consentimento é pressuposto de existência do negócio, pois sem sua presença inexiste suporte fático para que o ato se aperfeiçoe juridicamente. Imprescindível que os contratos sejam analisados no contexto de tempo e espaço, de forma a reconhecer que o mundo negocial sofreu profundas alterações. Não basta mais a análise do contrato apenas pela perspectiva clássica, proposta x aceitação. O exame sob a perspectiva da formação progressiva do contrato, traz à tona a complexidade das negociações, envolvendo, além das partes, técnicos especializados (advogados, auditores, peritos, agentes financeiros etc.), que não conseguem mais refletir ofertas e aceitações em termos singelos. As declarações negociais surgem paulatinamente, etapa a etapa, sobrevindo proposições bilaterais, aceitações unilaterais, seguidas de novas propostas e considerações. Em algumas situações não é possível identificar com clareza o local e o momento em que ocorreu a proposta e onde está a aceitação. Mesmo assim, continuam a se constituir em etapas importantes na formação do negócio jurídico.

O art. 427 disciplina a fase denominada de oferta, oblação ou policitação, na qual a proposta vincula o proponente, resultando no dever de concluir o contrato definitivo. A proposta, oferta ou policitação é a declaração receptícia – pois, para produzir efeitos, tem de alcançar o destinatário – pela qual alguém (policitante, proponente, solicitante) efetivamente dirige a vontade declarada a outrem (aceitante, policitado, oblato), pretendendo celebrar um contrato. A proposta será escrita, se apresentada por meio de carta ou outro documento enviado ao policitado. Se for apresentada de viva voz, será oral. Pode ainda ser tácita, quando se aperfeiçoa por atos inequívocos, como a exposição de um determinado objeto com o preço afixado na mercadoria. Contudo, a proposta tácita não se confunde com a proposta silenciosa ou silêncio como forma de proposta. No exemplo da exposição de objetos, a proposta é tácita porque o contexto no qual está inserida conduz claramente a elementos mínimos essenciais do contrato proposto. O silêncio, por sua vez, pressupõe inação. Por razões óbvias, inconcebível que a inércia ou ausência de prática de ações possa constituir uma proposta contratual.

No atual estágio do direito contratual não mais é suficiente a teoria clássica, para a qual a proposta é o primeiro elemento da relação contratual. A complexidade do processo obrigacional, consiste no ápice da fase das tratativas. Na fase das conversações preliminares só há uma análise de probabilidades, sem intenção definitiva de contratação. De toda sorte, sabe-se que a proposta ainda não consubstancia um contrato, mas, quando séria e completa, vincula o policitante que a exterioriza. E não poderia ser diferente, já que as partes devem guardar em todo o processo contratual os princípios da probidade e da boa-fé. O policitante deve apresentar uma proposta precisa de forma a viabilizar a conclusão do contrato, não sendo mais necessária posteriormente qualquer outra declaração sua unilateral receptícia, definindo a estrutura e as linhas gerais do tipo contratual que será desenvolvido. Portanto, a proposta é uma manifestação de vontade com carga de definitividade – precisão, firmeza e completude. Caso contrário, tratar-se-á de mero convite para a apresentação de uma proposta, ou o início das tratativas (negociações preliminares), sem efeito vinculante, pois o declarante deseja apenas sondar parceiros e iniciar um futuro contrato. Aquele que recebeu a proposta deverá apenas manifestar sua vontade nos limites da oferta apresentada previamente. Caso este apresente uma contraproposta, transporta-se para o papel de proponente. Por esse ângulo, pode-se notar que tanto a proposta como a aceitação são negócios jurídicos unilaterais. Mesmo que o contrato não se conclua, uma e outra são dotadas de juridicidade, validade e aptidão para a produção de efeitos próprios, sendo o mais importante destes, como se pode notar, a vinculatividade. Mesmo que o contrato não seja firmado, a proposta existiu e produziu obrigatoriedade. Já as negociações preliminares são despidas de vinculatividade. De toda sorte, somente quando a proposta é aceita que se vislumbra um terceiro negócio jurídico, o bilateral, hábil a realizar outra classe de efeitos àqueles que se relacionam ao cumprimento da obrigação que se firma.

Retomando à redação do art. 427, observa-se relevante incongruência. A proposta vincula o proponente, que deve manter a oferta, quando realizada de forma irrevogável. Contudo, este somente se obriga a cumprir os termos da proposta se esta for aceita e o contrato se concluir. Em outras palavras, a proposta não implica a obrigatoriedade de contratar em definitivo, pois a obrigatoriedade apenas surge a partir da celebração do contrato. Importante lembrar que o termo obrigação se refere a uma relação jurídica em que alguém se vincula perante outrem para o cumprimento de uma prestação de dar, fazer ou não fazer. Dessa forma, pode-se concluir que o correto seria a utilização na redação do dispositivo em análise da expressão força vinculante da proposta. Assim, expedida a proposta, o proponente insere-se em situação de sujeição, já que, se o oblato exerce o direito potestativo da aceitação, submete-se à concretização do conteúdo integral da proposta. Mesmo que o dispositivo não se refira expressamente à hipótese de morte ou a superveniente interdição do proponente, a proposta não será revogada. A declaração de vontade se assemelha à norma, uma vez que, inicialmente, é subjetivada na pessoa de seu autor, mas, emitida a manifestação, adquire autonomia e se desprende da pessoa do ofertante, passando a circular no mundo jurídico. A boa-fé objetiva exige que os herdeiros e o representante do policitante cumpram a declaração de vontade, salvo se o negócio jurídico contiver uma obrigação personalíssima que imponha ação ou omissão por parte do próprio proponente.

**A formação do contrato eletrônico:** Enzo Roppo explica que a formação do contrato consiste em um processo, como uma sequência de atos e comportamentos humanos coordenados. Tradicionalmente o consenso se consubstancia na redação de um contrato. Porém, validamente a manifestação da vontade de contratar pode emanar de um comportamento concludente que, mesmo silencioso, seja capaz de exteriorizar inequivocamente a vontade de concluir o contrato e esteja conforme as circunstâncias concretas – práticas costumeiras e usos do comércio que permitam a verificação da higidez da manifestação da vontade (ROPPO, Enzo. *O contrato*. Coimbra: Almedina, 2009).

Na vertente dos comportamentos concludentes, quando precedida pelo adequado conhecimento dos termos contratuais, surge o consentimento tecnológico, pela válida conclusão de um contrato mediante o clique em uma tecla virtual. Quando a contratação por adesão seja aproveitada pelo mercado eletrônico de consumo, mediante a prática negocial de ofertar produtos e serviços pela internet, em seus diversos modos, interativos (*on-line*) e estáticos (por *e-mail*), é oferta de consumo, e o contrato daí resultante, concluído por meio eletrônico e a distância, é um contrato de consumo e será regulado pelo direito do consumidor.

A contratação a distância e a contratação eletrônica, embora conceitos distintos, encontram-se umbilicalmente ligadas. A contratação eletrônica é contratação a distância – traduzindo um encontro de vontades entre pessoas não presentes –, e os meios de comunicação a distância realmente relevantes são os meios eletrônicos. Aduz o art. 107 do CC que: "A validade da declaração de vontade não dependerá de forma especial, senão quando a lei expressamente a exigir". Assim, com exceção dos casos em que a lei ou o próprio contrato exigir uma forma especial, é perfeitamente permitida e válida a contratação por qualquer meio, incluindo o eletrônico. A validade jurídica de assinaturas eletrônicas, por sua vez, foi regulamentada pela MP n. 2.200-2/2001 (atualizada pela Lei n. 14.063/2020), que normatiza o uso do certificado digital. Foi ela quem estabeleceu a certificação digital no Brasil e transformou o Instituto Nacional de Tecnologia da Informação em autarquia garantidora da autenticidade, da integridade e da validade jurídica de documentos em forma eletrônica, das aplicações de suporte e das aplicações habilitadas que utilizem certificados digitais, bem como da realização de transações eletrônicas seguras. Nesse sentido, a assinatura digital emerge como garantia da autenticidade, integridade e validade jurídica dos contratos eletrônicos.

Há dispositivos no CPC que reforçam a validade e o reconhecimento legal dos contratos firmados em seu formato eletrônico e que podem ser utilizados como prova no ordenamento jurídico, a saber: "art. 440. O juiz apreciará o valor probante do documento eletrônico não convertido, assegurado às partes o acesso ao seu teor"; "art. 441. Serão admitidos documentos eletrônicos produzidos e conservados com a observância da legislação específica".

Há uma diferenciação entre Assinatura Eletrônica e Assinatura Digital. Em síntese, a Assinatura Eletrônica é o tipo de firma que utiliza como meio de autenticação e validação o *login* e a senha do signatário. Já a Assinatura Digital é a firma que utiliza o Certificado Digital para sua autenticação e validação. A Assinatura Digital é a modalidade que possui maior grau de segurança jurídica, garante a autenticidade por meio de chaves públicas ou privadas, que são formas de criptografia, ou seja, codificam os dados trocados evitando a exposição e/ou vazamento de informações sigilosas. Quando se utiliza Assinatura Eletrônica ou Digital nos documentos, ficam registrados alguns itens de segurança que visam a autenticidade das assinaturas, como endereço IP, data e hora e código de verificação dos signatários. Esses itens são gerados por meio da contratação de plataforma de assinaturas, hoje oferecidas por diversas empresas especializadas (DocuSign, Portal de Assinaturas etc.).

Evidentemente a contratação eletrônica poderá ser concluída na esfera interprivada ou interempresarial.

Com efeito, ela se forma como ferramenta essencial na atividade empresarial, ambiente em que o uso da internet e das ferramentas de comércio eletrônico tornou-se requisito essencial para o sucesso da atividade econômica. Aliás, o fato de que o ambiente virtual fortalece a "vida não judicial dos contratos" causa preocupação nos contratos interempresariais em que uma das partes possui menor poder de barganha, acentuando a assimetria informativa em contratos relacionais.

Todavia, delimitaremos o estudo do tema ao universo dos contratos de consumo, isto é, aquelas relações contratuais em que os consumidores – pessoas naturais ou jurídicas – assumem a condição de destinatários finais de determinado bem ou serviço (art. 2º, Lei n. 8.078/90). Não necessariamente os contratos firmados por meio eletrônico se adaptam ao CDC, pois relações intercivis e interempresariais também se amoldam a essa fluida técnica de formação contratual. Todavia, os atos tendentes à conclusão do negócio eletrônico, no interstício do endereçamento da oferta pelo proponente à aceitação pelo oblato, são quantitativamente preponderantes nas relações consumeristas, nas quais a urgência se situa na tutela da confiança do usuário-leigo, bem como no fornecimento de informações adequadas, na proteção de sua segurança e, fundamentalmente, na exigência de uma relação de transparência e cooperação desde a fase pré-contratual, passando por todo o processo de adesão do consumidor à oferta.

O contrato eletrônico pode ser situado a partir de duas modalidades principais quanto ao objeto: 1) o fornecedor pode propor uma prestação suscetível de ser diretamente consumida pelo meio de multimídia (*v.g.*, serviços de informação, mensagem eletrônica ou aquisição de um *software*), ou 2) podem ser propostas a compra e venda de bens e a prestação de serviços indistintamente oferecida no mercado, a serem executadas ou entregues por um meio diverso, como ocorre na venda de um automóvel (MARTINS, Guilherme Magalhães. *Contratos eletrônicos de consumo*, 3. ed. São Paulo, Atlas, 2018, p. 176).

Para contrabalançar tal estado de coisas, a resposta do ordenamento será no sentido de sempre privilegiar a transparência. Haverá a necessidade de se conceder superior proteção aos consumidores, em razão de sua especial vulnerabilidade técnica no trato dos mecanismos eletrônicos e no grande poder de sugestão de imagens e informações muitas vezes falhas e distorcidas empregadas por fornecedores em publicidades alocadas pelas ofertas públicas em *site*, *link* e *e-mail*. E quanto à necessidade de testemunhas no contrato eletrônico? O STJ reconheceu que contrato assinado com certificado digital sem testemunhas é passível de ser executado (REsp n. 1.495.920-DF, rel. Min. Paulo de Tarso Sanseverino, *DJe* 07.06.2018). Trata-se de importante precedente, pois a maior parte das plataformas eletrônicas oferta a possibilidade de assinatura eletrônica, ou seja, não são assinaturas digitais (sem certificação do ICP/Brasil). O ônus da prova de um possível questionamento da validade do contrato assinado dessa forma caberia a quem suscita a nulidade. Até que esse tema esteja consolidado, a prudência exige que sejam colhidas assinaturas digitais também das testemunhas, já que a regra geral ainda válida é a do CPC (art. 784, III), no sentido de se negar executoriedade a documentos eletrônicos sem assinatura de testemunhas por ausência de elemento essencial.

Nessas hipóteses, ensina Ricardo Lorenzetti, tanto o consentimento como a adesão tornam-se conceitos insuficientes, haja vista a existência de atribuições de efeitos jurídicos que não estão vinculadas com uma declaração de vontade expressa, mas sim com comportamentos objetivos aos quais são agregadas consequências pelo ordenamento jurídico. Quanto ao ofertante, ele não se vincula por sua vontade, mas pela aparência jurídica criada; trata-se de um fenômeno de imputação de efeitos negociais, fundamentado na regra da primazia da declaração sobre a intenção. No que toca ao aceitante, também não interessa tanto a sua vontade em comparação à confiança que despertou ao aceitar. A confiança remodela a declaração de vontade do aceitante consoante o significado que o proponente poderia e deveria conferir-lhe, levando em consideração todas as circunstâncias, no sentido que a boa-fé lhe possa razoavelmente atribuir. Em síntese, uma nova técnica produz novas regras jurídicas. O consentimento contratual foi a resposta para relações jurídicas interpessoais; a adesão a cláusulas gerais consistiu num conjunto de tecnologias com intuito de dar resposta à sociedade massificada; a oferta com base na aparência e a aceitação baseada na confiança são conceitos apropriados para a excessiva sofisticação proposta pela economia digital e informação (LORENZETTI, Ricardo. *Comércio eletrônico*, São Paulo, RT, 2009, p. 284).

Quanto ao consentimento, à primeira vista pode parecer problemático, em razão do caráter não humano do computador e do *software*, e, portanto, da impossibilidade de emiti-lo. Com efeito, o consentimento unicamente pode ser outorgado por pessoas e supõe a exteriorização de uma vontade interna. A nosso viso, esse obstáculo pode ser superado, com base na figura do pré-contrato e da emissão do consentimento de maneira antecipada pelas partes, subordinando, em tal caso, o contrato definitivo ao cumprimento de determinadas circunstâncias. Nesse caso, se as condições se cumprem, o consentimento se entende outorgado já no momento de efetuar o pré-contrato. Quando as partes aceitam o conteúdo do acordo e descarregam as cláusulas em um código informático, estão dando o seu consentimento antecipado aos futuros contratos que automaticamente serão concluídos e cumpridos nos parâmetros estabelecidos. Uma das formas de emitir consentimento é por meio eletrônico. Não seria, portanto, um "consentimento eletrônico", porém uma forma eletrônica de consentir.

A oferta eletrônica resultará em um contrato a distância – entre pessoas não presentes –, substituídas as pessoas reais por um conjunto de informações que abstratamente identificarão um fornecedor. O computador figurará como mecanismo que completa o processo volitivo, manifestando-o. A proposta do fornecedor consubstancia todos os elementos da oferta de consumo, sendo aplicável ao comércio eletrônico a vinculação assinalada no art. 30 do CDC: "Toda informação ou publicidade suficientemente precisa, veiculada por qualquer forma ou meio de comunicação com relação a produtos e serviços oferecidos ou apresentados, obriga o fornecedor que a fizer veicular ou dela se utilizar e integra o contrato a ser celebrado". O *site* será considerado uma oferta ao público, nos termos do art. 30 do CDC, quando contiver os elementos suficientes do negócio jurídico. A página da *web* será, portanto, vinculante como contrato de consumo.

Praticamente se converte o contrato em uma negociação unilateral, em silêncio e visual. Reputa-se a aceitação virtual como conduta social típica, na qual um simples tocar nos teclados e um direcionar do mouse a um clique importa aquiescência à contratação e um simples continuar no *site*, sem protestar ou cortar a conexão, significa uma declaração tácita de vontade. Todas estas impressões criam a confiança do consumidor. Este *iter* virtual da contratação traz dois problemas: como assegurar de forma prévia a informação do consumidor sobre o produto e o serviço, ou sobre o conteúdo do contrato a ser celebrado, e como assegurar a compreensão e a reflexão do consumidor sobre o negócio que está concluindo? (MARQUES, Claudia Lima. *Confiança no comércio eletrônico*, São Paulo, RT, 2013, p. 67).

**A formação do *smart contract*:** Quanto ao *smart contract*, ou contrato inteligente, pode ser conceituado como acordo produtor de efeitos jurídicos, cuja peculiaridade essencial é o fato de ser autoexecutável, estando total ou parcialmente consubstanciado em sequências de um código: a execução do conteúdo não depende da vontade das partes, dando-se de maneira automática, uma vez verificadas as condições por elas preestabelecidas. Essa autoexecução contratual, uma vez cumpridas as condições preestabelecidas, dota de maior segurança tais acordos. Dispensam-se procedimentos, reduzem-se ou eliminam-se as discussões sobre a interpretação dos termos do acordo. A configuração correta dos pressupostos que ativam a consequência jurídica preestabelecida exclui a ambiguidade (*v.g.*, se a consequência era a conclusão de um novo contrato, as partes saberão que este surgiu e que é vinculante, sem necessidade de ulteriores negociações) e intensifica a previsibilidade dos acordos.

Há mais de 20 anos, Nick Szabo havia definido os *smart contracts* como "um protocolo computadorizado que executa os termos de um contrato", tendo como principais objetivos atender às condições comuns contratuais (como época de pagamento, garantias, confidencialidade e mesmo a sua execução), minimizar riscos de fraudes, dispensar a necessidade de intermediários e reduzir custos de transação. Porém, essa é uma noção clássica que compreendia qualquer acordo automaticamente executado por uma máquina (*v.g.*, a compra de um *snack* de uma máquina de vendas). Contudo, com a revolução do "*blockchain*", o significado de "*smart contract*" foi profundamente impactado. Na medida em que aquela tecnologia atua como uma base de dados que capta um número de registros, colocando-os em blocos acorrentados a outros blocos, a cadeia pode ser compartilhada por qualquer um que tenha permissão apropriada. Assim, ao se aplicar o *blockchain* aos *smart contracts*, além de se tornarem autoexecutáveis, os pactos adquirem o atributo da descentralização, diante da ausência de um banco de dados central e da possibilidade de as cláusulas serem montadas com transparência em colaboração com terceiros estranhos aos contratantes. Se antes as organizações registravam os seus contratos em arquivos – ou em uma fase mais evoluída já gerenciavam os contratos de forma centralizada –, com o conteúdo em *smart contracts* a base contratual em vocabulário é desconstruída em cláusulas semanticamente marcadas – traceáveis e reutilizáveis –, simplificando-se a negociação, celebração e execução dos direitos e obrigações demarcados.

Por conseguinte, em 2022 uma busca pela expressão "*smart contracts*" revela uma gama de definições ainda não consensuais. De qualquer forma, algumas linhas mestras já estão bem definidas: *smart contracts* são palavras escritas em linguagem de computador (*software*) automaticamente executadas por uma máquina; esses contratos se executam em um "*blockchain*" ou tecnologia similar de registro e são automaticamente executados, dispensando a intervenção humana (e, portanto, *smart*). Contudo, o *status* jurídico dos *smart contracts* ainda é incerto, oscilação que é refletida pela incipiente regulação específica sobre o tema. O fato é que essa imprecisão não impede que princípios gerais sejam aplicáveis a *smart contracts*. Portanto, a pergunta que se abre é a seguinte: *smart contracts* são bens tutelados pela legislação de propriedade intelectual, uma forma preventiva de autotutela ou apenas contratos ordinários, contudo disfarçados pela tecnologia? Qual dessas três opções seria a mais adequada?

Relativamente às tradicionais categorias de propriedade intelectual, em sentido geral, tanto os *smart contracts* como os *blockchain* se adaptam à esfera protetiva dos direitos autorais, na medida em que consistem em pedaços de *softwares*, programas de computador. Ademais, desde que essas tecnologias sejam inovadoras e sujeitas a aplicações industriais, também se torna viável a proteção das invenções e *softwares* pela via da patente. Nada obstante, alguém é proprietário de um *blockchain*? A realidade é que há uma incerteza sobre quem tem a titularidade de *blockchain* para se atribuir aos *smart contracts* a natureza de propriedade intelectual.

Alternativamente, alguns poderiam considerar os *smart contracts* uma forma preventiva de autotutela, adotada pelas partes para garantir o cumprimento mútuo de suas prestações, sem a necessidade do eventual *enforcement* pela clássica via judicial. Realmente, isso é o que costuma ocorrer quando os contratantes alcançam o acordo e consequentemente o traduzem para um *smart contract*, deixando a sua execução para um computador. Nada obstante, se esses contratos forem paulatinamente se incorporando à prática cotidiana, torna-se importante que as partes prefixem a lei e a jurisdição aplicáveis em caso de execução judicial. Na medida em que *smart contracts* apenas se prestam aos fins para os quais foram programados, a realização de um contrato escrito em separado será uma segurança no sentido do detalhamento do que acontecerá quando se verifiquem fatos imprevistos, que estejam além do controle das partes.

Finalmente, sugere-se como uma terceira via que os *smart contracts* sejam compreendidos como acordos vinculativos, o que pareceria para muitos um *nonsense*, pois *smart contracts* não criariam obrigações no real sentido jurídico. Contudo, essa afirmação é questionável, pois *smart contracts* são acordos entre partes, com a particularidade de que se expressam em código digital, o que os torna suscetíveis de eficacização não apenas na legislação brasileira, mas em qualquer outro sistema jurídico que defina um contrato como um acordo de vontades que estabeleça, regule ou possa extinguir uma relação patrimonial entre as partes, tendo como requisitos o consenso, a causa, o objeto e a forma (quando prevista em lei). Esses requisitos são sindicáveis não apenas nos contratos tradicionalmente orais ou escritos no papel, mas também aplicáveis aos acordos digitais na forma de um *smart contract*. Assim, eles se coadunam ao direito contratual, sujeitos às normas aplicáveis aos requisitos de validade e eventuais sanções de anulabilidade e nulidade. A nosso viso, *smart contracts* claramente criam obrigações exigíveis, independentemente de seu código digital, ou de as partes delegarem ao computador a *performance* em seu nome. Ilustrativamente, se houver um *bug* em um *smart contract* pelo qual uma parte se obrigara a transferir propriedade em troca de uma soma em dinheiro, o contratante continuará responsável pela transferência da coisa mesmo diante da falha do *software* (tal como ocorre quando colocamos a moeda/ficha na máquina em troca de uma mercadoria, sem que, contudo, haja a entrega por uma falha no equipamento). O fato de a Netflix permitir que seus usuários se beneficiem do serviço de *streaming* em troca de um valor mensal e o *software* automaticamente suspender o serviço em caso de inadimplemento – independentemente de uma atuação humana – não é relevante para desidratar a natureza contratual da relação jurídica, tratando-se apenas de uma particularidade no plano da sua eficácia.

Assim, cremos que os estandardizados *smart contracts* dispensam a formulação de um novo regramento ou uma nova categoria legal. Mantêm a essência de negócio jurídico bilateral, sendo suficiente que os princípios vigentes sejam adaptados normativamente ou atualizados pela jurisprudência para o adequado tratamento das novas tecnologias, apesar do natural *gap* existente entre a sua introdução e os ajustes jurídicos necessários. A despeito de ser digitalmente expresso, cada *smart contract* é regulado pelas normas do CC e do CDC, sendo os contratantes livres para buscar uma compensação de danos em casos nos quais o mau funcionamento do sistema propicie a execução de um acordo inválido, ou um acordo válido não possa ser executado. Isso significa que, mesmo sendo caracterizados como uma forma revolucionária de implementação de negócios, os *smart contracts* não suplantaram a teoria geral dos contratos, da mesma forma que a técnica da adesão não destruiu a principiologia dos contratos negociados, mas apenas a adaptou às suas vicissitudes.

Antes mesmo do cenário caótico causado pela covid-19, na esfera mundial já era possível perceber os efeitos nas relações contratuais advindos de uma significativa revolução tecnológica, liderada, principalmente, pelo *blockchain* e pela inteligência artificial. Quando se fala em evolução socioeconômica, vivenciamos a era da indústria 4.0, na qual os processos de produção tendem a se tornar cada vez mais eficientes, não ficando o Direito às margens dessa mudança, principalmente, por meio da crescente contribuição da tecnologia disruptiva dos *smart contracts*.

Esse modo de operar permite afirmar que, quando a consequência automática seja a execução de uma prestação, tal configuração em nada afetará o processo de formação do contrato, que seguirá o *iter* do denominado "contrato tradicional": fase de formação, fase de celebração e fase de consumação, com as peculiaridades que em cada caso existam – *v.g.*, quando intervenham consumidores. Portanto, o distintivo dos *smart contracts* é que ambas as partes tenham condicionado a execução das prestações a um evento futuro. Em consequência, os requisitos legais para a conclusão do contrato permanecem iguais, pois a peculiaridade reside apenas no âmbito de execução da prestação. Esse é o modelo de contrato inteligente típico do primeiro estágio em que nos encontramos: um contrato ao estilo tradicional, porém, em que parte dele está escrito em código de *software*; apenas uma parte do contrato está "informatizada".

A situação é diversa quando a consequência que automaticamente se executa ao se cumprirem as condições preestabelecidas é a conclusão de um novo contrato, com todos os seus elementos, e não apenas a determinação de alguns de seus aspectos. Em tal caso, o que sucede com o processo de formação desse novo contrato? Na falta de uma regulação específica que preveja de maneira concreta esse tipo de negócio jurídico, uma das categorias que melhor se pode adaptar é a do pré-contrato. As partes celebram um contrato preliminar e deixam preparado o ulterior, condicionando o aperfeiçoamento dos futuros contratos à concorrência das circunstâncias preestabelecidas por eles. Trata-se de um *pactum de contrahendo*, e identifica-se com o contrato finalmente subscrito, como etapa preparatória de um *iter* negocial. Com efeito, nesse acordo bilateral inicial estão suficientemente definidos os elementos e o conteúdo dos contratos definitivos, mesmo quando a sua concreção ou determinação última dependa dos eventos estabelecidos pelas partes. Poderia ser definido como um "pré-contrato imperfeito": existe um acordo contratual inicial, há vontade concorde das partes – que difere da conclusão e entrada em vigor do contrato definitivo em um momento ulterior, caracterizado pelo cumprimento de determinadas circunstâncias configuradas de maneira condicional. Deixam-se abertos, portanto, os termos do pré-contrato, que se concretizarão ulteriormente, mas sem necessidade de nova intervenção específica das partes que já prestaram o seu consentimento – pois as próprias máquinas efetuam a tarefa de verificar a concorrência das circunstâncias preestabelecidas. Enfim, cumpridos os eventos dentro do prazo assinalado pelas partes, a consequência será a de que automaticamente terá lugar a conclusão dos contratos definitivos. Todavia, transcorrido o prazo sem cumprimento das condições, decai o pré-contrato.

Em sede de conclusão, temos que brevemente aferir o impacto da covid-19 sobre os contratos eletrônicos e *smart contracts*. Se há quase duas décadas se deu a regulamentação legal da contratação eletrônica, foi necessária a decretação de uma pandemia em saúde pública – com imposição de medidas restritivas de contato e funcionamento dos ambientes comerciais, implementação de trabalhos remotos e, até mesmo, interrupção de atividades comerciais – para que os contratos eletrônicos se firmassem em definitivo como importante ferramenta em benefício dos negócios. As assinaturas eletrônicas ou digitais como meios para firmar os contratos eletrônicos se tornaram ferramentas aliadas para manter o isolamento social das partes signatárias, além de proporcionar praticidade, agilidade e redução de custos burocráticos. Ao adotar o uso dessas assinaturas, recomenda-se a inclusão de alguma cláusula no contrato ou documento eletrônico, contendo a disposição de que as partes concordam em utilizar esse meio. Com a implementação do teletrabalho, gestores, advogados e interessados têm evitado – com muito acerto – encontros presenciais, ainda que para a formalização de importantes negócios. Apesar de ainda desconhecidos todos os reflexos contratuais da pandemia, tudo indica que, de ferramenta acessória e, até mesmo, vanguardista, os contratos eletrônicos se concretizarão no dia a dia das partes como instrumento de conclusão e conservação dos objetos, dos direitos e das obrigações negociados.

Vários estados da Federação regulamentaram o procedimento de registro eletrônico, não sendo mais preciso ir ao cartório para realizar as operações de compra e venda de imóveis, ao passo que as escrituras públicas estão sendo realizadas de forma totalmente *on-line*, com assinatura por certificado digital. Tal inovação adveio de permissão conferida pelo CNJ (Provimento CNJ n. 95, de 01.04.2020), de modo que, por meio do procedimento eletrônico, o serviço de registro de imóveis não fosse paralisado em meio ao isolamento social imposto pela pandemia da covid-19. As corregedorias de alguns Tribunais de Justiça já regulamentaram os atos eletrônicos dos cartórios. Em complemento ao ato indicado anteriormente, o mesmo CNJ publicou o Provimento n. 100, instituindo o Sistema de Atos Notariais Eletrônicos, e-Notariado, plataforma *on-line* disponibilizada para finalidade notarial eletrônica com o objetivo de tornar eletrônico todo ato de competência cartorial.

---

**Art. 428. Deixa de ser obrigatória a proposta:**

**I – se, feita sem prazo a pessoa presente, não foi imediatamente aceita. Considera-se também presente a pessoa que contrata por telefone ou por meio de comunicação semelhante;**

**II – se, feita sem prazo a pessoa ausente, tiver decorrido tempo suficiente para chegar a resposta ao conhecimento do proponente;**

**III – se, feita a pessoa ausente, não tiver sido expedida a resposta dentro do prazo dado;**

**IV – se, antes dela, ou simultaneamente, chegar ao conhecimento da outra parte a retratação do proponente.**

---

A regra é a irrevogabilidade da proposta (art. 427, CC). Contudo, em três situações a proposta não terá a força vinculante: quando resulte de seus termos, da própria natureza do negócio e, finalmente, das circunstâncias do caso. Por essa razão, podemos afirmar que ela não tem caráter absoluto. Afasta-se a vinculatividade da proposta se dos termos desta se depreender de forma clara a discricionariedade do proponente em contratar. Assim, não é cogente a proposta que veicula a previsão de facultatividade de vinculação pelo ofertante em caso de aceitação, como nas declarações "salvo confirmação" ou "sem compromisso". A segunda exceção à força vinculante prevista na proposta decorre da "natureza do negócio" (art. 427, CC). A proposta não vinculará o proponente quando a oferta pela sua própria natureza é aberta. Como o proponente tem a faculdade de manter a proposta ou não, ela não é obrigatória e não cria outras consequências senão a potencialidade do contrato, que estará formado se até a sua aceitação ela ainda estiver vigente. Nesse sentido, observamos o contrato de mandato, no qual, sendo a confiança da essência do negócio jurídico, não se vincula o proponente ao primeiro que aceite a proposta. A última situação de exceção funda-se nas circunstâncias do caso. Aqui estão localizadas as exceções previstas no art. 429 do CC.

A proposta à pessoa presente é aquela em que existem plenas condições materiais de imediata resposta pelo aceitante ao proponente. Não é necessária a presença física das partes, sendo suficiente a interlocução. Por essa razão, entendemos que o conceito jurídico de "pessoa presente" é uma simulação, já que é prescindível o encontro face a face. Nesse sentido, da leitura do inc. I do artigo em análise, pode-se depreender da expressão "por telefone ou por meio de comunicação semelhante", a aceitação realizada pela internet e por outros meios de comunicação em tempo real. Assim, nas ofertas realizadas entre presentes não haverá a obrigatoriedade se não houver imediata aceitação, salvo se a proposta conceder prazo determinado para tanto. Por exemplo, em sede de internet, qualquer aceitação poderá se realizar enquanto a oferta se mantiver no servidor, pois, quando subtraída do site, já não será acessível ao público e não mais subsiste. Já "pessoa ausente" deve ser compreendida como aquela que não possui meios para responder prontamente ao ofertante, como nas hipóteses da emissão da proposta por mensageiro, telegrama ou fax.

No caso da oferta com prazo estipulado pelo ofertante, é criada no destinatário a legítima expectativa de que a sua aceitação naquele termo vinculará as partes. Por essa razão, a oferta acompanhada de prazo de aceitação não pode ser revogada pelo policitante, devendo respeitar o princípio da confiança, atribuindo maior seriedade e segurança no tráfego jurídico. Se o ofertante retirar a oferta antes de findar o prazo para aceitação, aquele que recebeu a proposta terá direito à reparação de danos em relação às despesas assumidas por acreditar na conclusão do contrato. A retratação é indenizável, independentemente da cogitação de culpa do proponente.

Na forma do inc. I, considera-se presente aquele "que contrata por telefone ou por meio de comunicação semelhante". Isso ocorre quando se utilizam programas de conversação em tempo real, como Skype, MSN, Messenger, ou *chat* e videoconferência, bem como nas ofertas permanentes *on-line*. Em sede de internet, algumas ofertas podem ser consideradas entre presentes (quando há interatividade) e outras entre ausentes, como por meio de mensagens eletrônicas (por *e-mail* ou *site*), em que não há instantaneidade na troca de informações. Assim, contratos celebrados por salas de *chat* e *webcam* são realizados com simultaneidade em tempo real. Determinados aplicativos permitem o diálogo imediato como em uma tradicional conversa ao telefone. Nesses casos, o recebimento da aceitação determina a contratação.

Já os contratos celebrados por *e-mail* serão contratos "entre ausentes", pois não se evidencia a comunicação de forma imediata. Falta a instantaneidade. De fato, há um hiato entre a declaração de uma parte e a recepção desta pelo outro contratante. Em analogia com as correspondências escritas, os questionamentos não são prontamente respondidos, pode haver certa demora na resposta do destinatário, até mesmo pela necessidade de uma reflexão ponderada sobre a contratação.

A redação do inc. II indica que a proposta sem prazo endereçada à pessoa ausente não será obrigatória quando decorre tempo suficiente para que a resposta alcance a pessoa do proponente. Há um limite razoável de tempo, aferível pelas circunstâncias (como as práticas anteriores entre as mesmas partes) e pela natureza do negócio, para que a resposta do aceitante chegue ao conhecimento do policitante, sob pena de perda da eficácia do ato de aceitação. O razoável seria uma espécie de termo moral ou prazo tácito, que seria aferido na linha da equidade. De toda sorte, a proposta não vinculará mesmo que a demora na resposta não possa ser imputada ao oblato, mas obra do fortuito ou de força maior. Aqui, importante observar a redação do Enunciado n. 173 do CJF: "A formação dos contratos realizados entre pessoas ausentes, por meio eletrônico, completa-se com a recepção da aceitação pelo proponente". Nos termos do inc. III, a proposta feita à pessoa ausente com estipulação de prazo para aceitação sucumbirá se a reposta (aceitação) não for expedida no prazo concedido. Assim como o policitante pode retirar unilateralmente a força obrigatória da proposta (art. 427, CC), poderá submeter a sua vinculatividade a um prazo. De acordo com o inc. IV do art. 428, a proposta não vinculará se o arrependimento do proponente alcançar o destinatário antes mesmo de este tomar conhecimento da proposta, ou se simultaneamente a esta tomar ciência da retratação. A retratação pode ser expedida por via de carta com Sedex ainda que a proposta tenha sido enviada por carta ordinária. De toda sorte, a retratação somente terá eficácia se chegar previamente à proposta, ainda que a delonga decorra do fortuito ou de força maior. Nesse caso, o policitante deverá executar a proposta nos termos de seu conteúdo.

O Enunciado n. 173 do CJF impacta na adoção da teoria da recepção, para os contratos firmados pelo correio eletrônico, justificando-se como protetiva ao consumidor aderente, afastando a insegurança da teoria da expedição, quanto à chegada da comunicação eletrônica ao seu destino. À luz da teoria da recepção, o contrato somente se reputará formado quando a aceitação for recebida pelo proponente, não bastando o simples envio. Derroga-se, no particular, a posição do CC de opção pela teoria da expedição para os contratos entre ausentes (art. 434 do CC: "Os contratos entre ausentes tornam-se perfeitos desde que a aceitação é expedida [...]"). Caso aplicada essa teoria ao meio eletrônico, o contrato seria concluído quando o declaratário manifestasse a aceitação e a remetesse ao proponente, despojando-se do documento portador dela, independentemente de se apurar se chegou ou não ao destinatário.

Lembramos que o policitante não se obriga quando lança a oferta ao público. Isso só ocorrerá após a aceitação pelo consumidor. Contudo, antes da aquiescência, já se vincula à oferta perante a coletividade, tornando-se irrevogável a declaração unilateral. No contrato eletrônico, o binômio aparência/confiança reforça essa vinculatividade.

---

**Art. 429. A oferta ao público equivale a proposta quando encerra os requisitos essenciais ao contrato, salvo se o contrário resultar das circunstâncias ou dos usos.**

**Parágrafo único. Pode revogar-se a oferta pela mesma via de sua divulgação, desde que ressalvada esta faculdade na oferta realizada.**

---

O CC diferencia os termos proposta e oferta. A proposta é a declaração de vontade direcionada a um destinatário determinado. Já a oferta se refere a situações nas quais a proposta é dirigida ao público em geral, ou seja, não é apresentada a uma pessoa específica. Por isso, afirma-se que a oferta é a proposta *ad incertam personam*. De toda sorte, a oferta é uma declaração receptícia de vontade, restando a identificação do oblato para momento posterior. Essa indeterminação é transitória, já que com a formação do contrato o aceitante se determina. A oferta é apresentada a cada pessoa e não é propriamente realizada a uma coletividade. A oferta pública pode ser vislumbrada nas relações puramente civis ou entre empresários-fornecedores, como ocorre nas licitações em geral. Mas, dificilmente se observará uma oferta ao público desvinculada de relações de consumo em contratos de adesão. Poder-se-ia cogitar de uma oferta efetuada por um empreendedor imobiliário para aqueles comerciantes que desejam adquirir lojas em um novo *shopping center*.

O *caput* do art. 429 disciplina relações civis direcionadas a um público indeterminado de não consumidores. É o que acontece em ofertas dirigidas a empresas e empresários individuais que pretendem adquirir grande quantidade de bens em determinada licitação, com o objetivo de posterior revenda. Portanto, o dispositivo em análise não remete ao CDC. Para que a oferta se caracterize com definitividade deve conter os requisitos essenciais do contrato. Nesse caso, a mera oferta se transmudará em uma "proposta ao público"; senão, será toda como uma recomendação para que sejam enviadas propostas ao anunciante, um convite a contratar. Portanto, sem se vincular, o policitante se coloca na cômoda situação de aguardar propostas por parte do público em geral. Assim, vislumbramos uma distinção entre o alcance da proposta e o da oferta. A vinculação do proponente à proposta será mais ampla do que a do oferente à oferta. A proposta exige maior especificidade, devendo conter os requisitos essenciais do contrato. Já a oferta, por não conter os requisitos de uma proposta, será um convite a contratar.

Nos termos do parágrafo único do art. 429, a faculdade de retratação pode ser veiculada na própria oferta. Importante observar que, se a oferta for completa, torna-se uma proposta ao público e, consequentemente, mais vinculativa do que a proposta a uma pessoa determinada. Isso porque, retirando-se a expressa menção à potestatividade do arrependimento, na oferta ao público em geral, o proponente não poderá se servir das escusas do art. 428 do CC. Importante, ressaltar as diferenças entre a oferta ao público disciplinada no dispositivo em análise e a oferta prevista nos arts. 30 a 35 do CDC. No sistema consumerista a oferta pública é irrevogável. O CDC é mais rigoroso que a lei civil, já que atribui ao consumidor o direito potestativo de demandar a tutela específica da obrigação nos termos da oferta, da apresentação ou da publicidade (art. 35, CDC). Aqui, observamos a aplicação do princípio da suficiência. Essa norma, em princípio, não se aplicaria ao CC, pois se o ofertante se negar a cumprir a proposta ao público, a situação se resolveria em indenização por perdas e danos. Entretanto, observa-se posicionamento no sentido de que se aplicam imediatamente as normas civis à execução específica das obrigações de dar e fazer (arts. 461 e 461-A, CPC/73; arts. 139, IV, 497 a 500, 536, § 1º, 537, § 1º, I, e 538, CPC), possibilitando ao aceitante a efetivação do direito subjetivo ao resultado útil do contrato. Ademais, os citados dispositivos do CDC são normas de ordem pública.

**A oferta de crédito ao público e o superendividamento – Lei n. 14.181/2021:** Desde a década de 1990, o Brasil assistiu a um expressivo aumento da oferta de crédito para o consumo, fenômeno que se denominou "democratização" ou "vulgarização" do crédito. Se, até aquele momento, o financiamento estava concentrado, sobretudo, na área produtiva, ele foi, nas últimas décadas, direcionado ao posto final da cadeia econômica, ocupado, sobretudo, pela pessoa. Como consequência lógica do fenômeno descrito, o catálogo de débitos que oneram o patrimônio da pessoa humana passou a incluir dívidas criadas pelo consumo. Ao agravamento do balanço patrimonial alia-se o fato de que, em sua maior parte, os produtos e serviços adquiridos não produzem uma situação ativa de significativa duração no tempo. Se, de um lado, paga-se um mútuo que proporcionou a aquisição de determinado bem (corpóreo ou incorpóreo), de outro, a expressão patrimonial do objeto adquirido se esvai pelo próprio consumo (CERVASIO, Daniel Bucar. *Superendividamento*: reabilitação patrimonial da pessoa humana. São Paulo, Saraiva, 2017, p. 6).

O CDC, em sua redação original, já previa expressamente, no art. 52, deveres específicos aos fornecedores, no caso do "fornecimento de produtos ou serviços que envolvam outorga de crédito ou concessão de financiamento ao consumidor". Reconhecia aí a existência de dois contratos vinculados entre si, o de compra e venda do produto ou de prestação de serviço, e o de outorga de crédito, espécie de mútuo ou financiamento para viabilizar o primeiro. Ocorre que a regra prevista pelo legislador do CDC tornou-se insuficiente diante do avanço da oferta de crédito e crescimento dos meios de acesso a esses serviços, não apenas em agências bancárias, mas junto a grandes lojas, agências de correios ou lotéricas, supermercados, entre outros canais. Também a oferta de crédito por telefone, com ênfase em idosos e aposentados, as modalidades de crédito consignado, com reserva de parte dos salários ou proventos para pagamento da dívida, sem interferência do devedor, e a popularização de garantias fiduciárias para o consumo (*e.g.*, alienação fiduciária) contribuíram para a popularização do crédito. A inclusão financeira e o acesso ao crédito são decisivos para o desenvolvimento. Porém, destaca-se que sua oferta e concessão devem se dar de forma responsável, observando os deveres de informação e esclarecimento dos tomadores de crédito, assim como a previsão de meios que favoreçam o efetivo adimplemento das dívidas (MIRAGEM, Bruno. A lei do crédito responsável altera o Código de Defesa do Consumidor: novas disposições para a prevenção e o tratamento do superendividamento. Portal *Migalhas*, 07.07.2021. Disponível em: https://www.migalhas.com.br/coluna/migalhas-contratuais/348157/a-lei-do-credito-responsavel-altera-o-codigo-de--defesa-do-consumidor; acesso em: 20.10.2021).

Nesse diapasão, os arts. 54-B, 54-C e 54-D (incluídos pela Lei n. 14.181/2021) ampliam a tutela consumerista na oferta do crédito, acrescentando às informações já previstas no art. 52 do CDC um rol de novas informações específicas, visando o esclarecimento do consumidor.

O art. 54-B destaca: "No fornecimento de crédito e na venda a prazo, além das informações obrigatórias previstas no art. 52 deste Código e na legislação aplicável à matéria, o fornecedor ou o intermediário deverá informar o consumidor, prévia e adequadamente, no momento da oferta, sobre: I – o custo efetivo total e a descrição dos elementos que o compõem; II – a taxa efetiva mensal de juros, bem como a taxa dos juros de mora e o total de encargos, de qualquer natureza, previstos para o atraso no pagamento; III – o montante das prestações e o prazo de validade da oferta, que deve ser, no mínimo, de 2 (dois) dias; IV – o nome e o endereço, inclusive o eletrônico, do fornecedor; V – o direito do consumidor à liquidação antecipada e não onerosa do débito, nos termos do § 2º do art. 52 deste Código e da regulamentação em vigor". Enfatiza-se aqui a extraordinária força normativa que a informação possui nas relações de consumo. Informação falha gera responsabilidade, como também sua ausência. De acordo, por exemplo, com o art. 31, *caput*, do CDC, a obrigação de informação – com maior razão a que possa atingir pessoas de baixa renda – exige do fornecedor comportamento eficaz, proativo e leal. O CDC rejeita tanto a regra *caveat emptor* como a subinformação, as patologias do silêncio total e parcial. A regra do *caveat emptor* – completamente ultrapassada nas relações de consumo atuais – impõe não ao fornecedor, mas ao consumidor, os riscos relativos às informações sobre o produto e o serviço (o consumidor que deveria se esforçar para obtê-las, não seria dever do fornecedor disponibilizá-las com clareza). O art. 54-B, nessa linha, especifica obrigações mínimas que compõem o dever de informação que o fornecimento de crédito na venda a prazo deverá conter, transcendendo o art. 52 do CDC. São inovações bem-vindas e relevantes. Por exemplo, a questão do custo efetivo total (CET) deverá discriminar, de forma realmente clara, todos os custos, isto é, absolutamente tudo que será cobrado do consumidor (o que é um avanço, pois sabemos bem como são redigidos esses contratos bancários e assemelhados). A informação, lembremos sempre, deverá ser prévia e adequada, conceitos fortes e de extraordinária importância no contexto do CDC.

O art. 54-B, no § 1º, destaca: "As informações referidas no art. 52 deste Código e no *caput* deste artigo devem constar de forma clara e resumida do próprio contrato, da fatura ou de instrumento apartado, de fácil acesso ao consumidor". Já no § 2º dispõe: "Para efeitos deste Código, o custo efetivo total da operação de crédito ao consumidor consistirá em taxa percentual anual e compreenderá todos os valores cobrados do consumidor, sem prejuízo do cálculo padronizado pela autoridade reguladora do sistema financeiro". O art. 54-B, no § 3º, prescreve: "Sem prejuízo do disposto no art. 37 deste Código, a oferta de crédito ao consumidor e a oferta de venda a prazo, ou a fatura mensal, conforme o caso, devem indicar, no mínimo, o custo efetivo total, o agente financiador e a soma total a pagar, com e sem financiamento". Cuida-se de um *standard* mínimo de informação comum à oferta de crédito, na venda a prazo ou na fatura mensal. O essencial, e pressuposto de validades desses negócios jurídicos, é que as informações em questão sejam ofertadas de modo claro e resumido. Isto é, o consumidor não deverá se esforçar para consegui-las, e mais ainda: o consumidor destinatário das informações é o consumidor leigo em questões financeiras, por isso maior clareza se impõe. Aliás, o § 3º do art. 54-B impõe os requisitos mínimos que a publicidade relativa ao tema deverá conter. Sabemos que o crédito nunca é gratuito (embora a afirmação contrária, dizendo da gratuidade do crédito, possa convencer consumidores mais vulneráveis).

De acordo com o art. 54-C, "é vedado, expressa ou implicitamente, na oferta de crédito ao consumidor, publicitária ou não: [...] II – indicar que a operação de crédito poderá ser concluída sem consulta a serviços de proteção ao crédito ou sem avaliação da situação financeira do consumidor; (incluído pela Lei n. 14.181/2021) III – ocultar ou dificultar a compreensão sobre os ônus e os riscos da contratação do crédito ou da venda a prazo; IV – assediar ou pressionar o consumidor para contratar o fornecimento de produto, serviço ou crédito, principalmente se se tratar de consumidor idoso, analfabeto, doente ou em estado de vulnerabilidade agravada ou se a contratação envolver prêmio; V – condicionar o atendimento de pretensões do consumidor ou o início de tratativas à renúncia ou à desistência de demandas judiciais, ao pagamento de honorários advocatícios ou a depósitos judiciais".

É importante atentar ao vocábulo "implicitamente" do *caput* do art. 54-C, que pode ser de importantes resultados hermenêuticos para a questão do superendividamento. Os deveres de informação a cargo do fornecedor são fortíssimos, no Brasil. Com a lei do superendividamento, isso se torna ainda mais forte (por exemplo, o dever de informar o custo efetivo total da operação, já aludido). A publicidade, também, muitas vezes agressiva e enganosa, deverá se adequar aos critérios principiológico e normativo da lei. O inc. II enfatiza, em essência, que o fornecedor tem o dever – de modo adequado e prudente – de verificar a capacidade econômica do consumidor de honrar o débito (trata-se, inclusive, de um dos reflexos do princípio do crédito responsável). É preciso impor novos padrões de responsabilidade, social e jurídica, para a concessão do crédito no Brasil.

Conforme o entendimento do STJ – *Informativo* n. 765, de 07.03.2023: "Cinge-se a controvérsia a determinar se configuraria propaganda enganosa ou concorrência desleal a utilização do *claim* 'Melhor em tudo o que faz', pois seria uma informação passível de medição objetiva. Essa expressão caracteriza-se como *puffing*, sendo forma de publicidade que utiliza o exagero publicitário como método de convencimento dos consumidores. No caso, de acordo com o exposto nas razões do especial, as peças publicitárias dariam a entender ser o seu produto melhor do que outros em relação aos atributos cor, consistência e sabor, e, por esse motivo, a ocorrência de propaganda enganosa, bem como concorrência desleal capazes de violar, respectivamente, o art. 37 do CDC e o art. 195 da Lei da Propriedade Industrial. Contudo, não é razoável proibir o fabricante ou prestador de serviço de se autoproclamar o melhor naquilo que faz, mormente porque essa é a autoavaliação do seu produto e a meta a ser alcançada, ainda mais quando não há nenhuma mensagem depreciativa no tocante aos seus concorrentes. Percebe-se, desse modo, que os exemplos indicados pela doutrina como de *puffing* se amoldam perfeitamente à hipótese *sub judice*, qual seja, uma afirmação exagerada que depende de uma avaliação crítica subjetiva para averiguação, não sendo possível mensuração objetiva. Não há, na expressão veiculada nas propagandas comerciais, nenhuma depreciação aos produtos de suas concorrentes, apenas exortação ao seu próprio, o que não é vedado pela legislação brasileira. Portanto, é lícita a utilização da frase 'Melhor em tudo o que faz'" (REsp n. 1.759.745/SP, 4ª T., rel. Min. Marco Buzzi, j. 28.02.2023).

O inc. III do art. 54-C menciona a vedação, ainda que implícita, de se ocultar ou dificultar a compreensão sobre os ônus e os riscos da contratação do crédito ou da venda a prazo. À luz da boa-fé objetiva existem notáveis deveres de informar, de modo prévio e adequado, e até de cooperar com o consumidor, à luz dos contextos do caso. Seguindo a legislação europeia (art. 9º da Diretiva n. 2005/29/CE, sobre práticas comerciais desleais), o inc. IV veda o assédio ou a pressão ao consumidor para contratar fornecimento de produto, serviço ou crédito, principalmente se se tratar de consumidor idoso, analfabeto, doente ou em estado de vulnerabilidade agravada ou se a contratação envolver prêmio. Fundamental essa previsão, sobretudo conectando-a ao estado concreto de vulnerabilidade do consumidor. As práticas são notoriamente abusivas no Brasil nesse campo, ou pelo menos foram por muito tempo, mediante telefonemas reiterados em horários impróprios e prestação de informações propositadamente desconexas e aceleradas, elidindo a necessária compreensão. O inc. V veda que se condicione o atendimento de pretensões do consumidor, ou o início de tratativas à renúncia ou à desistência de demandas judiciais, ao pagamento de honorários advocatícios ou a depósitos judiciais. A oferta de crédito pode ser impactante ao tempo de uma renegociação de dívida existente, inclusive para condicionar seu adimplemento, acarretando uma cadeia de contratos de crédito, impelindo o superendividamento. Visa-se impedir, nesse caso, o abuso do credor na restrição ao exercício regular de direitos pelo consumidor. Temos, no inc. V, previsão importante, que explicita o caráter abusivo dessa prática. Aliás, lembremos que o abuso de direito, no Brasil, é ato ilícito (CC, art. 187), e trata-se de norma de amplo espectro eficacial (não apenas indenizativo).

Na sequência, explicita o art. 54-D: "Na oferta de crédito, previamente à contratação, o fornecedor ou o intermediário deverá, entre outras condutas: I – informar e esclarecer adequadamente o consumidor, considerada sua idade, sobre a natureza e a modalidade do crédito oferecido, sobre todos os custos incidentes, observado o disposto nos arts. 52 e 54-B deste Código, e sobre as consequências genéricas e específicas do inadimplemento; II – avaliar, de forma responsável, as condições de crédito do consumidor, mediante análise das informações disponíveis em bancos de dados de proteção ao crédito, observado o disposto neste Código e na legislação sobre proteção de dados; III – informar a identidade do agente financiador e entregar ao consumidor, ao garante e a outros coobrigados cópia do contrato de crédito. Parágrafo único. O descumprimento de qualquer dos deveres previstos no *caput* deste artigo e nos arts. 52 e 54-C deste Código poderá acarretar judicialmente a redução dos juros, dos encargos ou de qualquer acréscimo ao principal e a dilação do prazo de pagamento previsto no contrato original, conforme a gravidade da conduta do fornecedor e as possibilidades financeiras do consumidor, sem prejuízo de outras sanções e de indenização por perdas e danos, patrimoniais e morais, ao consumidor".

O art. 54-D frisa, em caráter exemplificativo, deveres prévios aos quais está sujeito o fornecedor ou o intermediário, previamente à contratação da concessão de crédito, tanto em relação ao dever de informação como também de esclarecimento do consumidor. O inc. I menciona a informação e o esclarecimento específicos, não genéricos, sempre à luz da vulnerabilidade específica do consumidor. Importante é a previsão acerca das consequências genéricas e específicas do inadimplemento (isto é, não só alardear, de modo ilusório, as vantagens do crédito, mas também os aspectos negativos, de modo específico). Informações genéricas, falhas ou omissas geram responsabilidade do fornecedor na concessão do crédito. O inc. II determina o dever de avaliar, de forma responsável, as condições de crédito do consumidor, mediante análise das informações disponíveis em bancos de dados de proteção ao crédito, observado o disposto no CDC e na legislação sobre proteção de dados. Ou seja, reafirma-se o princípio do crédito responsável. Caberá ao fornecedor, de modo prudente e responsável, verificar se o devedor dispõe de condições de pagar o crédito que assume. Isto é, não mais a concessão irresponsável e agressiva, que socialmente é ruim para todos, em última análise. O inciso III impõe o dever de informar a identidade do agente financiador e entregar ao consumidor, ao garante e a outros coobrigados cópia do contrato de crédito. O consumidor deverá receber cópia do contrato de crédito, o que obviamente já deveria ocorrer (mas nem sempre ocorre), por isso a previsão é necessária e bem-vinda, até para facilitar o acesso à justiça, se necessário.

Por fim, o descumprimento de qualquer dos deveres previstos no *caput* do art. 54-D e dos arts. 52 e 54-C do CDC poderá acarretar judicialmente a redução dos juros, dos encargos ou de qualquer acréscimo ao principal e a dilação do prazo de pagamento previsto no contrato original, conforme a gravidade da conduta do fornecedor e as possibilidades financeiras do consumidor, sem prejuízo de outras sanções e de indenização por perdas e danos, patrimoniais e morais, ao consumidor. Trata-se de previsão da mais alta importância, aberta e flexível, que autoriza explicitamente sanções pelos descumprimentos antes referidos. Poderá haver, exemplificativamente, a redução dos juros, encargos ou de qualquer acréscimo ao principal e, ainda, a dilação do prazo de pagamento, sem juros. A gravidade da conduta do fornecedor e as possibilidades financeiras do consumidor são critérios que deverão ser levados em conta, em visão ampla. Tudo isso poderá ser cumulado com outras sanções (administrativas, p. ex.) e com a indenização por perdas e danos, patrimoniais e morais, ao consumidor (lembremos, p. ex., que à luz da jurisprudência do STJ a gravidade da conduta do ofensor pode ser levada em conta para elevar o valor dos danos extrapatrimoniais). Os danos, ademais, podem ser individuais e coletivos.

Finalmente, em 2022, no Tema n. 1.085, o STJ decidiu que: "São lícitos os descontos de parcelas de empréstimos bancários comuns em conta-corrente, ainda que utilizada para recebimento de salários, desde que previamente autorizados pelo mutuário e enquanto esta autorização perdurar, não sendo aplicável, por analogia, a limitação prevista no § 1º do art. 1º da Lei n. 10.820/2003, que disciplina os empréstimos consignados em folha de pagamento". Como fundamento, considerou o tribunal que o empréstimo consignado apresenta-se como uma das modalidades de empréstimo com menores riscos de inadimplência para a instituição financeira mutuante, na medida em que o desconto das parcelas do mútuo dá-se diretamente na folha de pagamento do trabalhador, sem nenhuma ingerência por parte do mutuário/correntista, o que, por sua vez, em razão justamente da robustez dessa garantia, reverte em taxas de juros significativamente menores em seu favor, se comparado com outros empréstimos. Assim, uma vez ajustado o empréstimo consignado em folha de pagamento, não é dado ao mutuário, por expressa disposição legal, revogar a autorização concedida para que os descontos afetos ao mútuo ocorram diretamente em sua folha de pagamento, a fim de modificar a forma de pagamento ajustada. A pretendida limitação dos descontos em conta-corrente, por aplicação analógica da Lei n. 10.820/2003, tampouco se revestiria de instrumento idôneo a combater o endividamento exacerbado, com vistas à preservação do mínimo existencial do mutuário. Por fim, a prevenção e o combate ao superendividamento, com vistas à preservação do mínimo existencial do mutuário, não se dão por meio de uma indevida intervenção judicial nos contratos, em substituição ao legislador. A esse relevante propósito, sobreveio – na seara adequada, portanto – a Lei n. 14.181/2021, que alterou disposições do CDC, para "aperfeiçoar a disciplina do crédito ao consumidor e dispor sobre a prevenção e o tratamento do superendividamento" (REsp n. 1.863.973/SP, 2ª S., rel. Min. Marco Aurélio Bellizze, j. 09.03.2022).

**Art. 430. Se a aceitação, por circunstância imprevista, chegar tarde ao conhecimento do proponente, este comunicá-lo-á imediatamente ao aceitante, sob pena de responder por perdas e danos.**

O art. 430 disciplina a reação à apresentação da proposta. A aceitação é o direito potestativo do oblato de constituir o contrato que lhe foi ofertado. A declaração receptícia de aceitação pode ser expressa ou ser identificada no caso de silêncio circunstanciado. A aceitação corresponde à manifestação de vontade definitiva no sentido de contratar e tal vontade não precisa ocorrer nos moldes tradicionais. No caso da internet, o ingresso em determinado *site* por meio do toque de uma tecla implica aceitação, assim como o ingresso em um transporte coletivo indica o desejo de contratar. Nas ofertas ao público realizadas por máquinas (*v. g.*, *flipper*), o simples depósito de uma moeda implica aceitação.

Importante observar que ninguém será obrigado a aceitar proposta de contratação, exceto quando se tratar de contrato preliminar (art. 464, CC) ou dos contratos obrigatórios (*v. g.*, seguro de responsabilidade civil de veículos). Aqui, releva-se registrar que a formação do contrato de seguro diferencia-se dos demais contratos consensuais. A proposta é apresentada pelo segurado e não pela seguradora (art. 759, CC). Assim, o segurado é que apresenta os elementos essenciais do interesse a ser garantido e do risco, para que a seguradora possa avaliar se aceitará ou não o contrato de seguro.

Com a aceitação o oblato adere à proposta, formando-se o contrato. Mas a produção dos efeitos da aceitação depende da respectiva ciência do proponente. Com a expedição da aceitação no prazo previsto na proposta, o aceitante tem a expectativa de que o contrato será consumado. Porém, a aceitação poderá chegar em retardo ao proponente, devido à circunstância imprevista. Nessa hipótese, este deverá comunicar a situação ao aceitante imediatamente, sob pena de eventual responsabilização civil. É o que ocorre em caso de atraso de resposta por carta decorrer de greve dos correios, impedindo a ciência do proponente no prazo por ele delimitado. Não sendo o contrato concluído por esse atraso, o proponente deve agir com boa-fé, comunicando o ocorrido ao aceitante prontamente, sob pena de se responsabilizar pelas despesas.

---

**Art. 431. A aceitação fora do prazo, com adições, restrições, ou modificações, importará nova proposta.**

---

Com a aceitação forma-se o consenso entre policitante e oblato, restando ambos vinculados às obrigações contratualmente assumidas. Devido ao caráter receptício da declaração da aceitação, para que produza a vinculação das partes, deve realizada no prazo estipulado na proposta, em seus exatos termos, e chegar ao conhecimento do proponente. Nas propostas apresentadas entre pessoas presentes, a aceitação será imediata se não houver sido estipulado prazo (art. 428, I, CC) ou dentro do prazo determinado. Se formuladas entre pessoas ausentes, a aceitação deverá chegar ao conhecimento do proponente em prazo razoável, conforme as circunstâncias, ou, havendo prazo, a resposta será dentro dele expedida (art. 428, II e III, CC).

A aceitação extemporânea desvincula o proponente, que não será vinculado à contratação (art. 427, CC). Contudo, a aceitação fora do prazo, assim como a aceitação que englobe restrição ou modificação, importará nova proposta. Se o ofertante tiver interesse de contratar independentemente do prazo ou se concordar com as adaptações formuladas pelo aceitante, haverá uma inversão de papéis: o proponente se transforma em aceitante, e o oblato em policitante, viabilizando-se a contratação. Nessa inversão, é necessário que oferta e aceitação coincidam integralmente. A introdução de adições ou restrições, mesmo na aceitação tardia, acarreta uma nova proposta e a possibilidade de nova aceitação, agora do proponente em assumir foros vinculativos. O dissenso sobre aspectos principais ou secundários do negócio jurídico tendem a impelir as partes à apresentação de novas propostas e "contrapropostas". Entretanto, se o próprio proponente formula a proposta de modo a aceitar que o seu conteúdo seja em certos pontos alterado pelo oblato, as modificações por ele eventualmente levadas a efeito não necessariamente consubstanciarão uma nova proposta, o que significa que a aceitação corresponderá à formação do contrato.

---

**Art. 432. Se o negócio for daqueles em que não seja costume a aceitação expressa, ou o proponente a tiver dispensado, reputar-se-á concluído o contrato, não chegando a tempo a recusa.**

---

A exteriorização da declaração de vontade de forma expressa contribui para a estabilidade nas relações negociais. A aceitação é expressa quando o oblato utilizar meio que propicie ao proponente conhecimento imediato da aceitação, seja pelas formas escrita e falada ou mesmo por gestos interpretados no comércio jurídico de forma corrente, como evidências de aquiescência a uma oferta (aperto de mão, inclinação da cabeça, movimento com o polegar etc.).

O art. 432 excepciona a aceitação expressa, reconhecendo a aceitação tácita em duas circunstâncias: a) quando ofertante e oblato já tenham realizado contratos da mesma natureza, com dispensa de aceitação expressa; b) quando o proponente a tenha dispensado por ocasião da oferta. Na última hipótese, é possível convencionar formas alternativas de aceitação em cláusula contratual. Assim, certas condutas que evidenciam a aceitação são admitidas pelo ordenamento jurídico, mas desde que importem em definitiva vontade de contratar. A aceitação será tácita quando o oblato agir de maneira incompatível com a vontade de não aceitar, mesmo que não corresponda a uma manifestação de vontade nos moldes tradicionais. Ainda, poderá a aceitação advir do silêncio. O art. 110 do CC não atribui juridicidade à reserva mental, sendo despicienda a vontade interna e real do declarante quando não coincidir com a manifestação do agente – exceto se o outro contratante sabia da motivação encoberta. Exemplificando, no ato do casamento importará a vontade declarada pelo nubente, mesmo que no íntimo o matrimônio seja contraído com o objetivo de aquisição de nacionalidade. No caso dos contratos que dispensem forma especial para sua conclusão, sendo bastante a consensualidade, poderá o início da execução representar uma forma tácita de conclusão do contrato. Como exemplo, podemos pensar na remessa de uma mercadoria solicitada pelo proponente, representando um ato de cumprimento pelo oblato e, consequentemente, aperfeiçoamento do contrato. O contrato de mandato também admite a aceitação tácita pelo começo da execução do ajuste ou por qualquer outra conduta típica e própria por parte do mandatário que denote haver ele aceito o contrato (art. 659, CC).

Na declaração tácita de vontade, o comportamento concludente engloba a conduta pela qual não se emprega a linguagem como meio de manifestação de aceitação, pressupondo uma inferência com base em circunstâncias. O comportamento concludente permite a ilação da existência de um significado, constituindo uma impressão no destinatário no sentido dessa declaração tácita, de modo que se determina pela via interpretativa. Assim, se diante da totalidade das circunstâncias específicas, em certo contexto, a impressão do proponente – ou de qualquer pessoa que estivesse em seu lugar – se der no sentido de que a proposta foi aceita, haverá um comportamento concludente caracterizado como declaração negocial de aceitação. Toma-se como parâmetro, aquilo que ordinariamente acontece no senso comum, conforme os usos.

O silêncio circunstanciado também pode implicar aceitação de uma oferta, desde que haja consciência de que a simples abstenção da palavra excepcionalmente pode ser considerada manifestação de vontade. Importante lembrar que o ordenamento jurídico brasileiro adotou a teoria do silêncio qualificado (ou circunstanciado). Admite-se a juridicidade do silêncio se restarem inequívocas certas circunstâncias – anteriores ou concomitantes – que o legitimem (art. 111, CC). Por isso, o silêncio puro não consubstancia aceitação. Como estabelece a antiga regra romana, atribuída a Paulo: "quem cala não fala, mas também não nega". Contudo, em algumas situações as circunstâncias e os usos atribuem ao silêncio significado social relevante, como forma de aceitação e declaração negocial, produzindo efeitos positivos. Ao contrário da declaração expressa de vontade, vinculativa ao emissor pela sua responsabilidade e pela emanação objetiva de confiança aos declaratários, determinadas condutas admitem, conforme o tipo negocial, a vontade de conclusão do negócio jurídico. Logo, em determinadas situações, valerá a máxima "quem cala consente". De toda sorte, a aceitação pelo silêncio não corresponde à aceitação tácita. Não se identifica ato no silêncio. Assim, na hipótese a aceitação corresponderá à soma da ausência de atos com as circunstâncias autorizadoras do art. 111, quando levados ao conhecimento da outra parte. Assim, pode-se estabelecer que após o transcurso de determinado prazo, o silêncio representará aceitação da proposta. É usual que os contratos renovados ou prorrogados contenham cláusula estabelecendo a prorrogação do prazo se não houver manifestação em sentido contrário de uma das partes. O silêncio qualificado é identificado pelas circunstâncias do caso ou pelos usos. No primeiro caso, o contexto singular do caso concreto (micro) revelará a aceitação, pois se refere ao elemento consuetudinário, em que há uma visão coletiva da ambiência em que se deu a aceitação (macro). Já os usos vêm da prática habitual de determinado setor da atividade econômica, em determinado local e tempo, atribuindo ao silêncio o significado de peculiar forma de declaração. Na esfera do direito do consumidor não se aplica a regra do art. 111 do CC. O silêncio ou inércia do consumidor nunca importam aceitação. Nos termos do art. 39, III, do CDC, é abusiva a prática da remessa de produtos e serviços sem a prévia solicitação do consumidor, como o envio de cartões de créditos. A inércia do consumidor não importará em aceitação, pois o produto enviado será considerado "amostra grátis" (parágrafo único do art. 39 da Lei n. 8.078/90). Trata-se de norma de ordem pública, que não pode ser afastada nem mesmo pelas circunstâncias do caso.

---

**Art. 433. Considera-se inexistente a aceitação, se antes dela ou com ela chegar ao proponente a retratação do aceitante.**

---

Em sintonia com o art. 428, IV, do CC, o art. 433 dispõe que o aceitante também tem a faculdade de retratar sua aquiescência sem qualquer ônus. Para tanto, a desconstituição da aceitação deve alcançar o proponente em momento anterior ou concomitante ao da recepção da aceitação. Se a retração chegar em momento posterior à aceitação – ainda que devido a ocorrência de fortuito –, o contrato será formado.

Importante observar que a redação do dispositivo em análise contém um equívoco de redação. Na hipótese, a aceitação existe, contudo, terá ineficácia superveniente. A retratação importa em perda da eficácia. Não se pode falar em inexistência superveniente, bem como em invalidade superveniente. Aqui, verifica-se uma espécie de resilição unilateral (art. 473, CC), na qual o aceitante exerce o direito potestativo à denúncia, dentro do prazo decadencial indicado na norma.

---

**Art. 434. Os contratos entre ausentes tornam-se perfeitos desde que a aceitação é expedida, exceto:**

**I – no caso do artigo antecedente;**

**II – se o proponente se houver comprometido a esperar resposta;**

**III – se ela não chegar no prazo convencionado.**

---

O dispositivo disciplina a formação dos contratos entre ausentes. Nos contratos entre presentes a conclusão ocorre no momento imediato da aceitação (art. 428, I, CC), momento em que há o consenso é concluído o contrato. Na formação do contrato entre ausentes observam-se quatro teorias apresentadas: 1) teoria da declaração ou agnição, segundo a qual o contrato é concluído quando o oblato escreve a resposta de aceitação; 2) teoria da expedição, para a qual o contrato é formado no momento do envio da aceitação pelo oblato, não bastando a simples declaração no sentido da aceitação; 3) teoria da recepção, pela qual a formação do contrato se aperfeiçoa quando a aceitação do contrato chega ao endereço do proponente, independentemente da ciência deste sobre seu conteúdo; e 4) teoria da informação ou cognição, segundo a qual o contrato forma-se com a cientificação do proponente sobre a aceitação.

O CC adotou para os contratos entre ausentes a teoria da expedição. Assim, nessas hipóteses as manifestações de vontade não são concomitantes, ocorrendo em momentos sucessivos. O contrato é concluído quando o declaratário remete ao proponente sua aceitação. Entendemos que o legislador andou bem na adoção da teoria da expedição. É razoável, e compatível com o dever de cooperação, admitir-se a expedição da aceitação, independentemente do conhecimento pelo proponente como momento da formação do contrato. As hipóteses descritas nos incisos do art. 434 excepcionam a teoria da expedição. Nos termos do inc. I, tratando-se das hipóteses do art. 433, ou seja, quando a retratação do oblato chegar ao proponente antes ou concomitantemente ao momento em que este tenha conhecimento da aceitação, o contrato não se forma. Já na situação descrita no inc. II, o contrato não se formará com a expedição da aceitação se o proponente houver se comprometido a aguardar a resposta, obrigando-se a esperar indefinidamente. Observa-se aqui a valorização da autodeterminação do proponente quanto ao momento da formação do contrato. O inciso também institui exceção à regra do art. 428, II, que retira a obrigatoriedade da proposta, quando sem prazo, depois de decorrido tempo suficiente para que a resposta chegue ao proponente. Por fim, o inc. III estabelece que o contrato não se forma com a expedição da aceitação se esta não chegar no prazo convencionado, ou seja, a expedição é tempestiva, contudo, a recepção não ocorre no prazo concedido pelo proponente.

Nos incisos do art. 434, adotou-se ora a teoria da informação, ora a teoria da recepção, concebendo um sincretismo jurídico. Trata-se de normas derrogáveis pelas partes, que podem autonomamente estabelecer o momento exato de conclusão do contrato. Nos contratos formados via *internet*, algumas ofertas podem ser consideradas entre presentes (quando há interatividade) e outras entre ausentes, como por meio de mensagens eletrônicas (por *e-mail* ou *site*), em que não há instantaneidade na troca de informações. Os contratos celebrados por salas de *chat* e *webcam* são considerados formados com simultaneidade, em tempo real. Determinados aplicativos permitem o diálogo imediato como em uma tradicional conversa ao telefone. Nesses casos, o recebimento da aceitação determina a contratação. Mas quando a negociação ocorre por correio eletrônico, adota-se a teoria da expedição, considerando que o contrato se forma quando o oblato envia a mensagem virtual de aceitação.

---

**Art. 435. Reputar-se-á celebrado o contrato no lugar em que foi proposto.**

---

O art. 435 contém norma dispositiva sobre o lugar onde o contrato foi proposto. As partes podem estabelecer o local que lhes for mais conveniente. De toda sorte, observa-se que o legislador privilegiou o local onde se deu a formação do contrato, que deve prevalecer se as partes não dispuserem um foro de eleição. A regra é dirigida aos contratos entre ausentes, já que entre presentes prevalece o lugar em que ambos se encontrarem. Importante distinguir o local da expedição do domicílio do proponente. Este pode apresentar a proposta em local diverso de seu domicílio e o que determinará os efeitos da obrigação será o local em que a proposta foi expedida. A regra é positiva, pois permite maior mobilidade ao tráfego jurídico. Nos termos do art. 78 do CC, as partes, com fundamento no princípio da autonomia privada, podem eleger o foro competente para a execução das obrigações. Contudo, nas relações de consumo essa autonomia é mitigada a fim de afastar abusividade das cláusulas que possam impor excessiva onerosidade ao consumidor, colocando-o em situação de desvantagem (art. 51, IV, CDC, e art. 64, CPC).

Outra distinção importante se refere ao local do pagamento. Enquanto o local do contrato é aquele em que a oferta é apresentada, o local do pagamento, (art. 327, CC) se refere ao adimplemento da prestação, ou seja, da execução do contrato. Muitas vezes, para o melhor cumprimento da relação obrigacional as partes formulam regras específicas. Em sede de direito internacional privado, o art. 9º, § 2º, da Lindb dispõe que, caso seja incerto o local de constituição da obrigação contratual, reputa-se constituída no lugar em que residir o proponente. Nos contratos internacionais, esse será o lugar do contrato se a convenção contiver elementos de conexão em mais de um ordenamento jurídico. A regra ainda determinará o foro competente para eventuais litígios e a opção pela lei que regulará a relação jurídica. Exemplificativamente, se o proponente se localizar na França e o aceitante no Brasil, as regras francesas serão aplicadas ao contrato. Aqui, importante ressaltar que "residir" não se refere a domicílio, mas o local onde se encontra o proponente. Aliás, atualmente, as contratações pela internet provocam um abalo nas tradicionais regras quanto ao local da contratação. As ofertas que se encontram na rede possuem caráter global, não se identificando uma nação ou limites territoriais. Nas relações de consumo, o proponente é o fornecedor (art. 30, CDC), o que submete os consumidores à legislação estrangeira, culminando o direito internacional na lesão substancial da garantia fundamental da tutela ao consumidor (art. 5º, XXXII, CF). Assim, imprescindível que seja aplicado o CDC em matéria de direito internacional privado, se contratante hipossuficiente negocia pelo comércio eletrônico, derrogando-se o art. 9º da Lindb.

## *Seção III*
## *Da Estipulação em Favor de Terceiro*

**Art. 436. O que estipula em favor de terceiro pode exigir o cumprimento da obrigação.**

**Parágrafo único. Ao terceiro, em favor de quem se estipulou a obrigação, também é permitido exigi-la, ficando, todavia, sujeito às condições e normas do contrato, se a ele anuir, e o estipulante não o inovar nos termos do art. 438.**

A estipulação em favor de terceiro forma-se quando o estipulante (ou promissário) estabelece com o promitente a concessão de uma vantagem patrimonial em favor de um estranho à relação jurídica que se forma, o qual se constitui em beneficiário. Observa-se nessa hipótese que o negócio jurídico é formado para beneficiar a situação jurídica patrimonial de um terceiro que não as partes contratuais. Este adquire um direito próprio a essa vantagem, convertendo-se em credor do promitente. Assim, a estipulação em favor de terceiro é contrato *sui generis*. Essa forma contratual demanda dois requisitos: a existência de um terceiro e a aquisição por este de um direito próprio a um benefício. Partes da estipulação em favor de terceiro são o promitente, que se obriga a realizar a prestação, e o estipulante (ou promissário), que recebe a promessa e atribui, por meio do promitente, o direito ao terceiro. O beneficiário não é parte, pois não dá vida ao contrato nem suporta os seus efeitos. O beneficiário não emite declaração de vontade na formação do contrato, intervindo somente em momento posterior, no plano de eficácia do negócio como favorecido por direitos decorrentes da relação jurídica que lhe é externa. Por essa razão, a eventual incapacidade de fato desse terceiro – absoluta ou relativa – não acarretará a invalidade do negócio jurídico firmado entre promitente e estipulante. O direito do terceiro à prestação nasce imediatamente no momento da conclusão do negócio jurídico, enquanto a sua anuência o consolida, tornando-o definitivo. O terceiro adquire pretensão própria para exigir a prestação estipulada, mesmo não figurando na condição de parte. Nesse contrato, o beneficiário obtém um benefício patrimonial de forma necessariamente gratuita. Ao terceiro jamais poderá ser imposta qualquer contraprestação, até mesmo porque a estipulação só pode ser feita em seu favor. Importante observar que o terceiro deve manifestar sua concordância integral à estipulação, não sendo lícita a aceitação parcial ou sob condição.

A estipulação em favor de terceiro é vislumbrada de forma precípua nos contratos de seguro, em especial nos seguros de vida. No contrato de seguro de vida a estipulação em favor de terceiro é bem evidenciada. O segurado e a seguradora estabelecem o adimplemento de prêmios sucessivos que, futuramente e eventualmente, reverterão em um valor que será destinado a um beneficiário (art. 790, CC). A seguradora (promitente) promete pagar a terceiros indicados pelo estipulante. A estipulação em favor de terceiro fica ainda mais evidente pela leitura do art. 794 do CC, o qual dispõe que, ao tempo do sinistro, o capital estipulado não estará sujeito às dívidas do segurado nem será considerado herança. Observe que o capital nunca integrou o patrimônio do de cujus, constituindo patrimônio afetado ao direito eventual do beneficiário. Mas a estipulação em favor de terceiro não se limita aos contratos de seguro, podendo seu objeto receber diversa natureza jurídica e os mais diversos conteúdos econômicos. O que releva é que um terceiro adquira um direito a um benefício ou vantagem. Pode ter por objeto a obtenção de um direito (real ou de crédito) ou a valorização de algo já pertencente ao beneficiário. Pode, ainda, ter como objeto o afastamento de interesses negativos, como a remissão de dívidas ou cessão de créditos. Enfim, pode servir como modo de efetuar liberalidades ou ter como finalidade a extinção de um débito. A estipulação de terceiro pode ocorrer em sede de contratos de depósito. Esse negócio jurídico em princípio serve apenas aos interesses do depositante e do depositário, porém é viável que a coisa seja depositada no interesse de terceiro (art. 632, CC).

A relativa indeterminação da pessoa do favorecido no momento da formação do contrato não invalida a estipulação em favor de terceiro. Mas sua individualização deve ocorrer ao tempo da aceitação e da execução da avença. Por isso, é possível se instituir como beneficiário uma pessoa jurídica ainda não constituída ou o próprio filho do estipulante que ainda não nasceu. Apenas a indeterminação absoluta do beneficiário invalidará o negócio jurídico. Embora a capacidade do beneficiário não interfira na validade do negócio jurídico, o mesmo não se diz da legitimação para a captação do proveito. Essa é uma específica aptidão para a prática de determinados negócios jurídicos em razão da posição jurídica do sujeito em relação a determinada pessoa ou bem. Assim, qualquer pessoa impedida de receber doação de A não poderá figurar como beneficiária, se A ocupar a posição de estipulante. Caso contrário, ter-se-ia uma via fácil para a prática de negócios fraudulentos.

Podemos concluir que a estipulação em favor de terceiro derroga o princípio da relatividade dos efeitos contratuais às partes e a seus sucessores (quando não seja personalíssima). O terceiro beneficiado com a estipulação tem a pretensão própria para exigir a prestação. Nos termos do parágrafo único do art. 436, o estipulante, que ostenta um direito de crédito consistente na prestação em benefício de terceiro, também poderá, de forma direta e imediata, exigir o seu cumprimento. Contudo, o estipulante e o beneficiário não são credores solidários, a ponto de ambos poderem exigir do devedor a prestação por inteiro (art. 267, CC). Com a aquiescência do terceiro, o estipulante não mais é considerado credor, em sentido técnico, detendo apenas direito funcionalizado à execução da prestação em favor do beneficiário.

**Art. 437. Se ao terceiro, em favor de quem se fez o contrato, se deixar o direito de reclamar-lhe a execução, não poderá o estipulante exonerar o devedor.**

A redação do dispositivo não é clara. Refere-se à possibilidade de o estipulante revogar o contrato em favor de terceiro. Até a aceitação por parte do terceiro, as partes do contrato poderão livremente revogar a estipulação; já o eventual beneficiário não sofrerá qualquer prejuízo com a resilição unilateral do pacto. Mas, uma vez manifestada a aceitação do terceiro, a regra geral será a da irrevogabilidade da estipulação. Ao estipulante será vedado o exercício do direito potestativo desconstitutivo da estipulação, tendo o terceiro legitimidade para exercer a pretensão ao crédito.

O art. 437 tem conteúdo dispositivo, de forma que os contratantes podem inserir cláusula de reserva de substituição do terceiro indicado no contrato (art. 438, CC). Nessa hipótese, a estipulação será revogável. Ao aceitar a vantagem, o beneficiário a consolida em seu patrimônio na exata forma pela qual estipulante e promitente pactuaram. Cumpre aqui efetuar uma distinção. Se o promitente se obriga perante o promissário a realizar uma prestação a um terceiro, sem que este possa exigir o seu cumprimento em nome próprio, já não mais cogitaremos de uma estipulação a favor de terceiro, mas de um contrato a favor de terceiro impróprio. Nesse caso, o único credor será o estipulante, não o terceiro. Diante do descumprimento, apenas o estipulante será indenizado.

Por fim, é possível traçar um paralelo entre os arts. 437 e 553, ambos do CC. A autonomia privada permite que alguém estipule uma doação com imposição de encargo ao donatário. Quando o beneficiário do encargo for um estranho ao contrato de doação, não se pode negar a estipulação em favor de terceiro. Imagine-se a doação de um imóvel em favor de uma pessoa, sendo a liberalidade constrita pelo encargo do donatário prestar alimentos mensais em prol do terceiro. Este não poderá revogar o ato em caso de descumprimento – pois não participou da doação –, mas nada impede que pleiteie a execução do encargo em caso de mora do devedor, seja a obrigação de dar ou de fazer, conforme o exposto na parte final do art. 562 do CC.

**Art. 438. O estipulante pode reservar-se o direito de substituir o terceiro designado no contrato, independentemente da sua anuência e da do outro contratante.**

**Parágrafo único. A substituição pode ser feita por ato entre vivos ou por disposição de última vontade.**

Embora seja a regra a irrevogabilidade da estipulação em favor de terceiro após a aceitação do benefício por parte do terceiro, há uma hipótese de se afastar essa revogabilidade, que é justamente a previsão contida no artigo em comento. Sendo lícito ao estipulante acrescer ao contrato cláusula de reserva de substituição do terceiro designado no contrato, a estipulação torna-se revogável na medida em que o beneficiário, embora tenha adquirido o direito subjetivo e a respectiva pretensão, encontra-se em situação passiva de sujeição, haja vista a opção contratual do estipulante de unilateralmente submetê-lo à privação do direito.

Em conformidade com o parágrafo único do art. 438, prevendo o contrato a reserva de substituição, ao deliberar por fazê-la, poderá o estipulante instrumentalizar a exclusão do beneficiário por ato *inter vivos* – aditivo contratual – ou *causa mortis* (testamento). Exercitará o direito potestativo de substituir o terceiro por outra pessoa, sem que tenha para tanto de efetuar qualquer justificativa.

Eventualmente, a faculdade de o estipulante alterar o beneficiário será da própria essência do contrato, tornando-se a revogabilidade a regra geral. O terceiro somente poderá manifestar uma aceitação integral à estipulação. Assim, se o contrato consagra a faculdade de substituição, o ato jurídico de ratificação pelo terceiro implica a concordância inclusive com a possibilidade de ser excluído da relação jurídica. O beneficiário adquiriu o direito subjetivo e a respectiva pretensão, mas se encontra em situação passiva de sujeição, haja vista a opção contratual do estipulante de unilateralmente submetê-lo à privação do direito. Nesse sentido, observa-se que nos contratos de seguro de vida o estipulante poderá unilateralmente e de forma discricionária, seja por ato *inter vivos* ou de última vontade, substituir o beneficiário, desde que não tenha renunciado a essa faculdade, ou o seguro não tenha como causa declarada a garantia de uma obrigação (art. 791, CC).

## *Seção IV*
## *Da Promessa de Fato de Terceiro*

**Art. 439. Aquele que tiver prometido fato de terceiro responderá por perdas e danos, quando este o não executar.**

**Parágrafo único. Tal responsabilidade não existirá se o terceiro for o cônjuge do promitente, dependendo da sua anuência o ato a ser praticado, e desde que, pelo regime do casamento, a indenização, de algum modo, venha a recair sobre os seus bens.**

A promessa de fato de terceiro (art. 439, CC) é uma modalidade de obrigação de fazer, por meio da qual o promitente garante a outra parte que obterá o consentimento de um terceiro para realizar uma prestação em seu favor. Em outras palavras, o devedor não garante ao credor a sua própria prestação de fazer, mas um fazer alheio. O promitente é um garantidor do fato alheio, prometendo que prestará uma obrigação de fazer consistente na obtenção da anuência do terceiro. Por isso, quem verdadeiramente se obriga é o promitente, e não o terceiro. Esse apenas se vinculará perante o promissário quando der o seu assentimento. Exemplificativamente: A prometa a B que C irá realizar um espetáculo teatral em seu proveito econômico. A está se comportando como garantidor de um fato alheio e será responsabilizado se C se recusar. A prometeu um fato próprio, consistente na obtenção da atuação do terceiro; assim C não poderá ser constrangido a efetuar a prestação. Pelo princípio da relatividade contratual, aquela avença entre A e B é *res inter alios acta* em face de C.

Observa-se, portanto, que não ocorre mutação subjetiva da obrigação. Há, ao contrário, uma dualidade de obrigações sucessivas assumidas perante o promissário: a) o promitente possui obrigação própria – atrair o consentimento de terceiro. Até que seja consentido pelo terceiro, o vínculo jurídico se limita a promitente e promissário, podendo a relação obrigacional ser alterada ou desconstituída; b) a obrigação eventualmente aceita pelo terceiro será de outra natureza. A relação jurídica do terceiro com o promissário inicia-se somente quando empresta o consentimento. Nesse instante, o promitente se desligará da obrigação, pois cumpriu sua prestação de trazer a adesão do terceiro. Note-se que, em princípio, o terceiro é um estranho à relação obrigacional, sendo a sua conduta o objeto da prestação. Porém, o objeto da obrigação em si é a promessa do próprio devedor; isso justifica o seu sancionamento. Mas, se o terceiro aceitar a prestação, exonera-se o devedor de responsabilidade, já que a promessa foi cumprida e o terceiro assumiu o contrato, vinculando-se a seus termos. O promitente tem responsabilidade objetiva pelo insucesso na vinculação do terceiro à obrigação prometida ao promissário, independentemente de ter usado de toda a diligência para obter o seu "aval", pois se trata de obrigação de resultado. Assim, se garante o próprio resultado de sua atividade, deverá indenizar quando o terceiro não assentir à assunção da obrigação. De toda forma, a responsabilidade poderá ser afastada se demonstrado o fortuito, qualificado como fato externo e inevitável, hábil a impedir o resultado. É o que ocorre se o terceiro falece antes de ser consultado sobre o fato.

A autonomia privada permite que as partes derroguem a presunção relativa de obrigação de resultado pela pactuação da obrigação de meios, pela qual o promitente se obrigará apenas a envidar todos os esforços para a materialização da adesão do terceiro. Atuando com diligência e o emprego dos meios adequados para atingir a aquiescência do terceiro, inexistirá obrigação de indenizar se o terceiro não anuir. O promitente não será exonerado do cumprimento da prestação inicialmente destinado ao terceiro, se este se recusar, pois o objeto da promessa não é o fato que seria executado pelo terceiro, mas simplesmente a captação de sua adesão. Frustrada a obrigação de fazer, em razão de sua infungibilidade, remanescem as perdas e danos. Excepcionalmente, promitente e promissário poderão estipular obrigação alternativa de fazer (art. 252, CC) consistente no adimplemento perante prestação própria ou de terceiro. É possível, ainda, a estipulação de uma obrigação facultativa, na qual o promitente terá a faculdade de substituir o cumprimento de terceiro pela prestação pessoal.

Nos termos do parágrafo único do art. 439, se o terceiro for o cônjuge do promitente, a recusa da outorga marital ou uxória do ato praticado (*v. g.*, contratos translativos de propriedade imobiliária em regime diverso da separação de bens) não importará responsabilização se o ato recusado for daqueles que comprometam o patrimônio do casal. Ao se negar a eficácia dessa promessa de fato de terceiro, objetivou o legislador acautelar um cônjuge frente aos arroubos de outro. Caso contrário, o outro cônjuge (terceiro) acabaria por responder pelo inadimplemento mesmo que não tenha consentido com o negócio jurídico do cônjuge promitente. De toda sorte, se o cônjuge teve conhecimento prévio de que o outro cônjuge não concederia a outorga daquele ato jurídico, poderá ser responsabilizado pela quebra do dever anexo de cooperação, corolário lógico do princípio da boa-fé objetiva (art. 422, CC).

**Art. 440. Nenhuma obrigação haverá para quem se comprometer por outrem, se este, depois de se ter obrigado, faltar à prestação.**

O art. 440 cuida do momento pós-anuência do terceiro. O devedor originário não se responsabiliza após a aceitação do terceiro, ficando exonerado de qualquer responsabilidade com a aquiescência deste. Isso ocorre porque a anuência do terceiro representa o cumprimento da obrigação de resultado pelo promitente. Observa-se, aqui, a distinção entre garantia do resultado (promessa de fato de terceiro) e obrigação de garantia (fiança). Enquanto o promitente se obriga por uma prestação principal e se exonera com a adesão do terceiro, o fiador se obriga acessoriamente à prestação do devedor. A obrigação de garantia possui idêntico conteúdo à obrigação principal (*v. g.*, o fiador na locação é responsável pelo aluguel), já na promessa de fato de terceiro, o promitente será responsabilizado pelo equivalente pecuniário à anuência recusada pelo terceiro, contudo, poderá ser constrangido a executar o fato que era destinado ao terceiro.

A única chance de manter-se a responsabilidade do devedor originário, mesmo após a aceitação do terceiro, envolve aqueles casos em que a anuência se conjuga a uma cláusula de solidariedade com o promitente do fato. Outra importante distinção se refere ao contrato a favor de terceiro, por meio do qual o promitente se obriga a realizar a prestação ou proporcionar vantagem a terceiro. Diferentemente da promessa de fato de terceiro, nessa hipótese o terceiro será o destinatário de benefícios a um terceiro. De toda sorte, nas duas situações, o terceiro não se torna parte no contrato.

## *Seção V*
## *Dos Vícios Redibitórios*

**Art. 441. A coisa recebida em virtude de contrato comutativo pode ser enjeitada por vícios ou defeitos ocultos, que a tornem imprópria ao uso a que é destinada, ou lhe diminuam o valor.**

**Parágrafo único. É aplicável a disposição deste artigo às doações onerosas.**

O vício redibitório consiste no vício oculto que acomete a coisa transferida em contratos comutativos, tornando-a imprópria ao uso a que se destina ou lhe reduzindo o valor. Por ser a essência do produto, o vício pode torná-lo imprestável ao seu fim natural ou reduzir a capacidade do bem por ocasião de sua utilização. O princípio da garantia embasa o vício redibitório, independentemente de fatores de ordem moral ou psicológica. O adquirente, sujeito a uma contraprestação, tem direito à utilidade natural da coisa, devendo ser garantido contra o alienante se a coisa lhe for entregue sem as qualidades essenciais de prestabilidade. O alienante é o garante de pleno direito dos vícios redibitórios, assegurando ao adquirente a posse útil da coisa móvel ou imóvel, se não por uma equivalência rigorosa, ao menos por uma relativa do preço recebido.

Os vícios redibitórios possuem alguns requisitos, que são depreendidos da leitura do dispositivo em comento. Eles podem ocorrer nos contratos comutativos, em que há um conhecimento anterior acerca das prestações recíprocas, com relativo equilíbrio entre prestação e contraprestação. A existência do sinalagma e, portanto, da justiça contratual requer uma equivalência entre as trocas contratuais. Haverá lesão a esse equilíbrio se o bem recebido por uma das partes for incapaz materialmente de atender às suas finalidades naturais. Nos contratos aleatórios (art. 458, CC), não há a garantia por vício redibitório, em decorrência da incerteza sobre a exigibilidade de uma das prestações, sua qualidade ou quantidade, ou mesmo a sua equivalência com relação à outra prestação. Assim, nos contratos aleatórios não há necessidade de inserção de cláusula excludente de garantia, já que a própria natureza do negócio jurídico o incompatibiliza com a tutela do vício redibitório. O segundo requisito se refere à demonstração da efetiva incapacitação do objeto adquirido, ou seja, a gravidade do vício. Exemplificando: um particular que compra uma geladeira usada poderá alegar o vício pelo não funcionamento do motor. Entretanto, não poderá discutir o vício redibitório para fins de rescisão de contrato de compra e venda do bem se apresentar falha por algum excesso no tempo de congelamento. Deve-se distinguir a pequena perda de eficiência do bem que não o impeça de desempenhar a função para a qual foi adquirido do vício de impropriedade para seu uso. Em hipóteses como essa, o adquirente que deseja desconstituir o negócio jurídico terá de recorrer ao princípio da boa-fé objetiva (art. 422, CC), demonstrando, exemplificativamente, a omissão do dever anexo de informação, pelo transmitente, quanto a determinado aspecto da qualidade do objeto adquirido. O terceiro requisito se refere a uma "coisa". Em outras palavras, os vícios redibitórios incidem nas obrigações de dar coisa certa, sendo uma garantia para o adquirente de bens móveis e imóveis em seu aspecto qualitativo. São excluídas da incidência as obrigações que tenham vícios de quantidade e as obrigações de fazer. Os vícios de quantidade são resolvidos pela teoria do inadimplemento. Assim, se A adquire 100 litros de combustível e recebe apenas 90, deverá pleitear perdas e danos em decorrência da inexecução obrigacional. Nas obrigações de fazer observa-se conexão imediata com aquisição de serviços, e não de produtos, sendo remetidas ao campo do inadimplemento ou mora, nas relações intercivis e interempresariais (art. 389, CC). O quarto requisito é a característica de vício oculto, que é aquele efetivamente desconhecido pelo adquirente no ato da contratação e que não poderia ser detectado pelo exame por ele efetivado, ou mesmo por uma pessoa de cautela ordinária na direção de seus negócios. Se o vício for de fácil constatação, ostensivo e aparente, presume-se que houve desídia do adquirente quando da contratação, ou mesmo renúncia da garantia, ainda que tivesse percebido a impropriedade do bem, pois aceitava recebê-lo de qualquer maneira. Portanto, o vício oculto também deve ser desconhecido pelo adquirente. Nesse diapasão, em 2021 o STJ considerou que (*Informativo* n. 693) a entrega de bem imóvel em metragem diversa da contratada não pode ser considerada vício oculto, mas sim aparente, dada a possibilidade de ser verificada com a mera medição das dimensões do imóvel – o que, por precaução, o adquirente, inclusive, deve providenciar tão logo receba a unidade imobiliária. Na hipótese em que as dimensões de imóvel adquirido não correspondem às noticiadas pelo vendedor, cujo preço da venda foi estipulado por medida de extensão (venda *ad mensuram*), aplica-se o prazo decadencial de 1 ano, previsto no art. 501 do CC/2002, para exigir o complemento da área, reclamar a resolução do contrato ou o abatimento proporcional do preço (REsp n. 1.890.327/SP, rel. Min. Nancy Andrighi, 3ª T., j. 20.04.2021). O quinto requisito para a instalação do vício redibitório é a sua preexistência à entrega da posse. O ônus da prova quanto à anterioridade do vício recai sobre o adquirente. Não se desincumbindo da prova, presume-se que o adquirente fez mau uso do bem após a sua tradição.

Importante fazer a distinção entre vício redibitório e a evicção, dois mecanismos próximos de tutela do contratante. O vício redibitório é uma garantia perante vícios materiais do objeto contratado. Enquanto isso, a evicção (art. 447, CC) visa a tutela do adquirente na hipótese de perda jurídica do bem. Em ambas as situações, o alienante não se libera de sua obrigação com a transmissão da coisa, devendo garantir a sua substância e a sua idoneidade jurídica. Releva ainda notar que vício redibitório não é responsabilidade civil. Esta detém caráter extranegocial e requer o dano como pressuposto necessário à obrigação de indenizar (art. 927, CC). O vício redibitório não exige a aferição de lesão patrimonial ou extrapatrimonial da parte do adquirente, bastando a quebra da comutatividade contratual pela inutilidade da coisa adquirida. Se, além da constatação do vício oculto, o adquirente sofrer lesão de ordem econômica que extrapole o valor intrínseco do bem ou mesmo danos a direitos da personalidade, será desencadeado o mecanismo da responsabilidade civil como um *plus*, sem qualquer sobreposição entre os modelos jurídicos.

**Art. 442. Em vez de rejeitar a coisa, redibindo o contrato (art. 441), pode o adquirente reclamar abatimento no preço.**

O adquirente de bem que constata o vício pode optar por manter a coisa, hipótese em fará jus ao abatimento do preço. Assim, em vez de rescindir o contrato – redibitio, escolhe mantê-lo, obtendo abatimento no preço. Para tanto, utiliza-se da ação estimatória ou *quanti minoris*. Portanto, o adquirente da coisa viciada terá duas opções: redibir o negócio jurídico ou obter o abatimento no preço do bem mediante ação estimatória. São as chamadas ações edilícias, as quais são faculdades de escolha de livre conveniência do adquirente. A ação redibitória é um direito potestativo do adquirente à rescisão contratual e, consequentemente, à devolução da coisa com restituição dos valores pagos ao alienante. A rescisão não se aplica ao inadimplemento ou inexecução da obrigação, mas apenas a causa anterior ao contrato – vício do objeto anterior à contratação. Dessa forma, o alienante não está obrigado a pagar, em regra, perdas e danos ao adquirente. Por meio da ação estimatória, ou *quanti minoris* o adquirente mantém o negócio jurídico e obtém a redução da prestação ou a devolução de parte dos valores já pagos.

O dispositivo em análise não dispõe sobre o cálculo da restituição. O valor a ser restituído ou abatido deve ser obtido pela proporcionalidade entre o que foi pago e a perda de valor da coisa em decorrência do vício. Pode ser nomeado um perito para a execução do cálculo. Inexiste necessariamente uma relação entre a extensão do vício e a opção do credor. O direito potestativo à redibição existe independentemente de o vício não inutilizar integralmente o bem.

No âmbito das relações de consumo, a proteção do adquirente é mais intensa. O art. 18, § 1º, I, do CDC, permite a substituição do produto por outro da mesma espécie, além de conceder as alternativas da redibição e da *quanti minoris*. No caso de vícios do serviço, o consumidor poderá optar pela de reexecução (art. 20, I, CDC), e, nas hipóteses de vícios de quantidade, pela complementação do peso ou da medida (art. 19, II, CDC). Nos casos de vício do produto, ao consumidor só será facultada a adoção das três alternativas, se antes não obteve êxito na tentativa de sanar o vício no prazo de trinta dias (art. 18, § 1º, CDC). Excepciona-se o pré-requisito nos casos em que, em razão da extensão dos vícios, é impraticável a tentativa de solucioná-los.

Registre-se, por oportuno, que o STJ fixou seu entendimento no sentido de que, caso ultrapassado o prazo para sanar o vício nos termos do art. 18 do CDC, optando o consumidor por exigir a restituição imediata da quantia paga (art. 18, § 1º, II, do CDC), lhe será devida a devolução integral do valor atualizado pago pelo produto, não sendo cabível a restituição de seu valor como usado (STJ, Ag. Int. no AREsp n. 2.233.500/DF, 1ª T., rel. Min. João Otávio de Noronha, j. 11.09.2023 – *Informativo* n. 15 – Edição Extraordinária).

**Art. 443. Se o alienante conhecia o vício ou defeito da coisa, restituirá o que recebeu com perdas e danos; se o não conhecia, tão somente restituirá o valor recebido, mais as despesas do contrato.**

A análise da culpa ou má-fé do alienante terá por fim a análise da extensão da responsabilidade. O alienante será responsabilizado independentemente de conhecer o vício da coisa que transmitiu, para que seja preservada a confiança no tráfego jurídico. Contudo, aquele que alienou o bem com o conhecimento do vício oculto terá sua condição agravada, devendo restituir o que recebeu e arcar com perdas e danos. Já o alienante de boa-fé terá sua responsabilidade limitada ao preço e às despesas do contrato. Apesar da redação do dispositivo em análise, entendemos que na ação estimatória também se cumula o ressarcimento em favor do adquirente.

A responsabilidade contratual segue as regras relativas ao inadimplemento das obrigações (art. 389, CC). As perdas e danos incidirão cumulativamente aos juros, à atualização monetária e aos honorários advocatícios. É interessante que as partes estipulem a cláusula penal compensatória (arts. 408 e 410, CC) como forma de prefixação de perdas e danos, evitando-se a árdua demonstração de danos emergentes e lucros cessantes. Quanto ao prazo para reclamação dos vícios, aplica-se o art. 445 do CC. A pretensão indenizatória poderá ser exercitada em três anos (a contar da transferência da posse), *ex vi* do art. 206, § 3º, V, do CC.

As ações edilícias devem ser exercidas perante a pessoa do alienante imediato com quem celebrou o negócio jurídico. A garantia legal quanto aos vícios do objeto não alcança a cadeia anterior de circulação do produto, mesmo que o vício preexista à aquisição pelo próprio alienante. Apesar de expressamente não ter o legislador acolhido a solidariedade passiva nas relações privadas, acredita-se que, pela aplicação das cláusulas gerais da boa-fé objetiva (art. 422, CC) e da função social do contrato (art. 421, CC), em um sistema móvel será viável a responsabilização direta dos alienantes mediatos. Apesar de o adquirente não ser parte nos contratos que antecederam a aquisição do bem, aqueles negócios jurídicos produziram consequências objetivas nas relações posteriores, sendo necessário preservar a tutela externa do crédito e a confiança do adquirente. Esse entendimento amplia a segurança no tráfego jurídico.

**Art. 444. A responsabilidade do alienante subsiste ainda que a coisa pereça em poder do alienatário, se perecer por vício oculto, já existente ao tempo da tradição.**

A evicção e os vícios redibitórios excetuam a regra de que com a tradição os riscos são transferidos do alienante para o adquirente (art. 492, CC). Nessas hipóteses, apesar da tradição, é mantida a responsabilidade do alienante, já que o vício é anterior à entrega da posse. Seria o caso de alguém que adquire um veículo em boas condições aparentes e, após alguns dias, surge um grave problema hidráulico, sendo detectada a sua anterioridade em relação ao momento da alienação.

O adquirente deverá comprovar que o vício é anterior à celebração do contrato, independentemente da aferição de culpa do alienante. A culpa somente será importante se houver pretensão de perdas e danos (art. 443, CC), caso em que a má-fé do adquirente deverá ser demonstrada. Nas relações de consumo o adquirente poderá inverter o ônus da prova (art. 6º, VIII, CDC), com facilitação da defesa do consumidor diante dos vícios do produto e do serviço.

**Art. 445. O adquirente decai do direito de obter a redibição ou abatimento no preço no prazo de trinta dias se a coisa for móvel, e de um ano se for imóvel, contado da entrega efetiva; se já estava na posse, o prazo conta-se da alienação, reduzido à metade.**

**§ 1º Quando o vício, por sua natureza, só puder ser conhecido mais tarde, o prazo contar-se-á do momento em que dele tiver ciência, até o prazo máximo de cento e oitenta dias, em se tratando de bens móveis; e de um ano, para os imóveis.**

**§ 2º Tratando-se de venda de animais, os prazos de garantia por vícios ocultos serão os estabelecidos em lei especial, ou, na falta desta, pelos usos locais, aplicando-se o disposto no parágrafo antecedente se não houver regras disciplinando a matéria.**

O dispositivo em comento dispõe sobre os prazos decadenciais para a reclamação dos vícios ocultos. O legislador de 2002 ampliou os prazos previstos no Código anterior, os quais eram de quinze dias para o exercício do direito potestativo de redibição ou abatimento do preço na aquisição de coisas móveis e seis meses para as imóveis, considerando-se os prazos a partir do momento da tradição. Nos termos do art. 445, tais prazos decadenciais são ampliados para trinta dias, tratando-se de coisas móveis, e para um ano se for bem imóvel, contados da entrega efetiva da coisa, em ambos os casos. O termo inicial se justifica pelo fato de ser com a entrega efetiva que se poderá visualizar os vícios. A parte final do *caput* do art. 445 excetua as hipóteses em que a posse precede à transmissão da propriedade, quando o prazo será reduzido à metade – quinze dias para móveis e seis meses para imóveis –, mas com termo *a quo* na data da alienação. É o que acontece com aquele que se investiu na posse de um apartamento pela tradição real, sem que ainda tenha efetuado o registro do imóvel e se convertido em proprietário (art. 1.245, CC).

O § 1º do art. 445 estabelece contagem do prazo decadencial diversa do *caput*. Verifica-se aqui um conceito jurídico indeterminado – "quando o vício, por sua natureza, só puder ser reconhecido mais tarde". Aqui, o legislador pretendeu estender o termo inicial para o momento em que o adquirente conheceu o vício, ou seja, momento ulterior à entrega efetiva do bem. Consequentemente, amplia-se a garantia do adquirente, pois, muitas vezes, os vícios só se manifestam em circunstâncias e épocas específicas. Entretanto, a imposição de um limite temporal para a detecção dos vícios reforça o princípio da segurança jurídica, evitando demandas lastreadas em vícios ocultos supostamente descobertos "anos" após a tradição da coisa móvel ou imóvel. Apesar da ampliação da garantia do adquirente, é preciso reconhecer que a prova do momento em que o vício foi conhecido pelo adquirente pode ser árdua. Devido à indeterminabilidade do conceito jurídico empregado no § 1º, a jurisprudência cuidará dos contornos objetivos da cognoscibilidade desses vícios. Para tanto, serão utilizados como parâmetros a concretude do caso, as peculiaridades da situação e a relação entre o momento da constatação do vício pelo adquirente e o tráfego jurídico habitual relativo àquele produto específico. A hipótese pode ser vislumbrada no caso de aquisição de um imóvel de um particular (relação privada) no inverno, mas o adquirente observa as infiltrações apenas no verão, quando as chuvas trazem à tona os vícios ocultos. O vício foi reconhecido em prazo inferior a um ano e, assim, conjugando-se o *caput* do art. 445 com seu § 1º, terá mais um ano – a contar da constatação do vício – para propor uma das ações edilícias. No caso do exemplo, se o adquirente houvesse percebido os vazamentos quinze meses após a ocupação do imóvel, já teria transcorrido o prazo decadencial para ajuizar as referidas demandas. Portanto, o prazo para a exteriorização do vício será de 180 dias (móveis) e 1 ano (imóveis). A partir de então, inicia-se a contagem do prazo decadencial situado no *caput* do art. 445 (30 dias para móveis e 1 ano para imóveis). Nesse ponto, importante observar o conteúdo do Enunciado n. 174 do CJF: "Em se tratando de vício oculto, o adquirente tem os prazos do *caput* do art. 445 para obter redibição ou abatimento de preço, desde que os vícios se revelem nos prazos estabelecidos no § 1º, fluindo, entretanto, a partir do conhecimento do defeito".

O § 2º do dispositivo em análise dispõe que nas relações envolvendo venda de animais os prazos serão definidos por lei especial ou pelos usos locais. Na ausência de lei especial, aplica-se o costume na região em que o contrato foi celebrado, em emanação da cláusula geral do art. 113 do CC. O legislador privilegiou os usos locais das grandes praças de venda de animais, buscando concretamente alcançar a pessoa em seu meio e seu tempo, a fim de que a decisão possa ser verdadeiramente justa. Entretanto, na ausência de padrões regionais e de lei especial, deve-se aplicar o § 1º do mesmo dispositivo. Nesse sentido, o Enunciado n. 28 do CJF afirma que "o disposto no art. 445, §§ 1º e 2º, do CC reflete a consagração da doutrina e da jurisprudência quanto à natureza decadencial das ações edilícias".

**Art. 446. Não correrão os prazos do artigo antecedente na constância de cláusula de garantia; mas o adquirente deve denunciar o defeito ao alienante nos trinta dias seguintes ao seu descobrimento, sob pena de decadência.**

As cláusulas de garantia não abrangem o âmbito das relações de consumo. É comum que nas relações interempresariais os alienantes de determinadas mercadorias, notadamente máquinas, ampliem os prazos de garantia, chegando até mesmo a 5 ou 10 anos. Essa garantia em geral é dada sobre o perfeito funcionamento da máquina durante esse período, incluindo os vícios ocultos, assim como outros defeitos que podem ocorrer em certas mercadorias pelo seu uso prolongado ou por quaisquer demais motivos, em regra especificados nos contratos. A previsão contratual de garantia convencional acarreta efeito impeditivo ao início do prazo decadencial, paralisando os prazos decadenciais de 30 dias (móveis) e 1 ano (imóveis) (art. 445, *caput*). O termo inicial da contagem desses prazos decadenciais será aquele em que terminar a garantia contratual. Importante observar que não se trata de suspensão ou interrupção, pois a contagem do prazo decadencial sequer se inicia.

O legislador pretendeu valorizar a garantia contratual nas relações interprivadas e interempresariais, atribuindo subsidiariedade e complementariedade aos prazos do CC. Como exemplo, se A vende um computador a B e atribui uma garantia por três anos, findo esse prazo, iniciará a fluência do prazo de trinta dias para o exercício das ações edilícias. Nesse sentido, observa-se que o art. 207 do CC permite que uma norma estabeleça impedimento ou suspensão durante o curso da decadência – assim como o dispõe o art. 26, § 2º, do CDC. No entanto, o adquirente não poderá jamais renunciar ao prazo decadencial fixado em lei (art. 209, CC).

O dispositivo em análise não beneficia apenas o adquirente. A boa-fé exige que este, descobrindo o vício no prazo de garantia, exerça seu direito em trinta dias, a contar da descoberta, sob pena de decadência ao exercício do direito potestativo de desconstituir a relação ou abater a prestação. Pela teoria da responsabilidade, será justificável a invocação do vício pelo declarante somente quando não tiver agido de má-fé ou culposamente. O adquirente tem o dever anexo de informação de comunicar o alienante tão logo tomou conhecimento da existência do vício, sob pena de violar a confiança do alienante e configurar abuso no exercício do direito subjetivo.

Nas relações de consumo, os prazos de reclamação para vícios aparentes são de trinta dias para os produtos não duráveis e noventa dias para os duráveis, contados da entrega efetiva; tratando-se de vícios ocultos, os prazos são idênticos, mas o termo *a quo* flui a partir da descoberta do vício (art. 26, § 3º, CDC). Nos termos do art. 50, a garantia contratual complementa a legal. Contudo, há situações nas quais os mecanismos de garantia do CC serão mais eficazes ao consumidor do que as regras previstas no CDC. Nos termos do art. 7º do CDC, a este é facultado recorrer à norma mais benéfica do CC. Exemplificando: pelo CC, o adquirente de um imóvel conta com o prazo elástico de um ano para reclamar dos vícios após a cessação da garantia contratual. Todavia, esse prazo cai para três meses nas relações de consumo.

## *Seção VI*
## *Da Evicção*

**Art. 447. Nos contratos onerosos, o alienante responde pela evicção. Subsiste esta garantia ainda que a aquisição se tenha realizado em hasta pública.**

Nas relações negociais o sistema jurídico exige das partes o cumprimento da obrigação principal e dos deveres instrumentais oriundos da boa-fé, assim como atribui garantias para a tutela física e jurídica do objeto adquirido. O adquirente é tutelado quanto à funcionalidade e à substância do bem, seja diante da existência de vícios ocultos que tornem a coisa imprópria para o uso (art. 441, CC), seja quanto à legitimidade do direito que é transferido. Podemos conceituar a evicção como o dever de garantia perante eventual perda da coisa em virtude de decisão judicial ou administrativa que conceda o direito – total ou parcial – sobre ela a um terceiro estranho à relação contratual em que se deu a aquisição.

Pode-se vislumbrar três elementos da evicção: 1) privação do direito do adquirente; 2) preexistência do direito do terceiro; 3) privação judicial ou extrajudicial. Para alguns autores, a onerosidade do contrato também seria elemento da evicção, porém optamos por associar a onerosidade à própria condição de pressuposto para a existência da garantia. A evicção requer a perda da propriedade ou da posse de um bem em função do reconhecimento desse direito caber a outrem, por fato anterior à aquisição dele pelo evicto (aquele que sofre a evicção, é o excluído). Portanto, é imprescindível a privação do direito do adquirente. E tal privação deve ser causada por um terceiro devido a um vício do direito transmitido ao evicto, que antes acreditava ter esse direito integrado ao seu patrimônio. A titularidade real do direito é do terceiro e não do alienante, pois aquele ostenta um direito superior ao do adquirente. Assim, há anterioridade do direito do terceiro – segundo elemento da evicção –, sob pena de o adquirente assumir em sua esfera patrimonial todos os prejuízos consequentes à perda da coisa cujo fato gerador seja posterior à sua aquisição. É necessário que a aquisição do direito seja fundamentada em uma causa anterior ao contrato que serviu como título da aquisição do direito pelo evicto. A evicção pode decorrer de decisão judicial ou reconhecimento extrajudicial da evicção, bastando um ato de apreensão do bem por autoridade administrativa, privando o titular do poder sobre a coisa. Inexiste grande diferença entre a perda de um direito por força de uma sentença e a sua privação por uma inegável prova quanto à titularidade da coisa pelo terceiro. É o que acontece quando autoridade administrativa apreende veículos furtados baseados em documentação falsificada. Ainda podemos observar a hipótese quando o proprietário abandona o bem móvel (art. 1.263, CC) ou imóvel (art. 1.276, CC) para ingressar diretamente com o pedido indenizatório decorrente da evicção, em vez de aguardar passivamente pela iniciativa do terceiro.

No particular, ressalte-se o Enunciado n. 651 da IX Jornada de Direito Civil do CJF: "A evicção pode decorrer tanto de decisão judicial como de outra origem, a exemplo de ato administrativo". O enunciado ostenta a seguinte justificativa: "A evicção pode ser definida como a perda da coisa recebida pelo adquirente em virtude de contrato oneroso, por força de sentença judicial ou ato administrativo que a atribui a outrem por razão anterior à celebração do contrato aquisitivo. Embora parte da doutrina brasileira aluda apenas à perda da coisa por força de sentença judicial, o melhor entendimento é o de que, 'desaparecida a exigência do art. 1.117, I, do CC de 1916, a formação do fato da evicção deixou de se subordinar, como regra, à emissão de pronunciamento judicial transitado em julgado. [...] na generalidade dos casos, bastará a supressão total ou parcial do direito recebido. [...] À guisa de exemplos, caracteriza- se o fato da evicção nas seguintes hipóteses: (a) por força de ato administrativo [...], a exemplo da apreensão do veículo furtado pela autoridade policial' (ASSIS, Araken de. Comentário ao art. 447, in *Comentários ao Código Civil Brasileiro*, v. V, Rio de Janeiro, Forense, 2007, p. 373)".

A evicção se aplica aos contratos onerosos em geral. Na verdade, a onerosidade é um pressuposto da evicção. Contratos onerosos são aqueles em que ambas as partes obtêm encargos e vantagens recíprocas, isto é, as atribuições patrimoniais nos negócios jurídicos onerosos se vinculam inflexivelmente a uma relação de causalidade entre as prestações a que se vinculam as partes. Já nos contratos gratuitos não incide a evicção, já que eventual privação do bem pelo adquirente não representaria um prejuízo propriamente dito, e sim, tão somente a perda de uma vantagem. Assim, não é necessária a recomposição do sinalagma, nos termos do art. 552 do CC. De toda forma, a autonomia privada permite que o transmitente consinta assumir os riscos pela perda da coisa. Mas o doador responderá pela evicção se dolosamente transfere a propriedade do bem, ciente de que este contém um vício jurídico. A especificidade da hipótese embasa-se em fundamento diferenciado da demanda: não será o alienante responsabilizado pela evicção, devido à gratuidade do contrato, contudo se responsabiliza por eventuais perdas e danos causados pelo ato ilícito. Exemplificativamente, tem-se a hipótese do donatário que, ato contínuo, locou imóvel cuja origem ilegítima era de conhecimento prévio do doador. Este responderá pelos lucros cessantes relativos aos ganhos frustrados da locação, rompida em razão da evicção (art. 392, CC). Quando se tratar de doação com encargo ou modal (impropriamente denominada pelo CC de doação onerosa), haverá restrição na eficácia da liberalidade, já que o donatário fica encarregado de uma obrigação de dar, fazer ou não fazer. Apesar de o encargo não representar uma contraprestação – mantendo a doação a sua essencial gratuidade –, o contrato se torna bilateral, justificando a incidência da evicção até o limite da prestação imposta ao donatário. Observa-se, ainda, que a evicção exige tão somente a onerosidade do contrato. Assim, aplica-se a evicção nos contratos aleatórios (art. 458, CC). Ainda que exista incerteza sobre a eficácia da prestação de uma das partes, tratam-se de contratos onerosos, já que há garantia de adimplemento da eventual contraprestação. Mas a evicção não incidirá quando a álea se referir à própria titularidade do direito transferido.

A tutela do adquirente contra a evicção está inserida implicitamente em todos os contratos onerosos, ainda que tenham sido firmados em hasta pública. Na hipótese há reconhecimento da existência de direito alheio, preexistente à arrematação. Por essa razão, tutela-se aquele que arremata bem judicialmente em processo de execução. A doutrina diverge quanto à responsabilidade pela evicção, já que se trata de uma hipótese de expropriação praticada pelo Estado. Uma das opções é atribuir a responsabilidade ao executado, já que seu patrimônio é a garantia comum de todos os credores. Seria injusto, caso o bem arrematado não lhe pertencesse, fosse o arrematante obrigado a suportar todo o peso da execução. Haveria enriquecimento indevido do executado ao se exonerar de débitos, prevalecendo-se de titularidades alheias. Pelo fato de o executado comumente ser insolvente, incidirá responsabilidade subsidiária do credor exequente, beneficiado por um enriquecimento injustificado, à custa de algo que não era devido. A segunda opção é atribuir responsabilidade solidária ao Estado, exequente e executado. A inclusão do Estado seria justificada por este se sub-rogar à vontade do executado e, posteriormente, decidir a propriedade em favor de terceiro. Portanto, arca com o risco de entregar com uma mão o que em seguida retirará com a outra. A terceira e última opção é demandar judicialmente a garantia dos credores exequentes, pois foram eles que levaram o bem à hasta pública e, consequentemente, devem assumir objetivamente o risco por eventual evicção do direito. É uma tarefa árdua, diante de seu estado econômico precário, a não ser que tenha percebido o saldo remanescente pela alienação. Ademais, espera-se que a demanda em face dos credores da execução tenha maiores chances de sucesso, uma vez que com a hasta pública receberam valor para satisfazer seu crédito. A evicção deve englobar apenas os atos de autonomia privada, especialmente, contratos onerosos. Assim, em casos de arrematação em hasta pública inexiste propriamente uma garantia contra a evicção. Não se está aqui negando a ocorrência da evicção, mas sim afirmando que não há garantia específica contra ela. A situação deve ser tutelada por demanda em face do executado primeiramente, que ostenta a condição de titular primitivo do direito e é diretamente beneficiado pelo desfecho da execução, pela extinção de sua obrigação. Não sendo frutífera a tutela em face deste, subsidiariamente, busca-se a responsabilização do exequente. A responsabilização deste se viabiliza juridicamente pelo princípio geral do enriquecimento sem causa, já que teve seu crédito satisfeito pela arrematação do bem que não poderia ter sido alienado. Assim, poderá ser responsabilizado, a despeito de nunca ter titularizado o direito sobre o bem arrematado. Ademais, trazemos argumentos exclusivos de nossa lavra acerca da responsabilização do Estado na hipótese. Não sendo possível a tutela perante credor e devedor, caberá a responsabilização do Estado. Vislumbra-se aqui o abuso do direito estatal (art. 187, CC) pela violação do princípio da boa-fé objetiva, na modalidade do *venire contra factum proprium*. Ora, primeiramente, o Estado atraiu a confiança do arrematante por meio de ato regular de sub-rogação do consentimento do executado, expropriando o direito de propriedade e destinando o valor arrecadado ao pagamento dos credores. Pode-se vislumbrar, ainda, uma segunda conduta estatal, consistente no acolhimento da pretensão do terceiro, real titular do direito, em detrimento da legítima expectativa de confiança antes inculcada na pessoa do evicto no tocante à segurança jurídica do direito adquirido em hasta pública. Dessa forma, o Estado comporta-se de maneira contraditória e incoerente, atraindo para sua esfera a responsabilidade subsidiária. Nesse ponto, é importante lembrar que a solidariedade não se presume (art. 265, CC), decorrendo da lei ou de previsão contratual.

---

**Art. 448. Podem as partes, por cláusula expressa, reforçar, diminuir ou excluir a responsabilidade pela evicção.**

---

A autonomia privada também incide sobre a garantia da evicção, permitindo que as partes derroguem a garantia em cláusula contratual. Os contratantes podem ampliar, restringir ou mesmo excluir a responsabilidade pela evicção. Ilustrativamente, podem acrescentar valores àqueles devidos por prejuízos decorrentes da perda do direito (art. 450, *caput*, CC), reforçando a garantia por meio de cauções reais e pessoais ou acrescentando cláusulas penais, como a obrigação de restituição em dobro. Outrossim, factível é o ajuste de atenuação dos valores eventualmente pagos pela evicção, como a desoneração do adquirente da indenização pelos frutos que venha a restituir ou das despesas judiciais do evicto. De toda sorte, a eficácia da cláusula que elide completamente a garantia da evicção não gozará, ao nascer, de eficácia plena, dependerá de conformação às restrições impostas pela lei (art. 449, CC). Por essa razão, entendemos que essa eficácia se aplica apenas às perdas e danos, pois receberá o evicto a restituição pelos valores pagos, salvo se o adquirente tem conhecimento da situação duvidosa e litigiosa do direito do alienante e, mesmo assim, ciente e expressamente dispensa a garantia. A norma remete à exclusão da "responsabilidade" (perdas e danos) e não do pagamento ao adquirente.

Nos contratos de adesão envolvendo relações privadas, o ordenamento sanciona com invalidade as cláusulas que contenham referência à exclusão de responsabilidade pela evicção (art. 424, CC). No âmbito das relações de consumo, serão nulas de pleno direito, nos termos do inc. I do art. 51 do CDC, as cláusulas que impliquem renúncia de direitos, impossibilitando, atenuando ou exonerando a responsabilidade do fornecedor.

---

**Art. 449. Não obstante a cláusula que exclui a garantia contra a evicção, se esta se der, tem direito o evicto a receber o preço que pagou pela coisa evicta, se não soube do risco da evicção, ou, dele informado, não o assumiu.**

---

Nos termos do art. 448, a autonomia privada permite que as partes ampliem, reduzam ou excluam a garantia da evicção. Já o art. 449 relativiza a cláusula que afasta a garantia – cláusula de *non praestanda evictione* –, dispondo que o evicto fará jus à restituição do valor correspondente ao preço pago, evitando-se o enriquecimento sem causa, salvo se o evicto não soube ou não assumiu o risco da evicção. Portanto, a exclusão da garantia somente ocorrerá se o adquirente declarar que a transmissão do direito se dá com ciência dos riscos e a sua total assunção. Em outras palavras, se o adquirente não é advertido sobre o risco da coisa ou se este é informado do risco da evicção, mas não o assume, deverá ser restituído do que recebeu, sem nenhum acréscimo de perdas e danos.

Podem ser observadas duas situações distintas. Primeira, se o adquirente não tem ciência da origem litigiosa do bem e não foi subscrita cláusula de ciência do risco, mesmo havendo cláusula de exclusão do risco, verificada a evicção, fará jus ao valor pago. Tem-se aqui uma espécie de mínimo indenizatório, no qual não serão computados os acréscimos relacionados nos incisos do art. 450 do CC. A segunda situação ocorre quando as partes estabelecem a cláusula de *non praestanda evictione* e o adquirente declara que recebe o direito por sua conta e risco. Nesse cenário, verificada a evicção, este não terá direito à restituição do preço. O negócio jurídico oneroso perde a natureza comutativa, assumindo feição aleatória (art. 460, CC) – *emptio spei* –, tendo em vista que o resultado vantajoso esperado pelo adquirente poderá tornar-se, em função de um evento imprevisível, desproporcional ao sacrifício a que se sujeita. No caso de aquisição de bens imóveis, a publicidade conferida pelo registro impede a alegação de desconhecimento dos riscos da evicção (art. 844, CPC).

O legislador perdeu a oportunidade de sancionar com maior gravidade o alienante que sabia da existência da evicção e omite a informação sobre os riscos dolosamente. O silêncio intencional da parte a respeito da qualidade da coisa que a outra parte ignorava implicaria não só a necessidade de restituição dos valores pagos como ainda a imposição de indenização. Enfim, a responsabilidade do alienante é objetiva, pois independe da cogitação de culpa quanto ao conhecimento do fato. O seu fundamento é a garantia. Mas a ciência prévia à alienação quanto ao evento determinante da evicção propiciará agravamento da responsabilidade, na medida em que afronta o direito à conduta de quem procura se beneficiar com a própria torpeza.

---

**Art. 450. Salvo estipulação em contrário, tem direito o evicto, além da restituição integral do preço ou das quantias que pagou:**

**I – à indenização dos frutos que tiver sido obrigado a restituir;**

**II – à indenização pelas despesas dos contratos e pelos prejuízos que diretamente resultarem da evicção;**

**III – às custas judiciais e aos honorários do advogado por ele constituído.**

**Parágrafo único. O preço, seja a evicção total ou parcial, será o do valor da coisa, na época em que se evenceu, e proporcional ao desfalque sofrido, no caso de evicção parcial.**

---

Quando o contrato não possui cláusula estabelecendo a limitação, reforço ou exclusão da garantia legal da evicção, a abrangência desta é a prevista no art. 450. A leitura dos incisos do dispositivo em análise demonstra que o legislador pretendeu oferecer ao adquirente a restituição integral por todos os valores perdidos com a evicção. Nos termos do inc. I, o adquirente será indenizado pelos frutos que teve de restituir ao terceiro evictor. A norma se refere aos frutos percebidos quando a posse se qualificou pela má-fé, já que nas hipóteses de boa-fé, o alienante mantém os frutos percebidos (art. 1.214, CC). Nessa hipótese, geralmente, o conhecimento da evicção é contemporâneo à citação para a demanda ajuizada pelo terceiro (art. 1.202, CC).

Nos termos do inc. II, o adquirente deve ser indenizado das despesas contratuais, envolvendo valores despendidos ao tempo da aquisição com cartórios, registros e impostos de transmissão, além de prejuízos diretamente decorrentes da evicção, tais como lucros cessantes – resultantes daquilo que, razoavelmente, o alienante poderia auferir com a coisa, caso não experimentasse a perda jurídica do direito (art. 402, CC) –, porque a alusão aos danos emergentes está subsumida no conceito do *caput* de "restituição integral do preço" e nos incisos do art. 450. Ilustrativamente, se A adquire o imóvel de B e o aluga para C, eventual evicção privará A dos frutos civis que percebia mensalmente de C. Será lícito reclamar tais valores de B a título de lucros cessantes. Incidirão ainda os juros sobre a quantia a ser restituída pelo alienante (art. 404, CC).

O inc. III inclui no rol de restituição as custas judiciais e os honorários advocatícios, inovando em relação ao Código anterior. O mais correto seria o uso da expressão "despesas judiciais" no lugar de "custas judiciais", de forma a abranger, por exemplo, os honorários periciais. Incluem-se ainda os honorários do advogado seja quanto à demanda geradora da evicção, sejam honorários extrajudiciais, nas hipóteses em que a privação do direito prescinde de decisão judicial.

O parágrafo único do citado art. 450 soluciona polêmica bizantina. Seria o valor da evicção aquele do tempo da aquisição ou do da perda do direito? Certamente, o valor do bem deve ser o do tempo da privação do direito. O alienante responde pela mais-valia adquirida pela coisa, isto é, pela diferença maior entre o preço da aquisição e o seu valor ao tempo em que se evenceu. Por outro ângulo, se houver depreciação do bem, o novo valor também será levado em consideração. Essa ordem de pesos e contrapesos prestigia o princípio da reparação integral a que alude o *caput* do artigo em análise.

**Art. 451. Subsiste para o alienante esta obrigação, ainda que a coisa alienada esteja deteriorada, exceto havendo dolo do adquirente.**

O art. 451 tem como objetivo garantir a indenização integral do adquirente em caso de evicção. Ainda que a coisa perdida esteja deteriorada, caberá indenização em favor do adquirente. A deterioração, total ou parcial, consiste em qualquer modificação de difícil reversibilidade que objetivamente mitigue a utilidade do bem que fora recebido pelo evicto.

O dispositivo deve ser aplicado de forma contextualizada, sendo importante averiguar a conduta deste, ou seja, se agiu ou não dolosamente, contribuindo intencionalmente para causar a deterioração. Se a depreciação decorre de mera negligência do proprietário, a indenização persiste. O alienante arcará com a restituição do preço e demais consectários legais (art. 450 e incisos, CC), afinal o direito pertence a um terceiro. Nos casos em que o adquirente agiu com má-fé, acarretando a privação da coisa e objetivando majorar os gastos do alienante, este não deverá indenizar aquele.

**Art. 452. Se o adquirente tiver auferido vantagens das deteriorações, e não tiver sido condenado a indenizá-las, o valor das vantagens será deduzido da quantia que lhe houver de dar o alienante.**

O dispositivo tem como finalidade evitar o enriquecimento sem causa do evicto. Assim, nas raras hipóteses em que este tiver auferido ganho patrimonial ou algum proveito decorrente da deterioração, abaterá da quantia da indenização o valor correspondente às vantagens auferidas. O único caso em que as deteriorações não dolosas afetarão o dimensionamento do direito à evicção será aquele em que o adquirente houver auferido vantagens (*v. g.*, venda de material lenhoso resultante da supressão dos espécimes nativos situados no imóvel).

**Art. 453. As benfeitorias necessárias ou úteis, não abonadas ao que sofreu a evicção, serão pagas pelo alienante.**

Da redação do dispositivo em análise, depreende-se que a restituição das benfeitorias é regida pelas normas que disciplinam os efeitos da posse (arts. 1.219 a 1.222, CC). As benfeitorias são obras ou despesas efetuadas para fins de conservação, melhoramento ou embelezamento do bem. Enquanto as necessárias objetivam evitar que a coisa se deteriore, as úteis aumentam ou facilitam o uso do bem (art. 96, CC). Quando o terceiro ajuíza a demanda que causa a evicção (*v. g.*, reivindicatória ou reintegratória), cumprirá ao adquirente na contestação deduzir a pretensão contraposta de indenização das benfeitorias necessárias e úteis realizadas de boa-fé, sob pena de, enquanto não houver o pagamento, determinar o magistrado o direito de retenção em favor do evicto (art. 1.219, CC). Mas para tanto deve ser possuidor de boa-fé e invocar a exceção substancial para constranger o retomante a indenizá-lo pelas referidas benfeitorias. Obviamente, se a restituição for feita pelo verdadeiro titular do direito, o alienante ficará dispensado de tal restituição, sob pena de o evicto se enriquecer sem causa.

Para fins de indenização integral, o alienante será responsabilizado subsidiariamente. Assim, se o adquirente do bem que se evenceu não for abonado (reembolsado) pelas benfeitorias na sentença, poderá subsidiariamente demandar o alienante para acrescentar o valor das obras e das despesas ao montante da indenização da evicção. Na hipótese, o alienante poderá, posteriormente, ajuizar ação regressiva contra o terceiro. No tocante às benfeitorias voluptuárias – de mero deleite ou recreio –, poderá o evicto levantá-las, se isso não causar danos à coisa. A *restitutio in integro* do evicto significa que devem ainda ser abonadas pelo evictor as acessoes – construções e plantações – realizadas no bem com boa-fé subjetiva, pela ignorância do vício jurídico que afetava a coisa (art. 1.255, CC). O insucesso na percepção da indenização de acessões perante o terceiro desencadeia a mesma pretensão do evicto em face de seu alienante, tal e qual nas benfeitorias necessárias e úteis.

**Art. 454. Se as benfeitorias abonadas ao que sofreu a evicção tiverem sido feitas pelo alienante, o valor delas será levado em conta na restituição devida.**

Se as benfeitorias necessárias e úteis forem realizadas pelo alienante, mas os respectivos valores forem pagos indevidamente ao evicto, cumprirá àquele descontá-los do montante indenizatório. Ora, não será lícito beneficiar o adquirente por despesas e obras efetuadas ainda ao tempo em que a coisa pertencia ao alienante. Assim, busca-se evitar que a evicção não represente para o evicto um manancial de locupletamento indevido.

---

**Art. 455. Se parcial, mas considerável, for a evicção, poderá o evicto optar entre a rescisão do contrato e a restituição da parte do preço correspondente ao desfalque sofrido. Se não for considerável, caberá somente direito a indenização.**

---

O dispositivo estabelece duas alternativas ao evicto se a evicção for parcial, mas considerável: rescisão do contrato ou restituição, pelo alienante, da parte do preço correspondente ao desfalque sofrido. Trata-se de direito potestativo do evicto, que submete o alienante a uma posição de sujeição à opção por aquele adotada. A evicção parcial é vislumbrada quando há perda da fração de um direito sobre o bem adquirido (*v. g.*, adquirente é privado da propriedade de 50% da área do imóvel); quando houver a supressão de uma situação jurídica anterior ao negócio jurídico (*v. g.*, evicção quanto a uma servidão de passagem sobre imóvel vizinho), ou quando ocorrer a submissão do direito a uma situação jurídica de terceiro (*v. g.*, adquirente é derrotado em demanda que impõe ao seu prédio a condição de serviente perante outro prédio).

A primeira alternativa, rescisão do contrato, é a desconstituição do negócio jurídico em decorrência de vício inerente ao próprio objeto da relação obrigacional, contemporâneo à sua formação, em relações jurídicas que já se originam com um vício material (vício redibitório) ou jurídico (evicção). Aqui, a rescisão está na gênese da relação obrigacional, sem que com aquela se confunda. Importante diferenciar a rescisão, da resolução, da resilição e do distrato. Esses fenômenos se referem à relação contratual originada sem vícios, mas que perdem a eficácia devido a um acontecimento posterior à gênese do negócio jurídico. A rescisão não é uma forma de inadimplemento de obrigação e sim um defeito contemporâneo à formação do negócio, por isso não é disciplinada como extinção do contrato (arts. 472 a 480, CC). A opção pela rescisão do negócio jurídico faz com que as partes sejam restituídas ao *status quo ante*. Consequentemente, a restituição devida pelo alienante será equivalente ao montante da prestação – e não o valor da coisa ao tempo da privação do direito. A segunda opção ofertada ao adquirente assemelha-se à previsão correspondente aos vícios redibitórios (art. 442, CC): abatimento no preço. Se o adquirente optar pela *quanti minoris*, buscando conservação do negócio jurídico com a restituição parcial do preço, perceberá um valor proporcional ao desfalque sofrido, calculado na época em que o bem evenceu. Na forma do parágrafo único do art. 450 do CC, enquanto na evicção total a restituição será sempre integral, na evicção parcial a indenização será proporcional ao desfalque sofrido pela privação do direito.

Para que o adquirente tenha o direito potestativo de escolher uma das alternativas descritas nos parágrafos antecedentes, a evicção deve ser qualificada como parcial e "considerável". Não sendo a evicção reputada considerável, o adquirente terá apenas a pretensão de indenização proporcional, com retenção do bem (art. 455, CC). Por se tratar de um conceito indeterminado, o magistrado, de acordo com a diretriz da concretude e as circunstâncias do caso, definirá o sentido do termo considerável. Não se trata de uma proporção meramente aritmética, baseada em percentuais, mas de um exame qualitativo sobre as consequências da evicção em relação à frustração da finalidade prática perseguida pelo adquirente sobre o bem. É imprescindível que seja perquirido se a privação parcial do direito acarreta desequilíbrio econômico entre as partes no negócio jurídico. Exemplificando: a privação de sentença de área correspondente a 10% de um bem imóvel não seria qualificada como considerável no plano quantitativo. Contudo, se, na espécie, aquela área se localizasse justamente na parte fértil ou produtiva do terreno, ou sobre aquela em que se localizava o manancial que alimentava o gado, certamente alcançaríamos conclusão diversa. Verifica-se que o legislador se preocupou com o princípio da conservação dos negócios jurídicos, buscando evitar ao máximo que os contratos sejam desfeitos por motivos de somenos importância ou, mesmo que graves, por aqueles que possam ser remediados pelo sistema, a fim de que a relação obrigacional possa ser desenvolvida como um processo polarizado ao adimplemento. Daí a inserção de dispositivos como os arts. 170, 184, 157, § 2º, e 167, parte final, todos do CC.

No contexto da evicção parcial, pode-se analisar também a teoria do inadimplemento mínimo (ou do adimplemento substancial) – aplicável a contratos bilaterais e comutativos. Nas hipóteses nas quais o alienante houver cumprido substancialmente a sua obrigação, a manutenção do contrato sobrepuja o direito formativo extintivo do credor à rescisão da relação obrigacional, buscando-se afastar a possibilidade de abuso do direito potestativo pelo evicto (art. 187, CC). Portanto, se o essencial da prestação foi cumprido pelo alienante, não seria considerado digno de tutela o interesse do adquirente em desconstituir o contrato, mas apenas o abatimento no preço, recompondo-se assim o sinalagma genético do contrato.

**Art. 456.** (*Revogado pela Lei n. 13.105, de 16.03.2015.*)

O dispositivo foi revogado pelo art. 1.072, II, do CPC. Contudo, há importantes observações a serem tecidas sobre a inovação que o Código Reale buscou inserir no tratamento da evicção. A evicção está diretamente relacionada com o modelo processual da denunciação da lide, que é uma ação autônoma de natureza condenatória. Pelo fato de ter operado a transmissão de um direito, o alienante é garantidor da legitimidade da operação. A denunciação da lide tem como finalidade nas hipóteses de evicção possibilitar que o adquirente convoque o alienante para o processo para que tenha ação regressiva indenizatória em face deste na hipótese de sucumbência na ação principal em que figura no polo passivo. Tem-se uma demanda regressiva condicional, dependente para seu julgamento da superveniência do evento futuro e incerto do denunciante (seja ele autor ou réu) ficar vencido na demanda principal. A sentença será formalmente una, porém materialmente dúplice, solucionando a lide principal e a derivada, na qual tenha ingressado o denunciado. Pressuposto material da litisdenunciação é que não tenham as partes, na relação de direito material, expressamente excluída a responsabilidade pela evicção, como comentamos no art. 448 do CC.

A denunciação da lide é uma modalidade forçada de intervenção de terceiros que ao mesmo tempo em que noticia a existência de determinado litígio a terceiro, propõe-se uma nova ação eventual de regresso. Trata-se de uma ação eventual, porque subsidiária àquela que deu origem ao processo originário. Em regra, funda-se a figura no direito de regresso, pelo qual aquele que pode vir a sofrer algum prejuízo, pode posteriormente recuperá-lo de terceiro, que por alguma razão é seu garante (MARINONI, Luiz Guilherme; ARENHART, Sérgio Cruz; MITIDIERO, Daniel. *Curso de Processo Civil*, v. 2. São Paulo, RT, 2015, p. 108). Nessa esteira, incorreta está a caracterização do denunciado como litisconsorte, pois este não integra a relação principal, e sim a relação secundária. O denunciado é mero assistente litisconsorcial para alguns, ou simples para outros. A sentença prolatada será formalmente una, porém materialmente dúplice, pois extinguirá duas relações materiais distintas. Por essa razão, entendemos louvável que o CPC tenha revogado a previsão imprópria de obrigatoriedade da denunciação da lide pelo adquirente ao alienante (art. 70, I, CPC/73), consagrando a sua facultatividade. Nos termos do dispositivo eliminado, não se efetuando a denunciação na oportunidade processual da contestação, o adquirente perderia o direito material à indenização. Tratava-se do império dos dogmas processuais da economia e da celeridade processual, afinal, sem a denunciação, se faria necessária a utilização de duas lides sucessivas, consistente a segunda na via regressiva para o demandado evicto.

Esse entendimento era criticado por várias razões. Primeiramente, observa-se que no processo civil constitucional, os direitos fundamentais devem ser aplicados imediatamente nas suas decisões judiciais (art. 5º, § 1º, CF). Portanto, "a lei não excluirá da apreciação do Poder Judiciário lesão ou ameaça a direito" (art. 5º, XXXV, CF). Nessa lógica, o direito de acesso à prestação jurisdicional não pode ser trancado apenas pela perda de uma oportunidade processual para o ajuizamento da denunciação da lide. Em segundo lugar, pode-se vislumbrar uma espécie de enriquecimento sem causa, nas hipóteses em que o adquirente não puder exercer a pretensão indenizatória contra o alienante em ação autônoma. Por fim, deve-se lembrar que a lei processual anterior, CPC/73, compreendia o processo civil como um sistema isolado de normas técnicas e harmônicas. O processo é um instrumental que objetiva conceder efetividade ao direito material que, substancialmente, brota das relações privadas e das normas do CC. Trata-se de uma técnica que se coloca a serviço de uma ética. Princípios como a boa-fé objetiva e a função social do contrato não são apenas cláusulas gerais que impõem deveres aos que ingressam em relações obrigacionais, pois precisam de concretização no corpo do processo, a fim de que a parte possa obter a prestação jurisdicional justa e efetiva. Por essa razão, o CJF já havia editado o Enunciado n. 434: "A ausência de denunciação da lide ao alienante, na evicção, não impede o exercício da pretensão reparatória por meio de via autônoma".

O CPC, no art. 125, I, avança em relação ao CPC/73 (art. 70, I). Da leitura do dispositivo, observa-se que o legislador não limitou a evicção às hipóteses de ações reivindicatórias, mas a admitiu em qualquer demanda que possa implicar a perda da coisa por direito anterior à alienação. Verifica-se, ainda, que a denunciação poderá ser provocada por quem figura como autor (art. 127, CPC) e por aquele que figura como réu na lide (art. 128, CPC); portanto, na petição inicial ou na fase da contestação. A partir de então, a legislação passa a reconhecer a denunciação da lide como um ônus processual. Apesar da viabilidade de propositura de demanda autônoma pelo adquirente, é evidente que ao optar por não denunciar o alienante, culmina o evicto por prescindir dos elementos de fato e de direito que poderia veicular de forma a levar o adversário ao insucesso, além de ser privado da imediata obtenção do título executivo contra o obrigado regressivamente.

O art. 456 do CC autorizava a denunciação da lide "por saltos". Assim, o denunciante teria a faculdade de fazer o chamamento de qualquer um dos transmitentes do bem imóvel, mediante citação em face de qualquer dos alienantes, desde a origem da cadeia causal viciada. A disposição daquela lei material aparentemente colidia com a regra do art. 73 do CPC/73, que dispunha que o adquirente deveria proceder à intimação exclusiva do seu alienante, dentro de um encadeamento sucessivo de aquisições. Sobre o dispositivo em análise, o CJF entende, em seu Enunciado n. 29, que: "A interpretação do art. 456 do novo CC permite ao evicto a denunciação direta de qualquer dos responsáveis pelo vício".

O art. 421 do CC, na cláusula geral da função social do contrato, explica a relação jurídica existente entre adquirente e proprietário primitivo que não lhe alienou o bem. A perda do direito ofende a situação jurídica patrimonial do adquirente, não sendo exclusivamente causada pelo alienante imediato, mas por todos aqueles que o antecederam nas relações materiais das quais não fez parte. A garantia da evicção engloba, assim, todos os transmitentes, que deverão assegurar a idoneidade jurídica da coisa não só em face de quem a adquiriu diretamente como dos que, posteriormente, depositaram justas expectativas de confiança na origem lícita e legítima dos bens evencidos. O CC havia ampliado as possibilidades hermenêuticas do art. 73 do CPC/73, devido à redação inovadora do art. 456, assim como a norma contida no art. 447: "nos contratos onerosos, o alienante responderá pela evicção". Contudo, a partir do CPC/2015 não mais se admite a denunciação da lide *per saltum*, sendo possível denunciar apenas quem mantenha com o denunciante uma relação jurídica direta (§ 2º do art. 125, CPC). Em outras palavras, o denunciante poderá somente denunciar o seu alienante, o qual poderá, por sua vez, denunciar sucessivamente o seu antecessor imediato – nos mesmos termos da primeira denunciação – e a ninguém mais. Assim, o segundo denunciado poderá apenas se servir de ação autônoma caso ostente garantia oponível em face de um transmitente anterior. A partir do segundo litisdenunciado, todas as responsabilidades serão aferidas em processo próprio. A alteração produzida pelo CPC não afasta apenas a denunciação *per saltum*, mas também elimina o recurso a uma denunciação da lide coletiva, impedindo que o denunciante, de uma só vez, convoque para a lide todos os partícipes da cadeia dominial.

Em contrapartida, a legislação processual de 2015 admite a execução *per saltum*, nos termos do parágrafo único do art. 128: "Procedente o pedido da ação principal, pode o autor, se for o caso, requerer o cumprimento da sentença também contra o denunciado, nos limites da condenação deste na ação regressiva". Ilustrativamente, se A ajuizar ação reivindicatória em face de B, sendo que este promove a denunciação contra o alienante do imóvel C, caso o denunciante B fique vencido na demanda principal e a demanda regressiva contra C também seja julgada procedente na mesma sentença, poderá A se beneficiar da condenação de C na demanda de garantia para promover a sua imediata execução – mesmo sem existir relação direta entre eles –, caso entenda que C terá maiores condições de solvabilidade do que o réu B.

**Art. 457. Não pode o adquirente demandar pela evicção, se sabia que a coisa era alheia ou litigiosa.**

Impõe-se uma espécie de pena privada ao contratante que, a despeito de ter conhecimento de que a coisa adquirida é alheia ou litigiosa, adquire. Nessa hipótese, o contratante não fará jus à garantia geral de evicção. Trata-se de uma exclusão legal da garantia, que independe da subscrição da cláusula de *non praestanda evictione*. Ora, se o adquirente está ciente dos riscos da evicção celebra, na verdade, contrato aleatório, justificando-se a eliminação da garantia e a atribuição dos prejuízos pela perda da coisa. Nas hipóteses de aquisição de bens imóveis, o registro emprestará a necessária publicidade quanto à configuração de constrições ou demandas sobre o bem negociado, impedindo que o adquirente alegue o desconhecimento dos riscos da evicção. Nesse sentido está a letra do art. 844 do CPC.

Por fim, é importante distinguir a redação do art. 456 da redação do art. 449. O dispositivo ora comentado institui uma espécie de pena provada, excluindo a garantia de evicção. Já o art. 449 trata da extensão da cláusula de exclusão de garantia, conforme a assunção expressa ou não dos riscos da evicção.

## *Seção VII*
## *Dos Contratos Aleatórios*

**Art. 458. Se o contrato for aleatório, por dizer respeito a coisas ou fatos futuros, cujo risco de não virem a existir um dos contratantes assuma, terá o outro direito de receber integralmente o que lhe foi prometido, desde que de sua parte não tenha havido dolo ou culpa, ainda que nada do avençado venha a existir.**

Os contratos aleatórios podem ser definidos como aqueles em que ao menos uma das prestações é incerta quanto à exigibilidade da coisa ou do fato, ou mesmo de seu valor, demandando um evento futuro e incerto que dependerá do acaso. Diferem, assim, dos contratos comutativos ou pré-estimados nos quais a prestação de ambas as partes é determinada de início, sendo os resultados econômicos previstos desde a formação, mantendo-se uma relação de equivalência imediata. Os contratos aleatórios são onerosos, pois o cumprimento da prestação não é mera liberalidade, mas garantia de adimplemento de uma contraprestação eventual. Em situações-limite, nas quais uma das partes oferece uma prestação, mas absolutamente nada recebe, o contrato aleatório manterá sua essência bilateral e onerosa, funcionando o pagamento como correspectivo da assunção de um risco.

Nos contratos aleatórios absolutos apenas uma das partes alcançará seus respectivos objetivos ou, até mesmo, ambos podem se frustrar quanto aos objetivos. Por isso, tem-se um jogo de soma zero: a sorte de um contratante será o azar de outro. Já nos contratos relativamente aleatórios desde a concepção do contrato sabe-se qual dos contratantes corre o risco de sofrer prejuízo por azar e qual definitivamente está poupado desse risco. Em qualquer caso, a sorte determinará a vantagem ou a desvantagem para, ao menos, uma das partes na execução do contrato. Ilustrativamente, a álea é relativa no seguro, na aposta autorizada nos hipódromos, na loteria explorada pela administração. Em todos esses casos, a álea será suportada por um dos contratantes. O risco é inerente ao tráfego jurídico, mas a álea só é vislumbrada nos contratos aleatórios. Por isso, nos contratos comutativos, a falta de sorte pode acarretar prejuízos significativos a uma das partes. Exemplificativamente, suponha uma compra e venda de imóvel em área de baixa segurança, por preço modesto, mas compatível com o mercado. No mês posterior à aquisição do bem de raiz, o Estado instala uma Unidade Pacificadora na favela vizinha ao imóvel, os índices de criminalidade são drasticamente reduzidos e o bem sofre enorme valorização. Embora o alienante tenha sofrido prejuízo financeiro, o negócio jurídico mantém sua comutatividade, já que persiste a certeza objetiva quanto às prestações. Desde o início o alienante sabia que receberia um valor proporcional ao esperado, e o adquirente portava essa mesma confiança com relação à transferência da titularidade.

Importante ainda não confundir os contratos condicionais com os contratos aleatórios. Enquanto estes manifestam eficácia plena a partir de sua celebração, mesmo havendo incerteza quanto à perda ou à vantagem; nos contratos condicionais o que depende do futuro é o começo ou a extinção da eficácia, conforme seja suspensiva ou resolutiva a condição. Ilustrativamente, haverá contrato aleatório quando A adquire de B toda a safra que vier em 2015, independentemente da quantidade, com valor já definido em 2014. Mesmo que existam riscos para os dois contratantes, o negócio jurídico é válido e eficaz. Diferente é a hipótese de se prever a compra de safra se a colheita atingir no mínimo X toneladas. Toda a eficácia do negócio está condicionada a um evento futuro e incerto. De toda sorte, a autonomia privada dos contratantes autoriza que um contrato tipicamente comutativo, como a compra e venda, seja transmudado em contrato aleatório. Nesses casos, tem-se contratos acidentalmente aleatórios. Se o contrato mantivesse sua índole comutativa, a inexistência do bem restituiria as partes ao estado anterior. Porém, tratando-se de negócio jurídico aleatório como expressão de autonomia negocial das partes, aplicam-se as regras especiais aludidas anteriormente, sendo os efeitos jurídicos da álea determinados pelo grau de risco assumido pelo adquirente em cada situação.

A cláusula aleatória também pode ser incluída nos contratos de compra e venda para imputar a uma das partes o risco pela frustração do resultado pretendido. Tem-se aqui a *emptio spei*, a "venda da esperança" (*sale of hope*), já que não existe certeza de uma das prestações. O contratante assumirá o risco de ter de adimplir a sua prestação ainda que a contraprestação não se concretize ou, se já tiver pago, não ter o direito à restituição. Por outro lado, a desproporção das prestações poderá pender em favor desse contratante, quando culmina por receber quantidade bem superior à esperada. Enfim, a vantagem depende da sorte. A previsão da *emptio spei* implica a assunção da álea por uma das partes a qual deverá previamente pagar integralmente o valor ajustado, desde que a contraprestação não tenha sido inviabilizada por ato ilícito praticado pela parte beneficiada. A álea é naturalmente produto do imponderável, portanto qualquer comportamento culposo ou doloso do contratante que interfira em seu curso normal será determinante para a resolução contratual por inadimplemento. Assim, volvendo-se para a hipótese da aquisição da safra de A por B por um preço fechado – independentemente do *quantum* da produção –, caso A atue negligentemente no cultivo, a contraparte será legitimada a desconstituir o negócio jurídico, cabível ainda a indenização por perdas e danos (art. 475, CC).

---

**Art. 459. Se for aleatório, por serem objeto dele coisas futuras, tomando o adquirente a si o risco de virem a existir em qualquer quantidade, terá tam-**

**bém direito o alienante a todo o preço, desde que de sua parte não tiver concorrido culpa, ainda que a coisa venha a existir em quantidade inferior à esperada.**

**Parágrafo único. Mas, se da coisa nada vier a existir, alienação não haverá, e o alienante restituirá o preço recebido.**

O art. 459 dispõe sobre a *emptio rei speratae*, hipótese na qual a incerteza recai sobre a quantidade e a qualidade da prestação. Importante observar que há significativa distinção com a *emptio spei*, disciplina no art. 459, na qual o contratante assume o risco integral, não apenas quanto a quantidade, mas como quanto à própria exigibilidade da prestação. Na *emptio rei speratae*, o contratante terá de suportar a prestação ainda que a coisa adquirida venha em quantidade mínima. Ilustrativamente, pode-se pensar na hipótese de um contrato de compra de safra futura entre A e B, mesmo que a colheita obtida pelo alienante A seja ínfima – em razão de eventos da natureza –, deverá o adquirente B arcar com a importância ajustada no contrato. Se o valor houver sido adiantado, não se admite qualquer pretensão de restituição proporcional ao resultado real. Assim como na hipótese do art. 458, o negócio jurídico apenas preservará sua eficácia se o alienante não tiver contribuído para o impedimento da vantagem da contraparte, atuando culposamente para o prejuízo do adquirente. Concorrendo para o resultado deficitário, o alienante deverá recompor o equilíbrio contratual mediante a devolução da soma representativa do que se esperava da produção em termos razoáveis.

Como se depreende do parágrafo único do art. 459, ainda que o alienante não tenha atuado com culpa, deverá restituir os valores eventualmente adiantados pelo adquirente, se a quantidade por ele obtida seja equivalente a zero. Diferentemente da *emptio spei*, na *emptio rei speratae* a parte não estendeu a assunção do risco de forma radical. Portanto, o contratante assume apenas o risco da perda parcial, mas não da perda total. Trata-se de hipótese de inexistência do negócio jurídico, à medida que o objeto (bem) é pressuposto para a formação da compra e venda, visto que não há transferência de propriedade sem uma coisa sobre a qual incidirá o preço (art. 481, CC). A celebração de contrato com a inserção da cláusula prevendo esse tipo de risco se justifica pelo pagamento da coisa em um valor inferior ao praticado no mercado, na esperança de o risco não se concretizar. Essa vantagem justifica a celebração do negócio. Para a distinção entre a *emptio spei* e a *emptio rei speratae* em situações limítrofes, entendemos que deve ser o seguinte critério: haverá *emptio spei* ou venda da esperança, se a existência das coisas futuras depender do caso; haverá *emptio rei speratae* ou venda de coisa esperada, se a existência das coisas futuras estiver na ordem natural. Ilustrativamente, uma colheita será objeto de *emptio rei speratae*, já que ordinariamente se espera que haja frutificação. No fundo, por ser mais favorável ao comprador, a *emptio rei speratae* é a melhor opção em caso de dúvida. Importante atentar para que ambas as partes se sujeitem à sorte. Assim, sendo instituída a *emptio rei speratae*, o conhecimento antecipado da perda total pelo alienante implicará não mais a invalidade do negócio jurídico, mas o inadimplemento culposo da obrigação, dando azo à obrigação de indenizar. De fato, se a impossibilidade do objeto é absoluta e superveniente, não se cogita de invalidade, mas de inadimplemento culposo, verificando-se as específicas consequências resolutórias conforme haja ou não culpa ou risco pela impossibilidade.

**Art. 460. Se for aleatório o contrato, por se referir a coisas existentes, mas expostas a risco, assumido pelo adquirente, terá igualmente direito o alienante a todo o preço, posto que a coisa já não existisse, em parte, ou de todo, no dia do contrato.**

O art. 460 dispõe duas exceções às normas dos arts. 458 e 459. Na hipótese do dispositivo em análise, as partes celebram contrato aleatório tendo como objeto da prestação coisas existentes ao tempo da contratação, mas cujos riscos se referem à eventual destruição, à perda ou à devastação do bem. O objeto da prestação poderá ter suas características originárias alteradas, assumindo um dos contratantes tal risco. Por essa razão, o alienante não deverá os valores eventualmente adiantados pelo adquirente. Observa-se ainda que o adquirente assumirá o risco do perecimento ou aniquilação do objeto, ainda que tal risco seja anterior ou concomitante à contratação, bastando, para a validade e eficácia dessa espécie de contrato aleatório, que o alienante não tivesse conhecimento do evento lesivo. Exemplificativamente, o comerciante A adquire de B um veículo para o transporte de mercadorias da empresa. Contudo, A e B não sabem que, na noite anterior à contratação, o funcionário de B danifica o veículo em uma colisão. A cláusula de assunção da álea, mesmo celebrada posteriormente ao ato danoso, é válida e eficaz, respaldada pela parte final do art. 460.

Note-se que a norma do art. 460 difere-se de duas normas da teoria geral do direito civil. Primeiramente, observa-se que o dispositivo admite no tráfego jurídico um contrato inexistente naquelas situações em que sequer o objeto existia ao tempo da contratação.

Em segundo, os riscos não mais estão atrelados ao momento da tradição (art. 492, CC). Diferentemente, o art. 460 admite que o adquirente assuma os riscos pela privação do objeto no ato da contratação (gerando uma espécie de tradição ficta). Assim, o adquirente arcará com a sua prestação integralmente. Nos contratos em que é prevista distribuição de riscos de forma diversa da teoria geral, as partes devem inserir cláusula precisa quanto à extensão da álea contratual. Restando dúvidas sobre a intenção das partes, interpretar-se-á favoravelmente ao adquirente, de forma a conceber maior segurança no tráfego jurídico.

**Art. 461. A alienação aleatória a que se refere o artigo antecedente poderá ser anulada como dolosa pelo prejudicado, se provar que o outro contratante não ignorava a consumação do risco, a que no contrato se considerava exposta a coisa.**

O art. 461 visa reequilibrar as partes em caso de atuação com dolo de um dos contratantes nos casos de aplicação do artigo antecedente. Assim, se o alienante tinha ciência sobre a consumação do risco assumido pelo adquirente, o contrato aleatório será passível de anulação pelo dolo. Retomando o exemplo do artigo precedente, se B alienou o veículo a A sabendo que, na noite anterior, o seu funcionário o havia deteriorado por força de colisão, incidirá a anulação do negócio jurídico pelo defeito do dolo. Nesse caso, o adquirente foi induzido maliciosamente pelo alienante a concluir um negócio jurídico aparentemente aleatório. Contudo, se aquele tivesse conhecimento do fato essencial - consumação do risco - não teria concluído o negócio jurídico. Assim, o comportamento doloso do alienante ocorre no momento da celebração do negócio jurídico.

O dispositivo em análise estabelece a anulabilidade do negócio aleatório. Entretanto, se o dolo for meramente acidental (art. 146, CC), de forma que o adquirente, mesmo diante da situação concreta, deseja manter o negócio jurídico, admite-se o ajuizamento de ação indenizatória pela diferença entre o valor pago e o valor real do bem, sem que o negócio jurídico seja invalidado. Importante observar que, nas hipóteses dos artigos precedentes, o dolo do adquirente é exteriorizado no plano funcional da relação jurídica já ao longo da execução do contrato, buscando suprimir a coisa por inteiro (*emptio spei*, art. 458) ou para fragilizá-la em termos quantitativos ou qualitativos (*emptio rei speratae*, art. 459). Por essa razão, desaguam em resolução por inadimplemento de deveres anexos decorrentes da boa-fé objetiva (art. 422), não conduzindo à invalidade do negócio jurídico.

Caso o adquirente tenha conhecimento da perda total do bem, haverá impossibilidade física, inicial e absoluta do objeto, determinante de sua invalidade por nulidade, sendo a anulabilidade decorrente do dolo por ela subsumida. Como consequência da sanção da invalidade, o adquirente poderá buscar a restituição do preço (art. 182, CC), assim como indenização pelos danos sofridos.

## *Seção VIII*
## *Do Contrato Preliminar*

**Art. 462. O contrato preliminar, exceto quanto à forma, deve conter todos os requisitos essenciais ao contrato a ser celebrado.**

Por meio do contrato preliminar, as partes comprometem-se a efetuar, posteriormente, um segundo contrato, que será o principal. Os promitentes, então, antecedem e preparam o contrato definitivo, obrigando-se mais tarde a celebrá-lo. Cuida-se de um pacto de *contrahendo*. O contrato preliminar transcende a mera concepção de obrigação de contratar no futuro, com a exteriorização de um novo consentimento. Demonstra que a relação contratual é um processo complexo, dinâmico e cooperativo com vistas à consumação do contrato definitivo. Por isso, a proteção da unidade funcional da relação jurídica ocupará especial posição para a definição dos critérios e das diretrizes básicas que serão desenvolvidos nessa etapa preparatória de um iter negocial complexo e de formação sucessiva. Os contratos preliminares não foram disciplinados pelo Código anterior, tendo em vista que, quando de sua elaboração, o tráfego jurídico não tinha a mesma aceleração percebida nas últimas décadas. A matéria foi tratada especificamente no âmbito da promessa de compra e venda, disciplinada pelo DL n. 58/37 e pela Lei n. 6.766/79. Contudo, a promessa de compra e venda é tão somente uma modalidade de contrato preliminar, ao passo que os contratos preliminares podem ter em vista a realização de outros tipos de contrato definitivo.

A diferença entre contrato preliminar e definitivo está entre a intenção de fazer imediatamente de maneira definitiva e de só fazê-lo no futuro. Podem as partes acordarem a venda de determinado bem, por certo preço, sem que realizem logo o contrato definitivo, limitando-se a prometer, reciprocamente, a sua futura outorga. Nesse contexto, firmam um contrato preliminar que constitui uma convenção de prestação de fato, pois ficam vinculadas à obrigação de prestar um fato, qual seja, a realização do contrato definitivo. Ambos os contratos têm fisionomias distintas e diversos efeitos jurídicos. Com o contrato preliminar, as partes não se obrigam apenas a prosseguir negociações, mas a exigir a conclusão de um contrato com certo conteúdo. O objeto do contratado preliminar, portanto, consiste em concluir (obrigação de fazer) o contrato principal em momento futuro. Ilustrativamente, pela venda de coisa certa e determinada, transfere-se a propriedade, enquanto na promessa de venda inexiste a transferência de domínio. No contrato principal as partes elegem um objeto consistente na obrigação de dar, fazer ou não fazer. A visão do contrato como um processo implica analisar o contrato preliminar como um negócio jurídico autônomo, pois cuida de um acordo de vontades completo e uma relação jurídica concluída de natureza patrimonial. Nesse momento, já está presente o consentimento dos pré-contratantes, buscando a segurança do negócio substancial almejado. Portanto, o contrato preliminar não é uma categoria intermediária entre as negociações preliminares e o contrato definitivo.

Como todo negócio jurídico, estando presentes os pressupostos de existência e os requisitos de validade (art. 104, CC), o contrato preliminar é um ato jurídico perfeito, independentemente da relação principal que visa atingir. Entre o contrato preliminar e o definitivo não se aplica o princípio da atração de formas. Por essas razões, as partes têm liberdade para contratar sem a exigência da forma pública, essencial à validade de negócios jurídicos que visem a constituição de direitos reais sobre bens imóveis de valor superior a trinta salários mínimos (art. 108, CC). Entretanto, os contratos preliminares cujos valores ultrapassem o décuplo do salário mínimo deverão ser realizados por escrito particular. Até esse limite de valor, a prova de sua existência poderá ser exclusivamente testemunhal (art. 227, CC).

Observa-se que quando a fase das tratativas é concluída positivamente, mas as partes optam pela não celebração do contrato definitivo, o contrato preliminar é celebrado com o objetivo de obrigar as partes a concluírem determinado conteúdo. As partes já "fecharam o negócio", mas não por meio de um contrato definitivo. É usual que, na fase das negociações preliminares, as partes celebrem os chamados acordos provisórios, comumente conhecidos pelas expressões minutas, esboços ou cartas de intenção. Elas já se vinculam a determinados pontos do negócio, mas sem se obrigar a celebrar o contrato principal enquanto não se acertam com relação aos demais aspectos. Os acordos parciais não geram a obrigação de celebração do contrato definitivo, pois não se pactuou ainda no que tange às cláusulas em aberto. Assim, se as partes não celebram o contrato definitivo, por não alcançarem consenso em relação aos pontos em aberto, automaticamente se extingue o acordo provisório. Entretanto, se decidirem por contratar, estarão vinculadas aos termos das minutas parciais. Dessa forma, o contrato preliminar não criaria efeitos substanciais, pois seu objeto se limita à celebração do contrato principal, o qual é capaz de modificar substancialmente a situação jurídica dos contratantes, ainda que se possa convencionar o cumprimento antecipado de algumas das prestações constantes do contrato definitivo. Nesse sentido, o STJ manifestou, no julgamento do REsp n. 2.054.411/DF, não ser possível conferir maior eficácia jurídica ao contrato preliminar que ao definitivo, "sobretudo quando as partes, nessa nova avença, pactuaram obrigações diametralmente opostas e desautorizam, expressamente, os termos da proposta original" (STJ, REsp n. 2.054.411/DF, 3ª T., rel. Min. Moura Ribeiro, j. 03.10.2023 – *Informativo* n. 15 – Edição Extraordinária).

Os contratos preliminares devem ser diferenciados dos contratos normativos. Estes não obrigam as partes a uma futura contratação, mas, caso deliberem em tal sentido, os termos da futura avença não poderão fugir do conteúdo por aquele disciplinado. Ilustrativamente, pode-se citar o contrato coletivo de trabalho, o qual não disciplina diretamente os contratos individuais de trabalho, mas fixa cláusulas gerais de contratação, cuja estipulação é imprescindível entre empregador e empregado. O contrato preliminar acarreta obrigatoriedade de realização do contrato principal e desaparece quando este é firmado. O contrato normativo não desaparece, pois continuará regulando uma série indefinida de futuros contratos. Por essas razões, o conceito do contrato preliminar é associado à ideia de um contrato acessório a um contrato futuro, sem cuja existência aquele deixa de fazer sentido. Contudo, o objeto do contrato preliminar não se restringe à celebração de um contrato futuro, sem a criação de efeitos substanciais. Essa modalidade de contrato tem múltiplas funções. Como exemplo, tem-se a celebração de promessas de compra e venda com o objetivo de garantir o recebimento do preço. Em vez de se utilizar dos direitos reais de garantia da hipoteca, do penhor e da propriedade fiduciária, serve-se o vendedor da promessa de compra e venda, retendo o direito de propriedade até a satisfação integral de seu crédito. Se ocorrer inadimplemento, o vendedor desconstituirá o negócio jurídico pela via resolutória (art. 475, CC), reintegrando-se na posse do bem.

A norma do art. 462 se aplica as duas espécies de contrato preliminar, bilateral e unilateral. O contrato preliminar bilateral é sinalagmático, ambas as partes se comprometem a celebrar um contrato definitivo (arts. 463 a 465, CC). Por sua vez, no contrato preliminar unilateral, apenas uma das partes se obriga a celebrar o contrato, facultando-se à outra aceitá-lo ou enjeitá-lo (art. 466, CC). O contrato preliminar será nulo se as partes estabelecerem objeto inválido. Havendo entre os dois contratos um nexo causal, projeta-se o preliminar no futuro com a imagem perante o espelho. Ilustrativamente, será inválida a promessa de venda de direito real de usufruto, pois o referido direito real é intransmissível face a sua essência *intuitu personae* entre usufrutuário e proprietário (art. 1.393, CC).

**Art. 463. Concluído o contrato preliminar, com observância do disposto no artigo antecedente, e desde que dele não conste cláusula de arrependimento, qualquer das partes terá o direito de exigir a celebração do definitivo, assinando prazo à outra para que o efetive.**

**Parágrafo único. O contrato preliminar deverá ser levado ao registro competente.**

O contrato preliminar válido produz a eficácia de facultar às partes execução específica da obrigação de fazer nele prevista. Assim, presentes os requisitos de validade do contrato preliminar, assim como atendidas a boa-fé objetiva e a função social do contrato (arts. 187 e 421, CC), e sendo praticado por pessoas dotadas de capacidade negocial e legitimação para disposição de bens, qualquer das partes poderá exigir a conclusão do contrato definitivo, sendo bastante a verificação do termo ou a implementação da condição pactuada entre as partes. Não havendo delimitação de prazo, cumprirá à parte interpelar o cocontratante, concedendo-lhe prazo razoável para o cumprimento da obrigação de fazer.

Apesar disso, a autonomia privada permite às partes estabelecer contrato preliminar retratável e revogável. Assim, a estipulação de cláusula de arrependimento elide a possibilidade de execução específica da promessa. As partes atribuem um direito potestativo de retratação, permitindo resilir unilateralmente o contrato preliminar pela forma de denúncia notificada à outra parte (art. 473, CC). Nesse sentido, é importante o posicionamento do STF na Súmula n. 412: "No compromisso de compra e venda com cláusula de arrependimento, a devolução do sinal, por quem o deu, ou a sua restituição em dobro, por quem o recebeu, exclui indenização maior, a título de perdas e danos, salvo os juros moratórios e os encargos do processo".

Mas tal direito potestativo não pode ser exercido de forma abusiva (art. 187, CC). Assim, o prazo decadencial para o exercício do poder de desconstituição da relação será o momento anterior ao cumprimento de todas as obrigações constantes do pacto (*v. g.*, pagamento da última prestação pelo promissário comprador na promessa de compra e venda). A teoria do *venire contra factum proprium* também tem aplicação nessa senda, restando vedado o arrependimento naquelas hipóteses em que a parte já iniciou a execução das prestações que lhe incumbiam no contrato preliminar. Haveria ofensa ao princípio da boa-fé objetiva se um dos contratantes manifesta comportamento concludente ao aquiescer periodicamente na percepção das prestações e, na iminência da obtenção integral de sua vantagem patrimonial, delibera por resilir unilateralmente o contrato preliminar. Em evidência, nessa conduta incoerente há uma ofensa à legítima expectativa de confiança da contraparte, objetivamente atraída ao longo da execução do contrato preliminar.

Importante lembrar que o STF não admite a inclusão de cláusula de arrependimento no compromisso de compra e venda disciplinado pelo DL n. 58/37 (Súmula n. 166).

A intenção de excluir a execução específica poderá ser presumida quando o contrato preliminar anuncia arras penitenciais (art. 420, CC). Afinal, a resilição unilateral se verifica nos casos em que a lei expressa ou implicitamente o permita (art. 473, CC). As arras penitenciais concedem uma espécie de autoexecutoriedade para que se faculte à parte desistente o recesso do contrato, deferindo a qualquer dos contratantes o direito potestativo à resilição unilateral, sem necessidade de motivação. O contratante inocente também não poderá exigir o cumprimento do negócio jurídico. Este fará jus apenas ao correspectivo financeiro pelo exercício do recesso, não lhe ensejando direito à indenização suplementar, pois o que se recebe é tudo aquilo que a outra parte se propôs antecipadamente a pagar, caso optasse por se libertar do vínculo. É o preço pelo arrependimento. A título ilustrativo, A adianta a B a quantia de R$ 5.000,00 como sinal e início de pagamento de promessa de compra e venda. Se o comprador A se arrepender, perderá para B as arras adiantadas. Mas, se a desistência partir do vendedor B, terá este de restituir o valor em dobro (R$ 10.000,00) para A, nada mais.

Importante observar que, nas promessas de compra e venda, o art. 1.427 do CC é explícito ao permitir a inserção de cláusula de arrependimento. Aqui, a denúncia do contrato demanda que a cláusula seja expressa no contrato preliminar. Para a celebração do contrato definitivo, deverá o contratante que cumpriu as suas obrigações interpelar o outro contraente, com a concessão de prazo razoável, a fim de que efetive a obrigação de fazer. Se houver resistência, a pretensão resultante da violação do direito subjetivo poderá ser concretizada por distintos modelos judiciais: tratando-se de contrato de promessa de compra e venda, adota-se a via da adjudicação compulsória, observando-se ainda a eleição da ação de outorga de escritura, nos termos do art. 466-C – introduzido pela Lei n. 11.232/2005 – do CPC/73 (sem correspondente no CPC/2015). Já para os contratos preliminares em geral, a parte prejudicada poderá manejar a ação cominatória (art. 287 do CPC/73, com a redação da Lei n. 10.444/2002 – sem correspondente no CPC/2015), sem se olvidar da tutela específica da obrigação de fazer, alvitrada no art. 497 do CPC. O CDC regulamenta a execução específica no âmbito das relações de consumo (art. 84 da Lei n. 8.078/90).

O parágrafo único do art. 463 dispõe acerca da necessidade de os contratantes registrarem o contrato preliminar. A norma deve ser interpretada no sentido de que a exigência do registro não é um requisito de validade, tendo finalidade de concessão de eficácia perante terceiros (coletividade). Essa compreensão decorre da distinção entre eficácia obrigacional do contrato preliminar e a sua eficácia real. A eficácia obrigacional é restrita às partes e independe do registro, posto que é suficiente à satisfação das obrigações inseridas no contrato preliminar para que se pretenda a execução específica a que remete o *caput* do dispositivo. Já a eficácia real, concedida pelo registro, objetiva apenas tutelar os contratantes perante terceiros, dotando as partes de sequela e oponibilidade do instrumento em caráter *erga omnes*, caso o objeto da prestação seja transmitido a terceiros no curso da execução do contrato preliminar. Se o legislador pretendesse atribuir ao registro o plano da validade, teria inserido observação no próprio *caput*, ou mesmo no art. 462, quando são definidos os requisitos essenciais. Portanto, o registro representa uma segurança às partes no sentido de que cumpridas obrigações referidas no contrato preliminar, a execução da obrigação de fazer poderá ser dirigida não apenas contra o devedor, mas em caráter absoluto.

A eficácia do registro nos contratos de promessa de compra e venda, exige especial atenção uma vez que o art. 1.418 do CC condiciona a titularidade do direito real à aquisição (obtida por meio do registro), para fins de exercício de ação de outorga de escritura definitiva de compra e venda contra o vendedor ou terceiros. Ocorre que, ao exigir o registro da promessa até mesmo para se adjudicar perante o promitente vendedor, o dispositivo fere a autoexecutoriedade do pré-contrato, confundindo a relação jurídica obrigacional *inter partes* com a relação real que envolve o titular da promessa registrada com o sujeito passivo universal, cujo objeto é o dever geral de abstenção. Pior, culmina na supressão da Súmula n. 239 do STJ, nos seguintes termos: "O direito à adjudicação compulsória não se condiciona ao registro do compromisso de compra e venda no cartório de imóveis". No ponto, o CJF editou o Enunciado n. 95, que contribui com o esclarecimento da questão: "O direito à adjudicação compulsória (art. 1.418 do novo CC), quando exercido em face do promitente vendedor, não se condiciona ao registro da promessa de compra e venda no cartório de registro imobiliário".

Indispensável ainda observar que o STF, por meio da Súmula n. 167, firmou posicionamento no sentido de que "não se aplica o regime do DL n. 58, de 10.12.1937, ao compromisso de compra e venda não inscrito no Registro Imobiliário, salvo se o promitente vendedor se obrigou a efetuar o registro". E ainda o entendimento do STJ consubstanciado na Súmula n. 76: "A falta de registro do compromisso de compra e venda de imóvel não dispensa a prévia interpelação para constituir em mora o devedor".

---

**Art. 464. Esgotado o prazo, poderá o juiz, a pedido do interessado, suprir a vontade da parte inadimplente, conferindo caráter definitivo ao contrato preliminar, salvo se a isto se opuser a natureza da obrigação.**

---

Para a celebração do contrato definitivo, o contratante que cumpriu as suas obrigações deverá interpelar o outro contraente, concedendo-lhe prazo razoável para a efetivação da obrigação de fazer. Nos termos do art. 464, transcorrido o prazo entabulado para as partes – e não havendo cláusula de arrependimento –, o contratante poderá lançar mãe da tutela específica da obrigação de fazer perante o Poder Judiciário. Aqui, ganha relevo a cominação de astreintes, como instrumento de coerção indireta do devedor para o cumprimento da obrigação. Assim, atendendo o contrato preliminar ao plano de validade, a vontade do magistrado substituirá a do devedor renitente, que injustificadamente a negou. Tem-se aqui exemplo vivo da superação do dogma da incoercibilidade das obrigações, legitimado por uma ideologia liberal que negava ao Judiciário a aptidão para constranger a vontade do devedor renitente. Consequentemente, desenvolveu-se o processo civil clássico à luz do minimalismo na intervenção nas relações privadas, excepcionalmente admitido para fins de ressarcimento em face de ilícitos contratuais (inadimplemento) e extracontratuais (responsabilidade civil). Contudo, esse tipo de tutela não terá cabimento nas obrigações personalíssimas, nas quais resta vedada ao magistrado a sub-rogação sobre a vontade do devedor inadimplente. O mesmo ocorre na obrigação de fazer infungível, seja a infungibilidade natural (*v. g.*, contratação de cantor de ópera para apresentação) ou jurídica (convenciona-se que a prestação só pode ser realizada pelo devedor e mais ninguém), caso em que restará à solução apenas no âmbito da tutela ressarcitória (art. 247, CC).

Atualmente, a crise do inadimplemento nos contratos preliminares é solucionada em uma perspectiva de efetividade e acesso à justiça (art. 5º, XXX, CF), cabendo ao processo dar a quem tem um direito exatamente aquilo que ele receberia no mundo dos fatos, sem ou mesmo contra a vontade do contraente faltoso. O credor de uma obrigação de fazer (prestação de um fato) perseguirá legitimamente a emissão de uma declaração de vontade substitutiva à do devedor. Ilustrativamente, se A promete a venda de um imóvel a B e se nega a cumprir o contrato, B pleiteará sentença constitutiva que supra a declaração contratual do faltoso, gerando efeitos idênticos ao do título prometido. Nesse caso, diferentemente das astreintes, haverá um comando jurisdicional substitutivo da prestação não cumprida. A decisão judicial fará com que todos os efeitos da declaração de vontade não emitida sejam desde logo produzidos.

Por fim, frise-se que o modelo jurídico do contrato preliminar é aplicável aos contratos em geral. Perfeitamente plausível uma promessa de locação, bem como a de sub-rogação do consentimento do promitente, caso haja resistência à celebração do contrato definitivo. Quanto à promessa de compra e venda, a Súmula n. 168 do STF firma o entendimento da corte de que, para os efeitos do DL n. 58/37, a inscrição imobiliária do compromisso de compra e venda poderá ser efetuado no curso da ação. Também muito importante o entendimento estabelecido na Súmula n. 413 da mesma Corte: "O compromisso de compra e venda de imóveis, ainda que não loteados, dá direito à execução compulsória, quando reunidos os requisitos legais".

---

**Art. 465. Se o estipulante não der execução ao contrato preliminar, poderá a outra parte considerá-lo desfeito, e pedir perdas e danos.**

---

O art. 465 coloca às partes uma opção subsidiária à execução específica do contrato, a indenização por perdas e danos contra o estipulante que não deu execução ao contrato preliminar. A noção tão contemporânea da efetividade do direito material perpassa pela compreensão de que a obrigação nasce para ser cumprida e o ordenamento civil, pelo princípio da operabilidade, está arquitetado para que a relação obrigacional, como um processo, siga rumo a seu término natural. As hipóteses de inadimplemento e indenização excepcionam esse desenho voltado para o adimplemento da obrigação. Assim, a opção pela indenização, prevista no dispositivo em análise, tende a ser exercitada apenas nas hipóteses de obrigações personalíssimas em que a parte contrária se recusa à tutela específica ou se o próprio credor optar pela conversão da coisa devida em seu equivalente pecuniário, nos termos dos arts. 389 a 420 do CC, que cuidam da responsabilidade contratual.

Tecnicamente, a parte lesada pelo inadimplemento propugnará pela resolução do contrato, conforme o indicado no art. 475 do CC. A via da tutela específica também pode ser buscada em caso de o rompimento se verificar na fase das tratativas. Afinal, a eventual concessão da tutela jurisdicional diferenciada culminaria por reflexamente subverter a autonomia privada daquele que optou por não contratar. Contudo, aferida a quebra ilegítima do princípio da boa-fé objetiva no contato social, pelo comportamento desleal daquele que injustificadamente viola a confiança da contraparte mediante o abusivo exercício do direito de recesso, caberá a tutela reparatória, à luz do art. 422 do CC.

---

**Art. 466. Se a promessa de contrato for unilateral, o credor, sob pena de ficar a mesma sem efeito, deverá manifestar-se no prazo nela previsto, ou, inexistindo este, no que lhe for razoavelmente assinado pelo devedor.**

---

Os contratos preliminares se bifurcam em unilaterais ou bilaterais. Os bilaterais geram obrigações para ambas as partes, podendo uma exigir da outra o cumprimento do contrato definitivo (*v. g.*, na promessa de compra e venda o promissário comprador assume obrigação de dar – pagar prestações –, e o promitente vendedor, de fazer – outorgar escritura definitiva). Os contratos unilaterais geram obrigações para apenas uma das partes, facultando à outra parte a opção entre aquiescer ou recusar o contrato definitivo. A celebração de contratos preliminares unilaterais pressupõe que um só dos contraentes está disposto a vincular-se e ao outro interessa compreensivelmente o estabelecimento desse vínculo. Ilustrativamente, temos a promessa unilateral em que A está disposto a vender a B uma joia; B não sabe se poderá ou lhe convirá comprar, mas interessa-lhe, por fundadas razões (até mesmo para se acautelar contra um acréscimo eventual no preço), vincular desde já o proprietário da coisa para a hipótese de o contrato lhe convir.

O art. 466 disciplina os contratos preliminares unilaterais, buscando conter o exercício abusivo do direito potestativo do credor de contratar ou não contratar. Quando o contrato não estabelecer prazo para a manifestação do credor, caberá ao devedor promitente providenciar a sua interpelação para que declare sua intenção em prazo razoável. A norma do dispositivo tem como finalidade evitar a procrastinação indefinida do exercício do direito formativo pelo credor. A disciplina do dispositivo deixa clara a transitoriedade das obrigações. O vínculo obrigacional não pode traduzir uma "prisão" eterna, pois o devedor aspira e faz jus a liberar-se dela com o adimplemento.

A promessa unilateral assemelha-se ao contrato ou pacto de opção. Nesse o adquirente tem o direito potestativo de, em certo prazo, restituir a coisa, caso não lhe agrade ou convenha. Verifica-se que apenas um dos contratantes está vinculado à prestação. A aceitação do contrato de opção, implica a plena eficácia do negócio jurídico, prescindindo de um segundo contrato. Contudo, a promessa unilateral impõe a celebração do contrato definitivo para que se concretize a obrigação do promitente. Importante ainda distinguir a promessa unilateral de contratar da proposta do contrato disciplinada no art. 427 do CC. Na policitação não se vislumbra obrigatoriedade, pois o proponente tão somente emite uma oferta, aguardando a aceitação ou a contraproposta do oblato. Como comentamos anteriormente (no art. 428), a proposta não implica obrigatoriedade em várias oportunidades. De modo diverso, a promessa unilateral é um contrato cuja gênese exige a manifestação da vontade de ambas as partes contratantes.

A segurança jurídica do contrato preliminar, ainda que unilateral, alcança o plano da sucessão *mortis causa*, já que o contrato integra o acervo hereditário transmitido aos herdeiros do promitente (devedor) e do beneficiário (credor) – exceto se a obrigação do promitente era de caráter personalíssimo –, ao contrário da proposta, que, invariavelmente, caducará com a morte do ofertante ou do destinatário.

## *Seção IX*
## *Do Contrato com Pessoa a Declarar*

**Art. 467. No momento da conclusão do contrato, pode uma das partes reservar-se a faculdade de indicar a pessoa que deve adquirir os direitos e assumir as obrigações dele decorrentes.**

O dispositivo em análise cuida do contrato com pessoa a declarar, modalidade de negócio jurídico no qual uma das partes se reserva a faculdade de designar uma outra pessoa que assuma a sua posição na relação contratual, como se o contrato fosse celebrado com esta última. A pactuação dessa substituição de uma das partes originárias do contrato ocorre por meio da cláusula *electio amici* ou *pro amico electo* (para pessoa a nomear). Assim, o estipulante pactua a sua eventual substituição, reservando para si a futura indicação do nome, comprometendo-se a outra parte (promitente) a reconhecer o *amicus* (indicado) para fins de assunção da posição contratual. Ao tempo da celebração, o negócio jurídico válido já produzirá os seus normais efeitos entre estipulante e promitente. Apenas se, ao tempo da escolha, o estipulante optar pela eleição do *amicus*, este substituirá a posição de contratante em face do promitente. Os efeitos da substituição têm caráter *ex tunc*, como se o estipulante nunca tenha participado do contrato. O núcleo do contrato com pessoa a declarar é a *electio*. Trata-se de um ato unilateral e receptício – posterior a reserva quanto à futura indicação do terceiro, com a aceitação do promitente – implicando o ingresso do eleito na relação contratual, com eficácia retroativa e completa retirada do estipulante. Estamos diante de um interessante modelo jurídico, pioneiramente delineado pela forma que aqui conhecemos no CC italiano de 1942. O contrato com pessoa a declarar representa uma mitigação do princípio da relatividade contratual, necessária às demandas de novos formatos contratuais no contexto contemporâneo. O exercício do direito potestativo do contratante de nomear sucessivamente um terceiro relativiza a ideia de personalização dos contratos e está atrelado à necessidade de dinamismo na movimentação de créditos, sem, contudo, causar abalos à segurança jurídica no trânsito das situações creditícias.

Nos contratos com pessoa a declarar, a par da capacidade e da legitimação das partes para a celebração do negócio jurídico, a *electio amici* demanda certos requisitos de validade e eficácia: a) a *electio* será pura e simples, sem possibilidade de submissão a termo ou a condição, de modo que o terceiro integre o contrato com igual situação jurídica à do contratante primitivo; b) a reserva da faculdade de escolha deve constar expressamente de cláusula contratual, sob pena de o negócio jurídico ser comum e restrito às partes, o que só permitirá um futuro trespasse da posição contratual pelo instituto da cessão; c) a escolha e a aceitação do terceiro serão efetivadas e comunicadas à outra parte no prazo estipulado no contrato ou, na ausência de termo convencional, no decurso de cinco dias (art. 468, CC).

O interesse prático na realização do contrato com pessoa a declarar pode ser visualizada comumente nos contratos de compra e venda, quando há razões para os contratantes manter reserva sobre sua identidade por certo período. Assim, o modelo jurídico poderá surgir quando alguém designa um intermediário, que contrata em seu próprio nome, reservando-

-se este a indicar aquele posteriormente, seja para evitar especulação sobre o valor do bem, ou por outras razões pessoais de caráter circunstancial. Igualmente, haverá vantagem para o promitente comprador que adquire o bem desejando rapidamente revendê-lo, pois poderá especular sobre o seu preço e encontrar um novo adquirente, assim como a agência de automóveis que deseja retransmitir o carro usado que adquiriu do particular. De toda forma, o contrato com pessoa a declarar pode ser adotado em vários outros tipos negociais onerosos sem caráter *intuitu personae*. Ilustrativamente, temos a situação em que A possui mandato de uma ou várias pessoas para realizar certos negócios, mas não sabe se, ao mandante (ou a alguns deles), convirá o contrato que lhe é proposto e que ele, em último termo, está na disposição de tomar sobre si. Entretanto, o contrato com pessoa a declarar é incompatível com as relações obrigacionais personalíssimas em razão de sua própria essência ou em decorrência da vontade das partes. Exemplificando, em um contrato de doação, a determinação do donatário é imediata, assim como nos negócios jurídicos de direito de família é patente a infungibilidade dos partícipes.

O contrato com pessoa a declarar aproxima-se da estipulação em favor de terceiro (arts. 436 a 438, CC), pois em ambos há uma relativização dos efeitos contratuais. Contudo, no contrato em favor de terceiro, tem-se um negócio jurídico bilateral limitado às pessoas do estipulante e do promitente, sem que o beneficiário integre a relação contratual. Na verdade, este apenas adquire direito a um crédito e a sua respectiva pretensão. Enquanto isso, no contrato com pessoa a declarar, a partir do momento de sua aceitação, a pessoa nomeada adquire retroativamente a posição contratual de parte, em substituição a um dos contraentes (direitos e obrigações), como se este nunca tivesse existido (art. 469, CC), integrando a relação contratual. O modelo contratual ora comentado também se distingue do contrato de representação. Neste, a eficácia do negócio jurídico representativo se manifesta direta e imediatamente na esfera do representado. Já no contrato com pessoa a declarar, enquanto não houver a substituição, os efeitos jurídicos são operados na esfera do contratante originário.

**Art. 468. Essa indicação deve ser comunicada à outra parte no prazo de cinco dias da conclusão do contrato, se outro não tiver sido estipulado.**

**Parágrafo único. A aceitação da pessoa nomeada não será eficaz se não se revestir da mesma forma que as partes usaram para o contrato.**

Nos contratos com pessoa a declarar, a *electio amici* deve ser incondicionada – pura e simples – e deve constar expressamente de cláusula contratual, assim como a escolha e a aceitação do terceiro devem ser comunicadas à outra parte em prazo convencional ou legal. A cláusula *electio amici* constará da relação jurídica inicial e conterá os seguintes dizeres: "para si ou pessoa a nomear". Entendemos não ser admissível uma escolha sucessiva, seja pelo contratante, seja pelo próprio *electus*, até mesmo porque a aceitação tem caráter puro e simples. Diferentemente, admite-se a nomeação de várias pessoas em substituição ao estipulante, quando o direito transmitido é de natureza divisível. Ilustrativamente, a situação jurídica de A será fracionada entre B, C e D. Observa-se que as partes ainda podem convencionar que a escolha seja determinada por terceira pessoa designada no contrato, hipótese conhecida como *electio per relationem*. O estipulante A remete a escolha a B com aceitação do promitente C. De qualquer forma, haverá a reserva quanto à identidade do eleito, até que B realize a indicação.

Observa-se que o dispositivo em comento estabelece prazo bastante estreito para a nomeação, cinco dias contados da celebração do contrato. O prazo é supletivo, aplicável na ausência de previsão contratual. É possível indagar: qual seria o prazo máximo aceitável de estipulação convencional? Por certo haverá uma restrição no âmbito da autonomia privada das partes conforme as circunstâncias do caso, sob pena de se ensejar insegurança jurídica para o promitente e risco para a ordem jurídica pela indevida utilização do contrato, com pessoa a declarar como fraude à lei (art. 166, VI, CC), por lesão ao Fisco decorrente da realização de uma dupla venda com apenas uma incidência tributária. Para a validade e eficácia do contrato com pessoa a declarar, além da estrutura lícita, sua finalidade prática também deve ser lícita. É o que aconteceria em uma promessa de compra e venda entre A e B, no valor de R$ 500.000,00, com cláusula de reserva de indicação para 60 dias. Ao tempo da opção, o imóvel é alienado por R$ 800.000,00. Assim, se o eleito se compromete a pagar ao estipulante valor substancialmente superior àquele pago por este ao promitente, é sustentável que, em vez de um contrato com pessoa a declarar, estar-se-á diante de uma dupla venda. Por isso, algumas legislações, como a francesa, visando a fortalecer a posição do erário, determinam um termo fora do qual a nomeação do terceiro necessariamente passa a ser objeto de taxação.

Nos termos do parágrafo único, a eficácia da aceitação está sujeita à observância da mesma forma adotada para o contrato inaugural. Assim, se o contrato com pessoa a declarar foi firmado por instrumento público, a solenidade essencial será igualmente observada quando da *electio*. Tal exigência se justifica porque, ainda que a *electio* aparente ser um ato posterior, complementar ao contrato, a aceitação integra a essência do negócio, formando um sentido de unidade que requer a identidade de formas. Porém, nada impede que a escolha seja realizada com solenidade mais rigorosa do que a dada para o contrato. Assim, A e B realizam compra e venda de bem móvel por instrumento particular, enquanto a aceitação de C é formalizada pela via ainda mais solene do instrumento público (o que se torna mesmo necessário quando o eleito é relativamente incapaz, assistido no ato). O parágrafo único merece elogios por se referir à eficácia da aceitação. Assim, não observada a uniformidade de formas, o contrato permanece válido entre as partes originárias, sem produzir efeitos na esfera jurídica do *electus*.

**Art. 469. A pessoa, nomeada de conformidade com os artigos antecedentes, adquire os direitos e assume as obrigações decorrentes do contrato, a partir do momento em que este foi celebrado.**

Disciplina-se as eficácias da escolha e da aceitação do terceiro que irá substituir o contratante nomeante. O primeiro efeito é a extinção do negócio jurídico originário firmado entre as partes. Em consequência, verifica-se o segundo efeito, a constituição de uma nova relação contratual, firmada entre um dos contratantes e o *electus* –, substituindo completamente a primeira contratação, que desaparece como se nunca houvesse se aperfeiçoado. Verifica-se que a nomeação retroage à momento da gênese do contrato.

Imprescindível que o contrato com pessoa a declarar seja registrado no ofício imobiliário em nome do estipulante, para que terceiros que venham firmar negócios jurídicos com o estipulante tomem conhecimento dos termos da cláusula de reserva quanto à indicação de um eleito e de que a nomeação do *electus* (igualmente objeto de registro) e da desconstituição dos atos de alienação ou oneração eventualmente praticados pelo estipulante. Os negócios jurídicos concluídos entre o estipulante e terceiros no período de pendência são válidos e eficazes. Assim, o estipulante é proprietário resolúvel até o momento da *electio* e da sua aceitação. Tecnicamente, após a aceitação haverá a ineficácia de tais atos perante o indicado. Essa é a construção desejável para a compreensão da parte final deste art. 469.

O contrato com pessoa a declarar e a cessão do contrato se aproximam, pois o nomeado adquire os direitos e as obrigações decorrentes do contrato. Entretanto, no contrato com pessoa a declarar, a aceitação do *electus* implica a retroação ao tempo da formação do contrato, como se o nomeante nunca houvesse integrado a relação negocial. Os efeitos da cessão do contrato são *ex nunc*, sendo produzidos no momento entre o surgimento e a extinção da relação jurídica, como verdadeira sucessão a título particular. Na cessão de contrato há transferência de contrato, mas no contrato com a pessoa declarar ao *electus* nada é transferido, criando-se uma relação jurídica nova.

**Art. 470. O contrato será eficaz somente entre os contratantes originários:**

**I – se não houver indicação de pessoa, ou se o nomeado se recusar a aceitá-la;**

**II – se a pessoa nomeada era insolvente, e a outra pessoa o desconhecia no momento da indicação.**

O CC buscou atribuir maior segurança jurídica aos contratos com pessoa a declarar. Em regra, a escolha e a aceitação, feitas no prazo, produzem o efeito de substituição integral do contratante originário, como se este nunca houvesse participado do negócio jurídico. Obviamente, se o terceiro não for declarado ou, se declarado, não aceitar o contrato, o negócio jurídico permanecerá hígido entre os contratantes originários, como dispõe o inc. I do dispositivo em análise. Observa-se que a redação atribuída pelo legislador ao dispositivo não é própria. O advérbio "somente", incluído no *caput*, induz à interpretação de que, sem o ingresso de um terceiro, a eficácia da relação jurídica entre estipulante e promitente seria *inter partes*, sem oponibilidade *erga omnes*. Na verdade, a eficácia é plena, não só entre os contraentes, mas com oponibilidade geral, como decorrência da constituição de direito real e da publicidade decorrente do registro.

Nos termos do inc. II, a indicação e a escolha não produzirão efeito se o terceiro nomeado era insolvente, e a outra pessoa desconhecia tal fato no momento da indicação. A norma pretende elidir fraudes e abuso do direito potestativo de escolha pelo estipulante, salvaguardando o promitente, que não será obrigado a contratar com alguém que objetivamente não demonstra condições econômicas para ocupar um dos polos da relação jurídica. Tutela-se a legítima expectativa de confiança da parte, respaldando deveres anexos de cooperação, informação e proteção, certamente frustrados pela ignorância do contratante quanto à situação de insolvência do *electus*. A diretriz da eticidade também é resguardada, impedindo que o estipulante do contrato com pessoa a declarar rompa com a ética e a boa-fé contratual (art. 422, CC). Admite-se que o estipulante realize uma segunda nomeação dentro do prazo de indicação se o primeiro *electus* indicado não aceitar. Como o terceiro é uma pessoa é determinável, razoável conceder ao contratante alternativa para realizar para uma segunda indicação.

Entendemos não admissível a inserção de cláusula que estabeleça a extinção do negócio jurídico entre as partes originárias na impossibilidade de nomeação de um *electus*. Os efeitos do contrato com pessoa a declarar decorrem da *electio*, mesmo quando esta não seja efetuada, pois, nessa hipótese, consolidam-se no estipulante. Por isso, a negativa do terceiro ou a não indicação destes acarretam o efeito de o negócio jurídico ser reputado como celebrado pelo estipulante em nome próprio. A fórmula disjuntiva para si ou pessoa a nomear é a essência desse contrato. Isso posto, uma cláusula relativa de tal jaez seria considerada puramente potestativa e, portanto, inválida por privar de todo o efeito o negócio jurídico (art. 122, CC).

**Art. 471. Se a pessoa a nomear era incapaz ou insolvente no momento da nomeação, o contrato produzirá seus efeitos entre os contratantes originários.**

A redação do art. 471 se assemelha ao teor do inc. II do art. 470, entretanto, há diferença temporal entre as normas. Esse último dispositivo atribui ineficácia relativa do contrato perante o *electus*, quando este for insolvente ao tempo da contratação, mantendo-se a relação contratual entre as partes originárias. Aqui, a insolvência é constatada ainda na celebração do contrato com cláusula de pessoa a nomear, portanto, em momento anterior à determinação subjetiva do terceiro. Mesmo que a identificação ocorra tempos depois, a insolvência anterior e desconhecida pelo outro contratante é suficiente para afastar o nomeado da relação jurídica, mantendo os efeitos contratuais apenas entre o estipulante e o promitente. Enquanto isso, o art. 471 cuida da insolvência contemporânea ao momento da nomeação do terceiro, de sua individualização. Nessa hipótese, a ineficácia decorre de insolvência posterior à celebração do contrato originário. Os efeitos do contrato ficam, então, restritos à pessoa do nomeante, que assume o risco respectivo. Outro ponto de diferenciação entre os dispositivos, está no desconhecimento da outra parte (promitente) como pressuposto para a circunscrição dos efeitos aos contratantes originários, no caso do inc. II do art. 470. Já o art. 471 não faz qualquer menção à ciência do promitente, provavelmente por considerar dispensável a aferição de qualquer elemento subjetivo do outro contratante, presumindo-se absolutamente o dano consequente à substituição do parceiro originário por um insolvente.

O dispositivo faz referência à ineficácia do contrato perante o terceiro que era incapaz ao tempo da nomeação. Se esse foi o objetivo do art. 471, a norma se mostra supérflua. Como não há distinção entre incapacidade absoluta e relativa, seja qual for a sua medida, restringirá os efeitos do contrato aos contraentes primitivos. Apesar de a incapacidade ser causa de invalidade por nulidade (art. 166, II, CC) ou anulabilidade (art. 171, I, CC), na espécie restará afetado o plano de eficácia, pois a estrutura do contrato se mantém intacta, na medida em que são respeitados os requisitos do art. 104 do CC, quando da sua elaboração. Por essa razão, entendemos que a intenção do legislador foi a de se referir não à incapacidade, mas à ausência de legitimação do *electus* para substituir o estipulante no contrato. A legitimação é a aptidão para a prática de determinado ato, ou para o exercício de certo direito, resultante, não da qualidade da pessoa, mas de sua posição jurídica em face de outras pessoas. Em suma, é a específica situação de um sujeito que lhe atribui limitações ao poder de agir. Ilustrativamente, tem-se a proibição de ingresso do *electus* quando ele exerce o *munus* de tutor ou curador, e o negócio jurídico concerne à aquisição de bens de propriedade do tutelado ou do curatelado (art. 1.749, I, CC). Assim, a norma contida no dispositivo em análise, pretende proibir a aquisição da posição contratual do estipulante pelo *electus*. Ausente a legitimidade, a relação jurídica entre os contratantes originários é mantida entre estes.

## CAPÍTULO II
## DA EXTINÇÃO DO CONTRATO

### *Seção I*
### *Do Distrato*

**Art. 472. O distrato faz-se pela mesma forma exigida para o contrato.**

Em matéria contratual, o fisiológico é a extinção pelo regular cumprimento. O adimplemento é o fato jurídico superveniente que concretiza a eficácia do negócio jurídico. Na lógica da obrigação como processo, a relação de direito material forjada pela autonomia privada é polarizada pelo adimplemento mediante os influxos dos deveres anexos emanados da boa-fé objetiva. O adimplemento satisfaz o interesse do credor, liberta o devedor do vínculo obrigacional e extingue a relação conforme o planejado originariamente.

O dispositivo em análise inaugura as disposições sobre a extinção patológica do contrato. A atividade contratual é prematuramente encerrada por meio de distrato, resilição e resolução. Em comum, essas três formas de extinção do contrato decorrem de circunstâncias supervenientes à contratação, manifestando-se no bojo de relações validamente constituídas. Diferentemente, as hipóteses de invalidade do contrato – por nulidade ou anulabilidade – estão vinculadas a situações localizadas na gênese do negócio jurídico, nos termos do art. 104 do CC. Justamente por isso o fenômeno da rescisão do contrato não é tratado neste capítulo. Apesar da indevida disseminação do uso do vocábulo, tecnicamente o termo rescisão refere-se somente à desconstituição da obrigação por vício inerente ao próprio objeto da relação obrigacional, em relações jurídicas cujas prestações nascem com um vício material (vício redibitório – art. 442, CC) ou jurídico (evicção – art. 455, CC). Tal como nos casos de invalidade, a rescisão se localiza na gênese da relação obrigacional, sem que com aquela se confunda. Já a resolução, a resilição e o distrato relacionam-se com uma relação originariamente perfeita, cuja perda de eficácia é superveniente. Daí o acerto do legislador ao não inserir a rescisão no capítulo de extinção dos contratos no CC.

No âmbito processual, observa-se que o CPC disciplinou o valor da causa de maneira harmônica às disposições da lei material, diferenciando os planos de validade e de eficácia das relações negociais. O art. 292 estabelece que o valor da causa será "na ação que tiver por objeto a existência, a validade, o cumprimento, a modificação, a resolução, a resilição ou a rescisão de ato jurídico, o valor do ato ou o de sua parte controvertida" (inc. II). Em um único preceito, são conglobados as lides sobre os elementos de existência, os requisitos de validade (seja por nulidade, seja por anulabilidade) e, naquilo que agora nos interessa, o plano de eficácia das obrigações, envolvendo o cumprimento (tutela específica do adimplemento), a modificação e a extinção das obrigações, em suas três variáveis, resolução, resilição ou rescisão.

O dispositivo em análise trata do distrato ou resilição bilateral. Trata-se de modalidade de extinção de negócio jurídico bilateral por meio do qual as partes, em comum acordo, deliberam pelo término prematuro de uma relação obrigacional ainda em execução. Em qualquer tipo de contrato é viável o exercício da autonomia privada para o retrato do acordo inicial como forma de derrogação do *pacta sunt servanda*. O distrato opera efeitos *ex nunc*, sem a capacidade de desconstituir as situações jurídicas produzidas no curso do contrato em favor das partes e de terceiros, dispensando ao seu aperfeiçoamento a intervenção do Judiciário. Verifica-se que a resilição bilateral é um novo contrato, cujo teor é, simultaneamente, igual e oposto ao do contrato primitivo. Por meio do distrato as partes antecipam a extinção do contrato, liberando-se do vínculo obrigacional em andamento – ou sequer cumprido –, já que o distrato é inidôneo para a solução de contratos cujo termo já expirou ou cujos efeitos já se desvaneceram. Afinal de contas, o contrato que naturalmente se esvaiu dispensa o distrato, pois sucumbiu pela via normal do cumprimento de suas obrigações. Nesse caso, incumbirá às partes a realização de um novo contrato, desvinculado do antigo.

O distrato deve ser contratado com as mesmas formalidades legais do contrato firmado. Assim, os contratos firmados por instrumento público exigiram que o eventual distrato siga a mesma forma, sob pena de invalidade (art. 166, IV, CC). Quando inexiste forma legal a ser seguida, as partes podem optar por entabular o distrato solenemente. Mas, se as partes optam pela forma pública, mesmo que não haja exigência legal nesse sentido, o distrato poderá ser realizado de forma particular. Depreende-se da redação do art. 472 que a exigência incide sobre "mesma forma exigida para o contrato", ou seja, não exige que o distrato siga a mesma forma do contrato. A propósito, a quitação sempre poderá ser eficazmente concedida por instrumento particular (art. 320, CC). O fato de o CC estabelecer que o distrato se faz pela mesma forma que o contrato não quer dizer que a posição dos contratantes na relação jurídica se mantenha a mesma. Na verdade, se na compra e venda o devedor é aquele que compra o bem, no distrato o devedor é aquele que se obriga a devolver o valor recebido. A forma diz qual é a natureza do documento em que se fez a compra e venda; assim, se por escritura pública, por essa forma há de ser feito o distrato.

A autonomia privada afasta do controle judicial a apreciação dos motivos que conduziram as partes à resilição bilateral. Entretanto, o Judiciário poderá sempre avaliar a higidez da vontade das partes ou a ocorrência de quebra do equilíbrio negocial. Essa análise ganha mais relevo ainda no âmbito das relações de consumo, território propício à inserção de cláusulas abusivas. Ademais, admite-se a inserção de cláusula penal no distrato, com o objetivo de prevenir eventual infração às obrigações nele consubstanciadas.

---

**Art. 473. A resilição unilateral, nos casos em que a lei expressa ou implicitamente o permita, opera mediante denúncia notificada à outra parte.**

**Parágrafo único. Se, porém, dada a natureza do contrato, uma das partes houver feito investimen-**

**tos consideráveis para a sua execução, a denúncia unilateral só produzirá efeito depois de transcorrido o prazo compatível com a natureza e o vulto dos investimentos.**

---

A resilição unilateral pode ser conceituada como o direito potestativo de um dos contratantes impor a extinção do contrato, independentemente do inadimplemento da outra parte, sem que o outro possa a isso se opor, posto situado em posição de sujeição. Trata-se de um modelo inerente aos contratos sem prazo. A redação do art. 473 utiliza o vocábulo denúncia como sinônimo de "resilição unilateral" e procedimento pelo qual ela se comunica com a outra parte. Na doutrina, verifica-se discussão sobre essa nomenclatura. De toda sorte, o aplicador do modelo jurídico deve partir do vocábulo utilizado pelo legislador. Embora sejamos advertidos do caráter excepcional da resilição, na medida em que um dos efeitos do princípio da obrigatoriedade do contrato é, precisamente, a alienação da liberdade dos contratantes que não podem romper o vínculo, em princípio, sem a anuência do outro, acreditamos que essa excepcionalidade do exercício do poder resilitório concilia a regra do *pacta sunt servanda* com a tutela da liberdade do contratante de não se vincular de forma perene às amarras do contrato.

A autonomia privada admite ainda que as partes deliberem, de comum acordo, sobre a extensão da eficácia da denúncia, imprimindo-lhe caráter retroativo. Em princípio, a denúncia produzirá efeitos *ex nunc*, extinguindo a relação jurídica sem desfazê-la, preservando os direitos e as obrigações adquiridos pelas partes. Em outras palavras, poderá ensejar o desfazimento de algumas ou de todas as situações jurídicas pretéritas.

A previsão legal da denúncia justifica-se pela vontade presumida do contratante de não se vincular de forma perene, reservando-se a faculdade de resilir o contrato a qualquer tempo, de forma imotivada, mediante simples declaração de vontade. A par do dispositivo em análise, alguns modelos contratuais admitem a denúncia devido à sua própria natureza, como os de mandato, depósito e comodato. A resilição unilateral é designada como resgate, renúncia e revogação. Revogar implica retração da voz, alguém se desdiz e emite uma vontade oposta à primitiva. Ilustrativamente, a denúncia é da essência da potestade do contrato de mandato, aferida no ato unilateral de revogação do mandato pelo mandante (art. 682, CC). Em contrapartida, o mandatário tem a faculdade de renunciar ao mandato (art. 688, CC). Em comum, consistem em espécies de resilição unilateral, concretizadas por declaração de vontade receptícia, exigindo comunicação à outra parte, para então produzir os efeitos de extinção do contrato de mandato.

Justamente pelo fato de a resilição integrar o "poder de desligamento nas relações contratuais", tal poder contratual gera situações mais suscetíveis ao abuso de direito, principalmente quando não fundamentada no inadimplemento da outra parte. De fato, a prerrogativa de "sair e se desligar", unilateralmente, de uma relação jurídica contratual, por si só, é causa de frustração da expectativa legítima de manutenção da relação jurídica no tempo, de obtenção de ganhos e proveitos que haviam sido projetados quando da constituição do contrato. Exige-se assim que a resilição unilateral seja responsável, impondo-se a observância da boa-fé até mesmo no momento de desfazimento do pacto, principalmente quando for contrário aos interesses de uma das partes. Por isso, a resilição não pode ser levada a efeito pela parte que agiu culposamente. Ilustrativamente, será abusiva a resilição manifestada quando o contratante já se encontrava em estado de inadimplência e somente após ter sido judicialmente compelido à satisfação das obrigações que já havia descumprido. Nessa linha, em 2022 o STJ decidiu que "No arrendamento mercantil, a resilição não poderá ser exercida se o contratante se encontrar em mora, devendo, nesses casos, o devedor suportar todos os riscos de sua inadimplência, sob pena de configurar-se abuso do direito por parte do contratante que pretende resilir" (REsp n. 1.699.184/SP, 4ª T., rel. Min. Luis Felipe Salomão, j. 25.10.2022).

Apesar de a resilição unilateral ser natural dos contratos sem prazo, poderá ocorrer em contratos com prazo no exercício de sua autonomia privada. Os contratantes podem estimar um prazo de duração máxima do negócio jurídico, admitindo ainda mecanismo contratual para extinguir antecipadamente o negócio jurídico. A Lei de Locações (Lei n. 8.245/91) estabelece, nos arts. 6º a 8º, hipóteses de denúncia, seja por iniciativa do locatário ou de terceiros estranhos inicialmente ao contrato. Concluído o prazo estipulado para a duração do contrato, o locador poderá efetuar a denúncia (vazia ou cheia) e a consequente ação de despejo nas hipóteses do art. 59 da Lei de Locações.

A teor do art. 835 do CC, o fiador pode se exonerar da fiança a qualquer momento, quando não houverem as partes estabelecido prazo. A resilição é facultada para que o fiador não permaneça indefinidamente vinculado. Contudo, sua responsabilidade remanescerá pelos 60 dias subsequentes a contar da notificação do credor. Trata-se de uma pós-eficácia da obrigação de garantia. A situação disciplinada pelo art. 836 difere da apontada no art. 366, que cuida da hipótese na qual a obrigação principal é alterada sem o consentimento do fiador, o que acarreta a sua exoneração automática, sem que lhe seja aplicado o prazo previsto no art. 836. Nesse mesmo sentido, tratando especificamente dos contratos de locação, o STJ editou a Súmula n. 214, segundo a qual "o fiador na locação não responde por obrigações resultantes de aditamento ao qual não anuiu". No ponto, importante ainda lembrar que na fiança locatícia aplica-se o mesmo raciocínio do art. 835 em relação ao prazo de 120 dias previsto no inc. X do art. 40 da Lei n. 8.245/91. Entendimento aproximado foi adotado pelo CJF no Enunciado n. 547: "Na hipótese de alteração da obrigação principal sem o consentimento do fiador, a exoneração deste é automática, não se aplicando o disposto no art. 835 do CC quanto à necessidade de permanecer obrigado pelo prazo de 60 dias após a notificação ao credor, ou de 120 dias, no caso de fiança locatícia". No mais, em 2022 foi publicada a Súmula n. 656 do STJ: "É válida a cláusula de prorrogação automática de fiança na renovação do contrato principal. A exoneração do fiador depende da notificação prevista no art. 835 do Código Civil".

A exceção do parágrafo único do art. 473 do CC se aplica aos contratos de duração indeterminada, demandando preenchimento, posto repleta de conceitos indeterminados – o texto alude à natureza do contrato, a investimentos consideráveis, à compatibilidade com a natureza e o vulto dos investimentos. Porém, não há dúvidas de que a noção de "proteção a investimentos" vinculados à natureza do contrato e à sua execução ostenta como finalidade carrear mais segurança jurídica e equilíbrio no tráfego jurídico. Como pontua Renata Steiner, "a regra do parágrafo único do art. 473 CC visa à proteção do que se pode chamar de investimentos de confiança, isto é, investimentos feitos por uma das partes na confiança de que o direito à extinção unilateral não seria exercido pela contraparte antes de transcorrido prazo compatível com o investimento realizado. A expressão designa, portanto, custos dispendidos na expectativa de que poderiam ser recuperados com a execução contratual. A proteção contra a extinção unilateral, entretanto, não se volta à expectativa de lucratividade esperada pelo denunciado, mas se delimita a proteger o direito à amortização" (STEINER, Renata. Proteção a investimentos: desafios para o preenchimento do art. 473, parágrafo único, CC. In: *AGIRE*, n. 35, 03.10.2022).

Aplicando a teoria do abuso de direito (art. 187, CC), limita-se o exercício ilegítimo do direito potestativo na denúncia. Para tanto, suspende a eficácia da resilição unilateral nas hipóteses em que uma das partes tenha efetuado investimentos consideráveis, por confiar na estabilidade da relação contratual. Uma das funções do princípio da boa-fé objetiva é a de frear o exercício de condutas formalmente lícitas, mas materialmente antijurídicas, quando ultrapassam os limites éticos do sistema. Se, em princípio, o contratante se serve livremente do direito potestativo de resilição unilateral, o ordenamento jurídico não pode permitir que o exercício de tal faculdade lese a legítima expectativa de confiança da outra parte, que acreditou na consistência da relação jurídica a ponto de efetuar razoável dispêndio naquela atividade econômica, mormente em hipóteses em que há longa relação contratual entre as partes, cuja abrupta diminuição da lucratividade provocará imediatas consequências sociais e econômicas. Defere-se ao contratante a faculdade de converter a tutela genérica de perdas e danos em tutela específica de extensão compulsória da vigência do negócio jurídico, até que seja ultrapassado o período mínimo para adequação da natureza do contrato ao vulto dos investimentos. Ilustrativamente, podemos pensar em um comodato de um imóvel rural sem prazo, no qual o arrendatário se dedicará a plantar soja. Em tese, poderá o proprietário denunciar o contrato a qualquer tempo. Mas podemos considerar abusiva a conduta do proprietário no sentido de exercer a resilição no primeiro ano do contrato – sem menção a qualquer forma de inadimplemento –, não concedendo ao arrendatário um prazo mínimo para colher a safra e pagar as despesas de custeio e produção. A extensão compulsória da vigência do contrato não se aplica às relações jurídicas em que há o interesse público primário envolvido e não apenas o interesse secundário da administração pública.

Por ocasião do REsp n. 1.874.358/SP (j. 17.08.2021), o STJ tratou da relação entre o prazo de aviso-prévio contratado e a previsão do parágrafo único do art. 473 do CC. A função do aviso-prévio é permitir a tomada de providências típicas que decorrem do encerramento do contrato, evitando que a extinção ocorra abruptamente. Diversa é a função do prazo referido no parágrafo único do dispositivo em comento, direcionado à proteção dos investimentos já realizados e à duração mínima do pactuado. Em síntese, o prazo de aviso-prévio contratado não afasta a necessidade de observância do prazo razoável à recuperação de investimentos de alta monta feito por um dos contratantes. Segundo o voto da Ministra Relatora Nancy Andrighi: "[...] o prazo expressamente avençado para o aviso-prévio será plenamente eficaz desde que o direito à resilição unilateral seja exercido por uma parte quando já transcorrido tempo razoável à recuperação dos investimentos realizados pela outra parte para o devido cumprimento das obrigações assumidas no contrato [...]".

Outrossim, o CDC admitiu a inserção de cláusula de denúncia ou cancelamento unilateral pelo fornecedor em contratos de adesão, mas desde que igual direito seja conferido ao consumidor (art. 51, XI, CDC). Enfim, apesar da aparente licitude da cláusula de resilição unilateral com reciprocidade, o próprio sistema consumerista, plasmado na exigência do equilíbrio contratual e na tutela de um sujeito especial e objetivamente vulnerável, culmina por obstaculizar o exercício do direito potestativo de denúncia pelo fornecedor, o que seria fatal para o consumidor nos contratos cativos, relacionados à fruição de bens essenciais, como saúde e educação.

O CDC admite a inserção de cláusula de resilição unilateral em favor do consumidor na atividade negocial de oferta de produtos e serviços de contratação a distância, com a conclusão da venda fora do estabelecimento comercial (art. 49, CDC). O legislador buscou assegurar a boa-fé e a lealdade nas relações marcadas pela "desumanização do contrato" ou pelo "contrato sem sujeito", um tipo de contrato pós-moderno em que a impessoalidade é elevada a graus antes desconhecidos e na qual todas as técnicas de contratação de massa se reunirão: desde o contrato de adesão e das condições gerais dos contratos à catividade do consumidor. Assim, o prazo decadencial de arrependimento de sete dias corresponde a um direito de reflexão concedido ao consumidor, diante da pressão psicológica inerente a uma venda emocional que o coloca em evidente situação de vulnerabilidade, pois impede uma decisão racional e refletida. O exercício desse direito potestativo pelo consumidor implica a desconstituição do contrato com o retorno das partes ao *status quo ante*. Superado o prazo decadencial, prevalece a irretratabilidade. De toda sorte, nao é admitido que o consumidor exerça o direito potestativo de arrependimento de maneira a violar o princípio da boa-fé objetiva, em patente abuso do direito (art. 187, CC). Portanto, não é todo negócio jurídico que poderá ser desfeito unilateralmente pelo consumidor arrependido. Exemplificativamente, no campo dos contratos eletrônicos de consumo, um cliente bancário tenta desfazer uma operação financeira realizada pela internet (*v. g.*, transferência de numerário, contratação de empréstimo) simplesmente por ter se arrependido do ato praticado, de modo a reverter eventuais prejuízos que possa sofrer com essas operações. Ainda ilustrativamente, não se pode admitir a devolução de bens adquiridos pelo consumidor em caráter personalizado, pois dificultaria ao fornecedor reaproveitar do bem fruto do arrependimento. Nesse mesmo sentido, a título de exemplo, menciona-se determinação do STJ, no *Informativo* n. 20, de 23.07.2024, de que "é cabível o pagamento de aluguel pelo tempo de permanência no imóvel nas hipóteses em que houver a resilição unilateral de contrato de compra e venda, independentemente do causador da quebra contratual, sob pena de se gerar enriquecimento sem causa". Afinal, conforme ressaltado pelo Tribunal, o pagamento pela utilização do imóvel por parte do promissário comprador e a restituição de parcelas pagas pelo promissário vendedor decorrem de consectários lógicos da quebra de contrato de compra e venda de imóvel, situação que leva ao retorno das partes contratantes ao estado anterior à avença, não havendo se falar em necessidade de pedido explícito pela parte interessada (Ag. Int. nos Emb. Decl. no REsp n. 1.811.724/GO, 4ª T., rel. Min. João Otávio de Noronha, j. 24.06.2024, *DJe* 27.06.2024, por unanimidade).

A razoabilidade no exercício do poder resilitório é fundamental nas relações de consumo. Não se pode admitir, ilustrativamente, a prática corriqueira (e abusiva) do cancelamento unilateral do bilhete de volta daquele passageiro que não compareceu apenas para o voo de ida. Com efeito, configura-se o enriquecimento sem causa do fornecedor ao tempo em que o consumidor, ainda que em contratação única e utilizando-se de tarifa promocional, adquire o serviço de transporte materializado em dois bilhetes de embarque autônomos e vê-se impedido de fruir um dos serviços que contratou, o voo de volta. Igualmente, o direito potestativo resilitório não pode servir de meio a práticas discriminatórias.

A Lei n. 14.010/2020 – Dispõe sobre o Regime Jurídico Emergencial e Transitório das relações jurídicas de Direito Privado (RJET) no período da pandemia do coronavírus (covid-19) – enfatizou, no art. 8º, que "até 30.10.2020, fica suspensa a aplicação do art. 49 do CDC na hipótese de entrega domiciliar (*delivery*) de produtos perecíveis ou de consumo imediato e de medicamentos". A suspensão do direito potestativo de arrependimento não atinge os produtos não perecíveis e, portanto, duráveis, como roupas, equipamentos eletrônicos etc. Com o fechamento de estabelecimentos por força de medidas destinadas a evitar a proliferação do vírus, houve aumento exponencial das vendas em regime de *delivery*. Com o fito de conferir segurança jurídica aos fornecedores, o dispositivo em comento trouxe regramento específico para dois tipos de produtos essenciais. Considerando-se a excepcionalidade da pandemia, em que o isolamento social incentiva consumidores à aquisição de bens pela internet, não seria razoável suspender o exercício de tal direito quanto aos produtos duráveis. Ademais, a suspensão do exercício do poder resilitório não abrange os produtos perecíveis ou de consumo imediato ou medicamentos que apresentem defeitos (arts. 12 e 17, CDC) ou vícios (arts. 18 e 25, CDC), bem como não se estende às situações em que se constatar a publicidade enganosa, vedada pelo art. 37 da Lei n. 8.078/90.

De forma similar ao observado no CDC, a Lei n. 13.786/2018 inseriu o art. 67-A na Lei n. 4.591/64, prevendo forma única de resilição unilateral aos contratos de incorporação imobiliária, dispondo que: "§ 10. Os contratos firmados em estandes de vendas e fora da sede do incorporador permitem ao adquirente o exercício do direito de arrependimento, durante o prazo improrrogável de sete dias, com a devolução de todos os valores eventualmente antecipados, inclusive a comissão de corretagem".

## *Seção II*
## *Da Cláusula Resolutiva*

**Art. 474. A cláusula resolutiva expressa opera de pleno direito; a tácita depende de interpelação judicial.**

A resolução contratual é a consequência de inexecução por fato superveniente à celebração do contrato com efeito extintivo sobre ele. O modelo jurídico da resolução está esparso pelo CC. Inicialmente, pode se referir a consequência de uma impossibilidade superveniente objetiva da obrigação, conforme estatui o art. 234 do CC. A resolução também se ancora em uma inexigibilidade de cumprimento por impossibilidade econômica de uma das partes, em um cenário de alteração superveniente das circunstâncias, consoante será explanado nos arts. 478 e 479. Por fim, a resolução contratual deriva da constatação da inutilidade da prestação após a mora, que não mais atende ao interesse objetivo do credor (parágrafo único, art. 395, CC). A resolução se impõe como direito potestativo extintivo do credor em face de quebra fundamental do contrato, que perde substancialmente a sua essência, aquilo que dele se poderia esperar conforme o planejamento originário. Para além das três fontes resolutórias explicitamente encampadas pelo CC, pode-se ainda dela cogitar no inadimplemento antecipado (Enunciado n. 437 do CJF: "A resolução da relação jurídica contratual também pode decorrer do inadimplemento antecipado"), quando o devedor declara que não cumprirá ou se percebe pelo seu comportamento concludente que fatalmente descumprirá ao tempo em que a prestação lhe seja exigível, antecipando o momento da inutilidade da prestação. Finalmente, podemos elencar uma quinta hipótese de resolução, associada à frustração do fim do contrato, nos casos em que a prestação perde a sua razão de ser pela perturbação de sua finalidade prática, alargando o conceito de impossibilidade (Enunciado n. 166 do CJF: "A frustração do fim do contrato, como hipótese que não se confunde com a impossibilidade da prestação ou com a excessiva onerosidade, tem guarida no Direito brasileiro pela aplicação do art. 421 do CC").

A resolução pode ser expressa ou tácita. O dispositivo em comento apresenta a cláusula resolutiva expressa. Cuida-se de mecanismo de autotutela fruto da autonomia privada, uma forma célere e eficiente de distribuição e delimitação de riscos contratuais. Atua preponderantemente nos contratos bilaterais, tutelando o interesse do credor em face de eventual inexecução da prestação. A cláusula resolutiva expressa autoriza no próprio contrato ou em documento posterior a pronta resolução em caso de inadimplemento da parte em relação a uma ou mais prestações. A resolução convencional confere o atributo da essencialidade ao prazo demarcado, sendo que a sua eclosão sem o necessário cumprimento presume a inutilidade da prestação a partir daquele instante. A cláusula resolutiva expressa opera *de pleno jure*, efetivando-se por meio do exercício do direito potestativo da parte interessada à outra, pois eventual sentença posterior terá efeito meramente declaratório, podendo ser condenatória em perdas e danos (seja essa indenização fixada judicialmente ou antecipada contratualmente por meio de arras confirmatórias ou cláusula penal). A previsão de tal cláusula beneficia as partes, pois a estipulação prévia do alcance da resolução quanto às prestações pretéritas, assim como do desfazimento automático do contrato diante do inadimplemento, autoriza a operação dos efeitos da extinção independentemente de o credor interpelar o devedor.

Um dos requisitos para o exercício da cláusula resolutiva expressa é a imputabilidade do inadimplemento do devedor. Mas qual seria o conceito de imputabilidade, um incumprimento culposo ou imputabilidade e culpabilidade não se confundem? Como obtempera Judith Martins-Costa, "imputar não é inculpar, não é atribuir culpa, é atribuir responsabilidade. Responsabilizar é imputar, não é necessariamente inculpar" (MARTINS-COSTA, Judith. *Comentários ao novo Código Civil.* Inadimplemento das obrigações. Rio de Janeiro, Forense, 2004, v. V, t. II, p. 87). Com efeito, existem situações em que, independentemente da configuração de um ato culposo no suporte fático, normas atribuem a alguém a assunção de um risco, de um dever de segurança ou de garantia, que pode se justificar objetivamente um critério de imputação para deflagrar a cláusula resolutiva expressa.

Em qualquer contrato bilateral, sem embargo de o pacto contar ou não com cláusula resolutiva expressa, subentende-se a existência de cláusula resolutiva tácita. A cláusula resolutiva tácita é remédio legal exercitável autonomamente, autorizando o acionamento do expediente resolutório pela parte lesada pelo inadimplemento absoluto, atribuível ao devedor, cuja aplicabilidade é conjugada com o art. 475 do CC. No tocante à sua operatividade, para atribuir eficácia à resolução, prevalece o consolidado posicionamento no sentido de que o credor deve obter a chancela jurisdicional ou arbitral, mesmo já vitimado pela inexecução definitiva. Contudo, a doutrina ainda minoritária entende que o entendimento predominante perpetra solução dissociada da lei, tendo em vista que ocorrido o respectivo suporte fático, a resolução por incumprimento se efetiva por interpelação. Três razões comungam nesse sentido: a) os dispositivos que regulam a cláusula resolutiva tácita (arts. 474 e 475 do CC) não determinam que a resolubilidade apenas se implementa por sentença judicial ou arbitral, tão só que depende de interpelação judicial; b) o CC pátrio não acolheu o sistema francês de resolução Se na lei civil francesa era previsto que a resolução devia ser demandada judicialmente, na brasileira unicamente que se opera por interpelação judicial, mantida no atual art. 474 do CC; c) mesmo que o CC não subordine a resolução contratual à intervenção judicial, a posição majoritária atrai a compreensão paternalista, como se a presença e a autoridade do juiz fossem implacáveis e sinônimo de segurança. Representa concepção que a via judiciária é sempre a primeira alternativa a se lançar mão quando, efetivamente, deve ser a última. Interpelação judicial, categoricamente, não é sinônimo de intervenção judicial (NANNI, Giovanni Ettore. Inadimplemento absoluto e resolução contratual: requisitos e efeitos. São Paulo, Thomson Reuters Brasil, 2021, p.506-18).

Adiante, a cláusula resolutiva expressa não se confunde com o pacto comissório. Como observa Raquel Bellini Salles, o pacto comissório propriamente dito significa a apropriação direta e imediata pelo credor da coisa vinculada a uma garantia real em caso de descumprimento da obrigação, sendo expressamente proibido pelo art. 1.428 do CC. Mais adequada é a nomenclatura utilizada pelo art. 474, "cláusula resolutiva expressa", como convenção contratual que autoriza a resolução extrajudicial por inexecução de obrigação contratual e que, ao contrário do pacto comissório, é expressamente permitida (BELLINI, Raquel Salles. *Autotutela nas relações contratuais*. Rio de Janeiro, Processo, 2019, p. 292).

A eficácia da cláusula resolutiva depende da devida definição e indicação das prestações, e em que modalidades, são passíveis de resolução pelo descumprimento, não se admitindo a previsão genérica de prestações contratuais e ao seu incumprimento. As previsões genéricas em tais cláusulas são tidas como cláusula de estilo, a reforçar o disposto no art. 475 do CC, sendo caso de resolução legal. Na dúvida, a interpretação da cláusula será restritiva. Em regra, a cláusula resolutiva expressa dispensa o exercício de pretensão, pela via judicial, ao desfazimento do contrato. A inserção da cláusula já presume a inutilidade da prestação, caso superado o termo ajustado para o cumprimento das prestações. A essencialidade do termo decorre do contrato. De qualquer forma, o credor poderá ter interesse pela via judicial a fim de definir com segurança questões como a restituição das prestações, o direito à indenização ou mesmo cumular pedidos sucessivos, como a reintegração de posse. Julgada procedente a pretensão resolutória, terá a sentença natureza declaratória, liberando a parte lesada da necessidade de cumprir retroativamente sua prestação. Obviamente, se o credor inserir pretensão restituitória, a resolução será desconstitutiva. Haverá ainda eficácia condenatória caso estabelecida a reparação pelo incumprimento imputável ao devedor ou a execução de cláusula penal compensatória (art. 410, CC), pois a demanda indenizatória surge de pretensão independente e acessória à resolução, sendo certo que muitas vezes o lesado não fará jus a ela – como nas hipóteses de fortuito em que o descumprimento não será imputável ao devedor. Os efeitos da resolução, em regra, retroagem como se o contrato nunca tivesse sido celebrado. Entretanto, nos casos de contratos de execução continuada ou periódica, a retroatividade deve ser restrita. Por isso, o art. 128 do CC determina a manutenção da eficácia dos atos anteriores à resolução, preservando-se as situações pregressas já consolidadas de forma eficiente para ambas as partes, a não ser que elas expressamente tenham previsto a retroatividade dos efeitos.

Apesar de essas serem as linhas gerais do CC sobre a resolução convencional, a legislação ordinária e a jurisprudência imprimem grande condicionamento ao exercício do direito potestativo resolutório. Nesse contexto, pode-se falar em uma revolta dos fatos, com o abono dos juízes, contra a letra do Código, afastando-se a eficácia da cláusula resolutiva expressa, mesmo quando cumpridas as formalidades legais. Inicialmente, verifica-se que, mesmo que o contrato contenha cláusula resolutiva expressa, normas de ordem pública inspiradas nos princípios da igualdade substancial e do equilíbrio contratual exigem a notificação prévia como pressuposto para a extinção do contrato. A mora mantém o seu caráter automático desde o vencimento da obrigação (art. 397, CC), decorrente da inserção da cláusula resolutória. Entretanto, a interpelação ganha força de pressuposto essencial para a eficácia da dissolução da avença. Nesse ponto, importante lembrar que o STJ pacificou entendimento no sentido de que, mesmo existindo cláusula resolutiva expressa, nos contratos de *leasing* é imprescindível a interpelação prévia do arrendatário para fins de constituição em mora. É o que se depreende da redação da Súmula n. 369: "No contrato de arrendamento mercantil (*leasing*), ainda que haja cláusula resolutiva expressa, é necessária a notificação prévia do arrendatário para constituí-lo em mora". Em segundo lugar, nota-se que na demanda judicial que se busca a resolução do contrato, o magistrado poderá apreciar não só a configuração dos requisitos convencionados pelas partes para a resolução, como também aferir a validade da cláusula em cotejo com o ordenamento jurídico e, principalmente, a repercussão do vulto do inadimplemento diante do contrato. Em princípio, poder-se-ia falar de uma legítima verificação judicial sobre o abuso do direito resolutório, seja pela preservação do interesse no contrato, seja com base no adimplemento substancial (art. 187, CC), como no cumprimento de deveres laterais decorrentes da boa-fé objetiva (art. 422, CC).

Todavia, é necessário tomar cuidado com uma indevida interferência sobre a autonomia privada em contratos simétricos e paritários, sejam eles interempresariais ou intercivis, esvaziando-se o texto do art. 474 em um injustificado exercício de discricionariedade judicial. As partes delimitam as circunstâncias em que a quebra da expectativa contratual é fundamental. A nosso viso, se a lei aplicável ao contrato sobre o qual incide a cláusula não imponha notificação, a purga da mora pode ser feita até o momento em que incida a cláusula. Nesse sentido, preconiza o Enunciado n. 436 que: "A cláusula resolutiva expressa produz efeitos extintivos independentemente de pronunciamento judicial". Todavia, nada impede que da gestão contratual de riscos decorra imposição de prévia interpelação (o que esvaziaria o próprio sentido da cláusula), mediante prazo suplementar como segunda oportunidade para o cumprimento da prestação, ou mesmo uma modulação da intensidade do inadimplemento necessário à incidência da cláusula resolutiva expressa por via de uma delimitação do número mínimo de prestações não pagas. É óbvio que, para redução de incertezas, o melhor caminho nos contratos paritários consiste na gestão convencional de riscos, vale dizer, uma previsão contratual de perda de utilidade, ou de cláusula resolutiva expressa.

Evidentemente, a determinação *ex ante* do resultado útil programado minimiza as margens de dúvida, sem que imunize absolutamente o pacto de um controle de legitimidade. A cláusula resolutiva expressa, como o nome sugere, constitui uma cláusula efetiva e expressamente estipulada pelas partes, seja no momento da celebração do negócio jurídico, seja em oportunidade posterior (via aditivo contratual), porém, sempre antes da verificação da situação de inadimplência nela prevista, que constitui o suporte fático para a resolução do ajuste firmado. Evidentemente, a vantagem da estipulação expressa é que, ocorrendo a hipótese específica prevista no ajuste, o efeito resolutório da relação negocial disfuncional subsistirá independentemente de manifestação judicial, sendo o procedimento para o rompimento do vínculo mais rápido e simples, em prestígio à autonomia privada e às soluções já previstas pelas próprias partes para solução dos percalços negociais.

Em 2021, o STJ corretamente alterou seu entendimento sobre a matéria, não obstante a previsão legal (art. 474 do CC). Em uma guinada de rumo, a Corte considerou que, após a necessária interpelação para constituição em mora, deve haver um período no qual o contrato não pode ser extinto e que o compromissário comprador tem possibilidade de purgar. Entretanto, não há óbice para a aplicação da cláusula resolutiva expressa, porquanto, após o decurso do prazo *in albis*, isto é, sem a purgação da mora, nada impede que o compromitente vendedor exerça o direito potestativo concedido pela cláusula resolutiva expressa para a resolução da relação jurídica extrajudicialmente. Essa resolução se dá de modo automático, pelo só fato do inadimplemento do promitente comprador, independentemente de qualquer outra providência. Ressalte-se que a notificação deve conter o valor do crédito em aberto, o cálculo dos encargos contratuais cobrados, o prazo e o local de pagamento e, principalmente, a explícita advertência de que a não purgação da mora no prazo acarretará a gravíssima consequência da extinção do contrato por resolução, fazendo nascer uma nova relação entre as partes – de liquidação (*Informativo* n. 704, REsp n. 1.789.863-MS, rel. Min. Marco Buzzi, 4ª T., j. 10.08.2021).

A lei consumerista admite a estipulação de cláusula resolutiva expressa nas relações de consumo, desde que a opção entre a resolução e a manutenção do contrato seja do consumidor (art. 54, § 2º, CDC). Por outro lado, é vedada, por ser abusiva, a cláusula que implique renúncia a esse direito (art. 51, I, CDC). Entendemos que, nos contratos de adesão intercivis, a cláusula resolutiva também não poderá operar de pleno direito, sendo necessária a intervenção do Judiciário para avaliar a quebra do equilíbrio material entre as partes, como, aliás, induz a própria leitura do artigo em comento.

No extraordinário contexto da covid-19, a qualificação do fato jurídico do coronavírus depende da causa de cada negócio jurídico, ou seja, da averiguação do concreto programa contratual e a identificação de sua funcionalidade. Em contratos com cláusula resolutiva expressa será possível discutir casuisticamente a sua eficácia, conforme a aferição da imputabilidade do inadimplemento do devedor. A este incumbe provar que a inexecução resultou de impossibilidade superveniente que não pode lhe ser imputada, posto que alheia ao comportamento ou atividade do contratante. Inequivocamente, a força maior se enquadra nessa moldura (art. 393, CC), sobremodo o fato do príncipe, mediante previsões legais que suspendem ou paralisam atividades e justificam a inexigibilidade temporária da obrigação de prestar. Todavia, independentemente de qualquer discussão de culpa ou ausência de diligência da parte, incidirão hipóteses de regular eficacização da cláusula resolutória expressa, quando atrasos no fornecimento de matérias-primas ou serviços fossem evitáveis no contexto de certa atividade (fortuito interno), mesmo em um quadro de pandemia.

**Art. 475. A parte lesada pelo inadimplemento pode pedir a resolução do contrato, se não preferir exigir-lhe o cumprimento, cabendo, em qualquer dos casos, indenização por perdas e danos.**

A resolução do contrato decorre de fato posterior à formação da avença. Tem como finalidade a busca pela manutenção do equilíbrio entre as partes contratuais. O contrato nasce perfeitamente equilibrado – há o sinalagma genético ao tempo de sua formação –, mas um evento ulterior introduz um desequilíbrio que gera a perda da situação de equivalência originária. Assim, havendo quebra do equilíbrio pelo inadimplemento absoluto, a parte prejudicada poderá exigir judicialmente a extinção da obrigação.

Essa noção foi reforçada pelo STJ no *Informativo* n. 808, de 23.04.2024, ao decidir quanto à restituição dos valores pagos em hipótese de resolução contratual de concessão de direito real de uso perpétuo de jazigo em cemitério particular. No caso, as partes não divergiram quanto à resolução do contrato, mas, sim, quanto à possibilidade ou não de restituição das quantias pagas em negócio pactuado. Assim, o Tribunal se manifestou no sentido de que a resolução do contrato implica a restituição das partes ao status quo ante, com a restituição recíproca de todos os valores necessários para que as partes retornem ao estado anterior à avença, indenizando-se o que não puder ser restituído, além de perdas e danos. Dessa forma, foi fixado: "A resolução do contrato implica o retorno das partes ao estado anterior à avença, devendo a titularidade do direito real retornar ao mantenedor do cemitério, com a restituição do respectivo valor pago, admitindo-se a retenção de percentual suficiente para indenizar pelo tempo de privação de uso do jazigo" (REsp n. 2.107.107/SP, 3ª T., rel. Min. Nancy Andrighi, j. 16.04.2024, *DJe* 19.04.2024, por unanimidade).

A resolução contratual pode se fundar em cláusula resolutiva expressa (art. 474, CC) ou decorrer da lei – cláusula resolutiva tácita (ou implícita). O dispositivo em análise insere-se no contexto da resolução legal, situação na qual a lei autoriza a parte não inadimplente a pleitear judicialmente a resolução do contrato descumprido. Portanto, a lei atribui legitimidade *ad causam* ao contratante para iniciar o processo em face do parceiro faltoso, para obter a resolução do contrato. O contratante não poderá atuar diretamente, sendo necessário que o juiz aprecie a conduta da contraparte. Portanto, interpelada a parte com a fixação de prazo para o cumprimento da prestação que lhe compete (art. 474, CC) e, escoado este, abre-se a via da resolução legal.

O dispositivo em análise incide nas hipóteses de inadimplemento absoluto, que ocorre quando a prestação não foi cumprida nem poderá sê-lo. Pode ser observado em três circunstâncias: a) a prestação que não é mais capaz de realizar os interesses objetivos do credor (art. 475, CC); b) a prestação que se tornou objetivamente impossível (arts. 234, 235, 238 e 256, CC); e c) a prestação que se tornou inexigível pela alteração superveniente das circunstâncias (art. 478, CC). Se a circunstância for a de uma prestação que não é mais apta a atender os interesses objetivos do credor, a lei concede ao contratante fiel duas opções: poderá desconstituir a relação contratual por meio da ação resolutória ou insistir na tutela específica, postulando o cumprimento da prestação. Não há hierarquia entre as opções, cabendo à parte lesada escolher uma delas de acordo com os seus interesses. Com base na autonomia privada, os contratantes poderão contratualmente estipular a exclusão da eventual a alternatividade encontrada na norma do art. 475.

Com efeito, é lícito à parte lesada optar pelo cumprimento forçado ou pelo rompimento do contrato, não lhe cabendo, todavia, o direito de exercer ambas as alternativas simultaneamente. A escolha, uma vez feita, pode variar, desde que antes da sentença. Vale dizer, a ação para a resolução do contrato pode ser exercida em substituição da ação para cumprimento, ainda que esta já tenha sido intentada, desde que não haja sentença, porque só esta (e não o simples pedido judicial) é decisiva e extingue o direito de escolha que, entre os dois remédios, a lei concede. Assim, julgado procedente o pedido de condenação do devedor ao cumprimento do contrato, não cabe deferir, simultaneamente, ao credor, a pretensão de resolução do pacto. No particular, em 2021 o STJ (*Informativo* n. 686) deliberou quanto à extinção contratual por cláusula resolutiva tácita (art. 475, CC), acerca da viabilidade de pedidos alternativos, ou seja, da opção do lesado pelo pedido de cumprimento ou resolução do contrato (REsp n. 1.907.653/RJ, rel. Min. Maria Isabel Gallotti, 4ª T., j. 23.02.2021).

Caso o contratante opte pela execução específica, observar-se-á o art. 497 do CPC, para insistir no cumprimento de contratos consubstanciados em obrigações de fazer e não fazer, bem como da letra *a* do mesmo artigo para a determinação das obrigações de dar coisa certa ou coisa incerta. Nas obrigações em dinheiro, as medidas poderão variar desde o cumprimento da sentença ou da execução extrajudicial, passando pela ação monitória (art. 700, CPC) e pela ação de cobrança, de acordo com a natureza do título que detém o credor. Somente o contratante lesado pode julgar se a prestação ainda lhe é útil. Não sendo, restará apenas a demanda resolutória (art. 395, parágrafo único, CC). Entretanto, se a prestação ainda lhe interessar, a hipótese ainda é de mora, o que justifica a manutenção da relação contratual. Nesse sentido, o art. 410 do CC dispõe que a estipulação da cláusula penal compensatória é apenas uma alternativa em benefício do credor. Com efeito, além da resolução contratual cumulada com o pedido sucessivo de multa contratual (nos casos de inadimplemento imputável ao devedor), nada impedirá a adoção da opção pela ação de cumprimento, subsistindo o interesse na prestação.

Nesse ponto, observa-se que o art. 499 do CPC dispõe que "a obrigação somente será convertida em perdas e danos se o autor o requerer ou se impossível a tutela específica ou a obtenção de tutela pelo resultado prático equivalente". A norma é clara no sentido de que a prestação de tutela pelo equivalente monetário há de ser a última solução de tutela jurisdicional do direito a ser oferecida ao demandante, devendo apenas ser prestada se impossível se tornar a tutela específica. Entendemos que a norma processual deve ser interpretada no sentido de estabelecer uma lógica preferência normativa pela tutela específica, cabendo ao credor, em cada caso concreto, o ônus argumentativo de demonstrar que a especificidade daquela relação obrigacional demanda uma imediata solução pela via da tutela ressarcitória. A parte demandante poderá cumular os pedidos de cumprimento e de resolução de forma subsidiária. Se a tutela específica se verificar inútil porque o réu não atendeu à condenação ou surgir o inadimplemento absoluto de forma superveniente, poderá o credor recorrer ao pedido subsidiário resolutório (art. 326, CPC). Em princípio, não admitimos o inverso, ou seja, o ingresso da ação de resolução com subsidiariedade de cumprimento, eis que na ação principal o autor revela o desinteresse na prestação e a desconstituição da relação.

No *Informativo* n. 800, de 20.02.2024, o STJ deliberou a respeito do cabimento de lucros cessantes na hipótese de resolução de contrato de promessa de compra e venda por inadimplemento da promitente vendedora. Em uma situação de resolução do contrato por descumprimento da avença, se o credor pleitear o cumprimento da obrigação, ele terá direito também aos prejuízos sofridos (danos emergentes e lucros cessantes). Por outro lado, se o credor optar pela resolução do contrato, ele só poderá pedir de forma cumulada a indenização relacionada aos danos que sofreu pela alteração de sua posição contratual. Dessa forma, na hipótese de se requer a resolução do compromisso de compra e venda, deve-se atender ao interesse contratual negativo da parte contratante, visando-se a colocar a parte compradora frustrada na mesma situação em que estaria se o contrato não tivesse sido realizado. Nesse sentido, mesmo sendo possível cumular o pedido de perdas e danos, que abarcariam tanto os danos emergentes como os lucros cessantes, estes últimos não poderiam ser considerados presumidos e muito menos decorrentes de aluguéis da própria coisa nas hipóteses em que há pedido de resolução. Sendo assim, com base nesse raciocínio, foi fixado o entendimento de que "É indevido o pagamento de indenização por lucros cessantes, no caso de rescisão de contrato de promessa de compra e venda de imóvel por inadimplemento da promitente vendedora" (STJ, Ag. Int. no REsp n. 1.881.482/SP, rel. Min. Marco Buzzi, rel. p/ ac. Min. Maria Isabel Gallotti, j. 06.02.2024).

Tradicionalmente, a doutrina não discutia a possibilidade de imposição de limites ao exercício de direitos subjetivos e potestativos. Porém, a doutrina do abuso do direito demonstra que o exercício do direito pode manifestar motivações ilegítimas e ofensivas à função para a qual ele fora concedido pelo ordenamento (art. 187, CC). O inadimplemento mínimo impede a adoção do remédio resolutório em situações caracterizadas pelo cumprimento de substancial de parcela do contrato pelo devedor que não tenha suportado adimplir pequena parcela da obrigação. O desfazimento do contrato acarretaria sacrifício desproporcional comparativamente à sua manutenção, sendo coerente que o credor procure a tutela adequada à percepção das prestações inadimplidas. Portanto, em tais situações de lesão ao princípio da boa-fé objetiva, é possível atender ao pedido subsidiário de cumprimento, evitando o sacrifício excessivo do devedor em face do pequeno vulto do débito. O adimplemento substancial decorre dos princípios gerais contratuais, de modo a fazer preponderar a função social do contrato e o princípio da boa-fé objetiva, balizando a aplicação do art. 475 (Enunciado n. 361 do CJF). Importante ainda analisar a teoria do inadimplemento antecipado. Em certos contratos, as partes fixam o momento para o cumprimento das prestações, mas as condutas praticadas por uma das partes revelam que fatalmente não será adimplente ao tempo convencionado. Nesses casos, adianta-se o remédio resolutório como uma espécie de antecipação do inadimplemento, concedendo ao prejudicado a possibilidade imediata de desconstituição da relação, em vez de aguardar pelo desenlace avisado e sofrer prejuízos ainda mais amplos.

Observa-se que a parte final do artigo em análise dispõe sobre a incidência das perdas e danos em qualquer das duas opções; contudo, não podemos olvidar da autonomia entre o pleito resolutório e a demanda indenizatória. O pleito resolutório relaciona-se com a impossibilidade da prestação para o credor, enquanto as perdas e danos decorrem da conduta culposa do devedor (arts. 393 e 396, CC). O inadimplemento não imputável ao devedor – como na hipótese do caso fortuito – afasta a indenização, excluindo da ação de resolução toda discussão acerca de danos emergentes e lucros cessantes, ou mesmo de cláusula penal prefixada pelas partes. Há uma tendência irrefreável de abolição da discussão de culpa na resolução contratual. A sua incidência se localiza nas demandas indenizatórias sucessivas. Por isso, foi editado o Enunciado n. 31 do CJF: "As perdas e danos mencionados no art. 475 do novo CC dependem da imputabilidade da causa da possível resolução".

Relevante, ainda, ampliar o espectro de incidência da resolução contratual diante dos deveres anexos oriundos da imposição do princípio da boa-fé (art. 422, CC). A lesão aos deveres laterais de proteção, cocooperação e informação induzem à chamada violação positiva do contrato, como modalidade autônoma de inadimplemento obrigacional, uma espécie de *tertium genus* ao lado da mora e do inadimplemento absoluto. Também conhecida como adimplemento ruim, sua incidência é autônoma à questão do cumprimento da obrigação principal, pois, mesmo diante do adimplemento da prestação, poderá uma das partes violar a confiança do parceiro, frustrando os interesses gerais da relação. O descumprimento desses deveres oriundos da boa-fé provoca inadimplemento e o consequente acesso do prejudicado ao direito potestativo de resolução contratual.

Caso, após a conclusão do contrato, sobrevenha a uma das partes contratantes diminuição em seu patrimônio, capaz de comprometer ou tornar duvidosa a prestação pela qual se obrigou, pode a parte a quem incumbe fazer a prestação em primeiro lugar recusar-se a esta, até que a outra satisfaça a que lhe compete ou dê garantia bastante de satisfazê-la.

## *Seção III*
## *Da Exceção de Contrato não Cumprido*

**Art. 476. Nos contratos bilaterais, nenhum dos contratantes, antes de cumprida a sua obrigação, pode exigir o implemento da do outro.**

O dispositivo trata da *exceptio* ou exceção de inexecução, forma de defesa incidente nos contratos sinalagmáticos, com a finalidade de assegurar que as obrigações recíprocas se mantenham coesas. A exceção de contrato não cumprido é a faculdade atribuída a qualquer das partes de um contrato bilateral, em que não haja prazos diferentes para a realização das prestações, de recusar a prestação a que se acha adstrita, enquanto a contraparte não efetuar o que lhe compete. Via de consequência, uma das partes só poderá compelir a outra a prestar, caso proceda de igual modo, preservando-se o sinalagma funcional. As obrigações nascem unidas, em uma relação de correspectividade e interdependência, e assim deverão se manter durante a execução da relação contratual, preservando o contrato como um todo incindível, no qual avulta a realização integral da relação. A *exceptio*, portanto, representa a necessidade de respeitar ou garantir a relação contratual como um todo indivisível. Por conseguinte, não é o contrato que suspende na *exceptio*, porém a obrigação da parte, para constranger a outra ao cumprimento.

Atribui-se uma função de garantia à exceção. O descumprimento de uma obrigação instaura uma patologia na relação obrigacional, que pode ser enfrentada por diversos mecanismos, entre eles as garantias. Entre aquelas voltadas à proteção do crédito, tem-se a garantia geral representada pelo patrimônio do devedor e as garantias especiais, pessoais ou reais que importam um reforço qualitativo da massa patrimonial. Como explica Paulo Roque Khoury, nenhuma garantia elimina por completo o risco da inexecução. A exceção de contrato não cumprido ao impedir o sacrifício patrimonial do devedor, acaba por atuar a priori, ao passo que as garantias especiais somente atuam *a posteriori*, já na recuperação do crédito (KHOURY, Paulo Roque. A exceção do contrato não cumprido. Porto Alegre, *Ajuris*, v. 31, n. 94, p. 203/317, jun. 2004, p. 305).

Além da função de garantia, a *exceptio* estimula o cumprimento integral do contrato, servindo como remédio de autotutela destinado a defender o credor. Com efeito, ambas as partes do contrato devem respeitar o conjunto indivisível da relação, a ponto de não reclamar a prestação do outro contratante, sem que esteja disposto a executar a sua. A *exceptio* fundamenta-se na equidade e na boa-fé objetiva. O sistema jurídico pretende que as obrigações sejam executadas simultaneamente. A segurança do comércio jurídico demanda o respeito pelas obrigações assumidas, de modo a unir o destino das duas obrigações, de forma que cada uma só seja executada à medida que a outra também o seja. Vislumbra-se, assim, uma verdadeira situação de interdependência, que assegura não apenas o interesse das partes na realização da finalidade comum (função social interna), mas satisfaz a ordem social, que procura pelo adimplemento como imposição da justiça comutativa (função social externa). A aplicação da exceção de inexecução é a forma de garantir que as obrigações recíprocas se mantenham coesas, a fim de que uma das partes só possa ser compelida a prestar, caso a outra proceda de igual modo, preservando-se o sinalagma funcional. Na verdade, como exceção de direito material, a *exceptio* é uma especificação normativa da aplicação da máxima *tu quoque* – não faça aos outros aquilo que não queira que façam a ti mesmo –, regra de ouro que impede a constituição desleal de direitos subjetivos, por meio de dois pesos e duas medidas.

Nos casos de descumprimento temporário, a *exceptio* será uma maneira de pressão voltada a compelir o outro contratante a executar. Aqui ocorre a suspensão da obrigação do devedor para constranger o cocontratante a executar. Por isso, a exceção de inexecução possui carga cominatória que não se revela na mera suspensão do contrato. Mas, se restar constatada a absoluta impossibilidade de cumprimento, o credor lesado buscará a resolução contratual pelo inadimplemento, desvinculando-se da relação obrigacional (art. 475, CC). Note-se que a exceção de contrato não cumprido é uma forma de oposição temporária à exigibilidade do cumprimento da obrigação. Assim, é impróprio sua inserção no capítulo relativo à extinção do contrato (art. 472, CC). Em outras palavras, a *exceptio* funciona como mero retardamento da prestação mediante defesa indireta de mérito pelo excipiente ou, mais propriamente, alegação em defesa de uma exceção substancial dilatória, como fato impeditivo ao direito do autor (art. 350, CPC). Enquanto o autor da demanda não cumpre a sua prestação, poderá se recusar a realizar a sua contraprestação.

Importante também observar que o direito de retenção também é uma exceção substancial dilatória, por meio da qual o possuidor de boa-fé retém o bem, ainda que posteriormente à sentença de restituição do imóvel, como forma de constranger o retomante a indenizá-lo por benfeitorias necessárias ou úteis. Mas deve-se ter em mente que o direito de retenção refere-se, tão somente, a uma obrigação secundária do contrato. O retentor já cumpriu sua obrigação principal, não havendo mais prestação a ser suspensa (*v. g.*, o locatário já pagou todos os aluguéis). O direito de retenção procede de uma conexão existente entre o crédito e a detenção do bem, enquanto a exceção de contrato não cumprido recai sobre uma ligação de interdependência e reciprocidade existente entre as obrigações no contrato bilateral.

O nexo de interdependência entre as prestações faz com que a *exceptio* estenda a sua eficácia a terceiros, alcançando todos aqueles que, no contrato, substituam qualquer das partes – *inter vivos* (*v. g.*, cessionário e credores) e *causa mortis*. Vale dizer, se o objetivo contemporâneo do direito das obrigações é proteger a relação de forma global e sistêmica, a *exceptio* seria debilitada caso apenas pudesse ser invocada ao parceiro, mas não contra terceiros que interferem na relação sinalagmática. Importante observar, que a autonomia privada também incide sobre a *exceptio*. Os contratantes podem, de comum acordo, afastá-la mediante previsão contratual, não se tratando de norma de ordem pública.

Se as duas prestações devem ser executadas sucessivamente, a parte que primeiro deve executar não poderá invocar a *exceptio*, já que a prestação da outra parte ainda não é devida; mas, à que tem de prestar em segundo tempo, cabe o poder de invocá-la, se a primeiro deixou de cumprir. Ilustra-se com a promessa de compra e venda. Como ressai do art. 1.418 do CC, primeiro o promitente comprador integraliza as prestações, depois o promitente vendedor outorga a escritura definitiva.

A *exceptio non rite adimpleti contractus* poderá ser alegada nos casos de cumprimento incompleto, defeituoso ou inexato da prestação por um dos contraentes. Aqui, o outro poderá recusar-se a cumprir a sua obrigação até que a prestação se complete ou melhore. O legislador não definiu a sua natureza e extensão, prevalecendo a razoabilidade. Nos casos de inadimplemento total, a prova da exceção recai sobre o contraente que não cumpriu a obrigação. Já na execução incompleta, o ônus probatório recai sobre aquele que a invoca, pois se presume regular o pagamento aceito.

Ao ensejo, referimos o Enunciado n. 652 da IX Jornada de Direito Civil do CJF: "É possível opor exceção de contrato não cumprido com base na violação de deveres de conduta gerados pela boa-fé objetiva". O enunciado possui a seguinte justificativa: "Além dos deveres primários e secundários de prestar, também guardam relação com os interesses de prestação os deveres anexos ou instrumentais. Como a nomenclatura sugere, são deveres que se apresentam de forma anexa ao dever principal, otimizando o adimplemento satisfatório e mais atrelados ao 'como' prestar do que ao 'que' prestar. Sua peculiaridade está no fato de que tais deveres são sempre gerados pela boa-fé, de modo que sua fonte não reside na vontade das partes, mas sim no modelo prescritivo da boa-fé, quando chamado a integrar o conteúdo contratual. Sob a ótica dos deveres anexos ou instrumentais, a aplicação da exceção de contrato não cumprido se torna possível porque são insertos no interesse de prestação com grau de vinculação imediata, de modo a refletir no adimplemento satisfatório dos deveres de prestação primários e secundários. Em outras palavras, se o descumprimento de dever anexo gera inadimplemento de dever inserido em relação sinalagmática, há campo de operação para a *exceptio non adimpleti contractus*. Nota-se que o âmbito de operação da exceção de contrato não cumprido para os deveres anexos está atrelado ao sinalagma contratual entre as prestações primárias ou secundárias. Isso ocorre porque os deveres anexos são 'avoluntarísticos' e reportam à atividade integrativa da boa-fé objetiva. Tal gênese impossibilita que as partes contratantes tenham estabelecido correlação e correspectividade entre deveres anexos, mas não significa que eles não possam causar abalo na relação sinalagmática ocupada por outros deveres de prestar".

Relevante debate atual gira em torno dos limites do exercício da *exceptio*. Em sede constitucional, urge sempre precisar a proporcionalidade entre a inexecução da contraparte e o exercício da exceção. Será caracterizada como abuso do direito e, portanto, como ato ilícito (art. 187, CC) a conduta do excipiente que recusa cumprimento em razão de um inadimplemento mínimo praticado pela contraparte. No adimplemento substancial, a quebra de proporcionalidade entre a insignificante ofensa do direito e a alegação da *exceptio* acaba se convertendo em uma escusa indevida ao cumprimento do contrato. As pretensões de exceção excessivas podem ser analisadas sob o prisma do princípio da boa-fé objetiva, não sendo razoável a recusa total da prestação diante de uma falta sem maior gravidade e desprezível do ponto de vista da economia do negócio jurídico. Ilustrativamente, se A deveria entregar cinco veículos a B, mas deixa de cumprir com a remessa de um dos automóveis, não pode B se recusar a pagar o todo, amparado na inexecução de 20% da obrigação. Justo seria a recusa do pagamento na medida proporcional. A teoria do adimplemento substancial somente deve ser aplicada no caso da *exceptio non rite adimpleti contractus*, na qual há execução incompleta e defeituosa. Nas hipóteses em que o inadimplemento é mínimo, o vínculo contratual é mantido, não permitindo que o contratante não inadimplente busque dissolver o contrato. Então, não poderá a parte alegar, abusivamente, o leve descumprimento contratual para não cumprir com a prestação que lhe cabe. Na casuística, o magistrado valorará a gravidade do descumprimento ocorrido, só permitindo que a exceção paralise a pretensão posta quando for ela relevante para a economia contratual.

Quando o contrato envolver a aquisição ou a utilização pessoal de bens classificados como essenciais, a doutrina e os tribunais têm tendido a firmar o entendimento de que a norma do art. 475 deve ser mitigada, especialmente, nos casos de inadimplemento em contratos destinados à satisfação de necessidades existenciais, como saúde, educação e segurança. Nesses casos, a suspensão da prestação de serviços essenciais que compõem o mínimo existencial corresponde ao exercício de um direito de forma reprovável, desumana e ilegal. Assim, o prestador de serviços públicos deverá exercer sua atividade de maneira adequada, eficiente, segura e contínua e, em caso de atraso por parte do usuário, não poderia cortar o seu fornecimento, expondo o consumidor ao ridículo e ao constrangimento (arts. 22 e 42, CDC). Para receber seus créditos, possui o fornecedor os meios legais próprios, não podendo fazer justiça privada porque não mais vivemos nessa época, mas, sim, sob o império da lei, afinal os litígios são compostos pelo Poder Judiciário, e não pelo particular. O fornecimento de bens primários é serviço público indispensável, subordinado ao princípio da continuidade, sendo impossível a sua interrupção e muito menos por atraso no seu pagamento.

Nada impede que no exercício da autonomia privada em contratos simétricos e paritários, os contratantes incluam em sua gestão de riscos o afastamento do exercício da *exceptio non adimpleti*, considerando-se que, em contratos interempresariais ou intercivis, prevaleça a alocação de riscos por eles definida (art. 421-A, II, CC).

Por fim, no cenário da pandemia, a depender da composição do concreto programa contratual e dos interesses atingidos, a par da impossibilidade da prestação (art. 234, CC), a resolução por inadimplemento (arts. 474 e 475, CC), resolução/revisão por onerosidade excessiva (arts. 317 e 478, CC), ou mesmo uma repactuação espontânea, a melhor forma de atravessar uma fase difícil é colocar o contrato em modo hibernação, suspendendo-se a execução do objeto do contrato, postergando-se os deveres de prestação para ulterior momento. Nesse sentido, o art. 476 do CC permite a qualquer dos contratantes interromper a execução de sua prestação contratual, caso o outro deixe de cumprir obrigação anterior da qual a realização da primeira dependa. Em outras palavras, se uma parte não consegue atuar e isso compromete a capacidade de a outra parte honrar o acordado, o melhor a se fazer é suspender o contrato até que uma das duas (ou ambas) volte(m) a ter condições de retomá-lo. Dessa forma, sobeja mantida a característica da bilateralidade que implica o cumprimento simultâneo das obrigações, assegurando-se o equilíbrio das posições contratuais no período de exceção.

---

**Art. 477. Se, depois de concluído o contrato, sobrevier a uma das partes contratantes diminuição em seu patrimônio capaz de comprometer ou tornar duvidosa a prestação pela qual se obrigou, pode a outra recusar-se à prestação que lhe incumbe, até que aquela satisfaça a que lhe compete ou dê garantia bastante de satisfazê-la.**

---

Quando houver risco de descumprimento em contrato comutativo, surge uma específica modalidade de exceção, a exceção de suspensão, designada por Pontes de Miranda como exceção de inseguridade. Aqui o legislador se preocupou com as hipóteses nas quais um dos contratantes se torna insolvente ou há dúvidas sobre a execução da prestação devido a sua redução patrimonial. Havendo insegurança objetiva sobre o adimplemento da obrigação, é atribuída ao contratante a possibilidade de retardar sua própria prestação até que a outra parte efetue a sua prestação ou dê garantias suficientes. A situação se afigura ainda que não configurado o inadimplemento anterior ao termo, mas se afigura alta a probabilidade de, no futuro, o devedor não adimplir sua obrigação no tempo, modo e lugar ajustados, a autorizar o credor a agir de imediato no sentido de proteger o seu crédito A norma pressupõe a contratação de prestações sucessivas, pois aquele que faria o pagamento em primeiro lugar terá legitimidade para recusar o pagamento devido à insegurança de ordem patrimonial.

Apesar das diferenças concernentes às circunstâncias fáticas que atraem um ou outro modelo jurídico, por seu próprio enquadramento sistemático, a exceção de inseguridade é espécie do gênero "direitos de exceção", também composto pela exceção do contrato não cumprido e a *exceptio non rite*. Apesar de os arts. 476 e 477 figurarem no capítulo da extinção dos contratos, se o sinalagma visa a garantir que ambas as obrigações sejam adimplidas, ele deve atribuir às partes outros instrumentos além da extinção da relação jurídica. Portanto as exceções sinalagmáticas funcionam para preservar o vínculo jurídico e proteger uma das partes dos riscos do contrato, sempre tendo por fim garantir o cumprimento de ambas as obrigações. O art. 477 cuida do risco do descumprimento da prestação, aplicável aos contratos sinalagmáticos em que, apesar de não configurado o inadimplemento anterior ao termo, afigura-se alta a probabilidade de, no futuro, o devedor não adimplir sua obrigação no tempo, modo e lugar ajustados, a autorizar o credor a agir de imediato no sentido de proteger o seu crédito.

Importante atentar que a norma em comento não cuida da chamada "quebra antecipada do contrato" ou inadimplemento antecipado, mas sim de risco do descumprimento da prestação. O suporte fático objetivo do risco do descumprimento é a hipótese de deterioração patrimonial do devedor. A perda patrimonial característica do risco de descumprimento deve ser superveniente à formação do contrato e grave o suficiente para suscitar dúvida quanto à efetiva possibilidade de adimplemento da prestação. O aumento da dificuldade de prestar do credor só pode ser avaliado por uma comparação na qual se toma como base a situação na qual o contrato foi celebrado. Se a dificuldade for anterior, estamos no âmbito da anulabilidade por erro. Em reforço, a desconfiança deve ser objetiva, não sendo suficiente a mera insegurança de que o patrimônio da outra parte foi afetado por perda superveniente. Por isso, o risco do descumprimento não pode ser confundido com o inadimplemento antecipado. O inadimplemento anterior ao termo – assim como o inadimplemento posterior ao termo – subordina-se à identificação da conduta culposa do devedor. Contudo, a aplicação da exceção de insolvência ou risco do descumprimento da prestação independe da culpa da parte que que sofreu abalo patrimonial. Por essa razão, se utiliza a expressão risco de descumprimento, e não risco de inadimplemento, que pressuporia a culpa do devedor. Verifica-se, desse modo, que o dispositivo busca assegurar o equilíbrio contratual, minimizando o risco de descumprimento, pois a prestação a ser recusada ainda não é exigível pelo credor, mas provavelmente não será realizada ao seu tempo. O escopo não é punir o contratante, mas apenas proteger o equilíbrio contratual.

O risco de descumprimento corresponde a uma exceção material do credor, assim como de uma pretensão deste, já que, se o contratante fragilizado não fornecer as novas garantias que lhe são exigidas, poderá ajuizar ação de resolução com pedido de indenização ou executar a prestação da contraparte antes do prazo previsto mediante a tutela específica das obrigações de dar, fazer ou não fazer (art. 497, CPC). Tal como ocorre na exceção material da prescrição – na qual se faculta ao devedor neutralizar a pretensão do credor –, em determinadas situações de insegurança (objetiva) sobre adimplemento da outra parte, o devedor pode opor ao exercício da pretensão ao cumprimento um poder que o paralisa, prevalecendo a eficácia deste sobre aquele. A exceção de inseguridade, como espécie de garantia contra o risco do descumprimento, também é materializada nas específicas situações dos arts. 495 e 590 do CC. Essas normas são derivações do presente art. 477. Esses artigos possibilitam ao vendedor paralisar a entrega de sua prestação – mesmo que, por força do contrato, tivesse de pagar em primeiro lugar – até que o comprador lhe forneça garantia de cumprimento (art. 495, CC); e, ao credor do contrato unilateral de mútuo, a pretensão a uma garantia de adimplemento quanto ao valor a ser restituído pelo mutuário (art. 590, CC).

Em um contexto de covid-19, como se pode aplicar a exceção de inseguridade? O art. 477 traz um remédio menos drástico que o desfazimento do contrato, compatível com a atual situação de incerteza O dispositivo alude ao conceito de patrimônio. Quando este varia negativamente, impedindo ou dificultando substancialmente o adimplemento futuro, satisfaz-se o requisito da exceção. Nas hipóteses de risco de descumprimento não raro a mudança *in pejus* é ocasionada por fatores absolutamente alheios à conduta do devedor. Se, por um lado, a inimputabilidade da conduta inviabiliza o recurso à resolução, por outro a execução específica ou a perda de danos não impede, todavia, o exercício da exceção de inseguridade, modelo jurídico cuja atuação demanda a não satisfação do interesse do credor.

Conforme explicam Bernardo Bissoto Queiroz de Moraes e Luca d'Arce Giannotti, o fundamental é perceber que, assim concebida, a mitigação patrimonial também pode ser causada por pressões externas ao patrimônio do devedor, como a redução nas vendas decorrente do fato do príncipe. Na pandemia, esse agravamento do risco de inadimplemento futuro afeta quase todos, mas somente a casuística determinará o grau do que se tenha como o risco substancial. A potencialidade do instituto em tempos de covid-19 é clara. O risco de perda (não adimplemento) da contraprestação é atual e, no mais das vezes, por conta da conjuntura, não se fundamenta em mero comportamento oportunista de uma parte que, querendo se desvincular de uma obrigação, pretende a utilização desse remédio jurídico. As mudanças (para pior) da situação patrimonial de pessoas jurídicas (pense-se, por exemplo, nas empresas de transporte aéreo) e pessoas físicas (como os milhares de profissionais liberais afetados pelas medidas públicas de isolamento) são notórias e só fazem crer que, infelizmente (pelas circunstâncias), esse mecanismo de autotutela do art. 477 – que, ressalte-se, visa manter íntegro o sinalagma funcional – goza de uma aplicabilidade como nunca teve no Brasil, em seus pouco mais de cem anos de existência. Uma conveniente "exceção" em um ordenamento jurídico em regra indiferente às condições econômicas dos contratantes (MORAES, Bernardo Bissoto Queiroz de; GIANOTTI, Luca d'Arce. A exceção de inseguridade e a tutela do devedor em tempos de covid-19. Disponível em: https://www.conjur.com.br/2020-abr-29/direito-civil-atual-excecao-inseguridade-tutela-devedor-tempos-covid-19. Acesso em: 18.07.2020).

## *Seção IV*
## *Da Resolução por Onerosidade Excessiva*

**Art. 478. Nos contratos de execução continuada ou diferida, se a prestação de uma das partes se tornar excessivamente onerosa, com extrema vantagem para a outra, em virtude de acontecimentos extraordinários e imprevisíveis, poderá o devedor pedir a resolução do contrato. Os efeitos da sentença que a decretar retroagirão à data da citação.**

Atualmente, os contratos devem ser compreendidos à luz das diretrizes da autonomia privada; boa-fé objetiva; função social do contrato; e equilíbrio contratual. A principiologia contemporânea contratual demanda um amálgama, ou seja, uma conformação entre o autorregramento de interesses privados e as escolhas de fundo do ordenamento jurídico. A previsão da resolução por onerosidade excessiva na legislação brasileira atende prioritariamente a este último (sem excluir os demais princípios), como derivação da igualdade material, materializada no direito das obrigações pelo equilíbrio das prestações nos contratos comutativos, refletindo na proporcionalidade na valoração do conteúdo material do negócio jurídico. Portanto, o equilíbrio contratual não se confunde com a boa-fé objetiva e a função social do contrato, emanações imediatas do princípio constitucional da solidariedade nas relações privadas. Em brevíssima síntese, a boa-fé objetiva opera no plano horizontal, atuando como critério de hermenêutica contratual (art. 113, CC), orientando os contratantes a agir conforme parâmetros de honestidade e correção (art. 422, CC) – integrando a relação obrigacional por meio de deveres anexos de proteção, cooperação e informação – e evitando o exercício disfuncional de situações jurídicas (art. 187, CC). Em complemento, o princípio da solidariedade se espraia pelo direito civil por meio da cláusula geral da função social do contrato (art. 421, CC), de natureza exógena à relação interprivada, localizando-se no plano vertical da oponibilidade do contrato a terceiros, individualmente ou coletivamente expostos aos efeitos da relação obrigacional.

O equilíbrio contratual atua sobre o sinalagma, entendido como o estado de correspectividade entre duas obrigações em situação de interdependência. O seu impacto se verifica em dois momentos: a) ao tempo da celebração do contrato, pela preservação do sinalagma genético da relação obrigacional, adotando-se o instituto da lesão (art. 157, CC) como forma de combate à elevada desproporção originária entre as prestações; e b) ao tempo da execução do contrato, assegurando-se o sinalagma funcional, que pode ser perturbado por acontecimentos extraordinários que minam a correspectividade das obrigações, conduzindo um dos contratantes à posição de onerosidade excessiva. O fato é que as obrigações são exercidas em paralelismo e todo acidente na vida de uma delas repercute no ciclo vital da outra obrigação. Conforme veremos, tanto o art. 478, como o art. 317, cuidam especificamente da intervenção do princípio do equilíbrio contratual nas vicissitudes da obrigação, sem que se exclua a incidência de outras regras.

O legislador de 2002 inovou ao inserir a onerosidade excessiva no CC. Diferentemente, o CC/1916 tinha como base a rigidez contratual, com arrimo no modelo oitocentista do *pacta sunt servanda*, pelo qual as convenções eram leis entre as partes (art. 1.134 do Código francês de 1804) e, consequentemente, o conteúdo contratual se tornava intangível. Em contrapartida, no modelo atual, observa-se a mitigação dessa inflexibilidade contratual, considerando-se que acontecimentos novos, de variada natureza, podem alterar o programa contratual originário, impedindo as partes de retirar da operação as vantagens esperadas ou até transformando-a em fonte de prejuízos. Se, em princípio, o contrato deflui de declarações de vontade socialmente vinculantes pela confiança, no qual as partes definem o sentido de equilíbrio, o ordenamento jurídico deve excepcionalmente aceitar a juridicidade de novos fatos que revolucionam o programa contratual.

Em uma brevíssima incursão temporal, descrevemos cincos soluções para o fenômeno da alteração das circunstâncias nos contratos de execução sucessiva, que variam entre um mínimo e um máximo de intervenção contratual: a) *pacta sunt servanda* – dado o consentimento ao tempo da celebração, em atenção ao princípio da segurança jurídica prevalece a força obrigatória dos contratos e sua imutabilidade, tendo as partes que honrar a palavra dada por mais injusto que se torne o contexto superveniente; b) *rebus sic stantibus* – um giro de 180 graus em relação à formulação precedente. Surge no direito canônica e se baseia na noção de que em todo o contrato há uma cláusula implícita pela qual as obrigações somente vinculam as partes se as coisas permanecerem iguais; c) imprevisão – esta teoria representa uma moderação da anterior, permitindo que apenas as circunstâncias imprevisíveis alterem o conteúdo do contrato; d) pressuposição – desenvolvida por *Windscheid* – escola pandectista. Trata-se de uma condição não desenvolvida ou explícita, pela qual a execução do contrato se vincula a que uma determinada circunstância subjetiva exista, apareça ou persista. Se esse pressuposto não for realizado, haverá frustração do contrato. Ilustrativamente, A loca uma casa de veraneio de B para o mês de julho, sob a falsa pressuposição que teria férias no período; e) base objetiva do negócio – desenvolvida na Alemanha sucessivamente por Oertmann, Lehmann e Larenz. Parte da premissa de que certas circunstâncias objetivamente são determinantes para os contratantes e que, se soubessem que seriam outras no futuro, jamais as realizariam.

A excessiva onerosidade superveniente está diretamente relacionada à alteração das circunstâncias. A onerosidade excessiva, por si só, não é o elemento diferencial dessa forma de resolução contratual. Ela se estende no CC como propulsor de outros modelos jurídicos. Ilustrativamente, a redução equitativa da cláusula penal é consequência de sua onerosidade excessiva (art. 413, CC), bem como o abuso do direito poderá resultar de uma onerosidade excessiva (art. 187, CC). Com efeito, à luz do Enunciado n. 358 do CJF: "O caráter manifestamente excessivo do valor da cláusula penal não se confunde com a alteração das circunstâncias, a excessiva onerosidade e a frustração do fim do negócio jurídico, que podem incidir autonomamente e possibilitar sua revisão para mais ou para menos".

Antes de partirmos para a análise deste importante dispositivo legal, convém esclarecer que a vicissitude da quebra do sinalagma funcional em contratos bilaterais dificulta extremamente o cumprimento da obrigação de um dos contratantes, mas mantém a possibilidade da execução da prestação. Ou seja, quando tratamos do amplo conceito de "impossibilidade" no direito das obrigações, é importante ponderar que uma alteração de circunstâncias que acarrete excessiva onerosidade se trata de uma impossibilidade objetiva relativa da prestação qualificada por um agravamento do sacrifício econômico de uma das partes, sem contudo chegar ao ponto de uma exoneração por impossibilidade objetiva absoluta e superveniente da prestação, seja por impossibilidade material ou jurídica do objeto (arts. 234, 246 e 248, CC) ou uma impossibilidade por força maior (art. 393, CC), vazada na deflagração de fato necessário e inevitável que rompe o próprio nexo causal entre a inexecução e o dano sofrido pelo outro contratante, afastando a mora ou o inadimplemento absoluto. A alteração das circunstâncias aqui analisada também difere da ocorrência de um evento que acarrete a perda completa no interesse originário da prestação, não obstante a possibilidade material de sua efetivação. Ou seja, casos em que a *performance* ainda é literalmente possível, mas radicalmente diversa da causa concreta do contrato. Conforme o teor do Enunciado n. 166 do CJF: "A frustração do fim do contrato, como hipótese que não se confunde com a impossibilidade da prestação ou com a excessiva onerosidade, tem guarida no Direito brasileiro pela aplicação do art. 421 do CC".

Nesse momento, nossa análise debruça-se sobre a interação da onerosidade excessiva com a alteração das circunstâncias em que as partes balizaram a contratação, suprimindo o equilíbrio do conteúdo contratual, acarretando impossibilidade econômica. Quer se explique a resolução do contrato por se considerar subentendida a cláusula *rebus sic stantibus*, quer pela teoria da imprevisão, ou da base do negócio, a verdade é que no direito contemporâneo a alteração radical das condições econômicas dentro das quais o contrato foi celebrado é considerada uma das causas que, com o concurso de outras circunstâncias, pode determinar a sua resolução.

Como se extrai de sua primeira parte, aplica-se o art. 478 aos contratos de execução continuada ou diferida, enfim, aos contratos de duração. Evidentemente, os contratos instantâneos são imunes à alteração das circunstâncias pois em sua própria gênese já se verifica a execução, não havendo um lapso temporal entre a celebração e a produção de seus efeitos típicos. Nada obstante, quando o contrato protrai no tempo, a longevidade incrementa os riscos, em um ambiente diverso do pactuado. O contrato de duração será submetido à resolução mediante a cumulação de alguns requisitos: 1) eclosão de fato superveniente extraordinário que gere onerosidade excessiva; 2) acontecimento imprevisível; 3) extrema vantagem para a outra parte.

Observa-se que o legislador qualificou a alteração por fato superveniente como extraordinária e imprevisível. Portanto analisaremos os dois requisitos conjuntamente, tendo em vista a grande dificuldade de dissociá-los. Nessa senda, extraordinário não é apenas o evento que dilapida a equação econômica do contrato, mas sobretudo aquele que está fora dos riscos normais do contrato. Não há contrato sem liberdade e o reverso da liberdade é a responsabilidade. Portanto, as partes assumem os riscos materializados para aquele determinado tipo de contrato. Isso é inerente à fisiologia do negócio jurídico, sem que se apele a uma intervenção do ordenamento jurídico. Os riscos conexos à operação serão suportados pelas partes. Exemplificativamente, em um contrato de construção, a possibilidade de fortes chuvas, greves, ou variação de preços de insumos compõem a álea ordinária do ajuste; o mesmo não se diga de uma longa ocupação do terreno por parte de uma seita de fanáticos à espera de um "evento celestial". Nessa linha, o Enunciado n. 366 do CJF expõe o entendimento de que: "O fato extraordinário e imprevisível causador de onerosidade excessiva é aquele que não está coberto objetivamente pelos riscos próprios da contratação". Ocorre um gravame no cumprimento da prestação que, por sua relevância, vai transcender a exigência do razoável. O risco impróprio é o rompimento grave da equivalência. Em função da alteração das circunstâncias, um dos contratantes é conduzido ao "limite do sacrifício". Nessa circunstância de peculiar gravidade do acontecimento causador do posterior desequilíbrio, excepcionalmente o legislador defere ao contratante a resolução, como instrumento de libertação do custoso vínculo que o oprime.

Para facilitar a compreensão sobre o que consiste na expressão "riscos próprios do contrato", devemos sempre nos referir a critérios objetivos, que afastem a discricionariedade judicial. Sem caráter exaustivo, podemos elencar os seguintes: a) conjuntura do mercado – existem mercados que se inserem em um contexto de riscos com oscilações frequentes, como um ambiente inflacionário ou de constante oscilação cambial; b) a natureza do contrato – determinados negócios jurídicos fazem do risco a sua essência. Tratar de alteração de circunstâncias em um contrato de empreitada é algo bem diverso de um contrato de mandato. Nesse sentido, na I Jornada de Direito Comercial do CJF, emitiu-se o Enunciado n. 35: "Não haverá revisão ou resolução dos contratos de derivativos por imprevisibilidade e onerosidade excessiva (arts. 317 e 478 a 480 do CC)". Com efeito, nos contratos derivativos a especulação é da essência); c) a qualificação das partes – há evidente distinção na hermenêutica de contratos interempresariais e intercivis. Profissionais acostumados a determinado tipo de contratação, tendem a dominar os seus riscos próprios, o mesmo não se diga de particulares, frequentemente neófitos em certa atividade contratual. Esse critério não é inflexível, pois existem negócios interempresariais de adesão (*v. g.*, contrato de franquia), em que há uma situação de assimetria e dependência de uma parte a outra, demandando diversa análise; d) o objeto contratual – contratos de lucro são aferidos diversamente de contratos existenciais. Enquanto naqueles ambas as partes procuram vantagens econômicas, nos contratos existenciais uma das partes visa aceder a um bem fundamental para a satisfação de suas necessidades e de seus familiares. Nas relações civis podemos ilustrar com contratos de locação residencial ou aquisição de imóveis para moradia.

Conexa à extraordinariedade, coloca-se a imprevisibilidade do fato superveniente. A análise literal do art. 478 pode conduzir, equivocadamente, à conclusão de que o CC adotou a teoria da imprevisão, um modelo voluntarista de ênfase subjetiva, pela qual o fundamental seria precisar se as partes previram ou não o evento extraordinário. Quer dizer, a previsibilidade seria ligada ao tempo da contratação: se previram, nada muda, afinal, o ordenamento não tutela o contratante desidioso que não aventou a possibilidade de configuração de acontecimentos comuns, de cunho econômico, político ou social. Se não previram a alteração superveniente, em tese caberia a intervenção judicial sobre a economia do contrato, pois as novas circunstâncias teriam escapado à vontade que forjou o contrato. O contrato só obriga para o previsível. Nada obstante, entendemos que a interpretação mais adequada para o conceito de acontecimento imprevisível deve diferir de um evento imprevisto: imprevisível qualifica o fato em si, enquanto imprevisto descreve o estado de espírito do agente. Por isso, pode-se afirmar que a imprevisibilidade só pode ser objetiva, pois independe da análise da situação psíquica das partes. Resulta de uma observação feita de fora. O imprevisível corresponde aos efeitos absolutamente anômalos do fato extraordinário, a despeito de sua imprevisão. Assim, a imprevisibilidade se liga intimamente com a extraordinariedade do evento. O extraordinário reforça o imprevisível. Conjugando-se os dois qualificativos, conclui-se que apenas os riscos absolutamente anômalos e subtraídos da possibilidade de razoável previsão e controle dos operadores econômicos são aptos a acarretar a resolução do contrato. A lógica, em suma, é sempre essa. Cada contrato comporta, para quem o faz, riscos mais ou menos elevados. Assim, a norma visa tutelar o contratante dos riscos anormais, que nenhum cálculo racional econômico permitiria considerar, mas deixa ao seu cargo os riscos tipicamente conexos com a operação, que se inserem no andamento médio daquele dado mercado. Esse também é o entendimento do CJF, como se depreende do conteúdo do Enunciado n. 175: "A menção à imprevisibilidade e à extraordinariedade, insertas no art. 478 do CC, deve ser interpretada não somente em relação ao fato que gere o desequilíbrio, mas também em relação às consequências que ele produz".

Antes de avançar ao próximo requisito, convém indagar se o evento extraordinário e de consequências imprevisíveis se estende aos contratos aleatórios. Questiona-se a necessidade de comutatividade ou não das prestações. Em princípio, poder-se-ia supor a inaplicabilidade da onerosidade excessiva aos contratos aleatórios, por lhes faltar o caráter da reciprocidade, sendo patente a existência de um acentuado risco quanto ao desequilíbrio originário nos contratos em que ao menos uma das prestações é incerta. Assim, é da essência do contrato de seguro a cobertura de risco de evento cuja ocorrência futura é incerta, de modo que pode o segurado pagar o prêmio por longo tempo sem nunca precisar da cobertura contratada, tanto quanto pode o segurador, depois de pouco tempo de recebimento do prêmio ter de honrar o valor do seguro, diante de sinistro sucedido. Excepcionalmente, um contrato aleatório se prestará à resolução ou revisão contratual quando a alteração de circunstâncias exceder as flutuações previsíveis para o desenho original daquele negócio. Mesmo nos contratos aleatórios os benefícios são proporcionais aos riscos sob pena de onerosidade excessiva. Há um equilíbrio que limita a extensão da álea e uma alteração fora da álea normal pode afetar consideravelmente o "preço" do risco. Os arts. 769 e 770 do CC ilustram bem a alteração das circunstâncias havendo considerável agravamento ou diminuição do risco que poderão ensejar uma redução ou aumento do valor do prêmio ou a própria resolução contratual. Um bom exemplo seria o alto valor do seguro de uma frota de ônibus cujo estacionamento se encontra na vizinhança de área com alto índice de violência e que em razão de exitosa estratégia de combate à criminalidade passa a demonstrar números reduzidos de crimes. A considerável redução do risco no contrato aleatório permite o acesso ao art. 478 do CC.

O terceiro requisito descrito no art. 478 se refere à extrema vantagem para a outra parte, como consequência do evento superveniente extraordinário e imprevisível. O que se requer na norma é a dupla eficácia do fato: o binômio onerosidade excessiva para uma das partes e extrema vantagem para outra. É compreensível a preocupação do legislador, haja vista que o desequilíbrio entre as prestações se torna mais evidente quando há, de um lado, onerosidade excessiva e, de outro, vantagem extrema. Contudo, é importante ressaltar o Enunciado n. 365 do CJF: "A extrema vantagem do art. 478 deve ser interpretada como elemento acidental da alteração de circunstâncias, que comporta a incidência da resolução ou revisão do negócio por onerosidade excessiva, independentemente de sua demonstração plena". Por conseguinte, a exigência do chamado "efeito gangorra" – a insuficiência da demonstração do empobrecimento de uma das partes – é inadequada, sendo despicienda a demonstração do nexo causal entre a perda econômica de um contratante e o enriquecimento experimentado pelo outro. Exigir que a alteração das circunstâncias atinja apenas uma das partes em benefício da outra implica esvaziar substancialmente esse modelo jurídico, vedando ao contratante fragilizado, por acontecimento superveniente extraordinário e imprevisível, o recurso final ao remédio resolutório, apenas por não provar o enriquecimento sem causa experimentado pelo parceiro contratual. Pelo contrário, é um dado da experiência que um dos contratantes se arruíne por causa da onerosidade excessiva, sem que a outra parte tenha sua situação significativamente alterada, a ponto de extrair grandes vantagens do evento superveniente. Pelo contrário, comumente, ambas as partes são colocadas em situação de extrema desvantagem.

Para além dos três requisitos enunciados – todos visualizados no texto normativo em exame –, pode-se afirmar a existência de um implícito requisito negativo à aplicação do art. 478 do CC. Trata-se da concorrência da atuação da parte prejudicada. Não se aplica a onerosidade excessiva caso a parte tenha atuado culposamente antes da incidência do evento extraordinário e imprevisível. Por essa razão, se o contratante se encontrava em mora (por deixar de realizar a prestação no tempo certo) ao tempo da onerosidade excessiva, terá de suportar todos os riscos do novo cenário ambiental. Assim, A faria o transporte marítimo de uma mercadoria de B, do Brasil para a Espanha. A estava em mora de trinta dias, e a prestação ainda era de interesse de B, quando eclode Guerra no Golfo Pérsico, elevando o preço do combustível em 50%. Caso A solicite a resolução contratual, sob o argumento do desequilíbrio superveniente, terá a sua pretensão rejeitada, com fundamento no *tu quoque*. Ora, aquele que viola determinada norma jurídica não poderá exercer a situação jurídica que essa mesma norma lhe atribui. Incide abuso do direito (art. 187, CC) por parte do contratante que exige o direito à resolução com base na norma violada. Com efeito, fere a sensibilidade ética e jurídica que alguém desrespeite um comando legal e, em seguida, venha a exigir de outrem o seu acatamento.

No fértil terreno das doutrinas emanadas da teoria do abuso do direito e, em complemento ao tópico pregresso, pode-se afirmar que não incidirá o art. 478 quando o fato superveniente extraordinário e imprevisível eclodir após o adimplemento integral das prestações. Teríamos um claro exemplo de aplicação da doutrina do *venire contra factum proprium* naqueles casos em que uma das partes cumpre rigorosamente com a sua carga obrigacional e, posteriormente, pratica um comportamento contraditório com a conduta pregressa, demandando intervenção judicial sobre contrato com eficácia exaurida antes da irrupção do fato que perturbaria aquela relação jurídica, assim lesando a legítima expectativa de confiança do outro contratante.

Aliás, identificados os pressupostos para a resolução contratual no curso da produção dos efeitos obrigacionais, a parte buscará no Poder Judiciário a extinção do contrato e, consequentemente, a sua liberação. Antes disso, não lhe é facultada a cessão unilateral de pagamentos, por mais grave que se revelem as novas circunstâncias, nem tampouco haverá qualquer eficácia no pedido de resolução se a parte, não obstante a severa alteração das condições contratuais, já houver concluído a execução das prestações. As prestações efetuadas antes do ingresso em juízo não podem ser revistas, pois a *solutio* espontânea do devedor produziu os seus naturais efeitos. Conforme se extrai da parte derradeira do enunciado normativo, "Os efeitos da sentença que a decretar retroagirão à data da citação". Mas não sendo facultado ao contratante cessar pagamentos ou recebimentos a pretexto de onerosidade excessiva – pois a intervenção na economia do contrato é obra da justiça –, as prestações dadas ou recebidas na pendência da lide estarão sujeitas à modificação na execução da sentença que for proferida. Some-se a isso que, teoricamente, "a ferro e fogo" a resolução enseja a restituição recíproca de todas as prestações em caráter retroativo. Mas como a realidade negocial é muito mais complexa que a lógica jurídica, em muitos casos será necessária a modulação da eficácia restitutória, salvaguardando-se determinadas consequências obrigacionais.

Em decisão de 2023 – *Informativo* n. 783 –, o STJ proclamou a resolução contratual com base no dispositivo em exame: "Pelo princípio da obrigatoriedade, o contrato faz lei entre as partes e é formalizado para ser cumprido. No entanto, também esse princípio não é absoluto, podendo sofrer limitações devido à teoria da imprevisão (ou cláusula *rebus sic stantibus*), sendo certo que, nessas hipóteses, o próprio CC, no art. 478, permite a resolução do contrato caso a obrigação tenha se tornado excessivamente onerosa para uma das partes" (Emb. Decl. no Ag. Int. no AREsp n. 1.809.319/RJ, 4ª T., rel. Min. João Otávio de Noronha, *DJe* 17.08.2023).

Porém, cabe indagar se, face à presença de todos os requisitos externados pelo art. 478 do CC, inevitavelmente a resolução contratual será a única resposta possível? Quer dizer, quando discorremos sobre o fenômeno do inadimplemento inimputável por inexigibilidade decorrente de uma impossibilidade econômica da prestação, podemos cogitar de alternativas para além da desconstituição do negócio jurídico? Examinaremos as condições em que a revisão contratual se aplica, tanto nos subsequentes arts. 479 e 480 como no art. 317 do CC.

Entretanto, podemos superar a dicotomia revisão/resolução contratual e cogitar da primazia da autonomia privada para a obtenção de soluções consensuais que propiciem uma planejada adaptação do contrato às novas circunstâncias. A Lei da Liberdade Econômica (Lei n. 13.874/2019) propiciou o art. 421-A do CC, que, em seu inc. I, faculta às partes negociantes a criação de pressupostos de revisão ou de resolução contratual. Doravante, no âmbito dos contratos civis e empresariais, o art. 478 do CC se coloca como regra subsidiária, apenas aplicável nos casos em que não houver uma gestão de riscos ou para os eventos supervenientes que extrapolem a álea, ingressando no terreno da "imprevisibilidade". Portanto, a heteronomia sucumbe perante a autonomia. Seguindo a noção de Enzo Roppo do contrato como vestimenta das operações econômicas, o art. 421-A captura um redimensionamento do sentido de contrato, que não mais se exaure no negócio jurídico bilateral que lhe deu origem, convertendo-se em uma "atividade contratual", realidade em permanente construção. Assim, é lícito às partes a delimitação consensual das esferas de responsabilidade para que possam se precaver contra eventuais vicissitudes. O contrato passa a ser tido como um instrumento jurídico posto à disposição das partes para a alocação de riscos economicamente previsíveis, viabilizando-se o estabelecimento de uma equação econômica que fundamentará a correspectividade das prestações, para hoje e para o futuro. Com a gestão de riscos, as partes convertem a causa abstrata do contrato em uma causa concreta. Assim, mal ou bem gerido, o risco superveniente não ensejará intervenção externa sobre o que se convencionou.

Nesse cenário renovado no qual o próprio contrato se converte em garantia de equidade, uma especial aplicação da gestão de riscos se dará pelo recurso à cláusula de *hardship*. Por intermédio dela, os contratantes prestigiam o princípio da conservação do negócio jurídico, estabelecendo um dever de renegociação para um contexto de "dificuldade" econômica, substituindo-se a resolução ou revisão judicial em um compromisso prévio para – na eventualidade das circunstâncias por eles traçadas – inaugurar-se um diálogo extrajudicial objetivando uma distribuição equânime dos riscos já materializados. A cláusula de *hardship* não apenas delimita as hipóteses em que surge o dever de renegociar, como avança para regulamentar o procedimento aplicável e as vias subsidiárias (revisão ou resolução) para a eventualidade da frustração da repactuação da avença.

Insta ressaltar, com base na doutrina de Paula Greco Bandeira, que os particulares não apenas estabelecem uma equação econômica entre as prestações alocando positivamente os riscos. É possível a alocação negativa dos riscos mediante contratos incompletos, deixando-se determinados elementos da relação contratual em branco, de modo a permitir que a gestão de riscos se concretize em momento futuro, *ex post*, por ocasião da verificação do determinado evento. A forma de preenchimento da lacuna "poderá ser integrada por terceiro, por uma ou ambas as partes, ou ainda, mediante a aplicação de fatores externos definidos no contrato" (BANDEIRA, Paula Greco. *Contrato incompleto*. São Paulo, Atlas, 2015, p. 233).

Em contratos onde não tenha sido inserida cláusula de *hardship*, pensamos ser viável a aplicação do princípio da boa-fé objetiva de forma a se impor um dever das partes de renegociar o conteúdo da avença em caso de onerosidade excessiva. Ou seja, dentro da função integrativa da boa-fé surgem deveres anexos de cooperação mútua que se aplicam para antes, durante ou depois do contrato, sendo que a sua violação acarreta a sanção do inadimplemento (art. 422, CC). A renegociação extrajudicial sobre as cláusulas atingidas pelo evento superveniente, extraordinário, imprevisível e que não foi objeto de gestão convencional, é uma derivação da incidência da boa-fé em todo o processo obrigacional. Não se trata, evidentemente, de um dever de se alcançar uma solução ou um resultado positivo, medida incoercível. O que se demanda é efetivo início de um processo de repactuação, mediante a comunicação à outra parte da incidência da alteração de circunstâncias, com apresentação a ela de uma proposta a ser estudada com seriedade, mesmo se eventualmente refutada. A nosso ver, a sua violação por uma das partes resultará em pretensão cumulativa de perdas e danos em favor da parte prejudicada, ao tempo em que ingressar com demanda de revisão ou resolução contratual. A recusa da renegociação diante do desequilíbrio contratual que eventualmente venha a favorecer economicamente uma das partes, enseja abuso do direito (art. 187, CC), com eficácia indenizatória. Tal ilícito funcional assume reflexamente uma função preventiva da futura responsabilidade civil, face ao interesse em evitar a excessiva judicialização das ações de revisão e resolução contratual. Destarte, somente quando fracasse a séria tratativa de renegociação, se dará o acesso aos arts. 478 e 479 do CC.

Todos os esclarecimentos anteriores são indispensáveis para que o leitor compreenda o alcance da alteração das circunstâncias no extraordinário contexto da covid-19. A pandemia do coronavírus levou ao reconhecimento oficial da ocorrência de estado de calamidade pública no Brasil (Decreto Legislativo n. 6, de 20.03.2020). A pandemia não é necessariamente sinônimo de onerosidade excessiva: a qualificação do fato jurídico do coronavírus depende da causa de cada negócio jurídico, ou seja, da averiguação do concreto programa contratual e a identificação de sua funcionalidade. É sempre importante lembrar que não há como qualificar abstratamente um acontecimento na teoria contratual. Dessa maneira, em contratos de execução continuada, a covid-19 poderá se manifestar por três eficácias: a) uma impossibilidade objetiva total e superveniente da prestação por força maior, implicando exoneração do devedor e resolução contratual. O rompimento do nexo causal decorre da necessariedade e inevitabilidade do evento. O afastamento do inadimplemento absoluto e da mora pode se dar por atos normativos que suspendem atividades ou inviabilizam o cumprimento de prestações. Alternativamente, a resolução também terá lugar nas hipóteses de frustração do fim do contrato. Situações em que, a despeito da permanência da viabilidade do cumprimento, a *performance* se torna algo radicalmente diverso da causa concreta do contrato. "A frustração do fim do contrato, como hipótese que não se confunde com a impossibilidade da prestação ou com a excessiva onerosidade, tem guarida no Direito brasileiro pela aplicação do art. 421 do CC" (Enunciado n. 166 do CJF); b) uma impossibilidade objetiva relativa da prestação, na qual há um agravamento do sacrifício econômico originário do negócio jurídico. Nas hipóteses de onerosidade excessiva a prestação ainda é viável, mas para se evitar o extremo desequilíbrio o ordenamento oferece um rol de alternativas que passam pela revisão contratual (art. 317, CC), resolução (art. 478, CC), renegociação extrajudicial (art. 422, CC) ou mesmo a suspensão da execução contratual; c) por último, o fato jurídico da pandemia se evidencia em um contrato não pela impossibilidade objetiva (seja ela absoluta ou relativa) – pois o cumprimento da prestação não foi abalado –, mas pela própria repercussão sistêmica da covid-19 sobre a conjuntura socioeconômica, gerando situações que oscilam entre uma impossibilidade subjetiva (na qual a parte não dispõe de meios para cumprir), uma dificuldade subjetiva (a capacidade de pagamento foi reduzida) ou, no extremo da quebra da boa-fé objetiva, a prática de comportamentos oportunistas, vazados em condutas desleais por parte de contratantes que mantêm a capacidade financeira de pagamento mas se aproveitam do estado geral de crise para se furtar ao cumprimento de suas obrigações ou obter vantagens ilegítimas.

Em 2022, o STJ decidiu que: "Sobressai como ponto central a ideia de que a revisão dos contratos em razão da pandemia não consiste em decorrência lógica ou automática, devendo-se levar em conta, sobretudo, a natureza do contrato e a conduta, tanto no âmbito material como na esfera processual das partes envolvidas. A análise do desequilíbrio econômico e financeiro deve ser realizada, portanto, com base no grau do desequilíbrio e nos ônus a serem suportados pelas partes, na específica situação de o evento superveniente não se encontrar na esfera de responsabilidade da atividade econômica do fornecedor, como ocorre no caso em análise. Ademais, como visto, os princípios da função social dos contratos e da boa-fé deverão ser sopesados com especial rigor, a fim de bem delimitar as hipóteses em que a onerosidade sobressai como fator de inviabilidade absoluta do negócio – situação que deve ser reequilibrada, tanto pelas partes como pelo Poder Judiciário – bem como aquelas que revelem ônus moderado ou mesmo situação de oportunismo para uma das partes" (REsp n. 1.998.206/DF, rel. Min. Luis Felipe Salomão, 4ª T., j. 14.06.2022). Ainda em 2022, também decidiu o STJ que "é cabível revisão judicial de contrato de locação não residencial – empresa de *coworking* – com redução proporcional do valor dos aluguéis em razão de fato superveniente decorrente da pandemia da covid-19". O tribunal considerou os seguintes pontos: a) a impossibilidade do exercício das atividades desenvolvidas pelo locatário em razão das medidas sanitárias do combate ao coronavírus; b) a redução do faturamento da locatária e c) a viabilidade da manutenção do contrato. Embora não se conteste o efeito negativo decorrente da pandemia nos contratos de locação não residencial para ambas as partes, em que estas são efetivamente privadas, em maior ou menor extensão, seja em relação ao uso do bem ou mesmo à percepção dos rendimentos sobre o imóvel decorrentes do direito de propriedade, sobreveio desequilíbrio econômico-financeiro imoderado para a locatária. Por certo, a locatária, a qual ficou privada por tempo determinado do exercício de suas atividades, manteve-se obrigada a cumprir a contraprestação pelo uso do imóvel pelo valor integral e originalmente firmado, quando as circunstâncias foram drasticamente alteradas, às quais, inclusive, acaso fossem conhecidas à época da contratação, poderiam levar ao estabelecimento de outros valores ou até mesmo à não contratação – situação que comporta a intervenção no contrato a fim de que sejam restabelecidos os elementos econômicos e financeiros das partes para que se adequem às novas condições. E, nessa linha, a fixação de um período determinado para que as partes possam se adequar às condições (adversas) que lhes foram impostas constitui medida salutar capaz de promover a melhor composição para cada caso, especialmente quando a manutenção do contrato é viável, como no caso dos autos (REsp n. 1.984.277/DF, 4ª T., rel. Min. Luis Felipe Salomão, por unanimidade, j. 16.08.2022).

De acordo com o art. 7º da Lei n. 14.010/2020 (RJET), "não se consideram fatos imprevisíveis, para os fins exclusivos dos arts. 317, 478, 479 e 480 do CC, o aumento da inflação, a variação cambial, a desvalorização ou a substituição do padrão monetário". A princípio vetado, esse dispositivo foi promulgado na redação final da lei que instituiu o Regime Jurídico Emergencial e Transitório das relações jurídicas de Direito Privado (RJET) no período da pandemia do coronavírus (covid-19). Contudo, não nos agrada o texto, pois a elucidação da imprevisibilidade dos fatos mostra-se imprescindível à avaliação a partir de cada caso concreto. Trata-se de análise que, por sua natureza, não pode ser realizada em abstrato. A imprevisibilidade de qualquer evento deve ser avaliada tomando-se em conta o programa contratual concreto em que se inserem os contratantes, bem como a repartição de riscos prevista em cada contrato. O tratamento da matéria em lei de caráter emergencial, longe de evitar a futura judicialização de demandas, acabará, ao revés, por dificultar a resolução dos conflitos, vez que incluirá nas lides fatores abstratos que não foram considerados à luz dos impactos efetivamente gerados em cada relação contratual. Como bem mencionou Fabiana Rodrigues Barletta, "o projeto nega os fatos porque, evidentemente o aumento da inflação, a variação cambial, a desvalorização ou a substituição do padrão monetário se ocorrerem no momento dessa crise sanitária inesperada e furiosa merecem um olhar equitativo na medida do caso concreto" (BARLETTA, Fabiana Rodrigues. A revisão contratual e a pandemia do coronavírus. In: MONTEIRO FILHO, Carlos Edison do Rêgo; ROSENVALD, Nelson. *Coronavírus e responsabilidade civil*. Indaiatuba, Foco, 2020).

O exame mais atento das situações decorrentes do reconhecimento da pandemia, identifica que as causas de impossibilidade econômica de cumprimento pelo devedor, no mais das vezes, não se atribuem ao fato da pandemia em si, mas às medidas de polícia administrativa adotadas pelo Estado para seu enfrentamento. Estas incluem, dentre outras, a restrição de atividades econômicas e sociais, visando reduzir a circulação de pessoas por meio de decretos editados no âmbito de Estados e Municípios, proibindo ou limitando o funcionamento de estabelecimentos empresariais, a prestação de serviços, as atividades associativas, dentre outras medidas. Desse modo, será o exercício do poder de polícia pela Administração a causa direta da onerosidade excessiva, não a pandemia em si.

**Art. 479. A resolução poderá ser evitada, oferecendo-se o réu a modificar equitativamente as condições do contrato.**

A legislação privilegia a continuação dos contratos em detrimento de sua extinção, adotando diversas vezes o princípio da conservação do negócio jurídico. Tal diretriz demanda que o ordenamento produza normas hábeis a preservar as relações obrigacionais e que, apenas em última instância, desfaça-as. Nesse sentido, o art. 475 defere ao credor a opção pela execução do contrato como alternativa à resolução do negócio jurídico. O mesmo acontece no dispositivo ora em análise. A revisão do contrato com readequação das prestações é alternativa à resolução contratual pela alteração superveniente das circunstâncias. Pela letra fria do dispositivo, ao devedor compete apenas o ajuizamento da ação resolutória. Contudo, poderá o réu modificar os rumos, propugnando pela manutenção do vínculo, mediante a equitativa alteração de cláusulas gravosas ao autor, com adaptação do projeto contratual às novas circunstâncias.

Tem-se uma espécie de pedido contraposto, que depende da iniciativa do demandado em sua resposta. Portanto, o pedido de manutenção do contrato se baseará nos mesmos fatos que levaram o autor a demandar pela resolução (fatos que geraram a onerosidade excessiva), só se justificando esse direito subjetivo quando o contratante for demandado. No mais, extinta a ação originária, não se justifica a manutenção do pedido formulado pelo réu, devendo esse ser julgado prejudicado. A revisão contratual depende de provocação da parte, sendo vedada sua determinação *ex officio* pelo magistrado em matéria de interesse imediato privado e de direito disponível. Ao magistrado é apenas permitido se servir do princípio da conservação do negócio jurídico para preservar o vínculo – mesmo que o réu não ofereça pedido contraposto – ao obter o assentimento do autor da demanda, que, em princípio, demandara pela resolução. Nessa linha o Enunciado n. 367 do CJF: "Em observância ao princípio da conservação do contrato, nas ações que tenham por objeto a resolução do pacto por excessiva onerosidade, pode o juiz modificá-lo equitativamente, desde que ouvida a parte autora, respeitada a sua vontade e observado o contraditório". Ao longo do contraditório o juiz sopesará os argumentos das partes para, com base no princípio da proporcionalidade, decidir se o reequilíbrio contratual será ou não adequado para a proteção da situação jurídica do credor.

Entendemos que a solução mais adequada e efetiva é facultar ao autor demandar pela aplicação do pedido revisional em sua inicial. De qualquer forma, a sentença que acolha a revisão não restaurará a equivalência total, mas somente se valerá da equidade para afastar uma conjuntura de desproporção macroscópica, com base na concretude do caso tendo como base critérios objetivos, como enfatiza o Enunciado n. 439 do CJF: "A revisão do contrato por onerosidade excessiva fundada no CC deve levar em conta a natureza do objeto do contrato. Nas relações empresariais, observar-se-á a sofisticação dos contratantes e a alocação de riscos por eles assumidas com o contrato".

Com base no princípio da conservação do negócio jurídico, a resolução somente deve ser aplicada como segunda opção, nas hipóteses em que o magistrado perceba a impossibilidade de reconstrução da justiça contratual, até mesmo quando o credor demonstre ser ele o prejudicado pela revisão. Não é por outra razão a redação atribuída ao Enunciado n. 176 do CJF: "Em atenção ao princípio da conservação dos negócios jurídicos, o art. 478 do CC deverá conduzir, sempre que possível, à revisão judicial dos contratos e não à resolução contratual". Seja pela via do Judiciário como pela alternativa da composição privada de litígios pela arbitragem, a boa-fé objetiva dirigirá a necessidade da modulação do contrato com a nova realidade econômica, assim como a função social do contrato demandará o resgate do equilíbrio das obrigações (função social interna), como forma de preservação de trocas úteis e justas no tecido social (função social externa). Tudo isso induz a uma aplicação retificadora dos referidos princípios e cláusulas gerais sobre a rigidez da teoria da imprevisão.

Na medida em que o art. 479 foca a revisão contratual, qual seria a distinção entre o seu campo de incidência e aquele reservado ao art. 317 do CC? O art. 317 enfrenta o desequilíbrio superveniente em qualquer relação obrigacional, tenha ela como fonte não apenas um contrato, como uma declaração unilateral de vontade, ou mesmo obrigações advindas da lei, ou da prática de um ato ilícito. Assim, com base na desproporção entre o valor da prestação devida e o do momento de sua execução, será possível a majoração de obrigação alimentar devida por pai a filho em função de desproporção superveniente manifesta por aumento das necessidades deste, ou mesmo, de redução de indenização decorrente de dano que desabilitou a vítima a prática de suas funções, em razão de posterior melhora do estado de saúde.

Diferentemente do CC, no âmbito das relações de consumo, o microssistema da Lei n. 8.078/90 impõe a revisão contratual como regra (art. 6º, V, CDC). Conforme orienta o art. 170, V, da CF, a tutela do consumidor é limite da ordem econômica, traduzindo a necessidade de proteção da parte vulnerável, mediante imposição de normas de ordem pública. A eficácia horizontal de direitos fundamentais em relações marcadamente assimétricas demanda uma ponderação distinta à efetuada nas relações interempresariais e intercivis, pois requer rígida intervenção do princípio da igualdade material, tornando o equilíbrio contratual um princípio básico do CDC.

Assim, o resgate da comutatividade originária da relação de consumo é opção prioritária. Basta lembrarmos que relações de consumo muitas vezes se qualificam como contratos cativos de longa duração, formulados por cláusulas contratuais impostas por em bloco por adesão ao consumidor. Esse cenário de desequilíbrio econômico, técnico e jurídico é compensado pelo CDC ao tempo da alteração das circunstâncias, pelo referido art. 6º, V, que dispensa a imprevisibilidade e a inevitabilidade como qualificativos do fato superveniente, sendo suficiente a quebra objetiva da base do negócio jurídico – o desaparecimento das circunstâncias necessárias a consecução da finalidade do contrato – pela ruptura da relação de equivalência, para consumar a onerosidade excessiva em detrimento do consumidor.

O CDC consagrou expressamente, em seus arts. 48 e 84, o princípio da preservação dos negócios jurídicos, segundo o qual se pode determinar qualquer providência a fim de que seja assegurado o resultado prático equivalente ao adimplemento da obrigação de fazer, razão pela qual a solução de extinção do contrato e sua conversão em perdas e danos é a *ultima ratio*, o último caminho a ser percorrido. As opções do art. 35 do CDC são intercambiáveis e produzem, para o consumidor, efeitos práticos equivalentes ao adimplemento, pois guardam relação com a satisfação da intenção validamente manifestada ao aderir à oferta do fornecedor, por meio da previsão de resultados práticos equivalentes ao adimplemento da obrigação de fazer ofertada ao público. Em 2021 (*Informativo* n. 686), o STJ deliberou que "a impossibilidade do cumprimento da obrigação de entregar coisa, no contrato de compra e venda, que é consensual, deve ser restringida exclusivamente à inexistência absoluta do produto, na hipótese em que não há estoque e não haverá mais, pois aquela espécie, marca e modelo não é mais fabricada. Assim, a possibilidade ou não do cumprimento da escolha formulada livremente pelo consumidor deve ser aferida à luz da boa-fé objetiva, de forma que, sendo possível ao fornecedor cumprir com a obrigação, entregando ao consumidor o produto anunciado, ainda que obtendo-o por outros meios, como o adquirindo de outros revendedores, não há razão para se eliminar a opção pelo cumprimento forçado da obrigação" (REsp n. 1.872.048/RS, rel. Min. Nancy Andrighi, 3ª T., j. 23.02.2021).

O STJ decidiu que não há como formular, na contestação, pedido de revisão contratual. Isso porque, sem reconvenção, o juiz não pode julgar pedidos do réu quanto ao mérito e, por consequência, não pode revisar o contrato para alterar os direitos e as obrigações nele previstos. Em outras palavras, o direito do autor só seria modificado após a revisão por sentença e, para tanto, seria necessária a realização de um pedido em reconvenção ou em ação autônoma. No entanto, o réu pode alegar, na contestação, que já ocorreu o desfazimento do contrato, como na hipótese de cláusula resolutiva expressa (art. 474, CC) ou de distrato (art. 472, CC). A diferença é que nessa situação o desfazimento já se operou, extinguindo o direito do autor no plano do direito material, sem a necessidade de decisão judicial (*Informativo* n. 757, 21.11.2022, REsp n. 2.000.288/MG, 3ª T., rel. Min. Nancy Andrighi, *DJe* 27.10.2022).

---

**Art. 480. Se no contrato as obrigações couberem a apenas uma das partes, poderá ela pleitear que a sua prestação seja reduzida, ou alterado o modo de executá-la, a fim de evitar a onerosidade excessiva.**

---

Tal e qual no dispositivo que lhe precede, o art. 480 também tem fundamento no princípio da conservação do negócio jurídico. Aqui, a aplicação da onerosidade excessiva se dirige especificamente aos contratos unilaterais que se protraem no tempo. Por essa razão, o dispositivo não visa remediar o desequilíbrio superveniente entre duas prestações correspectivas, mas relacionar a prestação efetuada na celebração do contrato com o sacrifício que esta exige ao tempo da execução. Contratos unilaterais são aqueles cujas obrigações recaem apenas sobre uma das partes. Apenas um dos contratantes é credor, e o outro, devedor. Aplica-se a norma, indistintamente, aos contratos unilaterais onerosos, como o mútuo feneratício, e aos unilaterais gratuitos, como a doação e o comodato. Em qualquer caso, ao contrário do que se verifica no âmbito dos contratos bilaterais, a modificação equitativa das condições contratuais é o único remédio possível, sem espaço para o exercício do direito potestativo à resolução contratual.

Na falta do sinalagma autoriza-se o único contratante que assumiu obrigações à opção pela redução de sua prestação – impedindo que o cumprimento da prestação lhe seja excessivamente gravosa – com restabelecimento do equilíbrio contratual. Com efeito, aquele que é onerado pelo contrato, sem que para tanto receba uma contraprestação, deverá contar com a pronta alteração do conteúdo contratual, excluindo-se a onerosidade excessiva.

De qualquer forma, parece-nos que o modelo alçado pelo art. 317 atua de forma mais efetiva que o dispositivo em comento, pois enfrenta a temática do desequilíbrio superveniente em qualquer relação obrigacional, abrangendo contratos unilaterais e bilaterais.

# TÍTULO VI
# DAS VÁRIAS ESPÉCIES DE CONTRATO

## CAPÍTULO I
## DA COMPRA E VENDA

### *Seção I*
### *Disposições Gerais*

---

**Art. 481. Pelo contrato de compra e venda, um dos contratantes se obriga a transferir o domínio de certa coisa, e o outro, a pagar-lhe certo preço em dinheiro.**

---

O dispositivo inaugura as normas voltadas ao contrato de compra e venda, no qual são realçadas as duas condutas humanas correlatas que nele estão presentes, qual sejam, de um lado, a obrigação de uma das partes de pagar determinada quantia em dinheiro, e, de outro, o dever da contraparte de transferir o domínio de determinada coisa. Por meio do contrato de compra e venda os contratantes objetivam a alienação de bens, buscando as partes, respectivamente, desfazer e adquirir determinada coisa. Por excelência, tem-se um contrato para consumo. A simples – e ainda que perfunctória – leitura do presente comando codificado e da firme lição doutrinária é suficiente para revelar que, no Direito brasileiro, o contrato de compra e venda gera para os contratantes efeitos meramente obrigacionais: para o comprador impõe o dever de pagamento, enquanto para o vendedor gera, como consequência, a obrigação de transferir a propriedade da coisa para o comprador.

O Direito brasileiro, na diretriz de outros sistemas jurídicos que se baseiam nos modelos romano e germânico, expressamente, atribui caráter obrigacional à compra e venda, negando-lhe eficácia translativa de propriedade (caráter real), como preferem os sistemas jurídicos que seguem o modelo franco-italiano. Nos ordenamentos que seguem os Códigos da França (art. 1.582 c/c art. 1.583) e da Itália (art. 1.470), a compra e venda é suficiente para a transferência de propriedade, produzindo eficácia real. Em outras palavras, esse modelo concebe o contrato como instrumento de aquisição de propriedade. Diferentemente, o art. 481 adota o modelo de compra e venda originado em uma obrigação de dar, não implicando a transferência da propriedade – a qual se perfaz apenas com a tradição ou o registro em cartório, seja móvel ou imóvel o seu objeto, respectivamente. Portanto, no modelo jurídico brasileiro a compra e venda tem o condão unicamente de acarretar efeitos obrigacionais, impondo ao vendedor o dever de transferir, posteriormente, a propriedade da coisa vendida. A propriedade é adquirida apenas com a tradição (art. 1.267, CC), para os bens móveis, ou com o registro no cartório, para os imóveis (art. 1.245, CC). Se o vendedor não transferir espontaneamente o domínio do bem objeto do negócio, o comprador poderá demandar a propriedade, em juízo, por meio de uma ação de obrigação de dar coisa certa (caráter pessoal), sem que possa promover uma ação real, pois ainda não é titular da coisa.

Além de tais obrigações bilaterais, necessariamente, são encontrados no contrato de compra e venda os deveres anexos, laterais, decorrentes da boa-fé objetiva, impondo ao comprador e ao vendedor uma conduta conforme a ética esperada, como os deveres de informação, lealdade, segurança e respeito.

O contrato de compra e venda é caracterizado por um contrato típico e nominado; bilateral; consensual; oneroso; comutativo ou aleatório e de execução instantânea ou de trato sucessivo. Obviamente, a coisa, o preço e o consenso são pressupostos de existência do negócio, sem os quais não haverá a hipótese de incidência para que a compra e venda penetre no mundo jurídico. Há uma troca de bens por dinheiro – aliás, o que distingue a venda da permuta –, que em regra dispensa solenidades, excepcionando-se a imposição de forma pública para alienação de imóveis de valor superior a 30 salários mínimos (art. 108, CC).

**Art. 482. A compra e venda, quando pura, considerar-se-á obrigatória e perfeita, desde que as partes acordarem no objeto e no preço.**

A coisa, o preço e o consenso são pressupostos de existência da compra e venda quando constituída como negócio jurídico puro. Em outras palavras, se as partes acordam, nos limites da autonomia privada, pela modalidade da condição (em princípio elemento acidental do negócio), a compra e venda se subordinará a um evento futuro e incerto. Quando a condição for suspensiva, enquanto não ocorrer o evento, haverá apenas um direito eventual, cuja eficácia é subordinada ao implemento da condição (art. 125, CC). No caso de condição resolutiva (*v. g.*, propriedade resolúvel), o evento futuro suprimirá a eficácia do negócio jurídico, preservando-se as situações constituídas quando se tratar de contrato de duração (art. 128, CC).

Em relação ao objeto, cogita-se se trata-se de bem ou coisa nos contratos de compra e venda. A relação entre bem e coisa é de gênero e espécie. O termo bem abrange objetos corpóreos e incorpóreos, suscetíveis de apropriação, abrangendo qualquer utilidade material ou ideal. Enquanto isso, a coisa é o bem economicamente apreciável e tangível, posto que é suscetível de apropriação pelo homem. Por essa razão, preferimos a utilização do termo bem. Entende-se como bem móvel ou imóvel passível de alienação todo aquele que não se encontre fora do comércio, seja ele corpóreo ou incorpóreo, apenas com a ressalva de se empregar o termo cessão para a definição do contrato transmissivo de propriedade imaterial e intangível. De toda sorte, o objeto deve ser determinado, lícito ou possível (art. 166, II, CC), sob pena de invalidade. Ilustrativamente, é inválida a compra e venda que tenha como objeto herança de pessoa viva (art. 426, CC), pois se cancelaria a própria unilateralidade, característica ínsita aos negócios jurídicos testamentários de transmissão de propriedade mortis causa.

Quanto ao preço do contrato de compra e venda corresponde a uma soma em dinheiro, determinada ou determinável por critérios previamente estabelecidos. O preço, por vontade das partes, pode ser determinado por terceiro (art. 485, CC). A validade do negócio jurídico de compra e venda também exige a justiça do preço. O contrato deve conter prestações equivalentes desde sua concepção, sob pena de configurar lesão (art. 171, CC). A apreciação da "prestação manifestamente desproporcional" (art. 157, CC), conceito jurídico indeterminado, demanda análise pelo magistrado casuisticamente. A desproporção entre as prestações pode ser superveniente, ocasionando onerosidade excessiva com súbito sacrifício de uma das partes em razão da elevação imprevista do preço, estipulando o legislador a resolução contratual. A diretriz da conservação do negócio jurídico direciona para a preservação do contrato em ambas as situações, seja para a alteração da cláusula para adequação do preço originário, no caso de lesão, seja pela revisão contratual mediante alteração do preço, tratando-se de onerosidade excessiva. O pagamento não pode ser estipulado em ouro ou em moeda estrangeira, pois, nos termos dos arts. 315 e 318 do CC, o adimplemento deve ser em moeda corrente. Contudo, a obrigação contratual poderá ser fixada em moeda estrangeira, desde que convertida para a moeda nacional ao momento do pagamento.

Observa-se da redação do dispositivo em análise a expressão "as partes acordarem no objeto e no preço", a qual se refere ao pressuposto consenso necessário para a compra e venda. A obrigação do vendedor de transferir a propriedade do bem em contraposição à obrigação do comprador de entregar determinada soma em dinheiro advém do consenso entre esses contratantes. Para a emanação de consentimento válido, os contraentes devem ter capacidade de fato ou negocial – a aptidão para contrair obrigações *de per si* – e, para algumas situações de compra e venda exigem, a legitimação específica. É o que ocorre na venda de ascendentes a descendentes, de condôminos a estranhos ao condomínio, ou de um dos cônjuges a terceiros, hipóteses em que a lei exige a integração de terceiros ao negócio (demais descendentes, condôminos e outro cônjuge), a fim de que se conceda poder de disposição e a compra e venda se constitua validamente.

**Art. 483. A compra e venda pode ter por objeto coisa atual ou futura. Neste caso, ficará sem efeito o contrato se esta não vier a existir, salvo se a intenção das partes era de concluir contrato aleatório.**

O objeto da compra e venda pode ser todo e qualquer bem jurídico, economicamente apreciável. Nesse sentido, o contrato de compra e venda pode ter como objeto um bem móvel ou imóvel, corpóreo ou incorpóreo, tendo existência material ou imaterial, sendo coisa, inclusive, incerta (art. 243, CC). Ademais, admite-se a venda alternativa (art. 252, CC) e coisa atual ou futura.

O CC admite a venda de coisa futura ou a venda de algo que ainda não pertence ao alienante em três hipóteses: a venda da esperança (*emptio spei*), no art. 458; a venda da esperança com relação à quantidade (*emptio rei speratae*), no art. 459; e a venda *a non domino*. A coisa futura não é de titularidade do alienante ao tempo da conclusão do negócio jurídico, sendo por este adquirida em momento posterior, quando se verifica a eficácia superveniente ao negócio, como se o adquirente de boa-fé se convertesse em proprietário desde a data da tradição (art. 1.268, § 1º, CC). Portanto, embora ainda não exista a coisa, a viabilidade de sua previsão como objeto está na sua existência atual ou futura. Por essa razão, na venda *a non domino*, a não aquisição da coisa pelo vendedor, para honrar o negócio celebrado, acarreta a sua ineficácia. Assim, tem-se um negócio com eficácia condicionada à aquisição superveniente, como indica a leitura do art. 483 em comento. Dessa forma, a eficácia da venda de coisa alheia depende de sua posterior revalidação pela superveniência do domínio.

Por fim, a Lei n. 13.786/2018 incluiu na Lei n. 4.591/64, que trata das incorporações imobiliárias, o art. 35-A, que prevê a obrigatoriedade de inserção, nos contratos de compra e venda, promessa de venda, cessão ou promessa de cessão de unidades autônomas integrantes de incorporação imobiliária, do quadro-resumo, que deverá conter os itens exigidos nos incisos do citado dispositivo. Tendo em vista que a expressão "unidades autônomas integrantes de incorporação imobiliária" tem gerado dúvida no sentido de se interpretar que o quadro-resumo só é obrigatório nos contratos em que o objeto da venda seja a unidade autônoma "ainda em construção", dispõe o Enunciado n. 653 da IX Jornada de Direito Civil do CJF que "O quadro-resumo a que se refere o art. 35-A da Lei n. 4.591/1964 é obrigação do incorporador na alienação de imóveis em fase de construção ou já construídos".

No mais, a promessa de permuta é de aplicabilidade corrente no âmbito das incorporações imobiliárias, em especial na modalidade "por unidade futura", na qual o proprietário do terreno a formaliza com o incorporador para fins de propiciar a troca do terreno por parcela a ser edificada, cuja licitude é encampada pelo art. 483 do CC sobre a possibilidade da compra e venda ter por objeto coisa atual ou futura. A Lei n. 4.591/64 prevê, em seu art. 39, a possibilidade de aquisição do terreno mediante o pagamento, total ou parcial, em unidades a serem construídas pelo incorporador no próprio imóvel, naquilo que comumente se convencionou chamar de "permuta no local". Vê-se que esse dispositivo autoriza o registro da permuta definitiva, não se vislumbrando qualquer óbice para a celebração do contrato de promessa, equiparando-se a permuta à compra e venda, sem qualquer impedimento à celebração de contratos preliminares. Em adendo, cita-se o Enunciado n. 435 da V Jornada de Direito Civil do CJF: "O contrato de promessa de permuta de bens imóveis é título passível de registro na matrícula imobiliária".

No entanto, não raras vezes, quando da realização do negócio jurídico, ainda não há sequer um projeto preliminar do futuro empreendimento, tampouco o memorial da incorporação imobiliária com a especificação das futuras unidades autônomas a serem permutadas. Assim, seja pela falta de previsão legal expressa (e em respeito à taxatividade do art. 167, I), seja pela falta de prévio registro do memorial de incorporação, muitos registradores imobiliários recusavam o acesso registral às promessas de permuta, e, quando aceitavam, condicionavam, muitas vezes, o registro da promessa de permuta ao concomitante registro do memorial de incorporação, ocasionando grave entrave para o desenvolvimento do mercado imobiliário e para a liberdade contratual das partes. Em virtude da resistência existente e como forma de viabilizar a operação pretendida, por muito tempo os contratantes se socorreram de estruturas diversificadas, como a compra e venda quitada e novada com a promessa de dação em pagamento, a dupla compra e venda com compensação do preço ou mesmo a promessa de compra e venda com obrigação de fazer, entre outras. Em sede de incorporação imobiliária, a redação do item 18 do art. 167, I, da LRP, conforme a Lei n. 14.382/2022, pacifica a celeuma, consolidando a eficácia do art. 39 da Lei n. 4.591/64. O mesmo se diga do item 30 no inciso I do art. 167 da Lei n. 6.015/73, abraçando o registro da promessa de permuta, mesmo em outro negócio jurídico distinto à incorporação imobiliária.

---

**Art. 484. Se a venda se realizar à vista de amostras, protótipos ou modelos, entender-se-á que o vendedor assegura ter a coisa as qualidades que a elas correspondem.**

**Parágrafo único. Prevalece a amostra, o protótipo ou o modelo, se houver contradição ou diferença com a maneira pela qual se descreveu a coisa no contrato.**

---

Para a venda de objetos é comum o uso de amostras, protótipos ou modelos no momento do oferecimento ou da publicidade, como maneira de indicar a qualidade de determinado produto. Considera-se amostra a apresentação ou entrega de reprodução da coisa a ser vendida, com suas qualidades e características, ainda que em tamanho reduzido. Em outras palavras, a amostra é uma pequena porção daquilo que se deseja alienar (*v. g.*, um copo de suco distribuído no supermercado). É corriqueiro o uso de amostras como meio de indução e alavancagem de vendas. Produtos de embelezamento, cosméticos, perfumaria etc. são comumente oferecidos por amostragem pelos representantes autorizados de diversas empresas. O uso da amostra é forma prática e eficiente de venda, pois possibilita que aquele com que se busca contratar experimente as características e as qualidades do produto ofertado. Por essa razão, a amostra deve ser igual à mercadoria que será entregue em tudo, sob pena de divergências nas características e qualidades autorizar a recusa do comprador em receber a coisa.

O art. 483 equipara a venda por amostragem àquelas realizadas por meio de exposição de protótipos ou modelos. Entende-se por protótipo uma unidade de um bem que normalmente se encontra em exposição (por exemplo, um carro exposto em uma feira). Já o modelo é uma demonstração do objeto em dimensões reduzidas (*e. g.*, o módulo de armários de cozinha). O princípio da simetria adequada exige que o alienante garanta que a qualidade real do objeto corresponda às amostras, aos protótipos ou aos modelos. Tem-se aqui aplicação da boa-fé objetiva, protegendo-se a confiança do adquirente e a legítima expectativa quanto às características do bem negociado. Nas relações civis, o déficit qualitativo do produto não significará vício redibitório se a insatisfação do adquirente não se ligar a um defeito da coisa capaz de torná-la inútil para o seu uso normal. Se houver descompasso de qualidade objetivamente apreciável entre a amostra e o produto (normalmente de difícil constatação), o adquirente poderá demandar a resolução contratual com base na violação do dever anexo de cooperação. Por isso, o princípio da simetria adequada está intimamente relacionado com o direito à informação adequada e com os deveres anexos que derivam da boa-fé objetiva (art. 422, CC). O descompasso verificado entre a coisa entregue e o modelo, a amostra ou o protótipo apresentado implica inadimplemento total ou parcial do contrato, com os seus regulares efeitos, inclusive resolução por culpa da parte. Conclui-se que se o comprador ainda não pagou o preço, poderá não realizar o pagamento e extinguir o contrato por resolução.

O parágrafo único ao art. 484 tem o mérito de privilegiar a tutela do adquirente. Nas hipóteses de descompasso entre a descrição contratual do bem e a amostra, o protótipo ou o modelo, o comprador poderá alternativamente optar por resolver o contrato ou execução específica da obrigação de dar. É comum que o comprador seja mais atraído pelo apelo visual do produto do que por suas evidências técnicas, muitas vezes inacessíveis aos adquirentes leigos. Essa é a razão da faculdade atribuída ao comprador, baseada no princípio *aliud pro alio*, para optar pela resolução da avença ou pela execução específica da obrigação, compelindo o vendedor a entregar a coisa conforme a confiança despertada. Assim, nas relações interprivadas, o adquirente poderá exigir a tutela específica da obrigação de dar, para exigir do alienante a entrega de um bem compatível com a amostra, o protótipo ou o modelo. São nulas as cláusulas em contratos de adesão dos quais os alienantes excluam qualquer possibilidade de reclamação por eventuais disparidades entre a amostra e o produto (art. 424, CC).

O art. 49, do CDC, atribui direito potestativo ainda mais amplo ao consumidor, nas hipóteses de compra de bens a distância, por meio de prazo decadencial de reflexão de sete dias para exercitar o direito potestativo de resilição unilateral. Havendo contradição ou discrepância entre o que foi exibido ao consumidor e o bem adquirido, poderá, então, este optar pela resolução do contrato. Mas CC e o CDC aproximam-se por tratarem da inadequação do produto às indicações constantes do recipiente ou das mensagens publicitárias (art. 18, CDC). Ademais, qualquer informação ou publicidade suficientemente precisas – e aqui se inclui a oferta de amostras – obrigam o fornecedor e integram o contrato (art. 30, CDC).

Admite-se nos contratos paritários, a inclusão de cláusula "mais ou menos como a amostra". Aqui, observa-se uma relativização do princípio da simetria, pois aceita-se uma razoável aproximação qualitativa entre a amostra e a coisa a ser entregue. Mitiga-se, então, o inadimplemento. Embora aderindo em linhas gerais ao entendimento, advertimos que tal cláusula será nula de pleno direito em contratos de adesão e nos contratos de consumo, por se tornar abusiva.

---

**Art. 485. A fixação do preço pode ser deixada ao arbítrio de terceiro, que os contratantes logo designarem ou prometerem designar. Se o terceiro não aceitar a incumbência, ficará sem efeito o contrato, salvo quando acordarem os contratantes designar outra pessoa.**

---

A autonomia privada autoriza que os contratantes designem um terceiro – pessoa natural ou jurídica – para a fixação do preço. Essa designação é conhecida como preço de avaliação e é comum na opção por um corretor ou uma imobiliária na compra e venda de bens imóveis. O terceiro atuará como mandatário dos contratantes, sendo um representante convencional que fixará um valor justo para o negócio, de forma vinculativa. O dispositivo em análise dispensa a atribuição de poderes especiais, mas é certo que o terceiro deve apresentar capacidade jurídica plena, pois dificilmente um incapaz conseguirá alcançar um preço que satisfaça aos interesses das partes. O terceiro deve tomar como base para a fixação do preço o tempo da concepção do negócio jurídico e não de sua execução – que poderá se dar em período posterior com grandes variações –, exceto se houver cláusula expressa no particular. O valor arbitrado pelo terceiro vinculará as partes e o juiz, salvo a existência de abusos ou arbitrariedades, hipóteses em que o magistrado pode afastar o preço fixado.

O art. 485 dispõe que, se o terceiro mandatário se recusar a estimar o preço, haverá ineficácia do negócio jurídico, salvo deliberação das partes pela eleição de outra pessoa para a fixação do preço. Entendemos que, não havendo pessoa designada para substituir o terceiro, ocorre a típica hipótese de inexistência do negócio jurídico por falta do preço. Como se sabe, o preço é pressuposto inarredável para a própria formação do contrato de compra e venda. No caso das obrigações alternativas em que a opção será exercida por terceiro, a solução será diversa, se o mandatário se recusar a escolher, o próprio magistrado fará a escolha (art. 252, § 4º, CC). A diferença de solução se justifica pelo fato de nas obrigações alternativas a escolha ser fator meramente de eficácia, autorizando o magistrado a atuar.

---

**Art. 486. Também se poderá deixar a fixação do preço à taxa de mercado ou de bolsa, em certo e determinado dia e lugar.**

---

O dispositivo versa sobre critérios de determinação do preço, de singela compreensão. Ao invés de uma subjetiva indicação de uma terceira pessoa (art. 485), o preço pode ser objetivamente determinado em momento posterior à contratação mediante taxa de mercado ou bolsa, conforme decisões de investidores. A fixação do preço, então, ficará submetida às oscilações de volúveis taxas de mercado ou da bolsa de valores. O ajuste do preço é feito pelo termo médio das oscilações de cotações no dia ajustado, aplicando-se analogicamente o parágrafo único do art. 488 do CC.

É comum nos contratos aleatórios, a aquisição de *commodities*, em que os contraentes fixam os preços de mercado em determinada data como parâmetro para a aquisição de mercadorias (*v. g.*, aquisição de duas toneladas de soja, pelos valores do dia 20 de novembro de 2018).

---

**Art. 487. É lícito às partes fixar o preço em função de índices ou parâmetros, desde que suscetíveis de objetiva determinação.**

---

O dispositivo cuida do que se conhece por preço por cotação. A utilização dessa forma de fixação de preços é uma justificável exceção ao princípio nominalístico e decorre da contemporânea e comum massificação do comércio jurídico e da necessidade de setores da economia de empregar índices que possam fielmente espelhar as alterações do cenário econômico.

Atualmente, os parâmetros fornecidos pelo Governo Federal, como o INPC (índice nacional de preços ao consumidor), são utilizados de forma corriqueira, respeitando-se os prazos mínimos de variação de preços impostos pelas normas que disciplinam o Plano Real. Considerando que o preço não é dívida de valor, mas dívida em dinheiro, é corriqueiro o uso do IGPM para a fixação do preço na venda de imóveis, assim como a utilização no contrato de compra e venda de derivados de petróleo a variação do preço do petróleo no mercado nacional.

Com efeito, tendo em vista o fenômeno da degradação do valor da moeda, aplica-se a cláusula de escala móvel à dívida em dinheiro, com o fulcro de corrigir periodicamente o valor da prestação ajustada. De qualquer maneira, é inconstitucional o uso de índice vinculado ao salário mínimo (art. 7º, IV, CF), principalmente em se tratando de compra e venda formalizada por adesão, acarretando desvantagem excessiva para o contratante. Por essa razão, foi editada a Súmula Vinculante n. 4: "Salvo nos casos previstos na CF, o salário mínimo não pode ser usado como indexador de base de cálculo de vantagem de servidor público ou de empregado, nem ser substituído por decisão judicial".

Daí a proibição da estipulação de contratos de financiamento com cláusula de comprometimento de renda (art. 48, Lei n. 10.931/2004). Porém, em sede de fixação de pensão alimentar, excepciona-se a regra, pois o mínimo existencial tem por finalidade garantir aos beneficiários as mesmas necessidades básicas asseguradas aos trabalhadores em geral pelo texto constitucional. A propósito, o STF, no julgamento do Recurso Extraordinário com Agravo n. 842.157, com repercussão geral reconhecida, reafirmou o entendimento de que a fixação de alimentos em salários mínimos não viola a CF.

Ademais, de acordo com o art. 1º da Lei n. 10.192/2001, com redação alterada pela Lei n. 14.286/2021, que institui o Marco Cambial brasileiro, as estipulações de pagamento de obrigações pecuniárias exequíveis no território nacional serão feitas em real, pelo seu valor nominal, sendo vedada a correção monetária vinculada à unidade monetária de conta de qualquer natureza (indexador) ou estipulações expressas ou vinculadas a ouro ou moedas estrangeiras, excepcionando-se as hipóteses previstas em lei ou na regulamentação editada pelo Banco Central do Brasil.

O Marco Cambial brasileiro – que entrou em vigor em 30.12.2022 e cuja edição teve o intuito de uniformizar e modernizar a legislação cambial brasileira – ampliou as exceções ao curso forçado do real previstas no DL n. 875/59, o qual foi revogado integralmente pela nova lei. Assim, além das exceções relativas a contratos de exportação, importação, câmbio e *leasing* com recursos captados no exterior, a Lei Cambial inovou ao possibilitar a utilização formal de moedas estrangeiras em contratos celebrados por exportadores em setores de infraestrutura (art. 13, VII); bem como em operações de crédito entabulados com não residentes, além daquelas já admitidas no regime anterior (empréstimo e financiamento), mantendo, no entanto, a vedação à estipulação de pagamento em moeda estrangeira em contratos de locação de imóveis situados no território nacional (art. 13, II).

---

**Art. 488. Convencionada a venda sem fixação de preço ou de critérios para a sua determinação, se não houver tabelamento oficial, entende-se que as partes se sujeitaram ao preço corrente nas vendas habituais do vendedor.**

**Parágrafo único. Na falta de acordo, por ter havido diversidade de preço, prevalecerá o termo médio.**

---

Como regra, o preço é pressuposto do contrato de compra e venda, sob pena de inexistência do negócio jurídico. O artigo sob análise indica exceção, buscando a manutenção do negócio jurídico. Com base na função social do contrato e ao estímulo do tráfego jurídico, o legislador autorizou que as partes se sujeitem ao preço corrente nas vendas habituais do vendedor, caso não exista tabelamento oficial do bem alienado.

Assim, três soluções sucessivas são possíveis: i) fixação do preço ou possibilidade de sua determinação; ii) tabelamento oficial governamental; iii) verificação do preço com base nos padrões negociais do vendedor. Entendemos que a terceira solução apenas poderá ser viabilizada se o alienante for um tradicional fornecedor da coisa, sob pena de não se encontrar em parâmetros razoáveis para a estipulação do preço. Ademais, o bem deve ser comumente comercializado no mercado ou ser um bem com especial natureza (como ocorre com um carro antigo ou uma obra de arte), caso em que a norma não será aplicada, pois o cálculo do valor é agregado por aspectos existenciais dos contratantes. O parágrafo único dispõe que se houver divergência entre os contratantes sobre o valor ideal, o preço médio será o critério a ser aplicado.

**Art. 489. Nulo é o contrato de compra e venda, quando se deixa ao arbítrio exclusivo de uma das partes a fixação do preço.**

O dispositivo em análise impõe a invalidade por nulidade ao contrato que estipula direito potestativo de fixação unilateral de preço. Trata-se de norma embasada no princípio da boa-fé e do princípio que impede o enriquecimento injustificado. A inserção de cláusula que contém as expressões como "o preço será fixado conforme o interesse do comprador", ou "o alienante determinará o valor a ser pago", favoreceria a fixação de valores excessivos ou aviltantes (aliás, no preço irrisório nem há propriamente uma venda), dependendo de quem seja o titular do direito potestativo, possibilitando o abuso de direito potestativo na determinação do preço. Ou seja, um ato ilícito (art. 187, CC), ofendendo manifestamente a própria função social para a qual a compra e venda foi realizada. Por essa razão, são vedadas as condições "que privarem de todo efeito o negócio jurídico, ou o sujeitarem ao puro arbítrio de uma das partes" (art. 122, CC).

Vale dizer, o preço deve ser determinado ou determinável. A indeterminação absoluta do preço, bem como a submissão do preço ao arbítrio exclusivo de uma das partes (CC, art. 489) geram nulidade contratual: "As partes poderão, assim, convencionar que o preço será determinado no futuro segundo critérios previamente acordados no momento da contratação, como taxa de mercado ou de bolsa, em certo e determinado dia e lugar (CC, art. 486); ou, ainda, de acordo com índices ou parâmetros eleitos pelas partes e sujeitos à objetiva determinação (CC, art. 487). Se as partes deixarem o preço em branco e não estabelecerem critérios para sua determinação, inexistindo tabelamento oficial, aplicar-se-á, para fins de integração do contrato, o preço corrente nas vendas habituais do vendedor. De outra parte, se não houver acordo entre as partes quanto ao preço prevalecerá o termo médio (CC, art. 488). Relevam, aqui, os usos e costumes de mercado que servirão como fonte de integração contratual, disciplinando diretamente o regulamento e interesses, a preencher as lacunas do contrato" (TEPEDINO, Gustavo; KONDER, Carlos Nelson; BANDEIRA, Paula Greco. *Fundamento do direito civil:* contratos, p.164-5).

Nota-se, à saciedade, tratar-se de uma das emanações da boa-fé objetiva. Isso porque uma das características do preço é a sua certeza e determinabilidade. Aliás, conforme o STJ – *Informativo* n. 779, de 20.06.2023: "Para atender a determinabilidade do preço, em contrato de compra e venda com eleição de cotação em operação em bolsa de valores, é imprescindível a indicação de data e local de aferimento da cotação. No caso dos autos, o preço de venda não constou do contrato de compra e venda de safra, que se limitou a apontar que sua fixação teria por base a cotação da Bolsa de Chicago (CBOT). Tratando-se de título extrajudicial que se pretende executivo, é imprescindível sua liquidez, que se traduz, na lição doutrinária, na simples determinabilidade do valor mediante cálculos aritméticos. Para tanto, o título deve conter todos os critérios objetivos para a apuração do valor, a exemplo do marco temporal e espacial, no caso de adoção de cotação em bolsa. Não havia nos contratos de compra e venda referência precisa quanto à data da cotação em bolsa que seria utilizada para determinação do preço. Nessa trilha, meros cálculos aritméticos não seriam suficientes para a determinação do preço. Assim, a eleição de cotação em operação em bolsa como critério para fixação do preço não é suficiente para afastar a liquidez do título. Entretanto, para atender a determinabilidade do preço, é imprescindível a indicação de data e local de aferimento da cotação em bolsa. Sem esses critérios, o título não gozará de plena liquidez, não podendo ser satisfeito por meio de execução, mas objeto de ação de cobrança, procedimento que será o adequado para a fixação de todos os critérios essenciais para a determinação do preço da transação (Ag. Int. nos Emb. Decl. no REsp n. 1.491.537/MT, 4ª T., rel. Min. Raul Araújo, *DJe* 23.05.2023, por maioria).

Porém, quando o policitante (ofertante) impõe um valor para a sua oferta, não há de se cogitar de arbitrariedade. Caso o oblato manifeste a sua aceitação (expressa ou tácita), formando-se o consentimento, vincula-se o vendedor aos termos da proposta (arts. 427 e 429, CC), tornando-se aquele preço uma determinação conjunta dos contratantes, não mais uma simples oferta. Aperfeiçoado o contrato, torna-se impraticável a alteração unilateral do preço, exceto nas já comentadas hipóteses de lesão e onerosidade excessiva pela quebra do princípio da justiça contratual.

**Art. 490. Salvo cláusula em contrário, ficarão as despesas de escritura e registro a cargo do comprador, e a cargo do vendedor as da tradição.**

Em matéria de contratos, verificam-se várias normas de caráter facultativo, deixando-se grande margem para a atuação da autonomia privada das partes. Essa também foi a opção do legislador no artigo em análise. No silêncio das partes, a responsabilidade pelas despesas será distribuída entre o alienante e o adquirente. Por isso, na compra e venda de bens imóveis, os gastos com escrituração, registro, certidões, emolumentos e imposto de transmissão de bem imóvel – ITBI, quando se impuser forma solene, ficarão a cargo do comprador. Recairão sobre este, eventuais despesas com profissional incumbido de obter certidões e providenciar documentação para o registro (o conhecido despachante), salvo disposição em contrário. O dispositivo em análise não disciplina as despesas decorrentes de corretagem, na prática, são atribuídas a quem celebrou o contrato com o corretor. Já as despesas do vendedor serão logicamente restritas à tradição de bens móveis, no que concerne aos gastos com embalagem e transporte da coisa. Por essa razão, a expressão "frete grátis" (muito utilizada em publicidades empresariais) se mostra redundante, já que, no silêncio das partes, o frete, de fato, será de responsabilidade do vendedor.

Nos contratos típicos, as prestações principais são aquelas que definem o tipo da relação. Na compra e venda, a entrega da coisa vendida, por parte do vendedor, e a entrega do preço, pelo comprador, são os deveres principais das partes. Entretanto, o art. 491 enumera alguns dos chamados deveres secundários ou acessórios da prestação principal, os quais se destinam a assegurar a perfeita realização da compra e venda, sendo visualizados de forma mais intensa naqueles contratos em que a coisa não é imediatamente entregue ao comprador. Lembre-se, por outro turno, de que, determinando o comprador que a coisa seja levada a lugar diverso, o transporte será convencionado de outra forma, inclusive redistribuindo-se os riscos da coisa. Ilustrativamente, a divisão de despesas no transporte pode ser verificada na compra e venda internacional, por meio dos chamados Incoterms (*International Commercial Terms* ou, em vernáculo, cláusulas especiais da compra e venda no comércio internacional).

**Art. 491. Não sendo a venda a crédito, o vendedor não é obrigado a entregar a coisa antes de receber o preço.**

Cuida-se do plano da eficácia da compra e venda, subordinando a sua execução a diferentes consequências, a depender do enquadramento da venda como à vista ou a crédito. Na venda a crédito, a entrega da coisa deve acontecer primeiramente e, em seguida, obriga-se ao pagamento do preço. Essa sucessão de prestações é comum no comércio, salvo quando for da própria natureza a tradição do bem após o adimplemento integral (por exemplo, quando for temerária a entrega da coisa por conta da insolvência do comprador) ou havendo expressa disposição contrária (como no contrato de compra e venda com reserva de domínio). De toda sorte, se o adquirente se torna insolvente antes da entrega da coisa, sem prestar garantia idônea, pode o alienante sobrestar a tradição, protegendo o seu patrimônio.

Diferentemente, nas vendas à vista, as prestações do vendedor e do comprador são interligadas e concomitantes. A entrega da coisa está diretamente condicionada ao pagamento, em clara decorrência da *exceptio non adimpleti contractus*. O fundamento dessa variação é a equidade, pois o ordenamento deseja a execução simultânea das obrigações. A boa-fé objetiva e a segurança do comércio jurídico exigem fidelidade no cumprimento das prestações assumidas. Dessa forma, cada prestação só será executada na medida em que a outra também o seja. Resta, então, assegurado o interesse das partes na realização da finalidade comum (função social interna do contrato), assim como consecução da ordem social, que procura pelo adimplemento como imposição de justiça comutativa (função social externa do contrato). A situação pode ser ilustrada com o caso das compras realizadas em máquinas e equipamentos automáticos, nas quais o produto adquirido é liberado apenas após a efetuação do pagamento.

O alienante, na venda à vista, é autorizado a manter a coisa consigo até que o comprador venha a adimplir o pagamento do preço integralmente. Contudo, não há aqui um direito de retenção, pois o vendedor não poderia reter o que ainda lhe pertence. Na verdade, este não transfere a coisa devido a omissão do adquirente em executar sua prestação. Por essa razão, se o alienante entregou a coisa ao comprador e este não efetuou o pagamento e, por algum motivo, ela retornou às suas mãos, não poderá retê-la, sob pena de ilicitude. Em contrapartida, se o adquirente observa que o alienante não está em condições de fazer a transferência do domínio da coisa, por algum motivo, poderá não efetuar o pagamento. Se assim desejar, poderá consignar o pagamento em juízo (art. 335, CC). Por fim, nos contratos de compra e venda de imóveis, a quitação é concedida no próprio instrumento, de forma que o vendedor não pode ser obrigado a assinar a escritura pública antes da efetuação do pagamento.

**Art. 492. Até o momento da tradição, os riscos da coisa correm por conta do vendedor, e os do preço por conta do comprador.**

**§ 1º Todavia, os casos fortuitos, ocorrentes no ato de contar, marcar ou assinalar coisas, que comumente se recebem, contando, pesando, medindo ou assinalando, e que já tiverem sido postas à disposição do comprador, correrão por conta deste.**

**§ 2º Correrão também por conta do comprador os riscos das referidas coisas, se estiver em mora de**

**as receber, quando postas à sua disposição no tempo, lugar e pelo modo ajustados.**

Temos aqui a disciplina da distribuição dos riscos pela perda ou deterioração da coisa. Trata-se de norma que pode ser afastada pela vontade das partes. A transferência da propriedade mobiliária se perfaz pela tradição (art. 1.267, CC), e a transferência da propriedade imobiliária pelo registro (art. 1.245, CC). No interregno entre a celebração do contrato e a entrega da coisa (a tradição, quando se disponibiliza a coisa ao comprador), o negócio jurídico opera efeitos de ordem meramente obrigacional e os riscos da coisa serão imputados ao alienante pelo fato de ainda manter a condição de proprietário, aplicando-se o brocardo *res perit domino* (art. 237, CC). Lado outro, o comprador arcará com os riscos do preço em relação ao bem alienado. No caso de bens que são recebidos mediante peso, contagem ou medida, a transferência dos riscos pelo fortuito ocorre quando o bem é colocado à sua disposição.

A mora do credor (*mora creditoris*) em receber o bem é circunstância que agrava a responsabilidade do credor pelo fato de incorrer em mora quanto ao recebimento do bem. O atraso do credor é observado quando este recusa-se, injustificadamente, a receber o bem no tempo, lugar e modo convencionados. A mora imotivada atrai para a esfera jurídica do credor os riscos pelo perecimento da coisa, não arcando o devedor com abalos à integridade desta. Nesse ponto, observa-se convergência com o art. 400 também deste Código, o qual estabelece que a *mora accipiendi* afasta a responsabilidade pela conservação da coisa da esfera do devedor (alienante) isento de dolo. O dispositivo é omisso quanto à mora do alienante que se recusa a entregar a coisa nas condições pactuadas. Entendemos que, na hipótese, a solução é a aplicação do art. 399 do CC, que estende a responsabilidade do vendedor para os casos do fortuito, excluindo-se os casos em que o dano à coisa sobreviria mesmo se a obrigação fosse tempestivamente cumprida.

Não se pode perder de vista que a totalidade das normas que disciplinam os riscos pela perda da coisa (contidas no art. 492, CC) reclamam uma interpretação conforme a boa-fé objetiva (art. 422, CC), podendo sofrer mitigação diante de situações ético-jurídicas porque a boa-fé objetiva também traz consigo uma função corretiva negocial. Dessa forma, a teoria do adimplemento substancial (substancial *performance*) pode fundamentar o afastamento da pretensão do contratante de exercer o direito de resolução do contrato quando é mínimo o prejuízo sofrido com os riscos da compra e venda. Já a teoria da violação positiva de contrato admite a pretensão indenizatória ainda que a tradição tenha sido efetivada, mas tenham sido violados deveres anexos. Assim, identificadas hipóteses de adimplemento substancial ou de violação positiva de contrato, além de outras figuras ligadas à boa-fé objetiva, deve-se aplicar o art. 492 da lei civil, quanto à distribuição dos riscos da compra e venda. Por isso, nem sempre se permite à parte interessada a resolução do contrato quando houver situações relativas à distribuição de riscos, impondo-se considerar a boa-fé objetiva.

**Art. 493. A tradição da coisa vendida, na falta de estipulação expressa, dar-se-á no lugar onde ela se encontrava, ao tempo da venda.**

O dispositivo veicula norma facultativa que, portanto, pode ser derrogada pela autonomia das partes. Não estabelecido expressamente o local da tradição do bem móvel, a transmissão da propriedade se verificará onde este se encontrava no momento da contratação. Assim, comprador e vendedor podem ajustar o local de pagamento (tradição), gerando uma obrigação quesível (tradição no domicílio do devedor) ou portável (tradição no domicílio do credor), conforme determine a autonomia privada.

A norma não se aplica aos bens imóveis – pois sempre se encontram no mesmo local –, não havendo possibilidade de pactuar local de cumprimento diverso, além da imposição do art. 328 do CC: "se o pagamento consistir na tradição de um imóvel, ou em prestações relativas a imóvel, far-se-á no lugar onde está situado o bem".

**Art. 494. Se a coisa for expedida para lugar diverso, por ordem do comprador, por sua conta correrão os riscos, uma vez entregue a quem haja de transportá-la, salvo se das instruções dele se afastar o vendedor.**

Depreende-se da leitura do dispositivo aludido que a tradição do objeto se perfaz quando ele estiver à disposição do comprador. A previsão é fundamental para a análise da responsabilidade civil pelos riscos de eventual perda ou deterioração. O legislador presumiu que, quando o bem é entregue ao transportador, por ordem do comprador, houve a tradição do bem. Em outras palavras, os riscos não mais recaem sobre o alienante. Se as partes acordam que a entrega deve ocorrer em local distinto, a responsabilidade do vendedor se exaure com a entrega ao transportador. Somente se ele (o alienante) não respeitar as instruções formuladas pelo adquirente é que remanescerá a sua responsabilidade, pois se tornou uma espécie de mandatário infiel do comprador.

A norma se aplica mesmo que não existam instruções e o transportador tenha sido designado pelo próprio vendedor. Assim, o comprador se responsabilizará pelo perecimento – pelo simples fato de expedir ordem para entrega em local diverso –, salvo se há má-fé do vendedor. Importante não olvidar que em matéria de responsabilidade civil do transportador, os arts. 743 a 756, em especial o art. 750, todos deste código, a responsabilidade deste pelos riscos da perda tem início no momento com o recebimento da coisa e se estende até o momento da entrega ao destinatário.

**Art. 495. Não obstante o prazo ajustado para o pagamento, se antes da tradição o comprador cair em insolvência, poderá o vendedor sobrestar na entrega da coisa, até que o comprador lhe dê caução de pagar no tempo ajustado.**

Na esfera patrimonial, os dois grandes riscos à incolumidade financeira do credor são o inadimplemento e a insolvência. A previsão de cláusula penal ou arras tem aptidão para contribuir para o adimplemento da prestação. As partes podem ainda estabelecer garantias reais (*v. g.*, hipoteca, penhor) ou pessoais (aval, fiança) para a eventualidade de insolvência do devedor. No caso de vendas a crédito, ocorrendo insolvência do devedor, até que eventual caução real ou pessoal seja concedida como garantia de pagamento, o alienante está autorizado a sobrestar a entrega do bem. O dispositivo em análise se refere à insolvência constatada efetivamente na realidade patrimonial do devedor, ou seja, dispensa-se a declaração judicial da insolvência.

O art. 477 faculta ao vendedor nas hipóteses de insolvência do devedor a *exceptio non adimpleti*. O art. 495 tangencia a chamada quebra antecipada do contrato, ou inadimplemento antecipado. Tem-se, aqui, evidências concretas quanto à situação patrimonial do devedor de que ele não cumprirá sua prestação. Portanto, mesmo que a prestação ainda não seja exigível, já se acredita que não será adimplida ao seu tempo. O rompimento antecipado poderá ser pleiteado caso o contratante fragilizado não obtenha as novas garantias que lhe são exigidas. Enquanto isso não ocorre, caberá unicamente ao vendedor sobrestar na entrega da coisa.

**Art. 496. É anulável a venda de ascendente a descendente, salvo se os outros descendentes e o cônjuge do alienante expressamente houverem consentido.**

**Parágrafo único. Em ambos os casos, dispensa-se o consentimento do cônjuge se o regime de bens for o da separação obrigatória.**

A regra tem como finalidade a proteção do núcleo familiar, tomando em consideração os fatores psicológicos e econômicos que podem defluir de uma venda celebrada entre pessoas de uma mesma família. Muitas vezes, as relações familiares entre pais e filhos, infelizmente, são permeadas por turbulências decorrentes de desamor, desafeto, mágoa e ingratidão, entre outros sentimentos indignos. Em razão disso, motivos diversos podem conduzir um ascendente a beneficiar um de seus descendentes, em prejuízo dos demais. Assim, a norma visa proteger os descendentes de investidas do ascendente no sentido de beneficiar um descendente em detrimento de outro. É o que acontece no caso do pai que, sabendo que uma eventual doação para o filho predileto implicaria, por lei, a antecipação da herança que caberia a ele no futuro, resolve vender a esse descendente o bem a um preço completamente irrisório. Assim, tenta-se impedir que os demais descendentes sejam prejudicados com a eventual quebra da igualdade de quinhões na sucessão dos bens do ascendente, por conta de uma venda fraudulenta, simulada ou a preço vil. Acautela, portanto, a legítima dos herdeiros necessários. De fato, se o ascendente vende um imóvel a um dos seus descendentes a preço irrisório, estará, por vias transversas, prejudicando os demais descendentes e o seu próprio consorte.

Contudo, na doação realizada de ascendente para descendente (*v. g.*, de pai para filho) não exige a concordância dos demais descendentes, ficando para o momento da partilha dos bens deixados pelo *de cujus* o controle da liberalidade, por meio da colação (art. 2.003, CC). A colação possibilita recuperar a igualdade das legítimas dos herdeiros necessários. Em outras palavras, a doação de ascendente para descendente é considerada adiantamento da herança que lhe cabe (art. 544, CC). Já na compra e venda a concordância dos demais descendentes é imprescindível porque não será submetida à colação. É justamente o consentimento dos demais interessados que viabiliza a averiguação de eventuais artifícios e simulacros voltados a beneficiar determinado descendente. Em sentido contrário, e até mesmo pela proximidade de efeitos jurídicos com a compra e venda, na dação em pagamento, na cessão onerosa e na troca e permuta também é exigida a concordância dos demais interessados.

A norma engloba qualquer relação na linha reta, portanto, a compra e venda entre avós e netos, bisavós e bisnetos etc. Qualquer ascendente que pretenda vender a descendente, independentemente do grau de parentesco, está abrangido pelo sistema do CC, impondo-se a anuência dos outros interessados. Importante observar que a anuência de netos e bisnetos apenas será exigível nos casos em que tiverem interesse sucessório direto, pois a presença de um parente mais próximo exclui a do mais remoto. Ilustrando a hipótese, os netos somente precisam consentir com a venda de um imóvel pelo avô ao seu tio se o pai já faleceu. Estando vivos os filhos, os netos não são chamados.

Exige-se também a concordância do cônjuge do vendedor, já que é, nos termos do art. 1.845 do CC, herdeiro necessário, não podendo ser privado da legítima, salvo nas hipóteses de deserdação (art. 1.961, CC). De toda sorte, o regime de bens influencia na exigência da anuência do cônjuge, pois no regime da separação obrigatória, no qual o cônjuge jamais concorrerá com os descendentes em primeiro lugar na ordem de vocação hereditária, resta dispensada a anuência, como se depreende do o parágrafo único do art. 496. A teor da Súmula n. 655 do STJ, de 2022: "Aplica-se à união estável contraída por septuagenário o regime da separação obrigatória de bens, comunicando-se os adquiridos na constância, quando comprovado o esforço comum".

Esse dispositivo não inclui na dispensa o casamento sob o regime da separação convencional de bens porque, aparentemente, manteve o seu direito sucessório (art. 1.829, CC). Entretanto, considerando que a nossa jurisprudência superior vem, corretamente, afastando o direito sucessório do cônjuge casado no regime de separação convencional (respeitando a autonomia privada), parece-nos que a solução jurídica adequada é dispensar também a sua aquiescência nesse caso, na medida em que não terá direito hereditário. Para a devida compreensão do parágrafo único, importante observar o Enunciado n. 177 do CJF, segundo o qual, "por erro de tramitação, que retirou a segunda hipótese de anulação de venda entre parentes (venda de descendente para ascendente), deve ser desconsiderada a expressão 'em ambos os casos', no parágrafo único do art. 496". O dispositivo deve ser interpretado restritivamente, pois se trata de exceção. Devido à omissão de sua redação, se o ascendente celebrar uma compra e venda simulada com outras pessoas (*e. g.*, a nora ou o sogro) para beneficiar um descendente, o contrato pode ser declarado nulo por simulação, por intermédio de terceiro interposto ("laranja" ou "testa de ferro"), na forma da regra geral do sistema (art. 167, § 1º, I, CC), não incidindo a regra específica do art. 496 do Códex. Dispensa-se a concordância dos cônjuges ou dos companheiros dos descendentes. Devido à interpretação restritiva da norma, entendemos que não se aplica nos casos de união estável – nos quais, também, não se exige consentimento do companheiro para alienar ou onerar bens imóveis, diferentemente do casamento. Portanto, dispensa-se a anuência do companheiro nos casos de o ascendente estar em união estável.

Para que se afaste a anulabilidade é imprescindível que a concordância dos demais interessados seja expressa e escrita. Se dentre os interessados houver incapaz, o consentimento deverá ser respaldado por decisão judicial específica, com a devida oitiva do Ministério Público e nomeado curador especial. De toda sorte, as partes contratantes também são salvaguardadas de recusas imotivadas a conceder a outorga, podendo ser caracterizado o ato ilícito objetivo abuso do direito (art. 187, CC). Sendo assim, será possível o suprimento judicial do consentimento por procedimento de jurisdição voluntária nos casos em que inexiste prejuízo para terceiros, em patente ofensa à função social do contrato (terceiro ofensor). O dispositivo em análise atribui anulabilidade ao contrato que não preenche a exigência de anuência dos demais interessados. Nesse ponto, visualiza-se evolução em relação ao Código de 1916 que sancionava o negócio jurídico com nulidade. A adoção da anulabilidade demonstra que a venda de ascendente para descendente é de interesse puramente privado, exigindo que o interessado demonstre o prejuízo alegado, exempli gratia, a diminuição da legítima, decorrente de uma venda a preço irrisório. Por essa razão, os tribunais têm posição firmada no sentido de que é ônus de prova do interessado provar o prejuízo para obter a anulação.

A ação anulatória deve ser ajuizada pelo interessado prejudicado no prazo decadencial de dois anos, como compreendido pelo CFJ no Enunciado n. 368. A legitimidade para tal ação é dos descendentes (e, eventualmente, do cônjuge) que não prestaram anuência. Não haverá, por óbvio, um litisconsórcio necessário. Se quiserem, os prejudicados podem formar um litisconsórcio facultativo. Trata-se de exercício de um direito potestativo de desconstituição do negócio jurídico de compra e venda, fluindo o lapso temporal a partir da data da celebração do contrato, como ressalta o art. 179 da codificação. Mais próprio ainda seria a aplicação da teoria da *actio nata*, reconhecendo que o início da contagem do prazo deve ser o momento do conhecimento da celebração do negócio jurídico, preservando melhor os interesses dos prejudicados. De qualquer forma, a falta de aquiescência expressa prévia pode ser integrada por posterior ratificação dos interessados.

O STJ decidiu que a alienação de bens de ascendente a descendente, sem o consentimento dos demais, é ato jurídico anulável, cujo reconhecimento reclama: (i) a iniciativa da parte interessada; (ii) a ocorrência do fato jurídico, qual seja, a venda inquinada de inválida; (iii) a existência de relação de ascendência e descendência entre vendedor e comprador; (iv) a falta de consentimento de outros descendentes; e (v) a comprovação de simulação com o objetivo de dissimular doação ou pagamento de preço inferior ao valor de mercado: "Quando ocorrida a venda direta, não pairam dúvidas acerca do prazo para pleitear a desconstituição do ato, pois o CC/2002 declara expressamente a natureza do vício da venda – qual seja, o de anulabilidade (art. 496) –, bem como o prazo decadencial para providenciar a sua anulação – 2 (dois) anos, a contar da data da conclusão do ato (art. 179). Anota-se que, nas hipóteses de venda direta de ascendente a descendente, a comprovação da simulação é exigida, de forma que, caso comprovado que a venda tenha sido real, e não simulada para mascarar doação – isto é, evidenciado que o preço foi realmente pago pelo descendente, consentâneo com o valor de mercado do bem objeto da venda, ou que não tenha havido prejuízo à legítima dos demais herdeiros –, a mesma poderá ser mantida. Destarte, considerando que a venda por interposta pessoa não é outra coisa que não a tentativa reprovável de contornar-se a exigência da concordância dos demais descendentes, bem como do cônjuge, para que seja hígida a venda de ascendente a descendente, deverá receber o mesmo tratamento conferido à venda direta que se faça sem tal aquiescência. Assim, considerando igualmente anulável a venda, será aplicável o art. 179 do CC/2002, que prevê o prazo decadencial de 2 (dois) anos para a anulação do negócio. Destaca-se que a causa real de anulabilidade do negócio jurídico não é propriamente a simulação em si, mas a infringência taxativa ao preceito legal contido no art. 496 do CC/2002. Por essa razão, não há se falar na aplicabilidade dos arts. 167, § 1º, I, e 169 do CC/2002" (*Informativo* n. 667, de 07.04.2020, REsp n. 1.679.501/GO, rel. Min. Nancy Andrighi, *DJe* 13.03.2020).

---

**Art. 497. Sob pena de nulidade, não podem ser comprados, ainda que em hasta pública:**

**I – pelos tutores, curadores, testamenteiros e administradores, os bens confiados à sua guarda ou administração;**

**II – pelos servidores públicos, em geral, os bens ou direitos da pessoa jurídica a que servirem, ou que estejam sob sua administração direta ou indireta;**

**III – pelos juízes, secretários de tribunais, arbitradores, peritos e outros serventuários ou auxiliares da justiça, os bens ou direitos sobre que se litigar em tribunal, juízo ou conselho, no lugar onde servirem, ou a que se estender a sua autoridade;**

**IV – pelos leiloeiros e seus prepostos, os bens de cuja venda estejam encarregados.**

**Parágrafo único. As proibições deste artigo estendem-se à cessão de crédito.**

---

Diferentemente do preceito anterior, o art. 497 sanciona cinco situações com nulidade por falta de legitimação para a prática da compra e venda. Sabe-se que a capacidade de fato é requisito de validade de todo e qualquer negócio jurídico que autoriza a aquisição de direitos e obrigações pessoalmente, independentemente de interposição de uma terceira pessoa (curador ou tutor). Além da capacidade de fato, certos contratos exigem o preenchimento de um requisito extra, a legitimação. Assim, podemos afirmar que a legitimação é um *plus*, um requisito específico para a prática de um determinado ato que limita a autonomia privada a fim de funcionalizar interesses à ordem pública. Em geral, o legislador exige a legitimação para proibir a prática de negócios jurídicos entre determinadas pessoas, com a finalidade de proteger os próprios contratantes e terceiros, preservando interesses éticos ou patrimoniais.

O *caput* do dispositivo veda a compra e venda em hasta pública. Apesar de a arrematação de bens em execução não ser considerada propriamente uma alienação, mas um ato de expropriação estatal, é nela que se verificariam as hipóteses mais comuns de desrespeito à necessária isenção que se demanda de todos aqueles a quem se refere o dispositivo. De claro conteúdo ético, o inc. I veda aos tutores, curadores, testamenteiros e administradores a aquisição de bens confiados à sua guarda ou administração. A autorização para tais aquisições representaria comprometimento do próprio múnus público desses institutos protetivos. Englobam-se, ainda, todos aqueles que possuem bens administrados por terceiros, mesmo capazes, pois há uma evidente colisão de interesses em qualquer forma de compra e venda do patrimônio que se propôs o representante a acautelar. As hipóteses descritas nos II e III se aproximam. Veda-se que os servidores públicos, de qualquer dos Poderes, inclusive do Judiciário, além dos magistrados, adquiram bens que estejam sob a sua esfera administrativa imediata. A finalidade da norma é a tutela da res pública. Por sua vez, o inc. IV proíbe a aquisição por leiloeiros e prepostos dos bens de cuja venda estejam encarregados. Trata-se de colaboradoras da atividade judiciária.

O parágrafo único procede, pois, a cessão de crédito se aproxima da compra e venda, haja vista que o cedente transfere onerosa (venda) ou gratuitamente (doação) o seu crédito contra o cedido, tornando-se o cessionário o novo proprietário do crédito. Por essa razão, é vedada a cessão de direitos hereditários pelo juiz com relação a um processo de inventário que está em tramitação na vara que ele preside. Entendemos que ao dispositivo deve ser aplicada interpretação extensiva para estender a vedação a toda aquisição que envolva bens confiados à guarda e à administração de terceiros. Por fim, todo o cuidado será pouco para a prevenção de condutas simulatórias que pretendem atingir vantagens econômicas por meio da prática dos aludidos negócios por pessoas interpostas, oferecendo-se uma aparência que não corresponde à verdade. Não raramente surge a pessoa do "testa de ferro" para substituir na compra e venda aquele que é privado da prática da compra e venda. A nulidade é a sanção para tais condutas (art. 167, § 1º, CC).

**Art. 498. A proibição contida no inciso III do artigo antecedente, não compreende os casos de compra e venda ou cessão entre coerdeiros, ou em pagamento de dívida, ou para garantia de bens já pertencentes a pessoas designadas no referido inciso.**

O aludido dispositivo complementa o precedente, flexibilizando a situação de aquisição por servidor público da Justiça, quando não restar vislumbrado conflito de interesses com o múnus que exercita. Cuida-se de três hipóteses perfeitamente compreensíveis nas quais a atividade pública não contamina a defesa das prerrogativas privadas dos ditos servidores: a) casos em que o servidor do Judiciário ou o magistrado são herdeiros e desejam adquirir cotas dos demais herdeiros (cessão) ou bens individualizados (compra e venda); b) hipóteses em que os servidores são credores em processo de execução e pretendam adjudicar bens em hasta pública como forma de pagamento dos débitos, ou os recebem em dação em pagamento; e c) por fim, poderão remir execuções a fim de proteger bens dados em garantia real em favor de terceiros que se tornaram inadimplentes.

**Art. 499. É lícita a compra e venda entre cônjuges, com relação a bens excluídos da comunhão.**

O rompimento do sistema patriarcal no qual a esposa era hipossuficiente e relativamente incapaz (até a edição do Estatuto da Mulher Casada, em 1962), já não mais justifica qualquer limitação legal à liberdade negocial (autonomia privada) das pessoas casadas. A emancipação da mulher, fruto da isonomia constitucional, seja no âmbito jurídico, seja no âmbito social e econômico, permite que cada consorte administre individualmente o seu patrimônio. Em sintonia com essa perspectiva isonômica, aos consortes (marido ou mulher) é admitido que, por meio de sua autonomia privada, alienem bens particulares ao seu cônjuge. Isso porque este não tem direitos meatórios sobre os bens particulares. Até mesmo porque, no correr da vida de casado, um dos cônjuges termina adquirindo, com exclusividade, determinados bens, sobre os quais o outro não terá qualquer direito. Portanto, é autorizada a aquisição onerosa por qualquer dos cônjuges dos bens excluídos do acervo comum.

Obviamente, o dispositivo não se aplica ao casamento regido pela comunhão universal de bens, pois o patrimônio do casal é inteiramente comum. Não se pode adquirir o que já lhe pertence. Somente em relação aos bens elencados no art. 1.669 do CC poderá ocorrer a compra e venda em tal regime de bens, pois estão excluídos da comunhão universal. Assim, o marido pode comprar da esposa os bens que ela recebeu da herança paterna com cláusula de incomunicabilidade. Por outro turno, no regime de separação de bens, há absoluta liberdade de aquisição de patrimônio pelos cônjuges, por não haver qualquer bem comum.

Não se admite fraude ou simulação praticada entre marido e mulher, em detrimento de terceiros. O terceiro interessado deve atacar judicialmente o ato transmissivo, demonstrando a presença de elementos legais configuradores da fraude ou simulação. Não seria razoável vedar a compra e venda entre pessoas casadas somente pela potencialidade fraudulenta. Por derradeiro, o § 3º do art. 73 do CPC estende à união estável a exigência de consentimento do companheiro para figurar em ação que verse sobre direito real imobiliário, como a ação reivindicatória ou de usucapião. Com isso, é possível antever novos debates sobre o tema, com vistas a uma harmonia entre as referidas normas.

**Art. 500. Se, na venda de um imóvel, se estipular o preço por medida de extensão, ou se determinar a respectiva área, e esta não corresponder, em qualquer dos casos, às dimensões dadas, o comprador terá o direito de exigir o complemento da área, e, não sendo isso possível, o de reclamar a resolução do contrato ou abatimento proporcional ao preço.**

**§ 1º Presume-se que a referência às dimensões foi simplesmente enunciativa, quando a diferença encontrada não exceder de um vigésimo da área total enunciada, ressalvado ao comprador o direito de provar que, em tais circunstâncias, não teria realizado o negócio.**

**§ 2º Se em vez de falta houver excesso, e o vendedor provar que tinha motivos para ignorar a medida exata da área vendida, caberá ao comprador, à**

**sua escolha, completar o valor correspondente ao preço ou devolver o excesso.**

**§ 3º Não haverá complemento de área, nem devolução de excesso, se o imóvel for vendido como coisa certa e discriminada, tendo sido apenas enunciativa a referência às suas dimensões, ainda que não conste, de modo expresso, ter sido a venda *ad corpus*.**

---

O CC disciplina o negócio jurídico por medida de extensão (a chamada venda *ad mensuram*) ou por referência meramente enunciativa (denominada venda *ad corpus*). Esses tipos de contratos se distinguem pela regra da conformidade entre o objeto vendido e a sua descrição.

Na venda *ad mensuram*, o alienante especifica a medida de extensão do bem que está sendo alienado. É o exemplo da aquisição de um terreno com 200 m$^2$ ou de uma fazenda com 2 mil hectares. Pode-se ainda definir a medida correlacionada ao preço, como no caso de negócio que especifica pagamento de determinado valor por cada metro quadrado. Verifica-se, portanto, uma alienação onerosa de bens imóveis, pela sua medida de extensão, com precisa determinação da área vendida. Enquanto isso, a venda *ad corpus* considera a coisa negociada como um todo, independentemente de suas medidas. Quando a venda for *ad mensuram*, se a medida real for inferior à informada pelo vendedor no ato de contratação, autoriza-se o comprador a exigir a complementação da área a fim de obter a diferença entre o que foi prometido e o que, efetivamente, foi entregue. A norma em análise deve ser interpretada à luz da teoria do substancial *performance* (adimplemento substancial). Por isso, o § 1º dispõe que, sendo a diferença de medição encontrada no imóvel inferior a 1/20 (um vigésimo) da área total enunciada (ou seja, inferior a 5%), não se autoriza a adoção das medidas jurídicas redibitórias, expostas no *caput* do próprio dispositivo legal. Em outras palavras, não poderá o comprador exigir o desfazimento da compra e venda ou, ainda, o abatimento no preço, se a diferença se mostrar insignificante. Presume-se que a menção à metragem no corpo do contrato foi meramente enunciativa. Ilustrativamente, se alguém vende uma área de cem hectares e a real dimensão do terreno é de 97 hectares, o inadimplemento mínimo não justifica a adoção de medidas judiciais desproporcionais. É que não se mostra razoável juridicamente permitir o desfazimento de uma venda *ad mensuram* quando a diferença de área encontrada não se mostra significativa.

Nessa linha, de acordo com o STJ – *Informativo* n. 767, de 21.03.2023: "Em que pese a segunda parte do § 1º do art. 500 do CC ressalvar, ao comprador, o direito de provar que, em tais circunstâncias, não teria realizado o negócio, no caso, não há evidências de que o negócio não teria sido realizado pela ínfima diferença a menor na metragem que, aliás, de modo algum inviabiliza ou prejudica a utilização do imóvel para o fim esperado. Cumpre salientar que o fato de incidir o direito consumerista na relação *sub judice* não significa a procedência da pretensão de resolver do negócio jurídico, com a devolução dos valores pagos e com a aplicação da multa contratual, pois não se está diante de efetivo vício, ou defeito de qualidade, ou quantidade do produto capaz de abalar o equilíbrio do contrato e prejudicar o consumidor. Com efeito, é até possível dizer que a mínima diferença em discussão nem sequer reúne condições para caracterizar efetivo "vício de quantidade" do produto, uma vez que está aquém da margem fixada pela lei. Não é demasiado anotar que o contrato firmado entre as partes prevê, no seu § 2º da cláusula 17ª, que serão toleradas pequenas diferenças nas dimensões do projeto, consoante, expressamente, asseverado na sentença. Assim, perfeitamente aceitável a diferença, no caso, irrisória da área do imóvel, não havendo que se falar em qualquer descumprimento contratual capaz de ensejar o pagamento da multa pelo seu rompimento" (REsp n. 2.021.711/RS, 3ª T., rel. Min. Nancy Andrighi, rel. p/ ac. Min. Moura Ribeiro, j. 14.03.2023, por maioria).

Entretanto, com fundamento no princípio da boa-fé objetiva, o comprador poderá demonstrar que, se fosse devidamente informado sobre a área do terreno, não teria realizado o negócio jurídico, pois seu interesse se debruça sobre uma área específica para realizar determinado investimento. Portanto, prova que mesmo uma pequena diferença é determinante naquela situação. A diretriz da concretude, nesse caso, contextualiza a contratante em suas circunstâncias e realidade específica. Obviamente, o ônus da prova recai sobre o adquirente, que deverá demonstrar que o contrato foi firmado apenas porque precisava do imóvel com as medidas especificamente completas. Exemplificativamente, tem-se o agricultor que precisa demonstrar ao banco o comprimento total de aproveitamento da área para fins de financiamento. Mesmo nos casos em que há divergência inferior a 1/20, o adquirente poderá demandar por perdas e danos, em decorrência do prejuízo que a medida lhe causou. Em matéria de direito do consumidor, são nulas, devido à conduta abusiva, as cláusulas contratuais que estabelecem a renúncia do comprador ao direito à indenização, quando se detectar que a área do imóvel adquirido tem diferença menor que 1/20. Tendo em vista que a diferença é inferior a 5%, já não terão cabimento as regras de redibição ou de complementação de área, por conta do inadimplemento mínimo (art. 500, § 1º, CC). Assim, excluída a garantia indenizatória do adquirente ocorre, inexoravelmente, um abuso do direito, com a nulidade da cláusula – que somente será tolerada nos contratos paritários, quando decorrer da expressa manifestação de vontade de ambos os contratantes.

Nos termos do art. 500, § 2º, do CC, se a diferença entre a medida originária e a medição realizada posteriormente indicar que a área do terreno excede a área contratada e, restando demonstrado que o equívoco decorreu de ignorância sobre o tamanho real do terreno, o comprador poderá optar por complementar o preço ou devolver o excesso. Aplica-se aqui o princípio da conservação do negócio jurídico, evitando-se o enriquecimento injustificado, vedado pelo próprio sistema (arts. 884 e 885, CC). Ressalte-se que tal prerrogativa somente é reconhecida ao vendedor se não tinha ciência da configuração geométrica do imóvel vendido. Se tinha conhecimento das medidas, não se pode valer do beneplácito legal, sob pena de incorrer em *venire contra factum proprium* (comportamento contraditório) e praticar abuso do direito (art. 187, CC). Assim, o vício na venda *ad mensuram* faculta ao comprador uma sequência lógica de opções: i) devolver a coisa, por meio de ação redibitória, desfazendo o negócio; ii) obter abatimento no preço, mantendo a coisa consigo, por meio de ação estimatória, também dita *quanti minoris*; iii) exigir, quando possível, a complementação da área imobiliária faltante, ajuizando uma *actio ex empto*, que possui natureza de ação real, submetida ao procedimento comum ordinário.

Ademais, com fundamento no princípio do aproveitamento do contrato, derivado da função social do contrato, o direito à resolução do negócio deve ser invocado em *ultima ratio*, quando não mais for possível manter a contratação, sanando o vício por outro mecanismo. Obviamente, se não for possível a complementação da área (p. ex., quando se tratar de um apartamento ou quando a área excedente do imóvel pertencer a outra pessoa), o adquirente poderá, alternativamente, optar entre exercer o direito potestativo à resolução contratual com a devolução de todas as quantias pagas, sem prejuízo de requerer indenização pelos danos decorrentes do negócio, ou demandar o abatimento proporcional no preço, mantendo o negócio jurídico sobre a área a menor.

Na venda *ad corpus* (de corpo inteiro), a medida atribuída tem forma meramente enunciativa, pois o bem lhe foi vendido como área certa e precisamente individualizada por marcos geográficos e confrontações. É o que ocorre com uma pessoa que vende uma fazenda a outra, anunciando que se trata de uma área de 300 alqueires, confrontando os terrenos pertencentes a determinados vizinhos. As confrontações sinalizadas demonstram o que se quis realmente alienar. À luz no caso concreto, que é que averiguará se as cláusulas contratuais são dúbias, se referem à venda é *ad mensuram* ou *ad corpus*, com recurso aos métodos interpretativos indicados nos arts. 112 e 113 do CC. Por fim, observa-se que as regras das vendas *ad mensuram* e *ad corpus* não se aplicam às alienações em hasta pública. A garantia em arrematações e adjudicações limita-se às hipóteses de evicção (art. 447, CC). Já nas vendas de terrenos com alterações de dimensões, temos um regime semelhante ao dos vícios redibitórios, mas normatizado por disciplina especial. Assim, a larga publicidade que envolve a hasta pública permite o exame minucioso do bem antes da venda, retirando a possibilidade de o vício permanecer oculto.

---

**Art. 501. Decai do direito de propor as ações previstas no artigo antecedente o vendedor ou o comprador que não o fizer no prazo de um ano, a contar do registro do título.**

**Parágrafo único. Se houver atraso na imissão de posse no imóvel, atribuível ao alienante, a partir dela fluirá o prazo de decadência.**

---

O dispositivo fixa um prazo decadencial específico para as ações referidas no art. 500, estabelecendo a perda pelo comprador do direito potestativo de exigir a complementação da área, da resolução contratual e do abatimento do preço. O mesmo prazo de caducidade incide sobre os casos em que o comprador pode optar entre a complementação do preço e a devolução do excesso nas hipóteses de aquisição *ad mensuram* a maior. O dispositivo está em sintonia com a diretriz da operabilidade, com base no qual os prazos de prescrição estão todos situados nos arts. 205 e 206 do CC, e os prazos decadenciais espalhados por todo o corpo do diploma. O prazo de decadência estabelecido no dispositivo em análise é de um ano a contar do registro da compra e venda.

Nos termos do parágrafo único, o referido prazo começa a fluir na data da imissão de posse pelo comprador quando o vendedor for o responsável pela demora na entrega da coisa àquele que adquiriu e já havia registrado a propriedade. Cuida-se da hipótese de impedimento ao curso da decadência (art. 207, CC), de claro cunho eticizante, pois o proprietário só poderá conhecer as reais dimensões do imóvel a partir do momento em que ingressar em sua posse.

Nesse diapasão, em 2021 o STJ considerou que (*Informativo* n. 693) a entrega de bem imóvel em metragem diversa da contratada não pode ser considerada vício oculto, mas sim aparente, dada a possibilidade de ser verificada com a mera medição das dimensões do imóvel – o que, por precaução, o adquirente, inclusive, deve providenciar tão logo receba a unidade imobiliária. Na hipótese em que as dimensões de imóvel adquirido não correspondem às noticiadas pelo vendedor, cujo preço da venda foi estipulado por medida de extensão (venda *ad mensuram*), aplica-se o prazo decadencial de 1 ano, previsto no art. 501 do CC/2002, para exigir o complemento da área, reclamar a resolução do contrato ou o abatimento proporcional do preço (REsp n. 1.890.327/SP, rel. Min. Nancy Andrighi, 3ª T., j. 20.04.2021).

**Art. 502. O vendedor, salvo convenção em contrário, responde por todos os débitos que gravem a coisa até o momento da tradição.**

O dispositivo é um consectário lógico da própria posição dos contratantes diante da compra e venda: antes da tradição ou do registro a propriedade é do vendedor; após, transfere-se ao comprador (arts. 1.245 e 1.267, CC). Portanto, todos os débitos que onerem os bens móveis e imóveis são de exclusiva responsabilidade do seu titular. Trata-se de norma dispositiva, podendo as partes dispor de forma contrária, de acordo com a seus interesses, para a distribuição dos débitos.

No caso das obrigações *propter rem* ou obrigações mistas ou obrigações ambulatórias a distribuição será diversa. Trata-se de obrigações que recaem sobre uma pessoa pelo fato de ser titular de um direito real, sendo transferidas imediatamente a quem quer que lhes suceda nessa posição. Nesse sentido, observa-se que a quitação do imposto predial urbano, imposto territorial rural, imposto de propriedade de veículos e o condomínio do prédio é uma obrigação que recai sobre o titular da propriedade. Todavia, em caso de tradição do bem móvel ou registro do bem imóvel, eventuais débitos anteriores recairão sobre o novo proprietário, pois as ditas obrigações incidem sobre a coisa em si e não sobre as pessoas que contraíram os débitos. Certamente haverá o direito de regresso perante o alienante sobre os valores relativos ao período anterior à tradição.

Nos casos em que o comprador entra na posse efetiva do imóvel e com conhecimento dos demais condôminos, assumirá os débitos condominiais independentemente da efetivação do registro. Não seria justo manter a responsabilidade do vendedor – que já transferiu todas as faculdades da propriedade ao comprador – simplesmente em razão da recusa do comprador de se desincumbir do ônus do registro.

**Art. 503. Nas coisas vendidas conjuntamente, o defeito oculto de uma não autoriza a rejeição de todas.**

O dispositivo se aplica aos casos específicos em que a aquisição da universalidade é realizada de forma conjunta, sendo esse modo a própria razão determinante do negócio jurídico, que, provavelmente, não se realizaria caso os objetos fossem fracionados. Assim, se alguém compra 30 garrafas de um vinho de safra rara e uma delas é visivelmente imprestável para o consumo, somente aquela será rejeitada e não as demais. Ora, se a aquisição foi conjunta, e o vício não desvaloriza ou inutiliza os demais objetos adquiridos, não é razoável autorizar a resolução do negócio jurídico.

Entretanto, a norma em análise deve sofrer interpretação temperada *cum grano salis* (com um grão de sal). Assim, se os bens defeituosos se avultam ou se o vício de um deles provoca efetivamente uma depreciação significativa do conjunto, entendemos que poderá o comprador rescindir o negócio jurídico com base na ação redibitória ou postular o abatimento no preço (ação *quanti minoris*), sob pena de lesão ao princípio da proporcionalidade. De fato, sendo a razão da compra a própria importância do conjunto, caso os vícios se mostrem substanciais, toda a finalidade do negócio será desvirtuada. Em outras palavras, a causa da compra e venda está intrinsecamente ligada ao conjunto de bens, e não individualmente a cada um dos objetos que compõem o acervo.

**Art. 504. Não pode um condômino em coisa indivisível vender a sua parte a estranhos, se outro consorte a quiser, tanto por tanto. O condômino, a quem não se der conhecimento da venda, poderá, depositando o preço, haver para si a parte vendida a estranhos, se o requerer no prazo de cento e oitenta dias, sob pena de decadência.**

**Parágrafo único. Sendo muitos os condôminos, preferirá o que tiver benfeitorias de maior valor e, na falta de benfeitorias, o de quinhão maior. Se as partes forem iguais, haverão a parte vendida os comproprietários, que a quiserem, depositando previamente o preço.**

Faz-se referência à compra e venda de bens indivisíveis em condomínio. A expressão "condomínio" designa, genericamente, a copropriedade, ou seja, o exercício simultâneo do direito de propriedade por duas ou mais pessoas. Ademais, no condomínio, cada comunheiro (ou condômino ou, ainda, coproprietário) é titular de uma cota-parte, designada fração ideal.

Em regra, é lícito ao condômino dispor, individualmente, sua parte indivisa, sem a necessidade de anuência dos demais, que não poderão se opor à venda da fração ideal a terceiros. A justificativa para tanto é evitar intervenções excessivas do legislador sobre o poder de disposição, inerente ao direito subjetivo de cada proprietário. Mas quando o bem é materialmente indivisível, o art. 504 dispõe que a alienação do quinhão do condômino fica condicionada à concessão de direito de preferência aos demais condôminos, sob pena de ineficácia relativa do ato. Frise-se que a exigência legal está voltada para a eficácia do próprio negócio e não para a validade do ato. Portanto, o ato praticado em desconformidade com o dispositivo em análise é válido, mas não produz consequências em relação aos demais condôminos, eventualmente prejudicados.

O objetivo da norma é efetivar o direito à preferência. Assim, busca-se evitar o ingresso de um terceiro no condomínio, permitindo aos comunheiros a aquisição da fração ideal (quinhão) daquele que deseja se retirar da copropriedade. Por isso, sanciona-se com a ineficácia a eventual venda a um terceiro sem o respeito ao direito de preferência, seja o bem divisível ou indivisível. Isto é, sem a prévia interpelação dos comunheiros. A norma concilia os interesses particulares do vendedor com o intuito da comunidade de coproprietários. A função social recomenda ser mais cômodo manter a propriedade entre os titulares originários, evitando desentendimentos com a entrada de um estranho no grupo.

Tratando-se de coisa materialmente indivisível, o art. 504 autoriza ao condômino a alienação onerosa da sua parte a terceiros, apenas com o condicionante da concessão do direito de preferência aos demais condôminos, sob pena de ineficácia relativa, e não de nulidade. O art. 504 do CC enumera taxativamente requisitos a serem observados para o exercício do direito de preferência: i) a indivisibilidade da coisa; ii) a ausência de prévia ciência, pelo condômino preterido acerca da venda realizada a estranho; iii) o depósito do preço, que deve ser idêntico àquele que fora pago pelo estranho na aquisição; e iv) a observância do prazo decadencial de 180 dias. Em 2021, o STJ decidiu que (*Informativo* n. 698) a tomada de empréstimo para cumprimento do requisito do depósito do preço do bem, previsto no art. 504 do CC/2002, não configura abuso de direito hábil a tolher o exercício do direito de preferência. A origem do dinheiro utilizado para o depósito do preço do bem não tem qualquer relevância para o exercício do direito de preferência. Ademais, a comprovação de renda e/ou prestação de garantia pelo mutuário integram a esfera de faculdade do mutuante ao contratar (REsp n. 1.875.223/SP, rel. Min. Nancy Andrighi, 3ª T., *DJe* 31.05.2021).

O prazo decadencial concedido ao condômino prejudicado pela alienação é de 180 dias para desconstituir a alienação. O condômino pode, então, exercer o direito potestativo de depositar idêntico valor àquele que fora pago pelo estranho ao condômino alienante, por meio de ação de preferência (também chamada de ação de preempção), com o depósito do preço correspondente. Entendemos que o referido prazo fluirá a partir da data do efetivo conhecimento da venda, perfilhando a tese da *actio nata*. A prova do respeito ao direito de preferência (ou prelação) será feita por meio de notificação judicial ou extrajudicial, por força da analogia com o art. 27 da Lei n. 8.245/91 – Lei de Locação de Imóveis Urbanos, com prazo mínimo de 30 dias (art. 28 da supracitada norma legal). Tem-se aqui um lapso temporal razoável, que possibilita a reflexão dos interessados sobre a oportunidade e conveniência da aquisição do quinhão condominial. Essa interpelação, contudo, não precisa conter os termos específicos da proposta de venda. Mas não deve divergir da oferta dirigida ao terceiro, sendo necessário ofertar ao comunheiro as mesmas condições da proposta feita ao estranho.

Se houver mais de um condômino com o direito de preferência, preferirá aquele que tiver o maior número de benfeitorias. Se nenhum deles realizou benfeitoria (ou sendo equivalentes), a preferência recairá sobre quem tiver o maior quinhão. E, finalmente, se todos tiverem a mesma fração ideal, todos os condôminos interessados terão direito de preferência proporcionalmente. Podemos sintetizar a ordem preferencial na hipótese de mais de um coproprietário exercer o direito de prelação legal: a) a preferência será do condômino que tiver o maior volume de benfeitorias, realçando a função social da propriedade e a proibição de enriquecimento sem causa; b) na falta de benfeitorias (ou possuindo o mesmo volume), a preferência será do comunheiro com o maior quinhão; c) na falta de benfeitorias e todos possuindo a mesma cota-parte, terá prelação aquele que depositar em juízo o maior preço, podendo fazê-lo proporcionalmente ao quinhão, caso mais de um queira fazê-lo. Nesse contexto, o comunheiro que pretender exercer o direito de preferência deve fazê-lo tanto por tanto, ou seja, deve depositar o valor real do bem, acrescido das despesas do registro.

A norma não se aplica no condomínio edilício, já que as unidades são compreendidas autonomamente, não havendo um todo monolítico. Também não se vislumbra o direito de preferência em favor do condômino se a alienação da cota-parte for gratuita (doação). Havendo liberalidade não é razoável a imposição do direito de preempção. É com razão que o Enunciado n. 623 do CJF afirma que "ainda que sejam muitos os condôminos, não há direito de preferência na venda da fração de um bem entre dois coproprietários, pois a regra prevista no art. 504, parágrafo único, do CC visa somente a resolver eventual concorrência entre condôminos na alienação de fração a estranhos ao condomínio". Ademais, o direito de preferência do comunheiro, nas alienações onerosas de frações ideais, é dirigido primeiramente aos demais condôminos, superando, inclusive, o direito de preferência do locatário, previsto no art. 27 da Lei n. 8.245/91. Assim, na venda de fração ideal de um imóvel alugado, deverá, preferencialmente, a oferta ser dirigida primeiramente aos seus comunheiros, e não ao inquilino. Em um segundo momento, se nenhum comunheiro exercer a preferência, será caso de ofertar ao locatário.

## *Seção II*
## *Das Cláusulas Especiais à Compra e Venda*

### Subseção I
### Da Retrovenda

**Art. 505. O vendedor de coisa imóvel pode reservar-se o direito de recobrá-la no prazo máximo de decadência de três anos, restituindo o preço recebido e reembolsando as despesas do comprador, inclusive as que, durante o período de resgate, se efetuaram com a sua autorização escrita, ou para a realização de benfeitorias necessárias.**

A compra e venda é negócio jurídico com amplo campo de aplicação, tanto por ser o modo mais democrático de realização do tráfego jurídico, em qualquer estrato social, como por admitir a conjugação de cláusulas especiais que flexibilizam o contrato, sem sacrificar a sua natureza bilateral e onerosa. Dentre tais cláusulas, está a retrovenda. Pode-se definir a retrovenda como o pacto adjeto à compra e venda, pelo qual as partes estipulam que o vendedor possuirá o direito potestativo (portanto, submetido, tão só, à sua própria manifestação de vontade) de comprar a propriedade de volta, em certo prazo (não superior a três anos), sujeitando o adquirente a tanto (independentemente da vontade de quem comprou), desde que deposite o preço, acrescido de despesas realizadas pelo comprador.

Concede-se ao alienante o direito de recomprar a coisa, no prazo máximo de três anos, independentemente da vontade do adquirente de vendê-la. Trata-se de condição resolutiva potestativa, pois o comprador detém o poder de submeter o vendedor ao exercício unilateral da desconstituição do negócio jurídico, sem que possa a isso se opor. Basta que o direito seja exercitado no prazo decadencial e fatal de três anos (salvo se prazo menor não foi estabelecido), contados do registro do título aquisitivo da propriedade do imóvel. A norma é dispositiva, de maneira que as partes podem convencionar um prazo inferior a três anos, observando-se o disposto no art. 211 do CC. Entendemos que o estabelecimento de prazo superior ao aludido no art. 505, ofenderia o direito de propriedade, pois acarretaria insegurança nas relações patrimoniais do proprietário e de terceiros que com ele eventualmente contratassem. Caso as partes silenciem quanto ao prazo para o exercício do direito de retrovenda, a qualquer momento, poderá ser exercitada a retratação, mediante a interpelação da parte, mas com a devida atenção à observação do parágrafo único do art. 473 do estatuto substantivo, a fim de se evitar o abusivo exercício do direito potestativo que seja lesivo à economia do contrato e à sua função social.

A retrovenda é, sem dúvida, uma manifestação da autonomia privada, pois só nos negócios jurídicos as partes podem inserir elementos acidentais (termo, condição e encargo) a ponto de inovar dentro dos limites impostos pelo sistema. Entretanto, não se pode olvidar que a autonomia privada deve ser conformada a outros valores do sistema jurídico, como a função social do contrato e a boa-fé objetiva (arts. 421 e 422, CC). Na espécie, isso implica a impossibilidade de o ordenamento ser complacente com a cláusula de retrovenda que venha a ser utilizada como modo de garantia de um mutuante contra o mutuário, diante do eventual inadimplemento da obrigação. Assim, inadmissível que a autonomia privada seja exercida para asfixiar um dos contratantes (ou mesmo terceiros), colocando-o em situação de inferioridade contratual. O pacto de retrovenda não pode servir como um acordo simulatório, no qual a compra e venda sirva de fachada para encobrir a real causa da contratação: a garantia ilícita de um empréstimo. A sanção para essa simulação será a nulidade do negócio (art. 167, CC).

Por derradeiro, nota-se que a retrovenda estabelece um clássico exemplo de propriedade resolúvel, uma vez que a titularidade do comprador pode se extinguir, a qualquer tempo, pelo exercício do direito potestativo pelo alienante. Quanto à incidência do Imposto de Transmissão de Bens Imóveis (ITBI), não havendo a celebração de um novo contrato de compra e venda, e, somente, o desfazimento do negócio anteriormente celebrado, não se pode questionar a incidência do tributo, por não ter ocorrido uma transmissão.

**Art. 506. Se o comprador se recusar a receber as quantias a que faz jus, o vendedor, para exercer o direito de resgate, as depositará judicialmente.**

**Parágrafo único. Verificada a insuficiência do depósito judicial, não será o vendedor restituído no domínio da coisa, até e enquanto não for integralmente pago o comprador.**

O dispositivo disciplina as hipóteses nas quais o comprador se opõe ao cumprimento da cláusula de retrovenda. Em outras palavras, recusa-se a se submeter à desconstituição da compra e venda. A solução legal é a autorização do vendedor a exigir, mediante a propositura de ação de consignação em pagamento com o depósito do valor tanto por tanto, para, em contrapartida, exercer o direito potestativo de resgate do bem. Observa-se que o depósito engloba, além do valor ajustado para a compra e venda, as despesas de registro em cartório, inclusive as benfeitorias necessárias – o que se mostra, a toda evidência, razoável para obstar a ocorrência de um enriquecimento sem causa. É ilícita e, portanto, nula a cláusula que exclui o dever de pagamento das despesas do comprador. O pedido da consignatória deve incluir, além da própria consignação em pagamento, uma declaração judicial de aquisição forçada, para fins de lavratura do registro público.

O legislador poderia ter permitido ainda que essa consignação se realizasse em estabelecimento bancário, com o depósito da quantia devida, como permite o comando do art. 334 do CC c/c o art. 539, § 1º, do CPC. Nos termos da lei processual, se a recusa do comprador em receber é justificada pela insuficiência da quantia oferecida (*v. g.*, por não abranger as despesas do comprador), o vendedor somente poderá adjudicar a coisa quando complementar o preço, seguindo os trâmites do art. 545 do CPC.

**Art. 507. O direito de retrato, que é cessível e transmissível a herdeiros e legatários, poderá ser exercido contra o terceiro adquirente.**

A retrovenda tem clara e ampla eficácia real, abarcando a sucessão *inter vivos* e a sucessão *causa mortis*, tanto pelo ângulo do vendedor como pelo do comprador. O direito (potestativo) de retrovenda não é personalíssimo, admitindo sua cessão a terceiros, por meio de negócio jurídico, gratuito ou oneroso, além de ser transmissível aos herdeiros e legatários, em razão de sucessão legítima ou testamentária. Nesse ponto, insta lembrar que, sendo o sucessor absolutamente incapaz, a contagem do prazo decadencial para o exercício do direito será suspensa (art. 208, CC). Ademais, a cláusula de retrovenda tem eficácia em relação a terceiros, eventualmente adquirentes do imóvel, dentro do prazo decadencial estabelecido. Dessa forma, os adquirentes posteriores à inserção da aludida cláusula, seja a título gratuito ou oneroso, ficam sujeitos à eventual e futura adjudicação do bem por parte do vendedor (ou de seus sucessores), no prazo decadencial. Por essa razão, ganha relevo a efetivação do registro do contrato em cartório para que desencadeie o interessante (e surpreendente) direito de sequela contra os proprietários que sucedem a cadeia nominal. Tem-se aqui a eficácia real da cláusula de retrovenda. O registro atribui inegável publicidade do ato, impossibilitando alegações contrárias posteriores.

O exercício do direito potestativo de retrovenda opera efeitos *ex tunc*, retroativos, desconstituindo-se todos os direitos reais concedidos no período (art. 1.359, CC). Dessa forma, se o comprador concedeu uma hipoteca sobre o bem adquirido e, posteriormente, o vendedor exerceu o direito de recompra, extingue-se, juntamente com a titularidade do comprador, o direito de hipoteca do terceiro. Outrossim, mesmo que exista eficácia real, entendemos que a retrovenda não perfaz um direito real. Trata-se de mero direito obrigacional que traz consigo uma obrigação do proprietário de restituir a titularidade da coisa, caso provocado o direito potestativo de retratação. E, o mais importante, os direitos reais estão taxativamente previstos em lei (princípio da tipicidade). Por isso, conclusão necessária é de que se tem um pacto adjeto que produz um direito obrigacional com eficácia real, assim como acontece com o direito de preferência em favor do locatário que averba o contrato de locação no registro imobiliário, tornando a prelação oponível em face de eventuais adquirentes (Lei n. 8.245/91, art. 33).

**Art. 508. Se a duas ou mais pessoas couber o direito de retrato sobre o mesmo imóvel, e só uma o exercer, poderá o comprador intimar as outras para nele acordarem, prevalecendo o pacto em favor de quem haja efetuado o depósito, contanto que seja integral.**

O comprador poderá convocar os demais condôminos se somente um dos vendedores-comunheiros exercer o direito de recompra. Nesse caso, a retrovenda prevalecerá em favor daquele condômino que realiza o depósito integral, isto é, que pague o preço, acrescido das despesas do comprador. Se o pagamento integral não for efetuado por nenhum dos condôminos, caducará o direito comum ao resgate. Esse condomínio pode, também, surgir quando o vendedor for apenas um proprietário, vindo a falecer posteriormente, no curso do prazo de recompra, deixando múltiplos herdeiros, ou mesmo quando ocorrer uma cessão do direito de retratação a duas ou mais pessoas, conforme autorizado pelo art. 507 do CC. Caso todos os vendedores concordem com a divisão do preço, a retrovenda acarretará o nascimento de um condomínio, seja o bem divisível ou indivisível.

Apesar da omissão legislativa, o STJ vem entendendo inexistir incompatibilidade entre a cláusula de retrovenda e o contrato de compra e venda de bens móveis.

## Subseção II
## Da Venda a Contento e da Sujeita a Prova

**Art. 509. A venda feita a contento do comprador entende-se realizada sob condição suspensiva, ainda que a coisa lhe tenha sido entregue; e não se reputará perfeita, enquanto o adquirente não manifestar seu agrado.**

Outra cláusula especial que é de interesse do tráfego jurídico e pode ser adotada pelas partes é a cláusula de venda a contento (*pactum displicentiae*). Por meio deste pacto as partes subordinam a eficácia da compra e venda à condição suspensiva da satisfação do comprador ao apreciar as qualidades da coisa que lhe foi entregue. O adquirente está autorizado a desfazer o contrato caso a coisa não tenha, ao seu exame, as qualidades previstas. Daí ser denominada cláusula *ad gustum*. A cláusula é corriqueira em vendas de bebidas, em especial daquelas que exigem apreciação de sua qualidade (como vinhos), gêneros alimentícios e confecções. Tem-se, então, uma situação curiosa: o vendedor se sujeita a um evento futuro e incerto, que se relaciona ao arbítrio do comprador, excepcionando-se a proibição de admissibilidade de condições puramente potestativas (art. 122, CC), na medida em que a eficácia negocial fica submetida à livre apreciação da qualidade da coisa pelo adquirente. Não é lícito ao vendedor questionar a razoabilidade dos motivos do desagrado, escapando a matéria ao controle pelo Judiciário. De fato, não se mostra crível nem admissível que o pretenso comprador tivesse de justificar a razão pela qual a bebida que lhe foi oferecida não lhe agradou.

A devolução do bem, portanto, está atrelada ao desejo do comprador, pouco importando a apreciação objetiva sobre as características materiais da coisa. Entendemos que não se trata de cláusula simplesmente potestativa, mas sim de cláusula puramente potestativa, já o arbítrio não seria ilimitado. Portanto, a opção do comprador pode se basear em um simples capricho, sem que se possa questionar tal aspecto subjetivo. O comprador não é o proprietário, porém mero titular de um direito eventual. Portanto, dele não se exige qualquer espécie de pagamento até que se decida adquirir o bem, após a análise de sua qualidade. Obviamente, poderá exigir a entrega da coisa, para que possa, com a posse direta do objeto, avaliar se o negócio jurídico lhe mostra satisfatório.

Imprescindível que a cláusula conste expressamente no contrato, já que não é razoável presumir que o comprador adquiriu o objeto apenas para experimentar. Ao contrário do que sugere o CC, no presente art. 509, a possibilidade de devolução do bem não decorre da autonomia privada, mas da tutela jurídica dedicada ao vulnerável que está adquirindo, por meio de pressão psicológica, sem a necessária ponderação acerca da real utilidade da compra. Outrossim, no sistema do CDC, a aquisição não se faz por condição suspensiva, ela é perfeita e acabada, mas subordina-se ao direito potestativo de resilição unilateral.

Embora o dispositivo em comento seja omisso sobre a possibilidade de a venda a contento ser realizada mediante cláusula resolutiva para o comprador, entendemos que nada impede a fixação da resolução, com base na autonomia privada das partes, eis que não há proibição expressa da norma ou ofensa à ordem pública.

**Art. 510. Também a venda sujeita a prova presume-se feita sob a condição suspensiva de que a coisa tenha as qualidades asseguradas pelo vendedor e seja idônea para o fim a que se destina.**

A compra e venda pode ainda ser moldada pela venda sujeita à prova ou a ensaio. Tem-se aqui cláusula que subordina a eficácia da compra e venda à objetiva constatação das qualidades que foram asseguradas pelo vendedor. Diferentemente do art. 509, a manifestação do comprador não é de ordem subjetiva e discricionária: sua recusa precisa estar apoiada em sinais de que a coisa não apresenta o desempenho e as qualidades prometidas. Como ressaltamos nos comentários do dispositivo anterior, na venda a contento o desfazimento do negócio jurídico se submete à satisfação do comprador a partir de uma avaliação subjetiva, baseada em sua estima pela coisa.

As duas cláusulas ainda diferem porque a insatisfação do comprador está relacionada à própria desconformidade externa entre o que se prometeu e o que se pretende adquirir realmente. Por essa razão, torna-se imprescindível a prova da existência do alegado déficit qualitativo pelo adquirente, impossibilitando o arbítrio do comprador. Em resumo, a condição suspensiva da compra é sujeita à demonstração da veracidade das alegações do comprador, sob pena de ser levada à apreciação do magistrado. Enfim, tanto a venda a contento como a sujeita à prova são condicionais; entrementes, naquela (a contento), o critério é puramente subjetivo e arbitrário, enquanto nesta (sujeita à prova), parte-se de uma análise objetiva e fundamentada.

**Art. 511. Em ambos os casos, as obrigações do comprador, que recebeu, sob condição suspensiva, a coisa comprada, são as de mero comodatário, enquanto não manifeste aceitá-la.**

O art. 511 tem conteúdo explicativo. Nos casos de venda a contento e na venda sujeita à prova, o comprador tem meramente um direito eventual em razão da condição suspensiva (art. 125, CC). Verifica-se que a eficácia da compra está sujeita ao evento futuro e incerto do contentamento com o bem ou da constatação de suas virtudes materiais. Não é por outra razão que, em ambas as figuras, o comprador é tratado como um mero comodatário, surgindo apenas um desdobramento da posse: a posse indireta se mantém com o vendedor – que ainda remanesce na posição de proprietário – e a posse direta é transferida ao comprador, em virtude de uma relação de direito obrigacional. Assim, sua responsabilidade civil é regulada nos moldes do comodato.

Se a opção do comprador for pela não aquisição do bem, terá a obrigação de devolvê-la imediatamente, sob pena de conversão da posse em injusta, após ser interpelado pelo vendedor. Assim, o vendedor poderá ajuizar ação de reintegração de posse. Em ambas as figuras, a manifestação de aceitação do comprador pode ser expressa ou tácita. Esta última se materializaria, por exemplo, pelo pagamento do preço ou pela prática de qualquer comportamento concludente ou socialmente típico, demonstrando a sua satisfação.

**Art. 512. Não havendo prazo estipulado para a declaração do comprador, o vendedor terá direito de intimá-lo, judicial ou extrajudicialmente, para que o faça em prazo improrrogável.**

O legislador optou por não fixar prazos decadenciais para o exercício do direito potestativo de devolução da coisa nos casos de venda a contento e na venda sujeita à prova. Dessa forma, abriu-se às partes a possibilidade de fixarem o prazo de decadência de acordo com a conveniência das partes. Nesse caso, se o bem não é restituído no lapso temporal previsto no contrato, a compra e venda se aperfeiçoa em caráter definitivo. Se as partes não estabelecerem convencionalmente o prazo, o credor deve ser interpelado pelo vendedor, seja judicial ou extrajudicialmente, fixando-lhe prazo para o exercício da opção, sob pena de, no silêncio, concretizar-se a compra e venda em sua plenitude. Tem-se nesta última situação, uma compra e venda com aceitação presumida.

Em regra, nos contratos sem prazo a prestação pode ser exigida imediatamente (art. 331, CC). Existem ainda situações com particularidades específicas que evidenciam a necessidade de um período para o cumprimento da obrigação, de forma que o prazo será tácito (art. 134, CC). Pois bem, estamos, nesse ponto, diante dessa situação. Mostra-se, pois, abusiva a conduta do vendedor de exigir imediatamente o adimplemento, sem conceder ao comprador um tempo razoável para constatar as qualidades da coisa possuída. Por derradeiro, conquanto o *locus* natural dessas cláusulas seja os bens móveis, nada impede a sua utilização nos negócios que tenham por objeto bens imóveis.

## Subseção III
## Da Preempção ou Preferência

**Art. 513. A preempção, ou preferência, impõe ao comprador a obrigação de oferecer ao vendedor a coisa que aquele vai vender, ou dar em pagamento, para que este use de seu direito de prelação na compra, tanto por tanto.**

**Parágrafo único. O prazo para exercer o direito de preferência não poderá exceder a cento e oitenta dias, se a coisa for móvel, ou a dois anos, se imóvel.**

O disposto estabelece a preempção ou preferência que é uma espécie de pacto adjeto à compra e venda que assegura ao vendedor o direito de prelação (preferência), em igualdade de condições com terceiros, caso o comprador do bem, móvel ou imóvel, decida vendê-lo ou dar em pagamento. Trata-se, portanto, de uma "cláusula especial de direito potestativo e personalíssimo, não comportando cessão ou transmissão aos herdeiros".

Importante ressaltar que a preempção se difere da retrovenda. Nesta o comprador fica sujeito ao direito potestativo de recompra do vendedor. Enquanto isso, no direito de preempção, o comprador apenas se obriga a conceder uma preferência ao vendedor, se, e somente se, decidir por alienar onerosamente a coisa a terceiros. Exercido o direito de preferência pelo ex-proprietário, o vendedor, surge uma nova aquisição, submetida, por conseguinte, à tributação.

Entendemos que não há propriamente uma condição suspensiva ou resolutiva na preempção, pois o negócio de compra e venda é perfeito e acabado. Apenas e tão só, o comprador realiza uma promessa unilateral de contratar (art. 466, CC), assumindo uma obrigação. Verificam-se dois requisitos determinantes neste instituto: a) o desejo do comprador de vender (condição resolutiva); b) a vontade do vendedor de recomprar (condição suspensiva). Faltando uma delas, não se concretiza a cláusula de preempção. Portanto, a simples – e ainda que perfunctória – leitura do dispositivo legal em comento explicita que se impõe ao comprador a obrigação de oferecer a coisa ao vendedor para que este exerça, se quiser, em igualdade de preço e de condições, a prelação, comprando a coisa de volta. A notificação consubstanciará não somente o valor da transação, mas ainda as vantagens eventualmente oferecidas pelo terceiro (art. 518, CC).

O parágrafo único do artigo em comento estabelece que, no caso de bens móveis, o exercício da preferência deve ocorrer no prazo decadencial de 180 dias contad/os da tradição e na compra e venda de bens móveis dois anos contados do registro em cartório. Transcorrido estes períodos sem que o vendedor se manifeste pelo exercício do direito de preferência, o comprador estará completamente livre para alienar a quem bem entender, sucumbindo à prelação. De toda sorte, as partes poderão estabelecer prazo inferior ao descrito na norma, contudo, não poderão ampliar o lapso de tempo. Se as partes não ajustarem prazo convencional de decadência e houver intenção do comprador de vender a coisa antes do tempo fixado no parágrafo único do art. 513 da codificação, deverá ele notificar o vendedor da concessão de prazo para o exercício da preferência em três dias, se móvel, ou 60 dias, se imóvel. Não havendo manifestação nesses prazos, subentende-se a renúncia ao direito. São prazos oferecidos por lei, supletivamente, partindo de uma premissa de razoabilidade. Contudo, se o vendedor demonstrar pelas peculiaridades do caso que a complexidade da proposta demanda maior tempo para o exercício da prelação, pode o juiz alterá-los. A prelação pode ser concebida em contratos que tenham por objeto um bem imóvel ou naqueles cujo objeto é bem móvel ou bem incorpóreo.

**Art. 514. O vendedor pode também exercer o seu direito de prelação, intimando o comprador, quando lhe constar que este vai vender a coisa.**

O legislador atribuiu ao vendedor se antecipar ao exercício do direito de preferência, interpelando o comprador para que lhe conceda o direito de preferência se houver razões para desconfiar de que este tem a intenção de vender o bem.

Havendo, de fato, a intenção de vendê-lo, o comprador, quando intimado, não mais poderá desistir de oferecer a coisa ao vendedor, sob pena de ser condenado a indenizar pelo abuso do direito na modalidade do *venire contra factum proprium*. Isso se justifica pelo fato de a conduta ativa de oferecer a coisa a terceiros, que atraiu a legítima confiança do vendedor na possibilidade de recompra, foi traída pela segunda conduta, na qual o comprador retirou a proposta injustificadamente. Trata-se de evidente afronta ao princípio da boa-fé objetiva, tutelada como ato ilícito pelo art. 187 do CC.

**Art. 515. Aquele que exerce a preferência está, sob pena de a perder, obrigado a pagar, em condições iguais, o preço encontrado, ou o ajustado.**

Para que seja exercido e efetivado o direito de preempção, é necessário que seja mantido o equilíbrio entre as partes. Por essa razão, a norma em análise dispõe que, além da vontade do comprador de vender e do vendedor de comprar, o vendedor, para manter seu direito na recompra, deve, necessariamente, oferecer idênticas condições de pagamento às ofertadas pelo terceiro, tanto nos valores como nos prazos e demais vantagens que são oferecidas ao comprador. Importante analisar cuidadosamente a parte final do dispositivo que pode gerar contradições. As expressões "preço encontrado" e "preço ajustado" podem não significar a mesma coisa. A primeira expressão dá a ideia de equivalência entre o que oferecem o vendedor e o terceiro. Porém, "preço ajustado" poderia exprimir aquilo que comprador e vendedor fixaram como preço de recompra, independentemente de qualquer oferta de terceiros.

A interpretação literal não atende ao escopo da preempção, que busca salvaguardar ao vendedor a preferência, termo que sempre traz uma ideia de comparação com outro, jamais de exclusão. Outrossim, a ideia do "tanto por tanto" que encerra o art. 513 demonstra que sempre será observada a paridade entre o terceiro e o vendedor. O dispositivo se refere diretamente ao pagamento de um preço de maneira que fica excluída a possibilidade de admissão do direito de preferência nos contratos de troca e permuta, que se aproxima do direito na venda, mas dispensa o pressuposto do preço.

**Art. 516. Inexistindo prazo estipulado, o direito de preempção caducará, se a coisa for móvel, não se exercendo nos três dias, e, se for imóvel, não se exercendo nos sessenta dias subsequentes à data em que o comprador tiver notificado o vendedor.**

Não sendo estabelecido pelas partes um prazo convencional de decadência, o comprador poderá interpelar o vendedor concedendo-lhe prazo para exercício da preferência de três dias, se móvel, ou 60 dias, se imóvel, caso tenha a intenção de vender a coisa antes do prazo fixado no parágrafo único do art. 513. Não havendo manifestação nesses prazos, subentende-se a renúncia ao direito.

Esses prazos são os que a lei entendeu como razoáveis diante do silêncio das partes, oferecendo-os supletivamente em caso de a interpelação do comprador ao vendedor não assinalar termos mais amplos ou mais restritos. Contudo, se o vendedor demonstrar, pelas peculiaridades do caso, que a complexidade da proposta demanda maior tempo para o exercício da prelação, poderá o magistrado reputar como abusiva a interpelação que conceda prazo exíguo.

**Art. 517. Quando o direito de preempção for estipulado a favor de dois ou mais indivíduos em comum, só pode ser exercido em relação à coisa no seu todo. Se alguma das pessoas, a quem ele toque, perder ou não exercer o seu direito, poderão as demais utilizá-lo na forma sobredita.**

Cuida-se da hipótese de venda da coisa com cláusula de preempção com pluralidade de sujeitos. Nessa hipótese os condôminos interessados devem adquirir a totalidade do bem, seja ele divisível ou indivisível, sem possibilidade de fragmentação. A lei impõe uma indivisibilidade atendendo à própria razão determinante do negócio jurídico (art. 258, CC).

Ilustrativamente, se A, B e C vendem um terreno a D e, ao tempo em que este deseja vender o imóvel ao terceiro E, por R$ 90.000,00, apenas o condômino A manifesta o desejo de exercitar a preferência, não será lícito que A adquira apenas um terço do terreno, pois privará D de realizar um negócio jurídico sobre a totalidade do imóvel com E. Entretanto, se o condômino A, isoladamente, exercitar o direito de preferência sobre o total do imóvel, irá adquirir efetivamente o bem, nos termos da permissão da parte final do dispositivo. Portanto, a norma admite apenas a prelação total por qualquer dos condôminos. Hipótese distinta se dá quando o comprador tenha adquirido cotas dos vendedores; nesse caso, o vendedor poderá comprar a sua parte e não necessariamente o imóvel.

**Art. 518. Responderá por perdas e danos o comprador, se alienar a coisa sem ter dado ao vendedor ciência do preço e das vantagens que por ela lhe oferecem. Responderá solidariamente o adquirente, se tiver procedido de má-fé.**

A norma trata da responsabilidade do comprador que alienou a coisa, em desconformidade à preferência convencionada em favor do vendedor. O artigo 516 estabelece solução legal diametralmente oposta à prevista para o pacto de retrovenda, na venda de fração ideal de bem indivisível em condomínio (art. 504, CC) e na locação de imóveis urbanos (art. 33 da Lei n. 8.245/91).

Aqui, havendo violação da preferência pelo comprador, o vendedor não poderá demandar a desconstituição do negócio jurídico, mediante o depósito da quantia paga pelo terceiro. A norma determina a responsabilização do comprador por perdas e danos, entretanto, sem desfazer a compra e venda que viola o direito de preempção. Assim, pode-se concluir que a opção legislativa foi a de negar eficácia real e oponibilidade *erga omnes* ao pacto de preempção. São atribuídos efeitos meramente obrigacionais e restritos ao comprador e ao vendedor, sem alcançar terceiros. É razoável assegurar ao vendedor prejudicado uma indenização porque a atitude do comprador (de vender a terceiro sem notificar o vendedor) viola, frontalmente, o dever anexo de informação, decorrente da boa-fé objetiva. A pretensão ressarcitória pode ser dirigida contra o adquirente em solidariedade passiva com o comprador, caso tenha procedido de má-fé, ou seja, caso sabidamente tivesse noção da existência da cláusula e, mesmo assim, tenha praticado o negócio jurídico. Obviamente, quando o bem objeto do contrato for imóvel, o registro do contrato e a publicidade da cláusula de preempção geram presunção absoluta de má-fé.

Importante analisar a questão de maneira mais detalhada e sistêmica. Entendemos que, apesar da expressa opção legislativa (efeitos meramente obrigacionais para a cláusula de preempção), deve-se admitir a adjudicação da coisa vendida ao terceiro, sem respeito à preferência convencionada, se restar demonstrado que o terceiro adquirente tinha ciência inequívoca da existência da cláusula de prelação. A posição aqui defendida fundamenta-se na concretização da função social externa do contrato, impedindo que uma pessoa, conscientemente, ofenda um contrato do qual não faça parte, frustrando sua regular execução. Aqui, o vendedor está na posição de terceiro ofendido pela negociação estabelecida entre o comprador e o terceiro adquirente. Ora, nessa hipótese, o terceiro viola frontalmente a relação contratual entre o comprador e o vendedor, pois, mesmo ciente da cláusula de preempção, simplesmente a ignora e realiza um novo contrato com o comprador. Em suma, a sociedade não pode se portar de modo a ignorar a existência de contratos firmados. Isso explica uma tendência em se prestigiar a oponibilidade *erga omnes* das relações contratuais, com a imposição de um dever genérico de abstenção, por parte de terceiros, de prática de relações contratuais que possam afetar a segurança e a certeza dos contratos estabelecidos. Não se pretende aqui, afastar a relatividade dos contratos – pois os seus efeitos obrigacionais compreendem apenas os seus protagonistas. Na verdade, entendemos que deve haver uma mitigação da incidência dos seus efeitos perante a coletividade, prestigiando-se uma oponibilidade geral.

Enfim, concluímos que, como a função social do contrato é uma cláusula geral, pela qual o magistrado delibera pelas consequências mais adequadas à concretude do caso, autoriza, assim, certa mobilidade, oxigenando o rigor do comando legal (art. 518, CC), autorizando, a depender das circunstâncias do caso, a invalidação do segundo contrato, caso se mostre que o terceiro adquirente tinha ciência da preferência e se o vendedor depositar o preço em iguais condições. Não se olvide que a cláusula geral é norma de ordem pública, sendo aplicável de ofício pelo magistrado (art. 2.035, parágrafo único, CC).

---

**Art. 519. Se a coisa expropriada para fins de necessidade ou utilidade pública, ou por interesse social, não tiver o destino para que se desapropriou, ou não for utilizada em obras ou serviços públicos, caberá ao expropriado direito de preferência, pelo preço atual da coisa.**

---

A retrocessão é o dever do poder público de colocar à disposição do expropriado o imóvel que serviu de objeto a uma desapropriação, nos casos em que não se lhe concedeu a finalidade visada pela necessidade, pela utilidade pública ou pelo interesse social. Nesse sentido, o dispositivo ora analisado trata do referido instituto por meio de uma norma privada que dirige uma sanção à administração pública como consequência da recusa em atender à especial vinculação do bem expropriado. O bem deverá ser oferecido ao particular, a fim de que delibere pela recompra pelo preço atual da coisa. A desapropriação é a máxima restrição ao direito de propriedade, sendo apenas justificada pela função social que lhe é inerente (art. 5º, XXII, XXIII e XXIV, CF). Dessa forma, frustrada a finalidade pública para a qual se pretendeu dirigir o bem, deve-se abrir a possibilidade de retorno do bem imóvel ao proprietário. Imperioso observar que a retrocessão pressupõe a tredestinação ilícita, que é o desvio de poder que conduz o bem a uma finalidade contrária à do interesse público ou o transfere a terceiro, denotando a desistência da desapropriação. Assim, ainda que o bem não tenha sido destinado para sua finalidade inicial, demonstrando-se que sua utilização se deu em qualquer obra ou serviço público, a retrocessão não mais se justifica. Seria o exemplo da substituição da construção de uma creche por um posto de saúde, pois restará mantido o motivo superior que justificou o ato.

O art. 519 impõe o direito de preferência legal. Aqui, diferentemente da previsão do art. 518, não se indeniza o prejuízo somente com perdas e danos, mas com a própria reaquisição da propriedade em razão do desinteresse superveniente do expropriante. A natureza jurídica da retrocessão não se amolda em direito real ou obrigacional. Observam-se aspectos obrigacionais por se situar no campo do direito de preferência, matéria alusiva aos contratos, nas relações de cunho obrigacional. No entanto, se não for concedida qualquer finalidade pública ao bem, o expropriado não receberá uma indenização – o que ocorreria em sede obrigacional –, mas poderá postular a ação de preferência (não a reivindicatória), reavendo a coisa para si. Mesmo assim, isso não tem força suficiente para convolar a retrocessão em direito real, podendo-se admitir uma eficácia real do direito obrigacional. Em conclusão, pode-se afirmar que a desapropriação geraria uma espécie de propriedade resolúvel para o poder público, condicionada à satisfação do interesse público subjacente, motivador do ato.

---

**Art. 520. O direito de preferência não se pode ceder nem passa aos herdeiros.**

---

Depreende-se da leitura do dispositivo o caráter *intuitu personae* do direito de preferência. Consequentemente, tal direito personalíssimo não se transmite aos herdeiros do vendedor, nem mesmo pode ser objeto de cessão por negócio jurídico *inter vivos*. A morte do vendedor é o termo da preempção, exceto se foi instituído em favor de duas ou mais pessoas – como na venda de bem em condomínio –, quando somente se extinguirá com a morte do último vendedor, diante da indivisibilidade da obrigação. Diferentemente, na retrovenda o direito de retrato pode ser cedido e transmitido aos herdeiros e legatários do vendedor, a teor do art. 507 do CC.

## Subseção IV
## Da Venda com Reserva de Domínio

---

**Art. 521. Na venda de coisa móvel, pode o vendedor reservar para si a propriedade, até que o preço esteja integralmente pago.**

---

O campo da compra e venda é fértil para a atuação da autonomia privada das partes, possibilitando a adoção de cláusulas que possibilitam aos contratantes modular o contrato às conveniências particulares. Nesse sentido, observam-se os vários pactos especiais previstos para a compra e venda. A cláusula de reserva de domínio é em pacto adjeto à compra e venda pelo qual o vendedor mantém consigo a propriedade da coisa alienada até que seja integralmente pago o preço estabelecido. Trata-se de verdadeira condição suspensiva do pagamento integral das prestações pelo comprador, com vistas a assegurar maior segurança ao contrato. É comum a utilização da cláusula de reserva de domínio nas vendas à prestação, nas quais o vendedor busca uma garantia do total adimplemento, já que a transferência da propriedade é postergada do momento da tradição para o tempo da quitação. Nada impede, contudo, que a venda seja realizada com base em única prestação, em época posterior à contratação. Seria o caso da venda de uma televisão, com previsão de pagamento do preço em 90 dias após o ajuste do contrato. A reserva de domínio é figura jurídica com funcionalidade própria, voltada para assegurar a dinâmica negocial, sem os questionamentos típicos da transferência de propriedade. A compra e venda com essa cláusula se mostra, pois, economicamente mais eficiente, ampliando a garantia do vendedor e desestimulando os juros e demais encargos financeiros.

O pacto de venda com reserva de domínio implica desdobramento da posse. O comprador detém a posse direta, enquanto o vendedor mantém a posse indireta, ainda proprietário. Nota-se, ainda, uma espécie de propriedade resolúvel, na qual o implemento da condição suspensiva do pagamento (evento futuro e incerto) permitirá a transferência da propriedade da coisa móvel. A condição não se prende à transferência da posse (tradição), mas da propriedade. Destarte, a reserva de domínio tem pontos convergentes ao modelo estabelecido pela propriedade fiduciária (arts. 1.361 a 1.368-B, CC), como uma espécie de negócio fiduciário. Observa-se em ambas as figuras o desdobramento da posse e da propriedade, assim como o condicionamento do pagamento do preço. Entre essas formas de pactuação podem-se evidenciar duas principais diferenciações. Nota-se, inicialmente, que a propriedade fiduciária gera a imediata transferência da titularidade do fiduciante (alienante) para o credor fiduciário (adquirente), como premissa para que o vendedor possa imediatamente receber o preço e se satisfazer. Portanto, a relação jurídica de direito real não é integrada pelo vendedor, restringindo-se o negócio fiduciário ao comprador e ao financiador, que recebe a propriedade resolúvel da coisa móvel como garantia do pagamento realizado ao vendedor. Enquanto isso, na reserva de domínio, a relação jurídica se circunscreve ao vendedor e ao comprador, pois o próprio alienante realiza o financiamento da aquisição em prestações, subordinando-se a passagem da propriedade a uma condição suspensiva. Ademais, considerando que há previsão legal de propriedade fiduciária imobiliária (Lei n. 9.514/97), é de se lamentar que a legislação tenha restringido o seu âmbito de incidência aos bens móveis, ignorando a evolução no tratamento da matéria.

---

**Art. 522. A cláusula de reserva de domínio será estipulada por escrito e depende de registro no domicílio do comprador para valer contra terceiros.**

---

De forma razoável, exige-se que a cláusula de reserva de domínio seja formalizada por escrito, sob pena de invalidade do negócio jurídico (art. 104, III, c/c art. 166, IV, CC). A reserva de domínio requer o instrumento público ou particular, independentemente do valor do bem, assim como seu respectivo registro no Cartório de Títulos e Documentos para fins de eficácia perante terceiros, no que concerne aos bens móveis em geral.

No caso de alienação de veículo, como se observa na propriedade fiduciária e no arrendamento mercantil, é necessária a anotação do gravame no Certificado de Registro do Veículo, para fins de oponibilidade do contrato em face de terceiros que adquiram o bem sem que tenha sido preenchido o requisito de publicidade do contrato. Atente-se para que a consequência, nesse caso, não afeta o plano de validade do negócio, situando-se no plano de sua eficácia perante terceiros de boa-fé. Nesse sentido, a Súmula n. 92 do STJ: "A terceiro de boa-fé não é oponível a alienação fiduciária não anotada no Certificado de Registro do veículo automotor".

Por derradeiro, verifica-se que o registro ainda é para converter a coisa móvel em patrimônio de afetação. Portanto, ainda que a propriedade permaneça com o vendedor até o pagamento integral do preço, os seus credores não poderão executá-la. Outro não poderia ser o desfecho, já que a coisa já se encontra afetada ao direito eventual do comprador, que poderá exercer atos conservatórios contra terceiros que efetuem constrições sobre o bem (art. 130, CC), desde que tenha sido promovido o registro.

---

**Art. 523. Não pode ser objeto de venda com reserva de domínio a coisa insuscetível de caracterização perfeita, para estremá-la de outras congêneres. Na dúvida, decide-se a favor do terceiro adquirente de boa-fé.**

---

A compra e venda com reserva de domínio deve incidir sobre bem de natureza infungível. Esse é o sentido a ser atribuído à caracterização perfeita inserida no art. 523. Em outras palavras, o negócio jurídico deve necessariamente ter por objeto a entrega de coisa que não possa ser substituída por outra da mesma espécie, qualidade e quantidade (art. 85, CC), devendo ser identificada e especializada em seus atributos essenciais. Assim, os bens consumíveis, devido ao seu próprio atributo de autodestruição, não podem ser objeto de reserva de domínio. O requisito da infungibilidade é determinado por algumas razões: a) propicia o registro do bem no cartório de títulos e documentos; b) permite a localização e recuperação da coisa em caso de inadimplemento do comprador, por causa de sua perfeita identificação; e c) facilita o tráfego jurídico do bem, pois permitirá sucessivas tradições da coisa com base em sua singularidade.

A parte derradeira do artigo em comento será de escassa aplicação, afinal, dificilmente se efetivará registro de bem fungível. Nesse caso, o terceiro adquirente será beneficiado pela boa-fé diante da impossibilidade do vendedor de precisar as qualidades exatas da coisa que foi transferida ao terceiro pelo comprador.

**Art. 524. A transferência de propriedade ao comprador dá-se no momento em que o preço esteja integralmente pago. Todavia, pelos riscos da coisa responde o comprador, a partir de quando lhe foi entregue.**

A transferência da propriedade tem como marco temporal o adimplemento integral do preço. A transferência do domínio é operada *ope legis*. Apresentando-se instrumento idôneo de quitação, cancela-se o registro no Cartório de Títulos e Documentos ou no órgão de trânsito. De qualquer forma, a tradição pode ser contemporânea à contratação, transferindo-se a posse direta ao comprador. Mas, com a tradição, também se transferem os riscos da coisa ao comprador, independentemente de este ser proprietário. Assim, a assunção dos riscos pela perda ou pela deterioração da coisa pelo comprador implica o fato de manter a obrigação de pagar a integralidade do preço mesmo que a coisa se perca na fase da execução do contrato. Observa-se que a transferência se refere aos riscos materiais do objeto, alusivos à sua configuração física. Entretanto, a eventual discussão sobre a perda jurídica do bem ficará a cargo do vendedor, não podendo o comprador ser onerado pelos riscos da evicção da coisa que não lhe pertence. Caso a titularidade seja reclamada pelo terceiro, caberá ao comprador pleitear a devolução dos valores pagos ao vendedor.

Por derradeiro, nota-se que na hipótese de alienação irregular da coisa pelo comprador, a defesa da propriedade pelo vendedor se efetivará mediante oposição de embargos de terceiro, nos termos do art. 674 do CPC.

**Art. 525. O vendedor somente poderá executar a cláusula de reserva de domínio após constituir o comprador em mora, mediante protesto do título ou interpelação judicial.**

A execução da cláusula de reserva de domínio exige a constituição do devedor em mora. Todavia, o legislador não buscou converter a mora *ex re* em *ex persona*. Essa afirmação se justifica pelas consequências pecuniárias listadas no art. 395 do CC, que são imediatas para o comprador em atraso (*v. g.*, juros de mora). Assim, buscou-se garantir que as pretensões exercitadas contra este sejam devidamente comprovadas pelo vendedor em seus fundamentos. Nos contratos celebrados com termo tem-se a mora *ex re*, ou seja, a mora é automática pelo simples risco do inadimplemento da obrigação na data avençada. Sabe-se, entretanto, que o legislador exige a constituição do devedor em mora para a obtenção de finalidades materiais e processuais pelo comprador. É o caso do contrato de alienação fiduciária, pois, segundo o art. 3º do DL n. 911/69, a comprovação da mora é pressuposto para o ajuizamento da ação de busca e apreensão do bem. Nesse mesmo sentido, o código exige a constituição em mora do devedor para a execução da cláusula de reserva de domínio.

Entretanto, não se admite a interpelação extrajudicial (carta remetida pelo cartório de títulos e documentos), haja vista a insegurança e precariedade do meio empregado, em sentido contrário ao preconizado pelo parágrafo único do art. 397 do CC.

**Art. 526. Verificada a mora do comprador, poderá o vendedor mover contra ele a competente ação de cobrança das prestações vencidas e vincendas e o mais que lhe for devido; ou poderá recuperar a posse da coisa vendida.**

Atribui-se ao vendedor duas alternativas nas hipóteses de mora do comprador. Constituído o comprador em mora, por meio da interpelação, nos termos do art. 525 do CC, aquele pode optar pela ação de cobrança, buscando as prestações vencidas e vincendas, ou pela ação para a desconstituição do negócio celebrado. Quanto à alternativa da ação de cobrança, importante observar que o inadimplemento provocará o vencimento antecipado do débito, sendo lícito exigir do comprador o saldo devedor em aberto, além das despesas e das prestações vincendas, para fins de cancelamento da reserva de domínio e consolidação da propriedade com o comprador que purgue a mora e integralize o valor do bem. Não se admite a cumulação sucessiva de pedidos de cobrança e de desconstituição do negócio jurídico, haja vista a clara incompatibilidade. Mas é lícita a cumulação subsidiária na qual o pedido principal seja o de cobrança das prestações e, na impossibilidade, o de recuperação da coisa. Assim, primeiro o vendedor demanda pela tutela específica da obrigação de dar quantia certa e, frustrado o intento, promove a resolução contratual pelo inadimplemento com a devolução da coisa.

Aplica-se às hipóteses reguladas pelo dispositivo em análise a substancial *performance*. Para evitar o abuso do direito no exercício do direito potestativo do vendedor nas duas opções, o juiz poderá qualificar como ilícita a conduta (art. 187, CC) do credor que demanda o devedor no sentido da restituição do bem diante do inadimplemento mínimo. Observa-se patente violação à boa-fé ao se pretender retirar o bem do vendedor quando o adimplemento for substancial. A resolução contratual, nesse caso, mostra-se desproporcional, desrespeitando o ideal de cooperação com o parceiro contratual que pede a adequação aos meios de obtenção do crédito. Também se qualifica como abusiva a conduta do vendedor que pretende o vencimento antecipado das obrigações em razão da mora no início do cumprimento do contrato. Aqui, mais razoável seria demandar pela própria restituição do bem, medida menos gravosa para o comprador.

**Art. 527. Na segunda hipótese do artigo antecedente, é facultado ao vendedor reter as prestações pagas até o necessário para cobrir a depreciação da coisa, as despesas feitas e o mais que de direito lhe for devido. O excedente será devolvido ao comprador; e o que faltar lhe será cobrado, tudo na forma da lei processual.**

Se o vendedor optar pela desconstituição do negócio jurídico com a consequente recuperação da posse da coisa, estará legalmente autorizado a reter os valores pagos pelo comprador, desde que suficientes para compensar o vendedor da depreciação do valor do bem restituído, acrescido das despesas enfrentadas para a recuperação do objeto, além de outros valores sugeridos pelo contrato como penalidades para o inadimplemento (*v. g.*, cláusula penal). De toda sorte, para tanto, o vendedor deverá buscar a via judicial, pois a hipótese não admite a autoexecutoriedade, diferentemente do disposto no art. 249, parágrafo único, para as obrigações de fazer. Havendo valorização da coisa no período que se seguiu à tradição, tais acréscimos serão necessariamente compensados dos demais valores a que faz jus o vendedor. Com a apuração do *quantum* a que correspondem os referidos valores, o magistrado precisará aquilo que será restituído ao comprador. Mas, se nada houver a restituir e os prejuízos excederem as prestações retidas, o restante do saldo devedor será obtido pela via da cobrança, variando a ação conforme a natureza do título do vendedor.

Nas relações de consumo, haverá o cuidado de afastar cláusulas de decaimento, que determinem a perda total das prestações pagas (art. 53, CDC). Outrossim, pelo fato de a cláusula de reserva de domínio não ser impeditiva da venda da coisa pelo comprador a um terceiro, nas hipóteses de inadimplemento o vendedor está autorizado a se voltar contra este por meio da ação de recuperação da coisa, diante da publicidade e oponibilidade do registro a terceiros.

**Art. 528. Se o vendedor receber o pagamento à vista, ou, posteriormente, mediante financiamento de instituição do mercado de capitais, a esta caberá exercer os direitos e ações decorrentes do contrato, a benefício de qualquer outro. A operação financeira e a respectiva ciência do comprador constarão do registro do contrato.**

Estimula-se maior operabilidade no tráfego negocial mediante a possibilidade da intervenção de uma instituição financeira, que adiantará o pagamento integral ao vendedor. Nessa hipótese, duas relações jurídicas concomitantes são formadas: entre vendedor e comprador; entre vendedor e instituição financeira. Esta se sub-rogará na posição do vendedor, para cobrar as prestações do comprador, na forma do art. 347, I, do CC. Consequentemente, as garantias e os privilégios do vendedor serão transferidos à instituição financeira para que possa reaver os valores que adiantou àquele. De toda sorte, o vendedor permanece na posição de proprietário sob condição suspensiva, não sendo a titularidade transferida à instituição financeira. Caso contrário, a natureza dessa modalidade de compra e venda seria completamente desvirtuada e se converteria em uma propriedade fiduciária, de natureza resolúvel.

Depreende-se da parte final do dispositivo a exigência de cientificação por escrito do comprador como requisito de eficácia da sub-rogação contra ele, além da indispensável menção à operação com a instituição financeira no Cartório de Títulos e Documentos, ou no Certificado de Registro do Veículo (CRV).

## Subseção V
## Da Venda sobre Documentos

**Art. 529. Na venda sobre documentos, a tradição da coisa é substituída pela entrega do seu título representativo e dos outros documentos exigidos pelo contrato ou, no silêncio deste, pelos usos.**

**Parágrafo único. Achando-se a documentação em ordem, não pode o comprador recusar o pagamento, a pretexto de defeito de qualidade ou do estado da coisa vendida, salvo se o defeito já houver sido comprovado.**

O dispositivo inaugura o regramento da venda sobre documentos, também chamada de venda contra documentos, crédito documentário ou *trust receipt*. Trata-se de uma espécie de tradição simbólica, consistente, por exemplo, na entrega das chaves na venda de um apartamento. Verifica-se a substituição da entrega do objeto pela tradição de documentos que representem a coisa. Há aqui uma necessária evolução em relação ao CC revogado, correspondendo a uma fase mais atual de celeridade na circulação de créditos, sobretudo em sede de relações internacionais, em que a entrega de documentos é imediata, podendo substituir com certa segurança a longa espera pela chegada das mercadorias. A substituição da entrega do objeto permite ao vendedor que cumpre a obrigação com a entrega da documentação representativa da mercadoria, a exigir do comprador o pagamento. Observa-se que, por essa cláusula, que tem por objeto bens móveis, a tradição é substituída pela entrega de documento correspondente à propriedade, geralmente o título representativo do domínio. Sendo prevista a cláusula e estando a documentação em ordem, não pode o comprador recusar o pagamento, a pretexto de defeito de qualidade ou do estado da coisa vendida, salvo se o defeito já houver sido comprovado.

A venda sobre documentos é corriqueira no comércio marítimo ou aeronáutico internacional nos quais as mercadorias são transportadas entre Estados diversos, submetendo-se a leis uniformes, contratos de adesão e formulários com terminologia própria (como as cláusulas CIF e FOB). O desenvolvimento do contrato demanda não só a expedição de documentação como a emissão de guias e vistos de autoridades. No caso de contrato de câmbio exige-se também o recolhimento de tributos e emolumentos, para se efetivar o embarque e o transporte das mercadorias. A adequação entre a descrição dos objetos e as suas reais características é presumida pela verificação pelo comprador da exatidão dos documentos. A correção da documentação é relevante, pois reduz consideravelmente a incidência da teoria dos vícios redibitórios, sendo em regra inviável a discussão sobre a qualidade da coisa, exceto no tocante a vícios aparentes, ostensivos.

**Art. 530. Não havendo estipulação em contrário, o pagamento deve ser efetuado na data e no lugar da entrega dos documentos.**

Em regra, as dívidas são quesíveis, devendo ser pagas no domicílio do devedor (art. 327), salvo se as partes convencionaram de maneira diversa (dívidas portáveis) ou se as circunstâncias do caso e a própria lei indicam outro local de adimplemento. No dispositivo em análise, verifica-se uma regra supletiva sobre o local do pagamento, indicando para tanto o lugar da entrega dos documentos. Nota-se consonância com o art. 9º da Lindb, que estabelece o *locus regis actum*.

A regra tem caráter facultativo, podendo ser derrogada pela vontade das partes, estabelecendo local diverso. Ademais, resta estabelecido como tempo de pagamento a data da entrega dos documentos. Por isso é adequada a denominação de venda contra documentos.

**Art. 531. Se entre os documentos entregues ao comprador figurar apólice de seguro que cubra os riscos do transporte, correm estes à conta do comprador, salvo se, ao ser concluído o contrato, tivesse o vendedor ciência da perda ou avaria da coisa.**

Nos termos do art. 492 do CC, na compra e venda os riscos pela perda ou destruição da coisa pertencem ao vendedor, antes da tradição. Assim, ainda que os documentos tenham sido entregues, a responsabilidade do vendedor só é afastada se a coisa for entregue ao comprador. É comum e exigido nos contratos de venda internacionais, o intercâmbio com contratos de transporte e seguro. Havendo apólice de seguro, o risco recairá sobre o comprador, devendo arcar com o pagamento do prêmio, como interessado imediato nas mercadorias e beneficiário do seguro (sub-rogação) em caso de sinistro. Entretanto, se o vendedor agir de má-fé, quando já conhecia a perda ou avaria da coisa, será, portanto, responsável. É uma aplicação da regra de ouro do *tu quoque*, pois quem viola uma norma não pode por ela ser beneficiado.

**Art. 532. Estipulado o pagamento por intermédio de estabelecimento bancário, caberá a este efetuá-lo contra a entrega dos documentos, sem obrigação de verificar a coisa vendida, pela qual não responde.**

**Parágrafo único. Nesse caso, somente após a recusa do estabelecimento bancário a efetuar o pagamento, poderá o vendedor pretendê-lo, diretamente do comprador.**

Admite-se o pagamento por intermédio de estabelecimento bancário, como reconhecimento das exigências de um comércio internacional célere e eficaz. Assim, as partes podem optar pela intermediação da compra e venda por uma instituição financeira a qual realizará o pagamento contra a entrega da documentação. Tal instituição verifica a regularidade da documentação que lhe foi confiada pelo vendedor para, em seguida, pagar o preço. Assim, o comprador confiará na exatidão dos papéis.

O contrato de crédito documentário é um pacto acessório à compra e venda por documentos, por meio do qual o banco (nomeado emissor), a requerimento e de conformidade com as instruções do seu cliente (ordenante), compromete-se a efetuar o pagamento a um terceiro (beneficiário) contra a entrega de documentos representativos das mercadorias objeto da operação concluída entre eles. Na qualidade de mero intermediário, a tarefa da instituição financeira limita-se à autenticação da correção da documentação à verificação da documentação, não lhe sendo incumbido examinar ou garantir a qualidade das mercadorias. Havendo recusa do banco a efetuar o pagamento, independentemente da motivação, poderá o vendedor se dirigir diretamente ao comprador. Claro que essa exigência só vingará após a tradição e a aprovação da documentação.

## CAPÍTULO II
## DA TROCA OU PERMUTA

**Art. 533. Aplicam-se à troca as disposições referentes à compra e venda, com as seguintes modificações:**

**I – salvo disposição em contrário, cada um dos contratantes pagará por metade as despesas com o instrumento da troca;**

**II – é anulável a troca de valores desiguais entre ascendentes e descendentes, sem consentimento dos outros descendentes e do cônjuge do alienante.**

A permuta, troca, escambo, barganha ou permutação pode ser definida como a relação transacional pela qual cada uma das partes se obriga a entregar um bem para receber outro, que será entregue pela contraparte, sem envolver moeda (dinheiro) como objeto. Esse tipo negocial é pouco utilizado nos dias atuais, refletindo o próprio tratamento dispensado pela legislação. Nesse sentido, o CC disciplina a matéria em um único dispositivo, o art. 533. Enquanto a permuta quase desapareceu do tráfego jurídico, a compra e venda é vastamente utilizada. Isso se justifica pela própria similitude entre esses dois tipos negociais. Em ambos o objetivo é a aquisição e a transferência de coisas equivalentes, ou seja, pretende-se adquirir propriedade móvel ou imóvel pela posterior tradição ou pelo registro do título. Apesar disso, observa-se que na compra e venda o objeto é a entrega de um bem mediante o pagamento de um preço em dinheiro, na troca, o objeto é a entrega recíproca de diferentes bens pelas partes, sem preço a ser pago.

O contrato de troca ou permuta é definido como o negócio jurídico pelo qual as partes se obrigam, reciprocamente, a dar uma coisa por outra, sem envolver dinheiro. É um contrato bilateral e oneroso, pelo qual as partes transferem, reciprocamente, quaisquer objetos diversos do dinheiro de sua propriedade para a outra. Assumem, pois, os permutantes ou tradentes, obrigações recíprocas, com sacrifícios e vantagens comuns, mesmo que, eventualmente, os bens tenham valores diversos (o que, aliás, acontecerá no mais das vezes).

O objeto da permuta pode ter diferentes bens jurídicos que não envolvam dinheiro, caso contrário caracterizaria contrato de compra e venda. Se a troca é de dinheiro nacional por estrangeiro, o negócio é de operação de câmbio. Podem ser trocados, então, quaisquer bens alienáveis, de livre disposição pelo titular, sejam homogêneos ou heterogêneos. Portanto, o objeto da troca pode ser coisas móveis ou imóveis, fungíveis ou infungíveis, corpóreas ou incorpóreas, umas pelas outras, sendo suficiente que se trata de coisa no comércio (vale dizer, com livre disposição pelo titular), porque tudo o que pode ser objeto de uma venda, pode ser trocado. Não se admite a troca de bens por prestação de serviços humanos. Nessa hipótese, tem-se um contrato inominado, submetido aos princípios gerais do contrato de troca e do contrato de prestação de serviços.

Para a caracterização da permuta não é necessária a identidade de valor econômico entre os bens permutados, até mesmo porque a grande maioria dos bens possui valores diferenciados. Por essa razão, o contrato de permuta não é descaracterizado somente pelo fato de uma das partes complementar com dinheiro a coisa concedida em troca, para se manter a equivalência no negócio jurídico. Saldo ou torna é justamente essa importância em dinheiro dada por uma das partes para repor o outro permutante, na hipótese *sub oculis*. Para que a permuta não se converta em compra e venda ou termine sendo utilizada para fins fraudulentos, o saldo ou torna deve representar um mero complemento do valor da coisa. Contudo, caso o objetivo principal for a aquisição de um bem e o preço em dinheiro pago é complementado pela entrega de outra coisa, a intenção das partes denota a celebração de uma compra e venda. Ilustrativamente, se dois praticantes de ciclismo resolvem trocar as suas bicicletas e uma delas está avaliada em R$ 200,00 e a outra, mais completa e potente, tem valor estimado de R$ 500,00, vê-se que o fator predominante foi a permuta, apesar de ser necessária uma torna de R$ 300,00. O dinheiro, independentemente da quantidade, entrou, nesse caso, como torna ou reposição. Contudo, tem-se um contrato de compra e venda se uma pessoa se dirige à concessionária para adquirir um novo automóvel e entrega o seu como uma parte do pagamento. Tem-se um contrato de compra e venda, por mais valioso que seja o veículo entregue e, naturalmente, por menor que seja a quantia em dinheiro a ser paga. Aqui, o objetivo do negócio foi a aquisição de um bem (compra e venda), e não a troca. Até porque a própria concessionária recebeu o veículo do adquirente para, novamente, vendê-lo.

O *caput* do dispositivo em análise determina que sejam aplicadas as disposições referentes à compra e venda à permuta. A previsão se justifica pela a grande semelhança entre tais negócios jurídicos. Para elucidar, observa-se a incidência da garantia de responsabilidade pelos vícios redibitórios e pela evicção, com algumas singularidades. No caso de vícios ocultos, a única opção do prejudicado será a ação redibitória (rescisória), sendo impraticável promover a ação para obter o abatimento de um preço que não existe (seria a chamada ação *quanti minoris*). No caso de evicção, como em qualquer contrato oneroso (CC, art. 447), o prejudicado terá direito à restituição da coisa e não ao preço – que, insista-se à exaustão, não existe. Além da devolução do objeto, reclamará as despesas de contratação e outras relativas às perdas e danos.

O legislador deliberou por aproximar quase integralmente o regramento da troca ao da compra e venda, destacando, nos dois incisos do art. 533 as diferenças das disciplinas. Nos termos do inciso I, no que toca à repartição das despesas, cada contratante pagará por metade das despesas com o instrumento de troca. A norma é dispositiva, podendo ser derrogada ou alterada pelas partes. Assim, as partes podem dispor que as despesas recairão sobre apenas um dos contratantes. A norma supletiva do Código é justificável na medida em que, na maioria dos casos, o valor das coisas trocadas será equivalente. Não sendo o caso, as partes provavelmente estipularão contribuição proporcional nas despesas. Diferentemente da compra e venda, o art. 490 do CC dispõe, também supletivamente, que as despesas de escritura e registro ficarão a cargo do comprador e as da tradição ao vendedor. No inc. II, o legislador novamente buscou proteger a legítima dos herdeiros necessários, configurando-se desigualdade sempre que refletir diminuição patrimonial que comprometa os direitos sucessórios. Diferentemente da compra e venda, art. 496 do CC, o consentimento dos outros descendentes e do cônjuge somente é exigido quando houver desigualdade dos valores, para menor, dos bens permutados. Ilustrativamente, se um pai troca um apartamento cujo valor é de R$ 300.000,00 por uma obra de arte pertencente ao filho e avaliada em R$ 30.000,00, impõe-se a aquiescência dos demais interessados, porque há desigualdade de valores para menor, em relação ao ascendente. Por fim, observa-se que a anuência será dispensada se a diferença de valores é estabelecida em benefício do ascendente.

## CAPÍTULO III
## DO CONTRATO ESTIMATÓRIO

**Art. 534. Pelo contrato estimatório, o consignante entrega bens móveis ao consignatário, que fica autorizado a vendê-los, pagando àquele o preço ajustado, salvo se preferir, no prazo estabelecido, restituir-lhe a coisa consignada.**

O contrato estimatório é modalidade negocial corriqueira e usual nas relações empresariais, especialmente utilizado por industriais e produtores, no comércio de livros, jornais e revistas; bebidas, joias e bijuterias; objetos de arte e automóveis de luxo e usados. Isso porque facilita o tráfego jurídico, concedendo vantagens recíprocas. Para o consignante, suas vendas são potencializadas já que possibilita que um maior contingente de pessoas tenha acesso a eles. Já o consignatário tem uma sensível diminuição dos riscos do negócio, na medida em que poderá devolver os bens que, eventualmente, não conseguir vender. Define-se o contrato estimatório como o negócio jurídico em que uma pessoa (consignante, *tradens* ou outorgante) entrega um bem, de valor econômico, a outra pessoa (consignatário, *accipiens* ou outorgado), para a venda ou a prática de atos de disposição, com a obrigação de entrega do valor apurado com a venda ou de restituição da coisa, quando não se conseguiu vendê-la no prazo previamente ajustado.

Em síntese, a venda por consignação é um negócio: i) que tem por objetivo a entrega de bens; ii) em que há uma relação jurídica travada entre o proprietário e o terceiro a quem se defere a posse; iii) que permite a esse a venda da coisa ou a sua restituição; iv) que possui um prazo determinado; v) que permite ao receptor restituir o objeto recebido, caso não consiga vender, ou pagar o valor mínimo acertado. Nesse mesmo sentido, o conteúdo do Enunciado n. 32, CJF: "No contrato estimatório (art. 534), o consignante transfere ao consignatário, temporariamente, o poder de alienação da coisa consignada com opção de pagamento do preço de estima ou sua restituição ao final do prazo ajustado".

A principal caracterização desse negócio jurídico está na entrega de um bem móvel ao outorgado para que possa vender, como se fosse seu, em determinado período, prestando contas do valor apurado, com a possibilidade de restituí-lo, se frustrada a venda. Por essa razão, o contrato estimatório é celebrado exclusivamente entre consignante e consignatário, sendo o terceiro adquirente um completo estranho à relação jurídica estimatória. Assim, se houver inadimplemento contratual pelo outorgado, não pode o consignante cobrar o valor ajustado do terceiro adquirente da coisa, que é parte ilegítima para a ação de cobrança. Ainda, caso o terceiro adquirente não efetue o seu pagamento em favor do consignatário, o consignante não será responsabilizado, pois permanecerá com o direito de executar o outorgado para o pagamento do preço de estima. No contrato estimatório a venda do bem consignado não é necessária, ou seja, a não venda do bem consignado não implica consequência jurídica. Não se investiga a conduta do consignatário, sendo indiferente se agiu com desídia ou relapso, não lhe sendo imputável a culpa por não ter conseguido vender. Caber-lhe-á tão somente restituir a coisa tal como recebida. O *accipiens* poderá adquirir o bem, pagando o preço ajustado.

Quanto à distribuição dos riscos do negócio, o outorgado deverá restituir a coisa ou pagar o valor acertado previamente. Recai sobre este o risco pelo perecimento ou deterioração do bem, independentemente de culpa, ainda que no caso fortuito ou força maior (art. 535, CC). O contrato consignatório difere-se da consignação em pagamento. Aquele é um contrato autônomo e independente. Já consignação é modalidade anômala de extinção das obrigações, servindo, indiretamente, para o término da relação obrigacional, quando, ilustrativamente, o credor se recusa a receber o pagamento ou há dúvida sobre a titularidade do crédito (art. 335, CC), e que não possui natureza negocial.

No que diz respeito ao contrato estimatório, o STJ decidiu, no *Informativo* n. 807, de 16.04.2024, quanto à controvérsia que consistia em definir o momento de constituição do crédito oriundo de contrato estimatório, a fim de analisar a sua sujeição ou não ao plano de recuperação judicial. Na hipótese, as recorrentes, integrantes do chamado "Grupo Abril", receberam em consignação diversas revistas das recorridas/interessadas (editoras) antes do ajuizamento do pedido de recuperação judicial, mas a venda dessas mercadorias, a terceiros, efetivou-se em data posterior. Sendo assim, o fato gerador do crédito em discussão ocorreu quando as mercadorias foram entregues às recorrentes (consignatárias). Isto é, antes do ajuizamento do pedido de recuperação judicial, quando se perfectibilizou o vínculo jurídico entre as partes, decorrente do contrato estimatório firmado, independentemente do transcurso do prazo que elas teriam para cumprir com a sua contraprestação (pagar o preço ou restituir a coisa), ou seja, ainda que o crédito fosse inexigível e ilíquido. Com base nisso, o entendimento fixado foi de que "se após o processamento da recuperação judicial, as mercadorias foram vendidas a terceiros, o crédito das consignantes, evidentemente, possui natureza concursal, devendo se submeter aos efeitos do plano de soerguimento das recuperandas, nos termos do que determina o art. 49, *caput*, da Lei n. 11.101/2005" (REsp n. 1.934.930/SP, 3ª T., rel. Min. Marco Aurélio Bellizze, j. 02.04.2024, *DJe* 10.04.2024).

---

**Art. 535. O consignatário não se exonera da obrigação de pagar o preço, se a restituição da coisa, em sua integridade, se tornar impossível, ainda que por fato a ele não imputável.**

---

Na teoria dos riscos a regra é a perda da coisa para o dono (*res perit domino*). No caso de perecimento acidental (não culposo) da coisa entregue a um terceiro – normalmente por caso fortuito ou força maior –, o prejuízo será suportado pelo proprietário ou credor. Assim, a perda não culposa (por fato não imputável ao devedor) acarreta, como regra, a extinção do dever de restituir, liberando o devedor do vínculo, em razão do caráter acidental do perecimento.

Contudo, em matéria de contrato estimatório a regra não se mostra adequada, pois o consignante teria de suportar os riscos do perecimento não culposo do bem que se encontra com o outorgado para ser alienado. Por essa razão, o dispositivo em análise inverte a teoria dos riscos no contrato estimatório, atribuindo responsabilidade ao consignatário pelo perecimento acidental da coisa. Portanto, aqui, a regra é *res perit debitoris*. Portanto, caso o bem consignado perecer ou deteriorar, estando na posse do consignatário, a responsabilidade recairá sobre este, devendo pagar o preço de estima. Nesse sentido, se o consignatário alienou o bem onerosamente e o terceiro adquirente não adimpliu o pagamento devido, a sua responsabilidade está mantida, devendo pagar ao consignante e adotar providências cabíveis para a cobrança de seu crédito em relação à contraparte, sendo ilegítimo o direcionamento da ação contra o terceiro adquirente. Ainda que a perda decorra de caso fortuito ou força maior, sem qualquer conduta culposa, o *accipiens* terá a obrigação de entregar o valor correspondente, cuidando-se de interessante hipótese de responsabilidade objetiva com risco integral. Tem-se, no contrato estimatório uma responsabilidade jurídica e ética ao consignatário mais profunda e extensiva do que a grande maioria dos negócios jurídicos, para que o consignante sinta segurança para deixar a coisa nas mãos do consignatário, vez que imediatamente nenhuma contraprestação receberá.

Assim, quando o contrato estimatório tiver como objeto consignado um bem de maior valia econômica (automóveis, por exemplo), é recomendável ao outorgado a adoção de providências acautelatórias, como a contratação de um seguro, garantindo-se de eventuais infortúnios, como roubo ou furto, na medida em que o fato externo não exonerará a sua responsabilidade. Por derradeiro, não se pode confundir a inversão da teoria dos riscos com a possibilidade de perda ou deterioração em razão da existência de vícios redibitórios sobre a coisa (defeitos estruturais). Se o perecimento da coisa decorreu da existência de vícios redibitórios, a responsabilidade é do alienante (art. 441, CC), que, nesse particular, é o consignante. Nesse caso, não haverá responsabilidade do outorgado.

---

**Art. 536. A coisa consignada não pode ser objeto de penhora ou sequestro pelos credores do consignatário, enquanto não pago integralmente o preço.**

---

O dispositivo amplia a segurança jurídica em prol do consignante, insistindo que é deste a titularidade dos bens móveis até que seja feita a opção de pagamento do preço estimado ou restituição das mercadorias. Por essa razão, não é admitida a penhora, sequestro ou outras medidas constritivas por parte dos credores do consignatário após a transferência da posse do bem consignado. Mesmo com a transferência da posse, mas sem a transferência da propriedade, a titularidade do bem ainda é do outorgante, que não pode sofrer sua privação por via oblíqua. Os credores do outorgado poderão, no entanto – e tão somente –, para a satisfação de seus créditos, adotar medidas judiciais para o bloqueio do crédito a ser por ele recebido, após o pagamento da quantia que lhe caberá.

Ocorrendo constrição dos bens do consignante que estiverem nas mãos do consignatário, por força de execução promovida pelos credores deste, como consequência da intangibilidade do objeto, deverá o consignante opor embargos de terceiro para excluir a medida constritiva dos bens que lhe pertençam (art. 674, CPC). De toda sorte, poderão os credores do consignatário enquanto exequentes oferecer o valor estimado ao consignante, convalescendo o ato da penhora ou do sequestro, mediante a sub-rogação legal (art. 346, III, CC). Se o consignante recusar injustificadamente a oferta, caberá aos terceiros interessados a via da consignação (art. 304, CC). Se os credores do consignatário não adotarem tais medidas, a única forma de preservar a constrição sobre as mercadorias estará condicionada ao fato de o consignatário adquirir para si os bens, efetuando o pagamento integral estimado pelo consignante.

---

**Art. 537. O consignante não pode dispor da coisa antes de lhe ser restituída ou de lhe ser comunicada a restituição.**

---

O art. 537 disciplina importante característica do contrato estimatório que atribui maior segurança e estabilidade no tráfego jurídico. Após a transferência da posse ao consignatário (lembre-se de que a propriedade permanece com o consignante), o consignatário poderá vender a coisa a qualquer um, por qualquer preço, mesmo que inferior ao valor estimado, sem que tenha de prestar contas ou pedir autorização ao consignante. Consequentemente, no período fixado para exercício da opção de venda ou restituição, estando o bem na posse do outorgado (ou enquanto não lhe for comunicada a restituição), o consignante não pode dele dispor. Trata-se de aplicação do princípio da boa-fé objetiva (especialmente de observância dos deveres anexos de lealdade e confiança).

Caso o consignante venda o bem antes do prazo para a opção pela venda ou restituição, restará caracterizada "venda a non domino", sendo ineficaz o negócio jurídico perante o consignatário. Preservam-se, assim, os interesses do terceiro de boa-fé que, eventualmente, adquiriu a coisa nas mãos do outorgado. Somente a partir da devolução ou da comunicação da restituição, o consignante poderá praticar todos os atos típicos de proprietário, em razão da recuperação plena dos poderes, inclusive lhe sendo autorizada a disposição da coisa. Portanto, somente com o integral pagamento estimado é que o consignante deixa de ser o proprietário da coisa, cessando seus poderes sobre a coisa.

# CAPÍTULO IV
# DA DOAÇÃO

## *Seção I*
## *Disposições Gerais*

**Art. 538. Considera-se doação o contrato em que uma pessoa, por liberalidade, transfere do seu patrimônio bens ou vantagens para o de outra.**

Entende-se por doação a relação jurídica (contrato) pela qual uma pessoa física ou jurídica (doador ou benfeitor) assume a obrigação de transferir um bem jurídico ou uma vantagem para o patrimônio de outra pessoa (donatário ou beneficiário), decorrente de sua própria vontade e sem qualquer contraprestação. Os elementos caracterizadores da doação, além da natureza negocial, decorrem do conceito acima indicado: i) o *animus donandi* (intenção do doador de praticar liberalidade); ii) a transferência de bens ou vantagens em favor do donatário; iii) a aceitação de quem recebe (que não precisa, necessariamente, ser expressa). Verifica-se na doação uma conjugação de elementos subjetivo e objetivo. Trata-se de uma simbiose entre a vontade do doador de realizar a liberalidade (além da vontade do donatário de receber o benefício) e a efetiva transferência do patrimônio transmitido.

O elemento subjetivo da doação (*animus donandi* ou liberalidade) significa a ação desinteressada de ceder a outrem um determinado bem, sem contraprestação. O doador deve estar premido pela vontade de enriquecer o donatário, por sua própria conduta, sem a obtenção de uma contraprestação. Contudo, a gratuidade do ato não é suficiente, impondo-se a presença da liberalidade, ou seja, da vontade efetiva de doar. Sem tal vontade não restará configurada a doação. Contudo, nem toda liberalidade resultante de um ato jurídico implica contrato de doação. Aqui não se ajusta a figura da doação indireta. Observa-se na remissão (negócio bilateral) e na renúncia (negócio unilateral) atribuições patrimoniais gratuitas em benefício de devedores ou outras pessoas, entretanto, sem que a transferência acarrete empobrecimento. Esse empobrecimento do doador com o correspondente enriquecimento do donatário só ocorre na doação. Nesse ponto, nota-se a distinção entre a renúncia e a cessão gratuita de herança. Na primeira, o renunciante abdica de um patrimônio que não lhe pertence em prol do acervo hereditário (apenas um fato gerador tributário); na cessão, o cedente aceita a herança e, em seguida, transfere-a gratuitamente a um ou mais herdeiros ou a terceiros, gerando o seu empobrecimento pelo fato da disponibilização de bens que já lhe pertenciam. Portanto, o *animus donandi* exige a intenção de transferir a propriedade sem qualquer contraprestação ou atribuição patrimonial e, por isso, também se afastam da doação os atos de cortesia, como o gesto de presentear amigos por ocasiões especiais. Esses costumes sociais se excluem do âmbito maior de uma doação. Ademais, os motivos da doação não afetam o negócio jurídico, pouco importando se a liberalidade decorreu de uma atitude despojada do doador ou de uma vaidade apenas com efeitos promocionais. Até mesmo porque a reserva mental não tem significado jurídico em nosso ordenamento, exceto quando conhecida pela outra parte (art. 110, CC).

A doação ainda revela um elemento objetivo, caracterizado pela efetiva transferência de bens ou vantagens patrimoniais do doador para o donatário. Realmente, o que se impõe na doação, sob o prisma objetivo, é a efetiva transferência patrimonial, que ocorrerá por meio da tradição, para os bens móveis, ou do registro em cartório, por escritura pública, para os imóveis. Ademais, a transmissão de patrimônio é fato gerador da incidência de tributo (conhecido como ITCMD). Para que a doação se aperfeiçoe, é imprescindível a aceitação do donatário, pois este, por menor que seja o valor econômico do bem doado, assume deveres éticos, morais e jurídicos para com o seu benfeitor. Trata-se de compromisso de evidente relevância ética. Assim, o beneficiário da doação tem o direito de recusar a assunção de tais obrigações. Portanto, a doação não se aperfeiçoa sem a aceitação do beneficiário.

Depreende-se do dispositivo em análise que o objeto do contrato de doação se refere a bens ou vantagens econômicas. Em princípio, todo e qualquer bem livre e desembaraçado pode ser doado pelo seu titular, bastando que tenha expressão patrimonial (economicidade) e que esteja disponível ao titular. Ademais, a doação pode incidir sobre bem móvel ou imóvel, singular ou universal (universalidade de fato ou de direito). Recaindo sobre bens incorpóreos, como na hipótese de direitos autorais, a doação ganha a denominação de cessão gratuita. Quanto à classificação da doação, embora a caracterização como negócio jurídico bilateral ínsita a qualquer contrato, trata-se de contrato unilateral, já que acarreta obrigações apenas para uma das partes, o doador. É um contrato gratuito, pois todos os sacrifícios recaem sobre a pessoa do doador, na medida em que o donatário apenas obtém vantagens. Ainda, é um contrato consensual, dispensando-se a entrega do bem para o seu aperfeiçoamento, sendo suficiente o acordo de vontades. A tradição e o registro do título funcionam como modos aquisitivos do direito real de propriedade (arts. 1.226 e 1.227, CC).

Nessa linha de intelecção, salta aos olhos a impropriedade da expressão doação de órgãos humanos para fins de transplantes. Tratando-se de órgãos e tecidos humanos, não se pode falar em doação, exatamente por faltar economicidade ao objeto. Assim, a cessão por uma pessoa humana de órgãos ou tecidos para fins de transplantes (regulamentados pela Lei n. 9.434/97), denomina-se, tecnicamente, dação de órgãos e tecidos humanos, não incidindo as regras do contrato de doação (arts. 538 a 564, CC).

Por fim, foi publicada em 2020 a Lei Federal n. 14.016, de 23.06.2020, a qual "dispõe sobre o combate ao desperdício de alimentos e doação de excedentes de alimentos para o consumo humano", concretizando a possibilidade de os estabelecimentos dedicados à produção e ao fornecimento de alimentos, incluídos alimentos *in natura*, produtos industrializados e refeições prontas para o consumo, doarem os excedentes não comercializados e ainda próprios para o consumo humano desde que atendidos os critérios nela expostos. A referida lei se adapta ao art. 6º da CF, que preconiza – além do Direito à saúde – pelo Direito Fundamental Social à alimentação (com a redação dada pela EC n. 64/2010), para que sejam criadas políticas voltadas à implementação do acesso à população vulnerável brasileira. Internacionalmente, o Direito Humano à alimentação adequada está contemplado no art. 25 da Declaração Universal dos Direitos Humanos de 1948. Ademais, a normatização por Lei Federal da doação de alimentos excedentes dos estabelecimentos é louvável diante do cenário de pandemia em que a luta contra a fome no Brasil (e no mundo) passa a ser novamente tema de preocupação do governo e da sociedade em geral. Como sinaliza, Caroline Vaz, "do ponto de vista político, econômico e principalmente social, a novel legislação chega em boa hora, haja vista as discrepantes realidades quanto ao desperdício de alimentos constatado especialmente em estabelecimentos comerciais, em contraposição ao número de pessoas sem acesso à alimentação adequada no que diz respeito à quantidade mínima para subsistência" (VAZ, Caroline. Segurança alimentar e responsabilidade civil em tempos de pandemia – Reflexões iniciais sobre a Lei n. 14.016/20. Disponível em: https://www.migalhas.com.br/coluna/migalhas-de-responsabilidade-civil/329732/seguranca-alimentar-e-responsabilidade-civil-em-tempos-de-pandemia---reflexoes-iniciais-sobre-a-lei-14-016-20. Acesso em: 22 jan. 2024).

**Art. 539. O doador pode fixar prazo ao donatário, para declarar se aceita ou não a liberalidade. Desde que o donatário, ciente do prazo, não faça, dentro dele, a declaração, entender-se-á que aceitou, se a doação não for sujeita a encargo.**

Para que a doação se aperfeiçoe é imprescindível a aceitação do donatário. Nesse sentido, o dispositivo em análise trata da aceitação pelo donatário. Tratando-se de doação pura, sendo fixado um prazo para declarar a sua aceitação, o seu silêncio será qualificado como anuência à liberalidade. Para o nascimento do contrato é necessária a demonstração da ciência da existência do prazo pelo donatário. Ademais, enquanto este não se manifestar, o doador poderá revogar a liberalidade dentro do prazo assinalado. Por outro lado, o óbito do doador dentro do prazo não é obstáculo para que o donatário aceite, já que aquele já havia manifestado a vontade de realizar a liberalidade, sem que tivesse retirado a proposta. Quanto à doação com encargo (modal), somente se admite a aceitação pela maneira expressa, manifestada de forma escrita, verbal ou por um comportamento concludente socialmente típico (*v. g.*, sinal afirmativo com o polegar). Na doação modal, o silêncio provoca a recusa da doação.

Por derradeiro, por razões óbvias, o dispositivo se aplica apenas à aceitação do donatário capaz. As doações em favor de nascituros (art. 542, CC), incapazes (art. 543, CC), filhos não concebidos (art. 546, CC) e entidades futuras (art. 554, CC) são apartadas da figura em estudo, na medida em que as pessoas capazes possuem liberdade para avaliar se a doação efetivamente lhes beneficia, ou poderá não ser realmente vantajosa subjetiva ou objetivamente. Cuida-se de motivos pessoais, repita-se, não aferíveis pelo sistema.

**Art. 540. A doação feita em contemplação do merecimento do donatário não perde o caráter de liberalidade, como não o perde a doação remuneratória, ou a gravada, no excedente ao valor dos serviços remunerados ou ao encargo imposto.**

Cuida-se aqui da doação contemplativa, da doação remuneratória e da doação onerosa. Em regra, a doação é pura e simples, não estando a liberalidade sujeita aos elementos acidentais do termo, condição e encargo. Observa-se que o que distingue o negócio jurídico do ato jurídico lícito (art. 185, CC) é justamente a presença da autonomia privada no primeiro, concedendo à vontade humana a possibilidade de criar os efeitos desejados ao ato, nos limites dados pelo ordenamento. Dessa forma, o doador poderá limitar a eficácia da liberalidade por modalidades de doações, sem prejudicar a validade do negócio jurídico, atendendo os seus elementos essenciais (art. 104, CC). A primeira parte do dispositivo se refere à doação contemplativa, que ocorre quando o doador pretende justificar o motivo da liberalidade. Cuida-se de doação meritória, realizada com espeque em alguma virtude do beneficiário. É, pois, uma liberalidade pura e simples, sem condição, na qual o benfeitor expressa a sua admiração ou reconhecimento de conduta pelo beneficiário, possuindo natureza exclusivamente gratuita. Ilustrativamente, poderá o doador anunciar que a doação decorre do fato de o donatário ser o melhor aluno da classe e merecer um incentivo em seus estudos.

A doação remuneratória está prevista na segunda parte da norma em análise e pode ser definida como aquela realizada em retribuição aos serviços prestados pelo beneficiário, sem exigibilidade jurídica do pagamento, objetivando compensar serviços prestados pelo donatário, cuja execução, contudo, não o tornara credor da prestação exigível em face do doador. Nesse caso, a liberalidade se refere a serviços prestados previamente pelo donatário ao doador. Assim, conjuga-se a prática de uma liberalidade e uma remuneração por serviços sem exigibilidade em juízo. Tem-se, dessa forma, uma espécie de recompensa. Serviço, nesta hipótese, deve ser compreendido de maneira ampla, englobando tanto aquele no qual haveria cobrança de valores, mas que, especificamente na hipótese, não se submeterá à cobrança por deliberação pessoal do credor (*v. g.*, a cirurgia realizada por um médico amigo do paciente ou a consulta prestada, graciosamente, pelo advogado), como aquele serviço cuja essência não possua patrimonialidade (seria o exemplo de um aconselhamento afetivo). Em qualquer caso (e observados cuidadosamente os exemplos apresentados anteriormente), a doação remuneratória está intimamente conectada com as obrigações naturais, nas quais há um débito moral, mas inexiste uma responsabilidade jurídica. Assim, podem ser pagas pelo devedor, mas não são exigíveis pelo credor (art. 882, CC). Por essa razão, realizada uma doação remuneratória (frise-se, mais se aproxima de um pagamento espontâneo de obrigação natural), não se pode reaver o valor despendido e tampouco se pode revogá-la por ingratidão do donatário (art. 564, III, CC). Ademais, o art. 2.011 do CC não exige que as doações remuneratórias sejam levadas à colação. Como ressai na doutrina: "O legislador reconhece o caráter híbrido da doação remuneratória, considerando-a onerosa até o valor dos serviços prestados e, a partir daí, gratuita, a configurar, no excedente, liberalidade equivalente à doação pura... Acresça-se, ainda, que "por essa razão, admite-se que o doador responda pelos vícios redibitórios e pela evicção até o limite dos serviços prestados (CC, art. 552)" (TEPDINO, Gustavo; BANDEIRA, Paula Greco. *Fundamentos do direito civil*: contratos, op. cit., p. 201).

A última parte da norma em comento trata da doação com encargo (onerosa). O encargo, diferentemente do termo e da condição, não suspende a aquisição ou o exercício do direito (art. 136, CC). Por isso, a inserção de um encargo em uma doação não afetará a validade ou a eficácia, apenas permitirá a sua exigibilidade jurídica. Doação modal ou encargo é, pois, uma limitação da liberdade de dispor. Trata-se de obrigação acessória imposta ao donatário, no interesse geral ou no particular do próprio doador ou de um terceiro (da coletividade) ou no particular do próprio doador ou de um terceiro, como também no interesse próprio, na medida em que permite a concretização da doação. Cuida-se de uma restrição à liberalidade, já que não implica uma contraprestação do donatário ao doador (o que causaria o desvirtuamento do negócio), e, sim, a imposição de um pequeno sacrifício ao donatário. Ilustrativamente, se uma pessoa doa um apartamento a outra, com o encargo de esta auxiliar as obras de caridade da igreja local, não há contraprestação, mas uma imposição de obrigação, de uma onerosidade. Importante ainda observar que na doação onerosa, devido à onerosidade, é imprescindível a aceitação expressa pelo donatário, não se admitindo a aceitação presumida ou tácita (art. 539, CC).

---

**Art. 541. A doação far-se-á por escritura pública ou instrumento particular.**

**Parágrafo único. A doação verbal será válida, se, versando sobre bens móveis e de pequeno valor, se lhe seguir *incontinenti* a tradição.**

---

O contrato de doação é formal, devendo-se adotar a forma escrita, por escritura pública ou instrumento particular. No caso de bens imóveis com valor superior a 30 vezes o salário mínimo (art. 108, CC), a doação deverá se dar por escritura pública. Nos demais casos (bem móvel ou bem imóvel com valor inferior a 30 salários mínimos), a doação pode ser realizada por instrumento particular.

O parágrafo único do dispositivo afasta o caráter formal da doação quando se tratar de bem móvel de pequeno valor, com a imediata tradição (entrega efetiva) da coisa. Trata-se da doação manual na qual a avença é caracterizada como um negócio jurídico real, em face da necessidade de tradição. Ilustrativamente, considerem-se os presentes de aniversário ou de casamento. Por evidente, a caracterização do bem de pequeno valor depende da extensão patrimonial do doador e da própria natureza do objeto, oscilando de uma pessoa para outra. Nesse sentido, o conteúdo do Enunciado n. 622 do CJF: "Para a análise do que seja bem de pequeno valor, nos termos do art. 541, parágrafo único, do CC, deve-se levar em conta o patrimônio do doador". O art. 401 do CPC/73 (sem correspondente no CPC/2015) não admitia prova do contrato exclusivamente verbal em doação de um bem cujo valor exceda o décuplo do salário mínimo. Na hipótese, são necessários outros elementos indiciários de prova. A regra, é bem verdade, não tem rigidez cadavérica, comportando flexibilizações de acordo com os usos e costumes de cada lugar.

O STJ decidiu que: "A condição resolutiva de doação verbal estabelecida entre pai e filho e desconhecida por terceiros não produz efeitos jurídicos contra estes". A doação é um negócio jurídico benéfico, e como tal, de acordo com o disposto no art. 114 do CC, deve ser objeto de interpretação restritiva. O que se observou como fundamento decisório foi "a existência de um ajuste formal, escrito, que reconhece a doação e oficializa a alteração societária; e outro, feito de forma verbal, que vincula apenas o filho donatário, que, com ele, segundo testemunhas, teria aquiescido de forma individual e apartada. Nesse passo, oportuno ponderar que, embora não se admita – exceto para bens móveis de pequena monta –, que as cláusulas de um contrato de doação possam ser constituídas verbalmente, é possível, na esteira do art. 446, I, do CPC/2015, a utilização da prova testemunhal para comprovar a divergência entre a vontade real e a vontade declarada nos contratos simulados. Portanto, não pairam dúvidas acerca da existência da combinação entre pai e filho (doador e donatário), mas não é possível o reconhecimento de que o arranjo estabelecido entre os dois tenha o condão de atingir terceiros, que dele não participaram. Evidentemente, em que pese a existência de comprovação dos ajustes entabulados entre as diferentes partes, não é possível submeter aos demais sócios uma condição inserida num acordo verbal do qual eles não fizeram parte. Como se sabe, o contrato faz lei entre as partes, mas não produz efeitos na esfera juridicamente protegida de terceiros que não tomaram parte na relação jurídica de direito material" (REsp n. 1.905.612/MA, 3ª T., rel. Min. Ricardo Villas Bôas Cueva, j. 29.03.2022).

**Art. 542. A doação feita ao nascituro valerá, sendo aceita pelo seu representante legal.**

O dispositivo cuida da aceitação da doação nos casos de nascituro. Como se sabe, este já possui direitos da personalidade desde a concepção, como atributo inerente a qualquer ser humano. Entretanto, está despido de capacidade de direito, atributo concedido somente àqueles que já nasceram com vida. O direito eventual que lhe assiste para a aquisição de direitos patrimoniais (extensivo à transmissão *causa mortis*, art. 1.798, CC) basta para atribuir a validade do negócio jurídico de doação em período anterior ao nascimento, mas posterior à concepção.

Entretanto, tem-se um negócio jurídico válido com a condição suspensiva do nascimento com vida, provocando a ineficácia temporal do contrato (art. 125, CC), ao aguardo do evento futuro e incerto. Não havendo invalidade superveniente, pois o negócio nasce válido ou inválido, o nascimento sem vida acarreta a definitiva ineficácia do negócio jurídico. Só se cogitará de invalidade caso a doação tenha sido realizada sem que a concepção realmente tivesse ocorrido. A nulidade resultará da impossibilidade do objeto do contrato (art. 166, II, CC). A menção à aceitação do representante legal significa que a anuência deste se insere no plano de validade. Ou seja, sem a concordância do curador do nascituro, mesmo que o nascimento se produza com vida, não haverá a doação pela falta da representação.

**Art. 543. Se o donatário for absolutamente incapaz, dispensa-se a aceitação, desde que se trate de doação pura.**

No caso de doações puras feitas a absolutamente incapaz é dispensada a aceitação já que são realizadas em seu benefício exclusivo. Contudo, a aceitação não é presumida ou ficta do incapaz. O que se observa é o aperfeiçoamento da doação com a tradição do bem ao incapaz e com o registro da escritura de doação do bem imóvel, sem a participação do absolutamente incapaz e de seu representante legal. Portanto, nas doações puras, o consentimento do incapaz não é elemento integrativo do negócio jurídico.

Entretanto, se a doação em favor de incapaz tiver encargo, é imprescindível a aceitação por meio do representante, vez que o modo impõe obrigações para o donatário. Nesse ponto, até mesmo na doação pura, se representante demonstrar judicialmente que a liberalidade é prejudicial ao incapaz, será reputada como ineficaz perante este.

**Art. 544. A doação de ascendentes a descendentes, ou de um cônjuge a outro, importa adiantamento do que lhes cabe por herança.**

Observa-se, mais uma vez, que o legislador blinda protetivamente o descendente, evitando que o ascendente venha a frustrar fraudulenta ou simuladamente a sua perspectiva patrimonial a fim de beneficiar outro descendente. A norma relaciona-se diretamente com o direito das famílias e com o direito das sucessões. Assim, a doação feita de ascendente para descendente, bem como de um cônjuge para o outro, por mais ínfimo que seja o valor, importa em adiantamento da herança que, respectivamente, lhes caberia no futuro. Ou seja, antecipação da quota hereditária que cabe ao donatário por força de lei.

Nos termos do art. 1.845 do CC, ascendente, descendente e cônjuge são herdeiros necessários, pertencendo-lhes, de pleno direito, a legítima (metade indisponível do patrimônio líquido do titular). No caso da norma em comento, considera-se "descendente" apenas aquele que estiver na ordem de vocação hereditária em condições de suceder por direito próprio ou por direito de representação. Somente haverá a necessidade de colação quando o beneficiário participar da herança. Assim, não há colação nos casos em que a doação é feita a um neto quando todos os filhos estão vivos. Observa-se que por meio da colação o sucessor favorecido apresenta no curso do inventário o que lhe foi adiantado em vida, repondo-se a igualdade das legítimas dos herdeiros reservatários (art. 2.003, CC). Não realizada a colação, caracterizam-se os sonegados, apenando-se aquele que deveria tê-la feito com a perda dos bens antecipados. Cumpre esclarecer que, o pagamento de despesas e dos gastos ordinários com educação, saúde e outras despesas essenciais para o beneficiado (art. 2.010, CC), bem como as doações remuneratórias (art. 2.011, CC), não caracterizam doações de ascendentes em benefício de um ou alguns dos descendentes. Não é exigida a colação das doações em favor de descendentes ou do cônjuge quando restou consignado, expressamente, a liberação de colação pelo beneficiário, no próprio título da liberalidade, desde que, evidentemente, não excedam a metade disponível (arts. 2.005 e 2.006, CC). Tal dispensa do dever de colação tem de ser expressa e estar contida no próprio instrumento de doação, não podendo ser inserida posteriormente.

As doações realizadas por descendentes a qualquer dos seus ascendentes não estão abrangidas pelo dispositivo em análise. Enfim, tudo aquilo que uma pessoa doa a alguém que não seja o seu descendente ou o seu cônjuge será passível de controle somente quanto à parte que exceder, eventualmente, à legítima, no momento da liberalidade (art. 549, CC). Nesses casos, poderá ocorrer uma redução de doações inoficiosas (quando ultrapassar o limite permitido), mas não haverá necessidade de colação do objeto do contrato. No caso de doações entre cônjuges, a liberalidade apenas implica adiantamento da legítima no caso de bens particulares de cada um, pois, quanto aos bens comuns, os cônjuges não são herdeiros reciprocamente, mas, sim, meeiros. Por essa razão, as doações entre cônjuges devem respeitar o regime de bens do casamento. Assim, no casamento sob o regime de comunhão universal inexiste a possibilidade de doação entre os cônjuges uma vez que todo o patrimônio é comum, com exceção dos bens mencionados no art. 1.668 do CC. Já no regime da separação convencional, a doação torna-se possível, afinal todos os bens são particulares.

E no regime da separação obrigatória? Nesse ponto, o Enunciado n. 654 da IX Jornada de Direito Civil do CJF prevê que "Em regra, é válida a doação celebrada entre cônjuges que vivem sob o regime da separação obrigatória de bens". O enunciado ostenta a seguinte justificativa: "A proposição está na linha de recente julgado do STJ, que traz uma revisão da visão anterior, que entendia pela invalidade da doação entre os cônjuges no regime da separação obrigatória de bens, prevista no atual art. 1.641 do CC/2002, por suposta fraude ao regime legal. Conforme o *decisum*, são perfeitamente válidas tais doações entre os cônjuges por três razões fundamentais. A primeira delas é que tanto o CC/1916 quanto o CC/2002 não as veda, fazendo-o apenas com relação a doações antenupciais. Por segundo, o fundamento que justificaria a restrição, presente à época em que promulgado o CC/1916, não mais se justificaria nos dias de hoje, de modo que a manutenção de tais restrições representam ofensa à liberdade individual. Como terceira razão, nenhuma restrição seria imposta pela lei às referidas doações caso o doador não tivesse se casado com a donatária (STJ, Ag. Reg.-REsp n. 194.325/MG, 3ª T., rel. Des. conv. Vasco Della Giustina, j. 08.02.2011, *DJe* 01.04.2011). Acrescente-se que a jurisprudência do STJ tem aplicado ao regime da separação obrigatória a Súmula n. 377 do STF, reconhecendo a comunicação dos bens havidos durante o casamento. Em havendo comunicação de alguns bens, deve-se reconhecer uma abertura na autonomia privada para as doações entre os cônjuges, pelo menos em regra, não se podendo presumir a fraude". Em reforço, conforme a Súmula n. 655 do STJ de 2022, "Aplica-se à união estável contraída por septuagenário o regime da separação obrigatória de bens, comunicando-se os adquiridos na constância, quando comprovado o esforço comum".

Por derradeiro, é importante observar que o regime da doação entre familiares é diverso do regime aplicado à compra e venda entre ascendentes e descendentes. Na venda de ascendente a descendente há anulabilidade se não há consentimento dos demais interessados (os outros descendentes e o cônjuge). Enquanto isso, na doação o consentimento dos descendentes não é exigido para fins de aferição do plano de validade, haja vista que qualquer controle apenas será exercitado ao tempo da abertura da sucessão. Em suma, a doação de ascendente para descendente é válida e eficaz, apenas gerando, em consequência, a antecipação da legítima. Por isso, pode um pai doar, validamente, para um (ou alguns) de seus filhos, sem a aquiescência dos outros, sabendo que o ato importará em adiantamento da herança, com necessidade de futura colação.

**Art. 545. A doação em forma de subvenção periódica ao beneficiado extingue-se morrendo o doador, salvo se este outra coisa dispuser, mas não poderá ultrapassar a vida do donatário.**

A doação pode se dar por prestações periódicas (mensais, bimestrais, semestrais etc.), quando tiver a finalidade donativos ou auxílios pecuniários destinados à manutenção do beneficiário. É o exemplo do auxílio dado, periodicamente, a entidades assistenciais ou instituições de caridade. O termo final da doação em prestações periódicas é a morte do doador, salvo disposição contrária. O doador poderá estabelecer um prazo inferior ou mesmo um prazo posterior ao seu óbito. Neste último caso, a doação não pode ultrapassar a vida do donatário e, evidentemente, não pode ultrapassar as forças da herança e o limite natural do respeito à legítima.

Observe-se que não se trata de "doação *post mortem*", vedada pelo ordenamento jurídico. Na verdade, trata-se de um contrato no qual os herdeiros, por disposição expressa do doador, ficam obrigados a dar continuidade, cumprindo a manifestação volitiva. Como a finalidade do ato, ordinariamente, é a manutenção do beneficiário, a doação por subvenção periódica tem natureza jurídica de alimentos voluntários, mas a sua execução não admite o uso do mecanismo coercitivo da prisão civil, como previsto no art. 528 do CPC, que é exclusivo dos alimentos do direito das famílias.

Quando o donatário for pessoa jurídica o mais razoável é compreender como limite temporal o cancelamento de seu registro ou, se a doação perdurar, o decurso de 30 anos, em similitude ao usufruto (art. 1.410, III, CC).

**Art. 546. A doação feita em contemplação de casamento futuro com certa e determinada pessoa, quer pelos nubentes entre si, quer por terceiro a um deles, a ambos, ou aos filhos que, de futuro, houverem um do outro, não pode ser impugnada por falta de aceitação, e só ficará sem efeito se o casamento não se realizar.**

A doação pode ter como condição suspensiva um matrimônio futuro com pessoa certa e determinada, indicada no instrumento do negócio – *donatio propter nupcias*. Entretanto, tal possibilidade, de certo modo, afronta a nova perspectiva do casamento, baseado na comunhão de afetos. Nessa perspectiva, não parece razoável conceder patrimônio a uma pessoa para que venha a contrair casamento com o doador ou com terceiro por ele indicado. Estar-se-ia, de algum modo, patrimonializando uma relação fundamentalmente lastreada no afeto, na ética, na solidariedade e na dignidade das pessoas envolvidas.

A eficácia desse contrato de doação está condicionada à celebração posterior do casamento, ficando dispensada a aceitação, que é presumida nas próprias núpcias, salvo no caso de os nubentes declararem, de modo inequívoco, que não aceitam a doação. É uma espécie de presente de casamento, embora não se confunda com os presentes ofertados por terceiros aos noivos. Essa espécie de doação pode ser realizada por um dos noivos ao outro, por um terceiro em favor de um deles ou de ambos ou, até mesmo, em prol dos filhos que o casal vier a ter (prole eventual). Não celebrado o matrimônio e inviabilizada a futura prole, o beneficiário tem de restituir o bem doado, com os mesmos efeitos do possuidor de boa-fé. Observa-se que o legislador conferiu caráter ético a essa modalidade especial de doação e, por isso, vedou a sua revogação por ingratidão do beneficiário (art. 564, CC).

**Art. 547. O doador pode estipular que os bens doados voltem ao seu patrimônio, se sobreviver ao donatário.**

**Parágrafo único. Não prevalece cláusula de reversão em favor de terceiro.**

O contrato de doação pode estabelecer a cláusula de reversão, por meio da qual resta previsto o retorno do bem doado ao patrimônio do benfeitor, na hipótese de o beneficiário ser premoriente (morrer primeiramente). Nesse caso, vislumbra-se típica condição resolutiva expressa, evidenciando a vontade do doador de beneficiar o donatário, mas não os seus sucessores. Por se tratar de contrato benéfico e gratuito, traduzindo gesto de liberalidade, é possível ao benfeitor querer beneficiar somente o donatário, excluindo os seus sucessores. A cláusula de reversão tem eficácia apenas se o doador sobreviver ao donatário. A morte do benfeitor primeiramente acarreta a incorporação do bem, automaticamente, ao patrimônio do donatário, gerando regular transmissão aos seus sucessores, quando de seu falecimento.

A redação do parágrafo único do artigo em comento esclarece que a cláusula de reversão é personalíssima, não podendo beneficiar terceiros. Tem-se, na hipótese, propriedade resolúvel. Assim, ainda que a cláusula de reversão não torne o bem inalienável, podendo o donatário, livremente, aliená-lo (vendê-lo ou doá-lo), na hipótese, a transmissão será de propriedade resolúvel e a subsequente morte do beneficiário antes da morte do doador gera a extinção da titularidade. Nessa linha intelectiva, observa-se que o pacto de reversão opera seus efeitos como cláusula resolutiva. Assim, acarreta o desfazimento dos atos realizados pelo donatário, com a consequente restituição do bem doado, ainda que tenha havido alienação, pois é consequência natural da propriedade resolúvel. Uma vez que a cláusula de reversão é necessariamente expressa, registrada no instrumento de doação e no registro imobiliário, o terceiro não pode alegar boa-fé subjetiva (desconhecimento da cláusula de reversão). Em 2021, o STJ decidiu que (*Informativo* n. 693): "Ao contrário do CC/2002, o diploma anterior, a despeito de autorizar a cláusula de reversão em favor do doador, nada dizia acerca da reversão em favor de terceiro. Muito embora existam respeitáveis opiniões em contrário, ante a lacuna legislativa, deve-se admitir a cláusula de reversão em favor de terceiro na hipótese de doações celebradas na vigência do CC/1916 em prestígio à liberdade contratual e à autonomia privada. No caso, portanto, não incidem as disposições do CC/2002, isto é, o fato de o implemento da condição suspensiva haver ocorrido após o advento do novo Código, em nada afeta a eficácia da cláusula de reversão, que permanece hígida e garantida pela ultratividade da lei pretérita. Assim, seja por se tratar de verdadeiro direito adquirido, seja por estar cristalizado direito expectativo em favor dos herdeiros beneficiados, é imperioso concluir, a partir de uma interpretação sistemática dos arts. 125, 126 e 2.035 do CC/2002 e do art. 6º, *caput* e § 2º, da Lindb, que não incidem, na espécie, as normas previstas no CC/2002, o que, como corolário lógico, conduz ao reconhecimento da validade e da eficácia da cláusula de reversão em apreço" (REsp n. 1.922.153/RS, rel. Min. Nancy Andrighi, 3ª T., j. 20.04.2021).

É possível ainda que a doação estabeleça cláusula de fideicomisso. O fideicomisso é a disposição negocial pela qual se transfere uma propriedade a diferentes pessoas, sucessivamente, como acontece, ilustrativamente, em uma doação condicional. Aqui, enquanto não implementada a condição, não poderá o beneficiário reclamar o bem. Sabendo disso, o benfeitor pode nomear um substituto para o donatário, enquanto não cumprida a condição. Assim, a propriedade é transmitida para o substituto (fiduciário) até que o beneficiário (fideicomissário) atenda à condição e adquira a titularidade. O fiduciário terá propriedade resolúvel, que se extinguirá automaticamente pelo implemento da condição. Se o beneficiário vem a óbito sem cumprir a condição, a propriedade é consolidada de forma plena com o fiduciário. O CC alude ao fideicomisso como mecanismo de substituição testamentária (art. 1.952, CC), silenciando quanto à sua possibilidade na doação. Mesmo assim, a autonomia privada autoriza o estabelecimento de cláusula fideicomissária na doação, permitindo ao doador estipular a sucessividade da titularidade do bem transmitido. Não se vê qualquer ilicitude na determinação de que uma doação se resolva pelo advento de um termo ou pela ocorrência de uma condição. E não se afirme, sequer, que a proibição de cláusula de reversão em favor de terceiros serviria como um óbice ao fideicomisso na doação, na medida em que a proibição do parágrafo único do art. 547 é específica, não podendo ser interpretada extensivamente.

**Art. 548. É nula a doação de todos os bens sem reserva de parte, ou renda suficiente para a subsistência do doador.**

Malgrado se trate de um ato de liberalidade, decorrente da vontade do titular de um patrimônio, o ordenamento jurídico estabelece proibições para a realização da doação, com o intuito de proteger o próprio disponente ou terceiros, por exemplo, o seu núcleo familiar. A justificativa dessas vedações repousa no interesse pessoal do doador ou no interesse social (da coletividade ou de terceiros). Até porque, tratando-se de negócio gratuito, sem contraprestação, os sistemas jurídicos passaram a estabelecer limites para a eficácia da doação. Os cuidados se iniciam com a própria exigência de forma prescrita em lei e se concretizam com algumas restrições à prática da liberalidade. Com efeito, os limites para a eficácia da doação são tidos como requisitos impostos pelo ordenamento jurídico brasileiro, sob pena da doação não se concretizar; limitações estas que existem tanto no que diz respeito à pessoa do doador quanto à pessoa do donatário.

A norma em comento tem como finalidade proteger o próprio titular dos bens em doação, garantindo o seu direito ao patrimônio mínimo, como exteriorização de sua intangível dignidade. Percebe-se que o exercício da autonomia privada e do direito de livre disposição da propriedade são limitados pela preservação da dignidade do titular. Assim, tem-se que a fundamentalidade da dignidade da pessoa humana produz como consectário lógico a reapreciação (em outras palavras, uma revisita) dos velhos institutos (e dogmas) civilísticos, entre os quais, a autonomia da vontade, o patrimônio, o contrato e a propriedade. Demanda-se um novo comportamento aos juristas (normalmente refratários a mudanças), garantindo a utilidade social da ciência jurídica. Essa perspectiva fundamentada na Constituição possibilita um conceito contemporâneo de personalidade jurídica, desenhado a partir de um mínimo ético e de um mínimo existencial, que não podem ser violados nem pelo poder público, nem pelos demais membros da sociedade privada, nem pelo próprio titular. Muito mais do que isso, a personalidade jurídica, antenada no valor máximo da dignidade humana, está relacionada a um mínimo de garantias e direitos fundamentais reconhecidos à pessoa para que possa viver dignamente. E é fulcrada nessa perspectiva de garantir o mínimo existencial que se encontra a proibição de doação universal, por periclitar a dignidade do titular. Não é autorizado ao doador ficar desprovido de um mínimo patrimonial, de qual possa extrair rendas ou alimentos imprescindíveis à sua sobrevivência.

Em outras palavras, a proibição de doação universal é uma forma de tutelar a sobrevivência do doador que não mede as consequências futuras de suas liberalidades, impedindo-o que fique reduzido à miséria, em detrimento de sua família e do próprio Estado. Ademais, a dignidade não é um conceito pessoal, mas social e envolve uma noção de solidariedade. Nesse quadro, a nulidade da doação universal está assentada em uma análise subjetiva do negócio jurídico, centrada na dignidade do doador e não em uma análise objetiva. O contrato de doação não será válido se o volume de patrimônio doado (ainda que não se refira à integralidade dos bens do doador) colocar em risco a subsistência do doador, comprometendo a sua dignidade. Mas a doação será válida ainda que englobe a totalidade do benfeitor, desde que haja reserva de renda ou parte idônea para a sua subsistência. É o caso da pessoa que, mesmo doando todo o seu patrimônio, gravou-o com cláusula de usufruto vitalício em seu favor. A hipótese é corriqueira no direito de família, quando os pais providenciam ainda em vida a partilha da totalidade de seus bens para evitar desavenças futuras entre seus filhos por intermédio da reserva de usufruto vitalício da totalidade ou de parte dos bens integrantes do seu patrimônio. Nesse caso, o usufruto remanesce até a morte do doador, garantindo a sua subsistência, sendo vedada a renúncia à garantia usufrutuária. Outro exemplo é verificado quando o doador desfaz integralmente de seus bens, entretanto, tem renda mensal suficiente para a sua manutenção. Assim, a nulidade textual do dispositivo (art. 166, VII, CC) será aferida na diretriz da concretude. Em cada circunstância, será aferido o limite entre o possível e o vedado, em termos de disponibilidade patrimonial, perquirindo-se as circunstâncias econômicas do doador.

Entendemos que há possibilidade de reconhecimento de uma invalidade relativa na doação universal, com fundamento no princípio da conservação da vontade (art. 184, CC), promovendo o juiz uma redução parcial da invalidade. Nessa hipótese, o juiz, aproveitando a vontade manifestada, poderia reconhecer a validade da doação no limite em que não afrontasse a dignidade do titular.

---

**Art. 549. Nula é também a doação quanto à parte que exceder à de que o doador, no momento da liberalidade, poderia dispor em testamento.**

---

A norma tutela a preservação da expectativa patrimonial dos herdeiros necessários do doador, limitando novamente o poder de disposição do patrimônio. É vedada a doação inoficiosa que representa uma liberalidade que excede a metade disponível do patrimônio líquido do doador, ao tempo da prática do ato. Assim, é passível de nulidade pelos herdeiros necessários toda e qualquer alienação gratuita que ultrapasse a metade disponível (invadindo a legítima, pertencente aos herdeiros necessários, que são os descendentes, os ascendentes e o cônjuge sobrevivente, a teor do art. 1.845, CC), pois estes detêm, de pleno direito, a legítima (arts. 1.789 e 1.846, CC). Portanto, o dispositivo tem como finalidade tutelar os herdeiros necessários, garantindo um mínimo patrimonial, impedindo o autor da herança de dispor, a título gratuito, da integralidade de seus bens. A regra geral, contudo, é a livre disposição patrimonial pelo titular. Inclusive pode ele, a título oneroso, dispor integralmente do seu patrimônio. Ao vedar a doação inoficiosa o legislador busca a proteção da legítima, explicitando um verdadeiro encontro entre a autonomia privada e a solidariedade familiar: a autonomia privada é verificada pela possibilidade de o doador determinar, livremente, o destino da metade disponível do seu patrimônio; já a solidariedade familiar se concretiza pela garantia de uma preservação mínima de patrimônio para os componentes do núcleo familiar, visando ao bem comum.

Assim como ao tempo da morte são redutíveis as disposições testamentárias que superem a metade disponível (art. 1.967, CC), é vedado alcançar tal excesso por meio de doações, pois a proteção da metade indisponível dos herdeiros necessários já existe em vida do doador e não apenas para o tempo de seu óbito. Para que a doação seja caracterizada como inoficiosa deve-se verificar a existência de herdeiros necessários e ultrapassar o limite disponível. Importante atentar para o fato de que na doação inoficiosa a nulidade é parcial, apenas incidindo naquilo que exceder o limite da legítima (art. 2.007, § 3º, CC). Em outras palavras, a nulidade alcança apenas a doação que ultrapasse o valor disponível, aquela na qual houve o excesso, e não as doações anteriores que se encontravam harmônicas com o limite da legítima. Logo, a doação é válida quanto à parte disponível do patrimônio do benfeitor. Ilustrativamente, se alguém possuía R$ 100.000,00 e realizou uma primeira doação no valor de R$ 20.000,00, uma segunda na quantia de R$ 30.000,00 e, por fim, uma terceira doação no valor de R$ 10.000,00, somente esta última será nulificada, preservando-se as anteriores, em que não houve necessidade de redução. O cálculo da legítima (e, por conseguinte, do excesso, ou não, da doação) será realizado no momento da doação e, por conseguinte, eventuais variações patrimoniais para mais ou para menos, posteriores à liberalidade, não validam o que é inválido ou invalidam o válido. Fundamental é a aferição do valor do patrimônio contemporâneo a cada ato dispositivo. Logo, não se recomenda aguardar a morte do doador para requerer a nulidade da doação que excede os 50% do patrimônio dos herdeiros necessários. Por isso, a doutrina afirma que "se torna irrelevante qualquer variação patrimonial do doador, após a celebração do negócio, podendo ele enriquecer ou empobrecer". Obviamente, de outra maneira, o doador continuaria doando a metade que possui, sucessivamente, até se desfazer integralmente de seu patrimônio.

Para a aplicação do dispositivo em análise pouco importa se há um único herdeiro necessário. Certamente, excluiremos os bens doados antes do surgimento desse herdeiro, bem como as doações remuneratórias e onerosas. Contudo, importante atentar-se para que a vedação às doações inoficiosas não incide se a liberalidade é realizada de ascendentes para descendentes ou entre cônjuges, no patrimônio particular de cada um. Nesses casos – independentemente do valor da doação com relação ao patrimônio –, aplica-se o art. 544 do CC, ou seja, o adiantamento da legítima e a posterior colação.

A ação adequada para o desfazimento do excesso da doação inoficiosa é a ação de redução das doações inoficiosas. Os herdeiros necessários são os legitimados ativos, pois diretamente prejudicados, apesar de se tratar de nulidade e, via de consequência, de matéria de ordem pública. No polo passivo da demanda deverá ser formado um litisconsórcio necessário e unitário entre o doador e o beneficiário. Tal ação pode ser ajuizada ainda durante a vida do doador, não sendo necessário aguardar o seu falecimento. Não se trata aqui de discussão sobre herança de pessoa viva, que é proibida por lei (art. 426, CC). Em verdade, o que se tem é um contrato de doação, negócio jurídico *inter vivos*, cuja nulidade surge ao tempo da liberalidade. Assim, nasce uma pretensão imprescritível (art. 169, CC) de obter, em juízo, a redução do excesso, em razão da violação do direito subjetivo à legítima do herdeiro necessário. Nesse ponto, nosso entendimento é majoritário, contando com a simpatia da jurisprudência superior. Não se confunda a hipótese com o testamento, negócio jurídico cuja eficácia é postergada para o tempo da morte, só então passível de discussão quanto ao seu conteúdo. Julgado procedente o pedido de redução da doação, a parte excedente será restituída aos herdeiros necessários.

A norma em análise é de ordem pública, de forma que a nulidade da doação inoficiosa pode ser declarada *ex officio* pelo magistrado, quando provada em alguma demanda, por exemplo, no inventário. Por fim, cumpre registrar a atual e pujante questão. Posicionamo-nos de maneira minoritária, pois não temos simpatia pela restrição *sub occulis*. Entendemos que a impossibilidade de doação da legítima somente se justifica quando um dos herdeiros necessários é incapaz, em razão da necessidade de proteção integral do incapaz. Mas, se os herdeiros necessários são maiores e capazes, não é razoável vedar o ato de disposição gratuito pelo titular. Até porque o ofício do pai se impõe em razão do exercício do poder familiar – o que não haverá se todos forem plenamente capazes. Cuida-se de uma interdição parcial na livre disposição de uma pessoa absolutamente capacitada para os atos da vida jurídica. A nosso viso, um pai, por exemplo, não está obrigado a deixar patrimônio para o seu filho, em especial no momento em que a proteção do sistema jurídico tem como núcleo a pessoa humana e sua dignidade. Por essa razão, acreditamos que o magistrado, casuisticamente, poderá acobertar com o manto da validade e da plena eficácia a doação feita pelo titular com invasão da legítima (ultrapassando o limite patrimonial disponível), quando os herdeiros necessários são maiores e capazes. Assim, resguardará a dignidade do titular, podendo dispor livremente de seu patrimônio.

O STJ decidiu que: "Na ação de nulidade de doação inoficiosa, o prazo prescricional é contado a partir do registro do ato jurídico que se pretende anular, salvo se houver anterior ciência inequívoca do suposto prejudicado". Sobre o tema, no julgamento do REsp n. 1.755.379/RJ, concluiu-se que o entendimento segundo o qual o prazo para nulificar a doação inoficiosa deve ser contado a partir do registro do ato jurídico que se pretende anular está fundado "em um dos principais pilares norteadores do sistema registral, qual seja, o princípio da publicidade, segundo o qual o registro por si só é capaz de gerar presunção de conhecimento por todos os interessados". É importante observar, a esse respeito, que tanto no referido precedente, como nos demais precedentes em que a matéria foi enfrentada nesta Corte, o exame dessa questão se deu sob a perspectiva de ato registral anterior em confronto com atos ou fatos jurídicos subsequentes que se alegava serem os elementos deflagradores do prazo prescricional. Com efeito, no julgamento do REsp n. 1.049.078/SP, por exemplo, verifica-se que a 3ª Turma entendeu que o prazo prescricional havia se iniciado com o registro do ato jurídico de doação em cartório – e não com a abertura da sucessão do doador, que lhe era subsequente – pois aquele primeiro ato jurídico era suficiente para conferir ciência inequívoca, ou ao menos presumida, da doação inoficiosa pelo suposto prejudicado. Por sua vez, na presente hipótese existe um ato jurídico anterior ao registro da doação na matrícula do imóvel, igualmente dotado de publicidade e, mais do que isso, do qual efetivamente participou o recorrente na qualidade de interveniente-anuente. Diante desse cenário, deve-se conferir flexibilidade à tese de que o termo inicial da prescrição da pretensão de nulidade da doação inoficiosa é a data do registro do ato de doação em cartório, de modo a excepcionar esse entendimento nas hipóteses em que o suposto prejudicado possuía a ciência inequívoca da existência da doação alegadamente inoficiosa antes mesmo do referido registro, caso em que esse será o termo inicial do prazo prescricional. Dito de outra maneira, tratando-se de ação de nulidade de doação inoficiosa, o prazo prescricional é contado a partir do registro do ato jurídico que se pretende anular, salvo se houver anterior ciência inequívoca do suposto prejudicado, hipótese em que essa será a data de deflagração do prazo prescricional (REsp n. 1.933.685/SP, 3ª T., rel. Min. Nancy Andrighi, j. 15.03.2022).

**Art. 550. A doação do cônjuge adúltero ao seu cúmplice pode ser anulada pelo outro cônjuge, ou por seus herdeiros necessários, até dois anos depois de dissolvida a sociedade conjugal.**

A norma em comento é carregada excessivamente de caráter moralista e preconceituoso, demonstrando excessiva preocupação do legislador com o adultério e ignorando as novas formas de composição de núcleos familiares, baseadas no afeto. Trata-se, com certeza, de uma influência da moral cristã, que repugnava as formas de constituição familiar apartadas dos rituais do Código Canônico. É vedado à pessoa casada dispor, gratuitamente, de seu patrimônio em favor de seu concubino ou de sua concubina. Com isso, o sistema termina promovendo uma interdição parcial de uma pessoa plenamente capaz, pois retira do titular o direito de livre dispor de seu patrimônio, como se fosse incapaz para tanto.

Os elementos caracterizadores da hipótese são dois: i) a existência de uma doação em prol do concubino ou da concubina; ii) a prova da relação adulterina, independentemente de ser com pessoa do sexo oposto ou do mesmo sexo (sendo despicienda a demonstração de que a relação perdurou por algum tempo). Averiguados esses elementos, a doação poderá ser anulada pelo cônjuge, no prazo decadencial de dois anos contados da dissolução da sociedade conjugal.

Mesmo que parte da doutrina apresente explicações para a proibição contida na norma em análise, entendemos tratar-se de um injustificável conservadorismo. E não se tente alegar que a norma tem o seu fundamento na proteção do núcleo familiar. É que a família é protegida pela limitação da legítima, obstando que o titular possa dispor, gratuitamente, além da metade do seu patrimônio líquido. Logo, a proibição de doação ao cúmplice no adultério não está assentada na tutela jurídica da família, restando explícito o seu viés moralista. Defendemos um novo conceito de família, aberto, plural e multifacetário. É preciso considerar a existência de diferentes núcleos afetivos, afastando-se uma concepção única. Assim, o adultério deve acarretar efeitos jurídicos exclusivamente no âmbito privado, por reparação de danos, por exemplo. Ademais, protege-se a própria intimidade do cônjuge prejudicado. Totalmente irrazoável a invalidação de um negócio jurídico gratuito exercido dentro do limite da parte disponível – o que caracteriza, por vias transversas, uma interdição parcial do titular de um patrimônio.

Ademais, a doação de bem imóvel exige a anuência do cônjuge (art. 1.647, CC), mesmo que o bem não pertença ao patrimônio comum, sob pena de anulabilidade (art. 1.649, CC), salvo se o casamento estiver submetido ao regime de separação de bens. Assim, tutelada está a entidade familiar, verificando-se por mais este ângulo a falta de razoabilidade da vedação sub examine. Se o doador for casado, mas já estiver separado de fato, independentemente do prazo, não haverá invalidade, pois a simples separação de fato já permite a caracterização de união estável, uma vez que a convivência e o afeto já cessaram, como se depreende da leitura conjunta ao § 1º do art. 1.723. Portanto, se o benfeitor estiver separado de fato, a doação feita à pessoa com quem mantiver relação afetiva é válida e eficaz, respeitados os demais limites impostos por lei.

O artigo em análise sanciona a doação para o "cúmplice do adultério" com anulabilidade e não a nulidade. Assim, o contrato produzirá efeitos regularmente até que lhe sobrevenha uma decisão judicial invalidante, proferida em ação anulatória. A ação anulatória tramitará na vara cível e terá como legitimado ativo – exclusivamente – o cônjuge prejudicado, independentemente do regime de bens do matrimônio, ou, após o seu óbito, ou os seus herdeiros necessários. Importante insistir que a legitimidade dos herdeiros apenas se vislumbra com o falecimento do doador, havendo uma prioridade legitimatória do cônjuge, em face do caráter pessoal da ofensa decorrente do adultério. O Ministério Público não tem legitimidade por não se tratar de questão de ordem pública. A referida ação deve ser promovida no prazo decadencial de dois anos, contados da dissolução da sociedade conjugal, pelo divórcio, pela morte ou pela declaração de ausência (art. 1.571 do CC, interpretado a partir da EC n. 66/2010). Obviamente, o interessado não precisa aguardar a dissolução nupcial para a propositura da ação, sendo-lhe autorizado propor a ação mesmo antes do fim da conjugalidade, na constância do matrimônio, ao tomar conhecimento da doação irregular, mesmo que não queira se divorciar.

Discordamos do critério adotado pelo legislador para a contagem do prazo decadencial (iniciando-se com o término da sociedade conjugal). Primeiramente, porque é possível que o cônjuge preterido não tenha conhecimento da doação feita pelo seu consorte no momento da dissolução nupcial, somente descobrindo a existência do contrato posteriormente. Nesse caso, para que o consorte enganado não seja prejudicado, por somente ter descoberto a doação posteriormente, entendemos que deve incidir a tese da *actio nata*, pela qual os prazos extintivos somente devem iniciar a sua fluência com o conhecimento do fato subjacente. Em segundo lugar, o cônjuge prejudicado ao tomar ciência da doação feita pelo consorte pode decidir por perdoar o adultério e dar continuidade à relação afetiva, superando a questão. Se, posteriormente, decidir pela dissolução do casamento por outro motivo, não poderá se valer do critério legal de contagem do prazo para promover a ação anulatória. Caso contrário, incorreria em ato ilícito objetivo – abuso do direito por *venire contra factum proprium* (proibição de comportamento contraditório). É que, após descobrir o fato e perdoar, criou o cônjuge a justa expectativa de que não mais pleitearia, posteriormente, a invalidação do negócio jurídico. Portanto, ao demandar tempos depois a anulação, estará colidindo com o seu próprio comportamento antecedente, abusando do direito. Por essas razões, entendemos que o prazo decadencial de dois anos para a anulação deve fluir, sempre, a partir da data do conhecimento do contrato de doação, independentemente da continuidade ou não da relação afetiva.

---

**Art. 551. Salvo declaração em contrário, a doação em comum a mais de uma pessoa entende-se distribuída entre elas por igual.**

**Parágrafo único. Se os donatários, em tal caso, forem marido e mulher, subsistirá na totalidade a doação para o cônjuge sobrevivo.**

---

O dispositivo regulamenta a doação conjuntiva. Trata-se de doação estabelecida em benefício de duas ou mais pessoas (naturais ou jurídicas), sem que o doador, expressamente, ressalve a parcela do bem doado que incumbirá a cada donatário. Não dispondo de forma diversa o doador, presume-se, supletivamente, que os beneficiários foram agraciados em partes iguais. Ou seja, presume-se que o bem doado será distribuído em cotas iguais. Ao contrário do que acontece no testamento, os donatários não serão beneficiados pelo direito de acrescer em caso de morte de um dos beneficiários (condôminos). A parte do falecido será direcionada, regularmente, aos seus sucessores, mantendo-se o estado de indivisão do bem, salvo disposição em contrário.

Quando os donatários forem marido e mulher, prestigia-se o cônjuge sobrevivente com a integralização da doação, incidindo o direito de acrescer, desconsiderando-se os sucessores do falecido. A hipótese ganha cores mais vivas quando se lembra de que o cônjuge falecido pode ter deixado descendentes que não são filhos ou netos do consorte supérstite. Se a doação, porém, favorece apenas um dos consortes, não haverá o acréscimo. De toda sorte, independentemente da qualificação (estado civil) dos donatários, a autonomia privada do doador permite a estipulação de cláusula expressa de direito de acrescer sobre o bem doado, seja no próprio título constitutivo da doação como em posterior testamento. Assim, o direito de acrescer pode decorrer da vontade do doador. Entendemos que a norma em análise se aplica analogicamente às uniões estáveis, respeitando a opção constitucional protetiva do companheirismo (art. 226, § 3º, CF). Inexiste elemento que justifique um tratamento diferenciado entre o casamento e a união estável.

---

**Art. 552. O doador não é obrigado a pagar juros moratórios, nem é sujeito às consequências da evic-**

**ção ou do vício redibitório. Nas doações para casamento com certa e determinada pessoa, o doador ficará sujeito à evicção, salvo convenção em contrário.**

A doação é um negócio jurídico que tem a peculiaridade de ser um contrato unilateral e gratuito, em que o doador reduz seu patrimônio em benefício do donatário, sem que receba uma contraprestação ou se evidencie qualquer sacrifício por parte do donatário. Assim, não seria razoável que fossem aplicadas determinadas normas gerais da teoria contratual, como a incidência dos juros moratórios, evicção e vícios redibitórios, sob pena de um agravamento ainda maior de sua situação financeira. Nesse sentido, a norma em exame isenta o doador da responsabilidade quanto aos juros moratórios se não entregar a coisa na data ajustada, pois já está praticando uma liberalidade. Entretanto, se o interpelado for constituído em mora, responderá pelos juros de mora decorrentes do processo judicial a contar da data da citação (art. 405, CC), pois o benefício que concedeu não lhe propicia o benefício da desídia. O doador ainda é isento de responsabilidade por vícios materiais e ocultos da coisa existentes antes da tradição (art. 441, CC) e pela perda da coisa pelo donatário em virtude de uma decisão que conceda o direito sobre ela a um terceiro (art. 447, CC).

Apenas as doações puras recebem tais isenções de responsabilidade, o que não acontece com as doações onerosas (com encargo), como se depreende do art. 441, parágrafo único, do CC. Nesse dispositivo, observa-se uma regra supletiva quanto à evicção, possibilitando a sua incidência nas doações para casamento com certa e determinada pessoa. Trata-se aqui de doação condicional do art. 546, na qual o legislador presume o dolo do cônjuge que oferece um bem ao outro, considerando que a liberalidade se deu como uma forma de atrair o interesse do outro nubente para o matrimônio. A finalidade da norma em análise é esclarecer que, se não há sinalagma, a diferença quanto à imputação de deveres deve atender ao princípio da isonomia, dispondo que os desiguais serão tratados desigualmente. Por essa razão, também se editou o art. 392, enfatizando que nos contratos benéficos a parte que não aproveita o contrato só responderá por dolo. Logo, se o doador tinha conhecimento do vício material ou jurídico do bem e ocultou o fato do donatário, será responsabilizado pela quebra do princípio da boa-fé, pouco se cogitando de sua situação financeira e muito se acautelando a confiança e legítima expectativa frustrada do donatário.

**Art. 553. O donatário é obrigado a cumprir os encargos da doação, caso forem a benefício do doador, de terceiro, ou do interesse geral.**

**Parágrafo único. Se desta última espécie for o encargo, o Ministério Público poderá exigir sua execução, depois da morte do doador, se este não tiver feito.**

A doação onerosa impõe ao donatário o dever de cumprir o encargo, seja este em prol do doador, de terceiro ou de interesse geral. A autonomia privada das partes autoriza que sejam inseridos em contratos gratuitos (*v. g.*, comodato) ou negócios unilaterais (*v. g.*, testamento) elemento acidental do negócio jurídico como encargo, termo ou condição. A inserção do encargo implica uma restrição na eficácia da liberalidade, por meio da imposição de uma obrigação de dar, fazer ou não fazer para o donatário, convertendo o elemento acidental em essencial àquele negócio jurídico. Não se trata, contudo, de uma contraprestação, pois converteríamos a doação em compra e venda ou permuta, sacrificando a natureza unilateral do contrato. A aposição de encargo acarreta onerosidade à doação, razão pela qual exige-se aceitação expressa pelo donatário, não se admitindo a aceitação presumida ou tácita (art. 539, CC).

Diferentemente do termo e da condição, em que se suspende o exercício ou a própria aquisição do direito (arts. 125 e 131, CC), a fixação de um encargo não retira a imediata eficácia da liberalidade (art. 136, CC) e, via de consequência, da obrigação do donatário de cumprir o encargo. Nesse sentido, o *caput* do art. 553 dispõe que o descumprimento do encargo não implica perda de eficácia do negócio, podendo ser evitado mediante o ajuizamento da tutela específica, exigindo-se o seu cumprimento. Ora, se a aceitação gera a vinculação da doação ao cometimento do encargo, tanto o doador como o terceiro beneficiário, e os herdeiros de ambos, estão plenamente legitimados para o exercício da pretensão em juízo.

Observa-se que no caso de encargo de prestações de fazer, até mesmo a autoexecutoriedade será cabível em hipóteses extremas, com posterior ingresso de demanda indenizatória em face do donatário (art. 249, parágrafo único, CC). Se o encargo for de cumprimento em benefício do interesse geral, beneficiando a coletividade em caráter indivisível, está o Ministério Público legitimado ao exercício da tutela específica de execução do encargo, caso o doador não tenha agido em vida, ou, se iniciou a ação, não tenha sido esta concluída – caso em que o parquet prosseguirá na ação.

Quanto à prescrição, por se tratar de ação com natureza condenatória, inexistindo previsão específica, o prazo prescricional será o de dez anos para o exercício da pretensão, a contar da data em que se aperfeiçoou a doação. Não havendo prazo previsto para o cumprimento do encargo, antes do aforamento da demanda, será preciso interpelar o donatário, perfazendo a sua constituição em mora. Por derradeiro, registre-se que o doador poderá, expressamente, estabelecer um encargo sob forma de condição. Nessa hipótese, enquanto não cumprido o encargo, não haverá aquisição nem exercício de direitos pelo donatário. Ilustrativamente, o doador afirma que realiza a liberalidade se o beneficiário prestar serviços no hospital público da cidade. Aqui, o descumprimento do encargo funciona como uma verdadeira cláusula de reversão. É cláusula bastante comum nas doações de bens públicos, cuja validade é reconhecida pelos tribunais.

**Art. 554. A doação a entidade futura caducará se, em dois anos, esta não estiver constituída regularmente.**

O sistema jurídico autoriza o estabelecimento de doação em benefício de uma entidade futura, cuja existência é incerta. A norma teve inspiração no Direito italiano, permitindo a realização de uma doação sob condição suspensiva, sujeita ao prazo decadencial de dois anos para a sua constituição formal, sob pena de caducidade da liberalidade, com a manutenção dos bens doados em poder do doador. Na hipótese, tem-se um contrato válido, cuja eficácia é diferida no tempo, contida até que seja implementada a condição suspensiva (constituição da entidade). Assim, se a entidade não for constituída em dois anos, o negócio perde a sua eficácia, mantendo-se o bem no patrimônio do doador. Por razões óbvias, não é exigida a aceitação de um beneficiário que não existe ao tempo da liberalidade, tampouco possuindo um representante.

Por derradeiro, observa-se que a expressão "entidade", não se refere apenas às pessoas jurídicas, englobando qualquer ente personalizado ou não, com finalidade lucrativa ou assistencial. Ilustrativamente, a doação pode ser dirigida em favor de uma fundação ainda não criada ou para um condomínio ainda não constituído. Até mesmo porque qualquer entidade pode ser sujeito de direitos, legitimando-se a agir em juízo na defesa de seus interesses.

## *Seção II*
## *Da Revogação da Doação*

**Art. 555. A doação pode ser revogada por ingratidão do donatário, ou por inexecução do encargo.**

Em um primeiro momento, com a aceitação do donatário, o contrato se torna perfeito e acabado, irretratável e irrevogável para as partes, não podendo o negócio ser desfeito pela simples manifestação volitiva. Assim, a revogação da doação autorizada pelo art. 555 exige reconhecimento judicial da sua causa posterior, nas estreitas hipóteses ali previstas (descumprimento de encargo e ingratidão do beneficiário), não comportando interpretação ampliativa. Assim, a doação não pode ser revogada por arbítrio do doador, somente exigindo-se decisão judicial. Por essa razão, outras causas, previstas em legislações esparsas, como a miséria superveniente do doador, não autorizam a revogação da doação. Mesmo que haja revogação, a doação é existente, válida e eficaz. Contudo, a posterior ocorrência de um fato jurídico relevante e reconhecido judicialmente (após o respeito ao devido processo legal), abalando eticamente a relação existente entre doador e donatário, justifica a retirada da declaração de vontade pelo benfeitor, cessando a eficácia do negócio. Portanto, a revogação não decorre de nulidade ou anulabilidade do contrato e não representa retratação unilateral pela vontade exclusiva do declarante.

A consequência da revogação é o desfazimento do vínculo negocial, impondo-se ao donatário o dever de restituição do bem recebido, caso esteja em sua posse. Trata-se de situação típica de propriedade resolúvel por causa superveniente (art. 1.360, CC). Caso o bem esteja na posse de terceiro, por força de uma nova doação realizada pelo beneficiário, ainda assim haverá o dever de restituir a coisa, extinguindo-se a propriedade. Entretanto, no caso de o bem ter sido adquirido onerosamente (por exemplo, compra e venda) por terceiro, impõem-se a tutela da boa-fé alheia, mantendo-se a coisa com o adquirente. Nesse caso, ao proteger o terceiro adquirente de boa-fé, o doador terá direito contra o donatário alienante, que deverá devolver o valor do bem devidamente atualizado.

**Art. 556. Não se pode renunciar antecipadamente o direito de revogar a liberalidade por ingratidão do donatário.**

A norma de ordem pública veda a renúncia antecipada ao direito de revogar a doação por ingratidão do donatário, conhecida como cláusula derrogatória ou derrogativa, preservando a liberdade do doador de revogar a liberalidade em face de evento superveniente. Entretanto, a regra de natureza cogente não se aplica à revogação por descumprimento de encargo.

Entretanto, admite-se a renúncia posterior ao direito de revogar, pois o objetivo da lei é proibir apenas a renúncia antecipada ao tempo da gênese do negócio jurídico. Isso porque nada impede que, verificado o fato, o doador posteriormente efetue o perdão do donatário, pela via expressa ou tacitamente, em razão de um comportamento para com o donatário que demonstre a falta de interesse em pleitear a revogação. Admite-se também a renúncia antecipada do direito de revogação da doação por inexecução do encargo.

**Art. 557. Podem ser revogadas por ingratidão as doações:**

**I – se o donatário atentou contra a vida do doador ou cometeu crime de homicídio doloso contra ele;**

**II – se cometeu contra ele ofensa física;**

**III – se o injuriou gravemente ou o caluniou;**

**IV – se, podendo ministrá-los, recusou ao doador os alimentos de que este necessitava.**

Evidencia-se o rol exemplificativo de causas que acarretam a revogação da doação por ingratidão. Na acepção jurídica a ingratidão se refere a situações graves valorativamente, nas quais o desrespeito importa em ofensa a valores sedimentados como relevantes na sociedade, sob o ponto de vista da eticidade. O entendimento do CJF é de que "o novo CC estabeleceu um novo sistema para a revogação da doação por ingratidão, pois o rol legal previsto no art. 557 deixou de ser taxativo, admitindo, excepcionalmente, outras hipóteses" (Enunciado n. 33). No mesmo sentido se perfilha o STJ: REsp n. 1.593.857/MG, 3ª T., rel. Min. Ricardo Villas Bôas Cueva, *DJe* 28.06.2016.

Na hipótese do inc. I verifica-se o cometimento de crime de homicídio doloso ou tentativa de homicídio pelo donatário contra o doador. Portanto, admite-se revogação no caso de homicídio consumado ou na forma tentada. No caso da consumação do homicídio, a legitimidade para o ajuizamento da ação será dos herdeiros do doador (art. 561, CC). O dispositivo dispensa prévia condenação criminal, permitindo que prova seja produzida diretamente no juízo cível, salvo se houver prévia decisão do juízo penal, apreciando a materialidade e a autoria do delito. É a regra da relativa independência entre as instâncias cível e criminal (art. 935, CC).

O inc. II se refere a ofensas físicas. As lesões corporais dolosas, em qualquer modalidade, ainda que leves, são demonstradas por exame de corpo de delito. Entendemos que o magistrado deve apreciar o caso concreto para perquirir se o entrevero entre doador e donatário, como vias de fato e agressões, que não causem lesões relevantes para o direito penal, está adequado à finalidade da norma. Dessa forma, busca-se uma decisão proporcional, evitando-se sanções desmesuradas para atitudes não tão graves.

O inc. III também contém situação que configura crime, injúria grave e calúnia. A primeira ofende a honra subjetiva da pessoa, violando o decoro ou a dignidade mediante a utilização de qualificações depreciativas como "safado", "vagabundo". A norma exige que a injúria seja grave, causando constrangimento ao doador no meio social em que vive. A calúnia é a falsa imputação de um crime contra o doador. O dispositivo é omisso quanto ao crime de difamação, entretanto, o fato que fere a reputação da pessoa ensejará a revogação da doação. Nessas hipóteses, também não se exige a prévia condenação criminal para a revogação nesse caso.

Já a hipótese prevista no inc. IV refere-se à situação de cunho cível. A recusa injustificada de prestação de alimentos por parte do donatário autoriza o doador a revogar a doação por ingratidão. Inicialmente, se o donatário não for parente, cônjuge ou companheiro do doador (art. 1.694, CC) não é sujeito passivo do dever de alimentar. Contudo, o legislador considerou violação à eticidade esperada do donatário, sua recusa injustificada de conceder alimentos ao doador, deixando-o sem desamparo. Aqui, restou dispensado o ajuizamento de ação de alimentos para justificar a revogação da doação, bastando a demonstração da recusa desmotivada e da inexistência de familiares do doador que possam fornecer o mínimo a seu sustento.

**Art. 558. Pode ocorrer também a revogação quando o ofendido, nos casos do artigo anterior, for o cônjuge, ascendente, descendente, ainda que adotivo, ou irmão do doador.**

A revogação por ingratidão, em decorrência da diretriz da socialidade, estende-se para os casos de ofensa ao cônjuge, ao ascendente, ao descendente ou mesmo ao irmão do doador. No contexto do individualismo jurídico que fundava a legislação anterior, a discussão sobre a revogação da doação limitava-se aos partícipes da relação patrimonial. Mas no atual contexto, ressalta-se o papel fundamental da família e dos laços afetivos que envolvem as pessoas que a compõem. O vínculo existencial entre os membros da entidade familiar justifica que a lesão a um deles tenha a mesma carga de significado que a ofensa ao próprio doador. De certa maneira, o legislador despatrimonializa a discussão e afirma que todo ato de doação envolve um laço espiritual com o donatário, que será traído quando o cônjuge, o ascendente ou o descendente sofrer as ofensas aludidas no artigo pregresso.

Entendemos que, apesar da omissão do dispositivo, a interpretação conforme a Constituição impõe a inserção do companheiro no conceito de cônjuge, evitando qualquer forma de discriminação por parte do legislador subalterno.

**Art. 559. A revogação por qualquer desses motivos deverá ser pleiteada dentro de um ano, a contar de quando chegue ao conhecimento do doador o fato que a autorizar, e de ter sido o donatário o seu autor.**

O direito potestativo à desconstituição da doação por ingratidão ou por inexecução do encargo deve ser exercido no prazo decadencial de um ano. Cuida-se de prazo fatal para o exercício do direito potestativo à desconstituição do negócio jurídico, seguindo a lógica do CC de reservar os arts. 205 e 206 para sediar prazos prescricionais e dos demais setores do Código que tipicamente enfatizam prazos decadenciais.

No caso de revogação por ingratidão, o termo a quo para o ajuizamento da demanda será aquele em que o doador tiver a convicção de que o donatário praticou um dos fatos arrolados no art. 557. A inclusão da expressão "e de ter sido o donatário o seu autor" ao final do dispositivo poderá ser útil nos casos em que o ofendido seja um parente ou cônjuge do doador, havendo a necessidade de apuração da autoria. Nas situações em que houver ação criminal contra o donatário, não poderá o doador se aproveitar do art. 200 do CC para iniciar a contagem do prazo da data do trânsito em julgado da sentença condenatória, pois a norma é privativa para as hipóteses de prescrição, não sendo aplicável à decadência conforme informa o art. 207 do CC.

Nas hipóteses de doação por descumprimento do encargo, nem sempre o fato chegará imediatamente ao conhecimento do doador, se o modo visar beneficiar terceiro. Assim, o início de fluência do prazo decadencial será o momento da ciência do descumprimento. Se não houver prazo assinalado para o início do cumprimento do encargo, o doador deverá providenciar a interpelação do donatário, constituindo-o em mora (art. 398, CC) e para, então, demonstrar que não agiu no prazo assinalado. O prazo decadencial de um ano será determinante para a resolução contratual, com extinção da relação contratual. Mas, se o doador preferir a tutela específica da obrigação de dar ou fazer, o prazo será o prescricional de dez anos para o exercício da pretensão condenatória (art. 205, CC).

Por derradeiro, basta que o donatário tenha agido como mero partícipe do crime para restar vislumbrada uma das hipóteses dos incs. I a III do art. 557 do CC. O objetivo da norma está voltado para resguardar a lealdade do donatário perante o doador e, por absurdo, não se admitiria desconstituir a liberalidade apenas no caso extremo da autoria propriamente dita, exonerando-se da sanção aquele que contribuiu material ou moralmente para a prática delituosa de terceiro (*v. g.*, donatário que, desejando a morte do doador, abre a porta da casa para que um terceiro execute o fato).

**Art. 560. O direito de revogar a doação não se transmite aos herdeiros do doador, nem prejudica os do donatário. Mas aqueles podem prosseguir na ação iniciada pelo doador, continuando-a contra os herdeiros do donatário, se este falecer depois de ajuizada a lide.**

A ação de revogação da doação tem caráter *intuitu personae*, não sendo, pois, transmitida aos herdeiros do doador, com a morte deste. Entretanto, o art. 561 autoriza que os herdeiros do doador promovam a ação revocatória no caso de homicídio doloso, naturalmente pela impossibilidade de a vítima agir. Obviamente, se o doador já havia intentado a ação antes de falecer, os seus herdeiros poderão sucedê-lo processualmente na ação de revogação. A pretensão de direito material ainda é do doador, os herdeiros apenas conduzirão o processo a seu destino. Se o falecimento for do donatário e prévio ao ajuizamento da lide, os seus herdeiros não poderão ser chamados para compor o polo passivo da lide, já que o fato é personalíssimo. Diferentemente, se a ação revocatória já estava em andamento contra o donatário quando de seu falecimento, os herdeiros responderão até os limites da força da herança (art. 1.997, CC), prestigiando-se a autonomia patrimonial entre o donatário e os sucessores.

Aliás, enquanto o CC/1916 se referia à contestação do donatário como termo inicial para permitir o prosseguimento da lide pelos sucessores do doador, o CC/2002 se refere ao óbito já ao tempo do ajuizamento da lide. A alteração é equitativa, pois a simples distribuição da demanda (art. 312, CPC) dentro do prazo decadencial basta para configurar o interesse do doador na revogação da liberalidade, autorizando que seus herdeiros prossigam na ação, sem depender da iniciativa do réu em oferecer a contestação.

**Art. 561. No caso de homicídio doloso do doador, a ação caberá aos seus herdeiros, exceto se aquele houver perdoado.**

No contexto do CC/1916, na tentativa de homicídio o doador sobrevivente poderia ajuizar ação revocatória, já no crime consumado doloso, os herdeiros do doador falecido não estavam autorizados a demandar a revogação. O CC/2002 corrige a distorção anterior pelo presente dispositivo – conjugado com a parte final do art. 557, I –, possibilitando que os herdeiros do *de cujus* demandem em nome próprio a ação de revogação da doação, preservando o interesse moral da família em compensar de alguma forma a violação aos seus direitos da personalidade. Assim, admite-se a cumulação do pedido desconstitutivo com o pedido de reparação pelo dano moral.

Trata-se de lide eminentemente extrapatrimonial, razão pela qual os herdeiros chamados à sucessão imediatamente, assim como os mais distantes – diante da omissão dos mais próximos –, ficam autorizados a ajuizar a demanda contra o donatário. A parte final do dispositivo excepciona as hipóteses nas quais o doador perdoou o donatário por escrito ou por meio de declaração testemunhada por pessoas próximas, antes de falecer. O ônus de tal prova recai sobre o donatário.

**Art. 562. A doação onerosa pode ser revogada por inexecução do encargo, se o donatário incorrer em mora. Não havendo prazo para o cumprimento, o doador poderá notificar judicialmente o donatário, assinando-lhe prazo razoável para que cumpra a obrigação assumida.**

A inexecução do encargo imposto ao beneficiário na doação modal abre duas distintas possibilidades para o doador: a uma, pode ensejar a sua imediata execução em juízo, por meio de tutelas específicas, com o propósito de garantir o implemento da obrigação imposta ao beneficiário; a duas, lhe é possível, comprovada a mora do devedor, pleitear ao juiz a revogação da doação. São diferentes alternativas disponibilizadas para doador. Nada impede que pleiteie, primeiramente, a execução judicial do encargo para, somente depois de frustrada a medida requerida, ajuizar a ação revocatória. Por exemplo, na doação feita em favor de uma entidade não lucrativa com o encargo de prestação de serviços comunitários, no caso de descumprimento, será possível a execução judicial do modo ou, de outra banda, a revogação da doação, por meio de ação ordinária.

A legitimidade para a medida judicial de execução do encargo é, não apenas do doador, mas, identicamente, dos seus herdeiros, se morto; do terceiro-beneficiário do modo e do Ministério Público, quando constituído em prol da coletividade e se falecido o benfeitor. Distintamente, a legitimidade para a propositura da ação de revogação da doação por violação do encargo é exclusiva do doador, e, quando muito, os herdeiros podem dar continuidade à demanda já iniciada por ele, após a sua morte. Trata-se, pois, de ação personalíssima.

A revogação da doação depende da comprovação da mora do beneficiário. No caso de haver prazo expressamente previsto no contrato para o cumprimento do modo, a mora será *ex re*, caracterizada de pleno direito, com o advento do termo, sem o adimplemento. Lado outro, se não há prazo estipulado para o cumprimento do encargo, a mora será *ex persona*, dependendo de prévia interpelação do devedor, judicialmente, com fixação de prazo razoável para o adimplemento, como dispõem os arts. 397 e 562 da lei civil. Assim, no tocante à correta interpretação do art. 562 do CC, quanto à possibilidade da utilização da notificação extrajudicial para constituir em mora o donatário acerca do descumprimento do encargo no contrato de doação modal em que não há previsão de prazo para o cumprimento da obrigação, o doador, mediante notificação judicial ou extrajudicial, na forma do art. 397 do CCB, pode constituir em mora o donatário, fixando-lhe prazo para a execução do encargo, e, restando este inerte, ter-se-á por revogada a doação (REsp n. 1.622.377/MG, 3ª T., rel. Min. Paulo de Tarso Sanseverino, *DJe* 14.12.2018).

Evidentemente, com esteio na boa-fé objetiva, especificamente em sua variação do *substantial performance* (teoria do adimplemento substancial), o donatário poderá purgar a mora, ao cumprir o encargo, desde que a prestação ainda seja possível e não tenha se tornado inútil (arts. 395, parágrafo único, e 401, CC). Se a execução do encargo se tornou impossível, sem culpa do devedor, decorrendo de caso fortuito ou força maior, a doação permanecerá válida e eficaz, mantida em sua inteireza, com a consequente exoneração do beneficiário em relação ao cumprimento do encargo.

Questão palpitante concerne ao prazo extintivo para a propositura da ação de revogação da doação por descumprimento de encargo. De um lado, relevantes vozes em posição majoritária na doutrina propugnam pelo reconhecimento do mesmo prazo decadencial de um ano, previsto para a revogação da doação por ingratidão do beneficiário. Defendem que se cuida de prazo fatal para o exercício do direito potestativo à desconstituição do negócio jurídico, ao seguir a lógica do CC de reservar os arts. 205 e 206 para sediar prazos prescricionais e os demais setores do Código, topicamente, enfatizar prazos decadenciais. Ademais, como muitas vezes o fato não chega imediatamente ao conhecimento do doador, já que o modo às vezes é estipulado em favor de terceiro ou da coletividade, o conhecimento do descumprimento do encargo será determinante para o início da contagem (teoria da *actio nata*). De outra banda, a jurisprudência do STJ fixou entendimento distinto. Segundo o entendimento pretoriano, a natureza da demanda judicial de revogação da doação por descumprimento de encargo seria condenatória, razão pela qual o prazo teria natureza prescricional. E, na ausência de regra específica de prescrição no art. 206 do livro civil, resta proclamar a aplicação da cláusula geral decenal de prescrição (art. 205, CC). Assim, afirma-se que o prazo decadencial de um ano para a revogação da doação concerne, tão somente, à hipótese de ingratidão do donatário, não se referindo à inexecução de encargo, cuja natureza e *ratio essendi* são bem distintas valorativa e executivamente.

---

**Art. 563. A revogação por ingratidão não prejudica os direitos adquiridos por terceiros, nem obriga o donatário a restituir os frutos percebidos antes da citação válida; mas sujeita-o a pagar os posteriores, e, quando não possa restituir em espécie as coisas doadas, a indenizá-la pelo meio termo do seu valor.**

---

A revogação da doação por ingratidão implica o retorno do bem ao patrimônio do doador ou de seus herdeiros. Mas não prejudica os direitos adquiridos por terceiros de boa-fé que praticaram negócios jurídicos com aquele que ostentava a posição de proprietário. A revogação por ingratidão, assim como a decorrente de inexecução do encargo, são situações de inadimplemento de uma doação pelo descumprimento da obrigação principal do devedor (encargo), como pelo dever anexo de proteção (ingratidão), ofendendo o princípio da boa-fé objetiva. Verificam-se na fase de execução contratual, não em sua gênese. Portanto, implicam ineficácia superveniente de um negócio jurídico válido. Em consequência, os direitos adquiridos por terceiros são preservados. Se se tratasse de nulidade ou anulabilidade, as partes seriam restituídas ao *statu quo ante* (art. 182, CC).

Nesse ponto, importante diferir a propriedade *ad tempus* (1.360, CC) da propriedade resolúvel (art. 1.359, CC). Naquela, a propriedade não está sujeita a termo ou condição, mas é potencialmente revogável em razão de evento superveniente (*v. g.*, ingratidão e inexecução do encargo). Assim, o terceiro que a adquiriu "será considerado proprietário perfeito, restando à pessoa, em cujo benefício houve a resolução, ação contra aquele cuja propriedade se resolveu para haver a própria coisa ou o seu valor" (art. 1.360, CC).

O dispositivo em análise adota a mesma sistemática de divisão dos frutos conforme a boa-fé ou má-fé do possuidor (arts. 1.214 a 1.216, CC), no que se refere aos frutos recebidos pelo donatário. Considera-se que até a citação válida, o possuidor desconhece a demanda e mantém a boa-fé, sendo todos os frutos colhidos de sua propriedade. A partir da citação válida, os frutos serão considerados pendentes e, portanto, devolvidos ao final da lide, caso julgada procedente a pretensão do doador. Não sendo possível a restituição do bem *in natura*, por destruição, perda ou alienação, o donatário arcará com a indenização representativa de meio-termo do seu valor, como uma espécie de valor razoável entre o valor máximo e o mínimo encontrados no mercado no período em que o bem esteve com o donatário.

---

**Art. 564. Não se revogam por ingratidão:**
**I – as doações puramente remuneratórias;**
**II – as oneradas com encargo já cumprido;**
**III – as que se fizerem em cumprimento de obrigação natural;**
**IV – as feitas para determinado casamento.**

---

O direito potestativo de revogação da doação por ingratidão é limitado, não podendo ser exercido nas hipóteses descritas no ordenamento jurídico, ainda que verificada alguma das condutas descritas no art. 557 do CC. Trata-se de quatro situações consubstanciadas em doações vinculadas a determinados objetivos do doador, ao contrário do que ocorre na doação pura. Apesar da vedação da revogação da doação nas hipóteses aludidas no art. 564, o donatário não está totalmente isento de responsabilidade. Além de eventual sanção penal, poderá o doador – ou seus familiares quando vítimas ou sucessores – ajuizar ação de reparação pelo dano moral consequente à ofensa aos direitos da personalidade, além de indenização pelos danos materiais por prejuízos causados na órbita econômica.

O inc. I cuida das doações puramente remuneratórias que são aquelas relacionadas a uma compensação ao donatário em virtude de serviços por ele realizados, sem que exista uma contraprestação exigível (art. 540, CC). O dever moral – não o jurídico – impele o doador a realizar a doação. Observa-se que se a remuneração exceder o custo normal do serviço, o excedente não será configurado como doação onerosa e será passível de revogação por ingratidão. Ilustrativamente, se uma joia avaliada em R$ 3.000,00 é entregue para compensar um médico por um tratamento habitualmente remunerado em R$ 500,00, eventual ingratidão poderá ser revogada no limite de R$ 2.500,00.

O inc. II trata das doações com encargo ou modo, as quais impõem ao devedor a realização de determinadas obrigações, sob pena de revogação por seu inadimplemento (art. 562, CC). Nessas hipóteses, o cumprimento do encargo em tempo, local e forma devidos, impede a revogação da doação.

Nos termos do inc. III, a doação efetivada em cumprimento de obrigação natural não é passível de revogação. Enquanto as obrigações civis são compostas de dois elementos: débito e responsabilidade, as obrigações naturais contêm um débito desprovido de responsabilidade, pois não há exigibilidade da prestação para o credor. Assim, nas obrigações naturais, o direito subjetivo violado não é dotado de pretensão, portanto não pode agir contra o devedor no sentido de constrangê-lo a pagar. Porém, se houver o pagamento voluntário, ele será irrepetível (art. 882, CC), já que havia um débito, seja ele jurídico (dívida prescrita), seja moral (dívida de jogo não legalizado). Por essas razões, a doação para pagar obrigação natural não pode ser revogada por ingratidão.

Por fim, o inc. IV veda a revogação da doação feita em contemplação de determinado casamento, demonstrando que o legislador procurou não criar embaraços para os cônjuges, preservando o matrimônio. Entendemos que esse inciso é inócuo e não reflete a atualidade do direito de família, que se preocupa com a preservação das pessoas e não de instituições. Em outras palavras, a ingratidão de um cônjuge a outro eventualmente propicia separação judicial, reparação por danos materiais e morais e ação penal. Qual a razão de afastar a revogação da doação, quando já não mais existe o afeto que a provocou?

## CAPÍTULO V
## DA LOCAÇÃO DE COISAS

**Art. 565. Na locação de coisas, uma das partes se obriga a ceder à outra, por tempo determinado ou não, o uso e gozo de coisa não fungível, mediante certa retribuição.**

A locação é negócio jurídico corriqueiro desde o Direito Romano. Naquele modelo jurídico observavam-se três formas de locação: *locatio conductio rei* (locação de coisa); *locatio conductio operarum* (locação do trabalho humano); e *locatio conductio operis* (locação de obra). Esses contratos procuravam proporcionar a alguém, mediante certa forma de remuneração, a prestação do uso de uma coisa infungível, ou seja, a prestação de serviços ou a execução de um determinado trabalho pela via da empreitada. Lembra Pontes de Miranda (*Tratado de direito privado*, t. 40, p. 10) que, inicialmente, locavam-se forças humanas e animais e, posteriormente, as coisas, especialmente os bens imóveis, os quais acabaram por se tornar a modalidade mais importante. O CC/1916 seguia este modelo e sob a rubrica "Da locação", cuidava das três modalidades milenares de locação. O CC aperfeiçoou a normatização da locação, atribuindo terminologia própria e adequada, afasta as duas primeiras espécies de locação, convertendo-as aos contratos de prestação de serviço e empreitada. Portanto, no atual modelo a locação de coisas é a única modalidade cuja denominação foi mantida.

Observa-se ainda a unificação das locações civil e mercantil – esta anteriormente situada no Código Comercial de 1850 –, pois toda a matéria é agora versada neste Capítulo V, do Título VI, do Livro "Do Direito das Obrigações", relativo às várias espécies contratuais. Quanto à locação de prédio urbano, que esteja sujeita à lei especial, permaneceu regida por esta (art. 2.036, CC). Contudo, apesar de o próprio CC fazer remissão à lei especial esta, novamente, remete ao Código. A Lei de Locação de Imóveis Urbanos (Lei n. 8.245/91), no parágrafo único do art. 1º, adverte acerca das modalidades de locação que serão regidas pelo CC e leis especiais (norma de reenvio). Em suma, são regulados pelo CC atual a locação de vagas autônomas de garagem; espaços destinados à publicidade; locação de apart-hotéis, hotéis-residência ou equiparados (além da aplicação de normas do CDC); e formas de locação que não tenham sido objeto de regulamentação por legislação própria.

A despeito de sucessivas alterações supervenientes (Leis ns. 10.931/2004, 11.196/2005, 12.112/2009), a Lei n. 8.245/91 continua em vigor. Destaca-se a Lei n. 12.744/2012 (introduzindo a modalidade do *built to suit*), que alterou o art. 4º e acresceu o art. 54-A à Lei n. 8.245/91. O *built to suit* contém elementos de diversos contratos típicos – como o de empreitada e o de locação –, mas não se resume a nenhum deles. Trata-se de um contrato atípico cuja celebração é autorizada pelo art. 425 do CC no âmbito da autonomia privada dos particulares. Daí que não se pode interpretá-lo, a princípio, de acordo com a Lei de Locações, cuja índole protetiva não se coaduna com uma operação que ordinariamente é utilizada por duas empresas que formalmente encontram-se em pé de igualdade na contratação.

Adiante, o contrato celebrado entre o empreendedor e o lojista é marcado por certas singularidades, as quais o diferenciam dos contratos ordinários de locação. Por essa razão, a doutrina diverge sobre a natureza desse contrato. Apesar dessas singularidades, revela-se mais razoável considerar o contrato pactuado entre o empreendedor do *shopping center* e o lojista como um típico contrato de locação, com características próprias. No contrato de locação de espaço em *shopping center*, para a fixação do locativo, são ponderadas as características especiais do empreendimento e que o diferencia dos demais, como disponibilidade e facilidade de estacionamento, segurança do local, oferta de produtos e serviços, opções de lazer, entre outros. Ou seja, há uma série de fatores que influenciam na fixação da remuneração mensal e que são alheios ao valor de mercado. Frente às singularidades que diferenciam tais contratos, o art. 54 da Lei n. 8.245/91 assegura a prevalência dos princípios da autonomia da vontade e do *pacta sunt servanda*.

Além de estabelecer normas genéricas para o tratamento de espaços legislativos olvidados por microssistemas – sobretudo quanto à locação de bens móveis em que não exista relação de consumo –, não se olvide de que subsidiariamente a lei civil também será aplicada àqueles casos de omissão na norma de regência específica. Ficam fora do âmbito de incidência do CC atual as locações de imóveis rurais (arrendamento rural, Lei n. 4.504/64 – Estatuto da Terra); a locação de bens públicos (DL n. 9.760/46); e o arrendamento mercantil (*leasing*), regido pela Lei n. 6.099/74 e as resoluções do Banco Central. Pela atipicidade que decorre da mescla da cessão da posse do bem a título de hospedagem com a prestação de serviços, unidades vinculadas a apart-hotéis, hotéis-residências e *flat services* não se afeiçoam à legislação locatícia, a eles reservando-se disciplina própria.

Outrossim, conforme decidiu em 2021 o STJ (*Informativo* n. 693), existindo na convenção de condomínio regra impondo destinação residencial, é indevido o uso de unidades particulares para fins de hospedagem. É possível, no entanto, que os próprios condôminos deliberem em assembleia, por maioria qualificada, permitir a utilização das unidades condominiais para fins de hospedagem atípica, por intermédio de plataformas digitais ou outra modalidade de oferta, ampliando o uso para além do estritamente residencial. O contrato atípico de hospedagem expressa uma nova modalidade, singela e inovadora de hospedagem de pessoas, sem vínculo entre si, em ambientes físicos de padrão residencial e de precário fracionamento para utilização privativa, de limitado conforto, exercida sem inerente profissionalismo por proprietário ou possuidor do imóvel, sendo a atividade comumente anunciada e contratada por meio de plataformas digitais variadas. Cuida-se de atividade aparentemente lícita, desde que não contrarie a lei de regência do contrato de hospedagem típico, regulado pela Lei n. 11.771/2008, como autoriza a norma do art. 425 do CC, ao dizer: "É lícito às partes estipular contratos atípicos, observadas as normas gerais fixadas neste Código". No caso específico de unidade condominial, também devem ser observadas as regras dos arts. 1.332 a 1.336 do CC, que, por um lado, reconhecem ao proprietário o direito de usar, fruir e dispor livremente de sua unidade e, de outro, impõem o dever de observar sua destinação e usá-la de maneira não abusiva, com respeito à convenção condominial (REsp n. 1.819.075-RS, rel. p/ o ac. Min. Raul Araújo, 4ª T., j. 20.04.2021).

As consecutivas legislações dos últimos 80 anos não apontam em um sentido linear. Pelo contrário, são oscilantes, traduzindo a maior ou menor polarização entre setores sociais, pendendo ora para a adoção de regras intervencionistas nas relações privadas, ora para um perfil minimalista, ou absentista nas tensões entre proprietários e locatários. Não por outra razão, o volátil contrato de locação é o negócio jurídico mais apropriado para refletir a dinâmica econômica de uma nação. É representativa dessa sensibilidade a Lei n. 14.216/2021, que proibiu o despejo ou ordem de desocupação de imóveis até 31 de dezembro de 2021, em virtude da pandemia. O intuito da lei foi o de suspender o cumprimento de medida judicial, extrajudicial ou administrativa que resulte em desocupação ou remoção forçada coletiva em imóvel privado ou público, exclusivamente urbano, e a concessão de liminar em ação de despejo de que trata a Lei n. 8.245/91, e para estimular a celebração de acordos nas relações locatícias.

O dispositivo em análise define a locação como o contrato pelo qual uma das partes, mediante contraprestação, concede à outra em caráter temporário o uso e gozo de coisa infungível. Portanto, restam excluídas do conceito a locação da prestação de serviço e a empreitada. Quanto à classificação, a locação é contrato bilateral, gerando obrigações para ambas as partes (uso e gozo do bem em troca de retribuição pecuniária); oneroso, pois os sacrifícios e vantagens são recíprocos; comutativo, sendo as prestações conhecidas e pré-estimadas pelas partes; e consensual, aperfeiçoando-se com o acordo de vontades, na medida em que a entrega da coisa não é pressuposto de existência, e sim fase de execução. Trata-se, ainda, de contrato de duração, com execução sucessiva e renovada de prestações de dar quantia certa a cada período.

São pressupostos de existência da locação o consenso dos sujeitos, a coisa, a temporariedade, a remuneração, o *consensum, res, o tempum e o pretium*. Os sujeitos do contrato são o locador (senhorio) e o locatário (inquilino). Em regra, o proprietário transmite a posse direta do bem ao locatário, reservando-se a posse indireta em razão da relação de direito obrigacional. Necessariamente não há coincidência entre a posição de locador e a de proprietário, já que aquele que não é proprietário poderá ceder o uso e gozo da coisa em locação (sublocação) desde que esteja prevista a proibição contratual. Aqui, a posse é tripartida, cabendo a posse direta ao sublocatário e a posse indireta ao proprietário e àquele que cedeu a posse (*v. g.*, usufrutuário que cede o exercício do usufruto a um terceiro – art. 1.393, CC). No caso de bem em condomínio, os condôminos não podem isoladamente locar a coisa comum para terceiros sem o consenso dos demais (art. 1.314, parágrafo único, CC). A restrição é coerente com a natureza do modelo jurídico: cada coproprietário detém uma fração ideal da coisa, que permite a sua disposição com exclusividade, mas a posse comum é de fruição de todos os condôminos, daí a necessidade do consentimento geral. Por se tratar de um contrato consensual, o acordo de vontades basta para a formação, sendo a tradição da coisa uma obrigação de dar coisa certa que recai sobre a pessoa do locador. Já no comodato, mútuo e depósito, a entrega da coisa é elemento de formação do negócio jurídico, tratando-se de contratos reais.

O contrato de locação tem como objeto um bem móvel ou imóvel, infungível e inconsumível, devendo ser restituído ao locador, ao término do contrato, com a manutenção de sua substância, preservando-se a essência. Como os bens fungíveis e consumíveis são passíveis de exaurimento, a sua cessão descaracterizaria a locação, conforme a acepção a eles conferida pelos arts. 85 e 86 do CC. A locação será contratada por prazo ou sem prazo. Em qualquer dos casos, a temporariedade é fundamental, pois a perpetuidade conduziria a uma espécie de enfiteuse, que não pode mais ser constituída a partir de 11.01.2003 (art. 2.038, CC). Por derradeiro, observa-se que o preço no contrato da locação não importa em transmissão da propriedade, mas em cessão de posse. O aluguel é a contraprestação fundamental do locatário, a mais importante de suas obrigações. A onerosidade da locação afasta a caracterização de comodato. A retribuição é explicada como compensação pecuniária ao proprietário que é privado da posse imediata da coisa e da percepção de seus frutos naturais e industriais. Daí servirem os pagamentos em dinheiro ou bem de outra espécie – como frutos civis, pouco importando se o locatário utiliza a coisa efetivamente ou não.

Embora o pedido da reintegração de posse e da ação de despejo seja a posse legítima do bem imóvel, trata-se de pretensões judiciais com natureza e fundamento jurídico distintos, pois, enquanto a primeira baseia-se na situação fática possessória da coisa, a segunda se fundamenta em prévia relação contratual locatícia, regida por norma especial, o que consequentemente impossibilita sua fungibilidade. Ao se permitir o ajuizamento de ação possessória em substituição da ação de despejo, nega-se vigência ao conjunto de regras especiais da Lei de Locação, como prazos, penalidades e garantias processuais. Nesse sentido, a jurisprudência do STJ firmou-se no sentido de que, havendo comprovada relação locatícia, a pretensão de retomada do bem imóvel deve ocorrer por rito próprio pelo ajuizamento da ação de despejo. Conforme o entendimento do STJ – *Informativo* n. 774, de 16.05.2023: "Imóvel alugado. Retomada do bem. Ação de despejo. Prévia relação contratual. Reintegração de posse. Descabimento. A via processual adequada para a retomada, pelo proprietário, da posse direta de imóvel locado é a ação de despejo, na forma do art. 5º da Lei n. 8.245/91, não servindo para esse propósito o ajuizamento de ação possessória" (REsp n. 1.812.987/RJ, 4ª T., rel. Min. Antonio Carlos Ferreira, *DJe* 04.05.2023).

Apesar de a locação de imóveis urbanos ser objeto da Lei n. 8.245/91, fazemos breve menção, no contexto da covid-19, à Lei n. 14.010/2020 – Regime Jurídico Emergencial e Transitório das relações jurídicas de Direito Privado (RJET) no período da pandemia do coronavírus. Conforme o art. 9º, "não se concederá liminar para desocupação de imóvel urbano nas ações de despejo" nas hipóteses ali especificadas, quando o processo tiver sido iniciado a partir de 20 de março de 2020. Pela interpretação literal do dispositivo, se a ação de despejo for ajuizada no dia 20 de março ou depois, fica expressamente proibida a liminar nos seguintes casos: (i) descumprimento do acordo para desocupação com prazo mínimo de 6 meses; (ii) rescisão do contrato de trabalho; (iii) exoneração do fiador sem substituição da garantia; (iv) denúncia vazia da locação não residencial; e (v) falta de pagamento de aluguel e encargos em contrato sem garantia. Vale dizer, mesmo com o preenchimento dos requisitos legais, os proprietários não teriam nesse período o direito de liminarmente recuperar a posse de seus imóveis.

Todavia, consideramos que a referida regra transitória representa uma proteção excessiva ao devedor em detrimento do credor. A proibição de despejo desconsidera a situação de donos de imóveis que dependem do recebimento do aluguel para viver. Portanto, o desejável em matéria de locação residencial é que as partes ajustem um plano individualizado de recomposição gradativa dos pagamentos e diluição do desconto concedido (caso não tenha sido acordada a não compensação do período). Isso se faz necessário porque de nada adianta remeter o período de desconto para uma compensação que irá se iniciar logo após a cessação do confinamento, visto que não se tem, de forma geral, qualquer estudo que nos permita supor que em tal momento a condição de pagamento do locatário será superior à condição que precedeu a pandemia. Em contraposição, as características e os princípios próprios que envolvem e demarcam o direito empresarial e os contratos interempresariais envolvendo locação empresarial não autorizam, via de regra, a aplicação da teoria da lesão e da onerosidade excessiva, afastando, pelo menos em um primeiro momento, a possibilidade de anulação, resolução ou revisão desses contratos. As relações jurídicas celebradas entre empresários devem ser interpretadas à luz da lógica empresarial, sob pena de causarem desequilíbrio concorrencial e acarretarem severas dificuldades para a concretização da função econômica esperada pelas partes envolvidas quando da conclusão desses contratos (LOBO, Arthur Mendes; DIAS, Wagner Inácio. Pandemia e locação comercial. In: MONTEIRO FILHO, Carlos Edison do Rêgo; ROSENVALD, Nelson; DENSA, Roberta (coords.). *Coronavírus e responsabilidade civil.* Indaiatuba, Foco, 2020, p. 117).

Considerando que o cerne do dispositivo em comento é a faculdade do locatário de exercer os poderes inerentes ao uso e gozo da coisa, em 2022 o STJ decidiu que pratica ato ilícito apto à indenização, o locador que proíbe o funcionamento de imóvel comercial locado, cujo acesso é autônomo e independente, sob a justificativa de cumprimento às normas de restrição sanitária pela covid-19. A responsabilidade pelo uso do imóvel é do locatário, restringindo-se a obrigação do locador à entrega do imóvel ao locatário em conformidade com a destinação do imóvel, garantindo a manutenção da destinação durante a execução do contrato. Extrai-se dos autos que era viável assegurar o acesso do público exclusivamente à área destinada ao restaurante, mantendo-se fechadas as demais áreas do clube, incluindo aquelas em que eram realizadas as atividades do turfe, tornando-se irrelevante, em tal medida, a proibição do funcionamento do clube. Estabelecidas, portanto, as premissas em torno da atuação indevida do recorrente, revelou-se, de igual maneira, desprovida de razoabilidade ou proporcionalidade, tendo em vista que a conduta do locador acarretou ônus excessivo ao locatário, mediante sacrifício da retomada de suas atividades econômicas, não havendo se falar em "exercício regular de seu direito reconhecido na condição de locador". O ato, portanto, é ilícito, na forma do que preveem os arts. 186, 187 e 188 do CC, não tendo o recorrente agido sob o amparo de qualquer excludente de responsabilidade civil. Dessa forma, sendo incontroversa a ocorrência de danos ao locatário em decorrência do período em que permaneceu fechado por ato exclusivo do recorrente, deve o recorrente indenizar o recorrido pelos danos sofridos, nos termos do art. 927 c/c 402, do CC (REsp n. 1.997.050/SP, 4ª T., rel. Min. Luis Felipe Salomão, j. 02.08.2022).

**Art. 566. O locador é obrigado:**
**I – a entregar ao locatário a coisa alugada, com suas pertenças, em estado de servir ao uso a que se destina, e a mantê-la nesse estado, pelo tempo do contrato, salvo cláusula expressa em contrário;**
**II – a garantir-lhe, durante o tempo do contrato, o uso pacífico da coisa.**

O dispositivo estabelece as duas principais obrigações do locador para com o locatário. Nos termos do inc. I, o locador deve entregar a coisa locada, com suas pertenças em condições de servir ao uso que se destina, assim como a mantê-la nesse estado durante a vigência do contrato. De toda sorte, a entrega da coisa não é pressuposto de existência do negócio jurídico, correspondendo a um dar coisa que integra sua fase de execução. No plano eficacial da locação, cuida-se da mais relevante obrigação do locador. Não cumprindo a entrega do bem com a tradição, o locatário poderá optar pela resolução do contrato por inadimplemento (art. 475, CC) ou pela tutela específica da obrigação de dar, para se alcançar o adimplemento da obrigação contratual de entrega de coisa móvel, sob pena de multa periódica ou determinação de busca e apreensão (art. 498, CPC). Quando o bem locado for imóvel, o locatário poderá buscar a tutela de imissão na posse. O titular do direito à imissão na posse é aquele a quem alguém se obrigou a transferir a posse, pois o que se pretende é haver a posse de quem se obrigou a transferi-la. Na locação, a cognição da ação de imissão na posse será restrita à discussão da eficácia do contrato, sem que se discuta o direito de propriedade. Em caso de procedência, a técnica executiva será a expedição do mandado de imissão na posse (art. 538, CPC) (MARINONI, Luiz Guilherme; MITIDIERO, Daniel. *Código de Processo Civil*, p. 438). As pertenças concedem utilidade e serviço à coisa (art. 93, CC), por isso a não entrega junto da coisa principal representa uma forma de inexecução do contrato. Depreende-se da leitura do inc. I deste art. 566, que é excepcionado o regramento geral das pertenças (art. 94, CC), pois mesmo que locador e locatário não convencionem a inclusão dos bens acessórios no objeto do contrato, o contrato de locação sobre o bem principal necessariamente se estende às pertenças. Ilustrativamente, a locação de um veículo incluirá o aparelho de DVD que lá se encontrava, exceto se houver cláusula expressa excluindo a pertença. O legislador ainda exige do locador a observância do princípio da boa-fé objetiva no sentido de cumprimento do dever instrumental de cooperação com o locatário, impondo-lhe a entrega da coisa em condições de cumprir perfeitamente a sua destinação, resguardando-se as legítimas expectativas do possuidor direto. Assim, se a coisa é entregue em mau estado de conservação, o locatário poderá decidir pela resolução do negócio alegando descumprimento da obrigação ou, ainda, optar pela tutela específica da entrega em situação adequada ao uso a que se destina. Se, em princípio, as despesas de conservação da coisa incumbem ao locador, tal obrigação poderá ser transferida ao locatário, em razão de cláusula expressa em contrário.

Nos termos do inc. II deste art. 566, é obrigação do locador assegurar ao locatário o uso pacífico da coisa. Novamente, tem-se uma imposição fundamentada na boa-fé objetiva. A obrigação principal do locador é a de ceder a posse direta da coisa ao locatário. Todavia, por mais que o contrato de locação omita referência a qualquer outro comportamento do cedente, é corolário lógico da solidariedade contratual o dever do locador de cooperar com o locatário no sentido do exitoso desenvolvimento das finalidades do negócio jurídico. Dessa forma, no curso do contrato – antes do advento de seu termo ou, não havendo termo, antes do prazo da interpelação –, o locador deverá se abster de comportamentos que perturbem o regular uso e fruição do bem de modo a não frustrar as legítimas expectativas de confiança do locatário quanto à seriedade da avença. Por essa razão, o locatário poderá ajuizar ação possessória para a tutela de sua posse direta em face do proprietário que desrespeite a temporariedade da relação contratual e invista injustificadamente na retomada da coisa. Tome-se como exemplo o aluguel de uma vaga autônoma de garagem, na qual familiares do locador frequentemente estacionam os seus veículos prejudicando a plena fruição do bem por parte do locatário. Nota-se na locação a reiteração das regras atinentes ao desdobramento da posse (art. 1.197, CC). O possuidor direto (locatário) pode defender a posse mesmo contra o possuidor indireto (locador), na vigência da relação jurídica, em virtude de qualquer tipo de agressão à sua posse. De fato, enquanto perdurar a temporária relação jurídica de direito obrigacional, a tutela possessória deferida ao possuidor direto será dirigida em face de *erga omnes*, incluindo-se no polo passivo o próprio locador, que eventualmente desrespeite a vigência do negócio jurídico. Nesse sentido, exemplifica-se com a corriqueira situação na periferia das grandes cidades, nas quais o locador que pretende retomar a coisa locada para uso próprio, ou por ter escoado o prazo, ou mesmo, por falta de pagamento, sem usar o devido processo legal, retira o bem do locatário à força, ou pratica atos turbativos, como o corte de energia elétrica ou da água corrente. Caso em que o locatário pode manejar ação possessória contra o locador, em razão da conduta ilícita deste que molesta a sua posse. Portanto, resta clara a ligação íntima entre locação e desdobramentos da posse.

---

**Art. 567. Se, durante a locação, se deteriorar a coisa alugada, sem culpa do locatário, a este caberá pedir redução proporcional do aluguel, ou resolver o contrato, caso já não sirva a coisa para o fim a que se destinava.**

---

É disciplinada a hipótese de redução proporcional do valor locatício por deterioração da coisa locada no curso do contrato. O dispositivo não se refere aos vícios redibitórios do bem locado (art. 441, CC), pois faz alusão à deterioração da coisa em momento posterior à contratação, gerando a perda do sinalagma funcional do contrato que nasceu equilibrado em suas prestações e desprovido de vício oculto que lhe prejudicasse a funcionalidade. O legislador usou de maneira apropriada o vocábulo "resolver", no lugar de "rescindir", já que este se aplica a desconstituição do contrato por vícios anteriores à contratação. Aqui, a palavra "resolução", tal como o vício redibitório, corresponde à extinção do negócio bilateral por uma inexecução superveniente ao acordo de vontades. Importante ressaltar que o dispositivo fere a hipótese de "deterioração da coisa", ou seja, cuida exclusivamente da degeneração ou destruição parcial do bem locado, não englobando a situação de destruição total e insuscetível de reparo. Em caso de ruína completa do bem motivada pelo fortuito será inexorável a extinção do contrato, seguindo-se a regra geral do art. 393 do CC.

Observa-se que a opção entre a mitigação do valor locatício ou a resolução do contrato somente se viabilizará se a deterioração sofrida pelo bem locado decorrer do fortuito, ou seja, um fato não imputável ao comportamento dos contratantes. Se o locador contribuiu para a degeneração superveniente do bem, o locatário poderá cumular a qualquer das duas alternativas previstas no dispositivo uma pretensão indenizatória decorrente do fato culposo. Na hipótese de culpa do locatário, a regra a ser aplicada será o art. 569 do CC. O direito potestativo do locatário disposto na norma em comento não pode ser exercido de forma abusiva. Assim, uma insignificante avaria no bem, causada pelo decurso do tempo, não pode fundamentar a pretensão resolutória ou de redução do preço da locação. Por essa razão, a parte final do dispositivo busca preservar a regra da proporcionalidade, condicionando o exercício do direito potestativo extintivo à deterioração que retire da coisa "o fim a que se destinava". Assim, somente uma significativa depreciação material da coisa determinará a extinção do contrato. Não sendo este o caso, é aplicado o princípio da conservação do negócio jurídico, prevalecendo a redução proporcional das prestações no restante do percurso contratual.

De toda sorte, estamos diante de uma regra subsidiária. A solução imediata para os casos de deterioração superveniente sempre passa pela óbvia possibilidade de o locador providenciar o reparo necessário para o prosseguimento normal do contrato – como se pode depreender do art. 566, I, do CC. Não sendo a reparação viável – e sendo possível a fruição do bem –, cogitar-se-á da redução proporcional do montante locatício. Por fim, ressaltamos que deve ser aplicado o princípio da simetria. O locador também poderá obter a revisão judicial do preço a fim de resgatar o sinalagma funcional, demonstrando que o decurso do tempo gerou desproporção manifesta entre prestação e contraprestação (art. 317, CC), do mesmo modo que se facultou na Lei n. 8.245/91, que cuida da locação de imóveis urbanos (art. 19).

No contexto da pandemia, seria o art. 567 do CC uma opção mais simples para discussão judicial sobre redução do aluguel em contratos de locação comercial e *shopping centers*, já que dispensa a discussão acerca da configuração da excessiva vantagem para o locador, requisito exigido pela literalidade do art. 478 do CC para a aplicação da teoria da imprevisão? O caso em exame diz com a verificação de impossibilidade superveniente, parcial e temporária da prestação, surgindo, com o advento da pandemia e enquanto durarem tais efeitos, o fechamento do *shopping center* e de suas lojas, por motivo alheio à vontade das partes, que afeta as faculdades do lojista em relação à coisa locada, embora ainda mantenha sua posse. Conforme explicam Rodrigo Freitas e Diana Loureiro Paiva de Castro, "embora o raciocínio seja, em tese, perfeitamente aplicável, a efetiva solução só poderá ser individuada em cada caso prático e, em tal análise, deverá o intérprete ponderar que as contratações envolvendo *shopping centers* possuem nota distintiva essencial em relação às locações em geral. Nessa avença, há uma efetiva parceria estabelecida entre lojista e empreendedor tendo em vista o interesse comum no sucesso do centro comercial. Se, por um lado, é certo que o art. 567 do CC se afigura aplicável à contratação em análise, por outro, ao individuar a solução do caso concreto, não poderá o intérprete olvidar das peculiaridades da negociação em exame. Note-se, ademais, que a aplicação da solução aventada no art. 567 do CC, cuidando-se de situação análoga, não parece autorizar o intérprete, a princípio, a determinar a suspensão do pagamento do valor do aluguel mínimo, uma vez que o lojista ainda permanece em posse do espaço físico, mantendo nele seus bens. A possibilidade prevista no artigo é a de redução do valor do aluguel, ainda restando valor devido, todavia, como contrapartida ao uso da coisa, faculdade esta que não se deteriorou por completo. Assim, a solução de suspensão do pagamento do aluguel poderia ser obtida pela via consensual, renunciando o dono do empreendimento a este recebimento, em virtude de seu interesse na preservação da atividade econômica dos lojistas, mas não imposta com fundamento no art. 567 do CC. Estabelecida, portanto, a premissa de que, no que se refere ao aluguel mínimo reajustável, a situação é análoga à prevista no art. 567 do CC, cabendo, em tese, a redução de seu valor, cumpre destacar que, de outra parte, tal dispositivo não incide no que tange aos valores pagos a título de: (i) cláusula de desempenho e (ii) contribuição para o fundo de promoções institucionais, por não possuírem diretamente a natureza jurídica de contraprestação ao uso e fruição da coisa" (FREITAS, Rodrigo; CASTRO, Diana Loureiro Paiva. Impactos jurídicos da pandemia entre lojistas e empreendedores. In: MONTEIRO FILHO, Carlos Edison do Rêgo; ROSENVALD, Nelson; DENSA, Roberta (coord.). *Coronavírus e responsabilidade civil*. Indaiatuba, Foco, 2020, p. 182).

**Art. 568. O locador resguardará o locatário dos embaraços e turbações de terceiros, que tenham ou pretendam ter direitos sobre a coisa alugada, e responderá pelos seus vícios, ou defeitos, anteriores à locação.**

O locador deve resguardar o locatário quanto à evicção, tutela possessória e vícios redibitórios, em completo à garantia prevista no art. 566 do CC. No contrato de locação não basta que o transmitente entregue a coisa, devendo ainda atuar em sintonia com a boa-fé, observando os deveres anexos de proteção, cooperação e informação, possibilitando ao adquirente a fruição do bem da melhor forma possível, tutelando-se as suas legítimas expectativas quanto ao negócio jurídico realizado. Ademais, o sistema jurídico atribui garantias quanto à tutela física e jurídica do objeto adquirido. Assim, o adquirente será protegido quanto à funcionalidade e à substância do bem, seja diante da existência de vícios ocultos que tornem a coisa imprópria para o uso (art. 441, CC), bem como no tocante à garantia da legitimidade jurídica do direito que lhe é transferido.

A evicção pode ser definida como a perda de um bem em virtude de uma decisão que conceda o direito sobre ele a um terceiro, acarretando a perda da propriedade e na posse do bem locado. Nesse caso, será o locatário ressarcido dos prejuízos decorrentes de ação ou omissão do locador, caso desconheça o fato de a posse da coisa ser alheia ou litigiosa (art. 457, CC). Ilustrativamente, se A aluga um imóvel a B e no transcurso da locação surge C reivindicando a condição de proprietário, por fundamento anterior à locação, terá B – agora alijado da condição de possuidor direto –, a faculdade de promover uma demanda contra A em função da evicção, pela perda do objeto do contrato locatício. Aqui, não se vislumbra evicção decorrente de privação de direito de propriedade, mas sim de direito à posse, porquanto a locação era fundada no uso e fruição da coisa, agora impossibilitados pela perda da propriedade em favor do verdadeiro titular. Contudo, se a insurgência do terceiro disser respeito a aspectos fáticos, o alienante nada indenizará, pois apenas garante a indenidade jurídica da coisa. Logo, no caso de agressão à posse, o próprio locatário deverá se resguardar pela via do desforço imediato ou das ações possessórias.

Quanto aos vícios redibitórios, são aqueles ocultos e anteriores à tradição nos contratos comutativos, tornando a coisa imprópria ao uso a que é destinada ou lhe reduzindo o valor. Sendo inerente à essência do produto, o vício é capaz de torná-lo imprestável ao seu fim natural ou reduzir a capacidade do bem por ocasião de sua utilização. Exemplificando: uma pessoa loca uma vaga de garagem autônoma em julho e, no período de chuvas de dezembro, descobre uma grave infiltração que lhe acarreta dificuldades na utilização do próprio espaço. Além da possibilidade de se exigir do locador a sanção do vício, faculta-se ao locatário pleitear a própria rescisão do negócio jurídico quando o vício redibitório for extenso a ponto de suprimir a serventia do bem.

O locador deve assegurar o locatário de turbações provocadas por terceiros. Na hipótese do dispositivo em análise o termo turbação foi empregado de maneira imprópria. Trata-se de ato de agressão da posse, perturbando o seu exercício, sem, contudo, privar o possuidor do poder de fato sobre o bem. Quando surge o ato material de turbação, o locatário, na qualidade de possuidor direto do bem, será legitimado de forma autônoma ao ajuizamento de ação possessória perante qualquer indivíduo (art. 1.210, CC), assim como utilizar-se-á do exercício da autodefesa, pelos meios necessários e proporcionais à agressão. Tem-se, aqui, posses paralelas, de forma que qualquer dos possuidores está autorizado a defender o poder fático sobre a coisa, sendo dispensado o litisconsórcio entre os possuidores. O termo turbação é empregado no dispositivo de uma maneira peculiar, referindo-se a "embaraços e turbações de terceiros, que tenham ou pretendam ter direitos sobre a coisa alugada". Aqui, a turbação não configura ato material de violência ou clandestinidade, mas representa uma pretensão jurídica de terceiro sobre o bem. Seria o caso de uma medida constritiva de terceiro que alegue possuir direito sobre um bem que se encontre na posse do locatário. Ilustrativamente, em razão de um débito, A promove a execução de um trator de propriedade do devedor B. Porém, a penhora incide justamente quando o maquinário está na posse do locatário C. Embora tenha sido entabulado contrato de locação de coisa móvel e esteja na posse direta do bem, o locatário não será parte legítima para opor embargos de terceiro, uma vez que somente o locador pode resguardar o locatário de embaraços e turbações de terceiros que pretendam ter direitos sobre a coisa alugada. Portanto, é possível concluir que o dever de garantia do locador engloba toda e qualquer questão jurídica relacionada a fatos estranhos dos comportamentos do locatário. Este deverá assumir as consequências de suas condutas antijurídicas. Por essa razão, na locação de um trator, se o locatário sofre uma multa por conduzi-lo em local de trânsito proibido a esse tipo de veículo ou se o seu mau uso acarreta um acidente de trabalho, não se poderá imputar ao locador uma responsabilidade pelo pagamento da multa ou pela indenização a que o empregado faz jus.

---

**Art. 569. O locatário é obrigado:**

**I – a servir-se da coisa alugada para os usos convencionados ou presumidos, conforme a natureza dela e as circunstâncias, bem como tratá-la com o mesmo cuidado como se sua fosse;**

**II – a pagar pontualmente o aluguel nos prazos ajustados, e, em falta de ajuste, segundo o costume do lugar;**

**III – a levar ao conhecimento do locador as turbações de terceiros, que se pretendam fundadas em direito;**

**IV – a restituir a coisa, finda a locação, no estado em que a recebeu, salvas as deteriorações naturais ao uso regular.**

---

O locatário guarda obrigações para com o locador, buscando-se um equilíbrio na relação jurídica. Nos termos do inc. I do dispositivo em análise, assim como o locador é obrigado a entregar ao locatário a coisa em estado de servir ao uso a que se destina, o locatário está obrigado a usar e fruir do bem em conformidade com o uso convencionado pelas partes ou, na falta de disposição expressa, presumido pela natureza do imóvel e atividade a ser exercitada pelo locatário. Portanto, o locador atuará como *bonus pater familiae*, conservando a coisa como se fosse sua, a fim de que possa cumprir a derradeira obrigação de restituir a coisa no estado em que a recebeu (inc. IV). Assim, no caso de aluguel de um boxe de garagem não pode o locatário armazenar naquele local o lixo proveniente de uma reforma, pois claramente desrespeita o uso presumido da coisa dada em locação. Por essa razão, afirma-se que o desvio de finalidade é uma violação negocial e a sua constatação – em regra, por perícia – ensejará desde o pagamento de uma cláusula penal, até a própria resolução contratual por inadimplemento de obrigação inerente ao contrato. É com esse mesmo fundamento que o art. 570 do CC dispõe que: "Se o locatário empregar a coisa em uso diverso do ajustado, ou do a que se destina, ou se ela se danificar por abuso do locatário, poderá o locador, além de rescindir o contrato, exigir perdas e danos". Como será comentado em seguida neste Código.

O inc. II impõe ainda ao locatário a obrigação de pagar pontualmente o aluguel, respeitando o prazo convencionado. Em momento próprio, no item específico dedicado à extinção da locação por inadimplemento, neste Capítulo, comentaremos tal obrigação de forma pormenorizada.

Ao locatário também incumbe a obrigação de informar ao locador das agressões praticadas por terceiros contra a posse, sejam elas de direito, sejam elas fáticas (apesar de o dispositivo só se referir àquelas). Mais uma vez, visualiza-se uma simetria às obrigações do locador (art. 566, II, CC). Se o locatário não cumprir a obrigação de informar e houver prejuízo decorrente da agressão possessória, poderá o locador conciliar as pretensões de desconstituição da relação jurídica e indenização. Assim, o possuidor direto poderá manejar autonomamente os interditos possessórios, mas deverá informar a agressão à posse ao locador. A obrigação de comunicar os atos turbativos de terceiros não se relaciona imediatamente a um dever anexo de informação motivado pelo princípio da boa-fé objetiva, pelo fato de ter sido explicitamente regrado pelo legislador. Representa uma obrigação acessória incidente sobre todo locatário – independentemente de previsão contratual –, sem a necessidade de qualquer esforço hermenêutico para se justificar a sua natureza compulsória. Esse esclarecimento se faz necessário para, agora sim, compreender que o princípio da boa-fé objetiva será especialmente profícuo no sentido de materializar outros deveres avoluntários que não foram respaldados por este art. 569. Por conseguinte, pode-se afirmar que o dever de informação do locatário se amplia para lhe imputar a responsabilidade de comunicar ao locador qualquer fato relevante que diga respeito à conservação do bem. Por essa razão, um problema com uma peça de uma betoneira ou uma falha no sistema elétrico de um gerador de energia deve necessariamente ser informado. Enfim, a par de previsão legal ou contratual, os deveres laterais se colocam para os contratantes desde a fase pré-negocial (tratativas) até a etapa pós-negocial.

A última obrigação imposta pelo inc. IV determina que o locatário restitua a coisa locada no mesmo estado em que a recebeu. Aqui, observam-se duas ordens de deveres: primeiro, a restituição do bem em si como consequência da temporariedade do contrato; segundo, a restituição da coisa mantendo dentro do possível as suas características. Sendo estabelecido no contrato prazo determinado, o descumprimento da obrigação acarreta a mora *ex re* do locatário e a posse se converte de justa a injusta pelo vício da precariedade (art. 1.200, CC), legitimando o ajuizamento de ação de reintegração de posse. Não havendo prazo para a locação, o locatário deverá ser devidamente interpelado, para que seja configurada a mora *ex persona*, com o mesmo desdobramento jurídico da hipótese anterior. Não se pode olvidar que o dever de restituição da coisa engloba a obrigação de mantê-la, dentro do possível, nas suas características, sob pena indenização dos prejuízos decorrentes de conduta negligente ou dolosa, excetuando-se os prejuízos provenientes do próprio desgaste normal da coisa.

Recai sobre o locatário a responsabilidade pela deterioração anômala do bem, circunstância que autoriza o locador a exigir, para além da desconstituição do ajuste, indenização por perdas e danos. A determinação das perdas e danos está submetida ao princípio da reparação integral, de maneira que devem abranger tanto o desfalque efetivo e imediato no patrimônio do credor como a perda patrimonial futura, a teor do disposto no art. 402 do CC. Para além dos danos emergentes, a restituição do imóvel locado em situação de deterioração enseja o pagamento de indenização por lucros cessantes, pelo período em que o bem permaneceu indisponível para o locador. Nesta senda, em 2021 o STJ decidiu que (*Informativo* n. 693) é devida indenização por lucros cessantes pelo período em que o imóvel objeto de contrato de locação permaneceu indisponível para uso, após sua devolução pelo locatário em condições precárias (REsp n. 1.919.208/MA, rel. Min. Nancy Andrighi, 3ª T., j. 20.04.2021).

Em vez de perquirir perdas e danos, podem as partes ajustá-los previamente por cláusula penal (art. 411, CC), dispensando a quantificação dos prejuízos. Para que surja a eficácia indenizatória é imprescindível que o locador se desincumba do ônus de provar o fato constitutivo de seu direito, ou seja, que eventuais avarias no bem não decorreram do uso natural e regular da coisa.

**Art. 570. Se o locatário empregar a coisa em uso diverso do ajustado, ou do a que se destina, ou se ela se danificar por abuso do locatário, poderá o locador, além de rescindir o contrato, exigir perdas e danos.**

O art. 570 apenas reitera a obrigação do locatário já prevista no art. 569, I, do CC quanto ao desvio do uso da finalidade contratual. O locador poderá demandar a resolução do contrato se o locatário não conceder ao bem a destinação que lhe é inerente em razão do ajuste contratual ou da própria finalidade para a qual foi concebido. Ressalte-se que o termo "rescisão", empregado no dispositivo, é inadequado, pois se refere aos casos em que o contrato é desfeito por um vício no objeto, já existente na origem do negócio jurídico (*v. g.*, vício redibitório ou evicção).

De qualquer modo, a norma é uma boa amostragem da teoria do abuso do direito, na medida em que a ilicitude da conduta do locatário não deriva do exercício de uma atividade ilegal, mas da desconformidade do exercício de seu direito subjetivo com a finalidade (resultado) para a qual ele deveria ser orientado. A ilegitimidade da destinação econômica do bem revela o abuso do direito a teor do art. 187 do CC.

**Art. 571. Havendo prazo estipulado à duração do contrato, antes do vencimento não poderá o locador reaver a coisa alugada, senão ressarcindo ao locatário as perdas e danos resultantes, nem o locatário devolvê-la ao locador, senão pagando, proporcionalmente, a multa prevista no contrato.**

**Parágrafo único. O locatário gozará do direito de retenção, enquanto não for ressarcido.**

O foco aqui é o rompimento prematuro do negócio jurídico e a resilição unilateral do contrato de locação (art. 473, CC) ainda que na vigência do contrato a termo, podendo ser exercida pelo locador ou pelo locatário. Para o exercício deste direito potestativo a parte denunciante deve interpelar a contraparte e sancioná-la com a imposição de perdas e danos decorrentes da antecipação do prazo originário da relação jurídica.

Podem as partes fixar cláusula penal compensatória, prefixando as perdas e danos para o caso de eventual exercício do direito extintivo de resilição. Dispensa-se a prova do dano, pois ele será o valor formalizado pelos contratantes. O dispositivo deve ser interpretado em observância ao art. 413 do CC. Assim, a concretude da penalidade poderá ser reduzida equitativamente (não mais "proporcionalmente") pelo magistrado se a obrigação principal tiver sido cumprida parcialmente. Obviamente, quando a denúncia unilateral é exercida em data mais próxima ao termo contratual, o juiz observará as condições econômicas das partes e as peculiaridades do contrato para encontrar um valor adequado para a multa compensatória. Ilustrativamente, podemos pensar em uma locação de um bem móvel por 20 meses, a resilição concretizada no segundo mês será apurada de forma diversa daquela ocorrida apenas no décimo quinto mês. Obviamente, que nesta última hipótese, o prejuízo do locador será menor, já que praticamente alcançou a vantagem econômica do contrato, sendo reduzido o prejuízo diante da denúncia produzida pelo locatário. Todo esse raciocínio é válido para a resilição unilateral por parte do locador.

Importante ressaltar que no caso de locação de imóveis urbanos a Lei de Locações não autoriza o locador a reaver o imóvel antes do prazo convencionado pelas partes ou pela lei – 30 meses –, pois o direito à resilição unilateral é exclusivo do locatário (art. 4º da Lei n. 8.245/91). Frise-se que a vedação só se aplica à lei especial locatícia e não ao CC. Isso porque o CC é a lei dos iguais e a Lei do Inquilinato é o estatuto dos desiguais, já que tem como finalidade conceder maior tutela ao vulnerável, que, em nossa ordem econômica, é aquele que procura pela residência urbana diante da carência de meios de obtenção da "casa própria", sem se omitir do direito fundamental social à moradia (art. 6º, CF).

Nos termos do parágrafo único do dispositivo em análise, o locatário poderá exercitar o direito de retenção sobre a coisa enquanto não for indenizado. Assim, poderá manter o bem consigo – mesmo se o locador quiser exercitar o direito potestativo extintivo – como garantia de indenização pelos prejuízos resultantes da prematura extinção do contrato. O não exercício do direito de retenção e a imediata devolução da coisa não impedem que o locatário ajuíze a ação de cobrança pelos aludidos prejuízos.

**Art. 572. Se a obrigação de pagar o aluguel pelo tempo que faltar constituir indenização excessiva, será facultado ao juiz fixá-la em bases razoáveis.**

Aplaude-se o legislador por regrar uma expressa previsão dos princípios da função social do contrato (art. 421, CC), do abuso do direito (art. 187, CC) e da vedação ao enriquecimento injustificado (art. 884, CC). Em princípio, não há ilegalidade no fato de as partes ajustarem que a obrigação de pagar o aluguel alcançará o período restante do contrato desfeito. De fato, o art. 412 adverte que a cláusula penal compensatória não excederá o valor da obrigação principal. Portanto, o locatário não pagará um centavo a mais do que arcaria, caso a locação prosseguisse.

Nada obstante, cláusulas de tal teor praticamente inviabilizam a autonomia privada e, por via oblíqua, esvaziam o próprio exercício do direito potestativo à resilição. Afinal, quem desejará se subtrair a um negócio jurídico sabendo que terá de arcar com as prestações sucessivas, mesmo sem a fruição do bem? Ora, cláusulas de tal jaez representam violações ao espírito do direito, pois ultrapassam os limites éticos do ordenamento. O sistema jurídico, em boa hora, intervém nos referidos contratos para aplicar o princípio constitucional da proporcionalidade e reduzir a cláusula penal para valores que efetivamente representem a realidade do negócio jurídico e preservem sua função social, impedindo que a liberdade de uma das partes seja sacrificada pela opressão do outro contratante. A expressão "bases razoáveis" é um conceito jurídico indeterminado, que será preenchido em vistas à ética da situação, às evidências reais da natureza do contrato e à consecução de seus objetivos. O dispositivo em comento terá especial valia para os casos em que a cláusula penal consista no pagamento de aluguéis pelo tempo residual de execução de locação, pois a parte final do art. 571 já antecipou o recurso à redução equitativa da indenização (v. Enunciado n. 179 do CJF).

---

**Art. 573. A locação por tempo determinado cessa de pleno direito findo o prazo estipulado, independentemente de notificação ou aviso.**

---

O contrato de locação com prazo determinado cessa seus efeitos de pleno direito transcorrido o prazo acordado entre os contratantes. Aplica-se a este contrato de trato sucessivo a milenar regra do *dies interpellat pro homine.* Findo o prazo do negócio, a interpelação do locatário não é necessária, pois haverá uma espécie de cláusula resolutiva expressa (art. 474, CC), que impõe ao locatário a obrigação imediata de restituir a coisa, sob pena de sofrer ação de reintegração de posse, pelo fato de a posse se tornar injusta pelo vício da precariedade (art. 1.200, CC). A regra, portanto, nas locações submetidas a termo é a cessação de pleno direito independentemente de interpelação ou qualquer forma de aviso prévio. Entretanto, se transcorrido o prazo o locatário permanecer na posse da coisa alugada, sem que o locador se oponha, presume-se a prorrogação do contrato de forma indeterminada, como determina o art. 574.

Importante lembrar que o art. 571 do CC dispõe que: "Havendo prazo estipulado à duração do contrato, antes do vencimento não poderá o locador reaver a coisa alugada, senão ressarcindo ao locatário as perdas e danos resultantes, nem o locatário devolvê-la ao locador, senão pagando, proporcionalmente, a multa prevista no contrato". Essa regra afasta também a possibilidade de retomada da posse pelo locador ou de restituição pelo locatário antes do termo contratual. Excepcionalmente, o legislador permite a resilição unilateral do contrato (art. 473, CC) – tanto pelo locador como pelo locatário –, que será exercitada mediante a denúncia notificada à outra parte. Nesse caso, o direito potestativo será exercido mesmo na vigência de contrato com termo, mas com imposição de sanção ao denunciante sancionado pelas perdas e danos decorrentes da antecipação do prazo originário do contrato. É comum que, para a hipótese, os contratantes prefixam o valor da cláusula penal compensatória, predeterminando as perdas e danos para o caso de eventual exercício do direito extintivo de resilição. Fica, então, dispensada a prova do dano. Observa-se, na prática, a corriqueira fixação de multa no valor de três valores locatícios nos contratos de bens imóveis. No caso dos bens móveis, os montantes oscilarão conforme a natureza do bem e as peculiaridades da avença.

Importante ainda ressaltar que a parte final do *caput* art. 571 ressalva o pagamento proporcional da multa. O dispositivo tem o mesmo objetivo do art. 413 do CC, que atende à diretriz da concretude e dispõe que a penalidade será reduzida equitativamente (não mais "proporcionalmente") pelo magistrado se a obrigação principal tiver sido cumprida parcialmente. Assim, se a denúncia unilateral for praticada em data mais próxima ao termo contratual, o juiz observará as condições econômicas das partes e as peculiaridades do contrato para encontrar um valor adequado para a multa compensatória. Ilustrativamente, pode-se pensar na hipótese de locação de um bem móvel por 20 meses, ocorrendo a resilição no segundo mês. Será apurada de forma diversa daquela ocorrida apenas no décimo quinto mês. Claramente, observa-se que o prejuízo do locador será menor, pois praticamente alcançou a vantagem econômica do contrato, sendo reduzido o prejuízo diante da denúncia produzida pelo locatário. Todo esse raciocínio é válido para a resilição unilateral por parte do locador. De toda sorte, não se pode olvidar que nas locações de imóveis urbanos o locador não poderá reaver o imóvel antes do prazo convencionado pelas partes ou pela lei – 30 meses –, já que o direito à resilição unilateral é exclusivo do locatário (art. 4º, Lei n. 8.245/91). Frise-se que tal proibição somente se aplica à lei especial locatícia e não ao CC por uma singela razão: o CC é a lei dos iguais, e a Lei do Inquilinato é o estatuto dos desiguais, pois pretende conceder maior tutela ao vulnerável, que, em nossa ordem econômica, é aquele que procura pela residência urbana diante da carência de meios de obtenção da "casa própria", sem se omitir do direito fundamental social à moradia (art. 6º, CF).

**Art. 574. Se, findo o prazo, o locatário continuar na posse da coisa alugada, sem oposição do locador, presumir-se-á prorrogada a locação pelo mesmo aluguel, mas sem prazo determinado.**

A controvérsia reside na prorrogação do contrato de aluguel. Quando o contrato alcança o seu termo e o locador não se manifesta acerca da devolução do bem, presume-se a prorrogação da relação jurídica por tempo indeterminado. A leitura da norma em conjunto com o art. 573, parte final, indica que o locador está dispensado de interpelar o locatário para a restituição do bem nos contratos com termo, entretanto, se for omisso será penalizado pela manutenção da locação, com prazo diverso. Verifica-se, assim, que a interpelação se converte em um ônus para o locador, sob pena de suportar um prejuízo para si: submeter-se à prorrogação indefinida do contrato.

Observa-se nesta norma uma maneira de aplicação da teoria da *supressio*, uma vez que a omissão do locador por um prazo razoável gera no locatário a legítima expectativa de confiança na manutenção da locação, impedindo que tardiamente possa aquele reaver a coisa para si. Melhor seria se o legislador tivesse adotado regra semelhante à Lei do Inquilinato (art. 46, § 1º, Lei n. 8.245/91) e fixasse em 30 dias o prazo de exercício de oposição por parte do locador, como condição de prorrogação contratual.

Aliás, em relação à figura da *supressio*, o STJ decidiu em 2019 – relativamente ao reajuste de aluguéis em locação comercial – que a inércia do locador em exigir o reajuste dos aluguéis por longo período de tempo suprime o direito à cobrança de valores pretéritos, mas não impede a atualização dos aluguéis a partir da notificação extrajudicial encaminhada ao locatário (STJ, REsp n. 1.803.278).

**Art. 575. Se, notificado o locatário, não restituir a coisa, pagará, enquanto a tiver em seu poder, o aluguel que o locador arbitrar, e responderá pelo dano que ela venha a sofrer, embora proveniente de caso fortuito.**

**Parágrafo único. Se o aluguel arbitrado for manifestamente excessivo, poderá o juiz reduzi-lo, mas tendo sempre em conta o seu caráter de penalidade.**

O locatário é obrigado a restituir a coisa no termo do contrato (art. 569, I, CC), sob pena de ser sancionado de duas formas nos termos do dispositivo em análise. Observa-se, em primeiro lugar, a responsabilização objetiva agravada do locatário pelos danos ocasionados ao bem. A penalização recairá sobre o devedor mesmo que não haja culpa e, mesmo que o fato causador do dano possa ser atribuído a um evento externo e de caráter inevitável, remanescerá a obrigação de indenizar, sem que possa o locatário suscitar o art. 393 do CC. Vislumbra-se aqui a particularização da norma geral do art. 399 do CC: "O devedor em mora responde pela impossibilidade da prestação, embora essa impossibilidade resulte de caso fortuito ou de força maior, se estes ocorrerem durante o atraso; salvo se provar isenção de culpa, ou que o dano sobreviria ainda quando a obrigação fosse oportunamente desempenhada". De fato, a regra deste art. 575 é mais gravosa ao devedor por não lhe deferir a excludente da parte final. Mesmo assim, entendemos que o locatário também poderá se eximir da responsabilidade se provar que o dano ocorreria mesmo que o bem fosse restituído na época apropriada. Ilustrativamente, pense-se em um veículo que não é restituído à empresa locadora na data ajustada, mas fosse guardado no estacionamento em que ela mantém todos os outros veículos, de onde viesse a ser furtado. Aqui seria possível concluir que o devedor em mora não deve ser responsabilizado, pois se o veículo tivesse sido devolvido na data estabelecida estaria guardado no mesmo local (BDINE JR., Hamid Charaf. *Código Civil comentado*, Coord. Cezar Peluso, 11. ed., Barueri, Manole, 2017, p. 385).

A violação da obrigação de restituir a coisa também acarretará na esfera do locador o direito de arbitrar uma espécie de aluguel-pena, que incidirá até a devolução do bem. De toda sorte, o locatário poderá intentar a redução do aluguel arbitrado se este for manifestamente excessivo, podendo o magistrado reduzi-lo, levando em conta o seu caráter de penalidade, como se depreende do parágrafo único do artigo em análise. Tem-se uma sanção punitiva voltada a inibir a inexecução do dever de restituição da coisa locada. O montante fixado a título de pena independe da efetiva verificação de danos que o locador porventura tenha sofrido. A norma tem aplicação estendida para o caso de aluguel fixado pelo comodante, como se infere do Enunciado n. 180 do CJF: "A regra do parágrafo único do art. 575 do novo CC, que autoriza a limitação pelo juiz do aluguel-pena arbitrado pelo locador, aplica-se também ao aluguel arbitrado pelo comodante, autorizado pelo art. 582, 2ª parte, do novo CC".

Observa-se uma inovação legal na permissão de redução judicial da penalidade se aferido o seu caráter manifestamente excessivo, tendo em vista a natureza e a finalidade do negócio jurídico. O arbitramento, mesmo não se exigindo a observância da média do mercado locativo, deve ser feito com razoabilidade, respeitando o princípio da boa-fé objetiva, para evitar a ocorrência de abuso de direito e do enriquecimento sem causa do comodante. Além de seguir a letra do art. 413 do CC, no que tange à redução da cláusula penal, a norma acresce a necessidade de o magistrado jamais se olvidar da feição punitiva do aluguel. Assim, se por um lado deve o juiz mitigar valores descomunais estipulados unilateralmente pelo locador, por outro, cuidará para que a retribuição signifique acréscimo razoável sobre o valor normal de locação, sob pena de estimular a inadimplência do locatário no sentido de desconsiderar o dever de restituição. A Lei n. 8.245/91 não prevê a figura do aluguel-pena para as locações urbanas residenciais e não residenciais. Entendemos que o dispositivo em análise não pode ser aplicado subsidiariamente para constranger a desocupação do imóvel. O CC e a Lei do Inquilinato, lei especial, têm finalidades diversas. O arbitramento de uma pena pelo locador desafia a teleologia da Lei do Inquilinato, baseada na especial tutela conferida ao locatário, parte assimétrica nessa relação obrigacional. Na prática isso significa que mesmo findo o contrato, será mantido o valor locatício até que o locatário restitua o bem de raiz.

**Art. 576. Se a coisa for alienada durante a locação, o adquirente não ficará obrigado a respeitar o contrato, se nele não for consignada a cláusula da sua vigência no caso de alienação, e não constar de registro.**

**§ 1º O registro a que se refere este artigo será o de Títulos e Documentos do domicílio do locador, quando a coisa for móvel; e será o Registro de Imóveis da respectiva circunscrição, quando imóvel.**

**§ 2º Em se tratando de imóvel, e ainda no caso em que o locador não esteja obrigado a respeitar o contrato, não poderá ele despedir o locatário, senão observado o prazo de noventa dias após a notificação.**

A leitura do art. 576 ressalta uma das mais tradicionais maneiras de distinguir os direitos obrigacionais dos direitos reais. Aqueles se caracterizam pela relatividade, produzindo efeitos entre as partes, não sendo extensíveis os deveres especiais a terceiros estranhos à relação jurídica. Enquanto isso, os direitos reais são absolutos no sentido da oponibilidade *erga omnes* dos deveres de abstenção perante toda a coletividade. O contrato de locação é uma relação obrigacional, de forma que a venda do bem móvel ou imóvel propicia ao novo proprietário o imediato acesso à posse do bem, já que a transferência da titularidade é acompanhada da ampla possibilidade de exploração econômica da coisa. O novo proprietário poderá exercer a denúncia vazia contra aquele com quem não contratou locação.

Em regra, tem-se a extinção da locação. Nas locações a termo podem as partes estabelecer expressamente cláusula de vigência para o caso de alienação do bem, sendo esta registrada no Cartório de Títulos e Documentos (bem móvel) ou no RGI (bem imóvel). Com o registro da cláusula, o contrato de locação adquire eficácia real perante eventuais adquirentes, submetendo-se estes ao aguardo do término do prazo estipulado para o negócio jurídico. A hipótese não consubstancia a conversão de uma situação obrigacional em real, pois o efeito é a manutenção da vigência do contrato. Em outras palavras, verifica-se tão somente um acréscimo eficacial a um direito, mediante oponibilidade coletiva em razão da publicidade do registro e inserção de cláusula contratual (§ 1º). É nesse sentido, o posicionamento do STF na Súmula n. 442: "A inscrição do contrato de locação no registro de imóveis, para a validade da cláusula de vigência contra o adquirente do imóvel, ou perante terceiros, dispensa a transcrição no registro de títulos e documentos".

Nas locações por prazo indeterminado ou mesmo naquelas em que tenha se prefigurado um termo, mas o locatário não tenha se acautelado com o registro da cláusula de vigência, submeter-se-á ao direito potestativo de resilição por parte do novo proprietário. Porém, como se trata de bem imóvel, o locatário deve ser interpelado com a concessão do prazo especial mínimo de 90 dias para a desocupação, contado a partir da notificação. O referido prazo é idêntico ao estabelecido pelo art. 8º da Lei n. 8.245/91 para imóveis urbanos (v. também § 2º deste artigo). A nosso viso, o prazo de 90 dias é flexível, submetendo-se à regra geral sobre a prorrogação compulsória dos contratos em caso de resilição, conforme as exigências da boa-fé e da função social ínsita a cada contrato de locação. Nesse sentido, observa-se a norma contida no parágrafo único do art. 473 do CC. É por essa razão que o brocardo "venda rompe a locação" tem a sua eficácia condicionada ao exercício da interpelação pelo novo proprietário nos 90 dias, sob pena de prosseguimento da relação locatícia, sucedendo o novo proprietário ao antigo na posição de locador. De toda sorte, não pode o locatário ficar indeterminadamente submetido a eventual exercício da denúncia pelo novo proprietário.

Importante ressaltar que na venda do bem locado inexiste o mecanismo do direito de preferência ao locatário no sistema do CC. Inviável restaria a aplicação analógica do art. 27, da Lei n. 8.245/91, e também o art. 92, do Estatuto da Terra, normas especiais que resguardam o direito de preempção de inquilinos de imóveis urbanos e arrendatários de terrenos rurais, o que justifica especial ênfase na preservação do direito social de moradia. No tocante aos bens móveis e imóveis cuja locação é disciplinada pela lei civil, a relativa igualdade entre as partes desaconselha a excessiva intervenção do ordenamento no sentido de deferir ao locatário o automático direito de preferência em caso de venda pelo locador. No CC, quando o legislador pretendeu atribuir ao particular o direito de preferência estabeleceu norma nesse sentido de maneira expressa, tal como se infere da preempção ao condômino em bem indivisível (art. 504, CC) ou da retrocessão na desapropriação (art. 519 CC). Mas é claro que, a autonomia privada dos contratantes lhes autoriza a estabelecer validamente cláusula contratual prevendo o direito de preferência para o caso de venda do bem locado. Tal cláusula é especialmente interessante para o locatário, mitigando o risco de vendas simuladas. O sistema de preferência é deferido às partes no bojo da compra e venda, para bens móveis e imóveis (art. 513, CC) e não haveria qualquer motivo para interditá-lo do crivo da liberdade contratual de locadores e locatários.

**Art. 577. Morrendo o locador ou o locatário, transfere-se aos seus herdeiros a locação por tempo determinado.**

Importante para o tráfego jurídico a regulação da hipótese de falecimento do locador ou do locatário. O contrato de locação não é *intuitu personae*, de forma que não há óbices para a transmissão aos herdeiros do locador e do locatário até que se alcance o prazo convencional estipulado (art. 1.784, CC). Os herdeiros se sub-rogam na posição econômica do *de cujus*. Mas, caso as forças da herança não suportem a locação, não poderá o locador exigir débitos vencidos do locatário (art. 1.792, CC). De acordo com *saisine*, posse e propriedade são transmitidas aos herdeiros no instante exato da morte. O herdeiro do proprietário recebe a posse indireta, a qual dispensa apreensão física da coisa. Já os sucessores do locatário, pelo próprio objeto do contrato, recebem a posse direta, o que permite a permanência do uso e da fruição do bem locado pelo restante do prazo contratual.

Caso a relação jurídica de locação assuma conotação personalíssima, os sucessores poderão imediatamente desconstituir a relação, sem que tenham de assumir as cláusulas penais previstas para as partes originárias (*v. g.*, locação de automóvel para anúncio de espetáculo musical, quando o artista-locatário falece). Nos contratos de locação sem prazo, tanto os herdeiros como a parte contrária poderão denunciá-lo, da mesma forma que as partes originárias, mediante interpelação. Esses contratos, na terminologia pontiana, são inerdáveis. A autonomia privada também autoriza as partes a estabelecerem cláusula em contrato de tempo determinado, outorgando aos sucessores e à parte contrária a imediata resilição da locação pelo fato jurídico da morte. Na locação sem prazo é lícita a cláusula que determina a prorrogação do contrato, a despeito do decesso de uma das partes.

A morte do locatário no curso do prazo para desocupação é irrelevante, pois a obrigação de restituir é transmitida ao sucessor. O falecimento do locatário no curso do prazo ajustado para desocupação não subtrai os efeitos do acordo estabelecido com o senhorio, devendo o sucessor assumir a relação jurídica com a obrigação de restituir a coisa na data estipulada. Por derradeiro, observa-se que a Lei de Locações, Lei n. 8.245, art. 10, de forma contrária, dispõe que a morte do locador não extingue o vínculo, pois os herdeiros podem ingressar na relação, com transmissão de direitos e deveres. Caso o falecimento seja do locatário, o art. 11 da Lei do Inquilinato acentua o intuito protetivo da norma em prol da entidade familiar nas locações residenciais, mediante sub-rogação legal, sem qualquer limitação quando já vigorar sem prazo.

**Art. 578. Salvo disposição em contrário, o locatário goza do direito de retenção, no caso de benfeitorias necessárias, ou no de benfeitorias úteis, se estas houverem sido feitas com expresso consentimento do locador.**

Situação importante é a de realização de benfeitorias pelo locatário. Estas são obras ou despesas realizadas no bem, com o propósito de conservação, melhoramento ou embelezamento, tendo intrinsecamente caráter de acessoriedade, incorporando-se ao patrimônio do proprietário. Tanto nos contratos com prazo como nos sem prazo, se as partes não dispuseram de maneira contrária, o locatário deverá ser indenizado pelas benfeitorias necessárias e também pelas úteis, desde que, quanto às últimas, o locador tenha anuído expressamente. Sabe-se que as benfeitorias necessárias são aquelas que propiciam a conservação física ou jurídica da coisa (art. 96, CC), dispensando a prévia autorização para a atuação do locatário, já que sua necessidade é patente – e frequentemente urgente –, pressupondo-se que o locador certamente as realizaria se detivesse o poder imediato sobre a coisa. Já as benfeitorias úteis aumentam ou facilitam o uso do bem. Portanto, só serão indenizadas se o referido acréscimo qualitativo foi objeto de permissão pelo locador. A situação jurídica do locatário é inferior à dos demais possuidores, posto excluída da incidência dessa relação jurídica a regra geral do art. 1.219 do CC, na qual as benfeitorias úteis serão sempre indenizáveis, sendo bastante a boa-fé do possuidor.

O dispositivo em análise autoriza o locatário a exercer o direito de retenção sobre o bem, até que seja indenizado pelas aludidas benfeitorias que se incorporam ao patrimônio do locador. Se a obrigação do locador é a de restituir o bem no estado em que recebeu, não sendo possível o levantamento das benfeitorias – o *jus tollendi* –, a retenção será a forma pela qual o locatário exercitará a pretensão decorrente da violação do direito subjetivo ao pagamento. Atua ainda como meio coercitivo capaz de coibir o locador ao adimplemento, sob pena de não ingressar na coisa, mesmo após o êxito da demanda de desocupação em juízo. As benfeitorias voluptuárias são as que servem para mero deleite do possuidor (*v. g.*, piscina na casa de campo). O locatário de boa-fé fica autorizado a levantá-las, se possível. Na impossibilidade de retirá-la sem danificar a coisa, não será lícita a pretensão indenizatória e, consequentemente, o exercício do direito de retenção. O locatário de má-fé não poderá se beneficiar do direito de retenção, ainda que tenha realizado benfeitorias necessárias. Ilustrativamente, seria o caso do locatário que introduza melhoramentos essenciais à conservação do bem, após já ter sido consumado o prazo de notificação para restituir a coisa. Em tal caso, deverá se contentar com a pretensão indenizatória (art. 1.220, CC), evitando o enriquecimento sem causa do proprietário.

Não se aplica ao contrato de locação a regra geral de oponibilidade das benfeitorias *erga omnes*. Nada obstante, a Súmula n. 158 do STF estabelece que, "salvo estipulação contratual averbada no registro imobiliário, não responde o adquirente pelas benfeitorias do locatário". Assim, *ad cautelam*, vê-se que o locatário tem o ônus de averbar o contrato de locação no RGI, resguardando-se perante futura transferência da propriedade, sob pena de ser frustrado no reembolso das despesas com a manutenção da coisa locada se vier a exigi-las do novo proprietário.

O dispositivo em análise se aproxima da norma do art. 35, da Lei n. 8.245/91. Inovando em relação ao CC/1916, admite que a autonomia privada dos contratantes excepcione a regra referida no corpo do dispositivo, a ponto de o locatário anuir à renúncia do direito de indenização sobre qualquer forma de benfeitoria, mesmo as necessárias. A derrogação convencional do direito à indenização e retenção de benfeitorias pressupõe uma relativa posição de igualdade dos contratantes na estipulação e na discussão do teor das cláusulas. Contudo, não se pode olvidar que, mesmo sendo relações puramente civis, é comum que os contratos de locação se realizem sob a forma da adesão. As cláusulas são unilateralmente predeterminadas pelo locador, de forma rígida. O locatário apenas subscreve o contrato sem prévia discussão de conteúdo. Nesse ponto, é claro o art. 424 ao dispor que: "Nos contratos de adesão, são nulas as cláusulas que estipulem a renúncia antecipada do aderente a direito resultante da natureza do negócio". Nesse sentido, observa-se o conteúdo do Enunciado n. 433 do CJF: "A cláusula de renúncia antecipada ao direito de indenização e retenção por benfeitorias necessárias é nula em contrato de locação de imóvel urbano feito nos moldes do contrato de adesão". Apesar de o enunciado apenas fazer referência ao imóvel urbano, a contratação pela adesão extrapola a natureza mobiliária ou imobiliária do bem, sendo um método de celebração de contratos pelo qual uma das partes predispõe o inteiro teor e a outra a ele se submete, sem negociação. Questiona-se se a cláusula de renúncia pode ser considerada abusiva, caso em que as relações locatícias seriam equiparadas a relações de consumo e como tais sujeitas à incidência do exposto no art. 51, IV, do CDC. A nosso sentir, a legislação de consumo não se aplica às relações locatícias. Primeiramente, porque a Lei n. 8.078/90 (CDC) precede a Lei de Locação, que é de caráter especial e permite no aludido art. 35 a renúncia ao direito de indenização, mesmo das benfeitorias necessárias. Ademais, inexiste relação de consumo entre locador e locatário, já que, claramente, o proprietário do imóvel não é fornecedor de serviços na acepção do art. 3º do CDC – não se confundindo com a empresa que administra o bem locado. Entretanto, configurada a relação de consumo, como a locação de apartamentos em apart-hotéis, haverá a proteção própria das relações de consumo (art. 51, XVI, CDC). Observa-se que o estabelecimento de cláusula de exclusão de indenização e retenção de benfeitorias desnatura o próprio dever de cooperação das partes, derivado do princípio da boa-fé objetiva, pois o locatário se furtará a realizar as benfeitorias necessárias – sabendo que não será indenizado –, permitindo que o bem seja desvalorizado e mesmo que venha a perecer. Isso impede ao locatário o cumprimento da obrigação de restituir a coisa no estado em que a recebeu, conforme impõe o art. 569, IV, do CC, e, mais importante, elide a possibilidade de tratar a coisa como se sua fosse (art. 569, I, CC).

O dispositivo em análise é omisso quanto às acessões artificiais, contudo o direito de retenção também incide sobre estas. Não se pode olvidar que, claramente, as construções detêm relevo econômico superior às benfeitorias, não sendo lícito supor que alguém possa reter uma casa em virtude da feitura de um banheiro (benfeitoria útil) e não receba idêntica proteção legal quando, de boa-fé, tenha-se incumbido de construir a própria edificação. Mesmo não se confundindo conceitualmente as acessões com as benfeitorias, ambas devem ser indenizadas em caso de evicção, já que não teria nenhum sentido mandar indenizar as benfeitorias e deixar de fora as acessões, utilizando para esse efeito um sentido restrito, que só serviria para beneficiar o causador da lesão.

## CAPÍTULO VI
## DO EMPRÉSTIMO

### *Seção I*
### *Do Comodato*

**Art. 579. O comodato é o empréstimo gratuito de coisas não fungíveis. Perfaz-se com a tradição do objeto.**

Inicialmente, releva averiguar as semelhanças e diferenças entre este negócio e o contrato de mútuo. Ambos são espécies do gênero empréstimo, nos quais ocorre uma cessão temporária de uma coisa, com posterior restituição. Diferenciam-se uma vez que no mútuo a propriedade da coisa é transferida a quem tomou a coisa emprestada (uma vez que o seu objeto são bens fungíveis). O mutuário deve devolver coisa de igual espécie, gênero e qualidade. Já no comodato há, tão só, transferência de posse (por ter como objeto bens infungíveis), com o inexorável dever de restituir, especificamente, a coisa objeto da avença. Ademais, o comodato é sempre gratuito, enquanto o mútuo pode ser gratuito ou oneroso. Essa distinção corresponde, em linhas gerais, à própria essência do empréstimo, que, algumas vezes, apresenta-se como manifestação de solidariedade humana; noutras oportunidades, desponta como negócios jurídicos intrincados para o fomento do desenvolvimento econômico e do crédito.

O comodato é uma avença corriqueira, principalmente nos âmbitos familiar e filantrópico e nos círculos de amizade, como usualmente ocorre no empréstimo gratuito de livros, veículos, equipamentos médicos, objetos de arte, imóveis residenciais, entre outros bens. Nos termos legais, o comodato é empréstimo gratuito (sem contraprestação) de coisa infungível (não substituível por outra de igual espécie, qualidade e quantidade) para ser utilizada pelo beneficiário por tempo determinado ou determinável. Ainda, é contrato real, unilateral, não solene e personalíssimo. Assim, é um empréstimo para uso por terceiro. Ressalte-se que o comodato não é descaracterizado por eventual imposição de algum encargo (ou modo) ao comodatário. Ainda que incida um encargo sobre o comodato (*v. g.*, ter o beneficiário de entregar, semanalmente, dez litros de leite em uma creche) ou deva o comodatário arcar com determinadas despesas, mantém-se a gratuidade, pois esses gastos não se caracterizam como contraprestações, mas meras restrições à liberalidade. Tem-se, no caso, o comodato modal ou comodato com encargo. Na verdade, relacionam-se muito mais à conservação da coisa, não correspondendo a uma contraprestação em favor do benfeitor.

As partes envolvidas são o comodante (aquele que cedeu a coisa temporária e gratuitamente) e o comodatário (quem se beneficia do empréstimo). Podem ser pessoas físicas ou jurídicas e, como qualquer outro negócio, exige-se a plena capacidade geral (art. 104, CC). Verifica-se no comodato uma transferência provisória da posse direta da coisa, mantida a propriedade com o comodante (o seu titular). Por isso, advindo o termo estabelecido para a avença, o bem tem de ser restituído, sob pena de caracterização de esbulho pelo comodatário, com a consequente possibilidade de pedido de reintegração de posse (ação possessória) pelo comodante. Como a transferência é operada sobre a posse e não sobre a transferência de titularidade da propriedade, o comodante não precisa ser o proprietário da coisa, basta ter o seu uso e fruição. Com isso, o usufrutuário, o enfiteuta e o superficiário podem celebrar contrato de comodato, apesar de não terem a propriedade, mas apenas direitos reais sobre a coisa alheia. Isso é possível na medida em que o comodatário tem o dever de restituir a própria coisa, não exaurindo a sua substância. Situação bem interessante diz respeito ao contrato de locação. Na locação comum, regida pelo CC, não há necessidade de autorização especial do locador para o empréstimo da coisa (arts. 569 e 579, CC), podendo o locatário fazê-lo livremente. Já o locatário de imóvel urbano somente poderá emprestar a coisa se obtiver autorização prévia e escrita do locador, consoante exigência do art. 13, Lei n. 8.245/91 –

Lei de Locações de Imóveis Urbanos. Por derradeiro, entendemos que o comodatário não está autorizado a emprestá-lo gratuitamente, de novo, ou seja, realizar subcomodato. A finalidade deste negócio jurídico é a necessária confiança que permeia os contratos (boa-fé objetiva), leva à conclusão de que o empréstimo gratuito celebrado pelo comodante tem como alvo, fundamentalmente, a pessoa do comodatário. Assim, a nosso viso apenas perante a expressa autorização do comodante, pode o comodatário celebrar o subcomodato. Sem tal consentimento, trata-se de abuso do direito, com desvio da finalidade negocial.

---

**Art. 580. Os tutores, curadores e em geral todos os administradores de bens alheios não poderão dar em comodato, sem autorização especial, os bens confiados à sua guarda.**

---

Nos contratos em geral para validade devem ser firmados por partes que possuam capacidade de fato, isto é, aptidão pessoal para a prática de negócios jurídicos patrimoniais. Os absoluta e relativamente incapazes (arts. 3º e 4º, CC) deverão ser representados e assistidos. No comodato, por sua especial *ratio essendi*, não basta que a capacidade fática seja suprida pela representação. Exige-se ainda a legitimação, que significa a aptidão para dispor de determinado negócio jurídico. Assim, os tutores e curadores deverão buscar autorização judicial para a configuração da legitimação. A exigência de alvará judicial (e da oitiva do MP como *custos legis*) se explica pela preservação da indenidade patrimonial do incapaz.

Uma leitura açodada dos arts. 1.749, II, e 1.781 do CC poderia levar à conclusão de que o comodato restaria inviabilizado ainda que com autorização judicial. Contudo, os aludidos dispositivos vedam apenas a disposição gratuita de bens do incapaz (e do pródigo, por extensão do art. 1.782 do CC). No comodato, ao contrário da doação, não há disposição, mas empréstimo, cujo traço distintivo é a temporariedade. Aliás, muitas vezes o empréstimo pode servir aos interesses do hipossuficiente, beneficiando um parente ou aliviando os seus gastos com a conservação da coisa.

---

**Art. 581. Se o comodato não tiver prazo convencional, presumir-se-lhe-á o necessário para o uso concedido; não podendo o comodante, salvo necessidade imprevista e urgente, reconhecida pelo juiz, suspender o uso e gozo da coisa emprestada, antes de findo o prazo convencional, ou o que se determine pelo uso outorgado.**

---

O comodato pode ser celebrado com prazo determinado ou determinável – este último apelidado de comodato precário. No comodato com o prazo determinado, verificado o termo estipulado, a coisa deve ser restituída, sob pena de caracterização automática da mora do comodatário (mora *ex re*). Assim, despicienda é a interpelação para a constituição em mora do devedor, contudo, o comodante pode optar por providenciá-la. Assim, a não devolução do bem no prazo estabelecido acarreta a automática caracterização de esbulho (por conta da privação da coisa imposta ao titular), autorizando a propositura de ação de reintegração de posse pelo comodante. A medida processual adequada para a retomada da coisa pelo comodante é a ação de reintegração de posse, e não a ação de despejo, que é típica do contrato locatício, ou a ação de busca e apreensão, cuja essência é cautelar e não satisfativa. De toda sorte, os tribunais têm admitido o uso da ação reivindicatória, quando o comodante for o legítimo proprietário do bem.

O comodato pode ser celebrado verbalmente, hipótese na qual, usualmente, o termo não é previamente estabelecido. Assim, presume-se que o empréstimo ocorreu pelo tempo necessário para o uso concedido, não podendo o comodante retomar a coisa antes disso, salvo por necessidade imprevista e urgente, a qual deve ser reconhecida em juízo. É dizer que o ordenamento jurídico (art. 581, CC) presume que o empréstimo sem prazo determinado tem como razão de ser um intervalo de tempo suficiente para o uso da coisa, conforme a sua destinação. O comodato ganha relevante complexidade nos empréstimos de bens suscetíveis de uso prolongado no tempo, com prazo indefinido. Nessas situações, a melhor solução é a fixação do termo de acordo com as regras gerais de interpretação do negócio jurídico, em especial com a boa-fé objetiva (art. 113, CC), a intenção das partes e não o sentido literal da linguagem (art. 112, CC) e o caráter restritivo das disposições gratuitas (art. 114, CC). Dessa forma, o juiz na concretude do caso analisado fixará o prazo de devolução de acordo com tais circunstâncias.

Nas hipóteses de comodato sem prazo específico (comodato precário), o concedente não pode requerer a restituição da coisa (ou seja, não pode realizar resilição unilateral – denúncia) antes do tempo necessário para a sua utilização. Consequentemente, nessa situação, é imprescindível que o devedor seja interpelado previamente para a constituição em mora seja judicial ou extrajudicial. Aqui, a mora é *ex persona*. O esbulho é caracterizado apenas após a interpelação, permitindo o uso da via possessória em juízo. O objetivo da interpelação é conceder ao comodatário um tempo suficiente para se organizar, sabendo que terá de devolver a coisa. Por isso, o prazo não deve ser demasiadamente exíguo, sob pena de ato ilícito, por abuso do direito (art. 187, CC). Caracterizada a mora do comodatário por meio da sua notificação, viabiliza-se a propositura da ação possessória, com a reintegração de posse do comodante. Contudo, casuisticamente, a simples notificação do comodatário pode não bastar, exigindo-se a fixação de um prazo razoável para a restituição da coisa. Ilustrativamente, a situação pode ser vislumbrada quando o comodatário realizou investimentos e benfeitorias de vultoso valor. Assim, com esteio na função social do contrato (art. 421, CC), parece bem razoável a fixação de um prazo para a devolução do bem, permitindo-lhe pagar o investimento. O argumento apenas completa o raciocínio de que, não havendo prazo expresso, a notificação do comodatário o constitui em mora, ensejando a reintegração de posse, em nada colidindo com esta regra.

Em decorrência da própria essência do comodato, seja com ou sem prazo determinado –, o comodante fica autorizado a requerer a restituição da coisa se houver uma necessidade imprevista e urgente, reconhecida judicialmente. A exceção é plenamente justificável. Nos casos de extraordinariedade não tem sentido prejudicar quem praticou uma liberalidade, ao privá-lo da retomada de um bem que lhe pertence de pleno direito. Seria o exemplo do titular que, após emprestar um de seus dois imóveis, é vítima de um desabamento ou de uma desapropriação, ficando sem ter onde residir. Essa situação imprevista e urgente tem de ser reconhecida pelo juiz, que não deve atuar com rigidez, devendo ter na tela da imaginação o caráter da liberalidade praticada pelo benfeitor e a proteção da dignidade humana das partes envolvidas, procurando uma solução que garanta a justiça social e contratual. Somente após o reconhecimento da situação imprevista e urgente é que será autorizada a reintegração da posse.

**Art. 582. O comodatário é obrigado a conservar, como se sua própria fora, a coisa emprestada, não podendo usá-la senão de acordo com o contrato ou a natureza dela, sob pena de responder por perdas e danos. O comodatário constituído em mora, além de por ela responder, pagará, até restituí-la, o aluguel da coisa que for arbitrado pelo comodante.**

O dispositivo trata das obrigações impostas ao comodatário, justamente em decorrência da beneficência do comodante. Em síntese, os deveres jurídicos do comodatário são quatro: i) conservar a coisa, como se sua fosse; ii) utilizar o bem de maneira adequada; iii) não alterar a sua destinação; iv) restituir a coisa quando do prazo ajustado ou quando cessado o seu uso.

O primeiro dos deveres, conservação da coisa, como se esta lhe pertencesse, refere-se ao dever de cuidado e zelo no seu uso (art. 582, primeira parte, CC) como um prudente administrador. Trata de dever de grande dimensão tanto que, na concorrência de risco sobre o objeto em comodato e sobre as coisas pertencentes ao beneficiário, este deve salvar, primeiramente, o bem emprestado, sob pena de responder pelo dano ocorrido, ainda que decorra de caso fortuito ou força maior (art. 583, CC). Observa-se aqui a imposição de responsabilidade civil objetiva com risco integral ao comodatário, fruto do especial dever de cuidado, superior ao cuidado singelo.

O segundo e o terceiro deveres impõem ao comodatário a utilização da coisa de maneira adequada, sem alterar a sua finalidade (art. 582, segunda parte, CC). Por essa razão, a coisa não poderá ser alugada ou emprestada (subcomodato) sem a anuência do comodante. O quarto dever tem cumprimento com o advento do termo do contrato, quando o comodatário deve restituir a coisa, sob pena de caracterização de esbulho e consequente autorização para o requerimento de reintegração de posse. Nesse ponto, importante lembrar que para a caracterização do esbulho o comodatário deve ser constituído em mora. Nos casos de contrato por tempo determinado, o próprio termo do contrato automaticamente constitui o devedor em mora (mora *ex re*). Mas nos contratos por tempo indeterminado é imprescindível a interpelação, judicial ou extrajudicial, do devedor.

A mora do comodatário em restituir a coisa, acarretará a responsabilidade objetiva com risco integral Dessa forma, deverá responder pela perda ou pela deterioração da coisa que havia sido emprestada, mesmo que decorrente de caso fortuito ou força maior. Tem-se, assim, uma segunda hipótese de responsabilidade objetiva com risco integral do comodatário (ao lado da responsabilidade pelos danos à coisa emprestada, quando salvar primeiramente os seus próprios bens). A mora também autoriza o comodante, nos termos da segunda parte do dispositivo em análise, a arbitrar um valor, como se fosse uma espécie de aluguel, com base na caracterização da mora do comodatário até a data da restituição da coisa, além de responder pelos eventuais prejuízos sofridos. Mesmo assim, o contrato não se transmuda em locação, mantendo sua natureza de comodato. Na verdade, o que se observa é um aluguel-pena, com natureza coercitiva voltada a impelir o comodatário a restituir o bem, que não desnatura a gratuidade do comodato, servindo como um meio inibitório, atuando para que o comodatário restitua o bem, cumprindo com sua obrigação. Há quem sustente a possibilidade de este valor poder ser fixado mesmo que em cifra elevada, pois não se trata de retribuição correlativa da utilidade, mas de uma pena, a que se sujeita o comodante moroso. Por outra banda, há quem sustente que, se o arbitramento do aluguel for manifestamente excessivo e puder propiciar o enriquecimento sem causa do comodante, ou caracterizar abuso de direito, deve o juiz reduzi-lo. Entendemos que o magistrado poderá reduzir o valor da pena aplicada pelo titular, quando se revelar excessiva (abusiva), o que evitará uma afronta à própria função social do contrato. Essa possibilidade decorre da função social da cláusula penal, evitando a própria desnaturação da punição (art. 413, CC). Não é por outra razão, que o CJF por meio do Enunciado n. 180 afirma que: "A regra do parágrafo único do art. 575 do novo CC, que autoriza a limitação pelo juiz do aluguel-pena arbitrado pelo locador, aplica-se também ao aluguel arbitrado pelo comodante, autorizado pelo art. 582, 2ª parte, do novo CC". Este é o posicionamento mais adequado, pois combate a conduta abusiva do comodante tendente a desvirtuar a *ratio essendi* do próprio aluguel-pena. De qualquer sorte, se o comodatário não aceitar o valor arbitrado pelo comodante, deve o magistrado fixá-lo.

O comodatário constituído em mora, seja de forma automática no vencimento ou mediante interpelação, está submetido a dupla sanção, conforme prevê a segunda parte do dispositivo em comento. Por um lado, recairá sobre ele a responsabilidade irrestrita pelos riscos da deterioração ou perecimento do bem emprestado, ainda que decorrente de caso fortuito ou de força maior. Por outro, deverá o comodatário pagar, até a data da efetiva restituição, aluguel pela posse injusta da coisa, conforme arbitrado pelo comodante. Em 2022 o STJ decidiu que: "Cessado o comodato, o condômino privado da posse do imóvel tem direito ao recebimento de indenização equivalente aos aluguéis proporcionais ao seu quinhão, dos proprietários que permaneceram na posse exclusiva do bem, os quais, caso não notificados extrajudicialmente, podem ser constituídos em mora por meio da citação nos autos da ação de arbitramento dos aluguéis". Se houve prévia estipulação do prazo do comodato, o advento do termo previsto implica, de imediato, o dever do comodatário de proceder à restituição da coisa. Não o fazendo, incorrerá o comodatário automaticamente em mora (mora *ex re*). Sua posse sobre o bem, anteriormente justa em razão da relação jurídica obrigacional, converte-se em injusta e caracteriza esbulho possessório. De outro turno, na ausência de ajuste acerca do prazo, o comodante, após o decurso de tempo razoável para a utilização da coisa, poderá promover a resilição unilateral do contrato e requerer a restituição do bem, constituindo o comodatário em mora mediante interpelação, judicial ou extrajudicial (art. 397, parágrafo único, CC – mora *ex persona*). O esbulho possessório se caracterizará se o comodatário, devidamente cientificado da vontade do comodante, não promover a restituição do bem emprestado. Cessado o comodato, por meio de notificação judicial ou extrajudicial, o condômino privado da posse do imóvel tem direito ao recebimento de indenização equivalente aos aluguéis proporcionais ao seu quinhão, devida pelos proprietários e comodatários que permaneceram na posse exclusiva do bem, medida necessária para evitar o enriquecimento sem causa da parte que usufrui da coisa. Nesse contexto, em relação ao termo inicial do arbitramento dos aluguéis, inexistindo notificação extrajudicial dos condôminos que usufruem com exclusividade o imóvel comum, a constituição em mora poderá ocorrer pela citação nos autos da ação de arbitramento, momento a partir do qual a contraprestação é devida (REsp n. 1.953.347/SP, 4ª T., rel. Min. Antonio Carlos Ferreira, j. 09.08.2022).

---

**Art. 583. Se, correndo risco o objeto do comodato juntamente com outros do comodatário, antepuser este a salvação dos seus abandonando o do comodante, responderá pelo dano ocorrido, ainda que se possa atribuir a caso fortuito, ou força maior.**

---

Tamanha a magnitude do dever de guarda do comodatário previsto no art. 582, que a este é imposto o dever de indenizar perdas e danos ao comodante pela perda ou destruição de bens derivados de sua atuação culposa, mesmo que por um simples descuido ou falta de atenção. Mas somente o fortuito verificado após a recusa do comodatário em restituir a coisa no termo do contrato ou após a interpelação imporá a sua responsabilidade (art. 399, CC). Em regra, o fortuito é assumido pelo comodante, aplicando-se o brocardo *res perit domino*.

Observa-se, entretanto, que o dispositivo em análise estabelece uma exceção. Concorrendo risco de perecimento do objeto do comodato e risco de destruição de outros bens de propriedade do comodatário, deliberando este por salvar aquilo que lhe pertence, abandonando os bens do comodante, responderá pelos danos, mesmo que a origem do evento seja imputada ao fortuito. É uma punição ao comportamento egoísta do comodatário. É nesse sentido que se depreende da norma do art. 593 o extraordinário dever de cuidado e diligência do comodatário, com gratidão, perante a coisa recebida gratuitamente, que só será excluído caso ele deixe sucumbir o bem dado em comodato para não sacrificar um bem maior, como a sua própria integridade física, ou mesmo um bem de sua propriedade que lhe seja de alta estima. De toda sorte, o estado de necessidade comprovado elidirá a responsabilidade do comodatário.

**Art. 584. O comodatário não poderá jamais recobrar do comodante as despesas feitas com o uso e gozo da coisa emprestada.**

As despesas ordinárias, necessárias para a utilização da coisa, recaem sobre o comodatário que não terá direito ao ressarcimento. Trata-se de previsão decorrente do próprio dever de conservação. Ilustrativamente, pode-se pensar no abastecimento do veículo ou a lubrificação das máquinas. Obviamente, tais despesas decorrem do próprio uso da coisa, não sendo razoável imputá-las a quem emprestou gratuitamente. Apenas as despesas extraordinárias e necessárias podem ser cobradas do titular.

Nesse mesmo sentido, quando o comodatário realizar benfeitorias úteis implementadas no seu interesse (facilitação ou melhoramento do uso da coisa emprestada gratuitamente), não fará jus ao ressarcimento, afastando a regra geral do direito privado (art. 1.219, CC). Diferentemente, quando forem realizadas benfeitorias necessárias, o comodante deverá ressarci-las, sob pena de enriquecer-se sem causa, acarretando, até mesmo, o direito de retenção do bem emprestado até que o interessado pague. Quanto às benfeitorias voluptuárias (também ditas suntuárias), podem ser levantadas (retiradas), se for possível, sem afetação da estrutura da coisa. Havendo prévia e expressa anuência do comodante, todas as benfeitorias serão ressarcíveis. Nota-se, ainda, ser válida eventual cláusula de renúncia antecipada à indenização e à retenção pelas benfeitorias úteis e voluptuárias, desde que não englobe as necessárias.

**Art. 585. Se duas ou mais pessoas forem simultaneamente comodatárias de uma coisa, ficarão solidariamente responsáveis para com o comodante.**

Quando o comodato for estabelecido em benefício de duas ou mais pessoas, estas são responsáveis solidárias por eventuais indenizações. Como visto nos comentários ao art. 275 deste Código, solidariedade passiva é um mecanismo de expansão de responsabilidade dos devedores, pois o credor que só poderia exigir uma fração do débito de cada devedor poderá agora exigir o todo de cada um deles, ou, se desejar, ingressar com a demanda em face de todos, em litisconsórcio passivo facultativo. Ademais, não se pode olvidar que a solidariedade decorre de lei ou contrato. No dispositivo em análise, a solidariedade é imposta como forma de garantir acentuadamente o autor da liberalidade. Aquele que pagar o débito se sub-roga na posição do credor primitivo, a fim de exigir em regresso dos demais solidários (art. 346, III, CC).

Entretanto, tem-se uma solidariedade imperfeita, pois cada devedor será responsável na medida de sua efetiva participação para a causação do dano à coisa. Por essa razão, o comodatário que não agiu com negligência será exonerado de ressarcir aquele que porventura tenha sido acionado pelo comodante. Mas, se foi ele o constrangido a pagar, regredirá no valor total da indenização assumida. Por derradeiro, importante lembrar que o devedor solidário que for acionado cuidará de chamar ao processo o(s) outro(s) comodatário(s) a fim de facilitar o regresso. A sentença será formalmente una e materialmente dúplice, servindo de título para que o chamante execute o chamado nos próprios autos.

## *Seção II*
## *Do Mútuo*

**Art. 586. O mútuo é o empréstimo de coisas fungíveis. O mutuário é obrigado a restituir ao mutuante o que dele recebeu em coisa do mesmo gênero, qualidade e quantidade.**

Assim como o comodato, o mútuo é uma espécie de empréstimo. Trata-se de negócio jurídico comum no tráfego jurídico, em especial nos âmbitos mercantil e bancário, a exemplo do empréstimo de dinheiro, tão habitual nas instituições financeiras e de crédito. Pode ser definido como o contrato pelo qual uma parte entrega a outra uma determinada quantia de dinheiro ou outras coisas fungíveis, obrigando-se esta outra a restituir igual quantidade de coisas da mesma espécie e qualidade. Como partes têm-se o mutuante (quem concede o empréstimo) e o mutuário (o beneficiário que assume a obrigação de restituir). Por meio desse negócio jurídico, o mutuante transfere a plenitude dos poderes sobre a coisa emprestada, autorizando o mutuário a atender aos seus interesses livremente, consumindo, alienando, dispondo, abandonando etc. Para tanto, exige-se a transferência não apenas da posse, mas também da propriedade da coisa mutuada, permitindo o seu consumo. Por essa razão, o mutuante deve ser o proprietário do bem, não sendo possível a sua celebração por mero possuidor, como o locatário, o usufrutuário e mesmo o comodatário – que possuem o dever de restituição.

O objeto do contrato de mútuo são coisas fungíveis e consumíveis e, por isso, o dever de restituição recairá sobre coisa do mesmo gênero, qualidade e quantidade – e não do bem que efetivamente foi entregue. Quando for possível a devolução de coisa diversa da que foi entregue, o contrato será de troca ou permuta. Se a restituição for em dinheiro, observa-se uma compra e venda. Quanto à classificação do mútuo, tem-se um contrato típico e nominado, com uma natureza jurídica bem definida. É contrato real, por exigir a tradição; é unilateral, por estabelecer obrigações para uma das partes apenas; é informal, não exigindo o cumprimento de formalidades, e pode se apresentar como gratuito ou oneroso, a depender de sua finalidade. É classificado como contrato real, tal qual o comodato, pois apenas se aperfeiçoa com a efetiva entrega da propriedade da coisa mutuada, não bastando o acordo de vontades para a formação contratual. Enquanto a coisa não for transferida para o domínio do mutuário, o contrato é juridicamente inexistente. No entanto, ressalte-se haver controvérsia doutrinária quanto à classificação do mútuo como real ou consensual, face à diversidade de função do mútuo, o qual pode ter dupla função: oneroso ou feneratício e gratuito. Assim, tratando-se de mútuo oneroso ou feneratício, parte da doutrina aduz que o consenso é suficiente à formação do contrato, por haver contraprestação do mutuário pelo empréstimo. Por sua vez, tratando-se de mútuo gratuito a tradição, ou seja, a entrega do bem fungível, mostra-se essencial à formação do contato, pois não há aqui contraprestação do mutuário. Também há divergência quanto à unilateralidade ou bilateralidade, entendendo-se que no mútuo oneroso ou feneratício, o contrato se revela bilateral, ao passo que a contraprestação pelo mutuário (pagamento de juros) se dá em virtude da transferência do capital pelo mutuante. Já no mútuo gratuito, o contrato se revela unilateral em razão do fato de não haver contraprestação o empréstimo do bem fungível (TEPEDINO, Gustavo; BANDEIRA, Paula Greco. *Fundamentos do direito civil:* contratos, op. cit., p. 271-272).

É um contrato unilateral porque, formado o contrato pela entrega da coisa, somente o mutuário terá obrigações, como o dever de restituí-la. Como não há formalidade específica para a formação, tem um contrato não solene. De toda sorte, não se pode olvidar que a legislação processual não admite prova exclusivamente testemunhal nos contratos cujo valor exceda ao décuplo do salário mínimo, sendo importante alguma cautela na celebração do contrato para fins probatórios.

A depender da finalidade das partes, o mútuo poderá se constituir de forma gratuita ou onerosa. Se o mútuo não é remunerado por juros, assume feição gratuita, pois, nesse caso, somente uma das partes (o mutuário) se beneficia economicamente. Contudo, se as partes estipulam pagamento em benefício do mutuante ou assumindo finalidade econômica (como no exemplo do empréstimo bancário), haverá também sacrifício patrimonial ao tomador do empréstimo, convertendo o contrato em oneroso. Nessa hipótese, o contrato será denominado mútuo feneratício, mútuo oneroso ou mútuo frutífero. Ademais, observa-se que o mútuo pode ser oneroso em duas hipóteses: i) quando houver expressa disposição nesse sentido; ii) tratando-se de contrato celebrado com finalidade econômica. Portanto, a gratuidade não integra a essência desse ajuste de vontades, diferentemente do comodato.

Em 2022, o STJ decidiu que: "Em contrato de mútuo vinculado ao Sistema Financeiro de Habitação (SFH), o termo inicial para a contagem do prazo prescricional da pretensão de cobrança de parcelas vencidas é a data de vencimento da última parcela". Considerou-se que o parcelamento do pagamento, em benefício da parte devedora, nas datas de vencimento pactuadas no contrato, não configura relação de trato sucessivo decorrente de obrigações periódicas, que se renovam mês a mês. A obrigação de pagamento do valor financiado é única, devendo ser quitada a integralidade do valor financiado até o termo do contrato. O parcelamento não torna autônomas cada uma das parcelas, a ponto de ensejar a contagem do prazo prescricional relativo a cada uma delas, mas sim ao final do prazo contratual relativo ao empréstimo para aquisição do imóvel. Por se tratar de obrigação única (pagamento do valor financiado), que somente se desdobrou em parcelas para facilitar o adimplemento da parte devedora, o termo inicial do prazo prescricional também é único, devendo ser considerado o dia do vencimento da última parcela do contrato (Ag. Int. no REsp n. 1.837.718/PR, 4ªT., rel. Min. Raul Araújo, *DJe* 30.08.2022).

**Art. 587. Este empréstimo transfere o domínio da coisa emprestada ao mutuário, por cuja conta correm todos os riscos dela desde a tradição.**

O mútuo acarreta a transferência da propriedade, do domínio e da posse do bem mutuado, como fato imprescindível à possibilidade de livre consumo pelo mutuário. Entretanto, o contrato de mútuo não visa à transferência da propriedade do bem, pois o objeto do contrato é o empréstimo de coisa fungível. A transferência de titularidade é apenas o efeito natural do negócio jurídico, como pressuposto elementar para a perfeita utilização da coisa emprestada. Uma vez que os poderes sobre a coisa são transferidos integralmente em benefício do mutuário, os riscos naturais da coisa correm por sua conta, em decorrência da regra *res perit domino* (a coisa perece para o dono). Ilustrativamente, o agricultor que recebe sementes em empréstimo assume os riscos sobre elas. Ocorrendo um evento externo que acarrete a perda do bem, suportará o mutuário o prejuízo, mantido o dever de restituir a mesma quantidade e gênero emprestados.

Observa-se, ainda, que o mútuo admite todas as espécies de tradição: i) a tradição real (entrega efetiva e física da coisa); ii) a tradição simbólica (caracterizada pela entrega de um objeto representativo da coisa, como no exemplo da entrega das chaves do imóvel); e iii) a tradição ficta (por meio do constituto possessório ou *cláusula constituti,* pela qual o próprio instrumento contratual estabelece a transmissão da coisa, por uma ficção negocial). Ademais, como o mutuário se torna proprietário, assumirá, correspondentemente, as despesas com a conservação da coisa, sem a possibilidade de reclamar a restituição dos respectivos valores pelo mutuante.

---

**Art. 588. O mútuo feito a pessoa menor, sem prévia autorização daquele sob cuja guarda estiver, não pode ser reavido nem do mutuário, nem de seus fiadores.**

---

Todo negócio jurídico tem como requisito de validade a capacidade das partes, sendo demandada a capacidade negocial dos envolvidos, pois o mutuante deverá validamente dispor e o mutuário tem de, posteriormente, restituir. Nos casos em que o mútuo envolver incapaz, será imprescindível autorização judicial, com a respectiva oitiva do Ministério Público (art. 1.691, CC), sob pena de nulidade. Ademais, como ocorre transferência de domínio, o mutuante precisa ser o proprietário da coisa mutuada, pois ninguém pode dar mais do que efetivamente possui.

A norma em comento tem raízes históricas na Roma antiga e visa desestimular o empréstimo feito a um incapaz. Um filho menor de um senador chamado Macedo contraiu empréstimo e, na impossibilidade de saldá-lo, culminou por matar o próprio pai, a fim de obter a herança necessária ao pagamento. Impressionado, o Senado editou o *Senatus Consulto Macedoniano*, por volta do ano 47, estabelecendo que o mútuo contraído pelo incapaz, sem representação ou assistência, não poderia ser posteriormente cobrado do mutuário ou de seus fiadores. Assim, justifica-se a antipatia legislativa ao mútuo feito em favor de menor. A norma já foi extirpada da maioria dos ordenamentos contemporâneos, como o português, o italiano, o francês e o germânico. Trata-se, em verdade, de uma exceção que deve ser invocada pela parte interessada (devedor demandado para o pagamento), atingindo a exigibilidade da dívida (eficácia). Por se tratar de uma norma de ordem pública, o juiz e o Ministério Público podem conhecer de ofício, independentemente de provocação pelo interessado direto. Tem a finalidade de impedir que a inexperiência de menores seja o fato gerador da contratação de negócio extorsivo e de sua própria desgraça, além da de seus familiares. Como sanção, o mutuante perderá o bem mutuado por violação à boa-fé.

---

**Art. 589. Cessa a disposição do artigo antecedente:**

**I – se a pessoa, de cuja autorização necessitava o mutuário para contrair o empréstimo, o ratificar posteriormente;**

**II – se o menor, estando ausente essa pessoa, se viu obrigado a contrair o empréstimo para os seus alimentos habituais;**

**III – se o menor tiver bens ganhos com o seu trabalho. Mas, em tal caso, a execução do credor não lhes poderá ultrapassar as forças;**

**IV – se o empréstimo reverteu em benefício do menor;**

**V – se o menor obteve o empréstimo maliciosamente.**

---

O dispositivo em análise complementa o art. 588, mitigando a aplicação da norma nas hipóteses em que o incapaz foi devidamente protegido, buscando-se evitar o enriquecimento sem causa. Quando houver ratificação posterior do responsável pelo incapaz, por meio de um assentimento ulterior, ou pelo próprio menor, quando alcançar a maioridade civil, não será aplicada a norma do artigo antecedente (art. 589, I).

Da mesma forma, afasta-se a incidência do dispositivo precedente quando o empréstimo se destinou aos alimentos habituais necessários à sobrevivência do menor, na ausência do seu responsável (aqui, a restituição se justifica pelo fato de ter sido contraído o empréstimo com relevante motivação, como se depreende do inc. II do art. 589. A interpretação do termo alimentos deve ser ampla para englobar os naturais (necessários ao mínimo vital) e os civis (despesas de educação, vestuário). O representante do menor deverá realizar a restituição, excluindo-se a cobrança de juros, pois não nos parece lógico que alguém se prevaleça do estado de necessidade alheia para auferir proveito econômico. Observa-se que o credor atua como gestor de negócios e, a teor do art. 871 do CC, poderá reaver do devedor a importância que desembolsou a título de alimentos prestados em prol do incapaz).

Na mesma linha de intelecção, afasta-se a aplicação do art. 588 quando o menor tomou o empréstimo com rendimentos ganhos de seu próprio trabalho (a hipótese revela uma contradição: se o menor tem renda própria como consequência de seu trabalho, já estará emancipado por possuir economia própria – art. 5º, parágrafo único, V, do CC –, convertendo-se em capaz e, portanto, sendo os seus empréstimos passíveis de restituição, como outro qualquer (inc. III do art. 589). Entretanto, há de se atentar para os casos nos quais não se verifica a emancipação legal, quando, por exemplo, o exercício do trabalho foi transitório, a execução do credor não ultrapassará o valor que o devedor auferiu em sua atividade econômica. Em qualquer das hipóteses, é fundamental preservar a dignidade do devedor, não podendo comprometer o seu mínimo existencial).

Do mesmo modo, se o empréstimo reverteu em benefício do incapaz (na hipótese de se demonstrar que o mútuo reverteu em benefício do incapaz, que não estava representado, poderá responsabilizar o representante para obter o valor pago, nos termos do inc. IV do dispositivo em análise. No ponto, visualiza-se a diretriz da eticidade, almejada pelo CC, pois haveria enriquecimento injustificado na conduta daquele que se recusa a restituir quando foi beneficiado economicamente em situação alheia a qualquer liberalidade).

Por fim, o legislador não olvidou a hipótese em que o menor agiu maliciosamente para a obtenção do empréstimo (quando o incapaz se apresentou, dolosamente, como maior, induzindo o outro contratante a erro quanto à sua condição (art. 589, V). Verifica-se, aqui, a aplicação do *tu quoque*, ou seja, quem viola uma norma não pode por ela ser posteriormente beneficiado).

---

**Art. 590. O mutuante pode exigir garantia da restituição, se antes do vencimento o mutuário sofrer notória mudança em sua situação econômica.**

---

Impõe-se ao mutuário o dever de restituição da coisa fungível na data de vencimento do contrato. Assim, ocorrendo notória mudança na situação econômica do mutuário, o mutuante pode exigir uma garantia da restituição dos bens emprestados. Com conexão direta com o art. 477, também do CC, o citado dispositivo legal tangencia a chamada quebra antecipada do contrato ou inadimplemento antecipado. Na hipótese, um dos contratantes implicitamente demonstra, por meio de sua situação patrimonial, que descumprirá futuramente a prestação assumida. Observa-se na previsão do art. 590 que a prestação do contrato de mútuo a ser adimplida ainda não é exigível pelo credor, mas provavelmente não será realizada ao seu tempo. Se solicitadas as garantias e o contratante fragilizado não as oferecer, o contrato poderá ser rompido antecipadamente. O comodante poderá ajuizar imediatamente ação de resolução com pedido de indenização ou executar a prestação da contraparte antes do prazo previsto mediante a tutela específica das obrigações de dar, fazer ou não fazer, na forma da legislação processual.

Trata-se de imperativo de justiça contratual e da tutela jurídica das obrigações. Frise-se que o mutuante não pode exigir o pagamento antecipado da dívida, mas, tão somente, uma garantia de seguridade. A garantia a ser prestada pode ser real (incidindo sobre uma coisa, como no exemplo da hipoteca e do penhor) ou fidejussória (prestada por um terceiro, como o aval e a fiança).

---

**Art. 591. Destinando-se o mútuo a fins econômicos, presumem-se devidos juros.**

*Caput* com redação dada pela Lei n. 14.905, de 28.06.2024.

**Parágrafo único. Se a taxa de juros não for pactuada, aplica-se a taxa legal prevista no art. 406 deste Código.**

Parágrafo acrescentado pela Lei n. 14.905, de 28.06.2024.

---

Os juros compensatórios (remuneratórios) retribuem o uso do capital emprestado. Os juros moratórios indenizam o prejuízo decorrente da mora ou do inadimplemento da obrigação. Os juros podem ainda ser convencionais (contratuais) ou legais, conforme decorram de estipulação das partes ou de determinação direta da lei. A norma se refere aos juros denominados compensatórios ou remuneratórios, os quais são recebidos pelo mutuante como compensação pela privação do capital emprestado por determinado período e pelo risco do não cumprimento da prestação principal. A remuneração do credor equivale aos frutos civis por ser privado temporariamente da posse do bem (como no exemplo dos aluguéis, das rendas e dos dividendos). Nesse ponto, é importante ressaltar a diferença com os juros moratórios, que se imputam ao mutuário como sanção pela mora no pagamento do débito, verdadeira pena civil estipulada pela lei para o caso de inadimplemento das obrigações (art. 395, CC).

Em breve retrospectiva histórica, o legislador de 2002 inovou no dispositivo em análise. No CC/1916 (art. 1.262) o contrato de mútuo, em regra, era gratuito, sendo a sua onerosidade excepcional, dependendo de cláusula expressa no instrumento contratual. Aquela norma se justificava na máxima de Santo Agostinho de que o juro era abominável (*mammona iniquitatis*). Chegou mesmo a dizer que "os juros são o custo do dinheiro no tempo" e que, sendo o tempo pertencente a Deus, seria um pecado cobrar por ele. Entretanto, nos tempos atuais, o tráfego jurídico exige a presunção da cobrança de juros nos empréstimos com finalidade econômica. Assim, presumem-se devidos os juros no empréstimo com escopo financeiro (feito por um banco, por exemplo), e essa onerosidade apenas será afastada por convenção expressa em sentido contrário. Nesse sentido, se A e B contraem contrato de empréstimo, os juros serão devidos ao tempo da restituição do capital mutuado, somente sendo elidida a sua exigência quando da natureza do contrato se inferir a gratuidade – normalmente em relações fraternas (*v. g.*, quando as partes são amigos de longa data), prevalecendo assim o mútuo comum, de fins não econômicos. Ademais, o dispositivo em análise não limita o empréstimo a dinheiro ou a coisas fungíveis, admitindo a extensão do objeto de tais contratos para outros bens.

Conforme o Enunciado n. 34 da I Jornada de Direito Civil do CJF: "No novo Código Civil, quaisquer contratos de mútuo destinados a fins econômicos presumem-se onerosos (art. 591), ficando a taxa de juros compensatórios limitada ao disposto no art. 406, com capitalização anual".

Em um salto no tempo, nos termos do art. 591 do CC, com redação dada pela Lei n. 14.905/2024, destinando-se o mútuo a fins econômicos, presumem-se os devidos juros. Se a taxa de juros não for pactuada, aplica-se a taxa legal prevista no art. 406 do CC (art. 591, parágrafo único, do CC, incluído pela Lei n. 14.905/2024).

Remete-se o leitor a tudo que foi objeto de comentários no art. 406 sob o impacto da Lei n. 14.905/2024, sobremodo para inserir a disposição que, se não tiver sido convencionada ou não estiver prevista em lei específica, a taxa de juros aplicável é a taxa Selic, deduzido o índice de atualização monetária de que trata o parágrafo único do art. 389 deste Código, bem como a metodologia e a forma de aplicação definidas pelo Conselho Monetário Nacional e divulgadas pelo Banco Central do Brasil.

Com base na redação original do art. 406 do CC, desdobravam-se dois possíveis caminhos. Em primeiro lugar, com base na Lei n. 9.065/95, afirmava-se que os juros compensatórios se filiavam à taxa Selic, de natureza variável e fixada pelo Banco Central. De outro turno, fazia-se referência ao art. 161, § 1º, do CTN, considerando o teto de juros em 1% ao mês. Criticava-se a taxa Selic, por afrontar a confiança das partes, vez que inexiste um critério previamente estabelecido para o seu cálculo. Não bastasse isso, não se trata de uma taxa pura de juros, na medida em que abrange, ainda, a atualização monetária. Demonstra, portanto, alto grau de dificuldade operacional, causando turbulências ao cálculo. Tudo isso sem esquecer, por fim, a excessiva onerosidade que impõe ao valor da obrigação. O CJF, por meio do Enunciado n. 34, assim se posiciona: "A taxa de juros moratórios a que se refere o art. 406 é a do art. 161, § 1º, do CTN, ou seja, 1% ao mês. A utilização da taxa Selic como índice de apuração dos juros legais não é juridicamente segura, porque impede o prévio conhecimento dos juros; não é operacional, porque seu uso será inviável sempre que se calcularem somente juros ou somente correção monetária; é incompatível com a regra do art. 591 do novo CC, que permite apenas a capitalização anual dos juros, e pode ser incompatível com o art. 192, § 3º, da CF, se resultarem juros reais superiores a 12% ao ano".

Há também relevantes argumentos de ordem prática a favor da Selic. Nesse sentido, Luciano Benetti Timm e Thomas Victor Conti aduzem que: "A taxa básica de juros da economia (Selic) é muito mais adequada para cumprir essa função do que uma taxa estipulada em 1% ao mês de juros simples. Isso porque: 1. Ela reflete o estado da economia do país, dificultando estar excessivamente alta ou baixa e fora da realidade econômica vigente; 2. Ao contrário do que muitos supõem, ela incorpora alguns riscos como risco-país e *spread* de liquidez; 3. Ela não falha em compensar o recebedor por oportunidades perdidas de investimento, porque ela não incorpora o risco de perda que esses investimentos carregariam no mundo real; 4. Ela é facilmente acessível para as partes e incontroversa, sendo os riscos associados à sua flutuação riscos inevitáveis da realidade de mercado; 5. Nos casos em que a Selic fica 'muito baixa', não se traduz em baixa compensação, pois as alternativas de rendimento também não estão atrativas; 6. O oposto também é verdadeiro. Quando a Selic estiver 'muito alta', não se traduz em alta compensação, pois existem muitas alternativas de rendimento disponíveis às duas partes do litígio; 7. A taxa de juros básica da economia não compensa reclamantes ou reclamadas por quaisquer riscos jurídicos associados ao litígio – e não deveria, pois esta não é sua função" (disponível em: https://www.jota.info/opiniao-e-analise/artigos/juros-elitigancia-selic-versus-1--11032021?non-beta=1 ).

Todavia, o STJ posicionava-se de forma intermediária. Admitia a cobrança de juros com base na taxa Selic, mas sem cumulação com outros índices e encargos, sejam de atualização monetária, sejam de juros, considerando que o cálculo da mencionada taxa abarca, concomitantemente, o índice inflacionário e a taxa de juros real. Entende o STJ que o mútuo celebrado entre particulares, que não integram o sistema financeiro nacional, deve observar as regras constitucionais e de direito civil, mormente o disposto na Lei de Usura, que fixa juros remuneratórios máximos de 12% ao ano (Ag. Int. no AREsp n. 1.844.367/SP, 4ª T., *DJe* 01.12.2021). Com efeito, como já reconhecido pelo mesmo tribunal, inegavelmente, em regra, não há proibição legal para empréstimo de dinheiro entre pessoas físicas ou pessoas jurídicas que não componham o sistema financeiro nacional. Há vedação, entretanto, para a cobrança de juros, comissões ou descontos percentuais sobre dívidas em dinheiro superiores à taxa permitida por lei, cuja inobservância pode configurar crime nos termos da Lei de Usura (REsp n. 1.854.818/DF, 4ª T., *DJe* 30.06.2022). Quando, no contrato particular de mútuo feneratício for constatada a prática de usura ou agiotagem, deve apenas haver a redução dos juros estipulados para o limite legal, conservando-se o negócio jurídico.

O art. 17 da Lei n. 4.595/64 delimita o conceito de instituições financeiras, mas não veda a prática de mútuo feneratício entre particulares. Na realidade, a importância de definir se o sujeito que efetua o empréstimo de dinheiro, de forma onerosa, é ou não instituição financeira consiste em apurar qual é o regime jurídico aplicável em relação aos juros e a capitalização. Isso porque, as instituições financeiras não se sujeitam à limitação dos juros remuneratórios estipulada na Lei de Usura, podendo pactuar taxa superior a 12% ao ano (Súmula n. 596/STF), não se aplicando aos juros remuneratórios dos contratos de mútuo bancário as disposições do art. 591 c/c o art. 406 do CC (Ag. Int. no AREsp n. 1.486.384/MG, 4ª T., *DJe* 03.12.2019).

Ocorre que, com a alteração do art. 591 do CC, doravante, em contratos de mútuo para fins econômicos, não há mais limitação da taxa de juros. Com base na nova redação (i) foram excluídas as limitações de taxa de juros e capitalização de juros em periodicidade anual, anteriormente aplicáveis aos contratos de mútuo para fins econômicos; e (ii) no silêncio das partes em contratos de mútuo para fins econômicos, será aplicável a taxa Selic.

Quanto à capitalização de juros, "juridicamente, corresponde ao fenômeno de inserir no capital principal os juros apurados no período anterior para, em seguida, fazer incidir novos juros relativos ao período subsequente" (STJ, Ag. Int. no REsp n. 1.648.118/PR, 3ª T., rel. Min. Marco Aurélio Bellizze, *DJe* 06.11.2017).

Diversamente ao texto original, a atual redação do art. 591 do CC não alude à autorização para capitalização dos juros, entendendo-se que esta pode ser convencionada pelas partes. O STJ fixou a seguinte tese em recurso especial repetitivo (Tema n. 953): "A cobrança de juros capitalizados nos contratos de mútuo é permitida quando houver expressa pactuação" (STJ, REsp n. 1.388.972/SC, 2ª T., rel. Min. Marco Buzzi, *DJe* 13.03.2017). Nas operações realizadas pelas *instituições* integrantes do Sistema Financeiro Nacional, é admissível a capitalização de juros com periodicidade inferior a um ano (art. 5º da MP n. 2.170-36/2001, ainda em vigor, nos termos do art. 2º da EC n. 32/2001).

O STF fixou a seguinte tese em recurso extraordinário com repercussão geral: "Os requisitos de relevância e urgência previstos no art. 62 da CF estão presentes na MP n. 2.170-36/2001, que autoriza a capitalização de juros com periodicidade inferior a um ano nas operações realizadas pelas instituições integrantes do Sistema Financeiro Nacional" (STF, RE n. 592.377/RS, Pleno, rel. Min. Teori Zavascki, *DJe* 20.03.2015). Nessa linha, segundo a Súmula n. 539 do STJ: "É permitida a capitalização de juros com periodicidade inferior à anual em contratos celebrados com instituições integrantes do Sistema Financeiro Nacional a partir de 31.03.2000 (MP n. 1.963-17/2000, reeditada como MP n. 2.170-36/2001), desde que expressamente pactuada" (*DJe* 15.06.2015). É permitida a pactuação de capitalização de juros com periodicidade mensal nas operações realizadas pelas entidades integrantes do SFH (Sistema Financeiro da Habitação, art. 15-A da Lei n. 4.380/1964, incluído pela Lei n. 11.977/2009).

De toda sorte, entendemos que a adoção das cláusulas gerais da boa-fé objetiva (art. 113, CC), de abuso do direito (art. 187, CC) e da função social do contrato (art. 421, CC) permite que o magistrado limite o exercício excessivo do direito subjetivo ao crédito pelas instituições financeiras. Esse entendimento justifica-se ainda pelo fato de as cláusulas gerais não serem apenas normas abertas, mas também móveis, pois circulam pelo sistema jurídico sendo aplicadas pelo julgador de modo a atenuar o rigor e a rigidez de determinadas regras do código. Logo, o magistrado poderá, a qualquer tempo e de ofício – eis que as cláusulas gerais são normas de ordem pública (art. 2.035, parágrafo único, CC) –, reduzir juros extorsivos, modificando cláusulas contratuais que ultrapassem os limites éticos do sistema e aniquilem direitos fundamentais do contratante. Despicienda a discussão sobre a incidência do CDC sobre contratos bancários de mútuo. Ora, independentemente do posicionamento pacificado nos tribunais, nos contratos civis, consumeristas e, até mesmo, empresariais, as aludidas cláusulas gerais do CC possuem incidência, impedindo o desequilíbrio contratual, sendo facultada ao magistrado a utilização de seu poder integrativo para desenhar a solução mais adequada à especificidade do caso, como demanda a diretriz da concretude – almejada pelo CC em vigor.

Ademais, tem-se a aplicação do princípio do nominalismo (art. 315, CC), pois a importância devida pelo mutuário corresponderá ao valor nominal da dívida, atribuído pelo Estado. O devedor do mútuo, por conseguinte, exonera-se entregando ao mutuante a quantia em moeda correspondente ao valor do contrato, independentemente de eventual fenômeno inflacionário. Entretanto, as partes podem dispor em sentido contrário, estabelecendo fatores de atualização. Observa-se, ainda, que, nos termos da Lei n. 9.069/95, o contrato deve ter valor ajustado em moeda nacional (real), sob pena de nulidade. A contratação em moeda estrangeira é admitida apenas nos casos de dívidas oriundas de importação ou exportação de mercadorias ou assumidas em país estrangeiro. Por derradeiro, registre-se que o STJ firmou entendimento no sentido de que os encargos moratórios (decorrentes do atraso do mutuário no cumprimento de suas obrigações) restam obstados se existente comissão de permanência, prevista pelas partes. Da mesma forma, não pode incidir correção monetária no caso. Acertadamente, percebeu a Corte que a aludida comissão tem larga abrangência, impedindo a sua cumulação com outros encargos, sob pena de *bis in idem*.

Em 2022, o STJ decidiu que: "embora não constitua instituição financeira, não é vedado à sociedade empresária de *factoring* celebrar contrato de mútuo feneratício, devendo apenas serem respeitadas as regras dessa espécie contratual aplicáveis aos particulares, especialmente quanto aos juros devidos e à capitalização". O tribunal superior considera as empresas de *factoring* como alheias ao âmbito das instituições financeiras, não podendo aplicar a taxa de juros do mercado financeiro, estando sob o rigor do teto legal de 12% anual nos termos do Decreto n. 22.626/33. Dessa maneira, em que pese não seja usual, não é vedado à sociedade empresária de *factoring* celebrar contrato de mútuo feneratício com outro particular, devendo apenas serem observadas as regras dessa espécie contratual aplicáveis a particulares não integrantes do SFN, especialmente quanto aos juros devidos e à capitalização. Assim, por exemplo, em hipótese na qual o contrato intitulado como de *factoring* é descaracterizado para o de mútuo feneratício, o negócio jurídico, em regra, permanece válido, mas deve observar aos arts. 586 a 592 do CC, além das disposições gerais, e eventuais juros devidos não podem ultrapassar a taxa de 12% ao ano, permitida apenas a capitalização anual, sob pena de redução ao limite legal, conservando-se o negócio (REsp n. 1.987.016/RS, 3ª T., rel. Min. Nancy Andrighi, *DJe* 13.09.2022).

---

**Art. 592. Não se tendo convencionado expressamente, o prazo do mútuo será:**

**I – até a próxima colheita, se o mútuo for de produtos agrícolas, assim para o consumo, como para semeadura;**

**II – de trinta dias, pelo menos, se for de dinheiro;**

**III – do espaço de tempo que declarar o mutuante, se for de qualquer outra coisa fungível.**

---

O mútuo sempre será temporário, de outra sorte transmudaria em um contrato de doação. Em regra, as partes estabelecem no próprio contrato o termo da restituição da coisa. O art. 592 cuida das hipóteses em que o prazo não foi contratualmente determinado, presumindo-se que o mútuo será: i) até a próxima colheita, quando se tratar de produtos agrícolas para o consumo; ii) de pelo menos 30 dias, quando se tratar de empréstimo em dinheiro (mútuo feneratício); iii) pelo espaço de tempo declarado pelo mutuante, se tiver como objeto qualquer outro bem fungível, não se admitindo, por óbvio, uma estipulação abusiva, sob pena de caracterização de ato ilícito objetivo (art. 187, CC). Se o mutuário entender que o prazo fixado pelo mutuante não é razoável, o magistrado decidirá, atendendo ao parâmetro da razoabilidade para o empréstimo.

Em regra, a restituição do mesmo gênero, qualidade e quantidade pode ocorrer no vencimento. Mas o mutuante poderá exigir uma garantia se, antes do advento do termo final, o mutuário sofrer notória mudança em sua situação econômica (art. 590, CC). Ademais, no mútuo oneroso, o mutuário deve pagar juros, além da restituição da coisa. Importante, ainda, lembrar que o mutuário tem de entregar a coisa devida integralmente, não podendo se obrigar o mutuante a aceitá-la em partes ou fracionadamente. Excepcionalmente, as partes podem estabelecer que a dívida é amortizável, sem perder a unidade.

## CAPÍTULO VII
## DA PRESTAÇÃO DE SERVIÇO

---

**Art. 593. A prestação de serviço, que não estiver sujeita às leis trabalhistas ou a lei especial, reger-se-á pelas disposições deste Capítulo.**

---

As normas incidentes sobre o contrato de prestação de serviços são residuais, pois na presença de legislação especial regulamentando eventuais atividades humanas, o CC não será aplicado. Por essa razão, como há regras específicas para o contrato de emprego e para o contrato de empreitada, não se aplicam as regras da prestação de serviços. Da mesma forma, não incidem as normas ora comentadas sobre os serviços bancários e de telecomunicações, igualmente disciplinados por legislação especial. Haverá submissão de um contrato às normas da prestação de serviços apenas quando outra figura negocial não estiver configurada. Observam-se vários pontos de aproximação entre o contrato de prestação de serviços e outros contratos muito assemelhados, relevando traçar os confins divisórios entre essas espécies normativas. A prestação de serviços difere-se do contrato de emprego, devido à inexistência de subordinação jurídica (no sentido de hierarquização), pois a prestação de serviços é autônoma, visando à obtenção de um resultado determinado, sem que o prestador esteja hierarquicamente inferiorizado. Já no contrato de trabalho, o trabalhador ou empregado se acha abaixo da dependência econômica ou direção do patrão. Ilustrativamente, pode-se pensar no exemplo no qual o médico que é contratado por um paciente para auxiliá-lo na cura de uma patologia é quem decide a melhor maneira e a melhor técnica de atuação, com vistas à obtenção do êxito almejado. Tem-se, aqui, um caso de prestador de serviços, afinal ele é quem delibera o horário de atendimento, o valor da consulta e os métodos empregados para a cura do paciente. Assim, havendo subordinação jurídica (além de pessoalidade, continuidade e remuneração), o contrato é de trabalho, regido pela legislação especial (cuidadosamente protecionista). Se há subordinação jurídica, trata-se de prestação de serviços, submetida ao direito civil. Importante, pois, é a essência do negócio, sua percepção ontológica. Não interessa a indicação constante do instrumento contratual. Assim, é irrelevante se o instrumento intitula o negócio como contrato de prestação de serviços quando estão presentes os elementos caracterizadores do contrato de emprego e vice-versa. O que interessa é a situação fática existente. Até mesmo porque ambas as figuras negociais são informais, não exigindo formalidade na sua celebração.

No Brasil, a CLT é desdobramento do direito civil, a qual alcançou autonomia pela necessidade de tutela ao trabalhador, visto como vulnerável. O CC será a norma aplicável se o serviço realizado não detiver a característica da subordinação hierárquica, que atrai a incidência da legislação especial protetiva (art. 3º, CLT). Toda relação de emprego é uma espécie de relação de trabalho qualificada por uma subordinação jurídica (funcional), com sujeição do empregado às ordens legítimas emanadas do empregador. O prestador de serviços não se emprega nem se faz empregado, pois não se afirma o estado de dependência econômica e a submissão a ordens. Inexiste direção técnica e controle sobre o modo de execução do serviço prestado, pois a sua natureza é eventual. Na dúvida entre a existência de autonomia ou subordinação, prefere-se a relação de trabalho, tendo-se em consideração a tutela do hipossuficiente. Ademais, nota-se que o contrato de emprego exige pessoalidade, além da subordinação jurídica. Dessa forma, não pode ser estabelecido por pessoa jurídica, mas apenas por pessoa física, não admitindo, ainda, a transferência da obrigação para terceiros. Já o contrato de prestação de serviços não exige pessoalidade e pode ser travado por pessoa jurídica. Assim, a prestação de serviços alcança uma faixa residual de trabalhos que não é regulamentada pela legislação trabalhista ou estatutária, abarcando o trabalho autônomo, o eventual (*v. g.*, biscateiro) e o trabalho levado a efeito por pessoas jurídicas. É o campo em que prepondera a autonomia privada, pois alguém livremente convenciona a sua retribuição sem se submeter às normas cogentes da legislação especial.

O contrato de prestação de serviços também se distingue do negócio jurídico de empreitada, no qual existe um resultado prático e concreto, especificamente almejado. A empreitada tem como objetivo o resultado da atividade, e não a atividade em si, que é objeto da prestação de serviços. Assim, assume-se obrigação de resultado, em vez da prestação de serviços, em que a obrigação assumida é de meio. É o exemplo do construtor e do marceneiro. Em ambos há uma atividade humana em favor de outrem. Porém, na empreitada, aquele que promete obra assume um compromisso de obtenção do resultado concluído, pois toda a sua atividade é dirigida àquela finalidade. Quem promete serviço deve a atividade em si, ou seja, uma obrigação de meio em que cada fração da atividade representa o seu adimplemento.

Não há consenso entre autores e tribunais no que diz respeito à natureza da obrigação na cirurgia estética. Doutrina minoritária protagonizada pelo Min. Ruy Rosado Aguiar considera que a álea é um fator presente em qualquer intervenção cirúrgica, pois "pode acontecer que algum cirurgião plástico, ou muitos deles assegurem a obtenção de um certo resultado, mas isso não define a natureza da obrigação, não altera a sua categoria jurídica, que continua sendo sempre a obrigação de prestar um serviço que traz consigo o risco". O argumento que prevalece é aquele segundo o qual o resultado na área da medicina é extremamente subjetivo, não sendo possível sua aferição objetiva. Embora se filie à corrente minoritária, a Professora Iara Antunes de Souza defende a possibilidade de se reconhecer a obrigação do médico como de resultado quando e somente quando este assim se comprometer em termos contratuais, em exercício de sua autonomia, representada no termo de consentimento livre e esclarecido – TCLE, não sendo, contudo, possível admitir a presunção de que a obrigação assumida foi de resultado, na relação médico-paciente, exclusivamente em razão da especialidade médica (SOUZA, Iara Antunes de. É possível presumir a obrigação de resultado na relação médico-paciente?. Extraído de www.contraditor.com, em 24.04.2022).

Releva observar que em algumas situações a prestação de serviço estará submetida às regras especiais protetivas do CDC, caracterizando uma relação jurídica contratual de consumo. É o que ocorre na hipótese na qual o prestador se enquadra no conceito de fornecedor habitual de serviço, em suas relações com o consumidor vulnerável (aqui, o tomador do serviço). Assim, é atraída a incidência das regras dos arts. 2º e 3º do CDC, quando caracterizada uma relação de consumo. É lógico que, subsidiariamente, continuará sendo aplicável o CC naquilo que não conflite com a legislação especial ou quando apresentar norma jurídica mais favorável, no chamado diálogo das fontes. Portanto, não há uma absoluta exclusão da legislação civil quando estiver caracterizada a relação consumerista. Ilustrativamente, a contratação de um serviço de marcenaria ou uma consulta médica são hipóteses de prestação de serviços caracterizadas como contrato de consumo; por conseguinte, estão, simultaneamente, apanhadas pela regulamentação protecionista do consumidor e, subsidiariamente, pelas leis civis, quando não houver conflito ou quando se mostrarem mais benéficas.

Importante notar que o art. 227 do atual CC foi revogado expressamente pelo CPC (além do art. 401 do CPC/73), eliminando do sistema brasileiro qualquer limitação à produção de prova testemunhal para fins de demonstração da existência, da validade e da eficácia de um negócio jurídico. Portanto, no contrato de prestação de serviços, como sói ocorrer em qualquer outra figura negocial, admite comprovação por todos os meios de prova admitidos na sistemática processual (testemunhal, documental, pericial etc.), sem restrições indevidas. De toda sorte, é recomendável que certas avenças sejam celebradas por contrato escrito, caso em que pode constituir um título executivo extrajudicial (art. 784, III, CPC), facilitando a adoção de providências executivas, se necessário.

---

**Art. 594. Toda a espécie de serviço ou trabalho lícito, material ou imaterial, pode ser contratada mediante retribuição.**

---

A prestação de serviços é o negócio jurídico pelo qual uma das partes, mediante remuneração (normalmente em dinheiro), se vale de toda espécie de serviço ou trabalho lícito e possível, material ou imaterial, da outra parte, sem afetar a dignidade humana dessa e sem subordinação jurídica. Em outras palavras, é a assunção de obrigação de fazer por uma parte (prestador de serviço ou executor), consistente em realizar atividades que geram proveito para a outra (tomador de serviços ou solicitante), mediante retribuição. Nessa linha de intelecção, a atividade humana, manual ou intelectual, doméstica ou externa, está no cerne do contrato de prestação de serviços, como se verifica na prestação de serviços médicos, odontológicos, arquitetônicos ou advocatícios, além dos serviços comumente contratados de diaristas e pintores.

A obrigação assumida pelo prestador de serviços pode ser de resultado ou de meio, a depender da sua vinculação, ou não, a um específico êxito a ser obtido. No caso do engenheiro e do dentista, a obrigação é de resultado. Por isso, respondem civilmente pela frustração do objeto contratado, presumindo-se a sua culpa. Já o advogado e o médico assumem obrigação de meio, comprometendo-se a se esforçar para o resultado, mas não se vinculando a ele. A sua eventual responsabilidade dependerá da prova de sua culpa, portanto. Ademais, a prestação de serviços pode ser genérica ou específica. Quanto à classificação, nota-se que a prestação de serviço é um contrato bilateral que gera direitos e obrigações para ambas as partes; oneroso, pois os sacrifícios e vantagens são recíprocos, sendo a remuneração do prestador do serviço inerente ao contrato; sinalagmático, pressupondo um perfeito equilíbrio entre prestação e contraprestação; normalmente realizado *intuitu personae*. É, ainda, um contrato consensual e não solene, aperfeiçoando-se mediante simples acordo de vontades, sem a necessidade de adoção de formalidades.

Nessa linha, a declaração posta em contrato padrão de prestação de serviços de reprodução humana é instrumento absolutamente inadequado para legitimar a implantação *post mortem* de embriões excedentários, cuja autorização, expressa e específica, deve ser efetivada por testamento ou por documento análogo. Se as disposições patrimoniais não dispensam a forma testamentária, maiores são os motivos para se considerar sejam da mesma forma dispostas as questões existenciais, mormente aqueles que repercutirão na esfera patrimonial de terceiros, não havendo maneira mais apropriada de garantir-se a higidez da vontade do falecido. Seguindo por esse entendimento, não há dúvidas de que a decisão de autorizar a utilização de embriões consiste em disposição *post mortem*, que, para além dos efeitos patrimoniais, sucessórios, relaciona-se intrinsecamente à personalidade e à dignidade dos seres humanos envolvidos, genitor e os que seriam concebidos, atraindo, portanto, a imperativa obediência à forma expressa e incontestável, alcançada por meio do testamento ou instrumento que o valha em formalidade e garantia (REsp n. 1.918.421/SP, rel. p/ o ac. Min. Luis Felipe Salomão, 4ª T., *DJe* 26.08.2021).

Em linguagem simples e direta, a assunção de obrigação de fazer por uma parte (prestador de serviço ou executor), consistente em realizar atividades que geram proveito para outra (tomador de serviços ou solicitante), mediante uma retribuição. Nessa linha, entendeu o STJ – *Informativo* n. 763. de 14.02.2023: "Trata-se de determinar se o inadimplemento das mensalidades escolares relativas a contrato de serviços escolares firmado por terceiro, estranho à entidade familiar, obriga os pais da criança ao pagamento do débito decorrente da contratação. Com efeito, nos termos do art. 265 do CC/2002, a solidariedade não pode ser presumida, resultando de previsão legal ou contratual. Assim, não havendo como se reconhecer a responsabilidade solidária decorrente do poder familiar (legal), a única maneira de se redirecionar a execução aos pais do aluno seria caso houvesse alguma anuência ou participação de qualquer dos pais no instrumento contratual firmado pela ora agravante com a parte contratante. Consequentemente, inexistindo previsão legal e/ou convencional que respalde o reconhecimento da solidariedade entre os genitores do aluno e os contratantes dos serviços, não é possível, na hipótese, redirecionar a execução das mensalidades inadimplidas aos genitores, que não fizeram parte da avença" (AREsp n. 571.709/SP, 4ª T., rel. Min. Raul Araújo, j. 07.02.2023).

**Art. 595. No contrato de prestação de serviço, quando qualquer das partes não souber ler, nem escrever, o instrumento poderá ser assinado a rogo e subscrito por duas testemunhas.**

O art. 595 institui uma norma voltada à proteção do contratante analfabeto, considerado como aquele que não sabe ler nem escrever. A forma escrita é necessária para fins *ad probationem*, permanecendo a prestação de serviços como negócio jurídico não solene e consensual, na medida em que a simples prestação do serviço é bastante para atrair a incidência do CC. Por essa razão, o instrumento particular basta para os fins da norma em análise.

A assinatura a rogo será conferida por pessoa de confiança do analfabeto, pois subscreverá o documento na presença de duas testemunhas. Nesse ponto, verifica-se uma inovação substancial do CC, pois, na vigência do CC/1916 (art. 1.217 do CC/2002) eram necessárias quatro testemunhas, procedimento que desafia a diretriz atual da operabilidade e efetividade das regras civis.

**Art. 596. Não se tendo estipulado, nem chegado a acordo as partes, fixar-se-á por arbitramento a retribuição, segundo o costume do lugar, o tempo de serviço e sua qualidade.**

O legislador não concebeu a prestação de serviços gratuita, que assemelharia à abominável servidão humana, de tempos não saudosos da escravidão. Nesse espeque, a onerosidade é da essência desse negócio jurídico, sendo, terminantemente, vedada a presunção de gratuidade. Desse modo, tem-se que a remuneração corresponde aos honorários do prestador de serviço, podendo ser ajustada em pecúnia ou em retribuição não pecuniária, como o desempenho de obrigação de fazer pelo tomador de serviço – hipótese na qual o contrato se transmutará em contrato atípico.

Ademais, nos negócios jurídicos bilaterais, a contraprestação é implícita. Dessa forma, a remuneração pode ser dispensada apenas mediante disposição contratual expressa, submetida a uma interpretação restritiva (art. 114, CC). Nessa hipótese (de dispensa expressa da remuneração do prestador de serviços), caso o tomador, espontaneamente, resolva efetuar uma contraprestação, caracterizar-se-á uma doação remuneratória, não admitindo revogação por ingratidão do beneficiário. O comum é que a remuneração seja fixada pelas partes. No entanto, na ausência de estipulação nesse sentido (ou na hipótese de conflito entre os contratantes sobre o valor, a forma e a periodicidade), a fixação ficará a cargo do juiz que levará em consideração os costumes do lugar, o tempo e a qualidade do serviço. Assim, os usos e costumes locais dirigirão o magistrado para alcançar a remuneração do prestador de serviço, observando ainda o tempo despendido com a execução do serviço e a sua qualidade e complexidade. Sendo o magistrado um homem de seu tempo e meio social, avaliará o tráfego jurídico no local onde se prestou o serviço, interpretando o contrato com base na boa-fé objetiva (arts. 113 e 422, CC), a fim de alcançar a remuneração que duas pessoas razoáveis alcançariam em uma relação de cooperação. Esse será o iter para alcançar o livre convencimento motivado.

A CLT, por sua vez, fornece um critério de arbitramento de remuneração, baseado na percepção do salário por trabalhador que realize serviço em função equivalente em outra empresa (art. 460, CLT). Nada impede (ao revés, tudo aconselha) que o juiz que analisa o contrato de prestação de serviços se valha de idêntica formulação para a formação de seu juízo de valor acerca da remuneração devida ao prestador. De toda sorte, o magistrado poderá se servir do apoio técnico de um perito para arbitrar, com precisão, a remuneração devida, em casos de maior complexidade ou de maior especificidade do objeto contratado.

---

**Art. 597. A retribuição pagar-se-á depois de prestado o serviço, se, por convenção, ou costume, não houver de ser adiantada, ou paga em prestações.**

---

Cuida a norma do momento em que se dará a remuneração. A norma aludida tem caráter supletivo. Em regra, o momento de efetivação da retribuição pelo serviço prestado está previsto no contrato, investigando-se suas cláusulas sobre o tempo do pagamento (art. 134, CC). Se o contrato for omisso, presume-se que o pagamento da remuneração será diferido no tempo, após a prestação dos serviços. Cuidando-se de presunção relativa, nada impede que as partes estabeleçam diferentemente, estipulando o pagamento antecipado ou parcelado (em prestações mensais, por exemplo). Por evidente, se o prestador receber a remuneração antecipadamente, por força de estipulação contratual expressa, e não prestar integralmente o serviço, terá de restituir ao tomador do serviço o valor recebido antecipadamente, evitando enriquecimento sem causa.

---

**Art. 598. A prestação de serviço não se poderá convencionar por mais de quatro anos, embora o contrato tenha por causa o pagamento de dívida de quem o presta, ou se destine à execução de certa e determinada obra. Neste caso, decorridos quatro anos, dar-se-á por findo o contrato, ainda que não concluída a obra.**

---

O art. 598 está em consonância com a centralidade da pessoa humana no ordenamento jurídico. Busca-se proteger o prestador de serviços, evitando-se a contratação por prazo superior a quatro anos, a fim de que ele não seja submetido à instrumentalização por parte do tomador de serviços em uma relação desprovida de limites temporais. Entretanto, a nosso viso a norma não mais se justifica. Primeiramente, haverá uma probabilidade de a prestação de serviço de quatro anos ser considerada um contrato de trabalho, diante de sua frequência e habitualidade, o que poderia inferir em subordinação jurídica de uma parte à outra. Ademais, após os quatro anos aludidos na norma, as partes podem firmar novo contrato, com igual ou superior período. De qualquer forma, a fixação de prazo superior a quatro anos, como se depreende da redação do dispositivo, não comprometerá a validade do negócio jurídico, mas imporá a redução do prazo ante sua ineficácia.

---

**Art. 599. Não havendo prazo estipulado, nem se podendo inferir da natureza do contrato, ou do costume do lugar, qualquer das partes, a seu arbítrio, mediante prévio aviso, pode resolver o contrato.**

**Parágrafo único. Dar-se-á o aviso:**

**I – com antecedência de oito dias, se o salário se houver fixado por tempo de um mês, ou mais;**

**II – com antecipação de quatro dias, se o salário se tiver ajustado por semana, ou quinzena;**

**III – de véspera, quando se tenha contratado por menos de sete dias.**

---

A norma em análise deve ser lida em conjunto com o artigo precedente, que estabelece o prazo máximo de quatro anos para a duração do contrato de prestação de serviços. Nessa esteira, o contrato de prestação de serviço se configura como um contrato temporário. A limitação do prazo de contratação nessa espécie negocial tem raízes históricas. Visa tutelar o prestador de serviços, evitando-se uma contratação que submeta o prestador de serviços à instrumentalização em uma relação desprovida de limites temporais. Em última instância, busca a proteção avançada da pessoa humana contra negócios aviltantes. Aliás, "Findo o prazo quadrienal estipulado por lei, o contrato restará extinto, no entanto, as partes podem convencionar a sua renovação de forma expressa por mais quatro anos e, assim, sucessivamente, não sendo admitida a renovação tácita do contrato, sob pena de se configurar clara violação a *ratio* da norma consistente em evitar o abuso do poder econômico por parte do tomador de serviço" (TEPEDINO, Gustavo; BANDEIRA, Paulo Greco. *Fundamentos do direito civil:* contratos, p. 293).

Assim, se o contrato for fixado acima do prazo estabelecido legalmente, o excesso será ineficaz, reduzido até se enquadrar no limite estabelecido. O contrato será existente e válido, mas ineficaz no que exceder o quadriênio legal.

Entendemos que a norma não mais se justifica nos tempos atuais. Primeiro, porque o fato de superar o período de quatro anos não significa que a relação negocial se caracterizou como um contrato de emprego. Segundo, porque, superados os quatro anos, nada impede que as partes ajustem um novo período contratual, renovado nas mesmas bases ou não, sem que isso implique a caracterização de uma relação empregatícia. Basta imaginar a prestação de serviços advocatícios por longos períodos de tempo.

**Art. 600. Não se conta no prazo do contrato o tempo em que o prestador de serviço, por culpa sua, deixou de servir.**

O legislador buscou estabelecer normas de boa convivência entre o tomador e o prestador de serviço no curso do contrato. Na hipótese de o prestador não comparecer ao serviço injustificadamente (ou seja, por negligência ou comportamento inadequado), a retribuição do aludido período não será devida, suspendendo-se o contrato, sem o pagamento. Ilustrativamente, se o prestador de serviços falta por causa de embriaguez ou em virtude da realização de outros serviços, não será remunerado. Obviamente, se a ausência decorrer de um evento que não seja imputável ao comportamento culposo do prestador, a remuneração ser-lhe-á devida da mesma forma, computado o período regularmente. Por exemplo, podemos pensar no não comparecimento em razão de uma greve geral dos transportes ou por um acidente provocado por terceiro. Ademais, ao prestador a remuneração será devida se a paralisação decorreu de culpa do próprio dono do serviço.

O dono do serviço poderá buscar a resolução contratual, cumulada com pedido de perdas e danos, se o inadimplemento resultante da falta ao serviço for significativo, a ponto de prejudicar seriamente os objetivos da contratação, caso o não comparecimento seja injustificado. No âmbito trabalhista, o contrato não será suspenso, ao contrário do campo do direito civil. Isso porque, na estrutura da CLT, não são transferidos ao trabalhador os riscos da atividade econômica, solitariamente assumidos pelo empregador, detentor do lucro.

**Art. 601. Não sendo o prestador de serviço contratado para certo e determinado trabalho, entender-se-á que se obrigou a todo e qualquer serviço compatível com as suas forças e condições.**

A prestação de serviços pode ser genérica ou específica. Será específica nas hipóteses nas quais o contrato definir a quantidade e a qualidade do serviço a ser prestado. Assim, entende-se que o prestador somente se obrigou a realizar as atividades convencionadas, sem qualquer outro dever. Como exemplo, podemos pensar no despachante, que se obriga a proceder ao reconhecimento de firma do tomador em um determinado contrato. Essa obrigação é, sem dúvida, específica. Nos casos de contrato genérico, presume-se que o prestador se obrigou a todo e qualquer serviço compatível com as suas condições e forças. A presunção é relativa no sentido de que o prestador foi para todo e qualquer serviço compatível com o objeto contratado, salvo disposição contrária. Obviamente, não se pode imaginar que o prestador deveria executar serviços de maneira ilimitada. Por isso, havendo dúvidas a respeito da extensão das atividades, ficará a cargo do prestador demonstrar quais eram os limites de sua atividade, de acordo com a razoabilidade esperada do negócio jurídico.

Em geral, o próprio contrato de prestação de serviço especifica a atividade a ser desempenhada pelo prestador. A obrigação de fazer é objeto de convenção. Contudo, ainda que o negócio jurídico seja silente, a própria especialização técnica do prestador de serviços basta para qualificar os serviços que deverá praticar. Obviamente, não se pode admitir que um médico contratado para fazer visitas semanais a um doente crônico também se ocupará da faxina da residência, sob o argumento de que o serviço é "compatível com as suas forças e condições". Diferentemente, ao se contratar um advogado para a defesa em um processo, subentende-se, salvo disposição contrária, que o seu trabalho abrange a sustentação oral perante o tribunal respectivo.

Observa-se maior discussão quando a contratação envolve atividades físicas, manuais. Pode-se indagar se é possível exigir de uma diarista que também corte a grama do jardim, simplesmente por possuir condições físicas para tanto? O art. 601, ora em análise, deve ser interpretado à luz da cláusula geral da boa-fé objetiva (arts. 113 e 422, CC), que impõe uma relação cooperativa entre as partes, a fim de que se obtenha o adimplemento da obrigação da forma mais proveitosa ao credor e menos onerosa ao devedor. Por essa razão, a imposição de um sacrifício desmesurado a uma das partes, em decorrência da omissão do contrato, converte-se em abuso do direito – que é um ato ilícito objetivo (art. 187, CC) –, já que o dono do serviço exerce o direito subjetivo de forma manifestamente excessiva, lesando a confiança do parceiro contratual e desequilibrando a relação jurídica. A proporcionalidade será a medida da correção e da aferição de quais são os serviços compatíveis com a posição do prestador, bem como com as suas forças e condições. Assim, reconhece-se que há limitações no que tange à duração e ao horário do serviço, afastadas as atividades exaustivas e atentatórias à dignidade humana. Perante a exigência do tomador de serviços de que o prestador realize serviços incompatíveis com as suas forças e condições, este poderá demitir-se por justa causa, extinguindo a relação negocial. Ilustrativamente, podemos pensar em um advogado contratado para defender o cliente em Porto Alegre, sendo obrigado a realizar, às suas expensas, uma viagem até Brasília, para fazer uma sustentação oral perante os tribunais superiores. Claramente, o objeto da prestação de serviços não alcançaria a referida viagem, com despesas financeiras e sacrifício de tempo, por estar além das "forças e condições" do prestador.

**Art. 602. O prestador de serviço contratado por tempo certo, ou por obra determinada, não se pode ausentar, ou despedir, sem justa causa, antes de preenchido o tempo, ou concluída a obra.**

**Parágrafo único. Se se despedir sem justa causa, terá direito à retribuição vencida, mas responderá por perdas e danos. O mesmo dar-se-á, se despedido por justa causa.**

Na prestação, como toda obrigação, é um processo, cujo ápice é o cumprimento, resgatando-se aquela parcela de liberdade que fora cedida ao tempo da vinculação de serviço. O dono do serviço demanda a satisfação da obrigação de fazer por um tempo certo, sendo inviável, em linha de princípio, a resilição unilateral por parte do prestador de serviço, já que este direito potestativo apenas é reconhecido nos contratos sem prazo (art. 599, CC). Tal se justifica porque a extinção prematura acarreta prejuízos ao dono do serviço e inviabiliza o alcance das funções econômica e social do contrato. Assim, o desfazimento unilateral pelo prestador lhe acarreta a responsabilização pelos danos causados ao dono do serviço, não afastando a retribuição já vencida e ainda não paga. Em outras palavras, tem a liberdade de se retirar imotivadamente, mas será responsabilizado por sua escolha, quando prejudicial à outra parte.

Por outro lado, o contrato poderá ser desconstituído quando a denúncia for motivada. A redação do dispositivo em análise apresenta uma impropriedade, pois a expressão "justa causa" se refere às relações trabalhistas (arts. 482 e 483 da CLT). A motivação para a resilição pode ser a mesma causa constante da legislação consolidada, como o tratamento com rigor excessivo pelo dono do serviço, a exigência de serviços superiores às forças do prestador, a existência de ofensas físicas ou morais etc. Enfim, atos que degradem a condição do prestador e inviabilizem a preservação da relação jurídica, posto ausente o elemento da confiança, piso de convivência entre seres humanos. O prestador de serviços despedido sem justa causa poderá demandar perdas e danos. A sua retribuição é ressalvada, mas os seus atos desidiosos ou o abandono da atividade serão indenizáveis na medida dos prejuízos apurados judicialmente, se não houver cláusula penal convencionada.

**Art. 603. Se o prestador de serviço for despedido sem justa causa, a outra parte será obrigada a pagar-lhe por inteiro a retribuição vencida, e por metade a que lhe tocaria de então ao termo legal do contrato.**

O contrato de prestação de serviços poderá ser desconstituído por denúncia imotivada pelo dono do serviço. Tem-se, na hipótese, resilição unilateral no contrato com termo. Assim como na desconstituição imotivada do prestador de serviços, (art. 602, CC), na extinção prematura do negócio jurídico pelo direito potestativo de denúncia do dono do serviço não poderá ofender a legítima expectativa do prestador que agiu corretamente para a consecução da finalidade contratual, aguardando a sua conclusão para obter a vantagem patrimonial esperada.

A quebra da confiança acarretará em benefício do prestador o pagamento de perdas e danos no equivalente à metade do que lhe caberia se o serviço alcançasse o termo final previsto no contrato, além, é claro, das retribuições vencidas e não pagas. Tem-se, aqui, uma vedação ao exercício abusivo do direito potestativo de denúncia, com inspiração no parágrafo único do art. 473 do CC. Ilustrativamente, se A deveria auferir R$ 10.000,00 em seis meses de contrato e a denúncia foi exercitada com três meses de prestação de serviço, A fará jus aos R$ 5.000,00 já trabalhados, além de outros R$ 2.500,00 equivalentes à metade da importância relativa ao tempo restante.

**Art. 604. Findo o contrato, o prestador de serviço tem direito a exigir da outra parte a declaração de que o contrato está findo. Igual direito lhe cabe, se for despedido sem justa causa, ou se tiver havido motivo justo para deixar o serviço.**

O prestador de serviços tem o direito subjetivo do prestador de exigir a declaração de que o contrato está findo. O CC anterior estabelecia o aludido direito apenas à prestação de serviço agrícola (então locação agrícola). De acordo com a norma do art. 319 do CC, não se pode entender o pagamento como um direito subjetivo apenas do credor. O adimplemento também é de interesse do devedor, pois recuperará a sua liberdade. Assim, aquele que paga a obrigação tem direito subjetivo à quitação, demonstrando sua liberação para que fique viável a contratação com outrem.

Se o credor se recusar a outorgar o documento de quitação imediatamente, o devedor poderá reter a prestação de fazer. Mas, estando a obrigação integralmente executada, restará ao prestador ajuizar a outorga específica da obrigação de fazer (art. 497, CPC), demandando a emissão do recibo, sob pena de imposição de multa cominatória diária (*astreintes*) em face do dono do serviço.

**Art. 605. Nem aquele a quem os serviços são prestados poderá transferir a outrem o direito aos serviços ajustados, nem o prestador de serviços, sem aprazimento da outra parte, dar substituto que os preste.**

O dispositivo em análise reitera o caráter *intuitu personae* da prestação de serviço. Por se tratar de uma obrigação de fazer personalíssima, prestador e tomador de serviços não poderão transferir a terceiros a execução ou o direito aos serviços ajustados, respectivamente. Para a cessão contratual é necessário o assentimento expresso do outro contratante, em uma verdadeira assunção de dívida ou cessão da posição contratual. A intransmissibilidade alcança a sucessão *causa mortis*, inclusive, de forma que o falecimento de um dos contratantes acarreta a extinção contratual ordinariamente. Contudo, excepcionalmente os contratantes podem ajustar contrato de prestação de serviços não personalíssimo, caso em que o negócio poderá prosseguir a despeito da morte de um dos contratantes, sendo transferida a posição contratual aos herdeiros ou demais sucessores. Ilustrativamente, em prestação de serviços advocatícios, podendo ser convencionado e autorizado que a prestação de serviços seja realizada pela equipe do escritório e, não de forma exclusiva, na pessoa de determinado advogado.

Trata-se de obrigação de fazer infungível por convenção (art. 247, CC), sendo o seu inadimplemento penalizado pela tutela ressarcitória, caso o contratante lesado não opte pela adoção da tutela inibitória (art. 497, CPC), constrangendo o parceiro a praticar aquele ato que voluntariamente recusa a efetuar. Observa-se que a diretriz da operabilidade adotada pelo CC é direcionada à máxima efetividade das normas de direito material, de forma que o contratante tem amplas possibilidades de alcançar a extinção natural da relação contratual com a satisfação da prestação almejada, sendo o inadimplemento algo patológico e excepcional.

A substituição autorizada do prestador ou do tomador de serviços não implica terceirização (ou *outsourcing*). Esta é uma contratação da prestação de serviços por uma pessoa jurídica interposta para disponibilizar mão de obra para outra empresa, em uma atividade de interposição para fins de apoio empresarial. É prática comum para minimizar custos nas empresas e maximizar a qualidade do serviço. Exemplo corriqueiro é a terceirização das atividades de limpeza e serviços gerais. Importante lembrar que em agosto de 2018, o STF, analisando a Lei n. 13.429/2017, que autoriza a terceirização da atividade-fim nas sociedades empresárias, decidiu, por 7 votos a 4, pela licitude da terceirização em todas as etapas do processo produtivo, seja meio ou fim. A decisão foi prolatada na ADPF n. 324 e no RE n. 958.252, com repercussão geral reconhecida.

**Art. 606. Se o serviço for prestado por quem não possua título de habilitação, ou não satisfaça requisitos outros estabelecidos em lei, não poderá quem os prestou cobrar a retribuição normalmente correspondente ao trabalho executado. Mas se deste resultar benefício para a outra parte, o juiz atribuirá a quem o prestou uma compensação razoável, desde que tenha agido com boa-fé.**

**Parágrafo único. Não se aplica a segunda parte deste artigo, quando a proibição da prestação de serviço resultar de lei de ordem pública.**

A prestação de serviços não pode ser gratuita, nem mesmo quando o prestador de serviços não possuir qualificação profissional adequada e necessária para o exercício da atividade a que se comprometeu. Nesse caso, se o tomador do serviço tem conhecimento da falta de qualificação do prestador, nenhum efeito jurídico decorrerá, já que o negócio jurídico foi firmado com base na autonomia privada dos contratantes. Portanto, o prestador terá direito à retribuição que será devida em nos termos do contrato, em regular pagamento pelo adimplemento de uma obrigação contratual. Ora, o tomador não pode negar o pagamento, pois estava ciente da falta de habilitação e, mesmo assim, entabulou o negócio jurídico. Enfim, não se admite que o contratante possa se beneficiar de sua própria torpeza.

Se as partes não fixaram valor, o magistrado arbitrará o *quantum* com base nos costumes do lugar, o tempo do serviço e a qualidade da atividade desempenhada, como previsto no art. art. 597 do CC. Entretanto, não tendo o prestador habilitação profissional, a norma a ser aplicada é a ora em comento. Assim sendo, no caso de falta de habilitação profissional ao prestador de serviços, o juiz, em vez de fixar o valor comum de mercado para aquele tipo de contrato, determinará uma compensação razoável em favor do prestador que agiu de boa-fé, apesar de haver exercido irregularmente uma atividade. Aqui, o valor arbitrado pelo magistrado será atenuado, considerando a falta de habilitação do contratado. Por outro lado, se quem prestou não tinha a habilitação necessária, não pode exigir o preço compatível ao serviço realizado. Ilustrativamente, se um *personal trainer* é contratado, apesar de não ser graduado em Educação Física, por possuir experiência em treinamentos corporais, o magistrado estipulará em seu favor uma retribuição razoável, por ter cumprido o serviço. Seria, também, o caso de estabelecimentos de ensino que não recebem autorização (ou que têm cassada a autorização de funcionamento) para oferecer determinados cursos educacionais. Provada a boa-fé da empresa e o benefício propiciado ao aluno, o juiz fixará uma compensação razoável.

Veja-se que a norma em análise está relacionada diretamente com a proibição de enriquecimento injustificado do dono do serviço (arts. 884 e 885, CC). Mas, se o prestador omite a sua falta de qualificação ou, pior, ilude o dono do serviço, com base em falsas premissas, nada poderá receber dos serviços prestados, aplicando-se o instituto do *tu quoque*. Ora, quem viola uma norma jurídica não pode por ela ser beneficiado, incidindo em ato ilícito objetivo (abuso do direito), ao constituir, deslealmente, uma relação jurídica na qual a pessoa que atrai a confiança alheia com base em inverdades posteriormente deseja se beneficiar da própria norma – no caso, receber uma compensação. Alcança-se, aliás, um resultado similar àquele almejado pelo art. 883 do CC. Em síntese, nas hipóteses nas quais falta habilitação profissional, o prestador de serviços terá direito à compensação apenas se presentes os seguintes requisitos: i) boa-fé (isto é, quando não escondeu do tomador a falta de habilitação); ii) existência de benefício propiciado ao tomador pelo serviço prestado.

Observa-se que o parágrafo único do dispositivo em comento veda a possibilidade de fixação de compensação razoável em favor daquele que executa serviço sem qualificação, quando alguma norma de ordem pública reservar o exercício da profissão apenas em favor de determinados profissionais. Apesar da expressão "norma de ordem pública" (até porque não existem normas legais que não sejam públicas) ser de razoabilidade questionável, deve ser compreendida com base em situações concretas em que periclite o interesse público. Sabe-se que o exercício de algumas profissões afeta diretamente o interesse público, demandando a observância de requisitos específicos traçados em lei; assim, advogados, médicos, odontólogos, farmacêuticos, entre outros, são profissionais que não podem ser substituídos, pelo risco à integridade física e patrimonial de terceiros. Por isso, qualquer prestador de serviço desprovido de qualificação profissional para o exercício de tais atividades, além de poder ser responsabilizado criminalmente, não receberá qualquer remuneração pelas atividades realizadas. Entendemos que a norma é merecedora de críticas. Ainda que a atuação do prestador de serviços viole disposições de ordem pública, se o tomador se beneficiou do serviço prestado, parece estar em rota direta de colisão com a vedação de enriquecimento sem causa deixar o prestador sem uma compensação razoável.

**Art. 607. O contrato de prestação de serviço acaba com a morte de qualquer das partes. Termina, ainda, pelo escoamento do prazo, pela conclusão da obra, pela rescisão do contrato mediante aviso prévio, por inadimplemento de qualquer das partes ou pela impossibilidade da continuação do contrato, motivada por força maior.**

O contrato de prestação tem como causas terminativas: i) a morte de qualquer das partes; ii) escoamento do prazo; iii) conclusão da obra; iv) denúncia do contrato por aviso prévio; v) resolução por inadimplemento; e vi) resolução por força maior.

Em decorrência do caráter *intuito personae* da espécie contratual ora analisada, a morte de qualquer das partes acarreta a extinção do contrato. Assim, além da intransmissibilidade *inter vivos* (art. 605, CC), não há direito sucessório sobre a posição de credor ou devedor do referido contrato. Ficaram a cargo dos herdeiros do dono do serviço eventuais débitos vencidos e não pagos pelo *de cujus*, tratando-se de dívidas comuns perante o prestador de serviço. A extinção do contrato pelo escoamento do prazo estabelecido para a prestação do serviço evidencia a sua temporariedade, posto limitada à duração máxima de quatro anos (art. 598, CC). Se houver interesse pelas partes na prestação de outros serviços, uma nova relação contratual deve ser entabulada. O contrato também se extingue com a conclusão da obra. Ainda que não se trate de contrato de empreitada (no qual prevalece o resultado alcançado), é possível que a prestação de serviço se relacione à execução de uma obra, momento em que sobejará concluída a obrigação pelo seu regular adimplemento. A relação contratual de prestação de serviço ainda pode ser extinta pela denúncia do contrato por aviso prévio. Nessa hipótese, uma das partes exercerá o direito potestativo de resilição unilateral da prestação de serviço, quando ajustada sem prazo. Assim, melhor seria utilizar a expressão "denúncia imotivada". Quando o dono do serviço se recusa a efetivar o pagamento ao prestador de serviço, poderá ocorrer a resolução por inadimplemento. Se a recusa for do prestador de serviços, em adimplir o serviço, o dono poderá buscar a tutela específica da obrigação de fazer (art. 497, CPC) ou demandar perdas e danos, de acordo com a sua conveniência. A extinção do contrato ainda pode decorrer de evento externo à conduta das partes, de caráter inevitável, dando-se a resolução por força maior. Caso em que a parte prejudicada não fará jus às perdas e danos, já a extinção do contrato não se relaciona com a conduta culposa do devedor. Ademais, lembre-se de que o prestador do serviço tem o direito subjetivo de exigir a declaração de que o contrato está concluído (certificação do término contratual).

**Art. 608. Aquele que aliciar pessoas obrigadas em contrato escrito a prestar serviço a outrem pagará a este a importância que ao prestador de serviço, pelo ajuste desfeito, houvesse de caber durante dois anos.**

Louvando-se, a toda evidência, a função social do contrato, notadamente considerando a figura do terceiro ofensor, o art. 608 desestimula o aliciamento de mão de obra alheia. O sistema jurídico não admite que um terceiro viole uma relação contratual já entabulada e em curso, sancionando o terceiro lesante, sem prejuízo de outras sanções aplicáveis ao contratante descumpridor de suas obrigações. Fundado nos valores éticos e jurídicos (especialmente na função social do contrato e na ruptura do princípio da relatividade dos efeitos dos negócios jurídicos entre as partes), é possível efetuar uma distinção entre a eficácia das obrigações contratuais e a sua oponibilidade. A eficácia das obrigações mantém-se restrita às partes, respeitando-se o princípio da relatividade contratual, já que as prestações de dar, fazer e não fazer só poderão ser exigidas reciprocamente dos contratantes. Mas, por outro lado, o princípio da função social condiciona o exercício da liberdade contratual de terceiros, pois torna o contrato oponível *erga omnes*. Toda a coletividade tem o dever de abster-se de entabular negócios jurídicos que comprometam ou perturbem a realização de obrigações anteriormente assumidas entre sujeitos distintos.

O ordenamento jurídico repugna a violação por alguém de uma prestação de serviço em andamento, impedindo que alcance o seu termo normal, pelo adimplemento. Ofende o ordenamento a conduta daquele que, conhecendo a existência de uma prestação de serviço em curso, seduz o prestador com uma nova proposta, a ponto de acarretar a dissolução da relação contratual primitiva. Por essa razão: se uma pessoa celebrou contrato com outra, pelo qual prestará serviço técnico especializado, e um concorrente, ciente da relação contratual, oferece um novo contrato com condições mais vantajosas, gerando o inadimplemento, o prejudicado deve ser indenizado. Tem-se aqui a tutela da função social externa do contrato, combatendo uma concorrência desleal. Conhecido até mesmo nas mídias foi o comentado caso do cantor Zeca Pagodinho, que, em 2004, foi convidado por uma cervejaria para romper o contrato que mantinha com outra. Não é difícil notar que o terceiro (a cervejaria Ambev, detentora da marca Brahma) veio a prejudicar, intensamente, o contrato mantido entre o famoso sambista e a cervejaria *Nova Schin*, para quem vinha realizando campanha publicitária, tanto que referida conduta foi tida como apta a gerar dano indenizável.

Frise-se que a oponibilidade dos contratos acarreta um dever jurídico coletivo de abstenção – semelhante ao tradicionalmente reconhecido aos direitos reais –, que recai sobre todos que tenham conhecimento do conteúdo de um contrato, ainda que não integre a relação jurídica. A norma em análise, assim, tem ampla incidência sobre as relações contratuais modernas, que, muitas vezes, são interrompidas bruscamente em razão da indevida intervenção de terceiros, que conhecem o contrato, mas atuam como se o desconhecessem, ofertando vantagens a um dos contratantes, de modo a provocar a desconstituição daquela relação negocial. Sabe-se que, comumente, artistas, esportistas e outros profissionais vinculados, com exclusividade, a uma empresa, são constantemente assediados por ofertas de concorrentes, provocando a resilição unilateral do contrato com o pagamento de uma multa pela denúncia. Observa-se que os concorrentes são solidariamente responsáveis pelo inadimplemento contratual, já que violam um contrato alheio, impedindo que ele atinja os seus efeitos econômicos e sociais almejados. Ademais, além da responsabilidade contratual imposta ao contratante culpado, caberá a imposição de indenização por responsabilidade extracontratual àquele que violar o dever de abstenção e, por meio de uma concorrência desleal, provocar danos a seu concorrente.

Mas não é só. O terceiro ofensor não será punido isoladamente. O prestador de serviço que romper a relação contratual também poderá ser responsabilizado, seja em virtude de cláusula penal compensatória (art. 411, CC), ou, em sua ausência, mediante fixação de perdas e danos pelo magistrado em decorrência do inadimplemento contratual. Discordamos da exigência contida no dispositivo em análise no sentido de o contrato ser firmado por escrito para a caracterização do aliciamento do prestador de serviços. A determinação legal é despicienda e incoerente, pois o negócio jurídico é não solene e informal. Assim, entendemos que mesmo na ausência de instrumento escrito é possível reconhecer a responsabilização civil do terceiro ofensor.

**Art. 609. A alienação do prédio agrícola, onde a prestação dos serviços se opera, não importa a rescisão do contrato, salvo ao prestador opção entre continuá-lo com o adquirente da propriedade ou com o primitivo contratante.**

Em regra, o contrato de prestação de serviços é caracterizado pela infungibilidade e pela pessoalidade. A norma inserta no dispositivo em análise apresenta uma exceção a tais caraterísticas, admitindo que, ao tempo da alienação da propriedade rural onde se execute o serviço, possa o prestador manifestar a vontade de prosseguir a relação contratual com o adquirente do bem imóvel. Assim, visualizam-se duas opções para o prestador do serviço. Primeiramente, este poderá optar pela manutenção do contrato originário, caso em que, se o dono de serviço não manter o interesse na prestação, o prestador será despedido sem justa causa e se enquadrará nas consequências do art. 603 do CC. Poderá, ainda, o prestador decidir por estabelecer uma relação jurídica com o adquirente, preferindo continuar onde está, servindo ao novo proprietário. Nessa hipótese se submeterá à cessão do contrato, incidindo o direito potestativo do prestador à manutenção da relação contratual, agora com a substituição do alienante pelo adquirente do imóvel rural.

## CAPÍTULO VIII
## DA EMPREITADA

**Art. 610. O empreiteiro de uma obra pode contribuir para ela só com seu trabalho ou com ele e os materiais.**

**§ 1º A obrigação de fornecer os materiais não se presume; resulta da lei ou da vontade das partes.**

**§ 2º O contrato para elaboração de um projeto não implica a obrigação de executá-lo, ou de fiscalizar-lhe a execução.**

O contrato de empreitada pode ser definido como o negócio jurídico pelo qual uma das partes (empreiteiro) se obriga perante outra (dono da obra ou comitente) à realização de certa obra, por si ou com o auxílio de terceiros, mediante um preço, sem que se configure dependência ou subordinação. Por isso, a estrutura do contrato de empreitada parte da contratação de uma pessoa para o fornecimento de serviços (e, se for o caso, de materiais), a fim de entregar uma determinada obra, pronta e acabada. Tem-se, na hipótese, uma obrigação de resultado assumida pelo contratado. O trabalho humano na empreitada é empregado em sentido objetivo, como o resultado de uma atividade exercida, direcionada à obtenção de uma determinada obra. O que importa é o resultado final. Por isso, trata-se de uma típica obrigação de fazer qualificada pelo resultado (não se confundindo com uma simples obrigação de fazer, em razão da imprescindibilidade do resultado almejado).

Observam-se três elementos caracterizadores da empreitada: i) as partes (sujeitos capazes), ii) o preço (decorrente da extensão do ajuste entre as partes) e iii) a realização de uma obra (por parte do empreiteiro, conforme a encomenda do comitente). O contrato de empreitada se difere do contrato de prestação de serviço em dois pontos basilares. Na prestação de serviços, a atividade humana em si é o móvel da relação contratual, pois o prestador de serviços não se vincula a um resultado previamente acertado, cuja obtenção é inexorável. Já na empreitada, a atividade humana é, apenas, o meio para a obtenção do resultado desejado, que é a entrega da obra contratada, inexistindo qualquer subordinação jurídica entre as partes. Por se tratar de um contrato típico e nominado, a empreitada tem fácil classificação: i) é contrato bilateral ou sinalagmático; ii) é uma relação negocial, necessariamente, onerosa; iii) trata-se de um contrato comutativo; iv) é um negócio jurídico consensual; v) estabelece uma relação jurídica de trato sucessivo (de execução diferida ou continuada); vi) caracteriza-se como um contrato não personalíssimo.

Nos termos do art. 610, o contrato de empreitada tem duas espécies: a empreitada de lavor ou de mão de obra e a empreitada mista, também chamada de empreitada de materiais. Na empreitada de lavor o empreiteiro apenas executa a obra, utilizando materiais fornecidos pelo dono da obra. Já na empreitada mista aquele executa a obra contratada com material próprio, conjugando obrigações de dar (materiais) e fazer (a obra). Também é conhecida como "empreitada global", pois o empreiteiro se obriga a construir a obra e a fornecer os materiais. É fácil notar que nessa segunda modalidade empreiteiro tem maior responsabilidade, pois, além de executar o trabalho, administra os materiais. Naquela primeira espécie, como o empreiteiro apenas executa o trabalho (administrando e fiscalizando o trabalho humano necessário para a consecução da obra), os riscos referentes aos materiais correm por conta do próprio comitente. A empreitada mista deve ser expressamente prevista pelas partes ou decorrer de imposição legal, não cabendo a presunção, como disposto no § 1º do dispositivo em análise. Assim, a empreitada de lavor se apresenta como regra geral.

Nos termos do § 2º, se o empreiteiro for contratado para a elaboração de um projeto, a obrigação de resultado é alcançada com a sua entrega ao dono da obra, pois a sua execução ou fiscalização é atividade independente. Enfim, projeto, fiscalização e execução são tarefas distintas, somente sendo aglutinadas por imposição contratual.

O STJ decidiu que: "Admite-se a penhora do bem de família para saldar o débito originado de contrato de empreitada global celebrado para promover a construção do próprio imóvel". Como cediço, as regras que estabelecem hipóteses de impenhorabilidade não são absolutas. O fundamento central dessa conclusão está relacionado ao intuito do legislador ao prever a exceção legal ora tratada, que foi de evitar que aquele que contribuiu para a aquisição ou construção do imóvel ficasse impossibilitado de receber o seu crédito. Nesse cenário, é nítida a preocupação do legislador no sentido de impedir a deturpação do benefício legal, vindo a ser utilizado como artifício para viabilizar a aquisição, melhoramento, uso, gozo e/ou disposição do bem de família sem nenhuma contrapartida, à custa de terceiros. Portanto, a dívida relativa a contrato de empreitada global, porque viabiliza a construção do imóvel, está abrangida pela exceção prevista no art. 3º, II, da Lei n. 8.009/90 (REsp n. 1.976.743/SC, 3ª T., rel. Min. Nancy Andrighi, *DJe* 11.03.2022).

---

**Art. 611. Quando o empreiteiro fornece os materiais, correm por sua conta os riscos até o momento da entrega da obra, a contento de quem a encomendou, se este não estiver em mora de receber. Mas se estiver, por sua conta correrão os riscos.**

---

O dispositivo em análise dispõe sobre os riscos de perda ou deterioração na empreitada mista, na qual, como visto anteriormente, o empreiteiro assume a obrigação de executar a obra com os seus próprios materiais. Importante lembrar que, quando o objeto do contrato é apenas a execução da obra, a empreitada será de lavor. Se a obrigação for apenas a de fornecer os produtos, sem executar a obra, o negócio jurídico será de compra e venda. Assim, cabendo-lhe fornecer o material da obra, assume, consequentemente, os riscos até o tempo da entrega da obra. Mais especificamente, pelo fato de se constituir em um fornecedor do produto, responde pelo resultado do trabalho contratado.

Na empreitada mista, o empreiteiro assume uma obrigação de resultado, diferentemente da modalidade de lavor, em que a obrigação é meramente de fazer. A condição do empreiteiro é agravada ao ponto de este assumir os riscos de eventual acidente (decorrente de fortuito, por exemplo) pelo fato de, temporariamente, ser o proprietário dos materiais. Aplica-se, no caso, a regra de que a coisa perece para o dono (*res perit domino*), repercutindo a perda da coisa em seu patrimônio (art. 237, CC). Observa-se que os materiais utilizados na empreitada são incorporados no patrimônio do dono da obra apenas no ato de entrega da obra – instante do pagamento. Assim, na empreitada mista a obrigação do empreendedor somente considera-se adimplida com a entrega da obra a contento. Até que isso ocorra, o empreiteiro tem inteira responsabilidade pelos riscos do contrato e suporta todos os prejuízos verificados.

Contudo, se a obra não for entregue em decorrência da mora do dono da obra, que se recusa imotivadamente a recebê-la, os riscos são transferidos a este automaticamente, isentando o empreiteiro dali em diante. Tem-se a mesma regra aplicada ao contrato de compra e venda (art. 492, § 2º, CC), decorrendo da regra geral que retira do devedor, isento de culpa, a responsabilidade pela conservação da coisa quando há mora do credor. É aconselhável, quando há recusa de recebimento da obra, que o empreiteiro se acautele de uma eventual imputação de responsabilidade, buscando a tutela por meio da consignação em pagamento, depositando judicialmente a obra, como lhe faculta a legislação (art. 335, CC; art. 539, CPC).

Importante, ainda, notar que quando o dono da obra houver instruído o empreiteiro a concluir o produto e remetê-lo a um lugar distinto do qual foi produzido, a responsabilidade finda com a entrega do produto em perfeitas condições de ser transportado (art. 494, CC). É o exemplo da confecção de dez vestidos por um costureiro para posterior envio a outro município, onde será realizada uma festa.

---

**Art. 612. Se o empreiteiro só forneceu mão de obra, todos os riscos em que não tiver culpa correrão por conta do dono.**

---

Na empreitada de lavor ou de mão de obra o prestador empresta a sua força de trabalho para a obtenção do resultado prático ajustado, submetendo-se ao material e às opções do dono da obra. Trata-se de mera obrigação de fazer. Recorde-se que a modalidade é a regra, já que a empreitada mista deve ser estabelecida expressamente pelas partes. Em consequência das características da empreitada de lavor, o dono da obra, que fornece o material a ser utilizado, assume todos os riscos. Assim, aplica-se a regra de que a coisa perece para o dono (*res perit domino*). Sendo os materiais pertencentes ao dono da obra, ele se responsabiliza pelo seu eventual perecimento ou deterioração. Ademais, nessa modalidade os riscos do empreiteiro limitam-se à mão de obra contratada.

Nesse sentido, nota-se que a eventual responsabilidade trabalhista e previdenciária decorrente de parcelas devidas aos trabalhadores (inclusive na hipótese de acidente de trabalho) recai, exclusivamente, sobre o empreiteiro, não se podendo questionar de eventual solidariedade (que não se presume, a teor do art. 265, do Códex), pelo fato de este não ser preposto do dono da obra. Este, ainda, se responsabiliza pelos fatos decorrentes de sua culpa ou de seus prepostos. Por essa razão se, por exemplo, durante a execução da obra um terceiro, utilizando de violência ou grave ameaça, subtrai os materiais acondicionados na obra, o prejuízo ficará a cargo do dono. Entretanto, se o empreiteiro ou seus prepostos agiram com desídia na guarda do material subtraído, por terem abandonado a obra, deverá indenizará o proprietário pelos danos sofridos.

---

**Art. 613. Sendo a empreitada unicamente de lavor (art. 610), se a coisa perecer antes de entregue, sem mora do dono nem culpa do empreiteiro, este perderá a retribuição, se não provar que a perda resultou de defeito dos materiais e que em tempo reclamara contra a sua quantidade ou qualidade.**

---

Quando a coisa perecer sem culpa das partes, decorrendo de um fortuito, o contrato de empreitada será resolvido, restituindo as partes ao estado anterior. Uma vez que no caso da norma em comento a modalidade é de empreitada de lavor, a coisa se perderá para o dono da obra, e o empreiteiro perderá a remuneração a que faria jus. É a regra disposta na primeira parte do art. 234 do CC. Entretanto, se o empreiteiro demonstrar que o perecimento decorreu de defeito dos materiais fornecidos pelo dono da obra, e que, expressamente, o advertiu sobre a qualidade ou a quantidade do produto, sem que este tivesse adotado medidas preventivas, terá direito à percepção da remuneração previamente estabelecida. Verificam-se, aqui, duas soluções possíveis, com idêntico resultado prático. Uma delas é premiar o empreiteiro por seu zelo com a atividade exercitada e com o cumprimento do dever anexo de informação (decorrente da boa fé objetiva) e punir o dono da obra pela desídia no trato com a empreitada. A outra solução passa por outra hipótese. Se for constatado o vício redibitório (defeito) nos produtos e impossibilitada a verificação prévia quanto ao seu déficit qualitativo por parte do empreiteiro (quando o vício for de difícil constatação), ainda assim terá direito ao pagamento da remuneração contratada. Ora, o dono da obra há de garantir a idoneidade das coisas que forneceu, assumindo os riscos de se tornarem impróprias para o uso. Obviamente, o dono da obra poderá voltar-se em regresso contra quem, eventualmente, vendeu-lhe o produto.

Não se pode perder de vista, ainda, a hipótese de perecimento da coisa pelo caso fortuito ou por força maior no caso de recusa do dono da obra em recebê-la (a chamada mora *creditoris* ou *accipiendi*). No caso, é desnecessário discutir a necessidade de preservação da remuneração do empreiteiro diante da expansão da responsabilidade civil do dono da obra, provocada pela sua recusa injustificada em recebê-la (art. 400, CC).

---

**Art. 614. Se a obra constar de partes distintas, ou for de natureza das que se determinam por medida, o empreiteiro terá direito a que também se verifique por medida, ou segundo as partes em que se dividir, podendo exigir o pagamento na proporção da obra executada.**

**§ 1º Tudo o que se pagou presume-se verificado.**

**§ 2º O que se mediu presume-se verificado se, em trinta dias, a contar da medição, não forem denunciados os vícios ou defeitos pelo dono da obra ou por quem estiver incumbido da sua fiscalização.**

---

Quanto ao pagamento da remuneração do empreiteiro, chamada preço, há duas modalidades de empreitada de acordo com a forma do acerto do preço: por preço certo e por medida. O dispositivo ora em perspectiva, trata da empreitada por unidade de medida ou por medição, na qual há um fracionamento da obra, consideradas as partes em que é dividida. É a chamada *marche à devis* do Direito gaulês. Ilustrativamente, podemos pensar no negócio jurídico para a construção de dez chalés em um lote, cujo proprietário pode remunerar o empreiteiro ao cabo da conclusão de cada uma das habitações, sem ter em vista o conjunto da obra. Na modalidade em análise, a obrigação é divisível, podendo o empreiteiro entregar autonomamente as partes distintas da obra. Assim, à medida que o cronograma vai sendo cumprido, o empreiteiro adquire um direito subjetivo ao recebimento das prestações parciais, sob pena de paralisação do restante do serviço enquanto não houver o pagamento da necessária retribuição (art. 476, CC), além do nascimento de uma pretensão ao recebimento do crédito, por intermédio de alguma medida judicial, em conformidade com a natureza do título contratual (podendo se tratar de ação de cobrança, monitória ou de execução).

Depreende-se da redação do § 1º da norma em análise que o pagamento deve ser contemporâneo à verificação da obra, presumindo-se a regularidade de cada etapa concluída, à medida que for paga pelo dono da obra. Isso porque, por óbvio, o pagamento presume o seu contentamento. Trata-se de presunção relativa. É comum, e prudente, que as partes se documentem para acompanhar a entrega parcial da obra, podendo cobrar a parte restante. Nos termos do § 2º, na data da medição de cada etapa da obra nasce o prazo decadencial de 30 dias para o dono da obra exercer o direito potestativo de denunciar (reclamar) os vícios ou defeitos da coisa, sejam eles ocultos ou aparentes. Nota-se, aqui, diferença com a regra geral do art. 445 do próprio CC sobre a contagem do prazo para a verificação dos vícios redibitórios. Registre-se, por derradeiro, que essa diluição da possibilidade de reclamação dos vícios não exclui o prazo de garantia (art. 618, CC). Ademais, se a empreitada atrair a aplicação das regras do CDC, há especial disciplina quanto aos vícios dos produtos (arts. 18 e segs., CDC), com a fluência do prazo para reclamação dos vícios a partir da data do efetivo conhecimento, além da possibilidade de inversão do ônus de prova (art. 6º, VIII, CDC).

**Art. 615. Concluída a obra de acordo com o ajuste, ou o costume do lugar, o dono é obrigado a recebê-la. Poderá, porém, rejeitá-la, se o empreiteiro se afastou das instruções recebidas e dos planos dados, ou das regras técnicas em trabalhos de tal natureza.**

Como regra natural do contrato de empreitada, o proprietário deverá receber a obra concluída. Mas, se o empreiteiro se afastou das instruções ou incorreu em mora, o dono da obra poderá rejeitá-la. Este não poderá ser obrigado a receber um trabalho imperfeito quando investiu toda a sua confiança em um profissional, mas recebeu algo que não se ajusta às suas legítimas expectativas, afrontando objetivamente os termos do contrato. Mas é importante lembrar que os deveres anexos da boa-fé objetiva (art. 422, CC) não restringem o perfeito cumprimento da obrigação apenas ao tempo de entrega e ao acabamento estrutural da obra. A perfeição no cumprimento da obrigação pelo empreiteiro engloba o lugar e o modo de sua execução, além dos deveres éticos implícitos em todo contrato, como lealdade, informação, segurança etc.

A inobservância de critérios técnicos pelo empreiteiro abre caminho para a alegação de justa causa pelo dono da obra para recusar a prestação, em face da incorreção na forma da execução da obrigação. Como exemplo, pode-se cogitar na hipótese em que o autor de uma obra intelectual entrega o livro à editora no tempo ajustado, mas ignora os padrões ajustados para a confecção do livro. A empresa poderá recusar o seu recebimento até que as alterações sejam perfeitamente realizadas. Enfim, a mora será imputável ao empreiteiro, com as consequências aludidas no art. 399 do CC, se o bem não for entregue com todas as qualidades esperadas. Fácil de perceber que o dono da obra incorrerá em mora (a chamada *mora creditoris*) apenas quando a recusa for imotivada e injustificável. Nesse caso, o dono da obra assume todos os riscos da construção, exonerando o empreiteiro, mesmo que se trate de empreitada mista. Tratando-se de empreitada de construção, mesmo que o dono da obra venha a aceitá-la, sem ressalvas, apesar da infração às normas técnicas, não se afasta a garantia pela solidez e pela segurança do trabalho, conforme disposição do art. 618 da lei civil.

**Art. 616. No caso da segunda parte do artigo antecedente, pode quem encomendou a obra, em vez de enjeitá-la, recebê-la com abatimento no preço.**

O art. 616 complementa a norma que lhe precede, estabelecendo alternativa ao dono da obra quando a coisa é entregue em desconformidade com suas diretrizes. Poderá este optar pela não desconstituição da relação jurídica, ficando com a coisa com abatimento proporcional no preço em razão do descumprimento das instruções e das normas técnicas. A hipótese é de ação estimatória (apelidada de ação *quanti minoris*). Em termos gerais, os arts. 615 e 616 concedem ao dono da obra o direito potestativo de imposição ao empreiteiro que entregou a obra com imperfeições de uma das medidas ali contempladas – redibição ou abatimento no preço –, sem que este possa se opor à decisão adotada.

A nosso viso, se a hipótese é de infração contratual reduzida (sem grande significado) ou de simplória violação às regras técnicas, a opção pelo desfazimento do contrato se converterá em medida desproporcional diante do inadimplemento mínimo do empreiteiro. É a chamada teoria do adimplemento substancial (ou substancial *performance*). Assim, o magistrado poderá, com base nas regras do abuso do direito (art. 187, CC), limitar o exercício do direito potestativo extintivo pelo dono da obra, determinando uma pequena redução no preço da empreitada em atenção às peculiaridades do caso, sem, contudo, impor a resolução do contrato, aplicando-se o princípio da conservação do negócio jurídico.

**Art. 617. O empreiteiro é obrigado a pagar os materiais que recebeu, se por imperícia ou negligência os inutilizar.**

A norma contida no art. 617 é de fácil intelecção, destacando o princípio geral da responsabilidade civil subjetiva. Na empreitada, seja na modalidade de mão de obra ou de lavor, o material é fornecido pelo dono da obra, de forma que o empreiteiro, na qualidade de possuidor de tais produtos, deverá atuar com o máximo zelo e cautela na sua conservação, a fim de exercitar a atividade a cujo resultado está voltado. Por essa razão, eventuais falhas no emprego dos materiais decorrentes de imperícia ou negligência do empreiteiro a ele será imputada. Assim, recairá sobre ele o ônus de provar eventual incidência de fortuito para fins de se exonerar de qualquer responsabilidade.

O Código Beviláqua fazia referência apenas à imperícia do empreiteiro como fato gerador do dever de indenizar (art. 1.244). O atual Código, conforme se depreende da leitura do dispositivo em análise, acrescenta a ausência de conhecimentos técnicos à conduta negligente do empreiteiro que é desidioso na conservação da coisa. Nota-se que o termo imprudência, está inserido no sentido lato da imperícia, que engloba todo exercício de atividade especializada não realizada adequadamente.

---

**Art. 618. Nos contratos de empreitada de edifícios ou outras construções consideráveis, o empreiteiro de materiais e execução responderá, durante o prazo irredutível de cinco anos, pela solidez e segurança do trabalho, assim em razão dos materiais, como do solo.**

**Parágrafo único. Decairá do direito assegurado neste artigo o dono da obra que não propuser a ação contra o empreiteiro, nos cento e oitenta dias seguintes ao aparecimento do vício ou defeito.**

---

Quando o objeto da empreitada recair sobre prédios ou construções consideráveis, o empreiteiro de materiais e execução responderá pela solidez e pela segurança do trabalho em um prazo de garantia legal de cinco anos, no mínimo. Conforme ressai do *caput*, o dispositivo se aplica à empreitada mista – injustificadamente excluindo a empreitada de lavor – responsabilizando-se o empreiteiro pelos insumos e materiais incorporados e também quanto ao solo em que se encontre a edificação. Ademais, o conceito jurídico indeterminado "construções consideráveis" deve ser modelado de forma a excluir instalações transitórias (*v. g.*, destinadas a festividades ou competições esportivas), pois a regra se justifica pela amplitude da obra, caso em que se faz necessário conceder tutela mais ampla ao proprietário da obra, assim como a vizinhos e terceiros expostos a riscos. A extensão do prazo é consequência da própria complexidade da empreitada e da gama de defeitos que apenas podem ser percebidos após a conclusão da obra.

O artigo em comento se refere apenas ao empreiteiro, omitindo-se quanto à responsabilidade do construtor. Todavia, ao se referir a "empreitada de edifícios ou outras construções", deixa claro que o seu objetivo maior é o de definir a responsabilidade do construtor. Em um sentido lato, o construtor não apenas pode edificar por empreitada, mas também por administração (prestação de serviços) ou mesmo por conta própria. Seja por empreitada (inclusive a de lavor), como por administração surge uma obrigação de resultado para o construtor, de executar a obra tal como lhe foi encomendada, de forma a garantir a sua solidez. Por vezes, a responsabilidade transcende a pessoa do construtor, também recaindo sobre o dono da obra e incorporador, por danos causados a consumidores ou a terceiros Pode-se dizer que o art. 618 é um microcosmo de um microssistema denominado "responsabilidade civil decorrente da construção".

Iniciaremos o comentário visitando o eixo central do art. 618, qual seja, a responsabilidade civil do empreiteiro de construção perante o dono da obra por vícios ocultos. A responsabilidade do empreiteiro por vícios detectados durante o prazo de garantia legal é objetiva, afastando-se eventual discussão sobre a sua culpa. Se o dono da obra argui a existência de vícios dentro do prazo de garantia, presume-se o empreiteiro responsável pelo defeito, cabendo a ele a prova de que inexiste defeito ou que não há nexo causal entre ele e a execução dos trabalhos, por força de fortuito externo. O conceito de solidez é relacionado à própria obra, enquanto segurança é atinente aos ocupantes desta; os conceitos estão relacionados, portanto, na medida em que a falta de solidez implica insegurança aos usuários. Problemas de segurança não estão, porém, necessariamente ligados aos de solidez; obras frequentemente apresentam defeitos que, embora não tenham qualquer repercussão sobre a solidez, afetam a segurança e a saúde dos usuários: odores fétidos provenientes de fossas, umidade excessiva, perigo de incêndio, gases perigosos, problemas acústicos. Assim, deve-se atribuir aos termos "segurança" e "solidez" uma compreensão em sentido amplo, englobando todo e qualquer problema que impeça a regular condição de salubridade e habitação do prédio, apesar de que no momento da entrega da obra tudo aparentasse estar em conformidade. Os referidos termos, então, não se limitam aos defeitos que acarretam eventual ruína da construção. O sentido a ser atribuído deve ser elastecido para alcançar vícios imperceptíveis à primeira vista, mas que rebaixem as condições normais de habitabilidade e salubridade, envolvendo solidez e segurança "parciais". Assim, ilustrativamente, são inseridos no conceito de solidez e segurança defeitos relativos a infiltrações e obstruções em redes de esgoto, problemas elétricos, rachaduras de paredes, pisos e tetos, porque afetam diretamente as condições da habitação, estendendo-se ao próprio "solo", nos casos em que seja impróprio para a construção indevidamente levada a efeito.

Importante frisar que a ampliação da garantia legal concedida no dispositivo em análise comparativamente aos vícios ocultos em geral (art. 445, CC) incide apenas nos vícios redibitórios que acarretem risco à solidez ou à segurança de prédios que constituam edifícios ou construções como viadutos, pontes, edifícios de apartamentos, hotéis etc. Exclui-se do âmbito do art. 618 não apenas aqueles contratos que tenham por objeto obras de menor monta, como também os defeitos que não apresentem riscos para segurança e solidez da obra – ainda que essa noção seja tomada de forma ampla. Ademais, a regra do art. 445 incide em transmissões de bens móveis e imóveis que não se relacionem à obrigação de fazer do construtor. Se A é proprietário de um apartamento e o aliena a B, aplicam-se os prazos abreviados do art. 445. Não se pode perder de vista que, sendo o art. 618 regra especial de garantia, a sua aplicação não se pode estender a outras hipóteses reguladas em normas estanques, específicas. Por essa razão, quanto aos vícios ocultos em geral, aplicam-se as normas alocadas no art. 441 do CC, enquanto para os vícios aparentes, ostensivos, adota-se a sistemática dos arts. 615 e 616, também da lei civil, na medida em que defeitos flagrantes devem ser denunciados pelo comitente no momento de sua verificação por meio de recusa justificada – imputando-se a mora ao construtor – pois o recebimento da obra extingue a responsabilidade do construtor quanto aos vícios aparentes perante o dono da obra. A verificação e aceitação quanto aos vícios aparentes pode se dar em momentos distintos, respeitando-se a tipologia do contrato de empreitada, mediante a distinção entre obras por partes distintas, obra por etapas e obra por medida. Por fim, ainda no quesito especialidade, não se aplica o prazo do *caput* do art. 618 para obra pública, que não se enquadra no conceito de empreitada quando levada a efeito pela administração pública, devendo ser utilizado o lustro referido no art. 1º do Decreto n. 20.910/32.

Importante destacar duas questões relevantes que decorrem do presente dispositivo. A primeira delas concerne à impossibilidade do empreendedor se isentar de responsabilidade por haver advertido o dono da obra sobre a ausência de solidez do solo. É obrigação do empreendedor fiscalizar a obra e entregá-la de forma perfeita, não se admitindo que se escuse na omissão na eventual negligência do dono da obra, do qual não se pode exigir conhecimentos técnicos sobre a segurança do empreendimento. Em segundo lugar, o lustro legal é irredutível por cláusula contratual, sendo eventual previsão de mitigação do quinquênio sancionada pela nulidade por ofensa à norma de ordem pública. Isto se justifica pelo fato de que a solidez e segurança da obra têm em mira a tutela da sociedade e não apenas dos contratantes da empreitada. Outrossim, é lícita a ampliação da garantia por via de ajuste negocial (a fim de conquistar a confiança do dono da obra). A garantia convencional se inicia após o encerramento do prazo de 5 anos. Portanto, eventual ajuste de 3 anos, abarcará uma garantia total de 8 anos. Vislumbra-se, então, uma aplicação do sistema de freios e contrapesos (*system of checks and balances*) na regulamentação da responsabilidade civil do empreiteiro – demonstrando patente preocupação com a boa-fé do dono da obra perante o empreiteiro.

Pois bem, respeitando a confiança do empreiteiro, caso o dono da obra descubra algum vício dentro do prazo legal de garantia (5 anos), poderá o comitente reclamá-lo. Entretanto, qual o prazo para que o faça? Conforme o parágrafo único terá o direito potestativo de reclamá-lo em 180 dias, contados da sua descoberta (teoria da *actio nata*), como determina o parágrafo único deste artigo 618. Aliás, se a obra apresentar diversos defeitos em distintos momentos, para cada novo defeito surgirá novo prazo de 180 dias a partir do aparecimento de cada qual.

Em verdade, o dispositivo apresenta dois prazos com naturezas diversas. O *caput* contém prazo de garantia de cinco anos, contados da entrega da obra. Nesse lapso temporal, eventuais vícios na solidez e segurança, o empreendedor responderá pelo vício oculto. Em contrapartida, o parágrafo único apresenta um breve prazo decadencial de 180 dias, a contar do conhecimento do vício, voltado para a reclamação de defeitos de solidez e segurança. A modicidade do prazo se justifica como forma de estímulo a um comportamento conforme à boa-fé pelo proprietário, notificando o empreiteiro quanto aos vícios, propiciando soluções ágeis e voltadas ao adimplemento. Então, se o vício é constatado após quatro anos e dez meses da entrega do prédio, o dono da obra disporá do prazo de 180 dias a partir de então para exercer o direito de resolução contratual, apesar de já ter sido superado o quinquênio da garantia. Em outras palavras, se a obra foi entregue há um ano e o defeito é descoberto, a partir desse momento fluirá o prazo decadencial de 180 dias para a reclamação do defeito, com o desfazimento do negócio jurídico (ação redibitória) ou o abatimento do preço (ação estimatória ou *quanti minoris*). Após os 180 dias, a garantia restará esvaída, não mais sendo possível ao dono da obra adotar as referidas ações edilícias.

Contudo, o prazo de 5 anos que se inicia com a aceitação da obra sem ressalvas, ostenta a natureza de garantia legal – não se trata de prazo prescricional ou decadencial. O *caput* em comento não delimita um período em que um direito potestativo ou pretensão podem ser exercidos, porém se destina a tutelar o comitente contra riscos futuros. Assim, o transcurso do quinquênio não afeta o posterior exercício de pretensão indenizatória decorrente de inadimplemento negocial por falha na execução do contrato. Isto é, ultrapassado o prazo legal sem que tenha o vício se manifestado, não obstante cesse a garantia legal que comporta à possibilidade de redibir o negócio ou obter abatimento do preço, persiste viável sejam buscadas pelo comitente as perdas e danos respectivos que, nesse caso, dentro do prazo prescricional, deverão ser suportadas pelo empreiteiro. Na vigência do CC/1916, aplicava-se a Súmula n. 194 do STJ, prescrevendo o prazo de 20 anos para o exercício da pretensão para obter do construtor indenização por defeitos na obra. No CC vigente o prazo vintenário foi substituído pelo prazo decenal (art. 206, CC). Nesse ponto, importante observar a redação do Enunciado n. 181 da Jornada de Direito Civil: "O prazo referido no art. 618, parágrafo único, do CC refere-se unicamente à garantia prevista no *caput*, sem prejuízo de poder o dono da obra, com base no mau cumprimento do contrato de empreitada, demandar perdas e danos".

No mais, observa-se que o dono da obra deve agir de boa-fé e de maneira diligente para poder invocar a aplicação do dispositivo. Ora, ninguém pode se valer da própria torpeza. Por essa razão, se o proprietário tiver ciência de um vício que surgiu na obra – por evidente, dentro do prazo de garantia –, terá um dever anexo de informação imediato perante o empreiteiro, para que este possa se posicionar sobre a questão, adotando providências para a solução do problema. Trata-se de mera obediência aos deveres anexos estabelecidos pela boa-fé objetiva (entre eles, os deveres de cooperação, lealdade, honestidade e respeito). Assim, a negligência do dono da obra em informar a existência de defeito implica em violação da confiança do empreendedor e abuso no exercício do direito subjetivo. Por isso, andou bem o legislador brasileiro (art. 618, parágrafo único, CC) em estabelecer um prazo decadencial para a reclamação do desfazimento do contrato.

Saliente-se que quando a empreitada se localizar no espaço de uma relação de consumo, será possível adotar uma compreensão mais arejada do prazo do parágrafo único, a fim de que a contagem dos 180 dias tenha início apenas no momento em que o dono da obra constata a existência do vício construtivo. Para impedir que prevaleça o subjetivismo e a consequente insegurança jurídica, o ideal é que se objetive o momento da ciência do vício pela notificação extrajudicial ao empreiteiro.

A responsabilidade do empreiteiro se prolonga para além do prazo de garantia (5 anos) fixado em benefício do dono da obra ou de terceiro adquirente. Ultrapassado este prazo, o empreiteiro responderá por eventuais vícios existentes, mas apenas se demonstrada a sua culpa (responsabilidade subjetiva com culpa provada pela vítima), com base em pretensão por inadimplemento contratual no prazo prescricional de 10 anos (STJ, EREsp n. 1.280.825/RJ, rel. Min. Nancy Andrighi, 2ª Seção, j. 27.06.2018, *DJe* 02.08.2018). A obrigação de indenizar assume na hipótese caráter acessório, pois advém do descumprimento de uma obrigação principal anterior (art. 389, CC), consistente na má execução da obra. Quer dizer, o prazo de 180 dias, de natureza decadencial, refere-se apenas ao direito potestativo constitutivo/desconstitutivo do dono da obra rescindir o contrato ou rever o seu preço, permanecendo a pretensão de indenização, veiculada em ação condenatória sujeita ao prazo prescricional do art. 205 do CC.

E quando houver relação de consumo? Aplica-se o prazo prescricional do art. 205 do CC às ações indenizatórias por danos materiais decorrentes de vícios de qualidade e de quantidade do imóvel adquirido pelo consumidor ou o prazo decadencial estabelecido pelo art. 26 do CDC? Temos que levar em conta que o construtor – e o incorporador a quem faremos ainda referência – é fornecedor quando edifica unidades imobiliárias, assumindo obrigação de fazer (serviço), seja por empreitada ou administração, bem como obrigação de dar coisa certa (produto) quando vende as ditas unidades para alguém que se coloca como consumidor, destinatário final do imóvel para si e/ou sua família, fechando a cadeia produtiva. É no momento da entrega da obra que se principia a parte mais relevante de sua responsabilidade: a responsabilidade pela qualidade e segurança da obra.

Em matéria de vícios de qualidade ou de quantidade do produto ou serviço, o CDC discrepa do CC. Primeiramente, não há no CDC prazo fixo específico de garantia em relação à solidez e segurança de edifícios. Assim, possui o consumidor proteção mais abrangente quanto à baixa qualidade dos materiais empregados ou a má técnica aplicada na edificação. No que tange aos vícios aparentes, é certo que o consumidor deve exigir a reparação no prazo de 90 dias, em se tratando de produtos duráveis, iniciando a contagem a partir da entrega efetiva do bem e não fluindo o citado prazo durante a garantia contratual. Lado outro, relativamente aos vícios ocultos na obra, estará resguardado ainda que estes surjam após o prazo de cinco anos do recebimento, mesmo que o vício só se manifeste após o término do prazo de garantia contratual (por ele unilateralmente estabelecido), devendo ser observado como limite temporal para o seu surgimento o critério de vida útil do bem, ou seja, o seu prazo normal de durabilidade, no caso a "razoável durabilidade do prédio". Vale dizer, os prazos de garantia, sejam eles legais ou contratuais, visam a acautelar o adquirente de produtos contra defeitos relacionados ao desgaste natural da coisa, são um intervalo mínimo de tempo no qual não se espera que haja deterioração do objeto. Coisa diversa é o vício intrínseco do produto, existente desde sempre, mas que somente vem a se manifestar depois de expirada a garantia. A venda de um bem tido por durável com vida útil inferior àquela que legitimamente se esperava, além de configurar um vício de adequação (art. 18, CDC), evidencia a frustração do fim do contrato, que era a compra de um bem cujo ciclo vital se esperava, de forma legítima e razoável, fosse mais longo, expectativa violada com o perecimento ou a danificação de bem durável de forma prematura e causada por vício de fabricação. Nessa categoria de vício intrínseco, certamente se inserem os vícios de fabricação relativos a projeto, cálculo estrutural, resistência de materiais, entre outros, os quais, em não raras vezes, somente se tornam conhecidos depois de algum tempo de uso, todavia não decorrem diretamente da fruição do bem, e sim de uma característica oculta que esteve latente até então (STJ, REsp n. 1.123.004/DF, 2ª T., rel. Min. Mauro Campbell Marques, j. 01.12.2011, *DJe* 09.12.2011; REsp n. 984.106/SC, 4ª T., rel. Min. Luis Felipe Salomão, j. 04.10.2012, *DJe* 20.11.2012). Em princípio, em qualquer momento em que ficar evidenciado o vício – não o desgaste natural gerado pela fruição ordinária – poderá o consumidor enjeitá-lo, desde que o faça dentro do prazo decadencial de 90 dias a contar de seu aparecimento, o qual será suspenso pela reclamação do vício junto ao fornecedor ou pela instauração de inquérito civil (art. 26, § 2º, CDC). Ademais, para além da possibilidade de redibir o contrato ou de pleitear o abatimento do preço – alternativas que vigoram no CC para vícios ocultos –, o CDC coloca à disposição do consumidor uma terceira opção, consistente na substituição do produto ou na reexecução do serviço (arts. 18, § 1º, I, e 20, I, CDC).

A questão relativa à decadência do direito de reclamar por vícios no imóvel se relaciona ao período de que dispõe o consumidor para exigir em juízo alguma das alternativas que lhe são conferidas pelos arts. 18, § 1º, e 20, *caput* do CDC, não se confundindo com o prazo prescricional a que se sujeita o consumidor para pleitear indenização decorrente da má-execução do contrato. E, à falta de prazo específico no CDC que regule a hipótese de inadimplemento contratual – o prazo quinquenal disposto no art. 27 é exclusivo para as hipóteses de fato do produto ou do serviço – entende-se que deve ser aplicado o prazo geral decenal do art. 205 do CC (STJ, REsp n. 1.534.831/DF, rel. Min. Ricardo Villas Bôas Cueva, rel. p/ o ac. Min. Nancy Andrighi, maioria, *DJe* 02.03.2018).

Porém o fornecedor também se responsabiliza perante o consumidor pela segurança da obra. Enquanto o vício do produto ou serviço representa uma desconformidade em termos de frustração de legítima expectativa de qualidade, afetando a utilidade do imóvel e o seu valor em uma evidente quebra da comutatividade contratual, o defeito concerne a um acidente de consumo derivado de um produto ou serviço com periculosidade adquirida, que causa um dano ao consumidor, seja ele de natureza patrimonial ou extrapatrimonial (arts. 12 e 14, CDC). Frustrado o dever de incolumidade, tratando-se de obrigação objetiva de indenizar, bastará à procedência da pretensão a demonstração do nexo causal entre o defeito e o dano, aplicando-se o prazo prescricional de 5 anos para a ação reparatória (art. 27, CDC).

Ainda no plano consumerista, o incorporador não pode se alforriar perante o condômino (no caso de vício na unidade) ou o próprio condomínio (vício nas áreas comuns) sob a alegação de que empreitou as obras a um construtor, que seria o responsável pelo defeito, que por sua vez aduziria não ter contratado com aqueles, mas apenas com o incorporador. O art. 32 da Lei n. 4.591/64 enuncia a obrigação do incorporador que, embora não tenha efetuado a construção, concretizou a venda de frações ideais de terrenos, assumiu obrigação de fazer, consistente na entrega do prédio de acordo com o projeto e memorial descritivo. Como lembra Caio Mário, "o incorporador não se pode plantar na escusativa de que é mero intermediário" (PEREIRA, Caio Mário da Silva. *Condomínio e incorporações*, 4. ed., Rio de Janeiro, Forense, p. 283-4). Assim, na qualidade de contratante inadimplente, impulsionador e principal garantidor do empreendimento, responde o incorporador pela vulneração da garantia de solidez e segurança perante adquirentes de unidades e o condomínio, em solidariedade passiva com o construtor que lhe substituir na execução da obra (art. 942, CC), uma espécie de terceiro cúmplice na execução do contrato.

Para além das relações contratuais entre construtor e dono da obra (CC) e construtor/incorporador e consumidor, importa frisar que quem edifica também assume responsabilidade perante terceiros – sejam eles vizinhos ou transeuntes – que ocasionalmente sofram danos patrimoniais ou existenciais pelo fato jurídico da obra. Rachaduras e abalos estruturais nos prédios vizinhos ocasionam responsabilidade extracontratual (art. 927, CC), impondo mesmo a adoção de uma tutela inibitória preventiva de ilícitos contra o construtor (art. 497, CPC). Queda de materiais ou desabamento de partes do prédio igualmente pode ferir pedestres. Episodicamente, diante da apuração do risco intrínseco da atividade de construção, as vítimas podem mesmo recorrer à responsabilidade objetiva, perspectivada no parágrafo único do art. 927 do CC.

Evidentemente a responsabilidade do construtor perante estas pessoas não alivia eventual responsabilidade solidária do dono da obra, beneficiário direito da construção. Como se retira do art. 1.299 do CC o proprietário tem o seu direito de construir limitado pelo direito dos vizinhos (*v. g.*, obra nova que dificulta o acesso à luz e à ventilação). No que tange a terceiros não vizinhos se aplica o art. 937 do CC. A responsabilidade pela ruína do prédio (parcial ou total) é uma espécie de responsabilidade objetiva pelo fato da coisa (Enunciado n. 556, CJF), atribuível ao dono do prédio em solidariedade passiva com o construtor. Em qualquer caso é indiferente ao terceiro eventual cláusula de exclusão de responsabilidade firmada entre o construtor e o dono da obra, *res inter alios* para a vítima. Contudo, os termos do contrato serão importantes, em um segundo momento, para avalizar eventual ação regressiva do proprietário contra o construtor.

---

**Art. 619. Salvo estipulação em contrário, o empreiteiro que se incumbir de executar uma obra, segundo plano aceito por quem a encomendou, não terá direito a exigir acréscimo no preço, ainda que sejam introduzidas modificações no projeto, a não ser que estas resultem de instruções escritas do dono da obra.**

**Parágrafo único. Ainda que não tenha havido autorização escrita, o dono da obra é obrigado a pagar ao empreiteiro os aumentos e acréscimos, segundo o que for arbitrado, se, sempre presente à obra, por continuadas visitas, não podia ignorar o que se estava passando, e nunca protestou.**

---

Na empreitada por preço certo para a totalidade da obra não se admite a variação do preço. Inexiste previsão de reajuste da remuneração, ainda que haja eventual acréscimo nos materiais ou na mão de obra. Obviamente, em tempos de estabilidade monetária é de interesse das partes estabelecer preço fixo. Para o dono da obra é garantia de que não será surpreendido pela má-fé ou por equívocos do empreiteiro; para este, não haverá surpresa, pois como especialista na matéria, poderá calcular um preço satisfatório dentro dos acontecimentos ordinários. De qualquer forma, na empreitada por preço certo, admite-se a previsão de cláusula de escala móvel, sem descaracterizar a modalidade do negócio, à medida que se estabeleça o aumento progressivo das prestações como proteção em face da atualização monetária (art. 316, CC).

Nesse sentido, o dispositivo prevê acréscimo de preço mediante ajuste expresso entre as partes (uma vez que se trata de norma dispositiva) ou, noutra hipótese, existindo instruções escritas do contratante. Admite-se, ainda, o aumento do preço tendo o proprietário um claro conhecimento do acréscimo realizado pelo empreiteiro, ensejando a ampliação da obra. Ora, se tomando conhecimento do aumento da obra, não se opõem imediatamente, estará concordando tacitamente, justificando-se o aumento do preço, mesmo tratando-se de empreitada por preço certo. Trata-se da aplicação do fenômeno da *supressio e surrectio*. Se o dono da obra tem conhecimento, por algum motivo, dos acréscimos da obra (p. ex., por meio de sua presença na obra) e não reclama imediatamente, cria no empreiteiro a expectativa de que está concordando de forma que efetuará o pagamento respectivo. Portanto, tem-se uma norma jurídica de patente caráter principiológico e de densidade ética, fundada na boa-fé objetiva. Em outras palavras, vislumbra-se uma verdadeira autorização tácita (comportamental) quando o proprietário tem ciência (por diferentes modos) da ampliação da obra, não contestando o aumento do valor realizado pelo empreiteiro. No caso, aplica-se a boa-fé objetiva, impondo ao dono da obra um comportamento ético e baseado na confiança. Entendemos que nos tempos atuais de intenso tráfego jurídico é dispensável a exigência de autorização por escrito para reajuste, quando as condições objetivas indicam que o proprietário não teria razão para obstaculizar. Caso contrário, ter-se-ia uma injusta sanção ao empreiteiro e um fator de imobilismo em tais atividades. Nesse ponto, temos o que os modernos chamam de "conduta social típica" ou "comportamento concludente", pelo qual determinadas condutas produzem negócios jurídicos ou os inovam, sem a necessidade de uma expressa manifestação de vontade. Entretanto, se o empreiteiro efetuar o acréscimo sem qualquer conhecimento do proprietário, não fará jus ao pagamento, por extrapolar os limites do ajuste de preço.

Ademais, ainda que não esteja previsto expressamente no dispositivo em análise, admite-se a aplicação da teoria da imprevisão pelas partes (art. 478, CC), se sobrevindos fatos extraordinários e imprevisíveis que coloquem um dos contratantes em evidente situação de desequilíbrio econômico no curso da execução contratual, com quebra do sinalagma.

---

**Art. 620. Se ocorrer diminuição no preço do material ou da mão de obra superior a um décimo do**

**preço global convencionado, poderá este ser revisto, a pedido do dono da obra, para que se lhe assegure a diferença apurada.**

A norma do art. 620 tem escassa aplicabilidade prática. Na conjuntura socioeconômica brasileira, pensar na redução do preço do material da empreitada é algo que escapa à realidade, ainda mais cogitar de uma queda de valores que represente mais de um décimo do preço global convencionado. Seria um inusitado caso de significativa deflação, que, convenhamos, é um tanto quanto surreal.

Quanto à remuneração da mão de obra, não se pode olvidar que a CF veda terminantemente a redução significativa do salário (art. 7º, VI). Assim, seria viável apenas cogitar uma redução na necessidade de trabalhos especializados, com substituição por operários menos qualificados, sem quebra na qualidade do serviço. Sendo assim, acontecendo o evento superveniente e extraordinário, o legislador concebeu uma hipótese de aplicação do princípio da onerosidade excessiva, impedindo que ocorra o injustificado enriquecimento do empreiteiro. Verifica-se a aplicação do princípio da conservação do negócio jurídico, pois resta excluída a possibilidade de resolução do negócio jurídico, ao contrário do estatuído para a teoria da imprevisão (art. 478, CC). A solução é a restauração do sinalagma pela revisão contratual. Para tanto, dispensa-se a previsão contratual, pois a citada norma legal opera efeitos de pleno direito.

**Art. 621. Sem anuência de seu autor, não pode o proprietário da obra introduzir modificações no projeto por ele aprovado, ainda que a execução seja confiada a terceiros, a não ser que, por motivos supervenientes ou razões de ordem técnica, fique comprovada a inconveniência ou a excessiva onerosidade de execução do projeto em sua forma originária.**

**Parágrafo único. A proibição deste artigo não abrange alterações de pouca monta, ressalvada sempre a unidade estética da obra projetada.**

O projeto da obra é propriedade autoral do seu criador, não podendo ser alterada sem seu consentimento, sob pena de risco à integridade do trabalho e da própria segurança de seus destinatários. É por essa razão que o art. 26 da Lei n. 9.610/98 dispõe que "o autor poderá repudiar a autoria de projeto arquitetônico alterado sem o seu consentimento durante a sua execução ou após a conclusão da construção", podendo, até mesmo, demandar a responsabilização civil do dono da obra por manter a sua autoria, mesmo após o repúdio (art. 26, parágrafo único).

O direito à integridade da obra tem largo espectro, dizendo respeito à garantia reconhecida ao criador de deixar a sua criatura a salvo de ingerências indevidas de terceiros. Trata-se de fruto da própria criatividade do autor em sua essência, tendo este o direito de vê-lo de maneira íntegra e completa. É este o fundamento do dispositivo em análise que busca assegurar ao titular do projeto de obra de que sua criação não será modificada pelo dono da obra (ou pelo empreiteiro), sem a sua expressa e prévia autorização. É o caso dos inúmeros empreendimentos imobiliários, em todo o nosso país, que são vendidos com um projeto arquitetônico de determinada pessoa (não raro, famosa e premiada) e que, depois de instalado o condomínio, aprova-se, em assembleia de condôminos, a mudança na fachada ou na estrutura do imóvel, sem qualquer consulta àquele que idealizou todo o projeto. Nessa ordem de ideias, analisando-se a integridade da obra, o ter não pode superar o ser. Em outras palavras, o direito à integridade da obra não é da obra em si mesma, mas sim um direito conferido ao seu autor por conta de todo o processo de criação.

A vedação de alteração do projeto autoral se estende ao empreiteiro, que não poderá unilateralmente introduzir modificações, sob pena de rejeição justificada da obra (art. 615). Entretanto, são admitidas pequenas e necessárias correções de rumo desde que não comprometam a unidade estética da obra. O parágrafo único do presente art. 621 inovou substancialmente a matéria, autorizando excepcionalmente a modificação do projeto, ainda que sem a expressa autorização de seu autor, em duas hipóteses: inconveniência do projeto originário por motivos supervenientes ou por razões de ordem técnica. Ilustrativamente: se uma nova técnica de edificação for implantada em larga escala e com custos menores, poderá o dono da obra substituir a original, sem o consentimento do projetista. O mesmo vale, caso a aquisição de determinado produto exigido pelo projetista tornar-se por demais custosa em razão de desabastecimento, nada obsta a substituição por outro mais acessível. Por se tratar de norma exceptiva, o parágrafo único do art. 621 deve ser interpretado e aplicado restritivamente.

**Art. 622. Se a execução da obra for confiada a terceiros, a responsabilidade do autor do projeto respectivo, desde que não assuma a direção ou fiscalização daquela, ficará limitada aos danos resultantes de defeitos previstos no art. 618 e seu parágrafo único.**

O contrato de empreitada não tem caráter personalíssimo. Por isso: i) o óbito dos contratantes não gera a extinção da avença; e ii) é permitido ao empreiteiro se fazer substituir por outra pessoa, em subcontratação, conhecida como subempreitada. Na empreitada, então, admite-se que o empreiteiro transfira a um terceiro as suas obrigações, chamado de subempreiteiro. Nesse ponto o contrato de prestação de serviço se difere do contrato de empreitada que configura uma relação jurídica *intuitu personae*. A definição da subempreitada é simples, estando caracterizada quando o empreiteiro contrata com outra pessoa a execução da obra de que se encarregara. Equivale a dizer: quem estava obrigado a executar uma obra repassa a outrem a sua realização total ou parcialmente. Na subempreitada o dono da obra não fica obrigado perante o terceiro, vinculando-se apenas ao próprio empreiteiro. Em regra, não é vedada a subempreitada, pois o empreiteiro não se obriga, a rigor, a executar pessoalmente a obra. Entretanto, podem as partes estabelecer expressamente cláusula proibitiva da subempreitada. Ademais, se o contrato for celebrado pelas qualidades pessoais do empreiteiro (como na hipótese de um artista renomado), a empreitada terá caráter personalíssimo, afastando a possibilidade da execução do empreendimento por terceiro. É possível ainda se cogitar a subempreitada parcial, situação comum e corriqueira nessa modalidade contratual. É o que usualmente acontece quando o empreiteiro engenheiro transfere a execução dos serviços hidráulicos e elétricos para técnicos ou empresas especializadas.

Com a formação da subempreitada, é constituída uma segunda relação contratual decorrente da primitiva, na qual o subempreiteiro (terceiro) se obriga perante o empreiteiro, e este mantém a empreitada com o dono da obra, inclusive respondendo civilmente, consoante a confiança que lhe foi deferida. Observa-se que o terceiro que recebe a empreitada será o responsável, somente quanto a tais defeitos previstos no parágrafo único do art. 618 do CC. Entretanto, se além da execução assumir a direção e a fiscalização da obra, terá a mesma responsabilidade do empreiteiro. Apesar de não haver relação material entre o dono da obra e o subempreiteiro, poderá aquele responsabilizá-lo pelos danos causados em sede de responsabilidade extracontratual, com esteio na função social do contrato (art. 421, CC). Não se pode admitir que um terceiro (o dono da obra) seja prejudicado pelo contrato alheio (a subempreitada, celebrada entre o empreiteiro e o subempreiteiro), protegendo-se, assim, o terceiro ofendido.

Se a subempreitada configurar uma relação de consumo, o subempreiteiro e o empreiteiro respondem solidariamente perante o consumidor (dono da obra), pelos defeitos do produto ou serviço que lhe acarretem prejuízos, nos termos do parágrafo único do art. 7º do CDC. Importante observar que a subempreitada não afasta as obrigações trabalhistas do empreiteiro. Nesse sentido, o art. 455, da CLT, determina, expressamente, que este poderá ser responsabilizado perante os trabalhadores contratados pelas obrigações trabalhistas e previdenciárias. A jurisprudência trabalhista, inclusive, vem entendendo, majoritariamente, que essa responsabilidade do empreiteiro pelas dívidas trabalhistas assumidas pelo subempreiteiro é solidária. Afasta-se, com isso, a configuração da denominada *marchandage*.

De toda sorte, não se pode perder de vista que no contrato de empreitada de construção civil, por falta de previsão legal específica, não há responsabilidade solidária ou subsidiária entre do dono da obra e do empreiteiro nas obrigações trabalhistas contraídas pelo empreiteiro, salvo sendo o dono da obra uma empresa construtora ou incorporadora. Por derradeiro, é importante diferenciar a subempreitada da cessão do contrato. Nesta o cedente transfere a sua posição contratual completa (ativa e passiva) para o cessionário (terceiro), com o consentimento do cedido (dono da obra), sendo certo que o cedente se retira por completo da relação jurídica a partir desse momento, não mais respondendo ao dono da obra. Já na subempreitada, na qual o terceiro apenas assume obrigações que, *a priori*, tocavam ao empreiteiro, na cessão de posição contratual, há ruptura do vínculo contratual originário, desobrigando o cedente por completo.

Finalizando, conforme o entendimento do STJ – *Informativo* n. 764, de 28.02.2023: "A controvérsia consiste em definir se a empresa de administração hoteleira, responsável pela futura administração de condomínio, faz parte da cadeia de fornecimento de unidade imobiliária autônoma (apart-hotel) na planta. E, por conseguinte, se possui responsabilidade solidária para integrar o polo passivo de eventual ação. Com efeito, ambas as Turmas de Direito Privado desta Corte entendem que a rede hoteleira não tem responsabilidade solidária pelo não adimplemento do contrato de promessa de compra e venda de unidades imobiliárias, porquanto não integra a cadeia de fornecimento relativa à incorporação formada pelas sociedades empresárias inadimplentes. A circunstância de haver no contrato a previsão de que o consumidor se obriga a aderir por instrumento particular ao futuro *pool* hoteleiro administrado por empresa indicada no contrato de compra e venda não implica responsabilidade desta última por eventual inadimplemento da construtora/incorporadora/vendedora.

Ademais, enquanto não concluída a construção da unidade imobiliária, sequer tem objeto o contrato de administração. Assim, no que diz respeito ao atraso na construção da unidade, é irrelevante a circunstância de que foi previamente indicado ao consumidor o nome da empresa de hotelaria, porque não se alega nenhum defeito relacionado à colocação de imóvel no *pool*. Portanto, não há responsabilidade solidária de quem vai administrar um futuro *pool* hoteleiro, pois sua própria existência depende da conclusão com êxito da construção, o que é facilmente perceptível pelo consumidor" (Ag. Int. no REsp n. 1.914.177/DF, 4ª T., rel. p/ ac. Min. Maria Isabel Gallotti, *DJe* 25.01.2023, por maioria).

**Art. 623. Mesmo após iniciada a construção, pode o dono da obra suspendê-la, desde que pague ao empreiteiro as despesas e lucros relativos aos serviços já feitos, mais indenização razoável, calculada em função do que ele teria ganho, se concluída a obra.**

A empreitada é um negócio jurídico de trato sucessivo, tem execução continuada, diferida no tempo. Com isso, torna-se possível que sucedam questões ensejadoras da suspensão do contrato, decorrentes de conduta de alguma das partes. O art. 623 apresenta uma hipótese de suspensão da execução do contrato pelo proprietário da obra. Este poderá suspender ou mesmo desconstituir o negócio jurídico, mediante a resilição unilateral do contrato, nos termos do art. 473 do Código, submetendo o empreiteiro ao exercício desse direito potestativo extintivo. Em contrapartida, o empreiteiro fará jus à indenização por danos emergentes e lucros cessantes (art. 402, CC) decorrentes dos investimentos realizados na obra e do lucro que razoavelmente auferiria o empreiteiro com o seu trabalho.

Depreende-se deste art. 623, especificamente da expressão "indenização razoável, calculada em função do que ele teria ganho, se concluída a obra" que são excluídos da indenização os danos ocasionados pela perda de uma chance – que é modalidade autônoma e independente de ressarcimento de danos. Assim, nos termos legais, a indenização restringe-se aos danos emergentes (subtração das vantagens já incorporadas ao seu patrimônio) e aos lucros cessantes (vantagens que seriam incorporadas, inexoravelmente, ao seu patrimônio, em razão da conclusão da obra contratada). Assim, o cálculo dos lucros cessantes sofridos pelo empreendedor não inclui as oportunidades perdidas pelo empreiteiro, no sentido de realizar outros contratos naquele período. A regra é clara ao restringir os lucros frustrados "em função do que ele teria ganho, se concluída a obra". É de se concluir que a eventual ocorrência da teoria conhecida como perda de uma chance não afasta outra indenização a ser aferida pelo empreiteiro prejudicado, independentemente dos danos emergentes e dos lucros cessantes sofridos.

Observa-se equívoco na redação do dispositivo em comento. Na verdade, quando o legislador se refere à suspensão da obra como fato gerador da indenização, quis aludir à extinção da obra por resilição unilateral do proprietário. Isso fica bastante claro quando se percebe que uma mera paralisação temporária do contrato (com posterior retomada da execução contratual) não induziria, a toda evidência, a uma indenização razoável se a obra tivesse sido concluída, como estabelece o texto legal. É por essa razão que a ressalva trazida na parte final do art. 623 ("se concluída a obra") deixa claro que a paralisação da execução do contrato de empreitada, pelo dono da obra, foi definitiva e o negócio jurídico não pôde alcançar o seu término. Portanto, tem-se, tecnicamente, a resolução do contrato, e não de mera suspensão, como indevidamente referido pelo legislador. Dessa forma, pode-se concluir que a suspensão da execução do contrato pelo proprietário ou da resilição unilateral do contrato, sem justo motivo, pelo dono da obra implica o direito do empreiteiro a perdas e danos, incluídos os danos emergentes, os lucros cessantes e, eventualmente, a perda de uma chance – cuja reparação é autônoma, não estando abrangida nos lucros cessantes, como ressaltamos linhas acima.

Obviamente, apesar da omissão do dispositivo ora analisado, o dono da obra também pode resilir o contrato se o empreendedor, indevidamente, descumpre as suas obrigações. Na hipótese, inexistirá qualquer dever indenizatório do proprietário e o empreiteiro deve restituir parcelas que, eventualmente, foram-lhe adiantadas.

**Art. 624. Suspensa a execução da empreitada sem justa causa, responde o empreiteiro por perdas e danos.**

O dispositivo em análise trata da suspensão da execução da empreitada pelo empreiteiro, sem justa causa. Sem sombra de dúvidas, a paralisação temporária das obras pode acarretar prejuízos efetivos ao dono da obra. De toda sorte, sabe-se que os danos emergentes e os lucros cessantes (além de eventual perda de uma chance), acarretados pela indevida suspensão da execução negocial pelo empreiteiro, devem ser efetivamente demonstrados para exsurgir o dever de indenizar. Ora, em sede de responsabilidade civil, impõe-se a demonstração da extensão do dano sofrido pela vítima (art. 944, CC).

É natural que, quanto maior o tempo de injustificada paralisação, maiores os prejuízos do dono da obra. Como exemplo, pense-se em uma construção de uma casa: elevam-se os preços dos materiais, nascem despesas de conservação, perdem-se materiais estocados, sem olvidar dos negócios jurídicos que o proprietário deixa de praticar em razão da impossibilidade de oferecer a mercadoria acabada a um cliente (aqui um belo campo para a percepção da ocorrência da perda de uma chance).

---

**Art. 625. Poderá o empreiteiro suspender a obra:**

**I – por culpa do dono, ou por motivo de força maior;**

**II – quando, no decorrer dos serviços, se manifestarem dificuldades imprevisíveis de execução, resultantes de causas geológicas ou hídricas, ou outras semelhantes, de modo que torne a empreitada excessivamente onerosa, e o dono da obra se opuser ao reajuste do preço inerente ao projeto por ele elaborado, observados os preços;**

**III – se as modificações exigidas pelo dono da obra, por seu vulto e natureza, forem desproporcionais ao projeto aprovado, ainda que o dono se disponha a arcar com o acréscimo de preço.**

---

O empreiteiro poderá suspender a execução do contrato e paralisar a obra se verificadas as hipóteses de justa causa, caso em que fica exonerado de qualquer pretensão indenizatória por parte do dono da obra. Algumas situações de justa causa estão delineadas no dispositivo em comento.

Dispõe o inc. I do art. 625 que a obra poderá ser suspensa se existente culpa do dono da obra ou motivo de força maior. A culpa do proprietário é aferida em várias circunstâncias que demonstram a sua desídia na cooperação com o empreiteiro. Poderia ser a recusa indevida de fornecimento de materiais ao empreiteiro, no caso de empreitada de lavor, ou a recusa injustificada do pagamento na empreitada por medição, neste último caso incidindo, inclusive, a *exceptio non adimplenti contractus* (exceção do contrato não cumprido). Quanto à força maior ou ao caso fortuito, são termos utilizados de forma indiscriminada pelo CC, como já se nota desde o parágrafo único do art. 393. Nota-se que, na verdade, ambos representam situações decorrentes de um fato externo à conduta das partes, de caráter inevitável, inviabilizando o cumprimento da obrigação do empreiteiro. É o que acontece, por exemplo, se uma enchente causa o rompimento de parte do terreno ou uma epidemia que coloca em isolamento o local em que se realiza a obra.

Nos termos do inc. II do art. 625, o empreiteiro pode, justificadamente, suspender a execução negocial se manifestarem dificuldades imprevisíveis de execução da obra, resultantes de causas geológicas, hídricas ou semelhantes. Fácil notar que eventuais dificuldades técnicas, de caráter imprevisível, podem tornar a obra extremamente onerosa para o seu executor, justificando a suspensão pela superveniente causa. Tem-se, na hipótese, desdobramento da teoria da imprevisão, com o que os motivos geológicos, hidráulicos ou de outra ordem devem passar ao largo da previsibilidade do empreiteiro. Aqui, a prova pericial ganha especial relevância para a demonstração do motivo invocado.

A última hipótese, prevista no inc. III do art. 625, cuida da suspensão decorrente de modificações exigidas pelo proprietário desproporcionais ao projeto. De fato, se o dono da obra sugerir modificações excessivas no projeto aprovado, mesmo que exista autorização do projetista e disposição do proprietário em arcar com o sobrepreço, não se submeterá a tanto o empreiteiro, pois a sua manifestação de vontade originária se restringiu à execução do projeto inicial, sendo proibida a imposição unilateral de modificações que eliminem a própria causa do negócio jurídico.

Importante notar que o dispositivo não apresenta um rol taxativo de situações que podem acarretar a suspensão da obra pelo empreiteiro. Tem-se, aqui, *numerus apertus*, nada impedindo que outros motivos sérios e ponderados justifiquem a paralisação. De toda sorte, se a situação que acarretou a suspensão for incontornável e não seja possível o prosseguimento da obra, caberá a resolução do contrato por inadimplemento, com possibilidade de imposição de perdas e danos em algumas hipóteses. Ilustrativamente, podemos pensar na hipótese de culpa do dono ou de exigência de modificações desproporcionais, obstando a continuidade do negócio jurídico. Em tais casos, o empreiteiro resolverá o contrato unilateralmente, por culpa do proprietário, fazendo jus à reparação de danos. Contudo, não se pode olvidar a aplicação da teoria do aproveitamento do negócio jurídico, de forma que apenas será cabível a resolução culposa do contrato quando não mais se mostrar possível ou razoável o seu cumprimento. Havendo possibilidade de adimplemento das obrigações, o caminho a ser perseguido é a suspensão do contrato.

---

**Art. 626. Não se extingue o contrato de empreitada pela morte de qualquer das partes, salvo se ajustado em consideração às qualidades pessoais do empreiteiro.**

---

Diferentemente do contrato de prestação de serviços, o contrato de empreitada não é personalíssimo. Nessa linha de intelecção, esta modalidade de negócio jurídico não se extingue pelo falecimento das partes, como esclarece o dispositivo em análise. Observa-se a fungibilidade dessa avença, afastando-se, em definitivo, o seu cunho *intuitu personae*. Naturalmente, o dono da obra busca o resultado da atividade, deseja que a obrigação de fazer seja alcançada com a maior qualidade. Para se atingir o objetivo do contrato, é lícita a substituição do empreiteiro por um terceiro (subempreitada ou cessão do contrato) e, ocorrendo óbito, haverá a sua substituição pelos sucessores ou por um cessionário de direitos hereditários. Assim, a morte do dono da obra não prejudica a realização do negócio jurídico, assumindo o espólio a posição jurídico-econômica do *de cujus*, devendo remunerar o empreiteiro nas bases fixadas, dentro das forças da herança.

Entretanto, a parte final do dispositivo em análise ressalta que, em determinados contratos de empreitada, observa-se eventual natureza personalíssima, o que acarretará a extinção da relação jurídica, por resolução não culposa, em caso de morte – ou incapacidade – de qualquer das partes. É o que aconteceria, por exemplo, com a encomenda de uma obra a um famoso escritor ou da confecção de um vestido a um renomado estilista. De qualquer forma, as circunstâncias é que definirão os rumos do contrato. Somente casuisticamente é que se poderá aferir se o contrato foi, ou não, celebrado levando em conta a especial atuação do empreiteiro, e não a obtenção do resultado da obra, por quem quer que seja. É de se notar que, se o empreiteiro é uma pessoa jurídica, naturalmente a norma do art. 626 não incidirá. Assim, eventual falência não implica, necessariamente, o término da relação contratual, pois o síndico avaliará o interesse da massa na manutenção da empreitada (arts. 21 e 43, Lei n. 11.101/2005).

## CAPÍTULO IX
## DO DEPÓSITO

### *Seção I*
### *Do Depósito Voluntário*

**Art. 627. Pelo contrato de depósito recebe o depositário um objeto móvel, para guardar, até que o depositante o reclame.**

Pode-se definir o contrato de depósito como aquele pelo qual uma parte (depositante ou *tradens*) entrega uma coisa para ser guardada e conservada (de regra, sem utilização) por outra (depositário ou *accipiens*), com posterior restituição, quando solicitada ou pelo advento do prazo estipulado. Trata-se de um contrato real, unilateral ou bilateral, de regra gratuito, mas eventualmente podendo se apresentar como oneroso, personalíssimo (genericamente compreendido) e não solene ou informal. Tem-se um negócio jurídico com a específica finalidade de guarda e conservação de coisa alheia. O depositante é a pessoa que confia o bem aos cuidados de guarda e conservação de outro. De regra, é possível pensar que o depositante tem de ser o proprietário do bem. Entretanto, é comum que haja a necessidade de restituição da mesma coisa entregue, razão pela qual podem os administradores em geral (como o usufrutuário e o locatário) firmar o contrato de depósito. Portanto, é possível a celebração do negócio por quem não é proprietário, mas possui algum direito (real ou obrigacional) sobre a coisa. Ademais, para ser depositário (quem recebe o bem) é bastante ter a capacidade jurídica, exigida genericamente para todos os negócios (art. 104, CC).

O contrato de depósito tem alguns elementos caracterizadores, extraídos da própria definição, quais sejam: i) entrega da coisa (tradição) pelo depositante ao depositário; ii) finalidade de guarda e conservação; iii) a restituição no prazo entabulado entre as partes; iv) temporariedade do negócio jurídico; v) possibilidade de estabelecimento do contrato a título oneroso ou gratuito. A necessidade de efetiva entrega da coisa ao depositário (tradição) – ressalta a natureza real desse negócio jurídico. Nota-se, assim, que o contrato somente se aperfeiçoa com a entrega do bem. Antes disso, mesmo que as partes já estejam devidamente acordadas, manifestando reciprocamente o consenso, não existirá a convenção. Outra nota distintiva do depósito é a obrigação de custódia (guarda e conservação) imposta ao depositário. Importante notar que o dever de guarda da coisa é de tal monta específica que o depositário não pode dela se servir sem licença expressa do depositante (art. 640, CC).

Diferentemente do comodato e da locação, no depósito o possuidor recebe a coisa para guardar e não para usar e fruir, sob pena de responsabilidade contratual (art. 389, CC). Naquelas modalidades negociais, a relação jurídica busca satisfazer o interesse de quem recebe a coisa, de modo que a guarda da coisa é pressuposto para a sua utilização. Já no depósito, o interesse é de quem entrega a coisa, exigindo cuidados de proteção e conservação desta. Portanto, no depósito, a guarda não é um meio, mas a própria finalidade primordial do contrato. O depósito também é caracterizado pelo dever de restituição, o que denota, consequentemente, a temporariedade desse contrato. Nesse ponto, nota-se que o depósito não é translativo de propriedade do bem, não transferindo a sua titularidade, que se mantém com o depositante – aliás, bem por isso, o depositante não precisa ser o titular da coisa, podendo ter mero direito real ou pessoal sobre ela.

Ademais, das notas distintivas deste contato pode-se compreender que, ainda que tenha sido estabelecido um prazo determinado para a devolução da coisa (*v. g.*, dois anos), poderá o depositante exigi-la antes do advento do lapso temporal, impondo-se ao depositário a entrega logo que for exigida. Importante situação é a de abandono da coisa pelo depositante, sem buscar sua restituição ou se recusando a recebê-la de volta. Nos termos dos arts. 1º e 2º da Lei n. 2.313/54, transcorridos 25 anos, o contrato de depósito voluntário será extinto, sendo o bem recolhido ao Tesouro Nacional, exceto se as partes estabeleceram expressamente a renovação do negócio. No Tesouro Nacional o bem permanece por mais cinco anos à espera do legítimo titular. Após esse lapso prazal, a coisa será incorporada ao patrimônio nacional. A sistemática é aplicável, inclusive, aos depósitos em dinheiro.

---

**Art. 628. O contrato de depósito é gratuito, exceto se houver convenção em contrário, se resultante de atividade negocial ou se o depositário o praticar por profissão.**

**Parágrafo único. Se o depósito for oneroso e a retribuição do depositário não constar de lei, nem resultar de ajuste, será determinada pelos usos do lugar, e, na falta destes, por arbitramento.**

---

Situando-se em curiosa posição jurídica, o depósito se apresenta, como regra geral, gratuito, podendo assumir uma feição onerosa. Nesse sentido, a norma em análise, sem maiores dificuldades de compreensão, dispõe que o depósito será gratuito, exceto se as partes convencionarem sua onerosidade ou se resultante de atividade negocial ou se o depositário o praticar por profissão. Assim, como regra, o contrato de depósito será gratuito, não havendo prestações recíprocas, pois a vantagem do depositante não implica correspondente sacrifício, nada devendo ao depositário. Normalmente, será aquele favor de um amigo a outro (*un office d'ami*), que lhe impõe zelo e cuidado na conservação de um bem, sem que peça nada em retribuição.

Mas existem duas hipóteses nas quais o depósito será oneroso. Primeiramente, se houver cláusula contratual fixando, expressamente, uma retribuição pecuniária para o depósito. Assim, haverá imediata conexão entre a prestação e a contraprestação. Em segundo, quando a necessidade de remuneração resultar da própria natureza do negócio jurídico. Cuida-se de um retrato da própria sociedade contemporânea, na medida em que, frequentemente, o depósito aparece associado ao fornecimento de produtos e serviços (*e. g.*, o estacionamento em *shopping center* ou a guarda de joias em hotéis). Comumente, tais atividades são desenvolvidas por empresários, buscando extrair vantagens econômicas. O Código Reale unificou as obrigações civis e empresariais, atraindo para o direito civil a natureza essencialmente remuneratória do depósito mercantil, pois, no comércio qualquer atividade é objeto de remuneração, cujas trocas econômicas representam a essência das relações contratuais.

Nos termos do parágrafo único deste artigo, em conformidade com a diretriz da operabilidade, sendo omisso o contrato sobre a remuneração fixada ao depositário, o juiz a determinará em conformidade com os usos do lugar ou, não havendo, por mero arbitramento. Ilustrativamente, podemos pensar no depósito de animais para rodeios, no Município de Barretos (SP). Será fácil para o magistrado aferir os padrões negociais dos aludidos contratos. Nos casos em que os usos do lugar não sejam identificados, ou mesmo não existam, a retribuição será arbitrada com base na sua percepção equitativa a respeito do que mais se aproximaria de um "preço justo" para aquela situação.

---

**Art. 629. O depositário é obrigado a ter na guarda e conservação da coisa depositada o cuidado e diligência que costuma com o que lhe pertence, bem como a restituí-la, com todos os frutos e acrescidos, quando o exija o depositante.**

---

O contrato de depósito é um negócio jurídico de duração (tempo determinado ou determinável), devendo todo o empenho do depositário ser direcionado à guarda responsável da coisa. Este atuará como *bonus pater familias*, nos moldes de diligência exigida do cidadão médio, atento e dotado de ordinária inteligência, a fim de restituir a coisa infungível ao depositante. Nesse sentido, são observados deveres jurídicos fundamentais do depositário que são extraídos do dispositivo em análise: i) a guarda e custódia do bem depositado (art. 629, 1ª parte); ii) a restituição da coisa, quando do advento do termo indicado na convenção ou, não havendo, em razão de solicitação do titular, a qualquer tempo (art. 629, 2ª parte).

A redação do art. 629 alude ao cuidado e à diligência "que costuma com o que lhe pertence". Mesmo assim, se o depositário for uma pessoa negligente e desidiosa, não pode se servir de tais defeitos como padrão de conduta habitual para justificar a deterioração ou perda da coisa. Os parâmetros são objetivos, exigindo um comportamento leal e correto na custódia e na conservação da coisa, conforme induz a boa-fé objetiva. Nota-se que a regra geral do art. 392 do CC não é aplicada ao contrato de depósito. Mesmo que se trate de um negócio gratuito, atuando o depositário gratuitamente, assume total responsabilidade pela sua destruição. Apenas a força maior e o caso fortuito poderão afastar da esfera jurídica do depositário o dever de indenizar.

Quanto à obrigação de restituir a coisa móvel quando o exija o depositante, aplica-se o art. 238 do CC. Assim, "se a obrigação for de restituir coisa certa, e esta, sem culpa do devedor, se perder antes da tradição, sofrerá o credor a perda, e a obrigação se resolverá". Ademais, se o contrato de depósito não for com termo, aplica-se a regra da satisfação imediata, podendo o credor exigir imediatamente a coisa, podendo até constituir o devedor em mora, se este se opuser a restituir o bem após o transcurso de prazo razoável assinalado em interpelação (art. 397, parágrafo único, CC). Nota-se, que o devedor (depositário) não pode, unilateralmente, deliberar pela restituição da coisa antes do término do prazo contratual. A recusa injustificada da obrigação de restituir enseja ao depositante o ajuizamento de ação de reintegração de posse, em razão do esbulho decorrente da conversão da posse justa em precária. Entretanto, se o contrato for escrito ou com prova literal, poderá o depositante lançar mão da ação de depósito, observando-se o procedimento especial previsto na legislação processual (arts. 902 a 906, CPC/73 – sem correspondente no CPC/2015), para exigir a restituição da coisa, satisfazendo a sua pretensão resultante da violação do direito subjetivo (art. 901, CPC/73 – sem correspondente no CPC/2015).

Não é da essência do depósito a forma escrita, bastando a tradição do bem. Contudo, a falta do instrumento inviabiliza o manejo do procedimento especial da ação de depósito (art. 902, CPC/73 – sem correspondente no CPC/2015). Assim, conclui-se que o contrato de depósito escrito é solenidade *ad probationem*, e não *ad substantiam*. Ou seja, trata-se de negócio informal, não solene, o depósito é válido seja celebrado por escrito ou verbalmente. Mas para fins de exigibilidade jurídica, a forma deve ser escrita. Não havendo exigência de forma escrita, o interessado pode se valer, inclusive, de prova testemunhal, sem qualquer restrição (por conta da revogação do art. 227 do CPC), mesmo que o valor do negócio exceda dez vezes o salário mínimo. O CPC, corretamente, excluiu o ineficaz procedimento especial da ação de depósito. No atual sistema processual, a ação de depósito passa a tramitar pelo procedimento comum ordinário. Nos termos, do inc. III do art. 311 do CPC, poderá ser autorizada a concessão de tutelas de urgência, sob forma de tutela da evidência quando se tratar de pedido reipersecutório fundado em prova documental adequada ao contrato de depósito. Com tal comprovação, pode o magistrado decretar, liminarmente inclusive, a ordem de entrega do objeto custodiado, sob cominação de multa. Importante instrumento processual na hipótese é a fixação de *astreintes* (multa periódica), pelo magistrado, de ofício ou a requerimento do interessado, como mecanismo inibitório do descumprimento da obrigação pelo depositário, quando há prova literal do negócio jurídico. A ação aludida tem natureza pessoal, tendo como foro competente o domicílio do réu (CPC, art. 46), exceto se as partes convencionaram cláusula contratual de eleição de foro, desde que não seja abusiva, em detrimento do aderente (CPC, art. 63, § 3º). O polo ativo será ocupado pela pessoa que confiou um bem à custódia de outra, enquanto no passivo é formado pelo depositário infiel ou os seus sucessores, se já falecido.

Registre-se, ainda, que a restituição da coisa tem de ser acompanhada de seus frutos e dos acrescidos. Assim, de maneira ampla, devem ser restituídos ao depositante os frutos naturais, industriais e civis, além dos produtos obtidos no período de depósito, como consequência natural de tal negócio jurídico. Se o depositário apenas guarda a coisa, sendo-lhe vedada a sua exploração econômica, todos os acréscimos econômicos que dela resultarem serão devolvidos com o bem principal. Ilustrativamente, no depósito de uma vaca campeã, já prenhe ao tempo da tradição, será também restituído o bezerro. Idêntico dispositivo se aplica nos contratos de penhor, nos quais o credor pignoratício apenas detém a custódia da coisa, como depositário (art. 1.435, I e IV, CC).

**Art. 630. Se o depósito se entregou fechado, colado, selado, ou lacrado, nesse mesmo estado se manterá.**

O depositário tem o dever de restituir a coisa em perfeito estado de conservação, preservando-se exatamente as condições que ela possuía ao tempo da tradição. Nesse sentido, se o objeto for entregue fechado, colado, lacrado ou selado, deverá assim ser mantido, retornando intacto ao poder do depositante. Assim, o depositário deverá manter completo respeito ao dever de sigilo, responsabilizando-se civilmente pela inexecução do dever de abstenção pelo simples fato de abrir a caixa ou lacre em que estava depositado o objeto, independentemente de qualquer avaria ou dano que concretamente a coisa tenha sofrido. Obviamente, poderá o depositante autorizar expressamente a quebra do sigilo.

O sigilo ou segredo situa-se em uma esfera menor que a da própria intimidade e compreende a prerrogativa de manter indevassadas as comunicações da pessoa. São diversos os aspectos da vida pessoal, familiar ou profissional da pessoa em que não se deseja intrusão por parte de terceiros (*privacy* ou *right to be alone*). Assim, o desrespeito ao direito fundamental à inviolabilidade da intimidade e da vida privada (art. 5º, X, CF), também direito da personalidade do depositante (art. 21, CC), só será facultado caso o dano seja justificado pela tutela do próprio depositário ou da ordem pública (*v. g.*, dúvida séria sobre a segurança ou salubridade do bem depositado). Enfim, cuida-se de hipóteses de ponderação de direitos fundamentais, resolvidos à luz do princípio da proporcionalidade.

---

**Art. 631. Salvo disposição em contrário, a restituição da coisa deve dar-se no lugar em que tiver de ser guardada. As despesas de restituição correm por conta do depositante.**

---

Sabe-se que, como regra, o local do pagamento tem lugar no domicílio do devedor (obrigações quesíveis – art. 327, CC). Podem as partes estabelecer local diverso, ajustando obrigações portáveis, ou quando a própria lei ou as circunstâncias firmarem a necessidade do pagamento em local diverso do domicílio do devedor. Sobre o local da devolução e a titularidade das despesas decorrentes da entrega da coisa, o art. 631 segue o modelo geral, estabelecendo que a restituição deve ocorrer no local onde a coisa foi depositada, correndo as despesas com a restituição por conta do depositante. O CC/1916 não versava sobre a questão.

Devido à própria natureza da obrigação do depositário de guardar a coisa com toda a diligência e cuidado – em regra gratuitamente –, não seria razoável exigir dele ainda a obrigação de transportar o bem a qualquer outro local, até mesmo a seu próprio domicílio, pois não é necessário que o local do depósito coincida com o local em que o depositário estabeleça a sua vida ou os seus negócios. Assim, nota-se que, sendo o depósito uma espécie contratual que demanda a restituição de bens móveis, a lei civil optou por disciplinar a matéria de forma semelhante ao que é estabelecido para as obrigações de pagamento envolvendo bens imóveis (art. 328, CC), prevalecendo o local em que a coisa está situada.

Com base no princípio do equilíbrio ou justiça contratual, as despesas provenientes da restituição da coisa recairão sobre o depositante. Isso porque o contrato foi estabelecido buscando especialmente a satisfação do credor, não sendo razoável ampliar os sacrifícios do depositário a ponto de ele ter de responder pelo transporte e perfeito acondicionamento da coisa móvel. Na hipótese de o credor se recusar a receber a coisa no lugar em que está depositada, ou então se opor ao pagamento dos custos de restituição, a fim de se exonerar de eventual responsabilidade pela mora, o depositário poderá utilizar-se da consignação em pagamento, nas formas dos incs. I e II do art. 335 do CC.

---

**Art. 632. Se a coisa houver sido depositada no interesse de terceiro, e o depositário tiver sido cientificado deste fato pelo depositante, não poderá ele exonerar-se restituindo a coisa a este, sem consentimento daquele.**

---

No contrato de depósito, podem as partes estabelecer que o depositante efetue a entrega da coisa ao depositário no interesse de terceiro e não em proveito próprio, como se verifica na estipulação em favor de terceiro (arts. 436 a 438, CC). Na hipótese, o terceiro é beneficiado pelos efeitos de um negócio do qual não é parte, em clara derrogação do princípio da relatividade contratual, pois o depositário assumirá obrigações perante uma pessoa que não integrou a relação negocial. É o que se percebe quando o depositante se apresenta como um administrador de bens alheios, cientificando o depositário da sua condição.

O depositário deve obter o consentimento do terceiro, ainda que pretenda restituir o bem ao depositante. A falta de autorização impõe a obrigação do depositário de indenizar o terceiro, a não ser que o depositante se reserve o direito potestativo de substituí-lo, independentemente de sua anuência ou do depositário (art. 438, CC).

---

**Art. 633. Ainda que o contrato fixe prazo à restituição, o depositário entregará o depósito logo que se lhe exija, salvo se tiver o direito de retenção a que se refere o art. 644, se o objeto for judicialmente embargado, se sobre ele pender execução, notificada ao depositário, ou se houver motivo razoável de suspeitar que a coisa foi dolosamente obtida.**

---

Nos contratos de depósito o prazo é assinalado em favor do credor, excetuando-se a regra geral do art. 133 do CC. De qualquer forma, ainda que o contrato possua termo, o depositante poderá buscar antecipadamente a restituição da coisa, já que nem sempre a exigibilidade do crédito coincide com o vencimento normal da obrigação.

Mas em algumas situações excepcionais o depositário poderá manter justificadamente a posse direta da coisa. A primeira hipótese ocorre quando o depositário é titular de direito de retenção da coisa em razão de dispêndio com valores líquidos de conservação do bem depositado ou prejuízos que dele advierem (arts. 643 e 644, CC). A segunda situação é vislumbrada se o bem depositado se tornar litigioso, devido à constrição sobre ele efetuada. Nesse caso, o depositário que foi interpelado a respeito do fato ficará atento à lição do art. 312 do CC, evitando a restituição da coisa ao depositante, sob pena de se responsabilizar perante os credores de seu credor. Em terceiro lugar, havendo suspeitas da origem ilícita do bem depositado, o depositário deverá comunicar à autoridade policial o fato, pois os seus deveres indisponíveis perante a sociedade se sobrepõem ao atendimento das obrigações contratuais perante o depositante.

O legislador acertou ao adotar ao final do dispositivo a expressão "dolosamente obtida", em vez de "furtada, ou roubada" (como fazia o CC/1916), pois é possível a prática de outras modalidades de ilícito a partir de uma conduta dolosa (*v. g.*, estelionato, apropriação indébita).

**Art. 634. No caso do artigo antecedente, última parte, o depositário, expondo o fundamento da suspeita, requererá que se recolha o objeto ao Depósito Público.**

O presente dispositivo complementa a norma expressa no art. 633. Havendo suspeitas objetivas por parte do depositário sobre a origem ilícita da coisa móvel depositada, poderá se recusar a restituí-la ao depositante e, ainda, requerer o recolhimento do objeto ao depósito público. Para tanto, o depositário deverá expor as razões de sua suspeita perante o magistrado, tanto para demonstrar com certa segurança a veracidade de suas alegações como para se exonerar de eventual responsabilidade criminal e cível por coautoria ou participação.

A nosso viso, a propositura de ação de consignação em pagamento (art. 335, CC; art. 539, CPC) será a melhor forma de o devedor se desvincular de responsabilidade, tanto na hipótese em apreço como nas situações alinhavadas no artigo antecedente. Para tanto, basta conjugar os arts. 633 e 634 com o art. 635, principalmente pela inclusão do termo "outrossim".

**Art. 635. Ao depositário será facultado, outrossim, requerer depósito judicial da coisa, quando, por motivo plausível, não a possa guardar, e o depositante não queira recebê-la.**

No contrato de depósito, as despesas relacionadas com a restituição da coisa, ficarão a cargo do depositante, de forma que seja mantido o equilíbrio entre as partes e a justiça contratual. Isso porque o negócio jurídico foi realizado visando especialmente a satisfação do titular, não sendo razoável ampliar os sacrifícios do depositário a ponto de fazê-lo responder pelo transporte e acondicionamento da coisa. Mas, se o credor se recusar a recebê-la ou se opuser ao pagamento dos custos, o depositário deverá promover a ação de consignação em pagamento (art. 335, I e II, CC), de forma a afastar sua responsabilidade pela mora.

Admite-se a ação de consignação em pagamento – além da situação do artigo em análise e das hipóteses do art. 633 – ainda quando houver justificativa razoável da impossibilidade de manter a guarda e custódia da coisa, em razão de evento exógeno, superveniente à contratação. No caso, o devedor deverá demonstrar por provas a recusa do credor à devolução antecipada. Seriam casos de onerosidade excessiva em face do depositário, acarretando a resolução antecipada, porém justificada, da relação contratual, sem que se possa exigir perdas e danos do devedor. É o que acontece, por exemplo, se o local destinado ao depósito vem a ser inundado, ou se o campo em que estão depositados os animais situa-se nas proximidades de outro cujo rebanho foi atacado por moléstia contagiosa.

**Art. 636. O depositário, que por força maior houver perdido a coisa depositada e recebido outra em seu lugar, é obrigado a entregar a segunda ao depositante, e ceder-lhe as ações que no caso tiver contra o terceiro responsável pela restituição da primeira.**

Naturalmente, o ordenamento jurídico não impõe ao depositário a responsabilidade pelos casos de força maior, sendo o fato devidamente comprovado (art. 642, CC). Tem-se nesse caso a aplicação da regra geral do direito das obrigações, segundo a qual o devedor se exonerará de tal responsabilidade, salvo se as partes houverem expressamente convencionado que o depositário assumiria os riscos do evento a ele inimputável (art. 393, CC). Entende-se como força maior o evento externo ao agente, de caráter inevitável. Não mais avulta a distinção com o fortuito, pois o art. 393, parágrafo único, assemelha-os em suas consequências, na diretriz da operabilidade. A título ilustrativo, haveria força maior na perda do objeto depositado em razão de uma catástrofe natural; de uma patologia incontrolável ou de uma guerra. Se a coisa se perde em decorrência do imponderável, se outro objeto foi entregue em reposição – quando for possível –, obviamente caberá ao depositário o dever de guarda e diligência ordinários com a obrigação de restituir ao tempo avençado.

Ademais, nos termos da parte final do dispositivo, o depositante ficará sub-rogado nos créditos obtidos pelo depositário em face de terceiros responsáveis pela restituição dos valores relacionados ao objeto originário, que se perdeu. Seria, para tanto, o exemplo do seguro. Se o depositário assegurou a coisa, a indenização paga pelo segurador reverterá em prol do depositante, que estará sub-rogado no crédito respectivo. Assim, em paralelo com as situações de perda do objeto no usufruto (arts. 1.407 a 1.409, CC), nota-se que o depositante fará jus ao valor do seguro contratado pelo depositário, bem como à quantia consequente à desapropriação do bem depositado e à indenização paga pelo terceiro que culposamente destruiu o objeto.

**Art. 637. O herdeiro do depositário, que de boa-fé vendeu a coisa depositada, é obrigado a assistir o depositante na reivindicação, e a restituir ao comprador o preço recebido.**

Como se sabe, a morte implica a transmissão do patrimônio do *de cujus* (art. 1.784, CC), provocando a assunção pelos herdeiros de todas as obrigações que não detenham caráter *intuitu personae*. No caso do contrato de depósito, mesmo que tenha origem personalíssima, a obrigação de restituir recai sobre os herdeiros do depositário. Caso contrário, o instituto restaria desconfigurado, afastando-se por completo o princípio da segurança jurídica, violando-se a confiança e legítima expectativa do depositante, além de implicar apropriação indébita. Em algumas situações, entretanto, o depósito é firmado sem publicidade ou somente verbalmente, de forma que o herdeiro não toma conhecimento de que a coisa que lhe fora transmitida a título de sucessão era proveniente do referido contrato. Assim, qualquer alienação que realize será pautada pela boa-fé – aqui em sua acepção subjetiva –, posto ser ela praticada na ignorância quanto à real titularidade da coisa negociada.

Para solucionar a situação de lesão ao patrimônio do depositante e a tutela da boa-fé do herdeiro alienante, o dispositivo em análise propõe uma solução intermediária que não penalize excessivamente o alienante e possibilite ao depositante a recuperação da coisa. Assim, o herdeiro do depositário deverá assistir o depositante no processo de reivindicação da coisa perante o terceiro. Nessa modalidade de intervenção de terceiros (art. 119, CPC), o assistente (herdeiro) terá interesse jurídico em que o assistido (depositante) obtenha a procedência dos pedidos da demanda, já que a relação jurídica da qual aquele é parte (compra e venda com o réu) será atingida pela sentença que vier a ser proferida entre o assistido e a parte contrária. O assistente produzirá provas e praticará atos processuais que sejam benéficos ao assistido.

Reconhecida a presunção de boa-fé subjetiva do depositário, o herdeiro deverá apenas restituir ao adquirente o preço que este pagou pelo bem alheio, pois a coisa foi recuperada pelo real proprietário e o ordenamento não admite o enriquecimento injustificado. Entretanto – ainda que não expresso no dispositivo em análise, se demonstrada a má-fé do herdeiro, ou seja, se sabia que a coisa era alheia e mesmo assim a negociou com terceiro, será responsabilizado por perdas e danos, tanto pelo depositante como perante o adquirente, além de eventualmente sofrer as sanções do depositário infiel. No mesmo sentido, e havendo boa-fé, se o herdeiro houver doado o bem a terceiro, nada indenizará ao adquirente, lembrando-se de que não se pode reclamar a evicção nos contratos gratuitos (art. 447, CC), pois o donatário não sofre prejuízo, mas apenas deixa de obter uma vantagem. Se o bem alienado for perdido ou inutilizado, sem culpa do terceiro adquirente, o herdeiro deverá indenizar o depositante pelo seu valor. Evidentemente, conhecendo o adquirente a real situação do bem, também se responsabilizará pela indenização.

**Art. 638. Salvo os casos previstos nos arts. 633 e 634, não poderá o depositário furtar-se à restituição do depósito, alegando não pertencer a coisa ao depositante, ou opondo compensação, exceto se noutro depósito se fundar.**

O depósito, como todo negócio jurídico, exige, como requisito subjetivo para dar ou receber, a capacidade de fato para a prática de negócios jurídicos, ou a superação da incapacidade, pelos institutos de representação e assistência. Mas o depositante não precisa deter a qualidade de proprietário da coisa dada em depósito, bastando que a sua posse seja legítima. Nessa linha, nota-se que um locatário, comodatário ou usufrutuário são pessoas legitimadas a realizar o contrato de depósito, quando necessitem que o bem recebido em razão de uma relação de direito obrigacional ou real seja custodiado por um depositário. Em tais situações, haverá uma ampliação no desdobramento da posse, na medida em que o depositário será o possuidor direto e o depositante e o proprietário serão possuidores indiretos. Dessa forma, o depositário não poderá negar a restituição sob o argumento de falta de titularidade sobre a coisa por parte do depositante. No entanto, este art. 638 excetua as hipóteses em que o depositário tenha conhecimento da pendência de execução sobre a coisa ou for ela judicialmente embargada. Certamente, são situações em que não seria aconselhável a restituição, sob pena de ser responsabilizado pelo credor do depositante (art. 312, CC).

Nota-se, ainda, que o depositário não poderá se recusar a restituir a coisa sob o pretexto de que existe um crédito que lhe é devido pelo depositante, insinuando o instituto da compensação. O art. 373, II, do CC é explícito ao vedar a compensação quando um dos débitos seja proveniente de contrato de depósito. De fato, justifica-se a inadmissibilidade da compensação por ser fundamental que o depositário restitua a coisa, além do que, inexiste aqui a fungibilidade das dívidas – não só fungíveis individualmente, mas entre si –, requisito para qualquer compensação, a teor do art. 369 do CC.

**Art. 639. Sendo dois ou mais depositantes, e divisível a coisa, a cada um só entregará o depositário a respectiva parte, salvo se houver entre eles solidariedade.**

O depósito pode ter como objeto coisa divisível por natureza, a qual pode ser fracionada sem que a substância ou o valor se percam. Nesse caso, o depositário restituirá a respectiva parte a cada um dos depositantes. Por mais que o artigo adote a expressão "e divisível a coisa", não é possível restringir a dicção do texto aos casos de indivisibilidade por natureza, pois deverá o depositário atentar às hipóteses de indivisibilidade em razão da lei ou da convenção (art. 88, CC), fatos que impedirão o fracionamento do débito.

Sabe-se que, nos termos do art. 260 do CC, nos casos de indivisibilidade da obrigação, com pluralidade de credores (depositantes), o devedor não poderá entregar o objeto a um só – sob pena de ser cobrado novamente pelos demais –, mas a todos conjuntamente, salvo se aquele que recebeu oferecer caução de ratificação dos outros credores. Nas hipóteses de solidariedade, seja por convenção, seja por imposição da norma, para se exonerar o devedor deverá, necessariamente, restituir a integralidade da coisa a um só, ou, conjuntamente, a todos. Ademais, na dúvida sobre o significado de cláusulas contratuais inexiste solidariedade, pois ela não se presume, já que impõe agravamento da responsabilidade do devedor (art. 265, CC). Nota-se, assim, que a regra é desnecessária, pois as suas conclusões emanam de diretrizes da Teoria Geral das Obrigações, não demandando adaptação que justifique disciplina pormenorizada no contrato de depósito.

**Art. 640. Sob pena de responder por perdas e danos, não poderá o depositário, sem licença expressa do depositante, servir-se da coisa depositada, nem a dar em depósito a outrem.**

**Parágrafo único. Se o depositário, devidamente autorizado, confiar a coisa em depósito a terceiro, será responsável se agiu com culpa na escolha deste.**

O depósito tem como essência a obrigação de custódia, ou seja, de guarda e conservação da coisa imposta ao depositário. Tal dever se impõe de tal forma que o depositário não poderá se servir da coisa sem a autorização do depositante. Neste ponto, releva distinguir custódia e exploração econômica. No depósito, diferentemente do comodato e da locação, o possuidor recebe a coisa para guardar e não para usar e fruir, sob pena de responsabilidade contratual (art. 389, CC). Já naqueles contratos, ao contrário, a relação jurídica é estabelecida com o objetivo de utilização da coisa, de forma que a guarda da coisa é pressuposto para a sua utilização. Em outras palavras, no depósito o interesse é do credor, que exige cuidados de proteção e conservação da coisa. Enfim, a guarda não é um meio, mas a própria finalidade do negócio jurídico. No caso de o receptor receber autorização para utilizar a coisa livremente, o negócio jurídico se transmuda em figura diversa (comodato ou locação, se for gratuito ou oneroso o uso da coisa, respectivamente). O objetivo do negócio é modificado ainda quando a coisa é entregue para ser levada para outro lugar, sem a sua efetiva utilização (nesse caso, o contrato é de transporte, como se nota na entrega de mercadorias às empresas transportadoras). Nota-se, também, que quando o bem é confiado a outrem para ser administrado, gerido, constitui-se um contrato de mandato, diferenciando-se do depósito.

O dispositivo em comento estabelece que, se o depositante expressamente autorizar, o depositário poderá fruir da coisa e mesmo a estipular (espaço excedente) a subcontratação com terceiro, sem que se desnature o depósito. Nota-se que a medida tem caráter excepcional, pois desafia a natureza *intuitu personae* inerente à relação de confiança que justificou a realização do contrato com a pessoa do depositário.

Nos termos do parágrafo único, os danos causados ao objeto pelo terceiro e a sua recusa em restituir a coisa desaguam na responsabilização do depositário. De fato, pune-se a lesão à legítima expectativa e à confiança do depositante quanto à diligência do depositário ao incumbir a guarda da coisa a quem não oferecia condições para tanto.

**Art. 641. Se o depositário se tornar incapaz, a pessoa que lhe assumir a administração dos bens diligenciará imediatamente restituir a coisa depositada e, não querendo ou não podendo o depositante recebê-la, recolhê-la-á ao Depósito Público ou promoverá nomeação de outro depositário.**

Suscita-se a hipótese de incapacidade superveniente do depositário. Obviamente, se este for absoluta ou relativamente incapaz (arts. 3º e 4º, CC) ao tempo da contratação, o negócio jurídico será sancionado com nulidade ou anulabilidade, de acordo com o grau da incapacidade (art. 104, CC).

Inexiste no ordenamento "invalidade superveniente" já que a validade do negócio é aferida ao tempo de sua origem. Assim, a perda da capacidade pelo depositário acarretará a resolução do negócio jurídico, afetando o plano de eficácia da relação contratual, eis que haverá a ineficácia superveniente do negócio jurídico. O dispositivo deve ser lido à luz do Estatuto da Pessoa com Deficiência (Lei n. 13.146/2015). Sabe-se que a regra no sistema jurídico é a capacidade, sendo a incapacidade exceção. A partir de 2015, a interdição foi afastada do ordenamento jurídico brasileiro. A pessoa que não demonstrar aptidão mínima para se manifestar, independentemente do motivo, será reputada relativamente incapaz e não mais absolutamente incapaz. Assim, a incapacidade superveniente da parte demandará processo judicial, com sentença que declare a situação de incapacidade relativa e institua a curatela, a teor do art. 1.767 do CC. O magistrado estabelecerá um projeto terapêutico individualizado, com regras específicas voltadas àquela pessoa, definindo-se os atos de preservação da autonomia e as situações nas quais a pessoa deverá ser assistida ou representada. Nota-se que o dispositivo em análise não tece distinção entre a extinção do contrato pelo maior ou menor grau de incapacidade, pois ambos conduzem à resolução.

Quanto aos efeitos do contrato produzidos antes da interdição, a nosso viso, somente serão cancelados se o depositante tinha ciência, à época, do estado do interditado e este sofreu prejuízo com o negócio jurídico. Isso porque a sentença que declara a incapacidade relativa é constitutiva, pois não é ela que cria a doença, mas altera o status da pessoa. Assim, para evitar insegurança jurídica, só operará efeitos retroativos quando da leitura das cláusulas contratuais for possível observar que o contratante agiu de má-fé para tirar proveito da especial situação da outra parte. A consequência da declaração da incapacidade relativa para o contrato de depósito será a imediata restituição da coisa ao depositante pelo curador do depositário, pois a função deste é personalíssima e não poderá ser exercitada pela pessoa nomeada pelo magistrado para administrar o seu patrimônio. Caso seja inviável a restituição, pela impossibilidade voluntária ou fática do depositante de aceitar a coisa antes do prazo, deverá ser proposta ação de consignação em pagamento, mediante recolhimento da coisa ao depósito público ou, se não houver, a nomeação judicial de depositário.

O curador do relativamente incapaz terá o direito potestativo de nomear um novo depositário. Em outras palavras, poderá optar por desconstituir a relação jurídica mediante a devolução do objeto ou a possibilidade de eleição de uma pessoa capacitada a assumir o contrato, com as consequências dispostas na parte final do parágrafo único do art. 640, mesmo que não necessite o curador de autorização do depositante para designar o sucessor do incapaz.

**Art. 642. O depositário não responde pelos casos de força maior; mas, para que lhe valha a escusa, terá de prová-los.**

No contrato de depósito a titularidade do bem depositado não é transferida ao depositário. Por essa razão, o dispositivo em análise determina que o depositante é quem suportará os eventuais riscos de perda ou deterioração da coisa, por eventos externos, sem qualquer culpa do depositário. Trata-se da regra *res perit domino* (a coisa perece para o dono). Se o bem depositado for infungível, naturalmente está o depositário obrigado a devolver a coisa, no termo determinado ou, não havendo prazo específico, quando for exigida pelo titular. Nesse ponto, surge uma intrigante questão: e se a coisa depositada perecer ou deteriorar sem culpa do depositário? Nos termos da redação expressa do art. 642, o depositário não responderá havendo caso fortuito ou força maior devidamente comprovados. Aqui, segue-se a regra das relações obrigacionais, pela qual o devedor se exonera de sua responsabilidade quando não tenha procedido culposamente, salvo se, expressamente, tenha convencionado que assumiria os riscos do evento a ele inimputável (art. 393, CC). Assim, ilustrativamente, o depositário será exonerado pela perda do objeto em razão de uma catástrofe natural, de uma patologia incontrolável ou de uma guerra.

Entretanto, há uma exceção no sistema, em que o depositário responde pela perda ou deterioração não culposas (decorrentes de fatos exteriores): quando estiver em mora com o dever de restituir a coisa. Em outras palavras, se ultrapassado o momento da devolução da coisa, sem a devida entrega ao titular, o depositário moroso passa a responder objetivamente, com risco integral, por eventuais danos ocorridos ao objeto.

**Art. 643. O depositante é obrigado a pagar ao depositário as despesas feitas com a coisa, e os prejuízos que do depósito provierem.**

Ordinariamente, o contrato de depósito é unilateral e gratuito, razão pela qual, em regra, não impõem deveres jurídicos a quem entrega a coisa a ser custodiada. Entretanto, nota-se que, ainda que caracterizada a gratuidade, o depositante é obrigado a pagar as despesas feitas com a coisa e os prejuízos que, eventualmente, advierem do negócio. Sob pena de enriquecimento injustificado, o depositante tem de restituir as despesas com materiais e trabalho empregados pelo devedor na conservação e custódia da coisa, como se fossem benfeitorias necessárias. Ilustrativamente, pode-se cogitar do caso de depósito de máquinas de grande porte, que devem ser desmontadas por técnicos especializados, serviços esses que impõem despesas. Aliás, mesmo benfeitorias úteis, por ele providenciadas de boa-fé, serão objeto de indenização. Caso se negue a arcar com tais despesas, o depositário pode exercer o direito de retenção.

Diferentemente, no contrato de comodato, os deveres de conservação da coisa foram imputados ao comodatário (art. 584, CC), afinal aquela avença é realizada no interesse do comodatário, que explorará o bem gratuitamente. Mas, se o depósito é oneroso, o *tradens* assume a responsabilidade de efetuar o pagamento da contraprestação convencionada, especificamente quanto ao preço, ao local e à forma do adimplemento. É o exemplo do correntista que deve remunerar o banco pelo depósito em dinheiro realizado.

**Art. 644. O depositário poderá reter o depósito até que se lhe pague a retribuição devida, o líquido valor das despesas, ou dos prejuízos a que se refere o artigo anterior, provando imediatamente esses prejuízos ou essas despesas.**

**Parágrafo único. Se essas dívidas, despesas ou prejuízos não forem provados suficientemente, ou forem ilíquidos, o depositário poderá exigir caução idônea do depositante ou, na falta desta, a remoção da coisa para o Depósito Público, até que se liquidem.**

Por meio do direito de retenção o possuidor de boa-fé pode defender-se constrangendo o devedor a indenizá-lo por despesas e benfeitorias de boa-fé realizadas com conservação e melhoramento do objeto. Até que seja indenizado o depositário poderá manter o poder imediato sobre a coisa, mesmo que exista sentença concedendo a restituição do bem ao depositante, se tal decisão também condicionou a devolução ao pagamento das despesas provadas pelo depositário nos autos.

O direito de retenção se justificará não só como modo coercitivo para o depositário reaver as despesas descritas no art. 643, como ainda para obter a própria "retribuição devida", nos casos em que o depósito for oneroso, por terem as partes avençado uma remuneração em favor do depositário, que não é paga pelo depositante.

Nos termos do parágrafo único, o exercício do direito de retenção é condicionado à liquidez dos débitos reclamados pelo depositário. Dívida líquida é aquela cujo valor pode ser extraído de mera análise da prova documental do depositário, dispensando-se provas testemunhal e pericial. Em tais casos, o depositário se contentará em pleitear caução real (*v. g.*, hipoteca) ou pessoal (*v. g.*, fiança) por parte do depositante, para se acautelar diante de eventual inadimplemento. Impossibilitada a caução, subsidiariamente, a saída será a remoção da coisa para o depósito público – determinada por ordem judicial – até a liquidação do débito.

**Art. 645. O depósito de coisas fungíveis, em que o depositário se obrigue a restituir objetos do mesmo gênero, qualidade e quantidade, regular-se-á pelo disposto acerca do mútuo.**

No direito brasileiro, ao contrário do que se observa em outros sistemas jurídicos, e embora seja passível de controvérsias, admite-se como objeto do contrato de depósito apenas bens móveis. Ademais, tem-se como regra que tais bens móveis devem ser, ainda, fungíveis, a fim de caracterizar o que se tem como depósito regular (que é o que estudamos até o presente momento). O depósito voluntário é o negócio jurídico resultante da autonomia privada, sendo dividido em duas espécies: regular ou ordinário e irregular. Até este momento foi objeto destes comentários apenas o depósito regular, cujo objeto é coisa infungível, perfeitamente individualizada. Entretanto, as partes podem convencionar um contrato de depósito sobre coisas fungíveis, que podem ser substituídas por outras da mesma espécie, qualidade e quantidade (art. 85, CC). Em outros termos, as partes podem contratar um depósito de coisas fungíveis, regulamentado pelas regras do mútuo. É comum que o depósito seja irregular quando visa uma destinação econômica, na medida em que, tratando-se de bens fungíveis, há transferência de domínio ao depositário, como sucede no mútuo. Assim, no depósito irregular, considerada a peculiaridade de seu objeto, pode o depositário dispor dos bens fungíveis, sendo exonerado da obrigação de restituir a mesma coisa recebida, pois, ao termo do contrato ou quando lhe for solicitada a devolução (nos contratos sem termo certo), simplesmente entregará coisa equivalente.

O depósito irregular caracteriza-se pela verificação de dois elementos essenciais: i) um material, que é a transferência de bem fungível para o consumo do depositário; ii) e outro anímico ou subjetivo, que é a intenção de constituir um benefício, uma vantagem econômica para o depositário. Depreende-se da redação do dispositivo em análise que a norma expressamente determina que tal modalidade de depósito será regida pelas normas do contrato de mútuo (arts. 586 a 592, CC). Isso se justifica pela grande aproximação entre os dois modelos, já que o depositário não será um guardião por excelência da coisa, podendo alienar ou consumir o que recebeu. Ademais, por essa mesma razão, a devolução é de coisa de igual gênero, quantidade e qualidade, não se podendo exigir que a mesma coisa seja entregue por meio de ação de depósito, salvo convenção contrária. Entretanto, devem ser diferenciados a partir de sua própria teleologia: enquanto o mútuo é realizado no interesse do mutuário, o depósito é feito no interesse do depositante; enquanto o mutuário tem o seu patrimônio acrescido pelo empréstimo, com a obrigação de restituir no prazo contratado ou, supletivamente, no termo legal (art. 592, CC), o depositário não poderá incluir os bens fungíveis em seu ativo, pois deverá restituí-los a qualquer tempo, mantendo o equivalente permanentemente à disposição do depositante (art. 633, CC). Para ilustrar o depósito irregular, lembre-se do depósito bancário, no qual a instituição financeira é depositária de quantia em dinheiro (bem fungível), utilizando-a em suas transações, podendo o depositante retirar ou movimentar os valores depositados a qualquer tempo. Outro exemplo comumente visualizado na prática refere-se a grãos e sementes (sacas de arroz, *v. g.*). Em todo e qualquer caso de depósito irregular, o depositário está obrigado à restituição de igual gênero, qualidade e quantidade, não sendo cabível a ação de depósito exigindo a restituição da específica coisa entregue.

**Art. 646. O depósito voluntário provar-se-á por escrito.**

O dispositivo é de fácil compreensão e não suscita dúvidas. A forma escrita é necessária *ad probationem*, mas não é solenidade essencial, não afetando a validade do contrato de depósito voluntário (art. 104, III, CC). São admitidas as formas pública e particular, independentemente do valor. Apesar disso, é interessante que as partes reduzam o contrato a escrito, pois será possível demonstrar sua onerosidade (art. 628, CC), bem como a fixação de um termo para a restituição (art. 633, CC). Contudo, quando o contrato for real, a prova testemunhal será admitida com cautela pelo magistrado para atestar o ato físico da entrega do objeto, observando-se o art. 227, parágrafo único, do CC.

Importante observar que, para o ajuizamento de ação de depósito, a inicial será instruída com a prova literal da relação jurídica (art. 902, CC), o que abrange tanto o contrato escrito – mesmo que essa forma não seja da essência do negócio jurídico – como outro documento escrito, como um tíquete ou cupom que demonstre a ocorrência da tradição. A ausência do instrumento retira do depositante a ação especial, devendo se contentar com o rito ordinário. Ressalte-se que a norma em análise não é modalidade do depósito necessário, que será certificado por qualquer meio de prova, considerando-se a premência de sua efetivação (art. 648, parágrafo único, CC).

## *Seção II*
## *Do Depósito Necessário*

**Art. 647. É depósito necessário:**

**I – o que se faz em desempenho de obrigação legal;**

**II – o que se efetua por ocasião de alguma calamidade, como o incêndio, a inundação, o naufrágio ou o saque.**

O contrato de depósito pode assumir duas feições: depósito voluntário e depósito necessário. Já nos detemos nos comentários aos dispositivos procedentes sobre modalidade voluntária de depósito, cumpre-nos a partir de agora analisar a espécie de depósito necessário. O depósito necessário é configurado por imposição legal ou por circunstâncias imperiosas, independentemente da vontade do depositário. Aperfeiçoa-se, pois, independentemente de um ato da autonomia privada, fundamentando-se em opções do legislador ou em situações extremas, com origem em fatos imprevisíveis. Assim, independe da vontade das partes, não havendo caráter personalíssimo nessa modalidade negocial. E, sendo irrelevante a vontade dos interessados, justifica-se a designação de depósito obrigatório.

Nos termos dos arts. 647 e 648, observa-se que o depósito necessário se materializa em subespécies: i) o depósito legal e ii) o depósito miserável. O depósito legal (inc. I) decorre do desempenho de uma obrigação imposta pela norma jurídica (não necessariamente a lei, podendo ser, por exemplo, um decreto ou um regulamento). Ilustrativamente, podem ser lembrados: a) aquele que encontra coisa móvel alheia perdida é obrigado a guardá-la para devolução ao proprietário ou, não sendo conhecido, à autoridade pública (art. 1.233, CC); b) o devedor, quando vencida a dívida e havendo litígio entre várias pessoas que reivindicam a qualidade creditícia, é obrigado a guardar consigo a coisa para entrega ao vencedor do processo. No mesmo sentido, tem-se o depósito público de bens litigiosos ou em poder dos que se tornam incapazes (arts. 634 e 641, CC). O ordenamento jurídico ainda disciplina uma série de hipóteses de interesse público que recomendam a apreensão de bens, seguida do depósito judicial – que, a toda evidência, não deixa de ser uma forma de depósito legal. O depositário judicial é auxiliar do juiz (art. 159, CPC) e exercerá importante função de guarda e conservação de bens penhorados, arrestados e sequestrados.

O inc. II do art. 647 se refere ao depósito miserável que resulta de situações extraordinárias que justificam a necessidade de uma pessoa socorrer a quem se encontra em perigo, diligenciando a guarda de bens que estão na iminência de serem destruídos por uma calamidade. Fundamenta-se na solidariedade social (art. 3º, CF). Em situações de desespero, é comum que as pessoas precisem da ajuda de outras, como se verifica em casos de enchente ou um maremoto nas quais a força das águas arrasta bens de um lugar para outro. Nesses casos, o titular do local onde tais bens foram parar se torna depositário miserável, tendo o dever de guarda e posterior restituição. Infelizmente, a situação foi vivenciada na terrível tragédia causada pelas chuvas na região serrana do Estado do Rio de Janeiro, em janeiro de 2011, atingindo os municípios de Petrópolis, Teresópolis e Nova Friburgo, entre outros. Por conta das fortes chuvas, muitos bens foram levados para outros lugares, caracterizando o dever legal de guarda, efetivando a solidariedade social vaticinada constitucionalmente.

Aliás, as exemplificativas hipóteses do inc. II são significativas para a compreensão: "o incêndio, a inundação, o naufrágio ou o saque". Por evidente, diante da amplitude do conceito jurídico indeterminado "calamidade", utilizado pelo dispositivo referido, outros fatos jurídicos *stricto sensu* podem impor o dever de solidariedade e, via de consequência, caracterizar o depósito miserável.

---

**Art. 648. O depósito a que se refere o inciso I do artigo antecedente, reger-se-á pela disposição da respectiva lei, e, no silêncio ou deficiência dela, pelas concernentes ao depósito voluntário.**

**Parágrafo único. As disposições deste artigo aplicam-se aos depósitos previstos no inciso II do artigo antecedente, podendo estes certificarem-se por qualquer meio de prova.**

---

Em comum, depósito voluntário e necessário demandam consensualidade e entrega efetiva do bem depositado. Todavia, no aspecto probatório há ampla admissibilidade de sua comprovação, pelos meios de prova legalmente admitidos. O depósito legal deve observar as imposições da legislação que cuida do tema, sobretudo as leis processuais. Mas naquilo que ela for omissa, supletivamente será aplicado o CC, na parte em que disciplina o depósito voluntário.

O parágrafo único estende a recomendação do *caput* ao depósito miserável, acrescentando a dispensa de contrato escrito entre depositante e depositário, razão pela qual admite qualquer outro meio de prova. A norma é adequada à situação regulada, pois em situações emergenciais, calamitosas, desbordaria do razoável a formalização de instrumento público ou particular do depósito, pois não há tempo para negociações. Ademais, as situações excepcionais são notórias, de conhecimento geral, sendo fácil a sua comprovação por testemunhas.

---

**Art. 649. Aos depósitos previstos no artigo antecedente é equiparado o das bagagens dos viajantes ou hóspedes nas hospedarias onde estiverem.**

**Parágrafo único. Os hospedeiros responderão como depositários, assim como pelos furtos e roubos que perpetrarem as pessoas empregadas ou admitidas nos seus estabelecimentos.**

---

A terceira hipótese de depósito necessário é o depósito do hospedeiro ou hoteleiro, também denominado depósito necessário por assimilação. Nos contratos de hospedagem remunerados, o proprietário do estabelecimento é tido como depositário das bagagens e pertences do hóspede. Tem aqui um acentuado dever de proteção ao patrimônio dos clientes, que se elastece a qualquer espécie de hospedaria, alcançando hotéis, motéis, albergues, pousadas, abrigos transitórios, ou seja, qualquer estabelecimento capaz de acolher o público em geral mediante remuneração.

Importante compreender o que é bagagem para se definir a extensão da responsabilidade do hoteleiro. A expressão bagagem abrange todas as coisas que um hóspede, normalmente, porta consigo, seja ou não o proprietário, levando em consideração o tipo de viagem, o nível do hotel e a situação econômica do consumidor. Portanto, é inadmissível reduzir o conceito de bagagem às roupas e ao material de higiene. Se o depósito é um acessório em relação à hospedagem, será a fidúcia que se estabelece entre as partes que justificará o acautelamento do patrimônio do hóspede, homenageando-se o princípio da boa-fé objetiva. Observa-se que nesses casos, o depósito não exige a tradição real dos objetos ao depositário, bastando que as bagagens dos viajantes sejam introduzidas no estabelecimento, ainda que remanesçam em poder direto dos hóspedes. A responsabilidade se estende a outros bens que pertençam ao depositante, mesmo que não ingressem nas dependências internas do estabelecimento, como o veículo do hóspede.

A responsabilidade civil do depositário ainda alcança, além dos riscos normais assumidos pelo depositário em razão de seus atos culposos na conservação dos bens dos hóspedes (art. 629, CC), o fato de terceiro em razão de furtos perpetrados por pessoas empregadas ou admitidas no estabelecimento. No campo da responsabilidade civil, a conduta que provoca o dano pode ser decorrente de um fato próprio ou de fato de um terceiro, por quem o responsável tenha o dever de zelo e cuidado. Nos termos do art. 932 do estatuto civil, o fato de terceiro será atribuído a um responsável quando houver uma relação jurídica de subordinação legal (*v. g.*, pais, tutores e curadores por seus filhos, tutelados e curatelados) ou contratual (empregador pelos seus empregados). No direito brasileiro, a responsabilidade pelo fato de terceiro é objetiva, independendo da culpa de quem está na posição de garante. Assim, o empregador responde pelo dano causado pelo seu trabalhador, independentemente de ter atuado com culpa. Nesse sentido, é o que ocorre nos furtos cometidos pelos empregados ou prestadores de serviço do estabelecimento hoteleiro.

Importante se atentar para que a responsabilidade objetiva do hospedeiro pelos danos causados aos seus hóspedes (ou ao patrimônio deles), inclusive decorrentes de atos praticados por outros hóspedes ou por frequentadores que transitam pelo local, é objetiva (art. 932, IV). Trata-se da aplicação da teoria do risco proveito, consubstanciando regra pela qual quem aufere o proveito econômico pela pousada (bônus) assume os riscos inerentes aos danos causados aos hóspedes (ônus), seja pelos seus empregados como pelas demais pessoas que compartilham o mesmo espaço. Relevante ainda notar que é vedada a exclusão de responsabilidade – a chamada cláusula de não indenizar – no contrato de hospedagem. Reputa-se como cláusula não escrita o aviso do hoteleiro no sentido de que não se responsabiliza por danos, pois a obrigação de indenizar é prevista em lei, sendo inadmissível convenção em contrário.

De toda forma, é razoável o reconhecimento de limites a esta responsabilidade do hospedeiro, restringindo-se a indenização aos bens que, ordinariamente, são conduzidos pelo hóspede ao estabelecimento. É o caso das roupas, dos acessórios de limpeza e de quantias pecuniárias razoáveis para o uso habitual. Entretanto, respirando os ares da razoabilidade, com a mente voltada para o mesmo fundamento, afirma-se que a responsabilidade do hoteleiro não abrange objetos cujo uso não é habitual ou corriqueiro, como joias de alto valor e quantias que extrapolam o necessário à viagem, exceto se houver declaração acerca da existência e do valor dos bens, sendo eles entregues ao depositário e não simplesmente mantidos com o depositante em sigilo. Por essa razão, os objetos colocados em cofre devem ser descritos antecipadamente pelo hóspede, a fim de que o hospedeiro assuma a total obrigação de indenizar. Assim, podemos concluir que o dever de proteção do hospedeiro se compatibiliza com o dever de informação do hóspede, pois a relação de confiança tem de se estender aos dois polos da relação obrigacional.

Quanto aos veículos estacionados na garagem do estabelecimento, o STJ firmou o entendimento concretizado na Súmula n. 130: "A empresa responde, perante o cliente, pela reparação de dano ou furto de veículo ocorridos em seu estacionamento".

Importante, registrar ainda que, ao mesmo tempo que o ordenamento jurídico impõe ao hoteleiro diversas responsabilidades por ser depositário, compensa-lhe por meio do direito de penhor legal (art. 1.467, CC) sobre as bagagens, os bens móveis, as joias e o dinheiro de propriedade de seus consumidores inadimplentes, em função das despesas do devedor e dos seus familiares. Tem-se aqui uma legítima forma de autotutela, concretizada por direito de retenção em prol do credor, em virtude do iminente risco de prejuízo. Não se trata, portanto, de simples modalidade de direito de retenção, que pressupõe a posse anterior do credor (*v. g.*, o locatário que realiza benfeitorias necessárias no imóvel), enquanto no penhor legal o credor não tem a posse, mas exerce uma postura ativa, vindo a adquiri-la para a defesa de seu crédito, como forma de obter o seu direito.

**Art. 650. Cessa, nos casos do artigo antecedente, a responsabilidade dos hospedeiros, se provarem que os fatos prejudiciais aos viajantes ou hóspedes não podiam ter sido evitados.**

A relação de consumo estabelecida entre hospedeiro e hóspede acarreta responsabilidade civil objetiva pelos danos provenientes do defeito da prestação de serviço (art. 14, CDC). Entretanto, haverá hipóteses em que essa responsabilidade será afastada. Nos casos de fortuito ou força maior o hoteleiro não responderá por dano causado ao hóspede, pois há um fato inevitável e estranho à atividade hoteleira. Não se pode admitir a inclusão nos riscos da atividade hoteleira da obrigação de indenizar pelos perigos que não foram por ele introduzidos, pois inexiste nexo causal. Portanto, não vislumbrada ação ou omissão concorrente pelo depositário, é temerário acioná-lo pela perda das bagagens em razão de fortes enchentes, deslizamentos de terra e outras catástrofes incontroláveis. Todavia, se o hoteleiro contribuiu de alguma forma para o caso fortuito ou força maior, como na hipótese de não contratação de seguranças e vigias, responderá objetivamente. Ademais, o fato exclusivo da vítima elide a responsabilidade do hospedeiro. Ilustrativamente, pode-se cogitar do cliente que, após sair do seu quarto de hotel, deixou "a porta aberta".

Por outro lado, havendo fato concorrente, em sede de relação de consumo, não se pode olvidar que qualquer parcela de participação do fornecedor para o resultado danoso já é suficiente para lhe impor a obrigação de indenizar, à luz do art. 14, § 3º, II, do CDC. O que pode ocorrer, na hipótese de concorrência de condutas, é a redução proporcional do *quantum* indenizatório. Por derradeiro, observa-se que o depositário deverá demonstrar o evento externo, rompendo o nexo causal, pois se trata de existência de fato impeditivo ao direito do autor (art. 373, II, CPC).

**Art. 651. O depósito necessário não se presume gratuito. Na hipótese do art. 649, a remuneração pelo depósito está incluída no preço da hospedagem.**

O sistema jurídico estabelece a presunção de onerosidade do depósito necessário – seja por lei, seja pela situação de calamidade. Diferentemente, no depósito voluntário (art. 628, CC) a gratuidade é presumida. A diferença de tratamento se justifica porque frequentemente o depósito voluntário conta com a cumplicidade dos parceiros contratuais e o ânimo do depositário de proteger graciosamente os bens do depositante. Entretanto, não se observa essa relação fraternal no depósito necessário, sendo a obrigação do depositário um risco relacionado à sua atividade profissional. Daí a imposição de uma remuneração àquele que cuida dos bens alheios em situações emergenciais, bem como do hoteleiro. Nesse caso, o valor do depósito já estará incluído (embutido) no preço da hospedagem, pois seria inconcebível uma cisão entre o ato de hospedar e o de depositar os pertences do hóspede, sendo esta uma espécie de obrigação inerente àquele contrato.

O magistrado arbitrará o valor para o depósito necessário se houver divergência entre os contratantes. Nas situações de calamidade, o negócio jurídico poderá ser anulado pelo depositante em função do vício da lesão (art. 157, CC), se o depositário exigir prestação manifestamente desproporcional para aceitar a custódia do objeto, aproveitando-se da situação de extrema necessidade do depositante.

**Art. 652. Seja o depósito voluntário ou necessário, o depositário que não o restituir quando exigido será compelido a fazê-lo mediante prisão não excedente a um ano, e ressarcir os prejuízos.**

Há entre depositante e depositário uma relação de confiança que permite àquele reaver o objeto entregue quando o reclamar ou quando superado o termo contratual (art. 633, CC). Por isso, a obrigação de restituir é ínsita ao contrato de depósito e o particulariza em relação a outros modelos negociais. Em uma primeira leitura, o dispositivo em análise admite a prisão civil do infiel pelo prazo máximo de um ano, harmonizando-se, no ponto, com o art. 5º, LXVII, da CF, que dispõe que "não haverá prisão civil por dívida, salvo a do responsável pelo inadimplemento voluntário e inescusável da obrigação alimentícia e a do depositário infiel". Portanto, o legislador determinou que a sanção para o depositário infiel seria a pena de prisão não excedente a um ano e o ressarcimento dos prejuízos. Na verdade, o que determinava a prisão era a infidelidade, não a dívida.

Essa supressão da liberdade do devedor era consequência da quebra da fidúcia do depositante, pela recusa da restituição do objeto depositado. Aplicava-se uma medida coercitiva buscando persuadir o devedor a devolver a coisa, pois, no instante em que o depositário realizava a restituição, a pena de prisão se encerrava, cumprida a sua finalidade. Nota-se, ainda, que o objetivo do constrangimento impunha a recusa dos benefícios normalmente concedidos ao condenado no sistema criminal (*v. g.*, suspensão da pena e prisão domiciliar), pois eles frustrariam a própria intensidade da medida e a sua teleologia. Entretanto, de há muito era de se sustentar que o dispositivo legal em análise padecia de vício, pois a pena de prisão civil do depositário infiel é ofensiva ao Pacto de São José da Costa Rica (Convenção Interamericana de Direitos Humanos), que penetrou na ordem jurídica interna mediante o Dec. federal n. 678/92. Em seu art. 7º, a citada Convenção Internacional apenas autoriza a prisão civil para o caso de inadimplemento da obrigação alimentar, excluindo o infiel depositário.

Importante lembrar que é certo e incontroverso que o rol dos direitos fundamentais, elencados no art. 5º da CF, não é taxativo, em especial por conta da norma de expansão do § 2º, que, a eles, acrescenta outros direitos e garantias provenientes de tratados e convenções internacionais. Portanto, as convenções subscritas pelo Brasil, quando versem acerca de direitos humanos, adentram em nosso ordenamento com força superior às normas infraconstitucionais, revogando a legislação de piso anterior, no que com elas conflitem. Nessa linha de intelecção, uma vez que não se admite a prisão civil em sede infraconstitucional, o art. 652 perde a sua eficácia. Em 2008, o STF alterou seu posicionamento firmado há anos. Reconheceu, então, o acerto dessa tese e a incompatibilidade da prisão civil do infiel depositário com o sistema jurídico, a partir da recepção do Pacto de São José da Costa Rica. Incorporando o espírito da EC n. 45/2004, que abraçou, em sede constitucional (art. 5º, § 3º), os tratados internacionais que versam sobre direitos e garantias humanitárias, o Pretório Excelso afirmou a impossibilidade de prisão civil do infiel depositário, em qualquer caso, inaugurando uma nova fase interpretativa no Direito brasileiro. É o que consta do RE n. 466.343/SP (rel. Min. Cezar Peluso, j. 03.12.2008). Em decorrência do novo posicionamento, o STF revogou a Súmula n. 619, que afirmava: "a prisão do depositário judicial pode ser decretada no próprio processo em que se constituiu o encargo, independentemente da propositura de ação de depósito". Portanto, é inadmissível a prisão civil do infiel depositário no Direito brasileiro, em razão do acolhimento do Pacto de São José da Costa Rica em sede infraconstitucional. Em sequência, corroborando a força da compreensão jurisprudencial sobre a matéria, foi editada a Súmula vinculante n. 25 pelo STF, vazada em termos claros: "É ilícita a prisão civil de depositário infiel, qualquer que seja a modalidade do depósito". Em harmonia com o posicionamento do STF, observa-se a Súmula n. 419 do STJ: "Descabe a prisão civil do depositário judicial infiel".

Assim, pode-se concluir que o ponto de partida – e, certamente, de chegada – da nossa lei suprema é o direito à vida digna, reconhecido como direito fundamental por excelência, motivo pelo qual a prisão civil somente pode se tornar justificável em hipóteses nas quais a dignidade humana reclame o encarceramento. Sem dúvida, a Carta Constitucional, fundada em seus princípios e regras, é vetor de informação que caracteriza uma base necessária para a construção de uma sociedade mais justa, igualitária e solidária. Por essa razão, no caso de prisão civil por débito alimentício, diferentemente, não há de se falar em violação à dignidade humana, eis que a dignidade do alimentando (credor de alimentos) reclama a prisão como medida necessária. Em outras palavras, cerceia-se a liberdade do devedor para garantir a integridade física e psíquica do credor. Vislumbra-se que, concretamente, é preciso ponderar (à luz da proporcionalidade dos valores constitucionais em colisão) o conflito existente entre o direito de receber o crédito e a garantia do direito à dignidade e liberdade, para entender o que deve preponderar. Logo, exsurge relevante a aplicação da técnica de ponderação de interesses no caso em apreço, sopesando em uma balança imaginária os valores colidentes: o direito do devedor de não ter garantida a sua liberdade e o direito do credor de perceber o seu crédito. Necessariamente, o fiel da balança para a solução do problema é a afirmação da dignidade da pessoa humana, devendo prevalecer o valor que a respeitar de forma mais ampla e efetiva. Com efeito, se a nossa CF privilegia a afirmação da dignidade humana e da solidariedade social, qualquer norma infraconstitucional atentatória de tais princípios não pode ser prestigiada.

Não por outra razão o STJ considerou ilegal e teratológica a prisão civil do devedor de alimentos, sob o regime fechado, no período de pandemia, anterior ou posterior à Lei n. 14.010/2020, filiando-se à Recomendação n. 62 do CNJ consistente na colocação em prisão domiciliar das pessoas presas por dívida alimentícia (*HC* n. 569.014/RN, rel. Min. Marco Aurélio Bellizze, 3ª T., *DJe* 14.10.2020). Por sua vez, em 2021, o STJ reputou possível a penhora de bens do devedor de alimentos, sem que haja a conversão do rito da prisão para o da constrição patrimonial, enquanto durar a impossibilidade da prisão civil em razão da pandemia do coronavírus (*Informativo* n. 702). Conforme o entendimento do referido tribunal, "se o devedor está sendo beneficiado de forma excepcional, com a impossibilidade de prisão civil, [...] é preciso evitar que o credor seja prejudicado com a demora na satisfação dos alimentos que necessita para sobreviver, pois não é possível adotar o entendimento de que o devedor estaria impossibilitado de promover quaisquer medidas de constrição pessoal (prisão) ou patrimonial, até o término da pandemia. Ademais, tratando-se de direitos da criança e do adolescente, como no caso, não se pode olvidar que o nosso ordenamento jurídico adota a doutrina da proteção integral e do princípio da prioridade absoluta, nos termos do art. 227 da CF. Dessa forma, considerando que os alimentos são indispensáveis à subsistência do alimentando, possuindo caráter imediato, deve-se permitir, ao menos enquanto perdurar a suspensão de todas as ordens de prisão civil em decorrência da pandemia da covid-19, a adoção de atos de constrição no patrimônio do devedor, sem que haja a conversão do rito" (REsp n. 1.914.052/DF, rel. Min. Marco Aurélio Bellizze, 3ª T., j. 22.06.2021).

Na mesma senda, decidiu o STJ em 2022 que "cabe ao magistrado determinar o regime fechado para cumprimento da prisão civil de acordo com o caso específico e a observância do contexto epidemiológico local". A decisão teve como pano de fundo a pandemia da covid-19. E a Recomendação CNJ n. 122, de 03.11.2021, que trouxe novas variáveis a serem consideradas pelo Estado-Juiz durante a análise dos pedidos de prisão civil, quais sejam: a) o contexto epidemiológico local e a situação concreta dos casos no município e da população carcerária; b) o calendário vacinal do município de residência do devedor de alimentos, em especial se já lhe foi ofertada a dose única ou todas as doses da vacina; c) a eventual recusa do devedor em vacinar-se como forma de postergar o cumprimento da obrigação alimentícia. Dessa forma, caberá ao magistrado de origem, de acordo com o caso específico e com observância do contexto epidemiológico local, definir se é ou não o caso de determinar, no presente momento, o regime fechado para cumprimento da prisão civil (processo sob segredo judicial, 4ª T., rel. Min. Raul Araújo, j. 05.04.2022).

## CAPÍTULO X
## DO MANDATO

### *Seção I*
### *Disposições Gerais*

**Art. 653. Opera-se o mandato quando alguém recebe de outrem poderes para, em seu nome, praticar atos ou administrar interesses. A procuração é o instrumento do mandato.**

O preceito inaugura o regramento reservado ao mandato, contrato consensual, em regra gratuito e unilateral, *intuitu personae*, mediante o qual alguém – sempre que a lei não o impeça, erigindo atos personalíssimos, como a elaboração de testamento, por exemplo, que não permite intervenção de mandatário – recebe poderes para agir no interesse de outrem. É consensual porque se perfaz com o simples ajuste de vontades, independentemente da prática de qualquer ato pelo mandatário, muito embora o começo da execução implique aceitação tácita (art. 659). É normalmente gratuito, porém é possível estipular sua onerosidade, presumida para os mandatários ditos profissionais (art. 658), quando então revela natureza bilateral, havendo, depois de aperfeiçoado, obrigações e prestações a ambas as partes, o que não sucede gracioso, por isso chamado unilateral ou, quando muito, bilateral imperfeito, pela existência ocasional de obrigações a cargo do mandante, por exemplo, a ressarcitória (art. 678). É típico contrato daqueles denominados fiduciários, lastreado na confiança que se deposita na pessoa do mandatário, por isso inclusive revogável a qualquer tempo (art. 682, I).

A atual redação do art. 653 repete o CC/1916 (art. 1.288), persistindo na equivocidade que então já se suscitava. É que, na dicção dos dois diplomas, destarte pela sistemática da normatização civil, o mandato induz sempre a outorga de poderes para que o mandatário aja em nome do mandante, portanto como se fosse seu pressuposto a existência de representação. Na verdade, por natureza, porém, o mandato envolve, isto sim, a prática de atos ou a administração de interesses por conta, mas não, necessariamente, em nome de outrem. Noutros termos, a representação, que é o mecanismo, legal ou convencional, mercê do qual alguém fala em nome de outrem (*v.* arts. 115 e segs. do CC/2002), a rigor pode ou não estar no mandato. Malgrado se reconheça que, em regra, no mandato há a outorga de poderes de representação (*contemplatio domini*), nada impede que o mandatário atue em seu próprio nome, mas no interesse do mandante, assim sem representação, como está nos arts. 1.180 a 1.184 do CC português e como, a bem dizer, o próprio CC/2002 não desconheceu quando previu a regra, adiante examinada, contida no art. 663, repetição, aliás, do que já continha no art. 1.307 do CC/1916, e mesmo tendo agora tipificado a comissão, em que se age por conta, mas não em nome de outrem (v. comentário ao art. 693). E não é só. Da mesma forma que, em verdade, pode haver mandato sem representação, pode, inversamente, haver representação, e voluntária, sem mandato. Basta pensar, por exemplo, no empregado que possua poderes para vender objetos em nome do empregador, portanto, com representação constante, eventualmente, do contrato de trabalho. Por fim, permanece o novo Código a estabelecer que a procuração é o instrumento do mandato. Fê-lo, decerto, ao pressuposto genérico, sobre o qual se baseou, como se viu, de que no mandato haja necessariamente a representação. É bem de ver, porém, que a procuração, antes, é sim o instrumento da representação convencional, a qual, repita-se, pode ou não estar num mandato. A procuração, destarte, em tese é independente do mandato, na exata medida em que a representação o é. Mesmo na sua configuração essencial, distinguem-se os dois institutos. O mandato é contrato, portanto negócio jurídico bilateral a regrar as relações internas entre mandante e mandatário, que pressupõe aceitação, o que não ocorre com a procuração, ato jurídico unilateral mediante o qual são atribuídos ao procurador poderes para agir em nome do outorgante (autorização representativa) e para conhecimento de terceiros. Alguns nem mesmo consideram possa a procuração ser considerada negócio jurídico, posto que unilateral, pelo que insistem na terminologia *ato jurídico*, porque não visualizam qualquer efeito jurídico ao representante na simples outorga, não mais que um pressuposto para que, depois, sobrevenha o negócio praticado mercê da representação (para uma diferenciação da procuração como *ato* ou *negócio*, malgrado sempre unilateral, conferir: LOTUFO, Renan. *Questões relativas a mandato, representação e procuração*. São Paulo, Saraiva, 2001, p. 151).

De toda a sorte, posto que, apesar do art. 663, optando a legislação – e não se nega que poderia fazê-lo, a despeito da natureza do instituto – por vincular o mandato à outorga de poderes de representação, ao revés da comissão, assim regrada separadamente, muito embora *a priori* para atos de aquisição e de venda (veja-se comentário ao art. 693), os conceitos não podem ser baralhados, de modo que se os trate como se fossem um só. Ainda a esse mesmo propósito, remete-se ao comentário do art. 663, em que se volverá ao assunto.

**Jurisprudência:** TJSP, Ap. Cível n. 1.089.531-0/0, 31ª Câm., rel. Des. Adílson de Araújo, j. 22.05.2007; TJRJ, Ap. Cível n. 2006.001.23798, 9ª Câm., rel. Des. Abreu e Silva, j. 08.08.2006; TFR, 2ª R., Ag. n. 121.805, 1ª T., rel. Juiz Abel Gomes, j. 06.07.2005.

**Art. 654. Todas as pessoas capazes são aptas para dar procuração mediante instrumento particular, que valerá desde que tenha a assinatura do outorgante.**

**§ 1º O instrumento particular deve conter a indicação do lugar onde foi passado, a qualificação do outorgante e do outorgado, a data e o objetivo da outorga com a designação e a extensão dos poderes conferidos.**

**§ 2º O terceiro com quem o mandatário tratar poderá exigir que a procuração traga a firma reconhecida.**

O preceito reproduz a regra do art. 1.289 do CC/1916, com algumas alterações e basicamente com a supressão do anterior § 2º, cujo comando passou a dar conteúdo ao art. 655 do CC/2002, a seguir examinado. Cuida, fundamentalmente, da forma e dos requisitos de que deve a procuração se revestir. Diferente a questão da forma do mandato, que vem regrada em dispositivo diverso, o do art. 656, o qual inclusive prevê que possa ele se estipular por escrito ou verbalmente. E, ao revés, mesmo por, na essência, servir de prova da representação, que se deve fazer perante terceiro com quem se negocie (art. 118), o CC estatui firmar-se a procuração por instrumento escrito, público ou particular, que valerá desde que contenha a assinatura do outorgante. O instrumento deve conter, ainda, o lugar e a data em que foi passado, a identificação das partes, outorgante e outorgado, o que de resto afasta a possibilidade da chamada procuração em branco, ou seja, a pessoa indeterminada (cf. LOTUFO, Renan. *Questões relativas a mandato, representação e procuração*. São Paulo, Saraiva, 2001, p. 156-8). Deve também discriminar, de modo preciso, os poderes conferidos. Modificando o que a propósito se continha no § 3º do art. 1.289 do CC/1916, que erigia o reconhecimento da firma do outorgante em requisito de validade (*rectius*: eficácia) da procuração, passada por instrumento particular, perante terceiro, o CC/2002 apenas faculta a este terceiro a exigência de reconhecimento da firma do outorgante, o que, vale advertir, não se aplica ao mandato *ad judicia* (já era a regra do art. 38 do CPC/73, com redação dada pela Lei n. 8.952/94, e é, agora, a do art. 105 do CPC/2015). Desde o Decreto n. 29.151/51, depois substituído pelo Decreto n. 83.858/79, alvitrou-se a outorga de procuração por telegrama, uma vez observados os requisitos lá dispostos quanto à autenticidade da assinatura. Da mesma forma, poder-se-á cogitar da outorga pela via telemática, pela informática, mas sempre e somente quando identificáveis as partes e, frise-se, pelo meio devido, mesmo de controle de assinatura digital, a se regulamentar, a autenticidade de sua declaração de vontade, inclusive cuja comprovação pode ser exigida pelo terceiro, na forma do § 2º (ver a propósito: SANDOVAL, Ovídio Rocha Barros. "Do mandato". In: *O novo Código Civil* – estudos em homenagem ao prof. Miguel Reale, coord. Domingos Franciulli Netto, Gilmar Ferreira Mendes e Ives Gandra da Silva Martins Filho. São Paulo, LTr, 2003, p. 597-600).

A procuração por instrumento particular somente poderá ser outorgada por pessoa capaz, como está no *caput* do artigo em comento, destarte impondo-se a forma pública para os relativamente incapazes, porquanto assim se atesta a assistência e se garante a fidelidade do consentimento de quem a lei quer proteger, se bem que só para outorga de poderes *ad negotia*, por se vir entendendo que o art. 38 do CPC/73, agora art. 105 do CPC/2015, dispensa a formalidade para as procurações *ad judicia*, em que também é dispensável, sempre, o reconhecimento de firma (Lei n. 8.952/94, que deu nova redação ao mesmo preceito processual do CPC anterior). De igual maneira, só por instrumento público o analfabeto outorga procuração, já que inviável a sua assinatura, como quer a lei. Deve-se ressalvar a excepcional possibilidade de o menor púbere outorgar procuração, sem o seu assistente, para formulação de queixa-crime ou representação (art. 34 do CPP), aqui apenas se discutindo o exato elastério do dispositivo processual penal, que alude à idade entre 18 e 21 anos, isso diante da redução da maioridade pelo CC/2002. Da mesma forma, há de se admitir possa o interdito, ele próprio, outorgar procuração para se postular o levantamento de sua interdição, por cessação da respectiva causa. Já aos pródigos se deve deferir a livre outorga para os atos em que a assistência não seja exigível (art. 1.782). Quanto aos menores impúberes e aos demais absolutamente incapazes, a lei garante-lhes a representação legal pelos pais, pelos tutores ou pelos curadores, não havendo cogitar possam eles, pessoalmente, outorgar procuração, de resto privados da possibilidade de livre gestão de seus interesses, o que está na base da faculdade de outorga da procuração. Quanto à outorga de procuração, em nome do absolutamente incapaz, pelos representantes, vale anotar a regra geral de que o exercício do poder familiar, da tutela ou da curatela são, de forma genérica, indelegáveis, mas lembrando-se, quanto aos pais, que são usufrutuários dos bens dos filhos, agindo, na sua administração, por direito próprio, muito embora nos limites do quanto preserve a higidez do patrimônio dos filhos sob sua autoridade, pelo que inviáveis atos que ultrapassem a mera administração, senão por autorização judicial (art. 1.691), até por isso não se excluindo, nesses lindes, eventual outorga de procuração, às vezes inclusive indispensável, como no caso da constituição de advogado. Mesmo ao tutor, afora a nova hipótese contida no art. 1.743, já antes do CC/2002 e malgrado a pessoalidade de seu exercício, não se excluía a delegação, por procuração, de poderes para prática de atos específicos, compreendidos no alcance da tutela, não se permitindo, isto sim, uma cessão genérica do exercício de direitos e deveres decorrentes deste instituto assistencial (*v. g.*, CARVALHO SANTOS, J. M. *Código Civil brasileiro interpretado*, 5. ed. Rio de Janeiro, Freitas Bastos, 1952, v. VI, p. 297). E, por fim, admitida, excepcionalmente, a procuração outorgada pelo representante em nome do absolutamente incapaz, desnecessária a forma pública se, afinal, fala, juridicamente, quem tem plena capacidade, nesse caso não se cogitando de assistência. Fomentada pela indistinção do CC/2002 acerca do mandato e da procuração (v. art. 653), a doutrina costuma traçar os requisitos subjetivos dos contratantes do mandato quando se dá a examinar o artigo presente, que, na realidade, versa sobre a forma da procuração, particularmente daquela passada por instrumento particular. De qualquer maneira, a capacidade do mandante segue o regramento geral, aferindo-se, mais, sua legitimação em função do negócio ou dos negócios para cuja atuação nomeia-se o mandatário. Já a capacidade do mandatário tem a normativa geral excepcionada pela disposição do art. 666, adiante comentado.

Por fim, quanto à superveniência da Lei n. 13.146/2015 (Estatuto da Pessoa com Deficiência) à alteração redacional dos arts. 3º e 4º do CC, na esteira da previsão do art. 6º da nova lei, malgrado a ser compreendido de modo sistemático com os seus próprios incisos e com o preceito também do art. 85, bem como posto ainda se considere persistente, em geral, a necessidade de apoio, em particular no campo dos atos e negócios patrimoniais, àqueles indivíduos privados de completo ou apenas com parcial discernimento ou aptidão à consciente expressão da vontade, reforça-se – nesse limite e sem ao mesmo tempo obviar prerrogativas que assim se lhes devem assegurar – a ideia de que possam aceitar mandato (tratei do tema em: *Por um ainda renovado regime jurídico das incapacidades*. Tese de Titularidade. Faculdade de Direito da Universidade de São Paulo. 2023. p. 224-7).

**Jurisprudência:** Sobre a outorga de procuração por menor, devidamente representado, e por instrumento particular, ver: TJSP, AI n. 217.533-4, 1ª Câm., rel. Des. Elliot Akel, j. 06.11.2001. Quanto à discussão sobre a higidez da vontade do outorgante, aplicando-se assim o regramento geral sobre os vícios do consentimento: *JTJSP* 227/17. Sobre a procuração outorgada por condomínio: TJSP, Ap. Cível n. 948.243-00/4, 34ª Câm., rel. Des. Rosa Maria de Andrade Nery, j. 18.01.2006. Exigindo a completa identificação do representante da pessoa jurídica outorgante: STF, Ag. Reg. n. 674.807/MG, 1ª T., rel. Min. Luiz Fux, j. 08.05.2012.

**Art. 655. Ainda quando se outorgue mandato por instrumento público, pode substabelecer-se mediante instrumento particular.**

Normalmente conceituado como ato unilateral mediante o qual o mandatário transfere a outrem os poderes recebidos do mandante, tem-se que o substabelecimento, em verdade, ou seja, da procuração. Vale dizer, substabelece-se a procuração, e não o mandato propriamente (*v. g.*, PONTES DE MIRANDA. *Tratado de direito privado*, 3. ed. São Paulo, RT, 1984, t. XLIII, § 4.701, n. 1, p. 165). Sendo assim, o substabelecente, por ato unilateral (ou negócio unilateral, a respeito remetendo-se ao comentário do art. 653), transfere ao substabelecido os poderes que lhe foram outorgados em uma procuração. Pode fazê-lo com ou sem reservas de poderes, isto é, mantendo-se também como procurador ou deixando de sê-lo para que o outro assuma seus poderes. Vale dizer, no primeiro caso há poderes cumulativos de substabelecente e substabelecido; no segundo, há integral substituição do procurador. O substabelecimento pode ainda ser total ou parcial, conforme se transfiram todos ou alguns dos poderes do substabelecente.

A autorização ou proibição de substabelecer, bem como as respectivas consequências quanto à responsabilidade do substabelecente, são tratadas pelo art. 667, a seguir examinado e a cujos comentários se remete. De resto, o dispositivo do artigo presente se dá a cuidar da forma do substabelecimento, procurando superar discussão que a respeito suscitava o § 2º do art. 1.289 do CC/1916. Isso porquanto, na anterior normatização, permitia-se o substabelecimento por instrumento particular só quando a procuração, lavrada por instrumento público, poderia tê-lo sido por instrumento particular. Em diversos termos, a forma do substabelecimento seguia a regra do negócio principal, de tal arte que o instrumento particular só seria admissível se a procuração também pudesse ter sido passada por instrumento particular, malgrado escolhida, no caso concreto, a forma pública. Hoje, essa é a inovação, o substabelecimento tem regramento autônomo quanto à sua forma, garantindo-se a possibilidade de lavratura por instrumento particular, mesmo que, por qualquer motivo, a procuração tenha obedecido a forma pública. A conclusão, pois, malgrado não sem discussão (*v.*, a seguir, o Enunciado n. 182 do CEJ), e mesmo conforme a ressalva, *de lege constituenda*, que vai logo adiante, é a de que, ainda nas hipóteses em que a procuração deva ser pública, o substabelecimento pode ser particular. Sucede, porém – e a discussão é a mesma que, de maneira mais completa, se examinará nos comentários ao art. 657 –, que, a bem da segurança jurídica e da harmonização com este mesmo preceito citado, o PL n. 699/2011 tenciona adicionar um parágrafo ao artigo em comento para explicitar que "é da essência do ato a forma pública, quando a procuração visar a constituição, transferência, modificação ou renúncia de direitos reais sobre imóveis". Reitere-se, isto, a rigor, na esteira da exigência do art. 657 no sentido de que a "outorga do mandato está sujeita à forma exigida por lei para o ato a ser praticado".

**Jurisprudência:** Enunciado n. 182, CEJ: O mandato outorgado por instrumento público previsto no art. 655 do CC somente admite substabelecimento por instrumento particular quando a forma pública for facultativa e não integrar a substância do ato.

Já entendendo, na vigência do CC/1916, ser possível substabelecer, por instrumento particular, poderes recebidos em mandato outorgado por forma pública, ver: STJ, REsp n. 21.236/ES, 3ª T., rel. Min. Nilson Naves, j. 05.03.1996, *DJU* 15.04.1996, com a seguinte ementa: "Compra e venda. Mandato. É admissível substabelecer a procuração pública mediante instrumento particular. Não há impedimento de ordem legal".

**Art. 656. O mandato pode ser expresso ou tácito, verbal ou escrito.**

O dispositivo trata da forma do mandato, contrato consensual, como se disse no comentário ao art. 653, por isso que entabulável sem exigência de forma especial, com a ressalva que se fará nos comentários ao artigo seguinte. De qualquer sorte, o mandato pode ser expresso, consumado por escrito ou verbalmente, tanto quanto pode ser tácito. O mandato tácito sempre foi assim definido a partir da perspectiva da aceitação do mandatário, que será tácita quando inferida do começo da execução do ajuste (art. 659). Porém, mesmo a declaração de vontade do mandante pode ser tácita, admitindo a prática de atos, no seu interesse, pelo mandatário, como no exemplo do empregador que age de modo a denotar outorga inexplícita de poderes para pequenas compras que, periodicamente, um empregado faz, no seu interesse (PEREIRA DA SILVA, Caio Mário. *Instituições de direito civil*, 10. ed. Rio de Janeiro, Forense, 1999, v. III, p. 255), o que para muitos configura, antes, gestão de negócios (*v. g.*, PONTES DE MIRANDA. *Tratado de direito privado*, 3. ed. São Paulo, RT, 1984, t. XLIII, § 4.706, n. 2, p. 192), mas o que se diferencia por, num caso de mandato tácito, se exigir mais que o silêncio do empregador, assim uma conduta ativa, como o deixar recursos para as pequenas aquisições, desnecessária na segunda hipótese, de mera e omissiva anuência (ver a respeito: CARVALHO SANTOS, J. M. *Código Civil brasileiro interpretado*, 5. ed. Rio de Janeiro, Freitas Bastos, 1952, v. XVIII, p. 131-2).

Muito embora nem sempre se faça essa distinção, difere, para alguns, o mandato tácito do mandato presumido, ou seja, de existência presumida até que se prove o contrário, ou mesmo que o presumido mandatário prove o inverso, como no caso do condômino presumido mandatário para administrar a coisa comum ou do portador presumido mandatário para preencher letra recebida sem data e lugar de saque (ver PONTES DE MIRANDA. Op. cit., t. XLII, § 4.680, n. 1, p. 38-9; t. XII, § 1.293, n. 2, p. 89), exemplos que, para muitos, são também de mandato tácito (*v. g.*, MONTEIRO, Washington Barros. *Curso de direito civil*

– direito das obrigações. São Paulo, Saraiva, 1956, v. II, p. 275). A bem dizer, caso de mandato presumido, ou ao menos de aceitação presumida, havia no art. 1.293 do CC/1916. Presumia-se aceito o mandato entre ausentes quando o negócio para o qual dado fosse da profissão do mandatário, dissesse respeito à sua qualidade oficial ou fosse oferecido mediante publicidade, sem que o mandatário fizesse constar de imediato a sua recusa. Fato é, todavia, que a regra não foi repetida no novo CC. No mais, e como já afirmado em comentários ao art. 654, a rigor não há confundir-se a forma do mandato com a forma da procuração. Ou seja, a regra para a forma do contrato de mandato vem disposta no artigo presente, destinando-se aquele a disciplinar a forma pela qual se outorga a procuração, instrumento da representação destinada ao conhecimento de terceiro, que, malgrado o que comumente ocorre, pode não conter todos os elementos do contrato de mandato (por exemplo, preço e condições de pagamento, se for oneroso), eventualmente em instrumento outro ou ajustado verbalmente. Pense-se, ainda exemplificativamente, na procuração outorgada a advogado, a qual não contém todas as condições do ajuste entre ele e seu cliente, próprias do contrato de mandato, assim sem possível confusão de um ou outro instituto, como se vem afirmando.

**Jurisprudência:** Sobre a forma livre do mandato, inclusive verbal, já à luz do CC/1916: II TACSP, Ap. Cível n. 794.126-00/5, 7ª Câm., rel. Juiz William Campos, j. 23.03.2004. Sobre a possibilidade de mandato tácito: TJSP, Ap. Cível n. 61.026-4, 2ª Câm., rel. Des. Linneu Carvalho, j. 14.10.1997; e Ap. Cível n. 1.237.209.006, 30ª Câm., rel. Des. Marcos Ramos, j. 04.02.2009. Sobre a prova do mandato verbal: TJRJ, Ap. Cível n. 2006.001.40249, 13ª Câm., rel. Des. Ademir Pimentel, j. 13.12.2006. Sobre o mandato tácito entre irmãos, que herdaram imóvel em condomínio: TJSP, Ap. Cível n. 9117629-61.2008.8.26.0000, 9ª Câm. de Dir. Priv., rel. Des. Piva Rodrigues, *DJe* 05.02.2013, p. 1.458.

**Art. 657. A outorga do mandato está sujeita à forma exigida por lei para o ato a ser praticado. Não se admite mandato verbal quando o ato deva ser celebrado por escrito.**

A parte final do artigo presente, segundo a qual o mandato deve ser escrito quando o negócio a cuja prática se o outorgou for daqueles só consumáveis por igual instrumento escrito, repete a regra do art. 1.291 do CC/1916. Sob seu pálio, aliado ainda ao que se continha na disposição do art. 1.289, § 2º, do mesmo CC/1916, grassava a discussão sobre a adoção, em nosso sistema, da assim chamada tese da simetria, isto é, sobre se exigível, para o mandato, a mesma forma exigida à prática do negócio jurídico para o qual outorgados poderes pelo mandante. Assim, por exemplo, e particularmente nessas hipóteses, debatia-se sobre se para a entabulação de compra e venda de imóvel, a que é necessária escritura pública, também exigível o mandato respectivo pela pública forma. Pois bem. Primeiro ponto a ser realçado, de novo, está na diferenciação que se deve fazer entre a forma do mandato e a forma da representação que se tenha outorgado. Nesse sentido, já de há muito observava Pontes de Miranda que o preceito do art. 1.291 do CC/1916, na verdade, usava o termo *mandato por procuração*, meio de comunicação da outorga a um terceiro, de tal sorte que, outorgada a procuração por escrito, mesmo quando essa forma fosse da essência do ato principal a ser praticado, o mandato, em si, poderia se dar de forma tácita, por exemplo pelo começo de execução (ver PONTES DE MIRANDA. *Tratado de direito privado*, 3. ed. São Paulo, RT, 1984, t. XLIII, § 4.678, n. 2, p. 21).

Quanto à simetria, em si, dividia-se a doutrina, ora ao contentar-se com que, se escrita e pública a forma exigida para o negócio a cuja prática outorgada a procuração, se a outorgasse por escrito, outros entendendo que, nesses casos, também a procuração deveria ter a forma pública, não sendo suficiente o escrito particular. Procede a uma detalhada revista da doutrina, ora esposando uma tese, ora outra, o civilista Renan Lotufo (*Questões relativas ao mandato, representação e procuração*. São Paulo, Saraiva, 2001. p. 117-25), para concluir pela ausência de simetria, mas sem olvidar relevante remissão à lição de José Paulo Cavalcanti, que já assinalava a importância de se distinguir a forma do mandato e da procuração e anotava – conclusão a que se acede – que, se o negócio a que outorgado poderes ao procurador é solene, exigindo a forma pública, é porque o legislador revelou especial preocupação com a manifestação de vontade refletida, assim importando que, malgrado a autonomia da procuração, se por meio dela se delibera outorgar poderes para a prática daquele negócio formal, então sua forma deve ser a mesma. Em diversos termos, assinala o autor que se a lei cuida de exigir forma especial e pública para determinado negócio jurídico, com isso tencionando garantir a deliberação refletida do sujeito, nenhuma diferença faz que essa deliberação seja tomada no próprio ato ou quando se outorgam poderes para a sua prática. E, pese embora a longa e grande divergência instaurada sobre o tema, parece ter o CC/2002, agora, definitivamente imposto a simetria, quando, na primeira parte do art. 657, que constitui inovação, porquanto ausente no art. 1.291 da legislação anterior, dispôs estar a outorga do mandato (*rectius*: procuração) "sujeita à forma exigida por lei para o ato a ser praticado". De resto o que, na mesma esteira, o PL n. 699 de 2011, de Reforma do CC, pretendeu acrescentar ao art. 655, a cujo comentário se remete.

**Jurisprudência:** Para uma revista da oscilação da jurisprudência, anterior ao novo CC, acerca da questão da simetria de forma entre o mandato e o negócio principal a ser firmado, ver remissões constantes de: *RSTJ* 169/343. Sobre o mandato para alienação de imóveis: TJSP, Ap. Cível n. 4.268.434.800, 4ª Câm., rel. Des. Francisco Loureiro, j. 05.03.2009. "Aplica-se à procuração em causa própria – a qual é irrevogável, não se extingue pela morte de qualquer das partes, isenta o mandatário de prestar contas e permite transferir para si os bens móveis ou imóveis objeto do mandato, obedecidas as formalidades legais – a regra de que o mandato deverá ser outorgado pela forma de instrumento público quando destinado à prática de negócio jurídico que vise à 'constituição, transferência, modificação ou renúncia de direitos reais sobre imóveis de valor superior a trinta vezes o maior salário mínimo vigente no País' e, portanto, dependa da forma de escritura pública (CC, art. 108)" (STJ, Ag. Int. no REsp n. 1.894.758/DF, 4ª T., rel. Min. Luis Felipe Salomão, j. 19.10.2021)

**Art. 658. O mandato presume-se gratuito quando não houver sido estipulada retribuição, exceto se o seu objeto corresponder ao daqueles que o mandatário trata por ofício ou profissão lucrativa.**

**Parágrafo único. Se o mandato for oneroso, caberá ao mandatário a retribuição prevista em lei ou no contrato. Sendo estes omissos, será ela determinada pelos usos do lugar, ou, na falta destes, por arbitramento.**

Seguindo a tendência do CC/1916, a nova normatização manteve a regra do mandato presumidamente gratuito, sem, entretanto, estabelecer que essa gratuidade seja da essência do mandato (o *ofício de amizade*). Com efeito, malgrado presumindo-o gratuito, permitiu a lei que o mandato pudesse ser estabelecido de forma onerosa. E, mais, fê-lo não somente quando dispôs sobre a possibilidade de pactuar-se, expressamente, uma remuneração, como quando o objeto do ajuste for daqueles que o mandatário trata por ofício ou profissão. Bem de ver, então, que o mandato será oneroso quando, independentemente da natureza de seu objeto, tiverem as partes convencionado uma retribuição. Mas também o será sempre que o mandato se recebe por quem, nessa condição, exerce profissão lucrativa, como o advogado, por exemplo, ou mesmo quando o mandatário atue profissionalmente na gestão de interesse alheio. Daí vir-se de costume afirmando que o mandato mercantil não pode ser considerado gratuito por presunção, revelando-se, ao contrário, um dos casos em que a retribuição é de rigor, de resto tal qual já o determinava o CCom brasileiro (art. 154, revogado), caracterizando-o como contrato necessariamente oneroso (ver, ainda: MARTINS, Fran. *Contratos e obrigações comerciais*. Rio de Janeiro, Forense, 1984, p. 292).

Todavia, como já na vigência do CC/1916 se ressalvava, a presunção de gratuidade pode ainda se infirmar, posto que não pelo pacto de retribuição ou pelo exercício profissional dos poderes outorgados, mas pelo quanto resulte das circunstâncias do caso, que façam acreditar na existência de convenção tácita, no dizer de De Plácido e Silva (*Tratado do mandato e prática das procurações*, 4. ed. Rio de Janeiro, Forense, 1989, v. I, p. 39). Conforme sua lição, as circunstâncias fáticas do caso podem bem levar à admissão de que tenha sido intenção das partes remunerar os serviços do mandatário. Pois se por qualquer das hipóteses examinadas havida remuneração, seu valor se estabelece pelo quanto preveja a lei ou o contrato. Mas, conforme está no parágrafo único do dispositivo em comento, omissos lei e contrato, a remuneração se fixará segundo os usos do lugar, ou seja, a praxe local, se houver, ou, se não, de acordo com arbitramento judicial. Nesse caso, os salários do mandatário são arbitrados pelo juiz tomando-se em consideração o objeto do mandato, a dificuldade para sua execução e o proveito gerado. Vale aqui, de resto, socorro analógico aos mesmos critérios que a lei estabeleceu para o arbitramento dos honorários relativos ao mandato *ad judicia*, quando não convencionados, e que devem ser compatíveis com o trabalho realizado e com o valor econômico envolvido (art. 22, § 2º, da Lei n. 8.906/94). O arbitramento se fará em processo de conhecimento, formando título judicial executivo. Por fim, diga-se que, se devidos, os honorários deverão ser pagos ainda que o negócio para o qual outorgado não surta os efeitos desejados, salvo culpa do mandatário, a propósito do que se remete ao comentário ao art. 676, infra.

**Jurisprudência:** Assentando de natureza profissional o mandato outorgado a advogado, assim credor de respectiva remuneração, mas desde que diligente no cumprimento de sua obrigação, apesar de que, em princípio, de meio, ver: II TACSP, Ap. Cível n. 661.537-00/6, rel. Juiz Marcondes D'Angelo, j. 07.06.2004. Ver, ainda: TJSP, Ap. Cível n. 838.377-00/2, 26ª Câm., rel. Des. Andreatta Rizzo, j. 30.01.2006. Admitindo o ajuste sobre honorários advocatícios no próprio instrumento de outorga de poderes, assim na procuração; STJ, REsp n. 1.818.107/RJ, 1ª T., rel. Min Sergio Kukina, j. 07.12.2021.

**Art. 659. A aceitação do mandato pode ser tácita, e resulta do começo de execução.**

O preceito repete a mesma redação do art. 1.292 da anterior normatização e prevê que, ademais de forma expressa, a aceitação do mandato possa também se dar de forma tácita. A previsão, a rigor, dimana da característica de consensualidade de que se reveste o contrato de mandato, aperfeiçoado, sem exigência de forma especial, pelo ajuste, pela manifestação de vontade das partes, que pode ser expressa ou tácita, valendo relembrar a diferença entre a forma do mandato e da procuração, a respeito remetendo-se ao quanto expendido nos comentários aos arts. 656 e 657. Importa ainda ressalvar que, malgrado a pertinência do preceito à questão da aceitação tácita, igualmente já se examinou, por ocasião dos comentários ao art. 656, *supra*, que mesmo a manifestação de vontade do mandante pode ser tácita.

De toda sorte, cuidando da aceitação do mandato, que completa seu processo de formação, garante o preceito em comento que ela se possa operar de maneira expressa, por escrito ou verbalmente, bem assim de forma tácita, pelo começo da execução do ajuste. Bem de ver que, de maneira geral, as declarações de vontade nos negócios informais podem externar-se a partir mesmo de comportamentos chamados concludentes, ou seja, ações que revelam a vontade, de que se pode inferir o intuito de contratar. Por exemplo, nos contratos de massa, as declarações de vontade manifestam-se muito costumeiramente de forma tácita, pelo comportamento, como quando se contrata transporte coletivo urbano ou um táxi, o que se aperfeiçoa com conduta gestual, ou ainda quando se ajusta uma compra de produtos em máquinas automáticas, dentre outras tantas hipóteses. Nada de diverso ocorre com a aceitação do mandato, a qual se pode consumar pelo comportamento do mandatário que já se dá a cumprir o ajuste, então com essa conduta denotando sua aceitação. Porém, na verdade, a interpretação do dispositivo não deve ser estreita e, assim, insta se admita como aceitação, além do início da execução, qualquer conduta pela qual o mandatário demonstre haver aceitado o contrato. Cuida-se, enfim, de qualquer ação típica e própria de quem seja mandatário, da qual se possa inferir a tácita aceitação (nesse sentido: ALVES, Jones Figueiredo. *Novo Código Civil comentado,* coord. Ricardo Fiuza. São Paulo, Saraiva, 2002, p. 598). Por fim, cabe menção à diferenciação que se costuma efetivar entre aceitação tácita e presumida, a propósito remetendo-se ao comentário ao art. 656, em que a matéria já foi enfrentada.

**Art. 660. O mandato pode ser especial a um ou mais negócios determinadamente, ou geral a todos os do mandante.**

O artigo presente, como já o fazia seu correspondente no CC/1916, diferencia os casos de outorga de poderes, a qual, no mandato, pode ser geral ou especial. Vale dizer, quanto à extensão de outorga de poderes que envolve, o mandato pode ser geral ou especial. Tradicionalmente, entende-se que será geral quando não se determinem os negócios para cuja prática seja outorgado, assim induzindo a outorga de poderes de ordinária administração de todos os negócios ou interesses do mandante. Será especial quando, ao revés, especifiquem-se o negócio ou os negócios para cuja gestão se outorguem poderes, assim, em diversos termos, conferidos para a prática de certo ou certos atos ou negócios. Essa clássica definição, porém, pressupõe uma indiferenciação sobre o que seja a outorga de *poderes gerais* (mandato geral) do mandato *em termos gerais*, aquele de que trata o art. 661, logo a seguir examinado. Como salienta De Plácido e Silva, distinção haveria a se fazer, porquanto o mandato geral ou com poderes gerais é aquele outorgado em função da gestão da generalidade dos negócios do mandante, concedendo-se todos os poderes a tanto necessários (mandato total ou generalizado), enquanto o mandato em termos gerais significa uma outorga genérica, inespecífica de poderes, assim entendidos só como de administração, mas que podem referir-se a negócio certo ou determinado, destarte desenhando-se um mandato especial em termos gerais (*Tratado do mandato e prática das procurações*, 4. ed. Rio de Janeiro, Forense, 1989, v. I, p. 188-91). Ou seja, para o autor, o que caracteriza o mandato geral ou especial é a generalização ou especificação dos negócios para o qual foi concedido; o que, diversamente, caracteriza o mandato em termos gerais é a generalização dos poderes conferidos (poderes genéricos), isto é, não especificados ou não determinados (no mesmo sentido: MARMITT, Arnaldo. *Mandato*. Rio de Janeiro, Aide, 1992, p. 113). Certo que, para muitos, a distinção é obscura e ociosa (ver, a respeito, revisão da doutrina que se encontra em: SANDOVAL, Ovídio Rocha Barros. "Do mandato". In: *O novo Código Civil*, coord. Domingos Franciulli Netto, Gilmar Ferreira Mendes e Ives Gandra da Silva Martins Filho. São Paulo, LTr, 2003, p. 605-6). De toda sorte, relevante é que o mandato em termos gerais apenas confere poderes de ordinária administração, exigindo a lei que, para determinados atos, os poderes conferidos sejam específicos, determinados. É o que se contém no preceito adiante examinado.

**Jurisprudência:** Mandato. Poder especial. Inobservância. Ininvocabilidade, para justificá-la, da regra de que "quem pode o mais pode o menos". Princípio da especificação expressa. Arts. 1.294 e 1.295 do CC (de 1916). Recurso provido. (*JTJSP* 147/208)

---

**Art. 661. O mandato em termos gerais só confere poderes de administração.**

**§ 1º Para alienar, hipotecar, transigir, ou praticar outros quaisquer atos que exorbitem da administração ordinária, depende a procuração de poderes especiais e expressos.**

**§ 2º O poder de transigir não importa o de firmar compromisso.**

---

Com a ressalva que nos comentários ao artigo anterior se fez acerca da sua exata significação e da distinção que dele se costuma efetuar em relação ao mandato geral, explicita o CC/2002, tal como já se procedia no CC/1916, que o mandato concedido em termos gerais apenas implica a outorga de poderes de ordinária administração dos negócios do mandante. Ou seja, se genéricos os poderes outorgados, a atuação autorizada do mandatário restringe-se aos atos de mera gestão, de gerência mesmo dos interesses do outorgante. Certo que nenhuma das duas leis civis, velha e nova, detiveram-se na elaboração de um rol do que reputam configurar atos de mera administração. Mas não menos certo que desta compreensão desde logo excluídos os atos enumerados no § 1º do preceito em comento, porque para sua prática o legislador exigiu, como se verá, poderes especiais e expressos.

Sendo assim, os atos de alienação ou gravação do patrimônio do mandante, bem assim de disposição de seus direitos, como regra, excluem-se ou exorbitam da mera gestão. Porém, mesmo nesses casos, sempre se ressalvou que alguns atos de disposição, por exemplo, podem conter-se nos poderes de ordinária administração assim quando os bens administrados sejam mesmo destinados à alienação. Também se considera possa haver alienação, malgrado a outorga só de poderes genéricos, quando haja perigo de deterioração dos bens ou quando se trate de frutos de bens principais (ver, a respeito, com larga remissão doutrinária: SANDOVAL, Ovídio Rocha Barros. "Do mandato". In: *O novo Código Civil*, coord. Domingos Franciulli Netto, Gilmar Ferreira Mendes e Ives Gandra da Silva Martins Filho. São Paulo, LTr, 2003, p. 606).

Na verdade, os atos de administração ordinária devem ser analisados em função do negócio a que se referem, concebidos então como aqueles atos conservatórios, normais, de direção comum e usual conforme as circunstâncias da atividade principal a que estão voltados (cf. DE PLÁCIDO E SILVA. *Tratado do mandato e prática das procurações*. Rio de Janeiro, Forense, 1989, v. I, p. 231).

Mas a lei, como se disse, para a prática de atos que exorbitem dessa ordinária administração, exige a outorga de poderes especiais e expressos, como o parágrafo único do dispositivo presente prevê, e em que se mencionam, a título exemplificativo, os atos de alienação, hipoteca e transação. Primeiro que a ideia do legislador foi de, como regra, ao que já se explicitou, evitar que se contivesse nos poderes gerais do mandatário a prática de atos que, de forma genérica, envolvessem alienação, gravação e disposição de direitos do mandante, portanto não só os atos descritos no parágrafo único em comento, porquanto meramente enunciativo e, ademais, encerrado com a cláusula geral em que se constitui a menção a qualquer ato que exorbite a administração ordinária. Assim, por exemplo, atos outros, como de reconhecimento de filho, renúncia, confissão, fiança, emissão ou aceitação de títulos, aceitação de doação com encargo, remissão, todos exorbitantes da administração ordinária, por isso mesmo exigem poderes especiais e expressos.

Todavia, outra questão ainda se coloca e está na exata compreensão do que sejam poderes especiais e expressos, inclusive para verificação sobre se possuem significado diverso e próprio ou se, ao referi-los, ambos, o legislador apenas pretendeu reforçar a cautela com atos de disposição ou gravação praticados por mandatário. Pois, se a propósito na doutrina e, em especial, na jurisprudência, grassa grande divergência, deve-se partir do suposto de que a lei não contém termos inúteis, sem significação própria. Por isso é que, para muitos, as expressões têm conteúdo próprio. Assim, poderes expressos identificam, de forma explícita (não implícita ou tácita), exatamente qual o poder conferido (por exemplo, o poder de vender). Já os poderes serão especiais quando determinados, particularizados, individualizados os negócios para os quais se faz a outorga (por exemplo, o poder de vender tal ou qual imóvel). Nesse sentido o Enunciado n. 183, do CEJ (*v.* a seguir). Destarte, se no mandato se outorgam poderes de venda, mas sem precisão do imóvel a ser vendido, haverá poderes expressos, mas não especiais, inviabilizando então a consumação do negócio por procurador. É certo, porém, como Carvalho Santos adverte (*Código Civil brasileiro interpretado*, 5. ed. Rio de Janeiro,

Freitas Bastos, 1952, v. XVIII, p. 163), que, se o mandato envolve a outorga de poderes para venda de todos os imóveis do mandante, terá sido cumprida a exigência de poderes especiais. No âmbito do STJ, todavia, já se decidiu diversamente, assim no sentido de que a outorga de poderes para venda de todos os bens do mandante não supre a exigência legal se eles não são individualizados (*v.*, abaixo, jurisprudência). Já quanto à identificação da pessoa com quem haverá o mandatário de negociar, a exigência tem sido restrita aos atos de liberalidade (*v. g.*, PONTES DE MIRANDA. *Tratado de direito privado*, 3. ed. São Paulo, RT, 1984, t. XLIII, § 4.679, n. 3, p. 38), porquanto *intuitu personae*, como sucede com a doação, por exemplo (ver ALVIM, Agostinho. *Da doação*, 2. ed. São Paulo, Saraiva, 1972, p. 31-3).

Veja-se que toda a matéria é controversa, por exemplo, sustentando De Plácido e Silva a desnecessidade do que considera ser um reforço de expressões, já que, a seu ver, o sentido de *poder especial* já integra o sentido de *expresso* (op. cit., p. 216); de seu turno defendendo Sílvio Rodrigues que seja de todo ocioso identificar-se, em mandato que já contenha poderes para venda, o exato bem a ser vendido (*Direito civil*, 28. ed. São Paulo, Saraiva, 2002, v. III, p. 291). De toda sorte, menos discutível que a outorga de poderes especiais deva ser interpretada de forma restritiva, a fim de que não se admita deduzido do poder de vender o de hipotecar, ou vice-versa, do poder de vender o de prometer vender, como de resto o próprio § 2º do artigo em comento explicita não se compreender no poder de transigir o de firmar compromisso, verdadeiro regulamento da arbitragem (Lei n. 9.307/96). Excepcionalmente, todavia, poder-se-á deduzir poderes implícitos de outro especialmente conferido, quando lhe seja instrumental ou consequente. Assim, por exemplo, compreende-se no poder de vender o de receber o preço e dar quitação, no de comprar o de receber a coisa, no de cobrar letras o de protestá-las.

**Jurisprudência:** Enunciado n. 183, CEJ: Para os casos em que o parágrafo primeiro do art. 661 exige poderes especiais, a procuração deve conter a identificação do objeto.

No sentido de que a outorga de poderes para venda de todos os bens do mandante não supre a exigência legal se eles não são individualizados: STJ, REsp n. 1.836.584, rel. Min. Nancy Andrighi, j. 11.02.2020. Igualmente, da Corte Superior: "A validade de ato de disposição de bens imóveis por meio de procuração requer a concessão de poderes especiais e explícitos, acompanhados da descrição detalhada do objeto a ser transferido, negociado ou dado em garantia. A outorga de poderes de alienação de todos os bens do outorgante não supre o requisito de especialidade exigido por lei que prevê referência e determinação dos bens concretamente mencionados na procuração" (STJ, Ag. Int. no REsp n. 2.038.444/MT, 3ª T., rel. Min. Moura Ribeiro, j. 10.06.2024, *DJe* 12.06.2024)

Dispensando a identificação do bem a ser hipotecado, por mandatário, mas exigindo poderes expressos, não contidos nos poderes para alienar, conferir: *RT* 694/128. Sobre poderes expressos e especiais do mandatário, na doação, ver: *RSTJ* 107/173. Diferenciando poderes expressos de especiais, condição que se reputou necessária ao ato de alienação, ver: *RJTJESP* 129/189. No mesmo sentido: *JTJSP* 216/234. Sobre a impugnação ao ato praticado sem poderes especiais: TJSP, Ap. Cível n. 919.308-0/4, 35ª Câm., rel. Des. Artur Marques, j. 15.05.2006. Sobre os poderes específicos de alienação: STJ, Ag. Reg. no REsp n. 1.046.124, 1ª T., rel. Min. Luiz Fux, *DJ* 07.10.2009. Vedando a transação a mandatário, inclusive judicial, munido apenas de poderes gerais: STJ, Ag. Reg. nos Emb. Decl. no AI n. 1.195.138, 3ª T., rel. Min. Sidnei Beneti, j. 22.06.2010.

---

**Art. 662. Os atos praticados por quem não tenha mandato, ou o tenha sem poderes suficientes, são ineficazes em relação àquele em cujo nome foram praticados, salvo se este os ratificar.**

**Parágrafo único. A ratificação há de ser expressa, ou resultar de ato inequívoco, e retroagirá à data do ato.**

---

O artigo presente, cuja ideia se deve entender completada pela disposição do art. 665, examinado a seguir, cuida do ato praticado, em nome de terceiro, por quem não tenha poderes que a tanto o autorizem ou mesmo fora dos poderes que lhe foram outorgados. E, a propósito, o princípio central é o de que uma pessoa não pode ser obrigada por atos que outrem tenha praticado em seu nome sem ter para isso qualquer poder, sem poderes suficientes ou com excesso dos poderes conferidos. Já aí vale a ressalva de que, enquanto o art. 662 alude às hipóteses de falta de poderes ou de poderes insuficientes, o art. 665, de seu turno, refere a atuação do mandatário em excesso dos poderes que lhe foram outorgados. Mesmo assim, impende entender que, de qualquer forma, aja o mandatário com poderes insuficientes, ou *ultra vires*, vale dizer, além dos poderes que lhe foram conferidos, identicamente o mandante não se terá por obrigado, de resto como quando se age sem outorga de qualquer poder. Afinal, quem age além dos poderes conferidos atua sem poder, ou sem poder suficiente. Neste sentido, então, deve-se considerar não seja diversa a situação de quem atue sem suficientes poderes para o ato praticado e de quem o faça com excesso dos poderes conferidos (cf. DE PLÁCIDO E SILVA. *Tratado do mandato e prática das procurações*, 4. ed. Rio de Janeiro, Forense, 1989, v. I, p. 334), sempre sem obrigação para o mandante, ressalvada sua ratificação.

O ato, todavia, praticado sem poderes, sem poderes suficientes ou em excesso de poderes conferidos não é inexistente, nulo ou anulável. É, sim, ineficaz perante o mandante, como hoje se explicita na lei e, antes, já advertia Pontes de Miranda (*Tratado de direito privado*, 3. ed. São Paulo, RT, 1984, t. XLIII, § 4.685, n. 2, p. 64). Até porque, de um lado, este ato pode ser ratificado, como se verá. De outro, o mandatário que se encontra em uma dessas situações obriga-se, pessoalmente, perante aquele com quem negociou, afora sua responsabilidade por eventuais danos que tenha provocado ao mandante.

Toda essa previsão, a rigor, não se distancia do que, na Parte Geral do Código, estatuiu-se para a representação (lembrando-se que o artigo em comento trata do ato praticado *em nome* de outrem, portanto, envolve representação, que se pressupõe no mandato, pese embora problemática a opção, valendo remissão ao comentário do art. 653), dispondo-se no art. 116 que o ato praticado pelo representante vincula o representado nos limites dos poderes outorgados. Mas, tanto quanto a hipótese fática difere daquela em que o representante age nos limites dos poderes, mas contra os interesses do representado (art. 119), a mesma ressalva se deve fazer, aqui, para o mandato. Ou seja, não se há de confundir o ato praticado pelo mandatário sem poderes, ou com excesso, do ato praticado nos limites dos poderes, mas contra os interesses do mandante. É em doutrina a distinção que se faz entre excesso e abuso de poderes. O abuso, o agir em dissonância com os interesses do mandante é questão atinente à relação interna do mandato, entre as partes contratantes, que não pode prejudicar terceiro, salvo se este souber do conflito de interesses entre mandatário e mandante, aí com o mesmo efeito anulatório do art. 119. Tem-se, a rigor, o mesmo princípio contido no art. 679, adiante comentado.

Envolve-se, ainda, no exame da matéria relativa à atuação de mandatário sem poderes, no caso suposto mandatário, a questão do chamado *mandato aparente* (ver, a respeito: MARMITT, Arnaldo. *Mandato*. Rio de Janeiro, Aide, 1992, p. 214-6). É a situação de quem atua em nome de outrem parecendo, em circunstâncias justificáveis, que levariam qualquer um a crer na outorga, ter recebido poderes para tanto. Porém, mais, e ainda que gravada a existência de orientação em contrário, é preciso que de alguma forma o mandante tenha contribuído para forjar essa situação de justificável aparência. Se assim for, o ato praticado pelo mandatário vincula o mandante, como corolário da proteção da boa-fé e confiança despertada em terceiros, afinal por conduta própria também do mandante. É, no dizer de Menezes Cordeiro, a imputação da situação de confiança criada à pessoa que vai ser atingida pela proteção dada ao confiante (*Tratado de direito civil português*. 2. ed. Coimbra, Almedina, 2000, v. I, t. I, p. 235).

Por fim, dispõe o parágrafo único do preceito em comento que o ato praticado em nome alheio por mandatário sem poderes, sem poderes suficientes ou em excesso de poderes pode ser ratificado pelo mandante, assim ganhando plena eficácia. Essa ratificação pode ser expressa ou tácita, isto é, inferida de conduta externada pelo mandante, a qual indique vontade de ratificar, por exemplo, quando ele paga despesas havidas com o ato praticado pelo mandatário. O certo, entretanto, é que, de uma maneira ou de outra, a ratificação pressupõe sempre a exata ciência do mandante sobre o ato praticado sem os devidos poderes. Veja-se que a ratificação importa no consentimento que previamente não se concedeu, assim seguindo a regra geral de forma para o mandato; mas, pela exigência de conhecimento do que se ratifica, sendo costume afirmar que reclama poderes especiais. O efeito da ratificação é *ex tunc*, o que equivale dizer que com ela o negócio passa a se ostentar eficaz desde quando praticado. Tudo sem prejuízo de a atuação do mandatário sem poderes, sem poderes suficientes ou além dos poderes conferidos ter afinal se ostentado útil ao mandante, com eventualidade ressarcitória a cargo deste, conforme previsão do art. 665, infra, a cujo comentário se remete.

**Jurisprudência:** Sobre a ratificação da subscrição de contrato de locação firmada pelo filho do locador, e com efeito retroativo: TJSP, Ap. Cível n. 1.028.985.009, 27ª Câm., rel. Des. Berenice Marcondes, j. 03.03.2009.

Defendendo a validade e eficácia de ato praticado por ex-mandatário com terceiro de boa-fé, que desconhecia a extinção do mandato: STJ, Ag. Reg. no REsp n. 881.023/MS, rel. Min. Humberto Gomes de Barros, j. 19.12.2007.

Mandato aparente. Realização por terceiro de boa-fé com pessoa que aparenta ser representante de outrem. Validade (I TACSP). (*RT* 715/174)

Ainda sobre a teoria da aparência, no mandato, ver: TJRS, Ap. Cível n. 70.021.104.468, 17ª Câm., rel. Des. Elaine Macedo, j. 13.09.2007.

**Art. 663. Sempre que o mandatário estipular negócios expressamente em nome do mandante, será este o único responsável; ficará, porém, o mandatário pessoalmente obrigado, se agir no seu próprio nome, ainda que o negócio seja de conta do mandante.**

O preceito repete, mas com diferente redação, a mesma regra que já se continha no art. 1.307 do CC/1916. É interessante notar que, em ambos os dispositivos, os dois Códigos acabaram, malgrado de forma esparsa e para fins diversos, por efetuar distinção que, todavia, não fizeram na abertura dos capítulos respectivos ou na normatização genérica reservada ao contrato de mandato. É que tanto o CC/1916 como o CC/2002, conforme já se assentou nos comentários ao art. 653, a que ora se remete, vincularam o contrato de mandato à outorga de poderes de representação, como se não pudesse haver mandato sem representação e como, inversamente, se a representação voluntária estivesse sempre e tão somente no contrato de mandato. Advertiu-se, porém, já naqueles anteriores comentários, que, a rigor, o contrato de mandato caracteriza-se pela outorga de poderes para que o mandatário atue no interesse e por conta do mandante, ainda que não necessariamente no seu nome. E no artigo em comento, sem desconhecê-lo, o CC apenas ressalva que, tendo o mandatário praticado negócio em seu próprio nome, posto que no interesse do mandante, fica pessoalmente obrigado perante o terceiro com quem negociou. Ou seja, tendo o mandatário atuado no próprio nome, mandante e terceiro não se vinculam, reciprocamente, por efeito em si do mandato, ressalvadas as hipóteses de ações veiculadas com base direta no enriquecimento sem causa (arts. 884 a 886 do CC/2002). Certo, porém, que ao mandante caberá sempre a propositura de ações contra o mandatário, na forma do contrato que ajustaram (arts. 668 e 671, infra).

Bem verdade que o dispositivo, tal como o que o precedeu, no CC/1916, e o que agora se reforça, na lógica do CC/2002, que regrou a comissão – muito embora, em princípio, só para atos de aquisição e de venda (ver art. 693 e seu comentário) –, mas coerente, enfim, com a pressuposição de ambos os Códigos de que no mandato houvesse necessariamente outorga de poderes de representação, foi sempre enfocado como se havido desvio de conduta do mandatário que, tendo recebido poderes para atuar em nome do mandante, acabava efetuando o negócio em seu próprio nome, por reputá-lo a si vantajoso (ver, por todos: CARVALHO SANTOS, J. M. *Código Civil brasileiro interpretado*, 5. ed. Rio de Janeiro, Freitas Bastos, 1952, v. XVIII, p. 272-3). De toda sorte, diversa não é a consequência da pessoal vinculação do mandatário perante terceiro e de sua responsabilidade perante o mandante, que o pode acionar pelo que, aceita a tese tradicional, terá sido uma fraude de mandatário infiel, mas que, a rigor, será sempre uma ação de cumprimento do contrato (ver comentários aos arts. 668 e 671).

**Jurisprudência:** Mandatário que atua em nome próprio fora dos limites que lhe foram concedidos. Fato que exime o mandante de qualquer responsabilidade. Inteligência do art. 1.307 do CC (de 1916). (*RT* 758/192)

Ver, ainda: TFR, 5ª R., Ap. em MS n. 76.434, 1ª T., rel. Des. José Maria Lucena, j. 29.03.2007.

Responsabilizando a mandante, considerando que a empresa de cobrança extrajudicial age como mandatária: TJSP, 37ª Câm. de Dir. Priv., AC n. 1000700-26.2017.8.26.0660, rel. Des. Sergio Gomes, j. 20.09.2019.

Reconhecendo a legitimidade passiva para a ação respectiva de quem tenha agido em nome próprio, mesmo que no interesse de outrem: TJSP, Ap. Cível n. 1.031.772.005, 34ª Câm., rel. Des. Gomes Varjão, j. 01.06.2009.

**Art. 664. O mandatário tem o direito de reter, do objeto da operação que lhe foi cometida, quanto baste para pagamento de tudo que lhe for devido em consequência do mandato.**

Legislação correlata: art. 156 (*revogado*), CCom.

Já estabelecia o CC/1916 um direito de retenção, no contrato de mandato, deferido ao mandatário para garantia do quanto houvesse despendido no desempenho do encargo a si cometido. Criticava-se, porém, a redação do respectivo preceito, o do art. 1.315, quando preconizava a retenção sobre o objeto do mandato, já que consistente sempre em uma operação jurídica, um negócio jurídico ou, enfim, a prestação de um fato cometida ao mandatário. Na verdade, portanto, já se sustentava que a retenção deveria ser compreendida como incidente sobre o objeto, justamente, da operação para cuja consecução se tivessem conferido poderes por meio do mandato, contrato em essência preparatório. Pois nesse sentido se coloca a redação do novo preceito do CC/2002, ora em comento, ao dispor que a retenção se procede sobre o objeto da operação de que incumbido o mandatário, e desde que se trate de bem passível de retenção, assim existente um objeto material do negócio jurídico-fim, para o qual outorgado o mandato.

Bem de ver, ainda, que o anterior CC somente deferia a retenção para garantia de reembolso do quanto o mandatário houvesse gasto para a execução do mandato, ou seja, das despesas havidas para cumprimento do encargo. Destarte, não se deferia igual benefício para assegurar o recebimento de eventual remuneração do mandatário ou de indenização a que fizesse jus. Era exatamente essa a diferenciação que se fazia entre a retenção do mandato civil e a retenção também havida no mandato comercial, mas aí sem igual limitação da extensão do crédito garantido. Com efeito, pelo art. 156 do CCom o mandatário podia exercitar a retenção no quanto bastasse para pagamento de *tudo* que lhe fosse devido em consequência do mandato, assim incluídas remuneração e ocasionais indenizações.

Ora, mas é precisamente essa a redação do CC/2002, veja-se, perfeita reprodução do dispositivo do art. 156 do CCom, à evidência indicando, então, que o mandato, hoje, civil ou comercial, até porque, com a nova normatização, unificadas as obrigações, suscita direito de retenção por tudo que seja devido ao mandatário em razão do mandato (a propósito o Enunciado n. 184 do CEJ). Apenas persiste a exigência de que a retenção se deva exercer sobre bem que o mandatário haja recebido por força e em função do mandato, e não por qualquer outro motivo, exigindo-se também que, quando do exercício da retenção, este mesmo bem ainda esteja sob sua posse. Igualmente de direito de retenção do mandatário, mas criando diferenciação problemática, cuida o art. 681, infra, a cujo comentário se remete.

**Jurisprudência:** Enunciado n. 184, CEJ: Da interpretação conjunta desses dispositivos [arts. 664 e 681], extrai-se que o mandatário tem o direito de reter, do objeto da operação que lhe foi cometida, tudo o que lhe for devido em virtude do mandato, incluindo-se a remuneração ajustada e o reembolso das despesas.

Reconhecendo o direito de retenção do mandatário: TJSP, Ap. Cível n. 992.06.053249-0, 26ª Câm., rel. Des. Norival Oliva, j. 25.05.2010. Ainda sobre a retenção do mandatário, antigo acórdão do STF, interpretando o então art. 1.315 do CC/1916: RE n. 87.884, 2ª T., rel. Min. Djaci Falcão, j. 04.03.1980.

---

**Art. 665. O mandatário que exceder os poderes do mandato, ou proceder contra eles, será considerado mero gestor de negócios, enquanto o mandante lhe não ratificar os atos.**

---

A regra do artigo presente complementa aquela que se contém no art. 662 logo antes examinado, impondo-se o exame e interpretação conjuntos de ambos os preceitos. Quer isto dizer, de um lado, que persiste o princípio geral de que alguém não se vincula por atos que outrem tenha praticado em seu nome sem poderes para tanto, sem poderes suficientes ou além dos poderes conferidos, senão quando havida ratificação, expressa ou tácita. De outro, insta compreender de forma extensiva o comando do art. 665, atinente não só à situação do mandatário que atua em excesso de poderes como também daquele que atua sem os mesmos poderes ou sem poderes suficientes que, assim, e sem a ratificação, será considerado mero gestor de negócios. Afinal, quem atua além dos poderes recebidos atua sem poderes ou sem poderes suficientes para a prática daquele determinado ato.

Ainda mais, a interpretação conjunta dos preceitos citados leva à conclusão de que, se o mandatário abusa dos poderes, ou seja, age nos seus lindes, porém contra o interesse do mandante, este só não se vincula se o conflito for ou devesse ser do conhecimento do terceiro com quem se negocia, como, de resto, e a todo esse propósito, já se viu no comentário do art. 662, a que se remete.

Mas, enfim, dizer que quem age por outrem sem poderes, sem poderes suficientes ou com excesso de poderes será considerado mero gestor de negócios significa explicitar a vinculação pessoal deste que atua perante terceiros com quem negocia, mas também significa, de outra parte, ressalvar direito a ressarcimento se a gestão tiver sido útil e tiver trazido proveito ao mandante. É o que se estatui no capítulo próprio da gestão de negócios (ver comentários aos arts. 861 a 875) e, mais, é a mesma regra que se faz explícita no art. 695, parágrafo único, que trata, justamente, da comissão exercida com excesso, espécie contratual a que, a rigor, são aplicáveis os mesmos princípios do mandato, como se verá (cf. comentários dos arts. 693 e 709).

**Jurisprudência:** Indenização. Imóvel objeto de compromisso de compra e venda. Responsabilidade assumida por mandatário, copromitente-vendedor, por si, e por seu mandante, em desacordo com a procuração. Ato não ratificado, transformando-o em mero gestor de negócios. Arts. 1.297, 1.331 e 1.332 do CC (de 1916). Ação procedente apenas em relação ao mandatário. Recurso provido para esse fim. (*RJTJESP* 135/99)

Ver, ainda: TJRJ, Ap. Cível n. 2004.001.06189, 2ª Câm., rel. Des. Antônio Palheiro, j. 30.06.2004.

Sobre a atuação do advogado com excesso em relação aos poderes recebidos, causando prejuízo e por isso respondendo pessoalmente, ver, de minha relatoria: Ap. Cível n. 1016705-80.2019.8.26.0005, 1ª Câm., j. 15.12.2020.

**Art. 666. O maior de dezesseis e menor de dezoito anos não emancipado pode ser mandatário, mas o mandante não tem ação contra ele senão de conformidade com as regras gerais, aplicáveis às obrigações contraídas por menores.**

Manteve o CC/2002 a regra, contida já na disposição do art. 1.298 do CC/1916, permissiva da outorga de mandato a um específico relativamente incapaz, ou seja, o menor entre 16 e, agora, 18 anos, quando se completa a maioridade civil, isso independentemente da manifestação de vontade de seu assistente. O pressuposto do comando estava, como ainda está, na consideração de que o menor relativamente incapaz, enquanto mandatário, gere interesses alheios, assim comprometendo patrimônio que não é seu, portanto sem causa suficiente à incidência dos preceitos protetivos que inspiram todo o regramento das incapacidades.

Mais, e na mesma esteira, desde o CC anterior, o que se mantém no atual, estatui-se que o mandante, a quem é afeto o risco de outorgar poderes ao chamado menor púbere, mas porque nele deposita confiança, característica do mandato, não tenha contra ele nenhuma ação pelo mau cumprimento do encargo que lhe foi cometido, segundo a lei cabendo tão somente ações conformes às regras gerais aplicáveis às obrigações contraídas pelo menor. A propósito, sempre exemplificou a doutrina com a ação de enriquecimento sem causa ajuizável pelo mandante contra o mandatário menor que se tenha beneficiado, pessoalmente, no desempenho do mandato. Devem ser acrescentadas, porém, hipóteses em que o menor retenha consigo, indevidamente, bens do mandante, ou sempre que ele tenha agido com dolo, como adverte Arnaldo Marmitt (*Mandato.* Rio de Janeiro, Aide, 1992, p. 134), afora a incidência da regra geral contida no art. 180 do CC.

Superada, com a unificação das obrigações civis e comerciais, vale dizer, com o tratamento unificado das obrigações e, dentre elas, dos contratos, revogada a primeira parte do CCom, a discussão sobre se o mandatário mercantil podia ser menor, em face do que se continha no dispositivo genérico do art. 129, I, da lei comercial, mas que muitos já consideravam inaplicável ao mandato mercantil (*v. g.*, DE PLÁCIDO E SILVA. *Tratado do mandato e prática das procurações*. Rio de Janeiro, Forense, 1989, v. I, p. 135).

Problema, na verdade, havia e ainda há na consideração sobre se a norma presente deve ser considerada excepcional e, assim, excludente da possibilidade de outorga de mandato a qualquer outro incapaz. Vale dizer, impende saber se, ao permitir mandato a menor púbere, o CC exclui, ao revés, a outorga a outros incapazes, ao menos de sorte a que se vincule o mandante, perante terceiros, por atos de que incumbido o mandatário incapaz. Por exemplo, sustenta De Plácido e Silva (op. cit., p. 127-33) que, a rigor, o princípio, em relação aos demais incapazes, na sua visão mesmo os que o sejam de forma absoluta, não é diferente daquele que ilumina o preceito vertente. Afinal, a seu ver, se o mandante escolhe e confia poderes ao incapaz, qualquer que seja a incapacidade, não lhe pode ser dado valer-se dessa circunstância para subtrair-se aos efeitos do negócio ajustado. E mesmo sob a perspectiva do incapaz, persiste o mesmo pressuposto de que não obriga o próprio patrimônio, na exata medida em que gere interesse alheio. Por isso, enfim, a crítica no sentido de que a opção do CC deveria ser uniforme a esse respeito. Isso sem contar especificamente a situação do pródigo, a quem só se vedam os atos de alienação e gravação, enfim, de comprometimento de seu próprio patrimônio, também o que não se dá com o mandato.

E nada do que se repute alterado pela edição da Lei n. 13.146/2015 (Estatuto da Pessoa com Deficiência), nem própria ou somente porque considerados capazes os que acometidos de qualquer impedimento mental ou intelectual, na dicção do art. 2º da nova lei, compreendendo-se a redação do art. 6º em conformidade, não só com seus próprios incisos, mas também com o preceito do art. 85, assim voltados a garantir plena autonomia aos deficientes, no limite de sua deficiência, para a prática dos atos existenciais, o que não significa abdicar das medidas da proteção e apoio que mereçam, em especial no campo patrimonial, tanto que mantida a possibilidade de sua curatela (arts. 1.767, I, e 1.769, I, do CC, quanto a este último remetendo-se aos respectivos comentários acerca da superveniência do art. 748 do novo CPC), porém justamente porque, no caso do artigo em comento, como se viu, manca mesmo causa a esta proteção, ao mesmo tempo que se assegura espaço de autonomia à pessoa com deficiência, sempre nos limites da sua aptidão à livre expressão de sua vontade. Ainda acerca da questão, remete-se aos comentários ao art. 654 e ao quanto tive ocasião de expender em: *Por um ainda renovado regime jurídico das incapacidades*. Tese de Titularidade. Faculdade de Direito da Universidade de São Paulo. 2023. p. 224-7.

**Jurisprudência:** Sobre o mandato outorgado a relativamente incapaz: TFR, 3ª R., Remessa *ex officio* em MS n. 181.567, 3ª T., rel. Juiz Rubens Calixto, j. 01.08.2007.

## *Seção II*
## *Das Obrigações do Mandatário*

**Art. 667. O mandatário é obrigado a aplicar toda sua diligência habitual na execução do mandato, e a indenizar qualquer prejuízo causado por culpa sua ou daquele a quem substabelecer, sem autorização, poderes que devia exercer pessoalmente.**

**§ 1º Se, não obstante proibição do mandante, o mandatário se fizer substituir na execução do mandato, responderá ao seu constituinte pelos prejuízos ocorridos sob a gerência do substituto, embora provenientes de caso fortuito, salvo provando que o caso teria sobrevindo, ainda que não tivesse havido substabelecimento.**

**§ 2º Havendo poderes de substabelecer, só serão imputáveis ao mandatário os danos causados pelo substabelecido, se tiver agido com culpa na escolha deste ou nas instruções dadas a ele.**

**§ 3º Se a proibição de substabelecer constar da procuração, os atos praticados pelo substabelecido não obrigam o mandante, salvo ratificação expressa, que retroagirá à data do ato.**

**§ 4º Sendo omissa a procuração quanto ao substabelecimento, o procurador será responsável se o substabelecido proceder culposamente.**

O artigo presente, tal como o anterior art. 1.300 do CC/1916, em seu *caput* inalterado, inaugura o elenco de obrigações do mandatário, resultantes do contrato de mandato, começando por determinar-lhe todo o zelo e cuidado necessário na execução do ajuste, assentando deva aplicar toda sua diligência habitual ao fazê-lo, o que se deve compreender como a diligência média, esperável do homem médio, e não aquela que, insuficiente, possa ser a forma habitual de agir do mandatário a respeito de seus próprios negócios.

Além disso, na execução do mandato o mandatário não pode afastar-se das instruções recebidas do mandante, ressalvando-se a hipótese de tê-lo feito em proveito daquele. Assim, por exemplo, se o mandatário recebe instruções para adquirir determinado bem por um valor e o faz por preço superior, e se para alguns autores nesse caso fica privado até de compelir o mandante a receber o bem (*v. g.*, CARVALHO SANTOS, J. M. *Código Civil brasileiro interpretado*, 5. ed. Rio de Janeiro, Freitas Bastos, 1952, v. XVIII, p. 233), para outros, o que se entende melhor, pode obrigá-lo ao recebimento, mas respondendo, pessoalmente, pelo *plus* do preço.

A execução do mandato é indivisível, o que significa a obrigação do mandatário de cumpri-lo por completo, só sendo cogitável a suspensão ou parcial cumprimento se de acordo com as ordens recebidas ou se para evitar prejuízo ao mandante. Da mesma forma se pode cogitar do descumprimento mesmo do mandato, todavia por tê-lo percebido o mandatário prejudicial ao mandante. Havido o desrespeito injustificável das obrigações elencadas, responde o mandatário pelos prejuízos que sua conduta houver provocado, o que se deve considerar mesmo no mandato gratuito, e não só no oneroso se, de toda sorte, a aceitação não é obrigatória e se o tratamento legal de ambos se deu de maneira unificada, com mesma exigência de zelo e cuidado, por isso que, inclusive, inaplicável a disposição do art. 392 do CC (em sentido contrário, admitindo responda o mandatário sem remuneração, mas mercê de culpa apreciada com menor rigor: RODRIGUES, Sílvio. *Direito civil*, 28. ed. São Paulo, Saraiva, 2002, v. III, p. 293).

E se o mandato, para seu cumprimento, reclama conhecimento técnico do mandatário, deve-se presumi-lo se afinal aceito, por exemplo, não cabendo ao advogado valer-se da escusa, perante o mandante, de que desconhecia certa lei.

O mandato é contrato fiduciário, por isso que *intuitu personae*, o que significa admitir a obrigação que tem o mandatário de cumpri-lo pessoalmente. Porém, fazendo-se o mandatário substituir, na execução do ajuste, por outrem, o que se dá mediante o chamado substabelecimento (ver comentário ao art. 655), ou seja, a transferência dos poderes que recebeu, reservando-se eles também e simultaneamente para si, ou não (com ou sem reservas), três podem ser as situações: a) se o mandatário possui poder para substabelecer, os atos praticados pelo substabelecido vinculam o mandante e por eles o mandatário não responde, salvo se, como preceitua o § 2º em comento, tiver agido com culpa na escolha do substabelecido – por exemplo tratando-se de pessoa notoriamente negligente ou insolvente – ou nas instruções a ele dadas; b) se dentre os poderes conferidos ao mandatário não se explicita, mas nem se proíbe o de substabelecer, e, ao contrário do que previa o CCom, nesta parte derrogado (art. 146), tem-se entendido, desde o CC/1916, possível o substabelecimento, não só pelo quanto disposto no *caput* do preceito em comento, afinal contemplativo da ocorrência de substabelecimento sem autorização, como também porque no art. 661 não são exigidos poderes especiais para tanto, só que, então, hoje expressando o § 4º do artigo presente, do CC/2002, que o mandatário responderá, perante o mandante, pelos prejuízos que lhe forem provocados por qualquer ato culposo do substabelecido; c) se, por fim, ao mandatário se proibiu o substabelecimento, e ele, mesmo assim, o faz, de um lado não se vincula o mandante pelos atos praticados, salvo ratificação, e que, aqui, deverá ser expressa (§ 3º do artigo ora comentado, nesta parte inovado), de outro respondendo o mandatário pelos prejuízos provocados pelo substabelecido, posto que mercê de fortuito, ressalvada a prova de que de toda forma o evento teria sucedido, prova cujo ônus é a ele, substabelecente, afeto. A nova regra do § 3º do artigo em comento importa, porquanto sempre se entendeu que, mesmo proibido o substabelecimento, se afinal efetuado, mas a quem, entretanto, acabava praticando ato nos limites dos poderes conferidos ao mandatário, obrigava o mandante. O substabelecimento proibido, portanto, apenas agravava a responsabilidade do mandatário-substabelecente. Agora, pretendeu o CC/2002 textualmente estabelecer que, se proibido o substabelecimento, não se obriga o mandante, *a priori* nem mesmo ressalvando os atos praticados nos limites dos poderes outros conferidos, podendo-se argumentar que, a não ser assim, a disposição seria ociosa, ante o que já preceitua o art. 662 atrás examinado. O que, de toda sorte, não deve ser infenso a crítica, bastando pensar em alguém substabelecido, mesmo proibida essa substituição, mas consumando exatamente o negócio que pretendia o mandante, malgrado por intermédio de seu mandatário. Todavia, o fato é que o CC/2002 parece ter querido igualar a situação do substabelecimento proibido à da falta de poderes (art. 662).

**Jurisprudência:** Fixando indenização por desídia do mandatário na celebração de locação e fiança com pessoas inidôneas: *JTACSP-Lex* 203/550. No mesmo sentido: TJSP, Ap. Cível n. 1.091.356.002, 30ª Câm., rel. Des. Orlando Pistoresi, j. 17.12.2008. Sobre a responsabilidade do mandatário que se omite em tomar providências que evitem prejuízo ao mandante: TJRJ, Ap. Cível n. 2005.001.15950, 6ª Câm., rel. Des. Maldonado de Carvalho, j. 26.07.2005. Aplicando o preceito a advogado que perde prazo para recurso com chance real de sucesso: STJ, REsp n. 1.079.185, 3ª T., rel. Min. Nancy Andrighi, *DJ* 04.08.2009. Ainda, nas mesmas circunstâncias, sobre a perda de uma chance: TJRS, Ap. Cível n. 70.057.452.492, 16ª Câm. Cível, rel. Des. Catarina Rita Krieger Martins, j. 13.03.2014. Aplicando o preceito do art. 667 para responsabilizar o advogado, em demanda de reparação de danos materiais e morais, que não repassa recursos ao cliente: TJRS, Ap. Cível n. 70.045.296.555, 16ª Câm. Cível, rel. Des. Munira Hanna, j. 29.05.2014. Responsabilizando o mandatário pela escolha do substabelecido apenas quando a inaptidão revelada por este último for contemporânea a essa escolha: STJ, REsp n. 1.742.246, rel. Min. Marco Aurelio Bellizze, j. 19.03.2019.

**Art. 668. O mandatário é obrigado a dar contas de sua gerência ao mandante, transferindo-lhe as vantagens provenientes do mandato, por qualquer título que seja.**

Outra obrigação que o CC impõe ao mandatário, decorrente do contrato de mandato, e na mesma esteira do que já fazia o Código anterior (art. 1.301), é a de prestar contas de sua gestão ao mandante. A propósito, vale não olvidar que o mandatário seja alguém que atue no interesse alheio, gere interesse de outrem, por isso que lhe seja imposto o dever de prestar contas. Essa prestação em regra se dá ao cabo do mandato, vale dizer, quando cumprido o encargo. E com ela se tem por integralmente executado o ajuste. Quer isso dizer que o negócio ou os negócios para os quais outorgado o mandato podem já ter sido consumados que, ainda assim, sem a final prestação de contas o contrato não haverá sido cumprido por completo. Prestações de contas parciais ou antes do término do contrato podem ocorrer conforme o que se tenha ajustado. Mesmo a exoneração do mandato, isto é, a liberação do encargo, não implica a liberação da prestação das contas, que não pode ser presumida. Muito embora a prestação de contas seja inerente ao mandato, eis que contemplativo de hipótese de gerência de interesse alheio, nada impede que dela seja dispensado o mandatário, por ato do mandante, a quem cabe o direito de exigi-las e que, afinal, dele pode dispor, mesmo por liberalidade.

Caso natural de inexistência de prestação de contas é o da procuração em causa própria, nem bem um mandato, como se verá, assim como o da outorga feita por marido e mulher casados no regime da comunhão universal, quando se esteja a gerir, em última análise, interesse que é comum, portanto quando o seja (a respeito, ver, por todos: DE PLÁCIDO E SILVA. *Tratado do mandato e prática das procurações*. Rio de Janeiro, Forense, 1989, v. II, p. 764).

Tem-se entendido, malgrado não sem discussão (*v.* à frente, item da jurisprudência), que a obrigação de prestar contas se transmite aos herdeiros do mandatário (por todos: Gustavo Tepedino; Heloísa Helena Barboza; Maria Celina Bodin de Moraes. *Código Civil interpretado*. Rio de Janeiro, Renovar, 2006, v. II, p. 446).

Por fim, prestadas as contas e apurada vantagem resultante da execução do mandato, deve toda ela ser transferida ao mandante. Explicita a lei que todo e qualquer proveito decorrente do mandato deva ser entregue ao mandante, por exemplo, quando se vende coisa por preço superior ao que foi estipulado pelo mandante, impondo-se a entrega do que sobejar – bem diferente do que se dá no contrato estimatório (art. 534).

**Jurisprudência:** Entendendo assistir direito, ainda, à prestação e contas, mesmo havida quitação pelo mandante, mas atinente apenas aos valores nela declarados, e com vasta remissão a outros arestos, ver: *RT* 803/272. Admitindo prestação de contas quando antes existente mero recibo genérico: STJ, REsp n. 245.804/SP, 4ª T., rel. Min. Ruy Rosado Aguiar, j. 28.03.2000, *DJU* 22.05.2000. Ver ainda: TJSP, Ap. Cível n. 1.029.216--0/9, 32ª Câm., rel. Des. Ruy Coppola, j. 17.08.2006; TJRJ, Proc. n. 2006.001.11194, 1ª Câm., rel. Des. Maria Augusta Vaz, j. 01.08.2006. Assentando ser da essência do mandato a prestação de contas: STJ, REsp n. 687.101/SP, 3ª T., rel. Min. Nancy Andrighi, j. 06.04.2006. Negando a transmissão aos herdeiros do mandatário da obrigação de prestar contas, mas admitindo a exigência de contas pelos herdeiros do mandante: STJ, REsp n. 1.122.589/MG, 3ª T., rel. Min. Paulo de Tarso Sanseverino, j. 10.04.2012. Ainda negando a transmissão do dever de prestar contas: STJ, REsp n. 1.055.819, 3ª T., rel. Min. Massami Uyeda, j. 16.03.2010. Em sentido diverso, particularmente acerca da transmissibilidade da ação para exigir a prestação ou para prestar contas: STJ, REsp n. 1.203.559, 4ª T., rel. Min. Luis Felipe Salomão, j. 25.02.2014.

**Art. 669. O mandatário não pode compensar os prejuízos a que deu causa com os proveitos que, por outro lado, tenha granjeado ao seu constituinte.**

A regra contida no artigo presente, desde o CC/1916, em que se a repetia, sofreu sempre a crítica da ociosidade, dado que, é curial, a compensação reclama, como um de seus requisitos, que as dívidas a compensar sejam recíprocas, isto é, entre credores e devedores que o sejam reciprocamente. Isso significa dizer que, salvo no caso de fiança, ninguém pode compensar crédito alheio com dívida sua. Pois é exatamente o que o artigo em comento dispõe. Os proveitos que o mandatário, na redação do preceito, granjeou em favor de seu constituinte não são seus. São do mandante. Por isso mesmo não lhe é dado socorrer-se desse proveito que não lhe pertence para compensar com dívida consistente no prejuízo que, na execução do mandato, tenha eventualmente provocado ao mandante.

**Jurisprudência:** TJSP, Ap. Cível n. 968.137.003, 31ª Câm., rel. Des. Antônio Rigolin, j. 31.03.2009.

**Art. 670. Pelas somas que devia entregar ao mandante ou recebeu para despesa, mas empregou em proveito seu, pagará o mandatário juros, desde o momento em que abusou.**

O dispositivo, inalterado em relação ao que o CC/1916 dispunha, determina a incidência de juros sobre importâncias que o mandatário haja indevidamente retido, quando deveria repassá-la ao mandante. Ou, da mesma forma, incidirão os juros sobre quantias que o mandatário haja recebido do mandante, para despesas com a execução do mandato, mas que tenha usado em proveito próprio. Trata-se de hipótese de abuso, portanto de desvio na execução do mandato. Os juros terão incidência desde o instante em que o mandatário haja aplicado somas do mandante em seu benefício sem necessidade de qualquer interpelação ou notificação. É preciso, pois, não confundir a incidência de juros, desde o abuso, quando o mandatário se utilize dos recursos do mandante, indevidamente, em seu próprio proveito, com aqueles casos em que o mandatário haja caído em mora na entrega de montante ao constituinte, submetidos, assim, ao regramento geral a respeito instituído. Ou seja, incidirão juros sobre quantias não repassadas ao mandante, ainda que não utilizadas pelo mandatário, em seu próprio proveito, mas então com termo *a quo* conforme as regras da constituição em mora, automática (*ex re*), se no ajuste fixado de antemão prazo para o repasse, ou mediante interpelação, se inexistente esse prazo (*ex persona*). A taxa dos juros será a legal (arts. 406 e 407), a propósito remetendo-se aos respectivos comentários. Tudo sem prejuízo de que, além dos juros, seja o mandatário compelido a compor perdas e danos cuja ocorrência se demonstre.

**Jurisprudência:** Mandatário que desvia numerário devido ao mandante. Juros que fluem desde a data do abuso, e não da interpelação ou da citação. Inteligência do art. 1.303 do CC (de 1916) (*RT* 782/229). No mesmo sentido, já sob a égide do CC/2002: TJSP, Ap. Cível n. 923.020.007, 29ª Câm., rel. Des. Luís de Carvalho, j. 28.01.2009; Ap. Cível n. 992.06.060804-7, 33ª Câm., rel. Des. Eros Piceli, j. 15.03.2010. Ver, ainda: *RSTJ* 139/385. Também da Corte Superior, na mesma linha: STJ, Ag. Int. nos Emb. Decl. no AREsp n. 2.474.116 /SP, 3ª T., rel. Min. Marco Aurélio Bellizze, j. 29.04.2024, *DJe* 02.05.2024.

**Art. 671. Se o mandatário, tendo fundos ou crédito do mandante, comprar, em nome próprio, algo que devera comprar para o mandante, por ter sido**

**expressamente designado no mandato, terá este ação para obrigá-lo à entrega da coisa comprada.**

Legislação correlata: art. 152 (*revogado*), CCom.

O artigo presente, que não encontra semelhante no Código revogado, cuidou de positivar princípio e consequência que, porém, já se entendia estivessem implícitos nas disposições dos arts. 1.301 e 1.307 do CC/1916, a par da explicitude do art. 152, mas do CCom. Com efeito, mesmo antes da edição da novel legislação, já se considerava assistir ao mandante ação para reivindicar do mandatário o que este houvesse adquirido, e retido, no exercício do mandato, mesmo que a aquisição se tivesse dado em seu próprio nome. Sustentava-se, a respeito, que não se poderia conferir ao mandatário que tivesse adquirido, para si, bem em seu nome, quando devesse tê-lo feito em benefício do mandante, no exercício do encargo conferido, a escusa da titularidade da aquisição, eis que se estaria a permitir a alegação da própria infidelidade, da própria torpeza, o que o sistema repele (*v. g.*, MARMITT, Arnaldo. *Mandato*. Rio de Janeiro, Aide, 1992, p. 220-1; CARVALHO SANTOS, J. M. *Código Civil brasileiro interpretado*, 5. ed. Rio de Janeiro, Freitas Bastos, 1952, v. XVIII, p. 273).

Tratava-se, como ainda se trata, de verdadeira regra de equidade que, como aponta, em vetusto artigo, Ponciano Ferreira de Oliveira (*São Paulo Judiciário*, v. XXIII, ano VIII, maio/agosto de 1910, p. 427-43), remonta mesmo à lição de Pothier, muito embora abraçada pelo CCom com ressalvas. É que, em primeiro lugar, exigia-se, como se deve exigir, a demonstração de que a aquisição pelo mandatário se tenha dado no exercício do mandato conferido, com outorga explícita de poderes para que fosse adquirido aquele específico bem.

Mais ainda, o CC/2002 exigiu também, na esteira do que fazia o art. 152 do CCom – de que, em verdade, a regra em comento se origina –, que essa aquisição infiel pelo mandatário tenha ocorrido com fundos ou crédito pertencentes ao mandante. Tem-se, como se vê, condição de equilíbrio entre desapropriar o mandatário de bem, afinal adquirido em seu nome, e a infidelidade com que para tanto se houve. A opção equitativa e de ponderação, pelo legislador, foi a de abrir a possibilidade de reivindicar-se o bem do mandatário, posto que adquirido em seu nome, mas não quando com fundos próprios. Todavia, mesmo assim, ainda que não se demonstre a aquisição com fundos do mandante, a indenização dos prejuízos comprovadamente havidos será caminho sempre aberto. Afinal, ter-se-á ostentado conduta indevida do mandatário, infiel às instruções recebidas e aos poderes de que foi incumbido, solução que, de resto, e forte na lição de Duranton, já sustentava, no mesmo artigo, Ponciano Ferreira de Oliveira (idem, ibidem).

**Art. 672. Sendo dois ou mais os mandatários nomeados no mesmo instrumento, qualquer deles poderá exercer os poderes outorgados, se não forem expressamente declarados conjuntos, nem especificamente designados para atos diferentes, ou subordinados a atos sucessivos. Se os mandatários forem declarados conjuntos, não terá eficácia o ato praticado sem interferência de todos, salvo havendo ratificação, que retroagirá à data do ato.**

O dispositivo consagra as formas pelas quais se pode apresentar o mandato conferido, por um mesmo instrumento, a mais de um mandatário e que são: (a) mandato solidário (*in solidum*), em que cada mandatário pode agir isoladamente, independentemente da ordem de nomeação; (b) mandato conjunto (coletivo ou simultâneo), em que os mandatários só podem agir juntos; (c) mandato fracionário (ou distributivo), em que os mandatários recebem cada qual poderes distintos dos demais, para operações diversas; (d) mandato sucessivo, em que os mandatários só atuam um na falta do outro, conforme a ordem de nomeação. Tal a mesma diferenciação que se continha no preceito do art. 1.304 do CC/1916.

A fundamental alteração, porém, está em que, no CC anterior, se nada tivesse sido explicitado, o mandato a mais de um mandatário era considerado sucessivo. Já agora, ao revés, e como está no texto da norma vertente, o mandato conferido a mais de um mandatário, no silêncio, será considerado solidário. Se explicitamente se designarem mandatários de forma conjunta, assenta a lei a ineficácia do ato praticado sem a interferência de todos, ressalvando, todavia, a ratificação, que não se exige seja expressa e a qual, quando quis, o CC exigiu (art. 667, § 3º). Já quanto ao mandato sucessivo, persiste o mesmo elastério extensivo quanto à falta daquele nomeado em primeiro lugar, e que justifica possa o seguinte agir. Cuida-se não só de não poder o primeiro mandatário desincumbir-se do encargo como também de não querer fazê-lo.

**Jurisprudência:** Assentando a responsabilidade solidária dos mandatários constituídos *in solidum*: TJSP, Ap. n. 0004866-13.2010.8.26.0451/Piracicaba, 27ª Câm. de Dir. Priv., rel. Gilberto Leme, j. 05.03.2013, *DJe* 15.03.2013.

**Art. 673. O terceiro que, depois de conhecer os poderes do mandatário, com ele celebrar negócio jurídico exorbitante do mandato, não tem ação contra o mandatário, salvo se este lhe prometeu ratificação do mandante ou se responsabilizou pessoalmente.**

Com diferença apenas de redação, o art. 673 mantém o princípio que já se continha no art. 1.306 do CC/1916, mas que se completava pela disposição do art. 1.305, este não repetido. Vale dizer, no Código revogado dispunha-se, no primeiro dos preceitos citados, que o mandatário era obrigado a apresentar o instrumento do mandato (*rectius*: a procuração) a terceiros com quem negociasse, sob pena de responsabilidade pessoal por atos cometidos em excesso de poderes. Porém, no artigo seguinte acrescia-se que, apresentada a procuração, nenhuma responsabilidade teria o mandatário por atos excessivos se o terceiro conhecesse a extensão dos poderes conferidos. Apenas se ressalvava ação do terceiro contra o mandatário se este tivesse se obrigado a obter ratificação do mandante ou se tivesse se responsabilizado pessoalmente. Pois pese embora a ausência de reprodução do art. 1.305, entende-se que a sistemática permaneça exatamente a mesma. Na regra do CC, obrando o mandatário nos limites dos poderes recebidos, não se obriga pessoalmente, vinculando, pelo contrário, o mandante, em cujo nome tenha agido. Se age em seu próprio nome, mesmo no interesse do mandante, obriga-se, então, pessoalmente (art. 663). Se, da mesma forma, age sem poderes, com poderes insuficientes ou com excesso de poderes, também se obriga pessoalmente, sem qualquer vinculação para o mandante (art. 662, supra). Aí coloca-se a disposição exceptiva em comento. Posto ausentes poderes, ou seja, mesmo agindo o mandatário além dos poderes recebidos (*ultra vires*), se disso tinha ciência o terceiro então, excepcionalmente, o mandatário deixa de responder pessoalmente. O terceiro passa a correr o risco de ter negociado com mandatário que excedia seus poderes, isto é, que de maneira geral não tinha poderes para aquele negócio, o que era da sua ciência e o que, já antes inexistente qualquer ação ajuizável contra o mandante, não vinculado por ato a cuja consumação não outorgou poderes, atualmente passa a impedir qualquer demanda também contra o mandatário. O terceiro ciente do excesso apenas terá ação contra o mandatário se este tiver prometido a ratificação do mandante, quando então a hipótese se regra pelo contido nos arts. 439 e 440 do CC, ou desde que o mandatário se tenha responsabilizado pessoalmente, vale dizer, tenha se obrigado por si, malgrado no interesse, que seja, do mandante.

Tudo isso, todavia, faz sentido se se admite incumbir ao mandatário provar seus poderes, permitindo seu conhecimento a terceiro. Daí aceder-se à assertiva de Sílvio de Salvo Venosa no sentido de que a regra do art. 1.305 do Código anterior, embora não repetida, foi absorvida pela disposição do art. 673, ora comentado (VENOSA, Sílvio de Salvo. *Direito civil*, 3. ed. São Paulo, Atlas, 2003, v. III, p. 273-4). E mais. Se, como se viu no comentário ao art. 653, o CC/2002 permanece a pressupor haja representação no mandato, então a regra do art. 1.305 do CC/1916 encontra-se perfeitamente reproduzida no art. 118, segundo o qual o representante deve provar sua qualidade e extensão dos poderes recebidos a terceiro, sob pena de responder pelos atos excessivos. Em diversos termos, se o CC dispõe, já na Parte Geral, que os requisitos e efeitos da representação voluntária são os da parte especial (art. 120) e se, na parte especial, preceitua que o instrumento do mandato seja a procuração, mercê da qual, na verdade, outorga-se a representação, então o mandatário, que, na regra do Código, é também representante, deve provar sua representação (art. 118). Se não é representante, atua, mesmo que à conta do mandante, mas em nome próprio, aí obrigando-se pessoalmente (art. 663).

**Jurisprudência:** Já sob a égide do CC/1916: "Mandato. Poderes limitados. Negócio realizado com terceiro. Art. 1.306 do CC. Não pode o terceiro realizar com o mandatário contrato que exorbite os poderes conferidos na procuração sob risco de invalidade do negócio". (TJSP, Ap. Cível n. 78.429-4, 6ª Câm., rel. Des. Ernani de Paiva, j. 29.04.1999)

**Art. 674. Embora ciente da morte, interdição ou mudança de estado do mandante, deve o mandatário concluir o negócio já começado, se houver perigo na demora.**

A regra, inalterada em relação ao que dispunha o Código anterior, representa exceção à obrigação que tem o mandatário de suspender a execução do mandato, ou nem iniciá-la, se toma conhecimento de causa extintiva do ajuste. E, com efeito, dentre essas causas de extinção, expressas no art. 682, infra, estão a morte, interdição ou mudança do estado do mandante. Pois nessas específicas hipóteses extintivas do mandato, excepcionalmente deverá o mandatário concluir negócio já começado, desde que haja perigo da demora. Ou seja, dois serão os pressupostos para que o mandatário, a despeito da extinção do mandato, ultime sua execução. Um, à evidência, se se menciona a conclusão do negócio, está em que a execução do mandato deve ter sido iniciada. Outro, o de que sua interrupção possa trazer prejuízo ao mandante ou seus sucessores, o que se quer evitar, como imperativo de lealdade que permeia as relações obrigacionais.

Veja-se, todavia, que, da mesma forma do quanto previsto no CC/1916, apenas diante das causas extintivas elencadas no preceito em comento é que afeta ao mandatário a obrigação de cumprir integralmente o mandato, quando iniciada sua execução e quando houver *periculum* no seu abandono. Não assim, portanto, quando concorra hipótese outra também de extinção do mandato, como a revogação ou renúncia, muito embora, quanto a esta última, se exija notificação a tempo de o mandante substituir o mandatário (art. 688). Sempre que se configurar situação em que o mandatário deva ultimar o negócio, e desde que ele o tenha omitido, ficará sujeito à composição dos prejuízos que seu inadimplemento provocar.

**Jurisprudência:** Doação. Escritura irregularmente lavrada com reserva de usufruto quando moribundo o doador. Validade dentro dos poderes do mandato. Anulação, porém, da parte não abrangida pelos poderes do instrumento outorgado pelo *de cujus*. Inteligência dos arts. 1.308 e 1.322 do CC (de 1916). Voto vencido. (*RT* 770/240. Ver, ainda: *RJTJESP* 126/47)

No mesmo sentido, sobre a ultimação de negócio de alienação: TJRS, Ap. Cível n. 70.018.563.155, 7ª Câm., rel. Des. Maria Berenice Dias, j. 28.03.2007.

Negando aplicação do preceito em caso de insolvência requerida com base em título judicial, falecido o credor antes de distribuído o pedido: TJSP, Ap. Cível n. 991.04.029718-8, 15ª Câm., rel. Des. Antônio Ribeiro, j. 24.08.2010.

## *Seção III*
## *Das Obrigações do Mandante*

**Art. 675. O mandante é obrigado a satisfazer todas as obrigações contraídas pelo mandatário, na conformidade do mandato conferido, e adiantar a importância das despesas necessárias à execução dele, quando o mandatário lho pedir.**

Depois de, na seção anterior, o Código dedicar-se à enumeração das obrigações do mandatário, exsurgidas da entabulação do contrato de mandato, fá-lo agora, nesta seção terceira, com relação ao mandante, portanto identificando as suas obrigações, a começar por aquela básica, que é a de honrar o negócio para cuja consecução se outorgou o mandato. Como já se viu, logo nos comentários ao art. 653, o mandato é contrato instrumental ou preparatório (ver LOTUFO, Renan. *Questões relativas a mandato, representação e procuração*. São Paulo, Saraiva, 2001, p. 116), exatamente voltado à prática de negócios ou atividades jurídicos aos quais se habilita um mandatário, ou seja, alguém que atuará por conta, no interesse do mandante, assim vinculado aos atos perpetrados pelo mandatário, se nos limites dos poderes outorgados.

Bem de ver, porém, que toda essa lógica do CC impõe-se coerente com o pressuposto estabelecido de que, no contrato de mandato, haja outorga de poderes de representação. Aí sim, agindo em nome do mandante, desde que nos limites dos poderes outorgados, o mandatário pratica atos que se refletem na esfera jurídica daquele, assim vinculado às obrigações contraídas. Isso porquanto, como se acentuou no comentário ao art. 663, se o mandatário age em nome próprio, vincula-se pessoalmente, e não ao mandante.

Da mesma forma, se age o mandatário, malgrado em nome do mandante, mas sem poderes, sem poderes suficientes ou excedendo aos poderes recebidos, também se obriga pessoalmente, e não ao mandante, salvo sua ratificação (art. 662), quando então deverá honrar as obrigações assumidas, como corolário do preceito em comento.

Mercê de seu comando, ainda mais, terá o mandante a obrigação de adiantar as despesas necessárias ou úteis a que o mandatário cumpra o encargo de que incumbido sempre que este lho solicitar. Ou seja, tem o mandante, como regra geral, a obrigação de cobrir todas as despesas que o mandatário experimente para executar o mandato, mesmo que o negócio principal não surta o efeito desejado. É o que se verá no comentário ao artigo seguinte. Porém, pode o mandatário pedir que as despesas necessárias ao cumprimento do contrato lhe sejam adiantadas, porque pela lei não é obrigado, ele próprio, a adiantá-las. Ressalva Carvalho Santos apenas as hipóteses de urgência, em que algum ato a ser praticado pelo mandatário não possa esperar a solicitação de numerário, quando então sustenta haver obrigação de adiantamento pelo mandatário, contida no elo com que deve se desincumbir do mandato outorgado (CARVALHO SANTOS, J. M. *Código Civil brasileiro interpretado*, 5. ed. Rio de Janeiro, Freitas Bastos, 1952, v. XVIII, p. 279-80). Se, solicitado o adiantamento, omite-se o mandante, a consequência, inclusive tal qual o explicitava o CCom, malgrado nesta parte revogado (art. 144), todavia cujo princípio subsiste, é a desobrigação do mandatário no cumprimento do ajuste, podendo mesmo suspender sua execução, se já iniciada, mas com fundos insuficientes e não suplementados.

**Jurisprudência:** TJRJ, Ap. Cível n. 2005.001.52409, 3ª Câm., rel. Des. Werson Rego, j. 03.10.2006. Assentando a responsabilidade do mandante pelas dívidas em seu nome contraídas pelo mandatário: TJSP, Ap. Cível n. 0101437-82.2009.8.26.0515, 17ª Câm. de Dir. Priv., rel. Des. Nélson Jorge Júnior, *DJe* 18.08.2013, p. 1.487.

---

**Art. 676. É obrigado o mandante a pagar ao mandatário a remuneração ajustada e as despesas da execução do mandato, ainda que o negócio não surta o esperado efeito, salvo tendo o mandatário culpa.**

---

Muito embora em regra gratuito, nada impede que, no contrato de mandato, se ajuste uma remuneração devida ao mandatário, verdadeiramente salários ou honorários que lhe sejam devidos pelo cumprimento do encargo de que foi incumbido. Essa remuneração pode ter sido convencionada de maneira expressa ou mesmo tácita, por exemplo quando se cuide de exercício profissional do mandato (art. 658, *supra*), em que a onerosidade é a regra, malgrado omisso o ajuste. Pense-se, por exemplo, no mandato judicial, com honorários não previamente estabelecidos de forma expressa, porém devidos, ante a natureza e as circunstâncias da entabulação. Nessas hipóteses em que a remuneração seja devida, mas não tenha sido estipulada pelas partes, dar-se-á seu arbitramento judicial, atentando-se, entre outros critérios, aos usos do lugar onde se deve cumprir o mandato, conforme já determinava o CCom, mesmo que nesta parte revogado (art. 154). O pagamento da remuneração, em geral, efetua-se no instante do encerramento, da prestação das contas do mandato, malgrado seja possível a convenção para pagamento antecipado ou mesmo em cotas periódicas. Tais salários devem ser pagos ao mandatário, ainda que equitativamente proporcionalizados e mesmo se a execução do mandato não se completar, todavia sem culpa do outorgado.

Além dos honorários, deve o mandante reembolsar as despesas que o mandatário tiver enfrentado para cumprimento do ajuste, portanto desde que com ele se relacionem e desde que justificadas em função da execução do encargo cometido. Como se viu nos comentários ao artigo precedente, é sempre responsabilidade do mandante cobrir as despesas que sejam atinentes à execução do encargo entregue ao mandatário. E isso o mandante pode fazer por adiantamento, quando lhe seja solicitado, ou por reembolso, como se prevê no artigo em comento. É costume, porém, com base na lição de Washington de Barros Monteiro, afirmar-se que o mandante não se pode escusar do reembolso das despesas ao argumento de que foram elas excessivas ou que poderiam ter sido menores, isso quando não haja, a propósito, instruções específicas, que tenham sido desrespeitadas pelo mandatário (MONTEIRO, Washington de Barros. *Curso de direito civil* – direito das obrigações. São Paulo, Saraiva, 1956, v. II, p. 291). Deve-se, contudo, apreender o exato significado da asserção. Decerto que poderá o mandante, sempre, questionar despesas que repute supérfluas ou manifestamente desnecessárias, tudo como consequência, afinal, da obrigação que tem o mandatário de agir com zelo e diligência. Segue-se então que, havida exacerbação injustificada das despesas experimentadas, caberá, sim, seu questionamento pelo mandante na exata medida da verificação da conduta culposa, sem zelo e diligência, por parte do mandatário. O que é bastante diferente de simplesmente dizer, sem qualquer prévia instrução específica, que as despesas poderiam ser menores, muito embora se tenham mantido nos limites do que era razoável.

Por fim, vale a ressalva da lei no sentido de que a obrigação do mandante de pagar a remuneração e de reembolsar as despesas na execução do mandato independem do êxito, do proveito que tenha ensejado o negócio principal, a cuja consumação foram outorgados poderes ao mandatário. Isto porquanto este não assume obrigação que seja de resultado. Só não haverá obrigação de pagamento, ou de pagamento completo, conforme o caso, se a falta de efeito surtido do negócio principal decorrer de culpa do mandatário. Pense-se, a respeito, no exemplo do mandatário judicial que fará jus a remuneração e a reembolso de despesas mesmo que seu constituinte não saia vencedor na demanda, salvo se tiver para tanto contribuído obrando com culpa, justamente com falta de zelo e diligência.

**Jurisprudência:** A remuneração pode se cingir aos honorários do mandatário, mercê de cláusula contratual, mesmo autorizado o substabelecimento, com reserva de poderes: II TACSP, Ap. Cível n. 814.268-00/6, 10ª Câm., rel. Juiz Irineu Pedrotti, j. 17.03.2004. Sobre a dívida da remuneração, mesmo que o negócio principal não surta o efeito esperado, porém sem culpa do mandatário: TJRJ, Ap. Cível n. 2006.001.00497, em decisão monocr., 12ª Câm., rel. Des. Bianto de Castro, j. 18.01.2006.

---

**Art. 677. As somas adiantadas pelo mandatário, para a execução do mandato, vencem juros desde a data do desembolso.**

---

Como se vem de examinar nos comentários dos dois artigos precedentes, ao mandante incumbe reembolsar as despesas enfrentadas pelo mandatário na execução do mandato. Cabe inclusive ao mandatário solicitar o adiantamento dessas despesas. Mas pode preferir adiantá-las, malgrado não lhe assista tal obrigação (salvo em casos de urgência, como salientado no exame do art. 675), assim fazendo jus, depois, a seu reembolso. Porém, estabelece a lei, como de resto já se fazia no CC anterior, a incidência de juros sobre toda e qualquer quantia adiantada pelo mandatário, sempre que concernente à execução do mandato, preenchidos os requisitos, portanto, para que seja obrigação do mandante o seu reembolso.

A previsão do CC tem em vista a privação de numerário que o mandatário empenha na execução do mandato. Trata-se, a rigor, do reverso do que se contém no art. 670, que garante a incidência de juros sobre quantias que o mandatário devia entregar ao mandante e que empregou em seu próprio proveito. Apenas que, no dispositivo mencionado, os juros a cargo do mandatário são moratórios, enquanto estes outros, previstos no preceito em comento, e afetos ao mandante, são compensatórios. Sua taxa, todavia, será, à falta de previsão, igualmente aquela legal, cabendo idêntica remissão ao quanto estatuído nos arts. 406 e 407.

A incidência dos juros se fará a partir de quando o mandatário tiver desembolsado os valores que, ademais, deverão, com mesmo termo *a quo*, ser atualizados, sob pena de indevida vantagem ao mandante, propiciada pela depreciação monetária.

Por fim, desde o CC/1916 tem-se defendido que, por somas adiantadas, que vencem juros, deve-se entender também quantia do mandatário que fique à disposição do mandante, sempre com pertinência à execução do mandato (ver por todos: CARVALHO SANTOS, J. M. *Código Civil brasileiro interpretado*, 5. ed. Rio de Janeiro, Freitas Bastos, 1952, v. XVIII, p. 286).

**Art. 678. É igualmente obrigado o mandante a ressarcir ao mandatário as perdas que este sofrer com a execução do mandato, sempre que não resultem de culpa sua ou de excesso de poderes.**

O dispositivo presente reproduz a regra do art. 1.312 do Código anterior e institui mais uma obrigação do mandante, qual seja, a de ressarcir o mandatário por todos os prejuízos que ele, sem culpa sua ou excesso de poderes, tenha experimentado na execução do mandato. Trata-se das chamadas perdas *ab mandatum*, que a lei quer ver ressarcidas ao mandatário como forma de se garantir que ele não experimente um prejuízo com o fiel cumprimento de ajuste que, afinal, é entabulado para consumação de negócio ou atividade no interesse e proveito do mandante, por isso a quem se comete o dever ressarcitório.

Impende, porém, que os prejuízos tenham sido sofridos, como está no preceito, na execução do mandato, o que significa dizer por causa do cumprimento do encargo ou mesmo por ocasião desse mesmo desempenho. Esse ressarcimento somente não se imputará ao mandante se a perda tiver sido provocada por conduta culposa do próprio mandatário ou se ele tiver agido sem os devidos poderes, até porque não vinculado o mandante ao respectivo resultado (art. 662).

Mas, se são essas as excludentes da obrigação ressarcitória em comento, é bem de ver, então, que ela, ao revés, não se afasta se ocorrido fortuito ou força maior. Ou seja, mesmo que as perdas do mandatário dimanem do *casus*, o mandante permanecerá com o dever de ressarcir. Em diversos termos, e sempre à consideração de que o mandato se cumpre, mercê de sua outorga, em seu interesse, ao mandante está afeto o risco de perdas que o mandatário sofra no exercício do mister, risco este somente afastável se ele, mandatário, tiver obrado com culpa ou, o que é equivalente, sem poderes, aí sim, assumindo o risco de prejuízo para si.

A toda esta previsão é indiferente, como salienta De Plácido e Silva, que o mandato seja oneroso ou gratuito, porquanto geral a regra estabelecida (DE PLÁCIDO E SILVA. *Tratado do mandato e prática das procurações*. Rio de Janeiro, Forense, 1989, v. II, p. 644). Na mesma esteira a lição de Carvalho Santos, comentando o art. 1.312 do CC/1916, e para quem, mais, a indenização também será devida aos herdeiros do mandatário, quando ele vem a falecer por causa e no desempenho do mandato (CARVALHO SANTOS. *Código Civil brasileiro interpretado*, 5. ed. Rio de Janeiro, Freitas Bastos, 1952, v. XVIII, p. 288-9).

**Art. 679. Ainda que o mandatário contrarie as instruções do mandante, se não exceder os limites do mandato, ficará o mandante obrigado para com aqueles com quem o seu procurador contratou; mas terá contra este ação pelas perdas e danos resultantes da inobservância das instruções.**

A regra do dispositivo, repetida em relação ao que se continha no anterior Código, vem exatamente ao encontro do quanto já se expendeu nos comentários ao art. 662, supra, em particular da diferenciação, que se efetuou, entre falta ou excesso e abuso de poderes. Se a falta ou o excesso de poderes não vincula o mandante, diversa é a situação quando, nos limites dos poderes outorgados, age o mandatário contra, em conflito com os interesses do mandante, mesmo assim vinculado, malgrado com pretensão reparatória contra o outorgado.

Da mesma forma, no artigo em comento, prevê-se que se o mandatário contraria instruções do mandante, mas sem extravasar os poderes que lhe foram outorgados, age vinculando-o, a despeito de se ressalvar a mesma postulação ressarcitória mencionada. Isso porquanto, a rigor, tende-se a preservar a situação do terceiro de boa-fé que negocia com o mandatário o qual, enfim, atua nos limites dos poderes que lhe foram outorgados e que são conhecíveis por aquele com quem trata. Pressupõe-se, destarte, que as instruções tenham se circunscrito à relação interna entre mandante e mandatário, por isso inoponíveis ao terceiro, o qual, assim, possui amplo direito de exigir do mandante a obrigação que, em seu nome, tenha sido assumida pelo mandatário, sempre garantido regresso ressarcitório. Porém, por idênticos motivos, se o terceiro conhecia ou devia conhecer a desobediência às instruções do mandante, portanto faltando-lhe boa-fé, entende-se incidir a mesma consequência anulatória referida nos comentários ao art. 662 e prevista no art. 119 do CC. Em diversos termos, nesta última situação marcará, justamente, o elemento axiológico que dá sustento à regra do artigo vertente. Não se compadece o sistema, e a eticidade que se quer a ele inerente, com a atuação de má-fé de terceiro que sabe, ou deveria saber, que o mandatário, mesmo nos limites dos poderes outorgados, age em desacordo com as instruções recebidas do mandante, em nome de quem, na pressuposição do CC, como já se viu (ver comentário ao art. 653), assume obrigação. Por isso que a regra da norma presente deve concernir à situação do mandatário que atua nos lindes dos poderes outorgados, contra as instruções recebidas do mandante, o qual mesmo assim se vincula perante terceiro, desde que de boa fé, então apenas se garantindo ao mandante ação, contra o mandatário, pelas perdas e danos que a inobservância das instruções lhe tenha provocado.

**Jurisprudência:** Muito embora nominando-o como excesso, mas recorrendo à tese do abuso, ver: "Compra e venda. Imóvel. Venda realizada através de procurador. Quitação da dívida, constante da escritura pública, por valor inferior ao estipulado pelo mandante. Excesso de mandato. Adquirente que não pode ser responsabilizado por tal ato. Art. 1.313 do CC (de 1916). Direito à imissão na posse. Recurso provido" (*RJTJESP* 137/56). Ver, ainda: TJSP, Ap. Cível n. 911.465-0, 31ª Câm., rel. Des. Paulo Ayrosa, j. 19.12.2006.

**Art. 680. Se o mandato for outorgado por duas ou mais pessoas, e para negócio comum, cada uma ficará solidariamente responsável ao mandatário por todos os compromissos e efeitos do mandato, salvo direito regressivo, pelas quantias que pagar, contra os outros mandantes.**

Da mesma forma que se possibilita seja o mandato concedido a mais de um mandatário, como se viu nos comentários ao art. 672, o contrato pode implicar diversa pluralidade subjetiva, quando outorgado por mais de uma pessoa, assim concorrendo mais de um mandante. Pois o dispositivo em comento, na mesma esteira do que já fazia o art. 1.314 do CC/1916, cuida da responsabilidade de cada qual dos mandantes, perante o mandatário, que se institui solidária quando a outorga for para a consumação de negócio comum. Ou seja, excepcionalmente, cada mandante responderá, não pela sua quota-parte, como é a regra, mas pela totalidade dos encargos devidos ao mandatário, ou aos mandatários, sempre que o mandato tiver sido concedido num mesmo instrumento e para a execução de um negócio comum, de interesse comum de todos os outorgantes, assim solidários. Isso porquanto, se há mandatos instrumentalizados em separado, por atos diversos, isto é, concedidos separadamente por cada mandante, mesmo que para negócio comum, as relações contratuais são individualizadas e, assim, terá o mandatário a ação que lhe competir contra cada qual de seus contratantes. De igual maneira, posto seja um só o instrumento do mandato, se outorgado por vários mandantes mas para negócios a cada um deles afeto, então também haverá relações individualizadas. Destarte, apenas se um só for o instrumento e comum o negócio para o qual outorgado o mandato por mais de uma pessoa é que haverá a solidariedade.

A responsabilidade solidária dos mandantes, imposta pelo preceito em comento, abrange tudo quanto seja devido ao mandatário, em razão da execução do mandato. Abarca, pois, o direito do mandatário à remuneração, ao reembolso de despesas, aos juros acaso devidos (art. 677) ou à recomposição das perdas sofridas. Mas essa solidariedade se impõe tão somente na relação interna entre os mandantes e o(s) mandatário(s). Vale dizer, a solidariedade não se estabelece na relação externa, dos mandantes diante de terceiro com quem o mandatário haja negociado.

Impende não olvidar que a solidariedade não se presume, decorrendo necessariamente de lei ou da vontade das partes (art. 265). E, no caso, a lei apenas estabelece a solidariedade dos mandantes, cumpridos os requisitos já examinados, perante o mandatário. Não, destarte, perante terceiros, salvo declaração de vontade, ou seja, se outorgados ao mandatário poderes para assunção de obrigação solidária dos mandantes.

**Jurisprudência:** Assentando a responsabilidade solidária dos mandantes: TJSP, AI n. 1.231.439.002, 35ª Câm., rel. Des. Clóvis Castelo, j. 12.01.2009; Ag. Reg. n. 0074946-26.2012.8.26.0000, 10ª Câm. de Dir. Priv., rel. Des. Ricardo Belli, *DJe* 30.09.2013, p. 1.068.

**Art. 681. O mandatário tem sobre a coisa de que tenha a posse em virtude do mandato, direito de retenção, até se reembolsar do que no desempenho do encargo despendeu.**

Já se viu nos comentários ao art. 664, supra, que o mandatário tem, hoje, sobre o objeto da operação que lhe foi cometida, direito de retenção até pagamento de tudo o que lhe for devido em consequência do mandato. Sucede que, no preceito em comento, o CC/2002 repete a atribuição de direito de retenção ao mandatário, mas agora, de um lado, estabelecendo que ele incide sobre a coisa de que tenha o outorgado a posse em virtude do mandato e, de outro, ressalvando que para garantia e até reembolso do que no desempenho do encargo se despendeu.

Ou seja, o art. 1.315 do CC/1916, que estatuía o direito de retenção do mandatário, foi como que separado no CC/2002 em dois artigos, o 664 e o 681. Ou, se se preferir, enquanto o art. 664 reproduziu o art. 156 do CCom, o art. 681 reproduziu o art. 1.315 do CC/1916, adequando sua redação, eis que neste se mencionava retenção sobre o objeto do mandato, como já se disse no comentário do art. 664 sempre a prestação de um fato, não necessariamente com objeto tangível, por isso que agora aludindo-se à coisa de que o mandatário tenha a posse em virtude de mandato.

Mas, de qualquer sorte, criou-se, no CC/2002, o que se considera ser dicotomia indevida no tratamento do direito de retenção do mandatário, em dois artigos distintos. No art. 664, instituiu-se direito de retenção para garantia de pagamento de tudo quanto for devido ao mandatário, em consequência do mandato. Já no art. 681, o direito de retenção envolve garantia mais restrita, eis que apenas assegura o reembolso das despesas enfrentadas pelo mandatário no cumprimento do encargo, assim não, por exemplo, a eventual remuneração a que faça jus. Veja-se que, tal qual se expendeu nos comentários ao art. 664, era já uma crítica que se fazia ao CC/1916, quando, em seu art. 1.315, restringia a retenção à garantia do reembolso de despesas. Melhor, afirmava-se, era a regra do art. 156, de que ausente igual limitação.

Pois após ter o CC/2002, no art. 664, estendido a retenção, como na legislação comercial, no artigo presente volta a repetir a limitação do Código revogado. Fá-lo assentando uma diferenciação que, reputa-se, não se justifica. Assim porquanto, no art. 664, assenta-se direito de retenção a ser exercido sobre o objeto da operação, do negócio principal cometido ao mandatário, mercê do contrato preparatório de mandato. Já no art. 681, o direito de retenção se exerce sobre coisa de que o mandatário tenha a posse em virtude do mandato, mas não por ser o objeto da operação principal, do negócio para cuja consumação foram outorgados poderes, o que faria aplicável o art. 664.

Só resta, então, concluir que a coisa de que o mandatário tenha a posse em virtude do mandato, conforme previsão do preceito em comento, seja aquela pertencente ao mandante, entregue para a consumação do negócio principal, e não recebida em razão dele, de resto cuja possibilidade se discutia já na vigência do CC/1916 (*v. g.*, CARVALHO SANTOS, J. M. *Código Civil brasileiro interpretado*, 5. ed. Rio de Janeiro, Freitas Bastos, 1952, v. XVIII, p. 297), o que agora, portanto, se deve admitir viável. Melhor, porém, ao que se crê, teria sido o tratamento unificado e abrangente da retenção com aplicação do art. 664, destarte incidindo, para garantia de tudo quanto devido ao mandatário em razão do mandato, quer sobre coisa objeto da operação principal, quer sobre coisa recebida do mandante para execução do encargo.

**Jurisprudência:** Enunciado n. 184, CEJ: Da interpretação conjunta desses dispositivos [arts. 664 e 681], extrai-se que o mandatário tem o direito de reter, do objeto da operação que lhe foi cometida, tudo o que lhe for devido em virtude do mandato, incluindo-se a remuneração ajustada e o reembolso das despesas.

Negando direito de retenção sobre quantias levantadas a pretexto de que devidos honorários ao mandatário, restringindo a aplicação do preceito a hipóteses de gastos efetivados pelo mandatário: TJSP, Ap. Cível n. 1.217.274.005, 32ª Câm., rel. Des. Ruy Coppola, j. 07.05.2009. No mesmo sentido, da Corte Superior: "O direito de retenção previsto no art. 681 do CC somente pode ocorrer em se tratando de reembolso de despesas e não é relativo à remuneração, salário ou honorários do próprio contrato de mandato. Pela interpretação do art. 681 do CC, não pode o mandatário reter senão a coisa específica que lhe foi entregue em razão do exercício do mandato para o qual efetuou o desembolso" (STJ, Ag. Int. no AREsp n. 1.026.046/DF, 4ª T., rel. Min. Maria Isabel Gallotti, j. 29.04.2024, *DJe* 02.05.2024).

## *Seção IV*
## *Da Extinção do Mandato*

**Art. 682. Cessa o mandato:**

**I – pela revogação ou pela renúncia;**
**II – pela morte ou interdição de uma das partes;**
**III – pela mudança de estado que inabilite o mandante a conferir os poderes, ou o mandatário para os exercer;**
**IV – pelo término do prazo ou pela conclusão do negócio.**

---

O Código, no artigo presente, tal como disposto pelo CC/1916 no art. 1.316, e mercê de idêntica redação, dispõe sobre as causas de extinção do contrato de mandato, a começar por duas que se podem dizer voluntárias: a revogação e a renúncia.

A *revogação* é ato unilateral por meio do qual o mandante exerce faculdade potestativa de destituir o mandatário do encargo que lhe havia cometido. Essa potestade é da essência do mandato, ressalvadas as hipóteses excepcionais a seguir examinadas (arts. 683 a 685), se, afinal, o contrato é daqueles fiduciários, portanto baseados em confiança, a qual pode desaparecer, ademais instituído no interesse do mandante, também passível de cessação. Não há forma especial, nem mesmo aquela por que consumado o mandato, para a revogação, que pode ser total ou parcial, bem assim expressa ou tácita, como quando o mandante nomeia outro mandatário para cumprir o mesmo encargo (art. 687), ou quando ele próprio pratica o ato para o que havia outorgado poderes. A revogação deve ser comunicada ao mandatário e a terceiros (art. 686). Se existente mandato com procuração lavrada por escritura pública, a revogação deve ser averbada no mesmo instrumento e, se levada a efeito em outras notas, deve haver comunicação ao tabelionato em que consumado o ato revogado, para a referida averbação (no Estado de São Paulo há determinação administrativa a respeito, consubstanciada nas Normas de Serviço da Corregedoria Geral de Justiça – Provimento CG n. 58/89). Os efeitos da revogação são *ex nunc* e, portanto, não afetam os negócios já entabulados pelo mandatário.

Havendo mais de um mandante, a revogação por um só não desfaz a relação existente com os demais, salvo se o negócio cometido ao mandatário for indivisível. Se o negócio principal não for de interesse comum dos mandantes, a revogação por um deles, da mesma forma, não afeta os demais, a rigor tratando-se de relações individualizadas, ainda que instrumentalizadas por ato único.

O mandante que revoga o mandato sujeita-se ao ressarcimento das despesas adiantadas pelo mandatário, sem prejuízo, na advertência de Caio Mário da Silva Pereira, mesmo que o mandato seja por prazo indeterminado, de indenização se, malgrado discricionária (*ad nutum*), sua conduta for abusiva (*Instituições de direito civil*, 10. ed. Rio de Janeiro, Forense, 1999, v. III, p. 263), lembrando-se que, hoje, a teoria do abuso não se liga apenas aos atos dolosos, deliberados ou propositadamente voltados a causar danos (art. 187). Destarte, ao caso, entende-se, deve ser aplicado o mesmo princípio de solidarismo, de boa-fé objetiva que anima a previsão do art. 473, parágrafo único, do CC.

Já se o mandato for oneroso, tem-se entendido que o mandante submete-se à composição dos prejuízos causados pelo exercício da revogação, quando não se justificar por conduta culposa do mandatário (ver, por todos: DE PLÁCIDO E SILVA. *Tratado do mandato e prática das procurações*. Rio de Janeiro, Forense, 1989, v. II, p. 837), de resto como sucede no Direito italiano, em que, textualmente, se estatui obrigação indenizatória afeta ao mandante que revoga, sem justa causa, mandato oneroso, conferido por tempo determinado ou para determinado negócio, estabelecendo, mais, igual indenização quando o ajuste seja por prazo indeterminado, porém revogado sem razoável aviso prévio (art. 1.725). Tudo sem prejuízo de, ainda no mandato oneroso, se pagar a remuneração proporcional ao quanto já cumprido do ajuste, quando revogado depois de iniciada a sua execução. E sem prejuízo, ainda, da indenização que, em caso de revogação de mandato irrevogável, se prevê no artigo seguinte.

Outra causa voluntária de extinção do mandato é a *renúncia*, ato unilateral praticado pelo mandatário, cuja possibilidade se funda nos mesmos pressupostos que fazem da revogabilidade a regra no mandato. Mas, também aqui, excepcionalmente, pode haver a irrenunciabilidade, que se considera ocorrer nos mesmos casos em que o mandato for irrevogável (cf. DE PLÁCIDO E SILVA. Op. cit., p. 870-1). A renúncia não guarda exigência de forma especial, podendo-se mesmo inferir a respectiva intenção do mandatário a partir de sua conduta, como a de devolver a procuração ao mandante, todavia devendo, em qualquer hipótese, haver sempre comunicação ao outorgante, e a tempo de haver proveitosa substituição, pena de indenização, que adiante se examinará (ver art. 688). A renúncia em mandato conjunto, por um dos mandatários, extingue o contrato, eis que necessária, ao seu cumprimento, a interferência de todos os mandatários.

Já uma causa legal de extinção do mandato é a *morte*, e de qualquer dos contratantes, afinal não se olvidando cuidar-se de ajuste fiduciário e *intuitu personae*. Não só a morte natural, como também a presumida, em sentido amplo, abrangendo a ausência, deve-se entender extintiva do mandato. Da mesma forma se subsumem à espécie a dissolução e a liquidação da pessoa jurídica. A despeito de se tratar de causa extintiva que opera de pleno direito, portanto independentemente de qualquer notificação, se falecer o mandatário, seus herdeiros, cientes do ajuste, darão aviso ao mandante, pendente ainda o negócio principal (art. 690), certo que, ao revés, morto o mandante, serão validados os atos posteriores praticados pelo mandatário insciente do falecimento, diante de terceiros de boa-fé (art. 689, infra). Mais, e como já se examinou (art. 674), mesmo havida a morte do mandante, ou mesmo mudança de seu estado, deve o mandatário concluir negócios já iniciados, se houver perigo de demora na sua interrupção.

De modo excepcional, não se extinguirá pela morte do mandante o mandato em causa própria (art. 685) e aquele estabelecido no interesse comum, portanto também do mandatário. Outra hipótese é a de o mandante já ter quitado o mandatário de todas as suas obrigações antes do falecimento. Havendo mais de um mandatário, extingue-se com a morte de um deles o mandato conjunto. Tudo afora as hipóteses dos arts. 674, 689 e 691.

Outra causa legal de cessação do mandato é a *interdição* de mandante ou mandatário, dada a limitação de capacidade que ela induz, mas desde quando haja sido judicialmente declarada, de resto aplicando-se-lhe as mesmas regras e ressalvas válidas para a morte. O Estatuto da Pessoa com Deficiência (Lei n. 13.146/2015), mesmo ao dar nova redação ao art. 1.768 do CC, sem referir a interdição, manteve o processo destinado à nomeação de curador, entre outras hipóteses a quem não pode exprimir sua vontade (art. 1.767, I), tanto quanto conferiu legitimidade ao Ministério Público para requerê-la nos casos de deficiente mental ou intelectual (art. 1.769, I), ademais de mencionar ainda o termo interditando na redação do art. 1.771 e da superveniência do art. 748 do novo CPC, aqui remetendo-se o leitor aos respectivos comentários (*v.*, ainda, comentários aos arts. 654 e 666, no Capítulo "Do Mandato", e art. 928, na responsabilidade civil, sempre acerca dos reflexos eventuais do Estatuto sobre essas previsões).

A terceira causa legal extintiva do mandato é a *mudança do estado* de qualquer das partes, que as inabilitem a conferir poderes ou a exercer os poderes recebidos. Aqui devem ser compreendidos não só os casos que afetem a capacidade da parte, muito mais ligados à interdição, como outros que digam com a legitimação para a prática de determinado ato. Por exemplo, o casamento, que não seja no regime da separação (art. 1.647), afeta o mandato outorgado para venda, por alguém então solteiro. Da mesma forma, o mandato *ad judicia* cessa se o mandatário ingressa em concurso incompatível com a advocacia.

A falência do mandatário será também causa extintiva da espécie em exame, excetuada a outorga para atos estranhos ao comércio; já a falência do mandante, que antes não extinguia o mandato conferido para prática de negócios que interessassem à massa, salvo revogação pelo síndico, agora, nos termos do art. 120 da Lei n. 11.101/2005, faz cessar seus efeitos, ressalvado o mandato conferido para representação judicial do devedor, que continua em vigor até que seja expressamente revogado pelo administrador judicial.

Por fim, são causas naturais de extinção do mandato o *término de seu prazo* e *a conclusão do negócio* para o qual foi outorgado. O que pressupõe, no primeiro caso, tenha sido estabelecido termo *ad quem*, o que não é obrigatório, podendo-se pactuar o mandato por prazo indeterminado, e no segundo que o mandato tenha sido outorgado para negócio ou negócios específicos, assim esgotando-se o ajuste pela ultimação do encargo conferido. A regra se aplica ao mandato judicial, assim em geral outorgada a procuração respectiva para a representação do constituinte até o término do processo, sem que haja necessariamente um prazo na outorga. Mas se vem admitindo a exigência excepcional, com base no poder geral de cautela, de juntada de procuração atualizada quando seja para proteção dos interesses da parte ou garantia de regularidade do processo, ocorrência que se tem verificado costumeiramente em demandas de massa e consideradas predatórias (*v.* item a seguir, da jurisprudência).

**Jurisprudência:** Considerando indevida restrição à validade e eficácia do mandato, sem causa extintiva, a exigência de órgão público de comprovação semestral da vigência do ajuste, ver: *RT* 693/198. Determinando o pagamento de honorários pelos serviços desempenhados até revogação ou renúncia do mandato: II TACSP, Ap. Cível n. 436.401-8, 2ª Câm. Esp., rel. Juiz Vasconcellos Pereira, j. 18.07.1990. No mesmo sentido, assentando a possibilidade de denúncia imotivada, mas garantindo remuneração pelos serviços até então prestados: TJSP, Ap. Cível n. 1.257.575.004, 32ª Câm., rel. Des. Ruy Coppola, j. 30.07.2009. Negando qualquer indenização ao mandatário em virtude da extinção por morte do mandante, em caso de outorga para serviços advocatícios futuros: *RSTJ* 143/309. Sobre a extinção, pela conclusão do negócio a que atinente: *JTJSP* 201/347. Sobre a irregularidade do negócio entabulado, e não apenas ultimado, por mandatário após a morte do mandante: TJSP, Ap. Cível n. 487.324-4/6-00, 1ª Câm., rel. Des. Ruy Camilo, j. 30.01.2007; TJRJ, Ap. Cível n. 2007.001.02970, 15ª Câm., rel. Des. Benedicto Abicair, j. 06.03.2007. Assentando o caráter personalíssimo do mandato, por isso extinto com a morte do mandatário: STJ, REsp n. 1.055.819, 3ª T., rel. Min. Massami Uyeda, *DJe* 07.04.2010. Negando que a expiração do prazo de mandato original outorgado a representante de empresa acarreta a extinção do mandato judicial de que originário: STJ, REsp n. 798.901, 3ª T., rel. Min. Sidnei Beneti, *DJe* 10.12.2009. Mas assentando a extinção do mandato judicial pela morte do mandante antes do ajuizamento da ação, por isso se exigindo nova outorga, pelo inventariante: STJ, AR n. 3.269, 3ª S., rel. p/ o ac. Min. Felix Fisher, j. 14.06.2017. Afastando a incidência do inciso II quando se trata de substituição por sindicato, e na forma do Tema n. 823 do STF: STJ, Ag. Int. no REsp n. 2.066.630/PR, 2ª T., rel. Min. Francisco Falcão, j. 28.08.2023, *DJe* 30.08.2023. Preservando os atos praticados pelo mandatário antes da revogação: STJ, Ag. Int. no AREsp n. 2.043.177/RJ, 2ª T., rel. Min. Francisco Falcão, j. 21.11.2023, *DJe* 24.11.2023. Autorizando, excepcionalmente, a juntada de procuração *ad judicia* atualizada, a despeito da ausência de prazo na outorga: "em razão do poder geral de cautela, o juiz pode, diante das peculiaridades da hipótese concreta, determinar a juntada de procuração *ad judicia* atualizada, com a finalidade precípua de proteger os interesses das partes e zelar pela regularidade dos pressupostos processuais. Trata-se de medida excepcional que demanda fundamentação idônea por parte do juiz" (STJ, REsp n. 2.084.166/MA, 3ª T., rel. Min. Nancy Andrighi, j. 07.11.2023, *DJe* 13.11.2023).

**Art. 683. Quando o mandato contiver a cláusula de irrevogabilidade e o mandante o revogar, pagará perdas e danos.**

Como se vem de examinar nos comentários ao artigo precedente, o mandato, por encerrar ajuste fiduciário, assim *intuitu personae*, é, em essência, revogável pelo mandante. Mas, disse-se também que há hipóteses excepcionais de irrevogabilidade, que começam a ser tratadas, pelo Código, no artigo presente. Com efeito, e tal como já constava do art. 1.317, I, do CC/1916, prevê a lei, antes de tudo, que as próprias partes possam, corolário de sua autonomia privada, convencionar a irrevogabilidade.

A diferença, porém, está em que, no anterior Código, expressava-se no artigo mencionado, sem mais, sem qualquer ressalva, a irrevogabilidade de mandato ajustado com cláusula desse jaez, destarte abrindo-se a discussão sobre se haveria um direito de o mandatário executar o ajuste, ainda que de forma coativa, negando-se qualquer efeito à revogação que, a despeito de cláusula vedatória, viesse a ser externada pelo mandante (de resto tal qual é a solução, de ineficácia, para a hipótese de revogação alvitrada no artigo seguinte, *infra*, a cujos comentários se remete).

Na verdade, contudo, já avultava o entendimento de que, malgrado a irrevogabilidade convencionada, poderia, ainda assim, o mandante revogar os poderes conferidos, ante a natureza do contrato de mandato, só que, nesse caso, obrigando-se a compor perdas e danos, se não houvesse justa causa para a revogação.

Por outra, já se defendia que a cláusula de irrevogabilidade impunha uma obrigação de não fazer, mas sem consequência outra, resultante de seu descumprimento, que não fosse a composição de perdas e danos (*v. g.*, MONTEIRO, Washington de Barros. *Curso de direito civil* – direito das obrigações. São Paulo, Saraiva, 1956, v. II, p. 301; SILVA PEREIRA, Caio Mário da. *Instituições de direito civil*, 10. ed. Rio de Janeiro, Forense, 1999, p. 265).

Pois agora, com a redação dada ao art. 683, do CC/2002, positiva-se esta orientação, ou seja, no sentido de que, quando convencionada a irrevogabilidade, a revogação, mesmo assim, opera efeito, por ser da essência do mandato, mas sujeitando o mandante, e aí a consequência, a compor perdas e danos como qualquer contratante inadimplente.

Por fim, vale a ressalva de que a leitura a contrário do preceito não deve levar à conclusão de que, se não pactuada a irrevogabilidade, a revogação exima o mandante, sempre, de qualquer consequência indenizatória. Consoante se advertiu nos comentários ao artigo antecedente, a que ora se remete, a revogação do mandato, mesmo se não vedada pelo ajuste, e ainda que a entabulação tenha sido por prazo indeterminado, pode também suscitar composição de perdas e danos, mas mercê de diferente cognição, que envolve a verificação de abuso, segundo o paradigma da boa-fé objetiva, vale dizer, de padrão de comportamento leal que se espera dos contratantes.

**Jurisprudência:** Sobre a revogabilidade do mandato, mesmo quando pactuada a irrevogabilidade, apenas com consequência indenizatória, ainda à luz do CC/1916: II TACSP, Ap. Cível n. 415.249-8, 1ª Câm., rel. Juiz Santi Ribeiro, j. 27.11.1989. Já sob a égide do CC/2002, no mesmo sentido: TJSP, AI n. 415.115.4/0-00, 4ª Câm., rel. Francisco Loureiro, j. 22.09.2005; Ap. Cível n. 990.10.238466-7, 6ª Câm., rel. Des. Vito Guglielmi, j. 19.08.2010. Ver, ainda: *RT* 805/301. E garantindo o pagamento de cláusula penal representada pela totalidade da remuneração prevista: TJSP, Ap. Cível n. 1.260.771.003, 34ª Câm., rel. Des. Nestor Duarte, j. 17.08.2009.

**Art. 684. Quando a cláusula de irrevogabilidade for condição de um negócio bilateral, ou tiver sido**

**estipulada no exclusivo interesse do mandatário, a revogação do mandato será ineficaz.**

Segue o Código, no dispositivo presente, e como já se disse no comentário ao artigo anterior, tratando de excepcionais hipóteses de irrevogabilidade do mandato. Só que, agora, diversamente do que se previu no preceito antecedente, e reforçando a conclusão lá externada, a propósito da consequência da revogação de que cuida, estabelece o Código a sanção de ineficácia para a revogação que se venha a externar quando a irrevogabilidade, no dizer do artigo ora em comento, for condição de um negócio bilateral ou tiver sido estipulada no exclusivo interesse do mandatário. Vale dizer, se se cuida de revogação de mandato pactuado, sem mais, com cláusula de irrevogabilidade, a consequência é indenizatória, mas operando efeitos o ato revocatório (art. 683). Já se a irrevogabilidade é condição de negócio bilateral ou interessa só ao mandatário, então a revogação será, antes, ineficaz (art. 684).

Essa é a diversidade de tratamento que o novo Código reservou às hipóteses descritas, genericamente, sob a única rubrica da irrevogabilidade, no art. 1.317 do CC/1916. O mandato que seja condição de um negócio jurídico bilateral não se revoga como decorrência da própria irrevogabilidade deste negócio principal.

Na explicação de Pontes de Miranda, a hipótese se refere à contratação, em um ajuste bilateral, de um mandato que sirva ao cumprimento de prestações convencionadas (PONTES DE MIRANDA. *Tratado de direito privado*, 3. ed. São Paulo, RT, 1984, t. XLIII, § 4.690, n. 2, p. 86). Da mesma forma, se o mandato é estabelecido no interesse exclusivo do mandatário, como quando contém a cláusula *in rem suam* (ver artigo seguinte) ou quando já se lhe tenha dado integral quitação de suas obrigações (ver comentário ao art. 682), igualmente haverá irrevogabilidade e ineficácia da revogação que, apesar disso, manifeste-se.

O mandato conferido no interesse comum do mandante e do mandatário, ou do mandante e de terceiro, via de regra, como observa De Plácido e Silva (*Tratado do mandato e prática das procurações*. Rio de Janeiro, Forense, 1989, v. II, p. 892), subsume-se à hipótese da primeira parte do preceito ou, então, significa forma de cumprir qualquer obrigação ou negócio preliminar, o que se contemplou no art. 686, parágrafo único, adiante examinado. Aliás, em virtude desse preceito, não se repetiu, no artigo em comento, a segunda parte do inciso II do art. 1.317 do CC/1916, não se tendo repetido seu inciso III por concernir a matéria de direito societário.

**Jurisprudência:** Sobre a irrevogabilidade do mandato conferido somente para ultimar negócio de interesse do mandatário, já na forma do art. 1.317, II, do CC/1916: I TACSP, Ap. Cível n. 591.689-2, 10ª Câm. Esp., rel. Juiz Paulo Hatanaka, j. 30.01.1995.

**Art. 685. Conferido o mandato com a cláusula "em causa própria", a sua revogação não terá eficácia, nem se extinguirá pela morte de qualquer das partes, ficando o mandatário dispensado de prestar contas, e podendo transferir para si os bens móveis ou imóveis objeto do mandato, obedecidas as formalidades legais.**

Já se estabelecia, no Código anterior, que, entre outras hipóteses, inclusive examinadas nos comentários aos artigos antecedentes, a chamada procuração em causa própria era irrevogável (art. 1.317, I). Explicita, agora, o CC/2002, que o mandato que contenha a cláusula *em causa própria* é irrevogável e, mais, que a sua revogação, assim, não terá eficácia, mesma consequência disposta no art. 684, mas não no art. 683, atrás enfrentados.

O mandato com a cláusula referida *(in rem propriam* ou *in rem suam)*, na realidade, é instituído no interesse do mandatário. Em diversos termos, por meio desse ajuste o mandatário é nomeado para agir no seu próprio interesse, por isso ficando dispensado de qualquer prestação de contas. Pelo mesmo motivo é que essa espécie de mandato é irrevogável e não se extingue com a morte do mandante ou do mandatário.

Sempre houve, porém, grande discussão sobre se a cláusula *in rem suam* chegava a implicar transferência do direito incidente sobre o objeto do negócio principal ao mandatário. Pontes de Miranda, por exemplo, sustentava que nesta espécie de mandato não se transfere, em concreto, qualquer direito de crédito e, menos ainda, a propriedade, a seu ver transmitindo-se, em abstrato, um poder de disposição de direitos no interesse do mandatário, como se fosse seu o direito a transmitir, porque seu o respectivo proveito (PONTES DE MIRANDA. *Tratado de direito privado*, 3. ed. São Paulo, RT, 1984, t. XLIII, § 4.700, n. 1, p. 157).

Contudo, e ao revés, sempre houve posição menos restrita, a defender que o mandato em causa própria induz verdadeira transferência, cessão indireta de direitos, portanto assim sustentando-se que, a rigor, nem bem mandato é, eis que descaracterizado na sua essência e, por isso, inclusive, interpretado à luz de negócio traslativo de direitos, isto é, uma cessão, uma alienação, onerosa ou gratuita (para uma exemplificação dos defensores de uma ou outra teoria, e de seus respectivos argumentos, de forma mais detalhada, conferir: MARMITT, Arnaldo. *Mandato*. Rio de Janeiro, Aide, 1992, p. 45-6).

Bem de ver, porém, que o debate não é meramente acadêmico. Se se admitir que a cláusula *in rem suam* implica transferência de direitos, então forçoso será concluir que o instrumento deste mandato, quando obedeça aos requisitos do contrato traslativo a que se volta, vale por ele, e não só como ajuste preliminar ou preparatório, portanto sem necessidade de negócio posterior, inclusive contratado consigo mesmo, isto é, o mandatário contratando pelo mandante e por si. Assim, por exemplo, admitir-se-á, como a jurisprudência já aceitava, o registro do instrumento do mandato em causa própria, lavrado por escritura pública, para alienação de direito real imobiliário.

E, com efeito, entende-se que a própria origem dessa espécie de negócio, vindo do Direito romano, em que instituído para possibilitar, justamente, a cessão de obrigação, então contemplativa de um vínculo pessoal, por isso impassível de cessão a qual, pelo mandato em exame, se fazia de forma indireta, pois, a um *procurator in rem suam*, indique cuidar-se de verdadeira transferência de direitos. Ou seja, um mandato que, impropriamente, produz mais que efeitos de gestão de interesse alheio, operando, antes, efeitos mesmo traslativos de direitos, de que acaba realmente titular o mandatário.

Mais, a prática denota a utilização desta espécie negocial precisamente para transferir direitos. Certo que a redação do artigo em comento não é de todo esclarecedora quando alude à possibilidade de que o mandatário *in rem suam* possa transferir para si os bens móveis ou imóveis objeto do mandato, obedecidas as formalidades legais, como se sempre houvesse a necessidade de um negócio principal e posterior. Deve-se entender, porém, que, se atendidas as exigências de forma (*v.* comentários, e item da jurisprudência, ao art. 657) e conteúdo do negócio contratual principal, o mandato em causa própria já valha por ele, destarte mais que mero negócio preliminar. Isso sempre à consideração, enfim, de que o mandato em causa própria vai além da mera concessão de poderes ilimitados a mandatário dispensado de prestar contas, dado que, por seu intermédio – sendo essa sua função fundamental e seu efeito principal –, atribui-se ao mandatário a *qualidade de dono da coisa ou do negócio* sobre o qual incide o ajuste (DE PLÁCIDO E SILVA. *Tratado do mandato e prática das procurações*. Rio de Janeiro, Forense, 1989, v. I, p. 504).

**Jurisprudência:** Sobre irrevogabilidade do mandato outorgado em causa própria, ainda na vigência do CC/1916, ver: *RT* 692/82. Considerando que nele haja verdadeira transferência de direitos: *RJTJESP* 140/100. Assentando justa a posse exercida por quem recebeu substabelecimento de procuração em causa própria: STJ, REsp n. 238.750-7/PE, 4ª T., rel. Min. Ruy Rosado Aguiar, j. 16.12.1999, *DJU* 08.03.2000. Dispensando, no mandato em causa própria, a prestação de contas: TJSP, Ap. Cível n. 5.931.804.600, 1ª Câm., rel. Des. Paulo Razuk, j. 07.04.2009. Ainda, da Corte Superior: "O promitente comprador que outorga procuração em causa própria (*in rem suam* ou *in rem propriam*) detém legitimidade *ad causam* para figurar em ação de rescisão de contrato de promessa de compra e venda de imóvel antes de realizado eventual negócio jurídico translativo de direitos sobre o bem" (STJ, REsp n. 1.962.366/DF, 3ª T., j. 14.02.2023, *DJe* 02.03.2023).

---

**Art. 686. A revogação do mandato, notificada somente ao mandatário, não se pode opor aos terceiros que, ignorando-a, de boa-fé com ele trataram; mas ficam salvas ao constituinte as ações que no caso lhe possam caber contra o procurador.**

**Parágrafo único. É irrevogável o mandato que contenha poderes de cumprimento ou confirmação de negócios encetados, aos quais se ache vinculado.**

---

Como se disse por ocasião do exame do art. 682 do CC, a revogação, uma das formas de extinção do mandato, resultante de iniciativa do mandante, que destitui o mandatário do encargo conferido, deve ser a este, e a terceiros que com ele negociem, devidamente comunicada.

Com efeito, cuidando-se de unilateral resilição de contrato, dela insta tenha ciência o outro contratante, que é o mandatário, bem assim os terceiros que com ele estejam tratando. Daí afirmar-se que a revogação dimana de declaração de vontade receptícia, ou seja, que somente produz efeitos depois de conhecida pelo declaratário e por terceiros que com ele negociem. Na verdade, com a regra procura-se não só preservar a confiança de terceiros no tráfico negocial como, mesmo, assegurar-se mantenha o mandatário devidamente informado das circunstâncias da outorga de poderes, cuja revogação se pretenda, corolário do solidarismo que deve permear as relações jurídicas.

Inexistente a comunicação da revogação, tem-se hipótese de verdadeiro mandato aparente, em que justificadamente há a crença, por terceiros, na condição de mandatário de alguém que assim atua, e por concorrência da conduta do mandante, que se omite na comunicação da revogação (ver comentário ao art. 662, sobre o mandato aparente, seus requisitos e eventuais efeitos). O resultado, então, ausente a devida comunicação da revogação, é a vinculação do mandante por obrigações assumidas pelo mandatário diante de terceiros inscientes daquela mesma revogação. Se, porém, o mandatário tinha conhecimento da revogação, malgrado não os terceiros, embora perante estes o mandante se obrigue, pode voltar-se contra o mandatário pelos prejuízos que tenha sofrido.

A comunicação da revogação não exige forma especial, malgrado se utilize a lei da expressão *notificação*, a rigor uma cientificação a que se agrega uma cominação, impondo-se, isso sim, meio eficaz de conhecimento do mandatário e de terceiros. Se os terceiros são indeterminados, tem-se entendido que, ainda assim, se deva proceder à cientificação para conhecimento geral, por meio de publicações, editais, ou meio idôneo a atingir o universo de pessoas potencialmente em contato com o mandatário.

Já no parágrafo único do artigo em comento, complementa-se o princípio que se contém no art. 684, antes examinado, hipóteses, ambas, que davam redação ao inciso II do art. 1.317 do CC/1916. Ou seja, deve-se ter por ineficaz, consequência aqui omitida, mas expressa no referido art. 684, repita-se, o que consubstanciava um só preceito no Código anterior, eis que o princípio é o mesmo, a revogação de mandato que contenha poderes de cumprimento ou confirmação de negócios entabulados e aos quais se vincule. É, por exemplo, o mandato conferido para pagamento de débitos, enfim para execução de contratos, inclusive preliminares. São, no dizer de Caio Mário, mandatos acessórios de outro contrato, ou mesmo cláusula dele constante (*Instituições de direito civil*, 10. ed. Rio de Janeiro, Forense, 1999, v. III, p. 265), apenas valendo não olvidar a abusividade de previsões desse jaez, que imponham representante para concluir ou realizar outro negócio jurídico de consumo em nome do consumidor (art. 51, VIII, da Lei n. 8.078/90 e Súmula n. 60 do STJ).

**Jurisprudência:** Súmula n. 60, STJ: É nula a obrigação cambial assumida por procurador do mutuário vinculado ao mutuante, no exclusivo interesse deste.

Mas, admitindo a cláusula-mandato no sistema de administração de cartão de crédito: TJSP, Ap. Cível n. 9087053-90.2005.8.26.0000, 12ª Câm., rel. Des. Cerqueira Leite, j. 08.06.2011. No âmbito do STJ, invalidando a cláusula de mandato, nos cartões de crédito, que autoriza a emissão de título de crédito pela administradora contra o consumidor, mas validando-a quando seja para obtenção de recursos no mercado financeiro, com vistas a saldar dívidas contraídas pelos usuários: STJ, REsp n. 1.084.640/SP, 2ª S., rel. Min. Marco Buzzi, j. 23.09.2015.

Sobre mandato utilizado para lavratura de escritura de cumprimento de compromisso anterior, mesmo após a morte do mandante, ver: *RJTJESP* 126/47. Não só cláusulas-mandato nos termos da Súmula n. 60 do STJ, mas também e com maior razão aquelas que autorizem desconto em folha para pagamento de financiamento são consideradas abusivas: STJ, REsp n. 550.871/RS, 3ª T., rel. Min. Carlos Alberto Menezes Direito, j. 28.06.2004, *DJU* 02.08.2004. E mais: "Mandato. Revogação. Divulgação pelo édito. Exercício de direito que não causa dano. Arts. 870 do CPC e 1.318 do CC (de 1916). Reconvenção improcedente. Recurso não provido". (*RJTJESP* 129/189). Validando os atos praticados por mandatário judicial, quando não comunicada a revogação procedida por instrumento particular, sem reconhecimento de firma: TJSP, AI n. 6.185.394.500, 4ª Câm., rel. Des. Francisco Loureiro, j. 29.01.2009. Do mesmo modo, ausente regular notificação: AC n. 1003926-32.2016.8.26.0609, rel. Des. Salles Rossi, 8ª Câm. de Dir. Priv., j. 01.04.2019.

Ainda: "A revogação do mandato não se opera em relação a terceiros de boa-fé, quando feita a notificação apenas ao mandatário. Assim, se o mandante se sentir lesado, poderá se valer de ação de perdas e danos em desfavor do procurador desconstituído, que, indevidamente, realizou o negócio jurídico". (STJ, Ag. Reg. no AI n. 1.026.632, 3ª T., rel. Des. Convocado Vasco Della Giustina, *DJ* 03.09.2009)

**Art. 687. Tanto que for comunicada ao mandatário a nomeação de outro, para o mesmo negócio, considerar-se-á revogado o mandato anterior.**

Como já se disse no comentário ao art. 682, a revogação do mandato não se efetiva sempre de maneira expressa, podendo ostentar-se tácita quando, tal qual dispõe o dispositivo em comento, o mandante nomeia outro mandatário, com isso denotando quebra da confiança que o fez nomear o anterior. Bem de ver, todavia, que essa revogação tácita, pela nomeação de novo mandatário, depende da outorga de poderes para consumação do mesmo negócio cometido ao anterior. Daí que não haverá revogação pela outorga de poderes gerais que suceda uma outorga de poderes especiais.

Portanto, insta que se revele situação de incompatibilidade na execução de um mesmo encargo, não se podendo presumir que o segundo mandatário tenha sido constituído para atuação conjunta com o primeiro, o que deve dimanar de disposição textual. Em compensação, como adverte Carvalho Santos, mesmo se a segunda nomeação for inválida ou não aceita já se terá operado a revogação do antecedente mandato porque evidenciada, de toda sorte, a quebra da confiança (CARVALHO SANTOS. *Código Civil brasileiro interpretado*, 5. ed. Rio de Janeiro, Freitas Bastos, 1952, v. XVIII, p. 328).

Ademais, tal revogação tácita, para produzir efeitos, deve ser comunicada ao mandatário, na mesma senda da disposição do artigo anterior, a cujos comentários se remete, igualmente, como lá se disse, sem forma especial e, mais, por iniciativa não só do mandante como do novo mandatário, ou mesmo, no exemplo do mandato judicial, pela juntada da nova procuração aos autos.

**Jurisprudência:** Ao tratar do mandato judicial, o STJ decidiu que "no caso de novo mandato, sem ressalva, há de se entender que automaticamente o posterior revogou o anterior, prevalecendo a nova procuração" (*RSTJ* 151/20). No mesmo sentido: STJ, RMS n. 23.672/MG, 2ª T., rel. Min. Mauro Campbell Marques, j. 14.06.2011; STJ, Ag. Int. no REsp n. 2.068.572/AC, 4ª T., rel. Min. Marco Buzzi, j. 08.04.2024, *DJe* 11.04.2024. Porém, condicionando a produção de efeitos à comunicação do anterior mandatário: TJSP, AI n. 1.217.000.008, 30ª Câm., rel. Des. Orlando Pistoresi, j. 21.01.2009. Ver, ainda: "Mandato. Revogação automática. Ocorrência com a nomeação de novo procurador. Art. 1.319 do CC (de 1916). Eventuais direitos do primitivo mandatário devem ser reclamados nas vias próprias" (*JTJSP* 148/108). Ver, também: TJRJ, Ap. Cível n. 2007.001.37787, 17ª Câm., rel. Des. Maria Inês Gaspar, j. 01.08.2007.

**Art. 688. A renúncia do mandato será comunicada ao mandante, que, se for prejudicado pela sua inoportunidade, ou pela falta de tempo, a fim de prover à substituição do procurador, será indenizado pelo mandatário, salvo se este provar que não podia continuar no mandato sem prejuízo considerável, e que não lhe era dado substabelecer.**

Da mesma forma que o contrato de mandato pode ser unilateralmente resilido por vontade do mandante, poderá sê-lo por iniciativa do mandatário, o que se dá mediante a renúncia, terminologia criticada, por mais se referir à abdicação dos poderes outorgados, quando, por meio dela, no caso dá-se, a rigor, a extinção do contrato de mandato (ver, por todos: LOTUFO, Renan. *Questões relativas a mandato, representação e procuração*. São Paulo, Saraiva, 2001, p. 117).

De toda sorte, porém, a opção terminológica foi sempre coerente com a adstrição, em que laborou o CC, do mandato à representação (ver comentário ao art. 653). Trata-se, tanto quanto a revogação, de declaração de vontade receptícia, portanto que exige comunicação ao mandante, a partir de cuja ciência passa a produzir efeitos e antes do que permanece o mandatário obrigado pelos encargos resultantes do ajuste.

Se se cuidar de mandato judicial, o efeito da renúncia dá-se, ademais do pressuposto da cientificação, a termo, porquanto somente depois do transcurso de dez dias, durante os quais, se necessário para evitar prejuízo ao mandante, o mandatário continuará a representá-lo (art. 112, § 1º, do CPC/2015; art. 45 do CPC/73 e art. 5º, § 3º, da Lei n. 8.906/94, Estatuto da Advocacia).

A cientificação da renúncia pode se dar por qualquer forma que seja eficaz ao fim a que se destina. Excepcionalmente, nas mesmas hipóteses em que for irrevogável, bem assim quando se o pactuar, poderá o mandato ser irrenunciável. Não é, decerto, a regra, que permite a renúncia, inclusive imotivada. Mas, apesar disso, explicita o CC, na mesma esteira da legislação anterior, que a renúncia não pode ser inoportuna ou abrupta, isto é, sem tempo de substituição do mandatário. Malgrado se considere inoportuna a renúncia sempre que não haja tempo suficiente para substituição do mandatário, revelando-se, assim, *ex abrupto*, como indica o significado semântico do termo, juridicamente a inoportunidade vai além e pode se revelar mesmo com tempo razoável de aviso prévio, mas porque, por exemplo, já iniciada a execução do ajuste de modo a inviabilizar, de forma igualmente proveitosa, a ultimação pelo próprio mandante ou por outro mandatário.

Pois desde que se tenha evidenciado o que se deve considerar uma abusiva renúncia, a exemplo do que se viu a propósito da revogação (ver comentário ao art. 682), impõe-se a consequência indenizatória. Ressalva o CC, todavia, que esse corolário reparatório não se verificará se, a despeito da inoportunidade, até, demonstrar o mandatário que não poderia continuar na execução do ajuste sem considerável prejuízo e, o que representa inovação da nova legislação, se demonstrar ainda que não lhe era dado substabelecer. Ou seja, deve o mandatário, para se furtar à consequência indenizatória de sua renúncia, comprovar, a uma, que lhe era inviável continuar na execução do mandato sem grave prejuízo, de qualquer natureza, para si, para pessoas próximas ou mesmo para o objeto do mandato; a duas, impondo-se-lhe a demonstração de que não lhe era possível, por qualquer motivo razoável, portanto não só a vedação contratual, substabelecer.

Veja-se, enfim, que toda essa sistemática, à semelhança do que se dá quanto à revogação do mandato, é típica revelação, de novo aqui, do princípio da boa-fé objetiva, vale dizer, de um padrão de comportamento leal e solidário com que devem as partes obrar em suas relações, assim permeadas pela eticidade que dá sustento, de maneira muito especial, à nova legislação.

**Jurisprudência:** TJRJ, Ap. Cível n. 2006.001.61195, 1ª Câm., rel. Des. Ernani Klausner, j. 09.01.2007. Assentando somente eficaz a renúncia depois de comprovadamente comunicada: TJSP, AI n. 2000680-97.2013.8.26.0000/São Paulo, 27ª Câm. de Dir. Priv., rel. Berenice Marcondes Cesar, j. 21.05.2013, *DJe* 18.06.2013. Decidindo persistir o dever de prestar contas: TJSP, AC n. 0028733-05.2012.8.26.0309, rel. Des. Caio Marcelo Mendes de Oliveira, 32ª Câm. de Dir. Priv., j. 11.10.2018.

**Art. 689. São válidos, a respeito dos contratantes de boa-fé, os atos com estes ajustados em nome do mandante pelo mandatário, enquanto este ignorar a morte daquele ou a extinção do mandato, por qualquer outra causa.**

O mesmo princípio que se contém nos dispositivos dos arts. 686 e 688, acerca de atos praticados após a revogação ou renúncia do mandato, não comunicadas, inspira a edição da regra vertente, haurida já da previsão do CC/1916. Com efeito, aqui, de maneira geral, assenta-se a orientação segundo a qual as causas extintivas do mandato, a rigor, produzem o respectivo efeito, de forma exauriente, desde que delas cientes mandatário e terceiros que com ele negociem. Ou seja, enquanto o mandatário ignorar a ocorrência de qualquer das causas de extinção do mandato, mesmo as legais ou naturais, não se extrairá daí qualquer efeito diante de terceiro de boa-fé, vale dizer, terceiro que também ignora a cessação do ajuste.

Apenas que, tratando-se de revogação ou renúncia, também hipóteses extintivas, posto que voluntárias, previu-se regra específica, todavia não de diverso princípio que anima a disposição do artigo em comento, atinente à morte ou às demais causas extintivas elencadas no art. 682 do CC. Veja-se que mesmo causas que induzem a extinção legal e automática, ignoradas pelo mandatário, não podem ser opostas a terceiros de boa-fé. Ou seja, tem-se regra que visa a preservar a confiança de terceiros, inscientes da causa extintiva do mandato, portanto perante quem elas não poderão ser opostas, se tiverem negociado com o mandatário igualmente de boa-fé.

Quanto ao fato de, aqui, exigir-se a insciência também do mandatário, o que se dispensa no art. 686, importa acentuar que, lá, pressupôs-se incúria do mandante, que não cuidou de comunicar a revogação também a terceiros. Em diversos termos, perante terceiros ostentou-se mandato aparente, mas com concorrência culposa do mandante (ver comentário ao art. 662). Não é este o caso das hipóteses extintivas outras, subjacentes ao artigo em tela. Por isso é que, pelo seu preceito, serão ineficazes os atos praticados pelo mandatário, mas ciente da extinção do mandato, mesmo perante terceiros de boa-fé (*v. g.*, PONTES DE MIRANDA. *Tratado de direito privado*, 3. ed. São Paulo, RT, 1984, t. XLIII, § 4.690, n. 4, p. 93). Ter-se-á, afinal, nesta situação, mandatário já despido de poderes, mas que atua sem qualquer participação culposa do mandante, que possa criar quadro de justificada aparência, perante terceiros, de poderes ainda vigentes.

Por fim, assente-se que, embora persista o Código atual, destarte tal como estava na redação do art. 1.321 do CC anterior, a mencionar a validade dos atos do mandatário insciente da extinção, a bem dizer o caso é de eficácia destes mesmos atos.

**Jurisprudência:** Escritura definitiva de compra e venda. Outorga por mandatário após a morte do mandante. Admissibilidade. Ato praticado em complementação a compromisso de compra e venda em caráter irrevogável e irretratável, firmado pelo mesmo procurador do alienante, antes de sua morte. Transações, ademais, firmadas com lisura. Aplicabilidade dos arts. 1.308 e 1.321 do CC (de 1916). Ação improcedente. Recurso não provido. (*RJTJESP* 126/47).

No mesmo sentido, especificamente sobre ato praticado após a morte do mandante, disto insciente o mandatário: STJ, REsp n. 618.587/SP, 5ª T., rel. Min. José Arnaldo da Fonseca, j. 04.08.2005.

Compra e venda. Escritura. Procurador do vendedor com mandato revogado. Inexistência de prova que, antes da lavratura, tivesse o outorgado ciência da revogação. Deferimento, em favor do adquirente, da liminar de imissão na posse. Recurso provido. (*JTJSP* 181/143)

Validando demanda ajuizada pouco depois do óbito do mandante, havido proveito aos sucessores: TJSP, AI n. 2046772-02.2014.8.26.0000, 32ª Câm. de Dir. Priv., rel. Des. Luis Fernando Nishi, *DJe* 28.05.2014, p. 1.304. Do mesmo modo, em relação a execução: TJRS, Ap. Cível n. 70.056.161.995, 25ª Câm. Cível, rel. Des. Adriana da Silva Ribeiro, j. 18.02.2014.

**Art. 690. Se falecer o mandatário, pendente o negócio a ele cometido, os herdeiros, tendo ciência do mandato, avisarão o mandante, e providenciarão a bem dele, como as circunstâncias exigirem.**

A morte de qualquer das partes, como se viu, extingue o mandato (art. 682, II). Tem-se assim que, falecido o mandatário, estará cessado o contrato. Porém, igualmente tal qual já ressaltado no comentário ao artigo mencionado, mesmo *post-mortem* o mandato pode ainda produzir efeitos, malgrado de forma excepcional.

Pois uma destas exceções, e no caso instituída no próprio interesse do mandante, está na disposição do artigo em comento. Por ela, impõe-se aos herdeiros do mandatário, desde que cientes do mandato, ainda pendente, e do paradeiro do mandante, dar aviso a este da morte daquele. Mais, impõe-se-lhe ainda a prática de atos conservatórios ou ultimação mesmo de negócios pendentes, sempre que houver perigo de demora (ver comentário ao artigo seguinte). O preceito não se aplica aos herdeiros de mandatário que o fosse em causa própria, transmitida, a rigor, com a morte, a própria titularidade do objeto do mandato, mercê da verdadeira cessão que esta espécie de mandato encerra (art. 685).

De outra parte, e ao revés, sustentam alguns autores que a interpretação da providência aqui estabelecida deva se dar de forma extensiva, para abarcar outras hipóteses de cessação do mandato, mas por causa atribuível, atinente ao mandatário. Assim, por exemplo, nas hipóteses de interdição ou falência do mandatário, caberia aos respectivos representantes dar aviso ao mandante e tomar as providências previstas no artigo seguinte (ver, por todos: CARVALHO SANTOS, J. M. *Código Civil brasileiro interpretado,* 5. ed. Rio de Janeiro, Freitas Bastos, 1952, v. XVIII, p. 335). A omissão dos herdeiros em dar aviso e tomar as medidas devidas a bem do mandante, como e quando o exige o artigo em tela e o subsequente, submete-os à composição dos danos daí advindos.

**Jurisprudência:** Ver *RT* 770/240 (ementa transcrita por ocasião do exame ao art. 674, a que ora se remete).

**Art. 691. Os herdeiros, no caso do artigo antecedente, devem limitar-se às medidas conservatórias, ou continuar os negócios pendentes que se não possam demorar sem perigo, regulando-se os seus serviços dentro desse limite, pelas mesmas normas a que os do mandatário estão sujeitos.**

O artigo complementa a regra da disposição precedente, esclarecendo quais são os atos que devem os herdeiros do mandatário falecido praticar, quando pendente o negócio que a este se cometera. Isto, reitere-se, sempre que os herdeiros tenham ciência do mandato, por ocasião do falecimento do mandatário. Pois sendo assim, impõe-se-lhe, primeiro, a tomada de medidas conservatórias, ou seja, que tendam apenas a acautelar o negócio cometido ao mandatário falecido, enquanto o mandante, avisado, não nomeia substituto. São, enfim, providências de mera custódia do objeto do mandato, a fim de evitar seu perecimento.

Compreende-se a limitação erigida pela lei na exata medida em que os herdeiros do mandatário não assumem, propriamente, sua posição contratual. Não são ou não se tornam mandatários. Tanto assim que, mesmo sejam necessárias mais que medidas simplesmente acautelatórias, portanto quando prevê a lei devam os herdeiros praticar verdadeiros atos de execução do mandato, também são impostos limites. Na realidade, somente praticarão atos de execução do ajuste quando houver perigo de demora, vale dizer, quando a interrupção do cumprimento do mandato puder comprometer o proveito ou interesse do mandante. Tal como, de resto, já se acentuou nos comentários – a que se remete – ao art. 674, que guarda o mesmo princípio. E, por fim, se assim for necessário, pela urgência verificada, os herdeiros agirão conforme as regras contratuais e legais que seriam aplicáveis à própria atuação do mandatário falecido.

## *Seção V*
## *Do Mandato Judicial*

**Art. 692. O mandato judicial fica subordinado às normas que lhe dizem respeito, constantes da legislação processual, e, supletivamente, às estabelecidas neste Código.**

Inova o CC/2002 na matéria concernente ao mandato judicial, mas para legar sua regulamentação, de forma primária, à legislação processual, diferentemente do que fazia o Código anterior. Isso porque o CC/1916 dava-se a regular o mandato judicial, particularmente nos arts. 1.324 a 1.330, porém, como lembra Renan Lotufo (*Questões relativas a mandato, representação e procuração*. São Paulo, Saraiva, 2001, p. 159), justamente pela inexistência de normatização processual quando de sua edição.

Certo que, nem só por revelar objeto específico, o mandato judicial deixa de ser um mandato. Mas não menos certo que a ele se aplicam regras específicas, inclusive dispostas em legislação esparsa, fora do CC, e não só no CPC, tal qual o indica a redação do artigo em comento, como também no chamado Estatuto da Advocacia (Lei n. 8.906/94).

Cuida-se, de toda sorte, de mandato outorgado a profissional para defesa de direitos e interesses do constituinte em juízo *(ad judicia)*. Diversamente do que se afirmou no comentário ao art. 653, envolve-se, aqui, necessariamente, a representação do outorgante pelo mandatário. Por isso mesmo, necessária a apresentação de procuração, instrumento escrito, ressalvada, todavia, a possibilidade de prática de atos urgentes, sem a sua juntada, que, entretanto, deverá ser providenciada em quinze dias, prorrogáveis por mais quinze, sob pena de ineficácia, a partir do novo CPC, dos atos praticados e composição de perdas e danos. É a procuração *de rato*, regrada, antes, no art. 37 do CPC/73 e, agora, no art. 104 do CPC/2015 e, ainda, além do art. 5º, § 1º, da Lei n. 8.906/94.

Casos de assistência judiciária e representação legal *ex officio*, como a dos entes públicos, dispensam apresentação de procuração. Trata-se de ajuste firmado com profissional e, por isso mesmo, presumidamente oneroso. Pagam-se, por ele, então, os honorários advocatícios, conforme o pactuado e além daqueles sucumbenciais. Na falta de pacto, haverá arbitramento judicial, em processo de conhecimento.

A concessão dos poderes gerais da cláusula *ad judicia* habilitam o advogado à prática dos atos do processo, ressalvado o recebimento de citação, confissão, reconhecimento do pedido, transação, desistência, renúncia, quitação ou compromisso, para o que se exigem poderes especiais (art. 38 do CPC/73 e art. 105 do CPC/2015, que acrescentou a assinatura de declaração de hipossuficiência econômica que o advogado pode fazer, mas que deve contar com poderes especiais ou, como está no novo CPC, deve constar de cláusula específica). As causas de extinção deste mandato são as normais, ressalva feita à renúncia, necessariamente a termo, porquanto persiste a representação durante os dez dias seguintes à notificação do mandante, acerca de sua ocorrência, para evitar prejuízo (arts. 112, § 1º, do CPC/2015, 45 do CPC/73, e 5º, § 3º, da Lei n. 8.906/94).

## CAPÍTULO XI
## DA COMISSÃO

**Art. 693. O contrato de comissão tem por objeto a compra ou venda de bens ou a realização de mútuo ou outro negócio jurídico de crédito pelo comissário, em seu próprio nome, à conta do comitente.**

Artigo com redação dada pela Lei n. 14.690, de 03.10.2023.

Legislação correlata: art. 165 (*revogado*), CCom.

Com o artigo presente o CC/2002 inaugura o regramento dedicado a contratos até então tratados em normatização mercantil, codificada ou esparsa, fruto da tendência que abraçou de reunificar não o direito privado como ele era na sua origem, abrangendo o direito civil, o comercial e o trabalhista, mas o direito obrigacional, tão somente, razão inclusive de sua edição haver se prestado, de forma específica e pontual (art. 2.045), à revogação só da primeira parte do CCom, exatamente aquela voltada às disposições acerca das obrigações e dos contratos comerciais.

Fê-lo, quanto a estes últimos, a começar pela comissão, que definiu como o ajuste mercê do qual alguém, denominado comissário, adquire ou aliena bens, em seu próprio nome, mas no interesse de outrem, o comitente. Era o que, no CCom, previa-se no art. 165, porém com objeto mais amplo, eis que o comissário desempenhava, no seu próprio nome, malgrado no interesse do comitente, a gestão de quaisquer negócios mercantis, portanto não só os de compra e venda. Mais, explicitava a legislação comercial, no preceito citado, que a comissão era, verdadeiramente, uma espécie de mandato, porém sem a representação, vale dizer, sem que o mandatário, de resto um profissional, agisse em nome do mandante, embora sempre no seu interesse. Por isso mesmo acabou sendo comum definir-se a comissão como um mandato sem representação ou, para outros, um mandato com representação mediata ou imperfeita.

É certo que muito se combateu essa adstrição da comissão ao mandato (ver PONTES DE MIRANDA. *Tratado de direito privado*, 3. ed. São Paulo, RT, 1984, t. XLIII, § 4.723, n. 2, p. 293; MARTINS, Fran. *Contratos e obrigações comerciais*. Rio de Janeiro, Forense, 1984, p. 334), como também se criticou a diferenciação de ambos os contratos feita com base apenas nas relações externas deles exsurgidas, ou seja, tomando-se em consideração os efeitos produzidos, em relação às partes originárias, pelos negócios praticados pelo outorgado com terceiros, ora em seu nome, ora em nome do outorgante. E mesmo essa distinção, que se lastreia, pois, na representação, ausente na comissão, pressupõe seja ela constante no mandato, o que não é da essência dessa espécie de contrato, a despeito de se reconhecer que tenha o CC pretendido assim caracterizá-lo (ver comentário ao art. 653).

O problema, no entanto, é que o CC/2002 manteve o dispositivo do art. 1.307 do CC/1916, agora art. 663, igualmente a cujo comentário se remete o leitor, e que, a rigor, alvitra a possibilidade de prática de atos por mandatário, como tal constituído, mas em seu próprio nome, e não no do mandante, posto que, para alguns, sempre de modo abusivo, desviando-se a finalidade do ajuste.

Poder-se-ia então dizer que a diferenciação estaria na natureza profissional da atuação do comissário, portanto, não se configurando a comissão, mas sim mandato sem representação, quando de uma simples ou eventual compra ou venda entabulada por alguém, em seu próprio nome, contudo no interesse de outrem, tal como o defendia, por exemplo, Orlando Gomes, apesar de que ainda na vigência da legislação anterior (*Contratos*. Rio de Janeiro, Forense, 1983, p. 400).

Sustentam outros, porém, que o tratamento unificado que reservou o CC/2002 aos contratos pode ter superado essa distinção, destarte vislumbrando factível uma comissão que se poderia dizer eminentemente civil ou, se se preferir, sem implicar atividade profissional do comissário (*v. g.*, VENOSA, Sílvio de Salvo. *Direito civil,* 3. ed. São Paulo, Atlas, 2003, p. 552), muito embora, não se negue, sempre se tenha apresentado a comissão como uma verdadeira forma de colaboração entre empresários. É por isso que ainda hoje se defende que o comissário deve ser um empresário, necessariamente remunerado, assim diferenciado do mandatário, mesmo quando sem representação (cf. DINIZ, Maria Helena. *Curso de direito civil brasileiro,* 17. ed. São Paulo, Saraiva, 2002, v. III, p. 358).

Nessa esteira, a se procurar, ainda, alguma diferenciação intrínseca, seria de cogitar justamente dessa onerosidade inerente ao contrato de comissão (art. 701), como regra ausente no mandato, posto que sem representação, se se o admite, e não só como um desvio de sua natureza, pela prática de ato abusivo do mandatário (ver comentário ao art. 663).

Na realidade, entretanto, ainda que se reconheça que, na lógica do CC, que pressupôs a representação no mandato, é esse o dado a distingui-lo da comissão, acede-se à observação de Waldírio Bulgarelli, tanto mais porque efetivada na senda da sistematização que a matéria recebeu no direito italiano (arts. 1.731 e segs. do CC peninsular), fonte relevante do CC/2002 para o regramento em exame, no sentido de que mandato e comissão não guardam nenhuma nítida distinção na relação interna entre as partes contratantes (*Contratos mercantis,* 3. ed. São Paulo, Atlas, 1984, p. 464-8). Para o autor, e já examinando o que à época era o projeto de CC, a comissão, a exemplo do sistema italiano, não seria mais que um mandato, sem representação, mas com finalidade específica, qual seja a de cometer ao comissário tão somente a compra e venda de bens, e não outros negócios, em seu nome, embora à conta do comitente.

Daí, de um lado, a redação restritiva do artigo em comento, se comparado ao que dispunha o art. 165 do CCom, permissivo da comissão para a realização de outros negócios, que não só a compra e venda, de outra parte explicando-se a remissão do art. 709 às normas atinentes ao mandato, posto de aplicação subsidiária.

Nem o que se pareça alterar pelo acréscimo que ao preceito fez a Lei n. 14.690/2023, atribuindo ao comissário também a possibilidade de entabulação de negócios de crédito em seu nome e a benefício do comitente. Tratou-se de norma editada especificamente para a facilitação do acesso ao crédito, antes então que voltada a definir conteúdo muito diverso para o contrato de comissão, estendendo a atuação do comissário à prática de negócios jurídicos em geral, que fossem de interesse do comitente.

De toda sorte, caracteriza-se a comissão como contrato consensual, aperfeiçoado sem exigência de forma especial; bilateral, indutivo de prestação e obrigação a ambas as partes afetas; *intuitu personae*, lastreado na confiança que se deposita na pessoa de quem recebe poderes para agir à conta de outrem; oneroso, devido à comissão, mesmo que não ajustada, como remuneração do comissário (art. 701).

**Jurisprudência:** Distinguindo a comissão do mandato, pela ausência de representação: STF, Rec. MS n. 15.233, Tribunal Pleno, rel. Min. Hermes Lima, j. 25.08.1965. Também da Suprema Corte, caracterizando o contrato de comissão, ver: RE n. 95.052/RS, 1ª T., rel. Min. Neri da Silveira, j. 26.10.1984. Diferenciando a comissão da representação comercial: I TACSP, Ap. Cível n. 768.819-3, 11ª Câm. de Férias, rel. Juiz Maia da Cunha, j. 17.08.1998. Ainda sobre a configuração da comissão: TJSP, Ap. Cível n. 991.09.061850-6, 21ª Câm., rel. Des. Itamar Gaino, j. 02.12.2009. Salientando obrigar-se o comissário em seu próprio nome perante terceiro: STJ, REsp n. 1.003.324/SP, 4ª T., rel. Min. Luis Felipe Salomão, j. 02.08.2012. Definindo a relação entre armador e seu assim chamado *agente* como de comissão: TJSP, Ap. Cível n. 0004516-46.2011.8.26.0562, 12ª Câm. de Dir. Priv., rel. Des. Castro Figliolia, *DJe* 20.08.2013, p. 1.254. Impedindo o saque de título representativo de venda de mercadorias por comitente a comissário, porquanto ausente nesta espécie contratual: *RT* 646/112. Admitindo reclamo direto do comitente perante terceiro com quem negociou o comissário: TJSP, Ap. Cível n. 9147812-20.2005.8.26.0000, 36ª Câm. de Dir. Priv., rel. Des. Palma Bisson, j. 03.02.2011. Deferindo restituição de fundos, do comitente, que não lhe haviam sido repassados pelo comissário falido: TJSP, Câm. Reservada de Falências, rel. Des. Lino Machado, j. 17.04.2012. Considerando que a sobre-estadia de contêineres constitui negócio jurídico com perfil de contrato de comissão: TJSP, AC n. 0005217-41.2010.8.26.0562, rel. Des. Coutinho de Arruda, 16ª Câm. de Dir. Priv., j. 10.03.2015.

**Art. 694. O comissário fica diretamente obrigado para com as pessoas com quem contratar, sem que estas tenham ação contra o comitente, nem este contra elas, salvo se o comissário ceder seus direitos a qualquer das partes.**

Legislação correlata: art. 166 (parcial) (*revogado*), CCom.

Viu-se, já no comentário ao artigo precedente, que a característica básica da comissão, seu conteúdo mesmo, é a entabulação de negócio de compra ou venda por alguém que o faz no interesse de outrem, mas no seu próprio nome; agora se acrescenta que, via de regra, envolve coisas móveis, embora não se vedando propriamente sua pertinência a imóveis, apenas que sem maior utilidade na prática negocial, dado que, pelo sistema do registro, para agir em nome próprio deveria o comissário adquirir o bem para si, a fim de cumprir a comissão (ver a respeito: THEODORO JÚNIOR, Humberto. "Do contrato de comissão no novo Código Civil". In: *RT*, v. 814, p. 26-43).

De qualquer sorte, esse conteúdo voltado à entabulação de uma compra ou venda revela a própria origem do instituto, destinado a possibilitar aquisições ou alienações por quem, desde a Idade Média, não se podia fazer presente no local do negócio, com vantagens em relação ao mandato, dentre as quais a dispensa de apresentação de documento de habilitação para agir em nome alheio e a manutenção de segredo acerca das operações do comitente, protegendo-o da concorrência (ver BULGARELLI, Waldírio. *Contratos mercantis*, 3. ed. São Paulo, Atlas, 1984, p. 455). No Brasil, foi comum sua utilização no mercado de compra e venda de café, ora por conveniência de sigilo do comitente, ora mesmo pela necessidade de presteza na entabulação, facilitada porquanto consumada em nome do comissário.

De qualquer maneira, sempre esteve envolvida no contrato a realização, pelo comissário, de negócios à conta de outrem, mas em nome próprio, de resto o que distingue a comissão da corretagem, em que o corretor não entabula, tão só aproxima, as partes que serão as contratantes. Daí que na comissão há mais que uma intermediação, concorrendo mesmo a prestação de um serviço (cf. DINIZ, Maria Helena. *Curso de direito civil brasileiro*, 17. ed. São Paulo, Saraiva, 2002, v. III, p. 358).

Como o comissário pratica o ato em seu nome, ele próprio se obriga com quem contrata. Ou seja, comitente e terceiro não mantêm entre si nenhum vínculo direto. Um não move ação direta contra o outro, ao menos por força do contrato em si, ressalvadas, quando o caso, medidas fundadas na articulação de enriquecimento sem causa (arts. 884 a 886), e pese embora a existência de princípio diverso no direito italiano – exemplo referido dada sua influência no CC/2002 –, segundo o qual ao comitente se permite a direta reivindicação de coisa móvel adquirida no seu interesse pelo comissário, em poder do alienante, preservado o direito de terceiro de boa-fé (art. 1.706).

A regra, ainda que restritiva, do CC/2002 não se altera mesmo se o comissário indica o nome do comitente no contrato, desde que continue pactuando em nome próprio. Se o faz, baseado em ajuste de comissão, em nome do comitente, ele o está representando sem outorga de poder para tanto, o que induz necessidade de ratificação – sem a qual haverá ineficácia perante o comitente – mas, assim, em verdade, desnaturada a espécie contratual. Tanto é que, para Orlando Gomes (*Contratos*, 9. ed. Rio de Janeiro, Forense, 1983, p. 401), ratificando e tomando o comitente o negócio para si, converte-se a comissão em mandato, supondo-se, é certo, que sejam tipos diversos (ver comentário ao artigo anterior).

Ou, como acentua o próprio artigo em comento, comitente e terceiro terão ações recíprocas somente se, aliado à comissão, houver negócio jurídico de cessão de direitos que o comissário faça a um ou a outro. É, de resto, o que já continha no art. 166 do CCom, apenas que alusivo ao comissário, à sua firma ou razão social, decerto ao pressuposto da natureza profissional de sua atividade, o que no CC não se repete e, em princípio, possibilitaria a tese da comissão civil, não profissional, com a ressalva que se fez no comentário ao artigo anterior acerca da origem e da tradição comercial da atividade, de verdadeira colaboração entre empresários, que a comissão sempre envolveu.

**Jurisprudência:** Descaracterizando o contrato de comissão, se o comissário não age e não se obriga em nome próprio: STJ, Ag. n. 220.506, 4ª T., rel. Min. Ruy Rosado de Aguiar, j. 25.03.1999, *DJU* 13.04.1999.

---

**Art. 695. O comissário é obrigado a agir de conformidade com as ordens e instruções do comitente, devendo, na falta destas, não podendo pedi-las a tempo, proceder segundo os usos em casos semelhantes.**

**Parágrafo único. Ter-se-ão por justificados os atos do comissário, se deles houver resultado vantagem para o comitente, e ainda no caso em que, não admitindo demora a realização do negócio, o comissário agiu de acordo com os usos.**

---

Legislação correlata: arts. 168 e 169 (parcial) (*revogados*), CCom.

Malgrado atuando em nome próprio, o comissário o fará à conta, isto é, no interesse do comitente, de modo a proporcionar, com o negócio cuja prática lhe incumbe, vantagem ou proveito a quem o delega. Por isso mesmo, deve o comissário agir segundo as ordens e instruções recebidas do comitente, tal como se dá no mandato.

É certo que, na dicção da nova lei, mas não em diferente sentido do que já se continha no art. 168 do CCom, pode ocorrer de terem sido omitidas as ordens ou instruções e, mais, sem que haja tempo viável para que o comissário as solicite, o que é seu dever, quando só então estará autorizado a agir, sempre no interesse do comitente, agora de acordo com os usos em casos semelhantes, ou seja, de acordo com a prática negocial, tal como faria se agisse em negócio próprio. E nessa aferição, malgrado unificado o tratamento das obrigações civis e comerciais, não se deverá olvidar do fato de ser ou não o comissário um profissional, admitida, por hipótese, essa extensão (ver comentário ao art. 693). Em diversos termos, e suposta viável a comissão civil, como se disse fugindo de sua origem, será preciso verificar o que seria razoável esperar de quem fosse e de quem não fosse um profissional no desempenho de comissão sem ordens ou instruções recebidas.

A consequência do cumprimento desidioso da comissão sem ordens ou instruções é a indenizatória. Da mesma forma, recebidas ordens e instruções e delas se apartando o comissário na execução do negócio, responde por perdas e danos perante o comitente, a par de sua vinculação pessoal diante do terceiro com quem contratou. É o excesso de poderes que, no entanto, a lei considera justificável, destarte sem induzir responsabilidade indenizatória, quando haja resultado útil ao comitente, ou seja, vantagem que experimente em virtude da atuação do comissário, ou quando haja perigo de demora, vale dizer quando ruinosa ao comitente a omissão na imediata prática do negócio jurídico cometido ao comissário. De novo, verifica-se aqui o que se estabeleceu para a hipótese genérica do mandato, a teor do previsto no art. 665, a cujo comentário se remete o leitor. Tem-se então que, nessas hipóteses excepcionais, ressalvadas pelo parágrafo do preceito em comento, é superado o excesso cometido, e a comissão produz, destarte, todos os efeitos normais, como se cumprida de acordo com as ordens e instruções do comitente.

**Jurisprudência:** Já antigo aresto, da Suprema Corte, ocupava-se de evidenciar a adstrição do comissário ao estrito cumprimento das instruções do comitente: STF, RE n. 28.695, 2ª T., rel. Min. Henrique D'Avila, j. 06.10.1959.

---

**Art. 696. No desempenho das suas incumbências o comissário é obrigado a agir com cuidado e diligência, não só para evitar qualquer prejuízo ao comitente, mas ainda para lhe proporcionar o lucro que razoavelmente se podia esperar do negócio.**

**Parágrafo único. Responderá o comissário, salvo motivo de força maior, por qualquer prejuízo que, por ação ou omissão, ocasionar ao comitente.**

---

Legislação correlata: art. 170 (parcial) (*revogado*), CCom.

O artigo consagra obrigação básica do comissário, a exemplo do que, para o mandatário, se explicita no art. 667, que é a de agir com zelo e diligência no cumprimento do encargo que lhe tiver sido cometido. Aqui se deve ressalvar, primeiro, que o cuidado e a diligência exigíveis do comissário não são tão somente os que permeiam sua forma habitual de se portar, senão aqueles suficientes e idôneos a evitar qualquer prejuízo ao comitente e, antes, a lhe garantir o proveito esperado da operação.

De outra parte, e como já se disse no comentário ao artigo anterior, a aferição sobre esse nível de exigência não pode olvidar a circunstância eventual de o comissário ser profissional – o que pressupõe admitir-se, portanto, que a comissão pode envolver atividade não profissional (ver comentário ao art. 693). Com efeito, deve-se diferenciar o que razoavelmente se espera da forma diligente de agir de quem seja e de quem não seja um profissional. Isso sem prejuízo de obrar o comissário de acordo com as ordens recebidas, o que está no preceito antecedente, mas ao qual o vertente se agrega para explicitar que, mesmo de conformidade com as instruções do comitente, a atuação do comissário deverá ser diligente.

Nessa obrigação genérica de cuidado, impende considerar que estejam abrangidos deveres específicos que vinham dispostos no CCom e que sejam compatíveis com a limitação do CC acerca do objeto do encargo cometido ao comissário (art. 693). Assim, por exemplo, a obrigação de guarda e conservação da coisa adquirida e que deva ser entregue ao comitente ou dele ser recebida para venda (art. 170), dando aviso de danos porventura havidos na *res* (art. 171). Da mesma forma, enquadra-se a obrigação de procurar negócio a ser efetivado em condições não mais onerosas do que as correntes, no tempo e lugar da entabulação (art. 183).

O CC/2002, na mesma esteira do CCom, silenciou sobre a possibilidade de o comissário, sem infringência ao dever de zeloso cumprimento da comissão, adquirir para si a coisa do comitente que lhe tenha sido entregue para venda (contrato consigo mesmo ou autocontrato). Defende-se, todavia, essa possibilidade, desde que sem abuso do comissário e com proveito ao comitente (cf. VENOSA, Sílvio de Salvo. *Direito civil*, 3. ed. São Paulo, Atlas, 2003, v. III, p. 559), de resto como segue hoje explicitado no mandato acerca da procuração em causa própria (art. 685).

Para Orlando Gomes, que sustenta a existência de autorização implícita de contratar consigo mesmo, possibilidade então somente afastada se houver cláusula explícita proibindo o autocontrato, condiciona-se a verificação do proveito ao comitente a que a negociação se faça sobre coisa com preços cotáveis de forma corrente, a fim de se efetivar a comparação com o preço pago pelo comissário (*Contratos*, 9. ed. Rio de Janeiro, Forense, 1983, p. 406). É certo, porém, que, mesmo sem essa limitação, o proveito ao comitente deve ser demonstrado, já que existe um intrínseco conflito de interesses com o comissário.

Por fim, estabelece o preceito em tela, no parágrafo único, a consequência pelo descumprimento da obrigação de zelo e diligência afeta ao comissário, impondo-lhe dever reparatório, exceto, segundo a dicção legal, se havida força maior. Na verdade, erigiu-se responsabilidade contratual do comissário por conduta culposa, de novo tal qual no mandato (art. 667), sempre ressalvada na comissão profissional, exercida por pessoa jurídica, a ocasional incidência, configurada a relação de consumo, da legislação respectiva (Lei n. 8.078/90) e da responsabilidade sem culpa lá instituída.

**Art. 697. O comissário não responde pela insolvência das pessoas com quem tratar, exceto em caso de culpa e no do artigo seguinte.**

Legislação correlata: art. 175 (*revogado*), CCom.

O dispositivo estabelece a regra geral de que o risco pela solvência daquele com quem o comissário trata é do comitente. Ou, em diversos termos, o princípio é que o comissário não responde pelo cumprimento da obrigação que contratar no interesse do comitente. Não responde, enfim, pela execução ou pelo pagamento do negócio entabulado à conta do comitente.

É certo, porém, que a referida responsabilidade, que como norma geral ele não tem, poderá ser carreada ao comissário se agir com culpa na escolha daquele com quem contrata. É o que, na dicção do art. 175 do CCom, se revelava pela contratação com pessoa inidônea ao tempo da entabulação. Ou seja, pessoa que se sabia ou deveria saber insolvente, não no sentido estrito, jurídico, mas sim alguém que já se prenunciava que poderia faltar ao cumprimento do ajuste. Ou, da mesma forma, alguém insolvável, sem garantia suficiente a compor a responsabilidade pela obrigação contraída. Ter-se-á em hipóteses tais, verdadeiramente, a desatenção à obrigação que tem o comissário de agir com diligência e zelo. Importa, todavia, a aferição das condições subjetivas desta pessoa com quem o comissário trata ao instante em que a contratação se consuma.

Por fim, remete o preceito ao artigo seguinte como contemplativo de outra hipótese em que se quebra a regra da irresponsabilidade do comissário pelo adequado cumprimento do negócio tratado à conta do comitente. É o caso da comissão *del credere*, a seguir examinada.

**Art. 698. Se do contrato de comissão constar a cláusula *del credere*, responderá o comissário solidariamente com as pessoas com que houver tratado em nome do comitente, caso em que, salvo estipulação em contrário, o comissário tem direito a remuneração mais elevada, para compensar o ônus assumido.**

**Parágrafo único. A cláusula *del credere* de que trata o *caput* deste artigo poderá ser parcial.**

Parágrafo acrescentado pela Lei n. 14.690, de 03.10.2023.

Legislação correlata: art. 179 (parcial) (*revogado*), CCom.

A cláusula *del credere* encerra pacto adjeto ao contrato de comissão e pode ser convencionada verbalmente, dado que é informal o próprio ajuste a que se refere, conforme acentua Sílvio Venosa (*Direito civil*, 3. ed. São Paulo, Atlas, 2003, v. III, p. 558) e já o assegurava o art. 179 do CCom, cujo conteúdo é, quebrando a regra geral contida no artigo antecedente, fazer do comissário um garante solidário pela solvabilidade e pontualidade daquele com quem contrata à conta – e não em nome – do comissário, como inadequadamente é aludido no artigo em comento, visto ser característica da entabulação a atuação do outorgado em nome próprio, malgrado sempre no interesse do outorgante.

Ou seja, pela cláusula *del credere* o comissário passa, excepcionalmente, a responder por tudo quanto se disse no artigo anterior ser-lhe estranho, em termos de responsabilidade. Passa a responder, enfim, pela boa execução do ajuste contratado no interesse do comitente, pelo seu cumprimento, pela sua completa e tempestiva satisfação. Mais, expressa a lei que essa responsabilidade é solidária, para muitos em virtude da natureza de verdadeira fiança que tem o *del credere*, de resto lembrando que a fiança comercial era sempre solidária (art. 258 do CCom), o que, todavia, não se repete no CC. Já para outros ter-se-ia, no caso, uma espécie de seguro, em que o pagamento de remuneração maior ao comissário significaria mesmo um prêmio pela responsabilidade por ele assumida, uma contrapartida a cargo do comitente pelo ônus imposto ao comissário. De toda sorte, cuida-se de uma garantia que o comissário pode prestar, se assim se pactuar, e com caráter de solidariedade previsto em lei.

A remuneração maior em virtude dessa garantia não é obrigatória, conforme ressalva o próprio texto legal. Mas, para tanto, será necessária expressa menção do ajuste, sobretudo nos casos em que a remuneração tiver de ser arbitrada judicialmente, portanto quando já não vier estipulada em valor previamente convencionado (art. 701).

Muito se discutiu, ainda sob a égide do CCom, sobre a possibilidade da comissão *del credere* se o negócio pactuado pelo comissário com terceiro fosse de pagamento à vista, ao argumento de que então não seria justificável uma garantia que, afinal, é remunerada. Ou, por outra, não faria sentido possibilitar uma maior remuneração ao comissário por garantia vazia, já que, pagando o terceiro à vista, seria irrelevante a questão de sua solvabilidade. Bem de ver, porém, que a contratação da cláusula *del credere* se faz aprioristicamente, antes da contratação do comissário com o terceiro e antes de saber quem será esse terceiro, portanto de toda sorte cabendo a garantia remunerada de que trata o artigo (ver a respeito: MARTINS, Fran. *Contratos e obrigações comerciais*, 7. ed. Rio de Janeiro, Forense, 1984, p. 345).

Finalmente, acresceu-se pela Lei n. 14.690/2023 um parágrafo ao preceito, assentando a possibilidade de que a garantia em que se traduz a cláusula possa ser parcial, isto é, não para todas as obrigações assumidas por aqueles com quem o comissário tiver tratado em nome do comitente, mas apenas para as quantitativa ou qualitativamente explicitadas; e, nesta medida, solidariamente.

**Jurisprudência:** Já de há muito permitindo livre ajuste sobre a cláusula *del credere*, sem qualquer vinculação com o art. 468 da CLT: STF, AI n. 31.879, 2ª T., rel. Min. Hermes de Lima, j. 14.05.1965. Também desvinculando a mesma cláusula, que pode haver na comissão, da representação comercial: TJRS, Ap. Cível n. 70.001.405.539, 15ª Câm., rel. Des. Freitas Barcellos, j. 20.12.2000. Ainda sobre a comissão com a cláusula *del credere* e sua configuração: TJSP, Ap. n. 9165336-98.2003.8.26.000, 21ª Câm. de Dir. Priv., rel. Des. Virgílio de Oliveira Jr., j. 16.11.2011.

---

**Art. 699. Presume-se o comissário autorizado a conceder dilação do prazo para pagamento, na conformidade dos usos do lugar onde se realizar o negócio, se não houver instruções diversas do comitente.**

---

Legislação correlata: art. 176 (*revogado*), CCom.

O preceito consagra a regra geral, complementada, é certo, pelo quanto constante do art. 700, adiante examinado, mas no sentido de caber ao comissário a prerrogativa de, a seu juízo e conforme os usos, conceder prazo para pagamento das vendas que efetuar à conta do comitente. Ou seja, se não houver específica ordem em contrário do comitente, poderá o comissário tratar da concessão de prazos, ou da respectiva dilação, conforme os costumes locais, que sejam atinentes às alienações por ele procedidas.

A previsão, a rigor, tem em vista a relativa liberdade de atuar do comissário naquilo acerca do que inexistir instrução específica, sempre de modo a propiciar maior proveito ao comitente, o que ocasionalmente se dá nas negociações a prazo, de resto muito comuns em algumas vendas de mercadorias, por exemplo as faturadas para pagamento a certo tempo e, às vezes, em mais de uma prestação. Pois se tudo isso é lícito ao comissário ajustar, não havendo proibição contratual, deve ele avisar ao comitente, como exige o art. 700, sob pena de se considerar feita à vista a alienação.

Vencidos os prazos, omitiu-se o CC/2002 na reprodução da regra estampada no art. 178 do CCom, que impõe ao comissário o dever de pronta cobrança dos terceiros com quem tenha negociado, caso não efetuem o pagamento. Há que ver, no entanto, que essa obrigação, de um lado, decorre do fato em si de o comissário contratar em seu nome e, de outro, da exigência de, nesse ajuste, agir de forma a preservar os interesses do comitente (art. 696), sob pena de responder pelos prejuízos que com sua inércia ou retardo provocar.

---

**Art. 700. Se houver instruções do comitente proibindo prorrogação de prazos para pagamento, ou se esta não for conforme os usos locais, poderá o comitente exigir que o comissário pague *incontinenti* ou responda pelas consequências da dilação concedida, procedendo-se de igual modo se o comissário não der ciência ao comitente dos prazos concedidos e de quem é seu beneficiário.**

---

Legislação correlata: art. 177 (parcial) (*revogado*), CCom.

Como se vem de examinar no comentário ao artigo anterior, se lá se consagra a regra geral de que ao comissário seja dado negociar com terceiros a prazo, conforme os costumes locais, desde que ausente instrução em contrário do comitente, aqui, no dispositivo em comento, estabelece-se a consequência para o caso de desatendimento dos dois pressupostos impostos para exercício daquela mesma discricionariedade, disposta como norma geral. Vale dizer que o artigo presente prevê considerar-se à vista a alienação feita a prazo pelo comissário, quando em desacordo com instruções contrárias do comitente ou quando dissociada da prática local ou dos usos do lugar da entabulação. Faculta-se ao comitente a imediata exigibilidade do resultado líquido da venda, ou de prejuízo maior que eventualmente demonstre haver experimentado. A rigor, cuida-se de mera especificação do que já contém o dispositivo dos arts. 695 e 696, que determinam que aja o comissário de acordo com as instruções recebidas e sempre com zelo e diligência, sob pena de ser responsabilizado por perdas e danos.

O dispositivo em tela, porém, vai mais além e explicita, com igual consequência indenizatória pelo descumprimento, a obrigação que, afeta ao comissário, é verdadeiramente de prestação de contas. Impõe-se-lhe, com efeito, que informe o comitente, de imediato, sobre os prazos concedidos e seus beneficiários. Típico dever de lealdade no desenvolvimento da relação contratual, revelado pela informação precisa sobre as condições dos negócios entabulados com terceiros, cuja desatenção também carreia ao comissário responsabilidade indenizatória, nos mesmos moldes havidos para a contrariedade às instruções de venda à vista ou de sua efetivação a prazo, mas fora do que é a *praxis* local para aquela espécie de negócio.

**Art. 701. Não estipulada a remuneração devida ao comissário, será ela arbitrada segundo os usos correntes no lugar.**

Legislação correlata: art. 186 (*revogado*), CCom.

Como já se disse no comentário ao art. 693, a comissão é um contrato essencialmente oneroso, a ponto até de a sua designação servir também para identificar a remuneração a que faz jus o comissário. Com efeito, é hábito tratar-se a remuneração do comissário como comissão, via de regra um percentual do negócio cuja prática lhe foi cometida, malgrado nada impeça a fixação em valor certo.

Tal qual explicitava o CCom em seu art. 186, segundo o qual era sempre lícito ao comissário exigir do comitente a remuneração pelo seu trabalho, ainda que na falta de prévia fixação do respectivo importe, repete o atual CC que, ausente estipulação das partes, a comissão devida será arbitrada segundo os usos do lugar da execução do encargo. Segue-se então que, não estabelecida a remuneração por ajuste dos contratantes, ainda assim ela será devida, mediante arbitramento a ser procedido judicialmente, atentando-se, como critério, à prática negocial do local em que a comissão deve ser cumprida, ademais da consideração das condições do encargo cometido ao comissário e do esforço exigido para seu cumprimento.

Deve-se lembrar que, se contratada a cláusula *del credere*, a remuneração a ser arbitrada judicialmente deverá ser por isso majorada; para Pontes de Miranda, no dobro do que seria devido (*Tratado de direito privado*, 3. ed. São Paulo, RT, 1984, t. XLIII, § 4.730, n. 1, p. 322), o que, de toda sorte, cabe também ao prudente arbítrio do julgador.

Regularmente concluído o negócio a cargo do comissário, sua remuneração será devida por inteiro, o que implica reconhecer que a comissão poderá ser proporcionalizada, caso não completado o encargo, o que, conforme a hipótese, preveem os artigos a seguir examinados.

**Jurisprudência:** Sobre a unilateral fixação da remuneração para negócios futuros, ausente regra que o impeça: STJ, REsp n. 617.244/MG, 4ª T., rel. Min. Cesar Asfor Rocha, j. 07.03.2006.

**Art. 702. No caso de morte do comissário, ou, quando, por motivo de força maior, não puder concluir o negócio, será devida pelo comitente uma remuneração proporcional aos trabalhos realizados.**

Legislação correlata: art. 187 (parcial) (*revogado*), CCom.

A ideia central do dispositivo, tal como já continha o art. 187 do CCom, é remunerar o comissário pelo serviço que ele tenha prestado, de forma proveitosa, mesmo que não completamente, isto é, mesmo que não ultimado o negócio cuja prática lhe foi cometida, mas sem sua culpa, tudo a fim de evitar, a rigor, indevido enriquecimento do comitente à custa do trabalho alheio.

Segue-se pois que a remuneração do comissário, se ele não tiver podido concluir o negócio de que tenha sido incumbido, será devida proporcionalmente ao trabalho que chegou a desempenhar em proveito do comitente. Isso, diz a lei, ocorrerá sempre que, antes de finalizado o encargo, o comissário vier a falecer, transmitindo-se a seus herdeiros o direito à percepção proporcional da comissão, ou quando sobrevier fortuito, em sentido amplo, a impedir a continuidade do serviço a si cometido.

A proporcionalização se fará em função de quanto do contrato de comissão foi cumprido até a morte ou fortuita interrupção. Há que ver que o CCom, no referido art. 187, cuidava também da comissão devida proporcionalmente em caso de despedida do comissário, hoje tratada nos arts. 703 e 705, conforme haja ou não justa causa para tanto.

---

**Art. 703. Ainda que tenha dado motivo à dispensa, terá o comissário direito a ser remunerado pelos serviços úteis prestados ao comitente, ressalvado a este o direito de exigir daquele os prejuízos sofridos.**

---

Legislação correlata: art. 187 (parcial) (*revogado*), CCom.

O que, no CCom, se tratava num só artigo, o 187, hoje é fracionado no artigo presente e no imediatamente anterior. Ou seja, o artigo referido da legislação mercantil cuidava da comissão devida ao comissário de forma proporcional aos serviços prestados, mas por causas diversas. Uma, a do negócio inconcluso sem culpa do comissário; outra, a da sua despedida, mas já aí por sua culpa, dado que a despedida sem justa causa era tratada no CCom em artigo diverso, o 188, de resto agora parcialmente reproduzido no art. 705, a seguir examinado. Melhor andou o CC/2002 ao prever, num dispositivo, a proporcionalização da comissão quando não concluído o negócio cometido ao comissário sem sua culpa (art. 702) e, noutro, o ora em comento, a mesma proporcionalização, mas quando se tenha dado a despedida do comissário, veja-se, com justa causa.

Isso, na verdade, porque, embora a proporcionalização se dê de igual maneira em função de quanto se prestou de serviço útil ao comitente, posto que não ultimado, tendo havido despedida do comissário, a ele se impõe, em contrapartida, a respectiva obrigação ressarcitória. Ou seja, havida a despedida do comissário, por ter faltado com qualquer das obrigações que, na execução da comissão, são-lhe afetas, já atrás examinadas no comentário aos artigos precedentes, deverá ele compor os prejuízos que, com sua conduta desidiosa, haja provocado ao comitente. Mas, mesmo assim, fará jus à remuneração pelos serviços que, antes da despedida, tenha prestado de forma útil ao comitente, malgrado não ultimados, pelo mesmo princípio vedatório do enriquecimento sem causa que anima o artigo precedente.

Tem-se então que, a despeito da culpa do comissário pela resolução do ajuste, não se pode aproveitar o comitente de serviços úteis que lhe tenham sido prestados, sem a respectiva remuneração. Apenas que o correspondente importe poderá vir a ser compensado, respeitados os requisitos contidos nos arts. 368 e seguintes, com o montante de indenização que o comissário seja obrigado a pagar, ou de sua fixação abatido.

---

**Art. 704. Salvo disposição em contrário, pode o comitente, a qualquer tempo, alterar as instruções dadas ao comissário, entendendo-se por elas regidos também os negócios pendentes.**

---

O dispositivo presente, que constitui inovação no sistema, consagra a prerrogativa de o comitente, a qualquer tempo, modificar as ordens e instruções dadas ao comissário, o que se aplica desde logo, mesmo aos negócios pendentes. O pressuposto subjacente ao preceito é, de um lado, a consideração de que afinal a comissão se exerce, malgrado em nome do comissário, no interesse e para o proveito do comitente, assim senhor de suas conveniências. De outra parte, não fugiu à percepção do legislador, como salienta Jones Figueiredo Alves (*Novo Código Civil comentado*. Ricardo Fiuza (coord.). São Paulo, Saraiva, 2002, p. 639), a constante mutação da dinâmica do mercado, que impõe, por vezes, a alteração de instruções dadas ao comissário, destarte adequando-se as circunstâncias da contratação de que foi incumbido às novas exigências da praxe negocial do lugar.

Bem de ver, porém, que, cuidando-se de direito dispositivo, podem as partes ajustar a inalterabilidade das instruções originalmente dadas ao comissário. Todavia, mesmo se não o fizerem e, assim, prevalecer a regra geral da mutabilidade das instruções, sua alteração deve ser feita sempre de modo a preservar o princípio da boa-fé objetiva que marca as relações jurídicas em geral, mercê da eticidade que ilumina toda a nova legislação. Isso significa a exigência de padrão de comportamento leal e solidário que se espera dos contratantes e que impõe ao comitente o exercício de sua potestativa prerrogativa de alterar as instruções, a qualquer tempo, de forma a evitar causar dano ao comissário (dever de cuidado com o cocontratante), ademais informando-o claramente das novas ordens (dever de informação). É, enfim, o exercício do direito de alterar as instruções sem abuso, todavia compreendido não só sob vertente subjetiva, envolvendo deliberado propósito de prejudicar, e sim em razão do *standard* de conduta de colaboração e cooperação que se reclama nas relações contratuais e, antes, nas relações em geral (art. 187 do CC).

Mas, atendidos esses requisitos, não é dado ao comissário opor-se à modificação de suas instruções, se afinal age no interesse de quem as modificou.

---

**Art. 705. Se o comissário for despedido sem justa causa, terá direito a ser remunerado pelos traba-**

**lhos prestados, bem como a ser ressarcido pelas perdas e danos resultantes de sua dispensa.**

Legislação correlata: art. 188 (parcial) (*revogado*), CCom.

Se no art. 703, antes examinado, regram-se as consequências da despedida do comissário com justa causa, ou seja, por motivo de conduta culposa que lhe seja imputável, no artigo em estudo prevê-se a extinção do contrato de comissão por iniciativa do comitente, sem culpa atribuível ao comissário. É mesmo a denúncia imotivada ou a revogação da comissão que, como já se disse para o mandato, no comentário ao art. 682, a que ora se remete o leitor, decorre da essência fiduciária do ajuste, ou seja, da confiança depositada no outorgado que, assim, justifica, uma vez cessada, a retirada do encargo delegado.

Mas, também conforme se acentuou no comentário ao art. 682, uma vez remunerada a atividade do outorgado, como é intrinsecamente o que se dá na comissão, é devida indenização pelo que, aqui, o CC chama de despedida sem justa causa do comissário. Até por esse dever indenizatório, muitos se recusavam a admitir que pudesse haver mesmo um direito de revogação da comissão, malgrado reconhecendo-se a possível ocorrência de uma denúncia vazia do ajuste (*v. g.*, PONTES DE MIRANDA. *Tratado de direito privado*, 3. ed. São Paulo, RT, 1984, § 4.731, n. 2, p. 326).

De toda sorte, já previa o CCom, no artigo acima aludido, que poderia o comitente *retirar* o encargo conferido ao comissário, ainda que o indenizando. Apenas que, na legislação comercial revogada, estabelecia-se um limite ressarcitório mínimo *a forfait*, quando se determinava, havida a injustificada despedida, o pagamento de não menos que a metade da comissão devida, mesmo que não correspondesse exatamente aos trabalhos exercitados.

No CC, contudo, o ressarcimento compreenderá a comissão proporcionalizada de acordo com a extensão dos serviços úteis prestados, tal como nos arts. 702 e 703, mas além disso com a composição de perdas e danos que a conduta do comitente tiver provocado ao comissário, incluindo lucros cessantes, pelo que, inclusive, muitos sempre defenderam que, no caso de despedida sem justa causa, a comissão devesse ser paga por inteiro (ver por todos: GOMES, Orlando. *Contratos*, 9. ed. Rio de Janeiro, Forense, 1983, p. 404; PEREIRA, Caio Mário da Silva. *Instituições de direito civil*, 10. ed. Rio de Janeiro, Forense, 1999, p. 248).

A diferença, no entanto, para o que está no CC/2002, é que o suplemento da comissão, em relação aos serviços prestados de forma útil, antes da despedida, não se dará de forma automática, mas a título de lucros cessantes, assim desde que atendidos os requisitos respectivos (art. 403). Sem contar os casos em que não é ajustado, previamente, o valor da comissão.

Enfim, da mesma forma que a culpa do comissário o obriga a indenizar, na despedida com justa causa (art. 703), a denúncia imotivada do comitente o sujeita a igual reparação.

**Art. 706. O comitente e o comissário são obrigados a pagar juros um ao outro; o primeiro pelo que o comissário houver adiantado para cumprimento de suas ordens; e o segundo pela mora na entrega dos fundos que pertencerem ao comitente.**

Legislação correlata: arts. 180 e 185 (parcialmente correspondentes) (*revogados*), CCom.

O artigo em questão, antes de mais nada, consagra obrigações do comitente e do comissário que no CCom eram previstas de forma direta e, portanto, mais clara, nos arts. 180 e 185. De toda sorte, incumbe (a) ao comitente o dever de ressarcir as despesas que o comissário houver adiantado para o cumprimento do encargo que lhe foi conferido; e (b) ao comissário o dever de pronta entrega de fundos que pertençam ao comitente, especialmente o produto do negócio a cuja prática se volta a comissão. A rigor nada diverso do que, acerca do mandato, previu o CC nos arts. 668, 675 e 676, atrás examinados.

De um lado, exercendo-se a comissão no interesse e proveito do comitente, a este cabe arcar com as despesas necessárias e úteis ao seu cumprimento, disponibilizando-as, desde logo, se solicitado pelo comissário (ver MARTINS, Fran. *Contratos e obrigações comerciais*, 7. ed. Rio de Janeiro, Forense, 1984, p. 343), tal qual no mandato (art. 675), ou reembolsando, de imediato, à vista, salvo convenção em contrário, as despesas que o comissário tiver adiantado.

De outro lado, pelo mesmo motivo, ao comissário se impõe a básica obrigação de transferir ao comitente exatamente aquele proveito auferido com o negócio que lhe foi cometido, *incontinenti* ou conforme o prazo ajustado, tanto quanto lhe é vedado malversar ou empregar para fim diverso fundos que lhe tenham sido entregues para cumprimento do ajuste.

Pois num ou noutro caso incidirão juros à taxa legal (art. 406), de novo tal qual se estabeleceu, em idêntica contingência, para o mandato (arts. 670 e 677, a cujos comentários se remete o leitor). Vencerão em desfavor do comissário, com natureza moratória, se e desde quando tiver dado destino diverso a valores recebidos para despesas da comissão ou tiver deixado de transferir o proveito dela resultante, pertencente ao comitente, aqui se respeitando as regras gerais de constituição em mora, *ex re* ou *ex persona*, conforme haja sido ou não estabelecido prazo certo para o repasse; em desfavor do comitente, com natureza compensatória, se e desde o instante em que o comissário tiver adiantado despesas a cargo daquele, porquanto necessárias ou úteis à execução da comissão.

**Art. 707. O crédito do comissário, relativo a comissões e despesas feitas, goza de privilégio geral, no caso de falência ou insolvência do comitente.**

Legislação correlata: art. 189 (parcial) (*revogado*), CCom.

Manteve o CC a regra contida no CCom, em seu art. 189, que confere ao crédito do comissário, pela sua comissão ou reembolso de despesas efetuadas, devendo-se acrescentar os juros respectivos (ver artigo anterior), preferência legal no concurso de credores. Ou seja, concede a lei privilégio geral ao crédito referido do comissário, no caso de falência ou insolvência do comitente, o que significa classificá-lo, dentre os créditos contra o comitente, antes dos quirografários, malgrado depois daqueles garantidos por direito real, ressalvados ainda os débitos trabalhistas e fiscais (art. 83 da Lei n. 11.101/2005).

A preferência, de qualquer sorte, teve em vista a verdadeira contraprestação por trabalho prestado que a comissão envolve, incluídas as despesas efetivadas e para tanto úteis ou necessárias, muito embora hoje se possa pensar na admissão de uma comissão civil, não profissional, como já expendido no comentário ao art. 693.

Por fim, diga-se que o artigo em comento não repetiu a especificação que estava no art. 189 do CCom acerca de hipoteca instituída em favor do comissário, porquanto dispôs sobre direito de retenção para assegurar o recebimento do mesmo crédito ora tratado, de resto o que muitos já admitiam encerrar uma mesma providência, o que se verá no artigo seguinte.

**Art. 708. Para reembolso das despesas feitas, bem como para recebimento das comissões devidas, tem o comissário direito de retenção sobre os bens e valores em seu poder em virtude da comissão.**

O CC, no artigo presente, positivou, de forma textual, o direito de retenção em favor do comissário, que muitos já entendiam previsto no art. 189 do CCom, quando aludia a uma hipoteca privilegiada a garantir o crédito daquele pela comissão e por despesas adiantadas (ver, por todos: BULGARELLI, Waldírio. *Contratos mercantis*, 3. ed. São Paulo, Atlas, 1984, p. 474). Ou mesmo se podia inferir a retenção da interpretação conjunta dos arts. 190 e 156, também do CCom.

De qualquer maneira, agora, e de novo a exemplo do que se dá no mandato (arts. 664 e 681), se explicita o direito de retenção que ao comissário se concede, incidente sobre bens ou valores que estejam em seu poder, em virtude da comissão, para reembolso das despesas efetuadas e recebimento de sua remuneração. Exige-se, destarte, que os bens ou valores sobre os quais se exercitará a retenção estejam em poder do comissário e necessariamente por causa ou em razão do exercício da comissão.

Apenas se pondera que, de maneira mais abrangente, poderia o artigo em questão haver expressado a pertinência da retenção à garantia de *tudo* quanto devido ao comissário em virtude da comissão, tal como se procedeu no art. 664, a cujo comentário se remete o leitor, portanto incluindo até eventuais indenizações.

**Art. 709. São aplicáveis à comissão, no que couber, as regras sobre mandato.**

Legislação correlata: art. 190 (*revogado*), CCom.

Afora, sobretudo, o que dispunha o art. 165, quando conceituou a comissão, a referência à aplicação subsidiária do regramento atinente ao mandato (art. 190), o que ora se repete, ainda que não só por isso, mas pelo que fazia o CCom quando tratava do ajuste em comento, levou grande parte da doutrina a sustentar que a comissão fosse, em verdade, uma espécie de mandato, caracterizado pela ausência de representação (mandato sem representação ou com representação imperfeita). É certo, também, que muito se combateu essa tese, procurando-se identificar uma autonomia no contrato de comissão, posto que semelhante ao mandato e com regras a este relativas, que lhe fossem aplicáveis de maneira subsidiária, a propósito inexistindo dúvida a levantar ante o que se contém, hoje, no artigo ora em comento.

Viu-se, todavia, ao longo dos comentários aos artigos do Capítulo presente, destinado ao tratamento da comissão, que constantes são as referências a idênticas previsões e mesmo a idênticos princípios, regras, direitos e obrigações concernentes ao mandato. Daí se ter sustentado, logo no art. 693, que o Código atual parece ter cuidado da comissão, malgrado em capítulo próprio, como um verdadeiro mandato sem representação, embora forçosamente oneroso, só que com finalidade específica, ou seja, para aquisição ou alienação de bens no interesse do comissário. De qualquer maneira, impende, a todo esse respeito, remeter ao que já se expendeu no comentário ao referido art. 693.

## CAPÍTULO XII
## DA AGÊNCIA E DISTRIBUIÇÃO

**Art. 710. Pelo contrato de agência, uma pessoa assume, em caráter não eventual e sem vínculos de dependência, a obrigação de promover, à conta de outra, mediante retribuição, a realização de certos negócios, em zona determinada, caracterizando-se a distribuição quando o agente tiver à sua disposição a coisa a ser negociada.**

**Parágrafo único. O proponente pode conferir poderes ao agente para que este o represente na conclusão dos contratos.**

O CC/2002, no artigo presente, seguindo a tendência de trazer ao seu texto contratos de natureza mercantil por causa do tratamento unificado que reservou ao direito obrigacional, tipificou o ajuste que denominou de agência e, como uma espécie sua, a distribuição. Definiu a agência como o contrato mercê do qual uma pessoa, com habitualidade, mas sem induzir relação de dependência ou mesmo de emprego, promove, angaria ou intermedeia negócios em benefício de outrem, em uma zona circunscrita, mediante o pagamento de uma comissão, isto é, da remuneração correspectiva.

Trata-se de contrato *consensual*, porque aperfeiçoado sem a exigência de forma especial; *bilateral*, porque, uma vez firmado, induz direitos e deveres a ambas as partes, agente e, como está na lei, proponente (a rigor preponente ou agenciado); *oneroso*, devido à remuneração ao agente (art. 714); e *intuitu personae*, porquanto baseado na confiança que o preponente deposita no agente, daí dizer-se personalíssimo e intransferível. Seu objeto é o desempenho, pelo agente, de atividade voltada à obtenção ou à promoção de negócios em favor do agenciado, do preponente.

Pela habitualidade, estabilidade e permanência que a caracterizam, ademais da delimitação da área de atuação do agente, a agência difere da corretagem, também uma mediação tendente a promover negócios à conta e interesse de outrem, mas sem aqueles mesmos elementos. Difere também da comissão porquanto o agente, ao contrário do comissário, não é partícipe, não contrata em seu nome o negócio fim, aquele a cuja consumação, sempre no interesse de outrem, tendem ambos os ajustes.

O grande problema, porém, que o CC/2002 acaba fomentando, sobretudo quando, no art. 721, sem maior explicitação, ressalva a aplicação, no que couber, da legislação especial, malgrado já candente a dúvida mesmo antes de sua edição, é se o contrato de agência guarda alguma relevante distinção da representação comercial, regrada na Lei n. 4.886/65, com alterações introduzidas pela Lei n. 8.420/92. Pese embora a existência de opostas opiniões a respeito, tem-se que, a rigor, apenas cuidou o CC de dar nova denominação à mesma figura tipificada naquela legislação especial, seguindo a esteira de outras legislações, em especial a italiana (art. 1.742), como já se disse no comentário ao art. 693, uma fonte relevante.

Na verdade, ao que se entende, alguma diferenciação se poderia fazer se na atividade do representante comercial houvesse uma verdadeira e intrínseca representação que lhe permitisse entabular os negócios que angaria ou promove em favor do representado. Mas não é o que ocorre. Ou, ao revés, tal como se prevê no parágrafo único do artigo em comento, o parágrafo único do art. 1º da Lei n. 4.886/65 prevê que a concessão de poderes de representação ao representante se dá de forma excepcional. Mais, e a reforçar a tese, a própria definição de representante comercial, no mesmo art. 1º da legislação especial, não revela nenhum traço diferencial que seja relevante em comparação ao art. 710 do atual CC. Em última análise, destarte, o que fundamentalmente dá conteúdo aos contratos previstos no CC e na legislação especial é a mesma ideia de agenciamento de negócios, de clientes para o preponente, em troca de uma remuneração por essa atividade, que se desenvolve profissionalmente e que é, afinal, de colaboração empresarial. Aliás, a própria Lei n. 4.886/65 não deixou de aludir, logo no citado art. 1º, que o representante se incumbe de *agenciar* propostas ou pedidos para transmiti-los ao representado, da mesma forma que o CC não se furtou a remeter à lei especial o cálculo de indenização devida em caso de dispensa do agente (art. 718).

Todavia, malgrado cuidando-se de um só contrato, a ausência de maior explicitude do CC/2002 poderá trazer questões de conflito de leis. Antes, contudo, insta acentuar que é possível a admissão, quando não houver antinomia, da coexistência de ambas as legislações, caracterizando-se o direito moderno, ou pós-moderno, como já se defende, pela multiplicidade de fontes normativas, incluída aí a pluralidade de diplomas regrando um mesmo instituto, até mesmo de forma a se complementarem mutuamente, atendidos os princípios básicos que o norteiam e o papel unificador do sistema que têm os preceitos constitucionais que sejam a propósito aplicáveis. Aliás, por vezes, o próprio CC ressalvou sua simultânea aplicação com a lei especial (ver art. 718, como se acaba de afirmar, sem contar o art. 721, já colacionado). Mas, havendo conflito, considera-se que deva ser aplicada a legislação posterior (critério cronológico), dado que, quando trata do contrato de agência, o CC não pode ser considerado lei geral. Assim, por exemplo, e como se verá no respectivo comentário, reputa-se prevalecente, para o caso de denúncia do ajuste firmado por prazo indeterminado, o prazo de aviso prévio estabelecido no art. 720 do CC, e não o do art. 34 da lei especial. Da mesma forma, a questão da exclusividade do ajuste (ver artigo seguinte). Porém, ao revés, são plenamente compatíveis ambas as normatizações quanto à exigência de registro em órgão próprio (art. 6º da Lei n. 4.886/65) para desempenho da atividade objeto do ajuste vertente, afinal de índole profissional, ou à permissão de que a exerça também pessoa jurídica (art. 1º da Lei n. 4.886/65), o que não se explicita no art. 710 nem pode ser inferido, consoante se examinará, da previsão do art. 719, ambos do CC.

Quanto ao contrato de distribuição, termo equívoco que, em sentido amplo, pode ser também usado para designar um gênero de que a própria agência, além da concessão comercial, seria uma espécie, junto com a franquia, inclusive, conceitua-o o atual Código, é certo, como uma verdadeira agência, mas com uma particularidade, que está na disponibilidade, pelo agente, da coisa a ser negociada em favor ou no interesse do agenciado. Mas duas ordens de questões são suscitáveis. Uma é o que se entende por *disponibilidade*. Outra, consequente, é se essa distribuição, prevista no CC, identifica-se com o contrato atípico de concessão comercial ou com a distribuição tratada, para os veículos automotores, na Lei n. 6.729/79.

Pela concessão comercial sempre se entendeu a atividade de alguém que adquiria, ou adquire, para revenda, produtos de um fornecedor, experimentando remuneração consistente na diferença entre o preço da compra e o da venda. É certo que a caracterizam elementos como a continuidade ou a estabilidade da relação, a que se agregam deveres complementares atinentes à preservação da própria marca do produto negociado. Para muitos, dela seria exemplo a concessão de veículos automotores, que ganhou regramento específico (Lei n. 6.729/79), identificando-se como uma distribuição que envolve a mesma aquisição, pelo distribuidor, de produtos de uma marca, para revenda, e com obrigação suplementar de manter assistência técnica, estoque de reposição de peças, tudo sob a fiscalização do fornecedor, como forma de assegurar a qualidade de sua marca. Não se nega que seja feita, por vezes, uma distinção inclusive entre a concessão comercial e a distribuição, sobretudo de veículos automotores – pese embora o que está no art. 1º da Lei n. 6.729/79, que refere mesmo uma concessão entre as partes –, que estaria na autonomia que tem o distribuidor e, ao contrário, na maior interferência do concedente na concessão comercial (ver a respeito: VENOSA, Sílvio de Salvo. *Direito civil*, 3. ed. São Paulo, Atlas, 2003, v. III, p. 635). Mas, da mesma forma, em um ou outro ajuste há a aquisição pelo concessionário ou distribuidor do bem que será revendido, dando-se, ademais, sua remuneração nunca pelo pagamento de uma comissão devida pelo fornecedor, e sim pela diferença entre o montante da compra e o da venda.

Pois o que se discute e se pergunta no CC/2002 é se a distribuição por ele tratada se amolda à figura da concessão atípica ou da distribuição já tratada, para veículos, na lei especial citada, a chamada Lei Ferrari. E se para muitos a resposta é positiva – pelo que a concessão teria ganho regramento típico ou, se se a entender diversa da distribuição comercial, teria igualmente esta passado a ser contrato com tipicidade geral, não só para autos, porém acerca dos quais vigoraria a lei aqui sem dúvida especial, em relação ao CC – considera-se que deva ser negativa a conclusão. Ao que parece, o CC regrou o que denominou de distribuição como uma espécie determinada de agência, todavia sob o influxo dos mesmos elementos que a caracterizam. Ou seja, uma atividade de intermediação, de agenciamento, enfim, paga com uma comissão devida pelo preponente, apenas que dispondo o agente não da propriedade, mas da posse da coisa a ser negociada. Tanto assim que todas as normas subsequentes do capítulo em exame cuidam de direitos e obrigações típicas de quem chamou, unificadamente, de *proponente* (*rectius*: preponente) e *agente*, sem nenhuma alusão específica ao distribuidor, ou a direitos e deveres que fossem compatíveis com sua condição de proprietário da coisa a ser renegociada. Tem-se em mira, na verdade, no CC/2002, uma distribuição de produtos de outrem, como observa Humberto Theodoro Júnior, mas por conta alheia, por mera preposição, e não uma distribuição por conta própria, como sucede no que, a seu ver, e ao que se acede, é uma verdadeira concessão comercial ("Do contrato de agência e distribuição no novo CC". In: *RT*, v. 812, p. 22-40).

**Jurisprudência:** Ainda que tratando de específica condição de agente, mas definindo a natureza e características de sua atuação, ver: STJ, REsp n. 410.172/RS, 1ª T., rel. Min. José Delgado, j. 02.04.2002, *DJU* 29.04.2002. Assentando, já antes do CC/2002, a indistinção entre a agência e a representação comercial: TJRS, Ap. Cível n. 590.044.616, 1ª Câm., rel. Des. Castro do

Nascimento, j. 14.08.1990; Ap. Cível n. 590.072.161, 4ª Câm., rel. Des. Pires Freire, j. 19.12.1990. Caracterizando o contrato de distribuição: STJ, Ag. n. 581.581, em decisão monocrática, rel. Min. Carlos Alberto Menezes Direito, j. 16.08.2004. Considerando, antes do CC/2002, a distribuição de veículos verdadeira concessão comercial: I TACSP, AI n. 1.003.268-5, 10ª Câm., rel. Juiz Frank Hungria, j. 26.06.2001. No mesmo sentido: STJ, MC n. 5.856, em decisão monocrática, Min. Cesar Asfor Rocha, j. 06.12.2002. Assentando que a distribuição de bebidas se rege pelo CC, sem possível incidência da Lei n. 6.729/79: STJ, REsp n. 789.708/RS, 3ª T., rel. Min. Nancy Andrighi, j. 25.09.2006. Diferenciando a distribuição e a representação comercial porque, naquela, "o lucro resulta das vendas que o distribuidor faz por sua conta e risco": TJSP, Ap. Cível n. 7.285.490.900, 11ª Câm., rel. Des. Moura Ribeiro, j. 15.01.2009. Ainda sobre esta diferenciação e acentuando a ausência de disponibilidade da coisa pelo representante: TJSP, Ap. Cível n. 0220375-64.2002.8.26.0000, 21ª Câm. de Dir. Priv., rel. Des. Itamar Gaino, j. 02.06.2011.

Tratando também de todas essas distinções, entendeu-se na Corte Superior o seguinte: "[O] gênero de contratos de colaboração empresarial – em que existe colaboração por meio de diversas categorias contratuais para o escoamento da produção e expansão do mercado de consumo – comporta várias espécies de contrato e, notadamente a partir da edição do CC, existe significativa divergência quanto à classificação. 3 – O art. 710 do CC/2002 define duas modalidades de contrato: i) o contrato de agência, pelo qual o agente (colaborador) assume de forma autônoma e em caráter não eventual, a obrigação de alcançar terceiros interessados na aquisição dos produtos ou serviços oferecidos pelo agenciado, de acordo com suas instruções e mediante retribuição, com ou sem exclusividade; e ii) contrato de distribuição, quando presente a nota distintiva da prévia aquisição dos produtos pelo colaborador ou distribuidor. 4 – Em virtude da divergência terminológica e classificatória e independentemente da corrente adotada, existem duas realidades negociais distintas perfeitamente identificáveis. Na primeira, o colaborador age à conta do fornecedor, sem que detenha os bens negociados, para possibilitar a colocação da produção no mercado de consumo; na segunda, o colaborador, previamente, adquire os bens para, posteriormente, contribuir para o escoamento da produção com o exercício da sua atividade. 5 – A primeira hipótese contempla os contratos de distribuição por aproximação, incluindo a agência, e trata-se de contrato típico, disciplinado pelo CC, que estabelece as normas gerais, e, naquilo que for compatível, com a legislação especial, a saber, a Lei n. 4.886/65. Inteligência do art. 721 do CC. O segundo caso refere-se a contratos de distribuição por intermediação, ou simplesmente distribuição, quando existe a prévia aquisição dos produtos pelo colaborador ou distribuidor, o qual não foi regulado pela CC, constituindo modalidade de contrato atípico, e, afora os elementos essenciais à sua definição, compete às partes contratantes a autorregulação das condições que regerão a avença" (STJ, REsp n. 1.784.914/SP, 4ª T., rel. Min. Antonio Carlos Ferreira, j. 23.04.2024, *DJe* 30.04.2024)

---

**Art. 711. Salvo ajuste, o proponente não pode constituir, ao mesmo tempo, mais de um agente, na mesma zona, com idêntica incumbência; nem pode o agente assumir o encargo de nela tratar de negócios do mesmo gênero, à conta de outros proponentes.**

---

Legislação correlata: arts. 27, *i*, e 31, Lei n. 4.886, de 09.12.1965.

O artigo presente consagra a regra da exclusividade, e recíproca, no contrato de agência e de distribuição, ademais presumida, se não houver cláusula em contrário, o que significa inovação no sistema. É certo que a lei dos representantes comerciais já continha preceito alusivo à exclusividade – remetendo-se o leitor ao comentário ao artigo anterior para exame da controvérsia sobre se se agitava do mesmo ajuste versado aqui no CC. Porém, os arts. 27, *i*, e 31 da Lei n. 4.886/65 referiam-se a uma exclusividade do exercício da representação em favor do representante, e tão somente se assim se tivesse ajustado. Ou seja, a exclusividade não era nem recíproca nem presumida. Agora, ao revés, dispõe-se, para os contratos de agência ou distribuição, que, se não houver cláusula em contrário, a exclusividade se presume, e não só mais do representante, todavia também em benefício do representado.

Quer dizer que, em determinada zona, e para um mesmo tipo de negócio, em regra não poderá o preponente nomear mais de um agente para agir por sua conta, como não poderá o agente aceitar o mesmo encargo para atuar em favor de mais de um preponente (*v.* artigo anterior sobre essa denominação). A quebra da exclusividade por qualquer uma das partes, como de resto já se previa na lei especial (art. 36, *b*), autoriza a resolução do ajuste por inadimplemento culposo, sujeitando o inadimplente à composição de perdas e danos, a propósito valendo remissão ao quanto se contém na disposição do art. 714, adiante comentado. Aplica-se esse preceito também para o caso de o preponente ter realizado diretamente o negócio incumbido ao agente, naquela zona, o que, se para muitos não representa afronta à exclusividade (*v. g.*, GOMES, Orlando. *Contratos*, 9. ed. Rio de Janeiro, Forense, 1983, p. 415), pode, na reiteração, levar à dispensa indireta, de que cuida o art. 715, parte final, do CC.

A zona de atuação do agente, com exclusividade, na ausência de previsão em contrário, deve ser compreendida como uma base territorial, mas, como observa Fábio Ulhoa Coelho, também um mercado com clientela específica e perfil determinado, podendo-se excluir, por exemplo, negócios entabulados por via eletrônica ou com um mesmo grande empresário, para suprimentos diversos (*Curso de direito comercial*, 3. ed. São Paulo, Saraiva, 2002, v. III, p. 114).

Por fim, diga-se que se, como se sustentou no comentário ao artigo antecedente, o CC tratou da mesma representação comercial que estava na Lei n. 4.886/65, sobre ela prevalece no caso de conflito de disposições, portanto a partir do atual Código presumindo-se a recíproca exclusividade, no silêncio do contrato.

**Jurisprudência:** Já antes do CC/2002, dando pela constitucionalidade da previsão de exclusividade, em contrato de distribuição, igualmente sem infração a dispositivo da Lei Antitruste, ver: TJPR, Ap. Cível n. 23.558, rel. Des. Roberto Silva, j. 11.02.2004. Liberando negociações em áreas livres, fora dos limites da exclusividade: *RJTJESP* 118/110. Sobre a violação da exclusividade: TJSP, Ap. Cível n. 9098397-97.2007.8.26.0000, 21ª Câm. de Dir. Priv., rel. Des. Silveira Paulilo, j. 02.06.2011.

---

**Art. 712. O agente, no desempenho que lhe foi cometido, deve agir com toda diligência, atendo-se às instruções recebidas do proponente.**

---

Legislação correlata: art. 28, Lei n. 4.886, de 09.12.1965.

Caso típico de aplicação conjunta, de modo a se complementarem o CC/2002 e a Lei n. 4.886/65, como se defendeu no comentário ao art. 710, ao qual ora se remete o leitor, é esse relativo à previsão dos deveres impostos ao agente ou distribuidor, no cumprimento do contrato entabulado. Isso porquanto o respectivo elenco não se esgota na previsão do artigo em comento.

De toda sorte, e em primeiro lugar, é evidente que ao agente se impõe a obrigação de agir com zelo e cuidado no cumprimento do encargo que lhe foi cometido. Vale aqui não olvidar que o agente age no interesse e em benefício de outrem. Por isso mesmo, e da mesma forma que ocorre no mandato e na comissão (ver comentários aos arts. 667 e 696), o agente deve atuar de modo a atender à razoável expectativa que tem o preponente ao lhe cometer o desempenho da atividade de promoção de negócios à sua conta. Em diversos termos, a conduta do agente deve não só se ostentar escoimada de tudo quanto possa causar dano ao preponente mas, também, deve se mostrar adequada a lhe proporcionar a vantagem que razoavelmente poderia esperar com a entabulação do ajuste. Tanto assim que já era hábito, e não será hoje inviável, fixarem-se metas mínimas de produção do agente.

Mais, impende ao agente obrar em conformidade com as instruções do preponente. Ou seja, embora o agente goze de relativa autonomia no desempenho de sua atividade, organizando-a como queira, inclusive valendo-se de auxiliares ou subagentes, adstringe-se àquilo que tenha ordenado o preponente, já que por este contratado para atuação no seu interesse. É o que se dá, por exemplo, quanto à fixação de preço de mercadorias cuja negociação se agencia, ou mesmo no que diz respeito às condições para tanto estabelecidas (art. 29 da Lei n. 4.886/65).

Todavia, há que reconhecer que os deveres do agente ou do distribuidor vão mais além e abrangem ainda, até como corolário da boa-fé objetiva, que em sua função supletiva cria os chamados deveres anexos ou laterais, verdadeiramente de conduta solidária e leal, a devida informação que lhe incumbe prestar sobre os negócios agenciados e sobre seu andamento, de resto, tal como expressa o art. 28 da Lei n. 4.886/65, contemplativo, em acréscimo, conforme interpretação que se lhe empresta, também da devida informação sobre as condições do mercado, a situação dos clientes, a do comércio em geral e da praça em que se desenvolve a agência (*v. g.*, MARTINS, Fran. *Contratos e obrigações comerciais*, 7. ed. Rio de Janeiro, Forense, 1984, p. 325).

De igual maneira deve o agente prestar contas dos negócios consumados por sua gestão e interferência, no cumprimento do contrato de agência ou distribuição, também como se contém no art. 19, *e*, da lei especial, por exemplo quanto a documentos ou recibos que lhe tenham sido entregues em virtude do agenciamento.

Por fim, outro dever anexo, atinente à agência e distribuição, está na reserva sobre as atividades desenvolvidas, portanto a subtração do conhecimento público de fatos ou dados que possam prejudicar o preponente, seus negócios ou a vantagem por ele razoavelmente esperada, o que decorre igualmente do princípio da boa-fé objetiva, destarte a par do que foi previsto no art. 19, *d*, da Lei n. 4.886/65.

**Jurisprudência:** Considerando, já bem antes do CC, que o representante comercial que age além dos poderes recebidos, entabulando negócio que somente deveria agenciar, não obriga o representante, antes obrigando a si próprio, conferir: *JB* 141/33. Sobre o dever de diligência e guarda dos instrumentos de contratos decorrentes do exercício da agência: TJRJ, Ap. Cível n. 2007.001.48727, 2ª Câm., rel. Des. Carlos Eduardo Passos, j. 12.09.2007.

**Art. 713. Salvo estipulação diversa, todas as despesas com a agência ou distribuição correm a cargo do agente ou distribuidor.**

Mesmo antes da edição do CC/2002, defendia-se, em doutrina, que as despesas, diretas ou indiretas, experimentadas em razão da atividade de agência ou distribuição coubessem ao agente, incumbindo-se o preponente tão somente do pagamento da comissão (*v. g.*, GOMES, Orlando. *Contratos*, 9. ed. Rio de Janeiro, Forense, 1983, p. 416).

Expressa-o agora o artigo presente, sempre à consideração de que, afinal, a agência e a distribuição implicam atuação habitual e profissional do agente, a quem são afetos os custos para tanto necessários. E assim mesmo aqueles indiretos, como o são, por exemplo, os devidos pela propaganda do produto ou mercadoria cuja negociação se vem a agenciar. Exemplifica Sílvio de Salvo Venosa, ainda, com despesas de treinamento de pessoal, viagens e remessa de amostras, já que a seu viso, afinal, tem-se em mira verdadeiro negócio autônomo e próprio do agente, que é a atividade contratada de agência (*Direito civil*, 3. ed. São Paulo, Atlas, 2003, v. III, p. 632).

Bem de ver, porém, que a regra é dispositiva, o que significa dizer que podem as partes pactuar o inverso, ou seja, que as despesas correntes do agenciamento fiquem afetas ao preponente.

**Jurisprudência:** TJRJ, Ap. Cível n. 2007.001.32449, 14ª Câm., rel. Des. José Carlos Paes, j. 15.08.2007.

**Art. 714. Salvo ajuste, o agente ou distribuidor terá direito à remuneração correspondente aos negócios concluídos dentro de sua zona, ainda que sem a sua interferência.**

Legislação correlata: art. 31, Lei n. 4.886, de 09.12.1965.

Como se viu no comentário ao art. 710, que inaugura o capítulo, é inerente à agência ou distribuição a promoção, pelo agente ou distribuidor, de determinados negócios, à conta do preponente, em uma zona determinada. Mais, estabeleceu-se agora, no CC/2002 (art. 711), que, como regra, portanto salvo estipulação em contrário, o agente ou distribuidor desempenha sua atividade, na zona circunscrita, de forma exclusiva.

Pois, como corolário natural, se nessa mesma zona, mesmo sem a interferência do agente ou distribuidor, se conclui negócio compatível com aquele cujo agenciamento lhe houvera sido cometido, devida se fará sua remuneração. Era, de resto, o que já explicitava o art. 31 da Lei n. 4.886/65. Fazia-o, mais, anotando fazer jus o agente à comissão por negócios realizados em sua zona de atuação exclusiva por intermédio de terceiros ou mesmo do próprio preponente.

E, de fato, muito embora para alguns não esteja impedido o preponente de, ele próprio, consumar negócios, a despeito do contrato de agência, sem que isso signifique inadimplemento, a não ser que indireto, quando o proceder se repetir de modo a privar o agente do interesse econômico atinente à entabulação (*v. g.*, GOMES, Orlando. *Contratos*, 9. ed. Rio de Janeiro, Forense, 1983, p. 415), nesse caso, de toda sorte, sempre se entendeu devida a comissão como se o negócio tivesse sido ultimado por intervenção do agente ou distribuidor. Como a exclusividade, porém, malgrado presumida, não é da essência do contrato, podendo-se ajustar o inverso, se assim se pactuar, aí então negócios por outrem ou pelo preponente realizados na zona de atuação do agente não lhe darão direito à comissão. Ou, mais até, não se impede que se pactue a possibilidade de o próprio preponente firmar diretamente negócios de seu interesse, embora a tanto impedidos outros agentes, sem que o agente contratado tenha direito à percepção de remuneração, ressalvada sempre a resolução indireta pela inexpressividade econômica do ajuste, revelada na forma do art. 715, a seguir comentado.

**Jurisprudência:** Já, sob a égide da lei especial dos representantes comerciais, admitindo pacto contratual no sentido da possibilidade de o representado consumar, diretamente, negócios na zona de atuação do representante, ver: *JTACSP* 191/225.

**Art. 715. O agente ou distribuidor tem direito à indenização se o proponente, sem justa causa, cessar o atendimento das propostas ou reduzi-lo tanto que se torna antieconômica a continuação do contrato.**

Legislação correlata: arts. 32, § 7º, e 36, Lei n. 4.886, de 09.12.1965.

Já se ocupava a Lei n. 4.886/65 – reiterada a ressalva que no comentário ao art. 710 se efetuou acerca de seu confronto com a agência regrada pelo CC/2002 – de elenco de causas de resolução do contrato de representação por fato imputável ao representado, consistente no descumprimento de obrigações contratuais que lhe eram afetas, o que se encontrava no art. 36, ou em seus diversos incisos, como se verá não com diferente sentido do quanto, hoje, contém o CC/2002.

Pois entre esses incisos, ou letras, a legislação especial discriminava hipóteses da chamada dispensa indireta do representante, ou enfim de causas culposas de resolução de sua contratação pela inviabilização mesmo de sua atividade, mercê de atitude que viesse o representado a adotar. Assim, por exemplo, se estabelecia, na letra *c* do artigo citado, que o representante poderia resolver o ajuste, por culpa do representado, sempre que este elevasse, abusivamente, os preços de seus produtos ou mercadorias de modo a impedir a ação regular daquele, em sua zona de atuação. Sem contar que na letra *a* do mesmo preceito se previa igual causa de resolução quando o representado reduzisse a esfera de atividade do representante. Sobrevinda a Lei n. 8.420/92, que deu nova redação a preceitos da lei dos representantes, explicitou-se a vedação de quaisquer alterações que implicassem, direta ou indiretamente, diminuição da média dos resultados auferidos pelo representante nos últimos seis meses de vigência do ajuste.

Veja-se todavia que, a rigor, o espírito a animar a disposição do art. 715 do CC não é diferente. Em primeiro lugar porque é, afinal, obrigação do preponente atender às propostas agenciadas, nos termos das instruções recebidas, pelo agente. Ou seja, haverá real inadimplemento contratual, direto até, se o preponente se der a recusar, sem causa justificável, a entabulação dos negócios promovidos, no seu interesse, pelo agente. Depois, identicamente terá o preponente obrado de forma indevida se, de novo sem justificativa plausível, reduzir o atendimento das propostas encaminhadas pelo agente de modo a retirar, do ajuste de agência, todo seu interesse econômico.

É o que também se dá, de resto, e tal como mencionado no comentário ao artigo anterior, se o preponente passa, de maneira habitual, a realizar negócios diretamente, sem a interferência do agente, em sua zona de atuação, admitido por hipótese que não impeça, já *de per si*, a exclusividade que hoje é presumida (ver comentário ao art. 711 e GOMES, Orlando. *Contratos*, 9. ed. Rio de Janeiro, Forense, 1983, p. 415), ou mesmo quando ela tenha sido excluída. No fundo, trata-se de conduta dissonante do padrão de eticidade e solidarismo que deve permear as relações contratuais e que é imposto pelo princípio da boa-fé objetiva. Verdadeira hipótese de abuso, nos termos do art. 187 do CC/2002 e da tese objetiva a propósito lá insculpida. Em outras palavras, uma atuação do preponente que frustra a confiança do outro contratante, inviabilizando o proveito econômico razoavelmente esperado pelo agente com o serviço contratado, induzindo assim, posto que de forma indireta, uma dispensa injustificada ou uma violação do dever de boa-fé contratual, a justificar a resolução com perdas e danos.

**Jurisprudência:** Já considerando a frustração da confiança da parte, levada a efetivar altos investimentos, para depois ver resilido o contrato, mesmo que firmado por prazo indeterminado, assim desde há muito tomando-se a exigência de lealdade nas relações, por isso que se estabelecendo indenização, ver: *JB* 141/136. Assentando ausente indenização pela ausência de comprovada culpa por parte do preponente pela rescisão do contrato de distribuição: STJ, REsp n. 1.317.528/PR, 3ª T., rel. Min. Marco Aurélio Bellizze, j. 13.09.2016.

**Art. 716. A remuneração será devida ao agente também quando o negócio deixar de ser realizado por fato imputável ao proponente.**

Já sob a vigência da Lei n. 4.886/65 se entendia ora que a comissão fosse devida ao representante sempre que o negócio por ele agenciado não se consumasse por culpa que não fosse a si imputável (ver, por todos: MARTINS, Fran. *Contratos e obrigações comerciais*, 7. ed. Rio de Janeiro, Forense, 1984, p. 325), ora que a remuneração não fosse devida sempre que o negócio não se realizasse sem culpa do representado (cf. GOMES, Orlando. *Contratos*, 9. ed. Rio de Janeiro, Forense, 1984, p. 416).

O CC/2002 superou essa dicotomia e assentou que a comissão será sempre devida quando o negócio agenciado não se consumar por fato que seja imputável ou atribuível ao preponente e não escusável. Portanto, não basta que o negócio não se ultime sem culpa do agente. É preciso que isso ocorra por fato atribuível ao preponente. Mais: insta que o fato ao preponente imputável não tenha justa causa. Ou seja, tem-se uma atividade proveitosa realizada pelo agente, que promove negócio somente não firmado por injustificável circunstância relativa à pessoa do preponente, que lhe seja imputável, como quer a lei. É, de resto, o mesmo espírito do preceito anterior.

Imagine-se, por exemplo, o preponente que, sem justa causa, se recusa a fornecer a mercadoria cuja alienação foi agenciada pelo agente. É a mesma conduta culposa que, repetida e reiterada, encontra previsão no artigo antecedente, encerrando mesmo causa de resolução do ajuste, com perdas e danos. Aqui, por qualquer causa a si imputável, e injustificável, impedindo o preponente a ultimação de negócio proveitosamente agenciado pelo agente, a comissão deste deverá ser, de toda forma, paga por inteiro.

**Jurisprudência:** TJSP, Ap. Cível n. 1.235.777.005, 26ª Câm., rel. Des. Carlos Alberto Garbi, j. 14.04.2009.

**Art. 717. Ainda que dispensado por justa causa, terá o agente direito a ser remunerado pelos serviços úteis prestados ao proponente, sem embargo de haver este perdas e danos pelos prejuízos sofridos.**

É regra geral dos contratos, contida no art. 475 do CC, a possibilidade de sua resolução por inadimplemento de uma das partes, portanto sempre que esta descumprir seus deveres contratuais, ademais de sua sujeição à composição dos prejuízos daí advindos. É o que o preceito em exame quer significar quando alude à dispensa do agente, por justa causa, com sua consequente responsabilização pelos prejuízos que tiver assim causado ao preponente. Mais: é ainda o que já previa a Lei n. 4.886/65 no seu art. 35, ao facultar a dispensa justificada do representante sempre que desidioso no cumprimento do ajuste, sempre que atuasse de modo a desacreditar o representado no mercado, ou quando, enfim, faltasse aos deveres decorrentes do contrato, da lei e do padrão de retidão que a boa-fé objetiva impõe nas relações contratuais.

Porém, ressalva agora o CC/2002 que, a despeito da justificada dispensa, ou da resolução do contrato por inadimplemento do agente, faz ele jus à percepção da comissão devida em razão dos negócios úteis que tiver antes promovido. Trata-se, a rigor, da mesma previsão que se fez inserir no capítulo da comissão, particularmente no art. 703, a cujo comentário se remete o leitor. E, como lá se disse, a ideia do legislador foi evitar que o preponente, apesar de autorizado a resolver o contrato, por culpa do agente, pudesse se aproveitar dos serviços por este já prestados de forma útil, sem lhe pagar a respectiva remuneração, o que significaria evidente enriquecimento sem causa, condenado pelo sistema. Isso em que pese a indenização a que pode fazer jus o preponente, pelos prejuízos que o inadimplemento lhe causou, cujo importe pode ser passível de compensação com a remuneração com que tenha de arcar, respeitados os requisitos dos arts. 368 e seguintes do CC. Ou o abatimento desta no cálculo da indenização.

**Jurisprudência:** Confirmando o direito do agente ao recebimento pelos serviços úteis prestados, mesmo em caso de dispensa por justa causa, para evitar enriquecimento indevido: TJSP, Ap. Cível n. 7.153.881.100, 21ª Câm., rel. Des. Siqueira De Pretto, j. 19.02.2009.

**Art. 718. Se a dispensa se der sem culpa do agente, terá ele direito à remuneração até então devida, inclusive sobre os negócios pendentes, além das indenizações previstas em lei especial.**

Legislação correlata: art. 27, *j* e § 1º, Lei n. 4.886, de 09.12.1965.

Enquanto o preceito do artigo anterior cuida da dispensa do agente com justa causa, portanto mercê de inadimplemento a si imputável, o dispositivo presente trata de sua dispensa sem justa causa, quer dizer, sem sua culpa. E, na mesma senda, tratará a norma do art. 719 da impossibilidade de o agente prosseguir em sua atividade por motivo de força maior.

De toda sorte, se há resolução do contrato por iniciativa do preponente, sem causa que a justifique, atribuível ao agente, conforme explicitação do art. 35 da Lei n. 4.886/65, a este se garante a percepção, de um lado, das comissões até então devidas e, mais, mesmo daquelas que resultem de negócios não ultimados, mas cujo agenciamento ele já tiver iniciado. São os negócios pendentes, a que se refere o artigo ora em comento. Além disso, fará jus o agente ou distribuidor à indenização que a conduta injustificada do preponente lhe tiver causado, remetendo o CC/2002, nesse passo, à lei especial.

E, com efeito, o art. 27, *j*, e o § 1º, da Lei n. 4.886/65, com redação dada pela Lei n. 8.420/92, previram indenização devida quando houvesse dispensa do representante, fora das hipóteses em que tivesse agido com culpa, corrigida a remissão que continha o dispositivo citado ao preceito do art. 34, e não 35, como agora está, da mesma normatização, emenda que a Lei n. 8.420/92 efetivou. Mais: distinguiram-se, em ambas as hipóteses, casos de dispensa sem justa causa quando o contrato fosse por prazo determinado, então aplicando-se a regra do § 1º do art. 27, e quando fosse por prazo indeterminado, incidindo, de seu turno, a regra da letra *j* do mesmo artigo.

Na primeira hipótese, a do § 1º, a lei especial estatui uma indenização fixada em função da média das comissões recebidas até a resolução, multiplicada pela metade dos meses que ainda faltavam para o contrato findar. Já na segunda hipótese, a mesma lei estabelece indenização não inferior a 1/12 do total das comissões recebidas durante o tempo de exercício da atividade de agenciamento.

Bem de ver que, no caso de contrato por prazo indeterminado, em que a faculdade de denúncia é inerente, a indenização se fará mediante aplicação conjunta do artigo presente com a previsão do art. 720, a seguir comentado, isto é, a indenização só será devida se a denúncia imotivada de ajuste com prazo indeterminado não atender à regra do art. 720.

Observa-se que os patamares indenizatórios da lei especial não excluem a possibilidade de suplementação, provado prejuízo maior, corolário, inclusive, da imposição constitucional de integral reparação dos direitos violados. A rigor, enquanto o § 1º institui critério para fixação do que é verdadeiramente importe de lucros cessantes, portanto sem prejuízo da demonstração de danos emergentes, por exemplo, consistentes nos investimentos feitos para exercício da agência pelo restante do prazo do contrato, a redação da letra *j* do mesmo art. 27 textualmente ressalva cuidar de um patamar mínimo, de uma indenização, quando devida, nunca inferior ao percentual lá estabelecido. Não se pode olvidar, a propósito, do caráter social da indenização que, no caso, se deve em virtude do exercício do que é um trabalho, à semelhança da indenização devida ao empregado, quando despedido sem justa causa. Por isso mesmo, aliás, não se vem admitindo cláusula contratual que exclua a indenização em caso de injustificada despedida do agente. Como acentua Arnoldo Wald, as regras da representação comercial se inspiram nos direitos sociais do trabalhador ("Do regime jurídico do contrato de representação comercial". In: *RT*, outubro de 1993, v. 696, p. 17-27).

**Jurisprudência:** Sobre a abusividade de cláusula liberando o representado de indenizar o representante nos casos de resolução unilateral injustificada, com rica e vasta remissão, ver: *RT* 800/289 e 743/303. Fixando indenização, já à luz da lei especial, para o caso de resolução do contrato por prazo determinado, por iniciativa do representado e sem justa causa: STJ, REsp n. 37.620, 4ª T., rel. Min. Fontes de Alencar, j. 26.05.1997, *DJU* 08.09.1997.

---

**Art. 719. Se o agente não puder continuar o trabalho por motivo de força maior, terá direito à remuneração correspondente aos serviços realizados, cabendo esse direito aos herdeiros no caso de morte.**

---

Legislação correlata: art. 36, *e*, Lei n. 4.886, de 09.12.1965.

O dispositivo versa, na realidade, sobre uma causa justificável de cessação das atividades do agente, portanto inapta a retirar-lhe o direito à percepção das comissões pelos negócios até então promovidos. Com efeito, sempre que seu trabalho se impossibilitar por força maior, ou por caso fortuito, a tanto equivalente em suas consequências (art. 393), o serviço útil até então prestado pelo agente deve ser remunerado, constituindo crédito transmissível aos herdeiros, no caso de sua morte. A rigor, a Lei n. 4.886/65 previa, em seu art. 36, *e*, que a força maior constituísse justo motivo para que o contrato de representação comercial fosse resolvido pelo representante. E, de mais a mais, se, para evitar enriquecimento sem causa, até mesmo nas hipóteses de rescisão por conduta culposa do agente a ele se garante remuneração pelo trabalho útil desempenhado (art. 717), com muito maior razão igual tratamento lhe deveria estar reservado se a interrupção de seus serviços decorrer de fato irresistível, inevitável e de força maior.

---

**Art. 720. Se o contrato for por tempo indeterminado, qualquer das partes poderá resolvê-lo, mediante aviso prévio de noventa dias, desde que transcorrido prazo compatível com a natureza e o vulto do investimento exigido do agente.**

**Parágrafo único. No caso de divergência entre as partes, o juiz decidirá da razoabilidade do prazo e do valor devido.**

---

Legislação correlata: art. 34, Lei n. 4.886, de 09.12.1965.

Em primeiro lugar, vale assentar que o contrato de agência, por natureza de duração, já que induz uma relação não eventual (art. 710), pode se fazer por prazo determinado ou indeterminado. No primeiro caso, ele pode ser prorrogado de forma tácita e, mesmo que de forma expressa, necessariamente por prazo indeterminado, como exige o art. 27, § 2º, da Lei n. 4.886/65, com redação dada pela Lei n. 8.420/92, para proteger o agente de renegociações que lhe possam ocasionar desvantagem (COELHO, Fábio Ulhoa. *Curso de direito comercial*, 3. ed. São Paulo, Saraiva, 2002, p. 108).

Mas, se o contrato já foi firmado por prazo indeterminado, ou se se encontra assim prorrogado, é facultado a qualquer das partes o que tecnicamente se denomina resilir unilateralmente o ajuste, terminologia agora incorporada ao CC/2002 (art. 473). Isso se opera pela denúncia, necessariamente notificada à outra parte, de novo conforme regramento geral da matéria, valendo remissão ao mesmo art. 473 do CC. Ocorre que, dado o caráter social da entabulação que ora se agita, de resto consoante com o comentário já detalhado no artigo anterior, obriga a lei, como já o fazia a lei especial (art. 34 da Lei n. 4.886/65), que a denúncia se faça mediante aviso prévio, com prazo de noventa dias, prevalente sobre o prazo de trinta dias que a lei dos representantes instituía, não só porque é mais benéfico a quem se quer proteger, como ainda porque, aparentemente se tratando da mesma figura contratual, com diversa denominação, no caso de conflito o critério de solução é o cronológico (ver, a propósito, comentário ao art. 710).

Apenas que, de novo como antes já se examinou no mesmo artigo citado, inexistindo conflito, lei especial e CC se complementam. Por isso que, inocorrido o aviso prévio, se paga o equivalente pecuniário estabelecido e quantificado pelo art. 34 da Lei n. 4.886/65, e sem prejuízo da indenização que se faça cabível, na forma do art. 27, *j*, do mesmo diploma, a que remete o art. 718 do CC.

Outra distinção, porém, que efetuou o atual Código em relação à lei especial está no condicionamento a que se exerça, de forma regular, o direito potestativo de resilir o ajuste por prazo indeterminado. Não que igual previsão não contivesse a lei especial. Sucede que, nela, tarifava-se um prazo mínimo para que a resilição unilateral pudesse se consumar. Com efeito, apenas depois de seis meses de vigência da representação é que qualquer das partes poderia dá-la por encerrada, sem causa justificada. Já o CC/2002, consentâneo com a regra geral a respeito disposta no art. 473, parágrafo único, sem quantificar e legando a correspondente aferição ao juiz para o caso de divergência das partes, sujeita o exercício da faculdade de resilir unilateralmente o ajuste de prazo indeterminado, sem justa causa, ao decurso de um tempo que seja compatível com a natureza e o vulto do investimento exigido do agente. Ou seja, trata-se de não frustrar a expectativa de quem confiava em que o ajuste perduraria por tempo bastante a compensar o vulto dos investimentos efetuados para o desempenho da atividade, ademais observando-se a natureza, as características, o tipo de agenciamento, enfim. Típica regra, vale anotar, inspirada pela boa-fé objetiva, tantas vezes referida, e pelo padrão de eticidade e de solidarismo que se impõe na relação contratual (arts. 187 e 422).

**Jurisprudência**: Sobre a simultânea incidência de aviso prévio e de indenização por prejuízos causados, portanto assentando a inexistência de alternatividade entre a regra dos arts. 34 e 27, *j*, da Lei n. 4.886/65, e a inviabilidade de entender que o aviso prévio exclua indenização, quando devida, ver *RTJ* 75/672 e mais: STJ, REsp n. 4.474/SP, 4ª T., rel. Min. Athos Carneiro, j. 04.06.1991, *DJU* 01.07.1991; REsp n. 9.144/MG, 3ª T., rel. Min. Nilson Naves, j. 10.06.1991, *DJU* 01.07.1991; TJSP, Ap. Cível n. 178.759-2, 15ª Câm., rel. Des. Borroul Ribeiro, j. 01.09.1992, *JTJ* 138/78. Assentando a extinção automática pelo decurso do tempo do contrato, sem indenização: STJ, REsp n. 108.753/SP, 3ª T., rel. Min. Waldemar Zveiter, j. 04.12.1997, *DJU* 04.05.1998. Aplicando o dispositivo a contrato de distribuição: TJPR, AI n. 11.215, 5ª Câm., rel. Des. Vidal de Oliveira, j. 10.02.2004. Considerando abusiva mesmo a resilição de contrato verbal de distribuição, nos termos do preceito do art. 720, por violação aos princípios da boa-fé e função social que se afirmou nele contidos: TJRJ, Ap. n. 0013111-09.2004.8.19.0066, 7ª Câm. Cível, rel. Des. Luciano Saboia Rinaldi de Carvalho, *DJe* 12.03.2014, p. 45. Recusando abusividade à não renovação de contrato de distribuição de bebidas por prazo determinado e findo, ademais sem analogia possível com a Lei n. 6.729/79 (Lei Ferrari): STJ, REsp n. 1.494.332/PE, 3ª T., rel. p/ o ac. Min. Ricardo Villas Bôas Cueva, j. 04.08.2016.

**Art. 721. Aplicam-se ao contrato de agência e distribuição, no que couber, as regras concernentes ao mandato e à comissão e as constantes de lei especial.**

O artigo presente, que encerra o capítulo destinado ao regramento dos contratos de agência e de distribuição, em primeiro lugar, ao que se entende, quando a ambos alude indistintamente, reforça a conclusão, já externada no comentário ao art. 710, de que a distribuição não está a consubstanciar nada mais que uma específica agência, apenas tendo o agente a disponibilidade da coisa, compreendida como a posse do produto ou mercadoria cuja negociação se agencia.

De outra parte, o preceito em comento explicita que a agência e a distribuição são contratos daquele gênero que envolve a atuação de alguém no interesse ou à conta de outrem. Segundo se diz, em outros termos, há uma colaboração, um ajuste desse tipo caracterizado por atividade que é própria, mas desempenhada a propósito de interesses alheios, como o são, também, o mandato e a comissão, por isso mesmo referidos no texto do artigo.

Por fim, aludindo à lei especial, o artigo parece identificar na agência a mesma representação comercial de que cuida a Lei n. 4.886/65. Foi a tese que se esposou logo no comentário ao art. 710, de novo a que se remete o leitor. Há que ver, nessa senda, que os comentários aos artigos do capítulo partiram sempre desse pressuposto, repita-se, logo expresso quando se examinou o artigo que o inaugura, e em que se ressalvaram as objeções que a respeito podem ser levantadas, destarte matéria lá enfrentada e cuja reiteração é aqui desnecessária.

**Jurisprudência:** Fixando os pontos de contato e de distinção entre representação comercial, mandato e comissão, ver: *JB* 141/112-3. Vedando, porém, sobre a cláusula *del credere* a analogia com o art. 698 do CC, dada a proibição expressa do art. 43 da Lei n. 4.886/65: STJ REsp n. 1.784.914/SP, 4ª T., rel. Min. Antonio Carlos Ferreira, j. 23.04.2024, *DJe* 30.04.2024.

## CAPÍTULO XIII
## DA CORRETAGEM

**Art. 722. Pelo contrato de corretagem, uma pessoa, não ligada a outra em virtude de mandato, de prestação de serviços ou por qualquer relação de dependência, obriga-se a obter para a segunda um ou mais negócios, conforme as instruções recebidas.**

Antes dispersa em leis especiais, ou mesmo no CCom (arts. 36 e segs.), a corretagem agora, no CC/2002, passa ao *status* de contrato típico e nominado, definido nos seus caracteres essenciais, portanto, não mais objeto de regulamentação que era muito mais da profissão de corretor.

Com efeito, sempre se regrou a corretagem sob a perspectiva de seu exercício por um profissional. Em outras palavras, a legislação, via de regra, tratava da profissão de corretor em suas diferentes modalidades. Assim, conhece-se o corretor oficial, ou seja, que recebe investidura oficial para o desempenho de seu mister, como os corretores de mercadorias, de navios, de valores, de câmbio, de seguros, todos com atividade regulamentada por inúmeras leis especiais (art. 729, infra). Da mesma forma, tem-se o corretor livre, vale dizer, cuja atividade se exerce independentemente de investidura oficial, como é o caso típico, e mais frequente, dos corretores de imóveis, de resto também considerados integrantes de uma profissão objeto de regramento específico (Leis ns. 4.116/62 e 6.530/78).

Pois a partir do CC/2002, sem prejuízo da simultânea aplicação de toda a legislação especial existente, assunto ao qual se tornará no comentário ao art. 729, como ainda sem prejuízo da incidência do CDC, quando o caso, estatui-se uma normatização típica para o contrato assim nominado de corretagem, com regras próprias e gerais.

Nessa esteira, definiu-se a corretagem, genericamente, como o contrato de mediação em que, sem mandato ou relação de dependência, se obriga o corretor a obter, para outrem, um ou mais negócios, conforme as instruções recebidas. Cuida-se de verdadeira intermediação para a celebração de contratos outros, em que o corretor aproxima de seu cliente pessoas interessadas na entabulação de um negócio. É, portanto, fundamentalmente um contrato acessório, como quer a doutrina, mas, na justa observação de Gustavo Tepedino ("Questões controvertidas sobre o contrato de corretagem". In: *Temas de direito civil*. Rio de Janeiro, Renovar, 1999, p. 113-36), muito mais porque sua função econômica se volta ao contrato que o corretor tenciona promover, embora não de modo a que a inconclusão desse negócio necessariamente faça desaparecer a eficácia da corretagem, como se verá no comentário ao art. 725, logo adiante. É também contrato bilateral, porquanto móvel, uma vez firmado, de prestação a ambas as partes; oneroso, presumidamente, como está no art. 724; e aleatório, já que, a despeito dos esforços e das despesas experimentados pelo corretor, nem por isso sua remuneração será devida, conforme não resulte útil a aproximação por ele desenvolvida, também consoante se examinará mais à frente, e malgrado não se impeça ajuste comutativo da comissão a ser paga.

Caracteriza-se, por fim, como contrato consensual, que, destarte, se aperfeiçoa sem a exigência de forma especial, podendo mesmo ser entabulado verbalmente, ou mercê de comportamento concludente, observando-se, na pior das hipóteses, quanto à prova apenas de seu conteúdo, mas não de sua existência, tal qual ressalva Tepedino (op. cit., p. 119), a restrição do art. 401 do CPC/73, mas de resto cuja incidência já se vinha afastando em casos de prestação de serviços (ver jurisprudência infra). Ademais, com a superveniência do novo CPC, nem mesmo se reproduziu a regra do art. 401 do CPC anterior, revogando expressamente análogo preceito do art. 227, *caput*, do CC (cf. art. 1.072, II, do CPC/2015), agora apenas se dispondo que, nos casos em que a lei exigir prova escrita da obrigação – o que não sucede em relação ao contrato em tela –, admissível a prova testemunhal quando houver começo de prova escrita, emanada da parte contra quem se pretenda produzi-la (art. 444). Diferencia-se da comissão porque, nela, o comissário, embora atue igualmente na promoção de negócios no interesse de outrem, o faz em nome próprio, ao passo que o corretor não participa do negócio que promove.

Diferencia-se também da agência pois o agente, apesar de se obrigar a promover negócios à conta e no interesse do preponente, e mesmo sem vínculo de dependência, atua de modo não eventual e em zona determinada, o que não ocorre na corretagem.

**Jurisprudência:** No sentido de que, mesmo firmado verbalmente, a regra do art. 401 do CPC [1973] não impede a cobrança da corretagem, conferir: *JSTJ-Lex* 45/258. No mesmo sentido: STJ, Ag. Reg. no Ag. n. 1.106.104/RO, 4ª T., rel. Min. João Otávio Noronha, j. 10.05.2011. Ver, ainda: TJSP, Ap. Cível n. 250.910-2/0, 17ª Câm., rel. Des. José Cardinale, j. 07.02.1995; e Ap. Cível n. 273.099-2/5, 8ª Câm., rel. Des. Antônio Rodrigues, j.

09.05.1997; II TACSP, Ap. Cível n. 774.080-0/0, 7ª Câm., rel. Juiz Antônio Rigolin, j. 25.02.2003; e Ap. Cível n. 992.060.604.041, 25ª Câm., rel. Des. Antônio Benedito Ribeiro Pinto, j. 12.11.2009. Em sentido contrário: STJ, REsp n. 11.553/MG, 3ª T., rel. Min. Nilson Naves, j. 17.12.1991. Sobre a conceituação da corretagem, ver, ainda: TJRJ, Ap. Cível n. 2006.001.24200, 14ª Câm., rel. Des. Ferdinaldo do Nascimento, j. 14.11.2006; Ap. Cível n. 2006.001.63812, 20ª Câm., rel. Des. Letícia Sardas, j. 05.01.2007.

---

**Art. 723. O corretor é obrigado a executar a mediação com diligência e prudência, e a prestar ao cliente, espontaneamente, todas as informações sobre o andamento do negócio.**

*Caput* com redação dada pela Lei n. 12.236, de 19.05.2010.

**Parágrafo único. Sob pena de responder por perdas e danos, o corretor prestará ao cliente todos os esclarecimentos acerca da segurança ou do risco do negócio, das alterações de valores e de outros fatores que possam influir nos resultados da incumbência.**

Parágrafo acrescentado pela Lei n. 12.236, de 19.05.2010.

---

Além do dever do corretor de agir na conformidade das instruções recebidas do cliente, o que se contém na disposição do artigo precedente, o CC, no artigo em comento, estabelece a obrigação básica que ele tem de, no desempenho da corretagem, portar-se de forma diligente, ou seja, com zelo e cuidado, exatamente como se dá no mandato (art. 667), na comissão (art. 696) e na agência (art. 712), vale dizer, em todas as formas de atuação jurídica no interesse de outrem ou à conta de alguém cuja justa e razoável expectativa no proveito do negócio a ser firmado deve ser preservada pela conduta prudente de quem atue em seu favor.

Como já se disse nos comentários aos dispositivos citados, a conduta do corretor deve não só evitar prejuízo que possa ser causado ao cliente, mas, antes e igualmente, ostentar-se apta a lhe gerar o razoável proveito esperado do negócio agenciado. Mais, e de novo tal qual já se afirmou a propósito da mesma incumbência que tem o agente (art. 712), cabe ao corretor o dever de informar, na verdade, também como antes expendido, um dever anexo ou lateral que o princípio da boa-fé objetiva, na sua função supletiva, impõe nas relações contratuais, como exigência de um padrão de lealdade e solidarismo o qual, mercê de comando até mesmo constitucional (art. 3º, I), obrigatoriamente as permeia (art. 422 do CC).

Nesse sentido, o atual CC foi explícito ao atribuir ao corretor o dever, primeiro, de informar seu cliente sobre o andamento dos negócios que esteja a promover ou a intermediar. Mas não só. Incumbe ainda ao corretor o dever mesmo de esclarecer, de aconselhar seu cliente sobre a segurança e o risco do negócio, portanto incluindo o dever de informar sobre as condições dos interessados em entabulá-lo, o que não significa, da mesma forma que não significa na comissão (art. 698), uma corretagem *del credere*, vale dizer, com presumida cláusula, malgrado admissível, se expressa, de automática responsabilidade do corretor sobre o pagamento do contrato que agenciou, sobre sua execução, mas que implica, decerto, sua obrigação de informar sobre tudo quanto possa influir na realização do contrato. Tanto assim que, acrescente-se, deve o corretor informar sobre alteração de preços dos objetos dos negócios a serem firmados, esclarecendo até sobre o que seja relevante a evitar, por exemplo, negócios inválidos. Tudo sob pena de responder por perdas e danos. Daí a redação deliberadamente aberta quando refere o preceito em comento a obrigação que tem o corretor de informar sobre o mais que possa influir nos resultados da incumbência. Nada diverso, a rigor, do que em doutrina já se sustentava antes mesmo da edição do CC/2002.

Com efeito, já era corrente o entendimento de que, a despeito de não responder pela execução do contrato intermediado, deveria o corretor informar, sempre, sobre qualquer dado ou elemento, no dizer de Orlando Gomes, interessante à realização do negócio, compreendido como influente na apreciação da conveniência da realização do contrato, aí incluídos dados ou elementos atinentes às pessoas dos contratantes, bem assim relativos a qualquer modificação do valor dos bens que serão objeto do mesmo ajuste (*Contratos*, 9. ed. Rio de Janeiro, Forense, 1983, p. 430). Típica revelação, insista-se, do princípio da boa-fé objetiva, de seu turno evidenciação clara da eticidade que ilumina toda a nova legislação.

Tais observações parecem agora se reforçar pela nova redação do dispositivo, dada pela Lei n. 12.236/2010, que reproduziu, no parágrafo, o dever do corretor de esclarecer ao cliente tudo quanto possa influir nos resultados da incumbência, sem mais ressalvar que estes esclarecimentos se haveriam de prestar acerca do que estivesse ao alcance do corretor conhecer. Lembre-se que, no caso, como corolário do padrão objetivo de conduta que a boa-fé objetiva encerra, a avaliação a efetuar diz com o que seria razoável exigir que qualquer corretor diligente, nas circunstâncias concretas, soubesse sobre a segurança, risco, valores ou outros fatores influentes no negócio.

**Jurisprudência:** Sobre as obrigações em geral do corretor: STJ, REsp n. 1.810.652, rel. Min. Nancy Andrighi, j. 04.06.2019. Isentando de responsabilidade o corretor quando tenha havido atraso do comprador na obtenção de financiamento para pagamento do preço, máxime porquanto existente cláusula eximindo o intermediário de qualquer garantia pela consumação do empréstimo: RT 804/270. Mas sujeitando o corretor à devolução da comissão quando houve falha no dever de informar, porque intermediado negócio com obrigações que sabia ou devia saber inviáveis: TJSP, Ap. Cível n. 6.059.324.900, 4ª Câm., rel. Des. Enio Zuliani, j. 01.10.2009. Responsabilizando o corretor de seguros por falha de informação e cálculo do prêmio a menor, isentando o segurado diante da seguradora, de quem aquele se entendeu preposto e representante: TJSP, Ap. Cível n. 1.240.887.000, 28ª Câm., rel. Des. Celso Pimentel, j. 26.05.2009. Responsabilizando o corretor pela falta de informação sobre a situação documental do imóvel: TJSP, Ap. Cível n. 990.10.237507-2, 26ª Câm., rel. Des. Carlos Alberto Garbi, j. 06.07.2010. Ver, ainda, a respeito, art. 775, infra. De igual forma, no âmbito do STJ, assentou-se que "cabe ao corretor de imóveis diligentemente se inteirar e prestar informações usuais e notórias acerca do título de domínio exibido pelo vendedor, da regularidade da cadeia dominial, da existência, ou não, de gravames reais e de ações que envolvam o vendedor e que, em tese, poderiam conduzir à ineficácia, nulidade ou anulabilidade do contrato de compra e venda" (STJ, REsp n. 1.364.574, 4ª T., rel. Min. Luis Felipe Salomão, j. 24.10.2017). Responsabilizando imobiliária e corretor por propaganda enganosa: TJSP, Ap. Cível n. 1002892-93.2017.8.26.0477, 30ª Câm. de Dir. Priv., rel. Des. Marcos Antônio de Oliveira Ramos, j. 04.07.2018. *V.*, ainda, item da jurisprudência nos comentários ao art. 724.

**Art. 724. A remuneração do corretor, se não estiver fixada em lei, nem ajustada entre as partes, será arbitrada segundo a natureza do negócio e os usos locais.**

A remuneração do corretor, via de regra denominada comissão, devida pelos negócios a cuja intermediação procede, é justamente a contrapartida contratual pelo desempenho dessa atividade. Ou seja, é a prestação devida pelo cliente em razão do serviço de aproximação que lhe presta o corretor, e desde que se tenha revelado útil, como se verá no comentário ao artigo seguinte.

Antes, porém, importa realçar o valor que se deve atribuir a tal remuneração, que, desde logo, pode vir previsto em lei, a propósito lembrando, conforme acentuado no comentário ao preceito do art. 722, que a corretagem pode ser oficial. Se não estabelecido o importe da comissão em lei, insta então verificar se a respeito houve ajuste das partes. E tal entabulação normalmente se faz mercê do estabelecimento de um percentual em dinheiro – não obviada a fixação em espécie – do negócio agenciado, embora nada impeça a determinação de um valor fixo a título de remuneração.

Discute-se sobre a possibilidade de ajuste da comissão correspondente a um maior valor que o corretor consiga apurar no negócio agenciado, se confrontado com o que por isso pretendia o cliente – o chamado *over price*. Pois pese embora ressalva por vezes decorrente até de regulamentação da profissão de corretor, como lembra Antônio Carlos Mathias Coltro, remetendo, para o caso de corretagem de imóveis, à previsão do art. 16 da Resolução n. 145/82, do Conselho Federal de Corretores de Imóveis, tem-se entendido viável a corretagem *over price*, desde que previamente ajustada essa forma de remuneração (*Contrato de corretagem imobiliária*. São Paulo, Atlas, 2001, p. 66-7).

Inexistente previsão legal ou ajuste das partes, a comissão deverá ser arbitrada judicialmente, atentando-se à natureza do negócio e aos usos locais, ou seja, aos costumes, de que é exemplo a taxa de 6% para a corretagem de imóveis.

Importa salientar, por fim, que o pagamento da comissão incumbe a quem tenha contratado o corretor, não valendo – o que alhures se pretende particularmente na corretagem imobiliária – socorro ao art. 490 do CC/2002, eis que não se está a tratar de despesas com escritura ou tradição da *res*. E particularmente importa a consideração em relações massivas de oferta de imóveis, nas quais, costumeiramente, a corretora é parceira da incorporadora, mas impondo-se ao adquirente o pagamento da comissão.

Pois, a propósito, considera-se seja preciso, primeiro, insistir em que a corretagem encerra ajuste firmado entre o corretor e seu cliente, nem necessariamente o vendedor ou o comprador, quando se trata de intermediação imobiliária. E quem paga a comissão, a rigor, evidentemente é aquele que contratou o corretor. Mas não há dúvida, nas hipóteses em questão, de que a imobiliária tenha sido contratada pela fornecedora para promover o empreendimento e as vendas das unidades. Portanto, tem-se despesa que é da alienante, não do adquirente. Certo que não se impediria, em regra, o ajuste para que o mesmo pagamento ao comprador se transferisse. Mas não cabe olvidar ter-se, na espécie, relação de consumo, em que nada a respeito se ajusta, senão se impõe ao consumidor. E, pior, como condição a que possa consumar a compra da unidade. Aí, justamente, a *venda casada*. Note-se que à sua configuração não é preciso que o serviço ou produto imposto como condição ao fornecimento seja do mesmo fornecedor, podendo ser de um seu parceiro, como no caso em tela e em outros, tal qual o do seguro habitacional em contrato de financiamento, somente contratável com determinada seguradora, a que faz alusão exemplificativa Claudia Lima Marques (*Contratos no Código de Defesa do Consumidor*. São Paulo, RT, 6. ed., p. 843-4), ou o da entrada no cinema só com produtos comprados de certo comerciante, agora na exemplificação de Bruno Miragem (*Direito do consumidor*. São Paulo, RT, 2008, p. 187). O que importa é a constatação de que "o fornecedor nega-se a fornecer o produto ou o serviço, a não ser que o consumidor concorde em adquirir também um outro produto ou serviço" (Antônio Herman Benjamin. *Código Brasileiro de Defesa do Consumidor comentado pelos autores do anteprojeto*. Rio de Janeiro, Forense, 10. ed., v. I, p. 382). E não se há de negar que, ao menos ao consumidor comum, outro caminho não há para adquirir unidade lançada, como na espécie, senão por meio da imobiliária cujos prepostos o atendem e, na hipótese, no *stand* de vendas.

Mas aí outro dado a realçar. Não há, propriamente, serviço de intermediação prestado, de aproximação útil que caracteriza a atividade do corretor. Antes, há a adesão a uma oferta pública a que o fornecedor procede por meio de sua parceira contratual, portanto a quem entrega esta incumbência. A bem dizer, a imobiliária age, aos olhos do consumidor, como se fosse realmente uma preposta ou representante da fornecedora (art. 34 do CDC). Aliás, tanto assim que, não raro, já recebe o cheque relativo ao sinal.

Dir-se-á que, de todo modo, sempre a fornecedora poderia repassar ao consumidor o custo havido com a imobiliária, inserido no preço da unidade. Mas que então assim se faça, e com todas as devidas consequências daí derivadas. Pense-se, por exemplo, no ônus de, em mercado concorrencial, oferecer unidade a preço maior, o que, inclusive, poderia levar a fornecedora a negociar condições menos onerosas com a imobiliária. Nem se olvide que, por vantagem fiscal que a prática possa representar à vendedora, isenta da entrada do valor da comissão, inserido no preço, como receita sua, não se há de impor ao consumidor contratação obrigatória com a imobiliária e, pior, contra a lei.

Tudo sem contar a eventualidade de o contrato não conter a devida especificação ao comprador dos valores individualizados da comissão, já aí em vulneração, mais não fosse, ao dever de informação.

Daí justificar-se, nesses casos – malgrado anotada a divergência jurisprudencial a respeito do tema, ao que se remete o leitor para o item a seguir, da jurisprudência –, a devolução da verba de corretagem paga pelo consumidor, e pelo que a fornecedora e a corretora respondem solidariamente, atuando em cadeia. Como observa Bruno Miragem, prática como a presente enseja responsabilidade solidária de toda a cadeia de fornecimento (op. cit., p. 188).

Certo, porém, que a matéria vem de ser enfrentada pelo STJ, e no regime dos representativos de controvérsia (Tema n. 938, cf. item, a seguir, da jurisprudência). E isso para assentar as teses, primeiro, de que a incorporadora seja parte passiva legítima para responder pela devolução da comissão; segundo, que o prazo para o exercício dessa pretensão é de três anos (e ainda aqui se tenha mais recentemente afetado o Tema n. 1.099, para rediscussão, inclusive em face de potencial conflito com o Tema n. 601); e, terceiro, de que é válida a cláusula de transferência ao promitente comprador da obrigação de pagar a comissão de corretagem nos contratos de compra e venda de imóvel incorporado, "desde que previamente informado do preço total da aquisição da unidade autônoma, com o destaque do valor da corretagem".

Mas não se furta, mesmo assim, à reiteração do entendimento acima exposto não só de que, de toda sorte, havida venda casada pela imposição da transferência do pagamento ao consumidor, como, ademais, ainda se queira debater a questão do ponto de vista do prejuízo a ele imposto, de que se tem real prática anticoncorrencial, porquanto se evita que, responsabilizando-se pelo pagamento da comissão à imobiliária que contrata, afinal sua parceira, a incorporadora obtenha condições melhores que se refletiriam, ao cabo, em preço final menor do produto oferecido no mercado. Convenha-se, o consumidor, a quem transferido o pagamento da comissão, menor ou nenhuma condição tem de negociar o valor da corretagem e as incorporadoras, com o repasse, não terão o mesmo interesse em fazê-lo.

Por fim, pontuou-se no âmbito do STJ, com base no dever preciso e, frise-se, prévio de informação, aqui atendendo-se ao reclamo comum de que apenas no fechamento do negócio e assinatura do contrato o consumidor toma ciência do repasse da corretagem, que o esclarecimento detalhado e destacado da transferência da responsabilidade pelo pagamento da comissão e de seu valor se deve dar antes do momento da consumação do ajuste. Conforme se acentuou no julgamento, "a solução da controvérsia situa-se na fase pré-negocial, englobando as tratativas, a oferta e a aceitação, com ênfase no dever de informação acerca da transferência do dever de pagar a comissão de corretagem ao adquirente antes da celebração do contrato de compra e venda". Porém, mesmo assim não se considerou que a informação prestada no instante da celebração do contrato fosse incompatível com a exigência de que prévia (*v.* adiante, no item da jurisprudência).

Cabe ainda a ressalva de que a cobrança da comissão, uma vez devida, não pode ficar condicionada à comprovação de registro profissional, a par de consequências outras que daí podem advir, de índole administrativa, mas que não inibem o recebimento, afinal, por serviço efetivamente prestado, de resto como se pode mesmo inferir da consideração de verdadeira inconstitucionalidade, pela Suprema Corte, já do que previa o art. 7º da então vigente Lei n. 4.116/62, que regulava a profissão de corretor de imóveis, antes da edição da Lei n. 6.530/78.

**Jurisprudência:** Pela sua vasta remissão doutrinária e jurisprudencial, acerca da desnecessidade de registro profissional para cobrança da corretagem, ver: II TACSP, Ap. Cível n. 605.716-0/6, 12ª Câm., rel. Juiz Romeu Ricupero, j. 24.05.2001. A esse respeito, antiga a orientação do STF, dando mesmo pela inconstitucionalidade do condicionamento do registro profissional para exigência da comissão: *RTJ* 58/279. No âmbito do STJ, impondo o pagamento de comissão pela corretagem imobiliária, mesmo ausente registro no CRECI: REsp n. 185.823/MG, 4ª T., rel. Min. Luís Felipe Salomão, j. 14.10.2008. Impondo o pagamento da comissão ao comprador, quando por ele contratada a mediação: *RT* 814/252. Sobre o percentual remuneratório do corretor de imóveis: TJRJ, Ap. Cível n. 2005.001.39274, 13ª Câm., rel. Des. Nametala Machado Jorge, j. 30.11.2005. E, fixando em 4% essa comissão: TJSP, Ap. Cível n. 1.203.124.004, 29ª Câm., rel. Reinaldo Caldas, j. 03.06.2009.

Sobre a questão da corretagem em ofertas públicas de venda de imóveis, em que a corretora e a incorporadora atuam em cadeia, repassando ao consumidor o pagamento da comissão, e mesmo para um escorço da jurisprudência em ambos os sentidos erigida, malgrado ali defendendo-se que abusiva a prática, ver, de minha relatoria: TJSP, 1ª Câm. de Dir. Priv., Ap. Cível n. 0032068-93.2012.8.26.0224, j. 03.12.2013. E no regime dos representativos de controvérsia (Tema Repetitivo n. 938), fixando as teses acima comentadas sobre o repasse da comissão ao consumidor, sua validade desde que havida prévia informação, ademais de assentada a legitimidade da incorporadora para a demanda de restituição e o prazo trienal para exercício da pretensão (aqui, como se disse nos comentários, com rediscussão mercê do Tema n. 1.099 e por potencial conflito com o Tema n. 601), ver, do STJ: REsp n. 1.599.511/SP, 1.551.956/SP e 1.551.951, rel. Min. Paulo de Tarso Sanseverino, j. 24.08.2016. Depois, admitindo que a informação se preste no mesmo momento da subscrição do compromisso: STJ, REsp n. 1.747.307, 3ª T., rel. Min. Paulo de Tarso Sanseverino, j. 28.08.2018 Anote-se, ainda, que na Corte Superior está pendente de revisão o entendimento consubstanciado no item i do Tema 938, assim sobre a tese de que trienal a prescrição para restituição dos valores pagos a título de comissão de corretagem (QO no REsp n. 1.918.648/DF). Inversamente, sobre a questão da corresponsabilidade da intermediária que atua em cadeia pela indenização e restituição de parcelas do preço pagas, no caso de resolução do compromisso de venda e compra, ver: TJSP, Ap. Cível n. 1108128-06.2014.8.26.0100, 1ª Câm., rel. Des. Francisco Loureiro, j. 25.04.2017; Ap. Cível n. 1001304-61.2015.8.26.0270, rel. Des. Enéas Costa Garcia, j. 10.06.2020; Ap. Cível n. 1006984-17.2020.8.26.0152, rel. Des. Alcides Leopoldo, 4ª Câm. de Dir. Priv., j. 28.07.2021; Ap. Cível n. 1091287-23.2020.8.26.0100, rel. Des. Ramon Mateo Júnior, 15ª Câm. de Dir, Priv., j. 05.07.2021; Ap. Cível n. 1095446-14.2017.8.26.0100, rel. Des. Alvaro Passos, 2ª Câm. de Dir. Priv., j. 23.02.2021; Ap. Cível n. 1023309-27.2018.8.26.0576, rel. Des. Neto Barbosa Ferreira, 29ª Câm. de Dir. Priv., j. 14.12.2020. Mas, da Corte Superior, limitando a responsabilidade da intermediadora, exigindo para tanto demonstração de falha própria dos seus serviços: STJ, Ag. Int. no REsp n. 1.779.271/SP, rel. Min. Luis Felipe Salomão, 4ª T., j. 01.06.2021. Na mesma senda: STJ, REsp n. 1.723.812/SP, rel. Marco Aurélio Bellizze, j. 27.03.2018; ainda, da Corte Superior: "Não sendo imputada falha alguma na prestação do serviço de corretagem e nem se cogitando do envolvimento da intermediadora na cadeia de fornecimento do produto, vale dizer, nas atividades de incorporação e construção do imóvel ou mesmo se tratar a corretora de empresa do mesmo grupo econômico das responsáveis pela obra, hipótese em que se poderia cogitar de confusão patrimonial, não é possível seu enquadramento como integrante da cadeia de fornecimento a justificar sua condenação, de forma solidária, pelos danos causados ao autor adquirente" (Ag. Int. nos Emb. Decl. no REsp n. 1.946.579/DF, 4ª T., rel. Min. Maria Isabel Gallotti, j. 17.10.2022, *DJe* 20.10.2022).

**Art. 725. A remuneração é devida ao corretor uma vez que tenha conseguido o resultado previsto no contrato de mediação, ou ainda que este não se efetive em virtude de arrependimento das partes.**

O artigo presente, de relevante conteúdo, enfrenta controvérsia que há muito se estabelece acerca do pressuposto para que o corretor faça jus ao recebimento de sua comissão. Em diversos termos, cuida-

-se de aferir mediante quais circunstâncias e condições o trabalho do corretor deverá ser remunerado, em especial se de alguma forma se frustra o negócio por ele intermediado.

Pois a propósito sempre grassou grande divergência sobre se a obrigação que assume o corretor é de meio ou de resultado, portanto se a comissão depende ou não do êxito do negócio final. E, malgrado se tenha firmado tendência em admitir que seja de resultado a obrigação contraída na corretagem, sendo mesmo costume subordinar a percepção da remuneração do corretor ao que se convencionou chamar de *aproximação útil* a que tenha ele procedido, a dificuldade esteve e está em identificar quando a aproximação, conteúdo de sua prestação, revela-se útil e proveitosa.

Decerto que quando o negócio principal, por mediação do corretor, tiver sido consumado, normal e definitivamente, a aproximação haverá alcançado resultado útil. Ocorre, e aí a discussão, que, para muitos, apenas nesse caso o resultado da corretagem terá se produzido de maneira eficiente. Ou seja, a comissão somente será devida se o negócio principal se tiver formalizado, portanto, quando traduzido o consenso obtido com o trabalho útil do corretor pelo aperfeiçoamento regular e, conforme o caso, formal do negócio por ele intermediado.

Já para uma posição mais liberal, o resultado útil da corretagem está na contribuição do corretor à obtenção de um consenso das partes por ele aproximadas, porém levado mesmo que não a um documento suficiente para aperfeiçoamento do negócio intermediado, suficiente à respectiva exigência. Assim, por exemplo, na corretagem imobiliária, ter-se-á evidenciado o proveito da aproximação sempre que as partes tiverem firmado, se não a escritura de venda e compra, uma promessa ou, simplesmente, um recibo de sinal ou equivalente.

Por fim, de maneira ainda mais liberal, defende-se que a aproximação será útil logo que, mesmo sem a concretização de algum documento, posto que se cuidando de negócio agenciado que o exija, dela resulte o consenso das partes aproximadas pelo corretor, cujo trabalho, a rigor, é remover ou eliminar óbices a que as pessoas cheguem àquele comum acordo (TEPEDINO, Gustavo. "Questões controvertidas sobre o contrato de corretagem". *Temas de direito civil.* Rio de Janeiro, Renovar, 1999, p. 113-36).

É certo porém que, qualquer que seja o instante em que a aproximação se tenha revelado útil, consoante a tese esposada, não se furtando a explicitar adesão à última dentre aquelas expostas, expressou o novo CC que o arrependimento de qualquer das partes, por motivos que lhe sejam alheios, não retira do corretor o direito à percepção da comissão. E, defendendo-se que o resultado se terá atingido pela prova, mas por qualquer meio, do consenso a que chegaram as partes aproximadas pelo corretor, mesmo a ulterior desistência – destarte não arrependimento em sentido técnico, pressupondo negócio formalizado – de qualquer delas não obviará a remuneração do trabalho por ele desempenhado.

Veja-se que é diversa a situação da desistência antes ainda de o consenso, por qualquer forma, se ter externado, portanto interrompendo-se meras tratativas, quando então nada será devido ao corretor, aí residindo a álea inerente ao seu trabalho.

Mas, mesmo adotada a segunda das teses expostas, havida a concretização do consenso em documento que, para os negócios formais, seja apto à coativa exigência do documento definitivo, substancial, como sucede na corretagem de compra e venda imobiliária, ainda assim, recusado o documento essencial, nenhuma será a influência dessa recusa no direito à remuneração do corretor. Isso, é bom dizer, sempre que o arrependimento, no dizer da lei, se der por causa estranha à atividade do corretor. Pense-se, por exemplo, na subscrição de um documento provisório ou preliminar e na recusa em firmar o pacto definitivo pela descoberta de uma informação desfavorável ao negócio, acerca de seu preço ou da pessoa do outro contratante, não oportunamente noticiada pelo corretor, como o impõe o art. 723, a cujo comentário se remete o leitor. Sem dúvida que então nenhuma comissão será paga, cuidando-se mesmo de defeituoso cumprimento contratual do mediador, causa da frustração da consumação definitiva do negócio principal e, assim, excludente do dever de pagamento da comissão.

**Jurisprudência:** Com larga remissão a outros arestos, de soluções diversas conforme cada qual das teses que se vem de expor acerca do que seja aproximação útil, muito embora adotando, para deslinde, a segunda delas, vale conferir: *JSTJ-Lex* 139/154. Sobre o ônus de aprovar o proveito da aproximação: TJRJ, Ap. Cível n. 2007.001.36351, 20ª Câm., rel. Des. Conceição Mousnier, j. 31.07.2007. Assentando que o arrependimento de uma das partes não compromete a comissão do corretor: TJRJ, Ap. Cível n. 2007.001.23395, 14ª Câm., rel. Des. Ismênio Pereira de Castro, j. 27.06.2007. Porém, não assim quando a desistência do negócio se dá em razão da posterior ciência de fato – no caso ações judiciais – que não foi informado pelo corretor: STJ, REsp n. 1.810.652, rel. Min. Nancy Andrighi, j. 04.06.2019. Defendendo que a comissão somente seja devida quando aperfeiçoado o negócio a que se volta: STJ, Ag. Reg. no AI n. 719.434, 4ª T., rel. Min. Luis Felipe Salomão, *DJ* 20.04.2009. Igualmente exigindo o "aperfeiçoamento do negócio imobiliário": STJ, Ag. Int. no AREsp n. 2.490.025/SC, 3ª T., rel. Min. Nancy Andrighi, j. 15.04.2024, *DJe* 17.04.2024. Entendendo devida comissão por corretagem imobiliária quando se chega a elaborar o compromisso de venda e compra, com pagamento de sinal: TJSP, Ap. Cível n. 944.269.000, 35ª Câm., rel. Des. Manoel Justino, j. 02.03.2009. No mesmo sentido, quando firmado contrato de cessão de direitos, mesmo depois desfeito: STJ, REsp n. 1.228.180/RS, 4ª T., rel. Min. Raul Araújo, j. 17.03.2011. Mais recentemente, laborando detalhado escorço dos precedentes da Corte, e procurando dar um sentido comum para a sua jurisprudência, aresto do STJ definiu ser devida a comissão imobiliária se há desistência, note-se, imotivada ou não ligada à atividade e deveres do corretor, em firmar a alienação; ao revés, não deverá ser paga a comissão se a desistência tem causa que não é estranha ao dever de atuação diligente do corretor, antes amparando-se em justo motivo que a tanto se liga (STJ, REsp n. 1.364.574, 4ª T., rel. Min. Luis Felipe Salomão, j. 24.10.2017). Ainda sobre a questão da desistência: STJ, Ag. Int. no REsp n. 1.864.660, 4ª T., rel. Min. Luis Felipe Salomão, j. 21.02.2022. Reforçando o entendimento de que o resultado útil da aproximação se alcança quando havido consenso entre as partes, tão somente, mas admitindo consensual condicionamento ao próprio registro do respectivo instrumento: STJ, REsp n. 2.000.978/SP, 3ª T., rel. Min. Nancy Andrighi, j. 21.03.2023, *DJe* 23.03.2023. Do mesmo contentando-se com o consenso das partes sobre as condições do negócio: REsp n. 1.765.004/SP, 3ª T., rel. p/ ac. Min. Paulo de Tarso Sanseverino, j. 27.11.2018, *DJe* 05.12.2018; Ag. Int. no AREsp n. 2.431.725/RS, 4ª T., rel. Min. Antonio Carlos Ferreira, j. 22.04.2024, *DJe* 26.04.2024.

**Art. 726. Iniciado e concluído o negócio diretamente entre as partes, nenhuma remuneração será devida ao corretor; mas se, por escrito, for ajustada a corretagem com exclusividade, terá o corretor direito à remuneração integral, ainda que realizado o negócio sem a sua mediação, salvo se comprovada sua inércia ou ociosidade.**

O dispositivo presente, depois de assentar a regra básica de que o corretor não fará jus à comissão se o negócio principal acabar firmado diretamente pelo cliente, portanto sem a sua contribuição, sem seu trabalho de aproximação, define a questão relevante da exclusividade na corretagem. Ou seja, desde que haja o ajuste por escrito, pode o corretor receber uma autorização do cliente para agenciar o negócio principal com exclusividade.

Isso se faz, via de regra, por meio ou com associação da figura da opção, promessa que faz alguém, no caso o cliente, de dar preferência ao corretor para a alienação ou aquisição, para o negócio principal, enfim, assim obrigando-se o promitente a manifestar consentimento perante quem o mediador tenha indicado, se interessado na celebração, sempre nos termos das instruções constantes do instrumento da opção (ver, por todos: PEREIRA, Caio Mário da Silva. *Instituições de direito civil*, 10. ed. Rio de Janeiro, Forense, 1999, p. 121; TEPEDINO, Gustavo. "Questões controvertidas sobre o contrato de corretagem". In: *Temas de direito civil*. Rio de Janeiro, Renovar, 1999, p. 126-7; COLTRO, Antônio Carlos Mathias. *Contrato de corretagem imobiliária*. São Paulo, Atlas, 2001, p. 78-9 e 171).

É certo, porém, sob pena de a desnaturar, conforme unânime entendimento da doutrina, e o que o dispositivo em comento deveria ter mencionado, que a exclusividade ajustada deverá sê-lo por prazo determinado, dado que a opção por ela induzida não pode vincular indefinidamente o promitente.

Todavia, autorizada a negociação com exclusividade, o corretor fará jus à sua comissão, *in totum*, mesmo que o negócio afinal se consume sem a sua intervenção, desde que no prazo que lhe foi concedido para tanto. Ou, posto que tenha sido realizado o negócio depois do mesmo prazo, ainda haverá direito do corretor à percepção da comissão, veja-se, já aí quando a consumação se tenha dado como fruto do seu trabalho, princípio idêntico ao que anima a regra do artigo seguinte. Por outra, como observa Tepedino (op. cit., p. 134), na verdade o prazo é para que se dê a aproximação por intermédio, exclusivamente, daquele corretor, ainda que depois dele se concretize o negócio, mas, frise-se, como resultado útil daquela mesma aproximação.

Apenas ressalva a lei que nenhuma comissão será devida se, embora no período de vigência da exclusividade, o negócio se consuma sem a mediação do corretor, mas por causa de sua inércia ou ociosidade. Vale dizer, incumbirá ao cliente demonstrar que firmou o negócio principal sem a intermediação do corretor porque ele se mostrou desidioso, desinteressado no desempenho de seu mister, questão essencialmente fática e dependente de prova.

**Jurisprudência:** Assentando indevida comissão se firmado o negócio diretamente entre as partes: TJRJ, Ap. Cível n. 2007.001.11800, 1ª Câm., rel. Des. Valeria Maron, j. 04.09.2007.

Vetusto aresto do TJSP, sempre citado a respeito da exclusividade, conforme lembrado por Antônio Carlos

Mathias Coltro (op. cit., p. 78), está publicado *in RT* 138/186 e, portanto, desde há muito, assenta a opção como o veículo mercê do qual se concede ao corretor a intermediação exclusiva do negócio principal, por tempo dentro do qual se o negócio se consuma sem sua intervenção ainda assim será devida a comissão. Ainda sobre a necessidade de ajuste escrito da exclusividade: STJ, REsp n. 555.929/RS, 3ª T., rel. Min. Menezes Direito, j. 14.06.2004, *DJU* 23.08.2004.

**Art. 727. Se, por não haver prazo determinado, o dono do negócio dispensar o corretor, e o negócio se realizar posteriormente, como fruto da sua mediação, a corretagem lhe será devida; igual solução se adotará se o negócio se realizar após a decorrência do prazo contratual, mas por efeito dos trabalhos do corretor.**

O CC/2002, no artigo em comento, reconhece que se o cliente, o dono do negócio, dispensa os serviços do corretor, não havendo prazo para a corretagem, ou se, havendo, depois dele conclui diretamente o negócio principal, mas como fruto do trabalho do mesmo mediador, então a comissão de toda sorte a este será devida. São, destarte, duas hipóteses com o mesmo efeito. Numa, o contrato de corretagem não tem prazo. Noutra, ele tem, mas o prazo já está expirado.

Pois, se o negócio acaba se concretizando depois da dispensa, no primeiro caso, ou depois da expiração do prazo, no segundo, de qualquer maneira a comissão será devida ao corretor se essa concretização se dá ainda como resultado útil da aproximação que ele encetou antes da dispensa ou da cessação do prazo do ajuste. É, afinal, o reconhecimento de que o trabalho de aproximação resultou útil, pelo que é devida a respectiva remuneração. Importará, no caso concreto, aferir se o negócio depois consumado efetivamente decorreu da intermediação do corretor. Para tanto, haverá de ser perquirido se se firmou o negócio principal com quem foi apresentado ou indicado pelo corretor e, mais, nas mesmas condições ou em condições muito próximas daquelas que vinham sendo tratadas pelo corretor.

Em diversos termos, cuidar-se-á de aferir se se consumou enfim o mesmo negócio que vinha sendo agenciado ou outro substancialmente diferente, quando então não terá aplicação o preceito vertente. Veja-se nesse sentido que, já não mais vigorando a entabulação de corretagem, se o cliente firma negócio, posto que com o mesmo interessado que lhe foi apresentado pelo corretor, mas mediante preço muito diferente, ou ainda pago em condições sensivelmente diversas, no tocante a prazo ou parcelamento, ter-se-á, a rigor, negócio outro, sem se erigir, então, direito à comissão. Porém, se não há nenhuma importante diferença entre o negócio agenciado e, depois, aquele consumado, por vezes deliberadamente alterado, em mínima medida, somente para se excluir a comissão, aí sim ela será devida.

**Jurisprudência:** A tese hoje positivada no artigo presente já vinha da jurisprudência, valendo conferir, com remissão a outros arestos, inclusive dos Tribunais Superiores: II TACSP, Ap. Cível n. 567.421-0/4, 2ª Câm., rel. Juiz Felipe Ferreira, j. 27.03.2000. Sobre a diferença do preço oferecido e depois praticado na venda: TJRJ, Ap. Cível n. 2007.001.11719, 17ª Câm., rel. Des. Camilo Ruliere, j. 13.06.2007. Assentando devida a comissão se, depois de cessada a corretagem, o negócio se entabula como resultado do trabalho do corretor: STJ, Ag. Int. no REsp n. 1.504.306, 3ª T, rel. Min. Paulo de Tarso Sanseverino, j. 16.03.2017; TJSP, Ap. Cível n. 0008393-33.2009.8.26.0604, 29ª Câm. de Dir. Priv., rel. Des. Hamid Bdine, *DJe* 14.04.2014, p. 1.408; TJRJ, Ap. Cível n. 2005.001.39274, 13ª Câm., rel. Des. Nametala Machado Jorge, j. 30.11.2005. Sobre o negócio firmado, depois do prazo da corretagem, como resultado de aproximação do corretor: TJSP, Ap. Cível n. 990.10.160324-1, 32ª Câm., rel. Des. Rocha de Souza, j. 22.07.2010.

**Art. 728. Se o negócio se concluir com a intermediação de mais de um corretor, a remuneração será paga a todos em partes iguais, salvo ajuste em contrário.**

Sem distinguir se em momentos simultâneos ou distintos, cuida o CC, no artigo presente, do desempenho da atividade de corretagem por mais de um corretor, dispondo que a ambos será devida a comissão se de seu trabalho decorre resultado útil, tal como tratado no art. 725, a cujo comentário se remete o leitor. Ou seja, se o negócio principal se consuma como fruto do trabalho concorrente de mais de um corretor, então por consequência a ambos se deve a contrapartida pela aproximação útil a que procederam, pouco importando se o proveito da atividade de corretagem se deu como resultado de um trabalho simultâneo ou sucessivo. Tem-se verdadeira concausa da produção de resultado útil, que faz devida a comissão a mais de um corretor e, como diz a lei, mediante sua divisão em partes iguais, salvo se solução diversa tiver sido ajustada.

**Jurisprudência:** Assentando, em virtude do artigo presente, a ausência de solidariedade dos corretores em relação ao crédito da comissão: TJSP, Ap. Cível n. 800.822-0/6, 27ª Câm., rel. Des. Carlos dos Santos, j. 16.01.2007.

**Art. 729. Os preceitos sobre corretagem constantes deste Código não excluem a aplicação de outras normas da legislação especial.**

Tal como procedeu em relação à agência e à distribuição (art. 721), o CC/2002, ao tratar da corretagem, não excluiu a incidência da legislação especial também sobre ela existente. E, como se disse no comentário ao art. 722, que inaugura o capítulo, inúmeras são as leis especiais que disciplinaram, porém, muito mais a profissão do corretor, nas suas diversas modalidades, e menos o contrato de corretagem, o que o CC tencionou fazer.

De toda sorte, não custa lembrar que o corretor pode ser oficial, portanto, que desempenha sua atividade mercê de investidura oficial, como é o caso do corretor de fundos públicos, de mercadorias, de navios, de câmbio, de seguros e de valores, mas, veja-se, sempre com regramento especial que lhes é aplicável (Leis ns. 2.146/53 e 5.601/70, para os de fundos públicos; Leis ns. 806/1851 e 8.934/94, para os de mercadorias; Decretos ns. 19.009/29 e 54.956/64, para os de navios; Leis ns. 5.601/70 e 9.069/95, para os de câmbio; Lei n. 4.594/64 para os de seguros; Lei n. 4.728/65, para os de valores). Como também os corretores livres, aqueles que exercem sua atividade independentemente de investidura, de igual forma podem encontrar disciplina legal para tanto, tal qual sucede, por exemplo, com os corretores de imóveis (Lei n. 6.530/78).

Pois ressalva o CC que toda essa legislação continua aplicável, mas, como observa Jones Figueirêdo Alves, e ao que se acede, de forma complementar (*Novo Código Civil comentado*. Ricardo Fiuza (coord.). São Paulo, Saraiva, 2002, p. 659). Vale dizer, naquilo que disser respeito ao contrato em si de corretagem, e não à profissão do corretor, deve-se reputar prevalente o CC/2002, que tencionou unificar esse regramento, dispondo sobre regras, malgrado não cogentes, mas atinentes a todo e qualquer contrato de corretagem. E ao que se deve acrescentar também a previsão das normas, subjetivamente especiais, do CDC, desde que o serviço do corretor se pode prestar a destinatário final, portanto, atraindo sua incidência.

Portanto, a rigor haverá multiplicidade de fontes normativas quanto a esses ajustes, mas com pertinência própria. E a do CC diz com o conteúdo, com as regras do contrato em si de corretagem, que devem prevalecer como forma de atender à intenção de unificação do regramento contratual. Lembre-se, a propósito, que a interpretação deve chegar a um resultado que mantenha a unidade e a coerência do sistema, não se entendendo que a multiplicidade de fontes possa levar a contratos de corretagem, conforme sua modalidade, que tenham normas de conteúdo diferente, dispersas e esparsas. Mais, quando quis, o CC remeteu ou permitiu a remissão à legislação especial mesmo que acerca de normas sobre o conteúdo do contrato típico de corretagem, como sucedeu em relação à remuneração (art. 724), o que mais reforça a conclusão de sua aplicação primária no concernente ao ajuste em si.

**Jurisprudência:** Aplicando o CDC ao contrato de corretagem: STJ, REsp n. 1.364.574, 4ª T., rel. Min. Luis Felipe Salomão, j. 24.10.2017.

## CAPÍTULO XIV
## DO TRANSPORTE

### *Seção I*
### *Disposições Gerais*

**Art. 730. Pelo contrato de transporte alguém se obriga, mediante retribuição, a transportar, de um lugar para outro, pessoas ou coisas.**

Antes disperso em inúmeras leis especiais, muito mais ocupadas em definir a responsabilidade do transportador, como no caso da chamada Lei das Estradas de Ferro (Decreto n. 2.681/1912), ou do Código Brasileiro do Ar (Decretos ns. 483/38, 32/66 e 234/67), e subsequente Código Brasileiro de Aeronáutica (Lei n. 7.565/86), o contrato de transporte ganhou agora tratamento típico e autônomo no CC/2002, assim superando, inclusive, a discussão sobre sua natureza jurídica, se de locação de serviços ou de depósito, especialmente quando coisas sejam transportadas.

Trata-se hoje de ajuste com caracterização e regramento próprios, definido pela lei como aquele em que alguém se obriga, mediante uma retribuição, a transportar pessoas ou coisas de um lugar a outro. Envolve, destarte, uma obrigação de resultado, afeta ao transportador, de levar passageiros ou mercadorias incólumes a seu destino.

É, pois, contrato *bilateral sinalagmático*, que cria obrigações interdependentes, causa uma da outra, a ambas as partes, de *forma livre* e *de duração*, porquanto não executável de maneira instantânea, *consensual*, não se considerando, pese a existência de opinião em contrário, necessário o embarque do passageiro ou entrega da mercadoria, já atos de execução, para seu aperfeiçoamento, e, frise-se, necessariamente *oneroso*, o que afasta o deslocamento propiciado por mera cortesia da incidência de suas regras, como se verá em particular no comentário ao art. 736.

Na ordenação das normas sobre o contrato de transporte, depois de estabelecer regras genéricas, o CC separou o transporte de pessoas do transporte de coisas, destinando àquele a seção segunda e a este a seção terceira do capítulo. Afora essa divisão, cujo critério atende ao objeto do ajuste, pode-se também classificá-lo conforme o meio que se emprega para sua execução, evidenciando-se o transporte terrestre – de seu turno rodoviário ou ferroviário –, o transporte aéreo e o transporte aquático – marítimo ou fluvial. A distinção não é supérflua se considerada, como já se referiu, a existência de legislação especial sobre cada qual dessas formas de transporte, inclusive no CCom, e em parte não revogada expressamente, matéria que se enfrentará no comentário ao art. 732.

---

**Art. 731. O transporte exercido em virtude de autorização, permissão ou concessão, rege-se pelas normas regulamentares e pelo que for estabelecido naqueles atos, sem prejuízo do disposto neste Código.**

---

O atual Código, por estabelecer normas de direito privado, cuida, fundamentalmente, fixando-lhe as regras contratuais, do chamado serviço privado de transporte. Apenas ressalva, todavia, no artigo em comento, que, quando o transporte for objeto de serviço público, será regido primariamente pelas normas correspondentes e regulamentares de direito público. Noutros termos, tem-se que, inclusive em decorrência de comando constitucional, em alguns casos a exploração de serviços de transporte é cometida necessariamente ao Poder Público, que disso pode se desincumbir de forma direta ou mediante delegação de sua execução ao particular, por meio de concessão, permissão ou autorização, como sucede no transporte coletivo remunerado (arts. 21, XII, *c*, *d* e *e*, e 30, V, da CF/88).

Nesses casos, a ordenação do transporte deve atender, antes de tudo, aos parâmetros obrigatórios de prestação de serviço público, e que se contêm, primeiramente, na própria CF (arts. 37, *caput* e § 6º, e 175). Depois, as regras incidentes são aquelas regulamentares e constantes dos próprios atos de delegação. Tão somente de forma complementar e subsidiária, aplica-se o regramento do CC sobre o contrato de transporte, como se viu voltado, essencialmente, ao serviço privado de deslocamento de pessoas ou coisas.

Ainda do ponto de vista regulamentar, vem de ser alterada a Lei n. 12.587, que fixa a Política Nacional de Mobilidade Urbana, pela Lei n. 13.640/2018, a qual teve por finalidade regulamentar o serviço de transporte remunerado privado individual e, assim, a sua realização por meio de aplicativos. Fixou-se incumbência regulatória dos municípios, com atenção a diretrizes básicas – além da tributação –, como a contratação de seguro de acidentes pessoais a passageiros, inscrição dos motoristas no INSS, DPVAT, tipo de carteira de habilitação, podendo em cada localidade ser definidas questões como a idade dos veículos. No campo civil, importa a questão da natureza da atividade dos aplicativos. E aqui, mais que meros intermediários entre o usuário e o motorista, as empresas que operam o aplicativo se integram à cadeia de fornecimento. Desempenham papel ativo no cadastramento dos motoristas e de seus veículos, os quais prestam os serviços dentro dos parâmetros fixados pela empresa, com isso gerando legítima expectativa dos consumidores a respeito de sua qualidade (segurança e adequação). Nesse sentido, como se pode ver no item a seguir, da jurisprudência, são também teoricamente responsáveis por danos ao passageiro. Tampouco, tratando-se de relação de consumo, parece prevalecer cláusula de isenção de responsabilidade inserida em termos de uso do aplicativo, conforme a regra do art. 25 do CDC.

**Jurisprudência:** Corrobora a necessidade de concessão ou permissão do Poder Público para exploração da atividade de transporte coletivo remunerado, no caso municipal, sob pena mesmo de apreensão dos veículos operados sem atendimento a essa exigência: *RT* 812/310 e 798/363. Sobre a prerrogativa de o Poder Público regulamentar o chamado transporte alternativo: *RT* 807/351. Afastando, porém, a aplicação de legislação municipal ao serviço de transporte do Uber, por se considerar de natureza privada: TJSP, AC n. 1007320-44.2018.8.26.0361, rel. Des. Sidney Romano dos Reis, j. 11.04.2019. Exigindo prévia autorização da ANTT para o serviço de transporte interestadual, portanto que não seja de fretamento em chamado "circuito fechado": STJ, REsp n. 2.093.778/PR, 2ª T., rel. Min. Mauro Campbell Marques, j. 18.06.2024, *DJe* 02.07.2024.

Admitindo a possibilidade de responsabilização do aplicativo (Uber) por danos ao passageiro: Transporte. Uber. Ação de indenização por danos morais e materiais. Legitimidade passiva. Transporte particular de passageiros. Empresa que inseriu o aplicativo no mercado que integra a cadeia de fornecimento do serviço prestado pelo motorista, mediante remuneração. Relação de consumo caracterizada. Integrantes da cadeia de fornecimento que respondem solidariamente por prejuízos causados ao consumidor. Inteligência dos arts. 2º, 3º, 7º e 14, todos do CDC. Pertinência subjetiva passiva. Ilegitimidade afastada. Sentença anulada. Recurso provido. (TJSP, Ap. Cível n. 1023935-25.2017.8.26.0562,

38ª Câm. de Dir. Priv., rel. Des. Fernando Sastre Redondo, j. 17.10.2018)

Mas negando pleito indenizatório do motorista em face da empresa que opera o aplicativo, em virtude de assalto praticado por quem se fez passar por cliente: TJSP, Ap. Cível n. 1000057-65.2017.8.26.0564, 33ª Câm. de Dir. Priv., j. 19.03.2018. Responsabilizando o aplicativo pelo descredenciamento do motorista em virtude de ausência de notificação prévia, oportunidade de defesa sobre reclamações dos clientes e de melhora da média de avaliação: AC n. 1010435-56.2018.8.26.0011, rel. Des. Alberto Gosson, 22ª Câm. de Dir. Priv., j. 18.09.2019.

Anote-se ainda o enunciado do Tema n. 967 fixado pela Suprema Corte (RE n. 1.054.110), em sua primeira tese estabelecendo que "a proibição ou restrição da atividade de transporte privado individual por motorista cadastrado em aplicativo é inconstitucional, por violação aos princípios da livre-iniciativa e da livre-concorrência".

---

**Art. 732. Aos contratos de transporte, em geral, são aplicáveis, quando couber, desde que não contrariem as disposições deste Código, os preceitos constantes da legislação especial e de tratados e convenções internacionais.**

---

A tipificação e o tratamento autônomo que o novo CC reservou ao contrato de transporte, pretendendo fixar-lhe um regramento genérico, suscita questão – a mesma também surgida em outras passagens, como no contrato de agência e distribuição, a cujos comentários se remete – atinente à coexistência de legislação especial anterior que igualmente se destinava a estabelecer regras relativas à espécie contratual vertente.

Assim, em primeiro lugar, o próprio CCom dedicava na sua parte primeira, de forma atípica e esparsa, porque tratando, a rigor, dos condutores de gêneros e comissários de transportes, alguns dispositivos ao contrato de transporte (arts. 99 a 118). Bem de ver, porém, que essa primeira parte do CCom foi revogada expressamente pelo CC/2002 (art. 2.045). Mas, ainda na sua segunda parte, ocupando-se do comércio marítimo, a legislação comercial referiu o transporte por esse meio realizado, e mesmo o transporte de pessoas (arts. 566 e segs. e 629 a 632).

A propósito, se não diretamente incidente a regra do art. 2.045, citado anteriormente, o art. 732 cuidou de determinar a primazia do regramento do CC sobre o conteúdo de outra norma referente ao contrato de transporte, por ter verdadeiramente intentado erigir um ordenamento único e geral que lhe fosse aplicável de forma primária.

Da mesma maneira se deve entender com relação à legislação especial editada acerca de outras espécies de transporte, o que sobreleva em especial acerca de regras incompatíveis com o CC/2002, dispostas no Código Brasileiro de Aeronáutica e mesmo acerca do transporte aéreo internacional, na Convenção de Varsóvia, foco de frequente discussão. Assim, exemplificativamente, quanto ao problema da limitação da indenização prevista no art. 22 da Convenção citada, de 1929, promulgada pelo Decreto n. 20.704/31, com redação do Protocolo de Haia, de 1955, de seu turno com promulgação pelo Decreto n. 56.463/65. Ou, na mesma esteira, concernente ao transporte aéreo nacional, a limitação relativa a danos pessoais ou causados por atraso, constantes do art. 257 do Código Brasileiro de Aeronáutica (Lei n. 7.565/86), ou, para danos à bagagem, a previsão do art. 260 da mesma normatização.

Na verdade, mesmo antes do CC/2002, já se vinha defendendo, inclusive mercê do reconhecimento da incidência, aos casos de transportes, do CDC, que a prévia fixação de limites indenizatórios, sobretudo, embora não exclusivamente, em casos de danos pessoais, materiais ou morais, não se justificava à luz do ressarcimento integral que o sistema quer reservar ao indivíduo e, ainda, pela atual ausência de qualquer justificativa acerca da necessidade de, com a limitação, proteger e estimular atividade aérea que se possa considerar ainda incipiente.

Como também, ao que se crê, desautorizada a conclusão de que uma limitação de responsabilidade teria a contrapartida na redução dos custos, causa insuficiente a uma falta de completa garantia de indenidade do passageiro. A todo esse propósito, vale conferir estudo extenso e completo de Claudia Lima Marques, no qual descreve a evolução da responsabilidade do transportador aéreo, inclusive com o exame de todas as nuances das teses diversas esposadas sobre o assunto (*Contratos no Código de Defesa do Consumidor*, 4. ed. São Paulo, RT, 2002, p. 812-29).

Tudo sem olvidar a observação, que se reputa fundamental, no sentido de que a reparação integral de quaisquer prejuízos sofridos pela pessoa, cuja inviolabilidade constitui princípio fundamental, decorre mesmo de imperativo constitucional, fato é que a superveniência do CC/2002 traz dado novo quando estabelece a primazia de seu regramento sobre qualquer lei especial, máxime quando conflitante com seus termos.

Ao contrário de autorizar qualquer limitação, fora das hipóteses dos arts. 734, parágrafo único, e 750, portanto antes de prestigiar nesse ponto o tratado internacional – recebido como lei ordinária, a não ser quando atinente a direito fundamental – ou o

Código de Aeronáutica, o CC, nos arts. 733 e 734, parece ter pretendido, na esteira do comando constitucional do art. 5º, V e X, estabelecer a completa reparação dos prejuízos provocados pelo fato do transporte aos passageiros e ou à sua bagagem.

A solução é idêntica quando se cuida da responsabilidade por atraso de voo, em extensão mínima fixada previamente em lei especial – como a de quatro horas, prevista nos arts. 230 e 231 do Código de Aeronáutica – já que, afinal, o CC sujeitou o transportador à observância de horário e itinerário, salvo força maior (art. 737). Neste passo, lei especial, em interpretação harmônica, só poderia ser aceita, ao fixar tempo mínimo para que o atraso seja indenizável, como contemplativa de uma indenização sem excludentes, independente da causa que a determinou. Nesse caso, caberia, inclusive, a tarifação, ou, sendo preferida, a chamada multa tarifada, porém sem excluir postulação em importe maior, com a contingência da demonstração de dano e da discussão de eximentes. Tal o elastério, por exemplo, que se deve reservar ao preceito do art. 15 da Lei n. 11.442/2007 e art. 17, § 2º, da Lei n. 9.611/98, que tratam, respectivamente, do transporte rodoviário de cargas em território nacional e do transporte multimodal (v. art. 756) e que, no caso de atraso na entrega das mercadorias, estabelecem limite indenizatório equivalente ao valor do frete, porém, igualmente, sem se excluir a possibilidade de o lesado se desincumbir do ônus de comprovação de prejuízo efetivo maior.

Verdade, porém, que esta discussão ou, em particular, a que se estabelece em casos de responsabilidade civil no transporte aéreo internacional, portanto, envolvendo a pretensa incidência de convenções e tratados internacionais, acaso com previsão dissonante do quanto levado ao texto de norma interna, parece ganhar novos contornos em razão de deliberação recente da Suprema Corte, com repercussão geral (*v.* item a seguir, da jurisprudência). Isso porque, julgando caso de indenização material pelo extravio de bagagem e confrontando a incidência da Convenção de Varsóvia (art. 22), que limita o montante dos danos materiais, com o CDC, ordenado, entre outros, pelo princípio da reparação integral, o Plenário do STF, por maioria, considerou, forte no preceito do art. 178 da CF e de sua especialidade, mesmo ao ser cotejado com o dispositivo do art. 5º, XXXII, prevalecer sobre a normatização consumerista a limitação – posto que ressalvando sua pertinência apenas aos danos materiais, não aos morais ou a danos advindos do transporte aéreo nacional (cf. item à frente, da jurisprudência) – da Convenção, com redação dada em Montreal, pela Convenção para Unificação de Certas Regras ao Transporte Aéreo Internacional, de 28.05.1999, aprovada no Brasil pelo Decreto Legislativo n. 59, de 19.04.2006, e promulgada pelo Decreto n. 5.910, de 27.09.2006.

Pois, em tese, estas mesmas considerações se podem trazer ao exame do dispositivo em comento e a seu confronto com norma de tratado e convenção. Com efeito, vem-se logo antes de mencionar a ausência de limitação indenizatória contida no CC, fora das hipóteses dos arts. 734, parágrafo único, e 750. Ainda mais, o dispositivo do art. 732 impõe sua primazia, como se está a examinar, inclusive em relação a tratados e convenções internacionais, quando haja conflito. Mas, neste cenário, será então igualmente de se cogitar da tese fixada pela Suprema Corte, de sobrevalência da Convenção de Varsóvia, ao menos quanto à indenização material, diante da estatuição, pelo CC, de nenhuma restrição indenizatória, fora dos artigos citados, e tudo a partir da mesma consideração da previsão do art. 178 da CF/88.

Todavia, acede-se aqui à ponderação contida no voto vencido declarado pelo Min. Celso de Mello, de que os preceitos do art. 5º da Carta (na ocasião se referia o inciso XXXII) e, de modo geral, a plena indenidade da pessoa, encerram escolha valorativa fundamental e pétrea, que assegura os direitos essenciais do indivíduo, por conseguinte isentos de restrição injustificada, desautorizada por norma de igual conteúdo, assim mesmo que por dispositivo constitucional, mas contido no capítulo da ordem econômica e editado a pretexto de ordenar, de forma genérica, o campo da atividade de transporte. Não se há de supor que, quando o preceito do art. 178 impõe ao legislador ordinário observar, para os casos de transporte aéreo, as convenções e tratados internacionais, esteja a admitir quebra de princípio básico da plena reparação da vítima, o que, ao contrário, o CC, no artigo presente, tencionou reafirmar, tal qual, neste ponto, já o fizera o CDC.

Por fim, também é possível a concorrência normativa, agora, do próprio CDC com o CC/2002 em matéria de transportes. É certo que, ao determinar que o contrato de transporte seja necessariamente oneroso, o CC acabou abordando inúmeras relações de transporte que se ostentam de consumo. Não que isso seja obrigatório, bastando pensar em transporte de carga contratado por empresa que não se possa considerar destinatária final, fática ou econômica, conforme a posição que se adote sobre a definição da figura do consumidor.

A verdade é que, no mais das vezes, o transporte, agora regrado genericamente pelo CC, estará ao mesmo tempo sujeito às normas da Lei n. 8.078/90, subjetivamente especial, eis que protetiva do consumidor, de resto como o impôs a própria CF (art. 5º,

XXXII). Ocorre que, confrontados o CC e o CDC, não raro haverá divergência de tratamento sobre questões concernentes ao transporte, o que impõe a verificação sobre qual norma aplicar. Por exemplo, o art. 740 prevê arrependimento do contratante, ausente no CDC; o art. 739 estabelece causas de recusa do passageiro diversas das causas previstas no mesmo Código, quando versada a questão da recusa de contratar; as excludentes de responsabilidade não são as mesmas em ambas as legislações, como se verá adiante (art. 734).

Em todos esses casos, segundo se entende, a interpretação deve sujeitar-se ao influxo da força unificadora da Constituição. Ou seja, se é comum, hoje, a multiplicidade de fontes normativas, inclusive legais e infraconstitucionais, evidentemente que entre elas há de se estabelecer um vínculo sistemático, de sorte a evitar que cada uma se coloque como um átomo isolado e incoerente com as demais normas do ordenamento. Esse papel de elo entre as diversas legislações, sobretudo quando tratam do mesmo assunto, quem o desempenha é a CF, que, sempre que envolvida uma relação de consumo, antes de mais nada determina, como se viu, a tutela do consumidor, porquanto ocupante de posição intrinsecamente vulnerável na relação.

Além disso, como se verá nos comentários aos artigos seguintes, não raro, maior proteção ao consumidor concentra-se no CC, quando confrontado com o CDC. É o que se dá, por exemplo, com a previsão do art. 740.

Por fim, vale anotar ainda que a interpretação das regras do contrato de transporte, quando confrontados os dois Códigos referidos, deve atentar a toda nova principiologia contratual, de resto que não é diversa nas duas legislações quando se cuida de garantir e mesmo fomentar a função social do contrato, a boa-fé objetiva e o equilíbrio contratual (ver comentários aos arts. 421 e segs.), princípios mediante os quais se asseguram elementos axiológicos básicos, dispostos na CF, como o são a dignidade humana, o solidarismo e a justiça nas relações entre as pessoas (arts. 1º, III, e 3º, I).

**Jurisprudência:** Enunciado n. 369, CEJ: Diante do preceito constante no art. 732 do CC, teleologicamente e em uma visão constitucional de unidade do sistema, quando o contrato de transporte constituir uma relação de consumo, aplicam-se as normas do CDC que forem mais benéficas a este.

Anteriormente à vigência do novo CC, dando pela prevalência do CDC sobre a Convenção de Varsóvia nos casos de responsabilidade do transportador aéreo internacional: *RSTJ* 153/223 e 152/400. Acerca de sua prevalência sobre o Código Brasileiro de Aeronáutica: *RSTJ* 158/310, *RT* 790/219. Ao deliberar aplicável a tarifação indenizatória da Convenção de Varsóvia apenas quando não determinável o valor do dano experimentado pelo extravio de bagagem: *RT* 799/257. Interpretando de modo restritivo as hipóteses de indenização da lei especial: TJSP, Ap. Cível n. 7.052.735-8, 15ª Câm., rel. Des. Souza José, j. 28.03.2006.

Acerca do conflito entre tratados e convenções internacionais sobre o transporte aéreo de passageiros, especialmente as Convenções de Varsóvia e Montreal, frente ao CDC, e estabelecendo a prevalência daquelas, conferir, da Suprema Corte, com repercussão geral (Tema n. 210): STF, RE n. 636.331, Pleno, rel. Min. Gilmar Mendes, j. 25.05.2017. E, deste modo, superando precedente de órgão fracionário que, antes, havia decidido de maneira diversa: STF, Ag. Reg. em AI n. 198.380-9/RJ, 2ª T., rel. Min. Marco Aurélio, *DJ* 12.06.1998. Aplicando a Convenção de Montreal também para o transporte de cargas, no julgamento afastada a incidência do CDC e mesmo do CC, nesse caso em virtude do princípio da especialidade: STJ, REsp n. 1.341.364, 4ª T., rel. Min. Luis Felipe Salomão, j. 19.04.2018. Determinando que indenização por atraso de voo internacional seja apreciada à luz da Convenção de Varsóvia, não do CDC: STF, Emb. Decl. do RE n. 351.750, rel. Min. Luís Roberto Barroso, j. 14.04.2018. Porém, afastando da incidência do Tema n. 210 os casos de dano moral no transporte internacional ou qualquer hipótese de danos no transporte aéreo nacional: TJSP, AC n. 1011578-70.2019.8.26.0003, 21ª Câm. de Dir. Priv., rel. Des. Virgílio de Oliveira Junior, j. 18.10.2019. Por isso, arbitrando indenização por dano moral em caso de *overbooking* em voo internacional, e sem os limites tarifados da Convenção de Varsóvia: TJSP, AC n. 1001227-41.2019.8.26.0002, rel. Des. Alberto Gosson, 22ª Câm. de Dir. Priv., j. 01.09.2017. No mesmo sentido, fixando indenização por atraso em voo internacional: TJSP, AC n. 1056123-05.2017.8.26.0002, rel. Des. Hélio Faria, 18ª Câm. de Dir. Priv., j. 15.10.2019. No transporte aéreo nacional, mesmo depois do Tema n. 210, aplicando o CDC para extravio de bagagem: TJSP, AC n. 1004675-56.2014.8.26.0597, rel. Des. Marcos Marrone, 23ª Câm. de Dir. Priv., j. 15.10.2019.

**Art. 733. Nos contratos de transporte cumulativo, cada transportador se obriga a cumprir o contrato relativamente ao respectivo percurso, respondendo pelos danos nele causados a pessoas e coisas.**

**§ 1º O dano, resultante do atraso ou da interrupção da viagem, será determinado em razão da totalidade do percurso.**

**§ 2º Se houver substituição de algum dos transportadores no decorrer do percurso, a responsabilidade solidária estender-se-á ao substituto.**

O transporte cumulativo é aquele desempenhado por mais de um transportador, cada qual responsável por um trecho do percurso a ser cumprido. Ou seja, cada um dos transportadores efetua o transporte incumbindo-se de cumprir uma fase do trajeto total. Importa, todavia, que haja unidade contratual, portanto sem que se contrate, individual, separada e independentemente, cada trecho da viagem, quando então se fala em transporte sucessivo (ver a respeito: THEODORO JR., Humberto. "Do transporte de pessoas no novo Código Civil". In: *RT*, v. 807, janeiro de 2003, p. 11-26). Importa é que haja, no dizer de Pontes de Miranda, *unicidade* de contrato e *pluralidade* de transportadores, todos vinculados ao deslocamento prometido, não necessariamente subscrevendo contrato, já que o ajuste é informal (*Tratado de direito privado*, 3. ed. São Paulo, RT, 1984, t. XLV, § 4.857, n. 2, p. 27-9).

Ter-se-á, portanto, uma unidade do vínculo obrigacional, prometendo-se prestação de deslocamento da saída ao destino, mas incumbindo-se de trechos separados e sucessivos cada qual dos transportadores. No mesmo sentido, o CC italiano, de que é haurida a regra em comento, dispondo sobre o transporte cumulativo de cargas, caracteriza-o como sendo aquele assumido por vários transportadores que se sucedem no deslocamento, mas com um único contrato (art. 1.700).

O artigo em comento, inserido entre as disposições gerais do capítulo, refere-se tanto ao transporte de pessoas, como ao de coisas, que são inclusive textualmente mencionados ao final do *caput*. Prevê-se que, tratando-se de transportadores cumulativos, cada qual responda pelos danos causados no trecho do percurso a si afeto. Já segundo o § 1º, o atraso atribuível a cada um só se aferirá ao final do trajeto, pois o retardo é pelo percurso todo, da saída ao destino, isso porquanto pode haver atraso numa fase que se compense pelo adiantamento em outra, enfim cumprindo-se o tempo devido.

Alguns problemas acerca da interpretação do preceito, porém, colocam-se e, mais, fomentam-se ao serem analisadas as regras do § 2º e do dispositivo do art. 756, atinente ao transporte cumulativo especificamente de cargas (com a ressalva, nos respectivos comentários, sobre a concorrência normativa da Lei n. 9.611/98). Em primeiro lugar, a leitura do artigo induz possível conclusão de que, no transporte cumulativo, a responsabilidade dos transportadores por atraso ou danos a passageiros ou coisas, como o *caput* dispõe, é individual pelo evento que se tenha dado no ou em função do trecho de que foi incumbido. Quanto aos danos provenientes de atraso, sem diversa atribuição de responsabilidade, apenas será preciso esperar e verificar se ele acaba se revelando ao final, no todo do percurso, aí então identificando-se em qual fase sucedido, para se definir o transportador individualmente responsável. Tal conclusão ganha força quando se nota a rejeição da emenda proposta pelo Deputado Bonifácio Neto, a qual, na tramitação do projeto de CC, procurava alterar a redação do artigo para explicitar uma responsabilidade solidária dos transportadores cumulativos.

Não é só. No CC italiano, que tem direta influência na codificação brasileira acerca dessa matéria, como observa Renan Lotufo (para quem a solução é mesmo a da responsabilidade individual, conferindo-se em "O contrato de transporte de pessoas no novo CC". In: *Revista de Direito do Consumidor*. São Paulo, RT, 2002, v. 43, p. 205-14), há igual previsão, no art. 1.682, de que no transporte cumulativo exclusivamente de pessoas cada transportador responda no limite de seu percurso, malgrado sem aludir à reparação do dano daí advindo. Porém, já para o dano às coisas, o CC italiano previu no art. 1.700, tal como se fez no art. 756 do CC brasileiro na acentuação de Pontes de Miranda, uma responsabilidade solidária dos transportadores pela própria dificuldade de se identificar, no transporte de mercadorias danificadas, em que fase do trajeto se deu o evento (op. cit., p. 31).

Mas, mesmo muito antes da vigência do CC/2002, criticando o sistema italiano, Pontes de Miranda já apontava para a inconveniência e falta de suficiente justificativa à diferenciação da responsabilidade entre transporte cumulativo de pessoas e de coisas, sustentando que, malgrado então ausente qualquer previsão legislativa de solidariedade, ambos transportadores, ainda que vinculados a executar o transporte só em um trecho do trajeto, respondiam pelo adimplemento da dívida de todo o percurso, porquanto prometido resultado final indivisível, inseparável dos resultados parciais (idem, ibidem). Porém, agora sobrevindo o CC/2002, para Humberto Theodoro Jr. – inclusive com superação do argumento de que, convertida em perdas e danos a obrigação indivisível, por culpa de um dos coobrigados, somente a ele afeta a totalidade da dívida (art. 263, § 2º) –, estabeleceu-se na legislação uma responsabilidade solidária para o transporte de pessoas, mercê da incidência da regra do art. 733, em comento, que antes inexistia (op. cit., p. 19-20). Para o mesmo autor, essa solidariedade infere-se da redação do § 2º do dispositivo presente, que, se determinou a extensão da responsabilidade solidária a quem venha a substituir um dos transportadores durante o percurso, presumiu então já haver antes uma solidariedade.

Mas, ainda que não se entenda assim, há aqui uma concorrência normativa com o CDC, na forma dos comentários ao artigo anterior, que parece relevante à compreensão de uma regra de solidariedade entre os transportadores. É que, em primeiro lugar, evidenciada uma relação consumerista, impõe-se a responsabilidade solidária de todos quantos tenham integrado a cadeia prestadora de serviço. Ou seja, havendo vários fornecedores organizados para atender o consumidor, de todos é o dever legal de qualidade, de segurança e adequação dos serviços prestados (ver a respeito, analisando a regra do art. 20 do CDC: MARQUES, Claudia Lima; BENJAMIN, Antônio Herman V.; MIRAGEM, Bruno. *Comentários ao Código de Defesa do Consumidor*. São Paulo, RT, 2003, p. 310). Portanto, nesse ponto, não se diferenciam o transporte de passageiros e o de coisas, em interpretação haurida do CDC, que, por beneficiar e proteger o consumidor de forma mais efetiva, deve prevalecer sobre a orientação diferente consubstanciada no art. 733 do CC (ver comentário ao artigo anterior). E posto não se trate de relação de consumo, há contratos que, mesmo individuais, são interligados por um nexo funcional, voltados à prossecução de um objetivo comum, que é uma operação econômica única e global, de transporte no caso, na qual se revela rede contratual que, mercê da incidência do princípio da função social do contrato (art. 421), em seu conteúdo *ultra partes*, ostentando-se sua eficácia social, também haverá solidariedade perante o beneficiário do serviço (GODOY, Claudio Luiz Bueno de. *Função social do contrato*, 2. ed. São Paulo, Saraiva, 2007).

**Jurisprudência:** Responsabilizando as transportadoras, de modo solidário, ao menos quando haja falha de ambas: TJRJ, Ap. Cível n. 2007.001.23169, 11ª Câm., rel. Des. Cláudio Tavares, j. 29.08.2007. Ainda a respeito: TJSP, Ap. n. 0081569-37.2011.8.26.0002/São Paulo, 38ª Câm. de Dir. Priv., rel. Eduardo Siqueira, *DJe* 08.03.2013, p. 1.259.

Ainda que firmados contratos distintos de transporte aéreo, já se decidiu que "o primeiro transportador se responsabiliza por todo o percurso, ainda que trechos subsequentes estivessem a cargo de outra companhia". (*RT* 793/250). Afastando a aplicação do § 1º do dispositivo para fixar indenização em caso de acidente e lesão do passageiro, ademais em transporte não cumulativo: TJSP, Ap. Cível n. 0010421-70.2010.8.26.0011, 11ª Câm. Ext. de Dir. Priv., rel. Des. Leonel Costa, *DJe* 23.06.2014, p. 1.602; Ap. Cível n. 0005411-68.2010.8.26.0068, 16ª Câm. de Dir. Priv., rel. Des. Jovino de Sylos, *DJe* 14.01.2014, p. 1.052.

## *Seção II*
## *Do Transporte de Pessoas*

**Art. 734. O transportador responde pelos danos causados às pessoas transportadas e suas bagagens, salvo motivo de força maior, sendo nula qualquer cláusula excludente da responsabilidade.**

**Parágrafo único. É lícito ao transportador exigir a declaração do valor da bagagem a fim de fixar o limite da indenização.**

Mesmo antes e a despeito da edição do CC/2002, sempre se admitiu que, ínsita ao contrato de transporte, havia, como de fato há, uma cláusula de incolumidade, porquanto ao transportador afeta uma obrigação de resultado, a de levar o passageiro e suas bagagens ao destino, a salvo e incólumes. Ademais, induvidoso tratar-se de uma atividade perigosa, induzindo, assim, caso típico de risco criado.

Pois exatamente nessa esteira instituiu-se, de forma genérica, como se deu o CC a regrar o transporte, uma responsabilidade indenizatória para o transportador, do embarque ao desembarque – os quais, aliás, a Lei n. 7.565/86 (Código Brasileiro de Aeronáutica) por exemplo, explicita serem parte da execução do contrato de transporte (art. 233) –, independente de culpa e só elidível por força maior, como está na lei e na esteira do que, para a responsabilidade civil em geral, se estabeleceu, quanto às atividades que ensejam risco especial, no art. 927, parágrafo único.

Era mesmo uma tendência, evidenciada desde a previsão do art. 17 do Decreto n. 2.681/12, que cuidava da responsabilidade das estradas de ferro, com culpa presumida. Assim, igualmente, comportou-se a jurisprudência, inclusive interpretando a regra do decreto citado como atinente a uma responsabilidade objetiva, mais que de culpa presumida, e estendendo-a a outras espécies de transporte.

Bem se verá, aliás, que o CC/2002, ao dispor sobre a responsabilidade no contrato de transporte, da mesma maneira com que regrou a responsabilidade civil, no capítulo próprio (ver comentários aos arts. 927 e segs.), incorporou a seu texto muito do que já haviam consolidado os tribunais. Pois, assentado que a responsabilidade do transportador, uma vez inalcançado o resultado pelo qual se obrigou, prescinde da verificação de sua culpa, bastando a demonstração do nexo de causalidade entre o prejuízo sofrido e a atividade de transporte, ressalvou a lei – ademais da regra do art. 741, acerca da conclusão de viagem interrompida mesmo que pelo *casus* – que essa responsabilidade apenas se exclui se provada força maior, tal como, para as obrigações em geral, se previu no art. 393 do CC. E lá se a definiu, sem distinção para o caso fortuito, o qual, portanto, se deve entender também excludente da responsabilidade do transportador, como fato necessário, cujos efeitos não era possível evitar ou impedir.

Insta não olvidar, porém, que o transporte envolve forçosamente uma atividade que cria especial risco (v. art. 927, parágrafo único) e a que, destarte, inerentes alguns eventos de força maior ou caso fortuito. Ou seja, é preciso diferenciar o que se passou a denominar fortuito interno do fortuito externo, conforme o acontecimento se apresente, ou não, ligado à organização inerente à atividade do transportador – vale dizer, ostente-se estranho, ou não, ao transporte. Por isso mesmo, vem-se considerando que eventos como o defeito mecânico ou o mal súbito do condutor não eximam o transportador da responsabilidade pelos danos causados no transporte (fortuitos internos). Ao revés, prejuízos ocasionados ao passageiro ou à bagagem por obra de enchente, terremotos, raios são, aí sim, fortuitos externos e, destarte, causa excludente, por efetivamente romperem o nexo de causalidade do dano com a atividade de transporte. O assalto, como regra, sempre se considerou um fortuito externo, o que se vem, todavia, revendo em casos com ocorrências repetidas, praticadas reiteradamente nas mesmas circunstâncias, sem medidas preventivas que razoavelmente se poderia esperar fossem tomadas.

Mais, até, como já tive oportunidade de sustentar, procurando fixar um conteúdo para a cláusula geral do art. 927, parágrafo único, e dissociado da ideia de defeito de segurança (periculosidade anormal, adquirida), no exercício da atividade que cria risco especial, assim compreendida a responsabilidade independente de culpa, ademais a que atinente a uma causalidade a merecer releitura, porquanto não só mais física, porém, antes, jurídica, reduz-se o espaço reservado para a entrevisão da estraneidade de eventos fortuitos, inclusive como, ocasionalmente, o assalto em relação ao transporte. Com efeito, se o transportador responde pelo risco especial que sua atividade induz, então deixa de importar, na mesma extensão, a discussão sobre medidas preventivas que pudesse razoavelmente tomar para impedir ocorrências como roubos, tiroteios ou outras semelhantes. Tal debate importaria à luz da necessidade de se verificar se sucedido defeito de segurança. Mas não é o que se admite dar substrato à responsabilidade pelo risco da atividade, inclusive levada, agora, à disposição geral do art. 927, parágrafo único, bastando aferir se a atividade desempenhada, de que decorrente o prejuízo havido, induz risco diferenciado aos direitos, bens e interesses alheios, ou seja, se o evento lesivo se favorece pelo exercício da atividade, dado o risco especial que ela enseja (ver comentário ao artigo e, ainda: GODOY, Claudio Luiz Bueno de. *Responsabilidade civil pelo risco da atividade*. 2. ed., São Paulo, Saraiva, 2010). Daí já se ter decidido, como citado no item reservado à jurisprudência, por exemplo, que o transportador de valores responde pelos danos impingidos à vítima de atropelamento de seu turno provocado por disparo de arma que atingiu o motorista.

Ainda quanto às excludentes, tem-se renovado o mesmo problema, já examinado no comentário ao art. 732, a que se remete, relativo à concorrência normativa como o CDC. Por exemplo, na legislação consumerista, como se disse, a cuja conceituação via de regra, malgrado nem sempre, se subsumirá o transporte, prevê-se a culpa exclusiva da vítima como excludente da responsabilidade do fornecedor, o que o CC omite, ao menos quando não haja concorrência do transportador (art. 738, parágrafo único). De toda a sorte, a culpa exclusiva da vítima, tal qual se dá, com infeliz frequência, nos casos do chamado *surf* ferroviário, quebra o nexo de causalidade e deve, assim, ter igual efeito excludente ao que se reserva ao fortuito externo. Porém, tornar-se-á a esse assunto da concorrência com o CDC, em matéria de excludentes, no exame dos artigos subsequentes.

De novo expressão da absorção, pelo CC/2002, de orientação jurisprudencial já consolidada, o artigo em comento veda ajuste, no contrato de transporte, de qualquer cláusula excludente de responsabilidade. É o que já constava na Súmula n. 161 do STF e já se havia incorporado à legislação consumerista (art. 25). Isso, na verdade, porque próprio do contrato de transporte, corolário da boa-fé objetiva nas relações contratuais (art. 422), é o dever de segurança afeto ao transportador, que não se pode afastar, sob pena, primeiro, de se desnaturar a avença e, segundo, tanto mais, uma vez evidenciada relação de consumo já intrinsecamente desequilibrada e o que não se pode agravar com a exclusão da responsabilidade do transportador. Não se veda a cláusula de limitação de responsabilidade desde que, por um lado, não se preste a burlar a vedação da exclusão, e por outro, com especial cautela nas relações desiguais, usada a fim de verificar se sua previsão decorre de consenso e não de imposição. Veja-se, mais ainda, que, mesmo no regime do CC/1916, cláusulas excludentes já não eram aceitas para afastar responsabilidade por dolo, a que se equipara a culpa grave.

Por fim, e para se evitar incerteza quanto ao importe indenizatório, permite-se hoje, pelo parágrafo único do artigo em comento, que exija o transportador a declaração, feita pelo passageiro, do valor de sua bagagem, sob pena da recusa ao contrato – que não é a regra (art. 739) –, estabelecendo-se, dessa forma, o limite da indenização.

**Jurisprudência:** Súmula n. 161, STF: Em contrato de transporte, é inoperante a cláusula de não indenizar.

Sobre a adoção da teoria do risco criado por atividade perigosa como fundamento da responsabilidade objetiva do transportador, ver: *RSTJ* 150/262. Ainda, pelo risco da atividade, responsabilizando empresa de ônibus pela queda de passageiro, quando o coletivo fazia uma curva: TJSP, Ap. Cível n. 7.353.483.900, 14ª Câm., rel. Des. Tarciso Beraldo, j. 24.06.2009. No mesmo sentido, confirmando a responsabilidade da empresa de ônibus por queda do passageiro em razão de freada brusca: STJ, Ag. Int. no AREsp n. 908.814/RS, 4ª T., rel. Min. Raul Araújo, j. 09.08.2016. E, nesta esteira, diferenciando o fortuito interno e externo, de acordo com a conexidade que apresente, ou não, com a atividade do transportador, ver: STJ, REsp n. 469.867/SP, 3ª T., rel. Min. Menezes Direito, j. 27.09.2005. Considerando a possibilidade de dano moral pelo extravio de bagagem do passageiro: *RT* 803/177 e 799/257. Afastando a configuração de defeitos do veículo como fortuito externo, de modo a eximir o transportador de responsabilidade: *RT* 727/200. Incluindo nessa orientação o estouro de pneu do veículo: *RT* 792/272. Assentando que, pelas condições de ocorrência repetida, na mesma região, o roubo deixa de ser fortuito externo: *RT* 814/227. Porém, em sentido diverso: "A jurisprudência do STJ firma-se no sentido de que, não obstante a habitualidade da ocorrência de assaltos em determinadas linhas, é de ser afastada a responsabilidade da empresa transportadora por se tratar de fato inteiramente estranho à atividade de transporte (fortuito externo)" (Ag. Reg. no AREsp n. 175.821/SP, 3ª T., rel. Min. Ricardo Villas Bôas Cueva, j. 23.08.2016). Negando ser fortuito externo o disparo de arma de fogo na plataforma de embarque ferroviário, também pela reiteração do evento, que se disse evitável e previsível: *RT* 795/228. Mas negando, no mesmo caso, qualquer responsabilidade da empresa ferroviária: STJ, REsp n. 431.091, 3ª T., rel. Min. Menezes Direito, j. 17.06.2003, *DJU* 25.08.2003. Admitindo que empresa de ônibus responde até por incêndio derivado de combustão de material explosivo carregado por passageiro, que entrou no veículo com pacote volumoso: *RT* 784/197. Em sentido contrário, também caso em que se ocultou explosivo em valise: I TACSP, Ap. Cível n. 1.167.934-0, 7ª Câm., rel. Juiz Valle Ramos, j. 23.09.2003; ou, quando se ocultou explosivo em composição ferroviária: STJ, REsp n. 589.051/SP, rel. Min. Asfor Rocha, j. 23.03.2004. Excluindo a responsabilidade da via férrea por sinistro envolvendo passageiro que viajava no teto da composição (*surf* ferroviário), reputando havida culpa exclusiva da vítima, causa eximente: *RT* 758/239. Mas negando igual excludente quando a vítima viajava como pingente: *RT* 748/177. Admitindo, na mesma hipótese, concorrência de culpa da vítima: STJ, REsp n. 324.166/SP, 4ª T., rel. Min. Ruy Rosado, j. 18.10.2001, *DJU* 18.02.2002. Mantendo a responsabilidade da ferrovia no caso de atropelamento de pedestre que atravessa a via em abertura clandestina, considerando haver falta de fiscalização e manutenção: *RSTJ* 170/314; Recurso Repetitivo – REsp n. 1.210.064/SP, rel. Min. Luis Felipe Salomão, j. 08.08.2012. Mas, no mesmo caso, admitindo concorrência de culpa: *RT* 807/229. Fixando a responsabilidade do transportador de valores por atropelamento provocado em virtude de disparo de projétil que atingiu o motorista, em virtude do risco especial da atividade: STJ, REsp n. 185.659/SP, 3ª T., rel. Min. Nilson Naves, j. 26.06.2000. Considerando não escrita cláusula de isenção de responsabilidade pelo dano a bagagem transportada na parte interna do ônibus: TJRS, Ap. Cível n. 70.018.034.843, 12ª Câm., rel. Des. Jorge Canto, j. 28.06.2007. Aplicando o CDC aos casos de arbitramento de indenização em virtude de extravio de bagagem: STJ, Ag. Reg. no AI n. 878.886/SP, 4ª T., rel. Min. Luis Felipe Salomão, j. 21.10.2008, *DJ* 17.11.2008. Malgrado considerando o roubo em regra fortuito externo, responsabilizando a empresa quando o meio do transporte se altera, de aéreo para terrestre, favorecendo a ocorrência: STJ, REsp n. 1.728.068, 3ª T., rel. Min. Marco Aurelio Belizze, j. 05.06.2018. Responsabilizando o transportador por constrangimento causado a passageiro com necessidades especiais quando de seu acesso ao coletivo: STJ, REsp n. 1.838.791, rel. Min. Ricardo Villas Bôas Cueva, j. 08.10.2019. Do mesmo modo, em caso de assédio sexual a passageira: STJ, REsp n. 1.662.551, rel. Min. Nancy Andrighi, j. 15.05.2018. No mesmo sentido: STJ, 1.747.637, rel. Min. Nancy Andrighi, j. 25.06.2019; Ag. Int. no Ag. no REsp n. 1.349.061, rel. Min. Paulo de Tarso Sanseverino, j. 14.10.2019; Ag. Int. no REsp n. 1.748.2017, rel. Min. Moura Ribeiro, j. 17.09.2019. Em sentido diverso, mas porque no caso identificado e detido o responsável por prepostos do transportador: STJ, REsp n. 1.748.295, rel. p/ o ac. Min. Marco Buzzi, j. 13.12.2018. Responsabilizando o transportador aéreo e a agência de turismo pela ausência de informação à consumidora adquirente, estrangeira sem visto de residência no Brasil, acerca da necessidade de comprovação, quando do embarque, da compra de passagem aérea de retorno ao país de origem: STJ, REsp n. 1.799.365, 3ª T., rel. Min. Paulo de Tarso Sanseverino, j. 24.09.2019. Sobre a corresponsabilidade dos *aplicativos* de transporte remunerado privado individual, v. comentários e jurisprudência relativos ao art. 731.

**Art. 735. A responsabilidade contratual do transportador por acidente com o passageiro não é elidida por culpa de terceiro, contra o qual tem ação regressiva.**

Novamente em reforço à constatação de que o CC, na matéria atinente à responsabilidade do transportador, incorporou muito do que a jurisprudência já havia consolidado, conforme se vem acentuando desde os comentários aos artigos precedentes, no dispositivo em questão repete-se, a rigor, o que se continha na Súmula n. 187 do STF, estatuindo que o chamado fato de terceiro não elide a responsabilidade do transportador, contra quem terá ação regressiva.

O primeiro problema que a respeito se coloca é a exata definição de fato de terceiro, ou de quem seja terceiro, e mesmo sua diferenciação para a força maior, tratada no artigo anterior. Em princípio, na responsabilidade civil, deve-se entender como terceiro quem não integre um dos polos da respectiva relação, portanto quem não seja agente ou vítima. Ou, melhor, é preciso que alguém se interponha na relação agente/vítima, ademais mostrando-se estranho à responsabilidade daí dimanada. Por isso, para fins de excludente, não são terceiros os pais quando respondem pelos atos dos filhos, ou o patrão, acerca dos atos dos empregados. Nesse sentido, portanto, a condição de terceiro só se configurará como causa excludente caso se trate de alguém completamente estranho à pessoa causadora direta do dano, ou mesmo à sua atividade.

Em segundo lugar, é bom lembrar ter sempre se entendido em doutrina que o fato de terceiro, desde que a causa única do evento danoso e sem qualquer ligação com o devedor, fosse excludente de responsabilidade, porquanto, assim caracterizado, seria causa de quebra do nexo de causalidade. Tal como se viu quanto à força maior nos comentários ao artigo precedente, o fato de terceiro será estranho ao responsável no transporte quando não se ligar ao risco da atividade por ele desempenhada. Esse o ponto que se reputa nodal e por vezes confundido, quando se cuida de equiparar o fato de terceiro à força maior sempre que revelado por um evento inevitável. Parece mais se afeiçoar aos pressupostos atuais da responsabilidade civil, máxime em atividades indutivas de especial risco como é a de transporte (art. 927), a verificação sobre se o fato atribuível ao terceiro se coloca ou não dentro dos limites razoáveis do risco criado, e assim assumido, pela atividade do transportador.

Em terceiro lugar, considera-se diferencial do fato de terceiro, em relação à força maior, a possibilidade de se determinar um agente específico responsável pela conduta.

Pois preceitua o CC/2002 que o fato de terceiro não exclui a responsabilidade do transportador, solução exatamente oposta da que se contém no art. 14, § 3º, II, do CDC. A antinomia, segundo se entende, mostra-se solucionável pela consideração de que, afinal, o fato de terceiro, conforme se apresente, pode ou não romper o nexo de causalidade. E, se rompe, exclui a responsabilidade civil, decerto do que não está a tratar o artigo do CC, ora em comento. Mas isto, repita-se por relevante, desde que havida a estraneidade, ao transportador, do fato de terceiro, causa única do evento danoso. Então, rompe-se o nexo de causalidade, faltando assim requisito mesmo para aplicação de regra de responsabilidade sem culpa, já que não se cuida, no transporte, de teoria do risco agravado, sem excludentes, ao que soa da redação do próprio art. 734.

Já, ao revés, se a conduta do terceiro, mesmo causadora do evento danoso, coloca-se nos lindes do risco do transportador, destarte se relacionando, mostrando-se ligada à sua atividade, então, a exemplo do fortuito interno, não se exclui a respectiva responsabilidade. É o que ocorre, por exemplo, quando o passageiro sofre prejuízo porque o veículo em que conduzido é fechado por terceiro. Esse foi o pressuposto sobre o qual se assentou a Súmula n. 187 do STF e parece ser a interpretação reservada ao artigo em exame. Tanto assim é que os tribunais, em inúmeras oportunidades, já vinham afastando a incidência da súmula naqueles casos em que o passageiro fosse atingido, por exemplo, por uma pedra lançada por terceiro, dado configurar-se no caso um fato externo à atividade, todavia não quando o evento se repetisse nas mesmas circunstâncias, sem medidas preventivas que razoavelmente se esperava fossem tomadas, tal como se disse em relação ao assalto nos comentários ao artigo anterior, e com a mesma da redução ao âmbito de incidência da excludente em virtude da aplicação da cláusula geral do art. 927, parágrafo único. Com isso, harmonizam-se as previsões do CC, no artigo vertente, e as disposições do CDC, do art. 14, § 3º, II.

**Jurisprudência:** Súmula n. 187, STF: A responsabilidade contratual do transportador, pelo acidente com o passageiro, não é elidida por culpa de terceiro, contra o qual tem ação regressiva.

Mitigando, já antes do novo CC, o rigor da Súmula n. 187, o próprio Supremo Tribunal teve oportunidade de assentar, tratando de caso em que se atirou pedra contra passageiro, que "ao eximir de responsabilidade a estrada de ferro, o acórdão recorrido não divergiu da Súmula n. 187 do STF, que se refere a culpa de terceiro por fato inerente ao transporte, não ao ato de pessoa estranha ao tráfego de veículos" (STF, RE n. 112.411/RJ, 1ª T., rel. Min. Octávio Galotti, j. 21.04.1987, *DJU* 22.05.1987). Igualmente, no âmbito do STJ: "A orientação harmonicamente firmada em ambas as Turmas que compõem a Segunda Seção é no sentido de que, por se tratar de fortuito externo, não se incluindo nos riscos normais da atividade de transporte, não pode a transportadora ser responsabilizada pelo dano causado ao passageiro que é atingido por objeto arremessado por terceiro, fora da composição ferroviária, havendo, pois, exclusão do nexo de causalidade nessa hipótese". (STJ, Ag. Int. nos EREsp n. 1.325.225/SP, rel. Min. Marco Aurélio Bellizze, j. 14.09.2016). Em sentido contrário, reputando, na mesma hipótese, existente responsabilidade do transportador: I TACSP, AI n. 820.005-7, 11ª Câm., rel. Juiz Heraldo de Oliveira, j. 10.05.2001, e TJRJ, Ap. Cível n. 2006.001.07408, 3ª Câm., rel. Des. Werson Rego, j. 17.08.2006. Considerando equiparável ao fortuito externo o fato de terceiro, quando imprevisível e inevitável, no caso concreto porque atingido o conduzido do transportador por outro desgovernado, em virtude de abalroamento por ele próprio sofrido, e com voto vencido: *RT* 799/246. Também em caso de passageiro lesionado, quando em conduzido de empresa transportadora, mas em virtude de colisão causada por veículo de terceiro, prestigiando, porém, a incidência da Súmula n. 187: *RT* 810/264. No mesmo sentido: STJ, Ag. Reg. no AI n. 1.083.789, 4ª T., rel. Min. Luis Felipe Salomão, *DJ* 27.04.2009. Assentando a responsabilidade da empresa de transporte ferroviário por ato libidinoso ou assédio praticado por um passageiro contra a vítima, no interior do vagão, e afastando a excludente do fato de terceiro: STJ, REsp n. 1.662.551, 3ª T., rel. Min. Nancy Andrighi, j. 15.05.2018.

**Art. 736. Não se subordina às normas do contrato de transporte o feito gratuitamente, por amizade ou cortesia.**

**Parágrafo único. Não se considera gratuito o transporte quando, embora feito sem remuneração, o transportador auferir vantagens indiretas.**

O CC/2002, no artigo em comento, enfrenta antiga discussão sobre a natureza do transporte feito por cortesia ou amizade, a carona que se dá a alguém que vem a sofrer dano durante o percurso. O debate não era ocioso dado que, admitida a tese de se tratar de contrato, e porque gratuito, a responsabilidade daquele a quem o ajuste não beneficiava, portanto o transportador, somente se erigiria em caso de dolo ou culpa grave, que a ele se equipara, conforme já previa o art. 1.057 do CC/1916, repetido no CC/2002 (art. 392).

Destarte, suposta contratual a responsabilidade de quem oferece carona, apenas por dolo, ou culpa grave, haveria o dever de indenizar o passageiro danificado durante o transporte gratuito – este por amizade ou cortesia. Pois era essa a tese que parecia prevalecer, não sem críticas, antes da edição do CC/2002, mercê inclusive da edição da Súmula n. 145 do STJ, segundo a qual "no transporte desinteressado, de simples cortesia, o transportador só será civilmente responsável por danos causados ao transportado quando incorrer em dolo ou culpa grave".

Todavia, a nova normatização civil expressa, no artigo em comento, não se submeter ao regime contratual o transporte feito por mera amizade ou cortesia. Assim, ao que se entende, consagra-se, para este transporte desinteressado, a tese da responsabilidade extracontratual, que se rege pelos arts. 927 e segs., suscitando discussão outra, sobre se o caso é de teoria da culpa ou do risco, muito embora não se furte a observar que a carona não encerra, nos termos do parágrafo único daquele mesmo art. 927 e a despeito do perigo inerente a todo transporte, uma *atividade normalmente desenvolvida* de modo a criar habitual risco aos direitos de outrem, pelo que a responsabilidade será baseada na demonstração de dolo ou de qualquer modalidade ou grau de culpa, mesmo que leve. Mas é bem de ver que, no quanto aqui interessa, a hipótese não se sujeitará ao regramento do contrato de transporte. Não se sujeitará, mesmo, ao regime dos contratos.

Porém, ressalva o CC/2002 que, por vezes, mesmo sem remuneração direta, o transporte não é desinteressado. Produz, ao revés, vantagens indiretas, portanto, bem longe de consubstanciar mera cortesia ou amizade. Nesses casos, a regência é do ordenamento aplicável ao contrato de transporte. Assim, por exemplo, o sistema de concessão de milhagens, bilhetes de fidelidade, ou mesmo o transporte solidário, o chamado rodízio. Da mesma forma, no exemplo de Humberto Theodoro Jr. ("Do transporte de pessoas no novo Código Civil". In: *RT*, 2003, v. 807, p. 11-26), o corretor que leva o cliente em seu veículo para visitar um imóvel. Muito menos haverá de se cogitar de regramento outro que não o contratual nos casos de transporte coletivo clandestino, que, malgrado feito ao arrepio da regulamentação estatal, como se impõe (art. 731), não pode, no âmbito civil, excluir a responsabilidade do transportador, nos termos deste Código. Por fim, igualmente não se vem considerando seja desinteressado o transporte coletivo devidamente regulamentado, mas disponibilizado ao idoso sem pagamento de passagem, pois em verdade há custo diluído que indica não agir o concessionário por mera cortesia.

**Jurisprudência:** Considerando que a isenção de pagamento de passagem pelo idoso não tipifica transporte por mera cortesia, induzindo responsabilidade contratual: *RT* 805/262. Ver, ainda, sobre o transporte por cortesia: TJRJ, Ap. Cível n. 2007.001.31996, 2ª Câm., rel. Des. Heleno Nunes, j. 04.07.2007; TJSP, Ap. n. 0507216-09.2010.8.26.0000/São Paulo, 35ª Câm. de Dir. Priv., rel. José Malerbi, *DJe* 01.04.2013, p. 1.507; TJSP, Ap. n. 9083511-25.2009.8.26.0000/Piracicaba, 34ª Câm. de Dir. Priv., rel. Soares Levada, *DJe* 22.11.2012, p. 1.575.

**Art. 737. O transportador está sujeito aos horários e itinerários previstos, sob pena de responder por perdas e danos, salvo motivo de força maior.**

A regra em comento nada mais significa senão a obrigação que tem o transportador de cumprir sua prestação, tal como convencionada. Ou seja, incumbe-lhe atender, no deslocamento que propicia ao passageiro, o exato horário previamente estabelecido e, também, o itinerário antecipadamente informado. Isso implica, ao revés, que, havido atraso ou alteração de trajeto, responde o transportador pelos prejuízos decorrentes, ressalvada a prova de que ocorrida força maior.

Veja-se, quanto ao atraso, e conforme já acentuado nos comentários ao art. 732, a que ora se remete, que, já não fosse a força revogadora da superveniência do CDC, lei posterior subjetivamente especial, a previsão dos arts. 230 e 231 do Código Brasileiro de Aeronáutica (Lei n. 7.565/86) acerca do transporte nacional efetuado pelo meio aéreo, ao fixar limite mínimo para que o atraso de voo pudesse ensejar indenização, ostenta-se visivelmente incompatível com a disposição do art. 737 do CC, ora em comento.

É bom não olvidar que, no art. 732, o atual Código estabeleceu a primazia de seus preceitos em relação a dispositivos da lei especial que com ele se mostrassem, como no caso, incompatíveis. Na melhor das hipóteses, também como já se disse nos comentários ao art. 732, o limite mínimo de quatro horas de atraso, determinado no Código de Aeronáutica, apenas pode ser admitido, em interpretação sistemática e harmonizadora com o CC/2002, se compreendido como uma hipótese em que a indenização se paga de forma automática, só pelo fato do retardo, sem qualquer excludente, porém com possibilidade de tarifação ou limitação do *quantum* indenizatório. Mas sempre sem prejuízo de se poder provar dano maior, evidente que com o ônus a tanto atinente, assim correndo-se o risco de nada se conseguir provar.

O atraso pode provocar danos materiais e, muito frequentemente, pode provocar também danos morais. A essa verificação importará a aferição das circunstâncias do caso concreto, a extensão e condições do atraso e do passageiro durante sua permanência, valendo diferenciar, a propósito, o que seja mero e pequeno incômodo, contingência própria da vida de relações, do que signifique verdadeiro abalo psíquico, frustração grave de justa expectativa do contratante, real afronta a direito da personalidade.

Da mesma forma, a mudança do itinerário pode, conforme a hipótese fática, induzir dano ao passageiro, material e/ou moral, de possível cumulação, valendo não olvidar o padrão de transparência que a boa-fé objetiva impõe nas relações contratuais, particularmente caracterizadas pela adesão, como via de regra se dá nos transportes, assim sobressaindo a necessidade de detida informação sobre as condições do deslocamento, aí incluindo-se o itinerário a ser percorrido, até para possibilitar a mais livre escolha do passageiro diante das opções que existem para o deslocamento pretendido.

Ocorrência lamentavelmente comum que se tem dado, sobretudo no transporte aéreo, é o chamado *overbooking*, resultado da venda de bilhetes em número superior ao de assentos, como forma de prevenção contra desistências que, se não sucedem, levam à necessidade de recolocação de alguns passageiros em voos não raro com horários e percursos diversos, por exemplo, com conexões que a contratação original não envolvia. Evidente que o caso é de indenização pelos prejuízos causados, não excluída ou afastada pela ocasional autorização administrativa dos órgãos reguladores.

A responsabilidade pelos danos decorrentes de atraso e mudança de itinerário, de acordo com a lei, somente se elide pela ocorrência de força maior. A respeito das excludentes no contrato de transporte, remete-se ao exame já detidamente efetuado nos comentários aos arts. 734 e 735, apenas reiterando, quanto à força maior e caso fortuito, conforme já acentuado no comentário ao art. 734, que eles devem ser externos para afastar a responsabilidade objetiva do transportador, e que isso não ocorre quando se trata de defeitos mecânicos do veículo de transporte.

**Jurisprudência:** Fixando obrigação reparatória a empresa de ônibus por atraso no horário de chegada e perda consequente de voo marcado: TJSP, AC n. 1005511-85.2016.8.26.0297, rel. Des. Cerqueria Leite, 12ª Câm. de Dir. Priv., j. 10.06.2019. Responsabilizando a transportadora, independentemente de culpa, pelo atraso de voo, e sem limitação do valor ressarcitório: *RT* 815/272. Admitindo incluída a compensação do dano moral daí decorrente: *RT* 799/243. Mas, afastando a indenização moral por considerar pequeno transtorno, no caso concreto, a mudança de escala e horário de voo: *RT* 711/107. Considerando presumido o dano moral no caso de atraso de voo: STJ, REsp n. 299.532, rel. Min. Honildo Amaral de Mello, j. 27.10.2009. Entendendo, em hipótese análoga, ser necessário verificar em concreto as circunstâncias do caso: STJ, REsp n. 1.584.465, rel. Min. Nancy Andrighi, j. 13.11.2018. Também assim em caso de cancelamento: STJ, REsp n. 1.796.716, rel. Min. Nancy Andrighi, j. 27.08.2019; Ag. Int. no AREsp n. 2.150.150/SP, 4ª T., rel. Min. João Otávio de Noronha, j. 21.05.2024, *DJe* 24.06.2024. Deliberando devida indenização pelo chamado *overbooking*: *RT* 793/250 e 789/393. Considerando relevante, para haver dano moral, a extensão do atraso: TJRS, Ap. Cível n. 70.014.775.555, 9ª Câm., rel. Des. Marilene Bernardi, j. 31.05.2006. Considerando que as condições climáticas sejam causa excludente da responsabilidade pelo atraso: TJRS, Ap. Cível n. 70.015.224.736, 9ª Câm., rel. Des. Tasso Delabary, j. 07.06.2006. Do mesmo modo, afastando indenização por cancelamento de voo em virtude de furacão: TJSP, Ap. Cível n. 1028138-30.2017.8.26.0562, 38ª Câm. de Dir. Priv., rel. Des. Achile Alesina, j. 04.04.2018. Determinando que indenização por atraso de voo internacional seja apreciada à luz da Convenção de Varsóvia, não do CDC: STF, Emb. Decl. do RE n. 351.750, rel. Min. Luís Roberto Barroso, j. 14.04.2018. *V.*, sobre o assunto, comentários ao art. 732, assim sobre o enunciado do Tema n. 210 do STF e seus reflexos no item Jurisprudência.

---

**Art. 738. A pessoa transportada deve sujeitar-se às normas estabelecidas pelo transportador, constantes no bilhete ou afixadas à vista dos usuários, abstendo-se de quaisquer atos que causem incômodo ou prejuízo aos passageiros, danifiquem o veículo, ou dificultem ou impeçam a execução normal do serviço.**

**Parágrafo único. Se o prejuízo sofrido pela pessoa transportada for atribuível à transgressão de normas e instruções regulamentares, o juiz reduzirá equitativamente a indenização, na medida em que a vítima houver concorrido para a ocorrência do dano.**

---

Por sua natureza bilateral, o contrato de transporte, uma vez aperfeiçoado, enseja obrigações a ambas as partes. É pois, das obrigações básicas do passageiro, a par do pagamento do preço do bilhete, que cuida o artigo em comento. Conforme seus termos, o passageiro é obrigado, durante o transporte, a atender as instruções legais, administrativas e regulamentares que visam a garantir a segurança do deslocamento e a tranquilidade dos demais passageiros. Assim, deve-se abster o passageiro da prática de qualquer ato que, como genericamente está na lei, dificulte ou impeça o normal deslocamento, a regular prestação do serviço de transporte. Apenas que, quanto a específicas instruções para determinada forma de transporte, devem ser objeto de regular informação ao passageiro, corolário do dever de transparência que a boa-fé objetiva exige venha a permear as relações contratuais (art. 422). Repete-se, de maneira genérica é dever do transportado não agir de modo a perturbar os outros passageiros e a prejudicar o normal transcurso do transporte.

Aliás, a propósito, vale não olvidar previsão da lei especial de regulação do transporte aéreo, compatível com o novo CC e por isso com plena aplicabilidade, dispondo sobre verdadeiro poder de polícia ao comandante da aeronave (arts. 165 e segs., da Lei n. 7.565/86), podendo mesmo ordenar o desembarque de passageiro de qualquer forma inconveniente, porquanto infringente das obrigações mencionadas anteriormente. Aliás, a mesma prerrogativa é reconhecida por Sílvio de Salvo Venosa a qualquer preposto do transportador que seja responsável pelo deslocamento, sempre a bem da segurança do serviço, afinal um dos deveres de quem o presta (*Direito civil*, 3. ed. São Paulo, Atlas, 2003, v. III, p. 490).

Por fim, o parágrafo único do dispositivo em comento trata da indenização dos danos sofridos pelo passageiro e/ou pela bagagem durante o transporte, mas para cuja eclosão tenha este contribuído. Ou seja, cuida-se da culpa concorrente da vítima, que deve levar à proporcionalização da indenização. Tem-se causa de redução da indenização de responsabilidade objetiva do transportador. E aqui impende repetida menção à questão da concorrência normativa da legislação consumerista, que não faz qualquer remissão à culpa concorrente, mas apenas à culpa exclusiva da vítima como excludente da responsabilidade objetiva do fornecedor de serviços (art. 14).

Porém, consoante já se vinha entendendo, mesmo sob a égide do CDC, a redução da indenização imposta pela concorrência da culpa da vítima constitui medida de prestígio à própria boa-fé objetiva, que inúmeros deveres anexos ou laterais impõe ao fornecedor. Ou seja, de ambos os contratantes, mesmo nas relações intrinsecamente desiguais, se exige padrão de comportamento solidário e leal que, a rigor, decorre mesmo de imperativo constitucional (art. 3º, I, da CF). Significa dizer que não seria leal, solidário, equitativo que a vítima se beneficiasse de uma indenização completa quando, mesmo objetiva a responsabilidade do outro contratante, tivesse contribuído, com sua conduta culposa, para a ocorrência dos danos que veio a sofrer. Por isso, a previsão de culpa concorrente no novo CC, a rigor, não se mostra verdadeiramente incompatível com o CDC. Além disso, no parágrafo em comento, essa concorrência de culpa acaba ostentando plena coincidência com a regra geral a respeito editada no capítulo da responsabilidade civil (art. 945 e seu comentário).

Por fim, duas últimas ressalvas. Primeiro, a de que, hoje, seja conforme o parágrafo presente, seja de acordo com o art. 945, quando se alude à redução equitativa da indenização, concorrendo culpa da vítima, não se reparte necessariamente em porções iguais o valor da reparação, mas sim proporcionalizado de acordo com o grau de contribuição da vítima para o prejuízo experimentado. Segundo, a de que, havida exclusiva culpa da vítima, causa única do dano ocorrido, não haverá indenização a ser paga pelo transportador, já que quebrado o correspondente nexo de causalidade daquele prejuízo com o serviço do transporte. E, malgrado ausente expressa a alusão do novo CC à culpa exclusiva enquanto causa excludente, ao contrário do que está no art. 14, § 3º, II, do CDC, sua incidência se deduz mesmo da previsão de que a concorrência de culpa da vítima reduz a indenização. Por isso, sua culpa exclusiva afasta, de todo, a indenização. A propósito, remete-se ao que já expendido no comentário ao art. 734.

**Jurisprudência:** Considerando concorrência de culpa da vítima que invade local proibido para atravessar via férrea, vindo a ser atropelada: *RT* 773/182. *Vide*, ainda, acerca de hipóteses de concorrência, arestos citados nos comentários ao art. 734. Isentando o transportador rodoviário de responsabilidade quando o passageiro, em parada de ônibus, deixa de voltar no horário determinado e não reaparece mesmo chamado pelo serviço de alto-falante do local: TJSP, Ap. Cível n. 7.344.442.900, 17ª Câm., rel. Des. Maia da Rocha, j. 03.06.2009. Reduzindo a indenização, em transporte aéreo, pelo despacho de eletrônicos e outros bens de maior valor que deveriam ser levados na bagagem de mão: TJSP, Ap. n. 0018194-15.2010.8.26.0320/Limeira, 38ª Câm. de Dir. Priv., rel. Fernando Sastre Redondo, *DJe* 25.04.2013, p. 1.112; TJSP, Ap. n. 0194577-23.2010.8.26.0100/São Paulo, 19ª Câm. de Dir. Priv., rel. Ricardo Pessoa de Mello Belli, *DJe* 22.01.2013, p. 1.399.

**Art. 739. O transportador não pode recusar passageiros, salvo os casos previstos nos regulamentos, ou se as condições de higiene ou de saúde do interessado o justificarem.**

Em primeiro lugar, há serviços de transporte que, mesmo entregues à execução dos particulares por concessão, permissão ou autorização, são públicos e essenciais, assim de prestação continuada e que, portanto, não podem ser recusados. Veja-se, a propósito, o já expendido no comentário ao art. 731, bastando lembrar, como exemplo, o transporte coletivo municipal, tal como está no art. 30, V, da CF, que, ademais, deve ser combinado com o art. 22 do CDC.

Mas, de maneira geral, colocando-se o transportador em estado de oferta pública e permanente, obriga-se à contratação perante um público indistinto de usuários, desde que paguem o bilhete e se mantenham adequados às condições gerais que permitam a escorreita prestação do serviço, de forma segura e sem perturbar os demais passageiros, assim, antes de mais nada, conforme as circunstâncias já mencionadas no artigo anterior, e por isso, exemplificativamente, sendo recusável o embarque de passageiro menor desacompanhado ou não autorizado, na forma e quando o exija a Lei n. 8.069/90 (ECA).

Porém, mais ainda, salienta o artigo agora em comento que o transporte poderá ser igualmente recusado se o passageiro, além de não atender às instruções legais ou regulamentares, apresentar-se ao transporte em condições de saúde e higiene que potencialmente afetem ou prejudiquem os demais passageiros. Nesse ponto, de novo incide a concorrência normativa do CDC, que autoriza a recusa do fornecimento do serviço, no art. 39, II, em conformidade com os usos e costumes. É o que se entende também aplicável de maneira geral ao transporte, porquanto na senda de sua principiologia e posto não se trate, na hipótese fática, de relação de consumo. Pense-se no exemplo do passageiro que não se ostente convenientemente trajado, o que se deve aferir *in rebus*, conforme a época e o lugar do transporte.

Por fim, mas não em diferente sentido, mesmo causas inespecíficas no CC e no CDC, desde que consonantes com a finalidade de preservar, de maneira geral, a regular prestação do serviço de transporte, devem ser admitidas como fonte de recusa do passageiro. Assim qualquer hipótese de risco à segurança, não só à saúde alheia ou aos bons costumes. Pense-se, como exemplo, em pessoa que queira embarcar acompanhado de animal perigoso.

**Jurisprudência:** Considerando legal e regular transporte de menor acompanhado de pessoa sem vínculo consanguíneo, mas companheiro da avó, com base no art. 226, § 3º, da CF: *RT* 733/201.

**Art. 740. O passageiro tem direito a rescindir o contrato de transporte antes de iniciada a viagem,**

**sendo-lhe devida a restituição do valor da passagem, desde que feita a comunicação ao transportador em tempo de ser renegociada.**

**§ 1º Ao passageiro é facultado desistir do transporte, mesmo depois de iniciada a viagem, sendo-lhe devida a restituição do valor correspondente ao trecho não utilizado, desde que provado que outra pessoa haja sido transportada em seu lugar.**

**§ 2º Não terá direito ao reembolso do valor da passagem o usuário que deixar de embarcar, salvo se provado que outra pessoa foi transportada em seu lugar, caso em que lhe será restituído o valor do bilhete não utilizado.**

**§ 3º Nas hipóteses previstas neste artigo, o transportador terá direito de reter até cinco por cento da importância a ser restituída ao passageiro, a título de multa compensatória.**

---

O dispositivo presente trata, a rigor, da desistência do passageiro, em situações diversas, mas de maneira mais abrangente do que dispõe o art. 49 do CDC, que apenas permite, no prazo de sete dias, arrependimento nos casos de contratação à distância e, conforme interpretação extensiva, de vendas emocionais.

Assim, reforçando-se o quanto já expendido nos comentários ao art. 732, ter-se-á, mesmo nas hipóteses em que o transporte envolva, o que não se dá sempre, de maneira necessária, uma relação de consumo, a aplicação do CC, que, nesta parte, é mais afeiçoado ao comando constitucional de proteção do consumidor (art. 5º, XXXII), à ideia básica de equilíbrio e solidarismo nas relações entre as pessoas, também emanada da Constituição (art. 3º, I).

Nesta senda, permite o CC/2002 que o passageiro rescinda – na verdade, tecnicamente um caso de resilição unilateral, porque de verdadeira desistência ou arrependimento (art. 473) – o contrato de transporte, por sua vontade, com consequências diversas conforme a existência de prévia comunicação e o tempo de sua manifestação. Em diversos termos, o artigo em comento cuida da desistência, com consequências diferentes, nas seguintes situações:

a) antes de iniciada a viagem, quando então será devida a restituição do valor da passagem ao passageiro, desde que comunicada aquela desistência a tempo de o transportador renegociar o bilhete, independentemente de haver, de fato, conseguido fazê-lo;

b) quando já iniciada a viagem, com direito do passageiro à restituição do valor do trecho faltante, mas só se demonstrado que, efetivamente, outra pessoa foi transportada em seu lugar;

c) mesmo antes de iniciada a viagem, mas sem comunicação prévia da desistência, com direito à restituição do valor da passagem apenas quando igualmente se comprovar que outra pessoa foi transportada no lugar do desistente.

Nesses casos em que o transportador deve devolver o valor do bilhete, fará jus, como está na lei, à multa de até 5% da importância da restituição. Trata-se de cláusula penal compensatória, pelo que, por um lado, não há antinomia real com o art. 52, § 1º, do CDC, que estabelece uma cláusula penal moratória. De outro tanto, não se compreende, se se estatui cláusula penal, por natureza convencional, haver uma estipulação legal, que independa de prévio ato de manifestação de vontade, tanto mais se a lei alude a uma multa de até 5%, portanto o que deverá ser previamente pactuado, aí sim, observado o teto da legislação.

Pelo seu silêncio a respeito, bem como pelo que se poderia inferir da interpretação *a contrario sensu* do artigo, nos casos de o passageiro, antes da viagem, desistir sem comunicar a tempo de haver substituição, ou de desistir durante o percurso sem provar sua substituição no trecho faltante, ser-lhe-ia imposta a total perda do valor do bilhete. Aliás, o CC foi explícito em caso de desistência sem aviso prévio e sem prova de que houve substituição (§ 2º).

Bem de ver, todavia, que tal orientação não só conflita com o princípio traduzido pela previsão do art. 53 do CDC, que pretende vedar a perda total de valores pagos quando inadimplente o consumidor, como, antes, parece não se ajustar aos valores mencionados anteriormente, de equilíbrio e solidarismo nas relações jurídicas, dispostos na CF, de que inclusive há exemplos múltiplos no CC/2002, até mesmo quando possibilita a redução, veja-se, de cláusulas penais que o juiz repute excessivas (art. 413). Trata-se de imperativo de equidade que, segundo se entende, determina uma interpretação sistemática, e à luz da Constituição, do artigo vertente, portanto muito além de seu sentido literal.

Por isso se poderá reputar abusiva a perda completa do valor pago, acrescentando-se que a abusividade não consubstancia fenômeno de exclusiva repressão na legislação consumerista, na exata medida em que, como se disse, afronta a ideia, diretamente dimanada da CF (art. 3º, I), de equilíbrio nas relações jurídicas, posto se a pondere de forma adequada à eventual formação de vínculo entre iguais. De toda sorte, caberá ao juiz, nessas hipóteses, estimar a extensão da perda do valor da passagem, conforme o prejuízo que possa o passageiro ter causado, mas por qualquer de suas modalidades, por qualquer forma de manifestação.

Finalmente, conforme item a seguir da jurisprudência, tem-se considerado abusivo o cancelamento do bilhete de volta, quando já adquirido, na hipótese de o passageiro não se apresentar para o embarque de ida (*no show*).

**Jurisprudência:** TJDFT, Proc. n. 20130310070965 (689436), rel. Juiz Aiston Henrique de Sousa, *DJe* 05.07.2013, p. 209; TJDFT, Proc. n. 20120111781267 (687693), rel. Juiz Aiston Henrique de Sousa, *DJe* 28.06.2013, p. 271.

Decidindo abusivo o cancelamento da passagem de volta porque o passageiro não se apresentou para a ida: STJ, REsp n. 1.595.731, rel. Min. Luis Felipe Salomão, j. 14.11.2017. Diferenciando a situação do chamado *no show* com o atraso do passageiro e, por isso, impedimento ao embarque: TJSP, AC n. 1041925-57.2017.8.26.0100, rel. Des. Mauro Conti Machado, 16ª Câm. de Dir. Priv., j. 26.02.2019.

**Art. 741. Interrompendo-se a viagem por qualquer motivo alheio à vontade do transportador, ainda que em consequência de evento imprevisível, fica ele obrigado a concluir o transporte contratado em outro veículo da mesma categoria, ou, com a anuência do passageiro, por modalidade diferente, à sua custa, correndo também por sua conta as despesas de estada e alimentação do usuário, durante a espera de novo transporte.**

A regra do artigo presente revela com clareza o risco que o legislador entendeu inerente à atividade de transporte; por isso, impôs-se ao transportador uma responsabilidade independente de culpa e a obrigação, nessa esteira, de concluir viagem iniciada e que se tenha interrompido mesmo que por evento fortuito ou de força maior. Em outros termos, e porque lhe é afeta uma obrigação de resultado, caso o transporte se tenha iniciado, é dever do transportador concluí-lo, sempre, mesmo se houver interrupção por fato alheio, que não lhe seja atribuível.

Além disso, impende fazê-lo, à sua custa, nos mesmos moldes do transporte contratado, ou seja, por veículo da mesma categoria, como a lei determina, só se admitindo meio diverso se houver o *placet* do passageiro. Até que se implemente o novo transporte para conclusão da viagem, ocasionais despesas com hospedagem e alimentação correm também por conta do transportador. José Maria Trepat Cases (*Código Civil comentado*. Álvaro Vilaça Azevedo (coord.). São Paulo, Atlas, 2003, v. VIII, p. 174-5), com base inclusive em aresto do STJ, lembra que, em virtude da regra em comento, a qual impõe a responsabilidade dos transportadores pela conclusão da viagem iniciada e interrompida, mesmo pelo *casus*, é dever de todos eles aceitar o passageiro de outro para dar cabo da exigência legal em comento, sob pena de compor perdas e danos.

**Jurisprudência:** Já mesmo antes do novo CC, assentando a obrigação de o transportador aéreo disponibilizar outras aeronaves caso não se possa mesmo iniciar a viagem, por defeitos daquela designada, ver: *RT* 727/198 e 729/224.

**Art. 742. O transportador, uma vez executado o transporte, tem direito de retenção sobre a bagagem de passageiro e outros objetos pessoais deste, para garantir-se do pagamento do valor da passagem que não tiver sido feito no início ou durante o percurso.**

Bem de ver, antes de mais nada, que legislação especial, particularmente acerca do transporte de cargas, já conferia ao transportador o direito de reter coisas transportadas como garantia do pagamento do frete. Assim, o próprio CCom, nos arts. 116 e 117, malgrado referindo a uma não mais existente hipoteca tácita, que foi substituída pela noção de direito de retenção (*v. g.*, MARTINS, Fran. *Contratos e obrigações comerciais*, 7. ed. Rio de Janeiro, Forense, 1984, p. 261), dispunha que o transportador podia reter a mercadoria para vendê-la e, com o respectivo produto, ver seu crédito pago. Da mesma forma o vetusto Decreto n. 19.473/30, alterado pelo Decreto n. 19.754/31, previa igual direito ao transportador, de retenção das coisas transportadas.

Trata-se mesmo de uma medida inspirada na equidade, de sorte a equilibrar a relação contratual, permitindo ao transportador que retenha consigo coisa transportada ou bagagem e objetos de passageiros, até ser pago o valor ajustado pelo respectivo transporte. É o que o CC explicita para o transporte de pessoas, à semelhança da retenção que faculta ao hoteleiro, para garantia do pagamento do valor da hospedagem, mas sem erigir um penhor legal, tal qual procede no art. 1.467, I.

A distinção é relevante porquanto, na retenção que se faz para tornar o penhor legal efetivo, há a necessidade de posterior ato judicial homologatório (homologação de penhor legal), o que não ocorre com o direito de retenção, exercitado extrajudicialmente, eis que não é necessária qualquer formalidade homologatória posterior (ver a respeito: FONSECA, Arnoldo Medeiros da. *Direito de retenção*, 2. ed. Rio de Janeiro, Forense, 1944, p. 287).

Porém, tanto quanto no penhor legal que tem o hospedeiro sobre a bagagem do hóspede, ou mesmo o do fornecedor de alimento sobre bens do freguês, a ideia do legislador foi garantir de forma especial o pagamento à consideração de que geralmente é desconhecido o usuário do serviço.

O transportador que retém a bagagem ou outros objetos pessoais que estiverem com o passageiro por ocasião do transporte passa a ter sobre a *res* o dever de custódia, empregando na guarda e conservação a diligência que o exigir a natureza da coisa, aqui, de novo, à semelhança do que se dá com o credor pignoratício (art. 1.435, I). Tem, em contrapartida, porquanto possuidor da coisa, o direito básico de defender essa posse, pela utilização dos interditos, e de ser ressarcido pelas despesas de conservação ou prejuízos decorrentes de ignorados vícios da *res*. A todo esse propósito vale conferir, ainda uma vez, Arnoldo Medeiros da Fonseca (op. cit., p. 267-76).

Veja-se, por fim, que o CC concede ao transportador o direito de retenção apenas para garantia do valor da passagem e não de eventuais danos que o passageiro tenha provocado.

**Jurisprudência:** TJSP, Ap. n. 0004519-64.2007.8.26.0554/Santo André, 23ª Câm. de Dir. Priv., rel. José Marcos Marrone, *DJe* 03.06.2013, p. 1.409.

## *Seção III*
## *Do Transporte de Coisas*

**Art. 743. A coisa, entregue ao transportador, deve estar caracterizada pela sua natureza, valor, peso e quantidade, e o mais que for necessário para que não se confunda com outras, devendo o destinatário ser indicado ao menos pelo nome e endereço.**

No contrato de transporte de coisas, o transportador as recebe do expedidor ou remetente para entregá-las ao destinatário ou consignatário. Impende que a coisa recebida esteja devidamente especializada, identificada, individuada, a fim de que não seja confundida com outras, conforme a lei determina. A ideia é a de que seja sempre reconhecível a coisa – e suas condições – entregue ao transporte, para perfeita execução e eficácia do contrato, ademais de viabilizar a concreta responsabilidade do transportador. Por isso, exige-se que a mercadoria a ser transportada, além de ser devidamente acondicionada, sob pena de se poder rejeitar seu deslocamento (art. 764), venha a ser caracterizada, com indicação de natureza, peso, valor e quantidade, também para servir à sua identificação.

Em diversos termos, objeto passível de transporte é a coisa identificável, mercê de dados que, como se verá nos comentários ao artigo seguinte, serão aludidos no conhecimento de transporte, sem prejuízo de o transportador exigir sua relação escrita e assinada.

Por isso, afeta ao expedidor o dever mesmo de declarar os dados de identificação da mercadoria, até como forma de se estabelecer a exata responsabilidade do transportador pelos danos que sejam causados à coisa, além de evitar qualquer fraude do remetente, de resto como já se continha no art. 5º do Decreto n. 2.681/12. Da mesma forma, o expedidor deve especificar quem seja o destinatário, ao menos indicando seu nome e endereço. Nada impede que o destinatário seja o próprio expedidor.

**Art. 744. Ao receber a coisa, o transportador emitirá conhecimento com a menção dos dados que a identifiquem, obedecido o disposto em lei especial.**

**Parágrafo único. O transportador poderá exigir que o remetente lhe entregue, devidamente assinada, a relação discriminada das coisas a serem transportadas, em duas vias, uma das quais, por ele devidamente autenticada, ficará fazendo parte integrante do conhecimento.**

O conhecimento de transporte, de frete ou de cargas, é o documento que o transportador emite quando recebe a mercadoria a ser transportada. Prova o recebimento da coisa, devidamente identificada, com os dados mencionados no artigo anterior, tanto quanto se identificam as partes envolvidas, assim o expedidor, o transportador e o destinatário, por fim detalhando-se as condições do transporte, tal como o valor do frete, vale dizer, a remuneração devida pelo deslocamento contratado.

O CC remete à legislação especial porquanto, de fato, conforme a natureza do transporte de coisas, inúmeras leis regram a expedição ou emissão do conhecimento de transporte. Por exemplo, o Decreto n. 1.832/96 regula o transporte ferroviário e o conhecimento que dele se expede. Já o art. 235 do Código Brasileiro de Aeronáutica (Lei n. 7.565/86) cuida do conhecimento de transporte aéreo de carga, discriminando tudo quanto ele deve conter, acrescentando o art. 240 que, por ele, se presume, de forma relativa, a conclusão do contrato, o recebimento da carga e as condições do transporte. Mas bem adverte o art. 226, da mesma normatização, que a falta, irregularidade ou perda do conhecimento de carga não prejudica a existência e eficácia do contrato de transporte, apenas que inviabilizando possa o transportador pretender limitar sua responsabilidade em função do que dele constaria, por exemplo no que toca ao valor da carga, sujeitando-se a eventual arbitramento.

Editada a Lei n. 11.442, de 05.01.2007, tendente a disciplinar o transporte rodoviário de cargas em território nacional, igualmente se dispôs, no art. 6º, sobre a prestação desse serviço sob contrato ou conhecimento de transporte, que deve conter os dados identificativos das partes e do frete. Nada diverso do quanto, antes, para o transporte multimodal (um único contrato de transporte, contudo efetuado por mais de um meio), já se havia levado ao texto dos arts. 8º e 9º da Lei n. 9.611/98. Lembre-se, porém, conforme se acentuou nos comentários ao art. 730, que o contrato de transporte não exige forma especial, pelo que o conhecimento não pode condicionar o seu aperfeiçoamento. Como, do mesmo modo, não se há de olvidar da primazia do regramento geral do CC/2002 acerca do transporte, quando confrontado com a lei especial (art. 732). Apenas que, como está no item da jurisprudência, a seguir, ausente o conhecimento, inverte-se o ônus de provar questões afetas ao conteúdo da mercadoria transportada.

Lembre-se, a propósito, conforme se acentuou já no comentário ao art. 730, que o contrato de transporte não exige forma especial, pelo que o conhecimento não condiciona seu aperfeiçoamento. O conhecimento de transporte sempre foi considerado um título de crédito, desde o Decreto n. 19.473/30, que regulamentava os conhecimentos de transporte de mercadorias por terra, água ou ar, depois alterado pelos Decretos ns. 19.754/31, 20.454/31 e 21.736/32, DL n. 4.938/42 e Decreto n. 90.959/85, o chamado Regulamento Geral dos Transportes. São títulos impróprios, porque representativos das mercadorias, mas dotados, se não emitidos com a respectiva proibição, portanto com a cláusula *não à ordem*, da possibilidade de endosso, de tal sorte que o endossatário presume-se o titular das coisas nele discriminadas, ou, na justa advertência de Fran Martins (*Contratos e obrigações comerciais*, 7. ed. Rio de Janeiro, Forense, 1984, p. 252-3), titulares do direito de receber ou retirar a mercadoria transportada.

A perda ou extravio do conhecimento enseja procedimento próprio previsto também na lei especial, com aviso que se deve dar ao transportador, para que retenha a mercadoria. A essa matéria se tornará quando do exame do art. 754.

Acrescenta, finalmente, o parágrafo único, do artigo em comento, ser direito potestativo do transportador exigir declaração assinada pelo expedidor, dando conta da discriminação das coisas a serem transportadas. Trata-se de medida de cautela de que pode se valer o transportador, assim garantindo-se contra o eventual transporte de carga ilegal. Uma vez exigida e apresentada a declaração, uma de suas duas vias passa a fazer parte integrante do conhecimento.

**Jurisprudência:** Assentando não se prejudicar a consumação do contrato de transporte e respectiva responsabilidade do transportador pela ausência de emissão de conhecimento de frete: *RT* 811/313. Invertendo o ônus da prova caso se afirme alteração do conteúdo da mercadoria, devidamente individualizado pelo usuário no conhecimento: *RT* 718/238.

---

**Art. 745. Em caso de informação inexata ou falsa descrição no documento a que se refere o artigo antecedente, será o transportador indenizado pelo prejuízo que sofrer, devendo a ação respectiva ser ajuizada no prazo de cento e vinte dias, a contar daquele ato, sob pena de decadência.**

---

Já se viu, em primeiro lugar, até por conta da responsabilidade a ele afeta, que o transportador pode exigir, por um lado, a devida discriminação, pelo expedidor, das mercadorias que deverão ser transportadas, de suas condições, natureza e características. Por outro lado, como em qualquer contrato, no transporte deve imperar padrão ético de conduta das partes, que, pelo quanto o princípio da boa-fé objetiva lhes impõe, na sua função supletiva, devem cuidar da devida informação sobre o que interesse ao escorreito cumprimento da prestação.

Nesse sentido é que se refere a lei à precisa informação que deve prestar o expedidor sobre as mercadorias a serem transportadas, inclusive de modo que tais dados, levados ao conhecimento de transporte, sejam exatos.

Não se olvide a responsabilidade do transportador e a possibilidade de que ele venha a experimentar algum prejuízo decorrente da incorreção de dados fornecidos pelo expedidor e levados ao conhecimento. Não é diferente a previsão que em lei especial já se continha, como o art. 239 do Código Brasileiro de Aeronáutica sobre o transporte aéreo. Segundo esse preceito, sem prejuízo de sua responsabilidade penal, o expedidor deve responder pela exatidão das indicações e declarações constantes do conhecimento aéreo e pelo dano que, em consequência de suas indicações ou declarações irregulares, inexatas ou incompletas, venha a sofrer o transportador ou qualquer outra pessoa.

Na redação de igual artigo do CC/2002, este que ora se comenta, o problema está em que se estabelece prazo decadencial para exercício da ação indenizatória pelo transportador que tenha experimentado prejuízo em decorrência das informações imprecisas do remetente – fugindo à regra geral acerca dos prazos de ação de responsabilidade, que são de prescrição, por não envolverem direitos potestativos, estes sim, indutivos do curso de prazo de decadência, segundo o CC/2002 – de 120 dias, frise-se, contados, segundo a dicção legal, *daquele ato*, sugerindo a possível interpretação de que o termo *a quo* se contaria da emissão do conhecimento.

Sucede que, mesmo havido dano diretamente oriundo dessas inexatas informações levadas ao conhecimento, como quando o transportador seja apenado pela incorreção, pela irregularidade das condições de peso, por exemplo, o fato constitutivo de seu direito ressarcitório não se terá ostentado já no momento da emissão do conhecimento. Pior, pense-se, na exemplificação de Zeno Veloso (*Novo Código Civil comentado*. Ricardo Fiuza (coord.). São Paulo, Saraiva, 2002, p. 672), no transporte de mercadoria inflamável, circunstância não informada, que se incendeia durante o transporte e causa dano ao transportador.

Evidente que a ação ressarcitória não pode ter seu prazo de propositura iniciado da expedição do conhecimento, supondo-se até que o caso seja de prejuízo diretamente resultante da imprecisão do conhecimento de transporte, já ao que não se acede. De toda a forma, nessas hipóteses não se considera que o termo inicial de contagem de prazo se possa dar antes de havido o prejuízo, cujo ressarcimento se perseguirá com a propositura da demanda indenizatória.

**Jurisprudência:** TJSP, Ap. n. 9096607-44.2008.8.26.0000/São Paulo, 7ª Câm. de Dir. Priv., rel. Miguel Brandi, *DJe* 21.01.2013, p. 1.215.

**Art. 746. Poderá o transportador recusar a coisa cuja embalagem seja inadequada, bem como a que possa pôr em risco a saúde das pessoas, ou danificar o veículo e outros bens.**

Foi sempre previsão constante, nas leis especiais editadas acerca do transporte de cargas (art. 49, Decreto n. 51.813/63; art. 37, Decreto n. 90.959/85; Decreto n. 1.832/96), a possibilidade de o transportador recusar a mercadoria a ser transportada em virtude do seu mau acondicionamento. Isso porque é obrigação do expedidor embalar adequadamente a coisa que será deslocada, de acordo com sua natureza, de modo a evitar a causação de danos a pessoas ou coisas. Pois o CC/2002 repete a regra, mas acrescenta uma cláusula geral, a autorização para a recusa sempre que a coisa cujo transporte se pretende possa por em risco, de qualquer modo, a saúde das pessoas ou a integridade do veículo transportador ou de quaisquer outros bens. Porém, ao ser aceito o transporte, sem ressalva, responsabiliza-se o transportador pelos danos que a carga possa sofrer, a par da responsabilidade perante terceiros dos danos que ela possa provocar.

Bem de ver que, nos casos de carga proibida – ou com regras específicas para deslocamento, pela sua especial periculosidade – a recusa não é uma opção do transportador, mas um dever seu, tanto quando desacompanhada de seus correspondentes documentos, como está no artigo seguinte. A exigência de correto acondicionamento da coisa, que se impõe ao expedidor, bem assim a prerrogativa de recusa, pelo transportador, se a embalagem for inadequada, na verdade representam ainda a contrapartida da responsabilidade do condutor. Ou seja, como é responsabilidade do transportador a preservação da higidez da coisa transportada, então natural que se exija seja-lhe entregue adequadamente embalada, conforme sua natureza e o meio de deslocamento que se fará.

A não ser assim, e sobrevindo o dano à carga, resultante do mau acondicionamento pelo expedidor, afasta-se a responsabilidade do transportador, inclusive como, para o transporte rodoviário de cargas, se expressou no art. 12, II, da Lei n. 11.442/2007 ou, antes, para o transporte multimodal – regido por um único contrato, mas executado mediante mais de uma modalidade de transporte – já se havia levado ao texto do art. 16, II, da Lei n. 9.611/98. Isso, porém, vale a ressalva, na relação interna entre os contratantes, eis que não se exime o transportador da responsabilidade por danos havidos a terceiros, posto que assegurado direito regressivo diante do expedidor (v. ainda, comentários ao art. 735).

Veja-se, de outra parte, que o CC/2002 não fez nenhuma ressalva, ao contrário do que se poderia considerar inferido da redação do art. 50 do Decreto n. 51.813/63, por exemplo, que pudesse induzir interpretação de que o transportador é obrigado a receber a coisa se seu reclamo contra o mau acondicionamento não for acatado, apenas se eximindo da respectiva responsabilidade. Antes de tudo, o regramento presente procura evitar danos, que inclusive podem atingir terceiros, assim além da questão da responsabilidade do transportador, apenas. Confira-se, a respeito, o que se deduziu no comentário ao art. 739, acerca da questão da segurança como justificativa da recusa do transportador à entabulação do ajuste.

**Jurisprudência:** Diferenciando hipótese em que o acondicionamento defeituoso se deu, não da mercadoria, pelo expedidor, mas de sua alocação e proteção no veículo do transporte, portanto com responsabilidade do transportador: *RT* 796/276. Dando pela responsabilidade do transportador pela acomodação da carga no veículo, ainda que seu carregamento caiba ao expedidor: *RT* 785/259. Assentando que container não é embalagem, mas equipamento do veículo transportador: *RT* 699/90. Responsabilizando o transportador que não recusa a carga: TJSP, Ap. Cível n. 7.347.193.300, 18ª Câm., rel. Des. Carlos Lopes, j. 21.07.2009. Do mesmo modo e, por isso, afastando pretensa eximente que esteja no movimento da carga durante o transporte ou no seu deficiente acondicionamento: TJSP, Ap. Cível n. 7177223-1, 17ª Câm. de Dir. Priv., rel. Des. Tésio Negrato, j. 20.02.2008. Mas afastando a responsabilidade do transportador quando não tem condições de avaliar o conteúdo, assim considerada a modalidade de transporte marítimo com cláusula FOB, porque o acondicionamento e lacração de contêiner se dão pelo exportador: TJSP, Ap. Cível n. 0001213-97.2006.8.26.0271, 12ª Câm. de Dir. Priv., rel. Des. Jácob Valente, *DJe* 28.01.2014, p. 996.

**Art. 747. O transportador deverá obrigatoriamente recusar a coisa cujo transporte ou comercialização não sejam permitidos, ou que venha desacompanhada dos documentos exigidos por lei ou regulamento.**

Se no dispositivo anterior se autoriza o transportador – portanto, sendo-lhe deferida uma prerrogativa – a recusar o transporte de mercadorias que estejam mal acondicionadas ou que possam colocar em risco a saúde alheia, o veículo pelo qual se efetua o deslocamento ou outras mercadorias, no artigo presente se obriga o transportador a recusar o transporte de cargas proibidas ou desacompanhadas da respectiva documentação.

E também aqui, não se cuida de regra nova, eis que já antes constante de legislação especial, por exemplo valendo a remissão ao que previa o art. 242 do Código Brasileiro de Aeronáutica (Lei n. 7.565/86). Quando se determina a recusa de transporte de mercadoria proibida, preserva-se mesmo a licitude do objeto do contrato. Ou, caso se prefira, do objeto da prestação do transportador.

Com efeito, não se compadece o sistema com a possibilidade de que sejam transportadas coisas cuja comercialização seja proibida, ou cuja posse por vezes constitui mesmo crime, como no caso dos entorpecentes. Deve-se lembrar, ainda, a ocasional existência de restrições legais ao transporte de coisas perigosas, como combustível, por exemplo, que devem ensejar obrigatória recusa do transportador a tanto não adequado.

Por fim, estabelece o preceito também a obrigatória recusa quando a mercadoria não estiver acompanhada de sua documentação, exigida por norma legal ou regulamentar. Pense-se, por exemplo, no transporte rodoviário de cargas desacompanhadas de sua nota fiscal.

**Art. 748. Até a entrega da coisa, pode o remetente desistir do transporte e pedi-la de volta, ou ordenar seja entregue a outro destinatário, pagando, em ambos os casos, os acréscimos de despesa decorrentes da contraordem, mais as perdas e danos que houver.**

Tal como se dá no transporte de pessoas, a propósito remetendo-se aos comentários do art. 740, e lá fixando-se um limite especial, não estipulado no presente dispositivo, ao menos por incidência do CC, para a respectiva cláusula penal compensatória, pode haver desistência do contrato de transporte de coisas, manifestável até sua entrega ao transportador.

Além disso, veja-se que, no transporte de pessoas, esse exercício não se condiciona, propriamente, ao início do percurso, eis que mesmo durante o trajeto poderá haver desistência. A previsão de desistência para o transporte de mercadorias até sua entrega reforça antigo entendimento que via nesta espécie um contrato real, somente aperfeiçoado com a tradição da coisa a ser transportada. Mas, como se viu nos comentários logo ao art. 730, o contrato de transporte, mesmo de cargas, é consensual, sendo que a entrega já constitui ato de execução.

De mais a mais, nada impedia que a lei estabelecesse, mesmo assim, a possibilidade de arrependimento. Porém, ao fazê-lo, exatamente porque o contrato já estaria então aperfeiçoado, não eximiu o desistente de compor as perdas e danos provocadas pelo seu arrependimento. É possível a fixação prévia desse valor, por acordo das partes, mediante o estabelecimento de cláusula penal, malgrado sem o limite que se determinou para o transporte de pessoas, mas atendendo-se ao princípio de equilíbrio das relações contratuais que permeia o ordenamento como um todo (art. 3º, I, da CF), não só o art. 53 do CDC. A propósito, remete-se aos comentários do art. 732.

Bem de ver que, no Decreto n. 19.473/30, particularmente em seu art. 7º, facultava-se ao remetente, todavia então obrigado a pagar o frete por inteiro, exigir o desembarque imediato da mercadoria, mesmo já em trânsito, portanto ainda depois de sua entrega (*right of stoppage in transitu*). Nem se considera que essa possibilidade esteja excluída pelo novo CC, apenas se ressalvando a verificação de eventual prejuízo maior, inclusive, quanto aos lucros cessantes, que se componha pelo pagamento integral do frete, sempre observada eventual abusividade, conforme o dano real comprovado no caso concreto.

Mas, além da desistência, o preceito em questão permite que o expedidor altere o destino da carga, tal qual já se continha no art. 113 do CCom. Ao que se entende, tal alteração poderá ser feita mesmo quando a mercadoria já estiver em trânsito, sempre mediante o ressarcimento do acréscimo de despesas que a contraordem pode induzir, inclusive reajuste do frete, se for o caso. A ressalva, porém, que se há de fazer quanto a qualquer alteração que se faça com relação ao destino de mercadoria cujo deslocamento já se iniciou é a eventual onerosidade excessiva que a variação pode ensejar e que persista mesmo diante da revisão do frete. Essa situação autoriza a recusa da alteração pelo transportador, tal qual o caso em que não se acorda o reajuste do frete devido pelo acréscimo de esforço para o serviço alterado, quando então o transportador permanece com a obrigação de entrega no local do destino original.

**Jurisprudência:** TJRS, Ap. Cível n. 70.047.955.836, 12ª Câm. Cível, rel. Des. José Aquino Flôres de Camargo, j. 05.04.2012.

**Art. 749. O transportador conduzirá a coisa ao seu destino, tomando todas as cautelas necessárias para mantê-la em bom estado e entregá-la no prazo ajustado ou previsto.**

O contrato de transporte de cargas, quanto à responsabilidade do transportador, a rigor não difere do contrato de transporte de pessoas, essencialmente envolvendo-se, tanto num quanto noutro, uma obrigação de resultado, afeta ao transportador, de fazer chegar a pessoa ou coisa a seu destino, sem qualquer dano, incólume. É a cláusula de incolumidade ínsita a essa espécie contratual, pelo que responde o transportador independentemente de culpa, como de resto se dá, no CC/2002, no tocante às atividades de risco inerente e especial, como é a de transporte. Certamente, essa responsabilidade encontra excludentes, valendo, a propósito, remissão aos comentários aos arts. 734 e 735, em que a matéria já foi enfrentada e cuja substância aqui não se altera.

É bem de ver que o artigo em questão cuidou do deslocamento da coisa de modo a não só evitar que ela sofra dano, bem como a que se a faça entregar no tempo ajustado. De novo, tal qual se estabeleceu para o transporte de pessoas, sem qualquer ressalva de prazo de carência, determinou-se que o transportador obedecesse ao tempo ajustado para entrega da coisa transportada. Por isso, também nesse passo, cabe a advertência feita nos comentários ao art. 737, a que se remete, acerca da inaplicabilidade de lei especial que fixe prazos mínimos para que o dano resultante de atraso seja indenizado, que não se compreenda apenas como um período acima do qual o ressarcimento se fará de maneira automática, sem qualquer excludente, mas com possibilidade de limitação ou tarifação do *quantum* indenizatório. De toda a sorte, vale a remissão aos comentários dos artigos mencionados anteriormente, evitando-se repetição.

Conforme regra em si do direito obrigacional, se não for ajustado termo final para entrega, tratando-se de prestação que, naturalmente, envolve tempo para ser cumprida, deve-se cogitar não da exigibilidade à vista, mas do chamado prazo moral, ou seja, aquele razoável para adimplemento, de acordo com as circunstâncias específicas do transporte contratado.

**Jurisprudência:** Enunciado n. 15, TJSP, Seção de Direito Privado: "No roubo de carga objeto de contrato de transporte terrestre, é cabível o direito de regresso, se assim o autorizam as circunstâncias fáticas, ainda que exista cláusula de renúncia pela seguradora nas hipóteses em que houve agravamento do risco ou culpa do transportador".

Deliberando não excluída a responsabilidade do transportador por furto da carga durante transporte noturno: *RT* 793/255. Mas, excluindo esta responsabilidade no caso de roubo da carga: STJ, REsp n. 433.738/SP, 4ª T., rel. Min. Aldir Passarinho Júnior, j. 12.11.2002; Ag. Reg. no AI n. 686.845/MG, 3ª T., rel. Min. Humberto Gomes de Barros, j. 03.10.2006, *DJ* 23.10.2006; Ag. Reg. nos Emb. Decl. no REsp n. 772.620/MG, 3ª T., rel. Min. Nancy Andrighi, j. 06.12.2005, *DJ* 19.12.2005; Ag. Reg. no REsp n. 703.866/SC, rel. Min Asfor Rocha, j. 13.09.2005, *DJ* 13.02.2006. Igualmente aceitando o roubo como fortuito externo e isentando a responsabilidade da Empresa dos Correios: STJ, REsp n. 976.564/SP, 4ª T., rel. Min. Luis Felipe Salomão, j. 20.09.2012. Mas responsabilizando a transportadora em caso de roubo quando omitidas medidas devidas de cautela: STJ REsp n. 1.676.764, rel. p/ o acórdão Min. Paulo de Tarso Sanseverino, j. 23.10.2018. Fixando prazo razoável para entrega das mercadorias, quando a tanto não estabelecido prazo certo: *RT* 813/267. Assentando a responsabilidade pelo extravio da carga: TJRJ, Ap. Cível n. 2006.001.70301, 4ª Câm., rel. Des. Fernando Fernandes, j. 11.01.2007. Do mesmo modo, quando havido roubo: TJSP, Ap. Cível n. 7.130.846-4, 11ª Câm., rel. Des. Gilberto dos Santos, j. 03.05.2007.

Para a pretensão de ressarcimento de danos causados às mercadorias em transporte rodoviário, devido à falta de manutenção da temperatura recomendada no interior do caminhão, considerou-se, no caso ausente relação de consumo, ânuo o prazo de prescrição, contado desde a ciência do dano pelo prejudicado, nos termos do art. 18 da Lei n. 11.442/2007: STJ, REsp n. 1.669.638, 3ª T., rel. Min. Nancy Andrighi, j. 19.06.2018.

Assentando a responsabilidade do transportador internacional de carga, pelo extravio de mercadoria, limitada ao teto previsto no Decreto n. 5.910/2006 (Convenção de Montreal): STJ, Ag. Int. nos Emb. Decl. no REsp n. 2.051.030/RJ, 3ª T., rel. Min. Moura Ribeiro, j. 22.04.2024, *DJe* 24.04.2024.

**Art. 750. A responsabilidade do transportador, limitada ao valor constante do conhecimento, começa no momento em que ele, ou seus prepostos, recebem a coisa; termina quando é entregue ao destinatário, ou depositada em juízo, se aquele não for encontrado.**

Em primeiro lugar, o CC/2002 preestabelece o valor da mercadoria, pelo qual responde o transportador. Não se trata, aqui, de limitação indevida, porquanto, como se viu nos comentários aos arts. 743 e 744, o conhecimento de transporte da carga deverá identificar seu valor, inclusive mercê de devida informação do expedidor. Por isso mesmo, esse o importe que se considera seja o das coisas transportadas, e que define a extensão da responsabilidade que a propósito é afeta ao transportador, e que, evidentemente, não exclui a eventual obrigação de indenizar por título ou causa outra, como lucros cessantes ou mesmo, se for o caso, danos extrapatrimoniais.

Além disso, fixa o CC/2002, no artigo em comento, o exato instante em que o transportador passa a responder pelas mercadorias cujo transporte lhe é confiado. A lei estabelece que isso se dá desde quando haja o recebimento da carga. A disposição não é diversa daquela que já se continha no art. 101 do CCom, determinando o mesmo termo inicial para a responsabilidade do transportador. Da mesma forma, o Decreto n. 2.681/1912, cuidando do transporte ferroviário, dispôs no seu art. 3º que a responsabilidade do transportador começava ao ser recebida a mercadoria na estação pelos empregados da estrada de ferro, antes mesmo do despacho. Quanto ao transporte aéreo, fixou-se a mesma responsabilidade desde o recebimento da carga (art. 245 da Lei n. 7.565/86). Assim, ainda, o art. 9º, *caput*, da Lei n. 11.442/2007, que dispôs sobre o transporte rodoviário de cargas em território nacional, apenas omisso na referência à consignação, todavia o que se deve colmatar pelo socorro à parte final do artigo em comento; ou o art. 13, *caput*, da Lei n. 9.611/98, acerca do transporte multimodal, realizado mercê de um único contrato, todavia executado por mais de um meio de transporte.

Toda essa legislação especial sempre estendeu a responsabilidade do transportador até o instante da entrega da mercadoria ao destinatário. Pois é, também, o que explicita o novo CC, ressalvando que, não sendo encontrado o consignatário, a coisa deve ser depositada em juízo.

Já se decidiu, porém, conforme citação a seguir, que a omissão do transportador no preenchimento do conhecimento de transporte não pode servir de eximente à sua responsabilidade pelos danos havidos na carga transportada, tanto mais se, como se viu nos comentários aos arts. 730 e 744, o contrato de transporte é informal.

A questão, porém, que se põe, surge quando o expedidor não declara o valor das mercadorias. Por exemplo, o art. 14, parágrafo único, da Lei n. 11.442/2007, que disciplina o transporte rodoviário de cargas em território nacional, nesses casos limita a responsabilidade do transportador ao importe equivalente a dois Depósitos Especiais de Saque (DES) por quilograma de peso bruto transportado. É, a rigor, uma tarifação legal apriorística do valor de mercadorias que o expedidor omitiu. E que, portanto, somente pode ser entendida quando essa omissão for imputável a ele, expedidor, mas, segundo se crê, sempre que não lhe seja possível provar valor maior, ônus que passa a ser seu, a si afeto (v. comentários ao art. 744), sob pena de indevido enriquecimento do transportador e mesmo de afronta ao sistema constitucional e geral do CC/2002 no sentido da plena reparabilidade dos prejuízos havidos no desempenho de atividade que induz especial risco (*v.* comentários ao arts. 732 e 927, parágrafo único). Exatamente o mesmo problema que, antes do CC/2002, suscitava já o art. 17, § 3º, da Lei n. 9.611/98, ordenadora do transporte multimodal.

Portanto, se a ausência da devida informação não pode beneficiar o expedidor, do mesmo modo não pode ser foco de indevida vantagem ao transportador. Tudo, assim, se há de apreciar, seja dado reiterar, uma vez informal o contrato de transporte, no campo da prova produzida e que, nesse ponto, incumbe a quem expede a carga. Ainda se admita, conforme a previsão de lei, uma tarifação apriorística, destarte falhando a prova, do valor das mercadorias.

**Jurisprudência:** Explicitando incluir-se na responsabilidade do transportador aéreo, que vai desde o recebimento até a entrega da mercadoria em seu destino, o manuseio, a operação de carga e descarga da *res* transportada, e não apenas seu deslocamento físico: *RT* 808/257. Afirmando a responsabilidade do transportador, mesmo quando não havido preenchimento do conhecimento de transporte: TJRS, Ap. Cível n. 70.014.520.829, 11ª Câm., rel. Des. Antônio Maria Iserhard, j. 12.07.2006. Ainda, responsabilizando o transportador por subtração da carga já chegada ao destino, mas não descarregada: TJSP, Ap. Cível n. 1.057.564.300, 15ª Câm., rel. Des. Antônio Ribeiro, j. 15.09.2009. Limitando a responsabilidade do transportador aéreo, em caso de perda e avaria de mercadoria, ao valor do conhecimento de transporte: TJSP, Ap. Cível n. 990.10.154720-1, 13ª Câm., rel. Des. Heraldo de Oliveira, j. 16.06.2010. No mesmo sentido e recorrendo inclusive ao princípio da boa-fé objetiva: TJRS, AC n. 70079377396, rel. Des. Umberto Guaspari Sudbrack, 12ª Cam., j. 08.11.2018.

Aplicando, para o transporte marítimo, a regra especial do DL n. 116/67, que estabelece a responsabilidade do transportador, pela higidez da mercadoria, até o início da operação de descarga no porto: STJ, REsp n. 1.625.990/PR, 3ª T., rel. Min. Marco Aurélio Bellizze, j. 24.10.2023, *DJe* 26.10.2023. Remete-se, aqui, também ao comentário do art. 732.

---

**Art. 751. A coisa, depositada ou guardada nos armazéns do transportador, em virtude de contrato de transporte, rege-se, no que couber, pelas disposições relativas a depósito.**

---

O artigo presente assenta a responsabilidade do transportador pela coisa a si confiada, durante o período em que ela esteja à sua disposição, depositada ou guardada em seus armazéns, quer porque, caso já tenha sido recebida, aguarda o despacho, o deslocamento, quer porque, se o transporte já tiver sido feito, espera a entrega ao destinatário.

Neste interregno, o CC estabelece que a responsabilidade do transportador rege-se pelas mesmas regras que regulamentam a responsabilidade do depositário. Com efeito, pelo contrato de depósito, como é sabido, o depositário recebe objeto móvel para guardar, até que o depositante o reclame (art. 627). Incumbe-lhe, fundamentalmente, um dever de custódia, um dever de cuidado na guarda e conservação da coisa. É, da mesma forma, a diligência que se exige do transportador, a respeito das coisas que deverão ser ou que foram transportadas, mas se encontram depositadas a seus cuidados, à sua disposição.

Impende é que, seguindo a norma geral do artigo anterior, a mercadoria já tenha sido recebida pelo transportador e ainda por ele não entregue ao destinatário. Ou seja, sua responsabilidade, enquanto a coisa esteja depositada, se dá desde que tal depósito já se tenha feito a seus cuidados, vale dizer, durante o período que vai do recebimento à entrega, que é, segundo a lei, o interregno durante o qual o transportador responde pela carga. Tal dever acessório que tem o transportador, de guarda e cuidado para com a coisa transportada, já levou mesmo antiga doutrina a definir a natureza do transporte como verdadeiro depósito, o que se encontra superado pela entrevisão de um contrato autônomo e, agora, típico, cuja prestação principal é o deslocamento da coisa ou da pessoa. Claro que o transportador também é responsável por eventual armazenamento que se faça em meio ao percurso, por interrupção do deslocamento, sempre sem a necessidade de que o local do armazenamento seja próprio do transportador. Importa é que a coisa esteja ainda sob seus cuidados, armazenada em local de sua responsabilidade, de sua escolha.

---

**Art. 752. Desembarcadas as mercadorias, o transportador não é obrigado a dar aviso ao destinatário, se assim não foi convencionado, dependendo também de ajuste a entrega a domicílio, e devem constar do conhecimento de embarque as cláusulas de aviso ou de entrega a domicílio.**

---

No contrato de transporte, o lugar da entrega da coisa transportada é aquele que tiver sido convencionado pelas partes, sem que, como regra, tenha o transportador o dever de avisar o destinatário sobre o desembarque, isto é, sobre a chegada da mercadoria a seu destino.

A entrega deverá ser procedida no domicílio do consignatário apenas se isso se ajustar, o que se deve explicitar no conhecimento de transporte emitido. Da mesma forma, é nesse conhecimento que se deve explicitar se o transportador assumiu o encargo de dar aviso de chegada das mercadorias, embora esse dever não lhe toque, em princípio.

Porém, como já foi acentuado nos comentários ao art. 744, deve-se lembrar que a falta do conhecimento de transporte não prejudica a eficácia do contrato de transporte e, assim, a convenção sobre local de entrega e de aviso que de outra forma se tenha consumado. Todavia, é importante reiterar que o transportador somente estará adstrito a entregar a coisa no domicílio do consignatário e a dar aviso do desembarque da carga se isso se tiver convencionado.

Por fim, se a lei refere a necessidade de menção expressa à entrega no domicílio do consignatário, é lícito entender que, no silêncio do contrato, a entrega deve-se proceder no armazém do transportador, devendo ser de lá retirada pelo destinatário ou por quem se apresentar com o conhecimento endossável e endossado, conforme o art. 754. Nesse sentido, José Maria Trepat Cases observa que, na verdade, qualquer outro local de entrega, que não o armazém do transportador, deve ser objeto de explícita estipulação (*Código Civil comentado*. Álvaro Vilaça Azevedo (coord.). São Paulo, Atlas, 2003, v. VIII, p. 195).

**Jurisprudência:** Assentando a responsabilidade do transportador aéreo, quando ajustada a entrega a domicílio, por sinistro ocorrido durante o deslocamento terrestre da mercadoria: *RT* 747/394. Sobre o descumprimento, pelo transportador, das disposições do artigo: TJSP, Ap. Cível n. 992.05.111220-4, 37ª Câm., rel. Des. Roberto MacCracken, j. 12.05.2010. Dispensando notificação de chegada das mercadorias e fixando responsabilidade pelo adicional de sobrestadia do *container* (*demurrage*): TJSP, AC n. 0031992-59.2011.8.26.0562, rel. Des. Cesar Peixoto, j. 03.04.2013.

---

**Art. 753. Se o transporte não puder ser feito ou sofrer longa interrupção, o transportador solicitará, incontinenti, instruções ao remetente, e zelará pela coisa, por cujo perecimento ou deterioração responderá, salvo força maior.**

**§ 1º Perdurando o impedimento, sem motivo imputável ao transportador e sem manifestação do remetente, poderá aquele depositar a coisa em juízo, ou vendê-la, obedecidos os preceitos legais e regulamentares, ou os usos locais, depositando o valor.**

**§ 2º Se o impedimento for responsabilidade do transportador, este poderá depositar a coisa, por sua conta e risco, mas só poderá vendê-la se perecível.**

**§ 3º Em ambos os casos, o transportador deve informar o remetente da efetivação do depósito ou da venda.**

**§ 4º Se o transportador mantiver a coisa depositada em seus próprios armazéns, continuará a responder pela sua guarda e conservação, sendo-lhe devida, porém, uma remuneração pela custódia, a qual poderá ser contratualmente ajustada ou se conformará aos usos adotados em cada sistema de transporte.**

---

O dispositivo consagra importante e discutível inovação, para quando impossibilitado ou interrompido o transporte, e à falta de instruções do remetente, permitindo-se, então, a alienação da coisa transportada, que estava já aos cuidados do transportador.

Mas, em primeiro lugar, o *caput* cuida da hipótese de o transporte não se poder iniciar ou se interromper, impondo-se ao transportador o dever de, a uma, solicitar, de pronto, instruções ao remetente e, a duas, velar pela coisa, à semelhança do depósito, tal qual já se viu nos comentários ao art. 751, portanto respondendo por perecimento ou avarias, salvo em caso de força maior, a propósito, no que toca às excludentes, valendo remissão ao quanto já expendido no exame do art. 749.

Não se estabeleceu prazo para que o transportador solicite informações quanto ao destino da mercadoria cujo transporte se impossibilitou ou se interrompeu, da mesma forma que não se especificou o tempo durante o qual a resposta do remetente deve ser aguardada. Certo que, para a solicitação das instruções, determinou o legislador que o transportador agisse incontinenti, isto é, desde logo, de imediato, sem qualquer retardo, tudo dentro do que é razoável para o caso concreto, sob pena de responder pela demora.

Da mesma forma, para esperar a resposta, deve-se considerar igualmente período razoável, conforme as condições e o domicílio das partes, bem como a forma de comunicação entre ambas. Importa é a razoabilidade para o caso concreto. Nada diverso do prazo moral, por exemplo, das obrigações, via de regra de fazer, constituídas sem termo final, mas cuja consecução exige tempo, portanto se afastando o vencimento à vista, como sucederia pela regra geral.

O § 1º acrescenta que, se o impedimento ao transporte ou à sua continuação persistir sem motivo que seja imputável ao transportador, como obstrução de caminhos, intempéries, fato do príncipe, desde que não recebidas instruções do expedidor, caberá o depósito judicial da coisa ou, eis o ponto, sua venda, depositando-se o respectivo produto.

Nada de novo na previsão de depósito da coisa. Sua venda, todavia, representa grande inovação, aqui autorizada mesmo quando não se trate de coisa perecível, portanto em risco de se perder. Pois, a respeito, acede-se à crítica de Roberto Senise Lisboa (*Manual elementar de direito civil*, 2. ed. São Paulo, RT, 2002, v. III, p. 246) no sentido de que o novo CC criou uma prerrogativa perigosa, que atropela a devida e prévia intervenção judicial. Ou seja, permite-se uma venda extrajudicial com genérica condicionante a inespecíficos *preceitos legais e regulamentares*, quando menos devendo-se aí entender a cautela por que a alienação não se faça de maneira prejudicial ao expedidor. Talvez tivesse sido melhor a intervenção judicial precedente no lugar das instruções do remetente, que foram omitidas.

Veja-se que mesmo no depósito, cujo regramento no transporte de coisas serve de socorro (art. 751), não se prevê igual medida, dispondo-se, ao revés, sobre a consignação judicial da coisa quando, por motivo plausível, o depositário não puder mais dela se encarregar (art. 635). Não é só. No caso de depósito resultante do direito real de penhor, o credor pignoratício, especificamente diante do risco de perda ou deterioração da coisa empenhada, pode vendê-la, desde que, frise-se, mediante prévia autorização judicial. É, a rigor, o que melhor se adequaria à inteligência do artigo em comento, analogicamente ao que se prevê para caso similar, ainda que a consumação da venda não se faça judicialmente, mas segundo os usos locais.

Mais, com a prévia autorização judicial permitir-se-ia ao expedidor, como ao devedor, no penhor, se permite substituir a coisa empenhada, evitando sua venda, suprir a falta de informação sobre o destino da coisa, eventualmente, até, beneficiando o transportador com a cessação da custódia da *res*, dando-lhe algum outro destino.

Se, todavia, o impedimento ao transporte decorrer de fato imputável ao transportador, portanto de sua responsabilidade, quer por culpa, quer por fortuito interno (arts. 734 e 749), então só lhe caberá o depósito da coisa, restando a venda, com as contingências já examinadas, apenas para a hipótese de risco de perecimento (§ 2º do artigo em comento).

Corolário do princípio da boa-fé objetiva pelo que se pautam as relações contratuais (art. 422) e que, na sua função supletiva, cria deveres anexos que garantem o desenvolvimento do vínculo obrigacional de maneira mais leal, incumbe ao transportador sempre informar o expedidor sobre eventual depósito ou venda da coisa.

Por fim, somente quando não o faça por conta de impedimento a si imputável, por culpa ou risco, terá direito o transportador a remuneração suplementar por manter a coisa depositada em seus armazéns, se o transporte for impossibilitado ou interrompido, o que, à falta de consenso, arbitrar-se-á judicialmente.

**Jurisprudência:** Fixando indenização ao transportador por despesas havidas em virtude de impossibilidade de entrega da coisa, que teve de permanecer a seus cuidados, tudo em virtude de causa imputável ao destinatário: *RT* 812/365. No mesmo sentido: TJSP, AC n. 1005171-52.2015.8.26.0047, rel. Des Spencer Almeida Ferreira, 38ª Câm. de Dir. Priv., j. 27.07.2017. Sobre o descumprimento, pelo transportador, das disposições do artigo: TJSP, Ap. Cível n. 992.05.111220-4, 37ª Câm., rel. Des. Roberto Mac Cracken, j. 12.05.2010.

---

**Art. 754. As mercadorias devem ser entregues ao destinatário, ou a quem apresentar o conhecimento endossado, devendo aquele que as receber conferi-las e apresentar as reclamações que tiver, sob pena de decadência dos direitos.**

**Parágrafo único. No caso de perda parcial ou de avaria não perceptível à primeira vista, o destinatário conserva a sua ação contra o transportador, desde que denuncie o dano em dez dias a contar da entrega.**

---

A entrega das mercadorias transportadas se faz, em geral, a quem o contrato indique como sendo o destinatário, chamado consignatário. Bem de ver, porém, que, conforme já se acentuou nos comentários ao art. 744, o contrato se instrumentaliza, em regra, por documento dotado de cartularidade, o conhecimento de transporte, de frete e de carga. Mas se a lei a ele atribui a natureza de título de crédito, posto que impróprio, porquanto representativo de mercadorias, possível seu endosso se não houver cláusula proibitiva (*não à ordem*). Se o endosso ocorrer, o endossatário passa a estar legitimado para o recebimento da mercadoria, sempre assentado que, na dúvida sobre quem deva receber, incumbe ao transportador a consignação.

Aquele que receber a carga, de toda a sorte, deve conferi-la e, nesse mesmo instante, apresentar, sob pena de decadência dos direitos resultantes, as reclamações que tiver quanto às avarias ou perdas, desde que parciais, porque a perda total é o desaparecimento da coisa, por qualquer causa, e que, assim, não se apresenta para entrega, destarte não sendo cogitáveis vistoria e protesto.

Não se exige forma especial para efetivação desse reclamo, que pode ser feito, inclusive, no próprio conhecimento, mas sempre com ciência ao transportador. Veja-se que o CC não exigiu, tal qual se continha no CPC/39 (art. 756, § 2º), reclamo ou protesto pelo atraso da entrega, com prazo para seu exercício, embora se defenda, alhures, que o preceito citado permaneça em vigor (ver, por todos: VENOSA, Sílvio de Salvo. *Direito civil*, 3. ed. São Paulo, Atlas, 2003, v. III, p. 489).

Há casos, todavia, de perda parcial ou avaria imperceptível desde logo, portanto que não permitem reclamo ou protesto imediato, por ocasião da vistoria, da conferência efetuada ao instante do recebimento. Nessas hipóteses, como o parágrafo do dispositivo em comento prevê, o destinatário tem o prazo decadencial de dez dias, contados da entrega, para denunciar ao transportador o dano à carga. É, pois, como um interregno que a lei fixa para que a perda parcial ou avaria de pronto imperceptíveis apareçam. Ao que se entende, o CDC andou melhor, ao fixar, no art. 26, § 3º, prazo decadencial para vícios não perceptíveis, contado desde o momento em que o defeito evidenciar-se. Lembre-se de que a legislação consumerista é subjetivamente especial, no caso atendendo melhor ao escopo constitucional de proteção de parte vulnerável na relação negocial.

Com as mesmas observações deve-se interpretar o art. 9º, parágrafo único, da Lei n. 11.442/2007, aplicável ao transporte rodoviário de cargas em território nacional, e o art. 13, parágrafo único, da Lei n. 9.611/98, aplicável ao transporte multimodal (*v.* art. 756), os quais, identicamente, previram a cessação da responsabilidade do transportador logo que recebida a carga, sem qualquer protesto pelo destinatário, mas sem ressalvar danos imperceptíveis de pronto. Impende, destarte, recurso complementar ao parágrafo único do art. 754 do CC/2002, naquilo que se tem chamado de diálogo das fontes, a rigor a interpretação sistemática. De mais a mais, as próprias leis especiais, nos arts. 7º, parágrafo único (Lei n. 11.442/2007), e 11, parágrafo único (Lei n. 9.611/98), e na esteira da Súmula n. 109 do STF (*vide* a seguir), estabeleceram direito de vistoria em caso de danos ou avarias, destarte sem que a ela se condicione a indenização ocasionalmente devida.

Por fim, diga-se parecer que o CC, no artigo em exame, tencionou simplificar, deformalizar mesmo o procedimento de protesto ou reclamo por avaria, se comparado com aquele que se estabelecia na legislação anterior (*v. g.*, art. 756, CPC/73).

**Jurisprudência:** Súmula n. 109, STJ: O reconhecimento do direito a indenização, por falta de mercadoria transportada via marítima, independe de vistoria.

Assentando a desnecessidade de protesto se o caso é de perda total, de extravio da mercadoria: TJRS, Ap. Cível n. 32.159, 4ª Câm., rel. Des. Bonorino Butelli, j. 05.09.1979. Da mesma maneira, ainda quando o extravio seja parcial, contentando-se com declaração da autoridade portuária: *RT* 711/226. Considerando inafastável o prazo de decadência para o protesto: TJRJ, Ap. Cível n. 2007.001.36421, 17ª Câm., rel. Des. Maria Inês Gaspar, j. 01.08.2007. No mesmo sentido: TJRS, Ap. Cível n. 70.019.145.804, 12ª Câm., rel. Des. Cláudio Baldino Maciel, j. 30.08.2007. Ainda: TJSP, Ap. Cível n. 7.315.422.200, 14ª Câm., rel. Des. Melo Colombi, j. 18.02.2009. Afastando, no caso da disputa entre empresas, relacionada a transporte marítimo de contêineres, a incidência do CDC e, assim, prestigiando o prazo de decadência do CC: STJ, REsp n. 1.391.650/SP, rel. Min. Nancy Andrighi, j. 18.10.2016.

**Art. 755. Havendo dúvida acerca de quem seja o destinatário, o transportador deve depositar a mercadoria em juízo, se não lhe for possível obter instruções do remetente; se a demora puder ocasionar a deterioração da coisa, o transportador deverá vendê-la, depositando o saldo em juízo.**

Conforme se asseverou nos comentários ao artigo antecedente, pode surgir dúvida sobre quem deva receber as mercadorias. Lembre-se, a respeito, de que o conhecimento de transporte, o qual habilita o portador a receber a carga, é dotado de cartularidade; pode, como regra, transferir-se por endosso, sendo, ademais, passível de perda ou extravio, de resto já antes se prevendo, em lei especial (art. 9º do Decreto n. 19.473/30, ora revogado), procedimento de aviso ao transportador, para retenção e deliberação judicial acerca do destino da coisa.

Pois o CC/2002 expressa que, sobrevindo dúvida a respeito de quem legitimamente deva receber a carga, impõe-se ao transportador a sua consignação em juízo. Ressalva, porém, o dispositivo em comento, a hipótese de se tratar de mercadoria perecível, sob risco de deterioração, em caso de demora, autorizando-se então o transportador a proceder à sua venda, depositando-se o preço. A propósito dessa prerrogativa de alienação, remete-se aos comentários já efetuados acerca de igual previsão contida no art. 753.

**Jurisprudência:** Sobre a exegese do dispositivo: TJRS, Ap. Cível n. 70.012.417.697, 12ª Câm., rel. Des. Naele Piazzela, j. 15.09.2005. Diferenciando a hipótese de dúvida e de recusa, para fins de incidência do preceito: TJRS, Ap. Cível n. 70.020.833.141, 12ª Câm., rel. Des. Claudio Baldino Maciel, j. 30.08.2007.

**Art. 756. No caso de transporte cumulativo, todos os transportadores respondem solidariamente pelo dano causado perante o remetente, ressalvada a apuração final da responsabilidade entre eles, de modo que o ressarcimento recaia, por inteiro, ou proporcionalmente, naquele ou naqueles em cujo percurso houver ocorrido o dano.**

O transporte cumulativo é aquele em que vários transportadores cumprem o deslocamento, mercê de um único vínculo obrigacional, mas incumbindo-se cada qual de um trecho do trajeto total. A matéria vem também tratada no art. 733, alocado dentre as disposições gerais do capítulo destinado ao regramento do contrato de transporte.

Bem de ver, porém, que, no artigo em comento, específico para o transporte cumulativo de cargas, chamado intermodal quando se desenvolve por mais de um meio de transporte (ver, sobre essas distinções: MARTINS, Fran. *Contratos e obrigações comerciais*, 7. ed. Rio de Janeiro, Forense, 1984, p. 276), pela Lei n. 9.611/98 chamado multimodal, o CC estabelece uma responsabilidade solidária dos transportadores, pelos danos causados durante o deslocamento, ainda que, ao final, identifique-se um responsável e garanta-

-se direito regressivo que os demais transportadores exerçam perante ele. A todo este respeito, vale remissão aos comentários do art. 733, em que a matéria foi já examinada e discutida. Como vale, também, a observação de que, no confronto entre a Lei n. 9.611/98 e o CC/2002, o critério de solução das antinomias deve ser o cronológico, eis que o CC, malgrado geral no seu todo, aqui, no artigo em comento, prevê disposição especial, aplicável sobretudo ao transporte multimodal.

**Jurisprudência:** Sobre a responsabilidade solidária no transporte cumulativo de cargas, com eventual direito regressivo, e já com remissão ao artigo em comento, decidiu o TJRS que "o transporte intermodal, cumulativo, finalizado pela cooperativa, impõe a apuração da responsabilidade desta e dos anteriores transportadores. De qualquer forma, se a indenização for atribuída a transportador que não teve culpa, a ele assegura-se o direito regressivo" (TJRS, AI n. 70.004.738.977, 2ª Câm. Especial, rel. Des. Assis Brasil, j. 27.02.2003). No mesmo sentido, assentando a responsabilidade solidária e o eventual regresso: TJSP, Ap. Cível n. 7.335.175.400, 14ª Câm., rel. Des. Tarciso Beraldo, j. 13.05.2009; Ap. Cível n. 0003329-36.2013.8.26.0011, 19ª Câm. de Dir. Priv., rel. Des. Ricardo Belli, *DJe* 30.06.2014, p. 1.270.

## CAPÍTULO XV
## DO SEGURO

Observa-se, sobre o Capítulo, a superveniência da Lei n. 15.040, de 09.12.2024, que institui o chamado *Marco Legal do Seguro* e que, ao fazê-lo, revoga expressamente os arts. 757 a 802 do CC (art. 133 da nova lei). Revoga ainda os arts. 9º a 14 do DL n. 73/66. Porém, em seu art. 134, consagra período de *vacatio* de um ano, o que significa a vigência do CC, no Capítulo presente, ainda por mais esse tempo. Trata-se – e aí a lógica sistemática da revogação – de normatização que estabelece amplo regramento para os seguros privados em geral (art. 4º) e que, ademais, assenta sua aplicação inclusive aos seguros regidos por lei própria, embora no que cabível (§ 2º do art. 4º). Contempla disciplina do contrato em si, dispondo sobre o interesse segurado, o risco coberto, o prêmio, o sinistro, sua regulação e liquidação. Prevê normas acerca do seguro em favor de terceiro. Regulamenta a formação e a duração do ajuste e a sua interpretação, e persiste identificando o seguro de dano – nele incluído o seguro de responsabilidade civil –, o seguro sobre a vida e a integridade física e o seguro obrigatório. Por fim, ainda dedica regramento à prescrição e a estatuir previsões de natureza processual. Enfim, será o marco regulatório geral do seguro, ocupando o lugar do CC, a partir de dezembro de 2025. Por isso mesmo, isto é, por conta da revogação havida, ainda no período de *vacatio*, e de se ter em tela obra de comentários de artigos vigentes do CC – e que não mais o serão na próxima edição, quanto ao seguro –, para esta atual edição de 2025, mantidos os comentários aos arts. 757 a 802, neles apenas se farão remissões tópicas a preceitos da nova lei, quando pertinentes a preceitos atuais do CC na matéria.

### *Seção I*
### *Disposições Gerais*

---

**Art. 757. Pelo contrato de seguro, o segurador se obriga, mediante o pagamento do prêmio, a garantir interesse legítimo do segurado, relativo a pessoa ou a coisa, contra riscos predeterminados.**

➤ Artigo revogado pela Lei n. 15.040, de 09.12.2024 (*DOU* 10.12.2024), que entra em vigor após decorrido 1 (um) ano de sua publicação oficial.

**Parágrafo único. Somente pode ser parte, no contrato de seguro, como segurador, entidade para tal fim legalmente autorizada.**

---

Em redação mais ampla e técnica que a do art. 1.432 do Código anterior, adstrita à avença securitária de dano e ao princípio indenitário ou indenizatório a ela subjacente, o artigo em pauta define o contrato de seguro referindo, em primeiro lugar, a contratação da garantia de riscos de qualquer interesse legítimo do segurado, portanto não só o prejuízo advindo do sinistro de uma coisa, já que no seguro de pessoa garante-se um *statu quo* do ser humano (cf. PONTES DE MIRANDA, Francisco C. *Tratado de direito privado*, 3. ed. São Paulo, RT, 1984, t. XLV, § 4.911, p. 275), nem sempre suscetível de ressarcimento, como, por exemplo, a vida. Esclarece-se, ainda, que o seguro se faz do interesse do segurado, e não do que a ele é pertinente, de modo que o objeto da contratação, a rigor, acaba sendo a garantia desse mesmo interesse. Ou seja, procura-se abarcar, nesse conceito genérico do CC, a proteção a qualquer interesse do segurado, e que se ostente lícito, exigindo-se, nos termos do preceito, sua legitimidade (art. 760). É o interesse segurável que, acrescenta a nova lei, pode concernir a pessoa ou coisa, portanto em seu conteúdo abrangidos os seguros de dano e, também, de pessoas, justamente a divisão que se faz do capítulo presente, depois de fixadas as disposições gerais do contrato.

Com efeito, o atual Código estrutura o capítulo do seguro estabelecendo regras gerais e, depois, separando o seguro de dano e o seguro de pessoa, destarte valendo-se de uma dentre as várias classificações que do seguro são feitas, aqui tomando-se como critério o objeto afeto ao interesse que se tenciona garantir. Na base do ajuste está a cobertura de um risco que, porém, deve ser predeterminado, vale dizer, previamente estipulado pelas partes, posto se admita aí incluído o quanto despendido pelo segurado para evitar o sinistro ou minorar suas consequências (VENOSA, Sílvio de Salvo. *Direito civil*, 3. ed. São Paulo, Atlas, 2003, v. III, p. 383). Trata-se do risco de que sobrevenha um evento futuro e incerto, ou de data incerta, não adstrito à vontade exclusiva de uma das partes, chamado, quando ocorre, de sinistro, que tenha sido previsto e que cause lesão a interesse do segurado, assim operando-se sua garantia, pelo segurador, mediante a entrega, àquele, de um capital previamente limitado. Dá-se, pois, como se costuma dizer, e não sem críticas, conforme logo adiante se referirá, verdadeira transferência, ao segurador, do risco de lesão a interesse do segurado. Isso, porém, individualmente tomado o seguro, sempre mediante o pagamento de uma contraprestação do segurado, o prêmio devido.

A rigor, todavia, ressalve-se que, no ajuste de seguro, se pressupõe uma relação mais ampla de mutualismo, em que há um universo de pessoas que, mediante o pagamento do prêmio, compõem um fundo gerido pelo administrador, que calcula a probabilidade dos eventos cobertos para quantificar a soma a ser paga pelos segurados. Mas, porque implica garantia de indenidade, com real função previdenciária, e com a crescente multiplicidade e complexidade das relações entre os indivíduos, cuida-se de contrato de especial interesse social, uma vez que, afinal, repita-se, serve a assegurar a integridade das pessoas diante de acontecimentos danosos cada vez mais frequentes e diversificados, conforme a evolução das mais variadas atividades humanas. Por essa razão, e por reclamar verdadeiro mutualismo, consoante explicitado, a dar-lhe possível sustento, há o influxo de inúmeras regras de intervenção, sabido que o seguro, ademais, foi sempre objeto de farta legislação especial, cuja incidência se ressalva no art. 777, que retoma a matéria, tanto quanto na concorrência normativa do CDC.

Além do mais, não por diverso motivo, e a reforçar a ideia de uma operação mais abrangente, de mutualismo, a atividade de seguro só pode ser desenvolvida por empresas, organizadas sob a forma de sociedades anônimas ou, no ramo rural e de saúde, de cooperativas, que a tanto sejam autorizadas pelo Poder Público, que as fiscaliza. A propósito, já o estabelecia o DL n. 2.063/40, sucedido pelo DL n. 73/66, que também criou o Sistema Nacional de Seguros Privados e, a integrá-lo, a Superintendência de Seguros Privados (Susep), autarquia encarregada daquele mister de fiscalização. Sobrevieram, mais recentemente, porém sempre na mesma esteira, alterando, em parte, o DL n. 73/66, os Decretos ns. 605/92 e 3.633/2000 e a Lei n. 10.190/2001. Foi em todo esse sentido que, no parágrafo único do artigo vertente, o CC/2002 ressalvou somente poder fazer parte do contrato securitário, na condição de segurador, entidade para tal fim autorizada, sempre na forma da lei especial, quadro que se mantém na Lei n. 15.040/2024, conforme seu art. 2º.

Contudo, da definição legal do seguro que se deu a fazer o CC/2002, é costumeira a inferência de se tratar de contrato *bilateral*, porquanto foco da irradiação de obrigação a ambas as partes; *oneroso*, dada a exigência de que, como contrapartida da garantia de risco, afeta ao segurador, haja o pagamento de prêmio, pelo segurado, mesmo admitindo-se que sirva mais à composição de um fundo gerido pelo segurador, a quem se garante uma remuneração; *consensual*, já que se aperfeiçoa pelo consenso das partes, malgrado se prove por forma própria (ver comentário ao artigo seguinte), valendo para muitos, ainda, quanto à questão do pagamento do prêmio, causa de tipificação de um contrato real, remissão ao comentário do art. 763. Entretanto, impende notar, acerca do que não há dúvida, que o ajuste é daqueles cativos, de longa duração, com especial reclamo a que se portem as partes de acordo com o padrão de lealdade que a boa-fé objetiva exige, ademais porquanto estabelecida sua intrínseca equação econômica a partir, basicamente, das declarações e informações das partes, então calculando-se risco e prêmio (art. 765). Também comum entendê-lo como contrato aleatório, não comutativo, ao argumento de que, de um lado, pode o segurado pagar o prêmio por muito tempo, sem nunca precisar da cobertura contratada, tanto quanto pode o segurador, depois de pouco tempo de recebimento do prêmio, ter de honrar o valor do seguro, diante de sinistro sucedido. Ou seja, cobre-se risco de evento cuja ocorrência futura é incerta, de modo que as prestações das partes não são previamente conhecidas e determinadas.

Tudo isso, é certo, da perspectiva do contrato individual de seguro, mas não olvidada sua inserção em relação mutualista mais abrangente, como já examinado. Até porque, dessa perspectiva, tem-se sustentado existir, sim, uma comutatividade, compreendendo-se a prestação principal afeta ao segurador não como a de pagamento do valor segurado, que pode realmente não acontecer, mas a de manutenção da garantia a que se volta o seguro. Em outros termos, incumbir-lhe-ia gerir o fundo constituído com o pagamento do prêmio pela universalidade dos segurados de forma a manter, pelo tempo do ajuste, a garantia contratada, objeto da contratação. Quer dizer, sua obrigação básica está em manter-se solvável durante o tempo de ajuste (*v. g.*, TZIRULNIK, Ernesto. "Princípio indenitário no contrato de seguro". In: *RT*, v. 759, janeiro de 1999, p. 89-121). Daí diferenciar-se o seguro da aposta, do jogo, sempre vinculado, como acentua Pedro Alvim (*O contrato de seguro*, 3. ed. Rio de Janeiro, Forense, 2001, p. 59), a uma cooperação de coletividade que assume o risco pelo sinistro de cada qual, mediante a constituição de um fundo, gerido pelo segurador, composto pelos prêmios pagos pelos segurados.

**Jurisprudência:** Embora considerada a particularização dos riscos cobertos, entendendo que não podem ser excluídos riscos de modo a desatender ao próprio objetivo básico do contrato: *RT* 751/383. Nesse sentido, considerando abusiva, em seguro de dano, cláusula de exclusão de cobertura em caso de estelionato e apropriação indébita: STJ, REsp n. 232.281/SP, 4ª T., rel. Min. Sálvio de Figueiredo Teixeira, *DJU* 17.12.1999. Mas negando indenização em virtude de enchente, porque coberta apenas a ocorrência de vendaval: TJSC, AC n. 0300490-83.2016.8.24.0085, rel. Des. Fernando Carioni, j. 03.09.2019. Recusando propositura de ação de recebimento de seguro obrigatório contra entidade, a Fenaseg, que não é sociedade seguradora, a quem se reserva, uma vez devidamente autorizada, o exercício da atividade: TJSP, Ap. Cível n. 955.122-0/4, 32ª Câm., rel. Des. Jayter Cortês, j. 31.03.2006. Negando qualquer devolução de prêmio pela não utilização do seguro durante o tempo da cobertura contratada, ante a natureza e as características do ajuste: TJRJ, Ap. Cível n. 2007.001.21740, 6ª Câm., rel. Des. Nagib Slaib, j. 13.06.2007. Admitindo que a apólice exclua danos morais e danos estéticos: STJ, REsp n. 1.408.908, 3ª T., rel. Min. Nancy Andrighi, j. 26.11.2013. Admitindo recusa à contratação conforme a avaliação do risco e, pago o prêmio a crédito, conforme a situação cadastral do interessado: STJ, REsp n. 1.594.024, rel. Min. Ricardo Villas Bôas Cueva, j. 27.11.2018. Sobre a recusa à contratação de seguro de vida, *v.* item da jurisprudência ao art. 765, infra.

---

**Art. 758. O contrato de seguro prova-se com a exibição da apólice ou do bilhete do seguro, e, na falta deles, por documento comprobatório do pagamento do respectivo prêmio.**

➤ Artigo revogado pela Lei n. 15.040, de 09.12.2024 (*DOU* 10.12.2024), que entra em vigor após decorrido 1 (um) ano de sua publicação oficial.

---

Dispunha-se, no CC anterior, que, antes da emissão da apólice de seguro e de sua remessa ao segurado, não se aperfeiçoava o contrato, levando à defesa de sua natureza formal, como se a solenidade erigida fosse, então, de sua substância. Ressalve-se, porém, que o mesmo dispositivo, em sua parte final, admitia o seguro sem a apólice, desde que demonstrado pela respectiva escrituração nos livros mercantis. O CC/2002, no artigo em discussão, assenta o caráter consensual do contrato, perfeito e acabado com o consenso das partes. O que se estabelece, entretanto, é a forma escrita para comprovação de sua existência. Com efeito, tal qual prevê a nova lei, o contrato de seguro, em princípio, se prova por seu instrumento escrito, que é a apólice.

O DL n. 73/66, todavia, permitiu a emissão, por solicitação verbal, portanto sem necessidade de proposta escrita, de mero bilhete de seguro, em lugar da apólice (art. 10). Além disso, conforme a especificidade do seguro contratado, varia sua forma. Por exemplo, no seguro de vida em grupo não retém o segurado mais que um certificado. Há seguros de transporte, ou contratado quando da locação de veículos, em que o segurado não recebe mais que um informativo resumido, nunca a apólice. Tudo sem contar as contratações por meio eletrônico, por telefone, por fac-símile, como lembra Sílvio de Salvo Venosa (*Direito civil*, 3. ed. São Paulo, Atlas, 2003, p. 378), revelando que, nessa matéria, não há forma que seja substancial. Confirmando-o, e mesmo consolidando orientação que já vinha da jurisprudência, assenta o CC/2002 que o contrato de seguro pode ser provado até pelo recibo de pagamento do prêmio, em regra pela rede bancária.

O que, por certo, não se pode sustentar é que sem a apólice ou o bilhete não haja o contrato e muito menos que, antes de sua remessa, não exista já obrigação securitária afeta às partes. A forma, enfim, a que se refere a lei, tem função meramente probatória, de modo a impedir a demonstração do ajuste exclusivamente por testemunhas. Daí mencionar se sua prova por qualquer documento comprobatório do pagamento do prêmio ou qualquer outro, é de admitir, desde que indique a ocorrência do consenso. Pense-se na proposta escrita, sucedida pelo pagamento do prêmio ou por qualquer correspondência remetida pelo segurador, de que se extraia a conclusão de que havida aceitação. A Lei n. 15.040/2024 previu a possibilidade de prova do contrato por qualquer meio e, ao mesmo tempo, a obrigação de a seguradora entregar ao segurado, em 30 dias da aceitação, documento probatório do ajuste (arts. 54 e 55). Ainda prevê que a apólice deverá conter um glossário dos termos técnicos empregados (§ 2º do art. 55).

**Jurisprudência:** Considerando provado e aperfeiçoado o contrato pela existência de proposta e posterior pagamento do prêmio: *RT* 701/85. Entendendo tratar--se de contrato a que, via de regra, se manifesta simples adesão, e, por isso, impondo interpretação favorável ao aderente e redação, com destaque, de cláusulas restritivas: *RT* 750/371. Negando a comprovação do ajuste por meio exclusivamente testemunhal: *JTJ-Lex* 205/141. Permitindo a comprovação do ajuste por documento indicativo do pagamento do prêmio: TJRJ, Ap. Cível n. 2006.001.43471, 6ª Câm., rel. Des. Ronaldo Martins, j. 17.01.2007. Mas, entendendo que o contrato se aperfeiçoa com a emissão da apólice, independentemente do pagamento da primeira parcela do prêmio: TJSP, Ap. Cível n. 7.046.319-7, 11ª Câm., rel. Des. Cláudio Levada, j. 15.03.2006.

**Art. 759. A emissão da apólice deverá ser precedida de proposta escrita com a declaração dos elementos essenciais do interesse a ser garantido e do risco.**

➤ Artigo revogado pela Lei n. 15.040, de 09.12.2024 (*DOU* 10.12.2024), que entra em vigor após decorrido 1 (um) ano de sua publicação oficial.

No CC/1916, inexistia regra que, tal como a presente, do CC/2002, obrigasse, precedentemente à emissão da apólice, a efetivação de uma proposta escrita, com os elementos necessários à identificação da contratação. É certo, porém, que, na legislação especial, igual comando já havia. O DL n. 73/66 estabeleceu, em seu art. 9º, que os seguros deveriam ser contratados mediante propostas assinadas pelo segurado. Sobrevieram, alterando essa normatização, os Decretos-lei ns. 168/67 e 296/67 e o Decreto n. 60.549/67, da mesma forma dispondo que a contratação do seguro reclamava prévia proposta assinada.

Destaque-se, todavia, que tais preceitos devem ensejar uma interpretação sistemática, atenta ao fato, primeiro, de que, como se viu no comentário ao artigo anterior, a própria apólice não é indispensável à contratação do seguro. Nessa esteira, a mesma legislação especial autorizava a contratação do seguro por meio de bilhete, solicitado de maneira verbal pelo segurado (art. 10 do DL n. 73/66). De outra parte, impende compreender a exigência de proposta prévia como uma medida de proteção ao segurado, garantindo-se que a apólice depois emitida não destoe das condições que se tenham levado à proposta remetida ao segurador, mas sem que sua ausência comprometa, de alguma forma, a validade do seguro (ver, a respeito, DELGADO, José Augusto. *Comentários ao novo Código Civil*. Sálvio de Figueiredo Teixeira (coord.). Rio de Janeiro, Forense, 2004, v. XI, t. I, p. 105). Isso não significa dizer, contudo, que, uma vez efetuada a proposta, esteja o segurado livre da obrigação básica de boa-fé, impondo-se plena veracidade das declarações então efetivadas, uma vez que, com base nelas, calculará a seguradora o risco a garantir. De qualquer maneira, havida a proposta, deve ela conter fundamentalmente o que comporá a apólice, ou seja, o interesse segurável (ver comentário ao art. 757), o risco garantido, as condições das partes e o prazo do seguro, tudo de acordo com as normas regulamentares da Susep.

É importante notar, porém, de resto tal qual já salientado nos comentários ao artigo anterior, que, malgrado imposta a emissão da apólice em quinze dias da aceitação da proposta, como está na legislação especial citada, admite-se a existência da contratação se, por qualquer outro meio, demonstra-se aquiescência do segurador, por exemplo, pelo recebimento do prêmio, mesmo que, portanto, não emitida a apólice. Assim, uma vez comprovada a proposta, já *de per si*, por qualquer meio, a aceitação, posto que ausente a apólice, poderá servir de prova do seguro.

Problema frequente se dá com a ocorrência de um sinistro em meio a esse procedimento burocrático de tramitação da proposta. Lembra Venosa (*Direito civil*, 3. ed. São Paulo, Atlas, 2003, v. III, p. 401) a possibilidade de contratação, para essas hipóteses, de seguro provisório, além da necessária verificação da forma corrente de agir das partes, que, por vezes, sobretudo em casos de renovação, indica cobertura imediata, com o endereçamento da proposta. Tudo sem prejuízo de ser imputável eventual retardo a alguém por quem responda a seguradora, como agente sucursal, escritório de representação, assunto que se retomará nos comentários aos arts. 760, 774 e 775.

**Jurisprudência:** Assentando que, efetivada a proposta e pago o prêmio, a cobertura securitária já se faça devida, porquanto aperfeiçoado o ajuste: *JTJ-Lex* 205/258 e 218/180. No mesmo sentido: TJSP, Ap. Cível n. 989.258--0/2, 28ª Câm., rel. Des. Celso Pimentel, j. 12.09.2006. Impondo à seguradora, na emissão da apólice, observância às condições da proposta: Turmas Recursais – RS, Recurso n. 71.000.598.144, 1ª T., rel. Juiz Ricardo Hermann, j. 05.05.2005.

**Art. 760. A apólice ou o bilhete de seguro serão nominativos, à ordem ou ao portador, e mencionarão os riscos assumidos, o início e o fim de sua validade, o limite da garantia e o prêmio devido, e, quando for o caso, o nome do segurado e o do beneficiário.**

➤ Artigo revogado pela Lei n. 15.040, de 09.12.2024 (*DOU* 10.12.2024), que entra em vigor após decorrido 1 (um) ano de sua publicação oficial.

**Parágrafo único. No seguro de pessoas, a apólice ou o bilhete não podem ser ao portador.**

A apólice ou o bilhete são, como se vem acentuando nos comentários aos artigos anteriores, os instrumentos escritos do contrato de seguro. Servem à demonstração de sua existência, ou à sua prova, embora outros documentos a tanto também se prestem (art. 758). Devem conter, antes de mais nada, a exata identificação do risco coberto. Como já se salientou na análise do art. 757, o risco, no contrato de seguro, é o acontecimento de ocorrência incerta, ou de data incerta, e independente da vontade exclusiva das partes, que desencadeia, uma vez convertido em fato – o chamado sinistro –, a obrigação do segurador de cumprir sua prestação contratual. Daí dizer-se que o risco, a rigor, é a previsão de sinistro contra o que se faz o seguro. Assim, a apólice ou o bilhete têm de identificar, de forma precisa, qual o risco coberto, que deve se ligar a um fato lícito, não se permitindo cobertura de risco decorrente de atividades ilegais ou imorais.

Na apólice e no bilhete devem estar consignadas, também, as datas de início e de término de sua validade. Tal indicação, no caso de prévia proposta, deve ser consonante com o declarado por meio dela, ou, como determina o DL n. 73/66, nessa parte com redação dada pelos Decretos-lei ns. 168/67 e 296/67, o início da vigência da apólice coincidirá com a data de aceitação da proposta, lembrando, ainda, que, pela mesma normatização, a apólice tem de ser emitida em até quinze dias da aceitação. Trata-se de previsão que poderá servir de indicativo probatório para quando não houver apólice, mas aí sem exclusão de qualquer outra prova atinente a características do caso concreto, sempre levando em conta que o seguro se aperfeiçoa com o consenso e pode ser provado por qualquer outro documento escrito, além da apólice e do bilhete.

Desses instrumentos constarão, ainda, o limite da garantia e o prêmio devido, ou seja, o máximo do valor a pagar ao segurado, em caso de sinistro, além da quantia que lhe incumbe pagar para fazer jus a essa cobertura. De resto, o valor do prêmio se fixa também e justamente pelo teto da garantia estipulada. Nesse ponto, é importante não confundir o limite, que é a medida da garantia que presta o segurador, gerindo – aqui assentada a perspectiva mutualista do ajuste – o fundo comum da massa de segurados, com o valor do ressarcimento a ser pago em caso de sinistro, que, ao menos para o seguro de dano, corresponderá, pelo princípio indenitário, ao prejuízo experimentado, sempre no limite máximo do importe garantido. O pagamento do prêmio se fará na forma e tempo ajustados pelas partes.

Ademais, o instrumento escrito do seguro deve atender às instruções da Susep, especialmente no que tange a suas condições gerais. No entanto, importa não olvidar que cláusulas restritivas devem estar em consonância com a exigência, da legislação consumerista, de redação clara e em destaque (arts. 46 e 54, § 3º), o que muito comumente não ocorre. Mesmo no CC houve especial preocupação com os contratos de adesão (arts. 424 e 425), como, em geral, são os de seguro.

Salvo no caso de seguro de pessoa, em que ela deve ser identificada, a apólice ou bilhete, além de nominativos, podem ser emitidos à ordem e ao portador. Serão nominativos pela indicação do segurador e do segurado e, quando estipulados em favor de terceiro, do beneficiário. Serão à ordem quando transferíveis por endosso, mas em preto, como o exige o art. 785. Quando emitidos ao portador, sua transferência se dá por mera tradição, não obstante, como ressalva José Maria Trepat Cases (*Código Civil comentado*. Álvaro Vilaça Azevedo (coord.). São Paulo, Atlas, 2003, v. VIII, p. 222), o disposto na Lei n. 8.021/90, que veda o resgate de qualquer título sem identificação do beneficiário.

Por fim, é ainda costume diferenciar as apólices simples, que precisam o objeto do seguro, e as flutuantes, inerentes à substituição dos objetos segurados, assim chamadas por sua globalidade.

**Jurisprudência:** Assentando a limitação do contrato aos riscos contratados e exigindo que a apólice os identifique, tanto quanto o valor do seguro e do prêmio: TJRS, Ap. Cível n. 70.009.762.451, 5ª Câm., rel. Des. Umberto Sudbrack, j. 28.10.2004. Ver, ainda: TJSP, Ap. n. 0008802-87.2011.8.26.0038/Araras, 4ª Câm. de Dir. Priv., rel. Maia da Cunha, *DJe* 10.07.2013, p. 894; TJSP, Ap. n. 0004803-55.2011.8.26.0482/Presidente Prudente, 8ª Câm. de Dir. Priv., rel. Caetano Lagrasta, *DJe* 10.07.2013, p. 943.

**Art. 761. Quando o risco for assumido em cosseguro, a apólice indicará o segurador que administrará o contrato e representará os demais, para todos os seus efeitos.**

➤ Artigo revogado pela Lei n. 15.040, de 09.12.2024 (*DOU* 10.12.2024), que entra em vigor após decorrido 1 (um) ano de sua publicação oficial.

O cosseguro regrado de forma expressa no CC/2002 (como igualmente nos arts. 33 e segs. da Lei n. 15.040/2024), o que não se verificava no anterior, é uma das formas de seguro múltiplo, em que se dá uma repartição da responsabilidade do segurador. É a pulverização do risco assumido por mais de uma empresa seguradora. Trata-se de operação econômico-contratual única, apesar de o Código atual permitir a emissão de uma única apólice, mas com uma seguradora líder que opera o seguro e representa as demais.

A responsabilidade de cada seguradora é por uma parte do total do seguro, ou seja, não respondem solidariamente pelo importe global, impondo-se que se estabeleça a cota a cada uma afeta. É, de resto, o que já se continha no art. 668 do CCom, prevendo que, no caso de diversos seguradores, cada um deveria declarar a quantia pela qual se obrigava, tão somente erigindo-se responsabilidade solidária quando faltasse aquela identificação, ressalva que se entende ainda cabível, consentânea com a responsabilidade da cadeia de fornecedores, no CDC, apesar do argumento de que esse dispositivo comercial se aplique apenas ao seguro marítimo (art. 777), e mesmo que a solidariedade não se presuma, devendo vir disposta na lei ou em manifestação de vontade (art. 265). Por isso muitos defendem, na regra geral, a inexistência de solidariedade no cosseguro (*v. g.*, TEIXEIRA, Raul. *Os reflexos do novo Código Civil nos contratos de seguro.* Rio de Janeiro, Forense, 2004, p. 66), na ausência de fixação expressa das cotas de cada seguradora, só se podendo admitir o fracionamento em partes iguais (art. 257).

Da mesma forma, o cosseguro, sem solidariedade, veio também previsto no art. 4º do DL n. 73/66, regulamentado pela Resolução CNSP n. 451/2022, ao lado do resseguro. Este, porém, implica relação diversa, de que, a rigor, não participa o segurado. Isso porque, se no cosseguro várias seguradoras se obrigam perante o segurado, posto que representadas por uma delas, no resseguro há uma relação securitária sucessiva entre o segurador originário e um segurador seu. Em diversos termos, para garantir-se contra riscos que repute exacerbados, o próprio segurador, de seu turno, contrata o resseguro, portanto, como se costuma dizer, um seguro do seguro. No entanto, impende acentuar que o segurado não mantém vínculo algum com a resseguradora. A operação de resseguro, no Brasil, se faz necessariamente com o Instituto de Resseguros do Brasil, sociedade de economia mista criada pelo DL n. 1.186/39 (ora revogado), cuja privatização foi deliberada pela Lei n. 9.932/99 (também revogada), de constitucionalidade discutida na ADI n. 2.223. Há, ainda, a figura da retrocessão, igualmente disposta no DL n. 73/66, na verdade o resseguro do resseguro, por ser um resseguro que faz o ressegurador.

**Jurisprudência:** Assentando inexistente solidariedade entre as cosseguradoras: *JTJ-Lex* 219/234. Considerando que administradora de cartão de crédito, atuando com intuito lucrativo, liderando verdadeiro *pool* de seguradora, responde inclusive como devedora solidária: *RT* 735/289. Indeferindo denunciação de cosseguradora: TJSP, AI n. 917.364-00/4, 33ª Câm., rel. Des. Sá Duarte, j. 21.09.2005. Sobre o resseguro e respectivo prazo prescricional ver: STJ, REsp n. 1.170.057, 3ª T., rel. Min. Ricardo Villas Bôas Cueva, j. 17.12.2013.

**Art. 762. Nulo será o contrato para garantia de risco proveniente de ato doloso do segurado, do beneficiário, ou de representante de um ou de outro.**

➤ Artigo revogado pela Lei n. 15.040, de 09.12.2024 (*DOU* 10.12.2024), que entra em vigor após decorrido 1 (um) ano de sua publicação oficial.

Já no antigo CC se dispunha, no art. 1.436, sobre a nulidade do contrato de seguro quando o risco garantido decorresse de atividade ilícita do segurado, seu representante ou seu preposto. Daí o exemplo sempre citado de contrato de seguro nulo por garantir risco inerente a operações de contrabando. Era, pois, uma extensão da regra geral impositiva da licitude do objeto do negócio jurídico, apenas não se exigindo que, para o seguro, estivesse a ilicitude no objeto em si, mas na assunção de um risco proveniente do ilícito (cf. BEVILAQUA, Clóvis. *Código Civil comentado*, 4. ed. Rio de Janeiro, Francisco Alves, 1939, v. V, p. 198). Mais que isso, vale lembrar, como já dito nos comentários aos arts. 757 e 760, que, no contrato de seguro, o risco coberto deve residir sempre em um evento futuro e incerto, mas independente da vontade tão só de uma das partes, em verdadeiro repúdio, como é do sistema, à pura potestatividade, sempre foco de desequilíbrio e, assim, de ausência de solidarismo na relação contratual, particularmente naquela em que a lealdade é uma exigência especial.

Em outros termos, a ideia foi sempre a de refutar a existência de seguro de interesse potencialmente lesado pela atividade ilícita exclusiva, deliberada, de uma das partes, por exemplo, quando se contrata a garantia de incêndio, posto que dolosamente provocado pelo segurado. Aliás, não é diversa a preocupação subjacente à proibição, a qual está no artigo presente, de que, frise-se, mesmo contratado para garantia de risco não ligado a atividade ilícita, em si, do segurado, possa converter-se o sinistro por conduta deliberada dele emanada. Era já idêntico princípio a inspirar o conceito de agravamento, que estava no art. 1.454 e hoje se repete no art. 768.

Toda essa sistemática, porém, gerava, no CC/1916, duas perplexidades. Uma, a de que, se se referia, no art. 1.436, ao risco filiado a atos ilícitos do segurado, em tese se poderia considerar aí abrangida a mera conduta culposa do segurado, diferentemente de tudo quanto se vem de asseverar acerca do intuito da lei. Imagine-se, por absurdo, a nulidade de cobertura securitária para danos provocados em acidente de automóvel, quando este tenha ocorrido por culpa do segurado. Resolve-se a questão na redação do atual Código, que apenas veda seguro para garantia de risco proveniente de *ato doloso* do segurado. Ou seja, é o ato ilícito intencionalmente praticado pelo segurado ou pelo beneficiário do seguro. De resto, exige-se a mesma intencionalidade para o agravamento de risco (art. 768). Em segundo lugar, o Código anterior aludia ao ilícito, característico do risco coberto, praticado não só pelo segurado, pelo beneficiário ou por seu representante, mas também pelo preposto. A esse respeito, basta pensar, de novo, no acidente de automóvel provocado pelo preposto de empresa segurada, mesmo que por conduta dolosa. Seria nulo o seguro que o cobrisse. Assim, na atual dicção da lei, deliberadamente suprimiu-se a referência a ato doloso do preposto, que, portanto, se previsto como risco coberto, não invalida a contratação securitária.

Por fim, sempre levando em conta não só a noção de repressão ao ilícito em si, como, ainda, a de preservação do equilíbrio e da lealdade na entabulação, já acentuava Fran Martins (*Contratos e obrigações comerciais*, 7. ed. Rio de Janeiro, Forense, 1984, p. 414), antes mesmo do atual Código, que a vedação em pauta deve ser aplicada aos casos em que o segurado, mediante conduta intencional, dolosamente converte em ato o evento coberto, mas para seu proveito ou, sempre por sua vontade, para proveito de terceiro, assim não se impedindo o seguro para cobertura de valores que o segurado deva pagar a vítima ocasional, posto que em razao de ilícito intencional contra ela praticado, desde que se trate de risco coberto e, repita-se, não haja conluio com o beneficiário do pagamento para lesão à seguradora.

Anota-se que a nova lei (Lei n. 15.040) preserva a mesma regra, mas ressalva de sua incidência "o dolo do representante do segurado ou do beneficiário em prejuízo desses" (art. 10, parágrafo único, II).

**Jurisprudência:** Negando a cobertura do seguro de pessoa que falece durante a prática de ato doloso de roubo: TJSP, Ap. Cível n. 1.000.793-0/0, 36ª Câm., rel. Des. Arantes Theodoro, j. 19.04.2007. Do mesmo modo, ainda que o seguro seja obrigatório (DPVAT): STJ, Ag. Int. no REsp n. 1.585.076/RS, 4ª T., rel. Min. Maria Isabel Gallotti, j. 08.04.2024, *DJe* 11.04.2024; TJSP, Ap. Cível n. 1.203.329.003, 36ª Câm., rel. Des. Romeu Ricupero, j. 15.01.2009. Aplicando o preceito quando causado acidente pela genitora do segurado, conduzindo sem habilitação veículo furtado: TJSP, AC n. 0004865-33.2013.8.26.0286, rel. Des. Adilson de Araujo, 31ª Câm. de Dir. Priv., j. 13.05.2014.

---

**Art. 763. Não terá direito a indenização o segurado que estiver em mora no pagamento do prêmio, se ocorrer o sinistro antes de sua purgação.**

➤ Artigo revogado pela Lei n. 15.040, de 09.12.2024 (*DOU* 10.12.2024), que entra em vigor após decorrido 1 (um) ano de sua publicação oficial.

---

O pagamento do prêmio do seguro é a prestação principal e básica, embora não a única, a que se obriga o segurado. É a nota de onerosidade do contrato de seguro, em que, justamente mediante o pagamento do prêmio, se contrata a garantia a um interesse legítimo contra risco potencial de lesão. Ou, se se pensar no universo maior do mutualismo em que o seguro se insere, o prêmio é, a rigor, a contribuição do segurado ao fundo que a seguradora gere e de que se retira o quanto necessário a se honrar a garantia, em caso de sinistro (ver comentário ao art. 757). O prêmio, conforme a convenção das partes, pode ser pago de uma só vez ou de forma fracionada, em data também ajustada.

A exigência de pagamento de prêmio do seguro sempre levou alguns autores à sustentação de se tratar de contrato real, somente aperfeiçoado com aquela quitação. Contudo, de acordo com o art. 758, o contrato de seguro se forma com o consenso e se prova com a apólice ou bilhete, de maneira normal, independentemente, assim, do pagamento do prêmio, que se faz por causa de uma obrigação já assumida. A propósito do debate, vale conferir a lição de Orlando Gomes (*Contratos*, 9. ed. Rio de Janeiro, Forense, 1983, p. 474-5), para quem, afinal, o pagamento do prêmio significa condição de eficácia do contrato. E, de tal arte que, uma vez impago, inexigível a cobertura, em caso de sinistro. Essa é a regra, a rigor, disposta no artigo em discussão, mais ampla, destarte, da contida no art. 1.436 do Código revogado, adstrita ao retardo provocado por falência ou incapacidade do segurado. De resto, já a legislação especial previa que o não pagamento do prêmio inviabilizava a exigência do valor segurado, ocorrido o sinistro, permitindo mesmo o cancelamento da apólice (*v.* Decreto n. 60.459/67, que, nessa parte, alterou o DL n. 73/66 e comentário ao artigo seguinte, sobre os prêmios já pagos).

Entretanto, algumas ressalvas se impõem. Em primeiro lugar, mesmo antes da edição do CDC, defendia-se que o Decreto n. 60.459/67 tivesse ido além de sua função reguladora, ao possibilitar o cancelamento da apólice no caso de não pagamento do prêmio, no prazo devido (ver, por todos: VENOSA, Sílvio de Salvo. *Direito civil*, 3. ed. São Paulo, Atlas, 2003, v. III, p. 391), tanto mais quando o art. 12 do DL n. 73/66 estabelecia, originariamente, a suspensão da cobertura, todavia com possibilidade de purgação pelo segurado, ao mesmo tempo em que o CC/1916 estipulava incidência de juros sobre o prêmio não pago (art. 1.450), chocando-se com a aceitação de uma resolução automática (ver, a respeito, PONTES DE MIRANDA, Francisco C. *Tratado de direito privado*, 3. ed. São Paulo, RT, 1984, t. XLV, § 4.919, n. 4, p. 314). Não é só. Entendia-se, ainda, que o cancelamento *tout court* conflitava com a própria previsão legal de cobrança executiva. Contudo, decerto que, após a vigência da Lei n. 8.078/90, que instituiu o CDC, é inviável cogitar a imediata resolução do ajuste securitário, de forma automática, pelo simples fato do não pagamento (art. 51, IV e XI, e § 1º, I e III, do CDC), por isso que se exigindo prévia notificação (Súmula n. 616 do STJ, cf. item a seguir, da jurisprudência; Enunciado n. 376 do CEJ). De todo modo, ressalva-se a respeito – e com a mesma discussão a travar – que a Lei n. 15.040/2024 previu a resolução automática do contrato, ainda que exclusivamente pelo inadimplemento da parcela única ou da primeira parcela do prêmio, salvo convenção ou usos e costumes em contrário (art. 20); e, mais, explicitou que a resolução "libera integralmente a seguradora por sinistros e despesas de salvamento ocorridos a partir de então" (art. 21, § 1º).

Em segundo lugar, evidente que, efetuada a cobrança do prêmio pela rede bancária (art. 6º, § 2º, do Decreto n. 60.459/67), eventual retardo não pode prejudicar o segurado e seu direito ao recebimento do valor segurado, em caso de sinistro. Em terceiro lugar, corriqueiramente prevista nas apólices a suspensão da cobertura na hipótese de retardo, o pagamento do prêmio, recebido sem qualquer ressalva, não pode ensejar negativa de cobertura de sinistro já ocorrido. Por fim, vale menção à tese do adimplemento substancial, típica revelação do solidarismo na relação contratual, e mercê da qual se evita a resolução quando o contrato se tiver cumprido quase por inteiro, ou seja, quando suas prestações se tiverem adimplido quase de maneira perfeita, como, por exemplo, nas hipóteses em que apenas a última parcela do prêmio tenha sido inadimplida, preferindo-se, então, a cobrança coativa, mas mantendo-se o ajuste (a matéria é examinada com mais detalhe, à luz da função social do contrato e de sua operatividade (GODOY, Claudio Luiz Bueno de. *A função social do contrato*, 4. ed. São Paulo, Saraiva, 2012), o que vale também para o contrato de seguro cumprido em parcela significativa pelo segurado.

Ainda outra ressalva se estabeleceu, mercê do Enunciado n. 371 das Jornadas de Direito Civil. Previu-se em seu texto que "a mora do segurado, sendo de escassa importância, não autoriza a resolução do contrato, por atentar ao princípio da boa-fé objetiva". Não se há de olvidar, a respeito, da função limitativa da boa-fé objetiva e, em seus contornos, da deslealdade que se quer evitar no exercício, diante de pequenas faltas, do direito delas decorrente (*v. g.*, MENEZES CORDEIRO, Antônio Manuel da Rocha e. *Da boa-fé no direito civil*. Coimbra, Almedina, 1984, v. 2, p. 859; NORONHA, Fernando. *O direito dos contratos e seus princípios fundamentais*. São Paulo, Saraiva, 1994, p. 180).

**Jurisprudência:** Súmula n. 616, STJ: A indenização securitária é devida quando ausente a comunicação prévia do segurado acerca do atraso no pagamento do prêmio, por constituir requisito essencial para a suspensão ou resolução do contrato de seguro.

Súmula n. 94, TJSP – Direito Privado: A falta de pagamento da mensalidade não opera, *per si*, a pronta rescisão do contrato de plano ou seguro saúde, exigindo-se prévia notificação do devedor com prazo mínimo de dez dias para purga da mora.

Refutando a possibilidade de automática resolução do ajuste securitário, pelo não pagamento do prêmio: *RT* 812/275 e 815/304. No mesmo sentido, recusando até a automática suspensão do contrato: STJ, Ag. Reg. no Ag. n. 1.286.276/RS, 4ª T., rel. Min. Maria Isabel Galotti, j. 18.10.2016. Igualmente: "Consoante orientação firmada por esta Corte, o simples atraso no pagamento da prestação mensal, sem prévia constituição em mora do segurado, não produz o cancelamento automático ou a imediata suspensão do contrato de seguro firmado entre as partes" (STJ, Ag. Int. no AREsp n. 2.410.102/CE, 4ª T., rel. Min. Maria Isabel Gallotti, j. 03.06.2024, *DJe* 05.06.2024). Considerando havido adimplemento substancial quando em aberto apenas a última das parcelas do prêmio: *RT* 806/156. Do mesmo modo, com socorro à teoria do adimplemento substancial: STJ, REsp n. 877.965/SP, 4ª T., rel. Min. Luis Felipe Salomão, j. 22.11.2011. Garantindo a cobertura do sinistro, antes do novo CC, mesmo ocorrido em período de atraso no pagamento, posteriormente efetivado, com base nas disposições do CDC: *RT* 793/223. Exigindo prévia notificação para resolução do ajuste por não pagamento do prêmio: STJ, REsp n. 997.061/SP, 3ª T., rel. Min. Humberto Gomes de Barros, j. 24.03.2008; REsp n. 316.552/SP, 2ª S., rel. Min. Aldir Passarinho Júnior, j. 09.10.2002; TJSP, Ap. Cível n. 1.019.664-0/9, 28ª

Câm., rel. Des. Celso Pimentel, j. 20.03.2007; e Ap. Cível n. 1.141.855.008, 28ª Câm., rel. Des. Sílvia Rocha, j. 03.03.2009.

**Art. 764. Salvo disposição especial, o fato de se não ter verificado o risco, em previsão do qual se faz o seguro, não exime o segurado de pagar o prêmio.**

➤ Artigo revogado pela Lei n. 15.040, de 09.12.2024 (*DOU* 10.12.2024), que entra em vigor após decorrido 1 (um) ano de sua publicação oficial.

Este artigo repete o que já dispunha, na primeira parte, o art. 1.452 do CC/1916, ou seja, o cálculo do prêmio se faz pela probabilidade de ocorrência do sinistro durante o período de vigência do ajuste. Por isso se paga o prêmio no interregno contratual, obrigando-se a seguradora a manter hígida a garantia contratada, isto é, a manter solvável o verdadeiro fundo que o seguro induz, com a contribuição do universo dos segurados, ao sabor do mutualismo que o caracteriza.

De todo modo, porém, e com a ressalva que a propósito já se efetivou no comentário ao art. 757, versando sobre a tese comutativa do seguro, tradicionalmente se vê no preceito em pauta a evidenciação da natureza aleatória do contrato. Isso porque o prêmio será devido pelo tempo do ajuste, independentemente de se verificar ou não o sinistro, ou seja, da conversão em fato do risco coberto, garantido pela contratação, o que significa dizer que o prêmio não se liga ao acontecimento futuro que é incerto, ou de data incerta, dependente da álea, e nunca da vontade exclusiva de qualquer das partes. Na verdade, como já se disse, isso se dá porque o prêmio, a rigor, destina-se à constituição de um fundo da massa de segurados, gerido pelo segurador, servindo como contrapartida da garantia contratada, pelo tempo do ajuste. Tal hipótese, todavia, não deve ser confundida, ao que se entende, com aquelas de resilição bilateral (distrato) ou mesmo de resolução do ajuste – por exemplo, por inadimplemento –, levando em conta as observações a respeito efetivadas nos comentários ao artigo antecedente, que implicam, sem prejuízo de eventual composição de perdas e danos ou de incidência de cláusula penal, a proporcionalização do prêmio pelo período de vigência, mesmo à luz da legislação consumerista. Pense-se no prêmio pago de uma só vez ou em poucas parcelas, não coincidente com o total de meses de vigência de ajuste antecipadamente resolvido. A devolução proporcional, então, deverá ser feita como imperativo de equidade no ajuste, já que não verificada a cobertura pelo tempo integral originalmente previsto, ainda que com a consideração dos danos comprovadamente provocados pela inexecução ou da cláusula penal que se tenha estabelecido, embora sem excluir a previsão de redução, se excessiva (arts. 413 do CC e 53 do CDC).

Em relação ao art. 1.452 do CC/1916, o novo Código tão somente suprimiu a parte final que referia o seguro marítimo, tratado pelo CCom, mediante ressalva que hoje está na parte inicial do dispositivo em discussão. Aliás, pela lei comercial, já se previa a devolução do prêmio por seguro atinente a risco que não se efetivou, porque não iniciada a viagem (art. 692 do CCom), assim como a devolução parcial (art. 684 do CCom), ou seja, exatamente o mesmo princípio de equidade, anteriormente aludido, que vale para o seguro civil, nos termos expostos.

**Jurisprudência:** Negando a possibilidade de devolução do prêmio pela não verificação de sinistro: STJ, Ag. Reg. no Ag. n. 800.429/DF, 3ª T., rel. Min. Humberto Gomes de Barros, j. 03.12.2007; TJRS, Ap. Cível n. 70.010.097.897, 5ª Câm., rel. Des. Umberto Sudbrack, j. 25.11.2004.

**Art. 765. O segurado e o segurador são obrigados a guardar na conclusão e na execução do contrato, a mais estrita boa-fé e veracidade, tanto a respeito do objeto como das circunstâncias e declarações a ele concernentes.**

➤ Artigo revogado pela Lei n. 15.040, de 09.12.2024 (*DOU* 10.12.2024), que entra em vigor após decorrido 1 (um) ano de sua publicação oficial.

Este artigo, em redação mais ampla que a do art. 1.443 do Código anterior, mas tal qual lá já se pretendia, exige de maneira muito especial que, no contrato de seguro, ajam as partes com probidade e lealdade. Isso porque, como se disse nos comentários ao art. 757, o seguro encerra contrato essencialmente baseado na boa-fé. Lembre-se de que, no seguro, contrata-se uma garantia contra um risco, qual seja, o de acontecimentos lesivos a interesse legítimo do segurado, mediante o pagamento de um prêmio, tudo fundamentalmente calculado com base nas informações e declarações das partes, cuja veracidade permite uma contratação que atenda a suas justas expectativas. É uma equação que leva em conta a probabilidade de ocorrência do evento que será garantido, assim impondo-se estrita observância à boa-fé dos contratantes, especialmente em suas informações e declarações (veja comentário ao artigo seguinte), para que ambos tenham sua confiança preservada na entabulação.

A rigor, o presente dispositivo repete, para o contrato de seguro, a mesma exigência que, em geral, o Código estabeleceu, no art. 422, para todos os contratos, ocupando-se, porém, de especificá-lo no seguro dada sua característica intrínseca de especial dependência da veracidade das partes para que a contratação se ostente equânime e solidária. E mais: se se concretiza, como dito, princípio já insculpido na parte geral dos contratos, em seu art. 422 está o preceito, tal como lá se pretendeu, a impor não só a boa-fé subjetiva, aquela cuja aferição passa, necessariamente, pela verificação do estado anímico do sujeito – por exemplo, a boa-fé da posse ou do casamento, envolvendo sempre a crença ou ignorância do indivíduo em óbice a sua posse ou a seu casamento –, mas, antes, e também, a chamada boa-fé objetiva, uma regra de conduta, um padrão de comportamento veraz, reto, honesto, que se espera de pessoas leais, solidárias. Tem-se, a rigor, verdadeiro imperativo de origem constitucional (art. 3º, I, da CF), a par de sua positivação, no CC/2002, em diversas passagens, dentre as quais as dos arts. 422 e 765, aqui em discussão. É um agir independente do ânimo do sujeito, de sua proposital deliberação, de acordo com aquele imaginado padrão de conduta leal. Aliás, já no CC/1916 entendia-se a norma do art. 1.443 como caso único de revelação positiva da boa-fé objetiva – talvez com menção explícita, uma vez que o mesmo princípio animava, só para citar um exemplo, a disposição do art. 875.

Vale notar, por fim, que nem só na contratação e execução do contrato as partes devem se portar conforme a boa-fé. Já antes da contratação e depois dela (*post pactum finitum*) devem fazê-lo, como se tenciona venha a ser redigido o art. 422 e, em sua esteira, o artigo em pauta, por meio da aprovação do PL n. 699/2011, já de modificação do CC. O imperativo de conduta leal se repete no art. 56 da Lei n. 15.040/2024, que inclusive acrescenta a própria e devida interpretação do contrato de seguro segundo a boa-fé. E o artigo seguinte do CC trata da mesma preocupação com a boa-fé.

**Jurisprudência:** Enunciado n. 542, CEJ: A recusa de renovação das apólices de seguro de vida pelas seguradoras em razão da idade do segurado é discriminatória e atenta contra a função social do contrato.

Enunciado 543, CEJ: Constitui abuso do direito a modificação acentuada das condições do seguro de vida e de saúde pela seguradora quando da renovação do contrato.

Aplicando o então vigente art. 1.443 do CC/1916 para caso em que o segurado omitiu informação, na contratação de seguro, de que era fumante portador de bronquite crônica, com enfisema e várias passagens por pronto-socorro: *RT* 783/323. No mesmo sentido, negando cobertura pela omissão na informação do segurado: TJRJ, Ap. Cível n. 2007.001.35188, 5ª Câm., rel. Des. Cristina Gaulia, j. 24.07.2007. Considerando abusiva a recusa à contratação ou à renovação de seguro de vida, depois de sucessivos ajustes: STJ, REsp n. 1.273.311, 3ª T., rel. Min. Nancy Andrighi, j. 01.10.2013. Sobre a recusa em geral à contratação do seguro, ver item da jurisprudência nos comentários ao art. 757.

---

**Art. 766. Se o segurado, por si ou por seu representante, fizer declarações inexatas ou omitir circunstâncias que possam influir na aceitação da proposta ou na taxa do prêmio, perderá o direito à garantia, além de ficar obrigado ao prêmio vencido.**

➤ Artigo revogado pela Lei n. 15.040, de 09.12.2024 (*DOU* 10.12.2024), que entra em vigor após decorrido 1 (um) ano de sua publicação oficial.

**Parágrafo único. Se a inexatidão ou omissão nas declarações não resultar de má-fé do segurado, o segurador terá direito a resolver o contrato, ou a cobrar, mesmo após o sinistro, a diferença do prêmio.**

---

Como se acentuou nos comentários aos artigos anteriores, especialmente ao antecedente, o contrato de seguro é daqueles estreitamente baseados na boa-fé, na lealdade da conduta dos contratantes. Explicitando-o, tal qual já fazia o CC/1916 nos arts. 1.444 e 1.445, mas agora com melhor redação, em particular quanto à questão do seguro entabulado por representante do segurado, o novo CC assenta a especial precisão e veracidade de que devem se revestir as declarações e informações prestadas pelo segurado ou por quem o represente e com lastro nas quais se calculam, para consumação do ajuste securitário, o risco e o prêmio por sua cobertura. Como é sabido, desde a proposta, ou mesmo independentemente dela, incumbe ao segurado, como imperativo de boa-fé, informar ao segurador tudo quanto possa influir na verificação da probabilidade do sinistro, inclusive de forma a se permitir a justa fixação do prêmio devido pela garantia contratada.

São comuns os questionários entregues ao segurado, ou já integrantes da proposta, indagando sobre fatos relevantes à contratação daquela espécie de seguro. Nas respectivas respostas, o segurado deve guardar a mais estrita veracidade e transparência, informando tudo que possa interessar à mais escorreita análise da probabilidade do sinistro contra o qual se faz o seguro, dessa forma estabelecendo-se, de acordo com o grau desse risco, o prêmio devido. Assim, por exemplo, e aliás costumeiramente repetido, deve o segurado declarar, no seguro de coisas imóveis contra incêndio, sua localização próxima a focos inflamáveis ou uso que implique armazenamento ou manuseio de produtos com essa característica. No seguro de vida ou no seguro-saúde, têm de ser precisas as informações sobre doenças preexistentes ou intercorrências já sofridas. No seguro de acidentes de automóveis, deve-se informar com clareza a quem caberá, rotineiramente, a condução do auto, da mesma forma impondo-se, no seguro de roubo ou furto, indicação clara sobre onde o veículo ficará estacionado, de maneira habitual. A nova lei (Lei n. 15.040/2024) reproduz a exigência de que o "potencial segurado" preste informações devidas à aceitação da proposta e cálculo do prêmio, inclusive conforme questionário que lhe seja submetido (art. 44), além de informações relevantes sobre o interesse e risco segurados, "de acordo com as regras ordinárias de conhecimento" (art. 45). Ademais, acrescenta o dever contínuo de prestação de informações quando o exija a natureza do seguro ou a própria convenção (art. 47).

Diferencia, porém, o artigo em discussão, as hipóteses em que a falta da devida informação, pelo segurado, dimana de deliberado propósito em fazê-lo ou de conduta despida de qualquer má-fé, aqui, veja-se, sob sua vertente subjetiva. No primeiro caso, havendo má-fé subjetiva, qualquer relevante inexatidão ou omissão nas informações que influencie o cálculo do risco e, portanto, a aceitação do seguro, pelo segurador, tanto quanto móvel de potencial afetação do cálculo do prêmio respectivo, induz, por quebra do dever de boa-fé, o que, segundo a letra da lei, é a perda do direito à garantia contratada (igual consequência sendo encontrada nos arts. 44, § 1º, e 47 da Lei n. 15.040/2024), também condicionada, pela jurisprudência (v. item a seguir), à correlação que a deficiência informacional demonstre com a causa do sinistro. Para alguns autores, isso significa a nulidade do contrato, porque rompido seu pressuposto de boa-fé, elevado mesmo a requisito de validade. Já para outros, o caso seria de anulação do contrato, por vício de vontade a que induzido o segurador, portanto por dolo do segurado, como é a solução, por exemplo, do Código italiano, em seu art. 1.892. Sustenta-se, por fim, que a hipótese seria, nas palavras de Pontes de Miranda (*Tratado de direito privado,* 3. ed. São Paulo, RT, 1984, t. XLV, § 4.923, p. 324), de "deseficacização" do ajuste, como que uma resolução por quebra de dever de informação, pressuposta aqui, como de fato se entende, sua natureza contratual.

De toda maneira, no entanto, qualquer que seja a qualificação jurídica da consequência, sempre de desfazimento do contrato e, assim, de liberação da obrigação, afeta ao segurador, de pagamento do valor segurado por qualquer sinistro que então já tenha ocorrido, impõe a lei uma sanção ao segurado propositadamente faltoso em seu dever de boa-fé, que é a perda do prêmio vencido. Isso significa a obrigação, mesmo perdida a garantia contratada, de pagamento do prêmio ajustado, como assenta Jones Figueiredo Alves (*Novo Código Civil comentado*. Ricardo Fiuza (coord.). São Paulo, Saraiva, 2002, p. 692) e como consta do art. 1.892 do Código italiano, apenas que lá com fixação de importe mínimo, correspondente a um ano de prêmio convencionado – de resto o prazo normal do seguro no Brasil –, mais os prêmios vencidos depois desse interregno, até a anulação, assim presumidamente sucedida após o primeiro ano, consequência, como visto, disposta naquela legislação. Tem-se, como haurido desde a lição de Clóvis Bevilaqua (*Código Civil comentado*, 4. ed. Rio de Janeiro, Francisco Alves, 1939, v. V, p. 206), sempre repetida, real punição ao segurado, em importe preestabelecido pela lei.

Finalmente, e de novo à semelhança do que faz o Direito peninsular (art. 1.893), o novo CC, no artigo presente, agora em seu parágrafo único, cuida da declaração inexata ou incompleta que preste o segurado, mas sem má-fé, sob sua vertente subjetiva, ou seja, sem deliberado propósito de enganar. Mostra-se a disposição sensível ao fato de que hoje, no sistema, a boa-fé não é só a subjetiva, mas também aquele padrão objetivo de lealdade nas contratações que constitui mesmo um novo princípio contratual, o da boa-fé objetiva (ver comentário ao artigo anterior). Pois, se tiver faltado essa boa-fé objetiva, pela inexatidão ou incompletude das informações, ainda que sem deliberado propósito do segurado, autoriza a lei que o segurador possa resolver o contrato ou readequá-lo com revisão do prêmio, agora em face de risco convenientemente calculado. Isso, porém, sem a mesma sanção do *caput* do artigo, como se cogita se a falta de informação é proposital. Na verdade, a solução resolutória aqui atende à tese de que a falta de cumprimento de dever chamado anexo, que a boa-fé objetiva cria e impõe aos vínculos obrigacionais, em sua função supletiva, entre os quais o de informação, como também, exemplificativamente, os de sigilo, cuidado, colaboração, implica real inadimplemento, que a doutrina vem denominando, com base em expressão cunhada no Direito alemão e com diverso significado, de violação positiva do contrato. Assim, e sem maior dúvida sobre o fenômeno, que é resolutório, violado o contrato pela falta de adequada informação, pode ele ser resolvido, ainda que com eventuais perdas e danos, mas sem a pena já examinada, ou, preferindo o segurador, reequilibrado pelo recálculo do prêmio. Veja-se, porém, que, se o sinistro tiver ocorrido antes que o segurador se dê conta da inadequada informação, portanto antes que ele tome qualquer das providências a seu dispor, de resolução ou revisão do contrato, diferentemente do que ocorre se a indevida informação era dolosa (*caput* do artigo), a cobertura deve ser honrada, pagando-se o valor segurado. Entretanto, nesse caso, terá direito o segurador à diferença do prêmio, por quanto ele seria devido se a informação tivesse sido precisa. É a interpretação que se deve dar ao parágrafo e o que mais claramente prevê o art. 1.893 do CC italiano, estabelecendo, até, uma compensação, de tal modo que o pagamento do seguro se fará com abatimento da diferença entre o prêmio convencionado e o que seria devido se fossem conhecidas as reais circunstâncias não informadas pelo segurado, claro, desde que atendidos os pressupostos próprios dessa espécie extintiva das obrigações. Na Lei n. 15.040/2024 (arts. 44, § 2º, e 47, § 2º), igualmente se ressalvou a boa-fé do segurado e se estabeleceu que, nesses casos, afasta-se a perda da garantia com sua proporcionalização.

Por último, saliente-se que, na mesma esteira do Código anterior, o atual apenas tratou, de forma específica, da falta de devida informação do segurado, porque mais fácil de acontecer, em face das indagações que normalmente lhe são feitas – não que o defeito de informação, ao segurador imputável, não dê ao segurado igual direito à resolução, com composição de perdas e danos. A Lei n. 15.040/2024, inclusive, explicitou no art. 46 que a seguradora deve alertar sobre quais as informações relevantes a prestar e esclarecer as consequências do descumprimento deste dever.

**Jurisprudência:** Súmula n. 609, STJ: A recusa de cobertura securitária, sob a alegação de doença preexistente, é ilícita se não houve exigência de exames médicos prévios à contratação ou a demonstração de má-fé do segurado.

Considerando, em seguro contra furto, no qual se informara a existência de garagem para o auto, que a subtração ocorrida na via pública, porquanto lá ocasionalmente estacionado o veículo, não acarreta a perda da cobertura, preservada a veracidade das informações prestadas: *RT* 809/252. Condicionando a operatividade de cláusula excludente de cobertura, em casos de seguro contra acidentes, com perfil do principal condutor do veículo, à prova da vantagem, ao segurado, da opção por esta modalidade: *RT* 797/280. Reputando abusiva cláusula de exclusão de cobertura de seguro contra acidente quando o automóvel esteja sendo conduzido por pessoa não identificada na apólice: *RT* 775/270. Negando, à seguradora, a possibilidade de, em seguro de vida, ocorrido o óbito, se valer da alegação de doença preexistente do segurado, quando, na contratação, não realizou exames médicos: *RT* 796/382 e 804/199. Da mesma forma, assentando a responsabilidade da seguradora que não exige exame prévio: STJ, REsp n. 811.617/AL, 4ª T., rel. Min. Jorge Scartezzini, j. 21.11.2006. No mesmo sentido, exigindo exame prévio ou prova da má-fé do segurado: STJ, Ag. Reg. no Ag. n. 1.062.383/RS, Ag. Reg. no Ag. n. 1.039.850/BA, Ag. Reg. no Ag. n. 973.265/SP, REsp n. 777.265/MG, REsp n. 651.713/PR e REsp n. 653.720/RS. Em sentido contrário, negando a exigibilidade de prévio exame médico: *RT* 799/282. Negando a cobertura quando ausente informação sobre doença preexistente: STJ, REsp n. 964.648/MG, 3ª T., rel. Min. Ari Pargendler, j. 13.112007. Mas, a respeito, exigindo ciência do segurado sobre seu real estado de saúde, tanto mais se, depois da contratação, passa vários anos sem qualquer intercorrência: STJ, REsp n. 1.080.973, 3ª T., rel. Min. Nancy Andrighi, *DJ* 03.02.2009. Negando cobertura de seguro de dano quando o segurado vende o veículo, depois roubado, e não informa: TJRJ, Ap. Cível n. 2007.001.31035, 20ª Câm., rel. Des. Marco Antônio Ibrahim, j. 12.09.2007. De modo geral, exigindo que à perda da garantia a informação omitida ou imprecisa se ligue à causa do sinistro: STJ, REsp n. 1.601.555, 3ª T., rel. Min. Ricardo Villas Bôas Cueva, j. 14.02.2017; REsp n. 1.673.368, 3ª T., rel. Min. Ricardo Villas Bôas Cueva, j. 15.08.2017.

---

**Art. 767. No seguro à conta de outrem, o segurador pode opor ao segurado quaisquer defesas que tenha contra o estipulante, por descumprimento das normas de conclusão do contrato, ou de pagamento do prêmio.**

➤ Artigo revogado pela Lei n. 15.040, de 09.12.2024 (*DOU* 10.12.2024), que entra em vigor após decorrido 1 (um) ano de sua publicação oficial.

---

De maneira mais ampla que o Código anterior, o artigo em pauta trata de hipótese de seguro firmado em favor de quem não o contrata pessoalmente. Abrange, portanto, não apenas casos, referidos no antigo art. 1.464, de sucessão ou de representação, este, a rigor, hoje diretamente subsumido aos artigos precedentes, mas de verdadeira estipulação em favor de terceiro, que no seguro, aliás, é por vezes obrigatória. Em outros termos, em algumas hipóteses a contratação do seguro favorecendo terceiro é impositiva, por exemplo, no seguro de responsabilidade civil de proprietários de veículos, no seguro de dano a passageiros de aeronaves, no seguro feito pelo incorporador, tudo, a rigor, de que já tratava o art. 20 do DL n. 73/66, assim como no art. 21, equiparando-se o estipulante à condição de segurado, para os efeitos de contratação e manutenção do seguro.

Antes, todavia, impende não olvidar que o seguro pode facultativamente ser contratado em favor de terceiro beneficiário, típico caso de estipulação em favor de terceiro. E, se ao beneficiário se reconhece a possibilidade de exigir o cumprimento das obrigações do segurador, na esteira do que, para a estipulação em geral, dispõe o art. 436, parágrafo único, em face dele podem ser opostas as exceções havidas contra o estipulante ou por conta da conduta de quem estipulou o contrato. Em outras palavras, pode o segurador opor ao beneficiário descumprimento, pelo estipulante, de obrigações e deveres atinentes ao seguro contratado, tais como o pagamento do prêmio e, justamente, em razão da exigida lealdade na contratação, a informação precisa e completa que então se deve dar, consoante comentários aos dois artigos precedentes.

Por fim, anote-se a crítica de Pedro Alvim (*O contrato de seguro*, 2. ed. Rio de Janeiro, Forense, 1986, p. 204-9) à tese, que reconhece majoritária, e que vê no seguro à conta de outrem real estipulação em favor de terceiro. Argumenta o autor que, diversamente, no seguro à conta de outrem o risco não se põe no interesse do estipulante, por exemplo, no seguro de vida, ainda que revertida indenização a terceiro; portanto, um risco que incide, nas suas palavras, sobre o estipulante. Ao revés, o risco, segundo aponta, no seguro à conta de outrem, pesa sobre os interesses de outrem, o segurado. E isso em virtude de relação precedente entre o estipulante ou tomador e o segurado, não necessariamente presente na figura comum da estipulação em favor de terceiro.

**Jurisprudência:** Negando a aplicação do preceito em caso de seguro de vida em grupo, quando ausente exame prévio do beneficiário: TJSP, Ap. Cível n. 992.08.002792-9, 25ª Câm., rel. Des. Amorim Cantuária, j. 17.11.2009. Ver, ainda: TJPR, Ap. Cível n. 0854449-4, rel. Des. José Sebastião Fagundes Cunha, *DJe* 14.11.2012, p. 135. Discutindo a aplicação do dispositivo aos casos de seguro contratados pelo locatário, para cobertura de riscos incidentes sobre o imóvel locado: TJSP, Ap. Cível n. 0009512-33.2002.8.26.0100, 1ª Câm., j. 01.12.2015.

---

**Art. 768. O segurado perderá o direito à garantia se agravar intencionalmente o risco objeto do contrato.**

➤ Artigo revogado pela Lei n. 15.040, de 09.12.2024 (*DOU* 10.12.2024), que entra em vigor após decorrido 1 (um) ano de sua publicação oficial.

---

O artigo presente trata da hipótese de agravamento do risco coberto, já prevista no art. 1.454 do CC/1916, embora com diversa redação, a rigor complementando a regra contida no art. 766, *caput*, do novo Código. Isso porque, naquele dispositivo, tem-se o caso de proposital inexatidão ou incompletude de informação que presta o segurado, no momento da contratação, ao segurador, o que importa à avaliação do risco e consequente cálculo do prêmio do seguro. Já no artigo presente, versa a lei sobre caso de, no curso do ajuste, portar-se o segurado, também intencionalmente, de modo a aumentar a probabilidade de sinistro, portanto agravando o risco coberto, fora de quanto originariamente era dado ao segurador avaliar, desequilibrando a equação econômica do contrato, uma vez que outro seria o prêmio então devido se, desde o início, fosse sabida a circunstância que, agora, é de agravamento. Assim, trata-se de uma circunstância que influi diretamente na probabilidade do acontecimento contra cuja ocorrência se contrata o seguro, o que, em outras palavras, significa dizer ser necessária a superveniência de uma conduta do segurado, de aumento do risco, que, além de intencional, se desde a contratação ostentada, levaria o segurador a não contratar ou a contratar mediante outro valor, maior, de prêmio.

Tem-se, dito de outro modo, conduta deliberada e consciente do segurado – ainda que não necessária e propositadamente voltada a prejudicar o segurador, ao que adiante se tornará – que aumenta a probabilidade de ocorrência do sinistro. É um agir *ex ante* de agravamento que se confirma, *ex post*, pela conversão do risco em sinistro, que, assim, necessariamente guarda relação causal com a conduta do agravamento. Senão, a rigor, ausente este nexo etiológico, havido o sinistro sem qualquer ligação com a conduta anterior do segurado, persistiria a aleatoriedade própria do evento e típica da cobertura securitária. No dispositivo presente quer a lei assegurar, a exemplo do que, em redação mais direta, se contém no art. 1.900 do CC italiano, que não se indenize sinistro atribuível à conduta intencional do segurado, que aumentou a probabilidade da ocorrência, desequilibrando o ajuste.

Nessa apreciação, já assentava o antigo Código, em dispositivo não repetido (art. 1.456), mas cujo princípio sobrevive (v. Enunciado n. 374 do CEJ), deve o juiz atentar a circunstâncias reais de agravamento, e não a probabilidades infundadas, portanto interpretando de maneira restritiva o preceito em discussão. É caso de agravamento, por exemplo, a contratação de seguro contra incêndio de imóvel que depois, no curso do ajuste, tem sua destinação alterada, passando a ser usado como local de manuseio de material inflamável; a morte do segurado, no seguro de vida, em meio a assalto que praticava; ou, no seguro contra acidentes de automóvel, a colisão havida por inaptidão de pessoa inabilitada a quem se entrega a sua direção (sobre a embriaguez, v. item à frente, da jurisprudência). Se exige a lei que a alteração, para pior, do estado de fato subjacente ao seguro derive de conduta intencional do segurado, então no caso de agravamento por caso fortuito ou fato de terceiro, e aplicável, conforme o caso, a regra do artigo seguinte, não há perda da garantia, por sinistro havido, eis que justamente diante dessa contingência é que se contrata o seguro. Assim, em exemplo bastante repetido (por todos: CARVALHO SANTOS, J. M. *Código Civil brasileiro interpretado*. 5. ed. Rio de Janeiro, Freitas Bastos, 1951, v. XIX, p. 335-6), não há qualquer possibilidade de perda do direito ao ressarcimento de seguro de vida se o segurado acaba vitimado porque vivia em local colhido por uma epidemia, o que, decerto, agravou o risco de morte. É, de resto, o que textualmente previa o art. 1.453 do CC/1916, agora modificado pelo art. 769, a seguir comentado.

Na verdade, então, quer a lei que não se dê agravamento considerável do risco por conduta voluntária, consciente do segurado, não se exigindo, propriamente, que seja seu intuito burlar a equivalência das prestações do contrato. É, conforme acentua José Augusto Delgado (*Comentários ao novo Código Civil*. Sálvio de Figueiredo Teixeira (coord.). Rio de Janeiro, Forense, 2004, v. XI, t. I, p. 247), a ação designada, querida, determinada do segurado, consciente e livre de qualquer pressão ou coerção. A propósito, a advertência sempre citada é a de Clóvis Bevilaqua (*Código Civil comentado*, 4. ed. Rio de Janeiro, Francisco Alves, 1939, v. V, p. 216), de que essa avaliação deve fazer-se da perspectiva da equidade, ainda uma vez tal qual explicitava o CC/1916 (art. 1.456), de tal modo, em seu dizer, a não se exigir do segurado que esteja, *angustiosamente*, atento a todo o perigo para evitá-lo, já que ele contrata o seguro para mais tranquilamente enfrentar o perigo. Exemplifica o autor com o caso de quem contrata seguro de vida e adoece sem de pronto chamar um médico, ao primeiro sinal de incômodo (idem, ibidem), aí não se entrevendo, a seu juízo, a deslealdade do segurado. Tem-se entendido que o ato de agravamento de risco, nas condições já examinadas, deve provir do próprio segurado, e não de um seu preposto, de resto já na esteira do que se comentou quando analisado o art. 766.

Por fim, a consequência para o caso de agravamento, de que ora se cuida, é, segundo está no texto legal, a perda, pelo segurado, da garantia contratada, decorrente, a rigor, da resolução culposa do ajuste, livrando-se o segurador da obrigação de pagar o valor do seguro por sinistro que se tenha dado após a alteração do estado de coisas, depois do agravamento do risco.

Na nova lei (Lei n. 15.040/2024), reitera-se que o segurado, sob pena de perda da garantia, não deve agravar intencionalmente, mas ressalvando que de modo relevante – e definindo o que isso seja – o risco (art. 13, *caput* e § 1º). Ressalva ainda que se a seguradora, comunicada do agravamento, se comportar de (qualquer) modo indicativo de que anui à persistência do ajuste, por exemplo, cobrando e recebendo os prêmios, afasta-se a consequência da perda de garantia. Ademais, expressa também que, se o seguro for sobre a vida e integridade física, diante o agravamento do risco, mesmo relevante, a seguradora apenas poderá cobrar a diferença do prêmio (art. 17).

**Jurisprudência:** Súmula n. 620, STJ: A embriaguez do segurado não exime a seguradora do pagamento de indenização prevista em contrato de seguro de vida.

Súmula n. 465, STJ: Ressalvada a hipótese de efetivo agravamento do risco, a seguradora não se exime do dever de indenizar em razão da transferência do veículo sem a sua prévia comunicação.

Enunciado n. 374, CEJ: No contrato de seguro, o juiz deve proceder com equidade, atentando às circunstâncias reais, e não a probabilidades infundadas, quanto à agravação dos riscos.

Entendendo ser causa de agravamento do risco a condução inabilitada por quem avança em via preferencial sem aguardar o fluxo do trânsito: *RT* 817/288. Do mesmo modo, negando indenização a empresa segurada porque o preposto, motorista de seu veículo, era inabilitado: STJ, REsp n. 1.412.816, 3ª T., rel. Min. Nancy Andrighi, j. 15.05.2014. Mas, diversamente, considerando não seja causa por si só de agravamento a ausência de habilitação: STJ, Ag. Reg. no REsp n. 1.193.207, 4ª T., rel. Min. Maria Isabel Galotti, j. 01.09.2015. Do mesmo modo quando o veículo era conduzido por terceiro com idade inferior ao limite do contrato e que disputava "racha": STJ, REsp n. 1.368.766, rel. Min. Luis Felipe Salomão, 4ª T., j. 01.03.2016. Já, em contrapartida, negando que a condução de veículo por quem havia ingerido dose etílica superior à permitida seja, por si só, causa de agravamento e, assim, de perda da cobertura: *RT* 815/210. Mas afastando cobertura de sinistro havido quando o segurado se afogou em decorrência de seu estado de embriaguez: *RT* 790/309 e 805/306.

De modo geral, negando que a embriaguez seja, por si só, causa de agravamento do risco: STJ, Ag. Reg. no Ag. n. 895.146, 3ª T., rel. Min. Nancy Andrighi, j.

14.11.2007. Porém, no sentido inverso, validando cláusula de exclusão de cobertura em caso de embriaguez: STJ, REsp n. 973.725/SP, 3ª T., rel. Min. Ari Pargendler, j. 26.08.2008; REsp n. 1.485.717, 3ª T., rel. Min. Ricardo Villas Bôas Cueva, j. 22.11.2016. No mesmo sentido: TJSP, Ap. Cível n. 991.080.497.356, 31ª Câm., rel. Des. Adílson de Araújo, j. 29.09.2009. Mas exigindo, mesmo diante da validade da cláusula, a prova de que a embriaguez tenha contribuído para a eclosão do evento: STJ, REsp n. 1.175.577/PR, 3ª T., rel. Min. Nancy Andrighi, *DJe* 29.11.2010. No mesmo sentido: STJ, Ag. Int. no AREsp n. 853.124/MG, 4ª T., rel. Min. Maria Isabel Gallotti, j. 01.09.2016. Porquanto do preposto a embriaguez, em acidente de automóvel, manteve-se o direito do segurado à cobertura: *RT* 786/241. Ao revés, estendendo o agravamento em caso de embriaguez, causa determinante do evento, também a prepostos, empregados ou familiares: STJ, Ag. Int. nos Emb. Decl. no REsp n. 1.602.690, 4ª T, rel. Min. Luis Felipe Salomão, j. 27.11.2018.

Ainda sobre a embriaguez, da Corte Superior: "Quanto ao tema da embriaguez ao volante no contrato de seguro de automóvel (seguro de danos), a jurisprudência atual do STJ é no sentido de que a direção do veículo por um condutor alcoolizado (seja o próprio segurado ou terceiro a quem ele confiou) já representa agravamento essencial do risco avençado, sendo lícita a cláusula do contrato de seguro de automóvel que preveja, nessa circunstância, a exclusão da cobertura securitária. 4 – Constatado que o condutor do veículo estava sob influência do álcool (causa direta ou indireta) quando se envolveu em acidente de trânsito – fato esse que compete à seguradora comprovar –, há presunção relativa de que o risco da sinistralidade foi agravado, a ensejar a aplicação da pena do art. 768 do CC. Por outro lado, a indenização securitária deverá ser paga se o segurado demonstrar que o infortúnio ocorreria independentemente do estado de embriaguez (como culpa do outro motorista, falha do próprio automóvel, imperfeições na pista, animal na estrada, entre outros)" (STJ, Ag. Int. no REsp n. 1.892.978/PR, 3ª T., rel. Min. Ricardo Villas Bôas Cueva, j. 13.05.2024, *DJe* 15.05.2024).

Negando aumento de risco, em contrato de seguro de transporte de valores, a passagem e parada em outro posto, para recolhimento de valores, quando a caminho do banco depositário: *RSTJ* 133/396. Mas considerando agravamento de risco o transporte de valores em veículo de passeio: TJRJ, Ap. Cível n. 2007.001.19276, 20ª Câm., rel. Des. Marco Antônio Ibrahim, j. 12.09.2007. Negando agravamento de risco por quem sobe em torre metálica de fácil acesso para divisar a paisagem: STJ, REsp n. 795.027, 4ª T., rel. Min. Aldir Passarinho Júnior, j. 18.03.2010, *DJe* 19.04.2010.

---

**Art. 769. O segurado é obrigado a comunicar ao segurador, logo que saiba, todo incidente suscetível de agravar consideravelmente o risco coberto, sob pena de perder o direito à garantia, se provar que silenciou de má-fé.**

➤ Artigo revogado pela Lei n. 15.040, de 09.12.2024 (*DOU* 10.12.2024), que entra em vigor após decorrido 1 (um) ano de sua publicação oficial.

**§ 1º O segurador, desde que o faça nos quinze dias seguintes ao recebimento do aviso da agravação do risco sem culpa do segurado, poderá dar-lhe ciência, por escrito, de sua decisão de resolver o contrato.**

**§ 2º A resolução só será eficaz trinta dias após a notificação, devendo ser restituída pelo segurador a diferença do prêmio.**

---

Em seu *caput*, o artigo reproduz regra já constante do Código anterior (art. 1.455), cujo comando é uma típica revelação do padrão de lealdade que se exige nas relações contratuais, de resto tal qual salientado nos comentários ao art. 766. Trata-se da noção de boa-fé objetiva que permeia, obrigatoriamente, as relações contratuais (art. 422) e que, em sua função supletiva, cria deveres de conduta, chamados anexos ou laterais, aos contratantes, dentre eles os de colaboração e informação, como forma de mais escorreito desenvolvimento do processo obrigacional.

No caso, ocupa-se o Código de determinar dever, ao segurado, de comunicar ao segurador, tão logo disso venha a ter conhecimento, qualquer incidente que possa agravar consideravelmente o risco coberto. Veja-se que a exigência é, primeiro, de que a comunicação se dê de pronto, tão logo saiba o segurado da ocorrência agravadora do risco. É certo que, nessa avaliação, impende ater-se ao razoável ou ao que razoavelmente se pode considerar seja o tempo necessário para que o segurado tenha condições de, o mais rapidamente, contatar o segurador, o que, ainda, significa dizer serem necessárias considerações como a forma de comunicação das partes, seu domicílio, o fato de serem presentes ou ausentes e assim por diante. Em segundo lugar, o incidente que há de ser comunicado, e isso desde a vetusta lição de Clóvis Bevilaqua (*Código Civil comentado*, 4. ed. Rio de Janeiro, Francisco Alves, 1939, v. V, p. 215), deve ser evento independente da conduta do segurado, portanto derivado de caso fortuito ou ato de terceiro, em que, para o agravamento resultante de comportamento do próprio segurado, a norma de incidência é a do artigo anterior. Em terceiro lugar, esse incidente de agravamento deve ser sério, de tal maneira a desequilibrar o contrato, daqueles que, se de início conhecidos, levariam o segurador a não contratar ou a contratar com prêmio maior.

Preenchidos esses requisitos, se o segurado omitir a devida informação que a lei lhe impõe, incidirá na perda da garantia contratada, aí sim, tal como previsto no artigo antecedente, destarte liberando-se o segurador do pagamento de sinistro que depois venha eventualmente a suceder. No entanto, ainda ressalva o atual Código que a resolução se opera somente se provada a má-fé com que se portou o segurado ao silenciar sobre o incidente de agravamento. Aqui deve-se entender a referência legal como à consciente omissão, ou seja, o conhecimento de evento que sabia ou, frise-se, também que deveria saber de agravamento do dano e, aí sim, a consciente omissão na respectiva comunicação. Ou seja, não se exige, própria e necessariamente, deliberado propósito de prejudicar o segurador, mas discernimento quanto à ocorrência de agravamento e silêncio em sua informação.

Inova, porém, o CC/2002, na disposição dos parágrafos do artigo, quando cuida da consequência, para o contrato, advinda do agravamento do risco sem culpa, sem ser por obra e comportamento do segurado. Isso porque, no Código anterior, dispunha-se que o agravamento de risco, por fato alheio ao segurado, não autorizava o segurador sequer a postular a revisão do prêmio (art. 1.453), o que se pode admitir vigente para alterações que não sejam consideráveis, como no atual preceito se reclama. Pois agora, mais que isso, se havido o considerável agravamento do risco, por fato estranho ao segurado, sem sua culpa, como está na lei, abre-se a possibilidade de o segurador resolver o contrato, desde que o faça no prazo de quinze dias, contados do recebimento do aviso pelo segurado acerca do incidente de agravamento do risco, exigindo-se, ainda, que a deliberação de resolução seja pelo segurador comunicada, por escrito, ao segurado. Mesmo assim, ainda permanece o segurador, nos trinta dias seguintes à notificação do segurado, responsável pela garantia contratada, porquanto, na previsão da lei, sua resolução só opera efeito depois de transcorrido esse interregno. Isso quer dizer, portanto, que nos trinta dias, ocorrido algum sinistro, o pagamento do valor segurado será de rigor. Por fim, deliberada essa resolução, deve o segurador restituir ao segurado a diferença do prêmio pago em relação ao tempo de contrato que não mais se cumprirá. Assim, se o pagamento foi parcelado, mês a mês, cessa então seu pagamento.

Veja-se, em conclusão, que a nova disposição contida nos parágrafos do artigo em pauta serve a trazer, para o contrato de seguro, a hipótese genérica de resolução por excessiva onerosidade (art. 478), ao pressuposto de que também nessa espécie contratual, e mesmo abstraída a discussão sobre sua natureza comutativa ou aleatória, já antes travada (ver comentários aos arts. 757 e 764), portanto mesmo admitida a aleatoriedade, há, de todo modo, um equilíbrio que limita a extensão da álea e que deve ser garantido mediante o mecanismo resolutório presente. É mesmo a exigência constitucional de relações jurídicas que sejam justas (art. 3º, I, da CF), base para admissão de que o equilíbrio há de ser preservado, agora, de forma expressa, ainda no contrato de seguro. Nada diverso do que, genericamente, já previa o art. 1.108 do CC argentino, permitindo a revisão, por imprevisibilidade, mesmo de contratos aleatórios, quando a alteração das circunstâncias se dê fora do risco normal do negócio. Ou, na lição de Almeida Costa, podem os contratos aleatórios ser revisados ou resolvidos quando a alteração das circunstâncias exceder apreciavelmente todas as flutuações previsíveis na data do contrato (*Direito das obrigações*, 5. ed. Coimbra, Almedina, 1991, p. 273). Aliás, por tudo isso, ou seja, por essa inspiração constitucional da providência resolutória, sempre de manutenção do equilíbrio contratual, não se vê causa suficiente a que não se permita – tal qual deferido ao segurado, em igual hipótese, como se verá nos comentários ao artigo seguinte – a possibilidade de o segurador, em vez de postular a resolução, pleitear a revisão do prêmio, na hipótese configurada no preceito aqui comentado.

A Lei n. 15.040/2024 (art. 14 e parágrafos) previu igual dever de imediata comunicação de relevante agravamento do risco; a possibilidade de a seguradora, em 20 dias, cobrar a diferença de prêmio ou, sendo tecnicamente inviável garantir o novo risco, resolver o ajuste, notificando o segurado e cessando os efeitos da cobertura em trinta dias do recebimento da notificação; a devolução, nesse caso, da diferença do prêmio pela seguradora, ao mesmo tempo assegurado ressarcimento das despesas por ela havidas; a perda da garantia se o segurado descumprir dolosamente o dever de comunicação ou, se descumprir de modo culposo, a possibilidade de cobrança da diferença de prêmio, ressalvada aqui a impossibilidade técnica de garantia do novo risco ou o fato de ele ser daqueles estranhos à cobertura habitual pela seguradora, quando poderá ter lugar a resolução. Dispôs-se ainda no art. 15 que se, em consequência do agravamento relevante do risco, a diferença do prêmio superar 10% do valor original, o segurado pode recusar a modificação e resolver o contrato, estabelecido prazo para tanto.

**Jurisprudência:** A par do dever de informação do segurado, entendendo, em seguro habitacional, ser direito-dever do segurador o de fiscalização do objeto do contrato: *RT* 734/334. Entendendo não haver infringência ao dispositivo no fato de, em seguro de vida, o segurado não ter comunicado sua prisão, vindo, depois, a ser morto no interior do presídio: TJSP, Ap. Cível n. 930.791.009, 29ª Câm., rel. Des. Luís de Carvalho, j. 19.08.2009. Exigindo posterior cumprimento do dever de informação, pelo segurado, de causa de agravamento do risco, mesmo que já contemporânea à contratação, assim omitida em questionário: STJ, REsp n. 1.601.555, 3ª T., rel. Min. Ricardo Villas Bôas Cueva, j. 14.02.2017. Considerando infringência ao dispositivo a omissão do segurado em informar a mudança de perfil dos condutores: TJSC, AC n. 0305968-50.2014.8.24.0018, rel. Des. Luiz Felipe Schuch, j. 16.04.2018.

---

**Art. 770. Salvo disposição em contrário, a diminuição do risco no curso do contrato não acarreta a redução do prêmio estipulado; mas, se a redução do risco for considerável, o segurado poderá exigir a revisão do prêmio, ou a resolução do contrato.**

➤ Artigo revogado pela Lei n. 15.040, de 09.12.2024 (*DOU* 10.12.2024), que entra em vigor após decorrido 1 (um) ano de sua publicação oficial.

---

O preceito vertente, que não constava do CC/1916, é o exato reverso da previsão do artigo anterior. Se lá se possibilita, por alteração das circunstâncias que determine considerável agravamento do risco coberto, sem culpa do segurado, a resolução do contrato pelo segurador, aqui se estabelece igual prerrogativa ao segurado, desde que, identicamente, se reduzam os riscos do contrato de forma relevante, séria. Ou seja, é o mesmo princípio de manutenção do equilíbrio contratual que anima o preceito do dispositivo antecedente e que, agora, induz a possibilidade de resolução, só que pelo segurado.

Assim, pode o segurado, se houver considerável diminuição do risco coberto, por qualquer causa superveniente, posto que dele próprio dimanada, resolver o contrato de seguro. Veja-se que, da mesma forma que na regra do artigo precedente, impõe-se tenha havido ocorrência de considerável diminuição do risco, portanto fora da normal incerteza e flutuação das circunstâncias potenciais de sinistro cobertas pelo contrato. Isso porque, se assim não for, nem mesmo a redução do valor do prêmio é dado ao segurado postular, salvo disposição em contrário que se tenha ajustado no contrato. Contudo, havida considerável redução do risco, e como corolário do princípio do equilíbrio ou justiça contratual, pode o segurado não só resolver o contrato, como, se preferir, pleitear a revisão do valor do prêmio. Trata-se de prerrogativa explícita que, como se viu nos comentários ao artigo anterior, embora nele inexistente igual explicitude, também deve ser deferida, na situação inversa, ao segurador. Por fim, e agora a omissão é do artigo em pauta, havida a resolução, por alteração das circunstâncias, por iniciativa do segurado, ocorrida considerável redução do risco, caberá a mesma proporcionalização do prêmio prevista e comentada no artigo anterior.

A Lei n. 15.040/2024, no art. 18, previu que, em razão da relevante redução do risco, caberá apenas a redução do proporcional do prêmio, assegurado, na mesma proporção, o ressarcimento das despesas da seguradora, realizadas com a contratação.

---

**Art. 771. Sob pena de perder o direito à indenização, o segurado participará o sinistro ao segurador, logo que o saiba, e tomará as providências imediatas para minorar-lhe as consequências.**

➤ Artigo revogado pela Lei n. 15.040, de 09.12.2024 (*DOU* 10.12.2024), que entra em vigor após decorrido 1 (um) ano de sua publicação oficial.

**Parágrafo único. Correm à conta do segurador, até o limite fixado no contrato, as despesas de salvamento consequente ao sinistro.**

---

Já o CC anterior, em seu art. 1.457, impunha ao segurado, como imperativo de boa-fé, de lealdade na relação contratual, o dever de comunicar, tão logo dele tomasse conhecimento, a ocorrência do sinistro ao segurador. Entretanto, tão somente sancionava a omissão, com a perda do direito ao recebimento do valor segurado, se provasse o segurador que, avisado, poderia ter evitado ou atenuado as consequências do evento. Confrontada essa disposição com a do artigo em discussão, do atual Código, parece agora ter-se estabelecido, a par do mesmo dever de imediata comunicação do sinistro, logo que o saiba o segurado, mas uma automática perda do valor do seguro em caso de omissão.

Todavia, entende-se que a falta de aviso, por si só, sem que daí dimane qualquer prejuízo, não pode levar à consequência extrema, de perda do valor segurado. Veja-se que o espírito que anima a disposição vertente não é diverso daquele subjacente à norma do antigo Código. A ideia do legislador foi sancionar a conduta de falta de boa-fé objetiva do segurado, porém porque assim se impediu o segurador de minorar os efeitos do sinistro, ou seja, a rigor, uma hipótese em que o comportamento do segurado interfere no valor do pagamento a ser feito pelo segurador – a bem dizer, idêntico princípio ao que está subjacente à regra atinente ao agravamento do risco (art.

768) ou mesmo à omissão ou incompletude das informações prestadas quando da contratação (art. 766). Tem-se, então, que, omitido o aviso do sinistro, não haverá automática perda do direito ao recebimento do valor segurado, senão quando demonstrado pelo segurador que, por isso, foi-lhe retirada factível oportunidade de evitar ou atenuar os efeitos do evento e, assim, minorar o importe do seguro a ser pago. Essa, de resto, a opinião, também, de José Augusto Delgado (*Comentários ao novo Código Civil*. Sálvio de Figueiredo Teixeira (coord.). Rio de Janeiro, Forense, 2004, v. XI, t. I, p. 293) e de Caio Mário da Silva Pereira (*Instituições de direito civil*, 11. ed. atualizada por Regis Fichtner. Rio de Janeiro, Forense, 2004, v. III, p. 459). O aviso pode se dar sem exigência de forma especial, desde que comprovadamente efetivado e recebido.

De resto, explicita o atual Código, ainda no *caput* do preceito em pauta, ser dever do segurado, uma vez ocorrido o sinistro, tomar todas as medidas, que razoavelmente lhe estejam ao alcance, para minorar as consequências do evento. Veja-se outra revelação de dever anexo, aqui de colaboração, imposto pelo princípio da boa-fé objetiva, em sua função supletiva (cf., a respeito, comentários aos arts. 766, 768 e 769). Quer-se, na verdade, impor ao segurado, dentro do que seja razoável exigir, providências que impeçam a propagação de dano já produzido em razão do sinistro havido. Nessa mesma esteira, impõe-se ao segurado velar pelos salvados, isto é, pelo que reste da coisa segurada ou do que se salvou do sinistro. Isso por se ter aí igual forma de minoração dos efeitos do evento, sem contar que, em regra geral, havida indenização pela completa perda da coisa, ao segurador pertencem os salvados. Todas as despesas, porém, que enfrente o segurado para cuidar desse salvamento, como diz a lei, correm por conta do segurador, que deverá ressarci-las nos limites do contrato, até por comporem o risco segurado (art. 779).

Por fim, não se há de olvidar que, além de avisar o segurador, deve o segurado provar a ocorrência do sinistro, conforme disposto no ajuste, mas entendendo-se deva ser interpretada a regra *in rebus*, sempre quando de outra forma se demonstre, de forma eficiente e, sobretudo, induvidosa, a ocorrência do sinistro. É preciso compreender que o intuito é o de possibilitar ao segurador verificar, com segurança, o sinistro e suas circunstâncias, para aferição da cobertura, sempre a bem da preservação dos recursos do seguro, dado o mutualismo que lhe é subjacente. E, enquanto, uma vez comunicado o sinistro, avalia o segurador se é o caso de cobertura, o prazo prescricional para a ação de cobrança se suspende, como tem entendido a jurisprudência (ver Súmula n. 229 do STJ).

Na nova lei (art. 66 da Lei n. 15.040/2024), além da comunicação imediata do sinistro e da tomada de medidas de redução do prejuízo do segurador – nos limites do quanto seja razoável e não se ponham em risco interesses próprios e relevantes –, estabelece-se igual dever, ao segurado, em relação já à situação de iminência do acontecimento do evento coberto. A ele caberá, ainda, conforme os parágrafos do mesmo preceito, prestar todas as informações sobre a ocorrência, e o descumprimento doloso deste dever implica perda do direito à indenização, sem prejuízo do prêmio devido e ressarcimento das despesas do segurador. Se o descumprimento for culposo, perde-se a indenização do que correspondente à omissão havida. Ressalva-se ao segurado a faculdade de provar que, apesar de sua omissão no aviso, o segurador por outros meios teve ciência do sinistro e de suas condições e circunstâncias.

**Jurisprudência:** Súmula n. 229, STJ: O pedido do pagamento de indenização à seguradora suspende o prazo de prescrição até que o segurado tenha ciência da decisão.

Tema/IAC 2, STJ: É ânuo o prazo prescricional para exercício de qualquer pretensão do segurado em face do segurador – e vice-versa – baseada em suposto inadimplemento de deveres (principais, secundários ou anexos) derivados do contrato de seguro, *ex vi* do disposto no art. 206, § 1º, II, *b*, do CC/2002 (art. 178, § 6º, II, do CC/1916).

Desacolhendo cobrança de verba securitária, já com socorro à previsão do art. 771 do CC/2002, pelo retardo da comunicação do sinistro, ademais com prévia reparação se conhecimento da seguradora: TJRS, Ap. Cível n. 70.001.731.249, 6ª Câm., rel. Des. Hassan Ribeiro, j. 07.08.2002. Mas, condicionando a perda do seguro, pela falta de imediata comunicação, à prova pela seguradora de que, de pronto avisada, poderia ao menos minorar as consequências do evento: *RT* 793/397 e 801/329. No mesmo sentido, ainda acrescentando a ausência de prova da má-fé ou intencional agravamento do risco pelo segurado: TJSP, Ap. Cível n. 0001146-04.2010.8.26.0236, 35ª Câm. de Dir. Priv., *DJe* 27.03.2014, p. 1.778. Dando pela perda do direito à indenização quando retardada quatro meses a comunicação do sinistro: TJSP, Ap. Cível n. 992.06.051283-0, 27ª Câm., rel. Des. Antônio Maria, j. 09.02.2010. Porém, afastando a sanção, ressalva-se hipótese de justificado retardo na comunicação, ademais sem prejuízo potencial à seguradora, por eventuais medidas em concreto possíveis de minimização dos danos: STJ, REsp n. 1.546.178/SP, 3ª T., rel. Min. Ricardo Villas Bôas Cueva, j. 13.09.2016. Ressalvando a superação da falta de prévia comunicação do seguro em ação de cobrança quando, citada, a seguradora se defenda de todo modo negando o direito à indenização: STJ, REsp n. 2.050.513/MT, 3ª T., rel. Min. Nancy Andrighi, j. 25.04.2023, *DJe* 27.04.2023.

**Art. 772. A mora do segurador em pagar o sinistro obriga à atualização monetária da indenização devida, sem prejuízo dos juros moratórios.**

Artigo com redação dada pela Lei n. 14.905, de 28.06.2024.

➤ Artigo revogado pela Lei n. 15.040, de 09.12.2024 (*DOU* 10.12.2024), que entra em vigor após decorrido 1 (um) ano de sua publicação oficial.

A rigor, a regra vertente, que não estava explicitada no Código anterior, apenas especifica, para o contrato de seguro, o que, de forma genérica, constitui uma consequência da mora em que incide o devedor. Com efeito, já no art. 395 o CC/2002, dedicando-se à fixação de normas atinentes às obrigações em geral, dispõe responder o devedor em mora pela devida atualização monetária e juros, sem prejuízo da composição das perdas e danos daí advindos e do pagamento dos honorários advocatícios, caso havida a atuação de causídico, mesmo que na fase extrajudicial, ao que se entende.

Pois, no artigo em pauta, frise-se, de resto sem prejuízo das demais verbas, incluindo até lucros cessantes comprovadamente devidos em razão do retardo na cobertura, tão somente se patenteia incidirem, sobre o valor devido do seguro, atualização e juros moratórios. O prazo para pagamento do valor segurado deve vir previsto no contrato, com limite máximo de trinta dias, conforme se prevê em preceito regulamentar (Circular n. 90/99 da Susep), mas com prazos diversos conforme se trate de seguros especiais, como o marítimo (art. 730 do CCom, prazo de cinco dias) ou o obrigatório, de responsabilidade civil, para proprietários de autos (Resolução n. 56/012, da Susep, prazo de cinco dias).

Impende, porém, levando em conta o padrão de lealdade e transparência que deve permear as relações contratuais, que haja o devido esclarecimento não só do prazo para pagamento, mas também e especialmente de seu termo inicial de contagem. Não é de estranhar, portanto, que, para o pagamento da indenização, inclusive como corolário da exigência de manutenção do mutualismo que o seguro induz ou, antes, pressupõe (art. 757), deva o segurado apresentar documentos necessários conforme o tipo de cobertura e mesmo de sinistro, compreendendo a prova de sua ocorrência, como se viu nos comentários ao artigo anterior. Assim, é razoável admitir que o prazo para pagamento do valor segurado apenas se inicie com a apresentação dessa documentação, mediante a qual o segurador poderá avaliar o preenchimento dos requisitos contratuais cabíveis para honrar a cobertura contratada. Todavia, insta que se esclareça ao segurado, de forma induvidosa, quais as exigências pertinentes, desde a contratação.

A Lei n. 15.040/2024 reproduziu a regra em tela no art. 88, mas acrescentando ainda multa devida de 2% do montante devido, além de perdas e danos.

**Jurisprudência:** Súmula n. 632, STJ: Nos contratos de seguro regidos pelo Código Civil, a correção monetária sobre a indenização securitária incide a partir da contratação até o efetivo pagamento.

Determinando a responsabilidade de seguradora morosa no pagamento do seguro por lucros cessantes devidos ao segurado: *RT* 796/255. Fazendo incidir juros moratórios desde quando a indenização deveria ter sido paga e não foi: TJSP, Ap. Cível n. 0002718-12.2004.8.26.0072, 11ª Câm. Ext. de Dir. Priv., rel. Des. Edgard Rosa, *DJe* 16.07.2014, p. 1.280; T. Recursais – RS, Rec. n. 71.000.761.692, 3ª T., rel. Juiz Eugênio Facchini, j. 04.10.2005. Fazendo incidir os juros desde a citação, quando ausente aviso de sinistro: TJSP, AI n. 2053392-54.2019.8.26.0000, rel. Des. Caio Marcelo Mendes de Oliveira, j. 11.06.2019.

**Art. 773. O segurador que, ao tempo do contrato, sabe estar passado o risco de que o segurado se pretende cobrir, e, não obstante, expede a apólice, pagará em dobro o prêmio estipulado.**

➤ Artigo revogado pela Lei n. 15.040, de 09.12.2024 (*DOU* 10.12.2024), que entra em vigor após decorrido 1 (um) ano de sua publicação oficial.

Basicamente desde o preceito do art. 765, antes examinado, e em que se encerra a propósito uma regra geral, vem dispondo o CC sobre normas atinentes à exigência de boa-fé com que devem se portar as partes na conclusão e execução do contrato de seguro, em primeiro lugar a boa-fé objetiva, isto é, o dever das partes, como imperativo de solidarismo nas relações contratuais, de agir segundo padrão de conduta leal esperável de pessoas corretas, honestas, verazes. Nada diverso, a rigor, do que está no art. 422 do CC/2002, em que se erige verdadeiro princípio em matéria de contratos.

É evidente que a tanto não se compadece a conduta de contratação de seguro sem um risco a cobrir. Não se pode negar que o risco seja elemento essencial ao contrato de seguro, como inferido, de resto, da própria disposição do art. 757 do CC. Contrata-se, mediante o pagamento de um prêmio, a garantia de um interesse legítimo do segurado, justamente diante da potencialidade de um sinistro, nada mais que o risco. É a cobertura contratada de um interesse segurável contra um risco predeterminado. Por isso não se pode manter um contrato de seguro já nascido sem risco a cobrir, a ponto de alguns autores terem aí entrevisto um caso mesmo de nulidade, por falta de objeto do ajuste (*v. g.*, BEVILAQUA, Clóvis. *Código Civil comentado*, 4. ed. Rio de Janeiro, Francisco Alves, 1939, v. V, p. 207; CARVALHO SANTOS, J. M. *Código Civil brasileiro interpretado*, 5. ed. Rio de Janeiro, Freitas Bastos, 1951, v. XIX, p. 306), muito embora hoje se o repute consubstanciado muito mais na garantia do interesse segurável. Ainda assim, não é menos certo que o risco continue a ser seu elemento essencial. Não há seguro sem risco. Daí porque, firmado o ajuste, sem o risco a cobrir, ele não se mantém, podendo o segurador, tendo agido na contratação em desacordo com o padrão de conduta solidária que a boa-fé objetiva impõe, faltando ao cumprimento de dever anexo de informação, transparência ou lealdade, dimanados daquele princípio, ser obrigado a compor perdas e danos (ver, a respeito da falta de dever anexo ou lateral e suas consequências, comentário ao art. 769).

O preceito em questão, indo mais além, estabeleceu, como já o fazia o art. 1.446 do CC/1916, uma pena específica ao segurador que, na contratação, tenha obrado, já aí, com falta de boa-fé subjetiva. Vale dizer, sempre que comprovada a ciência do segurador, quando da contratação, sobre a inexistência do risco, incumbe-lhe o dever de pagamento em dobro do prêmio estipulado. Aplica-se a mesma pena – ou o mesmo princípio – que, para o segurado de má-fé, se impôs no art. 766. Ressalte-se que está no artigo em pauta, tal como naquele antes referido, a mesma distinção entre a possibilidade de desfazimento do contrato por falta de boa-fé objetiva, só que aqui do segurador, e o agravamento sancionatório quando lhe falte boa-fé subjetiva, ou seja, quando animado pelo deliberado propósito de contratar, aproveitando-se da ausência de risco a cobrir. É por isso que, no mais, remete-se aos comentários do art. 766. A ressalva final, porém, está em que, de qualquer maneira, não há como persistir contrato de seguro ajustado já sem risco a cobrir, diferenciando-se, como se observou, a consequência sancionatória, que é a devolução, em dobro, do prêmio cobrado.

Na Lei n. 15.040/2024, a sanção se estabeleceu para ambas as partes, assim no parágrafo único do art. 11, e o qual, no *caput*, impõe a nulidade do contrato quando qualquer das partes, no momento da contratação, souber que o risco é impossível ou já realizado.

---

**Art. 774. A recondução tácita do contrato pelo mesmo prazo, mediante expressa cláusula contratual, não poderá operar mais de uma vez.**

➤ Artigo revogado pela Lei n. 15.040, de 09.12.2024 (*DOU* 10.12.2024), que entra em vigor após decorrido 1 (um) ano de sua publicação oficial.

---

Como se disse no comentário ao art. 760, dentre outras indicações, a apólice ou o bilhete de seguro devem prever o início e o término do prazo de validade do seguro, de regra ajustado por um ano, salvo casos especiais, com vigência específica, como o seguro de vida ou de transportes. Não menos certo que, no mesmo contrato, podem as partes prever o que o artigo vertente chama de recondução tácita. Ou seja, é a previsão contratual de prorrogação do ajuste, de maneira tácita, por igual prazo. A manifestação tácita é aquela que se infere de uma conduta do sujeito, indicativa de sua vontade, no caso de renovar o seguro. É o que se chama de comportamento concludente do indivíduo, muito típico, hoje, das contratações de massa. Na hipótese do seguro, dá-se, por exemplo, a recondução tácita quando, vencido o prazo contratual inicialmente ajustado, permanecem as partes cumprindo suas prestações contratuais, o segurado pagando e o segurador recebendo o prêmio. No entanto, o novo CC limita essa renovação tácita por igual prazo ao da entabulação original e, desde que nela estabelecida essa possibilidade, uma única vez. O pressuposto foi o de que, a bem do equilíbrio da equação econômica do contrato, que deve ser preservado, houvesse, ao cabo já de uma renovação, a reavaliação do risco coberto, da probabilidade, enfim, da ocorrência do sinistro, assim verificando-se a atualidade do prêmio devido. Mas não que, feita essa verificação, se possa simplesmente recusar nova contratação, inclusive mercê do comando do art. 39, II, do CDC, lembrando-se de que o fornecedor se encontra em estado de oferta pública e permanente, que lhe é vinculativa. E com a ressalva, ainda, da existência de regramento próprio que para a matéria há quando se trata de seguro saúde (Lei n. 9.656/98, *v. g.*, arts. 13, 30 e 31).

A questão, porém, que a regra suscita está na consequência de seu descumprimento, ou seja, quando as partes, a despeito da proibição de renovação tácita por mais de uma vez, fazem-no, por exemplo, mantendo o cumprimento do ajuste mediante as mesmas condições da entabulação anterior. Consoante se prevê no art. 166, VII, parte final, do atual Código, considerar-se-á nulo o negócio quando a lei proibir sua prática, sem, todavia, cominar sanção, como se dá na hipótese vertente. É de cogitar, contudo, se essa consequência não seria demasiada para um ajuste que costumeiramente envolve uma parte vulnerável, em quem se pode ter despertado a confiança na cobertura contratada, afinal cumprido, às vezes por muito tempo, o pagamento do prêmio. Na observação de Menezes Cordeiro (*Da boa-fé no direito civil*. Coimbra, Almedina, 1984, v. II, p. 795-6 e 823), a nulidade, mesmo traindo o conceito da boa-fé objetiva, da confiança gerada por situação prolongada de desenvolvimento de uma relação, mas eivada de vício formal, não pode autorizar a manutenção do contrato viciado, admitida apenas a via indenizatória ou da conversão substancial. No Direito pátrio, entretanto, Fernando Noronha (*Direito dos contratos e seus princípios fundamentais*. São Paulo, Saraiva, 1994, p. 188) anotou ser, de seu ponto de vista, questionável a conclusão, preferindo assentar que o juiz deve deixar de pronunciar nulidades, mesmo constitutivas, quando o contrato houver sido cumprido, muito embora desde que a regra desrespeitada tenha sido estabelecida em proteção da própria parte que se quer valer da eficácia do ajuste, certo que, no seguro, a regra em pauta visa a preservar, em última análise, o equilíbrio não só daquele ajuste individual, como da mutualidade que a ele subjaz (veja comentário ao art. 757).

De toda forma, porém, haverá a dispor do segurado sempre a via indenizatória, tendo contratado com um profissional, por isso mais afeto às regras da contratação e à proibição de recondução tácita, por mais de uma vez. Deve-se levar em conta, também, se, nas circunstâncias do caso – mais que uma recondução tácita –, não houve nova contratação, atentando-se à regra da informalidade para tanto, apenas que sem ter a seguradora considerado de rigor a alteração do prêmio. Veja-se, nesse sentido, que toda a problemática só se coloca na renovação tácita, porquanto, se de forma expressa, as renovações podem ser tantas quantas queiram as partes.

Na Lei n. 15.040/2024, dispôs-se que o contrato de seguro se presume firmado pelo prazo de um ano, mas ressalvada previsão diversa das partes ou que decorra da natureza, do interesse ou do risco contratuais (art. 52). Ainda se estabeleceu no art. 53 que, se nada disser a seguradora, haverá renovação automática, sem fixação de limite e embora se ressalve também a recusa do segurado, manifestada antes da renovada vigência, inclusive deixando de pagar a parcela única ou a primeira parcela do prêmio, se não tiver havido averbação dos riscos.

**Jurisprudência:** Sobre a habitualidade de prorrogações automáticas, com isso garantindo-se o pagamento de indenização por sinistro: *RT* 766/251. Quanto à prorrogação tácita pelo pagamento do prêmio: *RT* 761/398. Validando, passado o prazo do ajuste e de sua recondução, a recusa à renovação do seguro: TJSP, Ap. Cível n. 1.238.807.008, 36ª Câm., rel. Des. Romeu Ricupero, j. 04.06.2009; Ap. Cível n. 1.100.067.000, 31ª Câm., rel. Des. Adílson de Araújo, j. 17.02.2009.

**Art. 775. Os agentes autorizados do segurador presumem-se seus representantes para todos os atos relativos aos contratos que agenciarem.**

➤ Artigo revogado pela Lei n. 15.040, de 09.12.2024 (*DOU* 10.12.2024), que entra em vigor após decorrido 1 (um) ano de sua publicação oficial.

A regra geral contida no presente dispositivo está em que o segurador responderá pelos atos de todos quantos ajam em seu nome, sejam prestadores de serviços, agentes ou prepostos. Responderá, também, sempre que saiba e de alguma maneira contribua para a situação de aparência criada por alguém que, posto sem poderes, acaba atuando em seu nome, contratando seguros. Nada mais, a rigor, que os pressupostos comuns de aplicação da teoria da aparência, ou da representação aparente: situação de justificada putatividade, mas forjada mediante alguma contribuição, participação ou mesmo negligência do responsável, no caso o segurador. Cuida-se, afinal, de tutelar a justa confiança despertada, porém, de algum modo por causa atribuível ou imputável a quem vier a ser atingido ou prejudicado em consequência da mesma tutela (*v. g.*, Pedro Pais de Vasconcelos. "Teoria geral do direito civil". *Revista da Faculdade de Direito da Universidade de Lisboa*. Suplemento. Dezembro de 2000. Coimbra, Coimbra, p. 63).

No entanto, a regra tem especial relevância nos casos dos corretores de seguro, atividade regulamentada pela Lei n. 4.594/64, que exige habilitação do interessado, viabilizando, assim, necessária autorização do Departamento Nacional de Seguros Privados. Sucede que o corretor normalmente representa o segurado, e é por meio dele que se contrata o seguro, quando não diretamente, uma vez que a emissão da apólice se faz por proposta assinada, se não pelo próprio interessado, afinal pelo corretor (Decreto n. 60.549/67, que regulamentou o DL n. 73/66). Desde que, entretanto, autorizado pelo segurador, de qualquer maneira, a atividade do corretor o vincula. Portanto, deve-se aqui levar em conta toda a manifestação ou conduta do segurador que induza a admissão de que autoriza o corretor a atuar em seu nome, destarte também aqui considerada, por fim, a representação aparente, de que ao início se tratou, com os requisitos lá identificados, particularmente o da necessária contribuição do segurador a que se ostentasse essa situação de justificada aparência.

De resto, a tese parece reforçar se há necessária contratação por meio do corretor e se, entre ele e o segurador, se estabelece verdadeiramente um ajuste que, individualizado, coloca-se, porém, em coligação com o ajuste entabulado pelo segurado, formando o que se denomina de rede contratual, impondo uma recompreensão do conceito de terceiro não contratante e mesmo do princípio da relatividade dos efeitos dos contratos, como tive oportunidade de sustentar alhures (*v. Função social do contrato*, 4. ed. São Paulo, Saraiva, 2012, p. 163-8).

Na Lei n. 15.040/2024, erigiu-se seção própria, a sétima do Capítulo I, para disciplinar a situação daqueles ali chamados de "intervenientes no contrato", incluindo o corretor de seguro (arts. 37 a 40).

**Jurisprudência:** Sobre a pessoal responsabilidade do corretor, no caso de falha nas informações prestadas ao segurado: *RT* 807/401. Responsabilizando a seguradora por valor de cobertura constante de certificado emitido por representante: *RT* 807/394. Emprestando eficácia a recibo de quitação do prêmio firmado por corretora: *RT* 795/222. Sobre a ocasional responsabilidade solidária do corretor, juntamente com a seguradora: "Seguro. Indenização. Agenciador ou corretor de seguros. Responsabilidade solidária com a seguradora em ocorrendo o fato gerador ao pagamento do prêmio. Aplicação da teoria da aparência e da desconsideração da personalidade jurídica, em se tratando de consórcio entre empresas" (*RT* 786/419). Em sentido contrário, assentando a ilegitimidade da corretora: STJ, REsp n. 1.045.616/DF, 4ª T., rel. Min. Aldir Passarinho Júnior, j. 21.08.2008. E negando a responsabilidade do corretor, senão mediante prova de ato culposo, mas não por aplicação dos arts. 14, *caput*, 7º, parágrafo único, e 25, § 1º, do CDC: STJ, REsp n. 1.190.772/RJ, 4ª T., rel. Min. Luis Felipe Salomão, j. 19.10.2010. Responsabilizando a seguradora pelos atos do corretor: TJRS, Ap. Cível n. 70.015.021.249, 5ª Câm., rel. Des. Leo Lima, j. 26.07.2006; Ap. Cível n. 70.028.641.579, 5ª Câm., rel. Des. Gelson Stocker, j. 11.11.2009. Reconhecendo o dever de fiscalização que a seguradora possui da atuação do corretor que credencia: Turmas Recursais – RS, Recurso n. 71.000.555.011, 3ª T., rel. Maria de Lourdes Gonzáles, j. 14.09.2004. No mesmo sentido, assentando que a corretora é agente autorizada e representante da seguradora, não mandatária do segurado: TJSP, Ap. Cível n. 1.137.454.003, 32ª Câm., rel. Des. Kioitsi Chicuta, j. 30.07.2009. E, por isso, isentando o segurado de qualquer responsabilidade se o prêmio é calculado a menor por falha no dever de informação do corretor: TJSP, Ap. Cível n. 1.240.887.000, 28ª Câm., rel. Des. Celso Pimentel, j. 26.05.2009. Vinculando a seguradora ao recebimento do prêmio pela corretora: TJSP, Ap. Cível n. 990.09.371553-8, 31ª Câm., rel. Des. Armando Toledo. Assentando a responsabilidade solidária da seguradora de responsabilidade civil com a oficina que credencia ou indica: STJ, REsp n. 827.833/MG, 4ª T., rel. Min. Raul Araújo, j. 24.04.2012. Do mesmo modo, definindo a corresponsabilidade entre a seguradora e a instituição financeira a que vinculada e por meio de quem se oferta a contratação securitária: STJ, REsp n. 1.300.116/SP, 3ª T., rel. Min. Nancy Andrighi, j. 23.12.2012.

**Art. 776. O segurador é obrigado a pagar em dinheiro o prejuízo resultante do risco assumido, salvo se convencionada a reposição da coisa.**

➤ Artigo revogado pela Lei n. 15.040, de 09.12.2024 (*DOU* 10.12.2024), que entra em vigor após decorrido 1 (um) ano de sua publicação oficial.

O presente dispositivo, da forma com que redigido, veio a pacificar discussão que antes havia, ante os termos do art. 1.458 do CC/1916. Isso porque, sob a égide da legislação anterior, chegou-se a sustentar a possibilidade de opção do segurador pela reposição da coisa, em vez do pagamento em dinheiro da indenização securitária.

Veja-se, todavia, que a atual dicção legal não deixa qualquer margem para dúvida. A regra geral é a do pagamento em dinheiro do prejuízo decorrente do sinistro. Recomposição outra, *in natura*, somente se dará se assim se tiver ajustado no contrato ou, acrescente-se, se o aceitar o segurado. Assim, por exemplo, pode-se convencionar a reparação da coisa danificada, a reconstrução do prédio em caso de incêndio, o fornecimento, em espécie, de medicamentos, o conserto direto do veículo sinistrado.

De outra parte, estabelece o dispositivo que o pagamento a ser feito pelo segurador há de corresponder ao efetivo prejuízo sofrido pelo segurado. É evidente que, no caso de seguros pessoais, como o seguro de vida, ocorrido o sinistro, paga-se o valor da apólice, incogitável qualquer avaliação do efetivo prejuízo havido. Entretanto, no seguro de dano, em geral, e ao revés, ter-se-á a importância fixada no contrato apenas como um teto indenizatório, a rigor honrando-se a cobertura com o pagamento do efetivo prejuízo havido, que poderá ser menor, não servindo o seguro a propiciar lucro a qualquer das partes. O assunto será retomado nos comentários aos arts. 778 e 781, infra. Lembre-se, ademais, que o pagamento do valor do seguro fora do prazo sujeita o segurador aos acréscimos previstos no art. 772, já examinado.

**Art. 777. O disposto no presente Capítulo aplica-se, no que couber, aos seguros regidos por leis próprias.**

➤ Artigo revogado pela Lei n. 15.040, de 09.12.2024 (*DOU* 10.12.2024), que entra em vigor após decorrido 1 (um) ano de sua publicação oficial.

Como se dá também acerca de outros contratos, a respeito valendo citar o transporte (art. 732), a corretagem (art. 729) ou, ainda, a agência e distribuição (art. 721), o CC/2002, no Capítulo em discussão, pretendeu estabelecer regras gerais e unificadas sobre o seguro, mas sem excluir a concomitante incidência de legislação especial. De resto, tal qual se afirmou nos comentários aos demais artigos citados, é característica do Direito moderno a pluralidade de fontes legislativas, que podem bem concorrer, então, no regramento de determinado instituto, sempre sob o influxo unificador da CF, de seus princípios e dos princípios contratuais gerais, inclusive daí advindos.

Isso quer dizer, em primeiro lugar, que o Código abre ensanchas à regulamentação de seguros com características especiais em leis próprias que, em seu regramento, atendam a essas peculiaridades da espécie securitária de que cuidam. Assim, por exemplo, há inúmeras hipóteses de seguro obrigatório, referidas desde o DL n. 73/66, o qual, como se vem examinando, constitui normatização que instituiu o chamado Sistema Nacional de Seguros Privados. Pois dentre esses seguros obrigatórios, inclusive a que o novo Código também dedicou regra específica (art. 788, infra), está aquele por danos causados em acidentes de automóveis, regulado pelas Leis ns. 6.194/74 e 8.441/92, e o seguro contra acidentes de trabalho, regrado, especialmente, desde a Lei n. 6.367/76. Ou seja, espécies securitárias que receberam tratamento legal por meio de normatizações específicas, atentas às particularidades desses seguros.

Pense-se, ainda, e nem só em casos de seguro obrigatório, nos seguros de saúde, agora regrados pela Lei n. 9.656/98, repleta de disposições específicas para os casos de cobertura de despesas com assistência médico-hospitalar. Da mesma forma, pode-se citar o seguro marítimo, especificamente regrado pelo CCom, neste ponto não revogado, a partir do art. 666.

Contudo, de outra parte, há fonte normativa concorrente de grande importância na matéria que não se circunscreve à disciplina de seguros especiais. Ao contrário, trata-se de lei que é também especial, mas do ponto de vista subjetivo, porquanto destinada, por comando constitucional, à proteção do consumidor. Com efeito, também a Lei n. 8.078/90, o chamado CDC, terá aplicação aos casos de seguro que configurem uma relação de consumo. Assim, portanto, incidirão todas as regras protetivas, fundamentalmente baseadas também na boa-fé objetiva (art. 4º, III, do CDC) ou, especialmente, em dois dos deveres anexos dela decorrentes. Caberá atender à transparência na oferta e na contratação, assim como à confiança nas disposições do ajuste e na vedação de sua abusividade, não olvidando, também, ter-se em mira ajuste de adesão.

Por fim, vale de novo assentar que a ligação sistemática entre todas as normatizações aplicáveis ao seguro se fará sempre com base nos vetores constitucionais que permeiam as relações contratuais, de resto trazidos à positivação, antes de tudo, na própria parte geral dos contratos, sob a forma de princípios (arts. 421 e 422 do CC).

De resto, como se disse na observação inicial ao Capítulo presente, o art. 4º, § 2º, da Lei n. 15.040/2024, dispôs sobre sua aplicação aos seguros regidos por "leis próprias", mas "no que couber".

**Jurisprudência:** Sobre a possível aplicação das regras do CDC ao contrato de seguro: *RT* 804/392 e 816/369. Na mesma esteira, determinando a interpretação do contrato em favor do segurado, porquanto aderente ao ajuste: *RT* 808/424 e 809/357.

## *Seção II*
## *Do Seguro de Dano*

**Art. 778. Nos seguros de dano, a garantia prometida não pode ultrapassar o valor do interesse segurado no momento da conclusão do contrato, sob pena do disposto no art. 766, e sem prejuízo da ação penal que no caso couber.**

➤ Artigo revogado pela Lei n. 15.040, de 09.12.2024 (*DOU* 10.12.2024), que entra em vigor após decorrido 1 (um) ano de sua publicação oficial.

Como já explicitado no comentário ao art. 757, o novo CC, ao estruturar o capítulo destinado ao regramento do seguro, depois de estatuir disposições genéricas, dividiu-o em duas partes especiais, a primeira, correspondente ao seguro de dano e a segunda, ao seguro de pessoa. O seguro de dano, tradicionalmente chamado de seguro de coisas, é aquele destinado a garantir ao segurado uma indenização pelo sinistro que venha a atingir e danificar o bem indicado no contrato, trazendo-lhe, assim, prejuízo a um interesse, o denominado interesse segurado. A respeito desse seguro, vigora, como aponta o ministro Eduardo Ribeiro ("Contrato de seguro – alguns tópicos". In: *O novo Código Civil*. Domingos Franciulli Netto, Gilmar Ferreira Mendes e Ives Gandra da Silva Martins Filho (coords.). São Paulo, LTr, 2003,

p. 729-46), princípio dito indenitário, o que significa, basicamente, que o ajuste serve a garantir tão somente a reparação do dano experimentado, limitado ao valor fixado no contrato, e este, por seu turno, adstrito ao importe do interesse segurado, no momento da contratação, tudo, frise-se, sem qualquer possibilidade de que venham o seguro e o sinistro a representar causa de lucro ao segurado.

Por isso mesmo, e afora as regras, também reveladoras do mesmo princípio, e até com maior correlação, contidas nos arts. 781 e 782, proíbe o Código que se entabule seguro de coisa por mais de quanto valha o interesse segurado. Em outros termos, e de resto tal qual já determinava o Código anterior, no art. 1.438, não se pode contratar uma garantia superior ao valor efetivo do interesse que se quer garantir com o seguro – termos mais precisos, mas de mesmo significado, que aqueles que se encontravam no art. 1.438 do CC/1916, quando se vedava o seguro por valor maior que o importe real da coisa segurada. A diferença é que, no Código vigente, explicitou-se contratar-se, no seguro, e a rigor, uma garantia a um interesse do segurado, que, todavia, igualmente não pode ser superestimado, como se o ajuste servisse a fins especulativos.

A ideia fundamental é a de que o seguro não pode trazer ao segurado um proveito, colocando-o em situação mais vantajosa que aquela que teria se não sucedido o sinistro. Inversamente, e como em última análise o segurado poderia nem mesmo contratar o seguro, nada impede que o faça por valor menor que o do interesse segurado. O impedimento é a superavaliação. E, prossegue o atual Código, se ela ocorrer e dimanar de má-fé do segurado na prestação das informações devidas à contratação do seguro, aplica-se o previsto no *caput* do art. 766, já comentado. Da mesma forma, quando o artigo em discussão refere ainda a sujeição do segurado à ação penal que couber, decerto que pressupõe, ainda, a declaração inexata daquele, mas eivada de má-fé. Ocorre que a superestimação do interesse segurado pode advir de conduta não deliberada do segurado, acerca do que se omite o Código atual, mas não o CC/1916, que, para esse caso, previa a redução ao valor real da coisa segurada, com devolução do excedente do prêmio (art. 1.438, primeira parte).

Para Maria Helena Diniz (*Direito civil brasileiro*, 17. ed. São Paulo, Saraiva, 2002, v. III, p. 470), e por identidade de motivos, caberá, hoje, na vigência do atual Código, remissão ao parágrafo único do mesmo art. 766, supra. Certo é que, ausente má-fé, aí sim em correspondência ao previsto no parágrafo único do art. 766, não terá lugar a penalização do segurado, com a perda do prêmio devido. Caberá a resolução do contrato, mas, observe-se, se ainda não havido o sinistro (ver comentário ao art. 766). Só que aqui, no tratamento da superavaliação, pelo princípio mencionado, vedatório de que o contrato traga proveito ao segurado, parece descaber a manutenção do ajuste apenas mediante recálculo do prêmio, como dispõe o parágrafo do art. 766. Isso porque a proibição está no importe do interesse segurado. A opção à resolução será, pois, a readequação, forçosamente, desse valor, ainda que com revisão do prêmio. Por fim, se já ocorrido o sinistro, quando, ainda ausente má-fé do segurado, se constata a superestimação do interesse segurado, já não mais haverá lugar à resolução, repete-se, mas ao pagamento do valor real máximo do interesse segurado, se este tiver sido o importe do prejuízo (perda total).

**Jurisprudência:** Entendendo que a nova contratação sobre interesse já segurado infringe o dispositivo em questão: TJRS, Ap. Cível n. 70.013.869.854, 5ª Câm., rel. Des. Leo Lima, j. 15.03.2006. Reforçando o valor limite da apólice como teto indenizatório: STJ, REsp n. 1.944.662/RS, rel. Min. Paulo de Tarso Sanseverino, *DJ* 09.03.2023.

---

**Art. 779. O risco do seguro compreenderá todos os prejuízos resultantes ou consequentes, como sejam os estragos ocasionados para evitar o sinistro, minorar o dano, ou salvar a coisa.**

➤ Artigo revogado pela Lei n. 15.040, de 09.12.2024 (*DOU* 10.12.2024), que entra em vigor após decorrido 1 (um) ano de sua publicação oficial.

---

O preceito em pauta repete a redação do art. 1.461 do Código anterior, mas com a supressão da ressalva, em contrário à regra, que a apólice poderia estipular. Ou seja, em primeiro lugar reitera o CC/2002 que o risco coberto pelo seguro de dano compreende não só o direto e efetivo prejuízo provocado, pelo sinistro, ao interesse segurado, como também tudo quanto tenha sido despendido na tentativa de evitar o sinistro, minorar-lhe as consequências ou salvar o que resta da coisa a que se refere o seguro (salvados).

Lembre-se, a propósito, ser obrigação do segurado tomar todas as medidas possíveis e razoáveis para diminuir a extensão e consequências danosas do sinistro, mas à conta do segurador, tudo tal qual prevê o art. 771, antes examinado. Pois, a complementar-lhe o sentido, a regra em discussão estabelece que justamente essas despesas, que experimenta o segurado no cumprimento do dever que possui de tomar medidas de diminuição dos efeitos do sinistro, fazem parte do risco coberto pelo segurador. E isso, agora, com a supressão da permissão de disposição em contrário na apólice, contida no art. 1.438 do CC/1916, sem que essa mesma responsabilidade do segurador possa ser afastada por convenção. Em outras palavras, tem-se hoje regra cogente de responsabilidade do segurador pelas despesas já mencionadas, independentemente de expressa alusão do ajuste e sem que nele se possa, portanto, excluir a respectiva cobertura.

A Lei n. 15.040/2024 impõe que os riscos estejam descritos no contrato "de forma clara e inequívoca" (art. 9º, § 1º), ao mesmo tempo em que prevê correrem à conta do segurador, até o limite pactuado entre as partes, mas sem reduzir a garantia do seguro, as despesas com as medidas de contenção ou de salvamento para evitar o sinistro iminente ou atenuar seus efeitos (art. 67).

**Jurisprudência:** Assentando que o seguro de danos materiais ocasionados a veículo não abrange os lucros cessantes: *RT* 750/317.

---

**Art. 780. A vigência da garantia, no seguro de coisas transportadas, começa no momento em que são pelo transportador recebidas, e cessa com a sua entrega ao destinatário.**

➤ Artigo revogado pela Lei n. 15.040, de 09.12.2024 (*DOU* 10.12.2024), que entra em vigor após decorrido 1 (um) ano de sua publicação oficial.

---

Essa regra, de um lado, especifica exigência, contida no art. 760, de que a apólice de seguro identifique o início e o fim de sua validade, mas, em se cuidando de seguro de coisas transportadas, particulariza a questão da vigência da garantia, determinando que se inicie com o recebimento das mercadorias e cesse com sua entrega ao destinatário. Nesse ponto, e de outro lado, a norma se põe consonante com a previsão do art. 750 do novo CC, segundo a qual, no transporte de mercadorias, a responsabilidade do transportador começa com seu recebimento e só termina com sua entrega ao destinatário. Assim, é seguro dessa responsabilidade que se faz, portanto com simétrica normatização sobre o período de vigência. Além disso, prevê o DL n. 73/66, nesse passo alterado pelo Decreto n. 61.867/67, que o seguro de responsabilidade dos transportadores em geral seja mesmo obrigatório. A cessação do seguro, que se dá com a entrega da mercadoria ao consignatário, pressupõe, como observa o Ministro José Augusto Delgado (*Comentários ao novo Código Civil.* Sálvio de Figueiredo Teixeira (coord.). Rio de Janeiro, Forense, 2004, v. XI, t. I, p. 441), tenha recebido a coisa o verdadeiro destinatário. De outra parte, se a entrega se faz, por motivo atribuível ao transportador, a recebedor indevido, perduram os efeitos do seguro.

Na nova lei (Lei n. 15.040/2024), a regra se reproduz no § 4º do art. 9º, com o acréscimo da menção ao seguro de responsabilidade civil pelos danos relacionados à mesma atividade de transporte.

**Jurisprudência:** Afastando a cobertura quando o sinistro se dá ainda quando as coisas estão em trânsito, mas em prolongamento do percurso não comunicado à seguradora: *RT* 764/233.

---

**Art. 781. A indenização não pode ultrapassar o valor do interesse segurado no momento do sinistro, e, em hipótese alguma, o limite máximo da garantia fixado na apólice, salvo em caso de mora do segurador.**

➤ Artigo revogado pela Lei n. 15.040, de 09.12.2024 (*DOU* 10.12.2024), que entra em vigor após decorrido 1 (um) ano de sua publicação oficial.

---

O presente artigo completa, a rigor, a ideia básica acerca do seguro de dano, que já se explicitou no art. 778 e que se completa pelo preceito do art. 782, representando, a bem dizer, relevante inovação na esfera do direito posto, positivado. Como se assentou nos comentários ao art. 778, permeia o conceito de seguro de dano o chamado princípio indenitário, segundo o qual, em síntese, a cobertura securitária deve se restringir ao ressarcimento do valor do prejuízo efetivamente experimentado pelo segurado, com o sinistro havido. Trata-se da referência central do ajuste: a indenização. Em diversos termos, quer-se evitar que o seguro possa ser fonte de enriquecimento do segurado, de modo a colocá-lo em situação melhor da que teria se o sinistro, contra o qual se garante seu interesse, não tivesse sucedido. Tudo, em última análise, à consideração de que o seguro se forma, na verdade, e conforme já comentado ao exame do art. 757, por um fundo composto pelos prêmios pagos por uma universalidade de segurados – típica revelação de um mutualismo sem o qual os contratos individuais se inviabilizam –, gerido pelo segurador, por isso necessariamente uma entidade a tal fim autorizada (art. 757, parágrafo único), que só se pode desfalcar pela devida reparação a que se destina, portanto sem que, a dano de outras coberturas, possa servir a propósito especulativo. Vale lembrar que o fundo e os prêmios que o constituem, afinal, resultam de um cálculo de probabilidade dos sinistros em relação aos interesses cuja garantia se contrata. Não por outro motivo é que, como se viu, não se pode contratar o seguro por valor maior que o do interesse segurado (art. 778). A ideia, enfim, é a de que o seguro se preste tão somente à recomposição, e não ao fomento do patrimônio do segurado, desfalcado pelo sinistro contra o qual quis se garantir.

Isso induz importante reflexo no seguro de coisas que se desvalorizam com o tempo. Pense-se na cobertura de automóveis, que perdem valor com o uso e que, sinistrados depois de algum tempo, com perda total, já não valem mais o importe originalmente indicado na contratação. É dizer então que, quando do acidente que danificou por completo o veículo, a perda patrimonial sofrida pelo segurado foi a do valor do auto no instante em que sinistrado, agora, como determina a lei, o obrigatório importe da cobertura a ser honrada. Destarte, não mais caberá discutir, como tem sido frequente, se cabe ou não o pagamento do seguro pelo valor de mercado do bem ou pelo valor da apólice, ausente cláusula que preveja aquela primeira modalidade. Impõe a lei que o pagamento se faça pelo valor da coisa ao tempo do sinistro, e sempre limitado ao importe máximo da garantia, o que significa patentear que o seguro de dano tem dois importes: o da apólice, que representa o limite máximo da indenização que poderá ser paga, em caso de sinistro, e o da cobertura pelo sinistro havido, correspondente, observado aquele teto máximo, ao exato importe do prejuízo experimentado, no momento em que ocorrido.

No entanto, um grande problema, na realidade, se coloca no que diz respeito ao prêmio que foi fixado e pago pelo segurado. Por exemplo, para Jones Figueiredo Alves (*Novo Código Civil comentado*. Ricardo Fiuza (coord.). São Paulo, Saraiva, 2002, p. 706), vindo o valor da indenização a ser inferior ao constante da apólice, pela eventual desvalorização do importe da coisa, ao instante do sinistro, impor-se-á uma redução proporcional do prêmio, já abatida do montante do seguro a ser pago. A seu ver, trata-se de corolário direto do princípio da eticidade que ilumina a nova legislação, impeditiva da vantagem indevida de uma parte, em detrimento de outra, na relação contratual. Ernesto Tzirulnik ("Princípio indenitário no contrato de seguro". In: *RT*, v. 759, janeiro de 1999, p. 89-121), ao revés, e apoiado na lição de Pedro Alvim, já defendia, mesmo antes da edição da novel legislação, que a indenização paga pela perda do bem em importe menor que o da apólice não deveria levar a nenhuma redução do prêmio. Relembra o autor que o cálculo desse prêmio toma em consideração a massa dos bens objeto do fundo constituído, portanto nem só o daquele segurado, além de inúmeras outras variáveis, dentre elas valorização ou desvalorização de salvados e probabilidade de perdas parciais antes da perda total, de modo que, a rigor, a oscilação do preço da coisa seja integrante natural do ajuste. Salienta Tzirulnik que o cálculo do prêmio não pode levar em conta, e não leva, apenas a situação específica de um segurado atingido pela perda total de seu bem. Mais, a seu ver, da mesma forma que não se verificará aumento de prêmio nos casos de sinistros parciais honrados e depois perda total também ressarcida, não deve haver redução se a indenização pela perda total se faz pelo valor atual e depreciado do bem, em relação ao montante da apólice. Importa é que tenha havido risco a que exposto o bem, para fazer devido o prêmio, no importe em que fixado. A alteração de seu valor somente terá lugar se inexistente ou em muito reduzido o risco (art. 770) ou, por identidade de motivos, se em muito aumenta o risco coberto (art. 769). Aliás, o paralelismo com esses dispositivos é eloquente. Da mesma maneira que não se altera o prêmio por qualquer modificação da probabilidade de ocorrência do sinistro, senão quando considerável, também não se haverá de alterá-lo quando o valor do bem se deprecia, porquanto oscilável, uma vez que, afinal, calcula-se o prêmio não com base, especificamente, no valor da apólice daquele bem, em particular considerado.

No entanto, ainda que se aceda a essa tese, três ressalvas devem ser feitas. A primeira é a de que a considerável desvalorização da coisa objeto do seguro pode suscitar pleito de revisão e mesmo de repetição de prêmio que, então, terá sido pago a maior. Afinal, a sensível perda de valor da coisa segurada acaba afetando, em última análise, a própria extensão do risco, senão de sua conversão em sinistro, mas da dimensão de suas consequências. Veja-se que, a rigor, isso nada mais é que um paralelismo estrito com as regras dos arts. 769 e 770, ou seja, oscilações quanto ao risco não geram revisão do prêmio a não ser quando consideráveis. Especificamente para o caso de diminuição do prêmio, se, de um lado, o art. 770 começa por dizer que a redução do risco, em princípio, não acarreta a redução do prêmio, termina, de outro, por estatuir que isso poderá acontecer se a redução for considerável. A segunda ressalva importante, mesmo que aí individualmente considerado o contrato de seguro, afinal um trato de adesão, no qual, em regra, uma das partes está em situação de vulnerabilidade, sendo a outra um profissional, muito mais afeito às regras legais da entabulação, é a necessidade de que os termos do ajuste expressem, com clareza, a limitação da indenização ao efetivo importe do prejuízo experimentado, de modo a evitar possa ser inculcada no aderente a expectativa de que, no caso de perda total da coisa, lhe será ressarcido o valor da apólice. Trata-se de notório corolário da transparência, um dos deveres anexos que a boa-fé objetiva, em sua função supletiva, impõe, de resto como visto desde o art. 766. Por último, e agora a ressalva é legal, havendo mora do segurador, o importe a que estará sujeito poderá ultrapassar o valor do prejuízo da coisa, se afinal incidem os acréscimos de que cuida o art. 772.

Na Lei n. 15.040/2024, reproduz-se a regra presente (art. 90), com a ressalva do art. 97, e de seu parágrafo único, acerca do seguro, contra risco de morte ou perda de integridade física da pessoa, voltado a garantir direito patrimonial de terceiro, ou que tenham finalidade indenizatória, considerado seguro de dano (ou a que se aplicam suas regras). Prevê-se que se, no momento do sinistro, o valor da garantia superar o valor patrimonial garantido, o excedente será tratado como seguro de vida e com incidência de suas respectivas normas. Ainda se dispôs na nova lei sobre o seguro a valor de novo (art. 92), isto é, a ampliação da garantia de modo a se indenizar o valor do interesse pela sua avaliação no estado de novo, pago prêmio adicional pela diferença em relação ao valor real, assim no estado atual, do bem segurado e objeto do sinistro.

**Jurisprudência:** Antes do atual CC, deferindo a cobertura pelo valor do bem, constante da apólice: *RT* 784/272, 786/239 e 792/279. Ver, ainda: TJSP, Ap. n. 0003717-16.2010.8.26.0472/Porto Ferreira, 25ª Câm. de Dir. Priv., rel. Marcondes D'Angelo, *DJe* 27.11.2012, p. 1.252.

---

**Art. 782. O segurado que, na vigência do contrato, pretender obter novo seguro sobre o mesmo interesse, e contra o mesmo risco junto a outro segurador, deve previamente comunicar sua intenção por escrito ao primeiro, indicando a soma por que pretende segurar-se, a fim de se comprovar a obediência ao disposto no art. 778.**

➤ Artigo revogado pela Lei n. 15.040, de 09.12.2024 (*DOU* 10.12.2024), que entra em vigor após decorrido 1 (um) ano de sua publicação oficial.

---

Não por motivo diverso do que anima, hoje, a previsão do art. 778 do CC/2002, o Código anterior já se ocupava do caso de efetivação de um segundo seguro, quando outro anterior já se tivesse feito, sobre o mesmo interesse segurado e contra o mesmo risco coberto. Vedava-o, com efeito, quando o primeiro seguro já houvesse sido entabulado pelo valor integral do interesse segurado, sempre a fim de evitar o intuito especulativo do ajuste, sabidamente adstrito ao importe máximo da coisa segurada. Acrescentava-se que, insciente o segundo segurador acerca do primeiro seguro, era-lhe lícito não só recusar o pagamento de eventual sinistro, mas também recobrar o que acaso já tivesse pago, sem restituição do prêmio. A ideia básica era, de um lado, a de que, já segurada a coisa, uma primeira vez, contra o mesmo risco, por seu importe total, o segundo seguro não teria risco a cobrir, porquanto, afinal, já garantido pelo antecedente ajuste. Daí a possibilidade de anular o segundo seguro. Em sua segunda parte, permitia o antigo art. 1.439 que, insciente o segundo segurador sobre a existência do anterior, poderia ele deixar de honrar a cobertura, assim como, se já a tivesse honrado, reaver a quantia paga a maior, sem restituição do prêmio. E compreendia-se, ainda, nessa segunda parte do preceito, também o antecedente seguro não incidente sobre o valor total, quando, pago o primeiro seguro, viesse o segundo a ser honrado em sobejo do valor da coisa, então abrindo-se a possibilidade de o segurador recobrar a quantia paga em excesso do importe do interesse segurado e sem restituição do prêmio.

Na lição de Carvalho Santos (*Código Civil brasileiro interpretado*, 5. ed. Rio de Janeiro, Freitas Bastos, 1951, v. XIX, p. 283-4), na hipótese de a coisa não estar segurada pelo valor total no primeiro contrato, os demais e subsequentes seguradores só estavam obrigados pelo que, na falta, tivessem de completar quanto ao importe da coisa, na ordem das respectivas apólices. Resumindo o elastério do art. 1.439 e confrontando-o, também, com o preceito do art. 1.437, Pontes de Miranda (*Tratado de direito privado*, 3. ed. São Paulo, RT, 1984, t. XLV, § 4.924, n. 1, p. 346) já assentava que, se o primeiro seguro foi integral e sobreveio outro, este poderia ser anulado, caso houvesse dolo do segurado; se de boa-fé, abrir-se-ia a possibilidade de resolução do segundo seguro ou revisão, aqui, acrescente-se, desde que houvesse ainda algum risco a segurar. Veja-se que, a rigor, é a mesma solução disposta no art. 766 do Código atual, a que o art. 778, cujo princípio básico o presente art. 782 quis preservar, remete. Ou seja, quando há má-fé do segurado, desfaz-se o contrato, mas com a agravante de perda do prêmio vencido, a título punitivo. Se ausente sua má-fé, resolve-se, necessariamente, o ajuste, visto que, afinal, não há risco a cobrir, porque coberto pelo primeiro seguro, com restituição das partes ao estado anterior. Apenas acresce o atual Código que, ao entabular o segundo seguro, o que em si não é ilícito, se o antecedente ajuste não se referia ao valor integral da coisa segurada, deve o segurado informar o primeiro segurador, justamente a fim de que também ele possa controlar o respeito à regra geral contida no art. 778. Isso, de um lado, sem que, evidentemente, esteja o segurado dispensado de dar igual aviso ao segundo segurador e, de outro, criando-se um especial dever anexo de informação ao segurado, com relação ao primeiro segurador, cujo desrespeito pode levar à perda da garantia, afinal subtraindo-se daquele contratante a possibilidade de verificar, em caso de sinistro, se já não paga a indenização pelo segundo segurador ou a possibilidade de postular a diminuição do valor de seu ajuste ao importe proporcional da coisa, conforme se viu nos comentários ao art. 778, tudo de modo, enfim, a evitar que possa o segurado ser beneficiado com garantia e eventual ressarcimento superiores ao montante da coisa segurada.

Remete-se ainda ao comentário do artigo anterior sobre o seguro a valor de novo, previsto no art. 92 da Lei n. 15.040/2024.

**Jurisprudência:** Decidindo que, mesmo omitida a informação de que cuida o preceito, havendo desistência de cobrança do segundo seguro, o primeiro permanece hígido e devido: TJRS, Ap. Cível n. 70.009.481.326, 5ª Câm., rel. Des. Ana Maria Scalzilli, j. 14.04.2005.

---

**Art. 783. Salvo disposição em contrário, o seguro de um interesse por menos do que valha acarreta a redução proporcional da indenização, no caso de sinistro parcial.**

➤ Artigo revogado pela Lei n. 15.040, de 09.12.2024 (*DOU* 10.12.2024), que entra em vigor após decorrido 1 (um) ano de sua publicação oficial.

---

A disposição do presente artigo é consequência direta do princípio contido nos arts. 778, 780 e 781, antes examinados. Se a ideia central do seguro de dano é prever uma indenização que seja paga ao segurado em caso de sinistro, proporcionando-lhe nada mais que o ressarcimento do efetivo prejuízo experimentado, sem que lhe seja dado, então, auferir qualquer proveito da garantia contratada, de modo a que, afinal, se coloque em situação mais vantajosa do que a que teria se o evento danoso não tivesse sobrevindo, obviamente não se poderá segurar a coisa por importe inferior a seu real valor e, em caso de sinistro que a danifique em parte, não se proporcionalizar o montante da indenização. Se assim não fosse, o lucro seria evidente, emprestando ao seguro um caráter especulativo que a lei não quis que ele tivesse, ou, pior, a dano do fundo que a rigor se compõe para dar suporte a cada ajuste securitário individual, traço de mutualismo, como se viu no comentário ao art. 757, muito típico do contrato de seguro.

De pronto, todavia, vale reiterar, tal qual comentado à análise do art. 778, que, se se veda o seguro por mais do que a coisa valha, corolário do princípio indenitário que anima o regramento vertente, nada impede, ao revés, que se contrate o seguro por menos do que valha a coisa. Afinal, poderia nem ter havido a contratação do seguro. Se pode a parte nem contratar o seguro, pode contratá-lo por menos do que o valor real da coisa. Assim, por exemplo, será possível que se ajuste seguro por metade do valor da coisa, que, então, por consequência lógica, se sofrer sinistro parcial, ensejará indenização que, tomada a efetiva extensão do dano havido, deverá, a seguir, ser proporcionalizada à mesma razão do que a menos de seu montante real se indicou na apólice. É, em última análise, o que se denomina cláusula de rateio, em que o segurado fica, ele próprio, responsável por parte das consequências do sinistro, afinal coberto parcialmente pelo segurador, conforme o valor contratado. A ressalva da lei de que as partes podem prever em contrário à proporcionalidade parece indicar a adoção, para esse caso de seguro, do chamado seguro a primeiro risco, frequentemente adotado para hipóteses de incêndio, em que se indeniza sempre o valor total da apólice, com derrogação da proporcionalidade, o que se faz, em verdade, por um agravamento do prêmio, mas de todo modo com limite indenizatório à quantia constante da apólice, que já é, em si, menor que o importe da coisa, razão pela qual não se afronta à regra do art. 778. A bem dizer, nada diverso do que, mesmo antes do atual Código, já admitia, por exemplo, Pedro Alvim, referindo cláusulas nesse sentido comumente estabelecidas (*O contrato de seguro*. Forense, Rio de Janeiro, 1999, p. 325-30).

**Jurisprudência:** TJSP, Ap. Cível n. 150.722-4/0-00, 9ª Câm., rel. Des. Grava Brazil, j. 04.04.2006; TJSP, Ap. n. 0010403-63.2009.8.26.0438/Penápolis, 1ª Câm. de Dir. Priv., rel. Paulo Eduardo Razuk, *DJe* 18.02.2013, p. 986.

---

**Art. 784. Não se inclui na garantia o sinistro provocado por vício intrínseco da coisa segurada, não declarado pelo segurado.**

➤ Artigo revogado pela Lei n. 15.040, de 09.12.2024 (*DOU* 10.12.2024), que entra em vigor após decorrido 1 (um) ano de sua publicação oficial.

**Parágrafo único. Entende-se por vício intrínseco o defeito próprio da coisa, que se não encontra normalmente em outras da mesma espécie.**

---

A regra, embora com diversa redação, é a mesma do art. 1.459 do antigo Código. Por ela, quer-se excluir da cobertura securitária o sinistro havido em razão de vício intrínseco da coisa, como tal entendido aquele defeito próprio que não se encontra, de ordinário, em outras coisas da mesma espécie. Ou seja, o princípio é o de que não caiba indenização securitária de danos causados por fator que não seja externo, alheio à coisa segurada.

Sempre se entendeu, porém, desde a vigência do CC/1916, que a exclusão da cobertura somente se daria se o vício intrínseco fosse causa única do evento danoso. Assim, ao revés, deve-se, ainda hoje, considerar persistente a obrigação contratual ressarcitória se o defeito interno da coisa é apenas uma concausa do evento. O preceito é de ordem dispositiva, de modo a não impedir que o segurado declare a existência do vício e assim contrate garantia que o abranja. Nesse caso, o segurador terá amplas condições de calcular o risco coberto levando em conta a possibilidade de sinistro de acordo com o defeito interno da coisa segurada.

O problema se põe, na verdade, quando o segurado não declara o vício interno que, ademais, vem a ser a causa do evento danoso. Aí então exclui-se a cobertura, de sorte que o segurador não estará obrigado a pagar a respectiva indenização pelos danos havidos à coisa segurada. Fato, porém, é que, desde o Código anterior, reputava-se de rigor a exclusão da cobertura tão somente se o segurado houvesse maliciosamente omitido a declaração do vício intrínseco da coisa ou ao menos se dela tivesse ciência (*v. g.*, BEVILAQUA, Clóvis. *Código Civil comentado,* 4. ed. Rio de Janeiro, Francisco Alves, 1939, p. 220; CARVALHO SANTOS, J. M. *Código Civil brasileiro interpretado*, 5. ed. Rio de Janeiro, Freitas Bastos, 1951, v. XIX, p. 369). É, de resto, a mesma regra que se consagra, hoje, no art. 766, parágrafo único, que não afasta a cobertura em casos de omissão do segurado, mas não de má-fé. Ou seja, na síntese de Carvalho Santos (op. cit., p. 369), é preciso, para a incidência da regra em pauta, que o vício intrínseco, além de constituir causa exclusiva do sinistro, seja conhecido do segurado, omisso em informá-lo, e, mais, desconhecido do segurador. É por isso que, em exemplo do mesmo autor, quando coisas sujeitas ordinariamente a incêndio se inflamam, posto que por vício interno, porquanto notória a circunstância, não se afasta a responsabilidade do segurador. Isso também se aplica a vícios de construção, causa de sinistro a atingir imóveis (idem, ibidem).

Na Lei n. 15.040/2024 a regra se reproduz, mas, em contrapartida, se estabelece que, se contratada garantia inclusive por vício intrínseco, e salvo disposição em contrário, ela compreenderá tanto os danos ao próprio bem em que o vício se manifestou, quanto aqueles decorrentes do mesmo vício (art. 93).

**Jurisprudência:** Sobre danos do imóvel em seguro habitacional, ver: TJSP, Ap. Cível n. 4.857.854.400, 1ª Câm., rel. Des. Paulo Razuk, j. 29.09.2009. Considerando resultante de fatores externos defeito no motor de embarcação que lhe causa incêndio: TJSP, Ap. Cível n. 992.08.062608-3, 25ª Câm., rel. Des. Sebastião Flávio, j. 18.05.2010.

---

**Art. 785. Salvo disposição em contrário, admite-se a transferência do contrato a terceiro com a alienação ou cessão do interesse segurado.**

➤ Artigo revogado pela Lei n. 15.040, de 09.12.2024 (*DOU* 10.12.2024), que entra em vigor após decorrido 1 (um) ano de sua publicação oficial.

**§ 1º Se o instrumento contratual é nominativo, a transferência só produz efeitos em relação ao segurador mediante aviso escrito assinado pelo cedente e pelo cessionário.**

**§ 2º A apólice ou o bilhete à ordem só se transfere por endosso em preto, datado e assinado pelo endossante e pelo endossatário.**

---

Seguindo tendência, já sedimentada, do direito obrigacional, que vê na obrigação um valor patrimonial, por isso passível de cessão, salvo se envolver relação personalíssima, previu o artigo em pauta que também o contrato de seguro pode ser cedido, estabelecendo, em regra, uma transferência que se opera com a alienação do interesse segurado. Todavia, como já observava Clóvis Bevilaqua a propósito da disposição do art. 1.463 do CC/1916 (*Código Civil comentado*, 4. ed. Rio de Janeiro, Francisco Alves, 1939, v. V, p. 222), a transferência, nesse caso, não é forçosa, já que é possível, a despeito da alienação, que o interesse contra o risco permaneça com o alienante, de outra parte ao adquirente sendo inútil o seguro. Daí estatuir o novo CC, sem reiterar a parte final do parágrafo do antigo art. 1.463 – contemplativo de hipótese de automática transmissão, se não vedada pela apólice –, que, frise-se, é admissível a transferência do contrato com a alienação do interesse segurado, mas mediante requisitos que estão nos parágrafos do dispositivo.

Assim, se o seguro for nominativo, como geralmente é, ou melhor, se o instrumento do contrato indicar o segurado/beneficiário, aí então a transferência só produz efeitos perante o segurador mediante aviso escrito e assinado pelo cedente e pelo cessionário, na mesma senda, se houver apólice ou bilhete à ordem, impondo-se a transferência por endosso em preto, assinado pelo endossante e indicando-se explicitamente o endossatário. Segue-se, a esse respeito, a regra geral do art. 290 do atual Código, acerca da cessão. Veja-se, porém, que a ciência ao cedido, no caso o segurador, não implica, em princípio – ao final feita ressalva a que se remete –, a admissão de que ele deva anuir, previamente, à cessão, o que não se exige, até por clara inferência do previsto no § 1º. Exige-se, nesse preceito, o aviso escrito, por qualquer meio, desde que comprovado o recebimento, da ocorrência da cessão, com subscrição do cedente e do cessionário, que passará a ocupar a posição contratual daquele. No entanto, nada impede, em se tratando de direito disponível, que as partes contratantes do seguro, por ajuste, pactuem a vedação da cessão. Se a apólice for ao portador, sua transferência se dá pela tradição.

Deve-se ressalvar, por fim, que a transferência do seguro não pode agravar, por si, o risco garantido pelo segurador sem sua detida cientificação e, nessa hipótese, sem sua concordância a respeito, como ocorre, por exemplo, nos seguros de coisa com perfil do segurado, tal qual no caso dos automóveis. Isso, em diversos termos, significa que na transferência do seguro deve-se o mesmo respeito à regra de boa-fé que há na contratação e que está contida no art. 766 do CC. Ou seja, ainda citando o exemplo do seguro de autos, impende, dada a influência das condições do segurado no cálculo do risco, que haja, no caso de alienação da *res* com transferência do contrato, pronta comunicação ao segurador, com informações que lhe permitam, se necessário, rever o valor do prêmio, ajustando-o ao risco coberto, que, agora, poderá ser diferente. Se isso não se fizer e, depois, ocorrer o sinistro, poderá o segurador se valer da exceção de agravamento do risco, desde que, evidentemente, comprovada a circunstância, não se mantendo, e uma vez que assim seja, com a alienação, as mesmas condições de tráfego, estacionamento e condução do veículo segurado. Ao revés, avisado da alienação e permanecendo a receber o mesmo prêmio, sem qualquer oposição ou ressalva, manifesta-se a tácita aquiescência do segurador, que, com a ocorrência do sinistro, não poderá recusar o pagamento da indenização.

Porém, e ainda no campo exemplificativo do seguro de autos, vem firmando-se a jurisprudência, conforme item a seguir, no sentido de que, mesmo sem prévia comunicação à seguradora, persiste a cobertura, havida a transferência do bem segurado, desde que não demonstrado dela decorrente agravamento do risco.

A Lei n. 15.040/2024 dedicou seção própria (a Seção III do Capítulo III – arts. 108 a 111) para tratar do que chamou de "transferência do interesse" e que, na sua dicção, implica cessão do seguro correspondente.

**Jurisprudência:** Súmula n. 465, STJ: Ressalvada a hipótese de efetivo agravamento do risco, a seguradora não se exime do dever de indenizar em razão da transferência do veículo sem a sua prévia comunicação.

Entendendo, na vigência do art. 1.463 do CC/1916, que a mera falta de comunicação da alienação do interesse segurado não prejudicava a cobertura, se em dia o pagamento do prêmio, devidamente recebido: *RT* 804/249. Na mesma esteira, igualmente sob a égide do antigo Código, mantendo a cobertura se nada se alegava em si contra a transferência, mesmo não anteriormente comunicada: *JTA-Lex* 180/138. Garantindo, ainda, o pagamento da indenização, mesmo transferido o auto segurado, se ele permaneceu sendo utilizado para os mesmos fins: *RT* 790/412 e 804/229. Da mesma forma, se não prevista sanção no contrato para a falta de comunicação: *RT* 790/412. Já na vigência do novo CC, mantendo a cobertura se com a alienação não houve majoração dos riscos: STJ, REsp n. 600.169/ES, 4ª T., rel. Min. Massami Uyeda, j. 04.12.2007. Em sentido oposto, mesmo na vigência do CC/1916, entendendo necessária não só a comunicação da alienação do interesse segurado, como também a anuência do segurador: *RT* 805/250. De idêntico sentir, desobrigando a seguradora de pagar a indenização a terceiro com quem não contratou: *RT* 786/224. À luz do CDC, reputando regular cláusula de condicionamento da indenização à comunicação prévia, à seguradora, da alienação do veículo segurado: *RSTJ* 128/253.

---

**Art. 786. Paga a indenização, o segurador sub-roga-se, nos limites do valor respectivo, nos direitos e ações que competirem ao segurado contra o autor do dano.**

➤ Artigo revogado pela Lei n. 15.040, de 09.12.2024 (*DOU* 10.12.2024), que entra em vigor após decorrido 1 (um) ano de sua publicação oficial.

**§ 1º Salvo dolo, a sub-rogação não tem lugar se o dano foi causado pelo cônjuge do segurado, seus descendentes ou ascendentes, consanguíneos ou afins.**

**§ 2º É ineficaz qualquer ato do segurado que diminua ou extinga, em prejuízo do segurador, os direitos a que se refere este artigo.**

---

No seguro de dano, e não no de pessoa (cf. art. 800, infra), explicita-se hoje – já que ausente semelhante regra no CC anterior, muito embora existente previsão a respeito, para o seguro marítimo, no CCom (art. 728) – o direito à sub-rogação do segurador que paga a indenização ao segurado. Ou seja, paga a indenização, nos limites do valor respectivo, fica o segurador autorizado a exercer direito regressivo contra o causador do sinistro, para tanto passando a ocupar a posição jurídica do segurado, de resto tal qual na jurisprudência já se assentara (Súmula n. 188 do STF). Isso, na verdade, porque, ao quitar o valor do prejuízo havido, nos lindes do importe do contrato, a rigor o segurador está pagando dívida de terceiro, aquele causador do dano ao segurado. Põe-se cobro, destarte, à discussão, que antes havia, sobre se o segurador, assim agindo, não estaria sendo duplamente beneficiado, com o recebimento do prêmio e com o ressarcimento do seguro pago. A essa objeção Pedro Alvim (*O contrato de seguro*. Rio de Janeiro, Forense, 1999, p. 490) já respondia ser da natureza da cobertura de sinistro provocado por terceiro a sub-rogação legal, antes prevista no art. 985, III, do CC/1916, por encerrar-lhe real contraprestação a possibilidade de ressarcimento regressivo, junto ao causador do dano, referindo-se o prêmio pago à cobertura de riscos eventuais, independentes de ato voluntário, posto que de terceiro. De mais a mais, a não ocorrência da sub-rogação deixaria o causador do dano livre de sua responsabilidade, uma vez que nada lhe poderia exigir o segurado, afinal já ressarcido pelo segurador.

Tudo isso se supera, agora, pela previsão expressa do novo Código sobre a possibilidade de sub-rogação, nos limites do contrato, desde que, acrescenta o § 1º, o dano não tenha sido provocado pelo cônjuge, descendente, ascendente, parente consanguíneo ou afim do segurado, devendo-se acrescentar o companheiro, porque, em todos esses casos, pode-se afetar o próprio patrimônio do segurado, mas este, sim, fazendo parte do risco coberto. A ideia do parágrafo, de qualquer forma, é a de dano causado involuntariamente por quem, próximo do segurado, por relação de casamento, união estável e parentesco, ostenta conduta que se coloca no âmbito do raio do risco coberto, como se o ato fosse do próprio contratante. O CC ressalva, tão somente, dizendo-o então passível de ensejar sub-rogação, o ato doloso que tenha sido praticado por cônjuge ou parente, porque aí justificado o eventual alcance do patrimônio do segurado e, de toda forma, dimanando o dano de ato voluntário praticado por pessoa a ele ligada, igualmente como se excluiria a indenização se dele provinda conduta dolosa.

Finda o dispositivo legal por estabelecer a ineficácia de qualquer ato praticado pelo segurado que sirva a diminuir ou extinguir, em prejuízo do segurador, o direito à sub-rogação, de que ora se trata. Veja-se que a regra quer assegurar, em última análise, a integralidade do direito regressivo do segurador, resguardando-o contra ato que venha a ser praticado pelo segurado. O exato elastério da norma sobreleva se for levada em conta, por exemplo, a frequente ocorrência de acordos mediante os quais a esse causador do dano o segurado confere ampla quitação, em geral por ocasião do ajuste sobre o pagamento da franquia. Pois sempre se entendeu que, isso sucedido, não haveria crédito em que se pudesse sub-rogar o segurador, extinto pela quitação outorgada. Ou, em diversos termos, não se haveria de cogitar pudesse o segurador, sub-rogando-se na posição jurídica do segurado, exercer uma ação que a este não mais caberia. Nessa senda sobrevém, agora, a determinação legal de que qualquer ato dessa espécie seja ineficaz perante o segurador, que, portanto, não estará impedido de exercer, de toda maneira, seu direito regressivo contra o terceiro causador do dano.

Entretanto, resta indagar: será assim ainda que o terceiro desconheça a existência do seguro, acordando com o segurado na justa expectativa de que esteja a quitar completamente os danos que com sua conduta provocou? E se o terceiro sabia ou deveria saber que, por exemplo, estava a acordar somente o pagamento de franquia? Parece ser necessário fazer ressalva nesses casos, corolário da tutela da confiança, cabendo ao segurador voltar-se contra seu segurado, afinal com quem contratou e a quem exclusivamente atribuível a conduta de diminuição ou mesmo impedimento de exercício do direito regressivo, frise-se, sempre que no terceiro se possa reconhecer, conforme as circunstâncias do caso, a justa expectativa de que o acordo se referisse aos efeitos completos do sinistro provocado.

Vale anotar, por último, e a despeito da discussão que, a propósito, desde o Código anterior se levantava, o entendimento, que se esposa, de que o prazo prescricional para exercício do direito regressivo é o comum, reservada a hipótese do art. 206, § 1º, II, do CC/2002, para as lides diretamente envolventes do segurado e do segurador, de resto como no preceito expresso.

Na lei nova (art. 94 da Lei n. 15.040/2024), previu-se a mesma hipótese e efeito de sub-rogação legal, dispondo-se – igualmente – ser ineficaz qualquer ato do segurado que a infirme ou reduza, ademais ainda do dever pós-contratual a ele afeto de colaborar para o exercício dos direitos decorrentes da sub-rogação, sob pena de perdas e danos. Ressalva-se que a sub-rogação não pode significar prejuízo aos direitos do segurado ou do beneficiário, que persistirem, diante de terceiros. Por fim, excepciona-se o efeito da sub-rogação das hipóteses do art. 95.

**Jurisprudência:** Súmula n. 188, STF: O segurador tem ação regressiva contra o causador do dano, pelo que efetivamente pagou, até o limite previsto no contrato de seguro.

Assegurando direito de regresso à seguradora que honrou pagamento de avarias havidas em mercadoria transportada, exercido contra o transportador a quem imputada má execução do contrato de transporte: *RT* 796/276. Na vigência do CC/1916, negando sub-rogação à seguradora quando o segurado houvesse dado quitação ao causador do dano: *RT* 789/205. Limitando o direito regressivo ao líquido da indenização paga, sem encargos bancários: TJSP, Ap. Cível n. 7.324.220.700, 17ª Câm., rel. Des. Walter Fonseca, j. 01.07.2009.

Fixando prazo comum para a ação regressiva da seguradora contra o causador do dano: STJ, REsp n. 839/MG, 4ª T., rel. Min. Barros Monteiro, j. 09.04.1996; REsp n. 191.162/DF, 3ª T., rel. Min. Waldemar Zveiter, j. 11.05.1999.

Sobre a sub-rogação e cláusula compromissória: "a despeito de a sub-rogação legal em favor da seguradora não importar transmissão automática de cláusula compromissória, a ciência prévia da seguradora a respeito de sua existência no contrato objeto de seguro-garantia resulta na submissão à jurisdição arbitral" (STJ, Ag. Int. no AREsp n. 2.273.766/RJ, 3ª T., rel. Min. Humberto Martins, j. 03.06.2024, *DJe* 05.06.2024)

---

**Art. 787. No seguro de responsabilidade civil, o segurador garante o pagamento de perdas e danos devidos pelo segurado a terceiro.**

➤ Artigo revogado pela Lei n. 15.040, de 09.12.2024 (*DOU* 10.12.2024), que entra em vigor após decorrido 1 (um) ano de sua publicação oficial.

**§ 1º Tão logo saiba o segurado das consequências de ato seu, suscetível de lhe acarretar a responsabilidade incluída na garantia, comunicará o fato ao segurador.**

**§ 2º É defeso ao segurado reconhecer sua responsabilidade ou confessar a ação, bem como transigir com o terceiro prejudicado, ou indenizá-lo diretamente, sem anuência expressa do segurador.**

**§ 3º Intentada a ação contra o segurado, dará este ciência da lide ao segurador.**

**§ 4º Subsistirá a responsabilidade do segurado perante o terceiro, se o segurador for insolvente.**

---

No artigo presente, o CC/2002 tratou e regulamentou o que sempre se chamou de seguro de responsabilidade civil. Ou seja, o segurador assume a obrigação de garantir o pagamento de perdas e danos que o segurado acaso tenha de fazer em benefício de terceiro. Portanto, contrata-se a cobertura da indenização que, eventualmente, o segurado venha a ser obrigado a compor diante de terceiro lesado.

O risco envolve, assim, não só o pagamento de danos emergentes, como também o de lucros cessantes, que, na forma do art. 402, compõem as perdas e danos. O prejuízo a ser coberto pode abranger, ainda, danos pessoais e extrapatrimoniais que a conduta do segurado provocou ao terceiro vitimado. Se, afinal, o seguro se faz contra a responsabilidade civil que pode recair sobre o segurado, forçoso, então, ao que se crê, recorrer à própria noção do instituto, contida no CC. E, com efeito, a responsabilidade civil está afeta, primeiramente, a quem comete ato ilícito (art. 927, *caput*), compreendido como aquele praticado por ação ou omissão voluntária, negligência ou imprudência, que viole direito alheio e cause dano a outrem, ainda que exclusivamente moral (art. 186). Portanto, é em toda essa extensão, abrangendo o dano moral, que, como regra, responderá o segurador, inclusive conforme orientação hoje sumulada (v. item a seguir). Ademais, e seguindo a mesma esteira, responderá ele também pela indenização a que esteja obrigado o segurado, independentemente de ação culposa, como tal definida, genericamente, no art. 927, parágrafo único, do atual Código. Isso significa dizer que o segurador garante a responsabilidade civil do segurado, subjetiva e objetiva, como regra em toda a extensão da consequência danosa de sua conduta. Discute-se é se, por conta dessa garantia, o segurador pode ser compelido a honrar a cobertura em ação que diretamente lhe seja movida pelo terceiro-vítima, tal como, para o seguro obrigatório, se possibilitou, de maneira explícita, no art. 788, parágrafo único, adiante examinado, ou se, ao revés, incumbe ao terceiro se voltar contra o segurado causador do dano, que, pagando, recebe a verba do seguro, nos limites do contrato.

A desfavor da ação direta, costuma-se afirmar que falta legitimidade para o terceiro agir com base em contrato de que não fez parte. Ressalte-se, todavia, que, hoje, em virtude da função social do contrato, que, em uma vertente de seu conteúdo, opera verdadeira eficácia social do ajuste (*ultra partes*), alguém não contratante pode, conforme o caso, discutir contrato – ou com base nele – de que não foi subscritor (veja, a respeito, GODOY, Claudio Luiz Bueno de. *A função social do contrato*, 4. ed. São Paulo, Saraiva, 2012). Parece, porém, que, no caso, o ponto seja outro. É que, com efeito, o seguro de responsabilidade civil não é uma estipulação que se faz em favor da vítima, por isso não lhe é dado postular diretamente o benefício, como ocorre no seguro universalizado e social que é o seguro obrigatório, de que cuida o artigo seguinte. O seguro de responsabilidade é um seguro de reembolso, que pressupõe, antes, o pagamento pelo segurado ou o reconhecimento, em ação que lhe seja movida, de sua responsabilidade pelo evento danoso que vitimou terceiro, de modo a que, nessa demanda, oferte o segurado a defesa que tiver, decerto que a ele afeta e de seu conhecimento, e não do segurador. E, mais, de sorte que não se submeta o terceiro à discussão de disposições contratuais que desconhece. Ou seja, os debates se estabelecem com temática própria: entre o segurado e a vítima acerca da responsabilidade pelo evento; entre o segurado e o segurador sobre a obrigação de garantia. E tanto parece ser essa a solução da lei que o CC/2002, no § 3º do artigo em discussão, de forma bastante diversa do parágrafo único do artigo seguinte, em vez de aludir a uma ação direta, menciona a ação proposta pelo terceiro contra o segurado, de que se dará ciência ao segurador.

No sentido do descabimento da ação direta, exatamente em função da redação dos §§ 1º a 4º do art. 787, vale conferir a lição do Min. José Delgado in *Comentários*. Min. Sálvio de Figueiredo (coord.). Rio de Janeiro, Forense, v. XI, t. I, p. 566-7. Ou, na mesma esteira, lembrando que o tipo do seguro em questão é de reembolso, está a lição de João Marcos Brito Martins (*O contrato de seguro*. Rio de Janeiro, Forense Universitária, p. 116).

Certo que, primeiramente, tese diversa, tal qual no item abaixo, de identificação da jurisprudência, se exemplifica, vinha sendo sedimentada no STJ, admitindo a ação direta, como se de verdadeira estipulação em favor de terceiro se tratasse, à semelhança do seguro de vida, por exemplo.

Certo, de outra parte, e mesmo assim não fosse, que a jurisprudência já admitiu que, mesmo sem o pagamento pelo segurado, a vítima possa executar diretamente o denunciado, vencido na denunciação, como se ocorrida verdadeira sub-rogação a esta do crédito já julgado em favor daquele, por corolário da procedência da lide secundária (*v.*, no item a seguir, da jurisprudência).

Certo também que o art. 101, II, do CDC, permite que o fornecedor, acionado em demanda de consumo, chame ao processo seu segurador, de modo a que, afinal, possa também este, que assume a condição de litisconsorte passivo, a bem dizer tal qual se dá na denunciação da lide (art. 75, I, do CPC/73; art. 128, I, do CPC/2015), ser condenado de forma solidária, nos termos do art. 80 do CPC /73 e art. 132 do CPC/2015, a que remete o dispositivo em comento, de forma expressa. E o que agora se reforça pelo enunciado da Súmula n. 537 do STJ, a que adiante se fará alusão.

Não se nega que, no preceito citado, de resto como nele expresso, a faculdade de chamamento seja deferida ao réu (ver ALVIM, Arruda et al. *Código de Defesa do Consumidor comentado*. São Paulo, RT, p. 217), mas, afinal, de modo a que, com a possibilidade de ampliação da polaridade passiva, se favoreça o consumidor (ver *Código de Defesa do Consumidor comentado pelos autores do anteprojeto*. Rio de Janeiro, Forense Universitária, p. 827).

De mais a mais, a parte final do mesmo inciso II do art. 101 do CDC permite que, insolvente o fornecedor e se houver seguro, então possa o consumidor mover ação direta contra o segurador.

Por fim, vale a consideração de que a jurisprudência já admitiu a extensão desta disposição a casos, não de relação de consumo, propriamente, mas de acidentes de automóveis, ao menos para permitir a execução pela vítima diretamente contra o segurador do causador da colisão, vencido na denunciação.

Seja como for, mesmo diante de todas essas ressalvas que se fizeram, o fato é que, de resto, no sentido da tese que se supõe melhor, consoante de início se salientou, o STJ, em julgamento de recurso representativo de controvérsia, vem de assentar a impossibilidade da ação direta da vítima contra o segurador (ver item a seguir, da jurisprudência), entendimento agora consolidado no enunciado da Súmula n. 529 da Corte Superior. O que, isto sim, e também por súmula editada, se enunciou possível, foi a condenação direta da seguradora, mas solidária, juntamente com o segurado, desde que denunciada à lide, na demanda contra ele proposta, e contanto que aceite a denunciação ou conteste o pedido do autor (Súmula n. 537), assim conforme a posição que assuma no processo. Na síntese da tese adotada pela Corte Superior, a ação direta e exclusiva contra a seguradora descabe justamente porquanto sem a presença do segurado, a quem de modo primário cabe discutir a dinâmica do evento danoso; porém, em face dele proposta a ação e assumindo a seguradora posição que o secunda ou admite a garantia, então sua condenação solidária se pode dar direta e juntamente com a do segurado. Por fim, sobrevindo o novo CPC, e tratando da denunciação da lide, dispõe o § 1º do seu art. 128 justamente que, "procedente o pedido da ação principal, pode o autor, se for o caso, requerer o cumprimento da sentença também contra o denunciado, nos limites da condenação deste na lide regressiva". A ressalva diz com os casos em que inviável o cumprimento direto contra o denunciado, porque dependente a execução de ato próprio do denunciante. Mas, em geral, permitiu-se a execução direta diante do denunciado, se bem que nos limites de sua própria condenação regressiva. Insista-se, o que não se confunde com o ajuizamento de ação direta da vítima contra a seguradora do ofensor.

Na mesma esteira do previsto no art. 771, exige o § 1º do artigo presente que, tão logo saiba, dê o segurado aviso ao segurador do fato constitutivo de sua responsabilidade, garantida pelo ajuste securitário. Veja-se que nem sempre a ciência do segurado se verifica no exato instante da ocorrência do evento, como, por exemplo, no dano que sua construção possa ter causado a terceiro. Sobre a significação da exigência de imediata comunicação e sobre as consequências derivadas de sua omissão, remete-se aos comentários ao art. 771, animado pelo mesmo espírito que subjaz ao artigo vertente.

No § 2º, impõe a lei a proibição de o segurado reconhecer sua responsabilidade, confessar, transigir ou ressarcir diretamente o terceiro-vítima sem expressa anuência do segurador. Tratando-se de limitação a direito do segurado, parece ser necessário interpretar restritivamente o preceito, por exemplo, excluindo-se de sua abrangência a confissão ficta ou provocada. Até pelo significado da norma, quer-se é evitar que o segurado, por ato e iniciativa próprios, de alguma maneira prejudique a posição jurídica do segurador, impondo-lhe um ressarcimento acaso exagerado ou mesmo indevido. Daí exigir-se sua anuência. Mas justamente por isso é que, mais ainda, não parece razoável impor ao segurado a perda automática do direito à cobertura, como consequência da falta de obtenção de *placet* do segurador para a prática dos atos elencados na lei, desde que não lhe tenha sido imposto qualquer dano. Não se crê possa ser presumido, de forma absoluta, um conluio entre segurado e terceiro para prejudicar o segurador, o que se daria com a perda automática do direito ao ressarcimento pelo simples fato da ausência de concordância. Mesmo um involuntário prejuízo não se pode admitir havido, tão só, por essa omissão, devendo-se, conforme se entende, reservar sempre a possibilidade de, apesar de não ocorrida anuência, comprovar o segurado que o ato por ele praticado em nada alterou ou afetou a cobertura que, destarte, certamente haveria de ser honrada, nos mesmos moldes. Lembre-se mesmo que ocasionalmente a transação pode até trazer benefício ao segurador, obrigado então a ressarcir valor menor do que lhe seria afeto se não houvesse o acordo. E, por fim, seja como for, o desrespeito à regra do parágrafo não pode significar a perda do direito à garantia do segurado, dando-se apenas a ineficácia da confissão e da transação – com as ressalvas que se vêm de externar – perante a seguradora (Enunciado n. 373 do CEJ).

O § 3º do artigo examinado dispõe que, ajuizada ação de ressarcimento contra o segurado, deverá ele dar ciência do fato ao segurador, sem que se diga, diferentemente do previsto no art. 456 do novo Código, que na forma das leis do processo. Aliás, bem por isso, sustenta o Ministro Eduardo Ribeiro ("Contrato de seguro – alguns tópicos". In: *O novo Código Civil*. Domingos Franciulli Netto, Gilmar Ferreira Mendes e Ives Gandra da Silva Martins Filho (coords.). São Paulo, LTr, p. 729-46) que a lei criou, no caso, uma ciência específica, sem previsão no CPC, que vincula o segurador ao que se decidir na demanda em termos de responsabilidade do segurado. Isso, no entanto, afirma o mesmo autor, sem que a falta da cientificação determine qualquer perda de direito regressivo, de resto como também já se entendia para a denunciação da lide (art. 70, III, do CPC/73), a despeito de que dita obrigatória, mas o que alguns vinham reservando, quando muito – já que mesmo nesse caso alterava-se a posição da jurisprudência –, à hipótese da evicção (art. 70, I, do CPC/73). E sem contar que, com a superveniência do novo CPC, nem mais se dispõe obrigatória a denunciação, ao contrário, explicitando-se a possibilidade de posterior ação autônoma (art. 125). Aliás, pela tese exposta, haveria ao segurado a alternativa de cientificar o segurador da demanda indenizatória, a fim de fazê-lo vinculado ao deslinde, ou estabelecer lide regressiva secundária, com a denunciação da lide, cujo cabimento, nas hipóteses de seguro, a reforma processual anterior já havia cuidado de assentar, para permiti-la nos procedimentos de rito sumário (art. 280 do CPC/73, com redação dada pela Lei n. 10.444/2002). Ou seja, para o autor seriam, então, duas medidas diversas, quando, ao que se crê, melhor teria andado o CC determinando a cientificação como providência a ser exercitada, tal qual se dispõe no art. 456, na forma e termos das leis do processo. Ressalve-se, apenas, a todo esse respeito, que hoje é sustentável considerar esteja o segurador vinculado ao ressarcimento se o segurado foi condenado, por conta da relação de direito material de garantia entre ambos existente, independentemente da cientificação. A discussão que se faria possível entre os dois estaria relacionada com as condições da garantia ajustada, mas não com o pagamento imposto ao segurado mercê da condenação judicial a que submetido. Quando muito, poder-se-ia cogitar de o segurador eventualmente pretender demonstrar que a conduta do segurado, mesmo no processo indenizatório, ostentou-se, por exemplo, por alguma omissão probatória, de modo a agravar importe ressarcitório, aí sim, o que a ciência tenderia a afastar. Mas isso, de toda sorte, sem excluir, ainda, a possibilidade de denunciação da lide, e cuja ausência, como já se decidia, não induz perda do direito regressivo.

Finalmente, estabelece o § 4º que a responsabilidade do segurado subsiste perante o terceiro, se o segurador for insolvente. A regra poderia levar a supor que ao terceiro fosse dado litigar diretamente contra o segurador, voltando-se contra o segurado se aquele se tornasse insolvente, o que, porém, já anteriormente se defendeu incabível. Poder-se-ia argumentar, então, que, ao determinar a responsabilidade do segurado diante da insolvência do segurador, quis-se evitar o sobresseguro, que era textualmente permitido no art. 1.437 do CC/1916, o que também não se considera seja o caso, já no mesmo dispositivo explicitando-se que a contratação de seguro contra a insolvência do segurador não implica admitir se esteja a erigir mais de uma cobertura para o mesmo interesse (art. 782). Isso tudo se cogita dada a ociosidade do dispositivo, se interpretado, *tout court*, como simples reforço da pessoal responsabilidade do segurado perante quem foi por ele lesado, a despeito do seguro. Talvez reste só o elastério de que o preceito reafirma a impossibilidade de o segurado se beneficiar, diante do terceiro, da alegação de insolvência de seu garantidor, porquanto não lhe transfere a responsabilidade direta pelos danos que vier a causar (ver DELGADO, José Augusto. *Comentários ao novo Código Civil*. Sálvio de Figueiredo Teixeira (coord.). Rio de Janeiro, Forense, 2004, v. XI, t. I, p. 568).

A Lei n. 15.040/2024 reservou seção própria (Seção II do Capítulo II) para tratar do seguro de responsabilidade civil, em especial impondo ao segurado colaborar com o segurador, vedando atos que possam prejudicá-lo (art. 100); permitindo o chamamento, sem solidariedade, quando houver ação proposta apenas contra o segurado (art. 101); e permitindo ao prejudicado ajuizar a ação diretamente contra o segurador, desde que em litisconsórcio passivo com o segurado, e a não ser que este tenha domicílio fora do País (art. 102).

**Jurisprudência:** Súmula n. 537, STJ: Em ação de reparação de danos, a seguradora denunciada, se aceitar a denunciação ou contestar o pedido do autor, pode ser condenada, direta e solidariamente junto com o segurado, ao pagamento da indenização devida à vítima, nos limites contratados na apólice.

Súmula n. 529, STJ: No seguro de responsabilidade civil facultativo, não cabe o ajuizamento de ação pelo terceiro prejudicado direta e exclusivamente em face da seguradora do apontado causador do dano.

Súmula n. 402, STJ: O contrato de seguro por danos pessoais compreende os danos morais, salvo cláusula expressa de exclusão.

Tema Repetitivo n. 1.111, STJ: (i) o infortúnio qualificado como acidente de trabalho pode também ser caracterizado como sinistro coberto pelo seguro obrigatório (DPVAT), desde que estejam presentes seus elementos constituintes: acidente causado por veículo automotor terrestre, dano pessoal e relação de causalidade, e (ii) os sinistros que envolvem veículos agrícolas passíveis de transitar pelas vias públicas terrestres estão cobertos pelo seguro obrigatório (DPVAT).

Enunciado n. 546, CEJ: O § 2º do art. 787 do CC deve ser interpretado em consonância com o art. 422 do mesmo diploma legal, não obstando o direito à indenização e ao reembolso.

Admitindo a exclusão dos danos morais, bem assim dos danos estéticos, desde que de maneira expressa: STJ, REsp n. 1.408.908, 3ª T., rel. Min. Nancy Andrighi, j. 26.11.2013.

Estendendo a disposição do art. 101, II, do CDC, a casos de acidentes de automóveis, para o fim de permitir a execução, pela vítima, diretamente contra o segurador do causador da colisão, vencido na denunciação: *RSTJ* 93/320 e *RT* 796/288. Admitindo a condenação direta e solidária da seguradora denunciada à lide em ação movida pela vítima contra o segurado: STJ, REsp (Rep. de controvérsia) n. 925.130/SP, 2ª S., rel. Min. Luis Felipe Salomão, j. 08.02.2012.

Fixando a tese do descabimento de ação direta, em julgamento de recurso representativo de controvérsia, conferir, do STJ: "Descabe ação de terceiro prejudicado ajuizada direta e exclusivamente em face da seguradora do apontado causador do dano. No seguro de responsabilidade civil facultativo a obrigação da seguradora de ressarcir os danos sofridos por terceiros pressupõe a responsabilidade civil do segurado, a qual, de regra, não poderá ser reconhecida em demanda na qual este não interveio, sob pena de vulneração do devido processo legal e da ampla defesa" (STJ, REsp n. 962.230/RS, 2ª S., rel. Min. Luis Felipe Salomão, j. 08.02.2012).

Restringindo a interpretação do § 2º e exigindo prova de fraude ou má-fé do segurado: TJRS, Ap. Cível n. 70.013.063.953, 5ª Câm., rel. Des. Umberto Sudbrack, j. 21.06.2006. No mesmo sentido: TJSP, AI n. 0260652-82.2012.8.26.0000/Garça, 30ª Câm. de Dir. Priv., rel. Marcos Ramos, *DJe* 07.05.2013, p. 1.081. Assentando inoponível à seguradora o acordo realizado entre o segurado e o causador do dano: TJSP, Ap. Cível n. 0082597-17.2009.8.26.0000, 30ª Câm. de Dir. Priv., rel. Des. Edgard Rosa, j. 29.06.2011.

Negando ação direta do segurado perante o Instituto de Resseguros: STJ, REsp n. 98.392/RJ, 3ª T., rel. Min. Castro Filho, *DJ* 13.12.2004. No mesmo sentido: REsp n. 1.178.680/RS, 3ª T., rel. Min. Nancy Andrighi, *DJe* 02.02.2011.

Entendendo que o preposto do segurado não se pode considerar terceiro, para efeito do dispositivo: TJSP, Ap. Cível n. 1.072.461.006, 25ª Câm., rel. Des. Antônio Benedito, j. 27.01.2009.

Entendendo que o seguro de responsabilidade, em regra, cobre também o dano moral experimentado pelo terceiro: *RT* 799/262 e 813/394. Antes do CC/2002, mantendo a obrigação de reembolso da seguradora de valor mesmo que desembolsado por acordo, firmado sem sua prévia oitiva: *RT* 793/267. Ao contrário, excluindo direito ao ressarcimento se o segurado entabula transação sem a anuência do segurador: TJRS, Ap. Cível n. 70.011.729.787, 6ª Câm., rel. Des. Luiz Roberto Assis Brasil, j. 11.05.2006.

De maneira genérica, permitindo indistinta cobrança direta da vítima, como se de verdadeira estipulação em favor de terceiro se tratasse: STJ, REsp ns. 228.840/RS, 257.880/RJ, 294.057/DF, 444.716/BA, 713.115/MG e *Lex-STJ* 149/196. Permitindo, ainda, a denunciação da lide: TJRJ, AI n. 2007.002.07395, 1ª Câm., rel. Des. Valéria Maron, j. 25.09.2007. Mas exigindo a presença do segurado no polo passivo: STJ, REsp n. 256.424/SE, 4ª T., rel. Min. Fernando Gonçalves, j. 29.11.2005.

Negando a possibilidade de propositura de ação de conhecimento diretamente contra a seguradora, mas admitindo contra ela a direta execução, quando denunciada à lide cognitiva, antes, e provada a insolvência do segurado: *RT* 796/288, *RSTJ* 93/320. Condicionando o reembolso que o seguro de responsabilidade envolve ao prévio pagamento da indenização devida pelo segurado: *RT* 801/158.

---

**Art. 788. Nos seguros de responsabilidade legalmente obrigatórios, a indenização por sinistro será paga pelo segurador diretamente ao terceiro prejudicado.**

➤ Artigo revogado pela Lei n. 15.040, de 09.12.2024 (*DOU* 10.12.2024), que entra em vigor após decorrido 1 (um) ano de sua publicação oficial.

**Parágrafo único. Demandado em ação direta pela vítima do dano, o segurador não poderá opor a exceção de contrato não cumprido pelo segurado, sem promover a citação deste para integrar o contraditório.**

---

De índole essencialmente social, mas de modo particular, já que todo ajuste securitário possui uma função previdenciária, a rigor de cunho social, porquanto de garantia de indenidade das pessoas, o seguro obrigatório encerra, em última análise, uma estipulação em favor de vítimas potenciais e indeterminadas, ressarcidas diante de sinistros em que se converteram riscos previstos em lei. Assim é que, já no DL n. 73/66, previram-se inúmeras hipóteses em que a contratação do seguro se faz obrigatória, para garantia de terceiros incertos expostos ao risco criado – por exemplo, por quem opera aeronaves comerciais, possui veículos automotores de vias terrestre, fluvial, lacustre e marítima, constrói imóveis em zonas urbanas, dentre outras hipóteses, todas consagradas no art. 20. De todos eles, é bastante comum e cotidiano o Seguro Obrigatório de Danos Pessoais Causados por Veículos Automotores de Vias Terrestres (DPVAT), regulamentado pelas Leis ns. 6.194/74 e 8.441/92, que já estabeleciam, antes do novo Código, pagamento da indenização, em valor previamente fixado, equivalente a quarenta salários mínimos, para o caso de morte, diretamente ao prejudicado. O que, mais recentemente, se reforçou com a Lei n. 11.482/2007, malgrado uma legislação fiscal, mas que em seu art. 8º estabeleceu valores certos para a mesma indenização. É mesmo o que se extrai da própria essência dessa forma de seguro, legalmente obrigatório. Quer-se, com ele, uma cobertura objetiva e genérica a pessoas expostas a risco de dano nos casos que a lei elenca. Por isso, o prejudicado, quando se trata de seguros obrigatórios, pode mover diretamente a ação contra o segurador, sem que a este seja dado, para eximir-se do pagamento, tal qual o expressa o atual Código, alegar falta de pagamento do prêmio pelo segurado. Nada diverso, repita-se, do que, nos acidentes de automóveis, já previa o art. 7º da Lei n. 6.194/74, com redação dada pela Lei n. 8.441/92, inclusive com a possibilidade de indenização cobrada de qualquer seguradora integrante do consórcio de empresas que operam o seguro obrigatório, por vítima de acidente em que envolvido veículo não identificado, com seguro não realizado ou vencido.

É nesses termos que deve ser compreendida a parte final do artigo em pauta, não se admitindo que possa a seguradora, de forma alguma, deduzir, em sua defesa, a exceção do contrato não cumprido pelo segurado, mesmo havida a citação deste (*v.* Súmula n. 257 do STJ). Na verdade, o que se permite é a denunciação da lide pela seguradora, a fim de reaver, em regresso, a indenização que tiver pago. Tal a redação que se tenciona explicitar com o PL n. 699/2011, já de alteração do CC.

A Lei n. 15.040/2024 reservou Capítulo próprio, o IV, para tratar do seguro obrigatório, depois de dedicar os capítulos logo anteriores ao seguro de dano e ao seguro sobre a vida e a integridade física. E o fez, no art. 125, e parágrafo único, impondo conteúdo e valores mínimos, de modo a permitir que se cumpra sua função social, como ainda estabelecendo a nulidade de negócio que direta ou indiretamente implique renúncia total ou parcial à indenização ou ao capital segurado para os casos de morte e invalidez.

**Jurisprudência:** Súmula n. 580, STJ: A correção monetária nas indenizações do seguro DPVAT por morte ou invalidez, prevista no § 7° do art. 5° da Lei n. 6.194/1974, redação dada pela Lei n. 11.482/2007, incide desde a data do evento danoso.

Súmula n. 573, STJ: Nas ações de indenização decorrente de seguro DPVAT, a ciência inequívoca do caráter permanente da invalidez, para fins de contagem do prazo prescricional, depende de laudo médico, exceto nos casos de invalidez permanente notória ou naqueles em que o conhecimento anterior resulte comprovado na fase de instrução.

Súmula n. 540, STJ: Na ação de cobrança do seguro DPVAT, constitui faculdade do autor escolher entre os foros do seu domicílio, do local do acidente ou ainda do domicílio do réu.

Súmula n. 474, STJ: A indenização do seguro DPVAT, em caso de invalidez parcial do beneficiário, será paga de forma proporcional ao grau de invalidez.

Súmula n. 426, STJ: Os juros de mora na indenização do seguro DPVAT fluem a partir da citação.

Súmula n. 405, STJ: A ação de cobrança do seguro obrigatório (DPVAT) prescreve em três anos.

Súmula n. 257, STJ: A falta de pagamento do prêmio do seguro obrigatório de Danos Pessoais Causados por Veículos Automotores de Vias Terrestres (DPVAT) não é motivo para a recusa do pagamento da indenização.

Súmula n. 246, STJ: O valor do seguro obrigatório deve ser deduzido da indenização judicialmente fixada.

Súmula n. 9, TJSP – Direito Privado: O recebimento do seguro obrigatório implica tão somente quitação das verbas especificamente recebidas, não inibindo o beneficiário de promover a cobrança de eventual diferença.

Súmula n. 10, TJSP – Direito Privado: Na cobrança de seguro obrigatório o autor tem a opção de ajuizar a ação no foro do lugar do fato, do seu domicílio ou do réu.

Súmula n. 11, TJSP – Direito Privado: A falta do bilhete do seguro obrigatório ou da comprovação do pagamento do prêmio não exime a seguradora de honrar a indenização, ainda que o acidente anteceda a vigência da Lei n. 8.441/92.

Dispensando, para pleito de recebimento de seguro obrigatório, a apresentação de documento relativo ao bem sinistrado ou ao seguro: *RT* 810/248 e 813/280. Confirmando a constitucionalidade da fixação legal da indenização em número de salários mínimos: *RT* 795/303. Possibilidade de demandar diferença do seguro obrigatório, pago a menor, porquanto de importe legalmente estabelecido: *RT* 805/254. Aplicando a disposição do art. 762 também ao seguro obrigatório: TJSP, Ap. Cível n. 1.203.329.003, 36ª Câm., rel. Des. Romeu Ricupero, j. 19.08.2009. Do mesmo modo o art. 794: STJ, REsp n. 1.419.814, 3ª T., rel. Min. Ricardo Villas Bôas Cueva, j. 23.06.2015; TJSP, AI n. 1.268.987.001, 35ª Câm., rel. Des. Manoel Justino, j. 18.05.2009. Sobre o seguro obrigatório a ser contratado pelas empresas de transporte de cargas e sobre a possibilidade de contratação complementar de seguro facultativo, assim de maior cobertura: TJSP, Ap. Cível n. 1.210.008-4, 20ª Câm. de Dir. Priv., rel. Des. Miguel Petroni, j. 01.09.2008. Negando legitimidade ao espólio da pessoa acidentada para pleitear o seguro obrigatório, ao argumento de se tratar de verba própria dos beneficiários, configurado o direito após e justamente pelo óbito, portanto, não sendo a ele preexistente: STJ, REsp n. 1.419.814, 3ª T., rel. Min. Ricardo Villas Bôas Cueva, j. 23.06.2015. Assentando a possibilidade de cessão do crédito do DPVAT: STJ, REsp n. 1.275.391, 3ª T., rel. Min. João Otávio Noronha, j. 19.05.2015. Sobre o termo inicial de contagem do prazo trienal de prescrição, considerado o do pagamento administrativo a menor: STJ, REsp n. 1.418.347/MG, 2ª S., rel. Min. Ricardo Villas Bôas Cueva, j. 08.04.2015. Afastando a incidência do CDC aos casos de seguro obrigatório: STJ, REsp n. 1.635.398, 3ª T., rel. Min. Marco Aurélio Belizze, j. 17.10.2017.

## *Seção III*
## *Do Seguro de Pessoa*

**Art. 789. Nos seguros de pessoas, o capital segurado é livremente estipulado pelo proponente, que pode contratar mais de um seguro sobre o mesmo interesse, com o mesmo ou diversos seguradores.**

➤ Artigo revogado pela Lei n. 15.040, de 09.12.2024 (*DOU* 10.12.2024), que entra em vigor após decorrido 1 (um) ano de sua publicação oficial.

A partir deste artigo, o CC/2002 dedica-se ao regramento do seguro de pessoa, tratado separadamente do seguro de dano, dada a diversidade de características de um e outro. Com efeito, data de longe a discussão sobre se ao seguro de pessoa seria aplicável o princípio indenitário, muitos recusando se possa mesmo falar em indenização, no caso de ocorrência de sinistro (ver, para histórico da doutrina a respeito, ALVIM, Pedro. *O contrato de seguro.* Rio de Janeiro, Forense, 1999, p. 447-53). Tudo porque, a rigor, são inestimáveis a vida e a integridade pessoal do indivíduo, acerca do que se contrata o seguro. Quando muito, cogitar-se-ia não da reparação de um dano havido, na extensão desse prejuízo experimentado, mas da recomposição da perda de uma vantagem que a cessação (ver comentário ao art. 794 sobre os casos de morte, real ou presumida) ou deterioração da vida humana representa (cf. BEVILAQUA, Clóvis. *Código Civil comentado,* 4. ed. Rio de Janeiro, Francisco Alves, 1939, v. V, p. 202). De qualquer forma, mesmo aceitando que, no seguro de pessoa, a contratação se volte à garantia do indivíduo contra os riscos a sua existência ou integridade, portanto ainda um dano, decerto que o valor a ser pago diante da ocorrência do sinistro se fixa *a forfait*, ou seja, aprioristicamente, conforme entabulado pelas partes. Não há, este o dado relevante, a limitação ao valor do interesse segurado, porquanto inestimável, justamente pelo que se pode contratar mais de um seguro, com o mesmo ou com diferente segurador. Daí, para muitos, não se falar, no seguro de pessoa, em princípio indenitário.

Certo é que, de todo modo, o importe segurado não encontra restrição outra que não na estimação das próprias partes contratantes. Fixa-se livremente um capital, uma soma, a que corresponde o pagamento do prêmio e que será entregue tão logo comprovada a ocorrência do sinistro. Ou seja, inexiste, como no seguro de dano, qualquer necessidade de avaliação da extensão do prejuízo a ser indenizado. Paga-se o valor arbitrado pelas partes. É, enfim, o que o Código anterior já estabelecia, malgrado referindo, no art. 1.441, apenas o seguro de vida, mas que o artigo em pauta estende a qualquer seguro de pessoa, de vida ou de acidentes, tão somente ressalvando-se, no art. 802, o seguro para garantia de reembolso de despesas médico-hospitalares (seguro-saúde regrado por lei própria, como se verá adiante, nos comentários ao dispositivo citado) e o seguro para garantia das despesas com luto e funeral do segurado.

Na Lei n. 15.040/2024, o tratamento dispensado foi aos "seguros sobre a vida e integridade física" (Capítulo III – arts. 112 a 124), assim ao lado do seguro de dano (Capítulo II) e do seguro obrigatório (Capítulo IV).

**Jurisprudência:** Em se tratando de seguro pessoal, não se pode investigar quanto à proporção do prejuízo sofrido, pois a vida ou a redução da capacidade produtiva não é passível de perfeita estimativa econômica, consoante estabelece o art. 789 do novel CC, o que atentaria ao princípio da dignidade da pessoa humana. (TJRS, Ap. Cível, n. 70.032.719.825, 5ª Câm., rel. Des. Jorge Lopes Canto, j. 16.12.2009). Mas, em caso de seguro por invalidez, e mesmo que permanente, todavia porque parcial, proporcionalizando o valor da indenização, ver: STJ, REsp n. 1.727.718, 3ª T., rel. Min. Ricardo Villas Bôas Cueva, j. 08.05.2018.

**Art. 790. No seguro sobre a vida de outros, o proponente é obrigado a declarar, sob pena de falsidade, o seu interesse pela preservação da vida do segurado.**

➤ Artigo revogado pela Lei n. 15.040, de 09.12.2024 (*DOU* 10.12.2024), que entra em vigor após decorrido 1 (um) ano de sua publicação oficial.

**Parágrafo único. Até prova em contrário, presume-se o interesse, quando o segurado é cônjuge, ascendente ou descendente do proponente.**

Já desde o CC/1916 era possível entabular contrato de seguro sobre a vida de outrem, portanto que não a do próprio proponente. Ou seja, já se permitia fosse o seguro contratado sobre a própria vida ou sobre a vida de terceiro, apenas que, nessa última hipótese, sob pena de não valer o seguro, o proponente era obrigado a declarar seu interesse pela vida que se garantia, com a entabulação. Esse é o mesmo princípio insculpido no artigo em pauta. Sua redação foi modificada, mas não seu conteúdo. A ideia é a de viabilizar o seguro que compreenda a vida de terceiro, desde que demonstrado que quem realiza o contrato tem interesse na preservação da existência, da sobrevivência daquele cuja vida se segura. Quer dizer, é preciso ficar demonstrado que o proponente não quer ou torce pela morte do segurado. Caso contrário, estaria aberto caminho para contratações ilícitas, em que se apostasse no falecimento de outrem, a fim de que sobreviesse o pagamento de verba securitária assim especulativa.

Em diversos termos, o contratante deve justificar seu móvel à contratação, declarando concretamente por qual razão interessa-lhe, ao revés, a sobrevivência do terceiro. É o caso de fazer seguro o dependente econômico sobre a vida daquele de quem dependa, do credor a respeito da vida do devedor ou do sócio sobre a vida de outro sócio, nos exemplos de Carvalho Santos (*Código Civil brasileiro interpretado*, 5. ed. Rio de Janeiro, Freitas Bastos, 1951, v. XIX, p. 397). Não se exigiu, como em outras legislações, que o terceiro consentisse na contratação, como também, ao que se entende, não se dispensou a declaração aqui examinada acaso havido aquele consentimento. A finalidade da norma, afinal, é evitar seguros ilícitos, com risco à vida do terceiro, advindo do interesse do beneficiário na ocorrência do sinistro.

Como está no parágrafo único, presume-se haver interesse na preservação da vida do terceiro quando este for cônjuge, ascendente ou descendente de quem contrata o seguro, pretendendo-se a esse rol, com ampla razão, incluir o companheiro (PL n. 699/2011, já de alteração do CC; e Enunciado n. 186 do CEJ), o que deve prevalecer desde que, nesses casos, a relação afetiva existente leve à admissão, *a priori*, de que existente interesse na sobrevivência do terceiro cuja vida se garante. Mas, ressalva o atual Código, essa presunção é relativa, permitindo-se, portanto, prova em contrário. Em relação ao rol que também estava no parágrafo único do art. 1.472 do CC/1916, não mais nele se inclui o irmão de quem contrata o seguro, destarte exigindo-se a mesma justificação do *caput* do dispositivo.

Finalmente, fora das hipóteses do parágrafo, tem-se exigido que o interesse na vida do segurado deva ser econômico, material, de modo a que ele fique evidente e, assim, evitem-se contratações que ao preceito repugnam (por todos: DELGADO, José Augusto. *Comentários ao novo Código Civil*. Sálvio de Figueiredo Teixeira (coord.). Rio de Janeiro, Forense, 2004, v. XI, t. I, p. 727). Não é, todavia, desde o CC anterior, a posição de Clóvis, para quem o interesse, mesmo fora do parágrafo, a rigor em que ele se presume, pode ser de afeição (*Código Civil comentado*. 4. ed. Rio de Janeiro, Francisco Alves, 1939, v. V, p. 234). E, com efeito, parece que o parágrafo, ao contrário de restringir, confirma que o interesse do *caput* pode ser imaterial, ao dizê-lo presumido no caso dos familiares a que faz alusão. É, afinal, o mesmo interesse, apenas que, se de afeição, por hipótese, com a contingência da maior dificuldade de comprovação.

A regra em comento se reproduziu logo nas disposições gerais da Lei n. 15.040/2024, assim na Seção II, voltada a disciplinar o interesse segurado, e para estabelecer que, não apenas no seguro sobre a vida, mas também no seguro sobre a integridade física de terceiro, o proponente é obrigado a declarar seu interesse sobre a vida e incolumidade do segurado, sob pena de nulidade.

---

**Art. 791. Se o segurado não renunciar à faculdade, ou se o seguro não tiver como causa declarada a garantia de alguma obrigação, é lícita a substituição do beneficiário, por ato entre vivos ou de última vontade.**

➤ Artigo revogado pela Lei n. 15.040, de 09.12.2024 (*DOU* 10.12.2024), que entra em vigor após decorrido 1 (um) ano de sua publicação oficial.

**Parágrafo único. O segurador, que não for cientificado oportunamente da substituição, desobrigar-se-á pagando o capital segurado ao antigo beneficiário.**

---

O seguro de pessoa pode ser instituído em favor de terceiro, como ocorre, então necessariamente, com o seguro de vida. O favorecido por essa contratação é aquele a quem se chama de beneficiário. Trata-se de alguém de livre escolha do segurado, não se repetindo, de forma explícita, a regra do art. 1.474 do antigo Código, que proibia a instituição em favor de quem não pudesse dele receber por doação, como, por exemplo, o concubino do segurado casado, mas porque a matéria está implícita na disposição do art. 793, adiante examinado.

O beneficiário é identificado, pelo segurado, logo no instante da contratação, ou em momento posterior. Por isso mesmo, pode, em regra, ser livremente substituído, por ato *inter vivos* ou *causa mortis*. É, a rigor, mera explicitação, para o seguro, do princípio geral contido no art. 438 do novo Código. Veja-se, a propósito, que ao beneficiário não há mais que uma expectativa de direito, enquanto não se dá o sinistro, causa do pagamento do capital segurado. Assim, nada impede sua substituição. Solucionando divergência que, sob a égide do CC/1916, a respeito se erigia, considerou o novo Código ser passível de renúncia essa prerrogativa, afeta ao segurado, de substituir o beneficiário. Da mesma forma, excepcionalmente poderá ser vedada a substituição do beneficiário quando a instituição em seu favor se tiver consumado para garantir alguma obrigação. Pense-se, por exemplo, no devedor que contrata seguro sobre sua vida, beneficiando seu credor, expressando ter sido esse o motivo da contratação. Não haverá nessa hipótese liberalidade pura que possa implicar a livre substituição do beneficiário, ao menos enquanto persistir a dívida. No entanto, com exceção desses casos, constitui direito potestativo do segurado o de substituir o beneficiário. Deve, porém, disso dar aviso ao segurador, sob pena de ele se desobrigar pagando ao anterior beneficiário. Típico caso de pagamento a credor aparente, situação de justificada putatividade que se atribui a conduta do segurado.

Anote-se que a mesma regra está no art. 114 da Lei n. 15.040/2024, muito embora sem a referência ao seguro contratado para a garantia de alguma obrigação.

**Jurisprudência:** No âmbito do STJ, decidiu-se livre a substituição do beneficiário, salvo renúncia a este direito ou quando a estipulação se ligue à garantia de alguma obrigação, mas mesmo assim submetendo-se a prerrogativa à incidência da boa-fé e da função social do contrato, por isso que no caso se tendo vedada alteração deliberada por pessoa alcoólatra, a tanto instigada, que substituía os beneficiários filhos: STJ, REsp n. 1.510.302, 3ª T., rel. Min. Ricardo Villas Bôas Cueva, *DJe* 18.12.2017. Assentando a inexistência de forma especial para a comunicação, à seguradora, da substituição do beneficiário: Turmas Recursais – RS, Rec. n. 71.000.722.744, 3ª T., rel. Juiz Eugênio Facchini, j. 01.11.2005. Validando a indicação da anterior companheira, mesmo cessada a união estável e mantida uma nova, à míngua de qualquer sinal da vontade de substituição: TJSP, Ap. Cível n. 1.094.840.002, 28ª Câm., rel. Des. César Lacerda, j. 28.07.2009.

**Art. 792. Na falta de indicação da pessoa ou beneficiário, ou se por qualquer motivo não prevalecer a que for feita, o capital segurado será pago por metade ao cônjuge não separado judicialmente, e o restante aos herdeiros do segurado, obedecida a ordem da vocação hereditária.**

➤ Artigo revogado pela Lei n. 15.040, de 09.12.2024 (*DOU* 10.12.2024), que entra em vigor após decorrido 1 (um) ano de sua publicação oficial.

**Parágrafo único. Na falta das pessoas indicadas neste artigo, serão beneficiários os que provarem que a morte do segurado os privou dos meios necessários à subsistência.**

Como se viu nos comentários ao artigo anterior, a escolha do beneficiário, pelo segurado, é livre, com a ressalva contida no artigo seguinte. Pode essa escolha se dar logo no instante da entabulação ou em momento posterior, inclusive por substituição, também como está no dispositivo antecedente. Cuida-se aqui, porém, da hipótese de faltar, por qualquer motivo, o beneficiário de seguro de vida, portanto quando já também falta o segurado, impondo-se à lei deliberar sobre o destino da importância a ser por isso paga. E, nessa senda, diferentemente do CC/1916, determina a nova lei que então metade do capital segurado seja entregue ao cônjuge não judicialmente separado do segurado e a outra metade a seus herdeiros, conforme a ordem legal de vocação hereditária (art. 1.829 do CC/2002). A inovação, em relação ao Código revogado, está no acréscimo do cônjuge como destinatário de metade da verba do seguro, independentemente do regime de bens do casamento. Exige-se, todavia, que esse casamento, ao tempo da morte, ainda persista, portanto afastando-se a previsão se houver dissolução da sociedade conjugal por separação judicial.

Omite-se, contudo, o artigo em pauta sobre a situação do separado de fato. Veja-se que tal não se deu nem mesmo quando se tratou da situação hereditária do cônjuge, cuja vocação sucessória se condicionou à não ocorrência, ao instante da morte, inclusive de separação de fato, há mais de dois anos, a não ser que sem culpa do sobrevivente. Da mesma forma, no art. 1.642, V, do atual Código, quando se regrou a reivindicação de bem comum doado por cônjuge casado a seu concubino, ressalvou-se a separação de fato já existente, porém há mais de cinco anos. Pois também na hipótese do dispositivo em discussão, ao que se entende, deve-se ressalvar a separação de fato. Observe-se que a instituição, por lei, de beneficiários subsidiários, atende a um imperativo de solidariedade familiar. É por isso que, além dos herdeiros, hoje o cônjuge é elencado como tal. Mas, se havida, comprovadamente, separação de fato, rompido está o laço de afetividade que constitui, atualmente, o conteúdo material do casamento. Não por outro motivo é que se permitiu, depois de dois anos dessa separação, o divórcio direto. Aliás, a partir da Emenda n. 66/2010, nem mesmo este tempo ainda se exige. Não se vê sentido, destarte, em destinar metade do capital segurado a quem, no instante da morte, já estava separado de fato do segurado, mesmo que então já lhe fosse dado estabelecer, como beneficiário, eventual companheiro (art. 793).

Aliás, outra omissão do preceito, que não há, por exemplo, na lei previdenciária (Lei n. 8.213/91) e na lei fiscal (Lei n. 9.250/95), está justamente na indicação do companheiro como beneficiário subsidiário, da mesma forma que como tal se institui o cônjuge, do ponto de vista material, havendo igual família no casamento e na união estável (art. 226 da CF). E não o justifica a diferença que está na informalidade da união estável, que, afinal, pode ser provada, embora não da mesma maneira apriorística do casamento, porquanto com a apresentação da certidão do respectivo assento. Contudo, note-se que a lei também inclui o companheiro, malgrado em diferentes condições – o que é objeto de proposta de alteração (ver PL n. 699/2011) –, no rol dos sucessores do morto. Por isso, e mesmo que possa haver sua instituição por ato de vontade do segurado (art. 793), entende-se, por interpretação extensiva, dever-se considerar o companheiro, provada a união estável, com todos seus elementos de configuração, ao momento da morte, beneficiário subsidiário do segurado morto, portanto nas mesmas condições do cônjuge não separado.

A outra metade do capital segurado, como explicita a lei, vai aos herdeiros do segurado falecido, na ordem da respectiva vocação hereditária, e ocasionalmente incluindo o cônjuge, de novo, malgrado a título diverso, conforme o regramento sucessório próprio. Não havendo cônjuge, companheiro nem herdeiros, em geral, receberá o capital segurado quem comprovar que dependia do segurado e que, assim, com sua morte, ficou privado dos meios necessários à subsistência. Considera-se não se deva dar a essa previsão, também nova, contida no parágrafo do artigo em pauta, interpretação restritiva, exigindo, por exemplo, que o beneficiário seja parente do segurado, bastando que comprove dele depender para sua subsistência. Pense-se no caso de alguém cujas necessidades o segurado voluntariamente provia, mesmo sem dever legal. De seu turno, José Augusto Delgado (*Comentários ao novo Código Civil.* TEIXEIRA, Sálvio de Figueiredo (coord.). Rio de Janeiro, Forense, 2004, v. XI, t. I, p. 741) exemplifica com os menores não parentes, os incapacitados, os serviçais de idade avançada, enfermeiros e assim por diante – sempre, porém, provado que o sinistro lhes tenha retirado os meios de subsistência.

A Lei n. 15.040/2024 tratou do tema no art. 115 e ali estabeleceu, conforme o § 2º, que, nas circunstâncias do *caput*, se o segurado for separado de fato, caberá ao companheiro a metade que caberia ao cônjuge.

**Jurisprudência:** Afastando a indenização a cônjuge já separado de fato do segurado: *RT* 807/348. Reconhecendo, na ausência de indicação de beneficiário, direito da companheira ao recebimento do seguro, juntamente com os filhos do segurado: *RT* 771/272 e *JTJ-Lex* 261/261. Mas, em sentido contrário, negando pagamento do seguro à companheira: TJSP, Ap. Cível n. 990.09.285884-0, 26ª Câm., rel. Des. Andreatta Rizzo, j. 02.12.2009. Garantindo a indenização ao ascendente, na falta de cônjuge e descendente: TJRS, Ap. Cível n. 70.007.633.746, 5ª Câm., rel. Des. Ana Maria Scalzilli, j. 07.10.2004. Deferindo a indenização aos herdeiros do segurado quando, junto com ele, no mesmo acidente, falecem os beneficiários, considerado havido comoriência: TJSP, 10ª Câm. de Dir. Priv., rel. Des. João Carlos Saletti, j. 03.07.2012. Negando direito aos herdeiros quando premorto um dos beneficiários, determinando que sua cota-parte acresça à dos demais: STJ, REsp n. 803.299, rel. Min. Antônio Carlos Ferreira, *DJe* 03.04.2014, p. 1.932. Negando legitimidade ativa ao Espólio do segurado: TJRS, AI n. 70.079.006.607, rel. Des. Jorge Luiz Lopes do Canto, 5ª Câm., j. 31.10.2018.

---

**Art. 793. É válida a instituição do companheiro como beneficiário, se ao tempo do contrato o segurado era separado judicialmente, ou já se encontrava separado de fato.**

➤ Artigo revogado pela Lei n. 15.040, de 09.12.2024 (*DOU* 10.12.2024), que entra em vigor após decorrido 1 (um) ano de sua publicação oficial.

---

No CC/1916, dispunha-se, no art. 1.474, ser vedada a instituição de beneficiário que estivesse inibido de receber, por doação, do segurado. Era o caso, muito especialmente, da doação feita pelo cônjuge casado a seu concubino, regra que se continha no art. 1.177 do Código anterior e que se repete no art. 550 do atual. No artigo em pauta, a rigor, implicitamente contempla-se a mesma proibição, mas com a ressalva que em seu texto se expressa. Na verdade, até, o artigo diz mais do que precisava, pois o atual Código foi claro ao diferenciar, nos arts. 1.723 e 1.727, o companheiro do concubino. Para a nova lei, o companheiro mantém união estável, o antigo concubinato puro, destarte envolvente de pessoas sem impedimento para se casar, incluindo, no entanto, o separado de fato (art. 1.723, § 1º, do CC/2002), que, certamente, com o divórcio direto, poderá vir a se casar, de resto já com a separação de fato rompendo-se o laço fundamental do casamento, a relação de afetividade que é seu conteúdo material. Quer-se dizer, então, que, se se trata de companheiro, necessariamente será pessoa solteira, divorciada, separada judicialmente ou mesmo de fato. E o companheiro não só não está inibido de receber doação, como, mais, pode ser instituído beneficiário do seguro de vida do segurado com quem mantém união estável.

Já se o segurado, ao tempo da instituição, era casado, não separado judicialmente nem de fato, para preservar tal relação, proíbe-se a instituição como beneficiário do seguro de quem então será considerado seu concubino (art. 1.727). Ressalva-se, contudo, a posição externada na obra de Caio Mário da Silva Pereira, atualizada por Regis Fichtner (*Instituições de direito civil,* 11. ed. Rio de Janeiro, Forense, 2004, v. III, p. 465), de que, a rigor, a verificação sobre a situação civil do segurado deve ser contemporânea não ao contrato, mas ao instante da morte; assim, se no momento do falecimento o beneficiário se encontrava separado de fato ou judicialmente, terá sido como que convalidada a instituição. Se esta não é a ilação literal da redação do dispositivo, parece razoável ao menos que, a exemplo do que consta do art. 550 do atual Código e como já se defendia à luz do art. 1.474 do anterior (*v. g.*, CARVALHO SANTOS, J. M. *Código Civil brasileiro interpretado*, 5. ed. Rio de Janeiro, Freitas Bastos, 1951, v. XIX, p. 407), se restrinja ao cônjuge, ou a seus herdeiros necessários, a legitimidade exclusiva para questionar o seguro feito ao concubino, à simetria, veja-se, com aquela regra do art. 550.

**Jurisprudência:** Reconhecendo direito à metade do seguro instituído em favor da concubina, mesmo então casado o segurado, porque com ela mantida relação duradoura de que havidos filhos, deferindo-se a outra metade à esposa: *RT* 792/214. Mas, remetendo à tese fixada pelo STF no RE n. 1.045.273/SE, decidiu o STJ: "Diante da orientação do STF, no mesmo precedente, no sentido de que 'subsistem em nosso ordenamento jurídico constitucional os ideais monogâmicos, para o reconhecimento do casamento e da união estável, sendo, inclusive, previsto como deveres aos cônjuges, com substrato no regime monogâmico, a exigência de fidelidade recíproca durante o pacto nupcial (art. 1.566, I, do CC)', é inválida, à luz do disposto no art. 793 do CC/2002, a indicação de concubino como beneficiário de seguro de vida instituído por segurado casado e não separado de fato ou judicialmente na época do óbito". (STJ, REsp n. 1.391.954, 4ª T., rel. Min. Maria Isabel Gallotti, j. 22.03.2022)

**Art. 794. No seguro de vida ou de acidentes pessoais para o caso de morte, o capital estipulado não está sujeito às dívidas do segurado, nem se considera herança para todos os efeitos de direito.**

➤ Artigo revogado pela Lei n. 15.040, de 09.12.2024 (*DOU* 10.12.2024), que entra em vigor após decorrido 1 (um) ano de sua publicação oficial.

Explicitando o conteúdo do art. 1.475 do CC/1916, que, como aponta Clóvis Bevilaqua (*Código Civil comentado*, 4. ed. Rio de Janeiro, Francisco Alves, 1939, v. V, p. 237-8), havia sido já objeto de polêmica na tramitação do projeto, acentua o atual Código que, nos seguros de pessoa em que o sinistro seja o evento morte, real ou presumida – discutindo-se, nesse caso, se só aquela do art. 7º ou também a ausência (pela orientação positiva, veja MARTINS, João Marcos Brito. *O contrato de seguro.* Rio de Janeiro, Forense Universitária, 2003, p. 145) –, referindo, portanto, dentre as diversas hipóteses de cobertura pessoal (invalidez, educacional, por sobrevivência), o seguro de vida e de acidentes pessoais, no caso de falecimento do segurado, o capital estipulado não se considera herança, para todos os efeitos. Isso porque, nessas hipóteses, ocorrido o sinistro, o capital segurado pertence a um beneficiário que é necessariamente um terceiro. Ou seja, segurado e beneficiário, nesses casos, obviamente não podem ser uma só pessoa. E, sendo assim, tratando-se de valor pertencente ao beneficiário, não se sujeita às dívidas do segurado nem se considera herança, pois, se instituído, pelo contrato, em favor de um herdeiro necessário, por exemplo, não está submetido à colação. Não por diverso motivo já previa o art. 649, VI, do CPC /73, como continua prevendo o art. 833, VI, do CPC/2015, ser impenhorável o seguro de vida. Apenas há a se ressalvar o entendimento, que já se esposava antes do atual Código, de que pelos prêmios atrasados responde o capital segurado, mesmo no seguro de vida, uma vez que, afinal, é a fonte de seu custeio ou da composição do fundo que o suporta (ver comentário ao art. 757). A Lei n. 15.040/2024 reiterou, no art. 116, que o capital segurado e devido em razão de morte não é considerado herança "para nenhum efeito"; e, no parágrafo único, acrescentou que "[P]ara fins deste artigo, equipara-se ao seguro de vida a garantia de risco de morte do participante nos planos de previdência complementar".

**Jurisprudência:** Aplicando o dispositivo também ao seguro obrigatório: TJSP, Ap. Cível n. 1.268.987.001, 35ª Câm., rel. Des. Manoel Justino, j. 18.05.2009. Assentando a impenhorabilidade dos valores recebidos pelo seguro, dada a natureza alimentar da indenização, mas limitada a quarenta salários, na mesma esteira do art. 833, X, do CPC: STJ, REsp n. 1.361.354, rel. Min. Ricardo Villas Bôas Cueva, j. 22.05.2018. Ainda da Corte Superior: "as dívidas contraídas pela segurada instituidora do plano, notadamente as relativas a contrato de mútuo, não são passíveis de serem compensadas ou abatidas do pecúlio do plano de previdência. De modo que, a teor do art. 794 do CC, o capital estipulado não está sujeito às dívidas do segurado, nem se considera herança para todos os efeitos de direito" (STJ, REsp Ag. Int. no AREsp n. 981.924, 4ª T., rel. Min. Luis Felipe Salomão, j. 15.05.2018). Aplicando o preceito ao VGBL: AI n. 10000180832651001, rel. Des. Geraldo Augusto, j. 09.11.2018. Porém, reconhecendo que "os fundos de previdência privada não têm a natureza de simples proventos abstratos e futuros complementares à aposentadoria oficial, mas, ao invés, constituem típico produto e ativo financeiro", e remetendo a outros precedentes no mesmo sentido: TJSP, AC n. 9168953-27.2007.8.26.0000, rel. Des. Natan Zelinschi de Arruda, com declaração de voto convergente do Des. Francisco Loureiro, 4ª Câm. de Dir. Priv., j. 15.10.2009.

**Art. 795. É nula, no seguro de pessoa, qualquer transação para pagamento reduzido do capital segurado.**

➤ Artigo revogado pela Lei n. 15.040, de 09.12.2024 (*DOU* 10.12.2024), que entra em vigor após decorrido 1 (um) ano de sua publicação oficial.

Em primeiro lugar, é preciso não olvidar que, no seguro de pessoa, por qualquer de suas modalidades, sobressalta uma especial função previdenciária, mais que ou mesmo sem um caráter indenitário, como no seguro de dano (ver comentário ao art. 789). A particularidade dessa finalidade do seguro de pessoa determina a regra vedatória de qualquer transação que tenha por objeto diminuir o valor do seguro a ser pago. Lembre-se que no seguro de pessoa a fixação do valor segurado se faz de forma apriorística, por estimativa das partes, com base na qual, frise-se, se calcula o prêmio a ser pago. Não se cuida, pois, de estabelecer apenas um teto máximo para indenização do efetivo prejuízo experimentado, como no seguro de dano. Por isso é que a nova lei reputa não se compadecer com a sistemática do seguro de pessoa a transação que reduza o importe do capital segurado a ser pago. Muito menos haveria de se cogitar dessa transação, com o beneficiário, nos seguros de pessoa em que o sinistro é o evento morte, quando o contratante, que é o segurado, responsável pelo pagamento dos prêmios fixados, já não sobrevive.

De qualquer maneira, porém, descaberá, em qualquer das formas de seguro de pessoa, dada sua própria natureza e finalidade, a transação que induza o pagamento de capital segurado menor que o contratado. Fulmina a lei tal ajuste com a sanção da nulidade, quando melhor, na observação de Sílvio de Salvo Venosa (*Direito civil*, 3. ed. São Paulo, Atlas, 2003, v. III, p. 385), será reputá-lo ineficaz, de resto como já se inferia da jurisprudência, levando em conta que o importe pago a menor não extingue a obrigação, cabendo sempre a cobrança da diferença em relação à quantia total do capital segurado.

O art. 117 da Lei n. 15.040/2024 reproduz a regra, também vedando o negócio que implique renúncia ao capital segurado; e ressalva as atribuições feitas em favor do segurado ou dos beneficiários a título de empréstimo técnico ou resgate.

**Jurisprudência:** TJSP, Ap. n. 0054829-60.2008.8.26.0224/Guarulhos, 30ª Câm. de Dir. Priv., rel. Carlos Russo, j. 17.04.2013, *DJe* 18.06.2013. Utilizando a disposição para interpretação analógica em relação a recibo de indenização securitária em valor inferior ao devido, tomada então a quitação apenas no limite desse mesmo valor: TJSP, AC n. 0015156-28.2009.8.26.0482, rel. Des. Caio Marcelo Mendes de Oliveira, j. 19.05.2016.

**Art. 796. O prêmio, no seguro de vida, será conveniado por prazo limitado, ou por toda a vida do segurado.**

➤ Artigo revogado pela Lei n. 15.040, de 09.12.2024 (*DOU* 10.12.2024), que entra em vigor após decorrido 1 (um) ano de sua publicação oficial.

**Parágrafo único. Em qualquer hipótese, no seguro individual, o segurador não terá ação para cobrar o prêmio vencido, cuja falta de pagamento, nos prazos previstos, acarretará, conforme se estipular, a resolução do contrato, com a restituição da reserva já formada, ou a redução do capital garantido proporcionalmente ao prêmio pago.**

Mesmo sem a explicitação contida no art. 1.471 do CC/1916, continua a se admitir que o seguro de pessoa sobre a vida do segurado compreenda, basicamente, duas hipóteses: os seguros em caso de morte e os seguros em caso de sobrevida. No primeiro caso, obriga-se o segurador a pagar um capital ou uma renda, ou ambos, ao beneficiário, por ocasião do evento morte do segurado; no segundo, ao segurado, se sua vida ultrapassar um termo fixado no contrato.

O CC/2002, no artigo em pauta, mencionou apenas o seguro de vida, propriamente, deixando de aludir ao chamado seguro de sobrevivência, como o fazia o antigo Código, na parte final do art. 1.471. Entretanto, isso não significa excluir a possibilidade, ainda, de sua contratação, nunca vedada pelo novo Código, não olvidando que a matéria é de autonomia privada (*v. g.*, SILVA PEREIRA, Caio Mário. *Instituições de direito civil*, 11. ed., atualizada por Regis Fichtner, Rio de Janeiro, Forense, 2004, v. III, p. 464). O que faz o atual Código, no *caput* do artigo em discussão, é estabelecer a possibilidade de, nos seguros de vida, se convencionar o pagamento do prêmio por certo prazo ou pela vida do segurado, sem a adstrição à anualidade, como constava do art. 1.471 do CC/1916. O parágrafo único do mesmo artigo determina como que uma potestativa prerrogativa de desistência para o segurado, quando o seguro de vida seja contratado de forma individual.

A propósito é bom lembrar que os seguros de vida podem ser em grupo, ou seja, em que um estipulante age como mandatário dos segurados, instituindo cobertura do evento morte para pagamento do capital ou renda a um beneficiário indicado; em regra, é contratado de forma temporária, com renovações ao cabo de períodos previamente ajustados. Já os seguros individualmente contratados, ao revés, em geral voltam-se a períodos de longa duração, mesmo para os casos de sobrevida, tanto mais para os casos de morte, como observa João Marcos Brito Martins (*O contrato de seguro*. Rio de Janeiro, Forense Universitária, 2003, p. 143), a seu ver prevendo-se, então, verdadeira possibilidade de desistência do segurado quando se subtrai do segurador, em caso de não pagamento do prêmio, a ação de cobrança, deferindo-lhe a lei, tão somente, e conforme o estipulado, ação de resolução do ajuste, com devolução da provisão de capital já formado, e abatidas as perdas causadas ao fundo constituído (ver, a respeito, comentário ao artigo seguinte), ou redução do capital garantido, proporcionalmente ao prêmio pago.

Na Lei n. 15.040/2024 se estabeleceu que, nos seguros sobre a vida e integridade física, o prêmio pode ser convencionado por prazo limitado ou por toda a vida do segurado (art. 22); e que, se o seguro tiver sido estruturado com reserva matemática, o inadimplemento de parcela do prêmio que não seja a primeira implicará redução proporcional da garantia ou da devolução da reserva, à escolha do segurado ou do beneficiário, a qual, porém, passa à seguradora se ele não o tiver feito em 30 dias desde quando notificado, já com esta advertência (art. 21, § 3º).

**Jurisprudência:** Enunciado n. 542, CEJ: A recusa de renovação das apólices de seguro de vida pelas seguradoras em razão da idade do segurado é discriminatória e atenta contra a função social do contrato.

Assentando a vitaliciedade do ajuste: TJSP, Ap. c/ Rev. n. 1.093.457-0/4, 28ª Câm. de Dir. Priv., rel. Des. Silvio Rocha Gouvea, j. 19.02.2008. Negando a aplicação do parágrafo único aos seguros coletivos: TJSP, Ap. Cível n. 1.135.425.000, 33ª Câm., rel. Des. Sá Moreira, j. 02.02.2009; Emb. Infring. n. 992.08.075925-3, 33ª Câm., rel. Des. Sá Moreira, j. 23.08.2010.

---

**Art. 797. No seguro de vida para o caso de morte, é lícito estipular-se um prazo de carência, durante o qual o segurador não responde pela ocorrência do sinistro.**

➤ Artigo revogado pela Lei n. 15.040, de 09.12.2024 (*DOU* 10.12.2024), que entra em vigor após decorrido 1 (um) ano de sua publicação oficial.

**Parágrafo único. No caso deste artigo o segurador é obrigado a devolver ao beneficiário o montante da reserva técnica já formada.**

---

O dispositivo, diga-se em primeiro lugar, refere, dentre as hipóteses de seguro sobre a vida do indivíduo (veja comentários ao art. 794 e ao artigo anterior), aquele em que se cobre o evento morte, real ou presumida, na forma do art. 7º do CC/2002 (quanto à ausência, veja referência no art. 794). Nesse caso, estabelece a possibilidade de instituição de um prazo de carência, ou seja, interregno dentro do qual, persistente a obrigação de pagamento do prêmio, e mesmo havido o sinistro, não haverá pagamento do capital segurado. É certo que tal contingência depende, fundamentalmente, de ajuste das partes. A lei não impôs, obrigatoriamente, prazo de carência, nem esse prazo pode ser fixado de maneira excessiva, de modo a, configurando abuso, desnaturar a garantia que se quer contratar com o seguro. Pense-se, por exemplo, na hipótese de entabulação por pessoa já idosa e fixação de longo prazo de carência, então quase a afastar, de antemão, a cobertura de sinistro que se venha a dar. Trata-se, porém, de questão casuística, a ser apreciada pelo juiz na hipótese concreta.

Fato é, todavia, que, havido o sinistro no prazo da carência, e embora desobrigado o segurador de pagar o capital estipulado, deverá reembolsar ao segurado o montante da reserva técnica já formada. Essa reserva ou provisão técnica, também mencionada no parágrafo único do artigo anterior, vem prevista nos arts. 28 e 84 do DL n. 73/66, definindo-se, nos seguros de vida individuais, e não nos de grupo, conforme a lição de João Marcos Brito Martins (*O contrato de seguro*. Rio de Janeiro, Forense Universitária, 2003, p. 143-4), como uma parcela do prêmio, um *plus* que, fora do cálculo do risco em si, se destina a constituir um depósito garantidor não só do cumprimento das obrigações da seguradora, mas, antes, uma provisão que permite nivelar o prêmio a ser pago, sem permanente e constante alteração de seu valor, correspondente ao aumento de idade do segurado, ampliando-se, assim, o risco de sinistro. Quer dizer, seria uma forma de viabilizar o plano com prêmios nivelados, equilibrados, com reajustes episódicos, sem sucessivos aumentos diante do crescimento da idade do segurado. A questão, porém, é a devida informação ao segurado sobre esse montante, sem o que a devolução deverá se fazer pelo cálculo dos prêmios pagos, abatido quanto se provar despendido à gestão do fundo que o seguro encerra.

A carência foi disciplinada no art. 118, e parágrafos, da Lei n. 15.040/2024, e considerada também aplicável ao seguro sobre a integridade física própria para o caso de invalidez. Ainda a nova lei previu a possibilidade, nos seguros sobre a vida e integridade física, de cláusula excludente da garantia de sinistros cuja causa exclusiva ou principal este em estados patológicos preexistentes (art. 199).

**Jurisprudência:** Sobre a significação da chamada reserva técnica: *RT* 796/288. Validando cláusula de carência de um ano: TJSP, Ap. Cível n. 992.090.835.149, 33ª Câm., rel. Des. Mario Silveira, j. 05.10.2009; e Ap. Cível n. 1.064.221.002, 33ª Câm., rel. Des. Eros Piceli, j.

13.07.2009. Validando carência de dois anos: TJSP, Ap. Cível n. 992.08.015509-9, 25ª Câm., rel. Des. Antônio Benedito, j. 27.05.2010.

**Art. 798. O beneficiário não tem direito ao capital estipulado quando o segurado se suicida nos primeiros dois anos de vigência inicial do contrato, ou da sua recondução depois de suspenso, observado o disposto no parágrafo único do artigo antecedente.**

➤ Artigo revogado pela Lei n. 15.040, de 09.12.2024 (*DOU* 10.12.2024), que entra em vigor após decorrido 1 (um) ano de sua publicação oficial.

**Parágrafo único. Ressalvada a hipótese prevista neste artigo, é nula a cláusula contratual que exclui o pagamento do capital por suicídio do segurado.**

Este dispositivo procura enfrentar problema que havia muito já se colocava em matéria de seguro envolvendo a cobertura do evento morte, mas provocada pelo próprio segurado, ou seja, suicídio. A questão toda sempre esteve em que, a rigor, dando-se o sinistro por ato do segurado, quebrava-se a equação básica do ajuste, porquanto excluída a aleatoriedade do evento coberto ou a estraneidade do fato à vontade do segurado, assim desequilibrando-se o cálculo do risco coberto que levou à fixação do prêmio pago, tudo conforme já examinado nos comentários ao art. 768.

A esse respeito desenvolveu-se, então, na jurisprudência e na esteira da previsão do parágrafo único do art. 1.440 do CC/1916, relevante distinção sobre a conduta do suicídio. Dizia-se coberto o evento quando não premeditado, ou seja, quando cometido sob estado de privação do pleno discernimento, juízo, compreensão do ato praticado, o chamado suicídio involuntário. Já, ao revés, planejado o ato, praticado de forma consciente, refletida, falava-se em suicídio voluntário e, nesse caso, em ausência de cobertura securitária. Seguindo e assentando essa diferenciação, o STF editou a Súmula n. 105, dispondo que, "salvo se tiver havido premeditação, o suicídio do segurado, no período contratual de carência, não exime o segurador do pagamento do seguro". Da mesma forma, no STJ fixou-se orientação sumulada dispondo que "o seguro de vida cobre o suicídio não premeditado" (Súmula n. 61). É evidente que persistia sempre grande dificuldade de prova, de demonstração sobre as condições nas quais foi praticado o ato de suicídio, sem contar a discussão sobre a quem caberia o ônus de demonstrar a existência ou não dessa premeditação, se ao beneficiário ou à seguradora.

Foi diante desse quadro que sobreveio a regra do artigo em pauta, estabelecendo, a exemplo do que faz o art. 1.927 do CC italiano, um prazo objetivo, dentro do qual, em princípio, se ocorrido o suicídio, não haverá a cobertura, devolvendo-se aos herdeiros a reserva técnica, nos mesmos moldes do parágrafo único do art. 797. Após esse prazo, no entanto, qualquer suicídio será coberto, em qualquer hipótese. Tal prazo é fixado, novamente em consonância com o Direito italiano, em dois anos, contados da celebração do contrato ou de sua recondução depois de suspenso, ou seja, de sua retomada após purgação de prêmios em atraso, causa de suspensão do ajuste. Tudo isso o CC/2002 dispõe, *a priori*, sem identificar qualquer distinção acerca das condições em que cometido o suicídio, portanto se voluntária ou involuntariamente. Tem-se entendido, malgrado não sem discussão, cabendo remissão ao item da jurisprudência abaixo, que a regra pretendeu justamente superar essa diferenciação, a bem da segurança jurídica, prevendo um critério objetivo e tarifado mediante o qual o suicídio, voluntário ou involuntário, se cobre sempre depois do prazo legalmente estipulado (veja DELGADO, José Augusto. *Comentários ao novo Código Civil*. Sálvio de Figueiredo Teixeira (coord.). Rio de Janeiro, Forense, 2004, v. XI, t. I, p. 815; VENOSA, Sílvio de Salvo. *Direito civil*, 3. ed. São Paulo, Atlas, 2003, v. III, p. 399).

Poder-se-ia objetar que a solução peca, uma vez que, afinal, o suicídio involuntário acaba equivalendo a um fortuito, bem ao sabor do pressuposto básico do risco que se quer garantir com o seguro (ver ALVIM, Pedro. *O contrato de seguro*. Rio de Janeiro, Forense, 1999, p. 236). Daí dizer-se que, mesmo durante o prazo de dois anos, suicídio involuntário não excluiria a obrigação de pagar o capital segurado. A diferença, então, estaria em que, depois dos dois anos, qualquer suicídio se cobriria, voluntário ou involuntário. É essa a posição, por exemplo, de Guilherme Calmon Nogueira da Gama ("O seguro de pessoa no novo Código Civil". In: *Revista dos Tribunais*, v. 826, agosto de 2004, p. 11-37). Vale lembrar, porém, que, mesmo para casos de eventos cobertos em seguros de vida individuais, previu-se a possibilidade de as próprias partes fixarem carência, dentro da qual o sinistro não se cobre (art. 797). Assim, no caso em discussão, ter-se-ia nada mais que uma carência legal, todavia com contrapartida na cobertura indistinta após seu transcurso, destarte abarcando mesmo o suicídio voluntário, além do involuntário, de forma objetiva, aprioristicamente deliberada pelo legislador, e sem que, mais, seja dado às partes pactuar outra hipótese de exclusão de cobertura, como se expressa no parágrafo único do dispositivo vertente. Ou seja, haveria uma espécie de carência legal, mas ponderada ante a cobertura indistinta depois do prazo de dois anos, sem qualquer cláusula excludente. É esse o papel de fator de equilíbrio que, segundo se entende, a estipulação de tal prazo procura desempenhar.

A Lei n. 15.040/2024 repetiu a regra no art. 120, mas referindo o suicídio voluntário. Ainda ressalvou que a carência não se aplica quando o suicídio se dá em razão de grave ameaça ou legítima defesa de terceiro (§ 3º); que a cláusula de exclusão do suicídio é nula (§ 4º); e que, mesmo ocorrido o suicídio voluntário no prazo bienal de carência, é devida a devolução da reserva técnica (§ 5º).

**Jurisprudência:** Súmula n. 105, STF: Salvo se tiver havido premeditação, o suicídio do segurado no período contratual de carência não exime o segurador do pagamento do seguro.

Súmula n. 61, STJ: O seguro de vida cobre o suicídio não premeditado.

Enunciado n. 187, CEJ: No contrato de seguro de vida, presume-se, de forma relativa, ser premeditado o suicídio cometido nos dois primeiros anos de vigência da cobertura, ressalvado ao beneficiário o ônus de demonstrar a ocorrência do chamado suicídio involuntário.

Assentando haver presunção de premeditação do suicídio cometido nos dois primeiros anos do ajuste: TJSP, Ap. Cível n. 1.096.405-0/3, 26ª Câm., rel. Des. Vianna Cotrim, j. 04.06.2007. Exigindo prova da premeditação, ocorrido o suicídio no mesmo prazo: TJRS, Ap. Cível n. 70.019.734.607, 5ª Câm., rel. Des. Umberto Sudbrack, j. 18.07.2007. Do mesmo modo: TJSP, Ap. Cível n. 992.09.081496-6, 36ª Câm., rel. Des. Dyrceu Cintra, j. 22.10.2009.

No âmbito do STJ: "Esta Corte Superior firmou o entendimento no sentido de que o suicídio não premeditado encontra-se abrangido pelo conceito de acidente pessoal, sendo nula, porque abusiva, cláusula excludente da responsabilidade da seguradora, à qual cabe, ademais, o ônus de provar eventual premeditação" (Ag. Reg. no AI n. 647.568/SC, 4ª T., rel. Min. Aldir Passarinho Júnior, j. 23.05.2006). Ainda: "O art. 798 do CC/2002 não alterou o entendimento de que a prova da premeditação do suicídio é necessária para afastar o direito à indenização securitária. O legislador procurou evitar fraudes contra as seguradoras na hipótese de contratação de seguro de vida por pessoas que já tinham a ideia de suicídio quando firmaram o instrumento contratual. Todavia, a interpretação literal ao disposto no art. 798 do CC de 2002 representa exegese estanque, que não considera a realidade do caso com os preceitos de ordem pública estabelecidos pelo CDC, aplicável obrigatoriamente aqui, em que se está diante de uma relação de consumo. Uma coisa é a contratação causada pela premeditação ao suicídio, que pode excluir a indenização. Outra, diferente, é a premeditação para o ato suicida" (REsp n. 1.077.342, 3ª T., rel. Min. Massami Uyeda, *DJe* 03.09.2010). Afastando a hipótese de premeditação quando, na via administrativa, a seguradora admite o pagamento: STJ, REsp n. 968.307/SP, 4ª T., rel. Min. Luis Felipe Salomão, j. 17.05.2012. Ainda, exigindo prova da premeditação pela seguradora: STJ, Emb. Decl.-Ag.-RE n. 225.671, 3ª T., rel. Min. João Otávio de Noronha, j. 06.06.2013, *DJe* 13.06.2013. Assentando, de um lado, que, mesmo sem direito ao pagamento do valor estipulado, se o evento ocorre nos dois primeiros anos, o beneficiário tem direito à reserva técnica já formada e, de outro, que, se o suicídio acontece depois do biênio de carência, a seguradora está obrigada a indenizar, posto que diante da "prova mais cabal de premeditação": STJ, REsp n. 1.334.005/GO, 2ª S., rel. p/ o ac. Min. Maria Isabel Galotti, j. 08.04.2015.

Reafirmando a literalidade do dispositivo e afastando qualquer consideração outra que não, objetivamente, o tempo fixado na lei, portanto superando a diferenciação entre suicídio voluntário ou involuntário: STJ, REsp n. 1.584.432, 3ª T., rel. Min. Paulo de Tarso Sanseverino, j. 19.09.2017; Ag. Int. no REsp n. 1.557.974, 4ª T., rel. Min. Marco Buzzi, j. 23.05.2017. Ainda, da Corte Superior: "Este Tribunal de Uniformização perfilha o entendimento de que o art. 798 do CC adotou critério objetivo e temporal para determinar a cobertura relativa ao suicídio do segurado no contrato de seguro de vida, afastando o critério subjetivo da premeditação" (STJ, Ag. Int. no AREsp n. 1.509.671/SP, 3ª T., rel. Min. Marco Aurélio Bellizze, j. 22.04.2024, *DJe* 25.04.2024). Porém, ressalvando posição anterior e a modulação dos efeitos do entendimento mais restritivo: "A Terceira Turma deste Tribunal Superior aplica a modulação de efeitos (doutrina da *prospective overruling*) nos casos envolvendo o pagamento de indenização securitária advinda de seguro de vida em que a causa do sinistro foi o suicídio do segurado, ainda que nos dois primeiros anos de vigência da apólice, em virtude dos princípios da segurança jurídica e da proteção da confiança. 3 – Nas hipóteses em que a demanda foi sentenciada em data anterior ao *overruling* (abril de 2015), o caso deve ser analisado com base na jurisprudência consolidada da época, que aplicava as Súmulas ns. 61/STJ e 105/STF, mesmo em sinistros ocorridos na vigência do CC/2002" (STJ, Ag. Int. no REsp n. 1.960.711/ES, 3ª T., rel. Min. Ricardo Villas Bôas Cueva, j. 13.05.2024, *DJe* 15.05.2024).

**Art. 799. O segurador não pode eximir-se ao pagamento do seguro, ainda que da apólice conste a restrição, se a morte ou a incapacidade do segurado provier da utilização de meio de transporte mais arriscado, da prestação de serviço militar, da prática de esporte, ou de atos de humanidade em auxílio de outrem.**

➤ Artigo revogado pela Lei n. 15.040, de 09.12.2024 (*DOU* 10.12.2024), que entra em vigor após decorrido 1 (um) ano de sua publicação oficial.

Tal como já se examinou nos comentários aos artigos precedentes, os seguros de pessoa cobrem, essencialmente, eventos aleatórios que provoquem morte ou incapacidade da pessoa natural. Por isso mesmo, no seguro de vida, havendo suicídio, sempre se diferenciou, como comentado no artigo anterior, a hipótese de premeditação de outras em que o cometimento do ato era considerado involuntário, equiparado mesmo ao acaso, porquanto despido o segurado do devido discernimento ao praticá-lo. Vale dizer que, nos seguros de pessoa por morte ou acidente, o risco garantido está, fundamentalmente, nas condições individuais do segurado – sua idade, estado de saúde, perfil de atividade normal. O que, portanto, quer exprimir o CC/2002, no artigo em pauta, é que contingências de transporte, serviço militar, esporte ou atos de auxílio ou salvamento de que decorra a morte ou incapacidade da pessoa inserem-se, já, no risco normal do contrato, motivo pelo qual não podem encerrar causa de exclusão da cobertura. São, de toda forma, eventos aleatórios, contingenciais na vida da pessoa, que não servem a impedir o pagamento, havido o sinistro, do capital segurado.

Aliás, muito antes da novel codificação, já alertava Pontes de Miranda (*Tratado de direito privado*. Rio de Janeiro, Borsoi, 1964, t. XLVI, § 4.960, n. 6, p. 17) que, nos casos do seguro em exame, o serviço militar, o esporte, a mudança da pessoa consubstanciavam circunstâncias que entravam normalmente no risco garantido e que, na técnica da contratação, já tinham sua eventual ocorrência prevista pelo segurador. Ou seja, a seu ver, o elemento diferencial do risco não eram as circunstâncias aludidas, mas sim as condições pessoais do segurado – idade, saúde, tipo de atividade normal. Da mesma forma, Pedro Alvim (*O contrato de seguro*. Rio de Janeiro, Forense, 1999, p. 263-4) já lembrava, apoiado na lição de Vivante, que, nos seguros de pessoa, a regra de equivalência das prestações não pode coarctar as exigências de vida do segurado, o normal desenvolvimento da vida do indivíduo, somente se podendo cogitar, antes que de agravamento, de causas excludentes, concernentes a atos dolosos do segurado, por vezes constitutivos de ilícito penal, que sejam causas de sua morte, como quando se morre na tentativa de escalar casa alheia, malgrado se cubram eventos posteriores daí decorrentes, como a morte no cárcere por isso imposto (*O contrato de seguro*. Rio de Janeiro, Forense, 1999, p. 263-4). Ressalva porém, João Marcos Brito Martins, quanto ao artigo em questão, que a pretensão é de vedar exclusão de eventos resultantes das hipóteses explicitadas no texto, desde que se coloquem dentro da perspectiva do que seja razoável esperar, como quando o segurado se veja na contingência de usar transporte mais arriscado, ou quando morra ou fique incapacitado em virtude do exercício de esporte normal, mas não de práticas excepcionalmente perigosas, além mesmo da concepção de esporte, de risco incomum, que se pretenda qualificar como esportiva, tal qual, no seu exemplo, saltos de penhascos ou atos semelhantes (*O contrato de seguro*. Rio de Janeiro, Forense Universitária, 2003, p. 154). Na verdade, entende-se aqui de rigor não olvidar que a regra contém preceito que tenciona preservar a amplitude da cobertura do seguro pessoal, ante o bem da vida que lhe é subjacente, pelo que qualquer exclusão deve ser vista com extrema cautela e olhar sempre restritivo. Assim, no exemplo da atividade arriscada, que não se queira esportiva, é bem de ver que, hoje, esportes até há pouco vistos como próprios de aventureiros, fora portanto de qualquer risco razoável, são já mais corriqueiros, praticados não mais por um grupo raro de pessoas com gosto por expor sua vida a perigo demasiado. Pense-se nos esportes de montanha, nas escaladas, nos enduros, nas ultramaratonas e assim por diante.

A regra se repetiu no art. 121 da Lei n. 15.040/2024, acrescentando ainda a hipótese de morte ou incapacidade decorrente do trabalho.

**Jurisprudência:** Mantendo a cobertura em caso de sinistro havido quando policial militar se envolvia em diligência perigosa, para prisão de criminosos, mesmo fora do horário de serviço: *RT* 818/249. Restringindo a aplicação do preceito ao seguro de pessoas: TJSP, Ap. Cível n. 903.123-0/9, 34ª Câm., rel. Des. Nestor Duarte, j. 09.05.2007.

**Art. 800. Nos seguros de pessoas, o segurador não pode sub-rogar-se nos direitos e ações do segurado, ou do beneficiário, contra o causador do sinistro.**

➤ Artigo revogado pela Lei n. 15.040, de 09.12.2024 (*DOU* 10.12.2024), que entra em vigor após decorrido 1 (um) ano de sua publicação oficial.

A disposição do presente artigo significa uma exceção à regra da sub-rogação que está no preceito do art. 786, não só porque, como muito se sustenta, no seguro de pessoa, de que aqui se trata, cobre-se evento atinente à vida ou às faculdades pessoais do segurado, que, falecido, nada transfere, como nada transfere o beneficiário, afinal quanto a direito que não é seu, mas sobretudo porque a quantia que pelo sinistro se paga não representa qualquer reposição do patrimônio desfalcado, assim calculável, e sim a entrega de soma aleatória, estimada pelas partes contratantes, incompatível, destarte, com a ideia de sub-rogação (veja MARTINS, João Marcos Brito. *O contrato de seguro*. Rio de Janeiro, Forense Universitária, 2003, p. 155-6). É de lembrar, a propósito, que a sub-rogação se dá pelo pagamento que o segurador faz de dívida do terceiro causador do sinistro, no seguro de dano, mensurado exatamente por quanto seja o importe desse prejuízo causado. Pois no seguro de pessoa não há, justamente, um valor de prejuízo que o segurador paga, no lugar do causador do evento, assim sub-rogando-se no direito do prejudicado de lhe cobrar a mesma importância. O que o segurado, ou o beneficiário, recebe não é o valor de um prejuízo provocado, mas uma soma aprioristicamente fixada, arbitrada, *a forfait*, no contrato. Daí a inexistência, no contrato de seguro de pessoa, do direito à sub-rogação do segurador, porquanto incompatível com um valor de seguro estipulado pelo próprio segurador e pelo segurado.

A Lei n. 15.040/2024 reproduziu a regra e ainda acrescentou a impenhorabilidade do capital segurado (art. 122).

---

**Art. 801. O seguro de pessoas pode ser estipulado por pessoa natural ou jurídica em proveito de grupo que a ela, de qualquer modo, se vincule.**

➤ Artigo revogado pela Lei n. 15.040, de 09.12.2024 (*DOU* 10.12.2024), que entra em vigor após decorrido 1 (um) ano de sua publicação oficial.

**§ 1º O estipulante não representa o segurador perante o grupo segurado, e é o único responsável, para com o segurador, pelo cumprimento de todas as obrigações contratuais.**

**§ 2º A modificação da apólice em vigor dependerá da anuência expressa de segurados que representem três quartos do grupo.**

---

Este dispositivo cuida do chamado seguro de pessoas em grupo, que se define pela contratação, junto ao segurador, encetada por um estipulante, em benefício de um grupo de indivíduos de alguma forma a ele vinculados. De pronto estabelece o preceito que o estipulante pode ser não só a pessoa jurídica, como também a pessoa natural, desde que de qualquer maneira ligada ao grupo de pessoas a quem o ajuste beneficia. Tal vinculação, acrescente-se, pode ter variada origem, que vai da relação de emprego, como é comum, quando o empregador contrata seguro em proveito de seus empregados, até a relação associativa ou profissional. Nesses casos, as cláusulas contratuais são ajustadas entre o segurador e o estipulante, que se obriga, pessoalmente, ao respectivo cumprimento, incluindo a prestação do prêmio global, que pode ou não ser arrecadado, total ou parcialmente, dos beneficiários, os componentes do chamado grupo segurável. Mais, ao estipulante cumpre indicar os integrantes desse mesmo grupo, assim como as eventuais substituições, muito embora, como ressalva José Augusto Delgado (*Comentários ao novo Código Civil*. Sálvio de Figueiredo Teixeira (coord.). Rio de Janeiro, Forense, 2004, v. XI, t. I, p. 851), não afastada pela lei a hipótese de grupo determinado, mas sem indicação nominal dos segurados.

Os segurados, em proveito e em nome de quem o estipulante contrata, porquanto seu mandatário, como já estava no art. 21, § 2º, do DL n. 73/66, possuem direta pretensão contra o segurador, para exigência do valor segurado, no caso de ocorrência de sinistro, relativo a risco que lhes concerne, que lhes é afeto, diferentemente da simples estipulação, por risco do estipulante, em que terceiro é meramente o beneficiário. Explicita-se, todavia, que o estipulante não representa o segurador perante o grupo de pessoas seguradas. A especial preocupação do legislador, porém, foi a modificação do contrato, de forma essencial e a dano potencial dos segurados, sem seu prévio conhecimento e, mais, sem seu *placet*. Daí a exigência, agora expressa, de que qualquer alteração daquele jaez deve contar com a concordância de pelo menos três quartos dos membros do grupo segurável, manifestada de qualquer forma, desde que inequívoca.

Por fim, o seguro em grupo não se conforma, exatamente, à previsão que se continha nos arts. 1.466 a 1.470 do anterior Código, relativos ao chamado seguro mútuo, não reproduzido, remanescendo, apenas, em lei especial (DL ns. 2.063/40, 3.908/41 e 8.934/46). Pelo seguro mútuo, os próprios segurados dispersavam entre si o risco constituindo sociedade que exercia as funções de segurador. No artigo em comento, ao revés, alguém estipula junto ao segurador um seguro que beneficia grupo de pessoas. Não são elas próprias que constituem uma sociedade para tanto.

Anote-se, ainda, ser comum a inserção, em contratos coletivos, de cláusula prevendo a elevação do prêmio conforme índice de aumento, periodicamente medido, dos eventos cobertos. É a chamada cláusula de sinistralidade, que a jurisprudência, como se vê do item abaixo, tem admitido. Porém, há de se ressalvar, embora não se negue que o ajuste nasça e se deva manter de acordo com uma mesma equação equilibrada, de sorte a evitar exagerada desproporção na distribuição das vantagens e ônus contratuais, isto não significa autorização para alterações unilaterais e efetivadas longe da devida informação ao parceiro contratual, um dos deveres anexos que a boa-fé objetiva, na sua função supletiva, sabidamente impõe à relação obrigacional. Em diversas palavras, na sua função supletiva, a boa-fé objetiva consiste em dotar, suprir, enriquecer o vínculo obrigacional com deveres, chamados anexos ou laterais, que são, justamente, de conduta leal, de colaboração, verdadeiramente de cooperação (por todos: Clóvis do Couto e Silva. *A obrigação como processo*. Bushatsky, 1976, p. 111-9). Ou seja, mesmo não discutida, propriamente, a previsão da sinistralidade, remanesce, de toda sorte, exigência relativa à forma de previsão e de sua implementação, garantindo prévia ciência e detida demonstração aos segurados.

Mas, tem-se de ir além e, assim, invadir o próprio exame da essência da cláusula de sinistralidade, confrontada com a forma pela qual, via de regra, vem vazada nos contratos de seguro. A rigor, segundo se entende, somente se poderia compreender semelhante previsão como uma forma de gatilho provisório em que, demonstrado, convenientemente, excessivo aumento dos sinistros, veja-se, fora da álea normal ínsita ao contrato, e enquanto ele se mantivesse, houvesse automática recomposição do fundo mutualístico em que, afinal, se constitui o seguro. Mas, frise-se, cessada a sua incidência uma vez tornada a sinistralidade aos níveis anteriores. Não, portanto, um simples índice que é sempre de aumento – não prevista qualquer redução do prêmio pela queda dos níveis de sinistralidade – e que eleva sobremaneira o valor do prêmio, inclusive sobre o que depois incidem mais os reajustes comuns. Ou seja, uma elevação que, assim, se mantém sem que haja a mesma previsão, todavia, de redução se a sinistralidade voltar aos índices anteriores.

Note-se, prevista como simples índice de majoração segundo percentual de elevação dos sinistros, a cláusula de sinistralidade, antes que um fator de reequilíbrio, desloca completamente o risco do contrato para o segurado, como se houvesse um seguro favorável ao segurador dentro do próprio contrato de seguro. Isto é, uma cláusula de proteção não do equilíbrio contratual, mas sim uma cláusula unilateral de segurança para o segurador e mesmo de indevido benefício propiciado por elevações constantes do prêmio, em patamares exagerados e incorporados ao preço.

E ainda não é só. Conforme se ressaltou em voto vencido proferido no aresto citado a seguir, do STJ, "a utilização de artifícios para redimensionar os riscos inerentes ao contrato possibilita às operadoras mascarar o preço real dos planos de saúde, oferecendo o serviço a custos iniciais baixos e atrativos, de forma a captar clientes, sabendo de antemão que, ao longo da execução do acordo, poderá unilateralmente reajustar as mensalidades de modo a reduzir os riscos assumidos, em detrimento dos conveniados, rompendo o binômio risco-mutualismo, próprio dos contratos de seguro" (voto vencido, REsp n. 1.102.848/SP, j. 03.08.2010).

A Lei n. 15.040/2024 reservou seção própria (a quinta) do Capítulo I ao seguro em favor de terceiro, assim em sua parte geral, e ali dispôs regras sobre o seguro coletivo (arts. 30 a 32).

**Jurisprudência:** Súmula n. 101, STJ: A ação de indenização do segurado em grupo contra a seguradora prescreve em um ano.

Súmula n. 101, TJSP – Direito Privado: O beneficiário do plano de saúde tem legitimidade para acionar diretamente a operadora mesmo que a contratação tenha sido firmada por seu empregador ou associação de classe.

Enunciado 375, CEJ: No seguro em grupo de pessoas, exige-se quórum qualificado de 3/4 do grupo, previsto no § 2º do art. 801 do CC, apenas quando as modificações impuserem novo ônus aos participantes ou restringirem seus direitos na apólice em vigor.

Excluindo a responsabilidade do estipulante diante do segurado, pelo pagamento do seguro, quando não lhe seja atribuível qualquer causa que impossibilite venha a ser honrada a cobertura: *RT* 773/275 e 790/347. Assentando que o estipulante representa os beneficiários: TJRS, Ap. Cível n. 70.008.141.558, 4ª Câm., rel. Des. Araken de Assis, j. 19.05.2004. Responsabilizando a estipulante, perante o segurado, só quando tenha agido mal, na condição de mandatária: TJRJ, Ap. Cível n. 2005.005.00401, 6ª Câm., rel. Des. Nagib Slaibi, j. 31.01.2006. Fixando a ilegitimidade passiva da estipulante para figurar na ação de cobrança: TJSP, Ap. Cível n. 99.070.637.856, 31ª Câm., rel. Des. Luís Fernando Nishi, j. 27.10.2009.

Sobre a cláusula de sinistralidade: STJ, REsp n. 1.102.848-SP, 3ª T, rel. Min. Nancy Andrighi, j. 03.08.2010, *DJe* 25.10.2010.

---

**Art. 802. Não se compreende nas disposições desta Seção a garantia do reembolso de despesas hos-**

**pitalares ou de tratamento médico, nem o custeio das despesas de luto e de funeral do segurado.**

➤ Artigo revogado pela Lei n. 15.040, de 09.12.2024 (*DOU* 10.12.2024), que entra em vigor após decorrido 1 (um) ano de sua publicação oficial.

---

O CC/2002, no artigo presente, quer explicitar que o seguro de assistência funeral e o seguro de assistência à saúde não são modalidades de seguro de pessoa, mas sim de seguro de dano. Ou seja, a contratação que tenha por base custear despesas de funeral ou médico-hospitalares, muito embora na dependência de evento que afete a pessoa do segurado, são seguros de dano, como tal regrados, razão pela qual, então, não se lhes aplicam as disposições da Seção III, fechada pelo artigo ora em discussão.

Quanto ao seguro-saúde, aquele firmado para cobrir despesas médico-hospitalares, vale anotar, além do CDC, a existência de lei especial a regrá-lo, qual seja, a Lei n. 9.656/88, com disposições específicas, por exemplo: vedando a exclusão de cobertura mesmo de doenças preexistentes, depois de 24 meses (art. 11); obrigando ao reembolso de despesas de coberturas mínimas, que, portanto, não podem ser afastadas por ajuste (art. 12); determinando, nas contratações individuais, a renovação automática a partir do prazo inicial, sem cobrança de qualquer taxa, sem recontagem de carências e sem possibilidade de rescisão unilateral pela operadora, salvo nos casos de fraude e não pagamento por período superior a 60 dias, nos últimos 12 meses de vigência, desde que havida regular notificação até o 50º dia da inadimplência, mesmo assim se não estiver em curso internação do titular (art. 13); garantindo, nos seguros coletivos em que o vínculo se estabelecer em virtude da relação de trabalho, a permanência do segurado, quando rescindido o ajuste laboral, sem justa causa, nas mesmas condições, pagando o prêmio devido, em tempo previamente tarifado, mínimo e máximo (art. 30), da mesma forma, malgrado em diversas condições, quando se dê a aposentadoria (art. 31).

Reitera-se que a Lei n. 15.040/2024, no art. 4º, § 2º, e como ressalvado desde a observação feita na abertura do Capítulo do seguro, previu que o quanto nela disposto se aplica aos seguros regidos por lei própria, no que couber.

**Jurisprudência:** Súmula n. 609, STJ: A recusa de cobertura securitária, sob a alegação de doença preexistente, é ilícita se não houve exigência de exames médicos prévios à contratação ou a demonstração de má-fé do segurado.

Súmula n. 608, STJ: Aplica-se o Código de Defesa do Consumidor aos contratos de plano de saúde, salvo os administrados por entidades de autogestão.

Súmula n. 597, STJ: A cláusula contratual de plano de saúde que prevê carência para utilização dos serviços de assistência médica nas situações de emergência ou de urgência é considerada abusiva se ultrapassado o prazo máximo de 24 horas contado da data da contratação.

Súmula n. 100, TJSP – Direito Privado: O contrato de plano/seguro saúde submete-se aos ditames do CDC e da Lei n. 9.656/98 ainda que a avença tenha sido celebrada antes da vigência desses diplomas legais.

Sobre o prazo para o exercício de pretensão de repetição de valores pagos a maior em razão de reajuste abusivo em contratos de seguro ou plano de saúde, fixou o STJ, no regime dos representativos de controvérsia, a seguinte tese: "Na vigência dos contratos de plano ou de seguro de assistência à saúde, a pretensão condenatória decorrente da declaração de nulidade de cláusula de reajuste nele prevista prescreve em 20 anos (art. 177 do CC/1916) ou em 3 anos (art. 206, § 3º, IV, do CC/2002), observada a regra de transição do art. 2.028 do CC/2002" (STJ, REsp n. 1.360.969/RS e 1.361.182/RS, rel. p/ o ac. Min. Marco Aurélio Bellizze, j. 10.08.2016).

## CAPÍTULO XVI
## DA CONSTITUIÇÃO DE RENDA

---

**Art. 803. Pode uma pessoa, pelo contrato de constituição de renda, obrigar-se para com outra a uma prestação periódica, a título gratuito.**

---

Inaugura o CC/2002, no artigo em tela, o tratamento reservado ao contrato de constituição de renda. De pouca aplicação prática, sua origem próxima remonta às rendas perpétuas, que tiveram maior incidência muito mais como uma forma de indevida burla à vedação do mútuo usurário. Costuma-se identificar nos censos reservativo e consignativo o berço da atual constituição de renda, já entrevisível, em ambos, uma maneira de garantir renda, posto que perpétua, ora mediante a entrega de um imóvel, ora de um capital. Remanesce atualmente, todavia, a proibição de instituição de renda que seja perpétua, só se podendo pactuá-la por prazo certo ou, no máximo, pelo tempo de vida do beneficiário, quando então se fala em renda vitalícia (*v.* art. 806, infra).

A constituição da renda pode se dar a título gratuito ou oneroso. As duas modalidades vinham previstas, juntas, no art. 1.424 do CC/1916. Entendeu, porém, o legislador de 2002 de separar seu regramento em dois dispositivos diversos. Neste primeiro, ora em comento, cuida-se da constituição de renda a título gratuito. Por seu intermédio, uma pessoa, animada pelo espírito de liberalidade, assim sem receber capital, bens móveis ou imóveis, como contrapartida, obriga-se a pagar prestação periódica a outrem. Ou seja, alguém, chamado rendeiro ou censuário, faz-se devedor do pagamento de uma renda em favor de outrem, chamado rentista ou censuísta, por mera liberalidade, sem nada receber para isso. Quando assim instituída, a constituição de renda encerra contrato unilateral, porquanto gera obrigação apenas ao devedor da prestação.

Não se reproduziu, no CC/2002, a alusão do antigo art. 1.424 à constituição de renda por ato de última vontade, hoje se exigindo, ainda mais, a instituição por escritura pública (art. 807). A bem dizer, mesmo na vigência do CC/1916, Silvio Rodrigues, por exemplo, já anotava o caráter de deixa modal da instituição de renda por testamento (*Direito civil.* São Paulo, Saraiva, 2002, v. III, p. 324). E, de fato, se cuida o CC do contrato de constituição de renda, devia mesmo circunscrever-se à sua constituição por ato *inter vivos.*

Gratuitamente pactuada, a constituição de renda toma, conforme já advertia Clóvis Bevilaqua, a natureza da doação (*Código Civil comentado.* Rio de Janeiro, Francisco Alves, 1939, v. V, p. 181). Isso significa serem a ela aplicáveis todas as regras atinentes ao contrato de doação, incluindo as vedações à consumação da liberalidade (arts. 548 a 550). Aliás, a própria disposição do art. 545, que trata da doação sob a forma de subvenção periódica, sempre se entendeu, desde o precedente art. 1.172 do CC/1916, como uma verdadeira constituição de renda gratuita (ver CARVALHO SANTOS, J. M. de. *Código Civil brasileiro interpretado,* 5. ed. Rio de Janeiro, Freitas Bastos, 1951, v. XVI, p. 374), com a diferença, apenas, de que essa forma de doação, em princípio, salvo disposição diversa, se extingue com a morte do doador, ao contrário da renda constituída, que, no geral, encerra obrigação transmissível aos herdeiros, na força da herança, malgrado, repita-se, ressalvada a possibilidade de ajuste em contrário (art. 806, infra). Sem contar, ainda, como se disse, a exigência de forma pública para a sua constituição. A renda, via de regra, é pecuniária, assim mediante a paga de prestação dessa natureza, e que pode ser indexada, malgrado não se exclua, aí com alguma discussão (vinculando-a necessariamente a dinheiro, ver PEREIRA, Caio Mário. *Instituições de direito civil.* Rio de Janeiro, Forense, 2004, v. III, p. 479), a prestação em espécie, com entrega de bens.

**Art. 804. O contrato pode ser também a título oneroso, entregando-se bens móveis ou imóveis à pessoa que se obriga a satisfazer as prestações a favor do credor ou de terceiros.**

A constituição de renda, que se pode instituir a título gratuito, conforme está no artigo antecedente, pode sê-lo também a título oneroso, de acordo com a disposição do preceito em comento. Já o previa o art. 1.424 do CC/1916, malgrado referindo a entrega ao rendeiro de capital consistente em móvel ou dinheiro, deixando de aludir aos imóveis porque, quando a ele vinculada a renda, tinha-se tipificado direito real sobre coisa alheia, o que no CC/2002 não se repete, perdendo assim a constituição de renda mediante a entrega de imóvel sua natureza de direito real, remanescendo mero vínculo obrigacional entre as partes, com a ressalva do que está no comentário ao art. 809.

A constituição de renda, portanto, será a título oneroso quando quem a institui, o rentista ou censuísta, transfere o domínio de bem móvel ou imóvel ao rendeiro ou censuário, que então se obriga a satisfazer, em favor daquele ou de terceiro beneficiário, certa prestação periódica, tal qual, sobre ela, comentado no artigo anterior. Igualmente a exemplo do que se dá na constituição gratuita, o contrato não pode ser perpétuo, instituindo-se por prazo certo, com termo final datado, quando o ajuste se considera comutativo, ou pelo tempo da vida do beneficiário, a chamada renda vitalícia, que empresta caráter aleatório à entabulação, sem que se saiba, de antemão, a extensão da obrigação do rendeiro, prestada em compensação da entrega que lhe faz o censuísta ou rentista de bem móvel ou imóvel. Tem-se entendido, de forma prevalente, ressalvada a posição de Serpa Lopes, secundada, por exemplo, por Sílvio Rodrigues (*Direito civil,* 28. ed. São Paulo, Saraiva, 2002, v. III, p. 326) e Sílvio de Salvo Venosa (*Direito civil,* 3. ed. São Paulo, Atlas, 2003, v. III, p. 370), cuidar-se de contrato real, destarte que somente se aperfeiçoa com a entrega do bem, contrapartida da renda, ao censuário (art. 809, infra). Este bem, que no CC/1916 poderia ser um imóvel ou, especificamente, capital consistente em dinheiro, ao que se entendia, pese embora a redação do art. 1.424, sem dúvida hoje, dada a redação do artigo presente, pode abarcar os móveis, em geral.

Nesse ponto sem nenhuma divergência em relação ao CC/1916, acentua-se no dispositivo do artigo presente que a renda constituída pode beneficiar o próprio instituidor ou um terceiro, então em favor de quem se a estipula. Neste último caso será preciso individualizar a autônoma relação entre o instituidor e o beneficiário, que pode ser tanto onerosa como gratuita, então a que se aplicará, também aí, o regramento da doação.

Para o rendeiro, todavia, haverá sempre onerosidade consubstanciada, como compensação do recebimento de bem móvel ou imóvel do instituidor, na obrigação de pagamento de prestação periódica ao beneficiário. Verdade que a constituição de renda apresenta pontos de contato com diversos contratos. Se com a doação, quando gratuita, também possui a mesma finalidade previdenciária do seguro, especialmente quando vitalícia. Aproxima-se ainda do mútuo, se bem que com transmissão de bem, ao rendeiro, que não se devolve, como regra, ao titular. Também com a compra e venda possui similitude, pese embora a resolubilidade que lhe é intrínseca, operada quando deixa o rendeiro de cumprir a prestação da renda periódica (art. 810). Todavia, como observa Venosa (*Direito civil*, 3. ed. São Paulo, Atlas, 2003, v. III, p. 369), essa aproximação serve à extração, destes outros institutos, de critérios que servem à interpretação da constituição de renda.

**Jurisprudência:** Diferenciando o contrato de constituição onerosa de renda da avença de previdência privada, ver: TJSP, Ap. Cível n. 70.406-5/9-00, 9ª Câm. de Dir. Públ., rel. Des. Yoshiaki Ichihara, j. 13.09.2000. Sobre a necessidade de especificação dos imóveis entregues para constituição de renda: TJSP, Ap. Cível n. 991.06.044070-6, 20ª Câm., rel. Des. Francisco Giaquinto, j. 05.10.2009.

**Art. 805. Sendo o contrato a título oneroso, pode o credor, ao contratar, exigir que o rendeiro lhe preste garantia real, ou fidejussória.**

Para garantia do cumprimento da prestação que lhe é afeta, e em função da qual lhe é transferido bem móvel ou imóvel, explicita-se, no CC/2002, a prerrogativa que tem o censuísta de exigir do rendeiro uma garantia, que pode ser real ou fidejussória. Evidente que tal exigência somente terá cabimento na constituição onerosa, afinal aquela, bilateral nos seus efeitos, em que se pressupôs a entrega, pelo rentista, de bem móvel ou imóvel ao rendeiro, em virtude do que pactuada uma prestação periódica que, assim, pode ter seu cumprimento previamente garantido, por pacto das partes. Embora não o vedasse o CC/1916, na verdade ele apenas referiu a prestação de garantia para o caso de descumprimento já ostentado pelo rendeiro, então abrindo-se caminho à exigência de garantia das prestações futuras (art. 1.427). Pois agora positiva-se a possibilidade, logo quando da instituição, desde que onerosa, da prestação de garantia pelo rendeiro. Essa garantia poderá ser real, portanto na forma e nos termos previstos nos arts. 1.419 e seguintes do CC/2002, inclusive com as restrições lá previstas e exigência de registro, se se cuida de garantia hipotecária. Ou, se preferirem as partes, a garantia poderá ser fidejussória, ou seja, mediante fiança, regrada nos arts. 818 a 839 do Código.

**Art. 806. O contrato de constituição de renda será feito a prazo certo, ou por vida, podendo ultrapassar a vida do devedor mas não a do credor, seja ele o contratante, seja terceiro.**

Seja a título gratuito, seja a título oneroso, a renda constituída em benefício do outro contratante, ou de terceiro, deverá sê-lo por prazo certo ou, no máximo, pelo tempo de vida do credor, do beneficiário. Como se disse já no comentário ao art. 803, repudia-se a renda perpétua, como em geral não se compadece o sistema com obrigações de caráter perpétuo. Daí a explicitação que faz o CC/2002 no artigo em comento, o que, em parte, continha o anterior art. 1.424, mas lá aludindo-se apenas à exigência de prazo determinado, agora melhor regrando-se a matéria, expressando-se que a renda poderá durar o tempo da vida do beneficiário, a renda vitalícia, ou *por vida*. Instituída a renda por prazo certo, de toda sorte ela se extingue se, antes de seu termo, vier o credor a falecer, dada a ressalva legal de que a renda não pode ultrapassar sua vida. A não ser que se disponha de maneira diversa, por exemplo, instituindo-se a renda pelo tempo de vida do devedor, em que pese a extinção obrigatória se, antes dele, morrer o credor, a obrigação de pagamento das prestações instituídas se transmite, com o falecimento do rendeiro, a seus herdeiros, mas na força da herança recebida (art. 1.997). Alguma dificuldade surge quando se imagina a pessoa jurídica beneficiária da renda constituída, o que a lei não veda, particularmente nos casos em que a instituição se dá por prazo certo.

Mais difícil é a questão, porém, na hipótese de constituição por vida. Aqui silente o Código, poder-se-ia pensar na analogia com o usufruto, que, instituído em favor das pessoas jurídicas, se extingue pela extinção da beneficiária ou ao cabo de trinta anos (art. 1.410, III). Todavia, examinando o mesmo problema surgido nas doações por meio de subvenção periódica, Agostinho Alvim sugeria que, no máximo, a renda assim instituída, na falta de prazo certo, se extinguisse, quando beneficiando pessoa jurídica não antes extinta, tão logo transmitida a obrigação aos herdeiros do devedor, sem ir à terceira geração e, mesmo na segunda, sem ultrapassar as forças da herança (*Da doação*. São Paulo, Saraiva, 1972, p. 114).

**Art. 807. O contrato de constituição de renda requer escritura pública.**

Em primeiro lugar, vale a observação de que o dispositivo em tela, ausente no CC/1916, mostra-se coerente com a advertência antes efetuada, quando do exame do art. 803, no sentido de que, hoje, somente *inter vivos* se constitui renda, omitindo-se o CC/2002, diferentemente do anterior, na alusão à instituição por ato de última vontade. Daí dizer-se que a constituição somente se aperfeiçoa por escritura pública. De outra parte, e mais ainda, explicita-se agora requisito de forma que é substancial e que, destarte, transforma a constituição de renda em negócio jurídico solene. Verdade que, mesmo inexistente igual exigência no CC/1916, pelo que então considerada a constituição negócio jurídico informal, a não ser quando transferido, como contrapartida das prestações instituídas, um imóvel ao rendeiro, já se exigia, ao menos, instrumento escrito, como apontava Carvalho Santos (*Código Civil brasileiro interpretado,* 5. ed. Rio de Janeiro, Freitas Bastos, 1951, v. XIX, p. 183). Pois hoje superada a questão ante o reclamo de que a constituição de renda, em qualquer hipótese, somente se consume mediante a lavratura de escritura pública, escolha do legislador sempre fundada, quando por ele exigida forma especial, na preocupação com a importância do negócio, assim para tanto chamando a atenção das partes, procurando garantir a higidez de sua manifestação de vontade, além de facilitar a prova da consumação. Se substancial a forma, seu desrespeito acarreta a nulidade do negócio jurídico (art. 166, IV).

**Art. 808. É nula a constituição de renda em favor de pessoa já falecida, ou que, nos 30 (trinta) dias seguintes, vier a falecer de moléstia que já sofria, quando foi celebrado o contrato.**

A exigência legal, que já vinha expressa no CC/1916, é que a constituição de renda se faça sempre em favor de uma pessoa viva, seja ela gratuita, seja onerosa. Segue-se então que a constituição que favorece pessoa já falecida é nula. Nada diverso, a rigor, da previsão do art. 806, antes comentado, no sentido de que a constituição de renda não pode, em hipótese alguma, ultrapassar a vida do credor. Ou seja, tem-se negócio jurídico de caráter pessoal, apenas beneficiando a pessoa do credor, seja ele o próprio instituidor, seja terceiro beneficiário. Por isso dizer-se, desde o CC/1916, que a constituição de renda em favor de pessoa falecida, mesmo que terceiro e mesmo que não o saiba o instituidor, é nula, segundo majoritária doutrina por falta de objeto.

Igualmente nula, porém, a constituição em favor de pessoa que, mesmo viva, venha a falecer nos trinta dias seguintes à instituição, por moléstia de que já antes da celebração do contrato estava acometida. Aqui a preocupação do legislador, à semelhança do que ocorre com o seguro, foi com o desequilíbrio no contratar o pagamento de prestações, se onerosamente em troca do recebimento de bens, que não se sustentam pela prévia existência de causa de cessação, consistente em doença que, logo em trinta dias, leve o beneficiário ao óbito. Procurou-se evitar, então, o indevido benefício ao devedor da renda, muito embora ausente qualquer distinção entre a renda onerosa e a gratuita, de toda sorte nula se o beneficiário vem a falecer trinta dias depois do contrato, em virtude de doença preexistente. Impende, todavia, a prova de que a doença já existia antes da celebração, tendo sido a causa, ademais, de falecimento sucedido nos trinta dias seguintes ao ajuste. Ou seja, doença preexistente que motive óbito somente sucedido depois de trinta dias da celebração ou doença superveniente que provoque morte mesmo antes do trintídio não nulificam o contrato. Da mesma forma se são vários os beneficiários, falecido só um ou alguns deles, nas condições do artigo em tela, persiste o ajuste quanto aos demais (art. 812).

**Art. 809. Os bens dados em compensação da renda caem, desde a tradição, no domínio da pessoa que por aquela se obrigou.**

Na constituição onerosa de renda, prevista no art. 804, *supra*, entrega-se ao rendeiro ou censuário bem móvel ou imóvel que é, verdadeiramente, a contrapartida pelas prestações a cujo pagamento ele se obriga. Pois essa entrega, o que desde o CC/1916 já se acentuava, é mesmo uma alienação que faz o rentista. Tanto assim é que, conforme redação do art. 1.426 do CC/1916, bem como a do artigo presente, do CC/2002, os bens dados em compensação da renda que se institui caem no domínio da pessoa que por esta se obrigou. Referem-se ambos os dispositivos à transferência do domínio dos bens ao rendeiro desde a tradição, aqui, todavia, empregada em sentido amplo, portanto abrangendo o registro quando se cuide de bens imóveis, forma pela qual se consuma a transferência de sua propriedade. Ou seja, desde a tradição, propriamente, quando se trate de móveis, e desde o registro, para os imóveis, opera-se a transmissão do domínio dos bens entregues ao rendeiro em compensação do pagamento de prestações periódicas a que ele fica obrigado. O preceito presente foi sempre motivo para caracterização da constituição de renda como contrato real, porque somente é aperfeiçoado com a entrega dos bens ao rendeiro, a despeito de crítica a propósito levantada, como se mencionou no comentário ao art. 804, tanto porque dessa forma se transformaria o ajuste, forçosamente, em trato unilateral, como no mútuo, quanto porque somente cogitável o registro do imóvel transferido uma vez já existente o contrato, decorrendo o ato já de efeito de sua entabulação. Certo, porém, que a obrigação de pagamento das prestações periódicas instituídas depende, de toda sorte, da entrega dos bens que são sua contrapartida. Se se tem em vista a alienação de bens ao rendeiro, importa não só que os bens sejam alienáveis como também que deles tenha plena disponibilidade o rentista que aliena. Desde a entrega passam a correr por conta do rendeiro os riscos da coisa, de tal arte que o perecimento não o exime da obrigação de adimplir as prestações por que se obrigou. Mas, em se tratando de uma alienação, ao rentista alienante concerne a responsabilidade pela evicção.

**Jurisprudência:** Sobre a exigência de forma pública: TJSP, AC n. 0001134-93.2013.8.26.0103, rel. Des. Rômolo Russo, j. 16.04.2015.

---

**Art. 810. Se o rendeiro, ou censuário, deixar de cumprir a obrigação estipulada, poderá o credor da renda acioná-lo, tanto para que lhe pague as prestações atrasadas como para que lhe dê garantias das futuras, sob pena de rescisão do contrato.**

---

São várias as hipóteses que determinam a extinção do contrato de constituição de renda. Em primeiro lugar, pelo implemento do prazo ou pela morte do beneficiário, quando o caso, de que se cuidou no comentário ao art. 806, a que ora se remete o leitor. Também desde o Código anterior se reconhecia a possibilidade de a constituição ser extinta pelo resgate, direito potestativo de o devedor antecipar o pagamento das prestações periódicas futuras (*v. g.*, GOMES, Orlando. *Contratos*, 9. ed. Rio de Janeiro, Forense, 1983, p. 461).

O artigo em tela, porém, cuida de caso excepcional de extinção, que se dá pelo inadimplemento da obrigação que tem o rendeiro de pagar as prestações contratuais. Havido esse descumprimento, como de resto é a regra geral dos contratos, abre-se a possibilidade de o credor exigir judicialmente o pagamento das prestações em atraso, com os encargos da mora. Da mesma forma, e novamente como corolário evidente do sistema contratual, pode o credor exigir garantias, sob qualquer de suas espécies (ver art. 805), do pagamento das prestações futuras que se tenham tornado duvidosas, inclusive pelo inadimplemento das vencidas. Isso tudo, segundo o dispositivo presente, sob pena da rescisão (*rectius*: resolução) do contrato, para Carvalho Santos, somente se esgotadas e inexitosas as providências anteriores (*Código Civil brasileiro interpretado*, 5. ed. Rio de Janeiro, Freitas Bastos, 1951, v. XIX, p. 192), mas lembrando-se aqui concorrer a regra geral dos arts. 474 e 475, podendo-se, pois, diante do inadimplemento, resolver o contrato, se oneroso, devolvendo-se o bem móvel ou imóvel entregue, assim repondo-se as partes no estado anterior, sem devolução das prestações acaso anteriormente pagas, até então havida posse da coisa a ser devolvida.

---

**Art. 811. O credor adquire o direito à renda dia a dia, se a prestação não houver de ser paga adiantada, no começo de cada um dos períodos prefixos.**

---

A prestação devida em virtude da constituição de renda pode ser paga, conforme pactuarem as partes, mediante periodicidade variada. Destarte, pode-se pactuar seu pagamento de forma mensal, semestral, anual e assim por diante. Da mesma maneira, podem as partes estabelecer que o pagamento da prestação se dê ao início de cada período prefixado, portanto de modo adiantado. E, nessa hipótese, devida a prestação ao início do período, nenhuma repetição haverá, por exemplo, se o interregno não se completa pela morte do credor. Isso porquanto, a rigor, a cada início de período já terá direito o credor à percepção da renda relativa a todo o interregno. Dito de outra maneira, e na esteira da disposição do artigo presente, apenas quando não houver de ser a renda paga de maneira adiantada é que ela se proporcionaliza, sendo, malgrado paga de uma só vez, ao final do período, adquirida dia a dia, assemelhada, pois, aos frutos (art. 1.215). Assim sendo, se falecido o credor no curso do período, haverá direito, transmissível aos herdeiros, de percepção da renda do período, mas proporcional ao tempo dentro dele decorrido, até o óbito.

---

**Art. 812. Quando a renda for constituída em benefício de duas ou mais pessoas, sem determinação da parte de cada uma, entende-se que os seus direitos são iguais; e, salvo estipulação diversa, não adquirirão os sobrevivos direito à parte dos que morrerem.**

---

A constituição de renda, gratuita ou onerosa, poderá beneficiar mais de uma pessoa. Nesse caso, pode o instituidor estabelecer a cota a cada qual dos beneficiários pertencente. Se não o fizer, porém, presume a lei, desde o CC/1916 (art. 1.429), que os direitos dos beneficiários serão iguais, ou seja, cada um terá direito a uma mesma cota da renda, assim dividida em partes iguais, conforme o número de beneficiários. Mais, explicita o dispositivo que, entre os beneficiários, não haverá direito de acrescer. Isso significa que, faltando um dos beneficiários, sua parte não acresce à dos demais, frise-se, a não ser que o inverso tenha sido disposto pelo instituidor. Vale dizer que o direito de acrescer não existe como regra, todavia no silêncio do contrato nada impedindo seu estabelecimento na instituição. Apenas será presumido o direito de acrescer na excepcional hipótese de a renda ser instituída a marido e mulher, mercê de socorro analógico ao art. 551, parágrafo único, do CC, de resto tal como de maneira tranquila já se entendia desde a vigência do CC/1916.

A controvérsia que aqui se coloca, tanto quanto na interpretação do dispositivo que prevê a doação conjunta ou conjuntiva ao casal, está na extensão ou não da regra que faz presumir o acréscimo quando a constituição de renda beneficie não pessoas casadas, mas que vivam em união estável. Pois a despeito de não haver nenhuma diferença de dignidade entre ambas as instituições constitucionalmente protegidas, cujo idêntico conteúdo material está no desenvolvimento de uma relação de afetividade, induzindo a união estável a um vínculo familiar idêntico àquele decorrente do casamento, diferenciam-se, sob o ponto de vista extrínseco, pela publicidade e formalidade inerentes ao casamento, o que as partes não querem, na união estável, por natureza informal. É possível saber, sempre, mercê do registro público, se há casamento, quando começou e se terminou. Daí a existência de diferenças resultantes da forma de uma ou outra espécie de união. Por isso, exemplificativamente, o casamento emancipa o cônjuge menor, mas não a união estável, cuja existência necessariamente não se dá a saber a terceiros. Parece ser esse o caso, também, da regra em comento, eis que pressuposta a existência do casamento, tanto quanto no momento da doação, no exato instante da constituição. Ou seja, importa a publicidade inerente ao casamento, que permite, garantindo-se a segurança jurídica, saber de sua consumação e persistência logo quando se efetiva a doação ou, no caso, a constituição de renda. Assim, entende-se, a despeito da discussão que a propósito há, mesmo no tocante à própria regra do art. 551 (*v. g.*, estendendo o preceito à união estável: RIZZARDO, Arnaldo. *Contratos,* 3. ed. Rio de Janeiro, Forense, 2004, p. 464. Em sentido contrário: SOUZA, Sylvio Capanema de. *Comentários ao novo Código Civil.* Sálvio de Figueiredo Teixeira (coord.). Rio de Janeiro, Forense, 2004, v. VIII, p. 223), que, pretendendo constituir renda em favor de companheiros, e tencionando o acréscimo de que ora se trata, deve estipulá-lo, expressamente, o instituidor, repita-se, basicamente por não se ter como saber, *a priori*, da existência e mesmo da persistência de uma eventual união estável entre os beneficiários da renda, no momento da sua instituição, o que, admitida a tese inversa, fomentaria a potencialidade de controvérsias, a dano da segurança jurídica.

Bem de ver que todo o regramento examinado pressupõe a instituição de beneficiários simultâneos, embora no CC/1916 se entendesse nada impedir a instituição de beneficiários sucessivos, portanto para que um sucedesse ao anterior, quando falecido, mas por testamento e cláusula fideicomissária, segundo Clóvis (*Código Civil comentado.* Rio de Janeiro, Francisco Alves, 1939, v. V, p. 186), o que, hoje, não é uma forma possível de instituição de renda, forçosamente *inter vivos* (art. 803).

**Jurisprudência:** Negando o direito de acrescer dos beneficiários: TJSP, AI n. 6.053.974.600, 7ª Câm., rel. Des. Elcio Trujillo, j. 04.02.2009. Ver, ainda: TJSP, Ap. n. 9176884-47.2008.8.26.0000/Taubaté, 36ª Câm. de Dir. Priv., rel. Palma Bisson, j. 08.11.2012, *DJe* 09.01.2013.

---

**Art. 813. A renda constituída por título gratuito pode, por ato do instituidor, ficar isenta de todas as execuções pendentes e futuras.**

**Parágrafo único. A isenção prevista neste artigo prevalece de pleno direito em favor dos montepios e pensões alimentícias.**

---

Desde o anterior CC se permitia, exclusivamente na constituição de renda gratuita em favor de terceiro, sua clausulação pelo instituidor, como de resto se pode dar, no sistema brasileiro, nas liberalidades em geral que alguém faça beneficiando outrem. Persiste o CC/2002, todavia, na omissão em que, no caso, já incidia o CC/1916 quando aludia à instituição, na constituição gratuita, tão somente de impenhorabilidade da renda, assim deixando de mencionar a inalienabilidade e mesmo a incomunicabilidade. Mas sempre se entendeu que todas essas cláusulas, esses vínculos pudessem ser impostos, desde que a constituição fosse gratuita, já que, no nosso ordenamento, repita-se, apenas nas liberalidades são instituíveis tais restrições. Vale lembrar, hoje consolidada no art. 1.911, a orientação, já antes sumulada pela Suprema Corte (Súmula n. 49), no sentido de que a cláusula de inalienabilidade induz, necessária e automaticamente, porquanto mais extensa, a incomunicabilidade e impenhorabilidade, que afinal, de alguma forma, acabam implicando uma alienação. A exigência de que a imposicão das cláusulas se dê em constituição de renda favorecendo terceiro beneficiário atende à vedação genérica de clausulação do próprio bem, em especial com a impenhorabilidade.

Por fim, estabelece o artigo em comento uma restrição legal para os montepios e para as pensões alimentícias. Ou seja, impõe-se uma impenhorabilidade legal, que vem desde o Regulamento n. 737, de 1850, em favor das instituições de rendas alimentícias, como é aquela devida, nos montepios, aos beneficiários, também ditos pensionistas, de alguém via de regra falecido. É, enfim, nesse caso, a impenhorabilidade do pecúlio devido aos beneficiários. Ainda em outras palavras, a ideia é que essas pensões instituídas não respondem pelas dívidas do instituidor, dada a natureza alimentar em favor de seus beneficiários.

**Jurisprudência:** Súmula n. 49, STF: A cláusula de inalienabilidade inclui a incomunicabilidade dos bens.

## CAPÍTULO XVII
## DO JOGO E DA APOSTA

---

**Art. 814. As dívidas de jogo ou de aposta não obrigam a pagamento; mas não se pode recobrar a quantia, que voluntariamente se pagou, salvo se foi ganha por dolo, ou se o perdente é menor ou interdito.**

**§ 1º Estende-se esta disposição a qualquer contrato que encubra ou envolva reconhecimento, novação ou fiança de dívida de jogo; mas a nulidade resultante não pode ser oposta ao terceiro de boa-fé.**

**§ 2º O preceito contido neste artigo tem aplicação, ainda que se trate de jogo não proibido, só se excetuando os jogos e apostas legalmente permitidos.**

**§ 3º Excetuam-se, igualmente, os prêmios oferecidos ou prometidos para o vencedor em competição de natureza esportiva, intelectual ou artística, desde que os interessados se submetam às prescrições legais e regulamentares.**

---

Antes tratada a matéria logo após o contrato de seguro, mas de que se diferencia porquanto a álea que lhe é inerente tem mesmo um intuito especulativo, ao revés do ajuste securitário, mercê do qual o risco se cobre calculando-se a probabilidade de sua ocorrência e formando-se um fundo mutualista a suportá-lo (ver comentário ao art. 757), tudo enquanto resultante de um propósito previdenciário, indenizatório, dá-se o CC/2002, no artigo em tela, a tratar do jogo e da aposta. Fá-lo com unidade de regramento, muito embora se diferenciem, conceitualmente, o jogo e a aposta. No primeiro, duas ou mais pessoas prometem, entre si, pagamento a quem um evento incerto, aleatório e de puro azar vier a favorecer. No segundo caso, promete-se igual pagamento, mas àquele cuja opinião divergente vier a se mostrar consonante com o resultado de um mesmo evento incerto, aleatório. Costuma-se reservar aos contendores, no jogo, papel ativo, que interfere no resultado, ainda que *a priori* incerto. Já na aposta seu papel é passivo, de mera expectativa sobre o resultado de evento que lhes é estranho, mas sobre cuja ocorrência apostaram. Assim, nos exemplos citados por Caio Mário (*Instituições de direito civil*, 11. ed. Rio de Janeiro, Forense, 2004, v. III, p. 483), um mesmo evento pode caracterizar-se como jogo ou aposta, dependendo da conduta dos participantes. Se duas pessoas disputam uma luta, prometendo-se, entre si, pagamento ao vencedor, jogam; se espectadores, porém, entre si prometem pagamento conforme quem seja o vencedor, apostam. Pois muito embora o legislador cuide e tipifique o jogo e a aposta como contratos, assim nominados, recusa-lhes efeitos normais, por não os reputar socialmente úteis. Neste sentido, dispõe serem incobráveis as dívidas resultantes de jogo ou aposta. Mas, em contrapartida, estabelece a irrepetibilidade do quanto, voluntariamente, a esse título se pagou. Disso resulta que o credor pode reter o pagamento que voluntariamente lhe tenha sido feito (*soluti retentio*). É o clássico figurino das denominadas obrigações naturais.

Tradicionalmente, e em especial com fundamento na entrevisão de dois elementos essenciais no vínculo obrigacional, o débito e a responsabilidade (teoria dualista da obrigação), sempre foi costume definir a obrigação natural, também e por isso chamada imperfeita, todavia jurídica, como aquela com todos os seus elementos integrantes, ou seja, sujeito (credor e devedor), objeto (prestação) e a relação vinculativa, mas aqui, a despeito da existência de um débito, sem a responsabilidade do devedor, isto é, sem garantia efetivável por meio do direito de ação, assim sem a coercibilidade.

Certo que hoje, inclusive conforme preceitos expressos de outras legislações (*v. g.*, art. 2.034 do CC italiano e art. 402 do CC português), se venha defendendo a ideia de que a obrigação natural represente mesmo um dever extrajurídico, mas a que o direito, porquanto integrado a outros sistemas normativos de conduta, para além do subsistema jurídico, reconhece um efeito, justamente o da irrepetibilidade do voluntário pagamento, tudo como imperativo de justiça, como corolário de uma regra social de conduta, segundo a qual se aceita um dever de honrar dívidas de jogo ou aposta, destarte quando adimplidas, pela vontade do devedor, operando o direito para evitar a repetição, desse modo preservando-se solução de equidade, impedindo o retorno a uma situação de injustiça (ver NORONHA, Fernando. *Direito das obrigações*. São Paulo, Saraiva, 2003, v. I, p. 232-4). A aplicação da regra em comento, porém, pressupõe diferenciação inarredável à luz da respectiva sistematização. Afinal, são distinguíveis os jogos proibidos, autorizados ou tolerados. Jogos ou apostas autorizados, como as loterias – aqui subsumidas a seu conceito, muito embora alhures se sustente diferença conceitual – ou o turfe, são lícitos e geram efeitos jurídicos normais, erigindo-se em obrigações perfeitas. É o que se prevê no § 2º, segunda parte, do preceito em exame, e logo no § 3º, igualmente dizendo-se exigíveis prêmios oferecidos em competições de variada natureza, desde que nos moldes de norma autorizativa legal e regulamentar – verdadeiros concursos. Jogos ou apostas proibidos são, por exemplo, as loterias não autorizadas, como o jogo do bicho, ou os jogos de azar referidos pelo art. 50 da Lei das Contravenções Penais. Mas há também os jogos tolerados, de menor reprovabilidade, em que o evento não depende exclusivamente do azar, mas igualmente da habilidade do participante, como alguns jogos de cartas. Por isso a legislação não os proíbe, por considerá-los uma diversão sem maior proveito, mas pelo mesmo motivo não lhes emprestando a natureza de obrigação perfeita. Pois como se expressa no CC, no *caput* e nos parágrafos do artigo em comento, salvo se autorizados, os jogos e apostas não induzem obrigação coativa que possa ser judicialmente exigida, muito embora não caiba ao devedor que voluntariamente tenha pago dívida daí originária postular a repetição de quanto pagou, salvo se, como adiante se referirá, esse pagamento prejudicou menor ou interdito.

Bem de ver, todavia, que boa parte da doutrina, antes da edição do CC/2002, por exemplo tal qual já defendia Orlando Gomes (*Contratos*, 9. ed. Rio de Janeiro, Forense, 1983, p. 484), sustentava que os jogos proibidos não ensejavam nem mesmo uma obrigação natural, portanto inclusive sem o efeito da *soluti retentio*, ao revés, configurando contrato nulo de todo. De fato, acentua, já sob a égide do CC/2002, Fernando Noronha (op. cit., p. 233) que, a rigor, o regramento presente, no seu todo, aplica-se aos jogos tolerados, reservando-se ao pagamento de dívidas oriundas de jogos proibidos a concorrência da disposição do art. 883, destarte não se permitindo ao pagador recobrar, porém igualmente não se admitindo a retenção pelo recebedor.

Ressalva ainda a lei que, cuidando-se de dívida de jogo que tipifique uma obrigação natural, se o perdedor é menor, absoluta ou relativamente incapaz, ou interdito, veja-se, por qualquer causa, como o intuito é a sua proteção, eventual pagamento que tenha feito poderá, aí excepcionalmente, ser repetido, portanto descabendo ao credor retê-lo, de resto em sistemática diversa do adimplemento de obrigações perfeitas. Nem diversa solução se há de haurir com a superveniência da Lei n. 13.146/2015, o chamado Estatuto da Pessoa com Deficiência e, particularmente, em função da previsão de seu art. 6º, que dispõe não se afetar a plena capacidade civil da pessoa pela deficiência, ademais da revogação, nesta senda, dos incisos II e III do art. 3º do CC e alteração dos incisos II e III do art. 4º. A propósito, tem-se de compreender a disposição do art. 6º, em primeiro lugar, em consonância com o objetivo da nova lei, mesmo explicitado logo no art. 5º, de evitar a discriminação dos deficientes. Depois, e agora releva atenção aos incisos do art. 6º, bem assim ao preceito do art. 85 do Estatuto, seu intento, parece, foi ainda o de garantir o pleno exercício dos direitos existenciais do deficiente, na medida de sua deficiência, garantindo sua autonomia nesse campo, porém o que não significa abdicação de medidas de proteção, quando assim se exija. Daí que, mesmo diante da alteração dos arts. 3º e 4º do CC, mas mantida a curatela a quem não possa exprimir sua vontade, conferida legitimidade ao Ministério Público para requerê-la justo nos casos, entre outros, de deficiência mental ou intelectual (arts. 1.767 e 1.769 e abstraída o debate sobre a superveniência do art. 748 do novo CPC, sobre o que se remete o leitor aos comentários aos preceitos citados), cabendo ao juiz definir os seus limites, segundo as potencialidades do curatelado, circunscritos bem aos atos patrimoniais do art. 1.782 (art. 1.772), considera-se de manter hígido o sistema protetivo em favor daqueles que não apresentem pleno discernimento, assim preservada a aplicação do preceito em comento, a despeito de não se os reputarem incapazes, propriamente, todavia, insista-se, ainda sujeitos a providências tutelares ou assecuratórias, em particular no campo das situações jurídicas patrimoniais. Quanto à questão em si da interdição, certo que o Estatuto da Pessoa com Deficiência (Lei n. 13.146/2015), ao dar nova redação ao art. 1.768 do CC, não a referiu. Porém, manteve o processo destinado à nomeação de curador, entre outras hipóteses a quem não pode exprimir sua vontade (art. 1.767, I), tanto quanto conferiu legitimidade ao Ministério Público para requerê-la nos casos de deficiente mental ou intelectual (art. 1.769, I), ademais de mencionar ainda o termo *interditando* na redação do art. 1.771 e da superveniência do art. 748 do novo CPC, aqui remetendo-se o leitor aos respectivos comentários.

Da mesma forma, se o pagamento da dívida de jogo foi feito mediante dolo, mas não erro, bem assim mediante coação, deve-se acrescentar, porque também o caso é de proteção da vítima, o pagador, perdedor do jogo ou aposta, terá direito à repetição. Por fim, explicita-se, no § 1º, tal como se fazia no CC/1916, que a disposição do *caput*, a respeito da obrigação natural que estipula, aplica-se também a qualquer contrato que encubra ou envolva o reconhecimento, novação ou fiança de dívida de jogo.

A ideia fundamental é que, nesse específico caso de obrigações naturais, porque despidas de conteúdo moral, e porquanto socialmente inúteis, mesmo sua confirmação ou substituição por um negócio jurídico típico, como a entrega de um título de crédito, ou o estabelecimento de uma novação, da mesma forma não ensejará exigibilidade do devedor. Assim, por exemplo, se o perdedor emite uma nota promissória tendo como causa a dívida de jogo, igualmente ela não será dele exigível. Apenas se preserva, no parágrafo em exame, eventual direito de terceiro de boa-fé, por exemplo um endossatário, insciente da origem da cambial, quando a tenha recebido. Por identidade de motivos não terá cabimento, também, a novação dessa espécie de obrigação natural (não outras), ou a fiança que se tenha dado para sua garantia.

**Jurisprudência:** Súmula vinculante n. 2, STF: É inconstitucional a lei ou outro ato normativo estadual ou distrital que disponha sobre sistemas de consórcios e sorteios, inclusive bingos e loterias.

Cheque. Dívida de aposta. Inexigibilidade nos termos do art. 1.477 do CC (de 1916). Hipótese em que ao devedor é lícito perquirir a *causa debendi* do título. (*RT* 696/199)

Ver, ainda, sobre a situação do terceiro de boa-fé: Cheque. Emissão para pagamento de dívida de jogo. Inexigibilidade. Nulidade que não podia ser oposta ao terceiro de boa-fé, que não pode ser arguida se há prova de que este conhecia perfeitamente a origem do débito. Aplicação do art. 1.477 do CC (de 1916) (*RT* 670/94). No mesmo sentido de proteção ao terceiro de boa-fé: TJSP, Ap. Cível n. 990.10.190441-1, 18ª Câm., rel. Des. Alexandre Lazzarini, j. 24.08.2010.

Sobre a impossibilidade de cobrança, no Brasil, mesmo quando originária a dívida de jogo de país que a aceita: *RT* 794/381 e 693/211. Em sentido contrário: *RT* 763/105. Sobre a inaplicabilidade do dispositivo quando o jogo é lícito: *RT* 745/263. Nesse sentido, afastando sua incidência em caso de corridas de cavalo, com base na Lei n. 7.291/84: STJ, REsp n. 1.070.316, 3ª T., rel. Min. Nancy Andrighi, *DJe* 03.08.2010.

Negando a devolução de pagamento voluntariamente efetivado em jogo de bingo, porque não especificada a época do débito e porque legalmente permitido o jogo por certo tempo: TJSP, Ap. Cível n. 7.302.924.600, 14ª Câm., rel. Des. Melo Colombi, j. 04.02.2009. Mas negando qualquer possibilidade de cobrança de dívida feita em casa de bingo, a partir de 30.12.2002, quando se proibiu a atividade: TJSP, Ap. Cível n. 991.09.098140-6, 38ª Câm., rel. Des. Souza Lopes, j. 03.03.2010. Ainda sobre o tema, com remissão à Lei n. 9.615/98 e à MP n. 168/2004: TJSP, Ap. Cível n. 0139866-39.2008.8.26.0100, 20ª Câm. de Dir. Priv., rel. Des. Rebello Pinho, j. 18.04.2011. Do mesmo modo, reconhecendo a impossibilidade de cobrança depois da revogação dos arts. 50 a 81 da Lei n. 9.615/98: TJSP, Ap. Cível n. 9111757-65.2008.8.26.0000, 11ª Câm. de Dir. Priv., rel. Des. Walter Fonseca, j. 15.03.2012; TJSP, Ap. n. 9083747-11.2008.8.26.0000/São Paulo, 23ª Câm. de Dir. Priv., rel. José Marcos Marrone, j. 20.02.2013, *DJe* 01.03.2013.

Recusando possibilidade de cobrança para recebimento do prêmio de rifa: TJSP, Ap. Cível n. 992.050.012.044, 28ª Câm., rel. Des. Eduardo Sandeville, j. 10.11.2009.

Negando a repetição de valor voluntariamente pago por dívida de jogo: TJSP, Ap. Cível n. 991.08.087413-5, 22ª Câm., rel. Des. Andrade Marques, j. 13.07.2010.

**Art. 815. Não se pode exigir reembolso do que se emprestou para jogo ou aposta, no ato de apostar ou jogar.**

O artigo em tela, da mesma forma que o fazia o art. 1.478 do CC/1916, repele a contratação do mútuo, para o jogo ou aposta, no ato em que são efetivados. A ideia fundamental está em evitar contratação que favoreça ou facilite a prática do jogo ou aposta, quando não sejam devidamente autorizados, porquanto então lícitos e dotados de normal eficácia civil (em sentido diverso, sustenta Sílvio Venosa, que mesmo empréstimo concedido para jogo ou aposta lícitos, mas no ato do jogo ou aposta, é irregular e não permite cobrança. *Direito civil*, 3. ed. São Paulo, Atlas, 2003, v. III, p. 415).

Trata-se mesmo de uma hipótese em que o motivo da contratação, porque se revela no ato do jogo ou da aposta, assim necessariamente tornando-se comum às partes, prejudica a higidez do negócio praticado, na exata esteira do princípio que hoje contém o art. 166, III, do CC, malgrado aqui com diferente efeito. Ou seja, se se contrata mútuo, em função do jogo ou da aposta, veja-se, no momento em que se joga ou se aposta, evidencia-se motivação que o ordenamento rejeita, aqui vedando que possa ser cobrado o reembolso do quanto naquela circunstância se emprestou. Em outras palavras, tem-se mesmo uma extensão da regra do art. 814, antes examinado. Se não se pode cobrar dívida resultante de jogo ou aposta, quando não autorizados, da mesma forma não se pode cobrar o que, no ato do jogo ou da aposta, se emprestou para apostar ou jogar. Se, todavia, o empréstimo se fez antes ou depois do momento do jogo ou da aposta, ainda que em função deles, não incide a regra do artigo em comento, ao pressuposto de que então não exteriorizada a motivação irregular, ressalvada sempre a prova, especialmente no caso do jogo proibido, de que essa razão determinante se tenha ostentado comum, mesmo quando a contratação não seja simultânea ao jogo ou à aposta, aí por aplicação autônoma da regra geral, já citada, do art. 166, III, do CC.

Por fim, pouco importa, ao influxo da regra em comento, que tenha o empréstimo, se efetuado no momento do jogo ou da aposta para que um ou outro se efetive, provindo de outro participante da empreitada ou de terceiro.

**Jurisprudência:** Cambial. Nota promissória vinculada a empréstimo efetuado para cobertura de dívida de jogo. Título inexigível. Execução por título extrajudicial. Embargos procedentes. Inteligência do art. 1.477 do CC/1916. (*RT* 568/81)

Diferenciando o empréstimo feito no ato de apostar com aquele que, reputado válido, se faz, em hotel, por meio da abertura de crédito, quando da hospedagem: I TACSP, Ap. Cível n. 570.426-5, 8ª Câm., rel. Juiz Antônio Carlos Malheiros, j. 16.10.1996.

**Art. 816. As disposições dos arts. 814 e 815 não se aplicam aos contratos sobre títulos de bolsa, mercadorias ou valores, em que se estipulem a liquidação exclusivamente pela diferença entre o preço ajustado e a cotação que eles tiverem no vencimento do ajuste.**

O artigo presente, em boa hora, reverteu a equiparação, ao jogo ou à aposta, que o CC/1916, no art. 1.479, impunha às operações com títulos, valores ou mercadorias cotáveis em bolsa. São o que sempre se chamou de contratos diferenciais, em que se negociam títulos, valores ou mercadorias, mas para sua liquidação pela diferença entre o preço convencionado e a cotação que eles tiverem no instante do vencimento. São as operações de mercado a termo, de bolsa de futuros, como a de mercadorias, por exemplo, em que não se quer, no vencimento, propriamente a entrega do produto, mas o pagamento da diferença entre seu preço de aquisição e o de sua cotação à época desse termo avençado. É de ver que esses contratos diferenciais, além de comuns na prática negocial, já vinham inclusive regrados por normatização especial, como lembra Jones Figueiredo Alves (*Novo Código Civil comentado*. Ricardo Fiuza (coord.). São Paulo, Saraiva, 2002, p. 738), pelo que cabia mesmo à nova legislação civil abolir sua equiparação ao jogo ou à aposta. Ressalva-se apenas a necessidade de devida correção gramatical, inexistente o plural no verbo *estipular*, utilizado corretamente na forma singular no CC/1916.

**Art. 817. O sorteio para dirimir questões ou dividir coisas comuns considera-se sistema de partilha ou processo de transação, conforme o caso.**

Sem nenhuma alteração em relação ao CC/1916, o artigo em comento bem acentua não se considerar jogo ou aposta o sorteio que se faça para solução de impasses, divergências ou dificuldades. Recorre-se a uma álea que, porém, coloca-se muito distante do propósito do jogar ou apostar, valendo, conforme o caso, como transação ou partilha. Pense-se no exemplo, citado por José Maria Trepat Cases (*Código Civil comentado*. Álvaro Vilaça Azevedo (coord.). São Paulo, Atlas, 2003, v. VIII, p. 381), em que duas pessoas vão comprar um carro em prestações, que dividirão, na ordem que um sorteio determinar, tanto quanto, acrescenta-se, podem solver divergência daí resultante pelo mesmo recurso. Ou, ainda, os casos de divisões de coisas comuns ou de partilha de quinhões hereditários, cuja escolha se pode fazer por sorteio. Também as loterias autorizadas o envolvem, tanto quanto nos contratos de capitalização, de consórcio, também haverá sorteio, portanto nada estranho ao sistema positivo como um todo, mesmo nos lindes do CC, de que é um exemplo o sorteio realizado na hipótese dos arts. 858 e 859.

## CAPÍTULO XVIII
## DA FIANÇA

### *Seção I*
### *Disposições Gerais*

**Art. 818. Pelo contrato de fiança, uma pessoa garante satisfazer ao credor uma obrigação assumida pelo devedor, caso este não a cumpra.**

A fiança, de que se dá a tratar o CC/2002 a partir do artigo em comento, encerra contrato mercê do qual alguém, chamado fiador, se obriga a garantir o débito de outrem, o devedor-afiançado, perante o credor deste. É, portanto, um ajuste que se firma entre o fiador e o credor do afiançado. Sua função está na constituição de uma responsabilidade por débito alheio.

Como é sabido, no vínculo obrigacional imiscuem-se o débito, que liga o devedor ao cumprimento de uma prestação em favor do credor, mas também a respectiva responsabilidade, a garantia do adimplemento que, de maneira geral, recai sobre o patrimônio do devedor. Nada impede, porém, que a responsabilidade seja assumida por um terceiro, assim que não se ostente devedor. É a garantia, enfim, prestada por um terceiro, que, sem ser devedor, se torna responsável.

Essa responsabilidade pode se efetivar com o oferecimento de algum bem específico do patrimônio do terceiro, sobre o qual se constitui um direito real, indutivo de sequela e preferência em favor do credor. Porém, a garantia prestada pelo terceiro poderá ser pessoal, na verdade reforçando-se a obrigação principal creditícia com outra acessória, que é a fiança, a chamada obrigação fidejussória (caução pessoal ou fidejussória). Ou seja, é uma obrigação acessória de garantia de uma obrigação principal, mediante a qual o fiador se vincula ao cumprimento da prestação devida pelo devedor, em regra, caso este não a cumpra. Daí dizer-se que o contrato de fiança é acessório, seguindo a sorte da obrigação por ela garantida.

O contrato de fiança é considerado unilateral, porque faz nascer prestação principal apenas ao fiador, mas não ao credor cuja obrigação ativa se garante. Via de regra é gratuito, prestada a fiança de forma benéfica; por isso, inclusive, se interpreta de maneira restritiva. Não se impede, todavia, a fiança onerosa, portanto em que o fiador recebe pela fiança prestada. Nesse sentido se evidencia corriqueira a fiança profissional, prestada, por exemplo, por bancos ou agências que a tanto se dedicam. A propósito, ademais, vale anotar que o CC/2002, seguindo a tendência de unificação do direito obrigacional, e tal como já se salientou no exame dos contratos de mandato, comissão, agência e distribuição, a cujos comentários se remete o leitor, tratou de maneira assim unificada da fiança civil e mercantil, por vezes criando dificuldades que adiante serão mencionadas (ver, por exemplo, comentário ao art. 827).

Diferencia-se a fiança do aval, malgrado outra forma de garantia pessoal, porquanto especificamente atinente ao direito cambiário, mas que, além disso, envolve uma obrigação cambiária autônoma e indutiva de uma responsabilidade solidária do avalista, e não subsidiária, como em princípio a do fiador. Além dos requisitos normais de capacidade para contratar, a fiança reclama atendimento a regras de legitimação. Assim, por exemplo, a pessoa casada que não o seja nos regimes da separação de bens precisará da vênia conjugal para prestar a garantia (art. 1.647, III), sob pena de anulabilidade, como hoje se expressa, a ser deduzida em dois anos, conforme preceito do art. 1.649 do CC, e a despeito de tese, que na jurisprudência se levanta, como a seguir se verá, no sentido de que haja, nesses casos, mera ineficácia, antes relativa, agora total (Súmula n. 332 do STJ). E, mais, posto se venha mitigando o rigor do enunciado sumular quando o fiador omita seu estado civil, malgrado garantindo-se a meação do seu cônjuge, que não anuiu à garantia. O mesmo não se pode dizer, ao que se entende, com relação aos companheiros, não porque, como já se disse no comentário ao art. 812, a união estável possua dignidade inferior à do casamento, ambos ensejando a mesma constituição de família, mas porque, ao contrário do casamento, instituição formal cuja publicidade inerente enseja ciência sobre sua existência, início e término a quem quer que seja, bastando consulta ao registro civil, a união estável não propicia a terceiros o necessário e apriorístico conhecimento sobre se existente, sobre quando se iniciou e sobre seu fim, até de forma a exigir-se o *placet* do companheiro à outorga da fiança. De igual maneira, mesmo capazes, estão impedidas de prestar fiança algumas pessoas em virtude de sua função, como os leiloeiros. O tutor e o curador estão impedidos de prestar fiança pelo pupilo ou pelo curatelado. O mandatário, para fazê-lo, precisa de poderes especiais (art. 661, § 1º), da mesma forma que a pessoa jurídica somente poderá prestar fiança se não o vedarem seus atos constitutivos ou, no silêncio, se em seu benefício e de acordo com sua finalidade social.

Certo que, aqui tratada como contrato, a fiança pode também ter origem legal ou judicial. No primeiro caso, ter-se-á a fiança exigida por lei, como sucede quando se exige a caução para que cocredor de obrigação indivisível possa cobrar o débito do devedor, solitariamente, sem que seja acompanhado do outro credor (art. 260, II). Ou quando a lei impõe caução ao vizinho que pretenda usar a parede do outro para fazer alicerce (art. 1.305, parágrafo único). Na mesma senda, outras vezes a garantia é determinada pelo juiz, no processo, como nos casos de execução provisória (art. 520 do CPC/2015; art. 475-O do CPC/73). Mas é regrada no capítulo em exame a fiança convencional, sobre a qual o CC estatui, na primeira seção, disposições gerais, depois cuidando de seus efeitos e de sua extinção.

**Jurisprudência**: Súmula n. 549, STJ: É válida a penhora de bem de família pertencente ao fiador de contrato de locação.

Súmula n. 332, STJ: A fiança prestada sem autorização de um dos cônjuges implica a ineficácia total da garantia.

Já antes do CC/2002, entendendo anulável a fiança prestada sem vênia conjugal, portanto na esteira do que hoje contém o art. 1.649: *RT* 816/260. Mas, defendendo a tese de que a fiança sem outorga seja meramente ineficaz, afetando somente a meação do fiador: Fiança. Garantia prestada sem a outorga uxória. Produção de efeitos apenas em relação à meação do cônjuge que a prestou (*RT* 810/284). Depois, editada a Súmula n. 332 do STJ (*v.* acima), assentando a ineficácia total da garantia prestada sem a anuência do cônjuge, consolida-se a jurisprudência da Corte Superior no sentido de mitigar o enunciado quando o fiador omitiu seu estado civil, embora preservando a meação do cônjuge: STJ, AI nos Emb. Decl. no REsp n. 1.384.112/SC, 3ª T., rel. Min. Paulo de Tarso Sanseverino, j. 04.10.2016.

Reservando essa orientação para quando a anulação se requeira só após a extinção da sociedade conjugal: *RT* 806/213. Ver, ainda: Fiança. Sociedade de fato. Pretendida nulidade da garantia em face da ausência de outorga uxória da mulher. Inadmissibilidade. (*RT* 761/279). Do mesmo modo, dispensando a autorização em caso de união estável: STJ, REsp n. 1.299.894, 4ª T., rel. Min. Luis Felipe Salomão, j. 25.02.2014. No mesmo sentido: STJ, Ag. Int. no AREsp n. 841.104/DF, 3ª T., rel. Min. Ricardo Villas Bôas Cueva, j. 16.06.2016.

Permitindo a ratificação posterior pelo que não anuiu, mas desde que por escrito: STJ, REsp n. 1.185.982/PE, 3ª T., rel. Min. Nancy Andrighi, j. 14.12.2010.

Ainda sobre a vênia conjugal: "A melhor interpretação é aquela que mantém a exigência geral de outorga conjugal para prestar fiança, sendo indiferente o fato de o fiador prestá-la na condição de comerciante ou empresário, considerando a necessidade de proteção da segurança econômica familiar. 3 – Agravo interno a que se nega provimento" (STJ, Ag. Int. no AREsp n. 2.331.324/MS, 4ª T., rel. Min. Antonio Carlos Ferreira, j. 13.05.2024, *DJe* 16.05.2024).

No caso da garantia prestada nas locações, considerando constitucional o art. 3º, VII, da Lei n. 8.009/90, mesmo em face da superveniência da EC n. 26/2000, que deu redação ao art. 6º da CF/88: STF, RE n. 407.688/SP, Tribunal Pleno, rel. Min. Cezar Peluso, j. 08.06.2006, *DJU* 06.10.2006. Prestigiando a tese da penhorabilidade do bem de família do fiador, no âmbito do STJ: Ag. Reg. no REsp n. 1.377.768/RJ, 3ª T., rel. Min. Ricardo Villas Bôas Cueva, j. 16.06.2016.

**Art. 819. A fiança dar-se-á por escrito, e não admite interpretação extensiva.**

Entendido o negócio jurídico formal como aquele não consumável por qualquer forma, tal qual em regra acontece, porquanto prevalecendo, em geral, a informalidade, a fiança, somente aperfeiçoando-se por escrito, constitui contrato formal. Não exige a lei, porém, que a outorga se deva dar, necessariamente, por instrumento público. Poderá sê-lo, destarte, também por documento particular. Mas não se admite, na mesma esteira, fiança que seja prestada verbalmente, ainda que assim se tenha contraído a obrigação por ela garantida.

Na sua segunda parte, e a exemplo do que já fazia o CC/1916, estabelece o artigo em comento que a fiança deve ser interpretada restritivamente, razão, por exemplo, de, quanto à garantia de avenças locatícias, se ter sumulado o entendimento de que o fiador não responde por obrigações resultantes de aditamento ao qual não haja anuído (Súmula n. 214 do STJ). Da mesma forma, a interpretação restritiva da fiança tem levado a jurisprudência, não sem certo vacilo, a decidir que o art. 39 da Lei n. 8.245/91, que cuida das locações prediais urbanas, quando impõe a permanência das garantias, salvo disposição em contrário, até a entrega das chaves, não implica a responsabilidade do fiador pelo tempo de prorrogação do contrato locatício a que não tiver anuído.

A disposição em tela, com efeito, ostenta perfeita consonância com a previsão genérica do art. 114 do CC, inserido na Parte Geral, sempre ao pressuposto de que, no mais das vezes, a fiança se concede gratuitamente, de forma benéfica. De resto não era diversa a disposição do art. 257 do CCom, quando tratava da fiança mercantil, em parte hoje revogado pelo CC, donde proveio regramento unificado para o contrato em questão. É bem de ver, entretanto, tal qual já se acentuou no comentário ao artigo precedente, que a fiança pode ser onerosa, muito embora, também nesse caso, sustente, por exemplo, Lauro Laertes de Oliveira (*Da fiança*. São Paulo, Saraiva, 1986, p. 24), que se imponha interpretação restritiva.

Na verdade, considera-se que a regra da interpretação restritiva não exclui a concorrência de regras outras de interpretação, como a do art. 113, mais servindo, aí sim, a impedir a extensão da fiança para dívida novada com novo devedor, ou, como se viu, para estender a garantia por período suplementar ao contratado, como também para abarcar o todo do débito só parcialmente garantido. Mas, ao revés, a imposição de uma interpretação restritiva da fiança não significa a irresponsabilidade do fiador pelos acessórios da obrigação garantida, consoante se verá ao exame do art. 822, infra. Ou seja, desde que não limitada, a fiança abrange os acessórios da dívida e, a partir de quando citado o fiador, até mesmo os consectários processuais que ocasionalmente se façam sentir na cobrança de débito afiançado.

**Jurisprudência:** Súmula n. 214, STJ: O fiador na locação não responde por obrigações resultantes de aditamento ao qual não anuiu.

Interpretando a súmula com ressalva: Embargos de divergência no REsp n. 566.633/CE, 3ª S., rel. Min. Paulo Medina, j. 22.11.2006. Tem-se entendido, a partir deste julgamento, que, em virtude de cláusula de garantia até a entrega das chaves, o fiador responde por débitos posteriores ao término do contrato de locação, desde que não se cuide de aditamento. Assim: "Na linha da recente jurisprudência da Terceira Seção, não sendo hipótese de aditamento, mas de prorrogação contratual, a que os fiadores comprometeram-se até a devolução do imóvel, torna-se inaplicável o enunciado de n. 214 da nossa Súmula" (STJ, Ag. Reg. no AI n. 776.039, 6ª T., rel. Min. Paulo Galotti, j. 18.102007). No mesmo sentido, sustentando que só o fato do término do prazo contratual não exonera o fiador dos débitos posteriores: STJ, Emb. de Decl. nos Emb. de Diverg. no REsp n. 791.077/SP, 3ª S., rel. Min. Arnaldo Esteves Lima, j. 23.04.2008.

Igualmente ressalvando a incidência da súmula quando a fiança tenha sido prestada solidariamente por fiador que era também sócio da pessoa jurídica afiançada: STJ, Ag. Reg. no REsp n. 1.101.818/SP, 5ª T., rel. Min. Marco Aurélio Belizze, j. 21.06.2012.

Mas afastando a responsabilidade do fiador, mesmo prestada a fiança até a entrega das chaves, no caso de locação, quando havida transação ou moratória por acordo de que não participou o garante: STJ, REsp n. 1.013.436/RS, 4ª T., rel. Min. Luis Felipe Salomão, j. 11.09.2012.

Fiança. Locação. Pacto que deve ser interpretado restritivamente. Responsabilização do fiador por encargos locatícios acrescidos ao avençado originalmente sem a sua anuência. Inadmissibilidade. Irrelevância da existência de cláusula que estenda suas obrigações até efetiva entrega das chaves ou que tenha renunciado ao benefício de exoneração da garantia previsto no art. 1.500 do CC (de 1916) (STJ) (*RT* 818/178). Ver ainda sobre a ineficácia da cláusula de garantia até a entrega das chaves: STJ, Emb. de Decl. no Ag. Reg. no REsp n. 780.742/RS, 5ª T., rel. Min. Laurita Vaz, j. 12.09.2006.

No mesmo sentido, afastando a responsabilidade do fiador por débitos relativos ao uso de telefone e de garagem, não incluídos originariamente no contrato, objeto de aditamento posterior, não subscrito pelo garante: *RT* 816/278. Acrescentando que, além de restritivamente, a fiança deve ser interpretada em benefício do fiador: STJ, Ag. Reg. no AI n. 788.469/SP, 5ª T., rel. Min. Laurita Vaz, j. 28.02.2008.

Sobre a forma da fiança: Fiança. Embargos à execução. Oposição por fiador que pretende demonstrar sua substituição como garante mediante prova testemunhal. Inadmissibilidade, pois a fiança locatícia exige forma escrita para sua constituição (*RT* 782/302). Sobre a fiança prestada por procuração, exigindo poderes específicos e admitindo, na sua falta, a ratificação pelo mandante, mesmo tácita, ver: STJ, REsp n. 960.075/MS, 3ª T., rel. Min. Humberto Gomes de Barros, j. 06.05.2008.

**Art. 820. Pode-se estipular a fiança, ainda que sem consentimento do devedor ou contra a sua vontade.**

Como já se acentuou no comentário ao art. 818, a fiança encerra contrato que é firmado entre o fiador e o credor da obrigação afiançada. Ou seja, o devedor dele não é partícipe e, assim, não precisa anuir à constituição de garantia da dívida que lhe toca. Isso ainda que, no mais das vezes, o fiador se apresente a seu pedido. Importa é que sua aquiescência é desnecessária, podendo-se mesmo consumar a fiança até contra sua vontade, o que agora, em acréscimo ao que constava do art. 1.484 do CC/1916, se explicita. Isso porquanto, ademais de estabelecer negócio jurídico bilateral de que não faz parte o devedor, a fiança se faz a benefício também da garantia do credor, pelo que ao afiançado não é dado a tanto se opor. Apenas que, aperfeiçoada a fiança sem o seu consentimento, haverá que discutir se lhe é imposta a obrigação de substituição do fiador, de que cuida o art. 826, e o que lá se apreciará.

Vale, por fim, a ressalva que faz o Min. José Augusto Delgado quanto à abusividade de cláusula-fiança que subscreve, aí sim, o próprio devedor, nomeando a administradora de cartão de crédito para figurar como fiadora na assunção de financiamentos realizados para cobrir as despesas de uso do cartão, sempre à consideração de infração ao preceito do art. 39, I, do CDC, e da falta de informação sobre o exato custo dessa fiança, sempre onerosa (*Comentários ao novo Código Civil*. Sálvio de Figueiredo Teixeira (coord.). Rio de Janeiro, Forense, 2004, v. XI, t. II, p. 182).

**Jurisprudência:** Negando legitimidade passiva ao afiançado, em ação exoneratória, com base no dispositivo: TJSP, AI n. 1.268.233.006, 25ª Câm., rel. Des. Ricardo Belli, j. 16.06.2009. Ver, ainda: TJSP, Ap. n. 9123239-10.2008.8.26.0000/Guarulhos, 27ª Câm. de Dir. Priv., rel. Morais Pucci, j. 28.05.2013, *DJe* 07.06.2013.

**Art. 821. As dívidas futuras podem ser objeto de fiança; mas o fiador, neste caso, não será demandado senão depois que se fizer certa e líquida a obrigação do principal devedor.**

As obrigações, ao contrário dos direitos reais, que são marcados pela característica da atualidade – ressalvadas as hipóteses de aquisição de unidade incorporada, em construção, e do penhor de safra –, podem se referir a crédito futuro. Assim, na observação de Fernando Noronha, uma prestação obrigacional de dar, por exemplo, pode se referir a coisa futura, às vezes indicada só pelo gênero e pela quantidade, como está no art. 243 do CC (*Direito das obrigações*. São Paulo, Saraiva, 2003, v. I, p. 292). Pois nessa hipótese já se admite a fiança, sempre subordinada, contudo, à determinação que se venha fazer do objeto da obrigação, antes do que não caberá demanda contra o fiador.

Com efeito, preceitua o dispositivo em tela que o fiador somente poderá ser demandado depois de a obrigação garantida ter se tornado líquida e certa.

Vai mais além a doutrina, assentando que a fiança pode ser contratada separadamente da obrigação principal, antes ou depois dela. Contratada antes, também haverá o contrato de garantia já aperfeiçoado, mas na dependência de uma obrigação principal que se venha constituir e tornar-se líquida e certa. Nesse sentido, exemplifica Washington de Barros Monteiro com a fiança prestada para garantir a futura gestão de alguém à frente de um caixa bancário, somente sendo exigível a fiança se e quando essa obrigação principal se fixar com exatidão, com preciso conhecimento de seu alcance (*Curso de direito civil*, 34. ed. São Paulo, Saraiva, 2003, v. V, p. 380).

**Jurisprudência:** Sobre a fiança garantindo débito futuro: TJMG, Ap. Cível n. 1.0074.04.018258-1/001, rel. Des. Afrânio Vilela, j. 07.06.2006. Ainda: TJSP, Ap. Cível n. 9121676-44.2009.8.26.0000, 11ª Câm. de Dir. Priv., rel. Des. Gilberto dos Santos, *DJe* 12.09.2013, p. 1.399; Ap. Cível n. 7.076.665.300, 16ª Câm., rel. Des. Windor Santos, j. 08.09.2009. Negando se estenda a garantia prestada sem prazo e para dívidas futuras por diretores que deixam de integrar os quadros de pessoa jurídica em favor de quem contrata a fiança: TJRS, Ap. Cível n. 70.036.721.694, 15ª Câm., rel. Des. Otávio Barcellos, j. 15.09.2010.

**Art. 822. Não sendo limitada, a fiança compreenderá todos os acessórios da dívida principal, inclusive as despesas judiciais, desde a citação do fiador.**

A exemplo do que já fazia o CC/1916, a atual lei civil, no artigo em comento, distingue a fiança limitada da ilimitada. Em diversos termos, permite o CC que a fiança seja limitada, por exemplo, a determinado valor máximo, ou a determinadas verbas devidas pelo afiançado, assim excluindo-se os respectivos acessórios. São limitações quantitativas ou qualitativas. Pense-se em um contrato de locação, em que o fiador somente se tenha responsabilizado por garantir um valor máximo do débito locatício ou apenas o pagamento dos aluguéis.

Certo porém que, inexistindo ressalva expressa que limite a fiança, ela como regra implicará a responsabilidade pelo pagamento dos acessórios da obrigação principal garantida e não honrada. Assim, responderá o fiador pelos acréscimos que vêm dispostos no art. 389 do CC, quais sejam os juros, a atualização monetária e os honorários, veja-se, estes devidos ao credor pela atuação extrajudicial de um advogado ou pela contratação particular, não sucumbencial. Também a cláusula penal será de responsabilidade do fiador.

No caso do contrato de locação, é comum ilimitar-se a fiança, dizendo ser ela dada para a garantia de todas as obrigações oriundas do pacto, então abrangendo despesas de condomínio, tributos e mesmo danos provocados ao imóvel locado pelo inquilino. E aqui diferencia Lauro Laertes de Oliveira a inclusão de acessórios na garantia e a interpretação extensiva de seus termos, o que não se permite, exemplificando com a restrição da fiança a aluguel, mas incluindo-se juros e atualização monetária, específicos acréscimos de seu não pagamento decorrentes, a não ser que textualmente excluídos, o que não se dá, porém, com os danos causados ao imóvel (*Da fiança*. São Paulo, Saraiva, 1986, p. 41). Já quanto às despesas resultantes da demanda que o credor tenha se visto na contingência de propor contra o afiançado, apenas por elas se responsabilizará o fiador se for de seus termos cientificado (*v.*, quanto às despesas do despejo, Súmula n. 268 do STJ).

Especificamente no caso da locação, entende-se que o fiador responda por qualquer reajuste legal do aluguel, tanto quanto por aqueles contratuais previamente ajustados. Porém, somente responderá por reajustes convencionais posteriores se a eles tiver anuído, tal como sedimentado no enunciado da Súmula n. 214 do STJ.

Conforme já salientado quando dos comentários aos artigos destinados ao tratamento de contratos que, tradicionalmente comerciais, foram regrados, hoje, no CC (*v. g.*, comentário ao art. 710), pretendeu-se, com a nova legislação, um regramento unificado para as obrigações civis e comerciais. Daí, inclusive, a revogação, pelo CC/2002, de toda a primeira parte do CCom e, no que agora interessa, incluindo a fiança. Unificadamente tratadas, algumas divergências de previsão que antes se punham entre a fiança civil e a comercial precisam ser enfrentadas. Assim quanto à disposição de que ora se cuida. Isso porque, no CCom (art. 257, revogado), se previa que a fiança necessariamente abrangia os acessórios do débito, sem a ressalva, que no CC/1916 se encontrava, acerca da possibilidade de limitá-la. Acentuava Waldírio Bulgarelli, sobre a fiança comercial, que ela sempre compreendia os acessórios (*Contratos mercantis*, 3. ed. São Paulo, Atlas, 1984, p. 513). Pois hoje, expressamente revogada toda essa parte do CCom (art. 2.045 do CC), é lícito entender que também a fiança comercial possa ter sua extensão limitada.

**Jurisprudência:** Súmula n. 268, STJ: O fiador que não integrou a relação processual na ação de despejo não responde pela execução do julgado.

Súmula n. 214, STJ: O fiador na locação não responde por obrigações resultantes de aditamento ao qual não anuiu.

Interpretando a súmula com ressalva: Emb. de Diverg. no REsp n. 566.633/CE, 3ª S., rel. Min. Paulo Medina, j. 22.11.2006.

Assentando inaplicável a Súmula n. 214 "na hipótese de prorrogação contratual de locação e de comprometimento dos fiadores até a devolução do imóvel": STJ, Ag. Reg. no REsp n. 1.520.064/DF, 3ª T., rel. Min. João Otávio de Noronha, j. 10.05.2016.

Prestigiando a incidência da Súmula: STJ, Emb. Decl. no Ag. Reg. n. 131.459/DF, 4ª T., rel. Min. Raul Araújo, j. 05.04.2016.

Assentando que a cientificação dos fiadores condiciona a sua responsabilidade pelos encargos da demanda ajuizada, pelo credor, contra o afiançado, mas não os torna partes passivas legítimas para a execução da sentença que naquela mesma ação, de que não foram parte, se tenha proferido: *RT* 788/311.

Pela responsabilidade do fiador locatício diante de danos provocados ao imóvel: Fiança. Prejuízos causados ao imóvel pelos inquilinos. Fiador que responde pelos danos se assumiu de maneira integral, sem limitação de tempo e em qualquer hipótese, a garantia das obrigações decorrentes da relação *ex locato*. Sub-rogação do contrato, ademais, que não isenta o garante de responsabilidade. (*RT* 766/282). Afastando a responsabilidade do fiador pelas despesas judiciais, mas não pelos honorários sucumbenciais: TJSP, AI n. 2069791-71.2013.8.26.0000, 35ª Câm. de Dir. Priv., rel. Des. Melo Bueno, *DJe* 13.02.2014, p. 1.807.

Afastando, quando se trate de fiança limitada, a responsabilidade do fiador pelo pagamento de honorários advocatícios havidos em ação de cobrança do débito: STJ, REsp n. 1.482.565, 3ª T., rel. Min. Marco Aurélio Bellizze, j. 06.12.2016.

**Art. 823. A fiança pode ser de valor inferior ao da obrigação principal e contraída em condições menos onerosas, e, quando exceder o valor da dívida, ou for mais onerosa que ela, não valerá senão até ao limite da obrigação afiançada.**

Depois de reiterar que a fiança pode ter sua extensão limitada à parte da dívida afiançada, tanto quanto pode ser contratada em condições menos onerosas que as da obrigação afiançada, de resto, tal como se prevê no dispositivo anterior, estabelece a nova lei, não em diverso sentido do que continha o CC/1916 (art. 1.487), que essa modalidade de garantia, pela sua acessoriedade, possui uma inerente limitação, que é ao valor máximo da obrigação garantida, da mesma forma que sua contratação nunca se pode dar de maneira mais onerosa que as condições da obrigação principal. Ou seja, nada impede que, para uma obrigação de cem, se contrate uma fiança limitada a cinquenta. De igual maneira, também nada impede que se contrate a fiança a juros menores que os da obrigação principal nem a condição ou termo menos onerosos que os da obrigação principal, que inclusive pode ser simples, não condicionada. A rigor, o contrário é que a lei proíbe, impedindo que a fiança seja mais onerosa que a obrigação garantida. Não se pode é contratar fiança simples quando a obrigação principal seja condicional; a juros maiores que os da dívida afiançada; ou em valor maior que o garantido. Se isso ocorrer, vale dizer, se a fiança for pactuada de forma mais onerosa – quanto a valor, modo, lugar, tempo, condição ou encargos – que a obrigação principal, a despeito de inocorrer causa de invalidade, ela será reduzida aos limites quantitativos e qualitativos daquela dívida afiançada.

**Jurisprudência:** Limitando a fiança ao importe da obrigação garantida: TJMG, Ap. Cível n. 1.0024.01.031215-5/001, rel. Des. Nilo Lacerda, j. 06.09.2006. Permitindo a limitação da fiança a condição menos onerosa relativa à data da incidência dos juros: STJ, REsp n. 1.264.820, 4ª T., rel. Min. Luis Felipe Salomão, j. 13.11.2012, *DJe* 30.11.2012.

**Art. 824. As obrigações nulas não são suscetíveis de fiança, exceto se a nulidade resultar apenas de incapacidade pessoal do devedor.**

**Parágrafo único. A exceção estabelecida neste artigo não abrange o caso de mútuo feito a menor.**

Por encerrar uma obrigação acessória, dependente de outra principal, dispõe o artigo em comento, sem diferença do que continha o CC/1916, que a fiança não pode ser dada para garantir obrigação nula. Ou seja, nula a obrigação principal, como regra, nula a fiança.

Desde a anterior legislação, porém, já ressalvava Clóvis Bevilaqua o que, a seu ver, era uma impropriedade da lei, porquanto de nulidade não se pretendeu tratar no texto projetado, eis que óbvia, sendo dispensável dizê-lo, na verdade tendo se tencionado aludir à obrigação anulável, também impassível de fiança, salvo quando sua causa fosse a incapacidade do devedor (*Código Civil comentado*, 4. ed. Rio de Janeiro, Francisco Alves, 1939, v. V, p. 253).

O fato, porém, é que ambos os Códigos, anterior e atual, acabaram mencionando a impossibilidade de afiançar obrigação nula, exceto se proveniente a nulidade da incapacidade do devedor. Sendo assim, sustenta Lauro Laertes de Oliveira, por exemplo, que as obrigações anuláveis, até porque passíveis de confirmação e convalidação, são afiançáveis, mas ressalvando que, uma vez anuladas, anula-se, por conseguinte, a fiança (*Da fiança*. São Paulo, Saraiva, 1986, p. 11).

De qualquer forma, quando a invalidade da obrigação principal resultar da incapacidade pessoal do devedor, então aí a fiança subsistirá, mesmo invalidada a obrigação principal. Ou, por outra, não pode então se escusar o fiador a pretexto de que é inválida a obrigação principal. Isso porque, na verdade, nesses casos tem-se, de novo na lição de Clóvis (op. cit.), que o fiador garante o credor contra os riscos da incapacidade do devedor, não integrante, como se viu no comentário ao art. 820, do contrato fidejussório, consumável sem sua oitiva ou contra sua vontade. Uma questão, porém, se coloca caso o fiador desconheça a incapacidade do devedor cuja dívida afiança, tanto mais pela impossibilidade de alegar isso em seu favor, consoante regra do art. 837 do CC. Nessa hipótese, sustenta-se somente deduzível pelo fiador, diante do credor, eventual vício de vontade que a respeito tenha ocorrido, com a contingência da prova dos requisitos respectivos (*v. g.*, OLIVEIRA, Lauro Laertes de. Op. cit., p. 11). Outra questão é a superveniência do Estatuto da Pessoa com Deficiência (Lei n. 13.146/2015) e a cogitação sobre se, diante de seu art. 6º e da alteração dos arts. 3º e 4º do CC, não haveria redução do âmbito de incidência do preceito em comento desde que a deficiência se assenta não afetar a capacidade, no caso, do devedor. Vale, todavia, a anotação que, a respeito, se faz no art. 826, adiante (*v.* ainda comentários aos arts. 814 e 928), no sentido de que o referido art. 6º deve ser compreendido em consonância com seus próprios incisos e com o art. 85, assim para garantir a quem padeça de qualquer impedimento mental ou intelectual (art. 2º) a plena autonomia, nos limites da deficiência, para a prática de atos existenciais, preservados, porém, os efeitos comuns protetivos no campo econômico patrimonial. Veja-se que, mesmo diante da alteração dos arts. 3º e 4º do CC, mantida a curatela a quem não possa exprimir sua vontade, conferida legitimidade ao Ministério Público para requerê-la justo nos casos, entre outros, de deficiência mental ou intelectual (arts. 1.767 e 1.769 e abstraída o debate sobre a superveniência do art. 748 do novo CPC, sobre o que se remete o leitor aos comentários aos preceitos citados), cabendo ao juiz definir os seus limites, segundo as potencialidades do curatelado, circunscritos bem aos atos patrimoniais do art. 1.782 (art. 1.772), considera-se de manter hígido o sistema protetivo em favor daqueles que não apresentem pleno discernimento, a despeito de não se os reputarem incapazes, propriamente, todavia, insista-se, ainda sujeitos a providências tutelares ou assecuratórias, em particular no campo das situações jurídicas patrimoniais.

Por fim, o parágrafo único do artigo em questão estabelece, a rigor, uma exceção à exceção que já se contém no *caput*. Ou seja, a fiança se invalida se nula ou se, anulável, vem a ser anulada a obrigação afiançada. Isso não ocorrerá, todavia, se a causa da invalidade for a incapacidade do devedor afiançado. Mas, aí a norma do parágrafo, mesmo nessa hipótese de incapacidade do devedor, a fiança não subsistirá se dada a menor a quem concedido um mútuo. Em diversos termos, se se afiança um mútuo feito a menor, então também a fiança, nessa hipótese, seguirá o mesmo caminho da obrigação principal, de resto como corolário da regra textual do art. 588 do CC/2002, segundo a qual o mútuo feito a menor, sem devida autorização, não pode ser reavido do mutuário e nem dos fiadores, frise-se, salvo nas hipóteses do art. 589.

Quanto às obrigações naturais, desde que decorrentes de dívida ou aposta, vige a regra prevista no art. 814, § 1º, a cujo comentário se remete o leitor. No que toca às obrigações prescritas, por isso que igualmente despidas de ação, prevalece o entendimento de que não são afiançáveis, porquanto uma forma de dotar de exigibilidade uma dívida que não a possui, mercê de obrigação acessória que não se pode dissociar da principal (ver, em sentido contrário, e referindo também os juros não convencionados: OLIVEIRA, Lauro Laertes. Op. cit., p. 14).

**Jurisprudência:** Invalidando fiança a contrato de locação assinado já quando o locador havia falecido: TJRS, AC n. 70071318794, rel. Des. Ana Beatriz Iser, 15ª Câm. Cível, j. 09.11.2016.

**Art. 825. Quando alguém houver de oferecer fiador, o credor não pode ser obrigado a aceitá-lo se não for pessoa idônea, domiciliada no município onde tenha de prestar a fiança, e não possua bens suficientes para cumprir a obrigação.**

Repetindo regra do CC anterior, o dispositivo em comento sempre teve sua aplicação muito mais restrita às hipóteses de fiança legal ou judicial (ver comentário ao art. 818), ou seja, quando imposta por lei ou pelo juiz, no processo, cumprindo então ao devedor oferecê-la e podendo recusá-la o credor nas hipóteses previstas no dispositivo em exame. Isso se afirma porque, a rigor, na fiança convencional já nem mesmo se firmará o contrato se recusá-lo o credor. Apenas haverá lugar à aplicação do preceito, se a fiança é convencional, como lembra Lauro Laertes de Oliveira (*Da fiança*. São Paulo, Saraiva, 1986, p. 44), se já havido prévio ajuste obrigando o devedor a apresentar fiador.

De qualquer modo, em todos esses casos o credor poderá recusar o fiador indicado, em primeiro lugar se não se tratar de pessoa idônea. A referência se faz a pessoa que, por sua conduta, possa dificultar a efetivação da garantia. Pense-se no indivíduo renitente no cumprimento de suas obrigações, sempre envolvido em demandas de cobrança, emitente ou sacador de inúmeros títulos protestados, enfim sobre quem pese séria dúvida quanto à idoneidade nas relações econômicas, no tráfico negocial.

Da mesma forma, pessoa indicada que resida em município diverso pode representar obstáculo ou dificuldade maior à excussão da garantia fidejussória, por isso também se erigindo, aqui, motivo para a recusa.

Finalmente, alguém com patrimônio livre e desembaraçado, mas que seja insuficiente se confrontado com o valor do débito a ser garantido, pode ser recusado pelo credor quando indicado à fiança. Veja-se, portanto, que as hipóteses figuradas têm todas em comum a nota da preocupação do legislador com a higidez da garantia a ser prestada. Em diversos termos, abre-se a possibilidade de o credor recusar fiador indicado, quando o imponha a lei, o juiz ou mesmo um acordo, sempre que dúvida justificada houver acerca de sua aptidão a fazer cumprir a função garantidora que a fiança, afinal, possui. O que, ao revés, significa também que a recusa do credor não pode ser injustificada, destarte abusiva, com o que não se compadece o novo sistema civil, desde a Parte Geral do Código (*v.* art. 187).

**Jurisprudência:** Desobrigando o locador da aceitação de fiador domiciliado em outro Município: TJSP, AC n. 0001994-02.2013.8.26.0554, rel. Des. Caio Marcelo Mendes de Oliveira, 32ª Câm. de Dir. Priv., j. 09.10.2014.

**Art. 826. Se o fiador se tornar insolvente ou incapaz, poderá o credor exigir que seja substituído.**

Na mesma senda da disposição do artigo antecedente, isto é, atentando-se à necessidade de que a fiança seja e permaneça íntegra, suficiente a desempenhar seu papel de garantia de uma obrigação principal, prevê a lei que pode o credor exigir a substituição do fiador quando ele já não se mostrar apto a cumprir essa função. Assim que, de maneira geral, poderá ser exigido novo fiador quando o anterior tiver caído em insolvência ou se tornado incapaz. Tudo porque, repita-se, nesses casos, terá a fiança perdido sua aptidão à mais efetiva garantia do débito. Destarte, o que se considera aplicável mesmo diante da superveniência do art. 6º do chamado Estatuto da Pessoa com Deficiência (Lei n. 13.146/2015), que alterou os arts. 3º e 4º do CC, mas a ser compreendido em consonância com seus próprios incisos e com o art. 85, assim no sentido de garantir a quem padeça de qualquer impedimento mental ou intelectual (art. 2º) a plena autonomia, nos limites da deficiência, para a prática de atos existenciais, preservados, porém, os efeitos comuns protetivos no campo econômico patrimonial e, assim, a situação de comprometimento da higidez da fiança caso o fiador venha a se encontrar de algum modo com seu discernimento afetado. Veja-se que, mesmo diante da alteração dos arts. 3º e 4º do CC, mantida a curatela a quem não possa exprimir sua vontade, conferida legitimidade ao Ministério Público para requerê-la justo nos casos, entre outros, de deficiência mental ou intelectual (arts. 1.767 e 1.769 e abstraída o debate sobre a superveniência do art. 748 do novo CPC, sobre o que se remete o leitor aos comentários aos preceitos citados), cabendo ao juiz definir os seus limites, segundo as potencialidades do curatelado, circunscritos bem aos atos patrimoniais do art. 1.782 (art. 1.772), considera-se de manter hígido o sistema protetivo em favor daqueles que não apresentem pleno discernimento, a despeito de não se os reputarem incapazes, propriamente, todavia, insista-se, ainda sujeitos a providências tutelares ou assecuratórias, em particular no campo das situações jurídicas patrimoniais, portanto a justificar pleito do credor a que se substitua o fiador nestas condições.

Bem ressalva Washington de Barros Monteiro, porém, que essa prerrogativa só se defere ao credor se a fiança não foi por ele diretamente firmada sem a ciência do devedor, vale dizer, se a fiança não se convencionou, na forma permissiva do art. 819, à revelia ou mesmo contra a vontade do devedor, afinal então ao credor imputando-se o risco de sua escolha (*Curso de direito civil*, 34. ed. São Paulo, Saraiva, 2003, v. V, p. 379-80). Ou, como salienta Pontes de Miranda, e tal como sucede com relação ao artigo anterior, o artigo em comento somente terá aplicação naqueles casos em que o devedor esteja adstrito a dar fiador (*Tratado de direito privado*, 3. ed. São Paulo, RT, 1984, t. XLIV, § 4.788, n. 8, p. 158).

De resto, ao menos a insolvência do fiador, só que lá desde que judicialmente declarada, constitui mesmo uma causa de vencimento antecipado da obrigação, tal como está no art. 333, III, do CC. O que significa dizer, então, que, postulada a substituição do fiador e inerte o devedor em substituí-lo, quando isso lhe competir (*v.* comentário ao artigo anterior), poderá o credor, de imediato, cobrar a dívida, considerada antecipadamente vencida. Também é hipótese de vencimento antecipado, não a insolvência, a ensejar substituição do fiador, mas o que, genericamente, se alude no art. 333, III, como redução da garantia. Pense-se no fiador que não cai em insolvência mas, mesmo assim, tem seu patrimônio sensivelmente reduzido. Nessa hipótese, poderá ser exigido pelo credor, de novo quando ao devedor incumba fazê-lo, o reforço da garantia, persistindo, todavia, o fiador originário. E ainda aí, no caso de inércia, com possibilidade de vencimento antecipado, frise-se, perante o devedor principal.

Tem-se discutido sobre se, da mesma maneira que o domicílio em município diverso é causa de recusa da fiança, a mudança do fiador para domicílio diferente pode dar azo a pleito de sua substituição, afinal, para uns, por igual motivo da dificuldade de excussão da garantia, mas obtemperando-se, de outra parte, e ao que se acede, que dificultar não é o mesmo que impossibilitar, como no caso de insolvência ou incapacidade, então sendo exigível reforço (no sentido da admissão da substituição, ver OLIVEIRA, Lauro Laertes de. *Da fiança*. São Paulo, Saraiva, 1986, p. 46; no sentido contrário, ver MIRANDA, Pontes de. Op. cit., p. 161).

É evidente que, em todos os casos em que são preenchidos os requisitos para a substituição, além da cobrança pelo vencimento antecipado, pode o credor se valer da ação de execução específica.

A insolvência, que autoriza a substituição do fiador, deve ser tomada em sentido amplo, como a situação de superação das dívidas do fiador, se confrontadas com seu ativo (art. 955 do CC). Não importa a causa da insolvência, desde que seja posterior à contratação da fiança, dado que, se o quadro lhe era preexistente, e da insciência do credor, a este só restará a anulação por eventual vício de vontade. Da mesma forma, a incapacidade, por qualquer de suas causas, enseja a possibilidade de substituição do fiador se manifestada após a contratação.

Por fim, vale anotar que, no CCom, nesta parte revogado (art. 2.045 do CC), havia também previsão de substituição do fiador quando este viesse a falir, aí sem grande diversidade para a legislação civil, mas também quando o fiador viesse por qualquer motivo a se desonerar ou quando morresse (art. 263). A rigor, contudo, já não havia, como apontava Lauro Laertes de Oliveira (op. cit., p. 45-6), maior incompatibilidade com o anterior CC, portanto aplicando-se a mesma regra ao novo, dado que, sempre que for obrigado o devedor a dar fiador, a desoneração deste, por causa não imputável ao credor, ou sua morte, extintiva da fiança, destarte sem garantir débitos posteriormente surgidos, ensejará pleito de indicação de outro garante.

## *Seção II*
## *Dos Efeitos da Fiança*

**Art. 827. O fiador demandado pelo pagamento da dívida tem direito a exigir, até a contestação da lide, que sejam primeiro executados os bens do devedor.**

**Parágrafo único. O fiador que alegar o benefício de ordem, a que se refere este artigo, deve nomear bens do devedor, sitos no mesmo município, livres e desembargados, quantos bastem para solver o débito.**

Entre os efeitos da fiança, de que o CC se dá a tratar na seção presente e, de resto, tal como o fazia o Código anterior, está o benefício de ordem ou de excussão, vale dizer, a prerrogativa que ao fiador se defere de exigir, uma vez demandado pelo débito afiançado, que primeiro sejam excutidos os bens do devedor. A ideia fundamental é que, se a fiança é garantia acessória e subsidiária, então primeiramente devem responder pela dívida afiançada os bens do devedor principal. Mas veja-se, a propósito, que o benefício implica a possibilidade, que ao fiador se confere, de opor uma exceção à cobrança que lhe é endereçada, o que significa dizer que ao credor não se põe uma obrigação de primeiro acionar o devedor.

Reclama o dispositivo, porém, que o fiador deduza a *exceptio excussionis* até a contestação da lide. Se se cuida de ação de conhecimento, há quem sustente deva o fiador efetivar o chamamento ao processo do devedor, na forma do art. 130, I, do CPC/2015 e art. 77, I, do CPC/73, a fim de que, na execução de título judicial, possa nomear à penhora, na forma do art. 794, § 1º, do CPC/2015 e art. 595 do CPC/73, bens do afiançado, integrado ao processo de que emanado o título executivo (OLIVEIRA, Lauro Laertes de. *Da fiança*. São Paulo, Saraiva, 1986, p. 49; CARNEIRO, Athos Gusmão. *Intervenção de terceiros*. São Paulo, Saraiva, 1986, p. 96). Se a execução se faz por título executivo extrajudicial, citado o fiador, incumbe-lhe, então, já diretamente, por descaber o chamamento, nomear bens do devedor principal à penhora. Deverá fazê-lo, pois, e ao que se entende, no prazo do art. 829 do CPC/2015 e art. 652 do CPC/73, inexistente prévia fase de conhecimento, inclusive sem possibilidade de alegação em embargos, a pretexto de que a tanto o induza a expressão *contestação da lide* (malgrado a existência de forte posição nesse sentido...), de modo a fixar o termo *ad quem* da exceção (malgrado a existência de forte posição nesse sentido, valendo conferir, por exemplo, SANTOS, Gildo dos. "A fiança". In: *O novo Código Civil*. Domingos Franciulli Neto, Gilmar Ferreira Mendes e Ives Gandra da Silva Martins Filho (coords.). São Paulo, LTr, 2003, p. 729-79). Athos Gusmão Carneiro sustenta até que, se o devedor principal não é parte na execução de título extrajudicial e o fiador nomeia seus bens à penhora, deverá mesmo o credor aditar a execução (op. cit., p. 97). Talvez melhor considerar, seja a execução de título judicial ou extrajudicial, que a nomeação envolva apenas questão de responsabilidade patrimonial e não de obrigatória integração do afiançado no processo.

É fato, porém, que o exercício do benefício de ordem, a rigor, se consuma justamente por meio da indicação de bens do devedor principal que possam, antes, ser excutidos. Por isso, o parágrafo único do artigo em comento, de um lado, impõe ao fiador que deduza a exceção de excussão a nomeação de bens do devedor. E, de outra parte, impõe ainda que essa indicação recaia sobre bens que possam suportar a execução, de sorte a fazê-la proveitosa. Assim é que os bens indicados devem ser livres e desonerados, além de suficientes a fazer frente ao crédito cobrado. A despeito de críticas que a propósito já se faziam sob a égide do anterior CC, repetiu-se – o que não continha o art. 595 do CPC/73 – a exigência de que esses mesmos bens se situem no município. E, seja como for, sobrevindo o novo CPC, o art. 794, § 1º, prevê que "os bens do fiador ficarão sujeitos à execução se os do devedor, situados na mesma comarca que os seus, forem insuficientes à satisfação do direito do credor".

Impende, por fim, anotar que, para as fianças mercantis, o CCom, nessa parte revogado (art. 2.045 do CC), impunha solidariedade entre o fiador e o devedor afiançado, razão pela qual se sustentava que nelas descaberia o benefício de ordem. Mas, mesmo à luz da lei comercial, interpretação diversa do citado dispositivo se procurava fazer, no sentido de que tal solidariedade se impunha entre cofiadores, e que, na verdade, o benefício de ordem, ainda nas fianças comerciais, se poderia inferir da regra do art. 261 (revogado) do CCom, quando permitia ao fiador demandado antes do devedor indicar à penhora bens deste, se desembargados. Porém, a questão hoje se supera pelo tratamento unificado que o CC/2002 reservou ao direito obrigacional em si e, nessa esteira, ao contrato de fiança, como já se salientou, de resto, no comentário ao art. 822.

**Jurisprudência:** Sobre o exercício, pelo fiador, do benefício de ordem, ver: TJMG, Ap. Cível n. 1.0450.07.000005-1/001, rel. Des. Viçoso Rodrigues, j. 31.07.2007. Sobre o prazo para indicação de bens do devedor: TJRS, Ap. Cível n. 70.015.772.478, 5ª Câm., rel. Des. Umberto Sudbrack, j. 09.08.2006. Condicionando o exercício do benefício de ordem à indicação de bens livres dos afiançados: TJSP, Ap. Cível n. 992.090.342.410, rel. Des. Rosa Nery, j. 16.11.2009.

---

**Art. 828. Não aproveita este benefício ao fiador:**
**I – se ele o renunciou expressamente;**
**II – se se obrigou como principal pagador, ou devedor solidário;**
**III – se o devedor for insolvente, ou falido.**

---

A regra do artigo presente, de redação idêntica à do art. 1.492 do anterior Código, estabelece hipóteses em que não terá lugar o benefício de ordem. Certo que, além desses casos, importa não olvidar os próprios requisitos para dedução do benefício, examinados no artigo antecedente, que, se ausentes, impedem seu manejo. Mas, como está no dispositivo em tela, também descaberá o benefício, em primeiro lugar, se a ele tiver renunciado, expressamente, o fiador.

É o que muito corriqueiramente acontece nos contratos de locação, inclusive pré-impressos. Apenas se exige que a renúncia seja explícita, ademais igualitariamente manifestada (art. 424), portanto não em contratos de adesão (Enunciado n. 364 do CEJ); muitos, porém, cogitam de renúncia tácita quando o fiador deixa de alegar o benefício até a contestação da lide ou quando, na execução, deixa de nomear à penhora bens do devedor. Todavia, como observa Lauro Laertes de Oliveira, se esses casos são mesmo de renúncia tácita ou de preclusão, o efeito é o mesmo, impeditivo do benefício (*Da fiança*. São Paulo, Saraiva, 1986, p. 56).

Em segundo lugar, também não terá cabimento manifestação da exceção de excussão quando o fiador se tenha obrigado como principal pagador, não sendo compatível asserção dessa espécie com a subsidiariedade que está na base do benefício de ordem, como visto no comentário ao artigo anterior. Ainda quando o fiador se declare devedor solidário, ter-se-á por inviabilizado o mesmo benefício se, afinal, a solidariedade passiva confere ao credor a prerrogativa de demandar toda a dívida de qualquer dos codevedores, isoladamente (art. 275). Para alguns, de resto, essas hipóteses em que o fiador se obriga como principal pagador ou como devedor solidário são mesmo formas de renúncia tácita (ver MONTEIRO, Washington de Barros. *Curso de direito civil*, 34. ed. São Paulo, Saraiva, 2003, p. 383).

Por último, afasta a possibilidade do benefício de ordem a insolvência ou falência do devedor, dado que, nesses casos, não teria o fiador como indicar bens desonerados, àquele pertencentes, e que fossem suficientes para solver o débito afiançado. A discussão toda que se coloca é se a insolvência ou falência precisariam ser judicialmente decretadas para que se operasse a hipótese excludente em comento, ou se bastaria a incidental prova da insuficiência patrimonial do devedor. Por exemplo, sustentando a primeira posição, vale conferir José Augusto Delgado, em *Comentários ao novo Código Civil*. Sálvio de Figueiredo Teixeira (coord.). Rio de Janeiro, Forense, 2004, v. XI, t. II, p. 224; sustentando a segunda, cite-se Lauro Laertes de Oliveira, op. cit., p. 57. Quer parecer, porém, que só a declaração judicial imponha a indisponibilidade dos bens do devedor, de modo a, automaticamente, impedir a nomeação de bens livres e desembaraçados. Outra é a questão de provar, para exercício do benefício de ordem, que os bens nomeados sejam suficientes à satisfação do débito.

**Jurisprudência:** Fiança. Benefício de ordem. Impossibilidade de sua arguição quando o fiador, por ocasião do contrato de locação, expressamente renunciou ao mesmo e se obrigou como principal pagador ou devedor solidário. Inaplicabilidade do art. 1.491 do CC (de 1916) e art. 595 do CPC. Inteligência do art. 1.492, I e II, do CC (de 1916). (*RT* 765/274). No mesmo sentido: TJSP, Ap. Cível n. 992.08.005948-0, 35ª Câm., rel. Des. Clóvis Castelo, j. 24.06.2010. Assentando real renúncia tácita que se contém no inciso II do artigo, assim quando prevista no contrato a responsabilidade solidária do fiador: STJ, REsp n. 1.708.606/PR, rel. Min. Luis Felipe Salomão, j. 21.03.2022.

Assentando a exclusão do mesmo benefício quando o devedor seja falido ou insolvente: *RT* 760/300. No mesmo sentido: STJ, REsp n. 703.269, 5ª T., rel. Min. Gilson Dipp, j. 07.11.2006. Afirmando a validade da renúncia ao benefício de ordem: STJ, Ag. Int. nos Emb. Decl. no REsp n. 1.564.430, 4ª T., rel. Min. Antônio Carlos Ferreira, j. 17.05.2018.

---

**Art. 829. A fiança conjuntamente prestada a um só débito por mais de uma pessoa importa o compromisso de solidariedade entre elas, se declaradamente não se reservarem o benefício de divisão.**

**Parágrafo único. Estipulado este benefício, cada fiador responde unicamente pela parte que, em proporção, lhe couber no pagamento.**

---

Outro dos efeitos da fiança, tratado na seção presente, é o benefício de divisão. Trata-se, porém, ao contrário do benefício de ordem, de prerrogativa que as partes que prestam fiança em conjunto devem explicitar, porquanto não encerra a regra geral. Ao revés, como explicita o artigo em comento, e já o fazia seu correspondente no CC/1916 (art. 1.493), quando duas pessoas prestam, mercê de um mesmo ato, fiança para garantir uma idêntica dívida, obrigam-se solidariamente se nada ressalvaram. Isso significa, nos exatos termos do art. 264 do CC, que à garantia fidejussória concorrerão fiadores responsáveis, cada qual deles, indistintamente, pelo total do débito afiançado.

Impende destarte, à incidência da norma, que haja pluralidade de fiadores, obrigados por um mesmo ato, já que bem pode haver várias fianças prestadas autônoma e separadamente, sem relação interna entre os fiadores que, pagando, somente terão regresso contra o afiançado, mas nunca entre si. Já é diversa a situação da fiança conjunta, em que, como regra, os fiadores respondem solidariamente pelo débito perante o credor, e, havendo pagamento, com regresso também perante os cofiadores, mas pelas suas respectivas cotas, de novo conforme previsão genérica para a solidariedade passiva, prevista no art. 283 do CC, e consoante previsão específica do art. 831, adiante examinado. Mas, e disso cuida o benefício de divisão, permite-se que os cofiadores conjuntos se reservem à garantia, cada qual, de sua cota-parte da dívida garantida. O que implica admitir que, nesse caso, cada fiador somente responderá, então, pela parte proporcional do débito a cuja garantia tiver se obrigado, conforme seja o número de fiadores.

Bem de ver que, erigindo-se um benefício, a divisão deve ser alegada no instante em que o fiador seja cobrado, até então – mas não depois – respondendo todos, perante o credor, pelo risco da eventual insolvência de um dos cogarantes, de tal arte que a cota-parte do fiador insolvente acresce à dos demais, ou seja, reparte-se entre os fiadores solváveis. Em diversos termos, havendo falência ou insolvência de um dos fiadores conjuntos, mesmo estipulado o benefício, sua parte fica excluída da divisão (OLIVEIRA, Lauro Laertes de. *Da fiança*. São Paulo, Saraiva, 1986, p. 61; SANTOS, J. M. de Carvalho. *Código Civil brasileiro interpretado*. Rio de Janeiro, Freitas Bastos, 1951, v. XIX, p. 469).

Por fim, se, como se disse, o benefício de divisão deve ser deduzido pelo devedor demandado, e impassível, assim, de reconhecimento de ofício, nada impede que o beneficiário deixe de fazê-lo, respondendo, pois, pelo total do débito.

**Jurisprudência:** Assentando a solidariedade se não ressalvada a divisão: TJRS, Ap. Cível n. 70.014.415.657, 16ª Câm., rel. Des. Claudir Fidelis Faccenda, j. 29.03.2006. No mesmo sentido: TJSP, Ap. Cível n. 992.070.524.571, 30ª Câm., rel. Des. Marcos Ramos, j. 21.10.2009. Negando solidariedade da esposa do fiador que anui à prestação da garantia: STJ, REsp n. 1.038.774, 5ª T., rel. Napoleão Maia Filho, j. 15.12.2009. Mas afirmando a solidariedade se a virago também presta a fiança: TJSP, Ap. Cível n. 992.05.107577-5, 26ª Câm., rel. Des. Norival Oliva, j. 15.12.2010.

**Art. 830. Cada fiador pode fixar no contrato a parte da dívida que toma sob sua responsabilidade, caso em que não será por mais obrigado.**

Diferentemente do benefício de divisão, cogitável quando a fiança seja prestada em conjunto, cuida o artigo em tela da limitação da responsabilidade de cada fiador, quando vários existam, quer tenha sido prestada a fiança em conjunto, quer separadamente. A regra encerra corolário da própria disposição dos arts. 822 e 823, que permitem que se estabeleça uma fiança limitada, tal qual aqui ocorre, só que se cogitando da concorrência, à garantia, de mais de um fiador.

Tem-se, pois, que cada fiador restringe a garantia que presta a um valor-limite que se contém no total da dívida principal. E por mais não se obriga. Nem mesmo há necessidade de que a limitação imposta à extensão da responsabilidade de cada qual dos fiadores seja igual. Podem os fiadores responder cada um por parte diversa da dívida total.

Havendo essa limitação, nada além do valor estabelecido poderá ser exigido do fiador que, ademais, e de novo diversamente do que se dá no benefício de divisão, não responde pela eventual insolvência ou falência de outro fiador.

**Art. 831. O fiador que pagar integralmente a dívida fica sub-rogado nos direitos do credor; mas só poderá demandar a cada um dos outros fiadores pela respectiva quota.**

**Parágrafo único. A parte do fiador insolvente distribuir-se-á pelos outros.**

O artigo em questão versa sobre outro dos efeitos da fiança: é o benefício de sub-rogação. Isso significa que, pagando o fiador o débito afiançado, fica sub-rogado nos direitos do credor originário, de modo a exercitar sua pretensão regressiva contra o devedor mediante as mesmas preferências e privilégios que acaso beneficiassem o crédito garantido.

Como sabido, o caso do fiador que adimple a obrigação afiançada é exemplo típico de pagamento de um débito feito por terceiro juridicamente interessado. Trata-se de quem não é o devedor originário mas paga a sua dívida porquanto potencialmente afetado, em sua esfera jurídica, pelo respectivo inadimplemento. É, de resto, o que soa da disposição genérica do art. 346, III, do CC/2002. Qualquer terceiro juridicamente interessado que paga o débito pelo qual podia vir a ser obrigado sub-roga-se, de pleno direito, diz a lei, nos direitos, ações, privilégios e garantias que tinha o primitivo credor contra o devedor e, explicita o art. 349, também contra os fiadores. Tem-se então que o fiador que paga o débito cobra, em regresso, o devedor principal e, como se verá adiante, os cofiadores, munido dos mesmos direitos, ações, privilégios e garantias que tinha o credor pago, a si transferidos por força da sub-rogação legal.

Além disso, no artigo ora em comento, refere-se a sub-rogação – malgrado sem excluir o regresso, mas sem transferência dos direitos e ações do credor – tão somente ao fiador que paga *integralmente* o débito. Já o explicava Clóvis Bevilaqua com a preocupação, da lei, de ressalvar a situação do credor originário, de quem, por sub-rogação, apenas transferidos os direitos e ações quando quitado (*Código Civil comentado*. Rio de Janeiro, Francisco Alves, 1939, v. V, p. 262). É de ver, porém, que já na regra geral do pagamento por sub-rogação se prevê a possibilidade de sua ocorrência diante de um adimplemento parcial consumado pelo terceiro interessado, mas então limitado o exercício regressivo dos direitos e ações do credor ao quanto tiver sido desembolsado pelo terceiro, e preservando-se, pelo saldo ainda em aberto, a preferência do credor originário (arts. 350 e 351).

Já se disse que o fiador que paga pode exercer, sub-rogado da mesma forma antes examinada, o direito regressivo também contra os cofiadores. Apenas que, nessa hipótese, só poderá fazê-lo até o limite da cota que seja devida por cada qual deles, portanto não pelo valor total do que pagou em benefício, não seu próprio, mas exclusivo do devedor primitivo, este sim, contra quem, por isso, possui regresso total. Nada mais, a rigor, senão a aplicação da regra geral contida no art. 283, que prevê o regresso entre devedores solidários quando um deles paga o débito.

Estabelece ainda o parágrafo único do dispositivo em tela que, nesse caso, e se houver cofiador insolvente, a quota a ele cabente será distribuída entre os demais. A ideia é que o fiador que pagou não arque, sozinho, com o prejuízo decorrente dessa insolvência, assim dividida com os demais fiadores, na proporção da quota de cada qual. É evidente que toda a sistemática da segunda parte do presente artigo, e de seu parágrafo, pressupõe que não tenha o fiador sido demandado nem pago parte determinada do débito, inclusive por ter havido o benefício da divisão.

Por fim, diz-se inocorrer o efeito da sub-rogação para o exercício de direito regressivo quando a fiança tiver sido prestada com *animus donandi*, por exemplo de pai a filho, quando o pagamento se faz como doação; quando o fiador não comunicar o pagamento ao devedor, ensejando que ele também o faça, e de forma prevalente, mesmo que *a posteriori*, mas sem ciência do adimplemento do fiador, cabendo a este, então, repetição contra o credor; quando, também sem ciência do devedor, ou com sua oposição, deve-se acrescentar, na esteira do art. 306, o pagamento se faça pelo fiador malgrado a existência de causa extintiva da obrigação por aquele oponível, de novo ao garante cabendo apenas a mesma repetição contra o credor (*v. g.*, PEREIRA, Caio Mário da Silva. *Instituições de direito civil*, 11. ed. Rio de Janeiro, Forense, 2004, v. III, p. 501).

Especificamente no que concerne ao contrato de locação, garantido por fiança, não se considera que o fiador que paga a dívida do locatário fique livre, na cobrança regressiva, da alegação de impenhorabilidade que beneficia o bem de família do devedor, porquanto nem mesmo o locador disso se livraria, eis que concedida a penhorabilidade excepcional de bem dessa natureza apenas na cobrança dirigida contra ele, fiador, pelo senhorio (art. 3º da Lei n. 8.009/90, considerado constitucional mesmo diante do disposto no art. 6º da CF/88, com redação dada pela EC n. 26/2000).

**Jurisprudência:** Condicionando medidas de garantia da cobrança do crédito sub-rogado ao prévio pagamento da dívida afiançada: "Fiança. Arresto. Fiador que, antes de efetuar o pagamento da dívida afiançada, requer o deferimento da medida cautelar. Inadmissibilidade". (*RT* 767/293)

Considerando constitucional o art. 3º, VII, da Lei n. 8.009/90, mesmo em face da superveniência da EC n. 26/2000, que deu redação ao art. 6º da CF/88: STF, RE n. 407.688/SP, Tribunal Pleno, rel. Min. Cezar Peluso, j. 08.06.2006, *DJU* 06.10.2006.

Assentando a sub-rogação nas garantias e privilégios, mas também nas limitações do contrato primitivo: STJ, REsp n. 1.081.963, 5ª T., rel. Min. Jorge Mussi, *DJ* 03.08.2009. Afirmando a incidência do mesmo prazo prescricional originário, do art. 206, § 3º, I, do CC, para exercício, pelo fiador, do direito de regresso contra o afiançado: STJ, REsp n. 1.432.999, 3ª T., rel. Min. Marco Aurelio Belizze, j. 16.05.2017.

---

**Art. 832. O devedor responde também perante o fiador por todas as perdas e danos que este pagar, e pelos que sofrer em razão da fiança.**

---

Complementando a regra do artigo anterior, e da mesma forma tal qual já procedia o CC/1916, garante a lei ao fiador, na esteira da preocupação de lhe permitir o integral exercício de direito regressivo perante o devedor afiançado, que, inexistente limitação a respeito, deste venha a cobrar não só o que houver pago pelo principal do débito garantido como, também, qualquer outro acessório dele decorrente, assim entendidas as perdas e danos com que tenha arcado. Mais, faculta-se-lhe o ressarcimento de acréscimos tais como cláusula penal, honorários advocatícios ou atualização monetária que tenha se visto na contingência de pagar.

Da mesma forma, desde que o comprove, pode o fiador cobrar, do afiançado, prejuízos que ele próprio tenha sofrido com o pagamento da fiança. Por exemplo, o retardo no pagamento de suas próprias dívidas, assim acrescidas, a necessidade de se desfazer de algo de seu patrimônio, às vezes por valor depreciado, enfim qualquer dano que tenha sofrido em razão do pagamento do débito afiançado, portanto de que terá o direito de ser reembolsado.

A ideia fundamental é ressarcir o fiador, integralmente, pelo quanto haja despendido para pagar a fiança, sem que se lhe atribua, então, algum decréscimo patrimonial em razão da garantia prestada em favor de terceiro, ainda que gratuitamente, de forma benéfica, o que, diferentemente da doação, não pressupõe que lhe advenha um desfalque, uma diminuição em seu patrimônio (ver RODRIGUES, Sílvio. *Direito civil*, 28. ed. São Paulo, Saraiva, 2002, v. III, p. 360).

**Jurisprudência:** TJSP, Ap. n. 0011415-85.2011.8.26.0004/São Paulo, 32ª Câm. de Dir. Priv., rel. Luis Fernando Nishi, j. 25.04.2013, *DJe* 02.05.2013; Ap. Cível n. 0010902-77.2011.8.26.0664, 30ª Câm. de Dir. Priv., rel. Des. Carlos Russo, *DJe* 08.01.2014, p. 1.488.

**Art. 833. O fiador tem direito aos juros do desembolso pela taxa estipulada na obrigação principal, e, não havendo taxa convencionada, aos juros legais da mora.**

O artigo em tela, tal como seu correspondente no CC/1916, cuida do que se convencionou chamar de juros do desembolso. Ou seja, o fiador, desde o instante em que paga a obrigação afiançada, vê vencer, em seu favor, juros pelo quanto a esse propósito tenha despendido. Bem se vê, portanto, que tais juros não se confundem com os juros que incidem sobre o débito principal, aquele afiançado. A regra, a rigor, dessume-se do mesmo princípio insculpido no dispositivo do artigo precedente. Mesmo prestada de forma benéfica, a fiança difere da doação porque, *a priori*, não tenciona o fiador, com ela, transferir de seu patrimônio bens ou valores ao afiançado. Por isso que, honrando a fiança, deve ser ressarcido de tudo que a esse título haja pago.

Tem o devedor afiançado, portanto, uma obrigação de reembolsar o fiador quando este tenha pago seu débito ao credor, destarte desde aí vencendo juros sobre essa quantia a ser reembolsada. A taxa desses juros do desembolso será idêntica à taxa de juros ocasionalmente estabelecida na obrigação principal. Se lá não estiver convencionada, a taxa dos juros do desembolso será a legal, fixada na forma do art. 406 do CC, a cujo comentário se remete o leitor.

**Jurisprudência:** STJ, REsp n. 219.287/SP, 4ª T., rel. Min. Ruy Rosado de Aguiar, j. 18.11.1999.

**Art. 834. Quando o credor, sem justa causa, demorar a execução iniciada contra o devedor, poderá o fiador promover-lhe o andamento.**

A mesma providência que continha o art. 1.498 do anterior Código se repete no presente. Autoriza-se, com efeito, que o fiador possa dar andamento à demanda injustificadamente paralisada que tenha sido movida pelo credor contra o devedor afiançado. O pressuposto é e sempre foi o de que, afinal, o fiador tem todo interesse em que se consume, de maneira proveitosa, a cobrança que o credor promove contra o afiançado, de sorte, assim, a se forrar aos efeitos do inadimplemento diante do qual foi estabelecida a garantia.

Pense-se na execução que, retardada, pode já encontrar um patrimônio por isso insuficiente do devedor. Interessa ao fiador que isso não aconteça, já que assim seria liberado de seu vínculo de garantia, razão pela qual se lhe defere o que se tem entendido ser uma verdadeira legitimação anômala ou extraordinária para prosseguir na execução, algo, segundo Washington de Barros Monteiro, muito próximo da execução inversa que o devedor podia encetar, na forma do art. 570 do CPC, em sua redação originária, depois revogado pela Lei n. 11.232/2005 (*Curso de direito civil* – direito das obrigações, 2ª parte, 34. ed. São Paulo, Saraiva, 2003, v. V, p. 385-6). A ideia é de que se trata de medida de consumação, por outrem, do direito do credor, inerte em fazê-lo.

É bem verdade, porém, que na execução inversa cogita-se do dever que tem o credor de receber, ao passo que, um pouco diferente, aqui, no artigo em comento, alvitra-se dever a rigor de boa-fé objetiva, ou seja, o de não incidir no abusivo protraimento do exercício de direito, a dano de terceiro, no caso o fiador. Daí que, para que o fiador assuma o andamento da execução, no interesse direto do credor, portanto não desligado da relação creditícia, como se daria na hipótese do art. 778, § 1º, IV, do CPC/2015 e art. 567, III, do CPC/73, porque não havido pagamento pelo garante, com sub-rogação legal, mas, mesmo assim, em última análise também no seu próprio proveito, porquanto cumprido caminho de desoneração da fiança prestada, o retardo no andamento deve ser ao credor atribuível e sem causa razoável que o justifique.

Dispõe a lei que a providência versada somente se possibilita quando o credor demorar, sem justo motivo, o andamento da execução. Nada mais senão o conceito de abuso, genericamente previsto no art. 187 do CC, a que se remete o leitor, o que caberá ao juiz aferir, no caso concreto, independentemente de prazo que, afinal, o legislador não estabeleceu *a priori*, malgrado servientes, todavia só como um critério, os trinta dias previstos no art. 485, III, do CPC/2015 e art. 267, III, do CPC/73. Para Lauro Laertes de Oliveira, deve-se admitir não só o prosseguimento como o próprio ajuizamento da ação de execução, pelo fiador, no interesse do credor, contra o devedor afiançado (*Da fiança*. São Paulo, Saraiva, 1986, p. 67).

Na mesma esteira, forte na lição de Alessandro Segalla e de Biasi Ruggiero, o Ministro José Augusto Delgado cogita mesmo de o fiador poder ajuizar inclusive ação de despejo por falta de pagamento contra o devedor afiançado, de novo no interesse imediato do credor, mas em última análise no seu próprio, dado que, assim, limita a extensão da garantia prestada, que se pode alongar por inércia do locador que abusivamente protrai o exercício de seu direito (*Comentários ao novo Código Civil*. TEIXEIRA, Sálvio de Figueiredo (coord.). Rio de Janeiro, Forense, 2004, v. XI, t. II, p. 257-65). Seria também um caso de legitimação extraordinária, ou de substituição processual, para os autores citados, mas sempre à consideração de que das pessoas se espera – e mesmo impõe a própria CF, no art. 3º, I – comportamento leal, pautado pelo solidarismo, que destarte reclama relação de colaboração, de tal modo que a demora no exercício do direito, pelo credor, mesmo que sem esse deliberado propósito, eis que aqui se cogita da boa-fé objetiva (*v. g.*, arts. 113, 187 e 422), pode bem prejudicar o fiador, por isso que então ficando a ele facultadas as medidas aqui cogitadas e, particularmente, aquela disposta no artigo em comento.

Por fim, diga-se que o dispositivo presente, confrontado com seu correspondente, no CC/1916, não mais refere a figura do abonador, prevista no art. 1.482 do Código Bevilaqua, na verdade um garantidor da fiança. Era mesmo uma fiança da fiança, ou uma subfiança, de pouco uso, como observa Gildo dos Santos ("A fiança". In: *O novo Código Civil*. FRANCIULLI NETTO, Domingos; MENDES, Gilmar Ferreira; MARTINS FILHO, Ives Gandra da Silva (coords.). São Paulo, LTr, 2003, p. 747-79), pelo que não reproduzida no CC/2002, malgrado também por ele não vedada.

**Art. 835. O fiador poderá exonerar-se da fiança que tiver assinado sem limitação de tempo, sempre que lhe convier, ficando obrigado por todos os efeitos da fiança, durante sessenta dias após a notificação do credor.**

Prestada com termo final previamente estabelecido, a fiança se extingue com o implemento desse tempo. Da mesma forma, posto que firmada sem prazo, porquanto representativa de negócio jurídico acessório, a fiança igualmente se extinguirá se extinta a obrigação garantida. Todavia, pode a fiança ser prestada sem limitação de tempo, quando então, mesmo que ainda vigente o negócio garantido, e desde que também ele não contenha termo final estabelecido *a priori*, que se impõe afinal a quem é garantidor acessório, a qualquer instante poderá o fiador se exonerar.

A ideia evidente é que o fiador não pode permanecer indefinidamente vinculado à garantia prestada, sem saber até quando persistirá essa sua obrigação. Por isso mesmo, defere-lhe a lei a possibilidade de, a seu talante, no exercício de prerrogativa que é mesmo potestativa, exonerar-se da fiança, sempre e quando lhe convier. Mas, diferentemente do Código anterior, que previa igual possibilidade, todavia, na falta de acordo, sujeitando o fiador ao ajuizamento de ação exoneratória para somente a partir do respectivo julgamento se livrar da obrigação de garantia, estatui o CC/2002 uma automática exoneração desde o sexagésimo dia depois que o credor for notificado da intenção do fiador de se exonerar. Ou seja, basta, hoje, ao fiador notificar o credor para que, depois de sessenta dias dessa cientificação, se libere do vínculo fidejussório.

É certo que, nos sessenta dias subsequentes à notificação, persiste, ainda, sua obrigação de garantia. Porém, ultrapassado esse interregno, sobrevém-lhe automática exoneração, repita-se, diversamente do que previa o art. 1.500 do revogado CC, que impunha a exoneração apenas depois de acordo ou sentença exoneratória.

Muito polêmica, todavia, sempre causou a exoneração de fiador que, em contrato de locação, tivesse prestado a fiança até a entrega das chaves. Tanto mais porque, com a edição da Lei n. 8.245/91 (art. 39), determinou-se que, nos ajustes locativos prediais urbanos e na falta de disposição contratual em contrário, qualquer das garantias da locação se estenderia até a devolução do imóvel. E, frise-se, agora, com a edição da Lei n. 12.112/2009, que modificou dispositivos da Lei Locatícia, foi acrescentado ao mesmo preceito a ressalva da responsabilidade ainda que prorrogada a locação por prazo indeterminado.

Tratando-se, então, de fiança prestada sem limitação de tempo, em contratos de locação prorrogados por prazo indeterminado, de há muito se discute se caberia ao fiador se exonerar, a despeito do contido no art. 39 da lei locatícia e, agora, com a redação acrescida que se vem de aludir. Os argumentos de costume versados, basicamente, dizem respeito à prevalência ou não do dispositivo especial diante da dicção geral do antigo art. 1.500, atual 835, do CC, bem assim à existência ou não de um prazo afinal certo quando se estatui que a fiança prevalecerá até a entrega das chaves do imóvel locado. Pois, a propósito, hoje prevalece, no âmbito dos julgados do STJ, conforme está no item da jurisprudência, a tese de que a responsabilidade do fiador até a entrega das chaves não o impede, depois de prorrogado o contrato de locação por prazo indeterminado, de postular, livremente, a sua exoneração, todavia que não se dá, tão somente, de modo automático, pela expiração do ajuste. E de pronto porque, apesar do que foi previsto pela lei especial, a matéria relativa à fiança, uma das garantias locatícias, tem seu unificado regramento no CC. Apenas a ela faz alusão a Lei n. 8.245/91 como uma das espécies de garantias possíveis na locação. Não se estabeleceu, porém, espécie nova ou própria de fiança. Tanto assim que tudo quanto diga respeito à natureza, sub-rogação e efeitos da fiança locatícia se regula pelo disposto no CC. Nesse sentido é a observação de Gildo dos Santos ("A fiança". In: *O novo Código Civil*. FRANCIULLI NETTO, Domingos; MENDES, Gilmar Ferreira; MARTINS FILHO, Ives Gandra da Silva (coords.). São Paulo, LTr, 2003, p. 747-79). Se é assim, o mesmo se deve dar com relação à exoneração, aplicando-se, então, a regra do artigo em comento. E veja-se que a ele é subjacente a preocupação com uma fiança não sem termo, propriamente, que, de fato, pode ser incerto, mas sim com a incerteza desse tempo, ainda que seja certa a ocorrência a que é atinente.

Em outras palavras, a questão não se coloca, como querem muitos, na distinção entre termo e condição, de modo a argumentar que a extensão da fiança até a entrega das chaves represente uma limitação, porquanto certo o evento que determina sua extinção. O problema está na insciência do fiador sobre até que data se estenderá sua responsabilidade, ainda que se saiba, de antemão, que ela um dia cessará, porquanto certo o evento da entrega das chaves. A indefinição sobre o instante da ocorrência, todavia, é o móvel da previsão de que possa ele se exonerar.

Por fim, também acesa a divergência sobre se é possível ao fiador renunciar ao direito de pedir a exoneração, quando a lei o autorize. Parece, porém, que admitir tal prerrogativa significa abrir caminho a uma indefinida vinculação do fiador, o que não se compadece com o sistema do direito obrigacional, que tende sempre a disponibilizar meio de o obrigado se desvincular. Seria como permitir que o contratante renunciasse ao direito de denunciar um contrato entabulado por prazo indeterminado. Certo que a fiança é ajuste acessório e, por isso, de toda sorte um dia se extingue, quando cessa o contrato principal. Mas não se pode olvidar, tal como dito ao início, de que, se o contrato principal tem prazo predefinido, a fiança, mesmo sem prazo, necessariamente se estende até o termo da obrigação afiançada. A questão, destarte, somente se coloca quando também a obrigação principal não tenha prazo definido, aí então não se concebendo que o fiador possa, de antemão, dispor da potestativa prerrogativa de se liberar do vínculo fidejussório.

**Jurisprudência:** Súmula n. 656, STJ: É válida a cláusula de prorrogação automática de fiança na renovação do contrato principal. A exoneração do fiador depende de notificação prevista no art. 835 do Código Civil.

Súmula n. 7, TJSP – Direito Privado: Nos contratos de locação, responde o fiador pelas suas obrigações mesmo após a prorrogação do contrato por prazo indeterminado se não se exonerou na forma da lei.

Enunciado n. 547, CEJ: Na hipótese de alteração da obrigação principal sem o consentimento do fiador, a exoneração deste é automática, não se aplicando o disposto no art. 835 do CC quanto à necessidade de permanecer obrigado pelo prazo de 60 (sessenta) dias após a notificação ao credor, ou de 120 (cento e dias) dias no caso de fiança locatícia.

Fiança. Locação. Contrato prorrogado por tempo indeterminado sem a anuência do fiador. Inadmissibilidade. Irrelevância da existência de cláusula prevendo a obrigação até a efetiva entrega das chaves. Garantia fidejussória que deve ser interpretada restritivamente (STJ). (*RT* 807/216)

No aresto colaciona-se decisão, do STJ, proferida em Embargos de Divergência, no REsp n. 255.392/GO, publicada no *DJU* de 17.09.2001, assentando a possibilidade de livre exoneração do fiador, quando prorrogado o contrato de locação por prazo indeterminado, inclusive sendo irrelevante a existência de cláusula que estenda a responsabilidade do fiador até a entrega das chaves. No mesmo sentido: *RT* 810/196 e 797/298. Ver ainda: STJ, REsp n. 575.659/RJ, 5ª T., rel. Min. Arnaldo Esteves Lima, j. 21.10.2004.

A jurisprudência do STJ consolidou-se a partir do julgamento, primeiro, dos Emb. de diverg. n. 566.633/CE, rel. Min. Paulo Medina, no sentido de que o fiador locatício permanece responsável uma vez prorrogado o prazo da locação por tempo indeterminado se não se exonerou na forma da lei civil (ver, em corroboração: Ag. Reg. no REsp n. 911.240/SP, 6ª T., rel. Min. Hamilton Carvalhido, j. 15.05.2008; Ag. Reg. nos Emb. de Decl. no REsp n. 944.914/SP, 3ª T., rel. Min. Laurita Vaz, j. 18.09.2008; Ag. Reg. no REsp n. 887.660/SP, 6ª T., rel. Min. Paulo Galotti, j. 04.09.2008; Ag. Reg. nos Emb. de Decl. no REsp n. 752.856/RJ, 6ª T., rel. Min. Maria Thereza de Assis Moura, j. 10.06.2008; REsp n. 1.412.372/SC, 3ª T., rel. Min. Paulo de Tarso Sanseverino, j.

07.04.2015; Ag. Reg. no REsp n. 1.377.768/RJ, 3ª T., rel. Min. Ricardo Villas Bôas Cueva, j. 16.06.2016); depois, com o julgamento dos Emb. de diverg. no REsp n. 791.077/SP, 3ª T., rel. Min. Arnaldo Esteves Lima, j. 28.03.2007, *DJU* 28.05.2007, no sentido de que, havendo cláusula de vigência, a responsabilidade do fiador não cessa pelo só fato do término do prazo originário do ajuste (ver, a respeito: Ag. Reg. nos Emb. de Diverg. no REsp n. 845.951/RS, Corte Especial, rel. Min. Teori Albino Zavascki, j. 04.06.2008). No mesmo sentido, mesmo após a edição da Lei n. 12.112/2009, malgrado ressalvando a possibilidade de exoneração: Ag. Reg. na Pet. n. 6.387, 3ª S., rel. Min. Napoleão Nunes Maia Filho, *DJe* 14.05.2010. Admitindo cláusula de prorrogação da fiança em contrato bancário, a exemplo da fiança locatícia, sem daí se inferir qualquer indevida interpretação extensiva, apenas havida quando para ampliar as obrigações do fiador ou a duração do contrato acessório, mas não quando se cuide de observar disposição convencional de prorrogação juntamente com o contrato principal: STJ, REsp n. 1.253.411/CE, 2ª S., rel. Min. Luis Felipe Salomão, j. 24.06.2015.

Assentando interesse na ação exoneratória da fiança, mesmo antes proposto despejo: STJ, REsp n. 900.214/SP, 5ª T., rel. Min. Laurita Vaz, j. 21.09.2010. Permitindo a notificação exoneratória dos fiadores mesmo durante o curso do período certo da locação, mas com efeitos apenas a surtir no período de indeterminação do contrato: STJ, REsp n. 1.798.924, rel. Min. Paulo de Tarso Sanseverino, j. 14.05.2019. No mesmo sentido, e diferenciando as situações: "Para os contratos por prazo indeterminado, aplica-se o art. 835 do CC, c/c o art. 40, X, da Lei n. 8.245/91, de forma que o fiador poderá exonerar-se da fiança, sempre que lhe convier, ficando obrigado por todos os efeitos da fiança, durante 120 dias após a notificação ao locador. Cuida-se de denúncia vazia, sem a necessidade de apresentar justificativas. 6 – Para os contratos firmados por prazo determinado, mas que se tornam indeterminados em razão da sua prorrogação, a jurisprudência deste STJ assentou a desnecessidade de a notificação ser realizada apenas no período da indeterminação do contrato de locação, podendo os fiadores, no curso da locação com prazo determinado, notificarem o locador de sua intenção, embora seus efeitos somente possam se projetar para o período de indeterminação do contrato" (STJ, REsp n. 2.121.585/PR, 3ª T., rel. Min. Nancy Andrighi, j. 14.05.2024, *DJe* 17.05.2024)

Permitindo a exoneração do fiador, prorrogado o contrato por prazo indeterminado, especialmente se havida alteração no quadro societário da empresa-locatária: STJ, Ag. Reg. no AI n. 974.280/RJ, 5ª T., rel. Min. Jorge Mussi, j. 29.05.2008. Do mesmo modo, admitindo a exoneração por retirada de sócio da empresa afiançada: STJ, REsp n. 1.112.852/SP, 3ª T., rel. Min. Sidnei Benetti, j. 05.04.2011; Ag. Int. no AREsp n. 687.507, 3ª T., rel. Min. Ricardo Villas Bôas Cueva, j. 12.09.2017. Mas negando a exoneração se a alteração do quadro societário da locatária se dá durante o período de vigência do prazo certo do contrato: STJ, Ag. Reg. no REsp n. 1.336.452, 4ª T., rel. Min. Maria Isabel Galotti, *DJe* 07.04.2014, p. 1.132.

Considerando ciente o credor da intenção de o fiador se exonerar tão logo havida citação dos termos da ação exoneratória: STJ, REsp n. 1.090.298, 5ª T., rel. Min. Arnaldo Esteves, *DJ* 16.03.2009. Permitindo a exoneração, depois de prorrogado o prazo inicial do contrato, mesmo quando haja cláusula de renúncia a esta faculdade, ao argumento de que descabida a vinculação permanente: STJ, REsp n. 1.426.857, 5ª T., rel. Min. Regina Helena Costa, *DJe* 19.05.2014, p. 813. Mas negando igual faculdade, prestigiando cláusula expressa de prorrogação da fiança: STJ, REsp n. 1.374.836, 4ª T., rel. Min. Luis Felipe Salomão, *DJe* 28.02.2014, p. 551. Definindo a validade da cláusula de renúncia à exoneração enquanto vige o prazo determinado do contrato e, assim, permitindo-se iniciativa exoneratória quando prorrogado por prazo indeterminado: STJ, REsp n. 1.656.633, 3ª T., rel. Min. Nancy Andrighi, j. 15.08.2017.

**Art. 836. A obrigação do fiador passa aos herdeiros; mas a responsabilidade da fiança se limita ao tempo decorrido até a morte do fiador, e não pode ultrapassar as forças da herança.**

A fiança é garantia pessoal que, destarte, mesmo quando prestada por prazo certo, se extingue com a morte do fiador. Mas, até então, persiste a responsabilidade do fiador que, assim, se se traduz numa obrigação já devida ao tempo de sua morte, é transmitida aos herdeiros.

Em diversos termos, dívidas surgidas até o momento da morte, em virtude da fiança prestada, passam aos herdeiros, como de resto é a regra geral da sucessão *causa mortis*. Por exemplo, num contrato de locação, os aluguéis e encargos inadimplidos até o instante do falecimento do devedor são ainda de sua responsabilidade e, dessa forma, por eles respondem os herdeiros. Já locativos posteriormente vencidos não podem ser imputados à responsabilidade dos sucessores do fiador.

Há que ver, todavia, que a responsabilidade acaso afeta aos herdeiros será sempre limitada à força da herança recebida, de novo corolário do princípio geral expresso no art. 1.997 do CC/2002. Vale anotar ainda que, tratando-se de garantia pessoal, também a morte do afiançado tem-se entendido provocar a extinção da fiança.

**Jurisprudência:** Fiança. Extinção. Ocorrência. Morte do fiador. Eventuais herdeiros do *de cujus* que só respondem pelos débitos garantidos vencidos até a data do óbito do garante. (*RT* 778/319) No mesmo sentido: TJSP, Ap. Cível n. 992.07.050572-0; Ap. Cível n. 9176263-50.2008.8.26.0000, 29ª Câm. de Dir. Priv., rel. Des. S. Oscar Feltrin, *DJe* 04.11.2013, p. 1.194. Negando aplicação do preceito ao cônjuge, também subscritor da fiança, com o falecimento do outro: TJSP, Ap. Cível n. 0063275-24.2012.8.26.0576, rel. Des. Clóvis Castelo, *DJe* 05.05.2014, p. 1.205.

Sobre a morte do afiançado, já decidiu o STJ que "o contrato de fiança, de natureza personalíssima, extingue-se com a morte do afiançado, não podendo o fiador ser responsabilizado por obrigações surgidas após o óbito daquele". (*RSTJ* 124/536)

## *Seção III*
## *Da Extinção da Fiança*

**Art. 837. O fiador pode opor ao credor as exceções que lhe forem pessoais, e as extintivas da obrigação que competem ao devedor principal, se não provierem simplesmente de incapacidade pessoal, salvo o caso do mútuo feito a pessoa menor.**

O artigo presente, inaugurando as hipóteses de extinção da fiança, mas sem exauri-las, como se pode constatar pela existência de causas exoneratórias já antes examinadas, fora da seção (*v. g.*, arts. 835 e 836), e a exemplo do que continha o seu correspondente no CC/1916 (art. 1.502), cuida das defesas, como tal compreendida a expressão exceção, que pode o fiador opor ao credor da dívida que tenha afiançado. E, de início, faculta a lei, por evidente, a oposição pelo fiador, diante do credor, de todas as exceções pessoais, isto é, das defesas atinentes ao vínculo de garantia que entre ambos se estabeleceu. Assim, por exemplo, pode o fiador opor ao credor tudo quanto se relacione com vício da fiança em si, tal como a sua nulidade ou anulabilidade, inclusive provocada por eventual vício de vontade que acaso tenha ocorrido. Lembre-se, ainda, das questões de forma, de exoneração, de termo da fiança, conforme comentário aos arts. 819 e 835, todas exceções pessoais oponíveis pelo fiador. Da mesma forma, as restrições específicas que tocam a algumas pessoas para a prestação de fiança (ver comentário ao art. 818). Sem contar os meios indiretos extintivos da própria obrigação fidejussória, como a novação, compensação ou remissão, que ao fiador se refiram.

Mas, além de todas essas exceções pessoais, também é lícito ao fiador opor ao credor qualquer exceção que, posto não pessoal, destarte ainda que dedutível pelo devedor principal, seja extintiva da obrigação. Importa, aqui, não olvidar que a fiança constitui obrigação acessória que, assim, não persiste se a obrigação principal se extingue.

Tem-se, nesse passo, o que em doutrina se convencionou chamar de extinção indireta da fiança. Abre-se, destarte, ao fiador, em primeiro lugar, a possibilidade de alegar, perante o credor, que a dívida principal foi paga pelo devedor. A propósito, porém, há duas ressalvas a serem feitas. Uma é a do pagamento parcial feito de uma dívida parcialmente garantida. Ou seja, se se paga, com a aceitação do credor, uma parte inferior ao montante, também parcialmente garantido em relação ao total da dívida, resta saber se, no silêncio, considera-se paga a parte da dívida afiançada ou da dívida livre da fiança. Para Lauro Laertes de Oliveira a situação se resolve com a regra geral de imputação do pagamento sempre na dívida mais onerosa (art. 355, parte final), que considera ser aquela parte afiançada (*Da fiança*. São Paulo, Saraiva, 1986, p. 83), decerto o que se faz em prejuízo do credor e da garantia que favorece seu crédito, razão até de defender, por exemplo, Carvalho Santos, a posição oposta (*Código Civil brasileiro interpretado*. Rio de Janeiro, Freitas Bastos, 1951, v. XIX, p. 488), mas desde que não se reconheça a prévia prerrogativa que tem o credor, inerte o devedor, de imputar, ele próprio, o pagamento.

A segunda ressalva diz respeito às formas especiais de pagamento. Quanto ao pagamento por consignação, vale lembrar a regra contida no art. 339 do CC, segundo a qual, acolhida a demanda consignatória, ao devedor já não será dado levantar a prestação que depositou, mesmo que o credor o consinta, sem a anuência do fiador, sob pena de se ter este último por exonerado. De idêntica forma se, mesmo antes do julgamento, credor e devedor ajustam o levantamento da coisa depositada por este, autor da ação. Quanto ao pagamento feito por terceiro, é de ver que, havida a sub-rogação (arts. 346 e segs.), se preserva a responsabilidade do fiador, portanto a quem não se reconhecerá a possibilidade de se valer daquela quitação (art. 349). Já se houver pagamento por dação, a repristinação da obrigação pela evicção da coisa dada em pagamento, prevista no art. 359, não autoriza que se reconheça o restabelecimento da fiança (ver art. 838, III, infra).

Também a novação da dívida principal pode ser oposta pelo fiador ao credor. Conforme disposição do art. 366, a novação levada a cabo sem a anuência do fiador implica a sua exoneração. É idêntica a solução legal para quando haja transação entre credor e devedor sem a anuência do fiador (art. 844, § 1º). Quanto à compensação, outro dos meios indiretos de extinção da obrigação, o caso do fiador é justamente a exceção à regra da reciprocidade entre credor e devedor, de tal sorte que a um terceiro na relação creditícia, no caso o fiador, será dado recorrer a crédito do devedor afiançado contra o credor para opor, diante deste, a compensação (art. 371). A remissão concedida ao devedor afiançado igualmente aproveita ao fiador. Já a prescrição, embora não extinga a dívida principal, propriamente dita, prejudicando a pretensão respectiva, de coativa satisfação, tem-se entendido beneficiar o fiador, que pode, portanto, alegá-la em seu favor (*v. g.*, PONTES DE MIRANDA. *Tratado de direito privado.* São Paulo, RT, 1984, t. XLIV, § 4.796, n. 7, p. 223; OLIVEIRA, Lauro Laertes de. *Da fiança.* São Paulo, Saraiva, 1986, p. 85). Mas é bem de ver que a interrupção da prescrição operada contra o devedor principal prejudica o fiador (art. 204, § 3º).

Por fim, ressalva o dispositivo em comento que a incapacidade pessoal do devedor não pode ser alegada pelo fiador, em seu proveito, salvo no caso do mútuo, que, quando feito a menor, não pode ser reavido nem mesmo do garantidor fidejussório (ver art. 588, com as ressalvas do art. 589). A regra complementa aquela já contida no art. 824, em que a matéria foi já examinada, portanto a cujo comentário ora se remete o leitor.

**Jurisprudência:** TJSP, AI n. 0050496-82.2013.8.26.0000/São Paulo, 11ª Câm. de Dir. Priv., rel. Rômolo Russo, j. 13.06.2013, *DJe* 24.06.2013.

---

**Art. 838. O fiador, ainda que solidário, ficará desobrigado:**

**I – se, sem consentimento seu, o credor conceder moratória ao devedor;**

**II – se, por fato do credor, for impossível a sub-rogação nos seus direitos e preferências;**

**III – se o credor, em pagamento da dívida, aceitar amigavelmente do devedor objeto diverso do que este era obrigado a lhe dar, ainda que depois venha a perdê-lo por evicção.**

---

O Código, no artigo em comento, trata de hipóteses em que, agora, por atos de iniciativa do credor, fica o fiador, ainda que solidário (ver art. 828), exonerado da obrigação fidejussória. No primeiro inciso, determina a lei que, concedida pelo credor moratória ao devedor, sem o consentimento do fiador, dá-se a sua exoneração, ficando ele desobrigado pela fiança prestada.

A moratória, propriamente, é a concessão de prazo suplementar para que o devedor cumpra sua obrigação. Para grande parte da doutrina, essa hipótese legal deve ser entendida, verdadeiramente, como uma novação (sobre a novação recuperacional, ver item a seguir, da jurisprudência). É certo que, havida a novação, sem a aquiescência do fiador, extinta estará a fiança, tanto quanto ela se extingue se havida a transação (art. 844, § 1º). Como ainda vale lembrar, o que é muito frequente em contratos de locação, e o que já se mencionou no comentário ao art. 819, também não responde o fiador, aí mesmo que sem a extinção da fiança, por reajustes convencionados a que não tenha anuído (Súmula n. 214 do STJ).

Bem de ver, porém, que, se com a novação se extingue a originária obrigação, crê-se ter-se exigido menos no preceito em exame. Foi pretensão do legislador figurar caso em que, mesmo sem aquela indireta extinção, persista a dívida, todavia com novo e dilargado prazo para pagamento, o que coloca em risco a situação do fiador, com a eventual insolvência do devedor, já reconhecidamente inapto a pagar no prazo, daí que se exigindo a respectiva anuência do garantidor, sob pena de extinção da fiança. Não se deve porém confundir essa situação de formal alargamento do termo final de cumprimento da obrigação com mera inércia ou demora do credor em cobrar seu crédito. Nesse caso o sistema disponibiliza ao fiador a medida do art. 834, sempre ao mesmo fundamento de preservação das circunstâncias de concessão da garantia. Também não se confunde com a moratória a mera suspensão de ação acaso já em curso, se afinal não implicar acordo para a prorrogação de prazo da dívida.

O segundo inciso do artigo presente versa sobre o prejuízo que, por ato do credor, possa o fiador ter experimentado na sub-rogação que o favorece, mercê da regra contida no art. 831, sempre quando pague o débito afiançado. Trata-se de terceiro juridicamente interessado no pagamento que, ao fazê-lo, sub-roga-se nos direitos, ações, privilégios e garantias do primitivo credor, que lhe são transferidos, como se contém no art. 349 do CC. Pois sempre que de alguma maneira, por ato do credor, essa sub-rogação se prejudicar, extingue-se a fiança. Pense-se, por exemplo, em crédito garantido por penhor cujo objeto o credor deixa perecer. Ou na sua inércia em registrar hipoteca, permitindo, com isso, a alienação, pelo devedor, do imóvel hipotecado. Todas as hipóteses em que, por fato atribuível ao credor, o fiador vê frustrada a sub-rogação decorrente do pagamento que fez da dívida afiançada.

Por último, e tal como já se deduziu no comentário ao artigo antecedente, extingue-se a fiança se o credor aceita dação em pagamento de seu crédito, mesmo que venha a perder, por evicção, o respectivo objeto, o que restabelece a obrigação primitiva mas, como está no inciso último, em exame, não repristina a fiança, permanecendo desobrigado o fiador. A ideia, malgrado por alguns criticada, é a de que, afinal, acedeu o credor ao recebimento de uma forma de pagamento cujo risco não garantiu o fiador, por isso que exonerado.

**Jurisprudência:** Súmula n. 214, STJ: O fiador na locação não responde por obrigações resultantes de aditamento ao qual não anuiu.

Interpretando a súmula com ressalva: Emb. de Diverg. no REsp n. 566.633/CE, 3ª S., rel. Min. Paulo Medina, j. 22.11.2006.

Ainda: "Nos termos da jurisprudência deste STJ, os fiadores exoneram-se da garantia prestada em contrato de locação, bem como da solidariedade em relação ao locatário, se não anuíram com pacto moratório". (STJ, REsp n. 990.073, 6ª T., rel. Min. Og Fernandes, j. 02.02.2010) No mesmo sentido: STJ, Ag. Reg.-REsp n. 1.322.215, 3ª T., rel. Min. Nancy Andrighi, j. 09.10.2012, *DJe* 16.10.2012; Ag. Reg. no Ag. no REsp n. 84.782, 4ª T., rel. Min. Maria Isabel Galotti, *DJe* 17.10.2013, p. 1.804. Igualmente sobre a regra do inciso I: STJ, Ag. Int. no AREsp n. 2.218.181/DF, 3ª T., rel. Min. Ricardo Villas Bôas Cueva, j. 27.11.2023, *DJe* 30.11.2023.

Fiança. É certo que o credor não há de proceder de modo a alterar, mesmo prejudicar o direito do fiador de reembolsar-se, mas se o prejuízo é parcial, não se extingue toda a fiança. (*RSTJ* 143/263)

Diferenciando a moratória do simples parcelamento da dívida, assim sem exoneração do fiador: *RT* 809/279. Da mesma forma, afastando a exoneração, por configuração de novação, quando tenha havido mero reajuste do locativo: *RT* 774/304. Mas considerando havida moratória tácita se o locador é notificado da inadimplência dos devedores e permanece inerte no exercício do direito de cobrar e/ou desejar: TJSP, Ap. Cível n. 1.037.027.000, 30ª Câm., rel. Des. Andrade Neto, j. 18.03.2009.

Sobre a novação recuperacional, v. Tema n. 885 dos Recursos Repetitivos, STJ: "A recuperação judicial do devedor principal não impede o prosseguimento das execuções nem induz suspensão ou extinção de ações ajuizadas contra terceiros devedores solidários ou coobrigados em geral, por garantia cambial, real ou fidejussória, pois não se lhes aplicam a suspensão prevista nos arts. 6º, *caput*, e 52, III, ou a novação a que se refere o art. 59, *caput*, por força do que dispõe o art. 49, § 1º, todos da Lei n. 11.101/2005" (REsp n. 1.333.349/SP, 2ª S., rel. Min. Luis Felipe Salomão, j. 26.11.2014, *DJe* 02.02.2015).

**Art. 839. Se for invocado o benefício da excussão e o devedor, retardando-se a execução, cair em insolvência, ficará exonerado o fiador que o invocou, se provar que os bens por ele indicados eram, ao tempo da penhora, suficientes para a solução da dívida afiançada.**

Estabelece o Código, no presente artigo, outra causa de extinção da fiança, por conduta imputável ao credor, móvel, afinal, do agravamento da situação jurídica do fiador, por isso que então exonerado. A hipótese é a do fiador que, invocando em seu favor benefício de ordem, nomeia bens livres e desembaraçados do devedor, na exata forma do que está contido no art. 827, e parágrafo, o que, porém, se prejudica pela inércia do credor, sem justa causa, em promover o regular andamento da demanda satisfativa, sobrevindo, nesse meio tempo, a insolvência do devedor. Ou seja, por fato injustificável, atribuível ao credor, frustra-se a constrição de bens do devedor, indicados pelo fiador e comprovadamente suficientes, à época em que nomeados, para solução da dívida afiançada.

A ideia fundamental, destarte, é que o retardo do credor obviou a regular penhora de bens do devedor, livres, desembaraçados e suficientes, quando nomeados pelo fiador. Ou, de qualquer forma, tem-se hipótese em que, por incúria do credor, operou-se uma piora, em virtude da superveniente insolvência do devedor, na situação do fiador que, regularmente, havia cumprido o ônus que lhe impunha o parágrafo único do art. 827, providência, todavia, enfim frustrada por conduta do credor. É certo que a disposição do artigo não exclui a prerrogativa que, havendo retardo do credor na demanda de cobrança, se defere ao fiador de promover-lhe o andamento, conforme está no art. 834, o que, por evidente, todavia não encerra uma imposição, mas mera faculdade.

## CAPÍTULO XIX
## DA TRANSAÇÃO

**Art. 840. É lícito aos interessados prevenirem ou terminarem o litígio mediante concessões mútuas.**

Diferentemente do CC/1916, o atual CC cuidou do instituto da transação no título destinado ao regramento dos contratos, de resto da mesma forma com que procedeu em relação ao compromisso. Veja-se que, no Código Bevilaqua, ambos, transação e compromisso, vinham dispostos como efeito das obrigações, dentre as suas formas de extinção indireta, aquelas que se davam sem que houvesse pagamento, portanto tal como a novação, compensação, confusão e remissão.

Tem-se então, no CC/2002, superada a divergência que antes se erigia sobre a natureza contratual da transação, hoje textualmente reconhecida, que outrora se criticava ao argumento de que, por meio dela, não se criavam ou transferiam direitos, em essência, embora, a rigor, nada o impedisse, de resto como se infere, por exemplo, da norma do art. 845, infra. Mas, bem de ver que, já no projeto de Código das Obrigações de 1965, a transação havia sido alocada entre os contratos, segundo observação de Caio Mário, seu autor, por pressupor dupla manifestação de vontade (*Instituições de direito civil*, 11. ed. Rio de Janeiro, Forense, 2004, v. III, p. 507). Afinal, seguiu o CC/2002 a mesma tendência, não diversa de outros Códigos, como o português (art. 1.248) ou o italiano (art. 1.965), todavia explícitos no asseverar que a transação pode envolver a criação ou constituição de novos direitos, o que, se no nosso sistema não se veda, ao menos não se expressa, ao que se verá quando do comentário ao art. 843.

De mais a mais, fosse só pelo fato de a transação envolver dupla manifestação de vontade e, então, também a novação deveria ter recebido nova topografia no atual CC. A verdade é que todo o questionamento se refere, propriamente, à afirmação tradicional de que a transação seja forma extintiva da obrigação, ademais mediante atividade tão só declarativa das partes.

A propósito, Pontes de Miranda já advertia, em primeiro lugar, que a transação extingue uma incerteza, uma controvérsia, uma disputa obrigacional, e não necessariamente a obrigação em si, que pode se manter sem a insegurança que antes a tisnava. Em segundo, observava que, nas suas concessões recíprocas, de solução de uma dúvida obrigacional, as partes, na realidade, atuavam sempre modificando uma situação jurídica, de sorte que no mundo jurídico sempre algo se aumentava a fim de eliminar o litígio (*Tratado de direito privado*, 2. ed. Rio de Janeiro, Borsoi, 1959, t. XXV, § 3.027, n. 1, p. 118, e § 3.028, n. 5, p. 124). Daí se admitir que a transação se configure como verdadeiro contrato, em que as partes acordam sobre dado objeto, alterando o *status* jurídico antecedente para o fim de eliminar uma incerteza obrigacional, inclusive eventualmente transmitindo direitos, até mesmo reais, ao que soa da previsão do art. 845, e a despeito da redação do art. 843, ao que se volverá.

De qualquer maneira, dúvida nunca houve de que a transação consubstanciasse, como consubstancia, negócio jurídico bilateral, cuja finalidade se volta à prevenção ou extinção de uma incerteza obrigacional, ou seja, de uma controvérsia, uma dúvida que tenham as partes vinculadas a uma obrigação, que elas solucionam mediante concessões recíprocas, mútuas. Importa, destarte, sempre em um acordo de vontades, que as partes manifestam de forma livre, descabendo transação imposta, ou legal. Insta, assim, que se respeitem as regras gerais de capacidade, e mesmo de legitimação, por exemplo, lembrando-se que tutor e curador só transigem com prévia autorização judicial (arts. 1.748, III, e 1.774), tanto quanto, havendo na transação mutação subjetiva de direito real imobiliário, exige-se, como regra, vênia conjugal, nos moldes do art. 1.647. Tudo, a rigor, como corolário da constatação de que, se a transação implica concessões recíprocas, é preciso que tenha a parte disponibilidade acerca do direito ou interesse que dela seja o objeto.

Vale ainda não olvidar que a transação consumada por mandatário exige poderes especiais, mercê do contido no art. 661, § 1º, do CC. Por outro lado, integra também o conceito de transação a necessária reciprocidade das concessões, porquanto, se ao cabo apenas uma das partes cede, o negócio jurídico será outro, acaso uma remissão, doação ou dação, mas nunca uma transação. Enfim, tudo voltado a que, com a entabulação desse negócio contratual, se ponha termo a uma incerteza, a uma insegurança que tenham as partes sobre sua relação obrigacional.

**Jurisprudência:** Exigindo inclusive autorização judicial quando a transação é entabulada pela mãe de menor impúbere, versando sobre indenização paga em virtude do falecimento do pai, ver: *RT* 804/243. Admitindo transação mesmo após o trânsito em julgado de sentença proferida a respeito do litígio: TJSP, AI n. 7.329.078.300, 17ª Câm., rel. Des. Térsio Negrato, j. 01.04.2009. Exigindo que ainda não tenha havido trânsito: TJSP, AI n. 7.357.679.100, 22ª Câm., rel. Des. Andrade Marques, j. 16.09.2009. Negando a possibilidade de que, descumprida a transação, porém efetuada sem ressalva ou cláusula resolutiva expressa, se possa executar o crédito original, mas apenas o importe composto no acordo: TJSP, AI n. 2135914-07.2020.8.26.0000, 1ª Câm., rel. Des. Enéas Costa Garcia, j. 27.07.2020.

---

**Art. 841. Só quanto a direitos patrimoniais de caráter privado se permite a transação.**

---

Se, como se vem de afirmar no comentário ao artigo anterior, a transação envolve, necessariamente, concessões recíprocas que fazem os interessados, com a finalidade de solucionar incerteza obrigacional, assim cada qual deles abrindo mão de parte de seu direito ou interesse, forçoso então que esse direito transacionado seja disponível.

Daí preceituar o dispositivo em comento que a transação somente pode se referir a direitos patrimoniais de caráter privado. Não se admite, destarte, que transacionem as partes sobre direitos de que não tenham disponibilidade, como os direitos de família, aqui valendo não olvidar que efeitos patrimoniais deles decorrentes são, estes sim, transacionáveis. Por exemplo, não se transaciona o direito aos alimentos, de natureza indisponível, malgrado se permita transação sobre seu importe ou sobre valores já vencidos. Da mesma forma, são intransigíveis os direitos da personalidade (art. 11), embora não o sejam os reflexos patrimoniais deles oriundos, como no caso da exploração da imagem, da voz ou do nome de alguém.

O direito em si é que, nesses casos, é indisponível. Da mesma forma que nos direitos de família chamados puros, também não cabe transação sobre o estado ou capacidade das pessoas, sobre bens fora do comércio, sempre porque, a rigor, atinentes a direitos indisponíveis às partes, destarte sobre os quais elas não podem efetivar concessões recíprocas.

Lembra, porém, Rodolfo de Camargo Mancuso que se vai erigindo tendência de mitigar esse requisito da transação, exemplificando com os termos de ajustamento de conduta, firmados pelo MP, na forma da Lei n. 7.347/85, acerca de interesses metaindividuais, além dos acordos firmados pela Administração Pública, favoráveis ao interesse público, ao que colaciona inclusive aresto da Suprema Corte (RE n. 253.885/MG), outro sinal da orientação aludida ("A coisa julgada e sua recepção no Código Civil". In: FILOMENO, José Geraldo Barreto; WAGNER JÚNIOR, Luiz Guilherme da Costa; GONÇALVES, Renato Afonso (coords.). *O Código Civil e sua interdisciplinaridade*. Belo Horizonte, Del Rey, 2004, p. 283-303).

**Jurisprudência:** Admitindo transação sobre honorários advocatícios, assim reputados disponíveis: TJSP, AI n. 9.360.525.500, 6ª Câm., rel. Des. Carlos Eduardo Pachi, j. 14.09.2009. Ao contrário, anulando transação sobre direito público indisponível: TJSP, Ap. n. 0003753-04.2010.8.26.0587/São Sebastião, 8ª Câm. de Dir. Públ., rel. Rubens Rihl, j. 10.04.2013, *DJe* 30.04.2013.

**Art. 842. A transação far-se-á por escritura pública, nas obrigações em que a lei o exige, ou por instrumento particular, nas em que ela o admite; se recair sobre direitos contestados em juízo, será feita por escritura pública, ou por termo nos autos, assinado pelos transigentes e homologado pelo juiz.**

Como já se disse no comentário ao art. 840, a transação pode ser feita para prevenir ou para extinguir litígios. E conforme seja ela, então, preventiva ou extintiva de litígios, exige a lei, no artigo em comento, determinada forma. Assim é que, se a transação visa a prevenir um litígio, deve sempre ser feita por escrito, mas de modo público ou particular consoante o regramento geral a respeito da matéria. Vale dizer, quando preventiva, a transação deverá ser entabulada por escritura pública nos casos em que o ordenamento assim o determinar, por exemplo, sempre que nela estiver envolvida a mutação de um direito real imobiliário, na exata forma do art. 108 do CC/2002. Caso contrário, a transação poderá ser feita por instrumento particular, aí sem outra especial exigência.

Nesses casos de transação preventiva de litígios, não há nenhuma obrigatoriedade de homologação judicial, malgrado por vezes o permita a lei, como na hipótese do art. 57 da Lei n. 9.099/95 (Lei dos Juizados Especiais). Mas o que importa é que não se impõe a necessidade de homologação alguma, a fim de que a transação surta seus regulares efeitos.

Já quando a transação é extintiva de litígios, isto é, quando se refira a direitos contestados em juízo, levados à demanda judicial, reclama a lei, no presente artigo, e aqui diversamente do que continha o CC/1916, que, se não efetivada por termo nos autos, seja efetuada por escritura pública. Veja-se então que, sempre que não se a consume por termo nos autos, hoje a transação, com a ressalva que adiante se fará acerca da petição conjunta das partes, deve ser elaborada por escritura pública, quando recair sobre direitos levados a litígio judicial. Porém, a rigor, a lei aparentemente não exige que essa transação extrajudicial seja levada à homologação. Isso se fará, apenas, para os casos da transação efetuada por termo nos autos, aí sim, assinada pelos transigentes e homologada pelo juiz, como está no texto legal.

É bem de ver, todavia, que a homologação é o ato processual que empresta à transação o efeito da coisa julgada, resolvendo o processo de conhecimento com julgamento de mérito (art. 487, III, *b*, do CPC/2015; art. 269, III, do CPC/73) e forjando título executivo judicial (art. 515, II e III, do CPC/2015; art. 475-N, III, do CPC/73). Destarte, posto que levada a cabo extrajudicialmente, se lavrada por escritura pública, é só sua homologação que permitirá a formação de título judicial. Sem a homologação, permanecerá a transação extrajudicial surtindo seus efeitos civis, como negócio jurídico contratual que é, vinculativo aos transatores, portanto (v. item a seguir, da jurisprudência).

Deve-se admitir, contudo, pese embora a exigência hoje de que a transação extintiva, quando extrajudicial, seja lavrada por escritura pública, que a petição das partes, portanto feita fora dos autos, seja a eles levada para homologação, de modo a subsumi-la ao conceito de *termo nos autos*. Trata-se, afinal, de peça do processo. Sem a necessidade, portanto, de subsequente lavratura de termo próprio de transação, a tanto valendo o petitório das partes, devidamente representadas, de resto por quem tenha poderes especiais para transigir.

**Jurisprudência:** Sobre a desnecessidade de homologação judicial da transação preventiva de litígio, ver: *RT* 792/245.

Reconhecendo eficaz a transação extintiva, por isso que só rescindível por vício de vontade, mesmo ainda não homologada, por entrave da máquina judiciária: *RT* 790/356.

No mesmo sentido: Transação. Pretendido questionamento da eficácia do negócio celebrado no mesmo processo em que este se produziu. Impossibilidade, mesmo que o acordo não tenha sido homologado em juízo. Cláusulas ou condições do ajuste de vontades ultimado por instrumento particular ou público, inclusive por termo nos autos, que obrigam definitivamente os contraentes, de sorte que sua rescisão só se torna possível se comprovado algum vício de consentimento e em ação autônoma. (*RT* 770/265)

Admitindo a transação extrajudicial, levada à homologação do juízo quando assinada pelo réu, mesmo sem advogado, desnecessária a respectiva constituição apenas para esse fim: TJSP, AI n. 7.281.268.100, 13ª Câm., rel. Des. Ulisses do Valle, j. 10.12.2008.

Recusando instrumento particular para transação sobre direitos contestados em juízo: TJSP, AI n. 990.10.031080-1, rel. Des. Beretta da Silveira, j. 25.05.2010.

Ressalvando a aplicação da LC n. 110/2001, porque especial, acerca da forma da transação: STJ, REsp n. 889.190/RS, 1ª T., rel. Min. Teori Albino Zavascki, *DJ* 19.04.2007; REsp n. 1.151.094/BA, 2ª T., rel. Min. Mauro Campbell Marques, *DJe* 06.08.2010.

Já se decidiu no âmbito do STJ: "É impossível o arrependimento e rescisão unilateral da transação, ainda que não homologada de imediato pelo Juízo. Uma vez concluída a transação as suas cláusulas ou condições obrigam definitivamente os contraentes, e sua rescisão só se torna possível por dolo, coação, ou erro essencial quanto à pessoa ou coisa controversa" (REsp n. 825.425, 3ª T., rel. Min. Sidnei Beneti, j. 18.05.2010). No mesmo sentido: STJ, Ag. Int. no AREsp n. 2.173.281/PR, 3ª T., rel. Min. Humberto Martins, j. 26.02.2024, *DJe* 29.02.2024. Ver, ainda, art. 849, infra.

---

**Art. 843. A transação interpreta-se restritivamente, e por ela não se transmitem, apenas se declaram ou reconhecem direitos.**

---

O artigo presente reproduz idêntico preceito do CC/1916, vazado no sentido de que a transação se interpreta restritivamente e se limita a propiciar a declaração ou o reconhecimento de direitos pelos transigentes. Certo que, implicando concessões recíprocas, portanto em disposição de direitos, a transação deva ser interpretada de maneira restritiva. Já, porém, a segunda parte do dispositivo parece hoje não se coadunar com a reconhecida natureza contratual da transação, tal qual se viu no comentário ao art. 840, a que ora se remete o leitor. Aliás, mesmo na vigência do CC/1916 já se reconhecia, até em razão do que estava contido no art. 1.032, reproduzido no art. 845 do CC/2002, que a transação podia, sim, envolver transmissão ou modificação de direitos. Aliás, mais ainda, na observação de Pontes, já colacionada no comentário ao art. 840, a transação, quando elimina uma incerteza obrigacional por meio de concessões recíprocas, acaba, forçosamente, alterando uma situação jurídica anterior (*Tratado de direito privado*, 2. ed. Rio de Janeiro, Borsoi, 1959, t. XXV, § 3.028, n. 5, p. 124). E sem que, de resto, se extinga, de maneira necessária, a obrigação, que pode seguir sem a incerteza que provocava, justamente porque as partes transmitiram ou modificaram recíprocos direitos.

Bem de ver que, como acentua Caio Mário, em seu projeto de Código das Obrigações tinha sido suprimida esta última parte do artigo em comento, haurido do CC/1916, que limita a transação à declaração ou reconhecimento de direitos (*Instituições de direito civil*, 11. ed. Rio de Janeiro, Forense, 2004, v. III, p. 510).

Enfim, quer parecer que a transação, inclusive tal como hoje alocada no atual CC, no título destinado aos contratos, não se compadece com uma forçosa natureza meramente declarativa, mais se afeiçoando à índole constitutiva, portanto envolvendo a transmissão de direitos, como se expressa, por exemplo, no CC português (art. 1.248) e no italiano (art. 1.965), quando estabelecem que a transação pode ensejar a criação, modificação ou extinção de direitos (v., ainda, comentários ao art. 845 – adiante – sobre a questão do descumprimento de termos e condições de transação efetuada em meio a distrato, dispostos para disciplinar a reposição das partes ao estado anterior).

**Jurisprudência:** Transação. Responsabilidade civil. Ressalva, no acordo, do não recebimento dos lucros cessantes. Ineficácia da cláusula de ampla quitação. Inteligência dos arts. 1.026 e 1.027 do CC/1916. (*RT* 743/299) No mesmo sentido, interpretando restritivamente a quitação outorgada em termo de transação, adstrita a valores nela especificados: TJSP, Ap. Cível n. 7.029.992.200, 20ª Câm., rel. Des. Francisco Giaquinto, j. 15.12.2008; AI n. 992.09.080181-3, 35ª Câm., rel. Des. Clóvis Castelo, j. 30.11.2009. Negando a possibilidade, porque restritiva a interpretação da transação, de que acordo para separação, guarda dos filhos e alimentos se possa tomar como renúncia a pretensão indenizatória cumulada: STJ, REsp n. 1.560.520/SP, rel. Min. Marco Buzzi, j. 15.03.2022.

Ainda: "Quando o Tribunal recorrido decota da cláusula penal algo que não lhe pertence, não há falar em interpretação extensiva, já que apenas compatibiliza sua dimensão aos limites previstos no art. 412 do CC/2002" (STJ, Ag. Int. no AREsp n. 2.323.378/RS, 3ª T., rel. Min. Moura Ribeiro, j. 26.02.2024, *DJe* 28.02.2024).

---

**Art. 844. A transação não aproveita, nem prejudica senão aos que nela intervierem, ainda que diga respeito a coisa indivisível.**

**§ 1º Se for concluída entre o credor e o devedor, desobrigará o fiador.**

**§ 2º Se entre um dos credores solidários e o devedor, extingue a obrigação deste para com os outros credores.**

**§ 3º Se entre um dos devedores solidários e seu credor, extingue a dívida em relação aos codevedores.**

---

A primeira parte do dispositivo em comento, que já se continha, com igual redação, no CC/1916, nada mais faz do que, agora explicitada a natureza contratual da transação (v. comentário ao art. 840), reproduzir princípio clássico dos contratos, o da relatividade de seus efeitos, mercê do qual o ajuste, como regra, não beneficia nem prejudica terceiros, ou seja, quem dele não tenha feito parte.

É certo que esse tradicional princípio em muito foi mitigado pelo princípio da função social do contrato – disposto no art. 421, a cujo comentário se remete o leitor –, valendo ainda conferir, sobre o que se denominou de eficácia social do contrato, vertente de sua função social num conteúdo genérico *ultra partes*: GODOY, Claudio Luiz Bueno de. *A função social do contrato*, 4. ed. São Paulo, Saraiva, 2012, p. 147-63 –, malgrado ainda se possa dizer que persiste, como regra, assim também aqui, no tocante à transação. Dessa maneira, a transação, e aí os exemplos sempre citados, entabulada por um condômino com terceiro não afeta o outro condômino não transigente, ainda que verse sobre coisa indivisível; ou a transação efetuada por um herdeiro, de igual forma, não pode vincular os demais herdeiros.

Já, porém, se a transação se efetua com o devedor principal, sem que a ela anua o fiador, dá-se a desoneração deste, de resto tal qual já se afirmou no comentário ao art. 838, e tal como ocorre com a novação ou moratória consumadas sem a aquiescência do garantidor, dado que, sem sua manifestação de vontade, não cabe ao afiançado praticar ato que potencialmente afete as condições da garantia pessoal prestada (sobre a novação recuperacional, ver item a seguir, da jurisprudência).

É a previsão do § 1º do artigo presente, que, afinal, encerra uma exceção ao princípio do seu *caput*, exatamente na mesma esteira do que contêm os §§ 2º e 3º. Por eles se afirma, de um lado, que a transação concluída entre um dos credores solidários e o devedor extingue a obrigação, inclusive com relação aos demais credores. A rigor, tem-se corolário da regra da solidariedade ativa, no sentido de que a qualquer dos credores solidários é dado exigir a totalidade da dívida do devedor (art. 267). Assim, uma vez pago esse credor, a dívida se extingue (art. 269), cabendo aos cocredores direito regressivo contra o que recebeu. Nada diverso do que sucede se um dos credores houver transigido.

Por outro lado, explicita-se no dispositivo que, se a transação se fizer entre um devedor solidário e o credor, os demais devedores se liberam do vínculo, com relação a eles extinta a dívida. De novo mera consequência, agora, da regra da solidariedade passiva. Afinal, nesses casos o credor pode exigir a dívida de qualquer dos devedores (art. 275). Havido o pagamento, a dívida se extingue, cabendo a quem pagou cobrar em regresso os codevedores beneficiados (art. 283). Pois é exatamente idêntico o princípio se, no lugar do pagamento, houve transação.

Finalmente, dando contorno concreto ao preceito e à consideração do direito autônomo do advogado aos honorários da sucumbência, na V Jornada de Direito Civil se estabeleceu enunciado, o de n. 422, segundo o qual "a transação, sem a participação do advogado credor dos honorários, é ineficaz quanto aos honorários de sucumbência definidos no julgado".

**Jurisprudência:** Enunciado n. 442, CEJ: A transação, sem a participação do advogado credor dos honorários, é ineficaz quanto aos honorários de sucumbência definidos no julgado.

Entendendo, com base no preceito em tela, que a transação efetuada com o causador direto, em virtude de acidente ocorrido em represa explorada pela municipalidade, afasta pretensão indenizatória contra esta última, dada a solidariedade: Transação. Homologação judicial. Vítima de acidente com embarcação que outorga quitação a todos os danos decorrentes do sinistro. Negócio jurídico válido que repercute em favor de terceiro não participante, em face do conteúdo liberatório do acordo relativamente a pretensões indenizatórias advindas do fato danoso. (*RT* 800/273)

Considerando liberado o fiador, quando a transação se faça, sem sua participação, pelo locador e locatário: *RT* 737/308 e 740/354. Mas afastando a consideração de que, na locação, prorrogações e parcelamentos signifiquem novação e, por isso, exoneração do fiador: TJSP, AI n. 2197266-34.2018.8.26.0000, rel. Des. Kioitsi Chicuta, 32ª Câm. de Dir. Priv., j. 14.11.2018. Ainda sobre a regra do § 1º: STJ, Ag. Int. no AREsp n. 2.218.181/DF, rel. Min. Ricardo Villas Bôas Cueva, j. 27.11.2023, *DJe* 30.11.2023.

Ressalvando os honorários advocatícios da transação quando não subscrita pelo advogado, mas só pelas partes: TJSP, Ap. Cível n. 7.049.148.000, 20ª Câm., rel. Des. Francisco Giaquinto, j. 11.05.2009. Do mesmo modo quanto aos honorários do perito, que não podem, por transação, ser deixados à parte que goza dos benefícios da gratuidade, por isso que rateados os referidos honorários: TJSP, Ap. Cível n. 5.495.654.600, 4ª Câm., rel. Des. Francisco Loureiro, j. 18.12.2008.

Sobre a novação recuperacional, v. Tema n. 885 dos Recursos Repetitivos, STJ]: "A recuperação judicial do devedor principal não impede o prosseguimento das execuções nem induz suspensão ou extinção de ações ajuizadas contra terceiros devedores solidários ou coobrigados em geral, por garantia cambial, real ou fidejussória, pois não se lhes aplicam a suspensão prevista nos arts. 6º, *caput*, e 52, III, ou a novação a que se refere o art. 59, *caput*, por força do que dispõe o art. 49, § 1º, todos da Lei n. 11.101/2005" (REsp n. 1.333.349/SP, 2ª S., rel. Min. Luis Felipe Salomão, j. 26.11.2014, *DJe* 02.02.2015).

Aplicando o § 3º do dispositivo, ver: STJ, REsp n. 866.355, 1ª T., rel. Min. Luiz Fux, *DJ* 23.04.2009.

---

**Art. 845. Dada a evicção da coisa renunciada por um dos transigentes, ou por ele transferida à outra parte, não revive a obrigação extinta pela transação; mas ao evicto cabe o direito de reclamar perdas e danos.**

**Parágrafo único. Se um dos transigentes adquirir, depois da transação, novo direito sobre a coisa renunciada ou transferida, a transação feita não o inibirá de exercê-lo.**

---

A transação, envolvendo a cessão recíproca de direitos, pode abranger a renúncia ou transferência de coisa que, depois, se venha a perder por evicção, ou seja, pelo reconhecimento, derivado de sentença, de melhor direito de terceiro. Mas, ao que dispõe o artigo em comento, reprodução do que já previa o CC/1916, no art. 1.032, a despeito da ocorrência da evicção da coisa renunciada ou transferida por força da transação, esta se mantém, apenas garantindo-se ao transigente prejudicado o socorro à via indenizatória.

A opção de ambas as normatizações, destarte, e malgrado alguma crítica que sempre se levantou (*v. g.*, DELGADO, José Augusto. *Comentários ao novo Código Civil*. Sálvio de Figueiredo Teixeira (coord.). Rio de Janeiro, Forense, 2004, v. XI, t. II, p. 240), inclusive no sentido de que, precedente o vício da coisa, prejudicava-se o objeto da transação, foi excluir qualquer possibilidade de eventual repristinação da obrigação acaso extinta pela transação em virtude da evicção que atinja coisa renunciada ou transferida por um dos transigentes a outro.

Bem de ver que solução diversa se adotou quando evicta a coisa dada em pagamento (ver art. 359), mas, aí sim, forma natural de extinção de obrigações, diferente da natureza contratual que hoje se reconhece à transação e com a qual, segundo Pontes, compadece se e ajusta-se, de maneira perfeita, à regra em tela (v. *Tratado de direito privado*, 2. ed. Rio de Janeiro, Borsoi, 1959, t. XXV, § 3.044, n. 2, p. 174).

A rigor, enquanto na dação em pagamento há uma quitação que não se pode operar se a coisa prestada se perde pela evicção, e sem o que o crédito do credor a nada se reduziria, não se compreendendo que possa ser exonerado o devedor de uma obrigação entregando coisa que não é sua, na transação há concessões recíprocas mercê das quais as partes abrem mão de parte de seus direitos, o que, porém, não significa um transator garantir o outro contra riscos de coisa renunciada ou transferida em meio ao ajuste, como se a evicção lhe condicionasse a eficácia. Isso tudo ainda que se ressalve, ao transigente evicto, o recurso à indenização, inclusive sem a distinção sobre se a transação envolve justamente incerteza atinente à coisa transferida ou renunciada, vale dizer, se se refere exatamente à potencialidade de evicção, quando então descaberiam perdas e danos, distinção essa que, por exemplo, contém o CC argentino anterior (arts. 854 e 855), porém, repita-se, não o CC brasileiro, nessa parte inspirada em princípio de equidade, como já de há muito advertia Clóvis Bevilaqua (*Código Civil comentado*, 4. ed. Rio de Janeiro, Francisco Alves, 1934, v. IV, p. 192-3).

Sustenta Pontes, todavia (op. cit., p. 175), que ao apagar dúvida precisamente acerca do direito sobre a coisa, mediante a transação, não há verdadeira alienação que faça surgir a consequência indenizatória a ela concernente. Por outra, só haverá indenização, a seu ver, quando na transação houver mesmo uma alienação, de resto tal qual contém o art. 447, e não quando o objeto em si da transação seja o acertamento da incerteza acerca do direito sobre a coisa.

Já no parágrafo único do dispositivo repete-se, conforme já se estabelecia no CC/1916, o que Caio Mário sempre considerou ser um truísmo (*Instituições de direito civil*, 11. ed. Rio de Janeiro, Forense, 2004, v. III, p. 511), eis que, evidentemente, se sobre a coisa renunciada ou transferida se erigir novo direito, depois da transação, seu exercício não se fará por esta prejudicado. Trata-se, afinal, da posterior aquisição, pelo transigente, de direito novo sobre a coisa, assim infenso a qualquer afetação pela anterior transação.

Por fim, anote-se que a mesma lógica do preceito em tela se aplica àquelas situações em que se efetua resilição bilateral de contrato e mediante transação sobre a forma de reposição das partes no estado anterior. Uma vez descumprida a transação, assim as condições dispostas na distrato, nem por isso há o efeito automático de repristinação das obrigações do contrato. É dizer, manifestada a vontade de resilir ajuste anterior, algo diverso se põe em relação ao modo próprio pelo qual as partes decidam a sua restituição ao estado anterior. Quando se ajustam condições novas e particulares para tanto, tem-se real transação sobre o efeito restitutório, destarte com eficácia que dela própria decorre, não do contrato distratado. Nesse contexto é que se alvitram, uma vez descumpridos seus termos, as consequências que em função desse ajuste se produzam. Portanto, conforme o que as partes tenham convencionado acerca do inadimplemento das condições restitutórias, acaso até incluindo cláusula penal, e que pode envolver a retomada de valores originariamente devidos, assim em razão do contrato. Mas – seja dado reforçar – não por efeito contrato resilido.

**Art. 846. A transação concernente a obrigações resultantes de delito não extingue a ação penal pública.**

O artigo presente repete a regra que já continha o art. 1.033 do CC/1916 e, a rigor, se inspira no princípio, consagrado no art. 935, da relativa independência das jurisdições civil e penal. Assim que, nos crimes de ação penal pública, a transação civil que acaso se consume não inibe o MP de ofertar denúncia, se assim o entender. Em diversos termos, a transação sobre os efeitos civis indenizatórios decorrentes da prática de um ilícito não afasta o ofensor, se for o caso, da atividade persecutória estatal. Porém, vale acentuar, mesmo nos delitos de ação penal privada, dispõe o art. 104, parágrafo único, do CP, que o recebimento, pelo ofendido, da indenização dos danos provocados pelo ilícito não implica tácita renúncia ao direito de queixa. Apenas se deve ressalvar, ante a superveniência da Lei n. 9.099/95, que, nas infrações penais de menor potencial ofensivo, como tal compreendidas as contravenções e os crimes punidos com pena não superior a dois anos (art. 61), sendo a ação penal de iniciativa privada ou pública condicionada à representação, aí então implicará respectiva renúncia o acordo sobre a composição dos danos civis, mas desde que reduzida a escrito e homologada pelo juízo, na forma da referida Lei dos Juizados Especiais Criminais (art. 74, *caput* e parágrafo único). Posto que se admita a redução extrajudicial a escrito (v. GRINOVER, Ada Pellegrini; GOMES FILHO, Antônio Magalhães; FERNANDES, Antônio Sacarance; GOMES, Luiz Flávio. *Juizados Especiais Criminais*. São Paulo, RT, 1996, p. 117), dispõe o art. 74, parágrafo único, da LJEC que o acordo homologado gera a renúncia do direito de queixa ou de representação.

**Jurisprudência:** Sobre a repercussão, no cível, da transação efetuada nos termos do art. 74 da Lei n. 9.099/95, ver: *RT* 800/309.

**Art. 847. É admissível, na transação, a pena convencional.**

O artigo em comento consagra, a exemplo do que fazia seu precedente, no CC/1916, a possibilidade de se estabelecer, na transação, pena convencional. Ou melhor, garante-se, no dispositivo, a prerrogativa de as partes inserirem na transação uma cláusula penal, sob qualquer de suas modalidades ou funções, portanto quer a moratória, quer a compensatória, ou ambas, simultaneamente, o que não se veda, dada a diversidade de sua pertinência.

A rigor, como já o justificava Clóvis Bevilaqua (*Código Civil comentado*, 4. ed. Rio de Janeiro, Francisco Alves, 1934, v. IV, p. 195), o preceito contendo a regra em comento fazia sentido no CC/1916 porque lá era reputada a transação como uma forma de extinção das obrigações, e não propriamente um contrato. Mas agora, explicitada a natureza contratual da transação, de resto como já se observou no comentário ao art. 840, a norma presente perde muito ou toda sua razão de ser, evidenciando-se a ociosidade de se dizer cabível cláusula penal no que, afinal, é um contrato. Aliás, a doutrina anterior ao CC/2002 já assentava inútil a regra caso o CC/1916 considerasse a transação um contrato, o que agora se deu.

De toda sorte, aplica-se aqui todo o regramento da cláusula penal, estabelecido nos arts. 408 a 416, a que se remete o leitor. Deve-se acrescentar, ainda, que a transação pode também conter, além da cláusula penal, uma garantia especial, seja ela real, seja convencional. Enfim, a ideia central é a de que na transação se podem compreender obrigações que, uma vez descumpridas, levam às consequências previstas pelas partes ou mesmo àquelas que da lei decorram. Mas sem que daí resulte como que uma repristinação automática da relação que se levou à transação, ao menos se os transatores não o tiverem previsto.

**Jurisprudência:** Assentando inviável execução do crédito original, objeto de transação, se não houver previsão expressa das partes a respeito: TJSP, AI n. 2135914-07.2020.8.26.0000, rel. Des. Enéas Costa Garcia, j. 27.07.2020.

---

**Art. 848. Sendo nula qualquer das cláusulas da transação, nula será esta.**

**Parágrafo único. Quando a transação versar sobre diversos direitos contestados, independentes entre si, o fato de não prevalecer em relação a um não prejudicará os demais.**

---

A norma em questão, que também já se continha no art. 1.026 do CC/1916, contempla exceção ao princípio que, para os negócios jurídicos em geral, vem insculpido no dispositivo do art. 184, na Parte Geral do CC/2002. É que, como lá se estabelece, a invalidade parcial de um negócio jurídico não o prejudicará na sua parte válida, se separável. Assim, por exemplo, num contrato, a invalidade de uma cláusula não invalida o contrato por inteiro, salvo, é evidente, se se tratar de uma cláusula que lhe seja essencial. Pense-se numa compra e venda, em que a cláusula do preço seja inválida. Decerto que, então, prejudica-se o ajuste por completo. Mas, separável a disposição inválida, persistem as demais. Não é, porém, o que sucede, portanto excepcionalmente, com a transação.

Nessa espécie contratual, a nulidade de qualquer de suas cláusulas contamina todo o negócio. A regra constitui um corolário da característica de indivisibilidade da transação. Ou seja, a transação representa um negócio uno que, animado pelo propósito de se efetivarem concessões recíprocas, pode estampar, em determinada cláusula contratual, a razão específica da renúncia de uma das partes ao que supõe ser direito seu. Daí que, sendo inválida qualquer das cláusulas, a transação se invalida completamente. Em diversos termos, a transação envolve um bloco de disposições não destacáveis ou separáveis, porquanto lhe é subjacente um conjunto de concessões interligadas de forma una, incindível. Em cada disposição haverá motivo específico de concessões suportadas por um equilíbrio encontrado pelas partes, que se quebra com a invalidação de qualquer dos preceitos estabelecidos pelos transatores. Essa a razão de ser do artigo em questão.

É certo que, como está em seu parágrafo único, por vezes pode haver, num mesmo instrumento de transação, concessões recíprocas envolvendo relações obrigacionais independentes entre si. Em diversos termos, seriam como que transações distintas, apenas que materialmente reunidas num só instrumento. Aí, sim, a invalidade de uma não prejudica a outra. Mas importa que os direitos sobre os quais as partes transacionam sejam independentes e autônomos entre si, tanto quanto que cada qual dos ajustes não tenha como causa a entabulação do outro, quando então se retoma a regra do *caput*.

**Jurisprudência:** Transação. Homologação. Inadmissibilidade se há cláusula nula ou ineficaz, ligada aos demais pontos da transigência. Eiva parcial que contamina o acordo por inteiro. Inteligência do art. 1.026, *caput*, do CC/1916. (*RT* 771/290) Ver ainda: STJ, REsp n. 1.071.641, 4ª T., rel. Min. Luis Felipe Salomão, j. 21.05.2013, *DJe* 13.06.2013.

---

**Art. 849. A transação só se anula por dolo, coação, ou erro essencial quanto à pessoa ou coisa controversa.**

**Parágrafo único. A transação não se anula por erro de direito a respeito das questões que foram objeto de controvérsia entre as partes.**

---

Em redação que se reputa mais precisa e completa, o atual CC reitera o princípio que já se continha no art. 1.030 do CC/1916, no sentido de que, consumada a transação, a exceção oponível, dela decorrente (*litis per transactionem finitae*) assemelha-se à exceção da coisa julgada. Mas, como já advertia Clóvis Bevilaqua, o CC anterior não afirmava, propriamente, que a transação induzisse coisa julgada que tivesse essa mesma autoridade. Apenas dizia que ela, a transação, produzia efeitos de coisa julgada (*Código Civil comentado*, 4. ed. Rio de Janeiro, Francisco

Alves, 1934, v. IV, p. 189). E isso para o fim de se assemelhar, apenas, exceção respectiva, que se pudesse fazer perante a transação entabulada, mercê de postulação que com ela se chocasse.

Daí não se ter dado o CC/2002 a repetir a mesma alusão aos efeitos da coisa julgada, mas, de idêntica forma, reproduzindo as limitações à anulação da transação, tão só por vício de consentimento, por isso adequando-se a terminologia que, no CC/1916, era de impreciso uso do termo *rescisão*. Com efeito, torna o artigo em comento, tal qual o que o precedeu, na anterior legislação, a assentar somente anulável a transação por dolo, coação – também aqui melhorando-se a redação, que se referia à violência – e erro, desde que não de direito. E aí o acréscimo que se faz no parágrafo do dispositivo em comento, pondo cabo à discussão que a respeito se travava. O erro que autoriza a anulação da transação apenas poderá ser o de fato, e não, como está no CC italiano (art. 1.969), o de direito, que incida ou seja relativo justamente às questões que constituíam o objeto da controvérsia entre as partes.

A ideia é a de que, na transação, as partes já muito deliberaram sobre o que, afinal, é o ponto de sua controvérsia, não cabendo deduzir que supuseram ou interpretaram mal preceito normativo que a respeito fosse aplicável, sem o que, de resto, se perpetuaria a mesma potencialidade de ou mesmo o litígio já existente que a transação, justamente, destinou-se a prevenir ou extinguir. A crítica justificada ao artigo presente, contida na obra de Caio Mário da Silva Pereira, atualizada por Regis Fichter (*Instituições de direito civil*, 11. ed. Rio de Janeiro, Forense, 2004, v. III, p. 513), está na sua persistência em aduzir só anulável a transação nos casos que elenca, quando, a rigor, enquanto contrato que é, ela poderia ser atacável por qualquer das causas anulatórias dos ajustes em geral. Poder-se-ia argumentar, por exemplo, que é descabida a anulação por lesão, como se dá na legislação italiana (art. 1.970).

É bem de ver, porém, que, a despeito da natural e refletida ponderação das partes para autocomposição sobre controvérsia que já marca sua relação, quando muito determinando uma aferição mais rigorosa da eventual ocorrência da lesão, importa não olvidar que o instituto, malgrado tratado no CC como causa anulatória dos negócios jurídicos, decorre mesmo de um imperativo constitucional de justiça e equilíbrio nas relações (art. 3º, I), pelo que, *a priori*, não se considera ser afastável sua incidência, posto que para tanto seja exigível maior rigor na verificação de seus requisitos, sobretudo quando a transação seja extintiva de litígios, assim levada à homologação judicial, que afinal se dê.

Por outro lado, ainda que havida a homologação da transação pelo juiz, não parece inviável conceber-se um desequilíbrio que por ele não fosse aferível, na sua atividade que, afinal, não é, na matéria, propriamente jurisdicional, e sim integrativa de forma (ou *juris-integrativa*), *a posteriori*, revelando-se dado indicativo daquela congênita desproporção, corrigível pela lesão, deliberada, aí sim, na esfera jurisdicional, com amplitude probatória e plenitude do contraditório.

Finalmente, do ponto de vista processual, discute-se se a transação viciada na forma do preceito pode ser anulada no próprio feito em que consumada ou se, ao contrário, necessariamente se reclama ação própria, autônoma. E a indagação suscita, com efeito, posicionamento divergente, quer na doutrina, quer na jurisprudência.

Humberto Theodoro Júnior, por exemplo, salienta a respeito que "concluído, em forma adequada, o negócio jurídico entre as partes, desaparece a lide, e sem lide não pode o processo ter prosseguimento. Se, após a transação, uma parte se arrependeu ou se julgou lesada, nova lide pode surgir em torno da eficácia do negócio transacional. Mas a lide primitiva já está extinta. Só em outro processo, portanto, será possível rescindir-se a transação por vício de consentimento" (*Curso de direito processual civil. Teoria geral e processo de conhecimento*. Rio de Janeiro, Forense, 2008, p. 370).

Na mesma esteira a lição de Barbosa Moreira, quando, comentando o art. 486 do CPC/73 (atual art. 966, § 4º, do CPC/2015), admite que o sistema brasileiro "prevê o exercício do direito (potestativo) à eliminação do ato defeituoso em 'processo distinto', a cuja instauração dá lugar, precisamente, o ajuizamento da ação de que cuida o dispositivo", mas ressalvando que "sem que se haja de excluir, contudo, ao menos em certos casos, a possibilidade de discutir-se 'no próprio feito onde se praticou o ato' a questão da validade, com evidentíssima vantagem do ângulo da economia processual" (*Comentários ao Código de Processo Civil*, 11. ed. Rio de Janeiro, Forense, 2003, v. V, p. 164).

Também sob o pálio da economia, a Suprema Corte, em vetusto aresto, já aceitou discussão sobre a higidez da vontade manifestada em instrumento de transação no próprio processo a que se referia (STF, RE n. 87.171, 2ª T., rel. Min. Xavier de Albuquerque, j. 17.05.1977). Na mesma senda, assentou o STJ que "atenta contra o princípio da economia processual exigir que a parte ingresse contra outra ação, onde será movimentada novamente a máquina, com os custos que isso implica, inclusive para a sociedade, quando a sentença homologatória foi atacada tempestivamente por recurso e por isso mesmo ainda não transitou em julgado" (STJ, REsp n. 182.763, 3ª T., rel. Min. Waldemar Zveiter, j. 29.06.2000).

Diversamente, todavia, o mesmo STJ, agora pela pena do Ministro Sálvio de Figueiredo, no ano de 2003, decidiu que, havida a transação, não se dá ao transator a possibilidade de aduzir lesão a seus interesses senão em feito próprio, salientando que "pode haver nova lide em torno da transação, mas sua apreciação somente pode ocorrer em outro processo, não no mesmo, em que concluído o ofício jurisdicional" (STJ, 4ª T., REsp n. 331.059, j. 26.08.2003).

Pois, ainda mais, não bastasse o fato de que, com a transação, o litígio se encerra e o ofício jurisdicional, por conseguinte, também se esgota, de se lembrar que a anulatória não raro exigirá dilação probatória própria, de todo distinta do que no feito extinto se discutia. E não é só. Se o argumento favorável à tese diversa, como se viu, é o da economia, tem-se que também deste ângulo de análise a conclusão não se autorize. Afinal, não se olvide que, enquanto não anulada, a transação homologada nos autos produz todos os seus normais efeitos, em que se põe a eventualidade do cumprimento coativo, este sim, a se desenvolver nos mesmos autos, assim em que não se concebe a simultânea discussão de sua validade, com dilação específica concomitante à prática de atos executivos. Portanto, ainda que sob este prisma a ação autônoma parece ser o caminho mais adequado.

Por último, nada se altera mesmo se a transação ainda não tiver sido homologada quando alegado o vício com que supostamente firmada. Isso porque, de novo conforme a lição citada, de Humberto Theodoro, "uma vez, porém, que o negócio jurídico da transação já se acha concluído entre as partes, impossível é a qualquer delas o arrependimento unilateral, mesmo que ainda não tenha sido homologado o acordo em Juízo. Ultimado o ajuste de vontade, por instrumento particular ou público, inclusive por termo nos autos, as suas cláusulas ou condições obrigam definitivamente os contraentes, de sorte que sua rescisão só se torna possível por dolo, coação ou erro essencial quanto à pessoa ou coisa controversa (CC/2002, art. 849; CC/1916, art. 1.030). Por isso, enquanto não rescindida regularmente a transação, nenhuma das partes pode impedir, unilateralmente, que o juiz da causa lhe dê homologação, para pôr fim à relação processual pendente" (op. cit., p. 370). Daí o STJ ter decidido que o vício de consentimento com que se tenha firmado transação, justamente arguível em ação própria, encerra "óbice que não enseja a não homologação pelo juiz" (REsp n. 666.400, 1ª T., rel. Min. Teori Zavascki, j. 19.10.2004).

Sobrevindo o novo CPC, não parece exatamente superada a discussão. Se melhor se refere, no preceito do art. 966, § 4º, a "anulação", não mais a "rescisão" dos atos judiciais que não dependem de sentença, e se se especificam estes atos, assim de disposição de direitos, não se refere a contingência ou obrigatoriedade de ação autônoma, ainda, como se vem de acentuar, de regra se a suponha necessária.

**Jurisprudência:** Sobre a impossibilidade de apelação para discutir vício de consentimento, somente articulável em ação própria: Transação. Homologação. Vício de consentimento. Pretendido reconhecimento em sede de apelação. Inadmissibilidade. Alegação que demanda ampla dilação instrutória, somente alcançável através de ação própria. (*RT* 798/277)

Negando a possibilidade de discutir a validade da transação nos autos do processo em que ela se consumou: STJ, REsp n. 690.297, 2ª T., rel. Min. Castro Meira, j. 17.02.2005; e, com idêntica solução, mas particularmente acerca da alegação de vício do consentimento: STJ, REsp n. 666.400, 1ª T., rel. Min. Teori Zavascki, j. 19.10.2004. Também negando a possibilidade de se discutir vício da transação nos mesmos autos, agora pela necessidade de nova e diversa dilação: TJSP, Ap. Cível n. 990.10.097124-7, 1ª Câm. de Dir. Priv., rel. Des. Luiz Antônio de Godoy, j. 10.08.2010; Ap. Cível n. 202.115-4/2-00, 1ª Câm. de Dir. Priv., rel. Des. Paulo Eduardo Razuk, j. 04.08.2009.

Assentando que a transação preventiva serve, em futura ação que, apesar dela, se proponha, à arguição não da exceção de coisa julgada, propriamente (art. 267, V, do CPC/73; art. 485, V, do CPC/2015), mas sim da carência por falta de interesse (art. 267, VI, do CPC/73; art. 485, V, do CPC/2015), porquanto inexistente, a rigor, a coisa julgada em si, ver: *RT* 813/251.

Negando vício da transação subscrita pela própria parte, sem seu advogado, mas porque esclarecida, ainda que em relação a direitos discutidos em juízo: TJSP, Ap. Cível n. 9160200-81.2007.8.26.0000, 15ª Câm. de Dir. Priv., rel. Des. Amorim Cantuária, j. 11.05.2011.

Aplicando o dispositivo mesmo na hipótese do art. 792 do CPC/73, atual art. 922 do CPC/2015: STJ, REsp n. 1.034.264, 4ª T., rel. Min. Fernando Gonçalves, *DJ* 11.05.2009.

Ver ainda item da jurisprudência no comentário ao art. 842 sobre a irretratabilidade da transação judicial, mesmo não homologada.

**Art. 850. É nula a transação a respeito do litígio decidido por sentença passada em julgado, se dela não tinha ciência algum dos transatores, ou quando, por título ulteriormente descoberto, se verificar que nenhum deles tinha direito sobre o objeto da transação.**

A regra repete a previsão do CC anterior, estabelecendo a nulidade da transação nas hipóteses que elenca, a rigor porque, mais do que o erro, considerou o legislador que, nos mesmos casos, faltaria propriamente objeto à transação. Assim que, em primeiro lugar, havida uma transação depois de, sobre a mesma controvérsia, ter passado em julgado uma sentença, na realidade nada haveria mais a transacionar. Isso, é certo, desde que inscientes as partes transigentes, ou ao menos uma delas, sobre a prolação daquele mesmo ato jurisdicional, como no exemplo clássico do herdeiro da parte falecida que consuma transação sem conhecer a sentença proferida em processo envolvendo o autor da herança, que já solvera a controvérsia, repita-se, sem o seu conhecimento.

É certo que, ao revés, se transacionam as partes cientes da sentença, nenhum vício há, tratando-se de direitos disponíveis que, afinal de contas, são inclusive renunciáveis. Bem de ver que, erigindo um caso de nulidade, fica ele a descoberto, como já advertia Carvalho Santos, forte na lição de Paul Pont, na hipótese em que o vencedor da demanda transige dela tendo ciência, insciente somente a parte derrotada, quando então não haveria prejuízo a justificar a invalidação (v. *Código Civil brasileiro interpretado*, 5. ed. Rio de Janeiro, Freitas Bastos, 1952, v. XIII, p. 421-2).

A outra hipótese que justifica a nulidade é a da posterior descoberta de título que indica a estraneidade do direito objeto da transação às partes. Caso que, na verdade, já se subsumiria à previsão do art. 844, não podendo a transação prejudicar terceiros. Seria como que uma "transação *a non domino*", porquanto atinente a direito de terceiro não transator, muito mais, então, um caso de ineficácia do que de nulidade. De qualquer maneira, também aqui considerou o legislador que faltasse objeto à transação, vazia de conteúdo e, assim, reputada nula pela lei.

Por fim, realçando raras as duas hipóteses contempladas no preceito, lembra, ademais, Rodolfo Camargo Mancuso da plena possibilidade de as partes, mesmo passada em julgado a sentença, transacionarem sobre o bem da vida que constituiu o objeto litigioso, quer pela disponibilidade que sobre o respectivo direito se lhes reconhece, quer até porque a coisa julgada encerra um mecanismo de segurança que impede não mais que nova cognição judicial envolvendo as mesmas partes e tendo o mesmo objeto litigioso – uma função negativa, nas palavras do autor, garantidora de um *non bis in idem* ("A coisa julgada e sua recepção no Código Civil". In: *O Código Civil e sua interdisciplinaridade*. FILOMENO, José Geral Barreto; WAGNER JÚNIOR, Luiz Guilherme da Costa; GONÇALVES, Renato Afonso (coords.). Belo Horizonte, Del Rey, 2004, p. 283-306).

**Jurisprudência:** Assentando a validade de transação posterior a sentença, mas conscientemente deliberada pelas partes: Transação. Acordo celebrado entre litigantes, havendo sentença de julgamento de mérito que favorece integralmente uma das partes. Admissibilidade, desde que o pacto apresente os requisitos de validade. (*RT* 773/285) Admitindo transação mesmo após o trânsito em julgado de sentença proferida a respeito do litígio: TJSP, AI n. 7.329.078.300, 17ª Câm., rel. Des. Térsio Negrato, j. 01.04.2009; AI n. 2082105-15.2014.8.26.0000, 19ª Câm. de Dir. Priv., rel. Des. Ricardo Belli, *DJe* 11.07.2014, p. 915. Exigindo que ainda não tenha havido trânsito: TJSP, AI n. 7.357.679.100, 22ª Câm., rel. Des. Andrade Marques, j. 16.09.2009.

## CAPÍTULO XX
## DO COMPROMISSO

**Art. 851. É admitido compromisso, judicial ou extrajudicial, para resolver litígios entre pessoas que podem contratar.**

Legislação correlata: art. 1º, Lei n. 9.307, de 23.09.1996.

O CC/1916 regulava, já, o compromisso, mas, tal como a transação, inserindo-o entre as formas de extinção das obrigações. Sobreveio, depois, a Lei de Arbitragem (Lei n. 9.307/96), textualmente revogando, como disposto no seu art. 44, os preceitos dos arts. 1.037 a 1.048 do CC/1916, que cuidavam da matéria. Pois agora retoma o atual CC o tratamento legal do compromisso, e no capítulo dos contratos, tal qual se deu com a transação (v. comentário ao art. 840), apenas que de maneira genérica, sem o mesmo detalhamento que se continha no Código revogado, legado à lei especial, inclusive expressamente ressalvada no art. 853, assim sem criar conflito de normas.

Assenta-se, a rigor, a natureza civil, e não puramente processual do compromisso, como se disse um negócio jurídico de índole contratual, todavia cujas regras procedimentais ficam à disciplina da lei especial. Ocupou-se tão somente o atual CC de lhe fixar o conceito e os requisitos. Na verdade, o compromisso muito se aproxima da transação, pelo que o art. 1.048 do

CC/1916 inclusive determinava que lhe fossem aplicáveis as respectivas regras. Se na transação as partes contratam no sentido de autocompor sua incerteza obrigacional, uma controvérsia que lhes marque a relação, mediante a realização de concessões recíprocas, no compromisso as partes contratam com a finalidade de entregar a solução dessa mesma insegurança, dessa mesma dúvida obrigacional, a um terceiro, o árbitro. Ou seja, e em diversos termos, por meio do compromisso as partes submetem sua divergência, verdadeiramente, a um juízo privado e especial, que é o juízo arbitral.

Como negócio jurídico dispositivo que é, porquanto voluntariamente se sujeitam as partes à deliberação por um árbitro que escolhem, daí acaso lhes advindo afetação a seu direito obrigacional, o compromisso somente pode ser instituído, de maneira válida, por quem tenha capacidade e legitimação, da mesma forma que a exigida para a transação. Quando realizam o compromisso, as partes a rigor regulamentam o que será a arbitragem. Fazem-no judicial ou extrajudicialmente, por termo nos autos ou documento escrito, particular – subscrito por duas testemunhas – ou público (art. 9º da Lei n. 9.307/96), identificando-se, e ao árbitro, ou árbitros, indicando, ainda, a matéria objeto da arbitragem e o local em que se proferirá a respectiva sentença.

Podem as partes convencionar que o árbitro ou árbitros decidam de acordo com um juízo que não seja de legalidade, mas sim de equidade. O árbitro, sujeito às causas comuns de impedimento e suspeição (art. 20 da Lei n. 9.307/96), pode ser qualquer pessoa capaz, se nomeado mais de um, necessariamente em número ímpar. Se indicado número par de árbitros, a lei os autoriza a nomear mais um. Na falta de acordo, as partes podem recorrer ao Judiciário. Embora caiba às partes a escolha do procedimento arbitral, ele não se afasta da necessária atenção, mercê de imperativo constitucional (art. 5º, LV), aos princípios do contraditório e ampla defesa, o que incumbe ao Judiciário, se provocado, aferir.

A sentença arbitral, proferida com os mesmos requisitos da sentença estatal, portanto com relatório, fundamentação e dispositivo (art. 26 da Lei n. 9.307/96), produz, entre as partes e sucessores, os mesmos efeitos do ato decisório emanado do Poder Judiciário, executando-se como título judicial (art. 31 da Lei n. 9.307/96). Ao juiz togado, no exercício da atividade jurisdicional, não é dado, se a ele recorre qualquer das partes, apreciar o mérito da sentença arbitral, o acerto ou desacerto da deliberação do árbitro. O controle do Judiciário sobre o procedimento arbitral não diz respeito à verificação do acerto ou desacerto da decisão que nele se profira, mas à legalidade, a começar pela verificação do atendimento ao contraditório e ampla defesa, princípios que permeiam qualquer procedimento, judicial ou extrajudicial, a par da aferição acerca do respeito às próprias regras e objeto fixados para a arbitragem. Nesse sentido é que cabe a ação de nulidade da sentença arbitral (art. 33 da Lei n. 9.307/96).

Entre as hipóteses de nulidade elencadas no art. 32 da Lei de Arbitragem, está a de prevaricação, concussão ou corrupção passiva do árbitro. Tanto quanto pela prolação da sentença arbitral, o compromisso se extingue se houver recusa do árbitro e as partes não aceitarem substituto, da mesma forma que se houver falecimento ou impossibilidade de o árbitro proferir seu voto, ou ainda expirado o prazo, se houver (art. 11, III, da Lei n. 9.307/96).

**Jurisprudência:** Arbitragem. Sentença arbitral. Tutela antecipada. Inviabilidade de conceder a medida para o fim de anular e suspender os efeitos da decisão arbitral. Impossibilidade de impedir o executante de exercer o seu direito à execução, pois o direito de ação é de ordem constitucional. Caso, ademais, que não se encontra dentro das hipóteses que autorizam a nulidade da sentença arbitral. Nulidade que pode ser alegada em regular embargos do devedor. Inteligência dos arts. 32 e 33, § 3º, da Lei n. 9.307/96. (*RT* 803/262)

No âmbito do STJ, decidiu-se que: "O Tribunal Arbitral é competente para processar e julgar pedido cautelar formulado pelas partes, limitando-se, porém, ao deferimento da tutela, estando impedido de dar cumprimento às medidas de natureza coercitiva, as quais, havendo resistência da parte em acolher a determinação do árbitro, deverão ser executadas pelo Poder Judiciário, a quem se reserva o poder de *imperium*. Na pendência da constituição do Tribunal Arbitral, admite-se que a parte se socorra do Poder Judiciário, por intermédio de medida de natureza cautelar, para assegurar o resultado útil da arbitragem" (REsp n. 1.297.974/RJ, 3ª T., rel. Min. Nancy Andrighi, j. 12.06.2012).

---

**Art. 852. É vedado compromisso para solução de questões de estado, de direito pessoal de família e de outras que não tenham caráter estritamente patrimonial.**

---

Legislação correlata: art. 1º, Lei n. 9.307, de 23.09.1996.

O compromisso, se, como se viu no comentário ao artigo anterior, tem natureza contratual, sendo instituído pelas próprias partes, que se sujeitam à deliberação de um terceiro que escolhem para solver uma incerteza obrigacional sua, por conseguinte só pode mesmo se referir a direitos disponíveis. Ou seja, o preceito ora em exame corresponde, simetricamente, ao que, acerca da transação, se explicitou no art. 841, a cujo comentário se remete o leitor. Na verdade, não custa a lembrança, o compromisso não deixa de envolver uma concessão, com a diferença, para a transação, de que as partes não a consumam diretamente, autocompondo sua divergência, mas entregando essa solução a um terceiro.

Daí que já a lei especial inicia seu regramento dizendo somente possível o compromisso quando relativo a direitos disponíveis (art. 1º da Lei n. 9.307/96). Mesmo se, no curso da arbitragem, e para que o árbitro profira a sua decisão, surgir a necessidade de manifestação incidente, de decisão sobre questão prejudicial envolvendo direito indisponível, o procedimento deverá ser suspenso e submetido ao juízo comum, para deslinde daquela matéria.

**Art. 853. Admite-se nos contratos a cláusula compromissória, para resolver divergências mediante juízo arbitral, na forma estabelecida em lei especial.**

Legislação correlata: art. 4º, Lei n. 9.307, de 23.09.1996.

Diferentemente do compromisso arbitral, como se examinou no comentário ao art. 851, o verdadeiro regulamento da arbitragem, a cláusula compromissória não é mais do que a promessa prévia de contratá-lo. Com efeito, por meio da cláusula compromissória, as partes convencionam a sua submissão à arbitragem, caso sobrevenha alguma incerteza acerca de relação contratual que as vincule. Fazem-no, sempre, por escrito, no próprio contrato ou em instrumento à parte. Se inserida em contrato de adesão, a cláusula só terá eficácia se de iniciativa do aderente ou se este aceitá-la de maneira diferenciada, como está no § 2º do art. 4º da Lei n. 9.307/96.

Já em contratos de adesão que se refiram também a uma relação de consumo, tem-se no CDC – veja-se, lei subjetivamente especial e de índole protetiva, por comando constitucional (art. 5º, XXXII, da CF/88) – que é abusiva a cláusula de utilização compulsória da arbitragem (art. 51, VII), o que, se para uns, e ao que se acede, impede mesmo a cláusula compromissória, mercê da qual se institui a obrigatoriedade da solução arbitral (v. MARQUES, Claudia Lima. *Contratos no Código de Defesa do Consumidor*, 4. ed. São Paulo, RT, 2002, p. 888-91), para outros ela até se compatibiliza com o sistema consumerista se essa mesma cláusula decorrer de efetiva bilateralidade e refletida manifestação de vontade do consumidor (*v. g.*, NERY JUNIOR, Nelson. *Código de Defesa do Consumidor comentado pelos autores do anteprojeto*, 7. ed. Rio de Janeiro, Forense Universitária, 2001, p. 525). Antônio Junqueira de Azevedo, a propósito, salienta que a vedação da lei consumerista é à cláusula compromissória, mas não ao compromisso. Nas suas palavras: "nas relações em que o consumidor é parte, o compromisso é sempre permitido e deve obedecer às regras do CDC; a cláusula compromissória, por sua vez, continua proibida, por força do inciso VII do art. 51 do CDC, não revogado. Já nas relações entre não consumidores, tratando-se de contratos de adesão, há de se aplicar o § 2º do art. 4º, da Lei de Arbitragem; a cláusula compromissória vale, se negociada ou devidamente salientada no texto contratual" ("A arbitragem e o direito do consumidor". In: *Estudos e pareceres de direito privado*. São Paulo, Saraiva, 2004, p. 135-45).

Mas, de qualquer maneira, e tal qual o define a lei especial, cuida-se mesmo de as partes pactuarem que os litígios que possam vir a surgir, relativamente a um dado contrato, deverão ser arbitrados (art. 4º da Lei n. 9.307/96). É, portanto, uma convenção prévia, mediante a qual as partes se comprometem a contratar o compromisso. Trata-se de disposição autônoma em relação ao contrato a que se refere, pelo que a nulidade deste não a contamina, forçosamente (art. 8º da Lei n. 9.307/96). Como pacto preliminar que é, a cláusula compromissória suscita execução coativa, para o caso de haver resistência da parte em cumpri-la, tudo na forma do art. 7º da Lei n. 9.307, o que, como de resto outros dispositivos da lei especial cuja constitucionalidade se discutiu, a Suprema Corte já julgou constitucional, destarte sem nenhuma afronta, que do regramento legal da arbitragem se pudesse depreender, ao princípio da inafastabilidade da jurisdição (art. 5º, XXXV, da CF/88).

E, mais, sujeitando-se as partes à resolução de suas incertezas obrigacionais por meio da arbitragem, não lhes assiste interesse processual em veicular pretensão jurisdicional para o mesmo fim. É o que se contém, textualmente, no art. 267, VII, do CPC/73, atual art. 485, VII, do CPC/2015. Porém, situação diversa é daquele que já se julgue detentor de título executivo e queira manejar ação de execução, nesse caso não se subordinando à prévia instituição do procedimento arbitral, ainda que existente cláusula compromissória. Tudo, é claro, sem prejuízo da verificação dos requisitos próprios de certeza e liquidez do título.

Em diversos termos, não faz sentido algum imaginar que, já dispondo a parte de título executivo, assim não tencionando resolver litígio, mas satisfazer seu crédito, haja qualquer necessidade de se instituir compromisso.

**Jurisprudência:** Súmula n. 485, STJ: A Lei de Arbitragem aplica-se aos contratos que contenham cláusula arbitral, ainda que celebrados antes da sua edição.

Por maioria de votos, o STF julgou constitucionais os dispositivos da Lei n. 9.307/96, no Ag. Reg. na SE n. 5.206-7/Espanha, j. 12.12.2001.

Assentando a falta de interesse na veiculação de demanda judicial para resolver litígio objeto de cláusula compromissória: STJ, REsp n. 653.733/RJ, 3ª T., rel. Min. Nancy Andrighi, j. 03.08.2006, *DJ* 30.10.2006. No mesmo sentido: "Cláusula compromissória é o ato por meio do qual as partes contratantes formalizam seu desejo de submeter à arbitragem eventuais divergências ou litígios passíveis de ocorrer ao longo da execução da avença. Efetuado o ajuste, que só pode ocorrer em hipóteses envolvendo direitos disponíveis, ficam os contratantes vinculados à solução extrajudicial da pendência. A eleição de cláusula compromissória é causa de extinção do processo sem julgamento de mérito, nos termos do art. 267, VII, do CPC". (STJ, REsp n. 606.345/RS, 2ª T., rel. Min. João Otávio Noronha, j. 17.05.2007, *DJ* 08.06.2007)

Ressalvando a possibilidade de execução sem prévia instituição de arbitragem: "Deve-se admitir que a cláusula compromissória possa conviver com a natureza executiva do título. Não se exige que todas as controvérsias surgidas de um contrato sejam submetidas à solução arbitral. Ademais, não é razoável exigir que o credor seja obrigado a iniciar uma arbitragem para obter juízo de certeza sobre uma confissão de dívida que, no seu entender, já consta do título executivo. Além disso, o árbitro não tem poder coercitivo direto, não podendo impor, contra a vontade do devedor, restrições a seu patrimônio, como a penhora, e nem excussão forçada de seus bens". (STJ, REsp n. 944.917/SP, 3ª T., rel. Min. Nancy Andrighi, j. 18.09.2008, *DJ* 03.10.2008) No mesmo sentido, realçando a ausência de poderes coercitivos do juízo arbitral: STJ, REsp n. 1.373.710/MG, rel. Min. Ricardo Villas Bôas Cuevas, j. 07.04.2015.

Assentando a nulidade de cláusula compromissória inserta em contratos de adesão celebrados já na vigência do CDC: STJ, REsp n. 819.519/PE, 3ª T., rel. Min. Humberto Gomes de Barros, j. 09.10.2007.

## CAPÍTULO XXI
## DO CONTRATO DE ADMINISTRAÇÃO FIDUCIÁRIA DE GARANTIAS

Capítulo acrescentado pela Lei n. 14.711, de 30.10.2023.

**Art. 853-A. Qualquer garantia poderá ser constituída, levada a registro, gerida e ter a sua execução pleiteada por agente de garantia, que será designado pelos credores da obrigação garantida para esse fim e atuará em nome próprio e em benefício dos credores, inclusive em ações judiciais que envolvam discussões sobre a existência, a validade ou a eficácia do ato jurídico do crédito garantido, vedada qualquer cláusula que afaste essa regra em desfavor do devedor ou, se for o caso, do terceiro prestador da garantia.**

Artigo acrescentado pela Lei n. 14.711, de 30.10.2023.

**§ 1º O agente de garantia poderá valer-se da execução extrajudicial da garantia, quando houver previsão na legislação especial aplicável à modalidade de garantia.**

**§ 2º O agente de garantia terá dever fiduciário em relação aos credores da obrigação garantida e responderá perante os credores por todos os seus atos.**

**§ 3º O agente de garantia poderá ser substituído, a qualquer tempo, por decisão do credor único ou dos titulares que representarem a maioria simples dos créditos garantidos, reunidos em assembleia, mas a substituição do agente de garantia somente será eficaz após ter sido tornada pública pela mesma forma por meio da qual tenha sido dada publicidade à garantia.**

**§ 4º Os requisitos de convocação e de instalação das assembleias dos titulares dos créditos garantidos estarão previstos em ato de designação ou de contratação do agente de garantia.**

**§ 5º O produto da realização da garantia, enquanto não transferido para os credores garantidos, constitui patrimônio separado daquele do agente de garantia e não poderá responder por suas obrigações pelo período de até 180 (cento e oitenta) dias, contado da data de recebimento do produto da garantia.**

**§ 6º Após receber o valor do produto da realização da garantia, o agente de garantia disporá do prazo de 10 (dez) dias úteis para efetuar o pagamento aos credores.**

**§ 7º Paralelamente ao contrato de que trata este artigo, o agente de garantia poderá manter contratos com o devedor para:**

**I – pesquisa de ofertas de crédito mais vantajosas entre os diversos fornecedores;**

**II – auxílio nos procedimentos necessários à formalização de contratos de operações de crédito e de garantias reais;**

**III – intermediação na resolução de questões relativas aos contratos de operações de crédito ou às garantias reais; e**

**IV – outros serviços não vedados em lei.**

**§ 8º Na hipótese do § 7º deste artigo, o agente de garantia deverá agir com estrita boa-fé perante o devedor.**

O artigo em questão consolida a tipificação do chamado *contrato de administração fiduciária de garantias*, inserido no texto do CC pela Lei n. 14.711/2023 – o denominado marco das garantias. Por seu intermédio, institui-se no texto do CC a figura do *agente de garantias*, muito embora o agente fiduciário em si já não se desconhecesse no sistema (*v.g.*, Lei n. 9.514/97, art. 10, IV, em sua redação originária; Lei n. 14.430/2022, art. 26, III). Prevê-se sua atuação em nome próprio, uma vez designado pelo credor ou pelos credores da obrigação, embora em benefício destes, na constituição, gestão e excussão das garantias respectivas, de resto sem qualquer explicitada e genérica restrição acerca do tipo de garantia. E já logo aqui se vê aproximação especialmente com o contrato de comissão, ou ainda de mandato, mas sem representação (remetendo-se o leitor, a propósito, ao comentário do art. 653), o que releva à colmatação de lacunas e à interpretação das regras da disciplina da administração fiduciária de garantias. Tem-se, afinal, o encargo contratual fiduciário de zelo e cuidado com o interesse alheio, apenas particularmente relacionado à garantia de crédito do seu contratante.

Para tanto, o artigo estabelece que o agente, pessoa natural ou jurídica – e sobre cuja condição de profissional se remete ao comentário do art. 693, aqui com o acréscimo de que, suprimida a redação original do art. 3º do PL n. 4.188/2021, alusiva à pessoa jurídica gestora de garantias (Instituição Gestora de Garantias – IGG), empresa especializada regulamentada pelo CMN e fiscalizada pelo Bacen –, poderá, sempre em seu próprio nome e conforme o que se tenha disposto no contrato de administração, constituir e registrar a garantia, tanto quanto atuar nas demandas judiciais que a envolvam, em real legitimação extraordinária. Poderá também, como dispõe o § 1º, promover a excussão direta extrajudicial da garantia, quando assim prevista na legislação, por exemplo, na alienação fiduciária de imóveis (Lei n. 9.514/97) – e inclusive o que já julgado constitucional pela Suprema Corte (Tema n. 982).

Não se detalharam exatamente no dispositivo questões como forma e prazo do contrato, tampouco a remuneração do agente. Tão somente se determinou, de modo claro, a atuação do agente sempre em seu próprio nome e em favor dos credores da obrigação garantida, regra ademais que se impôs inafastável se em prejuízo do devedor ou de terceiro garantidor.

Quanto à forma, o § 4º do preceito, ao tratar de assembleia dos credores contratantes, para substituição do agente, refere *ato de designação ou de contratação do agente de garantia*, e em que previstos os requisitos de convocação e instalação do conclave. Isto então ademais de se indicar ato de designação desvinculado do momento da contratação, embora sempre necessária a aceitação, por ele, do encargo cometido. Mas, seja como for, ainda que tido em conta o princípio geral do informalismo do negócio jurídico, já não seria incomum a necessidade de prova do ajuste em comento. Basta pensar na contingência da atuação pessoal do agente em demandas judiciais que versem sobre a garantia, como já se viu, em qualquer dos polos do processo.

Depois, se se trata de contrato fiduciário, assim baseado na confiança, possível a resilição unilateral (observada de modo geral, a esta denúncia, a regra do art. 473, *caput* e parágrafo único, do Código), por decisão do credor ou credores contratantes, em relação a cada qual de suas relações; ou, ainda, a substituição em assembleia, nesse caso, por deliberação majoritária (simples), e embora seja devida publicização para conhecimento de terceiros, pelo mesmo meio publicitário da garantia (§ 3º).

No tocante ao prazo de vigência, também de se aceitar a indeterminação, se nenhum limite a lei impôs. Sobre a contrapartida do agente, deve-se observar o estipulado pelas partes, na falta do que cabe ao arbitramento judicial, não se havendo de pressupor a liberalidade na prestação do serviço.

O agente responde pelo cumprimento de seus deveres fiduciários perante os credores, assim pela exação com que atue, preservando a confiança de seus contratantes; tanto quanto, se age em nome próprio, responde também perante terceiros declaratários em razão dos atos que pratique no exercício de seu mister, sem prejuízo do que tenha ajustado com o credor ou credores contratantes, assim nesta sua relação interna.

O produto da excussão da garantia recebido pelo agente deve ser repassado em até dez dias aos credores, conforme o § 6º, embora não se tenha explicitado ressalva sobre a impossibilidade de cláusula em contrário, como se fez no *caput* do dispositivo acerca da sua atuação em nome próprio e do interesse dos credores. De todo modo, quer-se assegurar o pronto repasse de valor que, afinal, não pertence ao agente. E desde o recebimento deste mesmo produto, até 180 dias, os ativos constituem patrimônio separado do agente (§ 5º) – mais uma hipótese de separação ou segregação patrimonial, por exemplo, o patrimônio de afetação da Lei n. 10.931/2004 e as sociedades de propósito específico –, o que permite aos credores agir se não havido repasse assegurando a satisfação de seu direito sem alcance dos valores por credores do agente.

Finalmente, o § 7º do preceito permite que o agente, ao mesmo tempo dessa sua contratação, portanto a despeito dela, firme contrato outro, com o devedor, para, segundo os incisos do dispositivo, pesquisa de melhores ofertas de crédito, auxílio na respectiva negociação e consumação do ajuste, mesmo quanto às garantias, intermediação na solução de problemas daí surgidos, além de outros – inespecíficos – serviços não vedados na lei, ainda segundo o texto legal. Evidencia-se, todavia, a potencialidade de conflito de interesses em relação às contratações, assim dado o simultâneo desempenho da administração fiduciária e da prestação de serviços de que cuida a norma do parágrafo em tela, destarte ao que talvez e ao menos se justificasse a ressalva mais detalhada do que somente a exigência – de resto já haurida do princípio positivado no art. 422 – de atuação com boa-fé perante o devedor, tal qual levado ao § 8º, o último do artigo. E isso posto se queira em si a novel disposição como instrumento de maior dinamismo no trânsito das relações de crédito e débito, mesmo com a possibilidade de a garantia servir a mais de uma obrigação, malgrado o que nem antes vedado (*v.g.*, arts. 1.422 e 1.493) e, como lembra Melhim Namem Chalrub ("Notas sobre a tipificação do contrato de administração fiduciária de garantias", p. 9. Disponível em: https://www2.camara.leg.br/atividade-legislativa/comissoes/grupos-de-trabalho/56a-legislatura/grupo-de-trabalho-serventias-notoriais-registro-e-custas-forenses-1/outros-documentos/instituto-de-registro-imobiliario-do-brasil-irib-nota-sobre-dupla-tipificacao-do-contrato-de-gestao-de-garantias-melhim-chalhub. Acesso em: 16 jan. 2024), tampouco condicionado na redação dada pela mesma Lei n. 14.711/2023, por exemplo, aos arts. 1.477, §§ 1º e 2º, 1.487-A, § 3º, do CC, ao art. 9º-A da Lei n. 13.476/2017 ou ao art. 18, § 8º, da Lei n. 6.766/79, à atuação de um agente de garantias.

## TÍTULO VII
## DOS ATOS UNILATERAIS

### CAPÍTULO I
### DA PROMESSA DE RECOMPENSA

**Art. 854. Aquele que, por anúncios públicos, se comprometer a recompensar, ou gratificar, a quem preencha certa condição, ou desempenhe certo serviço, contrai obrigação de cumprir o prometido.**

A promessa de recompensa inclui-se entre os atos unilaterais que são fonte de obrigação. Assim, uma vez preenchidos determinados requisitos, aquele que promete recompensa está vinculado ao cumprimento da prestação oferecida. Tal situação verifica-se quando, por exemplo, colocam-se faixas em determinado bairro prometendo recompensar quem restituir um animal de estimação. A obrigação não decorre do simples fato de restituir-se o animal, mas sim da promessa anterior, feita por anúncios, de que se pagaria recompensa ou gratificação. Do mesmo modo, não é suficiente que se formule pedido de restituição do animal, havendo necessidade de promessa de recompensa ou gratificação consignada no anúncio.

Desde o anúncio público, o promitente considera-se obrigado, mas a exigência da contraprestação prometida dependerá de fato futuro e incerto ou da realização de determinado serviço. A obrigação surgida para o promitente não depende do consentimento da outra parte, cujo serviço não transforma o negócio em bilateral (DE LUCCA, Newton. *Comentários ao novo Código Civil.* Rio de Janeiro, Forense, 2003, v. XII, p. 8 e segs.).

Carlos Roberto Gonçalves aponta os requisitos necessários para que a promessa de recompensa se torne obrigatória: "a) que lhe tenha sido dada publicidade; b) a especificação da condição a ser preenchida ou o serviço a ser desempenhado; e c) a indicação da recompensa ou gratificação" (*Direito civil brasileiro.* São Paulo, Saraiva, 2004, v. III, p. 567).

O requisito da publicidade não implica qualquer restrição a respeito do meio pelo qual a promessa é divulgada, bastando que seja dirigida a pessoas indeterminadas. Assim, tanto o anúncio pela imprensa quanto a distribuição de folhetos ou a afirmação verbal em local em que se encontrem várias pessoas serão suficientes. Nos casos em que a promessa for feita por fornecedores de produtos ou serviços, as regras de incidência predominante serão as do CDC (arts. 30 a 38).

**Jurisprudência:** Apelação. Promessa de recompensa. Sorteio de uma motocicleta promovido em anúncio público pela ré. Autores que não satisfizeram as condições declinadas pela promitente. Inexigível a recompensa estipulada. Arts. 854 e 855, ambos do CC. Ausência de ato ilícito que afasta o dever de indenizar. Sentença mantida. Recurso desprovido. (TJSP, Ap. Cível n. 10003156520198260286/Itu, 36ª Câm. de Dir. Priv., rel. Lidia Conceição, j. 16.06.2023, *DJ* 16.06.2023)

Contrato título de capitalização. Sorteio instantâneo conhecido como "raspadinha". Título que permite observar a existência de três números iguais. Dever de pagamento do prêmio, ainda que tenha havido erro de impressão. Cumprimento do previsto nos arts. 37, § 1º, do CDC e 854 do CC. Decisão que condenou a fornecedora ao pagamento do prêmio correspondente mantida. Recurso não provido. Denunciação da lide da empresa que prestou os serviços de impressão. Atividade de resultado que a obriga ao ressarcimento dos prejuízos decorrentes do erro de impressão. Decisão que julgou improcedente a lide secundária modificada para a condenação da denunciada ao ressarcimento do valor desembolsado em razão da decisão que acolheu a pretensão de pagamento do prêmio. Recurso provido nesta parte. (TJSP, Ap. n. 0050625-20.2008.8.26.0564/ São Bernardo do Campo, 17ª Câm. de Dir. Priv., rel. Paulo Pastore Filho, *DJe* 17.04.2013, p. 1.210)

Tratando-se de rifa organizada pelos réus, com sorteio pela Loteria Federal, a hipótese não se enquadra no que prevê o art. 814 do CC, que disciplina os jogos de azar. Aplicabilidade dos arts. 854 a 860 do CC, que regulamentam a promessa de recompensa. Demonstrado nos autos, pela prova documental e testemunhal carreada, que o número sorteado não fora vendido, tendo a autora adquirido o número mais próximo, tem ela o direito ao recebimento do prêmio, consoante o regulamento da promoção. Responsabilidade solidária dos réus, pois comprovada a participação de ambos na promoção do evento. Afastadas as preliminares, negaram provimento às apelações. Unânime. (TJRS, Ap. Cível n. 70.029.428.463, 20ª Câm. Cível, rel. Walda Maria Melo Pierro, j. 14.04.2010)

Promessa de recompensa. Aquele que recebe, em nome do promitente, atribuição de administrar a distribuição dos prêmios prometidos, assume responsabilidade em face do credor. Se terceiro faz uso do prêmio, causando prejuízo ao credor, tem ele direito de obter informações a respeito da ilegítima apropriação. Documentos que foram perfeitamente identificados na inicial, dando ensejo à procedência do pedido cautelar, de natureza preparatória. Recurso provido. (TJRJ, Ap. n. 0096645-70.2009.8.19.0001 (2009.001.60942), 17ª Câm. Cível, rel. Des. Luisa Bottrel Souza, j. 02.12.2009)

Apelação cível. Ensino particular. Ação cominatória. Cumprimento de obrigação de fazer. Concurso de monografias. Promessa de recompensa. Preenchidos os requisitos. Gratificação. Publicação do trabalho. Tiragem. Prazo. Competência da Justiça estadual. Cerceamento de defesa. Inocorrência. Verba honorária mantida [...]. Mérito do recurso em exame. 7 – Preambularmente, cumpre salientar que descabe ao Poder Judiciário fazer juízo de valor quanto aos critérios estabelecidos para a escolha dos trabalhos a serem publicados, pois é assegurada constitucionalmente às universidades a autonomia didático-científica, administrativa e de gestão financeira. Inteligência do art. 207 da CF. 8 – É incontroverso nos autos que a demandada instituiu, no curso de Direito, um concurso para selecionar os melhores trabalhos de conclusão, cujos autores seriam agraciados com uma bolsa de estudos em curso de pós-graduação *lato sensu* e com a publicação do trabalho através da Editora da Universidade de [...]. 9 – Aplicável ao caso o disposto no art. 854 e segs. do CC, os quais disciplinam a promessa de recompensa. Feitas estas considerações, resta apreciar se presentes os requisitos exigidos, quais sejam: a publicidade da promessa, a especificação da condição a ser preenchida ou do serviço a ser desempenhado e a indicação da respectiva recompensa. 10 – No que se refere ao primeiro requisito, importa ressaltar que a Portaria n. 26/2002 deu a necessária publicidade quanto aos termos do concurso de seleção de monografias; bem como, atendendo ao segundo requisito, estabeleceu a condição para o recebimento do prêmio, ou seja, que o trabalho produzido seja escolhido como um dos três melhores apresentados no semestre. Por fim, a gratificação também restou expressamente descrita. 11 – No caso dos autos, restou demonstrado o fato de a monografia do autor ter sido escolhida como uma das três melhores no primeiro semestre letivo de 2003, preenchendo deste modo os requisitos estabelecidos na precitada. Portanto, devendo ser contemplado com a premiação prometida. 12 – No que diz respeito à bolsa de estudos, a Universidade cumpriu com o prometido. Contudo, com relação à publicação do texto, restou demonstrado que a ré não cumpriu com a obrigação assumida, negando-se a publicar a monografia do autor, sob o argumento de que o texto não estaria de acordo com a política editorial da Educs. 13 – Frise-se que a portaria precitada não faz qualquer referência sobre nova avaliação dos trabalhos pelo conselho editorial, sendo descabida tal exigência. Ademais, o ofício n. 106/05 da Coordenação da Editora da Universidade de [...], datado de 19.12.2005, dá conta que o texto estava apto para a publicação, desde que fossem observados alguns pontos. 14 – Ainda, no que concerne à alegação de que teria sido proposta ao autor a publicação do texto em forma de artigo na Revista da Faculdade de Direito ou do Mestrado, oportuno destacar que este argumento só foi trazido a lume nos memoriais, sendo reiterado, posteriormente, nas razões recursais, o que impede o seu exame neste momento processual, a teor do que estabelece o art. 300 do CPC [art. 336 do CPC/2015]. Destarte, não há nos autos qualquer adminículo de prova a este respeito. 15 – Com relação à tiragem da obra tenho que esta foi bem estabelecida em 500 exemplares, tendo em vista que de acordo com as informações prestadas pela testemunha [...] este é o número mínimo de exemplares para impressão. 16 – Ademais, no que concerne à destinação dos exemplares tenho que merece prosperar a irresignação da recorrente, tendo em vista que a impressão dos exemplares envolve um custo razoável, de aproximadamente R$ 7.000,00, como relatado pelo coordenador da Editora da Universidade. 17 – Assim, apenas 100 exemplares deverão ser entregues ao apelado, cujo custo deverá ser levado em conta na fixação do preço da obra. A receita obtida com a venda dos exemplares restantes – 400 livros – pertencerá à demandada, a fim de cobrir os gastos relativos à publicação e distribuição da obra, que deverão ser comprovadas pela ré. 18 – Por fim, quanto ao prazo para publicação dos livros, não merece qualquer reparo a fixação daquele, devendo ser mantido conforme estabelecido pelo culto Magistrado *a quo*, na medida em que o trabalho de conclusão de curso foi entregue pelo autor no segundo semestre de 2003 e até hoje, passados mais de 6 (seis) anos, não houve solução para a questão. Da manutenção da verba honorária. 19 – Consideradas as características do caso em exame, a verba honorária fixada na sentença se mostra adequada para o caso concreto, pois concedeu valores razoáveis ante a situação fática da causa, proporcionando ao profissional do direito a justa remuneração, a qual deve ser estipulada de acordo com o princípio da equidade. 20 – Mantida a verba honorária em R$ 2.000,00, levando-se em conta o trabalho realizado, bem como o tempo de duração da demanda, a ser corrigida pelo IGPM a contar do arbitramento. Rejeitadas as preliminares suscitadas e, no mérito, dado parcial provimento ao apelo. (TJRS, Ap. Cível n. 70.030.749.444, 5ª Câm. Cível, rel. Jorge Luiz Lopes do Canto, j. 30.09.2009, *DJ* 07.10.2009)

Danos morais. Promessa de recompensa. Participação em programa televisivo que foi retirado do ar. Atos preparativos. Emissora que não assumiu a obrigação de exibir ou de conceder o prêmio. Inexistência do dever de indenizar. Sentença de improcedência mantida. Apelo improvido. (TJSP, Ap. cível c/ rev. n. 4.763.184.300, 10ª Câm. de Dir. Priv., rel. Testa Marchi, j. 16.06.2009, *DJ* 01.07.2009)

Apelação cível. Responsabilidade civil. Danos morais e materiais. Concurso de redação divulgado pelo projeto denominado "o Brasil que chega lá". Premiação. Viagem à Europa. Promessa de recompensa. Policitação (CC/1916, arts. 1.512 e 1.513; CC/2002, arts. 854 e 855). Autores que satisfizeram a condição, vencendo o certame. Não cumprimento da obrigação prometida por parte da demanda. 1 – Dano moral. Caracterização. Hipótese de que a demandada, por intermédio de anúncios públicos, se comprometeu a premiar a quem vencesse concurso de redação, divulgando em órgãos de imprensa o projeto denominado "O Brasil que chega lá", que vai levar 11 alunos e mais 4 professores surdos para visitarem Portugal, Espanha e França, após vencerem um concurso de redação com o mesmo tema, induzindo os autores, pois após cumprirem todas as exigências do concurso e serem declarados vencedores, mediante ampla propaganda, anunciaram o cancelamento da viagem. Evidente o ilícito civil da ré. Clarividente está a atitude de má-fé da demandada ao realizar um projeto que somente serviu para a sua promoção e a ilusão dos participantes. Tal conduta da requerida, ao desconsiderar não só os alunos vencedores do concurso, mas todos os participantes, e frustrar-lhes as expectativas, enseja a indenização por danos morais pleiteada pelos requerentes, danos estes que restaram perfeitamente comprovados nos autos, conforme se depreende dos depoimentos colhidos. Dano moral *in re ipsa*. Incidência dos arts. 1.512 e 1.513 do CC/1916; arts. 854 e 855 do CCB/2002. Sentença mantida [...]. (TJRS, Ap. Cível n. 70.024.574.907, 10ª Câm. Cível, rel. Paulo Roberto Lessa Franz, j. 28.05.2009, *DJ* 25.06.2009)

I – Agravo de instrumento contra decisão que declara haver relação de consumo em ação de obrigação de dar c/c indenização por danos morais, afastando alegação de prescrição. II – Promessa de recompensa (art. 854, novo CC), caracterizada pela premiação do agravado com um quite de produtos da linha da empresa agravante, em virtude do seu desempenho nos estudos. III – Inexistência de relação de consumo. Além do agravado não ter adquirido nem prometido adquirir qualquer produto da agravante, não é o destinatário final daqueles que lhe foram presenteados, os quais seriam utilizados como insumo da sua atividade laborativa de dentista. Antecedentes jurisprudenciais e doutrinários. IV – O prazo prescricional da pretensão de reparação civil é de 3 anos e só pode ser interrompido uma única vez. Inteligência dos arts. 202 e 206, § 3º, V, novo CC. Prescrição configurada. V – Provimento parcial do recurso. (TJRJ, AI n. 0038702-35.2008.8.19.0000 (2008.002.30113), 4ª Câm. Cível, rel. Des. Paulo Maurício Pereira, j. 11.11.2008)

Cobrança. Opção de compra de ações. Prêmio que teria sido prometido pela então empregadora ao funcionário, como incentivo e desenvolvimento de determinadas metas. Julgamento de procedência. Autor, no entanto, que deixou de cumprir com requisitos prévios, a envolver encaminhamento de notificação de aceitação da opção e pagamento das ações, por preço determinado. Possibilidade, no entanto, de que se apliquem, na solução do litígio, as regras da lei civil sobre promessa de recompensa. Fixação da indenização devida em igual valor recebido pelo apelado, a título de liberalidade, na ocasião de seu desligamento da empresa. Recurso parcialmente acolhido. (TJSP, Ap. n. 287.197-4/7, rel. Des. José Geraldo de Jacobina Rabello, j. 07.08.2008)

Embargos infringentes. Ato unilateral de vontade. Promessa de recompensa. Torneio de futebol. Prêmio à equipe campeã consistente em viagem de doze dias à França, com disputa de jogos amistosos. Inadimplemento. Danos materiais. Existência. Indenização. Necessidade. Fixação da indenização no valor suficiente à plena recomposição do patrimônio dos embargantes. Embargos acolhidos para esse fim. A promessa de recompensa é ato unilateral de vontade, e como tal, fonte de obrigação que vincula o estipulante. (TJSP, Emb. Infring. n. 511.174-4, rel. Des. Egidio Giacoia, j. 03.06.2008)

Direito do consumidor. Publicidade enganosa. Caracterização. Obrigação de não mais procedê-la, sob pena de multa. 1 – Ostenta-se enganosa a publicidade que, em página inteira de jornal, na parte superior, supermercado lista produtos e preços e, na inferior, com destaque, anuncia garantia total extra, seguida de texto com destaque ainda maior, dizendo que a pessoa ganha grátis o produto se encontrá-lo com preço mais baixo junto a concorrente do que o praticado pelo anunciante, como tal entendido (preço praticado) aquele do jornal, e não o da loja sujeito à manipulação instantânea para frustrar o direito do consumidor. De outra parte, não há falar em obrigação de pagar apenas a diferença entre o preço do anunciante (maior) e o do concorrente (menor), invocando texto que, embora na mesma publicidade, revela promoção diversa. Na realidade, face à clareza da mensagem no sentido de ganhar grátis o produto, o anunciante fez um desafio a todas as pessoas, sob promessa de recompensa, prevista inclusive na legislação civil comum (CC/1916, art. 1.512; CC/2002, art. 854), qual seja a prestação de um serviço consistente em encontrar um produto, integrante de uma lista, com preço mais baixo na rede de concorrentes. Para fazer jus ao produto, não era preciso comprá-lo. Bastava encontrá-lo com menor preço na rede de concorrentes. Desde o momento em que pessoas fizeram a pesquisa e encontraram produtos com menor preço e o anunciante negou-se à entrega grátis a pretexto de apenas cobrir a diferença a quem comprasse, e o preço praticado para fins de parâmetro não ser aquele publicado no jornal, e sim o da loja sujeito à prestidigitação, restou evidenciada, pelo suficiente potencial de enganosidade, tratar-se de publicidade enganosa. Se a lei prevê, em tal caso, a contrapropaganda, sanção mais severa, nada obsta que o pedido se limite a um *minus*, impondo-se a obrigação de não veicular a publicidade, sob pena de multa. Exegese dos arts. 37, § 1º, 56, XII, e 60, do CDC; e art. 30 do CDC, art. 1.512 do CC/1916 e art. 854 do CC/2002. 2 – Apelação provida. (TJRS, Ap. Cível n. 70.003.821.626, 1ª Câm. Cível, rel. Des. Irineu Mariani, j. 05.11.2003)

A emissora de televisão presta um serviço e como tal se subordina às regras do CDC. Divulgação de concurso com promessa de recompensa segundo critérios que podem prejudicar o participante. Manutenção da liminar para suspender a prática. (STJ, REsp n. 436.135, rel. Min. Ruy Rosado de Aguiar, j. 17.06.2003)

Ação de indenização por danos materiais e morais. Oferta de prêmios mediante sorteio caracterizadora de promessa de recompensa. Inexistência de orientação para preenchimento de cupons e de apresentação prévia do regulamento do sorteio. Suficiência de elementos que permitem a correta identificação do ganhador. Danos materiais devidos. Inexistência de prova relativa ao dano moral. (TJSP, Ap. n. 123.941-4/6, rel. Des. Carlos Stroppa, j. 20.06.2002)

Veiculada promessa de premiação e verificando-se, após, equívoco nos dados informativos inseridos em mensagem publicitária, responde o fornecedor do produto pelos danos causados ao consumidor. (TJSP, Ap. n. 122.422-4/0, rel. Des. Ernani de Paiva, j. 11.04.2002. No mesmo sentido: *RT* 773/387 e *JSTJ* 146/250)

**Art. 855. Quem quer que, nos termos do artigo antecedente, fizer o serviço, ou satisfizer a condição, ainda que não pelo interesse da promessa, poderá exigir a recompensa estipulada.**

Não se exige que a pessoa que satisfizer o interesse do promitente o tenha feito com a intenção de receber a recompensa ou mesmo que tivesse conhecimento dela. É suficiente que ela tenha sido oferecida publicamente para que o interessado possa postular a recompensa. Dessa forma, se alguém restitui ao proprietário um cão desaparecido, porque sabia que este lhe pertencia, fará jus à recompensa prometida em faixas colocadas nas imediações, mesmo que delas só venha a ter conhecimento depois da devolução do animal.

O presente dispositivo demonstra que a obrigação constitui-se independente da concordância do titular do direito à recompensa, nascendo exclusivamente com a manifestação pública de vontade do promitente, de forma diversa do que ocorre com os contratos – fontes de obrigações que só se aperfeiçoam com a conjugação de vontades dos manifestantes.

Ao se tornar obrigatória a promessa, aquele que realiza o serviço pode compelir o promitente a cumpri-la por intermédio de ação judicial, que pode ser condenatória ou indenizatória, conforme a natureza da recompensa prometida. Carlos Roberto Gonçalves acrescenta não haver necessidade de se examinar se houve utilidade para o promitente do serviço executado, bastando que sua atividade tenha correspondido ao que foi prometido recompensar (*Direito civil brasileiro*, São Paulo, Saraiva, 2004, p. 569).

**Jurisprudência:** Cobrança. Opção de compra de ações. Prêmio que teria sido prometido pela então empregadora ao funcionário, como incentivo e desenvolvimento de determinadas metas. Julgamento de procedência. Autor, no entanto, que deixou de cumprir com requisitos prévios, a envolver encaminhamento de notificação de aceitação da opção e pagamento das ações, por preço determinado. Possibilidade, no entanto, de que se apliquem, na solução do litígio, as regras da lei civil sobre promessa de recompensa. Fixação da indenização devida em igual valor recebido pelo apelado, a título de liberalidade, na ocasião de seu desligamento da empresa. Recurso parcialmente acolhido. (TJSP, Ap. n. 287.197-4/7, rel. Des. José Geraldo de Jacobina Rabello, j. 07.08.2008)

**Art. 856. Antes de prestado o serviço ou preenchida a condição, pode o promitente revogar a promessa, contanto que o faça com a mesma publicidade; se houver assinado prazo à execução da tarefa, entender-se-á que renuncia o arbítrio de retirar, durante ele, a oferta.**

**Parágrafo único. O candidato de boa-fé, que houver feito despesas, terá direito a reembolso.**

A promessa de recompensa pode ser revogada, desde que:

a) o serviço não tenha sido executado ou a condição não haja se verificado;

b) a revogação seja divulgada com a mesma publicidade dada à promessa;

c) não tenha sido concedido prazo previsto para a execução do serviço.

No caso de haver prazo para a execução da tarefa, a retirada da oferta não pode ser feita durante sua vigência. Nada impede, porém, que seja feita posteriormente. No entanto, ao se esgotar o prazo, a oferta ainda é válida se não tiver havido revogação? Sim, se o interesse do devedor ainda puder ser satisfeito. É o caso da recompensa oferecida a quem se prontificar a ir até uma ilha de difícil acesso resgatar determinada pessoa em 24 horas. Ao ter decorrido o prazo, se a promessa não for revogada, ela ainda é devida se a vítima for resgatada. Segundo Newton de Lucca, nada impede que o promitente "renuncie expressamente à faculdade de revogar" (*Comentários ao novo Código Civil*, Rio de Janeiro, Forense, 2003, v. XII, p. 18).

O parágrafo único do dispositivo assegura ao candidato de boa-fé que tiver feito despesas para atender à oferta o reembolso delas a despeito da revogação. Aplica-se exclusivamente aos casos em que ocorrer a revogação, pois, se a promessa subsistir, o candidato não será indenizado se não obtiver sucesso na empreitada. Ora, ao assumir gastos destinados a satisfazer o interesse do ofertante, o candidato assume o risco de nada receber se não tiver êxito, assim como o de ter despesas superiores ao valor prometido. Apenas se a promessa for revogada é que o candidato de boa-fé fará jus ao reembolso do que gastou por terem sido frustradas suas expectativas – criadas pelo ofertante que a revogou, ainda que licitamente.

**Jurisprudência:** Sumário. Indenizatória. Danos morais e materiais. Programa televisivo com promessa de recompensa em dinheiro, em caso de êxito na indagação formulada. Autora que, após efetuar diversas ligações interurbanas, não recebe a premiação, embora haja sido exitosa sua participação nas respostas aos questionamentos. Publicidade enganosa. Procedência do pedido. Apelação. Incidência da Lei n. 8.078/90. Nítida relação de consumo. Precedente do Col. STJ. Legitimidade passiva, eis que, ainda que a atração seja produzida por terceiro, há solidariedade entre as partes, em razão do lucro auferido pela emissora decorrente da veiculação em seu canal televisivo. Incidência do art. 7º, parágrafo único, e art. 25, ambos do CDC. Prática abusiva concernente à ausência de informação adequada e suficiente quanto às regras de participação no certame. Ônus da prova do qual não se desincumbiu a ré. Prejuízos imateriais presentes na hipótese. Verba compensatória corretamente fixada, de modo a adequar às circunstâncias do caso concreto e às consequências advindas. Danos materiais indevidos, na medida em que, para a participação da autora, mister se fazia a realização das citadas chamadas telefônicas, ainda que se possa considerar em número elevado, acima da média razoável, uma vez tratar-se de providência realizada por iniciativa da própria autora, voluntariamente. Recurso conhecido e desprovido. (TJRJ, Ap. n. 0015704-10.2009.8.19.0042, 16ª Câm. Cível, rel. Des. Mauro Dickstein, j. 31.05.2011)

Ato ilícito. Responsabilidade civil. Os autores são portadores de nanismo, forma de hipodesenvolvimento corporal acentuado, que pode ou não apresentar desproporcionalidade entre as várias porções constituintes do corpo. O casamento dos autores foi transmitido em canal televisivo, tendo sido eles entrevistados por apresentador de programa inserido em programação de baixa qualidade. A cerimônia foi suntuosa e oferecida gratuitamente por terceiros, mediante veiculação de publicidade. Os noivos têm plena capacidade civil, consentiram na divulgação e se submeteram de maneira voluntária à entrevista, mediante promessas de vantagens materiais. Não houve qualquer ofensa à dignidade dos noivos ou constrangimento que configurassem dano moral indenizável. Das promessas de terceiros, alegam os autores que parte não teria sido cumprida. Promessa de recompensa só obriga quem se comprometeu, consoante o art. 1.512 do CC/1916, vigente à época. Os réus não se coobrigaram pelas recompensas prometidas pelos terceiros. Não se pode presumir a solidariedade, pois só resulta ela da lei ou da vontade das partes, consoante o art. 896 do CC/1916. Sentença confirmada por seus próprios fundamentos, como permite o art. 252 do Regimento Interno do Tribunal de Justiça. Recurso improvido. (TJSP, Ap. n. 0126098-26.2006.8.26.0000/Osasco, 1ª Câm. de Dir. Priv., rel. Paulo Eduardo Razuk, j. 12.04.2011)

Apelação. Promessa de recompensa. Ilegitimidade *ad causam*. Dever do policitante em cumprir devidamente a premiação publicamente anunciada que se restringe à credora de tal prêmio. Autora que, apesar de alegar ser filha da credora, não comprova esta condição, nem a titularidade de qualquer direito contra o réu ou sobre o bem reclamado. Apelo não provido. (TJSP, Ap. n. 9205169-84.2007.8.26.0000/Limeira, 27ª Câm. de Dir. Priv., rel. Des. Hugo Crepaldi, j. 23.11.2010)

Promessa de recompensa. Resgate durante enchente e manutenção de equipamentos pertencentes à empresa construtora. Comprovação da promessa de recompensa e de sua posterior revogação. Realização de despesas para a conservação do conjunto de bomba flutuante. Dever de reembolso das despesas suportadas. Aquele que se comprometer a recompensar, ou gratificar, a quem preencha certa condição, ou desempenhe certo serviço, contrai obrigação de cumprir o prometido. É bem verdade que a promessa de recompensa possa ser revogada, só que, se restar satisfeita a condição, aquele que a cumprir poderá ao menos se reembolsar das despesas que, de boa-fé, houver feito, consoante se vê do disposto no art. 856, parágrafo único, do CC. Recurso parcialmente provido. (T. Rec. – RS, Rec. Cível n. 71.000.645.499, 1ª T. Rec. Cível, rel. Juiz Ricardo Torres Hermann, j. 28.04.2005)

---

**Art. 857. Se o ato contemplado na promessa for praticado por mais de um indivíduo, terá direito à recompensa o que primeiro o executou.**

---

Receberá a recompensa o que realizar primeiro o ato contemplado na promessa. A regra afasta a possibilidade de o promitente optar entre os executores do serviço, cumprindo-lhe recompensar o que primeiro o fizer, mas a solução será distinta se a promessa especificar que a recompensa será paga segundo critérios de avaliação da qualidade do serviço (concurso de contos, de beleza etc.). Se não houver a especificação na promessa, será possível verificar na situação concreta se a intenção do ofertante foi a de recompensar quem concluiu o serviço primeiro ou quem o fez melhor.

---

**Art. 858. Sendo simultânea a execução, a cada um tocará quinhão igual na recompensa; se esta não for divisível, conferir-se-á por sorteio, e o que obtiver a coisa dará ao outro o valor de seu quinhão.**

---

Caso mais de uma pessoa execute simultaneamente o ato contemplado na promessa, a recompensa será dividida entre eles em partes iguais, sem que se estabeleça a partilha segundo a importância da conduta de cada um dos executores. Trata-se, pois, de hipótese em que poderá ocorrer enriquecimento daquele que desempenhou papel menos importante e menos dispendioso para executar a tarefa em prejuízo do que mais se desempenhou neste sentido.

O § 2º do art. 1.515 do CC/1916 previa o sorteio da recompensa entre os executores simultâneos se ela fosse indivisível e nada dizia sobre a premiação do que não fosse sorteado. O dispositivo em exame modificou o tratamento do tema: manteve o sorteio entre os executores simultâneos, mas acrescentou a obrigação de o que for contemplado dar ao outro o valor de seu quinhão.

A solução do Código vigente é mais justa, pois evita que um dos executores fique sem recompensa, o que, a rigor, equivaleria ao inadimplemento do promitente em relação a ele. É certo, porém, que não se poderia obrigar o promitente a pagar uma recompensa a cada um, para a satisfação de um mesmo interesse. Desta forma, a entrega da recompensa a um dos credores, por sorteio, e a imposição da obrigação de entrega do quinhão correspondente ao outro, ou aos outros, harmoniza o sistema, inclusive em relação à primeira parte do dispositivo.

---

**Art. 859. Nos concursos que se abrirem com promessa pública de recompensa, é condição essencial, para valerem, a fixação de um prazo, observadas também as disposições dos parágrafos seguintes.**

**§ 1º A decisão da pessoa nomeada, nos anúncios, como juiz, obriga os interessados.**

**§ 2º Em falta de pessoa designada para julgar o mérito dos trabalhos que se apresentarem, entender-se-á que o promitente se reservou essa função.**

**§ 3º Se os trabalhos tiverem mérito igual, proceder-se-á de acordo com os arts. 857 e 858.**

A regra aplica-se às hipóteses de concursos em que há promessa pública de recompensa – concursos de contos ou de obras jurídicas, por exemplo. Para validade da promessa, deve ser fixado um prazo para inscrição, seleção e escolha, sob pena de a promessa não ser exigível.

A escolha do vencedor pelo juiz do concurso, nomeado nos anúncios divulgadores do concurso, obrigará o ofertante e os participantes do concurso. Se não houver indicação do juiz do concurso no anúncio, entende-se que a escolha se fará pelo próprio promitente, que, segundo se presume, terá reservado essa função a si. Ao admitir-se isso, pode-se admitir também que ele a delegue a outro, cujo nome não constou do anúncio. Caso o julgador considere que os trabalhos apresentados pelos candidatos têm mérito igual, aplicam-se as regras dos arts. 857 e 858, partilhando-se, se divisível, e sorteando-se, se indivisível. Segundo Carlos Roberto Gonçalves, durante o prazo previsto, a promessa é irrevogável (*Direito civil brasileiro*. São Paulo, Saraiva, 2004, v. III, p. 571).

**Art. 860. As obras premiadas, nos concursos de que trata o artigo antecedente, só ficarão pertencendo ao promitente, se assim for estipulado na publicação da promessa.**

Como as obras inscritas nos concursos em que se promete recompensa pertencem aos candidatos, após a escolha eles continuarão sendo seus titulares, a não ser que na publicação da promessa tenha constado que passarão a pertencer ao promitente. É comum nessas promessas que o candidato concorde antecipadamente com a publicação da obra que inscreveu no concurso.

**Jurisprudência:** Apelação. Ação de obrigação pecuniária c/c danos morais. Conduta ilícita da ré. Ocorrência. Oferecimento, pela ré, de recompensa por cumprimento de metas promocionais pelos motoristas credenciados. Autor que cumpriu todas as metas, mas, depois, não recebeu os valores, em decorrência de cancelamento unilateral e sem aviso prévio, pela ré, das promoções. Impossibilidade. Termos de uso que devem observar a legislação cabível. Oferecimento de recompensa apresenta regime jurídico (arts. 845 a 860, CC) incompatível com cancelamento unilateral, sem aviso prévio e posterior ao cumprimento das condições ofertadas para recebimento da recompensa. Recurso da ré não provido. (TJSP, Ap. Cível n. 10012053020228260405/Osasco, 28ª Câm. de Dir. Priv., rel. Berenice Marcondes Cesar, j. 29.09.2023, *DJ* 29.09.2023)

## CAPÍTULO II
## DA GESTÃO DE NEGÓCIOS

**Art. 861. Aquele que, sem autorização do interessado, intervém na gestão de negócio alheio, dirigi-lo-á segundo o interesse e a vontade presumível de seu dono, ficando responsável a este e às pessoas com que tratar.**

Em determinadas situações, sem autorização do interessado, uma pessoa pode assumir seu negócio. Isso ocorrerá, por exemplo, se um vizinho passar a administrar um terreno vizinho ao seu, de propriedade de alguém que não comparece ao local. Essa administração se fará em nome do proprietário e no interesse dele, ainda que não exista autorização de nenhum tipo – porque, por exemplo, o proprietário está preso ou residindo em local distante. O vizinho atencioso que assume a administração, locando o terreno e zelando por sua manutenção, deve agir segundo o que se presume fosse o desejo do proprietário, responsabilizando-se por seus atos perante aqueles com quem contratar e perante o proprietário – a quem deverá prestar contas oportunamente.

O gestor do negócio agirá como uma espécie de mandatário sem mandato em sua relação com o proprietário do terreno, mas permanecerá responsável pessoalmente em face dos terceiros com quem celebra negócios para defender o interesse de outrem. Newton de Lucca (*Comentários ao novo Código Civil*. Rio de Janeiro, Forense, 2003, v. XII, p. 39-42) aponta as seguintes características para a gestão de negócios:

a) desconhecimento do dono do negócio pelo gestor;

b) espontaneidade da intervenção, que não deve resultar de qualquer prévio ajuste, ou ordem;

c) o negócio deve ser alheio;

d) desinteressado, atuando o gestor no interesse do dono do negócio;

e) utilidade da gestão, pois o negócio deve ser proveitoso ao dono;

f) propósito de obrigar o dono do negócio, uma vez que não haverá gestão se o gestor agir por mera liberalidade.

**Jurisprudência:** Declaratória. Nulidade de ato jurídico. Interpelação extrajudicial para comunicar denúncia de comodato. Ato jurídico válido. Ato promovido por terceiro, alheio ao contrato de comodato. Irrelevância.

Terceiro que atuou como gestor de negócios, segundo a vontade presumível do titular do direito. Art. 861 do CC. Manutenção de posse. Impossibilidade. Posse precária. Extinção do comodato a partir da interpelação extrajudicial válida, promovida por terceiro gestor de negócios. Sentença mantida. Recurso desprovido. (TJSP, Ap. n. 0041042-91.2008.8.26.0602/Sorocaba, 20ª Câm. de Dir. Priv., rel. Álvaro Torres Júnior, *DJe* 13.09.2012)

Sociedade de fato. Compra e venda de gado no Estado do Mato Grosso. Ação de prestação de contas e medida cautelar. Primeira fase. Legitimidade passiva *ad causam*. Atribuição da função de administração da sociedade de fato a terceiro. Prova de gestão de negócios comuns pelo réu. Possibilidade jurídica do pedido. Existência de fundamento para a obrigação de prestação de contas. Via processual adequada para a defesa dos direitos do autor. Sócio responsável pela administração de recursos comuns que deve prestar contas. Ação acolhida, em sua primeira fase. Recurso provido. (TJSP, Ap. n. 0004984-70.2003.8.26.0180/Espírito Santo do Pinhal, 36ª Câm. de Dir. Priv., rel. Edgard Rosa, j. 19.05.2011)

Embargos infringentes. Ação ordinária de ressarcimento de danos. Ação indenizatória proposta por duas passageiras de navio, administrado pela embargada em face da embargante, empresa de turismo, a qual realizou a venda das passagens, tendo em vista que uma delas havia contraído doença pulmonar a bordo do navio, sendo obrigada a retirar-se do mesmo juntamente com a segunda passageira, sem o devido atendimento pela companhia marítima. Ação regressiva. Voto vencedor que assinala a existência de solidariedade das empresas pelo evento ocorrido com as passageiras, restando razoável que a operadora de turismo recobre de sua parceira o valor a que fora condenada. No entanto, aplicou a hipótese o art. 861 do CC (gestão de negócios) com redução da verba indenizatória, entendendo, também, que a avença relacionada aos honorários não favoreceu a embargada, *inter alios* no processo indenizatório. O voto vencido, ao revés, entendeu que na hipótese restou comprovada a desídia da embargada e que a embargante tem direito ao ressarcimento dos valores pagos às primitivas autoras. Questão que gira em torno da manutenção ou não do acordo em seus aspectos qualitativos e quantitativos. Inexistência de nulidade do acórdão vencedor por violação ao art. 515 do CPC [art. 1.013 do CPC/2015]. Preliminar de denunciação à lide foi rejeitada por unanimidade. Impossibilidade de comunicação do processo a embargada. Art. 861 do CPC [art. 381, § 5º, do CPC/2015]. Transação que não extravasa os limites da gestão de negócios, pois o valor firmado, não se limitou a sucumbência na demanda, mas também incluiu os honorários contratados pelas autoras consumidoras, o que não se configura desarrazoado. Reconhecimento da validade da transação efetivada pelas partes. Juros moratórios que não são objeto de controvérsia pelo voto vencedor e vencido. Honorários sucumbenciais, aplicação do art. 20, § 3º, do CPC [art. 85, § 2º, do CPC/2015]. Prevalência do voto vencido. Embargos infringentes providos. (TJRJ, Emb. infring. n. 0140323-77.2005.8.19.0001, 15ª Câm. Cível, rel. Des. Helda Lima Meireles, j. 05.04.2011)

No caso concreto, ainda que revogado o mandato judicial, tem o antigo mandante (advogado) – que celebrou um acordo, posteriormente homologado, e levantou o alvará de pagamento – o dever de prestar contas perante o respectivo mandante, seja por conta da validade do ato (art. 689, CC) ou pela configuração de uma gestão negocial (arts. 861 e segs. do CC). (TJMG, Ap. Cível n. 1.0024.09.470679-3/001(1), rel. Wagner Wilson, j. 24.03.2010)

Dever de prestação de contas, em imóvel tido em condomínio, com administrador que se aponta como temporário, sem eleição, disposições estatutárias ou regulamento, que deve se reger não pela estrita aplicação das regras do condomínio edilício, mas da gestão de negócios. (TJRJ, Ap. n. 0014057-35.2007.8.19.0208 (2008.001.56780), 3ª Câm. Cível, rel. Des. Luiz Fernando de Carvalho, j. 15.12.2009)

Agravo regimental no recurso especial. Ação de prestação de contas. Gestão de negócios não caracterizada. Súmula n. 7/STJ. 1 – Para configurar o instituto da gestão de negócios é necessária a reunião dos seguintes elementos: administração de negócio alheio; atuação por iniciativa do gestor; inexistência de autorização por parte do dono; e, por fim, ser o negócio de um terceiro que se encontra ausente e não possui mandatário. 2 – Não caracteriza gestão de negócios a atuação de advogado nos limites das instruções dadas pelo mandante. (STJ, Ag. Reg. no REsp n. 723.816, 4ª T., rel. Min. João Otávio de Noronha, j. 13.10.2009, *DJ* 26.10.2009)

Apelação cível. Dissolução e liquidação de sociedades. Sociedade por quotas de responsabilidade limitada. Mandato exercido contrariamente aos interesses do mandante. Alteração contratual. Quebra da *affectio societatis*. Exclusão de sócio. [...] 3 – A existência de sociedade por quotas de responsabilidade limitada mantida entre os litigantes é fato incontroverso nos autos, a teor do que estabelece o art. 334, II, do CPC [art. 374, II, do CPC/2015]. 4 – A controvérsia cinge-se à nulidade da alteração contratual levada a efeito e o consequente retorno do autor ao quadro societário, bem como a dissolução parcial da sociedade em relação ao sócio minoritário. 5 – A prática de ato por parte do mandatário, sócio minoritário, contrário ao interesse do mandante importa na invalidade da alteração contratual levada a efeito, quando sequer pode ser aproveitado o negócio jurídico praticado como mera gestão. 6 – É oportuno ressaltar que não é dado ao mandatário agir contrariamente ao interesse do mandante, como ocorreu no caso em discussão, tendo em vista que o pai do demandante, na condição de procurador deste, procedeu a sua exclusão do quadro societário. Frise-se que tal ato não foi ratificado pelo postulante, motivo pelo qual não produz qualquer efeito contra este, na medida em que realizado a título de mera gestão de negócios. Exegese do art. 861 do CC. (TJRS, Ap. Cível n. 70.029.372.893, 5ª Câm. Cível, rel. Jorge Luiz Lopes do Canto, j. 15.07.2009, *DJ* 24.07.2009)

Direito privado. Sociedade comercial. Dissolução. Possibilidade. Quebra de confiança. Mandatário. Revogação. Alteração contratual. Nulidade. Junta Comercial. Registro. Prazo. Apuração de haveres. (TJRS, Ap. Cível n. 70.020.543.245/Porto Alegre, 5ª Câm. Cível, rel. Ana Maria Nedel Scalzilli, j. 15.07.2009, *DJ* 24.07.2009)

Apelação cível. Contrato de empreitada. Aquisição de material. Gestão de negócios caracterizada. Considerando que a empreiteira adquiriu material para a execução do serviço, qualificando-se, no caso, perante a autora, como representante do dono da obra, bem como que, este, posteriormente, pagou parte da compra realizada, reconhecendo o negócio então efetivado, incumbe que, agora, arque com o saldo devedor existente. Verba honorária corretamente fixada. Preliminar de ilegitimidade passiva rejeitada. Recurso improvido. (TJRS, Ap. Cível n. 70.020.543.245, 16ª Câm. Cível, rel. Ana Maria Nedel Scalzilli, j. 19.03.2009, *DJ* 25.03.2009)

Ação de prestação de contas. Gestão de negócios. Primeira fase. Ainda que réu não tenha assumido o encargo de curador da autora, o seu dever, para esta primeira fase da demanda, decorre do fato de ter atuado, como ele próprio admite, como gestor de negócios em relação à irmã incapaz, nos termos do art. 861 do CC. Sentença mantida. Negado provimento. Unânime. (TJRS, Ap. Cível n. 70.015.305.618, 7ª Câm. Cível, rel. Des. Maria Berenice Dias, j. 27.09.2006)

Despejo. Uso próprio. Legitimidade. Mandatário presumível ou gestor de negócio. Inoponibilidade do locatário ao contrato. Reconhecimento. A ação de despejo para uso próprio cabe, em regra, ao proprietário e locador. No entanto, não podem ser ignoradas hipóteses como o mandato tácito ou verbal (arts. 1.228 e segs. do CC) e a gestão de negócios (arts. 1.331 e segs. do CC), mormente quando o próprio locatário não pôs em questão a validade do contrato e não haja suspeita de má-fé. (*JTA* 139/343)

Gestão de negócios. Administrador. Procurador *ad negotia*. Comparecimento em juízo em nome próprio. Inadmissibilidade. A gestão de negócios possui analogia com o mandato, sobretudo com o mandato tácito. A diferença é que no mandato existe prévio acordo entre mandante e mandatário. Na gestão de negócios, inexiste esse ajuste prévio. (*JTA/RT* 106/316)

No mesmo sentido: *JTA/Saraiva* 73/286, 73/306, *JTA/Lex* 43/165, 50/246. *Julgados do TARGS* 31/74, 32/348, II TAC, Ap. n. 108.506-00/8, 9ª Câm., rel. Juiz Vallim Bellocchi, j. 31.12.1980, e II TAC, Ap. n. 107.551-00/7, 3ª Câm., rel. Juiz Roberto Rodrigues, j. 13.10.1980.

---

**Art. 862. Se a gestão foi iniciada contra a vontade manifesta ou presumível do interessado, responderá o gestor até pelos casos fortuitos, não provando que teriam sobrevindo, ainda quando se houvesse abatido.**

---

Caso se verifique que a gestão contrariou a vontade do dono do negócio, caracterizar-se-á a ilicitude do ato. Assim, a gestão perde o caráter de benevolência que a caracteriza, e o gestor será obrigado a indenizar até mesmo por caso fortuito, a não ser que demonstre que o dano teria ocorrido ainda que não tivesse havido sua atuação (RIZZARDO, Arnaldo. *Direito das obrigações*. Rio de Janeiro, Forense, 2004, p. 582).

Observe-se que a responsabilidade do gestor dependerá de ele ter ciência, ou poder ter ciência, de que o interessado não deseja a gestão antes de lhe dar início. Se a oposição ocorrer após o início da gestão, somente se aplicará a regra em exame aos atos posteriores a esse momento, na medida em que os anteriores não se verificaram com ciência da contrariedade do interessado.

Newton de Lucca registra caber ao dono do negócio demonstrar que a gestão se realizou contra sua vontade manifesta ou presumível e não poder a proibição ser infundada ou decorrer de mero capricho (*Comentários ao novo Código Civil*. Rio de Janeiro, Forense, 2003, v. XII, p. 47).

**Jurisprudência:** Gestão de negócios. Administradora de bens. Atos excessivos ao poder outorgado no mandato. Reconhecimento. A administradora de bens (mandatária) que excede os poderes do mandato é reputada como mero gestor de negócios (exegese do art. 1.297, do CC). (II TAC, AI n. 571.954-00/5, 7ª Câm., rel. Juiz Willian Campos, j. 27.04.1999)

**Art. 863. No caso do artigo antecedente, se os prejuízos da gestão excederem o seu proveito, poderá o dono do negócio exigir que o gestor restitua as coisas ao estado anterior, ou o indenize da diferença.**

A aplicação do presente artigo relaciona-se ao anterior – ou seja, só incide se o gestor agir contra a vontade do dono do negócio. Nessas hipóteses, se a atuação do gestor causar prejuízo ao dono do negócio – porque os resultados obtidos são deficitários –, caberá ao gestor restituir as coisas ao estado anterior à sua intervenção, ou indenizar a diferença do resultado que o prejudica, segundo escolha conferida ao dono do negócio.

**Art. 864. Tanto que se possa, comunicará o gestor ao dono do negócio a gestão que assumiu, aguardando-lhe a resposta, se da espera não resultar perigo.**

O gestor deverá providenciar a comunicação ao dono do negócio de que assumiu a gestão. No entanto, se houver necessidade de atuar antes de receber resposta deste, comunicando-lhe a discordância, deverá fazê-lo, se isso for necessário para evitar danos.

Sua atuação deve restringir-se ao mínimo indispensável, tendo natureza predominantemente conservatória. Contudo, sempre que possível, deverá aguardar a resposta, se a espera não prejudicar os atos de gestão.

O silêncio do dono do negócio deverá ser havido como consentimento tácito, salvo se ele não tiver condições de manifestar sua discordância (DE LUCCA, Newton. *Comentários ao novo Código Civil.* Rio de Janeiro, Forense, 2003, v. XII, p. 49). De acordo com Carlos Roberto Gonçalves, ao receber a comunicação do gestor, "o dono do negócio tomará uma das deliberações assim elencadas por Washington de Barros Monteiro: a) desaprovará a gestão, caso em que a situação se regerá pelo art. 874 do CC; b) aprova-la-á expressa ou tacitamente, caso em que a gestão se converterá em mandato expresso ou tácito; c) aprova-la-á na parte já realizada, desaprovando-a, porém, para o futuro; d) constituirá procurador, que assumirá o negócio no pé em que se achar, extinguindo-se assim a gestão; e) assumirá pessoalmente o negócio, cessando igualmente a gestão, como no caso da letra anterior" (*Direito civil brasileiro.* São Paulo, Saraiva, 2004, v. III, p. 575).

**Art. 865. Enquanto o dono não providenciar, velará o gestor pelo negócio, até o levar a cabo, esperando, se aquele falecer durante a gestão, as instruções dos herdeiros, sem se descuidar, entretanto, das medidas que o caso reclame.**

O gestor deve velar o negócio até que o dono o retome. Poderá, ainda, levá-lo a cabo – liquidá-lo. Se o dono do negócio falecer durante a gestão, o gestor deve aguardar as instruções dos herdeiros e, até recebê-las, não deve se descuidar das medidas reclamadas no caso. É certo, porém, que o gestor pode ser dispensado do ônus previsto neste artigo se sobrevierem circunstâncias excepcionais – tais como doença, acidente etc.

**Art. 866. O gestor envidará toda sua diligência habitual na administração do negócio, ressarcindo ao dono o prejuízo resultante de qualquer culpa na gestão.**

Como se afirmou nos comentários ao art. 863, o gestor indenizará o dono do negócio se os prejuízos excederem o proveito de sua gestão. Nessa hipótese, não se exige conduta culposa do gestor, pois ele terá agido contra a vontade do dono do negócio.

No artigo ora em exame, a culpa do gestor é que o obrigará a indenizar o dono do negócio. Assim, mesmo que o proveito do negócio se sobreponha aos prejuízos, haverá obrigação de o gestor indenizar se, culposamente, provocar prejuízos ao dono do negócio. Por exemplo: o gestor administra uma fábrica cujo dono está ausente. No final da gestão, apresenta ao dono um resultado positivo de R$ 10.000,00. No entanto, verifica-se que deixou uma máquina da fábrica do lado de fora das instalações e ela foi furtada. Ao ser reconhecida sua culpa, estará obrigado a indenizar o valor da máquina, ainda que tenha dado lucro ao dono do negócio.

**Art. 867. Se o gestor se fizer substituir por outrem, responderá pelas faltas do substituto, ainda que seja pessoa idônea, sem prejuízo da ação que a ele, ou ao dono do negócio, contra ela possa caber.**

**Parágrafo único. Havendo mais de um gestor, solidária será a sua responsabilidade.**

Caso o gestor transfira sua função a outro, responde pelas faltas deste, mesmo que sem culpa na escolha ou na vigilância do substituto. Assim, basta que o substituto do gestor tenha cometido a falta para que a responsabilidade do gestor surja, sem impedimento de que este e o dono do negócio tomem medidas contra o substituto.

O parágrafo único do dispositivo consagra a solidariedade da responsabilidade dos vários gestores porventura existentes.

**Art. 868. O gestor responde pelo caso fortuito quando fizer operações arriscadas, ainda que o dono costumasse fazê-las, ou quando preterir interesse deste em proveito de interesses seus.**

**Parágrafo único. Querendo o dono aproveitar-se da gestão, será obrigado a indenizar o gestor das despesas necessárias, que tiver feito, e dos prejuízos, que por motivo da gestão, houver sofrido.**

Caso o gestor decida efetuar operações arriscadas na gestão do negócio alheio, ficará responsável pelos danos decorrentes de caso fortuito, ainda que o dono do negócio também costumasse correr tais riscos. Também responderá pelo fortuito se preterir interesses do dono do negócio em benefício próprio.

A solução resulta do fato de a gestão ser assumida espontaneamente sem obrigatoriedade para o gestor, de maneira que, se ele decidir gerir negócio alheio, assumirá o ônus do resultado negativo decorrente de operações arriscadas.

O parágrafo único deste artigo autoriza o dono do negócio a aproveitar-se dos atos de gestão, mas para isso o obriga a indenizar o gestor de suas despesas necessárias – não as excepcionais ou meramente úteis –, bem como dos prejuízos que tiver suportado em decorrência da gestão.

**Jurisprudência:** Interdição. Prestação de contas no seu bojo. Rejeição parcial, com determinação ao antigo curador de devolver honorários por ele auferidos, derivados da prestação de serviços junto ao Ministério do Exército; tendentes à regularização de isenção fiscal em favor da mãe interdita. Prestação que teve início antes da nomeação à curatela, não podendo, todavia, ignorar o estado de amentalidade da genitora. Não tipificação de mandato, equiparação à mera gestão de negócio. Possibilidade de fazer jus a remuneração, a teor do art. 1.338, parágrafo único, do CC à época vigente; os serviços efetivamente prestados, sem que houvesse necessidade da contratação de outro profissional especializado. Acolhimento do alvitre da Procuradoria de Justiça, para reduzir o valor cobrado (mais de 14% sobre o importe afinal lucrado pela interdita) à metade; cabendo devolução da outra metade com os acréscimos legais, na forma aventada pela sentença. (TJSP, Ap. Cível c/ Rev. n. 4.140.774.900, 8ª Câm. de Dir. Priv., rel. Luiz Ambra, j. 30.09.2009, *DJ* 05.10.2009)

**Art. 869. Se o negócio for utilmente administrado, cumprirá ao dono as obrigações contraídas em seu nome, reembolsando ao gestor as despesas necessárias ou úteis que houver feito, com os juros legais, desde o desembolso, respondendo ainda pelos prejuízos que este houver sofrido por causa da gestão.**

**§ 1º A utilidade, ou necessidade, da despesa, apreciar-se-á não pelo resultado obtido, mas segundo as circunstâncias da ocasião em que se fizerem.**

**§ 2º Vigora o disposto neste artigo, ainda quando o gestor, em erro quanto ao dono do negócio, der a outra pessoa as contas da gestão.**

Basta que o negócio seja adequadamente administrado pelo gestor para que o dono do negócio seja obrigado a cumprir os negócios celebrados em seu nome. Em decorrência da utilidade da atuação do gestor, o dono do negócio fica obrigado a reembolsá-lo pelas despesas úteis e necessárias que houver feito o primeiro.

Aqui no presente caso, diversamente do que ocorre com as operações arriscadas (art. 868, parágrafo único), o gestor é indenizado tanto pelas despesas úteis quanto pelas necessárias, pois ele se limitou a cuidar do negócio de modo útil, sem realizar ações arriscadas.

Além do reembolso atualizado das despesas, também incidirão os juros legais sobre a quantia a reembolsar (art. 406). O dispositivo contém inovação relacionada ao texto correspondente do CC/1916. Trata-se de impor ao dono do negócio, além do reembolso de despesas, a obrigação de indenizar os prejuízos que o gestor houver sofrido em decorrência dos atos de gestão.

Em razão da aparente distinção feita pelo art. 403 entre estes e os lucros cessantes, tais prejuízos poderão compreender aquilo que o gestor deixou de auferir em seu próprio negócio ou atividade, para cuidar dos negócios do terceiro? A interpretação literal levaria a resposta negativa – confiram-se os comentários ao art. 404, parágrafo único, do CC. No entanto, a leitura do disposto no § 1º deste dispositivo permite que se conclua que a utilidade ou a necessidade da interrupção das atividades próprias do gestor podem ser avaliadas à luz das circunstâncias da ocasião e da boa-fé de que tratam os arts. 113 e 422 deste Código.

Desta forma, se o gestor interrompeu seu negócio – de rentabilidade reduzida – para gerir o do dono de outro negócio, muito mais rentável, e, com isso, assegurou-lhe ganhos elevados – ou impediu que ele sofresse prejuízos expressivos –, será o caso de obrigar o dono do negócio a incluir os lucros cessantes do gestor na importância pela qual deverá indenizá-lo, observando-se, porém, o limite estabelecido no artigo seguinte.

O § 2º impõe que o dono do negócio indenize o gestor mesmo se este, por erro, der conta a quem não é o dono do negócio. Nesta última hipótese, basta que o gestor esteja em erro, não havendo necessidade de que o falso dono do negócio soubesse, ou pudesse saber, que o gestor estava em erro, tal como o art. 138 deste Código exige.

No que tange à verificação da utilidade da gestão, Carlos Roberto Gonçalves pondera: "Não fica ao alvedrio do titular do negócio declarar se a administração do gestor foi, ou não, útil e necessária, devendo tal aferição ser feita de acordo com os critérios legais. A utilidade da gestão decorre de fatores vários, como sejam a vontade presumível do dono, o interesse deste, bem como as circunstâncias da ocasião em que se fizeram" (*Direito civil brasileiro*. São Paulo, Saraiva, 2004, v. III, p. 577).

**Jurisprudência:** Apelação. [...] Tio dos herdeiros que, ao realizar tal específica contratação, agiu como gestor de negócios, gestão útil e merecendo ser assim referendada, nos termos do art. 869 do CC. Gestão não proveitosa, contudo, no que se refere à ulterior contratação dos serviços relacionados à defesa criminal da herdeira que já então confessara coautoria no assassinato dos pais, tanto porque também contrária aos presumíveis interesses dos autores da herança. Sentença de improcedência da demanda parcialmente reformada, para o acolhimento, apenas, do pedido de arbitramento e cobrança de honorários referentes à primeira contratação. Julgamento do mérito da apelação verificado por maioria de votos, mediante a adoção do voto intermediário. Apelação parcialmente provida, prejudicado o agravo retido. (TJSP, Ap. Cível s/ Rev. n. 1.087.552.000, 25ª Câm. de Dir. Priv., rel. Ricardo Pessoa de Mello Belli, j. 07.07.2009, *DJ* 19.08.2009)

[...] Caso em que corretora de seguros pagou parcelas do prêmio em favor do segurado. Incidência do CC/1916. Gestão de negócios caracterizada, afastada a hipótese de pagamento com sub-rogação. Aplicação do disposto no art. 1.339 do CC anterior. Direito de reembolso configurado. Procedência da demanda. 3 – Juros moratórios incidentes à taxa de 1% ao mês, ora explicitada, pois a citação ocorreu na vigência do novo CC. 4 – Litigância de má-fé. Caráter protelatório do recurso não verificado. Situação em que a conduta do demandado não desbordou do exercício regular do direito de defesa. Recurso desprovido, com explicitação. (TJRS, Ap. Cível n. 70.014.279.319, 6ª Câm. Cível, rel. Des. Ubirajara Mach de Oliveira, j. 15.02.2007)

---

**Art. 870. Aplica-se a disposição do artigo antecedente, quando a gestão se proponha a acudir a prejuízos iminentes, ou redunde em proveito do dono do negócio ou da coisa; mas a indenização ao gestor não excederá, em importância, as vantagens obtidas com a gestão.**

---

Tal como resulta do art. 869, nos casos em que a gestão verificar-se com vistas a evitar prejuízos, ou quando trouxer proveitos ao dono do negócio ou da coisa, o gestor fará jus ao reembolso de seus gastos e das despesas necessárias e úteis, bem como ao recebimento da indenização por seus prejuízos.

No entanto, o legislador limita o valor do reembolso ao proveito obtido por ele com a gestão, segundo a parte final do dispositivo. Essa limitação é aplicável aos casos em que houver gestão para afastar prejuízos iminentes ou redunde em vantagem ao dono do negócio, ou também aos casos do artigo antecedente, no qual basta a administração útil? Ora, se quando o gestor intervém para evitar prejuízos ao dono do negócio, ele só recebe o que não exceda as vantagens do dono do negócio, com maior razão valerá o limite se ele apenas administrou utilmente o negócio, sem que houvesse qualquer risco que tornasse imperiosa a gestão.

---

**Art. 871. Quando alguém, na ausência do indivíduo obrigado a alimentos, por ele os prestar a quem se devem, poder-lhes-á reaver do devedor a importância, ainda que este não ratifique o ato.**

---

Aquele que presta alimentos ao credor deve ser reembolsado pelo devedor, mesmo que ele não concorde com o pagamento. Este artigo deve ser conjugado com o disposto no art. 306 deste Código, pois se o devedor tivesse argumento capaz de excluir sua obrigação de pagar – a maioridade do credor, por exemplo –, não poderá ser obrigado a reembolsar quem quitou a dívida por ele.

Assim sendo, este dispositivo quer apenas dispensar a ratificação do devedor como condição para o reembolso. Não significa, contudo, que o pagamento indevido deva ser reembolsado pelo devedor. Também o presente dispositivo não incidirá ao caso se o gestor não tiver intenção de substituir o ausente, mas apenas pretender fazer caridade (DE LUCCA, Newton. *Comentários ao novo Código Civil*. Rio de Janeiro, Forense, 2003, v. XII, p. 66).

**Jurisprudência:** Agravo de instrumento. Execução de alimentos. Decisão que indeferira o pedido de expedição de mandado de prisão contra a agravada-executada. Irresignação. Desacolhimento. Hipótese na qual a alimentante foi exonerada da obrigação alimentar em relação ao filho que atingiu a maioridade e passou a deter a guarda de fato da filha menor, provendo seu sustento e moradia, na forma do art. 1.701 do CC. Possibilidade de propositura de ação autônoma para obter o ressarcimento dos gastos havidos com exclusividade, no período de inadimplência da agravada (art. 871 do CC). Decisão mantida. Agravo desprovido. (TJSP, AI n. 2258237-77.2021.8.26.0000/SP, 7ª Câm. de Dir. Priv., rel. Rômolo Russo, j. 05.03.2022, publ. 05.03.2022)

Execução de alimentos. Modificação de guarda ao longo do processo. Ilegitimidade da genitora ex-guardiã. Insurgência da exequente em face da sentença de extinção da execução de alimentos. Modificação de guarda no curso da execução, com atribuição ao genitor, ora executado. Pretensão da genitora em prosseguir com a execução. Não acolhimento. Alimentos que podem ser executados apenas pela alimentanda. Ilegitimidade passiva da genitora não guardiã para prosseguir a execução em nome próprio. Pagamento das despesas da filha no período de inadimplência do genitor não lhe confere o direito de cobrar as pensões vencidas por sub-rogação. Pretensão da genitora que, se o caso, deverá ser exercida em ação própria, nos termos do art. 871 do CC. Entendimento do STJ. Sentença mantida. Recurso desprovido. (TJSP, Ap. Cível n. 0014225-76.2020.8.26.0405/SP, rel. Carlos Alberto de Salles, j. 28.06.2022, 3ª Câm. de Dir. Priv., publ. 28.06.2022)

---

**Art. 872. Nas despesas do enterro, proporcionadas aos usos locais e à condição do falecido, feitas por terceiro, podem ser cobradas da pessoa que teria a obrigação de alimentar a que veio a falecer, ainda mesmo que esta não tenha deixado bens.**

**Parágrafo único. Cessa o disposto neste artigo e no antecedente, em se provando que o gestor fez essas despesas com o simples intento de bem-fazer.**

---

Despesas de enterro suportadas por terceiros podem ser cobradas daqueles que deviam alimentos ao defunto, salvo se aquele que pagou o fez com intenção de fazer caridade.

**Jurisprudência:** A partir do expresso no art. 872, *caput*, do CC e ficando evidenciado que a autora efetuou o pagamento dos serviços relativos ao funeral da filha dos réus [...], tem o direito de ser ressarcida. A testemunha [...] confirmou que a autora emprestou o valor para realização dos atos pertinentes ao funeral, sendo que o réu [...] na ocasião, comprometeu-se com a autora a efetuar o pagamento até o próximo final de semana após o funeral. O pagamento de valor diretamente à funerária não afasta o direito da autora receber, integralmente, a quantia que despendeu. Irrelevante, perante à autora, o pagamento efetuado pelo recorrente à funerária, porquanto a pretensão deduzida nesta demanda tem como base a relação estabelecida entre os litigantes. Sendo os réus, independente do divórcio, pais da falecida [...], ambos, em tese, tinham obrigação alimentar (arts. 872 e 1.696 do CC). Logo, há responsabilidade solidária, inexistindo razão para ocorrer individualização da condenação. Desnecessidade, no mais, em sede de Juizado Especial Cível, de se formalizar o julgamento, principalmente na instância recursal, repetindo-se argumentos apresentados na decisão da 1ª fase (art. 46 da Lei n. 9.099/95). Recurso improvido. Proposta de decisão homologada mantida por seus próprios fundamentos. (T. Rec. – RS, Rec. cível n. 71.000.560.755, 2ª T. Rec. Cível, rel. Juiz Leandro Figueira Martins, j. 20.10.2004)

---

**Art. 873. A ratificação pura e simples do dono do negócio retroage ao dia do começo da gestão, e produz todos os efeitos do mandato.**

---

Ratificar é confirmar a gestão. Tal ato implicará validade da gestão desde o seu início e a equiparará ao mandato para todos os fins. Isso significa que, se após a gestão o dono do negócio ratificar sem ressalvas os atos do gestor, valerão as regras do mandato para a relação estabelecida entre eles. A ratificação pode ser expressa ou tácita e, ocorrendo, afasta a incidência ao caso das regras da gestão, aplicando-se à relação jurídica os dispositivos relativos ao mandato.

**Jurisprudência:** Monitória. Instrumento de confissão de dívida. Assinatura da funcionária do autor. Gestão de negócios. Art. 873 do CC. Ato ratificado equivale a ato praticado por meio de mandato. Ação procedente. Coação moral. Inexistência de prova. Art. 333, I, do CPC [art. 373, I, do CPC/2015]. Ônus do autor. Desconsideração de personalidade jurídica. Inaplicabilidade. Recurso não provido. (TJSP, Ap. Cível c/ Rev. n. 7.339.137.000, 21ª Câm. de Dir. Priv., rel. Silveira Paulilo, j. 13.05.2009, *DJ* 29.05.2009)

O contratante, pai da ré, agiu no interesse e vontade presumível desta, nos termos em que define o art. 861 do CC. Assim, tendo a ré usufruído dos serviços educacionais, ratificou tacitamente a gestão, operando-se todos os efeitos do mandato desde a contratação, nos termos do art. 873 do CC. Mérito do recurso em exame. (TJRS, Ap. Cível n. 70.036.836.815, 5ª Câm. Cível, rel. Jorge Luiz Lopes do Canto, j. 30.06.2010)

---

**Art. 874. Se o dono do negócio, ou da coisa, desaprovar a gestão, considerando-a contrária aos seus interesses, vigorará o disposto nos arts. 862 e 863, salvo o estabelecido nos arts. 869 e 870.**

---

Caso o dono do negócio desaprove os atos de gestão, valerão as regras mencionadas nos arts. 862 e 863, a cujos comentários nos reportamos. Observe-se, contudo, que a desaprovação deve ser fundamentada, não se permitindo que seja externada por mero arbítrio do dono do negócio, o que caracterizaria abuso de direito (art. 187 do CC).

**Art. 875. Se os negócios alheios forem conexos ao do gestor, de tal arte que se não possam gerir separadamente, haver-se-á o gestor por sócio daquele cujos interesses agenciar de envolta com os seus.**

**Parágrafo único. No caso deste artigo, aquele em cujo benefício interveio o gestor só é obrigado na razão das vantagens que lograr.**

Nos casos em que o gestor tiver negócio conexo ao que administra, há evidente coincidência de interesses entre ambos, o que coloca em risco a idoneidade da gestão. Por isso é que o presente artigo estabelece sociedade entre o gestor e o dono do negócio.

O parágrafo único limita a obrigação do dono do negócio às vantagens que obtiver, afastando a incidência de outras disposições a respeito da responsabilidade pelos atos de gestão.

A norma pretende evitar que o gestor se aproveite das circunstâncias para tirar proveito da situação em prejuízo do dono do negócio gerido por ele.

## CAPÍTULO III
## DO PAGAMENTO INDEVIDO

**Art. 876. Todo aquele que recebeu o que lhe não era devido fica obrigado a restituir; obrigação que incumbe àquele que recebe dívida condicional antes de cumprida a condição.**

O valor recebido por quem não é credor deve ser restituído, sob pena de enriquecimento injustificado. Do mesmo modo, se o recebimento se verifica sob condição – isto é, dependendo de fato futuro e incerto –, caso o evento condicionante não se verifique, o pagamento efetuado deixa de ser devido, de modo que deve ser restituído (art. 125).

Carlos Roberto Gonçalves, ao comentar o presente dispositivo, anota: "Nessa matéria vigora o tradicional princípio de que todo enriquecimento sem causa jurídica e que acarrete como consequência o empobrecimento de outrem induz obrigação de restituir em favor de quem se prejudica com o pagamento" (*Direito civil brasileiro*. São Paulo, Saraiva, 2004, v. III, p. 580).

Trata-se de uma modalidade de enriquecimento sem causa, tratado especificamente a partir do art. 884 deste Código. Newton de Lucca registra que os requisitos para a configuração do pagamento indevido são os seguintes: "a) *animus solvendi*, ou seja, a intenção de pagar; b) inexistência do débito ou pagamento endereçado àquele que não seja o credor" (*Comentários ao novo Código Civil*. Rio de Janeiro, Forense, 2003, v. XII, p. 79).

**Jurisprudência:** Compra e venda de mercadorias. Ação revisional c/c repetição de indébito. Sentença de extinção do processo ante o reconhecimento da prescrição. Anulação que se impõe. Demanda que visa à restituição de valores pagos indevidamente (arts. 876 a 883 do CC), oriundos de negócio jurídico de natureza pessoal, não se confundindo com o enriquecimento sem causa (arts. 884 a 886 do CC). Aplicação do prazo prescricional de dez anos previsto no art. 205 do CC. Extinção afastada. Cobrança de encargos moratórios que ultrapassam o patamar de 1% ao mês disposto no art. 406 do CC c/c art. 161, § 1º, do CTN. Restituição devida. Diferenças apuradas pela parte autora. Impugnação à incidência da correção monetária. Valor exato do crédito que deve ser apurado em liquidação de sentença. Diferenças obtidas que devem ser acrescidas de correção monetária e de juros de mora de 1%, a partir da citação. Ação procedente. Sucumbência da requerida. Recurso provido. (TJSP, Ap. n. 1003613-31.2016.8.26.0299, 26ª Câm. de Dir. Priv., rel. Bonilha Filho, j. 19.10.2017)

Prestação de serviços. Repetição de indébito. Prescrição. Dano moral. Ação de repetição de indébito cumulada com indenizatória por danos morais julgada parcialmente procedente. Apelante (autor) que se insurge contra a parcial procedência da ação, insistindo nas teses de prescrição quinquenal prevista no art. 27 do CDC ou decenal pela aplicação da norma geral prevista no art. 205 do CC, batendo-se também pela necessidade de condenação à repetição em dobro do indébito, pela existência de dano moral indenizável e, por fim, atacando a sucumbência recíproca. Prazo prescricional previsto pelo art. 27 do CDC de pronto afastado. Questão que não versa sobre reparação pelos danos causados por fato do produto ou do serviço. Cobrança a maior de reajuste contratual caracteriza pagamento indevido (arts. 876 a 883 do CC), que é uma das modalidades do enriquecimento sem causa (arts. 884 a 886 do CC). Prescrição trienal reconhecida. Inteligência do art. 206, § 3º, IV, do CC. Antecedentes jurisprudenciais. Repetição em dobro afastada, mantida a devolução na sua forma simples dos valores efetivamente pagos a maior. Má-fé relativa à cobrança que não restou caracterizada. Dano moral não caracterizado. Mera cobrança a maior e inadimplemento contratual que geram, no máximo, mero aborrecimento, mas não dano moral indenizável. Sucumbência recíproca bem reconhecida. Sentença proferida sob a égide do CPC/73. Recurso improvido. (TJSP, Ap. n. 1004013-15.2015.8.26.0482, 31ª Câm. de Dir. Priv., rel. José Augusto Genofre Martins, j. 10.10.2017)

Direito civil. Responsabilidade contratual. Prova do contrato. Descumprimento da obrigação. Danos materiais. 1 – Acórdão elaborado de conformidade com o disposto no art. 46 da Lei n. 9.099/1995 e arts. 12, IX, 98 e 99 do Regimento Interno das Turmas Recursais. Recurso próprio, regular e tempestivo. 2 – Prescrição. A prescrição se interrompe por despacho do juiz que ordena a citação, ainda que seja incompetente, se o interessado a promover no prazo e na forma da lei processual (art. 202, I, do CC). Desse modo, a interrupção não se limita ao processo em que a pretensão é julgada. Preliminar que se rejeita. 3 – Pagamento indevido. É exigível a restituição do que foi indevidamente pago pelo devedor (art. 876 do CC). Os documentos de fls. 223 a 228 demonstram de modo satisfatório a alegação do autor, de modo que resta acolhida a pretensão apresentada na inicial. Sentença que se confirma pelos seus próprios fundamentos. 4 – Recurso conhecido, mas não provido. Custas processuais e honorários advocatícios, no valor de R$ 300,00, pelo recorrente. (TJDFT, Proc. n. 20120610108632, rel. Juiz Aiston Henrique de Sousa, *DJe* 05.07.2013, p. 204)

Agravo regimental em apelação cível. Ação de indenização por danos morais com repetição de indébito. Apelação parcialmente provida para afastar a condenação por danos morais e determinar a restituição do valor recebido indevidamente com correção monetária mensal pelo INPC desde o dia do desembolso e juros de mora de 1% a partir da citação. Pretensão de reforma para excluir a obrigação de repetição do indébito. Ausência de fatos novos. Agravo regimental conhecido e desprovido. 1 – Nos termos art. 876 do CC, "todo aquele que recebeu o que lhe não era devido fica obrigado a restituir". Assim, diante dos fatos narrados e das provas apresentadas pela autora/agravada, caberia à requerida/agravante demonstrar, por força do que dispõe o inciso II do art. 333 do CPC [art. 373, II, do CPC/2015], que as contas enviadas àquela estavam de acordo com o que foi pactuado pelas partes, o que não aconteceu, impondo-se, assim, a manutenção do reconhecimento da obrigação de repetir o indébito; 2 – Não havendo fatos novos no agravo regimental, impõe-se a manutenção da decisão agravada, eis que não se justifica a retratação prevista pelo § 1º do art. 557 do CPC [art. 932, V, *a*, do CPC/2015]. Agravo regimental conhecido e desprovido. Decisão mantida. (TJGO, Ag. Reg. n. 201092498621, 3ª Câm. Cível, rel. Sergio Mendonça de Araujo, *DJe* 26.02.2013, p. 84)

Apelações cíveis em ação de reparação por perdas e danos c/c pedido de indenização por danos morais. Contrato de adesão a grupo de consórcio. I – Da apelação cível interposta pela administradora. Cobrança indevida. Fato incontroverso. Liberação dos valores da contemplação condicionada à comprovação da quitação das parcelas contratadas. Exigência desarrazoada. Constatação de falha no próprio sistema de dados da administração do consórcio. Ausência de excludente da ilicitude. Danos morais configurados. II – Apelação cível interposta pela contratante. Danos materiais. Ausência de comprovação. Inexistência de parcelas recebidas em duplicidade pelo consórcio. Violação ao art. 876 do CC não evidenciada. Valor do prêmio. Devolução integral verificada. Valor da compensação. Manutenção. Montante condizente com a extensão do dano. Honorários advocatícios. Compensação. Possibilidade. Súmula n. 306 do STJ. Sentença mantida. Recursos conhecidos e não providos. (TJRN, AC n. 2011.016817-9, 1ª Câm. Cível, rel. Des. Amílcar Maia, *DJe* 14.02.2013, p. 28)

A repetição do indébito, em matéria consumerista, só cabe na hipótese de má-fé do suposto credor. Ausente tal requisito, a devolução, prevista no art. 876 do CC, deve ater-se apenas ao montante pago indevidamente. Precedentes do STJ. Determinada a sucumbência recíproca pelo juízo, haverá compensação, em obediência ao verbete da Súmula n. 306 do STJ, ainda que uma das partes esteja a litigar sob o pálio da assistência judiciária gratuita. Precedente do STJ. Apelo parcialmente provido, por maioria. (TJSP, Ap. Cível n. 70.035.297.399, 17ª Câm. Cível, rel. Liege Puricelli Pires, j. 26.08.2010)

Cartão de crédito. Pagamento em duplicidade, por erro da própria autora. Obrigação de restituir o valor (art. 876 do CC). Danos morais. Inocorrência, no caso, pois mesmo tivesse sido considerado tal pagamento persistiria a inadimplência da autora, ainda que por valor menor. Demora na solução do imbróglio causado a partir de erro da própria autora. Mero dissabor, que precisa ser suportado por quem vive em sociedade. Recurso parcialmente provido. 1 – Todo aquele que recebeu o que não lhe era devido fica obrigado a restituir. 2 – Os meros dissabores não podem ser alçados ao patamar do dano moral, mas somente aquela agressão que exacerba a naturalidade dos fatos da vida, causando fundadas aflições ou angústias no espírito de quem ela se dirige. (TJSP, Ap. Cível n. 991.090.384.084, 11ª Câm. de Dir. Priv., rel. Gilberto dos Santos, j. 26.11.2009, *DJ* 10.12.2009)

Sentença. Ausência de manifestação acerca de alegação da parte. Não ocorrência de nulidade. Desobrigação do juiz quanto à apreciação de todas as teses apresentadas pela parte, principalmente quando a conclusão da decisão se mostra incompatível com a proposição apresentada. Preliminar rejeitada. Recurso improvido. Repetição de indébito. Pagamento voluntário. Perícia conclusiva no sentido da existência de importância paga a maior. Devolução do montante. Necessidade. Observância do art. 876 do CC/2002 que impõe a restituição de quantia, sob pena de enriquecimento sem causa de quem recebe indevidamente. Recurso improvido. (TJSP, Ap. Cível c/ Rev. n. 3.994.344.100, 7ª Câm. de Dir. Priv., rel. Álvaro Passos, j. 18.02.2009, *DJ* 06.03.2009)

Processual civil e tributário. Taxa de iluminação pública. Documentos indispensáveis à propositura da ação de repetição de indébito. Art. 283 do CPC [art. 320 do CPC/2015]. Afastamento da multa do § 2º do art. 557. [...] 2 – Em sede de repetição de indébito, os documentos indispensáveis à propositura da ação são aqueles hábeis a comprovar a realização do pagamento indevido e a legitimidade ativa *ad causam* do contribuinte que arcou com o referido recolhimento. 3 – Em se tratando de débitos repetidos e de igual conteúdo, a verificação do *quantum debeatur* pode ser postergada para a liquidação. 4 – Recurso especial provido em parte. (STJ, REsp n. 1.028.628, rel. Min. Eliana Calmon, j. 25.03.2008)

Do mesmo teor: STJ, REsp n. 923.150, rel. Min. Eliana Calmon, j. 16.08.2007.

Contrato. Prestação de serviços bancários. Ação de repetição de indébito. Transferência em duplicidade, por erro, de quantia da conta de correntista para conta de terceiro. Obrigação deste restituir o pagamento indevido. Exegese do art. 876 do CC. Recurso improvido nessa parte. (TJSP, Ap. Cível n. 1.289.918-2/SP, 11ª Câm. de Dir. Priv., rel. Des. Gilberto dos Santos, j. 15.02.2007, v.u., voto n. 8.926)

Condomínio. Centro comercial. Taxa de publicidade. Alegação de pagamento indevido porque a unidade autônoma não está sendo utilizada. Inconsistência. Restituição de indébito julgada improcedente. Convenção condominial que não exclui as unidades desocupadas. Recurso improvido. (TJSP, Ap. n. 331.483.4/7, rel. Des. Álvares Lobo, j. 31.03.2004)

O locador, que aplica reajustes em desacordo com as formas e prazos contratuais sem a concordância expressa do locatário, e concorre, decisivamente, para erro deste sobre o valor correto do aluguel, está obrigado a repetir o indevidamente recebido. (II TAC, Ap. n. 417.903, rel. Juiz Laerte Sampaio, j. 14.02.1995)

**Art. 877. Àquele que voluntariamente pagou o indevido incumbe a prova de tê-lo feito por erro.**

Para que o valor recebido indevidamente seja restituído, aquele que efetuou o pagamento deverá comprovar que o fez por erro. A demonstração de que o pagamento foi feito por equívoco acarretará a conclusão de que não foi espontâneo, consciente e intencional. Vale dizer: foi feito apesar da consciência de que o valor não era devido. Pois, se o valor não era conscientemente devido e o pagamento se fez mesmo assim, não há oportunidade de repetição, na medida em que se equipara a uma liberalidade ou renúncia de direito.

Como se verifica, o CC adotou a teoria subjetiva, tornando indispensável a demonstração do erro. Contudo, se não houve erro, a repetição pode encontrar fundamento no enriquecimento sem causa (arts. 884 a 886 do CC).

O ônus da prova do erro, segundo o presente dispositivo, é daquele que efetuou o pagamento. Acrescente-se, com amparo na lição de Newton de Lucca, que, caso o pagamento tenha se verificado involuntariamente – por coação, exemplificativamente –, não será o caso de incidência do presente dispositivo, mas de defeito do negócio jurídico (art. 171, II, do CC), suscetível de anulação (*Comentários ao novo Código Civil*. Rio de Janeiro, Forense, 2003, v. XII, p. 83).

O art. 42, parágrafo único, do CDC, estabelece a obrigação de o fornecedor restituir em dobro ao consumidor aquilo que este pagou indevidamente, com correção monetária e juros de mora, salvo engano justificável. A disposição tem natureza distinta do pagamento indevido contemplado no CC, pois não exige o erro do consumidor, limitando-se a estipular uma única hipótese de exclusão de responsabilidade do fornecedor: o engano justificável.

**Jurisprudência:** Determinando a devolução, pela beneficiária de segurado falecido, de valor superior à sua quota-parte no contrato firmado: TJSP, Ap. n. 1000302-67.2018.8.26.0491, rel. Des. Caio Marcelo Mendes de Oliveira, j. 03.12.2018, *DJe* 03.12.2018.

Agravo regimental no agravo em recurso especial. Fornecimento de água e tratamento de esgoto. Repetição do indébito. Controvérsia dirimida sob a ótica da legislação local. Súmula n. 280/STF. Prova do erro. Desnecessidade. Precedentes do STJ. 1 – Dessume-se do exame dos autos que a controvérsia relativa à restituição à agravada dos valores cobrados a maior. A título de serviço de fornecimento de água e coleta de esgoto. Foi essencialmente dirimida à luz da interpretação dada ao Decreto estadual n. 21.123/83. Diante desse contexto, mostra-se descabida a revisão de tal entendimento, em virtude da incidência, por analogia, do Enunciado Sumular n. 280/STF, *verbis*: "Por ofensa a direito local não cabe recurso extraordinário". 2 – Igualmente, pelo óbice sumular mencionado não se conhece da divergência suscitada. 3 – Por outro lado, com razão a agravante ao sustentar a presença de prequestionamento quanto à aplicação do art. 877 do CC. De fato, a corte de origem tratou expressamente da inaplicabilidade do citado artigo ao dispensar para a repetição do indébito a prova do erro no pagamento, "uma vez que o usuário/consumidor dos serviços de fornecimento de água e coleta de esgoto tem a obrigação de adimplir pelos serviços prestados sob pena de serem suspensos". 4 – Contudo, ainda assim, não merece prosperar o recurso especial nesse ponto, pois a jurisprudência desta Corte é pacífica no sentido de que prescinde da prova do erro a restituição dos valores pagos indevidamente a título de tarifa cobrada por concessionárias de serviço público, haja vista que a ausência de quitação do débito pelo usuário do serviço implica a incidência dos encargos moratórios e o corte do fornecimento de energia elétrica. 5 – Agravo regimental não provido. (STJ, Ag. Reg.-Ag.-REsp n. 194.891, 2ª T., rel. Min. Mauro Campbell Marques, *DJe* 27.02.2013, p. 129)

Processo civil. Agravo de instrumento. Ação de cobrança. Restituição de valor cobrado a maior. Levantamento indevido. Alegação do art. 877 do CC. Não aplicação. 1 – Uma vez detectado que o valor depositado é superior ao devido, deve a parte restituir de imediato o valor equivocadamente recebido. 2 – Nos termos do art. 877 do CC, a prova de pagamento indevido por erro deve ser demonstrada pela parte que voluntariamente o fez. 3 – Recurso desprovido. (TJDFT, Proc. cível n. 20120020270883, rel. Des. Mario-Zam Belmiro, *DJe* 06.05.2013, p. 208)

Civil e processual civil. Cédula rural pignoratícia. Ação de repetição do indébito. 1 – Prescrição. Inocorrência. Prazo vintenário. 2 – Repetição devida. Índice de 41,28% em março de 1990. 3 – Contrato quitado. Revisão. Possibilidade. 4 – Repetição de indébito. Prova do erro. Medida desnecessária. 5 – Honorários advocatícios. Redistribuição. Inexistência de sucumbência recíproca. 1 – A prescrição, nos casos de repetição do indébito de diferença de correção monetária aplicada em cédula rural, é vintenária, nos termos do art. 177, do CC/1916. 2 – Índice de correção monetária aplicável ao crédito rural quando estipulada a variação (remuneração) pelos depósitos em poupança, é de 41,28% para março de 1990. 3 – É pacífico na jurisprudência o entendimento de que os contratos extintos pelo pagamento são passíveis de revisão. 4 – A prova do erro no pagamento, prevista no art. 877 do CC, somente é devida nos casos de pagamento voluntário, e não quando se discute eventual pagamento indevido em ação de repetição de indébito. 5 – O art. 21 do CPC [art. 86 do CPC/2015] destina-se a orientar a distribuição dos ônus sucumbenciais quando configurada sucumbência recíproca, e não na hipótese de procedência integral dos pedidos. Apelação cível não provida. (TJPR, AC n. 1028154-2, 15ª Câm. Cível, rel. Des. Jucimar Novochadlo, *DJe* 12.07.2013, p. 472)

Repetição de indébito. Origem da dívida. Demonstração inequívoca de pagamento indevido. Autora que comprovou os fatos constitutivos do seu direito. Inteligência do art. 877 do novo CC e art. 333, I, do CPC [art. 373, I, do CPC/2015]. Recurso improvido. (TJSP, Ap. Cível n. 1.164.504.000, 14ª Câm. de Dir. Priv., rel. Ligia Araújo Bisogni, j. 27.05.2009, *DJ* 26.06.2009)

Repetição de indébito. Pretensão da autora voltada a restituição dos valores pagos a maior ao requerido, a título de gratificação pelo exercício da função de supervisão, no período compreendido entre maio/93 a março/97. Improcedência do pedido pronunciada em primeiro grau. Decisório que não merece subsistir. Erro no cálculo da vantagem aludida perfeitamente delineado nos autos, tendo lugar a repetição por aplicação dos arts. 876 e 877 do CC. Obrigação de restituir que decorre objetivamente da ausência de causa jurídica do pagamento, devendo ser evitado o enriquecimento injusto à custa de outrem. Irrelevante, nesse passo, a perquirição se houve ou não má-fé daquele que percebeu o que não lhe era devido, consubstanciando a restituição uma imposição legal. Apelo provido para o fim de julgar procedente a ação. (TJSP, Ap. Cível c/ Rev. n. 6.564.875.900, 8ª Câm. de Dir. Públ., rel. Paulo Dimas Mascareti, j. 28.01.2009, *DJ* 13.02.2009)

Prestação de serviços educacionais. Indenização. Preliminar. Inversão do ônus da prova. A critério do magistrado, diante das peculiaridades de cada caso. Preliminar repelida. Prestação de serviços educacionais. Litigância de má-fé não demonstrada. Ausência de dolo ou ilicitude na conduta da apelada. Não tipificação dos arts. 14 a 18 do CPC [arts. 77 a 81 do CPC/2015]. Pagamento voluntário. Repetição do indébito. Prova de que o pagamento indevido foi feito por erro. Ausência. Exegese do art. 877 do CC/2002. Dano moral. Prova. Necessidade. No plano do dano moral, não basta o fator em si do acontecimento, mas, sim, a prova de sua repercussão, prejudicialmente moral. Ausência de comprovação desse abalo. Indenização indevida. Sentença mantida. Recurso não provido. (TJSP, Ap. cível c/ rev. n. 1.017.784.000, 25ª Câm. de Dir. Priv., rel. Marcondes D'Angelo, j. 27.01.2009, *DJ* 11.02.2009)

Sentença que indeferiu a petição inicial. Alega a autora que celebrou acordo com a ré, no sentido de lhe pagar certa importância em razão de coação moral a que foi submetida, consubstanciada no fato de que tinha a autora necessidade de resolver pendência existente entre as partes sob pena de serem agravados os seus prejuízos. Em face dos elementos processuais já constantes do processo, não vejo como possa coação ficar caracterizada. Decisão mantida. Recurso improvido. (TJSP, Ap. n. 199.433-4/9, rel. Des. Sebastião Amorim, j. 20.05.2004)

Restituição. Repetição de indébito. Preço de apartamento quitado mais de seis anos antes da propositura da ação. Ausência de ilegalidade, até porque, de consenso o preço e prestações pagas. Índice do Sinduscon, mesmo que irregular, pago sem ressalvas. Juros ditos superiores à lei de usura controvertidos. A normalização e equilíbrio das relações contratuais inadmite pedidos revisionais de preços já quitados e sem ressalvas específicas. Atos que se poderiam dizer juridicamente perfeitos. Recurso provido. (TJSP, Ap. n. 290.609-4/6, rel. Des. Alfredo Migliore, j. 11.05.2004. No mesmo sentido: *RT* 628/128)

O entendimento da Corte está consolidado no sentido de que "tratando-se de prestação, em contrato de adesão, cujo valor é calculado unilateralmente pelo credor, a repetição do que foi pago a mais pode ser requerida independentemente da prova do erro" (STJ, REsp n. 234.437/RS, 4ª T., rel. Min. Ruy Rosado de Aguiar, *DJ* 21.02.2000). (STJ, Ag. Reg. n. 496.086, rel. Min. Carlos Alberto Menezes Direito, j. 25.08.2003)

A cobrança de encargos ilegais por parte da instituição financeira descaracteriza a mora do devedor, não se admitindo a cobrança das respectivas penalidades, dentre elas a multa.

Em contratos bancários como o da espécie dos autos, esta Corte orienta-se no sentido de que desnecessária a prova do erro no pagamento para que se determine a repetição do indébito. (STJ, REsp n. 331.416, rel. Min. Carlos Alberto Menezes Direito, j. 11.04.2003)

Em se tratando, como na espécie, de contrato de abertura de crédito em conta-corrente, o pedido de restituição dos valores pagos a maior não exige a prova do erro, pois não há que se falar em pagamento voluntário, já que os débitos são lançados na conta pela própria instituição financeira credora. (STJ, REsp n. 184.237, rel. Min. Cesar Asfor Rocha, j. 05.10.2000)

Repetição de indébito. Inviabilidade sem a prova do pagamento por erro (art. 965 do CC). (II TAC, Ap. n. 626.698, rel. Juiz Nestor Duarte, j. 20.02.2000)

Aquele que recebeu o que não era devido deve restituir, sendo certo que não se pode considerar pagamento voluntário quando é efetuado para evitar possíveis constrangimentos. (STJ, REsp n. 187.281, rel. Min. Carlos Alberto Menezes Direito, j. 19.11.1999)

No mesmo sentido: REsp n. 187.717, rel. Min. Carlos Alberto Menezes Direito, j. 14.10.1999; REsp n. 249.466, rel. Min. Carlos Alberto Menezes Direito, j. 19.09.2000)

---

**Art. 878. Aos frutos, acessões, benfeitorias e deteriorações sobrevindas à coisa dada em pagamento indevido, aplica-se o disposto neste Código sobre o possuidor de boa-fé ou de má-fé, conforme o caso.**

---

A coisa dada em pagamento indevido fica em poder daquele que a recebeu sem ter direito ao bem. Esse falso credor pode ter agido de boa-fé ou de má-fé e poderá ter percebido frutos do bem ou ter incorporado acessões a ele. Pode ser, ainda, que o bem recebido tenha se deteriorado.

Caso o credor tenha agido de boa-fé, a hipótese se regerá pelo disposto nos arts. 1.214 e seu parágrafo único, 1.217 e 1.219. Se tiver agido de má-fé, a questão rege-se pelo disposto nos arts. 1.214, parágrafo único, 1.216, 1.218 e 1.220.

**Jurisprudência:** Apelação cível. Ação de ressarcimento por locupletamento ilícito. Repetição de indébito. Aplicação conjunta do disposto nos arts. 878 e 1.214 do CC. Recurso não provido. Nos termos do art. 1.214, o possuidor de boa-fé tem direito, enquanto ela durar, aos frutos percebidos. *In casu*, tendo o pagamento indevido sido feito em decorrência de contrato celebrado entre as partes, está caracterizada a boa-fé do apelado, não havendo que se falar em locupletamento ilícito. (TJMS, Ap. n. 0065857-34.2010.8.12.0001, 3ª Câm. Cível, rel. Des. Fernando Mauro Moreira Marinho, *DJe* 10.12.2012)

Apelação cível. Ação de ressarcimento por locupletamento ilícito. Precedentes do TJMS. Reconhecimento de coisa julgada. Julgamento do pedido no mérito. Improcedência mantida. Ausência de má-fé. Utilização da repetição do indébito. Geração de frutos civis. Art. 878 c/c art. 1.214 do CC. Frutos percebidos devidos ao possuidor de boa-fé. Sentença mantida. Recurso conhecido e improvido. I – Eventuais rendimentos (frutos civis) obtidos pela instituição financeira com a utilização de juros praticados com base em contrato havido entre as partes não confere à parte autora qualquer direito de ressarcimento, nos termos do art. 878 c/c art. 1.214, ambos do CC. II – O mercado financeiro constantemente apresenta oscilações e não depende, unicamente, da posse de recursos financeiros, mas de uma série de fatores externos e internos, para a geração de rendimentos. III – A tentativa da parte ser beneficiada por eventual rendimento obtido com as diferenças de juros aplicados no contrato de financiamento havido entre as partes em relação àqueles estabelecidos pelo Poder Judiciário, além de não possuir fundamento jurídico, mostra-se temerária pela falta de parâmetros a serem utilizados para apuração do quantum eventualmente gerado. (TJMS, AC-Or n. 2012.016751-0/0000-00, 3ª Câm. Cível, rel. Des. Marco André Nogueira Hanson, *DJe* 04.07.2012, p. 17)

1 – Não sendo o despachante aduaneiro contribuinte ou responsável pelo Imposto de Importação, não se afigura ilegal o ato do Fisco que negou a restituição do tributo pago indevidamente na via administrativa, sob o fundamento de que tal pedido deveria ser feito em nome do importador, e não no do próprio despachante, tendo em vista que este não possui relação jurídica tributária com o Fisco. Ressalte-se que não foi negada a existência do direito creditório, tampouco a legitimidade do despachante para formular o pedido na via administrativa, porquanto expressamente autorizado pelo importador, razão pela qual não há falar em ofensa aos arts. 653 e 878 do CC/2002. 2 – Recurso especial desprovido. (STJ, REsp n. 652.263, rel. Min. Denise Arruda, j. 26.06.2007)

---

**Art. 879. Se aquele que indevidamente recebeu um imóvel o tiver alienado em boa-fé, por título oneroso, responde somente pela quantia recebida; mas, se agiu de má-fé, além do valor do imóvel, responde por perdas e danos.**

**Parágrafo único. Se o imóvel foi alienado por título gratuito, ou se, alienado por título oneroso, o terceiro adquirente agiu de má-fé, cabe ao que pagou por erro o direito de reivindicação.**

---

O dispositivo contempla os casos em que o pagamento indevido compreende a transferência de um imóvel ao credor. Nesse caso, o imóvel pode ser transferido a terceiro por esse credor.

As soluções previstas neste artigo variam conforme o terceiro adquirente esteja ou não de boa-fé e segundo a transferência efetuada ao terceiro seja gratuita ou onerosa. As soluções serão as seguintes:

a) alienação onerosa feita de boa-fé a terceiro igualmente de boa-fé. O credor que recebeu o imóvel indevidamente responde perante o devedor que pagou apenas pela quantia recebida do terceiro pela aquisição do imóvel. Não se cuida de determinar a restituição do valor do bem, pois o artigo refere-se expressamente à quantia recebida, que só pode ser aquela recebida pelo falso credor. Não se determina o pagamento do valor do próprio bem, pois, nesse caso, o credor de boa-fé poderia ser obrigado a restituir mais do que recebeu – isto é, o valor real do bem, e não aquilo que recebeu efetivamente;

b) o credor age de má-fé ao transferir o imóvel recebido incorretamente a terceira pessoa. A segunda parte deste dispositivo impõe ao credor que recebe o imóvel e o aliena de má-fé a obrigação de indenizar perdas e danos – ou seja, o montante de seus prejuízos mais lucros cessantes. A má-fé tanto pode caracterizar-se em razão do fato de o credor ter conhecimento de que o pagamento era indevido, quanto do fato de o credor ter efetuado a alienação com o propósito de não restituir o bem ao devedor que o entregou indevidamente, admitindo-se que só posteriormente tenha tomado conhecimento da intenção do devedor de sustentar que o pagamento era indevido, desconhecendo o fato até este momento. No caso de o credor que recebeu o indevido ter agido de má-fé, ele responde perante aquele que pagou pelo valor do imóvel – e não pelo valor recebido, como se verificaria na hipótese anterior – além das perdas e danos;

c) o credor transfere o imóvel a terceiro gratuitamente ou a terceiro que adquire onerosamente, mas atuando de má-fé. Nessas hipóteses, segundo a regra do parágrafo único deste dispositivo, a reivindicação do imóvel a ser ajuizada pelo devedor que paga indevidamente poderá atingir o terceiro; no caso da alienação gratuita, porque a transferência do bem sem contraprestação justifica que o beneficiado ceda o bem ao titular que dele foi privado por erro; no que se refere ao terceiro que adquire de má-fé, porque o sistema do CC não autoriza que a má-fé seja prestigiada em detrimento de quem age de boa-fé. Também nos casos em que o credor não houver transferido o imóvel a terceiro, será possível que o devedor que o entregou em pagamento indevido tenha sucesso na reivindicação.

Em todos esses casos, cabe a quem pagou optar entre a reivindicação e o recebimento do valor.

---

**Art. 880. Fica isento de restituir pagamento indevido aquele que, recebendo-o como parte de dívida verdadeira, inutilizou o título, deixou prescrever a pretensão ou abriu mão das garantias que asseguravam seu direito; mas aquele que pagou dispõe de ação regressiva contra o verdadeiro devedor e seu fiador.**

---

Nas hipóteses referidas neste artigo, a repetição do indébito é afastada em razão de, por alguma razão, o pagamento indevido haver levado o credor, de boa-

-fé, a se desfazer de algum direito de que era titular verdadeiramente.

Assim, se a dívida realmente existente deixar de ser realizável em decorrência do pagamento indevido – o credor inutiliza o título, permite que ocorra a prescrição ou abre mão das garantias –, ficará o devedor impossibilitado de postular a repetição. Caberá a ele, porém, ajuizar ação regressiva em relação ao verdadeiro devedor e seu fiador.

É certo que a disposição em exame só incide se o credor agiu convencido de que recebia o que lhe era devido – vale dizer, de boa-fé –, pois, do contrário, se agiu maliciosamente, não pode ser dispensado da obrigação de restituir o recebimento do indébito.

**Art. 881. Se o pagamento indevido tiver consistido no desempenho de obrigação de fazer ou para eximir-se da obrigação de não fazer, aquele que recebeu a prestação fica na obrigação de indenizar o que a cumpriu, na medida do lucro obtido.**

O pagamento não se aperfeiçoa apenas pela entrega de dinheiro ou bem, mas também pela entrega de uma prestação de fazer ou não fazer. Nessas hipóteses, também é possível verificar-se que a prestação não era devida, cabendo a repetição. Contudo, não será possível a restituição da mesma espécie de prestação recebida, de modo que o credor que recebeu o indevido indenizará aquele que deu cumprimento de obrigação de fazer ou não fazer.

Essa indenização, porém, não será medida pela extensão dos prejuízos, mas pelo lucro obtido pelo credor. Assim, será identificado o valor da vantagem obtida pelo credor e este será o montante a indenizar ao devedor. Pode ocorrer, portanto, que o prejuízo do devedor ultrapasse o valor repetido, caso o fazer ou não fazer seja inferior, não produza ao credor vantagem ao menos igual à de suas despesas. Nessa hipótese, deixará de haver enriquecimento injusto do credor, que restituirá ao devedor o enriquecimento obtido. No entanto, não estará o devedor integralmente ressarcido dos danos suportados.

**Art. 882. Não se pode repetir o que se pagou para solver dívida prescrita, ou cumprir obrigação judicialmente inexigível.**

O pagamento da dívida alcançada pela prescrição, ou juridicamente inexigível, é adimplida espontaneamente pelo devedor, que não pode invocar a prescrição ou a inexigibilidade para postular a repetição. Mas, se houver outra espécie de erro no pagamento, será possível repetir o adimplemento. Imagine-se que o erro resultou do fato de uma seguradora pagar indenização a um segurado, após o prazo prescricional, porque imaginava que ele havia sido vítima de um furto. Ao ser apurado o erro – o furto não ocorreu, e o equívoco da denúncia foi informado à seguradora em momento oportuno –, a seguradora poderia postular a repetição do indébito decorrente do erro cometido, porque seu pedido não estaria fundamentado no pagamento de dívida prescrita.

Conclui-se que o dispositivo veda a alegação de que a dívida estava prescrita ou que era juridicamente inexigível como causa da repetição, mas não exclui a repetição se o fundamento do devedor for o erro, ou seja, a alegação de que pagou o que era indevido – e o fato de ter ocorrido prescrição ou de a dívida não ser juridicamente exigível não significa que ela não era devida.

**Jurisprudência:** Direito civil e processual civil. Cumprimento individual de sentença proferida em ação coletiva. Ministério Público do Estado do Mato Grosso do Sul. Telems S.A. Ação coletiva n. 96.0025111-8/MS. Prescrição quinquenal. Precedentes. Ressalva quanto à irrepetibilidade do pagamento de dívida prescrita. 1 – "Cuidando-se de execução individual de sentença proferida em ação coletiva, o beneficiário se insere em microssistema diverso e com regras pertinentes, sendo imperiosa a observância do prazo próprio das ações coletivas, que é quinquenal, nos termos do precedente firmado no REsp n. 1.070.896/SC, aplicando-se a Súmula n. 150/STF" (REsp n. 1.275.215/RS, rel. Min. Luis Felipe Salomão, 4ª T., j. 27.09.2011). 2 – A sentença proferida nos autos da Ação coletiva n. 96.0025111-8/MS determinou que, no prazo de 90 dias contados da intimação da sentença, a companhia telefônica procedesse à retribuição acionária dos valores pagos pelos consumidores que aderiram ao Programa Comunitário de Telefonia. Transcorrido o prazo estabelecido e não cumprida a obrigação de fazer, nasce para o consumidor a pretensão de promover o cumprimento forçado da sentença coletiva, mediante a liquidação do julgado, e começa a correr o prazo prescricional quinquenal. 3 – Contudo, deve ser ressalvado a irrepetibilidade do "que se pagou para solver dívida prescrita, ou cumprir obrigação judicialmente inexigível" (art. 882 do CC/2002). 4 – Recurso especial não provido, com a ressalva acerca da irrepetibilidade do pagamento de obrigação prescrita. (STJ, REsp n. 1.365.391, 4ª T., rel. Min. Luis Felipe Salomão, *DJe* 21.06.2013, p. 1.375)

Civil e processo civil. Contrato de concessão de direito real de uso. Taxa de ocupação. Dívida líquida. Ilegitimidade passiva. Acolhimento parcial. Dívida prescrita. Pagamento. Repetição. Impossibilidade. I – A aplicação da norma contida no art. 557, *caput*, do CPC [arts. 932,

IV, *a* e *b*, e 1.011, I, do CPC/2015], seja na hipótese de manifesta improcedência ou contrariedade à súmula ou entendimento dominante dos tribunais constitui apenas uma faculdade conferida ao relator, o qual pode optar por encaminhar o recurso para apreciação do órgão colegiado. II – A firma individual é apenas uma espécie de nome empresarial adotado por empresário, pessoa física. Assim, como a firma não é sujeito de direitos, a doutrina e a jurisprudência vêm entendendo que a pessoa física é que tem capacidade para ser parte e legitimidade para estar em juízo. III – Nos termos do art. 882 do CC, quem pagar dívida prescrita não terá direito à devolução, uma vez que não há enriquecimento indevido do credor. A prescrição extingue a pretensão, persistindo a obrigação natural, inexigível judicialmente. IV – Tratando-se de pretensão de cobrança de dívida líquida constante em instrumento público ou particular, o prazo prescricional a ser aplicado é o do art. 206, § 5°, I, do CC/2002, de cinco anos. V – Deu-se parcial provimento ao apelo dos réus e negou-se provimento ao recurso da autora. (TJDFT, Proc. n. 20110111500759, rel. Des. José Divino de Oliveira, *DJe* 21.05.2013, p. 190)

Direito administrativo. Ação de repetição de indébito com pedido de indenização por danos morais. Apelação cível. Prazo prescricional da cobrança de multa administrativa decorrente de multa de trânsito. Prazo quinquenal. Repetição de indébito de dívida prescrita. Impossibilidade a teor do art. 882 do CPC [sem correspondente no CPC/2015]. Pedido de danos morais acessório ao pedido principal de repetição de indébito. Reforma da sentença. Recurso conhecido e provido. I – O prazo prescricional nas ações de cobrança de multa administrativa, incluindo as decorrentes de infração de trânsito, é de cinco anos, nos termos do art. 1°, do Decreto n. 20.910/1932. Precedentes STJ e TJES. II – Nos termos do art. 882, do CC, não se pode repetir o que se pagou para solver dívida prescrita. III – *In casu*, observa-se das razões contidas na exordial que o recorrido ao requerer a repetição do indébito, assim como, a indenização por danos morais, atribui ao DER/ES a prática ilícita de ter sido cobrado por dívida já prescrita. IV – Dada a ausência de ilegalidade no recebimento de valores por parte do DER/ES, porquanto, visto que, dívida prescrita pode ser recebida voluntariamente (sem coerção), revela-se descabido o pedido de condenação por danos morais, haja vista ser tal pedido acessório do primeiro (repetição do indébito). V – Recurso conhecido e provido. (TJES, Ap. n. 0026031-65.2010.8.08.0048, rel. Des. Namyr Carlos de Souza Filho, *DJe* 14.05.2013, p. 32)

Apelação cível. Ação de declaração de inexistência de débito c/c indenização. Contratação de cartão de crédito conjuntamente com seguro pessoal pelo consumidor. Existência de cobertura para a hipótese de desemprego involuntário. Pagamento do valor do seguro e posterior estorno sob a alegação de prescrição da pretensão do segurado. Estorno indevido. Impossibilidade de repetição. Inteligência do art. 882 do CC. Inexistência de comprovação quanto a suposta provisoriedade da cobertura securitária. Descontos efetuados na conta-corrente do autor para quitação do valor mínimo da sua fatura de cartão de crédito. Abusividade. Ausência de anuência expressa do consumidor para tal proceder. Dano moral. Configuração. Descontos que colocaram em risco a subsistência do consumidor. Manutenção do montante arbitrado em R$ 5.000,00. Sentença mantida. Recurso conhecido e improvido. (TJSE, AC n. 2013202065, 1ª Câm. Cível, rel. Des. Maria Aparecida Santos Gama da Silva, *DJe* 21.03.2013, p. 17)

Pagamento parcial que se deu por mera liberalidade da seguradora-ré, decorrente do direito natural existente, do qual não poderá pedir restituição, a teor do que estabelece o art. 882 do CC. Negado provimento ao apelo. (TJRS, Ap. Cível n. 70.036.753.853, 5ª Câm. Cível, rel. Jorge Luiz Lopes do Canto, j. 28.07.2010)

É irrelevante a discussão quanto à possibilidade jurídica de proceder à novação objetiva de dívida prescrita, tendo em vista que é perfeitamente possível a realização de pagamento deste tipo de débito, ainda que de forma indireta, na medida em que se trata de obrigação natural, a qual, embora seja inexigível, é passível de satisfação espontânea por parte do devedor. Regramento do art. 882 do CC. (TJRS, Ap. Cível n. 70.035.045.103, 5ª Câm. Cível, rel. Jorge Luiz Lopes do Canto, j. 31.03.2010)

Embargos à execução. Execução. Parcelas prescritas. Cobrança judicial, dolosa, por dívida já paga. CC/2002, art. 940. Inocorrência. Descabimento. Dívida prescrita é considerada obrigação natural, ou seja, conquanto devida não pode mais ser exigida judicialmente ante o decurso do prazo estipulado pela lei, mas uma vez solvida não pode ser repetida (CC/2002, art. 882). Assim, a exigência de parcelas prescritas configura apenas excesso de execução, mas não preenche o pressuposto de "demanda por dívida já paga", não gerando, portanto, obrigação de pagamento em dobro, à luz do art. 940 da lei substantiva, especialmente quando também não demonstrada má-fé do exequente. (TJSP, Ap. Cível n. 992.070.388.708, 35ª Câm. de Dir. Priv., rel. Clóvis Castelo, j. 16.11.2009, *DJ* 01.12.2009)

IPTU. Execução fiscal. Depósito judicial do débito efetuado parcialmente nos autos da execução. Determinação do depósito da diferença. Pedido de reconsideração. Indeferimento. Alegação de prescrição. Decisão mantida, prescrição afastada. Agravo de instrumento. Prescrição e pedido de restituição do valor depositado. Depósito parcial efetuado nos autos da execução fiscal implica o reconhecimento da dívida, nos termos do art. 882 do CC. Restituição de débito prescrito indevida. Agravo de instrumento da executada desprovido. (TJSP, AI n. 6.079.905.000, 14ª Câm. de Dir. Públ., rel. Carlos de Carvalho, j. 17.09.2009, *DJ* 10.11.2009)

Processo civil. Pedida a suspensão do processo, mesmo se o crédito de origem não tributária estiver prescrito, não se precisa extinguir a execução, porque o credor, na forma do art. 882 do CC pode receber o pagamento, momento em que se extingue com julgamento de mérito o processo de execução. Recurso provido. (TJSP, Ap. cível s/ rev. n. 7.694.655.800, 15ª Câm. de Dir. Públ., rel. Paulo Roberto Fadigas Cesar, j. 22.05.2009, *DJ* 07.07.2009)

Inviável acolher pleito de ressarcimento de imposto pago pelos autores, cuja responsabilidade era da ré, na medida em que essa dívida foi paga depois de operada a prescrição. A dívida prescrita, por se constituir em obrigação natural, é inexigível, não havendo, por isso, direito de ressarcimento por seu pagamento indevido, ainda que inequívoca a responsabilidade do real devedor. Inteligência do art. 882 do CC. Danos morais. Inscrição do nome dos promitentes compradores em dívida ativa. Culpa da promitente vendedora evidenciada. Dever de indenizar configurado. Evidenciado que o nome dos autores foi inscrito indevidamente em dívida ativa por débito tributário que deveria ter sido solvido pela ré, quando ainda não prescrita a dívida, a qual descumpriu com a obrigação contratual de quitar todos os impostos pendentes sobre o imóvel prometido vender, impositivo reconhecer o dever de indenizar. Abalo moral sobejamente demonstrado pela prova carreada. Recurso parcialmente provido. Unânime. (TJRS, Ap. Cível n. 70.018.695.411, 18ª Câm. Cível, rel. Des. Pedro Celso Dal Prá, j. 05.04.2007)

---

**Art. 883. Não terá direito à repetição aquele que deu alguma coisa para obter fim ilícito, imoral, ou proibido por lei.**

**Parágrafo único. No caso deste artigo, o que se deu reverterá em favor de estabelecimento local de beneficência, a critério do juiz.**

---

Caso o objeto da prestação não cumprida seja ilícito, imoral ou proibido por lei, a repetição é indevida, pois não se pode prestigiar a obrigação nula (art. 166), indesejada pelo legislador. Contudo, também não será adequado que aquele que recebeu algo para realizar uma dessas prestações fique com o bem, de modo que o legislador inovou ao determinar que o bem reverta em proveito de estabelecimento de beneficência.

Será necessário que aquele que deu alguma coisa postule a repetição e que o juiz identifique o fim ilícito no curso da demanda, de modo a acolher o pedido e condenar quem recebeu a entregar o bem ao estabelecimento. Mas também é possível que algum estabelecimento de beneficência postule a repetição, ou que o interesse público legitime o MP a fazê-lo. O princípio da socialidade do CC autoriza esta interpretação: em nome do interesse social predominante, é de se alargar a interpretação do presente dispositivo para que seja possível admitir a legitimação extraordinária na hipótese, a fim de evitar que o enriquecimento fundado em conduta ilícita fique sem a sanção legal estabelecida, que, mais do que o interesse particular, tutela interesse público.

Pela mesma razão, a natureza pública do texto legal autoriza que o juiz o aplique de ofício, sem que qualquer das partes o sugira ou mencione. A regra teria aplicação ao caso em que alguém entrega dinheiro para que uma pessoa com qualificação melhor preste concurso público em seu lugar. Ao ser identificado o crime e preso aquele que se fazia passar pelo candidato, este poderia pretender a repetição do indébito, na medida em que foi excluído do concurso – o objeto do contrato não lhe foi conferido, tendo havido, por isso, inadimplemento. O presente dispositivo, porém, veda essa devolução, ao estabelecer que a importância reverterá a um estabelecimento de beneficência. Com essa solução, evita-se que qualquer dos participantes da conduta permaneça com a quantia que se destinava a fim ilícito, imoral ou contrário à lei.

**Jurisprudência:** Apelação cível. Responsabilidade civil. Ação de cobrança. Repetição de valores pagos para obtenção de fim ilícito. Vedação expressa no art. 883 do CC. Impossibilidade jurídica do pedido. Juízo terminativo prolatado. Encontrando a pretensão do autor vedação expressa no ordenamento jurídico, a extinção do feito em razão da impossibilidade jurídica do pedido é medida que se impõe. Hipótese em que o requerente pretende a repetição de valor referente a acordo firmado com o réu, consistente na compra de dinheiro supostamente desviado da Casa da Moeda do Brasil. Pedido que encontra vedação expressa no art. 883 do CC brasileiro, em razão da ilicitude do negócio firmado entre as partes. Inversão da sucumbência. Extinção, de ofício, do processo sem resolução de mérito, *ex vi*, do art. 267, VI, do CPC [art. 485, VI, do CPC/2015]. Prejudicado o exame das apelações. (TJRS, Ap. Cível n. 70.023.444.250, 10ª Câm. Cível, rel. Paulo Roberto Lessa Franz, j. 28.05.2009, *DJ* 22.06.2009)

Prestação de serviços. Telefonia. Desligamento indevido da linha telefônica instalada no estabelecimento comercial da autora. Indenização. Dano moral. Elementos caracterizadores do dever de indenizar. Reconhecimento. Prova do dano. Desnecessidade. Os inúmeros aborrecimentos causados à autora em decorrência do desligamento indevido da linha telefônica instalada em seu estabelecimento comercial justifica plenamente a imposição de sanção reparatória, sendo de todo desnecessária a prova do dano. Danos morais. Condenação da requerida ao pagamento de oitenta e cinco salários mínimos à Associação de Assistência à Criança Deficiente em razão dos fatos noticiados nos autos. Inadmissibilidade. Indenização afastada. Inexiste amparo legal a justificar a condenação da ré ao pagamento de indenização no importe de 85 (oitenta e cinco) salários mínimos à Associação de Assistência à Criança Deficiente (AACD), sendo inaplicável ao caso a indenização social prevista no parágrafo único do art. 883 do CC, cuja aplicação restringe-se aos casos de pagamento indevido, voltado à obtenção de fim ilícito, imoral ou proibido por lei, do que na hipótese não se cogita, restando afastada tal condenação sem que isso acarrete a nulidade do julgado pretendida pela apelante. Danos materiais. Ausência de prova dos prejuízos sofridos. Indenização afastada. A falta de prova de prejuízo material sofrido pela autora em razão dos fatos narrados impede a condenação da ré ao pagamento de indenização a esse título. Recurso parcialmente provido. (TJSP, Ap. Cível c/ Rev. n. 1.118.194.007, 30ª Câm. de Dir. Priv., rel. Orlando Pistoresi, j. 11.03.2009, *DJ* 13.04.2009)

## CAPÍTULO IV
## DO ENRIQUECIMENTO SEM CAUSA

**Art. 884. Aquele que, sem justa causa, se enriquecer à custa de outrem, será obrigado a restituir o indevidamente auferido, feita a atualização dos valores monetários.**

**Parágrafo único. Se o enriquecimento tiver por objeto coisa determinada, quem a recebeu é obrigado a restituí-la, e, se a coisa não mais subsistir, a restituição se fará pelo valor do bem na época em que foi exigido.**

No Direito romano, o princípio que veda o enriquecimento sem causa já era conhecido e aplicado. Atualmente, várias ações têm o objetivo de evitar esse tipo de enriquecimento: a repetição de indébito, a de enriquecimento ilícito na cobrança do cheque prescrito, a de indenização etc. Todas elas pertencem ao gênero das ações *in rem verso*.

No CC/1916, eram exemplos dessas medidas o dispositivo que determinava a restituição do pagamento indevido, o que reconhecia o direito de ressarcimento das despesas de produção e custeio e das benfeitorias necessárias ao possuidor de má-fé, bem como aquela que reconhecia o direito à indenização do construtor de boa-fé em terreno alheio.

No CC/2002, foi dedicado um capítulo específico ao enriquecimento sem causa. O parágrafo único deste dispositivo acrescenta, no que se refere ao enriquecimento que tem por objeto coisa determinada, que "quem a recebeu é obrigado a restituí-la, e, se a coisa não mais subsistir, a restituição se fará pelo valor do bem na época em que foi exigido".

Os requisitos da ação de enriquecimento sem causa são:

a) enriquecimento de alguém;

b) empobrecimento correspondente de outrem;

c) relação de causalidade entre ambos;

d) ausência de causa jurídica;

e) inexistência de ação específica (GONÇALVES, Carlos Roberto. *Direito civil brasileiro*. São Paulo, Saraiva, 2004, v. III, p. 590).

O enriquecimento compreende não só o aumento patrimonial, mas também qualquer vantagem, como não suportar determinada despesa. Exemplo interessante da questão é fornecido por Sílvio Rodrigues e tem origem na Corte de Cassação francesa: "Um negociante havia entregue ao arrendatário de uma propriedade agrícola adubos por este comprados. Rescindido o arrendamento, o negociante, que não conseguiu receber o preço da venda do arrendatário, que de resto se tornara insolvente, veio cobrá-lo do arrendante por meio da ação de *in rem verso*. Seu êxito na demanda é que valeu a consagração e do princípio do repúdio ao enriquecimento indevido, no Direito francês" (*Direito civil*. São Paulo, Saraiva, 2002, v. III, p. 422).

O empobrecimento pode consistir em uma redução de patrimônio ou em não perceber determinada verba que seria obtida em razão do serviço prestado ou da vantagem conseguida pela outra parte. Para Agostinho Alvim, esse requisito nem sempre é necessário (*RT* 259/3). Segundo o ilustre mestre, há hipóteses em que a ação é cabível mesmo sem o enriquecimento; por exemplo, quando uma pessoa informa ao herdeiro sua qualidade em determinada sucessão.

A relação de causalidade significa que o enriquecimento e o empobrecimento resultam de um só fato, atuando um como determinante da ocorrência do outro. Se os valores forem diversos, a indenização será fixada pela cifra menor. Assim, se a vantagem de quem enriquece é de R$ 5.000,00, mas o empobrecimento correspondente é de R$ 3.000,00, esta última importância é que deverá ser paga ao primeiro. É que, no momento em que aquele que empobreceu for indenizado pelo montante de seu prejuízo, seu interesse fundado na ausência de outros danos a reparar desaparecerá, de modo que não poderá receber além do que perdeu. Não é necessário que o empobrecimento seja causa eficiente do enriquecimento e vice-versa. Cuida-se de verificar se ambos têm origem no mesmo fato. Assim, o indivíduo trabalha sem remuneração e sofre um empobrecimento ao qual corresponde um enriquecimento do beneficiado. O serviço foi a causa de ambos os fatos.

A ausência de causa jurídica é o requisito mais importante para o reconhecimento do enriquecimento sem causa. Não haverá enriquecimento sem causa quando o fato estiver legitimado por um contrato ou outro motivo previsto em lei. Somente quando não houver nenhum destes dois fundamentos é que haverá ilicitude no locupletamento.

**Jurisprudência:** Responsabilidade civil. Salão de beleza. Produto de beleza. Queda de cabelo. Ressarcimento dos danos. Apelação cível. Indenizatória. Danos morais e materiais. Tratamento capilar denominado escova definitiva. Falha na prestação do serviço. Processo alérgico que culmina na queda dos cabelos e lesões graves no couro cabeludo da autora. Sentença de procedência, estabelecendo o *quantum* indenizatório por danos morais no valor de R$ 5.000,00, bem como danos materiais no valor de R$ 206,08. Apelo da ré pugnando pela improcedência dos pedidos. Sem amparo à pretensão recursal. Laudo pericial concluindo pela ocorrência do dano descrito na inicial, bem como do nexo de causalidade. Danos materiais e morais devidamente comprovados. Valor devidamente fixado a título de danos morais, ante as peculiaridades do caso em comento. Manutenção da sentença. Negado seguimento ao recurso. 1 – Pretensão autoral visando à indenização pelos danos morais e materiais experimentados em virtude de falha na prestação dos serviços de cabeleireiro, consubstanciada em aplicação de produto para alisamento capilar que provoca reação alérgica importante na autora, culminando com a queda dos cabelos, bem como lesões graves no couro cabeludo. 2 – Sentença de procedência do pedido, para condenar a empresa-ré a indenizar o autor pelos danos materiais no valor de R$ 206,08 e pelos danos morais no valor de R$ 5.000,00. 3 – Apelo da ré pugnando pela reforma do *decisum*. 4 – Ausência de amparo à pretensão recursal. 5 – Perícia técnica concluindo que as lesões sofridas pela autora foram em virtude de reação cutânea em couro cabeludo, ocasião em que esclarece o douto *expert* do Juízo que: "As clínicas de estética e os estabelecimentos de cabeleireiros que usam produtos químicos, e são regulamentados e supervisionados pela Anvisa, apresentam legislações específicas e devem ter preparo e responsabilidade sobre os procedimentos realizados, além de conhecimento básico sobre os tipos de produtos que estão usando em suas clientes assim como os riscos e suas consequências. Na prática, os bons profissionais devem testar o produto que será usado no antebraço da cliente, como forma de teste prévio", o que não ocorreu no caso em tela, já que qualquer que tenha sido o produto utilizado, o fato é que além de não ter sido realizado o teste prévio, o profissional que aplicava o produto, verificando que houve reação ao mesmo prosseguiu fazendo o alisamento, causando as lesões descritas na inicial. 6 – Conduta danosa da empresa-ré ensejando o dever de indenizar os prejuízos daí advindos, na forma do art. 14 do CDC. Aplicabilidade do CDC. Responsabilidade objetiva. 7 – Verba indenizatória adequadamente arbitrada na quantia de R$ 5.000,00, à luz dos princípios da razoabilidade e da proporcionalidade, observando-se as peculiaridades do caso e o aspecto punitivo-pedagógico da condenação. Inocorrência de violação ao postulado da vedação ao enriquecimento sem causa, previsto nos arts. 884 a 886, do CC/2002. 7 – Manutenção da sentença. Aplicabilidade do art. 557 do CPC [arts. 932, IV, *a* e *b*, e 1.011, I, do CPC/2015]. Negado seguimento ao recurso. (TJRJ, AC n. 0063934-75.2010.8.19.0001/ Rio de Janeiro, 4ª Câm. Cível, rel. Des. Sidney Hartung, *DJe* 05.09.2012, p. 13)

Monitória. Cheque prescrito. Inaplicabilidade do art. 206, § 3º, IV, do atual CC. Prescrição em três anos. Hipótese que não cuida de enriquecimento sem causa, matéria disciplinada nos arts. 884 a 886 do atual CC. Autor que objetiva o recebimento de montante representado por um cheque prescrito, no valor nominal de R$ 103,00. Monitória. Cheque prescrito. Inaplicabilidade do art. 206, § 3º, VIII, do atual CC. Prescrição em três anos. Norma residual. Hipótese que diz respeito à ação cambiária baseada em títulos de crédito que não perderam a sua força executiva. Hipótese não retratada nos presentes autos. Monitória. Cheque prescrito. Inaplicabilidade do art. 205 do atual CC. Norma que prevê o prazo de prescrição ordinária ou comum de dez anos. Prescrição que tem incidência quando a lei não haja fixado prazo menor. Hipótese aqui não verificada. Monitória. Cheque prescrito. Aplicação do art. 206, § 5º, I, do atual CC. Pretensão de cobrança de dívida líquida. Novo prazo prescricional de cinco anos que deve ter início na data de entrada em vigor do atual CC. Prazo prescricional que se iniciou em 11.01.2003. Prescrição que se interrompeu pelo protesto cambial, concretizado em 28.02.2003. Prazo prescricional que findou em 28.02.2008. Ação proposta em 09.03.2009. Prazo prescricional da pretensão de cobrança já consumado. Extinção do processo com resolução de mérito que deve ser mantida, porém, por fundamento distinto. Apelo desprovido. (TJSP, Ap. n. 9076082-07.2009.8.26.0000/ Embu das Artes, 23ª Câm. de Dir. Priv., rel. José Marcos Marrone, *DJe* 01.07.2013, p. 1.313)

Processual civil. Agravo regimental no recurso especial. Civil. Indenização. Dano moral. Herdeiros. Legitimidade. *Quantum* da indenização fixado em valor exorbitante. Necessidade da redução. Respeito aos parâmetros e jurisprudência do STJ. Precedentes. (STJ, Ag. Reg. no AI n. 850.273, 4ª T., rel. Min. Honildo Amaral de Mello Castro, j. 03.08.2010, *DJe* 24.08.2010)

Embargos Infringentes. Repetição de indébito. Modo de correção do valor. Incidência dos encargos cobrados pela instituição financeira. Possibilidade. O ordenamento jurídico veda o enriquecimento ilícito, nos termos do art. 884 do CC. Como o banco aferiu lucro sob o valor retido indevidamente, deve restituir a quantia acrescida dos encargos cobrados pela instituição financeira. A restituição de valores indevidamente retidos pela instituição financeira não deve ser feita com a incidência dos mesmos encargos por ela cobrados. Precedentes do STJ. (STJ, Emb. Infring. n. 1.0079.98.000658-3/003(1), rel. Tibúrcio Marques, j. 11.02.2010)

Compromisso de venda e compra de imóvel. Ação de restituição de quantias pagas. Pretensão da perda das quantias solvidas, cumprindo-se o contratado. Inadmissibilidade, sob pena de enriquecimento sem causa do vendedor. Aplicação do disposto no art. 884 do CC e do Enunciado n. 2 desta Câmara. Sentença mantida. Apelo improvido. (TJSP, Ap. c/ rev. n. 6134944200, 3ª Câm. de Dir. Priv., rel. Donegá Morandini, j. 25.08.2009)

Administrativo. Sistema Financeiro de Habitação (SFH). Cobrança indevida de parcela relativa ao Fundo de Compensação de Variações Salariais (FCVS). Equívoco da CEF. Erro inescusável. Pretensão de quitação do saldo devedor nos termos da Lei n. 10.150/2000. Possibilidade. 1 – A parte não pode valer-se da própria torpeza para legitimar o seu enriquecimento sem causa (*nemo auditur propriam turpitudinem allegans*), consoante dispõem os arts. 884 a 886 do CC/2002. 2 – O recurso especial interposto pela alínea *c* permite a adoção de soluções análogas aos casos semelhantes. 3 – A existência de erro inescusável, em razão do preparo técnico dos agentes da CEF que atuam na área de financiamento, impõe ao agente financeiro arcar com as consequências econômicas advindas de eventual equívoco quando da elaboração das cláusulas contratuais. Precedentes do STJ: REsp n. 684.970/GO, 2ª T., *DJ* 20.02.2006; REsp n. 562.729/SP, 2ª T., *DJ* 06.02.2007; e REsp n. 653.170/GO, 2ª T., *DJ* 19.09.2005. 4 – *In casu*, o erro quanto à previsão de cobertura pelo FCVS, mercê de o valor financiado exceder o limite regulamentar encartado na Circular n. 1.214/1987, item 15; Resolução n. 1.361/1987 do Bacen, bem como a indevida cobrança das parcelas relativas ao FCVS juntamente com a prestação e o seguro, consoante assentado pelo Tribunal *a quo* à fl. 193, decorreu de equívoco dos agentes da Caixa Econômica Federal – CEF, que, evidentemente, não pode se valer da própria torpeza para afastar o benefício de cobertura do saldo devedor pelo FCVS, em razão da presunção de boa-fé dos mutuários reafirmada, no caso concreto, pelo adimplemento das prestações do contrato de mútuo habitacional. 5 – *Mutatis mutandis*, o entendimento adotado por esta Corte, no julgamento de hipótese análoga, revela-se perfeitamente aplicável ao caso concreto para reconhecer o direito dos recorrentes à quitação do imóvel, objeto do contrato n. 1.0643.0406.315-2, nos moldes delineados na Lei n. 10.150/2000, bem como a respectiva baixa da hipoteca incidente sobre o imóvel em questão. 6 – Recurso especial provido. (STJ, REsp n. 972.890, 1ª T., rel. Min. Luiz Fux, j. 16.06.2009, *DJ* 17.08.2009)

Perfeitamente viável a pretensão de restituição dos valores indevidamente descontados pela empresa-ré, e o fundamento está no princípio de que ninguém deve locupletar-se à custa alheia, nos termos dos arts. 884 e 885 do CC. Apelo provido em parte. (TJRS, Ap. Cível n. 70.020.501.920, 15ª Câm. Cível, rel. Des. Vicente Barrôco de Vasconcellos, j. 12.09.2007)

Valores pagos pela Administração Pública em virtude de decisão judicial provisória, posteriormente cassada, devem ser restituídos, sob pena de enriquecimento ilícito por parte dos servidores beneficiados. (STJ, REsp n. 725.118, rel. Min. Paulo Gallotti, j. 09.12.2005)

**Art. 885. A restituição é devida, não só quando não tenha havido causa que justifique o enriquecimento, mas também se esta deixou de existir.**

De acordo com o disposto neste artigo, a restituição é devida não só quando não houver causa que justifique o enriquecimento, mas também se esta deixar de existir. Assim, mesmo que, de início, o enriquecimento estivesse justificado, a partir do momento em que deixa de haver causa para sua permanência, a restituição será possível.

Giovanni Ettore Nanni, ao comentar o presente dispositivo, apresenta como exemplo o bem alheio cujo uso foi consentido por negócio jurídico regular que, após o período estabelecido, deixa de ter justa causa, gerando enriquecimento sem causa (*Enriquecimento sem causa*. São Paulo, Saraiva, 2004, p. 264). Acrescenta, ainda, o caso dos esponsais, observando que, ainda que não acolhidos no Direito brasileiro, geram efeitos jurídicos, inclusive o de postulação de perdas e danos (idem, ibidem).

**Jurisprudência:** Processual civil. Impugnação ao cumprimento de sentença decorrente de astreintes. Excesso de execução. Efetivo descumprimento. Possibilidade de redução da multa. Agravo de instrumento provido. I – Deve ser julgada procedente a impugnação ao cumprimento de sentença quando verificado o excesso de execução na cobrança de astreintes. II – A execução da multa coercitiva deve ser restrita ao período em que efetivamente foi descumprida a ordem judicial, sob pena de ser chancelado o enriquecimento sem causa, prática vedada pelo ordenamento jurídico (arts. 884 e 885 do CC). III – Redução do valor das astreintes que também se mostra possível quando verificada a sua desproporcionalidade em relação à tutela principal, conforme art. 461, § 6°, do CPC [art. 537, § 1°, do CPC/2015], e jurisprudência pacífica do Superior Tribunal de Justiça. Precedentes: Ag. Reg. no REsp n. 1.126.646/SP e Ag. Reg. no AREsp n. 42.278/GO. IV – Agravo de instrumento provido. (TJMA, AI n. 010526/2013, rel. Des. Cleonice Silva Freire, *DJe* 04.07.2013, p. 59)

Previdência. IPREM. Contribuição especial. Segurado facultativo. Exclusão. Restituição. Sentença de improcedência. Recolhidas às contribuições depois que a justa causa para o seu recolhimento deixou de existir, é devida a restituição para evitar o enriquecimento sem causa. Recurso provido. (TJSP, Ap. Cível c/ Rev. n. 6.557.365.900, 10ª Câm. de Dir. Públ., rel. Teresa Ramos Marques, j. 26.01.2009, *DJ* 12.02.2009)

Administrativo. Servidor público. Valores recebidos em virtude de acórdão do TRT posteriormente reformado pelo TST. Restituição. 1 – É cabível a restituição de verba paga a servidores em virtude de decisão judicial posteriormente reformada. Não é correto alegar que as verbas tinham caráter alimentício, e assim não devem ser restituídas. Os autores pediram judicialmente a providência liminar, a obtiveram e mais tarde ela foi revogada. Por força de lei, respondem pelo que receberam indevidamente (art. 811 do CPC e arts. 876 e 885 do CC) [art. 302 do CPC/2015]. O contrário seria consagrar o enriquecimento sem causa por parte dos servidores beneficiados. 2 – Apelação e remessa necessária providas. (TRF, 2ª R., Ap. Cível n. 355.639, 6ª T. Especializada, rel. Des. Guilherme Couto, j. 26.01.2009, *DJ* 06.02.2009)

Fornecimento de energia elétrica. Relação de consumo. Presunção da boa-fé objetiva da consumidora. Presunção que, ademais, se aplica a todo e qualquer ramo do Direito. Lavratura de Termos de Ocorrência de Irregularidade (TOI's) em decorrência de suposta fraude no medidor de energia elétrica. Apuração arbitrária e unilateral de consumo pretérito e cobrança de valores. Aplicação do máximo abstrato previsto na Resolução n. 456/2000 da Aneel (art. 73) sem elementos concretos para tanto. Hipótese em que houve até diminuição do consumo de energia elétrica após a regularização. Declaração de nulidade do TOI e de inexigibilidade da dívida cobrada, com a consequente restituição em dobro dos valores pagos indevidamente. Sentença parcialmente reformada. Apelação da concessionária de energia elétrica não provida e da consumidora provida. (TJSP, Ap. n. 7.123.256-9, rel. Des. Luis Eduardo Scarabelli, j. 12.09.2008)

**Art. 886. Não caberá a restituição por enriquecimento, se a lei conferir ao lesado outros meios para se ressarcir do prejuízo sofrido.**

Finalmente, a ação fundada no enriquecimento sem causa só é cabível quando não houver ação específica, tendo em vista seu caráter subsidiário. Se o interessado deixa prescrever a ação específica, não poderá valer-se da ação de enriquecimento ilícito, ou todas as demais ações seriam absorvidas por ela. Vale dizer, aquele que dispunha de determinada ação específica para receber seu crédito e deixa sua pretensão prescrever não poderá invocar o enriquecimento injusto para postular indenização correspondente ao crédito prescrito. Se houver ação específica, esta é que deve ser utilizada.

Giovanni Ettore Nanni observa que "o conceito básico que predomina a respeito da subsidiariedade é que a ação de enriquecimento deve ser entendida como um remédio excepcional, cujo exercício é condicionado à inexistência de outra solução prevista na lei" (*Enriquecimento sem causa*. São Paulo, Saraiva, 2004, p. 268) e prossegue, anotando que "a verificação da subsidiariedade não deve ser feita abstratamente, *a priori*, mas analisada em concreto, conforme as particularidades da questão submetida a julgamento, em que se averiguará a possibilidade ou não da existência de outros meios disponíveis ao demandante para recompor a perda sofrida" (idem, p. 270). A rigor, como o insigne monografista pondera, o que se pretende é evitar que a ação de enriquecimento sem causa seja utilizada para viabilizar violação ou fraude à lei, possibilitando que se alcance por via oblíqua o que é vedado pela lei (idem, ibidem). Por outro lado, sempre que outra demanda for suficiente para restabelecer o equilíbrio da situação, não haverá necessidade da ação de enriquecimento sem causa, sob pena de ela ser admitida em praticamente todas as hipóteses de pedido condenatório, como verdadeira panaceia. Giovanni Ettore Nanni, porém, pondera que não se deve fazer uma análise meramente formal da subsidiariedade, devendo o intérprete admitir essa ação em todos os casos em que, mesmo concorrendo com outra ação, a demanda preencha os seus requisitos específicos (idem, p. 273).

**Jurisprudência:** Ação ordinária de locupletamento. Contrato de financiamento de veículo. Prescrição quinquenal contada da data do vencimento da obrigação, art. 206, § 5°, I, CC. Perda do direito de cobrança da dívida pelo decurso do prazo. Enriquecimento sem causa. Caráter subsidiário da ação. Art. 886, CC. Sentença mantida. Recurso não provido. (TJSP, AC n. 1136092-32.2018.8.26.0100, rel. Des. César Peixoto, j. 30.05.2019, *DJe* 30.05.2019)

Apelação. Ação de cobrança. Mútuo verbal. Sentença que reconheceu a prescrição da pretensão autoral, com amparo no art. 206, § 3°, IV, do CC. Inadmissibilidade. A utilização da ação de enriquecimento sem causa é subsidiária em relação às demais. Art. 886 do CC. Distinção do instituto do enriquecimento sem causa como regra e princípio. Ação pessoal, cujo prazo prescricional é o decenal. Art. 205 do CC. Jurisprudência do STJ. Sentença anulada. Recurso provido. (TJSP, Ap. n. 1004613-32.2016.8.26.0084, 25ª Câm. de Dir. Priv., rel. Azuma Nishi, j. 17.08.2017)

Ação de cobrança. Legitimidade passiva. Concessionária que incorpora rede particular de energia elétrica ao seu patrimônio é parte legítima para responder ação de cobrança dos gastos feitos pelo consumidor para sua implantação. Discussão somente com relação aos valores gastos pela autora. Preliminar rejeitada. Ação de cobrança eletrificação rural. Restituição dos valores empregados na construção de rede elétrica, posteriormente incorporada ao patrimônio da concessionária. Procedência. Indenização devida. Contrato anterior à Lei n. 10.438/2002. Art. 14 da Lei n. 9.427/96 que já dispunha acerca do dever de indenizar. Enriquecimento ilícito vedado (arts. 884 e 886 do CC). Correção monetária incidente a partir do pagamento de cada parcela do financiamento. Recurso da ré desprovido, recurso adesivo da autora parcialmente provido. (TJSP, Ap. n. 0003683-61.2010.8.26.0627/Teodoro Sampaio, 23ª Câm. de Dir. Priv., rel. Sérgio Shimura, *DJe* 06.05.2013)

Relação de consumo. Lei n. 8.078, de 1990. Compra realizada em estabelecimento comercial com a utilização do cartão de crédito para quitá-la. Divisão do preço em parcelas, que foram recebidas pela loja. Distrato do negócio com a restituição dos bens. Solidariedade passiva entre a loja e a instituição financeira. Art. 7°, *caput*, da Lei n. 8.078, de 1990. Ilegitimidade passiva *ad causam* descabida. Restituição da importância de R$ 1.781,02, cobrada pela instituição financeira do consumidor relevando a venda em questão. Devolução ordenada. Enriquecimento sem causa da instituição financeira que não se tolera. Arts. 884 a 886 do CC. Recurso de apelação a que se nega provimento, com a condenação da instituição financeira em 20% sobre o *quantum debeatur* encontrado finalmente. Recurso protelatório. Art. 17, VIII, do CPC [art. 80, VII, do CPC/2015]. (TJSP, Ap. n. 0240372-91.2006.8.26.0100/São Paulo, 19ª Câm. de Dir. Priv., rel. Mauro Conti Machado, *DJe* 22.01.2013, p. 1.407)

Cobrança. Eletrificação rural. Restituição dos valores empregados na construção de rede elétrica posteriormente incorporada ao patrimônio da concessionária. Procedência. Indenização devida. Contrato anterior à Lei n. 10.438/2002. Art. 14 da Lei n. 9.427/96 que já dispunha acerca do dever de indenizar. Enriquecimento ilícito vedado (arts. 884 e 886 do CC). Correção monetária incidente a partir do pagamento de cada parcela do financiamento. Apelo da concessionária improvido. Provido, parcialmente, o recurso adesivo do autor. (TJSP, Ap. n. 0002852-13.2010.8.26.0627/Teodoro Sampaio, 19ª Câm. de Dir. Priv., rel. Mauro Conti Machado, *DJe* 22.01.2013, p. 1.348)

Ação de cobrança. Contrato de financiamento para expansão da rede de eletrificação. Aporte de recursos do BNDES pela concessionária de serviço público mediada pelo consumidor. Ação de restituição sujeita ao prazo prescricional do art. 205 do CC/2002. Ação de ressarcimento por enriquecimento sem causa que tem aplicação subsidiária. Interpretação do art. 886 do CC/2002. Prescrição afastada. Pagamento do financiamento por meio das contas de consumo em 72 meses. Pagamento incontroverso (art. 334, III, do CPC) [art. 374, III, do CPC/2015]. Rede elétrica que foi incorporada ao patrimônio da apelada. Dever de restituição. Exegese do art. 14, § 5°, da Lei n. 10.438/2002. Apelo provido. (TJSP, Ap. n. 0002246-48.2011.8.26.0627/Teodoro Sampaio, 11ª Câm. de Dir. Priv., rel. Rômolo Russo, *DJe* 29.11.2012)

# TÍTULO VIII
# DOS TÍTULOS DE CRÉDITO

## CAPÍTULO I
## DISPOSIÇÕES GERAIS

**Art. 887. O título de crédito, documento necessário ao exercício do direito literal e autônomo nele contido, somente produz efeito quando preencha os requisitos da lei.**

O CC/2002 cuidou de disciplinar, em separado, os títulos de crédito, construindo, conforme sugestão formulada pelo professor Mauro Brandão Lopes, no início da década de 1970, após elaboração e entrega do anteprojeto de autoria de comissão designada pelo Ministério da Justiça, um regramento geral, aplicável aos títulos atípicos e às lacunas da disciplina de cada título típico. O presente artigo reproduz a conhecida definição de Cesare Vivante (*Trattato di diritto commerciale*, 5. ed. Milano, Vallardi, 1924, v. III, p. 123), indicativa da natureza documental e dos três predicados comuns a todos os títulos de crédito: cartularidade, autonomia e literalidade.

Todo título de crédito é, portanto, um documento, ou seja, uma coisa destinada a manter a memória permanente acerca do advento de determinado fato jurídico. Emerge de tal coisa, de sua interpretação, um juízo de existência com respeito a um dado evento produtor da incidência de normas jurídicas. Ademais, não se trata de um documento qualquer, igual a todos os outros. Ao ser criado, o título de crédito passa a conter uma promessa unilateral formulada pelo emitente ou sacador, seu criador. Tal promessa, como declaração negocial, não se dirige ao público, isto é, a um número de pessoas indeterminado, porém a uma pessoa determinada, ou seja, de início, ao credor original e, em sequência, a cada um dos eventuais e novos portadores, a quem for transferido o próprio documento. É a vontade do emitente ou sacador que determina a função especial do título de crédito, fazendo que nele se contenha uma declaração unilateral, a qual "tem por objeto a promessa de uma prestação ou o reconhecimento de uma posição jurídica derivada de uma dada relação jurídica de caráter patrimonial" (FERRI, Giuseppe. "Le promesse unilaterali – I titoli di credito". In: *Trattato di diritto civile diretto da Giuseppe Grosso e Francesco Santoro-Passarelli*. Milano, Vallardi, 1972, v. IV, fasc. III/I, p. 53). Essa declaração unilateral é cartular, ou seja, encontra-se inserida num suporte documental, e se vincula a uma relação antecedente, extracartular, nascida de um primeiro negócio jurídico, chamado subjacente. Os títulos de crédito constituem, ainda, documentos dotados de uma função dispositiva, ou seja, são ferramentas indispensáveis ao exercício de determinado direito, no que se distinguem, fundamentalmente, dos documentos probatórios e constitutivos. Eles não apenas servem para atestar a ocorrência de um fato jurídico, não somente solidificam direitos subjetivos, mas, sobretudo, mantêm permanente conexão com os direitos subjetivos constituídos, legitimando, com sua circulação, o portador designado na própria cártula. Há uma clara coligação, apartado o exame do negócio subjacente, entre o título de crédito e a declaração negocial que o criou, derivando daí a impropriamente chamada incorporação dos direitos subjetivos ao documento.

A definição adotada frisa, também, persistirem três predicados comuns a toda essa categoria de documentos. A primeira dessas características é a *literalidade*, entendida como o fato de só serem extraídos efeitos do título daquilo que nele estiver escrito. Os direitos subjetivos conferidos ao portador designado de um título de crédito decorrem do que está escrito na cártula. Daí decorre, em reverso, uma simultânea vinculação formal, a qual significa que o que não está escrito também não pode ser alegado. A segunda característica é a *autonomia*, consubstanciando-se na independência da obrigação assumida individualmente pelas pessoas cuja firma foi exarada no título. A terceira característica é a *cartularidade*, a qual representa a absoluta necessidade, tal como consta da já mencionada definição de Vivante, de apresentar o título de crédito para o exercício dos direitos decorrentes da promessa unilateral feita por seu emitente. De um ângulo inverso, se um documento é apto, por si só, ao exercício dos direitos subjetivos apresentados literalmente, dispõe de cartularidade. Consideram-se, também, os títulos como documentos formais, mesmo que dotados com diferentes graus de rigidez, devendo um documento, para ser ungido a tal categoria, respeitar com exatidão as prescrições legais.

**Art. 888. A omissão de qualquer requisito legal, que tire ao escrito a sua validade como título de crédito, não implica a invalidade do negócio jurídico que lhe deu origem.**

Propõe-se, aqui, a persistência de uma distinção e de uma separação entre os negócios cartulares (declarações inseridas no documento e cuja validade e eficácia dependem do preenchimento de requisitos específicos) e subjacentes (declarações fornecedoras de motivação jurídica para aquelas inseridas no documento, correspondentes a sua causa). Uma falha formal na elaboração do título de crédito, induzindo a ausência de um elemento essencial, produz um vício sobre o documento, retirando-lhe sua qualidade dispositiva, mas não atinge, de modo algum, o negócio que lhe forneceu razão de ser, o qual se mantém válido e eficaz.

**Jurisprudência:** A irregularidade formal, derivada da ausência do preenchimento de um dos requisitos legais, como no caso da indicação errônea do número da fatura numa duplicata, atinge a existência da obrigação cartular, mantendo-se, porém, intacto o crédito referenciado à relação subjacente, que pode ser cobrado pelos meios ordinários. (TJPE, Ap. Cível n. 0000199-39.1997.8.17.0370, 1ª Câm. Cível, rel. Des. Stênio José de Souza Neiva Coelho, *DJe* 23.7.2014)

O art. 888 do novo CCB preserva a relação negocial que deu surgimento ao escrito desprovido de requisito legal necessário à geração de título de crédito. Com isso evita que as partes contratantes tenham a relação primitiva afetada pela emissão de documento que deveria ser título de crédito, mas que, por contrariar norma vigente, não atinge o patamar almejado. (TJMG, Ap. Cível n. 1.0701.06.148286-8/001(1), 13ª Câm. Cível, rel. Des. Francisco Kupidlowski, j. 06.03.2008)

---

**Art. 889. Deve o título de crédito conter a data da emissão, a indicação precisa dos direitos que confere, e a assinatura do emitente.**

**§ 1º É à vista o título de crédito que não contenha indicação de vencimento.**

**§ 2º Considera-se lugar de emissão e de pagamento, quando não indicado no título, o domicílio do emitente.**

**§ 3º O título poderá ser emitido a partir dos caracteres criados em computador ou meio técnico equivalente e que constem da escrituração do emitente, observados os requisitos mínimos previstos neste artigo.**

---

Legislação correlata: arts. 1º e 2º, LUG.

Por ser admitida a atipicidade de um título de crédito e, portanto, a possibilidade dos particulares conceberem documentos sem enquadramento nos modelos instituídos no direito positivo, coube a especificação dos requisitos mínimos, que devem estar presentes em qualquer título e merecem ser designados como elementos essenciais gerais e elementos não essenciais gerais.

No presente artigo, então, há uma discriminação de elementos essenciais gerais e não essenciais gerais, próprios aos títulos atípicos. Adotada, como padrão, a presença de uma relação bipolar (entre um emitente e um beneficiário), os elementos essenciais gerais são três: a) descrição do direito literal, com a precisa indicação de seu conteúdo; b) data de criação; c) assinatura do emitente ou sacador, indicando a inequívoca vontade de criar o título de crédito.

A ausência de qualquer desses elementos não pode ser superada e induz a desnaturação do título de crédito, que deixa de ser documento dispositivo e passa a guardar apenas caráter probatório.

O texto legal elenca, também, outros três elementos não essenciais gerais, cuja ausência pode ser superada pela aplicação de presunções absolutas (*jure et de jure*) expressas nos §§ 1º e 2º do presente artigo: a) data de vencimento (frente à omissão, o título deve ser considerado à vista); b) local de criação (ausente a menção, deve ser considerado como sendo o de domicílio do emitente); c) local de pagamento (ausente a menção, deve ser considerado sendo o de domicílio do emitente, pois, em regra, as obrigações cartulares são quesíveis).

Consta, por fim, no § 3º, uma autorização legislativa para a criação de títulos atípicos com cártula digital, isto é, composta em arquivo magnético, em que a assinatura do emitente, como sinal gráfico, será, evidentemente, substituída por um identificador digital ou alfanumérico.

---

**Art. 890. Consideram-se não escritas no título a cláusula de juros, a proibitiva de endosso, a excludente de responsabilidade pelo pagamento ou por despesas, a que dispense a observância de termos e formalidade prescritas, e a que, além dos limites fixados em lei, exclua ou restrinja direitos e obrigações.**

---

Legislação correlata: arts. 1º e 5º, LUG.

Foram estabelecidas, aqui, proibições de caráter geral, que, inclusive, podem ser disciplinadas diversamente em leis especiais, relativas a cláusulas, elementos acidentais de um título de crédito, inseridos conforme expressa manifestação volitiva do emitente ou sacador. As proibições atingem as cláusulas de:

a) juros, estabelecendo, como decorrência de serem deixados valores à disposição do devedor (o próprio emitente), remuneração em favor do beneficiário (art. 5º da LUG);

b) interdição de endossos, capaz de transformar um título endossável em um título nominativo impróprio, cuja titularidade é transmitida por meio de cessão de crédito (art. 15, 2ª alínea, da LUG);

c) dispensa de formalidades legais, pois não é possível, dada sua natureza, dispor sobre a forma adotada por um título de crédito ou sobre os procedimentos necessários à extração de sua eficácia plena;

d) exclusão ou restrição de direitos ou obrigações, desde que sejam ultrapassados os limites fixados em lei.

Tais cláusulas não podem ser inseridas, em todo caso, de maneira alguma, nos títulos atípicos ou naqueles em que as normas de regência foram omissas.

**Art. 891. O título de crédito, incompleto ao tempo da emissão, deve ser preenchido de conformidade com os ajustes realizados.**

**Parágrafo único. O descumprimento dos ajustes previstos neste artigo pelos que deles participaram, não constitui motivo de oposição ao terceiro portador, salvo se este, ao adquirir o título, tiver agido de má-fé.**

Legislação correlata: art. 10, LUG.

O título de crédito em branco, isto é, aquele que não reúne todos os elementos essenciais próprios à aquisição da natureza dispositiva, pode ser completado, sem desnaturação, até o momento de extração de plena eficácia, o que ocorre no vencimento, quando solicitado seu pagamento ou apresentado a protesto. Entre o emitente ou sacador e o beneficiário, resta consolidado um ajuste de vontades, um contrato de preenchimento, e cabe ao último obedecer às instruções fornecidas, incluindo no documento os dados compatíveis com o convencionado. O contrato de preenchimento não é, porém, oponível a terceiros de boa-fé, de maneira que seu descumprimento, a não ser quando comprovada a má-fé, não afeta a posição de um futuro titular do título, a quem, seja qual for a forma de circulação do documento, tenha sido transmitida a propriedade do documento e, por consequência, os direitos incorporados. Ressalte-se que o imediato preenchimento da cártula, assim como a boa-fé de terceiro, é presumido, devendo a alegação em sentido contrário, por isso, ser conjugada com prova cabal (art. 3º do Decreto n. 2.044/08 e Súmula n. 387 do STF).

**Jurisprudência:** Súmula n. 387, STF: A cambial emitida ou aceita com omissões, ou em branco, pode ser completada pelo credor de boa-fé antes da cobrança ou do protesto.

A prova do preenchimento abusivo é um ônus do devedor. (TJRS, AI n. 70.036.707.545, 11ª Câm. Cível, rel. Des. Luiz Roberto Imperatore de Assis Brasil, j. 15.09.2010)

**Art. 892. Aquele que, sem ter poderes, ou excedendo os que tem, lança a sua assinatura em título de crédito, como mandatário ou representante de outrem, fica pessoalmente obrigado, e, pagando o título, tem ele os mesmos direitos que teria o suposto mandante ou representado.**

Legislação correlata: arts. 8º e 14, Decreto n. 2.044, de 31.12.1908; art. 8º, LUG.

É perfeitamente possível que a celebração de negócios cartulares (declarações inseridas no título de crédito) seja efetivada a partir da instituição de uma relação de representação, por procurador dotado de poderes especiais para tanto. O texto legal realça a necessidade de fazer amoldar a atuação do representante aos limites derivados dos poderes a ele conferidos, sob pena, em se tratando de documento em que são incorporados direitos literais, de o próprio procurador se ver pessoalmente vinculado, assumindo, assim, toda a responsabilidade patrimonial perante terceiros, permanecendo o suposto representado isento. Efetuado um eventual pagamento, aquele que atuou com excesso ou sem poderes assume a posição cabível ao suposto representado, podendo, se for o caso, pleitear o regresso, ou seja, o reembolso dos valores despendidos (art. 8º da LUG).

**Jurisprudência:** 1. Cambial. Nota promissória. Assinatura por quem não mais detém a representação do emitente, pessoa jurídica. Responsabilidade pessoal, com exclusão do mandante ou representado. CC, art. 892. Decreto n. 2.044, de 1908, art. 46. Decreto n. 57.663/66, art. 8º. Preliminares rejeitadas. Ação declaratória negativa procedente. Sustação definitiva do protesto. Recursos improvidos (TJSP, Ap. Cível n. 7.259.290.600, 22ª Câm. de Dir. Priv., rel. Des. Matheus Fontes, j. 08.07.2009). 2. A inserção, num título de crédito, de uma assinatura por quem se diz representante de avalista, por si só, não é apta a induzir responsabilidade patrimonial daquele suposto representado, sendo imprescindível a apresentação da procuração, atestando a outorga de poderes especiais (TJPR, Ap. n. 1486498-7, 13ª Câm. Cível, rel. Des. Josély Dittrich Ribas, j. 21.09.2016).

**Art. 893. A transferência do título de crédito implica a de todos os direitos que lhe são inerentes.**

Legislação correlata: arts. 14 e 16, LUG.

Em todo título de crédito, uma ou mais obrigações são incorporadas, agregando-se a um suporte físico para possibilitar sua ágil circulação. Tais obrigações, chamadas cartulares, apresentam, na posição de credor, o proprietário do documento como coisa móvel. Persiste uma sobreposição entre duas relações jurídicas de natureza distinta, uma derivada de uma obrigação cartular e outra relativa ao direito real de propriedade incidente sobre o documento, o que resulta numa coincidência inevitável, pois o titular da propriedade do documento é, simultaneamente, titular do crédito incorporado ao documento. Trata-se da conhecida teoria da propriedade, defendida, entre outros e desde muito, por Ageo Arcangeli ("Sulla teoria dei titoli di credito". In: *Rivista di Diritto Comerciale*, ano 1910, p. 351-2) e Tullio Ascarelli ("Titolarità e costituizione del diritto cartolare". In: *Rivista di Diritto Comerciale*, ano 1932, t. I, p. 520-2), bastante divulgada e albergada pelo texto do presente artigo, deixando-se de lado outras explicações para a circulação cambiária (créditos sucessivos, delegação, pendência, personificação do título etc.), que com o passar do tempo tiveram sua fragilidade e imperfeição apontadas. Frisa-se, aqui, pura e simplesmente, que a titularidade da propriedade do documento implica a titularidade dos créditos incorporados, uma seguindo a outra quando efetuada uma transmissão; o direito sobre o título e o direito nascido do título caminham sempre juntos.

**Art. 894. O portador de título representativo de mercadoria tem o direito de transferi-lo, de conformidade com as normas que regulam a sua circulação, ou de receber aquela independentemente de quaisquer formalidades, além da entrega do título devidamente quitado.**

Legislação correlata: arts. 15, 16 e 20 a 22, Decreto n. 1.102, de 21.11.1903.

Os títulos representativos de mercadorias outorgam a seu portador legitimado direitos reais incidentes sobre bens móveis literalmente especificados, os quais, em virtude de uma relação contratual antecedente (depósito empresarial ou transporte de cargas), são exercidos ao final, pelo esgotamento desse mesmo contrato. Tais títulos apresentam total causalidade, compondo essa categoria o conhecimento de transporte, o conhecimento de depósito e o *warrant*. De ordinário, eles são transmissíveis por endosso e, seguindo a regra proposta pelo artigo anterior, sua transmissão implica, também, a transmissão dos direitos incorporados, os quais, nesse caso particular, dizem respeito a mercadorias depositadas em armazém geral ou em trânsito, ou seja, no curso do transporte de uma localidade para outra. De toda maneira, será necessária sempre, em homenagem ao princípio da cartularidade, a exibição do documento e, com isso, a demonstração da legitimidade material de seu portador, a fim de que, ao final, sejam exercidos os direitos reais incidentes sobre as mercadorias enfocadas.

**Art. 895. Enquanto o título de crédito estiver em circulação, só ele poderá ser dado em garantia, ou ser objeto de medidas judiciais, e não, separadamente, os direitos ou mercadorias que representa.**

Legislação correlata: art. 17, Decreto n. 1.102, de 21.11.1903.

Tratando de títulos representativos de mercadorias, já referidos no artigo anterior, qualquer constrição judicial (penhora, arresto, sequestro etc.), assim como a instituição de direito real de garantia (penhor), só poderá ser efetivada por meio do próprio título, eis que, enquanto for possível a circulação do documento dispositivo, não se saberá, com total exatidão, quem é o titular dos direitos relativos à mercadoria representada e, portanto, não se poderá aferir a legitimidade para a constituição de ônus sobre os bens móveis. Na hipótese proposta, a efetivação de uma constrição judicial só é viabilizada pela apreensão do título de crédito, assim como a instituição de um direito real de garantia depende de um simples endosso, negócio jurídico consumado mediante a aposição de um simples sinal gráfico sobre a cártula. O art. 17 do Decreto n. 1.102/1903 já contém regra idêntica e que pretende evitar que um terceiro de boa-fé seja atingido por um ato ou uma declaração extracartular.

**Art. 896. O título de crédito não pode ser reivindicado do portador que o adquiriu de boa-fé e na conformidade das normas que disciplinam a sua circulação.**

Legislação correlata: art. 16, LUG.

Ante a literalidade, fatos sem expressão no documento não podem, com o fim de reivindicar o título de crédito, ser alegados diante de um portador de boa-fé, que recebe o documento em virtude de um encadeamento perfeito, iniciado no beneficiário (credor original) e consubstanciado por transmissões contínuas e sucessivas. A plena circulação dos títulos de crédito, seja qual for a forma de transmissão aplicável, depende da segurança da posição jurídica assumida pelos sucessivos credores (portadores legitimados do documento), que, em nome das necessidades do tráfico jurídico, merece ser resguardada e protegida. É inadmissível, portanto, não só o acolhimento, mas, isso sim, a discussão de toda questão atinente à titularidade do título de crédito, desde que sua aquisição tenha se operado regularmente, sem violação das regras especificamente incidentes.

**Jurisprudência:** Não é cabível forçar um terceiro, a quem foram repassados cheques emitidos em virtude da negociação de um veículo, à restituição dos títulos adquiridos de boa-fé, só podendo a vendedora, diante da rescisão do contrato de compra e venda, ser condenada à devolução dos títulos mantidos em seu poder (TJSP, Ap. n. 0011943-07.2011.8.26.0009, 34ª Câm. de Dir. Priv., rel. Des. Gomes Varjão, j. 25.11.2015).

**Art. 897. O pagamento de título de crédito, que contenha obrigação de pagar soma determinada, pode ser garantido por aval.**

**Parágrafo único. É vedado o aval parcial.**

Legislação correlata: art. 30, LUG.

O aval é o negócio jurídico unilateral, cartular e simples pelo qual alguém assume a posição de garante do pagamento da letra de câmbio, equiparando-se sua responsabilidade à de um dos coobrigados existentes. Trata-se da garantia primordial do pagamento de títulos de crédito. É um negócio jurídico, pois corresponde a uma declaração de vontade destinada à produção de efeitos admitidos e delimitados pelo ordenamento positivado. Essa declaração só pode ser manifestada sobre um documento dispositivo, isto é, sobre uma cártula, e sua unilateralidade deriva da atuação de apenas uma pessoa, que sempre externa seu querer por meio de uma única formalidade, motivo pelo qual o ato é, também, simples, e não complexo.

Duas figuras se destacam no aval: o avalista e o avalizado. O primeiro (avalista) é o autor do negócio, aquele que emite a declaração volitiva e se vincula ao pagamento, assumindo a função de garante. Em geral, o avalista é um terceiro estranho às relações obrigacionais originalmente derivadas do título de crédito, até para não retirar do aval sua eficácia total e dar maior conforto e segurança ao credor, mas nada impede que tal pessoa possa ser um dos antigos coobrigados, assumindo este uma dupla vinculação. O segundo (avalizado) é a pessoa designada pelo avalista e a quem sua responsabilidade patrimonial se equipara. Tal pessoa há de ser um dos obrigados ao pagamento da quantia mencionada na cártula e pode ser o sacador, o aceitante ou um endossante. A obrigação do avalista rege-se pelo princípio da autonomia, não podendo ser taxada de acessória, e apresenta um caráter objetivo, pois a garantia não diz respeito ao comportamento de um devedor. O avalista garante que, seja lá como for, ocorrerá o pagamento e, portanto, o credor será satisfeito.

Quanto ao parágrafo único, ao ser vedado o aval parcial, foi introduzida regra geral completamente dissonante com o conjunto da legislação extravagante (art. 30 da LUG), inexistindo motivo ponderável para proibir o aval parcial, limitativo da responsabilidade do avalista. Em todo caso, tal regra só subsistirá quando omissa norma especial em sentido diverso (art. 903 do CC), tornando, então, nula a declaração cartular correspondente.

**Jurisprudência:** A palavra "avalista", constante do instrumento contratual, deve ser entendida, em consonância com o art. 85 do CC, como coobrigado, codevedor ou garante solidário. (TRF, 4ª R., Ap. n. 2001.711.400.48580/RS, 3ª T., rel. Des. Carlos Eduardo Thompson Flores Lenz, j. 13.03.2006)

**Art. 898. O aval deve ser dado no verso ou no anverso do próprio título.**

**§ 1º Para a validade do aval, dado no anverso do título, é suficiente a simples assinatura do avalista.**

**§ 2º Considera-se não escrito o aval cancelado.**

Legislação correlata: art. 14, Decreto n. 2.044, de 31.12.1908; art. 31, LUG.

No que diz respeito à forma, o aval se exterioriza quando exarada a assinatura sobre a cártula, tendo o texto do presente dispositivo reproduzido o art. 31 da LUG. Essa assinatura, na generalidade dos casos, é aposta sobre o anverso do documento, mas é permitida, também, sua colocação nas costas. Derivam daí as hipóteses de necessidade da utilização da cláusula "bom para aval" ou outra equivalente. Há situações concretas em que se confunde o aval com outra declaração cartular, caso não seja empregada qualquer fórmula designativa de sua natureza, e, então, o uso da cláusula referida ou de expressão similar torna-se obrigatório. Duas situações são, portanto, ressaltadas no artigo em exame. Nas costas do título, a declaração cambiária típica é o endosso, e persistiria a impossibilidade de distinguir um endosso em branco do aval se este não viesse acompanhado de outros dizeres. Na frente da letra, se o avalista é o sacado, há evidente perigo de confusão, pois lhe cabe, em princípio, exarar o aceite, surgindo novo questionamento, também, quando a obrigação de garantia é criada pelo próprio sacador, que ostenta a responsabilidade primária pelo pagamento do título. Excluídas tais hipóteses, isto é, quando o aval for exarado na frente do título e por quem não seja sacador ou sacado, basta a simples assinatura para a criação da obrigação de garantia. Ademais, diferentemente do que ocorre com o aceite, o aval é passível de cancelamento, como o reconhecido pelo § 2º. O cancelamento do aval se materializa quando a assinatura do avalista é riscada, de maneira que a existência do negócio consumado é "soterrada" e a declaração volitiva feita passa a ser tida como não escrita.

**Jurisprudência:** 1 – Não há aval extracartular, só podendo uma pessoa criar a obrigação de garantia correspondente se declarar sua vontade no próprio título e não, em outro documento, observado o princípio da literalidade (TJSP, Ap. n. 0104216-28.2008.8.26.0100, 23ª Câm. de Dir. Priv., rel. Des. Sérgio Shimura, *DJe* 04.07.2014). 2 – Um aval sempre depende, para sua concretização, da utilização de forma escrita, não se admitindo uma mera anuência por telefone (TJSC, Ap. n. 0001773-65.2014.8.24.0028, 3ª Câm. de Dir. Civil, rel. Des. Marcos Tulio Sartonato, j. 11.06.2019).

---

**Art. 899. O avalista equipara-se àquele cujo nome indicar; na falta de indicação, ao emitente ou devedor final.**

**§ 1º Pagando o título, tem o avalista ação de regresso contra o seu avalizado e demais coobrigados anteriores.**

**§ 2º Subsiste a responsabilidade do avalista, ainda que nula a obrigação daquele a quem se equipara, a menos que a nulidade decorra de vício de forma.**

---

Legislação correlata: art. 32, LUG.

No âmbito do aval, a única função do avalizado é constituir um parâmetro para que seja aferida a responsabilidade do avalista, promovida uma equiparação completa. O avalizado deve ser indicado expressamente, junto da assinatura do avalista, persistindo uma presunção de caráter absoluto (*jure et de jure*); havendo omissão, isto é, ausente qualquer remissão literal, considera-se avalizado o criador do título de crédito, emitente ou sacador, cuja declaração sempre constará, necessariamente, da cártula. Ademais, efetivado o pagamento pelo avalista, como previsto no § 1º, opera-se, em seu favor, uma sub-rogação, ocupando este a posição naturalmente conferida ao avalizado, resguardada a possibilidade de exercício do direito de regresso, ou seja, de solicitar o reembolso dos valores despendidos ao próprio avalizado e a todos os demais coobrigados que ostentem maior responsabilidade do que ele próprio ("coobrigados anteriores"). O exercício do regresso é efetivado mediante a propositura de ação cambial indireta ou regressiva, com o rito da execução por quantia certa contra devedor solvente, fundada em título extrajudicial. O § 2º afirma, por último, a autonomia do aval quanto à obrigação do avalizado, de maneira que a validade da obrigação do avalista independe da regularidade da obrigação do avalizado, não persistindo relação de acessoriedade entre ambas. Realça-se, porém, que resta inviabilizada a produção de efeitos pela declaração do avalista quando a vinculação do avalizado ainda não houver se materializado, pois sem um avalizado não haveria como balizar a responsabilidade do garante. Há uma conexão formal entre as declarações do avalista e as do avalizado, apesar de serem estas substancialmente independentes.

**Jurisprudência:** 1 – Nega-se a possibilidade do avalista discutir a relação negocial subjacente ao título de crédito, descabendo formular alegações relativas ao contrato celebrado ou postular a inversão de ônus da prova: TJSP, Ap. Cível n. 1.138.831.900, 20ª Câm. de Dir. Priv., rel. Des. Nelson Jorge Júnior, j. 21.11.2005; TJMG, Ap. Cível n. 1.0024.06.206838-2/001; 10ª Câm. Cível, rel. Des. Gutemberg da Mota e Silva, j. 04.08.2008. 2 – O fato de haver o avalista se retirado da sociedade devedora não abala sua posição de garantidor da dívida, dada a independência de sua obrigação da relação que deu ensejo ao próprio título de crédito: TJSP, Ap. n. 0015058-73.2010.8.26.0590, 2ª Câm. Res. Dir. Empres., rel. Des. Tasso Duarte de Melo, j. 17.02.2014; TJDF, Ap. n. 0030361-69.2016.8.07.0001, 3ª T. Cível, rel. Des. Roberto Freitas, j. 03.10.2019. 3 – Deve-se assegurar ao avalista a possibilidade de se opor à cobrança com esteio em vícios atinentes à relação originária, quando, não havendo circulação do título, o próprio credor, imbuído de má-fé, é o responsável pela extinção, pela nulidade ou pela inexistência da obrigação do avalizado (STJ, REsp n. 1.711.412/MG, 3ª T., rel. Min. Marco Aurélio Bellizze, j. 04.05.2021).

---

**Art. 900. O aval posterior ao vencimento produz os mesmos efeitos do anteriormente dado.**

---

O presente artigo diz respeito ao aval póstumo, aquele conferido após o vencimento da letra. Nem o Decreto n. 2.044/1908 nem a LUG fizeram qualquer menção à hipótese, o que, em um primeiro momento, fez que ela fosse repudiada, entendendo-se que o aval conferido em tais circunstâncias deveria ser desconsiderado ou produzir os efeitos da fiança (cf., com vastas referências sobre o assunto, BORGES, João Eunápio. *Do aval*, 4. ed. Rio de Janeiro, Forense, 1975, p. 156-61). Os títulos de crédito não perdem, porém, suas características básicas com o vencimento. Eles continuam sendo documentos dispositivos, e nada explica que possa ser negada a existência de aval póstumo ou que lhe sejam conferidos efeitos diversos. O legislador brasileiro sufragou tal entendimento, ao dispor, no âmbito específico das duplicatas (art. 12 da Lei n. 5.474/68), sobre o assunto, equiparando os efeitos produzidos pelo aval póstumo e pelo comum, o que, com o CC, foi simplesmente reiterado.

**Art. 901. Fica validamente desonerado o devedor que paga título de crédito ao legítimo portador, no vencimento, sem oposição, salvo se agiu de má-fé.**

**Parágrafo único. Pagando, pode o devedor exigir do credor, além da entrega do título, quitação regular.**

Legislação correlata: art. 39, LUG.

Define-se pagamento como a prestação daquilo que está contido na obrigação. Trata-se do implemento ou cumprimento dos deveres assumidos, da execução normal da obrigação. Em qualquer pagamento, três elementos são indispensáveis: o vínculo obrigacional, o sujeito ativo (quem paga) e o sujeito passivo (quem recebe). Sem vínculo não pode haver pagamento, porquanto não há como adimplir o que não existe. Alguém, no entanto, deve pagar, e outra pessoa, aceitar o bem da vida que lhe é conferido. No caso dos títulos de crédito, surgem evidentes peculiaridades, pois a presença do princípio da cartularidade implica a absoluta necessidade de exibição do documento para que se consuma a exigibilidade do crédito a ele conectado. Tal obrigatoriedade se justifica pelo fato de somente ser possível aferir qual a conformação da obrigação derivada do documento por meio do que se acha nele escrito. Não é possível, sem a leitura do título, verificar quais declarações foram nele exaradas, qual o valor devido e se houve o vencimento efetivo. A conformação de cada um dos três elementos fundamentais (vínculo, sujeito ativo e sujeito passivo) só pode ser confirmada à vista da cártula, na qual está consignado quem deve ser considerado credor e quais são os devedores. Portanto, todo pagamento efetuado com estrito respeito aos dados contidos na cártula deve ser considerado regular e apto a desonerar seu autor.

O texto legal excepciona duas únicas hipóteses. A primeira se materializa quando formulada uma oposição ao pagamento, procedimento pelo qual um interessado dá ciência ao devedor da consumação de um fato obstativo ao recebimento da prestação pelo portador do título de crédito. Há algumas circunstâncias capazes de retirar a legitimação negocial específica de uma pessoa para que possa, regularmente, ocupar a posição de sujeito passivo do pagamento e fornecer quitação válida. Assim, quando alguém tem declarada sua incapacidade diante de uma sentença decretatória de falência ou insolvência e, ainda, em razão de extravio ou subtração do título, nega-se ao portador o poder de disposição necessário para fazer extinguir a obrigação cartular. Tais eventos, todavia, nunca se encontram expressos no documento e, em virtude de sua extracartularidade, não podem surtir efeitos ante o portador de boa-fé, a menos que sejam levados a seu conhecimento de forma inequívoca. O interessado, para elidir a eficácia do ato praticado pelo devedor, ou seja, para impedir a produção de efeitos pelo pagamento feito ao suposto credor, deve anunciar-lhe a falta de legitimação do portador da letra, podendo ele se valer, para tanto, de dois diferentes meios: remeter uma carta registrada ou providenciar uma notificação extrajudicial, feita, nos termos do art. 160 da Lei n. 6.015/73, pelo oficial registrador de títulos e documentos, mostrando-se a segunda forma mais segura, por não ensejar qualquer dúvida sobre o conteúdo da comunicação. O desrespeito à oposição realizada implica a ineficácia do pagamento diante do opoente e, assim, o devedor poderá ser constrangido a lhe pagar a mesma importância em outra oportunidade. A segunda hipótese deriva da caracterização da pura e simples má-fé do autor do pagamento, que procura efetuar a entrega da prestação devida a quem sabe não ser o legítimo credor.

O parágrafo único cuida da quitação, geralmente demonstrada pela simples entrega do título ao devedor, que pode, de acordo com o texto examinado, exigir que o credor elabore um novo documento, no qual ficará declarada a extinção de sua obrigação (art. 320, *caput*, do CC).

**Jurisprudência:** O devedor, ao efetivar pagamento, deve se cercar de todas as cautelas necessárias à obtenção de uma quitação válida, pois a posse do título junto ao credor faz presumir a ausência de pagamento. (TJRS, Ap. Cível n. 70.055.274.872, 11ª Câm. Cível, rel. Des. Luiz Roberto Imperatore de Assis Brasil, j. 26.02.2014; TJPR, Ap. Cível n. 1001939-1, rel. Des. Carlos Eduardo A. Espínola, *DJe* 15.08.2013)

**Art. 902. Não é o credor obrigado a receber o pagamento antes do vencimento do título, e aquele que o paga, antes do vencimento, fica responsável pela validade do pagamento.**

**§ 1º No vencimento, não pode o credor recusar pagamento, ainda que parcial.**

**§ 2º No caso de pagamento parcial, em que se não opera a tradição do título, além da quitação em separado, outra deverá ser firmada no próprio título.**

Legislação correlata: arts. 39 e 40, LUG.

As obrigações cartulares deverão ser cumpridas, naturalmente, na data de seu vencimento, devendo-se considerar um prazo de vencimento estabelecido como de interesse mútuo, do credor e do devedor. Pode o credor, então, recusar o pagamento antecipado sem se submeter a qualquer sanção, e, em contrapartida, o autor do pagamento se coloca como único responsável pela validade do ato, assumindo todos os riscos da presença de algum vício desconhecido. O pagamento parcial, de acordo com o art. 313 do CC, pode ser rejeitado pelo credor, cujo interesse se materializa no recebimento da prestação completa. No âmbito dos títulos de crédito, tal regra sempre sofreu exceção (art. 39, alínea 2ª, da LUG), tendo o texto legal tolerado e imposto a obrigatoriedade da aceitação do pagamento parcial quando efetivado na data do vencimento, isto é, ao tempo do pagamento, por um dos coobrigados. Nesse caso, tratando-se da consumação do escopo original do título, inexiste a possibilidade de recusa, devendo o credor fazer consignar na cártula uma quitação relativa ao valor pago, a fim de que possa exigir, em seguida, a diferença de um dos coobrigados, exercendo direito de regresso, não bastando ser esta exarada em documento separado, sob pena de permitir cobrança irregular do todo. Como não sobreveio o pagamento integral, o título permanece em poder do credor, visto não se configurar o adimplemento e ainda não haver sido extinta a obrigação cartular. Por isso, para resguardar terceiros de boa-fé e diante da inviabilidade da prova testemunhal, mostra-se imprescindível a menção do evento no corpo do documento.

**Jurisprudência:** Admite-se que o pagamento parcial pode ser comprovado por documento apartado (recibo), cabendo abater o valor do crédito inscrito na cártula. (TJMG, Ap. n. 1048003044898-3/001(1), rel. Des. Gutemberg da Mota e Silva, j. 31.08.2010)

**Art. 903. Salvo disposição diversa em lei especial, regem-se os títulos de crédito pelo disposto neste Código.**

No âmbito da disciplina dos títulos de crédito, o CC/2002 apresenta apenas uma aplicação subsidiária e de caráter geral. A incidência das normas só ocorrerá ante uma lacuna do regramento específico de um título típico ou na hipótese de atipicidade. Revela-se, aqui, portanto, a intenção de preencher omissões e oferecer regras relativas aos títulos atípicos, sem atingir a legislação extravagante anterior, a qual permanece intacta e plenamente vigente. O CC não se sobrepôs à disciplina individual dos títulos típicos, que foi mantida intacta, trazendo, em verdade, um estatuto da atipicidade.

**Jurisprudência:** 1 – Há uma dualidade de regramento dos títulos de crédito, pois os típicos ou nominados continuam a ser disciplinados pelas leis especiais de regência, enquanto os atípicos ou inominados subordinam-se às normas do novo Código (STJ, REsp n. 1.633.399/SP, 4ª T., rel. Min. Luis Felipe Salomão, j. 10.11.2016). 2 – Não pode ser exigida a outorga conjugal, irrestritamente, como requisito de validade do aval, quando frente a um título nominado ou típico, a lei especial de regência não faz a mesma exigência (STJ, REsp n. 1.644.344/SC, 3ª T., rel. Min. Nancy Andrighi, j. 21.08.2018; STJ, REsp n. 1.526.560/MG, 3ª T., rel. Min. Paulo de Tarso Sanseverino, j. 16.03.2017). 3 – A necessidade de outorga conjugal para o aval (art. 1.647, III) em títulos inominados – de livre criação – tem razão de ser no fato de que alguns deles não asseguram nem mesmo direitos creditícios, a par de que a possibilidade de circulação é, evidentemente, deveras mitigada (STJ, REsp n. 1.633.399-SP, 4ª T., rel. Min. Luis Felipe Salomão, j. 01.12.2016).

## CAPÍTULO II
## DO TÍTULO AO PORTADOR

**Art. 904. A transferência de título ao portador se faz por simples tradição.**

O CC estabeleceu regras para três espécies de títulos de crédito, de acordo com a forma de circulação. Tal classificação é a mais importante do ponto de vista prático e uma das mais utilizadas, se bem que o critério escolhido não afete o direito patrimonial inserido no documento. As três categorias são: título ao portador, título à ordem e título nominativo.

Nos títulos ao portador, de que trata o presente capítulo, não se menciona o nome do beneficiário. A circulação se dá, livremente, pela tradição do documento, por meio da qual é determinável o proprietário, a pessoa que detém a posse legítima do título, isto é, a transmissão da posse induz a transmissão da propriedade do documento. O título ao portador é identificado pela inserção de uma cláusula especial "ao portador", podendo a transmissão por mera tradição se viabilizar pela omissão na designação do beneficiário, deixando-se um mero espaço em branco no local destinado a sua nomeação, ou pela inserção de um endosso em branco, num título naturalmente à ordem.

**Art. 905. O possuidor de título ao portador tem direito à prestação nele indicada, mediante a sua simples apresentação ao devedor.**

**Parágrafo único. A prestação é devida ainda que o título tenha entrado em circulação contra a vontade do emitente.**

A titularidade do crédito numa obrigação cartular derivada de um título ao portador provém pura e simplesmente do exercício da posse legítima sobre a coisa móvel correspondente ao documento. A posse do título, cuja presença é evidenciada pela exibição da cártula, indica, em qualquer circunstância, a quem deve ser feito o pagamento. Ainda que tenha entrado em circulação contra a vontade do emitente, o título ao portador restará adstrito ao cumprimento da obrigação criada, desde que o possuidor esteja de boa-fé e, portanto, desconheça a presença de um vício atinente à origem do documento, tal como realçado pelo parágrafo único.

**Art. 906. O devedor só poderá opor ao portador exceção fundada em direito pessoal, ou em nulidade de sua obrigação.**

O presente artigo reproduz o princípio da inoponibilidade das exceções pessoais, segundo o qual o devedor, num título de crédito qualquer, não pode deduzir, ante um credor de boa-fé, defesas decorrentes de sua relação para com terceiros. Persiste, assim, uma proteção específica para o credor diante de vícios que lhe são desconhecidos. Tal proteção, limitadora das exceções pessoais, não se aplica apenas aos títulos ao portador, mas a todas as espécies de documentos dispositivos. Trata-se de uma consequência direta do princípio da autonomia, conferindo-se maior segurança à posição do credor, que não pode ser surpreendido por fatos ou atos externos a sua esfera de atuação jurídica.

**Art. 907. É nulo o título ao portador emitido sem autorização de lei especial.**

Não há títulos ao portador atípicos; todos os títulos dessa espécie são típicos. O legislador precisa reconhecer previamente a juridicidade de um título ao portador, sem o que não se faz viável sua regular circulação e sobrevém uma nulidade formal, não ganhando o documento natureza dispositiva. É preciso ressaltar, aqui, que os títulos ao portador, como categoria, haviam sido proibidos pelo art. 2º da Lei n. 8.021/90, de maneira que todos os títulos ao portador típicos, então disciplinados pela legislação nacional, foram extirpados do direito pátrio, diante da alegada necessidade de evitar a evasão ou sonegação fiscal. Há, agora, a possibilidade de serem criados novos títulos ao portador, mas as normas relativas àqueles antigos, já extintos, não foram reconduzidas, automática e imediatamente, à vigência. Não houve mera revogação do art. 2º da Lei n. 8.021/90, apenas se admitindo novos títulos ao portador por meio de novos atos legislativos.

**Jurisprudência:** Há julgado interpretando o bilhete de loteria como título ao portador (TRF, 3ª R., Ap. n. 388.338, 6ª T., rel. Juiz Lazarano Neto, j. 18.04.2007), se bem que em tal documento, não se agrega, propriamente, um crédito e, por isso, não ostenta função dispositiva.

**Art. 908. O possuidor de título dilacerado, porém identificável, tem direito a obter do emitente a substituição do anterior, mediante a restituição do primeiro e o pagamento das despesas.**

Legislação correlata: art. 912, CPC/73 (não há correspondente no CPC/2015).

Dilacerado é o título cuja integridade física foi violada. Ele foi rasgado, riscado ou simplesmente, em razão da atuação de agentes químico-físicos, apagado. Para promover sua revitalização e viabilizar sua circulação renovada, seu portador, na qualidade de proprietário do documento, ostenta a faculdade de solicitar ao emitente sua substituição. O emitente, desde que exibido o título ao portador e identificada sua vinculação, não pode se negar à confecção de um novo título ao portador, que há de ser absolutamente igual ao original. A entrega desse documento substituto deve ficar condicionada à destruição do título dilacerado, evitando que um terceiro de boa-fé cogite de uma duplicidade de obrigações cartulares, bem como ao pagamento de eventuais despesas decorrentes do novo saque. Merece ressalva, no entanto, a hipótese específica da impossibilidade de reconhecimento da assinatura do emitente, pois, não sendo tal sinal gráfico identificável, a substituição do título dependerá sempre de uma declaração judicial antecedente, compelindo-se, então, o emitente à elaboração do documento substituto.

**Art. 909. O proprietário, que perder ou extraviar título, ou for injustamente desapossado dele, poderá obter novo título em juízo, bem como impedir sejam pagos a outrem capital e rendimentos.**

**Parágrafo único. O pagamento, feito antes de ter ciência da ação referida neste artigo, exonera o devedor, salvo se se provar que ele tinha conhecimento do fato.**

Legislação correlata: arts. 907 a 913, CPC/73 (com referência simples no art. 259, II, do CPC/2015).

O extravio ou a perda de títulos ao portador requerem, para a salvaguarda dos direitos do titular desapossado, a propositura de ação específica. Tal ação era dotada de procedimento especial, disciplinado pelos arts. 907 a 913 do CPC/73, o qual foi suprimido pelo CPC/2015, adotando-se o procedimento comum, ressalvada a necessidade da expedição de editais, visando dar ampla publicidade à pendência da demanda.

Nesse caso, é preciso tomar rápidas providências notificando o emitente e ingressando a ação imediatamente em juízo, pois, sem isso, por aplicação do art. 896 do CC, um futuro portador de boa-fé permaneceria protegido, o que faria perecer as pretensões da vítima da subtração ou do extravio. Ademais, como afirmado pelo parágrafo único, pagamentos feitos antes que o devedor seja cientificado do ocorrido o desoneram, justificando a urgência de sua notificação.

## CAPÍTULO III
## DO TÍTULO À ORDEM

**Art. 910. O endosso deve ser lançado pelo endossante no verso ou anverso do próprio título.**

**§ 1º Pode o endossante designar o endossatário, e para validade do endosso, dado no verso do título, é suficiente a simples assinatura do endossante.**

**§ 2º A transferência por endosso completa-se com a tradição do título.**

**§ 3º Considera-se não escrito o endosso cancelado, total ou parcialmente.**

Legislação correlata: arts. 12 e 13, LUG.

A segunda das três categorias de títulos de crédito distinguidas pelo CC corresponde aos títulos à ordem ou endossáveis. Tal qual verificado nos títulos nominativos, nos títulos à ordem há menção expressa do nome do beneficiário, mas esta é acompanhada de uma cláusula "à ordem", a qual permite a transferência de direitos mediante a aposição de uma simples assinatura no documento, o endosso. O endosso é o negócio jurídico, de natureza unilateral, formal e simples, que tende à transferência da propriedade do próprio título de crédito e, por consequência, dos direitos patrimoniais conectados ao documento. Há nele uma declaração de vontade receptícia e destinada à produção de efeitos jurídicos, sempre referentes à totalidade do crédito de expressão literal. Em regra, essa declaração se materializa, formal e integralmente, com a aposição da assinatura do tomador, portador legitimado do documento, no verso da cártula, derivando daí o próprio nome do negócio – "endosso" significa no dorso, isto é, no verso. Com isso, duas figuras distintas podem ser identificadas no âmbito do endosso: o endossador ou endossante, de um lado, e o endossatário, de outro. O primeiro é aquele que transfere o título, o autor da declaração unilateral, enquanto o segundo se estabelece como quem recebe o título, passando, a partir de então, a ostentar a posição de credor. O endosso, no âmbito específico de sua utilização, exclui o uso da cessão de crédito, própria ao direito comum, criando uma disciplina peculiar e muito mais prática e segura para a transferência dos direitos patrimoniais.

Quanto a sua forma, são duas as modalidades do endosso: o endosso em preto e o endosso em branco. No primeiro caso, ao ser feita a transferência dos direitos de crédito, o nome do endossatário, o novo credor, é expressamente mencionado no texto do endosso. No segundo, não persiste, simplesmente, qualquer menção ao nome do novo titular dos direitos subjetivos incorporados ao documento. Admite-se, excepcionalmente, que o endosso em preto seja efetuado no anverso, ou seja, na frente do documento, mas tal exceção não se estende ao endosso em branco. Não há como deixar de exarar um endosso em branco no verso da cártula. A diferenciação é justificável. Enquanto no endosso em preto a assinatura do endossador sempre vem acompanhada de um texto, por menor que seja (p. ex., "por endosso a Fulano"), o endosso em branco se materializa com a simples exaração da firma, a qual pode ser mantida só e desacompanhada de qualquer texto. Ora, permitir a declaração do endossador no anverso provocaria uma incerteza absoluta, acarretando uma confusão indevida com o instituto do aval.

O § 2º indica estar perfeito o endosso com a tradição do documento, isto é, com sua entrega física ao endossatário, como decorre obviamente da transmissão de sua propriedade. O § 3º, por fim, ressalta a viabilidade de ser efetivado o cancelamento de um endosso, bastando, para tanto, riscá-lo. A declaração negocial, dessa forma, é extirpada do documento e não produzirá mais efeitos, passando o título de crédito a se reger como se ela nunca houvesse tido existência.

**Jurisprudência:** Sem o endosso, não há a transferência de um título à ordem e, portanto, logicamente, um terceiro diverso do beneficiário nomeado no texto do documento não pode se arrogar a posição de credor e não ostenta legitimidade para a propositura de ação decorrente do inadimplemento da obrigação cartular. (TJSP, Ap. n. 3003718-76.2009.8.26.0506, 18ª Câm. de Dir. Priv., rel. Des. Alexandre Lazzarini, j. 19.10.2011)

**Art. 911. Considera-se legítimo possuidor o portador do título à ordem com série regular e ininterrupta de endossos, ainda que o último seja em branco.**

**Parágrafo único. Aquele que paga o título está obrigado a verificar a regularidade da série de endossos, mas não a autenticidade das assinaturas.**

Legislação correlata: art. 16, LUG.

A propriedade do título à ordem e, por consequência, a titularidade do crédito cartular são indicadas pela posse legitimada do documento, cuja presença, se houve circulação, é induzida pela verificação de uma ordem contínua de endossos. Há de persistir uma série encadeada de transmissões que termine em um último endossatário, a quem cabe solicitar o pagamento. Já o devedor-emitente ostenta o dever jurídico de analisar a perfeição da cadeia de endossos produzida e a concreta legitimidade de qualquer apresentante do título, só cabendo realizar o pagamento àquele que se qualifique como último endossatário, pois, caso contrário, sua responsabilidade patrimonial não se extinguirá e ele poderá ser chamado a reproduzir o pagamento, considerando-se o anterior indevido.

**Jurisprudência:** 1 – Ação reivindicatória de cheque. Título adquirido por cessão de crédito em operação de fomento mercantil. Endosso. Necessidade de conferência da sua regularidade. Inteligência do art. 39 da Lei n. 7.357/85 e do art. 911 do CC. Ainda que a faturizadora não esteja obrigada a conferir a assinatura do endossante do cheque, o exame da regularidade dos endossos lançados no título passa, necessariamente, pelo exame da qualidade de quem os endossa. Hipótese em que o faturizado cedente não tinha legitimidade para endossar o título, uma vez que o cheque foi emitido nominalmente ao credor originário. Nulidade do endosso reconhecida, com a determinação da restituição do cheque em poder da *factoring* ao legítimo beneficiário do título. Sentença mantida (TJSP, Ap. Cível n. 7.046.508.400, 20ª Câm. de Dir. Priv., rel. Des. Francisco Giaquinto, j. 22.06.2009). 2 – A responsabilidade de verificar quem é o legítimo portador recai sobre o devedor, sendo ineficaz um pagamento feito em favor do credor originário após o endosso translativo (TJSC, Ap. n. 0003337-79.2013.8.24.0104, 5ª Câm. de Dir. Com., rel. Des. Soraya Nunes Lins, j. 15.08.2019).

**Art. 912. Considera-se não escrita no endosso qualquer condição a que o subordine o endossante.**

**Parágrafo único. É nulo o endosso parcial.**

Legislação correlata: art. 12, LUG; art. 18, § 1º, Lei n. 7.357, de 02.09.1985.

O endosso não se submete a qualquer das modalidades do negócio jurídico, sendo sempre puro e simples. Não há como restringir sua eficácia ao advento de um evento qualquer, seja certo (termo), seja incerto (condição), ou vincular a transferência de direitos ou de seu exercício a uma futura conduta assumida pelo endossatário (encargo). A transferência operacionalizada pelo endosso é imediata e apresenta eficácia definitiva, desconsiderando-se, como proposto pelo texto do *caput*, qualquer modalidade imposta, como se estivesse "não escrita". Ademais, as obrigações cartulares, uma vez criadas, apresentam unitariedade e não podem ser transmitidas parcialmente, resguardando o endossante parcela do crédito para si. Como o crédito está incorporado a um documento e a propriedade deste último induz a titularidade do primeiro, não é viável efetuar transferências ou alienações parciais, como seria normal diante de obrigações comuns. Justificam-se, assim, as restrições constantes do presente artigo.

**Art. 913. O endossatário de endosso em branco pode mudá-lo para endosso em preto, completando-o com o seu nome ou de terceiro; pode endossar novamente o título, em branco ou em preto; ou pode transferi-lo sem novo endosso.**

Legislação correlata: art. 20, Lei n. 7.357, de 02.09.1985.

Cuida-se, aqui, dos efeitos produzidos pelo endosso em branco, em que não consta o nome do destinatário do negócio cartular, o endossatário. Cogita o legislador de duas possibilidades. Num primeiro plano, pode ser operada sua conversão, alterando-se a modalidade concretamente usada, quando simplesmente for preenchido o nome do novo titular do direito de crédito. A nova informação, ainda que acrescentada num momento posterior, caracteriza um endosso em preto. Num segundo plano, mantida a omissão da nomeação do novo credor, o documento ganha, impropriamente, as características de um título ao portador, passível de ser transmitido por mera tradição. Regras idênticas encontram-se inscritas no art. 14 da LUG, decorrendo estas, de maneira natural e até óbvia, da própria conformação do endosso em branco.

**Jurisprudência:** A conversão de um endosso em branco para a modalidade em preto por um terceiro, após a tradição do documento do endossatário original para este, não produz um novo endosso, subsistindo a plena legitimidade deste terceiro para exigir a satisfação do crédito incorporado no título de crédito (TJSP, Ap. n. 1000670-83.2020.8.26.0369, 12ª Câm. de Dir. Priv., rel. Des. Tasso Duarte de Melo, j. 11.08.2021).

---

**Art. 914. Ressalvada cláusula expressa em contrário, constante do endosso, não responde o endossante pelo cumprimento da prestação constante do título.**

**§ 1º Assumindo responsabilidade pelo pagamento, o endossante se torna devedor solidário.**

**§ 2º Pagando o título, tem o endossante ação de regresso contra os coobrigados anteriores.**

---

Legislação correlata: art. 15, LUG; art. 21, Lei n. 7.357, de 02.09.1985.

Em total contraste com o disposto no art. 15 da LUG e com toda a tradição do direito cambiário, o presente artigo estabeleceu estar restrita à existência e idoneidade do crédito incorporado, no âmbito dos títulos atípicos e diante de lacuna na disciplina de dado título típico, a responsabilidade do endossante, salvo expressa manifestação em sentido contrário. De acordo com o entendimento comum, o endossante deve assegurar não apenas que o crédito transferido existe e é válido, mas, sobretudo, sua solvência, suportando, na qualidade de coobrigado secundário, os riscos decorrentes de um inadimplemento. O CC/2002 inverteu a construção jurídica vigente desde a Idade Média e, sem razão plausível, estipulou só poder a responsabilidade do endossante abarcar a solvência quando inserida uma cláusula especial junto de sua declaração volitiva. Quando inserida tal cláusula, o endossante é alçado à condição de coobrigado secundário e, caso efetive o pagamento, sub-rogar-se-á nos direitos de credor e, então, poderá exercer o regresso, à semelhança do cogitado no art. 899.

---

**Art. 915. O devedor, além das exceções fundadas nas relações pessoais que tiver com o portador, só poderá opor a este as exceções relativas à forma do título e ao seu conteúdo literal, à falsidade da própria assinatura, a defeito de capacidade ou de representação no momento da subscrição, e à falta de requisito necessário ao exercício da ação.**

---

Legislação correlata: art. 17, LUG.

No presente artigo, volta à tona o princípio da inoponibilidade das exceções, objeto também dos arts. 906 e 916. Frente ao credor original e primitivo, o uso de defesas previstas no direito comum não encontra limitações, mas o mesmo não se repete se um título de crédito é colocado em circulação e chega às mãos de um terceiro. O devedor, num título de crédito qualquer, não pode deduzir, frente a um credor de boa-fé, defesas decorrentes de sua relação para com terceiros, porque se não é dado ao terceiro conhecer fatos não mencionados no título, ou seja, conhecer convenções e acontecimentos extracartulares, estas não podem lhe ser opostas. Apenas vícios da criação, os quais ostentam uma maior gravidade e dizem respeito à própria existência da promessa do devedor, corporificada no documento, poderiam atingir o terceiro de boa-fé. Nesse caso, apresentam-se as incapacidades, a falsidade da firma e o excesso de poderes do representante, por exemplo, que produzem defesas avaliadas com base em elementos expressos no corpo do documento, ou seja, a partir da consideração de elementos cartulares, e que podem ser, por isso, opostas ao terceiro, mesmo no confronto com a boa-fé, pelo devedor prejudicado.

**Jurisprudência:** A revelia não isenta o devedor da prova da má-fé do endossatário, devendo serem detalhados seus elementos constitutivos: TJSP, Ap. Cível n. 7.033.031.300, 24ª Câm. de Dir. Priv., rel. Des. Salles Vieira, j. 24.01.2008; TJSP, Ap. Cível n. 1.277.998.900, 12ª Câm. de Dir. Priv., rel. Des. Manoel Justino Bezerra Filho, j. 13.03.2006.

---

**Art. 916. As exceções, fundadas em relação do devedor com os portadores precedentes, somente poderão ser por ele opostas ao portador, se este, ao adquirir o título, tiver agido de má-fé.**

---

O princípio da inoponibilidade das exceções não é aplicável no caso de má-fé do portador do título de crédito que, mesmo conhecedor da existência de um vício atinente à relação causal mantida pelo emitente (devedor) e pelo beneficiário (credor original), adquire, na qualidade de endossatário, o título à ordem. A má-fé coloca-se como obstáculo à aplicação das regras gerais, devendo sempre ser provada, nunca presumida. Frente ao portador de má-fé, defesas pessoais, também chamadas vícios da emissão, são oponíveis e atingem a exigibilidade do crédito, cabendo levar em consideração sempre o momento do endosso para aferir o conhecimento de um eventual vício, pois não há como exigir que perdure indefinidamente a crença na idoneidade do documento e do crédito incorporado. Não é realizada uma investigação relativa à subsistência da culpa do portador. A simples possibilidade de ser obtido conhecimento relativo a vícios ou máculas materiais, como o erro, o dolo, a coação e a simulação ou a aquisição *a non domino*, derivada, por exemplo, do furto do documento após o surgimento da vinculação cartular, não abala a posição do endossatário.

**Jurisprudência:** 1. A razão de existir dos títulos de crédito é sua mobilidade, quer dizer, a qualidade que possuem circular. Essa transferibilidade decorre precisamente da autonomia das obrigações que encerra. O efeito da autonomia que viabiliza a circulação segura dos títulos de crédito é a inoponibilidade das defesas pessoais contra terceiro de boa-fé, portador do título. É a impossibilidade em que se encontra o devedor de opor ao portador, endossatário de boa-fé, as exceções que teria em relação ao endossante. (TJRJ, Ap. n. 2006.001.31019, 7ª Câm. Cível, rel. Des. Maria Henriqueta Lobo, j. 19.09.2006) 2. Demonstrada a má-fé do endossatário, podem ser, contra este, opostas exceções pessoais e naturalmente oponíveis contra o endossante (TJRS, Ap. n. 70.031.082.639, 12ª Câm. Cível, rel. Des. Judith dos Santos Motlecy, j. 05.11.2009). 3. A prova da má-fé, no entanto, deve ser cabal, pois o vício no negócio subjacente ao título, isoladamente considerado, não elide a responsabilidade patrimonial (TJDFT, Ap. n. 0700769-60.2017.8.07.0014, 5ª T. Cível, rel. Des. Sebastião Coelho, j. 25.07.2018).

---

**Art. 917. A cláusula constitutiva de mandato, lançada no endosso, confere ao endossatário o exercício dos direitos inerentes ao título, salvo restrição expressamente estatuída.**

**§ 1º O endossatário de endosso-mandato só pode endossar novamente o título na qualidade de procurador, com os mesmos poderes que recebeu.**

**§ 2º Com a morte ou a superveniente incapacidade do endossante, não perde eficácia o endosso-mandato.**

**§ 3º Pode o devedor opor ao endossatário de endosso-mandato somente as exceções que tiver contra o endossante.**

---

Legislação correlata: art. 18, LUG.

Além do endosso translativo, a mais comum e antiga das espécies desse negócio jurídico, cuja finalidade é viabilizar a transmissão da propriedade do título de crédito e, por consequência, do crédito incorporado, outras espécies surgiram, por via da prática e dos usos comerciais, assumindo novas funções econômico-jurídicas, mantida apenas a proximidade da forma adotada. Dessas novas espécies, a mais utilizada e de maior relevância é, sem dúvida, o endosso-mandato, também chamado de endosso-procuração. Nesse caso, o endossador não transmite a propriedade do título ou a titularidade dos direitos incorporados ao documento, mas simplesmente a posse do documento, cabendo ao endossatário praticar atos na qualidade de representante do verdadeiro proprietário, por conta e em nome de tal pessoa. O endosso-mandato trouxe vários benefícios práticos ao comércio, evitando deslocamentos e possibilitando, por exemplo, a terceirização, para usar uma expressão atual, da cobrança.

A indicação da natureza específica do endosso realizado deve ser sempre literal e exterior. Ao ser efetivado o endosso com a aposição da assinatura do endossador-mandante, é preciso ser ela acompanhada, no título cambiário, das expressões "valor a cobrar", "para a cobrança" ou "por procuração", tal como previsto no art. 18 da LUG, sob pena de se reconhecer como efetivado um endosso comum, isto é, translativo. O endossatário-mandatário age como se fosse proprietário da letra, podendo apresentá-la para aceite, remeter o título a protesto ou receber, ante o adimplemento, a quantia paga. Os poderes conferidos ao endossatário-mandatário podem, no entanto, ser limitados. Nada impede a assunção da cláusula *ad juditia* junto ao endosso-mandato, como lembra Waldemar Ferreira (*Tratado de direito comercial*. São Paulo, Saraiva, 1962, v. VIII, p. 258-9), restringindo-se os poderes e a atuação do representante somente ao âmbito do juízo. A limitação, todavia, há de ser expressa, usando-se, por exemplo, a fórmula "p.p. em cobrança *ad juditia*". Pode tal pessoa, ainda, endossar novamente o título, mas, nesse caso, transmitindo meramente os direitos de representação que lhe foram conferidos, isto é, efetivando um verdadeiro substabelecimento, jamais a propriedade do título, dado que a ninguém é permitido transmitir mais direitos do que aqueles de que é titular. O novo endossatário-mandatário recebe, assim, apenas os poderes conferidos a seu antecessor, o qual poderá, nessa hipótese, efetivar, também, se for de sua conveniência, expressa limitação.

O mandato conferido por endosso distingue-se, porém, de maneira absoluta, do contrato nominado próprio ao direito comum, uma vez que perde sua natureza personalíssima e não é passível de se extinguir pela morte do mandante ou pelo advento posterior da incapacidade deste, contrariando as regras comuns do contrato de mandato. Apenas a morte, a falência ou a incapacidade do mandatário (nunca a do mandante) são capazes de provocar a extinção do mandato exteriorizado por endosso. A revogação voluntária do mandato conferido, por sua vez, exprime-se com a efetivação do já referido cancelamento, simplesmente riscando o endosso efetivado. Qualquer das exceções pessoais não pode ser invocada com relação ao endossatário-mandatário. O titular dos direitos de crédito continua a ser outra pessoa, o endossador-mandante, e é por isso que lhe devem ser dirigidas as exceções passíveis de serem alegadas. É necessário assinalar que, mesmo com a efetivação do endosso, uma eventual ação de execução terá de ser proposta em nome do endossador, e não em nome do próprio endossatário.

**Jurisprudência:** Conjugados os arts. 653, *caput,* e 667 com o presente, o STJ sumulou, com o fim de delimitar a responsabilidade do endossatário-mandatário, dois enunciados: Súmula n. 475: "Responde pelos danos decorrentes de protesto indevido o endossatário que recebe por endosso translativo título de crédito contendo vício formal extrínseco ou intrínseco, ficando ressalvado seu direito de regresso contra os endossantes e avalistas"; Súmula n. 476: "O endossatário de título de crédito por endosso-mandato só responde por danos decorrentes de protesto indevido se extrapolar os poderes de mandatário".

---

**Art. 918. A cláusula constitutiva de penhor, lançada no endosso, confere ao endossatário o exercício dos direitos inerentes ao título.**

**§ 1º O endossatário de endosso-penhor só pode endossar novamente o título na qualidade de procurador.**

**§ 2º Não pode o devedor opor ao endossatário de endosso-penhor as exceções que tinha contra o endossante, salvo se aquele tiver agido de má-fé.**

---

Legislação correlata: art. 19, LUG.

O endosso-penhor ou endosso pignoratício é uma terceira espécie de endosso. Nesse caso, o endossatário (credor pignoratício) recebe a letra a título de garantia de outra obrigação, podendo exercer todos os direitos emergentes do documento, sem ostentar, porém, a qualidade de titular da propriedade do título de crédito ou dos direitos patrimoniais de expressão literal. Exprime-se com o uso das cláusulas "valor em garantia" ou "valor em penhor". O Decreto n. 2.044/1908 não o previa, e, por tal razão, a doutrina vacilou em admiti-lo, mesmo depois de ter o Decreto n. 19.473/30 disciplinado, expressamente, essa modalidade quanto ao conhecimento de transporte, mas, em sendo expresso, o art. 19 da LUG não deu mais lugar para a controvérsia (MARTINS, Fran. *Títulos de crédito*, 3. ed. Rio de Janeiro, Forense, 1993, p. 170-1). Nessa hipótese, qualquer endosso efetuado pelo endossatário (credor pignoratício) assume a qualidade de endosso-mandato, pois, em razão do conteúdo dos direitos ostentados por tal pessoa, é inviável o endosso comum. O endossatário tem o dever de conservar a integridade física e jurídica do documento, promovendo todos os atos necessários para tanto, inclusive o protesto ou o ajuizamento de eventuais ações. As exceções pessoais opostas, porém, e considerada esta última hipótese, deverão ser dirigidas contra o endossador (devedor pignoratício), e não contra o endossatário (credor pignoratício), pois aquele continua sendo o titular dos direitos subjetivos de expressão cartular.

---

**Art. 919. A aquisição de título à ordem, por meio diverso do endosso, tem efeito de cessão civil.**

---

Um título à ordem é transferido, em princípio, por meio de endosso translativo, mas a proibição da assunção de novos e posteriores endossos, a teor da segunda alínea do art. 15 da LUG, ou a aposição da cláusula "não à ordem" viabiliza a transformação do título em nominativo impróprio. Em tal circunstância, é mantida a possibilidade de ser efetivada a transferência do crédito, mas, diante da situação especial criada pela cláusula "não à ordem", o endosso resta interditado e a mudança na titularidade dos direitos subjetivos só poderá ser operada mediante uma cessão, observados os efeitos restritos próprios a esse instituto e as formalidades prescritas nos arts. 288 e 290 do CC, com a lavratura de instrumento público ou de instrumento particular e a posterior notificação do devedor. Apartadas tais circunstâncias, as transferências forçadas pelas sucessões *causa mortis* ou *inter vivos* (morte do credor, incorporação, fusão ou cisão societária) equiparam-se, para todos os efeitos, a uma cessão de crédito, ainda que não se submetam à forma aludida.

---

**Art. 920. O endosso posterior ao vencimento produz os mesmos efeitos do anterior.**

---

Legislação correlata: art. 8º, § 2º, Decreto n. 2.044, de 31.12.1908; art. 20, LUG.

O presente artigo faz referência ao chamado endosso póstumo, tomando como marco temporal para a distinção, em correspondência com o revogado § 2º do art. 8º do Decreto n. 2.044/1908, o vencimento do título. No entanto, há, aqui, diante da redução da responsabilidade comum do endossante prevista no art. 914, já examinada, uma inédita equiparação entre o endosso translativo comum e o póstumo, ordenando o legislador, ao menos para os títulos atípicos e em face de regramentos lacunosos, que produzam ambos os mesmos efeitos. No âmbito da LUG (art. 20), chama-se endosso póstumo ou tardio aquele realizado após o protesto por falta de pagamento ou depois de ultrapassado o prazo para que seja tirado o protesto necessário, ou seja, em momento posterior ao vencimento, produzindo ele os mesmos efeitos que uma cessão civil, caracterizado o inadimplemento e materializada uma futura dificuldade na satisfação do crédito pelo efetivo pagamento.

## CAPÍTULO IV
## DO TÍTULO NOMINATIVO

**Art. 921. É título nominativo o emitido em favor de pessoa cujo nome conste no registro do emitente.**

Classificados os títulos de crédito de acordo com a forma de circulação, a terceira categoria tratada pelo CC corresponde aos títulos nominativos. O texto legal lhes forneceu, porém, uma definição muito imperfeita. Os títulos nominativos carregam, em seu corpo, a menção ao nome do beneficiário, mas, além disso, dependem, para que se concretize a transferência de sua propriedade, da realização de uma inscrição nos livros do devedor emitente, o que os diferencia fundamentalmente dos títulos endossáveis. Essa segunda característica materializa uma *condictio iuris*, sem a qual não há circulação e que, no âmbito doutrinário, gerou uma série de desavenças, por pretenderem alguns excluir os títulos nominativos da categoria dos títulos de crédito, especialmente diante das dificuldades criadas ao tráfico jurídico. A nominatividade, contudo, não impede que um documento seja enquadrado ou considerado como um título de crédito, dada a possibilidade, sempre presente, de exigir coercitivamente o concurso do devedor para a efetivação da transferência de titularidade (cf. MENDONÇA, J. X. Carvalho de. *Tratado de direito comercial brasileiro*, 4. ed. Rio de Janeiro, Freitas Bastos, 1947, v. V, p. 64-6). A autonomia e a literalidade não ficam nem ao menos limitadas frente ao ato estranho ao documento, ou seja, a apresentação do título para a inscrição; ambas permanecem quase intocadas e a cartularidade não desaparece. O que está escrito no título continua a delimitar, qualitativa e quantitativamente, o conteúdo dos direitos subjetivos incorporados, a independência das obrigações cartulares continua a vigorar e se mantém a necessidade de apresentação do documento para o exercício desses mesmos direitos.

**Art. 922. Transfere-se o título nominativo mediante termo, em registro do emitente, assinado pelo proprietário e pelo adquirente.**

Confirmando o expendido quando do exame do artigo anterior, prevê-se, aqui, como requisito da transferência da titularidade da propriedade do título nominativo e do correspondente crédito incorporado, a lavratura de um termo de transferência, constante de um livro do emitente (devedor) e firmado pelo alienante e pelo adquirente do documento. A circulação do título nominativo se materializa, portanto, mediante a consumação de um ato formal, de maneira que, enquanto não tiver sido lavrado o aludido termo, não ganhará eficácia qualquer acordo tendente a que seja empreendida uma pretendida transmissão.

**Art. 923. O título nominativo também pode ser transferido por endosso que contenha o nome do endossatário.**

**§ 1º A transferência mediante endosso só tem eficácia perante o emitente, uma vez feita a competente averbação em seu registro, podendo o emitente exigir do endossatário que comprove a autenticidade da assinatura do endossante.**

**§ 2º O endossatário, legitimado por série regular e ininterrupta de endossos, tem o direito de obter a averbação no registro do emitente, comprovada a autenticidade das assinaturas de todos os endossantes.**

**§ 3º Caso o título original contenha o nome do primitivo proprietário, tem direito o adquirente a obter do emitente novo título, em seu nome, devendo a emissão do novo título constar no registro do emitente.**

O presente artigo traz a possibilidade de ser transferido um título nominativo por meio de um endosso em preto. Tal endosso produz, porém, efeitos limitados, posto que não atinge o emitente (devedor), que persiste em ter como referência a escrituração do livro previsto no artigo anterior. O endosso, diante da natureza do título em que foi exarado, apresenta-se deficiente e sua eficácia permanece restrita ao endossante e ao endossatário, a quem caberá, uma vez transferida a posse legítima do documento, mas não sua propriedade, dirigir-se ao emitente, com o fim de solicitar que seja feita a anotação necessária em seu livro. Deixa-se de lado, aqui, a elaboração de um termo, bastando uma simples anotação (averbação). Nada impede, também, sejam exarados vários endossos sobre um mesmo título nominativo, todos eles em preto, devendo cada um destes ser objeto de uma anotação específica. O emitente, confirmada a autenticidade da assinatura aposta no título, não pode se negar a efetuar essa anotação e a concretizar a transmissão da propriedade do documento e da titularidade do crédito incorporado. Ademais, o § 3º estabeleceu poder o endossatário, quando concluída a aquisição do documento, requisitar a elaboração de um novo em seu nome, desde que arque com todas as despesas decorrentes. Há, então, mera substituição.

**Art. 924. Ressalvada proibição legal, pode o título nominativo ser transformado em à ordem ou ao portador, a pedido do proprietário e à sua custa.**

É possível, ausente vedação legal, efetuar a conversão de um título nominativo em endossável ou ao portador. Essa conversão altera a forma de circulação do título sempre de acordo com a conveniência do portador legitimado (credor), o qual deve arcar com todos os custos decorrentes da emissão de um novo título de crédito. Havendo possibilidade legal, o emitente (devedor) não pode se negar à conversão solicitada, cabendo tomar o momento da entrega do novo documento ao portador legitimado (credor) como marco temporal definitivo para a alteração da disciplina do documento.

**Art. 925. Fica desonerado de responsabilidade o emitente que de boa-fé fizer a transferência pelos modos indicados nos artigos antecedentes.**

Efetivada a transmissão da propriedade de um título nominativo, mediante a rigorosa observância dos ditames fixados pelos arts. 922 e 923, o emitente (devedor) não ostentará qualquer responsabilidade patrimonial sobre uma operação reconhecida como ilícita, desde que ausente a má-fé. Essa responsabilidade deve ser imputada exclusivamente aos partícipes do negócio consumado, ou seja, ao alienante e ao adquirente. Efetivada a lavratura de termo ou de anotação em seus livros, o respeito à forma torna o emitente imune a qualquer arguição de autoria de um prejudicado, a não ser que seja provado seu conhecimento prévio da ilicitude proposta.

**Art. 926. Qualquer negócio ou medida judicial, que tenha por objeto o título, só produz efeito perante o emitente ou terceiros, uma vez feita a competente averbação no registro do emitente.**

Diante da natureza nominativa de um título de crédito, a eficácia de todos os negócios ou constrições judiciais que ostentem como objeto o próprio documento depende sempre da conclusão de uma anotação nos livros especialmente mantidos pelo emitente (devedor). Antes da consecução de tal formalidade, os efeitos do ato judicial ou da declaração negocial não podem atingir o emitente ou qualquer terceiro. A situação de cada título nominativo é sempre indicada pelos assentamentos mantidos pelo emitente, referencial único para sua aferição.

# TÍTULO IX
# DA RESPONSABILIDADE CIVIL

## CAPÍTULO I
## DA OBRIGAÇÃO DE INDENIZAR

**Art. 927. Aquele que, por ato ilícito (arts. 186 e 187), causar dano a outrem, fica obrigado a repará-lo.**

**Parágrafo único. Haverá obrigação de reparar o dano, independentemente de culpa, nos casos especificados em lei, ou quando a atividade normalmente desenvolvida pelo autor do dano implicar, por sua natureza, risco para os direitos de outrem.**

O art. 927, que inaugura o título destinado ao tratamento da responsabilidade civil, fonte do direito obrigacional, consagra, em seu texto, o que representa inovação do sistema: a coexistência genérica e, segundo se entende, não hierarquizada de regras baseadas na teoria da culpa e na teoria do risco. Ou seja, por ele se altera o modelo subjetivo levado aos Códigos do século XIX, em que o centro da responsabilidade civil sempre foi, quase que exclusivamente, a culpa, tudo a fim de atender a reclamo de uma sociedade mais industrial e tecnológica, pródiga na facilitação da ocorrência de acidentes (fala-se na era dos acidentes ou na civilização dos acidentes) e, assim, na indução a uma desigualdade das relações que dificulta a prova da culpa pela vítima. De outra parte, ocupa-se o novo modelo de Estado social muito especialmente da garantia de preservação da pessoa humana, de sua dignidade.

Resultado desse panorama são a constatação da insuficiência das normas da chamada responsabilidade aquiliana e a imposição de regras de responsabilidade objetivizada e coletivizada, portanto não só mais de cunho eminentemente pessoal, como sempre foi (pense-se nos exemplos do seguro obrigatório, indenização acidentária e assim por diante). Passa a lei a procurar identificar um responsável pela indenização, e não necessariamente um culpado, individualmente tomado.

Mas nem por isso a culpa deve ser escoimada do sistema. Como observa João Calvão da Silva (*Res-*

*ponsabilidade civil do produtor.* Coimbra, Almedina, 1999, p. 107-12), quando procura traçar um perfil do novo modelo de responsabilidade civil, uma teoria de dever reparatório que fosse exclusivamente socializado ou coletivizado dependeria muito da força econômica do Estado; de outro lado, a culpa seria sempre discutida no exercício do eventual direito regressivo do responsável objetivo; por último, a culpa, que a rigor é um erro de conduta, desempenha fundamental papel educativo-pedagógico, quando impõe a reflexão e a preocupação de não errar. Daí o ideal do sistema, que é a coexistência dos dois modelos de responsabilidade: o subjetivo e o objetivo. Pois foi o que fez o CC/2002.

No seu *caput*, o art. 927 reproduz a cláusula geral da responsabilidade aquiliana, que estava contida no art. 159 do CC/1916. E o fez de maneira compartimentada ao estatuir que quem comete ato ilícito é obrigado a reparar, remetendo, porém, aos arts. 186 e 187 para a definição do que seja ato ilícito. Mas isso de sorte que, afinal, com os acréscimos que no art. 186 se encontram, comentados na parte geral, esse dispositivo mais o do art. 927, *caput*, acabam resultando na cláusula geral da responsabilidade fundada na culpa, tal como estava no art. 159 do CC/1916.

Grande inovação contém, todavia, o parágrafo do art. 927. Não propriamente por concernir a uma responsabilidade sem culpa, já constante de legislação especial ou, antes, da própria CF (tomem-se os exemplos da responsabilidade civil do Estado, da responsabilidade por danos ecológicos, danos atômicos ou danos causados aos consumidores). A novidade está numa previsão genérica ou numa cláusula geral da responsabilidade sem culpa, baseada na ideia do risco criado, e mitigado, ou não integral, dada a exigência de circunstância específica, além da causalidade entre a conduta e o dano, que está na particular potencialidade lesiva da atividade desenvolvida, tal qual adiante se referirá.

Antes, porém, força convir ostentar-se de todo equânime a disposição de que quem cria risco a outrem com sua atividade, daí tirando qualquer proveito, não necessariamente econômico (ver comentário ao art. 932 sobre a responsabilidade das pessoas jurídicas sem fins lucrativos), seja por ele responsabilizado. É o que está na segunda parte do parágrafo em comento, ressalvando-se, na primeira, casos especiais de responsabilidade sem culpa, quer em lei especial, como se viu, quer no próprio CC, como se verá. A exigência da lei, porém, está em que a atividade do agente deva normalmente induzir particular risco, isto é, por sua natureza deve ser foco de risco a outras pessoas ou a seus bens. O risco deve ser inerente à atividade e não resultar do específico comportamento do agente. Trata-se de uma potencialidade danosa intrínseca do que seja uma atividade organizada, não eventual ou esporádica, diferente, mais ainda, de um isolado e casual ato praticado. Pense-se nos casos, costumeiramente citados, das atividades de mineração, transporte, produção e fornecimento de energia (sobre a locação e o arrendamento de veículos, ver comentário ao art. 932), embora nem só esses, dado que, nas palavras precisas de Antônio Junqueira de Azevedo, não se exige que a atividade seja de risco, mas sim risco da atividade, acrescenta-se, maior, especial, particular. São hipóteses em que, mesmo lícita e exercitada regular e normalmente, a atividade por si cria maior risco a terceiros, independentemente de quem a exerça. Procurando estabelecer o que seja o conceito desse risco intrínseco, foi fixado na Jornada de Direito Civil, realizada em setembro de 2002 no STJ, o enunciado segundo o qual a responsabilidade sem culpa, de que se trata aqui, "configura-se quando a atividade normalmente desenvolvida pelo autor do dano causar a pessoa determinada um ônus maior do que aos demais membros da comunidade" (Enunciado n. 38). Agora na V Jornada de Direito Civil, acrescentou-se, no Enunciado n. 446, que "a responsabilidade civil prevista na segunda parte do parágrafo único do art. 927 do CC deve levar em consideração não apenas a proteção da vítima e a atividade do ofensor, mas também a prevenção e o interesse da sociedade". Por fim, pretendendo-se exemplificar no tocante às agremiações esportivas, assentou-se serem "objetivamente responsáveis por danos causados a terceiros pelas torcidas organizadas, agindo nessa qualidade, quando, de qualquer modo, as financiem ou custeiem, direta ou indiretamente, total ou parcialmente" (Enunciado n. 447).

Também não falta quem, na tentativa de compatibilizar a responsabilidade agora erigida com aquela da Lei n. 8.078/90, identifique a necessidade de que, para a incidência da cláusula geral da responsabilidade sem culpa, se tenha em vista, mais que o risco inerente à atividade, sua ligação a uma obrigação de resultado, ademais em que falhe o dever de segurança que razoavelmente se poderia esperar do que, a rigor, é um serviço prestado (*v. g.*, DIREITO, Carlos Alberto Menezes & CAVALIERI FILHO, Sérgio. *Comentários ao novo Código Civil.* Sálvio de Figueiredo Teixeira (coord.). Rio de Janeiro, Forense, 2004, v. XIII, p. 150-5). Bem de ver, todavia, e ao que se entende, que a diferença está, no caso do CDC, na inexigibilidade de uma atividade que seja especial foco de risco para a configuração da responsabilidade do fornecedor, mitigada porquanto a qualifica o defeito, ao contrário do CC, em que o dado qualificador é, justamente, o maior risco da atividade desenvolvida.

Por outra, e como tive oportunidade de sustentar alhures (*Responsabilidade civil pelo risco da atividade*. 2. ed. São Paulo, Saraiva, 2010), o risco de que trata o parágrafo em questão não se confunde com o defeito, mesmo de segurança, pois, nesse caso, há uma periculosidade anormal do produto ou serviço. Contenta-se com menos o atual Código. Exige um risco, muito embora diferenciado, exacerbado, já que de causalidade pura também não se cuidou. Afinal se toda atividade gera maior ou menor risco, e se qualquer risco, na disposição em comento, induzisse responsabilidade, mais não seria preciso dizer senão que quem exerce uma atividade responde pelos danos dela advindos. Exige-se, enfim, não um perigo anormal, e nem propriamente um perigo, posto intrínseco, mas, antes, um risco especial naturalmente induzido pela atividade e identificado de acordo com dados estatísticos existentes sobre resultados danosos que lhe sejam resultantes, ou seja, conforme a verificação da regularidade estatística com que o evento lesivo aparece como decorrência da atividade exercida. Ou, ainda, de acordo com meios técnicos de demonstração científica do risco especial naturalmente intrínseco à atividade. E sem contar, sempre, o recurso à experiência comum. Tomem-se, com as ressalvas que estão no item à frente, mesmo da jurisprudência recentemente sumulada, exemplos como o da atividade de cobrança de títulos, com protesto e negativação, ou o da atividade dos bancos de dados e de cadastro de consumidores. Foco, ambos os casos, de constante causação de danos, mesmo não haja defeito da atividade, de um lado, e mesmo não se trate propriamente de perigo, de outro. Trata-se de um risco particular, especial, diferenciado que a atividade induz e que determina, então, a objetiva responsabilidade de quem a exerce, por evento que a ela se ligue, mercê de uma causalidade recompreendida, porquanto no caso não necessariamente naturalística, mas normativa, impondo também, por conseguinte, uma nova dimensão do âmbito da estraneidade de fortuitos havidos. Tal a tese que tive oportunidade de propor na V Jornada de Direito Civil, lá aprovada e, assim, levada ao Enunciado n. 448, segundo o qual "a regra do art. 927, parágrafo único, segunda parte, do CC aplica-se sempre que a atividade normalmente desenvolvida, mesmo sem defeito, e não essencialmente perigosa, induza, por sua natureza, risco especial e diferenciado aos direitos de outrem. São critérios de avaliação desse risco, entre outros, a estatística, a prova técnica e as máximas de experiência".

Quanto aos profissionais liberais, mesmo os que exercem atividade de especial risco, para quem o CDC estatuiu uma responsabilidade subjetiva (art. 14, § 4º), sustenta Ruy Rosado Aguiar Júnior que superada a regra pelo dispositivo em tela do CC/2002 ("Projeto do CC – Obrigações e contratos", *RT* 775/18), malgrado não sem oposição, fundada na especialidade da norma relativa ao consumo e na obrigação subjacente que é de meio (*v. g.*, GAGLIANO, Pablo Stolze & PAMPLONA FILHO, Rodolfo. *Novo curso de direito civil*. São Paulo, Saraiva, 2003, v. III, p. 232), sem contar, ainda, a disposição do art. 951, a cujo comentário se remete o leitor, acerca, especificamente, da responsabilidade dos profissionais da saúde. Ressalvam-se apenas, mesmo admitida a prevalência da regra especial, e como já era da interpretação do artigo citado, do CDC, as contratações de profissional liberal de maneira não negociada, em que não avulte o fator confiança, base da previsão normativa específica, tal qual nas hipóteses das lides coletivas, para a situação exemplificativa do advogado, ou quando a prestação do serviço se dê de maneira impessoal, por empresário que explora a atividade, como o hospital, por exemplo (ver a respeito: DENARI, Zelmo. *Código de Defesa do Consumidor comentado pelos autores do anteprojeto*, 7. ed. Rio de Janeiro, Forense Universitária, 2001, p. 175-7).

Por fim, anote-se que preceito semelhante àquele ora em comento se contém nos arts. 2.050 e 493.2, respectivamente dos Códigos italiano e português, entretanto alusivos ao perigo, não só ao risco, portanto sem a mesma potencialidade expansiva do CC brasileiro, dado que, conforme exemplificação que se vem de colacionar, atividades há que podem não ser essencialmente perigosas, mas indutivas de especial, diferenciado risco. Tudo ademais da virtualidade de recompreensão de hipóteses anteriormente decididas sob diferente matiz e que, agora, podem se reconduzir ao preceito em tela, como a da responsabilidade do empregador por dano advindo ao empregado, ou a da responsabilidade do arrendador no caso de *leasing* operacional, a propósito do que se remete ao comentário do art. 932. Acrescentam, ainda, aquelas legislações estrangeiras, ambas, que o perigo pode estar não na atividade, mas nos meios adotados para o seu exercício, o que no sistema brasileiro pode ser cogitável se esses meios forem os normais para desempenho daquele mister. Mas, ao contrário dos dispositivos comparados, não admite o atual CC que o agente possa eximir-se de sua responsabilidade objetiva provando ter tomado todas as medidas idôneas a evitar o risco. Essa previsão, aliás, estava na redação original do anteprojeto do CC, mas foi suprimida em sua tramitação.

De toda sorte, a conclusão, enfim, é que o sistema hoje dota a vítima, observados os respectivos requisitos, de mecanismos de responsabilização do agente independentemente da demonstração de sua culpa, cujo papel, como fonte irradiadora da obrigação reparatória, se substitui pela causalidade, todavia não de maneira absoluta – não se adota, como se disse acima, a teoria do risco integral, de causalidade pura –, inclusive porque concorrentes excludentes, mesmo à míngua de uma regra geral que as contemplasse, como há no CDC (Lei n. 8.078/90, arts. 12, § 3º, ou 14, § 3º), mas, de qualquer maneira, sempre ressalvadas em hipóteses específicas, como as dos arts. 936 e seguintes, por exemplo, e a seguir examinadas.

**Jurisprudência:** Súmula n. 647, STJ: São imprescritíveis as ações indenizatórias por danos morais e materiais decorrentes de atos de perseguição política com violação de direitos fundamentais ocorridos durante o regime militar.

Súmula n. 638, STJ: É abusiva a cláusula contratual que restringe a responsabilidade de instituição financeira pelos danos decorrentes de roubo, furto ou extravio de bem entregue em garantia no âmbito de contrato de penhor civil.

Súmula n. 532, STJ: Constitui prática comercial abusiva o envio de cartão de crédito sem prévia e expressa solicitação do consumidor, configurando-se ato ilícito indenizável e sujeito à aplicação de multa administrativa.

Súmula n. 479, STJ: As instituições financeiras respondem objetivamente pelos danos gerados por fortuito interno relativo a fraudes e delitos praticados por terceiros no âmbito de operações bancárias.

Súmula n. 476, STJ: O endossatário de título de crédito por endosso-mandato só responde por danos decorrentes de protesto indevido se extrapolar os poderes de mandatário.

Súmula n. 475, STJ: Responde pelos danos decorrentes de protesto indevido o endossatário que recebe por endosso translativo título de crédito contendo vício formal extrínseco ou intrínseco, ficando ressalvado seu direito de regresso contra endossante e avalistas.

Súmula n. 130, STJ: A empresa responde, perante o cliente, pela reparação de dano ou furto de veículo ocorridos em seu estacionamento.

Enunciado n. 14, TJSP, Seção de Direito Privado: Na utilização do PIX, havendo prática de delito ou fraude por terceiros, em caso de fortuito interno, a instituição financeira responde pelas indenizações por danos materiais e morais quando evidenciada a falha na prestação de serviços, falhas na segurança, bem como desrespeito ao perfil do correntista aplicáveis as Súmulas ns. 297 e 479, bem como a tese relativa ao tema repetitivo n. 466, todas do STJ.

Enunciado n. 13, TJSP, Seção de Direito Privado: No "golpe do motoboy", em caso de fortuito interno, a instituição financeira responde pela indenização por danos materiais quando evidenciada a falha na prestação de serviços, falha na segurança, bem como desrespeito ao perfil do correntista, aplicáveis as Súmulas ns. 297 e 479, bem como a tese relativa ao tema repetitivo n. 466, todas do STJ. A instituição financeira responderá por dano moral quando provada a violação de direito de natureza subjetiva ou natureza imaterial.

Enunciado n. 12, TJSP, Seção de Direito Privado: Nas hipóteses de fraude mediante pagamento de boleto falso com pagamento a destinatário distinto do legítimo beneficiário, o ressarcimento só é cabível mediante prova do direcionamento do lesado ao fraudador por preposto ou pelos canais de atendimento bancários, ou seja, quando gerado por fortuito interno, devendo ser aferida a eventual caracterização do dano moral em cada caso concreto.

Sobre o risco criado no exercício de atividades natural e essencialmente perigosas, ver: *RSTJ* 150/262. E responsabilizando o empregador, perante o empregado, não mais só por dolo ou culpa, mas pelo risco da atividade: *RT* 772/403 e mais recentemente: STJ, REsp n. 1.067.738, 3ª T., rel. Min. Sidnei Benetti, rel. designada para o acórdão Min. Nancy Andrighi, *DJ* 25.06.2009. Importante ressaltar, neste acórdão, a definição do risco da atividade, na esteira da tese que se sustenta: "O risco que dá margem à responsabilidade objetiva não é aquele habitual, inerente a qualquer atividade. Exige-se exposição a um risco excepcional, próprio de atividades com elevado potencial ofensivo".

Afastando a responsabilidade de instituição financeira por assalto na via pública, de que foi vítima quem acabara de sair da agência, com envelope de dinheiro: STJ, REsp n. 1.621.868, 3ª T., rel. Min. Nancy Andrighi, j. 05.12.2017. Colhe-se da ementa: "O risco inerente à atividade bancária não torna o fornecedor responsável por atos criminosos perpetrados fora de suas dependências, pois o policiamento das áreas públicas traduz monopólio estatal". Por maioria, responsabilizando a instituição financeira pelo sequestro da família de gerente, em razão desta sua condição, assim obrigado a retirar e entregar aos criminosos valores do Banco: TJSP, Ap.

Cível n. 1023004-21.2015.8.26.0100, 23ª Câm. de Dir. Priv., rel. Des. J. B. Franco de Godoi, j. 21.02.2018.

Salientando, mesmo antes do atual CC, o risco na atividade de estacionamento, razão inclusive para se ter decidido que o roubo não constitui evento fortuito externo, estranho ao risco assumido: STJ, REsp n. 230.180/SP, 4ª T., rel. Min. Barros Monteiro, j. 16.10.2001; Colégio Recursal do Distrito Federal, Ap. Cível no Juizado Especial n. 2004.01.1.049393-7, 2ª T., rel. Juiz Alfeu Machado, j. 17.08.2005. Do mesmo modo quanto aos estacionamentos em *shoppings* ou hipermercados: STJ, REsp n. 419.059/SP, 3ª T., rel. Min. Nancy Andrighi, j. 19.10.2004; TJSP, Ap. Cível n. 1013765-80.2016.8.26.0577, 2ª Câm. de Dir. Priv., rel. Des. Marcia Della Déa Barone, j. 17.05.2018. No tocante aos estacionamentos disponibilizados por instituições financeiras, solidariamente responsáveis, assim ainda que terceirizado, e com rica remissão a outros precedentes: STJ, REsp n. 1.232.795/SP, 3ª T., rel. Min. Nancy Andrighi, j. 02.04.2013. Também afastando a excludente do fortuito em caso de assalto ocorrido em *drive-thru* de estabelecimento comercial: STJ, REsp n. 1.450.434, 4ª T., rel. Min. Luis Felipe Salomão, j. 18.09.2018. Mas excluindo a responsabilidade de posto de gasolina por assalto ocorrido em suas dependências: STJ, REsp n. 1.243.970/SE, 3ª T., rel. Min. Massami Uyeda, j. 24.04.2012.

Ainda o risco em atividade de olaria: TJSP, Ap. Cível n. 188.838-4/1-00, 4ª Câm. de Dir. Priv., rel. Des. Mônica Dias Carvalho, j. 19.08.2005. Risco na atividade de escavação: TJSP, Ap. Cível n. 159.356-5/8-00, 5ª Câm. de Dir. Públ., rel. Des. Xavier de Aquino, j. 17.03.2005.

Afastando dos provedores de internet a incidência do art. 927, parágrafo único, quando se trate de responsabilidade por conteúdos ofensivos produzidos pelo usuário: STJ, REsp n. 1.306.066, 3ª T., rel. Min. Sidnei Beneti, j. 17.04.2012; REsp n. 1.192.208, 3ª T., rel. Min. Nancy Andrighi, j. 12.06.2012; REsp n. 1.308.830, 3ª T., rel. Min. Nancy Andrighi, j. 08.05.2012. Igualmente, já depois do Marco Civil: STJ, REsp n. 1.501.603, 3ª T., rel. Min. Nancy Andrighi, j. 12.12.2017. Mas responsabilizando, ainda que à luz do CDC, o provedor que hospeda site com falso anúncio erótico: STJ, REsp n. 997.993, 4ª T., rel. Min. Luis Felipe Salomão, j. 21.06.2012, ainda que à luz do CDC. Anote-se a afetação pelo STF (Tema n. 987 – RE n. 1.037.396) sobre a questão dos "deveres e responsabilidade legal dos provedores de aplicações de internet por atos ilícitos praticados por terceiros à luz da Lei n. 12.965/2014".

Sobre o risco da atividade de cadastramento de dados pessoais: TJSP, Ap. Cível n. 364.951.4/0-00, 4ª Câm. de Dir. Priv., rel. Francisco Loureiro, j. 08.09.2005. Assentando o risco da atividade bancária: TJRJ, Ap. Cível n. 2005.001.18285, 12ª Câm. Cível, rel. Des. Gamaliel de Souza, j. 06.09.2005. Sobre o risco havido no pagamento, pelo banco, de cheque adulterado: TRF, 5ª R., Ap. Cível n. 2004.830.000.93329, 3ª T., rel. Paulo Gadelha, j. 30.03.2006. Da mesma, forma, o risco pela abertura indevida de conta corrente: STJ, REsp n. 774.640/SP, 4ª T., rel. Min. Quaglia Barbosa, j. 12.12.2006; REsp n. 768.153/SP, 3ª T., rel. Min. Nancy Andrighi, j. 25.09.2006; TJRS, Ap. Cível n. 70.020.270.476, 5ª Câm. Cível, rel. Des. Umberto Sudbrack, j. 05.09.2007. Sobre o risco na atividade de cobrança bancária, mesmo recebidos títulos cobrados por endosso-mandato ou endosso-caução, remetendo-se, ainda, ao comentário ao art. 942, ver: *RT* 826/357. No mesmo sentido: TJSP, Ap. Cível n. 2.923.764.600, 9ª Câm., rel. Des. Piva Rodrigues, j. 25.08.2009.

Já antes do atual CC, reconhecendo risco da atividade de mídia, particularmente em programa radiofônico de entrevista ao vivo, durante o qual se dá ofensa a terceiro: STJ, REsp n. 331.182/SE, 4ª T., rel. Min. Aldir Passarinho Júnior, j. 03.09.2002. Em sentido diverso, negando a aplicação do parágrafo único nos casos da responsabilidade dos órgãos de imprensa, que se assentou subjetiva: STJ, REsp n. 1.328.914, 3ª T., rel. Min. Nancy Andrighi, j. 11.03.2014. Sobre o risco especial que há na atividade de transporte, tanto mais se de valores: STJ, REsp n. 185.659/SP, 3ª T., rel. Min. Nilson Naves, j. 26.06.2000. Sobre o risco inerente à responsabilidade civil do Estado, ao menos por atos comissivos: STJ, REsp n. 1.140.387, 2ª T., rel. Min. Herman Benjamin, *DJe* 23.04.2010. Assentando fundar-se no risco da atividade a responsabilidade civil das empresas locadoras de veículos: TJSP, Ap. Cível n. 992.07.031461-5, 33ª Câm., rel. Des. Sá Duarte, j. 19.09.2009. Sobre a teoria do risco quando se trate de dano ambiental, e no regime dos representativos de controvérsia, ver; STJ, REsp n. 1.374.284/MS, rel. Min. Luis Felipe Salomão, j. 27.08.2014.

Da Corte Superior, assentando a responsabilidade objetiva pelo risco da NIC.BR: "1 – Controvérsia em torno da responsabilidade solidária do recorrente, Núcleo de Informação e Coordenação do Ponto BR – NIC.BR, pelos danos causados à honra e à imagem da recorrida, decorrentes do uso indevido de seus serviços de registro de nome de domínio na Internet. 2 – Efetivação de registro de nome de domínio idêntico ao nome artístico da recorrida, solicitado por pessoa jurídica sem a devida autorização, veiculando neste endereço eletrônico conteúdo pornográfico. 3 – Atividades de execução e administração dos registros de nomes de domínio sob o código-país brasileiro (".br") que foram atribuídas ao

NIC.br por delegação do Comitê Gestor da Internet no Brasil – CGI.br. 4 – Adoção do sistema de precedência denominado "*First Come, First Served*", segundo o qual a titularidade e o uso do nome de domínio são concedidos ao primeiro usuário que realizar o requerimento de registro e preencher os requisitos previstos na Resolução n. 8/2008 do CGI.br. 5 – Sistema de concessão de domínios que é potencialmente apto a gerar danos a elevado número de pessoas, pois possibilita constantes violações ao direito marcário, empresarial, autoral e à honra e à imagem de terceiros, ante a falta de um exame adequado sobre a registrabilidade do nome requerido. 6 – Ausência de análise prévia pelo NIC.br acerca da conveniência e legítimo interesse sobre o nome de domínio escolhido, que é feita exclusivamente pelo usuário. 7 – Riscos de um registro impróprio que devem ser alocados ao NIC.br por serem intrínsecos à sua atividade de controlador exclusivo dos registros de nome de domínio no Brasil sob o ".br", ensejando a sua responsabilidade civil objetiva e solidária pelos danos morais causados à recorrida. 8 – Aplicação da teoria do risco da atividade estatuída no parágrafo único do art. 927 do CC. 9 – Recorrente que possui condições de mitigar os riscos de danos advindos da sua atividade de forma eficiente, providenciando filtragem em seu sistema com aptidão para controlar as vedações à escolha de nomes de domínio estabelecidas pelo próprio CGI.br, a fim de garantir padrões mínimos de idoneidade e autenticidade. 10 – Inaplicabilidade da orientação jurisprudencial desta Corte acerca da necessidade de notificação prévia do provedor para retirada de conteúdo, uma vez que a disponibilização do nome de domínio na rede não é imediata. 11 – Recurso especial desprovido". (STJ, REsp n. 1.695.778, 3ª T., rel. p/ o ac. Min. Paulo de Tarso Sanseverino, j. 26.06.2018).

---

**Art. 928. O incapaz responde pelos prejuízos que causar, se as pessoas por ele responsáveis não tiverem obrigação de fazê-lo ou não dispuserem de meios suficientes.**

**Parágrafo único. A indenização prevista neste artigo, que deverá ser equitativa, não terá lugar se privar do necessário o incapaz ou as pessoas que dele dependem.**

---

Sempre foi pressuposto da responsabilidade aquiliana a imputabilidade do agente se, afinal, a ele se atribuía, como ainda se atribui, dever ressarcitório desde que tenha ostentado conduta negligente ou imprudente, mas, frise-se, voluntária (art. 159 do CC/1916 e art. 186 c/c o art. 927, *caput*, do CC/2002). Ou seja, a orientação foi sempre e é ainda que a obrigação de reparar dependa da capacidade que tenha o indivíduo de entender e de se determinar de modo a não provocar danos a outrem. Como se disse, o anterior CC apenas ressalvava, em seu art. 156, que o menor relativamente incapaz era equiparado aos maiores, mas aí em qualquer hipótese, sem quaisquer limites, para efeitos de responsabilidade subjetiva.

Tal dispositivo não se repetiu porque ficou superado pela regra genérica do art. 928, agora, o que é relevante inovação, impondo uma responsabilidade indistinta para qualquer incapaz (seja por menoridade, e não só a relativa, seja por deficiência mental, total ou parcial), contudo subsidiária – pesem embora a aparente contradição com o art. 942, parágrafo único, e, por causa disso, a proposta de alteração legislativa, abaixo mencionada – e mediante requisitos específicos dispostos na lei. Trata-se, como aponta Milton Paulo de Carvalho Filho (*Indenização por equidade no novo Código Civil*. São Paulo, Atlas, 2003, p. 61), de imperativo de equidade, pauta valorativa muito cara ao princípio da eticidade, um dos três que iluminam a nova codificação, ao lado da operabilidade e da socialidade.

Em diversos termos, ocupa-se o CC de erigir a responsabilidade, subsidiária e mitigada, mercê de conduta que, mesmo sem poder ser considerada culpável, deve ser reprovável tal como se daria com a responsabilização do maior, para qualquer incapaz que causa prejuízo a outrem e pode, sem risco a seu patrimônio ou, antes, às suas necessidades, recompor a situação de desequilíbrio determinada pelo seu ato danoso. Veja-se, puro ditame de equidade.

Mas, para que se opere sua responsabilização, em primeiro lugar é preciso que os responsáveis pelo incapaz não tenham a obrigação de ressarcir ou que não disponham de meios para tanto, requisitos alternativos, segundo a redação do dispositivo, e malgrado críticas que a propósito lhe sejam endereçáveis. De qualquer sorte, não é difícil compreender que se possa responsabilizar o incapaz se seus responsáveis não tiverem meios para tanto, o que deve significar não só a falta total de recursos como, também, a existência de recursos todavia reduzidos, mediante o pagamento da indenização, de modo a comprometer a manutenção da dignidade dos pais, do tutor ou curador (cf. conclusão firmada no Enunciado n. 39 da Jornada de Direito Civil realizada no STJ em 11.09.2002). E mesmo aí haveria que indagar, já que o dispositivo estabeleceu uma responsabilidade subsidiária, se não seria devida antes a propositura de ação contra os responsáveis, e contra o incapaz só pela sobra, ou seja, pelo quanto os responsáveis não pudessem pagar. Parece, porém, que a orientação afrontaria o espírito de equidade e de reparação da vítima que anima o preceito, por isso devendo-se admitir a ação contra o incapaz desde que provada a impossibilidade de os responsáveis arcarem com a indenização, sem prejuízo à sua própria existência digna.

De toda maneira, em segundo lugar, e a condicionar também a responsabilização de que se agita no dispositivo, há ainda, pela sua atual redação, a possibilidade de os responsáveis pelo incapaz não terem a obrigação de ressarcir, a despeito de, eventualmente, disporem de meios para tanto. A essa previsão, de difícil elastério, só se pode reservar hipótese em que a lei exija um requisito específico para a imposição ressarcitória por ato do incapaz aos seus responsáveis, como no caso dos pais que respondem por atos dos filhos, mas que estejam sob sua autoridade e em sua companhia. Se assim não for, se não estiverem sob autoridade e em companhia dos pais, então, conforme o caso, não havendo outros responsáveis indiretos, ou, mesmo se existirem, também quanto a eles faltando nexo de imputação, poder-se-á cogitar da responsabilidade do incapaz.

Também se vem defendendo, vale o acréscimo, como se assentou na Jornada de Direito Civil, logo antes citada, que a essa mesma hipótese de responsabilização do incapaz se ajuste à previsão do art. 116 da Lei n. 8.069/90, o ECA (Enunciado n. 40).

Todavia, posto que tenha sido cumprido um dos dois requisitos para a responsabilização do incapaz, ela só se poderá concretizar se a indenização a ser por ele paga, segundo o texto da lei, não o privar do necessário a si ou a quem dele dependa. Tem-se aqui o quanto necessário não só à subsistência do incapaz ou de seus dependentes, mas sim à sua existência digna ou, tal como está no CC português (art. 489), os alimentos necessários de acordo com o estado e a condição do incapaz.

Por fim, ultrapassadas todas essas etapas, ainda determina o CC que a indenização devida pelo incapaz seja fixada equitativamente. Mas, de pronto, por quais critérios? Por exemplo, o CC italiano determina ao juiz que considere a situação econômica das partes (art. 2.047). Particularmente se entende, porém, que deva ser aferida a situação econômica do incapaz. Lembre-se que o fundamento do dispositivo está na injustiça da falta de reparação da vítima diante de um incapaz com condição de fazê-lo, sem risco a si ou a quem dele dependa. Bem por isso, e ainda que a posição se possa tornar minoritária, não se considera que essa indenização equitativa deva ser necessariamente menor que a extensão do dano; nem que sua fixação em importe integral sirva a equiparar o tratamento do incapaz ao do capaz, tal qual se vem sustentando. Cuida-se apenas de dar cabo à exigência de equidade e não olvidar a situação específica de um incapaz que, preenchidos os requisitos legais, possa reparar completamente a vítima, que é a finalidade do sistema, sem nenhum dano maior à sua existência digna. De resto, quando quis uma indenização equitativa reduzida, o CC o mencionou, como no art. 944, parágrafo único, a seguir comentado. Esta tese que, recentemente, tive ocasião de apresentar na V Jornada de Direito Civil, lá foi aprovada e levada ao texto do Enunciado n. 449, segundo o qual "a indenização equitativa a que se refere o art. 928, parágrafo único, do CC, não é necessariamente reduzida sem prejuízo do Enunciado n. 39 da I Jornada de Direito Civil".

Não se crê, ainda impende acrescentar, que a falta de discernimento que condiciona a aplicação da sistemática em exame, ao menos no caso do amental, deva ser permanente ou reconhecida em interdição, muito embora não sirva como escusa o estado de inconsciência voluntariamente provocado pelo agente (alcoolismo, uso de drogas etc.).

Tal como acima se adiantou, a regra do artigo presente foi já objeto de proposta de alteração legislativa. Isso por se vir entendendo que a subsidiariedade da responsabilidade do incapaz, aqui prevista, parece conflitar com a regra do art. 942, parágrafo único, do CC/2002, que estatui a solidariedade dos autores diretos da conduta danosa com os responsáveis indiretos do art. 932. Nesse sentido, então, o PL n. 699/2011, de alteração da nova normatização, pretende estabelecer, diferentemente de quanto agora no preceito se contém, uma responsabilidade não mais subsidiária, mas sim solidária do incapaz, nos termos do referido art. 942, particularmente de seu parágrafo único, só que, veja-se, preservando, ainda, a disposição do parágrafo do art. 928, portanto ressalvando que a responsabilização do incapaz, malgrado solidária, se daria, sempre, de forma equitativa e assim sem privá-lo, a si e a seus dependentes, dos alimentos necessários.

É bem de ver, contudo, que, sistematicamente interpretada, tal como hoje posta e regrada a matéria no CC, a solidariedade do art. 942, parágrafo único, apenas se aplica àqueles casos em que a responsabilidade indireta não seja exclusiva e substitutiva da responsabilidade do causador direto do dano, conforme comentários próprios, a que ora se remete o leitor.

Impõe-se derradeira observação ditada por recente alteração legislativa. Com a superveniência da Lei n. 13.146/2015, o chamado Estatuto da Pessoa com Deficiência e, particularmente, em função da previsão de seu art. 6º, que dispõe não se afetar a plena capacidade civil da pessoa pela deficiência, ademais da revogação, nesta senda, dos incisos II e III do art. 3º do CC e alteração dos incisos II e III do art. 4º, há de se indagar, então, sobre se persiste a aplicação da regra de equidade do art. 928 do CC a quem apresente qualquer impedimento de ordem mental ou intelectual, como está no art. 2º do Estatuto, enfim a alguém desprovido de total ou provido tão somente de parcial discernimento. Pois, a propósito, tem-se de compreender a disposição do art. 6º, em primeiro lugar, em consonância com o objetivo da nova lei, mesmo explicitado logo no art. 5º, de evitar a discriminação dos deficientes. Depois, e agora releva atenção aos incisos do art. 6º, bem assim ao preceito do art. 85 do Estatuto, seu intento, parece, foi ainda o de garantir o pleno exercício dos direitos existenciais do deficiente, na medida de sua deficiência, garantindo sua autonomia nesse campo, porém o que não significa abdicação de medidas de proteção, quando assim se exija. Daí que, mesmo diante da alteração dos arts. 3º e 4º do CC, mas mantida a curatela a quem não possa exprimir sua vontade, conferida legitimidade ao Ministério Público para requerê-la justo nos casos, entre outros, de deficiência mental ou intelectual (arts. 1.767 e 1.769 e abstraída o debate sobre a superveniência do art. 748 do novo CPC, sobre o que se remete o leitor aos comentários aos preceitos citados), cabendo ao juiz definir os seus limites, segundo as potencialidades do curatelado, circunscritos bem aos atos patrimoniais do art. 1.782 (art. 1.772), considera-se de manter hígido o sistema protetivo em favor daqueles que não apresentem pleno discernimento ou plena aptidão à expressão de sua vontade, assim preservada a aplicação do preceito equitativo do art. 928 do CC, a despeito de não se os reputarem incapazes, propriamente, todavia, insista-se, ainda sujeitos a providências tutelares ou assecuratórias, em particular no campo das situações jurídicas patrimoniais. Neste sentido, não se revela sistematicamente coerente, mesmo depois do Estatuto, segundo se entende, tratar, do ponto de vista da responsabilidade civil, alguém que não tem total discernimento ou plena aptidão à manifestação de seu querer, assim total condição de compreender a natureza de sua conduta e de se determinar de acordo com esta compreensão, do mesmo modo que se trata o agente lesivo dotado, porém, de pleno discernimento e compreensão sobre as consequências de seu agir (tratei do tema em: *Por um ainda renovado regime jurídico das incapacidades*. Tese de Titularidade. Faculdade de Direito da Universidade de São Paulo. 2023. p. 212-9).

**Jurisprudência:** A despeito do quanto se defendeu no corpo dos comentários, afastando a alegação de incapacidade do ofensor pela ausência de interdição: TJSP, Ap. Cível n. 1.088.982-0/1, 33ª Câm., rel. Des. Claret de Almeida, j. 28.11.2007. Admitindo a inclusão do incapaz no polo passivo de demanda indenizatória, afirmando-se que seus responsáveis não têm condição de arcar com o dano por ele causado: TJSP, AI n. 1.252.481.007, 32ª Câm., rel. Des. Walter Zeni, j. 20.08.2009. Negando, porém, demanda direta contra o incapaz em virtude do cometimento de ato infracional: TJSP, Ap. Cível n. 994.09.025881-9, 13ª Câm., rel. Des. Ferraz de Arruda, j. 09.06.2010. Condicionando o ajuizamento contra o menor à prévia comprovação da irresponsabilidade ou incapacidade financeira dos pais: TJSP, Ap. Cível n. 992.07.038607-1, 29ª Câm., rel. Des. Pereira Calças, j. 15.12.2010. Negando a indenização pelo comprometimento à subsistência do incapaz: TJSP, Ap. n. 0004051-33.2009.8.26.0101, 6ª Câm. de Dir. Públ., rel. Des. Reinaldo Miluzzi, *DJe* 25.06.2014, p. 1.334.

**Art. 929. Se a pessoa lesada, ou o dono da coisa, no caso do inciso II do art. 188, não forem culpados do perigo, assistir-lhes-á direito à indenização do prejuízo que sofreram.**

O dispositivo presente cuida da indenização resultante de ato danoso praticado em estado de necessidade, conceito emprestado do direito penal, mas foco de prejuízo a quem não seja o responsável pelo perigo cuja superação move o agente. A alteração de redação em relação ao preceito do art. 1.519 do CC/1916 está apenas no acréscimo da referência à pessoa lesada, todavia porque, igualmente na parte geral, o CC/2002 acrescentou ao conceito de estado de necessidade a contingência de se danificar não só coisa alheia como também a pessoa, a fim de remover perigo iminente (art. 188, II).

Pois o ato praticado em estado de necessidade, quando absolutamente indispensável e nos limites do quanto seja preciso para remover a situação de perigo (art. 188, parágrafo único), desde o direito penal foi sempre considerado lícito, excludente de antijuridicidade, tal como, identicamente, o preceitua o art. 188, logo antes citado, do atual CC. Porém, discutiu-se muito, desde o CC/1916, se conduta afinal lícita, posto que provocando dano a terceiro, estranho à situação de perigo que se quis remover, poderia ensejar algum dever ressarcitório. Até porque, prever-se indenização a ser paga por quem, animado pelo nobre espírito de salvaguarda, remove perigo de dano a pessoa ou coisa poderia significar um desestímulo a semelhantes comportamentos. Mas, de outra parte, também não seria justo desamparar quem não tivesse nenhuma relação com a situação de perigo de dano superada pela conduta ostentada em estado de necessidade, nem legar-lhe um prejuízo.

Pois foi essa, justamente, a ideia do legislador de 1916 e, agora, do novo legislador.

O Código determinou que o indivíduo, mesmo agindo em estado de necessidade, indenize terceiro prejudicado que não seja o responsável pela situação de perigo, garantindo-lhe, em contrapartida, regresso contra quem, aí sim, tenha provocado aquela mesma situação. Ou seja, é preciso diferenciar se o dano que o agente provocou, em estado de necessidade, atingiu ou não a pessoa causadora do estado de perigo. Se sim, não há indenização a ser paga; se não, se prejudicado terceiro estranho, então deve o agente repará-lo, ainda que possa, depois, exercer direito regressivo contra quem foi o responsável pela situação de perigo. Vale dizer, estabeleceu-se, verdadeiramente, uma indenização por ato lícito, superada a ideia, porquanto mais ampla a acepção de dano indenizável, de que fundada no ato antijurídico que, afinal, será inexistente se se evita, do único modo possível, a situação de perigo de dano a pessoa ou coisa.

Evidencia-se, antes, mais um caso de responsabilidade objetiva, de seu turno inspirada menos pela teoria do risco, criado ou proveito, porquanto difícil imaginar qual a atividade ou o proveito dela resultante que o justificasse, tal como já se defendeu, porém talvez mais pela equidade, muito especial, como visto, à nova legislação. Todavia, se é assim, talvez melhor fosse prever uma indenização equitativa, que ponderasse, de um lado, o móvel da atuação de quem procurou remover situação de perigo iminente que não provocou e, de outro, o interesse de quem sofreu um dano mas, igualmente, para superar situação de perigo que lhe era estranha. Trata-se da mesma indenização equitativa que em outros dispositivos se estatuiu (arts. 928 e 944).

**Jurisprudência:** Indenização devida quando, em estado de necessidade, se atinge terceiro, mas com direito regressivo: *RT* 782/211-2. No mesmo sentido: Turmas Recursais – RS, Rec. cível n. 71.001.186.535, 3ª T., rel. Juiz Eugênio Fachini, j. 24.04.2007. Ainda do mesmo modo, em acidente automobilístico ocorrido quando o agente tentava evitar colisão: TJSP, Proc. n. 990.10.098564-7, 27ª Câm., rel. Des. Dimas Fonseca, j. 26.05.2010.

---

**Art. 930. No caso do inciso II do art. 188, se o perigo ocorrer por culpa de terceiro, contra este terá o autor do dano ação regressiva para haver a importância que tiver ressarcido ao lesado.**

**Parágrafo único. A mesma ação competirá contra aquele em defesa de quem se causou o dano (art. 188, inciso I).**

---

O *caput* do artigo trata da ação regressiva de que dispõe quem tenha agido em estado de necessidade e, com isso, haja provocado dano a terceiro não responsável pela situação de perigo que se tencionou remover. O regresso se exerce, então, contra quem tenha causado a mesma situação de perigo, pelo valor da indenização paga à vítima do dano. Trata-se da matéria já examinada no comentário ao dispositivo anterior, a que ora se remete o leitor. Acrescenta-se, apenas, que o preceito da cabeça do art. 930 veio alterado em relação ao do antigo art. 1.520, para, primeiro, aprimorar sua redação, agora vazada na ordem direta, e, segundo, para adequá-la à consideração, também logo acima referida, quando examinada a regra do art. 929, de que o estado de necessidade pode envolver não só dano a coisa como, também, a pessoa.

Já o parágrafo único do preceito reproduz a mesma perplexidade interpretativa, o mesmo conflito que já suscitava o parágrafo do velho art. 1.520, particularmente quando confrontado seu texto com a remissão final nele contida, tendo-se assim perdido uma oportunidade para melhor explicitação. É que, depois de cuidar da ação regressiva do agente que, tendo causado prejuízo a terceiro, em estado de necessidade, a exerce contra quem provocou a situação de perigo, o parágrafo dispõe que a mesma medida caberá contra aquele em defesa de quem se causou o dano. Ou seja, e tal qual originariamente certa parte da doutrina compreendeu o dispositivo já do CC/1916 (ver, por todos, CARVALHO SANTOS. *Código Civil brasileiro interpretado*, 4. ed. Rio de Janeiro, Freitas Bastos, 1952, v. XX, p. 211-2), seu significado estaria em possibilitar à pessoa, que agindo em estado de necessidade, lesando terceiro, não tivesse conseguido, por qualquer motivo, se ressarcir, em regresso, diante do causador da situação de perigo, voltar-se então contra aquele que acaso tivesse se aproveitado de sua conduta, isto é, aquele em defesa de quem porventura houvesse agido. Defesa, aqui, em sua acepção vulgar, e não técnica, a indicar a legítima defesa. Antes, para a doutrina citada, o parágrafo referir-se-ia ao estado de necessidade, em que se pode danificar coisa alheia.

Sucede porém que, a par de também na legítima defesa ser possível atingir terceiro, ou de qualquer modo causar-lhe prejuízo, como quando, para a mesma defesa, se utiliza de coisa alheia, já no CC/1916, ao final do parágrafo único do art. 1.520, o que agora se repete, se fez remissão ao inciso I, e não ao inciso II, do então art. 160, hoje art. 188, em que foi prevista a legítima defesa, e não o estado de necessidade. Bem por isso e, é certo, porque a rigor não há diferença fundamental em relação ao que se dá no estado de necessidade e consequente dano a terceiro não causador da situação de perigo, o parágrafo passou a ser interpretado como concernente à conduta de quem, em legítima defesa, provocasse danos a terceiro não responsável pela agressão injusta, atual e iminente pelo agente repelida (art. 25 do CP). Vale dizer, verdadeira *aberractio ictus* que obriga o agente a, mesmo escudado na legítima defesa, mas atingindo terceiro, ressarci-lo, igualmente ao que sucede no estado de necessidade; ou, da mesma forma, a situação de quem age em legítima defesa, mas para tanto se utilizando de bem alheio lesado, cujo ressarcimento o agente fará, todavia, em ambas as hipóteses, com o regresso mencionado, direcionado contra quem foi o responsável pela agressão. Tanto mais porque, já no CC/1916, particularmente em seu art. 1.540, dispunha-se sobre a indenização por morte ou lesão, porém originárias de crime justificável, veja-se, quando não perpetrado pelo ofensor em repulsa a agressão partida do ofendido. Posto não repetida a regra, remanesce o mesmo princípio que inspirou a redação do dispositivo do próprio art. 929, haurida desde o CC/1916, quanto à outra excludente de ilicitude, o estado de necessidade, sem diferença fundamental entre este e a legítima defesa.

De qualquer forma, não se entende que deva ser excluída a possibilidade de o agente, quando agindo em defesa de outrem (estado de necessidade ou legítima defesa de terceiro) e causando prejuízo a terceiro, voltar-se também contra aquele em benefício de quem afinal agiu, para exercício de seu direito regressivo, ou seja, seu direito de se ressarcir por quanto houver pago ao terceiro lesado. Outra hipótese, a rigor, de responsabilidade sem culpa, agora de quem se aproveitou de comportamento alheio, beneficiando-se da defesa que em seu favor se fez, mas a dano de outrem, pelo qual responde, para Pontes de Miranda, por verdadeira gestão de negócios que em seu favor se operou (*Tratado de direito privado*, 2. ed. Rio de Janeiro, Borsoi, 1954, t. II, § 187, n. 3, p. 306), ou mesmo para se evitar indevido enriquecimento.

**Jurisprudência:** Sobre a legítima defesa como excludente de responsabilidade civil, e com o mesmo requisito, haurido do direito penal, da adequação e moderação da reação: *JTJSP* 270/100. Sobre a necessidade de se tratar de legítima defesa real, e não a putativa: *RT* 808/224. Assentando o direito regressivo: TJSP, Ap. Cível n. 992.080.261.816, 36ª Câm., rel. Des. Adílson de Araújo, j. 05.11.2009. Sobre a culpa de terceiro em acidente automobilístico: TJSP, Ap. Cível n. 992.09.063683-9, 30ª Câm., rel. Des. Orlando Pistoresi, j. 15.09.2010. Assentando a aplicação do preceito e impedindo excludente alegada diante de terceiro: TJSP, Ap. Cível n. 0164419-53.2008.8.26.0100, 25ª Câm. de Dir. Priv., rel. Des. Edgard Rosa, *DJe* 10.07.2014, p. 1.053. No mais, remete-se ao comentário ao art. 188.

**Art. 931. Ressalvados outros casos previstos em lei especial, os empresários individuais e as empresas respondem independentemente de culpa pelos danos causados pelos produtos postos em circulação.**

Legislação correlata: art. 12, Lei n. 8.078, de 11.09.1990.

O dispositivo presente encerra mais uma das regras de incidência da responsabilidade sem culpa no CC/2002, além da genérica previsão do art. 927, parágrafo único. E lá, no respectivo comentário, já se havia ressalvado a existência de casos de responsabilidade objetiva em normas especiais, quer fora do CC, quer mesmo em seu texto, como a de que ora se trata. Pois, independentemente de culpa, responde então o empresário individual ou a empresa pelos danos provocados pelos produtos que coloca em circulação. É a consagração, afinal, de uma das espécies de risco, o chamado risco de empresa, mercê do qual quem exerce, profissionalmente, atividade organizada tendente à colocação de bens e serviços no mercado, deve arcar com os danos que daí podem advir ao adquirente ou a terceiros (ver a respeito: NORONHA, Fernando. *Direito das obrigações*. São Paulo, Saraiva, 2003, v. I, p. 486). Tem-se, portanto, uma responsabilidade pelo fato do produto, instituída na legislação civil, mas, como por ela mesmo assentado, sem prejuízo de outros casos previstos em lei especial.

Pois, como é sabido, está na Lei n. 8.078/90, o CDC, a hipótese mais frequente de responsabilidade pelo fato do produto (art. 12), de resto, como fixado em enunciado da Jornada de Direito Civil, realizada no STJ em 11 de setembro de 2002, cujo conceito agora se amplia pelo art. 931 do CC/2002, imputando-se responsabilidade civil às empresas e a empresários individuais vinculados à circulação dos produtos, mesmo fora de uma relação de consumo (Enunciado n. 42). Assim, aplicar-se-á o CC naquelas hipóteses em que não se configure vínculo de consumo, como quando se fornece produto a outro profissional que não o utiliza como destinatário final, ainda que aqui já se tenha defendido uma expansão do artigo em comento (Enunciado n. 378 do CEJ), e posto que sem superação da norma do art. 12 do CDC, por reputar-se mais favorável ao consumidor (Enunciado n. 190).

Sucede que, no CDC, a responsabilidade pelo risco da atividade de disponibilização de produto ao mercado é do tipo mitigado, vale dizer, exigindo-se um elemento específico, além da causalidade entre a colocação do produto no mercado e o prejuízo por ele provocado ao consumidor, para a evidenciação do nexo de imputação. Com efeito, exige-se o defeito de segurança do produto ou serviço, conforme descrito no § 1º do art. 12 (fato do produto) e no § 1º do art. 14 (fato do serviço), ambos da Lei n. 8.078/90.

Mas, pese embora sua omissão a propósito, o que pode gerar algum conflito, não se entende que o CC, se afinal não adotou a teoria do risco integral, como já se explicitou no comentário ao art. 927, a que ora se remete o leitor, dispense a mesma verificação do defeito do produto, o que levaria, em indesejável contradição sistemática, como se o ordenamento não fosse uno, à admissão de uma responsabilidade mais rigorosa, e em lei incidente na relação entre iguais, que a da legislação do consumidor, a qual, não se pode olvidar, é subjetivamente especial porque, justamente, é protetiva de indivíduo presumidamente vulnerável, destarte envolvido numa relação entre desiguais. Cuida-se, então, do mesmo risco inerente à colocação no mercado de produto com periculosidade adquirida, por causa de defeito de segurança que passa a apresentar, quer ocorrido no processo de sua criação ou de sua produção, quer na correspondente informação. A responsabilidade, nesses casos, estará afeta, como na hipótese do art. 12 do CDC, aos empresários ou empresas aos quais estão incumbidos o fabrico, a produção, a construção ou a importação do produto, entendendo-se aplicável a mesma restrição do art. 13 do CDC quanto à responsabilidade do comerciante.

Na aferição desse dado de qualidade-segurança, impende verificar a apresentação do produto, de seus elementos característicos, abrangendo publicidade, instruções sobre o uso e embalagem, por exemplo. Da mesma forma, deve-se avaliar o uso razoavelmente esperado do produto, a fim de aquilatar sua qualidade/segurança. Ou seja, importa ter em conta não só a utilização normal do produto mas, ainda, seu uso previsível.

Na verdade, problema há na questão da consideração sobre a época em que o produto foi colocado em circulação. Isso porque a segurança pode ser aferida em função do conhecimento científico contemporâneo à colocação do produto no mercado, porém eventualmente superado pela evolução técnica e de modo a revelar potencial risco ao adquirente ou terceiros. É o chamado risco de desenvolvimento, pelo qual, malgrado a discussão que a propósito já se levantava à luz do CDC, se entendeu, naquela mesma Jornada de Direito Civil (Enunciado n. 43), antes citada, responder o empresário ou a empresa, porquanto como alhures já se defendeu, injusto carrear ao consumidor, aqui no sentido amplo, o ônus do progresso, o risco de desenvolvimento a ser, então, socializado (ver, por todos: MENEZES DIREITO, Carlos Alberto; CAVALIERI FILHO, Sérgio. *Comentários ao novo Código Civil*. Sálvio de Figueiredo Teixeira (coord.). Rio de Janeiro, Forense, 2004, v. XIII, p. 193-4).

O preceito omitiu referência ao risco inerente aos serviços, restringindo-se aos produtos – os quais se considera devam ser defeituosos – colocados no mercado. O PL n. 6.960, de reforma do atual CC, sucedido pelo PL n. 699/2011, já pretendera acrescentar menção aos serviços no dispositivo presente. Acedi mesmo a essa tese em edição anterior. Todavia, refletida a questão com maior profundidade em trabalho posterior (*Responsabilidade civil pelo risco da atividade: uma cláusula geral no Código Civil de 2002*. São Paulo, Saraiva, 2. ed. 2010, p. 94-110), tem-se que o risco na prestação de serviços esteja coberto pela previsão do art. 927, parágrafo único, que dispensa, como nexo de imputação, a periculosidade adquirida, anormal, contentando-se com o risco especial induzido, assim de modo mais rigoroso porquanto se trata de dano potencialmente provocado ainda nos limites da esfera de controle de quem exerce a atividade, ao contrário do fato do produto, em que o dano se produz já longe dessa mesma organização, do manejo da coisa, da máquina, do produto. Cuida-se, destarte, de distinguir, a exemplo do que se encontra nos arts. 2.050 e 2.051 do CC italiano, o dano havido no exercício de uma atividade e o dano havido pelo fato da coisa. Daí porque se limita o elastério do preceito em comento a essa segunda hipótese, com o acréscimo da periculosidade adquirida que deve ser inerente ao produto colocado no mercado.

Aqui, igualmente se crê, e de novo a despeito da omissão do CC, concorrerão as mesmas causas excludentes de responsabilidade do art. 12, § 3º, do CDC, e, como lá, devendo-se incluir, porquanto motivo de quebra da causalidade, também o fortuito, desde que externo, ou seja, alheio, não ligado ao risco próprio da atividade desenvolvida (fortuito interno).

Por fim, vale anotar que não se limitou a responsabilidade da pessoa jurídica, como fazia o CC/1916, apenas aos casos de atos praticados pelos prepostos e desde que no desempenho de atividade industrial da empregadora (cf. antigo art. 1.522, não reproduzido, a respeito remetendo-se, ainda, ao comentário ao art. 932 do CC/2002).

**Jurisprudência:** TJSP, Ap. Cível n. 992.070.551.730, 25ª Câm., rel. Des. Marcondes D'Angelo, j. 17.09.2009. Assentando a subsidiariedade do preceito em relação ao art. 12 do CDC: TJMG, Ap. Cível n. 1.0439.07.068954-

2/001, rel. Des. Wagner Wilson, j. 07.10.2009. Ver, ainda: TJSP, AI n. 0049160-43.2013.8.26.0000/Piracicaba, 31ª Câm. de Dir. Priv., rel. Adilson de Araujo, j. 14.05.2013, *DJe* 20.05.2013. Referindo, além do CDC, o preceito em tela para responsabilizar o Banco pela fraude na utilização de cartão de crédito: TJSP, Ap. Cível n. 1106387-23.2017.8.26.0100, rel. Des. Cesar Peixoto, j. 22.11.2018.

**Art. 932. São também responsáveis pela reparação civil:**

**I – os pais, pelos filhos menores que estiverem sob sua autoridade e em sua companhia;**

**II – o tutor e o curador, pelos pupilos e curatelados, que se acharem nas mesmas condições;**

**III – o empregador ou comitente, por seus empregados, serviçais e prepostos, no exercício do trabalho que lhes competir, ou em razão dele;**

**IV – os donos de hotéis, hospedarias, casas ou estabelecimentos onde se albergue por dinheiro, mesmo para fins de educação, pelos seus hóspedes, moradores e educandos;**

**V – os que gratuitamente houverem participado nos produtos do crime, até a concorrente quantia.**

O preceito em tela consagra os casos clássicos da responsabilidade, hoje objetiva, como se verá no comentário ao artigo seguinte, por fato de terceiro, também denominada responsabilidade indireta, tal como já dispunha o art. 1.521 do CC/1916. Ou seja, hipóteses em que alguém responde – e, ressalvada a previsão do art. 928, de forma solidária, conforme art. 942, parágrafo único, a cujo comentário se remete o leitor – por conduta de outrem causadora de um dano.

Assim, em primeiro lugar, respondem os pais pelos atos dos filhos menores que, pese embora sua inimputabilidade, sejam reprováveis, portanto que os levaria a responder, se maiores ou, mesmo menores, na forma do art. 928 do CC/2002. Porém, exige a lei que os infantes estejam sob a autoridade e a companhia dos pais, enquanto se aludia, no CC/1916, ao menor sob o poder e a companhia dos genitores.

A alteração redacional não chega a espantar a dúvida, o conflito que a respeito já havia, particularmente concernente à situação de menores que não estivessem sob a guarda de pai ou mãe, posto mantido o poder familiar, por exemplo, no caso de separação ou divórcio. E mais se dificultava o debate quando se constatava, como ainda se constata, que a regra toma em consideração o dever de educação que incumbe aos pais, assim decorrente do poder familiar, mas ao mesmo tempo o dever de vigilância e direção, aí mais propriamente ligado ao pai ou mãe que tem o menor consigo, ou seja, em sua companhia, como quer a lei.

Reputa-se, a propósito, gravada a discussão que se vem de aludir, e acerca do que cabe também remeter ao item da jurisprudência, expresso adiante, que deva responder o pai ou mãe no exercício do poder familiar, portanto dele não destituído, que, no instante dos fatos, tenha o menor sob seu poder de direção. Ou seja, não poderá responder o pai ou mãe de quem, a título jurídico, portanto não quando haja afastamento fático, e com frequência indevido, sobretudo porque é mal exercido o poder familiar, se tenha retirado o poder de direção, por exemplo quando o menor esteja sob a responsabilidade do educador, ou quando, separados os pais, esteja em companhia do detentor da guarda.

Mas, na mesma esteira, responderá o genitor que, mesmo sem a guarda, mas não destituído do poder familiar, estiver com o menor sob sua autoridade no momento dos fatos, tal como quando esteja no período de visita do genitor separado ou divorciado. Quer dizer, parece haver a lei, agora, ao aludir à autoridade dos pais, e não a seu poder familiar, tencionado evidenciar que a responsabilidade do genitor se funda em seu direto poder de direção e, pois, de vigilância do filho menor, portanto quando esteja sob seu controle.

Isso vale para o pai adotivo ou ainda quando o menor tenha sido emancipado por ato voluntário dos pais, que, assim, por vontade própria, não se podem furtar a uma responsabilidade legal, destarte só excluída quando a emancipação seja legal, malgrado a divergência que a respeito ainda grassa. Valem as mesmas ressalvas para tutor e curador, mas sem se descurar da lembrança de que exercem um *munus*, assim apreciando-se com maior limitação seu poder de direção do pupilo ou curatelado causador do dano.

No que toca ao empregador ou preponente, sempre alguém com poder de direção sobre a atividade de outrem, que lhe é subordinado e lhe tem relação de dependência, vale a observação, primeiro, de que sua responsabilidade se dá não só quando o empregado ou preposto age no desempenho de suas funções como, mais amplamente, também quando age em razão dela, por causa de sua atribuição, isto é, quando sua função de alguma forma facilite a prática do ilícito; segundo, cabe ainda a observação de que a não reprodução do art. 1.522 do CC/1916 suscita a discussão, o conflito, sobre se a regra se aplica às pessoas jurídicas empregadoras que não exercem atividade lucrativa, industrial. Pese embora entendimento contrário, acede-se à obtemperação de Caio Mário da Silva Pereira (*Responsabilidade civil*, 9. ed. Rio de Janeiro, Forense, 1999, p. 122) e Carlos Roberto Gonçalves (*Comentários ao Código Civil*. Antônio Junqueira de Azevedo (coord.). São Paulo, Saraiva, 2003, v. XI, p. 95) de que, hoje, não repetida a norma do art. 1.522, a responsabilidade das pessoas jurídicas mesmo de finalidade não lucrativa obedece à regra geral, inclusive quanto à ausência de culpa, e não raro de forma direta, quer por incidência da Lei n. 8.078/90, quer do art. 927, parágrafo único, tanto mais porque, como já visto no comentário ao mesmo preceito, adotou-se, no CC/2002, para a responsabilidade objetiva, a teoria do risco criado, e não do risco proveito, ao menos o proveito forçosamente econômico. Aliás, ainda acerca da incidência desse mesmo dispositivo à situação do empregador, deve-se aludir à sua responsabilidade, que agora se entende pode ser fundada no risco, pelos danos sofridos, no exercício do trabalho, por seus empregados, a despeito do preceito do art. 7º, XXVIII, da CF/88, tal como já sustentei alhures (*Responsabilidade civil pelo risco da atividade: uma cláusula geral no Código Civil de 2002*. São Paulo, Saraiva, 2. ed. 2010, p. 147-54), porquanto se entrevê, na norma constitucional, mais um passo no processo evolutivo que a respeito da matéria se consolidou, desde a exigência, à obrigação de indenizar do patrão, de dolo ou culpa grave, e até de modo a evitar se admita, em evidente contradição sistemática, que um mesmo evento lesivo possa ensejar, à vítima não empregada, o acesso à responsabilização sem culpa do empregador, mas não ao lesado empregado.

É certo, vale ainda o acréscimo, que o conceito de preposição vem sendo por vezes alargado pela jurisprudência, sem dúvida, e acertadamente, para excluir a necessidade de vínculo empregatício, mas sempre à consideração de que exista uma relação de subordinação, de direção, como sucede, por exemplo, com o médico cirurgião e sua equipe. Todavia, vão mais longe alguns arestos para sustentar a ocorrência de preposição, e assim de responsabilidade – e não pelo fato da coisa, como seria a hipótese, em verdade faltando é uma regra genérica a respeito (ver comentários aos arts. 936 e segs.) –, até mesmo quando alguém empresta carro a outrem, afinal acidentado. Para muitos, inclusive, a própria Súmula n. 492 do STF, que fixa a responsabilidade da locadora de veículos por ato do locatário, estaria fundada na ideia de preposição. Mas, a bem dizer, os acórdãos que deram origem à súmula tiveram sempre em mira a presunção de culpa do locador que não teria reservado fundos, em sua atividade, para cobrir a insolvência do condutor. Atualmente, a hipótese bem se subsumiria à previsão do art. 927, parágrafo único, já que está envolvido risco da atividade, o que determinaria até uma revisão da orientação pretoriana a respeito da responsabilidade das empresas de *leasing*, que vem sendo negada, mas que seria fundada nos mesmos motivos. Ao menos, conforme tive a oportunidade de sustentar (*A responsabilidade civil pelo risco da atividade: uma cláusula geral no Código Civil de 2002*. São Paulo, Saraiva, 2. ed. 2010, p. 142-7), os casos de *leasing* operacional, mais assemelhados à locação e à referida origem da Súmula n. 492 do STF, em que o risco está na própria atividade do arrendador, ao contrário do *leasing* financeiro, passam a ser regidos, no tocante aos danos provocados no manejo da coisa arrendada, havendo especial risco induzido, pela norma do parágrafo único do art. 927.

Quanto à responsabilidade do hoteleiro, importa a exata fixação da norma de regência, dado que apenas nos casos de danos provocados por hóspedes a terceiros ou a outros hóspedes, aí sim, incide a regra do art. 932, contemplativa de espécie de responsabilidade extracontratual. Mais, sem prejuízo, ainda, da verificação sobre se se trata de relação de consumo e, assim, com incidência da legislação especial (Lei n. 8.078/90). Com idêntica ressalva à lei especial, a responsabilidade do hoteleiro pela bagagem do hóspede é, diferentemente, de índole contratual, havido depósito necessário de tais pertences (art. 649 do CC). Hoteleiro, para o preceito, deve ser quem exerça de forma predominante, embora não única (lembrar dos apart-hotéis, por exemplo), a atividade de hotelaria, o que deve ser apreciado no caso concreto. E a situação do hóspede gratuito deve suscitar aplicação das regras de responsabilidade comum subjetiva, se afinal não se o hospeda por dinheiro, como quer a lei.

Já no que concerne aos educadores, e também aqui ressalvada a incidência da legislação do consumidor, bem de ver que a respectiva responsabilidade deve restringir-se ao período em que o educando está sob o poder de direção do estabelecimento, ainda que em atividade de recreação. Se o estabelecimento é público, a matéria se rege pelas regras da responsabilidade da pessoa jurídica de direito público. Se o educando é maior, assim particularmente nos casos de instituição universitária, tem-se entendido inexistir dever de vigilância e, portanto, responsabilidade sem culpa, o que, entende-se, deve ser recompreendido à luz da Lei n. 8.078/90, que estabelece, sem essa distinção, a responsabilidade sem culpa do fornecedor de serviço. Quanto ao regresso eventual a que faça jus o estabelecimento de ensino, remete-se o leitor ao comentário do art. 934, logo adiante.

Por fim, a hipótese do inciso V do art. 932 continua mal alocada, como já estava no CC/1916, pois não se trata de responsabilidade indireta, mas, verdadeiramente, de um dever de reembolso que evita o enriquecimento sem causa. Ou seja, se alguém se aproveita – e gratuitamente, vale dizer, sem participação no ilícito em si, porque nessa hipótese a responsabilidade solidária é integral – do produto de crime, deve responder, até a correspondente quantia, isto é, até quanto foi o proveito. De resto, nas anteriores hipóteses, o dado fundamental que justifica o nexo de imputação aos responsáveis indiretos, como se viu, é o poder de direção incidente sobre a conduta alheia, que lhe é afeto.

**Jurisprudência:** Súmula n. 492, STF: A empresa locadora de veículos responde, civil e solidariamente com o locatário, pelos danos por este causados a terceiros, no uso do carro locado.

Súmula n. 595, STJ: As instituições de ensino superior respondem objetivamente pelos danos suportados pelo aluno/consumidor pela realização de curso não reconhecido pelo Ministério da Educação, sobre o qual não lhe tenha sido dada prévia e adequada informação.

Permitindo à instituição de ensino o exercício de pretensão regressiva contra os pais de aluno responsável direto pela causação de dano: TJRS, Ap. Cível n. 0346234-30.2018.8.21.7000, 9ª Câm. Cível, rel. desig. o Des. Eugênio Facchini Neto, j. 17.07.2019.

Negando igual responsabilidade que seja afeta às empresas de *leasing* ou arrendamento mercantil por danos havidos no uso da coisa arrendada: STF, RE n. 114.938/RS, 1ª T., rel. Min. Oscar Correa, j. 12.04.1988, *DJ* 06.05.1988, *RT* 634/213; STJ, REsp n. 5.508/SP, 3ª T., rel. Min. Cláudio dos Santos, j. 30.10.1990; Ag. Reg. no AI n. 909.245/SP, 1ª T., rel. Min. José Delgado, j. 18.03.2008, *DJ* 07.05.2008; TJSP, Ap. Cível n. 543.694/0-00, 1ª Câm., rel. Des. Elliot Akel, j. 20.05.2008.

Responsabilizando os pais por furto praticado pelo seu filho: TJSP, Ap. cível. n. 3.309.444.400, 1ª Câm., rel. Des. Edmundo Lellis, j. 16.12.2008. E pelo dano que o filho causa ao condomínio: TJSP, Ap. Cível n. 318.400.4/4-00, 4ª Câm., rel. Des. Enio Zuliani, j. 19.07.2007. Responsabilizando ambos os pais, mesmo separados, por falha no dever de educação, criação e orientação: STJ, REsp n. 1.074.937, 4ª T., rel. Min. Luis Felipe Salomão, *DJe* 19.10.2009. Entendendo aplicar-se a hospital psiquiátrico a mesma responsabilidade do tutor ou curador pelo incapaz internado: *RT* 787/225.

Responsabilizando a associação que indica advogado, ao qual se atribui má atuação, para defesa de associado: TJSP, Ap. Cível n. 992.060.602.650, 35ª Câm., rel. Des. Clóvis Castelo, j. 17.08.2009; e, do mesmo modo, responsabilizando o sindicato pela apropriação indevida a que procede advogado considerado seu preposto, portanto ainda que sem relação de emprego, na atuação em defesa de interesses da pessoa sindicalizada: STJ, REsp n. 2.080.224/SP, 3ª T., rel. Min. Nancy Andrighi, j. 24.10.2023, *DJe* 30.10.2023. Sobre a relação de preposição entre o cirurgião e sua equipe: *RT* 796/214. Da mesma forma, entre o hospital e, desde que não indicada pelo paciente, a equipe de plantão da instituição: TACPR, AI n. 218.248-9, 1ª Câm., rel. Juiz Ronald Schulman, *DJU* 21.03.2003. Sobre a responsabilidade do médico supervisor em relação à atuação do residente: TJSP, Ap. Cível n. 0012833-67.2013.8.26.0625, rel. Des. Rosangela Telles, 2ª Câm. de Dir. Priv., j. 03.09.2019; Ap. Cível n. 0057761-21.2012.8.26.0114, rel. Des. Heloísa Martins Mimessi, 5ª Câm. de Dir. Público, j. 28.05.2018. Negando preposição entre o contratante e a empresa de prestação de serviços de manobrista: *RT* 788/277. No caso de empréstimo de veículo envolvido em acidente, limitando a preposição para quando o condutor esteja a serviço do proprietário: Juizados Especiais/DF, Ap. n. 2000.107.101.3457, 2ª T., rel. Juiz Leôncio Lopes, j. 04.06.2003, *DJU* 17.06.2003. Salientando que o serviço, no mesmo caso, pode estar sendo prestado a terceiro, não só ao proprietário: STJ, REsp n. 29.280-7/RJ, rel. Min. Dias Trindade, j. 28.03.1994, *DJU* 02.05.1994. E, desvinculando a responsabilidade do dono do carro da ideia de preposição, quando terceiro é o que conduz: *RT* 792/289. Assentando a existência de preposição e a corresponsabilidade do endossante-mandante pelo protesto indevido tirado por iniciativa indevida do endossatário-mandatário: STJ, REsp n. 1.387.236, 3ª T., rel. Min. Paulo de Tarso Sanseverino, *DJe* 02.12.2013, p. 976. Responsabilizando empresa contratante de transporte de pessoal por acidente havido durante a prestação de serviço no seu interesse e proveito econômico: STJ, REsp n. 325.176/SP, 3ª T., rel. Min. Nancy Andrighi, j. 06.12.2001. Sobre a responsabilidade do curador: TRF, 3ª R., AI n. 2006.030.009.52450, 1ª T., rel. Vesna Kolmar, j. 20.03.2007. Responsabilizando o empregador, pelo risco da atividade, em virtude de danos sofridos pelo empregado: *RT* 772/403. Sobre a responsabilidade de banco por assalto que um seu funcionário pratica contra outro, durante o horário do expediente: STJ, REsp n. 613.036/RJ, 3ª T., rel. Min. Castro Filho, j. 14.06.2004. Mas negando a responsabilidade da instituição financeira pelo homicídio de um de seus gerentes, no local de sua residência: STJ, REsp n. 699.360/MG, 4ª T., rel. Min. Asfor Rocha, j. 08.05.2007.

Ainda sobre a responsabilidade do empregador, decidiu o STJ que "responde o empregador pelo ato ilícito do preposto se este, embora não estando efetivamente no exercício do labor que lhe foi confiado ou mesmo fora do horário de trabalho, vale-se das circunstâncias propiciadas pelo trabalho para agir, se de tais circunstâncias resultou a facilitação ou auxílio, ainda que de forma incidental, local ou cronológica, à ação do empregado" (REsp n. 1.072.577/PR, 4ª T., rel. Min. Luis Felipe Salomão, j. 12.04.2012). Nesse mesmo sentido, responsabilizando o artista contratante pelo ato danoso de segurança, contra terceiro, praticado no hotel em que se hospedavam: TJSP, Ap. cível n. 0057007-14.2005.8.26.0506, 1ª Câm. de Dir. Priv., rel. Des. Augusto Resende, j. 29.11.2016. Igualmente sobre o significado do inciso II, assentou a Corte Superior: "segundo o art. 932, II, do CC/2002, não se exige que o preposto esteja efetivamente em pleno exercício do trabalho, bastando que o fato ocorra 'em razão dele', mesmo que esse nexo causal seja meramente incidental, mas propiciado pelos encargos derivados da relação de subordinação" (STJ, REsp n. 1.433.566, 3ª T., rel. Min. Nancy Andrighi, j. 23.05.2017)

Sobre a responsabilidade dos hospitais, em geral, bem como por serviços próprios e sobre a recusa à sua responsabilização por falha técnica de médico que a ele não se vincule, ver item da jurisprudência no art. 951. Também assim em relação à responsabilidade por infecção hospitalar.

---

**Art. 933. As pessoas indicadas nos incisos I a V do artigo antecedente, ainda que não haja culpa de sua parte, responderão pelos atos praticados pelos terceiros ali referidos.**

---

O preceito em tela atende a um nítido processo evolutivo que já marcava a jurisprudência, de forma especial, revelando inclusive que muito das inovações do CC/2002, na matéria, absorve a tendência dos tribunais no enfrentamento dos casos de dever ressarcitório. É o que se dá com a responsabilidade indireta ou por fato de terceiro, que se pretendia, no projeto do CC/1916, fosse subjetiva, todavia com presunção de culpa, a exemplo do CC francês (art. 1.384) e afinal como se ostentou também no *BGB* (art. 831), mas que, na tramitação, mercê de emenda no Senado (Emenda n. 1.483), acabou vindo a lume de maneira pura, sem nenhuma presunção e consequente inversão do ônus probatório, exigindo o antigo art. 1.523 que a vítima, numa empreitada de difícil êxito, o que alegava irressarcida, no mais das vezes, demonstrasse a culpa, via de regra *in vigilando* ou *in eligendo*, de quem pudesse vir a responder por ato de terceiro.

Coube à jurisprudência, justamente, ir aos poucos mitigando a norma do antigo art. 1.523, até entrever em seu texto uma presunção de culpa do responsável indireto, posto que relativa, assim de toda sorte ainda permitindo-lhe provar que agira de modo diligente, escolhendo ou vigiando o terceiro e, destarte, logrando não raro furtar-se ao pleito ressarcitório que lhe fosse dirigido, porquanto examinado, ainda, à luz da teoria da culpa. Apenas com a edição da Súmula n. 341 do STF, passou-se a compreender existente, ao menos no caso do empregador em relação ao ato do empregado, de que ela tratava, uma presunção absoluta de culpa, portanto retirando a questão do âmbito da responsabilidade subjetiva.

Pois agora, com a edição do novo CC, e conforme o artigo ora em comento, finalmente estabeleceu-se uma responsabilidade sem culpa por ato de terceiro, o que afasta a possibilidade de qualquer dos responsáveis, uma vez demandado, procurar se eximir de seu dever ressarcitório alegando que escolheu bem, ou que vigiou bem. Cuida-se sempre, conforme a tendência já referida no comentário ao art. 927, de a lei elencar um responsável pela reparação, no caso alguém que, de alguma forma, possui autoridade ou direção sobre a conduta alheia, diretamente causadora do dano. Por isso, vislumbram alguns, no caso, verdadeiro dever de garantia afeto ao responsável por terceiro com quem mantém relação especial, muito embora prefiram outros ver na hipótese um risco pela atividade ou pela conduta de terceiro. De toda sorte, sempre uma responsabilidade independente de culpa.

**Jurisprudência:** Súmula n. 341, STF: É presumida a culpa do patrão ou comitente pelo ato culposo do empregado ou preposto.

Já à luz da normatização do CC: "No direito pátrio, o legislador escolheu, ao desenhar o regime jurídico da responsabilidade civil, posicionar-se de forma mais enérgica com relação à responsabilidade do empregador, o qual responderá pelos danos causados por seu empregado, ainda que este atue de forma abusiva, extrapolando suas funções, estando caracterizada uma responsabilidade objetiva (do empregador) em decorrência da responsabilidade subjetiva (do empregado). Considerando que desenvolvem atividade de risco, o legislador atribuiu aos empregadores a imputação de responsabilidade objetiva quando previu, exatamente, no art. 933 do CC, que responderão pelos atos praticados por terceiros mesmo que não haja qualquer culpa de sua parte" (STJ, Ag. Int. no REsp n. 2.033.238/PR, 3ª T., rel. Min. Humberto Martins, j. 11.12.2023, *DJe* 18.12.2023).

Ver, ainda: STJ, REsp n. 1.135.988, 4ª T., rel. Min. Luis Felipe Salomão, *DJe* 17.10.2013, p. 1.836; TJSP, AI n. 1.096.428-0/3, 28ª Câm., rel. Des. Júlio Vidal, j.

10.04.2007; TJSP, Ap. n. 9101697-67.2007.8.26.0000/Santo André, 10ª Câm. de Dir. Priv., rel. Roberto Maia, j. 29.01.2013, *DJe* 11.04.2013; TJSP, Ap. n. 0044526-77.2008.8.26.0000/São José dos Campos, 9ª Câm. de Dir. Priv., rel. Antonio Vilenilson, j. 04.12.2012, *DJe* 29.04.2013.

**Art. 934. Aquele que ressarcir o dano causado por outrem pode reaver o que houver pago daquele por quem pagou, salvo se o causador do dano for descendente seu, absoluta ou relativamente incapaz.**

O dispositivo presente não altera o princípio que já continha o art. 1.524 do CC/1916, quando estabeleceu o direito regressivo do responsável indireto (ação *in rem verso*), a ser exercido contra o terceiro causador imediato do dano, pelo quanto por isso pagou. Já se ressalvava, mais, que tal prerrogativa só não se poderia exercer diante do terceiro que fosse descendente do responsável, ou seja, daquele que houvesse arcado com a reparação do dano provocado. Isso por motivo moral, de preservação da família. Esclarece o atual CC, porém, que esse regresso só não se exerce se o descendente for incapaz, seja de forma absoluta, seja relativa, o que é compatível com aquele fundamento de preservação do núcleo familiar, de organização da família. De mais a mais, o descendente incapaz somente responde, pelos termos do art. 928, se seus responsáveis não tiverem obrigação ou condição de arcar com a indenização.

Quanto ao tutor e curador, malgrado ausente qualquer expressa alusão, é de repetir a mesma ressalva, de que seu direito regressivo – que, em tese, e ao contrário do que já se pretendeu, não se haveria de negar, como aos ascendentes (por todos: TEPEDINO, Gustavo; BARBOZA, Heloísa Helena; BODIN DE MORAES, Maria Celina. *Código Civil interpretado*. Rio de Janeiro, Renovar, 2006, v. II, p. 838) – estaria condicionado ao preenchimento dos requisitos pela lei elencados para que se ostentasse a responsabilidade do incapaz. Mas, de novo, isso só ocorre justamente nos casos em que os responsáveis não tiverem condição ou obrigação de arcar com o ressarcimento. Apenas se aprovada fosse ou vier a ser a proposta de alteração do art. 928, estatuindo uma responsabilidade solidária dos incapazes, é que se poderá cogitar de sua eventual responsabilidade regressiva, perante tutor ou curador, mas sempre na forma equitativa, do parágrafo único do mesmo preceito. Até porque, não terá cabimento responsabilizar os incapazes de maneira mais grave, quando se trate de responsabilidade regressiva, do que se dá na responsabilidade direta.

Os empregadores têm também regresso contra os empregados, pelos atos danosos ressarcidos, mediante comprovação de simples culpa, que não precisa ser grave, por eventual incidência do art. 462, § 1º, da CLT, o qual deve ser compreendido apenas como concernente à possibilidade de desconto da indenização do salário do empregado.

No caso do educador, pode-se cogitar de seu direito regressivo contra o próprio aluno nas mesmas condições do citado art. 928. Porém, desde o CC/1916, conflito já havia sobre a possibilidade de regresso do educador contra os pais do aluno, alguns se posicionando pela tese positiva (por todos: DINIZ, Maria Helena. *Curso de direito civil brasileiro*, 16. ed. São Paulo, Saraiva, 2002, v. VII, p. 462), outros pela negativa (PEREIRA, Caio Mário da Silva. *Responsabilidade civil*, 9. ed. Rio de Janeiro, Forense, 1999, p. 98), posição a que se acede à consideração de que afinal prestado serviço oneroso pela assunção de uma função de educação e vigilância, pelo que não pode, ela própria, servir a benefício de quem por isso recebeu e alicerçar a cobrança contra os pais.

**Jurisprudência:** Sobre o regresso do preponente diante do preposto: TRF, 3ª R., Ap. Cível n. 89.030.030.702, 6ª T., rel. Des. Mairan Maia. j. 13.06.2003. Do mesmo modo, empresa de comunicação diante de cessionário de horário em sua programação: TJSP, Ap. Cível n. 1.244.336.002, rel. Des. Dyrceu Cintra, j. 18.06.2009. Admitindo que agência de viagem, solidariamente responsabilizada por mudança de horário de voo, com a empresa aérea, contra esta se volte, tendo pago a indenização à vítima: TJSP, Ap. Cível n. 990.10.280498-4, 17ª Câm., rel. Des. Térsio Negrato, j. 25.08.2010. Assentando direito de regresso a concessionária de rodovia, que indeniza vítima de acidente causado por animal, contra o seu proprietário: TJSP, Ap. Cível n. 994.09.263411-2, 5ª Câm de Dir. Públ., rel. Des. Reinaldo Miluzzi, j. 02.08.2010.

**Art. 935. A responsabilidade civil é independente da criminal, não se podendo questionar mais sobre a existência do fato, ou sobre quem seja o seu autor, quando estas questões se acharem decididas no juízo criminal.**

O dispositivo, de idêntica previsão ao que o antecedeu, na legislação revogada, havida apenas pequena alteração redacional, repete a consagração da independência da jurisdição civil e criminal, quando movimentadas para a apuração de um mesmo fato penalmente típico, com repercussão indenizatória. Tal independência, porém, é relativa ou mitigada, dado que, se no juízo criminal, em que a exigência probatória é mais rígida, se delibera, de forma peremptória, sobre a existência material do fato ou sobre sua autoria, bem como sobre excludentes de ilicitude (art. 65 do CPP), nada mais, a respeito, pode ser discutido no cível. Essa regra, em sua primeira parte, está também no art. 66 do CPP, que, porém, contempla casuística mais restrita, apenas impedindo a rediscussão, no cível, de sentença absolutória penal que tenha reconhecido a inexistência do fato. Ou seja, pelo CPP não se impede a discussão, no juízo cível, sobre a autoria, embora deliberada no crime.

Não foi essa, contudo, a opção do CC que, repetindo o anterior, estendeu a imutabilidade à esfera cível também da sentença criminal que tenha decidido sobre a autoria do crime. Bem de ver, porém, que a sentença absolutória fundada na ausência de provas, na atipicidade do fato, ou ainda a sentença de extinção de punibilidade não inibem a ação indenizatória cível (art. 67 do CPP).

Já a sentença condenatória constitui, de seu turno, título executivo na jurisdição civil (art. 515 do CPC/2015; art. 475-N do CPC/73), todavia autorizando endereçamento da demanda executiva somente contra o autor do ilícito, não contra eventual terceiro responsável (pai ou patrão, por exemplo) que não foi parte ou partícipe da ação penal em que se formou o título, assim para muitos e portanto não em orientação unânime, inclusive não impedido de, no âmbito civil, em necessário feito de conhecimento, rediscutir matéria relativa à materialidade ou autoria, além, é certo, da possibilidade de discussão do elo e requisito específico que o faça indiretamente responsável. Aliás, por isso mesmo é que se deve interpretar *in rebus* a previsão do art. 64 do CPP e a possibilidade, lá estatuída, de mover execução civil da sentença penal condenatória, se for o caso, como expresso, também contra os responsáveis. Além de esses responsáveis não terem participado e, assim, podido defender-se na ação penal, sua responsabilidade civil, malgrado hoje objetiva, não o é de forma absoluta (risco mitigado, como se viu nos comentários aos arts. 927 e 932), havendo de demonstrar, o que no crime não se debate, a causa específica de sua responsabilização civil, seja a autoridade e companhia dos pais, em relação aos atos dos filhos, seja a relação de preposição e prática de ato danoso em razão dela, quanto à responsabilidade do preponente ou patrão.

Muito embora livre a propositura da demanda cível, faculta o art. 64, parágrafo único, do CPP, que o juiz suspenda-lhe o andamento se for intentada ação penal, e até seu julgamento. Da mesma maneira, pode a vítima, em vez de desde logo ajuizar a ação civil, aguardar o deslinde da ação penal e o título executivo que lá se poderá formar, antes disso não se findando prazo prescricional que em seu desfavor pudesse estar correndo, conforme nova previsão do art. 200 do CC, a cujo comentário ora se remete o leitor.

Lembre-se, ainda, que também é título executivo, no cível, a transação homologada nos termos do art. 74 da Lei n. 9.099/95, atinente aos crimes de menor potencial ofensivo. Não é assim, porém, no tocante à aceitação de pena restritiva ou multa, na forma do art. 76 e conforme ressalva de seu § 6º, da mesma Lei n. 9.099/95.

Por fim, vale a referência à eventualidade de, julgada definitivamente improcedente a ação civil, sobrevir sentença penal condenatória do réu. Também aqui alguma divergência se coloca em doutrina, ora pendendo para a admissão da válida formação de título independente, como é a sentença penal condenatória, a despeito de posterior à improcedência de ação civil (*v. g.*, THEODORO JR., Humberto. *Processo de execução*, 15. ed. São Paulo, Leud, 1991, p. 100), ora, porém, entendendo que prevaleça a coisa julgada civil, portanto a improcedência já decretada, a persistir se nem mais cabe ação rescisória, tudo como corolário da regra que, malgrado relativa, é da independência das instâncias (por todos: GONÇALVES, Carlos Roberto. *Responsabilidade civil*, 6. ed. São Paulo, Saraiva, 1995, p. 375). E assim se considera, tanto mais quando, como lembra Sérgio Shimura (*Título executivo*. São Paulo, Saraiva, 1997, p. 218), a coisa julgada formada no cível é específica para a reparação e também não autorizaria, inversamente, que, havido o ressarcimento civil, pudesse, sobrevindo sentença penal absolutória, assentando a inexistência do fato ou da autoria, haver a repetição.

**Jurisprudência**: Em *RT* 820/237 assentou-se que, negada a autoria, mesmo em revisão criminal, mas que, por esse motivo, absolveu o réu, a questão não mais pode ser discutida no juízo cível. Ainda sobre a matéria, admitindo ação civil diante de absolvição criminal, mas por ausência de prova de culpa: *RSTJ* 140/462. Sobre a possibilidade de suspensão da instância civil, para evitar possibilidade de contradição de decisões: *RT* 775/213. Mas, ao contrário, negando suspensão de ação indenizatória até julgamento da ação penal: STJ, REsp n. 860.591, 4ª T., rel. Min. Luis Felipe Salomão, *DJe* 04.05.2010. No julgamento da Ap. n. 1.155.887-6, 8ª Câm., rel. Rui Cascaldi, j. 10.09.2003, o I TACSP não permitiu, na ação indenizatória, rediscussão, pela empregadora, de culpa de seu preposto, por atropelamento havido, reconhecida em sentença penal condenatória contra este proferida. No mesmo sentido: TJSP, Ap. Cível n. 1.143.997.001, 30ª Câm., rel. Des. Orlando Pistoresi, j. 24.06.2009. Assentando a desvinculação, para o juízo cível, do deslinde penal quando não for categórico sobre a questão da materialidade e da autoria: TRF, 1ª R., Rec. *ex officio* n. 2000.010.001.61720, 5ª T., rel. Des. Selene Maria de Almeida, j. 10.04.2003. No mesmo sentido, assim quando a improcedência da ação penal se tiver baseado na insuficiência de provas: STJ, AI no REsp n. 1.450.560/SP, 4ª T., rel. Min. Maria Isabel Galotti, j. 01.09.2016. Ver, ainda, sobre a independência das instâncias: STJ, REsp n. 266.504/PE, 2ª T., rel. Min. Franciulli Netto, j. 18.10.2004. Responsabilizando o Estado por ato comissivo de seu agente, mesmo absolvido no crime por ausência de culpa: STJ, REsp n. 1.140.387, 2ª T., rel. Min. Herman Benjamin, *DJe* 23.04.2010. Retirando o efeito de formação de coisa julgada e título executivo, no cível, de sentença penal condenatória substituída por acórdão que reconheceu prescrição retroativa, por isso que da pretensão punitiva, e não apenas executória: STJ, REsp n. 678.143, 4ª T., rel. Min. Raul Araújo, j. 22.05.2012, *DJe* 30.04.2013. Negando que a utilização de provas produzidas na ação penal para decisão no Juízo cível viole o preceito do art. 935: STJ, Ag. Reg. no Ag., no REsp n. 24.940, 1ª T., rel. Min. Napoleão Nunes Maia Filho, *DJe* 24.02.2014, p. 356. Autorizando a atuação do Cade, na apuração de condutas anticoncorrenciais, se havida absolvição criminal por falta de provas: STJ, REsp n. 2.081.262/RS, 1ª T., rel. Min. Regina Helena Costa, j. 21.11.2023, *DJe* 01.12.2023.

**Art. 936. O dono, ou detentor, do animal ressarcirá o dano por este causado, se não provar culpa da vítima ou força maior.**

No dispositivo em comento o CC/2002 contempla hipótese que hoje é expressamente de responsabilidade sem culpa, pelo fato da coisa, no caso o animal que provoca dano ao dono ou detentor imputável. Bem de ver, todavia, que o CC persistiu na consagração de hipóteses específicas de responsabilidade pelo fato da coisa, furtando-se ao estabelecimento de uma regra geral a propósito, como há, por exemplo, no Código francês (art. 1.384, I, parte final), o que seria de grande valia para o enfrentamento de casos frequentes, como o são os de acidente de automóveis.

De toda sorte, explicita o preceito que o dono ou detentor do animal responde pelos danos por ele provocados, salvo se provar ocorrência de culpa da vítima ou de força maior, demonstração de que o CC, malgrado não o tenha feito de forma sistemática, reconheceu a existência de excludentes mesmo à responsabilidade sem culpa. Quanto à culpa da vítima, deve ela ser exclusiva para afastar a responsabilidade do dono ou detentor (sobre a culpa concorrente, ver comentário ao art. 945). No que toca à força maior, fato necessário e inevitável (art. 393, parágrafo único, do CC), móvel da quebra do nexo causal, por identidade de motivos e consequências, deve-se considerar aí incluído o caso fortuito, sempre, porém, quando estranho à atividade ou vontade do dono ou detentor, ou estranho, enfim, ao risco que há na guarda de animais (fortuito externo), como pode ser o roubo, mas não o rompimento de cerca, por exemplo.

Tais excludentes, de alguma forma, já estavam contidas nos incisos II a IV do art. 1.527 do CC/1916. O problema estava, a rigor, em seu inciso I, que possibilitava ao dono ou detentor se eximir quando provasse que guardava e vigiava o animal com cuidado preciso. Tratava-se de caso, verdadeiramente, de responsabilidade subjetiva, ainda que presumida a culpa. Mas, tal como no caso da responsabilidade dos pais, cabia a prova da vigilância precisa. É o que não se repete e faz a diferença na nova redação do preceito. Admitida a teoria do risco, não mais há lugar para o dono ou detentor provar que cuidava do animal. De mais a mais, como já se entendia à luz de uma interpretação evoluída do art. 1.527, se o dano ocorreu, e não por fortuito ou culpa da vítima, foi mesmo porque o dono ou detentor não vigiava o animal com cuidado preciso.

A responsabilidade, no caso, é de quem detém o poder de direção sobre o animal, em regra do proprietário, mesmo que alguém por ele o faça, como seu empregado ou preposto, o que, então, não modifica sua responsabilidade. Maior dificuldade haverá quando a guarda for entregue a terceiro que tenha exclusivo poder de direção, sem ordens diretas do proprietário, como o locatário, comodatário ou depositário, por isso a quem, exclusivamente, para Caio Mário da Silva Pereira (*Responsabilidade civil*, 9. ed. Rio de Janeiro, Forense, 1999, p. 110), deve-se imputar a responsabilidade pela reparação. A orientação, porém, parece confrontar com a tese firmada na Súmula n. 492 do STF, por alguns discutida (ver crítica de VENOSA, Sílvio de Salvo. *Direito civil*, 3. ed. São Paulo, Atlas, 2003, v. IV, p. 69-70), mas que responsabiliza solidariamente a locadora de veículos com o locatário, por danos provocados em acidentes. Responsabilidade solidária pode haver, aí sim, sem nenhuma dúvida, da concessionária que explora estradas ou rodovias e por isso deve cuidar delas, garantindo que não as invadam animais cuja presença ponha em risco os transeuntes.

**Jurisprudência:** Já interpretando, à luz do antigo art. 1.527, a responsabilidade do dono do animal como indutiva, ao menos de uma presunção de culpa, cabendo-lhe a prova das excludentes: *RT* 774/266 e *RSTJ* 165/330. Sobre a responsabilidade solidária de empresa que administra rodovia, por animais que a invadem, causando acidente: *RT* 783/259 e 780/270. Assentando, já sob a égide do atual CC, a responsabilidade objetiva e do detentor do animal, não necessariamente ligada ao dono da área de terras onde ocorreu o incidente lesivo, ver: Turmas Recursais – RS, Rec. Cível n. 71.001.137.793, 1ª T., rel. Juiz Heleno Saraiva, j. 30.08.2007. No mesmo sentido, acerca de animal solto na rodovia: TJSP, Ap. Cível n. 4.757.414.600, 1ª Câm., rel. Des. Celina Trigueiros, j. 06.04.2009. Ainda nesse mesmo caso, assentando a responsabilidade solidária do dono do animal, no caso, com a Municipalidade: TJSP, Ap. Cível n. 0005189-82.2015.8.26.0664, 29ª Câm. de Dir. Priv., rel. Des. Carlos Duias Mota, j. 06.06.2018. Do mesmo modo, admitindo a responsabilidade objetiva e excludentes da culpa da vítima e caso fortuito: TJSP, Ap. Cível n. 5.698.084.200, 4ª Câm., rel. Enio Zuliani, j. 16.07.2009.

**Art. 937. O dono de edifício ou construção responde pelos danos que resultarem de sua ruína, se esta provier de falta de reparos, cuja necessidade fosse manifesta.**

O dispositivo repete integralmente a redação do art. 1.528 do anterior CC, instituindo mais um caso de responsabilidade pelo fato da coisa, agora inanimada, mas deixando de explicitá-la como objetiva, tal qual fez no artigo antecedente. Trata o preceito em comento, na verdade, da responsabilidade por dano infecto, que, porém, já no CC/1916, se entendia independente de culpa ou, ao menos, indutiva de uma presunção de culpa, posto que relativa.

A hipótese, já na anterior legislação, aludia ao dano provocado pela ruína de prédio, frise-se, decorrente da falta de reparos cuja necessidade fosse manifesta. Assenta-se, contudo, como o fez a jurisprudência, o argumento sempre levantado de que, se ruína houve, e não proveniente de fortuito ou culpa da vítima, decerto então o foi porque havia reparos cuja necessidade era manifesta. Mais ou menos, a rigor, o que se dava com o cuidado preciso na guarda de animal, todavia o que o atual Código ajustou, sem fazê-lo, lamentavelmente, com o dano infecto e a exigência de reparos de necessidade manifesta. De toda sorte, impende prestigiar solução que já se preconizava na direção da responsabilidade sem culpa, oriunda do dever de segurança afeto ao dono do prédio e à construção, tanto mais pelo risco especial de que esta se reveste.

Acrescente-se que a responsabilidade é solidária do dono do edifício e do construtor, além de atinente à ruína total ou parcial, como se deve compreender o desprendimento de partes do prédio, como a queda de marquises, telhas e semelhantes.

**Jurisprudência:** Assentando a responsabilidade objetiva do dono do prédio, pelo que considerou ser uma nocividade do fato da construção, já sob a égide do CC/1916, ver: *JTJSP* 241/81. Conferir, ainda: TJSP, Ap. Cível n. 39.750-4, 6ª Câm., rel. Des. Ernani de Paiva, j. 13.08.1998. Ainda remetendo a uma presunção de culpa do dono do edifício: TJSP, Ap. Cível n. 847.241.002, 29ª Câm., rel. Des. Luís de Carvalho, j. 27.05.2009. Reiterando a natureza objetiva da responsabilidade do dono do edifício: TJRJ, Ap. Cível n. 0395011-92.2011.8.19.0001, 17ª Câm. Cível, rel. Des. Wagner Cinelli, *DJe* 10.10.2013, p. 21. Responsabilizando o dono do edifício por infiltrações que danificaram imóvel vizinho: TJRS, Ap. Cível n. 70.024.991.796, 20ª Câm., rel. Des. Ruben Duarte, j. 14.10.2009. Decidindo com base no CDC, e afastando eximente de força maior em razão de forte ventania, caso em que consumidor foi atingido pela queda de parte de teto de *shopping center* em reforma: STJ, REsp n. 1.764.439, rel. Min. Nancy Andrighi, j. 21.05.2019. Responsabilizando o condomínio por danos causados ao condômino em virtude da ruína de parede externa do edifício: TJSP, Ap. Cível n. 1022103-82.2016.8.26.0564, rel. Des. Adilson de Araujo, j. 08.11.2018.

**Art. 938. Aquele que habitar prédio, ou parte dele, responde pelo dano proveniente das coisas que dele caírem ou forem lançadas em lugar indevido.**

O preceito cuida dos *effusis et dejectis*, ação originária do direito romano e cabível para a reparação de danos provocados pelo que caísse ou fosse arremessado do interior de uma habitação. Tem-se aí, já mesmo de acordo com o que se vinha entendendo acerca de igual previsão do CC/1916, responsabilidade sem culpa, pelo mesmo fundamento do preceito anterior, qual seja o dever de segurança que deve permear a guarda do que guarnece uma habitação. Impende somente observar que, agora, o nexo de imputação da responsabilidade não está na propriedade da coisa, mas especificamente na sua guarda, pelo que se responsabiliza quem habita o prédio.

Da redação do anterior art. 1.529 apenas se substituiu a expressão casa por prédio, mais consentânea com a diversidade de construções hoje habitadas e donde podem provir coisas caídas ou arremessadas. Mas a dúvida persiste, o que o novo CC não se deu a solucionar, com relação aos condomínios edilícios, em que algo pode cair ou ser arremessado sem que se identifique de qual unidade autônoma. Se já se defendeu que cada unidade autônoma deve ser considerada casa, ou hoje prédio, na dicção da lei, porque é objeto de propriedade exclusiva, assim respondendo seu respectivo morador, vale lembrar que a própria *actio* de *effusis et dejectis*, na sua origem, previa a responsabilidade solidária quando fossem vários os moradores da casa, com regresso contra o causador direto. Daí se defender que, no caso dos condomínios em edifícios, haja a responsabilização, quando não identificada a unidade de onde caíram ou foram arremessadas coisas, de todos os possíveis envolvidos, portanto todos os moradores, abraçada a tese da causalidade alternativa, e posto que assegurado posterior e eventual regresso.

É certo todavia que a jurisprudência, atenta à necessidade de reparação integral da vítima e preocupada com a dificuldade na identificação de todos os moradores, vem mesmo responsabilizando, nos casos mencionados, o próprio condomínio, a que se entrevê afeto, e portanto estendendo o fundamento do nexo de imputação, o dever de cuidado para que eventos como o ora em comento não aconteçam. Entende-se, porém, que devam ainda ser ressalvadas aquelas hipóteses em que a coisa caída ou arremessada não poderia, fisicamente, tê-lo sido de alguma ou algumas unidades. Pense-se em um prédio com unidades de frente e fundos, sendo que algum transeunte vem a ser atingido enquanto caminha pela calçada da fachada do edifício, de forma que seria impossível que viesse das unidades dos fundos coisa caída ou arremessada a ponto de provocar o dano. Em hipótese como essa, e sempre desde que não identificada a unidade de onde tenha caído a coisa, quando responde o respectivo morador, considera-se que deva se limitar a responsabilização respectiva aos moradores ou, como vêm decidindo os tribunais, aos condôminos das unidades, na hipótese figurada, de frente.

Por fim, cabe ainda anotar que, assentada a responsabilidade na guarda da coisa, ela se estende a qualquer habitante do prédio ou casa, portanto independentemente de qual seja o título da ocupação, eis que a qualquer deles, pelo fato em si de residir no local, cabe o deve de velar pelo que guarneça o local.

**Jurisprudência:** Responsabilizando o inquilino, habitante do prédio, e não seu proprietário, pelos danos causados por objetos caídos, ver: *RT* 616/64. Sobre a responsabilidade do condomínio por coisas de suas unidades caídas, ainda que se ressalvando regresso contra os proprietários de unidades de certo final: *RT* 714/153. Decidindo pela responsabilidade do condomínio: TJSP, Ap. n. 0075667-29.2009.8.26.0114, 35 Câm. de Dir. Priv., rel. Des. Mendes Gomes, *DJe* 26.09.2013, p. 1.463; Ap. n. 1097659-56.2018.8.26.0100, 36ª Câm. de Dir. Priv., rel. Des. Walter Cesar Exner, j. 21.07.2012. Assentando responsabilidade apenas dos proprietários, em condomínio edilício, de unidades autônomas de onde poderia ter caído objeto que lesionou a vítima, assim adotando o princípio da exclusão, como está no voto-vogal, ver: *RSTJ* 116/258. No mesmo sentido: TJRJ, Ap. Cível n. 0120749-97.2007.8.19.0001, 18ª Câm. Cível, rel. Des. Gilberto Guarino, j. 06.11.2012, *DJe* 17.01.2013. Excluindo a responsabilidade do condomínio se identificada a unidade de onde lançado o objeto: TJSP, Ap. n. 0016991-86.2011.8.26.0577/São José dos Campos, 7ª Câm. de Dir. Priv., rel. Luiz Antonio Costa, j. 15.08.2012, *DJe* 14.11.2012.

**Art. 939. O credor que demandar o devedor antes de vencida a dívida, fora dos casos em que a lei o permita, ficará obrigado a esperar o tempo que faltava para o vencimento, a descontar os juros correspondentes, embora estipulados, e a pagar as custas em dobro.**

O preceito é exata repetição do art. 1.530 do Código anterior e tenciona responsabilizar quem se arvore à cobrança de débito antes de seu vencimento, a não ser que amparado em uma das hipóteses do art. 333 do CC/2002, que autorizam seja cobrada a dívida antes de vencido o prazo para tanto estipulado. O dispositivo pressupõe que a cobrança, para ensejar as consequências nele previstas, tenha sido já levada a uma demanda judicial. Tanto é assim que, de um lado, uma das sanções é a devolução em dobro das custas do processo e, de outro, o art. 941, a seguir examinado, dispõe sobre isentar-se o credor das penalidades se desistir da ação antes da contestação.

Se se cuida de cobrança extrajudicial, a hipótese deve ser subsumida à regra geral da responsabilidade por danos que sejam comprovados, como o moral ou material, decorrentes de restrição de acesso ao crédito, por exemplo, ou, se for o caso, tendo havido pagamento de dívida de consumo, ao preceito do art. 42, parágrafo único, do CDC.

No sistema do CC, sempre se entendeu, majoritariamente, que a cobrança prematura, para justificar as sanções aplicáveis, deveria provir de conduta maliciosa, sob pena de inibir o ajuizamento de demandas. Melhor, porém, é a orientação da legislação do consumidor, que exime da penalidade o credor apenas quando ele demonstre que a cobrança derivou de engano justificável, quer dizer, aquele que, a despeito de todas as cautelas razoáveis exercidas, acabou por se manifestar (cf. VASCONCELOS E BENJAMIN, Antônio Herman de. *Código de Defesa do Consumidor comentado pelos autores do projeto*, 7. ed. Rio de Janeiro, Forense Universitária, 2001, p. 349). Aliás, já na vigência do CC/1916, Aguiar Dias sustentava que o autor de cobrança de dívida não vencida, e também de dívida já paga, objeto do artigo seguinte, deveria responder não só por dolo mas já, e ao menos, por mera culpa, via de regra por imprudência, inclusive presumida, malgrado de forma relativa, permitindo-se-lhe demonstrar erro escusável (*Da responsabilidade civil*, 4. ed. Rio de Janeiro, 1960, v. II, p. 518). Também Caio Mário defendia, já antes do CC/2002, tratar-se de caso de ato ilícito indenizável por culpa presumida do credor, no mínimo, porque ele sabe ou deveria saber qual a data de vencimento da obrigação (*Responsabilidade civil*, 9. ed. Rio de Janeiro, Forense, 1999, p. 175).

Ou seja, a tendência é, segundo se crê, a extensão à responsabilidade de que ora se agita da mesma sistemática do art. 42, parágrafo único, do CDC, dando-se a sanção como regra, apenas se permitindo ao agente a demonstração de engano justificável na cobrança indevida e, mais, objetivamente apurada. A propósito, vale até não olvidar que a própria tese sobre o exercício abusivo de direitos se expressou objetiva, no CC/2002, nessa senda remetendo-se ao comentário ao art. 187. Tem-se no caso, afinal, a falta de dever de cuidado de quem cobra, corolário do princípio da boa-fé objetiva, em sua função supletiva, de seu turno, de revelação da eticidade, um dos três princípios cardeais da nova legislação, ao lado da operabilidade e socialidade. Ao assunto se tornará no comentário ao artigo subsequente.

**Art. 940. Aquele que demandar por dívida já paga, no todo ou em parte, sem ressalvar as quantias recebidas ou pedir mais do que for devido, ficará obrigado a pagar ao devedor, no primeiro caso, o dobro do que houver cobrado e, no segundo, o equivalente do que dele exigir, salvo se houver prescrição.**

De igual fundamento, punitivo, sancionatório (cf. AZEVEDO, Antônio Junqueira de. "Por uma nova categoria de dano na responsabilidade civil: o dano social". *O Código Civil e sua interdisciplinaridade*, coords. José Geraldo Brito Filomeno; Luiz Guilherme da Costa Wagner Júnior; e Renato Afonso Gonçalves. Belo Horizonte, Del Rey, 2004. p. 372), àquele que anima o dispositivo antecedente, este artigo do CC/2002, na mesma esteira do que já previa o Código anterior, em seu art. 1.531, e com idêntica redação, responsabilizou quem demande por dívida já paga ou peça mais que o devido, determinando que, no primeiro caso, pague em dobro ao devedor o que haja cobrado e, no segundo, pague o equivalente à exigência indevida, salvo se prescrito seu direito.

Da mesma forma como se afirmou no comentário ao artigo precedente, é preciso, para que incida a pena, que tenha havido cobrança judicial, ao revés do que prevê o art. 42, parágrafo único, da Lei n. 8.078/90, aplicável para quando se cuide de dívida de consumo.

Para a responsabilização presente, havia sido sumulado, ainda sob a égide do CC/1916, o entendimento de que a sanção somente pudesse ser exigida quando a cobrança indevida ou excessiva dimanasse de má-fé do credor (Súmula n. 159 do STF), orientação a que não se acede, reiterando-se, como já dito em comentário ao art. 939, que melhor se considera que incida a penalidade por princípio, ressalvando-se ao credor apenas a demonstração de que foram tomadas todas as medidas razoáveis esperadas para evitar a ocorrência, mesmo assim consumada. Veja-se, a propósito, a observação de Caio Mário de que já o anterior art. 1.531 parecia haver abraçado a teoria objetiva (*Responsabilidade civil*, 9. ed. Rio de Janeiro, Forense, 1999, p. 176), na verdade, segundo o mesmo autor, abrandando-se esse rigor na hermenêutica dada à exacerbação da penalidade, mas valendo a advertência de Aguiar Dias de que, no caso concreto, se exagerada a pena, deveria caber ao juiz sua redução por equidade, para a hipótese concreta (*Da responsabilidade civil*, 4. ed. Rio de Janeiro, Forense, 1960, v. II, p. 521).

Na verdade, de novo como se disse no comentário ao artigo precedente, deve-se considerar que, a exemplo do art. 42, parágrafo único, do CDC (v. item abaixo, da jurisprudência), a sanção somente seja infirmada pela demonstração de que a cobrança excessiva decorreu de erro justificável, objetivamente aferido, como se perquire, de resto, a questão do exercício abusivo de direitos (art. 187). Afinal, tanto quanto no CDC, posto que lá se o aprecie considerando a desigualdade entre as partes, e à luz do intuito protetivo da parte vulnerável, há nas relações entre iguais também um dever de cuidado, corolário mesmo do solidarismo que deve presidir a relação entre as pessoas. Saliente-se que a incidência da sanção independe de qualquer verificação de efetivo prejuízo ao devedor, sendo costume asseverar haver no caso uma indenização fixada *a priori*, com presunção de dano, por isso cuja prova se dispensa. Tudo como expressão de um dever de segurança para com o demandado, quando, a bem dizer, se crê dispor o CC, aqui, tanto quanto no dispositivo precedente, sobre uma verdadeira pena civil, como já acentuava Clóvis Bevilaqua, a propósito do CC/1916 (*Código Civil comentado*, 4. ed. Rio de Janeiro, Francisco Alves, 1939, v. V, p. 312), e como Aguiar Dias lembra provir mesmo das Ordenações, fonte da norma (op. cit., n. 847, p. 515).

Aliás, tanto é assim que, ao ver de Pontes de Miranda, não se veda ao prejudicado pela cobrança indevida postular indenização suplementar ao que, na sua expressão, é uma pena privada, com presunção de culpa (*Tratado de direito privado*, 3. ed. Rio de Janeiro, Borsoi, 1972, t. LIV, § 5.534, p. 47). É certo que essa conceituação pode sofrer abalo se se considerar, como está no artigo seguinte, que a indenização se postulará se a penalidade não se aplicar em virtude da desistência da ação de cobrança indevida, daí se podendo inferir a intenção de o legislador tratar de uma indenização *a forfait* no dispositivo presente e no antecedente. De qualquer forma, no comentário ao artigo seguinte se tornará ao assunto.

A cobrança da sanção, entendia-se, não se podia dar nos próprios autos da demanda indevida, senão por meio de reconvenção, facultando-se sua exigência, ainda, por ação própria. Mais recentemente, conforme item a seguir, relativo à jurisprudência, vem-se admitindo a tanto idôneo qualquer meio processual, mesmo a defesa. Nem se reputa que sua higidez se infirme pela eventual aplicação das penalidades da litigância de má-fé, prevista nos arts. 17 e 18 do CPC/73 e, agora, nos arts. 80 e 81 do CPC/2015, dada a órbita diversa de subsunção de ambas as normas (cf. DINIZ, Maria Helena. "Análise Hermenêutica do art. 1.531 do CC e dos arts. 16 a 18 do CPC". In: *Jurisprudência Brasileira* 147/13).

**Jurisprudência:** Súmula n. 159, STF: Cobrança excessiva, mas de boa-fé, não dá lugar às sanções do art. 1.531 do CC.

A repetição em dobro, prevista no parágrafo único do art. 42 do CDC, é cabível quando a cobrança indevida consubstanciar conduta contrária à boa-fé objetiva, ou seja, deve ocorrer independentemente da natureza do elemento volitivo (STJ, Corte Especial, EREsp n. 1.413.542/RS, rel. p/ o ac. Min. Herman Benjamin, j. 21.10.2020). Nesse sentido, inclusive havida nova afetação do Tema n. 929 do STJ, "para possível reafirmação da jurisprudência firmada pela Corte Especial do STJ, em 21.10.2020, nos processos a seguir: EAREsp n. 664.888/RS, EAREsp n. 676.608/RS (paradigma), EAREsp n. 600.663/RS, EAREsp n. 622.897/RS e EREsp n. 1.413.542/RS (rel. p/ ac. Min. Herman Benjamin, *DJe* 30.03.2021).

Mesmo apesar da Súmula n. 159 do STF (*v.* supra), in *JTACSP-Lex* 189/226, entendeu-se aplicável a sanção ainda que ausente a prova de dolo ou de má-fé. Da mesma forma, mais recentemente, considerando-se suficiente a desídia, a culpa: *RT* 823/298. Em sentido contrário, conferir: *RT* 766/439. Ainda sobre a adoção da tese tradicional de interpretação do preceito, malgrado a ela não se aceda, como se sustentou no comentário anterior, assentou o STJ, já sob a égide do atual CC e com remissão a inúmeros precedentes, que "é entendimento desta Corte que a aplicação da sanção prevista no art. 1.531 do CC/1916 (mantida pelo art. 940 do CC/2002) – pagamento em dobro por dívida já paga ou pagamento equivalente a valor superior ao que é devido – depende da demonstração de má-fé, dolo ou malícia, por parte do credor" (STJ, REsp n. 697.133/SP, 1ª T., rel. Min. Teori Albino Zavaski, j. 18.10.2005). No mesmo sentido: STJ, Ag. Int. no AREsp n. 2.526.642/RS, 3ª T., rel. Min. Humberto Martins, j. 15.04.2024, *DJe* 17.04.2024. Assentando ainda que a interpretação do dispositivo deve ser restritiva: STJ, REsp n. 1.894.987/PA, 3ª T., rel. Min. Marco Aurélio Bellizze, j. 07.11.2023, *DJe* 14.11.2023.

Sobre a cobrança por meio de reconvenção ou em feito próprio, de há muito já se decidiu: *RT* 467/198. Mais recentemente, admitindo a cobrança por qualquer via processual, mesmo em defesa: STJ, REsp n. 792.647/BA, 3ª T., rel. Min. Nancy Andrighi, j. 03.10.2006; e REsp n. 608.887/ES, 3ª T., rel. Min. Nancy Andrighi, j. 13.03.2006. No mesmo sentido: STJ, REsp n. 1.005.939/SC, 4ª T., rel. Min. Luis Felipe Salomão, j. 09.10.2012. Ainda nessa senda, malgrado admitindo a cobrança independentemente de reconvenção ou ação própria: STJ, REsp n. 661.945, 4ª T., rel. Min. Luis Felipe Salomão, *DJe* 24.08.2010. Ainda: STJ, Ag. Reg.-Ag.-REsp n. 302.306, 3ª T., rel. Min. Sidnei Beneti, j. 14.05.2013, *DJe* 04.06.2013; STJ, Ag. Reg.-REsp n. 601.004, rel. Min Maria Isabel Gallotti, j. 04.09.2012, *DJe* 14.09.2012.

Este entendimento todo foi consolidado no Tema Repetitivo n. 622 do STJ: "A aplicação da sanção civil do pagamento em dobro por cobrança judicial de dívida já adimplida (cominação encartada no art. 1.521 do CC/1916, reproduzida no art. 940 do CC/2002) pode ser postulada pelo réu na própria defesa, independendo de ação autônoma ou do manejo de reconvenção, sendo imprescindível a demonstração de má-fé do credor".

**Art. 941. As penas previstas nos arts. 939 e 940 não se aplicarão quando o autor desistir da ação antes de contestada a lide, salvo ao réu o direito de haver indenização por algum prejuízo que prove ter sofrido.**

O preceito repete, na primeira parte, o art. 1.532 do Código anterior, eximindo o autor da cobrança antecipada e da cobrança indevida das penalidades respectivas se este desistir da ação antes da contestação, de maneira geral sustentando-se que, com isso, demonstra sua boa-fé, seu arrependimento ou que laborava em erro de que se apercebeu. Reitera-se, todavia, o entendimento, já externado nos comentários aos artigos precedentes, de que, a despeito da relevante posição em contrário, até mesmo sumulada, as sanções lá previstas não têm sua aplicação subordinada à demonstração da malícia, considerando-se, a afastar a incidência do que é verdadeira pena privada, que, havida a desistência, não se levou a pretensão indevida a processo cuja relação se tenha completado, com citação e presença do réu no feito.

De toda sorte, a inovação está na segunda parte do dispositivo em comento, que ressalva a possibilidade de o demandado, mesmo havida a desistência da ação, postular indenização por danos que demonstrar haver sofrido. Mas, resta indagar se, mesmo inocorrida a desistência da ação de cobrança indevida, não poderia o demandado, ainda assim, pleitear perdas e danos. Isso porquanto, a uma interpretação literal do dispositivo, acorre a ideia de que a indenização somente seja devida se não couber a incidência da sanção dos arts. 939 e 940, pela desistência da demanda.

Porém, se se defende, como examinado no comentário aos arts. 939 e 940, que as quantias neles previstas encerrem verdadeira pena privada, então por consequência a indenização, com diversa finalidade, poderia ser sempre cumulada, tal qual, de resto, ocorre com a litigância de má-fé, no sistema processual civil (art. 81, *caput* e § 3º, do CPC/2015; art. 18, *caput* e § 2º, do CPC/73), revertendo multa e indenização em favor do demandante inocente. Pois a situação é a mesma com as sanções em comento, ao que se crê, salvo quanto à maior extensão da pena civil em relação à processual. Mas aí caberia a redução equitativa de que se deve cogitar, de resto bem ao sabor da eticidade que, no CC/2002, se revela muito claramente com a constante remissão à equidade, em especial na responsabilidade civil, e conforme já defendia Aguiar Dias, como salientado no comentário ao artigo anterior, a que se remete o leitor, e em que também se colaciona a posição de Pontes de Miranda, igualmente no sentido da possibilidade da cumulação da pena e da indenização.

Mas, se se quer que tenham as importâncias do art. 939 e, sobretudo, do art. 940, natureza satisfativa ou compensatória, consubstanciando verdadeira indenização *a forfait*, ao menos será de admitir que o prejudicado, provando prejuízo maior a este presumido, postule a diferença.

**Jurisprudência:** *JTACSP-RT* 118/82 e *RT* 138/184. TRF, 4ª R., Ap. Cível n. 2003.700.001.38700, 1ª T., rel. Des. Maria Lúcia Leiria, j. 03.12.2003. Afastando a sanção pela desistência da ação de cobrança, antes da contestação: TJSP, Ap. Cível n. 991.09.868884-7, 22ª Câm., rel. Des. Matheus Fontes, j. 12.05.2010. No mesmo sentido: TJSP, Ap. Cível n. 992.07.042869-6, 35ª Câm., rel. Des. José Malerbi, j. 17.05.2010.

---

**Art. 942. Os bens do responsável pela ofensa ou violação do direito de outrem ficam sujeitos à reparação do dano causado; e, se a ofensa tiver mais de um autor, todos responderão solidariamente pela reparação.**

**Parágrafo único. São solidariamente responsáveis com os autores os coautores e as pessoas designadas no art. 932.**

---

O dispositivo, que em sua essência coincide com aquele que o precedeu, na legislação de 1916, consagra a regra da responsabilidade patrimonial do obrigado a reparar um dano causado. Ou seja, tem-se uma obrigação nascida da prática do ilícito, que impõe uma prestação, no caso ressarcitória, a que é subjacente, como sempre, nas obrigações perfeitas, a garantia patrimonial do devedor, ressalvada a garantia pessoal que há nas dívidas alimentares e resultantes da infidelidade do depósito.

E, acrescente-se, havendo mais de um causador do dano a ser reparado, erige-se entre eles uma responsabilidade solidária, de tal arte que todos se vinculam à integralidade da prestação ressarcitória, podendo por ela ser exigidos juntos ou separadamente, à escolha da vítima.

Também assim sucede nos casos de responsabilidade indireta, ou seja, por fato de terceiro, tal como previsto no art. 932, o que se explicita no parágrafo da norma em comento, apenas, em relação ao art. 1.518, do CC/1916, ajustando-se a denominação dos coautores. Bem de ver, todavia, que nessa coautoria deve incluir-se também o partícipe do direito penal, não havendo, para a responsabilização civil, de proceder à distinção respectiva que há no direito penal. Para fins civis, responde solidariamente quem tenha, de forma eficiente, concorrido à causação do dano, portanto cuja conduta se integre no nexo causal, posto que plúrimo.

Vale também anotar que a alusão, na cabeça do artigo, à responsabilidade de quem seja o autor da ofensa *ou* da violação a um direito deveria ser adequada à nova redação do art. 186, que, diversamente do anterior art. 159 do CC/1916, não mais se utiliza da alternativa mas, ao revés, define o ilícito como a ação ou omissão voluntária, negligente ou imprudente, que viola direito *e* causa dano a outrem, ainda que exclusivamente moral, razão, até, de não mais colocar em alternância a violação do direito e o prejuízo daí decorrente, mas a propósito remetendo-se ao comentário do preceito do art. 186.

Acentue-se, por fim, a contradição de fato existente entre a determinação do parágrafo único do preceito – que, por não ressalvar a hipótese, pode ser considerada também alusiva a uma responsabilidade solidária existente entre os pais e seus filhos, pelos atos por estes praticados, assim como do tutor e curador com relação aos atos do pupilo e curatelado – e a previsão da responsabilidade subsidiária dos incapazes, contida no art. 928. Isso se pretende corrigir no PL n. 699/2011, de alteração do CC/2002, mas afirmando-se uma responsabilidade não mais subsidiária, e sim solidária do incapaz, embora ressalvando-se que sempre de forma equitativa e sem prejuízo de seus alimentos, e dos de seus dependentes, conforme já examinado no comentário ao art. 928, a que ora se remete o leitor. Decerto todavia que, enquanto não aprovada modificação desse teor, a compreensão do parágrafo único do artigo em comento deverá ficar adstrita aos casos em que, como sustentam Carlos Alberto Menezes Direito e Sérgio Cavalieri Filho, a responsabilidade indireta não exclua a direta, como na hipótese do empregador e do empregado, mas não dos pais, tutores e curadores e de seus filhos, tutelados e curatelados, em que, ao revés, a responsabilidade indireta dos primeiros é substitutiva e exclusiva, portanto afastando a responsabilidade dos autores diretos e, por conseguinte, afastando qualquer solidariedade de que se pudesse cogitar (*Comentários ao novo Código Civil*. Sálvio de Figueiredo Teixeira (coord.). Rio de Janeiro, Forense, 2004, v. XIII, p. 315-6).

**Jurisprudência:** Súmula n. 652, STJ: A responsabilidade civil da Administração Pública por danos ao meio ambiente, decorrente de sua omissão no dever de fiscalização, é de caráter solidário, mas de execução subsidiária.

Enunciado n. 558, CEJ: São solidariamente responsáveis pela reparação civil, juntamente com os agentes públicos que praticaram atos de improbidade administrativa, as pessoas, inclusive as jurídicas, que para eles concorreram ou deles se beneficiaram direta ou indiretamente.

Com a ressalva, agora, do enunciado da Súmula n. 476 do STJ (*v.* item próprio no comentário ao art. 927), considerando que o banco que recebe título por endosso-mandato ou endosso-caução também é responsável pelos danos advindos de cobrança indevida e, acrescente-se, segundo se entende, pelo risco da atividade, a propósito remetendo-se ao comentário do art. 927 e aos arestos lá citados, ver ainda: STJ, Ag. Ret. no Ag. n. 290.359/SP, 3ª T., rel. Min. Nancy Andrighi, j. 25.09.2000; Ag. Ret. no Ag. n. 268.047/SP, 4ª T., rel. Min. Sálvio de Figueiredo Teixeira, j. 27.06.2000. Do mesmo modo, a responsabilidade da empresa de telefonia, por negativação indevida, em relação à conduta de falsário que providenciou irregular assinatura de linha: TJMG, Ap. Cível n. 1.0313.06.199122-7/001, rel. Des. Elpídio Donizatti, j. 18.11.2008. Assentando que o preceito se aplica também a quem tenha sido partícipe, não apenas coautor, propriamente, do ato danoso: STJ, REsp n. 1.122.547, 4ª T., rel. Min. Luis Felipe Salomão, *DJe* 27.11.2009. Ver, ainda: TJSP, Ap. n. 9140282-57.2008.8.26.0000/Atibaia, 20ª Câm. de Dir. Priv., rel. Correia Lima, j. 17.12.2012, *DJe* 18.01.2013.

**Art. 943. O direito de exigir reparação e a obrigação de prestá-la transmitem-se com a herança.**

A regra, em verdade, apenas consagra o princípio geral, primeiro, de que os direitos e ações de uma pessoa se transmitem aos herdeiros por ocasião de sua morte. Assim, tocam aos herdeiros, desde o instante do falecimento do autor da herança, não só indenização já fixada em favor do falecido como mesmo a ação tendente a postulá-la. De outra parte, e inversamente, também as obrigações passivas do *de cujus* se transmitem, o que o preceito igualmente assenta, mas aqui com a ressalva de que, sempre, na força da herança. A bem dizer, a segunda parte da norma em comento deve ser encarada de forma sistemática, sensível à concorrência dos arts. 1.792, segundo o qual o herdeiro não responde por encargos superiores às forças da herança (herda, destarte, *intra vires hereditatis*), e 1.997, que faz da massa transmitida o objeto da garantia do pagamento das dívidas do falecido (art. 796 do CPC/2015; art. 597 do CPC/73).

A supressão da ressalva final do antigo art. 1.526 do CC/1916, acerca da exclusão da regra da transmissão nos casos previstos na lei, não altera o sentido da norma nem a torna infensa ao influxo das regras gerais de intransmissibilidade, como no caso das obrigações personalíssimas ou na sucessão a título singular, malgrado não no legado, dado que os bens que são dele objeto não se furtam à garantia que o espólio encerra, na ordem de preferência do art. 1.967 (ver ALMEIDA, José Luiz Gavião de. *Código Civil comentado*. Álvaro Vilaça Azevedo (coord.). São Paulo, Atlas, 2003, v. XVIII, p. 81).

A grande controvérsia, todavia, que sempre gravitou em torno da regra da transmissibilidade da obrigação de reparar está na sua eventual pertinência ao prejuízo moral que se tenha causado ao autor da herança, sendo comum argumentar-se que os herdeiros apenas poderiam dar continuidade a uma ação de indenização dessa espécie já iniciada pela vítima, antes de sua morte. Ou, por outra, aos herdeiros não caberia a iniciativa de demanda na qual se postulasse indenização por agravo a direitos da personalidade afinal extintos com a morte de quem não ajuizou, antes, aquela ação.

A rigor, porém, não há que confundir a intransmissibilidade de direitos da personalidade de quem já morreu, por isso que personalíssimos, com a transmissão do direito à indenização por sua ofensa, sucedida antes da morte do ofendido. Portanto, também nesses casos deve-se aplicar a regra do dispositivo presente. E, mais, hoje em dia vem se discutindo se não há, verdadeiramente, uma projeção dos direitos da personalidade para depois da morte, corolário da admissão de que fundados em valor social básico e perene, como é a dignidade da pessoa humana, assim suscitando proteção, inclusive mercê de indenização moral, mesmo diante de ofensas *post mortem*, como está, por exemplo, no CC português, no art. 70, n. 1, e, ao que se entende, igualmente se contém no art. 12 do CC/2002, particularmente em seu parágrafo único, mas a cujo comentário se remete o leitor.

**Jurisprudência:** Súmula n. 642, STJ: O direito à indenização por danos morais transmite-se com o falecimento do titular, possuindo os herdeiros da vítima legitimidade ativa para ajuizar ou prosseguir a ação indenizatória.

O STJ, pela sua Corte Especial, já havia firmado o entendimento de que "embora a violação moral atinja apenas o plexo de direitos subjetivos da vítima, o direito à respectiva indenização transmite-se com o falecimento do titular do direito, possuindo o espólio ou os herdeiros legitimidade ativa *ad causam* para ajuizar ação indenizatória por danos morais, em virtude da ofensa moral suportada pelo *de cujus*". (Ag. Reg. nos EREsp n. 978.651/SP, rel. Min. Felix Fischer, *DJe* 10.02.2011)

Admitindo o prosseguimento, com os herdeiros, de ação de indenização por dano moral proposta em vida pelo ofendido: TJSP, AI n. 7.356.778.500, 12ª Câm., rel. Des. Ribeiro de Souza, j. 01.07.2009.

De modo especial sobre a propositura de ação de indenização por dano moral pelos sucessores do ofendido: "Interpretando-se sistematicamente os arts. 12, *caput*, e parágrafo único, e 943 do CC (antigo art. 1.526 do CC/1916), infere-se que o direito à indenização, ou seja, o direito de se exigir a reparação de dano, tanto de ordem material como moral, foi assegurado pelo CC aos sucessores do lesado, transmitindo-se com a herança. Isso porque o direito que se sucede é o de ação, que possui natureza patrimonial, e não o direito moral em si, que é personalíssimo e, portanto, intransmissível". (STJ, REsp n. 978.651, 1ª T., rel. Min. Denise Arruda, *DJ* 26.03.2009) No mesmo sentido: STJ, REsp n. 705.870, rel. Min. Raul Araújo, j. 21.08.2012, *DJe* 23.04.2013.

O art. 1.526 do CC/1916 (atual art. 943 do CC/2002), ao estatuir que o direito de exigir reparação, bem como a obrigação de prestá-la, transmitem-se com a herança *(droit de saisine)*, restringe-se aos casos em que o dever de indenizar tenha como titular o próprio *de cujus* ou sucessor, nos termos do art. 43 do CPC/73, agora art. 110 do CPC/2015. (STJ, REsp n. 697.141/MG, 1ª T., rel. Min. Luiz Fux, j. 18.05.2006) Ver, ainda: TJRS, Ap. Cível n. 70.005.078.910, 9ª Câm., rel. Des. Leila Pandolfo Machado, j. 10.11.2004.

## CAPÍTULO II
## DA INDENIZAÇÃO

**Art. 944. A indenização mede-se pela extensão do dano.**

**Parágrafo único. Se houver excessiva desproporção entre a gravidade da culpa e o dano, poderá o juiz reduzir, equitativamente, a indenização.**

O artigo representa importante inovação no sistema da responsabilidade civil, muito embora não no seu *caput*, que continua a acentuar a indiferença do grau de culpa para a fixação da indenização, cuja função é recompor a lesão sofrida pela vítima, na extensão do prejuízo que lhe foi causado, com as observações, a que se remete, contidas no comentário ao art. 947 e com a ressalva, que se levou ao Enunciado n. 456, V Jornada de Direito Civil, segundo a qual "a expressão 'dano' no art. 944 abrange não só os danos individuais, materiais ou imateriais, mas também os danos sociais, difusos, coletivos e individuais homogêneos a serem reclamados pelos legitimados para propor ações coletivas". Mas justamente esse princípio da indiferença do grau de culpa, estabelecido desde a Lei Aquília (*Lex Aquilia et levissima culpa venit*), é que agora passa a encontrar mitigação, contida no parágrafo único, aproximando, inclusive, o sistema civil do penal, em que o grau de culpa influencia a dosagem da pena.

Pois a partir do CC/2002, e malgrado não como regra geral, mas sim excepcionalmente, a indenização poderá ser reduzida por consequência de uma conduta havida com grau mínimo de culpa, todavia desproporcional ao prejuízo por ela provocado. A inspiração do preceito é, de novo aqui, e ainda como expressão do princípio da eticidade, a equidade, elemento axiológico muito caro à nova normatização, que pretende, no caso, corrigir situações em que uma culpa mínima possa, pela extensão do dano, acarretar ao ofensor o mesmo infortúnio de que padece a vítima. Ou seja, quer-se evitar, com o dispositivo, como salienta Sílvio Rodrigues, que haja apenas uma transferência da desgraça de um para o outro, como quando, no seu exemplo, alguém, no vigésimo andar de um edifício, distraidamente encosta na vidraça que se desprende e mata um pai de família que transitava pela rua, circunstância em que, com indenização medida pela extensão do dano, uma inadvertência mínima pode trazer a ruína do ofensor, assim apenas transmitindo-se-lhe a desgraça das vítimas reflexamente atingidas com o falecimento (*Direito civil*, 19. ed. São Paulo, Saraiva, 2002, v. IV, p. 188).

Se é assim, desde logo se afasta a incidência do parágrafo quando não haja um dano desproporcional a uma culpa que ademais não seja leve ou levíssima, apreciada conforme as condições pessoais do ofensor, muito embora sem simplesmente olvidar o exame de qual a diligência média que o caso requeria, nem as circunstâncias objetivas de local, tempo e época do evento. Cumpridos esses pressupostos, considera-se, com ressalva que adiante se fará, que seja imperativa a redução equitativa da indenização, ao menos no sentido de que não contida na simples discricionariedade do juiz. E isso a despeito da utilização, no preceito, do verbo *poder*, mas a rigor erigindo-se verdadeiro direito subjetivo do lesante. Por outra, quer-se dizer que não se permite ao juiz, se preenchidos os requisitos legais, indeferir a redução, frise-se, apenas com base na suposição de que ela encerre uma pura faculdade, uma potestade.

Na fixação de quanto se reduzirá a indenização, omisso o CC/2002, determina, por exemplo, o CC português, que contém semelhante regra (art. 494), que se atente ao grau de culpabilidade do agente, à situação econômica das partes e às demais circunstâncias do caso. Se é assim, impende indagar se, diante da situação financeira do ofensor, em especial, pode-se negar a redução. Imagine-se lesante abastado, para quem o pagamento da indenização medida pela extensão do dano nenhum risco de ruína ou de desgraça representa. Em casos tais, deve-se indenizar completamente a vítima ou apenas efetuar menor redução do montante da indenização? Na primeira hipótese, estar-se-ia desigualando o lesante abastado daquele carente? Mas alguma diferenciação não se faz, de toda sorte, quando se vai medir, ao menos, a extensão da redução da indenização? Tem-se aqui, embora discutível a matéria, que se o princípio é o da integral reparação da vítima e se a sua exceção se inspira na intenção de evitar que se transfira a desgraça de um a outro, então se a situação pessoal do ofensor lhe permite, sem maior risco, pagar integralmente a indenização, esta deverá ser a solução.

Afinal, não parece ser justo e equitativo que alguém que causa prejuízo a outrem não o indenize completamente se, assim fazendo, não corre nenhum risco de ruína, mesmo tendo agido com grau mínimo de culpa. Veja-se a propósito que o CC argentino (art. 1.742) e o Código Suíço das Obrigações (art. 44, § 2º), sintomaticamente, ordenam que atente o juiz, na redução equitativa, à situação econômica do lesante. Isso tudo apesar de não se entrever nenhuma inconstitucionalidade na previsão da redução que se ostentasse por conta do disposto no art. 5º, V e X, da CF/88, contemplativo do princípio da indenização ilimitada, sempre à consideração de que a fixação equitativa da indenização, com seus requisitos específicos, e dado o espírito que a anima, encerra imperativo de justiça (equilíbrio) e solidarismo também constitucionalmente impostos às relações entre as pessoas (art. 3º, I). Mas não é menos certo que, se o sistema se volta à reparação completa, a mitigação no dispositivo contida deve ser interpretada de maneira restritiva, por isso, aí sim, permitindo-se ao juiz que negue a redução equitativa quando, mesmo diante de grau mínimo de culpa com que se portou, possa o ofensor indenizar a vítima por completo, sem nenhum risco maior a seu patrimônio ou, antes, à mantença de seu padrão de vida digno.

Outro problema que a norma suscita está, como se tem sustentado, na sua inaplicabilidade aos casos de fixação de dano moral, porquanto despido de natureza ressarcitória ou reparatória. Com efeito, o dano que se prefere denominar extrapatrimonial consubstancia vulneração a direitos da personalidade e reclama fixação indenizatória que represente uma compensação à vítima, da mesma maneira que, simultaneamente, deve representar um desestímulo ao ofensor, ainda que, no caso concreto, se pondere o grau de culpabilidade do agente, se afinal não se arbitra o *quantum* indenizatório pela extensão de um prejuízo que não é materialmente mensurável. É, de resto, o quanto já se pretendia inserir no CC/2002, desde o PL n. 699/2011 de reforma, para o fim de constar § 2º no dispositivo presente, assentando aqueles parâmetros de fixação da indenização moral, sempre arbitrada pelo juiz e nunca, *a priori*, por limites, faixas ou mesmo quantias determinadas que a lei pretenda impor, aqui sim, de forma insustentável, diante da irrestrição contida na Lei Maior, conforme alhures já se defendeu, de forma mais minudente (ver GODOY, Claudio Luiz Bueno de. *A liberdade de imprensa e os direitos da personalidade*. 3. ed. São Paulo, Atlas, 2015, p. 112-4). Mas é fato que, apesar disso, recentemente se veio a editar, no campo trabalhista, a Lei n. 13.467/2017 – a chamada *Reforma Trabalhista* –, que, dando redação ao art. 223-G, § 1º, da CLT, estabeleceu, para os danos extrapatrimoniais decorrentes da relação laboral, patamares previamente definidos conforme a gravidade da lesão, inclusive com um máximo de cinquenta vezes o último salário do ofendido, conforme se viu solução que não se parece sustentar do ponto de vista constitucional (de resto ajuizadas, a respeito, as ADIs ns. 6.050, 6.069 e 6.082, em julgamento na Suprema Corte), ademais da concreta dificuldade em se distinguirem os graus de gravidade da ofensa.

Por fim, tratando-se a regra do parágrafo único, ora em comento, como de interpretação restritiva, tal qual se viu, e contemplativa de redução em caso de culpa mínima do agente, nega-se sua aplicação às hipóteses de responsabilidade objetiva, porquanto independente de culpa, tal como se levou a enunciado na Jornada de Direito Civil, realizada no STJ em 11.09.2002 (Enunciado n. 46). Em sentido contrário, portanto defendendo a redução mesmo em casos de responsabilidade objetiva, ver: COELHO, Fábio Ulhoa. *Curso de direito civil*, v. 2. São Paulo, Saraiva, 2004. p. 401.

**Jurisprudência:** Súmula n. 362, STJ: A correção monetária do valor da indenização do dano moral incide desde a data do arbitramento.

Súmula n. 326, STJ: Na ação de indenização por dano moral, a condenação em montante inferior ao postulado na inicial não implica sucumbência recíproca.

Súmula 246, STJ: O valor do seguro obrigatório deve ser deduzido da indenização judicialmente fixada.

Assentando a configuração do dano moral coletivo: STJ, REsp n. 1.221.756/RJ, 3ª T., rel. Min. Massami Uyeda, j. 02.02.2012. Em sentido diverso, malgrado de data anterior: REsp n. 598.281, 1ª T., rel. p/ o acórdão Min. Teori Zavascki, *DJ* 01.06.2006. Admitindo a categoria autônoma do dano moral coletivo, embora negada sua ocorrência no caso concreto: STJ, REsp n. 1.502.967, 3ª T., rel. Min. Nancy Andrighi, j. 07.08.2018. Sobre sua ocorrência (deliberada por maioria) em programa televisivo voltado ao público infantil contendo *merchandising*; TJSP, Ap. Cível n. 0014146-33.2013.8.26.0053, 9ª Câm. de Dir. Priv., rel. Des. Mariella Ferraz de Arruda Pollice Nogueira, j. 24.07.2018. Considerando a ocorrência de dano moral coletivo em caso de ilícito lucrativo no campo dos planos de saúde, pela recusa à cobertura de próteses e órteses ligadas ao ato cirúrgico, quando já vigente a Lei n. 9.656/98 e ausente dúvida sobre a obrigação: STJ, Ag. Int. no REsp n. 1.819.070/SP, 3ª T., rel. Min. Ricardo Villas Bôas Cueva, j. 13.05.2024, *DJe* 15.05.2024.

Fixando indenização por danos morais nos casos considerados de desvio produtivo do consumidor, assim quando ele é desviado, perde ou é obrigado a desperdiçar seu tempo produtivo em razão do mau serviço prestado pelo fornecedor. Assim, em caso de desbloqueio de cartão indevidamente bloqueado: STJ, REsp n. 1.763.052, rel. Min. Moura Ribeiro, *DJ* 27.09.2018; em caso de retardo na entrega de diploma; STJ, AREsp n. 1.167.382, rel. Min. Paulo de Tarso Sanseverino, *DJ* 17.09.2018; em caso de ausência de transferência de veículo sinistrado: AREsp n 1.274.334, rel. Min. Maria Isabel Galotti, *DJ* 27.08.2018; em caso de insistente e repetida cobrança de serviços de telefonia indevida: TJSP, Ap. Cível n. 1001535-69.2017.8.26.0480, 34ª Câm. de Dir. Priv., rel. Des. L. G. Costa Wagner, j. 20.06.2018.

Julgando as ADIs ns. 6.050, 6.069 e 6.082 (rel. Min. Gilmar Mendes, j. 26.06.2023, publ. 18.08.2023), conforme mencionado no texto dos comentários, decidiu a Suprema Corte, além do fato de que as "redações conferidas aos arts. 223-A e 223-B, da CLT, não excluem o direito à reparação por dano moral indireto ou dano em ricochete no âmbito das relações de trabalho, a ser apreciado nos termos da legislação civil": "Os critérios de quantificação de reparação por dano extrapatrimonial previstos no art. 223-G, *caput* e § 1º, da CLT deverão ser observados pelo julgador como critérios orientativos de fundamentação da decisão judicial. É constitucional, porém, o arbitramento judicial do dano em valores superiores aos limites máximos dispostos nos incisos I a IV do § 1º do art. 223-G, quando consideradas as circunstâncias do caso concreto e os princípios da razoabilidade, da proporcionalidade e da igualdade".

Admitindo excepcional apreciação, no âmbito do recurso especial, assim mesmo em face da Súmula n. 7, da questão do valor do dano moral, sempre que o arbitramento originário for irrisório ou exorbitante: STJ, Ag. Int. no AREsp n. 2.354.696/SP, 4ª T., rel. Min. Antonio Carlos Ferreira, j. 23.10.2023, *DJe* 31.10.2023.

Possibilitando que na condenação criminal por violência doméstica a sentença fixe indenização moral de valor mínimo, facultada a complementação por ação civil, mesmo sem que tenha havido específica instrução a respeito, bastando, para tanto, pedido expresso do MP ou da ofendida, tudo ao pressuposto de se considerar dano moral *in re ipsa*: Tema n. 983 do STJ: "Nos casos de violência contra a mulher praticados no âmbito doméstico e familiar, é possível a fixação de valor mínimo indenizatório a título de dano moral, desde que haja pedido expresso da acusação ou da parte ofendida, ainda que não especificada a quantia, e independentemente de instrução probatória".

Sobre a indenização em caso de perda de uma chance: STJ, REsp n. 788.459, 4ª T., rel. Min. Fernando Gonçalves, j. 08.11.2005; REsp n. 1.291.247, 3ª T., rel. Min. Paulo de Tarso Sanseverino, j. 19.08.2014; REsp. n. 1.540.153, 4ª T., rel. Min. Luis Felipe Salomão, j. 17.04.2018.

Negando a possibilidade de que os chamados danos sociais possam ser arbitrados de ofício, em ação individual, revertida a indenização a terceiro estranho à lide: STJ, Recl. n. 12.062, 2ª S., rel. Min. Raul Araújo, j. 20.11.2014.

Abatendo do cálculo do prejuízo a indenizar o valor que a vítima recebeu em virtude do pagamento de indenização pelo seguro: STJ, REsp n. 901.942/RN, 4ª T., rel. Min. João Otávio Noronha, j. 07.06.2011.

Muito embora sem aplicar diretamente a regra do parágrafo aos casos de danos moral, mas, como se sustentou no texto dos comentários, utilizando-se, de forma expressa, do princípio nela contido para arbitrar a indenização extrapatrimonial, ver: STJ, REsp n. 1.180.021, 1ª T., rel. Min. Benedito Gonçalves, *DJe* 03.05.2010; TJSP, Ap. Cível n. 958.409-0/6, 30ª Câm., rel. Des. Paulo Gentile, j. 19.10.2007. No mesmo sentido: TRF, 5ª R., Ap. Cível n. 312.066, 2ª T., rel. Des. Rogério Moreira, j. 17.08.2004. Com direta remissão ao parágrafo: TJMG, Ap. Cível n. 1.0183.025337-9/001, rel. Des. Nicolau Masselli, j. 02.07.2009. Ver, ainda, sobre o preceito: Turmas Recursais – RS, Rec. cível n. 71.001.262.765, 2ª T., rel. Juíza Mylene Michel, j. 18.07.2007. *V.*, ainda, sobre a fixação de indenização, item da jurisprudência no comentário ao art. 946, *infra*.

**Art. 945. Se a vítima tiver concorrido culposamente para o evento danoso, a sua indenização será fixada tendo-se em conta a gravidade de sua culpa em confronto com a do autor do dano.**

O preceito traz, para o texto positivo do CC/2002, a consagração, há muito presente na jurisprudência, da concorrência de culpas, aliás a revelar que o grau de culpa do ofensor não foi sempre indiferente à fixação da indenização civil. No caso, tem-se o evento danoso resultante de conduta culposa de ambas as partes nele envolvidas. Lesante e lesado o são reciprocamente, de modo que as indenizações por eles devidas haverão de ser fixadas com a consideração do grau de culpa com que concorreram ao fato. E isso sem que a repartição se faça necessariamente em partes iguais, ao argumento de que, se a indenização se mede, como regra, pela extensão do dano, assim, havendo culpas comuns, só restaria reduzir a indenização pela metade. Há que ver que, também no preceito em comento, a ideia foi de atuação da equidade como fundamento de fixação de uma indenização que deve tomar em conta, no fundo, o grau de causalidade, ou seja, o grau de cooperação de cada qual das partes à eclosão do evento danoso. E esse grau de cooperação pode ser diferente, maior ou menor, para cada uma das partes, justamente, como imperativo de equidade, o que o juiz deve avaliar. Por isso é que se pode proporcionalizar a indenização devida a cada um dos lesados de forma desigual.

Algum conflito se põe acerca da aplicação da regra aos casos de responsabilidade sem culpa. Mas não se há de negá-la se, como se disse, a questão toda envolve o nexo de causalidade subjacente ao evento. Envolve, mais, inclusive um padrão de conduta leal e solidária que a boa-fé objetiva impõe, de resto também como revelação da eticidade. Afinal, não seria leal imaginar que alguém que houvesse agido com culpa, malgrado não exclusiva, para a eclosão do evento, pudesse se ver ressarcido integralmente, sem nenhuma redução, em nome de uma responsabilidade objetiva da outra parte. Na justa observação de João Calvão da Silva (*Responsabilidade civil do produtor*. Coimbra, Almedina, 1999, p. 733-4), admitir que alguém pudesse reclamar indenização cabal, integral, mesmo havendo contribuído para o evento lesivo, seria um verdadeiro *venire contra factum proprium* que, na sua função de limitação de direitos, a boa-fé objetiva repudia.

**Jurisprudência:** Assentando a culpa concorrente dos pais em relação ao estabelecimento hospitalar de onde fugiu menor que depois sofreu acidente: STJ, REsp n. 1.307.032/PR, 4ª T., rel. Min. Raul Araújo, *DJe* 01.08.2013. Ainda sobre a concorrência, ver: STJ, REsp n. 235.385/SP, 4ª T., rel. Min. Barros Monteiro, j. 11.12.2001, *DJU* 01.07.2004, *RSTJ* 158/378; TRF, 2ª R., Ap. Cível n. 305.217, 6ª T., rel. Juiz Fernando Marques, j. 09.11.2005; TRF, 5ª R., Ap. Cível n. 358.330, 4ª T., rel. Des. Lázaro Guimarães, j. 14.02.2006; TJSP, Ap. Cível n. 6.045.014.500, 4ª Câm., rel. Des. Enio Zuliani, j. 15.10.2009. Ainda, da Corte Superior: "Segundo a jurisprudência desta Corte, a ausência de carteira de habilitação da vítima não acarreta, por si só, sua culpa concorrente, sendo imprescindível, para tanto, a comprovação da relação de causalidade entre a falta de habilitação e o acidente" (STJ, REsp n. 1.986.488/BA, 3ª T., rel. Min. Nancy Andrighi, j. 05.04.2022, *DJe* 07.04.2022)

**Art. 946. Se a obrigação for indeterminada, e não houver na lei ou no contrato disposição fixando a**

**indenização devida pelo inadimplente, apurar-se-á o valor das perdas e danos na forma que a lei processual determinar.**

O dispositivo, na verdade, redigido de forma mais genérica, pretende substituir as previsões do antigo art. 1.535 e mesmo do art. 1.533, que constavam, no CC/1916, do título destinado ao regramento geral da liquidação das obrigações. E o faz prevendo que, se indeterminada a extensão da obrigação, deva se dar sua prévia liquidação, nos termos contidos na lei processual, especificamente nos arts. 475-A e seguintes do CPC/73, atuais arts. 509 e seguintes do CPC/2015. Isso, portanto, sempre que já não haja prévia determinação do *quantum* indenizatório pelas próprias partes, como se dá quando fixam cláusula penal compensatória – e aí com a ressalva que agora contém o art. 416, parágrafo único, parte final, a cujo comentário se remete o leitor –, ou quando a lei já não prefixe indenizações *a forfait*, presumindo o dano, como no caso da cobrança indevida de dívidas, e para quem aí entreveja um importe satisfativo e não uma verdadeira pena privada (ver comentários aos arts. 939 a 941, supra).

**Jurisprudência:** TJSP, Ap. n. 0118901-25.2008.8.26.0008/São Paulo, 12ª Câm. de Dir. Priv., rel. Jacob Valente, j. 26.06.2013, *DJe* 04.07.2013; Ap. n. 0000903-50.2008.8.26.0262, 29ª Câm. de Dir. Priv., rel. Des. Hamid Bdine, *DJe* 05.02.2014, p. 1.503. Estimando a indenização em caso de lesão sofrida na participação em programa de perguntas e respostas (*Show do Milhão*): STJ, REsp n. 788.459, 4ª T., rel. Min. Fernando Gonçalves, j. 08.11.2005. Ainda no âmbito da Corte Superior, estabelecendo método bifásico para o arbitramento da indenização por dano moral: "na primeira fase, arbitra-se o valor básico ou inicial da indenização, considerando-se o interesse jurídico lesado, em conformidade com os precedentes jurisprudenciais acerca da matéria (grupo de casos)... Na segunda fase, procede-se à fixação definitiva da indenização, ajustando-se o seu montante às particularidades do caso com base nas suas circunstâncias. Partindo-se, assim, da indenização básica, eleva-se ou reduz-se esse valor de acordo com as circunstâncias particulares do caso (gravidade do fato em si, culpabilidade do agente, culpa concorrente da vítima, condição econômica das partes) até se alcançar o montante definitivo" (STJ, REsp n. 1.152.541, 3ª T., rel. Min. Paulo de Tarso Sanseverino, j. 13.09.2011).

Sedimentando a tese do prazo comum de prescrição para exercício da pretensão indenizatória resultante de ilícito contratual: STJ, Emb. de Diverg. no REsp n. 1.280.825, 2ª S., rel. Min. Nancy Andrighi, j. 27.06.2018.

**Art. 947. Se o devedor não puder cumprir a prestação na espécie ajustada, substituir-se-á pelo seu valor, em moeda corrente.**

O dispositivo, como já o fazia o CC anterior, assenta o caráter subsidiário, substitutivo e sub-rogatório que tem a indenização pecuniária. Ou seja, sempre que, por qualquer motivo, não for possível a reparação do prejuízo causado com a exata volta ao *statu quo ante*, a chamada reparação *in natura* ou em espécie, terá cabimento a indenização pecuniária, com função assim substitutiva. Ou, como hoje se sustenta, a resposta em pecúnia, e mediante o agravamento de seu valor, pode ainda sê-lo à provocação do que Antônio Junqueira de Azevedo denomina de dano social, ou seja, um dano que, a par do reflexo individual, atinge também toda a sociedade, determina, no seu dizer, um rebaixamento imediato do nível de vida da população, particularmente quando o ofensor desatenda, de modo grave, uma obrigação de segurança ou ostente comportamento exemplar negativo ("Por uma nova categoria de dano na responsabilidade civil: o dano social". *O Código Civil e sua interdisciplinaridade*, coords. José Geraldo Brito Filomeno; Luiz Guilherme da Costa Wagner Júnior; Renato Afonso Gonçalves. Belo Horizonte, Del Rey, 2004. p. 374-6).

É certo que a ideia fundamental do sistema está, no campo da responsabilidade civil, na restauração do estado de coisas afetado com o ilícito. Pense-se, por exemplo, nos danos ambientais, como lembra Carlos Roberto Gonçalves (*Comentários ao Código Civil*. Antônio Junqueira de Azevedo (coord.). São Paulo, Saraiva, 2003, v. XXI, p. 527), ou mesmo nos danos paisagísticos ou ao patrimônio histórico, em que se prevê, sendo possível, a restauração de quanto foi degradado. Mesmo nos casos de danos individuais, procura-se a reparação em espécie, como nas lesões pessoais ou estéticas. De toda sorte, sempre que for impossível ou insuficiente à restauração do *statu quo ante* a reparação em espécie, terá lugar a fixação da indenização pecuniária, em moeda corrente, a de curso legal e forçado no país, malgrado a ausência, no novo dispositivo, da ressalva final que continha seu artigo correspondente, no CC/1916.

No tocante ao dano moral, e ainda se ressinta a respectiva indenização de natureza e função reparatórias, servindo, antes, à compensação da vítima e desestímulo ao ofensor (ver comentário ao art. 944), também se tem defendido a necessidade de procurar, em resposta à sua ocorrência, ao agravo perpetrado, fórmulas ou medidas não pecuniárias, como os exemplos, hauridos da Lei de Imprensa (Lei n. 5.250/67) – a despeito de que a referida lei não recepcionada pela Suprema Corte (ADPF n. 130/DF, j. 30.04.2009) –, da publicação de sentença que a respeito da ofensa se prolate ou mesmo o do direito de resposta. Pense-se, ainda, em eventuais retratações públicas. Trata-se, segundo a arguta observação de Anderson Schreiber (*Novos paradigmas da responsabilidade civil*. São Paulo, Atlas, 2007, p. 187-90), de um lado, de desestimular demandas animadas por simples cupidez, que o autor chama de "demandas frívolas", e, de outro, valorizar os interesses extrapatrimoniais, evitando-se, nas suas palavras, a "mercantilização das relações existenciais".

**Art. 948. No caso de homicídio, a indenização consiste, sem excluir outras reparações:**

**I – no pagamento das despesas com o tratamento da vítima, seu funeral e o luto da família;**

**II – na prestação de alimentos às pessoas a quem o morto os devia, levando-se em conta a duração provável da vida da vítima.**

O artigo repete, quase que integralmente, o dispositivo do art. 1.537 do CC/1916, que previa a indenização em caso de homicídio com o pagamento das verbas nele elencadas. Bem de ver, porém, que já sob a égide da anterior normatização vinha-se entendendo que a enumeração referida não se continha em lindes exaustivos, por isso que não excluía a reparação de outros danos que viessem a ser demonstrados, mesmo o moral. Pois nesse sentido, por emenda senatorial, acrescentou-se, ao final da cabeça do artigo em comento, a ressalva de que as verbas indenizatórias lá previstas não afastam outras reparações, incluindo a moral.

No inciso I, estabelece-se a obrigação ressarcitória de despesas experimentadas no tratamento da vítima, com seu funeral e luto da família. É evidente que a recomposição se faz diante de quem tenha efetivado as mesmas despesas. Mas alguma controvérsia sempre houve com a significação da expressão luto da família, ora entendendo-se pertinente a despesas além daquelas do funeral, como aquisição de jazigo ou construção de mausoléu, e aqui, conforme acentua Carlos Roberto Gonçalves, desde que provado que a família tinha meios para tanto, sob pena de indevido enriquecimento (*Comentários ao Código Civil*. AZEVEDO, Antônio Junqueira de (coord.). São Paulo, Saraiva, 2003, v. XXI, p. 530), ora considerando tratar-se de verdadeira indenização moral. A discussão hoje perde relevo, uma por se ter garantido, já no art. 186, e de maneira genérica, de resto na esteira do art. 5º, V, da CF/88, a indenização moral, e outra porque, pelo preceito, qualquer dano poderá ser reparado.

Já o inciso II consagra a hipótese típica de dano indireto, reflexo ou por ricochete, vale dizer, uma repercussão do dano diretamente experimentado por alguém na esfera de outrem, o lesado indireto ou reflexo. E isso quer sob o ponto de vista material, quer sob o moral. Pelo primeiro, garante-se a prestação de alimentos, pagos pelo responsável a quem a vítima direta os devia. Há de tomar a expressão alimentos, porém, de forma meramente indicativa, eis que todo e qualquer dano é indenizável. Da mesma forma, mas não sem discussão, tem-se que não se devem considerar credores de alimentos, nos termos do preceito, apenas aqueles sujeitos dos alimentos legais, decorrentes de casamento, união estável e parentesco. Qualquer dependente econômico pode postular, em tese, a reparação. Problema mais sério, a rigor, está nos casos em que esse dependente já não recebesse auxílio do *de cujus*, na verdade tendo sido privado de potencial ajuda de que viesse a necessitar. Caio Mário lembra, a propósito, a tese da perda de uma chance por um possível socorro, ou seja, a verificação sobre se, com a morte, alguém perdeu séria chance de ser auxiliado, mesmo que ainda não o fosse no instante do óbito; admite, todavia, que a questão toda se coloca em termos de verificação da certeza do dano (*Responsabilidade civil*, 9. ed. Rio de Janeiro, Forense, 1999, p. 43-4). Parece, aqui, que se deve considerar titular de ação ressarcitória quem já fosse efetivamente auxiliado pelo falecido, ou ao menos quem comprove disso já necessitar no instante do óbito, mas então comprovados o dever e a possibilidade que tinha o *de cujus* de auxiliar, o que se viu perdido com seu óbito.

Ainda acerca do dano material indenizável em caso de homicídio, importa notar que, hoje, o novo CC expressa que ele é devido pelo tempo provável de vida da vítima, que se vem admitindo ser ora de 65, ora de 70 anos. Se o falecimento ocorreu quando já atingida essa idade, costuma-se presumir, então, que por mais cinco anos pudesse viver a vítima, tempo do pagamento da indenização sob a forma de prestação alimentar.

Cuidando-se de indenização paga aos filhos menores da vítima, tem-se reputado que deva ela se estender, ainda que considerada a duração provável de vida da vítima direta, até quando aqueles completem 25 anos, término comum da idade universitária e idade em que presumidamente passariam a se sustentar, ressalvando-se a cessação se antes casarem e o direito de acrescer aos demais filhos, cessada a pensão de um ou alguns. Trata-se de orientação pretoriana que, todavia, ao que se crê, não pode ser tomada de forma absoluta, sem ressalva a casos nos quais, por algum motivo especial, ou alguma contingência pessoal, demonstre o filho que necessitaria de auxílio e que o teria mesmo depois dos 25 anos, posto em montante menor. Se o filho era maior e com a ressalva acerca da prova da dependência, que acima se fez, para os lesados indiretos em geral, limita-se em cinco anos, costumeiramente, o tempo do pensionamento devido.

A pensão pode também ser devida ao cônjuge e companheiro, sempre à consideração de que privados do socorro econômico do falecido, de novo respeitado o tempo provável de vida da vítima e desde que os beneficiários não contraiam novo casamento ou união estável.

Se o morto é menor e por isso sem atividade remunerada, mesmo assim a Súmula n. 491 do STF reconheceu possível indenização material aos lesados indiretos, tendo-se assentado o entendimento de que até quando aquele completasse 25 anos e, a partir daí, reduzindo-se a pensão à metade, aqui por se reputar que ainda continuaria a auxiliar os beneficiários, mas em montante menor. Já quanto ao termo *a quo* de fixação da pensão, nessa mesma hipótese, orientam-se uns pela fixação da data do evento, de resto na esteira da Súmula n. 43 do STJ e ao pressuposto de que desde cedo o filho menor, no mais das vezes, já representa força de trabalho para a família, outros se orientando pela idade em que o menor poderia começar a trabalhar, portanto aos 14 anos.

Se a morte é de cônjuge ou companheiro que não trabalhava, passou-se a entender que, longe de representar uma economia de gasto, como já se sustentou, a ocorrência exigiria maior esforço econômico do sobrevivente para manter-se e à família. A indenização material, sob a forma de pensão, calcula-se, no caso de falecimento de cônjuge ou companheiro, à razão de dois terços dos rendimentos da vítima, à consideração de que a terça parte restante seria gasta consigo mesmo. Se não há renda, não há renda fixa ou conhecida, deve-se utilizar o salário mínimo como parâmetro para a determinação da pensão.

De maneira geral, o décimo terceiro integra a pensão indenizatória, mesmo se o *de cujus* não possuía vínculo empregatício por ocasião do óbito, mas devendo-se supor que viria a se empregar, só não sendo devida a verba se a ocupação do falecido era de autônomo ou liberal. Como defende Sérgio Cavalieri Filho, "o 13º salário é um direito do trabalhador, hoje previsto na própria Constituição. Sendo assim, é razoável supor que, se a vítima continuasse viva, viria a perceber o 13º salário, porque todos os trabalhadores o percebem; essa é a regra, ou a normalidade dos fatos. Por outro lado, o fato de não ter a vítima vínculo empregatício quando do seu falecimento, ainda que por sua pouca idade, não permite supor que ela jamais viria a ter um emprego. Mais uma vez, a razoabilidade, o bom senso, demonstram absurdo admitir que a vítima nunca conseguiria um emprego ou que estaria fadada a viver no desemprego pelo resto da vida" (*Programa de responsabilidade civil*. São Paulo, Atlas, 2010, p. 126).

O art. 475-Q do CPC/73 estabelecia, não como regra, mas a possibilidade, ressalvada sua desnecessidade no caso, e não só pelo fato da inclusão em folha de pagamento, de constituição de capital para assegurar o pagamento da pensão. O atual art. 533 do CPC/2015, com as mesmas exceções que estavam no § 2º do preceito anterior, agora dispõe que caberá ao executado constituir capital cuja renda assegure o pagamento do valor mensal da pensão, a requerimento do exequente, malgrado se defenda, a despeito da ressalva da lei, e em situações excepcionais, que o juiz possa deliberá-lo de ofício, dada a natureza acautelatória da medida (nesse sentido: WAMBIER, Teresa Arruda Alvim et al. *Primeiros comentários ao novo CPC*, São Paulo, RT, 2015, p. 885). Vale ainda remissão ao enunciado, a seguir, da Súmula n. 313 do STJ. Quanto ao pagamento da verba indenizatória de uma só vez, remete-se o leitor ao comentário ao art. 950, lembrando-se, ainda, vir-se entendendo que a indenização não se compensa com a previdenciária, mas, sim, com o seguro obrigatório.

Discutia-se se a pensão, havida alteração das circunstâncias que lastrearam sua fixação, podia ser revista, mercê da incidência da cláusula *rebus*, ou se isso afrontaria a coisa julgada, opinando pela solução permissiva, a que já se acedia, por exemplo, Sérgio Cavalieri Filho (*Programa de responsabilidade civil*, 5. ed. São Paulo, Malheiros, 2003, p. 135-6), inclusive com socorro à previsão do art. 471, I, do CPC/73, atual art. 505, I, do CPC/2015, agora valendo remissão ao texto do art. 475-Q, § 3º, do CPC/73, reproduzido pelo art. 533, § 3º, do CPC/2015.

Por fim, já no tocante ao dano moral devido, em caso de homicídio, às vítimas indiretas, sobressalta, sempre, a discussão sobre a extensão dos ofendidos que podem ser indenizados. Pela regra geral, de que está ausente a limitação, qualquer um que demonstre haver sofrido agravo extrapatrimonial pode postular indenização do lesante e de forma autônoma. Cria-se, porém, situação eventual de proliferação sucessiva de demandas, por prejudicados que o fazem isoladamente, sem que haja um cobro ao ofensor, insciente de quanto e até quando terá de indenizar. E, mais, afinal fixando-se uma indenização que, arbitrada para o primeiro litigante vencedor, não esgotaria o dever ressarcitório do lesante ou, se sim, em prejuízo dos ofendidos que posteriormente o demandassem. Por isso tudo é que se vem sustentando (*v.*

item a seguir, da jurisprudência) que a postulação de indenização moral a esse título esteja reservada aos parentes sucessíveis da vítima direta, com precedência do cônjuge ou companheiro e filhos (núcleo ou grupo familiar), mas de tal arte que o recebimento por alguns que tenham já ajuizado a demanda exclua a possibilidade de que os demais ajuízem, porquanto um só é o montante indenizatório (*v. g.*, SANTOS, Antônio Jeová. *Dano moral indenizável*, 3. ed. São Paulo, Método, 2001, p. 505-7; SILVA, Regina Beatriz Tavares da. *Novo Código Civil comentado*. FIUZA, Ricardo (coord.). São Paulo, Saraiva, 2002, p. 847), e ainda que se reconheça a possibilidade de posterior ação entre os beneficiários. Quando menos, admita-se ainda o ajuizamento isolado, deve-se coibir o abuso, como no exemplo em que o cônjuge proponha ação indenizatória e logo depois o faça, de novo, agora representando filho menor.

Quanto à possibilidade em si de que menores impúberes, de tenra idade, possam pleitear indenização moral, por alguns negada a pretexto de que eles nada compreendem e por isso não sofrem nenhuma angústia ou dor, bem de ver, em primeiro lugar, que, segundo se vem defendendo, haverá sempre uma privação do convívio com o parente falecido, de regra os pais, o que significará um agravo em algum momento sentido. Mas, em segundo, força convir que, hoje, o dano que por isso mesmo se prefere dizer extrapatrimonial está *in re ipsa*, ou seja, na conduta em si de violação de direitos da personalidade, diretamente fundados na dignidade humana e assim objeto de uma tutela especial, independentemente de uma impossível prova ou demonstração de que a vítima tenha efetivamente sofrido. A violação, repita-se, induz o dano.

**Jurisprudência:** Súmula n. 491, STF: É indenizável o acidente que cause a morte de filho menor, ainda que não exerça trabalho remunerado.

Súmula n. 313, STJ: Em ação de indenização, procedente o pedido, é necessária a constituição de capital ou caução fidejussória para a garantia de pagamento da pensão, independentemente da situação financeira do demandado.

Súmula n. 246, STJ: O valor do seguro obrigatório deve ser deduzido da indenização judicialmente fixada.

Súmula n. 43, STJ: Incide correção monetária sobre dívida por ato ilícito a partir da data do efetivo prejuízo.

Fixando pensão até quando a vítima completasse 70 anos: *RSTJ* 141/432. Limitando a pensão devida aos filhos menores da vítima até quando completarem 25 anos: STJ, REsp n. 1.095.309, 1ª T., rel. Min. Luiz Fux, *DJ* 01.06.2009. Sobre o direito de acrescer nessa situação, e remetendo a precedentes da Corte Superior: TJSP, Ap. Cível n. 0003295-50.2010.8.26.0566, minha relatoria, j. 24.11.2020. Deferindo pensão à viúva mesmo que a vítima, quando falecida, já contasse com mais de 65 anos, fixando-se termo final em cada caso concreto: TJSP, Ap. Cível n. 1.172.741.001, 31ª Câm., rel. Des. Fábio Pellegrino, j. 28.04.2009. Na morte de filho menor, fixando pensão apenas a partir de quando ele completaria 14 anos: STJ, Emb. Decl. no REsp n. 107.617, Corte Especial, rel. Min. Ari Pargendler, j. 04.04.2005; Ag. Reg. no REsp n. 686.398/MG, 3ª T., rel. Min. Nancy Andrighi, j. 08.06.2010; REsp n. 819.202/PE, 2ª T., rel. Min. Mauro Campbell Marques, j. 04.09.2008; *JTJSP* 248/212 e 250/168; e até os 25 anos, depois reduzindo-a à metade: STJ, EREsp n. 106.327/PR, 2ª Seção, rel. Min. Cesar Asfor Rocha, j. 25.02.2002; TJSP, Ap. Cível n. 1.143.997.001, 36ª Câm., rel. Des. Orlando Pistoresi, j. 18.06.2009, fixando termo final da pensão até a data em que a vítima completaria 65 anos, salvo se antes morrerem os pais. Concedendo pensão, aos pais, de 50% do rendimento mesmo de filho maior falecido: *RT* 809/255. No caso de filho maior, condicionando a pensão requerida pelos pais à prova de dependência econômica: STJ, REsp n. 1.320.715, 3ª T., rel. Min. Paulo de Tarso Sanseverino, *DJe* 27.02.2014, p. 1.000. Sobre a compensação ou abatimento do seguro obrigatório: I TACSP, Proc. n. 613.058-3, 3ª Câm. Esp., rel. Juiz Itamar Gaino, j. 10.07.1995. Sobre a não compensação de verbas previdenciárias: RSTJ 148/271. No mesmo sentido: STJ, Ag. Int. no REsp n. 1.499.108, 1ª T., rel. Min. Benedito Gonçalves, j. 13.06.2017. Porém, negando pensão indenizatória se pensão estatutária o Estado já paga e é bastante a compensar a situação da vítima indireta com a perda havida da renda familiar em razão do óbito da vítima direta: STJ, REsp n. 1.392.730/DF, 4ª T., rel. Min. Maria Isabel Gallotti, j. 05.03.2024, *DJe* 05.04.2024. Incluindo na indenização o décimo terceiro salário só quando a vítima efetivamente exercia atividade remunerada: RSTJ 146/166. Mas fixando pensão mesmo independente da prova de exercício de atividade profissional: *RT* 783/229.

Deferindo pleito de dano moral por morte, sem limitação, portanto não só a pai e mãe: *JTJSP* 251/108 (aos irmãos), *JTJSP* 253/347 (ao avô), *JTJSP* 256/288 (ao padrasto). Na mesma hipótese, reduzindo o valor da fixação do dano moral, em virtude da existência de outros atingidos não integrantes do polo ativo: I TACSP, Proc. n. 115.588-7, 8ª Câm., rel. Juiz Rui Cascaldi, j. 10.09.2003. Ainda que ressalvando hipóteses excepcionais, no âmbito do STJ se decidiu que a indenização moral reflexa se deve deferir, em princípio, apenas aos integrantes da família direta da vítima, assim compreendidos os que ostentam a condição de herdeiros, ao menos (REsp n. 1.076.160/AM, 4ª T., rel. Min. Luis Felipe Salomão, j. 10.04.2012). E, assim, incluindo os irmãos no rol de legitimados, em tese, mesmo quando os pais, viúvos ou filhos do falecido tenham já recebido indenização, no caso por acordo (STJ, REsp n. 1.291.702/RJ, 3ª T., rel. Min. Nancy Andrighi, j. 22.11.2011). Do mesmo modo, admitindo indenização reflexa a membros de mais de um grupo familiar do falecido (STJ, Ag. Reg. no REsp n. 1.236.987/RJ, 4ª T., rel. Min. João Otávio de Noronha, j. 02.08.2011). Admitindo, ainda, indenização à genitora do falecido, mesmo quando casado e já indenizados cônjuge e filhos: STJ, REsp n. 1.095.762, 4ª T., rel. Min. Luis Felipe Salomão, j. 21.02.2013, *DJe* 11.03.2013. Mais recentemente, em embargos de divergência, negando, como regra, indenização única ao grupo familiar: STJ, Emb. de Diverg. em REsp n. 1.127.913/RS, Corte Especial, rel. Min. Napoleão Nunes Maia Filho, j. 04.06.2014, *DJe* 05.08.2014. Afastando a cogitação de que o tempo decorrido para propositura da ação interfira no valor do dano moral devido em razão da morte de familiar: STJ, REsp n. 1.677.773, rel. Min. Ricardo Villas Bôas Cueva, j. 04.06.2019.

**Art. 949. No caso de lesão ou outra ofensa à saúde, o ofensor indenizará o ofendido das despesas do tratamento e dos lucros cessantes até ao fim da convalescença, além de algum outro prejuízo que o ofendido prove haver sofrido.**

Se o preceito do artigo anterior se dedica à fixação de indenização em caso de homicídio, trata o presente de igual verba, mas que seja devida em razão de lesão ou qualquer ofensa à saúde da vítima. E o faz, se comparado ao CC/1916 e ao quanto previsto em seu art. 1.538, de maneira mais simplificada. Pela anterior normatização, indenizavam-se, em primeiro lugar, as despesas de tratamento e os lucros cessantes até o final da convalescença, ou seja, quanto a vítima, nesse tempo, demonstrasse ter deixado de auferir em razão da lesão sofrida, por exemplo verbas atinentes ao desempenho de trabalho ou atividade inviabilizados durante a recuperação. Isso não mudou no novo CC.

Porém, seguia o antigo art. 1.538 determinando que fosse também paga à vítima a importância da multa, no grau médio da pena criminal correspondente, duplicando-se a soma indenizatória, se do ferimento causado adviesse aleijão ou deformidade. Pior, previa-se ainda que, se a pessoa aleijada ou deformada fosse mulher capaz de casar, a ela se pagasse um dote. E aí os problemas, dado que não havia, como não há, pena de multa originariamente estabelecida para o crime de lesão corporal, e depois pela discussão sobre se a verba teria natureza de reparação moral, sobretudo em virtude da determinação de duplicação para as hipóteses de aleijão ou deformidade, em razão do que se sustentava que, a rigor, o caso seria de dano estético, autônomo em relação ao dano moral. Sem contar o dote que, em verdade, a pretexto de favorecer a mulher, e tão somente ela, a considerava alguém cujo destino forçoso era o casamento, em óbvia afronta não só à igualdade para com o homem, o que se poderia corrigir garantindo-se a este idêntica verba ressarcitória, mas mesmo à dignidade da mulher.

Pois o CC/2002, como se disse, simplificou a questão ao estabelecer que fará jus o prejudicado à indenização de qualquer outro prejuízo, além das despesas de tratamento e dos lucros cessantes, que demonstre haver sofrido. Mais, o PL n. 699/2011 de reforma do CC/2002, atento ao fato de que o dano moral não se prova, está *in re ipsa*, como se disse em comentário ao artigo precedente, a que ora se remete o leitor, pretende alterar a parte final do dispositivo presente para, no lugar da remissão a "outro prejuízo que o ofendido prove haver sofrido", prever-se a indenização dos danos emergentes e lucros cessantes "sem excluir outras reparações" (veja-se, ainda, no comentário ao artigo seguinte, a proposta de acréscimo de parágrafos àquele dispositivo, tratando, igualmente, do dano moral devido em caso de ofensa física).

Tem-se, enfim, a previsão da reparação de quaisquer espécies de danos resultantes da lesão corporal, leve ou grave, ou seja, com ou sem deformidade ou aleijão. Não mais se referiram verbas específicas, de toda sorte tendendo a persistir a divergência sobre a natureza do dano estético, se representativo de uma categoria autônoma ou se potencial foco de um dano material, como a modelo que tem sua carreira prejudicada por uma cicatriz deformante, e/ou moral, consistente na especial afetação da autoestima que uma deformidade ou aleijão podem provocar. Muito embora se entenda que, a rigor, a deformidade ou aleijão podem agravar a indenização moral, sem prejuízo, sempre, de sua eventual repercussão patrimonial, a tendência da jurisprudência do STJ é permitir a cumulação do dano moral e do dano estético, ao argumento de que a pertinência deste último está na lesão morfológica, causa de repulsa por terceiros, portanto diversamente da afetação subjetiva e íntima da autoestima da vítima.

A bem dizer, nesse sentido, tem-se que o dano estético possa ser indenizado sem associação em si com a consequência psicológica dele decorrente, e sim dada a deformidade, propriamente, à lesão morfológica havida.

Teresa Ancona Lopes salienta que o dano estético se pode cumular com o moral porque representa objetiva ofensa à integridade física do indivíduo, alterando para pior a sua conformação física (*O dano estético*. São Paulo, RT, p. 165). Mas ressalva que a indenização autônoma somente se deve dar em situações graves, de séria deformação ou desfiguração, nas suas palavras, portanto quando se trate de lesão morfológica relevante (op. cit., p. 166). Mas tal o que não pressupõe necessária exposição a terceiros. Assim a advertência de Eneas de Oliveira Matos, para quem não se exige a indenização dos danos estéticos, porquanto representativos de uma lesão modificante da integridade física da vítima, que haja exposição ou repulsa na alteração, mas sim que ela seja permanente (*Dano moral e dano estético*. Rio de Janeiro, Renovar, p. 184).

Ainda como manifestação de lesão à saúde, e diferentemente do dano moral, cabe mencionar o que se convencionou chamar de dano psicológico ou dano psíquico. Assim que, examinando as novas formas de manifestação de danos, adverte Osvaldo Burgos, no Direito argentino, que o dano psicológico ou psíquico se produz enquanto patologia médica ofensiva à integridade psíquica do sujeito, diferente do dano moral subjetivo. A distinção está no caráter patológico de que se reveste o dano psíquico, na patologia em que se constitui (*Daños al proyeto de vida*. Buenos Aires, Astrea, 2012, p. 117-9). De idêntico teor a lição, agora na doutrina italiana, de Alessio Liberti, para quem o dano psíquico ou psicológico consubstancia, no fundo, um dano biológico, uma lesão médica, exatamente por essa razão, inclusive conforme jurisprudência que cita, diferente do dano moral (*Il danno non patrimoniale da inadempimento*. Padova, Cedam, 2004, p. 38-9). E calha, nesse sentido, a ressalva que faz, na doutrina pátria, Paulo de Tarso Vieira Sanseverino, no sentido de que o dano extrapatrimonial se pode revelar por diversificados matizes, conformando-se de modo autônomo e, por isso mesmo, devendo ensejar rubricas próprias de natureza indenizatória, isto é, nas suas palavras, indenizações autônomas (*Princípio da reparação integral*. São Paulo, Saraiva, 2010, p. 305).

Quanto a despesas com tratamento que se protrai no tempo, mas por período *a priori* indeterminado, da mesma forma que a eventual e futura necessidade de aparelhos ou próteses, tem-se admitido o pagamento à medida de sua comprovação, identicamente aos casos de agravamento dos efeitos da lesão, dela diretamente decorrentes, quando se permite nova liquidação.

**Jurisprudência:** Súmula n. 387, STJ: É lícita a cumulação das indenizações de dano estético e dano moral.

Sobre a cumulação do dano moral e do dano estético, o primeiro por conta da consequência psíquica advinda da lesão, e o segundo em função da deformidade em si, com remissão jurisprudencial, ver: *RSTJ* 138/172 e TJRS, Ap. Cível n. 70.005.135.389, 9ª Câm., rel. Des. Mara Chechi, j. 17.03.2004. Quanto a despesas futuras de tratamento: *RSTJ* 159/469. Sobre lucros cessantes, ver: TJRS, Ap. Cível n. 70.018.930.164, 12ª Câm., rel. Des. Orlando Heemann Júnior, j. 30.08.2007. Sobre despesas médicas: TJMG, Ap. Cível n. 1.0382.07.080505-8/001, rel. Des. Wagner Wilson, j. 06.05.2009.

Já se decidiu, no âmbito do STJ: "é cabível a cumulação dos danos morais com os danos estéticos quando, ainda que decorrentes do mesmo fato, são passíveis de identificação em separado". (REsp n. 910.794, 1ª T., rel. Min. Denise Arruda, j. 21.10.2008)

Afastando a indenização autônoma em caso de cicatriz quase que imperceptível: *RT* 661/98. Mas, ressalvando-se: "as lesões não precisam estar expostas a terceiros para que sejam indenizáveis, pois o que se considera para os danos estéticos é a degradação da integridade física da vítima, decorrente do ato ilícito". (STJ, REsp n. 899.869, 3ª T., rel. Min. Gomes de Barros, j. 13.02.2007)

Ainda: "Possibilidade de cumulação da pensão por incapacidade laboral transitória total, no período de convalescença, e permanente parcial após a consolidação dos danos (arts. 949 e 950 do CC) com o correspondente benefício previdenciário sem ofensa ao princípio da reparação integral. Reafirmação da jurisprudência do STJ. 3. Agravo interno desprovido". (STJ, Ag. Int. nos Emb. Decl. no REsp n. 1.942.367/SP, rel. Min. Paulo de Tarso Sanseverino, 3ª T., j. 03.04.2023, *DJe* 27.04.2023)

---

**Art. 950. Se da ofensa resultar defeito pelo qual o ofendido não possa exercer o seu ofício ou profissão, ou se lhe diminua a capacidade de trabalho, a indenização, além das despesas do tratamento e lucros cessantes até ao fim da convalescença, incluirá pensão correspondente à importância do trabalho para que se inabilitou, ou da depreciação que ele sofreu.**

**Parágrafo único. O prejudicado, se preferir, poderá exigir que a indenização seja arbitrada e paga de uma só vez.**

---

O *caput* do artigo em comento reproduz a regra do anterior art. 1.539 e trata da reparação de danos consistentes na inabilitação ou redução da capacidade laborativa da vítima, portanto com diversa pertinência em relação ao preceito do art. 949, que versa sobre lesão corporal que não seja causa de incapacidade ao trabalho. De qualquer forma, em grande medida está superada a discussão que havia sobre a inacumulabilidade dos arts. 1.538 e 1.539 do CC/1916, porquanto não reproduzidos os §§ 1º e 2º daquele primeiro dispositivo e porque, afinal, sempre é cumulável o dano moral ao material, consoante exsurge da CF/88 (art. 5º, V e X), e, mais, como se pretende explicitar em nova redação de parágrafos acrescidos ao art. 950, por força do PL n. 699/2011, de reforma da legislação presente. Por essa modificação, a denotar, mesmo superada, uma tendência, tenciona-se assentar reparável o dano moral resultante da ofensa que acarreta defeito físico permanente ou durável, inclusive, frise-se, mesmo que sem incapacitação ou depreciação laborativa, da mesma forma que se queria determinar o agravamento das suas consequências se, havendo defeito físico, além de permanente e durável, ele fosse aparente. Serve, ademais, aí sim, a ressalva final do art. 949 à indenização de "qualquer outro prejuízo" que a vítima de lesão corporal demonstre haver experimentado.

Mas, prevê-se, no caso do art. 950, indenização que, além das despesas de tratamento e do que o ofendido houver deixado de auferir até o final da convalescença, compreende uma pensão atinente à importância do trabalho ao qual está inabilitada a vítima ou em razão do qual teve sua capacidade depreciada. Ou seja, é a incapacidade laborativa total ou parcial resultante da ofensa sofrida, que será apurada de acordo com perícia, também mercê da qual se identificará, conforme a hipótese, o grau da redução da aptidão para o trabalho. E como a reparação é de dano consubstanciado na inabilitação laboral, nada se paga, sob o título presente, destarte sem prejuízo de outros danos materiais, se a vítima ao tempo do evento já estava incapacitada ao trabalho.

O cálculo da pensão deve tomar por base a remuneração auferida pelo ofendido. Se não houver renda determinada, ou se se exercia atividade doméstica, o cálculo se faz de acordo com o salário mínimo. Mesmo aos menores se vem reconhecendo a indenização presente, ainda que não trabalhem, se a lesão prejudica o exercício de qualquer profissão. A perda da capacidade de produzir renda é, de fato, um dano certo. E, aqui, de novo, utilizando-se o salário mínimo como critério.

Alguma discussão se coloca quando a vítima, apesar de inabilitada completamente à profissão ou ocupação remunerada a que se dedicava, não fica impedida de exercer outra atividade. O princípio, ao que se entende, é que, nessas hipóteses, a indenização deverá ser integral, salvo caso específico em que se demonstre que o ofendido acabou encontrando outro trabalho, que exerce normalmente sem maior esforço ou sacrifício de qualquer ordem, portanto sem que seja suficiente, à redução da pensão, a mera conjectura sobre a possibilidade de desempenho de outra ocupação.

A pensão paga no caso do preceito em comento é vitalícia e traz ínsita a cláusula *rebus*, a propósito remetendo-se o leitor ao comentário do art. 948, inclusive no que toca à questão da constituição de capital, tal como antes previsto no art. 475-Q do CPC/73 e, agora, no art. 533 do CPC/2015, de toda maneira aqui se acrescendo a hipótese de eventual agravamento das lesões sofridas, o que deve ensejar revisão da indenização.

Por fim, o parágrafo único instituiu a possibilidade de o pagamento da indenização arbitrada se dar de uma só vez, de resto na esteira, veja-se, de jurisprudência formada inclusive na hipótese de pensão devida por homicídio, já daí porque não se entende que se deva limitar a previsão aos casos de pensão por inabilitação por trabalho. Ao revés, será nessa hipótese inclusive que mais sobressaltará a dificuldade de se arbitrar a indenização e de se fazer a execução de uma só vez se, afinal, e ao contrário da previsão do art. 948, a pensão é vitalícia, sugerindo Carlos Roberto Gonçalves que o cálculo se faça pelo tempo de vida provável da vítima (*Comentários ao Código Civil*. AZEVEDO, Antônio Junqueira de (coord.). São Paulo, Saraiva, 2003, v. XXI, p. 547), mas restando então o problema da sobrevida do ofendido e da eventual possibilidade de suplementação do valor ressarcitório. Melhor é considerar que a opção pelo pagamento de uma só vez exclua a possibilidade de postular complementação pelo tempo que a vítima vier a viver a mais do que a idade provável tomada para cálculo da indenização, como também se exclui qualquer crédito do ofensor pelo tempo que o ofendido viva a menos que o período tomado para cálculo da reparação paga de uma só vez.

Mais recentemente, procurando dar interpretação ao preceito do parágrafo, fixou-se no Enunciado n. 381 do CEJ a orientação de que "o lesado pode exigir que a indenização, sob a forma de pensionamento, seja arbitrada e paga de uma só vez, salvo impossibilidade econômica do devedor, caso em que o juiz poderá fixar outra forma de pagamento, atendendo à condição financeira do ofensor e aos benefícios resultantes do pagamento antecipado".

**Jurisprudência:** Concedendo indenização a vítima menor impúbere, que teve reduzida sua capacidade laborativa, fixada pensão desde quando completaria 14 anos: *RSTJ* 153/318. Concedendo indenização por incapacidade laborativa total, em relação à atividade desenvolvida pela vítima, mesmo que para outras atividades a inabilitação seja parcial, salvo comprovação de que exercida esta outra atividade: STJ, REsp n. 569.351/MG, 3ª T., rel. Min. Carlos Alberto Menezes Direito, j. 07.12.2004. Sobre a vitaliciedade da pensão devida: TRF, 2ª R., Ap. Cível n. 333.206, 8ª T., rel. Juiz Guilherme Calmon, j. 18.05.2005. No mesmo sentido da vitaliciedade da pensão: TJSP, Ap. Cível n. 930.510.008, 35ª Câm., rel. Des. Mendes Gomes, j. 23.03.2009. Determinando o pagamento da indenização de uma só vez: TJRS, Ap. Cível n. 70.015.792.807, 11ª Câm., rel. Des. Voltaire de Lima, j. 14.03.2007. De igual modo: TJSP, Ap. Cível n. 5.861.904.500, 3ª Câm., rel. Des. Donegá Morandini, j. 29.09.2009; Ap. Cível n. 990.10.025972-5, 6ª Câm. de Dir. Públ., rel. Des. Leme de Campos, j. 21.06.2010. Limitando a prerrogativa de se exigir o pagamento de uma só vez a casos de redução da capacidade laborativa, assim não em casos de morte: STJ, REsp n. 1.230.007/MG, 2ª T., rel. Min. Castro Meira, *DJe* 28.02.2011; REsp n. 1.045.775/ES, 3ª T., rel. Min. Massami Uyeda, *DJe* 04.08.2009; REsp n. 1.393.577, 2ª T., rel. Min. Herman Benjamin, *DJe* 07.03.2014. Afastando a possibilidade de compensação com verba previdenciária: STJ, Ag. Int. no REsp n. 1.499.108, 1ª T., rel. Min. Benedito Gonçalves, j. 13.06.2017. Do mesmo modo, assentando a possibilidade de cumulação da pensão indenizatória com o benefício previdenciário: STJ, Ag. Int. no AREsp n. 2.430.797/RS, 3ª T., rel. Min. Marco Aurélio Bellizze, j. 29.04.2024, *DJe* 02.05.2024.

Garantindo, por incapacidade parcial temporária, pensão a funcionário público, mesmo preservados seus vencimentos: STJ, REsp n. 1.306.395, 3ª T., rel. Min. Nancy Andrighi, j. 04.12.2012, *DJe* 19.12.2012. Colhe-se da ementa: "O art. 950 do CC não exige que tenha havido também a perda do emprego ou a redução dos rendimentos da vítima para que fique configurado o direito ao recebimento da pensão. O dever de indenizar decorre unicamente da perda temporária da capacidade laboral, que, na hipótese foi expressamente reconhecida pelo acórdão recorrido".

---

**Art. 951. O disposto nos arts. 948, 949 e 950 aplica-se ainda no caso de indenização devida por aquele que, no exercício de atividade profissional, por negligência, imprudência ou imperícia, causar a morte do paciente, agravar-lhe o mal, causar-lhe lesão, ou inabilitá-lo para o trabalho.**

---

Trata o artigo presente da responsabilidade por homicídio ou lesão corporal, só que afeta a quem desempenhe atividade profissional, segundo o CC/1916 médica, farmacêutica ou ortodôntica (art. 1.545), redação agora ampliada para abarcar qualquer profissional de saúde que, com sua conduta, provoque dano ao paciente, como está na lei. A bem dizer, o dispositivo mais se ocupa de explicitar que as mesmas verbas indenizatórias contempladas pelos arts. 948 a 950 são também aplicáveis aos casos de homicídio ou lesão causados no desempenho de atividade de atendimento à saúde. Nem precisaria afirmá-lo. E, mais, quando alude à imprudência, negligência ou imperícia, pode criar alguma perplexidade diante da responsabilidade objetiva de empresas prestadoras de serviços ligados à área da saúde, nos termos da legislação do consumidor.

Destarte, o art. 951 deve ser interpretado em consonância com a Lei n. 8.078/90, com sua previsão de responsabilidade subjetiva, é certo, para os profissionais liberais (art. 14, § 4º), mas por atuação pessoal, ressalvando-se a responsabilidade sem culpa para os fornecedores pessoas jurídicas, nos termos da mesma normatização. Dito de outro modo, se não há dúvida sobre responsabilidade aquiliana que para os profissionais da saúde se estabelece, mesmo no CDC, tal se dá desde que o dano tenha sido provocado pelo liberal, assim pelo médico pessoa natural. É que, nesses casos, o fundamento da regra exceptiva da responsabilidade objetiva no CDC está na pessoalidade da contratação, portanto ajustes firmados de modo negociado e em função das condições pessoais do profissional contratado, em quem se deposita especial confiança, especial crença no seu conhecimento técnico (por todos: MIRAGEM, Bruno. *Direito do consumidor*. São Paulo, RT, 2008, p. 298).

Por isso mesmo, se a contratação, ao contrário, se ajusta junto a pessoa jurídica prestadora de serviços médicos, torna-se à regra da responsabilidade sem culpa, típica da legislação consumerista, dado o risco criado pela atividade desempenhada, afinal carente o fundamento, acima citado, da exceção positivada. Na justa advertência de Claudia Lima Marques, Antônio Herman Benjamin e Bruno Miragem, tratando da responsabilidade subjetiva acima citada, "as pessoas jurídicas formadas por médicos e outros profissionais perdem este privilégio, devendo ser tratadas como fornecedores normais, elas mesmas não profissionais liberais. Aqui privilegiado não é o tipo de serviço, mas a pessoa (física) do profissional liberal" (in *Comentários ao CDC*. São Paulo, RT, 2004, p. 249).

No mais, vale remissão, ainda, no que toca a esses profissionais liberais que exercem atividade indutiva de especial risco, à ressalva que já se fez no comentário ao art. 927, parágrafo único, no mesmo sentido, para esses casos específicos da regra no preceito em tela disposta. É ao que se remete o leitor. E, ainda, já agora no tocante, particularmente, à responsabilidade dos hospitais e dos planos de saúde, remete-se ao quanto *expendi in*: *Terceirização nos serviços prestados na área da saúde. Responsabilidade civil na área da saúde*. SILVA, Regina Beatriz Tavares da (coord.). São Paulo, Saraiva, 2. ed. 2009, p. 37-60.

**Jurisprudência:** Condicionando a responsabilidade do médico, por ser-lhe afeta obrigação de meio, à demonstração de falha de natureza técnica: *RT* 810/382. Ressalva quanto à cirurgia plástica estética, em que a obrigação é de resultado: *RT* 813/354. Considerando obrigação de meio a operação para correção de miopia: TJSP, Ap. Cível n. 3.961.724.300, 4ª Câm., rel. Des. Teixeira Leite, j. 04.06.2009. Do mesmo modo, sobre a operação de vasectomia: STJ, REsp n. 1.051.674/RS, 3ª T., rel. Min. Massami Uyeda. Em seu voto vista, sustentou a Min. Nancy Andrighi que, nessas intervenções, a obrigação não se vincula ao resultado de esterilização, mesmo pela possibilidade de recanalização orgânica dos ductos deferentes, mas se refere ao deslevo com que age o médico para a ligadura dos mesmos canais e à informação que a respeito deve prestar ao paciente. Responsabilizando objetivamente o hospital apenas em relação aos serviços relacionados com a atividade propriamente empresarial, como aqueles atinentes à estadia do paciente, instalações, equipamentos, mas não quanto aos serviços médicos ali prestados: STJ, REsp n. 258.389, 4ª T., rel. Min. Fernando Gonçalves, j. 16.06.2005. Remetendo ao REsp n. 908.359/SC, da 2ª Seção, e reiterando a responsabilidade do hospital apenas "quando o dano decorrer de falha de serviços cuja atribuição é afeta única e exclusivamente à instituição de saúde", assim não "quando a falha técnica é restrita ao profissional médico sem vínculo com o hospital": STJ, REsp n. 1.635.560/SP, 3ª T., rel. Min. Nancy Andrighi, j. 10.11.2016. Particularmente sobre a responsabilidade em caso de infecção hospitalar, e atribuindo-a ao hospital quando traduza efeito intrínseco e próprio da internação e do tratamento ao qual submetido o paciente, assim dentro no risco da atividade e do serviço prestado pelo fornecedor, diferente da causa que se ligue a condições próprias do paciente, ver, de minha relatoria: TJSP, Ap. Cível n. 1004954-45.2017.8.26.0368, 1ª Câm., j. 07.07.2020. A propósito, também: STJ, REsp n. 1.511.072/SP, rel. Min. Marco Buzzi, 4ª T., j. 05.05.2016; REsp n. 116.372/MG, rel. Min. Sálvio de Figueiredo Teixeira, 4ª T., j. 11.11.1997. Assentando ser do médico a responsabilidade pela devida informação e aviso ao paciente sobre os riscos do procedimento cirúrgico: STJ, REsp n. 902.784/MG, 4ª T., rel. Min. Raul Araújo, j. 13.09.2016.

Procurando sintetizar a posição da Corte Superior sobre a responsabilidade dos hospitais: "(i) as obrigações assumidas diretamente pelo complexo hospitalar limitam-se ao fornecimento de recursos materiais e humanos auxiliares adequados à prestação dos serviços médicos e à supervisão do paciente, hipótese em que a responsabilidade objetiva da instituição (por ato próprio) exsurge somente em decorrência de defeito no serviço prestado (art. 14, *caput*, do CDC); (ii) os atos técnicos praticados pelos médicos sem vínculo de emprego ou subordinação com o hospital são imputados ao profissional pessoalmente, eximindo-se a entidade hospitalar de qualquer responsabilidade (art. 14, § 4º, do CDC), se não concorreu para a ocorrência do dano; (iii) quanto aos atos técnicos praticados de forma defeituosa pelos profissionais da saúde vinculados de alguma forma ao hospital, respondem solidariamente a instituição hospitalar e o profissional responsável, apurada a sua culpa profissional. Nesse caso, o hospital é responsabilizado indiretamente por ato de terceiro, cuja culpa deve ser comprovada pela vítima de modo a fazer emergir o dever de indenizar da instituição, de natureza absoluta (arts. 932 e 933 do CC), sendo cabível ao juiz, demonstrada a hipossuficiência do paciente, determinar a inversão do ônus da prova (art. 6º, VIII, do CDC)". (STJ, REsp n. 1.145.728/MG, 4ª T., rel. Min. João Otávio de Noronha, rel. p/ ac. Min. Luis Felipe Salomão, j. 28.06.2011, *DJe* 08.09.2011)

---

**Art. 952. Havendo usurpação ou esbulho do alheio, além da restituição da coisa, a indenização consistirá em pagar o valor das suas deteriorações e o devido a título de lucros cessantes; faltando a coisa, dever-se-á reembolsar o seu equivalente ao prejudicado.**

**Parágrafo único. Para se restituir o equivalente, quando não exista a própria coisa, estimar-se-á ela pelo seu preço ordinário e pelo de afeição, contanto que este não se avantaje àquele.**

---

A norma em comento procurou concentrar em seus termos as disposições relativas às consequências indenizatórias da prática de ato de apropriação de coisa alheia, móvel ou imóvel, o que, antes, no CC/1916, se fazia em três artigos (arts. 1.541 a 1.543) e, de resto, conforme já se continha no art. 921 do CPC/73 e se repete no art. 555 do CPC/2015.

No *caput*, primeira parte, reproduz-se a regra do anterior art. 1.541, prevendo-se que, havida usurpação ou esbulho, se deve procurar a restituição *in natura*, sem prejuízo da indenização por eventual deterioração da coisa (danos emergentes), e, agora, o que constitui inovação que supera discussão que a respeito se travava, também por lucros cessantes, como, no exemplo de Sílvio Rodrigues (*Direito civil*, 19. ed. São Paulo, Saraiva, 2002, v. IV, p. 246), quando alguém fica privado de imóvel destinado à renda. Porém, de se observar que, mesmo quando assim não seja, a posse em si traduz valor econômico e sua privação enseja dano a indenizar. É a indenização pela privação da posse imposta ao desapossado, verdadeiramente um dano emergente, nem propriamente lucro cessante. E isso ainda comumente se recorra ao valor locativo para respectiva estimação. Mas, veja-se, trata-se apenas de um critério de avaliação e quantificação do dano causado, portanto sem que necessariamente a coisa se destinasse a propiciar renda, a ser locada.

Na sua segunda parte, o artigo consagra a reparação substitutiva em pecúnia, para quando não mais haja a possibilidade de restituição, o que não deve excluir suplemento indenizatório, da mesma forma provados não só outros danos emergentes como, também, lucros cessantes. O cálculo do equivalente da coisa em dinheiro se faz na forma do parágrafo único do art. 952, que, de seu turno, repete a regra do art. 1.543 do CC/1916. E, a propósito, estabelece-se, como no Código anterior, que, à estimativa do preço ordinário da coisa, se venha a avaliar e se acresça o chamado preço de afeição, conforme o caso. Trata-se de evidente hipótese de dano moral, em tese devido, segundo se crê, não só no caso de se inviabilizar a restituição da coisa, como também quando seu titular fique dela privado, posto que por certo tempo e ainda que outro seja o importe compensatório. Nem se considera que a fixação necessariamente precise ser feita, como sempre se defendeu, com um *plus* percentual ao preço de restituição, assim sem possibilidade de que o dano moral supere a importância da indenização material a ressarcir, a respeito estabelecendo a parte final do parágrafo em comento uma ressalva à reparação do prejuízo moral que a Constituição garantiu integral, sem nenhuma limitação, tanto mais quando se constata cuidar-se de agravo a direito da personalidade, fundado na dignidade humana, princípio fundamental da República, destarte cuja preservação se exige, sempre de forma completa, conforme se tornará a examinar no comentário ao artigo seguinte.

Por fim, o CC/2002 não reiterou a regra do art. 1.542 do diploma anterior, que impunha a restituição mesmo que por terceiro que detivesse a coisa, mas mediante indenização devida por quem tivesse desapossado o ofendido. Em primeiro lugar, tinha-se mesmo dispositivo mal alocado, eis que concernente à controvertida questão da possibilidade de ação possessória diante de terceiro que eventualmente esteja de boa-fé, perante quem, para alguns, somente é cabível reivindicação, de toda sorte a propósito remetendo-se o leitor ao comentário do art. 1.212 do atual Código. Em segundo, a previsão de indenização pelo desapossador e não por terceiro de boa-fé – mesmo que sujeito à restituição, alhures discutindo-se, como se disse, se só na via reivindicatória ou também possessória –, como o defende, por exemplo, Carlos Roberto Gonçalves, conclusão, a seu ver, inclusive inferível do preceito dos arts. 1.220 e 1.221 (*Comentários ao Código Civil*. Antônio Junqueira de Azevedo (coord.). São Paulo, Saraiva, 2002, v. XXI, p. 551), não exige dispositivo próprio e deve seguir as regras gerais sobre a responsabilidade civil.

**Jurisprudência:** Fixando a indenização pelo equivalente da coisa no importe de sua avaliação, e não de sua alienação: TJRS, Ap. Cível n. 70.006.949.416, 5ª Câm., rel. Des. Umberto Sudbrack, j. 02.12.2004. Fixando indenização pela privação da posse, mediante recurso ao valor locativo do bem: TJSC, 00029215120088240019, rel. Des. Luiz Felipe Schuch, j. 15.12.2018. Igualmente arbitrando indenização pela ocupação indevida de área pública: STJ, Emb. Decl. no Ag. Int. nos Emb. Decl. no AREsp n. 1.985.936/SP, 2ª T., rel. Min. Francisco Falcão, j. 13.05.2024, *DJe* 15.05.2024.

**Art. 953. A indenização por injúria, difamação ou calúnia consistirá na reparação do dano que delas resulte ao ofendido.**

**Parágrafo único. Se o ofendido não puder provar prejuízo material, caberá ao juiz fixar, equitativamente, o valor da indenização, na conformidade das circunstâncias do caso.**

O preceito tem por fundamento a tutela do direito à honra e cuida da indenização devida em caso de sua violação mercê das condutas típicas descritas na cabeça do artigo. Mas, por identidade de motivos, é aplicável seu comando não só quando se configurem essas situações descritas de injúria, difamação ou calúnia, mas também quando haja, por exemplo, denunciação caluniosa ou comunicação falsa de crime. Mais, até, bem poderia o novo CC ter abandonado a referência às figuras típicas do CP (arts. 138 a 140), dado que qualquer ofensa à honra do indivíduo, um de seus direitos da personalidade, cuja fonte é a dignidade humana, princípio fundamental de índole antes de tudo constitucional (art. 1º, III), suscita tutela jurídica, preventiva ou corretiva. Sem contar que a sanção civil reparatória e/ou compensatória independe, nas hipóteses do artigo, da verificação de condenação criminal.

De qualquer sorte, injúria, difamação e calúnia vêm definidas nos preceitos, acima citados, do CP, pela primeira infringindo-se a chamada honra subjetiva do sujeito, sua autoestima, enquanto, pela segunda, afronta-se sua honra dita objetiva, vale dizer, sua reputação, a estima e consideração de que desfruta perante os outros. Quanto à calúnia, trata-se, especificamente, da falsa imputação de fato criminoso a outrem. Uma novidade que contém a nova redação do preceito está na alusão à difamação, omitida no art. 1.547 do CC/1916, mas que, em doutrina, já se considerava causa suficiente à indenização.

Em verdade, porém, novidade maior, e ainda problemática, reside na fixação do *quantum* indenizatório. Isso pelo que está no parágrafo, quer do atual art. 953 do CC/2002, quer do anterior art. 1.547 do CC/1916. É certo que, na cabeça de ambos os dispositivos, consagrava-se e consagra-se agora a genérica reparação do dano que resulte da ofensa à honra, por qualquer de suas formas. Todavia, dizia-se, no parágrafo do antigo art. 1.547, que, não podendo a vítima provar prejuízo material, teria direito a receber do ofensor o dobro da multa no grau máximo. A redação suscitava dupla ordem de problemas. O primeiro estava em saber se, na ausência de prova de prejuízo material, se estava a estabelecer, pela fixação de um importe ressarcitório correspondente à multa criminal, uma indenização material presumida, ou seja, uma reparação arbitrada *a forfait*, veja-se, ela sim, sempre tarifável ou limitável pelo legislador, afinal se dele emana uma concessão indenizatória apriorística, para quando não se consiga provar efetivo prejuízo, mas por se o presumir sempre ocorrido, ou se se tratava de indenização moral, e, pior, aí só incidente se não se provasse dano material, como se não fossem cumuláveis (Súmula n. 37 do STJ), mas lembrando-se ilimitado o dano moral (art. 5º, X, da CF/88). De outra parte, valor indenizatório atrelado à multa penal, se esta se fixava originariamente em valores ínfimos, no CP, depois da reforma de sua parte geral e da instituição dos dias-multa passou a viabilizar um arbitramento excessivo, mesmo se se tomasse a referência do parágrafo como um limite, e como se se admitisse limite ao dano moral, se disso se cuidava.

Pois esses problemas foram em parte solucionados pelo CC/2002. É que, hoje, aboliu-se, como se viu em comentário ao art. 949, a adstrição de indenização civil à multa criminal, portanto afastando-se a ideia de limitação ou tarifação ressarcitória, tanto mais se se agita de dano moral, estatuindo o parágrafo do artigo em comento que, nas hipóteses de que trata, a indenização se dará de forma equitativa, assim por arbitramento judicial, consideradas as circunstâncias subjetivas e objetivas do caso. Mas manteve-se a ressalva de que essa indenização equitativa será devida se não se provar prejuízo material, destarte persistindo a dúvida sobre se se cuida mesmo de indenização moral ou de indenização material presumida, com as consequências daí advindas e logo antes explicitadas.

Bem de ver, porém, que já antes do CC/2002 prevalecia o entendimento de que o parágrafo do então art. 1.547 se referia a verdadeira hipótese de dano moral, só que cumulável com o dano material (art. 5º, V e X, da CF/88, e Súmula n. 37 do STJ) e não autorizada, pelos mesmos dispositivos constitucionais aludidos, nenhuma limitação. Mais, mesmo o CC/2002, ao prever uma indenização equitativa, no parágrafo do artigo presente, parece indicar uma indenização moral. Entretanto, vem bem a calhar a alteração proposta no PL n. 699/2011 para explicitar que "a indenização por injúria, difamação ou calúnia consistirá na reparação dos danos materiais e morais que delas resultem ao ofendido". E, como é da regra geral, fixada a indenização material de acordo com a extensão do prejuízo e a moral por arbitramento judicial.

Por fim, vale anotar que as ofensas à honra perpetradas pelos meios de mídia encontravam regramento em lei especial, a chamada Lei de Imprensa (Lei n. 5.250/67), agora decidido, pela Suprema Corte, que não recepcionada (ADPF n. 130/DF, Tribunal Pleno, rel. Min. Ayres Brito, j. 30.04.2009), mas, ainda, com as seguintes e resumidas observações: a) a verificação da ofensa deve ter em conta a igual dignidade do direito à honra mas, também, do direito à informação, ambos direitos da personalidade, fundados na dignidade humana, vocacionados a um conflito que se deve superar mercê do juízo da proporcionalidade, de uma necessária ponderação dos interesses em jogo no caso concreto (técnica do *ad hoc balancing*), com frequente socorro a critérios como o da consideração sobre se se trata de pessoa pública ou notória, se se cuida de pessoas comuns mas envolvidas em acontecimentos da atualidade ou expostas em locais públicos, sem que se dê sua descontextualização do cenário, se se tem fato criminoso e as circunstâncias de sua divulgação, ou se se exerce direito de crítica e seus termos, nessa esteira incluídas a sátira humorística e a caricatura, assim e enfim verificando-se, sempre na hipótese fática, qual dos direitos em situação de antinomia real deve ceder; b) além da tutela corretiva, em tese caberá sempre a preventiva, sem que só por isso se possa falar em censura; c) a tutela indenizatória pode ser exercida não só diante da empresa jornalística como, ainda, perante o autor do escrito, notícia ou transmissão (Súmula n. 221 do STJ); e d) mesmo antes do julgamento acima referido, já se reputavam inconstitucionais, por encerrarem restrição a direito fundamental não autorizada pela CF, as disposições da lei especial que impunham prazo decadencial para o exercício do direito indenizatório e limitação do respectivo valor (arts. 52, 53 e 56). As justificativas mais detalhadas de cada qual dessas conclusões tive a oportunidade de expor em *A liberdade de imprensa e os direitos da personalidade*. 3. ed. São Paulo, Atlas, 2015 (*v.*, ainda, item a seguir, da jurisprudência).

Uma última ressalva cabe quanto à denunciação caluniosa, referida logo ao início desses comentários. É que, conforme preceitua o art. 339 do CP, sua configuração típica não prescinde da instauração, em razão de falsa, portanto dolosa, imputação delituosa, ao menos de inquérito, seja policial, civil ou administrativo. Porém, não se exclui a responsabilização civil se, de qualquer modo, a notícia do crime é infundada. Isso mesmo, conforme acentua Yussef Said Cahali, não se possa confundir denunciação caluniosa com a mera solicitação de investigação que se faça com base em dados concretos e objetivos (*Dano moral*, 3. ed. São Paulo, RT, 2005, p. 315). A verdade é que havendo abuso, mesmo não doloso, quando se proceda à notícia, quando se requeira a investigação, pode haver indenização. A propósito, remete-se, ainda, ao comentário do artigo seguinte.

**Jurisprudência:** Súmula n. 37, STJ: São cumuláveis as indenizações por dano material e dano moral oriundos do mesmo fato.

Súmula n. 221, STJ: São civilmente responsáveis pelo ressarcimento do dano, decorrente de publicação pela imprensa, tanto o autor do escrito quanto o proprietário do veículo de divulgação.

Súmula n. 281, STJ: A indenização por dano moral não está sujeita à tarifação prevista na Lei de Imprensa.

Súmula n. 370, STJ: Caracteriza dano moral a apresentação antecipada de cheque pré-datado.

Súmula n. 385, STJ: Da anotação irregular em cadastro de proteção ao crédito, não cabe dano moral, quando preexistente legítima inscrição, ressalvado direito ao cancelamento.

Súmula n. 388, STJ: A simples devolução indevida de cheque caracteriza dano moral.

Já, à luz do antigo art. 1.547, parágrafo único, desvinculando a indenização do valor da multa penal, e legando a fixação ao arbitramento judicial, o único critério possível: *JTJSP* 174/104. Sobre indevida limitação do valor indenizatório em casos de vulneração a direitos da personalidade: *RSTJ* 99/179. Sobre a imunidade parlamentar material, exigindo que a manifestação em tese ofensiva tenha ocorrido no exercício ou em consequência do mandato, pena de responsabilização do parlamentar pelo regime comum: *RT* 830/141. Ainda a respeito, especialmente após a Emenda n. 35, que deu nova redação ao art. 53 da CF/88, suprimindo a ressalva aos crimes contra a honra, sedimentada a tese de que os vereadores, os deputados e os senadores gozam de imunidade parlamentar material absoluta, estendida à esfera civil (*v.g.*, STF, RE n. 210.917/RJ, j. 12.08.1998), mas quanto às manifestações externadas no âmbito do Parlamento e no exercício do mandato, cabendo correção de eventual abuso à própria Casa Legislativa, sendo que, fora dela, a imunidade depende da demonstração do nexo da manifestação do parlamentar com o desempenho do mandato (STF, Inq. n. 1.958-5, rel. desig. o Min. Ayres Britto, 29.10.2013; AI n. 631.276/SP, rel. Min. Celso de Mello, j. 01.02.2011). Considerando que o cadastramento indevido, a negativação irregular do nome da pessoa signifique abalo à honra objetiva e dano moral *in re ipsa*, ou seja, que está na própria conduta de violação, ver: STJ, REsp n. 640.196/PR, 3ª T., rel. Min. Castro Filho, j. 21.06.2005. Reputando haver ofensa à honra objetiva da empresa o pedido de sua falência, baseado em dívida já antes paga: TJSP, Ap. Cível n. 296.471.49000, 7ª Câm., rel. Des. Ferreira Alves, j. 28.11.2007. Afastando a configuração de ilícito na publicação de biografias não autorizadas: STF, ADI n. 4.815, Pleno, rel. Min. Cármen Lúcia, *DJe* 01.02.2016. Mas, mesmo assim, considerando ofensa à honra a divulgação de episódios inverazes e imputando à vítima afirmações de cunho racista e eugênico: STJ, REsp n. 1.440.721/GO, 4ª T., rel. Min. Maria Isabel Gallotti, j. 11.10.2016.

Uma vez deliberada a afetação pela Suprema Corte do julgamento sobre a "possibilidade de condenar ao pagamento de indenização por danos morais veículo de imprensa que publica matéria jornalística em que se imputa a prática de ato ilícito a determinada pessoa" (Tema n. 995, RE n. 1.075.412), veio a ser afinal fixada a seguinte tese: "1. A plena proteção constitucional à liberdade de imprensa é consagrada pelo binômio liberdade com responsabilidade, vedada qualquer espécie de censura prévia. Admite-se a possibilidade posterior de análise e responsabilização, inclusive com remoção de conteúdo, por informações comprovadamente injuriosas, difamantes, caluniosas, mentirosas, e em relação a eventuais danos materiais e morais. Isso porque os direitos à honra, intimidade, vida privada e à própria imagem formam a proteção constitucional à dignidade da pessoa humana, salvaguardando um espaço íntimo intransponível por intromissões ilícitas externas. 2. Na hipótese de publicação de entrevista em que o entrevistado imputa falsamente prática de crime a terceiro, a empresa jornalística somente poderá ser responsabilizada civilmente se: (i) à época da divulgação, havia indícios concretos da falsidade da imputação; e (ii) o veículo deixou de observar o dever de cuidado na verificação da veracidade dos fatos e na divulgação da existência de tais indícios".

Ainda no campo da imprensa, diferenciando a pretensão de publicação da sentença do direito de resposta: Agravo interno no agravo em recurso especial. Ação de indenização por danos morais. Decisão monocrática que deu parcial provimento ao reclamo. Insurgência do demandante. 1 – A pretensão de impor ao ofensor o ônus de publicar integralmente a decisão judicial condenatória proferida em seu desfavor não se confunde com o direito de resposta, o qual, atualmente, está devidamente estabelecido na Lei n. 13.188/2015. 1.1 – O direito de resposta tem contornos específicos, constituindo um direito conferido ao ofendido de esclarecer, de mão própria, no mesmo veículo de imprensa, os fatos divulgados a seu respeito na reportagem questionada, apresentando a sua versão da notícia ao público. 1.2 – A publicação da sentença, de sua vez, é instituto diverso. Nessa, não se objetiva assegurar à parte o direito de divulgar a sua versão dos fatos, mas, em vez disso, dá-se ao público o conhecimento da existência e do teor de uma decisão judicial a respeito da questão. 2 – De acordo com a jurisprudência desta Corte Superior, o princípio da reparação integral do dano, por si só, não justifica a imposição do ônus de publicar o inteiro teor da sentença condenatória. Isso porque, da interpretação lógico-sistemática do próprio CC, resulta evidente que a reparação por danos morais deve ser concretizada a partir da fixação equitativa, pelo julgador, de verba indenizatória, e não pela imposição ao causador do dano de obrigações de fazer não previstas em lei ou contrato. 3 – Agravo interno desprovido" (STJ, Ag. Int. no AREsp n. 2.328.777/RJ, 4ª T., rel. Min. Marco Buzzi, j. 08.04.2024, *DJe* 11.04.2024).

---

**Art. 954. A indenização por ofensa à liberdade pessoal consistirá no pagamento das perdas e danos que sobrevierem ao ofendido, e se este não puder provar prejuízo, tem aplicação o disposto no parágrafo único do artigo antecedente.**

**Parágrafo único. Consideram-se ofensivos da liberdade pessoal:**

**I – o cárcere privado;**

**II – a prisão por queixa ou denúncia falsa e de má-fé;**

**III – a prisão ilegal.**

---

A matéria relativa à ofensa à liberdade pessoal vinha, antes, no CC/1916, tratada em dois artigos, o primeiro atinente à consequência indenizatória propriamente dita (art. 1.550) e o segundo contemplativo de hipóteses descritivas de quando se considerava haver a afronta (art. 1.551). Tais preceitos foram agora concentrados em um só artigo, posto com parágrafo que, a rigor, reproduz o art. 1.551 e descreve as hipóteses, mas sempre reputadas meramente exemplificativas, de ofensa à liberdade pessoal. Aliás, o PL n. 699/2011, de alteração da nova legislação, pretende explicitar o caráter exemplificativo do rol inserido no parágrafo único do artigo, portanto sem excluir casos outros de privação indevida da liberdade da pessoa.

Para a hipótese de prisão por queixa ou denúncia indevidas, já à luz da anterior legislação se vinha admitindo nem sempre necessária a comprovação da má-fé, mas apenas a notória imprudência no noticiar a suposta ocorrência de fatos típicos. Ou seja, mesmo sem má-fé, a imputação temerária de fatos delituosos a outrem, dissociada de qualquer relevante dado a justificá-la, pode também ensejar a responsabilização civil do agente.

Por fim, ainda que o dispositivo se refira a casos de privação de liberdade, igualmente não se furta à devida responsabilização, mesmo que pela regra geral, quem, posto que sem provocar prisão, noticie a prática de crime de forma temerária, o que, não raro, acontece nas relações envolvendo empregador e empregado, sempre e tão somente, é certo, quando infundada a denúncia. Conforme se acentuou no comentário ao artigo antecedente, a hipótese é mesmo de abuso, de injustificado descuido na formulação da notícia do suposto delito. Daí por que importa verificar se essa notícia se baseia em dados concretos, objetivos, que justifiquem o socorro à autoridade.

Quanto à prisão ilegal, é bem de ver que o art. 5º, LXXV, da CF garante a indenização, pelo Estado, ao condenado por erro judiciário e a quem permanecer preso além do tempo fixado na sentença. Não se entende necessária, no primeiro caso, a desconstituição prévia da sentença penal, pela via da revisão. Nos casos de prisão provisória ou preventiva, quando a ação, depois, venha a ser julgada improcedente, vem-se reconhecendo o dever indenizatório estatal sempre que a decretação se tenha ostentado desarrazoada.

No tocante à indenização, o dispositivo do CC revogado suscitava as mesmas discussões já enfrentadas em comentário ao artigo anterior, a que ora se remete o leitor. Ou seja, previa-se, no *caput* do art.

1.550, uma indenização material e o pagamento de uma soma calculada na forma do parágrafo único do art. 1.547, ou seja, o dobro da multa no grau máximo da pena criminal respectiva. Aliás, mais que o art. 1.547 do CC/1916, o art. 1.550, quando se valia da partícula conjuntiva *e*, dava a entender que a alusão à multa criminal compreendia a previsão de indenização moral, e não indenização material presumida.

De qualquer maneira, o atual art. 954, ao remeter ao parágrafo do dispositivo precedente, acaba com o atrelamento da indenização à multa penal, de resto nem mesmo existente para o cárcere privado ou para a prisão ilegal. E, por outro lado, o PL n. 699/2011, de reforma do CC, cuida de superar a discussão sobre a natureza dessa indenização equitativa, como já se examinou no comentário ao artigo anterior, prevendo que "a indenização por ofensa à liberdade pessoal consistirá no pagamento dos danos que sobrevierem ao ofendido", aí incluídos os materiais, de acordo com a extensão do prejuízo demonstrado, e o moral, fixado por arbitramento.

**Jurisprudência**: Responsabilizando o Estado por prisão estendida depois da revogação do mandado de prisão: TJSP, Ap. Cível n. 5.851.135.100, 11ª Câm., rel. Des. Luís Ganzerla, j. 18.05.2009. Do mesmo modo, quando deliberada a persistência no cárcere, não caracterizado o flagrante: TJSP, Ap. Cível n. 990.10.101654-0, 10ª Câm. de Dir. Públ., rel. Des. Urbano Ruiz, j. 17.05.2010. Fixando indenização em caso de prisão preventiva desnecessária e sem fundamentação: *RT* 766/121. No mesmo caso, negando a responsabilidade do Estado, quando depois sobrevinda absolvição, mas por insuficiência de provas: *RT* 800/244. Ainda que em caso de posterior absolvição por negativa de autoria, já se negou indenização, ao argumento de que não abusiva, na ocasião, a decretação da prisão cautelar: *RT* 784/220. Arbitrando indenização quando a falsa imputação de crime se limite a sindicância administrativa interna, mesmo sem qualquer publicidade: TJMG, Ap. Cível n. 1.0015.01.007078-5-001, rel. Des. Hilda Teixeira da Costa, j. 19.01.2006. Assentando a responsabilidade por notícia de crime levada à autoridade policial de maneira injustificada: *RT* 840/376. Isentando de responsabilidade o empregador que apenas noticia, à autoridade policial, fatos supostamente delituosos, sem mesmo declinar o nome de suspeitos: *RT* 801/318. A despeito do que se sustentou no corpo dos comentários, exigindo dolo para responsabilização pela lavratura de Boletim de Ocorrência: TJSP, Ap. Cível n. 326.677.4000, 2ª Câm., rel. Des. Santini Teodoro, j. 27.11.2007.

# TÍTULO X
# DAS PREFERÊNCIAS E PRIVILÉGIOS CREDITÓRIOS

**Art. 955. Procede-se à declaração de insolvência toda vez que as dívidas excedam à importância dos bens do devedor.**

Legislação correlata: arts. 748 a 790, CPC/73 (sem correspondentes no CPC/2015).

O patrimônio do devedor é a garantia das suas dívidas, mas quando há insuficiência patrimonial, para evitar prejuízo a alguns credores, instaura-se o procedimento de insolvência, visando a uma liquidação geral de modo a partilhar os bens do devedor, após a liquidação, com a organização de concurso de credores. O conceito de insolvência é econômico, tendo como fundamento o desequilíbrio patrimonial (passivo superior ao ativo). Será falência quando o devedor for comerciante e insolvência civil quando for pessoa física não ligada ao comércio. O CPC regula a execução por quantia certa contra devedor insolvente (CPC/73, arts. 748 e segs.; sem correspondentes no CPC/2015), sendo processo autônomo, não se admitindo a transformação de execução contra devedor solvente em insolvência civil. É importante salientar que as preferências no recebimento dos créditos devem ser respeitadas.

Tivemos a edição da atual Lei de Recuperação e Falências (Lei n. 11.101, de 09.02.2005), em que surgem figuras como o administrador judicial, o administrador-gestor, o comitê de credores e a assembleia geral de credores, não se podendo deixar de salientar que na própria sistemática deste Código (arts. 966 a 982), a falência passou a ser aplicada aos empresários e às sociedades empresárias. A insolvência capaz de levar à falência depende da identificação das causas expressas no art. 94 da *supra* referida Lei.

A declaração de insolvência poderá ser requerida por qualquer credor, pelo próprio devedor, ou ainda, pelo inventariante ou espólio, caso seja falecido. Em regra, nasce, a declaração de insolvência, de um cumprimento de sentença em que se constata a insuficiência patrimonial do devedor. Haverá a nomeação de administrador dos bens e de edital de convocação de todos os possíveis credores, sendo que com a declaração as dívidas do devedor insolvente vencer-se-ão antecipadamente; seus bens serão arrecadados, desde que penhoráveis; e instala-se o concurso universal de credores, regulado pelos arts. 748 a 786-A do CPC/73 (sem correspondentes no CPC/2015).

**Jurisprudência:** apelação. Declaratória de insolvência. Título executivo judicial. Sentença de improcedência. Alegação do requerente de que as dívidas do requerido excedem o seu patrimônio. Descabimento. Requerido que comprovou a existência de bens em seu nome. Ausente demonstração de que as dívidas superam os bens do requerido. Insolvência civil não caracterizada. Sentença mantida. Recurso improvido. (TJSP, AC n. 10002821820228260077, 7ª Câm. de Dir. Priv., rel. Ademir Modesto de Souza, j. 28.06.2023, publ. 28.06.2023)

Ação declaratória de insolvência civil. Procedência. Manutenção. Dívida incontroversa. Prescrição não aplicável ao caso em tela. Alegação de adulteração da nota promissória. Descabimento, a teor da Súmula n. 387 do STF que colocou uma pá de cal sobre o tema "a Súmula n. 387 do STF permite a assinatura de nota promissória em branco para posterior preenchimento pelo credor". Cumpria ao réu, de seu turno, comprovar os fatos extintivos, modificativos ou impeditivos do direito do autor, o que não ocorreu; vale dizer, deixou o apelante de provar que possuía patrimônio suficiente para solver a dívida, repisa-se, o que impunha o art. 373, II, do CPC. Sentença mantida. Recurso desprovido. (TJSP, AC n. 10024512020218260624, 15ª Câm. de Dir. Priv., rel. Ramon Mateo Júnior, j. 03.04.2023, publ. 03.04.2023)

Declaração de insolvência civil. Primeira fase. Estágio pré-concursal. Fase declaratória de insolvência. Estágio de conhecimento. A fase inicial do procedimento de insolvência civil obedece ao procedimento comum de cognição e, nesse estágio, sua finalidade serve apenas para apurar a insolvência do devedor. Não pode o procedimento ser obstado pela falta de demonstração por parte da credora que as dívidas ultrapassam o patrimônio do réu, já que aqui apenas interessa a decretação de estado jurídico novo para o requerido. No caso, a insolvência civil, até mesmo porque afeta não só os bens atuais como os futuros. A declaração de insolvência é direito do credor, como também é do devedor, independentemente da existência de bens, além do que não tem o credor o ônus probatório de comprovar a insolvência ou a existência de bens do devedor, já que a este sim cabe tal ônus. Exegese do inciso II do art. 756 do CPC [sem correspondente no CPC/2015]. Apelo provido. (TJRS, Ap. Cível n. 70.029.623.634, 19ª Câm. Cível, rel. Guinther Spode, j. 27.10.2009, *DJ* 16.11.2009)

Processual civil. Insolvência civil. Embargos do devedor insolvente. Rejeição. Apelação recebida apenas no efeito devolutivo. Aplicação analógica do art. 520, V, do CPC [art. 1.012, III, do CPC/2015]. Juridicidade. 1 – A insolvência civil é ação de cunho declaratório/constitutivo, tendente a aferir, na via cognitiva, a insolvabilidade do devedor, condição esta que, uma vez declarada judicialmente, terá o efeito de estabelecer nova disciplina nas relações entre o insolvente e seus eventuais credores. Tal premissa não há de ter, entretanto, o efeito de convolar em contestação os embargos disciplinados nos arts. 755 e segs. do CPC [sem correspondentes no CPC/2015]. 2 – Mostra-se de todo apropriado o entendimento jurisdicional que equipara os embargos à insolvência aos embargos à execução opostos por devedor solvente, para fins de aplicação da regra ínsita no art. 520, V, do CPC [art. 1.012, III, do CPC/2015], que determina o recebimento da apelação apenas no seu efeito devolutivo. 3 – Recurso especial não conhecido. (STJ, REsp n. 621.492, 4ª T., rel. Min. João Otávio de Noronha, j. 15.10.2009, *DJ* 26.10.2009)

Processo civil. Insolvência civil. Prova da pluralidade de credores. Desnecessidade. Recurso especial. Admissibilidade. Dissídio não comprovado. Não se exige que o quirografário comprove a existência da pluralidade de credores para que possa vir a juízo requerer a insolvência civil do devedor. O concurso de credores é a consequência da insolvência civil, e não sua causa, como bem denota o art. 751, CPC [sem correspondente no CPC/2015], ao afirmar que "a declaração da insolvência do devedor produz (...) a execução por concurso universal dos seus credores". Não se conhece do recurso especial, pela divergência, quando não comprovado o dissídio jurisprudencial nos moldes legal e regimental. Recurso especial não conhecido. (STJ, REsp n. 875.982, 3ª T., rel. Min. Nancy Andrighi, j. 02.12.2008, *DJ* 20.05.2009)

Insolvência civil. A declaração de insolvência se dá quando "as dívidas excederem a importância dos bens do devedor", nos termos do art. 748 do CPC [sem correspondente no CPC/2015]. Prova de dívida líquida, certa, exigível e vencida. Inexistência de bens pode acarretar suspensão da execução. Possibilidade de arrecadação de bens que futuramente venham a integrar o patrimônio do devedor. Recurso improvido. (TJSP, Ap. Cível n. 1.098.205.500, 19ª Câm. de Dir. Priv., rel. Edson Luiz de Queiróz, j. 20.06.2008, *DJ* 14.07.2008)

Processo civil. Declaração de insolvência. Execução suspensa por ausência de bens penhoráveis. Mesmo título. Possibilidade jurídica do pedido. CPC, arts. 750 e 753 [sem correspondentes no CPC/2015]. É lícita e juridicamente possível, a declaração de insolvência do devedor que não possui bens suscetíveis de penhora. A insolvência pode ser requerida e declarada nos próprios autos da execução suspensa à míngua de bens penhoráveis (CPC, arts. 750 e 753) [sem correspondentes no CPC/2015]. Face à evidente permissão legal do art. 753

do Código Buzaid [sem correspondente no CPC/2015], a declaração de insolvência é juridicamente possível mesmo quando fundada em título que embase execução singular suspensa por ausência de bens penhoráveis. (STJ, REsp n. 616.163/MG, 3ª T., rel. Min. Humberto Gomes de Barros, j. 03.04.2007)

Ação de insolvência civil. Interesse de agir. Ausência de bens penhoráveis. Irrelevância. Procedimento que se divide em fases distintas. Legitimidade *ad causam*. Requisitos configurados. Procedência dos pedidos iniciais. O processo de insolvência civil é dotado de duas fases distintas, a saber, uma declaratória – com consequências tanto para o insolvente quanto para os credores – e outra de arrecadação de bens. A não localização imediata de bens não conduz à extinção do processo, mas apenas à suspensão dos atos executivos – precedentes do extinto TAMG e do Col. STJ. A ação somente pode ser proposta por aquele que é titular do interesse que se afirma prevalente na pretensão, e contra aquele cujo interesse se exige que fique subordinado ao do autor. Desde que presentes esses requisitos, não há como se falar em carência de ação por ausência de *legitimatio ad causam*. Dá-se a insolvência quando a soma dos bens e dos créditos do devedor, estimados no seu justo valor, não iguala suas dívidas. É, portanto, a inferioridade do patrimônio em relação às dívidas que caracteriza a insolvência. Presume-se, até prova em contrário, a insolvabilidade daquele contra quem está correndo a execução. (TJMG, Rec. n. 2.0000.00.447710-9/000, rel. Des. Domingos Coelho, j. 13.04.2005)

Insolvência civil. Patrimônio do devedor insuficiente para pagamento de todos os seus débitos. Ausência de provas. Propositura simultânea de execução singular e pedido de declaração de insolvência civil. Vedação. Improcedência do pedido exordial. 1 – Para que seja declarada a insolvência civil, é necessário que o patrimônio do devedor não seja suficiente para o pagamento de todos os seus débitos. 2 – Não havendo provas neste sentido nem demonstração de fatos que façam presumir a situação deficitária do devedor, a improcedência do pedido inicial da ação de insolvência civil se impõe. 3 – É vedado ao credor o uso simultâneo de dois processos de execução, ou seja, da execução singular e do processo de insolvência civil, relativamente a um mesmo crédito, um mesmo título executivo. (TJMG, Rec. n. 2.0000.00.406328-5/000, rel. Des. Pedro Bernardes, j. 23.03.2004)

**Art. 956. A discussão entre os credores pode versar quer sobre a preferência entre eles disputada, quer sobre a nulidade, simulação, fraude, ou falsidade das dívidas e contratos.**

Legislação correlata: arts. 768 e 788, CPC/73 (sem correspondentes no CPC/2015).

Cada credor poderá utilizar os meios que entender cabíveis para a defesa de seus créditos, arguindo nulidade, simulação, fraude ou falsidade, visando a excluir créditos indevidos capazes de diminuir a capacidade de pagamento por parte do devedor quando da liquidação patrimonial (legitimidade do crédito). O que se procura evitar efetivamente é que o devedor possa se valer de expedientes diversos para diminuir o seu débito pela criação de falsos créditos. A natureza da obrigação será determinante para definir eventual disputa pela preferência, porque outorgará vantagem de um credor sobre os outros. Muito embora este artigo trate das discussões entre credores, é lícito ao devedor também oferecer impugnação aos créditos apresentados, discutindo sua existência ou validade por meio de exceções.

A discussão entre credores terá início com a convocação, por edital, de todos para que, em vinte dias, apresentem suas declarações acompanhadas dos respectivos documentos comprobatórios. Relacionadas as declarações, novamente terão os credores vinte dias para manifestações, evitando-se assim sejam arrolados créditos inexistentes ou preferências indevidas.

No âmbito da falência, publicada a sentença declaratória da falência acompanhada da relação de credores, estes terão quinze dias para apresentar impugnações ao administrador judicial, que após analisá-las fará publicar nova relação nominal, a partir da qual fluirá o prazo de dez dias para impugnação. Sobrevirá sentença nos autos de impugnação, quando os credores nela relacionados serão considerados admitidos e inseridos no quadro geral de credores. Cabe também a impugnação por parte do devedor (Lei de Recuperação Judicial e Falências, art. 8º).

**Jurisprudência:** Agravo de instrumento. Cumprimento de sentença. Penhora e arrematação de imóvel. Concurso de credores. Decisão que determinou o pagamento do exequente que moveu a execução em primeiro lugar, sendo o restante dividido entre os credores trabalhistas, com caráter alimentar. Modificação excepcional da ordem de credores. Não cabimento. Art. 908 do CPC e arts. 956 a 963 do CC. Crédito de natureza alimentar que é preferencial em relação aos demais. Precedentes deste Eg. TJSP. Prioridade de pagamento do crédito tipicamente trabalhista do agravante em relação ao crédito equiparado ao trabalhista. Decisão reformada. Recurso provido. (TJSP, AI n. 2231178-17.2021.8.26.0000/SP, 36ª Câm. de Dir. Priv., rel. Lidia Conceição, j. 10.02.2022, publ. 10.02.2022)

**Art. 957. Não havendo título legal à preferência, terão os credores igual direito sobre os bens do devedor comum.**

No artigo precedente tratamos da preferência entre credores, que se define pela natureza da obrigação de cada um. Porém, inexistindo preferência, o que significa serem todos da mesma categoria, consideram-se iguais seus direitos creditórios, levando ao rateio proporcional do que for apurado na liquidação do patrimônio do devedor.

**Jurisprudência:** Agravo de instrumento. Busca e apreensão. Insolvência civil. Transação e pagamento ulterior. Ineficácia. A transação e o respectivo pagamento feito por devedor após a sua decretação de insolvência civil é ineficaz, mormente com a prévia ciência da outra parte quanto a tal estado, devendo-se proceder à restituição ao juízo de tais valores indevidamente percebidos. (TJMG, Proc. n. 1.0114.07.077744-5/002, rel. Des. Pedro Bernardes, j. 22.04.2008)

Processo civil. Agravo de instrumento. Insolvência civil. Cotas condominiais. Execução individual. Paridade entre os credores. Não prospera a alegada nulidade da decisão agravada porque revestida de suficientes fundamentos. Decretada a insolvência civil a requerimento do devedor, a execução individual sofre deslocamento da competência para o juízo universal, a fim de manter a paridade de tratamento entre os credores. A natureza do crédito, que na hipótese provém de obrigação *propter rem*, não interfere na atração ao juízo universal, apenas deve ser considerada na fase de liquidação das obrigações. Recurso provido. Acórdão. Vistos, relatados e discutidos estes autos de AI n. 26.182/06, originários da 7ª Vara Cível da Comarca da Capital, em que figura como agravante [...] e agravado condomínio do edifício [...], acordam os Desembargadores da 17ª Câm. Cível do TJRJ, por unanimidade de votos, em dar provimento ao recurso, nos termos do voto do relator. [...] interpôs agravo de instrumento à decisão proferida nos autos da ação de cobrança de cotas condominiais proposta por condomínio do edifício [...] que em juízo de retratação determinou o prosseguimento da execução, porque a cobrança diz respeito à obrigação *propter rem* e não se submete ao juízo universal da insolvência civil. Suscita em preliminar a nulidade da decisão agravada por falta de motivação. No mérito afirma que a decretação da insolvência importa na suspensão das execuções individuais, independente da natureza do crédito exequendo. O imóvel se tornou bem de família em função do decreto de insolvência, motivo porque incabível seja penhorado. Pede a reforma da decisão para determinar a extinção da execução individual e instaurar o juízo universal da insolvência civil, em consonância com o princípio da paridade de credores. Contrarrazões em prestígio à decisão recorrida. Dispensadas as informações. O MP opinou pelo desprovimento do recurso. É o relatório. Rejeita-se a preliminar de nulidade da r. decisão agravada porque se reveste de suficiente fundamentação, ao contrário do que alega o agravante, ao considerar que a obrigação *propter rem* não se submete ao juízo universal da insolvência. A discussão afeta à impenhorabilidade do imóvel não está posta na r. decisão recorrida, de modo que impossível analisá-la nesta oportunidade. Aqui, cinge-se a controvérsia a definir se o decreto de insolvência civil provoca a atração das execuções propostas contra o insolvente. Nos termos do art. 751, III, do CPC [sem correspondente no CPC/2015], a insolvência civil do devedor deflagra processo de execução universal dos credores, sendo indispensável a observância do tratamento isonômico a fim de não ocorrer disparidade de tratamento entre eles. A execução individual privilegia os titulares dos créditos exequendos em detrimento dos demais e da própria massa, o que ofende o princípio da igualdade de tratamento entre os credores. Eventual preferência de credor somente deve ser observada na fase de pagamento. Por outro lado, não se pode olvidar da natureza *propter rem* da obrigação relativa à cota condominial, o que significa considerá-la como encargo da massa. Porém, esta hipótese abrange apenas as cotas condominiais vencidas a partir da sentença de insolvência. A execução pelo crédito anterior à insolvência deve necessariamente seguir no juízo universal do insolvente, como disciplina o art. 762, § 1º, do CPC [sem correspondente no CPC/2015], o qual decidirá sobre o privilégio do agravado por força da natureza da obrigação. Nestes termos, dá-se provimento ao recurso para revogar a r. decisão recorrida e determinar a remessa da execução para o juízo universal da insolvência civil do agravante. (TJRJ, AI n. 2006.002.26182, rel. Des. Henrique de Andrade Figueira, 17ª Câm. Cível, j. 07.02.2007)

**Art. 958. Os títulos legais de preferência são os privilégios e os direitos reais.**

A preferência defere a determinado credor o recebimento de seu crédito antes dos demais de acordo com a natureza de sua obrigação. A preferência pode ser decorrente de privilégio ou de direito real. Considera-se privilégio o direito pessoal que o credor tem de ser pago antes dos demais pela qualidade de seu crédito, conferindo-lhe prioridade no recebimento. Já os direitos reais referidos neste artigo são os de garantia, como o penhor, a anticrese, a hipoteca e a alienação fiduciária. O STJ, nas Súmulas ns. 144 e 219, delimitou como créditos preferenciais os alimentícios e os decorrentes de serviços prestados à massa falida.

**Jurisprudência:** Civil e processual. Agravo em recurso especial. Decisão da presidência. Reconsideração. Agravo de instrumento. Ofensa a dispositivo constitucional. Inadequação da via eleita. Violação do art. 1.022 do CPC. Inocorrência. Ofensa aos arts. 6º, 8º, 11 do CPC e 4º e 16 do DL n. 4.657/42. Dispositivos apontados que não constituem imperativos legais aptos à desconstituição dos fundamentos do acórdão recorrido. Deficiência na fundamentação. Súmula n. 284 do STF. Falta de impugnação específica aos fundamentos do acórdão recorrido. Súmula n. 283 do STF. Dissídio jurisprudencial prejudicado. Agravo conhecido. Recurso especial conhecido em parte, e, nessa extensão, não provido. (STJ, Ag. Int. no AREsp n. 2.391.545, rel. Min. Moura Ribeiro, publ. 05.09.2024)

Agravo de instrumento. Prestação de serviço. Incidente de habilitação de crédito. Crédito trabalhista. Direito de preferência dos títulos legais é regra de direito material. Incidência do art. 958 do CC. Inviabilidade de sobreposição da preferência processual à preferência de direito material, conforme entendimento do Col. STJ. Ordem de preferência para pagamento de concorrentes da mesma classe, que deve ser estabelecida pela anterioridade das penhoras nas ações em que forem determinadas. Inteligência do art. 908, § 2º, do CPC. Decisão agravada mantida. Agravo de instrumento provido em parte. (TJSP, AI n. 2295521-22.2021.8.26.0000/SP, 34ª Câm. de Dir. Priv., rel. Cristina Zucchi, j. 24.02.2022, publ. 24.02.2022)

Crédito hipotecário. Preferência. Decisão que deferiu o pedido de preferência do crédito do agravado em relação ao produto da arrematação. Credor hipotecário que pode exercer a sua preferência nos autos da execução movida por terceiro. Caso em que, constituída a hipoteca regularmente, o credor hipotecário tem direito de fazer valer a sua preferência sobre o bem. Art. 958 do CC. Agravante que tinha conhecimento do direito real de garantia que pendia sobre os imóveis quando da penhora. Agravo desprovido. (TJSP, AI n. 0216412-08.2012.8.26.0000/SP, 23ª Câm. de Dir. Priv., rel. José Marcos Marrone, *DJe* 06.02.2013, p. 1.234)

Insolvência civil. Instrumentalidade das formas. Confissão de dívida. Título executivo extrajudicial. Termo legal. Inaplicabilidade. Crédito especial. De conformidade com o art. 244 do CPC [art. 277 do CPC/2015], quando a lei prescrever determinada forma, sem cominação de nulidade, o juiz considerará válido o ato se, realizado de outro modo, lhe alcançar a finalidade. De conformidade com o art. 585, II, do CPC [art. 784, II a IV, do CPC/2015], o documento particular assinado pelo devedor e por duas testemunhas é título executivo extrajudicial. Diferentemente do que ocorre na falência, não se fala em termo legal nos casos de insolvência civil, não se considerando ineficazes os atos anteriores à sua declaração, que não podem ser revogados, a menos que se encontre irregularidade suficiente para tanto na lei civil. O crédito constituído por contrato de depósito confere ao credor privilégio especial, que precede aos quirografários no quadro geral. Recurso provido. (TJMG, Ap. Cível n. 1.0024.05. 731370-2/001(1), 14ª Câm. Cível, rel. Des. Evangelina Castilho Duarte, j. 09.07.2009, *DJ* 28.07.2009)

Agravo de instrumento. Ação de cobrança de cotas condominiais. Preferência do crédito hipotecário, a despeito da natureza *propter rem* da obrigação condominial. O crédito condominial não tem preferência sobre o crédito hipotecário, a despeito de constituir obrigação de natureza *propter rem*, haja vista que o crédito real (CC 961), porque direito real (CC 1.419), constitui título legal preferencial (CC 958). Recurso provido. (TJRJ, AI n. 2008.002.12130, 11ª Câm. Cível, rel. Des. José C. Figueiredo, j. 25.06.2008)

Concurso de credores. Incidente no processo de execução alheio. Concurso que se resolve pelas preferências previstas no art. 711 do CPC [arts. 908, *caput*, e 908, § 2º, do CPC/2015]. Prioridade do exequente, de ser pago em primeiro lugar, salvo credores com títulos legais de preferência (arts. 958 a 965 do CC). Data da penhora, e não do registro, para a ordem de pagamento dos demais credores sobre o dinheiro restante, caso dos recorrentes. Anterioridade que também favorece o exequente, com base em arresto. Irrelevância se um dos agravantes, advogado constituído pelo outro, tem crédito de honorários, equiparáveis a alimentos, se não os executa em processo próprio e autônomo. Honorários como acessórios, cujo destino é o do principal. Agravo desprovido, com observação. (TJSP, AI n. 7.225.463.400, 12ª Câm. de Dir. Priv., rel. Cerqueira Leite, j. 02.04.2008)

Hasta pública. Arrematação. Crédito preferencial. Hipoteca. Dever de exibir preço pelo arrematante. Penhorado imóvel gravado com hipoteca, na sua arrematação, tem o credor hipotecário a preferência sobre os créditos de natureza pessoal, inclusive do exequente, visto que tem a prioridade no recebimento de seu crédito. Em havendo pluralidade de exequentes, torna-se obrigatória a exibição do preço por quem arrematou o bem penhorado, porquanto através do depósito judicial é que se tornará possível a instauração do concurso de credores, se for o caso, sendo que a inobservância desse procedimento frustrará o suposto direito de preferência de terceiro, tornando inócuas as regras dos arts. 711 e 712 do CPC [arts. 908, *caput* e § 2°, e 909 do CPC/2015]. (TJMG, Proc. n. 1.0528.06.001120-2/001, rel. Duarte de Paula, j. 26.09.2007)

Execução. Arrematação. Hipoteca em favor de terceiro. Preferência. Suspensão de levantamento dos valores pelo credor-exequente. Art. 709, II, CPC [art. 905, II, do CPC/2015]. Não há impedimentos a que o terceiro manifeste a sua preferência derivada da garantia hipotecária, nos autos da execução proposta pela parte agravante, pois a preferência de direito material se sobrepõe à preferência de direito processual, nos termos da jurisprudência do STJ. A questão suscitada sobre a possível extinção da obrigação principal pela ocorrência de prescrição e decadência, obrigação, esta, que daria suporte ao direito real de garantia do terceiro, é matéria estranha à lide e deve ser abordada em ação própria, garantindo-se às partes envolvidas todos os direitos constitucionais de ampla defesa e contraditório pertinentes. Quanto ao pedido de ressarcimento das despesas, uma vez mantida a decisão agravada, entendo que, em vista da ausência de pronunciamento pelo juízo recorrido sobre o fato, não pode esta relatoria manifestar-se, sob pena de supressão de um grau de jurisdição. Tenho como correta a decisão agravada porque respeita os ditames do art. 709, II, do CPC [art. 905, II, do CPC/2015], cuja redação estabelece que o magistrado não autorizará o levantamento dos valores pelo credor, arrecadados pela alienação do bem, se houver qualquer outro privilégio ou preferência, instituído anteriormente à penhora. (TRF, 4ª R., AI n. 2006.040.001.26605, 3ª T., rel. Juíza Vânia Hack de Almeida, j. 28.11.2006)

---

**Art. 959. Conservam seus respectivos direitos os credores, hipotecários ou privilegiados:**

**I - sobre o preço do seguro da coisa gravada com hipoteca ou privilégio, ou sobre a indenização devida, havendo responsável pela perda ou danificação da coisa;**

**II - sobre o valor da indenização, se a coisa obrigada a hipoteca ou privilégio for desapropriada.**

---

Traz este artigo o direito do credor de sub-rogar-se no recebimento de qualquer importância referente a seguro ou indenização em razão de o bem hipotecado ou sob privilégio não mais servir como garantia. Portanto, a garantia primitiva será substituída pelo prêmio do seguro no caso de perda ou danificação da coisa, seja total seja parcial, decorrente ou não de fatos alheios à vontade do devedor ou por ele provocados. Pouco importa se o seguro foi feito pelo devedor ou pelo credor. Inexistindo seguro, sub-roga-se o credor no direito de ação, passando a ter legitimidade ativa para demandar em busca da indenização. No caso de desapropriação, igualmente sub-roga-se no recebimento do valor a ser pago pelo poder público, quer por ação, quer de qualquer outra forma.

**Jurisprudência:** Processo civil. Agravo de instrumento. Ação de desapropriação para fins de reforma agrária. Levantamento do valor das benfeitorias. Impossibilidade. Existência de credor hipotecário. A hipoteca, de acordo com o art. 1.474 do CC, abrange todas as acessões e benfeitorias do imóvel, conservando o credor hipotecário seus direitos sobre o valor da indenização, se a coisa obrigada a hipoteca for desapropriada (CC, art. 959, II). (TRF, 1ª R., AI n. 2006.010.000.78014, 3ª T., rel. Des. Tourinho Neto, j. 11.12.2006)

Processual civil. Agravo de instrumento. Desapropriação. Transferência de valores à Justiça do Trabalho. Não conhecimento. Banco do Brasil S.A. Credor hipotecário. Levantamento de parte da oferta. Existência de débitos tributários. Direito preferencial não oponível à Fazenda Pública. 1 – Não merece conhecimento o agravo na parte alusiva à transferência de valores para a Justiça do Trabalho, eis que tal pleito foi formulado a destempo. 2 – Os credores hipotecários possuem direito preferencial ao levantamento da parte que lhes cabe do *quantum* indenizatório. 3 – Conforme preconiza o art. 186 do CTN, "o crédito tributário prefere a qualquer outro, seja qual for a natureza ou o tempo da constituição deste, ressalvados os créditos decorrentes da legislação do trabalho". 4 – Agravo de instrumento improvido. (TRF, 1ª R., AI n. 1999.010.010.13142, 4ª T., rel. Des. Carlos Olavo, j. 04.08.2004)

---

**Art. 960. Nos casos a que se refere o artigo antecedente, o devedor do seguro, ou da indenização, exonera-se pagando sem oposição dos credores hipotecários ou privilegiados.**

---

Aquele que for responsável pelo pagamento do seguro ou da indenização, sabendo dos direitos de credores, deverá consignar o valor para que se decida quem o receberá. Caso efetive o pagamento ao proprietário sem comunicar aos credores, será responsável por pagar novamente, ressalvado o direito de regresso. Mas, se os credores forem citados e não se manifestarem, estará o segurador exonerado de qualquer outra obrigação, haja vista a ausência de oposição do credor ao pagamento. Não havendo a consignação pelo devedor do seguro ou da indenização, o credor sub-roga-se no direito de ação, como mencionado no artigo anterior, demandando para receber o valor devido. Antes da ação do credor, é obrigação do devedor consignar o valor.

**Jurisprudência:** Execução de título extrajudicial. Requerimento de ofício à Jucesp para levantamento de informações sobre a inscrição empresarial do devedor. Pleito de direcionamento da execução também contra o nome empresário e o CNPJ do executado. A inscrição do empresário produtor rural no Registro Público de Empresas Mercantis é facultativa (art. 961 do CC). Se o exequente não localizou, em busca junto à Jucesp, a inscrição de empresário do executado produtor rural é porque não há registro. Desnecessária a provocação específica da referida instituição, como pretendido neste agravo. Considerações de que o empresário individual inscrito no CNPJ não possui personalidade diversa da pessoa natural inscrita no CPF. Tratando-se do mesmo sujeito de direito na ordem civil, a execução movida contra o devedor alcança tanto os bens vinculados ao seu nome civil e ao CPF quanto os que estiverem atrelados ao seu nome empresário e ao CNPJ. Acolhimento da pretensão nesse sentido. Recurso provido em parte. (TJSP, AI n. 21811313420248260000/Agudos, 24ª Câm. de Dir. Priv., rel. Jonize Sacchi de Oliveira, j. 16.08.2024, publ. 16.08.2024)

**Art. 961. O crédito real prefere ao pessoal de qualquer espécie; o crédito pessoal privilegiado, ao simples; e o privilégio especial, ao geral.**

Este artigo estabelece a regra de preferência entre créditos, ou seja, determina a classificação ou a ordem a ser obedecida no momento da liquidação do débito. Em primeiro lugar temos os créditos que têm origem nas garantias reais, o penhor, a anticrese e a hipoteca, porém, pelo valor excedente dos bens dados em garantia, entrarão no rol dos quirografários. Nos casos de hipoteca e penhor prevalecerá a data da inscrição no Cartório de Registro de Imóveis para determinar qual deles tem preferência, exceto nos casos de créditos provenientes de acidente do trabalho, de direitos trabalhistas e os da Fazenda Pública, cuja preferência é absoluta. Os créditos especiais privilegiados preferem aos privilegiados gerais e quirografários justamente pela vinculação existente entre a coisa determinada e a dívida. Temos ainda os privilégios especiais sobre móveis e imóveis, os primeiros estabelecidos no art. 964 do CC e os outros nos arts. 959, 964, 1.422 e 1.442 do mesmo Código. Os privilégios gerais prevalecem sobre os quirografários, pois têm como determinante a causa da dívida (CC, art. 965).

No caso de falência, reservou o legislador aos credores que tenham bens indevidamente arrecadados pela massa, sua reivindicação, pela ação de restituição, haja vista não se tratar de credor do falido, mas de proprietário indevidamente afetado (Lei de Recuperação e Falências, arts. 85 a 93).

**Jurisprudência:** Embargos de declaração. Omissão, obscuridade ou contradição não verificadas. Via aclaratória inadequada à sanação de suscitado *error in judicando*. O acolhimento dos embargos declaratórios predispõe a ocorrência de uma das hipóteses catalogadas no art. 1.022 do CPC. Acórdão embargado que enfrenta as questões elementares, alinhando-se a posicionamento jurisprudencial existente. Omissão inexistente quanto aos pontos devolvidos ao exame em segundo grau. Má avaliação de provas ou inadequada aplicação do direito material que escapam aos estreitos lindes da via aclaratória. Embargos rejeitados. (TJSP, Emb. de Decl. n. 10022157920228260318/Leme, 11ª Câm. de Dir. Públ., rel. Márcio Kammer de Lima, j. 13.09.2024, publ. 13.09.2024)

Agravo. Locação de imóveis. Ação de despejo por falta de pagamento cumulada com cobrança de aluguéis e encargos locatícios. Execução. Credor hipotecário. Necessidade de intimação deste da arrematação. Possibilidade de exercer a preferência que por lei lhe for atribuída. Arts. 615, II, 619, 694, VI, e 698, todos do CPC [respectivamente, arts. 799, I e II, 804, e 889, V, do CPC/2015. Art. 694, VI, sem correspondente no CPC/2015]. Arts. 961 e 1.422, ambos do CC. Recurso provido. (TJSP, AI n. 0035455-75.2013.8.26.0000/Sorocaba, 25ª Câm. de Dir. Priv., rel. Sebastião Flávio, *DJe* 06.06.2013, p. 1.562)

Agravo de instrumento. Despesas de condomínio. Cobrança. Pedido de preferência dos débitos condominiais sobre os créditos decorrentes da hipoteca. Inadmissibilidade. Direito real que prefere ao pessoal de qualquer espécie, nos termos do art. 961 do CC. Recurso improvido. (TJSP, AI n. 992.090.711.342, 32ª Câm. de Dir. Priv., rel. Ruy Coppola, j. 03.09.2009, *DJ* 26.09.2009)

O crédito de honorários advocatícios goza de preferência geral, não preferindo destarte ao crédito trabalhista, que goza de preferência especial. (TJSP, AI n. 1.058.389.200, 28ª Câm., 4º Grupo (Ext. II TAC), rel. Amaral Vieira, j. 03.10.2006, *DJ* 06.10.2006)

Agravo de instrumento. Despesas de condomínio. Cobrança. Credor hipotecário. Preferência. Prevalência do direito real sobre a obrigação *propter rem*: art. 961 do

CC. Decisão reformada. Recurso provido. (TJSP, AI n. 1.113.898-0/8, 32ª Câm., rel. Des. Francisco Occhiuto Junior, j. 30.08.2007)

Hasta pública. Arrematação. Crédito preferencial. Hipoteca. Dever de exibir preço pelo arrematante. Penhorado imóvel gravado com hipoteca, na sua arrematação, tem o credor hipotecário a preferência sobre os créditos de natureza pessoal, inclusive do exequente, visto que tem a prioridade no recebimento de seu crédito. Em havendo pluralidade de exequentes, torna-se obrigatória a exibição do preço por quem arrematou o bem penhorado, porquanto através do depósito judicial é que se tornará possível a instauração do concurso de credores, se for o caso, sendo que a inobservância desse procedimento frustrará o suposto direito de preferência de terceiro, tornando inócuas as regras dos arts. 711 e 712 do CPC [arts. 908, *caput* e § 2°, e 909 do CPC/2015]. (TJMG, Proc. n. 1.0528.06.001120-2/001, rel. Duarte de Paula, j. 26.09.2007)

**Art. 962. Quando concorrerem aos mesmos bens, e por título igual, dois ou mais credores da mesma classe especialmente privilegiados, haverá entre eles rateio proporcional ao valor dos respectivos créditos, se o produto não bastar para o pagamento integral de todos.**

Legislação correlata: art. 711, CPC/73; art. 908, *caput* e § 2°, do CPC/2015.

O dispositivo trata da hipótese em que credores têm iguais direitos sobre o patrimônio do devedor, o que significa a inexistência de preferência legal de um sobre o outro dentro da mesma classe. Mas, quando a apuração de valores na liquidação dos bens não for suficiente para pagar todos os credores da mesma classe, a divisão será proporcional ao crédito de cada qual, salientando-se que serão todos inseridos na classe de quirografários, mesmo os com privilégio. A igualdade aqui referida diz respeito aos credores quirografários e o com privilégio especial e geral.

**Jurisprudência:** Justiça gratuita. Matéria não conhecida e que poderá ser submetida pelos agravantes ao juiz da causa, para não haver supressão de um dos graus de jurisdição. Concessão unicamente para possibilitar o processamento deste agravo. Cumprimento de sentença. Concurso de credores. Ordem e preferência. Decisão agravada que acolheu o incidente de concurso de credores e reconheceu a equiparação do crédito oriundo de honorários advocatícios sucumbenciais aos créditos de natureza trabalhista (contratuais) para fins de estabelecer a ordem de preferência, observado o critério da ordem cronológica. Inadmissibilidade. Hipótese em que a regra do art. 908 do CPC não se aplica àqueles detentores de privilégio legal. Pretensão recursal que deve ser acolhida, em parte, para que se faça rateio proporcional entre os credores da mesma classe. Inteligência do art. 962 do CC. Precedentes. Decisão reformada em parte. Recurso provido em parte. (TJSP, AI n. 22560226020238260000/Adamantina, 20ª Câm. de Dir. Priv., rel. Álvaro Torres Júnior, j. 24.09.2024, publ. 24.09.2024)

Agravo de instrumento. Execução de título extrajudicial. Instrumento particular de confissão de dívida. Decisão que, dentre outras deliberações, indeferiu o pedido da terceira interessada de devolução da importância levantada pela exequente, ressaltando o entendimento consolidado na jurisprudência de que a penhora é aperfeiçoada/constituída com a lavratura do respectivo auto ou termo de penhora. Além disso, reportou-se ao despacho anterior que declarou que a penhora nestes autos é anterior àquela determinada por outro Juízo, não havendo privilégio creditório. Irresignação da terceira interessada. Pretensão de reforma da decisão para que seja determinado à exequente que devolva aos autos a quantia levantada, para posterior concurso de credores e rateio dos valores. Descabimento. Execução que se realizada no interesse do credor que adquire, pela penhora, o direito de preferência sobre os bens penhorados. Dicção do art. 797 do CPC. Anterioridade da penhora reduzida a termo nos autos da execução em comento. Pluralidade de penhoras sobre o mesmo bem em processos diversos. Preferência do credor que primeiro tiver lavrado o auto de penhora em sua execução. Irrelevante a ordem de averbação no registro de imóveis, vez que destinada apenas ao conhecimento de terceiros sobre da penhora concretizada. Ausência de privilégio creditório. Ordem de pagamento que obedeceu ao critério cronológico. Inteligência do § 2° do art. 908, do CPC. Decisão que foi clara ao externar as razões pelas quais o produto da arrematação foi destinado a pagar exclusivamente a exequente. Inaplicabilidade do art. 962 do CC. Interessada que não tem direito à rateio proporcional. Não se vislumbra desacerto do Juízo *a quo*. Precedentes do Col. STJ e deste Eg. TJSP. Decisão mantida. Recurso não provido. (TJSP, AI n. 22279580620248260000/São Bernardo do Campo, 38ª Câm. de Dir. Priv., rel. Lavinio Donizetti Paschoalão, j. 16.09.2024, publ. 16.09.2024)

Agravo de instrumento. Cumprimento de sentença. Penhoras no rosto dos autos. Concurso de credores. Decisão que determinou a transferência dos valores depositados ao juízo trabalhista. Insurgência de outros credores. O arresto (cautelar ou executivo) assemelha-se à penhora, inclusive para fins de preferência em concurso de credores. Precedente do STJ. Incabível, nestes autos, a discussão acerca da constituição do crédito, que fundamentou a ordem de arresto. Matéria que, se o caso, deve ser decidida pelo juízo onde tramita a execução extrajudicial respectiva. Honorários advocatícios x crédito de trabalhista. Ambos possuem natureza alimentar, e gozam dos privilégios da legislação do trabalho. Créditos de igual classe. Subsunção do art. 962 do CC. Necessidade de rateio proporcional dos créditos. Precedentes deste colegiado. Decisão reformada em parte. Agravo parcialmente provido. (TJSP, AI n. 20834648220238260000/São José do Rio Preto, 28ª Câm. de Dir. Priv., rel. Michel Chakur Farah, j. 24.06.2024, publ. 24.06.2024)

Agravo de instrumento. Despesas condominiais. Ação de cobrança em fase de cumprimento de sentença. Decisão agravada que decidiu acerca da ordem de preferência de créditos. Concurso de credores. Multiplicidade de créditos dotados de preferência legal (honorários advocatícios e trabalhistas). Rateio proporcional. Aplicação do art. 962 do CC. Anterioridade de penhoras que somente é relevante para os créditos quirografários. Recurso parcialmente provido. (TJSP, AI n. 20396069820238260000/Guarujá, 31ª Câm. de Dir. Priv., rel. José Augusto Genofre Martins, j. 13.11.2023, publ. 13.11.2023)

Execução. Transferência de valores. Indisponibilidade de bens. O juiz autorizará que o credor levante, até a satisfação integral de seu crédito, o dinheiro depositado para segurar o juízo ou o produto dos bens alienados quando a execução for movida só a benefício do credor singular, titular do direito de preferência sobre os bens penhorados e alienados. Concorrendo vários credores, o dinheiro ser-lhes-á distribuído e entregue consoante a ordem das respectivas prelações. Não havendo título legal à preferência, receberá em primeiro lugar o credor que promoveu a execução, cabendo aos demais concorrentes direito sobre a importância restante, observada a anterioridade de cada penhora. O decreto de indisponibilidade de bens não importa em constrição, equiparável ao arresto ou à penhora, senão em proibição de alienação, pelo devedor, de bens seus, em prejuízo dos credores. Decisão confirmada. (TJRJ, AI n. 2005.002.20227, 4ª Câm. Cível, rel. Des. Jair Pontes de Almeida, j. 30.05.2006)

Ação anulatória de arrematação. Desrespeito ao direito material de preferência dos créditos trabalhistas. Ineficácia da alienação judicial quanto aos autores. Segundo o CPC, "concorrendo vários credores, o dinheiro ser-lhes-á distribuído e entregue consoante a ordem das respectivas prelações; não havendo título legal à preferência, receberá em primeiro lugar o credor que promoveu a execução, cabendo aos demais concorrentes direito sobre a importância restante, observada a anterioridade de cada penhora" (art. 711) [art. 908, *caput* e § 2º, do CPC/2015]. A prelação de um credor hipotecário ou pignoratício sobre os bens gravados de um devedor não é atingida pela penhora de terceiro. Na execução, em havendo penhora a favor de diversos credores, observar-se-á, em primeiro lugar, a preferência de cada um, segundo o direito material, independentemente da ordem da penhora. A alienação judicial feita com desobediência ao direito material de preferência é ineficaz perante o detentor da preferência, mas permanece válida em relação a terceiros. (TJMG, Rec. n. 2.0000.00.348238-4/000, rel. Des. Wander Marotta, j. 17.10.2001)

Processo de execução. Arrematação. Concorrendo vários credores, o dinheiro ser-lhes-á distribuído e entregue consoante a ordem das respectivas prelações; não havendo título legal à preferência, receberá em primeiro lugar o credor que primeiro penhorou, cabendo aos demais concorrentes direito sobre a importância restante, observada a anterioridade de cada penhora. Assim, a arrematação realizada nos autos da execução originária é válida e eficaz para todos os efeitos legais. Decisão reformada parcialmente. Agravo provido em parte. (TACRS, AI n. 197.140.809, 3ª Câm. Cível, rel. Gaspar Marques Batista, j. 22.10.1997)

**Art. 963. O privilégio especial só compreende os bens sujeitos, por expressa disposição de lei, ao pagamento do crédito que ele favorece; e o geral, todos os bens não sujeitos a crédito real nem a privilégio especial.**

Este artigo delimita a extensão dos privilégios, não admitindo interpretação extensiva. Portanto, os privilégios especiais são aqueles determinados na lei (CC, art. 964), e excluídos os que têm origem em garantia real, o remanescente é privilégio geral, que assim se mantém em razão da causa da dívida, o que os difere dos quirografários.

**Jurisprudência:** Insolvência civil. Instrumentalidade das formas. Confissão de dívida. Título executivo extrajudicial. Termo legal. Inaplicabilidade. Crédito especial. De conformidade com o art. 244 do CPC [art. 277 do CPC/2015], quando a lei prescrever determinada forma, sem cominação de nulidade, o juiz considerará válido o ato se, realizado de outro modo, lhe alcançar a finalidade. De conformidade com o art. 585, II, do CPC [art. 784, II a IV, do CPC/2015], o documento particular assinado pelo devedor e por duas testemunhas é título executivo extrajudicial. Diferentemente do que ocorre na falência, não se fala em termo legal nos casos de insolvência civil, não se considerando ineficazes os atos anteriores à sua declaração, que não podem ser revogados, a menos que se encontre irregularidade suficiente para tanto na lei civil. O crédito constituído por contrato de depósito confere ao credor privilégio especial, que precede aos quirografários no quadro geral. Recurso provido. (TJMG, Ap. Cível n. 1.0024.05.731370-2/001(1), 14ª Câm. Cível, rel. Des. Evangelina Castilho Duarte, j. 09.07.2009, *DJ* 28.07.2009)

Recurso especial. Falência. Crédito. Habilitação. Categoria. Honorários advocatícios. Privilégio geral. Art. 24 da Lei n. 8.906/94 c/c art. 102, § 3°, I, do DL n. 7.661/45. Precedentes desta 4ª Turma. Recurso não conhecido. 1 – Determinava a antiga Lei de Quebras (art. 102 do DL n. 7.661/45), que os créditos privilegiados vinham subdivididos em duas categorias: privilégio especial e geral, sendo que aqueles precediam a estes, na ordem de pagamento; doutra parte, dispõe o art. 24 do Estatuto da Advocacia que "a decisão judicial que fixar ou arbitrar honorários e o contrato escrito que os estipular são títulos executivos e constituem crédito privilegiado na falência, concordata, concurso de credores, insolvência civil e liquidação extrajudicial". 2 – A partir do princípio da isonomia, que deve reger todas as relações jurídicas, bem como por força de simples interpretação literal de ambas as normas sob exame, pode-se concluir que, ao estabelecer, o Estatuto da Advocacia, simplesmente o caráter privilegiado do crédito, afastou-o do rol dos créditos munidos de privilégio especial, incluindo-o junto aos de privilégio geral, como vem decidindo esta Turma julgadora. 3 – "Inobstante sejam, tal como os salários, contraprestação por serviços prestados, a lei não equiparou a verba advocatícia a salário" (REsp n. 550.389/RJ, *DJ* 14.03.2005). 4 – Recurso especial não conhecido. (STJ, REsp n. 612.923, 4ª T., rel. Min. Hélio Quaglia Barbosa, j. 11.12.2007, *DJ* 11.02.2008)

Concordata preventiva. Pedido de habilitação de crédito. Nota de crédito comercial. Crédito com privilégio especial. Inadmissibilidade. Desprovimento do recurso. A nota de crédito comercial, apesar de não possuir garantia real, constitui crédito com privilégio especial, haja vista possuir garantias pessoais, pelo que não se sujeita à concordata preventiva, que somente obriga os credores quirografários. (TJMG, Proc. n. 1.0079.03.094144-1/001, rel. José Domingues Ferreira Esteves, j. 10.04.2007)

Ação de cobrança de cotas condominiais. Decisão que suspende a execução, determinando que o credor habilite o crédito perante a massa falida do devedor. Obrigação *propter rem*. Crédito que possui privilégio especial e que incidirá sobre a unidade imobiliária devedora. DL n. 7.661/45, art. 102, II, e CC, arts. 963 e 964, IV. Provimento do recurso. (TJRJ, AI n. 2006.002.10943, 17ª Câm. Cível, rel. Des. Camilo Ribeiro Ruliere, j. 26.07.2006)

---

**Art. 964. Têm privilégio especial:**

**I – sobre a coisa arrecadada e liquidada, o credor de custas e despesas judiciais feitas com a arrecadação e liquidação;**

**II – sobre a coisa salvada, o credor por despesas de salvamento;**

**III – sobre a coisa beneficiada, o credor por benfeitorias necessárias ou úteis;**

**IV – sobre os prédios rústicos ou urbanos, fábricas, oficinas, ou quaisquer outras construções, o credor de materiais, dinheiro, ou serviços para a sua edificação, reconstrução, ou melhoramento;**

**V – sobre os frutos agrícolas, o credor por sementes, instrumentos e serviços à cultura, ou à colheita;**

**VI – sobre as alfaias e utensílios de uso doméstico, nos prédios rústicos ou urbanos, o credor de aluguéis, quanto às prestações do ano corrente e do anterior;**

**VII – sobre os exemplares da obra existente na massa do editor, o autor dela, ou seus legítimos representantes, pelo crédito fundado contra aquele no contrato da edição;**

**VIII – sobre o produto da colheita, para a qual houver concorrido com o seu trabalho, e precipuamente a quaisquer outros créditos, ainda que reais, o trabalhador agrícola, quanto à dívida dos seus salários;**

**IX – sobre os produtos do abate, o credor por animais.**

Inciso acrescentado pela Lei n. 13.176, de 21.10.2015.

---

O artigo, de forma expressa, indica os privilégios especiais, estando muitos de seus incisos voltados ao princípio da equidade. O credor de custas e despesas judiciais tem privilégio especial para receber o que desembolsou para promover a ação judicial, obtendo êxito no reconhecimento do seu crédito, não sendo justo que receba apenas o valor do seu crédito sem a devolução do que despendeu para obtê-lo; as despesas para salvar a coisa, retirando-a do perigo e mantendo a garantia, em proveito do credor, fazem aquele que despendeu o valor credor possuir privilégio especial, porque sem a sua ação a garantia desapareceria; as benfeitorias são consideradas necessárias quando destinadas à conservação do bem e úteis as que melhorem sua utilização, portanto aquele que as realizou deve ser indenizado, recebendo o que despendeu, sob pena de fazer valer o direito de retenção. Os demais credores não podem receber uma coisa valorizada sem ressarcir o benfeitor. Tal regra só não se aplica quando o imóvel estiver hipotecado, em razão da necessidade de registro; o credor de materiais, dinheiro ou serviço para a edificação, a reconstrução ou o melhoramento de prédio deve ser privilegiado porque contribuiu para a garantia, aumentando o valor da coisa; o credor de sementes, instrumentos e serviços agrícolas deve ser privilegiado, porque caso assim não fosse os demais credores estariam a se locupletar do trabalho alheio; alfaias são as roupas e os objetos de uso pessoal, servindo como forma de pagamento dos débitos de locação; o crédito fundado em contrato de edição é privilegiado pela proteção legal ao trabalho intelectual; o crédito por salários do trabalhador agrícola prefere a qualquer outro, mesmo aqueles oriundos de garantia real, como salientado no comentário ao art. 961, supra, por ter origem no direito trabalhista.

**Jurisprudência:** Ação de indenização por benfeitorias. Contrato de locação não residencial. Preliminares rejeitadas. Caso concreto. Matéria de fato. Prescrição inocorrente na espécie. Unirrecorribilidade. Não conhecimento do segundo apelo interposto pelas mesmas partes. Preclusão consumativa. Autorização contratual para realização de benfeitorias. Incidência do art. 35, da Lei n. 8.245/91. Indenização devida. Benfeitorias úteis e necessárias. Imóvel arrematado em leilão. Inexistência de relação econômica ou jurídica entre a autora e a arrematante. Ramo de atuação e inscrição no CNPJ diversos. Privilégio especial do crédito oriundo das benfeitorias. Inteligência do art. 964, III, do CC. Primeiro e terceiro apelos desprovidos, segundo provido e quarto não conhecido. (TJRS, Ap. Cível n. 70.076.283.183, 15ª Câm. Cível, rel. Vicente Barrôco de Vasconcellos, j. 12.09.2018)

Agravo de instrumento. Despesas condominiais. Cobrança. Cumprimento de sentença. Penhora da unidade condominial. Obrigações decorrentes de despesas condominiais. Natureza *propter rem*. Preferência absoluta crédito da promitente vendedora que é de natureza pessoal. Inaplicabilidade do art. 964, IV, CC. Decisão mantida. Recurso não provido. (TJSP, AI n. 0208778-58.2012.8.26.0000/SP, 29ª Câm. de Dir. Priv., rel. Ferraz Felisardo, *DJe* 27.05.2014, p. 1.691)

Agravo de instrumento. Cumprimento de sentença. Ação monitória. Penhora de imóvel rural já gravado por força de cédula rural hipotecária. Possibilidade. Recurso provido. Embora o art. 69 do DL n. 167/67 proíba a penhora ou hipoteca de bens já gravados por força de cédula de crédito rural, tal dispositivo deve ser lido de acordo com os fins sociais a que o Decreto-Lei se destina, que é o resguardo do direito de preferência do credor hipotecário sobre os demais. Inexistindo risco de frustração do direito de preferência do credor hipotecário, e havendo laudo nos autos indicando que o bem vale muito mais que o crédito preferencial hipotecado, a penhora em favor de terceiros credores deve ser admitida. Inteligência do art. 5º da Lindb, dos arts. 612 e 711 do CPC [arts. 797 e 908, *caput* e § 2º, do CPC/2015], dos arts. 958, 961, 964 do CC, e do art. 5º, XXIII, da Constituição. Precedente do STJ. Recurso provido. (TJMT, AI n. 131178/2013, rel. Des. João Ferreira Filho, *DJe* 31.03.2014, p. 17)

Agravo de instrumento. Despesas condominiais. Cobrança. Cumprimento de sentença. Penhora da unidade condominial. Obrigações decorrentes de despesas condominiais. Natureza *propter rem*. Preferência absoluta. Crédito da promitente vendedora que é de natureza pessoal. Inaplicabilidade do art. 964, IV, CC. Decisão mantida. Recurso não provido. (TJSP, AI n. 0208778-58.2012.8.26.0000/SP, 29ª Câm. de Dir. Priv., rel. Ferraz Felisardo, *DJe* 10.04.2013, p. 1.169)

Condomínio. Crédito hipotecário. Preferência. Privilégio especial da dívida condominial. As despesas condominiais dizem respeito à manutenção e conservação da coisa e, por sua natureza *propter rem*, gozam de privilégio especial de preferência frente ao crédito hipotecário, na exegese dos arts. 1.566 e 1.564 do CC/1916 (CC/2002, art. 964, III). (TJSP, AI n. 992.090.775.014, 35ª Câm. de Dir. Priv., rel. Clóvis Castelo, j. 21.09.2009, *DJ* 08.10.2009)

Civil e processual. Incidente de uniformização de jurisprudência. Faculdade reservada ao integrante do tribunal, não à parte. CPC, art. 476 [sem correspondente no CPC/2015]. Exegese. Crédito condominial. Preferência ao crédito hipotecário. Obrigação *propter rem*. I – O incidente de uniformização de jurisprudência é de iniciativa dos órgãos do tribunal, não da parte, ao teor da exegese dada ao art. 476 da lei adjetiva civil em precedentes do STJ. II – O crédito condominial tem preferência sobre o crédito hipotecário por constituir obrigação *propter rem*, constituído em função da utilização do próprio imóvel ou para evitar-lhe o perecimento. Precedentes do STJ. III – Recurso conhecido em parte e, nessa parte, provido. (STJ, REsp n. 654.651, 4ª T., rel. Min. Aldir Passarinho Júnior, j. 19.04.2007)

Processo civil. Violação ao art. 535 do CPC [art. 1.022 do CPC/2015]. Inocorrência. Interesse recursal. Existência. Agravo de instrumento. Pedido de reforma. Art. 524,

II, do CPC [art. 1.016, III, do CPC/2015]. Suspensão da execução. Reserva de crédito. Possibilidade. Execução hipotecária. Crédito rural. Superioridade do crédito trabalhista. "Não pode ser conhecido recurso que sob o rótulo de embargos declaratórios, pretende substituir a decisão recorrida por outra. Os embargos declaratórios são apelos de integração – não de substituição" (Emb. Decl. no REsp n. 9.770/Humberto). O interesse recursal está presente quando há possibilidade de proveito para o recorrente na reforma da decisão recorrida. O pedido de provimento do recurso equivale ao de reforma da decisão (CPC, art. 524, II) [art. 1.016, III, do CPC/2015]. Na suspensão da execução (CPC, § 1º do art. 739) [revogado pela Lei n. 11.382/2006], em que pese não ser o momento processual mais adequado, é possível a reserva de numerário destinado a futura satisfação de créditos trabalhistas em concurso de preferências (CPC, art. 711) [art. 908, *caput* e § 2º, do CPC/2015]. O crédito trabalhista tem preferência sobre o crédito hipotecário, pois é, inclusive, mais forte que o crédito fiscal. O art. 186 do CTN coloca o crédito trabalhista em situação ainda mais privilegiada que os créditos fiscais, que, por sua vez, são superiores ao crédito hipotecário. É possível a cobrança de crédito trabalhista sobre bem dado em hipoteca para garantia de crédito rural. A vedação legal do art. 69 do DL n. 167/67 não é absoluta. (STJ, REsp n. 236.553, 3ª T., rel. Min. Humberto Gomes de Barros, j. 22.02.2005)

---

**Art. 965. Goza de privilégio geral, na ordem seguinte, sobre os bens do devedor:**

**I – o crédito por despesa de seu funeral, feito segundo a condição do morto e o costume do lugar;**

**II – o crédito por custas judiciais, ou por despesas com a arrecadação e liquidação da massa;**

**III – o crédito por despesas com o luto do cônjuge sobrevivo e dos filhos do devedor falecido, se foram moderadas;**

**IV – o crédito por despesas com a doença de que faleceu o devedor, no semestre anterior à sua morte;**

**V – o crédito pelos gastos necessários à mantença do devedor falecido e sua família, no trimestre anterior ao falecimento;**

**VI – o crédito pelos impostos devidos à Fazenda Pública, no ano corrente e no anterior;**

**VII – o crédito pelos salários dos empregados do serviço doméstico do devedor, nos seus derradeiros seis meses de vida;**

**VIII – os demais créditos de privilégio geral.**

---

Excluídas as garantias reais e os privilégios especiais, remanescem os privilégios gerais enumerados neste artigo, cuja ordem deve ser seguida por expressa disposição no texto. O crédito por despesas de funeral tem origem nos gastos com o enterro e todos aqueles itens necessários para sua consecução, como flores, espaço no cemitério, dentre outros, mas sempre dentro das condições do falecido; o crédito por despesas judiciais é aquele inerente aos interesses dos credores, para conservação da coisa, advogados etc.; o crédito por despesas de luto tem sentido humanitário na medida em que se expressa o pesar pela perda de ente querido, mas deve ser o gasto moderado; o crédito por despesas com doença de que faleceu o devedor é considerado privilegiado para evitar o abandono do doente. Inclui as despesas hospitalares, médicas, com remédio, exames e todas as necessárias à manutenção da vida da pessoa; o crédito com a mantença do devedor falecido e de sua família também tem sentido humanitário e abrange as despesas com moradia, vestuário, alimentação e todas as que se fizeram necessárias à subsistência tanto do devedor falecido como da própria família, nos três meses precedentes à sua morte; o crédito por impostos beneficia as Fazendas Públicas em todos os seus níveis, tendo como finalidade o interesse social, pelo qual a arrecadação permite à administração pública prestar os serviços a ela destinados, atendendo às necessidades da população. O CC/2002 diminuiu a proteção aos créditos fazendários; o crédito pelos salários dos empregados domésticos do devedor, nos seis meses anteriores ao seu falecimento, é privilegiado pela necessidade de subsistência do próprio empregado e de sua família, tendo como fundamento os serviços prestados ao falecido enquanto doente. Incluem-se nesse rol a cozinheira, o motorista, a arrumadeira ou qualquer pessoa que tenha prestado serviços com frequência determinada ao falecido; consideram-se créditos com privilégio geral outros a que a lei expressamente atribua tal condição.

Apesar da repetição do dispositivo do CC/1916, não se pode deixar de salientar que a Lei de Recuperação Judicial e Falências (Lei n. 11.101/2005) estabeleceu nova relação de preferência, dando como absolutas as relativas aos créditos resultantes de salários e indenizações trabalhistas (art. 83, I). Embora não seja um entendimento uniforme, alguns doutrinadores entendem que as preferências trabalhistas e fiscais devem ser aplicadas à insolvência civil. Pode-se apontar como regra de classificação dos créditos para a insolvência civil: os resultantes de salário e indenizações trabalhistas; os tributários da União, dos estados e dos municípios; os parafiscais (INSS, PIS, FGTS etc.); os com garantia real; os com privilégios especiais; os com privilégios gerais; e os quirografários.

**Jurisprudência:** Apelação cível. Ação de cobrança. Despesas com funeral. Privilégio geral. Arts. 965, I, e

1.998, ambos do CC/2002. Anuência de eventuais herdeiros. Desnecessidade. Inclusão da pessoa falecida como dependente em plano de assistência funerária. Ressarcimento devido. Recurso provido. Consoante disposto nos arts. 965, I, e 1.998, do CC/2002, o pagamento das despesas funerárias são de responsabilidade do espólio, gozando de privilégio geral, razão pela qual deve ser julgado procedente o pedido para ressarcimento de tais despesas, independentemente da anuência de eventuais herdeiros. (TJMG, Ap. Cível n. 1.0471.12.015676-8/001, rel. Des. Valdez Leite Machado, j. 21.06.2018

Agravo de instrumento. Ação de falência. Custas processuais. Crédito de privilegiado geral. Inteligência do art. 965 do CC. Recurso conhecido e provido. 1 – O pagamento das custas processuais não pode ser realizado simultaneamente ao crédito trabalhista, conforme estabelece o art. 965 do CC. É que os créditos por custas ou despesas judiciais gozam de privilégio geral e não de privilégio especial. 2 – Recurso conhecido e provido. (TJPR, AI n. 0391161-5, 18ª Câm. Cível, rel. Cláudio de Andrade, j. 06.06.2007)

Habilitação de crédito. Falência. Honorários advocatícios. Não estando expresso no art. 24 do Estatuto dos Advogados que os honorários constituem crédito especial, devem eles ser considerados como tendo privilégio geral. Precedentes desta corte. Provimento do recurso. (TJRJ, Ap. Cível n. 2007.001.07236, 2ª Câm. Cível, rel. Des. Leila Mariano, j. 21.03.2007)

Habilitação de crédito em falência. Crédito decorrente de sentença condenatória, por falecimento em acidente de trânsito. Não contemplando a lei falimentar ou civil os alimentos, não gozam eles de privilégio. Privilégio geral, porém, das despesas de funeral. Aplicação do art. 1.569, I, do CC/1916, reproduzido no art. 965, I, do CC vigente. Recurso em parte provido. (TJRS, Ap. Cível n. 70.006.902.480, 6ª Câm. Cível, rel. Carlos Alberto Alvaro de Oliveira, j. 17.12.2003)

Falimentar. Crédito parafiscal. Senai. Natureza e modo de cobrança na falência. Como a natureza da garantia atribuída ao crédito parafiscal não altera a natureza deste e nem a da obrigação a que corresponda, tanto menos importa renúncia do credor ao título legal de preferência (art. 958 do CC), a adoção de um rito processual por outro para cobrá-lo. No concurso falimentar o crédito parafiscal constitui "encargo da Massa" (art. 188, CTN). Sujeitando-se o credor ao concurso, neste caso, concorre com seu crédito qualificado como "privilégio geral" (art. 102, III e § 3º, DL n. 7.661/45, e art. 965, VI, CC). Recurso provido. (TJRS, Ap. Cível n. 70.006.437.388, 5ª Câm. Cível, rel. Des. Clarindo Favretto, j. 04.09.2003)

# LIVRO II
# DO DIREITO DE EMPRESA

## TÍTULO I
## DO EMPRESÁRIO

### CAPÍTULO I
### DA CARACTERIZAÇÃO E DA INSCRIÇÃO

**Art. 966. Considera-se empresário quem exerce profissionalmente atividade econômica organizada para a produção ou a circulação de bens ou de serviços.**

**Parágrafo único. Não se considera empresário quem exerce profissão intelectual, de natureza científica, literária ou artística, ainda com o concurso de auxiliares ou colaboradores, salvo se o exercício da profissão constituir elemento de empresa.**

O CC/2002 reorganizou, no âmbito do direito privado, a legislação nacional, condensando vasto número de normas extravagantes e esparsas, mas, principalmente, procurou ultrapassar as barreiras criadas pela galopante pormenorização e particularização de suas normas e propôs fosse englobado, num único diploma, em conjunto, o direito comum, isto é, o direito civil, e parcela do mais relevante dos ramos especializados, o direito comercial. Foi promovida, frise-se, uma unificação formal puramente do direito privado.

O direito comercial pode ser conceituado como o complexo de normas regradoras das operações econômicas privadas que visem à produção e à circulação de bens, por meio de atos exercidos em caráter profissional e habitual, com o fim de obtenção de lucro.

Se bem que toda a disciplina das obrigações já tenha assimilado regras antes próprias à atividade mercantil, deixando de lado aquelas totalmente desgastadas e despidas, no mundo de hoje, de praticidade, tal unificação apresentará, sem dúvida, grandes dificuldades, dada a divergência de metodologia entre as duas disciplinas enfocadas. O direito comercial é dedutivo, de índole cosmopolita e ligado à celebração massificada de negócios. Suas regras são estratificadas a partir do surgimento concreto de questões geradas pela contínua atividade negocial, e não como derivação de concepções abstratas, sendo marcadas pela onerosidade e direcionadas para a reprodução profissional e seriada. Suas normas renovam-se incessantemente, com acelerado dinamismo, sempre tendendo para a internacionalização, vinculadas às alterações das formas de produção e acumulação capitalista, sistema que provocou o nascimento do direito comercial e ao qual continua umbilicalmente ligado. Tais características, à evidência, não estão presentes no direito civil e tornam necessário, como o advento do presente Diploma, um exercício continuado de compatibilização e concreção das novas regras positivadas.

Nesse sentido, a empresa surge como principal foco de análise para a incidência do direito comercial. Trata-se da figura dominante da terceira fase evolutiva desse ramo especial do direito privado, superando o sujeito de direito designado como destinatário das normas, o mercador ou comerciante associado a corporações, e o conteúdo pontual de atos ou negócios jurídicos profissionalmente celebrados, os chamados atos de comércio. A empresa é uma organização de pessoas, bens e atos voltada para a produção e circulação de mercadorias ou serviços destinados ao mercado, com o fim de lucro e sob a iniciativa e o comando de dado sujeito de direito, o empresário. Ela constitui uma estrutura econômica complexa, formada pela reunião e disposição racional de elementos totalmente heterogêneos, cuja concepção está identificada com a criação de formas extremamente intensivas de emprego do capital, isto é, com o capitalismo pós-industrial ou financeiro, não se enquadrando perfeitamente em qualquer das categorias fundamentais da teoria geral do Direito, mas congregando elementos próprios a várias delas.

Desde sua estratificação no CC italiano de 1942 (art. 2.082), a ausência de traços uniformes e simplificados chama a atenção dos estudiosos que buscam delimitar o conceito de empresa. De início, visões fragmentadas surgiram e, num segundo momento, visando a sua superação, Alberto Asquini pregou que fosse efetivado o estudo mediante a identificação de quatro perfis complementares entre si:

a) perfil subjetivo, correspondente ao sujeito de direito gestor da empresa, que modela, segundo suas declarações de vontade, toda a empresa, dando-lhe vida;

b) perfil funcional, composto de todos os atos jurídicos em sentido lato concretizados pelo empresário, com caráter profissional e sempre encadeados, formando um todo uno, uma atividade voltada para o mercado e para a obtenção de lucro;

c) perfil patrimonial, relativo ao conjunto de bens corpóreos e incorpóreos, organizados e dispostos racionalmente para a execução da atividade própria à empresa, formando uma universalidade conhecida como estabelecimento empresarial;

d) perfil corporativo, englobando todos os indivíduos que, por meio de contratações, gravitam e interagem com a empresa, contribuindo, direta ou indiretamente, para a realização de sua atividade na qualidade de empregados ou de auxiliares do empresário.

Em todo caso, destacada a empresa como traço essencial para a incidência das normas de direito comercial, os princípios atinentes a tal disciplina não são alterados, mas há mais que mera alteração de nomenclatura, visto ser obtida a imediata ampliação da incidência das normas especiais, abarcando a atividade profissional de prestação de serviços, bem como as formas de atuação derivadas da circulação de direitos incidentes sobre imóveis e de sua utilização como insumo na produção. O presente artigo, tomando como modelo o referido Código italiano de 1942, não se refere, porém, à empresa, mas, sim, a seus perfis, num primeiro plano, ao empresário. A empresa, em si mesma, não tem personalidade jurídica, de maneira que uma pessoa, o empresário, manifesta sua vontade e comanda toda a atividade empresarial, assumindo obrigações e auferindo créditos. Esse sujeito de direito ostenta como características primordiais a iniciativa e o risco. É ele quem cria e gerencia toda a atividade empresarial, ditando, conforme suas decisões, seu desenvolvimento e o sucesso ou o insucesso resultante, com o qual arcará, suportando os ônus dos prejuízos e as benesses derivadas dos lucros. Sua atuação é sempre vinculada a um mercado, concebendo, organizando e gerenciando continuadamente a produção e a circulação de bens, assumindo tanto a forma de pessoa física quanto a de jurídica. Distingue-se, então, o empresário individual (pessoa física), tratado no presente título do Código, do empresário coletivo (pessoa jurídica). O conceito de empresário apresenta uma amplitude muito maior que o de comerciante, peculiar à legislação revogada. Todos os comerciantes são empresários, mas nem todos os empresários são comerciantes. Incluem-se aqui aqueles que exercem a atividade de prestação de serviços e de natureza rural, ou seja, agrícola ou pecuária, que não se enquadravam como comerciantes. O exercício de profissão intelectual, no entanto, como é o caso dos advogados, médicos, engenheiros, arquitetos, artistas plásticos, literatos ou músicos, isto é, dos profissionais liberais, não qualifica, em regra, uma pessoa como empresário, mesmo que seja ela assessorada por outras pessoas (auxiliares e colaboradores). Apenas quando sua atuação se voltar para o mercado, colocando, indistinta e massificadamente, os serviços prestados à disposição do público e formando uma estrutura própria para tanto, tal profissional, por exceção, qualificar-se-á como empresário.

**Jurisprudência:** 1 – O CC/2002 provocou um alargamento, a partir da adoção dos conceitos de empresário e de empresa, da incidência das normas relativas à disciplina do comerciante. Ressalta-se, desde logo, o reconhecimento do prestador de serviços como empresário e, por isso, passível de ter sua falência requerida e decretada (TJSP, Ap. n. 339.602-4/0-00, 1ª Câm. de Dir. Priv., rel. Des. De Santi Ribeiro, j. 26.10.2004; TJSP, Ap. n. 311.752-4/9-00, 4ª Câm. de Dir. Priv., rel. Des. Munhoz Soares, j. 01.07.2004; TJSP, Ap. n. 316.478-4/4-00, 1ª Câm. de Dir. Priv., rel. Des. Alexandre Germano, j. 02.12.2003) ou caracterizado como devedor de contribuições já estatuídas em razão da prática de atos próprios a um comerciante (STJ, Ag. Reg. no Ag. n. 794.070/PR, 1ª T., rel. Min. Luiz Fux, j. 14.11.2006), bem como a exigência da prática de atos onerosos, isto é, da busca do lucro, como um de seus elementos essenciais (STJ, REsp n. 623.367, 2ª T., rel. Min. João Otávio de Noronha, j. 09.08.2004). 2 – O empresário individual assume sempre responsabilidade ilimitada pelas dívidas decorrentes da atividade empresarial, respondendo com seus bens particulares perante os credores, sem qualquer necessidade de uma desconsideração de personalidade jurídica (TJSP, AI n. 2072454-56.2014.8.26.0000, 32ª Câm. de Dir. Priv., rel. Des. Kiotsi Chicuta, j. 07.08.2014). Não há dupla personalidade do empresário individual; "as obrigações exercidas pela pessoa física se confundem com aquelas assumidas pela firma comercial, e vice-versa" (TJSP, AI n. 99010027561-4, 26ª Câm. de Dir. Priv., rel. Des. Andreatta Rizzo, j. 25.08.2010. No mesmo sentido: TJRS, Ap. n. 70.028.934.296, 5ª Câm. Cível, rel. Des. Romeu Marques Ribeiro Filho, j. 14.10.2009; TJSP, Ap. n. 1113337-09.2021.8.26.0100, 2ª Câm. de Dir. Priv., rel. Des. José Joaquim Santos, j. 04.03.2024). 3 – Frente à natureza da atividade de advocacia, voltada para a prestação de serviços por profissionais liberais de forma personalizada, os elementos da empresa, em particular aqueles atinentes a seu âmbito patrimonial e relativos à constituição de um estabelecimento, não estão presentes, não se podendo cogitar de avaliação de bens intangíveis (TJSP, Ap. n. 1050857-97.2018.8.26.0100, 1ª Câm. Res. de Dir. Empres., rel. Des. Fortes Barbosa, j. 24.02.2021; TJSP, Ap. n. 1006315-54.2018.8.26.0565, 2ª Câm. Res. de Dir. Empres., rel. Des. Maurício Pessoa, j. 28.10.2021).

**Art. 967. É obrigatória a inscrição do empresário no Registro Público de Empresas Mercantis da respectiva sede, antes do início de sua atividade.**

Legislação correlata: arts. 2º e 32, Lei n. 8.934, de 18.11.1994.

Foi estabelecida a necessidade de prévia inscrição nos órgãos do Registro Público de Empresas Mercantis como requisito imprescindível à atuação regular do empresário. O art. 4º (revogado) do antigo CCom já previa, quanto ao comerciante, tal dever, tendo ocorrido sua simples extensão a todo e qualquer empresário. O registro de empresas constitui um sistema de assentamentos escritos e destinados a garantir a conservação e a total publicidade dos atos de constituição, transformação e extinção do empresário individual ou coletivo, mantido por órgãos estatais com atribuição específica. A inscrição, ou seja, a formulação dos assentamentos registrários sob uma de suas fórmulas características, pretende dar conhecimento irrestrito aos predicados mais importantes e básicos do empresário, para que qualquer interessado, seja qual for o motivo, possa agir, celebrando negócios ou estabelecendo relações das mais diversas, com segurança acrescida, derivada das informações divulgadas. O Registro Público de Empresas Mercantis é organizado e regulado pela Lei federal n. 8.934/94, que prevê a formação de um sistema nacional, contando, em sua estrutura, com o DREI e com as Juntas Comerciais. Estas, sediadas na capital de cada um dos estados federados, mantêm direto contato com o público e, em virtude de sua atribuição primária e fundamental, realizam, um a um, os atos de registro (arquivamento e matrícula), conferindo publicidade, por meio da expedição de certidões, a seus assentamentos, podendo, nas localidades de maior importância, estabelecer sucursais, para a captação e o processamento de pedidos de registro. O DREI, por sua vez, constitui um órgão central, vinculado ao Ministério da Economia, cuja função é supervisionar e uniformizar, mediante específica normatização, a atividade de todas as Juntas Comerciais. Ao empresário cabe, portanto, dirigir-se à Junta Comercial de seu estado de origem, onde pretende manter a sede de sua atividade, para promover sua inscrição, sempre como preparação para o exercício da empresa, sob pena de suportar todas as consequências da consolidação de uma situação de irregularidade. Sem o registro, o empresário não poderá requerer a recuperação de empresas e se beneficiar do favor legal e se submeterá à impossibilidade de ser enquadrado como microempresário, ou de participar de licitações e contratações públicas, ou, ainda, de ser cadastrado como contribuinte pelo Fisco ou pela seguridade social. Ressalte-se, por fim, haver compatibilidade entre as regras constantes do presente Código e da Lei n. 8.934/94, pois, enquanto o CC fornece um tratamento genérico e mínimo ao Registro Público de Empresas Mercantis, a legislação esparsa, editada com o fito de proporcionar um tratamento detalhado da matéria, especifica as fórmulas utilizadas na prática dos atos de registro.

---

**Art. 968. A inscrição do empresário far-se-á mediante requerimento que contenha:**

**I – o seu nome, nacionalidade, domicílio, estado civil e, se casado, o regime de bens;**

**II – a firma, com a respectiva assinatura autógrafa que poderá ser substituída pela assinatura autenticada com certificação digital ou meio equivalente que comprove a sua autenticidade, ressalvado o disposto no inciso I do § 1º do art. 4º da Lei Complementar n. 123, de 14 de dezembro de 2006;**

Inciso com redação dada pela LC n. 147, de 07.08.2014.

**III – o capital;**

**IV – o objeto e a sede da empresa.**

**§ 1º Com as indicações estabelecidas neste artigo, a inscrição será tomada por termo no livro próprio do Registro Público de Empresas Mercantis, e obedecerá a número de ordem contínuo para todos os empresários inscritos.**

**§ 2º À margem da inscrição, e com as mesmas formalidades, serão averbadas quaisquer modificações nela ocorrentes.**

**§ 3º Caso venha a admitir sócios, o empresário individual poderá solicitar ao Registro Público de Empresas Mercantis a transformação de seu registro de empresário para registro de sociedade empresária, observado, no que couber, o disposto nos arts. 1.113 a 1.115 deste Código.**

Parágrafo acrescentado pela LC n. 128, de 19.12.2008.

**§ 4º O processo de abertura, registro, alteração e baixa do microempreendedor individual de que trata o art. 18-A da Lei Complementar n. 123, de 14 de dezembro de 2006, bem como qualquer exigência para o início de seu funcionamento deverão ter trâmite especial e simplificado, preferentemente eletrônico, opcional para o empreendedor, na forma a ser disciplinada pelo Comitê para Gestão da Rede Nacional para a Simplificação do Registro e da Legalização de Empresas e Negócios – CGSIM, de que trata o inciso III do art. 2º da mesma Lei.**

Parágrafo acrescentado pela Lei n. 12.470, de 31.08.2011.

**§ 5º Para fins do disposto no § 4º, poderão ser dispensados o uso da firma, com a respectiva assinatura autógrafa, o capital, requerimentos, demais assinaturas, informações relativas à nacionalidade, estado civil e regime de bens, bem como remessa de documentos, na forma estabelecida pelo CGSIM.**

Parágrafo acrescentado pela Lei n. 12.470, de 31.08.2011.

---

Legislação correlata: arts. 35 a 37, Lei n. 8.934, de 18.11.1994.

No Registro Público de Empresas Mercantis, vigora o princípio da instância, de maneira que os atos de registro dependem, para sua consecução, de um pedido formulado pelo interessado e devidamente instruído, vedada a atuação *ex officio* dos órgãos da Administração pública. Tratou, assim, o legislador de estabelecer, genericamente, os requisitos do requerimento escrito imprescindível à prática do ato de registro do empresário individual (pessoa física), ou seja, de sua inscrição, realizada, hoje, sob a forma de arquivamento (art. 32, II, da Lei n. 8.934/94). Cabe, portanto, àquele que pretende adquirir a qualidade de empresário, apresentar uma petição dirigida ao órgão encarregado de promover seu registro, contendo: a) seu nome civil, sua nacionalidade, seu domicílio, seu estado civil e, se casado, o regime de bens adotado, ou seja, todos os dados qualificativos capazes de individualizá-lo e distingui-lo de qualquer outra pessoa; b) sua firma individual, isto é, o nome empresarial postulado, formado pela composição de seu nome civil completo ou abreviado com a identificação do ramo empresarial escolhido e derivado de seu objeto, para uso quando do exercício da atividade de empresa; c) seu capital, correspondente ao conjunto de bens destinado à realização da produção ou circulação de bens e destacado de seu patrimônio; d) o objeto escolhido, correspondente à atividade-fim eleita para ser empreendida e concretizada; e) a sede da empresa, ou seja, o local físico onde restará instalado o núcleo principal de sua atividade. Apresentado tal requerimento, a inscrição será concretizada sob a forma de arquivamento, desde que estejam, simultaneamente, atendidos os requisitos expostos no art. 37 da Lei n. 8.934/94, que estabelece como será instruído o pedido do empresário individual, exigindo a apresentação de um instrumento original, a ser firmado pelo próprio requerente ou por representante com poderes especiais, e de uma declaração da ausência de impedimentos e proibições para o exercício da atividade empresarial. Para cada inscrição, um número de ordem exclusivo e contínuo será fornecido pela Junta Comercial respectiva. Quaisquer modificações de qualquer um dos dados informativos elencados nos quatro incisos do presente artigo devem, necessariamente, ser levadas a registro, mediante averbação, alterando e acrescendo a inscrição pretérita, devendo, inclusive, tal ato ser realizado, nos termos do art. 38 da Lei n. 8.934/94, sob a forma de arquivamento. A disciplina separada da inscrição do empresário individual justifica-se frente à grande quantidade em atividade no Brasil, porquanto, segundo as informações disponibilizadas pelo antigo DNRC (atual DREI), entre 1985 e 2001, as firmas individuais registradas somaram 4.126.028, isto é, mais da metade dos atos de registro realizados.

Com a edição da LC n. 128, de 19.12.2008, foi acrescido o § 3º ao presente artigo, possibilitando a conversão do empresário individual em coletivo. Assim, determinado empresário individual ostenta a possibilidade de, celebrado contrato de sociedade, ajustar, em continuação, uma ampla sucessão em todos os direitos e deveres, efetivando-se uma transformação formal e substancial. Da atuação isolada de uma pessoa física, conjuga-se todo um feixe de relações já estabelecidas. É elaborado um instrumento de contrato social, com o preenchimento de todos os requisitos previstos no art. 997, adiante examinado, o qual é submetido a registro, mediante arquivamento, na mesma Junta Comercial em que foram mantidos os assentamentos relativos ao empresário individual primitivo. O procedimento representa, até certo ponto, o reverso daquele previsto no parágrafo único do art. 1.033, cabendo ressalvar, quanto à responsabilidade pelas obrigações pretéritas, constituídas antes da transformação, responder diretamente o antigo empresário individual, agora convertido em um dos sócios, por aplicação analógica do *caput* do art. 1.115.

Os §§ 4º e 5º (acrescentados pela Lei n. 12.470, de 31.08.2011) trazem disposições de natureza programática, que conferem trâmite especial e simplificado aos atos de registro praticados em face do microempreendedor, conferindo poder regulamentar ao Comitê para Gestão da Rede Nacional para a Simplificação do Registro e da Legalização de Empresa e Negócios (CGSIM). Conjuga-se, também, a possibilidade de dispensa da apresentação pelo microempreendedor de documentos e informações comumente exigidos junto a empresários comuns, tudo conforme regulamento a ser baixado pelo CGSIM. Dá-se preferência à prática dos atos por meio eletrônico, tendo o CGSIM já editado, no ano de 2009, as Resoluções ns. 2 e 4, que já simplificam procedimentos. A LC n. 147, de 07.08.2014, deu nova redação ao inciso II do *caput* deste artigo, acentuando a possibilidade de utilização das novas tecnologias digitais e, em particular, da aplicação da assinatura eletrônica, sendo feita ressalva quanto ao regramento específico do microempresário.

**Art. 969. O empresário que instituir sucursal, filial ou agência, em lugar sujeito à jurisdição de outro Registro Público de Empresas Mercantis, neste deverá também inscrevê-la, com a prova da inscrição originária.**

**Parágrafo único. Em qualquer caso, a constituição do estabelecimento secundário deverá ser aver-**

**bada no Registro Público de Empresas Mercantis da respectiva sede.**

As Juntas Comerciais estão organizadas em cada unidade federativa, tal qual estatuído pela Lei n. 8.934/94, e sempre persistiu, em conformidade com uma organização estanque do Registro Público de Empresas Mercantis, a falta de entrelaçamento dos dados constantes nos assentamentos mantidos por cada uma delas. Derivava daí, então, a necessidade de consecução de um novo ato registrário para transpor, de uma Junta Comercial para outra, as informações relativas a determinado empresário, promovendo a sua divulgação diante da instalação dos chamados "estabelecimentos secundários", seja como filial, destinada à expansão da atividade desenvolvida, seja como sucursal ou agência, com a função de mera coleta de pedidos.

Todo o conteúdo da inscrição original (feita, hoje, sob a forma de arquivamento) há de ser reproduzido, concretizando-se uma necessária transposição de dados, o que era feito, até 2019, com novos atos registrários em cada uma das Juntas Comerciais em que instalada uma filial, sucursal ou agência, mediante a exibição de certidões extraídas do precedente registro emitidas pela Junta Comercial de origem, promovidos, também, nesta última, arquivamentos aditivos, estes referidos impropriamente como averbações no texto legal.

A IN DREI n. 66/2019, no entanto, modificou radicalmente a forma como são transferidos dados de uma Junta Comercial para outra quando da abertura, alteração, transferência e extinção de filiais, o que também abarca sucursais e agências, ordenando seja efetivada uma transmissão eletrônica. De acordo com seus arts. 2º a 4º, a atualização de dados nas Juntas Comerciais em que é mantida a inscrição de filial não mais depende da apresentação de requerimentos autônomos. É previsto o envio de comunicação de um órgão para o outro, bastando seja efetivado ato perante a Junta Comercial da unidade da federação onde se localizar a sede, lá sendo mantidos todos os assentamentos atinentes a determinado empresário.

Houve uma simplificação muito importante, que foi mantida na IN DREI n. 81/2020 (Anexo III – Item 4.12.3) e não implica a supressão da publicidade registrária, mas evita a inútil reprodução duplicada de atos e induz uma redução de custos burocráticos, vinculada, também, a uma integração das bases de dados mantidas pelas Juntas Comerciais, o que é viabilizado, na atualidade, pelo uso da tecnologia informática.

**Art. 970. A lei assegurará tratamento favorecido, diferenciado e simplificado ao empresário rural e ao pequeno empresário, quanto à inscrição e aos efeitos daí decorrentes.**

Legislação correlata: arts. 170, IX, e 179, CF.

O presente artigo contém norma de caráter programático, editada em perfeita correspondência com dois preceitos constitucionais específicos. O inciso IX do art. 170 da CR elegeu como um dos princípios básicos da ordem econômica o de fornecer tratamento favorecido para as empresas de pequeno porte, desde que sejam constituídas de conformidade com a legislação nacional e mantenham sua sede e administração no território brasileiro. O art. 185, parágrafo único, da Carta Magna, também, de maneira genérica, preconizou tratamento legal especial para a propriedade rural produtiva. Em atendimento ao primeiro preceito constitucional, foi editada a LC n. 123/2006 (Estatuto Nacional da Microempresa e da Empresa de Pequeno Porte), que revogou a Lei n. 9.841/99, estabelecendo novos parâmetros de definição, adotando o mesmo critério já cristalizado. Tomando como critério a renda bruta anual auferida, isto é, o faturamento anual, a LC n. 123/2006 (alterada pela LC n. 155/2016) qualificou, em seus arts. 3º e 68, como pequeno empresário, o empresário individual (pessoa física) que aufere renda bruta anual de até R$ 36.000,00 (trinta e seis mil reais); como microempresa, a pessoa jurídica com receita bruta de até R$ 360.000,00 (trezentos e sessenta mil reais); como empresa de pequeno porte, a pessoa jurídica com receita bruta superior à quantia antes estabelecida e inferior a R$ 4.800.000,00 (quatro milhões e oitocentos mil reais). Foram propostos regimes tributário, previdenciário e trabalhista simplificados e apoio creditício para o exercício de suas atividades. Estabelecidas várias exceções com o fim de evitar um rompimento com os propósitos ditados pelo constituinte, afastando, por exemplo, as sociedades por ações ou subsidiárias de outras da incidência do regramento especial; os limites de enquadramento são reavaliados periodicamente, inclusive considerada uma proporção mensal (§ 10 do referido art. 3º), permitindo-se, para o arquivamento de atos constitutivos e suas alterações, a substituição de certidões relativas a antecedentes criminais por simples declaração da inexistência de impedimento ao exercício da atividade empresária e dispensando-se a prova de quitação de débitos fiscais ou parafiscais (arts. 8º a 10). A Lei n. 8.171/91, por sua vez, teve como finalidade, ao fixar os princípios da política agrícola, atender ao segundo preceito constitucional citado, enquanto, no âmbito previdenciário, a Lei n. 10.256/2001 forneceu tratamento diferenciado aos empregadores rurais. Seja para os pequenos empresários, enquadrados numa das duas categorias definidas pela Lei n. 9.841/99, seja para os empresários rurais, preconizam-se, portanto, simplificação dos procedimentos necessários ao implemento de sua inscrição e tratamento diferenciado quanto aos efeitos decorrentes desse mesmo ato de registro. O texto legal, no entanto, não contempla um comando de imediata aplicação, dependendo, por meio da legislação extravagante, de explicitação.

---

**Art. 971. O empresário, cuja atividade rural constitua sua principal profissão, pode, observadas as formalidades de que tratam o art. 968 e seus parágrafos, requerer inscrição no Registro Público de Empresas Mercantis da respectiva sede, caso em que, depois de inscrito, ficará equiparado, para todos os efeitos, ao empresário sujeito a registro.**

**Parágrafo único. Aplica-se o disposto no *caput* deste artigo à associação que desenvolva atividade futebolística em caráter habitual e profissional, caso em que, com a inscrição, será considerada empresária, para todos os efeitos.**

Parágrafo acrescentado pela Lei n. 14.193, de 06.08.2021.

---

Entende-se, aqui, como atividade rural aquela correspondente a uma sucessão encadeada e organizada de atos, cuja consecução se efetua por meio da agricultura, da pecuária, do extrativismo, resultantes na produção e circulação de bens destinados ao mercado. O conceito resguarda economicidade, pois não se trata, aqui, simplesmente da atividade desenvolvida fora da zona urbana, ou seja, rústica, mas daquela peculiar ao campo. Nesse sentido, o presente artigo provoca claro alargamento dos limites do direito comercial e um rompimento com vários dos conceitos antes vigentes. O direito comercial nasceu na Baixa Idade Média e depois se desenvolveu como um ramo privatístico especial, em razão da necessidade dos mercadores de afastarem a incidência de normas próprias ao direito comum, atreladas a fórmulas primárias de produção e incompatíveis com a incessante busca do lucro e a realização de empreendimentos de escala. Por isso a atividade rural, efetivada, inicialmente, sob regime feudal, vinculada à terra e desfocada da circulação da riqueza móvel, sempre foi excluída do âmbito do direito comercial.

Pretende-se, agora, mesmo que parcialmente, remodelar a disciplina de tal atividade. Desde que estejam reunidos todos os elementos caracterizadores da empresa, a pessoa física ou jurídica, de quem emana a vontade criadora e dirigente da produção e circulação de bens oriundos da atividade rural, enquadra-se como empresário e ostenta a faculdade de se equiparar a todos os demais empresários, recebendo idêntico tratamento jurídico. Para tanto, basta que seja efetuado um ato de registro perante a Junta Comercial com atribuição específica sobre o local da sede eleita, cumprindo-se, no caso do empresário individual, o disposto no já examinado art. 968. Efetuada a inscrição, o empresário rural é aquinhoado com todos os benefícios e assume todos os deveres comuns aos empresários, tais como previstos nas normas componentes do direito comercial, excluindo a incidência daquelas incluídas no direito comum, o direito civil.

Além disso, foi incluído um novo parágrafo único pela Lei n. 14.193, de 06.08.2021, que disciplinou a sociedade anônima do futebol, estatuído um regime jurídico especialíssimo para as associações voltadas para o desenvolvimento da atividade futebolística, passando um tema diferenciado a ser conjugado neste artigo. A essas associações foi facultada, mediante o arquivamento de seus atos constitutivos perante Junta Comercial, a aquisição de caráter empresarial, utilizada a mesma regra estatuída para o produtor rural, o que, em termos práticos, não sendo promovida uma transformação em sociedade, só lhes acrescenta, fundamentalmente, a submissão ao regime da Lei n. 11.101/2005, aberta a porta para um requerimento de recuperação judicial ou para a decretação de sua falência, inalteradas suas estruturas organizacionais internas. O regime jurídico destas associações mantém seu conteúdo anterior, com um acréscimo, apto a oportunizar uma discreta modificação.

**Jurisprudência:** 1. A adoção do regime empresarial é uma faculdade para o produtor rural, pois sua atividade não é naturalmente empresária, de maneira que o registro apresenta-se, nesta hipótese particular, como requisito essencial à aquisição da qualidade de empresário, de maneira que apenas após a efetivação do ato perante a Junta Comercial a pessoa física ou jurídica já qualificada como empresário rural é aquinhoada com todos os benefícios e assume todos os deveres comuns aos empresários, tais como previstos nas normas especiais e componentes do direito empresarial, excluindo a incidência daquelas do direito comum, o direito civil, sem que, porém, seja alterada a natureza da atividade já exercida (TJSP, AI n. 2273239-92.2018.8.26.0000, 1ª Câm. de Dir. Empres., rel. Des. Fortes Barbosa, j. 13.06.2019). 2. A constituição do empresário rural dá-se a partir do exercício profissional da atividade econômica rural organizada para a produção e circulação de bens ou de serviços, sendo irrelevante, à sua caracterização, a efetivação de sua inscrição na Junta Comercial. Todavia, sua submissão ao regime empresarial apresenta-se como faculdade, que será exercida, caso assim repute conveniente, por meio da inscrição no Registro Público de Empresas Mercantis. Tal como se dá com o empresário comum, a inscrição do produtor rural na Junta Comercial não o transforma em empresário, assumindo a inscrição natureza meramente declaratória, a autorizar, tecnicamente, a produção de efeitos retroativos (*ex tunc*). (STJ, REsp n. 1.811.953/MT, 3ª T., rel. Min. Marco Aurélio Bellizze, j. 06.10.2020; STJ, REsp n. 1.800.032/MT, 4ª T., rel. Min. Marco Buzzi, rel. p/ ac. Min. Raul Araújo, j. 05.11.2019, *DJe* 10.02.2020)

## CAPÍTULO II
## DA CAPACIDADE

**Art. 972. Podem exercer a atividade de empresário os que estiverem em pleno gozo da capacidade civil e não forem legalmente impedidos.**

Legislação correlata: art. 1º (*revogado*), CCom.

A aptidão para o exercício da atividade empresarial, no que diz respeito ao empresário individual, decorre da conjugação sequencial de dois requisitos essenciais. Em um primeiro plano, resta necessário que a pessoa física seja plenamente capaz, isto é, tendo adquirido a capacidade de direito por meio do nascimento com vida, e não permaneça enquadrada, quanto à capacidade de gozo ou de fato, em quaisquer das hipóteses elencadas nos arts. 3º ou 4º deste Código, emitindo sua vontade sem obstáculos, de modo livre e consciente. Duas situações, aqui, chamam atenção. O inciso V do parágrafo único do art. 5º manteve a emancipação decorrente da manutenção de estabelecimento com economia própria, tal qual previsto no CC/1916 (art. 9º, § 1º, V), com o fim de evitar possa o menor, maliciosamente, beneficiar-se das regras de proteção próprias ao incapaz, mas o puro e simples exercício da atividade faz surgir apenas o "empresário de fato", sendo imprescindível a formal emancipação para que o menor possa regularmente obter sua prévia inscrição, tornando-se "empresário de direito". Há, por outro lado, a possibilidade da perda da capacidade de gozo, em razão de circunstâncias supervenientes, o que, por certo, na prática, gera grandes embaraços, mas que, agora, foi objeto de tratamento legislativo específico, no art. 973. Num segundo plano, é necessário seja a pessoa desimpedida, isto é, não seja, em razão de sua condição profissional ou pessoal, proibida do exercício da atividade empresarial, tendo o CC/2002 deixado para o âmbito da legislação extravagante sua pormenorização. Entre os impedidos incluem-se os magistrados (art. 36 da LC n. 35/79), os membros do Ministério Público (art. 44 da Lei n. 8.625/93), os servidores públicos civis e militares, os estrangeiros não residentes no Brasil (art. 13, § 1º, da Lei n. 13.445/2017) e, até julgadas extintas suas obrigações ou quando condenados por crime falimentar, os falidos.

**Jurisprudência:** A morte do empresário acarreta a extinção da empresa, ressalvada a hipótese de sua continuidade por autorização judicial à pessoa em pleno gozo da capacidade civil. (TJAP, AI n. 0000074-45.2013.8.03.0000, Câm. Única, rel. Des. Agostinho Silvério, *DJ* 28.1.2014)

**Art. 973. A pessoa legalmente impedida de exercer atividade própria de empresário, se a exercer, responderá pelas obrigações contraídas.**

Mesmo ostentando capacidade civil plena, um indivíduo pode não apresentar a específica aptidão para o exercício da atividade empresarial, isto é, para ser empresário, em razão de sua condição profissional ou pessoal. Nesse caso, é preciso levar em consideração a hipótese de uma pessoa impedida manter, concretamente, a produção ou a circulação de mercadorias ou serviços destinados ao mercado. Estará caracterizada, então, uma situação de ilicitude, mas, mesmo assim, os atos praticados deverão ser considerados válidos e plenamente eficazes, vinculando o patrimônio de seu autor, o impedido, de maneira a não poder ele colher, diante de terceiros, qualquer benefício do voluntário e malicioso descumprimento da proibição inserida nas normas legais. Não pode o impedido, para se desonerar, alegar o impedimento em seu favor, subsistindo toda responsabilidade peculiar e decorrente dos negócios jurídicos celebrados, de acordo com sua exata concepção. Ademais, consumado um ilícito, conforme a natureza do impedimento violado, subsistirão consequências de natureza penal ou administrativa, as quais deverão ser suportadas pessoalmente pelo impedido, que, indevidamente, assumiu a posição de empresário.

**Art. 974. Poderá o incapaz, por meio de representante ou devidamente assistido, continuar a empresa antes exercida por ele enquanto capaz, por seus pais ou pelo autor de herança.**

**§ 1º Nos casos deste artigo, precederá autorização judicial, após exame das circunstâncias e dos riscos da empresa, bem como da conveniência em continuá-la, podendo a autorização ser revogada pelo juiz, ouvidos os pais, tutores ou representan-**

**tes legais do menor ou do interdito, sem prejuízo dos direitos adquiridos por terceiros.**

**§ 2º Não ficam sujeitos ao resultado da empresa os bens que o incapaz já possuía, ao tempo da sucessão ou da interdição, desde que estranhos ao acervo daquela, devendo tais fatos constar do alvará que conceder a autorização.**

**§ 3º O Registro Público de Empresas Mercantis a cargo das Juntas Comerciais deverá registrar contratos ou alterações contratuais de sociedade que envolva sócio incapaz, desde que atendidos, de forma conjunta, os seguintes pressupostos:**

Parágrafo acrescentado pela Lei n. 12.399, de 01.04.2011.

**I – o sócio incapaz não pode exercer a administração da sociedade;**

Inciso acrescentado pela Lei n. 12.399, de 01.04.2011.

**II – o capital social deve ser totalmente integralizado;**

Inciso acrescentado pela Lei n. 12.399, de 01.04.2011.

**III – o sócio relativamente incapaz deve ser assistido e o absolutamente incapaz deve ser representado por seus representantes legais.**

Inciso acrescentado pela Lei n. 12.399, de 01.04.2011.

---

As questões relativas à incapacidade superveniente do empresário individual, bem como de sua sucessão *causa mortis* em favor de incapaz, deixadas de lado na legislação pretérita, são, no atual Código, objeto de disciplina específica, cuja finalidade precípua é viabilizar a continuidade da empresa, desvinculando a manutenção e o desenvolvimento da atividade empresarial da situação pessoal de dado indivíduo, em benefício de todos que gravitam, com maior ou menor grau de dependência, em torno da complexa estrutura formada. Nas hipóteses propostas, de incapacidade superveniente ou sucessão *causa mortis*, o absolutamente incapaz (art. 3º do CC), por meio de representante, e o relativamente incapaz (art. 4º do CC), devidamente assistido, podem, portanto, prosseguir no exercício da atividade empresarial. Essa continuidade depende da obtenção de autorização judicial concreta. Trata-se de um requisito primordial, sendo imperiosa a conjugação com as normas protetivas ou restritivas próprias ao exercício da tutela ou da curatela e à administração de filhos menores (arts. 1.689 a 1.693, 1.745 a 1.748 e 1.781 do CC). Feito requerimento pelo pai, tutor ou curador, mediante decisão fundamentada, o pedido de continuação será deferido ou não, devendo o juiz, então, efetuar uma análise de conveniência e oportunidade, sopesando os riscos do ramo empresarial exercido e os benefícios potenciais auferidos pelo incapaz e, também, por toda a coletividade de terceiros interessados. A autorização será sempre instrumentalizada por um alvará e pode ser condicionada à prestação de caução, ostentando caráter de precariedade, uma vez que, como esclarece o § 1º, revogável a qualquer tempo, por nova decisão judicial fundamentada, alterada a conjuntura que a houver motivado, ouvidos os pais, tutores ou representantes legais do menor ou do interdito. Em todo caso, a revogação não prejudicará jamais os direitos adquiridos por terceiros, imprescindível à liquidação dos negócios pendentes. Ademais, o legislador teve a preocupação de criar um patrimônio de afetação, circunscrevendo a responsabilidade patrimonial do incapaz a determinados bens, ou seja, àqueles vinculados ao próprio exercício da empresa, salvaguardados aqueles adquiridos antes da sucessão em favor do herdeiro incapaz ou antes da interdição do empresário individual e sem utilização empresarial. Tal fato deve, obrigatoriamente, constar do alvará expedido, recomendando-se seja feito um arrolamento de todos os bens excluídos da responsabilidade derivada do exercício da empresa.

O § 3º disciplinou, formal e genericamente, os atos de registro de sociedade empresária com sócio incapaz. Os três requisitos cumulativos criados já eram previstos na jurisprudência, para quando, por exemplo, um incapaz era admitido como sócio após herdar uma participação societária. Não houve, porém, o cuidado de ressalvar a necessidade da limitação da responsabilidade. Não se concebe incapaz em sociedade em nome coletivo e, ainda que tal tipo societário esteja em desuso, era preciso excluir a possibilidade de o incapaz integrá-la.

Conjuga-se, aqui, com relação ao menor empresário, o disposto no art. 5º, parágrafo único, V, do próprio Código, o qual resguarda, diretamente, situação um tanto diferenciada, pois derivada da atuação com recursos próprios. Quando assumido, pelo menor com idade entre 16 e 18 anos, o estabelecimento deixado por herança, seus atos dependem de assistência, e a incapacidade relativa não cessa.

**Jurisprudência:** 1 – A autorização judicial para a continuação da empresa sempre depende da comprovação de benefícios para o incapaz, o que merece tratamento cuidadoso, não sendo abarcada, por este art. 974, a constituição de uma nova empresa (TJSP, Ap. n. 0005453-44.2013.8.26.0220, 9ª Câm. de Dir. Priv., rel. Des. Piva Rodrigues, j. 11.11.2014. 2 – O patrimônio da firma individual se confunde com o da pessoa física instituidora, sendo a divisão entre ambos uma mera ficção, que é estabelecida em especial para fins tributários, de maneira que o falecimento do empresário individual e a continuação da atividade da mesma firma pelos sucessores, autorizada por alvará judicial, implica a responsabilidade por sucessão da pessoa física pelo espólio ou sucessores (TJMG, AI n. 1.0518.15.018288-0/001, 4ª Câm. Cível, rel. Des. Ana Paula Caixeta, j. 10.04.2018). 3 – Exercido o poder familiar sobre os filhos menores de forma igualitária e conjunta pelos pais, é imprescindível que a representação dos filhos menores seja efetivada pela atuação simultânea de ambos. Figurando pessoas absolutamente incapazes como cessionários em contrato de cessão de cotas de sociedade limitada, representados exclusivamente pelo genitor, não tendo a genitora sequer tido ciência do negócio jurídico, a representação inadequada maculou a validade do negócio jurídico, desde sua formação, ensejando a sua nulidade absoluta (STJ, REsp n. 1.816.742/SP, 3ª T., rel. Min. Paulo de Tarso Sanseverino, j. 27.10.2020). 4 – A aplicação das regras protetivas deste artigo é reservada ao empresário individual, não atingindo o sócio incapaz e interditado, ausente a necessidade de autorização judicial para o fim específico de se deliberar acerca da administração de sociedade (TJSP, Ap. n. 1000616-75.2019.8.26.0168, 1ª Câm. Res. de Dir. Empres., rel. Des. Jane Franco Martins, j. 30.03.2022).

---

**Art. 975. Se o representante ou assistente do incapaz for pessoa que, por disposição de lei, não puder exercer atividade de empresário, nomeará, com a aprovação do juiz, um ou mais gerentes.**

**§ 1º Do mesmo modo será nomeado gerente em todos os casos em que o juiz entender ser conveniente.**

**§ 2º A aprovação do juiz não exime o representante ou assistente do menor ou do interdito da responsabilidade pelos atos dos gerentes nomeados.**

---

Considerada a hipótese consignada no artigo imediatamente antecedente, de exercício da empresa por parte de incapaz, é conjugada a possibilidade de o representante ou assistente (pai, tutor ou curador) ser impedido do exercício da atividade empresarial e, portanto, sob pena da configuração de ilícito, não poder, concretamente, agir como dirigente da produção ou da circulação de bens e serviços. Nesse caso, o próprio representante ou assistente deverá deixar de atuar diretamente, designando um ou mais profissionais encarregados da efetiva administração da empresa, chamados gerentes. Estes gerentes exercem sua função em caráter precário, por meio de celebração de contrato e sempre mediante aprovação judicial individualizada, concedida para cada qual tendo em conta o exame de sua idoneidade e qualificação técnica. O juiz pode, também, mesmo descaracterizada a hipótese de impedimento, compelir o representante ou o assistente a nomear gerentes, considerada a conveniência técnica ou gerencial concreta. De qualquer forma, os gerentes, frise-se, são escolhidos pelo representante ou assistente do incapaz e são eles os responsáveis *in eligendo* pelos atos praticados por tais administradores, conferido ao juiz um poder de veto, a fim de impedir a contratação de pessoas tidas como inidôneas.

---

**Art. 976. A prova da emancipação e da autorização do incapaz, nos casos do art. 974, e a de eventual revogação desta serão inscritas ou averbadas no Registro Público de Empresas Mercantis.**

**Parágrafo único. O uso da nova firma caberá, conforme o caso, ao gerente; ou ao representante do incapaz; ou a este, quando puder ser autorizado.**

---

Legislação correlata: art. 1º, item 4 (*revogado*), CCom.

Visando ao regular exercício da atividade empresarial, o incapaz, se menor, não tendo atingido ainda os 18 anos de idade, deverá obter sua emancipação, ganhando plena capacidade ou, em todos os casos, pelo menos, uma autorização judicial, quando, então, os pais ou o tutor, respaldados na decisão prevista no art. 974, atuarão em nome e por conta do incapaz ou, simplesmente, assisti-lo-ão quando da celebração de cada negócio jurídico. Em qualquer das duas hipóteses, dada sua gravidade, exige-se a documentação escrita. Se efetivada a emancipação, em correspondência com o inciso I do parágrafo único do art. 5º, a certidão extraída do instrumento público firmado pelos pais, da decisão judicial, do assento de casamento ou relativa à colação de grau em curso de ensino superior deverá ser apresentada à Junta Comercial competente, visando a seu arquivamento, de modo a atestar, totalmente, a plena capacidade civil. Se concedida autorização lastreada no art. 974, a certidão da decisão autorizativa será, da mesma forma, levada ao órgão de registro público das empresas mercantis, assim como, diante da precariedade de sua natureza, a mesma documentação decorrente de sua eventual revogação. Efetivada a inscrição do incapaz, a firma, como demonstração da vinculação efetiva quando da celebração dos negócios jurídicos, será utilizada pelo representante do incapaz ou pelo gerente designado e, excepcionalmente, pelo próprio incapaz, desde que sua incapacidade não seja absoluta, mediante autorização específica, concreta e pontual de seu responsável, materializada, também, em documento escrito.

---

**Art. 977. Faculta-se aos cônjuges contratar sociedade, entre si ou com terceiros, desde que não te-**

**nham casado no regime da comunhão universal de bens, ou no da separação obrigatória.**

O presente artigo encontra-se deslocado de seu local próprio, visto não conter regras próprias ao empresário individual, mas, isso sim, à validade da contratação de sociedade, para a formação do empresário coletivo, quando os sócios se qualificarem como cônjuges. Os sócios não são empresários e as regras acerca da contratação da sociedade constam dos arts. 981 a 985. Abrange-se, aqui, a hipótese de os contratantes serem unicamente o marido e a mulher, bem como quando os dois cônjuges, em conjunto, celebram sociedade com terceiros, permanecendo sócios entre si. Em geral, a contratação resta permitida, podendo um cônjuge figurar como sócio do outro. Com o fim de evitar que a contratação da sociedade seja uma mera ficção ou um instrumento para a realização de fraudes, restou proibida, porém, a sociedade celebrada por cônjuges quando o regime de bens adotado for o da comunhão universal de bens ou o da separação obrigatória. No primeiro caso, ao casar, restou formado um único patrimônio, abarcando todos os bens presentes e futuros dos cônjuges, enquanto no segundo caso, afastada, considerada a condição pessoal dos cônjuges, a possibilidade de qualquer confusão patrimonial, seria promovido um tangenciamento da incidência das normas de específica proteção. A nova regra criou, inicialmente, uma incerteza, pois, dado o silêncio da legislação pretérita, havia, no Brasil, um grande número de sociedades entre cônjuges, mesmo ante antigas discordâncias de caráter doutrinário. As sociedades constituídas antes do início da vigência do atual Código não foram atingidas, dado o princípio da preservação do ato jurídico perfeito, inserido no art. 5º, XXXIV, da CR, como o reconhecido pelo antigo DNRC (atual DREI) (Parecer DNRC/Cojur n. 125/2003), descartada, então, a necessidade de alteração do quadro social ou do regime de bens adotado. A Corregedoria Geral de Justiça de São Paulo também fixou, em parecer normativo aprovado em 04.09.2012, a manutenção da regularidade da sociedade contratada antes do início da vigência deste CC, inclusive frente à alteração contratual tendente à conversão de sua natureza, de simples para empresária (Proc. CG n. 106.155/2012). Problema interessante decorrerá, por fim, quando os nubentes forem sócios e tiverem de assumir o regime obrigatório de separação de bens (art. 1.641), pois surgem apenas duas opções: a) um dos nubentes retirar-se-á da sociedade; b) será abandonada a ideia de celebrar o casamento, surgindo uma situação de fato, que poderá culminar numa união estável.

**Jurisprudência:** 1. No mesmo sentido: TJSP, Ap. n. 0001763-93.2011.8.26.0000, 7ª Câm. de Dir. Públ., rel. Des. Luiz Sérgio Fernandes de Souza, j. 04.06.2012, dispensando a alteração contratual, quando a celebração da sociedade é anterior a este CC. 2. Operada uma cessão de quotas sociais em favor de cônjuge de sócio, mantido regime da separação obrigatória de bens, a alteração contratual deve ser tida como nula, subsistindo o direito da cessionária a ser indenizada (TJPR, Ap. n. 1715982-5, 6ª Câm. Cível, rel. Des. Prestes Mattar, j. 12.11.2019).

**Art. 978. O empresário casado pode, sem necessidade de outorga conjugal, qualquer que seja o regime de bens, alienar os imóveis que integrem o patrimônio da empresa ou gravá-los de ônus real.**

O art. 978 dispensa a outorga conjugal para a alienação de bens imóveis, bem como a instituição de ônus real, desde que incluídos no ativo do empresário individual casado. Cuida-se de uma dispensa específica e que se refere tanto ao ativo circulante, quanto ao permanente, tudo dependendo da destinação conferida à coisa, excepcionando a regra geral exposta no inciso I do art. 1.647 e sempre incidente quando o regime de bens adotado não é o da separação absoluta. Pretende-se dar maior liberdade ao empresário individual, evitando fique ele tolhido na necessidade de agilidade e rapidez na celebração de negócios jurídicos, isto é, extirpando obstáculos ao desenvolvimento da atividade empresarial. A falta da aquiescência do cônjuge do empresário individual, portanto, não causará qualquer mácula à validade de alienações e constituições de direitos reais incidentes sobre imóveis utilizados no exercício da empresa, merecendo aplausos a inovação legislativa. Os bens enfocados continuam, no entanto, compondo a comunhão de bens mantida pelo casal, sendo passíveis, inclusive, ao final da sociedade conjugal, de partilha, mas estão, simplesmente, submetidos a um regime jurídico diferenciado e mais benéfico ao empresário. Merecerá cuidado, nessas circunstâncias, para a prevenção de litígios, a elaboração do instrumento público tendente à aquisição, alienação ou oneração de imóveis, devendo constar, expressa e claramente, se possível, com detalhes, a vinculação do imóvel à atividade empresarial. A afetação de bens imóveis precisa, ainda, ser divulgada e para que a outorga conjugal seja dispensada, é preciso promover específica averbação junto às respectivas matrículas, com o assentimento do próprio cônjuge do empresário individual.

O presente dispositivo legal não tratou, porém, da concessão da outorga uxória para a consecução do aval, inovação trazida pelo atual Código que mereceria maior atenção. É possível compatibilizar as restrições decorrentes da necessidade do consentimento do cônjuge com as regras aqui estabelecidas, de modo a concluir que a concessão de aval pelo empresário individual, visando à expansão de sua atividade profissional, prescinde da obtenção da outorga uxória, ou seja, a declaração cartular não pode ser anulada, se bem que seus efeitos não podem, também, ser opostos ao cônjuge que não forneceu sua aquiescência.

**Jurisprudência:** 1 – O empresário individual casado não necessita da outorga conjugal para alienar bens imóveis que integram o patrimônio da empresa e muito menos ainda para exigir o cumprimento de contrato de compra e venda (TJMG, Ap. n. 0000646-52.2011.8.13.0433, 16ª Câm. Cível, rel. Des. Sebastião Pereira de Souza, j. 05.06.2013). 2 – Somente os bens que se vinculam ao exercício da empresa é que podem ser alienados sem outorga conjugal, submetendo-se os demais ao regime comum e derivado do regime matrimonial adotado (TJPB, AI n. 0000957-85.2012.8.15.0131, 1ª Câm. Esp. Cível, rel. Des. Leandro dos Santos, j. 08.11.2018).

---

**Art. 979. Além de no Registro Civil, serão arquivados e averbados, no Registro Público de Empresas Mercantis, os pactos e declarações antenupciais do empresário, o título de doação, herança, ou legado, de bens clausulados de incomunicabilidade ou inalienabilidade.**

---

Legislação correlata: art. 37, II, Lei n. 4.726, de 13.07.1965 (revogada pela Lei n. 8.934, de 18.11.1994).

É necessário dar total conhecimento, a todos os interessados, das características fundamentais da concreta situação patrimonial do empresário individual, induzidas por seu estado civil e pelas circunstâncias de aquisição de determinados bens. Nesse sentido, o presente artigo ressuscitou norma antes constante do art. 37, II, da revogada Lei n. 4.726/65, passando a exigir que o empresário individual traga, para arquivamento perante a Junta Comercial competente, os documentos constitutivos ou comprobatórios de tal situação, correspondentes à certidão extraída do instrumento público do pacto antenupcial (art. 1.640, parágrafo único, do CC) ou, quando se tratar de bens adquiridos em razão de sucessão *causa mortis* ou liberalidade e clausulados com a inalienabilidade ou incomunicabilidade (arts. 1.848 e 1.911 do CC), certidão da transcrição ou matrícula de bens imóveis ou, ainda, quando se tratar de bens móveis, do registro do testamento (art. 1.126 do CPC/73 ou art. 735, § 2º, do CPC/2015) e, alternativamente, cópia ou certidão do instrumento do contrato de doação. Em todas as circunstâncias aqui apontadas, haverá restrições à disponibilidade dos bens do empresário individual e nem todos eles poderão ser utilizados para a satisfação dos credores, permanecendo excluídos na eventual hipótese de uma execução, impondo-se, por isso mesmo, a divulgação geral de cada uma das situações restritivas, multiplicada a publicidade com o uso adicional do Registro Público de Empresas Mercantis, específico ao presente âmbito de atividade econômico-jurídica. Ressalte-se, enfim, não haver sido prevista específica sanção para o descumprimento do comando inserto no presente artigo, de maneira que a eficácia das restrições patrimoniais enfocadas, desde que já dadas ao conhecimento público, seja pelo Registro Civil das Pessoas Naturais, seja pelo Registro de Imóveis, não sofrerá qualquer abalo.

---

**Art. 980. A sentença que decretar ou homologar a separação judicial do empresário e o ato de reconciliação não podem ser opostos a terceiros, antes de arquivados e averbados no Registro Público de Empresas Mercantis.**

---

Tratando-se de empresário individual, o arquivamento dos documentos comprobatórios da separação judicial e da reconciliação, correspondentes à certidão extraída do assento de casamento, no órgão competente do Registro Público de Empresas Mercantis, isto é, perante a Junta Comercial em que o empresário se achar inscrito, constitui, diante de terceiros, fator de eficácia das implicações patrimoniais de tais alterações do estado civil. Há, portanto, a imprescindibilidade de uma publicidade adicional, além daquela já produzida pelo Registro Civil das Pessoas Naturais, condicionando-se, ao arquivamento previsto, a assunção de efeitos da eventual dissolução de uma comunhão e partilha sobre os credores do empresário. O texto legal apresenta três falhas. De início, refere-se à sentença decretatória da separação judicial ou declaratória da reconciliação, quando, pura e simplesmente, deveria fazer referência à própria separação judicial ou à reconciliação, não bastando, para a regular realização do arquivamento, a exibição de certidão da decisão proferida, pois, após seu trânsito em julgado, a publicidade da alteração do estado civil se perfaz, naturalmente, com sua averbação, no Registro Civil das Pessoas Naturais, junto ao assento de casamento, por meio da expedição de mandado (art. 10, I) e, por isso, deve ser exibida, perante a Junta Comercial, certidão de dito assento. Persiste, ainda, no presente artigo, uma omissão, deixando de se referir ao divórcio, que, na legislação atual, prescinde da separação judicial, podendo ser pleiteado diretamente, e é, ele sim, causa efetiva do rompimento do vínculo conjugal, cabendo seja, também, quando de sua ocorrência, formalizado arquivamento. Ressalte-se, por último, que o parágrafo único do art. 1.577 do CC/2002 exclui a possibilidade da reconciliação prejudicar terceiros, não havendo como opô-la a esses mesmos terceiros, apresentando o arquivamento, nesse caso, efeitos mais tímidos.

## TÍTULO I-A
## DA EMPRESA INDIVIDUAL DE RESPONSABILIDADE LIMITADA

Título revogado pela Lei n. 14.382, de 27.06.2022.

**Art. 980-A.** (*Revogado pela Lei n. 14.382, de 27.06.2022.*)

O presente artigo foi objeto de revogação tácita quando editada a MP n. 1.040, de 29.03.2021, convertida na Lei n. 14.195, de 26.08.2021, consumada a revogação expressa no art. 20, VII, alínea *b*, da Lei n. 14.382, de 27.06.2022 (resultante, por sua vez, da conversão da MP n. 1.085, de 27.12.2021).

A Lei n. 12.441, de 11.07.2011, ao introduzir a empresa individual de responsabilidade limitada em nosso ordenamento jurídico, permitiu fosse operado um desdobramento da personalidade jurídica do instituidor, para que uma segregação patrimonial fosse realizada, com a criação de uma pessoa jurídica. Uma parcela do patrimônio do instituidor seria separada, com o fim precípuo de limitar o risco econômico-financeiro de um empreendimento, previsto o respeito a dois requisitos específicos, o primeiro relativo ao capital e o segundo, de caráter quantitativo. Para a constituição de uma empresa individual de responsabilidade limitada, em primeiro lugar e com a clara intenção de que sejam protegidos os credores, foi feita a exigência da integralização imediata do capital e que seu valor não fosse inferior a cem salários mínimos, pois a segregação patrimonial precisaria ser efetiva e relevante. Além disso, em segundo lugar, não foi admitido que uma pessoa possa criar mais do que uma empresa individual de responsabilidade limitada, o que se contrapunha ao fato de não ser imposta uma delimitação precisa do objeto, de maneira que atividades diferentes poderiam ser alternadas ou sucedidas.

O art. 41 da Lei n. 14.195, de 26.08.2021, no entanto, impôs a transformação de todas as empresas individuais de responsabilidade limitada em sociedades limitadas unipessoais "independentemente de qualquer alteração em seu ato constitutivo", persistindo uma clara incompatibilidade com os arts. 44, VI, e 980-A deste Código (mesmo que considerado o veto presidencial ao art. 57, XXIX, *a* e *e*, desta Lei n. 14.195, em que era promovida uma revogação expressa). E o Departamento Nacional de Registro Empresarial e Integração (DREI) reconheceu, em consonância, haver sido operada uma revogação tácita, conforme o Ofício Circular SEI n. 3.510/2021/ME, expedido em 09.09.2021, ordenada a anotação da frase "transformada automaticamente em sociedade limitada" na ficha cadastral de cada uma das antigas empresas individuais de responsabilidade limitada, bem como proibido o arquivamento de novos atos constitutivos dessa mesma espécie de pessoa jurídica.

O número de aberturas de empresas individuais de responsabilidade limitada tinha sido drasticamente reduzido após a admissão das sociedades limitadas unipessoais (previstas nos §§ 1º e 2º do art. 1.052, acrescentados pela Lei n. 13.874/2019), superadas as restrições acima expostas (necessidade de integralização de um capital mínimo e proibição de que mais que uma pessoa jurídica fosse constituída pelo mesmo mantenedor), formando uma conjuntura normativa e fática que culminou no reconhecimento da inconveniência da previsão de mais uma espécie de pessoa jurídica de direito privado.

## TÍTULO II
## DA SOCIEDADE

### CAPÍTULO ÚNICO
### DISPOSIÇÕES GERAIS

**Art. 981. Celebram contrato de sociedade as pessoas que reciprocamente se obrigam a contribuir, com bens ou serviços, para o exercício de atividade econômica e a partilha, entre si, dos resultados.**

**Parágrafo único. A atividade pode restringir-se à realização de um ou mais negócios determinados.**

O contrato de sociedade apresenta peculiaridades internas e funcionais extremamente importantes, que lhe garantem atenção especial do legislador, estabelecido grande número de regras próprias a tal negócio jurídico e o deslocamento de sua disciplina para o Livro II do CC, distante dos demais contratos, em razão de sua vinculação com a criação do empresário coletivo.

O presente artigo fornece um conceito inicial, uma definição primária, que encontra consonância no art. 1.363 do CC/1916, fornecendo cada um dos elementos fundamentais à caracterização de tal tipo contratual. Trata-se de um negócio jurídico, conquanto sujeitos de direito, atuando a partir de sua vontade livre e consciente, declaram sua vontade e escolhem, por si mesmos, os efeitos derivados, mas, diferentemente da maioria dos demais contratos, os interesses dos contratantes são concorrentes, isto é, apresentam idêntico direcionamento, perseguindo-se a união de esforços comuns. Vendedor e comprador, locador e locatário, mutuário e mutuante, por exemplo, contrapõem-se; as prestações devidas são destoantes e condicionam condutas contrastantes. Ao contrário, aqui, os interesses conjugados não são colidentes. A cooperação e a identidade qualitativa das prestações exigidas dos contratantes singularizam a sociedade, não sendo possível enquadrar o presente contrato como unilateral ou como bilateral. Todos os contratantes se obrigam a fornecer uma contribuição patrimonial, sob a forma de bens ou serviços, para que seja viabilizada a realização de uma atividade econômica (empresarial ou não) e, executado o contrato, ao final, seja obtido um resultado, correspondente aos ganhos ou às perdas patrimoniais decorrentes do sucesso ou do insucesso no exercício dessa mesma atividade. Persiste uma plurilateralidade, nascendo, do contrato de sociedade, vínculos múltiplos e idênticos entre todos os contratantes. Como elementos essenciais do contrato de sociedade, cinco devem ser elencados:

a) As partes contratantes são, nesse tipo contratual, chamadas de *sócios* e correspondem aos sujeitos de direito (pessoas físicas ou jurídicas) que, declarando sua vontade, assumem o dever de contribuir e conjugar esforços, visando à proporcional divisão do futuro resultado. São necessários, ao menos, dois sujeitos de direito para contratar sociedade. Não há contrato de sociedade sem a pluralidade de sócios, podendo ela, apenas excepcional e temporariamente, ser superada, diante do interesse social na preservação da integridade da atividade econômica realizada.

b) O consentimento constitui um elemento comum a todo negócio jurídico e, aqui, apresenta-se sob uma roupagem particular e diferenciada, dada a conjugação de vontades idênticas, nomeada *affectio societatis*. Essa conjugação precisa subsistir não somente no momento da celebração do contrato de sociedade, mas no curso de toda sua execução e até sua extinção, ou seja, até a dissolução da sociedade. Quando da celebração, a *affectio societatis* nasce e, depois, renova-se continuadamente, subsistindo enquanto os sócios entendem ser de seu interesse a manutenção do vínculo que os une.

c) Uma atividade-fim, chamada *objeto social*, é sempre eleita pelos sócios, no momento da celebração do contrato, para ser empreendida e concretizada, constituindo elemento fundamental de sua agregação. O objeto social pode oferecer maior ou menor extensão, conforme os sócios entendam mais conveniente concentrar a atividade econômica exercida ou dispersá-la. Os sócios ostentam liberdade para tanto, mas, uma vez estipulado um objeto social, ele cria um limite para a atuação no âmbito do contrato de sociedade, não podendo ser utilizado o esforço comum reunido para uma atividade não escolhida como final.

d) Há, na sociedade, o agrupamento de bens, fornecidos pelos sócios e destinados à realização do objeto social, conformando o *capital social*. Tais bens apresentam natureza diversa (corpóreos e incorpóreos, móveis e imóveis, fungíveis e infungíveis etc.) e podem estar dispersos ou reunidos, sendo organizados e escolhidos conforme a necessidade de eficiência no empreendimento da atividade-fim eleita pelos sócios.

e) A *duração* do contrato de sociedade, como ressaltado pelo parágrafo único, é bastante variável, devendo ele ser executado dentro de um período de tempo determinado ou indeterminado, conforme o interesse das partes. Há sociedades efêmeras e outras de longa duração, que subsistem por anos, décadas ou séculos. Em todos os casos, trata-se do mesmo tipo contratual, o qual, em geral, apresenta uma execução continuada.

---

**Art. 982. Salvo as exceções expressas, considera-se empresária a sociedade que tem por objeto o exercício de atividade própria de empresário sujeito a registro (art. 967); e, simples, as demais.**

**Parágrafo único. Independentemente de seu objeto, considera-se empresária a sociedade por ações; e, simples, a cooperativa.**

---

As sociedades são classificadas em duas categorias diversas: as sociedades empresárias e as sociedades simples ou não empresárias. Tal classificação apresenta enorme interesse prático, já que condiciona a incidência de numerosas normas especiais, destinadas apenas a uma das categorias enfocadas. O objeto social continua sendo o elemento de fundamental importância para a definição da natureza de uma sociedade, questionando-se, quando feita sua análise, a empresariedade, e não mais a comercialidade. A empresariedade é muito mais ampla do que a comercialidade, o critério vigente na legislação revogada pelo novo CC. A comercialidade era identificada diante da inclusão no objeto social e do exercício de atos de compra, revenda e locação de coisas móveis, operações de câmbio ou bancárias, industriais, de mediação, tráfico marítimo e aéreo ou atos a estes conexos. Adotado o novo critério legal, há de persistir um exercício contínuo de atos encadeados e voltados para a produção ou circulação de bens destinados ao mercado, a fim de que a empresariedade esteja presente e possa ser identificada. As sociedades cujo objeto seja a prestação de serviços não vinculados ao exercício de uma profissão intelectual, de natureza científica, literária ou artística, bem como aquelas em que o exercício da profissão constitua elemento de empresa, devem ser sempre consideradas empresárias, em contraste com o que ocorria na vigência da legislação revogada. O critério a ser utilizado para identificar a empresariedade como predicado de uma sociedade sempre é de ordem material. Pouco importa a forma sob a qual é constituída a sociedade, a não ser que a própria lei, excepcional e compulsoriamente, imponha-lhe uma natureza específica, como é o caso das sociedades por ações, de acordo com o § 1º do art. 2º da Lei das S.A. (Lei n. 6.404/76), e das sociedades cooperativas, que, conforme o parágrafo único do presente artigo, são sempre consideradas simples.

A natureza empresária ou não empresária da sociedade depende, primordialmente, do objeto escolhido por seus sócios e, mais, do conteúdo da atividade efetivamente desenvolvida, considerada esta um encadeamento de negócios jurídicos instrumentais dirigidos a um escopo determinado. Assim, a consumação de um ato isolado não chegará nunca a qualificar como empresarial uma sociedade, pois a atividade deve receber uma valoração autônoma com referência a seus componentes individuais (os negócios jurídicos), submetendo-se a um exame de conjunto, de totalidade. As sociedades não empresárias são identificadas por exclusão. Toda sociedade que não se qualifica como empresária é considerada simples. Ressalte-se, ainda, que tanto uma sociedade não empresária quanto uma sociedade empresária obtêm uma remuneração pelo implemento de sua atividade-fim e buscam auferir lucros, a serem distribuídos, de conformidade com o disposto em seus atos constitutivos, entre os sócios. A distribuição de lucros constitui o elemento distintivo entre a sociedade e a associação, visto que, nesta última, mesmo obtida uma remuneração pelo exercício da atividade-fim e auferido superávit, este não será compartilhado e distribuído entre os associados, mas reinvestido. As associações empreendem atividades não destinadas a proporcionar interesse econômico aos associados, buscando atingir finalidades de ordem moral.

---

**Art. 983. A sociedade empresária deve constituir-se segundo um dos tipos regulados nos arts. 1.039 a 1.092; a sociedade simples pode constituir-se de conformidade com um desses tipos, e, não o fazendo, subordina-se às normas que lhe são próprias.**

**Parágrafo único. Ressalvam-se as disposições concernentes à sociedade em conta de participação e à cooperativa, bem como as constantes de leis especiais que, para o exercício de certas atividades, imponham a constituição da sociedade segundo determinado tipo.**

---

As sociedades, para assumirem a posição de empresários coletivos, precisam ostentar personalidade jurídica, tendo o legislador, para elas, estabelecido uma tipicidade estrita, vinculando a validade de sua constituição à obediência de um dos modelos já regrados no texto legal, concebidos especialmente para seu funcionamento. Tornou-se imperiosa, assim, a utilização de um dos tipos disciplinados entre os arts. 1.039 e 1.092, podendo as sociedades empresárias assumir a forma de sociedade em nome coletivo, sociedade em comandita simples, sociedade limitada, sociedade anônima ou sociedade em comandita por ações. Cabe, no momento da celebração do contrato de sociedade, a escolha de um dos cinco tipos, delimitado o âmbito de atuação de sua vontade. No que respeita às sociedades simples, a liberdade dos contratantes é maior, podendo ser escolhido um dos tipos aqui enumerados, quando, então, nascerá uma sociedade simples com forma empresarial, ou, ainda, apresentada qualquer outra concepção específica, devendo-se ressaltar a possibilidade de ser adotada fórmula semelhante à da antiga sociedade de capital e indústria, que deixou de ser tipificada pelo CC/2002. Neste último caso, as regras peculiares às sociedades simples (arts. 997 a 1.034 do CC) seriam aplicadas com exclusividade, enquanto, no primeiro, as regras formais, próprias ao tipo escolhido, seriam aplicadas em concomitância com essas mesmas regras materiais, atinentes às sociedades simples. No parágrafo único, o legislador apresentou uma ressalva, excepcionando, quanto às sociedades em conta de participação e cooperativas, além daquelas cuja forma tiver sido, em razão do objeto social eleito, imposta por lei, a regra constante do *caput*. A exceção deriva da ausência de personalidade jurídica das sociedades em conta de participação, da disciplina específica da sociedade cooperativa (art. 1.093 do CC) e da inclusão, na legislação especial, de regras impositivas da adoção de determinado tipo societário em razão da singularidade da atividade exercida.

---

**Art. 984. A sociedade que tenha por objeto o exercício de atividade própria de empresário rural e seja constituída, ou transformada, de acordo com um dos tipos de sociedade empresária, pode, com as**

**formalidades do art. 968, requerer inscrição no Registro Público de Empresas Mercantis da sua sede, caso em que, depois de inscrita, ficará equiparada, para todos os efeitos, à sociedade empresária.**

**Parágrafo único. Embora já constituída a sociedade segundo um daqueles tipos, o pedido de inscrição se subordinará, no que for aplicável, às normas que regem a transformação.**

---

Faculta-se à sociedade cujo objeto seja o exercício de atividade rural sua constituição como empresária ou, quando em funcionamento, a modificação de sua natureza, assumindo a qualidade de empresário coletivo e sujeitando-se a todo o regime jurídico próprio a tal espécie de sujeito de direito. A pessoa jurídica, para o exercício de tal faculdade, deverá, então, preencher dois requisitos básicos. Há, em primeiro lugar, a necessidade de a sociedade se revestir de uma das formas próprias ao exercício da empresariedade, isto é, em cumprimento ao art. 983, modelar-se de acordo com um dos tipos lá especificados pelo legislador. O contrato de sociedade deve, desde logo, prever a adoção de um dos modelos legais necessários e, caso a sociedade já tenha sido constituída e esteja em funcionamento, não se enquadrando em qualquer dos tipos referidos, deverá ser transformada. Persiste, em um segundo plano, a imperiosidade da inscrição no órgão competente do Registro Público de Empresas Mercantis, ou seja, perante a Junta Comercial do local da sede escolhida. Efetivada a inscrição, a sociedade merece ser considerada empresária e todas as regras e princípios atinentes a essa categoria de sociedades ser-lhe-ão aplicáveis. O *caput* do presente artigo apresenta completa correspondência com o antecedente art. 971, este referente ao empresário rural individual, em que resta prevista a mesma faculdade, prevista, também lá, a imperiosidade do ato de registro qualificativo do empresário. Ressalte-se, aqui, mais uma vez, a expansão do direito especial, o direito comercial, sobre âmbito rural, das atividades agrícolas, pecuárias e de extração vegetal, antes vinculadas ao direito comum, o direito civil. O parágrafo único remete à disciplina específica da transformação, prescrita nos arts. 1.113 e 1.115, fazendo seja ela aplicada às sociedades voltadas para a atividade rural que pretendam assumir a condição de empresárias. Além de serem ressalvados os direitos de terceiros, afirma-se a necessidade do consentimento unânime de todos os sócios ou, prevista, antecipadamente, a transformação em cláusula expressa incluída no instrumento do contrato social, a concessão do direito de recesso ou retirada ao dissidente, restituindo-se, mediante balanço especial, num prazo de noventa dias, sua participação no capital social.

**Jurisprudência:** Diante da exploração de atividade rural, a inscrição no Registro Público de Empresas Mercantis é constitutiva da condição de empresário e, sem esta, é inviável o deferimento de recuperação judicial. (TJSP, AI n. 0257523-69.2012.8.26.0000, 8ª Câm. de Dir. Priv., rel. Des. Grava Brasil, *DJe* 27.09.2013)

---

**Art. 985. A sociedade adquire personalidade jurídica com a inscrição, no registro próprio e na forma da lei, dos seus atos constitutivos (arts. 45 e 1.150).**

---

Nem toda sociedade ostenta personalidade jurídica, decorrendo a formação de uma pessoa jurídica de uma opção das partes contratantes, dos sócios. Celebrado o contrato de sociedade, para que se concretize a aquisição da personalidade jurídica, esteja inserido o objeto social no âmbito empresarial ou não empresarial, torna-se imprescindível o preenchimento simultâneo de dois requisitos formais. O contrato, antes de tudo, precisa ser reduzido a um instrumento escrito, particular ou público, contendo todos os elementos básicos e próprios à constituição de uma sociedade, tal como especificados pelo art. 997. Feita a redução à linguagem escrita, o instrumento, em seguida, deverá ser submetido a registro, tratando-se de sociedade empresária, no órgão competente do Registro Público de Empresas Mercantis, isto é, perante a Junta Comercial do local da sede escolhida, ou, em se tratando de sociedade simples, perante o Oficial de Registro Civil de Pessoa Jurídica dotado de atribuição territorial, observada a legislação extravagante regente da prestação de tais serviços públicos (Leis ns. 8.934/94, para o registro mercantil, e 6.015/73 e 8.935/94, para o registro civil). A existência da pessoa jurídica, portanto, decorre da efetivação de um ato de registro, mantida a regra antes constante do art. 18 do antigo CC. Cabe frisar que, aqui também, aplica-se o prazo decadencial de três anos, previsto no art. 45, parágrafo único, para, arguido defeito do ato constitutivo, anular a constituição da pessoa jurídica, contado da data do registro.

**Jurisprudência:** Não pode ser imputada ao sócio por dívida mantida pela sociedade personificada e de que participa, devendo ser aplicado o princípio da entidade, não se confundindo a sociedade com a pessoa física de seus sócios. (TJMS, Ap. n. 0804079-28.2014.8.12.0021, 4ª Câm., rel. Des. Amaury da Silva Kuklinski, j. 25.04.2018; TJSP, Ap. n. 1000988-13.2016.8.26.0238,

1ª Câm. Res. de Dir. Empr., rel. Des. Fortes Barbosa, j. 21.10.2020)

## *SUBTÍTULO I*
## *DA SOCIEDADE NÃO PERSONIFICADA*

### CAPÍTULO I
### DA SOCIEDADE EM COMUM

**Art. 986. Enquanto não inscritos os atos constitutivos, reger-se-á a sociedade, exceto por ações em organização, pelo disposto neste Capítulo, observadas, subsidiariamente e no que com ele forem compatíveis, as normas da sociedade simples.**

A partir da simples conjunção de vontades, celebra-se o contrato de sociedade, mas, para a aquisição da personalidade jurídica, como ditado pelo antecedente art. 985, faz-se necessária a elaboração de um instrumento e sua inscrição nos órgãos do Registro Público de Empresas Mercantis ou perante um dos Oficiais de Registro Civil de Pessoa Jurídica, de conformidade com a natureza empresária ou simples. Antes da consecução do registro, há apenas uma relação contratual, que produz efeitos exclusivamente entre aqueles que dela participaram (*inter partes*), trocando os sócios direitos e deveres similares, conjugando bens ou seu lavor e repartindo o resultado obtido, sem afetar terceiros. Nesse sentido, ausente a personalidade jurídica, mesmo desejada e projetada pelos contratantes, há apenas uma sociedade-contrato, designada como sociedade em comum, dotada de disciplina específica, apresentando correspondência com a antiga sociedade civil estrita, concebida para ser puramente contratual, a sociedade de fato e a irregular, estas conceituadas com base nos revogados arts. 303 e 304 do CCom, não tendo sido elaborado, na primeira, nem mesmo um instrumento escrito, enquanto a segunda, apesar da existência de tal documento, não havia sido registrada. Os artigos inseridos no presente Capítulo, portanto, compõem um conjunto de regras especiais, sempre aplicáveis às referidas sociedades-contrato, prevendo o legislador a aplicação subsidiária dos preceitos atinentes à sociedade simples, desde que esteja presente a compatibilidade com a ausência de personalidade jurídica. Foram excepcionadas as sociedades por ações, ou seja, as sociedades anônimas e as sociedades em comandita por ações, pois sua constituição obedece ao disposto nos arts. 80 a 99 da Lei das S.A. (Lei n. 6.404/76), persistindo a possibilidade de abertura de subscrição pública, com o registro prévio, na Comissão de Valores Mobiliários, da emissão de ações, o que sugere a construção de uma organização mínima.

O art. 75, IX do CPC /2015 conferiu, apesar de bastante atécnica, capacidade processual à dita sociedade tida como "organizada irregularmente". À sociedade em comum, foi conferida a possibilidade de comparecer em Juízo, seja na qualidade de autora ou de ré, como uma massa patrimonial concebida para a ser apresentada por seu administrador, o que, desde logo, quando proposta uma ação, remeterá à problemática da prova, disciplinada no artigo seguinte.

**Jurisprudência:** 1 – A irregularidade de uma sociedade, desde que não promovido o arquivamento de atos constitutivos em Junta Comercial ou não obtida a autorização para funcionamento no território nacional, impõe sua consideração como sociedade em comum e gera a responsabilidade ilimitada e solidária do sócio frente às obrigações sociais (TJSP, AI n. 2161292-57.2023.8.26.0000, 25ª Câm. de Dir. Priv., rel. Des. Almeida Sampaio, j. 11.07.2023). 2 – Os sócios podem contratar puramente mediante aporte de capitais ou serviços, revelando a reiteração de condutas, em particular do pagamento de sócio capitalista, sua "melhor explicação", não tendo sido constituída pessoa jurídica (TJSP, Ap. n. 1000242-80.2015.8.26.0562, 1ª Câm. Res. de Dir. Empres., rel. Des. Cesar Ciampolini, j. 09.11.2016).

**Art. 987. Os sócios, nas relações entre si ou com terceiros, somente por escrito podem provar a existência da sociedade, mas os terceiros podem prová-la de qualquer modo.**

Legislação correlata: arts. 303 e 304 (*revogados*), CCom.

Como consequência da ausência de registro, não há a formação de pessoa jurídica, remanescendo apenas uma relação contratual, capaz de vincular os sócios. Na qualidade de partes negociais, cada um dos sócios assume, para viabilizar a execução do ajuste de vontades, o dever de conjugar esforços e, ao final, partilhar os ônus e as benesses decorrentes do exercício de dada atividade, empresária ou não, trocando-se créditos e débitos, sem a intermediação de um ente imaterial, eis que, aqui, está despersonificada a sociedade. Em todo caso, para a resolução de litígios, foram estabelecidas duas regras atinentes à prova da consecução de uma sociedade em comum. Num primeiro plano, estabelece-se, para os próprios sócios, uma limitação bastante relevante quanto aos meios de prova disponíveis para demonstrar a celebração do contrato, só lhes sendo permitida a utilização da prova documental, elaborada em linguagem escrita, seja diante dos demais sócios, seja diante de terceiros. A exibição de recibos, de um instrumento de contrato, de correspondências enviadas ou recebidas, por exemplo, pode servir a tal finalidade, mas permanece proibida a utilização de provas de qualquer outra natureza. Num segundo plano, os terceiros, não sócios e com quem tenham sido celebrados negócios jurídicos, quando for de seu interesse na solução de um litígio, podem se utilizar de toda e qualquer espécie de prova permitida em nossa legislação processual (arts. 342 a 443 do CPC/73 ou arts. 385 a 484 do CPC/2015), sendo ampla e total sua liberdade de atuação em juízo. As restrições impostas aos sócios representam uma resposta a sua situação de irregularidade, pois, não se tendo, em razão da omissão dos próprios sócios, operada a aquisição da personalidade jurídica, deverão eles suportar os decorrentes ônus.

**Jurisprudência:** 1 – Afirmada a manutenção de uma sociedade em comum, os próprios envolvidos (alegados sócios), seja no plano das relações interpessoais, seja no plano das relações com terceiros, precisam apresentar um início de prova escrita para evidenciar a contratação, sem o que não se justifica a produção de outras provas (TJGO, Ap. Cível n. 201090162090, 5ª Câm. Cível, rel. Des. Geraldo Gonçalves da Costa, *DJe* 07.08.2104; TJSP, Ap. n. 0011856-32.2008.8.26.0114, 2ª Câm. Res. de Dir. Empres., rel. Des. Araldo Telles, j. 10.09.2018). 2 – Não é exigida, porém, prova exclusivamente documental (STJ, REsp n. 1.430.750/SP, 3ª T., rel. Min. Nancy Andrighi, j. 21.08.2014).

**Art. 988. Os bens e dívidas sociais constituem patrimônio especial, do qual os sócios são titulares em comum.**

Quando celebrado o contrato de sociedade, os sócios oferecerão meios materiais para o implemento do objeto social e, ao ser colocado em prática esse mesmo ajuste de vontades, surgirão, naturalmente, créditos e débitos derivados da celebração de novos negócios jurídicos necessários e peculiares à atividade econômica escolhida. Forma-se uma rede de relações patrimoniais heterogêneas, resultando numa unidade jurídica, num patrimônio especial daquele mantido individualmente por cada um dos sócios. Esse patrimônio, como somatória de créditos e débitos acumulados, diante da ausência de personalidade jurídica, está inserido, formalmente, no patrimônio dos sócios encarregados de operar perante terceiros, mas integra, materialmente, um todo diferenciado e separado, vinculado à execução continuada do contrato de sociedade e pelo qual serão apurados, ao final, os haveres de cada um. Exercida sua vontade livre e consciente, os contratantes, em conjunto, decidem realizar um empreendimento e suportam riscos, formando-se, assim, uma comunhão de interesses, de graves reflexos patrimoniais. É preciso anotar, porém, que o texto legal, para explicitar a posição entre os sócios diante do enfocado patrimônio especial, utiliza o vocábulo "titulares" de maneira um tanto imprópria, porquanto, diferentemente do que pode transparecer, eles não ostentam direitos reais incidentes sobre o bens amealhados, sendo, isso sim, titulares de direitos pessoais, oponíveis simultânea e reciprocamente, como é próprio a um contrato plurilateral.

**Jurisprudência:** 1 – Presente prova documental da sociedade de fato e com detalhamento da repartição de ganhos, é viável o ajuizamento da ação de prestação de contas, exigindo um dos sócios, diante do outro (autor de atos de gestão), a apresentação, para possibilitar justa partilha, dos resultados totais da atividade comum sob forma contábil, mantido patrimônio comum sob uma mesma administração (TJRS, Ap. n. 70.050.443.647, 6ª Câm. Cível, rel. Des. Sylvio José Costa da Silva Tavares, j. 25.02.2016). 2 – Admite-se a formação de sociedade de fato, inclusive, entre uma pessoa jurídica e uma pessoa física, caracterizada a figura do "sócio de fato", desde que confirmada, concretamente, a contribuição patrimonial efetiva e a manutenção de atividade negocial comum (TJSP, Ap. n. 0002283-24.2000.8.26.0510, 6ª Câm. de Dir. Priv., rel. Des. Francisco Loureiro, j. 16.08.2012).

**Art. 989. Os bens sociais respondem pelos atos de gestão praticados por qualquer dos sócios, salvo pacto expresso limitativo de poderes, que somente terá eficácia contra o terceiro que o conheça ou deva conhecer.**

Os bens sociais, incluídos no patrimônio especial previsto no artigo antecedente, interagem diretamente com os débitos derivados do exercício da atividade econômica escolhida para a sociedade despersonalizada, também componentes do mesmo patrimônio especial. Mantida, formalmente, a titularidade dos bens sociais por cada sócio individualmente considerado, submetem-se esses bens a um regime singular, devendo suportar a responsabilidade pelos débitos originados de atos de gestão, ou seja, de negócios jurídicos celebrados por qualquer dos sócios em razão do objeto social concretamente eleito. Os bens formalmente incorporados ao patrimônio de cada um dos sócios são alcançados, no interesse de terceiros, onde quer que estejam, para a satisfação de débitos nascidos dos atos de gestão da sociedade despersonalizada. Permite-se, no entanto, aos contratantes, por exceção, a formulação de um pacto limitativo de poderes, por meio do qual a consecução dos atos de gestão poderá ser reservada, isolada ou coletivamente, a determinado(s) sócio(s) ou, em razão de sua relevância, alguns atos dependerão de aprovação majoritária ou unânime. O pacto só pode apresentar forma escrita e, por princípio, vincula apenas os próprios sócios, não produzindo efeitos perante terceiros, presumido seu desconhecimento acerca da exceção formulada. Apenas quando demonstrado efetivo conhecimento da celebração ou identificada a presença de circunstâncias fáticas possibilitadoras do fácil e imediato conhecimento de tal pacto, sua eficácia é ampliada a terceiros, em benefício dos sócios contratantes, com o fim de não sujeitar determinados bens à satisfação de débitos específicos. O legislador protege, aqui, somente o credor de boa-fé e desde que ele tenha apresentado, no momento do nascimento do débito, comportamento cuidadoso e criterioso, o que se presume, ficando, como incumbência do sócio interessado, o ônus de provar o contrário.

**Art. 990. Todos os sócios respondem solidária e ilimitadamente pelas obrigações sociais, excluído do benefício de ordem, previsto no art. 1.024, aquele que contratou pela sociedade.**

Na sociedade em comum, não há a formação de uma pessoa jurídica destinada à criação de um anteparo, uma proteção ao patrimônio individual dos sócios contratantes, motivo pelo qual eles assumem toda a responsabilidade decorrente das dívidas nascidas do exercício da atividade econômica empreendida. Tal responsabilidade, de acordo com o presente dispositivo, é solidária e ilimitada, facilitado, aos terceiros, o percebimento de valores devidos, podendo se voltar, facultada sua escolha, contra qualquer um dos sócios, singular ou coletivamente, sempre postulando o todo. Essa é a consequência mais grave da falta de preenchimento dos requisitos estabelecidos no art. 985, necessários ao nascimento da pessoa jurídica. Foi conferido, porém, benefício de ordem aos sócios em geral, feita remissão ao art. 1.024, devendo o credor, em primeiro lugar, valer-se dos bens sociais para só depois de esgotados executar os bens particulares dos sócios. A solução se coaduna com o disposto no art. 988, formado um patrimônio especial vinculado à execução do contrato de sociedade, e apresenta uma única exceção, excludente daquele sócio que, concretamente, houver celebrado o negócio jurídico com o terceiro credor. Com relação a tal sócio, diante de sua proximidade negocial e da aparência derivada, os bens particulares podem ser imediatamente trazidos à execução, sem a necessidade de serem, em primeiro lugar, exauridos os bens sociais.

**Jurisprudência:** Frente à sociedade não personificada, todas as obrigações, em particular as decorrentes de ato ilícito, recaem sobre os sócios, sem qualquer ressalva (TJRS, AI n. 0050462-87.2019.8.21.7000, 24ª Câm. Cível, j. 29.05.2019; TJSP, Ap. n. 0041815-75.2011.8.26.0071, 19ª Câm. de Dir. Priv., rel. Des. Ricardo Pessoa de Mello Belli, *DJe* 21.07.2014; TJSP, Ap. n. 0107244-83.2008.8.26.0009, 12ª Câm. de Dir. Priv., rel. Des. Jacob Valente, *DJe* 26.08.2013).

## CAPÍTULO II
## DA SOCIEDADE EM CONTA DE PARTICIPAÇÃO

**Art. 991. Na sociedade em conta de participação, a atividade constitutiva do objeto social é exercida unicamente pelo sócio ostensivo, em seu nome individual e sob sua própria e exclusiva responsabilidade, participando os demais dos resultados correspondentes.**

**Parágrafo único. Obriga-se perante terceiro tão somente o sócio ostensivo; e, exclusivamente perante este, o sócio participante, nos termos do contrato social.**

Legislação correlata: art. 325 (revogado), CCom.

A conta de participação constitui um tipo societário despersonalizado, cuja conformação se ajusta com perfeição à consecução de empreendimentos delimitados a um número reduzido de operações e necessitados de grande agilidade. A conta de participação caracteriza-se, como sociedade regular, pela conjugação, sem a interposição de pessoa jurídica, de recursos materiais coletivos e poderes de gestão de um ou mais sócios determinados, com o encargo de dar vida à comunidade de interesses formada, para que, ao final, sejam contabilizados os resultados e prestadas contas perante todos os demais contratantes. Há, aqui, duas espécies de sócios: os ostensivos e os ocultos ou participantes. O sócio ostensivo promove a celebração dos negócios destinados à realização do objeto social, efetuando todos os atos de gestão em seu nome e sob sua responsabilidade. Ele confere concretude ao contrato celebrado, concentrando a incumbência de executá-lo. O sócio ostensivo identifica-se, simultaneamente, como titular de todos os fundos sociais; ele passa, em razão da celebração da sociedade e da ausência de personalidade jurídica, a ser o titular da propriedade de todos os bens componentes do capital. O sócio participante ou oculto apresenta a exclusiva incumbência de fornecer, no todo ou em parte, a riqueza necessária à formação dos fundos sociais, participando, ao final, conforme o contratado, dos resultados auferidos. Perante terceiros com os quais contrata, o sócio ostensivo é o único que se obriga, só ele podendo ser responsabilizado por um eventual inadimplemento. O sócio oculto ou participante resguarda uma responsabilidade interna ao contrato, diante do próprio sócio ostensivo, variável conforme o livremente contratado.

**Jurisprudência:** 1 – Quando simulado um consórcio e, portanto, arrecadados e administrados fundos para a aquisição de bens por supostos sócios participantes, fica desnaturada a conta de participação, eis que ausente uma atividade empresarial própria, mesmo que efêmera, aplicando-se a legislação protetiva do consumidor (TJSP, Ap. n. 9060963-06.2009.8.26.0000, 5ª Câm. de Dir. Priv., rel. Des. Edson Luiz de Queiroz, j. 13.11.2013; TJRJ, Ap. n. 0004350-71.2006.8.19.0210, 16ª Câm. Cível, rel. Des. Marco Aurélio Bezerra de Melo, j. 28.06.2011; TJRJ, Ap. n. 0117342-54.2005.8.19.0001, 15ª Câm. Cível, rel. Des. Sérgio Lúcio Cruz, j. 21.06.2011; TJRJ, Ap. n. 0042893-57.2007.8.19.0001, 16ª Câm. Cível, rel. Des. Mario Robert Mannheimer, j. 22.02.2011). Ademais, a ausência de personalidade jurídica constitui uma característica primordial do tipo societário e, por isso, não se pode cogitar da citação de uma sociedade em conta de participação (STJ, REsp n. 474.704/PR, 3ª T., rel. Min. Carlos Alberto Menezes Direito, j. 17.12.2002). 2 – O recrutamento de investidores, com captação de poupança pública e formação de pirâmide financeira, também descaracteriza uma conta de participação, configurando uma simulação e trazendo a nulidade como consequência, prometidos lucros irreais pelo chamado ostensivo, sem um empreendimento e riscos conjuntos (TJSP, Ap. n. 1003156-88.2014.8.26.0292, 1ª Câm. Res. de Dir. Empres., rel. Des. Francisco Loureiro, j. 06.10.2015; TJSP, Ap. n. 1005471-89.2014.8.26.0292, 1ª Câm. Res. de Dir. Empres., rel. Des. Teixeira Leite, j. 12.07.2016). 3 – Frente a uma conjuntura de confusão patrimonial, a prestação de contas exigida pelo sócio participante junto ao sócio ostensivo em Juízo e mediante a propositura da ação própria, pode envolver, excepcionalmente, terceiros, com os quais tenha mantido negócios comuns e sem discriminação (TJSP, Ap. n. 0151811-86.2009.8.26.0100, 2ª Câm. Res. de Dir. Empres., rel. Des. Ricardo Negrão, j. 06.05.2013). 4 – É inviável considerar constituída uma conta de participação quando todos os envolvidos na contratação são qualificados como sócios ostensivos e administradores, surgindo, então, uma sociedade em comum (TJRJ, Ap. n. 0000002-67.2010.8.19.0081, 2ª Câm. Cível, rel. Des. Alexandre Antonio Franco Freitas Câmara, j. 06.06.2012).

**Art. 992. A constituição da sociedade em conta de participação independe de qualquer formalidade e pode provar-se por todos os meios de direito.**

Legislação correlata: art. 325 (*revogado*), CCom.

A conta de participação origina-se da simples celebração do contrato de sociedade. Conjugada a vontade dos sócios, conferidos os bens imprescindíveis e, portanto, preparada a execução dos atos de realização do objeto social, está a sociedade constituída, independendo ela de qualquer formalidade. Excepciona-se, assim, nesse âmbito, o disposto no art. 985, pois, ausente a formação de uma pessoa jurídica, os atos constitutivos não precisam ser reduzidos à forma escrita, podendo os contratantes optar ou não, conforme sua conveniência, pela elaboração de um instrumento escrito. Ademais, a conta de participação não é levada a registro. Por ser despersonalizada, ela não se submete à publicidade comum aos demais tipos de sociedades regulares, sendo consumados todos os atos de execução do contrato por meio da atuação pessoal do sócio ostensivo. Nesse sentido, a celebração da conta de participação pode ser provada, em quaisquer circunstâncias e por quem quer que seja, com o uso de todos os meios jurídicos disponíveis, o que diferencia, radicalmente, seu regramento daquele prescrito para a sociedade em comum, cuja existência só pode ser provada pelos próprios sócios com a utilização da linguagem escrita. Todos os meios de prova podem ser utilizados para comprovar a existência de uma conta de participação. Reproduziram-se, enfim, as regras incertas no art. 325 (*revogado*) do CCom.

**Art. 993. O contrato social produz efeito somente entre os sócios, e a eventual inscrição de seu instrumento em qualquer registro não confere personalidade jurídica à sociedade.**

**Parágrafo único. Sem prejuízo do direito de fiscalizar a gestão dos negócios sociais, o sócio participante não pode tomar parte nas relações do sócio ostensivo com terceiros, sob pena de responder solidariamente com este pelas obrigações em que intervier.**

Celebrado o contrato de sociedade e adotada a fórmula típica prevista para a conta de participação, não se produz qualquer exteriorização, pois, em se tratando de uma sociedade despersonificada, uma sociedade-contrato, quem efetiva todo relacionamento com terceiros é o sócio ostensivo, que resguarda a qualidade de sujeito de direito e dá vida ao empreendimento projetado. As relações internas, dada sua natureza contratual, restam regradas pelas cláusulas acordadas, limitando-se os efeitos do negócio celebrado às partes, ou seja, aos sócios. Os terceiros se mantêm alheios à conta de participação, não podendo extrair dela eficácia. Eles não podem, perante os sócios, formular alegações derivadas do contrato social. Ademais, como ressaltado com respeito ao artigo antecedente, não há, também, não sendo criada pessoa jurídica, qualquer obrigatoriedade na efetivação de atos de registro. Seja lá como for, elaborado um instrumento contratual particular ou público, a promoção de todo e qualquer registro, aqui, só pode pretender sua pura e simples conservação, formando prova para atestar, no interesse de um, de alguns ou de todos os sócios, a celebração do contrato e sua exata conformação. O parágrafo único do presente artigo, por sua vez, regra a conduta do sócio participante ou oculto, frisando seu direito de fiscalização da administração dos negócios sociais, devendo o sócio ostensivo lhe prestar, periodicamente e conforme o convencionado, contas de tudo quanto realizado, o que, mediante ação própria, pode ser exigido em juízo. Em contrapartida, descabe ao sócio participante ou oculto participar de relações com terceiros, atuando diretamente nas tratativas ou na celebração de negócios, assumindo ele a função precípua de fornecedor de capital, despido de poderes de gestão. Caso tal padrão de conduta seja desrespeitado, o sócio oculto ou participante se submete a uma sanção, assumindo, junto do sócio ostensivo e em favor do terceiro credor, responsabilidade solidária pelas dívidas em cujo nascimento houver tido alguma intervenção, por menor que seja ela.

**Jurisprudência:** 1 – A responsabilidade derivada das operações realizadas perante terceiros, a partir da contratação da sociedade em conta de participação, é exclusiva do sócio ostensivo, permanecendo sempre isento o sócio participante, desde que não tenha realizado negócios sociais (STJ, REsp n. 192.603/SP, 4ª T., rel. Min. Barros Monteiro, j. 15.04.2004; STJ, REsp n. 168.028/SP, 4ª T., rel. Min. Cesar Asfor Rocha, j. 07.08.2001). 2 – O direito de fiscalizar conferido a sócio participante é amplo, mas não conjuga a possibilidade de destituição de sócio ostensivo. O descontentamento com a conduta do sócio ostensivo, inclusive com a imputação de violação de deveres de zelo e probidade, no máximo, podem gerar a dissolução da sociedade em conta de participação, pois ele não atua como órgão de uma sociedade corporação, mas como administrador de um negócio comum, mantida mera relação contratual, sem formação de pessoa jurídica. (TJSC, AI n. 2011.016785-4, 2ª Câm. de Dir. Com., rel. Des. João Batista Góes Ulysséa, j. 08.11.2011)

---

**Art. 994. A contribuição do sócio participante constitui, com a do sócio ostensivo, patrimônio especial, objeto da conta de participação relativa aos negócios sociais.**

**§ 1º A especialização patrimonial somente produz efeitos em relação aos sócios.**

**§ 2º A falência do sócio ostensivo acarreta a dissolução da sociedade e a liquidação da respectiva conta, cujo saldo constituirá crédito quirografário.**

**§ 3º Falindo o sócio participante, o contrato social fica sujeito às normas que regulam os efeitos da falência nos contratos bilaterais do falido.**

---

Legislação correlata: art. 328 (*revogado*), CCom.

O capital social, composto, na conta de participação, dos bens ofertados pelos sócios ocultos ao ostensivo e por aqueles especificamente destinados por este ao empreendimento convencionado, forma um patrimônio especial, vinculado à realização e liquidação dos negócios sociais. Há uma afetação específica, interna ao patrimônio do sócio ostensivo, de maneira a singularizar o conjunto de bens dotados de destinação especial. Essa especificação patrimonial, ou seja, a formação do patrimônio especial, gera, porém, efeitos limitados, pois não pode ser oposta pelos sócios diante de terceiros nem por terceiros diante dos sócios, só servindo quando da apuração de resultados auferidos ou em razão da extinção do contrato de sociedade celebrado, para possibilitar o cálculo dos valores a serem atribuídos, individualmente, a cada sócio. Os efeitos da falência de um dos sócios, considerada a ausência de personalidade jurídica, são diversificados, de conformidade com a posição ocupada na sociedade, de acordo com os §§ 2º e 3º do presente artigo desta matéria. Se o falido for o sócio ostensivo, a situação apresentará gravidade absoluta, pois, sendo da natureza de tal procedimento concursal a perda da disponibilidade e da gestão do próprio patrimônio, será inviabilizado o prosseguimento do empreendimento correspondente ao objeto social escolhido. Como o sócio ostensivo executa o contrato, será, assim, inevitável a liquidação da conta de participação, apurando-se, mediante o uso de métodos contábeis, os créditos de cada sócio oculto ou participante perante o falido. Tais créditos são, expressamente, classificados como quirografários, o que coloca os sócios ocultos ou participantes numa posição de inegável inferioridade, ocorrendo seu pagamento sempre por último e mediante rateio, caso não tenha sido esgotada a massa ativa arrecadada para a satisfação dos créditos privilegiados e garantidos. Se o falido qualificar-se como sócio oculto ou participante, em razão da natureza puramente contratual da conta de participação, a manutenção de sua vinculação se subordina às regras comuns de regência dos contratos do falido, de maneira que o administrador judicial deverá optar, colhida a autorização do Comitê de Credores e conforme a conveniência da massa, pela completa e exata execução do contrato de sociedade ou pela imediata retirada (art. 117, *caput*, da Lei n. 11.101/2005 – art. 43 do revogado DL n. 7.661/45).

**Jurisprudência:** 1 – Evidenciada a atuação do devedor como sócio participante, mediante qualquer meio disponível, inclusive a colheita de informes junto ao fisco, é viável a penhora dos direitos atinentes à contratação da conta de participação (TJSP, AI n. 2074587-90.2022.8.26.0000, 16ª Câm. de Dir. Priv., rel. Des. Mauro Conti Machado, j. 10.07.2023). 2 – A assunção do risco do negócio pelo sócio participante não inclui aquele decorrente da prática de ato ilícito pelo sócio ostensivo e, configurada a nulidade do contrato, as partes devem retornar ao *status quo ante*, promovida a restituição integral da quantia investida (TJSP, Ap. n. 1077346-40.2019.8.26.0100, 2ª Câm. Res. de Dir. Empresarial, rel. Des. Ricardo Negrão, j. 20.09.2021).

---

**Art. 995. Salvo estipulação em contrário, o sócio ostensivo não pode admitir novo sócio sem o consentimento expresso dos demais.**

---

A conta de participação não constitui um mero contrato de parceria, este dotado de forma bilateral, fundado no simples oferecimento de oportunidades para a alocação de capital de risco e centrado em um ou em vários empreendedores civis ou empresariais determinados. Celebra-se, aqui, um verdadeiro contrato de sociedade, que apresenta forma plurilateral, integrando, numa rede de relações jurídicas de dupla polaridade, todos os sócios, sejam eles ostensivos, sejam ocultos. Não há, em regra, concretizada a celebração da conta de participação, plena liberdade do sócio ostensivo, por meio da expressão de sua vontade individual, na admissão de novos sócios ocultos, desconhecendo o conjunto dos demais sócios ostensivos ou ocultos, uma vez que todos compõem uma única comunidade de interesses e, para nela adentrar, faz-se necessário o consentimento desse mesmo conjunto de partes negociais. A aquiescência à agregação de novos sócios ao contrato já celebrado e em execução, por sua vez, precisa ser expressa, não se admitindo, também, em regra, manifestações tácitas de vontade. Omisso o contrato, aplicam-se as regras prescritas para a sociedade simples, incidindo, portanto, os arts. 999 e 1.025. Há de ser obtido, para a inclusão de novo sócio e todas as consequentes alterações no capital social e na participação dos antigos sócios, um consentimento unânime para a efetivação da admissão, respondendo o aporte feito pelo novo sócio pelas dívidas pretéritas e futuras, incorporando-se ao patrimônio especial previsto no *caput* do art. 994. Ressalte-se, por fim, que, como as regras incertas no presente artigo não são cogentes, podem os sócios construir uma normatização própria para a efetivação de tal operação. As cláusulas do contrato social permitem, concretamente, exigir o consentimento de uma maioria simples ou qualificada e, mesmo, da unanimidade dos sócios, mas podem, desde logo, ao contrário, outorgar poderes amplos ao sócio ostensivo, possibilitando-lhe a admissão de quem bem entender como sócio participante ou oculto.

---

**Art. 996. Aplica-se à sociedade em conta de participação, subsidiariamente e no que com ela for compatível, o disposto para a sociedade simples, e a sua liquidação rege-se pelas normas relativas à prestação de contas, na forma da lei processual.**

**Parágrafo único. Havendo mais de um sócio ostensivo, as respectivas contas serão prestadas e julgadas no mesmo processo.**

---

Como sociedade típica, a conta de participação foi regrada de maneira bastante resumida. A disciplina própria à sociedade simples apresenta, por isso, desde que presente a compatibilidade com a ausência de personalidade jurídica e com a informalidade peculiares à conta de participação, aplicação subsidiária, quando caracterizada omissão de seu regramento próprio, ora analisado. Há, aqui, claro paralelismo com o disposto no art. 986, relativo à sociedade em comum, tencionando-se suprir inevitáveis lacunas. Ademais, a liquidação da conta é assimilada a uma prestação de contas, sempre efetivada pelo sócio ostensivo diante dos ocultos ou participantes, que lhe forneceram capital, disponibilizando bens para o empreendimento convencionado. Deve persistir, portanto, uma demonstração contábil relativa a tudo quanto visou à realização do objeto social contratado, somando, com a devida exatidão, as despesas suportadas e as receitas auferidas pelo sócio ostensivo no curso da gestão dos negócios sociais. Só é necessária a propositura de ação para exigir a prestação de contas quando presente uma pretensão resistida, ou seja, quando concretizado um litígio entre os sócios, utilizando-se, então, do procedimento especial previsto na legislação processual (arts. 550 a 553 do CPC/2015 ou arts. 914 a 919 do CPC/73). Em juízo, reconhecida a celebração do contrato de sociedade, as contas serão sempre exigíveis e devem se referir às operações patrimoniais efetivadas nos limites do objeto social, isolado o restante da atuação individual do ostensivo, uma vez que externa à conta de participação. Ante a pluralidade de sócios ostensivos, é imprescindível a apresentação conjunta das contas. A sociedade é uma só; o empreendimento é um só; a liquidação, portanto, deve ser única, sob pena de não serem apurados com adequação e precisão os haveres de cada um dos sócios. É bastante provável que haja heterogeneidade e desproporção entre os valores administrados por cada sócio ostensivo e, se realizadas prestações de contas separadas, os cálculos, fatalmente, conterão uma imperfeição, a qual aguardará, para ser superada, o término do cálculo de todas as eventuais liquidações parciais. No âmbito da ação para exigir a prestação de contas, a hipótese de litisconsórcio passivo necessário está, conforme o parágrafo único do presente artigo, caracterizada.

**Jurisprudência:** 1 – Admite-se, de maneira pacífica, a pretensão do sócio participante de exigir sejam prestadas contas pelo sócio ostensivo e exibidos documentos, eis que cabe a este último a função de administrador de valores comuns, inclusive com o fim de exterminar todas as dúvidas pendentes e solver os negócios sociais (*RT* 684/147, *RT* 768/221, *JTJ* 208/141, *JTJ* 212/139; TJSP, Ap. n. 71.485-4, 6ª Câm. de Dir. Priv., rel. Des. Munhoz Soares, j. 25.03.1999; TJSP, Ap. n. 40.141-4, 2ª Câm. de Dir. Priv., rel. Des. J. Roberto Bedran, j. 02.06.1998; TJSP, Ap. n. 138.015-4/5, 5ª Câm. de Dir. Priv., rel. Des. Rodrigues de Carvalho, j. 07.08.2003; TJDF, Ap. n. 2001011382337, 2ª T. Cível, rel. Des. Waldir Leôncio Junior, j. 28.10.2002; TJDF, Ap. n. 20010110382360, 2ª T. Cível, rel. Des. Silvânio Barbosa dos Santos, j. 26.08.2002). 2 – É irrelevante, também, para a liquidação da sociedade em conta de participação, terem sido prometidos ganhos, exigindo-se do sócio ostensivo apenas o pagamento da quota social ao sócio participante (TJSP, Ap. n. 222.025-4/8, 3ª Câm. de Dir. Priv., rel. Des. Alfredo Migliore, j. 07.05.2002). 3 – Quando dissolvida uma conta de participação, não é viável ajuizar uma simples ação de cobrança para acertar a situação de uns sócios perante os outros, isto é, para acertar a situação dos participantes perante os ostensivos; a liquidação se rege pelas normas da prestação de contas (TJSP, Ap. n. 99208037341-0, 25ª Câm. de Dir. Priv., rel. Des. Antonio Benedito Ribeiro Pinto, j. 15.04.2010). 4 – Não há incompatibilidade procedimental na cumulação dos pedidos de rescisão contratual e prestação de contas, quando objetivada a liquidação da sociedade em conta de participação, com a concomitante dissolução do vínculo entre os sócios ostensivos e ocultos; porém, não é viável cumular, no mesmo processo, a apuração de descumprimento contratual e do dever de indenizar, sob pena de tumulto processual (TJMG, Ap. n. 1909705-80.2014.8.23.0024, 9ª Câm. Cível, rel. Des. Luiz Artur Hilário, j. 21.02.2017). 5 – Uma vez dissolvida a sociedade em conta de participação, os contratos anexos ou acessórios a esta, como consectário do princípio da gravitação, são também extintos (TJMG, Ap. n. 10525.09.176029-4/001, 16ª Câm. Cível, rel. Des. Wagner Wilson Ferreira, j. 23.03.2017).

## *SUBTÍTULO II*
## *DA SOCIEDADE PERSONIFICADA*

### CAPÍTULO I
### DA SOCIEDADE SIMPLES

#### *Seção I*
#### *Do Contrato Social*

---

**Art. 997. A sociedade constitui-se mediante contrato escrito, particular ou público, que, além de cláusulas estipuladas pelas partes, mencionará:**

**I – nome, nacionalidade, estado civil, profissão e residência dos sócios, se pessoas naturais, e a firma ou a denominação, nacionalidade e sede dos sócios, se jurídicas;**

**II – denominação, objeto, sede e prazo da sociedade;**

**III – capital da sociedade, expresso em moeda corrente, podendo compreender qualquer espécie de bens, suscetíveis de avaliação pecuniária;**

**IV – a quota de cada sócio no capital social, e o modo de realizá-la;**

**V – as prestações a que se obriga o sócio, cuja contribuição consista em serviços;**

**VI – as pessoas naturais incumbidas da administração da sociedade, e seus poderes e atribuições;**

**VII – a participação de cada sócio nos lucros e nas perdas;**

**VIII – se os sócios respondem, ou não, subsidiariamente, pelas obrigações sociais.**

**Parágrafo único. É ineficaz em relação a terceiros qualquer pacto separado, contrário ao disposto no instrumento do contrato.**

---

Legislação correlata: art. 302 (*revogado*), CCom; art. 120, Lei n. 6.015, de 31.12.1973.

As sociedades personificadas ou sociedades-corporação se distinguem pela presença de um ente imaterial, criado pelo engenho humano, a pessoa jurídica, que medeia, internamente, as relações entre os sócios, concentrando os débitos e créditos recíprocos, e atua, externamente, em face dos terceiros com quem são celebrados negócios. A maioria dos tipos societários se enquadra em tal categoria e, entre eles, o primeiro a ser disciplinado pelo legislador é a sociedade simples. Esse novo tipo societário, resgatado da legislação italiana, não corresponde, de maneira alguma, à antiga sociedade civil, definido por exclusão e ostentando conformação própria, básica para todos os demais tipos incertos no CC/2002. Todas as atividades não empresárias e, facultativamente, as rurais compõem o âmbito característico de utilização da sociedade simples, sendo, também, compulsória sua adoção pelas sociedades cooperativas, dado o disposto no parágrafo único do art. 983. O presente artigo discrimina, genericamente, os dados informativos imprescindíveis ao instrumento do contrato, lastreando-se nos elementos e nas características fundamentais a toda e qualquer sociedade, já examinados quando analisado o art. 981, mas referindo-se, em particular, à sociedade simples. O instrumento pode ostentar forma pública ou particular e, obrigatoriamente, deve conter a qualificação, as obrigações, a responsabilidade e a participação patrimonial de cada um dos sócios, bem como o nome, o objeto, o capital, a sede e a forma de administração da pessoa jurídica criada, tudo somado ao prazo de duração estabelecido para a execução do contrato. Os sócios, como partes negociais, são sujeitos de direito, que, para a contratação, precisam estar no pleno gozo de sua capacidade, não havendo limitação quanto a seu número ou a sua natureza, tendo sido expressamente prevista a inclusão de outras pessoas jurídicas no quadro social, nada impedindo, desde que haja um mínimo de compatibilidade com seu objeto, a participação de sociedades empresárias em uma sociedade simples. Os sócios podem assumir deveres distintos perante a pessoa jurídica, admitindo-se, aqui, sócios de serviço, que não contribuem para a formação do capital social, mas, em contrapartida, fornecem seu esforço individual, atuando com o uso de seu engenho, de suas habilidades. A responsabilidade dos sócios, tendo em conta as dívidas assumidas pela pessoa jurídica, nas sociedades simples, varia de acordo com as concretas disposições inseridas no instrumento elaborado. A responsabilidade subsidiária, com a repartição proporcional do risco, não é imprescindível ao tipo examinado, de maneira que os contratantes podem optar, ou não, por sua incidência, assim como, mais gravemente, pela solidariedade. A participação dos sócios nos lucros e prejuízos apurados depende, em regra, do tamanho da participação de cada qual no capital social, o que é quantificado por meio de quotas, correspondendo cada uma à mínima parcela nesse mesmo montante patrimonial. Se houver sócio de serviço, sua participação será calculada, na omissão do instrumento, como a média daquelas atribuídas aos demais sócios. O nome da sociedade simples só pode assumir a forma de denominação, vetada a adoção de firma e permitida a inclusão de expressão de fantasia. O objeto social, como já assinalado, é sempre não empresarial ou rural. Estabeleceu-se, quanto à administração da sociedade simples, a possibilidade de ser eleito gestor estranho ao quadro social, dotado, por exemplo, de uma qualificação profissional especial, além de ser conferida ampla liberdade de escolha aos sócios e impedida, apenas, conforme o texto expresso, a conferência do encargo a outra pessoa jurídica. O capital social, formado pela contribuição dos sócios, é composto dos bens avaliados em moeda corrente, reproduzindo o inciso III a fórmula já presente no revogado art. 287 do CCom. Acerca do prazo de duração, há total variabilidade; existem sociedades com prazo indeterminado e outras cuja duração está ligada a um único e rápido empreendimento. O parágrafo único, pura e simplesmente, limita a eficácia de eventuais acordos parassociais, capazes de modificar ou, mesmo, deturpar a aplicação de qualquer das cláusulas inseridas no instrumento submetido a registro e tornado público, permanecendo os terceiros, quanto a esses pactos, imunes.

**Jurisprudência:** 1 – A previsão da distribuição de lucros não transmuda uma sociedade simples em empresária, como no caso de uma sociedade de advogados, em que profissionais liberais prestam serviços em nome da pessoa jurídica (TJMG, MS n. 1.0024.09.576900-6/004(1), rel. Des. Manuel Saramago, j. 10.02.2011). 2 – Entre as cláusulas não obrigatórias, são plenamente admissíveis, por exemplo, as de eleição de foro (STJ, REsp n. 684.760/AM, 3ª T., rel. Min. Carlos Alberto Menezes Direito, j. 17.05.2007) e as que estipulam fórmulas para pagamento de haveres em caso de resolução do contrato de sociedade com relação a um dos sócios, inclusive com previsão de parcelamento (STJ, REsp n. 654.288/SP, 3ª T., rel. Min. Carlos Alberto Menezes Direito, j. 22.03.2007; STJ, REsp n. 450.129/MG, 3ª T., rel. Min. Carlos Alberto Menezes Direito, j. 08.10.2002; STJ, REsp n. 33.458/SP, 3ª T., rel. Min. Eduardo Ribeiro, j. 13.06.1994). Confronta a legalidade, porém, cláusula que estabeleça que um ou dois sócios possam obrigar os outros a adquirir suas quotas sociais pelo preço que entenderem justo. (TJRJ, Ap. n. 2006.001.37230, 7ª Câm. Cível, rel. Des. Carlos C. Lavigne de Lemos, j. 31.10.2006)

---

**Art. 998. Nos trinta dias subsequentes à sua constituição, a sociedade deverá requerer a inscrição do contrato social no Registro Civil das Pessoas Jurídicas do local de sua sede.**

**§ 1º O pedido de inscrição será acompanhado do instrumento autenticado do contrato, e, se algum sócio nele houver sido representado por procurador, o da respectiva procuração, bem como, se for o caso, da prova de autorização da autoridade competente.**

**§ 2º Com todas as indicações enumeradas no artigo antecedente, será a inscrição tomada por termo no livro de registro próprio, e obedecerá a número de ordem contínua para todas as sociedades inscritas.**

Legislação correlata: art. 36, Lei n. 8.934, de 18.11.1994.

O registro dos atos constitutivos, em concordância com o disposto no art. 985, apresenta natureza constitutiva, materializando o surgimento da personalidade jurídica da sociedade simples antes contratada e, por isso, sua efetiva constituição. O legislador estabeleceu, antes de mais nada, um prazo de trinta dias para que seja postulado o registro, contado da data da elaboração do instrumento contratual, a exemplo do que já consta, com referência ao registro empresarial, do art. 36 da Lei n. 8.934/94, mas não há previsão de sanção alguma para o descumprimento de tal prazo, que é meramente dilatório. O vocábulo "inscrição" foi, aqui, utilizado em sentido genérico, tal qual assinalado na análise do art. 967, devendo ser requerida perante o Oficial de Registro Civil de Pessoa Jurídica com específica atribuição territorial sobre o local da sede eleita pelos sócios e constante do instrumento então exibido. O pedido será instruído com o instrumento autenticado do contrato social, ou seja, com o próprio documento elaborado e firmado pelos sócios, submetido, em um Tabelião de Notas, à autenticação das firmas nele inseridas, não se propondo, como poderia parecer à primeira vista, a apresentação de cópias autenticadas. Ademais, quando algum dos sócios contratantes for representado, haverá a necessidade da anexação do instrumento da procuração, comprovando a existência e a suficiência dos poderes exercidos, da mesma maneira que, quando uma pessoa jurídica for contratante, será imprescindível a exibição de certidão extraída do registro de seus atos constitutivos, possibilitando a verificação da regularidade da gestão. Se a sociedade depender, por fim, como previsto nos arts. 1.123 a 1.141, de autorização para seu funcionamento, far-se-á necessária a apresentação da prova de seu deferimento. Diante da formalização do requerimento, o oficial, na qualidade de delegado de um serviço público, faz o exame qualificador dos documentos e verifica o preenchimento concreto dos requisitos do ato de registro, podendo formular exigências e levantar óbices, procedendo na forma prescrita pelos arts. 114 a 121 da Lei n. 6.015/73. Se a documentação se achar em ordem, o registro será, então, efetivado em livro próprio (Livro A), com numeração crescente.

**Art. 999. As modificações do contrato social, que tenham por objeto matéria indicada no art. 997, dependem do consentimento de todos os sócios; as demais podem ser decididas por maioria absoluta de votos, se o contrato não determinar a necessidade de deliberação unânime.**

**Parágrafo único. Qualquer modificação do contrato social será averbada, cumprindo-se as formalidades previstas no artigo antecedente.**

Num primeiro momento, quando celebrado o contrato e, em seguida, elaborado o instrumento destinado a ser levado a registro, consolida-se um original consentimento, sobre o qual se alicerçam o início da execução do ajuste e o próprio funcionamento da pessoa jurídica. A *affectio societatis*, porém, enquanto sobreviver a sociedade, deve ser continuadamente renovada, o que implica a eventual necessidade de modificar, com maior ou menor intensidade, partes do contrato, adequando-as às alterações conjunturais. Tenciona-se melhor ajustamento das cláusulas ao ambiente de atuação da sociedade por meio de específicas deliberações, conforme a conveniência dos sócios e da pessoa jurídica. No presente artigo, são, enfim, definidos os requisitos das modificações do contrato social, variando estes de acordo com a gravidade da modificação pretendida, visando sempre a respeitar a vontade originária e individual de cada parte e evitar possa, pela submissão a uma maioria tirânica, ocorrer a "captura" daqueles que detêm menor participação na composição do capital social. No que se refere às alterações atinentes a uma das matérias elencadas no art. 997, é imprescindível, na sociedade simples, a aquiescência unânime de todos os sócios, mesmo daqueles que não mantenham participação no capital social (sócios de serviço), de maneira que a composição do quadro social, a sede, o nome, o objeto, o valor do capital, a forma de administração e a duração da sociedade, assim como as obrigações, a responsabilidade e a participação patrimonial de cada um dos sócios, só podem sofrer modificação com a concordância de todos, sem exceção. No âmbito das demais matérias, como regra, exige-se, para a aprovação de modificações, a obtenção da maioria absoluta dos votos, conferidos em igual proporção à participação no capital social, permitindo-se, de maneira pontual e expressa, a exigência, com relação a uma ou outra matéria, da unanimidade. Toda modificação deve ser sempre reduzida à linguagem escrita. Elabora-se novo documento, um instrumento de alteração do contrato social, sob forma particular ou pública, só produzindo ele efeitos perante terceiros quando realizada sua averbação, em acréscimo à antecedente inscrição, nos assentamentos mantidos pelo oficial de registro civil de pessoa jurídica, o qual ostenta o dever de proceder a novo exame qualificativo e, se for o caso, apontar eventuais falhas documentais, formulando, aqui também, exigências ou óbices.

**Art. 1.000. A sociedade simples que instituir sucursal, filial ou agência na circunscrição de outro Registro Civil das Pessoas Jurídicas, neste deverá também inscrevê-la, com a prova da inscrição originária.**

**Parágrafo único. Em qualquer caso, a constituição da sucursal, filial ou agência deverá ser averbada no Registro Civil da respectiva sede.**

Constituída a sociedade simples, poderá ela alargar os negócios sociais para além dos limites de sua sede e, nesse caso, pode ser conveniente e oportuno instituir sucursais, filiais ou agências, promovendo, com caráter de permanência, sua expansão. A filial destina-se à reprodução da atividade já desenvolvida em nova localidade, enquanto uma simples sucursal ou uma agência ostentam a função de mera coleta de pedidos. Persiste, então, nesses casos, a necessidade de transposição de dados. A exemplo do previsto com relação ao empresário individual no art. 969, será obrigatória a realização de novas inscriçoes, conferindo-se, onde quer que houver sido ampliada a atividade, total publicidade acerca de todos os elementos essenciais e acidentais da pessoa jurídica, respeitadas as circunscrições territoriais dos oficiais de registro, discriminadas, particularmente em cada um dos estados federados, em comarcas ou municípios. Para a realização de cada novo ato de registro, será necessária a prova da inscrição originária, o que só pode ser realizado mediante a apresentação da certidão extraída dos assentamentos do oficial de registro da sede da sociedade simples constituída. Em todo caso, porém, sempre que for instituir sucursais, filiais ou agências, a sociedade simples deverá providenciar a averbação relativa a tais fatos no registro originário, formulando requerimento específico e dirigido ao oficial de registro da sede da pessoa jurídica, tornando completos e concentrados os pormenores mais relevantes acerca das atividades empreendidas.

## *Seção II*
## *Dos Direitos e Obrigações dos Sócios*

**Art. 1.001. As obrigações dos sócios começam imediatamente com o contrato, se este não fixar outra data, e terminam quando, liquidada a sociedade, se extinguirem as responsabilidades sociais.**

O presente artigo visa a estabelecer os limites temporais de eficácia do contrato de sociedade diante das próprias partes contratantes, ou seja, os sócios, tornando claros os momentos de seu início e seu fim. A produção dos efeitos internos do contrato inicia-se, em regra, imediatamente, ao ser ele celebrado. Não é necessária, nem mesmo, a elaboração do instrumento escrito ou, em razão da promoção do posterior registro perante o oficial da sede eleita, a formação da pessoa jurídica. Basta o ajuste de vontades, conjugando-se o consentimento de cada parte para a formação de uma unidade de interesses e propósitos. Os sócios possuem, porém, liberdade para dispor em sentido diverso. A escolha de outro marco temporal inicial qualquer constitui uma faculdade dos contratantes, podendo, em sentido extremo, ser postergada a exigibilidade do cumprimento dos deveres expostos até depois da aquisição da personalidade jurídica, conforme a conveniência concreta indicada pela conjuntura. O término da eficácia interna do contrato de sociedade ocorre, inevitavelmente, ao final da liquidação, quando forem tidas como extintas as obrigações dos sócios, operando-se o esgotamento ou exaurimento dos deveres atribuídos individualmente a cada sócio. Não há como estabelecer momento diverso para esse marco temporal final, permanecendo a vinculação, ainda que o instrumento elaborado contenha cláusula em contrário, até que todos os direitos dos terceiros credores tenham sido devidamente satisfeitos.

**Art. 1.002. O sócio não pode ser substituído no exercício das suas funções, sem o consentimento dos demais sócios, expresso em modificação do contrato social.**

Nas sociedades simples, tal qual nas sociedades empresariais de pessoas, a contratação se realiza *intuitu personae*, sendo de suma relevância a identidade de cada um dos sócios, pois a conjunção dos consentimentos pressupõe a manutenção de uma confiança recíproca, sempre fundada nas qualidades individuais de cada parte. Não se concebe que um estranho, de quem nada se conhece ou com quem não são mantidas relações amistosas e que não foi escolhido, possa assumir a posição de sócio, tangenciada a necessidade de uma declaração negocial expressa. A escolha de um sócio requer, em princípio, um cuidado todo especial, sendo natural o desejo de vê-la rigorosamente respeitada. A substituição de um sócio depende, portanto, da aquiescência de cada um dos cocontratantes. Ressalte-se que o texto legal refere-se, com significado amplo, à substituição no exercício, pois abrange não apenas as mudanças formais do quadro social, mas engloba, também, a celebração de contratos entre sócio e terceiro que viabilizem, pontual e concretamente, a transmissão do gozo de direitos decorrentes da posição de sócio, seja pela via onerosa, seja pela via gratuita. Para que seja válida tal substituição, será imprescindível, em se tratando de sociedade simples, colher a aceitação de todos os sócios, conformando uma unanimidade. Descabe, diante da importância da matéria tratada, a deliberação por maioria, inadmissível e irrelevante, ademais, a manifestação tácita. Exige-se o consentimento formalmente expresso por meio de alteração do contrato social. Elabora-se, então, novo instrumento, como aditivo àquele já levado a registro, submetendo-se este ao disposto no art. 1.000.

**Art. 1.003. A cessão total ou parcial de quota, sem a correspondente modificação do contrato social com o consentimento dos demais sócios, não terá eficácia quanto a estes e à sociedade.**

**Parágrafo único. Até dois anos depois de averbada a modificação do contrato, responde o cedente solidariamente com o cessionário, perante a sociedade e terceiros, pelas obrigações que tinha como sócio.**

Legislação correlata: art. 334 (*revogado*), CCom.

Em uma sociedade simples, a modificação do contrato social, efetivada com o consentimento unânime dos sócios, constitui fator de eficácia de toda e qualquer cessão de quotas. Reafirma-se, no *caput* deste artigo, tudo quanto proposto no artigo antecedente, protegendo-se os sócios, a sociedade e os terceiros. Assim, a cessão, apesar de validamente contratada, só produzirá efeitos perante os sócios e a sociedade (pessoa jurídica) quando efetivada, por meio de averbação na inscrição originária, a formalização de tal alteração. O parágrafo único, por sua vez, contém uma regra importante. Ficou estabelecida uma hipótese de responsabilidade solidária entre o cedente e o cessionário das quotas, isto é, envolvendo o antigo e o novo sócio. Essa solidariedade passiva está delimitada de duas maneiras. No âmbito temporal, sua vigência respeitará o prazo de dois anos, contado sempre da data em que for requerida a averbação no Oficial de Registro Civil de Pessoa Jurídica. No âmbito material, ela abrangerá as obrigações do cedente, já existentes na data da cessão, derivadas da aplicação do contrato plurilateral e transmitidas ao cessionário. A posição de sócio, como um todo único, é transmitida de maneira que, por um lado, em conjunto com o cedente, o cessionário arca com os ônus decorrentes dos eventuais e pretéritos descumprimentos contratuais e, por outro, cabe ao cessionário prosseguir no adimplemento de cada dever já ajustado, assumindo o cedente a função de garante da retidão do futuro comportamento do novo sócio. Cedidas as quotas numa sociedade simples, uma fórmula especial passa, então, a reger a responsabilidade do cedente e do cessionário, sendo patente a potencial gravidade de seus resultados. Pretende-se proteger não somente os interesses sociais diante, por exemplo, da ausência de integralização do capital, mas, também, os credores da pessoa jurídica, beneficiando a sociedade constituída e os terceiros.

**Jurisprudência:** 1 – A cessão total ou parcial da quota somente produz efeitos perante a própria sociedade a partir da data do registro da alteração do contrato social, mesmo realizada a colheita da anuência de todos demais sócios, contando-se, também, deste mesmo marco temporal, o prazo de dois anos em que o cedente responde pelas obrigações que tinha como sócio (STJ, REsp n. 1.415.543/RJ, 3ª T., rel. Min. Paulo de Tarso Sanseverino, j. 07.06.2016; STJ, REsp n. 1.484.164/DF, 3ª T., rel. Min. Ricardo Villas Bôas Cueva, j. 06.06.2017). 2 – A cessão das quotas sociais não implica a exoneração de garantias antecedentes conferidas e referentes a obrigações vincendas, em particular de fiança conferida pelo cedente, ainda mais no curso do prazo de dois anos previsto neste artigo (TJRS, Ap. n. 70.049.547.854, 17ª Câm. Cível, rel. Des. Bernadete Coutinho Frederich, j. 28.11.2012). 3 – Este art. 1.003 regula a responsabilidade do cedente das quotas sociais diante de terceiros, mas não disciplina as relações entre o cedente e o cessionário, prevalecendo, quanto a estes, as cláusulas especificamente convencionadas, mantida compatibilidade com o art. 1.032 (TJSP, Ap. n. 1006394-81.2014.8.26.0562, 1ª Câm. Res. de Dir. Empres., rel. Des. Francisco Loureiro, j. 10.12.2015). 4 – A figura do "sócio do sócio", criada a partir da celebração de um contrato informal, entre um dos sócios e um terceiro, nunca pode produzir qualquer efeito frente à própria sociedade, como pessoa jurídica (TJSP, Ap. n. 0009793-93.2003.8.26.0248, 6ª Câm. de Dir. Priv., rel. Des. Fortes Barbosa, j. 30.08.2012). 5 – Foi previsto, no parágrafo único deste artigo, um prazo de garantia, como ocorre no âmbito da empreitada (art. 618), aplicável sempre frente à ausência de ajuste contratual em sentido diverso, durante o qual persiste solidariedade passiva entre o cedente e o cessionário, em benefício de terceiros e da sociedade (como pessoa jurídica). O decurso do prazo de dois anos, como limite de garantia, faz cessar a responsabilidade residual do antigo sócio pelas dívidas acumuladas pela pessoa jurídica e antecedentes à cessão de quotas operada. Enquanto não houver terminado o prazo, há solidariedade passiva e, após a satisfação do credor, pode ser postulado o rateio (TJSP, Ap. n. 0049273-31.2013.8.26.0506, 1ª Câm. Res. de Dir. Empresarial, rel. Des. Fortes Barbosa, j. 24.02.2016). 6 – Aos casos de desconsideração da personalidade jurídica, não pode ser aplicado, por ampliação ou analogia, o prazo previsto no art. 1.003 do CC, referindo-se aquele a atos praticados na condição de sócio (STJ, REsp n. 1.312.591/RS, 4ª T., rel. Min. Luis Felipe Salomão, j. 01.07.2013; STJ, Ag. Int. nos Emb. Decl. no REsp n. 1.422.020/SP, 3ª T., rel. Min. Ricardo Villas Boas Cueva, j. 24.04.2018). 7 – A transferência onerosa de quotas sociais não ostenta enquadramento no art. 1.647 do CC, por se tratar de bem móvel, descabendo a exigência de outorga conjugal (STJ, AgInt no REsp n. 1.790.940/SP, 4ª T., rel. Min. Luis Felipe Salomão, j. 11.05.2020). 8 – As obrigações geradoras de solidariedade entre cedente e cessionário, para fins do parágrafo único deste artigo, são aquelas de natureza objetiva, que se vinculam diretamente às quotas sociais, não estando compreendidas, nesta hipótese, as obrigações de caráter subjetivo do sócio, resultantes do exercício de sua autonomia privada ou da prática de ato ilícito (STJ, REsp n. 1.901.918/PR, 3ª T., rel. Min. Nancy Andrighi, j. 10.08.2021).

**Art. 1.004. Os sócios são obrigados, na forma e prazo previstos, às contribuições estabelecidas no contrato social, e aquele que deixar de fazê-lo, nos trinta dias seguintes ao da notificação pela sociedade, responderá perante esta pelo dano emergente da mora.**

**Parágrafo único. Verificada a mora, poderá a maioria dos demais sócios preferir, à indenização, a exclusão do sócio remisso, ou reduzir-lhe a quota ao montante já realizado, aplicando-se, em ambos os casos, o disposto no § 1º do art. 1.031.**

Legislação correlata: art. 289 (*revogado*), CCom.

Fornecer uma contribuição patrimonial para a formação do capital social e conferir, visando à realização do objeto social, suporte material à pessoa jurídica constituem deveres naturalmente atribuídos aos sócios e prontamente disciplinados pelo contrato social. As contribuições podem ser totalmente heterogêneas, sob forma pecuniária ou mediante a transmissão de direitos reais ou pessoais de sua titularidade, estes devidamente avaliados. Apreciadas de um ponto de vista diverso, elas podem ser imediatas, logo após a conclusão do contrato social, mas, também, sua efetivação pode ser postergada, conferindo um direito de crédito à pessoa jurídica (sociedade-corporação). Com o adimplemento, concretiza-se a integralização da quota do capital atribuída, no contrato social, a dado sócio. O presente artigo trata, porém, da hipótese de inadimplemento dessa obrigação, em que figuram, como devedor, o sócio e, como credora, a sociedade, concebida uma disciplina especial, inclusive diante da gravidade da situação resultante. Na sociedade simples, uma vez descumprido o prazo ou apresentado montante de bens inferior ao convencionado, o sócio remisso ou inadimplente deve ser notificado, sendo formalmente cientificado de que, após o decurso do lapso de trinta dias, ficará sujeito ao pagamento de uma indenização, a título de ressarcimento dos danos causados pela mora, caso não promova a integralização de sua quota. A notificação pode, conforme a conveniência dos sócios, ser judicial (arts. 726 a 729 do CPC/2015 ou arts. 867 a 872 do CPC/73), ou extrajudicial (art. 160 da Lei n. 6.015/73). Em sentido contrário, mesmo caracterizada a mora, sua purgação, respeitado o prazo assinalado, isenta o sócio de eventual indenização, bem como de outros possíveis efeitos, escolhidos, ante o caso concreto, pelos demais sócios. Com efeito, decorridos os trinta dias e consolidada a mora, os sócios adimplentes adquirem a faculdade de deliberar, por maioria, conforme as necessidades objetivas da inversão de recursos na atividade-fim projetada e a persistência, ou não, da quebra de confiança antes depositada no inadimplente, excluí-lo, denunciando parcialmente o contrato e provocando uma modificação coativa do quadro social, ou reduzir sua quota, caracterizando uma integralização parcial, tendo sempre em conta os valores ou os bens já conferidos à pessoa jurídica. Faz-se, aqui, uma remissão ao § 1º do art. 1.031, pois, quando for adotada qualquer das duas soluções alternativas, será necessário computar uma redução correspondente do capital social, a menos que os sócios, em conjunto e apenas excluído o inadimplente, decidam suprir o valor descontado.

**Jurisprudência:** 1 – Expulso um sócio reconhecido como remisso, não existe um crédito de haveres para ser apurado, tendo em vista a ausência de realização de aporte financeiro (TJSP, Ap. n. 0029248-23.2008.8.26.0554, 2ª Câm. de Dir. Empres., rel. Des. Fábio Tabosa, j. 06.11.2018). 2 – A remissão de sócio exige a configuração da intencionalidade, do que decorre a necessidade de observância estrita do prazo de trinta dias previsto no texto legal, a ser contado a partir de notificação específica (TJSP, Ap. n. 1012172-16.2015.8.26.0071, 2ª Câm. de Dir. Empres., rel. Des. Maurício Pessoa, j. 23.04.2018).

**Art. 1.005. O sócio que, a título de quota social, transmitir domínio, posse ou uso, responde pela evicção; e pela solvência do devedor, aquele que transferir crédito.**

Um sócio pode integralizar sua quota, adimplindo a obrigação de contribuir para a formação do capital social, mediante a transmissão de direitos reais ou pessoais em espécie, desde que seu valor possa ser reduzido a uma expressão monetária. O presente artigo intenciona regrar, nessa hipótese, qual a responsabilidade assumida pelo sócio ante a assunção de fatos posteriores, que resultam, após sua aquisição pela pessoa jurídica, no perecimento ou na perda da eficácia patrimonial desses mesmos direitos. Tratando-se da conferência de direitos reais, o sócio transmitente responde pela evicção na forma dos arts. 447 a 457, mantida a disciplina geral estabelecida para a hipótese, uma vez que está presente, aqui, a onerosidade; a atribuição da quota social é feita em retribuição à conferência dos direitos especificados. Nesse sentido, a menos que exista cláusula excludente, nascerá o dever do sócio de indenizar a sociedade, quando a pessoa jurídica assumir a qualidade de evicta (arts. 448 e 450). Se a quota houver sido integralizada mediante a cessão de um direito pessoal, de um crédito, aplica-se regra peculiar, assumindo o sócio responsabilidade pela solvência, ou seja, pelo efetivo pagamento da dívida em favor da sociedade, a cessionária e nova credora. Excepciona-se, assim, o disposto no art. 295, pois o sócio cedente garante a existência dos créditos, sendo sua responsabilidade agravada para dar segurança à efetiva integralização do capital social e permitir o exato cumprimento do ajustado no contrato de sociedade, sem favorecimentos e sem repartição indevida de prejuízos e ônus.

**Art. 1.006. O sócio, cuja contribuição consista em serviços, não pode, salvo convenção em contrário, empregar-se em atividade estranha à sociedade, sob pena de ser privado de seus lucros e dela excluído.**

Ao ser celebrado o contrato plurilateral, cada um dos sócios assume o dever de contribuir para a consecução do objeto social, perfazendo uma conjugação de esforços. Na generalidade dos casos, fornecem-se, como disciplinado nos artigos antecedentes, direitos reais ou pessoais, que, transferidos à pessoa jurídica, se fundem no capital social, mas, também, permite-se que o sócio contribua, exclusivamente, com seus serviços. Ele deixa de dispor de direitos de sua titularidade e passa a manter uma atividade habitual e profissional em benefício da sociedade criada. Do chamado sócio de serviço exige-se, porém, como regra, uma dedicação exclusiva, voltada integral e exclusivamente para os negócios sociais. Tal sócio é admitido de acordo com suas aptidões individuais. Seus predicados tornam seu esforço não apenas benéfico à sociedade, mas, isso sim, um elemento relevante para o sucesso de todo o empreendimento projetado quando da celebração do contrato. Uma concentração de sua atenção é, por isso, exigida, como contrapartida, pela ausência de integralização de uma quota social. A regra suporta exceções. Os sócios podem ajustar, sempre expressamente, por meio de cláusula inserida no instrumento do contrato social submetido a registro, que o sócio de serviço ostentará a possibilidade de desenvolver outras atividades, impondo-lhe limites, conforme sua conveniência, mais ou menos amplos. O descumprimento da exclusividade ou das limitações fixadas no contrato social sujeita o sócio de serviço, dada a quebra de confiança, a uma sanção gravíssima, correspondente, cumulativamente, a sua expulsão do quadro social e à perda do direito aos lucros, que, normalmente, se o pacto inicial fosse rigorosamente cumprido, tal qual concebido, lhe seriam conferidos.

**Art. 1.007. Salvo estipulação em contrário, o sócio participa dos lucros e das perdas, na proporção das respectivas quotas, mas aquele, cuja contribuição consiste em serviços, somente participa dos lucros na proporção da média do valor das quotas.**

A equivalência patrimonial constitui uma regra comum às sociedades em geral, incidindo, aqui também, no âmbito das sociedades simples, de maneira a resguardar a paridade entre a importância da participação de cada sócio na formação do capital e a repartição dos resultados auferidos, isto é, dos lucros ou das perdas apurados ao final de cada exercício ou quando efetivada a liquidação. Nesse sentido, quanto maior a quota social, maior será a participação nos ganhos ou nos prejuízos, observado sempre um percentual único. Os benefícios e os ônus são divididos em conformidade com o comprometimento e a contribuição de cada qual para a realização da atividade escolhida como objeto social. No caso, entretanto, de um sócio de serviço, a aplicação da regra da equivalência patrimonial é, logicamente, inviabilizada, pois, por definição, ele não contribui para a formação do capital e não se torna titular de uma quota social. Traz o texto legal, por isso, uma regra particular, de acordo com a qual o sócio de serviço participará dos lucros em proporção equivalente à média dos demais sócios, não ostentando, excepcionalmente, responsabilidade por prejuízos ou perdas. Para que seja obtido tal percentual é preciso, simplesmente, tomar o número de sócios quotistas e dividi-lo pela centena. Ressalte-se, por fim, que as normas inseridas no presente artigo apresentam um evidente caráter dispositivo e, por isso, ao celebrarem contrato, os sócios podem estabelecer regras diferenciadas, ajustadas a seus interesses e a sua conveniência concreta, desde que o façam expressamente e incluam, no instrumento escrito submetido a registro, cláusula derrogatória das regras aqui analisadas, que apenas diante da omissão do contrato apresentam incidência.

**Jurisprudência:** A fixação de *pro labore*, a título de remuneração do sócio administrador por seu serviço em favor da empresa, depende da vontade dos sócios, mediante deliberação específica ou previsão no contrato social, aplicando-se, na omissão, o disposto neste artigo, apenas participando de lucros e prejuízos na proporção da respectiva quota, sem que mais nada seja devido (TJMG, Ap n. 1.0105.08.259651-8/001, 18ª Câm. Cível, rel. Des. Sérgio André da Fonseca Xavier, j. 30.03.2021).

**Art. 1.008. É nula a estipulação contratual que exclua qualquer sócio de participar dos lucros e das perdas.**

Legislação correlata: art. 288 (*revogado*), CCom.

O legislador, a exemplo do previsto no art. 288 (revogado) do antigo CCom, vedou a chamada sociedade leonina, caracterizada por um profundo desequilíbrio patrimonial entre os sócios, assemelhado a uma lesão enorme. É da essência do contrato de sociedade que todas as partes contratantes comunguem do mesmo destino, repartindo os sucessos e insucessos decorrentes da realização do empreendimento escolhido como objeto social. Nesse sentido, proíbe-se a inclusão, no contrato social, de cláusula de exclusão da participação em resultados auferidos, sejam eles positivos ou negativos. Ressalte-se que a conjunção aditiva constante do texto legal não pode, aqui, ser interpretada em sentido literal, persistindo, alternativamente, nulidade quando for prevista a isenção absoluta da responsabilidade sobre prejuízos ou a total abdicação aos lucros futuros. Essa invalidade não contamina, porém, todo o contrato. Sua validade subsiste, devendo ser simplesmente desconsiderada a cláusula leonina, ou seja, tida como não escrita, mantido o restante do ajuste concluído. Os sócios ostentam a faculdade de fixar fórmulas desproporcionais de repartição dos resultados, conforme a conveniência concreta gerada pela importância de cada qual na gestão social e na efetiva viabilidade do quanto contratado, fugindo das regras gerais estabelecidas nos artigos antecedentes. O que eles não podem é, puramente, convencionar a completa exclusão, ressaltada, com respeito às perdas e na omissão do contrato, a peculiar situação do sócio de serviço.

**Art. 1.009. A distribuição de lucros ilícitos ou fictícios acarreta responsabilidade solidária dos administradores que a realizarem e dos sócios que os receberem, conhecendo ou devendo conhecer-lhes a ilegitimidade.**

Ao final de cada exercício ou quando da liquidação da sociedade, é feita uma apuração contábil dos resultados, totalizando os créditos e os débitos acumulados em dado período e aferindo a obtenção de ganhos ou o surgimento de perdas, inclusive quanto ao montante, sempre com precisão. Cabe aos administradores, encarregados da gestão social, promover, muitas vezes com o auxílio de profissionais especializados (contadores e contabilistas), seu cálculo, observando, com o uso de critérios técnicos, lisura máxima e correspondência com a realidade. Terminadas as operações contábeis, caso o resultado seja positivo, o lucro, de conformidade com as disposições do contrato e as posteriores deliberações, será destinado à formação de reservas, investido na própria atividade social ou repartido entre os sócios, que terão a sua disposição um acréscimo patrimonial. A violação das regras contábeis e a elaboração de lançamentos sem vinculação exata com as operações concretizadas geram, respectivamente, lucros ilícitos e fictícios. Materializa-se, assim, um procedimento fraudulento, nascido da atuação direta dos administradores, isto é, das pessoas encarregadas da gestão social e, por isso, incumbidas da produção das demonstrações contábeis periódicas. A fraude impõe danos a terceiros credores, uma vez que o capital social passa a ser, clandestinamente, dilapidado, reduzindo a garantia geral fornecida à satisfação das dívidas. Os administradores, portanto, respondem, pessoal e diretamente, pelos danos causados, vinculando, quando demonstrada a distribuição de lucros ilícitos ou fictícios, o próprio patrimônio individual ao pagamento de indenizações decorrentes. Não se investiga, aqui, a má-fé dos gestores, estabelecendo-se solidariedade entre todos aqueles dotados de poderes de gerência. Preocupou-se o legislador em reforçar a posição dos credores. Foi, também, de maneira suplementar, estabelecida a possibilidade de responsabilizar os sócios não gerentes, desde que tenham se locupletado com os frutos da fraude perpetrada e, simultaneamente, possuam conhecimento efetivo das irregularidades consumadas ou, diante das circunstâncias, devessem ter tido ciência do ocorrido. Sancionam-se a má-fé e a culpa dos sócios não gerentes, impondo-lhes, em conjunto com os administradores, responsabilidade solidária, tudo isso sem contar o dever de restituir o montante recebido, tal como antes previsto no art. 1.392 do CC/1916.

## *Seção III*
## *Da Administração*

**Art. 1.010. Quando, por lei ou pelo contrato social, competir aos sócios decidir sobre os negócios da sociedade, as deliberações serão tomadas por maioria de votos, contados segundo o valor das quotas de cada um.**

**§ 1º Para formação da maioria absoluta são necessários votos correspondentes a mais de metade do capital.**

**§ 2º Prevalece a decisão sufragada por maior número de sócios no caso de empate, e, se este persistir, decidirá o juiz.**

**§ 3º Responde por perdas e danos o sócio que, tendo em alguma operação interesse contrário ao da sociedade, participar da deliberação que a aprove graças a seu voto.**

Na presente seção, foram estabelecidas as regras básicas atinentes à administração dos negócios sociais em uma sociedade simples, aplicáveis, na generalidade dos casos, também às sociedades empresárias de pessoas. Logo de início, o texto legal ressalta que há diferentes níveis de competência decisória no interior da pessoa jurídica, não se concentrando toda ela nos sócios, mesmo porque não é possível que se mantenham permanentemente reunidos e a todo instante deliberem sobre qualquer matéria atinente à gestão. As deliberações dos sócios estão reservadas para assuntos de gravidade mais acentuada e relativos à definição das linhas mestras da gestão, conforme disponha a lei ou o contrato social celebrado. Pode ser esse o caso da instituição de direitos reais de garantia ou da contratação de dívidas vultosas, superiores ao valor de metade do capital. As demais decisões são, todas elas, em princípio, tomadas, quotidianamente, pelos administradores. Quando uma deliberação couber, no entanto, aos sócios, ela será tomada sempre por maioria de votos, atribuídos a cada um dos contratantes de acordo com a importância de sua participação no capital social. Quanto maior a contribuição fornecida para a realização do empreendimento comum, maior o número de votos conferido a um sócio, cabendo observar a exata proporção. A maioria absoluta, conforme disposto no § 1º do presente artigo, é materializada quando reunidos num mesmo sentido votos correspondentes a mais que a metade do capital social. A maioria simples é aquela aferida com base nos votos dos sócios presentes a dada reunião, com total desconsideração dos ausentes. Pode o estatuto ou a lei exigir a deliberação tomada por maioria simples ou absoluta, conforme a conveniência dos sócios e a gravidade potencial da decisão. Na hipótese de empate de votos, prevalecerá a deliberação sustentada por maior número de sócios, isto é, faz-se uma contagem por cabeça, considerando-se a opinião puramente individual de cada contratante. Se, mesmo assim, persistir o empate, ainda que aplicado o segundo critério, a solução fugirá do âmbito interno da sociedade simples e, materializado um litígio, será necessário levar a questão controvertida ao conhecimento de um órgão dotado de jurisdição. Caberá a um órgão do Poder Judiciário (juiz) ou, diante de cláusula compromissória, a um juízo arbitral solver a controvérsia e, ao final, substituir a vontade dos sócios, dado o impasse criado. O § 3º do presente artigo destaca, ademais, o problema do conflito de interesses, antes tratado apenas no âmbito das sociedades por ações (art. 115 da Lei das S.A. – Lei n. 6.404/76), preconizando, como princípio, o afastamento do sócio das decisões que envolvam qualquer interesse pessoal e contrastante com o social. Se o sócio participa, em reunião da sociedade simples, de deliberação relativa a matéria conflituosa e provoca, com seu voto, a aprovação de uma deliberação favorável a seus interesses individuais, mas prejudicial à pessoa jurídica, nasce a responsabilidade pessoal e deverá ele, ante o ilícito contratual, indenizar a própria sociedade simples, respondendo, portanto, por perdas e danos. O legislador, ressalte-se, poderia ter ido mais longe e impedido o sócio, desde logo, de maneira preventiva e absoluta, de participar das deliberações em conflito de interesses, afastando-o de tais decisões e evitando o surgimento de litígios.

**Jurisprudência:** Empate não significa impasse, de maneira que as deliberações serão, então, aprovadas ou rejeitadas com fulcro no critério estabelecido pelo § 2º deste artigo, que deve ser estendido às sociedades empresárias de pessoas, caso não haja cláusula contratual específica dispondo sobre o assunto. (TJSP, Ap. n. 0009649-97.2010.8.26.0564, 6ª Câm. de Dir. Priv., rel. Des. Paulo Alcides, j. 23.08.2012)

**Art. 1.011. O administrador da sociedade deverá ter, no exercício de suas funções, o cuidado e a diligência que todo homem ativo e probo costuma empregar na administração de seus próprios negócios.**

**§ 1º Não podem ser administradores, além das pessoas impedidas por lei especial, os condenados a pena que vede, ainda que temporariamente, o acesso a cargos públicos; ou por crime falimentar, de prevaricação, peita ou suborno, concussão, peculato; ou contra a economia popular, contra o sistema financeiro nacional, contra as normas de defesa da concorrência, contra as relações de consumo, a fé pública ou a propriedade, enquanto perdurarem os efeitos da condenação.**

**§ 2º Aplicam-se à atividade dos administradores, no que couber, as disposições concernentes ao mandato.**

Como padrão da avaliação das condutas ou dos atos dos administradores da sociedade simples, foi escolhido o "bom homem de negócios", caracterizado por sua atuação ágil, atenta e cuidadosa. Nesse sentido, observado tal padrão, cada administrador, individual e concretamente, deverá se comportar como se estivesse cuidando de seus próprios negócios, sendo indesculpável a desídia. Desrespeitados os preceitos de comportamento, configura-se a culpa do administrador e, gerado qualquer dano, por mínimo que seja, nasce o dever de indenizar. O exercício da função de administrador, por outro lado, se submete a requisitos de natureza pessoal, tendentes a assegurar a idoneidade e a dedicação plena daquele que foi escolhido para coordenar e especificar os negócios sociais. De início, todos os impedimentos previstos originalmente para o empresário individual, referidos nos arts. 972 e 973 e inseridos na legislação especial, atingem os administradores; o indivíduo que não pode ser empresário individual não pode, também, ser administrador de uma sociedade, mesmo sendo ela simples. Ademais, a condenação criminal, quando enquadrada numa das hipóteses componentes do rol fechado constante do § 1º, provoca o impedimento, enquanto perdurarem seus efeitos, isto é, desde o trânsito em julgado até a reabilitação (art. 93 do CP). Ao final, no § 2º, determina-se a aplicação subsidiária das regras atinentes ao mandato (arts. 653 a 692) à atividade dos administradores. Apesar de os administradores não se firmarem como simples representantes, mas como membros do órgão de presentação da pessoa jurídica, que a exterioriza diante de terceiros, as semelhanças são claras e realçam-se no que respeita à disciplina da cessação dos poderes, da atuação de um administrador aparente perante terceiros e dos deveres assumidos pela administrada (a sociedade) e pelo designado para efetuar sua presentação, inclusive quanto ao reembolso de despesas realizadas no exercício da gestão.

**Jurisprudência:** 1 – Há um dever do administrador de se ater aos exclusivos interesses atinentes à realização do objeto social e, sob esta ótica, a gestão deve informar-se pelos deveres de diligência e, em especial, o de lealdade, sendo vedado usar os recursos materiais ou humanos da sociedade para finalidade particular (TJRJ, AI n. 0005307-66.2019.8.19.0000, 9ª Câm. Cível, rel. Des. Carlos Azeredo de Araújo, j. 07.05.2019). 2 – A decretação de prisão penal de natureza cautelar, depois revogada, não atrai a incidência da restrição imposta pelo § 1º, por se tratar de hipótese não elencada expressamente no texto legal, só se concretizando esta após o trânsito em julgado de sentença condenatória, observado o inciso LVII do art. 5º da CR (TJGO, AI n. 201392651760, 4ª Câm. Cível, rel. Des. Elizabeth Maria da Silva, *DJe* 20.11.2013).

**Art. 1.012. O administrador, nomeado por instrumento em separado, deve averbá-lo à margem da inscrição da sociedade, e, pelos atos que praticar, antes de requerer a averbação, responde pessoal e solidariamente com a sociedade.**

Um administrador pode receber seus poderes originariamente, quando elaborado o instrumento destinado à promoção da inscrição prevista nos arts. 985 e 998, logo após a celebração do contrato social. Nesse caso, será efetivada imediata publicidade acerca da titularidade dos poderes de presentação da pessoa jurídica, podendo quaisquer terceiros identificar o administrador por meio da consulta aos assentamentos registrários e da extração de correspondentes certidões. É possível, porém, e o presente artigo prevê tal hipótese, seja o administrador nomeado, em momento posterior, por instrumento separado. Pode ocorrer a substituição de antigos administradores ou a repartição de poderes de gerência, exigindo-se, então, novas providências registrárias. Prevê-se, com o fim de propagar total publicidade sobre as alterações relativas ao exercício da administração das sociedades, a necessidade da promoção de averbação, isto é, de um segundo ato registrário a ser praticado perante o oficial de registro civil de pessoa jurídica onde já houver sido feita a primitiva inscrição da sociedade, a qual lhe garantia personalidade jurídica. Trata-se, portanto, de um ato secundário e dependente da realização da antecedente inscrição, atualizando-a em conformidade com os rumos adotados pelos sócios, externados por meio de suas deliberações e documentados pelas atas de suas reuniões. Caso passe a atuar antes mesmo da realização da averbação em relevo, o administrador nomeado submete-se a uma sanção grave, derivada da ausência de publicidade registrária, passando a assumir, perante terceiros credores, responsabilidade pessoal e solidária por todos os negócios sociais em que houver atuado em nome da pessoa jurídica. O terceiro credor poderá, assim, exigir o pagamento do débito tanto da pessoa jurídica quanto do próprio administrador, só produzindo sua nomeação todos os efeitos próprios após a averbação.

**Jurisprudência:** A responsabilidade solidária do administrador corresponde a uma sanção, a qual é, imediatamente, imposta diante da omissão em levar a registro o instrumento de designação, não se confundindo a hipótese com a de desconsideração da personalidade jurídica (TJSP, AI n. 0136571-27.2013.8.26.0000, 19ª Câm. de Dir. Priv., rel. Des. Ricardo Negrão, *DJe* 04.12.2013).

---

**Art. 1.013. A administração da sociedade, nada dispondo o contrato social, compete separadamente a cada um dos sócios.**

**§ 1º Se a administração competir separadamente a vários administradores, cada um pode impugnar operação pretendida por outro, cabendo a decisão aos sócios, por maioria de votos.**

**§ 2º Responde por perdas e danos perante a sociedade o administrador que realizar operações, sabendo ou devendo saber que estava agindo em desacordo com a maioria.**

---

Celebrado o contrato de sociedade, podem os sócios indicar, com inteira liberdade, quem ostentará a incumbência de realizar os atos de administração e mediar a concretização dos negócios sociais, inserindo cláusula específica no instrumento destinado a ser levado a registro. Na falta de tal disciplina, cada um dos sócios, individual e isoladamente, assume a atribuição de gerir a pessoa jurídica, sem a necessidade de prévia autorização ou da conjunta atuação para a prática de quaisquer atos, prestando contas apenas ao final. Compartilhada a gestão social, pode um dos administradores atuar preventivamente e no afã de evitar uma operação potencialmente nociva ou ruinosa para a sociedade, prevendo o § 1º do presente artigo a possibilidade de ser formulada uma impugnação. Não foram estabelecidos forma e prazo para a dedução de tal impugnação, mas ela precisa, logicamente, anteceder a conclusão da operação questionada e merece ser manifestada por escrito. Recomenda-se o uso de carta registrada ou notificação extrajudicial dirigida ao pretendido autor do ato, bem como a todos os sócios, aos quais caberá, por maioria absoluta de votos, decidir pela conclusão, ou não, da operação. Veda-se, ainda, ao administrador, a prática de atos e operações contrárias às diretrizes fixadas pela maioria dos sócios, sob pena de ser caracterizado um ilícito contratual. Quando for desrespeitada a proibição, presente o dolo ou a culpa do administrador, que sabia ou deveria saber estar contrariando a vontade coletiva da maioria dos sócios, impõe-se, como sanção, uma responsabilidade civil excepcional. Surge, aqui, o dever do administrador de indenizar a sociedade (pessoa jurídica) por todos os prejuízos que possam nascer da operação apontada como ilícita, recompondo seu patrimônio à situação anterior.

**Jurisprudência:** 1 – Quando um dos sócios administradores contrata, em seu nome e no interesse da sociedade, locação, o pagamento de dívida relativa a aluguéis atrasados legitima o ajuizamento de ação de cobrança contra os demais sócios, solicitando-se o ressarcimento do quanto desembolsado (TJSP, Ap. n. 99409040414-9, 3ª Câm. de Dir. Priv., rel. Des. Donegá Morandini, j. 13.04.2010). 2 – A ausência de uma cláusula de não concorrência não autoriza o administrador a atuar em contrariedade aos interesses da sociedade, adotada conduta desleal e potencializadora do desvio de clientela, que enseja o dever de indenizar (TJSP, Ap. n. 1131868-46.2021.8.26.0100, 1ª Câm. Res. de Dir. Empres., rel. Des. Azuma Nishi, j. 13.03.2024).

---

**Art. 1.014. Nos atos de competência conjunta de vários administradores, torna-se necessário o concurso de todos, salvo nos casos urgentes, em que a omissão ou retardo das providências possa ocasionar dano irreparável ou grave.**

---

Os sócios podem fazer incluir, no contrato social, uma cláusula expressa exigindo, sempre delimitadamente, com respeito à prática de determinados atos de gestão, a atuação de mais de um único administrador. A exigência deve encontrar justificativa na importância e na gravidade da realização de determinada operação, seja por causa de sua magnitude patrimonial, seja diante das potenciais consequências para o desenvolvimento do objeto social escolhido. Em todo caso, a plena eficácia do ato, presente dita cláusula, depende da aquiescência de todos os administradores. A sociedade, como pessoa jurídica, só se vincula por meio dessa conjunção de vontades individuais, e, na ausência de tal requisito, os efeitos do ato praticado recaem apenas sobre o próprio administrador, que, excedendo seus poderes, responde pelos danos causados a terceiros. Excepcionam-se, porém, as situações urgentes, definidas pelo perigo de surgimento de dano irreparável ou grave. Quando a demora na realização de certo negócio social potencializar perda patrimonial muito relevante e, por isso, definitiva, o administrador pode e deve agir sozinho, evitando a concretização do prejuízo vislumbrado, prestando contas posteriormente de tudo quanto efetivou.

**Jurisprudência:** Comparecendo a sociedade em audiência presentada por um único sócio, uma vez celebrado acordo imediatamente submetido a homologação judicial, o fato de o contrato social exigir a atuação de todos os sócios para a consecução de atos vinculativos da sociedade não pode convalidar uma tese oponível a terceiros, ressalvada a demonstração de má-fé, gerada uma questão unicamente *interna corporis* (TJMG, Ap. n. 0054142-17.2016.8.13.0143, 13ª Câm. Cível, rel. Des. Marco Aurélio Ferrara Marcolino, j. 24.11.2023).

**Art. 1.015. No silêncio do contrato, os administradores podem praticar todos os atos pertinentes à gestão da sociedade; não constituindo objeto social, a oneração ou a venda de bens imóveis depende do que a maioria dos sócios decidir.**

**Parágrafo único.** ***(Revogado pela Lei n. 14.195, de 26.08.2021.)***

Os poderes de gestão conferidos aos administradores estão delimitados pelo próprio contrato social, subsistindo, como regra de genérica aplicação e na ausência de cláusula específica, a atribuição de praticar todos os atos "pertinentes". É preciso estabelecer, portanto, uma vinculação entre os negócios sociais concretizados e os fins eleitos pelos sócios como objeto social e expostos, obrigatoriamente, no instrumento de contrato levado a registro. Ao administrador cabe atuar presentando a pessoa jurídica, sempre no âmbito das atividades para as quais foi criado esse sujeito de direito, seja diretamente, cuidando da execução da atividade-fim, seja indiretamente, dispondo dos meios necessários à sua realização, reunindo seus pressupostos materiais. Ressalte-se, no entanto, ser imprescindível, para a oneração ou alienação do domínio de imóveis, a colheita da aquiescência formal da maioria dos sócios, externada por meio de uma deliberação de autorização individual da prática de cada ato. Em consonância com a gravidade de tais operações, perdurando suas consequências por longos períodos, estabeleceu-se uma restrição especial à atuação dos administradores. Sem a autorização prévia, o ato do administrador deve ser considerado nulo, diante da falta de legitimidade para sua consecução, o que só pode ser superado se o ato estiver incluído expressamente no objeto social, quando imóveis estarão, portanto, incluídos no ativo circulante da sociedade. Em todo caso, praticados atos estranhos ao objeto social, são eles considerados *ultra vires societatis*, ou seja, estariam acima das forças da sociedade e configurariam a prática de um ilícito contratual, cujo resultado danoso pode e deve ser imposto ao administrador faltoso.

Ademais, nas hipóteses comuns, a prática de atos exorbitantes por parte dos administradores, caracterizadores do excesso de poderes, não prejudica, em regra, terceiros, e os prejuízos decorrentes, se houver, são suportados exclusivamente pela própria sociedade. Os administradores são escolhidos pelos sócios com inteira liberdade, e os terceiros de boa-fé devem ser protegidos dos reflexos do descumprimento das normas concretas estabelecidas para o exercício da gestão de dada pessoa jurídica, a menos que se concretize sua má-fé.

A sociedade, perante terceiro, só pode opor o excesso quando a má-fé estiver conjugada a clamorosa divergência da operação realizada comparada com os demais negócios sociais, patenteando irregularidade correspondente, no mais das vezes, a uma fraude. Ultrapassados os limites do contrato social, a ineficácia dos atos praticados pelo administrador diante do terceiro só pode ser obtida quando confrontada e desfigurada qualquer aparência gerada pelo exercício corriqueiro da gestão, assumindo a sociedade o ônus de demonstrar, num primeiro plano, a má-fé.

A Lei n. 14.195/2021, ao revogar o parágrafo único deste artigo, provocou uma modificação substancial em seu conteúdo normativo, não se podendo mais perquirir a culpa do terceiro, mesmo que a negligência ou a imprudência sejam flagrantes. Do texto legal, com o nítido escopo de estabelecer um ambiente empresarial mais seguro, foram retirados parâmetros fixos, que, além de serem de difícil aferição diante da diversidade oferecida pela realidade, potencializavam a penalização indevida de terceiros.

**Jurisprudência:** O excesso de mandato praticado pelo administrador da pessoa jurídica poderá ser oposto ao terceiro beneficiário apenas se ficar afastada a boa-fé deste, o que ocorre quando: (i) a limitação de poderes dos administradores estiver inscrita no registro próprio, (ii) o terceiro conhecia o excesso de mandato, (iii) a operação realizada for evidentemente estranha ao objeto social da pessoa jurídica. Verificada a boa-fé do terceiro, restará à pessoa jurídica exigir a reparação pelos danos sofridos em ação regressiva proposta contra o administrador que agiu em excesso de mandato. (STJ, REsp n. 448.471/MG, 3ª T., rel. Min. Nancy Andrighi, j. 20.03.2003)

**Art. 1.016. Os administradores respondem solidariamente perante a sociedade e os terceiros prejudicados, por culpa no desempenho de suas funções.**

Está, aqui, estratificada a principal regra regente da responsabilidade dos administradores. Dos administradores, é exigida, de acordo com o art. 1.011, a manutenção de um padrão de conduta de retidão e cuidado próprio ao "homem ativo e probo" (bom homem de negócios) e, com base em tal paradigma jurídico, cabe avaliar, quando o prejuízo for resultante de uma operação realizada, se as perdas podem ser consideradas de responsabilidade daqueles a quem a gestão é atribuída. Persistentes uma conduta negligente, imprudente ou imperita (art. 181) ou, com mais razão, a intenção de prejudicar, materializando a culpa em sentido amplo, surge, conjugada ao dano emergente ou ao lucro cessante, a responsabilidade civil. Há o dever de indenizar a pessoa jurídica e, eventualmente, terceiros, o que é atribuído não apenas ao administrador faltoso, mas ao conjunto de todos os encarregados da gestão social, conforme o texto do presente artigo. Forma-se, assim, entre todos, uma relação de solidariedade, protegendo mais firmemente a própria sociedade e os terceiros, descabida, mesmo inserida a cláusula contratual expressa e contrária, a exclusão de quaisquer dos administradores. Todos eles colocarão seu patrimônio pessoal à disposição do adimplemento da obrigação gerada pelo ilícito consumado.

**Jurisprudência:** 1 – Para a caracterização da responsabilidade do administrador da sociedade limitada, há de estar efetivamente comprovada a natureza culposa de sua conduta, não se admitindo seja a culpa, pura e simplesmente, presumida (TJSP, Ap. n. 186.294-5/7-00, 9ª Câm. de Dir. Públ., rel. Des. Ricardo Lewandowski, j. 11.08.2004). 2 – Foi revogado o art. 10 do antigo Decreto n. 3.708/19, devendo sempre ser aferida a responsabilidade subjetiva do administrador, sem automática solidariedade e ilimitação por qualquer ato, seja perante terceiros, seja perante a própria sociedade (TJDF, Ap. n. 2004.01.10.836.333, 2ª T. Cível, rel. Des. Ângelo Passareli, j. 25.06.2008). 3 – O insucesso do empreendimento, por si só, não gera responsabilidade do administrador (TJRJ, Ap. n. 2003.001.17482, 8ª Câm. Cível, rel. Des. Adriano Celso Guimarães, j. 14.12.2004). 4 – Mesmo frente ao disposto no art. 135, III, do CTN, a responsabilidade solidária dos administradores de uma sociedade com respeito ao cumprimento de obrigações tributárias depende da violação voluntária da lei ou do contrato, isto é, da configuração de sua culpa no desempenho das funções (STJ, Ag. Reg. no REsp n. 761.925/RS, 1ª T., rel. Min. Luiz Fux, j. 24.10.2006), o que se concretiza quando efetivada a dissolução irregular de sociedade (STJ, REsp n. 68.408/RS, 1ª T., rel. Min. Demócrito Reinaldo, j. 23.05.1996).

**Art. 1.017. O administrador que, sem consentimento escrito dos sócios, aplicar créditos ou bens sociais em proveito próprio ou de terceiros, terá de restituí-los à sociedade, ou pagar o equivalente, com todos os lucros resultantes, e, se houver prejuízo, por ele também responderá.**

**Parágrafo único. Fica sujeito às sanções o administrador que, tendo em qualquer operação interesse contrário ao da sociedade, tome parte na correspondente deliberação.**

O *caput* do presente artigo trata da hipótese de desvio de poder, resultante da inadequada conduta do administrador, o qual usurpa suas funções como membro de um órgão da pessoa jurídica e passa, em desacordo com os fins estatuídos no contrato social, a utilizar os bens integrantes do patrimônio da sociedade em favor próprio ou, ainda, para beneficiar terceiros, sempre em descompasso com o interesse social. Ora, a sociedade foi contratada e constituída para dar vida a dado empreendimento comum, projetado pelos sócios, inclusive com o fornecimento de bens para compor o capital social, não se concebendo a regularidade de procedimento tão destoante do conteúdo do acordo de vontades feito, a menos que os sócios, expressamente, mediante a elaboração de instrumento particular ou público, forneçam sua aquiescência. Fica caracterizado um ilícito e, naturalmente, o administrador permanece obrigado a recompor integralmente o patrimônio da pessoa jurídica, restituindo, se for o caso, bens e indenizando os lucros perdidos. O ressarcimento deverá ser o mais completo possível, de maneira que, não sendo viável a restituição, dada, por exemplo, a natureza consumível do bem, ou emergente algum dano, haverá a conversão em dinheiro. No parágrafo único, a disciplina do conflito de interesses, antes tratado no § 3º do art. 1.010, foi retomada, mantido o foco na atuação dos administradores e não mais na dos sócios. O administrador, também, em regra, quando estiver presente interesse individual e contrastante de si próprio, fica proibido de executar quaisquer operações em nome e por conta da pessoa jurídica. Violada tal regra, nasce o dever de ressarcir a sociedade, retornando-lhe, por completo, sua eventual perda patrimonial.

**Art. 1.018. Ao administrador é vedado fazer-se substituir no exercício de suas funções, sendo-lhe facultado, nos limites de seus poderes, constituir**

**mandatários da sociedade, especificados no instrumento os atos e operações que poderão praticar.**

Numa sociedade simples, os poderes conferidos aos administradores são indelegáveis, de maneira que cada um deles não pode, simplesmente, fazer-se substituir por outrem, repassando suas atribuições. Os poderes de gerência decorrem da presença de determinados atributos pessoais, tais quais a honestidade, o conhecimento técnico e a habilidade negocial. Quando esses predicados são tidos como presentes em determinado indivíduo, ele, por isso, é feito administrador. A decisão dos sócios parte, concretamente, da identidade da pessoa eleita, sendo, assim, *intuitu personae*, o que impede a transmissão, mesmo parcial, do exercício da gestão. É proibida a criação de "administradores-delegados" ou "administradores de segundo grau". Isso não quer dizer que os administradores sejam obrigados a atuar sempre pessoalmente, por si mesmos. A lei faculta-lhes a constituição de mandatários, incumbidos de atuar em nome e por conta da sociedade (pessoa jurídica), que os auxiliem a desincumbir todos os seus deveres da maneira mais eficiente possível. Os mandatários, evidentemente, não poderão ostentar poderes superiores aos dos próprios administradores e exige-se, também, que sua atuação seja fundada sempre em poderes especiais de representação. Resta imprescindível a elaboração de instrumento particular ou público de procuração, em que deverá permanecer especificado, com os pormenores suficientes, o âmbito dos atos e operações em que a representação se operará validamente.

**Jurisprudência:** É vedada a delegação de funções e a substituição do sócio por procurador dotado de poderes gerenciais amplos e ilimitados, atuando este em funções primordiais para o desempenho das atividades sociais, seja a partir de instrumento outorgado pelo sócio, seja a partir de instrumento outorgado pela sociedade (pessoa jurídica), sem o consentimento de todos os sócios (TJSP, AI n. 2108351-43.2017.8.26.0000, 1ª Câm. Res. de Dir. Empres., rel. Des. Cesar Ciampolini, j. 17.10.2017; TJSP, Ap. n. 0017595-92.2012.8.26.0001, 1ª Câm. Res. de Dir. Empres., rel. Des. Claudio Godoy, j. 04.11.2014).

**Art. 1.019. São irrevogáveis os poderes do sócio investido na administração por cláusula expressa do contrato social, salvo justa causa, reconhecida judicialmente, a pedido de qualquer dos sócios.**

**Parágrafo único. São revogáveis, a qualquer tempo, os poderes conferidos a sócio por ato separado, ou a quem não seja sócio.**

Trata o presente artigo da revogação dos poderes de gestão conferidos a dado administrador, firmando duas regras, diferenciadas de acordo com a forma de atribuição e a identidade do titular de tais poderes. Em um primeiro plano, ficou estabelecida a irrevogabilidade dos poderes conferidos a um sócio por meio de específica cláusula do contrato social, o que se conjuga ao disposto nos arts. 997, VII, e 999. Firmada a necessidade da unanimidade para a alteração das disposições relativas ao exercício da administração inseridas no contrato social, o sócio investido pelo próprio contrato não poderia ser meramente destituído, pois elas se incluem no núcleo do próprio ajuste e, supostamente, motivaram a vinculação de um ou mais sócios contratantes. Diante apenas da caracterização de uma justa causa, quando o sócio-administrador houver tomado decisões ruinosas ou praticado atos ilícitos, violadores do contrato ou da lei, pode outro sócio postular, em juízo, a supressão das atribuições de gestão originárias, caracterizando um litígio interno à pessoa jurídica. Caso julgada procedente a ação proposta, estará reconhecida a inaptidão do sócio e o contrato será coativamente alterado pelo comando judicial emitido, ensejando, uma vez expedido o mandado, averbação na inscrição da sociedade simples. Num segundo plano, consideradas todas as demais hipóteses, isto é, quando o sócio-administrador houver sido nomeado por instrumento particular ou público separado ou quando uma pessoa estranha ao quadro social for designada administrador, assenta-se, como regra, a revogabilidade dos poderes de gestão. Nessas circunstâncias, bastará seja aprovada, por maioria de votos, uma específica deliberação para que se concretize a substituição ou a simples destituição do administrador.

**Art. 1.020. Os administradores são obrigados a prestar aos sócios contas justificadas de sua administração, e apresentar-lhes o inventário anualmente, bem como o balanço patrimonial e o de resultado econômico.**

Legislação correlata: art. 290 (*revogado*), CCom.

A função conferida aos administradores resguarda uma importância ímpar, uma vez que, por meio de sua atuação, efetiva-se o relacionamento entre a pessoa jurídica e os terceiros e são viabilizados os negócios sociais. Diante do tamanho de suas atribuições e dispondo de valores alheios, lhes é imposto, naturalmente, o dever de prestar contas, demonstrando, ao final de cada período máximo de um ano, qual destinação foi dada ao capital alocado pelos sócios e quais foram os consequentes lucros ou prejuízos. Tal prestação de contas deve ser feita sempre por escrito e de maneira formal, em consonância com as regras técnicas e contábeis vigentes, apresentadas as justificativas tidas como pertinentes. Exige-se, no mínimo, nas sociedades simples, a apresentação de três peças específicas: a) inventário de bens; b) balanço patrimonial; c) demonstrativo de resultados. O primeiro (inventário) corresponde a uma relação exaustiva e minuciosa dos bens componentes do cabedal social, seja qual for sua espécie (imóveis ou móveis; corpóreos ou incorpóreos). O segundo (balanço) encerra, de maneira sintética e estática, todos os componentes do patrimônio da sociedade, sejam eles positivos (ativo), sejam eles negativos (passivo), demonstrando a situação dos bens, direitos e obrigações e indicando o valor líquido de todo o patrimônio em determinado momento. O terceiro (demonstrativo) efetiva a consolidação do resultado de cada uma das operações realizadas em dado período pela sociedade, para que, ao final, seja auferida a presença de lucro ou prejuízo. A ausência da prestação de contas e a apresentação de contas formal ou materialmente irregulares constituem faltas gravíssimas, dada a violação a deveres fundamentais ao exercício da gestão, e podem ensejar não só a responsabilização, como também a destituição do administrador.

**Jurisprudência:** 1 – Com relação a qualquer sócio minoritário, persiste o dever de prestar contas do administrador, obrigação cujo descumprimento pode ensejar a propositura da correspondente ação de rito especial (TJRS, Ap. n. 70.022.049.894, 19ª Câm. Cível, rel. Des. Carlos Rafael dos Santos Júnior, j. 13.05.2008). 2 – Ao sócio excluído, enquanto pendente a apuração e o pagamento de seus haveres, devem ser prestadas contas, viabilizando-se amplo exercício de fiscalização sobre a movimentação contábil e financeira da sociedade (TJSP, Ap. n. 347.394-4/2-00, 5ª Câm. de Dir. Priv., rel. Des. A. C. Mathias Coltro, j. 20.08.2008). 3 – Não é cabível, ao marido de sócia, ainda que no curso de ação de separação judicial litigiosa e vigente regime de comunhão universal ou parcial, exercer fiscalização sobre a administração de sociedade, pois sua atuação não pode se estender à pessoa jurídica, dada a natureza personalíssima dos atributos conferidos ao sócio (TJRS, Ap. n. 592.099.428, 5ª Câm. Cível, rel. Des. Clarindo Favretto, j. 22.10.1992). 4 – Admite-se que o sócio de uma sociedade controladora, que faz o papel de *holding*, solicite a exibição de livros e documentos de sociedades controladas, devido a sua participação indireta e no interesse da preservação da *affectio societatis*, deixando-se de lado a interpretação restritiva dos arts. 1.020 e 1.021 do CC e 844, II do CPC/73 (correspondente ao art. 399, III, do CPC/2015) (STJ, REsp n. 1.223.733/RJ, 4ª T., rel. Min. Luis Felipe Salomão, j. 07.04.2011). 5 – Não é viável exigir contas do espólio do sócio falecido, rompido o vínculo societário e dada a natureza personalíssima do dever de prestar as contas (TJMG, Ap. n. 023689-44.2011.8.13.0223, 14ª Câm. Cível, rel. Des. Evangelina Castilho Duarte, j. 07.06.2013). 6 – A própria sociedade não pode figurar no polo passivo da ação de prestação de contas derivada do descumprimento do dever imposto a seu administrador (TJSP, Ap. n. 0013227-16.2012.8.26.0009, 9ª Câm. de Dir. Priv., rel. Des. Galdino Toledo Júnior, j. 25.06.2013). 7 – Um administrador não pode exigir que outro administrador preste contas, pois persiste um dever comum, e não recíproco, o qual abarca todos os que exercem a gestão de formular as contas (TJSP, Ap. n. 0081354-74.2011.8.26.0224, 1ª Câm. Res. de Dir. Empres., rel. Des. Fortes Barbosa, j. 26.09.2013). 8 – O prazo prescricional para a propositura de ação de prestação de contas por sócio minoritário contra administrador, dada a natureza pessoal da ação, é o decenal, previsto no art. 205 deste Código (TJPR, AC n. 1135250-2, 12ª Câm. Cível, rel. Des. João Domingos Kuster Puppi, *DJe* 28.01.2014).

---

**Art. 1.021. Salvo estipulação que determine época própria, o sócio pode, a qualquer tempo, examinar os livros e documentos, e o estado da caixa e da carteira da sociedade.**

---

Nas sociedades simples, tal qual ocorre, em geral, nas sociedades empresárias de pessoas, não há um órgão permanente e específico para fiscalizar a atuação dos administradores. Nesse âmbito, dentre os direitos naturalmente derivados da posição de sócio está, por isso, o de fiscalizar a gestão social, verificando não só a lisura dos procedimentos adotados, mas, também, a adequação e a eficiência na consecução dos negócios e das operações. Esse direito precisa, evidentemente, ser disciplinado para evitar situações patológicas, de paralisia dos administradores diante de constantes e vastas exigências feitas ou de divulgação de informações confidenciais e estratégicas. Assim, permite-se aos sócios, independentemente de sua participação no capital social, o acesso livre aos livros e documentos contábeis, sejam estes de natureza obrigatória ou facultativa, e às informações relativas aos montantes plena e imediatamente disponíveis e mantidos em caixa, bem como àqueles referentes à carteira de recebíveis da sociedade, isto é, aos créditos de titularidade da pessoa jurídica e suas características fundamentais (valor, data de vencimento e identidade do devedor). Com base em tais elementos, será possível averiguar a regularidade dos atos praticados e qual o estado de saúde financeira da sociedade, formulando juízos de valor acerca do conjunto de atos de administração consumados. Permanece estabelecido, como regra geral, o acesso "a qualquer tempo", de maneira que, excetuada a presença de cláusula contratual limitativa, os administradores não podem jamais negar a consulta à documentação descrita no texto legal, podendo ser, inclusive, compelidos a sua exibição e ao fornecimento das informações aqui assinaladas, mediante o ajuizamento de medida judicial adequada. Os sócios podem, no entanto, prever, expressamente, no contrato social, épocas determinadas para a exibição de documentos e para o fornecimento de informações, quando ficará, só então, franqueado o exercício amplo da atividade fiscalizatória.

**Jurisprudência:** A prévia aprovação de contas não afeta o acesso a documentos e livros fiscais por um dos sócios minoritários (TJSP, Ap. n. 240231-71.2012.8.26.0000, 1ª Câm. Res. de Dir. Empres., rel. Des. Maia da Cunha, j. 26.02.2013).

### *Seção IV*
### *Das Relações com Terceiros*

**Art. 1.022. A sociedade adquire direitos, assume obrigações e procede judicialmente, por meio de administradores com poderes especiais, ou, não os havendo, por intermédio de qualquer administrador.**

A sociedade, como pessoa jurídica, constitui um ente imaterial, de existência ideal, não podendo, diretamente, relacionar-se com os demais sujeitos de direito e, por si só, realizar as operações próprias à consecução do objeto social. Todo e qualquer relacionamento da sociedade com terceiros é efetivado por intermédio de seus órgãos de administração. Aos administradores cabe presentar a sociedade, dando-lhe vida e possibilitando seja obtido sucesso patrimonial na realização do objeto social. As operações mediadas pelos administradores induzem a aquisição de direitos pela pessoa jurídica, tal qual o nascimento de obrigações, mediante a celebração de contratos ou como consequência de atos unilaterais, vinculando-a. Presentando a pessoa jurídica, os administradores, encarregados da gestão, agem pela própria sociedade; são, por assim dizer, seus braços e suas pernas. Podem ser repartidas, entre os administradores, as diversas incumbências peculiares à gestão, fixando, de maneira explícita, no contrato social ou em instrumento apartado de nomeação, a extensão dos poderes de presentação conferidos, inclusive quanto à atuação judicial da pessoa jurídica. São, então, conferidos poderes especiais a um ou a alguns dos administradores, com a exclusão dos demais, os quais, sob pena de caracterização do excesso e da responsabilidade pessoal do administrador, precisam ser respeitados com rigor. Inexistente qualquer disposição específica, cada um dos administradores ostentará poderes amplos de presentação e poderá, regularmente, praticar todos os atos dependentes da manutenção de relacionamento com terceiros.

**Art. 1.023. Se os bens da sociedade não lhe cobrirem as dívidas, respondem os sócios pelo saldo, na proporção em que participem das perdas sociais, salvo cláusula de responsabilidade solidária.**

O presente artigo pretende estabelecer a fórmula básica de responsabilidade do sócio perante terceiros na sociedade simples, aplicável sempre, seja qual for a forma típica adotada como embalagem (invólucro externo) da pessoa jurídica. Firmou-se, nesse sentido, uma subsidiariedade. As dívidas nascidas das operações sociais vinculam, diretamente, a pessoa jurídica, de maneira que o terceiro credor deve, em primeiro lugar, atuar contra a própria sociedade e esgotar todos os meios disponíveis para, com seu patrimônio, satisfazer seus direitos. Apenas quando persistente a insuficiência do patrimônio da sociedade e esgotados os meios disponíveis, os sócios responderão pela dívida feita em nome da pessoa jurídica. Surge, então, uma responsabilidade especial, relativa ao saldo do inadimplemento (parcela que não foi paga pela sociedade) e distribuída em conformidade com a repartição de perdas sociais apuradas, conforme o disposto no contrato celebrado. Na generalidade dos casos, dado o texto do art. 1.007, os sócios responderão, portanto, proporcionalmente à quota social, isto é, cada um dos sócios arcando, em separado, com a parcela correspondente ao percentual de sua participação no capital. Assim, a não ser ante cláusula contrária inserida no contrato social, quanto maior a participação no capital ou quanto maior a quota social, maior será o ônus derivado de uma eventual responsabilidade subsidiária. Está prevista também, aqui, a possibilidade de ser instituída, conforme a expressa vontade dos sócios contratantes, uma relação de solidariedade, o que deve, na prática, mostrar-se uma raridade. A solidariedade pode, então, surgir sob duas formas. Pode-se adotar uma fórmula mais branda, oferecendo como salvaguarda, em favor de terceiros, mesmo mantida a subsidiariedade da responsabilidade patrimonial dos sócios, o envolvimento comum e unificado do patrimônio pessoal de todos os sócios, ou uma fórmula mais radical, rompendo a separação patrimonial entre sócio e sociedade e afirmando-se, então, a total solidariedade, excluída, por completo, a subsidiariedade, permanecendo cada sócio, a exemplo do previsto para as sociedades em nome coletivo (art. 1.039, *in fine*, do CC), solidária e ilimitadamente, responsável pelas dívidas sociais.

**Jurisprudência:** A sociedade de advogados não pode ser constituída sob forma limitada, dada a vedação estabelecida pelo art. 17 da Lei n. 8.906/94, sendo evidentemente destituída de natureza empresarial, de maneira que, nos termos deste art. 1.023, se os bens da própria suportarem suas dívidas, respondem os sócios pelo saldo, na proporção de que participem das perdas sociais, salvo cláusula de solidariedade. (TRF-4, Emb. Decl. em AI n. 5013920-79.2015.4.04.0000, 2ª T., rel. Des. Jairo Gilberto Schafer, j. 02.06.2015)

**Art. 1.024. Os bens particulares dos sócios não podem ser executados por dívidas da sociedade, senão depois de executados os bens sociais.**

Reafirma-se, aqui, simplesmente, a regra geral de responsabilidade dos sócios na sociedade simples, já exposta no artigo antecedente. Os sócios assumem, com respeito às dívidas sociais, responsabilidade solidária e, portanto, esgotados os meios de satisfação de um crédito em face da própria devedora, a pessoa jurídica, faculta-se, ao credor, efetivar o adimplemento forçado com bens incluídos no patrimônio individual dos sócios. Não há, é preciso lembrar, limitação ao exercício da subsidiariedade, sendo os sócios chamados, seja mediante rateio, seja mediante solidariedade, a pagar o todo, o valor integral do saldo apurado. Se o credor se voltar, logo de início, contra um ou mais sócios, pode ser oposto um benefício de ordem, obstando a pretensão executiva, dada a falta de pressuposto material.

**Art. 1.025. O sócio, admitido em sociedade já constituída, não se exime das dívidas sociais anteriores à admissão.**

A execução de um contrato de sociedade pode ser realizada no curso de um período de tempo longo, o que viabiliza, sempre mantida intacta a mesma personalidade jurídica, alterações no quadro social, seja em virtude da cessão da quota social, já tratada pelo art. 1.003, seja por meio da pura e simples sucessão *causa mortis*, seja pela admissão derivada de novo aporte de capital. Disciplina-se, no presente artigo, ante um de tais eventos, a responsabilidade do sócio "admitido em sociedade já constituída", isto é, do cessionário de quota social, do mero sucessor ou do novo sócio subscritor admitidos a participar do contrato em momento posterior a sua celebração e à formação da pessoa jurídica. O novo sócio assume, como regra inafastável e conjugados os artigos antecedentes, responsabilidade pelo conjunto de todas as obrigações da sociedade, pouco importando se elas foram constituídas antes de seu ingresso no quadro social. Quando alguém galga a posição de sócio, todos os riscos correspondentes lhe são impostos, levando sempre em consideração a situação concreta da pessoa jurídica, a qual ostenta unidade e continuidade como elementos naturais. É incabível, enfim, a dedução de defesa perante terceiro credor fundada na época do surgimento da dívida enfocada e na ausência de contemporânea participação no quadro social.

**Art. 1.026. O credor particular de sócio pode, na insuficiência de outros bens do devedor, fazer recair a execução sobre o que a este couber nos lucros da sociedade, ou na parte que lhe tocar em liquidação.**

**Parágrafo único. Se a sociedade não estiver dissolvida, pode o credor requerer a liquidação da quota do devedor, cujo valor, apurado na forma do art. 1.031, será depositado em dinheiro, no juízo da execução, até noventa dias após aquela liquidação.**

Há, no presente artigo, uma mudança de foco com relação aos antecedentes, avaliando-se a responsabilidade do sócio diante de suas dívidas pessoais. A quota social faz parte do patrimônio do devedor, mas está inserida em um âmbito maior, integrada ao capital da sociedade e, pela própria natureza do contrato aqui tratado, uma execução forçada não pode recair diretamente sobre ela. A escolha dos sócios, em uma sociedade simples, deriva de seus predicados individuais; constrói-se um ajuste de vontades *intuitu personae*. Não é concebível, por isso, recaia, sem o esgotamento de outras possibilidades, uma execução sobre a própria quota social e persista sua alienação forçada, o que atingiria o cerne do contrato de sociedade, tendo o legislador limitado a atuação dos credores.

De início, em favor dos credores, estabeleceram-se, frente à quota social e sempre por meio de decisão judicial, apenas duas possibilidades de atuação: a) é viável constritar e adjudicar a parcela dos lucros atribuída ao sócio devedor, mas, evidentemente, isso depende da prévia apuração de um resultado positivo ao final de dado exercício; b) tratando-se de uma sociedade dissolvida, a parte cabível ao sócio devedor na liquidação pode, também, ser, a fim de efetivar a satisfação do credor, objeto de constrição e adjudicação, devendo-se aguardar, para tanto, o término deste procedimento de liquidação.

Superadas somente as duas hipóteses anteriores, o credor pode solicitar seja realizada uma dissolução parcial, penhorando-se e apurando-se somente a quota do sócio devedor, que, aplicado o art. 1.031, será liquidada, procedendo-se ao depósito judicial de valores pecuniários apurados, em um prazo de noventa dias, contado do total implemento da própria liquidação da quota.

Além disso, quaisquer destes procedimentos se submetem a um pressuposto comum e inafastável: a insuficiência do restante do patrimônio do devedor. A quota social ou os direitos desta derivados só podem ser atingidos caso seja plenamente constatado que não há outros meios de satisfazer o crédito executado. Em suma, o credor não pode, desde logo, partir contra os direitos de sócio do devedor, permanecendo eles como última alternativa.

É preciso fazer outra ressalva. Sempre que a penhora tiver sido concretizada, a arrematação ou adjudicação da quota são também possíveis, aplicados os arts. 861, § 5º, e 876, § 7º, do CPC/2015, mas ostentam efeitos limitados.

A arrematação ou adjudicação da quota social resultam, tão somente, em uma aquisição forçada dos direitos patrimoniais do sócio frente à sociedade, implicando seja o adquirente satisfeito mediante o recebimento de haveres, após dissolução total ou parcial da sociedade. Não ocorre uma pura e simples substituição do devedor em sua relação com a sociedade e o adquirente não assume a qualidade de sócio, a menos que seja repactuado o contrato social e o adquirente seja, com aquiescência dos sócios remanescentes, admitido no quadro social.

A qualidade de sócio, esta, sim, é impenhorável e não é passível de aquisição por arrematação ou adjudicação.

**Jurisprudência:** 1 – A penhora dos lucros atribuídos a um dos sócios, apesar de ser admissível, só pode ser deferida, concretamente, quando inexistentes outros bens penhoráveis ou quando insuficiente o restante do patrimônio do executado (TJSC, AI n. 2005.000108-3, rel. Des. Alcides Aguiar, j. 25.05.2006). Além disso, não é possível constritar (bloquear ou penhorar) o faturamento da pessoa jurídica da qual um executado é sócio, só podendo a execução se voltar contra lucros recebíveis pelo sócio e, não, contra o faturamento da pessoa jurídica (TJSP, AI n. 0073885-33.2012.8.26.0000, 24ª Câm. de Dir. Priv., rel. Des. Cesar Mecchi Morales, j. 02.08.2012). 2 – É preciso distinguir a renda advinda do trabalho realizado pelo sócio (o chamado *pro labore*) daquela derivada da distribuição de lucros, pois a primeira ostenta caráter evidentemente alimentar, derivando de sua ocupação profissional, e não é passível de penhora, enquanto a segunda correspondente à remuneração do capital investido e, portanto, é passível de ser penhorada (TJDFT, AI n. 20130020130975(707474), rel. Des. Teófilo Caetano, *DJe* 03.09.2013). 3 – A penhora de quotas de titularidade de sócio-executado é viável, ainda que estejam presentes regras limitadoras de sua cessão a terceiros, pois uma eventual arrematação ou adjudicação não implica a admissão forçada de um sócio indesejável, desde que fique ressalvada a possibilidade de remissão pela sociedade ou exercício de preferência pelos demais sócios (TJSP, AI n. 7.281.548-1, 11ª Câm. de Dir. Priv., rel. Des. Gilberto dos Santos, j. 23.10.2008; TJSP, AI n. 7.273.942-7, 12ª Câm. de Dir. Priv., rel. Cerqueira Leite, j. 01.10.2008; TJSP, Ap. n. 685.402-0/9, 32ª Câm. de Dir. Priv., rel. Des. Walter Exner, j. 06.11.2008; TJRJ, Ap. n. 2006.001.41032, 8ª Câm. Cível, rel. Des. Letícia Sardas, j. 09.01.2007). 4 – Incluída cláusula especial, impositiva da impenhorabilidade das quotas sociais, fica, porém, de toda maneira, afastada a possibilidade da constrição judicial, por aplicação do art. 649, I, do CPC (TJSC, AI n. 2005.022632-4, rel. Des. Joel Dias Figueira Júnior, j. 31.01.2006). 5 – A presença de uma cláusula de vedação da livre circulação de quotas sociais não impede, porém, sua penhora (TJSP, AI n. 99010170620-2, 4ª Câm. de Dir. Priv., rel. Des. Francisco Loureiro, j. 27.05.2010).

**Art. 1.027. Os herdeiros do cônjuge de sócio, ou o cônjuge do que se separou judicialmente, não podem exigir desde logo a parte que lhes couber na quota social, mas concorrer à divisão periódica dos lucros, até que se liquide a sociedade.**

Tendo em conta a situação de obrigações e dívidas dos sócios mantidas com terceiros, o presente artigo, de maneira inovadora, considera duas hipóteses, tentando delimitar totalmente suas consequências diante da pessoa jurídica. No caso de sócio contratante casado, uma comunhão de bens, de acordo com o regime de bens estabelecido, pode ter surgido e, uma vez extinta a comunhão e realizada partilha em razão do falecimento do cônjuge ou da decretação da separação judicial ou do divórcio, serão conferidos direitos aos herdeiros do cônjuge falecido ou a seu cônjuge separado ou divorciado, entre os quais, conforme o caso, podem estar incluídos aqueles relativos à quota social. Está vedada, nesse passo, a atribuição da própria quota social, não podendo os herdeiros do cônjuge falecido ou o cônjuge separado ou divorciado exigir sua imediata e automática admissão no quadro social, uma vez que a sociedade simples é sempre contratada *intuitu personae*. A partilha só poderá ter como objeto o direito à percepção dos lucros, a serem distribuídos ao final de cada exercício, se for apurado resultado positivo. Apenas quando a sociedade for dissolvida e entrar em liquidação, eles poderão participar da divisão dos bens componentes do capital social e perceber as quantias remanescentes. Foi dispensado, portanto, aos herdeiros do cônjuge falecido do sócio ou a seu cônjuge separado ou divorciado tratamento diferenciado com relação aos credores comuns do sócio, já examinado no artigo antecedente, restringindo-lhes os meios de satisfazer seus direitos pessoais à quota social de titularidade daquele cuja comunhão foi extinta. Acrescente-se que, apesar de o texto legal não se referir expressamente, o divórcio deve ser englobado em conjunto com a separação judicial, efetivando-se uma interpretação extensiva, pois a alteração patrimonial enfocada deriva da partilha do patrimônio comum, o que pode advir tanto de um quanto de outro fato.

**Jurisprudência:** Quando quotas sociais são partilhadas entre cônjuges, em virtude de separação judicial ou divórcio, não há uma alteração no quadro social. Aquele que não participava da sociedade não se torna sócio, mas apenas detém o direito ao valor patrimonial da quota, a ser apurado na forma do art. 1.027, por liquidação. (TJSP, AI n. 0357779-88.2010.8.26.0000, 4ª Câm. de Dir. Priv., rel. Des. Francisco Loureiro, j. 07.04.2011)

## *Seção V*
## *Da Resolução da Sociedade em Relação a um Sócio*

**Art. 1.028. No caso de morte de sócio, liquidar-se-á sua quota, salvo:**
**I – se o contrato dispuser diferentemente;**
**II – se os sócios remanescentes optarem pela dissolução da sociedade;**
**III – se, por acordo com os herdeiros, regular-se a substituição do sócio falecido.**

A morte de um dos sócios já foi tida como causa inexorável de dissolução de uma sociedade, considerada presente uma subordinação completa a agregação dos sócios à identidade e às qualidades individuais dos contratantes (art. 1.399, IV, do CC/1916, e art. 335, item 4 – revogado –, do CCom). Essa concepção rígida foi afastada, como demonstra o texto do presente artigo, mesmo no âmbito não empresarial das sociedades simples. Pretende-se, portanto, preservar a sociedade e, mais ainda, em benefício da coletividade, possibilitar a continuação da atividade empreendida e a correspondente geração de riquezas. Assim, morto o sócio, propõe-se, como regra geral, o empreendimento de uma resolução parcial do contrato celebrado, provocando, na forma do disposto no art. 1.031, a liquidação isolada e singular de sua quota social. Aos herdeiros é atribuído, mediante a redução do capital social, o valor correspondente à quota do *de cujus*, preservado o restante. Apesar de desfalcado seu acervo patrimonial, a sociedade sobrevive. Há, porém, três circunstâncias exceptivas, perante as quais outra solução será adotada. Num primeiro plano, caso os sócios entendam ser inviável a manutenção do ajuste, a dissolução da sociedade e a extinção da pessoa jurídica serão irremediáveis, devendo ser sopesada, aqui, fundamentalmente, a importância da quota social ou, caso se trate de sócio de serviço, da atuação do falecido. Num segundo plano, podem já ter sido inseridas, no contrato social, com a finalidade de fornecer segurança quanto a futuros procedimentos, por meio de cláusula específica, regras concretas e incidentes, conforme a vontade coletiva consolidada, sempre diante da morte de um dos sócios, podendo-se imaginar, dentre as variações viáveis, a aquisição, por meio do pagamento de um valor fixo, da quota pelos demais sócios ou a amortização da quota, mediante a capitalização de reservas, pela pessoa jurídica. Num terceiro plano, os sócios remanescentes e os sucessores podem celebrar um acordo e viabilizar a admissão pura e simples de determinado sucessor ou de todos os herdeiros como sócios ou, ainda, de um terceiro, operando-se a substituição do falecido. Nos dois últimos casos, restará, enfim, mantida a integridade não somente da personalidade jurídica da sociedade, mas, também, do capital social.

**Jurisprudência:** 1 – Silente o contrato social, não há direito do herdeiro do sócio em lhe suceder nesta qualidade, ocorrendo a simples apuração de haveres (STJ, REsp n. 127.312/SP, 3ª T., rel. Min. Ari Pargendler, j. 25.09.2000). 2 – Frente à morte do sócio, seu espólio ostenta legitimidade para a propositura da ação de dissolução e liquidação da sociedade, podendo atuar os coerdeiros excepcionalmente, em decorrência do direito de *saisine* e do estado de indivisibilidade da herança, mesmo antes de efetivada a partilha, tão somente para a proteção do interesse do próprio espólio (STJ, REsp n. 1645672/SP, 3ª T., rel. Min. Marco Aurélio Bellizze, j. 22.08.2017; TJSP, Ap. n. 90621110-14.2002.8.26-0000, 6ª Câm. de Dir. Priv., rel. Des. Vito Guglielmi, j. 04.08.2011). 3 – A transmissão da herança não implica na transmissão do estado de sócio, em virtude do que o inventariante não pode, ausente cláusula permissiva ou a concordância dos demais sócios, atuar diretamente sobre a administração da pessoa jurídica (STJ, REsp n. 537.611/MA, 3ª T., rel. Min. Nancy Andrighi, j. 05.08.2004;

TJSP, AI n. 578.388-4/5-00, 9ª Câm. de Dir. Priv., rel. Des. Grava Brazil, j. 29.07.2008). 4 – Os sucessores não podem, em sentido reverso, ser obrigados a ingressarem na sociedade, se assim não for de sua vontade (TJDF, Emb. Infring. n. 2001.01.1.060405-0, 3ª Câm. Cível, rel. Des. Mário-Zam Belmiro Rosa, j. 18.09.2006). 5 – Os direitos de sócios, correspondentes a sua quota, deverão ser trazidos a inventário, incidindo sobre estes, inclusive, as regras atinentes ao regime matrimonial de bens, caso fosse o falecido casado (STJ, REsp n. 248.269/RS, 3ª T., rel. Min. Eduardo Ribeiro, j. 02.05.2000). 6 – Em razão de sucessão, pode ser admitido, sem qualquer óbice, menor como sócio de sociedade limitada, desde que não sejam conferidos poderes de gerência e administração (TJMA, AI n. 15.415/2002, 4ª Câm. Cível, rel. Des. Milson de Souza Coutinho, j. 17.06.2003). 7 – É anulável a deliberação tendente à exclusão imediata de herdeiros de sócio minoritário protegidos por cláusula específica, sob a alegação de falta de interesse pessoal e incapacidade de ditos sucessores, eis não se configura justa causa e persiste afronta à regra contratual (TJRJ, Ap. n. 2006.001.09738, 5ª Câm. Cível, rel. Des. Antonio Saldanha Palheiro, j. 30.05.2006). 8 – Proposta ação para apuração de haveres de sócio falecido por seus herdeiros e declarada a dissolução parcial, a data-base de apuração é a do falecimento (TJSP, Ap. n. 1000181-73.2013.8.26.0698, 2ª Câm. Res. de Dir. Empres., rel. Des. Tasso Duarte de Mello, *DJe* 04.07.2014). 9 – A pretensão de acesso a informações relativas à administração da sociedade formulada por herdeiros de sócio falecido, no tocante a período posterior ao falecimento não tem cabimento, pois o direito de exigir contas pressupõe vínculo obrigacional em torno de interesses alheios (TJSP, Ap. n. 1000504-44.2014.8.26.0698, 2ª Câm. Res. de Dir. Empres., rel. Des. Fábio Tabosa, j. 12.11.2018). 10 – O falecimento do único sócio não extingue a personalidade jurídica da sociedade e, sim, dá ensejo à sucessão na forma do contrato social, não sendo extinto, também, o mandato validamente outorgado pela pessoa jurídica, que não pode ser confundida com seu sócio (TJSP, AI n. 2041574-32.2024.8.26.0000, 28ª Câm. de Dir. Priv., rel. Des. Celina Dietrich Trigueiros, j. 29.02.2024).

**Art. 1.029. Além dos casos previstos na lei ou no contrato, qualquer sócio pode retirar-se da sociedade; se de prazo indeterminado, mediante notificação aos demais sócios, com antecedência mínima de sessenta dias; se de prazo determinado, provando judicialmente justa causa.**

**Parágrafo único. Nos trinta dias subsequentes à notificação, podem os demais sócios optar pela dissolução da sociedade.**

Foi prevista, aqui, a retirada voluntária do sócio, decorrente de seu dissenso unilateral. Há, nessa hipótese, a denúncia do contrato por parte do descontente, desfazendo apenas um dos vínculos jurídicos derivados do contrato plurilateral, possibilitadas a manutenção de todos os demais e a preservação da pessoa jurídica.

Uma dupla disciplina foi construída, diferenciando-se os requisitos da retirada voluntária de acordo com a duração prevista para a execução do ajuste de vontades.

Se a sociedade foi contratada por prazo indeterminado, as exigências para o rompimento de uma relação individual, de um só sócio, são menos importantes, podendo ser satisfeitas pelo próprio interessado, sem a necessidade de intervenção de qualquer outra pessoa ou de demonstração de relevância da causa do dissenso. A vontade de extinguir o liame societário é, então, soberana, pois ninguém pode ser constrangido a permanecer, indefinidamente, associado. Basta seja providenciada a notificação dos demais sócios, estabelecida uma antecedência mínima de 60 dias, visando à necessária reorganização do quadro social. Tal notificação pode ser judicial (art. 726 do CPC/2015) ou extrajudicial (art. 160 da Lei n. 6.015/73), só produzindo efeitos, evidentemente, após sua entrega efetiva. Dita notificação, no entanto, firmou-se como requisito formal da denúncia do contrato de sociedade, pois, no curso do prazo de 60 dias, os sócios deverão decidir sobre a sorte da pessoa jurídica como um todo, em particular sobre a eventualidade de uma dissolução total da sociedade.

Se a sociedade, no entanto, for contratada por prazo determinado, persistirá uma fundada expectativa dos demais sócios quanto à continuidade da execução do contrato de sociedade, motivo pelo qual, em atenção ao princípio da boa-fé objetiva, exige-se esteja o dissenso unilateral fundado numa justa causa, a ser reconhecida, obrigatoriamente, em juízo. O conceito de justa causa é aberto e indeterminado, ficando a cargo do juiz, em cada caso concreto, determinar se os fatos alegados e comprovados ostentam a relevância proposta e sustentam a pretensão de retirada unilateral.

Frente ao ajuizamento de ação pelo sócio retirante, presente controvérsia acerca do valor de suas quotas e ausente pagamento voluntário em seu favor, restará configurada hipótese de litisconsórcio passivo necessário e unitário, entre a própria sociedade e os demais sócios (art. 601 do CPC/2015). Estabelece-se, além disso, como requisito de procedibilidade da ação, o decurso do prazo de dez dias, contados do final do prazo da notificação, sem que tenha sido providenciada a alteração do contrato social e o pagamento dos haveres (art. 600, IV, do CPC/2015).

Pelo parágrafo único, confere-se, também, aos demais sócios, considerada a denúncia do contrato de sociedade com prazo indeterminado, a faculdade de optarem, levando em conta sua conveniência e as peculiaridades de seu empreendimento, num prazo de 30 dias, contado da efetiva notificação, pela dissolução completa, com o que será, naturalmente, iniciado um procedimento de liquidação e, ao final, extinta a pessoa jurídica, aguardando aquele que manifestou seu desejo de se retirar até o término da total apuração de haveres e adimplemento dos débitos para auferir os valores correspondentes a sua quota.

**Jurisprudência:** 1 – Deve ser considerado, como termo inicial para a apuração de haveres em liquidação de quota, a data do implemento da notificação prevista neste próprio art. 1.029, pois persiste, então, uma manifestação formal da vontade de deixar o quadro social e seu autor não deve ficar exposto aos riscos da atividade da sociedade (TJSP, AI n. 99010496523-3, 8ª Câm. Cível, rel. Des. Theodureto Camargo, j. 15.12.2010; TJSP, Ap. n. 99406146673-9, rel. Des. Luiz Antonio de Godoy, j. 09.11.2010; STJ, REsp n. 646.221/PR, 3ª T., rel. Min. Nancy Andrighi, j. 19.05.2005). 2 – Não tendo sido promovida notificação e ajuizada ação de dissolução parcial de sociedade, o marco temporal da apuração de haveres é fixado na data da citação, em consideração ao art. 240 do CPC (TJSP, Ap. n. 1000273-04.2020.8.26.0505, 1ª Câm. Res. de Dir. Empres., rel. Des. Fortes Barbosa, j. 26.05.2021; TJSP, AI n. 2247855-25.2021.8.26.0000, 1ª Câm. Res. de Dir. Empres., rel. Des. Jane Franco Martins, j. 19.04.2022). 3 – Não há possibilidade jurídica no pedido de retirada e apuração de haveres de sócio de fato, que não é titular de quotas, mas apenas se associou a um determinado sócio. (TJSP, Ap. n. 0178054-38.2007.8.26.0100, 7ª Câm. de Dir. Priv., rel. Des. Elcio Trujillo, j. 20.06.2011). 4 – É lídimo o direito de um sócio de sociedade limitada, por prazo indeterminado, efetuar a retirada, "coibindo isso eventuais abusos da maioria e servindo de meio-termo entre o princípio da intangibilidade do pacto societário e a regra de sua modificabilidade" (STJ, REsp n. 1.332.766/SP, 4ª T., rel. Min. Luis Felipe Salomão, j. 01.06.2017), mas não se pode confundir prazo indeterminado com termo incerto, como quando se trata de sociedade limitada de propósito específico (SPE) (TJSP, Ap. n. 11067262-92.2015.8.26.0100, 1ª Câm. Res. de Dir. Empres., rel. Des. Francisco Loureiro, j. 29.03.2017).

---

**Art. 1.030. Ressalvado o disposto no art. 1.004 e seu parágrafo único, pode o sócio ser excluído judicialmente, mediante iniciativa da maioria dos demais sócios, por falta grave no cumprimento de suas obrigações, ou, ainda, por incapacidade superveniente.**

**Parágrafo único. Será de pleno direito excluído da sociedade o sócio declarado falido, ou aquele cuja quota tenha sido liquidada nos termos do parágrafo único do art. 1.026.**

---

Na sociedade simples, a exclusão de sócio, desconsiderada a hipótese de inadimplemento da integralização das quotas do capital social, que merece tratamento específico e peculiar (art. 1.004 do CC), observa uma série de restrições, com o fim de que não seja caracterizada uma mera expulsão, isto é, a quebra injustificada e repentina do liame contratual concretizado. O sócio minoritário pode ser excluído em duas circunstâncias diversas. Há, conforme o parágrafo único do presente artigo, a possibilidade de eclodirem problemas de incompatibilidade decorrentes da situação patrimonial individual de determinado sócio, o que implica, assim, a exclusão de pleno direito, a qual independe de qualquer deliberação dos demais sócios. Essa exclusão automática ocorre em razão da decretação da falência, dada a perda da disponibilidade patrimonial e a arrecadação de todos os bens, com exceção apenas dos impenhoráveis, para a satisfação dos credores mantidos em concurso, ou motivada por execução singular, observados, com todo rigor, os requisitos previstos no parágrafo único do art. 1.026. Liquida-se, então, a participação societária, e o produto obtido será destinado aos credores do sócio excluído. É possível, porém, como é mais comum, que a exclusão decorra de deliberação dos sócios, a ser aprovada, nesse caso, pelos votos da maioria do capital social, exigindo-se fundamentação específica, consistente no grave descumprimento de obrigações contratuais ou na incapacidade superveniente do excluído, com posterior confirmação judicial do alegado, movida ação de rito ordinário, em que, estabelecido contraditório, será concedida a oportunidade de ampla defesa. Ressalte-se que o conceito de falta grave é aberto, merecendo ser feito, caso a caso, um juízo de valor concreto, medindo-se a incompatibilidade da conduta noticiada e comprovada com a condição de sócio. É preciso realçar que, sem a deliberação antecedente, não é conferida legitimidade à própria sociedade para vir a juízo e postular a exclusão. Alguns exemplos merecem realce. Um sócio pratica uma falta grave quando simplesmente deixa de prestar a contribuição ajustada sob a forma de serviço, quando divulga informações confidenciais ou quando pratica atos de gestão ilícitos ou com violação do próprio contrato social. Nessas circunstâncias, a exclusão preserva a sociedade simples e viabiliza o prosseguimento do empreendimento.

A incapacidade superveniente é, aqui, considerada em sentido estrito, abarcando tanto as hipóteses absolutas, quanto as relativas, mesmo diante do Estatuto da Pessoa com Deficiência (Lei n. 13.146/2015) e as alterações introduzidas nos arts. 3º e 4º deste Código, sendo necessária, quando não for deliberada e imposta a exclusão, a aplicação da regra restritiva do § 3º do art. 974.

O CPC/2015 previu, inclusive, em seu art. 600, V, a legitimidade ativa exclusiva da sociedade para a propositura da ação, sem a presença de litisconsórcio necessário com os sócios remanescentes, em contraste com a antiga jurisprudência dominante.

**Jurisprudência:** 1 – Comprovadas despesas estranhas à gestão empresarial e de natureza eminentemente pessoal, destoantes do objeto social ao extremo, está caracterizada a gestão temerária, justificando a exclusão do sócio (TJMG, Ap. n. 1.02010.14.007444-9/001, 10ª Câm. Cível, rel. Des. Vicente de Oliveira Silva, j. 06.02.2018). 2 – A pura e simples afirmação da quebra da *affectio societatis* não serve para motivar a exclusão de um sócio, descabendo a afirmação genérica da prática de falta grave (STJ, REsp n. 1.129.222/PR, 3ª T., rel. Min. Nancy Andrighi, j. 28.06.2011; STJ, Ag. Int. no REsp n. 1.479.860/RJ, 4ª T., rel. Min. Lázaro Guimarães, j. 20.09.2018).

---

**Art. 1.031. Nos casos em que a sociedade se resolver em relação a um sócio, o valor da sua quota, considerada pelo montante efetivamente realizado, liquidar-se-á, salvo disposição contratual em contrário, com base na situação patrimonial da sociedade, à data da resolução, verificada em balanço especialmente levantado.**

**§ 1º O capital social sofrerá a correspondente redução, salvo se os demais sócios suprirem o valor da quota.**

**§ 2º A quota liquidada será paga em dinheiro, no prazo de noventa dias, a partir da liquidação, salvo acordo, ou estipulação contratual em contrário.**

---

Quando da retirada voluntária ou forçada de dado sócio, será imperioso apurar qual o preciso valor de sua quota, restituindo-o ao patrimônio de onde provieram os valores destinados à integralização do capital. O próprio contrato social pode conter uma disposição particular e concreta com respeito a tal procedimento e, nesse caso, sua prevalência é inquestionável. Mas, ausente a previsão contratual, o legislador impôs seja elaborado um balanço especial, retratando a situação da pessoa jurídica na chamada "data da resolução". Nesse sentido, toma-se, como marco temporal, a data em que se produziu o fato ou o ato de desagregação daquele sócio, seja pela morte (art. 1.028), seja pela exclusão decorrente da falta de integralização total da quota de capital (art. 1.004), seja por meio da entrega de notificação própria à denúncia do contrato (art. 1.029), seja pelo trânsito em julgado da sentença desconstitutiva do vínculo societário, seja pela liquidação de sua quota, seja pela declaração de sua falência (art. 1.030). Formulam-se, então, demonstrações financeiras destinadas exclusivamente à efetiva dissolução parcial, avaliando-se, em moeda corrente, o valor da quota, para que seja ele pago pela pessoa jurídica, salvo estipulação em contrário, no prazo de noventa dias, contado do término da apuração contábil. Como consequência, o capital social, naturalmente, será diminuído, a não ser que os sócios remanescentes recomponham os valores endereçados àquele que se retirou, devendo, em todo caso, ser formalizada alteração do contrato social e averbada nos assentamentos mantidos pelo Oficial de Registro Civil de Pessoa Jurídica.

**Jurisprudência:** 1 – Ausente disposição contratual específica, a dissolução parcial enseja uma reavaliação do patrimônio da sociedade, sempre considerado seu valor real e deixado de lado seu valor contábil (*RTJ* 89/1070, *JC* 55/85 e 38/243), o que, mesmo quando a liquidação da quota deriva do falecimento de sócio minoritário, deve ser realizado mediante a elaboração de balanço especial (TJRJ, Ap. n. 2006.001.09721, 5ª Câm. Cível, rel. Des. Antonio Saldanha Palheiro, j. 06.06.2006). 2 – A apuração deve sempre remeter ao momento em que ocorreu o afastamento da sociedade (TJRJ, Ap. n. 02007.001.00521, 15ª Câm. Cível, rel. Des. Benedicto Abidicair, j. 03.04.2007; TJRJ, Ap. n. 2006.001.18077, 5ª Câm Cível, rel. Des. Antonio Saldanha Palheiro, j. 16.05.2006). Na hipótese do falecimento de sócio, inclusive, a data da morte é a que deve ser considerada (TJSP, Ap. n. 0191580-04.2009.8.26.0100, 1ª Câm. de Dir. Priv., rel. Des. Rui Cascaldi, j. 17.11.2012). 3 – A previsão contratual de pagamento parcelado dos haveres do sócio retirante só tem aplicação em situações não litigiosas. Presente litigiosidade acerca do valor dos haveres, levantado balanço especial em Juízo, com a realização de perícia contábil, o pagamento dos haveres do retirante deve ser feito à vista, com exigibilidade total e imediata (STJ, REsp n. 1.371.843-SP, 3ª T., rel. Min. Paulo de Tarso Sanseverino, j. 20.03.2014; TJSP, Ap. n. 0047143-40.2004.8.8.26.0100, 1ª Câm. de Dir. Empres., rel. Des. Hamid Bdine, j. 22.06.2016). 4 – Quanto à incidência de juros moratórios eventualmente devidos em razão do pagamento dos haveres, o termo inicial de incidência, em consonância com o § 2º deste artigo, é fixado no vencimento do prazo legal nonagesimal contado desde a liquidação dos haveres (STJ, REsp

n. 1.286.708/PR, 3ª T., rel. Min. Nancy Andrighi, j. 27.05.2014; STJ, Ag. Reg. no REsp n. 1.474.873/PR, 3ª T., rel. Min. Marco Aurélio Bellizze, j. 16.02.2016; STJ, Ag. Int. no REsp n. 1.704.505/PR, 3ª T., rel. Min. Paulo de Tarso Sanseverino, j. 27.02.2018; STJ, Ag. Int. nos Emb. Decl. no REsp n. 1.459.156/SP, 4ª T., rel. Min. Luis Felipe Salomão, j. 03.09.2019). 5 – Expectativas de lucros futuros não podem ser computadas na apuração de haveres, sob pena de configurar uma distorção do próprio conceito de investimento na atividade empresarial (STJ, REsp n. 1.892.139/SP, 3ª T., rel. Min. Ricardo Villas Bôas Cueva, j. 08.10.2024).

**Art. 1.032. A retirada, exclusão ou morte do sócio, não o exime, ou a seus herdeiros, da responsabilidade pelas obrigações sociais anteriores, até dois anos após averbada a resolução da sociedade; nem nos dois primeiros casos, pelas posteriores e em igual prazo, enquanto não se requerer a averbação.**

Em consonância com o disposto no parágrafo único do art. 1.003, está prevista uma responsabilidade residual do antigo sócio, que se retira voluntária ou forçadamente, ou dos herdeiros do sócio falecido. Tal responsabilidade abrange, num primeiro plano, as dívidas já constituídas quando de sua saída do quadro social e remanesce pelo mesmo prazo já previsto no dispositivo acima referido, ou seja, por dois anos, contados sempre da data da averbação do instrumento de alteração do contrato social na inscrição originária da sociedade, o que deverá ser requerido ao Oficial de Registro Civil de Pessoa Jurídica. Num segundo plano, para o antigo sócio que se retirou voluntária ou forçadamente surge uma responsabilidade residual agravada e derivada das dívidas constituídas após sua saída. Quando a nova situação não houver sido regularmente formalizada e dada a público, isto é, ausente a averbação referida, para a salvaguarda dos credores, o antigo sócio permanece vinculado, respeitado o mesmo lapso temporal de dois anos e enquanto não for dirigido requerimento ao Oficial de Registro Civil de Pessoa Jurídica. Apesar de ausente específica menção, tais responsabilidades residuais são subsidiárias, incidente a regra geral do art. 1.023, apenas quando insuficiente o patrimônio social, atinge-se o dos sócios ou dos ex-sócios. Há, porém, solidariedade interna, nas relações dos sócios e ex-sócios e destes para com a sociedade, tal como a que se estabelece em razão de uma cessão.

**Jurisprudência:** 1 – Tem sido admitida, em contraste com o texto legal, uma distinção na situação dos herdeiros. É certo que a retirada, a exclusão ou a morte do sócio não eximem seus herdeiros das responsabilidades pelas obrigações sociais anteriores até a ultrapassagem do prazo de dois anos, mas já foi admitida a fixação do marco temporal inicial na própria data do fato, e não no da averbação, para a hipótese de morte (TJRS, AI n. 70.042.730.481, 18ª Câm. Cível, rel. Des. Nelson José Gonzaga, j. 14.07.2011). 2 – O art. 1.032 do CC/2002 trata da ultratividade da responsabilidade do sócio pelas obrigações da sociedade em situações ordinárias e não tem incidência diante de uma responsabilidade extraordinária, fundada na existência de abuso de direito, aplicada à teoria da desconsideração da personalidade jurídica (STJ, REsp n. 1.269.897/SP, 3ª T., rel. Min. Sidnei Benetti, j. 05.03.2013).

## *Seção VI*
## *Da Dissolução*

**Art. 1.033. Dissolve-se a sociedade quando ocorrer:**

**I – o vencimento do prazo de duração, salvo se, vencido este e sem oposição de sócio, não entrar a sociedade em liquidação, caso em que se prorrogará por tempo indeterminado;**

**II – o consenso unânime dos sócios;**

**III – a deliberação dos sócios, por maioria absoluta, na sociedade de prazo indeterminado;**

IV – *(Revogado pela Lei n. 14.195, de 26.08.2021)*;

**V – a extinção, na forma da lei, de autorização para funcionar.**

**Parágrafo único.** *(Revogado pela Lei n. 14.195, de 26.08.2021.)*

Legislação correlata: art. 335 *(revogado)*, CCom.

A dissolução corresponde à extinção do próprio contrato de sociedade e de todos os vínculos decorrentes, perfazendo-se com o advento de um fato ou de um ato determinante, podendo seu implemento depender, ou não, de uma decisão judicial. A presente seção cuida da dissolução das sociedades simples, apresentando, de início, as causas ordinárias ou naturais, verificadas imediatamente pela simples conjugação de fatos ou pela efetiva manifestação de vontade singular ou coletiva. Quatro hipóteses são, aqui, enumeradas. O vencimento do prazo de duração impõe uma dissolução de pleno direito, como resultado da vontade expressa nas cláusulas inseridas no contrato social, que já estabeleceram um termo ou uma condição resolutiva e limitaram antecipadamente a eficácia do ajuste. Nesse primeiro caso, a extinção do contrato não é, porém, inexorável, pois o legislador abriu espaço para a continuação da atividade, desde que persista um rearranjo tácito, prorrogando-se a execução do contrato por tempo indeterminado, não havendo oposição de qualquer dos sócios. O consenso unânime conforma uma segunda hipótese de dissolução, derivada do total desaparecimento da *affectio societatis*, chegando-se a uma deliberação diametralmente contrária àquela expressa no contrato social. Esse dissenso generalizado encontra, também, uma segunda forma, esta mais branda, quando a maioria absoluta dos sócios, sempre considerada a participação de cada qual no capital social, deliberar no sentido da dissolução, o que só ocorrerá, pelos motivos já expostos quando da análise do art. 1.029, se se tratar de uma sociedade com prazo de duração indeterminado e, evidentemente, se não for possível e conveniente à minoria manter a execução do contrato, promovendo-se uma resolução parcial. A cassação da autorização de funcionamento, por fim, corresponde a uma causa de dissolução, por tornar inviável, diante da edição de específico ato governamental, a realização lícita do objeto social, compatibilizando-se a hipótese com o disposto no art. 1.125. As causas de dissolução podem gerar efeitos internos na pessoa jurídica e perante os sócios, mas, em todos esses casos, concretizada a dissolução, deverá, para que a eficácia possa se estender a terceiros, ter regular publicidade, mediante sua redução à linguagem escrita, providenciando-se a averbação na inscrição originária da sociedade. Assinala-se que o texto legal deixou de lado a expressão "dissolução parcial", referindo-se à resolução do contrato com relação a um sócio (Seção V); o vocábulo "dissolução" é, aqui, reservado para as hipóteses de extinção completa dos vínculos societários, em contraste com o que ocorre no CPC/2015 (arts. 599 a 609).

Com a edição da Lei n. 14.195, de 26.08.2021, foram revogados o inciso IV e o parágrafo único deste artigo. Não se cogita mais da dissolução da sociedade em virtude da falta de recomposição da pluralidade de sócios no prazo de cento e oitenta dias, admitida, de maneira ampla, a unipessoalidade. Para além de uma constituição alicerçada num contrato, admite-se que uma sociedade, como pessoa jurídica, pode ser criada a partir do exercício de uma vontade unilateral, possibilitada, também, sua sobrevivência mesmo quando o quadro social tenha sido reduzido a uma única pessoa. A pessoa jurídica continuará atuando com um único sócio regularmente, com as adaptações atinentes à eficácia das regras de administração.

Além disso, diante da revogação tácita do art. 980-A deste Código, operada por força do art. 41 da mesma Lei n. 14.195, não há mais viabilidade numa conversão de uma sociedade numa empresa individual de responsabilidade limitada, não subsistindo mais essa espécie de pessoa jurídica, como exposto acima.

**Art. 1.034. A sociedade pode ser dissolvida judicialmente, a requerimento de qualquer dos sócios, quando:**

**I – anulada a sua constituição;**

**II – exaurido o fim social, ou verificada a sua inexequibilidade.**

Legislação correlata: art. 336 (revogado), CCom.

Examinam-se, num segundo momento, no presente artigo, as causas extraordinárias ou acidentais de dissolução da sociedade simples, as quais dependem de reconhecimento judicial para produzir efeitos, por iniciativa de qualquer um dos sócios, pouco importando qual a grandeza de sua quota social. Nesse sentido, abre-se a possibilidade de ser apontado um vício intrínseco ao contrato celebrado que lhe imponha uma mácula e o torne inválido, como a incapacidade de um sócio contratante, a ilicitude do objeto ou a inobservância de forma essencial. Tais vícios poderiam, desde logo, ter sido apontados pelo registrador de pessoas jurídicas, obstando a inscrição e a constituição da sociedade, mas, passando despercebidos, servem de causa de pedir para o ajuizamento de uma ação de dissolução. Ademais, quando a sociedade ostentar a consecução de dado e particular empreendimento como objeto, seu implemento completo pode resultar no exaurimento, ficando prejudicado o ajuste formulado, redundando, então, na dissolução. Situação idêntica se corporifica quando caracterizada a completa inexequibilidade do contrato social, que, também, pode decorrer de fato superveniente, criando-se uma impossibilidade física ou jurídica do objeto social ser atingido.

O procedimento judicial de dissolução e liquidação de sociedades era disciplinado pelo disposto nos arts. 655 a 660 do CPC/39, cuja vigência havia sido mantida por força do disposto no art. 1.218, VII, do CPC/73. Na antiga legislação processual, estavam estratificadas, detalhadamente, todas as regras atinentes à matéria, mas cabe fazer uma ressalva expressa quanto ao fato de ter o art. 1.046, § 3º, do CPC/2015 extinto o rito especial, submetendo a dissolução e a liquidação de sociedade ao procedimento comum, o qual deverá, evidentemente, ser adaptado às necessidades de que seja declarada a subsistência de uma das hipóteses acima elencadas e, posteriormente, feita uma apuração contábil ampla, seguida da realização do ativo e da satisfação do passivo, com rateio e pagamento final dos valores líquidos apurados.

**Jurisprudência:** 1 – Admite-se que, ao ser apreciado pedido de dissolução total da sociedade empresária, desde que constatada a viabilidade da continuidade da empresa, seja efetivada sua conversão em dissolução parcial, mesmo que não conste, alternativamente, sem que persista violação do art. 460 do CPC [de 1973] (correspondente ao art. 492 do CPC/2015) (STJ, REsp n. 60.823/SP, 3ª T., rel. Min. Waldemar Zveiter, j. 20.06.1995). 2 – Na hipótese de ser solicitada a dissolução total por um sócio e a parcial, por outro, privilegia-se, também, normalmente, o pedido que conserva o empreendimento econômico, isto é, o de dissolução parcial (STF, RE n. 91.044/RS, 2ª T., rel. Min. Décio Miranda, j. 07.08.1979), mas se os pedidos são convergentes, ou seja, se a petição inicial clama pela dissolução parcial e há posterior pedido reconvencional de dissolução total, tal solução pode não ser possível (TJSP, Ap. n. 0001687-53.2011.8.26.0187, 1ª Câm. de Dir. Empres., rel. Des. Maia da Cunha, *DJe* 12.08.2013). 3 – Encontrando-se um sócio recolhido ao sistema prisional (preso), manifesta a vontade do outro de não prosseguir com o empreendimento, resta caracterizada a inexequibilidade do fim social, justificando-se a dissolução total da sociedade (TJRS, Ap. n. 50220894020188210001, 5ª Câm. Cível, rel. Des. Isabel Dias Almeida, j. 25.08.2021). 4 – A dissolução total de uma sociedade inviabiliza a apuração individualizada dos haveres de um sócio, cabendo, após a designação de liquidante, seja aguardado o adimplemento de todos os débitos contraídos pela pessoa jurídica, calculado, então, eventual saldo remanescente, a ser repartido entre os sócios (TJSP, Ap. n. 1041006-32.2016.8.26.0576, 1ª Câm. Res. de Dir. Empres., rel. Des. Azuma Nishi, j. 20.04.2023).

**Art. 1.035. O contrato pode prever outras causas de dissolução, a serem verificadas judicialmente quando contestadas.**

Fica a critério dos sócios contratantes estabelecer outras causas de dissolução, além daquelas previstas no texto positivado, desde que o façam expressamente, por meio de cláusulas inseridas no instrumento escrito levado a registro. Confere-se, portanto, liberdade à fixação de outras hipóteses, concretamente ajustadas a suas necessidades, e, quanto a estas, o reconhecimento judicial só será imprescindível se surgir um litígio e houver discordância com respeito à extinção dos vínculos societários. Como exemplo, ressalte-se ser viável prever a dissolução em razão do rebaixamento do capital social a um nível inferior a um piso mínimo fixado.

**Art. 1.036. Ocorrida a dissolução, cumpre aos administradores providenciar imediatamente a investidura do liquidante, e restringir a gestão própria aos negócios inadiáveis, vedadas novas operações, pelas quais responderão solidária e ilimitadamente.**

**Parágrafo único. Dissolvida de pleno direito a sociedade, pode o sócio requerer, desde logo, a liquidação judicial.**

A dissolução da sociedade acarreta, natural e automaticamente, sua liquidação. Extintos os liames derivados do contrato, é preciso extrair um resultado econômico-financeiro de cada uma das operações em andamento, esgotando-as perante terceiros, e o procedimento correspondente inicia-se com a deliberação dos sócios ou de decisão judicial. A solução de todas essas relações patrimoniais constitui um encargo conferido a uma pessoa especialmente designada para tanto, um liquidante, o qual, escolhido pelos sócios, é imediatamente investido. Assumindo ele funções antes conferidas aos administradores comuns da pessoa jurídica, concentra os poderes de gestão, de maneira que esses administradores só poderão atuar em caráter excepcional e praticar atos tidos como inadiáveis, cuja urgência deflui do potencial de grave e irrecuperável prejuízo, à semelhança do previsto pelo art. 1.014, *in fine*. Ficam, assim, vedadas novas operações, pois, dissolvida a sociedade, não há mais a busca do implemento do objeto social, devendo, pura e simplesmente, ser apurado o resultado final e totalizado das operações, além de restituído, proporcionalmente à quota de cada qual, o capital aos sócios. A prática de novos atos de gestão em desrespeito à presente regra ocasionará a imposição de responsabilidade solidária e ilimitada a seus autores, que, gerado dano, assumirão, perante a sociedade e terceiros, o dever de indenizar. O parágrafo único ressalta, também, a possibilidade de ser postulada em juízo, por qualquer dos sócios, como já previsto no art. 1.034, a dissolução forçada, desde que caracterizada uma causa extraordinária e de pleno direito da extinção da sociedade simples.

**Jurisprudência:** 1 – É inviável sejam levados em consideração, quando promovida a liquidação de uma sociedade simples, elementos próprios a uma sociedade empresária, em particular bens imateriais, tais como a clientela e o aviamento (STJ, REsp n. 1.227.240/SP, 4ª T., rel. Min. Luis Felipe Salomão, j. 26.05.2015). 2 – Liquidada a sociedade, quanto a dívidas pendentes, a responsabilidade para com terceiros deve ser preservada e arcada por seus antigos componentes (TJPR, Ap. n. 1428874-7, 11ª Câm. Cível, rel. Des. Dalla Vecchia, j. 17.02.2016; TJRS, AI n. 70.080.488.257, 2ª Câm. Cível, rel. Des. Lúcia de Fátima Cerveira, j. 27.03.2019; TJSC, AI n. 4016357-85.2016.8.24.0000, 2ª Câm. de Dir. Com., rel. Des. Betina Maria Maresch de Moura, j. 20.08.2019). Esta responsabilidade, porém, em consonância com o tipo adotado, deve ser limitada à soma dos valores recebidos com a partilha do acervo patrimonial da pessoa jurídica (TJSP, AI n. 2241845-67.2018.8.26.0000, 36ª Câm. de Dir. Priv., rel. Des. Walter Cesar Exner, j. 14.01.2019).

---

**Art. 1.037. Ocorrendo a hipótese prevista no inciso V do art. 1.033, o Ministério Público, tão logo lhe comunique a autoridade competente, promoverá a liquidação judicial da sociedade, se os administradores não o tiverem feito nos trinta dias seguintes à perda da autorização, ou se o sócio não houver exercido a faculdade assegurada no parágrafo único do artigo antecedente.**

**Parágrafo único. Caso o Ministério Público não promova a liquidação judicial da sociedade nos quinze dias subsequentes ao recebimento da comunicação, a autoridade competente para conceder a autorização nomeará interventor com poderes para requerer a medida e administrar a sociedade até que seja nomeado o liquidante.**

---

O presente artigo contempla a hipótese de cassação da autorização para funcionamento, tal como prevista pelo inciso V do art. 1.033, dando ensejo à dissolução extraordinária e de pleno direito da sociedade simples. Nesse caso, confere-se, num primeiro plano, uma legitimidade extraordinária ao Ministério Público para a promoção da ação de dissolução societária, que depende, para nascer, do preenchimento de alguns requisitos cumulativos. Há, assim, de estar caracterizada a omissão tanto dos administradores quanto dos próprios sócios, deixando estes de promover a dissolução judicial no prazo de trinta dias, contado da publicação do ato administrativo que implicou a perda da autorização antes concedida. O Ministério Público atuará, então, imediatamente, mediante a provocação do órgão público interessado, sempre incluído no âmbito do Poder Executivo federal. Quedando-se inerte o próprio Ministério Público, num segundo plano, conforme o parágrafo único deste mesmo artigo, ultrapassado o prazo de quinze dias da comunicação formal, abre-se espaço para a nomeação de um interventor, pessoa escolhida conforme um critério de confiança pela autoridade que cassou a autorização e que se encarregará, ela própria, de promover, supletivamente, o ajuizamento da ação de dissolução, forçando a assunção de todas as providências compatíveis com a extinção dos vínculos societários e promovendo o normal andamento da administração da pessoa jurídica, enquanto não for nomeado um liquidante judicial, que o substituirá, assumindo toda a responsabilidade pela resolução de todas as operações mantidas pela pessoa jurídica. As legitimidades extraordinárias previstas evidenciam a grande preocupação do legislador em evitar, de toda maneira, possa persistir a atividade da sociedade cuja autorização para funcionar foi cassada, tendo em conta, em especial, a importância e a singularidade das atividades dependentes de autorização e o interesse público de estancar prontamente, nesse âmbito, qualquer prática irregular.

**Jurisprudência:** A ultrapassagem do prazo de 15 dias previsto no parágrafo único deste artigo não implica a perda do direito de ação pelo Ministério Público, garantindo, tão somente, a possibilidade de a autoridade competente atuar por si mesma (TJMG, Ap. n. 1.0024.03.024766-2/001, 11ª Câm. Cível, rel. Des. Selma Marques, j. 09.08.2006).

---

**Art. 1.038. Se não estiver designado no contrato social, o liquidante será eleito por deliberação dos sócios, podendo a escolha recair em pessoa estranha à sociedade.**

**§ 1º O liquidante pode ser destituído, a todo tempo:**

**I – se eleito pela forma prevista neste artigo, mediante deliberação dos sócios;**

**II – em qualquer caso, por via judicial, a requerimento de um ou mais sócios, ocorrendo justa causa.**

**§ 2º A liquidação da sociedade se processa de conformidade com o disposto no Capítulo IX, deste Subtítulo.**

---

Dissolvida a sociedade e destruídos todos os liames decorrentes do contrato, não se mantém a gestão normal da pessoa jurídica, mas, ao contrário, inicia-se imediatamente a solução das operações em andamento e os administradores são afastados de suas funções, restringindo sua atuação, nos termos do art. 1.036, aos negócios urgentes e inadiáveis. Passa-se à liquidação e, nessa altura, toda a gestão permanece centralizada em um liquidante, pessoa que assume o encargo de exaurir todas as relações da pessoa jurídica e, apurados, em proporção à quota social, os haveres de cada sócio, restituir-lhes o capital investido no empreendimento finalizado. Assim, o presente artigo disciplina a forma de escolha e de eventual destituição do liquidante da sociedade simples, remetendo, no mais, quanto ao procedimento da liquidação, aos arts. 1.102 a 1.112. A escolha do liquidante obedece a dois critérios diversos, recaindo o encargo sobre aquele que tenha sido escolhido pela maioria dos sócios, sempre considerada, na contagem dos votos, a participação no capital social, a menos que uma cláusula específica tenha sido incluída no contrato social e, previamente, determine quem exercerá a função de liquidante. A forma de uma eventual destituição, por sua vez, dependerá da fórmula de escolha adotada concretamente. Se a escolha foi feita por deliberação da maioria dos sócios, a destituição também poderá ser efetivada por nova deliberação em sentido contrário, sendo vedado o uso de tal forma de destituição quando a designação tiver sido objeto de cláusula contratual. Em todo caso, seja qual tenha sido a fórmula de escolha, por iniciativa de pelo menos um dos sócios, será possível postular a destituição judicial, sempre que identificada uma "justa causa", caracterizado o descumprimento dos deveres atinentes a sua função.

**Jurisprudência:** Os deveres do liquidante são aqueles alinhados no art. 1.103 deste Código, cabendo a má administração ser apurada em ação de responsabilidade, em separado e com pleno exercício do contraditório e da ampla defesa (TJGO, Ap. Cível n. 201391525400, 3ª Câm. Cível, rel. Des. Beatriz Figueiredo Franco, *DJe* 15.04.2014).

## CAPÍTULO II
## DA SOCIEDADE EM NOME COLETIVO

**Art. 1.039. Somente pessoas físicas podem tomar parte na sociedade em nome coletivo, respondendo todos os sócios, solidária e ilimitadamente, pelas obrigações sociais.**

**Parágrafo único. Sem prejuízo da responsabilidade perante terceiros, podem os sócios, no ato constitutivo, ou por unânime convenção posterior, limitar entre si a responsabilidade de cada um.**

Legislação correlata: arts. 315 e 316 (*revogados*), CCom.

Entre os tipos societários naturalmente empresariais, a sociedade em nome coletivo é o mais antigo, menos sofisticado e o primeiro a ter sido disciplinado pelo atual CC, tendo merecido atenção superior àquela presente no CCom, pois suas regras, na atualidade, estão detalhadas em seis artigos, enquanto o antigo diploma legal as concentrava em apenas dois (arts. 315 e 316). Originada da conveniência dos diferentes herdeiros de um mesmo comerciante em manter, pelo esforço comum, a atividade já empreendida, a sociedade em nome coletivo, hoje, não apresenta maior aplicação prática, tendo-se tornado, ao longo dos anos, uma verdadeira peça de museu. O desuso se deve, fundamentalmente, à gravidade da responsabilidade imposta aos sócios, o que pode ser facilmente superado mediante a adoção de outro tipo. De fato, na sociedade em nome coletivo, os sócios assumem, em solidariedade, responsabilidade ilimitada pelas dívidas da pessoa jurídica, ante o inadimplemento e a insuficiência do patrimônio da sociedade, isto é, os sócios deverão, quando verificada a impossibilidade do adimplemento pelo efetivo devedor, a pessoa jurídica, pagar a totalidade do débito remanescente, podendo os credores solicitar, de cada qual, o pagamento do todo, na forma do art. 264 do CC. Os credores ficam, portanto, com o patrimônio dos sócios à disposição da satisfação de seus direitos, resguardando-se amplamente contra qualquer infortúnio. A característica distintiva do tipo societário é, também, a inclusão obrigatória do nome dos sócios no nome da própria pessoa jurídica, só podendo pessoas físicas serem incluídas no quadro social, o que inviabiliza a utilização do presente tipo para a formação de consórcios de empresas ou qualquer outra operação envolvendo pessoas jurídicas. O parágrafo único do presente artigo, por sua vez, estabelece a possibilidade de os sócios contratantes construírem uma fórmula própria de divisão das responsabilidades, sem prejuízo da manutenção da solidariedade perante terceiros. Tal pacto pode constar do próprio contrato social ou ser celebrado por meio de documento apartado, em momento posterior, não sendo necessária, para sua plena eficácia, sua averbação na inscrição originária da sociedade, posto que só afetará os próprios sócios. Exige-se, em todo caso, a vontade unânime dos sócios como requisito de validade do pacto de limitação de responsabilidade.

**Jurisprudência:** Reconhece-se, aqui, portanto, qualquer obstáculo à constrição de bens particulares do sócio, por meio, p. ex., de penhora. (*RT* 546/53)

**Art. 1.040. A sociedade em nome coletivo se rege pelas normas deste Capítulo e, no que seja omisso, pelas do Capítulo antecedente.**

Não seria possível esgotar toda a disciplina de um tipo societário em apenas seis artigos, fixando, sinteticamente, todas as regras acerca dos variados episódios da vida de uma sociedade em um número tão reduzido de dispositivos legais. O legislador, por isso mesmo, tomou a sociedade simples como um padrão fundamental e impôs a incidência subsidiária de suas normas, sempre que presente alguma lacuna na normatização de algum dos tipos societários empresariais disciplinados no CC/2002. Nesse sentido, identificada qualquer lacuna, por mínima que seja, nas normas de regência da sociedade em nome coletivo, serão aplicáveis as normas concebidas originariamente para a sociedade simples.

**Art. 1.041. O contrato deve mencionar, além das indicações referidas no art. 997, a firma social.**

Legislação correlata: art. 315 (*revogado*), CCom.

Em se tratando de uma sociedade personalizada, é preciso elaborar, para a sociedade em nome coletivo, um instrumento escrito (público ou particular), no qual será documentado e estratificado todo o contrato social, visando a ser realizada inscrição registrária em Junta Comercial, tal como previsto no art. 1.151, devendo, a fim de promover a produção de efeitos a partir da celebração, ser respeitado o prazo de trinta dias. Devem constar do instrumento, como informações indispensáveis, todas aquelas já elencadas no art. 997 e correspondentes ao conteúdo obrigatório do contrato na sociedade simples (qualificação dos sócios, denominação, sede e prazo da sociedade, capital social, exercício da administração, quota, responsabilidade e prestações atribuídas a cada sócio e forma de repartição dos resultados). Acresce-se apenas, aqui, como decorrência da forma societária escolhida, a necessidade de ser adotada uma firma social, vedado o uso de denominação, o que é, no âmbito das sociedades simples, viável. A firma, conforme o art. 1.157, constitui a espécie de nome empresarial composta do nome dos sócios ou do de um deles acrescido da expressão "e companhia", pouco importando o exercício, ou não, da gerência. Demonstra-se, assim, a total vinculação pessoal do sócio ao destino patrimonial da sociedade, resultado da responsabilidade ilimitada e solidária prevista no art. 1.039.

**Art. 1.042. A administração da sociedade compete exclusivamente a sócios, sendo o uso da firma, nos limites do contrato, privativo dos que tenham os necessários poderes.**

Legislação correlata: art. 316 (*revogado*), CCom.

Este artigo pretende estabelecer regras para a definição da titularidade da gestão social na sociedade em nome coletivo. De início, é vedada a atribuição de poderes de gerência a terceiros, estranhos ao contrato celebrado. A natureza personalíssima do vínculo societário decorrente do presente tipo não viabiliza a participação de quaisquer terceiros na consecução dos negócios sociais. Só sócios podem, portanto, exercer a gestão interna da pessoa jurídica, bem como efetivar sua presentação, de maneira a viabilizar a celebração de contratos e outros negócios jurídicos, assumindo a posição de órgão da sociedade. Assim, a presentação da sociedade em nome coletivo merece particular atenção, de maneira que seja feita sua delimitação em cláusula específica, explicitando quem e quando poderá ser utilizada a firma social. A legitimidade para os atos de gestão estará, assim, conferida pelo contrato. Todos os sócios ou, ainda, alguns sócios, isolada ou conjuntamente, podem praticar os atos em nome e por conta da pessoa jurídica, conforme os poderes fornecidos pelo conjunto dos contratantes. Incidem, no mais, os arts. 1.010 a 1.021, somadas as regras aqui expostas.

**Art. 1.043. O credor particular de sócio não pode, antes de dissolver-se a sociedade, pretender a liquidação da quota do devedor.**

**Parágrafo único. Poderá fazê-lo quando:**

**I – a sociedade houver sido prorrogada tacitamente;**

**II – tendo ocorrido prorrogação contratual, for acolhida judicialmente oposição do credor, levantada no prazo de noventa dias, contado da publicação do ato dilatório.**

Cuida o presente artigo da posição dos credores particulares dos sócios, o que se coloca em contraposição ao tipo societário analisado, a sociedade em nome coletivo. A quota de cada sócio, por princípio, é impenhorável, não podendo ser objeto de constrição judicial e posterior alienação forçada em razão da imensa relevância ou da grande magnitude aqui assumida pela *affectio societatis*. Com efeito, não é viável admitir, diante da vinculação individualizada gerada pela ilimitação da responsabilidade dos sócios, a entrada de estranhos no quadro social. O credor pode apenas postular, respeitados os limites estritamente definidos pelo texto legal, a liquidação da quota e a reversão dos valores derivados em satisfação do direito de crédito. Como requisitos da liquidação, é preciso que a sociedade em nome coletivo não tenha prazo de duração determinado ou originariamente indeterminado, conforme cláusula inserida no instrumento contratual inscrito na forma dos arts. 998 e 1.151, sob pena de serem frustradas as expectativas legítimas dos contratantes. Caso o prazo de duração seja indeterminado, é preciso distinguir duas situações. Se o contrato social já previa, originariamente, período determinado para sua execução e houve prorrogação tácita, autoriza-se excepcionalmente a liquidação para satisfazer o credor, sobrevindo idêntico resultado na hipótese da prorrogação expressa, feita mediante instrumento próprio e aditivo ao contrato social, quando, então, será possível, no prazo de noventa dias, contado da averbação da alteração contratual na inscrição feita em Junta Comercial, uma impugnação judicial e, configurada a necessidade, obtenção da liquidação forçada da quota do devedor. Excluídas essas duas hipóteses, a liquidação é, também, vedada.

**Art. 1.044. A sociedade se dissolve de pleno direito por qualquer das causas enumeradas no art. 1.033 e, se empresária, também pela declaração da falência.**

Legislação correlata: art. 335 (revogado), CCom.

A dissolução da sociedade em nome coletivo respeita as mesmas regras estatuídas para a sociedade simples, inclusive no que tange a suas causas. Como já afirmado, a dissolução corresponde à extinção do próprio contrato de sociedade e de todos os vínculos decorrentes, perfazendo-se com o advento de um fato ou de um ato determinante, podendo seu implemento depender, ou não, da edição de uma decisão judicial. As causas de dissolução de pleno direito de uma sociedade em nome coletivo são as mesmas estabelecidas no art. 1.033, acrescendo-se apenas, presente a natureza empresária, a hipótese de falência, pois, então, para a satisfação da coletividade dos credores da sociedade, sobrevirá um procedimento de liquidação e rateio dos valores resultantes, extinguindo a pessoa jurídica. Ressalte-se incidirem também, aqui, com respeito às causas contratuais de dissolução e à dissolução judicial, os arts. 1.034 e 1.035, mas sem a necessidade de adaptações.

**Jurisprudência:** Decorrido o prazo de 180 dias sem que a sociedade limitada reconstitua a pluralidade de sócios, passa seu patrimônio a se confundir com o do sócio remanescente, cuja responsabilidade torna-se ilimitada. (TJSP, Ap. n. 0403576-85.2010.8.26.0000, 35ª Câm. de Dir. Priv., rel. Des. Mendes Gomes, j. 20.06.2011)

## CAPÍTULO III
## DA SOCIEDADE EM COMANDITA SIMPLES

**Art. 1.045. Na sociedade em comandita simples tomam parte sócios de duas categorias: os comanditados, pessoas físicas, responsáveis solidária e ilimitadamente pelas obrigações sociais; e os comanditários, obrigados somente pelo valor de sua quota.**

**Parágrafo único. O contrato deve discriminar os comanditados e os comanditários.**

Legislação correlata: art. 311 (*revogado*), CCom.

A sociedade em comandita simples corresponde ao segundo dos tipos societários naturalmente empresariais regrados pelo CC, tendo merecido, à semelhança do ressaltado quanto à sociedade em nome coletivo, atenção desproporcional a sua utilização prática. Nascida entre o final da Idade Média e o começo da Idade Moderna, na Europa Ocidental, com a finalidade de ser amealhada grande quantidade de capital necessária à realização de empreendimentos de altíssimo risco, consistentes em caravanas comerciais terrestres ou explorações marítimas, a comandita representou a primeira fórmula de limitação da responsabilidade dos sócios, tendo fornecido enorme contribuição para a evolução das formas de acumulação capitalista até a segunda metade do século XIX e, desde então, foi deixada de lado, confrontada pelas vantagens oferecidas pela total limitação de responsabilidade fornecida por uma inovação legislativa de rápida divulgação, a sociedade limitada. O elemento distintivo da sociedade em comandita simples constitui a imprescindível distinção de duas categorias de sócios: os comanditados e os comanditários. Os primeiros (comanditados) assumem o papel de verdadeiros empreendedores, cuidando de toda a gestão e da completa organização da atividade-fim eleita como objeto social, resguardando, em contrapartida, uma responsabilidade patrimonial mais pronunciada e idêntica à do sócio na sociedade em nome coletivo, marcada pela ilimitação e pela solidariedade diante das dívidas mantidas pela pessoa jurídica constituída. O comanditado responde, portanto, ante o inadimplemento e a insuficiência do patrimônio da sociedade, isto é, o comanditado deverá, quando verificada a impossibilidade do adimplemento pelo efetivo devedor, a pessoa jurídica, pagar a totalidade do débito remanescente, podendo os credores solicitar, de cada um dos incluídos nessa mesma categoria, o pagamento do todo, na forma do art. 264. Os últimos (comanditários) assumem o papel de simples fornecedores de capital, que demonstram seu interesse em participar dos eventuais resultados positivos do empreendimento concebido e organizado pelos comanditados, limitando, porém, sua responsabilidade aos montantes fornecidos para a formação do capital social, ou seja, sua quota social. Nesse sentido, o comanditário não coloca seu patrimônio pessoal à disposição dos credores da sociedade, assegurando-se de que um insucesso não resultará em sua ruína financeira. Frise-se, ainda, que a *affectio societatis* se formará mais profundamente com respeito aos sócios comanditados, não só diante da vinculação de seu patrimônio pessoal, mas em virtude, principalmente, de sua atuação dirigente. A sociedade em comandita simples se enquadra entre as personalizadas, sendo imprescindível a redução do contrato social a um instrumento escrito (público ou particular) e sua inscrição registrária, na forma dos arts. 998 e 1.151. Devem constar do instrumento, como informações indispensáveis, todas aquelas já elencadas no art. 997 e correspondentes ao conteúdo obrigatório do contrato na sociedade simples (qualificação dos sócios, denominação, sede e prazo da sociedade, capital social, exercício da administração, quota, responsabilidade e prestações atribuídas a cada sócio e forma de repartição dos resultados). Acresce-se apenas, aqui, como decorrência da forma societária escolhida, a necessidade de ser adotada uma firma social, vedado o uso de denominação, bem como a discriminação dos sócios entre as duas categorias acima descritas, evitando qualquer dúvida com respeito ao grau de responsabilidade de cada qual. O art. 312 (revogado) do CCom permitia, inclusive, não fossem identificados os comanditários no registro público, resguardado o sigilo quanto a sua participação na sociedade, o que é rejeitado pelo CC/2002.

**Art. 1.046. Aplicam-se à sociedade em comandita simples as normas da sociedade em nome coletivo, no que forem compatíveis com as deste Capítulo.**

**Parágrafo único. Aos comanditados cabem os mesmos direitos e obrigações dos sócios da sociedade em nome coletivo.**

Como assinalado com respeito ao tipo anterior, a sociedade em nome coletivo, não seria possível esgotar toda a disciplina de um tipo societário em um pequeno número de artigos, fixando, sinteticamente, todas as regras acerca dos variados episódios da vida de uma sociedade em um número tão reduzido de dispositivos legais. O legislador, por isso mesmo, determinou sejam aplicadas à sociedade em comandita simples, num primeiro plano, as regras próprias às sociedades em nome coletivo, frisando que os comanditados se assimilam aos sócios daquele outro tipo empresarial. Num segundo plano, como resultado da aplicação reflexa do art. 1.040, toma-se a sociedade simples como padrão fundamental subsequente e se impõe a incidência subsidiária das normas peculiares à ausência de empresariedade sempre que presente alguma lacuna na normatização da comandita simples, tal como definida no nCC. Nesse sentido, identificada qualquer lacuna, por mínima que seja, nas normas de regência da sociedade em comandita simples, recorre-se àquelas concebidas para a sociedade em nome coletivo e, caracterizada sua insuficiência, serão aplicáveis as regras concebidas originariamente para a sociedade simples.

**Art. 1.047. Sem prejuízo da faculdade de participar das deliberações da sociedade e de lhe fiscalizar as operações, não pode o comanditário praticar qualquer ato de gestão, nem ter o nome na firma social, sob pena de ficar sujeito às responsabilidades de sócio comanditado.**

**Parágrafo único. Pode o comanditário ser constituído procurador da sociedade, para negócio determinado e com poderes especiais.**

Legislação correlata: art. 314 (*revogado*), do CCom.

Diante da distinção entre as duas categorias de sócios, peculiar à sociedade em comandita, cuida-se, aqui, de regrar a conduta dos comanditários, estabelecendo-lhes um campo próprio de atuação e seus limites. Os comanditários ostentam a posição de fornecedores de capital e, nesse sentido, o *caput* do presente artigo preserva, desde logo, o direito dos comanditários de participar das deliberações, exercendo o direito de voto, e de fiscalizar as operações feitas, compulsando a documentação e os livros contábeis pertinentes. Os atributos de fiscalização e a participação nas decisões sociais, inerentes à condição de sócio, são mantidos, mas ficam ressalvadas a administração e a presentação da sociedade, das quais os comanditários permanecem afastados. Com efeito, do texto legal constam duas proibições expressas, não podendo os sócios de tal categoria praticar qualquer ato de gestão, mantendo tratativas e celebrando negócios com terceiros, ou inserir seu nome na firma adotada pela pessoa jurídica. O nome da sociedade, respeitado o disposto no art. 1.157, será composto do nome dos próprios sócios comanditados e eles mesmos cuidarão de presentar a sociedade e efetivar todos os atos de gestão. Excepciona-se apenas, conforme o parágrafo único, a atuação de algum ou alguns dos comanditários como procurador da pessoa jurídica, após a conferência de poderes especiais e visando à conclusão de determinado e específico negócio, sempre em nome e por conta da pessoa jurídica, protegidos, com clareza e nitidez, os limites descritos. Ressalte-se que, violadas as regras de conduta estabelecidas, será imposta, ao comanditário que praticar atos de gestão ou tiver seu nome incluído na firma, uma sanção grave, consistente na extinção da limitação de sua responsabilidade pelas dívidas sociais, promovendo-se sua equiparação aos comanditados. Foi reproduzida, aqui, a regra já inscrita no art. 314 (revogado) do CCom.

**Jurisprudência:** É viável o ajuizamento de ação inibitória ou indenizatória independentemente de cláusula específica, configurada a concorrência desleal a partir do restabelecimento do alienante de um estabelecimento, configurada grave violação à boa-fé objetiva, com consequente depreciação do valor do bem negociado (TJSP, Ap. n. 0004810-71.2012.8.26.0010, 1ª Câm. Res. de Dir. Empres., rel. Des. Teixeira Leite, j. 25.09.2014).

**Art. 1.048. Somente após averbada a modificação do contrato, produz efeito, quanto a terceiros, a diminuição da quota do comanditário, em consequência de ter sido reduzido o capital social, sempre sem prejuízo dos credores preexistentes.**

A redução do capital social, derivada da pretendida redução de exposição patrimonial de um dos sócios, constitui um fato relevante, implicando maior fragilidade de terceiros, que contratem e mantenham créditos para com a sociedade (pessoa jurídica). A averbação de qualquer alteração contratual, que implique redução do capital ocasionada pela diminuição da quota de um sócio comanditário, constitui, por isso mesmo, um fator imprescindível para sua eficácia perante esses terceiros. A preocupação clara do legislador foi oferecer maior proteção aos credores. O capital social garante, em última instância, o pagamento das dívidas sociais, resguardando a posição patrimonial dos credores da sociedade, motivo pelo qual persiste a necessidade de, antes de afetá-los, dar plena e total publicidade à redução dos fundos em comandita. A averbação deverá ser feita junto à inscrição originária e a data de sua efetivação constituirá um marco divisório. Os credores anteriores ao ato averbatório não poderão ser prejudicados e, enquanto não forem satisfeitos, a diminuição da quota do comanditário não surte efeitos plenos. Apenas os novos credores suportarão, desde logo, os efeitos patrimoniais produzidos pela redução do capital.

**Art. 1.049. O sócio comanditário não é obrigado à reposição de lucros recebidos de boa-fé e de acordo com o balanço.**

**Parágrafo único. Diminuído o capital social por perdas supervenientes, não pode o comanditário receber quaisquer lucros, antes de reintegrado aquele.**

Questionada a distribuição de lucros apurados pela pessoa jurídica e posteriormente reconhecida sua inexistência, ou seja, sua natureza fictícia e a consequente perpetração de fraude, os sócios, beneficiários do ilícito, em princípio, assumem o dever de devolver os valores indevidamente recebidos, repondo o desfalque provocado no patrimônio da sociedade. Na sociedade em comandita simples, aplica-se, porém, regra específica, de maneira que os comanditários, caso preencham dois requisitos expressamente consignados no texto legal, eximem-se do dever de devolver os valores percebidos indevidamente. É preciso, em primeiro lugar, permaneça o sócio em boa-fé, não tendo qualquer participação na concretização da irregularidade caracterizada e, mais ainda, mantendo desconhecimento de sua articulação. Acrescenta-se, em segundo lugar, a necessidade de haver sido promovida a distribuição em concordância formal com balanço elaborado ao final de dado exercício. Tal regra excepcional justifica-se diante do afastamento dos comanditários da gestão social, assumindo a função de meros fornecedores de capital, razão pela qual cabe aos comanditários, com exclusividade, providenciar a feitura das demonstrações financeiras e a apuração do resultado. Em contrapartida, o comanditário, em face de uma diminuição do capital derivada de prejuízos resultantes do insucesso da atividade empreendida, permanece proibido do percebimento de quaisquer verbas originárias de lucros auferidos, inclusive aquelas lançadas como reservas. Tal proibição tenciona provocar a recomposição do capital social, supostamente com novos aportes feitos pelos sócios, subsistindo até que seja ele reintegrado, retornando ao estado em que se achava.

**Art. 1.050. No caso de morte de sócio comanditário, a sociedade, salvo disposição do contrato, continuará com os seus sucessores, que designarão quem os represente.**

Estão disciplinados, aqui, os efeitos provocados pela morte de um dos comanditários sobre o contrato de sociedade celebrado. Tendo em conta a menor intensidade de vinculação pessoal (*affectio societatis* subjetiva) dos sócios incluídos na categoria referida, o texto legal inovou, possibilitando, sem qualquer incômodo ou óbice, a continuação da pessoa jurídica, evitando seja dissolvida a sociedade ou, ainda, promovida, por meio da apuração e da devolução dos haveres correspondentes, a redução do capital social. O falecido é, pura e simplesmente, substituído por seus sucessores. Os herdeiros ou legatários assumirão, em conjunto, conforme o caso, a posição antes detida pelo sócio comanditário falecido, sempre preservada, também, ressalte-se, a unidade da quota social remanescente. Mantém-se, assim, um condomínio, pois todos os sucessores figurarão como titulares da mesma quota social, devendo, portanto, ser designado, em comum acordo, um representante, indivíduo dotado de poderes especiais para atuar em nome e por conta de todos os titulares daquela quota singular, manifestando, quando necessário, uma vontade única. As regras estatuídas no presente artigo, porém, não apresentam natureza cogente e, por isso mesmo, podem ser objeto de regramento em sentido contrário, expresso por meio de cláusula inserida no contrato social inscrito. Ante as condições concretas da contratação, pode ser conveniente interditar, em caráter absoluto, a entrada dos sucessores na sociedade em comandita simples, devendo tal disposição, para ser eficaz, ficar expressa no contrato ou em aditamento posterior, sendo-lhe dada publicidade registrária.

---

**Art. 1.051. Dissolve-se de pleno direito a sociedade:**

**I – por qualquer das causas previstas no art. 1.044;**

**II – quando por mais de cento e oitenta dias perdurar a falta de uma das categorias de sócio.**

**Parágrafo único. Na falta de sócio comanditado, os comanditários nomearão administrador provisório para praticar, durante o período referido no inciso II e sem assumir a condição de sócio, os atos de administração.**

---

Legislação correlata: art. 335 (revogado), CCom.

## CAPÍTULO IV
## DA SOCIEDADE LIMITADA

### *Seção I*
### *Disposições Preliminares*

---

**Art. 1.052. Na sociedade limitada, a responsabilidade de cada sócio é restrita ao valor de suas quotas, mas todos respondem solidariamente pela integralização do capital social.**

**§ 1º A sociedade limitada pode ser constituída por 1 (uma) ou mais pessoas.**

Parágrafo acrescentado pela Lei n. 13.874, de 20.09.2019.

**§ 2º Se for unipessoal, aplicar-se-ão ao documento de constituição do sócio único, no que couber, as disposições sobre o contrato social.**

Parágrafo acrescentado pela Lei n. 13.874, de 20.09.2019.

---

Legislação correlata: arts. 2º e 9º, Decreto n. 3.708, de 10.01.1919.

Inicia-se, a partir do presente artigo, o exame do terceiro tipo societário naturalmente empresarial, a sociedade limitada. Introduzida na legislação brasileira pelo agora revogado Decreto n. 3.708, de 1919, a então nomeada "sociedade por quotas de responsabilidade limitada" ganhou grande popularidade, dada a facilidade de sua adaptação aos mais diferentes arranjos internos e empreendimentos, protegendo, com vantagem sobre os tipos já examinados, o patrimônio pessoal dos sócios. O antigo diploma legal apresentava, como ponto positivo, uma redação propositadamente resumida e capaz de deixar, às partes, grande espaço ao livre exercício do autorregramento de seus interesses, conforme critérios próprios de conveniência e oportunidade. O texto atual optou por uma minuciosa disciplina, formuladas normas cogentes para a regência das relações mantidas pela pessoa jurídica criada, seja internamente, diante dos próprios sócios, seja externamente, diante de terceiros. Não se atentou para a necessidade de maior flexibilização normativa, o que provocou uma burocratização do presente tipo, desestimulando sua futura utilização e provocando um desajuste com as particularidades concretas das situações nascidas da formação de estruturas empresariais de tamanhos diferentes e com finalidades distintas. A sociedade limitada coloca-se como um tipo híbrido, passível de ser usado para a constituição de sociedades de pessoas, marcadas por grande vinculação aos predicados pessoais de cada contratante, ou de capital, em que a captação de recursos econômico-financeiros promove a efetiva agregação, e o legislador não atentou para tal variedade. Afirma-se, neste primeiro artigo, como característica típica fundamental, a limitação de responsabilidade dos sócios, todos posicionados numa mesma categoria. Só os valores empregados na formação do capital social, que é subdividido em quotas detidas pelos sócios na proporção de seus aportes, respondem pelas dívidas sociais. O restante do patrimônio pessoal dos sócios não pode ser atingido pelos credores da pessoa jurídica, permanecendo salvaguardado. A limitação de responsabilidade dos sócios depende, porém, da integralização do capital social. Até que esteja completado o capital previsto em contrato, persiste uma responsabilidade solidária pela conferência das quantias previstas para serem conferidas à pessoa jurídica. Nesse sentido, cada sócio, ainda que tenha fornecido os valores necessários à integralização de suas quotas, responde por todo o valor faltante, inclusive quando decorrente do eventual inadimplemento de outros sócios, pois esse montante representa, ante as dívidas sociais, a garantia oferecida aos terceiros credores.

Os §§ 1º e 2º deste artigo foram acrescentados pela Lei n. 13.874/2019 (fruto da conversão da MP n. 881 e chamada "Lei da Liberdade Econômica" por muitos), introduzindo regras formuladas em desarmonia com toda a sistemática própria às sociedades personificadas. Além de ser deixado de lado o conteúdo técnico do vocábulo "sociedade", subsistindo um conflito explícito com o disposto no art. 981, foi criada uma figura paralela com a empresa individual de responsabilidade limitada e de conteúdo similar, sem a adoção de qualquer limite de capital mínimo, em detrimento dos preceitos de segurança já fixados anteriormente, com o fito de favorecer uma suposta praticidade das formas. Como consequência da unipessoalidade admitida, há uma falta de coerência marcante, pois seria mais adequado retirar os limites de capital para a empresa individual de responsabilidade limitada e possibilitar pudesse ser ela constituída por outras pessoas jurídicas, o que pressupunha a alteração do texto do art. 980-A, gerando sua expansão e uma potencial transformação em sociedade limitada (já prevista no texto legal) muito pouca dificuldade, senão quanto à diferença na composição do nome empresarial.

De toda maneira, uma opção legislativa foi feita e a possibilidade de ser criado, a partir de um ato instituidor correspondente a um negócio jurídico unilateral, um ente personificado qualificado como uma sociedade limitada foi aberta, com a incidência de todo o regramento a esta peculiar, mas sem órgãos internos, o que afasta a possibilidade efetiva de aplicação de grande parcela das regras neste contida (arts. 1.066 a 1.080-A, 1.085 e 1.086, além dos parágrafos do art. 1.081). O capital continuará dividido em quotas, permanecendo todas estas de titularidade do sócio único e no aguardo de que seja estabelecida pluralidade no quadro social, como que num estado de hibernação, para que, só depois, caso seja feita cessão de uma parcela das quotas do sócio único, possa a pessoa jurídica funcionar como uma verdadeira sociedade. Antes disso, ela não passa de um desdobramento da personalidade jurídica do "sócio único", tal qual ocorre com a empresa individual de responsabilidade limitada, vivendo da vontade unilateral de seu instituidor.

Soma-se, também, não ser mais concebível a dissolução pela falta de recomposição da pluralidade de sócios, ficando, simultaneamente, com nenhuma utilidade a transformação de uma sociedade limitada numa empresa individual de responsabilidade limitada, ausente, inclusive, qualquer vantagem fiscal ou contábil relevante.

**Jurisprudência:** 1 – Diante da constituição de uma sociedade limitada, de natureza empresária, só os valores empregados na formação do capital social respondem pelas dívidas sociais. O restante do patrimonial pessoal dos sócios, todos colocados na mesma categoria, não pode ser atingido pelos credores da pessoa jurídica, permanecendo salvaguardado, ressalvados os casos de decretação da desconsideração da personalidade jurídica (TJSP, Ap. n. 1005054-33.2017.8.26.0066, 1ª Câm. Res. de Dir. Empres., rel. Des. Fortes Barbosa, j. 11.10.2018). 2 – Ainda que restrita a responsabilidade do sócio ao valor de suas quotas nas sociedades limitadas, se um dos sócios paga a integralidade de dívida da pessoa jurídica, conjugado o art. 283 do CC, ostenta a possibilidade de solicitar o rateio perante os demais sócios, na proporção de sua participação no capital social (TJSP, Ap. n. 0065987-26.2013.8.26.0002, 1ª Câm. Res. de Dir. Empres., rel. Des. Cesar Ciampolini, j. 21.11.2018). 3 – Não pode a sociedade limitada, com personalidade própria, estabelecer obrigação pessoal para seus sócios sem o consentimento expresso deste, só respondendo os sócios nos limites de suas quotas (TJMG, AI n. 1.0000.17.066423-9/001, 9ª Câm. Cível, rel. Des. Luiz Arthur Hilário, j. 05.09.2018). 4 – A sociedade limitada unipessoal não se confunde com a figura do empresário individual, descabendo seja a pessoa jurídica imediatamente colocada como responsável por dívidas de seu único sócio sem prévia instalação do incidente de desconsideração da personalidade jurídica, com desenvolvimento de contraditório e instrução probatória (TJSP, AI n. 2231436-90.2022.8.26.0000, 35ª Câm. de Dir. Priv., rel. Des. Gilson Delgado Miranda, j. 06.02.2023).

---

**Art. 1.053. A sociedade limitada rege-se, nas omissões deste Capítulo, pelas normas da sociedade simples.**

**Parágrafo único. O contrato social poderá prever a regência supletiva da sociedade limitada pelas normas da sociedade anônima.**

---

Apesar de ter sido formulada uma disciplina detalhada da sociedade limitada, não há, no presente capítulo, uma disciplina exaustiva, a ponto de esgotar todas as hipóteses viabilizadas pela execução do contrato celebrado. Estabeleceu-se, por isso, uma regência supletiva, incidente sempre quando identificada uma lacuna no regramento do tipo escolhido. Para tal regência supletiva, o legislador optou, num primeiro momento, por fazer incidir as normas concebidas para a sociedade simples (arts. 997 a 1.038), dada sua proximidade estrutural com as pequenas sociedades limitadas, que proliferam em grande número, sempre fundadas na presença de uma arraigada *affectio societatis* subjetiva, posto que o consentimento parte de uma confiança recíproca. Tal espécie de limitadas ocupa, adotado um critério quantitativo, maior espaço na realidade, razão pela qual o legislador lhe reconheceu primazia. Cabe aos contratantes, de maneira expressa, no texto do instrumento submetido a inscrição ou no de posterior alteração, dispor em sentido diverso, podendo, nesse caso, indicar, substitutivamente, o regramento da sociedade anônima (Lei n. 6.404/76) como supletivo, aplicável nas omissões do presente capítulo do CC/2002.

Reflete-se, aqui, por meio de tal escolha, a presença de uma estrutura caracterizadora da sociedade de capital, em que a agregação dos sócios decorre, pura e simplesmente, de sua capacidade de fornecer valores necessários ao empreendimento comum, o que faz surgir uma *affectio societatis* objetiva. Há consequências práticas em tal escolha, podendo ser fornecidos alguns exemplos. Se for adotada essa segunda regência supletiva, remissiva à S.A., a possibilidade de uma dissolução parcial tornar-se-á bastante remota; o desempate das votações não levará em consideração o voto por cabeça e será preciso, desde logo, diante de um impasse, recorrer ao Poder Judiciário ou a um árbitro, para solvê-lo; a distribuição de lucros deverá respeitar um mínimo de 25% do lucro líquido apurado em cada exercício.

**Jurisprudência:** 1 – Mesmo quando adotada a regência supletiva da Lei n. 6.404/76, a falta de autorização não obsta a propositura de ação de responsabilidade do administrador da sociedade limitada, não tendo, aqui, lugar as exigências feitas pelo art. 159 da Lei das S.A. (TJRJ, Ap. n. 0082468-09.2008.8.19.0000, 1ª Câm. Cível, rel. Des. Maldonado de Carvalho, j. 14.06.2011) 2 – É admitido, da mesma maneira, o ajuizamento de ação de prestação de contas por sócio contra o administrador de sociedade limitada, não tendo ele as apresentado voluntariamente e não incidindo, aqui, o prazo prescricional do art. 287, II, *b*, da Lei 6.404/76 (TJSP, Ap. n. 0000816-53.2010.8.26.0447, 6ª Câm. de Dir. Priv., rel. Des. Vito Guglielmi, j. 07.07.2011), devendo ser considerada a demanda [...] base numa obrigação de natureza pessoal, o que impõe a aplicação do prazo comum decenal. (STJ, Ag. Int. no AREsp n. 1.477.128/MG, 3ª T., rel. Min. Marco Aurélio Bellizze, j. 23.03.2020)

**Art. 1.054. O contrato mencionará, no que couber, as indicações do art. 997, e, se for o caso, a firma social.**

Legislação correlata: art. 3°, Decreto n. 3.708, de 10.01.1919.

Em se tratando de uma sociedade personalizada, é preciso elaborar, para a sociedade limitada, um instrumento escrito (público ou particular), no qual será documentado e estratificado todo o contrato social, visando a ser realizada inscrição registrária em Junta Comercial, tal como previsto no art. 1.151, devendo, a fim de promover a produção de efeitos a partir da celebração, ser respeitado o prazo de trinta dias. Devem constar do instrumento, como informações indispensáveis, todas aquelas já elencadas no art. 997 e correspondentes ao conteúdo obrigatório do contrato na sociedade simples (qualificação dos sócios, denominação, sede e prazo da sociedade, capital social, exercício da administração, quota, prestações atribuídas a cada sócio e forma de repartição dos resultados). Só descabe discorrer no contrato social da limitada, consideradas as matérias mencionadas no artigo mencionado, acerca da responsabilidade dos sócios, dada a especificidade do presente tipo. Acresce-se, também, aqui, como decorrência da natureza do tipo societário escolhido, a necessidade de ser adotado um nome empresarial, composto, alternativamente, sob a forma de firma ou de denominação, respeitado o disposto no art. 1.158, ao qual deveria ter sido feita direta referência.

## *Seção II*
## *Das Quotas*

**Art. 1.055. O capital social divide-se em quotas, iguais ou desiguais, cabendo uma ou diversas a cada sócio.**

**§ 1º Pela exata estimação de bens conferidos ao capital social respondem solidariamente todos os sócios, até o prazo de cinco anos da data do registro da sociedade.**

**§ 2º É vedada contribuição que consista em prestação de serviços.**

Legislação correlata: art. 4°, Decreto n. 3.708, de 10.01.1919.

Nas sociedades limitadas, o capital social divide-se em quotas, correspondentes a suas frações, sendo estas atribuídas, de acordo com o valor da contribuição, a cada sócio. As quotas podem apresentar absoluta uniformidade, conferindo direitos padronizados e idênticos, e, nesse caso, quanto maior a contribuição de dado sócio para a formação do capital, maior será o número de quotas de sua titularidade. Persiste, também, a possibilidade concreta de que os sócios, no exercício de sua autonomia privada, confiram qualidades diversificadas às quotas.

Admite-se que as quotas possam ser desiguais, o que implica conferirem direitos diferentes aos titulares de cada uma delas, observada sua importância relativa na composição do capital. Conforme a conveniência dos sócios contratantes, poderá ser conferida uma única quota para cada sócio, emanando direitos quantitativamente diversificados das quotas desiguais. A desigualdade, porém, pode apresentar natureza quantitativa ou qualitativa, admitida, mediante regra específica inserida no contrato social, a criação de quotas preferenciais, capazes de conferir direitos patrimoniais ou políticos distintos (inclusive, com a supressão do direito de voto), tal como estabelecido pela IN n. 81/2020 do DREI (Anexo IV – Manual de Registro de Sociedade Limitada, item 5.3), presumida, nesta hipótese, a adoção da regência supletiva pelo regramento das sociedades anônimas, descaracterizada a incompatibilidade com o tipo social.

Nos parágrafos do presente artigo, duas regras fundamentais, atinentes ao momento do surgimento das quotas, estão, também, estratificadas. De início, estabeleceu o texto legal, com respeito à higidez da avaliação dos bens destinados à integralização do capital social, uma responsabilidade especial dos sócios, visando à efetiva proteção dos credores da pessoa jurídica. Toda vez que um sócio adimplir sua obrigação de contribuir para a formação do capital com bens diferentes de dinheiro, persistirá a necessidade de ser convertido seu valor, mediante uma estimativa, que deve obedecer a critérios técnicos e ser fiel e exata. Caso tenha ocorrido, seja por culpa, seja por dolo dos sócios, uma imperfeição ou uma incorreção no resultado da avaliação e tenha se concretizado uma superestimativa, os credores da pessoa jurídica, cuja garantia é o próprio capital social, estarão prejudicados e, então, poderão arguir a responsabilidade pessoal de todos os sócios contratantes, que aprovaram tal avaliação, atingindo seu patrimônio pessoal. Tal responsabilidade especial é solidária e apresenta um limite de eficácia temporal, só podendo recair sobre os sócios enquanto não houver decorrido o prazo de cinco anos, contado da data da inscrição registrária da sociedade e da consequente aquisição de personalidade jurídica. Materializa-se, decorrido o prazo assinalado, a caducidade. Na limitada, ademais, não é admissível a contribuição de um sócio fundada, nem parcialmente, na prestação de seus serviços, visto que se mantém, aqui, uma única categoria de sócios, todos chamados a vincular os valores investidos na pessoa jurídica à satisfação dos credores, limitando sua responsabilidade a tanto. É proibida, por isso, a inclusão, na sociedade limitada, de sócio de serviço. De todos os contratantes exige-se, em resumo, contribuição exclusivamente material para a formação do capital, permanecendo vigente a mesma disposição inserta no revogado art. 4º do Decreto n. 3.708/19. Ressalte-se, por fim, que, quando uma sociedade simples adota a forma de limitada, deverá ser obedecida tal regra e, apesar do disposto nos arts. 997, V, e 1.006, não será lícito admitir sócio de serviço.

**Jurisprudência:** As quotas não se representam por documentos ou títulos, ao contrário das ações. Cogitou-se da possibilidade de ser emitido um certificado, atestando-se, por meio de documento expedido pela própria sociedade, a qualidade de sócio, mas o STF não admitiu a hipótese, sendo evidentes os perigos gerados frente a incautos, que, sem o conhecimento devido, poderiam lhe conferir valor intrínseco. Na mesma ocasião, restou enfatizando não ser viável exercer posse ou qualquer direito real sobre quotas, as quais conferem a seu proprietário a posição jurídica de sócio, mas não a de proprietário ou possuidor, nem mesmo sobre parcelas dos bens sociais. (STF, RE n. 85.271/MG, 2ª T., rel. Min. Moreira Alves, j. 06.04.1984, *RTJ* 113/138)

---

**Art. 1.056. A quota é indivisível em relação à sociedade, salvo para efeito de transferência, caso em que se observará o disposto no artigo seguinte.**

**§ 1º No caso de condomínio de quota, os direitos a ela inerentes somente podem ser exercidos pelo condômino representante, ou pelo inventariante do espólio de sócio falecido.**

**§ 2º Sem prejuízo do disposto no art. 1.052, os condôminos de quota indivisa respondem solidariamente pelas prestações necessárias à sua integralização.**

---

Legislação correlata: art. 6º, Decreto n. 3.708, de 10.01.1919.

Expõe-se, aqui, a primeira das regras aplicáveis às quotas componentes do capital de uma sociedade limitada. A quota, como fração do capital social, apresenta, entre suas características essenciais, a indivisibilidade, de maneira que não há possibilidade jurídica de promover sua partição com a criação de novas unidades, ou seja, de novas quotas. Tal operação é simplesmente proibida. Faz-se, contudo, uma ressalva, pois a cessão da titularidade das quotas constitui uma hipótese exceptiva à regra declinada, incidindo, nesse particular, o disposto no artigo seguinte. Persiste o condomínio de quota, decorrente da proposta indivisibilidade, e cada um dos cotitulares apresenta responsabilidade solidária, perante a sociedade, pela dívida decorrente do dever de integralizar aquela específica parcela do capital, assumido quando da celebração do contrato social. Quando da celebração do contrato social, nasce, naturalmente, o dever de fornecer a contribuição material ajustada e prevista para a realização do empreendimento comum, cabendo, para tanto, integralizar a específica fração de capital correspondente à quota. Persiste, por isso, uma dívida do titular da quota e em favor da sociedade (pessoa jurídica) e, quando formado um condomínio, caso um dos cotitulares promova o adimplemento, poderá, nos termos do art. 283, exigir dos demais, proporcionalmente, o reembolso de valores despendidos, operando-se um regresso. Faz-

-se, também, uma segunda ressalva, eis que mantida a solidariedade prevista no art. 1.052, estabelecida em favor de terceiros credores e, por atingir todos os sócios, mais abrangente. Ademais, o exercício dos direitos inerentes à qualidade de sócio, quando caracterizado o condomínio de quota, deverá ser uno. São vetados a manifestação de vontades diversificadas ou o isolamento de qualquer dos cotitulares e, nesse sentido, os condôminos, em conjunto, precisam designar um representante, que manterá seu relacionamento com a pessoa jurídica e os demais sócios, admitindo-se, também, em se tratando dos sucessores de um sócio falecido, que o inventariante nomeado em juízo atue, perante a sociedade, em nome e por conta de todos os herdeiros ou legatários.

---

**Art. 1.057. Na omissão do contrato, o sócio pode ceder sua quota, total ou parcialmente, a quem seja sócio, independentemente de audiência dos outros, ou a estranho, se não houver oposição de titulares de mais de um quarto do capital social.**

**Parágrafo único. A cessão terá eficácia quanto à sociedade e terceiros, inclusive para os fins do parágrafo único do art. 1.003, a partir da averbação do respectivo instrumento, subscrito pelos sócios anuentes.**

---

Por meio da cessão da posição societária, transfere-se a titularidade, total ou parcial, de uma quota. O sócio celebra, então, um negócio jurídico oneroso ou gratuito e confere sua participação na sociedade contratada a outrem, assumindo esse cessionário todos os deveres e direitos antes atribuídos a seu antecessor. A admissibilidade da "cessão de quota", porém, levando em consideração a natureza híbrida do presente tipo societário, submete-se a regras específicas. O *caput* deste artigo estabeleceu, num primeiro plano, a ampla liberdade de serem inseridas no texto do instrumento de contrato social inscrito regras individualizadas, que podem vedar completamente qualquer cessão, só podendo um contratante deixar o quadro social por meio de resolução parcial, apurados seus haveres, podem estabelecer limitações menos radicais, como a conferência de direitos de veto ou de direitos de preferência a todos ou a determinados sócios, e podem, ao contrário, fixar a circulação irrestrita das quotas. Não tendo os sócios contratantes estabelecido regras individualizadas, incidem, em caráter suplementar, as duas constantes do texto legal, que se distinguem de acordo com a identidade do cessionário. Em primeiro lugar, caso o cessionário seja outro sócio, a eficácia do pretendido negócio jurídico não dependerá da anuência dos demais, uma vez constatada, antecipadamente, a presença, quanto a esse cessionário, da *affectio societatis*. Em segundo lugar, caso o cessionário seja pessoa estranha ao quadro social, condiciona-se a eficácia da cessão à ausência de oposição de parte de outros sócios, titulares de quotas com participação superior a vinte e cinco por cento (um quarto) do capital social, devendo ser colhida, ao reverso, ante a redação do final do parágrafo único e a omissão do *caput* deste artigo, a anuência formal de quantos sócios bastem para superar uma participação de três quartos do capital. De acordo com o parágrafo único, ademais, a modificação do contrato social constitui fator de eficácia de toda e qualquer cessão de quotas, de maneira que a cessão, apesar de validamente contratada, só produzirá efeitos perante os sócios e a sociedade (pessoa jurídica) quando efetivada, por meio de averbação na inscrição originária, a formalização de tal alteração. A data da averbação constitui um marco para a definição da vigência da responsabilidade solidária já definida pelo parágrafo único do art. 1.003, ao qual é feita expressa referência, que envolve cedente e cessionário e abrange as obrigações do cedente, já existentes na data da cessão, derivadas da aplicação do contrato plurilateral e transmitidas ao cessionário, em particular visando à integralização do capital.

**Jurisprudência:** 1 – Quando inserida cláusula de proibição da cessão sem anuência dos demais sócios, a ausência de manifestação de um único sócio já constitui fato obstativo à eficácia plena do negócio celebrado (TJRS, AI n. 70.015.287.774, 5ª Câm. Cível, rel. Des. Léo Lima, j. 28.06.2006). 2 – Quando celebrada cessão de quotas a terceiro, sem o preenchimento dos requisitos expressamente fixados nas cláusulas do contrato social, consistentes em anuência prévia e expressa dos demais sócios e negada a posterior aquiescência de sócio, declara-se a rescisão, com a devolução integral dos valores já pagos (TJSC, Ap. n. 2008.063482-6, 5ª Câm. de Dir. Com., rel. Des. Soraya Nunes Lins, j. 01.11.2012). 3 – As limitações clausulares à cessão de quotas sociais, com a exigência de audiência ou concordância dos demais sócios, somente pode ser imposta quando o potencial cessionário é um terceiro (TJSP, Ap. n. 1074964-45.2017.8.26.0100, 1ª Câm. Res. de Dir. Empres., rel. Des. Alexandre Lazzarini, j. 24.05.2022; TJSP, Ap n. 1005496-15.2022.8.26.0004, 2ª Câm. de Dir. Empres., rel. Des. Jorge Tosta, j. 12.09.2024). 4 – Assinado instrumento particular de contrato de cessão de quotas, a ausência do registro compromete sua eficácia perante a sociedade e terceiros, sem ser afetada a existência e a validade do negócio jurídico, podendo-se considerar que as partes desistiram de alterar o quadro social, caso, após certo lapso de tempo, recuem e prefiram extinguir débitos e créditos recíprocos (TJSP, Ap. n. 0705889-

96.2012.8.26.0704, 2ª Câm. de Dir. Empres., rel. Des. Tasso Duarte de Mello, *DJe* 04.07.2014).

**Art. 1.058. Não integralizada a quota de sócio remisso, os outros sócios podem, sem prejuízo do disposto no art. 1.004 e seu parágrafo único, tomá-la para si ou transferi-la a terceiros, excluindo o primitivo titular e devolvendo-lhe o que houver pago, deduzidos os juros da mora, as prestações estabelecidas no contrato mais as despesas.**

Legislação correlata: art. 7º, Decreto n. 3.708, de 10.01.1919.

Quando celebrado o contrato de sociedade, pode ser estabelecido um prazo para a completa integralização do capital, assumindo, então, todos ou alguns dos sócios dívidas correspondentes perante a sociedade (pessoa jurídica). O inadimplemento da obrigação referida faz nascer a figura do sócio remisso, tendo o presente artigo cuidado da hipótese e fornecido tratamento prático e ágil, aprimorando aquele já constante do art. 7º do agora revogado Decreto n. 3.708/19. Aplicado o art. 1.004 e efetivada, portanto, para a constituição em mora do sócio inadimplente, a notificação com prazo de trinta dias, os demais sócios poderão, mediante deliberação tomada por maioria, alterar o contrato à revelia do remisso, forçando uma reformulação do ajuste original, surgindo, em consequência, no âmbito das sociedades limitadas, cinco possibilidades. Em primeiro lugar, é possível excluir o sócio remisso, efetivando a partilha proporcional, ou não, da quota não integralizada; mantém-se, então, o capital contratado e o quadro social inicial, alterado unicamente pela subtração do remisso. Em segundo lugar, pode ser emitida deliberação sobre a alienação forçada da quota do remisso a um terceiro, estranho à contratação original, que se obriga a completar o capital, operando-se uma pura e simples substituição no quadro social. Em terceiro lugar, caso seja considerado conveniente e diante da quebra de confiança caracterizada, pode ser deliberada a mera exclusão do remisso, reduzindo-se o valor do capital social. Nessas três hipóteses, há uma denúncia parcial do contrato de sociedade, rescindido com relação ao remisso, provocando uma modificação coativa do quadro social. Em quarto lugar, abre-se espaço para a redução da quota do remisso, caracterizada uma integralização parcial, tendo sempre em conta os valores ou os bens já conferidos à pessoa jurídica, mantendo-se a presença do inadimplente no quadro social, mas com uma participação menos acentuada, reduzindo-se, aqui também, o capital social. Em quinto lugar, mantido o remisso na mesma posição original, a pessoa jurídica, conforme decidido por maioria, pode postular, em juízo, a cobrança dos valores correspondentes à quota contratada e o pagamento de uma indenização, a título de ressarcimento pela mora concretizada. Esta última solução, porém, não fornece um desenlace imediato ao problema surgido e sujeita os sócios à responsabilidade solidária prevista no art. 1.052, sendo, por isso, acredita-se, a menos recomendável. Caso se opere a exclusão do remisso, será necessário, em todo caso, para que a sociedade não se locuplete indevidamente, devolver-lhe os valores pagos, feitas as deduções correspondentes aos juros moratórios e às despesas suportadas pela sociedade, e os valores decorrentes da aplicação de eventual cláusula penal, incluída expressamente no instrumento contratual inscrito.

**Art. 1.059. Os sócios serão obrigados à reposição dos lucros e das quantias retiradas, a qualquer título, ainda que autorizados pelo contrato, quando tais lucros ou quantia se distribuírem com prejuízo do capital.**

Legislação correlata: art. 45, Lei n. 6.404, de 15.12.1976.

Uma vez constituída uma sociedade limitada e composto, por meio da contribuição patrimonial fornecida por cada sócio, o capital social, ele é oferecido como única garantia do pagamento das dívidas sociais. Resguarda-se, por isso, de maneira rigorosa, em nome da proteção dos credores, a integridade do capital das limitadas, pois não é viável, normalmente, adotado tal tipo, atingir o patrimônio pessoal dos sócios. Nesse sentido, resta proibida a distribuição de quantias aos sócios, qualquer que seja o motivo proposto e alegado, sempre que a operação onerar o capital social e for feita, portanto, em detrimento da garantia oferecida ao pagamento das dívidas sociais. A vulneração do capital social materializa, evidentemente, um ilícito e sujeita os sócios, prejudicada a posição dos credores da pessoa jurídica, à reposição dos valores recebidos indevidamente, para recompor o capital original, tal como já havia sido quantificado no instrumento contratual inscrito. Diante da dilapidação da garantia oferecida ao pagamento das dívidas sociais, os próprios credores estarão legitimados a postular a devolução prevista no texto legal, devendo, também, ser considerada nula a cláusula contratual autorizativa de pagamentos prejudiciais ao capital, não podendo dela serem extraídos efeitos. Acrescenta-se, por fim, aqui, a possibilidade de aplicação do art. 1.009, dada a omissão do regramento específico da sociedade limitada, quando caracterizada a distribuição de lucros fictícios, responsabilizando-se, então, solidariamente, os administradores e os sócios beneficiados, estes últimos desde que, ao menos, pudessem ter conhecido a irregularidade.

## *Seção III*
## *Da Administração*

**Art. 1.060. A sociedade limitada é administrada por uma ou mais pessoas designadas no contrato social ou em ato separado.**

**Parágrafo único. A administração atribuída no contrato a todos os sócios não se estende de pleno direito aos que posteriormente adquiram essa qualidade.**

A sociedade limitada ostenta, por ser personalizada, plena capacidade de direito e de fato, a qual só se realiza, concretamente, pela atuação de um órgão interno incumbido de externar sua vontade e, assim, manter um constante relacionamento com terceiros, tendente à celebração de negócios jurídicos e à consecução do objeto social escolhido. Tal órgão corresponde à administração da sociedade limitada, disciplinada na presente seção, consignando-se, de início, ser a redação adotada pelo atual CC mais adequada do que a constante do revogado Decreto n. 3.708/19, feita a distinção clara entre administrador e gerente. Enquanto o gerente, como proposto pelo art. 1.172, constitui um preposto de maior qualificação, incumbido de viabilizar o contato direto com alguns terceiros e cumprir diretrizes antecipadamente fixadas, o administrador, na qualidade de membro de um órgão da sociedade e tal qual exposto no art. 47, fica investido com poderes contratuais para a prática de atos de gestão e presenta a pessoa jurídica. A administração constitui um órgão necessário e permanente, pois, sem ela, a pessoa jurídica, como ente abstrato, não age e não pode realizar os fins para os quais foi criada. Os administradores são os membros de tal órgão. Eles são escolhidos pelos sócios contratantes, conforme critérios de confiança, cabendo-lhes exercer pessoalmente a gestão. As cláusulas do contrato social devem dispor sobre o número de administradores e, se for o caso, sobre os poderes específicos conferidos a cada qual. Exige-se uma designação formal, cuja publicidade, feita por intermédio do registro público, é essencial. A designação tanto pode ser feita no próprio instrumento do contrato social inscrito, conforme a natureza empresária ou não empresária da sociedade, em Junta Comercial ou em Registro Civil de Pessoa Jurídica, quanto em documento apartado e averbado na inscrição originária. Não apenas sócios podem ser designados administradores, como também, sempre considerados os impedimentos elencados no art. 1.011, § 1º, estranhos ao quadro social e, mesmo, ausente vedação legal, outras pessoas jurídicas. Como o exercício da gestão é conferido de maneira individualizada e deriva da avaliação das qualidades pessoais do escolhido, a designação tem de ser expressa, não se admitindo, por isso, conforme o parágrafo único, sua automática extensão em razão da aquisição da qualidade de sócio. Para que um novo sócio, admitido durante a execução do contrato, seja designado administrador, é preciso obter deliberação específica do conjunto dos sócios, reduzindo-a a escrito e promovendo seu registro. Ressalve-se que a pessoa jurídica não pode assumir o lugar de administradora e apenas pode fazer designar um gerente-delegado ou administrador não sócio.

**Jurisprudência:** O preceito do art. 991, II, do CPC não implica assuma um inventariante a administração de uma sociedade limitada, em nome do espólio de sócio falecido. O inventariante não adquire a condição de sócio; ele não é titular de quotas. Com a morte do sócio, se há outro administrador designado no contrato, passa ele a assumir as funções com exclusividade. O espólio não integra a *affectio societatis* e, por isso, não detém qualidade para participar das deliberações societárias. Podem, sim, os sócios remanescentes admitirem os herdeiros como sócios, mas, não, o espólio. (TJRJ, AI n. 0011209-78.2011.8.19.0000, 6ª Câm. Cível, rel. Des. Benedicto Abicair, j. 29.06.2011; TJRJ, AI n. 0045223-25.2010.8.19.0000, 19ª Câm. Cível, rel. Des. Guaraci de Campos Vianna, j. 28.06.2011)

**Art. 1.061. A designação de administradores não sócios dependerá da aprovação de, no mínimo, 2/3 (dois terços) dos sócios, enquanto o capital não estiver integralizado, e da aprovação de titulares de quotas correspondentes a mais da metade do capital social, após a integralização.**

Artigo com redação dada pela Lei n. 14.451, de 21.09.2022.

Resguarda-se, aqui, a possibilidade de ser designado administrador não sócio, estabelecendo o texto legal, para tanto, regras específicas. Respeitada a normalidade, os administradores estarão inseridos no quadro social, só sendo entregue excepcionalmente a estranhos, conforme a conveniência dos próprios sócios, razão pela qual é preciso, nesse caso, que o instrumento inscrito do contrato social inclua cláusula expressa, admitindo a designação de não sócio.

O texto do artigo foi alterado pela Lei n. 12.375, de 30.12.2010, afastando a restrição original, por via da qual, caso omisso o texto do instrumento, não havia prévia permissão para que uma pessoa estranha ao quadro social pudesse ser designada administrador. A omissão do contrato social, na atualidade, não implica a inviabilidade da designação de um administrador estranho ao quadro social. Para que tal ato seja válido, será necessário apenas respeitar o quórum especial, emitindo-se deliberação específica, sem alterar o próprio contrato.

Enquanto o capital não estiver integralizado, dada a gravidade da responsabilidade solidária prevista no art. 1.052, a designação enfocada depende da aprovação dos sócios titulares de participação de, no mínimo, dois terços do capital da sociedade limitada. Integralizado o capital, a designação dependerá seja aprovada deliberação por sócios com participação superior à metade do capital social.

Assinala-se ter sido, neste ponto específico, com a Lei n. 14.451, de 21.09.2022, introduzida uma expressiva redução destes quóruns. Era exigida, a partir da Lei n. 12.375, a unanimidade dos sócios antes de haver sido integralizado o capital social, o que implicava, diante da discordância de apenas um deles, a rejeição da proposta de conferência de poderes de gestão a terceiro, enquanto, depois da integralização, o quórum especial era mantido em dois terços do capital social. Sobreveio, portanto, uma certa flexibilização, mais adequada à profissionalização da gestão de sociedades limitadas de grande e médio porte.

Ressalte-se, por fim, que, caso a designação recaia sobre empregado, aplica-se o Enunciado n. 269 do TST, permanecendo suspenso o contrato de trabalho, salvo se subsistir subordinação jurídica, descaracterizada, pelo poder-função adquirido, a simples relação de emprego.

---

**Art. 1.062. O administrador designado em ato separado investir-se-á no cargo mediante termo de posse no livro de atas da administração.**

**§ 1º Se o termo não for assinado nos trinta dias seguintes à designação, esta se tornará sem efeito.**

**§ 2º Nos dez dias seguintes ao da investidura, deve o administrador requerer seja averbada sua nomeação no registro competente, mencionando o seu nome, nacionalidade, estado civil, residência, com exibição de documento de identidade, o ato e a data da nomeação e o prazo de gestão.**

---

Legislação correlata: art. 149, Lei n. 6.404, de 15.12.1976.

Cuida o presente artigo da investidura ou posse do administrador da sociedade limitada, disciplinando-a sem pormenores e apenas na hipótese de designação operada por meio de ato separado do contrato social. De início, é preciso esclarecer que, em qualquer designação, a pessoa jurídica, mediante deliberação interna e unilateral, institui um regime jurídico individualizado, e, conforme seu desejo, o escolhido manifesta uma aceitação, submetendo-se ao estabelecido. Essa manifestação volitiva se realiza quando da investidura ou posse, tendo o texto legal utilizado os dois vocábulos indistintamente, como sinônimos. Se a designação for feita por meio do contrato, presume-se a aceitação, ocorrendo a investidura automaticamente, sem formalidades específicas, quando consumada a inscrição prevista nos arts. 998 e 1.150. Se a designação for feita, porém, em ato separado do contrato social, será imprescindível formalizar a investidura, o que depende da lavratura de termo específico no livro de atas da administração, este de manutenção obrigatória, lá constando ter a pessoa escolhida aceito os encargos inerentes à qualidade de administrador e ter iniciado o exercício da gestão. A formalidade aqui descrita deve ser empreendida no prazo de trinta dias, contado sempre da data da eleição feita pelos sócios e não, como seria mais lógico, da cientificação do próprio designado, sob pena de caducidade do ato de designação, perdendo este, ultrapassados os trinta dias referidos, seus efeitos próprios. Ademais, sempre que a designação for feita em ato separado do contrato social, após a investidura, respeitado novo prazo de dez dias, o administrador ostenta o dever de requerer seja efetivada a averbação na inscrição originária da sociedade limitada, declinando sua qualificação completa e apresentando os documentos imprescindíveis, correspondentes a sua cédula de identidade e às cópias autênticas dos atos de designação e investidura, com a indicação do prazo de gestão. Nada impede, também, que outro interessado (por exemplo, um dos sócios ou outro administrador) se encarregue de solicitar a averbação exigida para a ampla publicidade e regularidade da atribuição de poderes de administração, esgotando o dever do administrador investido. Não sendo promovida a averbação nos dez dias seguintes à investidura, uma situação irregular resta caracterizada e, por analogia, aplica-se o disposto no § 2º do art. 1.151, razão pela qual os poderes de gestão só poderão ser tidos como atribuídos ao novo administrador na data da efetivação do ato registrário. Os atos de administração praticados entre a data da investidura e a data da averbação deverão ser ratificados pelos sócios, sob pena de permanecerem ineficazes perante a pessoa jurídica, podendo o administrador ser responsabilizado por sua omissão ou demora, assumindo o resultado dos atos já consumados.

**Art. 1.063. O exercício do cargo de administrador cessa pela destituição, em qualquer tempo, do titular, ou pelo término do prazo se, fixado no contrato ou em ato separado, não houver recondução.**

**§ 1º Tratando-se de sócio nomeado administrador no contrato, sua destituição somente se opera pela aprovação de titulares de quotas correspondentes a mais da metade do capital social, salvo disposição contratual diversa.**

Parágrafo com redação dada pela Lei n. 13.792, de 03.01.2019.

**§ 2º A cessação do exercício do cargo de administrador deve ser averbada no registro competente, mediante requerimento apresentado nos dez dias seguintes ao da ocorrência.**

**§ 3º A renúncia de administrador torna-se eficaz, em relação à sociedade, desde o momento em que esta toma conhecimento da comunicação escrita do renunciante; e, em relação a terceiros, após a averbação e publicação.**

Legislação correlata: art. 151, Lei n. 6.404, de 15.12.1976.

Os administradores da sociedade limitada atuam, a partir de sua designação e da posterior investidura, de conformidade com os poderes especificamente atribuídos pela pessoa jurídica, durante um período de tempo mais ou menos longo, determinado ou indeterminado, persistente, aqui, para atender à conveniência dos sócios contratantes, ampla variabilidade. O administrador deixa de exercer a gestão dos negócios sociais quando materializada uma de três hipóteses, todas elas disciplinadas no presente artigo. A destituição do administrador corresponde à extinção forçada dos poderes antes conferidos, o que deriva sempre de deliberação específica dos sócios, aprovada, em conformidade com o disposto no inciso III do art. 1.071, pelo voto de titulares de quotas iguais à maioria absoluta do capital social. Mesmo quando é pretendida a destituição de administrador designado pelo próprio contrato inscrito, é exigida, simplesmente, como requisito especial de validade da deliberação, a observância deste *quorum* especial, de metade do capital social. O *quorum* original previsto para esta última hipótese (de dois terços do capital social) foi recentemente diminuído com o advento da Lei n. 13.792, em janeiro de 2019, ficando ultrapassadas, de uma vez por todas, as graves restrições estabelecidas no âmbito das sociedades simples, pelo art. 1.019, pois não há, aqui, quanto às limitadas, a exigência de qualquer fundamentação específica para a deliberação de destituição, basta a conveniência expressa pelo voto da maioria absoluta. O texto do § 1º deste artigo, no entanto, mesmo ante a alteração, é deficiente e se refere apenas ao sócio-administrador, sem prever expressamente a destituição de não sócio designado por cláusula contratual, devendo, no entanto, as duas situações ser equiparadas, pois não seria lógico aplicar, diante da necessidade de alteração contratual, o inciso I do art. 1.071 e exigir, tratando-se de não sócio, o *quorum* especial de três quartos do capital social. Ademais, assinale-se que o legislador, em razão da nova redação conferida ao § 1º deste artigo, procurou solucionar a problemática original, da exigência do elevado *quorum* de dois terços, que viabilizava a irremovibilidade concreta de administradores em confronto com o exercício de controle majoritário, gerando, como já havia sido alertado em edições anteriores, discórdia e litígios de dificultosa solução. O § 2º impõe, ainda, como providência imperiosa à plena eficácia da destituição, seja promovida a averbação na inscrição original, respeitado o prazo de dez dias. Deve-se alertar que, caso não seja dada publicidade ao fato, a sociedade responderá, perante terceiros de boa-fé, presente a aparência de regularidade da conduta do destituído, pelos novos atos praticados e, caracterizado prejuízo efetivo, poderá, depois, voltar-se contra o antigo administrador, postulando ressarcimento. A renúncia do administrador, prevista no § 3º, implica a extinção voluntária dos poderes de presentação, derivando de manifestação volitiva unilateral, a qual, para ostentar plena eficácia, precisa preencher duas ordens de fatores. Resta, num primeiro plano, necessária a cientificação formal da própria sociedade, feita por meio de notificação judicial (art. 867 do CPC/73 ou art. 726 do CPC/2015) ou extrajudicial (art. 160 da Lei n. 6.015/73), sem o que não se produzirão efeitos perante a pessoa jurídica. Há de ser, em segundo lugar, promovida a averbação do ato de renúncia na inscrição original da sociedade para que seus efeitos recaiam sobre terceiros, emanando uma publicidade de geral do ato registrário. O término do prazo de vigência da designação feita resulta na automática extinção dos poderes de gestão e constitui uma terceira e última hipótese de cessação do exercício da gestão, desde que não tenha sido tomada nova deliberação de prorrogação.

**Jurisprudência:** 1 – Os sócios detêm a atribuição exclusiva para, a partir da conjugação de seus interesses particulares, escolher e destituir administradores, não devendo, por princípio, em tal tema, haver intervenção do Poder Judiciário (TJRS, AI n. 598.193.829, 5ª Câm. Cível, rel. Des. Clarindo Favretto, j. 22.10.1998). 2 – No âmbito das sociedades limitadas, a propositura de ação para a responsabilidade de administrador pela sociedade (*uti universi*) não exige a realização de reunião ou assembleia de cotistas e o ajuizamento não impõe, ao contrário do disposto no art. 159 da Lei n. 6.404/76, o afastamento do administrador (STJ, REsp n. 736.189/RS, 3ª T., rel. Min. Nancy Andrighi, j. 06.12.2007). 3 – Observados os acima quóruns fixados, a deliberação para afastamento de administrador não necessita de fundamentação. (TJGO, Ap. n. 123.218-8/188, 3ª Câm. Cível, rel. Des. Sandra Regina Teodoro Reis, j. 17.06.2008). 4 – A destituição de sócio administrador de sociedade limitada nomeado por cláusula do contrato social depende do atendimento do quórum estabelecido pelo § 1º do presente artigo, sendo, neste caso, inaplicável o comando do art. 1.019 (TJSP, Ap. n. 1005353-65.2015.8.26.0038, 1ª Câm. Res. de Dir. Empres., rel. Des. Cezar Ciampolini, j. 22.02.2017). 5 – A renúncia do administrador, deixando acéfala a sociedade, gera a possibilidade de terceiro interessado, por aplicação do art. 49 deste Código, exigir a nomeação de administrador provisório, com o fim de que seja regularizada a representação da pessoa jurídica e possibilitada a exigência do cumprimento de suas obrigações. (TJSP, Ap. n. 0099186-45.2013.8.26.0000, 1ª Câm. Res. de Dir. Empr., rel. Des. Alexandre Marcondes, j. 13.06.2013). 5 – Diante da renúncia de administrador não sócio, a omissão injustificada na realização do ato de registro previsto no § 3º deste artigo potencializa a responsabilidade civil da pessoa jurídica e dos sócios em virtude de danos derivados da atuação de terceiros, contra quem não foi estendida a eficácia da dita renúncia (TJSP, Ap. n. 0139519-64.2012.8.26.0100, 1ª Câm. Res. de Dir. Empr., rel. Des. Francisco Loureiro, j. 20.04.2016; TJSP, Ap. Cível n. 1049515-88.2017.8.26.0002, 1ª Câm. Res. de Dir. Empr., rel. Des. Jane Franco Martins, j. 19.04.2022).

**Art. 1.064. O uso da firma ou denominação social é privativo dos administradores que tenham os necessários poderes.**

Legislação correlata: art. 13, Decreto n. 3.708, de 10.01.1919.

Como já exposto quando da análise do art. 1.022, a sociedade, como pessoa jurídica, constitui um ente imaterial, de existência ideal, não podendo, diretamente, relacionar-se com os demais sujeitos de direito e, por si só, realizar as operações próprias à consecução do objeto social. Todo e qualquer relacionamento da sociedade com terceiros, por isso mesmo, é efetivado por intermédio de seus órgãos de administração, cuja existência é obrigatória. A administração é integrada por membros designados e devidamente investidos, os administradores, a quem é dado, como atribuição privativa, presentar a sociedade, de conformidade com os poderes conferidos, agindo pela pessoa jurídica, dando-lhe, então, vida e possibilitando seja obtido sucesso patrimonial na realização do objeto social. As operações mediadas pelos administradores induzem a aquisição de direitos pela pessoa jurídica, tal qual o nascimento de obrigações, mediante a celebração de contratos ou como consequência de atos unilaterais, vinculando-a. Nem todos os administradores ostentam, contudo, a atribuição de manter o relacionamento da sociedade com terceiros; alguns deles atuam apenas internamente, dispondo, de maneira concreta, por exemplo, sobre os bens de capital e os recursos humanos, dotando-lhes da organização mais eficiente possível. Aqueles administradores dotados de poderes específicos e suficientes, quando atuam pela pessoa jurídica, precisam fazer uso de seu nome empresarial, escolhido pelos sócios contratantes e mantido, conforme o disposto no art. 1.158, sob a forma de firma ou denominação. Indicam-se, assim, explicitamente, a qualidade de administrador e a concretização da manifestação volitiva da pessoa jurídica.

**Art. 1.065. Ao término de cada exercício social, proceder-se-á à elaboração do inventário, do balanço patrimonial e do balanço de resultado econômico.**

Legislação correlata: art. 10, item 4 (*revogado*), CCom.

O exercício da administração precisa ser transparente, conferindo-se credibilidade e segurança acerca da lisura dos negócios celebrados e das práticas adotadas. Atendendo a tal necessidade, para padronizar e regrar a prestação de contas da gestão social, algumas demonstrações contábeis específicas tornaram-se obrigatórias, impondo, no âmbito das sociedades limitadas, o dever dos administradores de promover sua elaboração e viabilizar sua consulta. Dentre os principais direitos inerentes à qualidade de sócio estão incluídos o de fiscalizar e o de avaliar a gestão, não apenas considerados atos isolados, mas, também, tendo em conta o conjunto das operações realizadas, o que só se concretiza, de maneira mais eficaz, com a análise dos documentos enfocados. Há de ser elaborado, em primeiro lugar, um inventário de todo o ativo, o que engloba tanto os bens de uso permanente quanto aqueles destinados à transformação ou comercialização, compondo uma enumeração consolidada com a avaliação de cada um de seus itens. É preciso, em segundo lugar, como foi reproduzido pelo art. 1.179, compor um balanço patrimonial, expondo, considerada a data da apuração feita, a situação patrimonial completa da pessoa jurídica, quantificados e discriminados, em categorias contábeis, o ativo e o passivo, incluindo todos os créditos e todas as dívidas existentes. Em terceiro lugar, exige-se a formulação de um balanço de resultado econômico, a que corresponde um demonstrativo de lucros e prejuízos auferidos no correr do exercício, instrumento essencial para que seja possível deliberar sobre a destinação de tais valores, que, respeitado o disposto no contrato social, deve ser endereçado, formando ou extinguindo reservas e distribuindo ganhos ou perdas. A apresentação de tais demonstrações contábeis ocorre sempre ao final de cada exercício social, tal como demarcado pelo contrato inscrito, podendo, ou não, haver coincidência com o exercício fiscal. Quando os administradores deixarem de promover a elaboração das demonstrações assinaladas, restará configurada uma falta grave, passível de responsabilização.

**Jurisprudência:** 1 – Qualquer um dos sócios ostenta legitimidade para a propositura de ação de prestação de contas contra o administrador, caso não sejam, tempestivamente, apresentados demonstrativos contábeis (TJRS, Ap. n. 70.022.049.894, 19ª Câm. Cível, rel. Des. Carlos Rafael dos Santos Júnior, j. 13.05.2008; TJSP, Ap. n. 212.523-4/2-00, 2ª Câm. de Dir. Priv., rel. Des. Neves Amorim, j. 14.10.2008; TJSP, Ap. n. 180.690-4/7-00, 2ª Câm. de Dir. Priv., rel. Des. Neves Amorim, j. 12.08.2008). 2 – Os sócios minoritários devem, também, ter amplo acesso aos demonstrativos contábeis, podendo eles, inclusive, forçar sua exibição (TJRJ, Ap. n. 58.989/2007, 10ª Câm. Cível, rel. Des. Gilberto Moreira Dutra, j. 08.11.2007). 3 – Os administradores ostentam o dever de prestar contas de seus atos, mas há um momento específico para tanto, não podendo o sócio, a despeito das regras estabelecidas no contrato social, solicitar, mesmo em Juízo, prestação de contas antecipada (TJMA, Ap. n. 22997-2001, 2ª Câm. Cível, rel. Antonio Guerreiro Júnior, j. 19.02.2002). 4 – Não é cabível, também, que um sócio administrador, dispondo de todas as informações sobre os rumos da atividade negocial e tendo amplo acesso aos livros contábeis, proponha ação de prestação de contas contra o outro administrador, não se prestando tal ação para a arguição da prática de atos ilícitos e para a dedução de pleito indenizatório (TJSP, Ap. n. 505.975-4/5-00, 3ª Câm. de Dir. Priv., rel. Donegá Morandini, j. 30.09.2008).

## *Seção IV*
## *Do Conselho Fiscal*

**Art. 1.066. Sem prejuízo dos poderes da assembleia dos sócios, pode o contrato instituir conselho fiscal composto de três ou mais membros e respectivos suplentes, sócios ou não, residentes no País, eleitos na assembleia anual prevista no art. 1.078.**

**§ 1º Não podem fazer parte do conselho fiscal, além dos inelegíveis enumerados no § 1º do art. 1.011, os membros dos demais órgãos da sociedade ou de outra por ela controlada, os empregados de quaisquer delas ou dos respectivos administradores, o cônjuge ou parente destes até o terceiro grau.**

**§ 2º É assegurado aos sócios minoritários, que representarem pelo menos um quinto do capital social, o direito de eleger, separadamente, um dos membros do conselho fiscal e o respectivo suplente.**

Legislação correlata: art. 162, Lei n. 6.404, de 15.12.1976.

O conselho fiscal constitui um órgão facultativo da sociedade limitada, peculiar àquelas de maior porte e encarregado da aferição permanente da regularidade dos procedimentos adotados e dos atos praticados pelos administradores, mas sem poder sobre estes de deliberar. Antes disciplinado especificadamente apenas no âmbito das sociedades por ações (arts. 161 a 165-A da Lei n. 6.404/76), o conselho fiscal, para ser instituído e instalado, precisa estar previsto em cláusula específica do contrato social inscrito, emitindo pareceres destinados a ser submetidos a futura deliberação, em particular, dos sócios, reunidos, conforme o art. 1.072, em assembleia ou reunião. Ademais, a atuação do conselho fiscal não exclui o poder de fiscalização dos próprios sócios ou quaisquer poderes da assembleia ou da reunião dos sócios; suas atribuições são exercidas sempre cumulativamente, cumprindo-se tarefas de caráter auxiliar, fornecendo-se elementos informativos e técnicos capazes de sustentar decisões mais acertadas. Exercida a faculdade legal e promovida sua instalação, o conselho fiscal é composto de conselheiros eleitos em assembleia ou reunião dos sócios, que, se não houver disposição contratual em contrário, podem ser, inclusive, não sócios, em número superior a três pessoas físicas, variável de acordo com as conveniências concretas de cada caso. A escolha dos conselheiros e de seus respectivos suplentes se submete a duas condições: manter o eleito residência no Brasil e não ostentar ele impedimento legal. A primeira condição deve-se ao fato de procurar o legislador assegurar a efetividade da atuação fiscalizadora, não lhe devendo ser conferido um aspecto meramente decorativo ou honorário. Quanto à segunda condição, é feita remissão ao já analisado art. 1.011, que enumera, no § 1º, os impedimentos estabelecidos para o exercício da função de administrador, acrescentando alguns novos, decorrentes da necessidade de manter a isenção máxima do conselheiro fiscal. Nesse sentido, membros de outros órgãos da mesma sociedade limitada ou de qualquer sociedade controlada por ela (exceção feita, obviamente, à assembleia ou à reunião previstas no art. 1.072, sob pena de ficar proibida a participação de sócios no conselho fiscal) e empregados dessas pessoas jurídicas ou de seus administradores, bem como os cônjuges e os parentes até de terceiro grau dos administradores referidos, estão impedidos de assumir um assento no conselho fiscal, tal qual os impedidos de ser empresário individual ou administrador de uma sociedade. Ausente uma das duas condições estabelecidas, a pessoa é inelegível e, sob pena de nulidade da deliberação, não pode ser escolhida para compor o órgão enfocado. O § 2º do presente artigo, por fim, oferece uma regra protetiva das minorias qualificadas, impondo seja dada, aos quotistas representativos de mais que um quinto do capital social, a oportunidade de escolher, mediante votação em separado, pelo menos um dos membros do conselho fiscal. Tal votação deverá ser realizada na assembleia ou reunião dos sócios, excluída a participação dos controladores e mediante a apresentação de requerimento formulado pelos interessados.

---

**Art. 1.067. O membro ou suplente eleito, assinando termo de posse lavrado no livro de atas e pareceres do conselho fiscal, em que se mencione o seu nome, nacionalidade, estado civil, residência e a data da escolha, ficará investido nas suas funções, que exercerá, salvo cessação anterior, até a subsequente assembleia anual.**

**Parágrafo único. Se o termo não for assinado nos trinta dias seguintes ao da eleição, esta se tornará sem efeito.**

---

Legislação correlata: art. 161, Lei n. 6.404, de 15.12.1976.

A investidura, ou a posse, constitui o ato indicativo do início do exercício das funções de conselheiro fiscal, prevendo o *caput* do presente artigo que seja realizada mediante o cumprimento de uma formalidade especial, consistente na assinatura de termo lavrado no livro de atas e pareceres do conselho fiscal, livro de obrigatória manutenção sempre que o órgão enfocado for criado e instalado. O termo de posse deve conter dois elementos obrigatórios: a qualificação do novo conselheiro (composta de nome, nacionalidade, estado civil e residência) e a menção da data de sua escolha, ou seja, da data da assembleia geral em que ocorreu sua eleição. Após a investidura, inicia-se o exercício da função de conselheiro fiscal, o qual perdura até a realização de nova assembleia anual dos sócios, quando, não havendo recondução, se extingue o mandato inicialmente fixado, ou diante de sua renúncia ou destituição. Acerca da destituição, aliás, crê-se que o legislador cometeu um grave equívoco, deixando de prever um *quorum* qualificado para tal deliberação, o que, aplicado o inciso III do art. 1.076 e exigida maioria simples de votos dos sócios presentes em uma assembleia ou reunião dos sócios, coloca os membros do conselho fiscal em posição muito frágil. Cessando o exercício no curso do mandato, o suplente deve completá-lo. Ressalte-se, por fim, que o § 1º deste artigo reproduz o disposto no § 1º do art. 1.062 e prevê uma hipótese de caducidade, pois a eleição do conselheiro fiscal perderá seus efeitos caso a investidura não se realize no prazo de trinta dias de tal deliberação coletiva, e, então, será necessária, para a reprodução da eleição, a realização de nova assembleia ou reunião.

---

**Art. 1.068. A remuneração dos membros do conselho fiscal será fixada, anualmente, pela assembleia dos sócios que os eleger.**

---

Legislação correlata: art. 162, § 3º, Lei n. 6.404, de 15.12.1976.

O exercício da função de conselheiro fiscal é remunerado, percebendo cada qual, uniformemente, um valor estabelecido pela assembleia ou reunião dos sócios, conforme deliberação aprovada quando da eleição prevista no art. 1.066. A remuneração pode ser simbólica, mas precisa existir, não se admitindo, contudo, para a garantia da completa idoneidade e isenção do órgão em análise, possa ela ser variável, dependendo, por exemplo, do montante dos lucros auferidos, sob pena de ser criado um conflito entre os interesses do fiscal e da pessoa jurídica, beneficiária de sua atividade. A remuneração deve ser composta de um montante fixo, cabendo à sociedade, além disso, ressarcir as despesas atinentes ao exercício da função e tidas como imprescindíveis. Essas duas regras podem ser extraídas do exame conjugado do § 3º do art. 162 da Lei das S.A. (Lei n. 6.404/76), tendo, diante da identidade de propósitos do conselho fiscal nos dois tipos referidos, incidência no âmbito das limitadas.

---

**Art. 1.069. Além de outras atribuições determinadas na lei ou no contrato social, aos membros do conselho fiscal incumbem, individual ou conjuntamente, os deveres seguintes:**

**I – examinar, pelo menos trimestralmente, os livros e papéis da sociedade e o estado da caixa e da**

**carteira, devendo os administradores ou liquidantes prestar-lhes as informações solicitadas;**

**II - lavrar no livro de atas e pareceres do conselho fiscal o resultado dos exames referidos no inciso I deste artigo;**

**III - exarar no mesmo livro e apresentar à assembleia anual dos sócios parecer sobre os negócios e as operações sociais do exercício em que servirem, tomando por base o balanço patrimonial e o de resultado econômico;**

**IV - denunciar os erros, fraudes ou crimes que descobrirem, sugerindo providências úteis à sociedade;**

**V - convocar a assembleia dos sócios se a diretoria retardar por mais de trinta dias a sua convocação anual, ou sempre que ocorram motivos graves e urgentes;**

**VI - praticar, durante o período da liquidação da sociedade, os atos a que se refere este artigo, tendo em vista as disposições especiais reguladoras da liquidação.**

---

Legislação correlata: art. 163, Lei n. 6.404, de 15.12.1976.

Ao conselho fiscal cabe, principalmente, avaliar a regularidade dos atos de gestão e examinar, por meio de lançamentos contábeis e de documentos internos, as contas dos administradores, bem como, excepcionalmente, investigar conflitos de interesses envolvendo não apenas os membros da administração, mas, também, seus próprios componentes. Quando investido, cada conselheiro fiscal assume deveres gerais, impostos pela lei a qualquer membro de um órgão da sociedade e relativos a sua probidade e eficiência funcional, deveres eventuais, estabelecidos pelo contrato social e derivados da conveniência concreta dos sócios, e, principalmente, em correspondência com as atribuições específicas anteriormente referidas, deveres essenciais, os quais são discriminados nos incisos do presente artigo e incidem sobre o conjunto dos fiscais e sobre cada membro individualmente considerado, garantindo-se ampla liberdade em seu desempenho. O primeiro desses deveres essenciais é o de realizar o exame dos documentos contábeis, estabelecida uma periodicidade trimestral mínima, verificando, em particular, o estado do caixa, isto é, a quantidade de valores disponíveis, e a carteira de créditos a serem percebidos. O acesso à documentação, obviamente, há de ser completo, devendo os administradores (ou os liquidantes) fornecer todas as informações solicitadas e relativas aos lançamentos em questão. O resultado dos exames realizados, por outro lado, precisa ser reduzido à linguagem escrita, sem o que não será possível extrair efetividade prática das constatações feitas e conferir exatidão à opinião externada pelos fiscais, subsistindo, por isso, um segundo dever, o de lavrar, em livro próprio, as atas e pareceres decorrentes. Ademais, entre os documentos emanados do conselho fiscal, o mais importante, por certo, constitui o parecer anual, apresentado, ao final de cada exercício, à apreciação dos sócios em conjunto, cujo conteúdo abrange todos os negócios e operações sociais realizados em dado ano e oferece, com suporte no balanço e no demonstrativo de resultados, um juízo valorativo acerca da correção, regularidade e adequação concreta dos procedimentos de gestão adotados. O inciso IV do presente artigo resguarda, também, o dever dos fiscais de dar total divulgação às falhas de gerenciamento da pessoa jurídica, isto é, aos equívocos e enganos materializados, sendo oportuno notar que o vocábulo "erro" foi utilizado em sentido comum, diverso daquele corrente no direito privado e indicativo de um vício do consentimento, além do dever, principalmente, de anunciar ilícitos perpetrados pelos administradores, consistentes em fraudes e crimes prejudiciais à pessoa jurídica e ao conjunto dos sócios. De nada adiantaria ao membro do conselho fiscal saber ter sido imposto, culposa ou dolosamente, um dano à sociedade sem dar notícia do ocorrido, propondo, para retorno à normalidade da situação, as providências compatíveis, de recomposição patrimonial e eventual destituição do administrador responsável. Diante da gravidade de uma constatação, pode ser necessária, assim, uma solução emergencial, motivo pelo qual os fiscais ostentam o dever de convocar uma assembleia ou reunião de sócios sempre que a situação o exigir e, mais particularmente, quando os administradores deixarem de promover sua convocação obrigatória anual, retardando-a por mais que trinta dias. Ressalte-se, por fim, que, no curso de uma liquidação, o conselho fiscal continua exercendo as mesmas funções aqui descritas, mas adaptadas às circunstâncias; o órgão mantém seu funcionamento, enfocando, então, os atos praticados pelos liquidantes.

---

**Art. 1.070. As atribuições e poderes conferidos pela lei ao conselho fiscal não podem ser outorgados a outro órgão da sociedade, e a responsabilidade de seus membros obedece à regra que define a dos administradores (art. 1.016).**

**Parágrafo único. O conselho fiscal poderá escolher para assisti-lo no exame dos livros, dos balanços e das contas, contabilista legalmente habilitado, mediante remuneração aprovada pela assembleia dos sócios.**

---

Legislação correlata: arts. 161 e 164, Lei n. 6.404, 15.12.1976.

Uma vez criado o conselho fiscal, as atribuições e os poderes derivados de deveres essenciais atribuídos a seus membros, que se encontram elencados no artigo antecedente, não podem ser repassados, por meio de disposição contratual, a qualquer outro órgão da sociedade. Os sócios, ao prever a instalação do conselho fiscal, exerceram uma opção legal e permanecem vinculados a ela, devendo ser tida como nula qualquer cláusula tendente a castrar o órgão enfocado e limitar desmedidamente a atuação dos fiscais. O conselheiro não pode ter papel meramente decorativo no âmbito interno da sociedade, tanto que assume responsabilidades, respondendo, tal qual os administradores, pelos danos derivados de sua conduta culposa, considerada a expressão em sentido amplo, capaz de abranger qualquer comportamento doloso ou derivado da negligência e imperícia, pelas omissões e pelos atos de abuso de poder. Ademais, incide, aqui, a regra do art. 1.016, estabelecendo-se, perante a sociedade e os terceiros prejudicados, uma solidariedade entre todos os fiscais, visando ao ressarcimento do dano impingido. Um contabilista, desde que legalmente habilitado e escolhido mediante deliberação majoritária do próprio conselho fiscal, pode, em caráter permanente, conforme o parágrafo único do presente artigo, assistir o órgão, fornecendo-lhe suporte técnico adequado para o desempenho mais eficaz de suas funções. Faz-se necessária, para tanto, a formulação de uma requisição à administração, que, aliás, não pode deixar de ser atendida, sob pena de caracterização de falta grave. O pagamento dos honorários profissionais cabe à própria pessoa jurídica, devendo, por isso, seu valor ser submetido à aprovação da assembleia ou reunião de sócios.

## *Seção V*
## *Das Deliberações dos Sócios*

**Art. 1.071. Dependem da deliberação dos sócios, além de outras matérias indicadas na lei ou no contrato:**

**I – a aprovação das contas da administração;**

**II – a designação dos administradores, quando feita em ato separado;**

**III – a destituição dos administradores;**

**IV – o modo de sua remuneração, quando não estabelecido no contrato;**

**V – a modificação do contrato social;**

**VI – a incorporação, a fusão e a dissolução da sociedade, ou a cessação do estado de liquidação;**

**VII – a nomeação e destituição dos liquidantes e o julgamento das suas contas;**

**VIII – o pedido de concordata.**

Legislação correlata: art. 122, Lei n. 6.404, de 15.12.1976.

Há, aqui, uma enumeração das principais matérias submetidas obrigatoriamente à deliberação dos sócios. Tais matérias oferecem relevância singular na determinação dos rumos tomados pelas operações sociais, impondo, muitas vezes, feita uma conjugação com o art. 1.076, a adoção de quóruns especiais como forma de preservar a integridade da *affectio societatis* e, em especial, a posição das minorias. O rol enfocado não é, porém, exaustivo. Admite-se, por meio da edição de cláusulas contratuais, conforme a conveniência dos sócios, a ampliação do rol de matérias elencadas nos incisos do presente artigo, mas não sua redução, estabelecendo a lei, pontualmente, outras questões a serem decididas pelos sócios, como é o caso da eleição dos membros do conselho fiscal, se houver, e do estabelecimento de sua remuneração. Muito embora conste apenas do inciso V, a mais relevante das matérias propostas constitui a modificação do contrato social, correspondente a todo o ajuste de cooperação arquitetado com o fim de ser obtido sucesso na realização do objeto eleito. O contrato espelha um consentimento cristalizado e qualquer alteração em seu conteúdo merece ser apreciada, com total exclusividade, pelos sócios. Estão ressaltadas, expressamente, dentre as alterações contratuais, aquelas atinentes à fusão e à incorporação de sociedades (arts. 1.116 a 1.122), mencionadas no inciso VI. Ademais, num segundo plano, os quatro primeiros incisos dizem respeito à fixação de diretrizes administrativas imprescindíveis ao funcionamento da sociedade. Nesse sentido, inclui-se, na esfera decisória dos sócios, a designação dos administradores, avaliadas as qualidades individuais, desde que, evidentemente, seja instrumentalizada em ato separado, pois, caso contrário, estarão nomeados no contrato inscrito e será dispensável qualquer nova manifestação de vontade. A destituição dos administradores, como contrapartida óbvia, deve ser, também, decidida pelos sócios, não dependendo de justificativa específica, mas, isso sim, da conveniência concreta, respeitado o disposto no art. 1.063 e estabelecida, dada a imprescindibilidade da administração como órgão, a simultaneidade, no caso da extinção dos poderes de gestão de todos os antigos nomeados, de uma imediata substituição. Aos sócios cabe, ainda observada a exclusividade, dispor sobre a forma de remuneração dos administradores, que, diante do caráter profissional de sua atuação, sempre perceberão retribuição compatível, e apreciar as contas prestadas anualmente, apresentadas sob forma técnico-contábil e resumidas, como previsto no art. 1.065, no inventário, no balanço patrimonial e no balanço de resultado econômico, promovendo seu julgamento. A nomeação e a destituição de liquidantes, dado assumirem posição similar à dos administradores, submetem-se, em conjunto com a prestação de suas contas, à obrigatória deliberação dos sócios, que serão chamados, da mesma maneira, a decidir sobre a própria dissolução (art. 1.087) e, em sentido contrário, sobre a eventual cessação do estado de liquidação, ocasionada pela reconstrução do ajuste estabelecido entre os sócios, tudo conforme expresso nos incisos VI e VII. O instituto de concordata, ao qual faz menção o texto do Código, foi extinto e substituído pela recuperação de empresas. A recuperação de empresas, por último, diante de sua gravidade, só pode ser levada a conhecimento em juízo a partir da legitimação por antecedente deliberação específica, seja na forma judicial, seja na forma extrajudicial (arts. 48 e 161 da Lei n. 11.101/2005), ressalvada a hipótese do § 4º do art. 1.072, devendo, concomitantemente, dentro das balizas da lei, ser apreciada a formulação de uma proposta aos credores.

---

**Art. 1.072. As deliberações dos sócios, obedecido o disposto no art. 1.010, serão tomadas em reunião ou em assembleia, conforme previsto no contrato social, devendo ser convocadas pelos administradores nos casos previstos em lei ou no contrato.**

**§ 1º A deliberação em assembleia será obrigatória se o número dos sócios for superior a dez.**

**§ 2º Dispensam-se as formalidades de convocação previstas no § 3º do art. 1.152, quando todos os sócios comparecerem ou se declararem, por escrito, cientes do local, data, hora e ordem do dia.**

**§ 3º A reunião ou a assembleia tornam-se dispensáveis quando todos os sócios decidirem, por escrito, sobre a matéria que seria objeto delas.**

**§ 4º No caso do inciso VIII do artigo antecedente, os administradores, se houver urgência e com autorização de titulares de mais da metade do capital social, podem requerer concordata preventiva.**

**§ 5º As deliberações tomadas de conformidade com a lei e o contrato vinculam todos os sócios, ainda que ausentes ou dissidentes.**

**§ 6º Aplica-se às reuniões dos sócios, nos casos omissos no contrato, o disposto na presente Seção sobre a assembleia.**

---

No interior das sociedades limitadas, as assembleias e as reuniões constituem os órgãos máximos, moldados a congregar, num único momento e lugar, todos os sócios e obter, então, uma vontade coletiva, que se transmuda e se posiciona como vontade da própria pessoa jurídica. As deliberações dos sócios emanam, normalmente, desses dois órgãos, de caráter eminentemente legislativo, que modelam, continuadamente, o contrato de sociedade e a estrutura da pessoa jurídica decorrente e fornecem diretrizes aos administradores. Uma assembleia de quotistas constitui um conclave formalmente convocado e organizado para o tratamento e a decisão de assuntos determinados, diferenciando-se de uma reunião apenas porque, nesta última, o encontro dos sócios independe de fórmulas rígidas de convocação e há, comparativamente, a redução ou a exclusão das formalidades preparatórias. Na generalidade dos casos, os sócios se reunirão em assembleias, só se permitindo, em substituição, a realização de reuniões quando a sociedade limitada tiver número de sócios inferior a onze (até dez) e tiver sido inserida cláusula específica no contrato social, estipulando, inclusive, a forma de convocação, sua periodicidade e local. Às reuniões aplicam-se, subsidiariamente, as regras legais atinentes às assembleias, caso os sócios contratantes não tenham formulado, eles próprios, normas concretas sobre sua forma, dado o § 6º do presente artigo e o art. 1.079. Os votos dos sócios são computados, tal qual estabelecido no art. 1.010, observada estrita correspondência com relação à participação no capital social, e, não havendo regra em sentido diverso, as decisões são tomadas por maioria simples dos votos dos presentes em dada assembleia ou reunião, prevalecendo, em caso de empate, o voto por cabeça e, se mesmo assim não se formar uma maioria, deverá ser obtida uma decisão judicial capaz de dirimir o impasse. Aprovada uma deliberação qualquer, aplicado o princípio majoritário, todos os sócios devem respeito e submissão ao decidido, permanecendo, mesmo dissidentes ou ausentes da assembleia ou reunião realizada, vinculados, pautando a pessoa jurídica sua atuação pela vontade majoritária colhida. Os administradores, por princípio, ostentam a incumbência de convocar as assembleias ou reuniões, respeitada a periodicidade anual mínima e discriminadas, em concordância com as regras legais e contratuais, as matérias levadas à deliberação dos sócios, só podendo tal dever ser transmitido em situações de exceção, conforme previsto no artigo seguinte e no inciso V do art. 1.069. Para a convocação de uma assembleia, devem ser respeitados requisitos formais, cuja observância vincula a validade das deliberações eventualmente tomadas, e que se encontram descritos no § 3º do art. 1.152, correspondendo à consecução de três publicações na imprensa, com antecedência mínima de oito dias para a primeira e de cinco dias para a última. A dispensa de tais formalidades só é admitida nas duas hipóteses ditadas pelo § 2º deste artigo, isto é, quando sobrevier, mesmo diante de uma convocação viciada, o comparecimento de todos os sócios, o que constitui, em verdade, uma convalidação, ou quando forem obtidas declarações escritas de todos os sócios, manifestando sua total ciência quanto à realização do conclave. Uma deliberação pode, também, ser tomada sem que seja realizada assembleia ou reunião, o que, por certo, não representará algo incomum nas sociedades limitadas de menor porte, exigindo-se, então, a emissão de declarações de vontade escritas e conjuntas, em um único documento e feitas por todos os sócios, a respeito de uma ou mais matérias delimitadas e específicas, não se admitindo a elaboração de vários documentos em razão da dificuldade de imediata e plena tradução da vontade comum e da inviabilidade de seu eventual arquivamento na inscrição originária da sociedade (art. 37, I, da Lei n. 8.934/94). Há, por fim, a dispensa de imediata deliberação acerca do requerimento de recuperação judicial da empresa, dado o § 4º do presente artigo, desde que caracterizada a urgência, cabendo, então, aos administradores, investidos de uma legitimação extraordinária, promover o ajuizamento do pedido, munidos de autorização escrita fornecida pelos sócios titulares de quotas correspondentes a mais da metade do capital social, que deverá ser ratificada na assembleia ou reunião seguinte. O instituto da concordata foi extinto, devendo este parágrafo ser interpretado em consonância com a Lei n. 11.101/2005.

As sociedades enquadradas como microempresas ou empresas de pequeno porte submetem-se, porém, a uma disciplina especial e distinta e estão dispensadas da realização de reuniões e assembleias, exceção feita apenas àquelas em que persista uma disposição contratual em sentido contrário e à hipótese de exclusão de sócio (art. 70 da LC n. 123/2006).

**Jurisprudência:** A demonstração da ciência inequívoca da designação ou, de maneira mais grave, a presença do sócio em uma reunião suprem a falta de comprovação da regularidade da convocação arguida por este mesmo sócio (TJSP, AI n. 0159743-95.2013.8.26.0000, 2ª Câm. Res. de Dir. Empres., rel. Des. Fábio Tabosa, *DJe* 13.11.2013; TJDFT, Ap. n. 0744413-53.2021.8.07.0001, 2ª T. Cível, rel. Des. Hector Valverde Santana, j. 28.02.2024).

**Art. 1.073. A reunião ou a assembleia podem também ser convocadas:**

**I – por sócio, quando os administradores retardarem a convocação, por mais de sessenta dias, nos casos previstos em lei ou no contrato, ou por titulares de mais de um quinto do capital, quando não atendido, no prazo de oito dias, pedido de convocação fundamentado, com indicação das matérias a serem tratadas;**

**II – pelo conselho fiscal, se houver, nos casos a que se refere o inciso V do art. 1.069.**

Legislação correlata: art. 123, Lei n. 6.404, de 15.12.1976.

A assembleia e a reunião constituem órgãos transitórios, que funcionam periodicamente, por meio do encontro dos sócios quotistas num só lugar e num mesmo instante. Se não há convocação, a assembleia ou a reunião não funcionam e fica bloqueada a emissão de novas deliberações. Nesse sentido, pretendendo o legislador evitar seja tolhida a atuação dos sócios, foram, aqui, estabelecidas regras de convocação, somando-se à legitimidade ordinária conferida, pelo *caput* do art. 1.072, aos administradores uma legitimidade extraordinária, em três hipóteses específicas. Num primeiro plano, qualquer sócio, não importando o tamanho de sua participação no capital social, ganha, uma vez caracterizada a omissão dos administradores e diante de retardamento superior a sessenta dias da realização de assembleia ou, conforme o caso, de reunião especificamente prevista em lei ou cláusula contratual, legitimidade para convocar, por si só, a assembleia ou reunião. Num segundo plano, um sócio, desde que titular de quotas correspondentes a mais que um quinto, isto é, vinte por cento do capital social, pode formular um pedido fundamentado de convocação, indicando, necessariamente, quais serão as matérias tratadas, e, quando não atendido, no prazo de oito dias, assume legitimidade extraordinária para fazer a convocação enfocada. Ressalte-se que aos administradores não é conferida a atribuição de apreciar a relevância ou a pertinência do pedido de convocação formulado e, configurada sua omissão, para o que se recomenda a entrega de uma notificação ou, ao menos, de uma carta registrada, o sócio, automaticamente, está legitimado. Num terceiro plano, o conselho fiscal, mediante deliberação conjunta, ou qualquer de seus membros, atuando individualmente, pode convocar, excepcionalmente, a assembleia ou a reunião, quando caracterizada, tal qual previsto no inciso V do art. 1.069, qualquer situação de gravidade ou urgência ou diante da omissão dos administradores na consecução de tal ato. Consigne-se, por fim, que as hipóteses assinaladas apresentam grandes semelhanças com aquelas descritas no parágrafo único do art. 123 da Lei das S.A. (Lei n. 6.404/76).

**Jurisprudência:** Sociedade de responsabilidade limitada. Assembleia. Convocação. Legalidade da convocação feita por sócio titular de 50% do capital social, mediante notificação com dez dias de antecedência, para a assembleia a se realizar na sede de uma das empresas coligadas. Recurso não conhecido. (STJ, REsp n. 493.297, 4ª T., rel. Min. Ruy Rosado de Aguiar, j. 24.06.2003)

---

**Art. 1.074. A assembleia dos sócios instala-se com a presença, em primeira convocação, de titulares de no mínimo três quartos do capital social, e, em segunda, com qualquer número.**

**§ 1º O sócio pode ser representado na assembleia por outro sócio, ou por advogado, mediante outorga de mandato com especificação dos atos autorizados, devendo o instrumento ser levado a registro, juntamente com a ata.**

**§ 2º Nenhum sócio, por si ou na condição de mandatário, pode votar matéria que lhe diga respeito diretamente.**

---

Legislação correlata: arts. 125 e 126, Lei n. 6.404, de 15.12.1976.

A instalação da assembleia ou reunião corresponde ao ato demarcatório do início de seu funcionamento. Feita uma primeira convocação, a instalação requer, para sua validade, a presença de sócios titulares de quotas correspondentes a, no mínimo, três quartos, isto é, 75% do capital social. Caso não tenha sido obtido o comparecimento mínimo exigido, será feita uma segunda convocação e, então, não será imprescindível contar com um mínimo de presentes, podendo ser instalada a assembleia ou a reunião com qualquer número de sócios. Ademais, de acordo com o previsto no § 1º, para o exercício do direito de voto, o quotista pode ser representado e, nesse caso, deverá fornecer procuração, instrumentalizada sob a forma pública ou particular, com a completa especificação dos poderes conferidos, não se admitindo a utilização de mandato geral (art. 660). O instrumento de procuração deverá ser exibido quando da instalação da assembleia ou da reunião, visando à demonstração inequívoca da regularidade da representação, e proceder-se-á a sua anexação à ata elaborada em razão do conclave realizado, viabilizando, conforme o caso, o envio dos documentos ao órgão de registro público competente. Exige-se, também, uma qualificação específica do representante escolhido, devendo ser ele sócio ou advogado; só o indivíduo assim qualificado pode exercer a função de representante, sob pena de nulidade do voto externado. O § 2º do presente artigo resguarda regra de grande relevância, proibindo o exercício do direito de voto quando caracterizado conflito de interesses entre a própria sociedade e o sócio ou seu representante. Tratando-se de matérias que atingem, direta ou indiretamente, a esfera pessoal ou patrimonial do sócio ou de seu representante, surge o impedimento ao voto, restando vedada a participação pontual na deliberação acerca de tais matérias. O voto deve ser emitido tendo em conta o interesse social, ou seja, visando ao mais adequado e eficiente desempenho das atividades empreendidas pela pessoa jurídica e já escolhidas como objeto social, permanecendo o interesse individual e particularizado de qualquer um dos sócios, por maior que tenha sido sua contribuição para a formação do capital social, em segundo plano. Caracterizado o conflito de interesses, deve o sócio ou seu representante abster-se de votar e, se não o fizer, o voto deve ser considerado inválido, podendo, consequentemente, macular uma eventual deliberação resultante. Há, quanto a este último parágrafo, correspondência com o art. 115, *caput*, da Lei das S.A. (Lei n. 6.404/76).

**Jurisprudência:** O sócio está impedido de votar, por si ou por mandatário, as contas decorrentes de sua própria administração, sendo inválido voto proferido (TJSP, Ap. n. 0004754-7.2005.8.26.0326, 5ª Câm. de Dir. Priv., rel. Des. Fábio Podestá, j. 19.06.2013).

---

**Art. 1.075. A assembleia será presidida e secretariada por sócios escolhidos entre os presentes.**

**§ 1º Dos trabalhos e deliberações será lavrada, no livro de atas da assembleia, ata assinada pelos membros da mesa e por sócios participantes da reunião, quantos bastem à validade das deliberações, mas sem prejuízo dos que queiram assiná-la.**

**§ 2º Cópia da ata autenticada pelos administradores, ou pela mesa, será, nos vinte dias subsequentes à reunião, apresentada ao Registro Público de Empresas Mercantis para arquivamento e averbação.**

**§ 3º Ao sócio, que a solicitar, será entregue cópia autenticada da ata.**

---

Legislação correlata: art. 130, Lei n. 6.404, de 15.12.1976.

Toda assembleia precisa, para funcionar adequadamente, de uma mesa diretiva, encabeçada por um presidente, a quem cabe a coordenação geral dos trabalhos, e um secretário, encarregado de auxiliar na documentação de tudo quanto ocorrer e for objeto de deliberação. Tais funções são exercidas sempre por sócios presentes, podendo o contrato social dispor no sentido de lhes atribuir com caráter de permanência a um ou a outro dos quotistas. Numa reunião, por outro lado, dada a redução de formalidades e o pequeno número de envolvidos, não será, na generalidade dos casos, necessária a designação de um presidente e de um secretário, empreendendo-se uma discussão e decisão mais livre e direta das matérias debatidas. Logo após o término da assembleia ou da reunião, as principais ocorrências precisarão ser documentadas, reduzindo o resultado obtido à linguagem escrita, em livro especial e obrigatório, mediante a elaboração de uma ata, sem o que a eficácia do conclave realizado será perdida por inteiro. A ata não precisa ser absolutamente minuciosa, mas todos os fatos tidos como relevantes merecem ser aí descritos, sob pena de deixarem de produzir qualquer efeito jurídico. Ademais, como requisito de sua validade formal, os dois componentes da mesa diretora firmarão obrigatoriamente o documento, tal qual os sócios necessários à instalação da assembleia ou da reunião ou à formação de *quorum* especial para determinada deliberação, o que se justifica diante da ausência de um livro de presença, previsto no âmbito das sociedades por ações (art. 100, V, da Lei das S.A. – Lei n. 6.404/76). Os demais sócios, se o desejarem, podem firmar, também, a ata, mas sua assinatura, cuja aposição não pode ser negada pela mesa diretora, é apenas facultativa. O § 2º do presente artigo fixou, também, um prazo de vinte dias para que, após a assembleia ou a reunião, seja requerido o arquivamento da ata na competente Junta Comercial, mediante a apresentação de cópia autenticada extraída do livro de atas acima referido, sob pena de, aplicado o art. 1.151, o documento só ostentar eficácia perante terceiros após o efetivo arquivamento e não a partir da data de sua elaboração. Ademais, deve ser preservada a plena publicidade interna da ata, podendo sempre o sócio, a qualquer tempo, requisitar cópia autenticada do documento elaborado, sem que os administradores ou outro sócio possam opor alguma objeção, dado o direito de permanecer informado, nos mínimos detalhes, acerca do teor das deliberações tomadas e que o vinculam (art. 1.072, § 5º).

---

**Art. 1.076. Ressalvado o disposto no art. 1.061, as deliberações dos sócios serão tomadas:**

*Caput* com redação dada pela Lei n. 13.792, de 03.01.2019.

**I – (*Revogado pela Lei n. 14.451, de 21.09.2022.*)**

**II – pelos votos correspondentes a mais da metade do capital social, nos casos previstos nos incisos II, III, IV, V, VI e VIII do *caput* do art. 1.071 deste Código;**

Inciso como redação dada pela Lei n. 14.451, de 21.09.2022.

**III – pela maioria de votos dos presentes, nos demais casos previstos na lei ou no contrato, se este não exigir maioria mais elevada.**

---

O CC/2002, ao disciplinar o processo de decisão na assembleia ou em reunião de quotistas, ofereceu, como maior de suas inovações, o estabelecimento de quóruns especiais de deliberação, fixados em conformidade com o grau de importância da matéria objeto de discussão e decisão. Assim, por um lado, impede-se que sejam aprovadas matérias relevantes e, portanto, vinculados a todos os sócios ao cumprimento do decidido, por meio da atuação isolada de sócios com escassa participação no capital social, que podem, regularmente, instalar uma assembleia (art. 1.074, *caput*).

O texto original do presente artigo conferia, por outro lado, às minorias um relevante poder de veto contra as deliberações cruciais para a execução do contrato de sociedade celebrado ou para aquelas tendentes à reforma das regras concretas integrantes desse mesmo ajuste negocial, condicionando sua validade à expressa concordância dos titulares de participações superlativas no capital social. Em um patamar mais alto, um elevado quórum especial, igual aos votos de titulares de uma participação de, no mínimo, três quartos do capital social, era exigido para qualquer alteração do contrato social e, em particular, para a incorporação, fusão ou dissolução da sociedade limitada ou para a cessação da liquidação, tido como potencializado, nesses casos, previstos no revogado inciso I, uma remodelação ou um rearranjo do pacto inicialmente idealizado pelos sócios, podendo ter seus direitos e sua posição profundamente alterados. Essa exigência do quórum equivalente a três quartos do capital social, além de possibilitar o surgimento de entraves muito relevantes a uma condução eficiente da gestão de sociedades limitadas, gerava graves litígios, engessada ou petrificada a estrutura interna das sociedades limitadas, com base em uma disciplina muito mais rígida.

Tendo em conta a experiência acumulada ao longo de quase duas décadas e com o claro intuito de promover uma simplificação, a Lei n. 14.451, de 21.09.2022, revogou o inciso I deste artigo, feita, então, uma aproximação com aqueles quóruns previstos para a sociedade anônima (art. 136, Lei n. 6.404/76, com a redação conferida pelas Leis ns. 9.457/97 e 14.195/2021), ressalvada sempre a possibilidade, diante de uma conveniência concreta, de serem especificados, mediante cláusula inserta no contrato social, quóruns mais elevados do que o legal.

Foram unificados, portanto, em metade do capital social o quórum especial exigido para deliberações atinentes a alteração do contrato social, incorporação, fusão, dissolução da sociedade ou cessação do estado de liquidação (anteriormente previstas no revogado inciso I), bem como para as principais matérias afeitas à administração da sociedade limitada, correspondentes à designação, esta quando feita em ato separado, e à destituição dos administradores (mesmo aqueles nomeados por via de cláusula contratual específica – art. 1.063, § 1º, com a nova redação conferida pela Lei n. 13.792/2019), bem como à formulação de normas destinadas à fixação de sua remuneração, dependem da aprovação de uma maioria qualificada, igual aos votos dos titulares de participação superior à metade do capital, ressalvada a designação de administrador não sócio (art. 1.061), caso especial já apreciado e dependente, se o capital não estiver integralizado, de aprovação com quórum superior. E, realçada a necessidade de interpretação deste artigo de acordo com a Lei n. 11.101/2005, a aprovação da dedução do pedido de recuperação judicial da empresa também se submete ao mesmo quórum especial, de maioria qualificada, considerada, quando deferido o processamento judicial do pleito, a gravidade de suas consequências diante dos próprios sócios, da pessoa jurídica e de terceiros.

As hipóteses merecem sempre uma interpretação estrita, vedada a aplicação de analogia ou toda e qualquer forma de ampliação do rol legal (remissivo aos incisos II a VII do art. 1.071), de maneira que, excetuadas as hipóteses aqui referidas, as deliberações serão tomadas por maioria simples dos votos dos quotistas presentes em dada assembleia ou reunião. Ressalte-se, ainda, que os sócios, conforme sua conveniência e mediante cláusula expressa, podem, eventualmente, dispor visando a aumentar o quórum exigido para a aprovação de uma matéria, mas não o reduzir.

**Jurisprudência:** 1 – Não cabe uma alteração judicial e forçada de cláusula contratual, sem anuência da maioria ou do quórum exigido, não podendo se imiscuir o Judiciário, ausente vício ou ofensa a normas cogentes, na liberdade das partes de contratar (TJSP, Ap. n. 99402019551-0, 8ª Câm. de Dir. Priv., rel. Des. Salles Rossi, j. 24.02.2010). 2 – Não há norma específica que exija a concordância de todos os sócios ou qualquer outro quórum para a alienação de bens da sociedade, cabendo ao contrato social regulamentar este assunto. Se o contrato social previa a possibilidade de alienação de imóveis, quando aprovada pela maioria dos sócios, e se este quórum mínimo foi observado, não se há de falar em nulidade da venda de bens dessa natureza pela discordância de um dos sócios (TJDFT, Proc. n. 20110111119714(737822), rel. Des. Arnoldo Camanho de Assis, *DJe* 29.11.2013). 3 – Admite-se o suprimento judicial de vontade de sócio para que, conforme o proposto pelos demais, seja alterada a sede da sociedade, esta caracterizada muito mais como um ato de gestão do que numa mudança substancial do conteúdo do contrato social, relativizada a exigência legal de uma deliberação por quórum qualificado, apresentada negativa carecente de fundamentos sólidos frente à redução de despesas projetada (TJSP, Ap. n. 1127779-82.2018.8.26.0100, 2ª Câm. Res. de Dir. Empres., rel. Des. Grava Brazil, j. 23.09.2021).

---

**Art. 1.077. Quando houver modificação do contrato, fusão da sociedade, incorporação de outra, ou dela por outra, terá o sócio que dissentiu o direito de retirar-se da sociedade, nos trinta dias subsequentes à reunião, aplicando-se, no silêncio do contrato social antes vigente, o disposto no art. 1.031.**

---

Legislação correlata: art. 15, Decreto n. 3.708, de 10.01.1919.

As alterações contratuais representam uma repactuação do ajuste inserido no contrato social, o que, dependendo do conteúdo e da relevância da matéria deliberada, pode acarretar o rompimento da *affectio societatis* antes construída. Prevê-se, por isso, em consonância com o já disciplinado no art. 15 do revogado Decreto n. 3.708/19, a conferência de direito de recesso ao quotista dissidente, podendo ele se retirar do quadro social, desde que manifestada inequivocamente sua vontade, mediante a restituição do montante correspondente a sua participação no capital social. As hipóteses arroladas no texto do presente artigo compõem um rol fechado, cuja interpretação deve ser sempre estrita, vetada qualquer ampliação. No entanto, essas hipóteses são bastante vastas, pois, além de enumerar especificamente as deliberações ensejadoras da fusão e incorporação da limitada por outra sociedade ou de outra sociedade pela limitada, toda decisão tendente à modificação do contrato, por mínima que seja, provoca o nascimento do direito de recesso. Demarca-se um prazo decadencial para o exercício do direito subjetivo, de trinta dias contados da data da assembleia ou da reunião de sócios em que foi aprovada a deliberação causadora da discordância; ultrapassado tal prazo, extingue-se o direito de recesso. Ademais, a forma de manifestar o desejo de se retirar da sociedade não foi descrita, mas, tendo em conta as regras gerais de presentação da pessoa jurídica, um requerimento escrito deve ser endereçado aos administradores, devendo ser tomadas as devidas cautelas para a formação de prova documental e irrefutável da regularidade do ato unilateral. Aos administradores cabe, pura e simplesmente, tomar as providências necessárias ao reembolso do quotista, verificado apenas o enquadramento da deliberação enfocada. Tais providências podem ter sido previstas em cláusula inserida no contrato celebrado, aplicando-se, quando de sua omissão, o disposto no art. 1.031, o que resultará na necessidade da elaboração de um balanço especial e no pagamento em dinheiro, dentro de noventa dias, do montante apurado em liquidação. Diante do pagamento da quota do dissidente, caso os demais sócios não a recomponham, o capital social, evidentemente, sofrerá redução. É preciso assinalar, por fim, que, quando se tratar de limitada com prazo de duração indeterminado, o exercício do direito de recesso, tal qual disciplinado pelo presente artigo, em regra, não constitui a única forma de denúncia do contrato por um dos sócios, incidindo o art. 1.029, constante do capítulo relativo às sociedades simples, e facultando-se, então, em quaisquer circunstâncias, a resolução unilateral, o que pode justificar a amplidão das hipóteses aqui enunciadas.

Exigir sempre a denúncia cheia do contrato, restringindo-se a retirada às hipóteses estritas estabelecidas no texto deste artigo, não se coaduna com a flexibilidade comum às sociedades limitadas e, desde que não tenha sido ajustada cláusula específica e em sentido contrário, quando a contratação houver sido feita por prazo indeterminado, a regra do art. 1.029, que permite a denúncia pura e simples, deve ser conjugada.

**Jurisprudência:** 1 – Se a retirada decorre da discordância do sócio com a transformação típica da sociedade, as regras atinentes ao tipo antecedente devem ser aplicadas na apuração de seus haveres, pois ele assentiu apenas com tais regras e não, com aqueles relativas ao novo tipo (STJ, REsp n. 48.205/RJ, 3ª T., rel. Min. Eduardo Ribeiro, j. 09.08.1994). 2 – A discussão sobre ocorrência, ou não, da quebra da *affectio societatis* é irrelevante para o exercício do direito de retirada, bastando a vontade do sócio (TJSP, Ap. n. 0166889-52.2011.8.26.0100, 1ª Câm. Res. de Dir. Empres., rel. Des. Francisco Loureiro, j. 12.03.2013).

---

**Art. 1.078. A assembleia dos sócios deve realizar-se ao menos uma vez por ano, nos quatro meses seguintes ao término do exercício social, com o objetivo de:**

**I – tomar as contas dos administradores e deliberar sobre o balanço patrimonial e o de resultado econômico;**

**II – designar administradores, quando for o caso;**

**III – tratar de qualquer outro assunto constante da ordem do dia.**

**§ 1º Até trinta dias antes da data marcada para a assembleia, os documentos referidos no inciso I deste artigo devem ser postos, por escrito, e com a prova do respectivo recebimento, à disposição dos sócios que não exerçam a administração.**

**§ 2º Instalada a assembleia, proceder-se-á à leitura dos documentos referidos no parágrafo antecedente, os quais serão submetidos, pelo presidente, a discussão e votação, nesta não podendo tomar parte os membros da administração e, se houver, os do conselho fiscal.**

**§ 3º A aprovação, sem reserva, do balanço patrimonial e do de resultado econômico, salvo erro, dolo ou simulação, exonera de responsabilidade os membros da administração e, se houver, os do conselho fiscal.**

**§ 4º Extingue-se em dois anos o direito de anular a aprovação a que se refere o parágrafo antecedente.**

---

Legislação correlata: arts. 132 a 134, Lei n. 6.404, de 15.12.1976.

No presente artigo, três novos aspectos da assembleia ou, quando for o caso, da reunião de sócios, estão regrados. Estabeleceu-se, em primeiro lugar, uma periodicidade mínima para o funcionamento de tais órgãos transitórios, considerada a necessidade de promover um encontro dos quotistas, permitindo que, em determinado local e em dado momento, sejam discutidas e deliberadas as questões atinentes à execução do contrato social e, mais particularmente, as linhas mestras da administração. A assembleia ou a reunião não pode deixar de se realizar, ao menos, uma vez por ano, o que corresponde a uma oportunidade por exercício. O texto legal exige, ademais, que o conclave tenha lugar num dos quatro meses seguintes ao término do exercício social. É preciso que a assembleia ou a reunião seja precedida de uma preparação apropriada para sua efetividade e melhor produtividade, consistente esta na elaboração de demonstrações contábeis e na delimitação das matérias mais relevantes, mas tratou o legislador, como forma de proteção às minorias, de compelir os administradores a fazer uma convocação, evitando, por adiamentos continuados, toda sorte de questionamentos e cobranças. Com efeito, em segundo lugar, na assembleia anual, dentre as matérias de exame necessário, a principal constitui o julgamento das contas apresentadas pelos administradores, que devem, em decorrência da própria natureza de sua função, oferecer detalhes acerca da utilização dos recursos disponíveis e responder, pessoalmente, às indagações formuladas, apresentando, também, para sua apreciação, as demonstrações contábeis previstas no art. 1.065. Tal matéria é de exclusiva competência dos sócios (art. 1.071, I), aos quais cabe permitir análise detalhada dos atos de gestão praticados, tanto que, visando à total transparência, é preciso, de acordo com o § 1º, deixar os documentos pertinentes à disposição dos sócios não administradores, com uma antecedência mínima de trinta dias, e cientificá-los formalmente do fato, o que pode ser feito mediante o envio de carta registrada, com aviso de recebimento. Essa mesma documentação será, também, logo após a instalação da assembleia ou da reunião, lida, para assegurar o conhecimento efetivo do objeto das deliberações, merecendo realce ser facultado, aos próprios sócios, por meio de deliberação unânime, dispensar tal formalidade e que a ausência pura e simples da leitura implicará, quando demonstrado prejuízo efetivo, anulabilidade da deliberação atinente às contas e demonstrações contábeis. A aprovação das contas e das demonstrações contábeis, frise-se, quando feita sem reservas, oferece, dado o § 3º, uma gravidade bastante acentuada, apesar de depender da obtenção de mera maioria simples entre os presentes na assembleia ou na reunião, não participando da votação, dado o evidente conflito de interesses, os próprios administradores e, por terem emitido parecer prévio, os membros do conselho fiscal. Tal deliberação exonera, quanto aos danos causados à sociedade, a responsabilidade patrimonial dos administradores e fiscais, assumindo a pessoa jurídica todos os ônus decorrentes e só sendo possível, desde então, lhes imputar o dever de indenizar a sociedade, após a anulação da própria aprovação das contas e das demonstrações contábeis decidida, mediante a excepcional arguição de erro, dolo ou simulação, ou seja, da presença de vício do consentimento capaz de macular a formação da vontade coletiva expressa pelos sócios. A anulação depende, porém, do ajuizamento de ação própria, para a qual está legitimada a pessoa jurídica ou qualquer um dos sócios, devendo ser respeitado, conforme o § 4º, o prazo decadencial de dois anos, estabelecido para a extinção do direito de atacar a validade do ato de aprovação ultimado por assembleia ou reunião. No encontro anual tratado, em terceiro lugar, se for o caso, podem, ainda, ser apreciadas outras matérias tidas como relevantes, especialmente as previstas no art. 1.071, devendo os administradores elaborar e divulgar uma pauta, em que, obrigatoriamente, estará incluída a eleição de novos administradores, quando vago qualquer cargo ou diante da proximidade do término de um mandato, respeitando-se, nessa hipótese, os *quoruns* especiais fixados pelos arts. 1.063, § 1º, e 1.076, II.

**Jurisprudência:** Se os danos indenizáveis imputados ao sócio não se restringem à indicação de irregularidades relacionadas às demonstrações financeiras, é desnecessário deduzir, previamente, pedido de anulação de deliberações assembleares e não se cogita mais da aplicação do prazo extintivo do art. 1.078, § 4º, do CC (STJ, REsp n. 1.741.338/SP, 3ª T., rel. Min. Nancy Andrighi, j. 26.06.2018).

---

**Art. 1.079. Aplica-se às reuniões dos sócios, nos casos omissos no contrato, o estabelecido nesta Seção sobre a assembleia, obedecido o disposto no § 1º do art. 1.072.**

---

Uma reunião de quotistas constitui um conclave convocado e organizado para tratamento e decisão acerca de assuntos determinados, diferenciando-se de uma assembleia apenas porque se permite, na primeira categoria, o encontro dos sócios independentemente de fórmulas rígidas de convocação e há, de forma comparativa, a redução ou a exclusão das formalidades preparatórias. Na generalidade dos casos, os sócios reunir-se-ão em assembleias, só se permitindo, em substituição, a realização de reuniões quando a sociedade limitada tiver número de sócios inferior a onze (até dez) e tiver sido inserida cláusula específica no contrato social, estipulando a forma de convocação, sua periodicidade e local. Cabe, em princípio, estabelecer detalhes acerca de seu funcionamento em cláusulas contratuais, pois o texto legal não contém um regramento específico para tal espécie de órgão societário. Quando omisso o contrato social, incidem, no âmbito das reuniões, subsidiariamente, as regras legais atinentes às assembleias, órgãos dotados de maior complexidade e concebidos para sociedades limitadas de qualquer porte, mais especialmente para aquelas dotadas de grande quadro social. É, por isso, importante que os próprios sócios-contratantes, atendendo a suas peculiaridades concretas, formulem normas concretas sobre a forma desejada de suas futuras reuniões. Ressalte-se que, por fim, o presente artigo apenas reproduz o § 6º do art. 1.072 e que era, evidentemente, desnecessária sua inserção no CC/2002.

---

**Art. 1.080. As deliberações infringentes do contrato ou da lei tornam ilimitada a responsabilidade dos que expressamente as aprovaram.**

---

Legislação correlata: art. 16, Decreto n. 3.708, de 10.01.1919.

As deliberações emanadas das assembleias ou reuniões de sócios vinculam a sociedade, como pessoa jurídica, e todos os sócios, ainda que dissidentes, mas todas as decisões devem se manter conformes à lei e ao contrato social inscrito, pois as regras positivadas ou instituídas concretamente para manter a continuada cooperação dos sócios, dado o ressalvado no § 5º do art. 1.072, limitam o poder de dispor sobre a execução do anteriormente ajustado. Os sócios não podem dispor, irresponsavelmente, da pessoa jurídica; ela se vincula aos fins para os quais foi criada, tal como expressos no instrumento contratual inscrito, e sua atividade é sempre balizada pela lei. Quando um ato decisório coletivo desrespeita a lei ou o contrato, fica caracterizada a ilicitude e, por conta disso, excepciona-se o princípio da limitação da responsabilidade patrimonial dos sócios, peculiar ao tipo enfocado. Do voto emitido em desrespeito à lei ou ao contrato nasce, ao ser aprovada a deliberação, a possibilidade de imputar responsabilidade pessoal e direta sobre o sócio que, nesse caso, contribuiu para a materialização do ilícito. Terceiros e a própria pessoa jurídica podem buscar, demonstrada a produção de danos efetivamente causados pela deliberação ilícita, uma reparação indenizatória, cabendo ressaltar não ser viável, aqui, cogitar de responsabilidade objetiva, ou seja, a abstenção ou o voto contrário excluem a possibilidade de ser arguida a responsabilidade de um sócio, e os próprios sócios dissidentes prejudicados permanecem legitimados à propositura de ação por perdas e danos. Não se trata de uma desconsideração da personalidade jurídica da sociedade limitada, mas de atribuir, ao sócio, os resultados do ilícito de sua autoria. Reproduz-se, portanto, no presente artigo, o disposto no art. 16 do Decreto n. 3.708.

**Jurisprudência:** A responsabilidade do sócio, tal como prevista no presente artigo, não se confunde com a desconsideração da personalidade jurídica e depende da específica manifestação deste mesmo sócio em favor da prática do ato ilegal, concretizada mediante voto no sentido de sua aprovação (TJMS, AI n. 1405776-98.2014.8.12.0000, 5ª Câm. Cível, rel. Des. Sideni Soncini Pimentel, *DJe* 01.07.2014).

---

**Art. 1.080-A. O sócio poderá participar e votar a distância em reunião ou em assembleia, nos termos do regulamento do órgão competente do Poder Executivo federal.**

Artigo acrescentado pela Lei n. 14.030, de 28.07.2020.

**Parágrafo único. A reunião ou a assembleia poderá ser realizada de forma digital, respeitados os direitos legalmente previstos de participação e de manifestação dos sócios e os demais requisitos regulamentares.**

---

As medidas de isolamento social tomadas para a prevenção do alastramento da pandemia de covid-19 ("coronavírus"), com a imposição de distanciamento e quarentena, potencializaram uma importante desritualização e a modernização de assembleias ou reuniões realizadas no âmbito de sociedades limitadas, viabilizada a participação remota de sócios e a adoção dos avanços da tecnologia da informação e comunicação na formulação de proposições e questionamentos, assim como na emissão dos votos dos sócios para a apreciação de propostas de deliberação, deixada de lado, de uma vez por todas, a imprescindibilidade do comparecimento físico e presencial a um lugar designado como um ponto geográfico. A Lei n. 12.431/2011 (com o acréscimo do parágrafo único ao art. 121 da Lei n. 6.404/76, agora renumerado) já havia possibilitado que as companhias abertas, isoladamente, pudessem adotar esses novos procedimentos, objeto de regulamentação pelas Instruções CVM ns. 481/2009, 561/2015 e 570/2015 (substituídas pela vigente Resolução CVM n. 81/2022), ocorrendo, com a edição da MP n. 931/2020 (convertida na Lei n. 14.030, de 28.07.2020), um salutar alargamento da utilização da tecnologia para que os sócios possam exercer seus direitos com a maior amplitude possível, evitando (ou, ao menos, reduzindo muitíssimo) limitações causadas por dificuldades de deslocamento e eventos fortuitos.

Em outras partes do mundo, essa forma de atuação não é novidade e já está implantada há mais de uma década. Desde 2000, com o pioneirismo do Estado de Delaware, a legislação norte-americana passou a aceitar a atuação remota de acionistas, restando consolidada a prática (Model Business Corporation Act, Section 7.09), tendo a União Europeia, com a edição da Diretiva n. 2007/36, seguido o mesmo caminho.

Está sendo conferida à sociedade a escolha dos meios mais eficientes possíveis para a atuação do sócio em seu âmbito interno, o que pressupõe, obviamente, que o formato digital ostente segurança, sendo disciplinadas e ordenadas intervenções (organizado o exercício do direito de manifestação dos sócios, como maneira de lhe dar concretude e efetividade) e definidas garantias para o estabelecimento de conexões eletrônicas e de identificação de pessoas.

O detalhamento desse formato digital, porém, não poderia ser incluído no texto legal. A contínua evolução tecnológica precisa, também, se conjugar com a necessidade de documentação das assembleias e reuniões, tudo recomendando, sem a mínima dúvida, seja esse detalhamento feito com a edição de regulamento, dando flexibilidade ao regramento da matéria. O texto legal, então, conferiu a atribuição de editar um conjunto de regras específicas ao Departamento Nacional de Registro Empresarial e Integração (DREI) (antigo Departamento Nacional de Registro do Comércio – DNRC), como órgão da administração federal incumbido da elaboração das normas atinentes ao chamado registro de empresas mercantis (art. 4º, II, da Lei n. 8.934/94), tendo sido especificadas regras para reuniões e assembleias semipresenciais e digitais na IN n. 81/2020 (Anexo IV – Manual de Registro de Sociedade Limitada – Seção III).

## *Seção VI*
## *Do Aumento e da Redução do Capital*

**Art. 1.081. Ressalvado o disposto em lei especial, integralizadas as quotas, pode ser o capital aumentado, com a correspondente modificação do contrato.**

**§ 1º Até trinta dias após a deliberação, terão os sócios preferência para participar do aumento, na proporção das quotas de que sejam titulares.**

**§ 2º À cessão do direito de preferência, aplica-se o disposto no *caput* do art. 1.057.**

**§ 3º Decorrido o prazo da preferência, e assumida pelos sócios, ou por terceiros, a totalidade do aumento, haverá reunião ou assembleia dos sócios, para que seja aprovada a modificação do contrato.**

Legislação correlata: arts. 166 e 171, Lei n. 6.404, de 15.12.1976.

O funcionamento de toda e qualquer sociedade depende da prévia construção de um suporte patrimonial, composto pelos bens materiais e imateriais imprescindíveis à prática adequada e eficiente dos atos destinados a compor a realização do objeto social. Esse conjunto de bens é, quando integralizadas as quotas, conferido pelos sócios e corresponde ao capital, elemento essencial do contrato social. No instrumento contratual submetido a inscrição obrigatória, o capital social, de conformidade com o art. 1.054 combinado com o inciso III do art. 997, precisa estar formalmente expresso em moeda corrente, quantificando-o de maneira clara e objetiva, ainda mais quando se trata de uma sociedade limitada, pois, aqui, como regra, significará o valor disponibilizado como garantia da satisfação dos direitos de terceiros-credores. Aumentos do capital correspondem à colocação de novos aportes, a um incremento no volume de recursos destinados à atividade-fim da pessoa jurídica criada, o que só se admite, diante do *caput* do presente artigo, com pleno consenso dos sócios, demonstrado, em atenção aos interesses das minorias relevantes, pela obtenção de *quorum* especial de três quartos do capital votante, necessários para a efetivação de qualquer alteração contratual (art. 1.076, I). A exigência do *quorum* especial pode, porém, apresentar o efeito colateral de obstaculizar o pleno desenvolvimento das potencialidades de dado empreendimento, particularmente quando quotistas minoritários passarem por dificuldades financeiras e manifestarem um desejo egoísta de manter sua proporção de participação no capital social, o que, diante da perda de oportunidades ocasionada, pode configurar o abuso do direito de voto, à semelhança do art. 115, *caput*, da Lei das S.A. (Lei n. 6.404/76), e ocasionar, aplicado o art. 187 do CC/2002, o nascimento de um dever de indenizar e tornando anulável o voto. Estabeleceu-se, como requisito de validade da deliberação de aprovação de um aumento de capital, com o fim de evitar fraudes derivadas de uma falsa aparência de saúde econômica, a total integralização das quotas já existentes. Não pode, dada a inovação introduzida, ser elevado o valor do capital a qualquer tempo; é imprescindível que os sócios já tenham adimplido suas antigas obrigações societárias, a não ser que lei especial, atinente, por exemplo, a uma atividade especializada e de interesse público, autorize a utilização excepcional de tal procedimento. O aumento do capital pode ser operacionalizado mediante a subscrição de novas quotas ou o simples aumento do valor nominal das quotas já existentes, mantido seu número, bem como pode derivar da utilização de reservas, da reavaliação do ativo ou do fornecimento de novos valores pelos sócios. Ademais, deliberado um aumento de capital, surge a preferência na participação de nova integralização como direito subjetivo peculiar à qualidade de sócio. Os sócios só podem efetuar nova integralização fora das proporções originais de participação no capital ou permitir a participação de terceiros (novos sócios) caso um deles não tenha manifestado interesse no exercício dessa preferência naturalmente conferida. Assegura-se, portanto, de acordo com a conveniência e a possibilidade de cada sócio, a permanência da mesma situação já consolidada no contrato social, seja quando de sua celebração, seja quando ajustada precedente alteração. O exercício da preferência é condicionado pelo respeito ao prazo legal de trinta dias, o qual ostenta, como marco inicial de contagem, a data da assembleia ou da reunião em que foi aprovado o aumento de capital, devendo, dentro de tal lapso temporal, manifestar o sócio seu desejo de subscrever novas quotas, conferindo, à pessoa jurídica, um crédito de valor correspondente. O direito de preferência ostenta, em si mesmo, evidente valor patrimonial e pode ser objeto, ele próprio, de contrato, sendo sua cessão submetida às mesmas regras estabelecidas no art. 1.057, para a cessão de quotas. Ressalva-se que o texto legal deixou de lado a hipótese do capital autorizado, podendo, por via de cláusula específica do contrato social, ficar previsto futuro aumento de capital independente de nova deliberação, condicionado, por exemplo, a um evento futuro e certo. Terminada a nova integralização decorrente do aumento de capital já deliberado, ou seja, quando a conferência de todos os recursos financeiros previstos já tiver se consumado, será promovida, mediante constatação formalizada em nova assembleia ou reunião, uma simples homologação e ficará consolidado o novo valor do capital social, expresso na inscrição da sociedade limitada.

**Jurisprudência:** A sociedade pode se voltar contra o sócio e lhe cobrar o valor correspondente ao aumento de capital ajustado, mas apenas frente a sua específica e antecedente declaração de vontade, no sentido de concordar em verter parte de seu patrimônio para acrescer ao capital social, subscrevendo novas cotas. Não se admite concordância tácita ou deliberação da maioria em detrimento da vontade individual. (TJSP, Ap. n. 389.908.4/7-00, 4ª Câm. de Dir. Priv., rel. Des. Enio Santarelli Zuliani, j. 24.07.2008)

---

**Art. 1.082. Pode a sociedade reduzir o capital, mediante a correspondente modificação do contrato:**

**I – depois de integralizado, se houver perdas irreparáveis;**

**II – se excessivo em relação ao objeto da sociedade.**

---

Legislação correlata: art. 173, Lei n. 6.404, de 15.12.1976.

Prevê-se, no presente artigo, a redução do capital social, operação exatamente inversa àquela prevista no artigo anterior. Há, então, conforme nova deliberação dos sócios, a redução dos recursos econômicos disponibilizados para a atividade-fim da pessoa jurídica constituída, o que, tratando-se de um elemento essencial do contrato de sociedade celebrado, exige *quorum* especial para sua aprovação, de três quartos do capital votante (art. 1.076, I), bem como a elaboração de novo instrumento de alteração do ajuste originário feito entre os sócios. Tomada a decisão de redução do capital, deve-se dar, por meio da publicidade registrária, ampla divulgação à nova situação patrimonial da sociedade limitada, em sua inscrição originária. Duas hipóteses estão elencadas, exemplificadamente, nos incisos deste artigo, devendo ser acrescentada, também, a resolução unilateral do contrato, com a devolução da participação correspondente, como derivação da retirada ou exclusão de um sócio, de sua falência ou de sua morte ou da promoção de execução singular (arts. 1.028 e 1.031). Em primeiro lugar, podem ter sido suportadas perdas irreversíveis, consistentes em prejuízos substanciais acumulados e de recuperação improvável, o que conduz, em função da amortização dos débitos decorrentes, a uma redução do capital social, acompanhada pela diminuição proporcional do valor nominal de cada quota. A sociedade limitada fica, então, depauperada, sempre considerada a pretérita integralização total do capital originalmente previsto. O capital é desgastado para satisfazer as dívidas existentes, prosseguindo-se no empreendimento, mas com menor disponibilidade patrimonial. Em segundo lugar, os sócios podem entender ter ocorrido uma superavaliação dos recursos econômicos necessários à realização do objeto social, optando pela mera restituição dos valores excedentes, reduzindo-se o capital social e o valor nominal de cada quota, após o que continuarão, dentro de um quadro de normalidade, os empreendimentos mantidos pela sociedade limitada.

---

**Art. 1.083. No caso do inciso I do artigo antecedente, a redução do capital será realizada com a diminuição proporcional do valor nominal das quotas, tornando-se efetiva a partir da averbação, no Registro Público de Empresas Mercantis, da ata da assembleia que a tenha aprovado.**

---

O legislador dispôs, aqui, simplesmente, que o resultado automático da diminuição do capital social já integralizado decorrente do acúmulo de perdas irreparáveis constitui a redução do valor nominal de cada quota (art. 1.082, I), obedecida a mesma proporção, ou seja, efetivada, por exemplo, uma redução de vinte por cento no capital, o valor nominal de cada quota, tenham elas valor uniforme ou diferenciado, será precisamente igual, de vinte por cento. Tal regra, intuitiva e óbvia, é aplicável, também, quando concretizada qualquer outra hipótese de redução do capital, sendo o acervo patrimonial tido como excessivo (art. 1.082, II) ou operacionalizada uma resolução unilateral (arts. 1.028 e 1.031), pois, em geral, a redução no número de quotas, diante da falta de múltiplos exatos, não se viabiliza. Prevê-se, ainda, que a eficácia da deliberação tendente à redução do capital social só é produzida por meio de sua publicidade registrária, em evidente consonância com a necessidade de alteração do contrato social prevista pelo artigo anterior. A consecução de um ato registrário específico, como fato de eficácia da redução do capital, é imprescindível. Deve, nesse sentido, ser promovido arquivamento em Junta Comercial ou, tratando-se de sociedade simples, averbação perante o competente Oficial de Registro Civil de Pessoa Jurídica, mediante a exibição de cópia autêntica da ata da assembleia ou reunião em que foi aprovada a redução do capital, a qual constará do livro obrigatório referido no art. 1.075, § 1º.

**Art. 1.084. No caso do inciso II do art. 1.082, a redução do capital será feita restituindo-se parte do valor das quotas aos sócios, ou dispensando-se as prestações ainda devidas, com diminuição proporcional, em ambos os casos, do valor nominal das quotas.**

**§ 1º No prazo de noventa dias, contado da data da publicação da ata da assembleia que aprovar a redução, o credor quirografário, por título líquido anterior a essa data, poderá opor-se ao deliberado.**

**§ 2º A redução somente se tornará eficaz se, no prazo estabelecido no parágrafo antecedente, não for impugnada, ou se provado o pagamento da dívida ou o depósito judicial do respectivo valor.**

**§ 3º Satisfeitas as condições estabelecidas no parágrafo antecedente, proceder-se-á à averbação, no Registro Público de Empresas Mercantis, da ata que tenha aprovado a redução.**

Legislação correlata: art. 174, Lei n. 6.404, de 15.12.1976.

Quando o capital social considerado excessivo for reduzido, duas soluçoes alternativas podem ser tomadas, de acordo com as circunstâncias. Se o capital ainda não foi integralizado, é possível optar pela simples extinção total ou parcial do crédito remanescente constituído em favor da pessoa jurídica, evitando novos aportes de capital. Caso, ao contrário, o capital já tenha sido totalmente integralizado, a solução será idêntica àquela preconizada pelo artigo antecedente, ou seja, parcela do valor das quotas sociais será restituída aos sócios. A redução do valor nominal de cada quota, como já advertido com respeito ao artigo anterior, sempre ocorrerá, mantido o número original de quotas previsto no contrato social, seja qual for a opção adotada, promovendo-se, logo em seguida, a elaboração da ata da assembleia ou da reunião em que aconteceu a aprovação da redução de capital, bem como sua publicação, na forma do disposto no § 1º do art. 1.152, em jornal de grande circulação e na imprensa oficial. A partir de tal publicação, três fatores condicionantes da eficácia da redução do capital poderão ser apurados. A referida publicação da ata inaugura o prazo para a dedução de oposição por credores, estabelecido em noventa dias, exigindo-se, como requisito de legitimidade, sua condição de quirografários e que seu direito de crédito seja anterior, isto é, tenha nascido antes da própria publicação. O texto legal não esclarece qual a forma de exteriorização do inconformismo do terceiro, mas, diante de uma manifestação de natureza receptícia e cuja função é a de impedir a consolidação da redução do capital por meio de um ato registrário, pode-se promover, conjugadamente, notificação judicial ou extrajudicial dirigida à própria sociedade limitada e dirigir uma simples comunicação ao Oficial de Registro ou à Junta Comercial competente. Eis um primeiro fator de eficácia, tornando-se imediatamente eficaz a redução de capital não impugnada no prazo de noventa dias. Se for deduzida regular oposição, a redução do capital só produzirá efeitos caso seja demonstrado o adimplemento da dívida de titularidade do opoente ou se efetuado depósito judicial do valor correspondente, viabilizando posterior solução de litígio pendente. Eis um segundo fator de eficácia, tornando-se imediatamente eficaz a redução do capital impugnada quando extinto o crédito do opoente ou disponibilizados os valores correspondentes. A esses dois primeiros fatores alternativos soma-se um terceiro e último, que deve ser obrigatoriamente ultrapassado, consistente na consecução de um ato registrário específico. Deve, nesse sentido, ser promovido arquivamento em Junta Comercial ou, tratando-se de sociedade simples, averbação perante o competente Oficial de Registro Civil de Pessoa Jurídica, mediante a exibição de cópia autêntica da ata da assembleia ou reunião em que foi aprovada a redução do capital, a qual constará do livro obrigatório referido no art. 1.075, § 1º, dada a natural alteração do contrato social.

## *Seção VII*
## *Da Resolução da Sociedade em Relação a Sócios Minoritários*

**Art. 1.085. Ressalvado o disposto no art. 1.030, quando a maioria dos sócios, representativa de mais da metade do capital social, entender que um ou mais sócios estão pondo em risco a continuidade da empresa, em virtude de atos de inegável gravidade, poderá excluí-los da sociedade, mediante alteração do contrato social, desde que prevista neste a exclusão por justa causa.**

**Parágrafo único. Ressalvado o caso em que haja apenas dois sócios na sociedade, a exclusão de um**

**sócio somente poderá ser determinada em reunião ou assembleia especialmente convocada para esse fim, ciente o acusado em tempo hábil para permitir seu comparecimento e o exercício do direito de defesa.**

Parágrafo com redação dada pela Lei n. 13.792, de 03.01.2019.

---

No âmbito das limitadas, a exclusão do sócio, correspondente à quebra isolada de um dos vínculos componentes do contrato plurilateral celebrado, ganha contornos mais amplos. Soma-se ao inadimplemento de integralização das quotas do capital social (art. 1.058) e às hipóteses previstas para as sociedades simples (art. 1.030) uma outra. Possibilita-se, aqui, seja aprovada deliberação especial e tendente à expulsão de um sócio minoritário, formalizada pela mera alteração do contrato social, sem a necessidade do respaldo posterior numa decisão judicial confirmatória da fundamentação adotada. A causa da exclusão, inclusive, deve consistir, obrigatoriamente, no reconhecimento da perpetração de "atos de inegável gravidade", os quais podem ser identificados pelo enorme potencial danoso, "pondo em risco a continuidade da empresa", não se admitindo qualquer outra. A aprovação da deliberação de exclusão de sócio minoritário exige *quorum* qualificado, igual à maioria do capital social, e sua validade depende de prévia autorização constante de cláusula expressa do contrato social inscrito, bem como da convocação de assembleia ou reunião especial e da prévia cientificação do sócio em questão não apenas da futura realização do conclave, mas, isso sim, da acusação formulada. Ausentes os requisitos formais assinalados, a deliberação será nula. Ademais, impõe-se seja concedida oportunidade para o exercício do direito de defesa, podendo o sócio acusado deduzir alegações orais e apresentar provas excludentes de sua responsabilidade. A deliberação deve apontar, com clareza e exatidão, qual o ato repudiado e ensejador da exclusão, enfatizando seu enquadramento e ostentando total vinculação com a acusação formulada. Desrespeitado o direito de defesa ou deficiente a fundamentação da deliberação, faltarão requisitos materiais de validade e ela será anulável. O afastamento do sócio meramente inoportuno é vedado, não bastando, para efetivar a exclusão, uma simples discordância genérica ou o surgimento de desavenças individuais. O texto legal, fruto de específica sugestão formulada por Miguel Reale e acolhida no Senado Federal, pretendeu, essencialmente, obstar a exclusão sem justa causa ou feita à revelia do sócio minoritário, tendo sofrido, em seu parágrafo único, leve abrandamento com a alteração derivada da Lei n. 13.792, feita em janeiro de 2019, esta apenas com o fim de ressalvar a desnecessidade de realizar a reunião de sócios, como ato solene, se aquele que imputa a prática do grave descumprimento dos deveres de sócio ao minoritário é, simultaneamente, quem apreciará sua defesa, nada justificando uma reunião puramente teatral e sem efetiva utilidade.

Mesmo sendo o quadro social composto por apenas dois sócios, então, é viável a exclusão motivada por justa causa do minoritário, mas não será necessária a realização de reunião.

**Jurisprudência:** 1 – A exclusão operada sem o respeito ao devido processo legal, isto é, sem que tenha sido conferida oportunidade para que o sócio expulso possa, com o prévio conhecimento das faltas imputadas, deduzir defesa e ofertar argumentos, deve ser sempre, frente ao ajuizamento de pedido pelo prejudicado, anulada, violado direito essencial e inviolável do sócio (TJSP, AI n. 2233333-90.2021.8.26.0000, 1ª Câm. Res. de Dir. Empres., rel. Des. Cesar Ciampolini, j. 07.12.2021). 2 – A simples desarmonia entre sócios, com a afirmação da quebra da affectio societatis, é insuficiente para a expulsão de um sócio minoritário, sendo necessária a caracterização de uma situação atual e indicativa da prática de atos de gravidade (STJ, REsp n. 1.129.222/PR, 3ª T., rel. Min. Nancy Andrighi, j. 28.06.2011; TJSP, Ap. n. 0025880-63.2010.8.26.0577, 6ª Câm. de Dir. Priv., rel. Des. Roberto Solimene, j. 03.05.2012; TJSP, AI n. 0082429-10.2012.8.26.0000, 1ª Câm. Res. de Dir. Empr., rel. Des. Francisco Loureiro, j. 26.06.2012). Há, no entanto, entendimento em sentido diverso, indicativo de que a inviabilidade da convivência pacífica entre os sócios, indicativa da quebra da affectio societatis, constitui, por si só, justa causa para a exclusão extrajudicial do sócio minoritário, para que seja viabilizada a preservação da empresa (TJRJ, Ap. n. 18.295/06, 16ª Câm. Cível, rel. Des. Mario Robert Mannheimer, j. 13.02.2007). 3 – A penhora de quotas sociais não impede a exclusão do sócio devedor, desde que os demais sócios promovam a imediata liquidação das quotas correspondentes, depositando o valor apurado junto ao Juízo da execução, isso independentemente da possibilidade de recomposição imediata do capital social. (TRF-4, Ap. n. 5019221-56.2015.404.7000, 4ª T., rel. Des. Candido Alfredo Silva Leal Junior, j. 24.05.2017)

---

**Art. 1.086. Efetuado o registro da alteração contratual, aplicar-se-á o disposto nos arts. 1.031 e 1.032.**

---

Deliberada a exclusão do sócio minoritário, a eficácia da alteração contratual decorrente se propaga quando for efetuado seu registro, seja por meio do arquivamento em Junta Comercial (art. 32, II, *a*, da

Lei n. 8.934/94), diante da natureza empresária da sociedade limitada, seja pela averbação perante o Oficial de Registro Civil de Pessoa Jurídica competente, diante da ausência de empresariedade. Consolidada, assim, a nova conformação do quadro social, deverá ser apurado o valor da quota de titularidade do excluído e promovida sua restituição, incidindo, aqui, os arts. 1.031 e 1.042. Adotada a mesma regra já estabelecida em tais artigos, será preciso, portanto, providenciar a elaboração de um balanço patrimonial especial, referenciado à data da deliberação de exclusão do minoritário, e, apurado o valor devido pela sociedade ao sócio excluído, respeitar o prazo de noventa dias para o pagamento em dinheiro do valor de seus haveres. O contrato social pode dispor de maneira diferenciada, prevendo, desde sua celebração, uma fórmula particular para solução de pendências relativas à retirada voluntária ou forçada de um dos sócios, e o próprio excluído pode, também, celebrar acordo específico, visando ao parcelamento ou à conferência de bens em pagamento de sua quota de capital. Em todo caso, como a eficácia da exclusão depende da publicidade registrária, a responsabilidade do sócio excluído pelas dívidas sociais perdurará pelo prazo de dois anos, sempre contado da efetivação do registro da alteração contratual.

### *Seção VIII*
### *Da Dissolução*

**Art. 1.087. A sociedade dissolve-se, de pleno direito, por qualquer das causas previstas no art. 1.044.**

Legislação correlata: art. 335 (*revogado*), CCom.

A dissolução da sociedade limitada respeita as mesmas regras estatuídas para a sociedade em nome coletivo e para a sociedade simples, inclusive no que tange a suas causas. Como já afirmado, a dissolução corresponde à extinção do próprio contrato de sociedade e de todos os vínculos decorrentes, perfazendo-se com o advento de um fato ou de um ato determinante, podendo seu implemento depender, ou não, da edição de uma decisão judicial. As causas de dissolução de pleno direito de uma sociedade limitada são as mesmas já estabelecidas nos arts. 1.033 e 1.044, ressaltando-se, diante da empresariedade, a hipótese de falência, pois, então, para a satisfação da coletividade dos credores da sociedade, sobrevirá um procedimento de liquidação e rateio dos valores resultantes, extinguindo a pessoa jurídica. Incidem, aqui, também, com respeito às causas contratuais de dissolução e à dissolução judicial, os arts. 1.034 e 1.035, mas sem a necessidade de adaptações, dada sua aplicação direta no âmbito das sociedades em nome coletivo. É preciso, no entanto, ressaltar que os §§ 1º e 2º do art. 1.052, acrescentados pela Lei n. 13.874/2019 (fruto da conversão da MP n. 881 e chamada "Lei da Liberdade Econômica" por muitos), tornaram inconcebível, para a sociedade limitada, a dissolução pela falta de recomposição da pluralidade de sócios.

## CAPÍTULO V
## DA SOCIEDADE ANÔNIMA

### *Seção Única*
### *Da Caracterização*

**Art. 1.088. Na sociedade anônima ou companhia, o capital divide-se em ações, obrigando-se cada sócio ou acionista somente pelo preço de emissão das ações que subscrever ou adquirir.**

Legislação correlata: art. 1º, Lei n. 6.404, de 15.12.1976.

O CC/2002 pretendeu fazer mera referência à existência da sociedade anônima, como tipo diferenciado, caracterizado pela divisão do capital social em ações, títulos de participação de livre circulação e dotados de valor uniforme, bem como pela absoluta limitação de responsabilidade do acionista, o sócio. Cuida-se de sociedade de capital, em que a *affectio societatis*, isto é, o consentimento de agregação externado continuadamente pelos sócios, apresenta caráter objetivo, admitindo-se, de conformidade com a contribuição patrimonial conferida, uma pessoa no quadro social, pouco importando quais são suas qualidades individuais e a persistência de conhecimento pessoal e confiança recíproca. Seu nome não remete, inclusive, à identidade de qualquer dos sócios, surgindo um ente autônomo, uma pessoa jurídica com total independência patrimonial e funcional. A sociedade anônima constitui o tipo societário destinado à capitação da poupança pública, possibilitando, por meio de contribuições parciais bastante modestas, a reunião de imensas quantidades de riqueza e a realização de empreendimentos vultosos. Concebida na Idade Moderna como instrumento do desenvolvimento da circulação e da produção de bens em grande escala, ela sempre ostenta natureza empresarial. Mesmo que o objeto social seja, concretamente, não empresário, a sociedade anônima, como decorrência da forma assumida, apresentar-se-á como empresária, suportando todos os decorrentes deveres e auferindo os benefícios peculiares a um regime jurídico diferenciado (art. 982, parágrafo único). O presente artigo reproduz, pura e simplesmente, o disposto no art. 1º da Lei federal n. 6.404/76, que disciplina, detalhada e especificadamente, a sociedade por ações e, em particular, a sociedade anônima.

**Art. 1.089. A sociedade anônima rege-se por lei especial, aplicando-se-lhe, nos casos omissos, as disposições deste Código.**

A sociedade anônima oferece peculiaridades marcantes e apresenta grande quantidade de pormenores. Nesse sentido, foram estatuídas regras versando sobre o funcionamento de seus órgãos internos e sobre as relações mantidas entre sócios e terceiros e a própria pessoa jurídica, resguardada, necessariamente, a proteção do público investidor. O regramento das S.A., por isso, é especial, vigorando, nesse âmbito, legislação extravagante, sobressaindo, fundamentalmente, a Lei n. 6.404/76, bem como, com relação às hipóteses em que for exigida autorização governamental para funcionamento, os arts. 59 a 73 do antigo DL n. 2.627/40. Ao deixar o regramento da S.A. fora do CC, o legislador operou com prudência remarcável. O CC/2002 só incide, aqui, subsidiariamente, isto é, quando omissa a referida legislação extravagante, a qual, frise-se, apresenta grande potencial para alterações e aperfeiçoamentos constantes, não se adequando a um processo legislativo longo e espinhoso, próprio a um código, monumento legal volumoso e de difícil elaboração.

**Jurisprudência:** O texto da parte final do presente artigo sustenta o deferimento, em situações excepcionais, ausente qualquer liquidez das ações, da dissolução parcial de sociedades anônimas fechadas, "circunstancialmente anônimas", em especial quando são incluídas cláusulas estatutárias que inviabilizam sua livre circulação dos títulos de participação societária e está presente um caráter eminentemente familiar (STJ, REsp n. 917.531/RS, 4ª T., rel. Min. Luis Felipe Salomão, j. 17.11.2011; STJ, REsp n. 1.128.431-SP, 3ª T., rel. Min. Nancy Andrighi, j. 11.10.2011).

## CAPÍTULO VI
## DA SOCIEDADE EM COMANDITA POR AÇÕES

**Art. 1.090. A sociedade em comandita por ações tem o capital dividido em ações, regendo-se pelas normas relativas à sociedade anônima, sem prejuízo das modificações constantes deste Capítulo, e opera sob firma ou denominação.**

Legislação correlata: arts. 280 e 281, Lei n. 6.404, de 15.12.1976.

A sociedade em comandita por ações constitui último tipo societário naturalmente empresarial contemplado pelo CC/2002, estando, desde muito, sem um mínimo de utilização prática. Trata-se de um tipo híbrido, que reúne características extraídas das sociedades em comandita simples e anônima, ou seja, de uma sociedade de capitais e de uma sociedade de pessoas, bastante peculiar ao desenvolvimento da primeira Revolução Industrial na Europa continental. Há, portanto, categorias distintas de sócios-acionistas. O capital social, por um lado, é dividido em ações, títulos de participação de livre circulação e dotados de valor uniforme, mas não há, por outro lado, limitação plena da responsabilidade de todos os sócios. A *affectio societatis*, como vontade de agregação externada continuadamente pelos sócios, apresenta caráter objetivo diante daqueles meramente encarregados do fornecimento de suporte patrimonial para a realização do empreendimento eleito como objeto social (acionistas comanditários), enquanto outros, a quem é conferida a gestão e a presentação da pessoa jurídica criada, são escolhidos em razão de suas qualidades individuais e hão de manter atuação articulada e confiança recíproca, apresentando sua incorporação ao quadro social um caráter marcadamente subjetivo (acionistas comanditados). Seu nome pode remeter, inclusive, à identidade de um ou vários dos acionistas comanditados, persistindo, alternativamente, a opção entre a denominação e a firma, sempre utilizada a expressão "comandita por ações", ao final, por extenso ou abreviadamente. O CC/2002 manteve as regras básicas atinentes à comandita por ações, já constantes dos arts. 280 a 284 da Lei das S.A. (Lei n. 6.404/76), propondo incida, feitas as necessárias adaptações, o regramento peculiar à sociedade anônima sobre o presente tipo. Ressalte-se, por fim, que o presente artigo reproduz, em grande parcela, o disposto nos arts. 280 e 281 da Lei n. 6.404/76, cabendo realçar que aquele cujo nome civil foi usado para compor a firma sempre assumirá responsabilidade solidária e ilimitada pelas dívidas sociais, devendo, em princípio, na condição de acionista comanditado, ostentar poderes de gestão.

**Art. 1.091. Somente o acionista tem qualidade para administrar a sociedade e, como diretor, responde subsidiária e ilimitadamente pelas obrigações da sociedade.**

**§ 1º Se houver mais de um diretor, serão solidariamente responsáveis, depois de esgotados os bens sociais.**

**§ 2º Os diretores serão nomeados no ato constitutivo da sociedade, sem limitação de tempo, e somente poderão ser destituídos por deliberação de**

**acionistas que representem no mínimo dois terços do capital social.**

**§ 3º O diretor destituído ou exonerado continua, durante dois anos, responsável pelas obrigações sociais contraídas sob sua administração.**

Legislação correlata: art. 282, Lei n. 6.404, de 15.12.1976.

O presente artigo reproduz, em grande parte, o disposto no art. 282 da Lei das S.A. (Lei n. 6.404/76). A administração da sociedade em comandita por ações só pode ser exercida por acionistas e, mais ainda, em princípio, por acionistas comanditados, escolhidos como organizadores e gestores do empreendimento projetado e realizado. O estatuto da comandita por ações precisa identificar todos os comanditados, enquanto os comanditários não podem ser mencionados, exercendo os primeiros, sem mandato definido e como membros natos da diretoria, poderes de gestão, só podendo ser destituídos mediante específica deliberação, para a qual se exige *quorum* qualificado de dois terços do capital social. Os acionistas comanditários não estão terminantemente proibidos do exercício da administração, mas tal situação apresenta caráter excepcional e provoca a equiparação de sua responsabilidade à do comanditado, que, como diretor, sempre responderá ilimitadamente pelas dívidas sociais, restando-lhe apenas o benefício de ordem, ou seja, de exigir o prévio exaurimento do próprio patrimônio da pessoa jurídica, caracterizada a subsidiariedade. Diferentemente da sociedade anônima, a comandita por ações não conta, em sua estrutura interna, com um conselho de administração, sendo a diretoria o único órgão encarregado da gestão e todos os diretores assumem, entre si, solidariedade, colocando, em idêntico grau, seu patrimônio à disposição dos credores sociais. Ademais, como única inovação remarcável do atual texto legal, a responsabilidade própria aos diretores, conforme o § 3º, mesmo depois de deixarem o exercício da gestão, remanesce por um prazo suplementar de dois anos, contado sempre do arquivamento da ata da assembleia geral em que foi votada a deliberação, realizado perante a Junta Comercial competente.

**Art. 1.092. A assembleia geral não pode, sem o consentimento dos diretores, mudar o objeto essencial da sociedade, prorrogar-lhe o prazo de duração, aumentar ou diminuir o capital social, criar debêntures, ou partes beneficiárias.**

Legislação correlata: art. 283, Lei n. 6.404, de 15.12.1976.

Apesar de a assembleia geral de acionistas concentrar a atribuição de expressar, por meio de suas deliberações, a vontade do conjunto dos sócios, numa sociedade em comandita por ações, os acionistas encarregados da gestão social, ou seja, em princípio, os acionistas comanditados, com relação a algumas matérias, as quais permanecem especificamente elencadas no texto do presente artigo, ostentam poder de veto. Em razão de sua responsabilidade ilimitada pelas dívidas sociais e de sua vinculação pessoal ao empreendimento realizado pela pessoa jurídica, os acionistas comanditados ostentam uma posição proeminente e, por isso, sem aquiescência expressa, ficam inviabilizadas alterações contratuais de relevo, que possam interferir, mesmo indiretamente, em sua atuação funcional, em sua responsabilidade ou em suas vantagens. A discordância de qualquer um dos diretores da comandita por ações interdita, então, seja conferida eficácia à deliberação aprovada, desde que ela verse sobre:

a) mudança do objeto essencial da sociedade, ou seja, de sua área de atuação empresarial;

b) prorrogação do prazo de duração, se houver, perdurando, por um espaço de tempo suplementar, os deveres e os ônus decorrentes da função de diretor;

c) aumento ou diminuição do capital social, o que redunda em alteração da grandeza da responsabilidade subsidiária dos diretores;

d) criação de debêntures ou partes beneficiárias, o que implica, no primeiro caso, maior responsabilidade pessoal do diretor e, no segundo, potencial redução das vantagens decorrentes da distribuição de lucros auferidos.

Reproduz-se, aqui, em grande parcela, o disposto no art. 283 da Lei das S.A. (Lei n. 6.404/76), que ainda acrescenta, como hipótese de veto dos diretores, a integração em grupo de sociedades, dada a potencial subordinação da comandita por ações a diretrizes fixadas externamente, na convenção grupal.

## CAPÍTULO VII
## DA SOCIEDADE COOPERATIVA

**Art. 1.093. A sociedade cooperativa reger-se-á pelo disposto no presente Capítulo, ressalvada a legislação especial.**

As sociedades cooperativas foram disciplinadas nos arts 1.093 a 1.096, em que estão estatuídas normas básicas, que não revogaram o disposto na Lei n. 5.764/71, principal diploma legal regente da matéria. Criada no século XIX e introduzida no Brasil pelo Decreto n. 1.637/07, as cooperativas ganharam destaque especial no meio rural. Trata-se de um tipo societário peculiar, derivado do fenômeno da mutualidade, destituído do escopo lucrativo, de natureza não empresária e cuja função primordial é a de criar um ambiente econômico adequado ao desenvolvimento da atividade de seus sócios, os quais fornecem suporte à manutenção da pessoa jurídica por meio de sua contribuição individual, na forma de serviços ou de bens. Os sócios-cooperados não pretendem, aqui, extrair lucros, mas, isso sim, obter benefícios outros, tais quais a facilidade da comercialização de mercadorias e melhor acesso à assistência técnica e à tecnologia. Há, portanto, um incremento qualitativo comum na atividade realizada isoladamente por cada um dos cooperados, que assumem, ao mesmo tempo, as posições de partícipes do quadro social e de clientes exclusivos da pessoa jurídica criada.

**Art. 1.094. São características da sociedade cooperativa:**

**I – variabilidade, ou dispensa do capital social;**

**II – concurso de sócios em número mínimo necessário a compor a administração da sociedade, sem limitação de número máximo;**

**III – limitação do valor da soma de quotas do capital social que cada sócio poderá tomar;**

**IV – intransferibilidade das quotas do capital a terceiros estranhos à sociedade, ainda que por herança;**

**V – *quorum*, para a assembleia geral funcionar e deliberar, fundado no número de sócios presentes à reunião, e não no capital social representado;**

**VI – direito de cada sócio a um só voto nas deliberações, tenha ou não capital a sociedade, e qualquer que seja o valor de sua participação;**

**VII – distribuição dos resultados, proporcionalmente ao valor das operações efetuadas pelo sócio com a sociedade, podendo ser atribuído juro fixo ao capital realizado;**

**VIII – indivisibilidade do fundo de reserva entre os sócios, ainda que em caso de dissolução da sociedade.**

Legislação correlata: art. 4º, Lei n. 5.764, de 16.12.1971.

Nos oito incisos do presente artigo, são inventariadas, sem maiores detalhes, características fundamentais das sociedades cooperativas. São elas:

a) capital social variável ou ausente;

b) limitação de um mínimo e ilimitação do máximo de membros da administração da pessoa jurídica;

c) total proibição da cessão de quotas de capital a terceiros, só se facultando seu resgate ou transferência a outros cooperados;

d) exercício de voto individualizado ("por cabeça"), dependendo a instalação da assembleia geral e suas deliberações de *quorum* fundado na simples presença quantitativa de sócios-cooperados;

e) ausência da distribuição de lucros, percebendo os sócios-cooperados vantagens em proporção ao número de operações realizadas com a própria cooperativa;

f) indivisibilidade de fundo de reserva constituído.

O estabelecimento de *quorum* fundado na simples presença de cooperados, a limitação de número mínimo de componentes dos órgãos de administração e a completa intransferibilidade das quotas, mesmo que por sucessão hereditária, quando feita uma comparação com a Lei n. 5.764/71, constituem inovações que visam a aprimorar o regramento das sociedades cooperativas, devendo-se entender como revogados os incisos do art. 4º de tal diploma legal. A possibilidade de uma cooperativa não ostentar capital, cuja previsão foi introduzida pelo primeiro inciso deste artigo, contrasta, por sua vez, a absoluta necessidade de manutenção de suporte material para a subsistência de qualquer pessoa jurídica, mediante a contribuição de seus sócios.

**Jurisprudência:** 1 – O óbice de transferência a terceiros, imposto pelo inciso IV deste artigo e pelo art. 4º, IV, da Lei n. 5.764/71, não impede a penhora das quotas da sociedade cooperativa, desde que aplicadas as regras próprias a tal tipo societário, facultada à pessoa jurídica a remissão da execução, a remissão do bem ou, ainda, conceder, aos demais cooperados, a preferência na aquisição. Assegura-se, ao credor, por fim, caso não haja solução satisfatória, a possibilidade de requerer a liquidação da quota (STJ, REsp n. 1.278.715/PR, 3ª T., rel. Min. Nancy Andrighi, j. 11.06.2013). 2 – Em consonância com a parte final do inciso II deste artigo, em 04.10.2019, foi editado o Enunciado X do Grupo de Câmaras Reservadas de Direito Empresarial do TJSP: "A exigência de aprovação em processo seletivo ou de realização de curso de cooperativismo como condição de ingresso em cooperativa não tem base legal e viola o princípio das portas abertas". Há, no entanto, julgados em sentido diverso, destacando que o princípio das portas abertas comporta duas exceções de restrição ao ingresso de novos profissionais, uma referente à logística da prestação de serviços pela cooperativa, de acordo com seus limites técnico-operacionais e outra relacionada ao preenchimento de regras estatutárias limitativas de certas atividades (STJ, REsp n. 1.396.255/SE, 4ª T., rel. Min. Isabel Gallotti, j. 14.12.2021).

**Art. 1.095. Na sociedade cooperativa, a responsabilidade dos sócios pode ser limitada ou ilimitada.**

**§ 1º É limitada a responsabilidade na cooperativa em que o sócio responde somente pelo valor de suas quotas e pelo prejuízo verificado nas operações sociais, guardada a proporção de sua participação nas mesmas operações.**

**§ 2º É ilimitada a responsabilidade na cooperativa em que o sócio responde solidária e ilimitadamente pelas obrigações sociais.**

Legislação correlata: arts. 11 e 12, Lei n. 5.764, de 16.12.1971.

Numa sociedade cooperativa, a responsabilidade dos sócios é definida por meio de uma opção estatutária, feita em cláusula específica, quando da constituição da pessoa jurídica, persistindo grande variabilidade. A responsabilidade do cooperado pode ser limitada e ficar circunscrita apenas à quota de capital de sua titularidade e à transferência patrimonial eventualmente decorrente das operações sociais de que foi beneficiário, mas pode, também, de acordo com a vontade expressa no estatuto, ser ilimitada e solidária, servindo o patrimônio pessoal dos cooperados como garantia pelo pagamento das dívidas sociais. Há a possibilidade, também, de mesclar sócios das duas categorias numa única sociedade cooperativa, convivendo, no mesmo quadro social, alguns cooperados com responsabilidade ilimitada e outros com responsabilidade limitada, à semelhança do que ocorre nas sociedades em comandita simples e por ações. Ressalte-se que o CC/2002 nada menciona acerca da responsabilidade residual, subsistente após o desligamento de determinado cooperado do quadro social, permanecendo vigente, nesse âmbito, o art. 36 da Lei n. 5.764/71, segundo o qual remanesce a vinculação do sócio, tratando-se de retirada voluntária, até a aprovação das contas do exercício e de seus herdeiros, diante do falecimento, pelo prazo de um ano da abertura da sucessão.

**Jurisprudência:** O rateio de prejuízo, após apuração em balanço anual e aprovação em assembleia geral de cooperados, pode ser objeto de cobrança judicial, com prazo prescricional de dez anos, dada a natureza pessoal do direito invocado (TJSP, Ap. n. 0025593-18.2012.8.26.0032, 2ª Câm. de Dir. Empres., rel. Des. Ligia Araújo Bisogni, *DJe* 25.2.2014; TJSP, Ap. n. 0023402-97.2012.8.26.0032, 2ª Câm. de Dir. Empres., rel. Des. José Reynaldo, *DJe* 11.11.2013).

**Art. 1.096. No que a lei for omissa, aplicam-se as disposições referentes à sociedade simples, resguardadas as características estabelecidas no art. 1.094.**

Apesar de existir disciplina detalhada da sociedade cooperativa, constante da Lei n. 5.764/71, não há como esgotar todas as hipóteses viabilizadas pela execução do contrato celebrado. Estabeleceu-se, por isso, uma regência supletiva, incidente sempre quando identificada uma lacuna no regramento do tipo escolhido. Para tal regência supletiva, o legislador optou, num primeiro momento, por fazer incidir as normas concebidas para a sociedade simples (arts. 997 a 1.038), dada sua natureza não empresarial. Hão de ser respeitadas, porém, as características peculiares à cooperativa, tal qual assinaladas pelo art. 1.094, procurando-se sempre aferir a persistência de compatibilidade. O estatuto não pode dispor em sentido diverso, indicando, substitutivamente, o regramento de qualquer outro tipo societário – por exemplo, o das sociedades anônimas – como supletivo. Tal cláusula deve ser considerada nula, reconhecida a natureza cogente do comando inserido no presente artigo.

## CAPÍTULO VIII
## DAS SOCIEDADES COLIGADAS

**Art. 1.097. Consideram-se coligadas as sociedades que, em suas relações de capital, são controladas, filiadas, ou de simples participação, na forma dos artigos seguintes.**

Legislação correlata: art. 243, Lei n. 6.404, de 15.12.1976.

No presente capítulo, o CC/2002 cuidou de uma das facetas do relacionamento intersocietário, aquela derivada da hipótese de uma sociedade personalizada ostentar a qualidade de sócia e ser titular de uma participação no capital de outra sociedade personalizada, fazendo surgir uma situação jurídica particular, em que os entes imateriais são utilizados como instrumentos para concentrar, articular e dominar o maior volume de riqueza possível. O regramento enfocado é, porém, bastante superficial, fornecendo apenas definições e cristalizando algumas regras cogentes apenas no art. 1.101, sem a preocupação, por exemplo, de dispor sobre o fenômeno dos grupos de sociedades, que estabelece, comumente, uma atuação conjugada de atividades, seja pelo exercício do poder de controle detido por uma das sociedades (grupos de subordinação), seja por simples ajuste contratual (grupos de coordenação). O legislador preferiu, aqui, deixar de lado a classificação já constante da Lei das S.A. (arts. 243 a 278 da Lei n. 6.404/76) e englobou todas as possíveis variações em um gênero único, o da coligação. A coligação caracteriza-

-se, pura e simplesmente, quando uma sociedade personalizada é titular, em qualquer proporção, de parcela do capital de outra. Foram estabelecidas três espécies de coligação, em conformidade com a relação concreta mantida entre as duas pessoas jurídicas. Discriminam-se, assim, as relações mantidas entre uma sociedade controlada e outra controladora; as relações estabelecidas entre duas sociedades filiadas; e as relações decorrentes da manutenção de uma simples participação, o que é objeto dos arts. 1.098 a 1.100. Frise-se, por fim, que a coligação, como fenômeno jurídico, é muito mais comum entre as sociedades empresárias, mas pode se estabelecer, também, entre sociedades simples, não fazendo o CC/2002 qualquer restrição a esse propósito.

**Art. 1.098. É controlada:**

**I – a sociedade de cujo capital outra sociedade possua a maioria dos votos nas deliberações dos quotistas ou da assembleia geral e o poder de eleger a maioria dos administradores;**

**II – a sociedade cujo controle, referido no inciso antecedente, esteja em poder de outra, mediante ações ou quotas possuídas por sociedades ou sociedades por esta já controladas.**

Legislação correlata: arts. 116 e 243, Lei n. 6.404, de 15.12.1976.

Pretende-se, no presente artigo, conceituar a sociedade controlada, submetida ao poder de disposição de uma sociedade controladora, mediante uma relação de subordinação direta ou indireta. O primeiro dos incisos cuida da subordinação direta, assinalando sua consecução quando dois diferentes eventos são conjugados: a sociedade controladora, num primeiro plano, detém a maioria de votos para a aprovação das deliberações comuns, ostentando o potencial de dirigir, com exclusividade, os destinos da sociedade controlada; em razão da quantidade de votos detidos, a sociedade controladora, num segundo plano, ostenta o potencial de eleger a maioria dos administradores da sociedade controlada. O segundo e último dos incisos trata da subordinação indireta, a qual é obtida por intermédio de outras sociedades personificadas, formando-se um sistema superposto de transmissão do poder de controle. Com efeito, os votos suficientes para a aprovação das deliberações comuns e para eleger os administradores da sociedade caracterizada como controlada são de titularidade de uma ou mais sociedades também controladas, resultando, enfim, na transmissão do poder de controle a outra pessoa jurídica, que pode, inclusive, não se qualificar como sócia e, ainda assim, apresentar o potencial de dirigir os destinos da sociedade controlada. Não é preciso, aqui, o uso efetivo do poder de controle conferido, bastando, para a caracterização da relação de subordinação direta ou indireta, que se viabilizem, com caráter de permanência, as duas circunstâncias assinaladas, isto é, que a vontade externada pela sociedade controladora seja determinante para o teor das deliberações tomadas no âmbito dos órgãos da sociedade controlada e para a escolha dos componentes de sua administração. O § 2º do art. 243 da Lei das S.A. (Lei n. 6.404/76) traz definição similar. Feita uma comparação com o dispositivo constante da legislação especial, há somente uma minúscula diferença redacional, pois é feita referência à "preponderância nas deliberações sociais" como elemento caracterizador da relação de subordinação, enquanto este artigo remete à "maioria dos votos nas deliberações dos quotistas ou da assembleia geral", mas sem maior relevância. Por maioria, deve-se entender a simples superioridade numérica de votos, o que nada mais é que a preponderância constante do antigo texto de lei.

**Art. 1.099. Diz-se coligada ou filiada a sociedade de cujo capital outra sociedade participa com dez por cento ou mais, do capital da outra, sem controlá-la.**

Legislação correlata: art. 243, Lei n. 6.404, de 15.12.1976.

Entre as espécies de coligação em sentido amplo, cuida-se, aqui, de definir a filiação ou a coligação em sentido estrito, sendo ambas as expressões usadas como sinônimas. Entre sociedades filiadas, persiste, mesmo que não se concretizem, uma relação de controle e uma atuação absolutamente uniformizada, uma composição de interesses comuns, decorrentes da persistência de uma participação relevante no capital social de uma das pessoas jurídicas e de titularidade de outra, mantida com caráter de permanência. Assim, a sorte de uma das sociedades influencia o sucesso da outra. Para a identificação da filiação, o legislador adotou um duplo critério, quantitativo e qualitativo. Toda filiação depende, quantitativamente, de que seja uma sociedade titular de uma participação no capital social de outra em montante superior a dez por cento e, qualitativamente, não seja exercido poder de controle, tal qual delineado pelo artigo antecedente e caracterizado pela detenção de votos suficientes para a aprovação das deliberações comuns e para a eleição da maior parte dos administradores da sociedade controlada. A participação inferior a dez por cento é insuficiente, portanto, de acordo com o texto legal, para gerar uma agregação mais profunda entre as sociedades, assim como, se, em razão de uma participação minoritária, for exercido poder de controle efetivo, será excluída a filiação, enquadrando-se a hipótese no art. 1.098. Ressalte-se que o § 1º do art. 243 da Lei das S.A. (Lei n. 6.404/76) apresenta definição totalmente coincidente com a presente, não tendo o CC/2002 inovado na matéria.

**Art. 1.100. É de simples participação a sociedade de cujo capital outra sociedade possua menos de dez por cento do capital com direito de voto.**

Legislação correlata: art. 243, Lei n. 6.404, de 15.12.1976.

A simples participação constitui a terceira espécie de coligação em sentido amplo, caracterizando uma ligação de menor relevância e de resultados escassos para ambas as sociedades envolvidas. De acordo com o texto legal, a simples participação surgirá quando uma sociedade for titular de uma participação no capital votante de outra em montante inferior a 10% e, ao mesmo tempo, não seja exercido poder de controle, caracterizado pela detenção de votos suficientes para a aprovação das deliberações comuns e para a eleição da maior parte dos administradores da sociedade qualificada como controlada. Trata-se de um novo conceito, sem correspondência na legislação societária anterior ao CC/2002, para o qual não há, ainda, previsão de qualquer disciplina específica.

**Art. 1.101. Salvo disposição especial de lei, a sociedade não pode participar de outra, que seja sua sócia, por montante superior, segundo o balanço, ao das próprias reservas, excluída a reserva legal.**

**Parágrafo único. Aprovado o balanço em que se verifique ter sido excedido esse limite, a sociedade não poderá exercer o direito de voto correspondente às ações ou quotas em excesso, as quais devem ser alienadas nos cento e oitenta dias seguintes àquela aprovação.**

Legislação correlata: art. 244, Lei n. 6.404, de 15.12.1976.

A participação recíproca apresenta-se como uma situação francamente repudiada pela legislação societária, dadas a sobreposição de ativos e a anulação dos capitais investidos, e foi restringida, de maneira genérica e grave, pelo presente artigo. Caracterizada qualquer das três espécies de coligação em sentido amplo, previstas nos artigos antecedentes, uma sociedade personalizada que já tem como sócia outra sociedade personificada só poderá ser titular de direitos de sócio desta outra até o limite do valor igual ao das reservas de capital, constituídas a partir dos resultados acumulados em exercícios pretéritos. Tal limite é, evidentemente, flexível, pois será apurado ao final de cada exercício, quando elaborado o balanço patrimonial, como demonstração contábil obrigatória e destinada à apuração da composição detalhada e completa do ativo e do passivo da pessoa jurídica (arts. 1.020, 1.065, 1.179 e 1.188), excluídas sempre as chamadas reservas legais, impostas por lei e utilizadas exclusivamente para aumentar o capital ou compensar prejuízos apurados. Enquanto mantida a participação recíproca, se superado o referido limite, fica excluído o direito de voto decorrente do excesso caracterizado. Reduz-se, provisoriamente, o chamado capital votante de uma das sociedades e, ao mesmo tempo, impõe-se, com caráter de obrigatoriedade absoluta, a alienação das quotas ou ações correspondentes, em um prazo de 180 dias, contado da aprovação do balanço caracterizador do excesso enfocado. Se violados os comandos inseridos no parágrafo único, a responsabilidade civil dos administradores da sociedade respectiva estará configurada, desde que produzidos danos emergentes ou lucros cessantes efetivos, envolvendo-os solidariamente, aplicando-se, por analogia, o disposto no § 6º do art. 244 da Lei das S.A. (Lei n. 6.404/76). Ressalte-se, aliás, que o referido art. 244, por conter disciplina especial, resguardando condições específicas para que as companhias, em caráter excepcional e provisório, mantenham participações recíprocas, continua vigente.

## CAPÍTULO IX
## DA LIQUIDAÇÃO DA SOCIEDADE

**Art. 1.102. Dissolvida a sociedade e nomeado o liquidante na forma do disposto neste Livro, procede-se à sua liquidação, de conformidade com os preceitos deste Capítulo, ressalvado o disposto no ato constitutivo ou no instrumento da dissolução.**

**Parágrafo único. O liquidante, que não seja administrador da sociedade, investir-se-á nas funções, averbada a sua nomeação no registro próprio.**

Legislação correlata: art. 344 (*revogado*), CCom.

A liquidação constitui o procedimento utilizado para a solução de todos os negócios sociais e partilha do capital social acumulado, dando fim definitivo à pessoa jurídica criada com a vontade formal já externada pelos sócios. O presente capítulo traz um regramento específico para o procedimento de liquidação, circunscrito entre os arts. 1.102 e 1.112, frisando-se, aqui, que as normas enfocadas ostentam caráter eminentemente dispositivo e se referem, de forma quase exclusiva, à dissolução amigável e extrajudicial. Os sócios podem, concretamente, estabelecer regras aplicáveis à liquidação da sociedade de que participam, seja previamente, no próprio instrumento contratual, seja no momento inicial do procedimento, quando, por meio de um ajuste amigável, for elaborado um instrumento de dissolução. Tais regras concretas apresentam superioridade com relação às legais, podendo até contrariá-las. Dois requisitos são essenciais à liquidação. Só é possível iniciá-la, em primeiro lugar, diante do advento de uma das causas previstas na lei ou em cláusula inserida no instrumento inscrito (arts. 1.033, 1.034, 1.035, 1.044, 1.051 e 1.087) e da prévia extinção do próprio contrato de sociedade, concretizando a dissolução. Não há prazo para seu término, pois débitos e créditos não se vencem antecipadamente, sendo necessário aguardar o amadurecimento de todas as operações em andamento ou, pelo menos, celebrar cessões das posições contratuais e a cessão ou assunção das obrigações. Todo esse procedimento é dirigido, em segundo lugar, por uma pessoa escolhida antecipada e livremente pelos sócios (art. 1.038), que ganha o nome de liquidante, concentrando os poderes suficientes e necessários à solução total das pendências e à realização do rateio patrimonial. O liquidante, dadas as facilidades geradas pelo conhecimento pessoal e prévio do teor dos negócios sociais, é, geralmente, um administrador, mas nada impede seja designada pessoa estranha, o que exige apenas sejam tomadas providências atinentes à plena publicidade do fato, pois a presentação da sociedade em liquidação, com todas suas restrições peculiares, sofrerá uma ruptura e uma alteração, passando a ser mantido contato com terceiros por meio de indivíduo até então destituído de poderes. Nesse sentido, o parágrafo único prevê, como requisito de validade da investidura do liquidante não administrador, isto é, ao regular o início de sua atuação, o registro de sua nomeação, promovido, de acordo com a natureza da sociedade, mediante a exibição de documento escrito expositivo da vontade coletiva dos sócios, para arquivamento em Junta Comercial ou para averbação perante oficial de registro civil de pessoa jurídica.

**Jurisprudência:** 1 – A responsabilidade dos sócios da pessoa jurídica extinta, como responsáveis por seu passivo e ativo, decorre da assunção pessoal dos direitos e obrigações da sociedade que não mais existe (TJDFT, AI n. 20130020243307 (767737), rel. Des. Carmelita Brasil, *DJe* 14.3.2014). 2 – Promovida a formal extinção da pessoa jurídica, com a elaboração de distrato social contendo declaração inverídica de satisfação integral do passivo, subsiste a responsabilidade ilimitada dos antigos sócios, sem a necessidade de se cogitar de desconsideração da personalidade (TJSP, AI n. 2186914-41.2023.8.26.0000, 11ª Câm. de Dir. Priv., rel. Des. José Wilson Gonçalves, j. 02.10.2023).

---

**Art. 1.103. Constituem deveres do liquidante:**

**I – averbar e publicar a ata, sentença ou instrumento de dissolução da sociedade;**

**II – arrecadar os bens, livros e documentos da sociedade, onde quer que estejam;**

**III – proceder, nos quinze dias seguintes ao da sua investidura e com a assistência, sempre que possível, dos administradores, à elaboração do inventário e do balanço geral do ativo e do passivo;**

**IV – ultimar os negócios da sociedade, realizar o ativo, pagar o passivo e partilhar o remanescente entre os sócios ou acionistas;**

**V – exigir dos quotistas, quando insuficiente o ativo à solução do passivo, a integralização de suas quotas e, se for o caso, as quantias necessárias, nos limites da responsabilidade de cada um e proporcionalmente à respectiva participação nas perdas, repartindo-se, entre os sócios solventes e na mesma proporção, o devido pelo insolvente;**

**VI – convocar assembleia dos quotistas, cada seis meses, para apresentar relatório e balanço do estado da liquidação, prestando conta dos atos praticados durante o semestre, ou sempre que necessário;**

**VII – confessar a falência da sociedade e pedir concordata, de acordo com as formalidades prescritas para o tipo de sociedade liquidanda;**

**VIII – finda a liquidação, apresentar aos sócios o relatório da liquidação e as suas contas finais;**

**IX – averbar a ata da reunião ou da assembleia, ou o instrumento firmado pelos sócios, que considerar encerrada a liquidação.**

**Parágrafo único. Em todos os atos, documentos ou publicações, o liquidante empregará a firma ou denominação social sempre seguida da cláusula "em liquidação" e de sua assinatura individual, com a declaração de sua qualidade.**

---

Legislação correlata: art. 345 (*revogado*), CCom.

O liquidante assume funções de administração, ostentando todos os deveres de probidade, de retidão e de eficiência próprios a um administrador, o que, no entanto, não impede sejam identificados e atribuídos deveres peculiares ou específicos, próprios a sua função. Foram arrolados, no presente artigo, os deveres específicos do liquidante, distribuídos em nove incisos e no parágrafo único, podendo ser reunidos em três categorias:

a) Há os deveres de publicidade ou divulgação da marcha do procedimento de liquidação, dada a necessidade de alertar terceiros acerca da transitoriedade ou da provisoriedade das situações mantidas pela pessoa jurídica em vias de extinção. O liquidante deve, portanto, levar os documentos atinentes à dissolução e ao início e ao final do procedimento em apreço a registro, perante Junta Comercial ou Oficial de Registro Civil de Pessoa Jurídica, conforme a natureza empresária ou não empresária da sociedade, utilizando sempre, em cada ato praticado, a expressão "em liquidação" ao lado do nome da sociedade, denunciando sua qualidade (incisos I e IX e parágrafo único).

b) Há deveres funcionais essenciais, atinentes ao exercício das atribuições internas à sociedade em liquidação, ou seja, relativos à solução dos negócios sociais e à adequada conferência dos direitos patrimoniais aos sócios. Deve ser promovida a arrecadação dos livros contábeis e dos bens do ativo, o que possibilita a elaboração de um inventário e de um balanço patrimonial especial, aferindo-se as pendências restantes, para que, sequencialmente, a alienação dos direitos de titularidade da sociedade seja conjugada ao pagamento do passivo. Em virtude de tal empreitada, o liquidante prestará, cada seis meses e no final, contas de quanto efetivado, partilhando o remanescente apurado ou exigindo dos sócios, ante um resultado final negativo e conforme suas responsabilidades contratuais, os valores necessários ao adimplemento das dívidas sociais (incisos II a VI e VIII).

c) Há um dever funcional acidental, consistente na dedução da confissão de falência ou na apresentação de requerimento de recuperação judicial da empresa, diante da constatação de uma situação de crise financeira da sociedade empresarial e ressalvada a necessidade de interpretação do texto legal em consonância com a Lei n. 11.101/2005, dispensando-se, no caso, a aquiescência dos sócios (inciso VII).

Durante todo o transcurso da liquidação, o liquidante assume o posto de figura central do procedimento, dando-lhe vida e coordenando-o, sempre vinculado aos deveres aqui assinalados, até que sejam aprovados o relatório e as contas finais oferecidos aos sócios, o que faz cessar suas atribuições. Os deveres funcionais essenciais apresentam certa similitude com a atuação do síndico na falência, em razão da presença de uma única finalidade, a de solver dado patrimônio, cabendo frisar, também, feita uma comparação com o texto dos arts. 345 e 346 do CCom, que o CC/2002 apenas fez uma enumeração mais detalhada e suprimiu ou tornou mais elásticos os prazos concedidos pela legislação revogada para a elaboração de inventário dos bens e prestação de contas, sem trazer inovações de monta.

Ressalva-se, quanto à liquidação judicial, a revogação do art. 660 do CPC/39, suprimido o antigo rito processual especial, matéria já tratada nos comentários ao art. 1.111, o que resultou na ausência de específica previsão da figura do liquidante, disciplinada, aqui, no âmbito da liquidação extrajudicial.

**Jurisprudência:** Na liquidação de sociedade limitada, mesmo diante do disposto no inciso V deste artigo, não cabe, normalmente, solicitar aportes dos sócios para suprir a insuficiência do ativo perante o passivo, devendo ser, simplesmente, vendidos os ativos existentes e feito o pagamento proporcional do passivo, respeitadas preferências. (TJSP, AI n. 99010065210-9, 4ª Câm. de Dir. Priv., rel. Des. Francisco Loureiro, j. 10.06.2010)

---

**Art. 1.104. As obrigações e a responsabilidade do liquidante regem-se pelos preceitos peculiares às dos administradores da sociedade liquidanda.**

---

Diante da similitude de suas posições jurídicas, assumindo ambos gestão de bens alheios, as regras atinentes à conduta e à responsabilidade do liquidante são exatamente as mesmas já estabelecidas para o administrador. Nesse sentido, dos liquidantes é exigida, de acordo com o art. 1.011, a manutenção de um padrão de conduta idêntico ao dos administradores, ou seja, pautado pela retidão e pelo cuidado próprios ao "homem ativo e probo" (bom homem de negócios) e, com base em tal paradigma jurídico, cabe avaliar, quando do resultante prejuízo de uma operação realizada, se as perdas podem ser imputadas, concretamente, ao liquidante. Aplica-se o disposto no art. 1.016. Persistente uma conduta negligente, imprudente ou imperita (art. 181) ou, com mais razão, a intenção de prejudicar, materializando a culpa em sentido amplo, surge, conjugado o dano emergente ou o lucro cessante, responsabilidade civil do liquidante. Nasce, então, o dever de indenizar a pessoa jurídica e, eventualmente, terceiros, o qual é atribuído não apenas ao liquidante faltoso, mas ao conjunto de todos os encarregados da solução dos negócios sociais. Forma-se, assim, em face da pluralidade de liquidantes, entre todos eles, uma relação de solidariedade, protegendo mais firmemente a própria sociedade e os terceiros, descabida, mesmo inserida cláusula contratual expressa e contrária, a isenção da responsabilidade de quaisquer dos liquidantes. Todos eles colocarão seu patrimônio pessoal à disposição do adimplemento da obrigação gerada pelo ilícito consumado.

**Art. 1.105. Compete ao liquidante representar a sociedade e praticar todos os atos necessários à sua liquidação, inclusive alienar bens móveis ou imóveis, transigir, receber e dar quitação.**

**Parágrafo único. Sem estar expressamente autorizado pelo contrato social, ou pelo voto da maioria dos sócios, não pode o liquidante gravar de ônus reais os móveis e imóveis, contrair empréstimos, salvo quando indispensáveis ao pagamento de obrigações inadiáveis, nem prosseguir, embora para facilitar a liquidação, na atividade social.**

Legislação correlata: art. 351 (*revogado*), CCom.

O presente artigo discrimina os poderes do liquidante, expondo, no *caput*, seus poderes ordinários ou gerais e, no parágrafo único, os poderes extraordinários ou especiais que, eventualmente, podem lhe ser atribuídos. Uma vez investido, ao liquidante cabe realizar a presentação da sociedade, concentrando em si, no curso de todo o procedimento enfocado, a exteriorização da vontade da pessoa jurídica em extinção. Essa atuação tem a finalidade precípua de solucionar, com o menor dispêndio possível e no prazo mais exíguo, as operações sociais pendentes, razão pela qual o liquidante, necessariamente, deverá, antes de mais nada, ser investido nos poderes suficientes para promover a alienação dos bens do ativo, independentemente de sua natureza móvel ou imóvel, receber o pagamento dos créditos mantidos com terceiros, fornecendo, evidentemente, quitação, celebrar transações e efetuar o pagamento dos débitos, atribuição esta tratada pormenorizadamente no próximo artigo. Tais poderes apresentam caráter geral ou ordinário e permanecem conjugados aos deveres funcionais essenciais, explicitados pelos incisos II a VI e VIII do art. 1.103. Além desses poderes, os sócios podem, mediante autorização específica constante de cláusula inserida previamente no instrumento do contrato social ou deliberação aprovada pela maioria absoluta de votos dos sócios, conferir poderes especiais ou extraordinários ao liquidante, sem os quais ele não poderá, validamente, praticar os atos enumerados no parágrafo único. O liquidante dotado apenas de poderes gerais ou ordinários está proibido de instituir hipoteca, penhor ou anticrese sobre bens do ativo, celebrar contratos de mútuo (exceção feita às situações de urgência extrema) ou prosseguir na atividade social, mesmo que pretenda, com isso, facilitar a liquidação. A liquidação paralisa, naturalmente, as atividades derivadas do objeto social escolhido pelos sócios quando da celebração do contrato extinto pela dissolução já ocorrida, não se justificando, na generalidade dos casos, atos que possam criar novas pendências ou estender as existentes por um período de tempo suplementar. Resulta, daí, a distinção constante do texto legal, que, em síntese, reproduz as diretrizes já fixadas pelo art. 351 do CCom.

**Jurisprudência:** Iniciada a liquidação, uma citação não pode, sob pena de invalidade, ser feita na pessoa do antigo sócio administrador. É o liquidante quem tem poderes para representar a sociedade em liquidação e uma citação, para ser válida, lhe deve ser dirigida. (TJPR, Ap. n. 0001757-81.2018.8.16.0000, 18ª Câm. Cível, rel. Des. Vitor Roberto Silva, j. 14.11.2018)

**Art. 1.106. Respeitados os direitos dos credores preferenciais, pagará o liquidante as dívidas sociais proporcionalmente, sem distinção entre vencidas e vincendas, mas, em relação a estas, com desconto.**

**Parágrafo único. Se o ativo for superior ao passivo, pode o liquidante, sob sua responsabilidade pessoal, pagar integralmente as dívidas vencidas.**

Entre as incumbências naturalmente atribuídas ao liquidante está o pagamento das dívidas sociais, ou seja, o adimplemento dos débitos mantidos diante de terceiros e a extinção de todo passivo acumulado, como prescrito pelo inciso IV do art. 1.103. Duas diferentes situações, perante o cumprimento de tal incumbência, são identificadas e regradas. Enquanto o *caput* do presente artigo disciplina a hipótese de patrimônio negativo, o parágrafo único prevê a apuração de remanescente positivo. Caso o ativo seja superior ao passivo, será efetivado, por meio de apuração contábil específica, por ato do liquidante e sob sua responsabilidade pessoal, o exato adimplemento de todas as dívidas acumuladas pela sociedade em liquidação, possibilitada a posterior partilha do remanescente positivo apurado. Aguarda-se, então, respeitado o já pactuado, o vencimento de cada dívida e efetiva-se seu pagamento e, caso aceita antecipação, procede-se ao pagamento mediante desconto ajustado. A situação oferece maior simplicidade e deixa pouca margem para o surgimento de litígios. Caso, ao contrário, o passivo seja superior ao ativo, além de se viabilizar, dependendo do tipo social adotado, sejam exigidos valores suplementares a sócios, esse pagamento, ao menos sem o aporte de novas quantias externas, não poderá ser integral. Os credores deverão perceber os valores correspondentes mediante rateio, calculada a participação proporcional de cada dívida no total do passivo acumulado e respeitada a prioridade dos titulares de direitos reais de garantia e dos credores fiscais, previdenciários e trabalhistas, tidos como preferenciais. Ressalte-se que não apenas as dívidas vencidas, de exigibilidade atual, serão pagas em tal rateio, mas, também, as vincendas, de exigibilidade futura, deverão, na medida do possível, ser adimplidas imediatamente, se bem que estas últimas sempre sofrerão abatimento no valor, de acordo com o tempo faltante para cada vencimento (*pro rata*), considerando-se a disponibilidade antecipada da quantia devida como um benefício inesperado para o credor. O liquidante preparará, então, os cálculos relativos ao rateio e, com base na apuração contábil realizada, efetuará os pagamentos. A discordância de qualquer dos credores conduzirá, contudo, a uma solução judicial das pendências. Ademais, a insolvência da sociedade em liquidação implica, diante de sua natureza empresária, o dever do liquidante de requerer a autofalência (art. 1.103, VII), ao mesmo tempo em que a pequena disponibilidade de caixa pode gerar a necessidade de ser postulada, se for o caso, a recuperação judicial da empresa.

**Art. 1.107. Os sócios podem resolver, por maioria de votos, antes de ultimada a liquidação, mas depois de pagos os credores, que o liquidante faça rateios por antecipação da partilha, à medida que se apurem os haveres sociais.**

Legislação correlata: art. 349 (*revogado*), CCom.

Verificada a superioridade do ativo sobre o passivo da sociedade em liquidação, ou seja, caracterizada a hipótese prevista no parágrafo único do artigo anterior, restará, ao final, uma vez pagas as dívidas sociais e alienados os bens componentes do ativo, um remanescente a ser partilhado entre os sócios. A partilha do remanescente é organizada pelo liquidante, com a rigorosa observância de proporcionalidade para com a participação de cada sócio no capital social, sendo, em regra, realizada mediante a atribuição de dinheiro correspondente às quotas ou ações, nada impedindo seja convencionada a conferência dos bens em espécie. É possível efetivar, porém, a partilha antecipada de parcelas do remanescente apurado, destinando-as, de pronto, aos sócios, a título de devolução ou retorno do montante antes destinado à integralização do capital social e, portanto, ao fornecimento de uma base patrimonial para a pessoa jurídica em via de extinção. Mediante deliberação tomada pela maioria dos sócios e desde que satisfeitos, integralmente, todos os credores, evita-se seja aguardada, sem necessidade alguma, a alienação completa do ativo e, desde logo, é efetuada a partilha e a atribuição dos quinhões. A antecipação só será lícita se preenchidos os dois requisitos expostos. Sem deliberação específica ou sem o prévio pagamento de todos os credores, é preciso esperar seja feita a conversão de todo o ativo em valores pecuniários e só então efetuar a partilha, sob pena de responsabilidade pessoal do liquidante e dos sócios. Persiste, aqui, o desdobramento de regra já constante do art. 349 do CCom.

**Art. 1.108. Pago o passivo e partilhado o remanescente, convocará o liquidante assembleia dos sócios para a prestação final de contas.**

Tendo o liquidante cumprido os deveres inscritos no inciso IV do art. 1.103, o que implica a satisfação total dos credores e a conclusão da eventual partilha de remanescente apurado, providenciará ele a convocação de todos os sócios para que, em assembleia ou reunião especialmente designada para tanto, sejam prestadas as contas de tudo quanto realizado. Assim, perante todos os sócios, é oferecida a possibilidade de serem formuladas questões e se verificar, pontualmente, a regularidade dos atos praticados. Concentra-se, num momento único, o cumprimento do disposto no inciso VIII do art. 1.103, dada a simultânea apresentação de relatório final, sob forma contábil, e contando com narração circunstanciada do procedimento de liquidação, formulada pelo próprio condutor. Os sócios, então, devem deliberar, julgando as contas oferecidas pelo liquidante, isto é, aprovando-as ou desaprovando-as, por meio dos elementos informativos disponibilizados, à semelhança do que ocorre, ao final de cada exercício, com respeito aos atos praticados pelos administradores.

**Art. 1.109. Aprovadas as contas, encerra-se a liquidação, e a sociedade se extingue, ao ser averbada no registro próprio a ata da assembleia.**

**Parágrafo único. O dissidente tem o prazo de trinta dias, a contar da publicação da ata, devidamente averbada, para promover a ação que couber.**

Legislação correlata: art. 348 (*revogado*), CCom.

Diante da deliberação positiva dos sócios, aprovando as contas apresentadas após a satisfação dos credores sociais e a conclusão da eventual partilha de remanescente apurado, a responsabilidade dos liquidantes resta exonerada, salvo erro, dolo ou simulação, aplicado, por analogia, o disposto no art. 1.078, § 3º. Encerra-se, então, o procedimento de liquidação, posto que resolvido o patrimônio da sociedade dissolvida e colhida a aquiescência dos sócios quanto aos atos para tanto consumados. Nesse sentido, viabiliza-se a extinção da pessoa jurídica, agora destituída de qualquer função. Como a personalidade jurídica é adquirida, dado o estabelecido no art. 985, por meio de um ato de inscrição, realizado, conforme sua natureza empresária ou não empresária (simples), perante uma Junta Comercial ou um Oficial de Registro Civil de Pessoa Jurídica, a perda de tal atributo, em reverso, se perfaz com um ato registrário em sentido distinto, mediante arquivamento ou averbação. Será, portanto, exibida cópia autêntica da ata elaborada quando deliberada a aprovação das contas do liquidante e, atestada a vontade final dos sócios, dar-se-á por extinta a personalidade jurídica. Ressalte-se que o parágrafo único do presente artigo disciplina, especificamente, a hipótese de dissidência de um ou mais sócios, manifestada a discordância com respeito à aprovação das contas apresentadas pelo liquidante, o que guarda semelhança com o disposto no § 4º do art. 1.078. Nesse caso, só será possível cogitar da desconstituição judicial da deliberação enfocada mediante a propositura de ação de anulação, sempre respeitado o prazo de trinta dias. Tal prazo ostenta natureza decadencial e sua contagem é iniciada com a publicação da ata já referida, em que está consignada a deliberação impugnada.

**Art. 1.110. Encerrada a liquidação, o credor não satisfeito só terá direito a exigir dos sócios, individualmente, o pagamento do seu crédito, até o limite da soma por eles recebida em partilha, e a propor contra o liquidante ação de perdas e danos.**

O encerramento da liquidação ocorre quando aprovadas, pelo conjunto dos sócios, as contas apresentadas pelo liquidante. Tal deliberação está prevista pelo artigo antecedente e ratifica a prática dos atos tendentes a que sejam solvidas as relações mantidas pela sociedade personificada e consolidada, por meio do pagamento das dívidas sociais e da partilha do remanescente apurado, uma situação jurídica nova. O ente imaterial criado em razão da celebração do contrato social e da conjugação de interesses comuns, com o fim de mediar o relacionamento dos sócios entre si e de seu conjunto para com terceiros, está extinto. Nesse sentido, nada mais pode ser postulado diante da pessoa jurídica ou por ela própria; ela não existe mais. Pendências desconhecidas, no entanto, podem sobrar e, caso qualquer terceiro-credor se mostre descontente e deseje postular valores tidos como devidos, deverá fazê-lo perante os antigos sócios, sobre os quais recairá a sucessão de todas as relações não solucionadas da sociedade extinta. A exigibilidade de valores ante os sócios, ressalvada a hipótese de responsabilidade ilimitada, restringe-se, porém, ao total do montante recebido em partilha do remanescente apurado, o que decorre do reconhecimento do indevido retorno do capital antes investido e da necessidade de sua reversão. Surge, então, uma evidente dificuldade à satisfação de tais credores, eis deixados de lado no procedimento liquidatório, próprio para o adimplemento de todas as dívidas sociais, abrindo-se espaço para a propositura de ação indenizatória contra o liquidante, alegada a assunção de dano emergente e lucros cessantes decorrentes de uma conduta culposa em sentido amplo. Reproduziu-se, aqui, o disposto no art. 218 da Lei das S.A. (Lei n. 6.404/76).

**Jurisprudência:** 1 – Mesmo celebrado distrato social e promovido o arquivamento de instrumento correspondente na Junta Comercial, dando-se por extinta a personalidade jurídica, pendências antecedentes implicam, no entanto, um prolongamento da capacidade processual da sociedade (art. 12, VII, do CPC/73 ou art.75, IX, do CPC/2015), podendo, inclusive, ajuizar ações em nome próprio (TJSP, Ap. n. 1.275.033-5, 22ª Câm. de Dir. Priv., rel. Des. Campos Mello, j. 30.09.2008). 2 – Frente a um débito regular não apurado em liquidação de sociedade, deve ocorrer o redirecionamento da execução em face do sócio (TJMG, Ap. n. 1.0024.06.148306-1/001, 14ª Câm. Cível, rel. Des. Rogério Medeiros, *DJe* 17.06.2014). 3 – A dissolução irregular de uma empresa individual de responsabilidade limitada (EIRELI) potencializa a responsabilidade direta do "sócio individual", dada a ofensa à lei (TJSP, AI n. 2022383-74.2019.8.26.0000, 14ª Câm. de Dir. Priv., rel. Des. Melo Colombi, j. 09.05.2019).

**Art. 1.111. No caso de liquidação judicial, será observado o disposto na lei processual.**

Como antes ressaltado, o CC/2002 disciplinou quase exclusivamente a liquidação amigável e extrajudicial, deixando de lado aquela iniciada por meio da formação de um litígio, de uma pretensão resistida, devendo, então, qualquer interessado propor ação específica. Pode-se cogitar venha o sócio, diante da dissolução de pleno direito e dada a negativa dos administradores ou da maioria dos demais sócios, solicitar a liquidação forçada, a qual, também, nas hipóteses previstas no art. 1.034, será necessária, logo após a declaração judicial da dissolução, como resultado da anulação do contrato social ou do reconhecimento do exaurimento ou da inexequibilidade do objeto social escolhido.

O procedimento especial de liquidação de sociedades era disciplinado pelo disposto nos arts. 657 a 660 do CPC/39, cuja vigência havia sido mantida por força do disposto no art. 1.218, VII, do CPC/73. Na antiga legislação processual, estavam estratificadas, detalhadamente, todas as regras atinentes à matéria, mas cabe fazer uma ressalva expressa quanto ao fato de ter o art. 1.046, § 3º, do CPC/2015 extinto o rito especial, submetendo a liquidação de sociedade ao procedimento comum, o qual deverá, evidentemente, ser adaptado às necessidades de que seja feita uma apuração contábil ampla, seguida da realização do ativo e da satisfação do passivo, com rateio e pagamento final dos valores líquidos apurados.

**Jurisprudência:** O liquidante não é um simples perito, tem funções diversificadas e que ultrapassam a realização do ativo e do passivo, não podendo sua atividade ser substituída por um procedimento de liquidação de sentença por arbitramento, em particular diante de sua atuação na qualidade de representante frente a terceiros (TJSP, AI n. 2018057-76.2016.8.26.0000, 2ª Câm. Res. de Dir. Empres., rel. Des. Fábio Tabosa, j. 11.05.2016).

---

**Art. 1.112. No curso de liquidação judicial, o juiz convocará, se necessário, reunião ou assembleia para deliberar sobre os interesses da liquidação, e as presidirá, resolvendo sumariamente as questões suscitadas.**

**Parágrafo único. As atas das assembleias serão, em cópia autêntica, apensadas ao processo judicial.**

---

Legislação correlata: art. 213, Lei n. 6.404, de 15.12.1976.

A liquidação judicial, por princípio, é disciplinada pela legislação processual, tendo o CC/2002 acrescentado apenas duas regras com referência a tal procedimento, sempre dirigido por um juiz e derivado de um litígio, ambas condensadas no presente artigo. Prevê-se, em primeiro lugar, a faculdade do juiz de convocar reuniões ou assembleias dos sócios, conforme a necessidade concreta gerada pelas peculiaridades de dado procedimento. Tais conclaves ostentam a precípua finalidade de que sejam tomadas decisões sobre a forma ou a ordem de realização do ativo ou de solução do passivo. Ao próprio juiz que a convocou e que já preside o procedimento liquidatório cabe dirigir os trabalhos empreendidos, dirimindo, imediatamente, todas as questões pontuais surgidas, de maneira que, num único momento, desatam-se todos os possíveis entraves ao desenvolvimento célere da completa solução dos negócios e das operações sociais. Ao final, deve-se reduzir tudo quanto discutido e decidido à forma escrita, viabilizando, por meio da exata documentação da reunião ou da assembleia realizada, a transposição das deliberações aprovadas pelos sócios e das decisões tomadas pelo juiz para o processo em andamento. O escrivão, na qualidade de auxiliar do juízo (art. 152, I, do CPC/2015; art. 141, I, do CPC/73), encarregar-se-á, portanto, da elaboração de uma ata, da qual será extraída uma cópia autêntica, visando a posterior autuação em apenso, junto aos autos do procedimento liquidatório. Assim, o fiel cumprimento das deliberações e decisões emanadas da reunião ou da assembleia realizada pode ser fiscalizado com facilidade. Anote-se, por fim, terem sido simplesmente reproduzidas regras constantes do art. 213, § 2º, da Lei das S.A. (Lei n. 6.404/76), estendendo-as, agora, a toda e qualquer liquidação judicial.

## CAPÍTULO X
## DA TRANSFORMAÇÃO, DA INCORPORAÇÃO, DA FUSÃO E DA CISÃO DAS SOCIEDADES

---

**Art. 1.113. O ato de transformação independe de dissolução ou liquidação da sociedade, e obedecerá aos preceitos reguladores da constituição e inscrição próprios do tipo em que vai converter-se.**

---

Legislação correlata: art. 220, Lei n. 6.404, de 15.12.1976.

Foi construída uma disciplina geral para as mutações da sociedade personificada. A transformação, a fusão e a incorporação estão disciplinadas em caráter geral, nos arts. 1.113 a 1.122, enquanto a cisão, embora mencionada na abertura do presente capítulo, não está pontualmente regulamentada. A transformação de uma sociedade corresponde à alteração da forma típica inicialmente escolhida, o que implica uma repactuação do contrato social já celebrado. Tal ato coletivo pressupõe a existência de personalidade jurídica e não modifica a realidade econômica ou social em que se assenta o empreendimento comum desenvolvido, mas apenas a fórmula jurídica reguladora da agregação dos sócios. Nesse sentido, os sócios escolhem, voluntariamente, por meio de deliberação especial, um novo tipo societário, em substituição a um primeiro, provocando um rearranjo das relações jurídicas plurilaterais peculiares a uma sociedade personificada. Não há extinção do contrato de sociedade ou da pessoa jurídica criada, sobrevivendo, apesar da mudança de conteúdo, todos os vínculos decorrentes, mantida, inclusive, a repartição do capital social. Aprovada a deliberação, é preciso, contudo, promover sua ampla divulgação. Diante da profundidade da alteração promovida, nova inscrição, com sobreposição à originária, será necessária, levando-se a registro, perante Junta Comercial ou Oficial de Registro Civil de Pessoa Jurídica, instrumento contendo todos os elementos do novo tipo adotado. A nova inscrição, feita de acordo com as formalidades atinentes ao novo tipo escolhido, assume a função de fator de eficácia da transformação; quaisquer efeitos da transformação, seja internamente (perante os próprios sócios), seja externamente (perante terceiros), só se produzem após a consecução do ato registrário referido.

**Jurisprudência:** O ato de divisão patrimonial, próprio à cisão, seja ela integral ou parcial, não constitui uma alienação, mas, isso sim, uma partilha, com atribuição de caráter declarativo, sem a incidência dos tributos próprios a uma alienação. (TJSP, Ap. n. 0021404-36.2009.8.26.0053, 11ª Câm. de Dir. Públ., rel. Des. Ricardo Dip, j. 20.12.2010)

---

**Art. 1.114. A transformação depende do consentimento de todos os sócios, salvo se prevista no ato constitutivo, caso em que o dissidente poderá retirar-se da sociedade, aplicando-se, no silêncio do estatuto ou do contrato social, o disposto no art. 1.031.**

---

Legislação correlata: art. 221, Lei n. 6.404, de 15.12.1976.

Diante de sua importância, todos os sócios, por menor que seja sua participação no capital social, devem aquiescer à transformação, quaisquer que sejam os tipos societários envolvidos. A unanimidade constitui requisito de validade da deliberação de escolha de um novo tipo, porquanto a adoção do tipo original, constante do contrato social inscrito, constituiu um dos elementos básicos à formação da *affectio societatis*. Deve haver, portanto, diante da transformação, uma manifestação concreta da subsistência da vontade de agregar esforços comuns, agora sob uma nova roupagem. Não se admite que uma vontade majoritária se transmude em vontade de todo o corpo social (art. 1.072, § 5º), exigindo-se um consenso superlativo, correspondente à unanimidade. Dispensa-se, excepcionalmente, tal requisito de validade apenas quando a transformação já estiver prevista em cláusula do instrumento contratual inscrito. A vontade futura dos sócios, nesse caso, já estará vinculada, de maneira que não haveria razão para exigir a renovação de uma aquiescência já fornecida. A repactuação do ajuste celebrado já foi inicialmente acordada, só restando estabelecer quando ela ocorrerá. Havendo, porém, discordância explícita de um dos sócios, garante-se a possibilidade do exercício do direito de retirada ou recesso. O dissidente, na forma já exposta quando analisado o art. 1.077, manifestará sua intenção de deixar o quadro social, mediante requerimento escrito e endereçado aos administradores, devendo ser tomadas as devidas cautelas para a formação de prova documental e irrefutável da regularidade do ato unilateral. Desde que outra fórmula não tenha sido acordada antecipadamente pelos sócios, será necessário, então, levantar um balanço especial, referenciado à data da manifestação da vontade de retirar-se, e devolver a participação do dissidente no capital social devidamente atualizada.

---

**Art. 1.115. A transformação não modificará nem prejudicará, em qualquer caso, os direitos dos credores.**

**Parágrafo único. A falência da sociedade transformada somente produzirá efeitos em relação aos sócios que, no tipo anterior, a eles estariam sujeitos, se o pedirem os titulares de créditos anteriores à transformação, e somente a estes beneficiará.**

---

Legislação correlata: art. 222, Lei n. 6.404, de 15.12.1976.

Consumada a transformação e, portanto, alterada a forma típica da sociedade contratada, os direitos dos credores permanecerão sempre salvaguardados, sem qualquer modificação. Os créditos são mantidos, tal qual já haviam sido constituídos, continuando intactas, também, as garantias pessoais derivadas de eventual responsabilidade ilimitada dos sócios anteriormente prevista e extinta pela transformação operada. Ressalte-se, portanto, que, até o pagamento de todos os débitos anteriores à transformação, remanescerão resquícios do tipo societário substituído. O legislador teve, ainda, o cuidado de frisar que, na falência da sociedade transformada, esses resquícios estarão presentes. Prolatada a sentença decretatória e formado o concurso de credores, os titulares de direitos de crédito anteriores à mutação típica ostentam a faculdade de requerer sejam os bens pessoais de sócios, cuja responsabilidade era, de acordo com o tipo vigente à data da constituição da dívida social, ilimitada, utilizados para sua satisfação. Pouco importará se, no momento da falência, já tivesse sido limitada a responsabilidade dos sócios em questão, pois o que interessa é o momento em que nasceu a dívida habilitada na falência. Trata-se, porém, de um benefício exclusivo, que não é estendido aos credores mais recentes, sobre os quais a transformação surte todos seus efeitos.

---

**Art. 1.116. Na incorporação, uma ou várias sociedades são absorvidas por outra, que lhes sucede**

**em todos os direitos e obrigações, devendo todas aprová-la, na forma estabelecida para os respectivos tipos.**

Legislação correlata: art. 227, Lei n. 6.404, de 15.12.1976.

A incorporação distingue-se, como forma de mutação societária, por resultar na extinção da personalidade jurídica de uma ou mais sociedades personificadas, cujo patrimônio é inteiramente absorvido por outra sociedade personificada preexistente. As primeiras são chamadas de incorporadas, enquanto a última, de incorporadora. Entre as pessoas jurídicas, opera-se uma sucessão universal, assumindo a incorporadora, sem exceção, a titularidade de todos os débitos e créditos das incorporadas, bem como as operações sociais em andamento, somando-se tais relações àquelas já mantidas pela sociedade remanescente. Nova pessoa jurídica não é criada, subsistindo, com os acréscimos patrimoniais decorrentes, apenas a incorporadora. Cada incorporada e a incorporadora devem aprovar, em separado, a mutação examinada, conjugando-se as vontades associativas em um único sentido. Há a demonstração inequívoca de uma identidade de desígnios. É imprescindível, portanto, que os sócios de cada sociedade envolvida exteriorizem a intenção de se agregar, catalisando esforços conjuntos e, por isso, ainda maiores nos empreendimentos antes separados, colhendo-se deliberações uniformes, ressalvado o respeito às normas contratuais concretas e às exigências formais ou materiais peculiares a cada tipo societário, inclusive de *quorum* especial e quanto à possibilidade de retirada. Pouco importa quais os tipos societários adotados pelas sociedades envolvidas, subsistindo aquele próprio à incorporadora, em que ficará concentrado o patrimônio de todas as pessoas jurídicas envolvidas.

**Jurisprudência:** 1 – A incorporação de uma sociedade por outra gera automática sucessão nas obrigações da incorporada, inclusive nas de natureza contratual, devendo prosseguir na realização dos deveres já assumidos (TJSP, Ap. n. 9107681-61.2009.8.26.0000, 35ª Câm. de Dir. Priv., rel. Des. Clóvis Castelo, j. 28.02.2011). 2 – Extinta a personalidade jurídica da incorporada, torna-se necessária a sucessão processual, com a inclusão da incorporadora no feito, por aplicação do art. 779, II, parte final, do CPC/2015, ficando suspenso o trâmite do processo até a regularização (TJSP, AI n. 2217220-37, 19ª Câm. de Dir. Priv., rel. Des. Ricardo Pessoa de Mello Belli, j. 22.05.2017; TJSP, AI n. 2010335-93.2013.8.26.0000, 33ª Câm. de Dir. Priv., rel. Des. Hamid Bdine, *DJe* 13.12.2013).

**Art. 1.117. A deliberação dos sócios da sociedade incorporada deverá aprovar as bases da operação e o projeto de reforma do ato constitutivo.**

**§ 1º A sociedade que houver de ser incorporada tomará conhecimento desse ato, e, se o aprovar, autorizará os administradores a praticar o necessário à incorporação, inclusive a subscrição em bens pelo valor da diferença que se verificar entre o ativo e o passivo.**

**§ 2º A deliberação dos sócios da sociedade incorporadora compreenderá a nomeação dos peritos para a avaliação do patrimônio líquido da sociedade, que tenha de ser incorporada.**

Legislação correlata: art. 227, Lei n. 6.404, de 15.12.1976.

Disciplina-se, aqui, o conteúdo das deliberações tendentes à aprovação da incorporação, que necessitam emanar tanto da incorporadora como da incorporada. O *caput* apresenta correspondência com o disposto no § 1º do art. 227 da Lei das S.A. (Lei n. 6.404/76) e no revogado § 1º do art. 152 do DL n. 2.627/40, neste último podendo ser apontado um erro de redação lamentável, pois as "bases da operação" precisam, a título de proposta, em primeiro lugar, ser aprovadas pelos sócios da incorporadora. Com efeito, as fórmulas e operações econômicas, imprescindíveis à conjugação das atividades realizadas em separado, são descritas num documento escrito, um protocolo, no qual, simultaneamente, é fornecida uma minuta do futuro instrumento de alteração do estatuto ou contrato social da incorporadora. Viabiliza-se, assim, a plena divulgação dos detalhes da mutação societária proposta. Tal protocolo é, de início, logicamente, objeto de análise dos sócios da incorporadora e não dos sócios da incorporada, devendo a proposição ser feita pela pessoa jurídica sobrevivente e submetida, num segundo momento, aos sócios da incorporada, sociedade cuja extinção é projetada. O texto do *caput* encontra-se, inclusive, em desconformidade com o do § 1º do presente artigo, entendendo-se implícito, quando aprovado o projeto de incorporação pelos sócios da incorporada, haver sido concedida uma autorização genérica para que os administradores da própria incorporada tomem todas as providências pertinentes a sua extinção e à transferência de seu patrimônio à incorporadora. Dentre tais providências, ressalta-se a consecução do ato de subscrição da nova parcela do capital social da incorporadora, derivada da adição do saldo positivo apurado na avaliação do patrimônio da incorporada. A determinação do valor do patrimônio líquido ostenta grande importância, vinculando a conferência total das quotas ou das ações da incorporadora aos antigos sócios da incorporada, efetuando-se sua repartição com a estrita observância das proporções originais de participação no capital dessa mesma incorporada. Para tal avaliação, um perito de confiança dos sócios da incorporadora é, desde logo, designado, fixada, ao mesmo tempo, sua remuneração, sendo elaborado um laudo.

**Art. 1.118. Aprovados os atos da incorporação, a incorporadora declarará extinta a incorporada, e promoverá a respectiva averbação no registro próprio.**

Legislação correlata: art. 227, Lei n. 6.404, de 15.12.1976.

Para a conclusão da incorporação, são praticados todos os atos necessários à viabilização da absorção patrimonial, inclusive pela definição do tamanho da futura participação dos sócios da(s) incorporada(s) no capital da incorporadora e, depois, são colhidas deliberações confluentes de todas as sociedades envolvidas, ou seja, da incorporadora e da(s) incorporada(s), consolidando a vontade de agregar todos os esforços por meio da pessoa jurídica sobrevivente. Previsto o aumento do capital da incorporadora, como decorrência natural da subscrição feita com o saldo positivo do patrimônio de cada incorporada, deve já ter sido efetuada avaliação, submetendo-se seu resultado a aprovações conclusivas. Basta, então, terminado todo o procedimento peculiar à incorporação, que a incorporadora, por ato de seus administradores, declare extinta(s) a(s) incorporada(s), o que deve ser formalizado em instrumento público ou particular destinado à promoção dos atos de registro necessários. Exige-se, para a plena eficácia da incorporação, seja promovida averbação ou arquivamento sobre as inscrições originárias perante Junta Comercial ou Oficial de Registro Civil de Pessoa Jurídica, alterando uma (a da incorporadora) ou encerrando as demais (as das incorporadas), dando-se inteira publicidade acerca dos mínimos pormenores da mutação societária consumada.

**Art. 1.119. A fusão determina a extinção das sociedades que se unem, para formar sociedade nova, que a elas sucederá nos direitos e obrigações.**

Legislação correlata: art. 228, Lei n. 6.404, de 15.12.1976.

A fusão constitui uma mutação societária marcada pela agregação de várias sociedades personificadas, mediante a pactuação de novo contrato plurilateral e a formação de nova pessoa jurídica. Persiste, como fórmula tendente a uma união completa, a extinção da personalidade jurídica de todas as sociedades envolvidas, ou seja, fusionadas, somando-se todo o acervo patrimonial separado para o nascimento de nova sociedade, maior e mais forte. Não há, portanto, a simples adesão a um contrato já celebrado, como é o caso da incorporação, mas, ao contrário, nascem novos vínculos jurídicos, diferenciados formal e materialmente dos antecedentes. Os quadros sociais se misturam e nova pessoa jurídica é, automaticamente, constituída, operando-se uma sucessão universal, de maneira que a titularidade de todos os direitos e deveres das fusionadas são transferidos, sempre intactos, à nova sociedade resultante.

**Art. 1.120. A fusão será decidida, na forma estabelecida para os respectivos tipos, pelas sociedades que pretendam unir-se.**

**§ 1º Em reunião ou assembleia dos sócios de cada sociedade, deliberada a fusão e aprovado o projeto do ato constitutivo da nova sociedade, bem como o plano de distribuição do capital social, serão nomeados os peritos para a avaliação do patrimônio da sociedade.**

**§ 2º Apresentados os laudos, os administradores convocarão reunião ou assembleia dos sócios para tomar conhecimento deles, decidindo sobre a constituição definitiva da nova sociedade.**

**§ 3º É vedado aos sócios votar o laudo de avaliação do patrimônio da sociedade de que façam parte.**

Legislação correlata: art. 228, Lei n. 6.404, de 15.12.1976.

Cada fusionada deve aprovar, em separado, a mutação examinada, conjugando-se as vontades associativas em um único sentido. Há a demonstração inequívoca de uma identidade de desígnios. É imprescindível, portanto, que os sócios de cada sociedade envolvida exteriorizem a intenção de se agregar, catalisando esforços conjuntos e, por isso, ainda maiores nos empreendimentos antes separados, colhendo-se deliberações uniformes, ressalvado o respeito às normas contratuais concretas e às exigências formais ou materiais peculiares a cada tipo societário, inclusive de *quorum* especial e quanto à possibilidade de retirada. Pouco importa quais os tipos societários adotados pelas sociedades envolvidas, subsistindo aquele derivado do novo ajuste e adotado pela nova sociedade resultante, em que ficará concentrado o patrimônio de todas as pessoas jurídicas antigas. Tais deliberações confluentes devem partir do exame de um projeto construído pelos controladores de uma, de várias ou de todas as sociedades fusionadas, submetido à apreciação dos sócios de todas as fusionadas. As operações econômicas, imprescindíveis à união das atividades realizadas em separado, são descritas num documento escrito, um protocolo, no qual, simultaneamente, é fornecida uma minuta do futuro estatuto ou contrato social da sociedade resultante da fusão, em que se sugere, inclusive, uma fórmula de atribuição de participações no capital da nova pessoa jurídica. Viabiliza-se, assim, a plena divulgação e a análise detalhada da mutação societária proposta, visando à obtenção de um consenso uniforme, de nova *affectio societatis*. A determinação do valor do patrimônio líquido ostenta grande importância, vinculando a conferência total das quotas ou das ações da nova sociedade aos antigos sócios das fusionadas, efetuando-se sua repartição com a estrita observância das proporções originais de participação em cada um dos capitais sociais. Para tal avaliação, um perito de confiança dos sócios de cada fusionada é, desde que aprovado o protocolo oferecido, designado, fixando-se, ao mesmo tempo, sua remuneração. Elaboram-se, então, laudos avaliatórios (um para cada sociedade fusionada), os quais se destinam à apreciação de todos os sócios da futura sociedade resultante da fusão previamente aprovada. De cada uma das votações permanecerão afastados os sócios diretamente interessados, isto é, o laudo de avaliação do patrimônio de uma sociedade fusionada não será apreciado pelos próprios sócios, possibilitando a formulação de um juízo de valor mais isento.

**Art. 1.121. Constituída a nova sociedade, aos administradores incumbe fazer inscrever, no registro próprio da sede, os atos relativos à fusão.**

Legislação correlata: arts. 228, § 3°, e 234, Lei n. 6.404, de 15.12.1976.

Quando todas as providências prévias e necessárias à fusão tiverem sido tomadas e forem colhidas as declarações de vontade individualizadas dos sócios, consolidando-se, num instrumento público ou particular, sua agregação definitiva, novo contrato de sociedade, ocasionado pela fusão, terá sido celebrado. O consentimento formalizado não evita, contudo, diante da pretendida formação de nova pessoa jurídica, a necessidade de ser providenciada nova inscrição, em consonância com o disposto no art. 985. A plena eficácia da fusão depende da prática de novos atos registrários. Aos administradores já eleitos para a nova sociedade é conferida a atribuição de levar o instrumento do novo estatuto ou contrato social a registro, perante Junta Comercial ou Oficial de Registro Civil de Pessoa Jurídica, conforme a natureza empresária ou não empresária do novo ente, no local da nova sede escolhida. É preciso, ademais, declarar extintas as fusionadas, o que deve ser formalizado em instrumento público ou particular destinado à promoção dos atos de registro necessários, ou seja, de averbação ou arquivamento sobre as inscrições originárias das sociedades extintas, dando-se inteira publicidade acerca dos mínimos pormenores da mutação societária consumada.

**Art. 1.122. Até noventa dias após publicados os atos relativos à incorporação, fusão ou cisão, o credor anterior, por ela prejudicado, poderá promover judicialmente a anulação deles.**

**§ 1° A consignação em pagamento prejudicará a anulação pleiteada.**

**§ 2° Sendo ilíquida a dívida, a sociedade poderá garantir-lhe a execução, suspendendo-se o processo de anulação.**

**§ 3° Ocorrendo, no prazo deste artigo, a falência da sociedade incorporadora, da sociedade nova ou da cindida, qualquer credor anterior terá direito a pedir a separação dos patrimônios, para o fim de serem os créditos pagos pelos bens das respectivas massas.**

Legislação correlata: art. 232, Lei n. 6.404, de 15.12.1976.

Os titulares de créditos, desde que contemporâneos a uma incorporação, fusão ou cisão, ostentam legitimidade para a propositura de ação de anulação dos atos tendentes à mutação societária concreta. A presença de efetivo prejuízo patrimonial deve ser sempre arguida, nesses casos, em juízo, como causa de pedir, partindo-se do princípio de que o credor não pode ser onerado nem perder garantias em virtude de uma mutação da sociedade devedora. Tal princípio já se encontra resguardado, quanto às transformações, no art. 1.115, e remanesce, também, íntegro no âmbito das incorporações, fusões e cisões, permanecendo maculadas, quando violada a situação dos créditos anteriores, as deliberações correspondentes, cuja anulabilidade fica caracterizada. Fixou-se, aqui, um prazo decadencial de noventa dias, tendo como marco inicial de contagem a publicação dos atos, feita sua veiculação pela imprensa oficial e por jornal de grande circulação (art. 1.152, § 1º), após o qual perde-se o direito de anular a mutação questionada.

Caso seja proposta a ação de anulação, a sociedade incorporadora ou a sociedade cindida ou a nova sociedade resultante da fusão, na qualidade de ré, poderá, imediatamente, evitar o desenvolvimento de qualquer discussão judicial, efetuando a consignação do valor devido, o que tornará, automaticamente, prejudicado o pleito e implicará a extinção do respectivo processo sem julgamento do mérito, falecido o interesse de agir (§ 1º).

Tal solução não é viável, porém, quando se tratar de dívida ilíquida. Diante da impossibilidade de conversão do débito em valores pecuniários, prevê-se, como medida substitutiva, o oferecimento de garantia, o que poderia, na forma dos arts. 826 a 838 do CPC/73, ser efetivado mediante a propositura de medida cautelar nominada, cabendo, na ausência de correspondência no CPC/2015, a apresentação de caução real ou fidejussória, com a utilização do procedimento comum (§ 2º).

Ademais, a falência da sociedade incorporadora ou da nova sociedade resultante da fusão oferece importantes peculiaridades. Desde que a sentença decretatória tenha sido publicada num dos noventa dias seguintes à publicação da mutação societária consumada, o credor anterior, que, portanto, poderia ter até ajuizado uma ação de anulação, ostenta a faculdade de requerer, perante o juízo falimentar, a separação do ativo destinado a seu pagamento: os valores extraídos dos bens oriundos do ativo da incorporada pagam, antes de tudo, os credores da própria incorporada; os valores extraídos dos bens oriundos do ativo de cada fusionada pagam, antes de tudo, seus correspondentes credores; viabiliza-se, no entanto, na hipótese de cisão parcial, sejam atingidos os bens conferidos ao patrimônio da nova sociedade criada (§ 3º). O juiz, no curso do processo de falência, respeitados os requisitos aqui mencionados, pode deferir uma verdadeira desconsideração das personalidades jurídicas das sociedades envolvidas em uma incorporação, fusão ou cisão e, excepcionalmente, satisfazer os credores com bens que, ao tempo da decretação da quebra, não se achavam mais no patrimônio da falida.

**Jurisprudência:** 1 – A cisão sempre induz responsabilidade solidária das sociedades resultantes pelos débitos anteriores (STJ, REsp n. 195.077/SC, 3ª T., rel. Min. Waldemar Zveiter, j. 04.05.2000; STJ, REsp n. 716.132/RS, 2ª T., rel. Min. Castro Meira, j. 02.08.2005). 2 – A cisão não provoca a incidência de laudêmio, quando sobre bem imóvel conferido a uma das sociedades resultantes recair enfiteuse ou aforamento, pois ele não é efetivamente vertido, mas persiste simples sucessão (STJ, REsp n. 987.886/PE, 1ª T., rel. Min. Luiz Fux, j. 20.05.2008). 3 – A incorporação, a fusão ou a cisão efetivam-se mediante o arquivamento de instrumento próprio perante Junta Comercial, operando-se, caso pendente ação em trâmite, simples sucessão processual, a qual não requer a anuência da parte contrária. (STJ, REsp n. 14.180/SP, 4ª T., rel. Min. Sálvio de Figueiredo Teixeira, j. 25.05.1993)

## CAPÍTULO XI
## DA SOCIEDADE DEPENDENTE DE AUTORIZAÇÃO

### *Seção I*
### *Disposições Gerais*

**Art. 1.123. A sociedade que dependa de autorização do Poder Executivo para funcionar reger-se-á por este título, sem prejuízo do disposto em lei especial.**

**Parágrafo único. A competência para a autorização será sempre do Poder Executivo federal.**

As sociedades dependentes de autorização governamental também mereceram capítulo separado do CC/2002, que as divide entre nacionais e estrangeiras. Como decorrência direta do princípio constitucional da livre iniciativa, o exercício de qualquer atividade empresarial prescinde do prévio respeito a formalidades diversas da documentação e do registro público (arts. 967 e 985), bastando sejam organizados concretamente os meios de produção e assumidos os riscos patrimoniais naturais. São, porém, conforme ressalva constante do parágrafo único do art. 170 da CR, excepcionados alguns empreendimentos, dada expressa exigência do legislador, o qual atribui, à Administração Pública, um exame concreto e destinado ao deferimento, ou não, de específica autorização. Persistem, então, um controle estatal sobre a constituição de sociedades cujo objeto inclua uma das exceções legais e uma fiscalização da operacionalização do empreendimento escolhido. Com tal autorização, pretende-se garantir não apenas a presença de imprescindível idoneidade, mas, também, o respeito às diretrizes ditadas pelo interesse público durante todo o curso da atividade empresarial, desde seu início até seu fim. Mantidas as regras especiais já presentes na legislação pretérita, o atual CC apresenta apenas regras com respeito à conferência de autorizações para funcionamento das sociedades personificadas em relevo, por meio de ato administrativo emitido sempre pelo Poder Executivo federal. Concentram-se, assim, no âmbito da União Federal, todas as decisões, excluída a atuação dos Estados-membros e dos Municípios. As instituições financeiras e assemelhadas, as seguradoras, as mineradoras e as cooperativas, bem como as sociedades estrangeiras, necessitam obter autorização para funcionar, tendo o Departamento Nacional de Registro de Comércio (IN n. 32, de 19.04.1991) estabelecido, a título de orientação e uniformização de procedimentos, uma enumeração pormenorizada de todas as hipóteses. Anote-se, por fim, que os arts. 59 a 73 do antigo DL n. 2.627/40, por conterem somente regras gerais acerca da autorização enfocada, foram agora derrogados pelo CC/2002, que tratou da mesma matéria e a exauriu.

**Art. 1.124. Na falta de prazo estipulado em lei ou em ato do poder público, será considerada caduca a autorização se a sociedade não entrar em funcionamento nos doze meses seguintes à respectiva publicação.**

Publicado o ato administrativo de autorização de funcionamento de uma sociedade, emitido por um dos órgãos do Poder Executivo federal, inicia-se a contagem de um prazo de caducidade de doze meses, após o qual, caso não seja iniciada, efetivamente, a atividade econômica projetada, haverá a necessidade de renovação da autorização concedida. O Poder Público reavaliará, então, a viabilidade do empreendimento e a idoneidade do proponente, tal como já realizado anteriormente, não persistindo vinculação entre o primeiro ato administrativo, agora caduco, e a nova decisão da autoridade. O próprio transcurso do tempo pode, eventualmente, alterar a situação inicialmente posta e implicar resultado diverso, de indeferimento do pedido de autorização. A perda da eficácia é automática e não depende da assunção de qualquer providência ou comunicação preliminar. O prazo de doze meses apresenta caráter geral, mas regras especiais podem ser estabelecidas. Mediante decisão administrativa concreta ou lei especial, levando em consideração as peculiaridades atinentes ao empreendimento autorizado, o prazo pode ser aumentado ou reduzido, não havendo limites para tanto.

**Art. 1.125. Ao Poder Executivo é facultado, a qualquer tempo, cassar a autorização concedida a sociedade nacional ou estrangeira que infringir disposição de ordem pública ou praticar atos contrários aos fins declarados no seu estatuto.**

Deve ser exercida fiscalização contínua sobre a operacionalização e o desenvolvimento do empreendimento autorizado, de maneira que o órgão da Administração Pública que emitir ato administrativo de deferimento da autorização de funcionamento pode expedir novo ato, em sentido contrário e tendente à cassação da autorização já concedida. Seja a sociedade nacional, seja estrangeira, a cassação pode ocorrer desde que identificado o desrespeito voluntário ao ordenamento positivado ou ao contrato celebrado, violando norma de ordem pública ou ultrapassando os limites ditados pelo objeto social eleito pelos sócios-contratantes. O texto legal exige, portanto, fundamentação específica, que, sob pena de nulidade, deve constar desse novo ato administrativo, não se admitindo, em absoluto, a discricionariedade. Um fato de gravidade precisa ter ocorrido, recebendo, como resposta, a supressão de requisito essencial à manutenção da atividade econômica exercida pela pessoa jurídica, o que, logicamente, implicará paralisação imediata e destrutiva da empresa, considerada esta como estrutura complexa e integrada (cf. comentário ao art. 966). Como suporte à decisão de cassação, uma apuração, ainda que sumária, deverá ser realizada, o que gerará a instauração de procedimento próprio, conferindo-se oportunidade para dedução de alegações e produção de provas à sociedade interessada, em atendimento aos princípios da ampla defesa e contraditório, inseridos no art. 5º, LV, da CR.

## *Seção II*
## *Da Sociedade Nacional*

**Art. 1.126. É nacional a sociedade organizada de conformidade com a lei brasileira e que tenha no País a sede de sua administração.**

**Parágrafo único. Quando a lei exigir que todos ou alguns sócios sejam brasileiros, as ações da sociedade anônima revestirão, no silêncio da lei, a forma nominativa. Qualquer que seja o tipo da sociedade, na sua sede ficará arquivada cópia autêntica do documento comprobatório da nacionalidade dos sócios.**

Legislação correlata: art. 60, DL n. 2.627, de 26.09.1940.

O procedimento para a obtenção da autorização de funcionamento diferencia-se conforme a nacionalidade da sociedade, razão pela qual é apresentado, desde logo, um critério de diferenciação entre as duas categorias de pessoas jurídicas derivadas: as nacionais e as estrangeiras. Nesse âmbito, o CC/2002 não apresentou qualquer inovação, buscando se reportar ao disposto no art. 171 da CR, com a redação que lhe foi dada pela EC n. 6/95. Para serem consideradas nacionais, as sociedades personificadas precisam preencher, simultaneamente, dois requisitos formais. Antes de tudo, sua constituição deve ter sido efetivada no Brasil, promovendo-se, como previsto no art. 985, a inscrição de seus atos constitutivos, perante Junta Comercial ou Oficial de Registro Civil de Pessoa Jurídica, conforme sua natureza empresária ou simples. Ademais, a sede escolhida para a pessoa jurídica criada deve estar fixada dentro do território brasileiro. Somados esses dois elementos meramente formais, a sociedade é brasileira, isto é, nacional e, por princípio, respeitada a legalidade, há plena liberdade em sua constituição. O parágrafo único ressalta, porém, que, mesmo sendo nacionais, algumas sociedades, em razão das peculiaridades da atividade econômica exercida e mediante expressa disposição legal, estarão sujeitas a outro nível de exigências para serem constituídas, isto é, seu quadro social deverá apresentar uma configuração específica e, obrigatoriamente, todos ou alguns dos sócios terão de ser brasileiros. Trata-se de situação de completa excepcionalidade, que pode ser exemplificada com o caso das emissoras de rádio e televisão e das empresas jornalísticas (art. 222 da CF). Considerada tal hipótese, exige-se permaneçam sempre disponíveis os documentos comprobatórios da nacionalidade dos sócios, qualquer que seja o tipo contratado, na sede da pessoa jurídica, o que, simplesmente, garante agilidade à fiscalização das autoridades. Anote-se ter o legislador cometido evidente equívoco ao impor seja adotada a forma nominativa para as ações de companhias incluídas na situação excepcional examinada, porquanto a Lei n. 8.021/90, ao alterar o art. 20 da Lei das S.A. (Lei n. 6.404/76), impôs a forma nominativa em toda e qualquer circunstância. No Brasil, ações ao portador ou endossáveis não são mais possíveis, decorrendo a falha, provavelmente, do longo lapso temporal decorrido entre a apresentação do projeto e a aprovação final do atual Código.

**Art. 1.127. Não haverá mudança de nacionalidade de sociedade brasileira sem o consentimento unânime dos sócios ou acionistas.**

A mudança da nacionalidade da sociedade brasileira, tendo em conta o texto do artigo anterior, decorre da transferência de sua sede para fora do território nacional, o que só será possível diante de correspondente alteração do estatuto ou contrato social. Para a aprovação de deliberação tendente à transferência da sede para o exterior e à perda da nacionalidade brasileira, o presente artigo estabelece o respeito a um *quorum* especial, próprio à matéria e compatível com os gravames derivados da necessidade de se submeter às limitações impostas a uma pessoa jurídica estrangeira. A aquiescência precisa ser completa, colhendo-se a manifestação expressa e uniforme de todos os sócios, sem deixar de lado qualquer deles, pouco importando qual o tamanho de sua participação no capital social.

**Art. 1.128. O requerimento de autorização de sociedade nacional deve ser acompanhado de cópia do contrato, assinada por todos os sócios, ou, tratando-se de sociedade anônima, de cópia, autenticada pelos fundadores, dos documentos exigidos pela lei especial.**

**Parágrafo único. Se a sociedade tiver sido constituída por escritura pública, bastará juntar-se ao requerimento a respectiva certidão.**

A autorização para funcionamento de uma sociedade depende, para ser deferida, da apresentação de um pedido formalmente perfeito, endereçado ao órgão público federal dotado de específica atribuição. Se a sociedade for nacional, a autorização precisa ser prévia, sendo obtida ainda antes da aquisição da personalidade jurídica, pois será considerada um requisito para a realização da inscrição. Nesse sentido, o presente artigo esclarece quais documentos obrigatoriamente instruirão o requerimento formulado pelos sócios-contratantes ou fundadores da nova pessoa jurídica, mantida em estado embrionário, fornecendo uma descrição sintética, porém completa. Para possibilitar um exame concreto e pormenorizado do preenchimento dos requisitos formais e materiais de exercício da atividade, impõe-se o conhecimento de todos os elementos integrativos da futura pessoa jurídica e essenciais ao contrato de sociedade já celebrado. Na generalidade dos casos, bastará, para tanto, a cópia autêntica do instrumento particular do contrato social, assinada por todos os sócios ou por procuradores com poderes especiais, mas, tratando-se de sociedade anônima, a documentação apresenta peculiaridades e se diferencia conforme a forma de constituição adotada. É preciso anexar ao pedido de autorização, diante de uma subscrição pública, hipótese de maior complexidade, as cópias do projeto de estatuto social e do prospecto de subscrição pública, documentação que será, após o deferimento da autorização a novo exame, submetida à Comissão de Valores Mobiliários, na qualidade de agência reguladora do mercado de capitais (arts. 82 e 84, VIII, da Lei das S.A. – Lei n. 6.404/76). Quando se tratar de subscrição privada (art. 88 da Lei n. 6.404/76), bastará, ante a simplicidade dos procedimentos, a apresentação de uma cópia da ata da assembleia dos subscritores, em que constará a deliberação de aprovação da constituição da companhia, e da minuta do estatuto social já aprovada. Em todo caso, se qualquer desses documentos tiver sido elaborado em instrumento público, isto é, nas notas de tabelião, e, por isso, constar de livro incluído em acervo público, a exibição de certidão respectiva substituirá as cópias já referidas, como assinalado pelo parágrafo único.

**Art. 1.129. Ao Poder Executivo é facultado exigir que se procedam a alterações ou aditamento no contrato ou no estatuto, devendo os sócios, ou, tratando-se de sociedade anônima, os fundadores, cumprir as formalidades legais para revisão dos atos constitutivos, e juntar ao processo prova regular.**

O órgão público federal encarregado da apreciação do requerimento tendente à obtenção da autorização de funcionamento, em vez de simplesmente indeferir o pedido, poderá formular exigências, possibilitando uma adaptação imediata aos ditames da legalidade e do interesse público, com economia de tempo e esforço. Os sócios ou fundadores, apresentantes do requerimento referido, serão, então, comunicados da necessidade de cumprir tais exigências, sempre deduzidas com um máximo de clareza e por escrito, não lhes cabendo discutir a plausibilidade de seu conteúdo, mas, tão somente sua legalidade, pela via do mandado de segurança (art. 5º, LXIX, da CF). Dentre as exigências, a alteração do estatuto ou do contrato social proposto, promovendo a revisão de suas cláusulas, encontra expressa previsão legal e é a mais comum. Todos os sócios ou fundadores devem, para tanto, reunir-se e, em conjunto, aprovar normas contratuais substitutivas das originais, elaborando, como consequência, novos instrumentos, como aditivos ao projeto de estatuto ou contrato social apresentado inicialmente. Persiste, em princípio, a necessidade de estrita obediência à decisão administrativa já emitida, pois, caso contrário, não será obtida a autorização postulada e não será viabilizado o regular exercício da atividade enfocada. Feita a exigência, o requerimento formulado e toda a documentação anexada não serão devolvidos, permanecendo encartados em um procedimento administrativo individualizado, ao qual serão juntados os novos documentos complementares, visando a uma análise renovada e conjunta.

**Art. 1.130. Ao Poder Executivo é facultado recusar a autorização, se a sociedade não atender às condições econômicas, financeiras ou jurídicas especificadas em lei.**

Legislação correlata: art. 62, DL n. 2.627, de 26.09.1940.

O órgão público federal encarregado do exame concreto da presença das condições necessárias à realização da atividade econômica submetida a regime diferenciado e restritivo pode negar a autorização para funcionamento, indeferindo o pedido formulado pelos sócios-contratantes ou fundadores, responsáveis pela constituição de uma sociedade personificada brasileira. O indeferimento precisa ser justificado e, apesar do texto legal usar a expressão "é facultado", não há discricionariedade. Não é possível indeferir a autorização para funcionamento arbitrariamente, sem motivo relevante, respaldado na disciplina legal atinente à própria atividade enfocada. A fundamentação do indeferimento deve sempre remeter à ausência concreta de condições econômicas, financeiras ou jurídicas, tal como fixadas na legislação especial. Algumas situações merecem ser, desde logo, cogitadas. O legislador pode fixar, por um lado, um montante mínimo de capital para a consecução de dada atividade. A organização do empreendimento, nesse sentido, poderia ser onerosa demais para a futura pessoa jurídica, feita uma comparação com os recursos disponíveis, resultando na insuficiência do capital social amealhado e no antecipado insucesso, o que, diante da suposta delicadeza do ramo de atividade regulado, deve ser evitado. Podem, por outro lado, ser fixados alguns requisitos formais ou materiais (por exemplo, necessidade do emprego da forma anônima ou de todos ou alguns dos sócios serem brasileiros), de imprescindível presença nas sociedades destinadas à exploração de certa atividade autorizada e, identificada sua ausência, ante a mera leitura do texto projetado para o estatuto ou contrato social, evidente obstáculo se coloca à desejada constituição da sociedade.

**Art. 1.131. Expedido o decreto de autorização, cumprirá à sociedade publicar os atos referidos nos arts. 1.128 e 1.129, em trinta dias, no órgão oficial da União, cujo exemplar representará prova para inscrição, no registro próprio, dos atos constitutivos da sociedade.**

**Parágrafo único. A sociedade promoverá, também no órgão oficial da União e no prazo de trinta dias, a publicação do termo de inscrição.**

Legislação correlata: art. 61, DL n. 2.627, de 26.09.1940.

A autorização para funcionamento é concedida, mediante o deferimento do requerimento dos sócios ou fundadores da sociedade, por ato administrativo próprio, emitido no âmbito do Poder Executivo federal. Tal ato pode assumir diferentes roupagens, materializando-se por meio de decreto do Presidente da República ou, perante uma delegação de poderes, de uma portaria ministerial. Seja como for, os sócios ou fundadores, após a divulgação do ato de autorização, deverão providenciar, eles mesmos, a reprodução do projeto de estatuto ou contrato social aprovado, com todas as alterações ou aditamentos realizados em atenção a exigências feitas, bem como os demais documentos que instruíram o pedido deferido, efetuando sua publicação pelo *Diário Oficial da União*. Dá-se, assim, ampla divulgação acerca da configuração interna da futura pessoa jurídica, mantida em estado embrionário. Cabe alertar, em contraposição ao texto do *caput*, não ser possível, ainda nessa fase, a atuação da sociedade, pois, antes de sua inscrição, não há aquisição da personalidade jurídica. Os sócios ou fundadores, isso sim, tomarão as providências impostas pela lei. Está previsto, por outro lado, um prazo de trinta dias para a dita publicação, cujo descumprimento, porém, não redundará em sanção imediata e direta, impedindo apenas se corporifique requisito formal à referida inscrição. Como um exemplar do *Diário Oficial da União* em que constar a publicação prevista deve ser apresentado à Junta Comercial ou ao Oficial de Registro Civil de Pessoa Jurídica, acompanhando os originais dos atos constitutivos e a cópia do ato de autorização emitido, enquanto não for feita a publicação enfocada, estará inviabilizada a inscrição da nova sociedade autorizada. Num segundo momento, prevê-se, no parágrafo único, seja promovida, também no *Diário Oficial da União*, uma segunda publicação, após a efetivação da inscrição. Respeitado o prazo de trinta dias, um aviso relativo ao ato registrário consumado deve ser divulgado, finalizando todo o procedimento de autorização. Ressalte-se, aqui também, não estar fixada sanção direta e imediata para o descumprimento do prazo legal, configurando-se irregularidade sanável a qualquer tempo.

**Art. 1.132. As sociedades anônimas nacionais, que dependam de autorização do Poder Executivo para funcionar, não se constituirão sem obtê-la, quando seus fundadores pretenderem recorrer a subscrição pública para a formação do capital.**

**§ 1º Os fundadores deverão juntar ao requerimento cópias autênticas do projeto do estatuto e do prospecto.**

**§ 2º Obtida a autorização e constituída a sociedade, proceder-se-á à inscrição dos seus atos constitutivos.**

Legislação correlata: art. 63, DL n. 2.627, de 26.09.1940.

Não haveria a menor razão para inserir o presente artigo no CC/2002, mostrando-se ele inútil, porquanto só confirma o disposto no art. 1.128. Com efeito, tão somente as sociedades anônimas constituídas no Brasil e com sede no território nacional (art. 1.126) são enfocadas e, de início, afirma-se não ser admitido o registro sem o prévio deferimento da autorização para funcionamento, quando exigida, o que significa a pura reprodução da regra antes fixada, não havendo ressalva ou peculiaridade a ser considerada. Ademais, a expressa referência à utilização da subscrição pública para a formação do capital social, constante do *caput*, não encontra motivação, uma vez que a autorização precisa sempre, mesmo que a subscrição seja privada, anteceder a inscrição. Os documentos elencados no § 1º, ou seja, as cópias autênticas do projeto de estatuto e do prospecto de divulgação da subscrição, por sua vez, são os que decorrem da incidência do art. 1.128, *caput*, que, em sua parte final, menciona, expressamente, a sociedade anônima, enquanto o § 2º indica só ser possível a inscrição registrária quando, após o deferimento da autorização de funcionamento, for ultimada a constituição, deixando de lado a necessidade de novo exame, feito pela Comissão de Valores Mobiliários, na qualidade de agência reguladora do mercado de capitais. Em suma, o art. 1.132 só serve para explicitar ou reproduzir, com algumas deficiências, as regras que já se achavam encartadas em outro artigo deste mesmo capítulo, o 1.128, ao qual se faz remissão ao leitor.

**Art. 1.133. Dependem de aprovação as modificações do contrato ou do estatuto de sociedade sujeita a autorização do Poder Executivo, salvo se decorrerem de aumento do capital social, em virtude de utilização de reservas ou reavaliação do ativo.**

Após a consecução da inscrição prevista no artigo anterior, ou seja, constituída, qualquer que seja o tipo adotado, a sociedade nacional autorizada, as alterações do estatuto ou contrato social devem sempre ser, antecipadamente, submetidas à aprovação do mesmo órgão público federal que lhe concedeu a autorização para funcionamento. Os administradores, presentando a sociedade personificada, apresentarão requerimento destinado à obtenção da aprovação oficial e, então, observados os mesmos critérios já expostos nos arts. 1.129 e 1.130, será apreciado o pedido, podendo ser formuladas exigências ou, desde logo, deferido, ou não, o pedido. Os consequentes atos registrários (de arquivamento, perante a Junta Comercial, ou de averbação, perante Oficial de Registro Civil de Pessoa Jurídica) só poderão ser realizados mediante a exibição da prova da aprovação da modificação pretendida, a qual constitui fator condicionante da eficácia da deliberação já tomada pelos sócios. Trata-se de regra geral, destinada a evitar o tangenciamento a restrições legais ou a decisões administrativas, tendo sido imposta uma única exceção. Os aumentos de capital social, quando derivados da adição de reservas acumuladas ou da reavaliação do ativo, prescindem de específica aprovação da autoridade, pois, nesse caso, não há qualquer alteração no quadro social e preserva-se toda a estrutura interna da sociedade autorizada. Causas puramente internas implicam o aumento de capital proposto, em nada resultando um novo exame de adequação aos parâmetros fixados para o exercício da atividade submetida a regime especial.

**Jurisprudência:** Efetivada a alteração do estatuto de sociedade permissionária ou concessionária de serviço público de distribuição de energia elétrica, mesmo que não haja ônus para o poder concedente, a ausência de prévia aprovação do Poder Executivo (ou de agência reguladora) implica nulidade do ato, impondo a invalidade da própria convocação da assembleia de sócios (TJSP, Ap. n. 0002180-16.2011.8.26.0418, 2ª Câm. de Dir. Priv., rel. Des. Flávio Abramovici, *DJe* 21.10.2013).

## *Seção III*
## *Da Sociedade Estrangeira*

**Art. 1.134. A sociedade estrangeira, qualquer que seja o seu objeto, não pode, sem autorização do Poder Executivo, funcionar no País, ainda que por estabelecimentos subordinados, podendo, todavia, ressalvados os casos expressos em lei, ser acionista de sociedade anônima brasileira.**

**§ 1º Ao requerimento de autorização devem juntar-se:**

**I – prova de se achar a sociedade constituída conforme a lei de seu país;**

**II – inteiro teor do contrato ou do estatuto;**

**III – relação dos membros de todos os órgãos da administração da sociedade, com nome, nacionalidade, profissão, domicílio e, salvo quanto a ações ao portador, o valor da participação de cada um no capital da sociedade;**

**IV – cópia do ato que autorizou o funcionamento no Brasil e fixou o capital destinado às operações no território nacional;**

**V – prova de nomeação do representante no Brasil, com poderes expressos para aceitar as condições exigidas para a autorização;**

**VI – último balanço.**

**§ 2º Os documentos serão autenticados, de conformidade com a lei nacional da sociedade requerente, legalizados no consulado brasileiro da respectiva sede e acompanhados de tradução em vernáculo.**

Legislação correlata: art. 11, § 1º, DL n. 4.657, de 04.09.1942 (Lei de Introdução às normas do Direito Brasileiro).

A sociedade estrangeira é definida por exclusão, invertendo-se o sentido do texto do *caput* do art. 1.126, que define a sociedade nacional, submetendo-se a restrições naturais à salvaguarda da ordem e do interesse público. Sociedade estrangeira é aquela constituída fora do Brasil ou que, mesmo constituída no Brasil, mantém sua sede fora do território nacional e, seja qual for o ramo de atividade explorado, isto é, independentemente do conteúdo de seu objeto social, sua regular atuação, em nosso país, depende da prévia obtenção de autorização para funcionamento, cuja expedição deverá ser feita pelo Ministro da Fazenda (conforme a Lei n. 14.600, de 19.06.2023). Concentrou-se, portanto, num só órgão público federal a análise de todos os requerimentos formulados por sociedades estrangeiras desejosas de estender seus empreendimentos diretos ao Brasil, aqui mantendo qualquer espécie de estabelecimentos, mesmo que subordinados (filiais e escritórios de representação). Há a possibilidade de as sociedades enfocadas, independentemente de autorização, assumirem a qualidade de acionistas de sociedade anônima nacional ou celebrarem, em território estrangeiro, contratos com pessoas físicas ou jurídicas domiciliadas no Brasil, pois, nesse caso, somente haveria, no âmbito de nosso país, uma atuação indireta, mas qualquer outra atuação da sociedade estrangeira, observado o texto legal com o devido rigor, depende da obtenção da autorização governamental. Ademais, o legislador pode ressalvar expressamente outras hipóteses, conforme entenda seja conveniente e oportuno liberalizar, como pode resultar, por exemplo, de reciprocidades derivadas de tratados ou convenções internacionais, a atividade de sociedades de algumas ou todas as nacionalidades. O § 1º do presente artigo traz um inventário da documentação necessária à correta apresentação do pedido de autorização para funcionamento de uma sociedade estrangeira, reproduzindo, com mínimas divergências redacionais, o parágrafo único do art. 64 do DL n. 2.627/40. Ao requerimento de autorização, apresentado pelos administradores da sociedade estrangeira ou seus procuradores dotados de poderes especiais, são obrigatoriamente anexados:

a) comprovante de regular constituição da sociedade, sempre respeitada a legislação de origem;

b) cópias integrais do estatuto ou contrato social;

c) a relação dos membros de todos os órgãos da sociedade, com sua qualificação completa e o total de participação no capital social, desconsideradas, tratando-se de S.A., as eventuais ações ao portador, caso sejam permitidas pela legislação de origem;

d) cópias da deliberação dos sócios que aprovou a atuação no Brasil, fixando determinado capital para tanto;

e) instrumento público ou particular conferindo poderes a um representante domiciliado no Brasil e encarregado da prática dos atos tendentes à obtenção da autorização para funcionamento;

f) cópia do último balanço patrimonial.

Ademais, toda essa documentação precisa ser submetida, no país de origem da requerente, à autenticação e posterior legalização consular, sendo convertida, quando for o caso, para o português, por tradutor juramentado. Pretende-se, assim, seja fornecida uma visão completa e detalhada da estrutura interna da sociedade estrangeira requerente, viabilizando uma decisão administrativa consentânea com a situação identificada.

---

**Art. 1.135. É facultado ao Poder Executivo, para conceder a autorização, estabelecer condições convenientes à defesa dos interesses nacionais.**

**Parágrafo único. Aceitas as condições, expedirá o Poder Executivo decreto de autorização, do qual constará o montante de capital destinado às operações no País, cabendo à sociedade promover a publicação dos atos referidos no art. 1.131 e no § 1º do art. 1.134.**

---

Ao ser examinado o pedido de concessão de autorização para funcionamento de sociedade estrangeira, o Ministro de Estado da Economia (atual Ministro da Fazenda, conforme a Lei n. 14.600, de 19.06.2023) pode estabelecer condições especiais para a atuação de dada requerente no Brasil, sempre em concordância com o interesse público. Há ampla discricionariedade na fixação de tais condições, que podem variar da concreta fixação de um capital mínimo até o estabelecimento de limites de atuação geográfica ou a determinado empreendimento individualizado. Tudo dependerá da realização de um exame pormenorizado e do posterior e cuidadoso enquadramento do empreendimento pretendido pela sociedade estrangeira. Caso sejam fixadas condições especiais, a requerente deverá aceitá-las, ou não, sendo colhida a deliberação de seus sócios. Na hipótese de discordância, o pedido de concessão da autorização estará, automaticamente, prejudicado. Se foram, porém, aceitas as condições especiais, edita-se, em sequência, o ato administrativo formalizador do deferimento do pedido formulado, no qual serão inseridas as informações relativas ao valor do capital utilizado no país. Cabe, então, à sociedade autorizada, conforme a remissão feita ao art. 1.131 e ao § 1º do art. 1.134, nos trinta dias seguintes à publicação de tal ato, promover a publicação, pelo *Diário Oficial da União*, do texto do requerimento de autorização deferido e de toda a documentação anexa, tudo devidamente convertido, quando for o caso, para o português, postulando, por meio da exibição de um exemplar do periódico referido, a inscrição prevista no artigo seguinte. É preciso alertar que o descumprimento do mencionado prazo de trinta dias não redundará em sanção imediata e direta, impedindo apenas se corporifique requisito formal à inscrição registrária. Como um exemplar do *Diário Oficial da União* em que constar a publicação prevista deve ser apresentado à Junta Comercial ou ao Oficial de Registro Civil de Pessoa Jurídica, enquanto não for feita a publicação enfocada, estará inviabilizada a inscrição da sociedade estrangeira autorizada.

---

**Art. 1.136. A sociedade autorizada não pode iniciar sua atividade antes de inscrita no registro próprio do lugar em que se deva estabelecer.**

**§ 1º O requerimento de inscrição será instruído com exemplar da publicação exigida no parágrafo único do artigo antecedente, acompanhado de documento do depósito em dinheiro, em estabelecimento bancário oficial, do capital ali mencionado.**

**§ 2º Arquivados esses documentos, a inscrição será feita por termo em livro especial para as sociedades estrangeiras, com número de ordem contínuo para todas as sociedades inscritas; no termo constarão:**

**I – nome, objeto, duração e sede da sociedade no estrangeiro;**

**II – lugar da sucursal, filial ou agência, no País;**

**III – data e número do decreto de autorização;**

**IV – capital destinado às operações no País;**

**V – individuação do seu representante permanente.**

**§ 3º Inscrita a sociedade, promover-se-á a publicação determinada no parágrafo único do art. 1.131.**

---

Foi fixado um requisito fundamental para a regularidade da atividade mantida pela sociedade estrangeira no Brasil. Tal requisito deve ser previamente atendido e corresponde à inscrição, feita, conforme a natureza empresária ou simples da sociedade, perante a Junta Comercial ou o Oficial de Registro Civil de Pessoa Jurídica, com atribuição específica sobre o território em que for instalado o principal estabelecimento da autorizada no Brasil. Tal inscrição oferece características especiais e seu requerimento deve ser acompanhado de um exemplar do *Diário Oficial da União* em que foi veiculada a publicação prevista no artigo anterior, bem como de um comprovante de depósito em banco oficial do numerário equivalente ao capital destinado à realização do empreendimento pretendido. Este último é uma exigência suplementar especialíssima, destinado a evidenciar a presença de capacidade financeira para iniciar e sustentar toda a atividade em solo nacional e, assim, salvaguardar os futuros e potenciais credores. Cabe aos órgãos registrários, mediante exame formal e detido da regularidade da documentação enfocada, deferir, ou não, a inscrição postulada, efetuando-a, se for o caso, em livro especial. Elabora-se, então, um termo descritivo, fazendo constar todos os dados elencados nos incisos do § 2º do presente artigo, de maneira a fornecer ampla divulgação dos elementos essenciais ao novo empreendimento. Ao final, deve ser promovida, em concordância com remissão feita ao parágrafo único do art. 1.131, também no *Diário Oficial da União*, uma segunda publicação, após a efetivação da inscrição. Respeitado o prazo de trinta dias, um aviso relativo ao ato registrário consumado será divulgado, finalizando todo o procedimento necessário à obtenção de autorização para funcionamento da sociedade estrangeira. Ressalte-se, aqui também, não estar fixada sanção direta e imediata para o descumprimento do prazo legal, configurando-se irregularidade sanável a qualquer tempo.

---

**Art. 1.137. A sociedade estrangeira autorizada a funcionar ficará sujeita às leis e aos tribunais brasileiros, quanto aos atos ou operações praticados no Brasil.**

**Parágrafo único. A sociedade estrangeira funcionará no território nacional com o nome que tiver em seu país de origem, podendo acrescentar as palavras "do Brasil" ou "para o Brasil".**

---

Legislação correlata: art. 12, DL n. 4.657, de 04.09.1942 (Lei de Introdução às normas do Direito Brasileiro); arts. 67 e 68, DL n. 2.627, de 26.09.1940.

O presente artigo cuida de duas diferentes matérias. Conforme o *caput*, autorizado o funcionamento da sociedade estrangeira em território nacional, o Estado brasileiro impõe a incidência de seu ordenamento positivo sobre toda e qualquer operação aqui realizada, como já previsto na parte final do § 1º do art. 11 da Lindb (DL n. 4.657/42). A sociedade autorizada não ostenta a faculdade de escolher outro ordenamento jurídico para regrar as atividades mantidas no Brasil.

Ademais, persistirá a completa submissão às decisões emitidas pelo Poder Judiciário brasileiro, que será competente para dirimir quaisquer litígios nascidos de sua atividade no Brasil, o que se coaduna com o disposto no parágrafo único do art. 88 do CPC/73, cujo texto foi reproduzido no parágrafo único do art. 21 do CPC/2015, visto ser a pessoa jurídica estrangeira considerada como domiciliada no local de sua agência, filial ou sucursal.

O parágrafo único do presente artigo, também, prevê a manutenção do nome original da sociedade estrangeira, possibilitado o acréscimo das expressões "do Brasil" ou "para o Brasil", como forma de destacar sua nacionalidade alienígena. Ressalte-se que o nome não é traduzido, permanecendo no idioma de origem e sofrendo apenas adaptações decorrentes da necessidade do uso do alfabeto latino, imprescindível à compreensão ou apreensão dos dizeres. Disposição legal semelhante já constava do art. 66 do DL n. 2.627/40.

---

**Art. 1.138. A sociedade estrangeira autorizada a funcionar é obrigada a ter, permanentemente, representante no Brasil, com poderes para resolver quaisquer questões e receber citação judicial pela sociedade.**

**Parágrafo único. O representante somente pode agir perante terceiros depois de arquivado e averbado o instrumento de sua nomeação.**

---

Legislação correlata: art. 67, DL n. 2.627, de 26.09.1940.

Após a autorização, o núcleo da administração da sociedade estrangeira continua no exterior, em sua sede, de onde os comandos principais são emitidos, para que, em território nacional, sejam cumpridos. Prevê-se, porém, a manutenção, na agência, sucursal ou filial, de um representante da administração, que atuará em nome e por conta da sociedade estrangeira, sendo dotado de poderes gerais de gestão, que lhe possibilitem resolver as questões mais diversificadas, de conteúdo e importância variáveis. O representante deve ostentar, além do mais, poderes especiais para o recebimento de citações, podendo ser materializada a outorga de procuração por instrumento público ou privado, o qual será, mediante a apresentação dos originais acompanhados, se for o caso, de tradução oficializada, submetido a averbação na inscrição especial prevista no art. 1.136, § 2º, e arquivamento perante Junta Comercial ou Oficial de Registro

Civil de Pessoa Jurídica. A relação de representação precisa ser mantida permanentemente, de maneira que, na hipótese de destituição, deve haver a imediata e automática nomeação de outro representante, operando-se simples substituição. Pretende-se, assim, obter agilidade na solução de eventuais problemas surgidos no Brasil e proteger os credores locais, evitando a demora e os custos decorrentes das necessidades de buscar a solução de uma demanda em tribunais estrangeiros ou citar, mediante a expedição de carta rogatória, a sociedade autorizada. Anote-se, por fim, que a averbação referida se qualifica como um fato de eficácia da representação estatuída pela sociedade estrangeira, pois, antes de tal ato registrário, os poderes de representação apenas se produzem no âmbito interno da própria pessoa jurídica, só se expandindo para atingir terceiros, em relacionamentos negociais, após a concretização da publicidade registrária.

**Art. 1.139. Qualquer modificação no contrato ou no estatuto dependerá da aprovação do Poder Executivo, para produzir efeitos no território nacional.**

Legislação correlata: art. 69, DL n. 2.627, de 26.09.1940.

Após a consecução da inscrição prevista no art. 1.136, § 2º, ou seja, autorizado o regular funcionamento da sociedade estrangeira em território nacional, as alterações de seu estatuto ou contrato social devem sempre ser submetidas à apreciação do Ministro da Fazenda (conforme a Lei n. 14.600, de 19.06.2023), mesmo órgão público federal encarregado da expedição da autorização originária, sem o que elas não produzirão efeitos no Brasil. Trata-se de um fator de limitação da eficácia de tais alterações estatutárias ou contratuais, as quais, observado, como critério primário, o interesse nacional, serão apreciadas autonomamente, podendo ser formuladas exigências ou, desde logo, deferido, ou não, o pedido de aprovação. Os consequentes atos registrários (de arquivamento, perante a Junta Comercial, ou de averbação, perante Oficial de Registro Civil de Pessoa Jurídica) só poderão ser realizados mediante a exibição da prova da aprovação da modificação pretendida, a qual constitui, repita-se, fator condicionante da eficácia da deliberação já tomada pelos sócios e consolidada no exterior. Deseja-se, assim, evitar o tangenciamento a restrições legais ou a decisões administrativas. Este artigo apresenta correspondência com o art. 1.133, mas as sociedades nacionais autorizadas prescindem da autorização para aumentos de capital derivados do aproveitamento de reservas ou da reavaliação de ativos, enquanto, no âmbito das sociedades estrangeiras autorizadas, não foi excepcionada qualquer hipótese, sendo sempre necessária a aprovação oficial.

**Art. 1.140. A sociedade estrangeira deve, sob pena de lhe ser cassada a autorização, reproduzir no órgão oficial da União, e do Estado, se for o caso, as publicações que, segundo a sua lei nacional, seja obrigada a fazer relativamente ao balanço patrimonial e ao de resultado econômico, bem como aos atos de sua administração.**

**Parágrafo único. Sob pena, também, de lhe ser cassada a autorização, a sociedade estrangeira deverá publicar o balanço patrimonial e o de resultado econômico das sucursais, filiais ou agências existentes no País.**

Legislação correlata: art. 70, DL n. 2.627, de 26.09.1940.

Prevê-se, no presente artigo, a obrigatoriedade da reprodução de algumas das publicações feitas no exterior, sede da sociedade estrangeira autorizada. Nem todas as publicações precisam ser reproduzidas, limitando-se a necessidade apenas àquelas relativas ao balanço patrimonial, ao demonstrativo de resultados e aos atos de administração. O conteúdo de tais publicações, tratando-se de simples reprodução, não precisa ser adaptado ou remodelado, mantida a concordância com as normas vigentes no país de origem; basta, se for o caso, a tradução da publicação feita no exterior, resguardada a função de informar minimamente o público brasileiro. O veículo de imprensa usado é sempre o *Diário Oficial da União*, somando-se, ainda, se o principal estabelecimento de uma sociedade autorizada se situa em um Estado-membro, e não no Distrito Federal, a divulgação pela imprensa oficial estadual. Ademais, a sociedade estrangeira deve elaborar e publicar, pelos mesmos órgãos de imprensa (art. 1.152, § 2º), demonstrativos contábeis separados e específicos para a atividade realizada no Brasil, aplicados, então, os critérios aqui vigentes. Se as publicações previstas deixarem de ser feitas, potencializa-se a cassação da autorização antes concedida, não podendo mais a sociedade estrangeira atuar no território nacional. A sanção é gravíssima e, para ser aplicada, depende da instauração de procedimento administrativo, conferindo-se à pessoa jurídica oportunidade para o saneamento da irregularidade caracterizada.

**Art. 1.141. Mediante autorização do Poder Executivo, a sociedade estrangeira admitida a funcio-**

**nar no País pode nacionalizar-se, transferindo sua sede para o Brasil.**

**§ 1º Para o fim previsto neste artigo, deverá a sociedade, por seus representantes, oferecer, com o requerimento, os documentos exigidos no art. 1.134, e ainda a prova da realização do capital, pela forma declarada no contrato, ou no estatuto, e do ato em que foi deliberada a nacionalização.**

**§ 2º O Poder Executivo poderá impor as condições que julgar convenientes à defesa dos interesses nacionais.**

**§ 3º Aceitas as condições pelo representante, proceder-se-á, após a expedição do decreto de autorização, à inscrição da sociedade e publicação do respectivo termo.**

---

Legislação correlata: art. 71, DL n. 2.627, de 26.09.1940.

Autorizada, ou não, a funcionar no Brasil, a pessoa jurídica constituída no exterior poderá adquirir a nacionalidade brasileira mediante autorização específica, a ser expedida no âmbito do Poder Executivo federal, pelo Ministro de Estado da Economia (atual Ministro da Fazenda, conforme a Lei n. 14.600, de 19.06.2023), dada já referida delegação de atribuições administrativas (Decreto n. 9.787, de 08.05.2019). Admite-se a nacionalização de sociedade estrangeira, o que se perfaz por meio da transferência de sua sede para o território nacional, formalizada por inscrição perante Junta Comercial ou Oficial de Registro Civil de Pessoa Jurídica. O pedido de autorização é sempre apresentado pelos representantes da sociedade, devendo ser instruído com os mesmos documentos elencados no § 1º do art. 1.134, necessários à apreciação do pedido de funcionamento, atualizados e acrescidos das provas da completa integralização do capital social e da deliberação dos sócios, aprovando a alteração da sede. Os §§ 2º e 3º contêm regras similares às constantes do *caput* e parágrafo único do art. 1.135. Ao ser examinado o pedido de concessão de autorização para nacionalização de sociedade estrangeira, o Ministro de Estado da Economia pode estabelecer condições especiais, sempre em concordância com o interesse público. Há ampla discricionariedade na fixação de tais condições, tudo dependendo da realização de um exame pormenorizado e individualizado. Estabelecidas as condições especiais, a decisão administrativa será comunicada à requerente e, na hipótese de discordância, o pedido de concessão de autorização estará, automaticamente, prejudicado. Se forem, porém, aceitas as condições especiais, edita-se, em sequência, o ato administrativo formalizador do deferimento do pedido formulado, cabendo, então, à sociedade, nos trinta dias seguintes à publicação de tal ato, promover a publicação, pelo *Diário Oficial da União*, do texto do requerimento de nacionalização deferido e de toda a documentação anexa, postulando, por meio da exibição de um exemplar do periódico referido, a inscrição. O presente artigo reproduz, com pequenos ajustes redacionais, o art. 71 do DL n. 2.627/40 e, frise-se, colide, frontalmente, com os atuais movimentos de liberalização da circulação de capitais e atração e desoneração da riqueza produtiva.

# TÍTULO III
# DO ESTABELECIMENTO

## CAPÍTULO ÚNICO
## DISPOSIÇÕES GERAIS

---

**Art. 1.142. Considera-se estabelecimento todo complexo de bens organizado, para exercício da empresa, por empresário, ou por sociedade empresária.**

**§ 1º O estabelecimento não se confunde com o local onde se exerce a atividade empresarial, que poderá ser físico ou virtual.**

Parágrafo acrescentado pela Lei n. 14.382, de 27.06.2022.

**§ 2º Quando o local onde se exerce a atividade empresarial for virtual, o endereço informado para fins de registro poderá ser, conforme o caso, o endereço do empresário individual ou o de um dos sócios da sociedade empresária.**

Parágrafo acrescentado pela Lei n. 14.382, de 27.06.2022.

**§ 3º Quando o local onde se exerce a atividade empresarial for físico, a fixação do horário de funcionamento competirá ao Município, observada a regra geral prevista no inciso II do *caput* do art. 3º da Lei n. 13.874, de 20 de setembro de 2019.**

Parágrafo acrescentado pela Lei n. 14.382, de 27.06.2022.

---

Considerada a empresa, tal qual afirmado no art. 966, uma estrutura complexa e capaz de ser examinada de quatro ângulos ou perfis diferenciados, o estabelecimento empresarial corresponde a seu perfil patrimonial. A produção ou a circulação de mercadorias ou serviços precisa, para ser desenvolvida, do agrupamento de bens corpóreos e incorpóreos dotados de destinação econômica específica, organizados e dispostos racionalmente para a execução da atividade profissional própria à empresa. Forma-se, assim, uma universalidade, ou seja, um bem coletivo que conforma um todo único, mas heterogêneo. A vontade de um empresário, manifestada por meio de decisões individuais e interligadas, envolve o conjunto composto de uma quantidade variável de bens singulares, de identidade e qualidade totalmente díspares, vinculando-o a uma mesma finalidade econômica e dotando-o, por isso, de unidade. Surge, então, como universalidade de fato, dado seu enquadramento na definição contida no *caput* do art. 90, o estabelecimento empresarial. Seja qual for o empreendimento realizado, haverá sempre um estabelecimento, pois o empresário necessitará se aproveitar de algum suporte material, somando-se, por exemplo, materiais de escritório, bens de capital, marcas, patentes ou veículos, tudo integrado pelos mesmos desígnios volitivos. O estabelecimento pode ser simples, concentrando-se todos os bens em um único local geográfico, mas, também, assume a forma complexa e pode apresentar ramificações, estendendo-se a locais diferentes, sob a forma de sucursais ou filiais, de acordo com a magnitude e o conteúdo da atividade escolhida. A variabilidade é bastante grande, contrastando, inclusive, o estabelecimento urbano, voltado para o comércio ou para a indústria, com o estabelecimento rural, voltado para a agricultura ou a pecuária.

Ao presente artigo, foram acrescentados três parágrafos pela Lei n. 14.382, de 27.06.2022 (resultado da conversão da MP n. 1.085, de 27.12.2021), com a finalidade de atualização. O texto legal, com a alteração, destaca o conceito de ponto empresarial, como lugar físico ou virtual a partir do qual o empresário individual ou coletivo mantém contato com o público e exerce sua atividade. É contemplada, simultaneamente, a realidade atual, de uso intensivo da informática e da rede mundial de computadores (Internet) para a comunicação mais eficaz das pessoas, tornando-se o chamado "*e-commerce*" cada vez mais pujante, dotado de relevância econômica inimaginável à época da elaboração deste Código. Assim, fixado um ponto empresarial virtual, para viabilizar atos de registro, bem como assegurar a realização de comunicações formais (como notificações, intimações e citações), o endereço do empresário individual ou de um dos componentes do quadro da sociedade empresária deve ser utilizado. Se houver sido fixado um ponto empresarial físico, há de ser, na maioria das vezes, mantido um horário de funcionamento para atendimento ao público, sendo feita uma remissão ao art. 3º, II, da Lei n. 13.874/2019 (Lei de Liberdade Econômica), que preconiza possa a atividade econômica ser exercida em qualquer horário ou dia da semana, desde que respeitadas regras atinentes à proteção do meio ambiente, a restrições contratuais e à legislação trabalhista, realçada a primazia do interesse local e a atribuição de competência ao município, em especial para a repressão da poluição sonora e preservação do sossego público.

**Jurisprudência:** O estabelecimento empresarial, como complexo de bens, não é dotado de personalidade jurídica ou personalidade judiciária, não podendo comparecer a juízo na qualidade de autor ou réu, o que deve ser efetuado, isso sim, pelo empresário individual ou coletivo, seu titular. (TJSP, Ap. n. 260.996-2, 4ª Câm. Cível, rel. Des. Franciulli Netto, j. 12.09.1995)

---

**Art. 1.143. Pode o estabelecimento ser objeto unitário de direitos e de negócios jurídicos, translativos ou constitutivos, que sejam compatíveis com a sua natureza.**

---

Qualificado o estabelecimento empresarial como uma universalidade de fato, resulta, como decorrência natural, a possibilidade de ser tal bem coletivo objeto de negócios jurídicos. Cada um dos elementos individuais do estabelecimento pode receber tratamento isolado, mas, nos termos do proposto pelo parágrafo único do art. 90, pode-se considerá-los como um todo. Viabiliza-se, portanto, a celebração de contratos ou a instituição de direitos reais sobre o todo formado pelo conjunto de bens destinados à produção ou circulação de bens organizada profissionalmente, unidos por uma mesma finalidade e colocados sob a disponibilidade do empresário. A consecução desses negócios jurídicos toma como ponto de partida a obra criadora e organizadora realizada, realçando-se a alienação do estabelecimento, denominada trespasse, e seu arrendamento, espécie peculiar de locação. Os valores agregados pela reunião ordenada dos bens componentes do estabelecimento merecem ser sempre considerados, sendo imprescindível ter sempre em mente seus predicados fundamentais. O volume e a qualidade de pessoas com as quais é mantido relacionamento negocial, ou seja, a clientela, bem como o potencial de lucros gerado pela concreta situação de dado estabelecimento, correspondente ao aviamento, se conjugam à eficiência operacional proporcionada pelos locais físicos ou virtuais nos quais é mantido relacionamento com dito público (pontos de empresa). Todos os predicados do bem coletivo se somam, diferenciando-se de mera soma ou reunião desordenada. Obtém-se, então, uma apreciação mais exata da realidade patrimonial presente na empresa, o que, caso cada bem fosse apreciado em separado, não ocorreria. Anote-se, por fim, que, muito embora a universalidade se apresente como um bem móvel, devendo, quando celebrado negócio jurídico tendo-o por objeto, ser observadas as formalidades próprias a tal espécie de bem, os imóveis incluídos na universalidade recebem tratamento peculiar e os atos relativos são feitos em separado, obedecendo a sua disciplina peculiar.

**Jurisprudência:** 1 – Como universalidade, o estabelecimento apresenta valor próprio e deve ser avaliado e considerado na aferição de valores eventualmente devidos a sócio retirante ou excluído (STJ, REsp n. 907.014/MS, 4ª T., rel. Min. Antonio Carlos Ferreira, j. 11.10.2011). 2 – Quando alienado um estabelecimento, como complexo de bens, entende-se trespasse completo e hígido, com todos os seus atributos, sob pena de não alcançar a maior valia do fundo de comércio. A exclusão de algum ativo (bem corpóreo ou incorpóreo) há de ser expressamente pactuada (TJSP, Ap. n. 1012034-88.2017.8.26.0100, 1ª Câm. Res. de Dir. Empres., rel. Des. Cesar Ciampolini, j. 12.09.2018).

---

**Art. 1.144. O contrato que tenha por objeto a alienação, o usufruto ou arrendamento do estabelecimento, só produzirá efeitos quanto a terceiros depois de averbado à margem da inscrição do empresário, ou da sociedade empresária, no Registro Público de Empresas Mercantis, e de publicado na imprensa oficial.**

---

Os negócios jurídicos bilaterais referidos no artigo anterior e tendentes à alienação, ao arrendamento ou à instituição do direito real de usufruto sobre o estabelecimento empresarial apresentam, como fator condicionante de sua eficácia, a ampla divulgação de sua consecução. Exige-se, assim, seja tornada pública a notícia da mutação patrimonial sofrida pelo empresário individual ou coletivo (sociedade empresária), para que os efeitos do ato realizado possam se expandir sobre terceiros, não se limitando apenas aos celebrantes de um contrato, seja este oneroso ou gratuito. Tal publicidade se efetiva, num primeiro plano, mediante o arquivamento perante Junta Comercial e a inscrição do empresário do instrumento público ou particular do contrato enfocado, ressaltando-se haver o texto legal utilizado, de maneira imprópria, a palavra "averbado", em contraste com a legislação especial vigente (art. 32, II, *e*, da Lei n. 8.934/94). É preciso, num segundo plano, promover a publicação de aviso pela imprensa oficial do Estado-membro em que está sediado o empresário ou, tratando-se do Distrito Federal, no *Diário Oficial da União* (art. 1.152, § 1º). Ausente uma das duas providências, um terceiro não pode ser atingido pelos efeitos decorrentes do negócio celebrado; a eficácia só permanece plena ante as próprias partes.

**Jurisprudência:** 1 – A alienação de um estabelecimento comercial só pode ser oposta a terceiro quando devidamente registrada à margem da inscrição do empresário. Tendo o pedido de mercadoria sido realizado no estabelecimento e entregue no mesmo local, há um negócio válido e a dívida é plenamente exigível diante do alienante, ausente o registro (TJSC, Ap. n. 2016.001087-3, 5ª Câm. de Dir. Com., rel. Des. Guilherme Nunes Born, j. 19.05.2016). 2 – É possível que as partes envolvidas na alienação de estabelecimento empresarial pactuem disposições em sentido contrário ao do texto legal; porém, o contrato, incluindo as regras exceptivas, somente produzirá efeitos perante terceiros se lhe for dada a publicidade prevista no presente artigo (TJDF, Ap. n. 0709892-87.2018.8.07.0001, 5ª T. Cível, rel. Des. Josepha Francisco dos Santos, j. 31.01.2019).

---

**Art. 1.145. Se ao alienante não restarem bens suficientes para solver o seu passivo, a eficácia da alienação do estabelecimento depende do pagamento de todos os credores, ou do consentimento destes, de modo expresso ou tácito, em trinta dias a partir de sua notificação.**

---

Feita uma avaliação acerca do potencial surgimento da insolvência do alienante do estabelecimento empresarial, pode ser verificada grave inaptidão patrimonial, vislumbrando-se prejuízo vultoso para os credores, desfalcada, irremediavelmente, a garantia geral oferecida a seu pagamento. No conjunto dos ativos, o estabelecimento cuja titularidade está sendo transmitida pode apresentar tal relevância que, sem ele, o valor do passivo acumulado superaria aquele atribuído aos demais bens. Nesse caso, para que seja possível extrair todos os efeitos da alienação desejada, exige-se, como fator de eficácia, o adimplemento antecipado das dívidas do empresário alienante ou, efetuada a notificação judicial ou extrajudicial de cada um de seus credores, não seja oferecida, no prazo de trinta dias, qualquer oposição, o que será equivalente a uma aquiescência tácita. O contrato celebrado, caso não seja materializada uma das situações propostas, será válido, mas não apresentará plena eficácia, não podendo atingir a esfera jurídica de credores do empresário alienante. Frise-se que a hipótese prevista no presente artigo pode fornecer suporte à decretação da falência do empresário, porquanto a alienação onerosa ou gratuita do estabelecimento, de acordo com o art. 94, III, *c*, da Lei n. 11.101/2005 (antigo inciso V do art. 2º do DL n. 7.661/45), constitui uma das causas singulares de caracterização do estado falimentar, quando realizada sem aquiescência dos credores e não sobrarem bens suficientes ao saldo das dívidas. Ademais, persiste correspondência com o disposto no art. 129, VI, da Lei n. 11.101/2005 (antigo art. 52, VIII, do DL n. 7.661/45), que prevê, ante a falta de prévio adimplemento ou de aquiescência dos credores, o ajuizamento de ação revocatória, por meio da qual é postulado o reconhecimento judicial da ineficácia da alienação de um estabelecimento, deixando o negócio de produzir efeitos perante os ditos credores. A ação revocatória é proposta contra o adquirente do estabelecimento e pretende trazer tal universalidade à massa falida, integrando procedimento concursal em andamento.

**Art. 1.146. O adquirente do estabelecimento responde pelo pagamento dos débitos anteriores à transferência, desde que regularmente contabilizados, continuando o devedor primitivo solidariamente obrigado pelo prazo de um ano, a partir, quanto aos créditos vencidos, da publicação, e, quanto aos outros, da data do vencimento.**

Celebrado contrato resultante na alienação gratuita ou onerosa do estabelecimento empresarial, o adquirente assume a titularidade da universalidade de fato no estado em que ela se encontrar e, por isso, responde pelas dívidas já constituídas pelo alienante, desde que persista, evidentemente, nexo de finalidade entre seu surgimento e a administração do conjunto patrimonial enfocado. Diante do trespasse ou da doação, o adquirente sucede, pura e simplesmente, o alienante e deve pagar as referidas dívidas, como se tivessem nascido de sua própria atuação. A regra não admite exceção e apresenta natureza cogente, não sendo válida cláusula contratual em sentido diverso, para excluir ou limitar a responsabilidade do adquirente. Uma única ressalva foi feita, com o fim de resguardar a posição do adquirente de boa-fé. O adquirente permanece isento de responsabilidade quanto a dívidas não contabilizadas, não podendo ser surpreendido por débitos não lançados nos livros do alienante. A alienação pressupõe tenha sido feito um exame da situação econômico-financeira da atividade empresarial realizada pelo estabelecimento, o que, no mais das vezes, só é viável com a leitura e a análise dos lançamentos contábeis, que devem ser elaborados com a estrita observância das regras legais e técnicas. Caso haja dívidas não contabilizadas, a responsabilidade exclusiva recai sobre o alienante, que usou, supostamente, de malícia no curso das tratativas do contrato celebrado. De toda maneira, o alienante, em decorrência do texto legal expresso, mantém-se vinculado a todas as dívidas antigas, permanecendo, por um lapso de tempo certo e determinado, solidariamente obrigado, como forma de proteção suplementar dos credores. A solidariedade remanesce vigente durante um ano, prazo este que pode ostentar dois diferentes marcos iniciais de contagem. Para as dívidas vencidas antes da celebração do contrato de trespasse ou de doação, o prazo de um ano é contado a partir da publicação prevista no art. 1.144, feita pela imprensa oficial, enquanto, para as demais dívidas, seu vencimento constitui o marco de início da contagem do prazo de um ano. Ressalte-se que as regras estratificadas pelo presente artigo apresentam grande importância, suprindo antiga lacuna da legislação nacional e evitando a proliferação de soluções díspares para as questões controvertidas derivadas da alienação do estabelecimento empresarial.

A hipótese tratada neste artigo, obviamente, não se confunde com aquela prevista no art. 60 da Lei n. 11.101/2005, de alienação de unidade produtiva isolada no curso de recuperação judicial, a qual merece ser qualificada como especialíssima e observa formas especificadas no art. 142 daquele mesmo diploma, ostentando, como característica diferencial, para viabilizar o surgimento de interessados na aquisição, a restrição do potencial de risco patrimonial, com o levantamento de ônus e a isenção de responsabilidade por sucessão.

**Jurisprudência:** 1 – Os julgados relativos a alienações ocorridas antes da vigência do CC/2002 propõem, preponderantemente, a exclusão da responsabilidade do adquirente, afirmando não ocorrer uma automática sucessão do passivo (TACPR, Ap. n. 223.654-0, 2ª Câm. Cível, rel. Juiz Fernando Vidal de Oliveira, j. 09.05.2003; I TACSP, AI n. 1.216.875-9, 12ª Câm., rel. Juiz José Araldo da Costa Telles, j. 09.12.2003), o que mereceu, ante o texto expresso de lei, ser revisto. Reconhece-se, desde logo, porém, quando efetuado pagamento pelo adquirente, possa ele buscar o reembolso dos valores despendidos junto ao alienante, desde que não persista cláusula específica em sentido contrário (TJMS, Ap. n. 2003.012155-2/0000-00, 4ª T. Cível, rel. Des. Elpídio Helvécio Chaves Martins, j. 25.05.2004; TJRJ, Ap. n. 2006.001.49913, 14ª Câm. Cível, rel. Des. Elton Leme, j. 30.05.2007). 2 – Persiste, inclusive, responsabilidade solidária da sucessora no estabelecimento empresarial alienado por débito decorrente de fraude em medidor de energia ocorrido quando figurava no quadro de consumo a sucedida (devedora primária) (TJSP, Ap. n. 99107004152-8, 15ª Câm. de Dir. Priv., rel. Des. Araldo Telles, j. 04.05.2010). 3 – O passivo deve ser considerado como um elemento do estabelecimento empresarial, sendo transferido ao adquirente, assegurado, aos credores do alienante, o recebimento de seus créditos junto a este adquirente (TJES, Ap. n. 0000804-

82.2009.8.08.0024, rel. Des. Eliana Junqueira Munhós Ferreira, *DJe* 23.06.2014). 4 – Dívidas comuns e que não tiverem sido regularmente escrituradas não são de responsabilidade do adquirente do estabelecimento, pois não teve oportunidade de conhecer sua existência, pela ausência na contabilização ou pela sua irregularidade (TJSP, Ap. n. 1012243-97.2015.8.26.0562, 32ª Câm. de Dir. Priv., rel. Des. Gil Cimino, j. 28.09.2017). 5 – Ainda quando não houver sido formalizada a alienação do estabelecimento, ausente ato de registro, a sucessão, diante de terceiros credores, pode ser reconhecida a partir da conjugação de três requisitos: a) desenvolvimento da mesma atividade econômica (objeto idêntico); b) coincidência de local de atuação e clientela potencial; c) confusão de sócios ou confirmação, por qualquer meio de prova, da celebração de um contrato (TJRS, Ap. n. 70.030.916.761, 9ª Câm. Cível, rel. Des. Sylvio José da Silva Tavares, j. 30.10.2014; TJRS, AI n. 70.063.588.040, 9ª Câm. Cível, rel. Des. Íris Helena Medeiros Nogueira, j. 29.04.2015; TJDFT, Ap. n. 0704956-77.2022.8.07.0001, 2ª T. Cível, rel. Des. Fernando Tavernard, j. 21.02.2024). 6 – A sucessão empresarial não exige a comprovação formal da transferência de bens, desde que persista a indicação de prosseguimento da mesma atividade econômica, no mesmo endereço (STJ, Ag. Int. no REsp n. 1.837.435/SP, 4ª T., rel. Min. Luis Felipe Salomão, j. 10.05.2022).

**Art. 1.147. Não havendo autorização expressa, o alienante do estabelecimento não pode fazer concorrência ao adquirente, nos cinco anos subsequentes à transferência.**

**Parágrafo único. No caso de arrendamento ou usufruto do estabelecimento, a proibição prevista neste artigo persistirá durante o prazo do contrato.**

Até o início da vigência do CC/2002, era muito comum a inserção, nos contratos de trespasse, de uma cláusula de interdição de concorrência, explicitando estar o alienante proibido de organizar novo estabelecimento similar ao transmitido e, assim, impor substancial prejuízo ao adquirente, dada a depreciação decorrente de inevitável perda de clientela e diminuição do aviamento. Agora, a proibição está subentendida, ostentando caráter geral e vigorando por um prazo certo, de cinco anos contados da celebração de contratos onerosos ou gratuitos resultantes na transferência da titularidade de um estabelecimento, de trespasse ou de doação. A regra possui, contudo, natureza dispositiva e as partes negociais (alienante e adquirente) podem dispensar, limitar ou ampliar a interdição legal, mediante cláusula inserida no instrumento contratual elaborado, cuja averbação está prevista no art. 1.144. Deixa-se espaço para que o interesse privado prevaleça e construa uma disciplina concreta para o período imediatamente posterior à transferência da titularidade de um estabelecimento empresarial, preservado um regramento mínimo. O parágrafo único estende, também, a incidência da regra de interdição da concorrência ao contrato de arrendamento e à instituição de usufruto do estabelecimento empresarial, fixando-se apenas um prazo diverso, posto que a proibição deve perdurar enquanto o arrendamento estiver em curso ou o direito real de usufruto continuar onerando o bem coletivo. Equiparam-se, assim, o arrendatário e o usufrutuário ao adquirente do estabelecimento empresarial, pois suas posições jurídico-econômicas são, ao menos quanto à concorrência, equivalentes, ficando protegido quanto à atuação do arrendante ou do nu-proprietário, instituidor do direito real limitado.

**Jurisprudência:** 1 – A vedação legal ao alienante fazer concorrência ao adquirente nos cinco anos subsequentes à transferência do estabelecimento independe de cláusula expressa e ostenta total eficácia entre as partes independentemente do registro previsto no art. 1.144 (TJSP, Ap. n. 0003940-14.2013.8.26.0132, 1ª Câm. Res. de Dir. Empres., rel. Des. Francisco Loureiro, j. 16.03.2016). 2 – Além da concorrência desleal, com o trespasse, é proibida a concorrência pura e simples do alienante para com o adquirente do estabelecimento, configurando a infração à regra legal justa causa para não pagamento de multa contratual (TJSP, Ap. n. 1015068-18.2016.8.26.0032, 1ª Câm. Res. de Dir. Empres., rel. Des. Cesar Ciampolini, j. 03.10.2019).

**Art. 1.148. Salvo disposição em contrário, a transferência importa a sub-rogação do adquirente nos contratos estipulados para exploração do estabelecimento, se não tiverem caráter pessoal, podendo os terceiros rescindir o contrato em noventa dias a contar da publicação da transferência, se ocorrer justa causa, ressalvada, neste caso, a responsabilidade do alienante.**

Diante do trespasse ou da doação do estabelecimento empresarial, os contratos de execução continuada que tiverem sido celebrados com o fim de viabilizar a exploração adequada e eficiente do empreendimento organizado são submetidos a uma automática cessão de posições contratuais, dando-se, assim, continuidade à atividade econômica realizada. Opera-se uma sub-rogação. Sem a necessidade de qualquer formalidade adicional, o adquirente toma o lugar do alienante e o substitui inteiramente, tanto em deveres quanto em direitos decorrentes do antigo negócio jurídico. Essa substituição abrange todos os contratos de fundo exclusivamente econômico (o de fornecimento, por exemplo), excluindo-se, em razão da natureza subjetiva do vínculo obrigacional, aqueles celebrados *intuitu personae* (o de mandato, por exemplo). Trata-se, porém, de uma regra geral, de caráter dispositivo, que pode ser, conforme a conveniência do alienante e do adquirente, revogada concretamente, mediante cláusula expressa. Em outro sentido, persiste, também, a possibilidade de o terceiro, cocontratante, promover a pura e simples denúncia do contrato celebrado. Estabeleceu-se um prazo de noventa dias, contado da publicação prevista no art. 1.144, dentro do qual o cocontratante pode manifestar, unilateralmente, sua vontade de extinguir o vínculo contratual já constituído, devendo, para tanto, expor justa causa. O texto legal não delimita o que deve ser considerado justa causa e, por ser conceito aberto, submetido a constante e renovada avaliação casuística, a justa causa não precisa estar ligada, de toda maneira, à pessoa do adquirente e a sua atuação no lapso imediatamente posterior à transferência do estabelecimento. Faz-se, por isso, ressalva expressa, pois, com a denúncia de um contrato, potencializa-se a diminuição do valor do estabelecimento, causando uma inesperada dificuldade de exploração da atividade empreendida, e a responsabilidade civil do alienante, desde que sua pretérita conduta tenha resultado na cessação dos lucros previstos, pode ser reclamada em juízo.

**Art. 1.149. A cessão dos créditos referentes ao estabelecimento transferido produzirá efeito em relação aos respectivos devedores, desde o momento da publicação da transferência, mas o devedor ficará exonerado se de boa-fé pagar ao cedente.**

Toda alienação de um estabelecimento empresarial importa na automática cessão dos créditos já constituídos e ainda não solvidos, sejam eles vincendos, sejam eles vencidos. Trata-se de regra especial, semelhante àquela inserta no artigo anterior, por meio da qual são dispensadas as formalidades peculiares a uma cessão de crédito comum, em particular a notificação do devedor e a formalização por instrumento específico (arts. 288 e 290). Com o advento da publicação prevista no art. 1.144, a cessão dos créditos derivados da atividade empresarial realizada pelo estabelecimento transmitido restará concretizada imediatamente. Protege-se, porém, o devedor de boa-fé, que, mediante o desconhecimento efetivo da alienação operada e do engano gerado por uma falsa aparência, paga a quem não é mais o titular do crédito. Nessa hipótese, fica o devedor desonerado, cabendo ao adquirente do estabelecimento, na qualidade de cessionário do crédito, buscar ressarcimento do alienante, o cedente desse mesmo crédito, que, sem legitimidade, percebeu valores e forneceu quitação. Identifica-se, aqui, grande semelhança com o disposto na primeira parte do art. 292.

# TÍTULO IV
# DOS INSTITUTOS COMPLEMENTARES

## CAPÍTULO I
## DO REGISTRO

**Art. 1.150. O empresário e a sociedade empresária vinculam-se ao Registro Público de Empresas Mercantis a cargo das Juntas Comerciais, e a sociedade simples ao Registro Civil das Pessoas Jurídicas, o qual deverá obedecer às normas fixadas para aquele registro, se a sociedade simples adotar um dos tipos de sociedade empresária.**

Legislação correlata: arts. 4º e 10, item 2 (*revogados*), CCom; arts. 114 a 126, Lei n. 6.015, de 31.12.1973.

Este quarto título do Livro II do CC/2002 contém regramentos complementares, somando-se ao fundamental, relativo ao empresário individual ou coletivo e ao estabelecimento empresarial. Examinam-se, aqui, quatro institutos variados, sempre presentes no curso da realização da atividade empresarial e de inegável importância. O primeiro desses institutos é o registro. Exige-se, para a regular atuação profissional voltada para a produção de bens ou serviços destinados ao mercado, que seu autor, o empresário individual ou coletivo, disponibilize ao público, com o qual mantém potencial relacionamento, todos os dados característicos e elementares à criação, modificação ou extinção da empresa mantida sob sua iniciativa e responsabilidade. A ampla divulgação é obtida por meio da publicidade registrária, organizada por meio de órgãos oficiais, sistematizando o Registro Público de Empresas Mercantis, já disciplinado pela Lei n. 8.934/94 e composto pelo Departamento de Registro do Comércio e Integração – DREI e pelas Juntas Comerciais. O DREI apresenta-se como órgão central, incumbido de uniformizar os procedimentos adotados e expedir normas técnicas de aplicação geral, permanecendo submetido ao Ministério da Economia, enquanto as Juntas Comerciais, sediadas na capital de cada Estado-membro, mediante requerimento de cada interessado, praticam os atos de registro e efetivam a concreta divulgação de seu conteúdo, por meio da expedição de documentos dotados de fé pública. A situação das sociedades simples ficou ressalvada. As sociedades simples, diante da ausência de empresariedade, se submetem a um sistema registrário diferenciado, promovido pelo Registro Civil de Pessoa Jurídica e já disciplinado pela Lei n. 6.015/73. Nesse caso, os atos são praticados por oficiais, na qualidade de delegados do Poder Público (art. 236 da CF), os quais atuam com atribuição territorial específica. Ainda que uma sociedade simples tenha adotado um tipo empresário (art. 983, parte final), o teor de seu objeto social condiciona a incidência das normas regentes do registro.

---

**Art. 1.151. O registro dos atos sujeitos à formalidade exigida no artigo antecedente será requerido pela pessoa obrigada em lei, e, no caso de omissão ou demora, pelo sócio ou qualquer interessado.**

**§ 1º Os documentos necessários ao registro deverão ser apresentados no prazo de trinta dias, contado da lavratura dos atos respectivos.**

**§ 2º Requerido além do prazo previsto neste artigo, o registro somente produzirá efeito a partir da data de sua concessão.**

**§ 3º As pessoas obrigadas a requerer o registro responderão por perdas e danos, em caso de omissão ou demora.**

---

Legislação correlata: art. 36, Lei n. 8.934, de 18.11.1994.

A atividade registrária submete-se ao princípio da instância, de maneira que os atos de registro, qualquer que seja sua finalidade, conteúdo ou forma, não podem ser feitos de ofício, sempre dependendo seja formulado requerimento específico, devidamente instruído com os documentos exigidos para cada circunstância concreta. A legitimidade primária para postular um ato de registro é, em regra, conferida ao próprio empresário individual ou aos administradores da sociedade personificada, decorrendo de suas atribuições naturais zelar pelo desempenho regular e eficiente da atividade econômica e profissional escolhida. Num segundo plano, confere-se legitimidade extraordinária a qualquer sócio da sociedade personificada ou, em sentido mais amplo, a qualquer pessoa que demonstre interesse jurídico, quando caracterizada a demora, pelo decurso de lapso superior a trinta dias da elaboração do documento destinado à consecução do registro. Esse mesmo prazo condiciona os efeitos produzidos pelo ato de registro. No geral, persiste uma eficácia retroativa, que se reporta à data do documento já referido, mas, diante da demora, isto é, se ultrapassados os trinta dias da elaboração de tal documento, os efeitos exteriorizam-se *ex nunc*, apenas a partir da data do ato de registro materializado. Ademais, ao final, o § 3º enfatiza a responsabilidade civil dos titulares da legitimidade primária para postular um ato de registro, desde que do desrespeito do prazo legal nasça dano emergente ou lucro cessante, o que resguarda a possibilidade da sociedade personificada ou de um sócio em seu nome postular, perante administrador desidioso, reparação patrimonial.

**Jurisprudência:** 1 – A cláusula atributiva da responsabilidade pela guarda de livros e documentos da sociedade não implica a responsabilidade exclusiva para a promoção de averbação, nem qualquer impeditivo de que outro interessado atue (TJSP, Ap. n. 0029712-28.2012.8.26.0224, 1ª Câm. de Dir. Empres., rel. Des. Azuma Nishi, j. 23.10.2023). 2 – Cuidando-se de ação declaratória da nulidade de ato que incluiu falsamente uma pessoa como sócia, a legitimidade passiva recai sobre a sociedade e os partícipes do ato atacado, não devendo o próprio órgão de registro figurar como réu. (TJSP, AI n. 0574935-08, 6ª Câm. de Dir. Públ., rel. Des. Sidney Romano dos Reis, j. 20.06.2011)

---

**Art. 1.152. Cabe ao órgão incumbido do registro verificar a regularidade das publicações determinadas em lei, de acordo com o disposto nos parágrafos deste artigo.**

**§ 1º Salvo exceção expressa, as publicações ordenadas neste Livro serão feitas no órgão oficial da União ou do Estado, conforme o local da sede do empresário ou da sociedade, e em jornal de grande circulação.**

**§ 2º As publicações das sociedades estrangeiras serão feitas nos órgãos oficiais da União e do Estado onde tiverem sucursais, filiais ou agências.**

**§ 3º O anúncio de convocação da assembleia de sócios será publicado por três vezes, ao menos, devendo mediar, entre a data da primeira inserção e a da realização da assembleia, o prazo mínimo de oito dias, para a primeira convocação, e de cinco dias, para as posteriores.**

---

Legislação correlata: art. 124, Lei n. 6.404, de 15.12.1976.

Foram estabelecidas, aqui, regras gerais relativas às publicações obrigatórias, impostas ao empresário individual e às sociedades personificadas, cuja finalidade é a plena divulgação dos mais importantes fatos atinentes à conformação de sua organização interna e ao desenvolvimento de sua atividade econômica. Na generalidade dos casos, as publicações são feitas pela imprensa oficial do Estado-membro em que estiver sediado o empresário individual ou a sociedade personificada, ou pela imprensa oficial da União, quando fixada a sede no Distrito Federal, persistindo, cumulativamente, a necessidade de reproduzir os anúncios em jornal local de grande circulação. Tratando-se de sociedade estrangeira, mantida sua sede no exterior, todas as suas publicações permanecerão vinculadas ao local em que mantiver sua atividade no território nacional, isto é, onde estiverem instaladas sucursais, agências ou filiais nacionais, veiculando, da mesma maneira, seus anúncios na imprensa oficial e em periódico diário. A assembleia de sócios oferece, no entanto, de acordo com o § 3º, peculiaridades, sendo criado um regime especial para divulgar amplamente a realização do conclave. Como pressuposto da validade das deliberações tomadas em uma assembleia, três anúncios devem ser publicados pelos sócios, estabelecido um interregno mínimo de oito dias entre o primeiro destes e a realização da assembleia. Se a assembleia não for realizada, ausente o *quorum* imprescindível, uma segunda convocação será feita, com a observância de um interregno menor, de cinco dias, respeitando-se o mesmo lapso para eventuais e posteriores convocações. Essa disciplina especial reproduz aquela antes vigente no âmbito das sociedades anônimas fechadas, inserida no art. 124, § 1º, I, da Lei das S.A. (Lei n. 6.404/76). As Juntas Comerciais e os Oficiais de Registro Civil de Pessoa Jurídica, visto que encarregados da consecução dos atos de registro referidos no artigo anterior, ostentam a incumbência de zelar pela regularidade de tais publicações. Confere-se, portanto, uma atribuição fiscalizadora, que implica a possibilidade de serem obstados atos de registro cujo pressuposto seja uma publicação não realizada ou feita irregularmente (art. 40 da Lei n. 8.934/94).

As sociedades enquadradas como microempresas ou empresas de pequeno porte estão, em todo caso, dispensadas das publicações normalmente exigidas em função do tipo societário escolhido (art. 71 da LC n. 123/2006).

**Jurisprudência:** A inobservância do prazo mínimo de convocação de sócios para deliberação em assembleia a torna viciada e enseja a nulidade das deliberações tomadas (TJSP, Ap. n. 0189153-29.2012.8.26.0100, 2ª Câm. Res. de Dir. Empres., rel. Maurício Pessoa, j. 18.09.2020; TJSP, Ap. n. 1064725-40.2021.8.26.0100, 1ª Câm. Res. de Dir. Empres., rel. Des. J.B. Paula Lima, j. 14.08.2024).

**Art. 1.153. Cumpre à autoridade competente, antes de efetivar o registro, verificar a autenticidade e a legitimidade do signatário do requerimento, bem como fiscalizar a observância das prescrições legais concernentes ao ato ou aos documentos apresentados.**

**Parágrafo único. Das irregularidades encontradas deve ser notificado o requerente, que, se for o caso, poderá saná-las, obedecendo às formalidades da lei.**

Legislação correlata: arts. 37 e 40, Lei n. 8.934, de 18.11.1994.

As Juntas Comerciais, por meio de decisões singulares ou colegiadas, e os oficiais de registro civil de pessoa jurídica têm a incumbência de efetuar, como pressuposto inarredável da lavratura dos atos de registro, um exame de qualificação dos documentos apresentados. A qualificação constitui uma análise cuidadosa e completa, pautada pelo respeito à legalidade estrita. Uma verificação dupla será feita, resguardando-se o respeito aos postulados legais e princípios registrários. Na primeira fase da qualificação, observa-se, desde logo, a legitimidade do requerente do registro, tendo sempre em conta as regras ditadas pelo art. 1.151, e, na segunda, ficam enfocadas a lisura e a legalidade formal dos documentos exibidos. Só adentra o registro o que está adequado à ordem legal. Caso identificado óbice, isto é, irregularidade, indefere-se o pedido formulado e expede-se uma comunicação formal a seu requerente, devolvendo-lhe a documentação exibida. A superação dos óbices opostos pode ser, eventualmente, viabilizada pela alteração dos documentos originais, adequando-os aos motivos da rejeição do ato postulado. Trata-se, aqui, de um procedimento técnico, já disciplinado com detalhes pela legislação especial (Leis ns. 6.015/73 e 8.934/94), só trazendo o presente artigo uma breve referência ou um esboço de seu teor efetivo, sem especificar prazos a serem cumpridos pelas Juntas Comerciais ou pelos Oficiais de Registro Civil de Pessoa Jurídica ou as fórmulas de recepção e devolução dos documentos. O estudo mais aprofundado da matéria remete, portanto, à mencionada legislação extravagante.

**Art. 1.154. O ato sujeito a registro, ressalvadas disposições especiais da lei, não pode, antes do cumprimento das respectivas formalidades, ser oposto a terceiro, salvo prova de que este o conhecia.**

**Parágrafo único. O terceiro não pode alegar ignorância, desde que cumpridas as referidas formalidades.**

Os atos submetidos à publicidade registrária, em regra, só produzem efeitos perante terceiros após a consecução do ato de registro correspondente e, em contrapartida, esses mesmos terceiros não podem alegar o desconhecimento dos atos ou fatos divulgados pelo registro, dado o amplo e irrestrito acesso à informação. A publicidade registrária, além de obrigatória, assume eficácia total, *erga omnes*. Antes de submetidos a registro, os efeitos de um ato (de criação, de modificação da conformação ou de extinção) do empresário só atingem seus interessados, expandindo-se com o registro e atingindo todo e qualquer terceiro. É possível, no entanto, sejam estabelecidas situações de caráter excepcional, como o ressalvado pelo *caput*, em duas circunstâncias. Mesmo quando ausente o registro previsto como obrigatório, diante de norma positivada expressa ou quando ficar demonstrado o efetivo e concreto conhecimento do ato ou do fato, o terceiro não poderá, também, furtar-se aos efeitos produzidos por dito ato ou fato.

**Jurisprudência:** 1 – Súmula n. 51 do TJSP: "No pedido de falência, se o devedor não for encontrado em seu estabelecimento será promovida a citação editalícia independentemente de quaisquer outras diligências". 2 – A veracidade e a atualidade do registro empresarial são ônus do empresário, dispensando diligências prévias a uma citação por editais, caso não encontrado em diligência realizada no endereço declinado nos assentamentos registrais (TJSP, AI n. 2262674-74.2015.8.26.0000, 2ª Câm. Res. de Dir. Empres., rel. Des. Carlos Alberto Garbi, j. 11.05.2016).

## CAPÍTULO II
## DO NOME EMPRESARIAL

**Art. 1.155. Considera-se nome empresarial a firma ou a denominação adotada, de conformidade com este Capítulo, para o exercício de empresa.**

**Parágrafo único. Equipara-se ao nome empresarial, para os efeitos da proteção da lei, a denominação das sociedades simples, associações e fundações.**

Legislação correlata: arts. 33 e 34, Lei n. 8.934, de 18.11.1994.

Todo nome corresponde a uma palavra ou locução destinada a designar algo ou alguém, indicando suas características, de maneira a que seja promovida uma distinção com respeito às demais coisas ou pessoas. O nome empresarial, o segundo instituto complementar à disciplina da empresa regrado pelo vigente Código, é o designativo peculiar ao empresário, como sujeito de direito encarregado da gestão da atividade econômica empreendida e da organização das pessoas e coisas necessárias à sua realização. Ele constitui elemento de identificação do empresário individual ou coletivo, por meio do qual se distingue sua individualidade profissional e é demonstrada, imediatamente, a vinculação de atos praticados ao exercício de uma atividade empresarial, de produção ou circulação de bens ou serviços destinados ao mercado. A aquisição de um nome empresarial deriva da consecução de uma inscrição, ato de registro originário, recebendo proteção especial, em obediência ao comando constitucional inserto no inciso XXIX do art. 5º da CR. No Brasil, são previstas duas espécies de nome empresarial, a firma e a denominação, cuja utilização depende da forma de organização do empresário enfocado e que são, especificamente, disciplinadas nos artigos seguintes. O parágrafo único consumou uma equiparação entre o nome empresarial e o nome conferido às sociedades simples, associações e fundações, estendendo-lhes, apesar da ausência de empresariedade, idêntica proteção, preservado, porém, um regramento separado e lacônico (arts. 46, I, e 997, II, do CC; art. 120, I, da Lei n. 6.015/73), firmada apenas a necessidade de ser adotada uma denominação.

No caso de sociedades enquadradas como microempresas ou empresas de pequeno porte, diante de seu regramento especial, em todo caso, o nome empresarial é acrescido das expressões "Microempresa" ou "Empresa de Pequeno Porte" ou de suas correspondentes abreviações ("ME" ou "EPP"), facultada a menção específica ao conteúdo do objeto social.

**Art. 1.156. O empresário opera sob firma constituída por seu nome, completo ou abreviado, aditando-lhe, se quiser, designação mais precisa da sua pessoa ou do gênero de atividade.**

Legislação correlata: art. 3°, Decreto n. 916, de 24.10.1890.

A identificação do empresário individual é realizada por meio da utilização de uma firma, como espécie de nome empresarial vinculada diretamente a uma pessoa e derivada de outro nome, este de natureza civil. A firma ou razão individual é composta pelo nome completo ou abreviado do empresário individual (pessoa física), somado, de maneira opcional, a algum predicado relativo à atividade exercida ou a elemento peculiar a seu titular. É vedada a composição da firma com uma designação fictícia, adotando-se, aqui, o sistema da veracidade ou autenticidade, o que impõe correspondência entre o nome civil e o empresarial e interdita a aposição de elementos estranhos ao empresário identificado que possam induzir terceiros a um erro. Em razão da adoção do sistema da veracidade ou autenticidade, não se admitem supressões, mas apenas abreviações, persistindo a necessidade de estabelecer total distinção com respeito a outros empresários homônimos, mediante acréscimos (art. 1.163). Ademais, as alterações do nome civil do empresário individual precisam, também, se refletir em sua firma, sendo obrigatória sua alteração sequencial. A identificação feita por meio da firma precisa ser exata e verdadeira. O uso da firma atesta ou indica a vinculação de dado ato ao exercício profissional da atividade voltada para a produção ou circulação de bens e serviços destinados ao mercado e não pode deixar dúvidas quanto a seu conteúdo.

---

**Art. 1.157. A sociedade em que houver sócios de responsabilidade ilimitada operará sob firma, na qual somente os nomes daqueles poderão figurar, bastando para formá-la aditar ao nome de um deles a expressão "e companhia" ou sua abreviatura.**

**Parágrafo único. Ficam solidária e ilimitadamente responsáveis pelas obrigações contraídas sob a firma social aqueles que, por seus nomes, figurarem na firma da sociedade de que trata este artigo.**

---

Legislação correlata: arts. 312 e 315 (*revogados*), CCom.

Dentre as sociedades empresárias personificadas, algumas ostentam sócios com responsabilidade ilimitada, garantindo, com seu patrimônio pessoal, o pagamento das dívidas sociais. Encontram-se, nesse âmbito, a sociedade em nome coletivo, a sociedade em comandita simples e a sociedade em comandita por ações. Caso, ao ser celebrado o contrato social, seja adotado um de tais tipos, a identificação do empresário coletivo é realizada por meio da utilização de uma firma ou razão social, como espécie de nome empresarial vinculada diretamente a um dos sócios e derivada de seu nome, este de natureza civil, feita a ressalva de que na comandita por ações, dada expressa menção constante do art. 1.090, é possível, também, a critério dos sócios, operar sob denominação. Nas sociedades em nome coletivo, em comandita simples ou em comandita por ações, a firma ou razão social é composta pelo nome completo ou abreviado de um, alguns ou todos os sócios de responsabilidade ilimitada, somado, sempre que não houver sido incluído ao menos um de seus nomes, à expressão "e companhia" ou sua forma simplificada ("& Cia.") ou qualquer outra expressão indicativa de uma pluralidade superior (por exemplo, "e filhos" ou "e irmãos"). Assim como o expendido no artigo anterior, é vedada a composição da firma com uma designação fictícia, adotando-se, aqui, o sistema da veracidade ou autenticidade, o que impõe correspondência entre o nome civil dos sócios e o nome empresarial conferido à sociedade personificada, estando proibida a aposição de elementos estranhos ao empresário coletivo identificado que possam induzir terceiros a um erro. Na sociedade em nome coletivo, o nome de qualquer dos sócios pode ser inserido na firma, só admitindo-se pessoas físicas (art. 1.039); na sociedade em comandita simples, só podem ser incluídos os nomes dos sócios comanditados, só admitindo-se, também, pessoas físicas (art. 1.045); na sociedade em comandita por ações, o nome dos comanditados deve compor a firma, mas se admitem, nessa categoria, tanto pessoas físicas quanto jurídicas. Ressalte-se que o nome empresarial, quando empregado um dos tipos sociais aqui especificados, indica, publicamente, o fornecimento de uma garantia pessoal e, por isso, mesmo que a pessoa anunciada pela firma não seja, de acordo com o contrato celebrado, um sócio de responsabilidade ilimitada, sua vinculação ao pagamento das dívidas sociais resultará, automaticamente, da indevida inclusão de seu nome. A indevida inclusão gera uma errônea aparência para os credores e, como consequência, nasce uma responsabilidade extraordinária, que ultrapassa as regras estratificadas no instrumento contratual inscrito.

---

**Art. 1.158. Pode a sociedade limitada adotar firma ou denominação, integradas pela palavra final "limitada" ou a sua abreviatura.**

**§ 1º A firma será composta com o nome de um ou mais sócios, desde que pessoas físicas, de modo indicativo da relação social.**

**§ 2º A denominação deve designar o objeto da sociedade, sendo permitido nela figurar o nome de um ou mais sócios.**

**§ 3º A omissão da palavra "limitada" determina a responsabilidade solidária e ilimitada dos administradores que assim empregarem a firma ou a denominação da sociedade.**

---

Legislação correlata: art. 3º, Decreto n. 3.708, de 10.01.1919.

Por se referir a um tipo híbrido, reunindo, ao mesmo tempo, características próprias a uma sociedade de capital e de pessoas, o nome empresarial das sociedades limitadas admite maior variação, sendo possível a adoção de qualquer uma de suas duas espécies, a firma e a denominação, de acordo com a conveniência dos sócios. A firma é composta, indiscriminadamente, pelo nome de um, alguns ou todos os sócios, pois todos eles se encontram em uma mesma categoria, apresentando o mesmo grau de responsabilidade diante das dívidas sociais, tal como exposto pelo art. 1.052, limitado ao valor da quota. Podem ser usadas abreviações, só admitindo-se a inclusão do nome civil de pessoas físicas na composição da firma, utilizando-se, diante da ausência de referência a pelo menos um dos sócios, de expressão indicativa de uma coletividade ("e companhia"), aplicando-se sempre o princípio da veracidade. A denominação é constituída pela simples utilização de um designativo qualquer, escolhido livremente pelos sócios, sem vinculação necessária com o quadro social. O nome empresarial, neste último caso, nasce de uma composição, realçado sempre o conteúdo do objeto social e admitido o emprego do nome civil de um ou mais dos sócios ou de algumas de suas parcelas. A denominação ou a firma é, aqui, de toda maneira, sempre seguida do vocábulo "limitada" ou de sua forma abreviada ("Ltda."). Trata-se de elemento distintivo do nome empresarial de toda sociedade limitada, empregado obrigatoriamente para a vinculação da pessoa jurídica, sob pena da imposição de gravíssima sanção ao administrador, autor da omissão concreta. Subsistirá, conforme o § 3º, a assunção de responsabilidade excepcional e direta do administrador pela dívida social constituída, figurando este, por não haver indicado o tipo societário, como devedor solidário.

**Art. 1.159. A sociedade cooperativa funciona sob denominação integrada pelo vocábulo "cooperativa".**

Legislação correlata: art. 5º, Lei n. 5.764, de 16.12.1971.

O nome da sociedade cooperativa é sempre uma denominação, constituída pela simples utilização de um designativo qualquer, escolhido livremente pelos sócios, vedada qualquer vinculação com o quadro social. Não pode ser adotada firma, persistindo a obrigatoriedade da inclusão de um elemento distintivo, correspondente ao vocábulo "cooperativa", indicativo do tipo societário e de uso imprescindível. Frise-se que a sociedade cooperativa não é empresária e que a legislação especial atinente a tal tipo não fornece orientação discrepante (art. 5º da Lei n. 5.764/71).

**Art. 1.160. A sociedade anônima opera sob denominação integrada pelas expressões "sociedade anônima" ou "companhia", por extenso ou abreviadamente, facultada a designação do objeto social.**

*Caput* com redação dada pela Lei n. 14.382, de 27.06.2022.

**Parágrafo único. Pode constar da denominação o nome do fundador, acionista, ou pessoa que haja concorrido para o bom êxito da formação da empresa.**

Legislação correlata: art. 3º, Lei n. 6.404, de 15.12.1976.

A sociedade anônima só pode adotar denominação como espécie de nome empresarial desvinculada do quadro social. Não se admite firma, como reflexo da natureza do tipo societário, presente um consentimento diferenciado e lastreado no simples fornecimento de contribuição patrimonial, uma *affectio societatis* objetiva. Ademais, é obrigatória a inserção das expressões "sociedade anônima" ou "companhia", ainda que abreviadamente ("S.A." ou "Cia."), como elementos distintivos do tipo enfocado, ressalvando-se que a última só pode ser adicionada ao início do nome, dado o disposto no art. 3º, *caput*, da Lei n. 6.404/76. No parágrafo único, consta especial permissão da inclusão de nomes civis na denominação, desde que se refiram ao fundador da sociedade ou a um dos acionistas ou a qualquer pessoa física que tenha colaborado para o empreendimento, não havendo qualquer correspondência com o quadro social, tanto que o falecimento ou a retirada do titular do nome civil usado não atingem a denominação e não implicam sua alteração. O nome civil serve, simplesmente, de base ou suporte para a composição da denominação, a qual ostenta existência própria e desprendida.

O texto do *caput* deste artigo foi alterado pela Lei n. 14.382, de 27.06.2022 (resultado da conversão da MP n. 1.085, de 27.12.2021), promovida uma atualização, não se fazendo mais a exigência de que a denominação contenha uma referência ao conteúdo preponderante do objeto social, pois não persiste a necessidade atual de que o nome empresarial de uma sociedade anônima sirva para a divulgação do ramo de atividade econômica realizada.

**Art. 1.161. A sociedade em comandita por ações pode, em lugar de firma, adotar denominação aditada da expressão "comandita por ações", facultada a designação do objeto social.**

Artigo com redação dada pela Lei n. 14.382, de 27.06.2022.

Legislação correlata: art. 281, Lei n. 6.404, de 15.12.1976.

Por suas peculiaridades, a sociedade em comandita por ações pode, a exemplo do que ocorre com a limitada, adotar firma, composta dos nome dos comanditados, ou denominação, de acordo com a conveniência concreta de seus fundadores. Caso seja feita opção pela denominação, não é permitida, ao contrário da hipótese prevista no artigo anterior, a menção de nomes civis, sob pena de a denominação se confundir com uma firma e ser gerada uma aparência errônea de responsabilidade pessoal pelas dívidas sociais (art. 281 da Lei n. 6.404/76). Há, em todo caso, a necessidade de utilização da expressão "comandita por ações", como elemento distintivo do presente tipo societário.

O texto deste artigo foi alterado pela Lei n. 14.382, de 27.06.2022 (resultado da conversão da MP n. 1.085, de 27.12.2021), promovida uma atualização, não se fazendo mais a exigência de que a denominação contenha uma referência ao conteúdo preponderante do objeto social, pois não persiste a necessidade atual de que o nome empresarial de uma sociedade em comandita por ações sirva para a divulgação do ramo de atividade econômica realizada.

**Art. 1.162. A sociedade em conta de participação não pode ter firma ou denominação.**

Legislação correlata: art. 325 (*revogado*), CCom.

Faltando-lhe personalidade jurídica, a sociedade em conta de participação não ostenta nome empresarial, tal qual já previsto no art. 325 (revogado) do antigo CCom. O nome constitui um direito da personalidade e, tratando-se de uma sociedade-contrato e, portanto, despersonalizada, não seria admissível a adoção de firma ou de denominação. Na conta de participação, os próprios sócios ostensivos realizam todos os negócios e operações tendentes à efetiva consecução do objeto social, assumindo direta responsabilidade perante terceiros e repartindo os resultados angariados apenas em um segundo momento ante todos os contratantes, entre os quais se encontram participantes que apenas fornecem capital (art. 991). Não há necessidade, como deixa claro o texto do art. 992, de elaboração de instrumento ou registro público, remanescendo presentes somente liames de natureza contratual, sem a formação de um novo sujeito de direito. Em suma, a ausência de nome é uma decorrência lógica da estrutura jurídica da sociedade em conta de participação.

**Art. 1.163. O nome de empresário deve distinguir-se de qualquer outro já inscrito no mesmo registro.**

**Parágrafo único. Se o empresário tiver nome idêntico ao de outros já inscritos, deverá acrescentar designação que o distinga.**

Legislação correlata: art. 6º, Decreto n. 916, de 24.10.1890.

O empresário individual ou a sociedade empresária, seja qual for, deve ostentar um nome diferenciado com respeito a qualquer outra pessoa enquadrada na mesma categoria jurídica dos sujeitos de direito que organizam e mantêm atividade profissional consistente na produção ou circulação de bens e serviços destinados ao mercado. O nome, como elemento de identificação do empresário, serve de instrumento de plena distinção entre um empresário e os demais, de maneira que toda firma ou denominação observa o princípio da novidade, vedada a adoção de nomes iguais ou dotados de semelhança acentuada e ensejadora de confusão. A novidade constitui um dos requisitos de validade de um nome e seu desrespeito implica nulidade, como já estatuído no art. 34 da Lei n. 8.934/94. É, contudo, necessário lembrar ser a novidade aferida em âmbito limitado, restringindo-se seu exame aos assentamentos mantidos pelos órgãos de registro isoladamente, ou seja, nos limites de cada Junta Comercial, cujas atribuições sempre dizem respeito a um único Estado-membro. Persistente uma coincidência entre dois nomes, conforme a ordem de precedência do registro, o mais novo deve sofrer um acréscimo, consistente em nova designação. Essa menção, prevista no parágrafo único, por mínima que seja, deve possibilitar completa individualização e evitar, assim, a confusão entre o titular da firma ou denominação e qualquer outro empresário.

**Jurisprudência:** 1 – O art. 8º da Convenção da União de Paris não prevalece sobre o CC para compelir sociedade a excluir vocábulo do nome empresarial, atendida a exigência de distintividade e afastado o risco de concorrência desleal (TJSP, Ap. n. 0211458-75.2010.8.26.0100, Câm. Res. de Dir. Empr., rel. Des. José Reynaldo, j. 11.10.2011). 2 – Para a análise da colidência entre nomes empresariais, há de se levar em conta a utilização de termos comuns, que causam um abrandamento na exclusividade, conjugada a necessidade de uma comparação por inteiro, realçadas as características do "elemento fantasia" empregado, em consonância com a IR DREI n. 81/2020 (TJSP, Ap. n. 1024632-35.2021.8.26.0100, 1ª Câm. Res. de Dir. Empres., rel. Des. Fortes Barbosa, j. 02.08.2023).

**Art. 1.164. O nome empresarial não pode ser objeto de alienação.**

**Parágrafo único. O adquirente de estabelecimento, por ato entre vivos, pode, se o contrato o permitir, usar o nome do alienante, precedido do seu próprio, com a qualificação de sucessor.**

Legislação correlata: art. 6º, Decreto n. 916, de 24.10.1890.

Como direito da personalidade, elemento essencial à identificação do empresário individual ou coletivo, o nome empresarial é inalienável, qualquer que seja a espécie adotada (firma ou denominação). Conforme vedação total e expressa, o nome não pode ser objeto de negócios jurídicos onerosos ou gratuitos. Não se trata, aqui, de um bem de propriedade industrial, o que inviabiliza sua pura e simples transferência. Tal regra não comporta exceções, mas é amenizada, no caso da transferência gratuita ou onerosa da titularidade de um estabelecimento. Celebrado um trespasse ou uma doação do estabelecimento, o novo titular da universalidade de fato, isto é, o adquirente, ostenta a faculdade de acrescentar o nome empresarial do alienante ao próprio nome, indicando, assim, uma sucessão. Sem caracterizar uma transferência, o parágrafo único delimitou um uso diferenciado do nome do alienante, pretendendo seja possibilitado o fornecimento de elementos informativos precisos ao público. O vocábulo "sucessor" indica, simplesmente, a persistência de uma continuidade patrimonial. Em todo caso, esse uso excepcional do nome do alienante depende da inserção de cláusula contratual específica no instrumento do trespasse ou da doação, cuja averbação é obrigatória (art. 1.144), devendo haver prévia concordância do próprio alienante. É preciso ressalvar, no entanto, que caso cedidas quotas de uma sociedade limitada, como é corriqueiro, e a pessoa jurídica seja nomeada por meio de denominação, não há óbice algum e se mantém o nome; se, porém, a pessoa jurídica é nomeada por meio de firma, a cessão implicará a necessidade da alteração do nome, caso o sócio cujo nome foi utilizado na composição da firma tenha se retirado.

---

**Art. 1.165. O nome de sócio que vier a falecer, for excluído ou se retirar, não pode ser conservado na firma social.**

---

Legislação correlata: art. 8º, Decreto n. 916, de 24.10.1890.

A firma, como espécie de nome empresarial intimamente vinculada à composição do quadro social, deve total observância ao princípio da veracidade. Tratando-se de uma sociedade personificada, sua composição, por isso, ostenta correspondência com a identidade dos sócios. Tal correspondência não remete apenas ao momento em que foi constituído o nome empresarial, mas há de ser mantida a todo momento, atualizando-se conforme forem se sucedendo eventos capazes de afetar o próprio quadro social. A morte, a exclusão ou a retirada de sócios cujo nome civil tenha sido utilizado para compor a firma são refletidas imediatamente no nome empresarial. O texto legal é expresso ao ordenar seja providenciada a imediata adequação da firma desatualizada. Aos administradores da sociedade cabe atualizar a firma, excluindo a referência ao sócio falecido, excluído ou que tenha se retirado voluntariamente, evitando que terceiros possam ter uma inexata impressão acerca das garantias oferecidas ao pagamento das dívidas sociais e da condução das operações realizadas pela pessoa jurídica. A desatualização da firma faz incidir o parágrafo único do art. 1.157 e implica excepcional extensão da responsabilidade do antigo sócio ou de seu espólio.

---

**Art. 1.166. A inscrição do empresário, ou dos atos constitutivos das pessoas jurídicas, ou as respectivas averbações, no registro próprio, asseguram o uso exclusivo do nome nos limites do respectivo Estado.**

**Parágrafo único. O uso previsto neste artigo estender-se-á a todo o território nacional, se registrado na forma da lei especial.**

---

Legislação correlata: arts. 33 e 34, Lei n. 8.934, de 18.11.1994.

A firma ou a denominação é adquirida, consolidando um direito do empresário individual ou coletivo ao nome empresarial, por meio da consecução de um ato registrário realizado perante Junta Comercial, seja ele de inscrição, num momento inicial, seja ele de averbação, quando operada qualquer alteração. A proteção do nome empresarial, como consequência lógica, permanece sempre dependente de sua inclusão em um assentamento registrário válido. As Juntas Comerciais, porém, apresentam atuação limitada ao território de cada Estado-membro, de maneira que a proteção conferida a uma firma ou a uma denominação deve observar, por correspondência, os mesmos limites, restringindo-se ao âmbito estadual. Tal regra geral só comporta exceção quando, observado procedimento a ser especificado pela legislação extravagante, for feito um registro dotado de eficácia superior, que produzirá efeitos em todo o território nacional. Com esse registro especial, seria viável obter, como consignado no parágrafo único, uma proteção nacional ao nome empresarial. Na atualidade, o art. 61, § 2º, do Decreto n. 1.800/96, regulamentador da Lei n. 8.934/94, encarregou o DREI (antigo DNRC) da fixação dos requisitos e peculiaridades do registro especial mencionado, mas, mesmo expedida a IN n. 81/2020 (que revogou a IN n. 99/2005), que cuida da matéria, houve a afirmação da limitação estadual da proteção do nome empresarial e da necessidade, quando da abertura de filial ou transferência de sede para outro Estado-membro, de um novo exame atinente ao preenchimento do requisito da novidade (arts. 25 e 26), remanescendo o registro especial sem específico tratamento e, ainda, não sendo possível efetuá-lo.

**Jurisprudência:** 1 – Pode ocorrer a colisão entre nome empresarial e marca e, nesse caso, a regra inserida neste artigo é aplicada, ou seja, o critério de prevalência é o da anterioridade do registro, especialmente tratando-se de empresas que atuam no mesmo território e no mesmo ramo de atividade (TJSP, Ap. n. 0106012-15.2012.8.26.0100, 1ª Câm. Res. de Dir. Empres., rel. Des. Enio Zuliani, j. 04.11.2014). 2 – O nome empresarial, como elemento de identificação do empresário individual ou coletivo, funciona como diferencial junto ao mercado e instrumento de captação e fidelização da clientela, mas possui, em regra, limitação territorial restrita à circunscrição estadual da junta comercial onde se promoverá o registro, dependendo da ampliação da exclusividade no uso do nome para praças distintas da sua de inscrição nos demais órgãos comerciais estaduais (TJDFT, Proc. n. 20090110661444(711313), rel. Des. Teófilo Caetano, *DJe* 17.09.2013). 3 – Para a análise da colidência de nomes empresariais, feita sempre uma comparação por inteiro, há de se levar em conta a utilização de "termos comuns", que causam, com o fim de proteção, um seríssimo abrandamento da exclusividade (TJSP, Ap. n. 1040312-60.2021.8.26.0100, 1ª Câm. Res. de Dir. Empres., rel. Des. Fortes Barbosa, j. 30.08.2023).

**Art. 1.167. Cabe ao prejudicado, a qualquer tempo, ação para anular a inscrição do nome empresarial feita com violação da lei ou do contrato.**

Legislação correlata: art. 10, Decreto n. 916, de 24.10.1890.

Perante a colisão de dois nomes empresariais registrados, deve sempre prevalecer o mais antigo, ou seja, aquele cujo registro é antecedente, podendo o prejudicado, titular da firma ou da denominação registrada em primeiro lugar, ajuizar ação anulatória contra o titular do nome colidente, a qualquer tempo. Trata-se de um resultado lógico do princípio da novidade (art. 1.163), podendo ser aferidas as situações com o uso dos critérios técnicos estabelecidos pelo DREI (antigo DNRC), fixados pelos arts. 23 e 24 da IN n. 81/2020. Demonstrado efetivo prejuízo à própria identificação empresarial, o empresário poderá solicitar a desconstituição do nome indevidamente registrado, mediante a declaração de sua invalidade. Tendo por objeto um direito da personalidade, a ação anulatória é imprescritível, cabendo sua apreciação à Justiça comum estadual. Transitada em julgado a sentença de procedência da ação anulatória, é determinado o puro e simples cancelamento do registro mantido pela Junta Comercial, por meio do qual foi constituído o nome inválido.

**Jurisprudência:** 1 – Podem ser objeto de impugnação judicial, inclusive, nomes tidos como inapropriáveis, caracterizadas assim as expressões de uso comum que identificam determinado empresário, dada a "necessidade de preservar a identidade da empresa nas suas relações com a clientela" (STJ, REsp n. 65.002/SP, 3ª T., rel. Min. Carlos Alberto Menezes Direito, j. 16.05.2002). 2 – O questionamento da validade do registro não implica a legitimidade passiva da Junta Comercial para figurar como ré em ação promovida pelo suposto prejudicado pelo ato, pois não será atingida, em sua esfera patrimonial, pelo eventual deferimento do cancelamento do registro (TJSP, Ap. n. 0007323-27-2011.8.26.0566, 2ª Câm. Res. de Dir. Empr., rel. Des. Ricardo Negrão, j. 24.04.2012).

**Art. 1.168. A inscrição do nome empresarial será cancelada, a requerimento de qualquer interessado, quando cessar o exercício da atividade para que foi adotado, ou quando ultimar-se a liquidação da sociedade que o inscreveu.**

Legislação correlata: art. 9º, Decreto n. 916, de 24.10.1890.

O término das atividades profissionais de dado empresário singular ou coletivo implica a cessação da proteção conferida ao nome empresarial, posto que se opera, como consequência, o cancelamento do assentamento registrário elaborado para o regular início dessas mesmas atividades. O cancelamento constitui um ato de efeitos negativos, que extingue a eficácia da inscrição já efetuada (arts. 967 e 998) e anuncia a perda da qualidade de empresário, tornando-a pública. Com efeito, a simples paralisação fática da atividade faz uma pessoa física perder a qualidade de empresário individual, prevendo que a ausência de qualquer arquivamento no período de dez anos enseja, por si só, a notificação da pessoa inscrita, visando à confirmação de seu "funcionamento", e, na hipótese de inércia, há automático cancelamento de sua inscrição. Tratando-se de sociedade empresária, o final do procedimento de liquidação, previsto nos arts. 1.102 a 1.112, enseja, uma vez extintas as relações mantidas pela pessoa jurídica e o rateio do acervo patrimonial remanescente, a caracterização de uma hipótese de cancelamento da inscrição e de cessação da proteção naturalmente conferida a seu nome. Para postular o cancelamento de uma inscrição, há de estar caracterizado o interesse jurídico; não se admite como legitimado aquele que ostenta simples interesse econômico. O próprio empresário individual ostenta evidente interesse, tal qual o liquidante da sociedade empresária, observado, quanto a este último, o disposto no art. 1.109. No âmbito das sociedades simples, ainda que ausente disposição legal específica na Lei n. 6.015/73, a solução será idêntica, efetuando-se cancelamento do registro mantido pelo Oficial de Registro Civil de Pessoa Jurídica.

## CAPÍTULO III
## DOS PREPOSTOS

### *Seção I*
### *Disposições Gerais*

**Art. 1.169. O preposto não pode, sem autorização escrita, fazer-se substituir no desempenho da preposição, sob pena de responder pessoalmente pelos atos do substituto e pelas obrigações por ele contraídas.**

Legislação correlata: art. 85 (*revogado*), CCom.

A relação de preposição, tratada neste terceiro capítulo, remete ao perfil corporativo da empresa e resulta de uma subordinação contratual. Na qualidade de preponente, o empresário recruta auxiliares permanentes ou temporários, seus prepostos, pessoas que gravitam em torno da atividade econômica criada e mantida com caráter de profissionalismo. Os prepostos (empregados, procuradores e demais contratados) exercem funções destinadas à viabilização do exercício mais eficaz e adequado da produção e da circulação de bens ou serviços, apresentando atuação individualizada, derivada de seus reconhecidos predicados. São fixadas, tendo em conta tais traços característicos, três regras gerais. Em primeiro lugar, a aludida fórmula de escolha dos auxiliares do empresário conduz à estratificação de uma regra geral impeditiva da delegação dos poderes conferidos a dado preposto. A subcontratação viola, quando não houver sido expressamente autorizada pelo preponente, a natureza *intuitu personae* da relação entre o preposto e o preponente. A exceção se materializa, por isso, sempre por escrito, em instrumento público ou particular, prevendo-se, em consonância, quando desrespeitada a vedação legal, uma responsabilidade extraordinária do preposto. Estabelecida uma relação de preposição, dada a sujeição hierárquica e econômica, o preponente se responsabiliza pelos atos do preposto, mas, quando efetuada uma delegação não autorizada, a violação à regra inscrita no presente artigo provoca, com relação aos atos do substituto subcontratado, a adição da responsabilidade do preposto substituído, arcando este último com eventuais danos patrimoniais sofridos por terceiros. Nesse sentido, além da responsabilidade naturalmente atribuída ao preponente (empresário), o preposto, em solidariedade, ostentará o dever de indenizar.

**Jurisprudência:** A atuação abusiva so preposto, sem anuência do preponente e para além de seus poderes comuns, gera sua responsabilidade direta por danos causados, mas, neste mesmo caso, a responsabilidade do preponente decorre do princípio da confiança e da teoria da aparência, aplicados, em conjugação, o art. 932, II, deste Código e a Súmula n. 341 do STF (TJMT, Ap. n. 154069/2013, rel. Des. João Ferreira Filho, *DJe* 25.04.2014).

**Art. 1.170. O preposto, salvo autorização expressa, não pode negociar por conta própria ou de terceiro, nem participar, embora indiretamente, de operação do mesmo gênero da que lhe foi cometida, sob pena de responder por perdas e danos e de serem retidos pelo preponente os lucros da operação.**

Legislação correlata: art. 84 (*revogado*), CCom.

De acordo com uma segunda regra geral das relações de preposição, é sempre exigida a fidelidade do preposto. Sua atuação dirige-se ao pleno sucesso da atividade organizada e mantida por dado empresário, que se responsabiliza e se vincula em virtude dos atos praticados e, como contrapartida de uma relação contratual, lhe fornece remuneração. O preposto fica restrito, por isso, ao desempenho de uma atuação voltada ao sucesso da atividade empresarial mantida pelo preponente, sem divisão de seu foco negocial ou operacional. A contribuição, em qualquer nível ou grau de importância, para a consecução de operações englobadas no mesmo ramo econômico da preposição, realizadas pelo próprio preposto ou por terceiros, caracteriza a infidelidade, a não ser diante de uma declaração expressa do preponente, que viabiliza uma livre atuação do preposto e deve estar materializada em instrumento particular ou público. Há, em regra, portanto, uma vinculação exclusiva do preposto à empresa mantida pelo preponente. Em razão da infidelidade, o preposto assume o dever de indenizar todo dano emergente ou lucro cessante experimentado pelo preponente, sendo este último autorizado pelo texto legal a promover a retenção da remuneração antes acordada ao autor do ilícito. O empresário fica, assim, autorizado ao exercício da autotutela de seus interesses, podendo, de imediato e sem a necessidade da solicitação de uma tutela jurisdicional específica, retrucar os atos do preposto infiel.

**Art. 1.171. Considera-se perfeita a entrega de papéis, bens ou valores ao preposto, encarregado pelo preponente, se os recebeu sem protesto, salvo nos casos em que haja prazo para reclamação.**

Legislação correlata: art. 76 (*revogado*), CCom.

A formação de uma relação de preposição pode depender da efetiva entrega de documentos ou bens e não apenas da estratificação de um consenso entre o preposto e o preponente. Nesse caso, a investidura do preposto resulta de uma aceitação tácita, efetivada pela recepção física de documentos ou bens. Caso a entrega não seja seguida de qualquer ressalva imediata, isto é, da formulação de um protesto por parte da pessoa então investida como preposto, concretiza-se, de acordo com o texto do presente artigo, uma presunção absoluta da regularidade de tais documentos ou bens e da integral aceitação dos encargos resultantes. Ausente qualquer manifestação contrária e atual, considera-se perfeita a entrega realizada e constituída a preposição desejada. A presunção só não incide quando, por força de norma positivada ou em razão de acordo expresso, for estabelecido um prazo para reclamações, admitindo-se, extraordinariamente, a dedução de manifestação negativa em época posterior. Deve-se aguardar, então, o término do prazo para reclamações, depois do qual se toma como definitiva a preposição.

## *Seção II*
## *Do Gerente*

**Art. 1.172. Considera-se gerente o preposto permanente no exercício da empresa, na sede desta, ou em sucursal, filial ou agência.**

O vocábulo "gerente", antes utilizado para designar o administrador da sociedade personificada, ganhou, no texto do CC/2002, um significado diferente e mais técnico. O presente artigo anuncia as qualidades necessárias à caracterização de um gerente. Trata-se de um preposto que atua, permanente e diretamente, com ou sem poderes de representação, na realização dos atos de empresa, obedecendo a diretrizes fornecidas por dado empresário individual ou coletivo para o adequado e correto desenvolvimento da produção e da circulação de bens ou serviços. Dentre os prepostos, o gerente merece especial realce. Ele ostenta posição destacada, atuando, mediante a conferência de poderes fundados em uma confiança profissional e objetiva, como os olhos e os braços de seu preponente. Mantém contato permanente com terceiros, negociando e viabilizando operações concretas, sempre no interesse do empresário, como se fosse este último o autor dos atos praticados. Nos estabelecimentos empresariais complexos, em que há descontinuidade geográfica e a formação de redes de atendimento ao público, a necessidade da participação dos gerentes na realização da atividade empresarial é marcante, ante as dificuldades de presença continuada e diuturna do empresário individual ou dos administradores da sociedade empresária. É, então, fixada uma atuação localizada, delimitada a uma parcela do estabelecimento, como é o caso de uma filial, de uma sucursal ou de uma agência, pois, ao contrário do administrador, o gerente não precisa remeter seus atos ao conjunto de toda a empresa, sendo comum uma delimitação estrita.

**Jurisprudência:** Se o instrumento contratual é subscrito pelo gerente de uma loja, há vinculação obrigacional, não sendo relevante, inclusive, a alegação de falta de autorização diante da boa-fé do terceiro. (TJSP, Ap. n. 0006756-46.2010.8.26.0011, 22ª Câm. de Dir. Priv., rel. Des. Matheus Fontes, j. 09.06.2011; TJSP, Ap. n. 9198727-34.2009.8.26.0000, 35ª Câm. de Dir. Priv., rel. Des. Melo Bueno, j. 14.03.2011)

**Art. 1.173. Quando a lei não exigir poderes especiais, considera-se o gerente autorizado a praticar todos os atos necessários ao exercício dos poderes que lhe foram outorgados.**

**Parágrafo único. Na falta de estipulação diversa, consideram-se solidários os poderes conferidos a dois ou mais gerentes.**

Legislação correlata: art. 86 (*revogado*), CCom.

Ao gerente, o empresário pode dar uma autorização genérica para a prática de quaisquer atos tidos como necessários ao pleno desempenho dos encargos conferidos. Tal outorga de poderes pode ser formalizada por meio de um instrumento, mas, em geral, é feita informalmente, persistindo uma simples conferência verbal de atribuições e ficando o gerente imediatamente incumbido da prática de atos de organização interna ou, ainda, de operações envolvendo terceiros. Entre os atos passíveis de serem atribuídos ao gerente, alguns dizem respeito à disposição, mediante alienação ou modificação, de direitos e merecem ressalva legal ou convencional, por sua especificidade e importância, exigindo a conferência de poderes especiais e impondo uma explícita declaração do preponente, mas se trata, evidentemente, de situações de caráter excepcional. Ademais, o parágrafo único prevê, também, a possibilidade de, subsistindo vários gerentes, serem cumulados os poderes conferidos, o que se presume, ou serem repartidas e delimitadas áreas de atuação específicas. De fato, a complexidade das situações concretas pode exigir a pluralidade de gerentes, sendo os poderes de cada qual sempre conferidos de acordo com a conveniência do empresário-preponente, que emitirá as determinações necessárias ou oportunas.

**Jurisprudência:** Uma instituição financeira, ostentando forma anônima, não pode ser pura e simplesmente vinculada, em sua totalidade, para a publicação de publicidade, por um preposto sediado numa agência, sem vínculo, ligação com toda a administração geral da companhia, sem a qualidade de gerente em seu sentido estrito (TJSP, Ap. n. 1007235-04.2014.8.26.0004, 29ª Câm. de Dir. Priv., rel. Des. Pereira Calças, j. 05.10.2016).

---

**Art. 1.174. As limitações contidas na outorga de poderes, para serem opostas a terceiros, dependem do arquivamento e averbação do instrumento no Registro Público de Empresas Mercantis, salvo se provado serem conhecidas da pessoa que tratou com o gerente.**

**Parágrafo único. Para o mesmo efeito e com idêntica ressalva, deve a modificação ou revogação do mandato ser arquivada e averbada no Registro Público de Empresas Mercantis.**

---

Legislação correlata: art. 86 (*revogado*), CCom.

O empresário-preponente pode atribuir ao gerente-preposto a qualidade de seu representante e, de acordo com sua conveniência concreta, como decorre do parágrafo único do artigo anterior, delimitar o âmbito de eficácia de tal representação. As balizas precisam ser expressas, ficando patente, ante a redação legal adotada, a preocupação de estabelecer regras relativas à responsabilidade decorrente dos atos praticados com abuso ou excesso de poderes, equilibrando as posições do empresário-preponente, o representado, e dos terceiros eventualmente prejudicados. Ultrapassados os limites estabelecidos para a atuação de dado gerente e, portanto, concluídos atos exorbitantes, não há como questionar a própria responsabilidade do preposto, o autor de um ilícito; mas como é, então, definida a posição do empresário? Tal responsabilidade pode subsistir, ou não, conforme tenham sido tomadas providências prévias e necessárias à plena divulgação dos limites da representação e esteja presente, ou não, a boa-fé do terceiro prejudicado. Com efeito, desde que a representação tenha sido instrumentalizada por um documento escrito, levado a registro público perante a Junta Comercial onde for mantida sua inscrição, a responsabilidade do preponente será afastada. Forma-se uma presunção absoluta do conhecimento das limitações expressamente impostas, ficando o preponente imune aos resultados danosos da violação do ajuste concreto dessa mesma representação. Trata-se de uma primeira regra legal. Se não houver, no entanto, sido promovido, mediante arquivamento (art. 32, II, *e*, da Lei n. 8.934/94), o registro do instrumento de representação, o preponente responderá pelos excessos perpetrados pelo preposto, tendo em conta a aparência de licitude gerada, o que conforma uma segunda regra. Induz-se, assim, a solidariedade passiva, resguardando os terceiros prejudicados. Somente o conhecimento contemporâneo da natureza exorbitante do ato perpetrado pelo gerente, isto é, a má-fé do terceiro prejudicado, demonstrada a ausência de aparência a ser tutelada, exclui, também, a responsabilidade do empresário-preponente. O parágrafo único reforça essas duas regras e estende sua aplicação à modificação dos poderes do gerente-preposto, derivada da fixação de novos limites de atuação, bem como à pura e simples revogação de tais poderes. Diante da modificação ou da extinção da representação, a divulgação registrária isenta o preponente de responsabilidade pela atuação do preposto, salvaguardada, quando ausente o necessário arquivamento, a aparência.

---

**Art. 1.175. O preponente responde com o gerente pelos atos que este pratique em seu próprio nome, mas à conta daquele.**

---

Legislação correlata: arts. 86 e 150 (*revogados*), CCom.

Mesmo que o gerente-preposto atue sem poderes de representação, praticando atos em nome próprio, subsistirá a responsabilidade solidária do empresário-preponente, no interesse de quem tais atos se concretizaram. Estatuiu-se, portanto, em favor de terceiros, uma solidariedade passiva entre o preposto e o preponente, considerada a hipótese de dano emergente ou lucro cessante. Em suma, a atuação do gerente-preposto, obedecidas as instruções fornecidas pelo preponente, fará recair sempre, quando prejudicado terceiro, responsabilidade sobre este último, sendo igualadas as situações em que persiste o surgimento de representação e aquelas em que o preposto age em nome próprio e, portanto, não é um representante.

**Art. 1.176. O gerente pode estar em juízo em nome do preponente, pelas obrigações resultantes do exercício da sua função.**

O gerente-preposto pode, conforme o tamanho de suas funções, exercer a representação processual do empresário-preponente, tal qual disposto nos arts. 277, § 3º, e 331 do CPC/73, art. 334, § 10, do CPC/2015 e art. 9º, § 4º, da Lei n. 9.099/95, desde que conferidos poderes para transigir. Nesses casos, o gerente comparece em audiência, fazendo o papel do empresário, e atua diretamente em juízo. Tal representação se opera automaticamente, sem maiores formalidades, quando preenchida a condição legal estatuída expressamente e relativa ao conteúdo das questões discutidas. O litígio, portanto, não só deve dizer respeito ao âmbito de atuação do gerente, como precisa ter derivado de ato concreto do próprio preposto. Admite-se, assim, que a delegação de poderes a um gerente possa lhe atribuir, conforme a conveniência do empresário, a qualidade de seu representante judicial.

## *Seção III*
## *Do Contabilista e Outros Auxiliares*

**Art. 1.177. Os assentos lançados nos livros ou fichas do preponente, por qualquer dos prepostos encarregados de sua escrituração, produzem, salvo se houver procedido de má-fé, os mesmos efeitos como se o fossem por aquele.**

**Parágrafo único. No exercício de suas funções, os prepostos são pessoalmente responsáveis, perante os preponentes, pelos atos culposos; e, perante terceiros, solidariamente com o preponente, pelos atos dolosos.**

Legislação correlata: arts. 77 e 78 (*revogados*), CCom.

O empresário-preponente pode incumbir um ou alguns de seus prepostos da elaboração dos assentamentos contábeis obrigatórios ou não obrigatórios, com os quais a atividade econômica desenvolvida é documentada. Tais prepostos precisam possuir conhecimento técnico específico e ser qualificados profissionalmente como contabilistas (DL ns. 9.295/46 e 806/69). Dotado de tal habilitação específica, um preposto pode realizar lançamentos e zelar pela correção da escrituração de dado empresário. Ademais, quando de autoria de um preposto especificamente designado, os assentamentos se consideram elaborados pelo próprio empresário preponente. Há uma equiparação completa, ganhando os atos dos prepostos eficácia idêntica à dos praticados pelo preponente. Excepciona-se apenas a má-fé do preposto. Presente o ânimo de prejudicar e, portanto, elaborado, intencionalmente, um lançamento incorreto ou indevido, não é alcançada a equiparação proposta. A má-fé do preposto implica sejam seus atos apartados e distinguidos, não produzindo efeitos perante o empresário-preponente. O parágrafo único encontra-se deslocado, referindo-se não apenas à atuação do contabilista, mas a todo e qualquer preposto. Como complemento ao disposto nos arts. 932, III, e 933, ficou, aqui, regrada a responsabilidade civil do preposto, autor de ato ilícito e causador de dano ao próprio preponente ou a um terceiro. Num primeiro plano, causado um dano ao preponente, nascerá o dever de indenizar sempre que caracterizada a culpa em sentido amplo. Num segundo plano, diante de terceiros, quando o ato danoso deriva do exercício da vontade livre e consciente do preposto, isto é, de uma conduta dolosa, também estará presente o dever de indenizar, formando-se entre o preposto e o preponente uma solidariedade passiva com relação à reparação dos prejuízos sofridos. Os atos culposos (em sentido estrito) não conduzem à responsabilidade direta do preposto diante de um terceiro e, então, só o preponente responderá, de início, pelo resultado danoso, buscando, em seguida, se desejar, o regresso ante o autor do ilícito.

**Art. 1.178. Os preponentes são responsáveis pelos atos de quaisquer prepostos, praticados nos seus estabelecimentos e relativos à atividade da empresa, ainda que não autorizados por escrito.**

**Parágrafo único. Quando tais atos forem praticados fora do estabelecimento, somente obrigarão o preponente nos limites dos poderes conferidos por escrito, cujo instrumento pode ser suprido pela certidão ou cópia autêntica do seu teor.**

Legislação correlata: art. 75 (*revogado*), CCom.

O presente artigo, tal qual o parágrafo único do anterior, encontra-se deslocado, não se referindo pura e simplesmente ao contabilista ou a outro auxiliar do empresário em particular. Foram introduzidas normas de caráter geral, estatuindo-se ampla responsabilidade dos preponentes pelos atos dos prepostos, reproduzindo e pormenorizando o disposto nos arts. 932, III, e 933. Num primeiro plano, o empresário-preponente responderá por todo e qualquer ato do preposto praticado em seu estabelecimento e relativo ao desempenho de sua atividade profissional. Causado um prejuízo patrimonial ou extrapatrimonial a terceiro e preenchidos os dois requisitos legais relativos ao lugar do evento e à vinculação do dano à empresa, o dever de reparação é automático, deixando-se de lado qualquer questionamento relativo à culpa do preposto. Há uma responsabilidade objetiva, ficando presumida, então, a autorização do empresário para a consumação do ato gerador do dano. Num segundo plano, praticados atos fora do estabelecimento e emergindo prejuízo patrimonial ou extrapatrimonial para um terceiro, a responsabilidade do empresário-preponente só emergirá da prática de atos correspondentes às ordens transmitidas por escrito. Desde que externos ao estabelecimento, os atos excedentes, isto é, efetivados sem o respaldo de poderes expressos, só vinculam o próprio preposto, o próprio autor, não sendo possível, nesse caso, presumir um liame envolvendo o empresário. Foi patente a preocupação do legislador em circunscrever ao máximo a aplicação dessa segunda regra, consignando-se, no parágrafo único, a necessidade da exibição do instrumento público ou particular de delegação de poderes ou, pelo menos, de certidão ou cópia autêntica, não se admitindo, para a caracterização da responsabilidade do preponente, prova sob forma ou modalidade diversas.

## CAPÍTULO IV
## DA ESCRITURAÇÃO

**Art. 1.179. O empresário e a sociedade empresária são obrigados a seguir um sistema de contabilidade, mecanizado ou não, com base na escrituração uniforme de seus livros, em correspondência com a documentação respectiva, e a levantar anualmente o balanço patrimonial e o de resultado econômico.**

**§ 1º Salvo o disposto no art. 1.180, o número e a espécie de livros ficam a critério dos interessados.**

**§ 2º É dispensado das exigências deste artigo o pequeno empresário a que se refere o art. 970.**

Legislação correlata: art. 10, itens 3 e 4 (*revogados*), CCom.

Persiste, por parte do empresário individual ou coletivo, a obrigatoriedade absoluta da adoção de um sistema de contabilidade. É feita a composição de um conjunto de assentamentos escritos, documentadores de cada operação realizada no âmbito de uma empresa, fornecendo elementos informativos para uma avaliação precisa do desempenho da gestão em andamento e formando prova segura acerca de tudo quanto foi realizado. Tais assentamentos são moldados por meio da escrituração de livros. Reúnem-se informações contábeis dotadas de uma mesma qualidade e elaboram-se lançamentos individuais ou consolidados, conformando um sistema. Um sistema contábil pode ser organizado de diferentes maneiras, admitindo-se não somente lançamentos manuscritos, como também os realizados com o uso de mecanização ou informatização, sempre observada a uniformidade, ou seja, a mesma forma deve estar presente em toda a escrituração. Ademais, cada lançamento precisa permanecer lastreado em documentos específicos, mantida total correspondência entre as informações inseridas em cada livro e os papéis arquivados pelo empresário, o qual deverá, ao final de cada exercício anual, tal qual já proposto nos arts. 1.020 e 1.065, calcular os resultados periódicos de sua atividade, resumidos em um balanço patrimonial e num demonstrativo de resultado. Como o constante do parágrafo único, o próprio empresário escolhe quais livros elaborará, de acordo com sua conveniência, sendo comumente adotados o Livro-Razão, separando as espécies de operações mais importantes, ou o Livro-Caixa, atestando todo o fluxo de valores pecuniários relativos à atividade mantida. Ressalvam-se, porém, a obrigatoriedade geral do Livro-Diário e as prescrições legais derivadas de determinado tipo societário ou de certo ramo empresarial. No âmbito das microempresas e das empresas de pequeno porte, permanecem incidentes as regras gerais inscritas neste capítulo e há uma mera simplificação das obrigações fiscais acessórias, entre as quais aquelas referentes à documentação das operações correspondentes a hipóteses de incidência de tributos e contribuições. O art. 27 da LC n. 123/2006 deixou a cargo de um Comitê Gestor, presidido originalmente pelo Ministro do Desenvolvimento, Indústria e Comércio (absorvida, na atualidade, a atribuição pelo Ministro da Economia), a expedição de normas especiais, conformando uma contabilidade simplificada, aplicáveis para microempresas e empresas de pequeno porte, desde que tenham optado pelo Simples Nacional (Regime Especial Unificado de Arrecadação de Tributos e Contribuições), o qual implica seja feito o pagamento único e mensal das obrigações tributárias e parafiscais.

**Jurisprudência:** 1 – Uma sociedade empresária tem o dever de possuir escrituração contábil, fato que enseja a manutenção de controle sobre operações financeiras e a posse de extratos bancários, o que deve ser exibido com o fim de instruir uma petição inicial e demonstrar alegações em Juízo (TJSP, Ap. n. 0038121-80.2012.8.26.0001, 11ª Câm. de Dir. Priv., rel. Des.

Antonio Luiz Tavares de Almeida, j. 28.07.2016). 2 – O descumprimento do dever de manutenção da escrituração configura a conduta culposa dos administradores a quem é acometida tal atribuição, fazendo-os, nos termos do art. 1.016, responsáveis perante a sociedade por danos suportados pela pessoa jurídica, assim como sendo apta a gerar solidariedade perante terceiros, em especial diante do Fisco (TJSP, Ap. n. 1012006-62.2018.8.26.0011, 1ª Câm. Res. de Dir. Empres., rel. Des. Cesar Ciampolini, j. 11.05.2022).

**Art. 1.180. Além dos demais livros exigidos por lei, é indispensável o Diário, que pode ser substituído por fichas no caso de escrituração mecanizada ou eletrônica.**

**Parágrafo único. A adoção de fichas não dispensa o uso de livro apropriado para o lançamento do balanço patrimonial e do de resultado econômico.**

Legislação correlata: art. 11 (*revogado*), CCom; art. 5º, DL n. 486, de 03.03.1969.

Utilizado pelos empresários individuais e coletivos, o Livro-Diário é o livro obrigatório geral. Em tal livro, é realizada a documentação individualizada e cronológica de operações consumadas por dado empresário com terceiros. São feitos lançamentos com detalhamento de data, valor e descrição, separados em débitos e créditos, admitindo-se a manutenção substitutiva de fichas, desde que adotada a escrituração mecânica ou eletrônica. O presente dispositivo legal ostenta correspondência com o disposto no art. 5º do DL n. 486/69, cujo § 3º permite, inclusive, a elaboração, tratando-se de lançamentos repetitivos, a concentração ou a consolidação mensal dos assentamentos contábeis. Caso elaborada a escrituração com o uso de equipamento de mecanografia ou informática, não ficará dispensada a apuração periódica necessária, posto que, mantido o livro Balancetes Diários e Balanços (art. 1.185), nele os balanços patrimoniais e demonstrativos de resultado serão exarados.

Com a edição da Lei n. 11.638, de 28 de dezembro de 2007, as sociedades de grande porte, independentemente do tipo adotado, passaram a ser obrigadas a respeitar as mesmas regras contábeis aplicáveis às sociedades por ações, em especial quanto a escrituração e elaboração de demonstrações financeiras e a obrigatoriedade de auditoria independente.

Definiu-se, como de grande porte e frente ao texto do art. 3º, parágrafo único, da referida Lei n. 11.638/2007, "a sociedade ou conjunto de sociedades sob controle comum que tiver, no exercício social anterior, ativo total superior a R$ 240.000.000,00 (duzentos e quarenta milhões de reais) ou receita bruta anual superior a R$ 300.000.000,00 (trezentos milhões de reais)". Adotou-se, portanto, um critério duplo de enquadramento, levando-se em conta a análise quantitativa do valor total dos ativos ou do faturamento anual da própria sociedade ou do grupo societário, ao qual está agregada em razão do exercício de controle por idêntica pessoa ou grupo de pessoas, identificado, na forma do art. 116, *caput*, da Lei n. 6.404/76, pela efetiva e permanente preponderância nas deliberações da vontade de uma mesma pessoa ou um mesmo grupo de pessoas, estabelecida a partir de direitos derivados da titularidade de participação societária.

A Comissão de Valores Mobiliários, já tendo surgido questionamento acerca da necessidade de serem adotadas as mesmas publicações previstas para as sociedades por ações, emitiu, em 14 de janeiro de 2008, como órgão que elaborou e encaminhou o projeto originário da Lei n. 11.638/2007, comunicado e explicitou dever ser observado grau compatível de transparência, mesmo não havendo previsão para uma equiparação, o que revela, implicitamente, o reconhecimento da manutenção, neste âmbito, também, da disciplina geral estatuída pelo CC/2002.

**Art. 1.181. Salvo disposição especial de lei, os livros obrigatórios e, se for o caso, as fichas, antes de postos em uso, devem ser autenticados no Registro Público de Empresas Mercantis.**

**Parágrafo único. A autenticação não se fará sem que esteja inscrito o empresário, ou a sociedade empresária, que poderá fazer autenticar livros não obrigatórios.**

Legislação correlata: art. 30, Lei n. 8.934, de 18.11.1994.

A autenticação dos livros e fichas usados para elaboração dos lançamentos contábeis constitui, conforme o inciso III do art. 32 da Lei n. 8.934/94, uma das atribuições peculiares às Juntas Comerciais. Trata-se de ato destinado à oficialização da futura escrituração, feito sempre previamente e com a finalidade de não permitir uma substituição pura e simples dos documentos, evitando, assim, a concretização de fraudes. Sobre os termos de abertura e encerramento dos livros ou das fichas, é aposto um sinal gráfico indicativo da autenticação feita (art. 5º, § 2º, do DL n. 486/69), exigindo-se a apresentação do livro anterior devidamente escriturado, de maneira a atestar a presença de uma ordem sequencial e contínua. A perda ou o extravio dos livros impõe seja adotado procedimento especial, de demonstração do acontecimento alegado, suprindo a falta de exibição e coibindo fraudes (art. 10 do DL n. 486/69). Ademais, logo quando de sua inscrição, o empresário individual ou coletivo já providencia a autenticação de seus primeiros livros, motivo pelo qual o parágrafo único propõe seja recusada a autenticação dos livros daqueles que, pela falta de uma inscrição, não exercem regularmente a atividade empresarial. A lei, em caráter excepcional e pontualmente, pode dispensar a autenticação de livros obrigatórios, sendo facultativa aquela relativa aos livros não obrigatórios, se bem que lhes confira, também, caráter de oficialidade.

**Jurisprudência:** A autenticação de termos de abertura ou encerramento de livros mercantis, tal qual prevista nos arts. 1.181 do CC e 32, III, da Lei n. 8.934/94, não constitui um requisito de validade da escrituração respectiva, pois tal formalidade não está voltada para a atestação da fidedignidade do conteúdo dos livros, mas, tão somente, para se evitar qualquer espécie de adulteração usurpadora da sequência original dos lançamentos (TJSP, AI n. 2277355-05.2022.8.26.0000, 1ª Câm. Res. de Dir. Empres., rel. Des. Fortes Barbosa, j. 01.03.2024).

---

**Art. 1.182. Sem prejuízo do disposto no art. 1.174, a escrituração ficará sob a responsabilidade de contabilista legalmente habilitado, salvo se nenhum houver na localidade.**

---

Legislação correlata: art. 3°, DL n. 486, de 03.03.1969.

Para a supervisão da elaboração dos assentamentos contábeis, persiste a necessidade da presença de um profissional formalmente habilitado, um contabilista (art. 1.177; Decretos-lei ns. 9.295/46 e 806/69). Ainda que o próprio empresário exare todos os lançamentos, impõe-se, com a finalidade de permitir o respeito a todos os postulados técnicos da escrituração e maior precisão nos dados e informações historiados, seja contratado um contabilista. Tal exigência legal só é deixada de lado quando impossibilitado seu atendimento, excepcionando-se, portanto, a ausência de qualquer contabilista na localidade em que o empresário estiver sediado. O texto legal, ressalte-se, reforça a aplicação das regras da preposição ao contabilista, fazendo referência ao art. 1.174; realça-se a possibilidade de limitar seus poderes e delimitar a responsabilidade civil do empresário-preponente pelos danos causados pelo preposto a terceiros.

---

**Art. 1.183. A escrituração será feita em idioma e moeda corrente nacionais e em forma contábil, por ordem cronológica de dia, mês e ano, sem intervalos em branco, nem entrelinhas, borrões, rasuras, emendas ou transportes para as margens.**

**Parágrafo único. É permitido o uso de código de números ou de abreviaturas, que constem de livro próprio, regularmente autenticado.**

---

Legislação correlata: art. 2°, DL n. 486, de 03.03.1969.

O legislador impôs a padronização geral da escrituração contábil, estabelecendo uma forma uniforme para a elaboração dos livros mantidos por todos os empresários individuais ou coletivos estabelecidos no Brasil. Requisitos intrínsecos à regularidade da escrituração foram, aqui, expostos. A língua portuguesa, como idioma adotado oficialmente em nosso país (art. 13, *caput*, da CF), deve ser empregada sempre nos documentos contábeis, se bem que seja permitida, por uma questão de conveniência, a manutenção de versões secundárias em línguas estrangeiras. Os lançamentos deverão, ademais, ser divididos de acordo com o fluxo de valores, em débito ou crédito, observando-se a cronologia entre as operações econômicas concluídas, vetada qualquer inversão. O empresário obriga-se, também, a ser rigoroso, formulando sua escrituração de maneira totalmente clara, sem permitir alterações ou adulterações, proibidos os borrões, os apagamentos, as rasuras e as anotações de margem, que possam colocar em dúvida tudo o que foi escrito. Cada lançamento contábil se faz acompanhar da descrição de seu conteúdo, o que pode ser efetuado resumidamente, por meio de números ou abreviaturas, sendo, então, imperioso, de acordo com o parágrafo único, indicar qual o significado de cada sinal, com o uso de legendas inseridas no próprio livro.

---

**Art. 1.184. No Diário serão lançadas, com individuação, clareza e caracterização do documento respectivo, dia a dia, por escrita direta ou reprodução, todas as operações relativas ao exercício da empresa.**

**§ 1º Admite-se a escrituração resumida do Diário, com totais que não excedam o período de trinta dias, relativamente a contas cujas operações sejam numerosas ou realizadas fora da sede do estabelecimento, desde que utilizados livros auxiliares regularmente autenticados, para registro individualizado, e conservados os documentos que permitam a sua perfeita verificação.**

**§ 2º Serão lançados no Diário o balanço patrimonial e o de resultado econômico, devendo ambos ser assinados por técnico em Ciências Contábeis legalmente habilitado e pelo empresário ou sociedade empresária.**

---

Legislação correlata: art. 12 (*revogado*), CCom; art. 5º, DL n. 486, de 03.03.1969.

O Livro-Diário, principal livro obrigatório, apresenta forma e conteúdo característicos. Há, no âmbito material, o histórico de todas as operações empresariais consumadas, sem exceção alguma, registrando-se tudo quanto se passou. No âmbito formal, observada a ordem cronológica diária, consta, de cada lançamento, uma descrição individualizada e clara, lastreada, quando for o caso, em documentação arquivada. Admitem-se, porém, de acordo com o § 1º, lançamentos consolidados, frutos da totalização mensal de operações idênticas ou realizadas fora da sede do empresário, o que permite a concentração de informações e sua mais rápida análise, desde que ocorra, concomitantemente, a manutenção de livros auxiliares, nos quais será mantida, em separado, a individualização de cada operação, garantindo-se, por meio do confronto dos lançamentos feitos no Livro-Diário, a possibilidade de fiscalização da regularidade dos procedimentos adotados. Ao final, o § 2º ressalta serem o balanço patrimonial e o de resultados, ao final de cada exercício anual, exarados no próprio Livro-Diário, sendo atestada sua regularidade por profissional habilitado (arts. 1.177 e 1.182).

**Art. 1.185. O empresário ou sociedade empresária que adotar o sistema de fichas de lançamentos poderá substituir o livro Diário pelo livro Balancetes Diários e Balanços, observadas as mesmas formalidades extrínsecas exigidas para aquele.**

Utilizada a faculdade prevista no parágrafo único do art. 1.180, ou seja, empregadas fichas na escrituração contábil, viabiliza-se, também, o uso de mecanografia ou informática na elaboração dos lançamentos e, então, há uma pura e simples substituição do Livro-Diário por outro livro, chamado "Balancetes Diários e Balanços". Ganha-se, assim, maior agilidade na escrituração, realçando o legislador a necessidade de serem preservados os mesmos requisitos formais já enumerados no artigo anterior. O conteúdo material e formal do Livro-Diário está presente no livro substituto, de Balancetes Diários e Balanços, persistindo como única diferença o uso de fichas para sua composição. São obtidas totalizações instantâneas de contas, correspondentes a operações similares ou idênticas, e uma análise mais imediata da qualidade da gestão efetuada.

**Art. 1.186. O livro Balancetes Diários e Balanços será escriturado de modo que registre:**

**I – a posição diária de cada uma das contas ou títulos contábeis, pelo respectivo saldo, em forma de balancetes diários;**

**II – o balanço patrimonial e o de resultado econômico, no encerramento do exercício.**

Apesar de conservar o mesmo conteúdo formal e material do Livro-Diário, as informações inseridas no livro Balancetes Diários e Balanços são organizadas e dispostas de maneira diversa. Persiste a distribuição de todos os lançamentos em contas específicas, cada qual relativa a um assunto ou a uma espécie de operação econômico-financeira. Tal separação, idêntica à efetuada mediante a elaboração de razonetes, possibilita exame imediato e delimitado da gestão, facilitando a identificação de falhas e deficiências. Ademais, no mesmo livro, a exemplo do que ocorre com o Livro-Diário, deve constar, ao final de cada exercício anual, o balanço patrimonial e de resultado econômico, elaborado sempre com a supervisão de profissional habilitado, como um somatório de tudo quanto for apurado no decorrer do período assinalado.

**Art. 1.187. Na coleta dos elementos para o inventário serão observados os critérios de avaliação a seguir determinados:**

**I – os bens destinados à exploração da atividade serão avaliados pelo custo de aquisição, devendo, na avaliação dos que se desgastam ou depreciam com o uso, pela ação do tempo ou outros fatores, atender-se à desvalorização respectiva, criando-se fundos de amortização para assegurar-lhes a substituição ou a conservação do valor;**

**II – os valores mobiliários, matéria-prima, bens destinados à alienação, ou que constituem produtos ou artigos da indústria ou comércio da empresa, podem ser estimados pelo custo de aquisição ou de fabricação, ou pelo preço corrente, sempre que este for inferior ao preço de custo, e quando o preço corrente ou venal estiver acima do valor do custo de aquisição, ou fabricação, e os bens forem avaliados pelo preço corrente, a diferença entre este e o preço de custo não será levada em conta para a distribuição de lucros, nem para as percentagens referentes a fundos de reserva;**

**III – o valor das ações e dos títulos de renda fixa pode ser determinado com base na respectiva cotação da Bolsa de Valores; os não cotados e as participações não acionárias serão considerados pelo seu valor de aquisição;**

**IV – os créditos serão considerados de conformidade com o presumível valor de realização, não se**

**levando em conta os prescritos ou de difícil liquidação, salvo se houver, quanto aos últimos, previsão equivalente.**

**Parágrafo único. Entre os valores do ativo podem figurar, desde que se preceda, anualmente, à sua amortização:**

**I – as despesas de instalação da sociedade, até o limite correspondente a dez por cento do capital social;**

**II – os juros pagos aos acionistas da sociedade anônima, no período antecedente ao início das operações sociais, à taxa não superior a doze por cento ao ano, fixada no estatuto;**

**III – a quantia efetivamente paga a título de aviamento de estabelecimento adquirido pelo empresário ou sociedade.**

---

Legislação correlata: art. 183, Lei n. 6.404, de 15.12.1976.

Pretende-se, aqui, determinar os critérios gerais de avaliação dos bens componentes do ativo mantido pelo empresário, o que apresenta óbvia importância para a formulação do balanço patrimonial. Tomando como ponto de partida alguns elementos instrutores do inventário, foram examinadas, em quatro incisos, as hipóteses mais comuns e abrangentes. Há, de início, a referência ao ativo permanente, ou seja, aos bens de capital, sem os quais não se viabiliza a adequada e eficiente exploração da atividade empresarial, considerados por seu valor de aquisição, computada a natural depreciação, de maneira a viabilizar sua substituição, em um período de tempo maior ou menor, conforme as qualidades de cada espécie de coisa, sem prejuízo da manutenção da empresa. Em segundo lugar, os bens destinados à transformação ou à alienação, ou seja, o ativo circulante, podem ser, alternativamente e conforme a conveniência do empresário, avaliados por seu custo de aquisição ou fabricação ou por seu preço de mercado. Se adotado o preço de mercado como referencial, é preciso, porém, com o fim de evitar descapitalizações e distribuições de lucros fictícios, obedecer a proibição legal expressa e não incluir, como ganho não operacional ou em reservas, os valores decorrentes da valorização das coisas estocadas. Consideram-se, em terceiro lugar, as ações de companhias e os títulos de renda fixa, cuja avaliação é baseada em sua cotação em bolsa ou, quando inviável, por seu valor de aquisição. Por último, os créditos são considerados por seu valor de realização, isto é, pelo montante a ser recebido a título de pagamento, sendo, pura e simplesmente, desconsiderados aqueles prescritos e os de improvável ou difícil liquidação, podendo estes últimos, excepcionalmente, pela formação de uma provisão específica (reserva financeira destinada a minorar os riscos do inadimplemento), ser objeto de amortização continuada e, assim, ser somados ao total do ativo. Outros componentes do ativo, estes de inclusão excepcional ou provisória, estão elencados no parágrafo único e todos eles se submetem a uma amortização anual, capaz de reduzir gradativamente seu impacto sobre o balanço patrimonial. O texto legal dispõe, pontualmente, acerca das despesas de instalação de uma sociedade, limitadas a um teto de 10% do valor do capital social, dos juros pagos, em lapso anterior ao início do funcionamento da companhia, a acionistas e ao aviamento do estabelecimento adquirido a título oneroso (trespasse) ou gratuito (doação) como atributo intangível da universalidade de fato.

---

**Art. 1.188. O balanço patrimonial deverá exprimir, com fidelidade e clareza, a situação real da empresa e, atendidas as peculiaridades desta, bem como as disposições das leis especiais, indicará, distintamente, o ativo e o passivo.**

**Parágrafo único. Lei especial disporá sobre as informações que acompanharão o balanço patrimonial, em caso de sociedades coligadas.**

---

Legislação correlata: arts. 178 a 188, Lei n. 6.404, de 15.12.1976.

Este artigo pretende exprimir as características fundamentais do balanço patrimonial. Trata-se de um demonstrativo contábil obrigatório, por meio do qual é fornecida uma radiografia da situação da empresa, mediante a concentração de informações relativas aos direitos e deveres acumulados por dado empresário individual ou coletivo. A absoluta lisura é imprescindível na elaboração de todo e qualquer demonstrativo contábil, somando-se, aqui, quanto ao balanço patrimonial, a necessidade de clareza, fornecendo nomes comuns às contas e deixando transparente tudo o que houver sido apurado, sob pena de restarem viabilizadas fraudes lesivas aos sócios ou a terceiros. Todas as contas são divididas, de maneira simplória, entre ativo (direitos ou haveres) e passivo (obrigações ou deveres), possibilitando uma rápida visualização, cabendo observar, dependendo do ramo da atividade econômica exercida, regras especiais. Há, por exemplo, avaliações peculiares e difíceis, guiadas por critérios diferenciados ou bens de enquadramento variável, de acordo com a atividade exercida. Ademais, o parágrafo único remete à problemática da coligação. Considerada a definição ampla constante do art. 1.097, mantida relação de controle ou participação relevante, as sociedades envolvidas hão de mencionar tais situações em seus balanços e agregar documentos relativos à situação patrimonial da coligada, além de providenciar, eventualmente, a elaboração de balanços consolidados, englobando a somatória das atividades realizadas. É feita remissão à legislação especial, já constando, dos arts. 247 a 250 da Lei das S.A. (Lei n. 6.404/76), regras atinentes à matéria.

**Art. 1.189. O balanço de resultado econômico, ou demonstração da conta de lucros e perdas, acompanhará o balanço patrimonial e dele constarão crédito e débito, na forma da lei especial.**

Legislação correlata: art. 176, Lei n. 6.404, 15.12.1976.

O balanço de resultado econômico consiste numa demonstração do efetivo e exato resultado da gestão, apurando-se, a cada ano, o sucesso momentâneo da condução do empreendimento escolhido. Trata-se de demonstração obrigatória e imprescindível, elaborada em conjunto com o balanço patrimonial, que toma como elementos informativos principais os montantes de entradas e saídas de recursos, ou seja, os fluxos financeiros resultantes das operações concluídas no curso de determinado exercício anual. Obtém-se, assim, base para uma eventual distribuição de lucros e para o correspondente recolhimento de impostos, além do que as decisões de manutenção ou correção dos rumos da administração empresarial ganham fundamentação mais concreta e aprimorada.

**Art. 1.190. Ressalvados os casos previstos em lei, nenhuma autoridade, juiz ou tribunal, sob qualquer pretexto, poderá fazer ou ordenar diligência para verificar se o empresário ou a sociedade empresária observam, ou não, em seus livros e fichas, as formalidades prescritas em lei.**

Legislação correlata: art. 17 (*revogado*), CCom.

A manutenção da escrituração e, por consequência, dos livros contábeis de dado empresário individual ou coletivo é sempre realizada no âmbito interno de suas atividades, sem publicidade alguma, uma vez que resguardam detalhes importantes da gestão e segredos atinentes ao desenvolvimento do empreendimento escolhido, não se submetendo, por isso mesmo, a uma divulgação forçada indiscriminada. Tal documentação diz respeito apenas ao próprio empresário e seu exame só é, em circunstâncias especiais, disponibilizado a terceiros mediante a expedição de correspondente ordem judicial. O texto legal contém, por isso, uma vedação geral, visando a que não sejam ordenadas diligências judiciais para a pura e simples verificação do cumprimento de formalidades atinentes à escrituração contábil. As exceções podem derivar apenas de texto expresso de lei, caminhando os órgãos do Poder Judiciário, aqui, em um âmbito de legalidade estrita, sem qualquer margem para discricionariedade. Vigora, portanto, com respeito aos livros contábeis dos empresários, o princípio do sigilo (art. 17 – revogado – do antigo CCom).

**Jurisprudência:** Os Conselhos de Contabilidade detêm autorização específica para examinar documentos contábeis no âmbito da fiscalização corporativa de profissionais de contabilidade, dado o disposto no DL n. 9.295/46, enquadrando como exceção, sem que sua atuação afronte a privacidade de escritórios contábeis fiscalizados e de seus clientes (STJ, REsp n. 1.420.396/PR, 1ª T., rel. Min. Sérgio Kukina, j. 19.09.2017).

**Art. 1.191. O juiz só poderá autorizar a exibição integral dos livros e papéis de escrituração quando necessária para resolver questões relativas a sucessão, comunhão ou sociedade, administração ou gestão à conta de outrem, ou em caso de falência.**

**§ 1º O juiz ou tribunal que conhecer de medida cautelar ou de ação pode, a requerimento ou de ofício, ordenar que os livros de qualquer das partes, ou de ambas, sejam examinados na presença do empresário ou da sociedade empresária a que pertencerem, ou de pessoas por estes nomeadas, para deles se extrair o que interessar à questão.**

**§ 2º Achando-se os livros em outra jurisdição, nela se fará o exame, perante o respectivo juiz.**

Legislação correlata: arts. 18 e 19 (*revogados*), CCom; art. 420 do CPC/2015 (correspondente ao art. 381, CPC/73).

Diante do princípio do sigilo, uma exibição integral dos livros contábeis mantidos por empresário constitui completa excepcionalidade. Além de exigir antecedente decisão judicial fundamentada, a exibição integral só pode ocorrer em hipóteses estritamente delimitadas pela lei, as quais não permitem qualquer ampliação analógica ou interpretativa. Ensejam tal providência a solução de questões referentes a procedimentos concursais (falências ou recuperação de empresas), sucessões *causa mortis* ou *inter vivos*, comunhões ou atos de gestão societária, formando-se, assim, um rol taxativo. É sempre preferível ordenar a exibição parcial dos livros contábeis do empresário, atingindo-se apenas as parcelas da escrituração estritamente necessárias ao deslinde de dada questão litigiosa, efetuando-se uma análise meramente pontual, com a colheita dos elementos tidos como relevantes. Seja integral, seja parcial, a exibição em juízo será realizada sempre na presença do próprio empresário ou de representante nomeado para tanto, de maneira a evitar o surgimento de qualquer preocupação quanto a sua lisura e ao resguardo dos limites formais de análise (§ 1º). Se, ademais, a exibição tiver de ser realizada em outra jurisdição, a exibição, sendo expedida carta precatória, deverá ser feita perante o juiz local (§ 2º). Observe-se, por fim, que o presente artigo se coaduna com os arts. 381 e 382 do CPC/73, cujo texto foi integralmente reproduzido pelos arts. 420 e 421 do CPC/2015, completando o regramento atinente à matéria.

**Jurisprudência:** 1 – Súmula n. 260 do STF: "O exame dos livros comerciais, em ação judicial, fica limitado às transações dos litigantes". 2 – Nega-se, portanto, a possibilidade de serem exibidos livros de terceiros e constitui excepcionalidade a exibição integral (TJSC, AI n. 96.004.931-2, 4ª Câm. Cível, rel. Des. Francisco Oliveira Filho, j. 24.06.1997). 3 – Cabe seja designada data específica para que os livros contábeis sejam apresentados em Juízo, como prova imprescindível ao deslinde de uma causa, para que as partes possam extrair as informações tidas como relevantes. (TJRS, AI n. 70037762044, 5ª Câm. Cível, rel. Des. Gelson Rolim Stocker, j. 29.07.2010)

---

**Art. 1.192. Recusada a apresentação dos livros, nos casos do artigo antecedente, serão apreendidos judicialmente e, no do seu § 1º, ter-se-á como verdadeiro o alegado pela parte contrária para se provar pelos livros.**

**Parágrafo único. A confissão resultante da recusa pode ser elidida por prova documental em contrário.**

---

Legislação correlata: art. 20 (*revogado*), CCom.

Quando estiver caracterizada uma das hipóteses previstas no *caput* do artigo anterior e for prolatada decisão judicial fundamentada e ordinatória da exibição integral dos livros mantidos por dado empresário individual ou coletivo, não pode ele legitimamente obstaculizar a produção da prova ordenada, recusando-se, de maneira expressa ou por sua simples omissão, a promover a apresentação de sua documentação contábil. O descumprimento da decisão judicial enseja, como primeira consequência e desconsiderados os aspectos criminais da conduta, a busca e apreensão dos livros, efetivando-se, então, o exame forçado dos lançamentos. É expedido mandado, cujo cumprimento, realizado por oficial de Justiça, resulta no arrebatamento de tais documentos, os quais são levados a juízo e disponibilizados para leitura e eventual perícia. Nos casos previstos no § 1º do artigo anterior, ordenada a exibição parcial de um livro para a solução de questão litigiosa pontual, a recusa do empresário individual ou coletivo resultará na formação de uma presunção de veracidade, que incide, sempre em seu desfavor, sobre os fatos alegados pela parte contrária e cuja comprovação seria feita por meio dos lançamentos de acesso negado. O parágrafo único ressalta a natureza relativa de tal presunção (*juris tantum*) e a possibilidade de sua superação, desde que produzida prova documental em sentido diverso, inadmitida outra espécie de elemento de convicção. Ressalte-se que o vocábulo "confissão" foi, aqui, utilizado de forma totalmente imprópria, uma vez que não há manifestação da parte recalcitrante com o fim de reconhecer a procedência de quaisquer alegações, mas, pura e simplesmente, a formação da presunção relativa.

---

**Art. 1.193. As restrições estabelecidas neste Capítulo ao exame da escrituração, em parte ou por inteiro, não se aplicam às autoridades fazendárias, no exercício da fiscalização do pagamento de impostos, nos termos estritos das respectivas leis especiais.**

---

Legislação correlata: art. 195, CTN.

Os arts. 1.190 e 1.191, ao instituírem o princípio do sigilo da escrituração mantida pelo empresário individual ou coletivo, estabeleceram vedações e restrições, as quais sofrem literal exceção e são inaplicáveis diante da fiscalização fazendária. Observar-se-á, para tanto, o disposto na legislação especial, o que se coaduna com o disposto no art. 195 do CTN. O Fisco, por meio dos servidores públicos com específica atribuição funcional, promoverá, portanto, a verificação do regular recolhimento dos tributos, sem que lhe possam ser opostas as regras proibitivas e restritivas de aplicação generalizada.

---

**Art. 1.194. O empresário e a sociedade empresária são obrigados a conservar em boa guarda toda a escrituração, correspondência e mais papéis concernentes à sua atividade, enquanto não ocorrer prescrição ou decadência no tocante aos atos neles consignados.**

---

Legislação correlata: art. 4º, DL n. 486, de 03.03.1969.

No presente artigo, restou estratificado o dever geral, atribuído a todo empresário individual ou coletivo, de manutenção de sua escrituração em boa ordem formal, conservando, simultaneamente, os documentos atestadores de sua regularidade material. De um lado, é obrigatória a promoção de cuidadoso arquivamento, evitando a deterioração, o extravio ou a perda dos livros e possibilitando sua consulta, sempre que ela se fizer necessária ou conveniente. De outro lado, exige-se sejam mantidos e, portanto, arquivados em conjunto os papéis e as correspondências capazes de fornecer suporte à verificação do conteúdo dos lançamentos feitos. Tal dever não vigora, porém, por tempo ilimitado. Os livros e a documentação agregada devem ser guardados apenas enquanto não se operar prescrição ou decadência dos atos e das operações escriturados, o que apresentará correspondência com sua natureza formal e com o ramo de atividade empresarial escolhido.

**Jurisprudência:** A escrituração de uma sociedade empresária deve permanecer em sua sede, não se permitindo sua retirada para extração de cópias, nem mesmo a partir de decisão judicial emitida em ação de exibição de documentos. (TJSP, AI n. 0015038-72.2011.8.26.0000, 7ª Câm. de Dir. Priv., rel. Des. Miguel Brandi, j. 18.05.2011)

**Art. 1.195. As disposições deste Capítulo aplicam-se às sucursais, filiais ou agências, no Brasil, do empresário ou sociedade com sede em país estrangeiro.**

As regras relativas à elaboração, manutenção e exibição da escrituração contábil apresentam aplicação ampla e incidem sobre toda atividade empresarial, tal como se encontram explicitadas no presente capítulo do CC. O legislador, aqui, simplesmente enfatizou essa subordinação ampla, referindo-se, de maneira expressa, às sucursais, filiais e agências, bem como às sociedades estrangeiras, as quais, mediante autorização governamental, atuam diretamente no Brasil (art. 1.134). No primeiro caso, diante da organização de um estabelecimento complexo, persiste um desdobramento da escrituração, separada de acordo com o local em que forem concluídas as operações contabilizadas, efetuando-se posterior totalização. No segundo caso, os atos e as operações feitos no Brasil suportam, da mesma forma, escrituração separada, acrescida a obrigatoriedade de publicações especiais (art. 1.140).

# LIVRO III
# DO DIREITO DAS COISAS

Nas palavras de José de Oliveira Ascensão, considera-se que o direito das coisas esteja em crise, em razão do declínio de um sistema de normas que se assentava na preponderância da propriedade imóvel (*A tipicidade dos direitos reais*. Lisboa, Petrony, 1968, p. 13).

O deslocamento dos novos mecanismos e das estratégias proprietárias do direito das coisas para o direito das obrigações e para o direito comercial (ações, cotas, participações em fundos de investimentos) teve profundas consequências. Estratificou o direito das coisas numa "época histórica passada, sem que a crítica e a elaboração doutrinária tornassem possível a descoberta de novos caminhos".

O espírito que orienta o direito das coisas encontrava-se ainda ancorado em princípios oitocentistas, como a tipicidade, a propriedade como direito subjetivo absoluto e instituição monolítica. Esses duzentos anos de mentalidade liberal que se seguiram fincaram profundas raízes, das quais se procura libertar, com dificuldade, o pensamento jurídico contemporâneo.

Figuras como a igualdade substancial, a equidade e a boa-fé objetiva e, por tabela, o tratamento desigual aos contratantes e novas limitações cogentes à autonomia privada já são moeda corrente no direito obrigacional. No direito de família, o pátrio poder converteu-se em pátrio dever, hoje poder familiar.

No campo do direito das coisas, porém, embora a função social da propriedade já conste como princípio positivado de nossas Constituições há mais de meio século, a mentalidade de encarar o domínio como feixe de meros direitos subjetivos continua inalterada. A função social permaneceu assim como um título de nobreza, de que se orgulha o ordenamento, mas sem operabilidade.

O CC/2002, na seara do direito das coisas, tem a difícil tarefa de fazer valer normas operativas, que deem concretude à função social da propriedade e dos demais direitos reais. A efetiva mudança não é de regras pontuais, como a criação do novo direito real de superfície ou a eliminação do antigo direito real de enfiteuse, mas de mentalidade, sobretudo a de encarar o principal direito real – o de propriedade – como um mero centro de interesses, ao qual podem ser opostos outros centros de interesses não proprietários, sem que haja necessariamente a supremacia do primeiro.

O atual CC manteve a denominação de "direito das coisas" e regulou a matéria no Livro III da Parte Especial. No CC/1916, o tema era tratado no Livro II da Parte Especial.

Diversos autores consideram o termo "direito das coisas" como equivalente ao termo "direitos reais". Na verdade, o primeiro é mais amplo, porque abrange a posse, que integra o direito das coisas, mas nem todos os autores a consideram direito real.

O direito das coisas regula o poder dos homens sobre as coisas materiais suscetíveis de apropriação e os modos de sua utilização econômica. Em caráter excepcional, o CC admite, em determinadas situações, que direitos reais incidam sobre bens imateriais, como a caução de créditos ou o usufruto sobre ações ou cotas de uma sociedade. A regra, porém, é que incidam os direitos reais sobre coisas, vale dizer sobre bens corpóreos.

Embora seja matéria afeita à Parte Geral do CC, é bom lembrar que o termo "bem" é gênero, abrangendo tudo o que satisfaz a necessidade humana. Bens jurídicos são aqueles amparados pela ordem jurídica. São bens tudo o que pode ser objeto da relação jurídica, ou seja, tudo o que pode se submeter ao poder dos sujeitos de direito, como instrumento de realização de sua finalidade jurídica. O termo "coisa" é uma espécie de bem, de natureza corpórea e suscetível de medida de valor. Assim, a honra é um bem, mas não é uma coisa. Um imóvel é um bem e é também uma coisa, porque corpóreo. Doutrina minoritária afirma, por outro lado, que há coisas, como as águas do mar, que não são bens, pois inapropriáveis. A corrente majoritária, porém, entende que não são coisas os bens não apropriáveis. O critério não é só físico, material, mas também de possibilidade de ocupação, dominação por alguém.

Os direitos reais, chamados também de *iura in re*, traduzem uma dominação sobre a coisa e constituem importante categoria jurídica, que se diferencia do direito das obrigações *(iura ad rem)* pelo fato de este se traduzir na faculdade de exigir do sujeito passivo determinado uma prestação.

Regem-se os direitos reais pelos seguintes princípios, que os distinguem dos direitos de crédito, ou obrigacionais, ou pessoais:

1) Princípio do absolutismo

O direito real é oponível *erga omnes*, enquanto o direito de crédito é oponível somente a um sujeito passivo determinado ou determinável, em razão da sua relatividade. Decorre o princípio da própria natureza dos direitos reais, que se traduzem numa dominação direta sobre a coisa *(iura in re)*, sem a intermediação de terceiros pela prestação.

Constitui o principal traço distintivo entre os direitos reais e os pessoais, lembrando, porém, a existência de exceções à relatividade no direito obrigacional, como as chamadas obrigações reais e as *propter rem*, que irradiam efeitos em relação a terceiros. Note-se que o absolutismo não constitui característica exclusiva dos direitos reais, porque há também outros direitos dotados do mesmo atributo, como os de personalidade, oponíveis contra todos.

2) Princípio da publicidade

Decorrência do absolutismo é o princípio da publicidade. Para que todos possam respeitar os direitos reais, há necessidade de dotá-los de visibilidade, a fim de que sejam conhecidos por terceiros.

O mecanismo da publicidade, nas aquisições derivadas e por atos *inter vivos*, dá-se pelo registro do título no Registro Imobiliário, tratando-se de coisas imóveis (art. 1.227 do CC) e pela tradição, se coisas móveis (art. 1.226 do CC). A regra comporta exceções, pois há alguns casos em que o registro não é constitutivo dos direitos reais sobre bens imóveis, por exemplo na aquisição de bens pelo casamento cujo regime é o da comunhão universal de bens, ou no usufruto legal dos pais sobre os bens dos filhos, ou, ainda, nas aquisições originárias, como no caso de usucapião. Já os contratos seguem a regra do consensualismo, ou seja, reputam-se perfeitos só com a vontade das partes, porque não necessitam de publicidade para produzir efeitos entre os contratantes.

3) Princípios da taxatividade e da tipicidade

Os direitos reais são *numerus clausus*, somente podem ser criados por lei, ao contrário dos direitos de crédito, em que prevalece a autonomia privada em sua criação, constituindo *numerus apertus*.

Os direitos reais estão previstos no art. 1.225 do CC, que, porém, não esgota todas as hipóteses, já que há outros criados por leis especiais diversas, como a alienação fiduciária sobre bens imóveis, regulada pela Lei n. 9.514/97, ou o compromisso de compra e venda de imóveis loteados, disciplinado pela Lei n. 6.766/79. Note-se que não há por parte do legislador necessidade da utilização de expressões sacramentais para a designação dos direitos reais, bastando a previsão legal e que se deduza claramente do instituto a sua natureza.

Distingue-se a taxatividade – que trata do catálogo, do número dos direitos reais – da figura da tipicidade – que define o conteúdo de cada um dos tipos dos direitos reais. São conceitos complementares, mas distintos entre si.

A doutrina tradicional afirma que os direitos reais são *numerus clausus* e típicos. A doutrina contemporânea questiona o princípio da tipicidade. Na lição de Gustavo Tepedino, se de um lado é certo que a criação de novos direitos reais depende de lei, de outro lado também "certo é que no âmbito do conteúdo de cada tipo real há um vasto território por onde atua a autonomia privada e que carece de controle quanto aos limites (de ordem pública) permitidos para esta atuação" (*Multipropriedade imobiliária*. São Paulo, Saraiva, 1993, p. 83). Essa interpretação mais aberta permite dar maior alcance a cada um dos direitos reais, como abranger a multipropriedade, o *leasing* imobiliário, o direito real de superfície por cisão e a hipoteca do direito real de superfície, figuras não expressamente disciplinadas pela lei, mas compatíveis com o sistema do direito das coisas. Recente precedente do STJ, comentado no art. 1.225 a seguir, admitiu a multipropriedade como direito real, em nítida adoção de uma tipicidade elástica.

Em termos diversos, mantém-se íntegro o princípio positivado da taxatividade, mas se admite certa elasticidade no princípio da tipicidade, para que cada um dos direitos reais, individualmente considerados, possa abrigar situações jurídicas que, embora não expressamente previstas, sejam compatíveis com seus princípios e mecanismos.

4) Princípio da sequela

Os direitos reais são providos do direito de sequela, ou seja, da prerrogativa de obter ou de perseguir a coisa que estiver em poder de quem quer que seja. É desdobramento direto da oponibilidade do direito real e pode ser usado por um titular de direito real contra outro, por exemplo o usufrutuário contra o nu-proprietário que se recusa a entregar o bem.

5) Princípio da especialidade

O objeto do direito real é sempre determinado, enquanto o do direito pessoal pode ser determinável.

6) Princípio da atualidade

O direito real exige a existência atual da coisa, enquanto o direito pessoal é compatível com sua futuridade. Essa é a regra que comporta algumas exceções, como a incorporação e promessa de unidade autônoma a ser construída, levada a registro.

7) Princípio da exclusividade

O direito real é exclusivo, porque não podem existir dois direitos reais contraditórios sobre a mesma coisa, ou seja, não existe mais de um sujeito com igual direito sobre a mesma coisa. A exclusividade não conflita com o condomínio, no qual cada comunheiro tem fração ideal da coisa.

8) Usucapião

O direito real adquire-se por usucapião, ao contrário do direito pessoal. Os direitos de crédito extinguem-se pela prescrição extintiva, enquanto os reais, especialmente em relação à propriedade, somente pela prescrição aquisitiva. A propriedade como regra não se perde pelo "não uso", enquanto não se consumar usucapião a favor de terceiro.

9) Princípio da preferência ou privilégio

Os direitos reais, em especial os de garantia, gozam de preferência, também chamada de privilégio, que consiste na prerrogativa de o credor assim garantido receber preferencialmente o seu crédito, em comparação com os demais credores. Em outras palavras, havendo concurso de credores, o credor com garantia real, se alienado o bem garantido, tem preferência na satisfação de seu crédito. Essa preferência, porém, não é absoluta, havendo gradação legal na ordem de credores que gozam de privilégios legais.

Alguns autores veem a preferência por outro ângulo, de ordem temporal, ou seja, terá melhor direito aquele que conseguir primeiro converter o direito pessoal em direito real. Tome-se como exemplo o caso de uma coisa vendida a duas pessoas diversas. Será proprietário o adquirente que primeiro registrar seu título, ou obtiver a tradição.

10) Abandono

O titular de direito real pode abandonar a coisa, por exemplo as servidões. Não se admite o abandono no direito de crédito, que é incorpóreo e se consubstancia numa conduta do devedor.

11) Posse

Os direitos reais são passíveis de posse, ao contrário dos direitos pessoais. Essa matéria foi muito controvertida no passado, quando diversos autores admitiam a posse de direitos pessoais.

# TÍTULO I
# DA POSSE

## CAPÍTULO I
## DA POSSE E SUA CLASSIFICAÇÃO

**Art. 1.196. Considera-se possuidor todo aquele que tem de fato o exercício, pleno ou não, de algum dos poderes inerentes à propriedade.**

Não houve profunda alteração no capítulo da posse em relação ao Código anterior, mas sim aprimoramento da redação de diversos dispositivos, eliminando imperfeições técnicas ou consolidando, no texto da lei, o entendimento já sedimentado na doutrina e nos tribunais. Vê-se, na disciplina da posse, a incidência do princípio da operabilidade, que exclui dúvidas teóricas que atrapalham a aplicação da lei.

Isso porque o nosso sistema possessório foi durante quase um século sedimentado por sólida construção doutrinária e jurisprudencial. A base dominial no Brasil padecia de sérios problemas de origem, especialidade e continuidade, o que deslocou imenso volume de discussões do juízo petitório para o juízo possessório. Com isso, testou-se o sistema e criaram-se boas soluções para as questões possessórias mais controvertidas. Tal fato se constata nas reformas do Código português e do italiano nas décadas de 1970 e 1980, oportunidades em que diversas soluções foram inspiradas no direito brasileiro, num processo de reenvio ao direito continental.

**Definição:** Na posse há sempre um senhorio de fato sobre a coisa, um poder efetivo sobre ela. Segundo a lição de Caio Mário da Silva Pereira, há "uma situação de fato, em que uma pessoa, que pode ou não ser a proprietária, exerce sobre uma coisa atos e poderes ostensivos, conservando-a e defendendo-a" (*Instituições de direito civil*, 18. ed., atualizada por Carlos Edison Rego Monteiro Filho. Rio de Janeiro, Forense, 2002, v. IV, p. 14) e dando-lhe a sua natural função socioeconômica.

Diz o artigo ora comentado que o possuidor tem, de fato, o exercício, pleno ou não, de alguns ou de todos os poderes inerentes à propriedade. Age o possuidor como agiria o proprietário em relação ao que é seu. Não se confunde a posse, que é senhorio de fato, com a propriedade, que é senhorio jurídico. A posse "é ação, conduta dirigida à coisa, exercício" (NASCIMENTO, Tupinambá Miguel Castro do. *Posse e propriedade*, 3. ed. Porto Alegre, Livraria do Advogado, 2003, p. 16). Já a propriedade é o "vínculo jurídico que conduz ao senhorio da coisa", mas não necessita estar acompanhado de efetivo exercício de poderes fáticos.

Tem o possuidor os poderes de fato inerentes à propriedade. Age como proprietário. Como o proprietário dispõe daquilo que lhe pertence, usa, frui, conserva e defende o que é seu, assim também age o possuidor. Tal como o proprietário, tira o proveito da coisa, dando-lhe a natural destinação econômica e social. Pode o possuidor ser pessoa natural ou jurídica, inclusive a coletividade desprovida de personalidade, como a massa falida, o espólio e o condomínio edilício. Confira-se a respeito o Enunciado n. 236 da III Jornada de Direito Civil 2004: "Arts. 1.196, 1.205 e 1.212: Considera-se possuidor, para todos os efeitos legais, também a coletividade desprovida de personalidade jurídica".

Lembre-se, porém, como adiante será visto, que a propriedade está impregnada por função social, que não mais é vista como um limite, mas como o próprio conteúdo do instituto. De igual modo, não basta ao possuidor agir como proprietário, mas sim como bom proprietário, dando à coisa função social. O CC/2002 prestigia o bom possuidor, abreviando, por exemplo, o prazo de usucapião daquele que houver estabelecido no imóvel a sua moradia habitual, ou nele realizado obras ou serviços de caráter produtivo (arts. 1.238, parágrafo único, e 1.242, parágrafo único). Também os §§ 4º e 5º do art. 1.228 permitem apenas a determinados possuidores, com perfil e atuação social específicos, adquirir compulsoriamente do proprietário o imóvel reivindicado. É o que Miguel Reale denomina de "posse trabalho", situação socialmente desejável e estimulada pelo legislador mediante incentivos, cumprindo a função promocional do direito.

**Elementos da posse:** Em toda posse há dois elementos, consistentes numa conduta e numa vontade, que traduzem a relação de uso e de fruição. São eles o objetivo, denominado *corpus*, e o subjetivo, denominado *animus*. O *corpus* é o elemento exterior da posse, é o comportamento ostensivo do possuidor imitando o proprietário. É o aspecto visível da posse, que se traduz não só pelo contato material com a coisa, como também pela conduta de dar a ela a sua destinação econômica e social. O *animus* é o elemento subjetivo da posse. Nada mais é do que manter a conduta exterior semelhante à do proprietário (*corpus*) de modo proposital, intencional. Em outras palavras, trata-se da consciência e do desejo de agir como agiria o proprietário, da dominação intencional e consciente da coisa.

Os dois elementos são cumulativos e indissociáveis. Na lição de Ihering, o *corpus* e o *animus* estão ligados entre si como a palavra e o pensamento. Na palavra incorpora-se o pensamento, até então puramente interno. No *corpus* incorpora-se a vontade, até então puramente interna (SERPA LOPES, Miguel Maria de. *Curso de direito civil*, 4. ed., atualizada pela Biblioteca Jurídica Freitas Bastos. Rio de Janeiro, Freitas Bastos, v. VI, p. 124). A existência de *corpus* sem *animus*, ou seja, sem a consciência de agir como dono, configura mera justaposição da pessoa à coisa, um simples contato físico, que não caracteriza posse, nem sequer detenção.

**Teorias sobre a posse:** Há duas teorias tradicionais sobre a posse, denominadas teoria subjetiva e teoria objetiva. Savigny criou a teoria subjetiva. Afirmou que os elementos da posse são o *animus* e o *corpus*. Definiu o *corpus* como o poder físico da pessoa sobre a coisa, o fato exterior da posse. Para ele, é a faculdade real e imediata de dispor fisicamente da coisa. Em obra posterior retificou sua posição, admitindo posse sem contato físico. Definiu o *animus* como a intenção de ter a coisa como sua *(animus domini)*. Não é a convicção *(opinio domini)*, mas a intenção de ser dono. Para haver posse, portanto, para Savigny, devem existir elemento físico *(corpus)* mais a vontade de proceder em relação à coisa como procede o proprietário *(affectio tenendi)* mais a intenção de tê-la como sua *(animus domini)* (PEREIRA, Caio Mário da Silva. *Instituições de direito civil*, 18. ed., atualizada por Carlos Edison Rego Monteiro Filho. Rio de Janeiro, Forense, 2002, v. IV, p. 14). Caso falte o terceiro elemento, qual seja, a vontade de ter a coisa como dono, não haverá posse, mas mera detenção. Assim, para Savigny, quem tem a coisa em seu poder, mas em nome de outrem, por razão jurídica, não tem posse, mas detenção, sem proteção jurídica. Enquadrariam-se nessa categoria o locatário, o comodatário e o credor pignoratício, entre outros.

Rudolf Von Ihering elaborou a teoria objetiva da posse, em oposição e crítica à teoria subjetiva. *Corpus*, para ele, é a relação exterior que há normalmente entre o proprietário e a coisa, é a conduta de quem se apresenta com relação semelhante à do proprietário *(imago domini)*, com ou sem apreensão da coisa. Pode, portanto, haver posse sem contato ou poder físico entre a pessoa e a coisa. Lembre-se de que o proprietário exerce as prerrogativas do domínio, muitas vezes sem o contato físico ou material com a coisa, como por exemplo a locação ou o empréstimo da coisa a terceiros. O mesmo, portanto, ocorre com o possuidor, porque ele age como o proprietário (IHERING, Rudolf Von. *A teoria simplificada da posse.* São Paulo, Saraiva, 1986, p. 106-15).

Para Ihering, *animus* não é a intenção de ser dono, mas simplesmente de proceder como procede habitualmente o proprietário *(affectio tenendi)*. A teoria chama-se objetiva porque dispensa a intenção de ser dono. O *animus* está intimamente ligado ao *corpus*, porque é extraído da conduta visível do possuidor. É o que aparece perante terceiros (aparência de dono), pouco importando o simples desejo não ostensivo do possuidor. Para caracterizar a posse, basta examinar o comportamento do agente, independentemente de uma pesquisa de intenção. Normalmente, o proprietário é o possuidor. Logo, possuidor é aquele que tem a aparência de proprietário. Posse, segundo Ihering, é a visibilidade do domínio. Pela teoria objetiva, o locatário, o comodatário etc., são possuidores, o que acarreta profundos efeitos concretos, visto que tais pessoas podem defender a posse pelos chamados interditos possessórios. Segundo o autor, o poder de fato sobre a coisa indica posse, embora nem sempre isso ocorra. O que importa, para efeito de posse, é a destinação econômica da coisa, é a utilização da coisa por atos adequados à sua natureza. Para Ihering, *corpus* + *affectio tenendi* = *posse*. O *animus domini* não é elemento da posse.

Outra importante distinção entre as duas teorias é o modo como abordam a figura da detenção. Para Savigny, sempre que houver corpus, mas não animus (*affectio tenendi* + *animus domini*), estar-se-á diante da figura da detenção e não da posse. A posse, assim, é a detenção acrescida de *animus domini*. Para Ihering, a posse e a detenção não se distinguem por um *animus* específico. Ao contrário. Têm os mesmos elementos (*corpus* e *animus*). O que as distingue é uma barreira legal, que se traduz num dispositivo de lei que, com relação a certas relações que preenchem a princípio os requisitos da posse, retira delas os efeitos possessórios. A detenção, para Ihering, é uma posse degradada, que, em virtude da lei, se avilta. A teoria subjetiva parte da detenção para chegar à posse. A objetiva faz o trajeto inverso, partindo da posse para chegar à detenção.

Nosso Código inclinou-se pela teoria objetiva, embora em alguns artigos pontuais faça concessões à teoria subjetiva. O art. 1.196 do CC define o possuidor adotando nitidamente a teoria objetiva. Para nós, portanto, posse é a relação de fato entre a pessoa e a coisa, tendo em vista a utilização econômica desta. É a exteriorização da conduta de quem normalmente age como proprietário. É a visibilidade do domínio.

A questão relativa ao objeto da posse, em especial sobre bens incorpóreos e bens públicos, será examinada nos comentários aos arts. 1.210 e 1.223.

**Jurisprudência:** Enunciado n. 236, CEJ: Considera-se possuidor, para todos os efeitos legais, também a coletividade desprovida de personalidade jurídica.

Enunciado n. 492, CEJ: A posse constitui direito autônomo em relação à propriedade e deve expressar o aproveitamento dos bens para o alcance de interesses existenciais, econômicos e sociais merecedores de tutela.

O particular jamais exerce poderes de propriedade (art. 1.196 do CC) sobre imóvel público, impassível de usucapião (art. 183, § 3º, da CF). Não poderá, portanto, ser considerado possuidor dessas áreas, senão mero detentor. (STJ, REsp n. 945.055/DF, rel. Min. Herman Benjamin, j. 02.06.2009)

A ocupação de bem público, ainda que dominical, não passa de mera detenção, caso em que se afigura inadmissível o pleito de proteção possessória. (STJ, AI n. 648.180, rel. Min. Menezes Direito, j. 15.02.2007)

Reintegração de posse. Requisitos do art. 927 do CPC [art. 561 do CPC/2015] atendidos. Invasão de propriedade particular. Função social da propriedade, Estatuto da Cidade. As provas de anterioridade possessória e do esbulho praticado pelos réus e a data de sua ocorrência conferem ao autor o direito de se ver reintegrado em sua posse. A promoção da justa distribuição da propriedade ou o condicionamento do seu uso ao bem-estar social deve ser promovido pelo Estado, como poder geral a ele conferido pela CF. É defeso ao particular, a pretexto de encontrar-se escudado pelo Estatuto da Cidade, invadir propriedade alheia, com o intuito de fazer cumprir a sua função social. Apelo improvido. (TJRS, Ap. Cível n. 70.013.469.093, rel. Des. Mário José Gomes Pereira, j. 04.04.2006)

---

**Art. 1.197. A posse direta, de pessoa que tem a coisa em seu poder, temporariamente, em virtude de direito pessoal, ou real, não anula a indireta, de quem aquela foi havida, podendo o possuidor direto defender a sua posse contra o indireto.**

---

Houve nítida melhoria da redação do dispositivo, com a definição clara e técnica das figuras dos possuidores direto e indireto. Abandonou o legislador o sistema do antigo CC que exemplificava quem eram possuidores diretos, mencionando o credor pignoratício, o locatário e o usufrutuário. É evidente que tais figuras caracterizam, mas não esgotam as possibilidades de posse direta, que pode perfeitamente vir amparada em relações jurídicas diversas, como o comodato, a alienação fiduciária, o depósito e o *leasing*, entre tantas outras.

Como foi visto acima, o possuidor é aquele que se comporta como proprietário, de modo consciente, mantendo de fato o exercício de alguns dos poderes inerentes à propriedade. Para obter seu aproveitamento econômico, é possível tanto a utilização direta como a cessão a terceiros da coisa, vale dizer, mediante utilização indireta. Se assim age o proprietário, que usa e frui o que é seu, assim pode agir o possuidor, que tem a aparência de proprietário.

Se o proprietário desdobra as condutas possíveis de aproveitamento da coisa, assim também o faz o possuidor. Na lição de Caio Mário da Silva Pereira, de tal desdobramento resulta a duplicidade excepcional da posse sobre a mesma coisa. Há dois possuidores. Um que cede o uso da coisa, chamado de possuidor indireto ou mediato. Outro que recebe o uso da coisa, por força de relação jurídica de direito real ou obrigacional, chamado de possuidor direto ou imediato (*Instituições de direito civil*, 18. ed., atualizada por Carlos Edison Rego Monteiro Filho. Rio de Janeiro, Forense, 2002, v. IV, p. 32-3).

O possuidor indireto, embora não tenha poder físico imediato sobre a coisa, sem dominação direta, é também possuidor, porque se comporta como proprietário.

As duas posses coexistem em planos diferentes, sem contradição entre si. Tomem-se como exemplos as figuras do locatário e do locador, do comodatário e do comodante, do credor e do devedor pignoratício, entre outras. Os primeiros (locatário, comodatário, credor pignoratício) têm posse direta, porque a receberam temporariamente em virtude de relação jurídica real ou pessoal. Os segundos têm posse indireta, porque a cederam. Não colidem nem se excluem as duas posses, porque se referem a poderes distintos sobre a mesma coisa.

A figura da posse direta somente tem sentido na teoria objetiva de Ihering, uma vez que para Savigny e para os defensores da teoria subjetiva, a ausência de *animus domini* a converte em mera detenção. Se o possuidor direto tem relação jurídica com o possuidor indireto e, portanto, sabe que não pode ser dono da coisa, a relação é de mera detenção, segundo a teoria subjetiva.

Os desdobramentos da posse podem ser sucessivos. Feito um primeiro desdobramento, poderá o possuidor direto reproduzi-lo, criando novas e repetidas situações de posse direta e indireta. Basta lembrar a hipótese da locação. Se o locatário, que é possuidor direto, subloca o imóvel a terceiro, teremos então dois possuidores indiretos – locador e sublocador – e um possuidor direto – sublocatário. O mesmo acontece com o usufrutuário que loca ou empresta a coisa a terceiros. Note-se que somente terá a posse direta aquele que tiver a coisa consigo, ou seja, o último integrante da cadeia. Todos os demais terão posse indireta, em gradações sucessivas (GONÇALVES, Marcus Vinicius Rios. *Dos vícios da posse*. São Paulo, Oliveira Mendes, 1998, p. 35).

Como acentua Moreira Alves, o possuidor indireto em grau mais elevado tem posição peculiar em relação aos demais, porque não reconhece e existência de posse superior à sua. Isso lhe confere o *animus domini* necessário ao usucapião, requisito que falta aos demais integrantes da cadeia, em grau inferior, ou ao possuidor direto, que reconhecem a supremacia de direito de terceiro quanto à coisa.

Tanto o possuidor direto como o indireto podem afastar os ataques injustos de terceiros à posse, utilizando a tutela possessória e o desforço próprio.

A parte final do artigo diz que pode o possuidor direto defender a sua posse contra o possuidor indireto, o que se mostra exato. Basta lembrar a hipótese, comum na periferia das grandes cidades, do locador que pretende retomar a coisa locada para uso próprio, ou por ter se escoado o prazo, ou mesmo por falta de pagamento, sem usar a ação de despejo, retirando o locatário à força, ou praticando atos turbativos, como o corte da energia elétrica ou da água corrente. Tem o locatário ação possessória contra o locador, em razão da conduta ilícita deste, que molesta a sua posse.

Embora a parte final deste artigo não diga, o inverso também é possível, ou seja, pode o possuidor indireto usar a tutela possessória contra o possuidor direto. Isso porque tem o possuidor indireto o direito à restituição futura da coisa, o que, no presente, se reflete nas prerrogativas de fiscalizar e vigiar, para preservá-la e conservá-la. Se a substância da coisa for ameaçada ou estiver sendo destruída, pode o possuidor indireto usar os remédios possessórios contra o possuidor direto. Tomem-se como exemplos os casos do comodatário que está destruindo o imóvel emprestado e vendendo os materiais a terceiros, ou, então, do locatário que impede a entrada do locador no imóvel locado para vistoriar o prédio, como previsto em contrato. Diga-se que, dos enunciados aprovados na Jornada de Direito Civil, promovida pelo CEJ do CJF no período de 11 a 13 de setembro de 2002, sob a coordenação científica do Ministro Ruy Rosado, do STJ, tirou-se a seguinte conclusão a respeito do tema: "o possuidor direto tem direito de defender a sua posse contra o indireto e este contra aquele (art. 1.197, *in fine*, do novo CC)".

Da lição de Tupinambá Miguel Castro do Nascimento extrai-se, ainda, que a pretensão à restituição da coisa cujo uso foi cedido ao possuidor direto integra a esfera jurídica do possuidor indireto, de modo que pode ser cedida a terceiro, para que este a obtenha no momento devido (*Posse e propriedade*, 3. ed. Porto Alegre, Livraria do Advogado, 2003, p. 25). Disso decorre que o adquirente da coisa, que recebe a titularidade da posse indireta e se sub-roga na sua posição, pode ajuizar contra o possuidor direto ação possessória, se não houver a restituição no tempo devido.

De outro lado, como alerta Ernane Fidélis dos Santos, "não há posse onde o fato não existe. Daí, a inocuidade da pretensão possessória do adquirente que recebe do proprietário, por contrato, direito e posse, quando, na verdade, não tinha este o poder fático sobre a coisa" (*Comentários ao novo Código Civil*, v. XV, coord. Sálvio de Figueiredo Teixeira, Rio de Janeiro, Forense, 2007).

Não se confundem o possuidor direto e o detentor. O possuidor direto tem posse própria, enquanto o detentor (servidor da posse) não possui para si, mas em nome alheio e atendendo a ordens e instruções de terceiro. A diferença entre o possuidor direto e o detentor está na relação de subordinação. O detentor é obediente, é subordinado a terceiro, sem independência. O possuidor direto, embora receba a coisa com dever de restituir, tem relativa liberdade na sua utilização e o faz em proveito econômico próprio.

**Jurisprudência:** Apelação. Ação de reintegração de posse ajuizada pelo Município de Casa Branca. Sentença que extinguiu o feito sem resolução de mérito (art. 485, IV, CPC/2015). Insurgência do ente público. Preliminar. A proteção possessória também abrange o direito do possuidor indireto, ainda que não tenha exercido a posse direta em nenhum momento anterior. Inteligência do art. 1.197 do CC, corroborada pela doutrina e consolidada no Enunciado n. 76 da I Jornada de Direito Civil do CJF. Precedentes deste Tribunal. Nulidade que se impõe, diante do que determina o art. 492, CPC. Aplicação do art. 1.013, § 3º, CPC/2015 (teoria da causa madura). Mérito. A Lei Municipal n. 3.476/2017 que "Autoriza o Poder Executivo a criar o projeto 'Aluguel social' e dá outras providências" estabeleceu, dentre outras hipóteses, serem beneficiários de tal programa aqueles que se encontram em situação de alta vulnerabilidade social. Relatório social produzido pelo Departamento de Promoção Social do Município que evidencia a permanência da situação de vulnerabilidade. Renda mensal do núcleo familiar oriunda exclusivamente de benefício de prestação continuada (BPC) e comprovação de altos gastos com necessidades básicas. Reforma da sentença para julgar os pedidos improcedentes. Parcial provimento do recurso interposto para julgar improcedente o pedido de reintegração de posse. (TJSP, AC n. 10022514320218260129/Casa Branca, 1ª Câm. de Dir. Públ., rel. Marcos Pimentel Tamassia, j. 09.08.2023, publ. 09.08.2023)

Embargos de terceiro. Dação em garantia. Prequestionamento. 1 – O art. 1.046 do CPC [art. 674 do CPC/2015] não exclui a possibilidade de o credor de bem dado em garantia, com posse indireta, pela tradição *ficta*, como convencionado no termo próprio, ajuizar embargos de terceiro. 2 – Recurso especial conhecido e provido. (STJ, REsp n. 421.996, 3ª T., rel. Min. Carlos Alberto Menezes Direito, j. 06.12.2002, *DJ* 24.02.2003)

Nunciação de obra nova. Ocupação unilateral de sobra de área entre as divisas. Obras realizadas por locatário. Legitimidade deste e do locador, possuidor indireto e proprietário. Comprovado o avanço sobre as divisas tituladas, e por obras realizadas pelo condomínio, locatário, desinteressa a terceiros, no caso as autoras, se as obras foram ou não autorizadas pelo proprietário, sendo ambos, possuidor direto e indireto, solidariamente responsáveis por estas. A definição de responsabilidade entre os contratantes, locador e locatário, há de ser definida entre estes, em demanda regressiva, se for o caso, já que não houve denunciação da lide. Negaram provimento. (TJRS, Ap. Cível n. 70.002.833.614, 2ª Câm. Esp. Cível, rel. Marilene Bonzanini Bernardi, j. 26.08.2002)

Embargos de terceiro. Legitimidade. Imóvel locado. Tanto o possuidor direto – locatário – quanto o indireto – proprietário e locador – detêm legitimidade ativa para defender a respectiva posse, sempre que sofra, ou esteja ameaçada de sofrer, por ato de constrição judicial, turbação ou esbulho. Ação julgada procedente em primeiro grau de jurisdição. Sentença que se confirma, com improvimento do apelo da embargada. (TJRS, Ap. Cível n. 70.001.201.003, 6ª Câm. Cível, rel. Des. Osvaldo Stefanello, j. 08.11.2000)

Reintegração de posse. A prova documental do domínio não pode ser afastada por prova testemunhal, até mesmo por não ser esta de forma unânime no universo dos testigos arrolados. A proteção possessória também é dada ao possuidor indireto, proprietário. Demandado que, de forma expressa nos autos, reconhece ter recebido a posse do imóvel diretamente do autor, incumbe imprimir esforço dobrado para provar a posse anterior de terceiro, que não o autor, o que não conseguiu. Apelo provido. (TJRS, Ap. Cível n. 599.417.789, 2ª Câm. Especial Cível, rel. Ícaro Carvalho de Bem Osório, j. 25.10.2000)

Processual civil. Posse. Multa por declaratórios protelatórios. Matéria de fato. I – Comprovada a posse e sua origem, a proteção possessória independe da alegação de domínio e pode ser exercitada até mesmo contra o proprietário ou possuidor indireto, eis que, no confronto da posse daquele que realiza atos de uso e gozo com a do proprietário que nunca teve posse efetiva, mas apenas civil, oriunda de título, deve prevalecer a do primeiro (precedente do STJ). II – Se declaratórios discutem a matéria fática já abordada desde o aresto impugnado, com intuito prequestionador, a multa é não cabível. III – Matéria de fato (Súmula n. 7 do STJ). (STJ, REsp n. 73.839, 3ª T., rel. Min. Waldemar Zveiter, j. 14.05.1996, *DJ* 01.07.1996)

Possessória. Reintegração de posse. Área pública. Ajuizamento por meros detentores. Praça na qual a municipalidade autorizou a Companhia do Metropolitano a instalar canteiro de obras, ficando esta com a posse direta. Legitimidade concorrente da pessoa jurídica para a defesa da posse. Inviabilidade da invocação da posse *ad usucapionem* por meros detentores de área pública não estando autorizados à defesa desse estado de fato perante possuidor de melhor posse. Reintegratória improcedente. Recurso provido (I TACSP, Ap. n. 556.982-6, rel. Silvio Venosa). (*Lex-TACSP* 155/162, 1996)

---

**Art. 1.198. Considera-se detentor aquele que, achando-se em relação de dependência para com outro, conserva a posse em nome deste e em cumprimento de ordens ou instruções suas.**

**Parágrafo único. Aquele que começou a comportar-se do modo como prescreve este artigo, em relação ao bem e à outra pessoa, presume-se detentor, até que prove o contrário.**

---

O conceito de detenção varia de acordo com a teoria adotada, de Savigny (subjetiva) ou Ihering (objetiva). Para Savigny, sempre que houvesse *corpus*, mas não *animus* (*affectio tenendi* + *animus domini*), estaríamos diante da figura da detenção e não da posse. Para Ihering, a posse e a detenção não se distinguem por um *animus* específico. Ao contrário. Têm os mesmos elementos (*corpus* e *animus*) e são ontologicamente iguais. O que as distingue é um obstáculo legal que, com respeito a certas relações que aparentemente preenchem a princípio os requisitos da posse, retira delas os efeitos possessórios. Para Ihering, é uma posse degradada, que, em virtude da lei, se avilta em detenção (ALVES, José Carlos Moreira. "A detenção no Direito brasileiro". In: *Posse e propriedade*, coord. Yussef Said Cahali, 3. ed. São Paulo, Saraiva, 1987, p. 4).

O possuidor também tem *animus*, vale dizer que exerce poderes de fato típicos de modo consciente e proposital. O seu elemento subjetivo, porém, está circunscrito à *affectio tenendi*, dispensada a vontade de ser dono (*animus domini*). Claro que, se aquele que tem poder fático sobre a coisa desconhece a existência desse poder, vale dizer, não tem sequer consciência de sua conduta, haverá simples relação de justaposição entre pessoa e coisa, não chegando a configurar detenção.

Nosso CC, como foi visto anteriormente, adotou a teoria de Ihering. Não distinguiu estruturalmente a posse da detenção. Apenas criou obstáculos objetivos para diferenciar ambos os institutos. A teoria subjetiva parte da detenção para chegar à posse. A teoria objetiva, adotada em nosso ordenamento, faz o trajeto inverso. A princípio, quem reúne poderes fáticos sobre a coisa semelhantes aos poderes do proprietário é possuidor. Somente não o será se uma barreira legal, criada pelo legislador, retirar os efeitos possessórios de tal comportamento.

O art. 1.198 do CC, em comento, trata do primeiro obstáculo posto pelo legislador, que retira de uma situação tipicamente possessória os seus efeitos naturais, rebaixando-a para detenção. O segundo grupo de obstáculos legais se encontra no art. 1.208 do CC, adiante examinado. Seria recomendável que os artigos que tratam das barreiras que degradam a posse em detenção estivessem agrupados, deixando mais clara a sua natureza, o que eliminaria dúvidas que se instalaram na doutrina e confundem o intérprete.

O primeiro e mais conhecido impedimento que degrada a posse é o deste artigo, que trata do caso do fâmulo ou servo da posse, ou seja, aquele que, achando-se em relação de dependência para com outro, conserva a posse em nome deste, em cumprimento de ordens e instruções suas.

É o detentor de posse alheia. Como lembra Clóvis Bevilaqua, são os casos, por exemplo, do operário em relação às ferramentas e aos utensílios do patrão que ele usa em seu mister, ou do empregado que zela pelos objetos do patrão e os conserva, ou do mandatário que recebe coisa do mandante para entregá-la a outrem (*Código Civil dos Estados Unidos do Brasil comentado*, 4. ed. Rio de Janeiro, Francisco Alves, 1930, v. III, p. 23). O detentor age como mero instrumento, para o verdadeiro possuidor exercer a sua posse. Há relação de autoridade e de subordinação do possuidor sobre o detentor. Por isso é que essa figura recebe os nomes de servidão da posse, detenção dependente e detenção subordinada.

O detentor não tem independência, porque exerce o poder de fato sobre a coisa por conta, ordem e em razão do interesse alheio. Tanto é assim que, se o esbulhador invade um terreno que é guardado por um preposto, este pode exercer a autotutela, mas em nome do possuidor. Caso seja vencido em sua resistência, a legitimidade para ajuizamento das ações possessórias é do possuidor e não do detentor.

Como salienta Moreira Alves, essa obediência – a subordinação que marca a conduta do detentor – pode decorrer de relação jurídica de direito privado, como a de mandato, ou de direito público, como a arma e utensílios entregues ao poder imediato do soldado. Pode derivar também de relação social, desde que envolva ordem e obediência (op. cit., p. 11).

Note-se que a detenção, ou servidão da posse, é inconfundível com a posse direta. Geram as duas figuras efeitos radicalmente distintos. Apenas o possuidor pode invocar a tutela possessória, não o detentor. As semelhanças entre ambas são que tanto o possuidor direto como e detentor têm poder imediato sobre a coisa, assim como podem ambas as figuras derivar de uma relação jurídica preexistente (posse direta, locação; detenção, contrato de trabalho ou mandato). Haverá mera detenção – servidão da posse – quando a submissão a ordens e decisões for estreita, vale dizer, não goza o detentor de independência nem autonomia; age ele em proveito, por conta do possuidor; dá à coisa o destino e a utilização que lhe determina o possuidor. Já o possuidor direto, embora tenha a obrigação de devolver a coisa para o possuidor indireto após certo tempo, enquanto permanece com ela, tem certo grau de autonomia e exerce os poderes imediatos em proveito próprio.

Essas considerações permitem distinguir com alguma nitidez o possuidor direto do detentor. Algumas situações, porém, mostram-se duvidosas. Marcus Vinicius Rios Gonçalves ressalva a figura do depositário judicial, que não se confunde com o seu homônimo, que recebe a coisa em decorrência do contrato de depósito. O depositário judicial tem relação de fato com a coisa em decorrência de um vínculo processual, vale dizer que não há desdobramento da posse, mas *munus público* de zelar pela guarda dos bens. Por isso, eventual ataque injusto à coisa não pode ser defendido por ação possessória ajuizada pelo depositário, mas sim por pedido ao próprio juízo que determinou o depósito. Assim, não é o depositário possuidor, mas servidor da posse para o Estado (*Dos vícios da posse*. São Paulo, Oliveira Mendes, 1998, p. 28).

Finalmente, o parágrafo único deste artigo contém a inovação do Código vigente em relação ao CC/1916, ao preceituar que o comportamento do detentor, agindo em relação de dependência para com outro, faz presumir a detenção, até prova em contrário. Trata-se de regra parelha à do art. 1.203 do CC, que dispõe sobre a posse. Note-se que, como dito acima, o que marca a conduta do detentor é a sua obediência, isto é, a falta de autonomia em relação à utilização da coisa. Quem assim age presume-se detentor, cabendo-lhe o ônus da prova – porque é relativa a presunção – de demonstrar o contrário. Podem ocorrer situações duvidosas, como saber se alguém que ocupa um imóvel é comodatário (possuidor direto) ou preposto (detentor). Em situações tais, valiosa será a prova da autonomia da conduta, do grau de independência, para definir qual é a situação jurídica do ocupante.

Frise-se, ainda, que em determinados casos um possuidor pode transformar-se em detentor. Basta imaginar a hipótese de um comodatário que passa a receber salário para conservar a coisa. O inverso também pode ocorrer, por exemplo o empregado que não mais reconhece a relação de trabalho e deixa de restituir a coisa ao patrão, ou, então, do representante que arroga direito próprio sobre a coisa, afastando a figura do mandato. Claro que não basta a inversão do estado anímico do detentor, que deve ser acompanhado de conduta objetiva, clara e inequívoca perante o possuidor, para que fique este ciente de que o outro não mais lhe obedece, não mais reconhece a supremacia de sua posição, devendo, se quiser retomar a coisa, usar do remédio possessório.

Discute-se a natureza de posse ou de detenção da ocupação de bens públicos por particulares, como examinaremos no comentário ao art. 1.223 à frente. Após ampla discussão na jurisprudência, julgados mais recentes admitem a existência de posse *ad interdicta* sobre bens públicos dominicais ou dominiais.

**Jurisprudência:** Enunciado n. 301, CEJ: É possível a conversão da detenção em posse, desde que rompida a subordinação, na hipótese de exercício em nome próprio dos atos possessórios.

Enunciado n. 493, CEJ: O detentor (art. 1.198 do CC) pode, no interesse do possuidor, exercer a autodefesa do bem sob seu poder.

[...] Considera-se detentor aquele que, achando-se em relação de dependência para com outro, conserva a posse em nome deste e em cumprimento de ordens ou instruções suas (CC, art. 1.198). 2 – Na hipótese, o réu foi ordenado e designado para atuar na Comunidade Evangélica de Cachoeirinha, na condição de pastor da IECLB, e justamente nessa qualidade é que se vinculava ao patrimônio da Igreja; isto é, exercia o controle sobre o imóvel em nome de outrem a quem estava subordinado, caracterizando-se como fâmulo da posse. 3 – A partir do momento em que pleiteou o seu desligamento do quadro de pastores, continuando nas dependências do templo, deixando de seguir as ordens do legítimo possuidor, houve a transmudação de sua detenção em posse, justamente em razão da modificação nas circunstâncias de fato que vinculavam a sua pessoa à coisa. Assim, perdendo a condição de detentor e deixando de restituir o bem, exercendo a posse de forma contrária aos ditames do proprietário e possuidor originário, passou a cometer o ilícito possessório do esbulho, sobretudo ao privá-lo do poder de fato sobre o imóvel. 4 – Desde quando se desligou da instituição recorrida, rompendo sua subordinação e convertendo a sua detenção em posse, fez-se possível, em tese, a contagem do prazo para fins da usucapião – diante da mudança da natureza jurídica de sua apreensão. Precedente. 5 – Compulsando os autos, verifica-se que o recorrente solicitou o seu desligamento do quadro geral de obreiros da IECLB em 15.07.2005, ficando afastada por completo qualquer pretensão de reconhecimento da usucapião extraordinária (CC, art. 1.238), como requerido em seu especial, haja vista a exigência do prazo mínimo de 15 anos para tanto. 6. Recurso especial desprovido. (STJ, REsp n. 1.188.937, rel. Min. Luis Felipe Salomão, j. 11.03.2014)

Reintegração de posse. Ação ajuizada por viúva de titular da posse. Esbulho caracterizado. Réu da ação adquirente de posse de caseiro ou comodatário do falecido. Inviabilidade de o detentor, fâmulo da posse, transmudar detenção em nome de outrem em posse em nome próprio. Exegese do art. 487 do CC/1916 e do art. 1.198 do Código em vigor. Documentos ulteriores juntados pelo réu, a pretexto de abordar o domínio. Inadmissibilidade. Controvérsia baseada apenas na posse, efetivamente exercida pelo falecido. Recurso desprovido. (TJSP, Ap. n. 991050328400 (7037330700), rel. Cerqueira Leite, 12ª Câm. de Dir. Priv., j. 25.08.2010, registro 09.09.2010)

Reintegração de posse. Relação de emprego. Promessa de dação em pagamento. Créditos trabalhistas. Comodato. Notificação. Esbulho. Indenização pelo uso do imóvel. Empregado que reside no imóvel rural onde trabalha. Mera detenção. Relação de dependência e subordinação. Art. 487 do CC/1916, e art. 1.198 do novo CC. Permanência do empregado no imóvel, depois de rescindido o contrato de trabalho, por contrato de comodato verbal. Notificação para desocupação do imóvel não atendida. Esbulho possessório configurado. Promessa de dação em pagamento do imóvel para quitação dos créditos trabalhistas que não veio provada nos autos, nem mesmo documentada. Posse anterior e esbulho comprovado. Requisitos do art. 927, do CPC [art. 561 do CPC/2015], atendidos. Indenização pelo tempo de uso do imóvel, após notificação para a sua desocupação. Deferimento. Apuração de valores em liquidação de sentença. Negaram provimento ao recurso de apelação e deram provimento ao recurso adesivo. (TJRS, Ap. Cível n. 70.009.683.111, 19ª Câm. Cível, rel. Heleno Tregnago Saraiva, j. 14.12.2004)

Apelação cível. Usucapião. Posse decorrente de relação de emprego. Detenção. Fâmulo da posse. Ausência de *animus domini*. Improcedência da demanda. Inexiste *animus domini* daquele que ingressa no imóvel apenas por força da relação de emprego que possuía com o proprietário da coisa e por autorização deste. Hipótese em que o autor agia como mero fâmulo da posse, detendo o imóvel em virtude de um vínculo de subordinação com o seu empregador. Por outro lado, ainda que se admitisse que, após o final da relação de emprego, a posse passou à condição de qualificada, não haveria como prover a pretensão, pois, entre o final do contrato de trabalho e o ajuizamento da ação de usucapião, não transcorreu o lapso vintenário necessário para configuração da prescrição aquisitiva do art. 550 do CC anterior. Recurso desprovido. Unânime. (TJRS, Ap. Cível n. 70.009.430.760, 18ª Câm. Cível, rel. Pedro Celso Dal Prá, j. 25.11.2004)

Ação de manutenção de posse. Ilegitimidade passiva. Mera detenção. Invasão. Contrapedido. Art. 922 do CPC [art. 556 do CPC/2015]. Reintegração de posse. Esbulho. Indenização. Danos materiais. Ocupação no imóvel por mera permissão e tolerância. Relação de emprego. Atos que não induzem posse. Detenção. Art. 497 do CC/1916, e art. 1.208 do CC/2002. Ocupante do imóvel que não tem proteção possessória. Permissão dada por quem também não exercia posse no imóvel. Invasão. Posse anterior comprovada pelo demandado. Esbulho praticado pela autora. Proteção possessória que a ele se defere, em razão do contrapedido feito em sede de contestação. Art. 922 do CPC [art. 556 do CPC/2015]. Pretensão de indenização, pelo tempo em que não pôde usufruir o imóvel, que se afasta. Danos não demonstrados. Ônus de quem alega. Art. 333, I, do CPC [art. 373, I, do CPC/2015]. Manutenção de posse improcedente. Contrapedido de reintegração de posse procedente; improcedência do pleito de indenização. Sentença reformada em parte. Deram parcial provimento. (TJRS, Ap. Cível n. 70.009.018.227, 19ª Câm. Cível, rel. Heleno Tregnago Saraiva, j. 19.10.2004)

Reintegração de posse. Liminar. Cessação da autorização de uso concedida ao pai dos impetrantes. Ato que os alcança. Inexistência de direito líquido e certo. Mandado de segurança. Honorários advocatícios. Multa do art. 538, parágrafo único, do CPC [art. 1.026, §§ 2º e 3º, do CPC/2015]. 1 – Dispondo da mera detenção do imóvel, os sucessores do permissionário não podem invocar direito líquido e certo contra a municipalidade. Direito de retenção quanto às benfeitorias a ser discutido em sede própria. 2 – Em mandado de segurança não se admite a condenação em honorários de advogado (Súmula n. 105 do STJ). 3 – Indemonstrado o intento manifestamente protelatório dos embargos de declaração, exclui-se a multa prevista no art. 538, parágrafo único, do CPC [art. 1.026, §§ 2º e 3º do CPC/2015]. Recurso ordinário parcialmente provido. (STJ, RO em MS n. 5.996, 4ª T., rel. Min. Barros Monteiro, j. 07.11.2000, *DJ* 05.03.2001)

Zelador que ocupa casa de imóvel público. Mera detenção, que não o transforma em possuidor, e, pois, descabida sua intervenção em negócio que tem a posse por objeto. (TJRS, Ap. Cível n. 596.228.163, 1ª Câm. Cível, rel. Armínio José Abreu Lima da Rosa, j. 01.04.1998)

Reivindicatória. Contestação. Alegação de usucapião. Existência de relação empregatícia entre proprietário e possuidor. Hipótese de detenção de coisa alheia. Ademais, ocorrência de atos de permissão ou tolerância que não induzem posse. Procedência. RNP. (TJSP, Ap. Cível n. 178.255, 5ª Câm. Cível, rel. Matheus Fontes, j. 04.02.1993)

---

**Art. 1.199. Se duas ou mais pessoas possuírem coisa indivisa, poderá cada uma exercer sobre ela atos possessórios, contanto que não excluam os dos outros compossuidores.**

---

A posse, como vimos no comentário ao art. 1.196, nada mais é do que o exercício de fato de alguns dos poderes proprietários. Tal como a propriedade, uma das características da posse é a exclusividade, vale dizer que a posse de uma pessoa anula a de outra, ou é antinômica à dela. Porém, em determinadas situações, pode instituir-se condomínio e, portanto, também a composse, que é a aparência da propriedade.

Tal como no condomínio, exige-se nesta segunda hipótese pluralidade objetiva de titulares. Cada compossuidor tem direito à parte ideal do bem, uma vez que a composse não se fraciona em partes certas. Note-se que o artigo em questão fala em posse sobre coisa indivisa, de modo que não há composse se três condôminos, por exemplo, ocupam, individualmente, partes certas e determinadas de um imóvel. Nada impede, porém, que os compossuidores acordem que cada um utilizará a coisa comum em determinadas datas, ou por certo tempo. Incompatível com a composse é a transformação da posse *pro indiviso* em posse *pro diviso*, localizando a parte ocupada por cada um dos possuidores.

Ressalte-se, ainda, que o CC/2002 aboliu a expressão "ou estiverem no gozo do mesmo direito", que constava do art. 488 do CC/1916. Na lição de Tupinambá Miguel Castro do Nascimento, isso é a consolidação do entendimento segundo o qual, tal como na posse, não há composse de direitos. O direito vale como *causa possessionis* e não como seu objeto (*Posse e propriedade*, coord. Yussef Said Cahali, 3. ed. São Paulo, Saraiva, 1987, p. 52).

Perante terceiros (relações externas), os compossuidores procedem como se fossem um único sujeito. Cada um pode defender a posse do todo, ainda que individualmente. Entre si (relações internas), a cada um é assegurada a utilização da coisa, contanto que não exclua o direito dos demais. Disso decorre que cada um dos compossuidores tem legitimidade para ajuizar ação possessória contra atos ilícitos de terceiros, assim como contra os demais compossuidores. Claro que nesta última hipótese o pressuposto é que um dos compossuidores tenha invadido o exercício de fato dos poderes dos demais compossuidores, por exemplo com o uso ou fruição exclusiva da coisa.

A situação de composse decorre de diversas relações jurídicas rotineiras, como o casamento, a união estável – ainda que sobre bens próprios do outro cônjuge ou companheiro –, a herança e áreas comuns de condomínio edilício.

Cessa a composse pela divisão em partes certas do todo (posse *pro diviso*) ou pela posse exclusiva de um dos possuidores sem oposição ou com exclusão dos demais.

Não se confundem a composse e as posses direta e indireta. O ponto comum é que em ambas as figuras não há exclusividade da posse. A distinção é que na composse há repartição quantitativa da posse. Nas posses direta e indireta, há repartição qualitativa da posse.

**Jurisprudência:** Igualmente procedente a irresignação ao se voltar contra a determinação de emenda da petição inicial para incluir no polo ativo da relação processual os filhos da autora, que também residiriam no imóvel. Autora que, como usufrutuária, ostenta, sem sombra de dúvida, a condição formal de possuidora do imóvel. Seja como for, qualquer dos compossuidores tem o direito de se valer dos interditos possessórios em face de terceiros, pelo que se depreende do disposto no art. 1.199 do CC, em conjugação com os arts. 1.210 e 1.314 do mesmo estatuto. Inexistência, portanto, de litisconsórcio necessário entre tais personagens, só o que justificaria exigir que os demais compossuidores também comparecessem em juízo. Deferiram aos agravantes os benefícios da gratuidade da justiça, apenas para os fins deste agravo, e deram provimento ao agravo. (TJSP, AI n. 22500131920228260000, 19ª Câm. de Dir. Priv., rel. Ricardo Pessoa de Mello Belli, j. 03.06.2023, publ. 03.06.2023)

Imóvel compossuído por duas pessoas. Existência de duas vagas de garagem. Utilização, por cada um dos compossuidores, de um espaço. Cabimento. Inteligência do art. 1.199 do CC: Se um imóvel compossuído por duas pessoas tem duas vagas de garagem, a cada compossuidor caberá uma delas, à luz do art. 1.199 do CC. (TJSP, Ap. Cível n. 9194258-42.2009.8. 26.0000, 24ª Câm. de Dir. Priv., rel. Des. Nelson Jorge Jr., 21.06.2012)

Alienação judicial de coisa comum. Indeferimento da inicial. Cassação. Inexistência de propriedade formal sobre o imóvel comum, que não impede possa haver a alienação judicial dos direitos sobre o bem imóvel. Inexiste norma impeditiva de alienação judicial de direitos de adquirente sobre imóvel a ser regularizado, desde que cientificados os eventuais arrematantes de tal problema. Recurso provido, para cassar a decisão e determinar o prosseguimento do feito. (TJSP, Ap. Cível n. 994.09.298232-5, rel. Des. Francisco Loureiro, j. 14.02.2011)

Existindo composse sobre o bem litigioso em razão do *droit* de *saisine* é direito do compossuidor esbulhado o manejo de ação de reintegração de posse, uma vez que a proteção à posse molestada não exige o efetivo exercício do poder fático – requisito exigido pelo tribunal de origem. O exercício fático da posse não encontra amparo no ordenamento jurídico, pois é indubitável que o herdeiro tem posse (mesmo que indireta) dos bens da herança, independentemente da prática de qualquer outro ato, visto que a transmissão da posse dá-se *ope legis*, motivo pelo qual lhe assiste o direito à proteção possessória contra eventuais atos de turbação ou esbulho. Isso posto, a Turma deu provimento ao recurso para julgar procedente a ação de reintegração de posse, a fim de restituir aos autores da ação a composse da área recebida por herança. Precedente citado: REsp n. 136.922/TO, *DJ* 16.03.1998. (STJ, REsp n. 537.363/RS, rel. Min. Vasco Della Giustina (des. conv. do TJRS), j. 20.04.2010)

Interdito proibitório. Condomínio e composse *pro indiviso*. Os possuidores de área comum podem exercer atos possessórios sobre o bem, sem que ocorra exclusão da posse dos demais. Art. 1.199 do CC. A construção de cerca divisória sobre parte ideal da área indica delimitação física do imóvel, evidencia a turbação e autoriza a proteção possessória pretendida. Aplicação do princípio *quieta non movere*, a recomendar manutenção da situação de fato existente. Indenização por perdas e danos indevida, pois não foram demonstrados os alegados prejuízos. Apelação parcialmente provida. Unânime. (TJRS, Ap. Cível n. 70.000.758.573, 18ª Câm. Cível, rel. Des. Cláudio Augusto Rosa Lopes Nunes, j. 27.02.2003)

Não desfeita a sociedade conjugal, a comunhão de bens acarreta a composse, impondo-se a incidência do art. 10, § 2º, do CPC [art. 73, § 2º, do CPC/2015], para o ajuizamento da ação de reintegração de posse. (STJ, REsp n. 222.568, 3ª T., rel. Min. Carlos Alberto Menezes Direito, j. 15.05.2000, *DJU* 26.06.2000)

Usucapião. Lapso temporal. Composse. Cômputo do prazo somente em benefício próprio. Inadmissibilidade. Recurso não provido. Não possuindo a coisa por inteiro, o compossuidor está impossibilitado de prescrever contra os outros. Usucapião. Lapso temporal. Bem de ausente. Sucessão provisória. Arrecadação do bem, com exercício da posse por curador, que o torna indisponível e inviabiliza, a partir daí, a contagem do tempo. Recurso não provido (TJSP, Ap. Cível n. 87.434-4, rel. Luís de Macedo). (*Lex-TJSP* 221/180, 1999)

Área comum *pro indiviso*. Turbação. É cabível ação possessória intentada por compossuidores para combater turbação ou esbulho praticado por um deles, cercando fração da gleba comum. (STJ, REsp n. 136.922, rel. Min. Ruy Rosado, j. 18.12.1997)

Litisconsórcio ativo necessário. Composse exercida por herdeiros e cônjuge supérstite. Ação de usucapião proposta com a ausência de um dos herdeiros, que então pleiteia a extinção do processo sem julgamento do mérito, com fulcro no art. 47 do CPC [arts. 114 e 116 do CPC/2015]. Inadmissibilidade. Hipótese de herdeiro faltante que meramente impugna a incompletude do polo ativo da demanda e não nega o direito e o interesse material defendido pelos outros compossuidores. Determinada sua citação como réu. Decisão mantida. Recurso não provido (TJSP, AI n. 12.521-4, rel. Vasconcellos Pereira). (*Lex-TJSP* 194/243, 1997)

Possessória. Reintegração de posse. Composse. Demanda envolvendo compossuidores não citados. Circunstância insuficiente para gerar extinção do processo. Inocorrência de ilegitimidade ativa. Exegese dos arts. 488 do CC/1916 e 634 do CPC [art. 817 do CPC/2015]. Hipótese em que qualquer possuidor pode, isolada ou conjuntamente, valer-se dos interditos possessórios. Recurso provido, determinando-se o prosseguimento do feito (I TACSP, Ap. Cível n. 567.322-7, 9ª Câm., rel. Juiz Armindo Freire Mármora, j. 21.02.1995, v.u.). (*Bol.* 12/95)

Posse. Imóvel indiviso. Existência de composse para utilização pacífica de direito de posse. Recurso provido. A composse *pro diviso* ocorre quando não há uma divisão de direito e já existe uma repartição de fato, que faz com que cada compossuidor já possua uma parte certa. E acrescenta: Faz-se uma partilha aritmética, distribuindo-se um imóvel a diversas pessoas, de maneira que cada uma delas tome posse do terreno que corresponde à sua parte, embora o imóvel ainda seja indiviso. O exercício da composse permite essa divisão de fato para proporcionar uma utilização pacífica do direito de posse de cada um dos compossuidores. (TJSP, Ap. Cível n. 185.521-1, rel. Guimarães e Souza, j. 07.06.1994)

**Art. 1.200. É justa a posse que não for violenta, clandestina ou precária.**

A posse é justa quando não marcada pelos vícios da violência, clandestinidade e precariedade. É injusta, por exclusão, quando presentes quaisquer dos vícios acima citados.

O CC, seguindo a trilha do CC/1916, cataloga os vícios da posse, o que causa situações desconfortáveis ao intérprete. Melhor seria se seguisse o sistema alemão, para o qual a posse será viciada sempre que adquirida contra a vontade do possuidor, ressalvados os casos em que a lei autoriza o desapossamento (§ 858 do *BGB* – CC Alemão). A jurisprudência, sentindo a dificuldade de lidar com a enumeração dos vícios da posse, alarga as hipóteses, para chegar ao resultado prático preconizado por Marcus Vinicius Rios Gonçalves, qual seja, a posse, para o sistema brasileiro, é viciosa desde que obtida por esbulho, contra a vontade do possuidor anterior, por meios ilícitos, ainda que não se consiga *a priori* enquadrá-la em nenhuma das situações previstas no art. 1.200 do CC (GONÇALVES, Marcus Vinicius Rios. *Dos vícios da posse*. São Paulo, Oliveira Mendes, 1998, p. 50).

***Causa possessionis:*** O que importa, para a caracterização dos vícios, é a razão, a forma de aquisição da posse *(causa possessionis)*. A posse pode ter sido obtida de modo lícito ou ilícito. Quando adquirida por meio objetivo reprovado pelo direito, é posse viciada. Posse justa, portanto, é aquela cuja aquisição não repugna ao direito. Nada impede, porém, que uma posse nascida justa se converta em injusta, especialmente no que se refere ao vício da precariedade. De outro lado, como veremos adiante, a posse nascida injusta somente se converterá em justa se alterada a sua *causa possessionis*.

**Os vícios da posse:** A posse é violenta *(vi)* quando se adquire por ato de força, natural ou física *(vis absoluta)*, ou ameaça *(vis compulsiva)*. A violência física supõe a ausência de vontade daquele que foi usurpado. A ameaça, ou violência moral, deve ser séria e injusta, de modo que o usurpado entrega a coisa para não sofrer o mal prometido. Consequência disso é que não constituem atos de violência o exercício regular de um direito ou mesmo o temor reverencial. Não pratica ato violento, por exemplo, aquele credor que, avisando o devedor que remeterá o título a protesto, ou ajuizará ação de cobrança, recebe dação em pagamento, com transferência da posse da coisa adquirida.

Questão difícil é saber se a posse adquirida por ameaça, para ser considerada injusta, exige prévia ação anulatória do ato por vício de consentimento (coação) ou, em vez disso, admite o imediato ajuizamento de ação possessória para recuperar a coisa. O entendimento mais plausível é que, se a entrega da coisa não transmitiu também a propriedade, ou seja, se não se trata de execução de negócio jurídico que envolva a transmissão de domínio, cabe desde logo a ação possessória. Se, ao contrário, a entrega envolveu a transmissão da posse e do domínio, deve ser previamente desfeito o negócio jurídico, com pedido cumulativo de devolução da coisa alienada.

A violência estigmatiza a posse, ainda que exercida contra preposto do legítimo possuidor (PEREIRA, Caio Mário da Silva. *Instituições de direito civil*, 18. ed., atualizada por Carlos Edison Rego Monteiro Filho. Rio de Janeiro, Forense, 2002, v. IV, p. 23). A violência, para marcar a posse como injusta, deve ser praticada contra a pessoa do possuidor ou também contra a coisa? Embora haja controvérsia a respeito, é razoável que também a violência contra a coisa estigmatize a posse, dado o seu caráter ilícito. À posse violenta se contrapõe a posse mansa e pacífica, ou tranquila, não só durante a aquisição como também durante a sua persistência, matéria que terá relevância para a usucapião. É claro que a resistência do possuidor legítimo à eventual turbação, ou esbulho, não torna injusta a posse. Nesse caso, a autotutela do possuidor molestado é lícita, amparada pelo art. 1.210, § 1º, do CC.

A posse é clandestina *(clam)* quando se adquire via processo de ocultamento em relação àquele contra quem é praticado o apossamento (PEREIRA, Caio Mário da Silva. Op. cit., p. 23). É um defeito relativo: oculta-se da pessoa que tem interesse em retomar a posse, embora possa ser ela pública para os demais. Na violência, retira-se o poder de reação do possuidor, que conhece a agressão à sua posse. Na clandestinidade, o possuidor não percebe a violação de seu direito, e por isso não pode reagir. Questão relevante é saber se para cessar a clandestinidade deve o esbulhado ter ciência inequívoca de que a coisa acha-se nas mãos do possuidor injusto ou, em vez disso, basta que o novo possuidor não mais oculte sua conduta. O melhor entendimento é que não há necessidade de que a vítima tenha efetivo conhecimento do esbulho, mas que o esbulhador torne possível à vítima conhecê-lo (PINTO, Nelson Luiz. *Ação de usucapião*. São Paulo, RT, 1987, p. 107-8). Torna-se pública a posse quando nasce para a vítima a possibilidade de conhecer o esbulho.

É fundamental lembrar que, nos exatos termos do art. 1.208 do CC, não autorizam a aquisição da posse os atos violentos e clandestinos, enquanto perdurarem a violência e a clandestinidade. Enquanto perduram os ilícitos, há mera detenção. Somente quando cessam é que nasce posse, mas injusta, porque a sua origem é ilícita. A matéria será mais bem abordada adiante, no comentário ao art. 1.208 do CC.

É precária *(precario)* a posse quando o possuidor recebe a coisa com a obrigação de restituí-la e, abusando da confiança, deixa de devolvê-la ao proprietário, ou possuidor legítimo. O vício inicia-se no momento em que o possuidor se recusa a devolver o bem a quem de direito. A posse, que era justa, torna-se injusta. Torna-se injusta não porque mudou somente o *animus* do possuidor, mas porque mudou a causa, a razão pela qual se possui. Tome-se como exemplo o comodato. A posse é justa durante o prazo convencionado, porque há uma razão jurídica que justifique a posse, vale dizer que a sua causa é lícita. Expirado o prazo convencional, a posse que era justa torna-se injusta, porque houve quebra do dever de restituição, desapareceu a razão jurídica que amparava a posse e praticou o possuidor, agora precário, ato ilícito contra o ex-possuidor.

Via de regra, a posse precária nasce da posse direta, no momento em que há quebra do dever de devolução da coisa. A posse direta não é precária, porque a sua causa é lícita, entregue que foi pelo possuidor indireto. Enganam-se, assim, aqueles que dizem que as posses do locatário, ou do comodatário, ou do credor pignoratício são precárias. Na verdade, são posses diretas e justas, que se tornarão precárias no exato momento em que houver quebra do dever de restituir.

**A relatividade dos vícios:** Os vícios da posse são relativos. A posse é injusta em relação àquele de quem foi havida por meio ilícito. Em relação a terceiros a posse é justa, pela simples razão de que, contra eles, nenhum ato ilícito se praticou. Dizendo de outro modo, os vícios da posse só podem ser arguidos pela vítima, a quem cabe a faculdade de reaver a coisa pela autotutela ou pelos interditos possessórios. Não fosse assim, aquele que obteve a posse pela violência poderia ter a coisa tomada por terceiros pelo mesmo modo, em verdadeira propagação de ilícitos, o que repugna a ordem jurídica.

**A purgação dos vícios:** No que se refere à temporariedade ou perpetuidade dos vícios, a doutrina tradicional diz que a clandestinidade e a violência são temporárias, mas o vício da precariedade nunca convalesce (RODRIGUES, Sílvio. *Direito civil,* 27. ed. São Paulo, Saraiva, 2003, v. V, p. 29). Há nessa posição um erro de perspectiva. Como foi visto acima, enquanto perduram a violência e a clandestinidade, nem posse existe, mas mera detenção. Quando cessam é que nasce a posse injusta. A posse injusta somente se converte em justa se se mudar o que ela tem de ilícito, ou seja, a sua causa. Logo, somente com a inversão da *causa possessionis*, da razão pela qual se possui, é possível a conversão da posse injusta em justa, porque se retira a ilicitude de sua origem. Tome-se como exemplo o caso do possuidor clandestino, violento ou precário que consegue com a vítima um prazo para a desocupação da coisa, mediante contrato de comodato. A posse que era injusta converteu-se em justa, porque mudou a sua causa.

O que gera confusão na doutrina e na jurisprudência são os efeitos da posse injusta. Causa espécie que a posse injusta possa gerar benefícios a quem praticou um ato ilícito. A mácula dos vícios, na verdade, acarreta ao esbulhador uma consequência negativa fundamental: a possibilidade de perder a coisa para o esbulhado, que pode retomá-la pela autotutela ou usando os interditos possessórios. Gera, porém, a posse injusta efeitos positivos para o possuidor, como a tutela possessória perante terceiros ou mesmo em decorrência de um ato ilícito da vítima, para evitar a disseminação de novos atos ilícitos. Se o possuidor estiver de boa-fé, sua posse, apesar de viciada, gerará inúmeros outros efeitos em relação ao esbulhado, como indenização por benfeitorias, ou percepção de frutos.

Questão a ser enfrentada é se a posse injusta pode ser *ad usucapionem*. Alguns autores dizem que a posse deve convalescer, ou ter purgados os vícios, para gerar usucapião. Não é bem assim. As posses violenta e clandestina, na verdade, somente nascem quando cessam os ilícitos. Enquanto perduram, são simples detenção. O que se exige é que durante o prazo necessário à usucapião não haja atos violentos ou clandestinos, embora a posse seja injusta, porque a sua causa original é ilícita. Prova intuitiva e maior disso é que, se alguém invadir com violência uma gleba de terras e, cessada a reação do esbulhado, permanecer por mais quinze anos sem ser molestado, terá usucapião, apesar da injustiça original de sua posse.

Diz-se que a posse precária nunca gera usucapião. Na verdade, é ela imprestável para usucapião não porque é injusta, mas porque o precarista não tem *animus domini*, uma vez que reconhece a supremacia e o melhor direito de terceiro sobre a coisa. Caso, porém, não reconheça ou deixe de reconhecer essa posição e revele isso de modo inequívoco e claro ao titular do domínio, para que este possa reagir e retomar a coisa, nasce, nesse momento, o prazo para usucapião, porque o requisito do *animus domini* estará então presente. Na lição de Lenine Nequete, há uma inversão da causa da posse, "mas os fatos de oposição, por seu turno, devem ser tais que não deixem dúvida quanto à vontade do possuidor de transmudar a sua posse precária em posse a título de proprietário e quanto à ciência que dessa inversão tenha tido o proprietário: pois que a mera falta de pagamento de locativos ou outras circunstâncias semelhantes das quais o proprietário não possa concluir claramente a intenção de se inverter o título não constituem atos de contradição eficazes" (*Da prescrição aquisitiva*, 3. ed. Porto Alegre, Ajuris, p. 123). Lembre-se de que o art. 1.238, que trata da usucapião extraordinária, não exige posse justa e dispensa expressamente a boa-fé. A alusão à falta de boa-fé só tem sentido se a posse for injusta, porque a boa-fé nada mais é do que a ignorância dos vícios que maculam a posse.

Presume-se manter a posse o mesmo caráter com que foi adquirida, salvo prova em contrário (art. 1.203 do CC). Pode ser convertida a posse injusta em justa e vice-versa, mediante a interferência de uma causa diversa, mas o ônus dessa inversão cabe ao possuidor. A só vontade do possuidor, porém, não altera o caráter viciado da posse. Há necessidade de inversão do título, com alteração do fundamento jurídico, ou ato manifesto de contradição, como visto anteriormente.

**Jurisprudência:** Enunciado n. 237, CEJ: É cabível a modificação do título da posse – *interversio possessionis* – na hipótese em que o até então possuidor direto demonstrar ato exterior e inequívoco de oposição ao antigo possuidor indireto, tendo por efeito a caracterização do *animus domini*.

Ainda que sem prévia ou concomitante rescisão do contrato de compra e venda com reserva de domínio, o vendedor pode, ante o inadimplemento do comprador, pleitear a proteção possessória sobre o bem móvel objeto da avença. (STJ, REsp n. 1.056.837/RN, rel. Min. Marco Buzzi, j. 03.11.2015)

A questão está em saber se, diante de compromisso de compra e venda de bem imóvel com cláusula resolutória expressa, pode haver ação direta de reintegração de posse após notificação da mora, com deferimento de liminar, ou se há necessidade de prévia resolução judicial do pré-contrato. O Min. Relator destacou que este Superior Tribunal preconiza ser imprescindível a prévia manifestação judicial na hipótese de rescisão de compromisso de compra e venda de imóvel, para que seja consumada a resolução do contrato, ainda que existente cláusula resolutória expressa, diante da necessidade de observância do princípio da boa-fé objetiva a nortear os contratos. Por conseguinte, não há falar em antecipação de tutela reintegratória de posse antes de resolvido o contrato de compromisso de compra e venda, pois, somente após a resolução é que poderá haver posse injusta e será avaliado o alegado esbulho possessório. Diante disso, a Turma conheceu em parte do recurso e, nessa parte, deu-lhe provimento para afastar a concessão da tutela antecipada. Precedentes citados: REsp n. 817.983/BA, *DJ* 28.08.2006; REsp n. 653.081/PR, *DJ* 09.05.2005; REsp n. 647.672/SP, *DJ* 20.08.2007; REsp n. 813.979/ES, *DJ* 09.03.2009; Ag. Reg. no Ag. n. 1.004.405/RS, *DJ* 15.09.2008; REsp n. 204.246/MG, *DJ* 24.02.2003, e REsp n. 237.539/SP, *DJ* 08.03.2000. (REsp n. 620.787/SP, rel. Min. Luis Felipe Salomão, j. 14.04.2009)

A posse de bem por contrato de alienação fiduciária em garantia não pode levar a usucapião, seja pelo adquirente, seja por cessionário deste, porque essa posse remonta ao fiduciante, que é a financiadora, a qual, no ato do financiamento, adquire a propriedade do bem, cuja posse direta passa ao comprador fiduciário, conservando a posse indireta (Ihering) e restando essa posse como resolúvel por todo o tempo, até que o financiamento seja pago. A posse, nesse caso, é justa enquanto válido o contrato. Ocorrido o inadimplemento, transforma-se em posse injusta, incapaz de gerar direito a usucapião. (STJ, REsp n. 844.098/MG, rel. Min. Sidnei Beneti, j. 06.11.2008)

Ação de reintegração de posse. Posse clandestina. Posse da demandante sobre o imóvel decorrente da aquisição dos direitos sobre ele e da existência de muro e cerca, que evidenciam o poder fático exercido sobre a coisa (art. 493 do CC). A falta de título justificador da ocupação, à revelia da demandante, evidencia a clandestinidade da posse dos demandados, vício que a qualifica de injusta. Art. 489 do CC, *a contrario sensu*. Eventual direito à indenização por acessão ou benfeitoria deverá ser buscado em ação própria, atendidos seus pressupostos. Negaram provimento à apelação. (TJRS, Ap. Cível n. 70.002.203.974, 18ª Câm. Cível, rel. Des. André Luiz Planella Villarinho, j. 08.03.2001)

A invasão de terras é necessariamente clandestina e violenta, não podendo gerar posse justa. (STJ, REsp n. 219.579/DF, rel. Min. Humberto Gomes de Barros, j. 26.09.2000, *DJ* 04.12.2000)

Processual civil. Imóvel público. Liminar de reintegração de posse. Invasão coletiva. Posse clandestina. Sendo a ação possessória de força nova e presentes os requisitos do art. 927 da lei de regência, deve ser deferida a liminar de reintegração de posse. Confissão da invasão, reveladora da clandestinidade da posse dos réus, vício que a qualifica de injusta, conforme art. 489 do CC. Não compete ao Poder Judiciário tolerar invasões de terras, sob pena de contribuir para que o problema não seja solucionado e ensejar novas invasões. Manutenção da decisão deferitória da liminar. Agravo de instrumento desprovido, por maioria. (TJRS, AI n. 599.239.225, 18ª Câm. Cível, rel. Wilson Carlos Rodycz, j. 26.08.1999)

Recurso especial. Ocupação precária de imóvel. Lei que reestruturou o Distrito Federal. Comodato. 1 – Como assentado em precedente desta Corte Superior, "o recurso especial visa a interpretação da lei federal infraconstitucional e busca harmonizar a jurisprudência. A lei do Distrito Federal, mesmo quando a comissão do Senado Federal a elaborava, tinha origem federal, porém, incidência local. Não se confunde a origem com o conteúdo. Inadmissível, por isso, o recurso especial". 2 – Cuidando-se de ocupação precária, resultado de instrumento próprio, não se pode falar em direito de permanência no bem cuja ocupação foi autorizada naquela condição, sendo certo que a configuração de concessão de uso, mediante taxa de ocupação, nasce posteriormente por regulamentação local. Desse modo, nas circunstâncias do presente caso, não se pode visualizar conflito com o art. 1.248 do CC. 3 – Recurso especial não conhecido (STJ, REsp n. 44.888/DF, rel. Min. Carlos Alberto Menezes Direito, j. 10.12.1996, *DJ* 03.03.1997). (*Lex-STJ* 95/120)

Possível a inversão da posse precária, decorrente de locação, desde que bem caracterizada e oposta de modo inequívoco há mais de vinte anos ao locador. (TJSP, Ap. Cível n. 235.688-1, rel. Des. Benini Cabral, j. 29.11.1995)

Posse justa e posse injusta. Distinção. A posse, mesmo que antes possa ser considerada justa pela ausência de violência, clandestinidade ou precariedade – art. 489 do CC –, adquire a tisna de injusta no momento fático em que o possuidor resiste à pretensão do titular do domínio de reaver o imóvel, passando dita posse, daí em diante, a repugnar o direito (TJPR, Ap. Cível n. 24.205-7/Capital, 3ª Câm. Cível, rel. Des. Nunes do Nascimento, *DJ* 14.04.1993, v.u.). (*Adcoas* 0020000140584)

---

**Art. 1.201. É de boa-fé a posse, se o possuidor ignora o vício, ou o obstáculo que impede a aquisição da coisa.**

**Parágrafo único. O possuidor com justo título tem por si a presunção de boa-fé, salvo prova em contrário, ou quando a lei expressamente não admite esta presunção.**

---

A expressão boa-fé comporta dois significados distintos no CC/2002, de modo que, para evitar equívocos, deve vir acompanhada dos designativos "objetiva" ou "subjetiva".

A boa-fé objetiva, prevista como cláusula geral nos arts. 113 e 422 do CC/2002, é uma norma de conduta, consistente num padrão mínimo de comportamento ético e leal, de modo a não defraudar a confiança, as justas expectativas que os atos e negócios jurídicos despertam na contraparte. É a boa-fé princípio.

A boa-fé subjetiva, ou crença, é um estado de ignorância dos vícios que atingem determinada situação jurídica. No caso específico da posse, é a ignorância dos vícios ou dos obstáculos impeditivos à aquisição da coisa. Vê-se que a figura é concebida de modo negativo, como ignorância e não como convicção. Má-fé tem aquele que conhece tais obstáculos, aquele que tem a consciência da ilegitimidade de seu direito. Boa-fé tem aquele que desconhece, que ignora a origem ilícita da posse.

Discute-se, sobre a caracterização da boa-fé subjetiva, se basta a ignorância do vício (concepção psicológica), ou, em vez disso, é exigível que o estado de ignorância seja desculpável (concepção ética). O melhor entendimento, até para evitar que a pessoa mais previdente sofra as consequências negativas de conhecer aquilo que ignora o relapso, é que somente o erro escusável é compatível com a boa-fé.

Vê-se, portanto, que a boa-fé está intimamente ligada à causa de possuir, ao título em razão do qual se possui. Está assentada no desconhecimento do vício que existe no título, quer quanto à sua substância, quer quanto à sua forma.

Pressuposto lógico para a configuração da má-fé é a consciência da existência de vícios. Logo, a posse justa é sempre posse de boa-fé, na ausência de vícios a serem conhecidos. A posse injusta é que pode ser de boa ou de má-fé, dependendo da soma dos vícios objetivo e subjetivo.

Nosso direito adotou o sistema canônico, de modo que não basta a boa-fé no momento da aquisição da posse, mas se exige a continuidade de tal qualidade. No exato momento em que cessa a boa-fé, porque o possuidor passa a conhecer o vício que afeta a sua posse, cessam *ex nunc* os efeitos benéficos da situação anterior, tais como a percepção de frutos, a indenização por benfeitorias ou o direito de retenção. A má-fé superveniente, porém, não tem o condão de afetar as vantagens pretéritas hauridas quando ainda se ignorava o vício, que continuam a regular-se pelas regras da posse de boa-fé.

De igual modo, a usucapião ordinária (art. 1.242 do CC) exige boa-fé do possuidor durante todo o lapso temporal necessário para a aquisição do domínio. Não se contenta o legislador, portanto, apenas com a boa-fé inicial, mas deve esta persistir até a consumação da prescrição aquisitiva.

O único efeito que escapa à regra da persistência da boa-fé é aquele previsto no art. 1.211 do CC, qual seja, que o possuidor que desconhecia a origem ilícita da posse no momento de sua aquisição não está sujeito à ação possessória, mas somente à petitória.

O CC/2002 eliminou a expressão final do art. 490, que aludia a obstáculo impeditivo da aquisição do "direito possuído", reforçando, mais uma vez, a ideia de que o direito pode gerar posse, mas a posse não tem por objeto direitos, mas coisas.

O parágrafo único deste artigo cria presunção relativa de boa-fé para o possuidor com justo título. É relativa porque pode ser destruída por prova, a cargo de quem pretende retomar a coisa, de que o possuidor, apesar de munido de justo título, conhecia os vícios de sua posse, ou, então, quando a própria lei não admitir a presunção. O termo justo título não é unívoco no CC. Para efeito do dispositivo em exame, é uma causa jurídica que justifica a posse, é a sua razão eficiente. Pode ser justo título, por exemplo, tanto um compromisso de compra e venda como um contrato de locação, ou de comodato, ainda que verbal. Basta que a relação jurídica dê causa legítima à posse.

Note-se que para efeito de usucapião ordinário, como veremos adiante no comentário ao art. 1.242 do CC, a expressão justo título tem outro significado, qual seja o título potencialmente hábil para transmissão da propriedade, mas que não o faz pela existência de vício substancial ou formal. Vê-se, portanto, que o comodatário e o locatário têm justo título para efeito de presunção e boa-fé, mas não para gerar usucapião ordinária.

**Jurisprudência:** Enunciado n. 303, CEJ: Considera-se justo título para presunção relativa da boa-fé do possuidor o justo motivo que lhe autoriza a aquisição derivada da posse, esteja ou não materializado em instrumento público ou particular. Compreensão na perspectiva da função social da posse.

Enunciado n. 302, CEJ: Pode ser considerado justo título para a posse de boa-fé o ato jurídico capaz de transmitir a posse *ad usucapionem*, observado o disposto no art. 113 do CC.

Posse de boa-fé e de má-fé. Distinção. Entende-se que é de boa-fé a posse em que o possuidor se encontre na convicção inabalável de que a coisa realmente lhe pertence. A posse de má-fé é precisamente a inversa. Essa distinção – posse de boa-fé e de má-fé – é de máxima importância na questão relativa à indenização por benfeitorias e direito de retenção (TJES, Ap. Cível n. 21.970.117.830/Guarapari, 2ª Câm. Cível, rel. Des. Júlio César Costa de Oliveira, j. 08.06.1999, v.u.). (*Adcoas* 8.181.148)

Se demonstrado que a posse não é de má-fé, eventual improcedência de reivindicatória não afasta a indenização por benfeitorias ou construções. Distintos são os conceitos entre posse injusta e posse de boa-fé. Um, de cunho objetivo. Outro, de natureza subjetiva, mas ambos não servem ao escopo de dar ao art. 524 consequência que este não tem. Recurso não conhecido. (STJ, REsp n. 47.622, 3ª T., rel. Min. Waldemar Zveiter, j. 28.11.1994, *DJ* 20.02.1995)

Embargos de terceiro. Apreensão de veículo em decorrência de mandado expedido em ação possessória promovida por empresa proprietária e arrendadora mercantil contra arrendatária. Bem na posse das embargantes, que adquiriram de concessionária idônea, sem conhecimento do vício anterior. Boa-fé caracterizada. Art. 504 do CC. Inteligência. Procedência mantida. Emb. Infring. rejeitados (TJSP, Emb. Infring. n. 486.367-6-01, rel. J. R. Bedran). (*Lex-TACSP* 140/177, 1993)

---

**Art. 1.202. A posse de boa-fé só perde este caráter no caso e desde o momento em que as circunstâncias façam presumir que o possuidor não ignora que possui indevidamente.**

---

A boa-fé é a ignorância do vício que macula a posse. É um estado de espírito do possuidor, um elemento interior, cuja prova nem sempre é fácil. Por isso, o legislador preocupa-se com os sinais, as evidências e presunções de boa-fé.

Vimos no comentário ao parágrafo único do art. 1.201 que o possuidor com justo título tem a seu favor a presunção relativa de boa-fé.

O justo título, porém, não é requisito para a posse de boa-fé. O desconhecimento do vício funda-se, via de regra, em um erro de fato ou de direito. Se há uma razão jurídica que justifique a posse, o erro, a princípio, será escusável, nascendo daí a presunção relativa de boa-fé.

Não havendo justo título, ainda assim cabe ao retomante demonstrar a má-fé do possuidor. Essa prova, porém, torna-se mais fácil, decorrente, segundo a dicção do artigo em exame, das circunstâncias indicativas do conhecimento do vício pelo possuidor. Quais são essas circunstâncias? Clóvis Bevilaqua dá vários exemplos, como a confissão do possuidor de que nunca teve título, nulidade manifesta do título e existência de instrumentos repugnantes à legitimidade da posse em poder do possuidor.

A posse de boa-fé pode transmudar-se em posse de má-fé, tendo como marco o momento em que as circunstâncias do caso concreto indiquem o conhecimento dos vícios. Constituem marcos dessa mudança em especial a citação em processo judicial ou notificação formal ao possuidor, quer judicial, quer extrajudicial. Nada impede, porém, que se faça, ainda que por testemunhas, prova de que conhecia o possuidor os vícios que afetavam a sua posse.

Questão interessante é saber se a citação em ação judicial movida pelo retomante contra o possuidor implica necessariamente a posse de má-fé. Via de regra sim, porque será, na pior das hipóteses, o marco da ciência dos vícios que afetam a situação jurídica. Em casos especiais, nos quais houver fundada dúvida sobre a legitimidade da posse, pode a boa-fé persistir após a citação. Basta que o possuidor, apesar de ciente do pleito judicial, confie na qualidade de sua posse, não admitindo, por sólidas razões, os argumentos do retomante.

**Jurisprudência:** Apelação. Benfeitorias úteis. Indenização. Serviços prestados. Não cabe ser indenizadas as benfeitorias realizadas pela apelante no imóvel de propriedade do apelado, uma vez que caracterizada sua má-fé ao realizá-las somente após sua citação em ação de dissolução de união estável, ajuizada pelo varão. Não se aceita indenizar serviços prestados pela companheira ao companheiro durante a convivência, uma vez que não há que se falar em atribuir valor ao carinho, cuidado e respeito existentes entre ambos. Apelo improvido. Segredo de Justiça. (TJRS, Ap. Cível n. 70.001.644.194, 8ª Câm. Cível, rel. Antônio Carlos Stangler Pereira, j. 06.06.2002)

Posse. Boa-fé não comprovada. Efeitos. É requisito imprescindível para fazer-se valer do art. 516 do CC a comprovação da existência de boa-fé. Assim, não logrando êxito em comprová-la, e induzindo as circunstâncias à presunção de que o possuidor não ignora que possui indevidamente, não há como a pretensão da parte merecer a proteção do ordenamento jurídico (TJES, Ap. Cível n. 48.930.005.631/Capital, 2ª Câm. Cível, rel. Des. Antônio José Miguel Feu Rosa, j. 15.02.2000, v.u.). (*Adcoas* 8.180.089)

Contrato. Compromisso de compra e venda. Rescisão. Retenção por benfeitorias. Não cabimento no caso. Ressarcimento, no entanto, das necessárias erguidas até a restituição do imóvel e das úteis introduzidas antes da citação, a partir da qual se tornou o réu possuidor de má-fé. Interpretação do art. 517 do CC. Recurso provido para esse fim. (TJSP, *JTJ* 214/33)

**Art. 1.203. Salvo prova em contrário, entende-se manter a posse o mesmo caráter com que foi adquirida.**

Como foi comentado anteriormente, possível é a alteração do caráter da posse, mediante conversão da posse de boa-fé em posse e má-fé, ou vice-versa, bem como da posse justa em posse injusta, ou vice-versa.

A questão é como se opera essa alteração. Diz textualmente o artigo em exame que se presume manter a posse o mesmo caráter original. Via de consequência, aquele que alegar a alteração das qualidades positivas e negativas da posse tem a seu cargo o ônus de demonstrá-la. A presunção, como se extrai do preceito, é relativa, comportando, portanto, prova em sentido contrário.

É sabido que, segundo antigo preceito, *nemo sibi ipse causam possessionis* (ninguém pode mudar por si mesmo a causa da posse). O termo causa da posse é usado aqui em sentido lato, abrangendo também a figura da detenção. Dizendo de outro modo, não basta o elemento anímico, interior, psicológico, para mudar o caráter da posse, escoimando-a de eventuais vícios de origem, quer subjetivos, quer objetivos, ou, então, alterar a detenção para posse. Dizia Ihering que a vontade é sem força diante da causa da posse.

Importante lembrar que causa da posse, aqui, não é somente o seu motivo jurídico, mas também o seu modo de estabelecimento, previsto pelo direito. É por isso que até mesmo a posse injusta tem uma causa, embora ilícita.

As principais características da posse, que a dividem em classificações diversas – justa/injusta, de boa-fé/má-fé, *ad interdicta/ad usucapionem*, direta/indireta –, têm estreita relação com a causa pela qual se possui, quer jurídica, quer pelo modo de estabelecimento. É por isso que, para alterar tais características, é necessário, como pressuposto lógico, alterar também a causa, a razão pela qual se possui. Vem daí a regra preconizada por Astolpho Rezende segundo a qual, "em matéria possessória, a vontade do possuidor é sem valor em frente da regra objetiva de direito" (*A posse e sua proteção*, 2. ed. São Paulo, Lejus, 2000, p. 263).

Essa alteração da causa pode dar-se como decorrência de uma relação jurídica ou por mudança ostensiva do comportamento fático do possuidor.

Como alteração decorrente de causa jurídica, tome-se como exemplo o caso do possuidor violento ou precarista que adquire a coisa ou a recebe em comodato, convertendo a posse injusta em justa. No mesmo exemplo, se a posse era além de injusta também de má-fé, será agora justa e de boa-fé, em razão da falta de vícios a serem conhecidos. De igual modo, o locatário que tinha apenas posse direta e adquire a coisa passa a ter posse plena, uma vez que concentra em suas mãos todos os poderes típicos do proprietário, desaparecendo o dever de restituição da coisa ao antigo possuidor indireto. Note-se que a face exterior da posse permanece a mesma, já que o possuidor continua com o poder imediato sobre a coisa. O que mudou foi a razão pela qual possui, retirando da posse determinadas qualidades negativas, ou limitações, e fazendo nascer qualidades positivas, ou alargando os poderes sobre a coisa. Desapareceu a razão determinante para a caracterização do esbulho, qual seja a aquisição da posse contra a vontade do ex-possuidor.

Como decorrência do comportamento objetivo do possuidor, na lição de Nelson Rosenvald, a alteração se dá desde que haja manifestação por "atos exteriores e prolongados do possuidor da inequívoca disposição de privar o proprietário da coisa" (*Direitos reais*, 2. ed. Niterói, Impetus, 2003, p. 246). Na verdade, a mudança do comportamento fático não é suficiente para alterar todos os caracteres da posse, mas somente alguns. A mudança de comportamento, assim, não converte a posse injusta em justa. Enquanto perdurarem a violência e a clandestinidade, nem posse haverá, mas mera detenção. Quando cessar a violência e a clandestinidade (ver comentário ao art. 1.208) iniciar-se-á a posse injusta, que não se converte em justa somente pelo fato de a pacificidade ou a publicidade persistirem. No caso, a alteração do comportamento tem apenas o condão de transformar detenção em posse injusta, mas não é suficiente para retirar da posse o vício original. De igual modo, a posse precária não deixa de sê-lo pela simples mudança de comportamento do precarista, ainda que deixe de reconhecer a sua condição de comodatário ou de locatário, por exemplo. Basta lembrar que o esbulhado pode, ocorrendo tal fato, pedir a retomada judicial da coisa, prova maior de que permanece a posse injusta. Confira-se, a respeito, o Enunciado n. 237 da III Jornada de Direito Civil 2004: "Art. 1.203: É cabível a modificação do título da posse – *interversio possessionis* – na hipótese em que o até então possuidor direto demonstrar ato exterior e inequívoco de oposição ao antigo possuidor indireto, tendo por efeito a caracterização do *animus domini*".

A relevância da mudança fática do comportamento do possuidor reflete-se apenas nos caracteres da posse de *ad interdicta* para *ad usucapionem*. Assim, aquele que deixa de praticar atos violentos ou torna a posse pública, tirando-a da clandestinidade, mantém os vícios de origem, que não podem ser apagados pela conduta posterior do possuidor, mas gera, apesar disso, posse útil para usucapião, desde que preenchidos os demais requisitos previstos em lei (prazo, continuidade, ânimo de dono etc.). A reação do esbulhado é possível, mas, se não o fizer em determinado prazo, perderá o domínio por usucapião.

No que se refere à posse precária, embora a doutrina tradicional insista na posição de que o vício não convalesce, a questão está na verdade deslocada. A posse realmente continua precária, porque o vício não se apaga, tanto que o esbulhado pode retomar a coisa. Apesar de precária, desde que ocorram circunstâncias especialíssimas, entre as quais que o precarista não mais reconheça a supremacia do direito do esbulhado, deixando isso claro e inequívoco, a posse poderá converter-se de meramente *ad interdicta* em *ad usucapionem*. O que mudou com o comportamento de fato do possuidor não foi a origem ilícita da posse, mas o *animus*. Apesar de continuar injusta, se o possuidor não mais reconhece a superioridade do direito do esbulhado de reaver a coisa, o que mudou com o novo comportamento foi o nascimento do *animus domini*, requisito que faltava para iniciar o prazo útil de usucapião.

Remete-se o leitor ao que já se expôs na parte final do comentário ao art. 1.200, assim como ao que se explanará no comentário ao art. 1.208, adiante.

**Jurisprudência:** Posse. Ação de reintegração. Comodato. Alteração da causa da posse. Na conformidade do art. 1.203 do CC, "salvo prova em contrário, entende-se manter a posse o mesmo caráter com que foi adquirida", ou seja, em caso de posse direta fundada em contrato verbal de comodato, não é possível ao comodatário alterar, a seu arbítrio, a causa de sua posse, passando a exercê-la em caráter pleno, de modo a excluir a posse indireta do comodante. Ação procedente. Recurso provido. (TJDP, AC n. 1040973-29.2014.8.26.0506, rel. Des. Itamar Gaino, j. 26.09.2017)

Segundo ensinamento de nossa melhor doutrina, nada impede que o caráter originário da posse se modifique, motivo pelo qual o fato de ter havido no início da posse da autora um vínculo locatício não é embaraço ao reconhecimento de que, a partir de determinado momento, essa mesma mudou de natureza e assumiu a feição de posse em nome próprio, sem subordinação ao antigo dono e, por isso mesmo, com força *ad usucapionem*. (*RSTJ* 143/370, rel. Min. Cesar Asfor Rocha)

Usucapião extraordinário. Posse famulária. Área de terra explorada pelo trabalhador rural. Forma de recompensa por outros trabalhos desempenhados na propriedade. *Animus domini* não comprovado. São requisitos da usucapião extraordinária: 1 – Posse: sem oposição, isto é, mansa e pacífica; 2 – Tempo: decurso do prazo de vinte anos, sem interrupção; 3 – Elemento subjetivo *(animus domini)*. Por isso, se o autor ocupava a terra, como forma de retribuição pelo serviço prestado ao detentor do domínio, tal posse não gera pretensão usucapienda. Usucapião. Posse. Imutabilidade. Art. 492 do CC. Exegese. Se o possuidor foi investido na posse famulária, não lhe é lícito, de forma unilateral, modificar o seu caráter, conferindo-lhe, a partir de determinado momento, o caráter de posse *ad usucapionem*, mormente em se considerando que tal transmudação é alegada no seu exclusivo benefício. Art. 492 do CC, que se inspira no princípio firmado desde o direito romano *nemo si ipsi causam possessionis mutare potest*. Posse. Ação reivindicatória. Ação conexa. Possibilidade. Posse de boa-fé que se converte em posse de má-fé. Sabe-se que mesmo a posse de boa-fé, como aqui registrada, para os efeitos da ação reivindicatória, torna-se injusta quando reclamada sua devolução, sem que seu detentor atenda ao pedido do legítimo titular do domínio, mesmo de boa-fé, a posse cede ao domínio, quando na ação específica se promove a defesa deste. Tal conclusão decorre do art. 489 do CC, que confere igual efeito à chamada posse precária. Ação de reivindicação de posse. Pedido de indenização. Art. 515 do CC. Cabimento. O possuidor de má-fé responde pelas perdas suportadas pelo titular do domínio, incluindo os frutos percebidos ou aqueles que não o foram por sua culpa. Art. 515 do CC. Recurso conhecido e provido. (TJPR, Ap. Cível n. 65.589-4, 3ª Câm. Cível, rel. Sergio Rodrigues, j. 28.12.1999)

## CAPÍTULO II
## DA AQUISIÇÃO DA POSSE

**Art. 1.204. Adquire-se a posse desde o momento em que se torna possível o exercício, em nome próprio, de qualquer dos poderes inerentes à propriedade.**

A aquisição da posse, segundo dispõe o CC/2002, se dá no momento em que "se torna possível o exercício, em nome próprio, de qualquer dos poderes inerentes à propriedade". A redação é sensivelmente superior à do antigo art. 493 do CC/1916, que procurava fornecer o catálogo das condutas semelhantes às do proprietário, tarefa inglória diante de sua amplitude e das infindáveis possibilidades. Basta ver que no rol do art. 493 não se encontrava o constituto possessório, que a doutrina sempre considerou modo de aquisição e de perda da posse.

De modo simétrico, o art. 1.223 do atual Código, adiante examinado, diz que ocorre a perda da posse quando cessa o exercício de fato de poderes inerentes à propriedade.

O preceito que trata da aquisição da posse tem estreita conexão com o art. 1.196, que define quem é possuidor. Seguindo a doutrina de Ihering, adotada em nosso direito, adquire a posse aquele que procede em relação à coisa, em nome próprio, da maneira como o proprietário habitualmente o faz. Assim, para verificar se alguém adquiriu a posse, basta constatar se ocorre uma situação de fato análoga à conduta do proprietário em relação às suas coisas, tendo sempre presente o binômio *corpus* e *animus*. Ou, na expressão de Ihering, "pergunte-se como o proprietário tem o hábito de agir com suas coisas, e se saberá quando admitir a posse e quando rejeitá-la".

O art. 1.204, em exame, faz a ressalva de que o exercício dos poderes deve ser em nome próprio, para distinguir a aquisição da posse da mera detenção, em que se tem poder sobre a coisa, mas esse poder é dependente – em nome, por conta e em proveito de terceiros. É por isso que nas hipóteses dos arts. 1.198 e 1.208, primeira parte, embora o ocupante aja como dono e possa ter *affectio tenendi*, não adquire posse, porque a sua conduta apenas representa ou instrumentaliza a posse de terceiro, este sim o verdadeiro possuidor. Já na segunda parte do art. 1.208, tem-se que a detenção, embora independente, não é posse, porque encontra obstáculo previsto em lei, que degrada situação tipicamente possessória.

Claro que os diversos modos de aquisição da posse particularizados no CC/1916 – apreensão da coisa ou do direito, disposição de coisa ou do exercício do direito – encontram-se abrangidos na boa redação genérica deste artigo, uma vez que, em todos os casos, alguém passa a agir como dono, com ou sem contato físico com a coisa, mas dando-lhe a natural destinação econômica ou social.

Cabe aqui breve alusão à distinção entre a posse civil e a posse natural, a que se referia o inciso I do revogado art. 493. A posse civil adquire-se como consequência de uma relação jurídica, sem que haja necessidade de apreensão da coisa. Já a posse natural é resultado do simples comportamento do possuidor, que passa a agir de fato como dono, independentemente de prévia relação jurídica que confira direito à posse. Na lição de Clóvis Bevilaqua, pode a posse ser adquirida por ato unilateral, por ato bilateral, quando o possuidor a transfere a outrem, ou por sucessão *causa mortis* (*Direito das coisas*, 3. ed. Rio de Janeiro, Freitas Bastos, 1951, t. I, p. 49). Na aquisição por ato unilateral, diz-se que a posse é adquirida a título originário. Na aquisição por ato bilateral, ou por sucessão hereditária, diz-se que a posse é adquirida a título derivado.

Embora o CC/2002 não trate expressamente da figura do constituto possessório, como fazia o CC/1916, cuida-se de instituto ainda aplicável, que merece breve menção, porque se amolda ao critério genérico de aquisição da posse previsto no art. 1.203. Como consta do Enunciado n. 77 da I Jornada de Direito Civil 2004, "Art. 1.205: A posse das coisas móveis e imóveis também pode ser transmitida pelo constituto possessório".

No constituto possessório, o possuidor de uma coisa em nome próprio passa a possuí-la em nome alheio. Exemplo clássico é o que se verifica quando o alienante conserva a coisa em seu poder mediante cláusula contratual denominada *cláusula constituti*. O adquirente, assim, recebe a coisa por mera convenção, sem posse física. O alienante apenas deixa de possuir para si mesmo e passa a possuir em nome do adquirente, ou seja, converte sua posse em detenção, sem nenhum ato exterior que ateste essa mudança. Parte da doutrina diz que também se configura o constituto possessório quando o alienante que tinha posse plena passa a ter posse direta, como nos casos do locatário, do comodatário ou do depositário. Tal posição, exata somente para a teoria subjetiva da posse, parece não se ajustar ao nosso sistema objetivo, porque, para nós, o locatário, o comodatário e o depositário também são possuidores, com todos os efeitos inerentes à posse, salvo a usucapião, porque lhes falta o *animus domini*. Em termos diversos, o constituto possessório, nos exemplos citados anteriormente, não seria modo de aquisição ou perda da posse, mas apenas de mudança de categoria da posse, de posse plena para posse direta. Por isso é que, ao tratarmos o constituto possessório como modo de aquisição e de perda da posse, o mais correto é restringi-lo aos casos em que o alienante se converte de possuidor em detentor, passando a possuir em nome alheio.

Operação inversa ocorre na *traditio brevi manu*, pela qual o possuidor de uma coisa em nome alheio (detentor – fâmulo, ato de permissão ou tolerância), ou com mera posse direta (locatário, comodatário, usufrutuário etc.), passa a possuir ou em nome próprio ou com posse plena, sem necessidade de se promover ato físico de entrega da coisa.

**Jurisprudência:** Enunciado n. 77, CEJ: A posse das coisas móveis e imóveis pode ser transmitida pelo *constituto* possessório.

Se na escritura pública inseriu-se cláusula estabelecendo constituto possessório, é possível ao adquirente manejar ações possessórias para defesa de seu direito. (STJ, REsp n. 1.158.992/MG, rel. Min. Nancy Andrighi, j. 07.04.2011)

Possessória. Reintegração de posse. Aquisição do bem através do constituto possessório. Permanência dos agravados no imóvel, por força de comodato verbal celebrado entre as partes. Contrato denunciado por interpelação extrajudicial. Não desocupação do imóvel. Esbulho caracterizado. Liminar concedida. Recurso provido (I TACSP, AI n. 1.110.697-9, rel. Carlos Bondioli). (*Lex-TACSP* 199/158, 2003)

Possessória. Reintegração de posse. Transmissão da posse aos autores e réus através do constituto possessório. Ocupação pelo réu das terras dos autores comprovada. Prevalência da cláusula *constituti* da posse indireta, mas evidente de exercício físico não exteriorizado constante e ininterrupto. Caracterização como possuidor daquele que, de qualquer forma ou modo, recebe o estado de fato que o transmitente cedeu. Reintegração de posse procedente. Recurso provido (I TACSP, Ap. n. 721.588-3, rel. Nivaldo Balzano). (*Lex-TACSP* 167/214, 1998)

Conceituando-se a posse como o exercício de fato dos poderes inerentes ao domínio, o contrato de locação, por si só, não é meio apto a adquiri-la, sendo necessário que o locatário assuma efetivamente o imóvel e aja como proprietário. (STJ, REsp n. 28.569, 4ª T., rel. Min. Sálvio de Figueiredo Teixeira, *DJ* 06.11.1995)

Civil. Aquisição da posse. Contrato. Constituto possessório. A posse pode ser transmitida por via contratual antes da alienação do domínio e, depois desta, pelo constituto possessório, que se tem por expresso na respectiva escritura em que a mesma é transmitida ao adquirente da propriedade imóvel, de modo a legitimar, de logo, para o uso dos interditos possessórios, o novo titular do domínio, até mesmo em "face do alienante que continua a deter o imóvel mas em nome de quem o adquiriu". (*RSTJ* 36/473)

---

**Art. 1.205. A posse pode ser adquirida:**
**I – pela própria pessoa que a pretende ou por seu representante;**
**II – por terceiro sem mandato, dependendo de ratificação.**

---

Mais uma vez, a redação deste artigo do CC é sensivelmente superior à do art. 494 do revogado CC/1916.

A primeira melhoria diz respeito à eliminação do constituto possessório como uma das hipóteses de legitimação à aquisição da posse. Como foi visto anteriormente, tal figura é uma forma ou um meio de aquisição ou perda da posse, na qual o alienante representa o adquirente na posse, encaixando-se portanto na hipótese do inciso II do art. 1.505 do CC.

Podem adquirir a posse, segundo o inciso I do artigo em exame, a própria pessoa que a pretende, ou o seu representante.

No caso da própria pessoa, podem adquirir tanto a pessoa natural como a pessoa jurídica, esta mediante atuação de seus órgãos. Não podem adquirir a posse, portanto, as pessoas jurídicas irregulares, porque não são dotadas de personalidade. Já no que se refere às pessoas naturais, cabe uma distinção: se a posse é adquirida por simples ato jurídico de apreensão, desprovido de vontade negocial, pode o incapaz realizá-la por si, independentemente de representação. São os casos do estudante que apreende livros, ou da criança que se apossa de um brinquedo. São atos-fato, em que não se cogitam os requisitos de validade do art. 104 do CC. Caso, porém, a posse seja adquirida por negócio jurídico, o incapaz somente pode adquiri-la por atuação de seu representante.

No caso da posse adquirida por representante, bem andou o legislador ao não mencionar, porque dispensável, a figura do procurador, como fazia o CC/1916. A representação, na dicção do art. 115 do CC, pode ser legal ou convencional. Logo, tanto podem o pai, o tutor e o curador adquirir a posse da coisa em nome do filho, do pupilo e do curatelado como o procurador em nome do representado. Note-se que o *corpus* é do representante, que, porém, age em nome de representado e com o *animus* exercido em proveito deste. O representante, então, tem a mera detenção, porque age em nome do representado, este o verdadeiro possuidor.

A expressão "adquirir a posse por representante" abrange também diversas atividades jurídicas de cooperação, sem a conotação estrita do instituto da representação previsto nos arts. 115 e seguintes do CC. Claro que pode a aquisição da posse dar-se pela atuação jurídica em nome de outrem, sobre o qual devem recair os efeitos negociais. Mesmo aqueles não instituídos de poderes para praticar atos em nome do representado podem adquirir a posse em nome alheio. É o caso da detenção dependente, em que não há propriamente representação, mas uma incumbência, um vínculo jurídico que faz alguém atuar em proveito de outrem ou em cooperação com outrem, como o empregado e o preposto sem poder de representação.

Finalmente, dispõe o inciso II deste artigo que a posse pode ser adquirida por terceiro sem mandato, dependendo de ratificação. É o caso do gestor de negócios, em que uma pessoa age no interesse de outra, sem ter recebido essa incumbência. Note-se que o gestor age espontaneamente, sem conhecimento do dono do negócio, mas a ratificação retroage ao começo da gestão e produz todos os efeitos do mandato.

**Jurisprudência:** Usucapião. Extraordinário. Menor na condição de autor. Imóvel deixado por avô com quem morava. Posse exercida sem oposição, embora sob o pátrio poder de herdeiro do bem. Contagem, portanto, do tempo de menoridade. Prescrição aquisitiva reconhecida. Ação procedente. Recurso provido (TJSP, Ap. Cível n. 2.226-4, rel. Cunha Cintra). (*Lex-TJSP* 200/166, 1998)

**Art. 1.206. A posse transmite-se aos herdeiros ou legatários do possuidor com os mesmos caracteres.**

O artigo em questão nada alterou, na substância, o que continha o art. 495 do CC/1916. Tem o preceito estreita ligação com outros dispositivos que tratam da conservação e transmissão da posse, como os arts. 1.203, 1.207 e 1.212 do CC/2002.

No Direito romano, a posse era intransmissível. Os Códigos modernos, porém, consagraram o princípio da saisina – *le mort saisit le vif* –, de modo que, com a morte do possuidor, a posse transmite-se imediatamente e sem necessidade de apreensão da coisa pelos herdeiros (posse civil). A transmissão da posse é *ex lege*, em razão única do título da sucessão hereditária.

Note-se que este artigo não trata do momento em que se transmite a posse, porque engloba as figuras dos herdeiros legítimos ou testamentários, que recebem a título universal, e dos legatários, que recebem a título singular. É sabido que ao herdeiro se aplica o instituto da *saisina* e que este, num segundo momento, entrega a posse dos legados ao legatário. No que se refere às qualidades da posse que se transmite, porém, é irrelevante tratar-se de herdeiro ou legatário.

Na transmissão da posse por ato *causa mortis*, denominada *successio possessionis*, a posse do *de cujus* incorpora-se na posse dos herdeiros e legatários com todos os seus caracteres. Se tinha o defunto posse direta/indireta, posse justa/injusta, posse de boa-fé/má-fé, posse *ad interdicta/ad usucapionem*, as mesmas qualidades, os mesmos vícios ou limitações terão os herdeiros e legatários. Até mesmo a ignorância dos herdeiros e legatários quanto a eventuais vícios não é levada em conta se o defunto os conhecia.

Há continuação da posse do antecessor, de modo que o herdeiro simplesmente fica no lugar do defunto, como se fossem uma só pessoa. A posse se transmite como um todo, com os elementos objetivo e subjetivo que tinha o defunto. Disso decorre que herdeiros e legatários podem invocar a posse que tinha o defunto para ajuizar ações possessórias que este poderia propor, assim como para somar prazo necessário à usucapião.

**Jurisprudência:** Segundo estabelece o art. 1.206 do CC, "a posse transmite-se aos herdeiros ou legatários do possuidor com os mesmos caracteres". Os direitos de posse e ações sobre imóvel, ainda que desacompanhados do título de domínio, por possuírem expressão econômica, podem ser partilhados em processo de inventário. Os direitos possessórios adquiridos pelo *de cujus* transmitem-se aos herdeiros, com a abertura da sucessão, mostrando-se cabível a partilha nos autos do inventário, já que possuem valor econômico. (TJPE, Ap. Cível n. 5238248, rel. Des. Itabira de Brito Filho, j. 16.05.2019)

A posse transmite-se aos herdeiros ou legatários do possuidor com os mesmos caracteres. Inteligência do art. 1.206 do CC. No caso concreto, há possibilidade da ação de reintegração de posse, não sendo necessária a modificação para ação reivindicatória de posse, pois a posse se transmite imediatamente aos herdeiros ou legatários, possibilitando a ação de reintegração de posse. Em decisão monocrática, dou provimento ao agravo de instrumento. (TJRS, AI n. 70.054.736.095, 20ª Câm. Cível, rel. Glênio José Wasserstein Hekman, j. 24.05.2013)

Por força da saisina, o domínio e a posse da herança se transmitem aos herdeiros com a morte do possuidor. Todavia, para reconhecimento de direito possessório, os autores devem provar nos autos que o *de cujus* exercia efetivamente a alegada posse, sob pena de não satisfazer os requisitos do art. 927 do CPC [art. 561 do CPC/2015]. A posse adquirida por sucessão *causa mortis* mantém as mesmas características que detinha quando exercida pelo *de cujus*. Não tendo os autores provado, minimamente sequer, a existência de posse anterior, sua perda e o esbulho praticado pelos réus não satisfazem os requisitos legais para reconhecimento do direito pleiteado, até porque, tratando-se de ação possessória, a mera alegação de domínio, desacompanhada de imprescindíveis *conditios*, não supre a imposição legal. Apelação desprovida. (TJRS, Ap. Cível n. 70.006.996.060, 18ª Câm. Cível, rel. Des. André Luiz Planella Villarinho, j. 02.10.2003)

**Art. 1.207. O sucessor universal continua de direito a posse do seu antecessor; e ao sucessor singular é facultado unir sua posse à do antecessor, para os efeitos legais.**

Parte dos efeitos da posse depende do tempo que ela dura, em especial a usucapião. Em determinadas situações, a posse de uma pessoa é insuficiente para gerar certos efeitos. Faz-se, então, necessário somar à sua posse a daquele a quem adquiriu. A posse representa um valor patrimonial, e por isso é passível de transmissão, como expressamente admite o ordenamento jurídico.

O artigo em exame trata dos casos de transmissão e de conjunção – união – das posses, regulando-as de modo distinto.

***Sucessio possessionis:*** A primeira parte do preceito estabelece que o sucessor universal continua de direito a posse de seu antecessor. Trata-se da figura da *sucessio possessionis*, na qual a transmissão se opera *ex lege*. A posse é una, de modo que não pode o possuidor atual descartar a posse do transmitente, porque maculada por vícios que não lhe convêm. Em termos diversos, não pode o sucessor inaugurar um novo período possessório, desprezando a posse de seu antecessor.

A questão maior está na exata compreensão da expressão "sucessor universal". Sabe-se que a transmissão pode dar-se a título universal ou singular. Universal quando se transmite todo o patrimônio ou fração ideal dele. Singular quando se transmite coisa certa ou destacada do patrimônio. Via de regra, a sucessão universal dá-se a título *causa mortis* e a singular a título *inter vivos*. Isso, porém, nem sempre acontece. Pode perfeitamente ocorrer a transmissão universal por ato *inter vivos*, por exemplo no casamento pelo regime da comunhão universal de bens, ou pela incorporação/fusão de pessoas jurídicas, assim como a transmissão singular *causa mortis*, como nos legados.

Embora controverta a doutrina a respeito do tema, a interpretação sistemática dos arts. 1.207 e 1.206 leva à conclusão de que o termo "a título universal *causa mortis*" atinge não somente o herdeiro como também o legatário. Isso porque, como observa Clóvis Bevilaqua, com razão, o legatário, embora sucessor a título particular, sucede por herança, de modo que, com a morte do testador, a posse dos bens transfere-se aos herdeiros, e estes a entregam ao legatário, sem alteração ou solução de continuidade (*Direito das coisas*, 3. ed. Rio de Janeiro, Freitas Bastos, 1951, v. I, p. 52).

Cabe, porém, destacar que a regra da transmissão da posse a título universal – impossibilidade de descartar a posse anterior – atinge também atos *inter vivos*, acima mencionados. Tomem-se como exemplos o casamento pelo regime da comunhão universal de bens ou a incorporação/fusão de pessoas jurídicas, em que não cabe ao adquirente desprezar a posse anterior, uma vez que a transmissão é de todo o patrimônio, ou de parte ideal dele, de modo que a posse é una. Em termos diversos, a posse tem fundamento no título primitivo do antecessor do adquirente e não no ato ou negócio em que interveio pessoalmente, razão pela qual não pode ser desprezada, para efeito de contagem de tempo.

***Accessio possessionis:*** Já na aquisição de modo derivado, a título singular, por ato *inter vivos*, denominada de *accessio possessionis*, o adquirente recebe nova posse, podendo juntá-la ou não à posse anterior. Cuida-se de mera faculdade do possuidor, que pode ou não acrescer o tempo do antecessor, para determinados efeitos, especialmente de usucapião.

A escolha da acessão – ou não – será ditada pelo interesse do possuidor atual, dependendo de sua utilidade. Muitas vezes, a acessão será útil para completar o prazo exigido para determinada modalidade de usucapião. Outras vezes, será contraindicada a acessão, como no caso de usucapião ordinário, se somente a sua posse for de boa-fé e não a posse do antecessor. Se invocar a posse do antecessor de má-fé, cabe somente usucapião extraordinário, com prazo de quinze anos. Se desprezar a posse anterior, será possível o usucapião ordinário, com prazo de dez anos.

Lembre-se de que a má-fé do antecessor não contamina a posse atual, se o possuidor ignora o vício. Basta ler o art. 1.212 do CC, para constatar que "o possuidor pode ajuizar a ação de esbulho ou a de indenização contra terceiro que recebeu a coisa esbulhada, sabendo que o era".

A acessão da posse exige três requisitos: continuidade, homogeneidade e vínculo jurídico.

As posses a ser somadas devem ser contínuas, sem interrupção ou solução. Devem ser homogêneas, vale dizer ter as mesmas qualidades, para gerar os efeitos positivos almejados. Deve haver, finalmente, um vínculo jurídico entre o possuidor atual e o anterior. Esse vínculo pode revestir-se de várias modalidades, por exemplo um negócio jurídico, ou, então, uma arrematação em hasta pública.

Caso o vínculo seja um negócio jurídico *inter vivos*, deve haver consenso entre as partes quanto à transmissão da posse. Questão relevante é a forma desse negócio jurídico, que envolve a natureza jurídica da posse. Embora polêmico o tema, não está a posse elencada no rol dos direitos reais previstos no art. 1.225 do CC. Assim, em atenção ao princípio do *numerus clausus*, não é a posse um direito real. É um instituto *sui generis*, um exercício de fato de poderes semelhantes aos do proprietário, que gera consequências jurídicas. Daí a possibilidade de afastar a incidência do art. 108 do CC, que diz ser a escritura pública requisito de validade para a alienação de bens imóveis acima da taxa legal. Não há requisito formal para a transmissão da posse, que, assim, pode ser verbal, desde que provada de modo concludente.

Finalmente, nem todas as modalidades de usucapião comportam a soma das posses por *accessio possessionis*. Tanto a usucapião especial rural (art. 1.239 do CC) como a especial urbana (art. 1.240 do CC) exigem certas condições: o primeiro que a área se torne produtiva pelo trabalho do usucapiente que nela estabeleça sua moradia e o segundo que o lote sirva de moradia ao próprio usucapiente e sua família. Logo, em tais casos a posse deve ser pessoal dos próprios usucapientes, não se admitindo o exercício por terceiro, ainda que antecessor por ato *inter vivos*. Ressalte-se, porém, que o art. 10, § 1º, do Estatuto da Cidade, ao disciplinar o usucapião coletivo, admite expressamente a soma das posses por *accessio possessionis*, retirando o requisito da pessoalidade da posse. A matéria será mais bem examinada adiante, ao se comentarem os aludidos artigos.

**Jurisprudência:** Enunciado n. 494 do CEJ: A faculdade conferida ao sucessor singular de somar ou não o tempo da posse de seu antecessor não significa que, ao optar por nova contagem, estará livre do vício objetivo que maculava a posse anterior.

Usucapião. Acessão. Acréscimo de posse derivada de compromisso de compra e venda quitado, posteriormente cedida sem oposição do compromissário-vendedor. Admissibilidade. Satisfação dos requisitos do art. 550 do CPC [sem correspondente no CPC/2015]. Ação procedente. Sentença mantida. Recurso não provido. Composse. Usucapião. Compossuidor que passa a exercer posse exclusiva sobre parte da coisa possuída sem oposição dos comunheiros. Aptidão da posse à usucapião ficando seu quinhão excluído da compossessão. Ação de usucapião procedente. Decisão mantida. Recurso não provido (TJSP, Ap. Cível n. 278.866-1, rel. Vasconcellos Pereira). (*Lex-TJSP* 206/149, 1998)

Usucapião. Urbano. Lapso aquisitivo. Somatório do período de posse anterior exercida pelos genitores falecidos com o posterior. Admissibilidade. Art. 496 do CC. Soma não pleiteada na petição inicial. Irrelevância. Posse contínua e interligada entre o *de cujus* e o sucessor. Ausência, ademais, de outros herdeiros. Recurso provido (TJSP, Ap. Cível n. 201.425-1). (*Lex-TJSP* 155/134, 1994)

Usucapião. Urbano. Soma do tempo do antecessor. Possibilidade, desde que o sucessor faça parte da família que utiliza o imóvel como residência. Recurso não provido. Não se entrevendo relacionamento familiar entre promovente de ação de usucapião e seu antecessor é inadmissível a contagem do tempo deste para completar o tempo necessário à prescrição aquisitiva urbana estabelecida no art. 183 da CR (TJSP, rel. Silvério Ribeiro). (*Lex-TJSP* 146/202, 1993)

Usucapião. Extraordinário. Aquisição de direitos possessórios. Prescrição aquisitiva. Soma da posse do antecessor. Admissibilidade. Posse *animus domini*, mansa, pacífica e contínua por mais de trinta anos. Direitos de fruição e de disponibilidade do imóvel por tempo suficiente à consumação do usucapião. Ação procedente. Recurso não provido. (TJSP, *JTJ* 229/192)

**Art. 1.208. Não induzem posse os atos de mera permissão ou tolerância assim como não autorizam a sua aquisição os atos violentos, ou clandestinos, senão depois de cessar a violência ou a clandestinidade.**

O art. 1.208 do CC, que reproduz integralmente o disposto no art. 497 do CC/1916, contém os demais obstáculos legais que degradam típicas situações possessórias, rebaixando-as para detenção. O primeiro obstáculo – servidão da posse – já foi visto no art. 1.198 do CC.

As dúvidas que o dispositivo suscitava no CC/1916 ainda persistem, de modo que perdeu o legislador oportunidade única para esclarecer se as figuras contempladas no artigo, especialmente as ocupações violentas e clandestinas, realmente dizem respeito a casos de detenção e não de posse injusta, como afirma parte da doutrina.

Note-se que o preceito é dividido em duas partes distintas, que contêm obstáculos de natureza diversa, que desnaturam a posse.

**Permissão e tolerância:** Como alerta Moreira Alves, o preceito não encontra similar no Código alemão, mas, por outro lado e curiosamente, reproduz dispositivos do CC francês e do italiano, que se inclinam pela teoria subjetiva de Savigny ("A detenção no direito brasileiro". In: *Posse e propriedade*, 3. ed., coord. Yussef Said Cahali. São Paulo, Saraiva, 1987, p. 13).

Os dois termos – permissão e tolerância – não se confundem. A permissão exige conduta positiva do possuidor, que, sem perda do controle e da vigilância sobre a coisa, entrega-a voluntariamente a terceiro, para que este a tenha momentaneamente. Vê-se, assim, que o possuidor, em tal situação, não se exonera da posse, mas apenas entrega alguns de seus poderes ao detentor, ou os compartilha com ele, até segunda ordem. Há apenas uma limitação da posse, em razão da entrega momentânea de poderes sobre a coisa a terceiro. Como acentua Moreira Alves, a permissão, via de regra, diz respeito a atos que ainda serão realizados, ao contrário da tolerância, que concerne a atividades já realizadas ou em andamento. Diz o autor que "a permissão é a declaração de vontade do possuidor pela qual este, sem renunciar à posse nem fazer nascer para si qualquer obrigação que anteriormente não existia, confere a terceiro – o detentor – a faculdade de realizar, com relação à coisa, atos que, sem isso, seriam ilícitos" (op. cit., p. 17). A tolerância é o comportamento de inação, omissivo, consciente ou não do possuidor, que, mais uma vez sem renunciar à posse, admite a atividade de terceiro em relação à coisa ou não intervém quando ela acontece. Sendo uma mera indulgência, uma simples condescendência, não implica transferência de direitos. Ambas – permissão e tolerância – podem interromper-se *ad nutum*, revogáveis a qualquer tempo.

Os exemplos clássicos são os empréstimos momentâneos de coisas, sem que o possuidor sobre elas perca o controle, como o aluno que usa o livro no interior de uma biblioteca, ou alguém que recebe um hóspede em sua residência, cedendo-lhe por curto período o uso de um cômodo. Note-se que, tal como na servidão da posse, a tolerância e a permissão tratam de casos de detenção dependente, como instrumentos de utilização da coisa pelo verdadeiro possuidor.

**Violência e clandestinidade:** A segunda parte do artigo em exame diz que "não autorizam a sua [a da posse] aquisição os atos violentos, ou clandestinos, senão depois de cessar a violência ou a clandestinidade". É o que se denomina de detenção autônoma ou interessada. Note-se que é autônoma, mas ilícita, ao contrário dos casos de servidão da posse, de permissão e de tolerância, que são detenções dependentes, mas lícitas.

O preceito gera importante cisão doutrinária. A doutrina tradicional, seguindo a lição de Clóvis Bevilaqua, afirma que tais casos versam não sobre detenção mas sim sobre posse injusta e inábil para usucapião. Ensina o autor, em lição que fez história, que "em face deste artigo, os vícios da violência e da clandestinidade são temporários, quando por Direito romano prevalecia a regra: *quod ab initio vitiosum est non potest tractu*. Pelo CC, desde que a violência e a clandestinidade cessam, a posse começa a firmar-se utilmente, de modo que, passados anos, não seja o possuidor despojado dela, simplesmente, por esse vício originário" (*Código Civil dos Estados Unidos do Brasil comentado*, 4. ed. Rio de Janeiro, Francisco Alves, 1930, v. III, p. 24). Os demais autores, com pouca variação, atestam que a violência e a clandestinidade, enquanto perduram, tornam a posse injusta. Cessados os vícios, nasce a posse justa; ela convalesce como se nunca tivesse sido viciada. Sílvio Rodrigues vai mais longe, afirmando que, passado um ano e um dia da cessação da violência e da clandestinidade, a coisa não mais pode ser retomada por ação possessória, mas somente por ação petitória, o que não parece exato.

Sofreu a doutrina tradicional consistente crítica de Moreira Alves, para quem, com razão, a parte final do art. 1.208 não alude à posse injusta ou à posse inábil para usucapião, mas, em vez disso, é clara ao dispor que os atos violentos ou clandestinos não autorizam a aquisição da posse, enquanto não cessarem os ilícitos. Trata-se de mais um obstáculo que degrada uma situação aparentemente possessória, aviltando-a em detenção. O erro dos autores tradicionais foi buscar a interpretação do preceito no Código italiano e no francês, que, embora contenham regras semelhantes à ora em estudo, seguem a teoria subjetiva de Savigny.

Via de consequência, nos exatos termos da segunda parte deste artigo, enquanto perduram a violência e a clandestinidade, não há posse, mas simples detenção. No momento em que cessam os mencionados ilícitos, nasce a posse, mas injusta, porque contaminada de moléstia congênita. Dizendo de outro modo, a posse injusta, violenta ou clandestina, tem vícios ligados à sua causa ilícita. São vícios pretéritos, mas que maculam a posse mantendo o estigma da origem. Isso porque, como acima dito, enquanto persistirem os atos violentos e clandestinos, nem posse haverá, mas mera detenção.

Causa perplexidade o fato de os ocupantes violentos ou clandestinos, porque meros detentores, não terem defesa possessória contra a agressão injusta de terceiros. Como, porém, alerta Nelson Rosenvald, essa é a única hipótese em que o detentor, por não ser mero instrumento da posse de terceiro, tem a tutela possessória contra o ataque injusto de terceiros, que não a vítima, de quem obteve o poder imediato de modo vicioso (no sentido do texto, além da lição maior de Moreira Alves, cf.: PONTES DE MIRANDA. *Tratado de direito privado.* Rio de Janeiro, Borsoi, 1955, t. X, p. 351; GONÇALVES, Marcus Vinicius Rios. *Dos vícios da posse.* São Paulo, Oliveira Mendes, 1998, p. 31; e NASCIMENTO, Tupinambá Miguel Castro do. *Posse e propriedade*, 3. ed. São Paulo, Saraiva, 1987, p. 79).

Uma última questão sobre a detenção diz respeito a uma das causas da perda da posse existentes no inciso IV do art. 520 do CC/1916, qual seja o fato de a coisa ter sido posta fora de comércio. Tal preceito não foi reproduzido no CC/2002, já que o art. 1.223 diz apenas que se perde a posse quando cessam os poderes de fato típicos do proprietário, embora o art. 100 diga que os bens de uso comum do povo e os de uso especial são inalienáveis. Diante disso, persiste relevante questão sobre se pode haver posse de particular sobre bem público, ou se se trata de mera detenção. Moreira Alves, no regime do Código anterior, afirmava que a posse era possível apenas em relação aos bens públicos dominicais, como, de resto, já se admitia e continua previsto em diversas leis especiais. Em relação aos bens de uso comum do povo e de uso especial, tem o particular mera detenção, podendo o Estado reclamar a devolução da coisa, quer usando o poder de polícia, quer pelos interditos possessórios (op. cit., p. 29).

No mesmo sentido, Ernane Fidélis dos Santos afirma a impossibilidade da existência de posse de particulares sobre bens com destinação pública, sejam de uso comum do povo, sejam de uso especial, o que não impede o ente público de usar os remédios possessórios ou do poder de polícia para repelir o molestamento de sua posse. Já os bens dominicais podem ser possuídos por particulares, mas a posse não se converterá em propriedade por usucapião (*Comentários ao novo Código Civil*, v. XV, coord. Sálvio de Figueiredo Teixeira. Rio de Janeiro, Forense, 2007).

O entendimento mais moderno – e correto – do STJ é no sentido da possibilidade de existência de posse *ad interdicta*, e não da *usucapionem*, sobre os bens públicos dominiais, como será examinado adiante no comentário ao art. 1.223.

**Jurisprudência:** 1. Recurso no qual se discute a possibilidade de aquisição da propriedade de bem móvel furtado por terceiro que o adquiriu de boa-fé e exerceu a posse ininterrupta e incontestadamente por mais de 20 anos. 2. A usucapião é instituto destinado a dar segurança e estabilidade à propriedade, bem como consolidar as aquisições e facilitar a prova do domínio, de modo que, entre os requisitos materiais, não há nenhuma menção à conduta ou inércia do proprietário. Doutrina. 3. Nos termos do art. 1.261 do CC/2002, aquele que exercer a posse de bem móvel, interrupta e incontestadamente, por 5 anos, adquire a propriedade originária do bem, fazendo sanar todo e qualquer vício anterior. 4. A apreensão física da coisa por meio de clandestinidade (furto) ou violência (roubo) somente induz a posse após cessado o vício (art. 1.208 do CC/2002), de maneira que o exercício ostensivo do bem é suficiente para caracterizar a posse mesmo que o objeto tenha sido proveniente de crime. 5. As peculiaridades do caso concreto, em que houve exercício da posse ostensiva de bem adquirido por meio de financiamento bancário com emissão de registro perante o órgão público competente, ao longo de mais de 20 anos, são suficientes para assegurar a aquisição do direito originário de propriedade, sendo irrelevante se perquirir se houve a inércia do anterior proprietário ou se o usucapiente conhecia a ação criminosa anterior à sua posse. 6. Recurso especial desprovido. (STJ, REsp n. 1.637.370/RJ, 3ª T., rel. Min. Marco Aurélio Bellizze, j. 10.09.2019, *DJe* 13.09.2019)

Em sentido contrário: STJ, REsp n. 247.345, rel. Min. Nancy Andrighi, *DJ* 25.03.2002.

Ação de usucapião de bem móvel, veículo, gravado com arrendamento mercantil. Aquisição da posse por terceiro sem consentimento do credor. Impossibilidade.

Ato de clandestinidade que não induz posse. Inteligência do art. 1.208 do CC. A transferência a terceiro de veículo gravado com arrendamento mercantil à revelia do arrendador/proprietário, constitui ato de clandestinidade, incapaz de induzir posse (art. 1.208 do CC/2002), sendo por isso mesmo impossível a aquisição do bem por usucapião. Manutenção da sentença. Desprovimento da apelação. (TJRJ, Ap. n. 0012104-81.2013.8.19.0028, rel. Des. Camilo Ribeiro Ruliere, j. 26.09.2017)

Apelação. Ação de reintegração de posse. Bem público. Conjunto habitacional. Ocupação de imóvel por pessoa que se diz dependente familiar da falecida ocupante. Sentença que julga procedente a ação. Reforma. Cerceamento de defesa. Inocorrência. Produção de prova oral a demonstrar alegados laços familiares entre ré e falecida ocupante que não modificariam a solução da lide. Ré que foi contratada como espécie de cuidadora da falecida ocupante do imóvel, permanecendo no imóvel por ato de permissão ou tolerância da falecida, enquanto aguardava o seu retorno de internação de saúde. Inteligência do art. 1.208 do CC. Mera detenção que não induz em posse. Usucapião. Inocorrência. Impossibilidade de usucapião de bens materialmente públicos, dotados de função social, como é o caso. Sentença mantida. Apelação desprovida. (TJSP, Ap. n. 0045187-04.2012.8.26.0554, rel. Marcelo Semer, j. 31.07.2017)

Recurso especial. Civil. Ação de reintegração de posse. Veículo. Reparo. Serviço contratado. Pagamento. Recusa. Direito de retenção. Concessionária. Benfeitoria. Impossibilidade. Posse de boa-fé. Ausência. Detenção do bem. 1 – A controvérsia a ser dirimida no recurso especial reside em definir se a oficina mecânica que realizou reparos em veículo, com autorização de seu proprietário, pode reter o bem por falta de pagamento do serviço ou se tal ato configura esbulho, ensejador de demanda possessória. 2 – O direito de retenção decorrente da realização de benfeitoria no bem, hipótese excepcional de autotutela prevista no ordenamento jurídico pátrio, só pode ser invocado pelo possuidor de boa-fé, por expressa disposição do art. 1.219 do CC/2002. 3 – Nos termos do art. 1.196 do CC/2002, possuidor é aquele que pode exercer algum dos poderes inerentes à propriedade, circunstância não configurada na espécie. 4 – Na hipótese, o veículo foi deixado na concessionária pela proprietária somente para a realização de reparos, sem que isso conferisse à recorrente sua posse. A concessionária teve somente a detenção do bem, que ficou sob sua custódia por determinação e liberalidade da proprietária, em uma espécie de vínculo de subordinação. 5 – O direito de retenção, sob a justificativa de realização de benfeitoria no bem, não pode ser invocado por aquele que possui tão somente a detenção do bem. 6 – Recurso especial conhecido e não provido. (STJ, REsp n. 1.628.385/ES, rel. Min. Ricardo Villas Bôas Cueva, j. 22.08.2017)

A legitimação para a oposição de embargos de terceiros é conferida, segundo o art. 1.046 do CPC [art. 674 do CPC/2015], ao efetivo possuidor do bem. E possuidor, na dicção do art. 1.196 do CC, é "todo aquele que tem de fato o exercício, pleno ou não, de algum dos poderes inerentes à propriedade". Caso em que os embargantes, na condição de filhos do executado e residentes no imóvel, não são tidos como possuidores, pois não exercem posse própria, ante a condição de possuidor conferida ao seu genitor. Ilegitimidade ativa reconhecida. Acolheram a preliminar e extinguiram o processo. Unânime. (TJRS, Ap. Cível n. 70.064.623.820, 18ª Câm. Cível, rel. Pedro Celso Dal Prá, j. 18.06.2015)

Possessória. Reintegração de posse. Imóvel público. Área desapropriada para construção da barragem da Usina Hidrelétrica de Santa Branca, passível de inundação com o aumento do nível do reservatório. Impossibilidade de proteção possessória em favor de particular ocupante de bem público, que é mero detentor, porquanto nunca poderá exercer poderes de propriedade. Os atos de mera tolerância não induzem posse (art. 1.208, CC). Procedência mantida. Recurso desprovido. (TJSP, Ap. n. 994060669020, Proc. n. 5889465400, 8ª Câm. de Dir. Públ., rel. Paulo Travain, j. 23.06.2010)

1 – Configura-se precária a posse direta exercida em razão da relação contratual, ou seja, por sócio que permanece no imóvel por motivo de serviços prestados a pessoa jurídica. 2 – Não induzem posse os atos de mera permissão ou tolerância, segundo norma do art. 497 do CC/1916, porquanto, conforme Sílvio de Salvo Venosa, como repousa na confiança, a outorga concedida ao precarista pode ser suprimida a qualquer tempo, surgindo a obrigação de devolver a coisa. O vício dá-se a partir do momento da recusa em devolver (*Direito civil*, 3. ed. 2003, p. 73). 3 – O *animus domini*, isto é, agir o possuidor como se fosse dono do imóvel, é um dos requisitos do usucapião, a teor do art. 550, do CC anterior (art. 1.238 do CC/2002, com alteração do prazo para usucapir). (TJPR, Ap. Cível n. 155.874-7, 6ª Câm. Cível, rel. Des. Airvaldo Stela Alves, j. 29.09.2004)

Ação de manutenção de posse. Detenção. 1 – Os atos de mera permissão ou tolerância não induzem posse *ad interdicta*, nos termos do art. 497 do CC, vigente à época dos fatos. 2 – Sendo a autora mera detentora e não possuidora da área cuja proteção possessória pleiteia, outro não poderia ser o juízo senão o de improcedência da ação. Apelação desprovida. (TJRS, Ap. Cível n.

70.005.274.774, 19ª Câm. Cível, rel. Miguel Ângelo da Silva, j. 21.09.2004)

Usucapião. Nulidade da sentença. Fundamentação. Posse. Detenção. Atos de mera permissão e tolerância. Mérito julgado em favor de quem aproveita a declaração da nulidade. Art. 249, § 2º, do CPC [art. 282, § 2º, do CPC/2015]. Preliminar rejeitada. *Causa possessionis*. Mera detenção. Permissão dos proprietários para ocupação do imóvel. Ausência de *animus domini*. Arts. 487 e 497 do CC. Requisitos do usucapião não preenchidos. Improcedência da ação. Sentença reformada. Rejeitaram a preliminar e deram provimento ao apelo. (TJRS, Ap. Cível n. 70.004.331.807, 19ª Câm. Cível, rel. Des. Carlos Rafael dos Santos Júnior, j. 11.03.2003)

Processual. Interdito proibitório. Invasão. Posse. Ato clandestino ou violento. Poder de polícia. CC, arts. 65 e 497. I – O art. 65 do CC não veda ao Distrito Federal o exercício do poder de polícia em relação ao uso dos imóveis urbanos, nem outorga posse a invasores confessos. A ampliação do dispositivo legal, evidentemente, o maltratou. II – Em nosso direito positivo vige a regra de que "não induzem posse os atos de mera permissão ou tolerância, assim como não autorizam a sua aquisição os atos violentos ou clandestinos" (art. 497 do CC). Ora, a invasão é necessariamente clandestina ou violenta, não pode, assim, gerar posse. (STJ, REsp n. 219.579, 1ª T., rel. Min. Humberto Gomes de Barros, j. 26.09.2000, *DJ* 04.12.2000)

Usucapião. Área utilizada para atividades pesqueiras, nos finais de semana. Insuficiência para caracterizar a posse *ad usucapionem* ou o *animus domini*. Detenção ocasional da coisa. Inaplicabilidade do art. 550 do CC. Ação improcedente. Sentença confirmada. Recurso não provido (TJSP, Ap. Cível n. 192.525-1, rel. Sousa Lima). (*Lex-TJSP* 149/118, 1993)

**Art. 1.209. A posse do imóvel faz presumir, até prova contrária, a das coisas móveis que nele estiverem.**

A posse do imóvel cria presunção relativa, que vigora até prova em sentido contrário, de abranger as coisas móveis que nele estiverem. Retirou o legislador apenas a expressão "objetos", que constava do art. 498 do CC revogado, o que não altera o alcance do preceito.

O dispositivo tem razão de ser, porque, via de regra, as coisas móveis que se encontrem no interior do imóvel ali estão para seu uso e serviço.

O dispositivo, porém, deve ser lido em consonância com o que contêm os arts. 92 a 97 do CC, que tratam dos bens reciprocamente considerados. Desapareceu da Parte Geral do CC a figura dos bens imóveis por acessão intelectual, substituída que foi pelo instituto das pertenças.

Há, portanto, que fazer importante distinção. Se os bens acessórios forem parte integrante do imóvel, como os frutos, produtos e rendimentos, mantém-se a regra de que o acessório segue o principal.

No entanto, se os bens móveis que não são parte integrante do imóvel encontrarem-se temporariamente ao seu uso, serviço ou aformoseamento, a regra é outra. Presume-se, em tal caso, que o possuidor do imóvel tenha a posse das coisas móveis que nele se encontram, mas eventuais negócios que digam respeito ao bem principal – por exemplo, cessão de posse – não abrangem as pertenças, salvo se uma convenção ou as circunstâncias do caso indicarem o contrário.

## CAPÍTULO III
## DOS EFEITOS DA POSSE

**Art. 1.210. O possuidor tem direito a ser mantido na posse em caso de turbação, restituído no de esbulho, e segurado de violência iminente, se tiver justo receio de ser molestado.**

**A tutela da posse:** Gera a posse diversos efeitos, por ser ela o exercício de fato de poderes inerentes à propriedade. Alguns desses efeitos encontram-se positivados nos arts. 1.210 a 1.222 do CC. Outros efeitos são apontados pela doutrina, havendo autores que mencionam mais de setenta deles.

Entre os efeitos mais relevantes não positivados mas apontados pela doutrina estão: a) a usucapião, que nada mais é do que a posse prolongada e qualificada por requisitos previstos na lei, que se converte em modo originário de aquisição da propriedade; e b) a visibilidade do domínio, ou seja, a presunção relativa de que o possuidor é dono daquilo que tem em seu poder, até que se faça prova em contrário.

Alguns efeitos exigem posse revestida de determinadas qualidades, como a percepção de frutos, a indenização de certas benfeitorias e o direito de retenção, que pressupõem a boa-fé do possuidor e especialmente o usucapião, que exige posse prolongada e com requisitos específicos para cada uma de suas modalidades (posse *ad usucapionem*).

O principal efeito da posse, tratado neste artigo em comento, é a tutela possessória, que consiste nos meios defensivos que a lei assegura ao possuidor para repelir a agressão injusta à sua posse. Confere a lei ao possuidor dupla linha de defesa possessória, pela autotutela, ou autodefesa, e pelas ações possessórias. Ambas têm por objetivo resolver a situação originada de rompimento antijurídico da relação estabelecida pelo poder sobre a coisa, a primeira (autodefesa) pelo esforço próprio do possuidor e a segunda mediante interferência do Poder Judiciário, sem necessidade de debater a relação dominial.

Toda posse, justa ou injusta, direta ou indireta, de boa-fé ou de má-fé, gera, como principal efeito, o direito à sua defesa pela tutela possessória. É por isso que se diz que toda posse é *ad interdicta*, porque confere ao seu titular a prerrogativa de defender-se dos ataques injustos de terceiros, inclusive do proprietário.

O fundamento da proteção possessória varia de acordo com as teorias subjetiva e objetiva da posse. Para Ihering, é uma linha avançada de defesa da propriedade, o que nem sempre é exato, porque é possível a tutela possessória do possuidor contra o proprietário. Para Savigny, a proteção visa a evitar a violência e seu caráter delituoso e oposto ao direito *(quieta non movere)*. Leva também em conta a paz social e a inconveniência de o estado de fato ser alterado por vontade unilateral, em detrimento de outrem.

No que se refere à extensão, a proteção possessória não atinge os direitos pessoais, pela singela razão de não existir poder fático sobre abstrações. Existem remédios próprios para ofensa aos direitos pessoais que não as ações possessórias. A matéria, porém, não é pacífica. Há julgados que admitem a proteção possessória, especialmente para a proteção da propriedade intelectual (*v.* STJ, REsp n. 41.813/RS, 3ª T., rel. Min. Claudio Santos, j. 28.11.1994, *DJ* 20.02.1995, *RT* 715/285). A jurisprudência majoritária, porém, tem entendimento contrário, afastando o interdito proibitório para a proteção de direitos autorais (STJ, REsp n. 126.797/MG, rel. Min. Carlos Alberto Menezes Direito, j. 19.02.1998, *DJ* 06.04.1998, *RSTJ* 131/68) e propriedade industrial. A polêmica foi sepultada pela Súmula n. 228 do STJ, do seguinte teor: "É inadmissível o interdito proibitório para a proteção de direito autoral". Pode perfeitamente ser ajuizada ação possessória relativa a coisa móvel. O rito era sumário, mas a atual lei processual não prevê rito específico, razão pela qual se aplica o procedimento especial de toda a ação possessória. Versando sobre bem móvel, ou, no caso de imóvel, com alçada de valor, pode seguir as regras dos juizados especiais (*v.* Lei n. 9.099/95).

O CC/2002 eliminou diversos dispositivos do CC/1916 de caráter nitidamente processual sobre a defesa da posse. Tomem-se como exemplo os arts. 506, 507 e 523 do CC/1916, que tratavam da defesa da posse velha (mais de ano e dia) e da posse nova (menos de ano e dia), mencionando ritos e a possibilidade de concessão de liminar. A alteração de postura tem razão de ser. Não se justifica a inserção de matérias de direito adjetivo no atual CC, uma vez que a competência para legislar sobre processo civil é da União Federal, eliminando o risco de dispositivos díspares nas legislações estaduais, como ocorria nos primórdios do CC/1916.

**As moléstias da posse:** Três moléstias causadas por atos injustos de terceiros podem atingir a posse, e para cada uma delas prevê a lei um remédio possessório, a saber: esbulho, corrigível pela ação de reintegração de posse; turbação, corrigível pela ação de manutenção de posse; e ameaça, corrigível pela ação de interdito proibitório.

O esbulho é a mais grave moléstia, porque significa a perda da posse, sendo impossível o respectivo exercício pelo titular. A ação de reintegração de posse, disciplinada pelos arts. 560 a 566 do CPC/2015 (arts. 926 a 931 do CPC/73), visa a restaurar para o desapossado a situação fática anterior, desfeita pelo esbulho. O objetivo, portanto, é permitir ao possuidor injustamente desapossado recuperar a coisa que se encontra em poder do esbulhador.

A turbação é o embaraço ao normal exercício da posse. É de menor gravidade do que o esbulho, porque não leva à perda da posse, mas apenas dificulta ou perturba o seu regular exercício. A ação de manutenção de posse, disciplinada pelos arts. 560 a 566 do CPC/2015 (arts. 926 a 931 do CPC/73), visa a impedir o desapossamento que ainda não ocorreu e a fazer cessar os atos turbativos, restabelecendo a plenitude dos direitos possessórios.

A ameaça é a terceira moléstia e tem como requisitos a seriedade e a efetiva possibilidade de ocorrer em breve espaço de tempo moléstia mais grave à posse. Não há ainda ofensa concreta à posse, mas apenas probabilidade e iminência de sua ocorrência. A ação de interdito proibitório, disciplinada pelos arts. 566 a 567 do CPC/2015 (arts. 932 e 933 do CPC/73), tem caráter meramente preventivo e visa a impedir que a turbação ou o esbulho comecem.

**Ações possessórias:** São, portanto, três as ações possessórias típicas previstas no CPC, cada uma adequada a uma modalidade distinta de agressão injusta à posse. Embora não seja matéria de cunho substantivo, algumas características das ações possessórias merecem breve alusão.

O art. 73, § 2º, do CPC/2015 (art. 10, § 2º, do CPC/73, com a redação que lhe deu a Lei n. 8.952/94), encerrou antiga polêmica sobre a natureza real ou pessoal das ações possessórias. Diz a lei expressamente que a participação do cônjuge somente é indispensável nos casos de composse ou de atos por ambos praticados. A ação, portanto, é pessoal, com a ressalva de que, em diversos casos, pode ser a posse derivada de um direito real preexistente, como o compromisso de compra e venda levado ao registro, ou usufruto, ou servidão, quando, então, se exigirá a citação do cônjuge.

A legitimidade ativa é do possuidor ou do ex-possuidor, no caso de reintegração de posse. O possuidor indireto tem legitimidade ativa, inclusive para litigar contra o possuidor direto, quando este, por atos ilícitos, invadir a esfera de poder e as prerrogativas conferidas ao primeiro. O detentor não tem legitimidade para agir em nome próprio, pela singela razão de não ter posse. Caso seja demandado, na forma do art. 338 do CPC/2015 (art. 62 do CPC/73), nomeia à autoria o verdadeiro possuidor. O proprietário sem posse, ou o titular de outro direito sem posse, deve se valer do *ius possidendi* nas chamadas ações petitórias, dominiais ou publicianas, não lhe socorrendo as ações possessórias. O herdeiro e o sucessor a título singular podem utilizar a ação possessória pelos institutos da *accessio* e *successio possessionis*. O fundamento da ação possessória, em tais casos, será a posse dos antecessores que lhes foi transmitida por ato *inter vivos* ou *causa mortis*.

Têm legitimidade passiva nas ações possessórias aqueles que praticaram a turbação, o esbulho ou a ameaça, assim como o terceiro que recebeu a coisa de má-fé, na forma do art. 1.212 do CC, adiante comentado. A pessoa jurídica pode ser ré em ação possessória, cabendo verificar se os seus prepostos e administradores agiram em nome próprio ou da sociedade. O poder público pode ser réu em ação possessória, embora possa optar o agente pela impetração do mandado de segurança, caso preenchidos os seus requisitos. Caso opte pela via possessória, para a concessão da liminar devem, antes, ser ouvidos os seus representantes, na forma do art. 562 do CPC/2015 (art. 928 do CPC/73). Caso o apossamento esteja consumado e o imóvel tiver sido empregado em obra pública, esta se torna intangível. A possessória se converterá em ação indenizatória – denominada de desapropriação indireta –, desde que haja pedido alternativo.

As ações possessórias são fungíveis, como prevê o art. 554 do CPC/2015 (art. 920 do CPC/73), sendo indiferente o ajuizamento de uma por outra, por exemplo manutenção em vez de reintegração de posse. Deve o juiz julgar de acordo com a agressão à posse provada nos autos. É a aplicação do princípio da *mihi factum dabo tibi jus*, que, porém, só vale em relação às ações possessórias em sentido estrito. Não pode ser usado o princípio da fungibilidade para uma ação petitória converter-se em possessória, ou vice-versa.

Comportam as ações possessórias cumulação de pedidos, na forma do art. 555 do CPC/2015 (art. 921 do CPC/73). Pode o pedido possessório ser cumulado com perdas e danos, cominação de pena e demolitório. No que se refere a perdas e danos, cumpre ressaltar que a posse gera situação proveitosa ao seu titular e quebra a fruição do esbulhado, causando-lhe prejuízo. A reparação abrange não somente os danos efetivos causados à coisa, como a destruição de cercas, mas também o lucro cessante pelo impedimento de seu uso. Os danos devem ter a existência comprovada na fase de conhecimento, embora o montante possa ser relegado para o momento da liquidação.

Têm as ações possessórias caráter dúplice, na forma do art. 556 do CPC/2015 (art. 922 do CPC/73), de modo que o réu pode, em contestação, pedir proteção possessória para si, sem necessidade de reconvenção. Tal possibilidade abrange também pedido indenizatório por perdas e danos e até mesmo a remoção de ato ilícito, consoante recente precedente do STJ, transcrito à frente.

Finalmente, os arts. 558 e 562 do CPC/2015 (arts. 924 e 928 do CPC/73) dizem que quando intentada a ação dentro de ano e dia do esbulho ou da turbação, com a inicial devidamente instruída, poderá o autor obter liminar de manutenção ou reintegração. Não havendo provas suficientes, poderá ser designada audiência de justificação, para que o autor demonstre o que alegou. Note-se que o ajuizamento da ação após o prazo de ano e dia não retira a sua natureza possessória, mas apenas impede a concessão de liminar. É controversa a possibilidade de concessão de tutela antecipada em ação de posse velha. Parte dos julgados (ver *RT* 799/254 e *Lex-JTA* 167/90) entende ser incabível a antecipação nos casos em que o legislador submeteu a liminar a requisitos específicos. Há, porém, entendimento no sentido contrário, de que as liminares nas ações possessórias e na antecipação de tutela estão submetidas a requisitos distintos, não havendo nenhuma incompatibilidade entre elas. Basta que o autor da ação preencha os requisitos ou do art. 273, ou do art. 928, para que obtenha a liminar (ver *RT* 740/329). O Enunciado n. 238 da III Jornada de Direito Civil 2004 do CEJ da Justiça Federal se inclinou pela segunda posição: "Ainda que a ação possessória seja intentada além de ano e dia da turbação ou do esbulho, e, em razão disso, tenha seu trâmite regido pelo procedimento ordinário (art. 924 do CPC) [art. 558 do CPC/2015], nada impede que o juiz conceda a tutela possessória liminarmente, mediante antecipação de tutela, desde que presentes os requisitos autorizadores do art. 273, I ou II [arts. 300 ou 311, *caput* e I, do CPC/2015], bem como aqueles previstos no art. 461-A e parágrafos, todos do CPC [arts. 498 e 538, *caput* e § 3º, do CPC/2015]".

**Jurisprudência:** Enunciado n. 495 da V Jornada de Direito Civil do CEJ do STJ: No desforço possessório, a expressão "contanto que o faça logo" deve ser entendida restritivamente, apenas como a reação imediata ao fato do esbulho ou da turbação, cabendo ao possuidor recorrer à via jurisdicional nas demais hipóteses.

Enunciado n. 238, CEJ: Ainda que a ação possessória seja intentada além de "ano e dia" da turbação ou esbulho, e, em razão disso, tenha seu trâmite regido pelo procedimento ordinário (CPC, art. 924) [art. 558 do CPC/2015], nada impede que o juiz conceda a tutela possessória liminarmente, mediante antecipação de tutela, desde que presentes os requisitos autorizadores do art. 273, I ou II [arts. 300 e 611, I, do CPC/2015], bem como aqueles previstos no art. 461-A e parágrafos, todos do CPC [arts. 498 e 538, *caput* e § 3°, do CPC/2015].

Na apreciação de pedido contraposto formulado em ação possessória, admite-se o deferimento de tutela de remoção do ato ilícito, ainda que essa providência não esteja prevista no art. 922 do CPC [art. 556 do CPC/2015]. Efetivamente, o dispositivo citado autoriza que o réu, na contestação, demande proteção possessória e indenização dos prejuízos. Porém, com a reforma processual operada com a Lei n. 10.444/2002, consagrou-se a ideia de atipicidade dos meios de tutela das obrigações de fazer, não fazer e de entrega de coisa, de modo a privilegiar a obtenção da tutela específica da obrigação, em vez da conversão da obrigação em perdas e danos. É o que se depreende da atual redação dos arts. 461 [arts. 139, IV, 497, 499, 500, 536, § 1°, e 537 do CPC/2015] e 461-A do CPC [arts. 498, 538, *caput* e § 3°, do CPC/2015]. Desse modo, à luz do princípio da atipicidade dos meios de execução, a circunstância de o art. 922 do CPC mencionar apenas a tutela de natureza possessória e a tutela ressarcitória (indenização pelos prejuízos) não impede o juiz de conceder a tutela de remoção do ato ilícito. Não há falar, portanto, em ofensa ao art. 922 [art. 556 do CPC/2015], mas de interpretação desse dispositivo à luz dos novos princípios que passaram a orientar a execução das obrigações de fazer, não fazer e entrega de coisa. (STJ, REsp n. 1.423.898/MS, rel. Min. Paulo de Tarso Sanseverino, j. 02.09.2014)

O processo deve ser extinto com resolução de mérito – e não sem resolução de mérito, por falta de interesse processual – caso o autor de ação de reintegração de posse não comprove ter possuído a área em litígio. (STJ, REsp n. 930.336/MG, rel. Min. Ricardo Villas Bôas Cueva, j. 06.02.2014)

O interdito proibitório, a que se refere o art. 501 do CC ("O possuidor que tenha justo receio de ser molestado na posse, poderá impetrar ao juiz que o segure da violência iminente, cominando pena a quem lhe transgredir o preceito"), destina-se a proteger a posse apenas ameaçada. Na ameaça, não existe ato material ofensivo à situação de fato, mas sim um perigo iminente de efetivação da moléstia, consistente na prática de atos que provocam no possuidor o justo receio de vir a ser turbado ou esbulhado. Não é qualquer receio, contudo, que constitui ameaça suscetível de ser tutelada através da ação de interdito proibitório, sendo necessário que o ato, objetivamente considerado, revele-se capaz de provocar receio de uma pessoa normal (I TACSP, Ap. n. 579.784-8, rel. Eliot Ackel, j. 20.05.1996). (*Lex-TACSP* 163/210, 1997)

Possessória. Interdito proibitório. Greve. Impedimento parcial de acesso às dependências de fábrica. Nítida infração da lei civil. Art. 499 do CC. Turbação caracterizada, ainda que com fundo trabalhista, por não ter abrigo na legislação do trabalho. Liminar mantida. Ação procedente. Recurso provido (I TACSP, Ap. n. 613.463-4, rel. Luiz Antonio de Godoy). (*Lex-TACSP* 163/202, 1997)

Processual civil. Ação de interdito possessório. Suspensão de linha de ônibus. Concessão de serviço público de transporte coletivo. Insuscetibilidade de tutela possessória. Carência da ação. I – Não cabe dar provimento de mérito à ação de interdito proibitório, para assegurar ao autor suposto direito de posse sobre serviço de utilidade pública a ele confiado, a título precário, como se tal forma de delegação recebida do poder público pudesse atribuir ao prestador de serviço delegado direito ou prerrogativa inerente à condição de proprietário. II – As concessões de serviço público não têm o condão de garantir ao concessionário a posse do serviço, nem geram direito defensável *ad interdicta*. III – Recurso provido, sem discrepância. (STJ, REsp n. 35.891, 1ª T., rel. Min. Demócrito Reinaldo, j. 01.06.1995, *DJ* 19.06.1995)

---

**§ 1° O possuidor turbado, ou esbulhado, poderá manter-se ou restituir-se por sua própria força, contanto que o faça logo; os atos de defesa, ou de desforço, não podem ir além do indispensável à manutenção, ou restituição da posse.**

---

O CC/2002 manteve o conteúdo do art. 502 da lei revogada, apenas condensando a redação, antes distribuída, em apenas um parágrafo do art. 1.210.

Trata o preceito da autotutela, pelo qual pode o possuidor turbado ou esbulhado repelir direta e pessoalmente, usando sua "própria força", na dicção da lei, o atentado à posse, desde que o faça incontinente e de forma proporcional à agressão, com uso moderado dos meios necessários. Pressuposto do instituto é que a agressão à posse seja injusta, porque se lícito o ato de terceiro não cabe a reação do possuidor.

A autotutela, embora tenha pontos de contato, não se confunde com a legítima defesa, mas vai além dela. O art. 187, I, retira a ilicitude dos atos praticados em legítima defesa, ou no exercício regular de um direito constituído. Exige, porém, que a agressão injusta seja iminente ou atual, jamais pretérita. Já o desforço próprio pode ser utilizado para recuperar a posse de coisa perdida, vale dizer, atos passados, desde que a reação seja tomada "logo". Em outras palavras, a lei municia o possuidor não só da legítima defesa, a ser usada em agressões iminentes ou atuais, mas da prerrogativa excepcional de recuperar coisas já perdidas para o esbulhador.

Utiliza o legislador a expressão possuidor sem nenhuma distinção, de modo que tanto o possuidor direto como o possuidor indireto podem usar a autodefesa, uma vez que ambos exercem de fato poderes inerentes ao domínio. Não distingue a lei, também, as demais classificações da posse, de modo que tanto o possuidor de boa-fé como o de má-fé, o possuidor justo como o injusto, todos têm legitimidade para exercer a autodefesa, desde que o ato de terceiro seja ilícito. Pode o possuidor usar, na dicção da lei, a força própria, ou solicitar o concurso de terceiros para reagir à agressão injusta. Até o servo ou fâmulo da posse, na qualidade de mero detentor (art. 1.198), pode usar a mesma prerrogativa, com a ressalva de que o faça em nome e em proveito de terceiro, a quem representa na posse, em obediência ao dever de vigiá-la e de conservá-la.

Dois são os requisitos cumulativos para a autotutela.

O primeiro, de natureza temporal, exige que o possuidor reaja por sua própria força, contanto que o faça "logo". Manteve o legislador conceito indeterminado – logo –, indicativo de reação rápida, pronta, no contexto da agressão, no calor dos acontecimentos, sem permitir que o esbulhador tenha soberania, que consolide a sua situação sobre a coisa. Transferiu-se ao juiz, portanto, a aferição da tempestividade da reação, atento às circunstâncias do caso concreto, levando em conta, por exemplo, a localização e características da coisa, ou o número de esbulhadores. O tempo mínimo que se exige para simples desocupação de imóvel urbano invadido por um só esbulhador não é o mesmo necessário para a reação contra a ocupação de extenso imóvel rural tomado por grande número de pessoas, o que exige certo lapso temporal para reunir forças e recursos para a autotutela. Se a situação já estiver consolidada, resta ao possuidor apenas usar a segunda linha de defesa, vale dizer, as ações possessórias.

O segundo requisito é o modo como se exerce a autotutela, usando moderadamente os meios necessários. Deve haver exata proporção entre a ação ilícita e a reação do possuidor para proteger ou retomar a coisa. O abuso, quer temporal, quer quanto aos meios usados na autodefesa, torna a conduta ilícita.

**Jurisprudência:** Desforço pessoal. Parágrafo único do art. 1.210 do CCB. Inocorrência de imediatismo. Suposta invasão em imóvel alheio. Inaplicabilidade do art. 1.210 do CCB. Destruição de barraco por "mãos próprias". Configuração de violência. Danos morais e materiais verificados. O desforço pessoal autorizado pelo parágrafo único [§ 1º] do art. 1.210 do CCB somente pode ser exercido pelo possuidor do próprio imóvel, não se justificando a prática do desforço em favor de possuidor alheio. Ademais, o desforço pessoal somente pode ser utilizado imediatamente após a ocorrência de esbulho, não se justificando o ato quando já decorrido vários dias da ocorrência do esbulho. A derrubada do barraco de moradia pelo Ofensor, por "mãos próprias" e sem o intermédio da justiça, se constitui em ato violento e agressivo, gerador do dano moral e material indenizável em favor do Ofendido, mormente quando se verifica que o suposto esbulho não se deu em área de posse do Ofensor. (TJMG, Proc. n. 1.0024.06.020740-4/001(1), rel. Luiz Carlos Gomes da Mata, j. 29.04.2010)

A turbação e o esbulho ambiental-urbanístico podem – e no caso do Estado, devem – ser combatidos pelo desforço imediato, medida atualmente prevista no art. 1.210, § 1º, do CC e imprescindível à manutenção da autoridade e da credibilidade da Administração Pública, da integridade do patrimônio estatal, da legalidade da ordem pública e da conservação de bens intangíveis e indisponíveis associados à qualidade de vida das presentes e futuras gerações. (STJ, REsp n. 1.017.741, rel. Min. Herman Benjamin, j. 24.03.2009)

**§ 2º Não obsta à manutenção ou reintegração na posse a alegação de propriedade, ou de outro direito sobre a coisa.**

O preceito em exame consagra uma das mais relevantes inovações do CC em matéria possessória, eliminando de vez a figura da exceção de domínio do ordenamento jurídico. Note-se que o STF, a fim de harmonizar a redação antinômica dos dois períodos do revogado art. 505, já editara a Súmula n. 487, que contém: "Será deferida a posse a quem, evidentemente, tiver o domínio, se com base neste for ela disputada". A redação do § 2º do art. 1.210 positiva o entendimento jurisprudencial, separando os juízos possessório e petitório.

Desde o Direito romano tem-se distinguido nitidamente a posse da propriedade. São conhecidos os aforismos *separata esse debet possessio a proprietate* (a posse deve ser separada da propriedade), *nihil commune habet proprietas cum possessione* (nada tem em comum a propriedade com a posse) e *nec possessio et proprietas misceri debent* (posse e propriedade não devem confundir-se).

Percebe-se facilmente que a posse pode ser considerada sob dois ângulos distintos: a) em si mesma, independentemente do fundamento ou do título jurídico; e b) como uma das faculdades jurídicas que integram a propriedade, ou outras relações jurídicas.

A expressão *ius possidendi* significa, literalmente, direito à posse, ou direito de possuir. É a faculdade que tem uma pessoa, por ser já titular de uma situação jurídica, de exercer a posse sobre determinada coisa. É a posse vista como o conteúdo de certos direitos. Pressupõe uma relação jurídica preexistente, que confere ao titular o direito à posse. Ao contrário do que afirmam alguns autores, não só o proprietário goza de tal situação mas também titulares de outros direitos reais, como o usufrutuário e o credor pignoratício, ou mesmo titulares de direitos meramente pessoais, como o locatário e o comodatário. Basta que seja a posse o objeto da relação jurídica, real ou pessoal. O titular do *ius possidendi*, ao invocar o seu título ou relação jurídica preexistente (real ou pessoal) para assegurar o direito à posse, instaura o chamado juízo petitório. Não se discute a posse em si mesma considerada, mas a razão, ou causa, pela qual se deve possuir.

O *jus possessionis*, inversamente, é o direito originado da situação jurídica da posse, independentemente da preexistência de uma relação jurídica que lhe dê causa. É indiferente a incidência, ou não, de um título para possuir. Aqui a posse não aparece subordinada a direitos, nem é emanada deles, formando parte de seu conteúdo. Alguns autores chegam a negar a expressão *jus*, preferindo *factum possessionis*, como melhor significado de posse sem título anterior. É o reflexo da autonomia do instituto da posse, que se mostra em toda sua pureza. É o fato da posse *per se*, necessário e suficiente para ter ingresso na significação jurídica. São casos típicos do exercício de *jus possessionis* aqueles que cultivam a terra abandonada, ou que se apoderam de coisas móveis perdidas. Recebem a proteção possessória, ainda que lhes falte um título que justifique a posse ou dê causa a ela. É o direito de posse. Seu único suporte é a sua própria existência e presença.

A melhor forma de distinguir o juízo petitório do possessório é manter estrita correlação entre o *jus (factum) possessionis* e o possessório e entre o *jus possidendi* e o petitório. Com isso, garante-se a distinção entre a posse e a propriedade e, sobretudo, protege-se a posse *per se* como instituição jurídica autônoma.

A tutela possessória – só possessória – mínima e básica, na ordem jurisdicional, está constituída pelos interditos, ou, entre nós, ações possessórias em sentido estrito. Deve-se, nas ditas ações possessórias, defender a posse como tal, sem outras ajudas e sem outras complicações: só e simplesmente. Se por trás dela aparece um direito que a atribua, é indiferente. Isso porque posso provar o direito, mas não obter a posse. Posso, em contrapartida, obter a posse e não provar o direito. Aqui é o ponto em que a posse aparece em sua plenitude e, diria, em sua solidão.

Na lição clássica e precisa de Wodon, que aparentemente orientou o raciocínio do legislador, "a posse, sendo uma coisa de fato, deve ser cuidadosamente separada de tudo o que se pode chamar direito ao petitório. Não basta que o réu diga *feci, sed jure feci* (fiz, mas tinha o direito de fazê-lo); é preciso que ele prove que o direito, com que excepciona, exclui a posse do autor em seus caracteres legais, ou tira à turbação o seu caráter de turbação possessória, ou, ainda, serve para apoiar e colorir uma posse contrária" (*apud* REZENDE, Astolpho. *A posse e a sua proteção.* São Paulo, Lejus, 2000, p. 465).

A exceção de domínio não está restrita, como parece, à alegação fundada somente no direito de propriedade. Pode vir calçada em outros direitos, reais ou pessoais. Basta a invocação de uma situação jurídica preexistente, que confira a seu titular direito à posse. Em termos diversos, fundada no *jus possidendi*.

Vale lembrar que veda a lei que o turbador ou esbulhador justifique a agressão injusta à posse invocando a propriedade ou outro direito. A discussão dominial somente terá relevância em duas situações: quando ambos os litigantes discutem a posse com fundamento no domínio (na verdade a ação será petitória), ou quando tanto a posse do autor como a posse do réu se mostrarem duvidosas, caso em que a propriedade funciona como critério supletivo, como indício de que ao proprietário pertence a posse, em razão do direito de sequela.

Assentaram os Enunciados ns. 78 e 79, aprovados na Jornada de Direito Civil promovida pelo CEJ do CJF, no período de 11 a 13 de setembro de 2002, sob a coordenação científica do Ministro Ruy Rosado, do STJ, a respeito do tema:

"Art. 1.210: Tendo em vista a não recepção, pelo novo CC, da *exceptio proprietatis* (art. 1.210, § 2º), em caso de ausência de prova suficiente para embasar decisão liminar ou sentença final ancorada exclusivamente no *jus possessionis*, deverá o pedido ser indeferido e julgado improcedente, não obstante eventual alegação e demonstração de direito real sobre o bem litigioso.

Art. 1.210: A *exceptio proprietatis*, como defesa oponível às ações possessórias típicas, foi abolida pelo CC/2002, que estabeleceu a absoluta separação entre os juízos possessório e petitório".

Resta analisar o que dispõe o art. 557 do CPC/2015, que reza: "Na pendência de ação possessória é vedado, tanto ao autor quanto ao réu, propor ação de reconhecimento de domínio, exceto se a pretensão for deduzida em face de terceira pessoa" (ver também art. 923 do CPC/73).

O preceito nada mais pretendeu – como se verá, de modo equivocado – do que dar feição processual à separação e independência entre os institutos da posse e da propriedade. O atrelamento do petitório ao final do possessório, todavia, foi infeliz. Como bem coloca Adroaldo Furtado Fabrício, "o que se vê, pois, é que, a pretexto de separar o possessório do petitório, o que se acaba de fazer é, paradoxalmente, juntá-los e jungi-los um ao outro por uma relação de dependência absolutamente inexistente. Independentes que são, só razões de ordem prática, circunstancial, como a de já estar sendo discutido *incidenter* o direito de possuir, explicam o fechamento às partes das portas do petitório" (*Comentários ao Código de Processo Civil*, 12. ed. Rio de Janeiro, Forense, 1984, v. VIII, t. III, p. 408).

A clássica separação entre o possessório e o petitório tem como propósito evitar que o proprietário justifique sua má conduta no campo possessório invocando o direito de propriedade. Quando, porém, a separação vai além do limite acima mencionado e torna-se proibição genérica, o vínculo de subordinação *(somente se inicia o petitório ao terminar o possessório)* acaba por produzir efeito contrário, unindo indevidamente os dois juízos.

Na verdade, o que se deve indagar é simplesmente o seguinte: caso corram ações petitória e possessória simultaneamente, haverá o risco de sentenças contraditórias? A pergunta poderia ser formulada em outros termos: há relação de prejudicialidade recíproca entre os juízos petitório e possessório?

Parece inexistir o risco de sentenças contraditórias e muito menos relação de prejudicialidade entre os referidos juízos. Isso porque, embora o objeto possa ser o mesmo em ambas as demandas – a posse –, é ele disputado por razões radicalmente distintas. Pode-se indagar: como a mesma coisa pode ter dois comandos distintos de entrega, um no juízo possessório e outro no juízo petitório, sem conflito? Simples. O bem é entregue no juízo possessório até que o proprietário o tome pelos meios legais, ou seja, no juízo petitório. A relação de direito material é perfeitamente compatível com o andamento simultâneo de ambas as ações.

Por isso, o entendimento hoje prevalente é que a proibição contida no art. 923 não é absoluta, sob pena de mutilar o direito de propriedade e levar a situações de flagrante injustiça. A única interpretação possível do art. 923 é a utilização de critérios semelhantes aos aplicados pelo STF ao interpretar o art. 505 do CC, distinguindo as situações possessórias puras (*jus possessionis*) das situações possessórias impuras (*jus possidendi*).

Somente haverá situação antinômica entre a ação possessória e a ação petitória que correm paralelamente, se na primeira a posse for disputada com fundamento no *ius possidendi*. Poderia aí a situação gerar sentenças contraditórias, uma vez que ambas analisariam a posse sob o mesmo fundamento, qual seja como conteúdo de um direito preexistente.

Existe jurisprudência mais antiga que conforta o ponto de vista ora adotado (*RT* 507/194, 605/55 e 650/67; *RJTJESP-Lex* 123/217 e 124/297). A 2ª Turma do STF endossou a conclusão citada ao julgar o Recurso Extraordinário n. 89.179-0/PA, com ementa do seguinte teor: "Na pendência de processo possessório, fundado em alegação de domínio, é defeso assim ao autor como ao réu intentar ação de reconhecimento de domínio" (*DJU* 31.08.1979, p. 6.470, rel. Min. Cordeiro Guerra). Outra não foi a conclusão a que chegou o 1º Simpósio de Curitiba, ao editar a conclusão n. LXXIII, do seguinte teor: "o art. 923, 1ª parte, só se refere a ações possessórias em que a posse seja disputada a título de domínio".

O STJ, porém, em pronunciamentos recentes, tem prestigiado a aplicação literal do art. 557 do CPC e negado a possibilidade de na pendência de ação possessória se ajuizar ação petitória. Precedente recente reafirmou que o art. 557 do CPC e o art. 1.210, § 2º, do CC estabelecem a vedação da exceção de domínio. Há uma separação absoluta entre os juízos petitório, baseado na propriedade, e possessório, baseado na posse. Isso porque a posse é fenômeno fático-social digno de tutela, sendo totalmente autônomo e distinto da propriedade. Um dos efeitos da posse é justamente a sua proteção por meio da tutela estatal. Portanto, havendo uma ação possessória em curso, não é cabível o ajuizamento de ação petitória ou a discussão a respeito da propriedade. (STJ, REsp n. 1.909.196/SP, rel. Min. Nancy Andrighi, j. 15.06.2021)

Note-se que posicionamento recente do STJ afirma que não se aplica a limitação do art. 557 do CPC aos casos em que o imóvel objeto do litígio é público, como aqueles destinados à Reforma Agrária. A discussão da posse em referidas demandas decorre do próprio direito de propriedade, pois relacionada a grandes extensões de terra destinadas à Reforma Agrária. Entender o contrário inviabilizaria a referida política pública, sobrepondo o interesse privado dos particulares à posse do imóvel ao interesse público primário da efetivação da política pública de reforma agrária.

**Jurisprudência:** A Corte Especial do STJ, recentemente, no julgamento dos EREsp n. 1.296.991/DF (*DJe* 27.02.2019), firmou a tese de que, nos casos em que o imóvel objeto do litígio é público, como aqueles destinados à Reforma Agrária, a discussão da posse em ação possessória decorre do próprio direito de propriedade, não se aplicando a restrição normativa prevista no art. 923 do CPC/73 (557 do CPC/2015). (STJ, REsp n. 1.819.861/MT, rel. Min. Herman Benjamin, j. 12.11.2019)

Ajuizada ação de usucapião especial urbano posteriormente e contra aquele que já havia deduzido em juízo sua pretensão de reintegração de posse, suspendeu-se este último processo, por prejudicialidade externa, com fundamento no art. 265, IV, *a*, CPC [art. 313, V, do CPC/2015]. Não há prejudicialidade externa que justifique a suspensão da possessória até que se julgue a usucapião. A posse não depende da propriedade e, por conseguinte, a tutela da posse pode se dar mesmo contra a propriedade. (STJ, REsp n. 866.249/SP, rel. Min. Nancy Andrighi, j. 17.04.2008)

Ainda que chamada de ação de imissão na posse, a demanda tem nítido caráter petitório. O proprietário tem o direito de reivindicar seu bem em poder de terceiro, injustamente. Inteligência do art. 524 do CC brasileiro. Provadas a propriedade e injustiça da detenção, a ação há de ser procedente. O apelante não tinha contrato de promessa de compra e venda, apenas um mero recibo. Assim, não comprou o imóvel de quem figurava como dono no registro imobiliário. Já o apelado detém título de domínio sobre o imóvel. Se o título de domínio prevalece sobre o promitente comprador, mais ainda sobre o detentor de um mero recibo. Desse modo, o apelante só tem pretensão de direito pessoal contra quem lhe vendeu o imóvel, e não contra o apelado, titular do domínio. A posse do apelante e a de seus antecessores têm características diferentes, o que impede a *accessio possessionis*. Apelo improvido. Unânime. (TJRS, Ap. Cível n. 70.004.804.944, 18ª Câm. Cível, rel. Pedro Luiz Pozza, j. 03.06.2004)

I – A proteção possessória independe da alegação de domínio e pode ser exercitada até mesmo contra o proprietário que não tem posse efetiva, mas apenas civil, oriunda de título. II – Na linha da jurisprudência do STJ e do verbete sumular n. 487/STF, firmada na vigência do CC/1916, cabe a exceção de domínio nas ações possessórias se com base nele a posse for disputada. III – Entre o juízo de indícios próprio da liminar sem audiência da parte contrária e o juízo definitivo da sentença, é de prestigiar-se este último, em que o magistrado firma seu convencimento com base no conjunto dos autos. IV – A pendência de julgamento da apelação sobre o mesmo tema versado no agravo contra a liminar, nos mesmos autos de interdito proibitório, não recomenda a este STJ o exame do recurso especial interposto no agravo, o que acabaria por suprimir a competência da instância revisora sobre o mérito da demanda. (STJ, REsp n. 327.214, 4ª T., rel. Min. Sálvio de Figueiredo Teixeira, j. 04.09.2003, *DJ* 24.11.2003)

---

**Art. 1.211. Quando mais de uma pessoa se disser possuidora, manter-se-á provisoriamente a que tiver a coisa, se não estiver manifesto que a obteve de alguma das outras por modo vicioso.**

---

O CC/2002 pouco alterou o preceito semelhante do art. 500 do Código revogado. Apenas tornou a redação mais técnica, substituindo o termo "a que detiver a coisa" por "a que tiver a coisa", eliminando a ideia de que o mero detentor pudesse invocar a seu favor a tutela possessória.

Consagra a regra o velho princípio *quieta non movere*. Havendo dúvida fundada acerca de quem é o real possuidor, mantém-se a coisa em poder de quem com ela fisicamente se encontra, coibindo o conflito das partes pelo seu apoderamento.

É uma espécie de manutenção provisória da coisa em poder de quem com ela se encontra, até que haja final decisão na ação possessória. A regra, porém, não vale para o caso em que houver prova robusta de que aquele que tem o poder imediato sobre a coisa a obteve dos demais de modo vicioso.

O art. 500 do CC/1916 sempre foi interpretado em consonância com o art. 507 do mesmo diploma, que tratava da manutenção e da reintegração liminar nas ações de posse nova, determinando que, no caso de dúvida, houvesse o sequestro da coisa litigiosa. Como não foi a regra do art. 507 reproduzida, prevalece a disciplina dos arts. 554 e segs. do CPC/2015 (arts. 920 e seguintes do CPC/73).

O Enunciado n. 239 da II Jornada do CEJ da Justiça Federal vai no mesmo sentido: "Na falta de demonstração inequívoca de posse que atenda à função social, deve-se utilizar a noção de 'melhor posse', com base nos critérios previstos no parágrafo único do art. 507 do CC/1916".

**Jurisprudência:** Agravo de instrumento. Decisão que deferiu a tutela de urgência para manutenção da autora na posse do imóvel objeto do litígio. Recurso dos requeridos. Decisão mantida. Demanda de natureza possessória. Irrelevância das alegações sobre o título dominial. Presença dos requisitos do art. 561 do CPC. Contrato de comodato sem assinatura da agravada. Quando mais de uma pessoa se disser possuidora de uma coisa, manter-se-á, provisoriamente, a pessoa que a tiver – art. 1.211 do CC. Necessidade de dilação probatória para a elucidação dos fatos aduzidos. Em sede de cognição sumária, é mais prudente a manutenção do estado atual das coisas, até o aprofundamento da cognição, com respeito ao contraditório e à ampla defesa. Decisão mantida. Recurso não provido. (TJSP, AI n. 2336301-33.2023.8.26.0000/Campinas, 22ª Câm. de Dir. Priv., rel. Júlio César Franco, j. 19.03.2024, publ. 19.03.2024)

Havendo dúvida no julgador quanto ao preenchimento dos requisitos para a concessão da liminar possessória e, diante das teses antagônicas trazidas pelas partes, impõe-se a aplicação do disposto no art. 1.211 do CC, o qual recomenda que, quando mais de uma pessoa se disser possuidora, manter-se-á provisoriamente a que tiver a coisa, se não estiver manifesto que a obteve de alguma das outras por modo vicioso. AI provido. (TJRS, AI n. 70.061.224.218, 19ª Câm. Cível, rel. Des. Voltaire de Lima Moraes, j. 02.10.2014).

A despeito de notificada judicialmente a ré para desocupar o imóvel, remanesce duvidosa a prática de esbulho possessório. Fundado o pedido de reintegração na denúncia de contrato verbal de comodato, e, sem que haja qualquer comprovação nos autos da existência deste, recomenda-se a manutenção da situação de fato existente no momento em que instaurado o litígio. Aplicação do princípio *quieta non movere*. Liminar revogada. Agravo de instrumento provido. Unânime. (TJRS, AI n. 70.010.385.086, 18ª Câm. Cível, rel. Des. Cláudio Augusto Rosa Lopes Nunes, j. 24.02.2005)

Ainda que a alegada fraude na firmatura de contrato de comodato com pacto de doação condicional dependa de dilação probatória, considerando que o agravante está na posse do veículo objeto do seu pleito desde 14.09.2002 e também as demais circunstâncias do caso concreto, assemelha-se prudente a proteção da sua posse, visando à preservação do *status* possessório, na esteira do princípio do *quieta non movere*. A fungibilidade das ações possessórias permite o recebimento do pedido como interdito proibitório, presente ameaça de turbação ou esbulho. Inteligência dos arts. 920 e 932 do CPC [arts. 554 e 567 do CPC/2015] e atendimento dos requisitos do art. 927 do mesmo estatuto processual. Exegese, ainda, do art. 1.211 do novo CC. Pena pecuniária. Cabimento. Quanto ao pedido de fixação de multa diária para o caso de eventual esbulho ou turbação, em se tratando de interdito proibitório, é cabível a fixação de multa diária para o caso de eventual ato turbatório ou esbulhatório, com amparo no art. 932 do CPC [art. 567 do CPC/2015]. Agravo de instrumento provido. (TJRS, AI n. 70.009.778.101, 14ª Câm. Cível, rel. Des. Isabel de Borba Lucas, j. 22.02.2005)

---

**Art. 1.212. O possuidor pode intentar a ação de esbulho, ou a de indenização, contra o terceiro, que recebeu a coisa esbulhada sabendo que o era.**

---

A regra em comento deriva do interdito *unde vi* do Direito romano, que tinha por objeto recuperar a posse dos imóveis esbulhados por ato violento e só podia ser intentado contra o próprio esbulhador. Foi posteriormente estendido pelo direito canônico ao terceiro adquirente, desde que estivesse de má-fé no momento da aquisição da posse.

Considera o legislador que tanto o terceiro adquirente de boa-fé como o esbulhado são – ou foram – titulares de posse justa e inclina-se a favor do primeiro, que nenhum ato ilícito praticou e tem a posse atual da coisa. Note-se que o esbulhado não tem ação possessória para recuperar a coisa em poder do adquirente de boa-fé, fundada no *ius possessionis*. Tem, porém, ação petitória para tal finalidade, fundada no *ius possidendi*, vale dizer em relação jurídica de direito real ou pessoal que confira direito à posse, matéria esmiuçada no comentário ao § 2º do art. 1.210 do CC.

Cabe a ressalva de que nem todo terceiro está amparado por este artigo do CC. O sucessor *causa mortis* e o sucessor universal continuam de direito a posse de seus antecessores, recebendo-a com os mesmos caracteres. Logo, se a posse do autor da herança era de má-fé, têm os sucessores legitimidade para figurar no polo passivo da ação possessória e da ação indenizatória. A posse é a mesma, com idênticas qualidades e vícios, e apenas prossegue com titular distinto.

No que se refere à sucessão *inter vivos* – *accessio possessionis* – a união das posses, como já visto, é mera faculdade do adquirente, que, portanto, não tem a sua situação jurídica automaticamente contaminada pelos vícios da posse ou má-fé do antecessor. Se, no entanto, ao adquirir a posse tinha conhecimento dos vícios, tem o dever de restituir a coisa ao esbulhado, além de compor perdas e danos.

Assentou o Enunciado n. 80 aprovado na Jornada de Direito Civil promovida pelo CEJ do CJF, no período de 11 a 13 de setembro de 2002, sob a coordenação científica do Ministro Ruy Rosado, do STJ, a respeito do tema: "Art. 1.212: É inadmissível o direcionamento de demanda possessória ou ressarcitória contra terceiro possuidor de boa-fé, por ser parte passiva ilegítima, diante do disposto no art. 1.212 do novo CC. Contra o terceiro de boa-fé cabe tão somente a propositura de demanda de natureza real".

Cabe apenas a ressalva de que, após a citação na ação possessória, irrelevante é a cessão da posse, ou a boa-fé do adquirente. Isso porque, nos exatos termos do art. 109, combinado com o art. 240 do CPC/2015 (art. 42, c/c o art. 219, ambos do CPC/73), a alienação da coisa ou do direito litigioso, a título particular, por ato entre vivos, não altera a legitimidade das partes. Em tal hipótese, a sentença proferida entre as partes originárias estende os seus efeitos aos adquirentes ou cessionários.

**Jurisprudência:** *RT* 820/275.

---

**Art. 1.213. O disposto nos artigos antecedentes não se aplica às servidões não aparentes, salvo quando os respectivos títulos provierem do possuidor do prédio serviente, ou daqueles de quem este o houve.**

---

O CC/2002 corrigiu as imperfeições que continha o art. 509 do CC/1916, eliminando a referência às servidões contínuas e descontínuas.

O que diz a regra é que apenas as servidões aparentes, ou seja, aquelas que ostentam sinais exteriores, que são constatáveis *icto oculi*, é que gozam da proteção possessória. As servidões aparentes via de regra revelam tais sinais por obras artificiais, como caminhos, pontes, aquedutos, destinados a viabilizar o exercício das servidões. Terceiros podem conhecê-las, porque o seu exercício de fato deixa sinais exteriores, caracterizadores da posse.

Já as servidões não aparentes, vale dizer, aquelas que não ostentam sinais exteriores visíveis, imperceptíveis à inspeção ocular, somente gozam da tutela possessória se o título provier diretamente do possuidor do prédio serviente, ou daqueles a quem este o houve, ou seja, a título derivado. As servidões não aparentes somente ganham publicidade com o registro do título outorgado pelo proprietário do prédio serviente no registro imobiliário. Sem o registro, a terceiro não é dado conhecê-las, por falta de publicidade ou sinais exteriores, de modo que contra ele não pode ser usada a tutela possessória. Haveria dúvida fundada acerca da natureza dos atos praticados, se de mera permissão ou tolerância – detenção – ou efetiva posse. O preceito em estudo guarda estreita relação com o disposto no art. 1.379 do CC, que restringe a usucapião às servidões aparentes, porque gozam de publicidade em decorrência dos sinais exteriores, permitindo ao titular do prédio serviente reagir contra a prescrição aquisitiva.

Eliminou o CC/2002 a menção às servidões não contínuas, ou seja, aquelas cujo exercício está subordinado à ação humana atual. Cai, por consequência, a antiga discussão sobre a possibilidade de a servidão de passagem marcada no terreno (aparente e não contínua) receber a tutela possessória. Como a lei atual somente exige o requisito da aparência, a servidão de passagem ou de trânsito, ainda que não titulada, desde que visível por sinais exteriores, recebe a proteção da tutela possessória contra atos injustos de terceiros.

---

**Art. 1.214. O possuidor de boa-fé tem direito, enquanto ela durar, aos frutos percebidos.**

**Parágrafo único. Os frutos pendentes ao tempo em que cessar a boa-fé devem ser restituídos, depois de deduzidas as despesas da produção e custeio; devem ser também restituídos os frutos colhidos com antecipação.**

---

Frutos são a riqueza normalmente produzida por um bem patrimonial, ou seja, são as utilidades que a coisa periodicamente produz, sem desfalque de sua substância. Diferenciam-se dos produtos, cuja utilização desfalca a substância, reduzindo-a gradualmente, até levá-la ao esgotamento. A primeira observação a ser feita, portanto, é que o efeito em estudo da posse limita-se à percepção dos frutos e não dos produtos.

Podem os frutos ser naturais, decorrentes da própria natureza, como as frutas e as crias de animais; industriais, decorrentes da atividade humana, como a produção de uma fábrica; ou civis, consistentes das rendas de uma coisa, como aluguéis e juros.

Classificam-se também os frutos como pendentes, quando ainda unidos à coisa; percebidos ou colhidos, depois de separados; estantes, os separados e armazenados; e consumidos, os que já foram utilizados.

Cabe ao possuidor de boa-fé o direito aos frutos percebidos, enquanto ela durar, como expressamente diz este artigo. Logo, o possuidor de boa-fé adquire não só a posse como também a propriedade dos frutos percebidos, estantes e consumidos. Note-se, porém, que a regra do artigo em estudo encontra exceção no art. 95 do CC/2002, que dispõe que, "apesar de não separados do bem principal, os frutos e produtos podem ser objeto de negócio jurídico". É factível, assim, que ao se iniciar a posse de boa-fé os frutos já tenham sido negociados com terceiros, de modo que a eles não faz jus o possuidor, se tiver conhecimento da relação jurídica. Caso ignore o negócio, tem o possuidor direito aos frutos, porque não está vinculado – *res inter alios acta* – à obrigação de dar.

Os frutos, como bens acessórios, via de regra pertencem ao proprietário, como, de resto, determina o art. 1.232 do CC. O legislador, porém, em homenagem à função social e à boa-fé do possuidor e ainda considerando eventual negligência do proprietário, criou exceção à regra, conferindo os frutos ao possuidor de boa-fé.

Como visto acima, no comentário ao art. 1.201 do CC, a boa-fé a que alude o preceito é a subjetiva, consistente na ignorância dos vícios que maculam a posse. Logo, no exato momento em que o possuidor toma conhecimento dos vícios que afetam a posse, inverte-se a sua qualidade e cessa o direito de percepção dos frutos ainda pendentes.

Verifica-se, portanto, que são dois os fatores temporais determinantes para saber a quem pertencem os frutos: o momento em que foram colhidos, ou seja, separados da coisa, em confronto com o momento em que cessou a boa-fé subjetiva.

Pode a percepção dos frutos ser vedada ou restringida na via negocial, como se dá, por exemplo, na posse decorrente de direito real de uso, ou de habitação.

Vimos anteriormente, ao comentar os arts. 1.202 e 1.203 do CC, que a boa-fé subjetiva, como ignorância dos vícios que acometem a posse, pode cessar quando muda o estado anímico do possuidor. A presunção relativa de boa-fé cessa quando as circunstâncias indicam que sabe o possuidor dos vícios que afetam a sua posse, ou, na pior das hipóteses, no momento em que ele é citado em ação possessória ou petitória. Logo, a boa-fé ou a má-fé da posse são estados intercambiáveis, que produzem profundos efeitos em relação à percepção dos frutos.

Diz o preceito em estudo que os frutos pendentes, ou seja, aqueles unidos à coisa principal, portanto não separados ou percebidos, devem ser restituídos ao retomante, a partir do exato momento em que cessa a boa-fé, pela simples razão de que ainda são parte integrante da coisa a que aderem. Se a coisa é devolvida, juntamente vão os frutos pendentes, que a ela se encontram ligados, formando um todo.

Se os frutos forem colhidos pelo possuidor no período que medeia entre a cessação da boa-fé e a devolução da coisa ao retomante, devem ser restituídos em espécie ou pelo equivalente valor em dinheiro, cabendo a produção de prova sobre a exata quantidade e qualidade dos frutos percebidos. Isso porque, como é óbvio, foram colhidos quando o possuidor já estava de má-fé.

O que acima foi dito acerca da regra do art. 95 do CC quanto à alienação dos frutos pendentes a terceiros vale também para o momento em que cessa a posse. O retomante somente estará obrigado a respeitar a anterior alienação dos frutos pendentes se conhecia o negócio jurídico. Caso contrário, é estranho ao vínculo negocial, que obriga somente as partes contratantes, não afetando terceiro retomante de boa-fé.

Além dos frutos pendentes ao tempo em que cessa a boa-fé, também devem ser devolvidos os frutos colhidos por antecipação, ou seja, antes de terem atingido a maturidade. Isso porque a colheita antes do tempo, por ato unilateral do possuidor, esvaziaria os efeitos do preceito que garante ao retomante o direito aos frutos pendentes. Afora isso, a colheita antecipada constitui circunstância, em vista de sua anormalidade, que induz a má-fé do possuidor (art. 1.203 do CC). Note-se, porém, que, se os frutos são temporões por fato natural, como fatores climáticos, ou por convenção das partes, em razão de usos e costumes ou por necessidade comprovada, cessa o dever de restituição do possuidor perante o retomante.

A regra se encerra dispondo que a devolução dos frutos se dá depois de deduzidas as despesas de produção e custeio. Positiva a cláusula geral que veda o enriquecimento sem causa (art. 884 do CC). O retomante tem direito aos frutos pendentes, mas é certo que, se tivesse permanecido de posse da coisa, para receber os mesmos frutos teria de fazer investimentos e custear a produção. É exatamente esse valor que se abate dos frutos pendentes a ser restituídos, em compensação atípica, em razão de eventual iliquidez das verbas.

Vale lembrar, finalmente, que a questão da indenização dos frutos pendentes ao tempo da restituição, em especial a dedução das despesas de produção e de custeio, recebe disciplina especial quando se trata de posse decorrente de direito real de usufruto, nos termos dos arts. 1.396 e 1.397 do CC, adiante comentados.

**Jurisprudência:** Em se tratando de ação de domínio, tem-se como injusta a posse do réu, pelo só fato de contrapor-se ao direito de propriedade do autor. Configurada fica a má-fé se os réus, que ocupavam o imóvel sem justo título, sabiam quem era seu dono e tinham plena ciência de que ele poderia reclamá-lo, respondendo, nesse caso, pelos frutos colhidos. Fora dos casos de boa-fé, o possuidor tem direito somente à indenização pelas benfeitorias necessárias introduzidas no terreno. (TJPR, Ap. Cível n. 31.723-1, 1ª Câm. Cível, rel. J. Vidal Coelho, j. 08.11.1994)

**Art. 1.215. Os frutos naturais e industriais reputam-se colhidos e percebidos, logo que são separados; os civis reputam-se percebidos dia por dia.**

Frutos naturais, ou verdadeiros, são aqueles que nascem e renascem da coisa, sem necessidade da ação do homem. Provêm diretamente da coisa, e a colaboração humana, embora possível, não é indispensável. Frutos industriais são aqueles que pressupõem atividade humana ou indústria, necessárias e preponderantes. Frutos civis, ou rendimentos, são aqueles pagos pela utilização de coisa ou bem alheios. É a remuneração que alguém paga para poder usar coisa ou bem de terceiro, como os juros e os aluguéis. Vale destacar que a correção monetária, por constituir simples manutenção do valor real do capital, evitando a sua corrosão pela depreciação da moeda, não se qualifica como fruto civil.

Como vimos anteriormente, é fundamental saber o momento em que os frutos reputam-se colhidos, para efeito de restituição – ou não – ao retomante. O CC disciplina a matéria de modo distinto para os frutos naturais/industriais e para os frutos civis.

No que se refere aos frutos naturais e industriais, consideram-se eles percebidos ou colhidos logo que separados. Frutos colhidos são aqueles cuja separação da coisa independe de apreensão pelo possuidor. Frutos percebidos são aqueles em que o possuidor contribui para a separação. Não há, porém, consequência prática na distinção, porque para uns e outros o momento relevante é o da separação da coisa.

Quanto aos frutos civis, a regra é outra. Consideram-se percebidos dia a dia, porque não se encontram ligados fisicamente à coisa principal. O momento determinante é o do vencimento e não o do pagamento dos rendimentos. Tome-se como exemplo o recebimento de aluguéis da coisa possuída, devidos ao possuidor de modo proporcional aos dias do mês em que esteve de boa-fé. Os aluguéis relativos aos dias do mês posteriores à cessação da boa-fé pertencem ao retomante.

**Art. 1.216. O possuidor de má-fé responde por todos os frutos colhidos e percebidos, bem como pelos que, por culpa sua, deixou de perceber, desde o momento em que se constituiu de má-fé; tem direito às despesas da produção e custeio.**

O artigo em estudo se contrapõe ao art. 1.214, que disciplina a questão dos frutos em relação ao possuidor de boa-fé. Possuidor de má-fé, como acima visto, é aquele que conhece o vício que macula a sua posse.

O conhecimento da origem ou do estado ilícito da posse acarreta a responsabilidade do possuidor, que deve devolver todos os frutos colhidos e percebidos, quer sejam naturais, quer sejam civis ou industriais. Também responde o possuidor de má-fé pelos frutos percebidos por terceiro, a quem entregou a posse da coisa usurpada.

O legislador, frisando o caráter ilícito da posse de má-fé, imputa ao possuidor o dever de restituir também os frutos que deixou de colher por culpa sua, a partir do momento em que passou a conhecer os vícios da posse. Levam-se em conta, aqui, os frutos que teriam sido percebidos, caso a coisa estivesse em poder de um administrador cuidadoso e probo. Somente se exime o possuidor de má-fé de restituir os frutos não colhidos, se demonstrar que eles se perderam sem culpa sua, ou, então, por algo que o livre de responsabilidade, como o caso fortuito e a força maior.

A única prerrogativa que cabe ao possuidor de má-fé é o reembolso das despesas de produção e de custeio, para percepção dos frutos que devolverá ao retomante. A regra tem razão de ser, fundada na cláusula geral do enriquecimento sem causa, hoje positivada no art. 884 do CC. Isso porque, caso a posse da coisa não tivesse sido perdida pelo retomante, este teria de despender certo investimento para colher os frutos da coisa. É exatamente esse valor que deve reembolsar ao possuidor, ainda que este esteja de má-fé.

Embora não diga expressamente a lei, o mesmo direito de reembolso cabe ao possuidor de má-fé em relação aos frutos pendentes. Não teria sentido que recuperasse o investimento em relação aos frutos colhidos, mas não em relação aos pendentes, quando a razão que levou à edição da norma é rigorosamente a mesma, qual seja evitar o enriquecimento sem causa do retomante. Aplica-se, então, o parágrafo único do art. 1.214 do CC.

**Jurisprudência:** Imissão. Posse. Imóvel. Execução hipotecária. 1 – O réu, possuidor, opõe-se à imissão na posse do imóvel pelo credor hipotecário. Entretanto, o réu não esclareceu a que título ingressou no imóvel. 2 – As impugnações do réu em relação à regularidade do processo executivo não podem ser consideradas, pois lhe falta legitimidade para o pedido. Insurgências somente poderiam ser expostas pelos executados, o que, ao que tudo indica, não ocorreu. Não poderia o réu sequer exigir a intimação a respeito da mora, pois, perante o autor, não era o devedor hipotecário. Assim, após executar extrajudicialmente o direito de garantia, o autor passou a titularizar direito real de propriedade, de modo que nada afasta o consequente direito à imissão na posse do imóvel. 3 – O Eg. STF confirmou, em diversas decisões, a constitucionalidade do DL n. 70/66. Incidência da Súmula n. 20, desta Eg. Corte. 4 – Ocupação. A sentença acertadamente reconheceu que a posse exercida pelo réu era injusta. Daí decorre o direito do credor hipotecário à indenização pelo uso indevido do imóvel. O direito à indenização não se funda unicamente no art. 38 do DL n. 70/66. Decorre primordialmente do dever que tem o réu de indenizar o autor pelas perdas e danos (art. 186 do CC) que, no caso, se caracteriza pela privação do uso do bem. Responde o possuidor de má-fé, de acordo com o disposto no art. 1.216, do CC, "por todos os frutos colhidos e percebidos". São os frutos civis decorrentes do uso do imóvel, calculados pelo valor equivalente a um aluguel, exatamente como estabeleceu a sentença. 5 – O réu não demonstrou sinais de riqueza. Logo, a ele deve ser concedido o benefício da assistência judiciária gratuita. Recurso parcialmente provido para conceder a assistência judiciária gratuita ao apelante. (TJSP, AC n. 0052014-03.2002.8.26.0224, 10ª Câm. de Dir. Priv., rel. Des. Carlos Alberto Garbi, j. 12.03.2013)

**Art. 1.217. O possuidor de boa-fé não responde pela perda ou deterioração da coisa, a que não der causa.**

O artigo em exame diz respeito aos riscos da coisa possuída. O que se disciplina é a distribuição dos riscos de perda e de deterioração da coisa, se atribuídos ao possuidor ou ao retomante.

A perda pode ser física ou jurídica, tanto pelo perecimento material, com esgotamento da substância, como pelo apoderamento por terceiro, ou por estar a coisa em local inacessível. A deterioração é a avaria da coisa, provocando a sua desvalorização ou o comprometimento parcial de sua utilidade. Pode também ser física, com o desfalque material da coisa, como jurídica, por estar a coisa gravada ou onerada em favor de terceiro.

O princípio maior está explicitado no período inicial do preceito, vale dizer, o possuidor de boa-fé não responde pelos riscos de perda ou deterioração da coisa, se a eles não der causa, agindo de modo culposo ou doloso. Em termos diversos, se a coisa se perder ou se estragar sem culpa do possuidor, o risco é do retomante. O possuidor se exonera do dever de devolver a coisa incólume, ou o seu equivalente em dinheiro, acrescido de perdas e danos. Note-se que a regra tem perfeita simetria com o disposto no art. 238 do CC, que regula a mesma situação no âmbito dos direitos de crédito, consagrando o aforismo *res perit domino*. O retomante, que pode ou não ser o dono, é que arca com o risco da coisa.

Caso a coisa possuída seja fungível, porém, a regra é outra. Vale então o aforismo *genus nunquam perit*, podendo o possuidor, desde que antes da escolha, devolver coisa do mesmo gênero, qualidade e quantidade ao retomante. Em tal caso, o risco pela perda ou deterioração da coisa, em vista de sua natureza, desloca-se do retomante para o possuidor.

A parte final do artigo faz a ressalva de que o possuidor se exonera do risco de perda ou deterioração "a que não der causa". A expressão causa equivale, aqui, a culpa. O possuidor não responde pelo risco, se não agiu com dolo ou culpa, ou, então, se presentes as excludentes do caso fortuito ou da força maior.

Mais uma vez é fundamental conhecer o exato momento em que a posse de boa-fé se converteu em posse de má-fé, com o conhecimento do vício que afeta a coisa, porque constituirá o marco da inversão dos riscos da coisa. Remete-se o leitor ao comentário dos arts. 1.201 a 1.203 do CC.

**Art. 1.218. O possuidor de má-fé responde pela perda, ou deterioração da coisa, ainda que acidentais, salvo se provar que de igual modo se teriam dado, estando ela na posse do reivindicante.**

O possuidor de má-fé conhece a origem ilícita ou os vícios que afetam a sua posse. Sabe que deve devolver a coisa ao retomante, mas não o faz. Por isso é responsável pela perda ou deterioração da coisa, quer aja com culpa, quer aja sem culpa. Responde, por consequência, por todos os prejuízos que sofrer a coisa possuída que sejam resultado direto ou indireto de sua posse indevida.

O preceito tem simetria com o art. 399 do CC, que no campo dos direitos obrigacionais disciplina a responsabilidade do devedor em mora. Do mesmo modo que a mora perpetua a obrigação, deslocando para o devedor todos os riscos da impossibilidade da prestação, ainda que resulte de caso fortuito ou força maior, situação similar ocorre no campo do direito das coisas. O possuidor de má-fé que praticou o ato ilícito ou ao menos conhece o vício que afeta a sua posse atrai para si todos os riscos de perda ou deterioração da coisa, ainda que resultante de caso fortuito ou força maior. Explica-se o rigor da norma por uma razão lógica, qual seja: se a coisa estivesse em poder do retomante em vez de indevidamente em poder do possuidor por meio ilícito de aquisição, o evento danoso não teria ocorrido. Dizendo de outro modo, se o possuidor não tivesse tomado ilicitamente a coisa, ou, então, se a tivesse devolvido em tempo oportuno, ela não se perderia, nem se estragaria.

É por isso que não se cogita de culpa do possuidor na perda ou deterioração da coisa. A culpa já está presente em momento anterior, no próprio ato de apoderamento ilícito ou de ciência posterior da má origem da posse, com inobservância do dever de restituir a coisa a quem de direito. Essa situação atrai para o possuidor todos os riscos, inclusive os de perda ou deterioração decorrentes de força maior ou caso fortuito. Como acima dito, basta que o prejuízo seja consequência direta ou indireta da posse viciada e de má-fé.

A única exceção da responsabilidade do possuidor encontra-se na parte final do artigo em estudo, que soa "salvo se provar que de igual modo se teriam dado, estando ela na posse do reivindicante". A regra tem razão de ser, porque aqui não mais se cogita de culpa do possuidor, mas sim da ausência de nexo de causalidade entre a posse de má-fé e o prejuízo do retomante. Dizendo de outro modo, se a perda ou deterioração era inevitável e ocorreria quer a coisa se encontrasse em poder do possuidor, quer se encontrasse em poder do retomante, o prejuízo não foi consequência do ato ilícito e teria ocorrido de todo modo. Perpetuar em tal hipótese o risco do possuidor teria o efeito de enriquecimento sem causa do retomante.

Note-se que a parte final deste artigo carreia ao possuidor, em tal hipótese, o ônus não só de demonstrar a ausência de culpa no evento mas sobretudo a ausência de nexo causal, provando a falta de relação de causa e efeito entre a posse de má-fé e o prejuízo.

Um exemplo ilustra a matéria. Alguém tomou emprestado, em comodato por prazo certo, um veículo e um imóvel de outrem. Escoado o termo, não foram as coisas devolvidas ao comodante, e as posses, que eram justas, tornaram-se injustas e de má-fé, marcadas pelo vício da precariedade, de conhecimento do possuidor. O veículo se perde, porque roubado em um semáforo, e o imóvel se deteriora em virtude de uma inundação. O possuidor de má-fé responde pelo valor do veículo roubado, acrescido de perdas e danos, porque, se o tivesse devolvido a tempo, o roubo não teria ocorrido naquele exato local e circunstâncias. No que se refere ao imóvel, a solução é inversa, uma vez que a enchente o atingiria, quer estivesse de posse do retomante, quer em poder do possuidor de má-fé, salvo se o primeiro demonstrar que faria obras ou melhorias que evitariam o sinistro.

---

**Art. 1.219. O possuidor de boa-fé tem direito à indenização das benfeitorias necessárias e úteis, bem como, quanto às voluptuárias, se não lhe forem pagas, a levantá-las, quando o puder sem detrimento da coisa, e poderá exercer o direito de retenção pelo valor das benfeitorias necessárias e úteis.**

---

O CC/2002 manteve aqui conteúdo idêntico ao do artigo correspondente do CC/1916, alterando apenas a redação do preceito.

**Benfeitorias e acessões:** Benfeitorias são obras ou despesas com intervenção humana feitas na coisa, com o propósito de conservá-la, melhorá-la e embelezá-la, como se extrai dos arts. 96 e 97 do CC, já comentados na parte geral. Abrangem não só as obras físicas como também os custos de conservação jurídica da coisa.

Englobam trabalhos, melhoramentos, acréscimos ou despesas. Não se confundem as benfeitorias com as acessões, que criam coisa nova, nem com a especificação, que altera a identidade da coisa. As duas últimas figuras constituem modos de aquisição da propriedade imóvel e móvel, respectivamente. Em termos diversos, as benfeitorias melhoram coisa já existente, preservando a sua identidade.

Alguns autores e julgados entendem que as regras relativas à indenização das benfeitorias úteis se aplicam às acessões, especialmente às construções e plantações, o que não é exato, porque estas têm disciplina própria e algo diversa nos arts. 1.253 a 1.259 do CC. Apenas para efeito de direito de retenção é que se admite a aplicação analógica, para preenchimento de lacuna no capítulo das acessões, como veremos abaixo.

As benfeitorias são acessórias à coisa, razão pela qual a acompanham quando há devolução da posse ao retomante. É esse o motivo pelo qual se cogita de indenização de melhoramentos feitos pelo possuidor, mas que beneficiarão o retomante. Em termos diversos, como as benfeitorias aderem à coisa, o retomante receberá coisa alterada qualitativamente, convertendo-se o direito do possuidor que fez a melhoria em indenização. O mesmo, porém, não ocorre com as pertenças, que, nos termos do art. 93 do CC, não são partes integrantes, mas se encontram de modo duradouro destinadas ao uso, serviço ou aformoseamento de uma coisa. As pertenças visam a otimizar o uso de uma coisa, mas gozam de autonomia, podendo dela ser separadas e alienadas separadamente. Logo, o presente artigo não se aplica às pertenças, que podem ser retiradas tanto pelo possuidor de boa-fé como pelo possuidor de má-fé. Tomem-se como exemplos maquinários, veículos ou implementos agrícolas utilizados pelo possuidor em imóvel alheio. A devolução do prédio ao retomante não implica a perda das pertenças do possuidor, que pode levá-las consigo, desde que não haja vedação convencional, afastando, por consequência, o pressuposto da indenização.

O art. 1.519 trata das benfeitorias realizadas durante a posse de boa-fé, reservando ao artigo subsequente a disciplina da posse de má-fé.

**Benfeitorias necessárias e úteis:** Assegura-se ao possuidor de boa-fé o direito à indenização pelas benfeitorias necessárias e úteis. Necessárias são aquelas que visam a conservar a coisa, a mantê-la e a evitar que ela se perca ou se deteriore, tanto natural como juridicamente. Úteis são aquelas que visam a melhorar ou a aumentar a utilização da coisa.

**Benfeitorias voluptuárias:** No que se refere às benfeitorias voluptuárias, de mero deleite, recreio ou luxo, que embelezam a coisa e a tornam mais agradável, tem o possuidor direito à indenização e, se estas não lhe forem pagas, pode levantá-las, desde que não cause dano à coisa. Note-se que o *jus tollendi*, ou direito de tolher, está subordinado a duplo requisito, a saber: a) somente caberá se o retomante não efetuar o respectivo pagamento e b) desde que não ofenda a integridade da coisa a que adere.

Em outros termos, a opção entre pagar ou admitir a retirada da benfeitoria é inicialmente do retomante. Caso ele não exerça a opção do pagamento, nascerá o direito do possuidor de levantar as benfeitorias voluptuárias, desde que não deteriore a coisa na qual se encontram. Afirmam doutrina e tribunais, de modo majoritário, que, se não houver pagamento voluntário nem for possível o *jus tollendi*, o possuidor não tem direito a reclamar indenização do retomante, perdendo as benfeitorias voluptuárias. Merece tal interpretação detida reflexão. Não diz a lei, de modo claro e expresso, que o possuidor não pode exigir o pagamento das benfeitorias voluptuárias que não puder levar consigo. Sem razão estão aqueles que sustentam que as benfeitorias voluptuárias não valorizam a coisa e que, por tal razão, escapam da indenização. É evidente que o simples fato de serem feitas para deleite e bem-estar do possuidor não significa que sejam desprovidas de valor. Ao contrário. Um afresco de um famoso pintor, um jardim com espécimes raros, uma piscina ou determinadas peças de decoração certamente agregam expressivo valor à coisa e devem ser indenizados, na falta de pagamento voluntário ou de possibilidade de retirada. Entender o contrário consagraria o enriquecimento sem causa do retomante, em detrimento daquele que ignorava os vícios de sua posse. O CC/2002, que consagra princípios éticos e adota sistema aberto, proporciona bom momento para rever a posição tradicional, quanto à indenização das benfeitorias voluptuárias ao possuidor de boa-fé.

Quanto ao *jus tollendi*, pode o possuidor retirar as benfeitorias voluptuárias, mesmo que isso prejudique a integridade da coisa, desde que proponha reparar cabalmente a deterioração. O que interessa é que, afinal, a coisa remanesça incólume.

A questão de classificar as benfeitorias no caso concreto é delicada e deve levar em conta a finalidade econômica da obra em relação à coisa. Como lembra Nelson Rosenvald, a pintura de uma casa, se destinada à conservação, é benfeitoria necessária, mas se feita como mero elemento decorativo é voluptuária. Uma piscina em uma residência é, a princípio, benfeitoria voluptuária, mas em uma academia de esportes é útil. O correto enquadramento das benfeitorias será fundamental para aferir sua indenizabilidade, especialmente no caso de posse de má-fé, bem como o direito de retenção, no caso de posse de boa-fé.

O valor das benfeitorias indenizáveis é disciplinado no art. 1.222, adiante tratado.

**Direito de retenção:** Resta a questão versada na parte final deste artigo, que garante ao possuidor de boa-fé exercer o direito de retenção pelas benfeitorias necessárias e úteis, ou seja, a prerrogativa de conservar consigo a coisa até que seja liquidado o crédito. Constitui o direito de retenção medida lateral de coerção ou estímulo para compelir o retomante a efetuar o pagamento devido ao possuidor e evitar o enriquecimento sem causa. Abrange não somente as melhorias como também as despesas necessárias. É próximo da figura da exceção do contrato não cumprido, prevista no art. 476 do CC. Enquanto o retomante não cumprir a obrigação de indenizar, o possuidor não cumpre o dever de restituir a coisa. Note-se que, enquanto permanece a coisa retida, a posse é justa, porque fundada em causa jurídica, de modo que os frutos que então se colham são do possuidor, e este somente responde pela perda ou deterioração se agir com culpa.

Divide-se a doutrina sobre a natureza do direito de retenção, se real ou pessoal. Não se encontra enumerado no rol taxativo do art. 1.225 do CC, o que induz a sua natureza pessoal. O que importa é que o instituto assegura a conservação de bem alheio a quem é credor de dívida conexa a esse bem. Embora de cunho meramente obrigacional, pode o direito de retenção ser oposto não somente ao proprietário originário como também a qualquer reivindicante ou retomante da coisa possuída.

O direito de retenção é uma exceção cabível em ações possessórias e petitórias. Não se admite, portanto, o seu exercício como ação autônoma, podendo, porém, ser alegado em embargos à execução de título extrajudicial. Além disso, somente se exerce enquanto não há entrega da coisa do possuidor ao retomante. Não alegado oportunamente, nada impede que o possuidor ajuíze ação autônoma com o objetivo de postular indenização das benfeitorias.

**Acessões e retenção:** É entendimento sedimentado da doutrina e dos tribunais que o direito de retenção, previsto de modo expresso para as benfeitorias úteis e necessárias na posse de boa-fé, aplica-se também às construções e plantações. O capítulo que trata das acessões é omisso quanto ao tema, de modo que a interpretação analógica é possível. Se cabe a retenção para a melhoria, com maior dose de razão cabe para a construção em que se fez a melhoria. Nesse sentido está o Enunciado n. 81 do CEJ do STJ, com o seguinte teor: "O direito de retenção previsto no art. 1.219 do CC, decorrente da realização de benfeitorias necessárias e úteis, também se aplica às acessões (construções e plantações), nas mesmas circunstâncias".

São dispositivas as regras relativas ao ressarcimento das benfeitorias e ao direito de retenção, porque se referem a direito patrimonial. Valem no silêncio da convenção entre as partes. Podem as partes dispor em sentido contrário, quando a posse decorre de relação jurídica de direito real ou obrigacional, estipulando tanto a não indenizabilidade das benfeitorias como a não retenção pelas benfeitorias indenizáveis. O limite para a autonomia privada, porém, é a existência de normas cogentes em sentido inverso, por exemplo nas relações de consumo, na lei de parcelamento do solo urbano, ou, ainda, se a estipulação ferir os princípios contratuais da boa-fé objetiva, do equilíbrio contratual e da função social do contrato.

Disso decorre que o direito à indenização e à retençao – salvo quando protegido por normas imperativas – não pode ser conhecido de ofício pelo juiz, devendo ser alegado pelo interessado. De outro lado, quando a indenização e a retenção integram o equilíbrio contratual, a matéria é cognoscível *ex officio*. Dispensa-se a reconvenção, uma vez que se trata de exceção substancial, a ser arguida em contestação.

**Exercício da retenção:** O revogado art. 744 do CPC/73 tratava dos embargos de retenção, cabíveis apenas na execução para entrega de coisa certa fundada em título extrajudicial, com menção expressa ao art. 621 do mesmo diploma (atual art. 806 do CPC/2015). A matéria agora é disciplinada no art. 917, IV, do CPC/2015 (art. 745, IV, do CPC/73), que trata apenas da execução para entrega de coisa por título extrajudicial.

Nas execuções por título judicial, o entendimento de nossos tribunais é que a falta de alegação oportuna da exceção, em contestação, leva à preclusão, não podendo a matéria ser agitada em sede de embargos à execução. A mesma regra vale para as ações possessórias ou de despejo, que se incluem nas ações executivas em sentido lato, devendo o direito à indenização por benfeitorias e o correspondente direito de retenção estar reconhecidos na sentença. Também o art. 498 do CPC/2015 (art. 461-A do CPC/73) segue o mesmo sistema, admitindo-se que o autor, munido de título judicial, promova a apreensão dos bens móveis, ou a imissão na posse de bens imóveis, caso o devedor não cumpra no prazo assinado a obrigação.

Há entendimento do STJ, porém, no sentido de que em ação reivindicatória, se a indenização por benfeitorias e o direito de retenção não foram discutidos na fase de conhecimento, podem sê-lo em fase de execução. Foi decidido que "em ação reivindicatória, quando, como na hipótese, o direito de retenção não foi discutido na fase de conhecimento, os embargos de retenção por benfeitorias podem ser opostos na execução da sentença que a julgou procedente, não importando tal aceitação em ofensa à autoridade da coisa julgada e se afeiçoa ao princípio da economia processual" (STJ, REsp n. 111.968/SC, rel. Min. Cesar Asfor Rocha, j. 17.08.2000, *DJ* 02.10.2000). O entendimento, porém, somente vale para as ações reivindicatórias, pois nas possessórias a exceção de retenção deve necessariamente ser deduzida em contestação.

Admite Arnoldo Medeiros da Fonseca, em monografia clássica sobre o tema, que "se o retentor houver sido involuntariamente desapossado, cabe-lhe ação para obter a restituição da coisa, de que injustamente o desapossaram" (*Direito de retenção*. Rio de Janeiro, Forense, 1944, p. 291). A tutela é de natureza possessória a favor do retentor.

De outro lado, pode ser concedida liminar em ação possessória contra esbulhador ou turbador que alega direito de retenção, pois somente é retentor o possuidor de boa-fé. A prova do conhecimento do vício, somada aos demais requisitos do art. 561 do CPC/2015 (art. 927 do CPC/73), são suficientes à concessão da liminar.

Merece especial menção o direito de retenção no contrato de locação predial urbana. Dispõe o art. 35 da Lei n. 8.245/91 que o locatário será indenizado pelas benfeitorias necessárias, com prerrogativa de retenção. Quanto às benfeitorias úteis, somente serão indenizáveis se houver prévio consentimento do locador. A norma, porém, é dispositiva, podendo as partes, por cláusula expressa, convencionar a renúncia ao direito de indenização e ao direito de retenção por todas as benfeitorias, inclusive as necessárias. O entendimento do STJ é voltado para a validade da cláusula de renúncia, porque no contrato de locação não incidem as normas protetivas cogentes do CDC. A Súmula n. 158 do STF dispõe que, "salvo estipulação contratual averbada no registro imobiliário, não responde o adquirente pelas benfeitorias do locatário". A Súmula n. 335 do STJ reza que "Nos contratos de locação, é válida a cláusula de renúncia à indenização das benfeitorias e ao direito de retenção".

**Jurisprudência:** Súmula n. 335, STJ: Nos contratos de locação, é válida a cláusula de renúncia à indenização das benfeitorias e ao direito de retenção.

O ex-mutuário de imóvel dado em garantia hipotecária em financiamento do Sistema Financeiro da Habitação (SFH) não tem direito à retenção pelas benfeitorias realizadas no bem antes da adjudicação. De fato, sob a ótica do princípio da gravitação jurídica (*accessorium sequitur principale* – o acessório segue o principal), observa-se que as benfeitorias, por serem bens acessórios, incorporam-se ao imóvel (bem principal), ficando também sujeitas à garantia hipotecária. No CC/2002, há previsão específica nesse sentido, conforme se verifica no enunciado normativo do art. 1.474, segundo o qual "A hipoteca abrange todas as acessões, melhoramentos ou construções do imóvel. Subsistem os ônus reais constituídos e registrados, anteriormente à hipoteca, sobre o mesmo imóvel". Inclusive, esse dispositivo mantém a mesma redação do art. 811 do CC/1916. Ademais, há entendimento doutrinário que aborda essa questão como um dos efeitos da hipoteca: "Efeito ainda da hipoteca em relação ao bem gravado é sua extensão a benfeitorias, acréscimos ou acessões trazidas ao bem hipotecado, seja em virtude da obra humana, seja por ação dos fatos naturais (aluvião, avulsão etc.)". Assim, a adjudicação de imóvel realizada no curso de execução extrajudicial de garantia hipotecária, com base no art. 32 do DL n. 70/66 c/c o art. 7º da Lei n. 5.741/71, transfere ao adjudicatário a propriedade do bem com todas as benfeitorias, por força do disposto no art. 1.474 do CC/2002. Desse modo, não há falar em direito de retenção ou indenização contra adjudicatário, pois benfeitorias são abarcadas por hipoteca. Esclareça-se, ainda, que não se vislumbra enriquecimento sem causa de credor hipotecário ou de terceiro adquirente, pois o preço de adjudicação é utilizado para extinguir saldo devedor (art. 7º da Lei n. 5.741/71), em benefício de ex-mutuário. Sob outra ótica, considerando as especificidades das normas do SFH, ex-mutuário também não faz jus ao direito de retenção, pois existe norma específica excluindo esse direito (art. 32, § 2º, *in fine*, do DL n. 70/66). Portanto, por esse fundamento, também se afasta a possibilidade de ex-mutuário exercer direito de retenção quanto a benfeitorias realizadas antes da adjudicação. (STJ, REsp n. 1.399.143/MS, rel. Min. Paulo de Tarso Sanseverino, j. 07.06.2016, *DJe* 13.06.2016)

Quando irregularmente ocupado o bem público, não há que se falar em direito de retenção pelas benfeitorias realizadas, tampouco em direito a indenização pelas acessões, ainda que as benfeitorias tenham sido realizadas de boa-fé. Isso porque nesta hipótese não há posse, mas mera detenção, de natureza precária. Dessa forma, configurada a ocupação indevida do bem público, resta afastado o direito de retenção por benfeitorias e o pleito indenizatório à luz da alegada boa-fé. Precedentes citados: Ag. Reg. no AREsp n. 456.758/SP, 2ª T., *DJe* 29.04.2014; e REsp n. 850.970/DF, 1ª T., *DJe* 11.03.2011. (STJ, Ag. Reg. no REsp n. 1.470.182/RN, rel. Min. Mauro Campbell Marques, j. 04.11.2014)

A jurisprudência desta Corte tem-se firmado no sentido de que a pretensão ao exercício do direito de retenção por benfeitorias tem de ser exercida no momento da contestação de ação de cunho possessório, sob pena de preclusão. 2 – Na hipótese de ação declaratória de invalidade de compromisso de compra e venda, com pedido de imediata restituição do imóvel, o direito de retenção deve ser exercido na contestação por força da elevada carga executiva contida nessa ação. O pedido de restituição somente pode ser objeto de cumprimento forçado pela forma estabelecida no art. 461-A do CPC [art. 498 do CPC/2015], que não mais prevê a possibilidade de discussão, na fase executiva, do direito de retenção. 3 – Esse entendimento, válido para o fim de impedir a apresentação de embargos de retenção, deve ser invocado também para impedir a propositura de uma ação autônoma de retenção, com pedido de antecipação de tutela. O mesmo resultado não pode ser vedado quando perseguido por uma via processual, e aceito por outra via. (STJ, REsp n. 1.278.094/SP, rel. Min. Nancy Andrighi, j. 16.08.2012)

Na ação possessória, o pedido de retenção deve ser formulado na fase de conhecimento. Impossibilidade de apresentação desse pedido no cumprimento de sentença. Precedentes. Aplicação da Súmula n. 83/STJ. (STJ, Ag. Reg. no REsp n. 1.118.534/SP, 4ª T., rel. Min. Antonio Carlos Ferreira, j. 07.08.2012)

Não é cabível o pagamento de indenização por acessões ou benfeitorias, nem o reconhecimento do direito de retenção, na hipótese em que o particular ocupa irregularmente área pública, pois, como o imóvel público é insuscetível de usucapião, nos termos do art. 183, § 3º, da CF, o particular jamais poderá ser considerado possuidor, senão mero detentor, sendo irrelevante falar-se em posse de boa ou má-fé. (STJ, REsp n. 1.183.266/PR, 1ª T., rel. Min. Teori Albino Zavascki, j. 10.05.2011)

Não reconhecida na instância ordinária a posse dos recorridos, mas mera detenção de terra pública irregularmente ocupada, tendo em conta as especiais circunstâncias do caso, não pode ser admitida a indenização por benfeitorias e o direito de retenção. (STJ, REsp n. 788.057/DF, rel. Min. Cesar Asfor Rocha, j. 21.09.2006)

Tratando-se de ação possessória, dada a sua natureza executiva, o direito à indenização e retenção por benfeitorias deve ser discutido previamente na fase de conhecimento. (STJ, REsp n. 549.711/PR, rel. Min. Barros Monteiro, j. 16.12.2003, *DJ* 05.04.2004; STJ, REsp n. 649.296/DF, rel. Min. Cesar Asfor Rocha, j. 21.09.2006)

É possível equiparar as acessões artificiais às benfeitorias necessárias, porquanto podem representar instrumento adequado para a conservação da coisa, evitando que se deteriore. (STJ, REsp n. 565.483/SP, rel. Min. Carlos Alberto Menezes Direito, j. 08.11.2005)

1 – Posse é o direito reconhecido a quem se comporta como proprietário. Posse e propriedade, portanto, são institutos que caminham juntos, não havendo de se reconhecer a posse a quem, por proibição legal, não possa ser proprietário ou não possa gozar de qualquer dos poderes inerentes à propriedade. 2 – A ocupação de área pública, quando irregular, não pode ser reconhecida como posse, mas como mera detenção. 3 – Se o direito de retenção depende da configuração da posse, não se pode, ante a consideração da inexistência desta, admitir o surgimento daquele direito advindo da necessidade de se indenizar as benfeitorias úteis e necessárias, e assim impedir o cumprimento da medida imposta no interdito proibitório. (STJ, REsp n. 556.721/DF, rel. Min. Eliana Calmon, j. 15.09.2005)

Em ação reivindicatória, quando, como na hipótese, o direito de retenção não foi discutido na fase de conhecimento, os embargos de retenção por benfeitorias podem ser opostos na execução da sentença que a julgou procedente, não importando tal aceitação em ofensa à autoridade da coisa julgada e se afeiçoa ao princípio da economia processual. (STJ, REsp n. 111.968/SC, rel. Min. Cesar Asfor Rocha, j. 17.08.2000, *DJ* 02.10.2000)

No mesmo sentido: STJ, REsp n. 234.620/SP, rel. Min. Barros Monteiro, j. 06.05.2003; e REsp n. 467.189/SP, rel. Min. Carlos Alberto Menezes Direito.

Reivindicatória. Ação julgada procedente. Autores condenados a indenizar o possuidor de boa-fé pelas benfeitorias úteis e necessárias. Denunciados à lide condenados a indenizar o evicto pelo valor da propriedade rural, a ser apurado em fase de execução. Existência de protesto contra alienação de bens que não descaracteriza a boa-fé do adquirente, não afastada por outros elementos de prova. Correto equacionamento das questões debatidas e das verbas indenizatórias. Recursos não providos. (TJSP, Ap. Cível n. 275.882-1, rel. Cesar Lacerda, j. 09.04.1997)

Reintegração de posse. Liminar. Requisitos do art. 927 do CPC [art. 561 do CPC/2015] preenchidos. Esbulho caracterizado. Concessão. A medida liminar, em possessória, deve ser concedida quando preenchidos os requisitos objetivos elencados no art. 927 do CPC [art. 561 do CPC/2015]. A preocupação denotada na decisão agravada, sobre a eventual discussão a respeito do direito de retenção a obstar (por desaconselhável) a liminar, não prepondera. O direito de retenção, como já advertiu Washington de Barros Monteiro, deve ser aplicado com reserva e extremos de prudência, não sendo lícito ao juiz, como ensina Arnoldo Medeiros da Fonseca, atribuir direito de retenção a quem quer que seja, cabendo-lhe apenas declarar se justa ou injusta, legal ou ilegal, a retenção exercida (II TACSP, AI n. 458.675/3-00/Itapetininga, rel. Juiz Artur Marques). (*Lex-TACSP* 162/355, 1997)

O arrendatário que inverte o título da posse, passando a deter o imóvel a título de dono, a ponto de não pagar aluguéis por longos anos, chegando a perder ação de usucapião, não pode ser considerado possuidor de boa-fé, para fins de indenização por benfeitorias realizadas no prédio de que foi despejado. O possuidor de má-fé só faz jus a indenização por benfeitorias necessárias, assim entendidas apenas aquelas que têm por finalidade conservar a coisa ou evitar-lhe a deterioração. De qualquer modo, se o proprietário se conforma com o pagamento de parte das benfeitorias úteis realizadas pelo possuidor, mantém-se a sentença que assim decidiu. (TJRS, Ap. Cível n. 195.086.277, 1ª Câm. Cível, rel. Heitor Assis Remonti, j. 19.09.1995)

O possuidor de boa-fé tem direito de indenização e de retenção a ser exercido contra o autor de ação possessória e reivindicatória, para evitar o enriquecimento sem causa, e não contra terceiro de quem recebeu o bem. (STJ, REsp n. 45.693-2/SP, rel. Min. Ruy Rosado de Aguiar, *DJU* 13.02.1995)

Indenização. Benfeitorias voluptuárias. Inadmissibilidade. Benfeitorias que não são ressarcíveis ainda que a posse seja de boa-fé. Art. 516 do CC. Recurso parcialmente provido. O direito do possuidor de boa-fé tem seu exercício condicionado. Pode levantar as benfeitorias suntuárias, se com a sua extração a coisa não sofre dano. Do contrário, é obrigado a deixá-las. Do mesmo modo, não pode exercer o *jus tollendi*, se o proprietário prefere pagar o valor das benfeitorias. Cabe a este, portanto, o direito de opor-se a que o possuidor de boa-fé faça o levantamento. Não é obrigado, porém, a efetuar o pagamento, ainda que a benfeitoria não possa ser levantada. Assegura-se-lhe uma faculdade; não se lhe impõe uma obrigação. (TJSP, Ap. Cível n. 232.427-2, rel. Paulo Franco, j. 10.11.1994)

Não é nula a cláusula contratual de renúncia ao direito de retenção ou indenização por benfeitorias. Não se aplica às locações prediais urbanas reguladas pela Lei n. 8.245/91 o CDC. (STJ, REsp n. 38.274-2/SP, rel. Min. Edson Vidigal, j. 09.11.1994, *DJU* 22.05.1995)

O depositário judicial não tem legitimidade para opor embargos de retenção por benfeitorias, eis que não é possuidor, mas mero detentor da coisa depositada. (*RTFR* 139/123)

Não há direito de retenção por benfeitorias depois de iniciada a execução para a entrega de coisa certa. (*RT* 470/76 e 667/144)

Cabe direito de retenção no caso de acessões. (*RSTJ* 17/293, 53/183, 55/192 e 83/178; contra *RT* 616/144 e 741/281, *RJTJESP* 130/313, *JTA* 116/199)

Não cabe interposição de embargos de retenção por benfeitorias em fase execução, eis que o direito de retenção deveria ter sido postulado na ação de conhecimento (STJ, Ag. Reg. no Ag. Reg. no REsp n. 330.031/SP, rel. Min. Francisco Falcão; STJ, REsp n. 232.859/MS; REsp n. 54.780/DF; REsp n. 46.218/GO). (*RSTJ* 75/357 e 154/422)

**Art. 1.220. Ao possuidor de má-fé serão ressarcidas somente as benfeitorias necessárias; não lhe assiste o direito de retenção pela importância destas, nem o de levantar as voluptuárias.**

O legislador dá tratamento severo ao possuidor de má-fé, que conhece a origem ilícita de sua posse. Confere-lhe apenas e tão somente o direito à indenização pelas benfeitorias necessárias, afastando, contudo, o direito de retenção.

Perde o possuidor de má-fé a favor do retomante todas as benfeitorias úteis e voluptuárias sem direito a nenhuma indenização. Quanto a estas últimas, também lhe é negado o direito de levantá-las, ainda que não deteriore a coisa onde se encontram. Vale repetir que a regra diz respeito às benfeitorias, não se aplicando às pertenças que, dada a sua autonomia em relação à coisa, podem livremente ser levantadas tanto pelo possuidor de boa-fé como pelo de má-fé, desde que não haja vedação convencional.

A regra tem razão de ser. Embora de má-fé, as benfeitorias necessárias devem ser indenizadas, porque destinadas à conservação da coisa, evitando a sua perda ou deterioração. Via de consequência, caso a coisa permanecesse em poder do retomante, este também deveria fazê-las, porque indispensáveis à própria preservação. É por isso que o legislador determina o ressarcimento, uma vez que não há nexo entre a posse de má-fé e as benfeitorias necessárias. Quem quer que estivesse com a posse deveria fazê-las e a ausência de indenização consagraria o enriquecimento sem causa do retomante.

O possuidor de má-fé tem direito à indenização pelas benfeitorias necessárias, mas não à retenção da coisa até que o crédito seja pago pelo retomante. Não há razão para prorrogar a posse viciada e de má-fé, dando-lhe uma causa jurídica pela retenção.

Pode-se questionar se a falta de indenização das benfeitorias úteis ou voluptuárias ao possuidor de má-fé também não configuraria enriquecimento sem causa. Como explica Clóvis Bevilaqua, a perda de tais benfeitorias servirá para, de algum modo, compensar o retomante pelo tempo em que esteve indevidamente privado do uso da coisa. Mais ainda. Como não são benfeitorias indispensáveis, eventualmente o retomante não as faria, caso estivesse de posse da coisa, até por impossibilidade financeira, de modo que não deseja o legislador onerá-lo por algo que não lhe trará proveito.

**Jurisprudência:** Prova carreada aos autos a demonstrar exercício de posse precária do réu sobre o terreno de propriedade das autoras, derivada de ato de mera permissão e tolerância, o qual não induz posse por decorrer de concessão, revogável a qualquer tempo pela concedente. Esbulho caracterizado ante a recusa na desocupação do imóvel, mesmo depois de notificado o ocupante para tal. Ao possuidor de má-fé somente serão ressarcidas as benfeitorias necessárias, não comprovadas. Ademais, a construção do casebre sobre o terreno foi em exclusivo proveito do réu, não gerando o direito pretendido. (TJRS, Ap. Cível n. 70.006.131.312, 18ª Câm. Cível, rel. Des. Cláudio Augusto Rosa Lopes Nunes, j. 30.09.2004)

Posse. Benfeitorias. Má-fé. Direito de o possuidor de má-fé ser indenizado pelas benfeitorias necessárias. Imóvel ocupado ainda em fase de construção e abandonado pela construtora falida. Recurso conhecido em parte e parcialmente provido. (STJ, REsp n. 124.314, 4ª T., rel. Min. Ruy Rosado de Aguiar, j. 08.09.1997, *DJ* 10.11.1997)

Reivindicatória. Conhecimento de posse ilegítima por parte do possuidor. Má-fé caracterizada. Indenização e retenção por benfeitorias úteis indevidas. Decisão mantida. Recurso não provido. (TJSP, Ap. Cível n. 249.235-1, rel. Munhoz Soares, j. 18.04.1996)

**Art. 1.221. As benfeitorias compensam-se com os danos, e só obrigam ao ressarcimento se ao tempo da evicção ainda existirem.**

Verifica-se pelos artigos anteriormente examinados – direito à percepção de frutos, riscos da coisa possuída e indenização por benfeitorias – que podem existir créditos do retomante contra os possuidores e dos possuidores contra o retomante. Essa possibilidade de créditos recíprocos entre as partes é que inspirou o legislador a criar a regra da compensação entre benfeitorias e danos, restando, afinal, apenas um crédito, ou saldo, que será a moeda da indenização. Os créditos guarnecidos com direito de retenção também se prestam à compensação.

No que se refere ao possuidor de boa-fé, seus créditos decorrem do direito à indenização pelas benfeitorias necessárias, úteis e voluptuárias que não pôde retirar sem estrago, ou, então, do investimento feito para a colheita de frutos pendentes quando da devolução da coisa. Os créditos do retomante, por seu turno, decorrem da perda ou deterioração da coisa com culpa do possuidor, ou de frutos colhidos por antecipação.

No que se refere ao possuidor de má-fé, seus créditos decorrem ou da indenização por benfeitorias necessárias, ou do investimento feito para a produção dos frutos devolvidos ao retomante. Já os créditos do retomante nesse caso decorrem de situações várias, como da perda ou deterioração da coisa com ou sem culpa do possuidor e da devolução dos frutos colhidos ou que deixaram de ser colhidos por culpa do possuidor. A privação do uso da coisa gera naturalmente danos ao retomante, que pode cobrá-los do possuidor de má-fé.

A parte final do artigo ressalva que somente se compensam os créditos decorrentes das benfeitorias existentes ao tempo da evicção. Entende-se a expressão evicção como ao tempo em que a coisa for devolvida ou entregue ao retomante. A regra é corolário lógico da razão da indenização por benfeitorias, qual seja evitar que o retomante se enriqueça à custa do possuidor, recebendo coisa melhorada sem efetuar o respectivo pagamento.

Disso decorre que, se foram feitas benfeitorias mas estas não mais existem ao tempo da devolução da coisa, não há indenização a ser paga. Indeniza-se o que existe e não o que existiu. Ressalte-se, porém, que despesas que se incorporam à coisa sem deixar vestígio material, mas que traduzem proveito ou vantagem ao retomante, devem ser levadas à compensação. É o caso do pagamento de impostos ou dos custos com a defesa da posse contra o ataque de terceiros ou da demarcação do prédio, que contribuem para que a coisa seja devolvida juridicamente incólume ao retomante.

O credor que pleiteia a indenização, ou que alega a existência do crédito a ser compensado, é que tem o ônus de provar a sua causa.

**Jurisprudência:** Imissão de posse. Benfeitorias. Compensação. Aluguel. Para a compensação do valor das benfeitorias com o valor dos danos (art. 518 do CC), no qual foram incluídos, pelas instâncias ordinárias, os aluguéis pagos pelos autores da ação, estes devem corresponder ao tempo em que cessou a boa-fé dos possuidores (data da citação na ação de imissão) até a data em que manifestaram, nos embargos que vieram a ser julgados procedentes, a pretensão de ser indenizados pelas benfeitorias necessárias e úteis, uma vez que a partir daí estavam exercendo o direito de retenção. O valor dos aluguéis deve corresponder, aproximadamente, ao valor locativo do imóvel objeto da ação. Recurso conhecido e provido em parte. (STJ, REsp n. 279.303, 4ª T., rel. Min. Ruy Rosado de Aguiar, j. 14.12.2000, *DJ* 12.03.2001)

Execução. Retenção por benfeitorias. Compensação à questão relativa à percepção de frutos e ocorrência de danos pode ser suscitada na execução, ainda que não examinados pela sentença. Necessário, entretanto, que o interessado deduza sua pretensão regularmente, não bastando menção genérica. Art. 744, § 2º, do CPC [revogado pela Lei n. 11.382/2006]. (STJ, REsp n. 22.668, 3ª T., rel. Min. Eduardo Ribeiro, j. 09.02.1993, *DJ* 08.03.1993)

Contrato. Compra e venda. Erro substancial. Anulação. Ajuizamento pelo comprador. Danos materiais, inclusive benfeitorias. Compensação pelo tempo de ocupação do imóvel. (*JTJ* 242/33)

**Art. 1.222. O reivindicante, obrigado a indenizar as benfeitorias ao possuidor de má-fé, tem o direito de optar entre o seu valor atual e o seu custo; ao possuidor de boa-fé indenizará pelo valor atual.**

O art. 1.222 consagra relevante novidade em relação ao que continha o artigo correspondente do CC/1916, estabelecendo critérios distintos para o cálculo da indenização, dependendo da boa-fé ou da má-fé do possuidor.

Embora aluda o artigo ao reivindicante, abrange também o preceito o retomante em geral, ainda que não seja proprietário da coisa e tenha obtido a devolução com base no *jus possessionis*. Engloba, portanto, os casos de indenizações decorrentes de devolução da coisa possuída, tanto em ações possessórias como em ações petitórias.

A primeira situação regulada pelo preceito é a do possuidor de má-fé. Cria-se obrigação alternativa a favor do devedor retomante, que tem o direito potestativo de escolher entre a indenização do custo da benfeitoria necessária ou do seu valor atual. Podem as benfeitorias valer mais ou menos do que custaram. Escolherá certamente o devedor o critério que leve ao menor valor. A regra tem razão de ser. A ideia do legislador foi não permitir que o possuidor de má-fé se beneficie com a valorização da benfeitoria que erigiu de má-fé, recuperando apenas e tão somente aquilo que gastou. De outro lado, se houve desvalorização ou depreciação da benfeitoria, não teria sentido que o retomante pagasse por algo que não se agregou inteiramente ao seu patrimônio. Daí a opção que se abre ao retomante.

O termo "custo", usado pelo legislador, é entendido como o valor despendido pelo possuidor no momento da feitura da benfeitoria, atualizado até o momento do pagamento. A correção do valor investido não constitui acréscimo, mas simples manutenção do valor de troca da moeda, evitando o seu aviltamento pela inflação.

O termo "valor atual", usado pelo legislador, não é aquele que se despenderia, para a realização das benfeitorias, no momento em que a coisa é devolvida ao retomante. É o valor das benfeitorias, no estado em que se encontram, no momento da devolução da coisa. Leva-se em conta, portanto, o desgaste e a depreciação da coisa, assim como o decréscimo de sua utilidade, para aferir o seu valor atual.

No que se refere ao possuidor de boa-fé, não há direito de opção. A indenização far-se-á por critério único, qual seja, pelo seu valor atual, pouco importando se o possuidor gastou mais ou menos para fazer as benfeitorias. A regra tem lógica. De um lado, não deve o retomante pagar mais do que recebeu. De outro lado, porém, se o custo para fazer a benfeitoria foi inferior ao seu valor atual, justo que receba o possuidor de boa-fé a diferença, porque corresponde àquilo que enriqueceu o retomante.

**Jurisprudência:** Reintegração de posse. Liquidação de sentença. Apuração do valor da indenização pelas benfeitorias feitas pela ré no imóvel. Valor fixado em primeiro grau correspondente apenas ao custo da construção. Inconformismo da requerida. Acolhimento. Acessão erigida no pavimento superior de uma casa térrea. Requerida realizou a obra quando possuidora de boa-fé, em razão do comodato celebrado com o autor. Aplicação da parte final do art. 1.222 do CC. Compensação não pode se limitar ao valor gasto com a construção, pena de enriquecimento ilícito do autor. Julgamento convertido em diligência para complementação da perícia. Novo laudo quantificou a valorização do imóvel após as benfeitorias. Indenização majorada para o equivalente a 40% do valor de mercado do bem apurado pelo *expert*. Decisão reformada. Recurso provido. (TJSP, Ap. Cível n. 0026131-29.2017.8.26.0224/Guarulhos, 21ª Câm. de Dir. Priv., rel. Paulo Alcides, j. 08.05.2024, publ. 08.05.2024)

Possessória. Reintegração de posse. Indenizatória. Construção pelo autor de acessão em terreno da ex-sogra, ora requerida. Sentença de procedência. Acerto. Dever da ré proprietária de indenizar o requerente pelas acessões construídas de boa-fé. Autor exerceu posse de boa-fé, ante a anuência da ré durante todo o período em que foi casado com sua filha. Ré teve pleno conhecimento da construção e a ela não se opôs. Autor tem direito à metade do valor da acessão, que se incorpora ao solo (art. 1.255, CC). Valor da acessão tem natureza de aquesto, ainda que construída em lote da ré. Indenização pelo valor atual de metade da acessão Art. 1.222, CC. Sentença mantida. Recurso improvido. (TJSP, Ap. Cível n. 1008640-82.2022.8.26.0008/São Paulo, 1ª Câm. de Dir. Priv., rel. Francisco Loureiro, j. 23.11.2023, publ. 23.11.2023)

Sendo os réus possuidores de boa-fé, devem ser ressarcidos pelo "valor atual" das construções realizadas pelos apelantes, nominadas, nos autos, de benfeitorias, conforme expressamente previsto no art. 1.222, do CC. Por valor atual entende-se aquele considerado para as benfeitorias ou acessões, no estado em que se encontram no momento de devolução da coisa, sendo irrelevante o valor depreendido para sua construção. Laudo pericial acolhido. Descabe a aquisição do imóvel dos apelados pelos apelantes, nos termos do art. 1.255, parágrafo único, do CC/2002, visto que: (a) o valor da construção erigida pelos apelantes sobre a laje da edificação térrea dos apelados é ligeiramente inferior à soma do terreno e da edificação térrea levantada pelos apelados; e (b) os réus deram e dão destinação social ao imóvel. O direito de retenção por benfeitorias previsto no arts. 1.219 e 1.222, do CC, garantido ao comodatário não o exonera da obrigação de pagar aluguel da coisa, estabelecido pelo art. 582, do CC/2002 (correspondente, em parte, ao art. 1.252, do CC/1916), após a constituição em mora, o que, na espécie, aconteceu com o término do prazo concedido para a devolução do bem, visto que o uso da coisa retida constitui fato gerador da obrigação de pagar aluguel. Mantido o termo inicial fixado na citação, ante a ausência de impugnação dos apelados. Recurso desprovido. (TJSP, Ap. n. 991090980531, Proc. n. 7420990000, 20ª Câm. de Dir. Priv., rel. Rebello Pinho, j. 08.02.2010, registro 11.03.2010)

Perante benfeitorias que se deterioram, a indenização, segundo o valor atual, terá de tomar em conta o decréscimo da utilidade que, no momento, tais benfeitorias representam para o imóvel, reduzindo-se, em consequência, a pretensão do reivindicante; se, pelo contrário, em razão do incremento da utilidade, a mais-valia das benfeitorias se acentuou, ficará o reivindicante sujeito, se pelo valor atual tiver optado, à indenização proporcionada ao aumento das vantagens que as benfeitorias envolveram (STF, rel. Min. Leitão de Abreu). (*RTJ* 70/87)

## CAPÍTULO IV
## DA PERDA DA POSSE

---

**Art. 1.223. Perde-se a posse quando cessa, embora contra a vontade do possuidor, o poder sobre o bem, ao qual se refere o art. 1.196.**

---

O CC/2002 deixa de enumerar os modos de perda da posse, como fazia o art. 520 do CC/1916. A redação atual é mais clara e técnica, eliminando dúvidas que surgiram no sistema anterior, que, nesse ponto, mesclava as teorias objetiva e subjetiva da posse. Determinar todas as condutas do possuidor, como fazia o Código anterior, constituía inútil e especiosa particularização.

Segundo o art. 1.196 do CC, possuidor é todo aquele que tem de fato o exercício, pleno ou não, de alguns dos poderes inerentes ao domínio. Adquire a posse quem passa a assim se comportar e perde a posse quem deixa de assim se comportar. Perde-se a posse toda vez que o possuidor não exerça, ou não possa exercer, poder correspondente ou análogo ao do proprietário, ou seja, quando deixa de ter a visibilidade do domínio.

Cabe ressaltar que nem sempre o possuidor mantém conduta comissiva em relação à coisa. Não há necessidade de manter a coisa sob seu poder físico, imediato, porque nem sempre assim se comporta o proprietário em relação ao que é seu. Basta ao possuidor que se comporte como dono, dando ostensivamente à coisa a sua destinação econômica e natural, conservando-a e defendendo-a, porque assim age o proprietário. Logo, não perde o possuidor a posse de uma casa de campo ou de praia, que somente a frequenta durante temporada de férias, porque esta é a sua natural destinação.

Tem a posse dois elementos, o objetivo *(corpus)* e o subjetivo *(animus)*. Perde-se a posse quando deixa de existir qualquer um dos elementos, ou os dois concomitantemente.

Por falta dos elementos objetivo e subjetivo, perde-se a posse pelo abandono, ou pela tradição. No abandono, o possuidor abdica da posse, por ato unilateral. Na tradição, o alienante transmite a posse, com entrega da coisa ao adquirente.

Por falta somente do elemento objetivo, perde-se a posse pela destruição ou perda da coisa, pela posse de outrem e pelo fato de ser posta fora de comércio. Na perda da coisa, conserva o possuidor a vontade de recuperá-la, tanto assim que o descobridor, que a localiza, deve devolvê-la ao possuidor ou proprietário que está à sua procura. Na destruição, a coisa desaparece contra a vontade do possuidor, quer por fato natural, quer por ato de terceiro. Deve a destruição ser total e permanente, caso contrário remanesce a posse sobre o que restou da coisa, ou se mantém a posse sobre a coisa temporariamente inacessível. Quanto à posse de outrem, pode se dar por ato que conte com a anuência do possuidor como também contra a sua vontade, caso em que ocorrerá o esbulho, se o ato de terceiro for ilícito. Nesta última hipótese, confere o ordenamento direito ao ex-possuidor de reagir, usando a tutela possessória, quer pela autotutela, quer pelas ações possessórias, para recuperar a posse injustamente perdida.

Quanto à coisa ser posta fora de comércio, lembre-se de que o CC/2002 não mais disciplina tal categoria de bens, de modo que a figura comporta algumas observações. Há entendimento da incompatibilidade da posse de particulares sobre bens públicos. Contra a vontade do Poder Público, teria o particular simples detenção sobre a coisa. Não parece ser exata tal posição, que somente se aplica aos bens públicos de uso comum do povo ou de uso especial. Claro que não possuo a rua sobre a qual transito com o meu veículo, nem o parque onde passo horas de recreio, nem o prédio da repartição onde vou tirar uma certidão. É possível, porém, a posse de particulares sobre bens públicos dominicais, sem destinação pública. Tal posse será *ad interdicta* e não *ad usucapionem*, na impossibilidade de o possuidor adquirir sua propriedade pela via da usucapião. Os demais efeitos da posse, como a tutela possessória, indenização por benfeitorias, direito à percepção de frutos, porém, produzem-se normalmente, contra terceiros e contra o Poder Público, de acordo com a boa-fé ou a má-fé do possuidor. Recentes precedentes do STJ, transcritos a seguir, admitem a tutela possessória de particular que ocupa bem público contra atos ilícitos praticados por terceiros. Afirmam os precedentes que se trata de posse, e não de mera detenção, apenas com a peculiaridade de não gerar usucapião. Admitiu a Corte Superior até mesmo a conversão de ação possessória ajuizada pelo Município em face de particulares com posse longeva em ação indenizatória.

Por falta do elemento subjetivo, perde-se a posse pelo constituto possessório, que nada mais é do que uma forma ficta de tradição, pela qual o alienante continua com poder material sobre a coisa, mas em nome do adquirente.

**Jurisprudência:** A ação possessória pode ser convertida em indenizatória (desapropriação indireta) – ainda que ausente pedido explícito nesse sentido – a fim de assegurar tutela alternativa equivalente ao particular, quando a invasão coletiva consolidada inviabilizar o cumprimento do mandado reintegratório pelo município. (STJ, REsp n. 1.442.440/AC, rel. Min. Gurgel de Faria, por unanimidade, j. 07.12.2017, *DJe* 15.02.2018)

Particulares podem ajuizar ação possessória para resguardar o livre exercício do uso de via municipal (bem público de uso comum do povo) instituída como servidão de passagem. A doutrina define os bens públicos de uso comum do povo como aqueles destinados por natureza ou por lei ao uso coletivo. Nesse sentido, a afetação ao uso comum coletivo deve ser entendida como a que se exerce, em igualdade de condições, por todos os membros da coletividade. No tocante à posse, importa ressaltar que o CC adotou o conceito doutrinário de Ihering, segundo o qual "considera-se possuidor todo aquele que tem de fato o exercício, pleno ou não, de algum dos poderes inerentes à propriedade", distinguindo-se da detenção, por sua vez, pela circunstância de a lei, por determinação expressa, excluir "a proteção possessória, atendendo às circunstâncias peculiares da causa *detentionis*, do motivo que provocou a situação material". A importância da distinção entre posse e detenção, para o deslinde da controvérsia, refere-se ao fato de que a mera detenção não confere a seu titular o direito de proteção jurídica. Nessa linha de entendimento, frise-se que a jurisprudência do STJ adotou orientação no sentido de que o ordenamento jurídico excluiu a possibilidade de proteção possessória à situação de fato exercida por particulares sobre bens públicos dominicais, classificando o exercício dessa situação de fato como mera detenção. Essa proposição, não obstante, não se estende à situação de fato exercida por particulares sobre bens públicos de uso comum do povo, razão pela qual há possibilidade jurídica na proteção possessória do exercício do direito de uso de determinada via pública. A posse consiste numa situação de fato criadora de um dever de abstenção oponível *erga omnes*. Outrossim, o instituto pode ser exercido em comum, na convergência de direitos possessórios sobre determinada coisa. Nessa hipótese, incide o disposto no art. 1.199 do CC, segundo o qual "se duas ou mais pessoas possuírem coisa indivisa, poderá cada uma exercer sobre ela atos possessórios, contanto que não excluam os dos outros compossuidores". Na posse de bens públicos de uso comum do povo, portanto, o compossuidor prejudicado pelo ato de terceiro ou mesmo de outro compossuidor poderá "lançar mão do interdito adequado para reprimir o ato turbativo ou esbulhiativo", já que "pode intentar ação possessória não só contra o terceiro que o moleste, como contra o próprio consorte que manifeste propósito de tolhê-lo no gozo de seu direito". (STJ, REsp n. 1.582.176/MG, rel. Min. Nancy Andrighi, j. 20.09.2016, *DJe* 30.09.2016)

É cabível o ajuizamento de ações possessórias por parte de invasor de terra pública contra outros particulares. Inicialmente, salienta-se que não se desconhece a jurisprudência do STJ no sentido de que a ocupação de área pública sem autorização expressa e legítima do titular do domínio constitui mera detenção (REsp n. 998.409/DF, 3ª T., *DJe* 03.11.2009). Contudo, vislumbra-se que, na verdade, isso revela questão relacionada à posse. Nessa ordem de ideias, ressalta-se o previsto no art. 1.198 do CC, *in verbis*: "Considera-se detentor aquele que, achando-se em relação de dependência para com outro, conserva a posse em nome deste e em cumprimento de ordens ou instruções suas". Como se vê, para que se possa admitir a relação de dependência, a posse deve ser exercida em nome de outrem que ostente o *jus possidendi* ou o *jus possessionis*. Ora, aquele que invade terras públicas e nela constrói sua moradia jamais exercerá a posse em nome alheio, de modo que não há entre ele e o ente público uma relação de dependência ou de subordinação e, por isso, não há que se falar em mera detenção. De fato, o *animus domini* é evidente, a despeito de ele ser juridicamente infrutífero. Inclusive, o fato de as terras serem públicas e, dessa maneira, não serem passíveis de aquisição por usucapião, não altera esse quadro. Com frequência, o invasor sequer conhece essa característica do imóvel. Portanto, os interditos possessórios são adequados à discussão da melhor posse entre particulares, ainda que ela esteja relacionada a terras públicas. (STJ, REsp n. 1.484.304/DF, rel. Min. Moura Ribeiro, j. 10.03.2016, *DJe* 15.03.2016)

Reintegração de posse. Guarulhos. Área ocupada por particular, por ele intitulada de "sobra de loteamento". Imissão administrativa da prefeitura na posse da área por tratar-se, segundo ela, de área pública. Liminar concedida aos ocupantes da gleba por tratar-se de área particular. Agravo, em que o município insiste na entrega de área a seus cuidados e na natureza pública do lote.

Prova suficientemente clara de que a área em questão compõe um dos sistemas de lazer do loteamento Parque Mikail, área pública portanto e não particular, como mencionado no despacho agravado. Posse que deve ser deferida a quem evidentemente for o titular do domínio, além de não se reconhecer posse *ad interdicta* de área pública. Agravo improvido, no entanto, dada a irregular conduta do município por ocasião da recuperação da posse, facultada a notificação dos ocupantes e nova imissão da posse da área por seus próprios meios. (TJSP, AI n. 296.401-5, 7ª Câm. de Dir. Públ., rel. Torres de Carvalho, j. 04.11.2002)

Por outro lado, a sempre atual lição de Ihering (*A teoria simplificada da posse*. São Paulo, José Bushatsky, 1976, p. 69), nos ensina que "não podem ser objeto da posse no sentido jurídico as coisas sobre as quais não é possível um direito de propriedade, e deve-se aplicar a mesma regra às pessoas que não podem ser proprietárias (em Roma, os escravos e os filhos de família). Onde não é possível a propriedade, objetiva ou subjetivamente, a posse também não o é. A posse e a propriedade caminham de mãos dadas; a inaptidão da pessoa ou da coisa para a propriedade implica sua inaptidão para a posse". Daí porque se amolda, como uma luva ao caso, a lição do Min. Orozimbo Nonato mencionado pela municipalidade, decorrente do decidido no RE n. 7.241 (Embs.), in *RF* 143/102-7 (TACSP, Ap. n. 466.768-7, rel. Juiz Opice Blum). (*Lex-TACSP* 141/142)

Interdito proibitório. Ocupação de terra pública pertencente à Companhia de Brasília. Terracap. Inadmissibilidade de proteção possessória no caso. A ocupação de bem público não passa de mera detenção, caso em que se afigura como inadmissível o pleito de proteção possessória contra o órgão público. Não induzem posse os atos de mera tolerância. (*RDDP* 26/217, rel. Min. Barros Monteiro)

---

**Art. 1.224. Só se considera perdida a posse para quem não presenciou o esbulho, quando, tendo notícia dele, se abstém de retornar a coisa, ou, tentando recuperá-la, é violentamente repelido.**

---

O artigo em comento mantém o mesmo conteúdo do art. 522 do CC/1916, apenas apurando a redação, ao substituir o termo "ausente", de significado duplo, pela mais precisa expressão "quem não presenciou o esbulho".

O art. 1.208 do CC, anteriormente comentado, dispõe que não autorizam a aquisição da posse os atos violentos ou clandestinos, senão depois de cessar a violência ou a clandestinidade. Enquanto persiste a clandestinidade, portanto, tem o ocupante singela detenção, porque oculta a situação do verdadeiro possuidor, impossibilitando a sua reação.

Ao tomar conhecimento da ocupação da coisa por parte de terceiro, três condutas se abrem ao possuidor, a saber: a) expulsa o intruso, usando da autotutela (art. 1.210 do CC), caso em que se considera que a posse nem chegou a se perder; b) tenta retomar a coisa, sendo repelido por terceiro; neste momento a detenção se converte em esbulho, marcada pelo vício original da clandestinidade; ou c) tomando conhecimento da ocupação, permanece inerte, caso em que, mais uma vez, a detenção do terceiro se converte em posse injusta, porque adquirida de modo ilícito.

O preceito deve ser interpretado com cautela, para evitar o excessivo alargamento da autotutela. O termo temporal da perda da posse, "quando, tendo notícia do esbulho", deve ser lido como quando teve o possuidor real conhecimento, ou poderia ter conhecido o esbulho. Não tem sentido que a conduta culposa do possuidor, descurando-se daquilo que lhe pertence, postergue o momento da perda da posse, ou amplie a possibilidade do uso da autotutela. Entender o contrário teria o efeito de penalizar o possuidor zeloso, em favor do possuidor desidioso. Note-se que o marco da perda da posse tem também relevância a efeito para cômputo do prazo de ano e dia para a concessão da liminar nas ações possessórias, que não pode ser indefinidamente postergado em favor do possuidor que culposamente desconhece a dominação de terceiro.

A aferição da conduta culposa do possuidor, para efeito de conhecer o apoderamento por terceiro, leva necessariamente em conta a natureza da coisa e a função social da posse. É natural que o possuidor desconheça a invasão de sua casa de veraneio fora da temporada, porque o comparecimento esporádico ao local atende à natural função econômica e social da posse. A mesma situação teria solução oposta, se a invasão ocorresse na própria residência onde é o possuidor domiciliado, ou em terras destinadas ao cultivo, porque, em tais casos, a ausência afronta a natureza econômica ou social da posse.

# TÍTULO II
# DOS DIREITOS REAIS

## CAPÍTULO ÚNICO
## DISPOSIÇÕES GERAIS

---

**Art. 1.225. São direitos reais:**

**I – a propriedade;**

**II – a superfície;**

**III – as servidões;**

**IV – o usufruto;**

**V – o uso;**
**VI – a habitação;**
**VII – o direito do promitente comprador do imóvel;**
**VIII – o penhor;**
**IX – a hipoteca;**
**X – a anticrese;**
**XI – a concessão especial para fins de moradia;**
Inciso acrescentado pela Lei n. 11.481, de 31.05.2007.
**XII – a concessão de direito real de uso;**
Inciso com redação dada pela Lei n. 14.620, de 13.07.2023.
**XIII – a laje;**
Inciso com redação dada pela Lei n. 14.620, de 13.07.2023.
**XIV – os direitos oriundos da imissão provisória na posse, quando concedida à União, aos Estados, ao Distrito Federal, aos Municípios ou às suas entidades delegadas e a respectiva cessão e promessa de cessão.**
Inciso acrescentado pela Lei n. 14.620, de 13.07.2023.

---

O art. 1.225 do atual CC, seguindo a linha do que já dispunha o art. 674 do CC/1916, consagra a positivação do princípio de que os direitos reais são *numerus clausus*. Somente podem ser criados por lei, ao contrário dos direitos de crédito, nos quais prevalece a autonomia privada em sua criação, constituindo *numerus apertus*.

O catálogo previsto no art. 1.225 do CC, porém, não é taxativo e não esgota todos os possíveis direitos reais, já que há outros criados por leis especiais diversas, por exemplo, a alienação fiduciária sobre bens imóveis, regulada pela Lei n. 9.514/97, ou o compromisso de compra e venda de imóveis loteados, disciplinado pela Lei n. 6.766/79. Note-se que não há por parte do legislador necessidade da utilização de expressões sacramentais para a designação dos direitos reais em leis especiais, bastando previsão legal e que se deduza claramente do instituto sua natureza.

Os incisos XI e XII foram incluídos no CC por força da Lei n. 11.481/2007. A inclusão elimina a dúvida anteriormente existente na doutrina, sobre a natureza jurídica dos institutos da concessão especial para fins de moradia e concessão de direito real de uso, previstos, respectivamente, na MP n. 2.220/2001 e art. 4º, V, *g*, do Estatuto da Cidade. Não resta mais dúvida, diante da posição explícita da lei, que são direitos reais sobre coisa alheia, de gozo e de fruição. Não havia necessidade, porém, de alterar o CC, pois novos direitos reais podem ser criados por leis especiais. Ademais, por questão de método, os demais direitos reais referidos neste artigo têm a tipicidade regulada no próprio CC, o que não ocorre com os ora acrescidos.

A ausência de tipicidade no próprio CC dos dois novos direitos reais torna necessária breve análise sobre a sua natureza e regras de regência em leis especiais.

No que se refere à concessão de direito especial para fins de moradia, a sua inclusão no inciso XI do art. 1.225 do CC, em acréscimo ao direito de propriedade (inciso I), deixa claro que não se trata de modalidade de usucapião sobre imóveis públicos de titularidade da União, Estados e Municípios. Embora os requisitos sejam semelhantes aos do usucapião especial urbano e usucapião coletivo, parece claro que o possuidor não se torna proprietário do imóvel público ocupado, pois o direito real sobre coisa alheia se extingue nos casos de se dar ao imóvel destinação diversa da residencial, ou de se adquirir a propriedade ou concessão de uso de outro imóvel urbano ou rural. Os requisitos para aquisição do direito real são semelhantes aos da usucapião especial urbana individual e coletiva, tal como previsto na MP n. 2.220/2001 e Lei n. 11.481/2007. Prevalece o entendimento de que se trata de direito subjetivo dos possuidores que preencham os requisitos legais, que, portanto, podem exigir compulsoriamente do Poder Público a outorga do direito real e, no caso de recusa injustificada, a obtenção de sentença judicial de natureza declaratória, que servirá de título hábil para ingresso no registro imobiliário. Caso a posse tenha por objeto imóvel em área de risco à saúde ou à vida dos ocupantes, o exercício do direito pode dar-se sobre imóvel diverso. Embora não explicite a norma, parece razoável que em tal hipótese, embora constitua direito subjetivo dos ocupantes, a nova gleba é de escolha do Poder Público. De igual modo, pode também o Poder Público alterar o local ocupado por sua própria iniciativa, deslocando o direito de moradia para área diversa, com o escopo de evitar a ocupação em imóveis de uso comum do povo, destinado a projeto de urbanização, defesa nacional, preservação ambiental, ou reservado à construção de obras públicas.

A Lei n. 13.465, de 11.07.2017, que dispõe sobre a regularização fundiária rural e urbana, acrescentou dois novos incisos (XII e XIII) ao art. 1.225 do CC.

No que se refere à concessão de direito real de uso (inciso XII), "consiste na transferência da faculdade de usar, do poder público, para o particular ou outro ente estatal" (PENTEADO, Luciano de Camargo. *Direitos reais*. São Paulo, RT, 2008, p. 483). A figura foi incluída como um dos instrumentos de REURB na Lei n. 13.465, de 11.07.2017. O CC apenas menciona a existência do direito real, inteiramente regulado, por se tratar de ônus sobre bens públicos, pelas Leis ns. 9.636/98 e 13.465, de 11.07.2017.

O inciso XIII trata do direito real de laje. Cuida-se de novo direito real, que cria a modalidade de propriedade sobre unidade autônoma erigida sobre construção-base alheia, comentado adiante no art. 1.510-A. Gerará o preceito, inovador em seu formato, inúmeras dúvidas e perplexidades, a serem enfrentadas pela doutrina e pelos tribunais. Fez bem o legislador ao explicitar que se trata de direito real, em atenção ao princípio da taxatividade (*numerus clausus*), conferindo-lhe efeito *erga omnes* e acesso ao registro imobiliário.

A Lei n. 14.620/2023 acrescentou novo direito real ao rol do art. 1.225 do CC, que consiste nos direitos oriundos da imissão provisória na posse, quando concedida à União, aos Estados, ao Distrito Federal, aos Municípios ou às suas entidades delegadas e na respectiva cessão e promessa de cessão. A Lei n. 6.766/79 já admitia o registro da imissão provisória da posse em desapropriações para fins de parcelamento do solo. Agora a situação foi estendida para outros fins, como condomínios edilícios ou casas. Interessante que a posse, como visto nos comentários ao art. 1.196, é comportamento, conduta, poder de fato sobre a coisa, que não tem natureza de direito real nem acesso ao registro imobiliário. No entanto, a situação aqui é distinta. Cuida-se de imissão de posse em favor do poder público concedida em ação de desapropriação, que desembocará na aquisição da propriedade após o pagamento integral do valor do imóvel. A discussão judicial por eventual diferença da indenização e pagamento por meio de precatórios pode demorar largo tempo, o que impedia o registro e a aquisição da propriedade pelo poder expropriante. Agora a só imissão ingressará no registro imobiliário, como direito real de aquisição, e permitirá a cessão a adquirentes ou a constituição de garantia real para financiamentos da casa própria. A alteração tem o efeito de antecipar efeitos da sentença e do pagamento da indenização na ação de desapropriação, mas, por sua vez, impede que o poder público desista da demanda, ante a irreversibilidade das alterações introduzidas no imóvel.

Distinguem-se a taxatividade e a tipicidade dos direitos reais. A primeira trata do catálogo, do elenco dos direitos reais. A segunda define o conteúdo de cada um dos tipos dos direitos reais, a descrição fundamental de suas características ou elementos. São conceitos complementares, mas distintos entre si.

A doutrina tradicional afirma que os direitos reais são *numerus clausus* e típicos. A doutrina contemporânea questiona o princípio da tipicidade. Na lição de Gustavo Tepedino, se de um lado é certo que a criação de novos direitos reais depende de lei, por outro lado também "certo é que no âmbito do conteúdo de cada tipo real há um vasto território por onde atua a autonomia privada e que carece de controle quanto aos limites (de ordem pública) permitidos para esta atuação" (*Multipropriedade imobiliária*. São Paulo, Saraiva, 1993, p. 83).

Essa interpretação elástica da tipicidade permite dar maior alcance a cada um dos direitos reais, acomodando situações jurídicas que necessitam ganhar realidade e colmatando as falhas e lacunas existentes em cada uma das figuras. Tome-se como exemplo a possibilidade de enquadrar a multipropriedade e o *leasing* imobiliário como modalidades do direito real de propriedade. Ou a admissão do direito real de superfície por cisão, permitindo ao proprietário alienar temporariamente construção já feita, em vez de simplesmente conceder o direito de construir ao superficiário. Essa tendência contemporânea de interpretação do princípio da tipicidade vem ganhando corpo. Recente precedente do STJ admitiu a multipropriedade como direito real, compatível com o direito de propriedade previsto no art. 1.228 do CC (ver acórdão citado a seguir). Também as Normas de Serviço da Corregedoria Geral da Justiça do Estado de São Paulo passaram a permitir o registro imobiliário da multipropriedade. A questão da tipicidade da multipropriedade foi hoje superada pela própria alteração do CC, que a regulou como modalidade de condomínio.

Em termos diversos, mantém-se íntegro o princípio positivado da taxatividade, mas se admite certa elasticidade no princípio da tipicidade, para que cada um dos direitos reais possa abrigar situações jurídicas que, embora não expressamente previstas, sejam compatíveis com seus princípios e mecanismos.

Verifica-se que o art. 1.225 do CC/2002 eliminou dois direitos reais previstos no art. 674 do CC/1916, quais sejam, a enfiteuse e as rendas constituídas sobre imóveis. Isso quer dizer que tais direitos reais não mais podem ser criados na vigência do Código atual, porque perderam a previsão legal. Note-se que são direitos reais incidentes sobre imóveis, de modo que o registro tem caráter constitutivo. Escrituras públicas que convencionaram as aludidas relações jurídicas, antes do registro, geram simples direito de crédito, que não mais podem se converter em direito real na vigência do atual CC/2002.

As enfiteuses e as rendas constituídas sobre imóveis criadas no regime do velho CC, porém, em atenção à garantia do ato jurídico perfeito, continuam a produzir todos seus efeitos, até que sejam extintas por uma das causas previstas na legislação revogada. São casos de ultra-atividade da lei revogada, que continua a projetar seus efeitos na vigência da lei nova.

A questão ganha especial relevância em relação ao direito real de enfiteuse, em vista de sua natureza perpétua, o que cria a possibilidade de a figura persistir ainda por décadas, ou séculos, irradiando consequências jurídicas no regime do atual CC. O art. 2.038, atento a tal questão, tratou de regular questões de direito intertemporal, proibindo a constituição de subenfiteuses no regime do atual CC. Aproveitou a oportunidade, ainda, para positivar entendimento pretoriano sobre a enfiteuse, especialmente a impossibilidade de se cobrar o laudêmio sobre o valor das construções ou plantações. A regra tem razão de ser. As acessões são erigidas pelo enfiteuta, de modo que o cômputo de seu valor para cálculo do laudêmio beneficia indevidamente o senhorio direto (proprietário), configurando situação de enriquecimento sem causa. Ressalva, ainda, o § 2º do citado art. 2.038, que a enfiteuse dos terrenos de marinha e acrescidos regula-se por leis especiais – Imóveis da União, Lei n. 9.636/98 e Terrenos de Marinha, DL n. 9.760/46 –, não alteradas pelo atual CC.

Constata-se que o art. 1.225, de outro lado, contempla dois direitos reais – superfície e promitente comprador – não previstos no art. 674 do CC/1916. Na verdade, os direitos reais de superfície e de promitente comprador já se encontravam regulados por leis especiais e apenas receberam nova disciplina no CC.

A propriedade fiduciária, agora regulada pelo CC/2002, não se encontra mencionada no art. 1.225, por ter sido tratada como modalidade especial do direito de propriedade, embora tenha a nítida natureza de direito real de garantia.

Os direitos reais classificam-se em direito real sobre coisa própria e direito real sobre coisa alheia. O direito real sobre coisa própria é apenas a propriedade. A entrega de parte das faculdades reais do proprietário a terceiros gera os direitos reais sobre coisas alheias. Verifica-se, portanto, que os direitos reais sobre coisas alheias são parcelas do direito real maior, que é a propriedade.

Os direitos reais sobre coisa alheia, por seu turno, subdividem-se em direitos reais limitados de gozo ou fruição (superfície, servidão, usufruto, uso e habitação); direito real de aquisição (direito de promitente comprador); e direitos reais de garantia (hipoteca, anticrese, penhor e propriedade fiduciária).

A posse, tal como ocorria no CC/1916, não se encontra no rol dos direitos reais, o que reforça a tese de se tratar de um instituto *sui generis*; uma situação de fato, similar ao comportamento do proprietário, que gera uma série de efeitos que se situam entre os direitos pessoais e os direitos reais.

**Jurisprudência:** Apelação cível. Ação declaratória de inexigibilidade de crédito tributário. ITBI. Lançamento efetivado com base em cessão de direitos possessórios relativos ao imóvel. Impossibilidade. Tema n. 1.124 do Col. STF que orienta haver incidência do ITBI apenas no momento do registro, quando a transmissão da propriedade imobiliária se aperfeiçoa. Escritura pública e auto de arrematação de cessão de direitos que, por não implicarem transmissão da propriedade ou de qualquer outro direito real (conforme art. 1.225 do CC), não configura fato gerador do ITBI. Sentença mantida. Recurso desprovido. (TJSP, Ap. Cível n. 1001099-70.2023.8.26.0587/São Sebastião, 15ª Câm. de Dir. Públ., rel. Tania Mara Ahualli, j. 08.03.2024, publ. 08.03.2024)

No contexto do CC/2002, não há óbice a se dotar o instituto da multipropriedade imobiliária de caráter real, especialmente sob a ótica da taxatividade e imutabilidade dos direitos reais inscritos no art. 1.225. O vigente diploma, seguindo os ditames do estatuto civil anterior, não traz nenhuma vedação nem faz referência à inviabilidade de consagrar novos direitos reais. Além disso, com os atributos dos direitos reais se harmoniza o novel instituto, que, circunscrito a um vínculo jurídico de aproveitamento econômico e de imediata aderência ao imóvel, detém as faculdades de uso, gozo e disposição sobre fração ideal do bem, ainda que objeto de compartilhamento pelos multiproprietários de espaço e turnos fixos de tempo. A multipropriedade imobiliária, mesmo não efetivamente codificada, possui natureza jurídica de direito real, harmonizando-se, portanto, com os institutos constantes do rol previsto no art. 1.225 do CC; e o multiproprietário, no caso de penhora do imóvel objeto de compartilhamento espaço-temporal (*time-sharing*), tem, nos embargos de terceiro, o instrumento judicial protetivo de sua fração ideal do bem objeto de constrição. (STJ, REsp n. 1.546.165/SP, rel. p/ o ac. Min. João Otávio de Noronha, j. 26.04.2016)

Registro de imóveis. Escritura pública de cessão e transferência de direitos sobre a posse de imóvel urbano. Acesso a registro negado. Dúvida procedente. Inviabilidade de ingresso de direitos possessórios no fólio real. Recurso não provido (TJSP, Ap. Cível n. 185-6/5, rel. José Mário Antonio Cardinale). (*Lex-TJSP* 284/530, 2005)

Registro de imóveis. Escritura pública de cessão de direitos possessórios que remonta a aquisição de imóvel com área maior aperfeiçoada no século XVIII. Inviabilidade de o título ingressar no fólio real sem apresentação do antiquíssimo título dominial. Providência necessária à inauguração da cadeia filiatória. Imprestabilidade dos registros paroquiais como prova do domínio. Dúvida julgada procedente. Recurso não provido (TJSP, Ap. Cível n. 66.875-0, rel. Luís de Macedo). (*Lex-TJSP* 226/344, 2000)

Propriedade. Direito real de habitação. Reconhecimento, por analogia, em face de concubina. Inadmissibilidade. Doutrina do *numerus clausus*. Impossibilidade de se criar direitos que não os legalmente previstos. Hipótese, ademais, de favorecimento da concubina em relação à mulher casada. Recurso parcialmente provido. Os direitos reais, criando dever jurídico para terceiros, só existem quando definidos pela lei e dentro do figurino legal, não se admitindo, por isso, a criação de outros que não os legalmente previstos. (TJSP, Ap. n. 196.306-2, rel. Ruy Camilo, j. 13.10.1992)

**Art. 1.226. Os direitos reais sobre coisas móveis, quando constituídos, ou transmitidos por atos entre vivos, só se adquirem com a tradição.**

Os direitos reais podem ser adquiridos a título originário ou derivado, *inter vivos* ou *causa mortis*, singular ou universal. O artigo em exame trata da aquisição da propriedade e de outros direitos reais sobre coisas móveis a título derivado e *inter vivos*.

A aquisição dos direitos reais, inclusive a propriedade, pode dar-se de modo originário, ou seja, sem relação jurídica com o proprietário anterior. A mera conduta do agente, ou a ocorrência de um fato jurídico, sem relação de causa e efeito com o antigo proprietário, é que leva à aquisição do direito real. Isolada é a posição de Caio Mário da Silva Pereira, que dá interpretação restritiva à aquisição originária, limitando-a à coisa que nunca foi, anteriormente, propriedade de outrem.

A aquisição derivada, mais comum, é aquela na qual há relação de transmissão do antigo ao atual proprietário ou titular de direito real. Há uma relação jurídica causal ligando o atual e o antigo proprietário. A aquisição derivada pode ainda dividir-se em universal, quando uma gama de direitos e deveres relativos a um patrimônio é transmitida, normalmente via *causa mortis*; ou singular, quando determinados bens são transmitidos, normalmente por ato *inter vivos*. Pode, porém, ocorrer aquisição universal por ato *inter vivos* (por exemplo, o casamento pelo regime da comunhão universal de bens), assim como a aquisição singular por ato *causa mortis* (por exemplo, o legado).

Diz o artigo em exame que as aquisições a título derivado e *inter vivos* somente transmitem-se com a tradição. A tradição, em tais casos, tem caráter constitutivo do direito real. Antes da tradição, existe um simples título, que confere apenas direito pessoal, ou de crédito, a seu titular. A tradição, mediante entrega da coisa alienada ao adquirente, é que converte o direito de crédito em direito real. Lembre-se de que nem toda entrega de coisa móvel a outrem caracteriza tradição, por exemplo, ocorre no comodato, ou na locação, em que há mera transmissão da posse direta. Exige-se para a tradição um título que exteriorize negócio translativo da propriedade ou outros direitos reais. A tradição é a entrega da coisa ao adquirente, em obediência à obrigação assumida no título.

Nosso sistema de aquisição da propriedade e de outros direitos reais segue a tradição do Direito romano, exigindo título mais modo, consistente em uma providência suplementar que, somada ao título, provoca a aquisição do direito real. Ao contrário do sistema francês, a propriedade sobre coisas móveis adquiridas a título derivado não se transmite somente com o contrato *(solo consensu)*, mas, seguindo o modelo romano, exige a entrega da coisa alienada ao adquirente. Até a tradição, o adquirente é mero credor do alienante.

Extraem-se daí as duas marcas da tradição em nosso sistema jurídico: é constitutiva da propriedade e de outros direitos reais sobre coisas móveis e é causal, por se encontrar ligada ao título que lhe deu origem. Desfeito o título, desfaz-se a tradição que dele proveio, salvo exceções previstas em lei, em especial a da parte final do art. 1.268, adiante examinada.

As aquisições de coisas móveis a título originário por usucapião, achado de tesouro, ocupação, especificação, adjunção, confusão e comistão decorrem de comportamento do titular, a que a lei empresta efeito jurídico, independentemente de vínculo ou relação com o ex-proprietário. Não se cogita, portanto, de entrega da coisa ao adquirente, e nem os vícios que porventura atingiam a coisa se transmitem ao novo proprietário.

Ressalva, também, o artigo em exame, *a contrario sensu*, que a aquisição de direitos reais a título *causa mortis* independe da tradição, em razão do instituto da saisina previsto no art. 1.784 do CC, pelo qual, aberta a sucessão, a herança transmite-se desde logo aos herdeiros legítimos e testamentários, independentemente de ato de entrega dos bens aos herdeiros.

Embora não diga a lei, o casamento pelo regime da comunhão universal de bens é ato *inter vivos* que transmite a propriedade de coisa móvel ao cônjuge, independentemente da tradição, constituindo exceção à regra legal.

**Jurisprudência**: Apelação cível. Ação de usucapião de bem móvel. Sentença que extinguiu a ação, sem resolução de mérito, em razão da inadequação da via eleita e falta de interesse processual. Recurso da autora. Embora a transferência de bens móveis se transfira com a tradição (art. 1.226, CC), é certo que, em se tratando de compra e venda de veículos, é necessária a regulamentação dos documentos no Detran para que o comprador exerça plenamente os seus direitos como proprietário. Diante das dificuldades administrativas na obtenção do registro de propriedade, é cabível a ação de usucapião com o objetivo de reconhecimento judicial da propriedade do veículo e regularização de seus documentos nos órgãos administrativos. Precedentes. *Informativo* n. 593, do Eg. STJ. Recurso provido para afastar a sentença e determinar o prosseguimento do processo. (TJSP, Ap. Cível n. 10029994720238260439/ Pereira Barreto, 26ª Câm. de Dir. Priv., rel. Morais Pucci, j. 12.09.2024, publ. 16.09.2024)

A lei protege o direito do terceiro que teve sua posse esbulhada ou turbada por constrição judicial (art. 1.046 do CPC) [art. 674 do CPC/2015]. Todavia, deve o embargante provar a sua posse justa e seu direito. No caso concreto, verifica-se que o embargante demonstrou, modo suficiente, a aquisição do veículo penhorado em data anterior ao ajuizamento da execução. Se a transferência de propriedade dos bens móveis se dá mediante à mera tradição, a prova exigível do embargante no caso concreto é justamente esta: de que o veículo lhe tenha sido tradicionado em data anterior ao ajuizamento da execução, o que restou suficientemente atendido. Notório que, tratando-se de veículos usados, é comum ocorrerem sucessivas transferências de propriedade mediante simples procuração ou substabelecimento, sem que haja o registro no Detran, justamente para evitar o pagamento de taxas e impostos e/ou multas vencidas. Logo, a apresentação pelo terceiro embargante de procuração através da qual o executado outorga-lhe amplos poderes para dispor do bem, com firma reconhecida em data anterior ao ajuizamento da execução, é prova suficiente para afastar a ocorrência de fraude à execução. Recurso provido. Unânime. (TJRS, Ap. Cível n. 70.007.568.975, 18ª Câm. Cível, rel. Des. Pedro Celso Dal Prá, j. 17.06.2004)

Responsabilidade civil. Acidente de trânsito. Propriedade do veículo. Legitimidade passiva. 1 – A transferência da propriedade de veículo automotor se opera com a simples tradição. 2 – Por isso mesmo, os registros do veículo no Detran e no próprio cartório do registro especial não constituem prova absoluta da propriedade. 3 – Admissibilidade da utilização eficaz de outros meios para demonstrar compra e venda, com sequente exoneração de responsabilidade do antigo proprietário. 4 – O registro no departamento de trânsito representa simples formalidade, de conteúdo administrativo, modo a regularizar a circulação do veículo. 5 – O registro no cartório especial destina-se apenas a fazer valer *erga omnes* a verdade da alienação, facilitando a prova da propriedade, repercussões no plano dos direitos reais sobre coisas alheias. 6 – Apelo desprovido. (TJRS, Ap. Cível n. 198.001.711, 17ª Câm. Cível, rel. Demétrio Xavier Lopes Neto, j. 15.12.1998)

**Art. 1.227. Os direitos reais sobre imóveis constituídos, ou transmitidos por atos entre vivos, só se adquirem com o registro no Cartório de Registro de Imóveis dos referidos títulos (arts. 1.245 a 1.247), salvo os casos expressos neste Código.**

Preceito similar ao do artigo anterior reserva o legislador para disciplinar a aquisição e a transmissão de direitos reais sobre bens imóveis a título derivado e *inter vivos*, que somente se perfazem mediante o registro imobiliário.

Segue nosso sistema jurídico o modelo do Direito romano, que já exigia formalidade posterior ao contrato para aquisição do domínio *(traditio)*. O contrato é o título, que somado ao modo (registro) provoca a transmissão e a aquisição de direitos reais sobre bens imóveis.

Três grandes sistemas de aquisição da propriedade imóvel vigoram nos ordenamentos jurídicos do mundo ocidental. O primeiro é o sistema francês, pelo qual a aquisição se dá pelo contrato *(solo consensu)*, tendo o registro efeito não constitutivo, mas meramente publicitário.

O segundo é o sistema alemão (art. 873 do *BGB* – CC alemão), pelo qual a transmissão da propriedade imobiliária se constitui por meio do registro do título em um cadastro de imóveis. A particularidade do sistema alemão está no fato de o registro desvincular-se do título. Após o contrato, o título é depurado e, mediante acordo formal de transmissão em processo sumário que corre perante juízes do registro imobiliário, o registro é feito como negócio jurídico abstrato, com presunção absoluta de veracidade, desligando-se do título que lhe deu origem. Admite-se a retificação e cancelamento do registro somente em casos excepcionais. Os princípios são o da exatidão do registro e o da proteção a quem nele confia. Tem como principal mérito a segurança que desperta nos negócios imobiliários; e como principal problema a questão dos vícios existentes no título não atingirem o registro, em prejuízo do alienante inocente.

O terceiro sistema, denominado misto ou eclético, foi o acolhido em nossos Códigos de 1916 e atual. Para nós, o registro é constitutivo do direito real sobre coisa imóvel. É ele que converte o título, gerador de simples direito de crédito, em direito real, irradiando seus efeitos contra todos. Nesse ponto, aproxima-se do sistema alemão. A diferença, porém, está no fato do registro em nosso sistema ter a natureza de ato jurídico causal, pois permanece vinculado ao título que lhe deu origem. Invalidado o título, invalida-se o registro. O registro tem efeito constitutivo, mas não saneador do título causal. Disso decorre que viciado o título, contaminado estará o registro, que será, então, cancelado. Presume-se ser o imóvel daquele que tem o título registrado no registro imobiliário, mas tal presunção é relativa no direito brasileiro *(juris tantum)*, segundo se extrai dos arts. 1.245, § 2º, e 1.247 do CC, adiante examinados.

Em vista do caráter constitutivo e causal do registro, a LRP (Lei n. 6.015/73) cria minuciosos mecanismos de segurança de acesso dos títulos (arts. 167 a 288), consolidados em diversos princípios, mais bem examinados nos comentários aos arts. 1.245 a 1.247 do CC.

Note-se a ressalva do próprio art. 1.227 em que o registro é constitutivo somente em relação às transmissões por atos *inter vivos* e a título negocial derivado. Os modos originários de aquisição da propriedade imobiliária – usucapião e acessão – independem do registro, que tem efeito meramente publicitário e regularizador, visando a permitir que ulteriores alienações a título derivado tenham acesso ao registro, preservando a continuidade.

De igual modo, também as transmissões da propriedade imobiliária *causa mortis* independem do registro, porque ocorrem no exato momento da morte, por força do instituto da *saisine*, consagrado no art. 1.784 do CC. O inventário, a partilha e o registro do respectivo formal têm o propósito de atribuir quinhões certos aos herdeiros, extinguindo ou modificando o condomínio criado pela morte do autor da herança, bem como o de permitir a disponibilidade dos imóveis herdados, em atenção ao princípio da continuidade do registro imobiliário.

A parte final do art. 1.227 ressalva "casos expressos neste Código", em que, por exceção e mediante expressa previsão do legislador, deixa o registro de ter caráter constitutivo do direito real. Caso exemplar é o do casamento pelo regime da comunhão universal de bens, no qual a transmissão de imóveis ocorre independentemente do registro. Lembre-se de que a certidão de casamento é somente averbada no registro imobiliário, com a finalidade de preservar a continuidade, no momento da transmissão do imóvel do casal a terceiro. Outros casos, embora de natureza duvidosa, podem ser citados. Discute-se a natureza jurídica do usufruto legal e do direito de habitação do viúvo. Ainda para aqueles que os consideram direitos reais, ou assemelhados, dispensa-se o registro. Os efeitos em relação a terceiros decorrem da própria situação jurídica dos titulares (pais em relação aos bens dos filhos menores sujeitos ao poder familiar, viúvo em relação ao imóvel residencial do casal, se for o único daquela natureza a inventariar), independentemente do registro.

# TÍTULO III
# DA PROPRIEDADE

## CAPÍTULO I
## DA PROPRIEDADE EM GERAL

### *Seção I*
### *Disposições Preliminares*

**Art. 1.228. O proprietário tem a faculdade de usar, gozar e dispor da coisa, e o direito de reavê-la do poder de quem quer que injustamente a possua ou detenha.**

O CC/2002 abraçou o conceito de propriedade como relação jurídica complexa, carregada de direitos e deveres e voltada à vocação primordial de atender à função social. O professor Miguel Reale, coordenador do anteprojeto, não deixa dúvidas a respeito, ao assegurar que é o direito real "visto em razão do novo conceito de propriedade, com base no princípio constitucional de que a função da propriedade é social, superando-se a compreensão romana quiritária de propriedade em função do interesse exclusivo do indivíduo, do proprietário ou do possuidor" ("Visão geral do projeto do CC, Cidadania e Justiça". In: *Revista da Associação Brasileira dos Magistrados do Rio de Janeiro*, v. V, n. 10, 1º semestre de 2001, p. 64).

O espírito que norteia o Livro III do Projeto, relativo ao direito das coisas, pode ser apreendido do trecho inicial da exposição de motivos do esboço do anteprojeto, redigido pelo Desembargador Erbert Chamoun: "reafirma-se que a propriedade, sem deixar de ser um direito subjetivo, um jus, deve ser considerada, sobretudo, como um *munus*, um poder que se exprime simultaneamente num direito e num dever" ("Exposição de motivos do esboço do anteprojeto do Código Civil – Direito das Coisas". In: *Revista de Jurisprudência do Tribunal de Justiça do Estado da Guanabara*. Rio de Janeiro, n. 23, 1970, p. 11).

O *caput* do art. 1.228 do CC/2002 guarda semelhança com o art. 524 do CC/1916, não definindo a propriedade, mas descrevendo de modo analítico as faculdades do proprietário. Suavizou-se a redação, conferindo ao proprietário a faculdade – não mais o poder assegurado pela lei – de usar, gozar e dispor da coisa. Talvez fosse melhor que se desse desde logo, no *caput* do artigo, feição de relação jurídica à propriedade, com menção também aos deveres do proprietário e de sua conexão à função social. Tal alteração teria o duplo propósito de afastar a noção oitocentista de direito subjetivo absoluto, introjetada em nossa cultura, bem como desautorizar qualquer interpretação que confira hierarquia ao conceito do corpo do artigo, em confronto com seus parágrafos, adiante comentados.

Embora tenham os dois citados artigos de lei conteúdo semelhante, o certo é que sofreu o conceito de propriedade profunda modificação. Passou da clássica definição de Lafayette, "direito real que vincula e legalmente submete ao poder absoluto de nossa vontade a cousa corpórea, na substância, acidentes e acessórios" (*Direito das cousas*. Rio de Janeiro, Typografia Baptista de Souza, 1922, p.26), para a relação jurídica complexa, que tem por conteúdo as faculdades de uso, gozo e disposição da coisa por parte do proprietário, subordinadas à função social e com correlatos deveres, ônus e obrigações em relação a terceiros.

No regime do CC, está a propriedade circunscrita aos bens corpóreos, ou seja, às coisas. O art. 5º, XXII, da Constituição, porém, ao proteger o direito de propriedade, abrange também os créditos e toda posição jurídica de valor patrimonial. É por isso que a moderna doutrina não mais fala em propriedade, mas em propriedades, tal a complexidade e diversidade de situações jurídicas a disciplinar, que não comportam solução única e monolítica. Os direitos de usar e fruir um apartamento, uma gleba protegida por legislação ambiental ou bens de produção são radicalmente diversos entre si, guardando mais diferenças do que semelhanças.

O art. 1.228, *caput*, descreve de modo analítico os direitos do proprietário, enfeixando-os em usar *(utendi)*, gozar *(fruendi)*, dispor *(abutendi)* e reivindicar. Essas faculdades formam uma unidade, permitindo ao proprietário tirar toda a utilidade e proveito possível da coisa, desde que subordinados à função social.

A faculdade de usar *(ius utendi)* é a de servir-se da coisa, de colocá-la a serviço do proprietário, sem modificação da substância. A utilização se caracteriza pela exploração direta da coisa, em proveito próprio, como pelo uso mediato, por intermédio ou em proveito de terceiro.

A faculdade de gozar *(ius fruendi)* envolve a percepção de frutos, tanto naturais como civis, permitindo ao proprietário extrair da coisa todos os rendimentos de que ela é suscetível. Parte da doutrina, porém, entende que a faculdade de gozo compreende as possíveis formas de utilização das coisas, tanto em sentido jurídico – gravando-a com superfície, servidão, usufruto, ou dando-a em penhor – como em senso material, alterando-lhe a destinação econômica, modificando-a etc. (BIANCA, A. Massimo. *Diritto civile*. Milão, Giuffrè, 1999, v. VI, p. 149).

A faculdade de dispor *(ius abutendi)* envolve tanto a disposição material quanto jurídica da coisa, isto é, o poder de alienação. Abrange tanto a transmissão a título oneroso ou gratuito como o de oneração por direitos reais limitados de gozo, fruição e garantia e aquisição. Pode ainda consumir a coisa, total ou parcialmente, desgastando sua substância.

Questiona-se se o poder de usar a coisa, em última análise, envolve também a prerrogativa de não a usar, ou até mesmo de destruí-la, sob a fórmula medieval do *jus abutendi*. O moderno entendimento é o de que tanto a faculdade de não usar, como a de consumir ou mesmo a de destruir a coisa estão subordinadas à função social da propriedade. Claro que pode o proprietário guardar a coisa, mantê-la inerte, ou mesmo destruir sua substância, dada a natureza consumível do bem. Tais prerrogativas são lícitas, desde que, diante das circunstâncias do caso concreto, não forem contra a natureza ou destinação econômica do bem.

A faculdade de reivindicar é a prerrogativa do proprietário de excluir a ingerência alheia injusta sobre coisa sua. É o poder do proprietário de buscar a coisa em mãos alheias, para que possa usar, fruir e dispor, desde que o possuidor ou detentor a conserve sem causa jurídica. É efeito dos princípios do absolutismo e da sequela, que marcam os direitos reais. A ação reivindicatória, espécie de ação petitória, com fundamento no *jus possidendi*, é ajuizada pelo proprietário sem posse, contra o possuidor sem propriedade. Irrelevante a posse anterior do proprietário, pois a ação se funda no *ius possidendi* e não no *ius possessionis*; ou, em termos diversos, não no direito de posse, mas no direito à posse, como efeito da relação jurídica preexistente.

A parte final do art. 1.228 reserva a ação reivindicatória para o proprietário reaver a coisa "do poder de quem quer que injustamente a possua ou detenha". A primeira observação é a de que estendeu o legislador a ação reivindicatória também contra o detentor, corrigindo omissão do Código revogado e positivando entendimento doutrinário e jurisprudencial. Se a ação cabe contra o possuidor injusto, com maior dose de razão cabe contra aquele que nem posse tem, mas, simplesmente, representa outrem na posse.

Vale destacar que a expressão *injustamente a possua*, para efeito reivindicatório, tem sentido mais abrangente do que para simples efeito possessório. Nos termos do art. 1.200 do CC, anteriormente comentado, posse injusta, para efeito possessório, é a marcada pelos vícios de origem da violência, clandestinidade e precariedade. Já para efeito reivindicatório, posse injusta é aquela sem causa jurídica a justificá-la, sem um título, uma razão que permita ao possuidor manter consigo a posse de coisa alheia. Em outras palavras, pode a posse não padecer dos vícios da violência, clandestinidade e precariedade e, ainda assim, ser injusta para efeito reivindicatório. Basta que o possuidor não tenha um título para sua posse. É por isso que não cabe a ação reivindicatória, entre outros, contra o locatário, o comodatário, o credor pignoratício, o devedor-fiduciante, o usufrutuário, pois na vigência dos aludidos negócios ou direitos reais as posses diretas têm causas jurídicas que as justificam, ou seja, não são injustas nem para efeito possessório, nem para efeito petitório.

Verifica-se, em resumo, que em determinadas situações o proprietário que tinha e perdeu a posse por ato ilícito de terceiro tem a seu favor a opção de usar tanto a ação reivindicatória como a ação possessória. Pode escorar a ação no direito de propriedade, ou na posse anterior, injustamente perdida.

Tem legitimidade para ajuizar a ação reivindicatória o proprietário. Pode o condômino de imóvel indiviso reivindicá-lo no todo de terceiro, mas não quando o possuidor for outro condômino. Caso o condomínio seja *pro diviso*, ou seja, com as posses localizadas dos comunheiros, o entendimento mais recente do STJ é a admissão da ação reivindicatória. Grassa controvérsia sobre a possibilidade do compromitente comprador com título registrado ajuizar ação reivindicatória. O melhor entendimento é no sentido de se admitir tal possibilidade, levando em conta que o compromisso de compra e venda é contrato preliminar impróprio, que esgota a atividade negocial, deixando a escritura definitiva como simples ato devido, despido de maior significado. Admitiu o STJ, corretamente, que também o usufrutuário possa ajuizar ação reivindicatória, quer contra o nu-proprietário, quer contra terceiros, invocando o direito real de tirar o proveito da coisa e fundado no *jus possidendi* (ver julgado a seguir).

Pode figurar no polo passivo da ação reivindicatória o detentor, possuidor sem causa jurídica que justifique sua posse, ou mesmo terceiro adquirente de boa-fé. Pode ser cumulada com pedido indenizatório de perdas e danos, ou demolitório de acessões e benfeitorias. É ação real, de modo que devem figurar ambos os cônjuges nos polos ativo e passivo.

Pode ter por objeto coisas móveis e imóveis, singulares ou coletivas, fungíveis ou infungíveis, inclusive as universalidades de fato, como um rebanho ou uma biblioteca. As universalidades de direito, como o patrimônio, devem ser objeto de ação reivindicatória em relação aos bens que as compõem.

Não se encontra a reivindicação sujeita à prescrição extintiva, uma vez que não tem a natureza de direito subjetivo à determinada prestação, mas sim de exercício de qualidade inerente a direito real, com fundamento na sequela sem prazo assinado em lei (José de Oliveira Ascensão, *Direito civil reais*, 5.ed. Coimbra, Coimbra, 2000, item 215, p. 431-2).

Disso decorre que pode a ação reivindicatória ser ajuizada a qualquer tempo. O que pode ocorrer é a reivindicação ser paralisada e obstada por exceção de usucapião oposta pelo possuidor. Trata-se, na verdade, de oposição da aquisição do domínio a título originário pelo possuidor usucapiente, com o efeito de extinguir a propriedade registrária anterior do reivindicante e levar à improcedência da ação reivindicatória. Nesse sentido é que se afirma que a ação reivindicatória não se encontra sujeita à prescrição extintiva, mas tão somente à prescrição aquisitiva mediante exceção de usucapião do requerido possuidor.

**Jurisprudência:** 1 – A ação reivindicatória, de natureza real e fundada no direito de sequela, é a ação própria à disposição do titular do domínio para requerer a restituição da coisa de quem injustamente a possua ou detenha (CC/1916, art. 524; CC/2002, art. 1.228). Portanto, só o proprietário pode reivindicar. 2 – O direito hereditário é forma de aquisição da propriedade imóvel (direito de Saisine). Aberta a sucessão, o domínio e a posse da herança transmitem-se incontinenti aos herdeiros, podendo qualquer um dos coerdeiros reclamar bem, integrante do acervo hereditário, de terceiro que indevidamente o possua (CC/1916, arts. 530, IV, 1.572 e 1.580, parágrafo único; CC/2002, arts. 1.784 e 1.791, parágrafo único). Legitimidade ativa de herdeiro na ação reivindicatória reconhecida. 3 – Recurso especial provido. (STJ, REsp n. 1.117.018/GO, rel. Min. Raul Araújo, j. 18.05.2017)

O usufrutuário possui legitimidade e interesse para propor ação reivindicatória – de caráter petitório – com o objetivo de fazer prevalecer o seu direito de usufruto sobre o bem, seja contra o nu-proprietário, seja contra terceiros. A legitimidade do usufrutuário para reivindicar a coisa, mediante ação petitória, está amparada no direito de sequela, característica de todos os direitos reais, entre os quais se enquadra o usufruto, por expressa disposição legal (art. 1.225, IV, do CC). A ideia de usufruto emerge da consideração que se faz de um bem, no qual se destacam os poderes de usar e gozar ou usufruir, sendo entregues a uma pessoa distinta do proprietário, enquanto a este remanesce apenas a substância da coisa. Ocorre, portanto, um desdobramento dos poderes emanados da propriedade: enquanto o direito de dispor da coisa permanece com o nu-proprietário (*ius abutendi*), a usabilidade e a fruibilidade (*ius utendi* e *ius fruendi*) passam para o usufrutuário. Assim é que o art. 1.394 do CC dispõe que o "usufrutuário tem direito à posse, uso, administração e percepção dos frutos". Desse modo, se é certo que o usufrutuário – na condição de possuidor direto do bem – pode valer-se das ações possessórias contra o possuidor indireto (nu-proprietário), também se deve admitir a sua legitimidade para a propositura de ações de caráter petitório – na condição de titular de um direito real limitado, dotado de direito de sequela – contra o nu-proprietário ou qualquer pessoa que obstaculize ou negue o seu direito. A propósito, a possibilidade de o usufrutuário valer-se da ação petitória para garantir o direito de usufruto contra o nu-proprietário, e inclusive *erga omnes*, encontra amparo na doutrina, que admite a utilização pelo usufrutuário das ações reivindicatória, confessória, negatória, declaratória, imissão de posse, entre outras. Precedente citado: REsp n. 28.863/RJ, 3ª T., *DJ* 22.11.1993 (STJ, REsp n. 1.202.843/PR, rel. Min. Ricardo Villas Bôas Cueva, j. 21.10.2014)

Ação reivindicatória. Prova da propriedade. Posse injusta. Pedido julgado procedente. Evidenciado nos autos todos os requisitos indispensáveis a sustentar a ação reivindicatória, ou seja, a titularidade do domínio pelo requerente, a individuação da coisa, e o fato de a mesma encontrar-se injustamente em poder do réu, com base em critérios objetivamente considerados, levam ao sucesso do pleito ajuizado. O conceito de posse injusta não se infere apenas da violência, precariedade ou clandestinidade a que se refere o art. 1.200 do CC, entendendo-se como tal a detenção sem título de propriedade ou sem caráter de posse direta pelas vias adequadas, tendo sentido mais amplo, porque se a posse de boa-fé pudesse excluir a reivindicatória, o domínio estaria praticamente extinto. (TJMG, Ap. Cível n. 1.0701.09.257753-8/001(1), rel. Alvimar de Ávila, j. 10.02.2010)

A ação reivindicatória é o instrumento processual adequado para o proprietário reaver os seus bens do poder de quem, injustamente, os possua (art. 523 do CPC) [sem correspondente no CPC/2015], ou, na feliz expressão do ministro Marcio Guimarães, "ação reivindicatória é a que compete ao proprietário que não tem a posse contra o possuidor que não tem o domínio, para que se reúna numa só pessoa posse e domínio" (*Estudos de direito civil*, p. 128). A posse injusta, a que se refere o art. 524, do CC, e a que se insurge contra o exercício do direito de propriedade, estabelecendo uma luta entre ela, ainda que *ad interdicta*, e o domínio (TJPR, Ap. Cível n. 145.081-9, 5ª Câm. Cível, rel. Domingos Ramina, j. 11.11.2003). (*RTJ* 99/804)

Reivindicatória. Ação proposta por compromissários-compradores com título registrado. O compromissário-comprador, com o contrato registrado no Registro de Imóveis, preço pago e cláusula de irretratabilidade, tem legitimidade para propor ação reivindicatória (entendimento majoritário da Turma). Ausência, porém, no caso do requisito da posse injusta. Recurso especial não conhecido. (STJ, REsp n. 59.092, rel. Min. Barros Monteiro, j. 15.10.2001)

O direito à ação reivindicatória prescreve juntamente com a prescrição aquisitiva em favor de outrem, mas não pelo simples decurso do prazo. (STJ, REsp n. 37.859/PR, 4ª T., rel. Min. Ruy Rosado de Aguiar, j. 11.03.1997, *DJ* 28.04.1997, p. 15.874)

Reivindicatória. Imóvel. Pretensão fundada em usucapião. Viabilidade, por não ser da substância da aquisição a sentença que reconhece o usucapião. Carência da ação afastada. Embargos recebidos. A sentença que reconhecer o usucapião faz prova plena do domínio, e *erga omnes*, mas não é da substância da aquisição (TJSP, Emb. Infring. n. 206.026-1, rel. Walter Moraes, com excelente fundamentação). (*Lex-TJSP* 228/241, 2000; o julgado embargado se encontra publicado na *Lex-TJSP* 180/147, rel. Donaldo Armelin, 1996)

Controverte-se acerca da "posse injusta", em face do pedido de reivindicação. A posse dos réus (que não a reputam injusta) é oposta, em face dos donos ou proprietários, que propuseram demanda de reivindicação e não ação possessória. É certo que o art. 524 do CC fala em posse injusta. Assim, é preciso fixar o alcance que se pretende, na espécie, com o vocábulo injusta. Toma-se o termo em acepção genérica, e não restrita, como quer o art. 489 do CC ("É justa a posse que não for violenta, clandestina ou precária"). Não se reduz a limites tão acanhados o direito do proprietário. A ação de reivindicação não se dirige apenas contra o possuidor injusto, no sentido de que tem posse violenta, clandestina ou precária. Com a mencionada ação, o titular do domínio objetiva a restituição do bem que está sem causa jurídica na esfera de atuação do demandado. Não se cogita de boa ou má-fé do possuidor, mas sim se a posse repugna ou não ao direito. Este entendimento está cristalizado na doutrina (Carvalho Santos, *Código*, v. 7/277; Orlando Gomes, *Direitos reais*, t. 2/364; Pontes de Miranda, *Tratado*, t. 14/17; Washington de Barros Monteiro, *Curso de direito civil*, v. 3/95; Serpa Lopes, *Curso*, v. 6/499; Caio Mário da Silva Pereira, *Instituições*, v. 4/82; Marco Aurélio S. Viana, *Tutela da propriedade imóvel*, p. 18) e na jurisprudência (*RTJ* 47/606 e 99/804, lembrando-se o venerando acórdão, publicado na *RT*, v. 505, com mais de 40 páginas). A Suprema Corte, referindo-se à posse do art. 524, salienta que esta é injusta tão somente pela razão de que, na disputa entre a posse e a propriedade, prevalece o direito do proprietário, a menos que se trate de posse *ad usucapionem*. Não constitui requisito da ação reivindicatória que a posse do réu seja precária, clandestina ou violenta. A posse *ad interdicta* não constitui obstáculo à procedência da ação de reivindicações (*RTJ* 102/635, rel. Min. Soares Muñoz) (TJSP, Ap. Cível n. 121.499-1, rel. Roque Komatsu). (*Lex-TJSP* 128/214, 1991)

Ação reivindicatória. Posse injusta. A posse injusta, na reivindicatória, não é a violenta, clandestina ou precária aludida no art. 489 do CC, mas aquela que se contrapõe ao direito de propriedade, a não ser que se trate de posse *ad usucapionem*. (TJPR, Ap. Cível n. 13.128-8, 3ª Câm. Cível, rel. Nunes do Nascimento, j. 02.10.1990)

O direito de propriedade é perpétuo, extinguindo-se somente pela vontade do dono, ou por disposição expressa de lei, nas hipóteses de perecimento da coisa, desapropriação ou usucapião. Neste último caso, a perda da propriedade se opera em decorrência da prescrição aquisitiva, mas não em função do prazo estabelecido no art. 177 do CC. (REsp n. 144.330/AC, 3ª T., rel. Min. Waldemar Zveiter, j. 18.10.1999, *DJ* 29.11.1999, p. 158; no mesmo sentido: TJSP, Ap. n. 0003410-46.2011.8.26.0369, 2ª Câm. de Dir. Priv., rel. Marcia Tessitore, j. 23.06.2015; Ap. n. 0128984-95.2006.8.26.0000, 10ª Câm. de Dir. Priv., rel. Cesar Ciampolini, j. 16.09.2014; Ap. n. 0013057-86.2005.8.26.0624, 4ª Câm. Extraor. de Dir. Priv., rel. Silvério da Silva, j. 06.08.2014; Ap. n. 9124163-21.2008.8.26.0000, 7ª Câm. de Dir. Priv., rel. Luiz Antonio Costa, j. 19.10.2011; Ap. n. 452.383-4/3-00, 3ª Câm. de Dir. Priv., rel. Donegá Morandini, j. 25.09.2007.

**§ 1º O direito de propriedade deve ser exercido em consonância com as suas finalidades econômicas e sociais e de modo que sejam preservados, de conformidade com o estabelecido em lei especial, a flora, a fauna, as belezas naturais, o equilíbrio ecológico e o patrimônio histórico e artístico, bem como evitada a poluição do ar e das águas.**

O artigo em comento visou dar operatividade à cláusula geral do art. 5º, XXIII, da CF, que dispõe ter a propriedade função social.

É conveniente a análise sucessiva dos termos que a compõem. *Função* é o papel que um princípio, norma ou instituto desempenha no interior de um sistema ou estrutura. Serve para definir o concreto modo de operar de um instituto ou de um direito de características morfológicas particulares e manifestas. *Função* é a satisfação de uma necessidade, que pressupõe, sempre, uma relação com um bem apto a satisfazê-la (interesse), na esfera jurídica de um sujeito (pertinência).

O termo *social* tem conteúdo aberto, podendo ser usado como sinônimo de expressões diversas, como *bem-estar social, utilidade social, interesse social, fim social*. Como sintetiza Stefano Rodotà, todas as expressões reconduzem a um máximo social ["Proprietà (Diritto vigente)". In: *Novissimo Digesto italiano*. Utet, Torino, 1957, p. 137]. É o meio de alcançar o estabelecimento de relações sociais mais justas, de promover a igualdade real. Pode haver um objetivo de aumento da produção material, mas subordinado a sua distribuição mais equitativa. Em termos diversos, não basta a simples destinação à produção, ou a só utilização de um bem, para dar por adimplida a função social. Busca-se uma coordenação entre a atividade do particular e os interesses coletivos, para melhor utilização dos recursos.

A função social há de ser encontrada naquelas posições jurídicas merecedoras de tutela pela Constituição, embora muitas vezes só possam ser identificadas no momento da lesão. São o que Gustavo Tepedino denomina *contradireitos*, em aparente antinomia com a propriedade, mas que, na verdade, constituem sua conformação a outros centros de interesses (ou seja, sua função social). Tomem-se como exemplo o meio ambiente, a defesa do consumidor, a proteção da família e do idoso, a saúde, a segurança, o lazer, as relações de trabalho, a produção e distribuição de riquezas, entre outros, que têm ampla gama de destinatários: o titular da relação jurídica de propriedade, os terceiros não proprietários, titulares de contradireitos, o legislador e o juiz. Serve como parâmetro de comportamentos do proprietário, indicando-lhe o rumo de proceder de acordo com os valores fundamentais da Constituição; serve de norte ao legislador, para que não conceda ao proprietário poderes supérfluos ou contraproducentes ao interesse social; serve ao juiz, como critério de interpretação da disciplina proprietária (GONDINHO, André Osório. "Função social da propriedade". In: *Problemas de direito civil constitucional*, coord. Gustavo Tepedino. Rio de Janeiro, Renovar, 2000, p. 421).

A função social é um poder-dever do proprietário de dar ao objeto da propriedade determinado destino, de vinculá-lo a certo objetivo de interesse coletivo. Não pode ser encarada como algo exterior à propriedade, mas como elemento integrante de sua própria estrutura. Os limites legais são intrínsecos à propriedade. Fala-se não mais em atividade limitativa, mas conformativa do legislador. Como resume Pietro Perlingieri, a função social não deve ser entendida em oposição, ou ódio, à propriedade, mas "a própria razão pela qual o direito de propriedade foi atribuído a determinado sujeito" (*Introdução ao direito civil constitucional*, 2. ed. Rio de Janeiro, Renovar, 1999, p. 22).

Se a propriedade é um direito – ou uma situação jurídica complexa – atribuído pela ordem jurídica a um titular, nada mais natural que essa mesma ordem jurídica estipule determinada conduta a ser seguida, ou fixe um objetivo social que, de um ponto de vista passivo, é cometido ao proprietário. Pode o ordenamento determinar comportamento específico do proprietário, sob pena de deixar ele de ser merecedor da tutela da propriedade (PRATA, Ana. *A tutela constitucional da autonomia privada*. Coimbra, Almedina, 1982, p. 164).

A menção de respeito ao meio ambiente, com remissão à lei especial, não esgota o conteúdo da função social que, como frisado, envolve todos os contradireitos merecedores de tutela pela CF. Note-se, ainda, que o legislador mencionou as finalidades econômicas e as finalidades sociais, fixando não bastar apenas a exploração das utilidades patrimoniais da coisa, mas que as vantagens revertam também em proveito da coletividade.

Questão das mais delicadas e de difícil trato é a da vedação pelo ordenamento jurídico da tutela da propriedade que, por algum motivo, deixa de cumprir sua função social. É moeda corrente da melhor doutrina, na esteira do entendimento de Stefano Rodotà (op. cit., p. 139), que a sanção ao mau comportamento do proprietário, quando este desobedece a obrigações e ônus postos a seu cargo, determina a superveniente carência de legitimação à titularidade ou ao exercício do direito. No mesmo sentido, assevera Pietro Perlingieri (op. cit., p. 282) que "a ausência de atuação da função social, portanto, faz com que falte a razão da garantia e do reconhecimento do direito de propriedade".

Negar, pura e simplesmente, qualquer ato de defesa do mau proprietário à agressão de terceiros significaria legitimar o reino da força, uma vez que, sendo os bens escassos em relação às necessidades do homem, seria inevitável a luta por sua apropriação. Não se pode olvidar, ao examinar a questão, que a própria CF, ao disciplinar o mau uso da propriedade, urbana ou rural, estipulou gradativas sanções – anteriormente vistas – que vão desde a edificação compulsória, passando pela tributação progressiva, até a desapropriação para fins de interesse social, mediante pagamento em títulos da dívida pública. Não cogitou, todavia, da negativa de tutela, ou da retirada de legitimação do mau proprietário. Não cabe, de fato, ao particular, à margem e contra o poder público, sancionar pessoalmente o mau proprietário, desprezando o devido processo legal. Descartam-se, assim, invasões ou atos maculados com os vícios da violência, clandestinidade ou precariedade, que pretendam retirar do proprietário os *jus utendi* e *fruendi*, ainda que com o elevado propósito de, em momento posterior, conformar o bem a sua função social. Chancelar tal conduta significaria punir uma conduta ilícita com outra conduta ilícita, em perigoso jogo de compensações pautado no exercício das próprias razões. Não há como conferir ao particular a prerrogativa de decidir, por critérios subjetivos e como juiz das próprias razões, qual relação proprietária não cumpre sua função social, quem vai tomá-la do titular e dela beneficiar-se e qual o destino a ser dado ao bem.

Como constou de recente julgado, "a invasão de propriedade urbana não encontra respaldo na ordem jurídica, inobstante enquanto movimento político os objetivos possam até ser justos. A discussão sobre a função social da propriedade compete ao Poder Público municipal, estabelecendo e verificando seu cumprimento. Qualquer desapropriação há de ser realizada mediante prévia e justa indenização" (*RT* 727/294). Igual entendimento perfilha o STJ: "A invasão de terras é necessariamente clandestina e violenta, não podendo gerar posse justa" (STJ, REsp n. 219.579/DF, rel. Min. Humberto Gomes de Barros, j. 26.09.2000, *DJU* 04.12.2000).

É necessário, diante do exposto, encontrar um juízo de razoabilidade entre as duas situações indesejáveis, uma que peca pelo estímulo à violência e a outra que peca pelo estímulo ao abuso do direito de propriedade. Alguns critérios podem ser usados, sempre levando em conta as peculiaridades do caso concreto. O primeiro é a aplicação do princípio da adequação, que traduz a exigência de os meios adotados serem apropriados à consecução dos objetivos pretendidos, ou seja, o apossamento da *res* vise e seja adequado a fazê-la cumprir a função social. O segundo é a aplicação do princípio da necessidade, ou seja, que a medida restritiva à relação proprietária seja indispensável à conservação do próprio ou de outro direito fundamental e não possa ser substituída por outra igualmente eficaz, mas menos gravosa. O terceiro critério é a aplicação do princípio da proporcionalidade em sentido estrito, mediante ponderação entre a carga de restrição em função dos resultados. Devem ser identificadas, também, as demais circunstâncias fatuais relevantes dos direitos em conflito, por exemplo, a antiguidade da constituição do direito, os comportamentos ético-jurídicos censuráveis das partes na disputa e as consequências objetivas resultantes da decisão do conflito.

**§ 2º São defesos os atos que não trazem ao proprietário qualquer comodidade, ou utilidade, e sejam animados pela intenção de prejudicar outrem.**

O CC/1916 continha tímido dispositivo a respeito do abuso de direito, consubstanciado no inciso I do art. 160, que se limitava a expor não constituírem atos ilícitos "os praticados em legítima defesa ou no exercício regular de um direito reconhecido". Parte da doutrina entendia que o preceito consagrava a figura citada, por uma interpretação *a contrario sensu*.

Duas tradicionais correntes – a subjetivista e a objetivista – procuram justificar e dar os contornos da teoria do abuso do direito (CARPENA, Heloísa. "Abuso do direito no CC/2002. Relativização de direitos na ótica civil-constitucional". In: *A parte geral do novo Código Civil*, coord. Gustavo Tepedino. Rio de Janeiro, Renovar, 2002, p. 367 e segs.). Para os subjetivistas, consiste a figura no uso de um direito com o fim de causar dano a outrem, exigindo-se o ânimo de prejudicar, ou, em tendência mais tênue, ao menos o exercício culposo do abuso de direito (GOMES, Orlando. *Introdução ao direito civil*, 17. ed. Rio de Janeiro, Forense, 2000, p. 132). Há o propósito de causar dano a terceiro, sem qualquer outra vantagem ou proveito para o próprio titular do direito (PEREIRA, Caio Mário da Silva. *Instituições de direito civil*, 18. ed. Rio de Janeiro, Forense, 1997, v. I, p. 430). Para os objetivistas, há abuso de direito sempre que o exercício volta-se à satisfação de interesses ilegítimos, ou em desconformidade com sua destinação econômica ou social (AMARAL, Francisco. *Direito civil – introdução*, 5. ed. Rio de Janeiro, Renovar, 2003, p. 210).

O preceito em exame inclina-se de modo claro pela corrente subjetivista, exigindo, para configuração do abuso de direito, a presença concomitante de dois requisitos. O primeiro é objetivo, consistente em uma conduta que não traga proveito, vantagem ou utilidade ao proprietário; o segundo requisito é subjetivo, consistente no ânimo do proprietário de com tal conduta prejudicar outrem.

A regra em exame, contudo, deve ser examinada sistematicamente com a figura do abuso de direito prevista na parte geral do CC, em seu art. 187, que positivou o princípio como cláusula geral, de modo amplo e operativo, exigindo que a conduta do titular de um direito exceda "manifestamente os limites impostos pelo seu fim econômico ou social, pela boa fé ou pelos bons costumes". O legislador aqui se contenta com o simples exercício antissocial de um direito, adotando a teoria objetivista.

Não resta dúvida de que se aplica ao instituto da propriedade tanto a teoria subjetivista como a objetivista prevista no art. 187, muito mais operativa, ao conceber o instituto como violação ao espírito do direito ou a seu fim social (JOSSERAND, L. *De l'esprit des droit et de leur relativitè. Théorie dite de l'abus des droit*. Paris, Dalloz, 1939, p. 10). O ato abusivo não é somente o emulativo, mas também aquele que excede os limites impostos por seus fins social e econômico (o atual CC contém preceito semelhante ao do CC português que, por seu turno, mescla preceitos dos Códigos suíço e russo).

A sanção ao abuso de direito sofreu também notável alargamento. Como ato ilícito que é, acarreta não apenas a obrigação de compor perdas e danos, como também a reparação *in natura*, ou até mesmo a cominação de nulidade do ato (GOMES, Orlando. Op. cit., p. 134-5). Cogita-se, hoje – em tema de direito de família, mas por raciocínio que rapidamente se expande a outros campos do direito civil, como a propriedade –, a repressão, conforme a gravidade do abuso, poder provocar a destituição do direito, tema abordado com mais profundidade nos comentários ao § 1º deste art. 1.228. Se o exercício do direito em descompasso com sua finalidade econômica e social constitui ato ilícito, é possível, hoje, ser o proprietário demandado ou compelido por ação a indenizar, ou a edificar, demolir ou dar destinação específica a imóvel.

Terão legitimidade para ajuizar a ação não só os particulares cujos interesses forem ofendidos pelo ato abusivo, pois, se vulnerados interesses coletivos ou difusos, será o caso, também, de ação civil pública, de acordo com o que dispõe a Lei n. 7.347/85. O remédio pode ser usado para compelir o mau proprietário e o poder público a cumprirem a cláusula geral da função social da propriedade, por condutas comissivas ou omissivas. Nossos tribunais, em diversas oportunidades, já acolheram pedidos com a finalidade de compelir a municipalidade a usar os meios judiciais e extrajudiciais para repelir a turbação e o uso indevido de áreas públicas (*JTJ* 178/13); contra loteadores, para que eles cumpram as obrigações legais assumidas quando da aprovação e registro do empreendimento (*JTJ* 193/227, *RT* 742/256); ou contra empresa, para que corrija condições de ambiente de trabalho, minorando os riscos de acidentes (*RT* 752/255).

Resta o passo final, agora possível em face do atual CC. Pode e deve ser estendida, também, para obrigar ao uso social da *res* abandonada, ou subutilizada, ou egoisticamente explorada, com o que se preservará a ordem econômica e urbanística e se tutelarão interesses difusos, ambos previstos na Lei n. 7.347/85. Consoante precedentes de nossos tribunais, a ação civil pública pode ser proposta tanto em face do particular responsável direto – "em tese, é cabível ação civil pública com a finalidade de transferência das instalações de empresa apontada como poluidora" (*RT* 634/63) - como contra o responsável indireto, ou contra ambos, pelas ofensas causadas aos valores tutelados pela lei (REsp n. 37.354, rel. Min. Pádua Ribeiro, *RSTJ* 82/124). Disso decorre que os réus possam ser o mau proprietário, o poder público, ou ambos, em litisconsórcio facultativo: o particular compelido diretamente a dar função social à propriedade, mediante obrigação de fazer ou não fazer, de fixação de preceito cominatório, ou mesmo indenização por danos já consumados; e o poder público para aplicar ao mau proprietário as sanções previstas na Carta Política, no Estatuto da Cidade e, agora, no CC/2002.

Em resumo, do exame combinado dos arts. 1.228, § 2º, e 187 do CC, extrai-se a conclusão de não só se configurar o abuso de direito na conduta do proprietário que pratica atos emulativos, como também daquele que exerce o poder/dever de propriedade, sem dar-lhe função social e econômica.

**§ 3º O proprietário pode ser privado da coisa, nos casos de desapropriação, por necessidade ou utilidade pública ou interesse social, bem como no de requisição, em caso de perigo público iminente.**

O preceito repete o que contém o inciso XXIV do art. 5º da CF, que prevê a possibilidade de desapropriação por necessidade ou utilidade pública, ou por interesse social, apenas fixando a necessidade de justa e prévia indenização em dinheiro, ressalvadas hipóteses previstas na própria Carta Política. Do mesmo modo, o inciso XXV do mesmo artigo admite a possibilidade de requisição, no caso de perigo público iminente, mediante indenização posteriormente fixada.

A disciplina da desapropriação, em todas suas modalidades, encontra-se em Leis Especiais. O DL n. 3.365/41 dispõe sobre a desapropriação por utilidade pública, inclusive seu processo judicial. A Lei n. 4.132/62 dispõe sobre a desapropriação por interesse social. Especificamente no que concerne à desapropriação para fins de reforma agrária, a matéria é regulada pela Lei n. 8.629/93, com profundas alterações instituídas pela MP n. 2.183-56/2001.

Não cabem nestes comentários maiores explanações sobre a desapropriação, cabendo apenas lembrar que é forma de perda da propriedade e de outros direitos reais. O poder público adquire a propriedade a título originário em processo judicial.

**Jurisprudência:** Embora a CR, na desapropriação para fins de reforma agrária, tenha afastado a recomposição em dinheiro do patrimônio do titular do imóvel desapropriado, manteve o critério da justa indenização, que só se fará presente mediante a reparação de todos os prejuízos experimentados pelo administrado, incluindo os juros compensatórios. (STJ, Emb. de Diverg. no REsp n. 453.823, 3ª T., rel. Min. Teori Albino Zavascki, *DJ* 17.05.2004)

Agravo. Desapropriação. Indenização. Imissão prévia. Condicionamento à prévia avaliação e depósito do valor de mercado. Depósito do valor cadastral que não se confunde com valor real quando da efetiva perda da propriedade. Inadmissibilidade. Art. 5º, XXIV, da CR que garante a justa e prévia indenização em dinheiro. Hipótese na qual a imissão, ainda que provisória, acarreta a perda total da disposição do bem. Imissão provisória traduz adiantamento da execução definitiva da sentença e, como tal, só pode ser deferida caso deposite o expropriante valor suficiente a assegurar o pagamento, quando mais próximo do real valor do bem, face ao princípio constitucional da justa prévia indenização pecuniária. Recurso provido. (TJSP, AI n. 82.968-5, rel. Aloísio de Toledo, j. 04.08.1998)

**§ 4º O proprietário também pode ser privado da coisa se o imóvel reivindicado consistir em extensa área, na posse ininterrupta e de boa-fé, por mais de cinco anos, de considerável número de pessoas, e estas nela houverem realizado, em conjunto ou separadamente, obras e serviços considerados pelo juiz de interesse social e econômico relevante.**

**§ 5º No caso do parágrafo antecedente, o juiz fixará a justa indenização devida ao proprietário; pago o preço, valerá a sentença como título para o registro do imóvel em nome dos possuidores.**

Recebeu do professor Miguel Reale o preceito em exame a denominação de desapropriação judicial. Não há, na verdade, desapropriação, nem indenização a ser paga pelo Poder Público. Cuida-se de alienação compulsória do proprietário sem posse ao possuidor sem propriedade, que preencha determinados requisitos previstos pelo legislador. Inicia a regra afirmando que o proprietário também pode ser privado da coisa, criando o legislador, assim, uma nova modalidade de perda da propriedade imóvel, por sentença judicial.

Em seguida define a regra as características do imóvel reivindicado, consistente em extensa área. Pode ser o imóvel rural ou urbano, bastando que seja extenso, tomando como parâmetro outros imóveis situados na mesma região e com a mesma utilização. Andou bem o legislador ao deixar indeterminado o conceito, permitindo ao juiz, no caso concreto, colmatar a espaço da lei, verificando a localização da gleba e a sua destinação. Parece claro que a noção de gleba extensa tem significados distintos nos estados da Região Norte e da Região Sudeste do país, em um grande centro urbano ou em uma pequena cidade do interior. Será extensa quando permitir a exploração ou moradia de significativo número de possuidores.

Não incide a figura sobre imóveis reivindicados pelo poder público, mas apenas sobre glebas pertencentes a particulares. Nesse sentido o Enunciado n. 83 do CEJ do CJF: "Nas ações reivindicatórias propostas pelo Poder Público, não são aplicáveis as disposições constantes dos §§ 4º e 5º do art. 1.228 do CC/2002".

O termo imóvel reivindicando causa a falsa impressão de que o preceito incide tão somente em ações reivindicatórias. Nada impede que a alienação compulsória em estudo seja aplicada também em ações possessórias – preenchidos os demais requisitos exigidos pelo legislador – do retomante que litiga com base no *ius possessionis*. Entender o contrário abriria a possibilidade ao proprietário que perdeu a posse há mais de cinco anos de tangenciar a norma, de nítido caráter social, mediante simples opção de retomar a coisa com base no juízo possessório e não no juízo petitório *(ius possidendi)*.

Mais ainda, criou o legislador direito potestativo para os possuidores que preencham determinados requisitos, de adquirirem o imóvel possuído a título oneroso, ainda que contra a vontade do proprietário. Essa figura de direito material foi regulada como exceção substancial, mas nada impede que o direito seja exercido mediante ação e não como defesa. Em outras palavras, a inércia do proprietário não tem o condão de evitar que os possuidores se antecipem ao ajuizamento da ação reivindicatória e postulem a alienação compulsória do imóvel possuído. Basta lembrar que a inação do proprietário pode configurar abuso de direito, corrigível, no caso em exame, pela iniciativa dos possuidores de adquirir compulsoriamente o imóvel a que deram função social.

O legislador, em seguida, qualifica a posse com diversos requisitos cumulativos: ininterrupta e de boa-fé, por mais de cinco anos, de considerável número de pessoas que nela houverem realizado, em conjunto ou separadamente, obras e serviços considerados pelo juiz de interesse social e econômico relevante. Não pode ter a posse solução de continuidade, sendo imprestável a soma de períodos esparsos para completar o quinquênio. Note-se que a interrupção da posse por ato ilícito de terceiro – inclusive o proprietário – com devolução da coisa ao possuidor em razão de tutela possessória mantém a qualidade da continuidade. Entender o contrário seria estimular o exercício arbitrário das próprias razões pelo proprietário.

A posse deve ter a qualidade da boa-fé subjetiva, entendida como desconhecimento de eventual vício. A boa-fé subjetiva pode decorrer do fato da posse ser justa ou, ainda que originalmente injusta, tal circunstância ser ignorada pelo possuidor atual. Não se deve dar à expressão boa-fé a mesma interpretação e o mesmo rigor do art. 1.201 do CC, pena de esvaziamento do instituto da desapropriação judicial.

Exigiu o legislador posse prolongada, pelo prazo mínimo de cinco anos. O caso, é importante frisar, não é de usucapião, modo originário de aquisição da propriedade imóvel, cuja sentença apenas declara o direito preexistente, pois, como é óbvio, ninguém paga por imóvel que já é seu. O instituto em exame será usado nos casos em que houver posse prolongada, mas não se encontrarem preenchidos os requisitos para as mais diversas modalidades de usucapião. Tome-se como exemplo o possuidor já proprietário de outro imóvel, ou que o use para fins não residenciais, que não se encaixará na figura da usucapião especial urbano, mas poderá cumprir os pressupostos da desapropriação judicial.

Exige-se, ainda, que a posse da extensa área seja exercida por considerável número de pessoas. Novamente usou o legislador de conceito indeterminado, conferindo poder ao juiz para, no exame do caso concreto, verificar se naquele local e tempo o número de possuidores é expressivo, de modo que o instituto tenha significado social relevante.

Exige-se, finalmente, que os possuidores tenham feito na gleba, em conjunto ou separadamente, obras e serviços considerados pelo juiz de interesse social e econômico relevante. Em outras palavras, que tenham dado ao imóvel a função social negligenciada pelo proprietário.

A leitura do preceito leva à conclusão de que seguiu o legislador típica tendência do direito contemporâneo, utilizando-se de conceitos abertos para permitir ao juiz usar de pensamento tópico, de solução do caso concreto, à vista de peculiaridades que se apresentem, encaixando, ou não, a posse e os possuidores nos requisitos objetivos e subjetivos de extensa área, considerável número de pessoas e obras e serviços considerados de relevante valor social e econômico. Na lição de Popper, citado por Judith Martins-Costa, "é necessário jamais tentar ser mais preciso do que exige a solução do problema" (*A boa-fé no direito privado*. São Paulo, RT, 1999, p. 311).

O § 5º do art. 1.228 traça algumas regras para a alienação compulsória do imóvel aos possuidores. O preço é fixado por avaliação judicial. Contra seu pagamento pelos possuidores, a sentença valerá como título derivado de aquisição, levada ao registro imobiliário.

Algumas questões permaneceram em aberto e merecem comentários. A primeira e mais relevante é saber quem paga a indenização. Embora haja controvérsia da incipiente doutrina a respeito, parece claro que o preço deva ser pago pelos beneficiários, vale dizer, os possuidores da gleba. Não teria sentido que o Estado pagasse o preço de imóvel que não desapropriou e pode não preencher os critérios de utilidade, interesse ou necessidade públicos. O tema foi objeto do Enunciado n. 84, aprovado na Jornada de Direito Civil, promovida pelo CEJ do CJF, no período de 11 a 13 de setembro de 2002: "A defesa fundada no direito de aquisição com base no interesse social (art. 1.228, §§ 4º e 5º, do CC/2002) deve ser arguida pelos réus da ação reivindicatória, eles próprios responsáveis pelo pagamento da indenização".

A segunda questão é o momento em que se alega a exceção substancial, que independe de pedido reconvencional. Não pode o juiz conhecer de ofício a matéria, que envolve direito patrimonial disponível e deve ser alegada pelos interessados no prazo da contestação. Verificando que preenchem os possuidores os requisitos legais, determinará o juiz a avaliação do imóvel e fixará prazo razoável para o pagamento do preço. Caso tenham posse localizada, pagarão na proporção do espaço que ocupam. Caso contrário, a indenização será rateada igualmente entre todos, instituindo-se, após pagamento do preço, condomínio entre eles.

Em sintonia com os arts. 182, § 4º, III, e 184 da CF, caso constate o juiz que deixou o proprietário de atender a cláusula geral da função social da propriedade, poderá diferir o pagamento do preço em até dez anos, indexando os valores das parcelas, de modo a manter seu valor real. Nesse sentido o Enunciado n. 240 da III Jornada de Direito Civil do CEJ da Justiça Federal, realizado no ano de 2004: "A justa indenização a que alude o § 5º do art. 1.228 não tem como critério valorativo, necessariamente, a avaliação técnica lastreada no mercado imobiliário, sendo indevidos os juros compensatórios".

Contra pagamento do preço e registro da alienação, a ação reivindicatória perderá seu objeto, uma vez que o retomante não mais é proprietário do imóvel. Caso, porém, não seja pago o preço fixado, segue a ação reivindicatória seu curso normal. Nesse sentido o Enunciado n. 241 da III Jornada de Direito Civil do CEJ da Justiça Federal, de 2004: "O registro da sentença em ação reivindicatória, que opera a transferência da propriedade para o nome dos possuidores, com fundamento no interesse social (art. 1.228, § 5º), é condicionada ao pagamento da respectiva indenização, cujo prazo será fixado pelo juiz".

Há acesa controvérsia sobre a constitucionalidade do preceito. Caio Mário da Silva Pereira tacha-o de inconstitucional, por não caber à legislatura ordinária criar uma modalidade de desapropriação, ainda mais sem indenização prévia, irrealizável, por não se definir quem pagará a indenização e inconveniente, por ficar a critério exclusivo do juiz, sujeito a injunções ("Crítica ao anteprojeto de Código Civil". In: *Revista Forense*. Rio de Janeiro, v. 242, abril-junho/1973, p. 21-2). A crítica, em que pese a autoridade de seu autor, cede a melhores argumentos. Não se trata de desapropriação, por não se cogitar de ato de império do poder público, mas de alienação compulsória.

Nosso ordenamento sempre abrigou, por exemplo, a alienação compulsória de coisa comum e indivisível, caso qualquer condômino deseje extinguir o condomínio e nunca sequer se cogitou de questionar a constitucionalidade do preceito. Na verdade, ocorrerá uma sub-rogação real, mediante substituição da coisa pelo equivalente preço, sem diminuição quantitativa do patrimônio do proprietário. Nesse sentido, o Enunciado n. 82 aprovado na Jornada de Direito Civil, promovida pelo CEJ do CJF: "É constitucional a modalidade aquisitiva de propriedade imóvel prevista nos §§ 4º e 5º do art. 1.228 do novo CC".

Finalmente, o art. 2.030 do CC criou disposição de direito intertemporal, dispondo que o prazo quinquenal da figura em exame seria acrescido de mais dois anos, nos dois primeiros anos de vigência do novo diploma, qualquer que seja o tempo decorrido na vigência do CC/1916. Em termos diversos o preceito somente passou a ser aplicado em 12 de janeiro de 2005, com o propósito de não colher de surpresa os proprietários/reivindicantes.

**Jurisprudência:** Enunciado n. 83, CEJ: Nas ações reivindicatórias propostas pelo Poder Público, não são aplicáveis as disposições constantes dos §§ 4º e 5º do art. 1.228 do CC/2002.

Enunciado n. 496 da V Jornada de Direito Civil do CEJ do STJ: O conteúdo do art. 1.228, §§ 4º e 5º, pode ser objeto de ação autônoma, não se restringindo à defesa em pretensões reivindicatórias.

Enunciado n. 310, CEJ: Interpreta-se extensivamente a expressão "imóvel reivindicado" (art. 1.228, § 4º), abrangendo pretensões tanto no juízo petitório quanto no possessório.

Enunciado n. 309, CEJ: O conceito de posse de boa-fé de que trata o art. 1.201 do CC não se aplica ao instituto previsto no § 4º do art. 1.228.

Enunciado n. 308, CEJ: A justa indenização devida ao proprietário em caso de desapropriação judicial (art. 1.228, § 5º) somente deverá ser suportada pela Administração Pública no contexto das políticas públicas de reforma urbana ou agrária, em se tratando de possuidores de baixa renda e desde que tenha havido intervenção daquela nos termos da lei processual. Não sendo os possuidores de baixa renda, aplica-se a orientação do Enunciado n. 84 da I Jornada de Direito Civil.

Enunciado n. 307, CEJ: Na desapropriação judicial (art. 1.228, § 4º), poderá o juiz determinar a intervenção dos órgãos públicos competentes para o licenciamento ambiental e urbanístico.

Enunciado n. 306, CEJ: A situação descrita no § 4º do art. 1.228 do CC enseja a improcedência do pedido reivindicatório.

Enunciado n. 304, CEJ: São aplicáveis as disposições dos §§ 4º e 5º do art. 1.228 do CC às ações reivindicatórias relativas a bens públicos dominicais, mantido, parcialmente, o Enunciado n. 83 da I Jornada de Direito Civil, no que concerne às demais classificações dos bens públicos.

---

**Art. 1.229. A propriedade do solo abrange a do espaço aéreo e subsolo correspondentes, em altura e profundidade úteis ao seu exercício, não podendo o proprietário opor-se a atividades que sejam realizadas, por terceiros, a uma altura ou profundidade tais, que não tenha ele interesse legítimo em impedi-las.**

---

O artigo trata da extensão do direito de propriedade sobre coisa imóvel, dispondo que não se limita apenas ao solo ou a sua superfície, mas se estende, também, em linha vertical, ao espaço aéreo e ao subsolo correspondentes. Note-se que não é a propriedade que se estende para cima ou para baixo, mas apenas as faculdades do proprietário, com o propósito de lhe assegurar a utilidade do uso e fruição do solo.

Claro que as faculdades de usar e fruir seriam inoperantes, se estivessem limitadas apenas à superfície do imóvel, impossibilitando o titular de construir ou de plantar. O que assegura a lei é a expansão das faculdades do proprietário ao espaço aéreo e ao subsolo do imóvel, limitada, porém, à utilidade do exercício, ao interesse prático na exploração econômica da coisa. Segue nosso CC a linha alemã (art. 905 do *BGB* – CC alemão) que limita a projeção vertical dos poderes do proprietário a seu interesse, ou à utilidade de seu aproveitamento.

O CC/2002 deu redação mais adequada à extensão das faculdades do proprietário. Atenuou a antiga redação, eliminando a expressão "desde que não tenha ele (proprietário) interesse algum em impedir a atividade de terceiros". Usa agora o legislador o termo mais adequado interesse legítimo, usando critério utilitário, que afasta aproveitamento remoto, ou meramente teórico, dos espaços acima e abaixo do solo. Na lição de Orlando Gomes, o direito de exclusão, em resumo, tem por medida o interesse do proprietário, que, por seu turno, é determinado pela utilidade do exercício da propriedade.

É por isso que o proprietário pode reclamar da passagem de linhas de transmissão de energia elétrica, ou de tubulações de pouca profundidade instaladas pelo poder público, ou, ainda, de sacadas, terraços, ou painéis de publicidade que invadam o espaço de seu imóvel, uma vez que tal situação impede a construção ou plantação de grande porte. Não pode, porém, rebelar-se contra o avião que sobrevoa o imóvel, ou contra um túnel de metrô que passa a grande profundidade, porque em nada embaraçam o aproveitamento da coisa.

Na lição de Caio Mário da Silva Pereira, no caso de espaço aéreo, tem o proprietário o direito de reclamar da conduta que lhe traga danos ou incômodos, mas não invocar o direito de propriedade para proibir a passagem de aeronaves.

Note-se que a propriedade de minas, jazidas e demais recursos minerais, bem como os potenciais de energia elétrica e os monumentos arqueológicos têm disciplina diversa, constituindo bens da União, por força do que dispõem os arts. 20, VIII a X, e 176 da CF.

**Jurisprudência:** Direito de vizinhança. Usucapião. Perícia a atestar que o beiral/calha do telhado do imóvel erigido pelos réus adentra o espaço aéreo do lote contíguo, nele despejando águas pluviais. Obrigação de reparar que atendeu aos interesses da autora, que não mais busca o desfazimento dessa estrutura, há muito existente no local. Tese da usucapião do solo abaixo desse ponto que não resiste a um sopro do bom direito. Inexistência de posse sobre o solo e subsolo. Sentença mantida nesses capítulos. Honorários majorados. Recurso do polo passivo desprovido. Hipótese em que se reconheceu, na origem, conquanto de modo incidental, a usucapião de espaço aéreo. Descabimento. Figura que não se ajusta ao modelo civil estabelecido para o direito real de superfície (este sim usucapível), muito menos com a usucapião especial urbana, cujo objeto é área utilizada para moradia, e/ou com a função social da propriedade. A superfície é direito real de ter construção ou plantação em solo alheio, por isso circunscrita às coisas imóveis, urbanas ou rurais. Estatuto da Cidade que não altera esse arquétipo, pois apenas especifica que ao direito real de superfície de imóvel urbano se agrega o uso do solo, do subsolo e do espaço aéreo relativo ao terreno cedido, corolário da ideia de direito de sobre-elevação. Inteligência da teoria das faculdades úteis do proprietário. Aqui, terreno algum foi cedido. Importa que se revela impossível falar-se em direito de superfície aéreo, absolutamente desconexo do solo/terreno alheio. Resolve-se a problemática posta a partir do interesse do polo ativo. Art. 1.229 do CC. Recurso da autora provido. (TJSP, Ap. Cível n. 1001739-75.2022.8.26.0048/Atibaia, 28ª Câm. de Dir. Priv., rel. Ferreira da Cruz, j. 28.02.2024, publ. 06.03.2024)

Ação indenizatória. construção. Terreno contíguo. Escavações. Parede de contenção. Tirantes. Uso do subsolo. Danos materiais. Obras realizadas em terreno lindeiro. Escavações e construção de parede de contenção, com a injeção de tirantes no subsolo do imóvel vizinho. Finalidade de contenção e segurança. Perícia técnica da inexistência de prejuízos pela permanência dos tirantes. Inexigibilidade de autorização expressa. Possibilidade de utilização. Art. 1.229, CC. Remoção, ademais, não recomendada. Danos advindos da obra, desconsiderados os preexistentes. Fissuras, rachaduras e rompimento de cano demonstrados. Dever de indenizar. Art. 1.311, parágrafo único, CC. Orçamento elaborado por profissional da engenharia e avaliação do perito do juízo. Preliminar prejudicada. Deram parcial provimento à apelação, prejudicada a preliminar. (TJRS, Ap. Cível n. 70.035.414.713, 19ª Câm. Cível, rel. Carlos Rafael dos Santos Júnior, j. 04.05.2010)

A colocação de tirantes, cuja finalidade é apenas a de permitir e amparar a construção da parede de concreto, não causará qualquer dano ao imóvel vizinho e nem implica violação de qualquer direito, até porque se trata de instalação apenas temporária e em profundidade que não implica qualquer tipo de transtorno. É conduta que tem permissivo no art. 1.229 do CC, não havendo razão para impedi-la. (TJSP, AI n. 1131803-0/0/SP, 31ª Câm. de Dir. Priv., rel. Des. Antonio Rigolin, j. 27.11.2007)

---

**Art. 1.230. A propriedade do solo não abrange as jazidas, minas e demais recursos minerais, os potenciais de energia hidráulica, os monumentos arqueológicos e outros bens referidos por leis especiais.**

**Parágrafo único. O proprietário do solo tem o direito de explorar os recursos minerais de emprego imediato na construção civil, desde que não submetidos a transformação industrial, obedecido o disposto em lei especial.**

---

A propriedade das riquezas do subsolo, porque interessa à economia nacional, destaca-se da propriedade do solo e é atribuída à União Federal, por força do que dispõem os arts. 20 e 176 da CF.

O artigo em comento era dispensável, diante dos preceitos da Carta Política, de modo que apenas se limita a reproduzir que a propriedade do solo não estende as faculdades do proprietário às riquezas do subsolo. Não pode o proprietário do solo, portanto, explorar pessoalmente sem concessão ou autorização da União Federal ou impedir que terceiros concessionários explorem as jazidas, tornando-se estes proprietários do produto da lavra. Nos exatos termos do art. 176 da CF, ao proprietário do solo cabe apenas participação no resultado da lavra, na forma e valor regulados pelo DL n. 227/67.

Diz ainda o artigo em exame que a propriedade do solo não abrange os potenciais de energia hidráulica, o que está em consonância com o disposto no art. 176 da CF. Não diz o CC, mas diz a Carta Política, que o aproveitamento de potencial de energia renovável de capacidade reduzida independe de autorização ou convenção. Em tal caso, cabe a exploração ao proprietário do solo, que pode repelir atos de terceiros, que se reputam ilícitos.

Ressalva o parágrafo único do art. 1.230 que a dicotomia das faculdades do proprietário do solo, em relação às riquezas do subsolo, não abrange os recursos minerais com emprego imediato na construção civil, desde que não submetidos à transformação industrial, obedecido o disposto em lei especial. Seria o caso, por exemplo, de pedras, areia ou argila existentes em um terreno, ou mesmo em seu subsolo, que podem ser imediatamente empregados pelo proprietário na construção civil, independentemente de qualquer processo industrial para seu aproveitamento. Teve o legislador a cautela de destacar a obediência a disciplina própria em lei especial, com destaque para lei ambiental.

---

**Art. 1.231. A propriedade presume-se plena e exclusiva, até prova em contrário.**

---

O artigo em estudo pouco modifica o que continha o CC/1916, apenas substituindo corretamente os termos *domínio* por *propriedade* e *ilimitado* por *pleno*. Com a primeira substituição, evitou o legislador que se fizesse a clássica distinção entre domínio e propriedade; o primeiro relativo a sujeitos de direito que tem por objeto direto e imediato coisas corpóreas, e a segunda compreensiva de todos os direitos que compõem nosso patrimônio.

Com a segunda substituição, evitou que a expressão *ilimitado* induzisse à falsa ideia de propriedade livre das limitações gerais decorrentes do direito de vizinhança, ou de normas administrativas. Sabido que a propriedade pode ser plena, quando todas as suas faculdades estão enfeixadas nas mãos do proprietário, mas sofre limitações diversas de ordem legal. Não se pode esquecer que os deveres decorrentes da função social não constituem limitações, mas o próprio conteúdo do direito de propriedade.

A propriedade enfeixa diversas faculdades, como as de usar, fruir, dispor e reivindicar. Via de regra, esses atributos reúnem-se na pessoa do proprietário, conferindo-lhe propriedade plena ou alodial. Pode ocorrer, porém, que essas faculdades sejam desmembradas, criando-se direitos reais limitados a favor de terceiros, restringindo a extensão. Tome-se como exemplo a possibilidade do proprietário entregar a terceiros a faculdade real de usar ou de dispor, criando os direitos reais de servidão, usufruto, uso e habitação. Pode, também, a propriedade ser gravada com direitos reais de garantia, ou, ainda, com cláusulas restritivas do poder de disposição (cláusulas de inalienabilidade, incomunicabilidade e impenhorabilidade, art. 1.911 do CC).

Diz o artigo, além disso, que a propriedade se presume exclusiva, vale dizer, é excludente de outra senhoria sobre a mesma coisa, consequência natural do efeito *erga omnes* do direito real e da própria natureza do *iura in re*, que dispensa a intermediação de terceiros na relação direta entre o sujeito de direito e o objeto. Claro que o condomínio não constitui exceção à regra, pois a propriedade incide sobre parte ideal da coisa, não excluindo direito do comunheiro sobre a outra fração. A presunção a que alude o artigo é relativa, persistindo até prova em sentido contrário, a ser produzida por aquele a quem interessa a existência do ônus ou da restrição.

**Jurisprudência:** Com relação à alegada contrariedade aos arts. 31 e 15-A, § 4º, do DL n. 3.365/41, e aos arts. 1.228 e 1.231 do CC, suscitada no apelo nobre, sem razão os recorrentes, estando o acórdão recorrido em consonância com a atual jurisprudência desta Corte, segundo a qual é indevido o direito à indenização se o imóvel expropriado foi adquirido após a imposição de limitação administrativa, porque se supõe que as restrições de uso e gozo da propriedade já foram consideradas na fixação do preço do imóvel. Nesse sentido: EREsp n. 1.533.984/SC, rel. Min. Regina Helena Costa, *DJe* 10.10.2017; REsp n. 1.246.853/PR, rel. Min. Herman Benjamin, 2ª T., *DJe* 17.11.2016. (STJ, Ag. Int. no REsp n. 2018/0071140-8, rel. Min. Francisco Falcão, j. 14.08.2018)

Registro público. Escritura de venda e compra. Imóvel rural. Área superior a cinquenta módulos. Aquisição por brasileiro naturalizado casado com estrangeira, no regime da comunhão universal de bens. Consulta prévia ao Incra. Necessidade. Lei n. 5.709/71. Aplicação. Segurança denegada. O requisito de prévia autorização do Incra para aquisição, por estrangeiro, de imóvel rural com área superior a cinquenta módulos não obsta o exercício dos direitos de cidadão nem o proíbe de ser tornar proprietário, sujeitando-o apenas a um procedimento administrativo (TJSP, MS n. 19.545-0, rel. Gildo dos Santos). (*Lex-TJSP* 165/273, 1995)

---

**Art. 1.232. Os frutos e mais produtos da coisa pertencem, ainda quando separados, ao seu proprietário, salvo se, por preceito jurídico especial, couberem a outrem.**

---

O artigo em exame reproduz quase integralmente o contido no art. 528 do Código revogado, limitando-se a substituir a expressão *motivo jurídico* por *preceito jurídico*. Foi salutar a alteração, eliminando eventuais dúvidas que o termo *motivo* pudesse causar ao intérprete. Em diversas passagens, o CC/2002 utiliza o termo *motivo determinante* como equivalente à causa do negócio jurídico. Já o termo *motivo* sem a qualificação é razão de caráter puramente subjetivo do agente e não influi, via de regra, na validade ou eficácia no negócio jurídico.

Diz o artigo que frutos e produtos, ainda quando separados, pertencem ao proprietário. Cuida-se de consequência natural de uma das faculdades federadas da propriedade, o direito de fruir, que permite ao proprietário extrair da coisa suas utilidades e riquezas. Frutos são as riquezas e utilidades que a coisa periodicamente produz. Produtos são aquilo que a coisa produz, mas não reproduz. Consistem também em riquezas e utilidades, que, uma vez retiradas, desfalcam a substância da coisa, por exemplo, as pedras de uma pedreira, ou o petróleo de um poço.

Tanto os frutos como os produtos, enquanto estiverem pendentes, são acessórios da coisa. No momento em que são separados da coisa – percebidos –, adquirem autonomia, mas, ainda assim, pertencem ao proprietário da coisa que os produziu. O preceito se limita aos frutos e produtos, não engloba as pertenças, que, nos termos do art. 93 do CC, não constituem parte integrante da coisa, mas se destinam, de modo duradouro, a seu uso, serviço ou aformoseamento. O art. 94 do CC ressalva que os negócios que dizem respeito à coisa principal não abrangem as pertenças, salvo se o contrário resultar da lei, da convenção, ou de circunstâncias do caso. A regra se estende à propriedade das pertenças, a que a lei não atribui identidade com a propriedade da coisa a que elas servem.

Termina o artigo em exame com a exceção à regra de que os frutos e produtos pertencem ao proprietário da coisa. Ressalva a existência de preceito jurídico especial, que os atribua a outrem. Esse preceito a que alude o legislador pode decorrer de relação de direito pessoal, por exemplo, comodato ou locação, ou de relação de direito real, por exemplo, usufruto. Pode, ainda, e com especial atenção, decorrer da posse de boa-fé que, enquanto durar, confere os frutos ao possuidor, em detrimento do retomante, nos termos do art. 1.214 do CC.

## *Seção II*
## *Da Descoberta*

**Art. 1.233. Quem quer que ache coisa alheia perdida há de restituí-la ao dono ou legítimo possuidor.**

**Parágrafo único. Não o conhecendo, o descobridor fará por encontrá-lo, e, se não o encontrar, entregará a coisa achada à autoridade competente.**

O CC/2002 deslocou corretamente o instituto da descoberta – antes denominado invenção – dos modos de aquisição da propriedade de coisas móveis para o capítulo inicial da propriedade em geral, em seção própria. Isso porque, ao contrário do que ocorre nos ordenamentos jurídicos alemão e português, a descoberta, ou achado, não é modo de aquisição da propriedade.

A descoberta nada mais é do que o achado de coisas perdidas. Ao contrário das coisas abandonadas *(res derelicta)*, ou sem dono *(res nullius)*, a coisa perdida tem dono, que apenas está privado de sua posse. Impõe a lei ao descobridor o dever de restituir a coisa recolhida ao proprietário, ou ao legítimo possuidor.

Ninguém é obrigado a recolher coisa perdida, mas, se o faz, o comportamento gera para o descobridor determinados deveres explicitados no artigo em exame. A descoberta é ato jurídico em sentido estrito, pois, embora o descobridor não o deseje, a produção de certos efeitos decorre automaticamente da conduta voluntária de recolher coisa perdida por outrem. O primeiro dever, já referido, é o de restituir a coisa recolhida ao dono sem posse. O segundo dever é de diligência, pois, desconhecido o dono, deve o descobridor envidar esforços para encontrá-lo. O terceiro dever – frustradas as tentativas de localização do dono, ou havendo fundada dúvida sobre a titularidade de quem se apresenta como tal – é o de entregar a coisa perdida à autoridade competente.

Os arts. 1.170 e seguintes do CPC/73 (art. 746 do CPC/2015) definiam a autoridade competente para receber a coisa perdida. A autoridade pode ser a judiciária ou a policial. Quando a arrecadação for feita por autoridade policial, esta, desde logo, encaminhará a coisa à autoridade judiciária, acompanhada do respectivo auto de apreensão.

**Jurisprudência:** Restituição de bem. Cédulas no valor de R$ 1.064.070,00 encontradas à beira de estrada. Valores apreendidos. Pretensão à restituição do bem sob a alegação de assenhoramento conforme o art. 1.263 do CC. Impropriedade. Cabe à pessoa que acha o bem restituí-lo ao dono ou, não o encontrando, entregá-lo à autoridade competente. Aplicação do art. 1.233 do mesmo diploma legal. Sentença mantida. Recurso não provido. (TJSP, Ap. Cível n. 0009962-82.2013.8.26.0037, rel. Des. Ronaldo Andrade, j. 18.09.2014)

**Art. 1.234. Aquele que restituir a coisa achada, nos termos do artigo antecedente, terá direito a uma recompensa não inferior a cinco por cento do seu valor, e à indenização pelas despesas que houver feito com a conservação e transporte da coisa, se o dono não preferir abandoná-la.**

**Parágrafo único. Na determinação do montante da recompensa, considerar-se-á o esforço desenvolvido pelo descobridor para encontrar o dono, ou o legítimo possuidor, as possibilidades que teria este de encontrar a coisa e a situação econômica de ambos.**

Como visto nos comentários ao artigo anterior, o recolhimento da coisa achada cria para o descobridor certos deveres jurídicos. Em contrapartida, confere-lhe o direito de obter do dono ou do legítimo possuidor da coisa uma recompensa, além do reembolso das despesas de conservação e transporte.

A novidade do CC está no estabelecimento de parâmetros para a fixação da recompensa. Ao contrário do CC/1916, o atual impõe um patamar mínimo de 5% para a recompensa, sem prejuízo do reembolso das despesas de conservação e transporte, desde que comprovadas. Além disso, o parágrafo único do artigo em exame cria balizas para a fixação da recompensa acima do patamar mínimo: o esforço desenvolvido pelo descobridor, a possibilidade que o dono teria de encontrar a coisa perdida sem concurso do descobridor e a situação econômica de ambos.

Bons os critérios estabelecidos pelo legislador que, sem prioridade de um sobre outro, servem como vetores para a fixação da recompensa. O primeiro critério premia o esforço, sendo a recompensa proporcional ao grau de diligência do achador, que pode despender maior ou menor tempo, envidar mais ou menos energia e vigor na busca do dono da coisa recolhida. O segundo critério leva em conta o benefício que aufere o dono da coisa, com a devolução do que havia perdido. Quanto menor a probabilidade de recuperação da coisa sem o auxílio do descobridor, mais elevada será a recompensa. Relevantes, em tal critério, a natureza da coisa perdida, as circunstâncias e local onde foi achada. Finalmente, o derradeiro critério considera a situação econômica do dono da coisa e do achador. Razoável que pessoa abonada pague recompensa mais elevada do que aquele cujo dispêndio desfalcará necessidades básicas. No mais, indiferente é a eventual negligência do dono ao perder a coisa, desprezada pelo legislador como critério de fixação da recompensa.

A parte final do art. 1.234 diz que o dono da coisa tem a seu favor a opção de abandoná-la, em vez de pagar as despesas e a recompensa do descobridor. A regra comporta temperamento. É razoável que opte o dono entre a coisa e a recompensa, mas não entre a coisa e as despesas, que de boa-fé fez o achador para restituí-la ao dono. Caso se aceite o abandono, a *res derelicta* pode ser apropriada pelo descobridor.

Aqueles que por dever de ofício ou convenção devem procurar ou restituir coisas achadas não fazem jus à recompensa. São os casos de empregados a que se incumbe procurar objetos perdidos do patrão, ou de departamentos de achados e perdidos de lojas ou repartições públicas.

---

**Art. 1.235. O descobridor responde pelos prejuízos causados ao proprietário ou possuidor legítimo, quando tiver procedido com dolo.**

---

Manteve o legislador conteúdo idêntico ao contido no CC revogado em seu art. 605, com o nítido propósito de descolar e tornar inconfundíveis as figuras do descobridor e do depositário. Os riscos pela perda e deterioração da coisa achada, com ou sem culpa do descobridor, são do proprietário ou legítimo possuidor. Não se atribui ao descobridor o dever de custodiar e zelar pela incolumidade da coisa, como se sua fosse, tal como ocorre no contrato de depósito e se consagra em outros sistemas jurídicos.

Explicita o artigo em comento que o descobridor só responde pelos prejuízos causados ao dono da coisa por conduta dolosa. A regra, porém, somente beneficia o descobridor que não se apossou indevidamente da coisa alheia. Se assim procedeu, deixando de entregar a coisa perdida ao dono ou à autoridade competente, age como esbulhador, deslocando-se, então, os riscos pela perda ou deterioração da coisa para o ex-descobridor, na forma do art. 1.218 do CC.

---

**Art. 1.236. A autoridade competente dará conhecimento da descoberta através da imprensa e outros meios de informação, somente expedindo editais se o seu valor os comportar.**

---

Constitui o artigo inovação tanto em relação ao CC/1916 quanto ao CPC/73, que disciplinava o procedimento a ser seguido pela autoridade que recebia a coisa perdida, na busca e entrega ao respectivo dono (arts. 1.170 a 1.176; art. 746 do CPC/2015). A novidade está na utilização, pela autoridade competente, de mecanismos diversos de divulgação, através da imprensa e outros meios de informação, como medidas primárias de localização do dono da coisa perdida. A publicação de editais, medida de duvidosa eficácia, somente será feita caso frustrados os mecanismos referidos e subordinada, ainda, à proporcionalidade de seu custo, em relação ao valor da coisa.

As demais providências previstas nos arts. 1.170 (auto de arrecadação) e 1.172 (oitiva do Ministério Público e Fazenda Pública antes da entrega da coisa a quem se apresente como dono) do CPC/73 (respectivamente, art. 746 e sem correspondente no CPC/2015) continuam vigentes, derrogada apenas a publicação pronta de editais, sem prévia utilização de outros meios de divulgação do achado.

---

**Art. 1.237. Decorridos sessenta dias da divulgação da notícia pela imprensa, ou do edital, não se apresentando quem comprove a propriedade sobre a coisa, será esta vendida em hasta pública e, deduzidas do preço as despesas, mais a recompensa do descobridor, pertencerá o remanescente ao Município em cuja circunscrição se deparou o objeto perdido.**

**Parágrafo único. Sendo de diminuto valor, poderá o Município abandonar a coisa em favor de quem a achou.**

---

As principais alterações do artigo em exame referem-se ao prazo pelo qual se aguarda o comparecimento do dono e quem será o destinatário, caso ninguém procure a coisa perdida. O prazo foi reduzido de seis meses para sessenta dias. Também o termo inicial de sua fluência foi alterado. Antes, corria o prazo a contar do aviso à autoridade, enquanto agora corre a contar da divulgação do achado pela imprensa ou por editais.

No que tange ao destinatário do achado, pertence agora o saldo do preço apurado em hasta pública, abatidas despesas e a recompensa, ao Município onde foi encontrada a coisa, alterando-se a regra do art. 1.173 do CPC/73 (sem correspondente no CPC/2015), que a destinava à União, ao Estado ou ao Distrito Federal.

O parágrafo único diz que sendo a coisa de diminuto valor, poderá o Município abandoná-la em favor do descobridor. Embora mencione o termo abandono, a figura melhor se enquadra como cessão de direitos.

## CAPÍTULO II DA AQUISIÇÃO DA PROPRIEDADE IMÓVEL

### *Seção I* *Da Usucapião*

**Art. 1.238. Aquele que, por quinze anos, sem interrupção, nem oposição, possuir como seu um imóvel, adquire-lhe a propriedade, independentemente de título e boa-fé; podendo requerer ao juiz que assim o declare por sentença, a qual servirá de título para o registro no Cartório de Registro de Imóveis.**

**Parágrafo único. O prazo estabelecido neste artigo reduzir-se-á a dez anos se o possuidor houver estabelecido no imóvel a sua moradia habitual, ou nele realizado obras ou serviços de caráter produtivo.**

**Definição:** A usucapião (termo que o atual CC utiliza no feminino) define-se como modo originário de aquisição da propriedade e de outros direitos reais pela posse prolongada e qualificada por requisitos estabelecidos em lei.

**Modo originário:** É modo originário de aquisição da propriedade, pois não há relação pessoal entre um precedente e um subsequente sujeito de direito. O direito do usucapiente não se funda sobre o direito do titular precedente, não constituindo este direito o pressuposto daquele, muito menos lhe determinando a existência, as qualidades e a extensão. São efeitos do fato da aquisição ser a título originário: não haver necessidade de recolhimento do imposto de transmissão quando do registro da sentença, com a ressalva, porém, que a negativa fiscal do IPTU dos últimos cinco anos deve ser apresentada; o título judicial ingressar no registro independentemente de registro anterior, ou seja, constituir exceção ao princípio da continuidade e mitigação ao princípio da especialidade registrárias; os direitos reais limitados e eventuais defeitos que gravam ou viciam a propriedade não se transmitirem ao usucapiente; e, caso resolúvel a propriedade, o implemento da condição não resolver a propriedade plena adquirida pelo usucapiente; constituir esplêndido instrumento jurídico; sanar os vícios de propriedade defeituosa adquirida a título derivado

**Objeto da usucapião:** A usucapião tem por objeto tanto a propriedade plena como outros direitos reais limitados que implicam posse dos objetos sobre os quais recaem, especialmente os direitos reais de gozo e fruição sobre coisa alheia, como o domínio útil na enfiteuse, a superfície, o usufruto, o uso, a habitação e a servidão aparente. Com exceção da servidão aparente, os demais direitos reais sobre coisa alheia, normalmente, serão adquiridos por usucapião ordinária, com justo título, constituído por quem não é o verdadeiro proprietário, no caso clássico de aquisição a *non domino*. Já as servidões aparentes, contínuas ou descontínuas, podem ser usucapidas com ou sem justo título, bastando a posse prolongada do titular do prédio dominante, com os demais requisitos estabelecidos em lei. A usucapião é modo não só de adquirir a propriedade, mas também de sanar os vícios de propriedade ou outros direitos reais adquiridos com vícios a título derivado.

Somente são usucapidas as coisas *in commercio*. Os bens públicos, qualquer que seja sua natureza, não são passíveis de usucapião, como expressam os arts. 102 do CC, e 183 e 191 da Constituição de República. Ainda na vigência do CC/1916, a Súmula n. 340 do STF já consagrava igual entendimento, apenas positivado no CC/2002. Exceção a tal regra é a possibilidade de se usucapir terras devolutas rurais, desde que o lapso quinquenal tenha transcorrido anteriormente à vigência da CF/88. Isso porque desde a Constituição de 1934, passando pela Lei n. 6.969/81, havia previsão para usucapião especial rural de terras devolutas. Os arts. 183 e 191 da atual Carta Política passaram a vedar tal possibilidade, mas não retroagem para alcançar períodos aquisitivos anteriores com prazo já consumado.

A restrição à usucapião, porém, não alcança os bens pertencentes a empresas públicas e de sociedade de economia mista, pois se regem pelas normas das pessoas jurídicas de direito privado, consoante entendimento reiterado do STJ, salvo se tiverem destinação pública. Isso porque "tratando-se de bens públicos propriamente ditos, de uso especial, integrados no patrimônio do ente político e afetados à execução de um serviço público, são eles inalienáveis, imprescritíveis e impenhoráveis" (STJ, REsp n. 242.073/SC, rel. Min. Luis Felipe Salomão). Recente julgado do STJ, reproduzido a seguir, entendeu que os imóveis vinculados ao SFH, dada a relevante finalidade pública de financiamento à população de baixa renda, não são passíveis de usucapião. A tendência do STJ é a de restringir cada vez mais a usucapião sobre imóveis vinculados ao SFH, ainda que abandonados pelo agente financiador, ao argumento de que não perdem sua destinação específica de atender eventuais necessidades da administração pública ou de realizar o planejamento urbano ou a reforma agrária (STJ, REsp n. 1.874.632, rel. Min. Nancy Andrighi, j. 25.11.2021).

A Corte Superior tem dado cada vez mais interpretação abrangente ao termo "interesse público". Como decidiu recente julgado, a concepção de "destinação pública", apta a afastar a possibilidade de usucapião de bens das empresas estatais, tem recebido interpretação abrangente por parte do STJ, de forma a abarcar, inclusive, imóveis momentaneamente inutilizados, mas com demonstrado potencial de afetação a uma finalidade pública (STJ, REsp n. 2.173.088/DF, j. 08.10.2024, rel. Min. Nancy Andrighi).

Outro precedente da Corte Superior, porém, admitiu a usucapião parcial de imóvel de empresa pública não demarcado em condomínio *pro indiviso* com particulares (REsp 1.504.916/DF, 4ª T., rel. Min. Luis Felipe Salomão, rel. ac. Min. Raul Araújo, por maioria, j. 27.09.2022). O que se conclui dos inúmeros precedentes é que se mostra suficiente potencial destinação do imóvel à finalidade pública para impedir a usucapião. Apenas em situações consolidadas e imutáveis, a exemplo de imóveis de companhias públicas de habitação prometidos à venda, com cessão de direitos a terceiro e preço solvido é que se admitiria a usucapião.

Os imóveis sem registro, ou com titular não localizado no registro imobiliário, podem ser usucapidos, devendo o poder público provar a propriedade sobre eles. A falta de localização do registro não significa, por si só, que o imóvel seja público.

No que se refere à herança jacente, os arts. 1.829 e 1.844 do atual CC deixam claro que o Estado não é herdeiro, por não se encontrar na ordem de vocação hereditária, mas recebe a herança, na falta ou renúncia dos herdeiros. Não se aplica ao Estado o direito de *saisine*, ou seja, não se torna proprietário e possuidor no momento da morte, havendo necessidade da sentença de vacância dos bens. É esse o entendimento majoritário da jurisprudência (*RSTJ* 94/215, 133/101 e 142/216; *RT* 721/285, 727/131, 738/236, 755/201, 773/194 e 787/207), embora haja precedente do STF no sentido de que a sentença de vacância é declaratória e retroage à data na qual o óbito completa cinco anos, sem habilitação de herdeiros (*RTJ* 101/267, *RT* 709/56).

Podem ser usucapidos bens de família, ou gravados com cláusula de inalienabilidade, pois a usucapião é modo originário de aquisição, não ocorrendo transmissão por parte do titular registrário da propriedade. Não se confundem inalienabilidade e a imprescritibilidade, salvo demonstração de fraude à lei, ou seja, de a usucapião ser modo oblíquo de contornar a cláusula restritiva de alienação, na hipótese de usucapião ordinária.

Ainda no que se refere ao objeto, o entendimento dos tribunais é do cabimento da usucapião entre condôminos no condomínio tradicional, desde que seja o condomínio *pro diviso*, ou haja posse exclusiva de um condômino sobre a totalidade da coisa comum. Exige-se, em tal caso, que a posse seja inequívoca, manifestada claramente aos demais condôminos, durante todo o lapso temporal exigido em lei. Deve estar evidenciado aos demais comunheiros que o usucapiente não reconhece a soberania alheia ou a concorrência de direitos sobre a coisa comum. Não se admite usucapião de imóvel em situação de comunhão entre cônjuges e companheiros, em razão da causa impeditiva de prescrição extintiva, que alcança a prescrição aquisitiva. No entanto, após a separação de fato ou divórcio do casal, ainda que a partilha não seja ultimada, o prazo passa a correr, como se condôminos fossem, como decidiu em data recente o STJ (REsp n. 1.840.561/SP, 3ª T., rel. Min. Marco Aurélio Bellizze, por unanimidade, j. 03.05.2022, *DJe* 17.05.2022).

O entendimento acima se estende à possibilidade de usucapião entre herdeiros, cuja situação jurídica se assemelha e se rege pelas regras do condomínio. Exige-se posse exclusiva do herdeiro usucapiente sobre a totalidade do imóvel, deixando inequívoco aos demais herdeiros que não reconhece a concorrência dos demais sobre a coisa. Lembre-se que o tempo de posse do autor da herança beneficia indistintamente a todos os herdeiros, em razão do princípio da *saisine*, razão pela qual não pode ser computado em favor somente de um deles, em detrimento dos demais.

No que tange à possibilidade de usucapião sobre área comum de condomínio edilício, o entendimento é outro, embora persista divergência nos tribunais. As áreas comuns, por norma cogente, são inalienáveis separadamente da unidade autônoma e não podem ser usadas com exclusividade por um dos condôminos, razão pela qual não podem ser usucapidas por um contra os demais (*RTJ* 80/851; *RJTJSP* 129/266, 180/43 e 207/15; *RT* 734/343 e 753/236). Em casos excepcionais, admite-se usucapião sobre áreas comuns específicas, especialmente se não houver oposição da parte dos demais condôminos (*RSTJ* 130/367). O STJ, em mais de uma oportunidade, entendeu que o prolongado uso de área comum de condomínio edilício não gera usucapião, mas a posse deve continuar em poder do condômino, em razão da prolongada inércia do condomínio, gerador de *supressio* (ver jurisprudência a seguir). Nada impede, porém, que tenha a usucapião por objeto a própria unidade autônoma (STF, RE n. 305.416, rel. Min. Marco Aurélio), inclusive garagem, caso em que a propriedade será declarada também sobre a correspondente fração ideal de terreno, determinada na constituição do condomínio edilício. Em tal caso, não há necessidade da citação de todos os demais condôminos, mas apenas do condomínio na pessoa do síndico. A razão da desnecessidade da citação de todos os demais condôminos é simples: recairá a usucapião sobre propriedade plena da unidade autônoma, com a indissociável fração ideal constante da instituição do condomínio edilício. Perderá a propriedade apenas o titular registrário da unidade autônoma, sendo a usucapião indiferente aos demais condôminos, que não verão afetadas as respectivas frações ideais. Não se cogita também da possibilidade de invasão dos imóveis confinantes, levando em conta a natureza peculiar e delimitada da unidade autônoma.

Quanto ao objeto, controvertem doutrina e jurisprudência sobre a possibilidade de a usucapião incidir sobre imóveis rurais de área de superfície inferior ao módulo rural, ou sobre imóveis urbanos de área inferior à Lei do Parcelamento do Solo Urbano (Lei n. 6.766/79) ou leis municipais. O melhor entendimento é admitir a usucapião, salvo prova de marcada fraude à lei, levando em conta o modo originário de aquisição e a consolidação de situação jurídica já sedimentada de fato. De igual modo, a ausência da menção à existência de acessões não impede o registro da sentença, pois a aquisição originária do solo inclui a das construções acessórias. Controverte a doutrina sobre questões atinentes a parcelamentos do solo clandestinos, ocupação de áreas de mananciais e de proteção ambiental, de risco ou inadequadas para moradias. É preciso entender, porém, que eventuais ilegalidades dizem respeito à ocupação do solo, e não à declaração de propriedade. Parece pouco lógico que se negue a usucapião, mas se mantenham as posses sobre imóveis irregulares, perpetuando situação de incerteza. A usucapião não gera a ocupação irregular do solo, mas apenas é o primeiro passo para futura reurbanização. O recente Tema Repetitivo n. 1.025 do STJ, transcrito à frente, embora se refira a parcelamento do solo específico, firmou a tese da possibilidade de se usucapir terreno sem registro situado em loteamento irregular, ainda que pendente a regularização.

Recente precedente do STJ afirmou que a falência do titular do domínio provoca a suspensão do prazo aquisitivo da usucapião. Cuida-se de precedente controverso, pois cria causa suspensiva da prescrição aquisitiva não previsto expressamente em lei. Compreende-se o prejuízo que a usucapião causa à comunidade de credores e a dificuldade do administrador judicial de zelar com eficiência todos os bens da massa. De outro lado, porém, não há previsão em lei para interrupção ou suspensão dos prazos contra a falida em virtude da decretação da quebra (STJ, REsp n. 1.680.357/RJ, rel. Min. Nancy Andrighi, j. 10.10.2017).

**Requisitos da posse:** Dois elementos estão sempre presentes, em qualquer modalidade de usucapião, o tempo e a posse. Não basta a posse normal *(ad interdicta)*, exigindo-se posse *ad usucapionem*, na qual, além da visibilidade do domínio, deve ter o usucapiente uma posse com qualidades especiais, previstas no art. 1.238 do CC: prazo de quinze anos, sem interrupção (posse contínua), nem oposição (posse pacífica), e ter como seu o imóvel *(animus domini)*.

Examinemos os requisitos. O prazo é de quinze anos, contando-se pelo calendário gregoriano e observando-se a regra de contagem de prazos do art. 132 do CC. Por exemplo, posse iniciada em 11.02.2003 consuma usucapião em 11.02.2018, à meia-noite.

Tem o STJ admitido que a consumação do prazo se dê no curso da ação, e não no momento de seu ajuizamento. Tal entendimento tem a virtude de evitar que o juiz julgue improcedente a ação se o prazo se completou no curso da demanda, obrigado o usucapiente ao ajuizamento de uma nova e idêntica demanda. Deve, porém, ser feita uma ressalva: se a usucapião foi contestada e o prazo de prescrição aquisitiva não foi provado como consumado no momento do ajuizamento, a posse perdeu o requisito da pacificidade e não mais gera usucapião.

Existe entendimento do STJ no sentido de ser "possível o reconhecimento da prescrição aquisitiva ainda que o prazo exigido por lei se complete apenas no curso da ação de usucapião. Precedentes. [...] A contestação não tem a capacidade de exprimir a resistência do demandado à posse exercida pelo autor, mas apenas a sua discordância com a aquisição do imóvel pela usucapião" (REsp n. 1.909.276/RJ, 3ª T., rel. Min. Ricardo Villas Bôas Cueva, j. 27.09.2022, *DJe* 30.09.2022).

A posse deve ser contínua, sem interrupção, que, caso ocorra, faz voltar o prazo ao termo inicial. Exige-se regular sucessão de atos de posse, sem falhas ou com intervalos curtos que não configurem lacunas. Se houver esbulho por parte do titular do registro ou de terceiros, mas o possuidor usar a autodefesa ou mesmo a reintegração de posse, com sucesso, não se considera a posse interrompida. Não se exige contato físico do usucapiente com a coisa, mas somente comportamento similar ao do proprietário, que não só usa como frui e extrai o proveito do que é seu.

A posse deve ser, na dicção da lei, sem oposição, ou pacífica. Pacífica não se opõe à violenta, mas à posse incontestada. A oposição eficaz parte de interessados, em especial do titular da propriedade ou de outros direitos reais, contra quem corre a usucapião. Os atos de oposição praticados por terceiros não favorecem o titular do domínio, se ele permaneceu inerte. Não basta qualquer ato de inconformismo por parte de interessados ou do titular do domínio. Estes atos não podem ser ilegais, por exemplo, a retomada violenta, repelida pelo usucapiente por meio da tutela possessória. Mesmo as oposições judiciais devem ser sérias e procedentes. Assim, eventuais ações possessórias ou reivindicatórias somente atingem a pacificidade da posse caso sejam julgadas procedentes. A oposição deve ser feita antes da consumação do lapso prescricional da usucapião. Eventuais atos de defesa da posse, por parte do usucapiente, não retiram o requisito da pacificidade. Recente precedente do STJ assentou que "a posse mansa e pacífica não se interrompe quando o possuidor direto propõe medidas judiciais contra o suposto turbador, especialmente se tais medidas de proteção são declaradas procedentes" (STJ, AR n. 3.449/GO, rel. Min. Humberto Gomes de Barros, j. 13.02.2008).

Deve o usucapiente possuir *animus domini*, ou, na dicção da lei, "como seu" o imóvel. Controverte a doutrina sobre o exato sentido do *animus domini*, consistente na vontade de tornar-se dono, de ter a coisa como sua, de ter a coisa para si – *animus rem sibi habendi*. Existem autores que entendem que o elemento *animus domini* da usucapião estaria ligado à teoria subjetiva de Savigny. Predomina a corrente, porém, que entende o *animus* estar essencialmente ligado à *causa possessionis*, à razão pela qual se possui, não constituindo elemento meramente subjetivo. Possui a coisa como sua quem não reconhece a supremacia do direito alheio. Ainda que saiba que a coisa pertence a terceiro, o usucapiente se arroga soberano e repele a concorrência ou a superioridade do direito de outrem sobre a coisa.

A parte final do art. 1.238 diz que o usucapiente adquire a propriedade, "independentemente de título e boa-fé". Dispensa o legislador a existência de uma causa jurídica que justifique a posse *ad usucapionem*, por se fundar a usucapião na posse e não no direito à posse. Mais ainda, admite-se que o possuidor usucapiente conheça os vícios que acometem sua posse. Disso decorre a posse injusta poder gerar usucapião, ao contrário do que afirma parte da doutrina. Remete-se o leitor ao comentário do art. 1.200 do CC. As posses violentas e clandestinas somente nascem quando cessam a violência e a clandestinidade, nos exatos termos do art. 1.208, parte final, do CC. Antes, são elas meras detenções, pois impedem a reação do esbulhado, por este desconhecer o ato ilícito ou o conhecer, mas se ver acuado pelo comportamento violento do detentor. Cessadas a violência e a clandestinidade, nasce, então, posse, mas viciada, porque sua origem é ilícita. Pode o esbulhado reagir contra o ato ilícito, usando da tutela possessória. Caso não o faça, a inércia faz fluir contra si o prazo da usucapião.

No que se refere à posse precária, é ela imprestável para usucapião não por ser injusta, mas por faltar ao possuidor *animus domini*, já que reconhece a supremacia do direito de terceiro sobre a coisa. Caso, porém, o precarista inverta a qualidade de sua posse, quer alterando a causa (exemplo, o locatário ou comodatário que adquirem a posse indireta sobre a coisa locada ou emprestada), quer por atos de oposição, que demonstrem ao titular do domínio de modo inequívoco o não reconhecimento do direito alheio, deixando clara a vontade do possuidor de alterar a natureza da posse, inverte-se sua qualidade. Continua injusta, mas o esbulho faz nascer ao esbulhado o direito de retomar a coisa, usando a tutela possessória. Caso permaneça inerte em face do esbulho, passa a fluir daí o prazo da usucapião. A existência somente da vontade não altera o caráter da posse, segundo o art. 1.203 do CC. Ninguém pode, apenas mudando de vontade, transformar uma relação possessória existente. A transformação decorre da inversão do título da posse, que decorre de ato negocial ou de conduta inequívoca do possuidor frente ao esbulhado. São casos comuns o de locatários, ou de comodatários, ou de promitentes compradores inadimplentes, que almejam usucapir os imóveis ocupados. A princípio, não se admite tal prática, pois aludidos possuidores diretos admitem a supremacia da situação dos possuidores indiretos, salvo se inverterem a qualidade da posse por atos ostensivos e inequívocos, deixando claro aos titulares do domínio que não mais os reconhecem como tais, ou que não se curvam à sua posição jurídica.

**Usucapião de posse-trabalho:** Finalmente, o parágrafo único do art. 1.238 do CC dispõe que o prazo se reduz a dez anos se o possuidor houver estabelecido no imóvel a sua moradia habitual, ou nele tenha realizado obras ou serviços de caráter produtivo. É o que o prof. Miguel Reale denomina posse-trabalho, uma "posse socialmente qualificada, isto é, a posse além do exercício de fato de uma das faculdades inerentes à propriedade" ("Visão geral do projeto de Código Civil". In: *RT*, junho/1998, v. 752, p. 24). O legislador, em tal caso, encurta o prazo da usucapião, como estímulo à conduta socialmente relevante do possuidor. Os requisitos adicionais da posse-trabalho, consistentes na moradia ou realização de investimentos e serviços de caráter produtivo, são alternativos e não cumulativos. Um ou outro atendem à função social da posse. Note-se que tal modalidade não exige a pessoalidade da posse, de tal modo que se aplicam as figuras da *accessio* e da *successio possessionis*.

**Direito intertemporal e a redução dos prazos de usucapião:** Os arts. 2.028 e 2.029 das disposições finais do CC/2002 contêm regras de direito intertemporal sobre prazos prescricionais. O art. 2.028 alude apenas aos prazos prescricionais, mas se aplica também aos prazos alterados das modalidades de usucapião, em atenção ao que contém o art. 1.244 do CC. Se as causas que obstam, suspendem ou interrompem a prescrição se aplicam à usucapião, parece razoável que igual extensão incida também sobre as normas de direito intertemporal que disciplinam a redução dos prazos prescricionais. Com o devido respeito, não se sustenta a conclusão a que chegou o Enunciado n. 564 do CEJ (transcrita à frente) da não incidência do art. 2.028 do CC/2002 à redução do prazo de usucapião, ao argumento de que a aplicação imediata é a que mais beneficia o possuidor. Não se trata de beneficiar o possuidor, mas sim de se aplicar de modo sistemático as regras de direito intertemporal à prescrição aquisitiva, evitando colher de surpresa o titular do domínio.

A defeituosa redação do art. 2.028 merece interpretação criativa, seguindo as seguintes regras: no caso de prazo ampliado, aplica-se a lei nova, computando o prazo já decorrido na vigência da lei antiga; no caso de prazo reduzido, já consumado em mais da metade na vigência da antiga lei, aplica-se o antigo CC; no caso de prazo reduzido com porção igual ou inferior à metade consumado na antiga lei, aplica-se por inteiro o prazo da lei nova a partir de sua vigência. Em tal hipótese, o prazo menor será aplicado, mas se antes de seu vencimento completar-se o prazo antigo, este prevalecerá.

Além disso, o prazo da usucapião por posse-trabalho, reduzido para dez anos, teve um acréscimo de mais dois anos (portanto, doze anos), nos primeiros dois anos de vigência do CC/2002, a fim de não surpreender os titulares registrários do domínio em seu poder de reação e retomada da coisa.

Parte da doutrina e da jurisprudência entendeu que a usucapião com posse-trabalho constitui nova modalidade de usucapião, razão pela qual todo o prazo decenal (ou de doze anos, nos primeiros dois anos de vigência do atual CC/2002) somente poderia ser computado a contar de janeiro de 2003. Por essa razão o TJSP já teve oportunidade de afirmar que o prazo de usucapião regido pelo parágrafo único do mencionado art. 1.238 só pode ser computado a partir da vigência do CC (TJSP, Ap. c/ Rev. n. 449.809-4/1, rel. Des. Testa Marchi, j. 23.09.2008).

Tal visão se mostra equivocada. Em texto recente, gentilmente cedido por Hamid Charaf Bdine Júnior, "o fato de se tratar de nova modalidade de usucapião não impedia o legislador de determinar que o prazo que antecedeu o novo diploma legal fosse computado na contagem, como o fez expressamente no referido art. 2.029 do CC, do qual consta que 'até dois anos após a entrada em vigor deste Código, os prazos estabelecidos no parágrafo único do art. 1.238 e no parágrafo único do art. 1.242 serão acrescidos de dois anos, qualquer que seja o tempo transcorrido na vigência do anterior'. Desse modo, é possível concluir que o tempo decorrido na vigência do Código revogado deverá ser computado para os fins dessas novas modalidades de usucapião. Essa contagem, porém, poderia surpreender o proprietário que, no dia seguinte ao da entrada em vigor do CC, em janeiro de 2003, perderia a propriedade, para alguém que exercesse posse originalmente injusta – já que na usucapião em exame o justo título e a boa-fé são dispensados. De fato, se o possuidor tivesse posse do imóvel há doze anos, independentemente de justo título e boa-fé no primeiro dia de vigência do CC, e nele houvesse estabelecido sua moradia habitual ou realizado obras e serviços de natureza produtiva, a propriedade lhe seria conferida por intermédio da usucapião disciplinada no parágrafo único do art. 1.238 do CC, sem mais delongas. Nessa hipótese, note-se, o proprietário perderia o imóvel sem tempo para agir em defesa de seu direito, surpreendido pelo abrupto encurtamento do prazo, o que não se pode admitir, nem era intenção do legislador, que procurou afastar essa possibilidade com a regra do art. 2.029 do CC. Como, porém, o parágrafo único do art. 1.238 do CC contempla uma nova modalidade de usucapião, o encurtamento de prazo permitiria, em uma primeira análise, que a aquisição do domínio pelo possuidor pudesse ocorrer nos primeiros dias de vigência do Código. Assim seria porque os dois anos acrescidos singelamente ao prazo do art. 1.238, parágrafo único, do CC, autorizaria a usucapião com prazo de doze anos, em qualquer hipótese. Para evitar tal conclusão e impedir que o proprietário seja abruptamente surpreendido, a interpretação do art. 2.029 deve ser feita de modo sistemático, com especial destaque para sua parte final, que prevê o acréscimo de dois anos 'qualquer que seja o tempo transcorrido na vigência do anterior'. Tal compreensão do texto remete à afirmação de que a usucapião por posse-trabalho só será possível após os dois primeiros anos de vigência do CC, o que assegura proteção ao antigo proprietário, sem desprezar o prazo antigo. Destarte, ainda que a posse tenha sido exercida por doze anos antes do novo Código, para a aplicação adequada do mencionado art. 2.029, o prazo para usucapir só se completaria em 2015. Assim, 'qualquer que seja o tempo transcorrido na vigência do anterior' (doze anos no exemplo dado), haverá acréscimo de dois anos, o que impede, em absoluto, que a usucapião surpreenda o proprietário. A favor dessa interpretação, pesa o fato de que a frase do parágrafo anterior seria dispensável, assim como todo o dispositivo seria dispensável, se o prazo de posse anterior à vigência do Código não pudesse ser computado para fins de incidência do disposto no parágrafo único dos arts. 1.238 e 1.242 do CC. E, como é sabido, não é regra adequada de interpretação concluir pela inaplicabilidade ou pela inutilidade do dispositivo. Acrescente-se que a situação ora em exame não se confunde com as dos arts. 183 e 191 da CF, cuja incidência só foi admitida pela jurisprudência para período posterior à da edição do texto constitucional (STF, AI no Ag. Reg. n. 290.022, rel. Min. Nelson Jobim, j. 20.02.2001), pois, para essas situações não havia regra de transição expressa e o risco de prejuízo aos proprietários acabou sendo a razão determinante para a imediata incidência da regra".

Em suma, o art. 2.029 contém regra explícita de direito intertemporal que preserva o direito de defesa do proprietário registrário, o qual perderá o imóvel por usucapião. Admite-se a utilização do prazo já decorrido no regime do CC/1916, desde que o biênio adicional a que alude o art. 2.029 decorra na vigência do CC/2002, permitindo ao dono evitar a consumação da prescrição aquisitiva.

Precedente vinculante em tema repetitivo do STJ entendeu que o prazo reduzido de dez anos da usucapião extraordinária "posse-trabalho" também se aplica à prescrição extintiva da pretensão indenizatória em ação de desapropriação indireta de imóvel no qual o poder público tenha feito investimentos relevantes ou de cunho social.

**Jurisprudência:** Enunciado n. 596, CEJ: O condomínio edilício pode adquirir imóvel por usucapião.

Enunciado n. 564, CEJ: As normas relativas à usucapião extraordinária (art. 1.238, *caput*, CC) e à usucapião ordinária (art. 1.242, *caput*, CC), por estabelecerem redução de prazo em benefício do possuidor, têm aplicação imediata, não incidindo o disposto no art. 2.028 do CC.

Enunciado n. 497 da V Jornada de Direito Civil do CEJ do STJ: O prazo, na ação de usucapião, pode ser completado no curso do processo, ressalvadas as hipóteses de má-fé processual do autor.

A jurisprudência desta Corte se firmou no sentido de que há possibilidade da usucapião de imóvel objeto de herança pelo herdeiro que tem sua posse exclusiva, ou seja, há legitimidade e interesse de o condômino usucapir em nome próprio, desde que exerça a posse por si mesmo, ou seja, desde que comprovados os requisitos legais atinentes à usucapião extraordinária. (STJ, Ag. Int. no AREsp n. 2.355.307/SP, rel. Min. Raul Araújo, j. 17.06.2024)

É juridicamente possível a usucapião de imóveis rurais por pessoa jurídica brasileira com capital majoritariamente controlado por estrangeiros, desde que observadas as mesmas condicionantes para a aquisição originária de terras rurais por pessoas estrangeiras – sejam naturais, jurídicas ou equiparadas. (STJ, REsp n. 1.641.038/CE, rel. Min. Nancy Andrighi, por unanimidade, j. 06.11.2018, *DJe* 12.11.2018)

Tema Repetitivo n. 1.019: O prazo prescricional aplicável à desapropriação indireta, na hipótese em que o Poder Público tenha realizado obras no local ou atribuído natureza de utilidade pública ou de interesse social ao imóvel, é de 10 anos, conforme parágrafo único do art. 1.238 do CC. (STJ, REsp n. 1.757.352/SC, rel. Min. Hermann Benjamin)

O bem imóvel, ocupado por quem tem expectativa de adquiri-lo por meio da usucapião, passa a compor um só patrimônio afetado na decretação da falência, correspondente à massa falida objetiva. Assim, o curso da prescrição aquisitiva da propriedade de bem que compõe a massa falida é interrompido com a decretação da falência, pois o possuidor (seja ele o falido ou terceiros) perde a posse pela incursão do Estado na sua esfera jurídica. 6 – A suspensão do curso da prescrição a que alude o art. 47 do DL n. 7.661/45 cinge-se às obrigações de responsabilidade do falido para com seus credores, e não interfere na prescrição aquisitiva da propriedade por usucapião, a qual é interrompida na hora em que decretada a falência devido à formação da massa falida objetiva. (STJ, REsp n. 1.680.357/RJ, rel. Min. Nancy Andrighi, j. 10.10.2017)

1. Ação de usucapião especial urbana ajuizada em 18.07.2011, da qual foi extraído o presente recurso especial, interposto em 11.01.2013 e concluso ao Gabinete em 01.09.2016. 2. Cinge-se a controvérsia a decidir sobre a possibilidade de aquisição por usucapião de imóvel vinculado ao Sistema Financeiro de Habitação e de titularidade da Caixa Econômica Federal. 3. A Caixa Econômica Federal integra o Sistema Financeiro de Habitação, que, por sua vez, compõe a política nacional de habitação e planejamento territorial do governo federal e visa a facilitar e promover a construção e a aquisição da casa própria ou moradia, especialmente pelas classes de menor renda da população, de modo a concretizar o direito fundamental à moradia. 4. Não

obstante se trate de empresa pública, com personalidade jurídica de direito privado, a Caixa Econômica Federal, ao atuar como agente financeiro dos programas oficiais de habitação e órgão de execução da política habitacional, explora serviço público, de relevante função social, regulamentado por normas especiais previstas na Lei n. 4.380/64. 5. O imóvel da Caixa Econômica Federal vinculado ao Sistema Financeiro de Habitação, porque afetado à prestação de serviço público, deve ser tratado como bem público, sendo, pois, imprescritível. (STJ, REsp n. 1.448.026/PE, rel. Min. Nancy Andrighi, j. 17.11.2016)

Não é possível usucapião de imóvel vinculado ao Sistema Financeiro de Habitação, ainda que em situação de abandono. (REsp n. 1.874.632/AL, 3ª T., rel. Min. Nancy Andrighi, por unanimidade, j. 25.11.2021, *DJe* 29.11.2021)

Não obsta o pedido declaratório de usucapião especial urbana o fato de a área do imóvel ser inferior à correspondente ao "módulo urbano" (a área mínima a ser observada no parcelamento de solo urbano por determinação infraconstitucional). Isso porque o STF, após reconhecer a existência de repercussão geral da questão constitucional suscitada, fixou a tese de que, preenchidos os requisitos do art. 183 da CF, cuja norma está reproduzida no art. 1.240 do CC, o reconhecimento do direito à usucapião especial urbana não pode ser obstado por legislação infraconstitucional que estabeleça módulos urbanos na respectiva área em que situado o imóvel (dimensão do lote) (RE n. 422.349/RS, Tribunal Pleno, *DJe* 05.08.2015). (STJ, REsp n. 1.360.017/RJ, rel. Min. Ricardo Villas Bôas Cueva, j. 05.05.2016, *DJe* 27.05.2016)

Recurso repetitivo. REsp n. 1.818.564/DF, 2ª S., rel. Min. Moura Ribeiro, por unanimidade, j. 09.06.2021. Tema n. 1.025: É cabível a aquisição de imóveis particulares situados no Setor Tradicional de Planaltina/DF, por usucapião, ainda que pendente o processo de regularização urbanística.

Presentes os requisitos exigidos no art. 191 da CF, o imóvel rural cuja área seja inferior ao "módulo rural" estabelecido para a região (art. 4º, III, da Lei n. 4.504/64) poderá ser adquirido por meio de usucapião especial rural. (STJ, REsp n. 1.040.296/ES, rel. originário Min. Marco Buzzi, rel. p/ ac. Min. Luis Felipe Salomão, j. 02.06.2015, *DJe* 14.08.2015)

Para que a sentença declaratória de usucapião de imóvel rural sem matrícula seja registrada no Cartório de Registro de Imóveis, é necessário o prévio registro da reserva legal no Cadastro Ambiental Rural (CAR). De fato, o art. 16, § 8º, da Lei n. 4.771/65 (Código Florestal revogado) previa que a área de reserva legal deveria ser averbada à margem da inscrição de matrícula do imóvel no registro de imóveis competente, sendo vedada a alteração de sua destinação, nos casos de transmissão a qualquer título, de desmembramento ou de retificação da área. No mesmo sentido, há previsão no art. 167 da Lei n. 6.015/73 (Lei dos Registros Públicos). Assim, por uma construção jurisprudencial, respaldada em precedentes do STJ, firmou-se o entendimento de que a averbação da reserva legal seria condição para o registro de qualquer ato de transmissão, desmembramento ou retificação de área de imóvel rural (REsp n. 831.212/MG, 3ª T., *DJe* 22.09.2009; RMS n. 18.301/MG, 2ª T., *DJ* 03.10.2005). Nessa linha de raciocínio, seria o caso de impor a averbação da reserva legal como condição para o registro da sentença de usucapião. Contudo, a Lei n. 12.651/2012 (novo Código Florestal) deu tratamento diverso à matéria da reserva legal ambiental. O novo Código instituiu o Cadastro Ambiental Rural (CAR), que passou a concentrar as informações ambientais dos imóveis rurais, sendo dispensada a averbação da reserva legal no Registro de Imóveis (art. 18, § 4º). Assim, ante esse novo cenário normativo, como condição para o registro da sentença de usucapião no Cartório de Registro de Imóveis, é necessário o prévio registro da reserva legal no CAR. A nova lei não pretendeu reduzir a eficácia da norma ambiental, pretendeu tão somente alterar o órgão responsável pelo "registro" da reserva legal, que antes era o Cartório de Registro de Imóveis, e agora passou a ser o órgão ambiental responsável pelo CAR. A propósito, verifica-se que a parte final do art. 16, § 8º, do Código revogado foi praticamente reproduzida no art. 18, *caput, in fine*, do novo Código Florestal, tendo havido apenas a supressão da hipótese de "retificação da área". A supressão da hipótese de "retificação de área" teve um propósito específico, de permitir, excepcionalmente, a mudança de localização da reserva legal. Desse modo, a omissão acerca da hipótese de "retificação de área" não atenuou a eficácia da norma em relação às outras hipóteses previstas na lei anterior e repetidas na lei nova. (STJ, REsp n. 1.356.207/SP, rel. Min. Paulo de Tarso Sanseverino, j. 28.04.2015, *DJe* 07.05.2015)

A decisão que reconhece a aquisição da propriedade de bem imóvel por usucapião prevalece sobre a hipoteca judicial que anteriormente tenha gravado o referido bem. Isso porque, com a declaração de aquisição de domínio por usucapião, deve desaparecer o gravame real constituído sobre o imóvel, antes ou depois do início da posse *ad usucapionem*, seja porque a sentença apenas declara a usucapião com efeitos *ex tunc*, seja porque a usucapião é forma originária de aquisição de propriedade, não decorrente da antiga e não guardando com ela relação de continuidade. Precedentes citados: Ag. Reg. no Ag. n. 1.319.516/MG, 3ª T., *DJe* 13.10.2010; e REsp n. 941.464/SC, 4ª T., *DJe* 29.06.2012. (REsp n. 620.610/DF, rel. Min. Raul Araújo, j. 03.09.2013)

Usucapião extraordinária. Posse-trabalho (art. 1.238, parágrafo único, do CC). *Accessio possessionis*. 1 – Não se desconhece que a *accessio* não pode ser admitida em pedido de reconhecimento de usucapião constitucional urbana. No entanto, incide o disposto no art. 1.243 do CC na usucapião extraordinária. 2 – O reconhecimento da *accessio possessionis* demanda a continuidade da posse, a homogeneidade e a existência de vínculo jurídico. Os instrumentos jurídicos juntados à petição inicial confirmam que a acessão da posse pode ser reconhecida. Os antecessores, todos, exerceram a posse contínua do imóvel, a título de domínio, amparados que estavam nos instrumentos de cessão. 3 – Os autores construíram edificação para moradia no imóvel, sendo certo que, antes disso, nada havia no terreno. É o que confirmou o perito que vistoriou o imóvel. Por esta razão, tem também incidência o disposto no art. 1.238, parágrafo único, do CC. Também nesta submodalidade de usucapião extraordinária, é admitida a *accessio possessionis*. 4 – Estabelecido o termo inicial da posse em 1994, considerando-se a aplicação do art. 2.029, do CC, o prazo de doze anos completou-se no ano de 2005, quando se iniciou a construção da edificação. A ação foi ajuizada, como visto, em julho de 2007, de modo que, há posse mansa e pacífica do bem há treze anos, tempo suficiente ao reconhecimento da prescrição aquisitiva. Sentença de procedência do pedido mantida. Recurso não provido. (TJSP, AC n. 0044497-68.2007.8.26.0224, 10ª Câm. de Dir. Priv., rel. Des. Carlos Alberto Garbi, j. 18.06.2013)

A alegação da União de que determinada área constitui terreno de marinha, sem que tenha sido realizado processo demarcatório específico e conclusivo pela Delegacia de Patrimônio da União, não obsta o reconhecimento de usucapião. A demarcação da faixa de marinha depende de complexo procedimento administrativo prévio de atribuição do Poder Executivo, com notificação pessoal de todos os interessados, sempre que identificados pela União e de domicílio certo, com observância à garantia do contraditório e da ampla defesa. Tendo-se em conta a complexidade e onerosidade do procedimento demarcatório, sua realização submete-se a um juízo de oportunidade e conveniência por parte da Administração Pública. Ocorre que não é razoável que o jurisdicionado tenha sua pretensão de reconhecimento da usucapião de terreno que já ocupa com ânimo de dono condicionada à prévia demarcação da faixa de marinha, fato futuro e sem qualquer previsibilidade de materialização. Assim, é possível o reconhecimento da usucapião, desde que resguardados expressamente os interesses da União, admitindo que, caso se apure, no procedimento próprio, que a área usucapienda se caracteriza como bem público, não haverá prejuízo ao ente público. Com efeito, a eficácia preclusiva da coisa julgada alcança apenas as questões passíveis de alegação e efetivamente decididas pelo juízo constantes do mérito da causa, não podendo, no caso, ser considerada deduzível a matéria, pois inexistente estudo conclusivo sobre o assunto. (STJ, REsp n. 1.090.847/SP, rel. Min. Luis Felipe Salomão, j. 23.04.2013)

A declaração de usucapião é forma de aquisição originária da propriedade ou de outros direitos reais, modo que se opõe à aquisição derivada, a qual se opera mediante a sucessão da propriedade, seja de forma singular, seja de forma universal. Vale dizer que, na usucapião, a propriedade não é adquirida do anterior proprietário, mas, em boa verdade, contra ele. A propriedade é absolutamente nova e não nasce da antiga. É adquirida a partir da objetiva situação de fato consubstanciada na posse *ad usucapionem* pelo interregno temporal exigido por lei. Aliás, é até mesmo desimportante que existisse antigo proprietário. Os direitos reais de garantia não subsistem se desaparecer o "direito principal" que lhe dá suporte, como no caso de perecimento da propriedade por qualquer motivo. Com a usucapião, a propriedade anterior, gravada pela hipoteca, extingue-se e dá lugar a uma outra, *ab* novo, que não decorre da antiga, porquanto não há transferência de direitos, mas aquisição originária. Se a própria propriedade anterior se extingue, dando lugar a uma nova, originária, tudo o que gravava a antiga propriedade – e lhe era acessório – também se extinguirá. (STJ, REsp n. 941.464/SC, 4ª T., rel. Min. Luis Felipe Salomão, j. 24.04.2012)

Usucapião extraordinário. Improcedente. Há necessidade de comprovação de posse mansa, pacífica e ininterrupta há mais de 15 anos sem oposição. Inteligência do art. 1.238 do CC/2002 (art. 550 do CC/1916). Posse exercida em condomínio. Posse equívoca, não manifestada claramente aos demais condôminos, durante todo o lapso temporal exigido em lei. Inexistência de provas de exclusão dos direitos dos demais condôminos do imóvel. Sentença mantida. Recurso improvido. (TJSP, 3ª Câm. de Dir. Priv., rel. Des. Beretta da Silveira, j. 17.08.2010)

Direitos reais. Usucapião extraordinário. Posse parcialmente exercida na vigência do CC/1916. Aplicação imediata do art. 1.238, parágrafo único, do CC/2002. Inteligência da regra de transição específica conferida pelo art. 2.029. Recurso especial conhecido em parte e, na extensão, provido. Ao usucapião extraordinário qualificado pela "posse-trabalho", previsto no art. 1.238, parágrafo único, do CC/2002, a regra de transição aplicável não é a insculpida no art. 2.028 (regra geral), mas sim a do art. 2.029, que prevê forma específica de transição dos prazos do usucapião dessa natureza. O art. 1.238 parágrafo único, do CC/2002, tem aplicação imediata às posses *ad usucapionem* já iniciadas, "qualquer que seja o tempo transcorrido" na vigência do Código anterior, devendo apenas ser respeitada a fórmula de transição, segundo a qual serão acrescidos dois anos ao novo prazo, nos dois anos após a entrada em vigor do CC/2002. A citação realizada em ação possessória, extinta sem resolução de mérito, não tem o condão de interromper o prazo da prescrição aquisitiva. Precedentes. É plenamente possível o reconhecimento do usucapião quando o prazo exigido por lei se exauriu no curso do processo, por força do art. 462 do CPC [art. 493 do CPC/2015], que privilegia o estado atual em que se encontram as coisas, evitando-se provimento judicial de procedência quando já pereceu o direito do autor ou de improcedência quando o direito pleiteado na inicial, delineado pela *causa petendi* narrada, é reforçado por fatos supervenientes. 5 – Recurso especial parcialmente conhecido e, na extensão, provido. (STJ, REsp n. 1.088.082/RJ, rel. Min. Luis Felipe Salomão j. 15.03.2010)

Usucapião. Cohab. Sociedade de economia mista. Sentença que resolveu compromisso de compra e venda de imóvel há mais de dez anos, sem ter sido executada. A posse direta e justa que se converteu em injusta, marcada pelo vício da precariedade, em princípio, não gera usucapião. Possibilidade de demonstrar a inversão da causa da posse, com efetiva demonstração do *animus domini*. Provas dos autos insuficientes à finalidade pretendida pela autora, de inversão da qualidade da posse. Sentença improcedente. Recurso improvido. (TJSP, Ap. Cível n. 586.046.4/9-00, rel. Francisco Loureiro, j. 04.06.2009)

Usucapião. Apresentação de certidões negativas fiscais e previdenciárias, além de habite-se, como pressuposto para o julgamento da ação. Não cabimento. Sentença meramente declaratória de propriedade, em razão de posse prolongada e qualificada pelos requisitos previstos em lei. Posse sobre acessões que se incluem na usucapião. As averbações posteriores, relativas às acessões erigidas no bem usucapido, devem passar, em tempo e momento oportunos, pelo exame qualificador do oficial do registro de imóveis. Recurso provido, para que a ação seja julgada sem necessidade dos documentos exigidos na decisão agravada. (TJSP, AI n. 610.625.4/0-00, rel. Francisco Loureiro, j. 04.12.2008)

Usucapião. Pleito julgado improcedente. Ausência de prova de posse pelo período aquisitivo legal de 15 anos. Aplicação do prazo prescricional de 10 anos previsto no parágrafo único do art. 1.238 do CC descabida. Ausência de pedido nesse sentido na peça inicial, ou mesmo de comprovação de seus requisitos no curso do feito. Lapso temporal que, ademais, no caso dos autos deve ser acrescido de 2 anos, por força do disposto no art. 2.029 do mesmo diploma da lei. Apelo desprovido. (TJSP, Ap. Cível n. 439.975.4/0, rel. Des. Galdino Toledo Júnior, j. 11.03.2008)

Usucapião. Especial urbano. Imóvel inserido em loteamento irregular. Irrelevância. Modo originário de aquisição da propriedade que ignora comportamento anterior. Posse aparentemente antiga e consolidada. Ação proposta pelo adquirente. Hipótese em que não há fraude à Lei federal n. 6.766/79. Facultatividade do litisconsórcio entre diversos outros moradores de lotes vizinhos. Desnecessidade, ademais, da municipalidade figurar no polo passivo da ação a fim de se determinar a regularização do parcelamento e implantação de obras de infraestrutura. Prosseguimento do feito. Recurso provido. (TJSP, Ap. Cível n. 461.907-4/7-00/Cotia, 4ª Câm. de Dir. Priv., rel. Francisco Loureiro, j. 15.03.2007, v.u.)

Dissolvida a sociedade conjugal, o bem imóvel comum do casal rege-se pelas regras relativas ao condomínio, ainda que não realizada a partilha de bens, possuindo legitimidade para usucapir em nome próprio o condômino que exerça a posse por si mesmo, sem nenhuma oposição dos demais coproprietários. (STJ, REsp n. 1.840.561/SP, 3ª T., rel. Min. Marco Aurélio Bellizze, por unanimidade, j. 03.05.2022, *DJe* 17.05.2022)

Embargos infringentes. Condomínio edilício. Vagas indeterminadas de garagem. Último sorteio ocorrido há vinte anos. Pedido de antigo adquirente de unidade autônoma para efetuar novo sorteio, rejeitado pelo voto dos demais condôminos em assembleia. Situação sedimentada, com a qual concordou o autor por mais de dez anos. Boa-fé objetiva e sua função de controle do exercício de direitos. *Supressio* e *venire contra factum* próprio. Voto minoritário no sentido de que cada condômino estacionará seu veículo em local à sua escolha, por ordem de chegada. Foco de conflitos entre condôminos, contrário à função e natureza da própria convenção de condomínio. Embargos infringentes rejeitados. (TJSP, Emb. Infring. n. 304.405.4/3-02, 4ª Câm. de Dir. Priv., rel. Francisco Loureiro, j. 12.02.2006)

Usucapião extraordinário. Período superior a vinte anos de ocupação. Justo título. Desnecessidade. Boa-fé presumida *ex vi legis* (CC anterior, art. 550). Matéria arguível em defesa. Prova. Reexame. Impossibilidade. Súmula n. 7 do STJ. I – Não padece de nulidade o acórdão que enfrenta as questões essenciais ao deslinde da controvérsia, apenas com conclusão desfavorável à parte. II – Reconhecimento da prescrição aquisitiva extraordinária, pela ocupação do imóvel por período superior a vinte anos, trazendo presunção legal de boa-fé e dispensando o justo título, a prevalecer sobre a pretensão reivindicatória do autor. III – "A pretensão de simples reexame de prova não enseja recurso especial" – Súmula n. 7 do STJ. IV – Recurso especial não conhecido. (STJ, REsp n. 316.453, 4ª T., rel. Min. Aldir Passarinho Júnior, j. 16.09.2004, *DJ* 06.12.2004)

Apelação cível. Usucapião de bem imóvel. Ação de usucapião. Aplicação do CC revogado. Por força do art. 2.028 do CC em vigor, aplica-se ao caso dos autos a Lei n. 3.071/1916. Posse que não configura o usucapião extraordinário (art. 550 do CC/1916), já que inferior a vinte anos; nem ordinário (art. 551 do CC/1916), por inexistente justo título e boa-fé; ou constitucional (art. 183 da CF/1988), uma vez que o imóvel possui área superior a 250 m². Plasmado, já na exordial, que o pedido é juridicamente impossível, impõe-se o indeferimento da inicial e a consequente extinção do processo sem julgamento de mérito, com fulcro no inciso I do art. 267 combinado com o inciso I do art. 295 [respectivamente, art. 485, I, c/c art. 330, I] e parágrafo único, III, do mesmo art. 295 [sem correspondente no CPC/2015], todos do CPC. Recurso improvido. (TJRS, Ap. Cível n. 70.007.248.677, 18ª Câm. Cível, rel. Des. Pedro Celso Dal Prá, j. 20.05.2004)

É possível a transformação do caráter originário da posse direta, de não própria para própria. (STJ, REsp n. 220.200/SP, rel. Min. Nancy Andrighi, j. 16.09.2003)

Condomínio. Ação de reintegração de posse. Alegação do apelante da ocorrência de transcurso do tempo capaz de ensejar a usucapião de área comum do condomínio referente a prédio de apartamentos. Impossibilidade por parte de qualquer condômino. A composse sobre as partes de uso comum do edifício de apartamentos é perpétua, no sentido de que não se extinguirá enquanto existir o prédio como entidade econômica e conjunto útil. Sendo o proprietário de apartamento um comunheiro das partes do edifício não constitutivas da propriedade exclusiva de cada um, por mais que dure a ocupação exclusiva jamais se converterá em domínio daquele que dela se assenhoreou a parte comum do edifício. Quanto ao pedido de indenização pelo apelante, isso não é possível em face de que, não cabendo ser usucapida a área objeto da ação, não há qualquer direito de se receber quantia referente à ocupação da área comum (TJSP, Ap. Cível n. 128.899-4/0-00, rel. Sebastião Amorim). (*Lex-TJSP* 262/219, 2003)

Usucapião. Bem com cláusula de inalienabilidade. Testamento. Art. 1.676 do CC. O bem objeto de legado com cláusula de inalienabilidade pode ser usucapido. Peculiaridade do caso. Recurso não conhecido. (STJ, REsp n. 418.945, 4ª T., rel. Min. Ruy Rosado de Aguiar, j. 15.08.2002, *DJ* 30.09.2002)

Condomínio. Ação de reintegração de posse. Alegação do apelante da ocorrência de transcurso do tempo capaz de ensejar a usucapião de área comum do condomínio referente a prédio de apartamentos. Impossibilidade por parte de qualquer condômino. A composse sobre as partes de uso comum do edifício de apartamentos é perpétua, no sentido de que não se extinguirá enquanto existir o prédio como entidade econômica e conjunto útil. Sendo o proprietário de apartamento um comunheiro das partes do edifício não constitutivas da propriedade exclusiva de cada um, por mais que dure a ocupação exclusiva jamais se converterá em domínio daquele que dela se assenhoreou a parte comum do edifício. Quanto ao pedido de indenização pelo apelante isso não é possível em face de que, não cabendo ser usucapida a área objeto da ação, não há qualquer direito de se receber quantia referente à ocupação da área comum. Recurso não provido. (TJSP, Ap. Cível n. 128.899-4, 6ª Câm. de Dir. Priv., rel. Sebastião Amorim, j. 01.08.2002)

Civil. Usucapião. Prazo. O tempo decorrido entre o ajuizamento da ação e a sentença não pode ser computado para o efeito do usucapião. Recurso especial conhecido e provido. (STJ, REsp n. 30.325/SP, rel. Min. Ari Pargendler, j. 16.05.2002)

Usucapião. Sociedade de economia mista. CEB. O bem pertencente a sociedade de economia mista pode ser objeto de usucapião. (STJ, REsp n. 120.702/DF, rel. Min. Ruy Rosado de Aguiar, j. 28.06.2001)

Direito civil. Usucapião. Aquisição do imóvel por contrato de promessa de compra e venda. Bem gravado com cláusula de inalienabilidade. Aquisição por usucapião. Possibilidade. Precedentes. Recurso provido. Na linha dos precedentes desta Corte, a existência de cláusula de inalienabilidade não obsta o reconhecimento do usucapião, uma vez tratar-se de modalidade de aquisição originária do domínio. (STJ, REsp n. 207.167, 4ª T., rel. Min. Sálvio de Figueiredo Teixeira, j. 21.06.2001, *DJ* 03.09.2001)

Usucapião extraordinário. Comprovação dos requisitos. Mutação da natureza jurídica da posse originária. Possibilidade. O usucapião extraordinário – art. 550, CC – reclama, tão somente: a) posse mansa e pacífica, ininterrupta, exercida com *animus domini*; b) o decurso do prazo de vinte anos; c) presunção *juris et de jure* de boa-fé e justo título, "que não só dispensa a exibição desse documento como também proíbe que se demonstre sua inexistência". E, segundo o ensinamento da melhor doutrina, "nada impede que o caráter originário da posse se modifique", motivo pelo qual o fato de ter havido no início da posse da autora um vínculo locatício, não é embaraço ao reconhecimento de que, a partir de um determinado momento, essa mesma mudou de natureza e assumiu a feição de posse em nome próprio, sem subordinação ao antigo dono e, por isso mesmo, com força *ad usucapionem*. Precedentes. Ação de usucapião procedente. Recurso especial conhecido, com base na letra *c* do permissivo constitucional, e provido. (STJ, REsp n. 154.733, 4ª T., rel. Min. Cesar Asfor Rocha, j. 05.12.2000, *DJ* 19.03.2001)

Condomínio. Área comum. Prescrição. Boa-fé. Área destinada a corredor, que perdeu sua finalidade com a alteração do projeto e veio a ser ocupada com exclusividade por alguns condôminos, com a concordância dos demais. Consolidada a situação há mais de vinte anos sobre área não indispensável à existência do condomínio, é de ser mantido o *statu quo*. Aplicação do princípio da boa-fé (*supressio*). Recurso conhecido e provido. (STJ, REsp n. 214.680, 4ª T., rel. Min. Ruy Rosado de Aguiar, j. 10.08.1999, *DJ* 16.11.1999)

Usucapião extraordinário. Provada a posse vintenária e o ânimo de dono, a demanda procede. Não se exige, no caso, prova de posse com boa-fé e gerada por justo título. Contrato de compra e venda. Irrelevante para o desdobramento da posse se o contrato não foi adimplido há mais de 25 anos. Sentença confirmada. (TJRS, Ap. Cível n. 598.156.511, 17ª Câm. Cível, rel. Luciano Ademir José D'Ávila, j. 13.04.1999)

Usucapião. Área comum. Não tem amparo legal a pretensão de condômino de usucapir área comum do edifício. Posse, mesmo que prolongada, é sempre dotada de precariedade, revogável a qualquer tempo a autorização de uso, pela massa condominial. Além do mais, as áreas comuns são institucionais, constituindo-se requisitos para a caracterização do condomínio horizontal e não podem ser usucapidas. (TJSP, Ap. Cível n. 74.501-4, 3ª Câm. de Dir. Priv., rel. Alfredo Migliore, j. 09.02.1999)

Usucapião. Posse. Relação de emprego. Alteração dos fatos. Litigância de má-fé. Quem recebe um imóvel, como empregado, para residir com a família, facilitando o desempenho do trabalho, não pode alegar posse apta e de boa-fé, a fim de objetivar o usucapião. Por outro lado, age de má-fé quem altera a verdade dos fatos e datas, para ajustar o pedido usucapiendo a uma possibilidade de sucesso em juízo. Incidência do art. 17, II, do CPC [art. 80, II, do CPC/2015]. Apelo desprovido. Recurso adesivo provido. (TJRS, Ap. Cível n. 197.217.581, 5ª Câm. Cível, rel. Silvestre Jasson Ayres Torres, j. 16.04.1998)

É da melhor doutrina deverem ser excluídos da possibilidade de invocar usucapião "os que, temporariamente, exercem posse direta sobre a coisa, em decorrência de obrigação ou direito, tais como o locatário, o comodatário, o usufrutuário e o credor pignoratício. Nenhum deles possui com *animus domini* porque, em virtude da causa da posse, se torna impossível possuírem a coisa como proprietários. Nesse sentido, confiram-se os arestos sobre comodato publicados em *RT* 542/212, 637/162 e 168, bem como o inserto da *RJTJESP*, *Lex*, 92/245. Examine-se, ainda, a *JTJ*, *Lex* 155/133" (SALLES, José Carlos de Moraes. *Usucapião de bens móveis e imóveis*, 4. ed. São Paulo, RT, p. 49). Também é cediço que todos aqueles que exercem posse direta decorrente de direito pessoal de uso ou gozo da coisa dispõem de posse subordinada, diversa daquela exercida pelos que, para conferir direitos dessa natureza, entregam a coisa a terceiros, a chamada posse autônoma. Ora, assim "desdobrada, pois, a relação possessória, poderá o possuidor direto promover a defesa pelos interditos, mas, à falta de autonomia da posse, não poderá valer-se de posse *ad usucapionem* para atingir o domínio, já que originada de obrigação, uma vez que o verdadeiro possuidor ostenta a posse indireta sobre a coisa" (RIBEIRO, Benedito Silvério. *Tratado de usucapião*. São Paulo, Saraiva, v. 1/619, n. 171) (TJSP, Ap. Cível n. 14.696-4, rel. J. R. Bedran). (*Lex-TJSP* 206/152, 1998)

Usucapião extraordinário. Ação julgada improcedente por falta do requisito temporal. Autor menor, sob o pátrio poder de herdeiro do imóvel. Causa impeditiva da prescrição aquisitiva. Art. 168, II, do CC. Inexistência. Falta de oposição do pai. Prescrição aquisitiva. Instituto de direito patrimonial. Possibilidade do menor exercer posse com *animus domini*. Recurso provido para julgar a ação procedente (TJSP, Ap. Cível n. 2.226-4, rel. Cunha Cintra). (*Lex-TJSP* 200/166, 1998)

Usucapião. Bem pertencente à sociedade de economia mista. Possibilidade. *Animus domini*. Matéria de fato. Bens pertencentes à sociedade de economia mista podem ser adquiridos por usucapião. Dissonância interpretativa insuscetível de configurar-se tocante ao *animus domini* dos usucapientes em face da situação peculiar

liar de cada caso concreto. Súmula n. 7 do STJ. Recurso especial conhecido, em parte, pela divergência jurisprudencial, mas improvido. (STJ, REsp n. 37.906, 4ª T., rel. Min. Barros Monteiro, j. 29.10.1997, *DJ* 15.12.1997)

Usucapião. A posse que gera usucapião é unicamente a exercida a título de dono. Apenas a detenção da posse, mesmo continuada e pacífica, não autoriza a aquisição do domínio. Não induzem posse *ad usucapionem* atos de mera permissão, tolerância, cessão gratuita ou ocupação consentida pelo proprietário. Recurso não provido. (TJSP, Ap. n. 243.224-1, 4ª Câm. de Férias "A" de Dir. Priv., rel. Barbosa Pereira, j. 28.02.1996)

Recurso especial. Reintegração de posse. Ilhas fluviais. Bens de domínio do estado. Permissão de uso. Esbulho possessório. Usucapião. Impossibilidade. Violação a dispositivos de lei federal e dissídio jurisprudencial não demonstrado. Recurso não conhecido. As ilhas fluviais não pertencentes à União incluem-se entre os bens do estado. Os bens públicos não podem ser adquiridos por usucapião. Ademais, o requerimento para permissão de uso e o pagamento da taxa de ocupação afastam eventuais dúvidas quanto à precariedade da posse por parte daquele que recebera a coisa e se recusa a restituí-la, caracterizando o esbulho. Questionar títulos exibidos como de propriedade, ou a prova da posse ou ainda a validade da permissão, implicaria afronta a Súmula n. 7, deste Superior Tribunal. A configuração do dissídio não basta indicar ementas ou fazer breves transcrições, desacompanhadas do indispensável confronto analítico. (STJ, REsp n. 73.696, 2ª T., rel. Min. Hélio Mosimann, j. 05.02.1996, *DJ* 11.03.1996)

Ação reivindicatória. Usucapião alegado como defesa. Admissibilidade. Aplicação da Súmula n. 237 do STF. Desnecessidade de intervenção do MP, ante a inexistência de interesse público. Improcedência do pedido reivindicatório. Apelação desprovida. 1 – Perfeitamente possível a alegação como defesa, na ação reivindicatória, da posse *ad usucapionem*, conforme texto expresso da Súmula n. 237 do STF. Tal defesa, entretanto, apenas se presta para demonstrar a falta de um dos requisitos exigíveis ao êxito da pretensão reivindicatória (posse injusta dos réus), sendo que a declaração dominial só poderá se dar através de ação específica de usucapião. 2 – Por tal razão, na ação reivindicatória, o interesse revelado é apenas de ordem particular, restrito às partes litigantes, não exigindo a intervenção do agente ministerial, que só será processualmente necessária, sob pena de nulidade, na ação de usucapião eventualmente promovida. (TJPR, Ap. Cível n. 14.795-3, 1ª Câm. Cível, rel. Oto Luiz Sponholz, j. 13.08.1991)

**Art. 1.239. Aquele que, não sendo proprietário de imóvel rural ou urbano, possua como sua, por cinco anos ininterruptos, sem oposição, área de terra em zona rural não superior a cinquenta hectares, tornando-a produtiva por seu trabalho ou de sua família, tendo nela sua moradia, adquirir-lhe-á a propriedade.**

O artigo em exame reproduz integralmente o disposto no art. 191 da CF. Na verdade, a CF reproduziu o texto do então projeto do CC, elaborado na década de 1970.

A usucapião especial rural, conhecida também como *pro labore*, está inserida no capítulo da política agrícola e fundiária da CF e tem nítido escopo de fixar o homem ao campo, conferindo a possibilidade de, em curto espaço de tempo, atribuir propriedade ao possuidor que pessoalmente deu função social à gleba rural, tornando-a produtiva e nela fixando moradia. De um lado, o prazo é exíguo, com o fim de estimular essa modalidade de usucapião. De outro lado, limita-se a categoria destinatária do benefício, mediante a criação de uma série de requisitos objetivos e subjetivos.

A Lei n. 6.969/81 já tratava da usucapião especial rural, embora com alguns requisitos distintos do art. 191 da CF. Assim, a área máxima usucapível, que era de 25, passou a 50 ha. Admitia-se usucapião de terras públicas devolutas, o que hoje é vedado por força de regra expressa no parágrafo único do art. 191 da Constituição. Tal quadro permite concluir que, no tocante à usucapião rural, o quinquídio não se inaugura no ano de 1988, por não se tratar de instituto novo. Somente pode se cogitar de surpresa ao proprietário no que se refere a áreas superiores a 25 e inferiores a 50 ha, medida não contemplada na legislação de 1981.

Como dito, o artigo em exame cria uma série de requisitos especiais subjetivos e objetivos. Tais requisitos somam-se àqueles básicos da usucapião extraordinária, quais sejam: posse contínua, pacífica e com *animus domini*. Quanto aos requisitos subjetivos, somente a pessoa natural pode ser autora desta modalidade de usucapião, porque não se cogita de pessoa jurídica estabelecendo moradia própria ou com sua família na gleba rural.

O usucapiente não pode ser proprietário de outro imóvel urbano ou rural. Tal vedação diz respeito somente ao período do quinquênio aquisitivo. É irrelevante que o usucapiente tenha sido dono antes, ou que passe a ser dono depois de consumar o prazo necessário à usucapião, ainda que antes do ajuizamento da ação, pois a sentença é declaratória e apenas reconhece aquisição originária preexistente. Fala a lei em propriedade, de modo que nada impede o usucapiente ser possuidor, ou titular de direito real de gozo, fruição ou de garantia sobre coisa alheia. A vedação diz respeito à propriedade plena, de modo que não alcança a propriedade fiduciária, que constitui patrimônio de afetação com escopo de garantia, e nem o direito de superfície, que tem por objeto apenas a construção ou plantação temporariamente separada do solo. Em determinadas situações, o condomínio não constitui óbice subjetivo à usucapião rural, quando ficar evidenciado que a fração ideal e a ausência de posse impedem que o usucapiente estabeleça no imóvel comum sua moradia, ou o torne produtivo com seu trabalho. Já se julgou que condômino com posse localizada pode requerer usucapião especial rural da gleba que ocupa com exclusividade (*RJTJSP* 96/249). O STJ entendeu que "o fato de os possuidores serem proprietários de metade do imóvel usucapiendo não recai na vedação de não possuir 'outro imóvel' urbano, contida no art. 1.240 do CC (REsp n. 1.909.276/RJ, rel. Min. Villas Boas Cueva).

O que deseja evitar o legislador é a especulação, mediante extensão indevida da usucapião social a destinatários que tenham condições econômicas de adquirir a gleba a título oneroso. Em tal hipótese, encaixa-se o titular de direito real ou pessoal de compromissário comprador de gleba distinta, já imitido na posse. Trata-se de direito de aquisição, no qual a propriedade remanesce vazia de conteúdo nas mãos do promissário vendedor, apenas com o fim de garantia do recebimento do preço. Não teria sentido admitir que o compromissário comprador, já titular dos direitos de usar, fruir e mesmo ceder direitos sobre uma gleba, gozasse do favor da usucapião especial sobre gleba distinta.

Não cabe ao usucapiente provar fato negativo, o de não ser proprietário de imóvel distinto. Quando muito, podem-se exigir certidões negativas imobiliárias da comarca na qual se situa o imóvel usucapiendo. O contestante é que prova o fato positivo da propriedade sobre outro imóvel durante o lapso temporal aquisitivo.

No que se refere ao objeto, a gleba usucapiente deve situar-se em zona rural, fora, portanto, do perímetro urbano, não bastando sua destinação rústica. O limite máximo usucapível é de 50 ha. Não cabe ao usucapiente decotar posse sobre gleba maior para obter a usucapião especial, pois tal conduta colheria de surpresa o proprietário registrário. Durante todo o quinquênio deve a posse estar limitada ao teto previsto pelo legislador.

Pode ocorrer da gleba ser inferior ao módulo rural. Há divergência doutrinária e jurisprudencial sobre o tema, mas, se a finalidade de tornar a gleba produtiva for preenchida pelo possuidor, o melhor entendimento é admitir a usucapião, em razão da natureza originária de aquisição (a favor, *RJTJSP* 209/266 e 247/75; *RT* 681/602 e 693/133; contra, *RT* 652/65 e *RJTJSP* 133/148). Ressalva-se a ocorrência de fraude à lei, em especial nos casos nos quais há negócio jurídico de alienação da gleba, pretendendo o adquirente contornar a vedação cogente com o instituto da usucapião, o que se mostra inadmissível.

Exige a lei, ainda, dois outros requisitos objetivos cumulativos, o usucapiente ter tornado a gleba produtiva, com trabalho próprio e de sua família, e nela ter estabelecido sua moradia. Destaca-se o caráter de pessoalidade da posse, exigindo o legislador que a gleba seja produtiva pelo trabalho do possuidor, sem necessidade de demonstrar que antes era a gleba inculta. É preciso que o usucapiente demonstre o desenvolvimento de atividade agrícola, pecuária, extrativa ou agroindustrial no imóvel, que deve já estar produzindo ou, ao menos, apto a produzir. Nada impede a utilização de prepostos ou empregados, desde que somem esforços ao trabalho pessoal do possuidor e de seus familiares. Não basta o trabalho, devendo, também, o possuidor estabelecer na gleba sua moradia.

Note-se, finalmente, que o legislador deliberadamente não estendeu à usucapião especial rural uma das limitações aplicadas somente à usucapião especial urbana, qual seja, a de que o direito não pode ser reconhecido ao possuidor mais de uma vez. Pode, portanto, o possuidor que já se beneficiou anteriormente do instituto e alienou a gleba usucapida, inaugurar um novo período de posse quinquenal sobre outra gleba rural. A regra tem razão de ser, porque há interesse social não somente em proporcionar a aquisição de gleba rural à população carente, mas também tornar novas glebas produtivas.

A questão da possibilidade da soma das posses para fins de usucapião especial rural será examinada no comentário ao art. 1.243.

**Jurisprudência:** Enunciado n. 594, CEJ: É possível adquirir a propriedade de área menor do que o módulo rural estabelecido para a região, por meio da usucapião especial rural.

Enunciado n. 313, CEJ: Quando a posse ocorre sobre área superior aos limites legais, não é possível a aquisição pela via da usucapião especial, ainda que o pedido restrinja a dimensão do que se quer usucapir.

Enunciado n. 312, CEJ: Observado o teto constitucional, a fixação da área máxima para fins de usucapião especial rural levará em consideração o módulo rural e a atividade agrária regionalizada.

Para que a sentença declaratória de usucapião de imóvel rural sem matrícula seja registrada no Cartório de Registro de Imóveis, é necessário o prévio registro da reserva legal no Cadastro Ambiental Rural (CAR). (STJ, REsp n. 1.356.207/SP, rel. Min. Paulo de Tarso Sanseverino, j. 28.04.2015, *DJe* 07.05.2015)

Apelação cível. Usucapião de bens imóveis. Ação de usucapião constitucional rural. Requisito moradia no imóvel usucapiendo não satisfeito. Pedido improcedente. O usucapião constitucional é previsto no art. 191 da CF/88 e exige, para a consubstanciação da prescrição aquisitiva: localização em zona rural; não possuir o prescribente outro imóvel rural ou urbano; a posse mansa e pacífica das terras, com ânimo de dono, por mais de cinco anos; possuir área inferior a 50 hectares; residir no imóvel e torná-lo produtivo por trabalho seu ou de sua família. Caso não seja satisfeito qualquer dos requisitos exigidos pela Carta Constitucional, a propriedade não é adquirida. No caso concreto, restou incontroverso pela prova dos autos que o autor não mora efetivamente na área que pretende usucapir, mas sim em terras contíguas, de propriedade de sua mãe. Desatendido um dos requisitos de consubstanciação do usucapião constitucional, é de se julgar improcedente a ação. Negado provimento ao recurso. (TJRS, Ap. Cível n. 70.007.513.310, 18ª Câm. Cível, rel. Des. Pedro Celso Dal Prá, j. 20.05.2004)

Usucapião especial rural. Lei n. 6.969/81. Não demonstrada a produtividade da área usucapienda, requisito essencial nesse tipo de usucapião. Improcede a ação. Sentença confirmada. Apelação improvida. (TJRS, Ap. Cível n. 70.000.860.726, 18ª Câm. Cível, rel. José Francisco Pellegrini, j. 28.02.2002)

Usucapião especial. Lotes de dimensão urbana. Área não destinada à produção rural. Carência de ação. Cuidando-se de lotes de dimensão urbana, utilizados como moradia, sem qualquer destinação rural, que não atendem nem às disposições da Lei n. 6.969/81 e art. 191 da CF, nem do art. 183 da mesma Carta, é de ser decretada a carência de ação, por impossibilidade jurídica do pedido. Em sede de reexame, sentença reformada, decretando-se a carência de ação. (TJRS, Reex. Necess. n. 70.001.839.984, 17ª Câm. Cível, rel. Des. Elaine Harzheim Macedo, j. 12.12.2000)

Usucapião. Especial rural da Lei n. 6.969/81. Ausência de requisitos legais. Falta de comprovação de posse própria, de atividade de típica produção agrícola. Área, ademais, situada em zona urbana, sem demonstração de destinação especificamente rural e, o que é decisivo, em região de preservação de mananciais da Mata Atlântica (Represa Billings), de inegável interesse ecológico. Improcedência mantida. Apelação improvida. (TJSP, Ap. Cível n. 260.622-1, rel. J. Roberto Bedran, j. 27.08.1996)

Usucapião especial *pro labore*. Imóvel rural. Demonstração dos requisitos exigidos pelo art. 191 da CR. Varão que exerce atividade laborativa em propriedades vizinhas. Irrelevância. "[...] a Lei Maior não intenta impedir o progresso e a melhoria de vida das pessoas que, com o fruto do empenho laborativo, procuram lograr melhores condições de caráter financeiro. Área inferior ao módulo rural. Irrelevância." "Não obstante aludidos módulos tenham em mira o desdobramento comum de propriedade, não pode funcionar como obstáculo para que um instituto constitucional atinja seu desiderato." Sentença mantida. Recurso desprovido. (TJSP, Ap. Cível n. 269.642-1, rel. Rebouças de Carvalho, j. 19.08.1996)

Usucapião. Extraordinário. Imóvel rural. Área inferior ao módulo regional mínimo. Admissibilidade. Prevalência das regras do CC, em matéria de usucapião, sobre o art. 65 da Lei federal n. 4.504/64. Possibilidade jurídica do pedido e interesse processual existentes. Prosseguimento do feito ordenado. Recurso provido. (TJSP, *JTJ* 247/75)

Usucapião. Imóvel rural. Área inferior ao módulo. Irrelevância. Observância do sentido social e da defesa da propriedade útil e bem trabalhada. Ação procedente. Recurso não provido. (TJSP, *JTJ* 190/164)

Usucapião. Imóvel rural. Área inferior ao módulo rural. Irrelevância. Usucapião que visa regularizar e estabilizar o domínio das terras, consumando-se quando o possuidor perfaz o tempo exigido pela lei. Hipótese, ademais, de posse localizada antes do advento do Estatuto da Terra. Carência afastada. Recurso provido para esse fim. (STJ, *JTJ* 141/194)

Usucapião. Especial rural ou *pro labore*. Prova do efetivo cultivo da terra e de que nela teve sua moradia durante todo o quinquênio. Falta. Impossibilidade jurídica do pedido. Sentença confirmada. (TJSP, *JTJ* 137/300)

Usucapião. Especial. Imóvel rural. Área destinada ao exercício de atividade agrícola. Irrelevância de localizar-se em perímetro urbano. Prosseguimento do processo determinado. Recurso provido. (TJSP, *JTJ* 121/154)

**Art. 1.240. Aquele que possuir, como sua, área urbana de até duzentos e cinquenta metros quadrados, por cinco anos ininterruptamente e sem oposição, utilizando-a para sua moradia ou de sua família, adquirir-lhe-á o domínio, desde que não seja proprietário de outro imóvel urbano ou rural.**

**§ 1º O título de domínio e a concessão de uso serão conferidos ao homem ou à mulher, ou a ambos, independentemente do estado civil.**

**§ 2º O direito previsto no parágrafo antecedente não será reconhecido ao mesmo possuidor mais de uma vez.**

O artigo em exame reproduz integralmente o disposto no art. 183 da Constituição. Na verdade, a CF é que reproduziu o texto do então projeto do CC, elaborado na década de 1970. A usucapião especial urbana, conhecida por usucapião *pro moradia*, está inserida na Carta Magna no capítulo da política urbana e se volta à regularização fundiária e garantia do direito fundamental à moradia para a população de baixa renda.

O art. 9º do Estatuto da Cidade (Lei n. 10.257/2001) também disciplina a usucapião individual especial urbana, em preceito aparentemente semelhante ao ora em comento, mas que guarda algumas diferenças quanto aos requisitos objetivos, com menção à limitação das áreas de terreno e de construção, bem como quanto às regras de transmissão da posse por ato *causa mortis*. Tal artigo, por disciplinar exatamente a mesma situação jurídica, voltada aos mesmos destinatários, encontra-se revogado pelo art. 1.240 do CC, ora em exame, lei posterior que trata da mesma matéria. Em outras palavras, as alterações introduzidas pelo art. 9º do Estatuto da Cidade tiveram vida curta, não sobrevivendo à vigência do CC/2002. A usucapião coletiva do art. 10 da Lei n. 10.257/2001, porém, que trata de situação diversa, encontra-se em plena vigência e não foi alterada pelo CC/2002.

O prazo da usucapião especial urbana é de cinco anos e o quinquênio somente se inaugura no ano de 1988, não se computando prazo anterior à CF, por se tratar de instituto novo (*RTJ* 165/348, 165/371, 166/237 e 175/352).

De um lado, o prazo é exíguo, com o fim de estimular essa modalidade de usucapião. De outro lado, a categoria destinatária do benefício é limitada mediante uma série de requisitos objetivos e subjetivos. Note-se que os requisitos básicos de todo usucapião estão implícitos no art. 1.240, ou seja, a posse deve ser contínua, pacífica e com *animus domini*.

Quanto aos requisitos subjetivos, somente a pessoa natural pode ser autora desta modalidade de usucapião, pois não se cogita de pessoa jurídica estabelecendo moradia própria ou com sua família no lote urbano. Nada impede que diversos compossuidores, familiares ou não, desde que preencham os demais requisitos previstos no art. 1.240, figurem todos no polo ativo. Não pode o usucapiente ser proprietário de outro imóvel urbano ou rural. A respeito de tal requisito, remete-se o leitor aos comentários ao artigo anterior, aqui se aplicando, em tal ponto, tudo o que lá foi dito. Há entendimento recente e correto do STJ no sentido de inexistir óbice legal no fato de os usucapientes já serem proprietários de metade ideal do imóvel e pleitearem a usucapião da parte ideal faltante (REsp n. 1.909.276, rel. Min. Ricardo Villas Bôas Cueva).

No que se refere aos requisitos especiais objetivos, deve a área usucapida situar-se em zona urbana. O critério é por localização e não por destinação da área, descabendo usucapião sobre imóvel situado na zona rural, mas com finalidade urbana. A área de superfície máxima do terreno é de 250 m$^2$. Pouco importa que a construção tenha área superior à do terreno, edificada em mais de um pavimento (*RT* 675/89). Cabe inclusive a modalidade especial para usucapir unidade autônoma em condomínio edilício, consoante dispõe o Enunciado n. 85 do CEJ: "Para efeitos do art. 1.240, *caput*, do novo CC, entende-se por 'área urbana' o imóvel edificado ou não, inclusive unidades autônomas vinculadas a condomínios edilícios" (ver, também, STF, RE n. 305.416, rel. Min. Marco Aurélio). Em tal caso, é razoável que a área de superfície a ser levada em conta seja a total, a área privativa da unidade autônoma somada à fração ideal do terreno (*RDI* 12/201). De outro lado, não há limite mínimo de área de superfície para a usucapião especial urbana, ainda que inferior à permitida na Lei n. 6.766/79 ou em leis municipais, segundo entendimento do STJ (REsp n. 1.667.843 e REsp n. 1.667.842, rel. Min. Luis Felipe Salomão).

O artigo fala em uso para fins de moradia ou de sua família. Não exige, porém, fins exclusivos de moradia. O STJ tem admitido que o uso misto, com exercício de comércio de pequeno porte no imóvel de modo simultâneo com a moradia, não impede a usucapião especial.

Como referido nos comentários ao artigo anterior, não pode o usucapiente manter posse de gleba maior, mas dela decotar a área de superfície de 250 m$^2$ apenas para obter usucapião especial. A conduta significaria inegável surpresa ao titular do registro, pois suprimiria o prazo suplementar para as demais modalidades de usucapião. Durante todo o quinquênio, deve a posse obedecer ao limite de área fixado no artigo em exame. Como já visto, nada impede, por outro lado, que a gleba usucapienda seja de dimensões inferiores ao tamanho mínimo de lotes, previsto no art. 4º da Lei n. 6.766/79, ou em legislação municipal. Há entendimento do STF no sentido de que legislação urbana inferior não pode impor limite de tamanho mínimo de lote ao reconhecimento da usucapião do art. 183 da CF.

O § 2º do art. 1.240 do atual CC reza que a usucapião urbana e a concessão especial de uso não serão reconhecidas ao possuidor mais de uma vez. A restrição se limita à usucapião especial urbana, não se estendendo, portanto, à usucapião especial rural, que, como visto, pode ser postulada mais de uma vez pelo usucapiente. Impede o legislador, assim, que o usucapiente se beneficie mais de uma vez da figura protetiva da usucapião especial urbana. Nada impede, portanto, já ter requerido anteriormente outra modalidade de usucapião, desde que não seja proprietário ao tempo no qual corre o prazo quinquenal; ou, ao contrário, que, após usar a prerrogativa do art. 1.240, requeira, em relação a imóvel diverso, usucapião rural, ordinária ou extraordinária.

O § 1º do artigo diz que o título de domínio e a concessão de uso serão concedidos ao homem ou à mulher, ou a ambos, independentemente do estado civil. O que permite o preceito é a pessoa solteira, casada, ou vivendo em regime de união estável, poder ajuizar individualmente a ação de usucapião, sem consentimento do outro cônjuge ou necessidade de que este figure como litisconsorte ativo necessário. A situação tem especial utilidade nos casos de casais separados de fato, permitindo ao possuidor usucapir em nome individual o imóvel e, desde que todo o prazo quinquenal tenha corrido após a separação de fato, o bem se tornará próprio, sem comunicação ao consorte. Caso, porém, o prazo quinquenal para a usucapião tenha corrido na constância de união estável ou do casamento, pode qualquer um dos cônjuges figurar sozinho no polo ativo da demanda, mas a procedência da ação a ambos beneficiará, tornando o imóvel comum.

Pode ainda correr a prescrição aquisitiva de um cônjuge em relação a outro, após a separação de fato do casal, como decidiu em data recente o STJ.

A alusão da incidência de algumas das regras da usucapião à concessão de uso especial para fins de moradia não deveria constar do CC, que dela não trata no *caput* do preceito, nem em outros dispositivos. A figura da concessão estava prevista nos arts. 15 a 20 do Estatuto da Cidade, os quais, porém, receberam veto do Presidente da República e atualmente é disciplinada pela MP n. 2.220/2001.

**Jurisprudência:** Enunciado n. 314, CEJ: Para os efeitos do art. 1.240, não se deve computar, para fins de limite de metragem máxima, a extensão compreendida pela fração ideal correspondente à área comum.

Enunciado n. 313, CEJ: Quando a posse ocorre sobre área superior aos limites legais, não é possível a aquisição pela via da usucapião especial, ainda que o pedido restrinja a dimensão do que se quer usucapir.

Enunciado 85, CEJ: Para efeitos do art. 1.240, *caput*, do novo CC, entende-se por "área urbana" o imóvel edificado ou não, inclusive unidades autônomas vinculadas a condomínios edilícios.

A causa impeditiva de fluência do prazo prescricional prevista no art. 197, I, do CC/2002, conquanto topologicamente inserida no capítulo da prescrição extintiva, também se aplica às prescrições aquisitivas, na forma do art. 1.244 do CC/2002. A constância da sociedade conjugal, exigida para a incidência da causa impeditiva da prescrição extintiva ou aquisitiva (art. 197, I, do CC/2002), cessará não apenas nas hipóteses de divórcio ou de separação judicial, mas também na hipótese de separação de fato por longo período, tendo em vista que igualmente não subsistem, nessa hipótese, as razões de ordem moral que justificam a existência da referida norma. Precedente. (STJ, REsp n. 1.693.732/MG, rel. Min. Nancy Andrighi, j. 11.05.2020)

O art. 1.240 do CC/2002 não direciona para a necessidade de destinação exclusiva residencial do bem a ser usucapido. Assim, o exercício simultâneo de pequena atividade comercial pela família domiciliada no imóvel objeto do pleito não inviabiliza a prescrição aquisitiva buscada. (STJ, REsp n. 1.777.404/TO, rel. Min. Nancy Andrighi, j. 05.05.2020)

O fato de os possuidores serem proprietários de metade do imóvel usucapiendo não recai na vedação de não possuir "outro imóvel" urbano, contida no art. 1.240 do CC. (STJ, REsp n. 1.909.276/RJ, rel. Min. Ricardo Villas Bôas, j. 27.09.2022)

O STF, nos autos do RE n. 422.349/RS, após reconhecer a existência de repercussão geral da questão constitucional suscitada, fixou a tese de que, preenchidos os requisitos do art. 183 da CF, cuja norma está reproduzida no art. 1.240 do CC, o reconhecimento do direito à usucapião especial urbana não pode ser obstado por legislação infraconstitucional que estabeleça módulos urbanos na respectiva área em que situado o imóvel (dimensão do lote). (STJ, REsp n. 1.360.017/RJ, rel. Min. Ricardo Villas Bôas Cueva, j. 05.05.2016)

Usucapião especial urbano. Art. 183 da CF. Requisitos não preenchidos. Alegada posse sobre área superior ao limite estabelecido constitucionalmente ao usucapião urbano. Não se mostra passível de usucapião na modalidade especial propriedade com área superior ao parâmetro constitucional, cujo instituto tem por objetivo primordial regularizar a posse sobre pequenas áreas urbanas àqueles que não sejam proprietários de outro imóvel urbano ou rural. Recurso de apelação improvido. Unânime. (TJRS, Ap. Cível n. 70.004.670.550, 18ª Câm. Cível, rel. Des. Cláudio Augusto Rosa Lopes Nunes, j. 16.09.2004)

Ação de usucapião ordinário. Inexistência de justo título. Usucapião constitucional. 1 – Entende-se por justo título o documento hábil para transferir o domínio, só não o fazendo por ser portador de falhas ou defeitos. Faltando o justo título, não há falar em usucapião ordinário. 2 – Demonstrado que os autores detêm a posse mansa, pacífica e sem interrupção, de uma área urbana de 255,81 m², há mais de dez anos, não sendo proprietários de outro imóvel urbano ou rural, aplicável se mostra o princípio da função social da propriedade, impondo-se a declaração de domínio com base no art. 183 da CF. 3 – Possibilidade de usucapião de área pouco superior a 250 m², com base na CF, insignificância da diferença de metragem, e aplicação, por analogia, do disposto no parágrafo único do art. 1.136 do CC então vigente. (TJRS, Ap. Cível n. 70.007.119.803, 19ª Câm. Cível, rel. Des. José Francisco Pellegrini, j. 13.04.2004)

Usucapião especial urbano. Ação ajuizada em caráter individual com a finalidade do reconhecimento de domínio exclusivo sobre um cômodo de habitação coletiva. Inadmissibilidade. Situação a viabilizar em tese a ação de usucapião especial urbano coletivo, na qual a legitimidade *ad causam* é deferida a todos os moradores em litisconsórcio necessário ou à associação que os representa. Aplicação das regras dos arts. 9º, 10 e 12 da Lei n. 10.257/2001 (Estatuto da Cidade). Petição inicial indeferida. Recurso do casal autor desprovido (TJSP, Ap. n. 283.033-4/0, rel. Des. Morato de Andrade, j. 27.08.2003). (*Lex-TJSP* 272/182, 2004)

Apelação cível. Ação de usucapião especial urbano. Configuração dos requisitos estabelecidos no art. 183 da CF/1988, indispensáveis ao reconhecimento do direito pleiteado. O objeto do usucapião vem a ser apenas parte do total da área do imóvel em questão, sendo viável reduzir tal área ao limite constitucional de 250 m² com o fim de usucapi-la. Apelo provido. (TJRS, Ap. Cível n. 70.002.229.748, 19ª Câm. Cível, rel. Des. Luís Augusto Coelho Braga, j. 26.11.2002)

Usucapião constitucional. Imóvel urbano. Alegação, pela municipalidade, de o imóvel estar localizado em loteamento irregular. Questão administrativa, relativa à aprovação de parcelamento do solo, que não obsta o reconhecimento da prescrição aquisitiva. Aplicação do art. 183 da CF, c/c os arts. 941 e segs., do CPC [arts. 246, § 3º, e 259, I, do CPC/2015]. Honorários do perito devidos pela contestante. Ação julgada procedente. Recurso não provido. (TJSP, Ap. Cível n. 115.268-4, rel. Zélia Maria Antunes Alves, j. 19.02.2001)

Usucapião. Especial. Imóvel urbano. Não utilização, pelos autores, como moradia. Ocupação por inquilino. Indeferimento da inicial e extinção do processo sem exame do mérito. Não preenchimento de todos os requisitos exigidos no art. 183 da Carta Magna. Recurso não provido. (TJSP, Ap. Cível n. 102.798-4, 3ª Câm. de Dir. Priv., rel. Carlos Roberto Gonçalves, j. 02.05.2000)

O usucapião especial urbano muito se assemelha a um usucapião extraordinário de prazo reduzido, pois não se exige do prescribente nem justo título nem boa-fé. Reivindicatória. Prova do domínio. Esvaziamento, entretanto, do poder de reivindicar. Exceção de usucapião. Possibilidade. Art. 183 da CR. Requisitos. Reconhecimento *incidenter tantum*. Acolhimento da exceção, ressalvando necessidade de ação posterior para obtenção do título de domínio. Ação improcedente. Recurso provido (TJSP, Ap. Cível n. 281.687-1, rel. Cunha Cintra, j. 08.05.1997). (*Lex-TJSP* 205/157, 1998)

A manutenção de pequeno comércio em imóvel também utilizado para moradia não impede o reconhecimento de usucapião constitucional, previsto no art. 183 da CF. (*RT* 744/367)

---

**Art. 1.240-A. Aquele que exercer, por 2 (dois) anos ininterruptamente e sem oposição, posse direta, com exclusividade, sobre imóvel urbano de até 250 m² (duzentos e cinquenta metros quadrados) cuja propriedade divida com ex-cônjuge ou ex-companheiro que abandonou o lar, utilizando-o para sua moradia ou de sua família, adquirir-lhe-á o domínio integral, desde que não seja proprietário de outro imóvel urbano ou rural.**

Artigo acrescentado pela Lei n. 12.424, de 16.06.2011.

**§ 1º O direito previsto no *caput* não será reconhecido ao mesmo possuidor mais de uma vez.**

**§ 2º *(Vetado.)***

---

Criou o legislador uma nova e controversa modalidade de usucapião, denominada familiar, entre ex-cônjuges e ex-companheiros, com o reduzidíssimo prazo de dois anos.

Cuida-se de instituto novo. O prazo aquisitivo bienal somente pode ser contado a partir da vigência da lei (16.06.2011), sob pena de incidir em caráter retroativo e colher de surpresa o ex-cônjuge ou ex-companheiro que irá perder a sua parte ideal sobre o imóvel comum. Aplica-se o entendimento pacificado do STF, ao examinar situação jurídica semelhante (novo usucapião especial urbano, com redução de prazo, na CF de 1988), no sentido de que, por se tratar de instituto novo, não se computa o prazo anterior à lei (*RTJ* 165/348, 165/371, 166/237 e 175/352, entre outros).

A usucapião familiar exige diversos requisitos cumulativos, objetivos e subjetivos: a) prazo bienal de posse exclusiva de ex-cônjuge ou de ex-companheiro sobre imóvel comum do casal; b)posse do usucapiente contínua, pacífica e com *animus domini*; c) imóvel situado em zona urbana, lembrando que o critério é de localização, e não de destinação; d) área máxima de superfície do terreno de 250 m$^2$, sem impedimento a que a área construída supere tal limite; e) utilização para fins de moradia do ex-cônjuge ou ex-companheiro, que permaneceu de posse exclusiva do imóvel, ou de sua família; f) o usucapiente não pode ser, durante o biênio aquisitivo, proprietário de outro imóvel, urbano ou rural; g) o usucapiente não tenha usado anteriormente a seu favor a usucapião familiar; h) tenha havido abandono imotivado e voluntário do lar comum por parte do ex-cônjuge ou ex-companheiro contra o qual corre a usucapião.

A má redação do preceito e sua manifesta falta de sintonia frente ao novo rumo do direito de família, que de modo decidido caminha para o ocaso da culpa e realce do desaparecimento do afeto como causa única e relevante para o final do casamento e da união estável, geram inúmeras dúvidas a serem enfrentadas.

A primeira dúvida diz respeito ao alcance do termo ex-cônjuge. O termo inicial do prazo da usucapião é a separação de fato do casal ou o divórcio? Embora o art. 197 do CC diga não correr prescrição (nem extintiva nem aquisitiva, segundo o art. 1.244 do CC) entre os cônjuges na constância da sociedade conjugal, a regra deve ser interpretada com temperamento. A razão de ser da causa suspensiva é a preservação da harmonia familiar, abalada na hipótese do exercício de pretensões durante o casamento. O valor que a norma protege, porém, não mais persiste após a separação de fato do casal. A jurisprudência confere, de modo cada vez mais decidido, maiores efeitos à separação de fato, inclusive de natureza patrimonial, como a não comunicação dos bens posteriores ao fim da convivência. Se o separado de fato pode até mesmo constituir nova união estável, não se vê razão para a persistência da causa suspensiva da prescrição em face do cônjuge com quem não mais convive. O casamento se mantém como mera estrutura formal, despida de conteúdo. Por isso, a proposta é a de que o prazo bienal da usucapião familiar tenha termo inicial na data da separação de fato, e não data do divórcio do casal.

Estende-se a usucapião familiar aos ex-conviventes homoafetivos, diante do reconhecimento de tais uniões pelo STF como entidades familiares e do tratamento, quanto aos efeitos, similar ao das uniões heterossexuais (ADI n. 4.277 e ADPF n. 132).

A segunda dúvida diz respeito ao objeto da usucapião, e a interpretação que se dá à expressão "cuja propriedade divida com ex-cônjuge ou ex-companheiro". Pode ocorrer de o casal não ser titular do domínio, mas sim de direitos de promitentes compradores, ou cessionários, como com frequência acontece. Pode ocorrer, mais, de o casal ter posse *ad usucapionem* sobre determinado imóvel, com prazo aquisitivo já consumado, faltando apenas a sentença declaratória da propriedade já existente. A tais situações se estende a usucapião familiar, embora não haja ainda registro em nome de ambos os cônjuges ou companheiros. Diria, mais, que talvez o real escopo do legislador tenha sido exatamente o de alcançar situações em que um ex-cônjuge ou ex-companheiro precisa da presença do outro, que abandonou o lar conjugal e se encontra em um local incerto, para regularizar a situação dominial de um imóvel. Essa é a situação-modelo em que mirou o legislador, a função da norma.

O imóvel deve ser comum do casal, já partilhado ou ainda pendente de partilha. Não pode ser imóvel próprio do ex-cônjuge ou do ex-companheiro que abandona o lar. Tal situação não se encontra contemplada neste artigo de lei, circunscrita aos imóveis comuns, de modo que, quanto aos imóveis próprios, pode ocorrer a usucapião em outras modalidades, mas não na familiar com prazo de apenas dois anos.

O preceito diz que o usucapiente não pode ser proprietário de outro imóvel urbano ou rural. Evidente que a propriedade da metade ideal do próprio imóvel usucapiendo não compromete o pedido, caso contrário a norma seria inoperante. A expressão "outro" indica propriedade de um segundo imóvel, além daquele cuja metade se pretende usucapir.

A usucapião familiar tem requisitos subjetivos. Somente pode ser requerida entre ex-cônjuges ou ex-companheiros, inclusive homoafetivos. É autor da ação aquele que permaneceu ocupando com exclusividade o imóvel comum, contra aquele que o abandonou voluntária e imotivadamente. Note-se que se a ideia do legislador é a de punir o culpado e compensar o inocente, a ação é personalíssima. Isso significa que o cônjuge ou companheiro inocente não pode ceder o seu direito possessório a terceiros *(accessio possessionis)*, para que os cessionários utilizem a seu favor a usucapião de prazo bienal. De modo simétrico, a ação deve ser ajuizada em face do cônjuge culpado pelo abandono, mas não contra seus herdeiros, que não podem ser penalizados por ato alheio.

O abandono deve ser voluntário, imotivado e definitivo.

Isso significa que a desocupação forçada do imóvel comum, determinada por decisão, liminar ou definitiva, proferida em ação cautelar de separação de corpos, ou em tutela antecipada em ação de divórcio ou de extinção de união estável, não constitui causa para a usucapião familiar de curto prazo. Não há inércia daquele que vai perder o imóvel, pressuposto de qualquer modalidade de usucapião.

O abandono motivado do imóvel comum é incompatível com essa modalidade de usucapião. Tomem-se como exemplos a esposa ou companheira que se vê ameaçada ou agredida pelo consorte, ou mesmo do marido ou companheiro que resolve deixar o lar comum para evitar o agravamento da crise conjugal ou preservar as relações familiares e os filhos de desentendimentos constantes.

O abandono deve ser definitivo, com ânimo específico de não mais retornar ao lar comum. Não geram essa modalidade de usucapião as hipóteses frequentes de cônjuges ou companheiros que passam prolongados períodos no exterior, a trabalho ou estudo, com anuência do outro consorte e com o ânimo de retomar posteriormente a vida comum.

A usucapião bienal caminha na contramão da tendência do direito de família de abolir a questão da culpa no desfazimento do casamento e da união estável. Não faz o menor sentido que o desaparecimento do afeto, seguido do abandono do lar, constitua razão para perda de imóvel comum no curto espaço de dois anos. Há ainda o inconveniente de estimular litígios entre casais, com escopo de obtenção de vantagem patrimonial, imputando um ao outro cônjuge a culpa exclusiva pela ruína do casamento. Lamenta-se que menos de dois anos após o advento da EC n. 66/2010, que eliminou os requisitos subjetivos e objetivos para o divórcio, crie o legislador figura que funciona como sanção patrimonial ao cônjuge e ao companheiro, reintroduzindo a questão da culpa.

Discute-se até mesmo a inconstitucionalidade da usucapião familiar, por suposta violação ao art. 226, § 6º, da CF, em especial após o advento da EC n. 66/2010. Apesar do descompasso da usucapião familiar com os novos rumos do direito de família, não há como afirmar a sua inconstitucionalidade, por múltiplas razões. A primeira delas é que ainda persiste na doutrina acesa divergência sobre o desaparecimento da separação judicial do ordenamento jurídico. Há quem afirme a persistência de tal figura, mesmo após o advento da EC n. 66/2010, com fundamento na autonomia privada dos cônjuges, que por razões íntimas ou religiosas, ou mesmo antevendo futura reconciliação, podem optar pela separação, em vez de pedirem diretamente o divórcio, como agora permite o art. 226, § 6º, da CF. Embora pessoalmente não comungue de tal ponto de vista, para aqueles que o defendem, em tese, ainda se encontra aberta a porta da separação judicial, inclusive a litigiosa e, por tabela, questões e efeitos da culpa de um dos cônjuges. A segunda – e mais forte – razão para não reconhecer a inconstitucionalidade da usucapião familiar é que a sua função, o objetivo a ser alcançado, a razão de ser da norma, não é propriamente o de sancionar o ex-cônjuge ou o ex-companheiro culpados, mas sim o de proporcionar, em determinadas situações, a regularização da propriedade fundiária em nome daquele que permaneceu de posse do imóvel, e não conseguiria fazê-lo pela forma derivada de uma partilha. Garante-se o direito à moradia, de estatura também constitucional (art. 6º da CF), pela via originária da usucapião.

A expressão abandono do lar deve ser entendida não em seu aspecto meramente físico, de alguém deixar de morar com o seu consorte sob o mesmo teto. A leitura que se faz da expressão abandono do lar, com os olhos postos na CF, somente pode ser interpretada como abandono da família, deixando-lhe de prestar assistência material e moral. Não configura abandono a hipótese do ex-companheiro que, apesar de afastarem-se da moradia conjugal, continuam a prestar assistência ao outro consorte e aos filhos comuns, bem como participar da criação e da educação dos filhos. Não faz sentido que nessa hipótese incida a sanção da usucapião bienal, que somente viria a estimular litígios em situações já estabilizadas.

Como qualquer usucapião entre condôminos – ou comunheiros – a posse deve ser contínua, pacífica, com *animus domini* e inequívoca. A pacificidade da posse pode ser quebrada não somente com citação em ação de extinção de condomínio ou de alienação judicial de coisa comum, como também ação indenizatória, para cobrar valor equivalente a aluguel do condômino que utiliza com exclusividade a coisa comum. Situações dúbias não geram usucapião. Cônjuges e companheiros que convencionam, ainda que verbalmente, entre si que um deles ocupará com exclusividade o imóvel comum, criam situação de comodato. O *animus domini* exige que o usucapiente não se curve nem reconheça direito alheio sobre a coisa possuída, que atue com soberania sobre a coisa. A inequivocidade da posse exige que o usucapiente explicite ao ex-cônjuge ou ex-companheiro que não mais reconhece seus direitos sobre o imóvel comum, como que alertando-o de que sua inércia implicará, ao final de dois anos, a perda do domínio.

A competência para processar a ação é das varas cíveis, e não das varas de família. Nas comarcas em que existirem varas especializadas de registros públicos, como é o caso da Capital de São Paulo, a competência é delas privativa, em razão da matéria e das leis locais de organização judiciária. Lembre-se que inúmeras outras ações que envolvem patrimônio do ex-casal, por exemplo, extinção de condomínio mediante divisão ou alienação de coisa comum, sempre se processaram em varas cíveis, embora a sua origem mediata remonte a um casamento ou a uma união estável.

Vê-se, portanto, que a usucapião familiar, diante dos inúmeros requisitos cumulativos e a interpretação que se dá a cada um deles, dificilmente será usada como elemento de sanção a uma violação de dever matrimonial – abandono imotivado do lar – que não mais tem relevância no direito de família. Seu campo típico de incidência será a situação para a qual foi pensada a figura, qual seja, o da regularização fundiária de imóveis populares e que, durante o período de financiamento, um dos cônjuges ou companheiros desaparece sem deixar paradeiro conhecido.

**Jurisprudência:** Enunciado n. 498 da V Jornada de Direito Civil do CEJ do STJ: A fluência do prazo de 2 (dois) anos previsto pelo art. 1.240-A para a nova modalidade de usucapião nele contemplada tem início com a entrada em vigor da Lei n. 12.424/2011.

Enunciado n. 499 da V Jornada de Direito Civil do CEJ do STJ: A aquisição da propriedade na modalidade de usucapião prevista no art. 1.240-A do CC só pode ocorrer em virtude de implemento de seus pressupostos anteriormente ao divórcio. O requisito "abandono do lar" deve ser interpretado de maneira cautelosa, mediante a verificação de que o afastamento do lar conjugal representa descumprimento simultâneo de outros deveres conjugais, tais como assistência material e sustento do lar, onerando desigualmente aquele que se manteve na residência familiar e que se responsabiliza unilateralmente pelas despesas oriundas da manutenção da família e do próprio imóvel, o que justifica a perda da propriedade e a alteração do regime de bens quanto ao imóvel objeto de usucapião.

Enunciado n. 500 da V Jornada de Direito Civil do CEJ do STJ: A modalidade de usucapião prevista no art. 1.240-A do CC pressupõe a propriedade comum do casal e compreende todas as formas de família ou entidades familiares, inclusive homoafetivas.

Enunciado n. 501 da V Jornada de Direito Civil do CEJ do STJ: As expressões "ex-cônjuge" e "ex-companheiro", contidas no art. 1.240-A do CC, correspondem à situação fática da separação, independentemente de divórcio.

Civil e processual civil. Apelação. Ação de usucapião fundada nos arts. 1.238 e 1.240-A, do CC. Sentença de improcedência. Inconformismo. Arguição de cerceamento de defesa e *error in judicando*. Ausência de nulidade. No entanto, omissão. Reconhecida. Incidência da teoria da causa madura. Art. 1.013, § 3°, III, do CPC/2015. Pedido não apreciado julgado improcedente. Copropriedade constitui requisito ao reconhecimento da usucapião familiar. 1. Cerceamento de defesa não caracterizado. Prova oral preclusa em razão da ausência de manifestação tempestiva quando proferida a decisão saneadora, sendo firme o entendimento jurisprudencial no sentido de que o protesto de produção de provas, na petição inicial, não supre a necessidade da parte fazê-lo no momento adequado. Julgamento antecipado conforme art. 355, I, do CPC. Precedentes. 2. Erro de julgamento não caracterizado, sendo a sentença omissa, todavia, no que diz respeito ao preenchimento dos requisitos previstos no art. 1.240-A, do CC. Incidência da teoria da causa madura, na forma do art. 1.013, § 3°, III, do CPC/15. 3. Inaplicabilidade do art. 1.240-A, do CC, ao caso vertente. Autora não é coproprietária do bem litigioso e é titular de 50% de imóvel registrado em Umuarama/PR. 4. Pretensão improcedente, restando mantida a sentença nos demais pontos. 5. Recurso desprovido. (TJSP, Ap. Cível n. 1037900-69.2015.8.26.0100/São Paulo, 8ª Câm. de Dir. Priv., rel. Clara Maria Araújo Xavier, j. 28.02.2024, publ. 29.02.2024)

A procedência da ação de usucapião familiar está condicionada à comprovação do abandono do lar, posse mansa e pacífica, titular não proprietário de outro imóvel e não ter sido beneficiado pela mesma norma em outra relação (CC, art. 1.240-A). 2 – O prazo de dois anos exigido para aquisição da propriedade com base na usucapião familiar inicia-se a partir da vigência da Lei n. 12.424 em 16.06.2011, como forma de evitar que a parte prejudicada seja surpreendida. (AREsp n. 835.490). 3 – Sobre o conceito de "abandono" inserido no art. 1.240-A do CC, o Enunciado n. 595 da VII Jornada de Direito Civil do Conselho da Justiça Federal descreve que "o requisito 'abandono do lar' deve ser interpretado na ótica do instituto da usucapião familiar como abandono voluntário da posse do imóvel somado à ausência da tutela da família, não importando em averiguação da culpa pelo fim do casamento ou união estável. (TJ/MG, AI n. 1.0567.14.000090-0/001, rel. Des. José Flávio de Almeida, j. 06.09.2018)

Ação de "usucapião familiar". Petição inicial indeferida e processo extinto, sem resolução do mérito. Pleito de usucapião fundamentado no disposto no art. 1.240-A do CC, inserido pela Lei n. 12.424/2011. Inaplicabilidade do art. 1.240-A do CC a situações pretéritas. Prazo para aquisição da propriedade por usucapião com fundamento no disposto no art. 1.240-A do CC que se inicia a partir da entrada em vigor da lei que o incluiu, ou seja, a partir de 16.06.2011. Segurança jurídica que deve prevalecer na hipótese. Recurso desprovido. (TJSP, Ap. n. 0052438-14.2011.8.26.0100, 5ª Câm. de Dir. Priv., rel. Des. Christine Santini, j. 12.09.2012)

**Art. 1.241. Poderá o possuidor requerer ao juiz seja declarada adquirida, mediante usucapião, a propriedade imóvel.**

**Parágrafo único. A declaração obtida na forma deste artigo constituirá título hábil para o registro no Cartório de Registro de Imóveis.**

Reitera o art. 1.241 o que já dissera o art. 1.238 do CC/2002: a sentença que reconhece a usucapião tem natureza declaratória, reconhecendo o direito preexistente à propriedade, que se consumou no exato momento no qual o usucapiente preencheu o requisito temporal da posse com as qualidades exigidas em lei.

Não são a sentença e seu registro imobiliário constitutivos da propriedade imóvel, mas meramente regularizadores e publicitários. É óbvia a utilidade de ambos, da sentença por dar ao usucapiente a certeza do reconhecimento judicial da propriedade preexistente, e do registro por dar publicidade à aquisição imobiliária e inaugurar nova cadeia dominial, possibilitando ao usucapiente dispor do imóvel e ao adquirente registrar seu título derivado, preservada a nova continuidade registrária.

A natureza declaratória da sentença produz relevantes efeitos. O principal deles é os requisitos da posse *ad usucapionem* persistirem somente durante o lapso temporal exigido em lei. Escoado o prazo, o possuidor já se converteu em proprietário, faltando apenas a declaração judicial de tal situação jurídica. Logo, a perda da pacificidade, da continuidade e da boa-fé (na usucapião ordinária) e a destinação diversa da moradia (nas usucapiões especiais) são irrelevantes para a aquisição já consumada da propriedade. Até mesmo a perda da posse não altera tal quadro, tanto assim que a Súmula n. 263 do STF reza que "o possuidor deve ser citado, pessoalmente, na ação de usucapião". O verbete somente tem sentido caso se admita ação de usucapião sem posse atual, fundada em posse pretérita que já se converteu em propriedade pelo decurso do tempo. Admite-se, por isso, que o usucapiente, antes mesmo do ajuizamento da ação de usucapião, desde que consumado o período aquisitivo, possa ajuizar desde logo ação reivindicatória. Claro que deverá provar a ocorrência da posse *ad usucapionem*, com o prazo e requisitos exigidos em lei.

Julguei, uma feita, interessante caso, no qual possuidor com posse *ad usucapionem* teve o imóvel desapropriado para a abertura de via pública. Implantada a avenida, com imissão provisória do expropriante na posse, necessitava o usucapiente de título dominial, para levantamento do preço depositado. A sentença reconheceu o domínio preexistente à desapropriação, embora o lote, no momento do ajuizamento da ação, já tivesse destinação pública.

Tem a sentença efeitos *ex tunc* e diverge a doutrina apenas quanto ao termo inicial da retroação. Alguns autores, como Benedito Silvério Ribeiro, defendem a retroação caminhar apenas até o ponto no qual se consumou o prazo da usucapião, ou seja, na data em que se completou o lapso temporal previsto em lei. Outros autores, como Lenine Nequete e Orlando Gomes, entendem que a retroação vai até o início da posse *ad usucapionem*. A segunda posição, fundada na teoria da aparência, dá fundamento confortável aos seguintes efeitos, socialmente úteis: todos os atos praticados pelo possuidor são válidos; mesmo que a posse seja de má-fé, não está obrigado a restituir os frutos da coisa, percebidos antes da consumação da usucapião; os atos praticados pelo titular dominial registrário da coisa durante o prazo da usucapião decaem; ao inverso, os atos praticados no mesmo período pelo possuidor consideram-se válidos, se a usucapião se consuma.

Pode a usucapião ser arguida como ação e como exceção, nos termos da Súmula n. 237 do STF, em pleno vigor. Em tal caso, porém, a sentença que acolher a exceção não é título hábil para ingressar no registro de imóveis, pois não participaram da lide litisconsortes necessários, tais como confrontantes, terceiros citados por edital e as Fazendas Públicas, razão pela qual a coisa julgada não atinge terceiros. Aliás, o polo passivo difuso da ação de usucapião é a razão pela qual não se admite a figura da intervenção de terceiros, podendo o interessado contestar diretamente a demanda (STJ, REsp n. 1.726.292/CE, rel. Min. Ricardo Villas Bôas Cueva, por unanimidade, j. 12.02.2019, *DJe* 15.02.2019). Caso deseje o usucapiente obter em exceção a regularização dominial, deverá ajuizar nova ação de usucapião, citando todos os litisconsortes. O titular do domínio, vencido na anterior exceção, não poderá rediscutir a matéria. Embora exista entendimento em sentido contrário, parece temerária a abertura de matrícula sem efeito *erga omnes* e passível de impugnação a qualquer tempo por terceiros confinantes, ou interessados, que não foram parte na ação reivindicatória e na exceção de usucapião.

Não se admite, contudo, o reconhecimento *ex officio* da prescrição aquisitiva pelo juiz. Não se estende à usucapião a regra do art. 219, § 5º, do CPC/73 (art. 487, parágrafo único, do CPC/2015). Isso porque o art. 220 do estatuto processual (art. 240, § 4º, do CPC/2015) diz que a regra somente se aplica aos prazos extintivos, o que exclui os prazos aquisitivos (ver comentário ao art. 1.244, adiante).

Nas modalidades de usucapião especial rural e coletivo, leis especiais, de modo expresso, dispõem que a sentença que acolhe exceção de usucapião é título hábil para ingressar no registro de imóveis. Há entendimento do STJ no sentido de que "a prescrição extintiva pode ser arguida em qualquer fase do processo, mas a prescrição aquisitiva somente tem pertinência como matéria de defesa se arguida na contestação, momento próprio para tanto, sob pena de preclusão" (STJ, REsp n. 761.911/PR, rel. Min. Carlos Alberto Menezes Direito, j. 14.11.2006).

Dispõe o parágrafo único do art. 1.241 que a sentença declaratória da usucapião constitui título hábil para ingresso no registro imobiliário. Deve o título conter a descrição completa do imóvel, com os requisitos do art. 176, II, 3 e 4, da Lei n. 6.015/73, em atenção ao princípio da especialidade. Não há necessidade, todavia, de a descrição ser coincidente com a do registro anterior, pois a usucapião inaugura cadeia dominial. Em consonância com o anteriormente dito sobre a retroatividade da sentença e de acordo com o disposto no art. 945 do CPC/73 (sem correspondente no CPC/2015), deve haver prova do pagamento do imposto territorial (Imposto Territorial Rural – ITR ou Imposto Predial e Territorial Urbano – IPTU) ao menos dos últimos cinco exercícios, ou a respectiva certidão negativa.

Em vista da natureza originária da aquisição, o título não obedece ao princípio da continuidade registrária, inaugurando nova cadeia dominial. A melhor técnica é a da abertura de nova matrícula para o imóvel usucapiendo, marcando sua desvinculação com o registro anterior, encerrando, ou averbando, o desfalque parcial na matrícula ou a transcrição de origem.

Importante inovação foi introduzida pelo novo CPC, que, em seu art. 1.071, acrescentou o art. 216-A à Lei de Registros Públicos (Lei n. 6.015/73), admitindo o reconhecimento extrajudicial da usucapião. Trata-se de processo administrativo, e não de jurisdição voluntária, formulado diretamente por advogado ao Oficial de Registro de Imóveis, sem necessidade de homologação judicial ou intervenção do Ministério Público. A natureza administrativa torna a sua revisão judicial do registro sempre possível, a qualquer tempo. Não há litispendência nem coisa julgada, qualidades típicas da jurisdição. Claro que o interesse jurídico no ajuizamento direto de ação de usucapião na esfera jurisdicional independe de prévio pedido na via extrajudicial, como já decidiu o STJ (REsp n. 1.824.133/RJ, 3ª T., rel. Min. Paulo de Tarso Sanseverino, por unanimidade, j. 11.02.2020, *DJe* 14.02.2020).

Todas as modalidades de usucapião podem ser postuladas na via administrativa, que se subordina, porém, aos requisitos cumulativos do art. 216 da LRP e da expressa concordância ou o silêncio, após a notificação, de todos os titulares de direitos (reais ou não) registrados ou averbados nas matrículas do imóvel usucapiendo e dos imóveis confinantes. Lembre-se que o silêncio de qualquer das pessoas referidas anteriormente, desde que notificadas a se manifestar, faz presumir a sua concordância, de acordo com recente alteração introduzida pela Lei n. 13.465/2017. A princípio, os requeridos não podem ser incapazes na usucapião administrativa, salvo se a concordância por meio do representante legal for precedida de autorização judicial.

**Jurisprudência:** Enunciado n. 315, CEJ: O art. 1.241 do CC permite ao possuidor que figurar como réu em ação reivindicatória ou possessória formular pedido contraposto e postular ao juiz seja declarada adquirida, mediante usucapião, a propriedade imóvel, valendo a sentença como instrumento para registro imobiliário, ressalvados eventuais interesses de confinantes e terceiros.

Após a citação, é possível a mera juntada da planta e do memorial descritivo, sem a anuência do demandado, desde que não implique alteração do pedido formulado na petição inicial da ação de usucapião. (STJ, REsp n. 1.685.140/MG, 3ª T., rel. Min. Ricardo Villas Bôas Cueva, por unanimidade, j. 25.08.2020, *DJe* 31.08.2020)

No tocante ao confrontante, apesar de amplamente recomendável, a falta de citação não acarretará, por si, causa de irremediável nulidade da sentença que declara a usucapião, notadamente pela finalidade de seu chamamento – delimitar a área usucapienda, evitando, assim, eventual invasão indevida dos terrenos vizinhos – e pelo fato de seu liame no processo ser bem diverso daquele relacionado ao dos titulares do domínio, formando pluralidade subjetiva da ação especial, denominada de litisconsórcio *sui generis*. Em verdade, na espécie, tem-se uma cumulação de ações: a usucapião em face do proprietário e a delimitação contra os vizinhos, e, por conseguinte, a falta de citação de algum confinante acabará afetando a pretensão delimitatória, sem contaminar, no entanto, a de usucapião, cuja sentença subsistirá, malgrado o defeito atinente à primeira. (STJ, REsp n. 1.432.579/MG, rel. Min. Luis Felipe Salomão, j. 24.10.2017)

Usucapião. Extinção sem julgamento de mérito, em razão da alienação do imóvel pela autora, anteriormente ao ajuizamento da ação. Atualidade da posse que, todavia, não é requisito da ação de usucapião, cujo provimento jurisdicional visado é de natureza declaratória. Consumado o prazo aquisitivo, mostra-se irrelevante a oposição ou modificação da posse. Recurso provido. Sentença anulada. (TJSP, Ap. Cível n. 0004083-73.2011.8.26.0099, rel. Des. Rômolo Russo, j. 06.10.2015)

Na prescrição aquisitiva, ou usucapião, é indispensável que o postulante alegue seu direito, quer por via de ação própria, quer por exceção de domínio, nos termos da Súmula n. 237/STF, "o usucapião pode ser arguido em defesa", não sendo dado ao magistrado declará-lo de ofício mediante a invocação do art. 219, § 5º, do CPC [art. 487, parágrafo único, do CPC/2015]. (STJ, REsp n. 1.106.809/RS, rel. originário Min. Luis Felipe Salomão, rel. p/ ac. Min. Marco Buzzi, j. 03.03.2015, *DJe* 27.04.2015)

A ação de usucapião, por ter por objeto exclusivo a declaração do domínio, não autoriza a discussão sobre a regularização de reserva legal, que tem procedimento próprio e estranho à referida ação. O possuidor não é legitimado para requerer a averbação da reserva legal no Cartório de Registro de Imóveis, a teor do art. 1.241, parágrafo único, do CC. Recurso não provido. (TJMG, AC n. 1.0301.07.029779-3/001, rel. Gutemberg da Mota e Silva, j. 07.08.2012)

Trata-se de REsp em que se discute se há conexão, a justificar a distribuição por dependência dos feitos, entre as ações de usucapião e de reintegração de posse envolvendo as mesmas partes e o mesmo bem imóvel. A Turma entendeu que, sendo a usucapião forma de aquisição de propriedade pela posse prolongada no tempo, a sentença proferida no respectivo processo deve guardar a necessária coerência com aquela prolatada na ação possessória relativa ao mesmo bem imóvel ajuizada posteriormente, sob pena de emissão de decisões judiciais conflitantes relativa ao fundamento que constitui a mesma causa (remota) de pedir. Consignou-se que deve ser reconhecida a existência de conexão entre ações mesmo quando verificada a comunhão somente entre a causa de pedir remota. Assim, deu-se provimento ao recurso para reconhecer a conexão suscitada na hipótese e determinar a reunião dos feitos no juízo que recebeu a primeira ação, ou seja, a de usucapião. Precedente citado: CC n. 49.434/SP, *DJ* 20.02.2006. (STJ, REsp n. 967.815/MG, rel. Min. João Otávio de Noronha, j. 04.08.2011)

Ação de usucapião. Extinção da ação sem julgamento de mérito por indeferimento da inicial, art. 267, IV, CPC [art. 485, IV, do CPC/2015]. Composse exercida pela autora e esposo que não integrou a lide. Coisa indivisa. Litisconsórcio ativo unitário necessário. Decisão mantida. Recurso Improvido. (TJSP, AC n. 9058323-30.2009.8.26.0000, 3ª Câm. de Dir. Priv., rel. Des. Egidio Giacoia, j. 05.07.2011)

Usucapião. Não obsta o exercício da ação que reconhece o domínio pela posse (art. 1.241 do CC) o fato de o possuidor ter, anteriormente, obtido sentença (inexequível) de adjudicação compulsória. Provimento para que a ação prossiga. (TJSP, Ap. n. 994093229250 (6728114200), 4ª Câm. de Dir. Priv., rel. Des. Enio Zuliani, j. 11.03.2010)

Ajuizada ação de usucapião especial urbano posteriormente e contra aquele que já havia deduzido em juízo sua pretensão de reintegração de posse, suspendeu-se este último processo, por prejudicialidade externa, com fundamento no art. 265, IV, *a*, CPC [art. 313, V, *a*, do CPC/2015]. Não há prejudicialidade externa que justifique a suspensão da possessória até que se julgue a usucapião. A posse não depende da propriedade e, por conseguinte, a tutela da posse pode se dar mesmo contra a propriedade. (STJ, REsp n. 866.249/SP, rel. Min. Nancy Andrighi, j. 17.04.2008)

Usucapião. Urbano. Requisitos. Art. 183 da CR. Autora que, embora tenha cumprido o prazo usucapional, não reside no imóvel atualmente, porque o alugou. Irrelevância. Presunção de boa-fé. Eventual sentença que será apenas declaratória, com efeitos *ex tunc*. Lei fundamental que não pretendeu evitar que os beneficiários, após a aquisição por usucapião, comprassem outro imóvel. Extinção do processo afastada. Recurso provido a fim de que seja proferida nova decisão, com abordagem da questão de fundo. (TJSP, Ap. Cível n. 123.441-4/4, 1ª Câm. de Dir. Priv., rel. Elliot Akel, j. 28.05.2002)

Partilha. Divórcio. Bem imóvel. Lapso prescricional aquisitivo alcançado antes do casamento, celebrado pelo regime de comunhão parcial. Ajuizamento de ação de usucapião pelo casal, julgada procedente. Irrelevância. Natureza da sentença apenas declaratória, e não constitutiva. Incomunicabilidade. Inexistência de ofensa à coisa julgada. Embargos rejeitados (TJSP, rel. Guimarães e Souza, j. 09.09.1997). (*Lex-TJSP* 208/232, 1998)

Sentença declaratória de usucapião. Autores beneficiários de justiça gratuita, a qual se estende ao ato de registro da sentença no Cartório de Registro de Imóveis (art. 5°, LXXIV, da CR, e art. 3°, II, da Lei n. 1.060/50). Provimento à apelação (TJSP, Ap. Cível n. 235.973-1, rel. Lino Machado, j. 18.06.1996). (*Lex-TJSP* 188/118, 1997)

Embargos infringentes. Reivindicatória. Acórdão que manteve juízo de carência. Admissibilidade. Hipótese em que a propositura da reivindicatória é viável sem prova prévia do domínio dos reivindicantes porque alegam usucapião. Carência afastada. Embargos recebidos para esse fim (TJSP, Emb. Infring. n. 206.026-1, rel. Walter Moraes, j. 05.12.1995). (*Lex-TJSP* 228/241, 2000; na mesma revista e local encontra-se o acórdão embargado, no qual se discute se o usucapiente pode antes da sentença e do registro ajuizar ação reivindicatória, com esplêndida fundamentação)

Registro de imóveis. Dúvida. Registro de sentença declaratória de usucapião sobre imóvel objeto de condomínio. Admissibilidade. Ausência de prejuízo a outros condôminos ou à mantença do condomínio. Usucapião que é forma originária de aquisição. Desvinculação a registro anterior. Inocorrência do alegado risco de matrícula dupla sobre o imóvel. Título apto ao sistema registrário. Dúvida improcedente. Recurso provido. A sentença declaratória de domínio em favor daquele que figura como *dominus* não é mera redundância ou superfetação, tendo como consequência a divisão parcial ou a extinção do condomínio, ao menos quanto ao quinhão do condômino. Da mesma forma, pode-se pretender extensão a quinhão de outro ou outros condôminos. (TJSP, Ap. Cível n. 21.349-0/Olímpia, Conselho Superior de Magistratura, rel. Alves Braga, j. 20.02.1995, v.u.)

Usucapião. Ordinário. Ajuizamento por adquirente de área, impossibilitado de registrar a escritura, em face da imprecisão na identificação do imóvel. Interesse de agir ocorrente. Extinção do processo afastada. Recurso provido (TJSP, Ap. Cível n. 138.130-1, rel. Matheus Fontes, j. 06.06.1991). (*Lex-TJSP* 134/263, 1992)

**Art. 1.242. Adquire também a propriedade do imóvel aquele que, contínua e incontestadamente, com justo título e boa-fé, o possuir por dez anos.**

**Parágrafo único. Será de cinco anos o prazo previsto neste artigo se o imóvel houver sido adquirido, onerosamente, com base no registro constante do respectivo cartório, cancelada posteriormente, desde que os possuidores nele tiverem estabelecido a sua moradia, ou realizado investimentos de interesse social e econômico.**

Trata o artigo em questão da usucapião ordinária, cuja posse, além dos requisitos já mencionados nos comentários ao art. 1.238 do CC – continuidade, pacificidade e *animus domini* –, exige dois outros suplementares: justo título e boa-fé. Natural a aposição de dois novos requisitos. O prazo menor da posse exige, em contrapartida, que seja esta mais qualificada.

Em relação ao CC revogado, não mais persiste a questão da duplicidade de prazos da posse, de dez anos entre presentes – moradores do mesmo município – e quinze anos entre ausentes – os que habitam município diverso. Foi agora o prazo unificado em dez anos, para qualquer das hipóteses. Remanesce a questão de direito intertemporal dos casos de usucapião ordinário nos quais parte ou a totalidade do prazo tenha ocorrido entre ausentes na vigência do Código revogado. Pode ser aplicado de imediato o prazo de dez anos, aproveitando-se o período de posse anterior ao atual CC? Remete-se o leitor ao que se disse anteriormente, na parte final do comentário ao art. 1.238, quando se tratou da interpretação do art. 2.028 do CC, no caso de redução de prazos de prescrição extintiva e aquisitiva.

Justo título é aquele potencialmente hábil para a transferência da propriedade ou de outros direitos reais, que, porém, deixa de fazê-lo, por padecer de um vício de natureza substancial ou de natureza formal. O título pode se consubstanciar nos mais diversos negócios jurídicos aptos à transmissão de direitos reais, como a venda e compra, a doação, a dação em pagamento, a arrematação, a adjudicação, entre outros. Em tese, seria tal título suficiente, caso levado ao registro, para a transmissão do direito real. Ocorre, porém, que o título sofre de um vício, quer substancial, quer formal. Tomem-se como exemplos de vícios substanciais a aquisição *a non domino*, os negócios jurídicos nulos e os anuláveis. E como exemplos de vícios formais, o compromisso de venda e compra de um lote, sem prévio parcelamento do solo, ou de títulos em geral que não conseguem ingressar no registro, por ofender os princípios da especialidade ou da continuidade registrárias. O Enunciado n. 86 do CEJ é no mesmo sentido: "A expressão justo título, contida nos arts. 1.242 e 1.260 do CC, abrange todo e qualquer ato jurídico hábil, em tese, a transferir a propriedade, independentemente do registro".

O termo *justo título* tem duas acepções no CC. No art. 1.201, parágrafo único, significa uma causa que justifique, que explique a posse. No art. 1.242 tem sentido mais estrito, de título hábil em tese para a transferência da propriedade e de outros direitos reais.

Para efeito do artigo em exame, deve o justo título emanar do titular efetivo ou aparente do direito real que se pretende transferir, podendo ser levado, ou não, ao registro imobiliário. Basta que haja negócio jurídico abstratamente apto a transferir o domínio ou os direitos reais.

Entre os títulos hábeis, destaca-se por sua frequência o compromisso de venda e compra e respectiva cessão de direitos, por instrumento público ou particular, levado ou não ao registro imobiliário, desde que o preço se encontre pago. É título hábil à transferência da propriedade, tanto que se qualifica como direito real de aquisição e dá direito à adjudicação compulsória. Gera ao compromissário comprador mais do que simples posse direta, uma vez que a propriedade remanesce com o promitente vendedor como mera garantia do recebimento do preço. Note-se que o termo inicial de contagem do prazo, pago o preço, retroage à data da imissão do compromissário comprador na posse do imóvel.

Exige, ainda, o artigo em exame o requisito cumulativo da boa-fé do possuidor, qualidade que deve existir não só no momento da aquisição, como persistir durante todo o prazo necessário à consumação da usucapião. Como já visto no comentário ao art. 1.201 do CC, cuida-se da boa-fé subjetiva, consistente no desconhecimento do vício que afeta a posse. O justo título faz presumir a boa-fé, mas os dois requisitos não se confundem. Pode haver justo título sem boa-fé, como no caso em que o possuidor, em determinado momento, toma conhecimento do vício que afeta o título e o torna impróprio para a transferência da propriedade. Pode haver também boa-fé sem justo título, como no caso do possuidor que acredita na força translativa de um negócio entabulado com quem não é proprietário nem real e nem aparente da coisa.

Finalmente, o parágrafo único do art. 1.242 do CC reduz para cinco anos o prazo da usucapião ordinária, desde que se revista a posse de qualidades adicionais, especiais e cumulativas: tratar-se de posse-trabalho, qualificada socialmente pelo estabelecimento de moradia ou realização de investimentos de interesse social e econômico somados a um justo título especial, consistente na aquisição onerosa do imóvel, levada a registro, com posterior cancelamento deste.

No que se refere à posse-trabalho, confere o legislador ao possuidor uma alternativa: ou estabelece no imóvel sua moradia, ou realiza investimentos de interesse social e econômico. Qualquer um dos requisitos deve persistir por todo o período aquisitivo. Note-se que o investimento deve não apenas revestir-se de caráter econômico, como deve cumulativamente atender o interesse social.

No que tange ao justo título, o legislador o limita àqueles de aquisição onerosa, descartando, portanto, as doações, as heranças e legados. Exige, mais, que a aparência de autenticidade do título seja tal que supere ele o exame qualificador do oficial, ingressando no registro imobiliário. Alude o preceito a posterior cancelamento, que pode ocorrer tanto por vício substancial como formal do título, abrangendo casos de anulabilidade, nulidade e, até mesmo, de inexistência, em razão de falso consentimento do alienante, assim como por vícios do próprio mecanismo do registro (art. 214 da LRP).

Óbvio, embora não diga o preceito, que também o título viciado, mas cujo registro ainda não foi cancelado, valha como justo para a usucapião ordinária com prazo de cinco anos. É o que a doutrina denomina usucapião tabular, que serve não para a aquisição do domínio, mas para sanar os vícios originais de aquisição a título derivado. Pode, por exemplo, se alegar exceção de usucapião em demanda que tenha por objeto a anulação, nulidade ou mesmo declaração de inexistência do negócio que deu origem ao registro.

Embora haja controvérsia sobre o tema, não há necessidade de o registro inválido permanecer aparente por cinco anos. O que exige a lei é que a posse dure cinco anos e que o título aquisitivo oneroso tenha ingressado no registro em algum momento, ainda que seu cancelamento se dê antes do quinquênio.

Finalmente, no que se refere à questão de direito intertemporal de redução do prazo, remete-se o leitor ao comentário do parágrafo único do art. 1.238 do CC, que aqui se aplica inteiramente.

**Jurisprudência:** Enunciado n. 569, CEJ: No caso do art. 1.242, parágrafo único, a usucapião, como matéria de defesa, prescinde do ajuizamento da ação de usucapião, visto que, nessa hipótese, o usucapiente já é o titular do imóvel no registro.

Enunciado n. 302, CEJ: Pode ser considerado justo título para a posse de boa-fé o ato jurídico capaz de transmitir a posse *ad usucapionem*, observado o disposto no art. 113 do CC.

Apelação cível. Ação de usucapião. Promessa de compra e venda. Justo título e boa-fé. Usucapião "tabular". Estabelecimento de moradia. Função social da propriedade. Posse não contestada. Redução do prazo. Art. 1.242, parágrafo único, do CC. Atribui-se a propriedade pelo usucapião nos termos do art. 1.242, parágrafo único, do CC, se comprovada a existência de justo título e boa-fé, bem como a destinação do imóvel para moradia ou realização de investimentos de interesse social e econômico e, ainda, o decurso do prazo reduzido de cinco anos a despeito da inexistência de cancelamento de registro anterior. (TJMG, AC n. 1.0145.07.402445-9/001, rel. Estevão Lucchesi, j. 08.08.2012)

O instrumento de promessa de compra e venda insere-se na categoria de justo título apto a ensejar a declaração de usucapião ordinária. Tal entendimento agarra-se no valor que o próprio Tribunal – e, de resto, a legislação civil – está conferindo à promessa de compra e venda. Se a jurisprudência tem conferido ao promitente comprador o direito à adjudicação compulsória do imóvel independentemente de registro (Súmula n. 239) e, quando registrado, o compromisso de compra e venda foi erigido à seleta categoria de direito real pelo CC/2002 (art. 1.225, VII), nada mais lógico do que considerá-lo também como "justo título" apto a ensejar a aquisição da propriedade por usucapião. (STJ, REsp n. 941.464/SC, rel. Min. Luis Felipe Salomão, j. 24.04.2012)

Entende-se por justo título, o documento hábil, em tese, à transferência do domínio. Na hipótese, houve simples cessão de direitos de posse sobre o imóvel, a qual jamais seria suficiente à aquisição da propriedade. Não implementado o requisito, inviável o reconhecimento da propriedade originária na forma como postulada. Impossibilidade de se receber a ação de usucapião ordinária, fundamentada no art. 1.242 do CCB, como extraordinária. Sentença confirmada. Negaram provimento. Unânime. (TJRS, Ap. Cível n. 70.029.452.190, 18ª Câm. Cível, rel. Nelson José Gonzaga, j. 02.09.2010)

A jurisprudência do STJ reconhece como justo título, hábil a demonstrar a posse, o instrumento particular de compromisso de venda e compra. O bem de família, sobrevindo mudança ou abandono, é suscetível de usucapião. (STJ, REsp n. 174.108/SP, rel. Min. Barros Monteiro, j. 15.09.2005)

Usucapião ordinária. Justo título e sucessão possessória. Via pública. Julga-se procedente a ação de usucapião, em caráter ordinário ou extraordinário, quando comprovados os requisitos comuns às respectivas espécies de usucapião, o exercício de posse vintenária, mansa, pacífica, com ânimo de dono, de boa-fé e com justo título, considerando-se assim a escritura pública não registrada e o instrumento particular de partilha amigável, homologado em juízo, conforme arrolamento de bens do *de cujus*. A alegação, por si só, da existência de via pública no imóvel usucapiendo, não suficientemente esclarecida, não é óbice à procedência da ação de usucapião, e isso sem prejuízo da solução cabível, se necessária, em ação própria. (TJRS, Ap. Cível n. 70.010.469.658, 20ª Câm. Cível, rel. Des. Carlos Cini Marchionatti, j. 23.02.2005)

Ainda que não passível de registro, a jurisprudência do STJ reconhece como justo título hábil a demonstrar a posse o instrumento particular de compromisso de compra e venda. Aplicação da orientação preconizada na Súmula n. 84. II – Se somadas as posses da vendedora com a dos adquirentes e atuais possuidores é atingido lapso superior ao necessário à prescrição aquisitiva do imóvel, improcede a ação reivindicatória do proprietário ajuizada tardiamente. (STJ, REsp n. 171.204/GO, rel. Min. Aldir Passarinho Júnior, j. 26.06.2003)

Usucapião ordinário. Promessa de compra e venda. Justo título. Conceito. Tendo direito a aquisição do imóvel, o promitente comprador pode exigir do promitente vendedor que lhe outorgue a escritura definitiva de compra e venda, bem como pode requerer ao juiz a adjudicação do imóvel. Segundo a jurisprudência do STJ, não são necessários o registro e o instrumento público, seja para o fim da Súmula n. 84, seja para que se requeira a adjudicação. Podendo dispor de tal eficácia, a promessa de compra e venda, gerando direito a adjudicação, gera direito a aquisição por usucapião ordinário. Inocorrência de ofensa ao art. 551 do CC. Recurso conhecido pela alínea *c*, mas não provido. (STJ, REsp n. 32.972/SP, rel. Min. Cláudio Santos, j. 19.03.1996)

**Art. 1.243. O possuidor pode, para o fim de contar o tempo exigido pelos artigos antecedentes, acrescentar à sua posse a dos seus antecessores (art. 1.207), contanto que todas sejam contínuas, pacíficas e, nos casos do art. 1.242, com justo título e de boa-fé.**

O artigo disciplina as figuras da *accessio* e da *sucessio possessionis*, fazendo expressa remissão ao art. 1.207 do atual CC, anteriormente comentado. Permite que o possuidor, para perfazer o tempo necessário à consumação da usucapião, some à posse própria a posse de seus antecessores, quer a transmissão se dê a título *inter vivos*, quer se dê a título *causa mortis*. Remete-se o leitor ao comentário ao art. 1.207, para correto entendimento do que se entende por aquisição a título universal e a título singular, e sua interação com as figuras da *accessio* e da *sucessio possessioni*.

Na *sucessio possessionis* a transmissão se opera *ex lege*. A posse é una, de modo que não pode o possuidor atual descartar a posse do transmitente, porque maculada por vícios que não lhe convêm. Em termos diversos, não pode o sucessor inaugurar um novo período possessório, desprezando a posse de seu antecessor. Se a posse do falecido era *ad usucapionem*, tanto melhor para o herdeiro, que poderá aproveitar o período anterior para completar o prazo exigido em lei. Se, porém, a posse era viciada, contamina automaticamente a posse do sucessor, ainda que este esteja de boa-fé, pois o que se transmite é o direito de continuar a posse do autor da herança. Como diz Benedito Silvério Ribeiro, "o tempo do herdeiro carrega os vícios e virtudes da posse do morto" (*Tratado de usucapião*, 3. ed. São Paulo, Saraiva, 2003, p. 749).

Note-se apenas que não pode um herdeiro, isoladamente, aproveitar o período de posse do autor da herança para completar o lapso temporal da usucapião em detrimento dos demais herdeiros. Em termos diversos, o tempo de posse do falecido deve beneficiar indistintamente a todos seus herdeiros. A ação de usucapião deve ser requerida em litisconsórcio necessário por todos os herdeiros ou pelo espólio, sendo que, neste último caso, o imóvel será levado posteriormente à partilha no inventário. Caso deseje um herdeiro usucapir isoladamente o imóvel, o termo inicial de sua posse exclusiva somente pode ser contado a partir da morte do antecessor comum.

Na *accessio possessionis* o adquirente recebe nova posse, podendo juntá-la ou não à posse anterior. Cuida-se de mera faculdade do possuidor, que pode ou não acrescer o tempo do antecessor, levando em conta suas qualidades e vícios. A situação é diversa da *sucessio possessionis* e exige três requisitos: continuidade, homogeneidade e vínculo jurídico. As posses a serem somadas devem ser contínuas, sem interrupção ou solução; devem ser homogêneas, terem as mesmas qualidades, para gerar os efeitos positivos almejados. Deve haver, finalmente, um vínculo jurídico entre o possuidor atual e o anterior. Esse vínculo pode revestir-se de várias modalidades, por exemplo, um negócio jurídico ou uma arrematação em hasta pública.

Quanto à forma do negócio jurídico que envolve *accessio possessionis*, há certa controvérsia sobre o tema, mas como não está a posse no rol do art. 1.225 do CC, não se caracteriza como direito real. É um instituto *sui generis*, um exercício de fato de poderes semelhantes aos do proprietário, que gera efeitos jurídicos. Consequência disso é a possibilidade de se afastar a incidência do art. 108 do CC, que diz ser a escritura pública requisito de validade para a alienação de bens imóveis acima da taxa legal. Não há requisito formal para a transmissão da posse, que, assim, pode ser verbal, desde que provada de modo concludente, consoante admitem recentes precedentes de nossos tribunais (*RT* 658/174 e 731/225, *RJTJSP* 155/134).

O art. 1.243 exige a homogeneidade das posses, para o fim de aproveitamento para o tempo da usucapião, dizendo que as posses devem ser contínuas e pacíficas. Embora não diga o legislador, está implícito que também a posse do antecessor deve ser *animus domini*, pois não se cogita de aproveitamento de anterior posse subordinada, como a do locatário, ou do comodatário, para consumação do lapso temporal. A inovação do preceito, de resto lógica, está na exigência de justo título e boa-fé da posse do antecessor, para aproveitamento na usucapião ordinária.

A maior dúvida está no alcance do art. 1.243. Inicia o preceito dispondo que "para o fim de contar o tempo exigido pelos artigos antecedentes" admite-se a soma das posses, sem qualquer ressalva quanto às modalidades de usucapião. As usucapiões especiais urbana e rural, todavia, exigem posse pessoal do usucapiente. O art. 1.239 exige que o possuidor torne a gleba "produtiva com o seu trabalho, ou de sua família, tendo nela sua moradia". O art. 1.240 exige posse sobre área urbana, "utilizando-a para sua moradia ou de sua família". Vê-se, portanto, que ambas as modalidades, por sua própria natureza social, exigem atividade pessoal do possuidor, que não pode aproveitar o tempo de moradia alheia nem o trabalho de outrem para tornar a gleba produtiva. A pessoalidade da posse mostra-se incompatível com a *accessio possessionis*, como já reconheciam nossos tribunais antes do advento do CC/2002 (*RJTJESP* 189/176, rel. Des. J. Roberto Bedran; *RJTJESP* 146/202, rel. Des. Silvério Ribeiro).

Lê-se, portanto, a expressão *artigos antecedentes* como referência àquelas modalidades de usucapião compatíveis com a acessão da posse (ordinária e extraordinária). A exceção a essa regra está no § 1º do art. 10 do Estatuto da Cidade (Lei n. 10.257/2001), que, dado o escopo de reurbanização de áreas degradadas, com nítida função promocional, admite a *accessio possessiones* na usucapião coletiva. Cabe lembrar a inocorrência de qualquer limitação quanto à incidência da *sucessio possessionis* em todas as modalidades de usucapião, inclusive as especiais, pois, como já dito, trata-se da mesma posse transmitida *ex lege* ao herdeiro.

**Jurisprudência:** Enunciado n. 317, CEJ: A *accessio possessionis* de que trata o art. 1.243, primeira parte, do CC não encontra aplicabilidade relativamente aos arts. 1.239 e 1.240 do mesmo diploma legal, em face da normatividade do usucapião constitucional urbano e rural, arts. 183 e 191, respectivamente.

Apelação cível. Usucapião ordinária. Cessão de direitos hereditários de posse sobre fração ideal de imóvel localizado em área maior, de propriedade do *de cujus*. Prescrição aquisitiva fundada na soma das posses dos herdeiros e do cessionário. Processo extinto, sem resolução de mérito, por indeferimento da inicial, sob fundamento de que são posses de natureza diversas. Irresignação. Cabimento. Possibilidade de *accessio possessionis* que depende da observância de três requisitos: continuidade, homogeneidade e vínculo jurídico, preenchidos no caso. Sucessão hereditária que transmite a posse pelo princípio da *saisine*. Perfeita subsunção do caso ao disposto no art. 1.243, do CC, que autoriza o cômputo da posse exercida entre os possuidores do bem. Extinção afastada, com determinação de retorno dos autos à origem, para regular prosseguimento. Recurso provido. (TJSP, Ap. Cível n. 1002001-80.2022.8.26.0450/ Piracaia, 6ª Câm. de Dir. Priv., rel. Rodolfo Pellizari, j. 12.04.2024, publ. 12.04.2024)

Se, por uma cadeia de contratos, foram sendo cedidos os direitos hereditários sobre determinada área de terra rural e, ao longo do tempo, foi sobre ela exercida a posse ininterrupta, mansa e pacífica, sem nenhuma oposição, é possível acrescer esse tempo ao do atual posseiro para fins de aferição do decurso do lapso prescricional aquisitivo. (STJ, REsp n. 1.279.204/MG, rel. Min. João Otávio de Noronha, j. 03.11.2015)

Ação de usucapião ordinária. Direitos de posse arrematados em hasta pública. Pretensão de somar as posses (art. 1.243 do CC). Ação julgada improcedente. Inconformismo dos autores. Cabimento. A aquisição dos direitos de posse por arrematação não obsta a acessão de posses para perfazer o lapso temporal necessário à aquisição do domínio. Existente o vínculo jurídico, bem como as mesmas características da posse dos antecessores. Reforma da sentença. Apelo provido. (TJSP, Ap. n. 0004362-91.2006.8.26.0145/Conchas, 7ª Câm. de Dir. Priv., rel. Ramon Mateo Júnior, *DJe* 14.02.2014, p. 1.391)

Usucapião. Só é possível a soma da posse com a do antecessor se esta dispõe dos requisitos para a aquisição do domínio. Apelo provido. (TJRS, Ap. Cível n. 195.182.456, 8ª Câm. Cível, rel. Maria Berenice Dias, j. 05.03.1996)

Usucapião. Extraordinário. Aquisição de direitos possessórios. Prescrição aquisitiva. Soma da posse do antecessor. Admissibilidade. Posse *animus domini*, mansa, pacífica e contínua por mais de trinta anos. Direitos de fruição e de disponibilidade do imóvel por tempo suficiente à consumação do usucapião. Ação procedente. Recurso não provido. (TJSP, *JTJ* 229/192)

**Art. 1.244. Estende-se ao possuidor o disposto quanto ao devedor acerca das causas que obstam, suspendem ou interrompem a prescrição, as quais também se aplicam à usucapião.**

O artigo em exame não alterou, em sua substância, o que continha o art. 553 do CC/1916. A mudança foi apenas de redação. Determina o preceito que as causas que obstam, suspendem ou interrompem os prazos de prescrição extintiva produzem iguais efeitos nos prazos de posse *ad usucapionem*, também chamado pela doutrina de prescrição aquisitiva.

As aludidas causas se encontram previstas nos arts. 197 a 201 (impeditivas e suspensivas) e 202 a 204 (interruptivas). As causas obstativas ou impeditivas são aquelas que tolhem o início da prescrição, não permitindo passar a fluir seu termo inicial. As causas suspensivas são aquelas posteriores, supervenientes ao termo inicial da prescrição e a paralisam enquanto perduram. As causas interruptivas são aquelas que determinam a cessação da prescrição em curso e, quando desaparecem, acarretam a perda total do prazo já decorrido, de modo que o prazo recomeça a fluir de seu início.

No que se refere às causas obstativas e suspensivas, que contemplam os mesmos casos, na forma dos arts. 197 e 198 do CC, não correm a prescrição e o prazo da usucapião, de modo recíproco, entre cônjuges na constância da sociedade conjugal e, acrescente-se, entre companheiros durante a união estável, entre ascendentes e descendentes durante o poder familiar, entre curadores e curatelados, entre tutores e pupilos, durante a curatela ou tutela. Também não corre contra os absolutamente incapazes, contra os ausentes do Brasil, em serviço público da União, dos estados ou dos municípios e contra os que se acharem servindo nas Forças Armadas, em tempo de guerra. Entendimento recente do STJ admitiu a usucapião entre cônjuges separados de fato.

No que se refere ao casamento e união estável, relevante precedente do STJ, transcrito à frente, assentou que após a separação de fato duradoura do casal ou do divórcio, ainda que inexista partilha dos bens comuns, desaparece a comunhão, que se converte em condomínio, passando a fluir a partir daí o prazo da prescrição aquisitiva, desde que presente os demais requisitos da usucapião.

Há controvérsia quanto à compatibilidade das causas suspensivas mencionadas nos arts. 199 e 200 do CC e a suspensão do prazo da usucapião. Alguns casos, porém, mostram-se viáveis. Assim, enquanto pende condição suspensiva, ou antes do vencimento do prazo, em compromisso de venda e compra, ou compra e venda com pagamento do preço diferido no tempo, não se inicia a posse útil para usucapião. De igual modo, enquanto pende ação de evicção, não flui o prazo da usucapião, se o possuidor é o réu em tal demanda. Já o art. 200 do CC é de difícil incidência na usucapião, pois a posse não se origina de fato que deva ser apurado na esfera criminal. Mesmo os estigmas da violência e da clandestinidade, que podem originar ações penais de esbulho possessório e furto, enquanto perduram, impedem o nascimento da posse, degradando-a para mera detenção, nos exatos termos do art. 1.208 do CC.

O art. 202 do CC elenca seis causas interruptivas da prescrição, que constituem *numerus clausus* e inutilizam o prazo anteriormente decorrido. O inciso I trata do despacho do juiz, mesmo incompetente, que ordenar a citação, desde que o interessado a promova no prazo e na forma da lei processual. Não basta citação qualquer feita ao devedor, mas aquela determinada em demanda relacionada à retomada da coisa pelo interessado, contra o possuidor. Mais ainda, não poderá a citação ostentar vício de forma e a ação, ao final, deverá ser julgada procedente, pois não leva à interrupção a ação julgada improcedente, ou extinta sem julgamento do mérito. O inciso II trata do protesto judicial interruptivo da prescrição, com referência expressa ao fim colimado, não bastando qualquer notificação ou interpelação para ressalva de direitos. Já os incisos III a V, que tratam do protesto cambial, apresentação de títulos de crédito em juízo e constituição do devedor em mora não se aplicam à usucapião, em razão de sua incompatibilidade com o instituto. Finalmente, o inciso VI trata de ato de reconhecimento inequívoco de direito do titular do domínio, feito pelo possuidor. O comportamento expresso ou tácito, desde que inequívoco, é do próprio possuidor, que reconhece a supremacia do direito alheio sobre a coisa.

Não custa lembrar que a prescrição interrompida recomeça a correr da data do ato que a interrompeu, e somente poderá ocorrer uma vez. Óbvio, porém, eventual protesto interruptivo não impedir que a citação na ação reivindicatória obste novamente o prazo prescricional, por se tratar do próprio exercício da pretensão de retomada da coisa.

As causas determinantes do impedimento, suspensão e interrupção da prescrição somente aproveitam os demais titulares do domínio se a obrigação for indivisível. No caso da prescrição aquisitiva, inviável usucapir-se parte ideal da coisa, salvo na hipótese específica de posses localizadas, de modo que a causa suspensiva que suspende a prescrição em relação a um dos proprietários – por exemplo, incapacidade – aos demais se estende. De igual modo, a citação ou o protesto feitos a um dos possuidores interrompe a posse dos demais, ressalvada a hipótese de existência de posses localizadas.

Não se aplica à usucapião a regra do art. 219, § 5º, do CPC/73 (art. 487, parágrafo único, do CPC/2015), que permite ao juiz conhecer de ofício da prescrição, independentemente de provocação da parte. O preceito deve ser lido de modo sistemático com o art. 220 do mesmo Código (art. 240, § 4º, do CPC/2015), que explicita que a regra somente se aplica aos prazos extintivos e, portanto, não aos prazos aquisitivos. Recente precedente do STJ adotou corretamente tal entendimento.

**Jurisprudência:** Registro de imóveis. Usucapião extrajudicial. Rejeição do pedido pelo oficial de registro de imóveis. Dúvida inversa julgada procedente. Titular do domínio interditado antes da vigência do atual Estatuto da Pessoa com Deficiência. Incapacidade absoluta decretada em processo judicial que não pode ser revista na via administrativa. Entendimento jurisprudencial no sentido de que não flui o prazo da prescrição aquisitiva contra interditado antes da entrada em vigor da Lei n. 13.146/2015. Reconhecimento da usucapião deve ser induvidoso. Apelação não provida. (TJSP, Ap. Cível n. 0009113-66.2023.8.26.0100/SP, Conselho Superior da Magistratura, rel. Fernando Torres Garcia (Corregedor Geral), j. 05.12.2023, publ. 11.12.2023)

Dissolvida a sociedade conjugal, o bem imóvel comum do casal rege-se pelas regras relativas ao condomínio, ainda que não realizada a partilha de bens, possuindo legitimidade para usucapir em nome próprio o condômino que exerça a posse por si mesmo, sem nenhuma oposição dos demais coproprietários. (STJ, REsp n. 1.840.561/SP, 3ª T., rel. Min. Marco Aurélio Bellizze, por unanimidade, j. 03.05.2022, *DJe* 17.05.2022)

A causa impeditiva de fluência do prazo prescricional prevista no art. 197, I, do CC/2002, conquanto topologicamente inserida no capítulo da prescrição extintiva, também se aplica às prescrições aquisitivas, na forma do art. 1.244 do CC/2002. A constância da sociedade conjugal, exigida para a incidência da causa impeditiva da prescrição extintiva ou aquisitiva (art. 197, I, do CC/2002), cessará não apenas nas hipóteses de divórcio ou de separação judicial, mas também na hipótese de separação de fato por longo período, tendo em vista que igualmente não subsistem, nessa hipótese, as razões de ordem moral que justificam a existência da referida norma. Precedente. (STJ, REsp n. 1.693.732/MG, rel. Min. Nancy Andrighi, j. 11.05.2020)

O bem imóvel, ocupado por quem tem expectativa de adquiri-lo por meio da usucapião, passa a compor um só patrimônio afetado na decretação da falência, correspondente à massa falida objetiva. Assim, o curso da prescrição aquisitiva da propriedade de bem que compõe a massa falida é interrompido com a decretação da falência, pois o possuidor (seja ele o falido ou terceiros) perde a posse pela incursão do Estado na sua esfera jurídica. 6 – A suspensão do curso da prescrição a que alude o art. 47 do DL n. 7.661/45 cinge-se às obrigações de responsabilidade do falido para com seus credores, e não interfere na prescrição aquisitiva da propriedade por usucapião, a qual é interrompida na hora em que decretada a falência devido à formação da massa falida objetiva. (STJ, REsp n. 1.680.357/RJ, rel. Min. Nancy Andrighi, j. 10.10.2017)

Na prescrição aquisitiva, ou usucapião, é indispensável que o postulante alegue seu direito, quer por via de ação própria, quer por exceção de domínio, nos termos da Súmula n. 237/STF, "o usucapião pode ser arguido em defesa", não sendo dado ao magistrado declará-lo de ofício mediante a invocação do art. 219, § 5º, do CPC [art. 487, parágrafo único, do CPC/2015]. (STJ, REsp n. 1.106.809/RS, rel. originário Min. Luis Felipe Salomão, rel. p/ ac. Min. Marco Buzzi, j. 03.03.2015, *DJe* 27.04.2015)

A ação discriminatória ajuizada pelo Estado de São Paulo não tem o condão de interromper o lapso temporal da prescrição aquisitiva, porquanto seu escopo é a especificação de terras devolutas, sem gerar efeitos em relação a terceiros particulares, como já decidiu esta Corte no REsp n. 205.969/SP. (STJ, REsp n. 241.814/SP, 4ª T., rel. Min. Luis Felipe Salomão, j. 09.12.2008)

I – A contestação na ação de usucapião não pode ser erigida à oposição prevista em lei, não tendo o condão de interromper, só por si, o prazo da prescrição aquisitiva. II – Comprovada a posse desde o ano de 1947, sem que fosse intentada qualquer medida judicial ou extrajudicial para desalojar os possuidores, é de ser reconhecido o direito ao usucapião pretendido (STJ, REsp n. 234.240/SC, rel. Min. Antônio de Pádua Ribeiro, j. 02.12.2004). (*RSTJ* 197/260)

Uma vez julgada improcedente a ação possessória, a citação não tem efeito interruptivo da prescrição aquisitiva. Notificação judicial ou protesto para interromper a prescrição aquisitiva deve ter fim específico e declarado. (STJ, REsp n. 149.186/RS, 4ª T., rel. Min. Fernando Gonçalves, j. 04.11.2003)

Usucapião extraordinário. Prescrição aquisitiva. Requisito temporal não satisfeito. Período considerado pelos autores que abrange o interregno em que um dos proprietários dos lotes usucapiendos era menor impúbere. Incapacidade absoluta da antecessora da requerida que obstava a contagem do prazo prescricional aquisitivo. Interrupção que aproveita aos demais coproprietários. Arts. 169, I, *c*, e 553, ambos do CC. Irrelevância do fato de os antecessores não terem exercido a posse. Requeridos que se defendem com fundamento no domínio. Ação improcedente. Recurso não provido. (TJSP, Ap. Cível n. 121.884-4, 1ª Câm. de Dir. Priv., rel. Elliot Akel, j. 09.04.2002)

Para reputar-se interrompida a prescrição aquisitiva com a citação, é de rigor que a ação proposta, de modo direto ou virtual, vise à defesa do direito material sujeito à prescrição (STJ, Ação Resc. n. 386/SP, rel. Min. Barros Monteiro, j. 12.09.2001). (*RSTJ* 157/233)

Usucapião. Herança jacente. O bem integrante de herança jacente só é devolvido ao Estado com a sentença de declaração da vacância, podendo, até ali, ser possuído *ad usucapionem*. Precedentes (STJ, REsp n. 253.719/RJ, rel. Min. Ruy Rosado de Aguiar, j. 26.09.2000). (*RT* 787/207)

A ação discriminatória não interfere nas relações entre particulares, vez que se destina a especificar terras devolutas. Não configura a oposição, mencionada no art. 550 do CC, capaz de interromper o fluxo do prazo de usucapião. (STJ, REsp n. 205.969/SP, rel. Min. Eduardo Ribeiro, j. 17.02.2000)

Civil. Usucapião. Citação do possuidor em ação possessória. A ação possessória julgada improcedente não interrompe o prazo para a aquisição da propriedade pelo usucapião. (STJ, REsp n. 10.385/PR, rel. Min. Ari Pargendler, j. 11.05.1999)

Imissão de posse. Procedência. Arrematante, em feito falimentar de imóvel, devidamente registrado. Exceção de usucapião incabível porque inexistente fluência de prazo usucapiendo enquanto pendente arrecadação falimentar. Interrupção do prazo de prescrição aquisitiva, outrossim, pelo protesto específico no art. 172, II, do CC. Ausência de requisitos para caracterização de usucapião. Ação de reivindicação de posse procedente, exceção de usucapião improcedente. Retenção por benfeitorias úteis e necessárias referentes à parte comum. Provimento do apelo. (TJSP, Ap. Cível n. 268.959-1, 3ª Câm. de Férias "B" de Dir. Priv., rel. Alfredo Migliore, j. 30.07.1996)

Tratando-se de ação indenizatória por desapropriação indireta, o prazo prescricional de vinte anos tem início a partir da ocupação indevida do imóvel, interrompendo a sua contagem o decreto declaratório de utilidade pública, reconhecendo o domínio da área ilegitimamente ocupada. (STJ, REsp n. 33.962/SP, rel. Min. Antônio de Pádua Ribeiro, j. 06.02.1995)

Processo civil. Prescrição. Interrupção. Ação de usucapião. Ação *ex empto*. Art. 172, I e IV, CC. Recurso provido. I – A citação válida, realizada em ação cujo pedido restou a final desatendido, sob o argumento de ser a via processual eleita pelo autor imprópria ao reconhecimento do direito reclamado, tem o condão de interromper o lapso prescricional para o ajuizamento da ação própria. Hipótese que não se enquadra nas exceções previstas no art. 175, CC. II – O que releva notar, em tema de prescrição, e se o procedimento adotado pelo titular do direito subjetivo denota, de modo inequívoco e efetivo, a cessação da inércia em relação ao seu exercício. Em outras palavras, se a ação proposta, de modo direto ou virtual, visa a defesa do direito material sujeito a prescrição (STJ, REsp n. 23.751/GO, rel. Min. Sálvio de Figueiredo Teixeira, j. 15.12.1992). (*RSTJ* 51/140)

Usucapião urbano. Prescrição aquisitiva. Prazo. Interrupção. Ocorrência com a citação realizada em ação de despejo. Recurso não provido. (TJSP, *JTJ* 193/9)

## *Seção II*
## *Da Aquisição pelo Registro do Título*

**Art. 1.245. Transfere-se entre vivos a propriedade mediante o registro do título translativo no Registro de Imóveis.**

**§ 1º Enquanto não se registrar o título translativo, o alienante continua a ser havido como dono do imóvel.**

**§ 2º Enquanto não se promover, por meio de ação própria, a decretação de invalidade do registro, e o respectivo cancelamento, o adquirente continua a ser havido como dono do imóvel.**

**O caráter constitutivo do registro:** Como mencionado no comentário ao art. 1.227 do CC, ao qual se remete o leitor, o registro imobiliário é constitutivo da propriedade e demais direitos reais sobre coisa imóvel, adquiridos a título derivado e por ato entre vivos, salvo exceções expressamente previstas em lei.

Nas aquisições a título originário – tome-se como exemplo a usucapião – o registro tem efeito meramente regularizador e publicitário. De igual modo, nas aquisições a título *causa mortis* a transmissão da propriedade aos herdeiros, em razão do instituto da *saisine*, dá-se no exato momento da morte.

**Os sistemas de aquisição dos direitos reais:** Nosso sistema de aquisição da propriedade e de outros direitos reais segue a tradição do Direito romano, exigindo título mais modo, consistente em uma providência suplementar que, somada ao título, provoca a transmissão do direito real. Ao contrário do sistema francês, a propriedade sobre coisas imóveis adquiridas a título derivado não se transmite somente com o contrato *(solo consensu)*, mas, ao contrário, exige o registro do título no registro imobiliário. Até o registro, o adquirente é mero credor do alienante. O registro é que converte o título, simples gerador de crédito, em direito real.

Além disso, nosso sistema de aquisição da propriedade é causal. O registro constitui a propriedade imobiliária, mas permanece vinculado ao título que lhe deu origem. Ao contrário do sistema alemão, no qual o registro sofre processo de depuração e se torna abstrato, em nosso sistema jurídico o registro não se desliga do título. Daí se extraem as duas marcas fundamentais do registro no nosso sistema jurídico: é constitutivo da propriedade e de outros direitos reais sobre coisas imóveis adquiridas a título *inter vivos* e derivado e é causal, pois se encontra ligado ao título que lhe deu origem.

**Os princípios do registro de imóveis:** O registro indica quem, do que e de quanto se é titular sobre a coisa imóvel, até que se prove o contrário. Há necessidade, por consequência, de regular de modo minucioso e dotar o registro de mecanismos de segurança, que impeçam o ingresso de títulos que constituam direitos reais a favor de falsos titulares, ou de direitos de qualidade ou quantidade distintas da realidade.

A LRP (Lei n. 6.015/73) regulamenta minuciosamente o registro de imóveis (arts. 167 a 288-G). Funda-se a Lei n. 6.015/73 no cadastramento do imóvel em matrículas, que contêm sua descrição e características. Nas matrículas são feitos, em ordem cronológica, registros e averbações (art. 167 da Lei n. 6.015/73).

Os mecanismos de segurança e de controle de ingresso dos títulos no registro imobiliário se dão mediante diversos princípios registrários: inscrição, fé pública ou presunção relativa, publicidade, continuidade, legalidade, prioridade e especialidade.

O princípio da inscrição está positivado no *caput* e no § 1º do artigo em exame. Traduz o caráter constitutivo do registro imobiliário, ou seja, a transmissão e a constituição de direitos reais sobre imóveis por ato entre vivos e derivado somente se dão com o registro, salvo exceções legais, como o casamento pelo regime da comunhão universal de bens. Juntamente ao registro da transmissão devem ser inscritos direitos relativos às condições resolutiva, suspensiva e às cláusulas adjetas, que provocam restrição do direito de dispor. Tomem-se como exemplos a cláusula resolutiva expressa, o pacto de melhor comprador e a retrovenda, que, caso omitidas, não preveniriam de modo eficaz terceiro adquirente de boa-fé.

Pelo princípio da fé pública, positivado no § 2º do artigo em exame, se presume pertencer o direito real à pessoa em cujo nome está o registro. O registro, enquanto não for cancelado, produz todos seus efeitos, como reza o art. 252 da Lei n. 6.015/73. Em razão da natureza causal do registro, a presunção é meramente relativa, pois anulado ou resolvido o direito constante do título, cancela-se o registro dele produto. O cancelamento, se não for voluntário, depende de decisão judicial, e, segundo o preceito em estudo, deve ser promovido por meio de ação própria.

O termo *ação própria* deve ser interpretado com cautela, pois em determinados casos, de nulidade absoluta do título, sua invalidade e, por consequência, o cancelamento do registro podem ser reconhecidos de modo incidente em ação judicial. Além disso, o art. 214 da LRP, com a redação que lhe deu a Lei n. 10.931/2004, dispõe que o cancelamento do registro pode ser feito pelo Juiz Corregedor Permanente independentemente de ação própria, desde que ouvidos os atingidos. Deve, portanto, ser feita importante distinção. Se o vício for do título, atingindo o registro apenas de modo reflexo, exige-se comando de cancelamento na esfera jurisdicional, mediante reconhecimento principal ou incidente em ação judicial. Caso, porém, o vício seja do próprio mecanismo de registro, por ofensa aos princípios registrários ou erro do exame qualificador do oficial registrador, o cancelamento pode ocorrer na esfera administrativa, perante o Juiz Corregedor Permanente, após oitiva dos atingidos. Os §§ 3º e 4º do art. 214 da LRP, acrescentados pela mencionada Lei n. 10.931/2004, positivam jurisprudência administrativa do Estado de São Paulo, admitindo a figura do bloqueio da matrícula na esfera administrativa, com o escopo de prevenir danos a terceiros de boa-fé. O bloqueio impede o ingresso de novos registros ou averbações, mas admite sua prenotação, que ficará prorrogada, com garantia da prioridade, até que se decida pelo cancelamento do registro, ou por sua liberação. O bloqueio, portanto, é medida provisória e temporária adotada pelo Juiz Corregedor Permanente ao se deparar com irregularidades que possam desembocar no cancelamento do registro. Mantém o registro paralisado, evitando dano a terceiro de boa-fé, até que se avalie a possibilidade de seu saneamento, ou se decida pelo cancelamento.

O princípio da publicidade diz que os fatos e atos constantes do registro se presumem conhecidos de todos, não se podendo alegar ignorância de título que consta do registro imobiliário. O princípio tem regra inversa: só se presume conhecido o que consta do registro, pois antes o título gera somente direito de crédito entre as partes.

O princípio da continuidade, também chamado trato sucessivo e trato contínuo, está previsto nos arts. 195 e 237 da Lei n. 6.015/73. Expressa a regra que ninguém pode dispor de direitos que não tem, ou de direitos de qualidade e quantidade diversa dos quais é titular. Diz que, em relação a cada imóvel, deve haver uma cadeia de titularidades, à vista da qual só se fará a inscrição de um direito se o outorgante dele aparecer no registro como seu titular. Não se encontram sujeitos a tal princípio os títulos que expressam modos originários de aquisição da propriedade, como a usucapião e a desapropriação judicial. Cria-se, em outras palavras, um encadeamento de titularidades, ou cadeia dominial, na qual o transmitente de um direito deve necessariamente constar do registro como seu titular. Funciona o registro imobiliário como os elos de uma corrente, um encadeado no outro, sem saltos nem soluções, de tal modo que toda titularidade sobre o imóvel apareça concatenada com a anterior e a sucessiva. O transmitente de hoje será o adquirente de ontem, e o adquirente de hoje será o transmitente de amanhã. O princípio da continuidade repousa no pressuposto lógico de que "ao exigir-se que todo aquele que dispõe de um direito esteja inscrito como seu titular no registro, impede-se que o não titular dele disponha" (Jose Maria Chico y Ortiz, *Estudios sobre derecho hipotecario*, 3. edición. Marcial Pons, Madrid, 1994, tomo I, p. 394). É o equivalente registrário do aforismo *nemo dat quod non habet*, ou seja, sem que desfrute do direito de disponibilidade, ninguém pode transferir, nem, tampouco, onerá-lo. A continuidade é a pedra de toque da segurança a que se predispõe o registro, permitindo ao adquirente conhecer a titularidade e a história da filiação dominial mediante simples leitura invertida dos registros e averbações lançados na matrícula. Não se encontram sujeitos a tal princípio os títulos que expressam modos originários de aquisição da propriedade, como a usucapião e a desapropriação judicial.

O princípio da legalidade tem estreita ligação com a natureza causal do registro. É o mecanismo que se interpõe entre o título e o registro, assegurando, o quanto possível, a correspondência entre a titularidade presumida e a verdadeira. É o filtro de entrada que segura títulos que rompam a malha da lei, devendo o registrador fazer o exame da obediência do título em seu aspecto formal quanto aos demais princípios registrários e normas cogentes. A essa atividade de verificação da aptidão do título para ingressar no registro dá-se o nome de qualificação do oficial do registrador. Todos os títulos, tanto extrajudiciais, como judiciais, estão sujeitos ao exame qualificador do registrador.

Os títulos judiciais podem ser próprios ou impróprios. São próprios os que provocam uma mutação jurídico-real, substituindo ou fazendo as vezes de negócio jurídico, por exemplo, os formais de partilha, as cartas de adjudicação e as sentenças de adjudicação compulsória, todos sujeitos à observância estrita dos princípios registrários. Os títulos judiciais impróprios consistem em comandos ao oficial, que não provocam mutação jurídico-real, como mandados de arresto, penhora ou indisponibilidade de bens. Em tais casos, o registrador não questiona seu conteúdo e sua coerência com os princípios registrários, pois não pode a decisão administrativa se sobrepor à proferida na esfera jurisdicional.

Caso não se conforme o interessado com as exigências formuladas pelo oficial, deve suscitar dúvida ao Juiz Corregedor Permanente, na forma dos arts. 198 e seguintes da LRP.

Os princípios da prioridade e da especialidade dos registros serão comentados nos artigos subsequentes, que a eles se referem.

**Jurisprudência:** Enunciado n. 503 da V Jornada de Direito Civil do CEJ do STJ: É relativa a presunção de propriedade decorrente do registro imobiliário, ressalvado o sistema Torrens.

O proprietário possui legitimidade passiva *ad causam* para responder por eventuais danos relativos ao uso de sua propriedade decorrentes do descumprimento dos deveres condominiais pelo locatário. Ao firmar um contrato de locação de imóvel, o locador mantém a posse indireta do imóvel, entendida como o poder residual concernente à vigilância, à conservação ou mesmo ao aproveitamento de certas vantagens da coisa, mesmo depois de transferir a outrem o direito de usar o bem objeto da locação. Dessa forma, ao locador cumpre zelar pelo uso adequado de sua propriedade, assegurando-se que o locatário dê a destinação correta ao imóvel, visto que lhe são conferidos instrumentos coercitivos para compelir o locatário a cumprir as disposições condominiais, inclusive com a possibilidade de ajuizamento de ação de despejo, nos termos da Lei n. 8.245/91. Assim, tratando-se de direito de vizinhança, a obrigação é *propter rem*, ou seja, decorre da propriedade da coisa. Por isso, o proprietário com posse indireta não pode se eximir de responder pelos danos causados pelo uso indevido de sua propriedade. Todavia, a demanda também pode ser ajuizada contra o possuidor do imóvel que, em tese, é quem comete a infração condominial, sem excluir a responsabilidade do proprietário. Precedentes citados: REsp n. 254.520/PR, *DJ* 18.12.2000, e Ag. Reg. no Ag. Reg. no Ag. 776.699/SP, *DJ* 08.02.2008. (STJ, REsp n. 1.125.153/RS, rel. Min. Massami Uyeda, j. 04.10.2012)

Enquanto não se promover, por meio de ação própria, a decretação de invalidade do registro e o respectivo cancelamento, a pessoa indicada no registro público continua a ser havida como proprietária do imóvel. Não basta, para ilidir a fé pública que o registro imobiliário reveste, o ajuizamento de ação tendente a invalidá-lo; exige-se sua procedência definitiva. (STJ, REsp n. 990.507/DF, rel. Min. Nancy Andrighi, j. 10.11.2010)

Registro de imóveis. Dúvida julgada improcedente. Pretendido registro de carta de adjudicação, expedida em razão da procedência de ação de adjudicação compulsória. Óbices variados reconhecidos. Inaptidão do título. Potencial violação ao princípio da continuidade. Necessidade da apresentação de certidões negativas de débito previdenciário e fiscal. Registro inviável. Recurso provido (TJSP, Ap. Cível n. 79-6/1, rel. Luiz Tâmbara). (*Lex-TJSP* 272/594, 2004)

Registro de imóveis. Princípio da inscrição. Executado que nunca teve direitos reais. Impossibilidade de se registrar penhora. Se o executado nunca deteve direitos reais, por ausência de registro da promessa de compra e venda de que participou, não se pode conceber que seja levada a registro, no fólio real, penhora sobre, está visto, direitos inexistentes. (TJRS, Ap. Cível n. 70.007.492.614, 18ª Câm. Cível, rel. Des. Armínio José Abreu Lima da Rosa, j. 30.12.2003)

Registro de imóveis. Dúvida. Penhora. Princípio da continuidade registral. Casamento celebrado pela separação de bens. Bem imóvel adquirido na constância do casamento. Morte do cônjuge. Aplicação da Súmula n. 377 do STF. Inviabilidade jurídica do registro de penhora, haja vista não ter sido apreciada no juízo sucessório a partilha do imóvel, o qual foi adquirido na constância do matrimônio. Comunicação dos bens adquiridos na constância do casamento. Quebra do princípio da continuidade registral, que decorre da sequencialidade dos registros, cujo correto encadeamento dos atos registrais se assenta a segurança que dispõe o art. 1º da Lei n. 6.015, já que o registro cria a presunção relativa de verdade. Apelo improvido. (TJRS, Ap. Cível n. 70.006.565.386, 19ª Câm. Cível, rel. Des. Guinther Spode, j. 16.09.2003)

Registro de imóveis. Mandado de penhora. Título que se submete à qualificação registrária. Bem indisponível por força do art. 36 da Lei n. 6.024/74. Ausência de intimação do cônjuge virago da penhora. Princípios da especialidade e continuidade. Vulneração. Recurso não provido. (TJSP, Ap. Cível n. 93.963-0, rel. Luiz Tâmbara, j. 13.09.2002)

Registro de imóveis. Dúvida. Ingresso de escritura de compra e venda. Transcrição antiga e lacunosa, que inviabiliza a exata localização geográfica do imóvel e a abertura de matrícula. Necessidade de prévia retificação do registro. Pretensão de registro indeferida. Dúvida procedente. Recurso a que se nega provimento (TJSP, Ap. Cível n. 80.799-0, rel. Luís de Macedo). (*Lex-TJSP* 249/512, 2002)

Registro de imóveis. Dúvida procedente. Recusa no registro de formal de partilha, tendo em vista diferença na área total constante do título resultante do somatório das partes de cada herdeiro e da transcrição. Respeito aos princípios registrários da especialidade e disponibilidade. Necessidade de retificação bilateral, ou correção do título nos exatos termos dos assentos imobiliários. Inviabilidade do registro. Recurso a que se nega provimento (TJSP, Ap. Cível n. 76.387-6, rel. Luís de Macedo). (*Lex-TJSP* 248/530, 2002)

Registro de imóveis. Carta de adjudicação extraída de ação de desapropriação. Modo originário de aquisição da propriedade. Inocorrência de ofensa aos princípios registrários da continuidade e da especialidade. Desnecessidade de apresentação da prova do valor venal do imóvel. Base de cálculo dos emolumentos, na espécie, deve ser a do valor econômico do negócio jurídico, ou seja, o montante da indenização fixada pelo juiz. Desnecessidade de juntada do *ITBI*, do comprovante do *ITR* e da apresentação de dados do adquirente e de sua sede. Dúvida improcedente. Recurso a que se dá provimento. (TJSP, Ap. Cível n. 83.417-0/0, rel. Luís de Macedo, j. 22.11.2001)

Registro de imóveis. Dúvida. Princípios da continuidade e da disponibilidade. Imóvel registrado em nome dos cônjuges casados sob o regime da comunhão universal. Formal de partilha extraído dos autos de inventário do varão relativo ao imóvel todo, como se ele pertencesse apenas ao *de cujus*. Necessidade de prévio ingresso no álbum imobiliário da separação judicial do casal e da partilha de bens comuns. Dúvida procedente. Recurso não provido. (TJSP, Ap. Cível n. 71.460-0, rel. Luís de Macedo, j. 31.08.2000)

Registro de imóveis. Escritura pública de cessão de direitos possessórios que remonta a aquisição de imóvel com área maior aperfeiçoada no séc. XVIII. Inviabilidade de o título ingressar no fólio real sem apresentação do antiquíssimo título dominial. Providência necessária à inauguração da cadeia filiatória. Imprestabilidade dos registros paroquiais como prova do domínio. Dúvida julgada procedente. Recurso não provido (TJSP, Ap. Cível n. 66.875-0, rel. Luís de Macedo). (*Lex-TJSP* 226/344, 2000)

Registro de imóveis. Dúvida. Hipoteca judiciária. Mandado judicial de hipoteca judiciária sobre imóveis pertencentes aos sócios da pessoa jurídica vencida na ação. Ausência de pronunciamento judicial impondo aos sócios a responsabilidade pela satisfação da obrigação da sociedade. Inadmissibilidade da personalidade jurídica ser desconsiderada em procedimento administrativo. Ofensa ao princípio registrário da continuidade. Recurso improvido (TJSP, Ap. Cível n. 46.730-0, rel. Nigro Conceição). (*Lex-TJSP* 212/338, 1999)

Divisão de imóvel. Carta de adjudicação expedida em autos de arrolamento de bens. Registro necessário do título translativo do domínio. Autora que não é proprietária do imóvel por não preencher esse requisito. Pretensão à divisão. Impossibilidade diante do fato de não ser, consequentemente, condômina. Recurso não provido. (TJSP, Ap. Cível n. 76.418-4, rel. Guimarães e Souza, j. 06.04.1999)

Registro de imóveis. Dúvida. Compromisso de compra e venda. Registro recusado. Aquisição feita a *non domino*. Ofensa aos princípios da disponibilidade, legalidade e continuidade. Atividade que pressupõe ato de outro registro do qual recebe a atestação da existência ou inexistência das pessoas adquirentes de direitos. Recurso não provido. A aferição da disponibilidade no registro imobiliário consiste em verificar se o imóvel alienado ou onerado por ato jurídico unilateral ou bilateral corresponde, no todo ou em parte, ao *jus disponendi* do alienante ou onerante constante do assentamento. Se os disponentes não são titulares de uma determinada situação jurídica, aferível em face de ato registrário, não há como recepcionar o título pelo sistema registrário. (TJSP, Ap. Cível n. 23.791-0, rel. Alves Braga, j. 20.02.1995)

Registro de imóveis. Servidão administrativa. Prévia abertura de matrícula para o imóvel onde será ela inscrita. Impossibilidade, na hipótese, por ferir os princípios da especialidade e continuidade. Registro vedado. Recurso não provido. Para a inscrição de servidão administrativa essencial à prévia abertura de matrícula para o imóvel onde será ela inscrita. Se a matrícula não pode ser aberta, sob pena de ferir os princípios da especialidade e continuidade, impossível a inscrição (TJSP,

Ap. Cível n. 15.720-0, rel. Weiss de Andrade). (*Lex-TJSP* 141/461, 1993)

**Art. 1.246. O registro é eficaz desde o momento em que se apresentar o título ao oficial do registro, e este o prenotar no protocolo.**

O preceito em exame positiva o princípio da prioridade, que, na expressão de Afrânio de Carvalho, significa que "num concurso de direitos reais sobre um mesmo imóvel, estes não ocupam todos o mesmo posto, mas se graduam ou classificam por uma relação de precedência fundada na ordem cronológica do seu aparecimento" (*Registro de imóveis*. Rio de Janeiro, Forense, 1977).

Vigora a máxima *prius in tempus, mellior in jus*, de modo que o título, que traduz simples relação de crédito, converte-se em direito real e ganha eficácia contra terceiros no exato momento no qual é prenotado no registro imobiliário. Entre o protocolo do título e seu efetivo registro decorre certo tempo para que o oficial faça a qualificação, fixado em um máximo de trinta dias no art. 188 da LRP. O registro, porém, é feito com a data do protocolo e todos seus efeitos a ela retroagem, pois a eficácia *erga omnes* nasce com a prenotação.

Dispõem os arts. 11 e 12 da LRP que todos os títulos ingressados no registro serão protocolados para assegurar a preferência sobre outro eventual direito contraditório. A única exceção a tal regra é a recepção do título para simples exame e cálculo, mediante requerimento expresso do interessado de que não deseja seu registro e tem ciência dos efeitos jurídicos da ausência da prenotação.

Tem o princípio da prioridade o escopo principal de evitar o conflito de títulos contraditórios, ou seja, aqueles que têm por objeto direitos que não podem coexistir, relativos ao mesmo imóvel, cuja força dependa da ordem de ingresso no registro imobiliário (ORLANDI NETO, Narciso. *Retificação do registro de imóveis*. São Paulo, Oliveira Mendes, 1997, p. 62). Os títulos serão protocolados e prenotados na sequência rigorosa de sua apresentação, como determina o art. 182 da Lei n. 6.015/73. O art. 186 dispõe que "o número de ordem determinará a prioridade do título e esta a preferência dos direitos reais, ainda que apresentados pela mesma pessoa mais de um título simultaneamente".

Caso ingressem dois títulos contraditórios, estabelece-se uma sequência de prioridades, pois, nos termos do art. 205 da Lei n. 6.015/73, "cessarão automaticamente os efeitos da prenotação, se, decorridos trinta dias do seu lançamento no protocolo, o título não tiver sido registrado por omissão do interessado em atender as exigências legais". Cancelada a prenotação do primeiro título, o segundo título assume a prioridade e é, então, submetido à qualificação registrária.

A regra de que a prioridade é determinada pela ordem de protocolo tem duas exceções, previstas na Lei n. 6.015/73. A primeira está no art. 189 e diz respeito à segunda hipoteca, cujo título, na ausência de registro da primeira hipoteca, aguarda pelo prazo de trinta dias para que os interessados na primeira hipoteca promovam sua inscrição. A segunda está prevista no art. 192 e diz respeito às escrituras públicas lavradas na mesma data e apresentadas a registro no mesmo dia. Em tal caso, a prioridade é conferida não ao título de protocolo inferior, mas àquele lavrado em primeiro lugar, desde que deles conste taxativamente a hora da lavratura.

Vimos que a prenotação tem prazo de trinta dias, assegurando nesse período a prioridade ao interessado. Em casos excepcionais, pode haver prorrogação do prazo da prenotação, em razão da impossibilidade de se fazer o registro no trintídio. Tomem-se como exemplos a suscitação da dúvida, os registros de loteamento e de bem de família, que dependem da publicação de editais, ou a própria reapresentação do título defeituoso nos últimos dias do trintídio.

Os arts. 188 e 205 da LRP encerram certa contradição em termos. Ambos assinam o mesmo prazo de trinta dias, o primeiro para que o oficial proceda ao exame e registro do título e o segundo para que o interessado tenha assegurada a prenotação. Assim, se o oficial devolver o título sem registro no último dia, não teria o interessado como cumprir as exigências formuladas, antes do cancelamento da prenotação. Visando a corrigir tal falha, a Corregedoria-Geral da Justiça do Estado de São Paulo determinou que o prazo para exame e eventual devolução do título pelo registrador é de quinze dias, ficando a segunda quinzena reservada ao interessado, para que atenda eventuais exigências levantadas pelo registrador.

**Jurisprudência:** Registro de imóveis. Dúvida inversa suscitada. Contrato de locação com cláusula de vigência na hipótese de alienação do bem. Recusa do registro em razão da indisponibilidade e penhora do imóvel. Averbações que não inviabilizam a locação nem repercutem na validade da cláusula de vigência, que visa apenas a expandir sua eficácia e alcançar terceiros, amparada em expressa disposição legal. Título, formalmente em ordem, que observa o princípio da legalidade. Recurso provido para julgar improcedente a dúvida inversa e determinar o registro do título. (TJSP, Conselho Superior da Magistratura, Ap. Cível n. 0027161-25.2013.8.26.0100, rel. Elliot Akel, j. 14.05.2014)

Registro de imóveis. Carta de arrematação. Modo originário de aquisição da propriedade. Dispensa de apresentação das CNDs do INSS e conjunta relativa aos tributos federais e à dívida ativa da União por representar sanção política. Precedentes do STF e do Órgão Especial do TJSP. Modificação do entendimento do Conselho Superior da Magistratura. Recurso provido. (TJSP, Conselho Superior da Magistratura, Ap. Cível n. 0021311-24.2012.8.26.0100, rel. José Renato Nalini, j. 17.01.2013)

Registro de imóveis. Carta de sentença. Qualificação de título judicial pelo registrador. Indisponibilidade averbada impeditiva de registro. Falta, ademais, de prenotação anterior à quebra e ao termo legal. Ausência de intervenção do síndico e do curador de massas falidas no feito que originou o título. Necessidade de alvará do juízo da falência. Excepcional prescindibilidade, porém, dada a peculiaridade da hipótese, de certidões negativas de débitos federais (fiscais e previdenciários). Dúvida procedente. Recurso não provido (TJSP, Ap. Cível n. 186-6/0, rel. José Mário Antonio Cardinale). (*Lex-TJSP* 284/524, 2005)

Fraude à execução. Penhora. Bem alienado. Compromisso de compra e venda. Registro. CC. Efeitos. Embargos de terceiro. Art. 534. Fraude a execução. Penhora. Alienação do bem. Compromisso de compra e venda. Título apresentado e prenotado no Cartório de Registro de Imóveis antes da constrição. Circunstância que firma a prioridade do título perante outro e representa a antecipação da eficácia da inscrição, valendo antes de ser materialmente escriturada no livro próprio art. 534 do CC. Retroação dos efeitos do registro a data da prenotação ainda que feito em data posterior. Fraude não caracterizada. Embargos de terceiro procedentes. Recurso desprovido. (*JTA* 122/140)

**Art. 1.247. Se o teor do registro não exprimir a verdade, poderá o interessado reclamar que se retifique ou anule.**

**Parágrafo único. Cancelado o registro, poderá o proprietário reivindicar o imóvel, independentemente da boa-fé ou do título do terceiro adquirente.**

Vimos que o registro imobiliário, nas aquisições derivadas e *inter vivos*, é constitutivo dos direitos reais e tem presunção relativa de veracidade, até que seja cancelado, por ser causal. Não só constitui propriedade, mas modula sua quantidade e a qualidade. É fundamental, portanto, o registro imobiliário ser sistema seguro e público, devendo espelhar a realidade.

Pode ocorrer, em casos excepcionais, que o registro não reflita a realidade, caso no qual poderá o interessado pleitear sua retificação ou, em casos mais graves, até mesmo seu cancelamento. O erro pode dizer respeito ao direito ou aos fatos constantes do registro. Tome-se como exemplo de erro de direito o registro da escritura de doação, com omissão da reserva de usufruto. Poderá o interessado pleitear ao oficial que proceda ao registro do direito real de usufruto. Já a retificação de fato, no dizer de Narciso Orlandi Neto, "destina-se a corrigir imprecisões relativas às características do imóvel ou à identificação das pessoas envolvidas no registro" (*Retificação do registro de imóveis*. São Paulo, Oliveira Mendes, 1997, p. 81).

O cancelamento do registro, por meio de ação na esfera jurisdicional ou pedido deduzido na esfera administrativa, já foi tratado nos comentários ao art. 1.245 do CC.

Resta a retificação do registro imobiliário, disciplinado nos arts. 212 e 213 da LRP, com as profundas alterações introduzidas pela Lei n. 10.931/2004. Pode a retificação dar-se em três vias: perante o próprio oficial do registro imobiliário, com ou sem oitiva dos confrontantes; perante o Juiz Corregedor Permanente, ainda na esfera administrativa; nas vias ordinárias, na esfera jurisdicional.

O princípio da especialidade não tolera a imprecisão do registro imobiliário e significa que "toda inscrição deve recair sobre um objeto precisamente individuado" (CARVALHO, Afrânio de. *Registro de imóveis*. Rio de Janeiro, Forense, 1977, p. 219). O art. 176, § 1º, II, 3, da LRP dispõe que a matrícula deve descrever com precisão o imóvel especializando-o, de modo a torná-lo inconfundível com qualquer outro. Devem constar as características do imóvel como confrontação, localização, área, logradouro e número, se urbano; denominação, se rural, além de sua designação cadastral. O preceito deve ser lido em consonância com o art. 225, § 2º, da mesma Lei, que dispõe: "a caracterização do imóvel não coincida com a que consta do registro anterior". Da congruência dos dois artigos, tolera-se a abertura de matrícula com exata coincidência com o registro anterior, em que pese a ausência de descrição completa do imóvel, desde que seja possível sua localização geodésica, com um mínimo de certeza de que não haverá sobreposição a registros vizinhos. O inadmissível é a criação de nova unidade imobiliária, por fusão ou desmembramento, de imóveis que não disponham de todas as medidas e características. Prédio com descrição imprecisa não pode dar origem a prédio com descrição perfeita.

Complementando tal regra, temos que o interessado não pode incluir unilateralmente no registro alteração das características do imóvel. Embora a propriedade imóvel seja direito patrimonial, o registro é público, pois diz respeito à segurança das relações jurídicas. A imperfeição ou omissão do registro, portanto, devem ser objeto de retificação perante o oficial do registro imobiliário, ou Juiz Corregedor Permanente, ou Juiz de Direito, na esfera jurisdicional. Retificar é corrigir, sanear, adequar o registro à realidade.

A Lei n. 10.931/2004, que deu nova redação aos arts. 212 e 213 da LRP, deslocou a retificação do registro da competência do Juiz Corregedor Permanente para a atribuição do oficial do registro imobiliário. A regra é a opção do interessado pela retificação mediante pedido administrativo ao oficial. A exceção, o encaminhamento dos autos ao Juiz Corregedor Permanente.

O art. 213 da LRP é bipartido. O inciso I trata das retificações de registro ou de averbações a requerimento da parte ou de ofício, sem necessidade de anuência ou notificação dos confinantes. O princípio da instância – o registro não pode ser alterado sem requerimento do interessado – sofreu novas e importantes exceções, por não ter o interessado direito à manutenção do registro errado. As hipóteses de erro ou omissão evidentes foram alargadas. Note-se que, para aplicação do preceito sem oitiva dos confinantes, o erro e sua correção devem ser evidentes. Especialmente no referido à alínea *d* do inciso I, que trata da inserção de rumos, ângulos de deflexão e coordenadas georreferenciadas, deverá o oficial verificar a ausência de potencialidade danosa a terceiros, ou seja, a certeza de que não se alterará a figura geodésica do imóvel. Sem tal certeza, exigirá a anuência dos confrontantes, na forma do inciso II do mesmo art. 213.

O inciso II do art. 213 trata das retificações bilaterais, nos casos de inserção ou alteração de medidas perimetrais que resultem, ou não, alteração da área de superfície, a serem postuladas pelos interessados diretamente ao oficial do registro imobiliário, instruídas com planta e memorial descritivo subscritos por profissional habilitado e com anuência dos confrontantes. Por interessado se entende qualquer titular de direito real ou titular de direito pessoal de aquisição – comprador, promissário comprador, donatário – que demonstre a utilidade que lhe trará a retificação. Segundo o § 10 do art. 213, por confrontante se entende os proprietários e titulares de outros direitos reais e aquisitivos sobre os imóveis contíguos todo titular, sendo desnecessária a anuência do cônjuge. Dispensou a lei a intimação dos ocupantes dos imóveis vizinhos, como fazia anteriormente, termo que se mostrava impróprio, pois na retificação não se altera posse, mas domínio. Note-se que pode o oficial registrador, em determinados casos, especialmente em áreas rurais com descrições antigas e imprecisas, não dispor de elementos minimamente confiáveis para saber se as pessoas indicadas pelo interessado são realmente confrontantes, ou se a retificação importará em sobreposição a registros vizinhos. Em tal caso, com ou sem impugnação, remeterá os autos ao juiz corregedor permanente, para que determine este a realização de prova pericial.

Caso o pedido de retificação não conte com a anuência dos confrontantes, devem ser eles indicados pelo interessado e notificados pelo oficial do registro imobiliário, com prazo de quinze dias para ofertarem impugnação. O silêncio do confrontante significa sua concordância com o pedido, podendo ser averbada a retificação. Se houver impugnação, o oficial do registro imobiliário intimará o requerente para respondê-la e encaminhará os autos ao Juiz Corregedor Permanente. Este, por sua vez, atuando na esfera administrativa, decidirá de plano ou após instrução sumária, desde que não verse a impugnação, na dicção legal, "sobre direito de propriedade". Não se fala mais em impugnação fundamentada, como fazia a redação original do art. 213, que dizia respeito não à natureza do direito invocado, mas à complexidade da prova a ser produzida. O termo *direito de propriedade*, antes referido, deve ser entendido como questão que não diga respeito a mero erro registrário, mas que encubra pretensão de natureza reivindicatória, demarcatória ou de usucapião, insuscetível, portanto, de ser dirimida na esfera administrativa. As impugnações fundadas em questões possessórias, de inexistência de posse do requerente ou de existência de posse do impugnante, podem ser rejeitadas de plano, porque a retificação de registro visa a apenas corrigir o domínio e não verificar alterações possessórias.

**Jurisprudência:** VIII Jornada de Direito Civil – Enunciado n. 624: A anulação do registro, prevista no art. 1.247 do Código Civil, não autoriza a exclusão dos dados invalidados do teor da matrícula.

Registros públicos. Retificação de área. Indeferimento. Informação de que o imóvel matriculado constitui parte ideal de gleba maior, destacado de transcrição anterior. Princípio da unitariedade. Matrícula com descrição individualizada do imóvel, aberta há mais de trinta anos. Confrontantes todos citados, sem impugnação. Ausência de prejuízo aos confrontantes, indicativa da inexistência de condomínio. Inicial instruída com levantamento planimétrico e descrição do imóvel. Pedido de retificação deferido. Recurso provido. (TJSP, Ap. Cível n. 412.145.4/5-00, 4ª Câm. de Dir. Priv., rel. Francisco Loureiro, j. 08.06.2006)

Registros públicos. Ação de retificação de área. Indeferimento da inicial. Pretensão de retificar e proceder à divisão do imóvel. Parte ideal da requerente indisponível por força de decisão judicial. Inviável, pela via oblíqua da retificação, dividir ou regularizar parcelamento do solo. A regularização do parcelamento do solo exige obediência aos preceitos da Lei n. 6.766/79, se urbano, ou do DL n. 58/37, se rural, além da observância das normas de regência da Corregedoria Geral da Justiça e de aprovação junto a órgãos administrativos (Grapohab) e prefeitura municipal. Ação de retificação que pode processar-se na via estritamente administrativa, perante o Oficial do Registro de Imóveis, sem intervenção judicial. Lei n. 10.931/2004, que alterou os arts. 212 a 214 da Lei n. 6.015/73. Possibilidade de desistência de uma das ações cumuladas em um único processo. Ausência de prejuízo aos confrontantes, porque o pedido inicial foi diminuído. Registro lacunoso. Necessidade de adequá-lo ao princípio da especialidade. Prosseguimento do processo como mera retificação de área da gleba maior, com o fito de descrevê-la com perfeição. Recurso provido. (TJSP, Ap. Cível n. 370.953.4/8-00, 4ª Câm. de Dir. Priv., rel. Francisco Loureiro, j. 04.08.2005)

Não se pode impor ao proprietário a demarcação da reserva legal como condição para o deferimento da retificação, alterando-se o procedimento previsto na Lei dos Registros Públicos. (TJSP, AI n. 280.720-4/4-00/Barra Bonita, 3ª Câm. de Dir. Priv. de Férias Janeiro/2003, rel. Des. Carlos Roberto Gonçalves, j. 13.05.2003, v.u.)

No mesmo sentido, entre outros, TJSP, AI ns. 139.877-4/5/Paraguaçu Paulista, rel. Cezar Peluso; 87.382-4/Pirassununga, rel. J. Roberto Bedran; e 277.909-4/4/Tatuí, 2ª Câm. de Dir. Priv., rel. Des. J. Roberto Bedran, j. 04.02.2003, v.u.; e Ap. Cível n. 230.133-4/4/Tatuí, rel. Theodoro Guimarães.

Registro de imóveis. Escritura de venda e compra descrevendo o imóvel em desacordo com os dados tabulares. Necessidade de retificação. Princípio da especialidade. Recurso desprovido (TJSP, Ap. Cível n. 92.760-0/6, rel. Luiz Tâmbara, j. 25.06.2002). (*Lex-TJSP* 260/550, 2003)

Registro de imóveis. Dúvida procedente. Recusa no registro de formal de partilha, tendo em vista diferença na área total constante do título resultante do somatório das partes de cada herdeiro e da transcrição. Respeito aos princípios registrários da especialidade e disponibilidade. Necessidade de retificação bilateral, ou correção do título nos exatos termos dos assentos imobiliários. Inviabilidade do registro. Recurso a que se nega provimento (TJSP, Ap. Cível n. 76.387-6, rel. Luís de Macedo, j. 16.08.2001). (*Lex-TJSP* 248/530, 2002)

Registro de imóveis. Retificação. Perícia determinada antes da citação. Legitimidade da perícia determinada antes da citação. Legitimidade da perícia. Inexistência de cerceamento de defesa. Suspeição do perito não arguida pela forma legal. Recurso não provido. A realização de prova pericial cabe em qualquer tipo de procedimento, e, mormente, em procedimento de jurisdição voluntária de retificação de inscrição predial, pois o sistema registrário norteia-se precipuamente pelo princípio da segurança, contemplando matéria de interesse público. Corolário do princípio da livre persuasão das provas, compete ao juiz determinar as provas necessárias ao esclarecimento da matéria submetida a julgamento. Por isso sua previsão genérica no art. 130 do CPC [art. 370 do CPC/2015]. O fato de ser realizada a verificação pericial antes da citação dos interessados não implica em cerceamento de defesa, posto que estes terão melhor visão da pretensão do requerente e poderão oferecer, se for o caso, impugnação mais consiste, que em ocorrendo e sendo fundamentada levará o processo à extinção (§ 4º da Lei n. 6.015/73). E a falta de qualificação do perito por suspeição, para executar o trabalho pericial teria que ser arguida pela forma legal, até porque não objeto da decisão recorrida. (TJSP, AI n. 129.120-4, rel. Ruiter Oliva, j. 29.02.2000)

Registro de imóveis. Mandado de penhora. Registro. Incidência sobre terreno sem benfeitorias. Eventual existência de construção ocupando parte do objeto da matrícula. Averbação dessa circunstância. Desnecessidade. Fato que não obsta o registro pretendido. Elementos estranhos ao título causal que não ofendem o registro-suporte. Observância ao princípio da instância. Dúvida improcedente. Recurso provido (TJSP, Ap. Cível n. 51.032-0, rel. Sérgio Augusto Nigro Conceição, j. 05.11.1998). (*Lex TJSP* 214/353, 1999)

## *Seção III*
## *Da Aquisição por Acessão*

**Art. 1.248. A acessão pode dar-se:**
**I – por formação de ilhas;**
**II – por aluvião;**
**III – por avulsão;**
**IV – por abandono de álveo;**
**V – por plantações ou construções.**

Na precisa lição de Clóvis Bevilaqua, "acessão é modo originário de adquirir, em virtude do qual fica pertencendo ao proprietário tudo quanto se une ou se incorpora ao seu bem" (*Direito das coisas*. Rio de Janeiro, Freitas Bastos, 1951, v. I, p. 142).

O terceiro e último modo de aquisição da propriedade imóvel previsto no CC é reflexo do princípio maior de que o acessório segue o principal. A coisa que adere ao solo e dele não pode ser retirada sem dano ou fratura, incorpora-se e passa a pertencer ao dono do prédio, evitando, assim, a criação de desconfortável situação de condomínio. A questão maior é determinar o acessório e o principal, matéria que ganhou relevo no CC/2002 como adiante veremos, no comentário ao art. 1.255.

Na lição de Serpa Lopes, são requisitos para configuração da acessão: a união entre duas coisas corpóreas distintas; uma das duas coisas ser mais importante do que a outra, utilizando-se o critério econômico; as coisas se encontrarem unidas por um laço material, uma incorporação, por força natural ou do homem; as duas coisas pertencerem a proprietários diversos (*Curso de direito civil*, 4. ed. Rio de Janeiro, Freitas Bastos, v. VI, p. 488).

Pode a acessão dar-se por fato natural, quando provém exclusivamente da natureza, ou artificial, quando provém de esforço do homem, com ou sem concurso da natureza. Pode, ainda, dar-se pela união de imóvel a imóvel, ou de móvel a imóvel. O artigo em exame elenca as cinco modalidades de aquisição por acessão, destacando sua natureza originária, que não deriva de negócio jurídico causal com o ex-proprietário, mas de fato jurídico, ou comportamento ao qual a lei empresta efeitos de aquisição da propriedade. Disso decorre que a aquisição da coisa por acessão independe de seu ingresso no registro imobiliário, que tem efeito apenas publicitário e regularizatório, como se dá, por exemplo, com a averbação de construções.

**Jurisprudência:** Registro de imóveis. Retificação de área. Possibilidade de cumulação dos pedidos de retificação e unificação de matrículas. Impugnação rejeitada. Negócio jurídico, anterior ao novo CC, que convenciona que as acessões pertencem ao alienante, produzem efeitos meramente obrigacionais e não configuram condomínio. Inexistência de questão de alta indagação que impeça a retificação do registro. Retificação deferida. Recurso improvido. (TJSP, Ap. Cível n. 311.661.4/3-00, 4ª Câm. de Dir. Priv., rel. Francisco Loureiro, j. 15.12.2005)

## Subseção I
## Das Ilhas

**Art. 1.249. As ilhas que se formarem em correntes comuns ou particulares pertencem aos proprietários ribeirinhos fronteiros, observadas as regras seguintes:**

**I – as que se formarem no meio do rio consideram-se acréscimos sobrevindos aos terrenos ribeirinhos fronteiros de ambas as margens, na proporção de suas testadas, até a linha que dividir o álveo em duas partes iguais;**

**II – as que se formarem entre a referida linha e uma das margens consideram-se acréscimos aos terrenos ribeirinhos fronteiros desse mesmo lado;**

**III – as que se formarem pelo desdobramento de um novo braço do rio continuam a pertencer aos proprietários dos terrenos à custa dos quais se constituíram.**

Dispõe o art. 20, III, da CF, que são bens da União os lagos, os rios e quaisquer correntes de água que banhem mais de um estado, sirvam de limite com outros países, ou se estendam a território estrangeiro ou dele provenham, bem como os terrenos marginais e as praias fluviais. O art. 26 da Carta Política, por seu turno, reza que são bens dos Estados Federados as águas superficiais ou subterrâneas, fluentes, emergentes e em depósito, bem como as ilhas fluviais e lacustres não pertencentes à União.

Vê-se, portanto, a restrita aplicação do artigo em exame, uma vez que a CF não mais contempla, ao contrário do que ocorria com o Decreto n. 24.643/34 – Código de Águas –, correntes navegáveis públicas e não navegáveis particulares. Como agora públicas são as correntes, públicas serão as ilhas fluviais que nela se formarem. A única exceção se encontra no inciso III, ou seja, as ilhas que se formarem pelo desdobramento de um novo braço de rio, às custas de terras particulares, continuam a pertencer aos proprietários originários.

Abstraindo a natureza pública das correntes fluviais, pode-se interpretar o preceito sobre novas ilhas, na leitura estrita do CC, de acordo com a precisa lição de Caio Mário da Silva Pereira: "as que se formarem no meio do rio distribuem-se na proporção das testadas dos terrenos ribeirinhos, até a linha que dividir o álveo em duas partes iguais; as que se formarem entre a linha mediana e uma das margens, consideram-se acréscimos dos terrenos ribeirinhos fronteiros desse mesmo lado e, obviamente, nada lucram os proprietários situados do lado oposto" (*Instituições de direito civil*, 18. ed. Rio de Janeiro, Forense, v. IV, p. 128).

**Jurisprudência:** Ação de usucapião extraordinário. Imóvel localizado em ilha fluvial. Propriedade exercida por particulares. Possibilidade jurídica do pedido. 1 – O pedido é juridicamente possível quando a pretensão deduzida na inicial é admitida pelo ordenamento jurídico, onde se inclui a ação de usucapião. 2 – Imóvel localizado em ilha fluvial e titularizado em favor de particular é passível de usucapião, vez que, ao que consta, já pertencia ao patrimônio privado no momento em que o ordenamento jurídico transferiu aos Estados o domínio de ilhas. 3 – Tendo o autor comprovado os requisitos autorizadores do usucapião extraordinário, previsto no art. 550 do CC então vigente, impõe-se a procedência da ação. Apelação provida. (TJRS, Ap. Cível n. 70.006.601.165, 19ª Câm. Cível, rel. Des. José Francisco Pellegrini, j. 30.09.2003)

## Subseção II
## Da Aluvião

**Art. 1.250. Os acréscimos formados, sucessiva e imperceptivelmente, por depósitos e aterros naturais ao longo das margens das correntes, ou pelo desvio das águas destas, pertencem aos donos dos terrenos marginais, sem indenização.**

**Parágrafo único. O terreno aluvial, que se formar em frente de prédios de proprietários diferentes, dividir-se-á entre eles, na proporção da testada de cada um sobre a antiga margem.**

O artigo em exame deu definição e contornos mais precisos à figura da aluvião, que nada mais é do que "todo o acréscimo, sucessivo e imperceptível de terras que o rio anexa naturalmente às suas margens" (CARVALHO SANTOS, J. M. de. *Código Civil brasileiro interpretado*, 5. ed. Rio de Janeiro, Freitas Bastos, 1952, v. VII, p. 366). Equipara-se ao acréscimo gradativo de sedimentos a aluvião imprópria, consistente no desvio natural das águas dos rios, descobrindo terrenos abandonados.

Exige o preceito que o acréscimo seja lento, paulatino e que ocorra de modo natural ao longo das correntes. Não constituem aluvião, por consequência, os aterros artificiais, feitos pela mão do homem, que conforma de modo proposital os contornos de sua propriedade.

Não veda o CC/2002, como fazia o art. 539 do CC/1916, a aluvião por retração das águas dormentes de tanques e lagos, que alguns autores denominam de imprópria. O atual diploma é omisso a respeito, aplicando-se, por consequência, o disposto no art. 16 do Código de Águas, que admite como aluvião "a parte do álveo que se descobrir pelo afastamento das águas".

Note-se que o art. 16, § 1º, do Código de Águas (Decreto n. 24.643/34), em exata consonância com os arts. 20 e 26 da CF, reza que os "acréscimos por aluvião, ou artificialmente, se produzirem nas águas públicas ou particulares, são públicos dominiais, se não estiverem destinados ao uso comum, ou se por algum título legítimo não forem do domínio particular". O que foi dito no comentário ao artigo anterior sobre a formação de ilhas serve para a aluvião, que somente será modo de aquisição da propriedade particular caso se admitam correntes particulares.

Admitindo-se a aluvião como modo de aquisição da propriedade particular, aproveita aos proprietários dos terrenos ribeirinhos, na proporção das respectivas testadas de seus prédios, sem obrigação de indenizar quem quer que seja.

**Jurisprudência:** Ação de reintegração de posse e oposição conexa. Oposição. Ação julgada improcedente. Pretensão ao reconhecimento da posse e domínio sobre a área em litígio, porque resultante da alteração do curso do córrego lindeiro às propriedades das partes envolvidas, por ação exclusivamente humana. Inadmissibilidade. Prova coligida, especialmente a pericial, afirmando a ocorrência da aluvião, com alteração do leito do córrego de forma paulatina ao longo do tempo. Inteligência do art. 1.250 do CC. Acréscimos decorrentes da aluvião que pertencem aos donos dos terrenos marginais. Sentença mantida. Recurso dos oponentes negado. Ação de reintegração de posse. Ação julgada improcedente. Alegação de alteração de cerca pela ré, invadindo área pertencente ao autor. Inocorrência. Autor não comprovou a posse sobre a área em litígio, a qual, na verdade, tratava-se de terreno pantanoso e sujeito a enchentes, causando constantes modificações na disposição da cerca, somente posta em local correto após o assoreamento do trecho do córrego. Sentença mantida. Recurso do autor negado. Recursos negados. (TJSP, Ap. Cível n. 0001176-43.2007.8.26.0204, rel. Des. Francisco Giaquinto, j. 17.08.2016)

## Subseção III
## Da Avulsão

**Art. 1.251. Quando, por força natural violenta, uma porção de terra se destacar de um prédio e se juntar a outro, o dono deste adquirirá a propriedade do acréscimo, se indenizar o dono do primeiro ou, sem indenização, se, em um ano, ninguém houver reclamado.**

**Parágrafo único. Recusando-se ao pagamento de indenização, o dono do prédio a que se juntou a porção de terra deverá aquiescer a que se remova a parte acrescida.**

Na lição de Nelson Rosenvald, avulsão "é o desprendimento, por força natural, violenta a abrupta, de uma porção de terra que vai se juntar ao terreno de outro proprietário, ocorrendo a consolidação de duas coisas em uma" (*Direitos reais, teoria e questões*, 2. ed. Niterói, Impetus, 2003, p. 90).

O CC/2002 disciplina de modo claro o direito potestativo do proprietário do prédio acrescido, de optar entre indenizar o proprietário do prédio desfalcado, ou aquiescer que se remova a porção acrescida. A obrigação de indenizar visa a evitar o enriquecimento sem causa do proprietário do prédio beneficiado, às custas do desfalque de prédio alheio.

O proprietário do prédio desfalcado pode apenas pleitear indenização no prazo decadencial de um ano, e apenas no caso de recusa do beneficiado nasce a prerrogativa de pedir a remoção da porção acrescida, retornando as partes ao estado anterior. Decorrido o prazo decadencial sem manifestação do prejudicado, a porção de terra se incorpora definitivamente no prédio acrescido, sem qualquer indenização.

Não disciplina a lei hipótese inversa de a avulsão causar danos ao prédio acrescido. Não havendo ato imputável ao dono do prédio desfalcado, nenhuma indenização será devida a tal título.

## Subseção IV
## Do Álveo Abandonado

**Art. 1.252. O álveo abandonado de corrente pertence aos proprietários ribeirinhos das duas margens, sem que tenham indenização os donos dos terrenos por onde as águas abrirem novo curso, entendendo-se que os prédios marginais se estendem até o meio do álveo.**

Álveo é a superfície que as águas cobrem sem transbordar para o solo natural e ordinariamente enxuto (art. 9º do Código de Águas – Decreto n. 24.643/34). Segue a propriedade do álveo a natureza das águas, públicas ou particulares. Torna-se abandonado quando a corrente seca ou se desvia por fenômeno natural.

Disciplina o artigo em exame dois efeitos da mudança do leito das correntes: a quem pertence o álveo abandonado e se o proprietário por onde passa o novo curso do rio faz jus à indenização.

O álveo abandonado pertence aos proprietários ribeirinhos das duas margens, até o seu eixo médio e na proporção das testadas dos respectivos prédios. Aplica-se o que foi dito no comentário ao art. 1.249, sobre a formação de ilhas. Note-se que não faz o art. 1.252 qualquer distinção entre correntes públicas ou particulares; ao contrário, o art. 26 do Código de Águas explicita que o álveo abandonado de corrente pública pertence aos proprietários ribeirinhos das duas margens. Tratando-se de águas públicas, público será o novo álveo, sem qualquer indenização aos proprietários particulares, mas, em compensação, perde o Poder Público o antigo álveo para os proprietários ribeirinhos.

Os proprietários dos terrenos por onde as águas abrirem novo curso, por seu turno, não fazem jus a qualquer indenização, por se tratar de fato natural não imputável a terceiros. Diferente, todavia, é a solução se a mudança de curso da corrente decorreu de obra de utilidade pública, caso no qual, nos termos do art. 27 do Código de Águas, o prédio ocupado pelo novo álveo deve ser indenizado; mas, em contrapartida, o álveo abandonado passa a pertencer ao expropriante.

Nesse sentido decidiu recentemente o STJ que "no caso de mudança de corrente pública pela força das águas ou da natureza, o álveo abandonado é regido pelo art. 26 do Código de Águas. Mas, no caso de mudança da corrente pública por obra do homem, o leito velho, ou álveo abandonado, pertence ao órgão público. Atribui-se a propriedade do leito velho à entidade que, autorizada por lei, abriu o rio para um leito novo. Em tal caso de desvio artificial do leito, a acessão independe de prévio pagamento de indenização. Não é premissa dessa aquisição que o Poder Público indenize previamente o proprietário do novo álveo" (STJ, REsp n. 20.762/SP, rel. Min. Nilson Naves).

**Jurisprudência:** Ação declaratória de domínio sobre álveo abandonado cumulado com pedido de retificação de registro imobiliário e usucapião extraordinário. Sentença de procedência em parte. Insurgência da Municipalidade de São Paulo. Álveo abandonado possui caráter particular. Constatação de que as águas do antigo Córrego de Sapateiro não reuniam condições de navegabilidade e flutuabilidade. Aplicação do disposto nos arts. 7º e 10º do Código de Águas. Não demonstrado o direito de propriedade do ente público. Embora o desvio das águas do córrego tenha se dado em razão de obras públicas, não restou configurada a indenização de prédio ocupado por novo álveo. Precedentes desta Eg. 10ª Câm. de Dir. Priv. Demonstrada a posse *ad usucapionem* por acessão sob a área descrita. Recurso não provido. (TJSP, Ap. Cível n. 0000769-44.2003.8.26.0053, rel. Des. Marcia Dalla Déa Barone, j. 04.02.2014)

Abertura de rua. Regularização. Impugnação da municipalidade desprovida de fundamentação idônea. Pretensão à remessa dos interessados às vias ordinárias. Descabimento. Causa exaustivamente debatida. Oportunidade para manifestação das partes. Ampla dilação probatória. Área pública não abrangida pelo espaço geográfico ocupado pelo remanescente. Hipótese em que o curso de água do córrego em seu traçado primitivo não era navegável ou flutuável. Não configuração, por isso, de águas públicas. Inteligência do art. 2º, *b*, do Código de Águas. Leito abandonado que, portanto, não constitui área pública. Inocorrência, ademais, de desapropriação da faixa de terra ocupada pelo novo álveo resultante da retificação e canalização do córrego. Leito abandonado presentemente desfigurado e destinado à utilização particular que passou a pertencer aos proprietários ribeirinhos das duas margens. Art. 26 do Decreto n. 24.643/34. Chanfro exigido pela municipalidade na formação do canto do imóvel na esquina onde situado que se trata de mera restrição ao direito de construir. Inoperância de qualquer mutação subjetiva da propriedade. Desnecessidade de sua exclusão da área particular. Recurso improvido (TJSP, Ap. Cível n. 146.217-4/0-00, rel. Luiz Antonio de Godoy, j. 04.05.2004). (*Lex-TJSP* 284/150, 2005)

Processo civil. Agravo no recurso especial. Ação de divisão. Desvio do curso do rio. Utilidade pública. Álveo abandonado. Propriedade do Estado. Código de Águas, art. 27. Litigância de má-fé. Atentado à verdade dos fatos. Reexame de prova. Prova do prejuízo e julgamento *extra petita*. Prequestionamento. Ausência. Se o rio teve seu curso alterado por ingerência do Poder Público, e não por fato exclusivo da natureza, pertence ao expropriante a fração de terra correspondente ao álveo abandonado. É inadmissível o recurso especial na parte em que dependa de reexame de prova e se não houve o prequestionamento do direito tido por violado. Agravo no recurso especial a que se nega provimento. (STJ, Ag. Reg. no REsp n. 431.698, 3ª T., rel. Nancy Andrighi, *DJ* 30.09.2002)

Reintegração de posse. Retomada de área resultante de álveo abandonado e servidão lindeira. Novo traçado do Rio Tietê providenciado pela Municipalidade de São Paulo. Propriedade do álveo abandonado e da servidão lindeira em favor desta. Sentença de procedência reformada. Reexame e recurso da municipalidade providos. Se a Municipalidade de São Paulo providenciou o novo traçado do Rio Tietê, o álveo abandonado e a servidão lindeira passam a ser de sua propriedade na forma do art. 27 do Código de Águas (TJSP, Ap. Cível n. 159.869-5, rel. Luis Ganzerla, j. 08.05.2001). (*Lex-TJSP* 248/188, 2002)

Registro de imóveis. Retificação. Inadmissibilidade. Englobamento de álveo abandonado. Típica forma de aquisição de domínio. Impugnação pela municipalidade. Art. 27 do Código de Águas. Questão de alta indagação. Incompatibilidade com o procedimento especial. Necessidade de exame pelas vias ordinárias. Recurso não provido. Surgindo fundada controvérsia em matéria de tão alta indagação, indispensável e corretamente imposta, com a consequente rejeição do pedido retificatório, a utilização das vias ordinárias, na conformidade do disposto no art. 213, § 4º, da LRP. (TJSP, Ap. Cível n. 206.066-1, rel. J. Roberto Bedran, j. 05.04.1994)

Possessória. Reintegração de posse. Prescrição. Bem móvel. Possessória. Reintegração de posse. Divisão dos imóveis confinantes por um córrego. Alteração do curso do álveo. Circunstância que não acarreta qualquer modificação nos limites dos imóveis. Inexistência de avulsão, aluvião ou assoreamento. Hipótese em que a alteração do curso d'água ocorreu há mais de cinco anos. Irrelevância. Possibilidade do ajuizamento da ação possessória até o decurso do prazo prescricional. Procedência. Sentença mantida. (*JTA* 122/140)

Possessório. Manutenção de posse. Reintegração de posse. Boletim. Área resultante de obra de utilidade pública efetuada para mudança da corrente do córrego. Álveo abandonado que passa a pertencer ao poder público, sendo insuscetível de posse por particular. Ação improcedente, sendo procedente a reintegração pela municipalidade. (*PTAC*, Boletim 120)

## Subseção V
## Das Construções e Plantações

**Art. 1.253. Toda construção ou plantação existente em um terreno presume-se feita pelo proprietário e à sua custa, até que se prove o contrário.**

A subseção em estudo trata da acessão de móvel a imóvel, abrangendo acréscimos naturais ou decorrentes de obra humana. Alude o preceito a construção ou plantação, que são acessões, não se confundindo com benfeitorias. Benfeitorias são obras ou despesas feitas na coisa, com o propósito de conservá-la, embelezá-la ou melhorá-la. São os acréscimos sobrevindos ao bem em virtude de esforço humano. Já as acessões, ora estudadas, são obras novas, criam coisas distintas que aderem ao bem anteriormente existente.

A regra maior que rege a matéria é a propriedade do solo compreender a da superfície e as das coisas que a ela acedem – *superficies solo cedit*. Cria o preceito em estudo duas presunções: as construções e plantações terem sido feitas pelo dono do solo, e construídas e plantadas às custas do dono do solo. As presunções são relativas – *juris tantum* – e seguem regra de senso comum, de normalmente o proprietário construir e plantar no que é seu e às próprias expensas. Basta, assim, ao dono do solo, fazer prova da propriedade, para presumir a origem das acessões. Cabe ao adversário destruir a presunção, por qualquer meio de prova, documental ou testemunhal.

Na lição de Clóvis, "para que alguém possa alegar direito sobre o que se encontre edificado ou plantado em terreno alheio, há de exigir título hábil" (BEVILAQUA, Clóvis. *Direito das coisas*. Rio de Janeiro,

Freitas Bastos, 1951, v. I, p. 148). A demonstração da existência de uma razão jurídica, de um título que justifique a posse sobre coisa alheia, constitui valioso meio de prova da origem das acessões. Mesmo sem título, pode o possuidor usar de qualquer outro meio para demonstrar que edificou ou plantou em terreno alheio. Note-se que não basta demonstrar quem fez a acessão, mas também quem arcou com seu custo, para pleitear eventual indenização em face do dono do solo.

**Jurisprudência:** Conforme dispõe o art. 1.253 do CCB, toda construção ou plantação existente em um terreno presume-se feita pelo proprietário e à sua custa, até que se prove o contrário e, no caso, não há prova de que os litigantes da ação de dissolução de união estável tenham contribuído financeiramente para a construção da casa construída em terreno de propriedade dos genitores do demandado. Pelo contrário: a prova dá conta de que ele era mero administrador da construção, embora agisse perante terceiros como proprietário, definindo a construção. Admitido pela apelante que efetuou transferência de valor constante na conta bancária do demandado, tal importância deve integrar a partilha, devendo ela reembolsar metade do valor transferido, conforme determinou a sentença. Negaram provimento. Unânime. (TJRS, Ap. Cível n. 70.078.118.171, 8ª Câm. Cível, rel. Des. Luiz Felipe Brasil Santos, j. 30.08.2018)

Pretensão de ressarcimento de valores alegadamente empregados em edificação erigida em imóvel de propriedade exclusiva da ré, em época em que as partes eram casadas sob o regime da separação de bens. Descabimento. Ausência de prova hábil a afastar a presunção legal do art. 1.253, *caput*, do CC, no sentido de pertencer ao proprietário a construção realizada em seu terreno. (TJSP, AC n. 0005195-16.2012. 8.26.0011, rel. Des. João Baptista Vilhena, j. 25.06.2013)

Toda construção ou plantação existente em um terreno presume-se feita pelo proprietário e à sua custa, até que se prove o contrário, impondo-se, por conseguinte, a sua avaliação, para efeito de venda em hastas públicas. (TJSP, Ap. Cível n. 9177366-92.2008.8.26.0000, 30ª Câm. de Dir. Priv., rel. Des. Edgard Rosa, j. 18.05.2011)

**Art. 1.254. Aquele que semeia, planta ou edifica em terreno próprio com sementes, plantas ou materiais alheios, adquire a propriedade destes; mas fica obrigado a pagar-lhes o valor, além de responder por perdas e danos, se agiu de má-fé.**

O artigo em exame nada inovou, em substância, o que continha o art. 546 do CC/1916. Trata da hipótese do dono do solo plantar ou edificar em terreno próprio, mas utilizando-se de materiais ou plantas alheias. A solução adotada pelo legislador está na aquisição, pelo dono do solo, da propriedade da construção e da plantação, atendendo o princípio *superficies solo cedit* e na impossibilidade de se devolver os materiais ou plantas alheios sem fratura ou dano.

De outro lado, o proprietário do solo, e agora também das acessões a ele incorporadas, indeniza o valor dos materiais e plantas alheios, para evitar o enriquecimento sem causa. O valor a ser indenizado, segundo Carvalho Santos, é o que os materiais e sementes tinham quando passaram a ser propriedade do dono do solo, ou seja, o momento no qual foram plantados ou empregados na construção, devidamente atualizados, para evitar a depreciação da moeda (CARVALHO SANTOS, J. M. de. *Código Civil brasileiro interpretado*, 5. ed. Rio de Janeiro, Freitas Bastos, 1952, v. VII, p. 404). Não se indeniza, portanto, o valor da obra concluída, nem o da plantação em fase de colheita, mas apenas o que perdeu efetivamente o ex-dono dos materiais e sementes, sem incluir a mais valia que acrescentaram ao dono do solo. É irrelevante, de outro lado, se a construção foi demolida, ou se a plantação se perdeu, pois o risco da perda ou deterioração é do dono da acessão (*res perit domino*).

Se o dono do solo agir de má-fé, pagará também as perdas e danos causados ao dono dos materiais e sementes, cabendo a este último, porém, o ônus de provar os danos emergentes e os lucros cessantes decorrentes do ato ilícito.

Finalmente, não mais persiste acesa discussão na doutrina, sobre casos em que ao dono dos materiais era admitida a reivindicação, em vez de singela indenização. Tomem-se como exemplo os casos das sementes e materiais ainda não incorporados ao solo, ou das coisas consideradas imóveis por acessão intelectual, como espelhos, quadros, eletrodomésticos e outros bens móveis intencionalmente destinados à exploração, aformoseamento ou comodidade de um prédio. A figura das pertenças, expressa no art. 93 do CC/2002, de um lado cria uma unidade econômico-social com a coisa a que elas servem, mas, de outro, garante a possibilidade de destaque do bem principal, podendo ser objeto de relações jurídicas próprias. Parece claro, portanto, que as pertenças, antigas acessões intelectuais, podem ser reivindicadas por seus proprietários, não se incorporando ao prédio, nem constituindo acessões.

**Art. 1.255. Aquele que semeia, planta ou edifica em terreno alheio perde, em proveito do proprie-**

**tário, as sementes, plantas e construções; se procedeu de boa-fé, terá direito a indenização.**

**Parágrafo único. Se a construção ou a plantação exceder consideravelmente o valor do terreno, aquele que, de boa-fé, plantou ou edificou, adquirirá a propriedade do solo, mediante pagamento da indenização fixada judicialmente, se não houver acordo.**

---

O artigo em exame, especialmente seu parágrafo único, introduz relevante novidade em nosso ordenamento jurídico, consagrando exceção ao princípio *superficies solo cedit*. Trata-se, sem dúvida, da mais importante alteração introduzida no capítulo das acessões, como adiante veremos.

O *caput* do artigo trata do caso daquele que edifica ou planta em terreno alheio, com materiais ou sementes próprias. Hipótese diversa, portanto, da estudada no art. 1.254, no qual havia construção feita em terreno próprio, mas com materiais ou sementes alheios. Traça o legislador a regra de o construtor ou plantador perder o que plantou ou construiu a favor do proprietário do solo, mas ter direito à indenização, se agiu de boa-fé. Visa a reparação a evitar o enriquecimento sem causa do proprietário do solo, que terá incorporadas as acessões, em desfavor do construtor ou plantador, que as perderá.

É intuitivo que para construir ou plantar em terreno alheio deve-se ter a posse do prédio. O preceito alcança todas as classificações da posse, desde que cumpra o requisito da boa-fé subjetiva, entendida como ignorância ou desconhecimento do vício que a afeta. Assim, terá direito à indenização o possuidor direto, com posse *ad interdicta* ou *ad usucapionem*, e até mesmo o possuidor com posse injusta, desde que desconheça o vício.

Não diz a lei, mas por analogia se aplicam as regras relativas à indenização das benfeitorias úteis, de modo que, além da indenização, terá o construtor ou plantador de boa-fé direito de retenção, permanecendo com a coisa até o recebimento do crédito, consoante tranquilo entendimento dos nossos tribunais. Nesse sentido o Enunciado n. 81 do CEJ do STJ, do seguinte teor: "O direito de retenção previsto no art. 1.219 do CC, decorrente da realização de benfeitorias necessárias e úteis, também se aplica às acessões (construções e plantações), nas mesmas circunstâncias". No que se refere à oportunidade e modo de exercício do direito de retenção, se remete o leitor ao comentário ao art. 1.219 do CC, que aqui se aplica.

Diz a parte final do *caput* do art. 1.255 que o construtor e plantador de boa-fé terão direito à indenização pelas acessões perdidas para o dono do solo, mas não quantifica seu valor. Aplica-se o disposto na parte final do art. 1.222 do CC/2002, que assegura ao possuidor de boa-fé a indenização pelo "valor atual". Repete-se o que foi dito no comentário àquele artigo. Indeniza-se o valor das acessões, no estado em que se encontram, no momento da devolução do prédio. Leva-se em conta, portanto, o desgaste e a depreciação da acessão, assim como o decréscimo de sua utilidade, para aferir seu valor atual, pouco importando se o possuidor gastou mais ou menos para fazê-las. A regra tem lógica: de um lado, não deve o dono do solo pagar mais do que recebeu; de outro lado, porém, se o custo para fazer a benfeitoria ou acessão foi inferior a seu valor atual, é justo receber o construtor/plantador de boa-fé a diferença, pois corresponde àquilo que enriqueceu o dono do solo. É relevante saber o exato momento em que cessou a boa-fé do construtor/plantador, marco divisor do direito à percepção de indenização das acessões erigidas até aquela data. Não é relevante o fato de a acessão ser regular ou irregular, na esfera administrativa. Ainda que não aprovada por autoridade administrativa, tem a construção valor, embora sofra alguma depreciação. Assim, ainda que o art. 34, § 1º, da Lei n. 6.766/79, reze que nos contratos de compromisso de compra e venda de imóveis loteados não serão indenizadas as benfeitorias (caso se estenda o preceito às acessões), mesmo feitas em desconformidade com o contrato ou com a lei, não significa que obras não aprovadas sejam perdidas sem qualquer indenização.

O construtor/plantador de má-fé, além de perder a construção ou plantação a favor do dono do solo, não tem direito à indenização. Embora não repita o atual art. 1.255 o contido na parte final do art. 547 do revogado CC, está claro que também responde por eventuais perdas e danos, além de ser obrigado a repor o prédio no estado anterior, se assim desejar o dono do solo, em vez de se apropriar da construção ou plantação.

A principal novidade do preceito se encontra no parágrafo único do art. 1.255, que inverte um paradigma milenar, de o solo ser o principal e a construção/plantação o acessório. Atende a regra à cláusula geral da função social da propriedade, conferindo ao construtor/plantador de boa-fé, que deu destinação econômica e social ao prédio, sobre ele consolidar a propriedade, indenizando o dono do solo, que permaneceu inerte, não utilizando o que era seu. O direito assegurado ao construtor/plantador está subordinado a dois requisitos cumulativos: a boa-fé e o valor consideravelmente superior da construção/plantação, em relação ao solo.

Na expressão de Nelson Rosenvald, trata-se de acessão inversa, na qual a construção ou plantação são os bens principais e o solo é acessório (*Direitos reais, teoria e questões*, 2. ed. Niterói, Impetus, 2003, p. 93). O critério é econômico e exige que o valor da acessão supere consideravelmente o valor do terreno. Usou o legislador propositalmente termo indeterminado – *consideravelmente* – conferindo maior poder ao juiz, para, no caso concreto, aferir a disparidade de valores entre o solo e a acessão. Deve-se levar em conta, dentro do parâmetro econômico primário fixado pelo legislador, a natureza da utilização do imóvel, a relevância dos investimentos e a função social que o construtor/plantador deu ao prédio.

Na falta de consenso entre as partes, será fixada a indenização pelo juiz, levando em conta, como é óbvio, o valor do solo sem as acessões erigidas por terceiro de boa-fé. O direito potestativo do construtor/plantador pode ser agitado em ação própria ou como exceção em demanda reivindicatória ou possessória. Contra o pagamento do valor fixado judicialmente, será o imóvel transferido ao construtor/plantador, servindo a sentença como título derivado para o registro imobiliário. Cuida-se de mais uma modalidade de alienação compulsória do proprietário que deixou de dar função social à propriedade, ao possuidor que a deu, tal como previsto no art. 1.228, § 4º, do CC/2002.

Embora não preveja a lei, também o proprietário do solo, onde foi construída a acessão inversa de boa-fé, tem o direito de postular a aquisição compulsória do terreno pelo construtor ou plantador. Basta lembrar a hipótese do valor das acessões de boa-fé, com direito de retenção, superar em muito o valor do terreno, e o proprietário não dispuser de recursos para a indenização. Parece sensato que para resolver o impasse, em vez de indenizar as acessões, prefira perder o terreno e receber o seu valor correspondente em dinheiro.

A figura da acessão inversa se aplica exclusivamente à propriedade privada, pois a propriedade pública, para efeito de alienação, deve ser previamente desafetada.

**Jurisprudência:** Enunciado n. 181, CEJ: O direito de retenção previsto no art. 1.219 do CC, decorrente da realização de benfeitorias necessárias e úteis, também se aplica às acessões (construções e plantações) nas mesmas circunstâncias.

Possessórias. Ação de reintegração de posse. Reconhecimento de mais-valia da construção em relação ao solo. Posse de boa-fé. Acessão inversa. Perda da propriedade do terreno a favor do possuidor. Art. 1.255, parágrafo único, do CC. Formulação de pedido contraposto ou reconvenção. Desnecessidade. Aplicação por força de lei (*ex vi legis*). Em que pese a autora seja proprietária do terreno, a ré construiu no local, de boa-fé, a casa onde reside com sua família. Ocorre que o valor da construção é muito superior ao valor do solo, e, nessa toada, a solução da lide deve-se dar à luz do disposto no parágrafo único do art. 1.255 do CC, com perda da propriedade do solo a favor da possuidora de boa-fé. A formulação de pedido nesse sentido, em contestação, é despicienda, segundo doutrina e jurisprudência, uma vez que a aplicação da regra se dá por força de lei (*ex vi legis*). (TJSP, AC n. 0205567-07.2009.8. 26.0004, rel. Des. Sandra Galhardo Esteves, j. 26.06.2013)

O art. 1.255 do CC, que prevê a indenização por construções, dispõe, em seu parágrafo único, que o possuidor poderá adquirir a propriedade do imóvel se "a construção ou a plantação exceder consideravelmente o valor do terreno". O dispositivo deixa cristalina a inaplicabilidade do instituto aos bens da coletividade, já que o direito público não se coaduna com prerrogativas de aquisição por particulares, exceto quando atendidos os requisitos legais (desafetação, licitação etc.). (STJ, REsp n. 945.055/DF, rel. Min. Herman Benjamin, j. 02.06.2009)

Acessão inversa. Acessões de valor muito superior ao do terreno, construídas de boa-fé pelos últimos adquirentes da cadeia de alienações. Possibilidade de acessão inversa, dado o descompasso entre o valor do terreno cru e aquele do imóvel edificado, diante da concordância da autora. Realização de nova perícia, em liquidação por arbitramento, para apuração do valor atual do terreno. Consolidação da propriedade em favor dos últimos adquirentes, uma vez pago o valor do terreno em favor do verdadeiro proprietário do solo. Ação parcialmente procedente, para reconhecer a nulidade do primeiro negócio, mas manter todos os registros da cadeia, convalidados pela acessão inversa da herança jacente em favor dos últimos adquirentes. Manutenção das verbas de sucumbência. (TJSP, Ap. Cível n. 427.382.4/0-00, 4ª Câm. de Dir. Priv., rel. Des. Francisco Loureiro, j. 14.05.2009)

Acessão inversa. Art. 1.255, parágrafo único, do novo CC. Pretendida aquisição da propriedade mediante pagamento de indenização pela realização de construção. Pretensão exercível a partir da vigência do novo CC. Ausência de boa-fé do construtor. Ação improcedente. Recurso improvido. (TJSP, AC n. 471.869-4/0-00, rel. Des. Piva Rodrigues, j. 19.07.2007)

Conforme entendimento do STJ, é possível a retenção do imóvel, pelo possuidor de boa-fé, até que seja indenizado pelas acessões nele realizadas. (STJ, REsp n. 805.522/RS, rel. Min. Arnaldo Esteves Lima, j. 07.12.2006)

É possível equiparar as acessões artificiais às benfeitorias necessárias, porquanto podem representar instrumento adequado para a conservação da coisa, evitando que se deteriore. (STJ, REsp n. 565.483/SP, rel. Min. Carlos Alberto Menezes Direito, j. 08.11.2005)

As construções novas, que constituem acessões, introduzidas pelo inquilino no imóvel locado, e que aderiram ao anteriormente existente, não caracterizam benfeitorias. Diversamente das benfeitorias, a indenização por acessões não pode ser pedida na ação de despejo nem possibilita a retenção do imóvel pelo locatário, devendo ser pleiteada pela via processual própria (TJSP, AI n. 891.949-0/8, rel. Orlando Pistoresi, j. 12.05.2005). (*Lex-TJSP* 292/401, 2005)

Locação. Despejo. Competência. Vínculo empregatício. Cerceamento de defesa. Benfeitorias. Acessão. Indenização. A retomada do imóvel locado prescinde de qualquer reconhecimento prévio acerca da existência, ou não, de vínculo empregatício entre as partes ou da tramitação de demanda laboral. Desnecessária renovação de perícia se realizada em processo idêntico anterior anulado por questão formal não relacionada à prova. Benfeitorias voluptuárias são as realizadas para mero deleite, divertimento ou despesas desnecessárias. Não se caracterizam como tais construção de local adequado para servir de residência e destinada para proporcionar um mínimo de condições dignas de moradia. A presunção de que toda a construção ou plantação existente em um terreno foi realizada pelo proprietário e a sua custa (art. 545) e *juris tantum*, admitindo prova em contrário. A edificação de apartamento em terreno alheio aproveitando a estrutura e características do imóvel existente configura acessão, caso em que ocorre a incorporação de um bem pelo outro, pois "aquele que semeia, planta ou edifica em terreno alheio perde, em proveito do proprietário, as sementes, plantas e construções, mas tem direito a indenização. Não o terá, porém, se procedeu de má-fé, caso em que poderá ser constrangido a repor as coisas no estado anterior e a pagar os prejuízos" (art. 547 do CC). A necessidade da realização da obra, o intuito de nele morar, o longo período em que lá esteve estabelecido e, sobretudo, as condições, compartilhando camarins destinados a artistas de espetáculos noturnos, além do fato de a obra ter sido realizada na presença dos proprietários e sem impugnação, comprova a boa-fé e outorga direito à indenização. (TJRS, Ap. Cível n. 70.005.733.589, 2ª Câm. Cível, rel. Ana Lúcia Carvalho Pinto Vieira, j. 24.04.2003)

1 – Esta Corte firmou compreensão no sentido de que o CDC não é aplicável aos contratos locatícios. 2 – Não é nula a cláusula em que se renuncia ao direito de indenização nas hipóteses de acessão em terreno locado, prestigiando o princípio da autonomia das vontades (STJ, REsp n. 439.797/SP, rel. Min. Paulo Gallotti, j. 19.11.2002). (*RSTJ* 175/586)

De acordo com os arts. 63, 66, 490, 515 a 519, 535, 536, V, e 545, do CCB, a construção realizada não pode ser considerada benfeitoria, e sim como acessão (art. 536, V, CC), não cabendo, por tal razão, indenização pela construção irregularmente erguida. O direito à indenização só se admite nos casos em que há boa-fé do possuidor e seu fundamento sustenta-se na proibição do ordenamento jurídico ao enriquecimento sem causa do proprietário, em prejuízo do possuidor de boa-fé. 3 – No presente caso, tem-se como clandestina a construção, a qual está em logradouro público, além do fato de que a sua demolição não vai trazer nenhum benefício direto ou indireto para o município que caracterize eventual enriquecimento. 4 – Não se pode interpretar como de boa-fé uma atividade ilícita. A construção foi erguida sem qualquer aprovação de projeto arquitetônico e iniciada sem a prévia licença de construção, fato bastante para caracterizar a má-fé da recorrente. 5 – "A construção clandestina, assim considerada a obra realizada sem licença, é uma atividade ilícita, por contrária à norma edilícia que condiciona a edificação à licença prévia da prefeitura. Quem a executa sem projeto regularmente aprovado, ou dele se afasta na execução dos trabalhos, sujeita-se à sanção administrativa correspondente." (Hely Lopes Meirelles, em sua clássica obra *Direito de construir*, 7. ed. São Paulo, Malheiros, p. 251). (STJ, REsp n. 401.287/PE, rel. Min. José Delgado, j. 26.03.2002)

Na ação reivindicatória, quando, como na hipótese, o direito de retenção não foi discutido na fase de conhecimento, os embargos de retenção por benfeitorias podem ser opostos na execução da sentença que a julgou procedente. Tal aceitação não importa em ofensa à autoridade da coisa julgada e se afeiçoa ao princípio da economia processual (STJ, REsp n. 111.968/SC, rel. Min. Cesar Asfor Rocha, j. 17.08.2000). (*RSTJ* 140/415)

Indenização. Ação reivindicatória. Imóvel. Procedência. Construção em terreno alheio vizinho. Perda em favor do proprietário vindicante. Casa que, depois da sua divisão e da separação física dos terrenos, se tornará inútil do ponto de vista jurídico-funcional. Perda de valor econômico. Verba não devida. Improvimento aos recursos principais. Inteligência do art. 547, 1ª alínea, do CC. Quem edifica em terreno alheio vizinho, perde, em proveito do proprietário, mas sem direito a indenização, as construções, se estas, depois de divididas e separados os terrenos, já não guardem valor econômico (TJSP,

Ap. Cível n. 59.912-4, rel. Cezar Peluso, j. 09.02.1999). (*Lex-TJSP* 217/73, 1999)

Possuidor. Construções. Indenização. Retenção. O direito a ressarcimento por construções, que se reconheceu ao possuidor, garante-se com a retenção. Inexistência de razão para tratamento diferenciado de acessões e benfeitorias, quanto ao ponto. Tanto mais que o CC nem sempre empregou os termos no sentido rigorosamente técnico, como se depreende de seu art. 548 (STJ, REsp n. 28.489/SP, rel. Min. Eduardo Ribeiro, j. 19.10.1993). (*RSTJ* 53/183)

Embora as construções não sejam benfeitorias, a disposição do art. 516 do CC, pela sua finalidade, abrange umas e outras. Portanto, afirmada a boa-fé do possuidor, tem ele direito à retenção até que seja ressarcido do valor da construção (TJSP, Ap. Cível n. 211.637-2, rel. Laerte Nordi, j. 24.06.1993). (*Lex-TJSP* 146/79, 1993)

Enquanto perdurar o comodato, não corre prescrição para pleitear indenização pelas acessões efetuadas pelo comodatário, que delas se utiliza. (STJ, REsp n. 13.337/SP, rel. Min. Eduardo Ribeiro, j. 27.04.1992)

Arrendamento rural. Benfeitoria. Plantação e construção. Não reconhecimento. Plantações e construções, sendo coisas novas que se agregam às já existentes, são consideradas acessões e não benfeitorias, pois estas constituem obras ou despesas efetuadas na coisa para conservá-la, melhorá-la ou embelezá-la. (*JTA*, *RT* 83/304)

**Art. 1.256. Se de ambas as partes houve má-fé, adquirirá o proprietário as sementes, plantas e construções, devendo ressarcir o valor das acessões.**

**Parágrafo único. Presume-se má-fé no proprietário, quando o trabalho de construção, ou lavoura, se fez em sua presença e sem impugnação sua.**

O CC/1916 tinha regra similar no art. 548. Foi a redação do preceito aperfeiçoada, substituindo-se o termo "valor das benfeitorias" por "valor das acessões", eliminando qualquer dúvida a respeito do objeto da indenização.

O artigo anterior disciplinou hipóteses nas quais o dono do solo está de boa-fé, variando apenas a boa-fé ou a má-fé do construtor/plantador. Agora trata o legislador do caso em que tanto o construtor/plantador como o dono do solo estão de má-fé, de modo que não há razão para tutelar o interesse de qualquer deles, em detrimento do outro.

A solução dada foi a do dono do solo se apropriar das acessões, que se incorporam ao prédio, mas em contrapartida indenizar o seu valor ao construtor/plantador, evitando, assim, o enriquecimento sem causa de qualquer das partes. No que se refere ao valor da indenização, aplica-se por analogia o disposto na parte final do art. 1.222 do CC/2002: a indenização se faz pelo valor atual da acessão, evitando vantagem a qualquer das partes maliciosas.

O parágrafo único do artigo em exame trata da presunção de má-fé do proprietário do solo, quando a construção ou plantação se fez em sua presença e sem impugnação. Na lição de Carvalho Santos, "não precisa o construtor ou o plantador provar a má-fé do *dominus soli*, bastando que ele prove: a) que o proprietário estivera presente ao serviço de plantação ou construção; b) que a ele não fez oposição" (CARVALHO SANTOS, J. M. de. *Código Civil brasileiro interpretado*, 5. ed. Rio de Janeiro, Freitas Bastos, 1952, v. VII, p. 422). Nada impede, porém, que o construtor/plantador faça a seu cargo prova por outros meios de que o dono do solo tinha ciência do levantamento das acessões e a elas não se opôs, apesar de não se achar presente. A presunção de má-fé que emana da presença do dono do solo é relativa e pode ser elidida por circunstâncias e provas em sentido contrário, por exemplo, convenção entre as partes de que as acessões não seriam indenizadas, ou de que o seu custo já se achava embutido na equação econômica do contrato.

Finalmente, a presunção de má-fé do dono do solo presente exige também o requisito da falta de impugnação, pois, se reclamou, o risco passa a ser inteiramente do construtor/plantador. A impugnação pode ser judicial ou extrajudicial, comprovável por documentos, notificações ou testemunhas.

**Jurisprudência:** Apelação. Ação reivindicatória. A posse injusta da coisa, que autoriza a ação reivindicatória, não se confunde com a qualificação da posse constante do art. 1.200 do CC. Na ação reivindicatória a injustiça da posse significa posse exercida sem direito real sobre a coisa ou sem causa obrigacional que a autorize. Irrelevante, para fins de reivindicatória, o exercício da posse sem violência, clandestinidade ou precariedade, bem como não afasta seu acolhimento eventual boa-fé do possuidor. Ação reivindicatória é a ação do proprietário não possuidor para exercer o direito de sequela em face do possuidor não proprietário. Réu que exerce a posse pela posse, sem qualquer causa jurídica. Confissão de que passou a exercer posse no terreno vizinho ao seu, que não estava sendo efetivamente utilizado pelo proprietário. Ação reivindicatória procedente. Efeitos da posse. Réu que não pode ser considerado possuidor de boa-fé, pois tinha pleno conhecimento do vício que impedia a aquisição do direito, conhecedor de que o imóvel era de propriedade de terceiro. Exercício de atos de posse no imóvel que superam mera realização de benfeitorias, consistindo em verdadeira acessão, com construção de casa, salão, muros divisórios. Má-fé do construtor, conhecedor de que se tratava de imóvel alheio, e do proprietário, que viu extensa construção ser realizada em seu terreno sem adoção de qualquer providência. Aplicação do art. 1.256, parágrafo único, do CC. Perda das construções em favor do proprietário do imóvel e indenização em favor do possuidor/construtor, sem direito de retenção. Indenização pela utilização desautorizada do imóvel. Cabimento. Acolhimento do pedido, com condenação do réu ao pagamento de indenização, na forma de aluguel, desde a citação até desocupação do imóvel. Recurso parcialmente provido. (TJSP, Ap. Cível n. 10215750720188260361/Mogi das Cruzes, 1ª Câm. de Dir. Priv., rel. Enéas Costa Garcia, j. 22.10.2024, publ. 22.10.2024)

Apelação. Embargos de terceiro. Cessão de direitos de imóvel em construção decorrente de anterior compromisso de compra e venda de imóvel. Embargantes que são cessionários de direito, adquiriram o imóvel e concluíram a construção da casa existente no local. Advento de ordem de reintegração de posse do bem em favor dos proprietários do imóvel em razão do acolhimento da ação de rescisão do contrato celebrado com o original compromissário-comprador do imóvel e que iniciou a construção das casas antes de ceder seus direitos a terceiros, dentre eles o cedente no negócio firmado pelos embargantes. Pretensão de reconhecimento do direito de indenização das benfeitorias (acessões) e de retenção. Admissibilidade. Embargantes que adquiriram o imóvel em negócio oneroso, de pessoa que não era o réu da ação de rescisão contratual (subadquirentes), tendo levado a termo as acessões, sendo notificados do litígio e da necessidade de restituir o bem quando as obras já estavam terminadas. Ainda que considerada a boa-fé sob vertente de uma boa-fé ética e não meramente psicológica, somente existência de erro grosseiro ou negligência indesculpável justificaria a exclusão da boa-fé, que se presume. A só falta de obtenção de certidão do distribuidor cível, dadas as circunstâncias de simplicidade do negócio, não constitui fator determinante para reconhecimento de má-fé. Ademais, ainda que houvesse má-fé por parte dos embargantes há que se considerar que a construção foi realizada à vista dos embargados, sem oposição tempestiva, o que enseja dever de indenizar, tal como regulado no art. 1.256 e parágrafo único do CC. Direito à indenização reconhecido, bem como assegurado direito de retenção. Recurso provido. (TJSP, Ap. Cível n. 1001957-91.2015.8.26.0099, rel. Des. Eneas Costa Garcia, j. 01.11.2018)

Possessória. Reintegração. Esbulho. Réu desocupou o imóvel. Pedido possessório prejudicado. Indenização. Benfeitorias. Possessória. Ação de natureza dúplice. Defesa e ataque admitidos na própria contestação. Inteligência do art. 922 do CPC [art. 556 do CPC/2015]. Prova documental não elidida pelos requerentes indicando o réu como proprietário do material utilizado na construção. Má-fé de ambas as partes. Dever dos autores de ressarcir o valor gasto pelo réu. Aplicação do art. 1.256, *caput* e parágrafo único, do novo CC. Ação procedente. Recurso desprovido. Sentença mantida. (TJSP, Ap. n. 991080657541 (7280782200), rel. Ademir Benedito, 21ª Câm. de Dir. Priv., j. 24.03.2010)

---

**Art. 1.257. O disposto no artigo antecedente aplica-se ao caso de não pertencerem as sementes, plantas ou materiais a quem de boa-fé os empregou em solo alheio.**

**Parágrafo único. O proprietário das sementes, plantas ou materiais poderá cobrar do proprietário do solo a indenização devida, quando não puder havê-la do plantador ou construtor.**

---

Manteve o legislador em substância o que continha o art. 549 do CC/1916, alterando apenas a redação do dispositivo. Trata-se, segundo Carvalho Santos, do caso "em que alguém faz plantações ou edifica em terreno alheio, pertencendo as sementes, plantas e materiais a um terceiro, não a ele, plantador ou construtor" (CARVALHO SANTOS, J. M. de. *Código Civil brasileiro interpretado*, 5. ed. Rio de Janeiro, Freitas Bastos, 1952, v. VII, p. 424). Segundo o mesmo autor, criam-se, em tal caso, relações jurídicas de três ordens, entre os diversos interessados: entre o proprietário do solo e o construtor/plantador; entre o construtor/plantador e o proprietário do material; entre o proprietário do solo e o dono do material (op. cit., p. 424).

Inicia o artigo regulando a primeira das relações mencionadas e dispõe que o dono do solo adquire a propriedade das acessões (aplica-se o que contém o artigo anterior), mas indeniza o construtor/plantador por seu valor atual, ainda que o material empregado na obra seja alheio. A indenização a que faz jus o construtor/plantador, portanto, é pela totalidade da acessão e não apenas pelo valor da mão de obra. Tal solução se impõe, por dever o construtor/plantador indenizar o dono do material ou das sementes empregados na acessão. Em termos diversos, o construtor/plantador recebe a indenização do dono do solo, que se beneficiou com a aquisição da acessão, mas repassa o valor do material a seu proprietário.

O dono do solo, a princípio, não tem relação jurídica direta com o dono do material. Logo, a responsabilidade primária será do construtor/plantador indenizar o dono do material. Caso isso não ocorra, nasce, então, a responsabilidade subsidiária do dono do solo, que se beneficiou com a incorporação da acessão, frente ao dono do material, como reza o parágrafo único do art. 549 do CC. Como, porém, alerta Carvalho Santos, este último nada poderá receber se o proprietário do solo já pagou a indenização completa ao construtor/plantador. O preceito visa a evitar o enriquecimento sem causa indireto, que ocorre quando existem duas transmissões sucessivas de valor econômico; primeiro, do patrimônio do empobrecido para o de um intermediário e, depois, do intermediário para o beneficiário final. É por isso que, ao contrário do entendimento da doutrina tradicional, se o construtor/plantador nada tiver a receber, por estar de má-fé, ainda assim pode o proprietário do material pedir indenização de seu valor ao dono do solo, que se beneficiou da acessão.

---

**Art. 1.258. Se a construção, feita parcialmente em solo próprio, invade solo alheio em proporção não superior à vigésima parte deste, adquire o construtor de boa-fé a propriedade da parte do solo invadido, se o valor da construção exceder o dessa parte, e responde por indenização que represente, também, o valor da área perdida e a desvalorização da área remanescente.**

**Parágrafo único. Pagando em décuplo as perdas e danos previstos neste artigo, o construtor de má-fé adquire a propriedade da parte do solo que invadiu, se em proporção à vigésima parte deste e o valor da construção exceder consideravelmente o dessa parte e não se puder demolir a porção invasora sem grave prejuízo para a construção.**

---

O artigo em exame não tinha correspondência no CC/1916, embora códigos estrangeiros, por exemplo, o italiano (art. 938), já adotassem providência similar.

O *caput* do art. 1.258 é desdobramento do que contém o parágrafo único do art. 1.255, anteriormente comentado; ou seja, constitui exceção ao princípio *superficies solo cedit*, permitindo ao construtor de boa-fé que construiu em pequena faixa do imóvel vizinho se tornar dono dela, indenizando o proprietário. Cuida-se, novamente, de direito potestativo, assegurando ao esbulhado a alienação compulsória de parte do imóvel invadido. Mais uma vez, procura o legislador tutelar a função econômica e social da propriedade imóvel, evitando a demolição da construção feita de boa-fé, com regra especial para a invasão de pequena monta. A solução legal, de resto, já era adotada pelos tribunais, na vigência do CC/1916 (*RT* 493/107 e 517/201).

Como diz Marco Aurélio S. Viana, são requisitos cumulativos da incidência da regra: "a) a construção se tenha feito parcialmente em solo próprio, mas havendo invasão de solo alheio; b) a invasão do solo alheio não pode ser superior à vigésima parte deste; c) a boa-fé do construtor; d) o valor da construção deve exceder o da parte invadida; e) o construtor indenizará o dono do terreno invadido, pagando-lhe o valor da área perdida e a desvalorização do remanescente" (*Comentários ao novo Código Civil*. Rio de Janeiro, Forense, 2003, v. XVI, p. 162).

Note-se que restringe o legislador a incidência da regra à construção, não abrangendo, portanto, as acessões por plantação. A construção deve estar parcialmente em solo próprio e parcialmente em solo alheio, não se aplicando a regra à construção feita inteiramente em pequena porção do imóvel vizinho. A invasão não pode ser superior à vigésima parte do imóvel vizinho e deve ser erigida de boa-fé pelo construtor, sendo, por consequência, determinante o momento no qual tomou este ciência de que construía em terreno alheio, pois incidirá na regra do parágrafo único do artigo em exame, com efeitos distintos. O valor da construção deve exceder o da porção de solo invadido do prédio vizinho, com a ressalva de que não utiliza o legislador, aqui, a qualificação "consideravelmente", como fez no parágrafo único do art. 1.255. Logo, basta, utilizando critério econômico, que o valor da construção supere o valor da faixa invadida, sem importar a proporção.

Finalmente, determina o legislador a indenização da faixa invadida, por se tratar, como dito, de direito potestativo do construtor à aquisição compulsória, ainda que contra a vontade do vizinho. A indenização engloba o valor da faixa perdida e a desvalorização do remanescente. No referente à faixa perdida, não se computa na indenização, como é evidente, o valor da acessão feita pelo adquirente. O valor é o do solo, contemporâneo à época do pagamento.

Para a desvalorização do remanescente, deve ser calculada a diminuição de seu potencial de utilização, levando em conta normas urbanísticas, gabaritos e coeficientes de aproveitamento. Muitas vezes, o remanescente já não tem a mesma utilidade do todo, ou sua desvalorização é desproporcional à faixa perdida, correspondendo tal déficit ao valor complementar a ser indenizado. Pode ocorrer, finalmente, como alerta Marco Aurélio S. Viana (op. cit., p. 163), de o remanescente ficar inaproveitável, caso no qual haverá direito de acrescer, abrangendo a indenização a totalidade do imóvel vizinho, que se transferirá por inteiro ao construtor. O desmembramento do imóvel é feito contra a vontade de seu proprietário, por acessão inversa – modo originário de aquisição da propriedade –, de maneira que o remanescente poderá ter medidas inferiores às exigidas pela Lei n.

6.766/79 ou legislações municipais, sem que tal fato impeça o registro imobiliário. A faixa invadida, por seu turno, será unificada ao prédio vizinho.

O parágrafo único do artigo em exame trata da construção feita de má-fé, que invade faixa de até 1/20 da área total do imóvel vizinho. Em caráter excepcional e cercada de requisitos especialíssimos, admite-se a acessão inversa, mediante alienação compulsória da faixa invadida ao construtor. Lida o preceito com dois vetores opostos: de um lado, manter a unidade econômica do imóvel do construtor, evitando a demolição de parte da construção, que comprometa o restante da edificação e a própria função social do prédio; de outro lado, punir o comportamento malicioso do construtor, que erigiu em faixa do imóvel vizinho, ciente de tal circunstância. Com o devido respeito, parece ir contra texto expresso de lei o Enunciado n. 318 do CEJ, que exige como requisito da acessão inversa a proteção a interesse de terceiro de boa-fé.

Da congruência dos dois fatores, extraem-se os requisitos para a acessão inversa ao construtor de má-fé:

- a faixa invadida não pode superar a vigésima parte do imóvel vizinho;
- o valor da construção supera consideravelmente o valor da faixa invadida. Note-se que voltou o legislador a qualificar o excesso, tal como fez no parágrafo único do art. 1.255, exigindo desproporção entre os dois valores. Leva-se em conta, para interpretar o termo aberto *consideravelmente*, o critério econômico primário e os critérios subsidiários do grau de malícia do construtor e da função social dada ao imóvel;
- a porção invasora não puder ser demolida, sem grave prejuízo para a construção. Leva em conta o preceito critério utilitário de que a perda da porção invasora não comprometa, de modo grave, o restante da construção. Devem-se analisar as circunstâncias do caso concreto, levando em conta a natureza e características da porção invasora e sua conexão com o restante da construção. Claro que algum prejuízo sempre haverá, mas exige o legislador que seja ele grave, ou seja, que impossibilite a utilização ou provoque desvalorização desproporcional do restante, em sacrifício que não seria razoável exigir, mesmo do construtor de má-fé;
- o pagamento do décuplo das perdas e danos referidas no *caput* do art. 1.258. Visa a multa a desestimular o comportamento malicioso do construtor, impondo-lhe pesado ônus.

**Jurisprudência:** Enunciado n. 318, CEJ: O direito à aquisição da propriedade do solo em favor do construtor de má-fé (art. 1.258, parágrafo único) somente é viável quando, além dos requisitos explícitos previstos em lei, houver necessidade de proteger terceiros de boa-fé.

Diante do princípio da boa-fé objetiva dos réus que é presumida pela ausência de prova em contrário, bem como diante do princípio da função social da propriedade, não se há de falar em demolição da construção realizada na parte invadida, tendo em vista que acarretaria o comprometimento de toda a estrutura do imóvel construído, de acordo com o laudo pericial. Se estiver de boa-fé o construtor, a invasão do solo alheio não exceder a vigésima parte deste e se o valor da construção exceder o dessa parte, adquire a propriedade da parte do solo invadido e responde pela indenização consistente no valor da área perdida e a desvalorização da área remanescente. Indenização devida de acordo com o art. 1.258, *caput*, do CC, não havendo de se falar em pagamento pelo uso da área invadida ou em reparação dos danos no muro, cujo valor integral será ressarcido ao autor. Fato que gerou aborrecimentos e transtornos ao autor, mas que não pode ser confundido com lesão à moral. Recurso desprovido. (TJSP, Ap. Cível n. 1001766-65.2017.8.26.0361, rel. Des. Gilberto Leme, j. 03.08.2018)

Necessária à aplicação do art. 1.258 do CC, além da extensão pequena da área invadida, a boa-fé por parte do construtor. Esta conduta desaparece daquele que, advertido pelos fiscais da prefeitura de que invadiu terreno limítrofe, reitera na conduta e realiza outra obra no lote invadido. (TJSC, Ap. Cível n. 0003802-72.2008.8.24.0069, rel. Des. João Batista Góes Ulysséa, j. 26.10.2017)

Possessória. Reintegração de posse. Invasão em parte mínima da área de terreno da autora-apelante. Demolição parcial que acarretaria prejuízo acentuado. Substituição da reintegração de posse pela indenização da área invadida. Aplicação do art. 1.258 do CC/2002, que reflete os princípios da razoabilidade e da proporcionalidade. Sentença mantida. Recurso improvido. (TJSP, AC n. 0001812-06.2007.8.26. 0108, rel. Des. J. B. Franco de Godoi, j. 08.08.2012)

---

**Art. 1.259. Se o construtor estiver de boa-fé, e a invasão do solo alheio exceder a vigésima parte deste, adquire a propriedade da parte do solo invadido, e responde por perdas e danos que abranjam o valor que a invasão acrescer à construção, mais o da área perdida e o da desvalorização da área remanescente; se de má-fé, é obrigado a demolir o que nele construiu, pagando as perdas e danos apurados, que serão devidos em dobro.**

---

Cuida-se, novamente, de variante do parágrafo único do art. 1.255, permitindo a acessão inversa no caso de invasão parcial decorrente de construção no imóvel vizinho. A peculiaridade, aqui, está na dimensão da invasão, que supera a vigésima parte do imóvel vizinho, comportando soluções diversas daquelas previstas no artigo anterior. Note-se que a construção deve situar-se parte em terreno do próprio construtor e parte no terreno vizinho. Duas situações são possíveis: a construção de boa-fé e a construção de má-fé que invadem parcialmente o terreno vizinho.

No caso da construção de boa-fé, embora não diga expressamente a lei, está implícito dever a acessão exceder o valor da faixa invadida, para que se inverta o princípio da gravitação jurídica, passando o solo a ser acessório da construção. Não se exige, porém, que o excesso seja considerável, diante da falta de qualificação do legislador. A boa-fé, como frisado no comentário ao artigo anterior, deve persistir durante todo o período no qual se erigiu a construção, pois no exato momento em que se converte em má-fé, como se verá, a solução é inversa.

A acessão inversa, do dono do solo ao construtor, está subordinada, ainda, ao pagamento de indenização cabal, que abrange o valor da faixa perdida, a desvalorização do remanescente e a sobrevalia da construção. A última verba constitui a peculiaridade do preceito. A aquisição da propriedade da faixa invadida pode, em determinados casos, provocar uma valorização desproporcional do imóvel do construtor, potencializando sua utilização. Em tal caso, esse *plus* integra a indenização, como mecanismo destinado a evitar o enriquecimento sem causa do construtor. O que foi dito sobre o modo de exercício do direito potestativo e do ingresso do título no registro imobiliário no comentário ao artigo anterior aqui se aplica.

No caso de construção de má-fé no terreno vizinho, a solução é diametralmente inversa e se assemelha à da parte final do *caput* do art. 1.255 do CC, já comentado. Diante da maior porção do imóvel vizinho invadido, já não mais há por que exigir sacrifício do dono do solo em proveito do construtor malicioso, ainda que este tenha dado aproveitamento econômico à faixa apossada. Diz a lei que o vizinho esbulhado pode pedir a retomada da posse da porção invadida, e demolir – se quiser – o que nela se construiu, arcando o invasor com seu custo, além de perdas e danos, que serão devidos em dobro.

Claro que pode o dono do solo ficar com a acessão, nada pagando por ela, em solução semelhante à do art. 1.255 do CC, diante da má-fé do construtor. A peculiaridade da sanção imposta ao construtor está no pagamento das perdas e danos em dobro, pena não prevista pelo legislador no caso de invasão total do imóvel vizinho. Há uma nítida incongruência da lei: aquele que constrói de má-fé na totalidade do imóvel vizinho paga perdas e danos simples, mas o que o faz parcialmente paga em dobro. É, porém, a solução adotada de modo explícito pelo legislador, talvez imaginando que a invasão parcial dificilmente permitirá ao dono do solo aproveitar a acessão ligada funcionalmente ao imóvel vizinho do invasor.

## CAPÍTULO III
## DA AQUISIÇÃO DA PROPRIEDADE MÓVEL

### *Seção I*
### *Da Usucapião*

**Art. 1.260. Aquele que possuir coisa móvel como sua, contínua e incontestadamente durante três anos, com justo título e boa-fé, adquirir-lhe-á a propriedade.**

A usucapião é o primeiro modo de aquisição de coisa móvel previsto no CC/1916. Em sua substância, o artigo em exame reproduz o que continha o art. 618 e seu parágrafo do CC/1916, embora com aprimoramento da redação.

O objeto da usucapião é coisa móvel, bem corpóreo, de modo que não há usucapião de propriedade imaterial, marca ou patente, na impossibilidade da prática de atos possessórios sobre direitos e créditos. Embora haja quem defenda posição contrária, a jurisprudência majoritária nega a possibilidade de se usucapir bens imateriais, tais como ações de uma sociedade anônima (*RJTJESP* 69/166) ou direito de marca e nome industrial (*RJTJESP* 99/197).

Inicia o legislador – ao contrário do que ocorre na usucapião sobre coisa imóvel –, por tratar da usucapião na modalidade ordinária, com prazo reduzido de três anos, para disciplinar, no artigo subsequente, a usucapião extraordinária. Não se cogita das modalidades de usucapião especial urbano, rural ou coletivo sobre coisas móveis.

Os requisitos da usucapião ordinária são rigorosamente os mesmos, salvo no tocante ao prazo, da usucapião sobre bens imóveis, ou seja: coisa hábil, posse contínua, sem oposição, com *animus domini*, justo título e boa-fé. A única alteração dos requisitos se refere ao prazo da usucapião, que se reduz de dez para três anos. Remete-se o leitor ao comentário ao art. 1.242 do CC, em que se analisou cada um dos requisitos da posse *ad usucapionem*.

Podem ser usucapidos semoventes e coisas inanimadas. Os casos mais frequentes de usucapião sobre coisas móveis recaem sobre direitos de uso de linha telefônica e veículos. Em relação ao primeiro caso, depois de certo titubeio, o STJ editou a Súmula n. 193 do seguinte teor: "O direito de linha telefônica pode ser adquirido por usucapião". Talvez a solução encontrada pelo pretório não seja a de maior rigor técnico, pois não se pode falar propriamente em posse sobre a linha, mas apenas em direito de uso do assinante em relação a serviço de concessão pública. O entendimento do tribunal, porém, serviu para acomodar e dar solução confortável à situação jurídica na qual o adquirente dos direitos de uso não conseguia formalizar a transferência formal da assinatura para seu nome.

Em relação ao segundo caso, cabe, em tese, usucapião ordinária ao terceiro de boa-fé que adquire veículo irregular, ainda que proveniente de furto, desde que tenha posse pelo prazo de três anos, contínua e sem oposição, com ânimo de dono. O justo título se consubstancia no negócio de aquisição do veículo, muitas vezes merecedor de registro no departamento de trânsito, ou seja, potencialmente hábil à transferência da propriedade, mas que padece de vício substancial. Em sentido contrário, porém, decidiu o STJ, entendendo que o veículo objeto de furto não pode ser possuído "como próprio", em razão da precariedade da posse (REsp n. 247.345/MG, rel. Min. Nancy Andrighi). Não parece, contudo, ser precária a posse do terceiro adquirente de boa-fé, diante da falta de relação jurídica preexistente com o dono da coisa. Ademais, na *accessio possessionis* pode o possuidor aproveitar ou descartar a posse do antecessor, de modo que a posse violenta ou clandestina do furtador não contamina necessariamente a do terceiro adquirente de boa-fé. Recentemente o tema voltou a julgamento no STJ, e a solução, por maioria de votos, foi no sentido de negar provimento ao recurso especial do proprietário de um caminhão furtado, ao reconhecer a aquisição por usucapião extraordinária em favor de um terceiro, que comprou o veículo de boa-fé e exerceu a posse sobre ele por mais de 20 anos. Entendeu o julgado que, enquanto persistir a clandestinidade, nem posse há, mas mera detenção. Cessada a clandestinidade, como ocorreu no caso concreto, pela posse pública e o registro da transferência no departamento de trânsito, nasce neste momento a posse *ad usucapionem* e começa o prazo de prescrição aquisitiva (REsp n. 1.637.370, rel. Min. Marco Aurélio Bellizze).

Diversa, porém, é a solução no caso do próprio ladrão ou do receptador doloso requererem a usucapião. Embora Nelson Rosenvald alerte que a usucapião extraordinária não exige boa-fé e que a violência cessa quando adquire o furtador a soberania sobre a coisa (*Direitos reais, teoria e questões*, 2. ed. Niterói, Impetus, 2003, p. 101), na verdade, no caso nem posse há, mas mera detenção. Enquanto o ladrão não dá a conhecer ao esbulhado onde se encontra a coisa, impedindo sua reação e recuperação da *res*, persiste a clandestinidade, que, na forma da parte final do art. 1.208, antes comentado, impede o nascimento da posse.

**Jurisprudência:** 1. Recurso no qual se discute a possibilidade de aquisição da propriedade de bem móvel furtado por terceiro que o adquiriu de boa-fé e exerceu a posse ininterrupta e incontestadamente por mais de 20 anos. 2. A usucapião é instituto destinado a dar segurança e estabilidade à propriedade, bem como consolidar as aquisições e facilitar a prova do domínio, de modo que, entre os requisitos materiais, não há nenhuma menção à conduta ou inércia do proprietário. Doutrina. 3. Nos termos do art. 1.261 do CC/2002, aquele que exercer a posse de bem móvel, interrupta e incontestadamente, por 5 anos, adquire a propriedade originária do bem, fazendo sanar todo e qualquer vício anterior. 4. A apreensão física da coisa por meio de clandestinidade (furto) ou violência (roubo) somente induz a posse após cessado o vício (art. 1.208 do CC/2002), de maneira que o exercício ostensivo do bem é suficiente para caracterizar a posse mesmo que o objeto tenha sido proveniente de crime. 5. As peculiaridades do caso concreto, em que houve exercício da posse ostensiva de bem adquirido por meio de financiamento bancário com emissão de registro perante o órgão público competente, ao longo de mais de 20 anos, são suficientes para assegurar a aquisição do direito originário de propriedade, sendo irrelevante se perquirir se houve a inércia do anterior proprietário ou se o usucapiente conhecia a ação criminosa anterior à sua posse. 6. Recurso especial desprovido. (STJ, REsp n. 1.637.370/RJ, 3ª T., rel. Min. Marco Aurélio Bellizze, j. 10.09.2019, *DJe* 13.09.2019)

Em sentido contrário: STJ, REsp n. 247.345, rel. Min. Nancy Andrighi, *DJ* 25.03.2002.

Usucapião extraordinária de bem móvel. Automóvel que se encontrava alienado fiduciariamente no momento em que ocorreu a sua transferência à autora. Ausência de autorização do Banco arrendante, que inclusive havia promovido ação de busca e apreensão em face da arrendatária. Irrelevância de referida demanda ter sido julgada extinta sem julgamento do mérito. Clandestinidade da posse reconhecida. Art. 1.208 do CC. Não atendimento aos requisitos do art. 1.261 do CC. Recurso improvido. (TJSP, AC n. 0218025 88.2011.8.26.0100, rel. Des. Hamid Bdine, j. 08.04.2013)

O fato de o autor ostentar registro em seu nome no órgão de trânsito como proprietário do veículo não lhe retira o interesse em ver declarado o domínio pelo usucapião, máxime quando a autoridade policial efetuou sua apreensão pela divergência do número gravado no chassi com aquele do fabricante. Ainda que possível enquadramento futuro do veículo como sendo produto de crime, invoca o autor sua condição de terceiro de boa-fé e o usucapião é meio aquisitivo da propriedade. (TJSP, Ap. c/ Rev. n. 1085883-0/0, rel. Des. Kioitsi Chicuta, j. 28.06.2007)

Usucapião de bem móvel. Veículo automotor adquirido há mais de cinco anos de boa-fé e a título oneroso. Dúvida fundada sobre a origem do veículo e da regularidade de sua documentação. Usucapião como modo não só de adquirir a propriedade, mas de sanar os vícios de propriedade defeituosa adquirida a título derivado. Possibilidade jurídica do pedido. Incidência do art. 515, § 3º, do CPC [art. 1.013, § 3º e I, do CPC/2015]. Ação procedente. Recurso provido. (TJSP, Ap. Cível n. 396.052.4/6-00, 4ª Câm. de Dir. Priv., rel. Francisco Loureiro, j. 22.09.2005)

Usucapião. Bem móvel (veículo automotor). Justo título e boa-fé. Posse mansa e pacífica por mais de três anos. Suspeita de procedência ilícita superada. Período de depósito judicial computado. Requisitos do art. 618 do CC/1916 (1.260 do CC/2002) satisfeitos. Procedência do pedido. Apelação provida. (TJRS, Ap. Cível n. 70.005.014.295, 14ª Câm. Cível, rel. Des. Marco Antônio Bandeira Scapini, j. 27.06.2003)

Competência. Usucapião de coisa móvel. Incidência do art. 94 do CPC [art. 46 do CPC/2015]. Competência firmada tendo em vista o domicílio do réu. (STJ, REsp n. 31.204/SP, rel. Min. Nilson Naves, j. 21.09.1993)

Responsabilidade civil. Veículo furtado. Ocorrência de alienações sucessivas. Possibilidade do usucapião, mesmo em se tratando de possuidor desprovido de justo título e boa-fé, se a posse do bem móvel prolongar-se por cinco anos. Art. 619 do CC. Apreensão do bem pela polícia, com a recomposição da perda pela autora em favor do último proprietário. Caracterização como responsabilidade indevidamente assumida, por inexistir direito de regresso. Indenizatória improcedente. Recursos providos para esse fim. (I TACSP, AI n. 792437-6, rel. José Marcos Marrone)

Usucapião. Bem móvel. Motocicleta. Veículo apreendido por autoridade policial. Bem, contudo, depositado em mãos do recorrente, por referida autoridade. Ajuizamento de ação buscando o autor a declaração de usucapião sobre o bem alegando posse mansa e pacífica há mais de cinco anos. Atos de mera permissão ou tolerância que não induzem posse, não ostentando o apelante *animus domini*. Arts. 497 e 492, do CC. Ação improcedente. Recurso improvido. (I TACSP, AI n. 782379-6, rel. Beretta da Silveira)

Ilegitimidade *ad causam*. Usucapião. Bem móvel. Automóvel. Posse exercida em razão de liberalidade da autoridade policial. Posterior apreensão do mesmo transformando o apelante em mero depositário. Circunstância que não configura a hipótese do art. 497 do CC e não com o condão de anular o período aquisitivo anterior. Aplicação do art. 619 do CC. Legitimidade ativa reconhecida. Extinção do processo afastada. Recurso provido. (I TACSP, RE-REsp n. 620.594-5, rel. Jorge Farah)

**Art. 1.261. Se a posse da coisa móvel se prolongar por cinco anos, produzirá usucapião, independentemente de título ou boa-fé.**

O artigo em exame reproduz o que continha o art. 619 do CC/1916, apenas corrigindo antigo defeito de redação, que falava em "título de boa-fé", agora transformado, de modo adequado, em "título ou boa-fé".

Os requisitos da usucapião extraordinária – posse contínua, sem oposição e com *animus domini* – foram analisados no comentário ao art. 1.238 do CC, ao qual se remete o leitor. Note-se, como lá acentuado, que não exige a lei a posse ser justa. Ao contrário, ao dispensar a boa-fé dos requisitos desta modalidade de usucapião, admite implicitamente a existência de vícios conhecidos do possuidor. Ressalte-se, porém, que a posse violenta e a posse clandestina são aquelas adquiridas de modo ilícito, cuja causa ofende o ordenamento, mas a clandestinidade e a violência são pretéritas e não mais persistem. Enquanto perdurarem, não nasce a posse, nos exatos termos da parte final do art. 1.208 do CC.

Tudo o que se afirmou no comentário ao art. 1.238 do CC aqui se aplica, com exceção do tempo da posse, que é de apenas cinco anos. No que se refere ao objeto da usucapião sobre bens móveis, em especial a possibilidade de recair sobre veículos objeto de furto, remete-se o leitor ao artigo anterior.

**Jurisprudência:** Apelação. Arrendamento mercantil. Ação de usucapião de bem móvel. Sentença de procedência. Irresignação do réu. Descabimento. Contrato de arrendamento mercantil encerrado em 2001. Banco não demonstrou qualquer ato tendente a reaver o bem móvel (veículo) ou cobrar o valor remanescente. Débito prescrito. Próprio banco demonstrou inexistir débitos fiscais incidentes sobre o veículo nos anos anteriores ao do ajuizamento da ação. Requisitos legais para aquisição da propriedade por usucapião extraordinário atendidos. Precedentes. Sentença mantida por seus próprios e jurídicos fundamentos. Recurso não provido. (TJSP,

Ap. Cível n. 1001654-28.2020.8.26.0576/São José do Rio Preto, 28ª Câm. de Dir. Priv., rel. Rodrigues Torres, j. 15.12.2023)

A existência de contrato de arrendamento mercantil do bem móvel impede a aquisição de sua propriedade pela usucapião, em vista da precariedade da posse exercida pelo devedor arrendatário. Contudo, verificada a prescrição da dívida, inexiste óbice legal para prescrição aquisitiva. [...] No caso, apesar do contrato de arrendamento que tornava possível o manejo da ação para a cobrança das prestações em atraso e ensejava, concomitantemente, a reintegração de posse, permaneceu inerte o credor arrendante. Após o transcurso do prazo de cinco anos, no qual se verificou a prescrição do direito do credor. (STJ, REsp n. 1.528.626/RS, rel. p/ ac. Min. Raul Araújo, j. 17.12.2019)

A posse de bem por contrato de alienação fiduciária em garantia não pode levar a usucapião, seja pelo adquirente, seja por cessionário deste, porque essa posse remonta ao fiduciante, que é a financiadora, a qual, no ato do financiamento, adquire a propriedade do bem, cuja posse direta passa ao comprador fiduciário, conservando a posse indireta (Ihering) e restando essa posse como resolúvel por todo o tempo, até que o financiamento seja pago. (STJ, REsp n. 844.098/MG, rel. Min. Sidnei Beneti, j. 06.11.2008)

Ações transferidas há mais de cinco anos. Prescrição aquisitiva. Art. 619 do CC. Impossibilidade. Empresas familiares constituídas para este fim. Nulidade declarada e confirmada em grau de recurso. A invalidade atinge todos os atos subsequentes e terceiros de boa-fé. Recurso improvido. I – Não se adquire por usucapião bens que, além de não estarem no comércio, foram transferidos pelos herdeiros a empresas por eles constituídas, de caráter familiar, visando extirpar o vício de origem da aquisição de propriedade. II – O usucapião, meio aquisitivo da propriedade, não se confunde com a exceção processual da prescrição extintiva. (TJPR, Ap. Cível n. 94.592-6, 4ª Câm. Cível, rel. Paulo Roberto Hapner, j. 13.08.2003)

Um veículo que passa, pela tradição, por vários possuidores, inclusive com anterior e respectivo registro no nome de um deles, na repartição de trânsito, e depois, adquirido pelo autor, este ao providenciar em levá-lo para outra vistoria com objetivo de transferência, se vê frente a uma apreensão por adulteração do número do chassi, tal ato não tem a consistência para descaracterizar a pretensão usucapienda, interrompendo o prazo prescricional que deve ser visto em favor do adquirente que é terceiro de boa-fé e pode somar as posses porque amparado no direito. (TJRS, Ap. Cível n. 196.096.911, 5ª Câm. Cível, rel. Silvestre Jasson Ayres Torres, j. 29.08.1996)

---

**Art. 1.262. Aplica-se à usucapião das coisas móveis o disposto nos arts. 1.243 e 1.244.**

---

Manteve o legislador tratamento unitário, tal como já fazia o CC/1916, quanto ao regime do aproveitamento da posse do possuidor anterior (art. 1.243) e da incidência das causas obstativas, suspensivas e interruptivas da prescrição (art. 1.244), ao prazo da usucapião sobre coisas imóveis e móveis. Remete-se o leitor aos comentários aos aludidos arts. 1.243 e 1.244 aplicando-se inteiramente o que lá se disse à usucapião sobre coisas móveis.

Em resumo, estendeu o legislador o regime jurídico da usucapião sobre coisas imóveis – salvo no tocante ao prazo – à usucapião sobre coisas móveis. No que se refere a aspectos processuais, algumas distinções persistem. Assim, decidiu o STJ que se aplica o art. 46 do CPC/2015 (art. 94 do CPC/73) à usucapião sobre coisa móvel, cuja competência é a do foro do domicílio do réu (REsp n. 31.204-1/SP, rel. Min. Eduardo Ribeiro). A reforma processual excluiu do rito sumário a ação de usucapião sobre coisa móvel que, assim, se regula pelo rito ordinário do procedimento comum. Não se aplicam as regras do procedimento especial dos arts. 246, § 3º, e 259, I, do CPC/2015 (arts. 941 e segs. do CPC/73), expressamente circunscrito à ação de usucapião sobre coisa imóvel, com peculiaridades como a citação de confrontantes e cientificação das Fazendas Públicas incompatíveis com a coisa móvel.

**Jurisprudência:** Despejo. Desocupação. Abandono de bens móveis. Causa de perda da propriedade que dispensa manifestação expressa de vontade. Comportamento do agravado que permite conclusão sobre o ânimo de não mais ser dono. Inteligência do art. 1.275, III, do CC. Aquisição da propriedade por ocupação. Desarrazoabilidade na transferência do ônus de guarda dos bens. Degradação e pouco valor dos bens que reforça o acerto da desoneração do depositário. Autorizada a doação dos bens, ato que deverá ser comprovado em Juízo. Exegese do art. 1.263 do CC. Agravo provido. (TJSP, AC n. 0203154-28.2012.8.26.0000, rel. Des. Sá Moreira de Oliveira, j. 15.10.2012)

Usucapião. Bem móvel. Veículo. Apreensão policial do mesmo em razão de suposto furto e adulteração de chassi. Depósito judicial na guarda do autor. Posse precária a partir de então que retira o *animus domini* exigido para o usucapião. Demanda ajuizada posteriormente. Não apresentação de qualquer recibo de aquisição do veículo. Esclarecimentos não prestados com clareza quanto à aquisição dos documentos do veículo juntados à inicial. Certificado de propriedade do veículo que consta como proprietário pessoa diferente da apontada como vendedora. Autorização para transferência assinada pelo proprietário e pelo autor sem reconhecimento da autenticidade das assinaturas. Ação improcedente. Recurso improvido. (TJSP, Ap. Cível n. 1.048.855-0/Mogi das Cruzes, 21ª Câm. de Dir. Priv., rel. Antonio Marson, j. 16.11.2005, v.u.)

Usucapião extraordinário. Bem móvel. Improcedência. Irresignação. Desacolhimento. Suspensão da prescrição aquisitiva. Há suspensão do período da prescrição aquisitiva quando um dos herdeiros é menor de idade, na forma do art. 169, I, e art. 5º, I, ambos do CC. Posse do bem. Não se configura o *animus domini* daquele que pretende usucapir bem quanto ao qual usufrui com mera liberalidade do dono. Apelação improvida. (TJRS, Ap. Cível n. 70.002.184.737, 13ª Câm. Cível, rel. Juíza Laís Rogéria Alves Barbosa, j. 20.02.2003)

Usucapião. Não corre a prescrição entre concubinos por aplicação analógica do inciso I do art. 168 do CC. Apelo improvido. (TJRS, Ap. Cível n. 195.003.355, 8ª Câm. Cível, rel. Maria Berenice Dias, j. 23.05.1995)

## *Seção II*
## *Da Ocupação*

**Art. 1.263. Quem se assenhorear de coisa sem dono para logo lhe adquire a propriedade, não sendo essa ocupação defesa por lei.**

O artigo em exame mantém o conteúdo do art. 592 do CC/1916, com nítida melhoria em sua redação. Condensou em único e breve período que a coisa móvel sem dono torna-se propriedade de quem dela se apoderar, desde que não haja vedação legal. Eliminou o CC/2002 do instituto da ocupação o rol das coisas passíveis de apropriação, como de modo infeliz fazia o art. 593 do CC revogado, pois daquele catálogo constavam hipóteses reguladas de modo diverso por leis especiais.

O instituto da ocupação se circunscreve aos bens móveis, uma vez que os imóveis ou são públicos ou são particulares, não se cogitando de prédios sem titularidade dominial (cf. art. 1.276 do CC). A apropriação de coisas imóveis, portanto, somente gera aquisição da propriedade pela usucapião, antes estudada.

A ocupação é modo originário de aquisição da propriedade móvel, por não ter a coisa dono, de tal modo que inviável é o estabelecimento de relação jurídica com anterior proprietário. No dizer de Caio Mário da Silva Pereira, a essência da ocupação "reside, pois, na apropriação da coisa sem dono pelo simples fato, acrescentando-se, de apreendê-la, possuindo-a como própria" (*Instituições de direito civil*, 18. ed. Rio de Janeiro, Forense, v. IV, p. 159).

A coisa sem dono pode sê-lo por duas razões: porque nunca teve dono *(res nullius)*; ou teve dono, mas foi abandonada *(res derelicta)*. Para caracterização do abandono, não basta a falta de posse do dono, que deve ser somada ao elemento psíquico, consistente na intenção de renunciar à propriedade da coisa *(animus abandonandi)*. Tal ânimo não se presume, mas também não exige declaração expressa, podendo tal propósito se inferir do comportamento concludente do dono da coisa.

Os casos mais frequentes, como alerta Caio Mário da Silva Pereira, são aqueles "constantes de cláusulas adjetas a talões de empresas de serviços (lavanderia, sapataria, transportadora), consignando que se consideram abandonados os objetos não procurados num prazo determinado" (op. cit., p. 160). Não é razoável presumir a renúncia daquele que deixa objeto para reparo, pelo singelo fato de deixar de buscá-lo dentro de certo prazo estipulado unilateralmente em tabuleta ou impresso no cupom. Ainda que se estipule expressamente e com destaque tal cláusula, no regime das relações de consumo será ela abusiva, se houver descompasso entre o valor da coisa abandonada e o ressarcimento dos custos do fornecedor, valor do reparo, ou da guarda do objeto.

A parte final do artigo destaca que o instituto da ocupação somente é admitido se não for proibido por lei. A regra, portanto, é a possibilidade de apropriação das coisas sem dono, salvo os casos de vedação legal.

**Jurisprudência:** Despejo. Desocupação. Abandono de bens móveis. Causa de perda da propriedade que dispensa manifestação expressa de vontade. Comportamento do agravado que permite conclusão sobre o ânimo de não mais ser dono. Inteligência do art. 1.275, III, do CC. Aquisição da propriedade por ocupação. Desarrazoabilidade na transferência do ônus de guarda dos bens. Degradação e pouco valor dos bens que reforça o acerto da desoneração do depositário. Autorizada a doação dos bens, ato que deverá ser comprovado em Juízo. Exegese do art. 1.263 do CC. Agravo provido. (TJSP, AC n. 0203154-28.2012.8.26.0000, rel. Des. Sá Moreira de Oliveira, j. 15.10.2012)

## *Seção III*
## *Do Achado do Tesouro*

**Art. 1.264. O depósito antigo de coisas preciosas, oculto e de cujo dono não haja memória, será divi-**

**dido por igual entre o proprietário do prédio e o que achar o tesouro casualmente.**

O achado do tesouro é instituto de escassa aplicação, mantido no CC/2002 com o mesmo conteúdo do art. 607 do CC/1916, apenas com redação mais clara.

O próprio preceito dá a definição de tesouro, consistente em depósito antigo de coisa móvel preciosa, oculta e de cujo dono não se tem memória. Eliminou o CC/2002 as expressões *moeda* e *enterrado* existentes no CC revogado, contentando-se em mencionar o gênero coisas preciosas e ocultas, no qual se compreendem moedas e coisas enterradas.

Como alerta Marco Aurélio S. Viana, o tesouro pode estar oculto em um imóvel ou mesmo em uma coisa móvel, por exemplo, uma mobília antiga. O termo tesouro não se restringe a dinheiro ou metais preciosos, mas abrange antiguidades em geral, que tenham valor econômico, com a ressalva de que as jazidas de metais preciosos e os sítios arqueológicos e pré-históricos constituem bens da União.

A regra do art. 1.264 diz que o tesouro é dividido por igual entre o proprietário do prédio e aquele que casualmente o encontra. A descoberta deve ser casual, pois, se decorrente de pesquisa prévia, a regra é a do artigo seguinte, ou do contrato firmado entre os interessados.

**Art. 1.265. O tesouro pertencerá por inteiro ao proprietário do prédio, se for achado por ele, ou em pesquisa que ordenou, ou por terceiro não autorizado.**

O artigo em exame, semelhante em conteúdo ao que continha o art. 608 do CC/1916, trata da descoberta não casual do tesouro, contemplando três hipóteses distintas.

A primeira delas é a do próprio dono do terreno encontrar o tesouro, que por óbvio lhe pertencerá. A segunda é a do tesouro achado por terceiro, em pesquisa ordenada pelo dono do terreno, caso no qual o tesouro a este último pertencerá, salvo disposição convencional em sentido contrário. A terceira e última hipótese é a do tesouro encontrado por terceiro não autorizado, que o perde em favor do dono do terreno sem previsão de qualquer indenização. Visa a parte final do artigo a evitar que terceiros, conhecedores da possibilidade de existência de um tesouro em imóvel alheio, pratiquem esbulho para indenização futura.

**Art. 1.266. Achando-se em terreno aforado, o tesouro será dividido por igual entre o descobridor e o enfiteuta, ou será deste por inteiro quando ele mesmo seja o descobridor.**

O caso em exame trata de hipótese ainda mais rara, de tesouro encontrado em imóvel enfitêutico, lembrando que o direito real de enfiteuse não mais pode ser criado na vigência do CC/2002. A solução do legislador foi equiparar o enfiteuta ao dono, em razão da amplitude de seu direito real, que lhe confere o domínio útil, com as prerrogativas de usar, fruir e mesmo dispor de modo perpétuo da coisa, remanescendo ao proprietário direto, em termos resumidos, a prerrogativa de cobrar o foro e o laudêmio.

Assim, aplicam-se ao enfiteuta – e não ao titular do domínio direto – as regras previstas nos artigos anteriores, em relação ao achado do tesouro.

## *Seção IV*
## *Da Tradição*

**Art. 1.267. A propriedade das coisas não se transfere pelos negócios jurídicos antes da tradição.**

**Parágrafo único. Subentende-se a tradição quando o transmitente continua a possuir pelo constituto possessório; quando cede ao adquirente o direito à restituição da coisa, que se encontra em poder de terceiro; ou quando o adquirente já está na posse da coisa, por ocasião do negócio jurídico.**

Na definição de Clóvis, "tradição é o ato, em virtude do qual o direito pessoal, resultante do ato jurídico entre vivos, se transforma em direito real, e consiste na entrega da coisa a quem a adquiriu" (BEVILAQUA, Clóvis. *Direito das coisas*. Rio de Janeiro, Freitas Bastos, 1951, v. I, p. 225).

O artigo em questão guarda estreita relação com o art. 1.226 do CC, já comentado e ao qual se remete o leitor, bem como frisa as principais características da tradição em nosso ordenamento: é constitutiva da propriedade sobre coisas móveis adquiridas a título *inter vivos* e derivado; é causal, pois se encontra ligada ao título que lhe deu origem, não se cogitando, portanto, de tradição em caráter abstrato. Desfeito o título, desfaz-se a tradição que nele teve causa, salvo exceções previstas em lei, em especial a da parte final do art. 1.268, adiante examinada.

A aquisição é modo derivado de aquisição da propriedade móvel, pois pressupõe negócio jurídico de alienação com o antigo proprietário. É constitutiva, por converter o simples direito de crédito do adquirente em direito real de propriedade. Antes da tradição, o adquirente é mero credor do alienante, dispondo de ação de execução de dar, ou conversão da prestação em perdas e danos, sem, no entanto, investir-se de sequela, perseguindo a coisa em poder de terceiro adquirente de boa-fé. Em termos diversos, tem direito à prestação de entrega da coisa, mas não vínculo direto com a *res (iura in re)*. Remete-se o leitor ao comentário ao art. 1.226, no qual há a explanação sobre os modos originários e derivados de aquisição da propriedade.

A assertiva contida no artigo em estudo, de a propriedade das coisas móveis não se transferir pelos negócios jurídicos antes da tradição, comporta algumas observações e exceções. A primeira observação é o negócio jurídico a que alude a lei ser o *inter vivos*, pois em relação ao testamento, negócio unilateral *causa mortis*, a transmissão dos bens que compõem a herança se dá pela morte, em razão da *saisine*, como, de resto, também ocorre na sucessão legítima. Mesmo em relação aos negócios jurídicos *inter vivos*, pode a lei criar exceções à exigência da tradição, por exemplo, o casamento pelo regime da comunhão universal de bens.

Note-se que não é qualquer entrega de coisa móvel que caracteriza a tradição, mas somente a em execução de negócio jurídico de alienação, como a venda e compra, troca, doação ou dação em pagamento. Não é por isso correto afirmar a entrega da coisa locada ao locatário, ou emprestada ao comodatário, ou em garantia ao credor pignoratício configurar tradição, uma vez que se transfere apenas a posse direta da coisa, remanescendo a propriedade e a posse indireta em poder do proprietário transmitente. Na lição de Caio Mário da Silva Pereira, "não basta que o *tradens* entregue a coisa ao *accipiens*, mas é mister que o faça a título de transferência" (*Instituições de direito civil*, 18. ed. Rio de Janeiro, Forense, v. IV, p. 179).

A tradição pode ser real, simbólica e *ficta*, também chamada consensual. Na tradição real, há entrega material da coisa do alienante ao adquirente, por si ou por seus prepostos. Na tradição simbólica, embora não exista entrega física da coisa, o comportamento concludente das partes, valorado pelos usos e costumes, produz o mesmo efeito. É o caso, por exemplo, da entrega das chaves de um veículo. Finalmente, a tradição *ficta*, ou consensual, resulta de convenção entre as partes, sem conduta ou sinais exteriores fáticos indicativos da transmissão de propriedade.

O parágrafo único do art. 1.267 elenca três casos de tradição *ficta*. O primeiro é o constituto possessório, pelo qual o possuidor de uma coisa em nome próprio passa a possuí-la em nome alheio. Exemplo clássico é o verificado quando o alienante conserva a coisa em seu poder, mediante cláusula contratual, denominada *cláusula constituti*. O adquirente, assim, recebe a coisa por mera convenção, sem posse física. No segundo caso, o transmitente cede ao adquirente apenas a posse indireta e o correlato direito de reaver a posse da coisa que se encontra em poder de terceiro. O último caso de tradição *ficta* é a *traditio brevi manu*, na qual o adquirente já se acha na posse da coisa antes do negócio jurídico de aquisição. Era possuidor de uma coisa em nome alheio (detentor – fâmulo, ato de permissão ou tolerância), ou com mera posse direta (locatário, comodatário, usufrutuário etc.) e passa a possuir em nome próprio, em decorrência da aquisição da propriedade, sem necessidade de se promover ato físico de entrega da coisa.

Certos bens móveis, como veículos automotores, estão sujeitos a registro em departamento de trânsito, ou no oficial de registro de títulos e documentos. Em tais casos, a publicidade proporcionada ao contrato confere-lhe eficácia perante terceiros, permitindo ao adquirente perseguir a coisa que se ache em poder de outrem. A Súmula n. 489 do STF tem o seguinte verbete: "A compra e venda de automóvel não prevalece contra terceiro de boa-fé, se o contrato não foi transcrito no registro de títulos e documentos". Embora ganhe o contrato eficácia em relação a terceiros, persiste a natureza constitutiva da tradição, como modo de aquisição da propriedade. Assim, entendem os tribunais que a responsabilidade civil pelo fato da coisa por acidente com veículo automotor é do proprietário desde a data da tradição, cabendo, porém, àquele em cujo nome consta o registro administrativo do veículo a prova de que efetivamente alienou o bem (*RTJ* 121/1.124; *RT* 601/270, 664/104 e 678/122). Nesse sentido a Súmula n. 132 do STJ: "A ausência de registro de transferência não implica a responsabilidade do antigo proprietário por dano que envolva o veículo alienado".

**Jurisprudência:** 2 – Apesar da aquisição do domínio de bem móvel efetivar-se pela simples tradição (art. 1.267 do CC/2002), a transferência plena da propriedade dos veículos automotores, seja perante o Estado, seja perante terceiro, exige a transcrição do título aquisitivo no órgão executivo de trânsito. 3 – Enquanto não houver a comunicação prevista no art. 134 do CTB ou a expedição de novo certificado de registro, a titularidade do veículo permanecerá em nome da pessoa que constar na base de dados do Detran, a qual poderá responder solidariamente pelas infrações que recaírem sobre o bem. 4 – O STJ tem mitigado o alcance do referido dispositivo quando ficar comprovado nos autos a efetiva transferência da propriedade do veículo, em momento anterior aos fatos geradores das infrações de trânsito, ainda que não comunicada a transação à administração pública. (STJ, Ag. Int. no Ag. em REsp n. 2017/0156799-3, rel. Min. Gurgel de Faria, j. 03.05.2018)

É sujeito passivo da obrigação tributária de IPVA o proprietário do veículo, na forma da Lei n. 8.115/85. O alienante que deixar de comunicar à autoridade de trânsito a venda do bem é solidariamente responsável apenas pelas penalidades administrativas aplicadas, a teor do art. 134 do CTB, sem influência na tributação. A propriedade de automóvel transfere-se pela tradição, na forma do art. 1.267 do CC (art. 620 do diploma civil anterior, vigente à época da transação). Os registros do Detran geram mera presunção, que pode ser afastada através de prova de venda do veículo. Precedentes do STJ e desta Corte. Apelação desprovida. (TJRS, Ap. Cível n. 70.054.808.779, 2ª Câm. Cível, rel. Almir Porto da Rocha Filho, j. 26.06.2013)

Ação de depósito. Bem dado em garantia de dívida. Penhor mercantil. Tradição simbólica. A entrega simbólica do bem e a circunstância de ser o depositário o dono da coisa depositada não desfiguram o contrato de depósito. Precedentes do STF e do STJ. Recurso especial conhecido e provido. (STJ, REsp n. 330.316, 4ª T., rel. Min. Barros Monteiro, j. 06.02.2003, *DJ* 04.08.2003)

Conquanto a transferência de bem móvel, caso de veículo, se opere pela tradição, é pelo registro no competente órgão de trânsito que dá notícia a terceiros sobre seu proprietário, de sorte que se o alienante vendeu o automóvel a alguém que não efetuou o assentamento cabível e obrigatório, em caso de ser-lhe movida ação indenizatória por força de acidente, ele, uma vez excluído da lide, não fará jus ao recebimento de verba sucumbencial, eis que indiretamente, por omissão, induziu o autor a erro na indicação da parte ré. (STJ, REsp n. 328.636/MG, rel. Min. Aldir Passarinho Júnior, j. 12.03.2002)

Recurso de apelação. Embargos de terceiro senhor e possuidor julgados procedentes. Alegação de que a doação não se efetivou. Bens móveis. Necessidade da tradição, além de escrito particular. Provas documental e testemunhal que não demonstram a ocorrência da tradição. Recurso desprovido. Em nosso direito a doação não transfere, por si só, o domínio, é mister se lhe siga um fato revestido deste poder que é a tradição real para os móveis, e a transcrição para os imóveis. Verificado o fato de que a tradição dos bens em questão não se efetivou, não se operando a transmissão dos mesmos, eis que permaneceram o tempo todo na posse e propriedade do embargante, não merece acolhida a tese recursal que afirma ter ocorrido doação. (TJPR, Ap. Cível n. 59.064-5, 6ª Câm. Cível, rel. Cunha Ribas, j. 26.11.1997)

Embargos de terceiro. Execução fiscal. Penhora. Bens. Incidência sobre os adquiridos por arrematação pelo embargante. Tradição *ficta* caracterizada pela aquisição da posse indireta. Art. 621 do CC. Embargos procedentes. Recurso provido (TJSP, Ap. Cível n. 178.641-2, rel. Mello Junqueira). (*Lex-TJSP* 134/77)

---

**Art. 1.268. Feita por quem não seja proprietário, a tradição não aliena a propriedade, exceto se a coisa, oferecida ao público, em leilão ou estabelecimento comercial, for transferida em circunstâncias tais que, ao adquirente de boa-fé, como a qualquer pessoa, o alienante se afigurar dono.**

**§ 1º Se o adquirente estiver de boa-fé e o alienante adquirir depois a propriedade, considera-se realizada a transferência desde o momento em que ocorreu a tradição.**

**§ 2º Não transfere a propriedade a tradição, quando tiver por título um negócio jurídico nulo.**

---

O artigo em exame reproduz, em sua parte inicial, o que já constava do art. 622 do CC/1916, ou seja, a regra de somente ter legitimação para efetuar a tradição o proprietário da coisa. É corolário do princípio geral de direito que ninguém pode transferir mais direitos, ou direitos diversos, dos que tem. Se não é dono, não pode alienar o que não tem, razão pela qual a tradição, de natureza causal, não transfere a propriedade. É regra lógica, inteiramente ajustada ao sistema jurídico e à natureza causal da tradição.

A grande novidade do art. 1.268 está em sua segunda parte, que traça exceção à regra geral. Diz o preceito que a aquisição a *non domino* transfere a propriedade em casos excepcionais, quando a coisa é oferecida ao público em leilão ou estabelecimento comercial, em circunstâncias tais que, ao adquirente de boa-fé como a qualquer pessoa, o alienante se afigurar dono. A regra, inteiramente afinada com o direito contemporâneo, tutela a teoria da aparência e a segurança das relações negociais. Prestigia a confiança que determinadas condutas despertam no público em geral e, por consequência, desloca o risco da perda da coisa, que era do adquirente, para o proprietário, que não mais terá direito à reivindicação, mas apenas a reaver o equivalente em dinheiro mais perdas e danos do alienante.

Cercou o legislador a excepcional eficácia da aquisição a *non domino* de múltiplos requisitos, tanto objetivos quanto subjetivos. Assim, a alienação deve ser cercada de circunstâncias especialíssimas e cumulativas. A coisa deve ser oferecida ao público em geral, ou ao menos a determinado segmento de interessados. Não se aplica a exceção, portanto, a alienações feitas entre particulares, sem possibilidade de aquisição por terceiros. A oferta deve ser feita em leilão – não necessariamente judicial – ou estabelecimento comercial. O termo estabelecimento comercial tem sentido amplo, abrangendo também ofertas encaminhadas por vias postal e eletrônica, ou por qualquer outro meio de comunicação, desde que abertas ao público. O adquirente deve estar de boa-fé, não conhecendo e não podendo conhecer o vício de origem. O legislador explicitou que a boa-fé subjetiva do adquirente segue a corrente ética, exige-se não só a ignorância do vício, como também a impossibilidade de conhecê-lo, comparando sua conduta com a de "qualquer pessoa" na mesma situação. A culpa do adquirente, portanto, impede a eficácia da aquisição. Por último, o alienante deve ter a aparência de dono da coisa, levando em conta as circunstâncias do caso concreto.

A exigência de múltiplos requisitos cumulativos tem o propósito de evitar o sacrifício do proprietário da coisa em prol do adquirente desidioso. Não basta o desconhecimento do vício e a aquisição em estabelecimento comercial, por parte do adquirente. As circunstâncias do caso concreto, a natureza da coisa alienada, se nova ou usada, o preço pago, o local onde se concluiu o negócio, tudo deverá ser levado em conta para aferir o comportamento cuidadoso do adquirente, comparando-o com o proceder de outras pessoas, diante do mesmo quadro. Serão valiosos os usos e costumes, por exemplo, o de verificar a documentação e numeração de chassis de veículos usados, a exigência de nota fiscal na aquisição de eletrodomésticos, a própria reputação do alienante e de estabelecimentos similares ao seu, em determinadas condições de espaço e tempo.

Preenchidos os requisitos cumulativos mencionados, a aquisição será válida e eficaz. O legislador deslocou o sacrifício da perda da coisa, que no sistema do velho CC era do adquirente, para o verdadeiro proprietário da coisa alienada, que deverá buscar do falso alienante indenização equivalente ao preço da coisa, acrescido de perdas e danos.

O § 1º do art. 1.688 reproduz o que continha o segundo período do art. 622 do CC/1916. A tradição feita por quem não é dono, afora a exceção anteriormente examinada, não transfere a propriedade ao adquirente. Falta legitimidade ao alienante, acarretando a ineficácia da aquisição frente ao verdadeiro dono. Note-se que o negócio jurídico entre o falso proprietário e o adquirente não é nulo, mas ineficaz, consistindo promessa de fato de terceiro, em atenção ao que contém o art. 439 do CC. No dizer de Pontes de Miranda, "o negócio jurídico obrigacional entra no mundo jurídico, posto que ineficaz para a prestação da coisa prometida" (PONTES DE MIRANDA, Francisco Cavalcanti. *Tratado de direito privado*, 4. ed. São Paulo, RT, 1977, t. XV, p. 254). Por isso, a aquisição posterior da propriedade, por parte do alienante, confere eficácia plena ao negócio, com efeitos *ex tunc*. O CC/2002, ao contrário do diploma revogado, não mais fala em revalidação, mas em concessão de efeitos. O exemplo mais lembrado é o do filho que vende bem móvel pertencente ao pai, que vem a falecer posteriormente, transmitindo a herança ao alienante. Ressalva o preceito que a posterior concessão de efeitos à aquisição a *non domino* está sujeita a duplo requisito, tanto objetivo como subjetivo: a posterior aquisição da coisa pelo alienante e a boa-fé do adquirente.

Finalmente, o § 2º do artigo em estudo explicita que não transfere a propriedade a tradição, quando tiver por título um negócio nulo, cujas hipóteses estão elencadas no art. 166 do CC. A tradição é causal e permanece ligada ao título que lhe deu origem. Nulo o título, a tradição se desfaz. Também o negócio anulável (art. 171) pode levar ao desfazimento da tradição, desde que não confirmado pelas partes e que seja a ação ajuizada no prazo decadencial previsto em lei. O § 2º em estudo deve ser compatibilizado com a exceção prevista no *caput* do artigo, de validade e eficácia da aquisição a *non domino* de proprietário aparente.

**Jurisprudência:** Contrato de compra e venda de coisa móvel, válido e perfeitamente acabado, inexistindo cláusula de reserva de domínio ou resolutiva, inclusive com tradição do bem ao comprador, não comporta nulidade por falta de pagamento do preço. A inadimplência gera obrigação contratual pessoal, cuja apuração do crédito deve ser manifestada contra o patrimônio do devedor. O atual proprietário não responde com seu patrimônio para garantir dívida do comprador primitivo, não podendo ser arrestados bens adquiridos como terceiro de boa-fé. Recurso improvido. (TJRS, Ap. Cível n. 70.000.116.715, 16ª Câm. Cível, rel. Claudir Fidelis Faccenda, j. 01.12.1999)

Nas hipóteses de furto ou roubo não se dá a transmissão da propriedade, nem se transfere legitimamente a posse. Portanto, não perde o titular o direito de sequela, de seguir a coisa e obtê-la de quem a detenha ou possua. Ao terceiro de boa-fé cabe o direito de regresso contra quem lhe transferiu o bem. (STJ, RMS n. 1.710-2/SP, rel. Min. Edson Vidigal, j. 31.08.1994)

Reivindicatória de coisa móvel, precedida de cautelar de busca e apreensão. Automóvel pago através de cheque sem fundos. Bem objeto de sucessivas alienações posteriores. Resguardo dos adquirentes de boa-fé.

Carece de pretensão reivindicatória quem afirma ter vendido automóvel, com imediata tradição do objeto, com o pagamento do preço se tendo dado através de cheque sem provisão de fundos; acertadas as partes quanto ao "objeto" e quanto ao "preço", tem-se por operado o contrato de compra e venda (art. 1.126, primeira parte, do CC), e enquanto não desconstituído pelas vias apropriadas se o tem por "existente, válido e eficaz", afastada, por se cuidar de posse justa por parte do comprador e dos sucessivos compradores, pretensão exercitável através de reivindicatória. Carecedor da pretensão reivindicatória, a extinção da ação se impunha. Sendo o veículo objeto de posteriores e sucessivas vendas, preciso também resguardar-se os adquirentes de "boa-fé" e que confiaram na aparência do bom direito quanto aos alienantes. O "domínio" de coisa móvel se transmite pela simples "tradição" (art. 620, primeira parte, do CC). O registro de veículo na repartição de trânsito não tem eficácia translativa de propriedade, servindo apenas a finalidade do controle administrativo e da circulação de veículos. Extinta a ação reivindicatória, rotulada de principal, tal se opera também em relação à medida cautelar que lhe era preparatória. Apelação improvida. (TJRS, Ap. Cível n. 191.006.931, 6ª Câm. Cível, rel. Moacir Adiers, j. 11.04.1991)

## *Seção V*
## *Da Especificação*

**Art. 1.269. Aquele que, trabalhando em matéria-prima em parte alheia, obtiver espécie nova, desta será proprietário, se não se puder restituir à forma anterior.**

Especificação, na lição de Caio Mário, "é a transformação definitiva da matéria-prima em espécie nova, mediante trabalho ou indústria do especificador" (PEREIRA, Caio Mário da Silva. *Instituições de direito civil,* 18. ed. Rio de Janeiro, Forense, v. IV, p. 166).

Exige a figura da especificação dois requisitos: a transformação de matéria-prima em coisa nova, substancialmente distinta da anterior, não bastando singela modificação; e que essa transformação seja resultante de trabalho ou indústria humana do especificador, não podendo resultar de mero fato acidental.

A regra do preceito, que reproduz em substância o que continha art. 611 do CC/1916, apenas melhorando a redação, é simples: prevalece o trabalho, o lavor, sobre o material. A coisa nova criada pela especificação pertence ao transformador, ainda que a matéria-prima pertença em parte a outrem. O dono da matéria-prima, todavia, é indenizado por seu valor, evitando, assim, o enriquecimento sem causa do transformador.

**Art. 1.270. Se toda a matéria for alheia, e não se puder reduzir à forma precedente, será do especificador de boa-fé a espécie nova.**

**§ 1º Sendo praticável a redução, ou quando impraticável, se a espécie nova se obteve de má-fé, pertencerá ao dono da matéria-prima.**

**§ 2º Em qualquer caso, inclusive o da pintura em relação à tela, da escultura, escritura e outro qualquer trabalho gráfico em relação à matéria-prima, a espécie nova será do especificador, se o seu valor exceder consideravelmente o da matéria-prima.**

O artigo em exame reproduz o conteúdo do art. 612 do CC/1916, fazendo apenas alterações pontuais de redação em seus dois parágrafos.

Traça regra no caso do material ser inteiramente alheio, em vez de parcialmente alheio, disciplinado no artigo anterior. Novamente prevalece o lavor sobre o material, acrescentando-se, porém, dois requisitos suplementares, um de natureza objetiva e outro de natureza subjetiva. Assim, para que adquira o transformador a propriedade da coisa nova, concorrem os seguintes requisitos cumulativos: a transformação de matéria-prima em coisa nova, substancialmente distinta da anterior, não bastando singela modificação; impossibilidade de se reduzir a nova coisa à forma primitiva; a transformação resultar de trabalho ou indústria humana do especificador, não podendo resultar de mero fato acidental; e boa-fé do transformador, consistente na ignorância, no desconhecimento de que a matéria-prima pertence a outrem, ou de que a utiliza indevidamente. O especificador, mais uma vez, adquire a propriedade da coisa nova, mas indeniza o dono do material por seu valor.

O § 1º traça exceção à regra de que o trabalho prevalece sobre o material inteiramente alheio, ocorrendo uma das hipóteses alternativas: possibilidade de redução da coisa à forma anterior, caso em que se desfaz a coisa nova, tornando a matéria-prima, em seu estado bruto, às mãos de seu dono; ou má-fé do especificador, caso em que perde este a favor do dono da matéria-prima a coisa nova, sem direito à indenização pelo trabalho feito.

Finalmente, o § 2º disciplina casos nos quais o valor do trabalho supera consideravelmente o valor da matéria-prima. Ainda que possível a redução ao estado anterior, havendo ou não má-fé do especificador, a coisa nova a este pertence, em detrimento do dono da matéria-prima. Independentemente da malícia do transformador, optou o legislador por prestigiar a função social do trabalho e da nova coisa criada, escolha já trilhada em casos semelhantes, como o do art. 1.258 do CC. O legislador exemplificou casos típicos em que o valor do trabalho supera de modo significativo o da matéria-prima, como o da pintura em relação à tela, o da escultura, escritura ou qualquer outro trabalho gráfico em relação ao material usado. É importante lembrar que o especificador, ainda que de má-fé, adquire a propriedade da coisa nova, mas indeniza o dono do material por seu valor, acrescido de perdas e danos.

**Art. 1.271. Aos prejudicados, nas hipóteses dos arts. 1.269 e 1.270, se ressarcirá o dano que sofrerem, menos ao especificador de má-fé, no caso do § 1º do artigo antecedente, quando irredutível a especificação.**

O artigo em exame traça a regra final sobre o instituto da especificação, determinando o prejudicado ter direito ao ressarcimento das perdas e danos, salvo o especificador de má-fé, quando irredutível a especificação. Assim, o dono parcial ou integral da matéria-prima a perde em favor do especificador de boa-fé, mas tem direito à indenização de seu valor, para que não haja o enriquecimento sem causa deste último.

De igual modo, o especificador de má-fé que adquirir a propriedade da coisa nova, em razão da disparidade de valores entre a matéria bruta e a mão de obra, na hipótese do § 2º do artigo anterior, deve indenizar cabalmente o dono da matéria-prima, compondo perdas e danos.

Somente não faz jus à indenização o especificador de má-fé, quando perde a coisa nova irredutível para o dono da matéria-prima. Não deseja o legislador, em tal caso, premiar a malícia do especificador, estimulando sua conduta ilícita com a remuneração do trabalho.

## *Seção VI*
## *Da Confusão, da Comissão e da Adjunção*

**Art. 1.272. As coisas pertencentes a diversos donos, confundidas, misturadas ou adjuntadas sem o consentimento deles, continuam a pertencer-lhes, sendo possível separá-las sem deterioração.**

**§ 1º Não sendo possível a separação das coisas, ou exigindo dispêndio excessivo, subsiste indiviso o todo, cabendo a cada um dos donos quinhão proporcional ao valor da coisa com que entrou para a mistura ou agregado.**

**§ 2º Se uma das coisas puder considerar-se principal, o dono sê-lo-á do todo, indenizando os outros.**

O artigo em exame mantém, na substância, o que continha o art. 615 do CC/1916, apenas tornando mais clara sua redação. A curiosidade é o legislador ter grafado de modo equivocado o termo *comistão*, do latim *commistione*, substituindo-o por *comissão*.

As três figuras tratam de mescla involuntária de coisas de donos diversos. A confusão é a mistura de coisas líquidas ou liquefeitas; a comistão é a mistura de coisas sólidas; e a adjunção é a justaposição de uma coisa à outra. Não há acessão de móvel a móvel, pois não há coisa acessória e coisa principal, há união sem acessão.

A regra primária, contida no *caput* do art. 1.272, é a propriedade das coisas confundidas, misturadas ou adjuntadas continuar a pertencer a seus respectivos donos, sendo possível separá-las sem deterioração. Em termos diversos, sendo reversível a união, retornam os donos dos ingredientes ao estado anterior.

O § 1º traça a regra de situação jurídica distinta, a impossibilidade da separação em razão de fatores naturais ou econômicos. Será o todo indiviso quando não comportar fracionamento natural, sem deterioração das partes, ou quando a separação exigir dispêndio excessivo, desproporcional ao valor das partes, exigindo sacrifício não razoável. Em tal caso, cria-se condomínio da coisa mesclada, na proporção dos valores dos ingredientes que entraram na mistura.

O § 2º disciplina a hipótese de uma das coisas ser principal e as demais acessórias. Ocorre, então, acessão de móvel a móvel e a regra é diversa. O proprietário da coisa principal tornar-se-á dono do todo, indenizando, porém, os donos das partes acessórias, pelos valores dos respectivos ingredientes.

Em relação ao artigo em estudo, há duas observações: a primeira é a de que a mistura deve ser involuntária, ou, na dicção da lei, "sem consentimento", pois se há negócio jurídico entre os donos das partes, valem as cláusulas pactuadas; a segunda é os donos das partes deverem estar de boa-fé, porque o art. 1.273 do CC traça regra diversa para a conduta maliciosa.

**Art. 1.273. Se a confusão, comissão ou adjunção se operou de má-fé, à outra parte caberá escolher entre adquirir a propriedade do todo, pagando o que não for seu, abatida a indenização que lhe for devida, ou renunciar ao que lhe pertencer, caso em que será indenizado.**

O artigo reproduz, na essência, o que continha o art. 616 do CC/1916, apenas substituindo o termo *mistura* pelo termo *comissão*, na realidade *comistão*.

Disciplina o legislador a hipótese da mescla de coisas de donos diversos ocorrer por conduta de má-fé de um deles, ciente de que os ingredientes não lhe pertenciam. Em tal caso, cria o legislador opções para a parte inocente. De duas, uma: escolhe ficar com a propriedade do todo, pagando o ingrediente que não for seu, compensado o valor com os danos que sofreu em decorrência da conduta maliciosa da outra parte; ou renuncia à parte que lhe pertence, mas exige indenização correspondente a seu valor, acrescida de perdas e danos.

Como alerta Marco Aurélio S. Viana, "nesse particular o diploma civil é contraditório, porque, antes, ao dispor a respeito do especificador de má-fé, estabeleceu-lhe a perda em favor do dono, sem direito à indenização. Já no caso de confusão, comissão ou adjunção, impõe ao dono da coisa o dever de indenizar" (*Comentários ao novo Código Civil*. Rio de Janeiro, Forense, 2003, v. XVI, p. 195).

---

**Art. 1.274. Se da união de matérias de natureza diversa se formar espécie nova, à confusão, comissão ou adjunção aplicam-se as normas dos arts. 1.272 e 1.273.**

---

Há novamente dois equívocos formais do legislador. O primeiro é mais uma vez grafar *comissão* o instituto da comistão. O segundo é a remissão aos arts. 1.272 e 1.273, quando, na verdade, o pretendido é a aplicação das regras da especificação, previstas nos arts. 1.269 a 1.271, anteriormente comentados. É óbvio que o equívoco formal do legislador não impede a correta aplicação da lei pelo intérprete, pois a criação de coisa nova pela confusão, comistão ou adjunção caracteriza a figura da especificação, disciplinada por regras próprias.

Difere a especificação da mescla de coisas (comistão, confusão e adjunção) exatamente pela criação de coisa nova, produto da indústria ou trabalho do especificador. Coisa nova, portanto, é aquela que tem individualidade própria, com utilidade distinta das partes e valor agregado pela mistura. Como exemplifica Carvalho Santos, a simples mistura de água e vinho não cria espécie nova, por falta de utilidade e valor econômico agregado. Já a mistura de vários ingredientes, criando uma bebida nova vendável, ou de vários componentes, criando droga ou medicamento com potencial diferenciado de utilização, caracteriza o instituto da especificação (*Código Civil brasileiro interpretado*. Rio de Janeiro, Freitas Bastos, 1952, v. VIII, p. 270).

Se há coisa nova, as regras aplicáveis são as da figura da especificação, apesar do erro formal do legislador ao fazer a remissão a artigos de lei. Ressalve-se a posição de Marco Aurélio S. Viana, para quem optou o legislador deliberadamente pela mudança do regime jurídico da hipótese em exame, que agora passa a ser regida pelas regras da mistura (*Comentários ao novo Código Civil*. Rio de Janeiro, Forense, 2003, v. XVI, p. 197).

## CAPÍTULO IV
## DA PERDA DA PROPRIEDADE

---

**Art. 1.275. Além das causas consideradas neste Código, perde-se a propriedade:**

**I – por alienação;**

**II – pela renúncia;**

**III – por abandono;**

**IV – por perecimento da coisa;**

**V – por desapropriação.**

**Parágrafo único. Nos casos dos incisos I e II, os efeitos da perda da propriedade imóvel serão subordinados ao registro do título transmissivo ou do ato renunciativo no Registro de Imóveis.**

---

O artigo em exame trouxe relevantes novidades, em relação ao art. 589 do CC/1916. A primeira delas está na abrangência do preceito, que traz os modos de perda da propriedade em geral, tanto móvel como imóvel, enquanto no velho CC a regra se restringia à propriedade imóvel. A segunda está na eliminação do termo *extinção da propriedade imóvel*, que as mais modernas legislações reservam apenas aos casos de perda absoluta, ou seja, supressão do direito do mundo jurídico, como ocorre com o perecimento da coisa. Já a perda relativa não extingue o direito, apenas provoca a alteração de sua titularidade, como ocorre, por exemplo, na alienação.

Ressalva o *caput* que, além do rol previsto nos cinco incisos, perde-se a propriedade por outras causas previstas neste Código. Diga-se, aliás, melhor faria o legislador se mencionasse apenas que pode o proprietário sofrer perda absoluta ou relativa da propriedade, em vez de tentar relacionar as causas. No que se refere às outras causas previstas no próprio CC, tomem-se como exemplo o casamento pelo regime da comunhão universal de bens, a morte natural, a ausência, a acessão e a usucapião, todas perdas relativas, pois provocam simultaneamente a perda para um e a aquisição da propriedade para outro titular.

O inciso I diz que se perde a propriedade pela alienação, que, no dizer clássico de Carvalho Santos, "é o ato pelo qual desfalcamos nosso patrimônio, transferindo a um outro determinado bem" (*Código Civil brasileiro interpretado*. Rio de Janeiro, Freitas Bastos, 1952, v. VIII, p. 201). Normalmente, a alienação se faz por negócio jurídico, como a venda e compra, a troca, a doação e a dação em pagamento. Pode ocorrer, todavia, por ato independente de vontade, como o implemento de condição resolutiva no resgate da retrovenda, a arrematação ou a adjudicação em hasta pública, a alienação forçada do proprietário ao possuidor, prevista no § 4º do art. 1.228, já comentado; ou, ainda, a alienação judicial de coisa comum, para extinção do condomínio sobre coisa indivisível.

O inciso II alude à renúncia, que, segundo Nelson Rosenvald, é "o ato unilateral pelo qual o proprietário declara formal e explicitamente o propósito de despojar-se do direito de propriedade" (*Direitos reais, teoria e questões*, 2. ed. Rio de Janeiro, Impetus, 2003, p.108). Não é a declaração de vontade receptícia, independendo, portanto, da aceitação de terceiros. Caso incida sobre coisa imóvel, deve ser instrumentalizada em obediência ao requisito formal do art. 108 do CC e levada ao registro imobiliário, tornando-se a coisa sem dono *(res nullius)*.

O inciso III trata do abandono, que difere da renúncia, pois não exige declaração expressa, mas se deduz de comportamento concludente do proprietário. O abandono exige requisito objetivo, a conduta de quem despreza o que é seu, somado a requisito subjetivo, a intenção de abdicar da coisa – *animus abandonandi*. A figura será tratada com mais profundidade no comentário ao artigo subsequente.

O inciso IV trata do perecimento da coisa. Se a coisa perece em sentido material, perde-se o direito de propriedade que sobre ela incide. É o caso do imóvel definitivamente inundado, da construção consumida por incêndio ou que rui em razão de alguma catástrofe. Também o caso de coisas móveis, que são destruídas ou ficam em local inacessível. Se a coisa perdida estiver segurada, os direitos reais, inclusive os de garantia, sub-rogam-se sobre o valor da indenização.

Finalmente, o inciso V trata da desapropriação, que se define como a transferência compulsória de bens pertencentes a particulares para o Estado, mediante pagamento de prévia indenização em dinheiro. É modo originário de aquisição da propriedade, não se vinculando ao título dominial anterior nem transmitindo ao poder expropriante eventuais vícios ou ônus que incidiam sobre a coisa expropriada. Pode dar-se a desapropriação por interesse público (DL n. 3.365/41), por interesse social (Lei n. 4.132/62) ou sanção (art. 182, § 4º, da CF e art. 8º da Lei n. 10.257/2001), esta última com pagamento em títulos da dívida pública.

O parágrafo único do artigo em exame reza que os casos dos incisos I e II – alienação e renúncia – somente produzem efeito de perda da propriedade no momento no qual o título ingressa no registro imobiliário. O registro, como já visto, tem caráter constitutivo da propriedade e outros direitos reais sobre coisa imóvel adquiridos a título derivado e *inter vivos* e gera presunção relativa de veracidade, até que seja cancelado. Por isso, o título da alienação gera direito de crédito, que, levado a registro, converte-se em direito real, provocando a transferência da propriedade imóvel. Embora não diga a lei, também a alienação de bens móveis somente provoca a perda da propriedade no momento da tradição.

**Jurisprudência:** Mandado de segurança. Pedido de anotação de renúncia de propriedade. Formalização em cartório por escritura pública. Possibilidade de renúncia da propriedade de bem insculpida no art. 1.275, II, CC. Responsabilidade por débitos e multas persiste até a renúncia formalizada. Recurso provido, com observação. (TJSP, Ap. Cível n. 10005223220238260219/Guararema, 7ª Câm. de Dir. Públ., rel. Mônica Serrano, j. 01.07.2024, publ. 01.07.2024)

Agravo de instrumento. Ação de despejo por falta de pagamento e cobrança. Bens deixados no imóvel pelos locatários. Nomeação de depositário. Perda da propriedade por abandono, nos termos do art. 1.275, III, do CC, reconhecida na origem. Insurgência dos agravantes. Intenção dos locatários de abdicar dos referidos bens não demonstrada. Ausência do elemento anímico necessário para a configuração do abandono. Decretação de perdimento afastada. Decisão reformada. Recurso provido. (TJSP, AI n. 2295610-74.2023.8.26.0000/Votuporanga, 35ª Câm. de Dir. Priv., rel. Gilson Delgado Miranda, j. 05.02.2024, publ. 05.02.2024)

O perecimento de veículo automotor, causa de perda de sua propriedade (inciso IV, art. 1.275, CC), aflige a base material da hipótese de incidência do IPVA. (TJSP, Ap. n. 990101819520, rel. Ricardo Dip, 11ª Câm. de Dir. Públ., j. 07.06.2010)

Herança jacente. Usucapião. Se a sentença de declaração de vacância foi proferida depois de completado o prazo da prescrição aquisitiva em favor das autoras da ação de usucapião, não procede a alegação de que o bem não poderia ser usucapido porque do domínio público, uma vez que deste somente se poderia cogitar depois da sentença que declarou vagos os bens jacentes (arts. 1.593 e 1.594 do CC). A arrecadação dos bens (art. 1.591 do CC) não interrompe, só por si, a posse que as autoras exerciam e continuaram exercendo sobre o imóvel. Recurso não conhecido. (STJ, REsp n. 209.967, 4ª T., rel. Min. Ruy Rosado de Aguiar, j. 06.12.1999, *DJ* 21.02.2000)

Condomínio. Coisa comum. Ex-companheiro. Renúncia da metade ideal. Inexigibilidade de escritura pública. Necessidade, no entanto, de instrumento em condições de ser averbado no Registro de Imóveis. Inadmissibilidade, como renúncia, da mera declaração em Juizado Informal de Conciliação. Inteligência dos arts. 134, II, e 589 do CC. Perda do direito de propriedade inocorrente. Rescisória procedente. (*JTJ* 251/396)

Desapropriação. Desistência. Devolução do imóvel em situação diversa da existente quando da imissão da ré na posse. Perda parcial da propriedade, consistente no perecimento da posse direta, por culpa do expropriante. Indenização devida pelo valor integral do imóvel. Art. 984 e § 1º do CC. Recurso provido. (*JTJ* 115/40)

Indenização. Perda da propriedade. Perecimento de imóvel por perda das qualidades essenciais em virtude de fato alheio à vontade do dono. Bem objeto de desapropriação. Desistência desta. Expropriante já imitida na posse. Não devolução porque transformado em favela. Responsabilidade da devedora pelo valor integral do bem. Aplicação dos arts. 78, I, 79, 589, IV, e 884 e § 1º do CC. (TJSP, *RT* 629/128)

---

**Art. 1.276. O imóvel urbano que o proprietário abandonar, com a intenção de não mais o conservar em seu patrimônio, e que se não encontrar na posse de outrem, poderá ser arrecadado, como bem vago, e passar, três anos depois, à propriedade do Município ou à do Distrito Federal, se se achar nas respectivas circunscrições.**

**§ 1º O imóvel situado na zona rural, abandonado nas mesmas circunstâncias, poderá ser arrecadado, como bem vago, e passar, três anos depois, à propriedade da União, onde quer que ele se localize.**

**§ 2º Presumir-se-á de modo absoluto a intenção a que se refere este artigo, quando, cessados os atos de posse, deixar o proprietário de satisfazer os ônus fiscais.**

---

O artigo em exame, em especial seu § 2º, alterado de modo significativo pelos arts. 64 e seguintes da Lei n. 13.465/2017, consagra uma das mais relevantes inovações do CC, derrubando um dos dogmas do direito privado: a propriedade não se perder pelo não uso.

Comecemos pelo exame do *caput* do art. 1.276 que, embora reduzindo de modo significativo o prazo de abandono do imóvel urbano, de dez para três anos, manteve os requisitos objetivo e subjetivo do instituto, este último consistente do comportamento do proprietário de abdicar da coisa e a intenção de fazê-lo – *animus abandonandi*. A prova do elemento subjetivo sempre foi tormentosa, pois a simples ausência de utilização de um imóvel não significava, necessariamente, a intenção de abdicar dele. Por isso a figura do abandono sempre foi de uso escasso, diante da quase impossível prova do estado anímico do dono. A dificuldade foi superada pelo legislador no § 2º do preceito, adiante comentado.

O *caput* do art. 1.276, embora preservando os requisitos tradicionais do abandono, introduz, desde logo, relevante novidade. Quanto ao prazo, que caiu de dez para três anos para o imóvel urbano, com termo inicial na data da arrecadação do imóvel pelo Poder Público. Note-se, portanto, que o abandono é a causa, mas a transferência da propriedade somente ocorre com o escoamento do triênio, contado da lavratura do auto de arrecadação.

O *caput* do art. 1.276 faz referência a que o abandono somente se caracteriza caso o imóvel não esteja na posse de outrem. Tal requisito, porém, foi afastado pelo art. 64 da Lei n. 13.465/2017, de modo que atualmente pode consumar-se o abandono de imóvel sob posse de terceiro.

A arrecadação está subordinada à prévia abertura de processo administrativo e notificação do proprietário para, querendo, impugnar o ato no prazo de trinta dias (§ 2º do art. 64 da Lei n. 13.465/2017) (segundo o Enunciado n. 242 da III Jornada de Direito Civil, em 2004: "A aplicação do art. 1.276 depende do devido processo legal, em que seja assegurado ao interessado demonstrar a não cessação da posse"). Por força da recente alteração legislativa mencionada, o processo não se dá na esfera judicial, mas, sim, na administrativa.

Mesmo depois da arrecadação, o imóvel ainda não integra o patrimônio público, de tal modo que, no triênio subsequente, poderá o proprietário evitar a perda, manifestando comportamento incompatível com o abandono, especialmente praticando atos possessórios, dando ao prédio sua natural destinação social e econômica e pagando os tributos sobre ele incidentes. Nessa hipótese, caso o imóvel já tenha sido arrecadado e o poder público tiver investido recursos no bem, deverá o dono indenizar todas as despesas ocorridas, inclusive fiscais, em razão do exercício provisório da posse (§ 5º do art. 64 da Lei n. 13.465/2017).

Terá legitimidade para requerer a arrecadação do imóvel urbano o beneficiário do abandono, ou seja, a municipalidade onde ele se localizar, ou o Distrito Federal, se no respectivo território.

O § 1º traça regra simétrica para o imóvel rural. Dispõe deva estar ele "abandonado nas mesmas condições", com comportamento do proprietário indicativo do abandono somado à intenção de abandonar, assim como não estar em posse de terceiro. O prazo é o mesmo, de três anos com termo inicial na data em que for o imóvel arrecadado. A única distinção é o destinatário do abandono e, portanto, da legitimidade para requerer a arrecadação, deslocando-se para a União Federal, qualquer que seja a localização do prédio. A situação do imóvel – urbano ou rural – é determinada por sua localização e não por sua destinação, tal como ocorre nas usucapiões especiais urbana e rural.

Como dito, a grande novidade está no § 2º do art. 1.276, que supera a tradicional dificuldade de demonstrar o *animus abandonandi* do proprietário. Diz o preceito que determinado comportamento – cessação dos atos de posse e inadimplemento dos ônus fiscais – cria presunção absoluta, *iure et iure,* da intenção de abandonar, não cabendo, por consequência, prova em sentido contrário do dono. O que fez o legislador foi qualificar certa conduta concludente, dela extraindo o elemento subjetivo. Note-se a utilização do aditivo *e*, ou seja, não basta a cessação dos atos de posse e o imóvel não se encontrar de posse de terceiros; deve-se somar, também, a falta de pagamento de tributos incidentes sobre o prédio. Os dois requisitos somados, cumulativos, é que criam a presunção absoluta de abandono.

No que se refere à cessação dos atos de posse, não mais cabe a clássica noção de que o não uso é uma prerrogativa do proprietário e, portanto, a inércia é uma das facetas da possível conduta do dono. A doutrina clássica dizia que a "simples negligência em reclamar a coisa ou qualquer outro ato negativo não importa no abandono, que exige sempre um ato positivo do proprietário, que abandona voluntariamente a posse da coisa, com intenção de deixar que outro adquira" (CARVALHO SANTOS, J. M. de. *Código Civil brasileiro interpretado*. Rio de Janeiro, Freitas Bastos, 1952, v. VIII, p. 201). A moderna noção de função social da propriedade, e também da posse, exige conduta positiva circunstanciada do possuidor, dando à coisa sua natural finalidade econômica e social. A conduta negativa somente se admite em casos excepcionais, quando revestida de interesse social, por exemplo, a não exploração de áreas de proteção ambiental. Em termos diversos, o legislador sancionou a falta de atos possessórios positivos, extraindo da conduta omissiva, aliada ao inadimplemento fiscal, o efeito jurídico de *animus abandonandi*.

Nada impede que comportamento diverso do dono ou a presença de apenas uma das circunstâncias previstas gerem a perda da coisa por abandono, cabendo, porém, em tal caso, ao Poder Público a difícil prova do *animus abandonandi*. Como consta do Enunciado n. 243 da III Jornada de Direito Civil, em 2004: "A presunção de que trata o § 2º do art. 1.276 não pode ser interpretada de modo a contrariar a norma-princípio do art. 150, IV, da CR".

A Lei n. 13.465/2017 supriu a grande lacuna do § 2º do art. 1.276, qual seja o de não fixar a duração que se exige de comportamento concludente do dono – falta de posse e inadimplemento fiscal – para que possa ser feita a arrecadação do imóvel. Lembre-se de que o prazo de três anos, referido no *caput* e no § 1º do artigo em exame, medeia entre a arrecadação e a incorporação definitiva e irreversível da coisa ao patrimônio público. Agora o § 1º do art. 64 da Lei n. 13.465/2017 fixa o prazo de abandono em cinco anos. Foi excelente a alteração legislativa, que estabeleceu prazo certo e objetivo de inércia do dono para caracterização do abandono.

Sublinhe-se, ainda, que, mesmo após a arrecadação, não ingressa o imóvel no patrimônio público e, tal como os bens do ausente, é permitido que o proprietário impeça a perda, adotando no triênio subsequente conduta contrária àquela punida pelo legislador.

Finalmente, não há como afirmar a inconstitucionalidade do preceito, que não cria nova modalidade de desapropriação ou perda da propriedade à margem da Carta Política, mas apenas dá significação ao *animus abandonandi*, amoldando-o a determinada conduta do proprietário. É mais uma das faces da concreção do princípio da função social da propriedade.

**Jurisprudência:** Enunciado n. 597, CEJ: A posse impeditiva da arrecadação, prevista no art. 1.276 do CC, é efetiva e qualificada por sua função social

Enunciado n. 316, CEJ: Eventual ação judicial de abandono de imóvel, caso procedente, impede o sucesso de demanda petitória.

Enunciado n. 243, CEJ: A presunção de que trata o § 2º do art. 1.276 não pode ser interpretada de modo a contrariar a norma-princípio do art. 150, IV, da Constituição da República.

Enunciado n. 242, CEJ: A aplicação do art. 1.276 depende do devido processo legal, em que seja assegurado ao interessado demonstrar a não cessação da posse.

Abandono. O abandono é negócio jurídico unilateral que implica a perda da propriedade, segundo o art. 589, hoje art. 1.276 do CC; não depende do concurso de outrem e pode ser provado pelos meios usuais em direito. No caso, o antepassado dos réus abandonou a construção de um prédio em 1955, não praticou outros atos de posse e cessou o pagamento dos tributos, não se opondo às execuções fiscais intentadas pelo município. Seus herdeiros não declararam o imóvel no arrolamento e sugeriram a transferência dele para a Prefeitura, nas ações de cobrança. Efetivado o abandono, a coisa se torna *res nullius* até que outrem a ocupe ou a administração o arrecade, na forma da lei civil. Abandono verificado. Inexistência de responsabilidade dos réus pela demolição, a que não se opuseram. (TJSP, Ap. Cível n. 0005260-93.2007.8.26.0590, Câm. Res. do Meio Ambiente, rel. Des. Torres de Carvalho)

Arrecadação de bem imóvel. Comprovação, pelo Município, do estado de abandono do bem. Local incendiado, depredado, a servir à prática de atos criminosos. Primazia do interesse público. Ausência de quitação do IPTU e taxas de água e esgoto há mais de 20 anos. Inteligência do art. 1.276, CC. Sentença de procedência mantida. Recurso não provido. (TJSP, Ap. Cível n. 0000330-32.2010.8.26.0459, rel. Des. Luis Ganzerla, j. 28.09.2016)

## CAPÍTULO V
## DOS DIREITOS DE VIZINHANÇA

### *Seção I*
### *Do Uso Anormal da Propriedade*

**Art. 1.277. O proprietário ou o possuidor de um prédio tem o direito de fazer cessar as interferências prejudiciais à segurança, ao sossego e à saúde dos que o habitam, provocadas pela utilização de propriedade vizinha.**

**Parágrafo único. Proíbem-se as interferências considerando-se a natureza da utilização, a localização do prédio, atendidas as normas que distribuem as edificações em zonas, e os limites ordinários de tolerância dos moradores da vizinhança.**

Os conflitos de vizinhança, no dizer de San Tiago Dantas, constituem o momento crítico, ou a crise da teoria da propriedade, porque revelam o antagonismo entre direitos opostos. A propriedade apresenta dois aspectos fundamentais: um interno, que é a prerrogativa, concedida ao proprietário, de promover sobre a coisa objeto de seu direito qualquer atividade lícita; e um externo, que é a faculdade concedida ao titular de repelir os atos de terceiro, capazes de restringir as vantagens que a coisa proporciona, ou de admitir a elas um estranho (*Conflito de vizinhança e sua composição*, 2. ed. Rio de Janeiro, Forense, 1972, p. 20). O conflito se revela sempre que um ato praticado pelo dono ou morador de um prédio, ou o estado de coisas por ele mantido, vá exercer seus efeitos sobre o prédio vizinho, causando prejuízo ao imóvel ou incômodo ao morador. Nasce daí uma contradição entre direitos de propriedade opostos, pondo em contraste o aspecto interno de um com o aspecto externo de outro.

A composição dos conflitos de vizinhança passa pela adoção de critérios diversos, que aferem a normalidade do uso do imóvel, a gravidade dos incômodos e a supremacia do interesse público. Da sua aplicação conjunta, verifica-se a existência do direito de fazer cessar as interferências prejudiciais a que se refere o art. 1.277 do CC, que, na opinião de parte da doutrina, tem a natureza de obrigação *propter rem*.

As restrições decorrentes do direito de vizinhança recebem de parte da doutrina, inclusive estrangeira, o nome de servidões legais. Não se confundem, todavia, com as restrições decorrentes do direito real de servidão, por várias razões: a) quanto à fonte, as servidões legais decorrem da lei e o direito real de servidão, da convenção ou da usucapião; b) por decorrerem da lei, as servidões legais não necessitam do registro imobiliário, ao passo que o direito real de servidão é constituído, salvo no caso da usucapião, pelo registro imobiliário; c) as servidões legais geram restrições e direitos recíprocos entre vizinhos, ao passo que o direito real de servidão gera vantagens para o prédio dominante e restrições para o prédio serviente; d) as servidões legais são gerais e atendem ao interesse público de coexistência e pacificação das relações de vizinhança, ao passo que o direito real de servidão atende ao interesse e à conveniência das partes.

O CC/2002 introduziu profundas alterações na matéria, em comparação com o CC revogado. Não se fala mais em uso nocivo, ou mau uso da propriedade, como fazia o art. 554 do CC/1916, eliminando, assim, qualquer vínculo com a noção de ato jurídico ilícito em sentido estrito. A responsabilidade decorrente do direito de vizinhança, para gerar o dever de cessar a interferência prejudicial ou de indenizar, é objetiva e independe de culpa ou dolo do proprietário ou possuidor. É óbvio que o ato culposo é coibido, mas não só. O exercício abusivo do direito de propriedade, de modo que exceda manifestamente a sua função social e econômica, ou a boa-fé objetiva, nos moldes dos arts. 187 e 1.228, § 2º, do CC, gera responsabilidade do proprietário. Também a atividade lícita e autorizada pela Administração pode ser coibida pelas normas do direito de vizinhança. Para Hely Lopes Meirelles, "a existência de alvará ou licença administrativa para a realização da obra ou o exercício da atividade lesiva ao vizinho não impede que o ofendido exija a paralisação da construção ou a cessação dos trabalhos ou atividades danosas para o vizinho" (*Direito de construir*, 4. ed. São Paulo, RT, 2004, p. 17).

O artigo inicia conferindo ao proprietário ou ao possuidor de um prédio a legitimidade para reclamar o direito de vizinhança. O legislador corrigiu imprecisão do CC revogado, que falava em *proprietário* ou *locatário*. Os possuidores diretos ou indiretos, em geral, com posse justa ou injusta, de boa-fé ou de má-fé, têm direito de exigir que cessem as interferências prejudiciais do imóvel vizinho. É suficiente que tenha posse *ad interdicta*, ainda que seja injusta e de má-fé. Basta imaginar a hipótese de comodatário que não devolveu ao comodante o imóvel na data aprazada. A posse é injusta – precária – e de má-fé apenas em relação ao comodante, em razão da relatividade dos vícios. Disso decorre o direito, enquanto permanecer no prédio, de reclamar dos vizinhos, contra os quais não se praticou esbulho, a cessação da atividade prejudicial.

Prossegue o art. 1.277 dizendo que o proprietário ou o possuidor tem o direito de *fazer cessar* as interferências prejudiciais. A expressão é ampla e, para sua consecução, cabe ao vizinho ofendido um largo leque de medidas, desde a execução de obrigação de não fazer, como cessar a emissão de ruídos, fumaça ou gases, como também execução de obrigação de fazer, como a demolição de imóvel em ruína que ameace a segurança dos prédios vizinhos, tudo com tutela específica e meios previstos no art. 461 do CPC/73 (arts. 139, IV, 497 a 500, 536, § 1º, e 537 do CPC/2015). Além disso, o pedido cominatório pode ser adequado para reprimir o comportamento do vizinho, sem prejuízo da indenização decorrente de danos morais e materiais.

O art. 1.277 trata ainda de prédios vizinhos. O termo *prédio*, usado pelo legislador, não se limita às construções e às acessões, mas abrange imóveis em geral, com ou sem construções, urbanos ou rurais. O termo *vizinhança* não se limita a imóveis confinantes ou contíguos; vai além. A vizinhança se estende até onde se propagam as interferências prejudiciais entre imóveis. Vê-se, portanto, que, de acordo com a natureza e a intensidade da interferência, a vizinhança pode ser mais ou menos ampla. A fábrica que emite gases ou odores prejudiciais à saúde ou segurança tem como vizinhos todos os imóveis alcançados por seus efeitos, ainda que em um raio de alguns quilômetros.

Como se extrai do texto do art. 1.277 do CC, o direito de um vizinho reclamar do outro a cessação de certa conduta está subordinado a dois requisitos cumulativos, a saber: a) a existência de interferência prejudicial que atinja certos interesses previstos em lei; b) que essa interferência decorra de uso anormal do imóvel.

No que se refere ao primeiro requisito, o próprio art. 1.277 circunscreve os interesses que podem ser prejudicados pelas interferências: a segurança, a saúde e o sossego. A segurança diz respeito à atividade ou à inatividade que produza um dano efetivo ou crie situação de perigo para o prédio vizinho, incluindo pessoas e bens. Estão nessa categoria todos os trabalhos que produzam ou possam causar o risco concreto de abalos na estrutura, infiltrações, trepidações perigosas, explosões violentas, emanações venenosas, existência de árvores que ameacem tombar e tudo que venha a prejudicar fisicamente o prédio e seus moradores. Um aspecto importante, que reflete na segurança e no sossego, é a conduta inconveniente ou permissiva do vizinho que tolera ou se mostra conivente com o ajuntamento de malfeitores, viciados em entorpecentes, ébrios, ou com qualquer outra situação que possa pôr em risco a incolumidade dos demais moradores dos arredores. Quanto à saúde, garante-se aos vizinhos não só a higidez física, mas também a psíquica. Pode a saúde ser atingida por agentes diversos, físicos, químicos, biológicos ou até mesmo por fatores psicológicos de desassossego ou inquietação. São diversos os casos possíveis: manutenção de água empoçada no quintal ou de animais em condições inadequadas, com a possibilidade de propagar doenças pelo bairro. São ofensas ao sossego as interferências por agentes diversos que causem impressões sensitivas, como o som, a luz, o cheiro, as sensações térmicas e as imagens. Pontes de Miranda afirma que o sossego não é perturbável apenas pelo som. Também o é pela luz, pelo cheiro, por apreensões e choques psíquicos ou outros motivos de inquietação (*Tratado das ações*. São Paulo, RT, 1971, v. V, p. 279). A diminuição de outras utilidades de um imóvel, ou de vantagens acidentais, como a vista de uma certa paisagem, a regularidade do estilo das fachadas das casas de um certo bairro ou a instalação de uma casa onde se pratica a prostituição, ofende outros interesses e valores, não tutelados pelo direito de vizinhança.

Além disso, não basta saber se a interferência vulnerou os interesses tutelados pelo legislador. O dano decorrente dessa interferência, como afirma a parte final do parágrafo único do art. 1.277, deve ultrapassar "os limites ordinários de tolerância dos moradores da vizinhança". No dizer de Caio Mário, "se este se contém no limite do tolerável, à vista das circunstâncias do caso, não é de se impor ao proprietário a restrição do uso de seus bens, uma vez que a convivência social, por si mesma, cria a necessidade de cada um sofrer um pouco" (PEREIRA, Caio Mário da Silva. *Instituições de direito civil*. Rio de Janeiro, Forense, 2003, v. IV, p. 211). Como ensina San Tiago Dantas, "quando o juiz quer saber se os incômodos são ou não excessivos, não é para a pessoa do proprietário que se volta, mas para o proprietário do imóvel como um personagem algébrico, formado pela superposição de quantos se encontram naquela coletividade" (op. cit., p. 278). Não se tutela, portanto, a excessiva sensibilidade de um vizinho nem se levam em conta suas circunstâncias pessoais, mas sim as da média dos moradores da vizinhança.

Essa interferência intolerável deve decorrer do segundo requisito, qual seja, a utilização anormal de um prédio. A grande novidade do CC foi a de estabelecer, no parágrafo único do art. 1.277, parâmetros e balizas para o juiz aferir a normalidade do uso e da interferência entre vizinhos. Na dicção da lei, devem se considerar a natureza da utilização e a localização do prédio, atendidas as normas que distribuem as edificações em zonas. O barulho que produz a utilização normal de um imóvel residencial é inferior ao que produz a utilização normal de um imóvel industrial. Em certas porções da cidade, com zoneamento permitido, o ruído que produz a atividade normal de uma casa noturna seria anormal em zona estritamente residencial. Aquele que adquire imóvel em zona rural ou estritamente residencial tem a justa expectativa de ouvir menos ruído que aquele que vive em zona comercial ou industrial. A ideia do legislador, amparado na doutrina de San Tiago Dantas, é a da aplicação do princípio da coexistência dos direitos, cotejando o cerceamento dos direitos do proprietário e os incômodos que a falta desse cerceamento causa ao vizinho. Afere-se a normalidade do uso e a tolerabilidade do incômodo para verificar qual dos direitos deve prevalecer.

Não adotou o legislador o critério da pré-ocupação como determinante para a invocação do direito de vizinhança, de modo que aquele que já se encontra estabelecido em determinado local não tem salvo-conduto para interferir prejudicialmente sobre os imóveis de novos vizinhos que para ali se mudem posteriormente.

Um terceiro critério, determinante para a cessação ou não da atividade do proprietário, é o do interesse público na manutenção da atividade lesiva ao interesse do vizinho, examinado no artigo seguinte.

**Jurisprudência:** Enunciado n. 319, CEJ: A condução e a solução das causas envolvendo conflitos de vizinhança devem guardar estreita sintonia com os princípios constitucionais da intimidade, da inviolabilidade da vida privada e da proteção ao meio ambiente.

No sistema jurídico nacional, à luz do art. 1.277 do CC/2002, vigora nas relações de vizinhança o princípio da responsabilidade objetiva, emergindo o dever de indenizar ou compensar desde que provados a conduta, o dano e o nexo causal. (STJ, REsp n. 2.125.459/SP, j. 02.04.2024, rel. Min. Nancy Andrighi)

Ação cominatória. Direito de vizinhança. Ferrovia. Prova pericial que constatou a omissão da ré em realizar a manutenção do trecho que se encontra sob seu domínio. Existência de vegetação alta e malcuidada e fossa a céu aberto. Reconhecimento da obrigação da ré em realizar a canalização do fosso e realizar a manutenção do local com maior frequência. Inaplicabilidade da restrição prevista no art. 4°, III, da Lei n. 6.766/79. Prevalência do direito à saúde e a segurança do autor e da sociedade local. Art. 1.277do CC. Impossibilidade de transferir ao Executivo Municipal a responsabilidade de realizar as reformas. Trecho que se encontra sob sua concessão. Recurso improvido. (TJSP, AC n. 9102323-18.2009.8.26.0000, rel. Des. Hamid Bdine, j. 31.01.2013)

Ação de indenização de dano material cumulada com obrigação de fazer julgada procedente. Manutenção de canil em imóvel vizinho e em área residencial. Cerceamento de defesa não verificado na espécie. Uso da propriedade em desacordo com a legislação federal e estadual aplicável à espécie. Inadequação do local para criação de cães, posto que situado na área urbana do município. Inteligência do art. 1.277 do CC/2002. Indenização fixada que comporta redução. Recurso provido, em parte, para esse fim. (TJSP, Ap. Cível n. 0045683-31.2008.8.26.0309, 33ª Câm. de Dir. Priv., rel. Des. Sá Duarte, j. 25.06.2012)

Fere o direito de vizinhança e caracteriza o uso nocivo da propriedade a mantença de inúmeros animais em precárias condições de higiene e cuidados, que causam aos vizinhos perturbações de toda ordem, especialmente em razão da sujeira, do mau cheiro, do barulho e das invasões na propriedade alheia, mormente em se considerando o acordo – não cumprido – de remoção de alguns dos animais feito perante o MP. (TJSP, AI n. 900.075-0/4, rel. Luis de Carvalho, j. 01.06.2005)

Em ação cominatória decorrente das relações de vizinhança e fundada em perturbações sonoras, pode o Magistrado determinar ao réu a abstenção de produzir poluição sonora, além de impor obrigação de fazer obras necessárias tendentes a impedir a dispersão de sons e ruídos como forma de assegurar o resultado prático da obrigação de não fazer, sob pena de multa. (II TACSP, Ap. c/ Rev. n. 836.061-00/7, 11ª Câm., rel. Juiz Egidio Giacoia, j. 23.08.2004)

O direito de vizinhança cria para o proprietário o dever de arcar, solidariamente, com a responsabilidade pelos danos decorrentes do exercício nefasto da propriedade. A indenização por eventuais danos sofridos por vizinhos, nessa cadência, se dá pelo sistema de responsabilidade objetiva, dispensando a indagação sobre a ocorrência de culpa ou dolo por parte do proprietário (II TACSP, Ap. c/ Rev. n. 650.424-00/1, rel. Rosa Maria de Andrade Nery, j. 02.04.2003). (*Lex-TACSP* 200/442, 2003)

Estabelecimento comercial. Alvará de licença para minipadaria e com horário não excedente às 20 horas em 1998. Em 2001 e 2002, alvará para lanchonete e mercearia, com funcionamento, em horário especial, até 4:00 horas de domingo e, nos demais dias da semana, até às 24:00 horas. Transformação em bar, com venda de bebida alcoólica e aglomeração de clientes na rua. Reconhecimento de exploração abusiva da atividade comercial. Vizinhança composta por pessoas idosas e com saúde precária. Bairro residencial. Ameaças, palavras de baixo calão, agressões verbais, bloqueio de garagens, danos aos jardins, com plantas arrancadas e exalações fétidas, bem como, e sobretudo, barulho pela noite adentro. Lavratura de 8 (oito) Boletins de Ocorrência. Em área mista, residencial e de comércio, a residência prefere à utilização comercial e a pré-ocupação residencial é fator ponderável nos conflitos de vizinhança, porque quem vem a se instalar em determinada zona já deve prever e sopesar as vantagens e inconvenientes anteriores do bairro, ou seja, tratando-se de zona mista, a pré-ocupação atua como agravante dos encargos a serem suportados pelos novos vizinhos, como o agravado. Os ruídos, até às 4:00 na madrugada de domingo e até às 24:00 todos os demais dias da semana, mostram-se anormais e lesivos aos direitos de vizinhança, mesmo porque, à noite, o trabalho ruidoso e incômodo para a vizinhança apresenta-se como ato antijurídico e ofensivo do direito ao descanso, irrecusável a todos que labutam durante o dia. Irrelevância de o estabelecimento ter autorização do Poder Público para funcionar, fato que não o desobriga de conter a atividade dentro de condições de normalidade própria e específica da região. Ademais, o CC (art. 554) se sobrepõe à legislação municipal (TJSP, AI n. 750.624-00/0, rel. Des. Romeu Ricupero, j. 12.09.2002). (*Lex-TACSP* 198/412, 2003)

Nunciação de obra nova. Demolitória. Construção que ultrapassa a altura máxima e o número de pavimentos permitidos, interferindo na área de iluminação, ventilação e insolação do condomínio vizinho. Normas de construção que não se limitam aos estabelecidos no CC. Descumprimento de posturas municipais que autoriza o pedido judicial de demolição, independentemente das providências ou da inércia da administração pública. Desnecessidade de citação do cônjuge em matéria relativa a direito subjetivo de vizinhança. Ação procedente. Recurso não provido. (TJSP, Ap. Cível n. 110.407-4, rel. Elliot Akel, j. 19.12.2000)

A ação de nunciação de obra nova à disposição do proprietário ou do possuidor tem por escopo evitar que a obra em construção prejudique o prédio já existente. Esse prejuízo, que constitui o fundamento maior da referida demanda, pode se dar tanto pelo descumprimento das normas do direito da vizinhança quanto das normas municipais de uso e ocupação do solo urbano, haja vista a inexistência de restrição no inciso I do art. 934 do CPC [sem correspondente no CPC/2015]. (STJ, REsp n. 126.281/PB, rel. Min. Sálvio de Figueiredo Teixeira, j. 23.09.1998)

O uso nocivo da propriedade (CC, art. 554) não se acha condicionado aos limites estabelecidos em lei local. Agravo desprovido. 3 – Inexistindo interesse público na manutenção da atividade, anormal nas circunstâncias, é de se acolher o pedido de sua cessação, porque perturba o sossego do vizinho (CC, art. 554). 4 – Apelação desprovida. (TJRS, Ap. Cível n. 597.053.941, 5ª Câm. Cível, rel. Araken de Assis, j. 08.05.1997)

Direito de vizinhança. Uso nocivo da propriedade. O direito a que se refere o art. 554 do CC pode, também, ser exercido pelo possuidor do prédio (STJ, REsp n. 46.163/SP, rel. Min. Nilson Naves, j. 08.08.1994, *DJ* 26.09.1994, p. 25.648). (*RSTJ* 73/343)

Direito de vizinhança. O proprietário é parte legítima passiva *ad causam* na ação de reparação de danos causados por construção em prédio vizinho. A sua responsabilidade independe da culpa, decorrendo do próprio direito de vizinhança. Denunciação a lide do empreiteiro improcedente, porque os danos não foram por ele produzidos, mas por obras anteriores a empreitada. Apelações desprovidas. (TJRS, Ap. Cível n. 190.003.418, 4ª Câm. Cível, rel. Ernani Graeff, j. 26.04.1990)

Direito de vizinhança. Estabelecimento fabril. Marteletes. Ruídos. Barulho. Danos a prédios. Ação procedente. Apelação provida em parte. (*RT* 533/72)

Ilegitimidade de parte. Ativa. Inocorrência. Ação proposta por condomínio, representado pelo administrador, em defesa do direito de vizinhança. Art. 12, IX, do CPC [art. 75, XI do CPC/2015]. Preliminar rejeitada. (*JTJ* 119/127)

---

**Art. 1.278. O direito a que se refere o artigo antecedente não prevalece quando as interferências forem justificadas por interesse público, caso em que o proprietário ou o possuidor, causador delas, pagará ao vizinho indenização cabal.**

---

O artigo em exame não tem similar no CC/1916 e constitui importante inovação no capítulo do direito de vizinhança, positivando entendimento dos tribunais e consagrando a doutrina de San Tiago Dantas (*O conflito de vizinhança e sua composição*, 2. ed. Rio de Janeiro, Forense, 1972).

Preenchidos os requisitos comentados no artigo anterior – existência de interferência prejudicial e que esta seja decorrente do uso anormal da propriedade –, uma terceira circunstância acidental será aferida, para legitimar a imposição de cessação da atividade danosa. É a existência – ou não – de interesse público na manutenção dessa atividade. Como explica San Tiago Dantas, "verificando, porém, que os incômodos são excessivos por ser anormal o uso da propriedade que lhes dá origem, o juiz indagará se a supremacia do interesse público legitima este uso excepcional; se legitima, e se a ofensa à saúde, segurança ou sossego não é de molde a inutilizar o imóvel prejudicado, o juiz manterá os incômodos inevitáveis e, pela expropriação que assim inflige ao proprietário incomodado, ordenará que se lhe faça cabal indenização (direito oneroso de vizinhança)" (op. cit., p. 280).

Em resumo, constatada a ocorrência de interferências prejudiciais à saúde, ao sossego e à segurança dos vizinhos, decorrente de uso anormal da propriedade, ainda assim a necessidade da manutenção dessa atividade poderá atender ao interesse público. Em tal caso, mantém-se a atividade prejudicial, mas os vizinhos são cabalmente indenizados. Não se cogita o pagamento de indenização, todavia, quando não são preenchidos os requisitos básicos, ou seja, quando as interferências são toleráveis ou decorrentes do uso normal do imóvel.

O preceito limita o leque de medidas judiciais disponíveis ao vizinho prejudicado, excluindo a cessação da atividade e os provimentos correlatos, como a fixação de multa diária. Circunscreve a reação do vizinho ofendido à indenização cabal dos prejuízos sofridos, persistindo, porém, a atividade prejudicial, em razão do interesse público na sua manutenção. A responsabilidade é objetiva, desde que preenchidos os requisitos cumulativos da interferência prejudicial e do uso anormal da propriedade, anteriormente analisados. Pouco importa que a atividade tenha sido autorizada por licença ou alvará administrativo, porque não se cogita de ato ilícito em sentido estrito. A atividade autorizada não é automaticamente lícita em relação aos interesses dos vizinhos. A indenização é cabal, vale dizer, abrange todos os danos materiais sofridos pelos proprietários e possuidores dos imóveis vizinhos. Tais danos abrangem a desvalorização do prédio, os investimentos feitos pelos vizinhos para minorar as interferências e a diminuição de eventual rendimento de aluguéis, além dos prejuízos pessoais dos moradores, por ofensa à sua saúde ou incolumidade física. Também são indenizáveis os danos morais por ofensa a direitos da personalidade, como o sossego e a incolumidade física e emocional dos moradores vizinhos.

Embora não diga de modo claro o preceito, está implícito que o que veda o legislador é apenas a *cessação* da atividade lesiva, cujo prosseguimento atende a interesse público. Em termos diversos, somente deve ser mantida a atividade incômoda quando os seus inconvenientes sejam *irredutíveis*. Podem os vizinhos, porém, quando for o caso, exigir que os incômodos sejam reduzidos ao inevitável, mediante ação de obrigação de fazer. Tome-se como exemplo um hospital instalado em zona residencial, que provoca interferências lesivas aos vizinhos. Cabe ação de obrigação de fazer para reduzir ao mínimo as interferências, como a instalação de filtros ou de equipamentos que diminuam os ruídos, cumulada com indenização pelas interferências remanescentes inevitáveis.

Outro ponto que merece atenção está no grau de interferência nos imóveis vizinhos. O que permite a lei é o sacrifício de vizinhos, que devem tolerar certas interferências em nome do interesse público. Não, porém, a utilização da propriedade que torne absolutamente inabitáveis os prédios adjacentes. "Aí não haveria de fato uma simples agravação dos encargos de vizinhança, nada que se parecesse com a instituição judicial de uma servidão *immitendi*; haveria verdadeira expropriação, que a lei não autoriza seja feita em benefício de um particular. Torna-se inabitável um prédio de muitos modos, especialmente quando a salubridade ou insegurança reinantes põem em perigo a vida dos moradores" (DANTAS, San Tiago. Op. cit., p. 278).

Finalmente, deve-se ter cautela ao interpretar o significado de interesse público. Nem toda atividade empresarial, por gerar riquezas e movimentar a economia, tem interesse público, que, ao contrário, reclama claro benefício à comunidade. Deve ser feito juízo de ponderação entre a natureza e o grau de sacrifício que se exige dos vizinhos e os efetivos ganhos da sociedade na persistência de determinada atividade.

**Jurisprudência:** Responsabilidade civil. Obras do metrô. Danos materiais. Perda do valor econômico do imóvel residencial, ocasionada pelas vibrações causadas pelos trens na passagem no túnel sob a moradia da autora. Danos individuais. Prejuízo permanente e anormal representado por incômodos e desvantagens das obras de melhoria viária. Aplicação do princípio da igualdade dos ônus e encargos sociais. Compensações devidas. Desatendimento da estimativa da autora no ressarcimento dos danos individuais. Demanda parcialmente procedente. Sucumbência do metrô. Aplicação do art. 20, § 3º, do CPC [art. 85, § 2º, do CPC/2015. Provimento parcial do apelo da autora. Negado ao do réu (TJSP, Ap. Cível n. 203.078-5/3-00, rel. Jovino de Sylos, j. 30.09.2002). (*Lex-TJSP* 261/166, 2003)

Consta do corpo do julgado: Mesmo resultante de atividade administrativa lícita, necessária, que objetiva o interesse da coletividade, interesse presumido e ínsito ao tipo de conglomerado humano constituído no grande centro, aplica-se o ressarcimento porque houve o dano de permanente desconforto pelas vibrações, trepidações ainda hoje não eliminadas e resultantes da ação administrativa (nexo causal), representando, segundo Renato Alessi, citado por Yussef Said Cahali, "verdadeiro e próprio sacrifício concreto, e não uma simples limitação, de caráter geral, de um direito". Saliente-se que nesta hipótese o dano é também anormal, excedendo os incômodos provenientes da vida em sociedade. Posta desse modo a questão, a responsabilidade objetiva do Estado, com suporte no risco administrativo, que admite pesquisa em torno da culpa da vítima, neste feito à evidência inocorrente, subsiste de maneira ampla, mesmo porque não se afigura razoável que, oprimido pelo crescimento desordenado da metrópole, o seu morador deve suportar docilmente os incômodos e desvantagens das obras de melhoria viária, ainda a custo da perda de todo sossego de sua moradia. Ou seja, em nome da necessidade ou do simples interesse social, ele não deve sucumbir sem nenhuma compensação (TJSP, 8ª Câm., rel. Des. Fonseca Tavares). (*RJTSP* 101/319)

**Art. 1.279. Ainda que por decisão judicial devam ser toleradas as interferências, poderá o vizinho exigir a sua redução, ou eliminação, quando estas se tornarem possíveis.**

O artigo em exame não tinha correspondente no CC/1916 e, mais uma vez, acolhe doutrina de San Tiago Dantas acerca da possibilidade de redução ou eliminação dos incômodos, posterior à sentença que fixou indenização a favor do vizinho prejudicado, mantendo, porém, a atividade danosa, em razão da existência de interesse público.

Como visto no comentário ao artigo antecedente, um dos pressupostos da manutenção da atividade de interesse público prejudicial aos vizinhos é a *irredutibilidade* das interferências, razão pela qual, se estas puderem ser minoradas ou eliminadas, cabe ação de obrigação de fazer, sem prejuízo da indenização pelos danos inevitáveis.

Pode ocorrer, porém, como alerta San Tiago Dantas, "que o proprietário de uma fábrica seja obrigado a indenizar aos seus vizinhos a desvalorização que aos respectivos prédios acarretam os incômodos industriais. Suponhamos que a indenização seja calculada e paga de uma só vez e, decorrido algum tempo, os progressos técnicos revelem meios de evitar os danos tidos como inevitáveis, no momento da indenização. Tem o proprietário prejudicado o direito de pedir que doravante os incômodos sejam prevenidos? Pensamos que sim. O paralelo com o direito de passagem nos é de suficiente no caso, dada a analogia das duas situações. Assim como nos termos do art. 709, II, do CC/1916 (atual art. 1.388, II, do CC), cessado o encravamento, cessa o direito de passar pelas terras do vizinho, assim, a nosso ver, cessada a inevitabilidade do incômodo, desaparece o dever de suportá-lo" (*O conflito de vizinhança e sua composição*, 2. ed. Rio de Janeiro, Forense, 1972, p. 281).

Verifica-se, portanto, que a sentença que, reconhecendo o interesse público na persistência da atividade prejudicial, fixa indenização cabal ao vizinho, está sujeita à *cláusula rebus*. Em outros termos, o pagamento da indenização cabal não forra o proprietário do dever de reduzir ou eliminar as interferências prejudiciais que eram inevitáveis e posteriormente se tornam evitáveis. Não há coisa julgada material da sentença anterior, porque os fatos são novos – interferências evitáveis – e a lide será outra. A única questão que remanesce é a da indenização já recebida pelo vizinho, especialmente se abranger projeção do dano por período futuro, alcançado na nova ação de redução da interferência. O valor correspondente ao período em que a interferência foi reduzida ou eliminada deve ser devolvido pelo vizinho, em atenção ao que dispõe o art. 884 do atual CC, que consagra a cláusula geral de vedação do enriquecimento sem causa.

**Art. 1.280. O proprietário ou o possuidor tem direito a exigir do dono do prédio vizinho a demolição, ou a reparação deste, quando ameace ruína, bem como que lhe preste caução pelo dano iminente.**

O artigo em exame corresponde ao art. 555 do CC/1916, com aperfeiçoamento da antiga redação. Não mais alude somente ao proprietário, mas estende também ao possuidor o direito de reclamar a reparação ou demolição do prédio vizinho que ameace ruína, consolidando entendimento da doutrina e dos tribunais. A inovação procede, porque não teria razão de ser que o art. 1.277 garantisse aos proprietários e possuidores de imóveis vizinhos a tutela contra interferências prejudiciais, mas limitasse ao proprietário a ação de dano infecto.

O preceito, já sedimentado pela doutrina do CC/1916, merece interpretação construtiva e ampliativa. O direito de exigir a demolição é subsidiário, exigível apenas caso não faça o proprietário os reparos necessários no prédio. Deve haver probabilidade concreta de ruína, aferível por prova pericial, não bastando possibilidade eventual e remota. O interesse que a lei visa a tutelar não se restringe ao desabamento da construção, mas se estende a hipóteses análogas, que coloquem em risco a incolumidade ou o patrimônio dos vizinhos, como incêndio, inundação ou desmoronamento.

O artigo encerra conferindo outro direito ao vizinho, qual seja o de exigir garantia real ou fidejussória do proprietário, até que este repare ou promova a demolição do prédio, fazendo cessar os riscos aos prédios próximos.

---

**Art. 1.281. O proprietário ou o possuidor de um prédio, em que alguém tenha direito de fazer obras, pode, no caso de dano iminente, exigir do autor delas as necessárias garantias contra o prejuízo eventual.**

---

O artigo em comento corresponde ao art. 529 do CC/1916, que se encontrava deslocado na parte geral do direito de propriedade. Ganhou o preceito redação mais técnica, trocando o termo *inquilino* pelo gênero possuidor. Além disso, não se fala mais em segurança, mas corretamente em garantia contra prejuízo eventual.

O CC, em diversas passagens, confere ao vizinho o direito de realizar certos atos e obra em prédio alheio. Tomem-se como exemplos a abertura de passagens de pessoas e de tubulação de coisas, ou mesmo para reparação, construção, reconstrução e limpeza da casa e do muro divisório, nos termos do art. 1.313, adiante comentado.

Essas obras feitas no imóvel alheio, que o proprietário é obrigado a suportar por disposição de lei, podem acarretar risco de dano iminente. Embora não diga a lei, tal como no artigo anterior o dano deve ter um elevado grau de probabilidade de se concretizar em futuro próximo. Presente tal circunstância, o proprietário pode exigir que o vizinho que realiza a obra preste caução real ou fidejussória contra o prejuízo eventual. Anos atrás tive contato com interessante caso, em que o proprietário de um imóvel pretendia instalar uma piscina de fibra de grande porte em sua residência. O pesado objeto deveria passar, içado por guindaste, sobre o prédio vizinho, com o que não concordou o dono. A solução foi a obtenção de ordem judicial, mediante prestação de garantia contra eventuais prejuízos, que, afinal, não ocorreram.

## *Seção II*
## *Das Árvores Limítrofes*

---

**Art. 1.282. A árvore, cujo tronco estiver na linha divisória, presume-se pertencer em comum aos donos dos prédios confinantes.**

---

O artigo em comento reproduz integralmente o que continha o art. 556 do CC/1916. A regra é simples e define a propriedade da árvore pela posição de seu tronco, desprezando, portanto, tanto as raízes como a copa, que podem se estender para um dos prédios. Abrange tanto as árvores nativas como as plantadas propositalmente na linha divisória. Cria-se um condomínio dos vizinhos sobre a árvore, aplicando-se, portanto, as regras dos arts. 1.314 e seguintes do atual CC, que disciplinam as relações, os direitos e os deveres dos condôminos.

Como diz Carvalho Santos, "a árvore pertence ao dono do prédio onde tem o tronco" (*Código Civil brasileiro interpretado,* 3. ed. Rio de Janeiro, Freitas Bastos, 1943, v. VIII, p. 19). A presunção é relativa, mas dada a natureza imóvel da acessão deve ser desfeita pela prova de que a linha divisória é outra.

Podem as árvores causar prejuízos aos imóveis vizinhos, sendo necessária a sua remoção no interesse de qualquer um dos condôminos. Os danos causados pela queda da árvore, de seus ramos ou de seus frutos se regem pela regra do art. 937 do CC, que constitui o preceito básico da responsabilidade pelo fato da coisa. É importante lembrar, porém, que a CF, em seu art. 225, reza que o meio ambiente equilibrado é bem de uso comum do povo e essencial à sadia qualidade de vida. Cabe a sua defesa à coletividade e ao poder público. A Lei n. 9.605/98 disciplina as regras relativas ao meio ambiente, de modo que a supressao de árvore, limítrofe ou não, exige autorização da autoridade competente, ultrapassando a mera autonomia privada e o interesse patrimonial dos condôminos.

**Jurisprudência:** É do dono e não do vizinho-vítima, o risco pela queda da árvore de grande porte plantada na divisa dos imóveis, ante a previsibilidade do desabamento, em decorrência de tempestade, sobre o imóvel limítrofe, e a evitabilidade da ocorrência com prévio corte e, assim, era possível evitar ou impedir os efeitos do caso fortuito ou força maior, nos termos do parágrafo único do art. 1.058 do CC (II TACSP, Ap. s/ Rev. n. 628.510-00/7, rel. Felipe Ferreira, j. 22.04.2002). (*Lex-TACSP* 194/560, 2002)

Vizinhança. Árvores limítrofes. Uso nocivo do prédio vizinho. Não caracterização. Art. 558 do CC. O reconhecimento do gigantismo de uma árvore que, em face da perícia, não precisa ser destruída, mas merece permanente cuidado, não pode ser considerado como mau uso da propriedade. (TJRJ, Ap. Cível n. 1999.001.00500, rel. Walter Dagostino, j. 04.05.1999)

Ação de indenização. Danos causados em prédio vizinho, por infiltração de água decorrente do entupimento do cano escoador das águas vindas do telhado, tendo como causa da obstrução a queda de galhos e folhas de árvore existente sobre o terreno contíguo. Corte da árvore. Obrigação do proprietário da árvore em indenizar. Art. 558 do CC. Correta interpretação. Ação julgada em parte procedente em instância inicial. Sentença que se confirma. (TJRS, Ap. Cível n. 598.189.488, 6ª Câm. Cível, rel. Osvaldo Stefanello, j. 17.03.1999)

Direito de vizinhança. Reparação de danos. Deve o proprietário do imóvel indenizar os prejuízos decorrentes da expansão da raiz de árvore existente em seu terreno, que vem a causar danos na propriedade lindeira. Assistência judiciária gratuita que se mantém. Recursos improvidos. (TJRS, Ap. Cível n. 195.043.815, 8ª Câm. Cível, rel. Alcindo Gomes Bittencourt, j. 09.05.1995)

---

**Art. 1.283. As raízes e os ramos de árvore, que ultrapassarem a estrema do prédio, poderão ser cortados, até o plano vertical divisório, pelo proprietário do terreno invadido.**

---

O artigo em questão reproduz integralmente o art. 558 do CC/1916 e contém regra que dispensa maiores explicações, dada a sua simplicidade.

O direito de cortar ramos e raízes se estende até o plano vertical divisório entre os imóveis e independe de prova do prejuízo. Pode ser exercido diretamente pelo vizinho, independentemente de qualquer autorização ou concordância do proprietário da árvore. Como se trata de direito potestativo, não está sujeito à prescrição nem o dono da árvore pode reclamar qualquer indenização (CARVALHO SANTOS. *Código Civil brasileiro interpretado*, 3. ed. Rio de Janeiro, Freitas Bastos, 1943, v. VIII, p. 24-5).

A norma comporta apenas uma ressalva: tal como observado no comentário ao artigo anterior, a preservação da cobertura vegetal protege o meio ambiente, valor de interesse público e coletivo. Assim, a supressão de parte de uma árvore, especialmente quando ponha em risco a própria sobrevivência desta, está subordinada à prévia autorização administrativa e ao respeito às normas ambientais, não valendo o princípio da autonomia privada.

**Jurisprudência:** Direito de vizinhança. Poda de galhos de árvores. Ação de indenização por danos morais julgada improcedente. A conduta irregular do réu, ao podar galhos de árvores plantadas em imóvel lindeiro, que invadiam sua propriedade, ainda que caracterize infração ambiental, não indica sofrimento ao autor a nível moral e nem ele se interessou em fazer prova disto durante a instrução processual. Procedimento criminal arquivado por ausência de tipicidade. Recai, de qualquer sorte, sobre o réu a obrigação de manter as podas regulares a fim de que as raízes e ramos não ultrapassem a estrema do prédio lindeiro (art. 1283 do CC). Recurso improvido. (TJSP, Ap. Cível n. 1007748-75.2023.8.26.0482/Presidente Prudente, 32ª Câm. de Dir. Priv., rel. Caio Marcelo Mendes de Oliveira, j. 29.05.2024, publ. 29.05.2024)

---

**Art. 1.284. Os frutos caídos de árvore do terreno vizinho pertencem ao dono do solo onde caíram, se este for de propriedade particular.**

---

O artigo em exame reproduz com exatidão o art. 557 do CC/1916, elidindo o princípio de que os frutos caídos pertencem ao dono da árvore. Pertencerão ao vizinho se caírem em seu terreno.

O propósito da regra é evitar litígios entre vizinhos, que fatalmente ocorreriam se um ingressasse no imóvel do outro para apanhar frutos que lá se encontram. Note-se que a regra somente vale para frutos caídos e não para os frutos pendentes, bem como exige que o terreno vizinho, onde caírem os frutos, seja particular e não público.

## *Seção III*
## *Da Passagem Forçada*

---

**Art. 1.285. O dono do prédio que não tiver acesso a via pública, nascente ou porto, pode, mediante pagamento de indenização cabal, constranger o vizinho a lhe dar passagem, cujo rumo será judicialmente fixado, se necessário.**

**§ 1º Sofrerá o constrangimento o vizinho cujo imóvel mais natural e facilmente se prestar à passagem.**

**§ 2º Se ocorrer alienação parcial do prédio, de modo que uma das partes perca o acesso a via pública, nascente ou porto, o proprietário da outra deve tolerar a passagem.**

**§ 3º Aplica-se o disposto no parágrafo antecedente ainda quando, antes da alienação, existia passagem através de imóvel vizinho, não estando o proprietário deste constrangido, depois, a dar uma outra.**

---

O artigo em exame corresponde ao art. 559 do CC/1916, contendo, porém, significativas alterações, especialmente em seus três parágrafos, que agora indicam e disciplinam qual dos vizinhos será constrangido a dar a passagem.

Na lição de Hely Lopes Meirelles, a "passagem forçada é restrição ao direito de propriedade, decorrente das relações de vizinhança. Não é servidão predial, cujos fundamentos e pressupostos são outros. A passagem forçada é uma imposição da solidariedade entre vizinhos e resulta da consideração de que não pode um prédio perder a sua finalidade e valor econômico, por falta de acesso à via pública, fonte ou porto, permanecendo confinado entre propriedades que o circundam, limítrofes ou não. Quando tal situação ocorre, permite a lei que o prédio rural ou urbano, assim, encerrado, obtenha dos vizinhos o acesso necessário" (*Direito de construir*, 4. ed. São Paulo, RT, 1983, p. 58). Cuida-se de direito potestativo – por isso não sujeito à prescrição – de um vizinho exigir do outro o acesso à via pública, porto ou nascente, mediante indenização.

Cuida-se de servidão legal que não se confunde, como acima visto no comentário ao art. 1.277, com direito real de servidão. Isso porque: a) decorre da lei e não do negócio jurídico; b) não se constitui pelo registro imobiliário, ao contrário do direito real de servidão; c) funda-se na necessidade e não na mera conveniência.

Afirma a doutrina tradicional que a passagem forçada está subordinada aos seguintes requisitos cumulativos: a) o encravamento deve ser absoluto, ou seja, não há acesso possível a via pública, nascente ou porto; b) o encravamento deve ser natural, ou seja, não provocado pelo próprio requerente; c) a passagem é onerosa e somente é exercida mediante pagamento de indenização cabal ao vizinho prejudicado.

A doutrina diverge no que se refere ao primeiro requisito. Afirmam alguns autores (Hely Lopes Meirelles, Caio Mário da Silva Pereira, Orlando Gomes, Marco Aurélio S. Viana) que, se o vizinho dispõe de acesso, por mais penoso ou difícil que se apresente, inexiste o direito de passagem forçada, porque se trata de restrição ao direito de propriedade, que não comporta interpretação analógica ou ampliativa. Corrente mais progressista e afinada com a função social da propriedade e o espírito do CC/2002, porém, afirma que cabível é a passagem forçada quando o acesso não é seguro ou praticável, exigindo do vizinho gastos ou sacrifício irrazoáveis (Carvalho Santos, Nelson Rosenvald e Arnaldo Rizzardo). O Enunciado n. 88 da CEJ adotou a segunda corrente: "O direito de passagem forçada previsto no art. 1.285 do CC também é garantido nos casos em que o acesso à via pública for insuficiente ou inadequado, consideradas inclusive as necessidades de exploração econômica". A jurisprudência reflete essa divergência, ora exigindo o encravamento total do imóvel ora se contentando com a excessiva dificuldade ou onerosidade de acesso já existente à via pública.

De qualquer modo, o juízo é sempre de necessidade e não de mera comodidade ou conforto. Não basta, assim, que o acesso existente à via pública seja mais longo, ou tenha obstáculos superáveis, para se exigir do vizinho passagem forçada. Os obstáculos e as dificuldades deverão ser de tal monta que exijam esforço ou despesas desproporcionais do proprietário, ou seja, que configurem um juízo de necessidade.

Diz-se que o encravamento deve ser natural, porque, se provocado pelo proprietário, em razão de sucessivas alienações parciais, este não pode exigir do vizinho que tolere a passagem forçada. O atual CC deu excelente solução ao problema ao dispor, em seu § 2º, que no caso de alienação parcial do imóvel a passagem será exigível do comprador ou permutante sobre o prédio correspondente à parte alienada, evitando, assim, a oneração de outros imóveis vizinhos e estranhos à alienação. O § 3º complementa a regra ao dispor que eventual passagem forçada já existente sobre imóvel vizinho se mantém no caso de alienação parcial, não sendo exigível que lhe conceda outro caminho.

Dispõe o artigo em exame que o dono do prédio encravado pode constranger o vizinho a lhe dar passagem. A passagem, se não houver consenso entre as partes, é fixada judicialmente, ainda que a ela se oponha o vizinho. O rumo é estabelecido pelo juiz na falta de acordo, sempre levando em conta, para fixação de trajeto e largura, a menor oneração possível do prédio vizinho e a finalidade do caminho. Essa passagem pode atravessar não somente o prédio contíguo, mas outros que estejam na direção da via pública, nascente ou porto. O § 1º do artigo em estudo positivou regra que já era utilizada pelos tribunais ao estabelecer uma escala de prioridade de escolha, fundada no critério da maior facilidade do acesso, levando em conta a localização e as características naturais dos prédios vizinhos. Logo, cabe exceção ao vizinho demandado, alegando que outro prédio proporciona maior facilidade de acesso ao imóvel encravado.

Finalmente, diz o preceito que a passagem forçada é servidão legal onerosa, ou seja, o início de seu exercício está subordinado ao prévio pagamento de indenização cabal, a ser fixada judicialmente se não houver consenso entre as partes. A indenização se qualifica como cabal, abrangendo não somente todos os transtornos e incômodos decorrentes da passagem como também obras e cercas que se façam necessárias para assegurar a incolumidade do remanescente. Computam-se danos emergentes e lucros cessantes em razão da não utilização da faixa de passagem, inclusive eventual desvalorização do remanescente. O proveito que a passagem traz para o imóvel encravado não é fator relevante, mas sim o dano que esta acarreta para o imóvel vizinho.

Cessa a passagem forçada quando desaparece a sua causa, ou seja, quando o prédio deixa de ser encravado. Em tal caso, se a indenização se projetou para o futuro e o ônus não mais persiste, necessária se faz a sua redução e a sua devolução parcial, evitando o enriquecimento sem causa.

**Jurisprudência:** Numa era em que a técnica da engenharia dominou a natureza, a noção de imóvel encravado já não existe em termos absolutos e deve ser inspirada pela motivação do instituto da passagem forçada, que deita raízes na supremacia do interesse público; juridicamente, encravado é o imóvel cujo acesso por meios terrestres exige do respectivo proprietário despesas excessivas para que cumpra a função social sem inutilizar o terreno do vizinho, que em qualquer caso será indenizado pela só limitação do domínio. Recurso especial conhecido e provido em parte (STJ, REsp n. 316.336/MS, rel. Min. Ari Pargendler, j. 18.08.2005, *DJ* 19.09.2005, p. 316). (*Lex-STJ* 194/92, *RT* 845/195)

Apelação cível. Bens imóveis. Ação de reintegração de posse. Não comprovado que o imóvel dos demandados estava encravado, eis que existente passagem através de outra estrada pública. Não é caso de passagem forçada, mas de abertura recente de acesso à rodovia estadual por mera comodidade dos réus. A servidão de passagem só merece proteção possessória quando o prédio que dela se serve encontra-se efetivamente encravado. Apelação provida. (TJRS, Ap. Cível n. 70.009.043.514, 17ª Câm. Cível, rel. Luiz Roberto Imperatore de Assis Brasil, j. 31.08.2004)

O vizinho que não contribuiu para a obstrução do acesso local de que dispunha o autor não pode suportar o ônus de não poder cercar seu imóvel. (II TACSP, AI n. 811.762-00/2, 10ª Câm., rel. Juíza Rosa Maria de Andrade Nery, j. 17.09.2003)

Cuidando-se de litígio envolvendo interesses privados, a prefeitura municipal é parte ilegítima para figurar no polo passivo da ação, observando-se que as relações envolvendo direito de vizinhança cingem-se ao âmbito do direito privado e são reguladas pelo CC. Necessária é a instituição da passagem forçada, em imóvel localizado nos fundos do terreno, bem como outros ali localizados e encravados. Inobstante o fato de os recorridos possuírem outro bem que dá acesso à via pública, este não pode servir de intersecção entre a rua e o terreno encravado, o que torna legítima a servidão de passagem existente. (II TACSP, Ap. s/ Rev. n. 642.907-00/6, 2ª Câm., rel. Juiz Andreatta Rizzo, j. 04.11.2002)

Não pode o proprietário de um terreno erigir muro obstruindo a passagem dos proprietários de imóveis lindeiros por faixa que constitui servidão antiga, de mais de vinte anos, embora não titulada, e que se apresenta, de fato, como prolongamento de via pública. Mais se reforça a impossibilidade do fechamento quando se verifica que se trata de passagem forçada para acesso a um dos imóveis, que é encravado. (II TACSP, Ap. c/ Rev. n. 530.036-00/9, 5ª Câm., rel. Juiz Dyrceu Cintra, j. 07.04.1999)

Onerosidade excessiva. Entre duas alternativas, com acesso mais longo, em terreno acidentado (morros) e com obstáculos naturais, exigindo obras de terraplanagem e outra com trajeto mais curto e em terreno sem acidentes e obstáculos naturais, prefere-se esta, visto que, aquela impunha onerosidade excessiva ao imóvel dominante, tornando, nas circunstâncias, economicamente desinteressante a atividade nele desenvolvida. Uma vez definido o trajeto no imóvel serviente, a passagem dar-se-á de modo a causar-lhe o menor ônus e embaraço possíveis, com direito à indenização prévia. (TJRS, Ap. Cível n. 197.036.700, rel. Des. Irineu Mariani, j. 30.04.1998)

Havendo saída, e embora insuficiente ou incômoda, o prédio não é encravado e não há direito de obter passagem forçada, que só se constitui quando os prédios não tivessem comunicação alguma com caminhos públicos. Havendo comunicação, ainda que com trajeto longo ou incômodo, não podem ser obrigados os donos dos prédios vizinhos a prestar-lhes a passagem, certo que somente a necessidade e não a maior comodidade justifica o ônus (TAC-Guanabara, 3ª Câm. Cível, rel. Renato Maneschy, j. 29.06.1972, v.u.). (*RF* 243/148)

Servidão de passagem. Conceituação. Diferenciação de passagem forçada. Hipótese de limitação ao exercício dos direitos de propriedade, representando direito e obrigação correlatos. Pretensão do autor à passagem sem propor qualquer indenização ao lindeiro. Existência, ademais, de acesso de seu imóvel para a via pública. Inadmissibilidade da concessão reivindicada. Recurso desprovido (RE/REsp n. 38.725-8, rel. Alexandre Germano). (*MF* 150/108 *SCF/JLA*)

Ilegitimidade *ad causam*. Servidão de passagem. Passagem forçada. Propositura por comodatária. Impossibilidade. Pretensão inerente ao domínio. Agravo retido provido para extinguir o processo sem julgamento do mérito, prejudicado o exame da apelação. Regina/ENM. (I TACSP, RE no REsp n. 664.208-2, rel. Roberto Bedaque)

## *Seção IV*
## *Da Passagem de Cabos e Tubulações*

**Art. 1.286. Mediante recebimento de indenização que atenda, também, à desvalorização da área remanescente, o proprietário é obrigado a tolerar a passagem, através de seu imóvel, de cabos, tubulações e outros condutos subterrâneos de serviços de utilidade pública, em proveito de proprietários vizinhos, quando de outro modo for impossível ou excessivamente onerosa.**

**Parágrafo único. O proprietário prejudicado pode exigir que a instalação seja feita de modo menos gravoso ao prédio onerado, bem como, depois, seja removida, à sua custa, para outro local do imóvel.**

O artigo em exame não encontra correspondente no CC/1916 e vem atender às necessidades da vida moderna, de amplo acesso aos equipamentos de serviços públicos, que garantem direito ao conforto e à informação.

Assegura agora a lei não somente a passagem forçada de pessoas como também a de cabos, tubulações e condutos subterrâneos que permitam chegar ao vizinho serviços úteis e indispensáveis à vida contemporânea, como água, telefone, luz, gás, cabos de televisão ou óticos.

O objeto da passagem são cabos condutores de fiação de qualquer natureza, tubulações e condutos, desde que sejam todos subterrâneos, porque, na lição de Marco Aurélio Viana, "a restrição que se impõe ao vizinho não envolve o espaço aéreo ou a superfície do terreno" (TEIXEIRA, Sálvio de Figueiredo (coord.). *Comentários do Código Civil.* Rio de Janeiro, Forense, 2003, p. 146). Lembre-se, todavia, de que o art. 1.294, adiante comentado, estende a passagem forçada ao direito de aqueduto. Os equipamentos subterrâneos têm finalidade certa, qual seja a de garantir o acesso do vizinho a serviços de utilidade pública. Não se trata de servidão administrativa, porque os serviços são públicos, mas o interesse de acesso é particular.

Não se exige o encravamento do imóvel beneficiário, mas apenas que o acesso a tais utilidades não seja excessivamente oneroso por outro modo, ou seja, que demande do vizinho sacrifício desmedido, desproporcional ao custo normal dos mesmos serviços. Deve haver, aqui, juízo de ponderação, sempre presente nos conflitos de vizinhança, sopesando a comodidade que terá o imóvel beneficiado e a restrição que se impõe ao prédio onerado. Como diz Marco Aurélio Viana, "o valor excessivo que se imponha ao interessado muitas vezes deve ser suportado, quando o menor custo implique em um custo em termos de conforto e tranquilidade para o vizinho" (op. cit., p. 249). Se a própria depreciação do prédio onerado supera o valor do acesso aos serviços que o dono do prédio beneficiado teria pelas vias normais, também não tem sentido a imposição da passagem.

A indenização ao exercício da passagem deve ser prévia e cabal, abrangendo não somente a depreciação da faixa comprometida pelos equipamentos subterrâneos como também a depreciação do remanescente, caso se constate a redução do potencial do imóvel como unidade jurídica e não apenas física (FACHIN, Luiz Edson. *Comentários ao Código Civil*, coord. Antônio Junqueira de Azevedo. São Paulo, Saraiva, 2003, v. XV, p. 1.286). Também se incluem no valor da indenização eventuais interferências prejudiciais ao prédio vizinho que decorram da passagem, como a produção de ruídos ou emissão de gases provindos das tubulações. Evidente que as obras de implementação dos equipamentos subterrâneos, assim como aquelas de isolamento e contorno, ficam todas a cargo do proprietário do prédio beneficiário da passagem.

Embora não diga expressamente a lei, cessa o direito de passagem quando desaparece a sua causa, ou seja, quando os mesmos equipamentos podem chegar ao prédio beneficiado por trajeto distinto, sem ônus ao prédio onerado. A indenização já paga pela depreciação futura deve ser proporcionalmente repetida, para evitar o enriquecimento sem causa de qualquer dos vizinhos.

A passagem é forçada, pois decorre de direito potestativo de vizinhança, não se sujeitando, por consequência, a prazo prescricional. Incide, por analogia, a regra do artigo anterior, qual seja a de que existe uma escala de prioridade de escolha do vizinho onerado, fundada no critério da maior facilidade do acesso, levando em conta a localização e as características naturais dos prédios vizinhos. Logo, cabe exceção ao vizinho demandado, alegando-se que outro prédio proporciona maior facilidade ou menor custo de acesso de equipamentos ao imóvel beneficiado. A passagem é forçada, vale dizer, na falta de consenso; é imposta judicialmente, estabelecendo o rumo menos gravoso para o imóvel onerado. A mesma decisão que impõe a passagem fixa o valor da indenização a ser paga antes do seu exercício. Não se trata de direito real, mas de restrição decorrente do direito de vizinhança, de modo que o registro não tem efeito constitutivo.

O parágrafo único do art. 1.286 contempla duas prerrogativas asseguradas ao dono do prédio onerado: a primeira, de exigir que a passagem seja instalada de modo menos oneroso, evitando, por exemplo, o seccionamento do prédio e o trajeto próximo às divisas quando possível ou, ainda, não prejudicando projeto ou obra já feita; a segunda, de alteração do rumo já estabelecido, desde que as obras de remanejamento sejam inteiramente feitas às expensas do dono do prédio onerado.

**Jurisprudência:** Apelação. Ação de servidão de tubulação de esgoto. Reconvenção. Cobrança de danos materiais e morais. 1. Pretensão recursal. Insurgência de ambas as partes contra sentença que julgou improcedentes a ação principal e a reconvenção. 2. Recurso da autora. Pretensão de restabelecimento da servidão de passagem dos tubos de esgoto pelo imóvel do réu. Descabimento. 3. Alegação de que servidão existiria há 35 anos de forma ininterrupta. Ausência de prova. Réu reconheceu apenas permissão a partir de 2022, concedida de forma pontual e temporária para mitigação de problema de odor de esgoto, não configurando servidão permanente. Inocorrência de confissão. 4. Passagem forçada de cabos e tubulações. Inadequação. Ausência de prova documental robusta que demonstre a impossibilidade ou onerosidade excessiva de alternativas sugeridas (CC/02, art. 1.286). Rejeição do recurso da autora. 5. Recurso do réu. Pretensão de cobrança dos danos decorrentes de rompimento da tubulação de esgoto, com alagamento do imóvel e necessidade de reparos. Cabimento. 6. Nexo causal. Acolhimento. Justificativa da autora não verossímil, réu demonstrou relação de causalidade por meio de prova suficiente. 7. Danos materiais. Comprovação. Recibos e orçamentos apresentados pelo réu comprovam gastos de R$ 13.823,75 para reparo de infiltrações causadas pelo sistema de esgoto da autora. Reforma que não teve intuito de embelezamento ou melhoramento do imóvel. 8. Danos morais. Comprovação. Sofrimento psicológico e emocional do réu idoso, causado pela negligência dos autores. Alagamento do imóvel por esgoto da propriedade vizinha e necessidade de custoso reparo. Indenização postulada de R$ 8.000,00 adequada e razoável. 9. Sucumbência. Redistribuição da sucumbência, ora carreada de forma integral aos autores na reconvenção. Impossibilidade de majoração dos honorários advocatícios na ação principal (CPC/2015, art. 85, § 11), pois já fixados no patamar máximo (20%). 10. Recurso da autora não provido. Recurso do réu provido para julgar procedente a reconvenção. (TJSP, Ap. Cível n. 10174521320238260224/Guarulhos, 17ª Câm. de Dir. Priv., rel. Luís H. B. Franzé, j. 27.08.2024, publ. 27.08.2024)

Direito de vizinhança. Ação de obrigação de fazer. Imóvel situado abaixo do nível da rua. Passagem da tubulação subterrânea por imóvel confrontante, localizado em nível inferior, para acesso à rede de esgoto daquele logradouro. Obstrução da tubulação pelos réus. Inadmissibilidade. Possibilidade técnica de alteração da ligação, para que os dejetos alcancem a rede pública situada em nível superior ao do imóvel. Obras, porém, que importam em alto custo para a autora, tornando sobremaneira onerosa a modificação. Exegese dos arts. 1.286 e 1.288 do CC e 69 do Código de Águas. Precedentes desta Eg. Corte. Sentença reformada. Recurso provido. (TJSP, AC n. 0006803-29.2010.8. 26.0008, rel. Des. Reynaldo Caldas, j. 06.03.2013)

**Art. 1.287. Se as instalações oferecerem grave risco, será facultado ao proprietário do prédio onerado exigir a realização de obras de segurança.**

O artigo em exame, que complementa o anterior e não tem correspondente no CC/1916, assegura ao proprietário do prédio onerado o direito de exigir a realização de obras de segurança, se a passagem acarretar graves riscos.

Os riscos se qualificam como graves se ameaçam de modo efetivo a incolumidade física ou mental das pessoas que ocupam o prédio onerado, vulnerando os interesses de saúde, segurança e sossego tutelados pelo direito de vizinhança. Abrangem também as ameaças ao patrimônio do vizinho, em especial ofensas à segurança e à solidez do prédio onerado.

Cabe ao prejudicado exigir obrigação de fazer as obras de segurança indispensáveis. Pode, ainda, fazer pessoalmente as obras e cobrar seu custo do beneficiário da passagem, como também dele exigir caução de dano iminente.

## *Seção V*
## *Das Águas*

**Art. 1.288. O dono ou o possuidor do prédio inferior é obrigado a receber as águas que correm naturalmente do superior, não podendo realizar obras que embaracem o seu fluxo; porém a condição natural e anterior do prédio inferior não pode ser agravada por obras feitas pelo dono ou possuidor do prédio superior.**

Toda a seção em estudo, que trata do regime jurídico das águas nas relações de vizinhança, também é disciplinada pelo Decreto n. 24.643/34 – Código de Águas. A primeira tarefa do intérprete é saber se o CC/2002 ab-rogou, derrogou ou manteve incólumes os preceitos da legislação especial anterior.

O Código de Águas tem objeto mais amplo, não se limitando às relações de vizinhança, mas sobretudo disciplinando o domínio e o controle do Poder Público sobre as águas de interesse da coletividade. Assim, foram revogados apenas e tão somente os preceitos da lei especial que regulam os efeitos das águas sobre o direito de vizinhança e se mostram incompatíveis com as regras da lei posterior ao CC/2002. Embora se trate de lei geral, revoga o CC leis especiais anteriores, quando haja incompatibilidade entre os dois diplomas, ou seja, inexista situação jurídica específica, ou grupo peculiar a proteger, que justifique o discrímen de aplicação de norma especial em detrimento da geral. Em suma, houve derrogação do Código de Águas no que se refere aos preceitos relativos às relações entre vizinhos incompatíveis com artigos do CC.

O artigo em exame corresponde aos arts. 563 do CC/1916 e 69 do Código de Águas. Recebeu redação aperfeiçoada e mais completa, vedando não somente a hipótese do dono ou possuidor do prédio superior realizar obras danosas como também o inverso, ou seja, o dono ou possuidor do prédio inferior realizar obras que embaracem o fluxo natural das águas. O preceito alcança tanto os proprietários como os possuidores dos prédios vizinhos, não necessariamente contíguos, públicos ou privados, abrangendo, portanto, comodatários, locatários e outros possuidores diretos.

No dizer de autores clássicos, o artigo nada mais faz do que sancionar juridicamente um decreto da natureza, o de que as águas correm dos prédios mais elevados para os mais baixos. O preceito se aplica, porém, somente aos casos em que as águas corram por força da natureza, em duplo sentido: quanto ao modo que brotam e quanto ao modo de serem conduzidas ou escoadas, abrangendo tanto as águas pluviais como as nascentes (CARVALHO SANTOS, J. M. *Código Civil brasileiro interpretado*, 3. ed. Rio de Janeiro, Freitas Bastos, 1943, v. VIII, p. 50). Não se aplica, por consequência, às águas tiradas artificialmente, como poços, bombas ou reservatórios, ainda que de modo acidental, como as que brotam em sondagens ou escavações de uma construção, ou mesmo escoadas artificialmente, como as que correm de telhados ou paredes, que são disciplinadas no artigo seguinte.

A regra contém dois comandos potestativos, vale dizer, não sujeitos à prescrição, com uma única finalidade: a de permitir o escoamento natural das águas. O primeiro comando é para o dono ou possuidor do prédio inferior, no sentido de que se abstenha de construir qualquer obra que embarace o fluxo natural. De outro lado, não está compelido a fazer obras que facilitem o escoamento nem a conservar as já existentes, ficando tal ônus a cargo do titular do prédio superior. O segundo comando é para o proprietário ou possuidor do prédio superior, no sentido de que se abstenha de realizar qualquer obra que agrave a situação do prédio inferior. Note-se que não se proíbe a realização de obras, aliás comuns para conduzir as águas em um só ponto, desde que não prejudiquem o vizinho. Se o escoamento é natural, não cabe nenhuma indenização ou reclamação do prédio inferior, inclusive no que se refere a sedimentos trazidos pelas águas.

A questão da retenção das águas naturais pelo prédio superior está disciplinada nos artigos seguintes. O preceito em exame trata apenas do escoamento e não da retenção.

Cabem ações possessórias e de obrigação de fazer ou de não fazer para assegurar o cumprimento do preceito, sem prejuízo da composição de perdas e danos. Pouco importa que as obras danosas já estivessem feitas quando da aquisição do prédio, porque se trata de obrigação *propter rem*, que acompanha a coisa, obrigando o titular do direito real.

**Jurisprudência:** Configura-se a prática de ato ilícito pelo dono do prédio inferior que ao realizar obras em seu imóvel, impossibilita o escoamento das águas pluviais que corriam naturalmente do imóvel superior, o que causa o desmoronamento de parte desta residência. (TJMG, Ap. Cível n. 2213112-02.2007.8.13.0433, rel. Des. Marcos Vieira, j. 27.10.2010)

Prédio inferior só tem obrigação de receber águas correntes e pluviais provenientes do superior, não estando obrigado a dar passagem para água de esgoto e servida. Sendo a rede antiga, construída com a colaboração financeira de alguns proprietários de terrenos superiores, que se destinava a receber exclusivamente águas pluviais, tendo sua finalidade desvirtuada pela utilização de escoamento de esgoto e água servida devido à modificação da situação original dos lotes, com o surgimento de novas construções, de modo a ampliar a demanda de escoamento, a rede tornou-se obsoleta e incapaz de suportar a descarga de águas, devendo ser elaborada uma obra definitiva para solucionar o problema (II TACSP, Ap. c/ Rev. n. 677.962-00/9, rel. Cesar Lacerda, j. 21.10.2004). (*Lex-TACSP* 210/443, 2005)

Processual civil e civil. Antecipação de tutela. Águas particulares. Aproveitamento pelo proprietário do prédio inferior. Obra nova. Inadmissibilidade. 1 – Cabível se mostra à concessão de liminar para impedir que o proprietário do prédio superior, que não aproveitava suas nascentes, obste o fluxo natural das águas para o prédio inferior, por obra nova, conforme fato deixado incontroverso na contestação. Inteligência dos arts. 461 e 302 do CPC [respectivamente, arts. 497 e 341 do CPC/2015] e arts. 8º, 69, 70, 71, 89 e 90 do Código de Águas. 2 – Agravo provido. (TJRS, AI n. 596.145.243, 5ª Câm., rel. Araken de Assis, j. 15.05.1997)

Os prédios inferiores são obrigados a receber as águas que correm naturalmente dos prédios superiores; se o dono do prédio superior fizer obras de arte, para facilitar o escoamento, procederá de modo que não piore a condição natural e anterior do outro. Encontrando-se o imóvel dos autores em posição inferior ao dos réus e, não havendo, por isso, como evitar que águas pluviais escoem para sua propriedade, já que a lei não impõe ao réu a obrigação de realizar obras de escoamento ou canalização de águas de chuva, não há que se falar em obrigação de fazer do réu (II TACSP, rel. René Ricupero). (*RT* 790/314)

Indenização. Fazenda Pública. Responsabilidade civil. Dano decorrente de obras de captação e escoamento de águas pluviais. Não cabimento. Propriedade do autor situada em plano inferior ao da obra. Não demonstração do agravamento da condição natural do terreno. Entendimento do art. 563 do CC. Verba não devida. Sentença reformada. Recurso oficial provido. (*JTJ* 236/86)

---

**Art. 1.289. Quando as águas, artificialmente levadas ao prédio superior, ou aí colhidas, correrem dele para o inferior, poderá o dono deste reclamar que se desviem, ou se lhe indenize o prejuízo que sofrer.**

**Parágrafo único. Da indenização será deduzido o valor do benefício obtido.**

---

O artigo em exame corresponde ao art. 564 do CC/1916, recebendo apenas leve aperfeiçoamento em sua redação. O preceito agora refere não somente às águas artificialmente levadas ao prédio superior mas também às águas lá colhidas do mesmo modo. O art. 92 do Código de Águas (Decreto n. 24.643/34), por seu turno, reza que "mediante indenização, os donos dos prédios inferiores, de acordo com as normas da servidão legal de escoamento, são obrigados a receber as águas das nascentes artificiais".

Constata-se, assim, o contraste entre a regra do Código de Águas, que prevê apenas a possibilidade de indenização, e a do atual CC, que prevê não somente indenização mas também o desvio das águas artificiais escoadas para o prédio inferior. As águas artificiais abrangem não só aquelas que brotam do solo em poços, bombas ou escavações como também as águas pluviais captadas ou escoadas por indústria humana, provenientes de telhados e construções.

Note-se a diferença de tratamento entre as águas naturais e artificiais. O escoamento das primeiras é ônus do prédio inferior, porque decorre de lei natural. O escoamento das segundas pode ser evitado, ou indenizado, porque nesse caso o dano tem causa na conduta do titular do prédio superior.

O direito do dono ou possuidor do prédio inferior desdobra-se em duas vertentes: exigir a realização de obras de desvio das águas e requerer indenização por perdas e danos. Nada impede, ainda, que cumule os pedidos, o de obrigação de fazer com o de indenização pelos danos já causados pelo escoamento artificial das águas. O parágrafo único do artigo positiva cláusula geral que veda o enriquecimento sem causa, determinando se compensem perdas e danos com eventuais benefícios auferidos pelo titular do prédio inferior com o escoamento das águas, em especial para fins de irrigação.

---

**Art. 1.290. O proprietário de nascente, ou do solo onde caem águas pluviais, satisfeitas as necessidades de seu consumo, não pode impedir, ou desviar o curso natural das águas remanescentes pelos prédios inferiores.**

---

O artigo em estudo amplia o que continha o art. 565 do CC/1916, passando agora a abranger as nascentes e as águas pluviais captadas e não captadas. Também os arts. 89 a 95 e 102 a 108 do Código de Águas (Decreto n. 24.643/34) disciplinam, respectivamente, a utilização e a destinação das nascentes e das águas pluviais, de modo que devem ser compatibilizados com o CC/2002.

O que disciplina o presente artigo, ao contrário dos anteriores, não é a obrigação da realização de obras de escoamento das águas, mas, em vez disso, o direito à utilização das águas, de acordo com as necessidades de seu consumo pelo dono ou possuidor do imóvel onde brotam as nascentes, e o correlato dever de deixar as águas remanescentes escoarem naturalmente para os prédios inferiores.

A definição de nascente está no art. 89 do Código de Águas: "Consideram-se 'nascentes', para os efeitos deste Código, as águas que surgem naturalmente ou por indústria humana, e correm dentro de um só prédio particular, e ainda que o transponham, quando elas não tenham sido abandonadas pelo proprietário do mesmo". Já a definição de águas pluviais está no art. 102 do Código de Águas: "Consideram-se águas pluviais as que procedem imediatamente das chuvas". Em outros termos, a captação de água por atividade do homem, em poços ou escavações, também configura nascente para efeitos legais e faz incidir a regra do art. 1.290. Como acima dito, o artigo agora se estende à captação de águas pluviais, quer por fato natural, quer por indústria do dono ou possuidor.

A obrigação que a lei atribui ao dono do prédio superior é a de deixar escoar as águas remanescentes ao imóvel inferior. Tal dever abrange as obrigações negativas de não impedir e de não desviar as águas de seu curso natural. Caso o dono ou possuidor do prédio superior faça alguma obra para melhor aproveitar as águas nascentes ou pluviais, as sobras deverão seguir seu curso natural, vale dizer, aquele original e anterior às obras. Não mais persiste em nosso CC a distinção entre águas naturais e captadas, como fazia o CC/1916. Também é incompatível com a nova legislação a regra do art. 94 do Código de Águas, que diz que o proprietário de uma nascente não pode desviar-lhe o curso quando da mesma se abasteça uma população. Agora a obrigação de não fazer – não desviar o curso – abrange todo e qualquer vizinho, haja ou não o interesse de uma população em jogo. De igual modo, o art. 103 do Código de Águas não é compatível com o CC/2002, uma vez que o dono ou o possuidor do imóvel onde caem as águas pluviais não mais pode dispor delas à vontade, mas, ao contrário, está sujeito às limitações do art. 1.290 em estudo.

A utilização das águas pelo dono ou possuidor do prédio onde nascem ou caem, segundo o art. 1.290, está limitada às "necessidades de seu consumo". Não se tolera desperdício, uma vez que o exercício do direito de usar bem precioso, essencial e gradualmente mais raro, como a água, está em nítida conexão com o art. 187 do CC. Haverá ato ilícito sempre que a utilização da água, independentemente de culpa do agente, for feita de modo a exceder manifestamente seus fins econômicos e sociais, a boa-fé e os bons costumes. O critério é objetivo e finalístico, levando em conta, caso a caso, os interesses em jogo e as necessidades de cada um dos vizinhos.

**Jurisprudência:** De acordo com o art. 1.290 do CC, "o proprietário de nascente, ou do solo onde caem águas pluviais, satisfeitas as necessidades de seu consumo, não pode impedir, ou desviar o curso natural das águas remanescentes pelos prédios inferiores". II – Incumbe ao dono do prédio superior aproveitar as águas vertidas em seu prédio e, quanto às sobras, deixá-las escoar ao prédio vizinho, seja através de nascente ou do solo por obra das pluviais, sem impedir o curso natural. (TJMG, Ap. Cível n. 10035091435962002, rel. Des. João Cancio, j. 16.07.2019)

Ação de reintegração de posse de servidão c/c indenizatória por danos morais. Decisão agravada determina que os réus permitam a reinstalação de canos em nascente de água de sua propriedade rural, para restabelecer o abastecimento na propriedade do autor. Os réus argumentam que a seca na região assola também a sua propriedade. Por conta disso, não sendo a nascente suficiente para satisfazer as suas necessidades de consumo, sustentam, com fundamento no art. 1.290, CC, que não teriam obrigação de fornecer água ao autor. Direito vital básico de acesso à água. A crise hídrica deve ser socialmente compartilhada, para que todos sofram o ônus em igual intensidade, até o julgamento definitivo da demanda, quando será declarado se existe, ou não, a servidão de águas alegada pelo autor em defesa de seu direito. Mantida a decisão agravada. (TJRJ, AgI n. 00232881620168190000, rel. Des. Peterson Barroso Simão, j. 10.06.2016)

Manutenção de posse. Água da nascente de terreno superior. Sobra. Curso para terreno inferior. Posse. Turbação. Inexistência. Prova pericial. Encanamento preexistente para abastecimento do gado e da casa do proprietário. Ausência de modificação. Art. 1.290 do CC. I – Não há que se falar em turbação quando a prova pericial é conclusiva no sentido de que a tubulação que retirava água da nascente e direcionava para duas partes do terreno superior sempre existiu, não havendo desvio da sobra de água que segue para o terreno inferior. II – O art. 1.290 do CC é claro no sentido de que, antes das necessidades do prédio inferior, vêm as do proprietário do terreno onde se encontra a nascente. Não se configura a turbação quando as provas pericial e testemunhal são claras no sentido de que o encanamento que existe na nascente é necessário para levar água para o gado e para a casa do dono do terreno. (TJMG, Ap. Cível n. 1.0596.07.043231-2/001(1), rel. Generoso Filho, j. 21.09.2010)

Civil. Passagem de água. Nascente em imóvel vizinho. Interrupção no fornecimento pelo proprietário da mina. Inexistência de servidão. Água da fonte toda consumida na propriedade onde se localiza. Ausência de excedente para abastecer a propriedade lindeira. Aplicação do art. 90 do Código de Águas. Sentença mantida. Apelação improvida. Se a água da nascente é toda utilizada no prédio onde se localiza, não existe para o proprietário do imóvel vizinho o direito de receber uma parte dessa água, como se infere do art. 90 do Decreto n. 24.643/34 (Código de Águas). (TJPR, Ap. Cível n. 117.825-0, 4ª Câm. Cível, rel. Miguel Kfouri Neto, j. 26.06.2002)

---

**Art. 1.291. O possuidor do imóvel superior não poderá poluir as águas indispensáveis às primeiras**

**necessidades da vida dos possuidores dos imóveis inferiores; as demais, que poluir, deverá recuperar, ressarcindo os danos que estes sofrerem, se não for possível a recuperação ou o desvio do curso artificial das águas.**

O artigo em estudo não tem equivalente no CC/1916 e conflita, ao menos em parte, com o disposto no art. 225, *caput*, da CF, que assegura a todos o direito fundamental ao meio ambiente ecologicamente equilibrado. Não tem sentido, portanto, que o art. 1.291 crie obrigação de não fazer – não poluir – apenas às águas indispensáveis às primeiras necessidades da vida dos possuidores dos imóveis inferiores.

O dever de não poluir as águas – dispensáveis ou indispensáveis às necessidades básicas de outrem – está consagrado não somente no art. 225 da CF, como também constitui crime, nos termos do art. 54 da Lei n. 9.605/98. O vetusto Código de Águas, nos arts. 109 a 116, ainda em vigor, porque afinados com a CF, já previa que "a ninguém é lícito conspurcar ou contaminar as águas que não consome, com prejuízo de terceiros" (art. 109).

Logo, a leitura do preceito em consonância com a Lei Maior deve ser a de que o possuidor não pode poluir as águas, quer venham de nascentes ou sejam águas pluviais, sem distinção de origem. E, se assim o fizer, por indispensável a sua atividade, deverá recuperá-las, sem prejuízo de indenizar os danos individuais causados aos vizinhos e os danos gerais ao meio ambiente.

A primeira e primária obrigação, portanto, é de não poluir. Se poluir, nasce obrigação de reparar o dano *in natura*, recuperando as águas atingidas, sem prejuízo da composição de perdas e danos, quer no caso de impossibilidade de recuperação, quer no caso da recuperação tardia causar algum prejuízo aos vizinhos. O desvio do curso artificial das águas poluídas, mencionado na parte final do art. 1.291, pode ser sanção lateral, que não elimina os deveres básicos de recuperar e de indenizar.

**Jurisprudência:** Enunciado n. 244, CEJ: O art. 1.291 deve ser interpretado conforme a Constituição, não sendo facultada a poluição das águas, quer sejam essenciais ou não às primeiras necessidades da vida.

Poluição. Poço. Água potável. Fossas abertas por vizinho. Contaminação. Indenização. Ação procedente. Recurso provido. (*RT* 536/116)

**Art. 1.292. O proprietário tem direito de construir barragens, açudes, ou outras obras para represamento de água em seu prédio; se as águas represadas invadirem prédio alheio, será o seu proprietário indenizado pelo dano sofrido, deduzido o valor do benefício obtido.**

O artigo em exame não tinha precedente no CC/1916. Assegura ao proprietário – e, embora a lei não explicite, também ao possuidor – o direito de represar águas em seu prédio, mediante a construção, por exemplo, de obras como barragens e açudes. Note-se, porém, que o potencial de energia hidráulica constitui bem público e não integra a propriedade do solo, a teor do art. 1.230 do CC, já comentado.

O preceito deve ser lido em consonância com o que dispõem os arts. 1.288 e 1.289, já comentados. O represamento, por se tratar de obra artificial, não pode agravar a situação do imóvel inferior, no que se refere à recepção das águas. De igual modo, vale o que foi dito no comentário ao art. 1.290: o titular do imóvel superior pode reter as águas necessárias a seu uso, mas deve deixar escoar o remanescente, não privando o prédio inferior do bem. Assim sendo, o represamento deve ser feito gradualmente, de modo a não privar o vizinho de água durante lapso temporal expressivo.

Os riscos de rompimento de açudes ou represas é do titular do prédio onde se localizam. A invasão do prédio alheio por águas represadas confere ao vizinho prejudicado direito à indenização, independentemente de culpa do titular do prédio superior. A responsabilidade é objetiva, bastando ao ofendido demonstrar o evento, o dano e o nexo de causalidade.

**Jurisprudência:** Responsabilidade civil. Rompimento de barragem. Danos suportados pela ferrovia. Culpa, dano e nexo de causalidade provados. Responsabilidade do proprietário do imóvel pelo ressarcimento dos prejuízos suportados pela Fepasa. Utilização de técnica e material inadequado na construção da represa que não suportou o volume de água armazenada. Indenização devida. Cerceamento de defesa. Preliminar rejeitada. Recurso não provido. (TJSP, Ap. Cível n. 87.117-4, 7ª Câm. de Dir. Priv., rel. Júlio Vidal, j. 23.02.2000)

**Art. 1.293. É permitido a quem quer que seja, mediante prévia indenização aos proprietários prejudicados, construir canais, através de prédios alheios, para receber as águas a que tenha direito, indispensáveis às primeiras necessidades da vida, e, desde que não cause prejuízo considerável à agricultura e à indústria, bem como para o escoamento de águas supérfluas ou acumuladas, ou a drenagem de terrenos.**

**§ 1º Ao proprietário prejudicado, em tal caso, também assiste direito a ressarcimento pelos danos**

**que de futuro lhe advenham da infiltração ou irrupção das águas, bem como da deterioração das obras destinadas a canalizá-las.**

**§ 2º O proprietário prejudicado poderá exigir que seja subterrânea a canalização que atravessa áreas edificadas, pátios, hortas, jardins ou quintais.**

**§ 3º O aqueduto será construído de maneira que cause o menor prejuízo aos proprietários dos imóveis vizinhos, e a expensas do seu dono, a quem incumbem também as despesas de conservação.**

---

O artigo em comento corresponde ao art. 567 do CC/1916, que, por sua vez, já fora revogado pelos arts. 117 a 138 do Código de Águas, que regula minuciosamente o direito de aqueduto.

Não resta dúvida que a lei especial disciplina de modo mais completo o tema do que o CC/2002. Assim sendo, o art. 1.293 revoga o Código de Águas (Decreto n. 24.643/34) em tudo aquilo que for com ele incompatível, aplicando-se de modo residual, porém, as demais regras da lei especial que se conciliam e completam o novo regime jurídico do aqueduto.

Da lição clássica de Carvalho Santos, servidão de aqueduto "é a faculdade que tem alguém de conduzir água por prédio alheio, ou de prédio alheio para o seu prédio, em benefício ou utilidade próprios" (*Código Civil brasileiro interpretado*, 3. ed. Rio de Janeiro, Freitas Bastos, 1943, v. VIII, p. 93). Embora a doutrina use a expressão "servidão", não custa lembrar que se trata de servidão legal decorrente do direito de vizinhança e não de direito real de servidão, de modo que é direito potestativo, podendo ser exigido judicialmente contra o vizinho renitente. Além disso, o registro não tem natureza constitutiva. O artigo em exame não disciplina, de outro lado, a desapropriação para a implantação dos canais ou outros equipamentos de condução de água, promovida pelo Poder Público. Limita-se às restrições do direito de vizinhança, entre particulares.

Usa a lei expressão larga – a quem quer que seja – facultando não só ao proprietário como ao possuidor, a qualquer título, exigir a passagem de aqueduto.

Está o direito de aqueduto sujeito a alguns requisitos cumulativos, a saber:

- primeiro, é oneroso, de modo que o titular do prédio serviente faz jus à prévia indenização, a ser paga antes do início do exercício da passagem. A indenização abrange a desvalorização do prédio serviente decorrente da passagem e do recuo necessário a sua manutenção e será judicialmente fixada, se não houver consenso entre as partes. O § 1º do artigo em exame diz que a indenização abrange a deterioração causada pelas obras de implantação da canalização;
- segundo, somente cabe para receber as águas a que tenha direito, a qualquer título, desde que indispensáveis para as primeiras necessidades da vida ou para o escoamento das águas supérfluas ou acumuladas, ou a drenagem de terrenos. Note-se que a atual redação restringiu sobremaneira as hipóteses do art. 117 do Código de Águas, que referia também à necessidade para os serviços de agricultura ou indústria. Parece razoável, porém, que a utilização econômica do prédio dominante preencha o requisito da necessidade econômica básica e especialmente da função social da propriedade, de modo que continua implícito no CC/2002;
- terceiro, que a servidão de aqueduto não cause prejuízo considerável à agricultura e à indústria do prédio serviente. Não deseja o legislador que o benefício concedido a um vizinho seja causa da ruína econômica de outro. Claro está, embora não diga o legislador, que também a passagem que afete de modo severo ou impossibilite as condições de moradia ou utilização do prédio serviente é incompatível com a imposição da servidão. Note-se a alteração em relação ao que dispõe o art. 118 do Código de Águas, que excluía da condição de imóvel serviente as casas de habitação, os quintais e as alamedas a ela contíguas. Agora a vedação exige prova do prejuízo ou ônus excessivo causado ao prédio serviente, não mais persistindo a avaliação *a priori* do legislador. O que admite a lei em seu § 2º é que o dono ou possuidor do prédio serviente exija que a canalização seja subterrânea quando atravesse pátios, hortas, jardins e quintais.

O § 1º do artigo desloca o risco dos danos futuros que advenham da infiltração ou irrupção de águas para o titular do prédio beneficiário, ou dominante, independentemente de culpa. A responsabilidade pela construção e conservação das obras do aqueduto é do titular do prédio dominante. Claro está que o pressuposto para a cobrança da indenização é a prévia ocorrência do dano, de modo que sua fixação não pode ser feita no momento da constituição da passagem. Não proíbe o CC e admite o art. 121 do Código de Águas que, no caso de razoável probabilidade da ocorrência de danos, o titular ou possuidor do prédio dominante preste caução.

A regra geral é a de que o rumo do aqueduto deve ser traçado de modo a causar o menor prejuízo aos imóveis servientes, podendo a passagem ser cercada ou murada, desde que não se impeça o acesso para as obras de conservação.

**Jurisprudência:** Enunciado n. 598, CEJ: Na redação do art. 1.293, "agricultura e indústria" não são apenas qualificadores do prejuízo que pode ser causado pelo aqueduto, mas também finalidades que podem justificar sua construção.

Enunciado n. 245, CEJ: O art. 1.291 deve ser interpretado conforme a Constituição, não sendo facultada a poluição das águas, quer sejam essenciais ou não às primeiras necessidades da vida.

**Art. 1.294. Aplica-se ao direito de aqueduto o disposto nos arts. 1.286 e 1.287.**

O CC/1916 não continha regra similar. Tudo o que foi dito acerca da passagem forçada de cabos e tubulações, a que se remete o leitor, aplica-se à passagem de aqueduto, em vista da similitude de situações.

Algumas consequências advêm de extensão do regime jurídico. A primeira delas diz respeito ao cálculo da indenização, que deve ser cabal, abrangendo não somente a desvalia da passagem do canal como também a desvalorização do remanescente; a segunda, ao direito do titular do prédio onerado exigir caução no caso de risco plausível decorrente das obras; a terceira afirma que desaparece a servidão legal se não mais persistir sua causa; a quarta, que pode o titular do prédio onerado remanejar a suas expensas a passagem, desde que não cause prejuízo ao prédio beneficiário, que já pagou por ela.

**Art. 1.295. O aqueduto não impedirá que os proprietários cerquem os imóveis e construam sobre ele, sem prejuízo para a sua segurança e conservação; os proprietários dos imóveis poderão usar das águas do aqueduto para as primeiras necessidades da vida.**

O artigo em exame não encontra correspondente no CC/1916. Reproduz e condensa parcialmente o que contêm os arts. 130 e 134 do Código de Águas.

O dono ou possuidor do prédio serviente pode cercar ou construir ao redor ou sobre o aqueduto, desde que de modo compatível com sua segurança e conservação. O Código de Águas, mais minucioso, reza que há a favor do prédio dominante o direito de trânsito pelas margens do aqueduto, para seu exclusivo serviço. No caso de cercas ou construções, o acesso e as reparações necessárias não podem ser impedidos, sendo que, em tais casos, o dominante avisará previamente o serviente (art. 130, parágrafo único).

A segunda parte do artigo reproduz o que contém o art. 134, § 2º, do Código de Águas, assegurando ao dono ou possuidor do prédio onerado o direito de também utilizar a água canalizada, desde que limitada às primeiras necessidades da vida, ou seja, para uso estritamente pessoal e doméstico. Note-se que não se trata de águas supérfluas, cuja utilização mais ampla e onerosa é tratada no artigo seguinte.

**Art. 1.296. Havendo no aqueduto águas supérfluas, outros poderão canalizá-las, para os fins previstos no art. 1.293, mediante pagamento de indenização aos proprietários prejudicados e ao dono do aqueduto, de importância equivalente às despesas que então seriam necessárias para a condução das águas até o ponto de derivação.**

**Parágrafo único. Têm preferência os proprietários dos imóveis atravessados pelo aqueduto.**

O artigo em exame não encontra correspondente no CC/1916 e reproduz, com algumas inovações, o preceito do art. 134 do Código de Águas (Decreto n. 24.643/34).

O objeto da norma são as águas supérfluas, vale dizer, aquelas que sobram, o remanescente da utilização pelo titular do prédio dominante. Como não se tolera o desperdício nem o abuso de direito, podem os interessados, proprietários ou possuidores vizinhos constituir novo aqueduto, para os fins do art. 1.293, anteriormente comentado.

O novo aqueduto é oneroso. Paga-se indenização ao dono ou possuidor do prédio serviente em razão de eventual agravamento de sua situação, não coberta pela indenização original. Paga-se, ainda, indenização ao dono do aqueduto, de importância equivalente ao custo de condução da água até o ponto de derivação. Cumpre apenas notar que essa indenização é proporcional, uma vez que a passagem beneficiará ambos os titulares, como refere o art. 134 do Código de Águas, evitando o enriquecimento sem causa de qualquer das partes interessadas.

O artigo termina, em seu parágrafo único, estabelecendo critério de preferência entre os vizinhos interessados na utilização das sobras da água canalizada. Tem preferência, como é natural, o dono ou possuidor do prédio onerado, em relação a estranhos.

## *Seção VI*
## *Dos Limites entre Prédios e do Direito de Tapagem*

**Art. 1.297. O proprietário tem direito a cercar, murar, valar ou tapar de qualquer modo o seu prédio, urbano ou rural, e pode constranger o seu confinante a proceder com ele à demarcação entre os dois prédios, a aviventar rumos apagados e a renovar marcos destruídos ou arruinados, repartindo-se proporcionalmente entre os interessados as respectivas despesas.**

**§ 1º Os intervalos, muros, cercas e os tapumes divisórios, tais como sebes vivas, cercas de arame ou de madeira, valas ou banquetas, presumem-se, até prova em contrário, pertencer a ambos os proprietários confinantes, sendo estes obrigados, de conformidade com os costumes da localidade, a concorrer, em partes iguais, para as despesas de sua construção e conservação.**

**§ 2º As sebes vivas, as árvores, ou plantas quaisquer, que servem de marco divisório, só podem ser cortadas, ou arrancadas, de comum acordo entre proprietários.**

**§ 3º A construção de tapumes especiais para impedir a passagem de animais de pequeno porte, ou para outro fim, pode ser exigida de quem provocou a necessidade deles, pelo proprietário, que não está obrigado a concorrer para as despesas.**

---

O artigo em exame condensa os preceitos dos arts. 569 e 588 do CC/1916. O primeiro período do *caput* trata do direito de tapagem, ao passo que o segundo período disciplina o direito de demarcação.

Na lição de Humberto Theodoro Júnior, o "direito de tapar é, para o proprietário do imóvel, o direito de garantir ou tornar efetiva a exclusividade de seu domínio por meio de ato material tendente a impedir acesso de estranhos à coisa" ("Demarcação, divisão, tapumes". In: *Terras particulares,* 2. ed. São Paulo, Saraiva, 1996, p. 15). Constitui uma das facetas da propriedade, qual seja, a exclusividade, que se materializa pelo termo "tapumes", que abrange todos os anteparos e obras que se destinam a separar, vedar, proteger o imóvel. A menção do legislador a cercas, muros, valas, sebes e banquetas é exemplificativa e desnecessária, porque nada mais são do que espécies do gênero "tapume", que se define como tudo quanto serve para cercar e separar um terreno de outro, segundo os costumes locais. A construção de tapumes é prerrogativa do dono, mas está sujeita à observância de restrições administrativas e mesmo convencionais em loteamentos no que se refere à altura, localização e materiais utilizados.

Diz expressamente a lei que o proprietário tem o direito de tapar, por ser essa uma decorrência da exclusividade do direito real. Nada impede, porém, que titulares de direitos reais sobre coisa alheia, como o usufrutuário, o superficiário e especialmente o promitente comprador com título registrado tenham o mesmo direito de cercar o prédio, impedindo o acesso de terceiros. Embora não diga o legislador, é razoável e lícito que os possuidores, com o fito de preservar a segurança, o sossego e a privacidade, também exerçam o direito de tapagem, cercando e protegendo o prédio que ocupam.

Os três parágrafos do art. 1.297 se referem ao direito de tapagem. O § 1º cria presunção relativa de condomínio entre vizinhos do tapume de divisa. Cuida-se de condomínio necessário e a presunção cede diante de prova contrária de que não se encontra o tapume sobre a linha divisória, ou de que apenas um vizinho concorreu para sua construção. Deve o preceito ser lido juntamente com o disposto no art. 1.328 do CC, que subordina a aquisição da meação sobre o muro divisório à prévia indenização de metade do valor da obra e do terreno por ele ocupado. A obrigação do vizinho não é de edificar, mas de pagar metade das despesas com a construção e manutenção do muro divisório. A edificação é ato unilateral do vizinho interessado no tapume, que cobra do outro a parte correspondente das despesas.

Embora aluda a lei a partes iguais, em certos casos deve haver proporcionalidade aos interesses das partes e aos usos e costumes do local onde se constrói. Como ressalta Nelson Rosenvald, "se um dos vizinhos pretende edificar tapagem suntuosa em local de residência de comunidade de parcos recursos econômicos, deverá arcar com os custos que excedem o valor do tapume usualmente adotado pelos moradores da região" (*Direitos reais, teoria e questões*. Niterói, Impetus, 2004, p. 172). O § 3º do art. 1.297, em consonância com o exposto anteriormente, disciplina a construção de tapumes especiais, destinados a impedir a passagem de animais de pequeno porte, cujo diferencial atende às necessidades de um dos vizinhos, que arca com a despesa correspondente.

O entendimento mais moderno dos tribunais é no sentido de que o direito de o titular obrigar o vizinho a contribuir com parte das despesas para a construção do tapume não está subordinado a prévio ajuste entre as partes ou, em sua falta, a sentença judicial. Cumpre apenas ao proprietário ou possuidor que as fez demonstrar que eram necessárias no montante e no modo em que erigidas (GOMES, Orlando. *Direitos reais.* Rio de Janeiro, Forense, 2004, p. 210; THEODORO JR., Humberto. "Demarcação, divisão, tapumes". In: *Terras particulares*, 2. ed. São Paulo, Saraiva, 1996, p. 508).

O § 2º do art. 1.297 traz regra intuitiva, qual seja a de que árvores, sebes ou plantas que sirvam de marco divisório somente podem ser cortadas por consenso dos vizinhos.

A segunda parte do art. 1.297 refere-se ao direito de demarcar. Demarcação, segundo a melhor doutrina, "é a operação pela qual se fixa (ou define) a linha divisória entre dois terrenos, assinalando-a, em seguida, com elementos materiais sobre o solo" (THEODORO JR. Op. cit., p. 28).

É expressa a lei, com a concordância da doutrina e da jurisprudência, de que a ação demarcatória é corolário do direito de propriedade, cabendo a qualquer condômino, sem necessidade da anuência dos demais. É de natureza petitória e imprescritível, perdendo-se com a propriedade. Razão não há, porém, para privar outros titulares de direitos reais, como o usufrutuário, o usuário, o enfiteuta, o superficiário e o compromitente comprador com título registrado, do direito de extremar suas divisas, prevenindo litígios entre vizinhos.

Cabe a ação demarcatória, segundo o CC, em três situações jurídicas: a) levantar linha divisória, em prédios onde nunca foram antes fixadas; b) aviventação de rumos apagados; c) renovação de marcos destruídos. O art. 946 do CPC/73 (art. 569 do CPC/2015) alude apenas a duas hipóteses – fixação de novos limites e aviventação dos já apagados –, compreendendo-se na última delas a renovação de marcos. Em resumo, cabe a demarcação no caso de indefinição da linha divisória, quer porque nunca foi fixada, quer porque havia limites, cujos sinais se deterioraram ou foram destruídos. Pressupõe sempre a incerteza nos limites entre prédios particulares, porque, se o confinante é o Poder Público, a ação correta é a discriminatória.

Admite-se a cumulação de ação demarcatória com pedido reivindicatório (art. 951 do CPC/73 – sem correspondente no CPC/2015) ou mesmo divisório (art. 947 do CPC/73; art. 570 do CPC/2015). Note-se, porém, que na ação reivindicatória as divisas são certas, mas o proprietário se encontra despojado da posse daquilo que é seu, ao passo que na demarcatória as divisas são incertas e, após sua fixação, cabe pedido sucessivo de entrega da posse sobre coisa alheia. A jurisprudência vacila sobre a possibilidade de se considerar implícito o pedido reivindicatório na ação demarcatória, sem necessidade de pleito expresso.

O efeito da ação demarcatória é tornar visível a linha divisória de duas propriedades. Pode a sentença ser levada ao registro imobiliário, adequando o prédio ao princípio da especialidade registrária.

As despesas com a demarcação são rateadas proporcionalmente entre os proprietários vizinhos. Não diz a lei qual é o critério de proporcionalidade, presumindo-se seja a testada de cada um dos prédios vizinhos em relação à linha divisória demarcanda.

**Jurisprudência:** Ação demarcatória. Compromissário comprador a título particular que não possui registro de título na matrícula do imóvel. Ilegitimidade ativa. A ação demarcatória tem natureza dominial e o CPC/73 admitia sua propositura pelo proprietário, posto que exigia a prova do domínio consubstanciada na matrícula do imóvel. E o art. 1.297 do CC é expresso ao afirmar esse direito ao proprietário. (TJSP, Ap. Cível n. 0004096-22.2009.8.26.0300, rel. Des. Ronnie Herbert Barros Soares, j. 27.07.2016)

A ação demarcatória tem por fim resguardar o direito de demarcação de prédios confinantes, aviventar rumos apagados e renovar marcos destruídos ou arruinados, tendo natureza real, pois tem como fundamentos a propriedade e o direito de vizinhança. 2 – Em se tratando de demanda sobre direitos reais, o art. 10, I, do CPC [art. 73, I, do CPC/2015], determina que "ambos os cônjuges serão necessariamente citados". 3 – Constatada a falta de litisconsórcio necessário no polo passivo da demanda, deve o juiz determinar aos autores o cumprimento do art. 47, parágrafo único, do CPC [art. 115, parágrafo único, do CPC/2015], sob pena de extinção do processo. (TJPR, Ap. Cível n. 137.435-2, 7ª Câm. Cível, rel. Mario Helton Jorge, j. 17.11.2004)

Direito civil. Direito de tapagem. Arts. 588, § 1º, e 571, ambos do CC. Obrigação *propter rem*. Cerca divisória entre imóveis rurais. Meação de tapumes divisórios comuns. Cobrança de despesas efetuadas pelo proprietário lindeiro. Diversidade de atividades rurais dos vizinhos confinantes. Reflorestamento e criação de gado. Substituição de cerca antiga, que imprescindia de recuperação, para impedir passagem do gado. Legalidade. São comuns os tapumes que impedem a passagem de animais de grande porte, como o gado vacum, cavalar e muar (art. 588, § 2º, CC), sendo obrigados a concorrer para sua construção e conservação os proprietários de imóveis confinantes (art. 588, § 1º, CC), ainda que algum deles não se destine a atividade pecuária, mas a reflorestamento. Apenas na obrigação de cercar imóveis, com a construção de tapumes especiais – estes considerados como próprios para deter aves domésticas e animais como cabrito, porcos e carneiros, em seus limites –, é que seria indevida a meação do valor gasto com os reparos neles realizados (art. 588, § 3º, CC). (STJ, REsp n. 238.559, 3ª T., rel. Min. Nancy Andrighi, j. 20.04.2001)

É pressuposto essencial para a propositura da ação demarcatória que seja o autor proprietário do imóvel demarcado. (STJ, REsp n. 20.529-7/AL, 4ª T., rel. Min. Dias Trindade, j. 30.08.1993)

Ação demarcatória. Cunho reivindicatório. Descabimento. A ação demarcatória serve para fixar ao solo a linha de separação, quando inexistentes ou apagadas pelo tempo. No caso a linha divisória não é incerta, ela existe e é respeitada de longa data. O objetivo final da presente ação é a recuperação da área a menor encontrada na propriedade dos requeridos, a ação não é a adequada, a ação correta seria a reivindicatória. (TJRS,

Ap. Cível n. 591.056.049, 5ª Câm. Cível, rel. Leonello Pedro Paludo, j. 28.11.1991)

Demarcatória. Requisitos. Desnecessidade de posse. Recurso improvido. E admitida a demarcatória, quando estiverem apagados ou então não existirem os sinais que limitam o terreno, equivalendo dizer, que a ação de demarcação tem cabimento quando incerta a linha divisória. Ao autor da ação demarcatória não é necessário que tenha posse do imóvel a demarcar para poder ingressar em juízo, uma vez que o art. 950 do CPC [art. 574 do CPC/2015] diz que a inicial será instruída com os títulos de propriedade. (TJPR, Ap. Cível n. 35.507-0, 3ª Câm. Cível, rel. Luiz Perrotti, j. 03.04.1990)

Ação demarcatória. Existência de marcos divisórios. Falta de correspondência com os títulos. Se a linha divisória existente não corresponde aos títulos e não há outros limites, devidamente aferidos no terreno, cabível é a demarcatória. A reivindicatória pressupõe a perfeita individualização da coisa, e para tanto é adequado o pedido de demarcar. (*RSTJ* 13/399)

Não cabe demarcatória para extremar terras particulares de terras públicas. (*RTFR* 143/55)

A ação demarcatória é competente para fixar, no solo, as linhas de separação, quando inexistentes ou apagadas pelo dano do tempo. Se, porém, tais linhas existem, e são conhecidas dos confrontantes há tempos, competente deixa de ser a ação aludida, para reprimir invasão de terras, que faça um dos confrontantes contra outro. (*RJTJESP* 51/148)

Não há necessidade de cumular a demarcação com a reivindicação, pois ambas as ações conduzem ao mesmo resultado e a segunda se contém, implicitamente, na primeira. (*RT* 625/53, *JTJ* 165/56)

**Art. 1.298. Sendo confusos, os limites, em falta de outro meio, se determinarão de conformidade com a posse justa; e, não se achando ela provada, o terreno contestado se dividirá por partes iguais entre os prédios, ou, não sendo possível a divisão cômoda, se adjudicará a um deles, mediante indenização ao outro.**

O artigo em exame corresponde ao art. 570 do CC/1916, com pequenas alterações. Traça, em resumo, os critérios sucessivos para o estabelecimento da linha divisória entre os imóveis.

O critério primário são os títulos dominiais e documentos complementares, como mapas, registros de imóveis vizinhos e plantas de loteamento, passíveis de indicar o traçado da linha divisória.

O primeiro critério subsidiário, na falta de títulos ou documentos suficientes, é a existência de posse justa, vale dizer, não maculada pelos vícios da violência, clandestinidade e precariedade. Não custa lembrar, como já feito no comentário ao art. 1.200 do CC, que os vícios da posse são relativos, ou seja, a posse somente é injusta em relação àquele contra quem foi praticado o ato ilícito. Logo, o argumento de que a posse de um dos vizinhos é injusta somente pode ser usado pelo esbulhado, aquele que perdeu a posse em razão de ato ilícito praticado por outrem.

O segundo critério subsidiário, somente usado na falta do primeiro, é a partilha da faixa contestada em porções iguais entre os vizinhos. A novidade do CC é que a partilha não mais segue regra proporcional, como determinava o diploma revogado, sem, no entanto, dizer a que se atrelava a proporção. Diante de tal lacuna, tomou o legislador posição e adotou a doutrina clássica de Clóvis Bevilaqua, criando critério objetivo de divisão em partes iguais.

O critério residual, somente utilizado na falta ou insuficiência dos antecedentes, determina a adjudicação da faixa contestada a um dos confinantes, mediante indenização do outro, embora não decline critério para dizer qual deles ficará com a terra e qual deles com o valor de metade em dinheiro. Utiliza-se critério de equidade, lembrado por Lopes da Costa: "entre, por exemplo, dois prédios, um muito grande e outro muito pequeno, este deverá ser preferido. Entre dois terrenos, dos quais um ficará sem aguada se o terreno litigioso for adjudicado ao outro, ao primeiro deve ser feita a adjudicação" (Digesto apud THEODORO JR., Humberto. "Demarcação, divisão, tapumes". In: *Terras particulares*, 2. ed. São Paulo, Saraiva, 1996, p. 233).

**Jurisprudência:** Demanda divisória. Forma de divisão. Laudo e observância a critérios técnicos e legais. Tendo o trabalho apresentado por perito e agrimensores, com base nas diretrizes fixadas em lei e na técnica, apresentado a melhor forma de divisão possível da área *sub judice*, não apresentando os réus fundamentos suficientes para infirmar as conclusões obtidas, merecem observância os termos em que posto o fracionamento da área, apenas admitindo-se a adoção de linha divisória reta quanto duas porções, visto que assim pretendem ambos os interessados, o que em nada prejudica as demais definições tomadas. (TJRS, Ap. Cível n. 70.009.661.943, 20ª Câm. Cível, rel. Des. Armínio José Abreu Lima da Rosa, j. 22.09.2004)

## *Seção VII*
## *Do Direito de Construir*

**Art. 1.299. O proprietário pode levantar em seu terreno as construções que lhe aprouver, salvo o direito dos vizinhos e os regulamentos administrativos.**

O artigo em exame corresponde ao art. 572 do CC/1916, sem qualquer alteração. Consagra o exercício de dois direitos inerentes ao domínio, quais sejam, os de o dono usar e fruir o imóvel de sua propriedade, dele extraindo seu proveito. O princípio, portanto, é o da liberdade de construir, subordinado, porém, a duas amplas exceções, previstas pelo legislador: a) às restrições previstas no próprio CC, no presente capítulo das relações de vizinhança; b) à observância das normas e dos regulamentos administrativos, que impõem exigências técnicas, sanitárias e estéticas. Note-se que o Poder Público pode não somente fiscalizar e coibir construções que ofendam normas administrativas como também impor a edificação sobre imóvel subutilizado, como prevê o art. 5º do Estatuto da Cidade (Lei n. 10.257/2001).

As limitações administrativas, ao contrário das servidões administrativas e desapropriação, não geram para o proprietário direito à indenização. Na lição de Hely Lopes Meirelles, "limitação administrativa é toda imposição geral, gratuita, unilateral e de ordem pública, condicionadora do exercício de direitos ou de atividades particulares às exigências do bem-estar social" (*Direito de construir*, 4. ed. São Paulo, RT, 2004, p. 68). Podem ser editadas pela União, Estados e Municípios, nos limites de sua competência prevista na CF. Podem ter natureza urbanística, ambiental, de segurança e de higiene, ou mesmo militar.

Além das limitações explicitadas no art. 1.299, não resta dúvida de que as construções estão, como o exercício de qualquer dos outros poderes do proprietário, sujeitas às cláusulas gerais da função social e do abuso de direito, previstas, respectivamente, nos arts. 1.228, § 1º, e 187 do CC.

Além disso, restrições convencionais mais gravosas do que as previstas no capítulo do direito de vizinhança e nas normas administrativas podem ser pactuadas entre as partes. São frequentes em loteamentos e condomínios edilícios, criando limitações quanto à destinação do lote, impossibilidade de reparcelamento, recuo da via pública ou dos prédios vizinhos, percentual máximo ou mínimo de ocupação, ou até mesmo características construtivas. Têm natureza de normas urbanísticas complementares e devem integrar o contrato para vincular os adquirentes com especial destaque, caso se trate de relação de consumo. No caso de revenda do lote ou unidade autônoma a terceiro adquirente de boa-fé, essas cláusulas restritivas convencionais devem ingressar no registro imobiliário, para irradiar efeitos *erga omnes*. Esse ingresso pode se dar tanto no registro da convenção de condomínio edilício quanto no registro do loteamento. Neste último caso, é conveniente que se reproduzam as restrições nas matrículas de cada lote, facilitando sua ciência por parte de terceiros. Essas limitações, como normas urbanísticas suplementares, não são derrogadas por simples alvará ou autorização administrativa, uma vez que foram aceitas pela própria Administração Pública quando da aprovação do loteamento. Não sobrevivem, porém, a novas leis que, como restrições legais, "têm supremacia sobre as convencionais e as derrogam quando o interesse público exigir, alterando as condições originais do loteamento, quer para aumentar as limitações originárias, quer para liberalizar as construções e usos até então proibidos" (MEIRELLES, Hely Lopes. *Direito de construir*, 4. ed. São Paulo, RT, 2004, p. 116).

Corolário das limitações, qualquer que seja sua origem, é prerrogativa dos vizinhos prejudicados embargarem a construção ou exigirem sua demolição se outra sanção não for cominada pelo legislador. Note-se que prevalecem as limitações administrativas ou convencionais, se forem mais gravosas do que as decorrentes do direito de vizinhança. Ao contrário, se forem mais liberais, pode o vizinho prejudicado invocar então as regras do direito de vizinhança para embargar ou demolir a construção ilícita.

**Jurisprudência:** Apelação cível. Direito de vizinhança. Nunciação de obra nova. Demolição. Sentença de improcedência. Inconformismo do autor. Obras que não atendem ao projeto de engenharia e nem às disposições da lei municipal. Natureza objetiva e cogente das regras e proibições referentes ao direito de construir. Ausência de prejuízos ao autor. Irrelevância. Construção ilegal que impede o seguimento e impõe a demolição da já realizada. Concessão de prazo para a ré: sanar o vício da ilegalidade da obra de engenharia; na hipótese de não sanada, providenciar a demolição das obras já realizadas, sob pena de multa. Valor da causa irrisório. Honorários fixados por equidade. Sentença reformada. Recurso conhecido e provido. (TJSP, Ap. Cível n. 10031727420218260590/São Vicente, 28ª Câm. de Dir. Priv., rel. Eduardo Gesse, j. 10.09.2024, publ. 11.09.2024)

Direito de vizinhança. Ação cominatória c/c reparação de danos. Incidência do art. 572 do CC/1916 (art. 1.299 do CC/2002). Aterro de imóvel sem a construção das obras para represamento da água pluvial. Danos aos imóveis lindeiros. Responsabilidade objetiva do proprietário. Dever de indenizar. Indenização condizente com a extensão dos danos. Sentença mantida. Recurso desprovido. "1 – Conforme enuncia o art. 572 do CC/1916 (art. 1.299 do CC/2002), o proprietário pode levantar em seu terreno as construções que lhe aprouver, resguardando, entretanto, o direito dos vizinhos contra quaisquer danos decorrentes do prédio vizinho". 2 – "A responsabilidade pelos danos de vizinhança resultante de construção é objetiva: nasce do só ato ou fato lesivo da obra ou seus trabalhos preparatórios. Nem se exige, para a reparação, qualquer culpa, nem mesmo voluntariedade do agente da ação lesiva" (MEIRELLES, Hely Lopes. *Direito de construir*, 3. ed. São Paulo, RT, 2004, p. 291). (TJPR, Ap. Cível n. 158.897-2, 6ª Câm. Cível, rel. Airvaldo Stela Alves, j. 20.10.2004)

Civil. Loteamento. Lei municipal superveniente que, sem determinar modificações no loteamento originário, admite o uso do solo além dos limites previstos pelas restrições convencionais. Diferença entre alteração urbanística ditada pelo interesse público e licença para construir no interesse do proprietário. O loteador está sujeito às restrições que impôs aos adquirentes de lotes, não podendo dar aos remanescentes destinação diversa daquela prevista no memorial descritivo, pouco importando que a lei municipal superveniente permita a alteração pretendida; as leis urbanísticas só se sobrepõem aos ajustes particulares quando já não toleram o *status quo*. Hipótese de que não se trata na espécie, onde tanto o loteamento originário quanto sua pretendida alteração estão conformados às posturas municipais. Recurso especial não conhecido. (STJ, REsp n. 226.858/RJ, 3ª T., rel. Min. Ari Pargendler, j. 20.06.2000)

Direito de vizinhança. Nunciação de obra nova. Lícito se determine que, em lugar de ser a obra demolida, se proceda aos reparos para eliminar o que contravenha as normas que regulam as relações de vizinhança. Regulamentos administrativos. Podem ser invocados pelo particular, na medida em que de sua contrariedade lhe resulte algum dano. Não lhe é dado, entretanto, substituir-se à administração, apenas porque houve a infração, de que não derivou prejuízo para si, salvo, eventualmente, em ação popular, acaso cabível (STJ, REsp n. 85.806/MG, rel. Min. Eduardo Ribeiro, j. 25.05.2000, *DJ* 05.03.2001, p. 152). (*JBCC* 189/152, *RJTAMG* 86/377)

A ação de nunciação de obra nova à disposição do proprietário ou do possuidor tem por escopo evitar que a obra em construção prejudique o prédio já existente. Esse prejuízo, que constitui o fundamento maior da referida demanda, pode se dar tanto pelo descumprimento das normas do direito da vizinhança quanto das normas municipais de uso e ocupação do solo urbano, haja vista a inexistência de restrição no inciso I do art. 934 do CPC [sem correspondente no CPC/2015]. (STJ, REsp n. 126.281/PB, rel. Min. Sálvio de Figueiredo Teixeira, j. 23.09.1998)

Ação demolitória. Direito de construir. Demolição. Loteamento. Restrição convencional imposta pelo loteador. Obrigação *propter rem*. Projeto aprovado observando tais restrições. Obrigação comum assumida pelo proprietário de executar a obra segundo o projeto aprovado. Descumprimento da obrigação. Irrelevância da concessão do "habite-se" pela Prefeitura Municipal, em decorrência de lei de anistia das construções irregulares. Ato jurídico perfeito e acabado, que está incólume aos efeitos da lei (art. 5°, XXXVI, da CF). Recurso provido. Segundo o nosso direito, a regra é a liberdade de construir, mas as restrições e limitações a esse direito formam as exceções, e somente são admitidas quando expressamente previstas em lei, regulamento ou contrato. Quando previstas em Regulamento do Loteamento, e consignadas do título translativo da propriedade, constituem obrigação *propter rem*, isto é, obrigação daquele que é o titular da propriedade. Daí que a concessão do "habite-se" pela Prefeitura Municipal por força de lei que concedeu anistia às construções irregulares não elide a obrigação do devedor, em face da proteção outorgada pela Carta Magna ao ato jurídico perfeito e acabado (art. 5°, XXXVI). Não estando a edificação de acordo com as restrições negociais, e nem com o projeto aprovado segundo a obediência dessas restrições, impõe-se a correção das irregularidades, demolindo-se a parte da construção em desacordo com tais restrições. (TJSP, Ap. Cível n. 63.745-4, rel. Ruiter Oliva, j. 21.10.1997)

**Art. 1.300. O proprietário construirá de maneira que o seu prédio não despeje águas, diretamente, sobre o prédio vizinho.**

O artigo em exame aperfeiçoa a regra detalhada que continha o art. 575 do CC/1916, que restringia o lançamento de águas a beirais de telhados e impunha uma distância mínima de 10 centímetros da linha divisória. Revogado se encontra, também, o art. 105 do Código de Águas (Decreto n. 24.643/34), que aludia à distância de 18 centímetros entre o beiral e a linha divisória.

Mais sábia é a redação atual, que evitou casuísmos e impediu, em sentido amplo, o lançamento direto de águas sobre o imóvel vizinho, de qualquer modo: por goteiras, filetes ou correntes. Abrange a regra não somente beirais, como também calhas ou qualquer outra técnica construtiva de escoamento de águas pluviais.

Eliminou-se a referência à distância de 10 centímetros, bastando, agora, a observância das posturas administrativas e a finalidade da norma, que é o prejuízo ao imóvel vizinho.

**Jurisprudência:** Ação de indenização. Perdas e danos. Consultório dentário inundado por águas pluviais. Culpa do vizinho que abandonando seu prédio permitiu que grande quantidade de folhas e galhos fossem carregados pela enxurrada, obstruindo o bueiro e o condutor, provocando a inundação. Desnecessidade da prova de propriedade. Fato previsível, não fortuito. Culpa por negligência. Reparação devida. Recurso não provido. (TJSP, Ap. Cível n. 21.528-4, rel. Lineu Carvalho, j. 08.04.1997)

---

**Art. 1.301. É defeso abrir janelas, ou fazer eirado, terraço ou varanda, a menos de metro e meio do terreno vizinho.**

**§ 1º As janelas cuja visão não incida sobre a linha divisória, bem como as perpendiculares, não poderão ser abertas a menos de setenta e cinco centímetros.**

**§ 2º As disposições deste artigo não abrangem as aberturas para luz ou ventilação, não maiores de dez centímetros de largura sobre vinte de comprimento e construídas a mais de dois metros de altura de cada piso.**

---

O artigo em exame corresponde ao art. 573 do CC/1916, mas sofreu alterações significativas. O *caput* teve a redação aperfeiçoada, eliminando a menção a goteiras, matéria estranha à abertura de janelas e terraços, aqui disciplinada. A principal mudança, porém, se encontra no § 1º, que tornou sem efeito antiga súmula do STF, adiante examinada.

Visa o preceito a preservar o direito à privacidade, hoje garantido no capítulo dos direitos da personalidade e no art. 5º da CF. Para tanto, proíbe a abertura de janelas, eirado, terraço ou varanda a menos de 1,5 metro do terreno vizinho. Conta-se a medida tomando como início a janela, ou o gradil do terraço ou eirado, ainda que estes se encontrem recuados ou embutidos em uma parede. A medida final é a linha divisória entre os imóveis e não a janela do vizinho. Caso haja tapume ou muro sobre a linha divisória, até a sua metade.

O § 1º consagra relevante novidade, qual seja, a de que a janela perpendicular ou oblíqua, desde que a visão não incida sobre a linha divisória, pode ser aberta a não menos do que 75 centímetros da linha divisória. Embora não diga a lei de modo expresso, a mesma regra vale para terraços, eirados e varandas, desde que o bem que se visa tutelar – a privacidade – não seja vulnerado por tais obras. Não mais persiste, portanto, a Súmula n. 414 do STF, do seguinte teor: "Não se distingue a visão direta da oblíqua, na proibição de abrir janela, ou fazer terraço, eirado, ou varanda, a menos de metro e meio do prédio de outrem". A regra, agora, pode ser enunciada de modo diverso: sempre que a visão não incida sobre a linha divisória, a restrição cai para 75 centímetros.

De outro lado, afinada com o CC/2002 está a Súmula n. 120 do STF: "Parede de tijolos de vidro translúcido pode ser levantada a menos de metro e meio do prédio vizinho, não importando servidão sobre ele". Apenas se ressalva que os tijolos translúcidos devem preservar a finalidade explicitada pelo legislador, qual seja, impedir a visão direta e a invasão da privacidade alheia.

Finalmente, o § 2º do artigo em exame esclarece, com mais precisão do que o fazia o § 1º do art. 573 do CC/1916, que a restrição não alcança simples aberturas para luz e ventilação. Impôs requisitos objetivos para tais aberturas, que não podem exceder 10 centímetros de largura sobre 20 de comprimento e devem ser construídas a mais de 2 metros de altura de cada piso. Parece claro, embora não o diga o legislador, como deveria, que se a abertura for em altura tal que resguarde a privacidade do vizinho não há óbice a sua construção, porque estará preservado o valor eleito pela lei.

Claro que havendo concordância do vizinho prejudicado, podem janelas ou terraços ser abertos junto à linha divisória. Por outro lado, se restrições administrativas impuserem recuo superior ao previsto no CC, prevalecem sobre o interesse privado e devem ser observadas pelos proprietários.

A sanção ao comportamento proibido pelo legislador abre ao vizinho ofendido a possibilidade de ajuizar execução de obrigação de fazer, mediante desfazimento da obra ou pedido cominatório, ou, ainda, de erguer contramuro para evitar o devassamento, nos prazos e hipóteses previstos no artigo seguinte.

Note-se que não se exige que o vizinho prejudicado seja titular do domínio para o ajuizamento da ação. Titulares de direitos aquisitivos e possuidores também têm seus direitos à privacidade e à intimidade assegurados pela norma em estudo.

**Jurisprudência:** Direito de vizinhança. Elevação de muro divisório pelo réu, impedindo ingresso de luz solar no imóvel vizinho por meio de janela aberta lateralmente. Réu que, por sua iniciativa, promove recorte no muro para permitir passagem de luz pela referida janela. Descabimento. Janela aberta a menos de metro e meio do imóvel, importando em violação à privacidade do imóvel confinante. Direito de elevação do muro reconhecido. Inteligência dos arts. 1.301 e 1.302 do CC. Possibilidade, no entanto, de que o preenchimento do recorte seja feito mediante utilização de tijolos de vidro translúcidos, ou material equivalente, de modo a garantir a privacidade do confinante, sem prejuízo ao ingresso de luz solar. Solução intermediária que contempla os interesses de ambas as partes, merecendo ser prestigiada como meio mais adequado para a resolução da pendenga. Sentença parcialmente modificada apelação parcialmente provida. (TJSP, Ap. Cível n. 1000282-63.2022.8.26.0159/Cunha, 32ª Câm. de Dir. Priv., rel. Andrade Neto, j. 22.05.2024, publ. 22.05.2024)

Direito de vizinhança. Ação cominatória com pedido cumulado de indenização por danos morais. Legitimidade ativa configurada. Art. 1.277 do CC. Circunstância de a autora ser possuidora de imóvel irregular não lhe retirava a prerrogativa de fazer cessar interferência prejudicial ao sossego advinda da utilização do imóvel vizinho. Construção de janelas e portas em desacordo com o art. 1.301 do CC. Quadro que impunha determinar o fechamento daquelas aberturas. Autora que alegou ter sido ofendida verbalmente e ameaçada pelo réu. Fato comprovado. Indenização por danos morais devida. Valor que não se mostra exagerado. Ação procedente. Recurso improvido. (TJSP, Ap. Cível n. 1009203-26.2022.8.26.0348/Mauá, 36ª Câm. de Dir. Priv., rel. Arantes Theodoro, j. 30.11.2023, publ. 30.11.2023)

A proibição inserta no art. 1.301, *caput*, do CC – de não construir janelas a menos de um metro e meio do terreno vizinho – possui caráter objetivo, traduzindo verdadeira presunção de devassamento, que não se limita à visão, englobando outras espécies de invasão (auditiva, olfativa e principalmente física). A aferição do descumprimento do disposto na referida regra legal independe da aferição de aspectos subjetivos relativos à eventual atenuação do devassamento visual, se direto ou oblíquo, se efetivo ou potencial (STJ, REsp n. 1.531.094/SP, rel. Min. Ricardo Villas Bôas Cueva, j. 18.10.2016)

Nunciação de obra nova. Abertura de janela. Não se opondo o proprietário, no prazo de ano e dia, à abertura de janela sobre seu prédio, ficará impossibilitado de exigir o desfazimento da obra, mas daí não resulta seja obrigado ao recuo de metro e meio ao edificar nos limites de sua propriedade. (STJ, REsp n. 229.164, 3ª T., rel. Min. Eduardo Ribeiro, j. 14.10.1999)

Direitos de vizinhança. Arts. 573, § 2°, e 576 do CC. Vencido o prazo de ano e dia estipulado no art. 576 do CC, o confinante prejudicado não pode exigir que se desfaça a janela, sacada, terraço ou goteira, mas não fica impedido de construir no seu terreno com distância menor do que metro e meio, ainda que a construção prejudique ou vede a claridade do prédio vizinho (STJ, REsp n. 34.864/SP, rel. Min. Antonio Torreão Braz, j. 13.09.1993, *DJ* 04.10.1993, p. 20.557). (*Lex-STJ* 54/302, *RDC* 75/158)

A jurisprudência mais afinada com a lei é a que acolhe a proibição, atenta unicamente à distância entre a janela ou o terraço e a divisa do terreno, sem levar em consideração se há muro de permeio, se há visão oblíqua ou direta, se há abertura alta ou baixa, se há devassamento efetivo ou potencial (I TACSP, rel. Juiz Elliot Ackel). (*RT* 680/120)

---

**Art. 1.302. O proprietário pode, no lapso de ano e dia após a conclusão da obra, exigir que se desfaça janela, sacada, terraço ou goteira sobre o seu prédio; escoado o prazo, não poderá, por sua vez, edificar sem atender ao disposto no artigo antecedente, nem impedir, ou dificultar, o escoamento das águas da goteira, com prejuízo para o prédio vizinho.**

**Parágrafo único. Em se tratando de vãos, ou aberturas para luz, seja qual for a quantidade, altura e disposição, o vizinho poderá, a todo tempo, levantar a sua edificação, ou contramuro, ainda que lhes vede a claridade.**

---

O *caput* do artigo em exame corresponde ao art. 576 do CC revogado. Já o parágrafo único corresponde ao § 2º do art. 573 do CC/1916.

Disciplina o preceito algumas das medidas cabíveis ao proprietário prejudicado por obras de vizinhos que ofendam as regras dos arts. 1.300 (goteiras) e 1.301 (janelas, eirados, terraços e varandas). Durante a construção, cabe a nunciação de obra nova, nos moldes dos arts. 934 a 940 do CPC/73 (sem correspondentes no CPC/2015). É possível o embargo, para que fique suspensa a obra e, afinal, sua demolição, reconstrução ou modificação daquilo que se apresente irregular. O entendimento dos tribunais, no entanto, é no sentido de que, concluída, ou em fase de acabamento, não mais cabe a nunciação com suspensão da obra, mas apenas pedido demolitório (*RT* 490/68 e 501/113, *JTJ* 189/125).

Concluída a obra, a partir da data da expedição do "habite-se" pela autoridade administrativa, e não da abertura da janela ou terraço, passa a fluir o prazo decadencial de ano e dia para o ajuizamento de ação demolitória pelo vizinho prejudicado. Esse prazo se conta na forma do art. 132 do CC, excluindo-se o *dies ad quo* e computando-se o *dies ad quem*. Escoado o prazo decadencial, não mais cabe o pleito demolitório – obrigação de fazer – nem a possibilidade de o ofendido impedir ou dificultar o escoamento de águas. Mais ainda: também não pode abrir janelas, terraços, varandas ou eirados a menos de 1,5 metro da linha divisória, sob a alegação de que o vizinho também não observou tal regra.

Cabe ao proprietário prejudicado apenas o direito – observadas as restrições do art. 1.301 do CC – de levantar sua edificação ou contramuro, ainda que tal obra vede a iluminação ou ventilação do prédio vizinho. É uma espécie de defesa que se faculta ao ofendido, como meio de resguardar sua privacidade em face do ato ilícito do vizinho, contra o qual não mais cabe ação demolitória. Em termos diversos, o prazo decadencial obsta a pretensão de desfazimento da obra irregular, mas não cria um dever de "não construir" licitamente em seu terreno, para não prejudicar a claridade que de modo ilícito obteve o vizinho (PONTES DE MIRANDA, F. C. *Tratado de direito privado*, 4. ed. São Paulo, RT, 1977, t. XIII, § 1.547, p. 398).

O parágrafo único do art. 1.302 do CC alude à prerrogativa de o proprietário edificar ou levantar contramuro a qualquer tempo, ainda que tais obras vedem a claridade de aberturas e vãos abertos licitamente, com observância do que contém o art. 1.301 do CC. Isso porque se tais aberturas, de um lado, preservam a privacidade alheia, não podem criar ônus de não construir ao proprietário vizinho. Se tal faculdade persiste em face de abertura ou fresta lícita, com maior dose de razão se aplica a janelas, terraços ou varandas abertas de modo ilícito, com inobservância da distância legal de 1,5 metro da linha divisória. Posição diversa têm Washington de Barros Monteiro e Marco Aurélio Viana, para quem a inércia do lesado na defesa de seus direitos faz nascer ao infrator servidão de luz, de modo que o ofendido não mais poderá levantar construção em seu terreno que vede tais aberturas.

**Jurisprudência:** Direito de vizinhança. Ação demolitória. Decadência. Art. 1.302 do CC. Reparação civil. Prescrição. Art. 206, § 3º, V, do CC. Litigância má-fé. O direito potestativo do proprietário, de exigir o desfazimento de obra nociva em prédio vizinho, sujeita-se a prazo decadencial de ano e dia, contado da conclusão física da obra. Inteligência do art. 1.302 do CC. A pretensão de reparação civil prescreve em três anos, na forma do art. 206, § 3º, V, do CC. Para que se configure a litigância de má-fé é necessário que se demonstre conduta intencionalmente maliciosa da parte ou o manejo de lide temerária, bem como a existência de dano processual à parte adversa. (TJMG, Ap. Cível n. 10035120116005001, rel. Des. Estevão Lucchesi, j. 16.06.2016)

De acordo com a jurisprudência desta Corte, "não se opondo o proprietário, no prazo de ano e dia, à abertura de janela sobre seu prédio, ficará impossibilitado de exigir o desfazimento da obra, mas daí não resulta seja obrigado ao recuo de metro e meio ao edificar nos limites de sua propriedade" (REsp n. 229.164/MA, rel. Min. Eduardo Ribeiro, 3ª T., j. 14.10.1999, *DJ* 06.12.1999, p. 90). A expressão "em se tratando de vãos" (parágrafo único do art. 1.302 do CC/2002 equivalente ao § 2º do art. 573 do CC/1916) há de ser interpretada como ali subsumida a ventilação, ou areação, no mesmo nível da expressão "claridade", esta já compreendida explicitamente na locução "aberturas para luz". Agravo regimental a que se nega provimento. (STJ, Ag. Reg. no AI n. 686.902/MG, 3ª T., rel. Min. Vasco Della Giustina, j. 10.11.2009, *DJe* 16.12.2009)

Ação de nunciação de obra nova convertida em demolitória. Janelas abertas a menos de metro e meio da divisa dos terrenos. Sentença que reconhece a decadência do direito dos autores nos termos do art. 576 do CC. Decisão correta. Obra acabada. Desnecessidade do "habite-se" para comprovar a conclusão da obra. Prazo decadencial que se inicia da data da conclusão das obras, particularmente, que estão violando o direito de vizinhança, no caso da abertura das janelas obras destacáveis do todo da construção. Prazo de ano e dia não respeitado. Decisão mantida. Recurso de apelação desprovido. 1 – Se a obra se encontra materialmente acabada, há de ser considerada, ainda que lhe falte o "habite-se", obra concluída. 2 – Quer parecer-nos que a intenção do legislador foi referir-se, em particular, à obra que constitui violação ao direito do proprietário do prédio vizinho, e, portanto, a construção da janela, sacado, terraço ou goteira, e não à obra toda da construção do prédio. (TJPR, Ap. Cível n. 135.969-5, 7ª Câm. Cível, rel. Mario Rau, j. 28.04.2003)

Ação demolitória. Contra a construção do terraço a menos de metro e meio do terreno vizinho, cabia ação de nunciação de obra nova até o momento de sua conclusão, entendendo-se como tal aquela a que faltem apenas trabalhos secundários. Uma vez concluída a obra (faltava apenas a pintura), cabível a ação demolitória, com prazo decadencial de ano e dia, que se iniciou a partir da conclusão e não se interrompeu com a notificação administrativa (STJ, REsp n. 311.507/AL, rel. Min. Ruy Rosado de Aguiar, j. 11.09.2001). (*RT* 795/238)

Não se opondo o proprietário, no prazo de ano e dia, à abertura de janela sobre seu prédio, ficará impossibilitado de exigir o desfazimento da obra, mas daí não resulta em servidão. (STJ, REsp n. 37.897, 3ª T., rel. Min. Eduardo Ribeiro, j. 01.04.1997)

Escoado o prazo de ano e dia a que alude o art. 576 do CC, o proprietário do prédio vizinho ao que se construiu janela, sacada ou terraço sobre o seu não poderá exigir do dono deste que se desfaça; não nasce, porém, para este servidão de luz por usucapião a prazo reduzido, razão pela qual poderá aquele construir junto à divisa, nos termos do art. 573, § 2º, ainda que a construção vede a claridade (STF, Tribunal Pleno, RE n. 86.054, rel. Min. Moreira Alves, j. 05.05.1977). (*RTJ* 83/559)

Escoado o prazo de ano e dia, o proprietário de prédio vizinho àquele em que se construiu janela não poderá exigir do dono deste que a desfaça; não nasce, porém, servidão de luz por usucapião a prazo reduzido, razão por que aquele poderá construir junto à divisa, ainda que a construção vede a claridade. (*RJ* 160/96, rel. Des. Fernandes Filho)

Abertas janelas a menos de metro e meio do terreno vizinho e decorrido inutilmente o prazo do art. 576 do CC, opera-se a decadência da pretensão de desfazimento. Tal fato não gera, porém, servidão de luz a favor do dono das janelas, podendo o vizinho, a todo tempo, levantar sua casa ou muro, nos termos do art. 573, § 2º, ainda que a construção vede a claridade daquelas. (*RT* 693/118, rel. Des. Cezar Peluso; veja também *RT* 633/105)

---

**Art. 1.303. Na zona rural, não será permitido levantar edificações a menos de três metros do terreno vizinho.**

---

O artigo em exame corresponde ao art. 577 do CC revogado, com significativa alteração. A distância entre a edificação e a linha divisória, em imóvel situado na zona rural, não pode agora ser inferior a 3 metros, em vez de 1,5 metro, como previa a legislação revogada.

A regra é clara e dispensa maiores comentários. Lembre-se de que a lei fala em imóvel situado na zona rural e não em imóvel com destinação rural. O critério, portanto, é o de localização e não o de utilização. O termo "edificação" envolve qualquer construção, inclusive as de natureza tipicamente rural, como estrebarias, silos e assemelhados. Embora a lei não explicite, como se trata de interesse privado entre vizinhos, nada impede, na omissão de limitações administrativas, que o proprietário potencialmente lesado anua à construção sem o necessário recuo.

---

**Art. 1.304. Nas cidades, vilas e povoados cuja edificação estiver adstrita a alinhamento, o dono de um terreno pode nele edificar, madeirando na parede divisória do prédio contíguo, se ela suportar a nova construção; mas terá de embolsar ao vizinho metade do valor da parede e do chão correspondentes.**

---

O artigo em comento pouco alterou seu correspondente – art. 579 – do CC/1916. Apenas eliminou, corretamente, a expressão "imóvel vago", estendendo o preceito a imóveis que já tenham construções e sofram reformas, ou ampliações, encostando-as à parede de divisa.

Regula o artigo a utilização das paredes divisórias, que não se confundem com os muros divisórios. As paredes estão na linha de divisa, mas integram a estrutura do edifício. É o caso clássico das casas geminadas, com parede comum sobre ou rente à linha de divisa. Na lição de Hely Lopes Meirelles, o muro veda, a parede sustenta (*Direito de construir*, 4. ed. São Paulo, RT, 2004, p. 41).

O artigo regula ainda a servidão legal de "meter trave", expressão que engloba não somente madeirar como também furar ou fazer as obras necessárias para encostar e escorar a construção na parede já existente.

Do teor do artigo extraem-se os seguintes requisitos da servidão de meter trave: a) que os imóveis sejam contíguos; b) que os imóveis estejam localizados em zona urbana; c) que haja alinhamento obrigatório, ou necessidade de encostar a nova construção à parede, não havendo possibilidade de fazê-la à frente, ou atrás do terreno; d) que a parede preexistente aguente a nova construção, sem causar dano ao vizinho.

A restrição gera alguns efeitos jurídicos. O primeiro consiste no dever de indenizar o dono da parede por metade do valor da construção e do espaço do chão que ela ocupa. Em relação ao valor do chão, somente se aplica a norma se a parede estiver não sobre a linha de divisa, mas rente a ela, dentro da propriedade do vizinho que sofre a restrição. Além disso, todos os custos, inclusive de obras de reforço, bem como reposição da parede ao estado em que se encontrava, com obras de acabamento, cabem ao titular da servidão legal. De igual modo, ele suporta todos os riscos da construção e danos que porventura causar ao vizinho onerado, independentemente de culpa.

**Jurisprudência:** Apelação cível. Ação indenizatória. Travejamento de parede divisória. Reembolso previsto no art. 1.304, do CC. Impossibilidade. Alteamento. Desnecessidade de autorização do proprietário do imóvel lindeiro. O art. 1.304 do CC estabelece que, se a edificação estiver adstrita a alinhamento, o direito de madeirar na parede divisória do imóvel contíguo está condicionado ao pagamento de indenização ao proprietário, correspondente à metade do valor da parede e do chão. Por outro lado, de acordo com o art. 1.305, também do CC, o vizinho que edificar a parede divisória em primeiro lugar só fará jus à indenização quando tiver assentado a parede somente em seu terreno. O condômino de parede divisória pode alteá-la, observada a legislação pertinente, sem anuência do outro consorte ou até contra a vontade desse. (TJMG, Ap. Cível n. 10144160013682001, rel. Des. Roberto Vasconcellos, j. 21.02.2019)

**Art. 1.305. O confinante, que primeiro construir, pode assentar a parede divisória até meia espessura no terreno contíguo, sem perder por isso o direito a haver meio valor dela se o vizinho a travejar, caso em que o primeiro fixará a largura e a profundidade do alicerce.**

**Parágrafo único. Se a parede divisória pertencer a um dos vizinhos, e não tiver capacidade para ser travejada pelo outro, não poderá este fazer-lhe alicerce ao pé sem prestar caução àquele, pelo risco a que expõe a construção anterior.**

O artigo em exame reproduz o conteúdo do art. 580 do CC/1916, fazendo apenas alterações formais mínimas. Assegura o direito do vizinho que primeiro construir de assentar a metade da parede divisória no terreno contíguo, ficando a outra metade no próprio terreno.

Aquele que construiu a parede divisória faz jus à indenização por metade do valor da construção, caso o proprietário do prédio vizinho posteriormente a traveje, para escorar nova construção. A indenização, todavia, ao contrário do disposto no artigo anterior, abrange tão somente o valor da construção e não do chão em que ela se encontra, porque assentada sobre a linha de divisa.

O preceito assegura àquele que primeiro construiu a parede o direito de fixar suas características, em especial a espessura e profundidade do alicerce. O vizinho que posteriormente construir ou travejar deverá atentar para tais características, evitando obras ou alicerces que exponham a parede preexistente a riscos.

O preceito alcança apenas prédios urbanos porque, em relação aos rústicos, não se pode construir a menos de 1,5 metro da linha divisória.

**Jurisprudência:** Cabe pedido de indenização, conforme acordo judicialmente homologado, em caso de verificação que a obra realizada pelo autor permaneceu nos limites estabelecidos em sentença, sendo cediço que o confinante que primeiro construir pode assentar a parede divisória até meia espessura no terreno contíguo, inclusive fixando largura para o alicerce. Incidência do art. 580 do CCB. Apelo desprovido. Unânime. (TJRS, Ap. Cível n. 70.008.478.463, 18ª Câm. Cível, rel. Des. Mario Rocha Lopes Filho, j. 26.08.2004)

Ação demolitória. Parede divisória. Invasão inferior a 5 centímetros e já existente desde 1928. Improcedência. Descabe pedido de demolição por antiga invasão de 5 centímetros no terreno lindeiro, cediço que o confinante que primeiro construir pode assentar a parede divisória até meia espessura no terreno contíguo, inclusive fixando largura para o alicerce. Incidência do art. 580 do CCB. Apelo desprovido. (TJRS, Ap. Cível n. 70.002.203.263, 17ª Câm. Cível, rel. Des. Fernando Braf Henning Júnior, j. 12.06.2001)

**Art. 1.306. O condômino da parede-meia pode utilizá-la até ao meio da espessura, não pondo em risco a segurança ou a separação dos dois prédios, e avisando previamente o outro condômino das obras que ali tenciona fazer; não pode sem consentimento do outro, fazer, na parede-meia, armários, ou obras semelhantes, correspondendo a outras, da mesma natureza, já feitas do lado oposto.**

O artigo em exame reproduz integralmente o conteúdo do art. 581 do CC/1916, e disciplina a utilização da parede comum pelos vizinhos, que dela são condôminos.

A regra contida no período inicial assegura a utilização da parede comum de divisa pelos vizinhos condôminos até a metade de sua espessura. Foge, portanto, do regime do condomínio tradicional do CC, uma vez que, dada a natureza da coisa comum, o uso é exclusivo de parte certa – metade – da espessura da parede.

Está o uso exclusivo da metade, porém, subordinado ao pressuposto de não causar dano ou risco à segurança ou separação dos dois prédios, podendo o lesado, em tais casos, embargar a obra durante sua realização ou exigir que o vizinho a desfaça. Ressalte-se que o legislador destacou a preservação de uma das finalidades da parede, qual seja a de servir como divisa entre os dois imóveis contíguos.

A segunda parte do preceito diz que deve o vizinho ser previamente comunicado da utilização, ainda que lícita, da meia-parede. Não se exige o consenso, muito menos a anuência do vizinho, mas apenas a comunicação, para que este possa remover móveis e objetos apoiados à parede, bem como constatar o respeito às regras estabelecidas na primeira parte do artigo.

Finalmente, veda o artigo que o vizinho escave a parede para a instalação de armários ou equipamentos similares, como cofres, se já houver escavações semelhantes do lado oposto. Isso porque as duas escavações se encontrariam, comprometendo a finalidade de vedação da parede e inaugurando novo acesso aos prédios. Não persiste a vedação se o escopo da norma – preservação da divisa – não for afetado pela obra, ou seja, se inexistir escavações de ambos os lados da parede comum. Note-se que cai a vedação, mas não a comunicação prévia da obra ao outro vizinho.

**Art. 1.307. Qualquer dos confinantes pode altear a parede divisória, se necessário reconstruindo-a, para suportar o alteamento; arcará com todas as despesas, inclusive de conservação, ou com metade, se o vizinho adquirir meação também na parte aumentada.**

Consagra a regra de que "a parede divisória não está marcada pela imutabilidade" (FACHIN, Luiz Edson. *Comentários ao Código Civil,* coord. Antônio Junqueira de Azevedo. São Paulo, Saraiva, 2003, v. XV, p. 154). Pode qualquer dos confinantes alteá-la, ou seja, aumentá-la em sua altura, desde que assuma os custos e riscos decorrentes da obra.

Na expressão da lei, deverá o confinante adotar todas as providências para que o alteamento seja feito sem risco ou dano ao vizinho. Se for o caso, deverá reconstruir a parede ou, então, reforçar alicerces e estruturas para suportar a nova situação. A inobservância do preceito gera ao lesado o direito de embargar ou exigir o desfazimento da obra, sem prejuízo da composição de perdas e danos.

Não somente os riscos, mas também os custos, são de responsabilidade exclusiva do confinante que deseja alterar, por necessidade ou conveniência, a altura da parede divisória. Exceção a essa regra é o interesse do outro vizinho de se tornar condômino da parte acrescida, caso em que arcará com metade das despesas.

**Art. 1.308. Não é lícito encostar à parede divisória chaminés, fogões, fornos ou quaisquer aparelhos ou depósitos suscetíveis de produzir infiltrações ou interferências prejudiciais ao vizinho.**

**Parágrafo único. A disposição anterior não abrange as chaminés ordinárias e os fogões de cozinha.**

O artigo em exame corresponde ao que continha o art. 583 do CC/1916. Sua redação foi aperfeiçoada, eliminando, em parte, a referência exemplificativa a obras e equipamentos passíveis de causar imissões prejudiciais aos moradores do prédio vizinho.

Poderia o preceito referir apenas à vedação de se encostar à parede divisória qualquer equipamento ou depósito que cause interferências prejudiciais ao imóvel vizinho. A regra reconduz ao princípio geral consagrado no art. 1.277, já examinado.

Note-se que a atual redação não traça mais distinção entre paredes própria, comum ou alheia. A vedação se mantém em qualquer hipótese, desde que os equipamentos encostados à parede de divisa causem dano ao prédio vizinho. O que se preserva são os valores já referidos no art. 1.277, ou seja, a segurança, o sossego e a saúde contra atividades anormais do vizinho. Toma a lei como anormal a conduta de encostar fornos, fogões ou depósitos capazes de levar imissões danosas ao prédio contíguo. Não persistirá a vedação, todavia, se aquele que constrói reverter a presunção que contra si milita, demonstrando que os valores tutelados pela lei se encontram resguardados e que as construções e os equipamentos, apesar de encostados à parede divisória, não trazem prejuízo ou risco ao confinante.

O parágrafo ressalva que as chaminés ordinárias e os fogões de cozinha podem ser encostados à parede divisória, porque consistem em uso normal da propriedade. Aqui a presunção se inverte, presumindo-se lícito o comportamento do construtor. Evidente, porém, que tal conduta deverá ser cercada de cautelas e obras necessárias para reduzir ao mínimo as interferências ao prédio vizinho.

Tem o lesado direito de embargar a obra durante a construção ou, após seu término, exigir seu desfazimento, sem prejuízo da composição de perdas e danos.

**Jurisprudência:** Apelações. Ação cominatória c/c indenizatória por dano moral. Direito de vizinhança. Chaminé em muro divisório. Insurgência das partes contra a r. sentença que julgou parcialmente procedentes os pedidos do autor e condenou o réu a inutilizar a chaminé de sua churrasqueira, ou a promover a sua adequação, bem como a indenizar o autor em R$ 5.000,00 pelo dano moral causado. Recurso do réu. Pretensão de reconhecimento da nulidade da r. sentença por alegado cerceamento de defesa. Não configuração. Julgamento no estado que era medida de rigor. Desnecessidade de prova oral, pericial ou documental. Incontrovérsia do posicionamento da saída de gases e da consequente invasão da fumaça no imóvel vizinho. Recurso do autor. Pretensão de majoração do *quantum* indenizatório, de concessão da justiça gratuita e da revogação da multa processual imposta por litigância de má-fé. Impossibilidade. Indenização fixada a título de dano moral pelo MM. Juiz *a quo* que é suficiente para compor a demanda, nos moldes em que proposta. Não comprovação de que a fumaça e a gordura, apesar de inegavelmente incômodas, tenham causado prejuízos à saúde dos residentes. Indeferimento da justiça gratuita requerida em sede recursal. Documentos que não comprovam o alegado desemprego e a total falta de renda como afirmado. Comprovação de que o requerente é, em verdade, advogado em situação regular na OAB. Litigância de má-fé caracterizada. Multa processual aplicada em patamar adequado. Sentença mantida. Recursos desprovidos. (TJSP, Ap. Cível n. 1002696-34.2020.8.26.0020, 28ª Câm. de Dir. Priv., rel. Dimas Rubens Fonseca, j. 31.01.2024, publ. 31.01.2024)

É passível de indenização por dano moral a conduta ilícita dos vizinhos de prédio urbano, que, empreendendo reforma no sistema de esgoto e escoamento de água pluvial de suas residências, causam sobrecarga de líquidos no respectivo reservatório séptico ao ponto de provocar, por mais de cinquenta dias, infiltração de água poluída e outros dejetos no interior do imóvel contíguo dos autores. (TJSC, Ap. Cível n. 2011.072798-0, rel. Des. Eládio Torret Rocha, j. 21.03.2012)

Tendo o condomínio demandado realizado obra onde feito aterro adicional em altura superior à anteriormente existente e daí decorrendo problemas de infiltração no prédio vizinho, deve responder pelos danos causados, bem assim realizar as obras necessárias à solução do problema verificado. Havendo, contudo, concorrente defeito de impermeabilização no prédio da autora, a reparação dos danos deve estar limitada à metade dos valores orçados, assim como deve a parte demandante promover as obras relativas à impermeabilização da parede do prédio onde reside. Recurso parcialmente provido. (TJRS, Ap. Cível n. 71.000.484.030, 1ª T., JEC, rel. Juiz Clóvis Moacyr Mattana Ramos, j. 13.05.2004)

**Art. 1.309. São proibidas construções capazes de poluir, ou inutilizar, para uso ordinário, a água do poço, ou nascente alheia, a elas preexistentes.**

O artigo em exame corresponde ao que continha o art. 584 do CC/1916, apenas substituindo o termo "fonte" por nascente, sem alterar, porém, o conteúdo do preceito.

O alcance do artigo é amplo, abrangendo todo e qualquer tipo de construção e não apenas em prédios contíguos, mas também em prédios vizinhos, entendidos como aqueles de onde pode provir a causa da poluição de água alheia.

A expressão "uso ordinário" também é larga, incluindo todas as hipóteses de utilização da água pelo vizinho lesado, tanto para fins pessoais como industriais ou rurais.

Restringe a lei a incidência da norma às nascentes e aos poços preexistentes à construção. Dizendo de outro modo, o construtor não pode ser responsabilizado por eventual interferência em posteriores poços ou outras formas de captação de águas dos vizinhos.

A norma em estudo deve se adequar ao disposto no artigo da CF, que elege o meio ambiente saudável, aí incluída a água não poluída, como direito social fundamental.

**Art. 1.310. Não é permitido fazer escavações ou quaisquer obras que tirem ao poço ou à nascente de outrem a água indispensável às suas necessidades normais.**

O artigo em estudo corresponde ao art. 585 do CC/1916. Também o art. 96 do Código de Águas (Decreto n. 24.643/34) continha disposição semelhante. Sofreu o preceito, porém, notável alteração em seu conteúdo, como a seguir se verá.

Disciplina o artigo a utilização das águas do subsolo, abaixo da superfície do prédio. Vedam-se escavações em sentido amplo, de perfurações a alicerces, se tais obras implicarem tirar do poço ou nascente alheia a água indispensável às necessidades normais dos vizinhos. O CC/2002 acrescentou o adjetivo "normais" às necessidades, significando que se admite em razão de obras a diminuição do aproveitamento ou vazão do poço ou nascente, desde que preservado volume indispensável às necessidades ordinárias.

Não mais persiste a previsão do art. 585 do antigo CC de que a restrição somente alcança as escavações mais profundas que a nascente ou poço, em relação ao nível do lençol d'água. Todas as escavações, portanto, estão sujeitas às limitações do preceito.

**Art. 1.311. Não é permitida a execução de qualquer obra ou serviço suscetível de provocar desmoronamento ou deslocação de terra, ou que comprometa a segurança do prédio vizinho, senão após haverem sido feitas as obras acautelatórias.**

**Parágrafo único. O proprietário do prédio vizinho tem direito a ressarcimento pelos prejuízos que sofrer, não obstante haverem sido realizadas as obras acautelatórias.**

O artigo em estudo não tem correspondente no CC/1916 e preencheu importante lacuna, atendendo a frequentes situações das obras e construções de grande porte e as interferências que provocam nos prédios vizinhos.

O texto da lei confere exatas balizas às restrições legais que se impõem ao construtor. O valor tutelado pela lei é a segurança do prédio vizinho, em sentido amplo, com especial destaque, em caráter exemplificativo, para o desmoronamento e o deslocamento de terras. Alcança também trepidações que provoquem rachaduras, escavações ou aterros, que de algum modo afetem a estabilidade e a solidez das construções próximas. Como ensina Marco Aurélio S. Viana, "aqui entram todos os trabalhos que danifiquem a estrutura do prédio, abalo no solo, infiltrações, envolvam explosões violentas, trepidações perigosas, tido, enfim, que possa fisicamente o prédio, ou seus moradores. A tutela é ampla" (VIANA, Marco Aurélio S. In: *Comentários ao Código Civil*, coord. Sálvio de Figueiredo Teixeira. Rio de Janeiro, Forense, 2003, v. XVI, p. 316). O conceito de segurança vai além do risco de ruína do prédio vizinho, abrangendo, também, sua habitabilidade, como infiltrações e rachaduras. De outro lado, não se tutelam, aqui, interesses diversos, como o direito à vista, à insolação ou ao sossego, perdidos ou diminuídos em razão da nova construção.

Note-se que não se limita o preceito a prédios confinantes, mas sim a vizinhos, vale dizer, até onde se propagam as interferências lesivas de um imóvel sobre outro.

Não exige o artigo que o dano se consume, mas, em vez disso, subordina o início de construções potencialmente perigosas à prévia realização de obras acautelatórias, sem o que pode o vizinho em risco embargá-la. Caso o risco se consuma e se converta em dano, independentemente da realização de medidas preventivas por parte do construtor, nasce o dever de indenizar, independentemente de culpa, bastando ao lesado demonstrar o nexo entre a construção e o dano.

**Jurisprudência:** A responsabilidade do dono do imóvel onde foram feitas obras é objetiva e decorre do mau uso da propriedade. Ainda que se trate de ato excessivo e não abusivo, isto é, com finalidade legítima, se causar dano ao prédio vizinho surge a obrigação de indenizar independentemente de culpa (I TACSP, rel. Juiz Roberto Bedaque). (*RT* 705/132)

**Art. 1.312. Todo aquele que violar as proibições estabelecidas nesta Seção é obrigado a demolir as construções feitas, respondendo por perdas e danos.**

O artigo em exame corresponde ao art. 586 do CC/1916. Recebeu, porém, maior alcance, abrangendo toda a seção que regula o direito de construir.

No dizer de Edson Luiz Fachin, o artigo traça "a imposição do dever de desfazer o que não podia ser feito, mais reparar perdas e danos que sofrer o vizinho" (*Comentários ao CPC*, coord. Antônio Junqueira de Azevedo. São Paulo, Saraiva, 2003, v. XV, p. 161). Claro está que, em determinados casos (art. 1.302 do CC), a pretensão está sujeita a prazo decadencial, após o que se admite apenas que se erga contramuro.

A obrigação de fazer – demolir – é *propter rem*, de modo que abrange não somente aqueles que pessoalmente violarem proibições do direito de construir como também os que adquirirem o imóvel em situação irregular. Ao lado da tutela específica, regulada na esfera processual pelo art. 461 do CPC/73 (arts. 139, IV, 497 a 500, 536, § 1º, e 537 do CPC/2015), admite-se formulação de pedido cominatório ou a cumulação com perdas e danos. A responsabilidade é objetiva, ou seja, independe de culpa do construtor. Isso, porém, não exime o vizinho prejudicado de demonstrar o prejuízo que lhe causa a construção, assim como o nexo causal.

Como alerta Fachin, nem sempre a demolição será a solução mais adequada para a composição de interesses no caso concreto. A utilização de outros meios que levem à restituição do equilíbrio rompido pela obra irregular sem demolição é possível, desde que traduzam o mesmo resultado ao lesado (op. cit., p. 161).

Por uma simples razão não se aplicam aqui as regras relativas à indenização do possuidor e do construtor de boa-fé por certas categorias de benfeitorias e acessões feitas em prédio alheio: as construções no artigo em comento foram feitas em prédio próprio, apenas em desrespeito às limitações do direito de vizinhança, de modo que em nada acrescerão ao patrimônio do vizinho lesado que justifique o pagamento das obras.

**Jurisprudência:** O pedido formulado em ação demolitória contém em si a postulação da modificação parcial da obra irregular, não incorrendo em julgamento *extra petita* o julgado que determina apenas a realização de reparos para eliminar o que contravenha as normas que regulam as relações de vizinhança. (STJ, REsp n. 524.963/MG, rel. Min. Cesar Asfor Rocha, j. 02.09.2003)

Como já decidiu esta 3ª Turma, o "direito à indenização pelos danos causados a um prédio subsiste ainda que o proprietário transmita o respectivo domínio a terceiro – conclusão que se justifica, tenham os danos sido reparados, ou não", e, ainda, que se o prédio "for alienado sem a reparação dos danos, o respectivo preço será evidentemente depreciado, com a consequência de que o proprietário receberá por ele menos do que obteria se estivesse em bom estado; se, ao contrário, for vendido depois da reparação dos danos, o preço, para o proprietário, será o montante recebido menos o que gastou para repor o imóvel ao *status quo ante*". (STJ,

REsp n. 97.548/SP, rel. Min. Ari Pargendler, j. 10.04.2000, *DJ* 08.05.2000)

Se a irregularidade da obra é prejudicial ao vizinho ao devassá-la lateralmente, desnecessária é a sua demolição se o fechamento integral da lateral elimina o problema. (*JTAC-Lex* 181/377)

---

**Art. 1.313. O proprietário ou ocupante do imóvel é obrigado a tolerar que o vizinho entre no prédio, mediante prévio aviso, para:**

**I – dele temporariamente usar, quando indispensável à reparação, construção, reconstrução ou limpeza de sua casa ou do muro divisório;**

**II – apoderar-se de coisas suas, inclusive animais que aí se encontrem casualmente.**

**§ 1º O disposto neste artigo aplica-se aos casos de limpeza ou reparação de esgotos, goteiras, aparelhos higiênicos, poços e nascentes e ao aparo de cerca viva.**

**§ 2º Na hipótese do inciso II, uma vez entregues as coisas buscadas pelo vizinho, poderá ser impedida a sua entrada no imóvel.**

**§ 3º Se do exercício do direito assegurado neste artigo provier dano, terá o prejudicado direito a ressarcimento.**

---

O artigo em estudo corresponde ao art. 587 do CC/1916. A redação foi aperfeiçoada, separando as diversas hipóteses contempladas na lei em incisos distintos. Além disso, criou-se nova possibilidade de ingresso no imóvel vizinho para buscar coisas, inclusive animais, que lá se encontrem.

O preceito foi corretamente estendido ao possuidor, a qualquer título, ainda que não seja proprietário. Também o detentor, que representa terceiro na posse, está adstrito a tolerar o ingresso do vizinho no prédio nas hipóteses contempladas no artigo em exame. Fala a lei em "vizinho", mas é óbvio que o termo também abrange seus empregados e prepostos, que irão realizar a construção ou a reparação, assim como os materiais a elas necessários.

A regra se aplica e tem especial utilidade no condomínio edilício para ingresso em unidade autônoma de onde provêm vazamentos ou infiltrações. Embora o capítulo específico não tenha previsão expressa, parece claro que a expressão "imóveis vizinhos" alcança o regime jurídico do condomínio especial.

A restrição, o dever de tolerar, tem fundamento na solidariedade e na função social da propriedade. Não seria razoável que vizinho deixasse de construir ou de reparar seu imóvel apenas porque não pode ingressar em prédio alheio. A ponderação entre os valores em jogo justifica a restrição temporária para permitir a exploração e a utilização da propriedade imobiliária.

Note-se que a restrição é sempre temporária e perdura somente enquanto estritamente necessária para a realização das obras ou reparos. Cessada a causa prevista em lei, nasce automaticamente o dever de se retirar do imóvel alheio e a permanência configura turbação ou esbulho. Além disso, deve o vizinho beneficiário agir de molde a provocar mínimo incômodo ao vizinho onerado.

Exige a lei que o ingresso se dê mediante prévio aviso. Há comunicação, não consenso. Em termos diversos, não se exige a anuência do vizinho onerado, mas apenas sua prévia ciência, para que possa preparar-se e tomar as providências necessárias a seu alcance para evitar eventuais danos. Tomem-se como exemplo a remoção de veículos ou a proteção de móveis e utensílios que se encontrem na proximidade da divisa onde será feita a obra. A negativa injustificada abre ao vizinho prejudicado o direito de reclamar o acesso forçado judicialmente, não se admitindo, todavia, a autotutela, porque diverso é o caso em relação àquele previsto no § 1º do art. 1.210 do CC. Comporta o caso tutela específica, com as providências alvitradas no art. 461 do CPC/73 (arts. 139, IV, 497 a 500, 536, § 1º, e 537 do CPC/2015), sem prejuízo de postulação de perdas e danos ou fixação de multa diária em razão da renitência do vizinho em obedecer a restrição que lhe impõe a lei.

Os dois incisos do artigo em comento explicitam os casos em que se permite o ingresso no imóvel vizinho: a) para reparação, reconstrução ou limpeza de sua casa ou muro divisório, aí incluídos os casos de limpeza e reparação de esgotos, goteiras, aparelho higiênico, poços, nascentes e aparo de cerca viva; b) apoderar-se de coisas, inclusive animais, que se encontrem casualmente em prédio alheio, desde que o vizinho não se disponha a buscá-los e entregá-los ao dono.

Menciona a lei, é certo, que o ingresso somente se admite quando indispensável para a realização das obras ou reparos. A melhor leitura que se faz do termo "indispensável" é semelhante à que se fez da passagem forçada de imóvel encravado. O sacrifício pouco razoável, a excessiva oneração para que as obras ou reparos se façam por local diverso justificam o acesso compulsório a prédio alheio, em homenagem à ponderação dos valores em jogo e da função social da propriedade.

Finalmente, o § 3º dispõe que a contrapartida ao direito de ingressar do imóvel vizinho é a obrigação de reparar eventuais danos a ele causados. Mais uma vez, a responsabilidade é objetiva e os riscos são deslocados para o beneficiário, de modo que não se cogita de conduta culposa. O vizinho lesado prova apenas a ação, o dano e o nexo causal.

**Jurisprudência:** Condomínio. Ação de obrigação de fazer. Sentença de procedência. Apelo do réu. Recusa de acesso à unidade do réu, requerido pelo condomínio autor, para ser possível a realização de reparos urgentes na fachada do edifício. Ilegitimidade passiva não verificada. Réu que figurou no compromisso de aquisição da unidade como compromissário comprador, apesar de não ter sido incluído seu nome na matrícula. Mérito. Prevalência do interesse da totalidade dos condôminos sobre o interesse particular do réu. Arts. 1.313, I, e 1.336, IV, ambos do CC. Jurisprudência do TJSP. Inexequibilidade da decisão não constatada. Sentença mantida. Apelo desprovido. (TJSP, AC n. 10028879720238260562/ Santos, 29ª Câm. de Dir. Priv., rel. Mário Daccache, j. 31.10.2023, publ. 31.10.2023)

Cautelar. Permissão de uso temporário de imóvel. Construção. Resistência. Imóvel vizinho. O proprietário ou ocupante é obrigado a tolerar que vizinho use temporariamente seu imóvel quando indispensável a construção de muro divisório. Art. 1.313, I, CC. Caso concreto em que se evidencia a necessidade do uso no imóvel vizinho e a resistência do ocupante. Cautelar satisfativa. Procedência da ação. Negaram provimento. (TJRS, Ap. Cível n. 70.035.029.198, 19ª Câm. Cível, rel. Carlos Rafael dos Santos Júnior, j. 06.04.2010)

*Astreinte*. Cabível é sua imposição para compelir o vizinho renitente a tolerar a entrada em seu terreno do construtor de muro divisório, na medida em que essa providência seja estritamente necessária à realização da obra. Assistência judiciária. Não cabe sua revogação sem prova séria de ausência dos correspondentes requisitos de concessão. Apelação provida em parte. (TJRS, Ap. Cível n. 587.034.984, 6ª Câm. Cível, rel. Adroaldo Furtado Fabrício, j. 01.09.1987)

## CAPÍTULO VI
## DO CONDOMÍNIO GERAL

### *Seção I*
### *Do Condomínio Voluntário*

#### Subseção I
#### Dos Direitos e Deveres dos Condôminos

**Art. 1.314. Cada condômino pode usar da coisa conforme sua destinação, sobre ela exercer todos os direitos compatíveis com a indivisão, reivindicá-la de terceiro, defender a sua posse e alhear a respectiva parte ideal, ou gravá-la.**

**Parágrafo único. Nenhum dos condôminos pode alterar a destinação da coisa comum, nem dar posse, uso ou gozo dela a estranhos, sem o consenso dos outros.**

**Definição:** O artigo em estudo, que inaugura o capítulo do condomínio, disciplina em sua cabeça os direitos dos condôminos e, em seu parágrafo único, um de seus deveres. Os arts. 623 e 624 do CC/1916 foram condensados, embora tenha sido mantida a sua substância.

Na lição de Caio Mário da Silva Pereira, "dá-se o condomínio quando a mesma coisa pertence a mais de uma pessoa, cabendo a cada uma delas igual direito, idealmente, sobre o todo e cada uma de suas partes" (*Instituições de direito civil,* 18. ed. Rio de Janeiro, Forense, 2002, v. IV, p. 175).

Duas são as características básicas do condomínio. A primeira é a cotitularidade dominial sobre uma mesma coisa. A segunda é o regime jurídico de cotas ou partes ideais sobre a coisa, cabendo a cada condômino uma fração ou percentagem sobre o todo, sem que o direito incida sobre uma parte fisicamente determinada. Os direitos dos condôminos, assim, são qualitativamente iguais, porque incidem em partes ideais sobre a totalidade da coisa, embora possam ser quantitativamente distintos, proporcionais à força de seus quinhões.

**Classificação:** Comporta o condomínio algumas classificações. Quanto à origem, pode ser convencional (ou voluntário) quando se assenta no contrato. É incidente (ou eventual) quando nasce de um fato jurídico, como a sucessão hereditária, sem a manifestação de vontade dos condôminos. Pode ser legal (ou forçado) quando provém da lei, como os muros de divisa. Quanto à forma, ou modo de ser, pode o condomínio ser *pro diviso* ou *pro indiviso*. Será *pro diviso* quando "a comunhão existe de direito, mas não de fato, uma vez que cada condômino já se localiza numa parte certa e determinada da coisa" (MONTEIRO, Washington de Barros. *Curso de direito civil,* 37. ed. São Paulo, Saraiva, 2003, v. III, p. 206). Será *pro indiviso* quando a situação de condomínio coincidir com a composse, ou seja, a situação jurídica e a fática são de partes ideais, sem localização da posse dos condôminos. O condomínio *pro diviso* poderá gerar usucapião entre condôminos, desde que a posse seja inequívoca, tema já visto no comentário ao art. 1.238, ao qual se remete o leitor.

Distingue-se o condomínio da comunhão em sentido estrito, porque nesta "a titularidade se exerce por todos os coproprietários, ao mesmo tempo, sobre a totalidade da coisa, sem que, *a priori*, seja cogitada uma fração ideal. Somente quando da dissolução da comunhão pode ser apurada a parte cabível a cada coproprietário" (FACHIN, Luiz Edson. *Comentários ao Código Civil.* São Paulo, Saraiva, 2003, v. XV, p. 170). Assim, a comunhão envolve um patrimônio, um conjunto de bens, em que não há cotas autônomas, passíveis de alienação em separado. Os comunheiros não podem dispor de sua parte nem onerá-la enquanto não se dissolver a comunhão. Tome-se como exemplo a comunhão decorrente do regime de bens do casamento e lembre-se que o capítulo em foco disciplina somente o condomínio.

**Direitos dos condôminos:** A propriedade enfeixa quatro poderes básicos sobre a coisa, como se extrai do art. 1.228 do CC: usar, fruir, dispor e reivindicar a coisa em poder de quem injustamente a detenha ou possua. As mesmas prerrogativas têm os condôminos, mas afinadas e limitadas, em decorrência da situação de copropriedade.

O primeiro dos direitos é usar a coisa, conforme a sua destinação. Eliminou a lei a expressão "livremente", explicitando que o uso se faz de acordo com a destinação do objeto. Essa destinação pode ser tanto convencional, deliberada pela votação da maioria absoluta dos quinhões, como natural, determinada pela natureza da coisa comum. Assim, se a maioria delibera que um imóvel será locado para fins comerciais, não pode um condômino nele residir, gratuita ou onerosamente. Além da obediência à destinação, deve o condômino usar a coisa comum de modo a não excluir igual direito dos demais comunheiros, ou seja, deve esse direito ser compatível com o estado de indivisão. Caso utilize com exclusividade a coisa, em detrimento dos demais condôminos, podem estes exigir o pagamento de indenização em valor correspondente ao uso de suas cotas-partes, para evitar o enriquecimento sem causa. Embora não explicite a lei tal situação, é admitida de longa data pela doutrina e jurisprudência (CARVALHO SANTOS, J. M. *Código Civil brasileiro interpretado.* Rio de Janeiro, Freitas Bastos, 1943, v. VIII, p. 307; MONTEIRO, Washington de Barros. Op. cit., p. 208; *JTJ* 122/87 e 206/27). Parte da jurisprudência denomina aludida indenização de aluguel, embora não seja a relação jurídica regida pela Lei do Inquilinato, diante da ausência de negócio jurídico entre as partes. O STJ assentou que especialmente nas relações entre ex-cônjuges, nas quais um deles ocupa com exclusividade imóvel comum, o termo inicial da indenização é a data da notificação ou citação, pois no período anterior existe comodato tácito entre as partes. Tal entendimento, porém, não se estende aos demais casos de uso exclusivo da coisa comum, pois não se presume o negócio benéfico de comodato e o uso gratuito da coisa geraria enriquecimento sem causa de um condômino em relação aos demais, de modo que a indenização deve incidir desde a data da ocupação, com prescrição ordinária. Remete-se o leitor ao comentário e à jurisprudência do art. 1.319, à frente, no qual a questão será analisada com maior profundidade.

Correlato ao direito acima referido é o dever do condômino de não alterar a destinação da coisa comum, nem dar a sua posse, uso ou gozo a terceiros, sem o consenso dos demais coproprietários. O consentimento não exige forma sacramental e pode ser demonstrado por todos os meios de prova. É natural que, se o condômino não pode usar com exclusividade a coisa, também não pode ceder inteiramente o seu uso ou posse a terceiros. Claro que pode locar ou dar em comodato parte ideal, desde que não altere a destinação deliberada pela maioria.

O segundo dos direitos é perceber os frutos líquidos da coisa comum, em montante proporcional ao seu quinhão, se disposição diversa não foi ajustada entre os coproprietários.

O terceiro dos direitos é dispor ou, na dicção da lei, "alhear a respectiva parte ideal, ou gravá-la". A alienação ou oneração da parte ideal independe do consentimento dos demais condôminos. A alienação do todo por um dos condôminos é ineficaz quanto aos demais que não consentiram. Questão frequente é a alienação pelo condômino de parte localizada no prédio maior, descrevendo-a como coisa certa e determinada. A alienação é ineficaz diante dos demais condôminos que a ela não anuíram e somente prevalecerá se em eventual ação divisória o quinhão certo for atribuído ao condômino alienante.

O CC/1916, embora admitisse a livre alienação, de modo contraditório exigia a anuência dos demais condôminos para a hipoteca da parte ideal. Tal regra não mais prevalece, diante do disposto no art. 1.420, § 2º, adiante comentado, podendo a parte ideal ser livremente hipotecada. A venda de parte ideal de coisa indivisível deve respeitar a preferência assegurada aos demais condôminos, de acordo com o que dispõe o art. 504 do CC. A venda é válida, mas ineficaz quanto ao condômino preterido, que pode, no prazo decadencial de seis meses contados do registro ou da ciência do negócio, o que primeiro ocorrer, depositar judicialmente o preço e haver a coisa para si. O STJ, em suas Turmas, mantém posicionamentos conflitantes sobre o tema. Há julgados no sentido de que a preferência do condômino somente incide quando a coisa objeto do condomínio é indivisível. Existe posicionamento diverso, de que também há preferência quando a coisa é divisível, mas o condomínio é pró-indiviso. Embora a primeira corrente se atenha ao texto da lei, sem dúvida a segunda corrente tem a vantagem de evitar o ingresso de estranho à situação de condomínio indiviso, sempre conflituosa. Há entendimento tranquilo no sentido da inexistência de preferência se a venda da parte ideal é feita para outro condômino, ou seja, se não há o ingresso de um terceiro estranho ao condomínio.

Também é livre a constituição pelo condômino de direitos reais sobre coisa alheia, como o usufruto, o uso e a superfície, gravando a sua parte ideal. Exceção a tal regra é a constituição do direito real de servidão, que deve ser consentida pela unanimidade dos coproprietários do prédio serviente, em razão de sua indivisibilidade e da impossibilidade de gravar apenas parte ideal do prédio. Nos casos dos direitos que importem a cessão da posse direta, tais como usufruto, uso, habitação e superfície, parece claro que o titular de direito real sobre coisa alheia não poderá ter mais direitos do que tinha o condômino, de modo que terão apenas composse sobre a coisa comum, sem direito ao uso exclusivo ou localizado, salvo concordância dos demais condôminos.

Finalmente, o último dos direitos do condômino é reivindicar a coisa comum de terceiros. Decorre do direito de sequela, de perseguir a coisa em poder de quem injustamente se encontra. Em relação a terceiros, o condômino age como se fosse proprietário pleno. Pode ajuizar ações petitórias em geral contra terceiros, tanto reivindicatória como imissão de posse ou publicianas, todas fundadas no *ius possidendi*, independentemente da anuência dos demais coproprietários. O pedido não se limita à devolução da parte ideal do autor da demanda, mas da coisa por inteiro, em benefício próprio e dos demais condôminos.

A lei destaca a prerrogativa de o condômino reivindicar, mas de terceiro. Segundo doutrina tradicional, não cabe a reivindicatória contra outro condômino, por razão singela. É a reivindicatória ação do proprietário sem posse diante de possuidor sem propriedade e no condomínio autor e réu são donos, com poderes qualitativamente iguais (MAXIMILIANO, Carlos. *Condomínio.* Rio de Janeiro, Freitas Bastos, 1947, p. 33). O STJ, porém, já admitiu a reivindicatória de um condômino contra outro, desde que o condomínio seja *pro diviso*. Parece melhor tal posição, uma vez que em situações diversas poderá ocorrer de o condômino, ou adquirente de parte ideal, embora localizada no solo, não ter posse anterior para fundamentar ação possessória, mas pleitear que o outro coproprietário que tomou posse exclusiva sobre a totalidade da coisa comum, ou indevidamente se apoderou de quinhão localizado do alienante, restitua-a em proveito de todos os titulares, ou de um deles.

Também pode o condômino defender a posse contra-ataques ilícitos de terceiros ou mesmo de outros coproprietários. A tutela possessória é exercida individualmente, sem necessitar da anuência dos demais coproprietários, e a todos aproveita, porque o terceiro esbulhador deve restituir a coisa na sua totalidade e não somente a parte ideal do condômino autor da demanda. Note-se que a lei não limita a tutela possessória do condômino apenas contra terceiros. A limitação, como visto no parágrafo anterior, se circunscreve à reivindicatória de condômino contra condômino. Disso decorre que um condômino, desde que tenha posse anterior, pode invocar a tutela possessória – e a autotutela – contra outro comunheiro, com o objetivo de limitar sua conduta, permitindo a utilização da coisa comum por toda a comunidade de coproprietários. Cabem as ações possessórias típicas (reintegração, manutenção e interdito proibitório) assim como a nunciação de obra nova e os embargos de terceiro. Cabe a cada condômino, isoladamente, o direito de defender a coisa comum perante afrontas de proprietários de prédios vizinhos às restrições do capítulo do direito de vizinhança, anteriormente estudado.

**Jurisprudência:** Enunciado n. 623, CEJ: Ainda que sejam muitos os condôminos, não há direito de preferência na venda da fração de um bem entre dois coproprietários, pois a regra prevista no art. 504, parágrafo único, do CC, visa somente a resolver eventual concorrência entre condôminos na alienação da fração a estranhos ao condomínio.

A ação reivindicatória é o meio que tem o proprietário para reaver o bem de quem injustamente o detém, tendo como requisitos específicos a prova do domínio da coisa reivindicanda, sua individualização e a comprovação da posse injusta. Condição de herdeiro do réu, reconhecida posteriormente à partilha nos autos do inventário, em sentença confirmada em 2º grau. Pretensão de que desocupe o imóvel comum. Impossibilidade. Conforme preconiza o art. 1.314 do CC, pode o condômino reivindicar a coisa de terceiro, mas não de outro condômino. Recurso provido. (TJSP, Ap. Cível n. 1006973-39.2015.8.26.0224, rel. Alcides Leopoldo, j. 19.02.2019)

Desnecessidade da inclusão do ex-companheiro da autora, coproprietário do imóvel objeto da ação, no polo ativo da demanda. O art. 1.314, CC, autoriza a cada condômino a defesa da posse do bem comum. O fato de a autora ser proprietária de apenas 50% não impede a defesa da posse do imóvel em sua integralidade. Além disso, no caso em tela, não se pode exigir a presença como litisconsorte ativo do ex-companheiro da autora, por não se tratar de litisconsórcio necessário. Garantia constitucional de acesso à justiça. (TJSP, AC n.

0005179-61.2013.8.26.0000, rel. Des. Sérgio Shimura, j. 29.05.2013)

Na hipótese de o bem se encontrar em estado de indivisão, seja ele divisível ou indivisível, o condômino que desejar alienar sua fração ideal do condomínio deve obrigatoriamente notificar os demais condôminos para que possam exercer o direito de preferência na aquisição, nos termos do art. 1.139 do CC/1916. (STJ, REsp n. 489.860/SP, rel. Min. Nancy Andrighi, j. 27.10.2004)

Ação declaratória. Instituição de servidão de passagem. Improcedência. Pretensão de estabelecer-se a servidão de passagem sobre imóvel em condomínio por partes ideais. Direito real só passível de implantação em imóveis diversos. Encravamento dependente de subdivisão não ocorrida. Ato voluntário do doador levaria ao confinamento do imóvel, se viesse a ocorrer a subdivisão anunciada em contrato de compra e venda. Improvido recurso de apelação dos autores. Sentença integralmente confirmada. (TJPR, Ap. Cível n. 110.826-9, 6ª Câm. Cível, rel. Ramos Braga, j. 20.02.2002)

Civil. Condomínio. Direito de preferência. A regra do art. 1.139 do CC tem aplicação restrita às coisas indivisíveis, não sendo por ela abrangidas as simplesmente indivisas. (STJ, REsp n. 109.787/MG, rel. Min. Waldemar Zveiter, j. 17.08.1999)

O condomínio *pro diviso* pressupõe posse exclusiva dos condôminos sobre área certa e determinada, em que cada possuidor exerce, nos limites da posse, um poder jurídico absoluto com a exclusão dos demais, auferindo os frutos e a renda produzida pela respectiva área possuída, podendo fazer inovações e benfeitorias na área, inclusive instituindo servidões em benefício de outros prédios. Os condôminos réus, e o usufrutuário da respectiva área destes, na área da qual têm posse exclusiva construíram uma estrada que, embora venha a constituir uma servidão em benefício de outros prédios, representa uma comodidade para o escoamento da produção, se afeta a área de posse do autor, que se localiza muito distante dali. Desse modo, não tem o autor interesse processual para obstar a construção dessa. Recurso desprovido. (TJSP, Ap. Cível n. 37.016-4, rel. Ruiter Oliva, j. 09.03.1999)

Ação reivindicatória. Um condômino contra o outro. Cabimento, pelas peculiaridades da espécie. O cabimento ou não da ação reivindicatória de um condômino contra o outro não pode resultar de dogma inflexível, mas será dependente do exame das circunstâncias de cada caso. Hipótese em que se registrou que a parte da área reivindicada já está determinada e que os réus não possuem dúvidas quanto à área pretendida; que o limite a ser fixado exige apenas o traçado de uma linha divisória; e que a posse dos réus é injusta, tudo conduzindo para ter, pelas peculiaridades da espécie, por admissível a ação reivindicatória proposta (STJ, REsp n. 134.814/RS, 4ª T., rel. Min. Cesar Asfor Rocha, j. 29.10.1998). (*RSTJ* 120/348)

I – O art. 1.139 do CC incumbe o condômino que deseja alhear seu quinhão do imóvel indiviso de promover a comunicação prévia aos demais, sem determinar o prazo que lhes deve ser concedido para o exercício da preferência. II – Assentado nas instâncias ordinárias ter havido essa comunicação, e nem afirmada má-fé da alienante pelas instâncias ordinárias, não há que invocar violação do art. 1.139 do CC. (STJ, REsp n. 88.408, 3ª T., rel. Min. Sálvio de Figueiredo Teixeira, j. 23.09.1998)

Indenização. Desapropriação indireta. Condomínio. Participação de todos os condôminos na ação. Desnecessidade. Art. 623, II, do CC. Recurso não provido. O condômino que não quiser não pode ser obrigado a pleitear indenização (TJSP, Ap. Cível n. 248.936-2, rel. Ricardo Brancato). (*Lex-TJSP* 169/79, 1995)

Ação reivindicatória. Condomínio. Cabimento. Sentença de primeiro grau que julgou o autor carecedor da ação, por impossibilidade jurídica do pedido, descabendo ação reivindicatória de condômino contra condômino. Embora, em princípio, a tese encontre amparo na doutrina e na jurisprudência, vem sendo mitigada. Desde que localizada a área dentro de condomínio, área *pro diviso,* impende-se que se supere a questão. (TJRS, Ap. Cível n. 592.017.057, 5ª Câm. Cível, rel. Lio Cezar Schmitt, j. 02.04.1992)

Ação de divisão. Comunhão *pro diviso*. Admissível ao condomínio o direito de usucapir o imóvel objeto da comunhão. Alegação de usucapião em defesa tem o condão apenas de afastar o imóvel da ação de divisão. Não tem efeito *erga omnes* e não vale para registro. Procedência do pedido para excluir da ação de divisão a área objeto dos embargos. Sentença confirmada em grau de recurso. (TJPR, Ap. Cível n. 6.523-2, 2ª Câm. Cível, rel. Carlos Raitani, j. 12.12.1990)

A comunhão de bens originada do casamento, chamada de mãos juntas, do tipo germânico, difere da comunhão por quotas, de tipo romano, como é o caso do condomínio, porque, diferente deste, cuja possibilidade de alienação da parte ideal é de sua essência, naquele não pode o marido, assim como a mulher, dispor de sua parte sobre os bens comuns, de modo a criar comunhão, pela dissolução do casamento, uma vez que subsiste o patrimônio comum enquanto não operada a partilha. Em sendo assim, é inadequada a ação visando a extinção de um condomínio inexistente. (TJSP, Ap. Cível n. 80.513, rel. Des. Ruiter Oliva)

Na propriedade comum, quem ocupa integralmente imóvel de que é coproprietário deve pagar aluguel aos demais condôminos, aos quais são assegurados os direitos inerentes ao domínio, e perceber os frutos produzidos pela coisa comum. (*JSTJ* 101/177)

**Art. 1.315. O condômino é obrigado, na proporção de sua parte, a concorrer para as despesas de conservação ou divisão da coisa, e a suportar os ônus a que estiver sujeita.**

**Parágrafo único. Presumem-se iguais as partes ideais dos condôminos.**

O *caput* do artigo reproduz, na sua essência, o art. 624, e o parágrafo único, o art. 639 do CC/1916. As alterações foram de pouca monta e não alteraram a substância dos preceitos.

Na lição de Washington de Barros Monteiro, é "manifestamente justa a razão da cabeça do artigo. As despesas de conservação aproveitam a todos e, por isso, todos devem suportá-las, proporcionalmente ao valor de seus quinhões. Incivil seria que apenas um ou alguns viessem a sofrer tais gastos locupletando-se ilicitamente os demais" (*Curso de direito civil*, 37. ed. São Paulo, Saraiva, 2003, v. III, p. 211). Igual critério orienta as despesas com a divisão da coisa, sendo razoável que aquele que recebe quinhão de maior valor arque com as despesas proporcionalmente superiores. A regra é dispositiva, de modo que apenas se aplica no silêncio do título constitutivo do condomínio ou de convenção unânime entre os condôminos. Não se admite, porém, que por voto da maioria se altere o critério legal de rateio, contra a vontade da minoria, salvo se houver causa objetiva para tanto. O quinhão de cada condômino responde pelo inadimplemento da obrigação de ratear as despesas, como crédito preferencial, dotado de privilégio sobre os demais credores, por se tratar de despesas com a manutenção e conservação da própria coisa. Cuida-se de obrigação *propter rem*, ou seja, devedor é o titular da copropriedade sobre a coisa. O adquirente da parte ideal, assim, passa a ser devedor pelo só fato de ter se tornado condômino.

A parte final do *caput* reza que cada condômino é obrigado a suportar, na força de seu quinhão, o ônus real a que a coisa estiver sujeita. A regra se aplica somente aos casos em que o ônus recai sobre a totalidade da coisa e não sobre a fração ideal de um ou de alguns condôminos. Tomem-se como exemplos a servidão, o usufruto, o uso e a hipoteca, quando recaem sobre toda a coisa e gravam a fração ideal de cada coproprietário. A regra não se aplica, ao contrário, se o ônus for divisível e recair somente sobre a parte ideal do condômino.

O parágrafo único cria presunção relativa de igualdade de quinhões. É relativa porque se elide por prova em sentido contrário, a cargo de quem sustenta a desigualdade. No caso de imóveis, o próprio registro indica as partes ideais de cada proprietário e, no silêncio, prevalece a presunção de igualdade. As partes ideais são indicadas em frações, ou percentagens. Títulos e registros antigos costumam indicar as partes ideais em valores, o que acarreta, diante de sucessivas transmissões e alterações da moeda, alguma dificuldade para o cálculo. Devem ser retificados, convertendo-se valores em frações. De igual modo, caso o registro não reflita a força dos quinhões contida nos títulos, deve ser retificado, em razão de sua natureza causal. Em relação às coisas móveis, a presunção pode ser elidida por prova da contribuição e do ânimo de cada condômino, para aquisição da coisa comum.

**Jurisprudência:** STJ, Tema IAC 12: "a) É presumido, em regra, o rateio em partes iguais do numerário mantido em conta-corrente conjunta solidária quando inexistente previsão legal ou contratual de responsabilidade solidária dos correntistas pelo pagamento de dívida imputada a um deles. b) Não será possível a penhora da integralidade do saldo existente em conta conjunta solidária no âmbito de execução movida por pessoa (física ou jurídica) distinta da instituição financeira mantenedora, sendo franqueada aos cotitulares e ao exequente a oportunidade de demonstrar os valores que integram o patrimônio de cada um, a fim de afastar a presunção relativa de rateio" (REsp n. 1.610.844/BA, Corte Especial, rel. Min. Luis Felipe Salomão, por unanimidade, j. 15.06.2022).

Nessa ordem de ideias, infere-se que o saldo mantido na chamada "conta conjunta solidária" caracteriza bem divisível, cuja cotitularidade, nos termos de precedentes desta Corte, atrai as regras atinentes ao condomínio, motivo pelo qual se presume a repartição do numerário em partes iguais entre os correntistas quando não houver elemento probatório a indicar o contrário, consoante disposto no parágrafo único do art. 1.315 do CC/2002 (REsp n. 819.327/SP, 3ª T., rel. Min. Humberto Gomes de Barros, *DJ* 08.05.2006).

Ação de cobrança de indenização entre ex-cônjuges, em decorrência do uso exclusivo de imóvel ainda não partilhado. Estado de condomínio. Indenização correspondente a metade do valor da renda de estimado aluguel, diante da fruição exclusiva do bem comum por um dos condôminos. Concorrência de ambos os condôminos nas despesas de conservação da coisa e nos ônus a que estiver sujeita. Possível dedução. Arts. 1.319 e 1.315 do CC/2002. Com a separação do casal cessa a comunhão de bens, de modo que, embora ainda não operada a partilha do patrimônio comum do casal, é facultado a um dos ex-cônjuges exigir do outro, que estiver na posse e uso exclusivos de determinado imóvel, a título de indenização, parcela correspondente à metade da renda de um presumido aluguel, devida a partir da citação. Enquanto não dividido o imóvel, a propriedade do casal sobre o bem remanesce, sob as regras que regem o instituto do condomínio, notadamente aquela que estabelece que cada condômino responde aos outros pelos frutos que percebeu da coisa, nos termos do art. 1.319 do CC/2002. Assim, se apenas um dos condôminos reside no imóvel, abre-se a via da indenização àquele que se encontra privado da fruição da coisa. Subsiste, em igual medida, a obrigação de ambos os condôminos, na proporção de cada parte, de concorrer para as despesas inerentes à manutenção da coisa, o que engloba os gastos resultantes da necessária regularização do imóvel junto aos órgãos competentes, dos impostos, taxas e encargos que porventura onerem o bem, além, é claro, da obrigação de promover a sua venda, para que se ultime a partilha, nos termos em que formulado o acordo entre as partes. Inteligência do art. 1.315 do CC/2002. Recurso especial parcialmente provido. (STJ, REsp n. 983.450/RS, 3ª T., rel. Min. Nancy Andrighi, j. 02.02.2010, *DJe* 10.02.2010)

Oportuno lembrar que, embora seja cada condômino obrigado a concorrer, na proporção de sua parte, para as despesas de conservação ou divisão da coisa e suportar na mesma razão os ônus a que estiver sujeita, é evidente que essas despesas devem ser cumpridamente demonstradas e provadas, sob pena de não ser acolhidas ou, conforme a situação, ensejando a solução que o art. 625, parágrafo único, do CC, expressamente prevê. (TJSP, Ap. Cível n. 69.826-4, rel. Olavo Silveira, j. 28.01.1999)

Condomínio. Edifício em construção em condomínio. Deliberações de assembleia geral, por maioria de votos, tomadas por condôminos inadimplentes que revogam procuração outorgada pela comissão de representantes em nome do condomínio para o ajuizamento da ação de cobrança. Deliberação de condôminos em maioria isentando determinados condôminos do pagamento de despesas de serviços prestados em favor do condomínio. Deliberação autorizadora de imissão na posse das unidades em favor de condôminos inadimplentes. Nulidade de tais deliberações. A maioria da assembleia geral não pode decidir de modo a desrespeitar os direitos individuais dos condôminos em minoria. Princípio da proporcionalidade no rateio das contribuições para a construção do prédio. Ação procedente para decretar a nulidade das assembleias e das deliberações impugnadas. Sentença mantida. Apelo parcialmente provido apenas para que a nulidade atinja as deliberações impugnadas, observado os limites do pedido inicial (TJSP, Ap. Cível n. 265.594-2, rel. Pereira Calças). (*Lex-TJSP* 178/31, 1996)

Separação. Imóvel partilhado à razão de metade para cada um dos cônjuges. Alienação judicial. Despesas com construção, prestações do terreno e IPTU, efetuadas antes da partilha. Dedução descabida. Recurso provido, em parte, para que se faça a dedução e reembolso da apelante, apenas com relação a despesas tributárias efetuadas após a partilha (TJSP, Ap. Cível n. 225.135-1, rel. Antônio Villen). (*Lex-TJSP* 174/11, 1995)

É inadmissível a pretensão de condômina que ocupa imóvel comum, gratuita e exclusivamente, de cobrar valores despendidos com benfeitorias; também é inaceitável que os outros condôminos pretendam cobrar aluguéis referentes a tal período, pois o interregno que media a instituição do condomínio e a citação, dando notícia da ação, é considerado comodato, porquanto empréstimo gratuito de coisa infungível, não incidindo nenhuma cobrança retroativa por qualquer uma das partes (TJSP, rel. Des. Ruy Camilo). (*RT* 792/218)

**Art. 1.316. Pode o condômino eximir-se do pagamento das despesas e dívidas, renunciando à parte ideal.**

**§ 1º Se os demais condôminos assumem as despesas e as dívidas, a renúncia lhes aproveita, adquirindo a parte ideal de quem renunciou, na proporção dos pagamentos que fizerem.**

**§ 2º Se não há condômino que faça os pagamentos, a coisa comum será dividida.**

O artigo em estudo constitui inovação no ordenamento.

Vimos, no comentário ao art. 1.276, II, do CC, que um dos modos de perda da propriedade é a renúncia, consistente em ato unilateral pelo qual o proprietário declara formal e explicitamente o propósito de despojar-se do direito de propriedade. Se cabe a renúncia à propriedade alodial ou plena, cabe também à parte ideal da propriedade em condomínio.

A peculiaridade da renúncia em estudo está na possibilidade de os demais condôminos adquirirem a parte do renunciante, desde que paguem as despesas e dívidas em aberto. Em relação ao renunciante, a abdicação tem o condão de eximi-lo do pagamento das despesas da coisa comum vencidas e vincendas, desde que outro condômino as assuma. Em relação aos demais condôminos, abre-se a possibilidade de aquisição da parte ideal do renunciante, mediante assunção das dívidas e despesas vencidas e futuras.

Na lição de Edson Luiz Fachin, "opera-se forma especial de sub-rogação, pois, quando os demais condôminos avocam o passivo, a renúncia lhes dá vantagem, adquirindo eles a quota ideal de quem renunciou, na proporção dos estipêndios que fizerem" (*Comentários ao Código Civil*. São Paulo, Saraiva, 2003, v. XV, p. 183). Arremata o autor que "a proporção dos pagamentos realizados pelos condôminos é a medida da fração ideal por eles adquirida" (op. cit., p. 186).

Pode ocorrer, porém, de nenhum dos demais condôminos efetuar o pagamento, como prevê o § 2º. Em tal caso, grave razão torna inviável a persistência do condomínio, que será extinto pela divisão ou alienação da coisa comum, ainda que não vencido o prazo convencional de indivisibilidade (art. 1.220, § 3º). O que ocorre, então, em relação à parte do renunciante e, em especial, quanto à sua responsabilidade pelas despesas? Diz Edson Luiz Fachin que a renúncia se resolve pelo implemento de condição resolutiva imprópria (op. cit., p. 186). Parece melhor afirmar que a renúncia, como negócio unilateral e não receptício, já está aperfeiçoada. Uma de suas consequências, que é a exoneração da responsabilidade, é que pode se tornar ineficaz diante de credores ou dos demais condôminos, desde que o quinhão do renunciante não baste para cobrir as despesas de conservação e de divisão da coisa comum.

Finalmente, a renúncia, ao contrário do abandono, não deflui de comportamento do dono nem admite a forma tácita. O condômino renunciante deve explicitamente abdicar da coisa comum e, se for esta imóvel, instrumentalizar a renúncia por escritura pública, se acima do valor legal, assim como levá-la ao registro imobiliário.

---

**Art. 1.317. Quando a dívida houver sido contraída por todos os condôminos, sem se discriminar a parte de cada um na obrigação, nem se estipular solidariedade, entende-se que cada qual se obrigou proporcionalmente ao seu quinhão na coisa comum.**

---

O artigo em estudo recebeu apenas alteração mínima em sua redação, preservando, porém, a substância da regra anterior.

A regra é clara e não suscita maior dúvida. Trata da dívida contraída por todos os condôminos, sem discriminação da responsabilidade de cada um deles nem cláusula expressa de solidariedade. Em tal caso, a responsabilidade de cada condômino será proporcional ao seu respectivo quinhão. Note-se que não se divide *per capita* o montante da dívida, mas de modo proporcional às quotas.

Nada impede, dada a natureza dispositiva da norma, que as partes convencionem com o credor de modo diverso, ou que estabeleçam por convenção cláusula de solidariedade. Em determinadas situações jurídicas, a solidariedade decorrerá diretamente da lei, como no caso de locações prediais urbanas.

---

**Art. 1.318. As dívidas contraídas por um dos condôminos em proveito da comunhão, e durante ela, obrigam o contratante; mas terá este ação regressiva contra os demais.**

---

O preceito é similar ao do CC/1916, apenas com supressão do parágrafo único então existente.

Versa a norma sobre hipótese inversa à do artigo antecedente, ou seja, a dívida contraída por apenas um ou alguns dos condôminos, mas em proveito de todos e durante a comunhão. Nascem daí duas relações jurídicas distintas, uma externa e outra interna.

A primeira, do condômino que se obrigou diante de terceiro credor. Não tem o credor, a princípio, direito contra os demais condôminos, que não se obrigaram. Caso, porém, o condômino que se obrigou seja insolvente, nasce a obrigação dos demais, tendo como fonte o enriquecimento indireto sem causa.

A segunda, de regresso do condômino que pagou perante os demais, que se beneficiaram com a dívida, na proporção dos respectivos quinhões. O regresso, todavia, está sujeito a duplo requisito: o proveito comum, decorrente da obrigação assumida, e que a obrigação nasça na persistência da comunhão. A situação se assemelha à gestão de negócio, de modo que somente a necessidade ou utilidade em proveito geral é que geram direito de regresso. Assim, dívidas contraídas por coproprietário para fazer frente a benfeitorias úteis ou necessárias permitem voltar-se contra os demais comunheiros. O mesmo, porém, não ocorre em relação às benfeitorias voluptuárias, salvo se os demais condôminos com ela assentiram.

**Jurisprudência:** O condômino é obrigado, na proporção de sua parte, a concorrer para as despesas de conservação ou divisão da coisa. As dívidas contraídas por um dos condôminos em proveito da comunhão, e durante ela, obrigam o contratante; mas terá este ação regressiva contra os demais, nos termos do art. 1.318 do CC. Verificada a comprovação de pagamento das despesas por um dos condôminos, a manutenção da sentença que julgou procedente o pedido de regresso é medida que se impõe. (TJMG, Ap. Cível n. 10434070118782001, rel. Des. Antônio Bispo j. 30.03.2015)

**Art. 1.319. Cada condômino responde aos outros pelos frutos que percebeu da coisa e pelo dano que lhe causou.**

O artigo em estudo disciplina dois aspectos ligados ao condomínio: o rateio dos frutos recebidos e a reparação dos danos causados por um dos condôminos à coisa comum.

Quanto ao primeiro aspecto, vimos, no comentário ao art. 1.316, que uma das faculdades do dono – e também do condômino – é tirar da coisa o seu proveito, extrair dela os frutos. Caso um dos condôminos receba com exclusividade os frutos da coisa comum, responde perante os outros pela quota-parte proporcional aos quinhões dos comunheiros. De igual modo, se um dos condôminos usa com exclusividade a coisa comum, deve indenizar os demais comunheiros pelos frutos que a eles a coisa geraria, abatida a porção cabente ao próprio usuário.

Como acentua Marco Aurélio S. Viana, porém, o condômino que utiliza com exclusividade o imóvel, em detrimento dos demais, "não está ali na condição de locatário, mas de proprietário, razão pela qual não se lhe aplica a legislação locatícia" (*Comentários ao novo Código Civil.* Rio de Janeiro, Forense, 2003, v. XVI, p. 340). Podem os demais condôminos ajuizar ação possessória para garantir a utilização geral da coisa, ou, então, pedir ao juiz a fixação de retribuição pelo indevido uso integral da coisa comum por um dos coproprietários. O tema já foi tratado no comentário ao art. 1.314, supra, ao qual se remete o leitor.

Como já referido no comentário ao art. 1.314, frequente a utilização exclusiva de coisa comum por um dos ex-cônjuges ou ex-companheiros condôminos, ao término do casamento ou da união estável. A indenização é devida, mas entendem os tribunais se presumir relação de comodato verbal, de modo que seu termo inicial será a data da notificação para devolução da coisa, ou da constituição em mora, ou, na sua falta, a data da citação. Discute-se, na hipótese de extinção ou de inexistência de prévio comodato, qual seria o prazo prescricional da pretensão indenizatória. O prazo deve ser o decenal ordinário, pois se trata de descumprimento de obrigação estabelecida em relação jurídica preexistente, e não em ilícito aquiliano. Não se exige a prévia partilha da coisa comum, sendo suficiente a separação de fato ou o divórcio do casal, desde que não paire dúvida razoável sobre a natureza comum ou própria do imóvel. Entendimento mais recente do STJ tem temperado o direito à indenização na hipótese de o imóvel comum ser ocupado também por filhos menores do casal, a quem o condômino credor deve alimentos. Desde que não existam alimentos *in pecunia* já fixados abrangendo todas as necessidades dos alimentandos, admite-se que a ocupação do imóvel é modalidade de alimentos *in natura*, de modo a se afastar a indenização. Em suma, há necessidade de se verificar as circunstâncias do caso concreto, em especial se o condômino credor já paga alimentos aos filhos menores do casal que abranjam a necessidade de moradia. Evidente que não cabe a indenização se o cônjuge ou companheiro foi afastado do lar comum por determinação judicial, em virtude da prática de violência doméstica.

De outro lado, a partir da incidência da indenização em favor do condômino preterido no uso da coisa comum deve haver o rateio das despesas com impostos e conservação do imóvel. Não faria sentido que recebesse os frutos proporcionais, mas não pagasse as despesas da coisa comum, em violação ao art. 1.315 comentado. No período anterior ao termo inicial da indenização, no qual houve relação de comodato, deve o condômino comodatário arcar com o pagamento das despesas ordinárias da coisa comum, inclusive tributos.

O crédito com origem em indenização por uso exclusivo de coisa comum tem natureza *propter rem*, de modo que permite a penhora do próprio imóvel, ou parte ideal, ainda que sirva de moradia do condômino.

A regra do art. 1.319 de natureza dispositiva, incide somente sobre o condomínio *pro indiviso*. No caso de condomínio *pro diviso*, em que localizaram as partes a sua posse no solo por mútuo consenso, não tem sentido o rateio dos frutos produzidos ou a fixação de aluguel pela porção de ocupação exclusiva. A indenização em tal hipótese somente será devida se a ocupação de espaço certo não for consensual nem proporcional, ocupando um dos condôminos parte superior à força de seu quinhão.

A parte final do artigo dispõe que responde o condômino perante os outros pelos danos que causou à coisa comum, também na medida de suas frações ideais. Esses danos podem ser causados pela utilização exclusiva, em detrimento dos demais, ou pela própria deterioração ou perda culposa da coisa comum. Também o administrador da coisa comum responde aos demais coproprietários não somente pelos frutos recebidos com exclusividade como também por aqueles que culposamente deixou de perceber.

**Jurisprudência:** Em suma, o entendimento de que é devida a indenização ao ex-cônjuge pela fruição exclusiva do imóvel comum pelo outro ex-cônjuge, não se aplica à hipótese em que a fruição do imóvel comum é da ex-cônjuge em companhia de prole comum, quer seja porque o uso deixa de ser exclusivo, mas sim compartilhado, quer seja porque esse uso compartilhado implicará inegáveis e severas repercussões no dever de prover moradia, nos alimentos a serem prestados e na possibilidade de substituição dos alimentos em pecúnia por alimentos *in natura*. (STJ, REsp n. 2.082.584/SP, rel. Min. Nancy Andrighi, j. 24.10.2023)

A obrigação do coproprietário de pagar alugueres de imóvel que este utiliza com exclusividade, como moradia por sua família, em favor do outro configura-se como *propter rem* afastando, assim, a impenhorabilidade do bem de família. (STJ, REsp n. 1.888.863/SP, 3ª T., rel. Min. Ricardo Villas Bôas Cueva, rel. p/ ac. Min. Nancy Andrighi, por maioria, j. 10.05.2022, *DJe* 20.05.2022)

Incabível o arbitramento de aluguel em desfavor da coproprietária vítima de violência doméstica, que, em razão de medida protetiva de urgência decretada judicialmente, detém o uso e gozo exclusivo do imóvel de cotitularidade do agressor. (STJ, REsp n. 1.966.556/SP, 3ª T., rel. Min. Marco Aurélio Bellizze, por unanimidade, j. 08.02.2022)

Não é obrigatório o arbitramento de aluguel ao ex-cônjuge que reside, após o divórcio, em imóvel de propriedade comum do ex-casal com a filha menor de ambos. (STJ, REsp n. 1.699.013/DF, rel. 4ª T., rel. Min. Luis Felipe Salomão, por unanimidade, j. 04.05.2021)

Prestação de contas. Decisão que julgou procedente a primeira fase. Dever de prestar contas sobre a administração exclusiva de imóvel comum, sem realizar a contento o repasse dos valores recebidos a título de alugueres. Alegação de *supressio*. Inocorrência. Discussão que não está inserida no campo da boa-fé, e sim da prescrição extintiva. Casal separado de fato há quase três décadas. Dever de prestar contas, ainda que o bem esteja em estado de mancomunhão. Precedentes. Proveito econômico obtido pelo agravante em razão da exploração econômica do bem comum deve ser repassado ao condômino que não administra o imóvel. Prazo prescricional decenal previsto no art. 205 do CC. Incidência das regras do condomínio comum que afasta a possibilidade de reconhecer eventual enriquecimento sem causa, cuja aplicação é supletiva e subsidiária. Prestação de contas limitada ao período de dez anos que antecederam a propositura da ação. Decisão agravada mantida. Recurso não provido. (TJSP, AI n. 2158439-80.2020.8.26.0000, 1ª Câm. de Dir. Priv., rel. Francisco Loureiro, j. 13.08.2020, registro 13.08.2020)

Em regra, o marco temporal para o cômputo do período a ser indenizado é a data da citação para a ação judicial de arbitramento de aluguéis ou de indenização, ocasião em que se configura a extinção do comodato gratuito que antes vigorava. Precedentes. 5 – Circunstâncias específicas da hipótese que, todavia, excepcionam a regra geral, diante da presença de elementos concretos que atestam a efetiva oposição dos demais herdeiros à fruição exclusiva do bem anteriormente ao ajuizamento da ação de indenização pelo uso exclusivo do bem imóvel, aliada a comprovada procrastinação do herdeiro possuidor exclusivo do bem, também administrador provisório, em ultimar a partilha. (STJ, REsp n. 1.583.973/RS, rel. Min. Min. Nancy Andrighi, j. 05.10.2017)

Condomínio. Separação judicial do casal. Posterior acordo tácito no sentido de que o varão teria o uso exclusivo do imóvel comum, mediante o pagamento de indenização mensal. Pedido de revisão do aluguel ou indenização inicialmente avençada, cumulado com condenação ao pagamento das diferenças durante todo o período pretérito. Carência da ação afastada, ante o inequívoco interesse processual na modificação de cláusula de acordo entre as partes. Afastamento da preliminar de prescrição da ação, pois não se trata de cobrança de aluguel, mas sim de revisão de cláusula que estipulou indenização. Impossibilidade, porém, de se cobrar indenização majorada, com efeito *ex tunc*. Termo inicial do valor majorado a contar da citação, quando o réu desocupou voluntariamente o imóvel. Ação improcedente, sob fundamento diverso. Recurso improvido. (TJSP, Ap. Cível n. 502.724.4/9-00, rel. Francisco Loureiro, j. 08.11.2007)

Condomínio. Ação de arbitramento de aluguel. Legitimidade ativa *ad causam* dos herdeiros de uma das proprietárias, enquanto pendente a sucessão, resultante do direito de *saisine*. Irrelevância da não alteração do registro imobiliário. Inteligência dos arts. 1.572 e 1.580, parágrafo único, do CC/1916, e 1.791, parágrafo único, e 1.784 do CC em vigor. Preliminar rejeitada. Condomínio. Legitimidade passiva *ad causam* dos ocupantes para responderem, solidariamente, com os coproprietários que lhes autorizaram o ingresso em imóvel comum, sem o consentimento dos demais condôminos, pelo ressarcimento dos danos daí resultantes. Inteligência dos arts. 159, 623, II, e 633 do CC/1916 e 189, e 1.314, *caput*, e seu parágrafo único, do CC/2002. Preliminar rejeitada (TJSP, AI n. 375.153-4/3, rel. Waldemar Nogueira Filho). (*Lex-TJSP* 291/410, 2005)

Coisa comum. Arbitramento de aluguel. Termo inicial que é o da citação da condômina que usufrui da coisa com exclusividade, uma vez que o período anterior ao reclamo tem natureza equiparada ao "comodato". Responsabilidade dos condôminos pelo pagamento de taxas e impostos que recaem sobre a coisa comum, devida por força do art. 624 do CC. Coisa comum. Pretendida recobrança de valores havidos para manutenção do bem comum, por condômina que o ocupa a título gratuito e exclusivamente. Inadmissibilidade diante do reconhecimento de que o período anterior ao reclamo constitui "comodato" e, assim, por força do art. 1.254 do CC, é indevida a cobrança que, ademais, haveria que seguir a via própria do art. 275, II, *b*, do CPC [sem correspondente no CPC/2015]. Recursos dos autores-reconvindos parcialmente providos, improvido o da requerida-reconvinte (TJSP, Ap. Cível n. 145.479-4/8-00, rel. Ruy Camilo, j. 08.05.2001). (*Lex-TJSP* 259/38, 2002)

Condomínio. Coisa comum. Ex-cônjuges. Uso exclusivo por um deles. Indenização devida ao outro. Irrelevância no fato de não se encontrar o bem comum produzindo lucro ou rendimento. Procedência. Sentença mantida. Agravo retido e apelação improvidos. Mostra-se irrelevante o fato de o imóvel comum não estar produzindo rendimento; o condômino responde perante os demais pelos frutos colhidos e também pelos que deixou de perceber por sua culpa (arts. 513 e 627 do CC). A indenização será devida mesmo inocorrente a renda, mas em caso de uso exclusivo por parte de um dos condôminos. Então, o que disciplina essa situação jurídica formada são as regras comuns da copropriedade. "Usando a coisa sozinho ou percebendo por inteiro os seus frutos, ele responderá perante os demais, com o que se estabelece a harmonia entre os arts. 623, I, e 627" (*RT* 449/144; *RJTJESP-Lex* 74/565, 81/88, 115/53 e 126/72; *RT* 538/130, 544/100 e 746/196). (TJSP, Ap. Cível n. 127.401-4, rel. Octávio Helene, j. 13.04.2000)

Separação judicial. Bem de casal. Ocupação do imóvel pelo cônjuge varão. Cobrança de aluguel pela mulher. Cada consorte responde aos outros pelos frutos da coisa comum (art. 627 do CC). Na propriedade em comum, não se pode usá-la em detrimento dos demais condôminos. (STJ, REsp n. 130.605/DF, 3ª T., rel. Min. Paulo Costa Leite, j. 22.09.1998, *DJ* 01.03.1999)

Na indenização devida por condômino, em razão da utilização exclusiva de coisa comum, é ininvocável a legislação do inquilinato, para fins de atualização monetária, uma vez que não há relação *ex locato* e o valor locativo é adotado apenas como parâmetro do valor indenizatório (TJSP, Ap. Cível n. 196.306-2, rel. Ruy Camilo). (*Lex-TJSP* 142/159, 1993)

**Art. 1.320. A todo tempo será lícito ao condômino exigir a divisão da coisa comum, respondendo o quinhão de cada um pela sua parte nas despesas da divisão.**

**§ 1º Podem os condôminos acordar que fique indivisa a coisa comum por prazo não maior de cinco anos, suscetível de prorrogação ulterior.**

**§ 2º Não poderá exceder de cinco anos a indivisão estabelecida pelo doador ou pelo testador.**

**§ 3º A requerimento de qualquer interessado e se graves razões o aconselharem, pode o juiz determinar a divisão da coisa comum antes do prazo.**

O artigo em exame condensa os arts. 629 e 630 do CC/1916. O art. 630 deu origem ao § 2º do artigo em comento. As inovações foram apenas de redação, preservando-se a essência dos preceitos.

A grande novidade está no § 3º do atual art. 1.320, que prevê a possibilidade de se afastar o prazo convencional de indivisibilidade da coisa comum, desde que haja grave razão para tanto.

Diziam os romanos que a comunhão é a mãe da discórdia. Não resta dúvida de que constitui fonte permanente de conflitos e tensão, daí ser considerada forma anormal de propriedade, de caráter transitório. Consequência disso é a regra enunciada na cabeça do artigo em estudo, seguindo antigo aforismo romano: ninguém pode ser compelido a permanecer em condomínio contra a sua vontade. Enunciando a regra de modo inverso, a persistência do condomínio exige o assentimento unânime de todos os condôminos.

A tendência dos tribunais é facilitar a extinção do condomínio. A jurisprudência afirma que mesmo quando o condomínio ocorre entre particular e o Poder Público cabe sua extinção, independentemente de autorização legislativa. Também quando a parte ideal se encontra gravada por cláusula de inalienabilidade se admite a extinção, hipótese em que a restrição se sub-rogará sobre o quinhão atribuído ao condômino, ou sobre o respectivo preço, se houver alienação judicial. De igual modo, quando parte ideal é gravada por usufruto, a extinção é possível, e apenas acarretará a sub-rogação do gravame da parte ideal de coisa maior, para parte certa de coisa menor. De outro lado, porém, nega o STJ a possibilidade de extinção do condomínio, se a coisa comum é gravada por direito real de habitação decorrente da lei, em favor do viúvo. Tal limitação criada pela jurisprudência, todavia, não se justifica, pois para garantia do viúvo basta que se preserve o direito real sobre a coisa, que continuará a onerar cada um dos quinhões, no caso de divisão, ou o próprio imóvel se houver alienação judicial da coisa comum indivisível.

Todo condômino está obrigado a se sujeitar à divisão, arcando com as despesas proporcionais ao seu quinhão. Pode a divisão, ou a alienação judicial da coisa comum, ser requerida por qualquer condômino, ainda que minoritário, não se aplicando, portanto, a regra que rege a administração da coisa comum, por deliberação da maioria. Ressalva a lei que a faculdade (ou melhor, o direito potestativo) pode ser exercida a qualquer tempo, de modo que não está sujeita à prescrição ou decadência, nem está sujeita à renúncia por tempo indeterminado, por se tratar de norma de ordem pública. É claro, porém, que se a coisa é adquirida por usucapião (prescrição aquisitiva), por terceiro ou por um dos condôminos em detrimento dos demais (matéria tratada no comentário ao art. 1.238 do CC), termina a copropriedade e a prerrogativa de pleitear a divisão.

A extinção do condomínio opera-se de modo diverso, de acordo com a natureza da coisa comum. Se a coisa comum é divisível (ver art. 87 do CC), extingue-se pela divisão amigável ou judicial. A divisão amigável ocorre por negócio jurídico, sob a forma de escritura pública, se a coisa é um imóvel acima do valor legal, exigindo a anuência de todos os condôminos. Caso não haja consenso, ou sendo um dos condôminos incapaz, a divisão é judicial, na forma dos arts. 967 a 981 do CPC/73 (respectivamente, arts. 588 a 598 do CPC/2015). Os quinhões terão valor proporcional à parte ideal de cada condômino e a sentença é declaratória, convertendo parte ideal sobre o todo em propriedade plena sobre parte certa. A alteração patrimonial é somente qualitativa e não quantitativa, razão pela qual não incide imposto de transmissão.

Admite-se que não apenas o proprietário se sujeite à extinção de condomínio, mas também o cotitular de direitos sobre a coisa comum. São frequentes os casos em que existe cotitularidade de direitos de promitentes compradores, passíveis de extinção mediante divisão ou alienação judicial de coisa comum, apenas com a cautela de se alertar terceiros arrematantes da natureza dos direitos postos à alienação judicial.

Se a coisa é indivisível, a solução é outra. Há necessidade de levar a coisa comum à hasta pública e, abatidas as despesas, ratear o valor apurado na venda judicial proporcionalmente aos quinhões dos condôminos, observando a regra do art. 1.322, adiante comentado e seguindo o procedimento dos arts. 1.113 e seguintes do CPC/73 (arts. 730 e segs. do CPC/2015).

Na alienação de coisa comum podem ser abatidas, ou levadas em conta para fins de rateio, as despesas com acessões ou benfeitorias necessárias e úteis feitas por um dos condôminos. Segundo precedente do STJ, transcrito à frente, o prazo para reclamar essa indenização ou compensação dos demais é o ordinário decenal, por não se tratar de ilícito aquiliano.

A regra de que ninguém pode ser compelido a permanecer como condômino comporta exceção e atenuação. A exceção está no condomínio necessário (arts. 1.327 e 1.328, adiante comentados), que não comporta extinção, por sua própria natureza.

A atenuação está nos §§ 1º e 2º deste artigo, que preveem a possibilidade de a indivisibilidade da coisa comum ser acordada pelos coproprietários, ou instituída pelo doador ou testador, pelo prazo máximo de cinco anos. O prazo é cogente, de modo que se considera não escrita cláusula que estipule prazo superior, ou indeterminado, reduzindo-se automaticamente ao termo admitido pela lei. Lembre-se de que a convenção que acorda a indivisibilidade exige o consentimento unânime de todos os condôminos e não simples maioria. Nada impede que o condômino, durante o prazo acordado, aliene a sua parte ideal a terceiro, que, porém, fica submetido ao pacto de indivisibilidade. Admite a lei prorrogação ulterior do pacto, sem limitação de vezes, embora sujeita, também, ao termo quinquenal. Note-se, porém, que a prorrogação é ulterior, ou seja, exige novo consenso dos condôminos ao final do primeiro termo e não pode ser acordada antecipadamente, porque consistiria fraude à lei.

No que se refere à cláusula de indivisibilidade imposta em testamento ou doação, persiste o prazo máximo de cinco anos. Não há necessidade de motivação da cláusula, que, porém, não pode atingir a legítima do herdeiro necessário, por força do que dispõe o art. 1.848 do CC, que menciona apenas as cláusulas restritivas de inalienabilidade, incomunicabilidade e indisponibilidade e não de indivisibilidade. O termo inicial do prazo é a morte, no caso de testamento, ou o registro do contrato de doação. Não cabe prorrogação do prazo, até porque o instituidor da cláusula não mais é condômino. Nada impede, porém, que os condôminos, ao final do termo inicial, convencionem novo período máximo de cinco anos de indivisibilidade.

Finalmente, o § 3º do art. 1.320, em exame, prevê a possibilidade de o juiz determinar a divisão da coisa comum, antes do prazo de indivisibilidade convencionado pelos coproprietários ou instituído pelo doador ou testador, se graves razões assim aconselharem. O pedido pode ser formulado por qualquer interessado, incluído aí o condômino insatisfeito com a comunhão, ou mesmo o seu credor. O afastamento da indivisibilidade convencional somente pode ser feito por decisão judicial, desde que apresentem as partes "graves razões". O termo é aberto, conferindo ao juiz o poder de aferir, caso a caso, o desacordo entre os condôminos. Tomem-se como exemplos a severa desinteligência entre os condôminos, ou o desacordo quanto à destinação ou administração da coisa, ou, ainda, a renúncia de um dos coproprietários, sem que os demais se animem a assumir sua quota-parte, pagando as despesas em aberto, ou, finalmente, urgente necessidade de um condômino dar à coisa destinação diversa da acordada. Podem ser invocadas também a ofensa à boa-fé objetiva quando do ajuste da cláusula, ou que esta atenta à função social da propriedade.

**Jurisprudência:** Extinção de condomínio. Insurgência recursal contra sentença que julgou extinto o processo, sem resolução do mérito, por ausência de interesse de agir. Acordo em ação de divórcio que estipulou indivisibilidade de imóvel comum por prazo superior a 5 anos, em afronta ao § 1º do art. 1.320 do CC. Nulidade que pode ser reconhecida incidentalmente. Sentença anulada para determinar o prosseguimento do feito na instância de origem. Recurso provido. (TJSP, AC n. 10254463720228260577/São José dos Campos, 9ª Câm. de Dir. Priv., j. 10.11.2023, publ. 10.11.2023)

Ação de extinção de condomínio. Pretensão de ressarcimento das despesas efetuadas em imóvel comum. Prescrição trienal (art. 206, do CC/2002). Não incidência. Obrigação de ordem pessoal. Existência de causa jurídica certa. Aplicação do prazo prescricional decenal (art. 205 do CC/2002) ou vintenário (art. 177 do CC/1916). (STJ, REsp n. 2.004.822/RS, 4ª T., rel. Min. Maria Isabel Gallotti, rel. p/ ac. Min. Marco Buzzi, por maioria, j. 29.11.2023)

Extinção de condomínio, alienação judicial e aluguéis indenizatórios por uso exclusivo de imóvel. Ex-cônjuges. Sentença de extinção sem julgamento de mérito por ausência de comprovação da copropriedade. Partes que são cotitulares de direitos sobre o imóvel, apesar de não serem proprietários no registro. Possibilidade de extinção da cotitularidade sobre os direitos e alienação judicial, sendo assegurado o eventual exercício da preferência e informação aos terceiros interessados de que a alienação é dos direitos e não do imóvel propriamente dito. Precedentes. Sentença anulada. Mérito. Causa madura (art. 1.013, § 5º, I, do CPC/2015). Extinção da cotitularidade devida, com alienação judicial do bem. Art. 1.322 do CC. Direito potestativo. Aluguéis indenizatórios por uso exclusivo. Art. 1.319 do CC. O outro cotitular que não detém a posse exclusiva de bem comum faz jus ao recebimento de remuneração pela não fruição de sua parte ideal, devida desde a data da citação. Imputa-se o período anterior à liberalidade do cotitular, que não reclamou pagamento no tempo oportuno. Valor do locativo que deve considerar as benfeitorias inseridas após a separação. Benfeitorias que se incorporam ao imóvel e se relacionam apenas com o direito do realizador à sua indenização perante ao outro cotitular, conforme já condenada a autora na ação de divórcio. Recurso parcialmente provido. (TJSP, Proc. n. 1007712-46.2014.8.26.0224, 7ª Câm. de Dir. Priv., rel. Des. Mary Grün, j. 23.06.2016)

Em sendo divisível a coisa comum, não pode o condômino exigir sua alienação. No caso, o condomínio resolve-se com a divisão (Código Beviláqua, art. 629). Ofende o art. 629 do CC/1916 a decisão que – em reconhecendo ser divisível o bem sob condomínio – determina sua venda. (STJ, REsp n. 791.147/SP, rel. Min. Humberto Gomes de Barros, j. 27.02.2007)

A existência de cláusula de inalienabilidade recaindo sobre uma fração de bem imóvel, não impede a extinção do condomínio. Na hipótese, haverá sub-rogação da cláusula de inalienabilidade, que incidirá sobre o produto da alienação do bem, no percentual correspondente a fração gravada (STJ, REsp n. 729.701/SP, rel. Min. Nancy Andrighi, j. 15.12.2005, *DJ* 01.02.2006, p. 553). (*RT* 847/183)

É direito potestativo do condômino de bem imóvel indivisível promover a extinção do condomínio mediante alienação judicial da coisa (CC/1916, art. 632; CC/2002, art. 1.322; CPC, art. 1.117, II) [sem correspondente no CPC/2015]. Tal direito não fica comprometido com a aquisição, por arrecadação de herança jacente, de parte ideal do imóvel por pessoa jurídica de direito público. 2 – Os bens públicos dominicais podem ser alienados "nos casos e na forma que a lei prescrever" (CC/1916, arts. 66, III, e 67; CC/2002, art. 101). Mesmo sendo pessoa jurídica de direito público a proprietária de fração ideal do bem imóvel indivisível, é legítima a sua alienação pela forma da extinção de condomínio, por provocação de outro condômino. Nesse caso, a autorização legislativa para a alienação da fração ideal pertencente ao domínio público é dispensável, porque inerente ao regime da propriedade condominial. 3 – Recurso especial a que se nega provimento (STJ, REsp n. 655.787/MG, rel. Min. Teori Albino Zavascki, j. 09.08.2005, *DJ* 05.09.2005, p. 238). (*RJMG* 174/404)

No caso, observo que, além de não obedecer à forma prescrita em lei, a cessão de direitos em questão não foi levada a registro, deixando de produzir, portanto, o necessário efeito translativo da propriedade, fato este que permitiria a recorrente que se utilizasse do procedimento da alienação judicial, inserto na lei processual civil, com vistas a vender o imóvel em apreço. Destarte, não transmitida a propriedade, mas apenas cedidos os direitos em relação ao bem em contenda, impossível a sua alienação judicial, nos termos dos arts. 1.112, IV, e 1.117, II, ambos do CPC [respectivamente, art. 725, IV, e sem correspondente do CPC/2015] (STJ, REsp n.

254.875/SP, rel. Min. Jorge Scartezzini, j. 05.08.2004, *DJ* 30.08.2004, p. 289). (*Lex-STJ* 182/122)

Ao cônjuge sobrevivente, observadas as prescrições legais, é assegurado o direito real de habitação relativamente ao único imóvel destinado à residência da família, a teor do disposto no § 2°, do art. 1.611, do CC/1916. 2 – Neste contexto, recusa o entendimento pretoriano, a extinção do condomínio pela alienação do imóvel a requerimento do filho, também herdeiro. 2 [*sic*] – Recurso conhecido e provido para restabelecer a sentença julgando improcedente a ação de extinção de condomínio. (STJ, REsp n. 234.276/RJ, rel. Min. Fernando Gonçalves, j. 14.10.2003)

Nos termos do art. 1.320 do novo CC, o condômino pode, a qualquer tempo, exigir a divisão da coisa comum. Esta pode se dar pela venda do bem ou adjudicação de quinhões, ou, ainda, pelo simples ato de repartir, ficando cada condômino com uma parte ideal, quando o imóvel permitir divisão material. Constituído o prédio objeto do pedido de unidades autônomas com acessos independentes, inclusive com medidores individuais de energia elétrica e água, a procedência do pedido de divisão se impunha. Apelação desprovida. (TJRS, Ap. Cível n. 70.005.709.365, 2ª Câm. Especial Cível, rel. Des. Nereu José Giacomolli, j. 27.05.2003)

O direito do condômino à extinção do condomínio é uma faculdade fundamental, um ponto cardeal do instituto da comunhão. A todo tempo será lícito ao condômino exigir a divisão da coisa comum e, quando a coisa for indivisível, será vendida e repartido o preço. Não se subordina, quer à concordância de outro condômino, quer à conveniência, à oportunidade ou à vantagem desses outros. É um direito potestativo, um querer do titular com efeitos na esfera jurídica dos sujeitos passivos que não podem, ou não devem, fazer nada, a não ser se submeter às consequências da declaração de vontade do primeiro (TJRJ, Ac. unân. da 7ª Câm. Cível, Ap. n. 1.155.187, rel. Des. Paulo Roberto de A. Freiras, *Adcoas* 132.292). Assim, havendo desacordo entre os condôminos, a coisa pode e deve ser alienada judicialmente, positivada a impossibilidade da sua divisão, sendo irrelevante a existência daquela estipulação que não se erige numa condição suspensiva como preconizado pelo MM. Juiz sentenciante. (TJSP, Ap. Cível n. 78.901-4, rel. Testa Marchi, j. 05.08.1999)

Viúvo. Direito de habitação. Imóvel residencial. Condomínio. Alienação de bem comum indivisível. O viúvo, casado sob o regime de comunhão universal de bens, tem o direito real de habitação relativamente ao imóvel destinado a residência da família. Improcedência da ação de extinção de condomínio e alienação judicial de coisa comum. Art. 1.611, § 2°, do CC. (STJ, REsp n. 107.273/PR, rel. Min. Ruy Rosado de Aguiar, j. 09.12.1996, *DJ* 17.03.1997)

Divisão. Condomínio. Imóvel objeto de usufruto. Ajuizamento por nu-proprietário. Cabimento, independentemente da anuência do usufrutuário, desde que os direitos deste sejam resguardados. Embargos rejeitados. Admite-se a divisão entre nus-proprietários, independentemente da anuência do usufrutuário, desde que não afete em nada o usufruto, continuando o possuidor a usar e gozar do imóvel em seu todo, muito embora com divisas certas (TJSP, Emb. Infring. n. 138.659-1, rel. Toledo Cesar). (*Lex-TJSP* 144/188, 1993)

---

**Art. 1.321. Aplicam-se à divisão do condomínio, no que couber, as regras de partilha de herança (arts. 2.013 a 2.022).**

---

Dizia o diploma revogado que as regras da partilha da herança se aplicavam à divisão, "nos casos omissos". Embora eliminada a expressão, é evidente que somente as regras da partilha compatíveis com a divisão a ela se aplicam e desde que não afrontem critérios específicos previstos no capítulo da ação divisória do CPC. Em termos diversos, é subsidiária a incidência das regras da partilha à divisão.

Algumas regras relativas à partilha não incidem sobre a divisão. Não se exige, por exemplo, homologação judicial da divisão amigável acordada por negócio jurídico entre condôminos maiores e capazes, como menciona o art. 2.015, no tocante à partilha entre herdeiros. De igual modo, a regra do art. 2.013 não se aplica em toda sua plenitude, uma vez que o condômino não pode requerer a divisão a qualquer tempo, se houver cláusula convencional ou instituição de indivisibilidade por testador ou doador.

De outro lado, é relevante a regra do art. 2.014 do CC, que permite ao testador – e doador – indicar os bens que devem compor o quinhão de cada herdeiro, o que se aplica também à divisão.

---

**Art. 1.322. Quando a coisa for indivisível, e os consortes não quiserem adjudicá-la a um só, indenizando os outros, será vendida e repartido o apurado, preferindo-se, na venda, em condições iguais de oferta, o condômino ao estranho, e entre os condôminos aquele que tiver na coisa benfeitorias mais valiosas, e, não as havendo, o de quinhão maior.**

**Parágrafo único. Se nenhum dos condôminos tem benfeitorias na coisa comum e participam todos do condomínio em partes iguais, realizar-se-á licitação entre estranhos e, antes de adjudicada a**

**coisa àquele que ofereceu maior lanço, proceder-se-á à licitação entre os condôminos, a fim de que a coisa seja adjudicada a quem afinal oferecer melhor lanço, preferindo, em condições iguais, o condômino ao estranho.**

---

O *caput* do artigo recebeu poucas alterações, preservando a substância do preceito. A novidade está na inserção do parágrafo único, que cria critério supletivo e final de desempate entre diversos condôminos que pretendam exercer a preferência.

Aplica-se o preceito do artigo em comento somente às coisas comuns indivisíveis, cujo conceito é o do art. 87 do CC, vale dizer, aquelas que não podem ser fracionadas sem alteração de sua substância, diminuição desproporcional de seu valor ou de sua utilidade, da fração confrontada com o todo. É relevante o critério funcional para determinar a divisibilidade da coisa. Assim, coisas coletivas, embora divisíveis naturalmente, podem ser juridicamente indivisíveis, se as partes não tiverem utilidade ou valor proporcional ao do todo. Para a extinção do condomínio, converte-se a coisa indivisível em dinheiro, mediante alienação, com subsequente repartição do preço entre os condôminos, na proporção de suas partes ideais.

A alienação pode ser consensual, por negócio jurídico entre partes maiores e capazes, ou judicial, quando houver dissenso entre os condôminos, ou um deles não puder manifestar o seu consentimento. A alienação judicial de coisa comum é processada na forma dos arts. 1.113 a 1.119 do CPC/73 (art. 730 do CPC/2015).

Como a coisa comum é indivisível, há direito de preferência dos condôminos em relação a terceiros arrematantes, desde que igualem a oferta destes, como, de resto, prevê o art. 504 do CC. O preceito em estudo volta-se, fundamentalmente, para a fixação de critérios de prioridade entre vários condôminos, quando vários deles desejarem exercer a preferência e não houver concordância quanto à adjudicação da coisa a um, mediante pagamento das quotas-partes dos demais.

Estabelece a lei três critérios, subsidiários entre si, para a escolha da melhor preferência entre condôminos. O primeiro critério é o da existência na coisa comum de benfeitorias mais valiosas. Cabem aqui algumas observações. Somente são computadas as benfeitorias indenizáveis, descartando-se, portanto, aquelas incorporadas à coisa por previsão negocial, sem direito à indenização. Também as benfeitorias úteis e voluptuárias feitas por condômino possuidor de má-fé não são computadas, porque não são indenizáveis. Alerta Edson Luiz Fachin que somente as benfeitorias indenizáveis mas ainda não indenizadas é que conferem a preferência. Isso porque, se os demais condôminos já indenizaram aquele que as fez, tornam-se elas comuns (*Comentários ao Código Civil*, coord. Antônio Junqueira de Azevedo. São Paulo, Saraiva, 2003, v. XV, p. 204). Não alude a lei às acessões, mas se forem elas indenizáveis porque feitas de boa-fé pelo condômino plantador ou construtor, na coisa comum, também conferem direito à prelação. A aplicação é analógica, pois não teria sentido conferir preferência àquele que melhorou a construção, mas não àquele que construiu.

Caso nenhum condômino tenha introduzido benfeitorias indenizáveis na coisa comum, ou mais de um tenha benfeitorias de igual valor, o critério primário se mostra insuficiente. Parte-se, então, para critério supletivo, de fixar a melhor preferência ao condômino de maior quinhão.

Caso todos ou alguns consortes tenham quinhões iguais, também o segundo critério se mostra insuficiente para estabelecer a melhor prelação. Parte-se, então, para o terceiro e final critério subsidiário, qual seja, realiza-se uma licitação interna entre condôminos. Encerrada a venda a terceiros e obtido o maior lance de estranhos, caso vários condôminos o igualem, inaugura-se novo certame, agora circunscrito aos coproprietários com quinhões iguais. Os condôminos, então, tomando como base o maior lance de terceiros, disputarão a coisa entre si, que será adjudicada afinal àquele que ofertar o mais alto preço. As despesas com a alienação serão rateadas entre todos os consortes, na proporção de seus quinhões.

Cabe, finalmente, destacar que a norma em exame é cogente, não podendo afastar-se o direito de preferência por convenção das partes.

**Jurisprudência:** Agravo de instrumento. Extinção de condomínio. Cumprimento de sentença. Leilão. Direito de preferência. Decisão que entendeu que deve prevalecer, dentre os condôminos, aquele que, no curso do leilão, ofereceu a maior proposta. Inconformismo. Acolhimento. Recurso tempestivo. Preclusão. Inocorrência. Decisão anterior proferida sem o contraditório e condicionada a nova manifestação do leiloeiro. Decisão agravada que resolve de modo conclusivo o direito de preferência entre os condôminos. Preliminar rejeitada. Inexistência de antinomia entre o art. 892, § 2º, do CPC (direito de preferência de parente do devedor em face de terceiro) e o art. 1.322 do CC (direito material relacionado à preferência da aquisição de bens indivisíveis entre condôminos). Normas que tratam de questões distintas e aplicam-se em contextos diferentes, sem sobreposição direta ou contradição nas duas disposições. Preferência do condômino passível de exercício mediante oferta de valor igual ao maior lanço. Irrelevância do maior lance ser da outra condômina. Caso em que o agravante manifestou sua intenção de exercer o direito de preferência antes o término dos lances e igualou a oferta vencedora assim que indagado pelo leiloeiro. Utilização pela outra condômina de nome de usuário genérico que induziu o agravante a pensar se tratar de terceiro. Manobra contrária aos princípios da boa-fé e transparência. Aplicação dos critérios previstos no art. 1.322 do CC para a escolha da melhor preferência entre os condôminos. Realização de benfeitorias pelo agravante que lhe confere o direito de preferência. Decisão reformada. Deram provimento ao recurso. (TJSP, AI n. 20404570620248260000/Itu, 8ª Câm. de Dir. Priv., rel. Alexandre Coelho, j. 03.07.2024, publ. 03.07.2024)

Agravo interno. Prejudicado em razão da análise do mérito do agravo de instrumento. Arrematação. Homologação na origem, com determinação de intimação da exequente para apresentar nova planilha de cálculo. Manutenção. Novo leilão designado por não ter a executada efetuado depósito judicial suficiente para fins de remição, como garantido em anterior acórdão passado em julgado. Pedido de homologação do crédito, com reabertura de prazo para que a devedora complementasse o pagamento, após ter deixado de efetuar depósito para fins de remição da execução. Comportamento contraditório. Crédito apurado em laudo pericial homologado por decisão interlocutória preclusa. Intimação da exequente para apresentar nova planilha de cálculo não significa que o crédito é desprovido de liquidez, mas apenas deve ser atualizado. Singela determinação de instruir o feito com planilha atualizada não torna ilíquido o crédito. Alegação de violação de direito de preferência. Lance ofertado pelo companheiro da devedora, em valor igual ao lance ofertado pela exequente. Exequente pode arrematar o bem, a teor do art. 892, § 1°, do CPC. Havendo mais do que um pretendente, deve ocorrer licitação entre eles e, diante da igualdade de ofertas, deve-se garantir o direito de preferência ao cônjuge, ao companheiro, ao descendente e ao ascendente do executado, nesta ordem (CPC, art. 892, § 2°). Regras de direito processual. Origem do crédito, todavia, deve nortear a análise do direito de preferência. Extinção de condomínio c/c arbitramento de aluguel. Demanda envolvendo irmãs condôminas de imóvel indivisível. Copropriedade deve nortear a análise do direito de preferência, por força dos arts. 1.321 e 1.322 do CC. Concurso de preferências. Direito de preferência do coproprietário amparado no art. 843, § 1°, do CPC e arts. 1.321 e 1.322 do CC. Preferência do condômino, de índole material, prevalece sobre a preferência do companheiro, de natureza exclusivamente processual. Preferência do coproprietário em detrimento da preferência do companheiro do condômino. Arrematação homologada a favor da exequente, o que prestigia o direito de preferência da coproprietária, pondera a chance desperdiçada pela executada de remir a execução e garante que a fase executiva seja levada a bom termo. Recurso desprovido. (TJSP, AI n. 2313372-06.2023.8.26.0000/Jaboticabal, 1ª Câm. de Dir. Priv., rel. Francisco Loureiro, j. 19.03.2024, publ. 20.03.2024)

A preferência assegurada ao condômino supõe o estado de indivisão do condomínio, não sendo dessa espécie o imóvel arrematado, o qual, embora integrante de gleba maior, tem divisas averbadas no Cartório do Registro de Imóveis; validade da praça realizada sem a intimação de quem tem imóvel situado além desses limites. (STJ, REsp n. 645.672/MG, rel. Min. Ari Pargendler, j. 16.05.2006)

A ciência da data da hasta pública é presumida em se tratando de condômino que promoveu o procedimento judiciário, e que fez publicar os editais das praças. O direito de preferência do condômino deve ser exercido no momento oportuno, qual seja, no dia em que se deu a praça, não se valendo do art. 1.119 do CPC [sem correspondente no CPC/2015] para buscar amparo na ausência de intimação, notadamente quando inquestionável sua ciência do ato. (STJ, REsp n. 539.216/SP, rel. Min. Nancy Andrighi, j. 07.10.2004, *DJ* 08.11.2004, p. 224)

Sabe-se que "A preferência a que se refere o art. 1.118 do CPC [sem correspondente no CPC/2015] é de ser invocada ao ensejo da praça ou leilão" (STF, Relator o eminente Ministro Thompson Flores, consoante nota 2 do renomado Theotonio Negrão, no seu conhecido *Código de Processo Civil e legislação processual em vigor*, 28. ed., em colaboração com José Roberto Ferreira Gouvêa, Saraiva). E assim se tem decidido nesta corte, como se vê da seguinte ementa: Condomínio. Extinção. Venda de bem comum. Pedido de adjudicação feito por interessados após a realização do leilão. Indeferimento. Recurso não provido. A preferência prevista em lei deve ser exercida no leilão, após a proposta feita por estranho (AI n. 268.417-2/São Vicente, 15ª Câm. Cível, j. 03.10.1995, relator o eminente Des. Marcondes Machado). Assim, a preferência tinha de ser exercida, pelo agravante, na ocasião do leilão, imediatamente após a proposta ofertada pelo estranho, e não depois que a hasta pública já se findara. Anoto que o fato de os autos irem conclusos em seguida à praça não impedia que no momento dela fosse exercitado o direito à adjudicação pelo recorrente. Diante do exposto, nego provimento ao recurso. Gildo dos Santos, relator. (TJSP, AI n. 94.110-4, rel. Gildo dos Santos, j. 22.12.1998)

Venda de bem comum indivisível. O condômino que pretende extinguir o condomínio só adquire o direito de ação para a venda forçada depois de implementar o pressuposto inserido no art. 1.117, II, do CPC [sem correspondente no CPC/2015], que se refere ao dissenso quanto a adjudicação do quinhão a um dos consortes. Recurso provido. (TJRS, Ap. Cível n. 591.089.859, 8ª Câm. Cível, rel. Clarindo Favretto, j. 12.03.1992)

## Subseção II
## Da Administração do Condomínio

**Art. 1.323. Deliberando a maioria sobre a administração da coisa comum, escolherá o administrador, que poderá ser estranho ao condomínio; resolvendo alugá-la, preferir-se-á, em condições iguais, o condômino ao que não o é.**

O artigo em exame condensa o disposto no art. 635, § 2º, e no art. 636, ambos do CC/1916, com pequenas alterações quanto ao conteúdo dos preceitos.

Vimos no comentário ao art. 1.320, acima, que qualquer condômino pode exigir a divisão da coisa comum, ou seja, a manutenção da indivisão exige o consenso unânime de todos os consortes. Caso concordem com a persistência do condomínio, o passo seguinte é deliberar sobre a sua administração, ou seja, a utilização que será dada à coisa comum, de acordo com a sua natureza.

O administrador é eleito pela maioria dos condôminos, observada a regra do art. 1.325, adiante comentado. Não há direito de preferência na escolha de administrador, nem preeminência de qualquer condômino. Pode a escolha recair sobre um dos condôminos ou sobre estranhos, em quem confiam os consortes. Embora um só condômino tenha a maioria absoluta de quinhões, todos os demais devem ao menos ser convocados para a deliberação, inclusive para que impugnem a escolha do administrador.

O administrador eleito pelos condôminos tem poderes e responsabilidades equivalentes aos de um mandatário com mandato geral de administração, salvo restrição ou limitação impostas pela maioria. Deve proceder com diligência e seriedade, respondendo aos demais consortes pelos danos a que der causa, ainda que a maioria o ampare. Suas atribuições são diversas: efetua despesas necessárias e úteis, procede ao seu rateio e as repassa aos comunheiros, para que efetuem o pagamento de suas quotas, distribui os frutos e presta contas.

Os poderes conferidos ao administrador são de mera administração, não alterando a essência da coisa comum. Não abrangem, portanto, os atos de disposição, quer de alienação do todo ou parte, quer de oneração por direitos reais sobre coisa alheia (hipoteca, penhor, superfície, usufruto, servidão etc.). Essa limitação, todavia, não se estende aos frutos, que podem ser alienados a terceiros, repassando o administrador aos consortes as respectivas partes do proveito.

O direito de administrar ou de interferir na administração da coisa comum tem natureza potestativa e não está sujeito à prescrição ou decadência. Condômino que sempre se sujeitou à administração alheia da coisa comum pode a qualquer tempo intervir na direção do condomínio, exigindo votação para a indicação de administrador ou a sua destituição. O que prescrevem são as pretensões indenizatórias decorrentes de maus atos praticados pelo administrador.

A parte final do artigo regula a hipótese de a deliberação da maioria ser pela locação da coisa. Em tal caso, o condômino prefere a estranhos na locação, ofertando "tanto por tanto". Tem a norma razão de ser, pois via de regra o condômino melhor zelará pela coisa comum a ele locada, além de seu quinhão ideal responder por eventual inadimplemento. Constitui, ademais, meio eficaz de evitar a fraude da maioria, locando a coisa por valor inferior ao de mercado, em detrimento de condômino minoritário. É omisso o preceito quanto ao modo de exercício da preferência, razão pela qual se aplica a regra do art. 504 do CC. Caso diversos condôminos almejem a preferência, aplicam-se, por analogia, os critérios de prioridades entre os consortes, previstos no art. 1.322, anteriormente comentado. Não cabe à maioria negar a preferência do minoritário, porque a norma em questão é cogente.

**Jurisprudência:** Ação de nulidade de contrato de locação c/c reintegração de posse e cobrança. Condomínio. Insurgência do autor contra sentença de improcedência em relação à inquilina e de procedência parcial em relação aos demais corréus. Manutenção. Possibilidade de administração do bem comum por maioria somada à inequívoca existência de contrato de locação por longos anos, sem impugnação. Arts. 1.323 e 1.325, § 1º, ambos do CC, boa-fé objetiva e *supressio*. Recurso não provido. (TJSP, Ap. Cível n. 10211236120198260005/SP, 3ª Câm. de Dir. Priv., rel. Carlos Alberto de Salles, j. 24.10.2024, publ. 24.10.2024)

REsp. Civil. Processual civil. Condomínio (copropriedade). Locação. Aluguel. Revisional. O CC disciplina o condomínio e distingue os direitos e deveres dos condôminos (coproprietários) da administração do condomínio. A locação do imóvel compreende-se no âmbito da administração. Em consequência, a deliberação é tomada pela maioria. Esta, por seu turno, calculada não pelo número, senão pelo valor dos quinhões (CC, art.

637). A ação revisional, por isso, tem de receber apoio da maioria. A minoria (sentido normativo referido) não tem legitimidade ativa *ad causam* para propor ação revisional de aluguel (STJ, REsp n. 94.137/SP, rel. Min. Luiz Vicente Cernicchiaro, j. 17.09.1996). (*Lex-STJ* 95/199)

Locação. Ação revisional. Condomínio. Imóvel possuído *pro indiviso*. Ação proposta por condômino minoritário, sem a anuência das demais, objetivando reajuste apenas de sua terça parte no aluguel. Impossibilidade, ante a existência de divergência entre os condôminos. Tratando-se de locação concedida, por consenso unânime dos condôminos, a sociedade limitada constituída pelos próprios condôminos, a alteração das condições desse ato de administração do condomínio que possa afetar a destinação ou o uso preestabelecido da coisa comum está sujeita à deliberação da maioria, não à vontade unilateral de condômino minoritário. O art. 623 do CC não institui direitos absolutos, mas compatíveis com o estado de indivisão. Recurso especial, pela letra *a*, conhecido e provido para julgar a autora carecedora da ação e extinguir o processo. (STJ, REsp n. 51.254, 5ª T., rel. Min. Assis Toledo, j. 06.02.1995)

**Art. 1.324. O condômino que administrar sem oposição dos outros presume-se representante comum.**

Apenas o termo "mandatário", usado no art. 640 do CC/1916, foi corretamente substituído pelo termo "representante", em consonância com o instituto da representação, disciplinado agora de modo específico nos arts. 115 a 120 do CC/2002.

Regula o preceito a representação por um condômino decorrente de consentimento tácito dos demais, consistente em comportamento concludente de não oposição aos atos de administração. Esse é um dos casos em que a lei empresta efeitos jurídicos ao silêncio, nos termos do art. 111 do CC.

Note-se que a anuência tácita de que necessita o administrador não é da unanimidade dos condôminos, mas daqueles que somem a maioria dos quinhões. O consorte que se opuser poderá pedir que os demais se reúnam em assembleia, para deliberar de modo expresso a escolha do administrador. A maioria dos quinhões é que extingue, em votação, a representação tácita.

Os poderes do condômino representante são os mesmos que teria como administrador regularmente eleito, ou seja, não pode praticar nenhum ato de disposição, oneração, ou que exija poderes expressos e especiais. Os direitos e deveres são similares aos do administrador, referidos no comentário ao artigo anterior, inclusive o de prestar contas.

Provoca a representação relevantes efeitos em relação a terceiros. Reputam-se válidos e vinculam todos os condôminos os atos de mera administração praticados pelo condômino representante, como a locação, o comodato e as despesas contraídas para a manutenção e conservação da coisa comum. Prestigia a lei a confiança que a conduta concludente de um dos comunheiros, com o beneplácito dos demais, provoca a terceiros que com ele negociam. É necessária, porém, a existência de aparência da representação, aferível caso a caso, não podendo o terceiro descurar-se dos deveres de diligência e de cuidado presentes em todo negócio jurídico.

**Jurisprudência:** Condomínio. Sala comercial. Os autores, titulares de 2/3, utilizam, como verdadeiros administradores da coisa, com exclusividade, ajuizaram ação para que fosse constituída a obrigação de pagar aos requeridos a proporcionalidade de valor de aluguel. A sentença acolheu o laudo pericial e fixou o *quantum*, não admitindo compensação com dívidas (proporcional) de impostos e taxas condominiais, o que é confirmado pelo Tribunal, tendo em vista que os autores transformaram o regime da administração em verdadeira locação, por iniciativa deles próprios, isentando os demais de despesas (art. 1.324 do CC). Não é razoável que se opere descontos de tais títulos. Não provimento, com observações. (TJSP, Ap. Cível n. 10035759720228260011/SP, 4ª Câm. de Dir. Priv., rel. Enio Zuliani, j. 18.10.2024, publ. 18.10.2024)

O condômino que administrar, sem oposição dos demais, o imóvel de cotitularidade será presumido mandatário comum, tendo que prestar contas de sua administração, ainda mais quando se tratar de condomínio *pro indiviso*. Apelo desprovido. (TJRS, Ap. Cível n. 70.005.966.783, 8ª Câm. Cível, rel. Des. Antônio Carlos Stangler Pereira, j. 04.11.2004)

Condomínio. Coisa comum. Administração, inclusive com a locação a terceiros e a realização de obras, sem a oposição dos demais. Hipótese de mandato tácito, a reclamar o ajuizamento de ação de prestação de contas e não de cobrança de alugueres a serem apurados por perícia. Carência decretada. Recurso improvido (TJSP, Ap. Cível n. 306.473-4/3, rel. Des. Waldemar Nogueira Filho, j. 03.02.2004). (*Lex-TJSP* 279/41, 2004)

**Art. 1.325. A maioria será calculada pelo valor dos quinhões.**

**§ 1º As deliberações serão obrigatórias, sendo tomadas por maioria absoluta.**

**§ 2º Não sendo possível alcançar maioria absoluta, decidirá o juiz, a requerimento de qualquer condômino, ouvidos os outros.**

**§ 3º Havendo dúvida quanto ao valor do quinhão, será este avaliado judicialmente.**

A norma anterior recebeu aperfeiçoamento em sua redação, eliminando obscuridades então existentes. Foi, ainda, acrescentado o § 3º, que disciplina a mensuração do quinhão em caso de dúvida.

A regra do *caput* do artigo diz que a maioria será calculada não *per capita*, mas pelo valor dos quinhões. Isso significa que se despreza o número de condôminos, levando-se em conta o volume ou o valor da quota, vale dizer, a maioria dos interesses. Disso decorre que um único condômino pode deter isoladamente a maioria absoluta dos quinhões, e, portanto, concentrar o poder de deliberação. É bom esclarecer o exato significado da expressão "valor do quinhão": "o que importa é a fração ideal cabível a cada um e não o valor em pecúnia atribuível a essa fração" (FACHIN, Edson Luiz. *Comentários ao Código Civil*, coord. Antônio Junqueira de Azevedo. São Paulo, Saraiva, 2003, v. XV, p. 213).

O § 1º diz que a deliberação da maioria absoluta (metade mais um dos quinhões) vincula a minoria. Tais deliberações, é bom dizer, cingem-se aos atos de administração e gozo da coisa comum. Resta ao condômino minoritário vencido requerer a extinção do condomínio. Não basta a maioria, portanto, quando se trata de disposição ou oneração da coisa, ou mesmo de contrariar a sua destinação natural, ou isentar um consorte do pagamento da sua quota de despesas, ou mesmo fixar as partes cabentes a cada condômino. Exige-se aí a unanimidade.

O § 2º reza que, na impossibilidade de deliberar por maioria absoluta de quinhões, qualquer condômino pode superar o impasse requerendo manifestação judicial. Ouvidos os demais consortes, o juiz deliberará no sentido do maior proveito a todos os consortes e preservação da coisa comum, atento, também, à função social da propriedade.

Finalmente, o § 3º, novidade introduzida pelo CC/2002, dispõe que se houver dúvida quanto ao valor, ou o montante do quinhão, haverá avaliação judicial. Somente no caso de dúvida insuperável, não dirimida pelo título ou por outros meios de prova, é que se recorre à avaliação do quinhão. O termo "avaliação" gera perplexidade. Não se trata de avaliar a porção certa da coisa ocupada pelo condômino, no caso de condomínio *pro diviso*, mas sim de aferir, em caso de dúvida, qual a contribuição dada por consorte para a aquisição da coisa comum.

**Jurisprudência:** Apelação cível. Locação de imóvel em comum. Preliminar de coisa julgada. Rejeição. Ação anterior que disciplinou somente a relação locatícia entre as partes, não dispondo para eventuais futuras novas locações. Administração da coisa comum que cabe à maioria, calculada sobre o valor dos quinhões. Previsão do art. 1.325 do CC. Deliberação pelos proprietários cuja soma dos quinhões supere 50%. Autora detentora de 2/3 da propriedade do imóvel. Prerrogativa de formalizar contrato de locação independentemente da vontade do réu. Valor da causa. Ação declaratória. Correspondência com o conteúdo econômico. Valor do benefício que se pretende obter com a demanda. Adequação do critério adotado pela sentença, correspondente a 12 meses de aluguel. Média dos orçamentos apresentados na inicial, reduzidos a 2/3, fração que a autora detém sobre o imóvel. Recurso parcialmente provido. (TJSP, Ap. Cível n. 1011081-88.2021.8.26.0099/Bragança Paulista, 30ª Câm. de Dir. Priv., rel. João Baptista Galhardo Júnior, j. 30.01.2024, publ. 30.01.2024)

A aquisição de parcela do imóvel por um dos coproprietários, que passa a ser titular da maior parcela do imóvel, o legitima a celebrar contrato de locação, prevalecendo a sua vontade por aplicação do art. 1.325 do CC. (TJSP, AI n. 0243481-49.2011.8.26. 0000, 27ª Câm. de Dir. Priv., rel. Des. Gilberto Leme, j. 07.02.2012)

Sendo os réus titulares de 4/7 do imóvel comercial, detêm a maioria absoluta, podendo deliberar pelo despejo de um dos coproprietários e pela extinção do condomínio, com a venda do imóvel, após avaliação judicial, sem que tal fato importe abuso de direito, a ensejar pretensão indenizatória por parte do condômino despejado, sob a assertiva de falta de rendimento do imóvel desde a desocupação. IV – Eventuais gastos da autora com a saída do imóvel, bem assim com a locação de um outro para dar continuidade às suas atividades, ocorreram como consequência natural do despejo, medida legal adotada pelos réus, que, por esse motivo, não podem ser responsabilizados por qualquer prejuízo por ela experimentado (STJ, REsp n. 613.931/SP, rel. Min. Castro Filho, j. 10.02.2004, *DJ* 08.03.2004, p. 255). (*RDR* 34/364)

Condomínio (copropriedade). Locação. Aluguel. Revisional. O CC disciplina o condomínio e distingue os direitos e deveres dos condôminos (coproprietários) da administração do condomínio. A locação do imóvel compreende-se no âmbito da administração. Em consequência, a deliberação é tomada pela maioria. Esta, por seu turno, calculada não pelo número, senão pelo valor dos quinhões (art. 637 do CC). A ação revisional, por isso, tem de receber apoio da maioria. A minoria (sentido normativo referido) não tem legitimidade ativa *ad causam* para propor ação revisional de aluguel. (STJ, REsp n. 94.137, 6ª T., rel. Min. Luiz Vicente Cernicchiaro, j. 17.09.1996)

**Art. 1.326. Os frutos da coisa comum, não havendo em contrário estipulação ou disposição de última vontade, serão partilhados na proporção dos quinhões.**

Cuida-se de regra dispositiva, ou supletiva, de teor claro.

Na falta de disposição negocial entre os condôminos, ou estipulação do doador ou testador da coisa comum, o rateio dos frutos gerados pela coisa comum, civis, naturais ou industriais, é proporcional à força dos quinhões.

Vale notar que a lei fala em estipulação entre condôminos. Logo, não basta a deliberação da maioria para inverter a regra do rateio proporcional dos frutos. O alijamento ou o favorecimento do direito dos consortes aos frutos exige o consenso unânime dos condôminos, em exercício da autonomia privada.

O rateio desigual dos frutos não impede que o condômino venha, a qualquer tempo, exigir a correção da distorção. O que prescreve é a pretensão à percepção dos frutos vencidos.

**Jurisprudência:** Extinção de condomínio c/c arbitramento de aluguel. Procedência. Condomínio incontroverso sobre bem imóvel. Alegações postas na contestação e reiteradas no apelo que não servem para desconstituir o direito potestativo dos demais condôminos de se ver indenizado pela privação do uso da coisa. Inteligência dos arts. 1.319 e 1.326 do CC. Ressalva apenas quanto ao valor da cota-parte. Cada litigante possui 1/3 do imóvel, de modo que a ré deve pagar aluguel pela ocupação exclusiva na proporção de 2/3 (do valor a ser apurado em liquidação) aos autores e não como constou da sentença. Recurso parcialmente provido. (TJSP, Ap. Cível n. 10011461820238260337/Mairinque, 8ª Câm. de Dir. Priv., rel. Salles Rossi, j. 12.07.2024, publ. 12.07.2024)

Recurso especial. Ação de extinção de condomínio de unidade imóvel. Reconvenção objetivando o reembolso de despesas efetuadas por apenas um dos coproprietários de apartamento herdado por vários sucessores. Prescrição trienal aplicada na origem. Irresignação do reconvinte/condômino/coproprietário. Reclamo provido. Hipótese: Controvérsia atinente ao prazo prescricional aplicável à pretensão de reembolso de despesas efetuadas por coproprietário (condômino) com a manutenção da coisa em estado de indivisão. 1. Inaplicabilidade do prazo trienal ao caso, haja vista que não há como cogitar em enriquecimento sem causa ou em responsabilidade extracontratual, pois as obrigações e direitos inerentes ao condomínio estabelecido entre os detentores de uma fração ideal, ainda que não especificada, são de ordem pessoal. 2. A pretensão do condômino de reembolso de despesas efetuadas com a manutenção da coisa comum tem causa jurídica certa, vez que decorre da relação contratual (ainda que verbal ou presumida) existente entre os coproprietários daquele bem em estado de indivisão. A causa jurídica é oriunda da própria relação que os condôminos têm entre si e da sua obrigação para com a coisa, nos termos do art. 1.315 do CC, o qual estabelece que o "condômino é obrigado, na proporção de sua parte, a concorrer para as despesas de conservação ou divisão da coisa, e a suportar os ônus a que estiver sujeita", somente podendo o condômino eximir-se do pagamento das despesas e dívidas se renunciar à sua parte ideal, conforme dispõe o art. 1.316 do mesmo diploma. 3. Na hipótese, a pretensão do reconvinte é de reembolso de valores com os quais arcou – sozinho – para a manutenção e conservação da coisa comum de um apartamento havido em comum juntamente com demais herdeiros, incidindo à espécie o prazo geral estabelecido no ordenamento civil: 20 anos pelo CC/1916 (art. 177) e 10 anos pelo CC/2002 (art. 205), porquanto ausentes os requisitos para autorizar o enquadramento do caso em hipóteses legais específicas para as quais o legislador ordinário foi expresso ao estabelecer interregnos pontuais menores para o exercício da pretensão fundada em enriquecimento sem causa, ato ilícito ou responsabilidade extracontratual. 4. Recurso especial provido para afastar o prazo prescricional trienal, cassar o acórdão recorrido e a sentença que julgou extinta a reconvenção, com a determinação de retorno dos autos à origem para que o magistrado a quo prossiga no julgamento do pedido reconvencional como entender de direito. (STJ, REsp n. 2.004.822/RS, 4ª T., rel. Min. Maria Isabel Gallotti, j. 29.11.2023, *DJe* 19.12.2023)

Cumprimento de sentença. Extinção de condomínio. Na fase iniciada para avaliar e alienar o bem indivisível, é possível constituir a obrigação de compartilhar os frutos entre os proprietários. Tutela de urgência emitida com base em laudos de avaliação do imóvel. Quem ocupa imóvel comum, com exclusividade, deve retribuir ao condômino preterido o *quantum* respectivo derivado dos frutos proporcionais (arts. 1.319 e 1.326 do CC). Não provimento, com observação (pagamento do valor da metade do *quantum* admitido pelo *decisum*). (TJSP, AI n. 22619967820238260000/SP, 4ª Câm. de Dir. Priv., rel. Enio Zuliani, j. 06.11.2023, publ. 06.11.2023)

## *Seção II*
## *Do Condomínio Necessário*

**Art. 1.327. O condomínio por meação de paredes, cercas, muros e valas regula-se pelo disposto neste Código (arts. 1.297 e 1.298; 1.304 a 1.307).**

Houve apenas mudança quanto à remissão aos artigos relativos ao direito de vizinhança, agora corretamente circunscritos àqueles que dizem respeito a muros e tapumes.

Disciplina o condomínio necessário, ou forçado, que decorre diretamente da lei, independentemente da vontade das partes. Não se aplicam aqui as regras acima estudadas, relativas ao condomínio voluntário, uma vez que não se cogita de divisão ou extinção da coisa comum.

A remissão aos arts. 1.297, 1.298 e 1.304 a 1.307, já estudados, cria a presunção de que os tapumes de divisa pertencem a ambos os confinantes e também do direito potestativo do proprietário vizinho que depara com o muro já construído de se tornar condômino, indenizando metade da construção e da faixa de terreno.

**Art. 1.328. O proprietário que tiver direito a estremar um imóvel com paredes, cercas, muros, valas ou valados, tê-lo-á igualmente a adquirir meação na parede, muro, valado ou cerca do vizinho, embolsando-lhe metade do que atualmente valer a obra e o terreno por ela ocupado (art. 1.297).**

O artigo em estudo tem estreita relação e deve ser lido em conjunto com os arts. 1.297 e 1.305, já comentados.

O preceito confere ao proprietário o direito potestativo – não sujeito, portanto, a prazo prescricional – de adquirir, a qualquer tempo, a meação do muro ou tapume divisório, desde que indenize ao vizinho que o construiu, ou que sucedeu o construtor, metade do valor atual da obra e do terreno por ele ocupado.

O direito está circunscrito ao "proprietário que tiver direito de extremar um imóvel", o que exclui o mero possuidor e pressupõe divisas certas, para que se saiba onde devem ser colocados os muros e tapumes. Se as divisas não forem certas, primeiro se demarca, depois se estrema com tapumes, paredes ou assemelhados.

O clássico Carvalho Santos refere-se à figura em estudo como uma espécie de desapropriação. É, na verdade, uma das várias hipóteses contempladas no CC de alienação compulsória de coisa a quem preencha determinados requisitos previstos na lei. Não cabe ao dono do tapume recusar a aquisição da meação pelo vizinho, nem mesmo propor a sua demolição e construção de nova obra. De outro lado, tratando-se de direito de natureza patrimonial, nada impede que o beneficiário e ele renunciem de modo expresso.

É interessante notar que os direitos dos confinantes se entrecruzam. No dizer de Edson Luiz Fachin, "se, de um lado, há o direito potestativo do proprietário que construiu o muro de exigir que o confinante divida as despesas com ele, há, por parte desse confinante, direito de adquirir a meação do muro, se o outro proprietário o construiu por sua própria conta" (*Comentários ao Código Civil*, coord. Antônio Junqueira de Azevedo. São Paulo, Saraiva, 2003, v. XV, p. 220).

A parte final do preceito fixa os parâmetros da indenização, partindo-a em duas verbas distintas. A primeira corresponde à metade do valor atual da obra, o que evita o enriquecimento sem causa de qualquer das partes. De um lado, leva em conta eventual depreciação da construção e, de outro, possível desvalorização do que foi originalmente despendido pelo construtor. Guarda tal critério estreita simetria com a regra da parte final do art. 1.222 do CC, anteriormente comentado. A segunda corresponde à metade do valor do terreno onde estiver assentado o muro ou tapume divisório. Aqui há que fazer uma distinção, reproduzindo o que se disse no comentário ao art. 1.304: "em relação ao valor do chão, somente se aplica a norma se a parede estiver não sobre a linha de divisa, mas rente a ela, dentro da propriedade do vizinho que sofre a restrição". Se a parede foi construída sobre a linha divisória, não há razão lógica para que se pague pelo que já é seu, em manifesto enriquecimento a favor daquele que construiu o muro ou a parede.

**Jurisprudência:** Construção. Muro. Vizinho confinante. Concorrência nas despesas. Imposição que decorre do dever de vizinhança, que limita o próprio direito de propriedade. Ação procedente. Recurso provido para esse fim. Os tapumes divisórios entre propriedades presumem-se comuns, sendo os proprietários dos imóveis confinantes obrigados a concorrer em partes iguais para as despesas de sua construção (TJSP, Ap. Cível n. 46.293-4, rel. Munhoz Soares, j. 12.06.1997). (*Lex-TJSP* 195/29, 1997)

**Art. 1.329. Não convindo os dois no preço da obra, será este arbitrado por peritos, a expensas de ambos os confinantes.**

Caso não haja consenso dos proprietários confinantes quanto ao valor da indenização, será esta fixada judicialmente mediante perícia, cujo valor será, de igual modo, rateado entre as partes.

**Art. 1.330. Qualquer que seja o valor da meação, enquanto aquele que pretender a divisão não o pa-**

**gar ou depositar, nenhum uso poderá fazer na parede, muro, vala, cerca ou qualquer outra obra divisória.**

O artigo em estudo apresenta pequena alteração na redação em relação à norma anterior, mantendo, porém, a substância do preceito.

Como acima dito, há direito do proprietário confinante à alienação compulsória do muro ou parede divisória construídos por seu vizinho. A aquisição da metade ideal do muro, porém, é derivada, embora tenha origem na lei, de modo que o título para a transmissão da propriedade é o pagamento do respectivo preço. Não se inaugura matrícula para a aquisição da área onde se assenta o muro divisório, podendo, apenas, ser averbada a acessão.

Decorre daí a regra de que o proprietário confinante somente pode usar o muro divisório após efetuar o pagamento ou o depósito do valor correspondente à meação de seu custo e, em determinados casos, de metade do terreno onde se assenta. A utilização sem pagamento configura esbulho, cabendo ao vizinho ofendido usar de ações possessórias e petitórias para fazer cessar o ilícito, se necessário com pedido demolitório cumulativo, atingindo, inclusive, eventual adquirente de boa-fé, dada a natureza *propter rem* da obrigação.

Como acima dito, cuida-se de direito patrimonial disponível, de modo que pode o vizinho construtor permitir a utilização enquanto pende saldo de pagamento. Caso haja inadimplemento, cabem a resolução da avença e o desfazimento do condomínio necessário, dado o seu caráter derivado e causal.

Embora haja dúvida na doutrina tradicional, o melhor entendimento é que a instituição de condomínio sobre o tapume de divisa tem natureza constitutiva, e, portanto, efeito *ex nunc*, de modo que os atos lícitos praticados pelo construtor, na qualidade de então proprietário exclusivo do tapume, não são afetados pela ulterior comunhão.

**Jurisprudência:** Ação de obrigação de fazer e indenização por danos morais. Direito de vizinhança. Sentença de parcial procedência. Apelo do réu. Laudo pericial comprovou ter o réu realizado construção em cima do muro levantado exclusivamente pela autora, em seu terreno. Ausente pagamento pela meação do muro divisório, nenhum uso pode o confinante fazer. Desfazimento necessário. Inteligência dos arts. 1.307 e 1.330 do CC. Redução da multa diária, ante as peculiaridades do caso concreto. Sentença reformada apenas neste aspecto. Recurso parcialmente provido, com observação. (TJSP, Ap. Cível n. 1000761-36.2015.8.26.0439, rel. Maria Cristina de Almeida Bacarim, j. 21.03.2019)

## CAPÍTULO VII
## DO CONDOMÍNIO EDILÍCIO

### *Seção I*
### *Disposições Gerais*

**Art. 1.331. Pode haver, em edificações, partes que são propriedade exclusiva, e partes que são propriedade comum dos condôminos.**

**§ 1º As partes suscetíveis de utilização independente, tais como apartamentos, escritórios, salas, lojas e sobrelojas, com as respectivas frações ideais no solo e nas outras partes comuns, sujeitam-se a propriedade exclusiva, podendo ser alienadas e gravadas livremente por seus proprietários, exceto os abrigos para veículos, que não poderão ser alienados ou alugados a pessoas estranhas ao condomínio, salvo autorização expressa na convenção de condomínio.**

Parágrafo com redação dada pela Lei n. 12.607, de 04.04.2012.

**§ 2º O solo, a estrutura do prédio, o telhado, a rede geral de distribuição de água, esgoto, gás e eletricidade, a calefação e refrigeração centrais, e as demais partes comuns, inclusive o acesso ao logradouro público, são utilizados em comum pelos condôminos, não podendo ser alienados separadamente, ou divididos.**

**§ 3º A cada unidade imobiliária caberá, como parte inseparável, uma fração ideal no solo e nas outras partes comuns, que será identificada em forma decimal ou ordinária no instrumento de instituição do condomínio.**

Parágrafo com redação dada pela Lei n. 10.931, de 02.08.2004.

**§ 4º Nenhuma unidade imobiliária pode ser privada do acesso ao logradouro público.**

**§ 5º O terraço de cobertura é parte comum, salvo disposição contrária da escritura de constituição do condomínio.**

Legislação correlata: art. 1º, Lei n. 4.591, de 16.12.1964.

O artigo em estudo inaugura o Capítulo "Do Condomínio Edilício", que não era tratado no CC/1916, e corresponde aos arts. 1º ao 21 da Lei n. 4.591/64. Destaque-se que o § 3º transcrito segue a redação que lhe foi dada pela Lei n. 10.931/2004, que alterou vários dispositivos do CC/2002.

A primeira questão a ser examinada é o atual regime jurídico do condomínio edilício, em especial a revogação, ou não, ou em que medida, da Lei n. 4.591/64 pelo CC/2002, que é lei geral, ao passo que a lei de condomínio e incorporações é especial. Não prevalece, porém, o princípio da especialidade, porque a lei geral trata da mesma matéria, voltada aos mesmos destinatários. A situação jurídica é a mesma, sem qualquer discrímen que justifique a aplicação de regra especial à categoria distinta. Por isso, o CC/2002 derrogou a Lei n. 4.591/64 em tudo aquilo que com ela conflite. Os arts. 28 e seguintes da lei especial, voltados à disciplina da incorporação imobiliária, estão em plena vigência, uma vez que tal negócio jurídico não foi objeto de regramento distinto no CC/2002. Resta apenas saber, no tocante aos arts. 2º a 27, se houve derrogação ou ab-rogação da lei especial pelo atual Código. Embora haja entendimento divergente a respeito, a melhor posição é no sentido de que houve simples derrogação, podendo as regras da lei especial ser aplicadas de modo supletivo nas lacunas do CC/2002, desde que não conflitem com os princípios ou as regras posteriores. Prova disso é que o próprio art. 1.332, adiante comentado, dispõe que em relação à instituição do condomínio edilício se aplicam não somente as regras do próprio CC como também o disposto em lei especial.

Ainda no tocante à questão do regime jurídico, o entendimento tranquilo dos nossos tribunais é no sentido de que na relação entre condomínio e condômino não incidem as regras de proteção do CDC, uma vez que não há situação de consumo, porque o condomínio não é fornecedor de bens ou de serviços.

O condomínio, porém, em certas situações pode se qualificar como consumidor, pois representa e defende os interesses materiais dos condôminos. Julgado do STJ, transcrito a seguir, assentou que "o condomínio equipara-se ao consumidor, enquanto coletividade que haja intervindo na relação de consumo". Trata o caso julgado de ação do condomínio em face da incorporadora, na qual se discute a aplicação da destinação integral do produto do financiamento garantido por alienação fiduciária nas obras do edifício, que constitui patrimônio de afetação. De igual modo, ações movidas pelo condomínio por vícios ou defeitos de construção, ou de serviços prestados por terceiros, também se qualificam como de consumo.

Quanto à extensão das regras do condomínio edilício, na Jornada de Direito Civil do CEJ do CJF aprovou-se o seguinte enunciado: "O disposto nos arts. 1.331 a 1.358 do CC aplica-se, no que couber, aos condomínios assemelhados, tais como loteamentos fechados, multipropriedade imobiliária e clubes de campo". O enunciado deve ser lido com cautela. Claro que as vias internas dos loteamentos fechados, ou de acesso controlado, são bens públicos e sua aprovação, registro e alienação obedecem ao regime jurídico próprio (Lei n. 6.766/79, art. 2º, § 8º, se urbanos, e DL n. 58/37, se rurais). As alienações de lotes em loteamentos regulados pela Lei n. 6.766/79 como se fossem unidades autônomas constituem fraude à lei e são nulas de pleno direito, além de tipificarem infração penal. Lembro, porém, que a Lei n. 13.465/2017 acrescentou o art. 1.358-A ao CC, adiante comentado e ao qual se remete o leitor, que institui o condomínio de lotes, situação inconfundível com a de loteamentos fechados.

As regras relativas ao condomínio edilício, que podem ser estendidas aos loteamentos fechados, são as das contribuições condominiais, para que todos os proprietários de lotes paguem de modo proporcional o custo da manutenção de benefícios comuns a todos os adquirentes, como segurança e paisagismo, evitando o enriquecimento sem causa de uns em desfavor dos demais, consoante entendimento de nossos tribunais. É irrelevante que o loteamento seja ou não fechado por lei, ou, ainda, que o adquirente de lote seja ou não associado à associação de moradores. O que importa é a efetiva prestação de serviços que revertam em proveito geral e provoquem a valorização do imóvel. A fonte da obrigação não é o consentimento manifestado à associação, até porque ninguém é obrigado a permanecer associado, mas sim a cláusula geral que veda o enriquecimento sem causa.

Diversos julgados tratam da matéria aludindo a "condomínios de fato", que, embora não regularmente constituídos, geram manutenção de certos equipamentos que beneficiam todos os moradores ou adquirentes de lotes. A possibilidade de cobrança do custeio de serviços em tais empreendimentos é hoje objeto de acesa polêmica. Inicialmente, o STJ admitiu a prática, desde que provada a existência de serviços que beneficiem todos os adquirentes de lotes. Em um segundo momento, prevaleceu o entendimento de que o rateio somente pode ser cobrado de morador associado ou que anuiu à cobrança. Aparentemente, impressionou-se o STJ com a possibilidade de criação da obrigação com origem diversa do contrato, da declaração unilateral de vontade, ou de ato ilícito. Também o STF afirmou a impossibilidade de cobrança de rateio de despesa de adquirente de lote não associado, sob o ângulo estrito do art. 5º, XX, da CF, de que "ninguém poderá ser compelido a associar-se ou a permanecer associado". Esqueceu-se, porém, que no regime do atual CC o enriquecimento sem causa constitui fonte autônoma de obrigação. Recurso repetitivo do STJ consolidou o entendimento da impossibilidade de cobrança do rateio de despesas em face de adquirentes não associados. Precedentes posteriores ao recurso repetitivo, porém, corretamente ressalvam a possibilidade de a cobrança ser feita com fundamento em cláusula aposta em contrato de compromisso de compra e venda, ainda que o contrato-padrão não seja registrado no registro de imóveis. Frente a terceiros subadquirentes, todavia, exige-se que a obrigação de participação no rateio de despesas conste não apenas do contrato celebrado entre o loteador e o primeiro adquirente, mas conste também do registro imobiliário.

A melhor orientação é a de que se deve analisar cada caso concreto e exigir a prova, a cargo da associação autora, de real e proveitosa prestação de serviços indivisíveis a todos os moradores ou adquirentes de lotes. Eventual cláusula penal moratória, prevista em estatuto, é que pode ser cobrada apenas dos associados, em razão de sua natureza convencional. A cláusula penal, embora não seja pacífica a matéria, está limitada a 2%, em razão de aplicação analógica do art. 1.336, § 1º, do CC/2002, comentado a seguir. Não faria sentido que em condomínios regularmente instituídos a cláusula penal fosse limitada, mas livre nos condomínios de fato. No que se refere ao prazo prescricional da pretensão, o entendimento, também majoritário, é no sentido de que é trienal, pois o fundamento da cobrança é, como já dito, o enriquecimento sem causa. Caso, porém, a cobrança seja ajuizada contra associado, o prazo será o ordinário ou, quando muito, o quinquenal, se o crédito foi líquido, em harmonia com o entendimento sedimentado em sede de recurso repetitivo pelo STJ, no que se refere às despesas em condomínio edilício regularmente instituído.

Recente precedente do STJ entendeu que "a partir da interpretação restritiva do rol do art. 784 do CPC e tendo em mira a tipicidade dos títulos executivos, conclui-se que o termo de adesão associativa celebrado entre proprietário de lote de terreno e a associação que administra o loteamento nao possui natureza jurídica de título executivo extrajudicial", exigindo, portando ação de conhecimento para a cobrança (STJ, REsp n. 2.110.029/SP, j. 12.11.2024, rel. Min. Nancy Andrighi).

Criou a Lei n. 13.465/2017, que trata da regularização fundiária urbana e rural, duas novas modalidades de condomínio. A primeira é o condomínio de lotes, regulada pelo art. 1.358-A, adiante comentado. A segunda é o condomínio urbano simples, regulado nos arts. 61 a 63 da Lei n. 13.465/2017.

O condomínio urbano simples é instrumento da REURB e se constitui de conjunto de construções de casas ou cômodos sobre um mesmo terreno. Observadas regras urbanísticas, na mesma matrícula serão discriminadas as construções ou partes de utilização exclusiva e as que constituem passagem para a via pública ou para as unidades entre si. Cuida-se de condomínio edilício simplificado, voltado à regularização de múltiplas construções sobre um mesmo lote, faz-se o registro na matrícula do imóvel, dispensada a convenção de condomínio, e, a seguir, abre-se matrícula individual para cada unidade autônoma, sobre as quais os condôminos têm propriedade plena.

Quanto à natureza jurídica do condomínio edilício, Caio Mário da Silva Pereira, após expor as diversas teorias a respeito, conclui a inadequação das tentativas de enquadrá-lo em institutos diversos, como a servidão ou a sociedade. Trata-se de instituto novo, com a fusão dos conceitos de domínio exclusivo e de domínio comum para a criação de um conceito próprio. As propriedades exclusiva e comum se aglutinam, formando um todo indissolúvel e unitário. Há uma simbiose orgânica entre ambos, para formação de um complexo, e não uma simples justaposição de institutos (*Condomínio e incorporações*, 10. ed. Rio de Janeiro, Forense, 2002, p. 92-3).

Problema não resolvido pelo CC/2002 é o da personalidade jurídica do condomínio edilício. A doutrina tradicional, capitaneada por Caio Mário da Silva Pereira (op. cit., p. 89), não reconhece ao condomínio personalidade jurídica distinta da personalidade dos condôminos, até para evitar que o condômino se torne proprietário de uma cota imaterial da pessoa jurídica, em vez de cota ideal material das partes comuns e do solo. Além disso, embora haja comunhão orgânica dos condôminos, cada um tem interesses próprios, distinguindo-se aí da sociedade. É ponto incontroverso, porém, a personalidade processual ou judiciária do condomínio para, em seu próprio nome e representado pelo síndico, agir ativa ou passivamente em juízo, na defesa dos interesses materiais da comunidade dos condôminos (art. 12, IX, do CPC/73; art. 75, XI, do CPC/2015). Em suma, o entendimento predominante é no sentido da existência de personalidade judiciária, mas não de personalidade de direito material do condomínio. Esse posicionamento passou a ser questionado em razão de diversas situações jurídicas que, para receber solução confortável, implicariam o reconhecimento da personalidade jurídica total do condomínio. São os casos de contratos de prestação de serviços diversos, firmados pelo condomínio e não pelos condôminos, a aquisição de imóvel vizinho para ampliação da área de garagens ou de recreio comum e a adjudicação ou arrematação da unidade do condômino inadimplente em hasta pública. Seria inviável, em todas elas, exigir o consentimento de todos os condôminos, especialmente considerando a possibilidade de alguns serem incapazes. De outro lado, o reconhecimento incondicional de personalidade poderia levar a situações inadmissíveis, como, por deliberação da maioria, se adquirir imóvel de campo ou ingressar em empreendimento de risco estranho à finalidade do condomínio, colocando em risco o patrimônio pessoal de todos os condôminos minoritários.

Assim, na I Jornada de Direito Civil do CEJ do CJF aprovou-se o seguinte enunciado, de n. 90: "Admite-se a personalidade jurídica ao condomínio, desde que em atividade de seu peculiar interesse". A posição equilibrada evita a exposição de riscos excessivos. Em reunião mais recente, a mesma Jornada aprovou enunciado mais amplo (Enunciado n. 246): "Fica alterado o Enunciado n. 90, com supressão da parte final: 'nas relações jurídicas inerentes às atividades de seu peculiar interesse'. Prevalece o texto: 'Deve ser reconhecida personalidade jurídica ao condomínio edilício'".

O Conselho Superior da Magistratura de São Paulo, em mudança de posição, passou a admitir que o condomínio adjudique para si a unidade autônoma de condômino inadimplente, seguindo o que já fora decidido em relação ao espólio. Apenas ressalva o julgado que tanto a adjudicação como a posterior alienação da unidade autônoma a terceiros devem ser previamente aprovadas por assembleia geral, por unanimidade de votos, excluindo-se apenas o do condômino inadimplente (Ap. Cível n. 273-6/7, rel. Des. José Cardinale). Aplicou-se, por analogia, o disposto no art. 63, § 3º, da Lei n. 4.591/64, em plena vigência, que admite expressamente a aquisição da unidade autônoma de condômino inadimplente, em construção a preço de custo, por parte do condomínio de construção do edifício.

O art. 1.331 trata dos requisitos do condomínio edilício. O *caput* do artigo menciona que "pode haver" partes de propriedade exclusiva e partes comuns. Na verdade, deve haver partes de propriedade exclusiva, vinculadas de modo indissociável à fração ideal de terreno e das coisas comuns do edifício.

O § 1º do artigo, que sofreu relevante alteração em virtude da recente Lei n. 12.607, de 04.04.2012, trata inicialmente do primeiro requisito do condomínio edilício: a existência de edificação, sob a forma de unidades autônomas.

Até o ano de 2017 não se admitia o que se denomina "condomínio de solo", com aquisição de terrenos sem edificação ou vinculação a edificação futura. Atualmente o art. 1.358-A do CC disciplina o condomínio de lotes sem qualquer edificação. Cada lote corresponderá a uma unidade autônoma, com fração ideal de terreno sobre as áreas comuns do empreendimento, sendo suficiente para a instituição do condomínio a conclusão das obras de infraestrutura.

As unidades autônomas, propriedade exclusiva que são, podem ser livremente alienadas ou oneradas por seus titulares, sem observância da regra de preferência do art. 504 do CC. Claro que a livre alienação da unidade autônoma é acompanhada de sua fração ideal no terreno e nas coisas comuns, indissociáveis entre si.

A alteração introduzida pela Lei n. 12.607, de 04.04.2012, feita com o propósito relevante de garantir a segurança dos condomínios edilícios, evitando a alienação de garagens a estranhos, criou aparente antinomia com os arts. 1.338 e 1.339, adiante comentados, e merece interpretação criativa. A segunda parte do § 1º, objeto da inovação, diz que "os abrigos para veículos, que não poderão ser alienados ou alugados a pessoas estranhas ao condomínio, salvo autorização expressa na convenção de condomínio".

Falha grave do CC/2002 é a omissão quanto ao regime jurídico das garagens. Cabe, de início, ressaltar que as vagas em edifícios-garagem são sempre unidades autônomas. Nos demais casos, há apenas breve alusão ao abrigo de veículos, como parte de utilização exclusiva dos condôminos. Colmata-se a lacuna do CC aplicando-se o que contém o art. 2º, § 1º, da Lei n. 4.591/64. A doutrina e a jurisprudência admitem tripla modalidade das vagas, a saber: a) como coisa comum, absorvida na fração ideal de terreno da unidade autônoma, conferindo o direito de estacionar veículo no espaço comum que se encontrar desocupado, sem demarcação. Admite-se que a convenção de condomínio discipline o uso, ou faça o sorteio de utilização temporária das vagas; b) como acessório de unidade autônoma, reservada a um condômino ou a determinado grupo, sem fração ideal de terreno a ela atrelada, mas demarcada para uso privativo do titular da unidade a que se vincula; distingue-se da modalidade anterior, porque a unidade com vaga acessória tem fração ideal maior no terreno do edifício; c) como unidade autônoma, com fração ideal de terreno a ela atrelada, com designação específica e extremada das demais vagas de garagem.

Parece claro que as vagas perfeitamente demarcadas, que constituem unidades autônomas, com fração ideal de terreno própria e não vinculadas a nenhuma unidade habitacional ou comercial, ou seja, aquelas que não guardam relação de dependência e nem são acessórias, podem ser alienadas ou locadas livremente a terceiros. Tome-se como exemplo os edifícios-garagem, nos quais cada vaga tem plena autonomia, de modo que não faria o menor sentido a restrição quanto ao poder de dispor ou de locá-las a terceiros.

As limitações da parte final do § 1º alcançam apenas as vagas de garagem indeterminadas, ou mesmo as vagas determinadas que se encontrem vinculadas a uma unidade autônoma principal, seja habitacional ou empresarial. O Conselho Superior da Magistratura de São Paulo recentemente afirmou que o simples fato de a garagem situar-se em prédio comercial não dispensa a prévia previsão em convenção de condomínio para alienação a terceiros (*v.* acórdão transcrito a seguir). A limitação abrange tanto a alienação como a locação a terceiros estranhos ao condomínio. Embora omissa a regra, parece claro que se a sua função é a de evitar que terceiros tenham acesso às dependências da edificação, a vedação também se estende ao comodato. Haveria manifesta violação ao sentido da norma se o condômino não pudesse vender ou locar a vaga, mas pudesse emprestá-la gratuitamente, provocando os mesmos efeitos deletérios à segurança do condomínio. São "pessoas estranhas ao condomínio", na dicção da lei, aqueles que não são titulares nem de direitos reais nem de direitos pessoais que impliquem posse ou uso da unidade autônoma principal. Logo, nada impede, por exemplo, de um locatário ou um comodatário, ou um promitente comprador de um apartamento, locar a vaga de seu vizinho. Já a aquisição das vagas está circunscrita aos demais condôminos, pois a perenidade da propriedade se mostra incompatível com a transitoriedade dos contratos de locação ou de comodato.

Indaga-se sobre a possibilidade de se penhorar vagas de garagem independentemente das unidades às quais se encontram vinculadas. Os tribunais admitem tal possibilidade, desde que as vagas sejam determinadas e objeto de matrícula própria. Caso, no entanto, encontrem-se vinculadas a uma unidade autônoma principal, ainda que tenham matrículas próprias, incidirá a vedação da alienação a terceiros estranhos ao condomínio, de modo que a hasta pública ocorrerá no universo limitado dos demais condôminos (*vide* jurisprudência abaixo).

A alteração do regime de alienação e locação das vagas de garagem em razão do advento da Lei n. 12.607, de 04.04.2012, incide sobre os novos e sobre os antigos condomínios edilícios, mesmo aqueles constituídos antes do seu advento. Isso porque se trata de norma de ordem pública, não existindo direito adquirido a determinado regime jurídico. Claro, porém, que os contratos de alienação ou de locação de vagas celebrados antes da vigência da lei são atos jurídicos perfeitos e não alcançados pela norma superveniente.

A vedação à alienação ou locação das vagas de garagens a pessoas estranhas não é absoluta, pois pode ser admitida por expressa previsão da convenção de condomínio. No silêncio, persiste a restrição. Disso decorre que o *quorum* para inserir a autorização é o mesmo que se exige para alterar a convenção, de 2/3 das frações ideais, como previsto no art. 1.351 do CC. Há uma antinomia entre a nova redação do § 1º em estudo e o § 2º do art. 1.339, adiante comentado, que exige, além da previsão na convenção, também previsão na instituição do condomínio edilício. O ideal é que o legislador tivesse alterado os dois dispositivos, mas, como não o fez, prevalece a lei posterior, de modo que basta a previsão na convenção de condomínio. Finalmente, lembre-se que mesmo naqueles casos em que se permitir a alienação ou a locação, deverá ser respeitado o direito de preferência dos demais condôminos. O Enunciado n. 320 do CEJ, apesar de editado antes da alteração legislativa, tem plena aplicação: o direito de preferência de que trata o art. 1.338 deve ser assegurado não apenas nos casos de locação, mas também na hipótese de venda da garagem.

O segundo requisito do condomínio edilício é a vinculação, de modo indissolúvel, das unidades autônomas à fração ideal do terreno onde se assenta o edifício e nas coisas comuns. O § 2º do art. 1.331, que corresponde ao art. 3º da Lei n. 4.591/64, enumera, de modo exemplificativo, quais são as partes comuns do condomínio edilício. Menciona o solo, a estrutura do prédio, o telhado, a rede geral de água, esgoto, gás e eletricidade, a calefação e a refrigeração centrais e o acesso aos logradouros públicos. Alude, ainda, às "demais partes comuns", que se podem resumir, como fazia a redação superior da lei revogada, "a tudo o que mais sirva a qualquer dependência de uso comum dos proprietários".

O período final do § 2º do art. 1.331 reza que as partes comuns são utilizadas em comum pelos condôminos, não podendo ser alienadas separadamente ou divididas. Como acentua Marco Aurélio S. Viana, a nova redação do preceito não mais veda de modo incisivo, como fazia o art. 3º da Lei n. 4.591/64, a utilização exclusiva de parte comum por um dos condôminos, desde que a unanimidade, em assembleia, delibere nesse sentido. Tome-se como exemplo a laje de cobertura, cuja utilidade atende ao interesse exclusivo do condômino do último andar. A propriedade permanece comum, mas o uso pode ser cedido por unanimidade ao condômino interessado (*Comentários ao Código Civil*. Rio de Janeiro, Forense, 2003, v. XVI, p. 389). O Enunciado n. 247 da III Jornada de Direito Civil 2004 editou conclusão ainda mais liberal: "Art. 1.331: No condomínio edilício é possível a utilização exclusiva de área 'comum' que, pelas próprias características da edificação, não se preste ao 'uso comum' dos demais condôminos".

O § 5º do art. 1.331 diz respeito ao terraço de cobertura, dispondo que integra as partes comuns, salvo disposição em contrário na "escritura de constituição" do condomínio. A regra, pois, é dispositiva, porque somente se aplica no silêncio de cláusula negocial em sentido contrário. Há certa imprecisão na utilização do termo "escritura", vez que a instituição do condomínio edilício pode ter como título instrumento particular. A nova regra consolida entendimento da doutrina e dos tribunais de que nem sempre a laje de cobertura constitui área comum, como dava impressão o art. 3º da Lei n. 4.591/64.

O § 3º do art. 1.331, alterado pela Lei n. 10.931/2004, diz que a fração ideal deve ser indicada de modo decimal no momento da instituição do condomínio. A fração ideal, como diz Caio Mário da Silva Pereira, "é a cifra representativa do interesse econômico de cada uma das pessoas participantes do condomínio" (op. cit., p. 98). A lei abandonou o critério, adotado originalmente pelo CC, de calcular a fração de modo proporcional ao valor de cada unidade autônoma. Logo, a fração ideal, agora, tem critério livre, podendo ser calculada tanto tomando como base o valor como o tamanho da unidade autônoma, ou, ainda, em porções iguais a todas as unidades. Prevalece a autonomia privada dos condôminos no momento da instituição do condomínio, respeitados, é claro, os princípios cogentes da boa-fé objetiva, equilíbrio negocial e função social do contrato e da propriedade. Deixa expresso a lei apenas o momento em que a fração ideal deve estar fixada, qual seja, o da instituição do condomínio edilício, ou, caso haja incorporação imobiliária, ao momento de seu registro. Atuais as palavras de Caio Mário da Silva Pereira, para quem "uma vez estabelecida, é definitiva a quota ideal de cada um", podendo ser retificada se houver erro material de cálculo. A ocorrência de fatos posteriores, que alterem o valor das unidades, a princípio não muda as frações ideais, salvo deliberação da assembleia geral, "mas a votação há de ser unânime, pois que o efeito da deliberação repercute na esfera jurídica de todos e de cada um, reduzindo os encargos de alguém em prejuízo de outrem e afetando a distribuição do valor de quotas individuais de cada comunheiro no valor global do edifício" (op. cit., p. 101).

O terceiro requisito do condomínio edilício está positivado no § 4º do art. 1.331: toda a unidade autônoma deve ter acesso à via pública. Pode o acesso ser direto, como de lojas com frente para a via pública, ou indireto, por meio das áreas comuns do edifício, como no caso de apartamentos ou conjuntos comerciais. O que importa é que as unidades autônomas não podem estar encravadas, subordinado o acesso à travessia de outra unidade.

O quarto e último requisito do condomínio edilício está previsto no art. 1.332, adiante comentado. Deve haver a vontade dos condôminos voltada à adoção do regime jurídico, mediante instituição do condomínio, levada ao registro imobiliário.

**Jurisprudência:** Enunciado n. 596, CEJ: O condomínio edilício pode adquirir imóvel por usucapião.

Enunciado n. 247, CEJ: No condomínio edilício é possível a utilização exclusiva de área "comum" que, pelas próprias características da edificação, não se preste ao "uso comum" dos demais condôminos.

É possível a penhora de vaga de garagem com matrícula própria em registro público associada a imóvel considerado bem de família, conforme estabelecido na Súmula n. 449 do STJ. A vedação à alienação de vaga de garagem para terceiro estranho ao condomínio, sem autorização expressa na convenção condominial, prevista no art. 1.331, § 1º, do CC/2002, prevalece mesmo no caso de alienação judicial por hasta pública. (STJ, REsp n. 2.095.402/SC, j. 06.08.2024, rel. Min. Antonio Carlos Ferreira)

A hasta pública para alienação de vaga de garagem em condomínio se restringe aos demais condôminos, salvo autorização expressa na convenção condominial. (STJ, REsp n. 2.008.627/RS, 2ª T., rel. Min. Assusete Magalhães, por unanimidade, j. 13.09.2022)

É inválida a cobrança da taxa de manutenção de loteamento fechado – por administradora constituída sob a forma de associação, de proprietários de lote não associados ou que a ela não anuíram expressamente – às relações jurídicas constituídas antes da entrada em vigor da Lei n. 13.465/2017 ou de anterior lei municipal (STJ, REsp n. 1.991.508/SP, 3ª T., rel. Min. Nancy Andrighi, por unanimidade, j. 09.08.2022, *DJe* 12.08.2022)

1 – Possuindo matrícula independente de outra unidade imobiliária, a vaga de garagem caracteriza-se como unidade autônoma e pode ser objeto de constrição. Súmula n. 449 do STJ. Precedentes. 2 – A limitação trazida pelo art. 1.331, § 1º, do CC, quanto à alienação a pessoa estranha ao condomínio não obsta seja o abrigo para veículos levado a hasta pública, limitando-se, todavia, o universo de possíveis arrematantes. 3 – AI conhecido e desprovido. Unânime. (TJDF, AI n. 0701944-63.2019.8.07.0000, rel. Des. Romeu Gonzaga Neiva, j. 27.06.2019)

1. Polêmica em torno da possibilidade de inversão do ônus da prova para se atribuir a incorporadora demandada a demonstração da destinação integral do produto de financiamento garantido pela alienação fiduciária de unidades imobiliárias na incorporação em questão (patrimônio de afetação). 2. Aplicabilidade do CDC ao condomínio de adquirentes de edifício em construção, nas hipóteses em que atua na defesa dos inte-

resses dos seus condôminos frente a construtora/incorporadora. 3. O condomínio equipara-se ao consumidor, enquanto coletividade que haja intervindo na relação de consumo. Aplicação do disposto no parágrafo único do art. 2º do CDC. 4. Imposição de ônus probatório excessivamente complexo para o condomínio demandante, tendo a empresa demandada pleno acesso às provas necessárias à demonstração do fato controvertido. (STJ, REsp n. 1.560.728/MG, rel. Min. Paulo de Tarso Sanseverino, j. 18.10.2016)

Garagem. Condomínio comercial. Venda a terceiros. Impossibilidade. Ausência de expressa autorização na convenção condominial. Impedimento previsto no art. 1.331, § 1º, do CC. Recurso desprovido. "O intuito do legislador parece ter sido o de aprimorar a segurança das unidades condominiais, ao vedar, ressalvado explícito consentimento na convenção, que pessoas a elas alheias circulassem pelo edifício apenas porque proprietárias de vagas de garagem. Assim é que se faz de todo irrelevante averiguar se o propósito do condomínio é residencial ou comercial. A regra em berlinda incide indistintamente, como, aliás, decorre da alusão a "apartamentos, escritórios, salas, lojas e sobrelojas", na parte inicial da respectiva redação. (TJSP, Ap. n. 1107811-71.2015.8.26.0100, rel. Des. Corregedor Geral Pereira Calças, j. 20.09.2016).

Adjudicação. Vaga de garagem. Deferimento. Impossibilidade. Hipótese em que embora a vaga de garagem possua matrícula própria, e possa ser penhorada e vendida para garantir a execução, não pode ser adquirida por terceiro estranho ao condomínio. Art. 1.331 do CC. Recurso provido para tal fim. (TJSP, AI n. 2150305-06.2016.8.26.0000, 13ª Câm. de Dir. Priv., rel. Heraldo de Oliveira, j. 14.09.2016; no mesmo sentido: TJSP, AI n. 0171240- 43.2012.8.26.0000/SP, 20ª Câm. de Dir. Priv., rel. Des. Álvaro Torres Júnior, j. 25.03.2013; TJSP, AI n. 2113112 88.2015.8.26.0000, rel. Mendes Pereira, j. 11.02.2016)

As taxas de manutenção criadas por associações de moradores não obrigam os não associados ou que a elas não anuíram. (STJ, REsp n. 1.280.871/SP, rel. Min. Ricardo Villas Bôas Cueva, rel. p/ ac. Min. Marco Buzzi, 2ª S., j. 11.03.2015, *Dje* 22.05.2015) (Recurso repetitivo, Tema: 882)

Apelação cível. Condomínio edilício. Edificações de unidades superpostas. O terraço de cobertura é área de uso comum, nos termos do § 5º do art. 1.331 do CC. Integram o direito subjetivo de propriedade do *dominus* de cada unidade as dependências necessárias, quais sejam, a caixa d'água e antena privativas. (TJRJ, Ap. Cível n. 2006.001.17317, 11ª Câm. Cível, rel. Des. Marilene Melo Alves, j. 31.05.2006)

É devido o pagamento, a título de contraprestação, pelo uso privativo, como estacionamento, de área condominial comum. 2 – Inexiste prescrição aquisitiva em face da utilização exclusiva e costumeira de área comum. Inteligência do art. 1.331, § 2º, do CC, e do art. 3º, da Lei n. 4.591/64. (TJRS, Ap. Cível n. 70.013.042.130, 19ª Câm. Cível, rel. Des. José Francisco Pellegrini, j. 29.11.2005)

Registro de imóveis. Dúvida. Carta de adjudicação. Condomínio edilício como adquirente. Viabilidade da aquisição. Necessidade da anuência dos demais condôminos em assembleia geral. Recurso não provido (TJSP, Ap. Cível n. 253-6/6, rel. José Mário Antonio Cardinale). (*Lex-TJSP* 287/561, 2005)

Tendo o embargante adquirido imóvel em condomínio horizontal, em que as contribuições recebidas são integralmente revertidas em favor dos condôminos, com a prestação de serviços, inclusive de conservação, cabe a todos o pagamento de sua quota-parte, sob pena de haver enriquecimento ilícito por parte daquele que, sem pagar sua parte, usufrui dos serviços prestados à coletividade. Fazendo a Associação de Moradores "oferta" de prestação de serviços a todos aqueles que adquiriram imóveis, que é "aceita", tacitamente, pela usufruição contínua daqueles serviços, que foram instituídos em benefício de toda a coletividade, dá-se entre ambos, o que a doutrina moderna civilista denominou de relação contratual de fato. Não obstante inexistir obrigatoriedade de participação em qualquer associação, seja de que natureza for, em face da regra do art. 5º, XX, da CF/1988, todos aqueles que usufruem dos serviços necessários, por ela prestados, devem efetuar a respectiva contraprestação, pagando o respectivo preço. Rejeição dos embargos impostos. Alega-se, em suma, violação do art. 5º, XX, da Constituição. Para alterar a conclusão do tribunal *a quo*, no sentido da existência do condomínio, seria necessário o reexame de provas e fatos em que se fundamentou o acórdão recorrido. Firme a jurisprudência deste Tribunal no sentido de que o RE não se presta a tal finalidade (Súmula n. 279). Ademais, ainda que se pudesse admitir a existência de uma associação de moradores e não de um condomínio, o art. 5º, XX, da Constituição, não admite enriquecimento ilícito por parte dos associados em detrimento do grupo. Nego seguimento ao RE. (STF, RE n. 340.561/RJ, rel. Min. Sepúlveda Pertence, j. 07.12.2004)

Diante das circunstâncias concretas dos autos, nos quais os proprietários de duas unidades condominiais fazem uso exclusivo da área de propriedade comum, que há mais de trinta anos só eram utilizadas pelos moradores das referidas unidades, pois eram os únicos com acesso ao local, e estavam autorizados por assembleia condominial, tal situação deve ser mantida, por aplicação do princípio da boa-fé objetiva (STJ, REsp n. 356.821/RJ, rel. Min. Nancy Andrighi, j. 23.04.2002). No mesmo sentido: *RSTJ* 130/366 e *RT* 753/226.

Condomínio. Despesas condominiais. Alegação da forma de custeio da cota-parte das despesas comuns. Necessidade de consentimento unânime de todos os condôminos, devendo toda alteração manter a harmonia dos interesses individuais com os da massa condominial. Proporcionalidade do rateio, ademais, que é vinculado ao valor da unidade e só se altera se este for mudado em razão de acontecimentos excepcionais. Abuso na modificação procedida caracterizado. Embargos infringentes acolhidos. (I TACSP, Ap. Cível n. 588.574-8/001, rel. Matheus Fontes, j. 30.05.1996)

**Art. 1.332. Institui-se o condomínio edilício por ato entre vivos ou testamento, registrado no Cartório de Registro de Imóveis, devendo constar daquele ato, além do disposto em lei especial:**

**I – a discriminação e individualização das unidades de propriedade exclusiva, estremadas uma das outras e das partes comuns;**

**II – a determinação da fração ideal atribuída a cada unidade, relativamente ao terreno e partes comuns;**

**III – o fim a que as unidades se destinam.**

Legislação correlata: art. 7º, Lei n. 4.591, de 16.12.1964.

Diz a lei que o condomínio edilício se institui por negócio jurídico *inter vivos* ou *causa mortis*, sem alusão à forma pública. É negócio solene que exige a forma escrita, por instrumento particular ou público.

Caio Mário da Silva Pereira enumera as seguintes possibilidades de negócios geradores do condomínio edilício: a) várias pessoas se associam para a compra de um edifício já construído por apenas uma delas ou por terceiro e, no negócio de aquisição, estabelecem o regime de propriedade exclusiva sobre as unidades autônomas e as respectivas frações ideais; b) por testamento que estabeleça o regime de condomínio edilício sobre edificação já existente; c) na mesma linha, o doador pode instituir o condomínio edilício no negócio da doação; d) podem os herdeiros, no momento da partilha de construção recebida em condomínio tradicional, instituir o condomínio edilício, atribuindo a cada um deles unidade vinculada a fração ideal; e) um imóvel sob condomínio tradicional pode ser dividido entre os condôminos mediante regime jurídico do condomínio edilício; f) a alienação que o proprietário exclusivo de um edifício faz a terceiros, desmembrando-o em unidades autônomas; g) por construção direta, quando várias pessoas coproprietárias do solo acordam edificar um edifício, atribuindo-se unidades autônomas; h) incorporação de um edifício, que adquire terreno e realiza a edificação, vendendo, durante a construção ou após seu término, unidades autônomas a adquirentes diversos; i) a construção pelo Poder Público, quando edifica e oferece ao particular unidades autônomas (*Condomínio e incorporações*, 10. ed. Rio de Janeiro, Forense, 2002, p. 108-11).

Os modos acima enunciados são os títulos necessários para a criação do condomínio edilício. Não basta, porém, a emissão de vontade por negócio jurídico. O registro imobiliário é constitutivo do condomínio edilício, porque não se admite que a modalidade especial de propriedade, direito real que é, nasça por mero consenso. Antes do registro, o negócio da instituição gera apenas efeitos *inter partes*, em especial a localização da posse sobre partes certas da construção e a obrigação de contribuir para o custeio das partes de uso comum, a que doutrina e jurisprudência denominam condomínio de fato.

Quanto ao momento da instituição, houve relevante alteração do art. 32 da Lei n. 4.591/64 no ano de 2022. Foram acrescentados os §§ 1º-A e 15 ao art. 32, cujo teor é o seguinte:

§ 1º-A: "O registro do memorial de incorporação sujeita as frações do terreno e as respectivas acessões a regime condominial especial, investe o incorporador e os futuros adquirentes na faculdade de sua livre disposição ou oneração e independe de anuência dos demais condôminos".

§ 15: "O registro do memorial de incorporação e da instituição do condomínio sobre as frações ideais constitui ato registral único".

Disso decorre que, por expressa opção do legislador, o registro da incorporação imobiliária já institui o condomínio especial e permite a alienação ao público das unidades autônomas futuras. Concluída a edificação e expedido o "habite-se", haverá mera averbação do fato na matrícula do condomínio já anteriormente instituído. Eventualmente poderão ocorrer, no curso da obra, eventuais alterações do projeto que gerou o registro único da incorporação/instituição do condomínio, que também serão averbadas.

Após a vigência da alteração legislativa, discutiu-se se o condomínio especial a que alude a Lei n. 4.591/64 é o condomínio edilício dos arts. 1.331 e segs. do CC. Não resta dúvida alguma que se trata de instituto único, que somente recebeu nomes diversos nas duas leis. Em suma, não mais há necessidade de duplo registro, o primeiro no momento da incorporação e o segundo no momento da conclusão da obra. Por expressa disposição legal (§ 15 do art. 32 da Lei n. 4.591/64), o registro agora é único: o condomínio edilício é instituído com o registro da incorporação, em um só ato. A conclusão da obra agora é somente averbada no condomínio previamente instituído.

Os três incisos do art. 1.332 tratam dos requisitos do negócio da instituição do condomínio edilício. Alude a parte final do *caput* do artigo, porém, a outros requisitos previstos em lei especial. Trata-se dos requisitos previstos no art. 8º da Lei n. 4.591/64, que em suas quatro alíneas prevê regras especiais para o condomínio de casas térreas ou assobradadas, bem como detalha a descrição das unidades autônomas, com menção à parte do terreno ocupada pela edificação e a discriminação das áreas de passagem para as vias públicas.

As unidades autônomas devem ser numeradas e individualizadas, de modo a tornarem-se inconfundíveis com outras. Deve constar a área privativa da unidade, sem haver necessidade, porém, de descrição dos cômodos. Também a fração ideal da unidade no terreno e nas coisas comuns deve ser fixada em fração ou percentual.

A novidade do CC está na exigência de constar da instituição e do registro a destinação das unidades autônomas, se residenciais, comerciais ou mistas.

**Jurisprudência:** Enunciado n. 504 da V Jornada de Direito Civil do CEJ do STJ: A escritura declaratória de instituição e convenção firmada pelo titular único de edificação composta por unidades autônomas é título hábil para registro da propriedade horizontal no competente registro de imóveis, nos termos dos arts. 1.332 a 1.334 do CC.

Condomínio horizontal. Transformação de associação de moradores de loteamento em assembleia regularmente constituída para tal finalidade. Ação proposta visando à anulação da assembleia, por infringência a dispositivos legais. Falta de registro do ato. Caracterização de condomínio de fato, que ainda que não possa surtir efeitos contra terceiros, tem valor, em relação aos seus integrantes. Análise à vista da Repercussão Geral n. 492 do STF. Instituição deliberada por maioria, que antes suportava as taxas de associação, que foi extinta para o surgimento da nova figura condominial. Serviços prestados pela existência de área comum que atende a todos os moradores. Improcedência da ação mantida. Recurso improvido. (TJSP, Ap. Cível n. 1026639-97.2020.8.26.0564/ São Bernardo do Campo, 7ª Câm. de Dir. Crim., rel. Caio Marcelo Mendes de Oliveira, j. 14.12.2023, publ. 16.01.2024)

Antecipação dos efeitos da tutela. Condomínio. Instituição judicial. Pretensão de instituição judicial de condomínio edilício em face de desinteligências entre os proprietários. Previsão legal de instituição consensual. Arts. 1.332 e 1.333, CCB. Ausência de verossimilhança. Art. 273, CPC [arts. 296 a 300, *caput*, § 3º, 305, parágrafo único, 311, *caput* e I, e 356 do CPC/2015]. Negaram provimento. (TJRS, AI n. 70.020.610.531, 19ª Câm. Cível, rel. Des. Carlos Rafael dos Santos Júnior, j. 04.09.2007)

Registro de imóveis. Condomínio edilício. Instrumento de instituição. Falta de manifestação da totalidade dos condôminos. Acesso recusado. Dúvida procedente. Ausência de perfeita identidade com o teor do registro da incorporação. Recurso não provido (TJSP, Ap. Cível n. 340-6/3, rel. José Mário Antonio Cardinale, j. 05.05.2005). (*Lex-TJSP* 295/649, 2005)

---

**Art. 1.333. A convenção que constitui o condomínio edilício deve ser subscrita pelos titulares de, no mínimo, dois terços das frações ideais e torna-se, desde logo, obrigatória para os titulares de direito sobre as unidades, ou para quantos sobre elas tenham posse ou detenção.**

**Parágrafo único. Para ser oponível contra terceiros, a convenção do condomínio deverá ser registrada no Cartório de Registro de Imóveis.**

---

Legislação correlata: art. 9º, Lei n. 4.591, de 16.12.1964.

O artigo em exame reproduz parcialmente o disposto no art. 9º da Lei n. 4.591/64, introduzindo, porém, relevante alteração, em especial quanto à eficácia da convenção antes de seu ingresso no registro imobiliário.

A convenção, no dizer de Caio Mário da Silva Pereira, é o estatuto disciplinar das relações internas dos condôminos, que atende a conveniência de se estabelecer um regime harmônico de relações que elimine ou reduza ao mínimo as zonas de atritos (*Condomínio e incorporações*, 10. ed. Rio de Janeiro, Forense, 2002, p. 123). Deve ter a forma escrita, mas não se exige a escritura pública.

A Súmula n. 260 do STJ atribui efeitos jurídicos interpartes à convenção não levada ao registro imobiliário, com eficácia para regular as relações entre condôminos. O CC/2002 consolida e amplia o entendimento pretoriano, conferindo eficácia à convenção em duas etapas e graus distintos. Num primeiro momento, subscrita pelos titulares de no mínimo dois terços das frações ideais, produz efeitos para todos os titulares de direitos sobre as unidades, abrangendo possuidores e detentores. Note-se que a lei, em caráter exceptivo, admite que os efeitos da convenção não levada ao registro atinjam não somente seus subscritores, como também aqueles que venham a ter direito real ou posse, ou detenção, sobre a coisa comum. Num segundo momento, levada ao registro imobiliário, estende seus efeitos *erga omnes* a todos aqueles que interagem com o condomínio, ainda que não sejam titulares de direitos reais sobre unidades autônomas nem possuidores ou detentores. No dizer de Edson Luiz Fachin, "o registro da convenção condominial é pressuposto de regularidade, não o é quanto à existência, ademais, quando menos na ausência do ato registral, há situação de fato, digna de tutela jurídica" (*Comentários ao Código Civil*. São Paulo, Saraiva, 2003, v. XV, p. 236).

O preceito gera alguma perplexidade, porque uma leitura ligeira parece admitir a instituição de condomínio edilício sem o registro da convenção. Não é bem assim. A convenção deve acompanhar o pedido de registro da instituição do condomínio edilício, porque não se admite o regime especial sem regras internas disciplinando as relações entre condôminos. A convenção é registrada no Livro 03 do Registro Imobiliário, conferindo-lhe publicidade plena perante terceiros. O alcance da regra é limitado à eficácia parcial do condomínio de fato, antes de sua instituição, valendo entre titulares de direitos sobre partes da edificação, o que por eles foi convencionado por maioria qualificada, assim como frente a adquirentes, possuidores e detentores.

A lei exige *quorum* qualificado de dois terços das frações ideais – e não do número de unidades ou de condôminos – para a criação da convenção de condomínio. Frise-se que cada adquirente vota com a força de sua fração ideal e não *per capita*. Os compromissários compradores de unidades autônomas, ainda que futuras, ou os cessionários desses direitos, estejam ou não os contratos registrados, esteja ou não o preço integralmente pago, estão habilitados a deliberar a convenção, sendo abusiva, por ferir o art. 51 do CDC (Lei n. 8.078/90) e o princípio da boa-fé objetiva, eventual cláusula contratual em sentido contrário. Isso porque o compromisso de compra e venda se considera contrato preliminar impróprio, já que esgota a atividade negocial, sendo a escritura definitiva mero ato devido. A melhor doutrina entende que, embora utilize a lei o termo "subscrita", devem todos os condôminos ser convocados para assembleia de deliberação da convenção. Não basta, portanto, a assinatura de dois terços dos quinhões, mas a prévia convocação da totalidade dos comunheiros para a votação da convenção.

Caso não se atinja o *quorum* qualificado, a doutrina majoritária admite que, para superar o impasse, se socorram as partes de pronunciamento judicial que, após contraditório, fixe as regras mínimas de convivência em condomínio de fato (VIANA, Marco Aurélio da Silva. *Comentários ao Código Civil*. Rio de Janeiro, Forense, 2003, v. XVI, p. 414).

A questão fundamental, em relação à convenção de condomínio, é saber sua *natureza jurídica*. Não se trata de investigação simplesmente teórica, mas, em vez disso, tem profundas consequências, especialmente no que se refere à incidência das normas cogentes do CC/2002 às convenções firmadas e registradas anteriormente a sua vigência.

Duas correntes dividem-se a respeito. A primeira corrente defende a natureza jurídica contratual da convenção de condomínio, porque pautada no acordo de vontade das partes, com o objetivo de criar direitos e obrigações recíprocos entre os condôminos. A segunda corrente defende a natureza de ato-regra, ou estatutária da convenção de condomínio, porque "cria a normação para um agrupamento social reduzido, ditando regras de comportamento, assegurando direitos e impondo deveres" (PEREIRA, Caio Mário da Silva. Op. cit., p. 197). Define-se o ato-regra como a manifestação de vontade dotada de força obrigatória e apta a pautar um comportamento individual. Distingue-se da lei porque esta é comando geral e o ato-regra sujeita apenas um agrupamento mais reduzido. A teoria do ato-regra explica por que condôminos minoritários que deixaram de manifestar-se ou dissentiram da convenção a ela estão vinculados, assim como a geração de efeitos em relação a todos que interajam com o condomínio, desbordando seus efeitos aos signatários (idem, p. 134).

Os que defendem a natureza contratual da convenção de condomínio, de modo coerente, entendem que esta gera ato jurídico perfeito, que não pode ser alcançado pela retroatividade da lei, em razão da garantia fundamental do art. 5º, XXXVI, da CF. Não se pode invocar, em tal caso, o art. 2.035, parágrafo único, do CC/2002, que determina que "nenhuma convenção prevalecerá se contrariar preceitos de ordem pública". Isso porque, segundo entendimento corrente do STF, "o disposto no art. 5º, XXXVI, da CF se aplica a toda e qualquer lei infraconstitucional, sem qualquer distinção entre lei de ordem pública e lei dispositiva" (STF, Tribunal Pleno, rel. Min. Moreira Alves, *RTJ* 143/724). Logo, para os defensores da primeira corrente, regras cogentes e polêmicas, como locação de garagens a estranhos, multa moratória devida pelo condômino inadimplente, *quorum* especial para determinadas matérias, enfim, todas as inovações imperativas do CC/2002 somente se aplicam às convenções firmadas posteriormente a sua vigência.

Para os que entendem que a convenção de condomínio tem a natureza de ato-regra, a posição é inversa. Se a lei posterior revoga a lei anterior com ela incompatível, com muito maior dose de razão revoga também direito estatutário, ou corporativo, que disciplina o comportamento de todos que voluntariamente integram um agrupamento, ou que momentaneamente se acham a ele ligado. Para essa corrente, as novas normas, acima referidas, têm incidência imediata sobre as convenções anteriores ao CC/2002, considerando não escritas as cláusulas que infringirem novas normas cogentes.

**Jurisprudência:** Súmula n. 260, STJ: A convenção de condomínio aprovada, ainda que sem registro, é eficaz para regular as relações entre os condôminos.

Agravo de instrumento. Execução de título extrajudicial. Débitos condominiais. Caso que não se amolda ao Tema n. 492 do STF, já que não versa sobre cobrança de taxa associativa. Nulidade da citação não verificada. Agravante citado por hora certa por suspeita de ocultação. Situação sequer impugnada. Prescrição arguida como consequência igualmente não configurada. Direitos do agravante sobre o imóvel e dívida em si que são incontroversos. Legitimidades ativa e passiva presentes. Obrigação legal de pagar as despesas condominiais, conforme o art. 1.336, I, do CC. Ausência de registro da convenção condominial no registro de imóveis que não configura impedimento para a cobrança. Registro exigido apenas para que seja oponível contra terceiros, o que não é o caso do agravante. Inteligência do art. 1.333, parágrafo único, do CC e da Súmula n. 260 do STJ. Art. 784, X, do CPC que também não condiciona a cobrança ao registro da convenção ou qualquer outro documento, exigindo apenas comprovação documental. Recurso desprovido. (TJSP, AI n. 2117822-39.2024.8.26.0000/Diadema, 36ª Câm. de Dir. Priv., rel. Milton Carvalho, j. 07.05.2024, publ. 07.05.2024)

Condomínio de fato. Cobrança de rateio de despesas condominiais. Associação constituída para administrar conjunto habitacional já ocupado, mas sem condomínio edilício regularmente instituído. Situação que não se confunde com loteamentos fechados, ou de acesso restrito, objeto de recurso repetitivo junto ao STJ e de repercussão geral junto ao STF. Dever de todos os moradores do edifício, cujo condomínio não foi instituído, mas já existe de fato, de ratear as despesas comuns. Sentença de parcial procedência mantida. Recurso improvido. (TJSP, Ap. Cível n. 1026915-55.2021.8.26.0577, 1ª Câm. de Dir. Priv., rel. Francisco Loureiro, j. 07.02.2023)

Já assentou esta 3ª Turma que a "natureza estatutária da convenção de condomínio autoriza a imediata aplicação do regime jurídico previsto no novo CC, regendo-se a multa pelo disposto no respectivo art. 1.336, § 1º" (REsp n. 722.904/RS, de minha relatoria, *DJ* 01.07.2005). (STJ, REsp n. 663.436/SP, rel. Min. Carlos Alberto Menezes Direito, j. 16.03.2006)

No que concerne à suposta vulneração ao art. 9º da Lei n. 4.591/64, aduz o recorrente a ocorrência de irregularidade na elaboração e aprovação da convenção do condomínio em apreço. A lei é clara ao estabelecer que a convenção condominial seja elaborada, por escrito, pelos proprietários, promitentes compradores, cessionários ou promitentes cessionários dos direitos pertinentes à aquisição de unidades autônomas, em edificações a serem construídas, em construção ou já construídas. *In casu*, a irregularidade apontada pelo recorrente estaria no fato da convenção do condomínio ter sido constituída apenas pela incorporadora. Todavia, extrai-se dos autos, que à época da sua constituição, a incorporadora do imóvel era única proprietária de todas as unidades. Logo, tal circunstância lhe permitiu a elaboração da convenção condominial, bem como sua aprovação, nos termos legais. Assim, não vislumbro no caso a aludida violação à norma infraconstitucional (STJ, REsp n. 400.333/DF, rel. Min. Jorge Scartezzini, j. 28.09.2004). (*RSTJ* 190/355)

A natureza jurídica da Convenção de Condomínio vai além da simples relação contratual para assumir contornos de ato normativo institucional que obriga a todos os condôminos a obedecê-la e mesmo terceiros que eventualmente ingressarem no campo de sua incidência. (II TACSP, Ap. Cível n. 333.368, rel. Ferraz de Arruda, j. 19.04.1993)

O condomínio tem capacidade para estar em juízo, ainda que não tenha sido registrado, pois o teor do art. 12, VII, do CPC [art. 75, IX, do CPC/2015], permite que a sociedade de fato possa estar em juízo, dispondo, portanto, de capacidade de ser parte, como autora, ré, assistente ou opoente. (*JTA-Lex* 181/306, rel. Artur Marques)

Ainda que não registrada, a convenção de condomínio devidamente aprovada vincula os condôminos que não podem, por este fundamento, recusarem-se ao seu cumprimento (STJ, REsp n. 162.223/SP, rel. Min. Cesar Asfor Rocha, j. 21.06.2001). (*RJADCOAS* 35/40)

**Art. 1.334. Além das cláusulas referidas no art. 1.332 e das que os interessados houverem por bem estipular, a convenção determinará:**

**I – a quota proporcional e o modo de pagamento das contribuições dos condôminos para atender às despesas ordinárias e extraordinárias do condomínio;**

**II – sua forma de administração;**

**III – a competência das assembleias, forma de sua convocação e *quorum* exigido para as deliberações;**

**IV – as sanções a que estão sujeitos os condôminos, ou possuidores;**

**V – o regimento interno.**

**§ 1º A convenção poderá ser feita por escritura pública ou por instrumento particular.**

**§ 2º São equiparados aos proprietários, para os fins deste artigo, salvo disposição em contrário, os promitentes compradores e os cessionários de direitos relativos às unidades autônomas.**

Legislação correlata: art. 9º, § 3º, Lei n. 4.591, de 16.12.1964.

O *caput* do artigo inicia dispondo que a convenção de condomínio deverá conter as cláusulas a que se refere o art. 1.332, anteriormente estudado, requisitos da instituição do condomínio edilício, a saber: a individualização e discriminação das unidades autônomas, a determinação da fração ideal correspondente a cada unidade e a finalidade das unidades. São o que Edson Luiz Fachin denomina disposições estruturantes do condomínio, sem as quais se está frente ao regime jurídico do condomínio tradicional, regido por regras diversas. O art. 9º da Lei n. 4.591/64, alíneas *a* e *b* do § 3º, explicitava requisitos semelhantes que, no dizer de Caio Mário da Silva Pereira, têm o escopo de permitir a cada condômino conhecer o que lhe pertence, individualmente, para que o possa defender e, ao mesmo tempo, respeitar a esfera jurídica alheia, e, no que tange às áreas comuns, usá-las sem exclusividade, a fim de não obstar o uso dos demais (*Condomínio e incorporações*, 10. ed. Rio de Janeiro, Forense, 2002, p. 137).

Prossegue o *caput* do artigo dizendo que os cinco incisos, adiante comentados, são o conteúdo mínimo da convenção, que pode também conter as cláusulas que os "interessados houverem por bem estipular". Abre-se espaço à autonomia privada, permitindo aos condôminos acrescentar outros dispositivos de seu interesse, desde que não afrontem norma cogente nem os princípios da função social do contrato e da propriedade, o equilíbrio contratual e a boa-fé objetiva. Não se admitem, também, cláusulas contrárias à própria natureza do condomínio edilício, que mescla as propriedades individual e comum. As normas da convenção têm natureza complementar, particularizando regras que a lei não poderia conter, dado seu casuísmo. Como lembra João Batista Lopes, são nulas "as cláusulas restritivas dos direitos dos condôminos, como as que impedem o direito de voto, limitam o direito de propriedade ou conferem exclusividade ao uso de áreas comuns" (*Condomínio*, 4. ed. atualizada e ampliada. São Paulo, RT, 1993, p. 86). Os direitos básicos dos condôminos, previstos no art. 1.335, adiante comentado, não podem ser tolhidos ou suprimidos pela convenção. Tome-se como exemplo cláusula que imponha direito de preferência dos demais condôminos, no caso de alienação de unidade autônoma, que isente condômino do pagamento da contribuição condominial ou que imponha sanções excessivas ao inadimplente. As restrições aos direitos dos condôminos somente se justificam quando visam a coibir as interferências prejudiciais entre condôminos.

O inciso I trata do rateio das despesas e deve ser lido em consonância com o que dispõe o art. 1.336, I, do CC, adiante comentado, com a redação que lhe deu a Lei n. 10.931/2004. A princípio, o rateio se faz de modo proporcional às frações ideais das unidades autônomas. A regra, porém, é dispositiva, somente valendo no silêncio da convenção, que pode dispor em sentido diverso. Tome-se como exemplo a regra do art. 1.340 do CC, adiante comentado, que atribui as despesas das partes comuns de uso exclusivo a quem delas se aproveita. É o caso, por exemplo, de lojas no pavimento térreo de edifício, que não participam do rateio das despesas relativas à manutenção dos elevadores. Como lembra Caio Mário da Silva Pereira, "pode a convenção excluir da divisão das despesas ou de certas despesas determinadas unidades e incluir outras, bem como estabelecer o critério para que concorram uns e outros para as extraordinárias" (op. cit., p. 138). Deve, porém, haver razão objetiva que justifique o rateio de modo desproporcional às frações ideais, coibindo-se abusos, como de certos empreendedores que isentam ou criam critérios favoráveis às unidades reservadas para si, em detrimento dos demais consortes. Embora seja omisso o atual CC, pode a convenção estabelecer a forma de contribuição para o fundo de reserva, a fim de fazer frente a despesas extraordinárias e urgentes.

O inciso II reza que a convenção disporá sobre a forma de administração do condomínio, em especial regras supletivas às previstas nos arts. 1.347 e 1.348, adiante comentadas. Poderá, por exemplo, atribuir poderes ao síndico, além dos previstos no art. 1.347, estabelecer mandato inferior a dois anos, isentar o síndico das contribuições condominiais, prever a eleição de subsíndico ou, ainda, criar conselho fiscal ou conselhos e comissões auxiliares de administração.

O inciso III diz que a convenção deve disciplinar a competência das assembleias, sua forma de convocação e *quorum* exigido para deliberações. No que se refere à competência, as matérias previstas no art. 1.250 são objeto de assembleia ordinária. Nada impede que matérias outras, desde que não haja vedação legal, sejam também incluídas na assembleia ordinária, restando as demais para a assembleia extraordinária. No que se refere ao *quorum*, não pode a convenção suplantar a lei. Como diz Caio Mário da Silva Pereira, "para aquelas deliberações em que a lei estabelece *quorum* especial, não pode a convenção marcar outro diferente, nem para mais, nem para menos. Mas, onde se deixou o assunto para o alvedrio dos condôminos, poderão eles dizer se desejam maioria simples ou qualificada" (op. cit., p. 139). Tomem-se como exemplos os *quoruns* já estabelecidos em lei para imposição de multa ao condômino renitente (art. 1.337), alteração da própria convenção (art. 1.351), destituição do síndico (art. 1.349), obras no edifício (arts. 1.341 e 1.343) ou extinção do condomínio (art. 1.357), que não podem ser alterados pela convenção. O CC é omisso quanto à forma e ao prazo de convocação dos condôminos para as assembleias, deixando amplo espaço para a convenção. Obrigatório, porém, que a convenção preveja a convocação de todos os condôminos e com prazo mínimo, aferível caso a caso, para que estes possam se informar e refletir sobre a ordem do dia. Em casos especiais, quando a deliberação afetar apenas alguns condôminos, é que os demais, estranhos à matéria em pauta, não precisarão ser convocados.

Dispõe o inciso IV que a convenção disporá sobre as sanções a que estão sujeitos os condôminos, ou possuidores, matéria mais bem analisada nos comentários aos arts. 1.336 e 1.337. Basta lembrar que a convenção não pode ultrapassar os limites máximos cogentes das multas dos artigos mencionados, podendo, porém, estabelecer limites menores e a forma de sua imposição, como prazo de defesa do condômino ou necessidade de aprovação em assembleia.

O inciso V diz que a convenção determinará o regimento interno. Ao contrário do que afirma parte da doutrina, isso não quer dizer que no texto da convenção deva já constar obrigatoriamente o regimento interno. A convenção pode simplesmente determinar que se fará o regimento em momento posterior, dispondo sobre sua forma e *quorum* (VENOSA, Sílvio de Salvo. *Direito civil* – direitos reais, 2. ed. São Paulo, Atlas, 2002, p. 293). O regimento, como se sabe, contém regras do dia a dia do condomínio, como regulamentação e horário de utilização da piscina, do salão de festas e do parque infantil. Não tem sentido que regras casuísticas, moldáveis pela necessidade dos condôminos, sejam estabelecidas no momento da criação do condomínio edilício. Note-se que o art. 1.351 do CC, com a redação que lhe deu a Lei n. 10.931/2004, dispõe que a alteração da convenção depende da aprovação de dois terços dos votos dos condôminos, o que, porém, não mais se aplica em relação ao regimento interno, que pode ser aprovado pelo *quorum* previsto na própria convenção e, em seu silenciar, por maioria simples.

No que se refere aos dois parágrafos do art. 1.334, o primeiro diz que a convenção pode ser feita por escritura pública ou particular. É negócio solene, porque a forma escrita é de sua substância, e sua eficácia, como visto no comentário ao artigo anterior, se dá em duas etapas, antes e depois do registro imobiliário. O § 2º também já foi objeto de menção no comentário ao art. 1.333, a que se remete o leitor, e diz que são equiparados aos proprietários os promitentes compradores e os cessionários de direitos relativos às unidades autônomas, salvo disposição em contrário.

A novidade está na ressalva contratual, que retira dos compromissários compradores o direito de deliberar a convenção. Essa ressalva, porém, vai contra a própria natureza de contrato preliminar impróprio do compromisso de compra e venda, que transfere ao promissário comprador quase todos os poderes federados do domínio (*utendi, fruendi* e mesmo *abutendi*, pela cessão de direitos), remanescendo com o promitente vendedor apenas um domínio afetado à garantia do recebimento do preço. É por isso que o compromissário comprador, que responde pelas despesas condominiais e está adstrito às restrições da convenção, deve dela participar e deliberar. Em termos diversos, a ressalva negocial mencionada pela lei é incompatível com as relações de consumo e em determinados casos fere a boa-fé objetiva. Somente prevalece se houver justificativa plausível para a restrição (cf. NASCIMENTO FRANCO, João. *Condomínio*, 5. ed. São Paulo, RT, 2005, p. 111).

**Jurisprudência:** Despesas de condomínio. Ação de execução. Ajuizamento em face da construtora. Embargos à execução. Sentença de parcial procedência. Insurgência da executada. Pretensão ao afastamento de sua condenação, tendo em vista alienação da unidade condominial. Não acolhimento. Adquirente que só responde pelas despesas condominiais vencidas a partir da data da entrega das chaves, ainda que reconhecida a natureza *propter rem* da obrigação. Entendimento consolidado no Col. STJ, em sede de julgamento de recurso repetitivo. Legitimidade da apelante reconhecida para responder pelos encargos vencidos antes da entrega das chaves. Alegação de que deve haver redução do valor devido. Previsão na Convenção Condominial de que a construtora pagaria apenas 30% das cotas condominiais geradas pelas unidades autônomas não comercializadas ou que estivessem em sua posse. Nulidade da cláusula bem reconhecida. Desconto que privilegia a construtora e onera os demais condôminos, o que não se pode admitir. Precedentes. Sentença mantida. Arbitramento de honorários recursais. Recurso improvido. (TJSP, Ap. Cível n. 1017691-45.2022.8.26.0032/Araçatuba, 29ª Câm. de Dir. Priv., rel. José Augusto Genofre Martins, j. 26.03.2024, publ. 26.03.2024)

O incorporador responde pelas despesas condominiais das unidades não negociadas, sendo-lhe vedada a inclusão de cláusula padronizada nos contratos de promessa de compra e venda aos demais condôminos que o isente do rateio. Abusividade coibida pelo art. 51 do CDC. Precedente do STJ. (TJRS, Ap. Cível n. 70.000.430.710, 17ª Câm. Cível, rel. Fernando Braf Henning Júnior, j. 12.09.2000)

---

**Art. 1.335. São direitos do condômino:**

**I – usar, fruir e livremente dispor das suas unidades;**

**II – usar das partes comuns, conforme a sua destinação, e contanto que não exclua a utilização dos demais compossuidores;**

**III – votar nas deliberações da assembleia e delas participar, estando quite.**

---

Legislação correlata: art. 19, Lei n. 4.591, de 16.12.1964.

O artigo em estudo não tem similar no CC/1916. Corresponde, com inovações, ao art. 19 da Lei n. 4.591/64. Os três incisos não esgotam os direitos dos condôminos, constituindo um rol não exaustivo, mas de prerrogativas que não podem ser suprimidas ou comprimidas – salvo situações especiais – pela convenção ou regimento interno.

**Direitos sobre a unidade autônoma:** O inciso I, em consonância com o regime complexo do condomínio edilício, que mescla propriedade plena sobre a unidade autônoma com copropriedade sobre as partes comuns, assegura ao condômino os poderes federados do domínio – art. 1.228 do CC – sobre a unidade, dispondo que pode usá-la, fruí-la e dela livremente dispor. Embora não mencione, está implícito o quarto poder do dono, qual seja, o de reivindicar a coisa que injustamente esteja sob posse ou detenção de terceiro. Note-se que o preceito apenas usa a qualificação "livremente" para o direito de dispor, uma vez que os direitos de usar e de fruir estão conformados pelas restrições de vizinhança, sempre mais severas no regime do condomínio edilício e previstas no inciso IV do artigo seguinte.

O direito de dispor envolve o de onerar a unidade autônoma e, com ela, a fração ideal que lhe é inerente e indissociável, sem incidência do direito de preferência dos demais condôminos previsto no art. 504 do CC. Somente regra convencional expressa, com consentimento de todos os condôminos, é que poderia criar direito de preferência fora das hipóteses legais. O entendimento majoritário da doutrina é no sentido de não admitir que a convenção de condomínio subordine a aquisição de unidade autônoma à prévia aprovação da assembleia. Isso porque tal restrição feriria o direito básico do condômino de livre disposição de sua unidade. Além disso, violaria o direito de propriedade do adquirente, em situação jurídica que não se qualifica como *intuitu personae*, ao contrário do que ocorre, por exemplo, nas hipóteses de admissão de associados em clubes ou associações.

No que se refere ao direito de usar e fruir a unidade autônoma, a regra deve ser lida em conjunto com o dever previsto no inciso IV do art. 1.336, adiante comentado, ou seja, deve o condômino dar a suas partes a mesma destinação da edificação e não as utilizar de modo prejudicial ao sossego, salubridade e segurança dos possuidores, ou aos bons costumes. Há farta casuística nos tribunais sobre a matéria, partindo de alguns pressupostos que podem ser delineados. O primeiro é que, pela própria natureza do condomínio edilício, as restrições de vizinhança são mais severas do que as gerais do próprio CC, e complementadas por regras estatuídas na convenção de condomínio. O segundo é que o domínio sobre a unidade autônoma é pleno, de modo que somente se justificam as restrições convencionais se, no caso concreto, verificar que o comportamento do condômino agride os interesses eleitos pela lei – segurança, sossego, salubridade e bons costumes.

Vamos aos casos mais frequentes e às soluções majoritárias dadas pelos tribunais (cf. NASCIMENTO FRANCO, João. *Condomínio*, 5. ed. São Paulo, RT, 2005, p. 167-214; VIANA, Marco Aurélio da Silva. *Comentários ao Código Civil*. Rio de Janeiro, Forense, 2003, v. XVI, p. 423-6):

- É direito do ocupante receber em sua unidade pessoas com quem mantenha amizade ou relações afetivas, do mesmo sexo ou do sexo oposto, em homenagem aos direitos de personalidade, da liberdade sexual, intimidade e da vida privada. A conduta, porém, pode ser reprimida, quando desbordar para interferência prejudicial aos interesses dos demais condôminos, como segurança, salubridade e sossego; assim, reprime-se instalação na unidade de casa de prostituição, que, além de desviar a destinação, ofende os bons costumes, valor também tutelado pelo legislador.

• De igual modo, o barulho exagerado, desordens, festas frequentes até altas horas da noite ofendem a tranquilidade dos vizinhos e são reprimidos tanto pelas normas gerais do direito de vizinhança como pelas normas convencionais do condomínio; a regra abrange o barulho produzido por crianças, porém com margem maior de tolerabilidade, uma vez que algum ruído decorrente de brincadeiras, gritos ou choro constituem utilização normal da propriedade.

• Deve o condômino respeitar a destinação de sua unidade autônoma, não podendo usá-la para fins comerciais ou empresariais, se previsto o fim residencial, nem vice-versa. Tolera-se, porém, o uso misto, ainda que vedado pela convenção, desde que os valores tutelados pelo legislador – sossego, segurança, salubridade – não sejam atingidos nem os equipamentos comuns – elevadores, portaria, água –, sobrecarregados. São os casos de professores que ministram algumas aulas particulares, ou de advogados que recebem poucos clientes, ou costureiras que fazem algumas provas de roupas, ou prestadores de serviço em geral que usam a unidade para desenvolver suas atividades; por outro lado, não se admite a instalação de república de estudantes, quer pela provável ofensa ao sossego, quer pela sobrecarga aos equipamentos comuns.

• A manutenção de animais nas unidades gera entendimentos divergentes. Se a convenção for omissa, aplica-se a regra da preservação dos interesses tutelados pela lei, quais sejam, segurança, sossego e saúde. Caso, porém, a convenção proíba a permanência de animais, os tribunais se dividem. Há linha de interpretação mais rigorosa, de que deve a convenção ser seguida de modo estrito e quem vai habitar o condomínio tem ciência da restrição e a ela deve se amoldar. A linha majoritária, todavia, volta-se à prova da real nocividade do animal no caso concreto. Tolera-se a permanência do animal, se não for este prejudicial aos demais condôminos (*RT* 791/213, *JTJ-Lex* 167/32 e 248/34, *JSTJ* 49/176). Aquele que litiga contra a vedação convencional, porém, tem sobre seus ombros o ônus de demonstrar que os valores tutelados pela regra não foram vulnerados (cf. SOUZA, Sidney Roberto Rocha de. "Animais em apartamentos". In: *Condomínio edilício,* coord. F. A. Casconi & J. R. N. Amorim. São Paulo, Método, 2005).

**Direito de usar as partes comuns:** O inciso II garante ao condômino usar das partes comuns, desde que de acordo com sua finalidade e de modo a permitir igual direito aos demais condôminos. A primeira limitação diz respeito à finalidade. A garagem coletiva, por exemplo, não é local de recreação de crianças nem as quadras esportivas se prestam à guarda de veículos. A natureza da área e a previsão de seu destino são determinantes do uso. A segunda limitação se refere à preservação da mesma prerrogativa aos outros condôminos, permitindo a todos a utilização da área comum. Essa regra pode comportar algumas exceções. Tomem-se como exemplo as vagas de garagem indeterminadas, cujo uso exclusivo a cada um dos condôminos por certo tempo é determinado temporariamente em assembleia. Também é o caso do art. 1.340, que alude às partes comuns do edifício, de uso exclusivo de alguns condôminos, como corredores dos andares de edifício interditados aos condôminos da loja situada no térreo, que não participam do rateio das despesas.

Questão polêmica é a da possibilidade da alteração da destinação da área comum do edifício, ou então da entrega de parte da área comum ao uso exclusivo de um dos condôminos. O entendimento majoritário é no sentido de que se admite a alteração da destinação de parte comum, ou a utilização exclusiva, se houver o consenso dos condôminos, por unanimidade (cf. NASCIMENTO FRANCO, João. Op. cit., p. 220-1). Em determinados casos, a própria convenção ou instituição do condomínio já conterão a previsão, cabendo a análise de sua congruência com os princípios da boa-fé objetiva e do equilíbrio contratual, vulnerado no caso de empreendedores e incorporadores que fazem constar da convenção a possibilidade de uso exclusivo do teto do prédio, para colocação gratuita de placas de publicidade ou sinais da empresa, sem qualquer vantagem ou contraprestação aos condôminos.

Note-se que, embora a lei use o termo "condômino", os direitos de usar e fruir a unidade autônoma e as partes comuns do edifício se estendem aos demais ocupantes, como o usufrutuário, o locatário e o comodatário.

Questão relevante é saber da licitude de disposição posta na convenção ou em decisão assemblear ao limitar o uso de determinadas áreas ou serviços comuns aos condôminos inadimplentes, tema enfrentado nos comentários ao art. 1.336, § 1º, a seguir.

**Direito de voto:** Finalmente, o inciso III reza ser direito do condômino votar nas deliberações da assembleia e dela participar, estando quite. Mais uma vez o termo "condômino" abrange compromissários compradores e cessionários de direito, como mencionado no comentário ao art. 1.334, ao qual se remete o leitor. Cuida-se de direito fundamental do condômino, que não pode ser afastado por norma convencional. Certos condôminos, porém, podem ser excluídos da votação, quando a matéria em debate não lhes disser respeito nem tenham reflexos sobre seus direitos e obrigações. É o caso, por exemplo, do condômino de unidade situada no térreo, sobre a troca de elevadores, de cujo rateio não participará.

O CC/2002 não reproduziu o disposto no art. 24, § 4º, da Lei n. 4.591/64, com a redação que lhe deu a Lei n. 9.267/96. O silêncio da nova lei é eloquente e traduz a revogação do anterior preceito. O locatário não mais participa e delibera em assembleias de condomínio, ainda no que se refere a despesas ordinárias (NASCIMENTO FRANCO, João. Op. cit., p. 113; VIANA, Marco Aurélio da Silva. Op. cit., p. 433).

A novidade está na subordinação do direito de voto à pontualidade do pagamento da contribuição condominial. Tomou a lei posição, afastando a anterior discussão sobre a legalidade da restrição ao direito de voto contida em convenção de condomínio. Todos os condôminos, porém, devem ser convocados, até porque o saldo devedor pode ser pago até o momento da assembleia. O condômino que houver ajuizado ação de consignação em pagamento para discutir parcela controversa da contribuição não deve ser considerado em débito, assim como aquele que houver depositado em juízo tal quantia. Diz a lei que o condômino em atraso não pode deliberar, o que não o impede de participar das discussões, embora sem direito a voto. A participação, porém, por não constituir direito garantido por norma cogente, pode ser afastada por norma convencional.

Resta saber se deve ser levado em conta, para composição global do *quorum*, o condômino impedido de votar. Não teria sentido que os inadimplentes, em razão de seu impedimento, inviabilizassem diversas deliberações relevantes para a vida condominial, como a realização de obras no edifício (art. 1.341), a alteração da convenção de condomínio (art. 1.351), a destituição do síndico (art. 1.349) ou mesmo a imposição de multa aos condôminos renitentes no cumprimento de suas obrigações, inclusive a de ratear as despesas (art. 1.337). Haveria duplo prejuízo aos condôminos pontuais, tanto por terem de adiantar a parte dos inadimplentes como por não conseguirem *quorum* para deliberações relevantes para a vida condominial. Sensato o entendimento de que diversos quóruns exigidos pelo CC, como os acima referidos, sejam calculados sobre o número de condôminos aptos a votar, excluídos os inadimplentes.

**Jurisprudência:** Apelação. Condomínio. Ação anulatória de assembleia c/c indenização por danos morais. Sentença de procedência. Recurso do condomínio alegando ausência de ilegalidade na forma que se deu a assembleia e escolha das vagas. Critério adotado inadmissível. Prejuízo à autora, já que, ainda que tenha constituído procurador, só pode indicar vaga após escolha de todos os condôminos supostamente adimplentes. Previsão do art. 1.335, III, do CC, que não respalda a deliberação da assembleia, mas apenas limita o direito de participação e direito de votação. Limitação, transversa, ao direito de propriedade do condômino inadimplente, impedindo a livre utilização e fruição das áreas comuns pelo condômino inadimplente, em violação ao art. 1.335, II, do CC. Condomínio que tem à disposição outros meios para satisfação da dívida condominial, não podendo discriminar os condôminos inadimplentes. Critério eleito para sorteio das vagas que é ilícito. Recurso de todos os réus questionando o reconhecimento do dano moral. Cobrança pública e vexatória, fato de gravidade capaz de gerar dano moral. Direito da personalidade atingido. Quantia fixada que é proporcional e adequada. Sentença mantida. Recursos não providos. (TJSP, Ap. Cível n. 1012353-77.2022.8.26.0004/SP, 33ª Câm. de Dir. Priv., rel. Ana Lucia Romanhole Martucci, j. 03.06.2024, publ. 03.06.2024)

Condomínio. Ação de obrigação de fazer. Convenção de condomínio que previa que o condômino inadimplente poderia participar das assembleias, mas sem direito a voto. Vedação que havia de ser compreendida tanto em relação à prerrogativa de votar como ser votado. Consequente impedimento ao condômino inadimplente concorrer para o cargo de síndico. Art. 1.335, III, do CC. Impedimento que havia de ser estendido também aos sócios das pessoas jurídicas proprietárias de unidades autônomas sob pena de se esvaziar o propósito da proibição no caso de condomínio comercial. Convenção de condomínio que não exigia firma reconhecida na procuração. Interpretação da convenção de condomínio que impunha concluir que o presidente da mesa poderia ser ele mesmo representante de condômino, desde que esse não fosse o próprio síndico. Ação parcialmente procedente. Recurso improvido. (TJSP, Ap. Cível n. 1005136-59.2022.8.26.0011/SP, 36ª Câm. de Dir. Priv., rel. Arantes Theodoro, j. 29.05.2024, publ. 29.05.2024)

Condomínio. Uso de vaga de garagem. Condômina inadimplente, impedida de utilizar sua vaga de garagem. Descabimento. Impossibilidade de restrição do uso da vaga, ainda que estabelecido em assembleia geral. Hipótese em que, na matrícula do imóvel, consta de forma clara que a autora é proprietária, também, de área de garagem. Condômino que tem direito de usar, fruir e livremente dispor de suas unidades. Art. 1.335 do CC. Sentença mantida. Recurso desprovido. (TJSP, AC n.

0000136-46.2008.8.26.0477, rel. Des. Rui Cascaldi, j. 07.05.2013)

Cautelar. Condomínio. Assembleia. Inadimplente. Direito a voto. Condômino inadimplente. Pretensão de exercício de voto em assembleia condominial. Afastamento. Art. 1.335, III, CCB. Negaram provimento. (TJRS, AI n. 70.034.567.222, 19ª Câm. Cível, rel. Carlos Rafael dos Santos Júnior, j. 16.03.2010)

Interdito proibitório. Alegação de turbação para receber sinal por satélite pretendida por proprietário de unidade autônoma em condomínio de apartamentos. Instalação que se daria no átrio dos telhados. Ação julgada improcedente. Acerto da decisão. Área de uso comum. Proibição no regimento interno do prédio. Instalações outras, irregulares, que não conferem tal direito aos recorrentes que poderão usar de meios regulares para retirá-los. Recurso improvido. (TJSP, Ap. Cível n. 302.429.4/4-00, 4ª Câm. de Dir. Priv., rel. Des. Fábio Quadros, j. 24.05.2007)

Obrigação de fazer c/c indenização por danos morais. Dano moral caracterizado pelas medidas vexatórias de cobrança praticadas pelo condomínio em relação aos condôminos inadimplentes, em especial desligamento do elevador social no andar da unidade devedora. Arbitramento em sete salários mínimos que se mostra em consonância com os parâmetros da jurisprudência, não enriquecendo nem empobrecendo, e servindo para dissuadir o ofensor de práticas futuras semelhantes. (TJSP, Ap. Cível n. 503.998.4/5, 4ª Câm. de Dir. Priv., rel. Des. Maia da Cunha, j. 07.05.2007)

Reparação de danos morais. Condômina impedida de votar em assembleia, por estar inadimplente. Mora da condômina incontroversa. Licitude do agir da administradora imobiliária em proibir o voto, amparada em lei. Art. 1.335, CC. Não configuração de ato ilícito. Ausência de comprovação acerca da alegada conduta acintosa do representante da administradora de condomínio, de molde a configurar abuso de direito. Negativa que se deu de forma discreta e cordial. Situação vexatória não demonstrada, notadamente porque corriqueira em hipóteses do gênero, tratando-se de vicissitude comum ao âmbito das relações condominiais. Danos morais não caracterizados. Sentença de improcedência confirmada pelos seus fundamentos. Recurso desprovido. (TJRS, Rec. Cível n. 71.001.171.479/Pelotas, 3ª T. Rec. Cível, rel. Juiz Eugênio Facchini Neto, j. 17.04.2007)

Decisão de assembleia geral, de fechamento de galeria durante o horário comercial. Vinculação do condômino. Art. 24, § 1º, Lei n. 4.591/64. Direito do condômino de uso e fruição do imóvel. Art. 1.335, CC/2002. Antecipação dos efeitos da tutela de fundo. Reconhecimento de seus requisitos mínimos. Negaram provimento. (TJRS, AI n. 70.018.616.938, 19ª Câm. Cível, rel. Carlos Rafael dos Santos Júnior, j. 13.03.2007)

O condômino tem o direito de usar e fruir, com exclusividade, de sua unidade autônoma. Esse direito, contudo e em face da exegese do art. 19 da Lei n. 4.591/64, não é absoluto, estando condicionado às normas de boa vizinhança, de modo que só pode o proprietário fazer uso de seu imóvel, inclusive das partes comuns, de modo a não causar dano ou incômodo aos demais condôminos ou moradores. A violação a qualquer dos deveres condominiais sujeita o infrator às multas previstas na convenção ou no regimento interno, revertendo-as em benefício do condomínio. (II TACSP, Ap. s/ Rev. n. 617.078-00/2, 5ª Câm., rel. Juiz S. Oscar Feltrin, j. 29.08.2001)

Processo civil. Ação cominatória para retirada de animal de apartamento. Tutela antecipada concedida. Regimento interno que somente permite animais de pequeno porte. Cachorro da raça pit bull. Risco para a segurança e sossego dos condôminos. Agravo não provido (TJSP, AI n. 171.801-4, rel. Maurício Vidigal, j. 24.10.2000). (*Lex-TJSP* 236/218, 2001)

Condomínio. Despesas condominiais. Multa. Infração à convenção condominial. Cláusula que ofende a legislação atual. Descabimento. A desregrada conduta, o comprometimento da saúde, do sossego e da segurança da coletividade são infrações puníveis e com inteiro respaldo legal. Agora, proibir pura e simplesmente que o proprietário alugue sua unidade a estudantes, traduz discriminação que atenta direitos e, assim, ineficaz porque ilegal. (TJSP, Ap. c/ Rev. n. 570.533 00/4, 2ª Câm., rel. Peçanha de Moraes, j. 27.03.2000)

Condomínio. Norma de convenção proibitória da presença de animais. Cão da raça lhasa apso, de porte pequeno e dócil, cuja presença não acarreta prejuízos e incômodos aos demais condôminos. Regra a ser interpretada de acordo com a finalidade preconizada na Lei do Condomínio (arts. 10, III, e 19 da Lei n. 4.591/64), sob pena de constituir abuso e ser considerada ineficaz. Ação do proprietário, objetivando livre admissão no edifício, procedente. Apelação provida (TJSP, Ap. Cível n. 282.082-1, rel. J. R. Bedran). (*Lex-TJSP* 197/26, 1997)

Condomínio. Edifício. Contratação de serviços tendentes ao extermínio de praga de cupim em áreas comuns e unidades autônomas. Invalidade de deliberação da assembleia geral postulada por condômino. Procedência. Direito de propriedade, entretanto, de natureza limitada em razão do imperativo da função social. Art. 5º, XXIII, da CR. Recurso provido para anular a sentença e determinar a realização de perícia (TJSP, Ap. Cível n. 282.883-1, rel. Vasconcellos Pereira, j. 30.09.1997). (*Lex-TJSP* 200/28, 1998)

Direito civil. Condomínio. Animal em apartamento. Vedação na convenção. Ação de natureza cominatória. Fetichismo legal. Recurso inacolhido. I – Segundo doutrina de Escol, a possibilidade da permanência de animais em apartamento reclama distinções, a saber: a) se a convenção de condomínio é omissa a respeito; b) se a convenção é expressa, proibindo a guarda de animais de qualquer espécie; c) se a convenção é expressa, vedando a permanência de animais que causam incômodo aos condôminos. II – Na segunda hipótese (alínea *b*), a reclamar maior reflexão, deve-se desprezar o fetichismo normativo, que pode caracterizar o *summum jus summa injuria*, ficando a solução do litígio na dependência da prova das peculiaridades de cada caso (STJ, REsp n. 12.166/RJ, rel. Min. Sálvio de Figueiredo Teixeira, j. 07.04.1992). (*Lex-STJ* 35/208)

---

**Art. 1.336. São deveres do condômino:**

**I – contribuir para as despesas do condomínio na proporção das suas frações ideais, salvo disposição em contrário na convenção;**

Inciso com redação dada pela Lei n. 10.931, de 02.08.2004.

**II – não realizar obras que comprometam a segurança da edificação;**

**III – não alterar a forma e a cor da fachada, das partes e esquadrias externas;**

**IV– dar às suas partes a mesma destinação que tem a edificação, e não as utilizar de maneira prejudicial ao sossego, salubridade e segurança dos possuidores, ou aos bons costumes.**

**§ 1º O condômino que não pagar a sua contribuição ficará sujeito à correção monetária e aos juros moratórios convencionados ou, não sendo previstos, aos juros estabelecidos no art. 406 deste Código, bem como à multa de até 2% (dois por cento) sobre o débito.**

Parágrafo com redação dada pela Lei n. 14.905, de 28.06.2024.

**§ 2º O condômino, que não cumprir qualquer dos deveres estabelecidos nos incisos II a IV, pagará a multa prevista no ato constitutivo ou na convenção, não podendo ela ser superior a cinco vezes o valor de suas contribuições mensais, independentemente das perdas e danos que se apurarem; não havendo disposição expressa, caberá à assembleia geral, por dois terços no mínimo dos condôminos restantes, deliberar sobre a cobrança da multa.**

---

Legislação correlata: arts. 10 e 12, Lei n. 4.591, de 16.12.1964.

O artigo em exame não tinha correspondente no CC/1916. Condensa, com alterações e reduções, os arts. 10 e 12 da Lei n. 4.591/64. O inciso I do artigo foi alterado pela Lei n. 10.931/2004, que acrescentou a parte final: "salvo disposição em contrário na convenção".

Regula o artigo os deveres mínimos dos condôminos e as sanções decorrentes do inadimplemento. Note-se que outros deveres podem e frequentemente são criados pela convenção de condomínio, desde que não aniquilem os direitos fundamentais dos condôminos, como comentado no artigo antecedente.

Embora use o *caput* do art. 1.336 o termo "condômino", os deveres, em especial os negativos ou de abstenção, alcançam todos os ocupantes das unidades autônomas, a qualquer título, inclusive possuidores diretos, visitantes ou meros detentores das unidades autônomas. Em relação ao inciso I, incumbe o pagamento das despesas condominiais não somente ao titular do domínio pleno da unidade como também ao compromissário comprador imitido na posse, como adiante se verá, no comentário ao art. 1.345 adiante.

O primeiro dever do condômino é o de contribuir para as despesas do condomínio. Na lição de Nascimento Franco, as despesas de condomínio podem ser ordinárias ou de custeio (arts. 1.348, VI, e 1.350 do CC), extraordinárias (art. 1.341) e individualizadas (arts. 1.331, § 5º, 1.340 e 1.344). As ordinárias, ainda segundo Nascimento Franco, referem-se aos serviços rotineiros do condomínio, que abrangem, entre outras, manutenção de elevadores, salários de empregados e respectivos encargos, taxa de consumo de água e esgotos, nos casos em que o lançamento for comum, luz e força das áreas comuns, seguro do edifício, materiais de limpeza, fundo de reserva, se previsto na convenção, honorários do administrador ou do síndico (NASCIMENTO FRANCO, João. *Condomínio*, 5. ed. São Paulo, RT, 2005, p. 252), e devem ser orçadas e aprovadas em assembleia anual. Note-se que o CC/2002 não mais alude ao fundo de reserva, como fazia a Lei n. 4.591/64, mas nada impede que tal verba, fundamental para fazer frente a despesas e reparos imprevistos, possa ser disciplinada na convenção ou mesmo deliberada em assembleia. Já as despesas extraordinárias são as eventuais, dizem respeito a serviços ou reformas no edifício, com o objetivo de melhorá-lo, modernizá-lo, dotá-lo de novos equipamentos ou mesmo atender às determinações do poder público, devendo ser previamente aprovadas em assembleia, com quóruns específicos, salvo se urgentes, como adiante se verá no comentário ao art. 1.341 do CC. Finalmente, as despesas individualizadas são aquelas cujo benefício reverte exclusivamente em proveito de certo condômino ou grupo de condôminos, devendo ser deliberadas e pagas exclusivamente por eles (art. 1.340 do CC).

Como anteriormente dito, o inciso I do art. 1.336 foi alterado pela Lei n. 10.931/2004, que acrescentou a parte final do preceito, "salvo disposição em contrário na convenção". Logo, o critério supletivo, no silêncio da convenção, é o rateio de modo proporcional às frações ideais. Nada impede, porém, que estabeleça a convenção critérios diversos, como o valor de cada unidade autônoma, ou mesmo a intensidade de utilização de certos equipamentos comuns. Tomem-se como exemplo escolas ou lavanderias instaladas em edifícios comerciais, que consomem e utilizam de modo excessivo elevadores e água, podendo a convenção criar regras especiais quanto ao rateio de tais despesas. O próprio art. 1.340, adiante comentado, positivando entendimento dos tribunais, determina que as despesas relativas às partes comuns que revertem em proveito de um ou de alguns condôminos incumbem a quem delas se serve, quebrando, portanto, o critério primário de rateio proporcional às frações ideais.

O crédito com origem em rateio de despesas de condomínio tem natureza de despesa necessária à administração da coisa, de modo que ainda que o devedor seja insolvente, ou falido, é extraconcursal, não se sujeitando, por consequência, à habilitação e rateio, consoante entendimento pacífico do STJ (Ag. Int. nos Emb. Diverg. nos EAREsp n. 769.043/SP, rel. Min. Luis Felipe Salomão, j. 30.03.2021).

O inciso II do art. 1.336 impõe ao condômino obrigação negativa, de abstençao, qual seja, a de não realizar obras que comprometam a segurança da edificação. *A contrario sensu*, podem ser realizadas no interior da unidade todas as obras que não atentem contra a segurança da construção. Alude Caio Mário da Silva Pereira à possibilidade de abertura de passagem de comunicação entre unidades vizinhas, ou superpostas, desde que, como é óbvio, fique preservada a segurança do edifício (*Condomínio e incorporações*, 10. ed. Rio de Janeiro, Forense, 2002, p. 127). Não se admite, por outro lado, a ligação com unidade autônoma de prédio vizinho, nem a abertura de portas ou janelas externas. Não se exige prévia autorização do síndico para a realização de reformas. Podem a convenção ou o regimento, todavia, impor horários e regras de admissão de trabalhadores que tenham acesso ao condomínio.

O inciso III do art. 1.336 impõe outra obrigação de não fazer ao condômino, qual seja, a de não alterar a forma e a cor das fachadas, das partes e esquadrias externas. A razão da regra é simples: as paredes externas do edifício constituem área comum e a unidade arquitetônica interessa a todos os condôminos, de modo que não podem ser mudadas a critério de um deles. De outro lado, prevalece o entendimento de que o limite da proibição é o interesse coletivo. Toleram-se, assim, pequenas alterações na fachada, desde que ditadas por necessidade, como a colocação de grades de proteção ou a substituição de esquadrias obsoletas, originalmente feitas de material não mais existente no mercado (*RT* 758/270). Também se admite a colocação de equipamentos que visem ao conforto dos moradores e compatíveis com a vida moderna, como exaustores e aparelhos de ar-condicionado, desde que a agressão à fachada não seja gritante nem cause incômodo aos demais condôminos.

Alguns julgados entendem que as alterações modernizadoras exigem aprovação da assembleia, mas por maioria, não se exigindo a unanimidade. Há controvérsia nos tribunais sobre a possibilidade do fechamento de varandas com vidros, examinadas caso a caso, levando em conta a existência de anteriores modificações e o grau de lesividade à harmonia da fachada. A colocação de placas, luminosos e faixas pode ser vedada pela convenção de condomínio e, em seu silêncio, toleram-se apenas aquelas de pequeno porte, que não prejudicam a iluminação de outras unidades nem ofendem de modo significativo a unidade visual do prédio (conferir a respeito da fértil casuística sobre alteração de fachada, NASCIMENTO FRANCO, João. Op. cit., p. 200-5; LACERDA, César. "Utilização das partes comuns do edifício para propaganda e instalação de antena" e ÁLVARES, Vanderci. "Da alteração da fachada no condomínio horizontal". In: *Condomínio edilício,* coord. F. A. Casconi & J. R. N. Amorim. São Paulo, Método, 2005).

O inciso IV do art. 1.336 impõe ao condômino novas obrigações negativas, quais sejam, as de não dar às unidades destinação diversa à da edificação, bem como utilizá-las de maneira a não prejudicar o sossego, a salubridade, a segurança ou os bons costumes. Tais deveres já foram comentados no inciso I do art. 1.335, pelo ângulo inverso do direito de o condômino usar sua unidade sem agredir os valores eleitos pelo legislador. Não custa acrescentar que os deveres impostos aos condôminos são mais severos do que as restrições gerais de vizinhança, diante da peculiar situação das unidades que confrontam nas laterais, acima e abaixo com outras. É por isso que os deveres previstos em lei podem ser ampliados ou detalhados pela convenção de condomínio ou regimento interno, desde que não elidam os direitos essenciais previstos no art. 1.335. A alteração da destinação da unidade autônoma está subordinada à prévia aprovação unânime dos demais condôminos, porque interfere nas demais unidades e fere as justas expectativas da manutenção da finalidade inicial da construção. Quanto a pequenos desvios de finalidade, manutenção de animais em apartamentos, realização de reuniões e festas, remete-se o leitor ao que foi comentado no artigo anterior.

Questão nova e relevante que tem surgido com frequência nos tribunais é a possibilidade de locação das unidades autônomas para curta temporada, especialmente em plataformas via internet. A mais conhecida dessas plataformas, embora não a única, Airbnb. Discute-se se tal situação viola a vedação legal de desvio de uso, ou, ainda, se podem as assembleias de condomínio vedar tal modalidade de locação. Os tribunais ainda vacilam ao decidir a questão, que não se mostra tranquila. A melhor posição é saber inicialmente qual o objeto predominante do contrato, e não o meio pelo qual ele é divulgado ou ofertado. A mesma plataforma da internet pode disponibilizar apenas a locação de imóvel urbano, ou, ainda, oferecer serviços semelhantes aos de hospedagem, mediante fornecimento de alimentação, arrumação e *concierge*. Nesta última hipótese, se o objeto predominante é a hospedagem, e não a locação de coisas, existe claro desvio de uso, vedado pelo CC. Ao contrário, se a causa predominante é a locação de imóvel urbano, a locação de curta duração não tem vedação legal, e pode como regra geral ser admitida.

O STJ, em 2021, fixou dois precedentes relevantes a respeito do tema. No REsp n. 1.819.075/RS, rel. Min. Raul de Araújo, por maioria de votos entendeu-se que, caso a convenção do condomínio preveja a destinação residencial das unidades, os proprietários não poderão alugar seus imóveis por meio de plataformas digitais como o Airbnb, ainda que silente a convenção. Tal modalidade de locação somente é admitida mediante expressa autorização da convenção. Foi fixado o entendimento, à vista das circunstâncias do caso concreto, que versava sobre locação de cômodos de um único apartamento a diversos locatários, de que o sistema de reserva de imóveis pela plataforma digital é caracterizado como uma espécie de contrato atípico de hospedagem, a meio caminho entre a locação por temporada (prevista no art. 48 da Lei n. 8.245/91) e a hospedagem oferecida por empreendimentos hoteleiros (art. 23 da Lei n. 11.771/2008), que possuem regulamentações específicas.

No REsp n. 1.884.483, rel. Min. Villas Bôas Cueva, afirmou-se que o relevante para a qualificação jurídica da relação não é o modo de oferta, mas sim o objeto do contrato: "Somente a partir dos elementos fáticos delineados em cada hipótese submetida à apreciação judicial – considerados aspectos relativos ao tempo de hospedagem, ao grau de profissionalismo da atividade, à destinação exclusiva do imóvel ao ocupante ou o seu compartilhamento com o proprietário, à destinação da área em que ele está inserido (se residencial ou comercial), à prestação ou não de outros serviços periféricos, entre outros – é que se afigura possível enquadrar determinada atividade em alguma das hipóteses legais, se isso se mostrar relevante para a solução do litígio". Afirmou-se, ainda, que, se houver interesses contrapostos entre o proprietário da unidade e o condomínio, "a exploração econômica de unidades autônomas mediante locação por curto ou curtíssimo prazo, caracterizada pela eventualidade e pela transitoriedade, não se compatibiliza com a destinação exclusivamente residencial atribuída ao condomínio". Concluiu o Recurso Especial que pode o condomínio limitar na convenção o tempo mínimo de locação por temporada, com a finalidade de preservar o sossego, a salubridade e a segurança, violados pela alta rotatividade de pessoas estranhas e sem compromisso duradouro com a comunidade na qual estão temporariamente inseridas.

Parece ser esse o entendimento dos tribunais, no sentido de que a convenção pode conter regra de prazo mínimo de locação de curta temporada, desde que observado o *quorum* legal para alteração, insuficiente a mera deliberação em assembleia por maioria simples de condôminos.

Caso vulnerados os deveres de abstenção – obras ilícitas, alteração de fachada ou comportamento contrário aos valores tutelados pela lei –, cabe ao condomínio, representado pelo síndico, ou a qualquer condômino, individualmente, a legitimidade ativa para coibir a conduta ofensiva, mediante embargo da obra, sua demolição ou invocação de tutela específica, inclusive com a cominação de astreintes, na forma do art. 461 do CPC/73 (arts. 139, IV, 497 a 500, 536, § 1º, e 537 do CPC/2015).

O § 1º do art. 1.336 disciplina tanto a incidência dos juros como a da multa moratória. Quanto aos juros, reza o preceito que ficará o condômino inadimplente sujeito aos juros convencionados, ou, não sendo previstos, aos juros legais do art. 406 do CC. A regra é distinta do que dispunha o art. 12 da Lei n. 4.591/64, que admitia juros moratórios de 1% a.m., desde que convencionados. Note-se que o art.406 do CC foi alterado no ano de 2024, com incidência imediata, a partir de sua vigência, a todos os créditos de condomínio.

As sanções ao condômino inadimplente à obrigação de pagar a contribuição condominial são as previstas em lei, de natureza estritamente pecuniária. Fere os direitos fundamentais dos condôminos a aplicação de sanções diversas, ainda que previstas na convenção ou deliberadas em assembleia, especialmente aquelas que vedam a utilização de áreas e equipamentos comuns, como elevadores, piscina e sauna. A matéria é polêmica, e os tribunais colecionam julgados em sentido oposto (conferir jurisprudência reproduzida a seguir). O STJ, porém, posicionou-se majoritariamente no sentido de vedar a imposição de sanções distintas das legais. Pode-se admitir, em determinadas situações excepcionais, a restrição do inadimplente ao uso de áreas e equipamentos que exijam contribuição pecuniária específica. Tome-se como exemplo o uso do salão de festas, ou de sauna, ou de salão de ginástica, cujo uso possa subordinar-se ao pagamento prévio de taxa específica de manutenção. Não se tolera, porém, a vedação ao uso de outras áreas comuns, como garagens, elevadores, piscina, ou restrição a determinados serviços, como de portaria ou entrega de correspondência.

A primeira questão que se apresenta é a da incidência da nova regra às convenções registradas anteriormente à vigência do CC. Remete-se o leitor ao comentário do art. 1.333, em que se discutiu a natureza jurídica da convenção de condomínio, questão fundamental para saber de sua eficácia frente à nova lei. A corrente que defende sua natureza estritamente contratual sustenta que não pode a lei retroagir para alcançar o ato jurídico perfeito. A corrente que defende sua natureza de ato-regra, a meio caminho entre o contrato e a lei, geradora de direito estatutário de normas aplicáveis ao universo restrito dos que interagem com o condomínio, sustenta, ao contrário, a imediata incidência do CC, em relação às prestações vencidas após sua vigência. O extinto II TACSP, hoje Seção de Direito Privado do Tribunal de Justiça, dividiu-se, com dezenas de decisões em ambos os sentidos (cf. SILVA, Luiz Antônio Rodrigues da. "Pequena reflexão a respeito da multa de até 2% sobre a contribuição condominial em atraso" e COELHO, Gil Ernesto Gomes. "A multa moratória da convenção de condomínio e o novo CC – Questão de direito intertemporal". In: *Condomínio edilício,* coord. F. A. Casconi & J. R. N. Amorim. Op. cit.). O primeiro precedente do STJ (REsp n. 663.285/SP, rel. Min. Aldir Passarinho Júnior) assentou que "a multa por atraso prevista na convenção de condomínio, que tinha por limite legal máximo o percentual de 20% previsto no art. 12, § 3º, da Lei n. 4.591/64, vale para as prestações vencidas na vigência do diploma que lhe dava respaldo, sofrendo automática modificação, no entanto, a partir da revogação daquele teto pelo art. 1.336, § 1º, em relação às cotas vencidas sob a égide do CC atual", inclinando-se, assim, no sentido da segunda corrente, embora sem acolher de modo explícito o argumento acima posto. A matéria atualmente se encontra pacificada tanto no STJ como nos tribunais estaduais: a incidência da norma é imediata, e ela alcança todas as convenções de condomínio.

O § 1º do art. 1.336 disciplina tanto a incidência dos juros como a da multa moratória. Quanto aos juros, reza o preceito que ficará o condômino inadimplente sujeito aos "juros convencionados, ou, não sendo previstos, os de 1% ao mês". A regra é inversa à do art. 12 da Lei n. 4.591/64, que admitia juros moratórios de 1% a.m., desde que convencionados. Também é inversa à regra do regime de juros moratórios do polêmico art. 406 do CC/2002 que, no silêncio das partes, determina a incidência da mesma taxa devida às dívidas ativas da Fazenda Nacional. No regime do condomínio edilício, no silêncio da convenção, os juros serão de 1% ao mês e a correção monetária incide independentemente de previsão convencional.

Pode a convenção, todavia, prever pagamento de juros convencionados, acima ou abaixo dos legais. A dúvida está em saber se existe limitação à cobrança dos juros convencionais moratórios, ou se escapam eles dos limites do art. 406 do CC, estando ao inteiro critério da autonomia privada. Parece claro que os juros pactuados estão sujeitos ao teto cogente do art. 406 do CC vigente, não se podendo equiparar aos juros moratórios livres previstos na Lei de Mercado de Capitais (Lei n. 4.728/65), aplicáveis apenas às operações de crédito de instituições financeiras. A Lei da Usura, norma de ordem pública, aplica-se às prestações pecuniárias em geral, inclusive às relativas ao rateio das despesas condominiais. Em termos diversos, o teto máximo que a convenção pode estipular é o pagamento dos juros moratórios na mesma base daqueles que incidem sobre a dívida ativa da União Federal, ou seja, taxa Selic, que, por seu turno, já engloba as expectativas inflacionárias, de modo que não se cumula com a correção monetária, para evitar o *bis in idem*. Mesmo a incidência da taxa Selic é controversa, porque não refletiria propriamente os juros, como também expectativa inflacionária futura, de acordo com jurisprudência consolidada do STJ. Em suma, os juros moratórios estão sujeitos ao teto cogente de 12% ao ano, sendo considerada não escrita regra convencional em sentido contrário.

A matéria parecia pacificada nos tribunais estaduais, até que o STJ, em recente julgado, afirmou o contrário, admitindo a cobrança de juros moratórios livres, desde que previstos na convenção de condomínio. O fundamento do aresto, que constitui relevante precedente, foi a razão do veto presidencial à proposta legislativa de alteração do § 1º do art. 1.336

do CC. Aludido veto argumentou que, como os juros eram livres por força de lei, não havia razão para a majoração da multa moratória. Com o devido respeito, parece temerário admitir a cobrança de juros livres, sem qualquer tipo de limitação, com base em critério hermenêutico duvidoso, fundado nas razões de um veto presidencial a projeto de lei (REsp n. 1.002.525/DF, rel. Min. Nancy Andrighi, j. 16.09.2010, ementa a seguir). A aplicação do precedente permitirá, por exemplo, a cobrança de juros moratórios de 10 ou de 20% ao mês o que, de um lado, constituirá forte fator inibidor da inadimplência, mas, de outro, impedirá condôminos em atraso de pagarem o débito, ou parcelarem suas dívidas, levando-os a demandas judiciais que culminarão na perda das unidades em hasta pública.

Como a obrigação é positiva, líquida e a termo, a mora é *ex re* e os juros incidem a contar do vencimento. Há entendimento (Súmula n. 13 do TJSP) pacífico no sentido de que na ação de cobrança de rateio de despesas condominiais, consideram-se incluídas na condenação as parcelas vencidas e não pagas no curso do processo até a satisfação da obrigação (art. 323 do CPC/2015; art. 290 do CPC/73). Os juros incidem sobre o principal corrigido e acrescido da multa. O entendimento predominante é o de que a obrigação tem natureza *portable*, razão pela qual não há necessidade de se fazer prova da remessa do boleto, cabendo ao condômino procurar o condomínio para pagar o que deve. A competência para ação de cobrança das despesas condominiais é do foro da situação do imóvel, porque é o local onde deve ser cumprida a obrigação.

A cobrança se faz mediante execução por quantia certa, relevante inovação do novo CPC. O art. 784, X, elenca como título executivo extrajudicial o crédito referente às contribuições ordinárias ou extraordinárias de condomínio edilício, previstas na respectiva convenção ou aprovadas em assembleia geral, desde que documentalmente comprovadas. Embora haja controvérsia a respeito, no Estado de São Paulo não se processa perante o sistema do Juizado Especial, porque não é o credor pessoa natural. Há hoje entendimento correto do STJ no sentido de não se exigirem formalidades excessivas para a cobrança de despesas de condomínio, por exemplo, o registro da convenção no RI ou de atas de assembleia no RTD (REsp n. 2.048.856 6/SC, rel. Min. Nancy Andrighi, j. 23.05.2023).

Quanto à prescrição, logo após a vigência do CC, entendeu-se que, na falta de previsão específica, aplicar-se-ia a regra do art. 205 do CC, com prazo de dez anos. O conflito de direito intertemporal é resolvido pela regra do art. 2.028 do mesmo diploma (cf., a respeito das despesas de condomínio, PIMENTEL, Celso José. "Anotações sobre a ação de cobrança das despesas de condomínio". In: *Condomínio edilício*, coord. F. A. Casconi & J. R. N. Amorim. Op. cit.).

O STJ pacificou o entendimento, em sede de recurso repetitivo, no sentido de que o prazo prescricional é o quinquenal: "Na vigência do CC/2002, é quinquenal o prazo prescricional para que o condomínio geral ou edifício (horizontal ou vertical) exercite a pretensão de cobrança da taxa condominial ordinária ou extraordinária constante em instrumento público ou particular, a contar do dia seguinte ao vencimento da prestação" (Tema n. 949). Tal entendimento seguiu o que já afirmava a Corte Superior, em outro precedente: "com a entrada em vigor do novo CC, o prazo prescricional aplicável à pretensão de cobrança das quotas condominiais passou a ser de cinco anos, nos termos do art. 206, § 5º, I, do CC/2002, observada a regra de transição do art. 2.028 do CC/2002" (REsp n. 1.139.030/RJ, rel. Min. Nancy Andrighi, j. 18.08.2011). Afirmou o aresto que as despesas de condomínio constituem dívida líquida, pois a obrigação certa com prestação determinada, e com origem em instrumento público ou particular, entendida a expressão como definição das cotas com base em despesas lastreadas em documentos, aprovadas pela assembleia e previstas na convenção de condomínio.

Em suma, o novo posicionamento do STJ é no sentido de a pretensão de cobrança das cotas condominiais prescrever em cinco anos, a partir do vencimento de cada parcela.

No que se refere à multa moratória, embora haja controvérsia doutrinária a respeito, a limitação ao teto de 2% é de natureza cogente, prevalecendo sobre disposição convencional. Não se cogita, também, de cumulação da multa prevista na lei com a multa prevista na convenção, ambas com a mesma finalidade de sancionar a mora do condômino. Cumula-se a multa com os juros e com honorários advocatícios.

Não resta dúvida de que as taxas de juros e a nova multa moratória se mostram inadequadas para reprimir a inadimplência nos condomínios edilícios. Perdeu-se excelente oportunidade de alteração do preceito, por ocasião da sanção e publicação da Lei n. 10.931/2004. A regra que alterava a multa foi vetada pelo Presidente da República, sob o argumento falso de que os juros livres servem como elemento de compensação da multa baixa. Note-se, porém, que o próprio legislador criou mecanismo compensatório no art. 1.337, adiante comentado, para reprimir a conduta do condômino usualmente inadimplente.

Finalmente, o § 2º do art. 1.336 disciplina a multa aplicável aos condôminos que vulnerarem os deveres de abstenção previstos nos incisos II a IV, já comentados. Note-se que a multa ora analisada não se aplica ao condômino inadimplente na obrigação de pagar as despesas condominiais, matéria relegada ao art. 1.337. A multa em questão pode ou não estar prevista na convenção ou ato constitutivo. Caso não haja prévia estipulação, pode ser imposta em assembleia, com o *quorum* qualificado de aprovação de dois terços dos demais condôminos. Conta-se o *quorum* sobre o universo dos condôminos aptos a votar, ou seja, excluídos os infratores a serem apenados e os inadimplentes. Vota-se com a força das frações ideais de cada unidade, salvo disposição em contrário na convenção.

O teto imposto, de cinco vezes o valor da contribuição, é de natureza cogente e não pode ser aumentado por disposição convencional. A multa é devida, na dicção da lei, "independentemente das perdas e danos que se apurarem". O preceito deve ser lido em dois sentidos. Primeiro, de que não há correlação entre o valor da multa e o real dano causado ao condomínio. Segundo, de que o condômino infrator paga a multa moratória e as perdas e danos, sem compensação ou abatimento entre as duas verbas. Eventual desproporção entre a sanção e o dano deve sofrer a redução prevista no art. 413 do CC, que consagra o princípio do equilíbrio contratual, presente também nas relações entre condôminos. O modo e a frequência de imposição da multa serão analisados no comentário ao art. 1.337.

**Jurisprudência:** Enunciado n. 505 do CEJ do STJ: É nula a estipulação que, dissimulando ou embutindo multa acima de 2%, confere suposto desconto de pontualidade no pagamento da taxa condominial, pois configura fraude à lei (CC, art. 1.336, § 1º), e não redução por merecimento.

STJ, recurso repetitivo: "Na vigência do CC/2002, é quinquenal o prazo prescricional para que o condomínio geral ou edifício (horizontal ou vertical) exercite a pretensão de cobrança da taxa condominial ordinária ou extraordinária constante em instrumento público ou particular, a contar do dia seguinte ao vencimento da prestação" (Tema n. 949)

É possível a inclusão de parcelas vincendas na execução de título extrajudicial de contribuições ordinárias ou extraordinárias de condomínio edilício, desde que homogêneas, contínuas e da mesma natureza. (STJ, REsp n. 1.835.998/RS, 4ª T., rel. Min. Luis Felipe Salomão, por unanimidade, j. 26.10.2021)

Apelação. Ação de obrigação de não fazer sentença de procedência. Unidade condominial que passou a ser locada por curta temporada através de plataformas digitais. Situação que se assemelha a hotelaria e hospedaria. Característica não residencial. Convenção condominial e regimento interno que preveem a finalidade estritamente residencial. Impossibilidade do tipo de locação pretendida pelo autor. Sentença reformada. Recurso provido. (TJSP, Ap. n. 1027326-50.2016.8.26.0100, rel. Cesar Luiz de Almeida, j. 15.10.2018)

Agravo de instrumento. Condomínio. Tutela de urgência de natureza antecedente. Pretensão para que possa o proprietário livremente locar seu imóvel por temporada mediante uso de aplicativos, bem como para ser afastada a restrição de uso das áreas comuns pelos inquilinos. Locação por uso de aplicativos ou plataformas eletrônicas ("Airbnb" e afins) que possui finalidade característica de hotelaria ou hospedaria. Deliberações tomadas em assembleia geral ordinária por medida de segurança aos condôminos. Inteligência do art. 300 do CPC/2015. Necessidade de dilação probatória. Recurso improvido. (TJSP, AI n. 2102787-49.2018.26.0000, rel. Adilson de Araujo, j. 14.06.2018)

Ação anulatória de decisão assemblear e de obrigação de fazer. Assembleia condominial que, por maioria, deliberou proibir a locação por temporada. Restrição ao direito de propriedade. Matéria que deve ser versada na convenção do condomínio. Ocupação do imóvel por pessoas distintas, em espaços curtos de tempo (Airbnb) que não descaracteriza a destinação residencial do condomínio. Precedentes. Recurso desprovido. (TJSP, Ap. n. 1065850-40.2017.8.26.0114, rel. Milton Paulo de Carvalho; no mesmo sentido, TJSP, AI n. 2224345-22.2017.8.26.0000, rel. Jayme Queiroz Lopes, 36ª Câm. de Dir. Priv., j. 23.03.2018)

O direito do condômino ao uso das partes comuns, seja qual for a destinação a elas atribuídas, não decorre da situação (circunstancial) de adimplência das despesas condominiais, mas sim do fato de que, por lei, a unidade imobiliária abrange, como parte inseparável, não apenas uma fração ideal no solo (representado pela própria unidade), bem como nas outras partes comuns que será identificada em forma decimal ou ordinária no instrumento de instituição do condomínio (§ 3º do art. 1.331 do CC). Ou seja, a propriedade da unidade imobiliária abrange a correspondente fração ideal de todas as partes comuns. A sanção que obsta o condômino em mora de ter acesso a uma área comum (seja qual for a sua destinação), por si só, desnatura o próprio instituto do condomínio, limitando, indevidamente, o correlato direito de propriedade. 2. Para a específica hipótese de descumprimento do dever de contribuição pelas despesas condominiais, o CC impõe ao condômino inadimplente severas sanções de ordem pecuniária, na medida de sua recalcitrância. 2.1 Sem prejuízo da sanção prevista no art. 1.336, § 1º, do CC, em havendo a deliberada reiteração do comportamento faltoso (o que não se confunde o simples inadimplemento involuntário de alguns débitos), instaurando-se permanente situação de inadimplência, o CC estabelece a possibilidade de o condomínio, mediante deliberação de três quartos dos condôminos restantes, impor ao devedor contumaz outras penalidades, também de caráter pecuniário, segundo gradação proporcional à gravidade e à repetição dessa conduta (art. 1.337, *caput* e parágrafo único – multa pecuniária correspondente até o quíntuplo ou até o décuplo do valor da respectiva cota condominial). 2.2 O art. 1.334, IV, do CC apenas refere quais matérias devem ser tratadas na convenção condominial, entre as quais, as sanções a serem impostas aos condôminos faltosos. E nos artigos subsequentes, estabeleceu-se, para a específica hipótese de descumprimento do dever de contribuição com as despesas condominiais, a imposição das sanções pecuniárias acima delineadas. Inexiste, assim, margem discricionária para outras sanções, que não as pecuniárias nos limites da lei. 3. Além das sanções pecuniárias, a lei adjetiva civil, atenta à essencialidade do cumprimento do dever de contribuir com as despesas condominiais, estabelece a favor do condomínio efetivas condições de obter a satisfação de seu crédito, inclusive por meio de procedimento que privilegia a celeridade. 3.1 A Lei n. 8.009/90 confere ao condomínio uma importante garantia à satisfação dos débitos condominiais: a própria unidade condominial pode ser objeto de constrição judicial, não sendo dado ao condômino devedor deduzir, como matéria de defesa, a impenhorabilidade do bem como sendo de família. E, em reconhecimento à premência da satisfação do crédito relativo às despesas condominiais, o CPC/73 estabelecia o rito mais célere, o sumário, para a respectiva ação de cobrança. Na sistemática do novo CPC, aliás, as cotas condominiais passaram a ter natureza de título executivo extrajudicial (art. 784, VIII), a viabilizar, por conseguinte, o manejo de ação executiva, tornando a satisfação do débito, por meio da incursão no patrimônio do devedor (possivelmente sobre a própria unidade imobiliária) ainda mais célere. Portanto, diante de todos esses instrumentos (de coercibilidade, de garantia e de cobrança) postos pelo ordenamento jurídico, inexiste razão legítima para que o condomínio dele se aparte. 4. A vedação de acesso e de utilização de qualquer área comum pelo condômino e de seus familiares, independentemente de sua destinação (se de uso essencial, recreativo, social, lazer etc.), com o único e ilegítimo propósito de expor ostensivamente a condição de inadimplência perante o meio social em que residem, desborda dos ditames do princípio da dignidade humana. 5. Recurso especial improvido. (STJ, REsp n. 1.564.030/MG, rel. Min. Marco Aurélio Bellizze, j. 09.08.2016)

No caso de descumprimento reiterado do dever de contribuir para as despesas do condomínio (inciso I do art. 1.336 do CC), pode ser aplicada a multa sancionatória em razão de comportamento "antissocial" ou "nocivo" (art. 1.337 do CC), além da aplicação da multa moratória (§ 1º do art. 1.336 do CC). (STJ, REsp n. 1.247.020/DF, rel. Min. Luis Felipe Salomão, j. 15.10.2015, *DJe* 11.11.2015)

O inadimplemento de taxas condominiais não autoriza a suspensão, por determinação da assembleia geral de condôminos, quanto ao uso de serviços essenciais, em clara afronta ao direito de propriedade e sua função social e à dignidade da pessoa humana, em detrimento da utilização de meios expressamente previstos em lei para a cobrança da dívida condominial. Não sendo o elevador um mero conforto em se tratando de edifício de diversos pavimentos, com apenas um apartamento por andar, localizando-se o apartamento da recorrente no oitavo pavimento, o equipamento passa a ter *status* de essencial à própria utilização da propriedade exclusiva. O corte do serviço dos elevadores gerou dano moral, tanto do ponto de vista subjetivo, analisando as peculiaridades da situação concreta, em que a condição de inadimplente restou ostensivamente exposta, como haveria, também, tal dano *in re ipsa*, pela mera violação de um direito da personalidade. (STJ, REsp n. 1.401.815/ES, rel. Min. Nancy Andrighi, j. 03.12.2013)

O condomínio tem legitimidade ativa para ajuizar contra o condômino ação de nunciação de obra nova com pedidos de paralisação e de demolição de construção irregular erguida pelo condômino em área comum para transformar seu apartamento, localizado no último andar do edifício, em um apartamento com cobertura, sem o consentimento expresso e formal de todos os proprietários do condomínio, nem licença da Prefeitura Municipal, causando danos à estética do prédio e colocando em perigo as suas fundações. (STJ, REsp n. 1.374.456/MG, rel. Min. Sidnei Beneti, j. 10.09.2013)

Condena-se ao pagamento de indenização por dano moral o responsável por apartamento de que se origina infiltração não reparada por longo tempo por desídia, provocadora de constante e intenso sofrimento psicológico ao vizinho, configurando mais do que mero transtorno ou aborrecimento. (STJ, REsp n. 1.313.641/RJ, rel. Min. Sidnei Beneti, j. 26.06.2012)

Com a entrada em vigor do novo CC, o prazo prescricional aplicável à pretensão de cobrança das quotas condominiais passou a ser de cinco anos, nos termos do art. 206, § 5°, I, do CC/2002, observada a regra de transição do art. 2.028 do CC/2002. (STJ, REsp n. 1.139.030/RJ, rel. Min. Nancy Andrighi, j. 18.08.2011)

Civil. Recurso especial. Ação de cobrança. Conflito de leis no tempo. Taxas condominiais. Juros moratórios acima de 1% ao mês. Previsão na convenção do condomínio. Possibilidade. Em face do conflito de leis no tempo e, conforme prevê o art. 2°, § 1°, da LICC [atual Lindb], os encargos de inadimplência referentes às despesas condominiais devem ser reguladas pela Lei n. 4.591/64 até 10.01.2003 e, a partir dessa data, pelo CC/2002. Após o advento do CC/2002, é possível fixar na convenção do condomínio juros moratórios acima de 1% ao mês em caso de inadimplemento das taxas condominiais. Recurso especial provido. (STJ, REsp n. 1.002.525/DF, rel. Min. Nancy Andrighi, j. 16.09.2010)

Condomínio. Ações de cobrança e de consignação em pagamento. Multa por infração à convenção. Locação de quartos de unidade condominial para estudantes. Infração à convenção inocorrente. Ausência de prova de prejuízo ao sossego e à segurança dos demais condôminos. Art. 1.336, IV, CCB. Negaram provimento. (TJRS, Ap. Cível n. 70.035.942.812, 19ª Câm. Cível, rel. Carlos Rafael dos Santos Júnior, j. 17.08.2010)

Condomínio. Direito de vizinhança. Cobrança de multa por infração a dever condominial. Infração confessada e reconhecida em processo judicial anterior. Pena de multa prevista na convenção de condomínio. Incidência da regra do art. 1.336, § 2°, primeira parte, do CC. Possibilidade de aplicação e cobrança pelo síndico. Desnecessidade de ratificação pela assembleia geral. Regularidade formal da multa reconhecida. Ação de cobrança procedente. (TJSP, Ap. s/ Rev. n. 992.06.001672-7, rel. Des. Edgard Rosa, j. 11.08.2010)

É lícito ao Condomínio estabelecer critério de rateio diverso ao da proporção das frações ideais, desde que aprovado em Assembleia Geral. Ausente prova de que tenha sido deliberado o tema em Assembleia, deve preponderar o critério estabelecido no art. 1.336, I, do CC. Recurso de apelação ao qual se nega provimento. (TJRS, Ap. Cível n. 70.033.456.690, 18ª Câm. Cível, rel. Pedro Celso Dal Prá, j. 17.12.2009)

Obrigação de fazer. Pleito ajuizado por condomínio em face de locatários. Sentença que reconheceu a ilegitimidade passiva. Descabimento. Demanda que visa à retirada de mesas e cadeiras, bem como de veículo, colocados pelos locatários das unidades condominiais na frente de seus estabelecimentos comerciais. Configuração de relação jurídica dos locatários com o condomínio, posto que serão eles quem arcarão diretamente com as consequências do provimento jurisdicional. Afastamento da extinção do feito. Impossibilidade, contudo, de aplicação do § 3° do art. 515 do CPC [art. 1.013, § 3° do CPC/2015], posto que a demanda não está adequadamente instruída para o julgamento. Recurso parcialmente provido. (TJSP, Ap. Cível n. 345.702-4/5-00, rel. Des. Sebastião Carlos Garcia j. 12.11.2009)

Havendo, no regulamento interno, expressa previsão de aplicação de multa, pelo síndico, não há que se cogitar da necessidade de aprovação da penalidade em assembleia condominial, o que somente se mostraria necessário se o seu valor superasse o limite legal ou não existisse previsão da infração no regulamento ou convenção. (TJSP, Ap. n. 992.09.089102-2, 26ª Câm. de Dir. Priv., rel. Des. Renato Sartorelli, j. 13.10.2009)

Ação de cobrança de condomínio julgada procedente. Alegação de ilegitimidade passiva afastada. Não há litisconsórcio necessário entre os proprietários do imóvel, pois eles são devedores solidários perante o condomínio. Aplicabilidade do art. 283 do CC. Multa e juros moratórios limitados pelo art. 1.336, CC, que prevalece sobre a convenção do condomínio. Recurso parcialmente provido para limitação dos encargos da mora. (TJSP, AC n. 1.187.555-0/9, rel. Carlos Alberto Garbi, j. 18.08.2008)

Despesas de condomínio. Cobrança. Os juros moratórios devem ser estabelecidos com base no limite de 1% ao mês estabelecido em lei. Inteligência do art. 406, do CC/2002. Sentença mantida. Recurso improvido. (TJSP, Ap. n. 1.116.429-0/7, rel. Felipe Ferreira, j. 09.06.2008)

Embargos Infringentes. Ação ordinária, c/c pena cominatória. Troca de portas de diferente padrão. Prédio e conjuntos comerciais. Acórdão que por maioria de votos deu provimento à apelação para julgar improcedente. Voto vencido que se inclinou pelo improvimento dos recursos, considerando que a convenção e regimento interno vedam a modificação do padrão das portas de acesso das unidades autônomas. Alteração que não modifica substancialmente a qualidade estrutural do edifício, nem compromete a estética e o conjunto arquitetônico do condomínio, não havendo, ademais, modificação na fachada do prédio. Inexistência de afronta às normas condominiais. Embargos rejeitados. (TJSP, Emb. Infring. n. 265.243.4/7-01, 4ª Câm. de Dir. Priv., rel. Fábio Quadros, j. 24.05.2007)

A multa por atraso prevista na convenção de condomínio, que tinha por limite legal máximo o percentual de 20% previsto no art. 12, § 3°, da Lei n. 4.591/64, vale para as prestações vencidas na vigência do diploma que lhe dava respaldo, sofrendo automática modificação, no entanto, a partir da revogação daquele teto pelo art. 1.336, § 1º, em relação às cotas vencidas sob a égide do CC atual. (STJ, REsp n. 746.589/RS, rel. Min. Aldir Passarinho Júnior, j. 15.08.2006)

Já assentou esta 3ª Turma que a "natureza estatutária da convenção de condomínio autoriza a imediata aplicação do regime jurídico previsto no novo CC, regendo-se a multa pelo disposto no respectivo art. 1.336, § 1º". (STJ, REsp n. 722.904/RS, rel. Min. Carlos Alberto Menezes Direito, j. 14.06.2005, *DJ* 01.07.2005)

Condomínio. Despesas condominiais. Cobrança. Multa. Convenção condominial. Infração. Admissibilidade. Multa condominial por barulho excessivo. Prova robusta de perturbação sonora causada pelo filho do apelante, pelo aparelho de som em altura indevida, mantida pois a penalidade pelo uso nocivo da propriedade. Condomínio que exige limitações na liberdade de conduta individual, a fim de se preservar a tranquilidade e harmonia gerais. Direito à propriedade que não pode dar lugar ao abuso (art. 1.228, § 2º, CC). (II TACSP, Ap. s/ Rev. n. 867.224-00/9, 10ª Câm., rel. Juiz Soares Levada, j. 10.11.2004)

A taxa de juros moratórios da cota de despesas condominiais é de 1%, por força de expressa previsão legal (Lei n. 4.591/64, art. 12, § 3º, e CC/2002, art. 406, c/c o art. 161, § 1º, do CTN). (II TACSP, Ap. s/ Rev. n. 849.225-00/0, 4ª Câm., rel. Juiz Celso Pimentel, j. 18.05.2004)

Obrigação de fazer. Multa. Fixação. Infração praticada por locatário. Responsabilidade solidária do locador-proprietário frente ao condomínio. Legitimidade do locador no polo passivo da ação. Recurso provido para esse fim (TJSP, AI n. 333.991-4/0-00, rel. Carlos Roberto Gonçalves, j. 17.02.2004). (*Lex-TJSP* 278/390, 2004)

Condomínio. Edifício. Vedação a condômino inadimplente da participação no sorteio de vagas de garagem em igualdade de condição com os demais. Inadmissibilidade. Hipótese em que o regulamento interno extrapolou os limites da convenção. Determinação a que se realize nova assembleia, assegurada a participação do autor em igualdade de condições. Recurso parcialmente provido (TJSP, Ap. Cível n. 269.828-4/6, rel. Waldemar Nogueira Filho, j. 29.04.2003). (*Lex-TJSP* 282/44, 2004)

Tutela antecipada. Condomínio. Não caracteriza ato ilícito sugestionável de emissão de tutela interdital de publicidade (art. 273, do CPC) [arts. 296 a 300, *caput*, § 3º, 305, parágrafo único, 311, *caput* e I, e 356 do CPC/2015], a expedição e circulação interna da escrituração mensal dos prédios de apartamentos em que o número da unidade em débito com a taxa condominial é referido (arts. 12 da Lei n. 4.591/64 e 1.336, I, do CC/2002). Não provimento (TJSP, AI n. 308.427-4/9, rel. Enio Santarelli Zuliani, j. 19.08.2003). (*Lex-TJSP* 272/291, 2004)

Condomínio em edifício. Colocação de grade de proteção em varanda. Equipamento de alumínio, que não altera substancialmente a fachada do prédio. Situação peculiar em que o condômino tem filho menor, portador de disfunção que obsta a exata percepção de situações de risco, que possam atingi-lo. Art. 10, I, da Lei n. 4.591/64. Temperamento e mitigação de seu rigor já perfilhados na jurisprudência, mesmo que a bem de simples comodidade ou gosto pessoal, na instalação de aparelhos de ar-condicionado ou de exaustores. Flexibilidade que, com maior razão, se justifica, para tutelar a segurança física de incapaz. Redução da verba honorária, porém, determinada. Apelo provido em parte (TJSP, Ap. Cível n. 140.225-4/3-00, rel. Hélio Quaglia Barbosa, j. 03.06.2003). (*Lex-TJSP* 269/27, 2003)

Os juros de mora de 1% ao mês, previstos no art. 12, § 3º, da Lei n. 4.591/64, serão exigíveis desde que previstos na convenção de condomínio; à míngua disso, incidem os juros legais de 0,5% ao mês. Recurso especial conhecido e provido em parte. (STJ, REsp n. 196.511/SP, rel. Min. Ari Pargendler, j. 02.04.2002)

A falta de pagamento de taxas de condomínio não autoriza o síndico a impedir o inadimplente de usar a garagem, haja vista que o condomínio tem ação própria para promover a cobrança daquelas. Se a convenção garante ao proprietário o uso da garagem, não é curial e muito menos jurídico que o síndico possa impedir a fruição daqueles direitos inerentes à propriedade. (TJMG, AI n. 311.877-4, rel. Juiz Belizário Lacerda, *DJ* 03.08.2000)

Condomínio. Despesas. Exoneração da construtora. Invalidade da cláusula. CDC. É inválida a cláusula que estabelece, em favor da construtora e incorporadora, o privilégio da exoneração da obrigação de contribuir para as despesas do condomínio, imposta na escritura de convenção por ela outorgada. Possibilidade do exame da validade de cláusula contratual a luz dos critérios objetivos fixados pelo Codecon (STJ, REsp n. 151.758/MG, rel. Min. Ruy Rosado de Aguiar, j. 05.03.1998). (*RSTJ* 112/218)

Condomínio. Regulamento interno. Estipulação da taxa adicional para os condôminos proprietários de animais. Convenção que prevê a responsabilidade do condômino pelo aumento das despesas comuns a que der causa. Deliberação, ademais, tomada por assembleia-geral extraordinária visando conciliar o desrespeito às normas anteriores com a administração do condomínio. Taxa adicional mantida em 50% do valor do condomínio, independentemente, no entanto, do número de animais. Recurso não provido (TJSP, Ap. Cível n. 207.477-2, rel. Laerte Nordi). (*Lex-TJSP* 146/63, 1993)

Norma de convenção condominial impeditiva de instalação de painéis publicitários deve ser interpretada em sentido lógico restrito à hipótese que visa regular, não atuando se referida instalação se atém às dimensões do conjunto correspondente, não causa prejuízos à fachada do prédio e se apresenta conforme os padrões dos letreiros da região, eis que a propaganda, por ser elemento indispensável a algumas atividades profissionais, não pode ser coibida, sob o risco de se tolher o livre exercício do comércio e seu normal funcionamento (TJSP, rel. Des. Ruy Camilo). (*RT* 641/143)

---

**Art. 1.337. O condômino, ou possuidor, que não cumpre reiteradamente com os seus deveres perante o condomínio poderá, por deliberação de três quartos dos condôminos restantes, ser constrangido a pagar multa correspondente até ao quíntuplo do valor atribuído à contribuição para as despesas condominiais, conforme a gravidade das faltas e a reiteração, independentemente das perdas e danos que se apurem.**

**Parágrafo único. O condômino ou possuidor que, por seu reiterado comportamento antissocial, gerar incompatibilidade de convivência com os demais condôminos ou possuidores, poderá ser constrangido a pagar multa correspondente ao décuplo do valor atribuído à contribuição para as despesas condominiais, até ulterior deliberação da assembleia.**

---

O artigo em exame não tem correspondência no CC/1916 nem na Lei n. 4.591/64. É mais amplo do que o § 2º do art. 1.336, anteriormente examinado, porque abrange todos os deveres do condômino perante o condomínio, previstos na lei, convenção ou regimento interno, inclusive o inadimplemento do pagamento da contribuição condominial do inciso I. De algum modo, foi o mecanismo compensatório criado pelo legislador, para coibir que a multa moratória de 2% estimule o inadimplemento dos condôminos.

Alcança o preceito não somente o condômino, como todas as pessoas a ele vinculadas, como o possuidor direto (locatário, comodatário etc.), empregados, familiares e visitantes. Serão condôminos e ocupantes devedores solidários da multa frente ao condomínio (STJ, REsp n. 254.520/PR, rel. Min. Barros Monteiro), embora haja entendimento de que certas condutas individuais vinculam apenas o ocupante infrator e não o proprietário (*RT* 794/315).

A imposição da multa independe de previsão na convenção de condomínio e exige apenas que a conduta ilícita seja "reiterada", não bastando, portanto, ato isolado e pontual. O que se pune é a renitência do condômino em curvar-se a seus deveres perante o condomínio. Mesmo em relação ao inadimplemento da obrigação de pagar as despesas condominiais, a imposição da multa está subordinada a um certo lapso temporal, apurável caso a caso, ou ao sistemático pagamento em atraso, de certo modo aproveitando-se o condômino da reduzida sanção pecuniária prevista no art. 1.336, § 1º, acima comentado. Nada impede que mais de uma multa seja aplicada pela assembleia, desde que a prática ilícita persista por novo lapso temporal que configure a reiteração.

O teto do valor da multa, de cinco contribuições, é cogente e não pode ser suplantado por previsão da convenção ou deliberação da assembleia, com a exceção do parágrafo único, abaixo comentado. A imposição da multa leva em conta dois fatores: a persistência e a gravidade da conduta ilícita do condômino. Deve o juiz, com fundamento no art. 413 do CC, verificando o desprezo pelos vetores acima e a desproporção entre o valor da multa e a gravidade da infração, ou os danos inflingidos aos condôminos, efetuar sua redução por equidade. Lembre-se de que a multa é devida independentemente das perdas e danos, podendo ser cobradas cumulativamente, sem qualquer abatimento ou compensação.

A multa é sempre imposta em assembleia, com o *quorum* qualificadíssimo dos condôminos restantes. Conta-se o *quorum* com base nas frações ideais, salvo se outro critério for previsto na convenção, dos condôminos aptos a votar. Excluem-se, portanto, os condôminos cuja conduta ilícita será avaliada e os inadimplentes. Todos os condôminos são convocados, mas somente os aptos deliberam.

Questão controversa é a da necessidade da imposição da multa ser antecedida de oportunidade de defesa ao condômino. O Enunciado n. 92 da Comissão de Estudos Judiciários, que se reuniu no STJ (I Jornada de Direito Civil), é do seguinte teor: "As sanções do art. 1.337 do novo CC não podem ser aplicadas sem que se garanta direito de defesa ao condômino nocivo". Há, porém, boa jurisprudência no sentido oposto, qual seja, o de que a aplicação de multa ao condômino inadimplente não exige "obediência a normas do devido processo legal, próprias ao processo judicial" (*RT* 807/310). Dos entendimentos opostos se extrai que o condômino deve ser previamente advertido e convidado a prestar esclarecimentos por escrito ou em assembleia, perante os demais condôminos. Não se exige, todavia, ampla dilação probatória nem precisa ser fundamentada a decisão que em assembleia aplica a multa.

O parágrafo único do art. 1.337 regula a aplicação de pena agravada, quando a conduta ilícita, além de grave e reiterada, de caráter antissocial, gerar incompatibilidade de convivência com os demais condôminos.

O comportamento antissocial, no dizer de Edson Luiz Fachin, está presente naquelas situações em que "a estabilidade das relações entre condôminos é gravemente ameaçada, inviabilizando a convivência social" (*Comentários ao Código Civil*. São Paulo, Saraiva, 2003, v. XV, p. 261). Os valores tutelados pela lei – salubridade, segurança, sossego e moral – são atingidos de modo severo e seguido, colocando em risco a viabilidade da vida condominial. A multa imposta tem o teto cogente de dez vezes o valor da contribuição condominial, sem prejuízo da obrigação de compor perdas e danos. O modo de imposição é obscuro, porque contém o artigo a expressão "até posterior deliberação da assembleia". Duas interpretações são possíveis. A primeira é a de que a aplicação da multa é feita pelo síndico e referendada *a posteriori* pela assembleia. A segunda é a de que a própria assembleia impõe a multa que, face à gravidade da conduta do condômino, incidirá com periodicidade sobre o objeto da deliberação, até que ulterior decisão do mesmo órgão a faça cessar. Parece preferível a segunda corrente, porque seria um contrassenso que a multa de cinco contribuições exigisse decisão da assembleia, mas a multa superior e qualificada de dez contribuições pudesse ser aplicada diretamente pelo síndico.

Não diz a lei se as sanções pecuniárias do art. 1.337 esgotam as providências para fazer cessar a conduta ilícita do condômino. Parece claro que, a par da multa, podem ajuizar o condomínio, os condôminos ou mesmo possuidores prejudicados tanto ação indenizatória como de obrigação de fazer ou de não fazer, inclusive com pedido cominatório ou de tutela específica, na forma do art. 461 do CPC/73 (arts. 139, IV, 497 a 500, 536, § 1º, e 537 do CPC/2015). Entre as medidas assecuratórias do resultado prático equivalente ao adimplemento, que preferem as perdas e danos, estão a busca e apreensão, a remoção de pessoas e coisas, o desfazimento de obras e impedimento de atividades nocivas, se necessário com requisição de força policial. Cabe, assim, medida para retirar o condômino nocivo do edifício, para apreender objetos perigosos, que causem ruídos, ameacem a saúde ou o sossego dos demais condôminos ou a interdição de determinadas atividades ilícitas. Tais medidas certamente farão cessar o ilícito, na maioria dos casos. Note-se que em tais casos perde o condômino o direito de usar a unidade, permanecendo, todavia, com a posse indireta e a prerrogativa de fruição, entregando-a à exploração lícita de terceiros.

A dúvida está na possibilidade de compelir a alienação forçada da unidade autônoma, com exclusão definitiva do condômino que mantém grave e reiterada conduta antissocial, refratário a todas as punições acima previstas. Caso as medidas anteriores não se mostrem eficazes – o que dificilmente ocorrerá –, é possível, no silêncio da lei, a venda judicial do imóvel, sub-rogando-se o condômino no preço, abatidas as multas e indenizações exigíveis. A função social da propriedade não mais é limite, mas seu conteúdo, como visto no comentário ao art. 1.228, § 1º, do CC. Não teria sentido, portanto, tutelar o direito de propriedade exercido com abuso e que fere a função social, com natureza de ato ilícito (art. 187 do CC), mantendo situação que compromete a vida social no condomínio (cf. NEHME, Jorge Elias. "Tutela de exclusão do condômino nocivo". In: *RT* 806/44; MORAN, Maria Regina Pagetti. *Exclusão do condômino nocivo nos condomínios em edifício*. São Paulo, LED, 1996; SARTORELLI, Renato Sandreschi. "A exclusão do condômino nocivo perante a legislação do condomínio". In: *Condomínio edilício*, coord. F. A. Casconi & J. R. N. Amorim. São Paulo, Método, 2005).

**Jurisprudência:** Enunciado n. 508 da V Jornada de Direito Civil do CEJ do STJ: Verificando-se que a sanção pecuniária mostrou-se ineficaz, a garantia fundamental da função social da propriedade (arts. 5º, XXIII, da CRFB e 1.228, § 1º, do CC) e a vedação ao abuso do direito (arts. 187 e 1.228, § 2º, do CC) justificam a exclusão do condômino antissocial, desde que a ulterior assembleia prevista na parte final do parágrafo único do art. 1.337 do CC delibere a propositura de ação judicial com esse fim, asseguradas todas as garantias inerentes ao devido processo legal.

Apelação. Condomínio. Ação indenizatória c/c anulatória de multa aplicada contra condômino por suposto comportamento antissocial. Sanção promovida de forma unilateral pelo síndico, sem observância do prévio exercício do contraditório e ampla defesa. Violação a direito constitucional. Precedente do STJ. Multa devidamente anulada. Sentença mantida. Recurso improvido. (TJSP, Ap. Cível n. 10059141920238260100/SP, 36ª Câm. de Dir. Priv., rel. Walter Exner, j. 17.09.2024, publ. 17.09.2024)

No caso de descumprimento reiterado do dever de contribuir para as despesas do condomínio (inciso I do art. 1.336 do CC), pode ser aplicada a multa sancionatória em razão de comportamento "antissocial" ou "nocivo" (art. 1.337 do CC), além da aplicação da multa moratória (§ 1º do art. 1.336 do CC). (STJ, REsp n. 1.247.020/DF, rel. Min. Luis Felipe Salomão, j. 15.10.2015, *DJe* 11.11.2015)

A sanção prevista para o comportamento antissocial reiterado de condômino (art. 1.337, parágrafo único, do CC) não pode ser aplicada sem que antes lhe seja conferido o direito de defesa. (STJ, REsp n. 1.365.279/SP, rel. Min. Luis Felipe Salomão, j. 05.08.2015, *DJe* 29.09.2015)

Despesas de condomínio. Cobrança. Juros moratórios convencionais fixados acima de 1% ao mês. Impossibilidade. Juros moratórios limitados a 1% ao mês nos termos do art. 406 do CC. Recurso não provido. Multa do art. 1.337 do CC. Inaplicabilidade ao caso. Necessidade de prévia aprovação em assembleia com 3/4 dos condôminos, aprovação que deve ser específica para cada caso. Sentença mantida. A multa do art. 1.337 só pode ser aplicada a partir do exame da gravidade do ato do condômino, não podendo ser fixada genericamente em assembleia, para todas as situações que eventualmente venham a ocorrer. Tanto não é possível a fixação "em tese" de aplicação da multa, que o próprio art. 1.337 do CC estabelece que a referida multa deve ser aplicada "conforme a gravidade das faltas e a reiteração", o que demonstra ser vedado fixar multa genérica de um quíntuplo, por antecipação. Recurso não provido. (TJSP, AC n. 9079822-07.2008.8.26.0000, rel. Des. Manoel Justino, j. 01.04.2013)

Apelação. Condomínio edilício. Multa. Conduta antissocial. Embora a convenção e o regulamento interno do condomínio prevejam como atribuição do síndico a imposição de multa pelas infrações perpetradas pelos moradores do edifício, em detrimento das normas regulamentares, independentemente de manifestação assemblear, com a regulação da matéria pelo novo CC, este, por se tratar de norma de ordem pública, possui aplicação imediata a partir de sua entrada em vigor, considerando a natureza estatutária da convenção condominial, aplicando-se, portanto, o art. 1.337 do novo diploma que exige, para a imposição de multa, a deliberação de três quartos dos condôminos restantes. Conhecimento e desprovimento da apelação. (TJRJ, Ap. Cível n. 2006.001.08922, Des. Mario Robert Mannheimer, j. 23.01.2007)

A ação de cobrança de multa, por infração à convenção condominial, deve ser instruída com a notificação cientificadora da infração, ou da rejeição do recurso pela assembleia dos condôminos, assegurando-se ampla defesa. Inteligência do art. 5º, LV, da CF e arts. 22 e 27 da Lei n. 4.591/64. (II TACSP, Ap. s/ Rev. n. 866.160-00/0, 11ª Câm., rel. Juiz Clóvis Castelo, j. 20.09.2004)

Condomínio. Especial, por plano horizontal. Pretendida extinção, com despejo de ocupante que atenta contra a moral e o destino residencial do edifício. Indeferimento liminar da inicial. Confirmação. Pedido juridicamente impossível. Apelação não provida (TJSP, Ap. Cível n. 112.574-4, rel. J. R. Bedran, j. 09.05.2000). (*Lex-TJSP* 239/57, 2001)

Condomínio. Multa por infração praticada pelo locatário. Responsabilidade solidária do titular do domínio. O proprietário do apartamento responde *in solidum* por fato imputável ao seu locatário, em face da obrigação de vigilância que deve ter o titular de domínio sobre os acontecimentos relacionados com o imóvel de sua propriedade. (STJ, REsp n. 254.520/PR, rel. Min. Barros Monteiro, j. 17.10.2000)

**Art. 1.338. Resolvendo o condômino alugar área no abrigo para veículos, preferir-se-á, em condições iguais, qualquer dos condôminos a estranhos, e, entre todos, os possuidores.**

O artigo em exame não tinha correspondente no CC/1916 ou na Lei n. 4.591/64. No regime anterior, a doutrina majoritária era no sentido de que podia a convenção impor restrição ou vedar a locação ou empréstimo de vagas, especialmente em relação a terceiros estranhos ao condomínio (*JTJ-Lex* 173/218).

A regra em estudo sofreu profunda alteração em razão da Lei n. 12.607, de 04.04.2012, que modificou o § 1º do art. 1.331 do CC, já comentado. Esqueceu-se o legislador, de modo lamentável, de promover as alterações correspondentes nos arts. 1.338 e 1.339, que tratam também das vagas de garagens e da possibilidade de sua alienação ou locação a terceiros.

O art. 1.331, § 1º, anteriormente comentado, passou a ter a seguinte redação: "As partes suscetíveis de utilização independente, tais como apartamentos, escritórios, salas, lojas e sobrelojas, com as respectivas frações ideais no solo e nas outras partes comuns, sujeitam-se a propriedade exclusiva, podendo ser alienadas e gravadas livremente por seus proprietários, exceto os abrigos para veículos, que não poderão ser alienados ou alugados a pessoas estranhas ao condomínio, salvo autorização expressa na convenção de condomínio".

Existe manifesta antinomia entre os arts. 1.338 e a nova redação do art. 1.331, § 1º, do CC, um permitindo e o outro vedando a locação de garagens a terceiros, que se resolve em favor do último. Cuida-se de lei posterior, que trata da mesma matéria de modo diverso, provocando, portanto, a derrogação do art. 1.338 naquilo que for incompatível com a nova disciplina da locação das vagas de garagem.

Após a vigência da Lei n. 12.607, de 04.04.2012, somente se admite a locação de vagas de garagem a pessoas estranhas ao condomínio se existir expressa previsão na convenção de condomínio. No silêncio da convenção, somente se permite a locação de vagas a outros condôminos ou possuidores de unidades autônomas como locatários ou comodatários.

O artigo fala em área de abrigo para veículos, de modo que não abrange as vagas de garagens individuais, individualizadas, demarcadas, com fração ideal de terreno específica, configurando uma unidade autônoma desvinculada de qualquer unidade autônoma habitacional ou empresarial. São os casos, por exemplo, de edifícios-garagem, cujas vagas não guardam relação de acessoriedade com qualquer outra unidade autônoma e podem ser livremente locadas a terceiros.

A alteração legislativa atendeu justificados reclamos dos representantes de condomínios edilícios, pois a possibilidade de locação de vagas a estranhos, independentemente de previsão na convenção, acarretava sério comprometimento da segurança da edificação e dos condôminos. Note-se, porém, que os contratos de locação celebrados antes da vigência da alteração legislativa constituem atos jurídicos perfeitos e não são afetados pela norma superveniente.

Não há, no entanto, ato jurídico perfeito em relação aos condomínios instituídos, ou convenções anteriores à alteração legislativa, uma vez a nova norma de ordem pública tem aplicação imediata e inexiste direito adquirido a determinado regime jurídico.

Se houver previsão na convenção de condomínio de locação de vagas a terceiros, simples decisão assemblear não poderá criar embaraços ao locatário. Necessária alteração da convenção, com *quorum* por maioria qualificada de 2/3 das frações ideais.

Antes da alteração legislativa a questão fundamental era saber se a norma do art. 1.338 era cogente ou dispositiva, se prevalecia sobre a convenção condominial ou, ao contrário, se aplicava em caráter supletivo, no silêncio desta. Ao contrário do que defendia parte da doutrina (VIANA, Marco Aurélio S. Rio de Janeiro, Forense, 2003, v. XVI, p. 463), a norma era cogente, porque não teria sentido a lei atribuir nova prerrogativa ao condômino, alterando o sistema anterior, mas subordiná-la à autorização convencional. Não se discutia que a norma pode gerar incômodos e perigos, especialmente na locação de garagens a terceiros estranhos ao condomínio, mas eventual interferência prejudicial deve ser corrigida pelos mecanismos dos arts. 1.336, § 2º, e 1.337, anteriormente comentados. Respondia o condômino, assim, pelos maus atos do locatário, a quem locou seu espaço na garagem.

Caso haja previsão na convenção do condomínio (art. 1.331, § 1º), estabelece o art. 1.338 novo direito de preferência na locação de garagens. Os condôminos preferem estranhos. Entre diversos condôminos, o possuidor prefere o não possuidor. A expressão "possuidor" gera dúvida. Embora comporte o termo mais de uma interpretação, a melhor é no sentido de que, entre diversos condôminos, tem preferência aquele que já ocupa a vaga alheia, como comodatário ou locatário. Caso diversos condôminos sem "posse" da vaga posta em locação disputem a preferência, aplica-se por analogia a regra do art. 1.322 do CC. A primeira preferência será do condômino com maior fração ideal, ou, insuficiente o primeiro critério, abre-se licitação entre os diversos interessados.

Não disciplina o artigo a natureza do direito de preferência, nem detalha o modo de seu exercício. Na lição de Edson Luiz Fachin, trata-se de preferência decorrente de direito real, que acarreta a ineficácia do negócio jurídico, permitindo ao condômino preterido buscar a posse da coisa locada para si, em vez de pleitear simples perdas e danos (*Comentários ao Código Civil*. São Paulo, Saraiva, 2003, v. XV, p. 262). Quanto ao modo de exercício, o silêncio da lei dá espaço à convenção e ao regimento interno para estabelecer a forma de aviso aos interessados e o prazo para a manifestação da preferência. Na omissão da convenção, razoável que se admita que a intenção de locar a vaga seja manifestada ao síndico, para que este a transmita aos condôminos, ou, então, promova a fixação em local visível a todos os interessados, como quadros de avisos junto aos elevadores. Quanto ao prazo para exercício da preferência, no silêncio da convenção se aplica por analogia o disposto no art. 504 do CC.

Não se confunde a locação com a prática, comum em edifícios, de o condômino autorizar o estacionamento ocasional em sua vaga a parentes ou visitantes, caso em que deverá acompanhá-lo e assumir a responsabilidade por eventuais danos causados aos demais condôminos. Lícito é a convenção, regimento ou deliberação em assembleia subordinar tal conduta a certas cautelas, como prévia identificação perante porteiros e vigias.

**Jurisprudência:** Enunciado n. 320, CEJ: O direito de preferência de que trata o art. 1.338 deve ser assegurado não apenas nos casos de locação, mas também na hipótese de venda da garagem.

Registro de imóveis. Carta de sentença. Partilha e sobrepartilha de bens. Origem judicial do título que não o torna imune à qualificação registral. Condomínio edilício. Impossibilidade do ex-cônjuge ser aquinhoado com uma vaga de garagem, se não é mais proprietário do apartamento. Vaga de garagem acessória a unidade autônoma. Irrelevância do fato de a garagem ser objeto de matrícula autônoma no caso concreto, pois funcionalmente vinculada à titularidadedo apartamento. Inteligência do art. 1.331, § 1°, do CC. Expressa disposição na convenção de condomínio que veda a aquisição de vaga de garagem por quem não seja proprietário de apartamento no edifício. Óbice mantido. Apelação não provida. (TJSP, Ap. Cível n. 10663622120248260100/SP, Conselho Superior da Magistratura, rel. Francisco Loureiro (Corregedor Geral), j. 01.10.2024, publ. 08.10.2024)

Em condomínio edilício, a vaga de garagem pode ser enquadrada como: (i) unidade autônoma (art. 1.331, § 1°, do CC), desde que lhe caiba matrícula independente no Registro de Imóveis, sendo, então, de uso exclusivo do titular; (ii) direito acessório, quando vinculado a um apartamento, sendo, assim, de uso particular; ou (iii) área comum, quando sua fruição couber a todos os condôminos indistintamente. A via da ação reivindicatória não é franqueada àquele que pretende obter direito exclusivo de vaga no estacionamento, quando este, na verdade, configura direito acessório da unidade autônoma ou área de uso comum, uma vez que, nessas hipóteses, inexiste requisito essencial ao seu ajuizamento, qual seja, a individualização do bem reivindicando. No caso em exame, as vagas na garagem encontram-se na área comum do edifício ou são acessórias aos apartamentos, a depender do que regula a convenção do condomínio, o que se torna ainda mais evidente ante a ausência de matrícula autônoma no Registro de Imóveis, descabendo, por isso, o manejo da ação reivindicatória. (STJ, REsp n. 1.152.148/SE, rel. Min. Luis Felipe Salomão, j. 13.08.2013)

Condomínio edilício. Vagas de garagem. Possibilidade de locação a terceiro não morador. Convenção e regimento interno elaborados sob a égide da Lei n. 4.591/64, que vedam a locação da vaga a terceiros. Art. 1.338 do novo CC tem natureza de norma cogente, a prevalecer sobre a convenção e o regimento interno, que em razão de sua natureza de atos-regra, não geram direito adquirido. Possibilidade do condômino locar sua vaga a terceiro, responsabilizando-se por eventual ato ilícito deste. Necessidade de observar previamente o direito de preferência dos demais condôminos. Inexistência de danos materiais ou morais e serem compostos. Recurso provido em parte. (TJSP, Ap. Cível n. 380.387.4/2-00, rel. Francisco Loureiro, j. 14.06.2007)

Condomínio edilício. Estacionamento. Restrição ao uso das vagas para determinado tipo de veículo. Esquema estabelecido pela síndica. Ausência de previsão em norma da convenção ou assembleia geral. Impossibilidade. Cabe à convenção estabelecer as normas internas do condomínio edilício, incluindo-se aí a utilização das vagas de garagem. *In casu*, a convenção do condomínio-autor não faz distinção quanto ao uso dos dois pavimentos de garagem, tampouco existe deliberação da assembleia geral no sentido de impedir o estacionamento de veículos do tipo utilitário no andar térreo da garagem. Restrição a exercício regular de um direito (CC, art. 1.339), para tanto indispensável a autorização expressa e específica dos condôminos. Dano moral. O impasse quanto à utilização das vagas do estacionamento, com certeza, provocou revolta e irritação ao recorrente, sem, contudo, caracterizar dano moral. Desprovimento dos recursos. (TJRJ, Ap. Cível n. 2006.001.31172, 2ª Câm. Cível, rel. Des. Suimei Meira Cavalieri, j. 26.07.2006)

Embargos infringentes. Condomínio edilício. Vagas indeterminadas de garagem. Último sorteio ocorrido há vinte anos. Pedido de antigo adquirente de unidade autônoma para efetuar novo sorteio, rejeitado pelo voto dos demais condôminos em assembleia. Situação sedimentada, com a qual concordou o autor por mais de dez anos. Boa-fé objetiva e sua função de controle do exercício de direitos. *Supressio* e *venire contra factum* próprio. Voto minoritário no sentido de que cada condômino estacionará seu veículo em local à sua escolha, por ordem de chegada. Foco de conflitos entre condôminos, contrário à função e à natureza da própria convenção de condomínio. Embargos infringentes rejeitados. (TJSP, Emb. Infring. n. 304.405.4/3-02, rel. Francisco Loureiro, j. 12.01.2006)

Condomínio. Pretensão do autor objetivando o reconhecimento da invalidade da multa que lhe foi imposta em assembleia geral extraordinária. Procedência da demanda decretada corretamente em primeiro grau. Indigitada insuficiência de vagas para atender à totalidade dos condôminos que não pode interferir no direito individual de utilização da garagem coletiva, mediante estacionamento de veículo próprio ou de outro comunheiro, a partir de cessão regular. Deliberação assemblear que, a pretexto de disciplinar o uso da garagem coletiva, acabou por afrontar ostensivamente os termos da convenção, estabelecendo uma distinção indevida entre os condôminos proprietários de veículo e aqueles que não possuem o utilitário, haja vista que para estes simplesmente vedou a utilização do espaço comum. Comunheiros que ostentam idêntico direito real de uso e podem mesmo servir-se da vaga correspondente à sua unidade autônoma da maneira que julgar mais conveniente, respeitadas tão somente as limitações legítimas, ditadas em caráter geral. Vaga em garagem que, como bem patrimonial, é negociável. Apelo não provido (TJSP, Ap. Cível n. 336.874-4/8-00, rel. Paulo Dimas Mascaretti, j. 18.05.2004). (*Lex-TJSP* 284/39, 2005)

Condomínio. Vagas em garagem. Convenção de condomínio. Condômino com vinte e quatro vagas na garagem, vinculadas a seu apartamento. Alteração da convenção de condomínio, para proibir, também, a locação a não condôminos de vagas na garagem. O acórdão, que teve como ilegal a modificação, não negou vigência ao art. 10, III, da Lei n. 4.591/64. Vaga de garagem e direito de propriedade. CC, art. 524, Lei n. 4.591/64, arts. 1º, 2º, § 2º, e 19. Hipótese em que a proibição de locar as vagas da garagem implicaria esvaziar o direito de propriedade, eis que os demais condôminos, com três vagas para cada unidade não teriam possibilidade de alugar as vinte e uma vagas disponíveis da garagem, pertencentes aos recorridos. Locação a não condôminos que há de respeitar, entretanto, às finalidades do edifício. Dissídio pretoriano não demonstrado. Súmula n. 291. Recurso extraordinário não conhecido. (*JSTJ-Lex* 85/111)

---

**Art. 1.339. Os direitos de cada condômino às partes comuns são inseparáveis de sua propriedade exclusiva; são também inseparáveis das frações ideais correspondentes as unidades imobiliárias, com as suas partes acessórias.**

**§ 1º Nos casos deste artigo é proibido alienar ou gravar os bens em separado.**

**§ 2º É permitido ao condômino alienar parte acessória de sua unidade imobiliária a outro condômino, só podendo fazê-lo a terceiro se essa faculdade constar do ato constitutivo do condomínio, e se a ela não se opuser a respectiva assembleia geral.**

---

O artigo em estudo não tem correspondente no CC/1916. Os arts. 2º e 3º da Lei n. 4.591/64 aludem à impossibilidade de alienação das partes comuns destacadas da unidade autônoma, bem como preveem a possibilidade de transferência a outro condômino do direito à guarda de veículos na garagem. A grande novidade do preceito está na possibilidade, prevista no § 2º, de o condômino alienar parte acessória de sua unidade a terceiro não condômino, se não o proibirem a convenção e a assembleia. Tal regra, porém, deve ser examinada de modo sistemático com o que dispõe o § 1º do art. 1.331 do CC, já comentado.

O *caput* do artigo atesta a natureza jurídica do condomínio edilício, que mescla propriedades individual e comum formando uma unidade orgânica e indissolúvel. Não se cogita unidade autônoma sem fração ideal nas coisas comuns, nem vice-versa. O § 1º explicita a consequência de tal conceito, vedando a alienação ou gravame da unidade sem a correspondente fração ideal, ou o inverso.

O § 2º admite a alienação das partes acessórias da unidade a outro condômino e a terceiros, se assim prever o ato constitutivo do condomínio e não houver oposição da assembleia geral. A parte acessória não se confunde com a parte comum. Está ligada à unidade autônoma por seu destino econômico e serve somente a seu titular. Tomem-se como exemplos as vagas de garagem e os depósitos de cada unidade, situados no pavimento térreo, no subsolo do edifício. No regime da Lei n. 4.591/64, afirma Caio Mário da Silva Pereira que "o proprietário de apartamento que tem direito a garagem pode cedê-lo a outro proprietário, tenha ou não este igual direito, pois nada impede que um que também é titular de utilização dela duplique o seu direito para abrigar dois carros" (*Condomínio e incorporações*, 10. ed. Rio de Janeiro, Forense, 2002, p. 160).

Na lição de Júlio dos Santos Vidal Júnior, o abrigo para veículos pode ser identificado como: a) garagem coletiva, com fração ideal incluída na área comum do prédio; b) garagem demarcada, com local certo para cada condômino estacionar seu veículo, com fração comum a todos os condôminos com direito a estacionar veículos; e c) vaga individual, individualizada e demarcada, com fração ideal de terreno específica, configurando uma unidade autônoma ("Locação e sorteio de vagas de garagem localizadas em prédio em condomínio". In: *Condomínio edilício*, coord. F. A. Casconi & J. R. N. Amorim. São Paulo, Método, 2005).

No que se refere à alienação das partes acessórias a terceiro estranho ao condomínio, comporta a regra algumas observações. Somente é compatível a alienação se a parte acessória for objeto de matrícula própria, com atribuição de fração ideal de terreno, passível de se desvincular da unidade autônoma principal, caso em que ganha o direito de autonomia. Não se cogita, portanto, a alienação de vagas indeterminadas na garagem a terceiros estranhos ao condomínio ou de direito de estacionamento em subsolo comum, uma vez que não haveria como individualizar a propriedade do adquirente, em atenção ao princípio da especialidade. Em termos diversos, inviável a tradução do direito de utilização da garagem somente em fração ideal, se o terceiro não é proprietário de unidade autônoma do edifício.

Ainda que tenha a garagem – ou outra parte acessória – matrícula, fração ideal de terreno e individualização própria, encontra-se a alienação a terceiros subordinada a requisito de autorização expressa na convenção de condomínio. O preceito deve ser compatibilizado com o art. 1.331, § 1º, anteriormente comentado, que passou a ter a seguinte redação em razão da edição da Lei n. 12.607, de 04.04.2012: "As partes suscetíveis de utilização independente, tais como apartamentos, escritórios, salas, lojas e sobrelojas, com as respectivas frações ideais no solo e nas outras partes comuns, sujeitam-se a propriedade exclusiva, podendo ser alienadas e gravadas livremente por seus proprietários, exceto os abrigos para veículos, que não poderão ser alienados ou alugados a pessoas estranhas ao condomínio, salvo autorização expressa na convenção de condomínio".

Note-se a antinomia que se criou entre os dois artigos do CC em razão de intervenção descuidada do legislador. Enquanto o art. 1.331, § 1º, exige apenas previsão expressa para alienação na convenção de condomínio, o art. 1.339, § 2º, cria duplo requisito, a previsão no ato constitutivo do condomínio e a não oposição da assembleia.

Prevalece a regra do art. 1.331, § 1º, lei posterior que trata da mesma matéria de alienação de vagas de garagem para terceiros estranhos ao condomínio. Não mais se exige, assim, previsão no ato de instituição do condomínio nem deliberação específica de assembleia. Note-se, porém, que os contratos de alienação de partes acessórias celebrados antes da vigência da alteração legislativa constituem atos jurídicos perfeitos e não são afetados pela norma superveniente. Não há, no entanto, ato jurídico perfeito em relação aos condomínios instituídos, ou convenções anteriores à alteração legislativa, uma vez que a nova norma de ordem pública tem aplicação imediata e inexiste direito adquirido a determinado regime jurídico.

**Jurisprudência:** Registro de imóveis. Escritura pública de venda e compra e cessão. Qualificação negativa. Faixa de terreno negociada que se encontra descrita como acessória (quintal) da unidade autônoma a que está vinculada. Vedada a alienação independentemente da unidade a que corresponde. Óbice mantido. Apelação a que se nega provimento. (TJSP, Ap. Cível n. 1076242-71.2023.8.26.0100/SP, Conselho Superior da Magistratura, rel. Fernando Torres Garcia (Corregedor Geral), j. 05.12.2023, publ. 11.12.2023)

Declaratória. Vaga indeterminada em garagem coletiva de condomínio, com respectiva matrícula no registro de imóveis. Venda a terceiros não condôminos. Ausente vedação na convenção de condomínio. Pretendida, no entanto, anulação do negócio ante a falta de anuência prévia dos demais condôminos em assembleia geral. Existência de matrícula no registro de imóveis. Não preenchimento, no entanto, dos requisitos exigidos na identificação da vaga como unidade autônoma. Necessidade de se assegurar o direito de preferência dos demais condôminos. Declarada nulidade da venda. Sentença reformada. Recurso provido. (TJSP. Ap. Cível s/ Rev. n. 611.421-4/6-00, rel. Des. Elcio Trujillo, j. 29.07.2009)

Sendo a garagem coletiva área de uso comum, estando à disposição de todos os condôminos, a alegação do condômino de que não a utiliza, para efeito de não pagamento dos custeios a ela inerentes, com sustento em cláusula inserida na Convenção Condominial, não pode prevalecer, ante a impossibilidade de se desvincularem as despesas referentes às unidades autônomas. (II TACSP, Ap. Cível n. 573.754-00/7, rel. Francisco Thomaz, j. 29.03.2000)

Condomínio vertical. Venda de vaga de garagem. Inadmissibilidade. Unidade indissoluvelmente ligada ao apartamento. Inalienabilidade. Inteligência da Lei n. 4.591/64 e especificação de condomínio. Apelação provida. "A exposta natureza indivisível e indissociável da vaga não determinada na garagem, tanto no aspecto econômico como físico ou material, é causa absolutamente impeditiva da alienação insuscetível de lograr matrícula autônoma no Cartório de Registro de Imóveis em que matriculado o apartamento" (TJSP, Ap. Cível n. 64.699-4, rel. Vasconcellos Pereira, j. 20.04.1999). (*Lex-TJSP* 224/38, 2000)

Edificação residencial coletiva. Utilização de vagas de garagem. Restrições convencionadas. Adquirida unidade habitacional quando já anuíra o anterior proprietário com alteração convencional restringindo a utilização de vagas de garagem, mediante locação, apenas pelos condôminos, não cabe indenização ao adquirente por essa restrição, ainda que não estivesse a mesma registrada, posto que não poderia o novo dono adquirir mais do que tinha o anterior. (STJ, REsp n. 31.036, 3ª T., rel. Min. Dias Trindade, j. 09.02.1993)

É perfeitamente possível na especificação e discriminação do condomínio, tratar a vaga da garagem como unidade autônoma, hipótese em que lhe deve ser atribuída fração ideal de terreno, assim desvinculando-se da unidade habitacional. Pode ser livremente alienada tanto a condômino quanto a estranhos, bem como ser alugada, por extensão do direito de propriedade. Inteligência dos §§ 1º e 2º do art. 2º da Lei n. 4.591/64. (*JTA-RT* 105/296)

**Art. 1.340. As despesas relativas a partes comuns de uso exclusivo de um condômino, ou de alguns deles, incumbem a quem delas se serve.**

O artigo em exame não tinha correspondente no CC/1916 nem na Lei n. 4.591/64. Positiva o entendimento sedimentado dos tribunais sobre a matéria, com base na teoria que veda o enriquecimento sem causa.

São as despesas do condomínio provenientes da manutenção ou melhoramentos das partes comuns do edifício, uma vez que cada condômino arca com as despesas oriundas da própria unidade autônoma. Ocorre, porém, que certas partes, embora de natureza comum, servem ao uso exclusivo de um ou alguns condôminos. Em tal caso, as despesas dessas partes, em última análise, revertem somente em proveito de um ou de uma classe de condôminos, não sendo razoável que o rateio seja feito entre todos.

Tomem-se como exemplos os casos de edifícios mistos, com lojas no pavimento térreo e apartamentos ou escritórios nos andares superiores. O condômino titular da loja, que, via de regra, face a sua área privativa, tem grande participação na fração ideal de terreno, não deve participar do rateio de despesas relativas à manutenção ou reforma de elevadores ou de manutenção das escadas internas do prédio. Isso porque, embora áreas comuns, sua utilização ou serviços não têm qualquer potencial utilidade para os lojistas.

Já decidiu o STJ que "do rateio das despesas de condomínio não se pode resultar deva arcar o condômino com aquelas que se refiram a serviços ou utilidades que, em virtude da própria configuração do edifício, não têm, para ele, qualquer préstimo" (REsp n. 164.672/PR, rel. Min. Eduardo Ribeiro).

O que visa o preceito é evitar o enriquecimento sem causa, hoje positivado como cláusula geral no art. 884 do CC, do condômino ou grupo de condômino em proveito dos quais reverte o proveito exclusivo de certas despesas, pagas, porém, pela totalidade dos comunheiros.

A regra do art. 1.340 é cogente, de modo que prevalece sobre disposição convencional, ou decisão de assembleia. Constitui exceção à regra do rateio de despesas prevista no art. 1.336, I, anteriormente examinado.

Note-se que, para eximir-se do rateio, não basta que o condômino não use, ou opte por não usar certos serviços ou áreas comuns. É necessário que não possa usá-los, quer por não ter acesso livre a certas áreas, quer porque os serviços nem potencialmente possam trazer-lhe qualquer vantagem. Se o serviço se encontra à disposição do condômino e este, por problemas ou circunstâncias pessoais, não o utiliza, embora possa utilizá-lo, deve participar do rateio de seu custo.

**Jurisprudência:** Apelação. Ação declaratória c/c restituição de valores. Débitos condominiais. Loja térrea com entrada independente. Condômina alega que suas despesas condominiais estão sendo calculadas em desacordo com o que dispõe a convenção do condomínio. Pretensão ao recálculo e à restituição do que foi pago em excesso. Procedência na origem. Inconformismo do condomínio. Cerceamento de defesa. Inocorrência. Nulidade do laudo pericial inexistente. Preenchimento dos requisitos do art. 473 do CPC/2015. Parcialidade do perito não evidenciada. Substituição motivada do *expert* não requerida oportunamente. Desnecessidade de novo laudo pericial. A falta de intimação das partes para a apresentação de alegações finais não causou qualquer prejuízo a elas. Obediência ao princípio *pas de nullité sans grief*. Nulidade não verificada. *Supressio*. Inocorrência. Em que pese o longo período pelo qual a condômina arcou com as despesas sem questioná-las, não havia justa expectativa do condomínio de que não iria fazê-lo. Impossibilidade de se restringir o direito constitucional de ação e de se chancelar o perene enriquecimento sem causa alegado dos demais condôminos, beneficiários do aludido rateio incorreto de despesas, em detrimento da apelada. Inexistência de má-fé. Mero exercício regular de direito. Critério de rateio. Em se tratando de loja térrea com entrada independente, o condômino somente pode suportar, na proporção de sua participação no condomínio, as despesas de conservação das coisas de cuja utilização efetivamente participa. Inteligência do art. 1.340 do CC. Precedente do Eg. STJ. Inviabilidade da exigência de contribuição fixa determinada em assembleia e atualizada monetariamente por índice escolhido arbitrariamente pelo próprio condomínio. Autorregulamentação condominial deve sucumbir à lei e ao princípio da supremacia da ordem pública sobre as deliberações privadas, que se beneficiaram diretamente com a determinação. Perícia identificou com precisão as despesas que devem compor o rateio. Conclusão exposta no laudo não infirmada. Questões que fogem ao escopo da demanda deverão ser tratadas nas vias próprias, incluindo aquilo que diz respeito à ocupação indevida de área comum do condomínio já reconhecida definitivamente em outra ação. Sentença mantida. Sucumbência. Majoração dos honorários advocatícios, segundo as disposições do art. 85, § 11, do CPC/2015. Recurso não provido. (TJSP, Ap. Cível n. 1034948-78.2019.8.26.0100/SP, 31ª Câm. de Dir. Priv., rel. Rosangela Telles, j. 06.02.2024, publ. 06.02.2024)

Condomínio. Anulação de assembleia geral extraordinária. Isenção quanto a despesas relativas à manutenção de partes e equipamentos de uso exclusivo de um grupo de condôminos. Obras que não interessam à estrutura integral da edificação ou conjunto de edificações, nem ao serviço comum, devem ser realizadas com o concurso pecuniário somente dos condôminos que delas se beneficiarão. Interpretação do art. 12, § 4°, da Lei n. 4.591/1964, art. 1.340 do CC/2002. (TJRS, Ap. Cível n. 70.018.544.924, 19ª Câm. Cível, rel. Des. Carlos Rafael dos Santos Júnior, j. 22.05.2007)

A obrigação de pagar os encargos condominiais deriva do simples fato de integrar o condômino o universo condominial, conforme dispõe a Lei n. 4.591/64, não se prestando para isentá-lo da obrigação a alegação de não se utilizar das áreas comuns, nem se beneficiar dos serviços prestados, mormente se ausente da convenção disposição que exclua a unidade do apelado do rateio das despesas comuns (TACSP, Ap. s/ Rev. n. 713.347-00/4, rel. Andrade Neto, j. 14.04.2004). (*Lex-TACSP* 214/338, 2005)

Condomínio. Loja térrea. Despesas. Do rateio das despesas de condomínio não se pode resultar deva arcar o condômino com aquelas que se refiram a serviços ou utilidades que, em virtude da própria configuração do edifício, não têm, para ele, qualquer préstimo. (STJ, REsp n. 164.672, 3ª T., rel. Min. Eduardo Ribeiro, j. 04.11.1999)

O condômino excepcionalmente proibido de utilizar serviços ou equipamentos não pode ser obrigado a suportar as despesas de condomínio a eles relativos (II TACSP, Ap. c/ Rev. n. 486.155-00/6, rel. Narciso Orlandi, j. 31.07.1997). (*Lex-TACSP* 168/382, 1998)

Silenciando a convenção condominial sobre a participação efetiva no rateio das despesas de unidade autônoma situada no térreo do edifício com acesso direto e exclusivo pela via pública, inviável a cobrança da cota-parte respectiva no que pertine às despesas ordinárias. (II TACSP, Ap. s/ Rev. n. 495.734, 9ª Câm., rel. Juiz Francisco Casconi, j. 01.10.1997)

---

**Art. 1.341. A realização de obras no condomínio depende:**

**I – se voluptuárias, de voto de dois terços dos condôminos;**

**II – se úteis, de voto da maioria dos condôminos.**

**§ 1º As obras ou reparações necessárias podem ser realizadas, independentemente de autorização, pelo síndico, ou, em caso de omissão ou impedimento deste, por qualquer condômino.**

**§ 2º Se as obras ou reparos necessários forem urgentes e importarem em despesas excessivas, determinada sua realização, o síndico ou o condômino que tomou a iniciativa delas dará ciência à assembleia, que deverá ser convocada imediatamente.**

**§ 3º Não sendo urgentes, as obras ou reparos necessários, que importarem em despesas excessivas, somente poderão ser efetuadas após autorização da assembleia, especialmente convocada pelo síndico, ou, em caso de omissão ou impedimento deste, por qualquer dos condôminos.**

**§ 4º O condômino que realizar obras ou reparos necessários será reembolsado das despesas que efetuar, não tendo direito à restituição das que fizer com obras ou reparos de outra natureza, embora de interesse comum.**

---

Não há dispositivo correspondente no CC/1916 nem na Lei n. 4.591/64. Inova o legislador, ao exigir aprovação por critérios determinados e distintos para cada modalidade de obra a ser realizada no condomínio edilício. No regime jurídico anterior, a própria convenção determinava se a aprovação de obras se daria por maioria simples ou qualificada. No silêncio, incidia a regra da aprovação por maioria simples.

O princípio da norma é o da exigência de aprovação por maioria inversamente proporcional à indispensabilidade da obra. Quanto menos necessária a obra, mais elevado o *quorum* para sua aprovação. A norma é cogente, de modo que prevalece sobre disposição convencional em sentido contrário, que dispense maioria absoluta ou qualificada. Nada impede, todavia, que a convenção exija quóruns mais rigorosos do que a lei.

Como visto anteriormente, a discussão acerca da incidência da norma sobre convenções registradas anteriormente à vigência do atual CC gera polêmica. Vale o que foi dito para a questão da multa moratória devida pelo condômino em atraso. Os que entendem que a convenção tem natureza contratual, de modo coerente defendem que a nova lei não pode retroagir para alcançar o ato jurídico perfeito. Os que entendem que a convenção tem natureza de ato-regra, gerando direito estatutário, admitem a imediata incidência da nova norma de ordem pública, corrente que parece preferível, evitando a incerteza da persistência de duplo regime jurídico do condomínio edilício, os constituídos anteriormente ou posteriormente ao CC.

O *caput* do artigo fala em "obras" no condomínio, termo que merece detida investigação. A expressão exclui acessões, tratadas nos artigos subsequentes, mas deve ser interpretada em sentido amplo, englobando não somente construções, como também todo e qualquer melhoramento, aí incluída a aquisição de pertenças e investimentos em geral, como decoração do *hall* de entrada, aquisição de objetos, paisagismo ou mesmo a contratação de certos profissionais, como professores de línguas ou instrutores de ginástica para ministrar aulas no edifício. Embora não diga a lei, devem ser tais investimentos de certa magnitude ou de custo excessivo. Não teria sentido, como é óbvio, exigir a aprovação da assembleia para adquirir objetos e serviços de valor reduzido, ainda que de natureza voluptuária, ou de mero deleite dos condôminos. A expressão abrange as benfeitorias, ou seja, os investimentos que se fazem numa coisa para conservá-la, melhorá-la ou embelezá-la, mas não as acessões, que criam coisas novas e são reguladas no artigo subsequente.

Utiliza a lei a mesma classificação das benfeitorias da Parte Geral do CC, dividindo-as em necessárias, úteis e voluptuárias. As categorias, porém, não são estanques, podendo uma obra ser voluptuária em determinadas circunstâncias, mas útil em outras. Tome-se como exemplo a questão atual do *retrofit*. Trata-se de obra necessária, útil ou voluptuária. Não há resposta única a tal questão, que se subordina à análise do caso concreto. Pode apenas ocorrer alteração estética na fachada (obra voluptuária), ou, então, restauração que conferirá maior conforto ou utilização da edificação (obra útil), ou, ainda, que resguarde a segurança do prédio (obra necessária), com quóruns distintos de aprovação.

Em relação às obras voluptuárias, exige a lei aprovação pela maioria qualificada de "dois terços dos condôminos". Comporta a regra algumas observações. A maioria qualificada a que alude a lei é para aprovação da obra e não o *quorum* para instalação da assembleia. Os dois terços se contam sobre o universo daqueles aptos a votar, não somente dos presentes, excluídos, portanto, os inadimplentes. Caso contrário, causaria o impedimento efeito contrário ao que almeja a lei, prejudicando duplamente os demais condôminos pontuais. Embora se refira a condôminos, na verdade a contagem dos votos se faz na forma prevista no parágrafo único do art. 1.352 do CC, adiante comentado, ou seja, com a força das frações ideais no solo e nas outras partes comuns pertencentes a cada condômino, salvo disposição diversa na convenção. A matéria a ser deliberada deverá constar obrigatoriamente da convocação da assembleia. Em relação às obras úteis, exige a lei aprovação por maioria absoluta, estendendo-se, no mais, o que já se disse sobre as obras voluptuárias.

A deliberação da maioria qualificada ou absoluta – dependendo da natureza da obra – vincula a minoria, ainda que discordante. Embora existam julgados divergentes, não pode a minoria – daí a exigência de *quorum* elevado – eximir-se do pagamento, a pretexto de que a despesa é incompatível com a categoria do edifício, ou muito dispendiosa. A única eximente aceitável é a amparada no art. 1240, já comentado, qual seja, de que a melhoria reverterá apenas em proveito de um ou determinado grupo de condôminos, sobre os quais deverá recair o rateio.

Em relação às obras – englobando melhoramentos, pertenças e serviços – necessárias, a disciplina é diversa. São indispensáveis à conservação da coisa comum, que, sem elas, corre o risco de se deteriorar ou perecer ou, ainda, sofrer sanções do Poder Público. A lei cria duas categorias de obras necessárias e lhes dá tratamento distinto: a) urgentes e não urgentes; b) de custo excessivo e de custo moderado.

As obras necessárias de custo moderado – urgentes ou não – podem ser feitas pelo síndico, ou, em sua omissão ou impedimento, por qualquer condômino, independentemente de prévia deliberação da assembleia geral. A expressão "custo não excessivo", ou moderado, é indeterminada e deve ser preenchida pelo juiz no caso concreto, levando em conta sua proporção em relação à arrecadação do condomínio e o reflexo que causará na contribuição dos condôminos. Obra de preço moderado em condomínio de alto padrão certamente será de custo excessivo em condomínio popular.

As obras de custo excessivo podem ser urgentes ou não. Caso sejam urgentes, podem e devem ser feitas pelo síndico ou, em sua omissão ou impossibilidade, por qualquer condômino, submetidas ao posterior *placet* da assembleia, por maioria simples, que deve ser convocada imediatamente. Pode a assembleia deixar de chancelar a obra já realizada, quer entendendo não ser ela necessária, quer não urgente, quer rejeitando o custo de sua realização. Como consequência, deve determinar ao síndico a devolução da quantia gasta, ou negar o reembolso das despesas já feitas, levando em conta, sempre, o efetivo benefício auferido pelo condomínio, para evitar o enriquecimento sem causa.

Caso as obras necessárias sejam de custo excessivo e não urgentes, impõe-se a aprovação prévia em assembleia, por maioria simples, valendo o que foi dito, quanto à convocação e à contagem de votos, para as obras voluptuárias.

Com o objetivo de impedir que um condômino realize isoladamente por conta própria as obras que entender cabíveis e após pretenda ratear seu custo com os demais condôminos, restringe a lei, no § 4º do artigo em exame, o reembolso das obras necessárias. As obras úteis e voluptuárias, embora revertam em benefício do condomínio, não são indenizáveis ao condômino que as fez *sponte propria*, em posição simétrica à do possuidor de má-fé. Cabe apenas indenização pelas benfeitorias necessárias, sem, contudo, direito de retenção, incompatível com a persistência e os fins do condomínio edilício, uma vez que são as obras realizadas em áreas comuns.

**Jurisprudência:** Condomínio edilício. Ação de anulação de assembleia condominial c/c restituição de valores. Aprovação de projeto para a restauração da fachada do edifício por maioria simples dos condôminos, nos termos do art. 1.341, II, do CC. Autor que alega a exigência de unanimidade dos votos, por se tratar de alteração da fachada. Laudo pericial que atesta que o reparo estrutural da fachada do imóvel é necessário, em razão dos diversos desgastes que apresenta, comprometendo a integridade do edifício. Laudo elaborado por profissional da confiança do juízo, sob o crivo do contraditório, equidistante das partes e sem interesse na resolução do feito, que é minucioso e convincente, sendo taxativo quanto a necessidade da obra para a conservação do edifício e a eliminação de riscos inerentes a sua deterioração. Nessas circunstâncias, não se tratando de obra com fins meramente estéticos, o quórum para aprovação é o da maioria simples, nos termos do art. 1.341, II, do CC, o que foi efetivamente observado pelo condomínio. Sentença mantida. Recurso improvido. (TJSP, Ap. Cível n. 1010839-63.2020.8.26.0100/SP, 34ª Câm. de Dir. Priv., rel. Gomes Varjão, j. 08.04.2024, publ. 08.04.2024)

Cobrança de despesas de manutenção. Discordância da instalação de câmeras de vídeo que estariam a violar direitos de imagem e privacidade dos condôminos e suas famílias. Alegação que não exime o condômino dissidente de concorrer nas despesas de manutenção do serviço, cabendo-lhe apenas exercer depois a pretensão judicial na via que julgar mais adequada para proteção de seus interesses ou coibir eventual abuso de direito por parte da administração do condomínio. (*JTA-Lex* 173/508, rel. Gilberto dos Santos)

Os gastos extraordinários também devem ser deliberados em assembleia geral extraordinária, salvo se o síndico for compelido a efetuá-los de imediato, em situações excepcionais, ou em virtude de exigência de autoridades municipais, hipótese que *a posteriori* ele os justificará perante a assembleia geral (II TACSP, Ap. Cível n. 561.218-00/6, rel. Juiz Francisco Thomaz). (*JTACSP-Lex* 181/496)

**Art. 1.342. A realização de obras, em partes comuns, em acréscimo às já existentes, a fim de lhes facilitar ou aumentar a utilização, depende da aprovação de dois terços dos votos dos condôminos, não sendo permitidas construções, nas partes comuns, suscetíveis de prejudicar a utilização, por qualquer dos condôminos, das partes próprias, ou comuns.**

O artigo em exame não tinha correspondente no CC/1916 nem na Lei n. 4.591/64. Trata o artigo das acessões, desde que não constituam novas unidades autônomas, ou, na dicção da lei, feitas em acréscimo às já existentes. Essa é a diferença em relação ao artigo antecedente, que tratava apenas de benfeitorias ou melhoramentos em coisas já existentes, mas sem acréscimo, sem a criação de coisas novas.

Levando em conta a maior magnitude da obra, impõe a lei, por norma cogente, que se sobrepõe à convenção, *quorum* qualificado de dois terços dos condôminos para sua aprovação. O que foi dito no artigo anterior sobre a composição do *quorum* e cômputo da maioria aqui se aplica.

Coloca a lei claros limites à aplicação da norma. As obras serão sempre em partes comuns e se somarão ou complementarão outras obras já existentes. São os casos, por exemplo, de construção de uma piscina na área de recreio, de ampliação de vestiários para implantação de uma sauna ou da construção de uma churrasqueira, em complementação aos equipamentos de lazer. Visam a facilitar ou aumentar a utilização das áreas comuns, em proveito de todos os condôminos.

Não podem as novas construções, todavia, converter área comum em área de proveito de apenas um ou alguns condôminos, como construção de garagens para certas unidades autônomas. Também não podem as obras vir em detrimento de qualquer das unidades autônomas, prejudicando sua insolação, ventilação, sossego ou privacidade dos ocupantes ou condôminos.

**Jurisprudência:** Apelação cível. Condomínio. Ação de obrigação de fazer. Realização de obra em área comum. Necessidade de aprovação de 2/3 dos condôminos. Aplicação do art. 1.342 do CC. Sentença mantida. Criação de trilhos para carros em frente de unidades autônomas. Alteração de área de uso comum. Aplicação dos arts. 1.341 e 1.342, ambos do CC. Ausência de aprovação da assembleia condominial. Negaram provimento ao recurso de apelação. Unânime. (TJRS, Ap. Cível n. 70.069.659.944, 17ª Câm. Cível, rel. Giovanni Conti, j. 16.06.2016)

Condomínio edilício. Demolição de guarita. Descabimento. Obra que não trouxe prejuízos ao autor, segundo prova pericial. Alteração da destinação da área comum em prol da segurança dos condôminos. Recurso improvido, prejudicado o agravo retido. O perito concluiu que a construção da guarita não desvalorizou o imóvel e que os ruídos gerados não ultrapassam os limites legais. Também apontou que não houve comprometimento da segurança, nem alteração da fachada. Ainda que se admita o argumento da diminuição da privacidade do autor, no juízo de ponderação, deve prevalecer a vontade da maioria dos condôminos, que deliberou em assembleia a construção de guarita em área comum, como medida de segurança, em prol da integridade física e patrimonial dos condôminos. Também não pode prevalecer a argumentação de que alteração da destinação da área comum dependia de aprovação da unanimidade dos condôminos. Isso porque a construção da guarita na área destinada à parte do jardim trouxe benefícios ao condomínio, especialmente na questão da segurança, como destacado anteriormente. Trata-se de benfeitoria útil, quiçá necessária, nos dias atuais. (TJSP, Ap. Cível n. 9066572-72.2006.8.26.0000, 3ª Câm. de Dir. Priv., rel. Des. Jesus Lofrano, j. 05.07.2011)

**Art. 1.343. A construção de outro pavimento, ou, no solo comum, de outro edifício, destinado a conter novas unidades imobiliárias, depende da aprovação da unanimidade dos condôminos.**

O artigo em exame não tinha correspondente no CC/1916 nem na Lei n. 4.591/64. Disciplina o artigo modalidade específica de acessão, qual seja, a criação de nova unidade imobiliária, quer por construção de mais um pavimento, quer por edificação de novo edifício no solo.

A magnitude do investimento, a alteração das frações ideais das unidades já existentes no solo e nas coisas comuns e a desfiguração do projeto original, com o acréscimo de novos condôminos, têm profunda repercussão na vida condominial, justificando-se, por isso, a aprovação por unanimidade.

Levando em conta a gravidade da alteração, a unanimidade abrange não somente os condôminos aptos a deliberar, como também os inadimplentes. Haveria manifesta desproporção entre a sanção lateral prevista para o inadimplemento – o alijamento das deliberações – e a magnitude da mudança para todos os condôminos, que implica a construção de novas unidades.

O que se discute é a possibilidade do suprimento do consentimento injustamente negado por um dos condôminos, quando manifesto for o benefício da acessão para a vida condominial. A propriedade está conformada por sua função social, que não é limite, mas integra seu próprio conteúdo (ver comentário ao art. 1.228 do CC). O exercício de um direito que exceda manifestamente sua função social e econômica ou a boa-fé constitui ato ilícito, nos exatos termos do art. 187 do CC. Assim sendo, no caso de marcada resistência abusiva de um condômino, pode seu consentimento ser suprido judicialmente.

**Jurisprudência:** Havendo previsão legal expressa no sentido de que a construção de outros pavimentos no edifício depende da aprovação unânime dos condôminos, há de se exigir o mesmo *quorum* para se proceder à retificação das frações ideais das unidades condominiais, como preceitua o art. 1.343 do CC. (TJMG, Ap. Cível n. 1.0024.04.199097-9/001, rel. José Domingues Ferreira Esteves, j. 21.06.2005)

**Art. 1.344. Ao proprietário do terraço de cobertura incumbem as despesas da sua conservação, de modo que não haja danos às unidades imobiliárias inferiores.**

O artigo em exame não tinha correspondente no CC/1916 nem na Lei n. 4.591/64.

O terraço de cobertura pode ser área comum ou privativa de uma unidade autônoma. Caso seja área comum, pode ser de uso privativo ou não da unidade do último piso, consoante disposto na instituição de condomínio ou deliberação unânime da assembleia.

A regra, portanto, deve ser lida do seguinte modo: a manutenção e a conservação do terraço de cobertura incumbem ao condômino quando integrar a propriedade exclusiva da unidade autônoma ou, ainda que de propriedade comum, for de uso exclusivo de um condômino, que dele se serve. Por exclusão, terraços, lajes e telhados de propriedade e uso comum devem ser mantidos e conservados pelo condomínio.

Diz a lei que a conservação deve ser feita de molde a não causar danos aos demais condôminos. A responsabilidade, como ocorre no direito de vizinhança, é objetiva e alcança tanto vazamentos como quedas e calhas, reboco ou outros objetos. Cabe aos condôminos prejudicados, ou sob risco, tanto ação de dano infecto como indenizatórias, ou de execução de fazer ou não fazer, com tutela específica, além de pedido cominatório.

**Jurisprudência:** Apelação. Interdito proibitório. Condomínio edilício. Utilização de área comum por um dos condôminos, de acordo com termo de cessão autorizado por assembleia. Revogação do termo de cessão por decisão da diretoria do condomínio, sem autorização da assembleia. Descabimento. Inteligência do art. 1.351

do CC. Acesso à área comum exclusivo pelo interior da unidade da condômina. Obrigação da condômina que tem o uso exclusivo da área comum de zelar por sua limpeza e arcar com as despesas de conservação (arts. 1.340 e 1.344 do CC). Instalação de rede de segurança e estrutura metálica de sustentação. Rede de segurança, necessária à incolumidade do filho menor da autora, morador da unidade, que, de acordo com o laudo pericial, não interfere na harmonia externa do edifício. Intervenção não suscetível de prejudicar a utilização, por qualquer dos condôminos, das partes próprias, ou comuns (art. 1.342, *in fine*, do CC). Sentença de procedência mantida. Recurso desprovido. (TJSP, Ap. Cível n. 10145955620218260032/Araçatuba, 11ª Câm. de Dir. Priv., rel. Cristina Di Giaimo Caboclo, j. 02.10.2024, publ. 02.10.2024)

Ação regressiva. Legitimidade ativa reconhecida. Reparação de danos. Obstrução das calhas de escoamento de águas pluviais da unidade de cobertura de uso exclusivo. Responsabilidade do proprietário pela manutenção e conservação. Inteligência do art. 1.344 do CC. Reembolso dos valores gastos pelo condomínio na reparação dos danos ocorridos nas unidades inferiores. Cabimento. Sentença mantida. (TJSP, Ap. Cível n. 0397392-18.2010.8.26.0000, rel. Des. Edgard Rosa, j. 06.06.2013)

Embora seja a cobertura coisa comum, o condômino que a utiliza com exclusividade responde pelas infiltrações dela oriundas e decorrentes de mau uso ou de má conservação. Eventual direito regressivo (responsabilidade do condomínio ou do construtor) que deve ser buscado em ação própria. (II TACSP, Ap. c/ Rev. n. 649.806-00/1, 12ª Câm., rel. Juiz Romeu Ricupero, j. 03.04.2003)

Nunciação de obra nova. Edifício de apartamentos. Solário. Obras realizadas pelo proprietário do último andar. Área comum. Normas de ordem pública que não podem ser alteradas pela vontade das partes. Sentença de procedência parcial. Apelo de ambas as partes. Provimento ao recurso do condomínio-autor. Determinadas demolição e indenização. Prejudicado o recurso do réu. (TJSP, Ap. Cível n. 106.846-4, rel. José Osório, j. 27.07.2000)

Condomínio. Coisa comum. Laje de cobertura do edifício. Edificação erguida por condômino. Autorização para o uso exclusivo prevista na convenção. Ilegalidade. Hipótese, ademais, de alteração da fachada do prédio. Arts. 3º e 43, IV, da Lei federal n. 4.591/64. Remoção da construção, repondo a cobertura na situação anterior. Ação procedente. Recurso provido. (TJSP, Ap. Cível n. 171.211-2, rel. Accioli Freire, j. 08.08.1991)

**Art. 1.345. O adquirente de unidade responde pelos débitos do alienante, em relação ao condomínio, inclusive multas e juros moratórios.**

O CC/1916 não tinha dispositivo correspondente ao artigo em exame. A Lei n. 4.591/64 dispõe apenas, no art. 4º, parágrafo único, com redação dada pela Lei n. 7.182/84, que alienação ou transferência da unidade autônoma e correspondente fração ideal depende de prova de quitação das obrigações do alienante para com o respectivo condomínio.

Merece o preceito exame atento. Não resta dúvida de que as obrigações do titular da unidade autônoma em condomínio edilício têm natureza *propter rem*, ou seja, existem quando um titular de um direito real é obrigado, devido a essa condição, a satisfazer determinada prestação. Em termos diversos, a pessoa do devedor se individualiza pela titularidade do direito real. Assim, quem adquire unidade autônoma passa a arcar com as respectivas despesas, pois a obrigação é imposta a quem for seu titular (II TACSP, Ap. n. 775.364-00/9, rel. Melo Bueno, *JTA-Lex* 203/486).

O artigo, porém, vai além. Dispõe que o adquirente arca com todos os débitos do alienante, inclusive multa e juros moratórios. Logo, arca com dívidas vencidas no período anterior ao da aquisição, ultrapassando a natureza *propter rem* da obrigação. Na lição clássica de Antunes Varela, o artigo em exame descreve verdadeiro ônus real. Segundo o autor, "a diferença prática entre ônus e as obrigações reais, tal como a história do direito as modelou, está em que, quanto a estas, o titular só fica vinculado às obrigações constituídas na vigência do seu direito, enquanto nos ônus reais o titular da coisa fica obrigado mesmo em relação às prestações anteriores, por suceder na titularidade de uma coisa a que está visceralmente unida a obrigação" (*Das obrigações em geral*, 8. ed. Coimbra, Almedina, 1994, v. I, p. 202; no mesmo sentido, o profundo estudo de MESQUITA, Manuel Henrique. *Obrigações reais e ônus reais*. Coimbra, Almedina, 1990).

Disso decorrem relevantes efeitos. Primeiro, o titular da coisa no momento em que se constitui a obrigação responde com todos seus bens. Já o adquirente posterior responde apenas até o valor da coisa onerada, que garante o cumprimento da obrigação (VARELA, Antunes. Op. cit., p. 202). Segundo, está revogada a regra do art. 4º, parágrafo único, da Lei n. 4.591/64. Se a própria lei explicita que o adquirente responde pelos débitos anteriores, perde o sentido a prova da quitação de débito existente no momento da alienação. A jurisprudência administrativa do Estado de São Paulo, em recente e louvável alteração de posicionamento, deixou de subordinar o registro e a lavratura de escritura de alienação de unidade autônoma à prévia prova da quitação do débito condominial. Ficou fixado o seguinte em referido julgado: "revogada a regra do parágrafo único do art. 4º da Lei n. 4.591/64, a prévia comprovação de quitação dos débitos condominiais não é mais condição para transferência de direitos relativos à unidade condominial" (CSMSP, Ap. Cível n. 0019751-81.2011.8.26.0100, rel. Des. José Renato Nalini, j. 12.04.2012).

Silencia a lei quanto a eventuais créditos do alienante. Pense-se na hipótese de uma repetição de indébito ajuizada pelo condomínio, ou uma ação de reparação de danos por vício de construção contra a construtora, por fato anterior, cujo pagamento, porém, seja feito em data posterior à alienação. A interpretação deve ser simétrica, transferindo o alienante ao adquirente todos os direitos incidentes sobre a coisa, salvo convenção em sentido contrário.

Equipara-se ao adquirente o compromissário comprador imitido na posse da unidade autônoma, quer seu contrato tenha ou não registro imobiliário. O entendimento dos tribunais, ainda na vigência do CC/1916, teve respaldo no art. 1.334, § 2º, do atual Código, já comentado, e equipara ao condômino, para efeito da cobrança de despesas, o usufrutuário, o nu-proprietário, o cessionário de direitos de compromisso de compra e venda e o arrematante (II TACSP, Ap. n. 839.428-00/0, rel. Antonio Rigolin; Ap. n. 663.356-00/3, rel. Celso Pimentel).

O entendimento firme do STJ, seguido pelas Cortes Estaduais, é no sentido de que "a ação de cobrança de cotas condominiais pode ser proposta tanto contra o proprietário como contra o promissário comprador, pois o interesse prevalente é o da coletividade de receber os recursos para o pagamento das despesas indispensáveis e inadiáveis, podendo o credor escolher – entre aqueles que tenham uma relação jurídica vinculada ao imóvel (proprietário, possuidor, promissário comprador etc.) – o que mais prontamente poderá cumprir com a obrigação, ressalvado direito regressivo contra quem entenda responsável" (REsp n. 223.282/SC, rel. Min. Ruy Rosado de Aguiar). A natureza das despesas condominiais permite, mais, que a ação de cobrança seja ajuizada diretamente contra o locatário ou o comodatário, se assim for de interesse do condomínio.

Precedente do STJ, em sede de recurso repetitivo (Tema n. 886) transcrito à frente, criou algumas limitações quanto à responsabilidade do condômino promitente vendedor. Caso o promitente comprador se encontre imitido na posse da unidade e tal fato seja de inequívoco conhecimento do condomínio, o promitente vendedor se exonera da responsabilidade pelo pagamento das despesas condominiais. Precedente posterior, porém, de relatoria do Ministro Paulo Sanseverino, também transcrito adiante, reforçou a ideia de proteção ao condomínio, que pode acionar em litisconsórcio passivo o promitente comprador e o promitente vendedor.

Parece relevante o argumento de manter o promitente vendedor no polo passivo da ação de cobrança, inclusive para superar a questão da continuidade do registro imobiliário, no momento do registro da carta de arrematação. O entendimento da jurisprudência no que se refere ao tema do registro da carta de arrematação em ação movida somente em face do promissário comprador encontrou solução intermediária: "basta, para tanto, que o juiz da causa determine a penhora da propriedade plena do imóvel e tome a cautela de intimar o promitente vendedor titular do domínio na forma do art. 799, IV, do CPC, instruindo-se a carta de arrematação ou, por analogia, de adjudicação com cópia das peças do processo relativas a esses atos" (TJSP, Ap. Cível n. 1004827-28.2021.8.26.0543, Conselho Superior da Magistratura, rel. Francisco Loureiro (Corregedor Geral), j. 20.06.2024, registro 22.06.2024).

O artigo usa a expressão genérica *adquirente*, não restringindo às aquisições por negócio jurídico, de modo que também alcança as vendas judiciais, atingindo o arrematante e o adjudicatário. Como adquirentes da unidade, assumem o polo passivo de eventual ação de cobrança em aberto, ainda que já tenha sido esta julgada (II TACSP, AI n. 713.594-00-7, rel. Soares Levada). Exceção óbvia a essa regra está na arrematação levada a efeito na execução das próprias despesas condominiais, caso em que há uma sub-rogação real, e o condomínio satisfará seu crédito com o produto da arrematação, ainda que o valor do crédito seja superior ao valor da unidade autônoma. O executado, ex-proprietário, responderá com o seu patrimônio por eventual saldo remanescente. Entende-se que o arrematante tem direito de regresso em face do executado ou do ocupante do imóvel ao tempo em que foi a despesa condominial gerada.

Persiste dúvida apenas quanto à necessidade da existência de dívidas fiscais e condominiais constarem de modo expresso do edital de praça. Há entendimento do STJ (*v.* jurisprudência a seguir) no sentido de que se o edital foi omisso, o arrematante recebe o imóvel livre e os credores devem se habilitar na execução. Parece, porém, que se não foi o condomínio intimado da hasta pública, não tem como tomar conhecimento da venda e se habilitar. Mais sensato que o arrematante, antes do ato, certifique-se da existência de obrigações reais (ou *propter rem*, segundo alguns) em aberto.

Embora vacile a jurisprudência dos tribunais entre proteger o interesse do condomínio ou o interesse do arrematante de boa-fé, ambos dignos de tutela, devem ser traçados alguns parâmetros: a) se do edital constou a existência de débito condominial em aberto, o arrematante assume a responsabilidade pelo pagamento da dívida; b) igual solução se adota se o edital foi omisso e o condomínio não foi intimado da hasta pública e por isso não se habilitou na execução para receber o seu crédito; c) o arrematante não responde pelos débitos anteriores à arrematação se, além do edital ser omisso ou excludente da responsabilidade, o condomínio tiver sido cientificado para exercer a sua preferência na execução. Parece ser essa a solução mais equilibrada e que preserva de modo equânime os interesses do condomínio e do arrematante.

Recente precedente do STJ (*v.* jurisprudência a seguir) entendeu possível que a ação de cobrança de condomínio ajuizada em face do alienante possa ser executada em face do adquirente, ainda que não tenha este participado da fase de conhecimento, dada a sua natureza *propter rem*. De igual modo, ação ajuizada em face do companheiro pode prosseguir em face de ex-companheira.

Lembre-se no que se refere à adjudicação, o entendimento do STJ (*v.* acordão adiante) é mais restritivo em relação ao adjudicante. Como se trata do próprio exequente, e não de terceiro, ainda que omisso o edital, o adjudicante responderá pelas dívidas de condomínio em aberto até a data da adjudicação.

No caso de imóvel gravado com direito real de usufruto, divide-se a jurisprudência. Ora aplica o disposto nos arts. 1.403 e 1.404 do CC, repartindo a responsabilidade de acordo com a natureza das despesas (ordinárias carreadas ao usufrutuário e extraordinárias ao nu-proprietário), ora determina que somente o usufrutuário responda pelas despesas, ora somente o nu-proprietário, ou, finalmente, ambos em litisconsórcio. Entendo que a última posição é a melhor, até porque o direito real de usufruto não é alienável e, portanto, impenhorável. Assim, perante o condomínio ambos são responsáveis pela despesa e as regras dos arts. 1.403 e 1.404 do CC somente têm relevância em sede de direito de regresso, nas relações internas entre nu-proprietário e usufrutuário.

No que toca à cobrança de despesas de condomínio em face de herdeiros, o entendimento do STJ, a seguir reproduzido, é no sentido de que até a partilha responde o espólio pela dívida, sem levar em conta a força do quinhão de cada um na herança. Ainda depois de ultimada a partilha, se o imóvel permaneceu em condomínio comum (arts. 1.414 e segs. do CC), a responsabilidade é solidária. Cada um responde pela totalidade da dívida, independentemente da força de seu quinhão, e em sede de regresso cobrará a cota-parte de cada um dos codevedores.

Também se discute se podem ser cobradas as despesas de condomínio em face de adquirente do imóvel por usucapião. Não resta dúvida de que a usucapião é modo originário de aquisição da propriedade, que rompe a cadeia dominial, inclusive direitos reais e penhoras que anteriormente gravavam o prédio. O STJ em data recente, em acórdão reproduzido a seguir, entendeu que dívidas anteriores ao período de posse não podem ser cobradas do usucapiente. Cabe a ressalva, porém, que o crédito formado durante o período de posse, ainda que anterior à sentença, é exigível do usucapiente. Embora a sentença declaratória retroaja à data da consumação do prazo aquisitivo, as despesas de condomínio são exigíveis desde o início da posse, pois o possuidor usou e fruiu a coisa.

A responsabilidade do credor fiduciário será examinada nos comentários aos arts. 1.367 e 1.368-B, que tratam especificamente do tema.

**Jurisprudência**: Súmula n. 12 do TJSP: A ação de cobrança pode ser direcionada contra todos ou qualquer dos condôminos individualmente, no caso de unidade autônoma pertencente a mais de uma pessoa.

Agravo de instrumento. Execução de despesas condominiais. Decisão que deferiu a penhora sobre os direitos aquisitivos sobre o imóvel gerador do débito. Inconformismo do exequente afastado. Imóvel alienado fiduciariamente. Responsabilidade do devedor fiduciante. Inteligência dos arts. 27, § 8º, da Lei n. 9.514/97 e 1.368-B, parágrafo único, do CC. Exceção à regra do art. 1.345, do CC. Penhora do imóvel. Impossibilidade. Bem que não integra o patrimônio do devedor fiduciante. Mantida a penhora do direito real de aquisição. Art. 835, XII, do CPC. Recurso desprovido. (TJSP, AI n. 2096428-73.2024.8.26.0000/Americana, 27ª Câm. de Dir. Priv., rel. Dario Gayoso, j. 30.05.2024, publ. 30.05.2024)

A usucapião insere-se no rol dos modos originários de aquisição de propriedade, pois não há conexão entre o direito de propriedade que dela surge e o direito de propriedade antecedente. 5 – Em razão do efeito liberatório, se a propriedade anterior se extingue pela usucapião, tudo o que gravava o bem – e lhe era acessório – também se extinguirá. Precedentes. 6 – Não subsiste eventual penhora incidente sobre o bem objeto de usucapião, pois, extinguindo-se o direito de propriedade ao qual o gravame estava atrelado, não há como prevalecer os ônus que pendiam sobre o bem, ainda que destinados a garantir débito de natureza *propter rem*. 7 – Na hipótese dos autos, não merece reforma o acórdão recorrido, pois, revelando-se inconteste a consumação da usucapião, extinguiu-se o direito de propriedade anterior e, juntamente com ele, a penhora outrora realizada no âmbito da execução, em virtude da natureza originária da aquisição da propriedade, sendo certo, ainda, que os débitos condominiais executados são anteriores à própria posse dos embargantes. (STJ, REsp n. 2.051.106/SP, rel. Min. Nancy Andrighi, j. 25.04.2023)

Por outro lado, havendo bens imóveis a serem partilhados dos quais se originam despesas condominiais, deve-se atentar para a natureza *propter rem* dessas obrigações, daí advindo a solidariedade entre os coproprietários, caso persista situação de condomínio entre alguns ou todos os sucessores após a partilha. (STJ, REsp n. 1.994.565/MG, 3ª T., rel. Min. Marco Aurélio Bellizze, j. 26.09.2023)

O adquirente de imóvel deve pagar as taxas condominiais desde o recebimento das chaves ou, em caso de recusa ilegítima, a partir do momento no qual as chaves estavam à sua disposição. (STJ, REsp n. 1.847.734/SP, 3ª T., rel. Min. Ricardo Villas Bôas Cueva, por unanimidade, j. 29.03.2022, *DJe* 31.03.2022)

3 – O débito condominial, de natureza *propter rem*, é indispensável para a subsistência do condomínio, cuja saúde financeira não pode ficar ao arbítrio de mudanças na titularidade dominial. 4 – A finalidade da obrigação *propter rem* é garantir a conservação do bem ao qual ela é ínsita. 5 – A obrigação de pagamento dos débitos condominiais alcança os novos titulares do imóvel que não participaram da fase de conhecimento da ação de cobrança, em razão da natureza *propter rem* da dívida. 6 – Em caso de alienação de objeto litigioso, a sentença proferida entre as partes originárias, estende seus efeitos ao adquirente ou ao cessionário. 7 – Recurso especial conhecido e provido. (STJ, REsp n. 1.653.143/DF, rel. Min. Nancy Andrighi, j. 16.05.2017; no mesmo sentido, REsp n. 1.696.704/PR, rel. Min. Nancy Andrighi, j. 16.09.2020)

Débito condominial. Imóvel que passa a pertencer apenas à ex-companheira que não figurou na ação de cobrança. Cumprimento de sentença. Penhora do bem. Possibilidade. Obrigação *propter rem*. (STJ, REsp n. 1.683.419/RJ, 3ª T., rel. Min. Nancy Andrighi, v.u., j. 20.02.2020, *DJe* 26.02.2020)

Débito condominial. Imóvel que passa a pertencer apenas à ex-companheira que não figurou na ação de cobrança. Cumprimento de sentença. Penhora do bem. Possibilidade. Obrigação *propter rem*. (STJ, REsp n. 1.683.419/RJ, 3ª T., rel. Min. Nancy Andrighi, v.u., j. 20.02.2020, *DJe* 26.02.2020)

Para efeitos do art. 543-C do CPC [art. 1.036 do CPC/2015], firmam-se as seguintes teses: a) O que define a responsabilidade pelo pagamento das obrigações condominiais não é o registro do compromisso de compra e venda, mas a relação jurídica material com o imóvel, representada pela imissão na posse pelo promissário comprador e pela ciência inequívoca do condomínio acerca da transação. b) Havendo compromisso de compra e venda não levado a registro, a responsabilidade pelas despesas de condomínio pode recair tanto sobre o promitente vendedor quanto sobre o promissário comprador, dependendo das circunstâncias de cada caso concreto. c) Se ficar comprovado: (i) que o promissário comprador se imitira na posse; e (ii) o condomínio teve ciência inequívoca da transação, afasta-se a legitimidade passiva do promitente vendedor para responder por despesas condominiais relativas a período em que a posse foi exercida pelo promissário comprador. (STJ, REsp n. 1.345.331/RS, rel. Min. Luis Felipe Salomão, j. 08.04.2015, Recurso repetitivo, Tema 886)

1 – Controvérsia acerca da responsabilidade do promitente vendedor (proprietário) pelo pagamento de despesas condominiais geradas após a imissão do promitente comprador na posse do imóvel. 2 – Caráter *propter rem* da obrigação de pagar cotas condominiais. 3 – Distinção entre débito e responsabilidade à luz da teoria da dualidade do vínculo obrigacional. 4 – Responsabilidade do proprietário (promitente vendedor) pelo pagamento das despesas condominiais, ainda que posteriores à imissão do promitente comprador na posse do imóvel. 5 – Imputação ao promitente comprador dos débitos gerados após a sua imissão na posse. 6 – Legitimidade passiva concorrente do promitente vendedor e do promitente comprador para a ação de cobrança de débitos condominiais posteriores à imissão na posse. 7 – Preservação da garantia do condomínio. 8 – Interpretação das teses firmadas no REsp n. 1.345.331/RS, julgado pelo rito do art. 543-C do CPC. (STJ, REsp n. 1.442.840/PR, rel. Min. Paulo de Tarso Sanseverino, j. 06.08.2015)

Não havendo previsão no edital, os débitos condominiais anteriores não são de responsabilidade do arrematante, ora recorrente. (STJ, REsp 1.456.150/RJ, rel. Min. Raul Araújo, j. 03.03.2015)

Os cônjuges, coproprietários de imóvel, respondem solidariamente pelas despesas de condomínio, mas esta responsabilidade não implica litisconsórcio necessário em razão da natureza pessoal da ação de cobrança de cotas condominiais. (Ag. Reg. no AREsp n. 213.060/RJ, 3ª T., rel. Min. Sidnei Beneti, j. 16.10.2012, *DJe* 06.11.2012)

1 – A jurisprudência da 2ª Seção apresenta precedentes no sentido da responsabilidade do adquirente pelos débitos de condomínio que oneram o imóvel adquirido. Esse entendimento tem sido estendido às arrematações em juízo. 2 – Na hipótese de omissão do edital quanto à existência de débitos, há precedentes na 3ª Turma que, tanto admitem, como não admitem a transferência ao adquirente dos débitos condominiais. 3 – Se o condomínio, ciente de que a aquisição do imóvel em juízo fora promovida com a ressalva expressa da não transferência do débito condominial, não se insurge tempestivamente, deixando decair seu direito à anulação do negócio jurídico, não pode, depois, reclamar do adquirente o pagamento de seu suposto crédito. 4 – Não se pode onerar a parte que confiou na declaração do Poder Judiciário de não transferência dos débitos, apresentando-lhe, anos depois da compra, uma conta de despesas condominiais em valor equivalente ao que pagou pelo bem, notadamente quando já teria precluído seu direito de invalidar o negócio jurídico, que teve a não transferência dos débitos como uma das causas determinantes. 5 – A jurisprudência que entende pela transferência aos arrematantes de débitos condominiais pode, muitas vezes, inviabilizar a garantia. Na hipótese em que tais débitos se acumulem a ponto de equivaler ao valor do imóvel, nenhum licitante terá interesse em arrematar o bem, criando-se uma espiral infinita de crescimento do débito. Melhor solução seria a de admitir a venda desonerada do imóvel e a utilização do produto para abatimento do débito, entregando-se o imóvel a um novo proprietário que não perpetuará a inadimplência. (STJ, REsp n. 1.299.081/SP, rel. Min. Nancy Andrighi, j. 18.09.2012)

Registro de imóveis. Instrumento particular de compromisso de compra e venda de unidade condominial. Desqualificação para registro. Comprovação de quitação dos débitos condominiais. Exigência não mais justificável diante da revogação tácita do parágrafo único do art. 4º da Lei n. 4.591/64 pelo art. 1.345 do CC/2002. Concordância tácita. Dúvida prejudicada. Recurso não provido. (CSMSP, Ap. Cível n. 0019751-81.2011.8.26.0100, rel. Des. José Renato Nalini , j. 12.04.2012)

A jurisprudência desta Corte é firme no sentido de que o arrematante de imóvel em condomínio é responsável pelo pagamento das despesas condominiais vencidas, ainda que estas sejam anteriores à arrematação. (STJ, Ag. Reg. no AREsp n. 52.681/RS, rel. Min. Sidnei Beneti, j. 16.02.2012)

A jurisprudência desta Corte é firme no sentido de que o arrematante de imóvel em condomínio é responsável pelo pagamento das despesas condominiais vencidas, ainda que estas sejam anteriores à arrematação. (STJ, REsp n. 1.044.890/RS, rel. Min. Sidnei Beneti, j. 20.05.2010)

Cobrança. Despesas de condomínio. Cumprimento da sentença. Adjudicação do imóvel pelo credor hipotecário, em execução paralela. Exceção de pré-executividade interposta pelo agravante, visando à declaração de sua ilegitimidade passiva. Rejeição. Inadmissibilidade. A aquisição do imóvel por terceiro transfere a este as obrigações de natureza *propter rem*, no caso, as despesas de condomínio, além de multas e juros moratórios. Intelecção do art. 1.345 do CC c/c art. 42, § 3º, do CPC [art. 109, § 3º, do CPC/2015]. Precedente desta Câmara. O credor hipotecário, que adjudicou o imóvel, deve substituir o antigo devedor no polo passivo da ação. Exceção acolhida. Agravo de instrumento provido. (TJSP, AI n. 1.198.727-0/7, rel. René Ricupero, j. 16.10.2008)

Agravo de instrumento contra decisão que indeferiu atos de execução contra o antigo proprietário do imóvel. Condômino condenado por sentença ao pagamento das prestações condominiais. Arrematação do imóvel nos próprios autos para satisfação da dívida. Produto da arrematação insuficiente para quitação da obrigação. Adquirente que não responde pela dívida remanescente. O imóvel arrematado na própria execução das despesas está livre da obrigação. Outra interpretação importa na impossibilidade da arrematação do bem por valor inferior à dívida. Antigo proprietário que continua obrigado ao pagamento das prestações do condomínio. Obrigação autonomizada em razão da sua natureza. Obrigação embora nascida em razão do direito real, dele se afastou, e adquiriu autonomia a impor, na sua disciplina, o regime legal das obrigações pessoais. Não seria aceitável que o alienante pudesse se ver livre das despesas que gerou com o uso e fruição da coisa, deixando de pagar água, luz, gás, salário de empregados, serviços consumidos etc., pela alienação da sua unidade. (TJSP, AI n. 1.198.645-0/3, rel. Des. Carlos Alberto Garbi, j. 03.10.2008)

O arrematante que se sub-rogou nos direitos do condomínio, em ação de regresso, tem a faculdade de cobrar o que pagou do antigo proprietário, do promissário comprador ou do possuidor direto. (STJ, Ag. Reg. no Ag. Reg. no Ag. n. 775.421/SP, rel. Min. Humberto Gomes de Barros, j. 03.12.2007)

O agravado adjudicou imóvel e pagou as despesas de condomínio vencidas e não pagas. Dessarte, sub-rogou-

-se nos direitos do condomínio e, em ação de regresso, pode cobrar o que pagou do antigo proprietário, do promissário comprador ou do possuidor direto. Precedentes citados: REsp n. 503.081/RS, *DJ* 27.06.2005; REsp n. 427.012/SP, *DJ* 30.05.2005; REsp n. 223.282/SC, *DJ* 28.05.2001; REsp n. 194.481/SP, *DJ* 22.03.1999; REsp n. 164.096/SP, *DJ* 29.06.1998; Ag. Reg. no Ag. n. 202.740/DF, *DJ* 24.05.1999; REsp n. 138.389/MG, *DJ* 21.09.1998, e REsp n. 109.638/RS, *DJ* 27.10.1997. Ag. Reg. no Ag. Reg. no Ag. n. 775.421/SP, rel. Min. Humberto Gomes de Barros, j. 03.12.2007.

A ação de cobrança de quotas condominiais pode ser proposta tanto contra o proprietário como contra o promissário-comprador ou afins, dependendo da situação de cada caso. *In casu*, como salientado pela r. sentença, muito embora tenha havido contrato de compromisso de compra e venda, não restou demonstrado nos autos que o condomínio (autor) detinha ciência inequívoca do referido documento. Assim, nada obsta que o recorrente seja acionado para efetuar o pagamento das taxas condominiais que estavam pendentes, lastreado, por óbvio, na natureza *propter rem* das quotas, ressalvando-lhe o direito de regresso. (STJ, REsp n. 717.265/SP, rel. Min. Jorge Scartezzini, j. 03.08.2006)

Por se tratar de obrigação *propter rem*, o crédito oriundo de despesas condominiais em atraso prefere ao crédito hipotecário no produto de eventual arrematação. A responsabilidade pelo pagamento de débitos condominiais e tributários existentes sobre imóvel arrematado, mas que não foram mencionados no edital de praça, não pode ser atribuída ao arrematante. Se débito condominial não foi mencionado no edital de praça pode ser feita a reserva de parte do produto da arrematação para a quitação do mesmo. (STJ, REsp n. 540.025/RJ, 3ª T., rel. Min. Nancy Andrighi, j. 14.03.2006)

Residindo um dos coproprietários no imóvel e sendo apenas ele o beneficiário dos serviços postos à disposição pelo condomínio, deve ele estar no polo passivo da ação de cobrança de quotas condominiais, ressalvado o seu direito de reembolso ante os demais proprietários. (STJ, REsp n. 500.185/RJ, rel. Min. Nancy Andrighi, j. 18.08.2005)

Tratando-se da execução de quotas de condomínio, não há falar em preferência do credor hipotecário, considerando precedente da Terceira Turma assinalando que em tal caso se trata de conservação do imóvel, "sendo indispensáveis à integridade do próprio crédito hipotecário, inevitavelmente depreciado se a garantia perder parte do seu valor". (STJ, REsp n. 208.896/RS, rel. Min. Ari Pargendler, j. 07.11.2002, *DJ* 19.12.2002; STJ, REsp n. 577.547/RS, rel. Min. Carlos Alberto Menezes Direito, j. 29.06.2004)

O banco que arremata o imóvel extrajudicialmente, na qualidade de credor hipotecário, responde pelas despesas de condomínio. (II TACSP, AI n. 845.680-00/6, rel. Eros Picelli, j. 02.06.2004)

Por se tratar de obrigação *propter rem*, o crédito oriundo de despesas condominiais em atraso prefere ao crédito hipotecário no produto de eventual arrematação. A responsabilidade pelo pagamento de débitos condominiais e tributários existentes sobre imóvel arrematado, mas que não foram mencionados no edital de praça, não pode ser atribuída ao arrematante. Se débito condominial não foi mencionado no edital de praça pode ser feita a reserva de parte do produto da arrematação para a quitação do mesmo. (STJ, REsp n. 540.025/RJ, rel. Min. Nancy Andrighi, j. 14.03.2006)

Ação de cobrança. Cotas condominiais. Adquirente. Arrematante. Legitimidade. Obrigação *propter rem*. Para garantir o equilíbrio econômico e financeiro do condomínio, a cota-parte atribuível a cada unidade é considerada obrigação *propter rem*. Por isso, o arrematante de imóvel em condomínio responde pelas cotas condominiais em atraso, ainda que anteriores à aquisição. Precedentes do STJ. Recurso especial provido. (STJ, REsp n. 400.997/SP, 3ª T., rel. Min. Castro Filho, j. 06.04.2004, *DJ* 26.04.2004)

O adquirente, mesmo no caso de arrematação, responde pelos encargos condominiais incidentes sobre o imóvel arrematado, ainda que anteriores à alienação. Recurso especial não conhecido. (STJ, REsp n. 506.183/RJ, 4ª T., rel. Min. Fernando Gonçalves, j. 02.12.2003, *DJ* 25.02.2004)

A ausência de quitação de débitos condominiais anteriores à transferência de unidade autônoma, nos termos do parágrafo único do art. 4º da Lei n. 4.591/64, torna as obrigações da alienante e da adquirente solidárias, não excludentes, muito menos substitutivas uma da outra. (II TACSP, Ap. n. 549.630-00/4, rel. Milton Sanseverino, j. 27.07.1999)

Civil. Ação de consignação em pagamento. Despesas de condomínio. Adjudicação. Execução extrajudicial. Obrigação *propter rem*. Lei n. 7.182/1984. Os encargos condominiais constituem-se espécie peculiar de ônus real, gravando a própria unidade do imóvel, eis que a lei lhe imprime poder de sequela. Assentado na jurisprudência da Terceira Turma o entendimento no sentido de que, ainda na vigência da primitiva redação do parágrafo único, do art. 4º da Lei n. 4.591/1964, a responsabilidade assumida pelo adquirente de unidade autônoma de condomínio não significava ficasse exonerado o primitivo proprietário. (STJ, REsp n. 7.128/SP, rel. Min. Eduardo Ribeiro, j. 13.08.1991, *DJ* 16.09.1991)

A responsabilidade pelo pagamento das quotas de despesas de condomínio, em virtude de se caracterizarem como obrigações *propter rem*, é tanto do proprietário do imóvel – titular do domínio – quanto do ocupante da unidade a qualquer título (compromissário-comprador, locatário ou comodatário), podendo a ação de cobrança ser ajuizada contra um ou outro, individualmente, ou contra ambos, em litisconsórcio passivo facultativo. (TJSP, Ap. Cível s/ Rev. n. 1.117.391-0/0, rel. Luis de Carvalho)

**Art. 1.346. É obrigatório o seguro de toda a edificação contra o risco de incêndio ou destruição, total ou parcial.**

Legislação correlata: art. 13, Lei n. 4.591, de 16.12.1964.

O art. 13 da Lei n. 4.591/64 disciplinava o tema deste artigo com mais minúcia, inclusive estabelecendo prazo para a sua realização e cominando pena de multa para sua falta.

A norma é cogente e o seguro obrigatório, tendo por objeto toda a edificação e como riscos mínimos incêndio ou destruição. É incumbência do síndico contratar o seguro, não valendo deliberação em contrário da assembleia. As despesas com o pagamento do prêmio são ordinárias.

A indenização abrange a edificação, mas, salvo disposição contratual mais extensiva, não as benfeitorias e objetos que se encontrem no interior das unidades autônomas. Nada impede que os condôminos façam individual ou mesmo coletivamente seguro facultativo complementar, com o propósito de cobrir os riscos e interesses excluídos pela apólice compulsória.

**Jurisprudência***:* Condomínio. Dano material. Dano moral. Autor alega a ocorrência de incêndio de "origem criminosa" em unidade autônoma de sua propriedade e que os requeridos não contrataram seguro obrigatório contra incêndio. Incêndio decorrente de ação praticada pela companheira do autor, então residente da unidade autônoma. Responsabilidade dos requeridos pelos danos causados por terceiro não caracterizada. Ausente eventual cobertura securitária (se o caso) por agravamento intencional do risco. Sentença de improcedência. Recurso do autor improvido. (TJSP, Ap. Cível n. 10013844120218260132/Catanduva, 35ª Câm. de Dir. Priv., rel. Flavio Abramovici, j. 30.09.2024, publ. 30.09.2024)

Descabe novo recolhimento de seguro contra incêndio por parte do condomínio, ante existência de seguro obrigatório do Sistema da Habitação da Caixa Econômica Federal. (II TACSP, Ap. n. 632.455-00/7, rel. Ribeiro da Silva, j. 31.01.2002)

## *Seção II*
## *Da Administração do Condomínio*

**Art. 1.347. A assembleia escolherá um síndico, que poderá não ser condômino, para administrar o condomínio, por prazo não superior a dois anos, o qual poderá renovar-se.**

Legislação correlata: art. 22, *caput*, Lei n. 4.591, de 16.12.1964.

Prevê o atual CC três órgãos administrativos do condomínio: síndico, assembleia geral e conselho fiscal. O síndico, grosso modo, é o órgão executivo do condomínio, que, em vista de sua atividade de caráter contínuo e permanente, faz cumprir as deliberações da assembleia geral, reunida periodicamente, e os preceitos da convenção e do regimento interno.

Pode o síndico ser pessoa natural ou jurídica, condômino ou estranho ao condomínio. Basta que seja capaz. Não é empregado do condomínio, de modo que seu contrato não é de trabalho e nem se rege pela CLT. Nem toda pessoa, porém, pode ser síndico. Estão impedidos aqueles que mantêm conflito de interesses com o condomínio. Quanto ao condômino inadimplente, se não pode deliberar, com maior dose de razão não pode ser eleito, pois o conflito de interesses seria latente. O inadmissível é disposição na convenção impedindo condôminos que já foram um dia inadimplentes de serem eleitos síndicos, em uma sanção perpétua, como já decidiram nossos tribunais (*RT* 715/144; cf. também FRANCO, João Nascimento. *Condomínio*, 5. ed. São Paulo, RT, 2005, p. 30).

Silencia a lei sobre as figuras do subsíndico e do cossíndico. Nada impede que a convenção, ou mesmo a assembleia, delibere a eleição de um subsíndico para assumir as funções na ausência ou no impedimento do titular. No referente aos cossíndicos, embora não contenha a lei regra proibitiva expressa, o princípio extraído do CC é o da unicidade de representação do condomínio, para segurança de terceiros que com ele contratam (*RT* 751/243). Existe a possibilidade, em grandes condomínios, dotados de várias torres ou alas, de haver um síndico geral, que representa a totalidade dos condôminos, auxiliado por subsíndicos com atividades limitadas a certas partes ou prédios do conjunto. O § 1º do art. 1.348, adiante comentado, prevê a possibilidade da repartição do poder de representação entre síndico e terceiro, por deliberação da assembleia.

Também é omissa a lei quanto à remuneração do síndico. No silêncio da convenção e da assembleia, o múnus é gratuito. Pode, todavia, tanto a convenção como a assembleia deliberarem a remuneração do síndico, inclusive sob a forma de isenção de sua contribuição condominial (*RT* 695/189), que consistirá despesa ordinária, a ser rateada entre os demais condôminos. Sobre a remuneração incide contribuição previdenciária, como já decidiu o STJ.

A escolha do síndico é feita em assembleia geral, na qual votam condôminos, compromissários compradores, cessionários de seus direitos e usufrutuários. Não exige a lei qualquer *quorum* especial, razão pela qual, no silêncio da convenção, aplicam-se os arts. 1.352 e 1.353 do CC. Em segunda convocação, a maioria simples dos presentes elege o síndico. Nada impede, todavia, que a convenção estabeleça *quorum* mais elevado para a eleição. Note-se que, no silêncio da convenção, o *quorum* para eleger é inferior ao para destituir. Vota-se com a força dos quinhões, salvo disposição em contrário na convenção de condomínio, vedado tal direito aos inadimplentes.

Em determinados casos, pode o empreendedor ou um dos condôminos ter isoladamente a maioria. Terá, a princípio, direito de indicar o síndico, ou de se autoeleger, como consequência natural de sua posição jurídica. No entanto, a figura agora positivada do abuso de direito servirá como eficaz mecanismo de controle de eventuais excessos do condômino majoritário.

O prazo máximo do mandato do síndico é de dois anos, admitida a renovação. Tanto o prazo máximo como o direito à reeleição são preceitos cogentes, sobrepostos à convenção. Claro que poderá a convenção fixar mandato com prazo inferior ao teto legal. O que se discute – e parece razoável – é a possibilidade de a convenção estabelecer um teto para o número de reconduções, pois a lei é omissa a respeito e não usa o termo *indefinidamente* (LEVADA, Cláudio Antonio Soares. "O síndico nos condomínios edilícios". In: *Condomínio edilício, aspectos relevantes, aplicação do novo Código Civil*, coord. Francisco Antonio Casconi e José Roberto Neves Amorim. São Paulo, Método, 2005).

Escoado o prazo do mandato do síndico, no silêncio da convenção, suas atribuições se prorrogam, até nova eleição, para evitar que o condomínio permaneça certo período sem representação, em detrimento de todos os condôminos e terceiros. Em casos excepcionais, adiante estudados no art. 1.350, poderá o juiz nomear síndico provisório, quando a assembleia deixar de se reunir.

**Jurisprudência**: O banco agravado bloqueou a conta corrente do condomínio coagravante, ante o vencimento do mandato da última síndica eleita, sem que tenham ocorrido novas eleições, pois nessa hipótese seu mandato é prorrogado tacitamente até ulterior eleição, consoante permissivo contido no art. 1.347 do CC, pois não se admite um condomínio sem regular representante. Tutela de urgência deferida. Recurso provido. (TJSP, AI n. 2002590-52.2019.8.26.0000, rel. Des. Walter Fonseca, j. 03.04.2019)

É devida a contribuição social sobre o pagamento do *pro-labore* aos síndicos de condomínios imobiliários, assim como sobre a isenção da taxa condominial devida a eles, na vigência da LC n. 84/96, porquanto a IN do INSS n. 6/96 não ampliou os seus conceitos, caracterizando-se o condomínio como pessoa jurídica, à semelhança das cooperativas, mormente não objetivar o lucro e não realizar exploração de atividade econômica. A partir da promulgação da Lei n. 9.876/99, a qual alterou a redação do art. 12, V, *f*, da Lei n. 8.212/91, com as posteriores modificações advindas da MP n. 83/2002, transformada na Lei n. 10.666/2003, previu-se expressamente tal exação, confirmando a legalidade da cobrança da contribuição previdenciária. (STJ, REsp n. 411.832/RS, rel. Min. Francisco Falcão, j. 18.10.2005)

Além de não poderem votar na assembleia do condomínio que elegeu o síndico os condôminos que não se encontravam, ao tempo da votação, quites com as obrigações condominiais, não pode o síndico ser reconduzido no cargo pela quarta vez, quando a convenção do condomínio admite apenas uma recondução, o que não afronta o disposto no art. 1.34 do CCB. (TJRS, Rec. Cível n. 71.000.582.221, T. Rec., rel. Juiz Ricardo Torres Hermann, j. 28.10.2004)

Condomínio. Síndico. Nomeação. Exercício. Compete à agravante, na qualidade de incorporadora do empreendimento e detentora da maioria das unidades, exercer as funções de síndica, se nenhum outro condômino tem condições de exercer esse cargo. (TJSP, AI n. 275.563-4/5, rel. Alberto Tedesco, j. 02.09.2003)

Reconhece-se a legitimidade do mandato provisório da comissão, instituída para administrar e representar, extra e judicialmente, o condomínio, quando outorgados os poderes do síndico a ela em assembleia e presente condição excepcional (incapacidade administrativa do síndico com risco da falência do condomínio). (II TACSP, Ap. n. 565.591-00/9, rel. William Campos, j. 28.01.2000)

O síndico do condomínio pode ser pessoa física ou jurídica e não condômino, conforme se depreende do disposto no art. 22, § 4º, da Lei n. 4.591, de 16.12.1964. (II TACSP, Ap. n. 554.637-00/5, rel. Nestor Duarte, j. 15.09.1999)

O subsíndico é parte legítima para os atos processuais envolvendo o condomínio quando estiver investido de poderes para tanto, mormente quando a própria convenção condominial dispuser nesse sentido. (II TACSP, Ap. n. 517.867, rel. Peçanha de Moraes, j. 11.05.1998)

Irrelevante o mandato do síndico já se encontrar findo ao tempo do ajuizamento da ação de cobrança de despesas condominiais, ante a inexistência de outro síndico eleito. Presume-se prorrogado o mandato, mormente se cumula as funções de administrador. (II TACSP, Ap. n. 514.869, rel. Gilberto dos Santos, j. 27.04.1998)

Citação na pessoa de síndico cujo mandato venceu sem convocação de nova assembleia. É regular a citação do condomínio na pessoa de síndico cujo mandato já venceu sem que nova assembleia fosse convocada para outra eleição, mormente quando o estatuto possibilita a reeleição, admitindo-se ou a prorrogação do mandato ou a aplicação analógica do art. 13, do Decreto n. 3.708/19, que prevê a representação de qualquer associado quando o estatuto for omisso. Agravo desprovido. (TJRS, Ap. n. 597.247.501, 4ª Câm., rel. João Carlos Branco Cardoso, j. 08.04.1998)

Carece de legitimidade passiva a subsíndica, que por força convencional exerce funções de auxílio ao síndico, o qual responde plenamente pelos atos praticados por seu auxiliar. Para propositura de ação de prestação de contas contra síndica, mister a concorrência do binômio necessidade/utilidade do processo, caracterizador do interesse de agir exigido pelos arts. 3º e 267 do CPC [respectivamente, arts. 17 e 485 do CPC/2015]. Não comprovada a negativa de prestação de contas, por parte da síndica à assembleia ordinária anual, ou à extraordinária convocada com este fim, impossível juridicamente a utilização da presente ação. (TJSC, AI n. 49.430, rel. Orli Rodrigues, j. 29.08.1995)

Embargos infringentes. Eficácia em tese de cláusula convencional que obsta a eleição de condômino em atraso com contribuições condominiais ou que houver sido cobrado judicialmente por contribuições não pagas nas épocas devidas. Aspecto peculiar na espécie dos autos. Rejeição (TJSP, Emb. Infring. n. 244.236-2, rel. Ruy Camilo, j. 15.08.1995). (*Lex-TJSP* 174/220, 1995)

Cobrança. Condomínio. Ressarcimento da taxa de administração paga, indevidamente, a ex-síndico. Convenção que não faz menção a qualquer remuneração por parte deste. Ação procedente (TJSP, Ap. Cível n. 247.709-2, rel. Mohamed Amaro, j. 18.05.1995). (*Lex-TJSP* 172/34, 1995)

Condomínio. Ato de prestação de contas. Pretensão manifestada contra ex-síndico e subsíndico. Admissibilidade, visto que o exercício das atividades de administração, gerência, arrecadação de valores e pagamento de débitos ocorreu em nome do grupo condominial. (*RT* 778/264)

---

**Art. 1.348. Compete ao síndico:**

**I – convocar a assembleia dos condôminos;**

**II – representar, ativa e passivamente, o condomínio, praticando, em juízo ou fora dele, os atos necessários à defesa dos interesses comuns;**

**III – dar imediato conhecimento à assembleia da existência de procedimento judicial ou administrativo, de interesse do condomínio;**

**IV – cumprir e fazer cumprir a convenção, o regimento interno e as determinações da assembleia;**

**V – diligenciar a conservação e a guarda das partes comuns e zelar pela prestação dos serviços que interessem aos possuidores;**

**VI – elaborar o orçamento da receita e da despesa relativa a cada ano;**

**VII – cobrar dos condôminos as suas contribuições, bem como impor e cobrar as multas devidas;**

**VIII – prestar contas à assembleia, anualmente e quando exigidas;**

**IX – realizar o seguro da edificação.**

**§ 1º Poderá a assembleia investir outra pessoa, em lugar do síndico, em poderes de representação.**

**§ 2º O síndico pode transferir a outrem, total ou parcialmente, os poderes de representação ou as funções administrativas, mediante aprovação da assembleia, salvo disposição em contrário da convenção.**

---

Legislação correlata: arts. 21, 22 e 24, Lei n. 4.591, de 16.12.1964.

As atribuições do síndico, porém, eram disciplinadas em artigos esparsos (arts. 21, 22 e 24) da Lei n. 4.591/64, sem guardar exata coincidência com a regra do atual CC.

O art. 1.348 arrola as atribuições do síndico de modo exemplificativo. Nada impede que a convenção, ou mesmo a assembleia, confiram ao síndico atribuições diversas, deleguem ou limitem alguns dos poderes previstos no artigo em exame, como prevêem seus §§ 1º e 2º.

O primeiro ato de competência do síndico é o de convocar a assembleia de condôminos (inciso I). Esse poder-dever abrange as assembleias ordinárias, extraordinárias e especiais. O art. 1.350 prevê a possibilidade de um quarto dos condôminos convocar a assembleia ordinária, se o síndico não o fizer. Caso a assembleia não se reúna, qualquer condômino poderá requerer sua convocação ao juiz. Já as assembleias extraordinárias poderão ser convocadas por um quarto dos condôminos, a qualquer tempo e independentemente de anterior omissão do síndico, segundo dispõe o art. 1.355 do CC. A competência, portanto, é concorrente. No que se refere à assembleia especial, que delibera a reconstrução ou venda do prédio parcialmente destruído, ou com risco de ruína, embora omissa a lei, a gravidade da situação permite a qualquer condômino convocá-la.

A segunda atribuição (inciso II) do síndico é a de representar ativa e passivamente o condomínio, praticando todos os atos necessários à defesa dos interesses comuns. É caso de representação legal, ou melhor, de presentação, pois atua como órgão da comunidade de condôminos. Não há, propriamente, duas vontades, uma do representado e outra do representante, mas apenas a manifestação do próprio condomínio por seu órgão. O síndico, consequentemente, não necessita de procuração outorgada pelos condôminos, e seus poderes são os definidos em lei, convenção e assembleia. A presentação se faz tanto na via negocial, firmando contratos pelo condomínio, como na via judicial, defendendo os interesses comuns em juízo. O síndico tem poderes para litigar contra estranhos e contra condôminos, havendo interesses comuns do condomínio em jogo.

Cabem algumas observações, quanto a essa presentação, ou representação legal, do síndico. Quanto aos atos negociais ordinários, não há necessidade de outorga de poderes específicos da assembleia. Pode, inclusive, realizar as diligências indispensáveis para resolver problemas urgentes, como vazamentos no interior de apartamentos vazios. O mesmo não ocorre, porém, em relação aos atos negociais extraordinários envolvendo alienação, empréstimo, locação ou concessões que afetem as partes e coisas comuns, casos nos quais deverá haver prévia e específica autorização da assembleia, salvo se forem urgentes, como uma oportunidade de transação, quando a aprovação poderá ser *a posteriori*.

Quanto aos atos judiciais, deve haver distinção entre a natureza das diversas pretensões. No polo ativo, não necessita o síndico de específica autorização da assembleia para ajuizar em nome do condomínio ação de cobrança da contribuição contra condômino inadimplente, muito menos contra condômino que usa com exclusividade área comum, altera a fachada do edifício, ou causa riscos à salubridade, ao sossego ou à segurança comuns (PEREIRA, Caio Mário de Silva. *Condomínio e incorporações*, 10. ed. São Paulo, RT, 2002, p. 162; *RT* 745/384). O síndico pode requerer medidas cautelares, notificações, protestos, em suma, os remédios adequados para fazer cessar o ilícito ofensor do interesse comum dos condôminos. É essencial, no entanto, o interesse defendido ser comum e não exclusivo de apenas um dos condôminos. Caso exemplar é o da legitimidade do condomínio propor ação indenizatória contra o construtor ou o incorporador, em razão de defeitos de construção ou a insuficiência de espaços de garagem, que afetem áreas comuns, ou interesses comuns dos condôminos, e não apenas determinada unidade autônoma (*RT* 702/91, *JSTJ-Lex* 10/157).

Como alerta Nascimento Franco, no caso de danos generalizados, que atinjam tanto a área comum como determinadas unidades autônomas, aconselhável que "o síndico convoque assembleia Geral para deliberar o ajuizamento da ação, em nome do condomínio, representado pelo síndico e pelos condôminos que desejarem figurar como litisconsortes" (*Condomínio*, 5. ed. São Paulo, RT, 2005, p. 49).

No polo passivo, no dizer de Nascimento Franco, o síndico representa o condomínio nas ações relativas às deliberações da assembleia, ações trabalhistas e casos análogos, desde que os interesses em jogo sejam comuns (op. cit., p. 46). Em determinados casos, que produzirão efeitos diretos sobre a propriedade dos condôminos, por exemplo, ações reivindicatórias, de desapropriação ou de usucapião de áreas comuns do edifício, que reduzirão as frações ideais das unidades autônomas, deverão os condôminos ser citados como litisconsortes passivos, não bastando a citação do síndico. No caso de usucapião da própria unidade autônoma, acompanhada da respectiva fração ideal, que não afeta nem diminui os direitos dos demais condôminos, basta a citação do síndico.

O inciso III impõe ao síndico o dever de dar pronto conhecimento à assembleia da existência de procedimento administrativo ou judicial de interesse do condomínio. Embora, como dito, não necessite de prévia autorização para ajuizar ou receber citações em demandas judiciais, ou procedimentos administrativos, deve o síndico deles dar conhecimento à assembleia, como mero representante que é. Embora fale a lei em conhecimento, não se trata de simples ciência, mas também de orientação ou submissão à deliberação da assembleia geral, para que aja em um ou outro sentido.

O inciso IV diz que o síndico é o executor das normas da convenção, do regimento interno e das decisões da assembleia, devendo velar por seu fiel cumprimento. Impõe-lhe a lei um dever de reagir contra ofensas às referidas regras, respondendo o síndico pessoalmente por comportamento omissivo. Na aplicação da convenção e do regimento, deverá se ater menos ao sentido literal das normas e mais ao valor que visam elas a tutelar. Dizendo de outro modo, deve, segundo Nascimento Franco, evitar interpretações literais que levem a consequências iníquas ou opostas aos objetivos da lei. Cláusulas obsoletas, ou não mais ajustáveis ao momento atual do condomínio, por ter a maioria dos condôminos deixado de observá-las, devem ser submetidas à assembleia, evitando a quebra da harmonia da vida condominial (op. cit., p. 62).

O inciso V impõe ao síndico o dever de diligenciar a conservação e guarda das partes comuns e zelar pela prestação de serviços que interessem aos possuidores. A lei impõe um dever de cuidado ao síndico de pagar taxas, contribuições e serviços de manutenção de bombas, elevadores e similares, para não sofrerem interrupção. Os pagamentos em atraso, salvo motivo justificado, especialmente insuficiência de recursos em caixa, geram a responsabilidade do condomínio e pessoal do síndico pelos encargos de mora e prejuízos causados aos condôminos. Os deveres em foco abrangem, também, a adoção de cautelas relativas à segurança, como a recomendação de identificação de visitantes. Importa, aqui, abordar a responsabilidade do condomínio por falhas da vigilância, especialmente por furto de veículos e roubos no interior das unidades autônomas. O entendimento dominante do STJ é no sentido de ser lícita a disposição convencional, exonerando o condomínio da responsabilidade civil pela guarda de veículos dos condôminos no espaço de garagem. Somente haverá responsabilidade civil em casos nos quais haja disposição convencional ou tenha a assembleia criado e cobrado contribuição destinada à implantação de mecanismos especiais de segurança, assumindo o dever de guarda, que, ao final, mostraram-se ineficazes, ou que o fato tenha ocorrido por atos culposos de empregados. Não basta, porém, a existência de porteiro ou vigia no edifício para caracterização de culpa pela subtração. Há entendimento recente do STJ no sentido de que ato danoso praticado a veículo na garagem do edifício por empregado que se embebedou após o horário de trabalho gera responsabilidade civil do condomínio, pois o ato ilícito ocorreu em razão da relação de emprego (REsp n. 1.787.026/RJ, rel. Min. Paulo de Tarso Sanseverino, j. 26.10.2021).

O inciso VI reza dever o síndico elaborar o orçamento de despesa e receita relativas ao ano vindouro. Comumente, conta o síndico com o auxílio de uma administradora de bens que elabora o orçamento anual a ser levado à assembleia geral. Far-se-á a previsão das despesas, com eleição de prioridades pelo síndico, a serem examinadas pela assembleia, bem como a receita necessária para lhes fazer frente.

Dever correlato do síndico é o previsto no inciso VIII, qual seja, o de anualmente prestar contas da arrecadação já auferida e gasta em período pretérito, sob a forma de balancete, de fácil verificação pelos demais condôminos. Pode a convenção estabelecer periodicidade inferior, mas nunca superior à norma, de natureza cogente. A prestação de contas envolve não somente uma aferição aritmética, mas também de verificação de comprovantes de pagamento e de sua pertinência e modicidade, em face das obras realizadas. Podem as contas ser precedidas de parecer do Conselho Fiscal. A aprovação das contas não impede seu posterior questionamento pelos demais condôminos, especialmente em vista do surgimento de fatos novos. A falta de contas é causa para destituição do síndico, sem prejuízo do ajuizamento de ação de prestação de contas, ou indenizatória, se desde logo evidenciado o dano. A aprovação das contas não exige *quorum* especial, aplicando-se as regras dos arts. 1.352 e 1.353, adiante comentados.

O inciso VII dispõe que o síndico deve cobrar dos condôminos suas contribuições, bem como impor e cobrar multas devidas. O dever imposto ao síndico se desdobra. Cobrar as contribuições condominiais e impor multas aos condôminos que não se curvarem aos deveres impostos no art. 1.336, ou outros previstos em convenção ou regimento interno. A regra comporta algumas observações. Como já visto, não necessita o síndico de autorização expressa da assembleia para cobrar amigável ou judicialmente o condômino em atraso, devendo fazê-lo de modo expedito, evitando aumento do débito e sobrecarga aos demais condôminos pontuais. A multa e os juros moratórios são os previstos no § 1º do art. 1.336, podendo o síndico transacioná-los, com o objetivo de mais rapidamente receber o crédito. Note-se que o CC/2002 elenca as sanções ao condômino inadimplente: além de ter os encargos moratórios, ele fica impedido de deliberar em assembleia. Outras sanções, que importem na supressão de direitos fundamentais dos condôminos, previstos no art. 1.335, em especial vedação à utilização de áreas e equipamentos comuns do edifício, não mais são admitidas pelo atual CC, embora frequentes em convenções condominiais e regimentos internos.

Para imposição da multa, deve ser feita relevante diferenciação, tomando como base sua causa. Se houver previsão em ato constitutivo ou convenção, poderá o síndico aplicar diretamente a multa prevista para as hipóteses do art. 1.336, § 2º, do CC/2002, antes conferindo oportunidade para a defesa do condômino apenado. Caso, porém, sejam o ato constitutivo e a convenção omissos, somente a assembleia poderá impor a multa, mediante *quorum* de dois terços dos condôminos restantes. No que tange às causas elencadas no art. 1.337, a regra é outra, pois somente a assembleia pode impor a multa. A regra é cogente e não pode ser suplantada por cláusula convencional que delegue ao síndico tal poder.

Finalmente, o inciso IX confere ao síndico o dever de contratar o seguro da edificação, tema já estudado no comentário ao art. 1.346, que trata da mesma matéria.

O § 1º do art. 1.348 reza poder a assembleia investir outra pessoa, em lugar do síndico, em poderes de representação. Embora não tenha previsto o atual CC a figura do subsíndico, a regra em estudo cria essa possibilidade. A investidura de terceiro com poderes de representação pode ocorrer como um auxílio às funções do síndico, ou mesmo contra sua vontade. É natural que a assembleia, soberana para outorgar poderes gerais de representação, possa retirá-los, no todo ou parcialmente, caso necessário ou conveniente. Pode a assembleia, ainda, fazer constar da própria convenção essa repartição de poderes de representação.

O § 2º do art. 1.238 regula a possibilidade de o síndico transferir, total ou parcialmente, os poderes de representação ou administração, com prévia aprovação da assembleia, salvo proibição da convenção. As inúmeras atribuições conferidas pela lei ao síndico, somadas à complexidade das relações tributárias, trabalhistas e negociais que envolvem o condomínio acarretam, no mais das vezes, a impossibilidade de desincumbir-se sozinho de seu mister. Administrar um condomínio demanda tempo disponível e conhecimento técnico, atributos nem sempre reunidos pelo síndico. Ele pode, então, transferir parte de seus poderes e atribuições a uma pessoa física ou jurídica, normalmente especializada em administração imobiliária. Essa delegação depende de prévia e expressa autorização da assembleia. A norma é dispositiva, podendo a convenção vedar a delegação de funções. Como recebe poderes de gerência e representação, fica adstrita à prestação de contas ao síndico e à assembleia, que aprovou a delegação. O contrato de administração envolve fidúcia e, tal como o mandato, pode ser denunciado a qualquer tempo, restando apenas ao prejudicado o direito de pedir a composição de perdas e danos, ou o pagamento de cláusula penal. Como lembra Nascimento Franco, algumas administradoras especializadas passaram a fornecer serviços diferenciados, como execução de reparações em unidades autônomas, ou sistema de condomínio garantido, pelo qual cobre o inadimplemento dos condôminos e se sub-roga no crédito do condomínio (op. cit., p. 60). Os atos ilícitos praticados pela administradora não são, a princípio, de responsabilidade do síndico, pois a delegação e a escolha derivam de deliberação da própria assembleia. Claro, porém, que se o síndico se omite dos deveres de acompanhamento e de fiscalização das tarefas delegadas à administradora, pode responder solidariamente pelos danos causados ao condomínio, por culpa *in vigilando*.

**Jurisprudência**: Prestação de contas. Primeira fase. Ex-síndico que se sujeita, evidentemente, à ação do art. 914, I, do CPC [sem correspondente no CPC/2015], pela incontroversa necessidade de o mandatário tornar transparente sua gestão de bens alheios. Alegação de gestão em conjunto que não o exime da prestação de contas dos seus atos de gestão. Do mesmo modo, a aprovação das contas em assembleia que não obsta o direito dos condôminos de propor a presente ação, tendo em vista o surgimento de fatos novos após a sua destituição do cargo de síndico. Sentença mantida, inclusive em relação ao afastamento das preliminares arguidas. Não provimento. (TJSP, Ap. Cível n. 0007081-64.2010.8.26.0320, 4ª Câm. de Dir. Priv., rel. Des. Enio Zuliani, j. 31.05.2012)

O condomínio edilício responde pelos danos causados por seus empregados mesmo que fora do horário de expediente, desde que em razão do seu trabalho. (STJ, REsp n. 1.787.026/RJ, 3ª T., rel. Min. Paulo de Tarso Sanseverino, por unanimidade, j. 26.10.2021, *DJe* 05.11.2021)

O locatário não possui legitimidade para ajuizar ação contra o condomínio no intuito de questionar o descumprimento de regra estatutária, a ausência de prestação de contas e a administração de estabelecimento comercial. (STJ, REsp n. 1.630.199/RS, 4ª T., rel. Min. Antonio Carlos Ferreira, por unanimidade, j. 05.08.2021)

O condomínio não responde pelos danos morais sofridos por condômino, em virtude de lesão corporal provocada por outro condômino, em suas áreas comuns, salvo se o dever jurídico de agir e impedir a ocorrência do resultado estiver previsto na respectiva convenção condominial. (STJ, REsp n. 1.036.917/RJ, 3ª T., rel. Min. Nancy Andrighi, j. 24.11.2009, *DJe* 02.12.2009)

Ao contrário da posição adotada pela Corte de origem, mostra-se relevante a necessidade de expressa previsão na convenção ou, ainda, de deliberação tomada em assembleia no sentido de que o condomínio tenha, especificamente, serviço de guarda e vigilância de veículos. *In casu*, a circunstância de existir porteiro ou vigia na guarita não resulta em que o condomínio estaria a assumir a prefalada guarda e vigilância dos automóveis, que se encontram estacionados na área comum, a ponto de incidir em responsabilidade por eventuais subtrações ou danos perpetrados. (STJ, REsp n. 618.533/SP, rel. Min. Hélio Quaglia Barbosa, j. 03.05.2007)

Medida cautelar de exibição de documentos. Legitimidade da parte passiva *ad causam* do síndico. Dever de guarda e conservação. Estando a documentação sujeita à guarda do síndico, a ação cautelar deve ser movida contra ele e não contra o condomínio. Precedente do STJ. (STJ, REsp n. 557.379/DF, rel. Min. Barros Monteiro, j. 05.02.2004)

Civil. Condomínio. Administrador. Registrada a convenção, o condomínio será representado pelo síndico; não registrada, será representado pelo administrador, incidindo, na espécie, o art. 640 do CC, cujo teor dispõe que o condômino que administrar sem oposição dos outros presume-se mandatário comum. (STJ, REsp n. 445.693/SP, rel. Min. Nancy Andrighi, j. 06.03.2003)

Responsabilidade civil. Condomínio. Furto de motocicleta. Garagem. Não há responsabilidade do condomínio se este não assumiu expressamente em sua convenção a obrigação de indenizar os danos sofridos pelos condôminos decorrentes de atos ilícitos ocorridos nas áreas comuns do prédio. (STJ, REsp n. 268.669/SP, rel. Min. Aldir Passarinho Júnior, j. 19.04.2001)

Se a inflição de penalidade a condômino faltoso é de competência da assembleia Geral, segundo a convenção condominial, absolutamente ilegal e inválida a multa imposta pelo síndico do condomínio, que para tanto não tem competência, nem mesmo conjuntamente com o subsíndico e membros do Conselho Consultivo. (II TACSP, Ap. n. 605.013-00/7, rel. Amaral Vieira, j. 20.03.2001)

Indenização por danos morais. Carta enviada aos condôminos pelo síndico, informando que um conselheiro, eleito pela assembleia, não era casado com a proprietária do apartamento. Destituição desse conselheiro, pelo síndico, sob a alegação de que "foi evidenciado a farsa". Expressões ofensivas aos conviventes, que ficaram expostos a críticas e comentários dos demais condôminos. Decisão reformada para julgar procedente a ação indenizatória (TJSP, Ap. Cível n. 107.304-4, j. 28.11.2000, rel. Des. Alexandre Germano). (*Lex-TJSP* 239/113, 2001)

Condomínio. Danos havidos em partes comuns e nas unidades autônomas. Legitimidade do síndico. O condomínio, representado pelo síndico, é parte legítima para pleitear a reparação dos danos havidos nas partes comuns e nas unidades autônomas do edifício. Inteligência do art. 22, § 1°, *a*, da Lei n. 4.591, de 16.12.1964. (STJ, REsp n. 198.511/RJ, rel. Min. Barros Monteiro, j. 24.10.2000)

A falta de pagamento de taxas de condomínio não autoriza o síndico a impedir o inadimplente de usar a garagem, haja vista que o condomínio tem ação própria para promover a cobrança daquelas. Se a convenção garante ao proprietário o uso da garagem, não é curial e muito menos jurídico que o síndico possa impedir a fruição daqueles direitos inerentes à propriedade. (TJMG, AI n. 0.311.877-4, rel. Juiz Belizário Lacerda, *DJ* 03.08.2000)

Civil e processual civil. Condomínio. Obra invasora de área comum. Ação demolitória. Legitimidade de condômino. O condômino tem legitimidade para propor ação demolitória contra outro condômino que realiza obra invasora de área comum, notadamente em caso de omissão do síndico. (STJ, REsp n. 114.462/PR, rel. Min. Cesar Asfor Rocha, j. 29.06.2000)

1 – Condôminos. Representação pelo condomínio, por meio do síndico. Demanda visando à reparação de vícios na construção de que resultaram danos nas partes comuns e nas unidades autônomas. Legitimidade do condomínio para pleitear indenização por uns e outros. Interpretação da expressão "interesses comuns" contida no art. 22, § 1°, *a*, da Lei n. 4.591/64. 2 – Empreitada. Construção. Garantia. Sentido abrangente da expressão solidez e segurança do trabalho, não se limitando a responsabilidade do empreiteiro às hipóteses em que haja risco de ruína da obra. (STJ, REsp n. 178.817/MG, rel. Min. Eduardo Ribeiro, j. 03.02.2000)

Condomínio. Furto de veículo. Cláusula de não indenizar. 1 – Estabelecendo a convenção cláusula de não indenizar, não há como impor a responsabilidade do condomínio, ainda que exista esquema de segurança e vigilância, que não desqualifica a força da regra livremente pactuada pelos condôminos. (STJ, REsp n. 168.346/SP, rel. Min. Waldemar Zveiter, j. 20.05.1999)

Condomínio. Condômino. Ação direta contra outros moradores, visando obstar práticas infringentes ao regulamento, com condenação em multa, além de indenização por dano moral e material. Omissão do síndico. Interesse de agir e legitimação ativa. Previsão em lei. Extinção do processo afastada. Prosseguimento determinado. Recurso provido (TJSP, Ap. Cível n. 32.428-4, rel. J. R. Bedran, j. 28.04.1998). (*Lex-TJSP* 210/113, 1998)

Condomínio. Indenização. Síndico. Cobrança. Ajuizamento contra ex-síndico. Providência que não se insere nos atos gerais de administração. Previsão legal ou convencional. Ausência. Prévia autorização da assembleia geral. Inocorrência desta. Extinção do processo. A atribuição, fixada na lei especial, de o síndico representar o condomínio em juízo ou fora dele não lhe confere poderes amplos e ilimitados para demandar, fazendo-se necessária prévia autorização da assembleia geral sempre que o litígio escapar dos limites dos atos de simples administração, não podendo ser havida como tal a postulação judicial de reparação de danos, pelos riscos e encargos que pode trazer à coletividade condominial. (II TACSP, Ap. n. 519.606, rel. Vieira de Moraes, j. 13.04.1998)

Responsabilidade civil. Condomínio. Furto no interior de sala. O conceito de responsabilidade não pode ser estendido ao ponto de fazer recair sobre o condomínio o resultado do furto ocorrido no interior de sala ou apartamento, numa indevida socialização do prejuízo. Isso porque o condomínio, embora incumbido de exercer a vigilância do prédio, não assume uma obrigação de resultado, pagando pelo dano porventura sofrido por algum condômino; sofrerá pelo descumprimento da sua obrigação de meio se isso estiver previsto na convenção. Fora daí, por nada responde, salvo como preponente, nos termos do art. 1.521 do CC. (STJ, REsp n. 149.653/SP, rel. Min. Ruy Rosado de Aguiar, j. 04.11.1997)

Condomínio. Furto. Dever de indenizar. O dever de indenizar imposto ao condomínio por dano sofrido pelo condômino há que decorrer da inequívoca demonstração de culpa daquele por ato de seu preposto. A mera alegação de insuficiência de dispositivos de segurança não enseja a responsabilidade do condomínio, que, aliás, poderá ser afastada em cláusula de não indenizar aposta na convenção. (STJ, REsp n. 45.902/SP, rel. Min. Cláudio Santos, j. 22.08.1995)

Condomínio. Síndico. Ação de usucapião extraordinário. Ausência de capacidade para adquirir domínio. Ilegitimidade ativa. Processo extinto sem julgamento do mérito. Sentença mantida. Recurso não provido. O síndico não tem legitimidade ativa nem passiva nas ações em que se discutam direitos de interesse pessoal dos condôminos. (TJSP, Ap. Cível n. 200.688-1, rel. Rebouças de Carvalho, j. 02.02.1994)

Em ação expropriatória os condôminos em edifício de apartamentos, constituindo cada um propriedade autônoma, devem ser individualmente citados, para o levantamento de depósito, salvo se comprovado o comparecimento de todos em assembleia e nela tenham outorgado poder expresso ao síndico para receber a citação inicial (TJSP, AI n. 205.171-2, rel. Torres de Carvalho, j. 29.10.1992). (*Lex-TJSP* 141/234, 1993)

Indenização. Responsabilidade civil. Ato ilícito. Prejuízos causados a condomínio, em virtude das irregularidades cometidas na administração do dinheiro arrecadado. Responsabilização do síndico, eis que a ele compete a gestão interna da edificação. Verba, no entanto, reduzida. Recurso provido para esse fim. (TJSP, Ap. Cível n. 193.185-2, rel. Luiz Tâmbara, j. 30.06.1992)

A Lei federal n. 4.591/64, em seu art. 22, § 1º, *a* e *b*, confere ao síndico competência para o exercício da administração e representação judicial de condomínio. Assim, contratar zelador e promover a retomada, para a sua moradia, são atribuições normais do síndico, não havendo necessidade de autorização prévia da assembleia geral. (II TACSP, Ap. n. 256.677, rel. Paulo Razuk, j. 07.01.1990)

**Art. 1.349. A assembleia, especialmente convocada para o fim estabelecido no § 2º do artigo antecedente, poderá, pelo voto da maioria absoluta de seus membros, destituir o síndico que praticar irregularidades, não prestar contas, ou não administrar convenientemente o condomínio.**

Legislação correlata: art. 22, § 5º, Lei n. 4.591, de 16.12.1964.

O art. 22, § 5º, da Lei n. 4.591/64 reza que o síndico pode ser destituído na forma e sob as condições previstas na convenção de condomínio ou, em seu silêncio, pelo voto de dois terços dos condôminos presentes em assembleia especialmente convocada.

Do simples confronto entre a redação do artigo em exame e do correspondente preceito da Lei n. 4.591/64, constata-se as profundas alterações que sofreu a destituição do síndico. Exige-se no Código assembleia especialmente convocada para deliberar a destituição. O artigo tem péssima redação, ao fazer remissão ao § 2º do artigo antecedente, que não diz respeito à destituição, mas à simples delegação de poderes a terceiros, por sugestão e concordância do próprio síndico. Deve constar da pauta, ou da ordem do dia, juntamente com outros temas de interesse, a expressa ressalva de que a destituição do síndico será deliberada em assembleia. Pode a assembleia ser convocada pelo síndico, ou, em sua omissão, até em razão da pauta, por um quarto dos condôminos, aplicando-se por analogia o disposto no art. 1.355 do CC, adiante comentado.

Explicita a lei o *quorum* necessário para a destituição do síndico, ou seja, pela "maioria absoluta de seus membros". Mais uma vez é defeituosa a redação do preceito. Membros do condomínio ou membros da assembleia? A maioria absoluta é dos membros presentes à assembleia, e não da totalidade dos condôminos, salvo se a convenção dispuser em sentido diverso. Na lição de Nascimento Franco, "O *quorum* para a destituição, segundo o art. 1.349, é a maioria absoluta dos membros da assembleia e não da massa condominial" (*Condomínio*, 5. ed., RT, 2005, p. 69). Recente precedente do STJ, abaixo transcrito, prestigiou tal entendimento.

Embora existam precedentes em sentido contrário, pode a convenção de condomínio estabelecer *quorum* mais elevado do que o acima explicado.

Disso decorre que, na prática, se a convenção for omissa, o *quorum* previsto em lei para a destituição do síndico é o mesmo para elegê-lo. Metade mais um dos condôminos (ou frações) presentes à assembleia, em última análise, nada mais é do que maioria simples.

Não se computam, para tal efeito, os quinhões dos inadimplentes, inaptos a deliberar, nem o quinhão do próprio síndico, em vista do manifesto conflito de interesses com a matéria em votação.

A grande novidade é a destituição que passa a ser motivada. O preceito elenca as causas da destituição de modo exemplificativo: prática de irregularidades, falta de prestação de contas e administração inadequada do condomínio. Nada impede, como alerta Nascimento Franco, a convenção de adicionar outras causas para a destituição como mudança de domicílio do síndico para outra cidade ou impontualidade no pagamento de suas quotas (*Condomínio*, 5. ed. São Paulo, RT, 2005, p. 69). Somente não mais cabe a destituição imotivada, como admitia o sistema da lei revogada. A regra é inconveniente, pois a atuação do síndico é pautada na confiança de seus pares, e seria desejável a destituição se dar *ad nutum*, porém não mais o permite a lei. Se há motivação, há direito de defesa do síndico, que tem a prerrogativa de explicar-se e justificar-se perante a assembleia. Não há rito nem prazos de defesa – salvo se a convenção assim dispuser –, mas deve o síndico estar previamente ciente da imputação.

Resta a questão de saber se pode o juiz, por sentença judicial, rever a decisão de mérito da assembleia que deliberou no sentido da destituição do síndico. Questões formais, relativas à garantia de defesa, modo de convocação ou *quorum* de aprovação, é claro, podem sempre ser apreciadas em sede judicial. Das três causas previstas em lei – prática de irregularidades, falta de prestação de contas e administração inadequada do condomínio –, as duas primeiras são de cunho objetivo e a terceira é um comportamento indeterminado. Se há imputação de alguma prática irregular, deve haver o cotejo entre a conduta real e a exigível. Do mesmo modo, se se imputar omissão da prestação de contas, tal fato é objetivo. Ambas as causas podem ser revistas pelo Poder Judiciário. Já no que se refere à terceira causa – administração inadequada do condomínio – o grau de satisfação e expectativa dos condôminos não pode ser aferido ou substituído por decisão judicial, prevalecendo a decisão da assembleia.

**Jurisprudência**: Agravo de instrumento. Condomínio edilício. Ação anulatória de assembleia extraordinária. Decisão agravada que concedeu a tutela de urgência para suspender os efeitos das deliberações tomadas na assembleia geral extraordinária realizada no dia 07.08.2024, notadamente em relação a destituição da síndica S. M. da S. Insurgência do condomínio réu. Destituição da síndica aprovada em assembleia por maioria simples. Convenção condominial que previa quórum qualificado de 2/3. Competência da convenção condominial deliberar sobre o quórum mínimo exigido para as deliberações. Prevalência do quórum mais rígido exigido na convenção. Recurso não provido. (TJSP, AI n. 22849066520248260000/SP, 26ª Câm. de Dir. Priv., rel. Morais Pucci, j. 17.10.2024, publ. 17.10.2024)

Condomínio. Pretensão de anulação de assembleia em que foi destituído o síndico julgada procedente. Destituição aprovada pela maioria dos presentes ao ato. Inadmissibilidade. Exigência de aprovação pela maioria absoluta dos condôminos constante da convenção. Quórum não observado. Convenção que pode estabelecer quórum mais rígido do que o previsto no art. 1.349, do CC. Recondução ao cargo, no entanto, que não se mostra possível, dado o termo final já alcançado, inclusive ao tempo em que proferida a sentença, já empossada na síndica eleita em regular assembleia. Apelações parcialmente providas para decotar da sentença a determinação de recondução do síndico destituído. (TJSP, Ap. Cível n. 10004123420238260445/Pindamonhangaba, 33ª Câm. de Dir. Priv., rel. Sá Duarte, j. 28.06.2024, publ. 28.06.2024)

Apelação cível. Assembleia. Condomínio. Ação anulatória de ata de assembleia c/c pedido de consignação em pagamento com tutela de urgência sem ouvir a outra parte (*inaudita altera pars*). Assembleia para destituição do síndico. Convocação para questão sensível, urgente, para decidir sobre assunto de então iminente interesse do condomínio. Ausência de afronta à disposição da convenção. Maioria absoluta que, no caso, é dos presentes na assembleia e não todos os condôminos do condomínio. *Quorum* observado tanto nos termos do art. 1.349, CC, quanto da disposição constante da convenção do condomínio. Síndico destituído que deixa de fazer jus ao abatimento parcial do débito condominial a partir da destituição. Sentença mantida. Honorários advocatícios majorados (art. 85, § 11, do CPC. Apelação não provida. (TJSP, Ap. Cível n. 1001243-35.2023.8.26.0008/SP, 25ª Câm. de Dir. Priv., rel. João Antunes, j. 08.02.2024, publ. 08.02.2024)

O quórum exigido no CC para a destituição do cargo de síndico do condomínio é a maioria absoluta dos condôminos presentes na assembleia geral extraordinária. Interpretação literal e teleológica do art. 1.349 do CC. (STJ, REsp n. 1.266.016/DF, rel. Min. Paulo de Tarso Sanseverino, j. 18.12.2014)

Embargos infringentes. Destituição de síndico. Aplicação do art. 1.349 do CC. Necessidade do quórum da maioria absoluta dos presentes à Assembleia. Doutrina e jurisprudência. Prevalência da autoridade do entendimento majoritário da Turma Julgadora. Embargos infringentes rejeitados. (TJSP, Emb. Infring. n. 9247992-39.2008.8.26.0000, rel. Des. Beretta da Silveira, j. 16.04.2013)

Condomínio. Embargos infringentes. Condomínio. Síndico destituído por Assembleia Geral Extraordinária, com quórum de maioria absoluta dos presentes. Preponderância da regra prevista no art. 1.349 do CC sobre a exigência da convenção condominial de 2/3 dos votos. A análise da legitimidade da pretensão implica apreciação do mérito do pedido. Improcedência da ação. Autor que arcará com os ônus da sucumbência. Embargos acolhidos. (TJSP, Emb. Infring. n. 0006182-32.2010.8.26.0590/50000, 4ª Câm. de Dir. Priv., rel. Des. Maia da Cunha, j. 11.10.2012)

Ação declaratória de nulidade de deliberação assemblear. Destituição de síndico. I – Cerceamento de defesa. Não reconhecimento. Preclusão quanto à produção da prova testemunhal. II – Destituição de síndico. *Quorum* exigido para tanto que deve levar em conta os condôminos presentes na assembleia e não a massa condominial. Aplicação do disposto no art. 1.349 do CC. Precedentes da Câmara. III – Irregularidade na lista de presença. Alegação que não se inseriu na causa de pedir. Inovação recursal descabida. IV – Destituição do apelante, outrossim, decorrente da insatisfação dos condôminos com a sua gestão. Mérito dessa deliberação que não pode ser apreciada pelo Poder Judiciário, prevalecendo a decisão da assembleia. (TJSP, Ap. Cível n. 0122252-30.2008.8.26.0000, 3ª Câm. de Dir. Priv., rel. designado Donegá Morandini, j. 06.10.2012, m.v.)

Condomínio. Destituição de síndica. Assembleia geral extraordinária. Vício decorrente do quórum de deliberação não caracterizado. Divergência entre o quórum estabelecido na convenção condominial, 2/3 dos votos totais do condomínio, e da regra contida no art. 1.349 do CC, a exigir a maioria absoluta dos presentes à assembleia de natureza estatutária da convenção de condomínio. Prevalência do CC/2002 em relação às regras contidas em convenções firmadas e registradas anteriormente à sua vigência. Sentença mantida. Recurso não provido. (TJSP, Ap. Cível n. 0051713-39.2008, 10ª Câm. de Dir. Priv., rel. Des. Elcio Trujillo, j. 22.05.2012)

---

**Art. 1.350. Convocará o síndico, anualmente, reunião da assembleia dos condôminos, na forma prevista na convenção, a fim de aprovar o orçamento das despesas, as contribuições dos condôminos e a prestação de contas, e eventualmente eleger-lhe o substituto e alterar o regimento interno.**

**§ 1º Se o síndico não convocar a assembleia, um quarto dos condôminos poderá fazê-lo.**

**§ 2º Se a assembleia não se reunir, o juiz decidirá, a requerimento de qualquer condômino.**

---

A Lei n. 4.591/64 disciplina a assembleia geral ordinária de modo esparso, nos arts. 24, 25 e 27.

Na lição de Nascimento Franco, a "assembleia geral é o órgão supremo do condomínio, visto que através dela se manifesta a vontade da coletividade dos condôminos sobre todos os interesses comuns" (*Condomínio*, 5. ed. São Paulo, RT, 2005, p. 87). Suas deliberações vinculam todos os condôminos, o síndico e o conselho fiscal. Atua criando novas normas ao votar ou alterar a convenção e o regimento interno, ou, então, como órgão deliberativo, ao decidir matérias de cunho administrativo e ao determinar a efetivação de medidas de interesse comum. Submete-se ela, todavia, às normas cogentes legais, à convenção de condomínio e ao regimento interno, até haver alteração dos dois últimos.

As assembleias, como já mencionado no comentário ao art. 1.348, podem ser ordinárias, extraordinárias ou especiais. O artigo em exame trata da assembleia ordinária, cujo temário é o previsto na cabeça do artigo: aprovação do orçamento das despesas, respectivas contribuições dos condôminos para fazer-lhes frente, prestação de contas do período pretérito, eleição de novo síndico, se já tiver esgotado o prazo do atual, bem como alterações no regimento interno. A periodicidade mínima é anual, por força de norma cogente, nada impedindo, todavia, a convenção de prever periodicidade inferior. Nada impede, inclusive, que outras matérias constem da pauta do dia, ou a realização simultânea de assembleia ordinária e extraordinária, desde que se respeite o *quorum* necessário para votação dos temas em pauta.

A convocação da assembleia geral ordinária é um dos deveres do síndico. Caso ele se omita, além de responder por prejuízos causados ao condomínio, abre a possibilidade de que condôminos, somando um quarto das frações ideais, efetuem a convocação (§ 1º). Caso persista a omissão, e não se consiga reunir o *quorum* de convocação, qualquer condômino poderá requerer ao juiz a adoção das medidas cabíveis (§ 2º). Não explicita a lei o alcance da expressão "o juiz decidirá, a requerimento de qualquer condômino". Deve o juiz, a princípio, apenas suprir a omissão e designar data para a realização da assembleia geral. A par dessa providência, pode tomar outras de caráter preventivo para preservar os interesses dos condôminos, como prorrogação do mandato do síndico atual ou designação de síndico judicial. Deve evitar, contudo, a decisão judicial substituir deliberações que seriam tomadas na assembleia, pois se trata de matéria de interesse e conveniência dos condôminos.

Diz a lei que a forma de convocação da assembleia geral é a prevista na convenção, o que está acorde com o contido no art. 1.334, III, do CC/2002, já comentado. Prazo de antecedência, forma e convocação – por carta registrada, telefone, aviso no quadro geral, publicação em jornal de grande circulação – devem constar da convenção, desde que garantam mecanismos mínimos eficazes para o conhecimento dos condôminos. Na omissão da convenção, aplica-se por analogia a disciplina das sociedades anônimas. A matéria será melhor esmiuçada no comentário ao art. 1.354.

Não exige o atual CC, ao contrário do art. 24, § 2º, da Lei n. 4.591/64, que as deliberações da assembleia geral sejam comunicadas aos condôminos no prazo de oito dias, em especial previsão orçamentária e forma de rateio. Presume a lei o conhecimento de todos os condôminos regularmente convocados daquilo deliberado em assembleia. Nada impede, porém, que a convenção de condomínio imponha o dever de comunicação posterior, no prazo que estipular.

**Jurisprudência**: Apelação. Ação de exigir contas proposta por condômino em face do síndico. Ilegitimidade ativa. 1. Ação julgada extinta, sem resolução do mérito, por ilegitimidade ativa, em primeira instância. 2. Inconformismo do autor não acolhido. 3. Contas que devem ser prestadas à assembleia do condomínio e não ao condômino. Arts. 1.348, VIII, e 1.350, ambos do CC. Ausência de convocação da assembleia pelo síndico que não enseja legitimidade ao condômino. 4. Recurso desprovido. Sentença mantida. (TJSP, Ap. Cível n. 10023785620248260361/Mogi das Cruzes, 30ª Câm. de Dir. Priv., rel. Paulo Alonso, j. 25.09.2024, publ. 26.09.2024)

Prestação de contas. Ação ajuizada por condômino contra síndico. Contas já prestadas e aprovadas em assembleia geral. Impossibilidade de cada condômino individualmente exigir novas contas. Legitimidade concorrente da assembleia e do próprio condomínio. Denúncias de irregularidades sobre as contas já prestadas devem ser objeto de ação indenizatória. Extinção do processo sem julgamento do mérito. Recursos improvidos. (TJSP, Ap. Cível n. 309.800.4/9-00, rel. Francisco Loureiro, j. 04.05.2006)

As obrigações impostas ao síndico de realização de orçamento anual para as despesas do condomínio e de observância da convenção constituem regras de organização e administração, mas não possuem o condão de tornar estáticos valores que, em sua essência, são variáveis. O orçamento anual de um condomínio estabelece uma previsão, um exame com antecedência do montante necessário para fazer frente aos gastos da coletividade. Entrementes, esse prognóstico de dispêndios tem por escopo apenas estabelecer um referencial para a administração e não pode (até porque não é a dicção da lei), tampouco deve, se colocar como um parâmetro para o cálculo do valor da contribuição mensal de cada condômino. (TJSC, Ap. Cível n. 2005.019925-4, rel. Sérgio Izidoro Heil, j. 26.08.2005)

O Poder Judiciário não tem competência, ainda que provocado, para fiscalizar, ratificar ou anular as decisões das assembleias condominiais, desde que para a tomada de tais decisões tenham sido observadas as regras contidas na Convenção Condominial e na Lei n. 4.591/64. Assim, se a assembleia tiver sido regularmente convocada, as formalidades de sua realização atendidas, o *quorum* respeitado e a matéria objeto de deliberação e decisão estiver dentro de sua competência, impossível se torna a interferência do Estado-Juiz. (II TACSP, Ap. s/ Rev. n. 527.034, 4ª Câm., rel. Juiz Amaral Vieira, j. 08.10.1998)

Edital convocatório de Assembleia Geral Extraordinária para destituição de síndico deve ser formulado e subscrito por um quarto dos condôminos com direito a voto. Exegese do art. 25 da Lei n. 4.591/64. Nula a convocação que não a observa. Recurso não provido. (TJSP, Ap. n. 64.942-4, rel. Alfredo Migliore, j. 08.09.1998)

Ação de prestação de contas. Ao perito-contador não cabe apenas verificar o acerto aritmético das contas, competindo-lhe especificar fundamentadamente quais os lançamentos que não encontram adequada comprovação documental (TJSP, Ap. Cível n. 47.528-4, rel. Aldo Magalhães, j. 27.08.1997). (*Lex-TJSP* 206/127, 1998)

---

**Art. 1.351. Depende da aprovação de 2/3 (dois terços) dos votos dos condôminos a alteração da convenção, bem como a mudança da destinação do edifício ou da unidade imobiliária.**

Artigo com redação dada pela Lei n. 14.405, de 12.07.2022.

---

O artigo em exame foi modificado pela Lei n. 14.405/2022 e atualmente contém a regulação de quóruns qualificados de deliberação de duas matérias distintas, a saber: a) alteração da convenção de condomínio; b) alteração da destinação do edifício ou das unidades autônomas.

O art. 25, parágrafo único, da Lei n. 4.591/64 dispunha que, em assembleia extraordinária, poderia a convenção ser modificada pelo voto mínimo de condôminos representando dois terços do total das frações ideais. A norma, porém, era dispositiva e somente se aplicava em caráter subsidiário, na falta de estipulação diversa contida na própria convenção.

A redação anterior do artigo em estudo foi dada pela Lei n. 10.931/2004, alterando a redação original do CC/2002, que previa também o *quorum* qualificado de dois terços para alteração não somente da convenção, mas também do regimento interno. Foi boa a alteração, pois não havia o menor sentido engessar as regras do regimento interno, que, por sua própria natureza, devem ser maleáveis e adequar-se à dinâmica da vida em condomínio. Em outros termos, a mudança do regimento interno não mais necessita de *quorum* especial, seguindo a regra do art. 1.352, ou seja, maioria simples, salvo disposição em contrário da convenção. Esse, de resto, é o entendimento consolidado no Enunciado n. 248 da III Jornada de Direito Civil 2004: "O *quorum* para alteração do regimento interno do condomínio edilício pode ser livremente fixado na convenção".

A novidade da lei é a exigência cogente, prevalecente sobre a convenção, de *quorum* de maioria qualificada (2/3) para alterar a convenção de condomínio. A regra incide também sobre as convenções anteriores ao atual CC, pois, como já visto, não são elas simples contratos, mas atos-regra geradores de direito estatutário, sujeitos à imediata submissão às normas de ordem pública. Visa a lei manter maior estabilidade para a convenção, o que se mostra discutível do ponto de vista da dinâmica das relações entre condôminos.

Dispõe o preceito que a alteração depende dos votos de dois terços dos condôminos. A fração se calcula não apenas sobre os condôminos presentes à assembleia, mas sobre a totalidade dos condôminos aptos a deliberar, excluídos, portanto, os inadimplentes. Os votos se calculam de acordo com a regra do parágrafo único do art. 1.352, proporcionais às frações ideais no solo e outras partes comuns, salvo disposição em contrário na convenção. Se a alteração da convenção envolver matérias que porventura exijam *quorum* mais elevado – construção de mais um pavimento – prevalecerá ele, em detrimento da regra.

A alteração da destinação da unidade autônoma ou do condomínio, antes da mudança legislativa de 2022, exigia a aprovação da unanimidade dos condôminos, porque afeta não somente a convenção, como também a instituição do condomínio.

A gravidade da alteração da destinação das unidades e do próprio condomínio gera interesses opostos, ambos dignos de tutela. De um lado, em relação aos edifícios mais antigos, há necessidade de reformas e de operações de *retrofit*, que atendem ao interesse geral e urbanístico. De outro, inegável que a mudança que afeta o direito individual de cada um dos condôminos, que podem ver prédios residenciais ser convertidos comerciais, ou vice-versa, ou chamados a inverter valores expressivos na reforma.

À época em que se exigia a unanimidade, já havia o entendimento de que a recusa de um só condômino não podia ser caprichosa e sem fundamentos, sob pena de caracterizar abuso de direito sancionado no art. 187 do CC.

Como explica Luiz Edson Fachin, em posição afinada com a natureza complexa da relação proprietária, "como não se trata de direito subjetivo impróprio, motivação irrazoável ou contrária ao legítimo e verdadeiro interesse da coletividade condominial, pode ser afastada por suprimento judicial" (*Comentários ao Código Civil*. Rio de Janeiro, Saraiva, 2003, v. XIV, p. 302).

A alteração legislativa pecou pela falta de cuidado com os interesses individuais dos condôminos. Como anota com inteira pertinência Melhim Namem Chalhub, "contudo, e a despeito de a flexibilização do quórum ser justificada como meio de cumprimento de exigências constitucionais relativas à ordenação da cidade e também pelo interesse comum da coletividade condominial, é certo que a definição de quórum reduzido como regra geral, descolada de motivação urbanística que constituiu a razão de ser da adequação legislativa, extrapola o caráter excepcional e conjuntural das demandas por adequação de edificações urbanas subutilizadas ou obsoletas".

E arremata o autor, com inteira razão: A ponderação desses interesses é indispensável, pois, apesar de o interesse da coletividade condominial condicionar o exercício dos direitos individuais nesse contexto, a alteração da destinação do edifício, sobretudo envolvendo sua reconstrução, interfere diretamente no direito de propriedade individual dos condôminos e, além disso, por envolver intervenção construtiva de grande vulto, exige aporte financeiro em valor nem sempre ao alcance de todos os condôminos, situação na qual a deliberação por quórum majoritário deve ser articulada a mecanismo de preservação do direito patrimonial dos condôminos dissidentes, à semelhança daquele estabelecido pelos arts. 15 e 17 da Lei n. 4.591/64 (*Incorporação imobiliária*, 7. ed. Rio de Janeiro, Forense, p. 69).

O modo de conciliar os dois interesses opostos dignos de tutela é admitir, como permite o art. 1.351, a alteração da destinação do edifício ou das unidades por deliberação em assembleia extraordinária por maioria qualificada de 2/3 dos condôminos, mas, em contrapartida, facultar aos minoritários discordantes o direito de recesso. Embora os arts. 15 e 17 da Lei n. 4.591/64 não tratem especificamente da alteração de destinação, mas sim de reformas indispensáveis à viabilidade do edifício, podem ser invocados, permitindo a retirada dos dissidentes mediante indenização a ser paga pelos condôminos majoritários.

Uma última observação se faz necessária. Na hipótese de deliberação sobre alteração de destinação, o quórum qualificado de 2/3 deve ser calculado sobre a totalidade dos condôminos, e não somente sobre aqueles aptos a votar, excluídos, portanto, os inadimplentes. Isso porque a deliberação afeta de modo severo o próprio proveito e a utilização da unidade autônoma, de modo que os condôminos, ainda que inadimplentes, serão admitidos a votar.

**Jurisprudência**: Enunciado n. 248, CEJ: O quórum para alteração do regimento interno do condomínio edilício pode ser livremente fixado na convenção.

Condomínio. Ação anulatória de assembleia condominial. Sentença de improcedência. Convenção do condomínio não prevê vedação à locação mediante aplicativo ("Airbnb" e similares). Realizada assembleia geral extraordinária, em que houve a votação para vetar aquela modalidade de locação, com a aprovação da matéria. Proibição de locação por aplicativo (com a alteração da convenção de condomínio) exige, em regra, a aprovação com quórum de 2/3, nos termos do art. 1.351 do CC. Insuficiente o quórum de votação. Inválida a deliberação da assembleia geral extraordinária. Recurso da autora provido, para julgar procedente a ação, com a declaração da invalidade da deliberação da assembleia geral extraordinária realizada em 15.12.2020 de proibição da locação por temporada mediante aplicativos ("Airbnb" e similares) ou qualquer outro meio. (TJSP, Ap. Cível n. 1025892-56.2021.8.26.0001/SP, 35ª Câm. de Dir. Priv., rel. Flavio Abramovici, j. 01.03.2024, publ. 01.03.2024)

Para que ocorra modificação nas regras de uma convenção, faz-se necessária a convocação de assembleia geral extraordinária com a aprovação de dois terços dos votos dos condôminos, segundo estabelece o art. 1.351 do CC/2002, o que à evidência inocorreu no caso dos autos. (TJRS, Ap. Cível n. 70.012.319.539, rel. Des. Elaine Harzheim Macedo, j. 23.08.2005)

É inadmissível a retomada de imóvel residencial para destiná-lo à atividade comercial, se a convenção condominial impede esse uso. (II TACSP, Ap. n. 389.327, rel. Demóstenes Braga, j. 08.03.1994)

Condomínio. Coisa comum. Alteração da destinação e impedimento do uso pelos condôminos. Deliberação em assembleia geral extraordinária. Maioria de votos. Inadmissibilidade. Necessidade de unanimidade. Anulatória procedente. Sentença confirmada. (*JTJ* 240/26)

Condomínio. Assembleia geral. Deliberação que altera o uso e destinação de área comum. Necessidade de anuência de, no mínimo, dois terços dos condôminos. Inexistência. Ação de anulação procedente. Declaração de voto (TJSP). (*RT* 627/127)

---

**Art. 1.352. Salvo quando exigido *quorum* especial, as deliberações da assembleia serão tomadas, em primeira convocação, por maioria de votos dos condôminos presentes que representem pelo menos metade das frações ideais.**

**Parágrafo único. Os votos serão proporcionais às frações ideais no solo e nas outras partes comuns pertencentes a cada condômino, salvo disposição diversa da convenção de constituição do condomínio.**

---

O art. 24, *caput* e seu § 3º, da Lei n. 4.591/64 disciplina a mesma matéria.

A primeira regra é a do estabelecimento de um *quorum* básico, em primeira convocação, aplicado sempre que lei ou convenção não exigir *quorum* especial. Esse *quorum* legal, incidente no silêncio de lei ou convenção, é o da maioria dos votos dos condôminos presentes, se representarem pelo menos metade das frações ideais.

Há, portanto, na verdade, duas modalidades de *quorum*. Um primeiro, de instalação da assembleia, em que se verificará se os condôminos presentes reúnem pelo menos metade do total das frações ideais no terreno e nas coisas comuns aptos a votar, excluídos os inadimplentes. Instalada a assembleia, verifica-se o segundo *quorum*, o de deliberação, exigindo apenas a maioria dos votos dos condôminos presentes, cada um na força de sua fração ideal e nas coisas comuns.

Algumas dificuldades podem ocorrer, para cálculo do *quorum* de deliberação e cômputo dos votos. A assembleia delibera e decide, não se admitindo voto por correspondência, pois não participaria o condômino dos debates. Caso uma das unidades seja em condomínio tradicional do CC, os condôminos devem previamente escolher quem vai representá-los. O condômino menor tem representação legal, mas se a deliberação importar em ato de oneração ou alienação da unidade ou de sua fração ideal, exige-se autorização judicial. Admite-se o voto por procuração, mas pode a convenção, para evitar os efeitos deletérios dessa prática, limitar o número de mandantes representados por mandatários. Exige-se a apresentação da procuração, não valendo a invocação de mandato verbal. Pode a procuração ser feita por instrumento particular, com poderes especiais para participar da assembleia, sem necessidade do reconhecimento de firma. Caso, porém, a matéria da ordem do dia importe na alienação ou oneração da unidade, a procuração deverá conter poderes especiais e expressos para a prática do ato. Pode, e é recomendável, a convenção exigir que o mandato tenha poderes relativos a determinada assembleia, evitando que seja utilizado por tempo indeterminado.

Finalmente, na apuração do *quorum* de deliberação, não se computam as abstenções dos condôminos (votos em branco). Tomem-se dois exemplos, mencionados por Nascimento Franco: "Suponha-se um condomínio de 10 (dez) apartamentos iguais, totalizando 10 (dez) votos iguais. Comparecem 8 (oito) condôminos e 2 (dois) se abstêm; 1 (um) vota por uma proposta; 2 (dois) votam por outra; 3 (três) votam por uma terceira. Excluindo-se os dois votos abstencionistas, restam 6 (seis) votos válidos e, por isso, vence a proposta que reunir 3 (três) votos, porque mais do que cada uma das outras correntes" (*Condomínio*, 5. ed. São Paulo, RT, 2005, p. 141). Caso se exigisse maioria absoluta (metade mais um), no mesmo exemplo, haveria necessidade de quatro votos para a aprovação da proposta.

O parágrafo único do preceito, norma de caráter dispositivo, diz que cada condômino vota com a força de sua fração ideal no terreno e nas coisas comuns, salvo disposição diversa da convenção de condomínio. Estabelece a lei, portanto, um critério primário (fração ideal de terreno), a ser usado no silêncio da convenção. Nada impede, porém, de adotar a convenção critério distinto, por exemplo a votação *per capita*, ou seja, cada condômino, um voto. Pode-se, ainda, desde que assim preveja a convenção, adotar-se um sistema misto, no qual se delibera pela maioria das pessoas (*per capita*), contanto que elas representem, no mínimo, determinada fração ideal de terreno. Por isso, para o cálculo exato da força dos votos, não podem ser eles secretos.

**Jurisprudência:** Assembleia condominial. Decisão aprovando cobertura de vagas de garagens. Benfeitorias úteis (CC, art. 96, § 2º). Quórum para aprovação de maioria simples e, se a votação se dá em segunda chamada, isto se traduz em maioria dos votos dos presentes (CC, arts. 1.341, II, 1.352 e 1.353). Cobertura de vagas que não significa acréscimo algum de área, mas mero conforto e proteção aos veículos, ou seja, ao patrimônio dos condôminos. Inaplicabilidade do quórum de 2/3 previsto no art. 1.342 do CC. Improcedência mantida. Apelo improvido. (TJSP, Ap. Cível n. 1018349-04.2018.8.26.0196, rel. Des. Soares Levada, j. 25.06.2019)

Somente é possível modificar norma condominial convencionada por outra autoaplicável e tomada por maioria em assembleia regularmente convocada (art. 9º da Lei n. 4.591/64). Ineficácia do sorteio de vagas de garagens sobre estacionamento de uso livre e indiscriminado, em reunião simples de interessados. Recurso improvido. (TJSP, Ap. Cível n. 218.665-2, rel. Enio Santarelli Zuliani, j. 25.06.1996)

---

**Art. 1.353. Em segunda convocação, a assembleia poderá deliberar por maioria dos votos dos presentes, salvo quando exigido *quorum* especial.**

**§ 1º Quando a deliberação exigir quórum especial previsto em lei ou em convenção e ele não for atingido, a assembleia poderá, por decisão da maioria dos presentes, autorizar o presidente a converter a reunião em sessão permanente, desde que cumulativamente:**

Parágrafo acrescentado pela Lei n. 14.309, de 08.03.2022.

**I – sejam indicadas a data e a hora da sessão em seguimento, que não poderá ultrapassar 60 (sessenta) dias, e identificadas as deliberações pretendidas, em razão do quórum especial não atingido;**

Inciso acrescentado pela Lei n. 14.309, de 08.03.2022.

**II – fiquem expressamente convocados os presentes e sejam obrigatoriamente convocadas as unidades ausentes, na forma prevista em convenção;**

Inciso acrescentado pela Lei n. 14.309, de 08.03.2022.

**III – seja lavrada ata parcial, relativa ao segmento presencial da reunião da assembleia, da qual deverão constar as transcrições circunstanciadas de todos os argumentos até então apresentados relativos à ordem do dia, que deverá ser remetida aos condôminos ausentes;**

Inciso acrescentado pela Lei n. 14.309, de 08.03.2022.

**IV – seja dada continuidade às deliberações no dia e na hora designados, e seja a ata correspondente lavrada em seguimento à que estava parcialmente redigida, com a consolidação de todas as deliberações.**

Inciso acrescentado pela Lei n. 14.309, de 08.03.2022.

**§ 2º Os votos consignados na primeira sessão ficarão registrados, sem que haja necessidade de comparecimento dos condôminos para sua confirmação, os quais poderão, se estiverem presentes no encontro seguinte, requerer a alteração do seu voto até o desfecho da deliberação pretendida.**

Parágrafo acrescentado pela Lei n. 14.309, de 08.03.2022.

**§ 3º A sessão permanente poderá ser prorrogada tantas vezes quantas necessárias, desde que a assembleia seja concluída no prazo total de 90 (noventa) dias, contado da data de sua abertura inicial.**

Parágrafo acrescentado pela Lei n. 14.309, de 08.03.2022.

---

O artigo em exame não encontra correspondente no CC/1916, nem na Lei n. 4.591/64. Ele consagra prática reiterada de normas contidas nas convenções de condomínio e dá solução para a hipótese, frequente, de não haver *quorum* de instalação da assembleia, nos moldes do art. 1.352.

A segunda convocação somente ocorrerá se não houver *quorum* – pelo menos metade das frações ideais – para a instalação da primeira assembleia. Nada impede que as duas convocações sejam marcadas para a mesma data, apenas com prazo razoável – meia ou uma hora – entre elas.

A instalação da segunda assembleia independe de *quorum* e a deliberação se fará pela maioria simples dos votos dos presentes, salvo se norma cogente ou convenção impuser *quorum* distinto; a norma em exame é de natureza dispositiva. O modo de cálculo do *quorum* de deliberação segue o dito no comentário ao artigo anterior.

Havendo empate na votação, deve ser convocada uma segunda assembleia, para nova deliberação e votação da matéria, salvo critério distinto previsto na convenção. Persistindo o empate, qualquer condômino pode requerer, para resolver o impasse, manifestação judicial sobre a matéria, usando por analogia os arts. 1.325, § 2º, e 1.350, § 2º, do atual CC.

Pode um só condômino ou alguns poucos condôminos ter a maioria das frações ideais de terreno e nas coisas comuns, ou, se a convenção previr voto por cabeça, a maioria das unidades autônomas. Isso não dispensa a regular convocação, deliberação e votação das matérias de interesse comum. Eventual abuso de direito do condômino ou condôminos majoritários constitui ato ilícito, na forma do art. 187 do CC, podendo ser impugnado pela minoria e reparado por decisão judicial.

Houve relevante alteração no que se refere à possibilidade de extensão da reunião em assembleia permanente, com prazo máximo de 60 dias, na hipótese de não se obter o quórum especial para deliberações, exigido por lei ou por convenção.

A alteração legislativa se mostra adequada e contorna dificuldade frequente nos condomínios, em razão da resistência dos condôminos em comparecer às assembleias, e, com isso, impedir a tomada de decisões relevantes que exijam quórum especial.

A extensão da assembleia somente é possível por decisão da maioria dos presentes na hipótese de deliberação que exija quórum especial não atingido. Não se admite, portanto, a adoção da medida na hipótese de deliberação tomada quórum comum, que desagrade alguns dos condôminos vencidos, presentes à reunião.

Diz o dispositivo que a maioria dos condôminos presentes "autorizará" o presidente a converter a reunião em sessão permanente. Na verdade, a maioria determinará ao presidente, que não dispõe de poder discricionário para negar a medida. A maioria decide, o presidente da assembleia cumpre o que foi deliberado.

Será designada desde logo a sessão em continuação, dentro de prazo máximo de sessenta dias. Saem convocados os presentes, sem necessidade de nova convocação. Deverão ser convocados os ausentes, acompanhada a convocação com transcrição circunstanciada dos debates e expressa menção da ordem do dia a ser votada na assembleia em continuação.

Nada impede que desde logo se colham os votos dos condôminos presentes à primeira reunião, ficando facultada sua presença à segunda reunião em continuação. Caso não compareçam, são válidos os votos já lançados, independentemente da participação nas novas discussões. Caso compareçam, é óbvio que poderão alterá-los até o momento final da votação.

O que não prevê a lei é a possibilidade de a assembleia permanecer aberta, pelo prazo máximo de 60 dias, para nesse meio-tempo se colherem os votos dos ausentes. A colheita dos votos se dará sempre durante as reuniões, quer na primeira, quer nas subsequentes, que podem ser presenciais ou telepresenciais. Não há previsão legal, assim, para que a assembleia permaneça aberta para que os condôminos votem durante os próximos sessenta dias, fora das reuniões.

Pode a sessão permanente ser prorrogada mais de uma vez, desde que não exceda o prazo cogente de 90 dias, contados da primeira reunião.

---

**Art. 1.354. A assembleia não poderá deliberar se todos os condôminos não forem convocados para a reunião.**

---

O artigo em estudo não tem correspondente no CC/1916, nem na Lei n. 4.591/64. Embora não houvesse expressa previsão legal, sempre se entendeu nula a assembleia realizada sem a prévia convocação de todos os condôminos. Nula será ainda que se constate o voto do condômino não convocado ser irrelevante para reverter o resultado da votação, pois poderia ele debater, expor seu ponto de vista e convencer os demais comunheiros de seu acerto.

A forma de convocação deve ser disciplinada na convenção de condomínio, por ser omissa a lei. Sendo omissa também a convenção, aplicam-se por analogia as regras que regem a convocação das assembleias das sociedades anônimas.

Relegou-se a forma de convocação à autonomia privada. Exige-se, porém, a convenção prever mecanismos eficazes de prévia cientificação dos condôminos, por carta, telefone, mensagem eletrônica, publicidade em locais visíveis do edifício e jornais de grande circulação. O importante é a forma de convocação atender a inequívoca ciência dos interessados para aquele condomínio específico (grande porte, pequeno porte, unidades de veraneio etc.). A convenção também disporá sobre a antecedência da convocação, desde que o prazo seja suficiente para o condômino se inteirar da matéria e reunir elementos para poder deliberar e votar. Há, por assim dizer, um prazo de reflexão – moral – mínimo, que não pode ser suprimido pela convenção.

Devem, obrigatoriamente, constar da convocação, sob pena de nulidade, a ordem do dia, o local e a hora da primeira assembleia, e, na hipótese de sua frustração, deve constar o mesmo em relação à segunda assembleia, como examinado nos artigos anteriores. A ordem do dia deve ser clara, objetiva, de modo a propiciar ao condômino aferir a conveniência de seu comparecimento e a oportunidade de se preparar para deliberação e votação. É comum a utilização de expressões genéricas de fechamento nas convocações, como *interesse geral dos condôminos*, que, todavia, prestam-se somente a decidir assuntos de somenos e comunicações. Todas as questões relevantes, em especial as geradoras de obrigações para os condôminos, alteração da convenção e do regimento interno e mudanças na utilização das áreas comuns devem constar de modo expresso da ordem do dia, sob pena de nulidade da votação. As únicas exceções a tal regra são as matérias urgentes, decorrentes de fatos posteriores à convocação e que não possam esperar uma nova assembleia, sob pena de causar danos de difícil reparação aos condôminos. Em tal caso, porém, antes mesmo da deliberação de fundo, deve ser votada a urgência do tema.

Diz o artigo que "todos os condôminos" devem ser convocados. A expressão tem sentido largo e abrange proprietários das unidades autônomas, compromissários compradores imitidos na posse, com ou sem registro do contrato, como já decidiu o STJ, cessionários de tais direitos, usufrutuários, superficiários, titulares dos direitos reais de uso e de habitação, enfiteutas e devedores fiduciários. Nus-proprietários e credores fiduciários devem ser convocados apenas se a ordem do dia contiver matéria que de algum modo possa afetar a substância do imóvel, por exemplo alienação de área comum. A dispensa do registro do compromisso de compra e venda tem razão de ser, pois o contrato transfere para o compromissário comprador os poderes federados do domínio – usar, fruir e até dispor, pelo trespasse –, restando ao promitente vendedor um simples domínio-garantia, desprovido de poderes sobre a coisa. Além disso, como anteriormente visto, o compromissário comprador imitido na posse, ainda que seu contrato não tenha sido levado ao registro, é parte legítima para figurar no polo passivo da ação de cobrança de despesas condominiais. De modo simétrico, pode deliberar e votar em assembleia.

O atual CC não reproduziu o disposto no art. 24, § 4º, da Lei n. 4.591/64, que facultava ao locatário votar nas decisões da assembleia que não envolvessem despesas extraordinárias, na ausência do condômino locador. O silêncio do legislador é eloquente, afastando da assembleia os meros possuidores de direitos, sem titularidade real, ou com direito à aquisição futura do imóvel. Os condôminos inadimplentes, embora não possam deliberar, devem ser convocados para a assembleia, pois podem pagar o débito até o momento da votação (*v.* comentário ao art. 1.335,

III). Em relação aos condôminos incapazes, ou às unidades com mais de um proprietário, remete-se o leitor ao comentário do artigo antecedente.

Em caráter excepcional, podem os condôminos e demais titulares de direitos reais não serem convocados, quando a matéria em votação lhes for estranha e nenhum reflexo produzir em suas relações jurídicas. Tomem-se como exemplo sorteio de garagens do segundo subsolo do edifício, irrelevante para os condôminos com direito de guardar seus veículos no primeiro subsolo, ou reforma dos elevadores, em relação aos lojistas com unidades no térreo, que não participarão do rateio.

Finalmente, resta saber se pode haver cominação de multa ao condômino que deixar de comparecer à assembleia. A resposta é negativa, pois o comparecimento à assembleia é um direito assegurado ao condômino, não um dever. Ademais, a ausência e o silêncio do condômino podem ser concludentes, ou seja, ter o significado de impedir o *quorum* de instalação, ou de o condômino se abster da votação.

**Jurisprudência:** Condomínio (loja e vagas de garagem). Ação anulatória c/c inexigibilidade de cobrança. Ausência de convocação do autor, proprietário das unidades, para a assembleia que deliberou sobre a cobrança das despesas ora impugnadas. Correta declaração de inexigibilidade dos valores. Parcial procedência mantida. Recurso improvido. (TJSP, Ap. Cível n. 10203190320228260001/SP, 26ª Câm. de Dir. Priv., rel. Vianna Cotrim, j. 21.08.2024, publ. 21.08.2024)

Os promissários compradores têm legitimidade para participar das assembleias, ordinária ou extraordinária, desde que tenha havido a imissão na posse da unidade imobiliária e a cientificação do condomínio acerca da transação. (STJ, REsp n. 1.918.949/RJ, 3ª T., rel. Min. Ricardo Villas Bôas Cueva, por unanimidade, j. 07.12.2021, *DJe* 13.12.2021.

Medida cautelar. Concessão de liminar, em parte, para suspensão das decisões tomadas em assembleia geral extraordinária de condomínio horizontal, porque os itens em questão da ordem do dia seriam passíveis de exame e deliberação apenas em assembleias ordinárias, ocorrendo também vício de forma na convocação. Possibilidade de exame da matéria em assembleia geral não impedida pela convenção do condomínio nem pela Lei n. 4.591/64, art. 25, não se podendo reconhecer, de pronto, por outro lado, o alegado vício na convocação. Liminar cassada. Recurso provido para esse fim. (TJSP, AI n. 315.002-4/6-00, rel. J. G. Jacobina Rabello, j. 06.11.2003)

---

**Art. 1.354-A. A convocação, a realização e a deliberação de quaisquer modalidades de assembleia poderão dar-se de forma eletrônica, desde que:**

Artigo acrescentado pela Lei n. 14.309, de 08.03.2022.

**I – tal possibilidade não seja vedada na convenção de condomínio;**

**II – sejam preservados aos condôminos os direitos de voz, de debate e de voto.**

**§ 1º Do instrumento de convocação deverá constar que a assembleia será realizada por meio eletrônico, bem como as instruções sobre acesso, manifestação e forma de coleta de votos dos condôminos.**

**§ 2º A administração do condomínio não poderá ser responsabilizada por problemas decorrentes dos equipamentos de informática ou da conexão à internet dos condôminos ou de seus representantes nem por quaisquer outras situações que não estejam sob o seu controle.**

**§ 3º Somente após a somatória de todos os votos e a sua divulgação será lavrada a respectiva ata, também eletrônica, e encerrada a assembleia geral.**

**§ 4º A assembleia eletrônica deverá obedecer aos preceitos de instalação, de funcionamento e de encerramento previstos no edital de convocação e poderá ser realizada de forma híbrida, com a presença física e virtual de condôminos concomitantemente no mesmo ato.**

**§ 5º Normas complementares relativas às assembleias eletrônicas poderão ser previstas no regimento interno do condomínio e definidas mediante aprovação da maioria simples dos presentes em assembleia convocada para essa finalidade.**

**§ 6º Os documentos pertinentes à ordem do dia poderão ser disponibilizados de forma física ou eletrônica aos participantes.**

---

O artigo em exame inova ao admitir expressamente a convocação, a realização e a deliberação de assembleias de condomínio de modo eletrônico. Coloca fim à discussão acerca da necessidade de previsão legal para a realização de tal forma de assembleia, em especial na hipótese de omissão da convenção de condomínio.

Todas as modalidades de assembleias gerais – ordinária, extraordinária e especial – podem ser realizadas na forma eletrônica. Não há limitação das matérias a serem debatidas e votadas por referida forma, inclusive as que exigem a aprovação por unanimidade dos condôminos.

Utiliza a lei, corretamente, a expressão assembleia de "forma eletrônica", em oposição a forma presencial. Com frequência, em artigos de doutrina e precedentes jurisprudenciais, usam-se os termos "assembleia virtual" e "assembleia telepresencial", aparentemente tomando de empréstimo as formas de julgamentos nos tribunais.

As sessões de julgamento virtual e telepresencial não se confundem. Enquanto a primeira ocorre totalmente de forma remota em um ambiente digital, sem votos proferidos sucessivamente, nem visualizados por partes e advogados, a segunda nada mais é que a realização de uma sessão de julgamento por meio de videoconferência, visualizada por advogados e interessados. A expressão correta para um ato telepresencial é síncrono, adjetivo que se aplica a algo que acontece simultaneamente. Na comunicação, indica que a mensagem é recebida e pode ser respondida imediatamente, permitindo a interação entre os envolvidos e interessados. Em contrapartida, o ato assíncrono é algo que não tem essa possibilidade

A assembleia eletrônica é um ato síncrono, na forma telepresencial, na qual os condôminos interagem simultaneamente, debatem, deliberam e votam de modo simultâneo, com a possibilidade de ver e de ouvir uns aos outros, apenas sem a presença física no mesmo recinto. É por isso que o TJSP entendeu nulo o ato "ainda que excepcionalizada a necessidade de assembleia em ambiente virtual, a comunicação exclusiva dos condôminos via *chat*, durante a assembleia, restringe o debate e a 'voz' do condômino" (TJSP, Ap. Cível n. 1007220-76.2021.8.26.0008, 36ª Câm. de Dir. Priv., rel. Lidia Conceição, j. 30.09.2022).

Na verdade, a assembleia na forma eletrônica já fora prevista anteriormente na Lei n. 14.010/2020, de natureza temporária (até 30 de outubro de 2020) e emergencial, que vigorou durante a pandemia. O sucesso da nova forma e sua manifesta conveniência para superar a atávica resistência de condôminos à participação presencial justifica a sua inserção no CC.

Subordina-se a nova forma de assembleia aos seguintes requisitos cumulativos: (i) ausência de expressa vedação na convenção de condomínio; (ii) garantia de preservação do direito de voz, debate e deliberação a todos os condôminos aptos a votar.

Sem dúvida, a mais relevante alteração foi a liberação da assembleia na forma eletrônica, na omissão da convenção de condomínio. Tornou-se uma forma legal de assembleia, assegurada por norma dispositiva, somente vedada por expressa previsão convencional em sentido contrário.

É indispensável que da convocação dos condôminos conste de modo claro a forma eletrônica, bem como as instruções sobre acesso, manifestação e forma de coleta de votos dos condôminos. A omissão ou falta de clareza acarretará a nulidade da assembleia.

Admite-se a forma híbrida, com parte dos condôminos presentes fisicamente no mesmo recinto e parte em forma telepresencial, assegurado a todos o direito de voz, debate e voto.

Nada impede a conversão da reunião na forma eletrônica em assembleia permanente, com prazo máximo de 60 dias, em conjugação harmônica com o § 2º do art. 1.353 comentado. O que não se admite é a possibilidade de a assembleia permanecer aberta, pelo prazo máximo de 60 dias, para nesse meio-tempo se colherem os votos dos ausentes. A colheita de votos pela forma telepresencial deverá ocorrer na assembleia em continuação.

O § 2º tem redação infeliz e trata da responsabilização da administração por falhas na assembleia eletrônica. Mais simples dizer – o que é óbvio – que a administração somente será responsabilizada por fatos a si imputáveis.

Na verdade, melhor dizer que a assembleia não será anulada por problemas decorrentes dos equipamentos de informática ou da conexão à internet dos condôminos ou de seus representantes. Caso, no entanto, o problema ocorra com o próprio provedor da administração ou do aplicativo utilizado, nula será a assembleia, embora a responsabilidade civil somente ocorra na hipótese de fato imputável ao administrador.

Documentos necessários à perfeição formal da assembleia, como a exibição de procurações, ou à discussão e deliberação dos condôminos, como orçamentos e laudos, deverão estar disponíveis nas formas física e eletrônica a todos os condôminos.

Correta a regra de que normas complementares relativas às assembleias eletrônicas poderão ser previstas no regimento interno do condomínio. Isso porque a omissão da convenção já autoriza a assembleia eletrônica, de modo que os procedimentos podem ser regulados sem a necessidade de *quorum* qualificado.

**Jurisprudência:** Apelação. Assembleia-geral ordinária. Meio virtual. Assembleia Ordinária Virtual com comunicação exclusiva por *chat*. Ainda que excepcionalizada a necessidade de assembleia em ambiente virtual, a comunicação exclusiva dos condôminos via *chat*, durante a assembleia, restringe o debate e a "voz" do condômino. Mantida a anulação da assembleia. Recurso desprovido. (TJSP, Ap. Cível n. 1007220-76.2021.8.26.0008, 36ª Câm. de Dir. Priv., rel. Lidia Conceição, j. 30.09.2022)

Ação anulatória de assembleia condominial. Ilegitimidade passiva da administradora. Precedente da Câmara. Alegação de irregularidades na convocação e deliberações. Ausência de prova e de prejuízo. Edital de convocação enviado e disponibilizado no condomínio. Contas prestadas de forma regular, inclusive com relatório de empresa de auditoria. Reunião virtual que não padece de ilegalidade. Direitos assegurados aos condôminos como se fosse assembleia presencial. Impugnação à eleição do presidente e secretário da mesa. Rejeição. Inveracidade do teor da ata não demonstrado. Aprovação das contas aprovadas pela assembleia, cuja deliberação é soberana. Alegada manipulação da reeleição do síndico. Falta de prova. Tema envolvendo eleição de síndico profissional que já havia sido discutido e rejeitado anteriormente. Conjunto probatório que evidencia a regularidade das deliberações. Recurso desprovido. (TJSP, A. Cível n. 1059202-47.2021.8.26.0100, 36ª Câm. de Dir. Priv., rel. Milton Carvalho, j. 30.08.2022)

Assembleia geral ordinária. Nulidade. Contexto fático excepcional, amparado pela disciplina da Lei n. 14.010/2020, que autoriza a realização de assembleias condominiais na forma híbrida. Interessados que podem, no âmbito das suas relações privadas e segundo a melhor disposição da propriedade comum, adotar formato intermediário, inclusive prolongado no tempo. Procedimento adotado que, em tese, promove sistema mais democrático. Participação ampliada com a disponibilização de dois meios ajustáveis à conveniência de cada condômino. Autora que foi devidamente convocada e optou por não participar. Precedente. Valor da causa baixo. Honorários que comportam fixação por equidade. Recurso parcialmente provido. (TJSP, Ap. Cível n. 1015041-37.2021.8.26.0007, 28ª Câm. de Dir. Priv., rel. Ferreira da Cruz, j. 19.07.2022)

Condomínio edilício. Pretensão de prorrogação de mandatos da síndica e do conselho consultivo. Gestão que se encerra em 30.03.2021. Possibilidade de realização de assembleias pelo formato virtual ou físico, este por meio de depósito de votos em urnas, sem necessidade de reunião presencial dos condôminos. Excepcionalidade das circunstâncias, no caso, que recomenda a concessão parcial de tutela antecipada, apenas para o fim de prorrogar os mandatos pelo prazo de 45 dias, dentro do qual deverá ser realizada regular assembleia. Apelo parcialmente provido. (TJSP, Ap. Cível n. 1002697-12.2021.8.26.0011, 29ª Câm. de Dir. Priv., rel. Silvia Rocha, j. 31.03.2021)

Apelação. Ação declaratória de nulidade de assembleia c/c obrigação de não fazer sentença de improcedência. Inconformismo dos autores, alegando que de forma completamente arbitrária e sem nenhuma consulta prévia aos condôminos, foi marcada assembleia virtual, sendo tolhido dos condôminos o direito de deliberarem sobre as questões atinentes a pauta, ato completamente ilegal, pela convenção do condomínio e pelo CC, pois não existe previsão na convenção condominial que permita a realização da assembleia nos moldes realizados e que impugnaram a obra de novo gradil na piscina, diante da falta de previsão orçamentária e das diversas irregularidades ocorridas durante a votação desta pauta, devendo haver a anulação da votação que aprovou tal obra e que os honorários advocatícios são excessivos e devem ser afastados Descabimento. Legitimidade da assembleia virtual realizada, sendo certo que a plataforma utilizada permitiu a discussão e votação dos condôminos acerca dos temas em discussão, que foram previamente comunicados mediante material explicativo. Forma em que foi utilizada a plataforma e a participação dos condôminos, que afasta qualquer irregularidade no ato. Honorários Advocatícios. Fixação em R$ 3.000,00. Pretendida exclusão. Valor fixado que deve ser mantido, em apreço aos preceitos da razoabilidade, da modicidade e da proporcionalidade. Sentença mantida nos termos do art. 252 do Regimento Interno deste Eg. Tribunal de Justiça. Recurso desprovido. (TJSP, Ap. Cível n. 1029909-69.2020.8.26.0002, 9ª Câm. de Dir. Priv., rel. José Aparício Coelho Prado Neto, j. 10.08.2021)

Apelação. Condomínio. Administração. Constituição do quadro diretivo e eleição do síndico competem exclusivamente à assembleia de condôminos, órgão máximo e soberano (art. 1.347 do CC). Possibilidade, ademais, de realização da assembleia por meio virtual, cuja convocação, aliás, está dentre os deveres conferidos ao síndico. Manutenção deste na condição de administrador provisório, tão somente para que convoque a assembleia extraordinária de condôminos, de modo remoto, e observadas as previsões legais, e até que se ultimem as deliberações visando à nomeação de novo síndico. Recurso parcialmente provido, com determinação. (TJSP, Ap. Cível n. 1005517-62.2020.8.26.0003, 26ª Câm. de Dir. Priv., rel. Antonio Nascimento, j. 10.07.2020)

A assembleia, na qualidade de órgão deliberativo, é o palco onde, sob os influxos dos argumentos e dos contra-argumentos, pode-se chegar ao voto que melhor reflita a vontade dos condôminos e, portanto, não é de admitir-se a ratificação posterior para completar quórum eventualmente não verificado na sua realização. (STJ, REsp n. 1.120.140, 3ª T., rel. Min. Massami Uyeda, j. 06.10.2009, *DJe* 23.10.2009)

**Art. 1.355. Assembleias extraordinárias poderão ser convocadas pelo síndico ou por um quarto dos condôminos.**

O artigo em exame não tem correspondente no CC/1916, mas o art. 25 da Lei n. 4.591/64 contém preceito de conteúdo semelhante.

As matérias objetos da assembleia extraordinária são, por exclusão, as não previstas no art. 1.350, já comentado. Estão esparsas em artigos diversos, por exemplo 1.336, § 2º, 1.337, 1.339, § 2º, 1.341, §§ 2º e 3º, 1.343, 1.349, 1.351, 1.355 e 1.357 do CC. Nada impede que sejam realizadas em um só ato assembleias ordinária e extraordinária, para deliberação e votação de matérias diversas, respeitados os *quorum* exigidos para cada uma delas.

O artigo em comento, ao contrário do art. 1.350, estabelece legitimidade concorrente e não meramente subsidiária para que um quarto dos condôminos convoque a assembleia. Natural que assim seja, pois em diversos casos poderá haver conflito de interesses entre síndico e condôminos. Basta pensar na hipótese da assembleia para destituição do síndico. Não teria sentido o próprio a convocar, para somente então, caracterizada sua omissão, a legitimidade passasse aos demais condôminos.

Fala a lei que um quarto dos condôminos pode convocar a assembleia. O preceito deve ser harmonizado com o art. 1.352, parágrafo único, já comentado. Exige-se que os condôminos representem um quarto da fração ideal de terreno e coisas comuns, não se computando o *quorum* por cabeça, salvo previsão em contrário da convenção de condomínio.

Nem sempre exige a lei o *quorum* de um quarto dos condôminos para convocação da assembleia extraordinária. O art. 1.341, § 3º, do CC, já comentado, prevê de modo expresso que qualquer dos condôminos pode convocar a assembleia para aprovação de reparos necessários, mas não urgentes, que importarem despesas excessivas. De igual modo, a assembleia do art. 1.357, adiante comentado, em vista da gravidade da matéria, pode ser convocada por qualquer condômino, não exigindo o precitado *quorum* de convocação.

Finalmente, pode ocorrer a ausência de *quorum* para a convocação da assembleia extraordinária. A falta de interesse do número mínimo de condôminos e do próprio síndico é concludente e significa que determinada matéria não deve sequer ser posta em votação. É por isso, aliás, que as matérias necessárias, em especial os reparos indispensáveis, não seguem a regra, podendo a assembleia ser convocada por qualquer condômino. Em termos diversos, se a matéria não for imprescindível à vida condominial, não se aplica a regra do art. 1.350, § 2º, de a matéria ser submetida à decisão judicial.

**Art. 1.356. Poderá haver no condomínio um conselho fiscal, composto de três membros, eleitos pela assembleia, por prazo não superior a dois anos, ao qual compete dar parecer sobre as contas do síndico.**

O art. 23 da Lei n. 4.591/64 disciplina a eleição de conselho consultivo, com a função básica de assessorar o síndico, além de outras previstas na convenção.

O conselho fiscal tem natureza facultativa, tanto que usa a lei a expressão *poderá*, ou seja, vale a autonomia privada. Pode ser composto de condôminos ou pessoas estranhas ao condomínio. Não trata a lei da remuneração de seus membros, mas também não a proíbe, devendo, por consequência, ser prevista na convenção de condomínio. No silêncio, a função é graciosa. Os membros são eleitos pela assembleia, com mandato não superior a dois anos, nada impedindo que seja por prazo inferior. Omissa a lei, nada impede a convenção de prever possibilidade de reeleição. O mandato pode coincidir ou não com o do síndico, e a eleição pode ocorrer por votação em candidatos individuais ou por chapas, de acordo com a convenção. A vagueza da lei confere à convenção espaço para disciplinar o número de reuniões do conselho, a forma de convocação e de destituição de seus membros, a eleição de suplentes e o modo de se tomarem as decisões.

Na lição de Edson Luiz Fachin, "trata-se de órgão de controle dos recursos que ingressam no condomínio ou são por ele expendidos, de sua regularidade, adequação e necessidade, sempre à luz da convenção condominial e das deliberações assembleares" (*Comentários ao Código Civil*. Rio de Janeiro, Saraiva, 2003, v. XIV, p. 310). O conselho fiscal verifica se os recursos arrecadados foram utilizados com correção e eficiência pelo síndico e se as prioridades determinadas pela assembleia foram observadas. Essa verificação não é meramente aritmética, devendo o conselho conferir os comprovantes de pagamento e recolhimento de contribuições e impostos e se os serviços e produtos foram negociados pelo melhor preço. Não tem o conselho, todavia, função de representação e muito menos de administração direta do condomínio. Fornece à assembleia parecer ou elementos para aprovação ou rejeição das contas do síndico, mas não as rejeita diretamente.

Embora a função prevista na lei seja fiscalizadora, nada impede a convenção e a assembleia de atribuírem outras atividades ao conselho fiscal ou criarem conselhos diversos para determinadas tarefas, como assessoria técnica para obras de reforma e decoração ou paisagismo de áreas comuns do edifício, aproveitando as aptidões e a formação técnica de determinados condôminos.

**Jurisprudência:** O condomínio não está obrigado a prestar contas individualmente a cada um de seus condôminos, mesmo que um desses faça parte do conselho fiscal. Na verdade, quem está sujeito à prestação de contas de sua gestão é o síndico, mas somente à assembleia dos condôminos, conforme disposto na lei especial a respeito dessa obrigação (Lei n. 4.591/64, art. 22, § 1º, *f*). (II TACSP, Ap. n. 545.762-00/5, rel. Claret de Almeida, j. 14.04.1999)

## *Seção III*
## *Da Extinção do Condomínio*

---

Art. 1.357. **Se a edificação for total ou consideravelmente destruída, ou ameace ruína, os condôminos deliberarão em assembleia sobre a reconstrução, ou venda, por votos que representem metade mais uma das frações ideais.**

**§ 1º Deliberada a reconstrução, poderá o condômino eximir-se do pagamento das despesas respectivas, alienando os seus direitos a outros condôminos, mediante avaliação judicial.**

**§ 2º Realizada a venda, em que se preferirá, em condições iguais de oferta, o condômino ao estranho, será repartido o apurado entre os condôminos, proporcionalmente ao valor das suas unidades imobiliárias.**

---

O artigo em exame não tem correspondente no CC/1916. Os arts. 13 a 15 da Lei n. 4.591/64 disciplinam o mesmo tema, de modo mais minudente e claro.

Como ensina Caio Mário da Silva Pereira, ao contrário do condomínio tradicional, passível de extinção a qualquer tempo, a requerimento de qualquer condômino (art. 1.320, já comentado), o condomínio edilício, em razão de sua própria natureza, mesclando propriedade coletiva sobre o solo e partes comuns do prédio e propriedade exclusiva sobre as unidades autônomas, constitui um condomínio indivisível. Apesar de sua indivisibilidade essencial, o condomínio pode cessar por diferentes causas jurídicas, com extinção da propriedade horizontal (*Condomínio e incorporações*, 10. ed. Rio de Janeiro, Forense, 2002, p. 211).

Elenca o artigo em exame três situações nas quais o condomínio pode ser extinto por fatos supervenientes: destruição total, destruição parcial ou risco de ruína. Tais fatos acarretam a legitimidade do síndico ou qualquer condômino – sem necessidade do *quorum* de um quarto – convocar a assembleia extraordinária, na qual se deliberará a persistência do condomínio, com a realização das obras necessárias, ou a venda a terceiros. A deliberação e a votação exigem a maioria absoluta das frações ideais, sem prever disposição em sentido contrário da convenção de condomínio. Logo, é norma cogente, e não dispositiva.

Note-se que o art. 1.346 exige a contratação de seguro para o risco de destruição total ou parcial do edifício. Nada impede, porém, os condôminos de deliberarem pela venda do edifício no estado em que se encontra, já depreciado, recebendo em pecúnia a indenização do seguro. Caso optem pela reconstrução, o § 1º disciplina a possibilidade de um ou alguns condôminos não arcarem com a cota-parte dos custos. Abre-se a possibilidade aos demais condôminos de promover judicialmente a aquisição compulsória da unidade autônoma dos inadimplentes, mediante avaliação judicial. As regras processuais para tal aquisição, diante da lacuna do atual CC, são ainda as previstas no art. 15 da Lei n. 4.591/64 (FACHIN, Edson Luiz. *Comentários ao Código Civil*. Rio de Janeiro, Saraiva, 2003, v. XIV, p. 15). Deliberada a venda pela maioria, o preço será proporcional ao valor de cada uma das unidades autônomas e respectivas frações ideais de terreno. Note-se que o rateio do preço não se faz por cabeça ou fração de terreno, mas pelo valor da unidade imobiliária, levando em conta sua peculiar situação – andar mais alto, mais baixo, de frente, de fundos –, estado de conservação e benfeitorias introduzidas no imóvel. Se assim não fosse, haveria a possibilidade de enriquecimento sem causa de um condômino em detrimento de outro. A alienação deliberada pela maioria é compulsória e vincula eventuais dissidentes. Faculta-se apenas direito de preferência na aquisição de condôminos em relação a estranhos, sob pena de ineficácia da alienação. Na falta de regra específica sobre o exercício da preferência, aplicam-se por analogia as regras do art. 504 do CC, que trata da venda de coisa indivisível. Pode ocorrer, ainda, de vários condôminos pretenderem exercer a preferência, caso no qual se aplica por analogia a regra do art. 1.322 do CC. A primeira preferência será do condômino com maior fração ideal, ou, insuficiente o primeiro critério, abre-se licitação entre os diversos interessados.

Nada impede, porém, que outras causas determinem a extinção do condomínio. A primeira delas é a própria vontade dos condôminos, por votação unânime em assembleia extraordinária, sem necessidade de causa objetiva prevista em lei. Embora não explicite a lei, a unanimidade é exigida, em razão da própria natureza da deliberação. Como anota Edson Luiz Fachin, se a unanimidade é exigida para a mudança de destinação da unidade ou do edifício, com maior dose de razão o é para sua extinção, aí incluídos também os votos dos condôminos inadimplentes. A segunda causa é a desapropriação, regulada no artigo seguinte (op. cit., p. 315). Pode, ainda, em casos extremos, haver determinação da extinção por ordem do Poder Público, quando houver ameaça à salubridade pública.

**Art. 1.358. Se ocorrer desapropriação, a indenização será repartida na proporção a que se refere o § 2º do artigo antecedente.**

O artigo em exame não tem correspondente no CC/1916. O art. 18 da Lei n. 4.591/64 menciona a hipótese de desapropriação parcial da edificação apenas para estabelecer que o expropriante também se submete, apesar da natureza originária da aquisição, às regras da lei, da convenção e do regimento interno. Não menciona, porém, o critério do pagamento de indenização aos condôminos.

A regra do artigo em exame não tem razão de ser. Caso haja desapropriação integral do edifício em condomínio edilício, réus expropriados serão os condôminos e não o condomínio. Óbvio, portanto, que o preceito constitucional da justa indenização levará em conta o valor de cada uma das unidades autônomas e respectivas frações ideais de terreno, em vez do rateio por cabeça, ou mesmo por frações. O estado de cada unidade, as benfeitorias introduzidas e sua peculiar situação no edifício serão objetos de avaliação judicial. Eventuais direitos de terceiros sobre as unidades – usufrutuários, superficiários e mesmo locatários – serão indenizados na medida dos respectivos valores patrimoniais.

O art. 18 da Lei n. 4.591/64, que trata da situação jurídica relevante da desapropriação de apenas uma ou de algumas unidades autônomas do condomínio edilício, continua em pleno vigor. O expropriante, em que pese seu título originário, submeter-se-á ao regime jurídico do condomínio edilício, inclusive às regras previstas em convenção ou regimento interno, e ao pagamento das despesas condominiais anteriores e atuais, em vista de sua natureza de ônus reais (*v.* comentário ao art. 1.345).

## *Seção IV*
## *Do Condomínio de Lotes*

Seção acrescentada pela Lei n. 13.465, de 11.07.2017.

**Art. 1.358-A. Pode haver, em terrenos, partes designadas de lotes que são propriedade exclusiva e partes que são propriedade comum dos condôminos.**

*Caput* acrescentado pela Lei n. 13.465, de 11.07.2017.

**§ 1º A fração ideal de cada condômino poderá ser proporcional à área do solo de cada unidade autônoma, ao respectivo potencial construtivo ou a outros critérios indicados no ato de instituição.**

Parágrafo acrescentado pela Lei n. 13.465, de 11.07.2017.

**§ 2º Aplica-se, no que couber, ao condomínio de lotes:**

Parágrafo com redação dada pela Lei n. 14.382, de 27.06.2022.

**I – o disposto sobre condomínio edilício neste Capítulo, respeitada a legislação urbanística; e**

Inciso acrescentado pela Lei n. 14.382, de 27.06.2022.

**II – o regime jurídico das incorporações imobiliárias de que trata o Capítulo I do Título II da Lei n. 4.591, de 16 de dezembro de 1964, equiparando-se o empreendedor ao incorporador quanto aos aspectos civis e registrários.**

Inciso acrescentado pela Lei n. 14.382, de 27.06.2022.

**§ 3º Para fins de incorporação imobiliária, a implantação de toda a infraestrutura ficará a cargo do empreendedor.**

Parágrafo acrescentado pela Lei n. 13.465, de 11.07.2017.

**Antecedentes legislativos.** A Lei n. 13.465/2017, que dispõe sobre a regularização fundiária rural e urbana, criou a controversa figura do condomínio de lotes, acrescendo o presente art. 1.358-A ao CC. O tema é estranho à regularização fundiária voltada à população de baixa renda e foi inserido no ordenamento jurídico sem o indispensável cuidado e detida reflexão, com potencial lesivo ao interesse público e princípios urbanísticos.

O novo art. 1.358-A, na verdade, atende a antigo pleito de loteadores, que desde a edição do art. 3º do DL n. 271/67, nunca regulamentado ("Aplica-se aos loteamentos a Lei n. 4.591/64, equiparando-se o loteador ao incorporador, os compradores de lotes aos condôminos e as obras de infraestrutura à construção de edificação"), sempre almejaram parcelar o solo urbano livres dos rigores das leis de loteamento, em especial a Lei n. 6.766/79.

O entendimento majoritário da boa doutrina e dos tribunais foi no sentido de que o supratranscrito art. 3º do DL n. 271/67, além de nunca regulamentado, fora revogado pela superveniente lei do parcelamento do solo urbano (Lei n. 6.766/79). O tema, porém, foi objeto de acesa controvérsia. Diversos Estados do país já admitiam o condomínio de lotes, ao argumento da autonomia dos municípios para legislarem sobre o ordenamento do espaço urbano. A questão chegou ao STF, que, ao julgar o RE n. 607.940/DF, com repercussão geral, assentou a seguinte tese: "Os municípios com mais de vinte mil habitantes e o Distrito Federal podem legislar sobre programas e projetos específicos de ordenamento do espaço urbano por meio de leis que sejam compatíveis com as diretrizes fixadas no plano diretor". O julgado se referia a loteamento fechado regulamentado por lei do Distrito Federal, tida por constitucional pelo STF.

Aproveitou-se agora a oportunidade de aprovação de relevante e extensa lei de regularização fundiária (Lei n. 13.465/2017) para inserir mecanismo que permite a criação de situação fática em tudo similar à de um loteamento com acesso restrito, mas sob o regime jurídico diametralmente diverso de um condomínio sem edificações. Como acentua Rubens Carmo Elias Filho, "no aspecto fático, em uma visão panorâmica, poderá ser difícil diferenciar um condomínio de lotes de um loteamento de acesso controlado, posto que em ambos os tipos de empreendimentos se estará diante de um imóvel parcelado em lotes, com áreas de circulação, com controle restrito, murado, ou ao menos cercado" ("Condomínio de lotes após a vigência da Lei n. 13.465/2017", p. 497. In: *Estatuto Fundiário Brasileiro:* comentários à Lei n. 13.465/2017, Homenagem ao Prof. José Manoel de Arruda Alvim Neto, diversos autores. São Paulo, Iasp, 2018).

Lembro que a mesma Lei n. 13.465/2017 regulamentou também a figura do loteamento fechado (ou de acesso restrito), ao acrescentar o § 8º ao art. 2º da Lei n. 6.766/79, do seguinte teor: "§ 8º Constitui loteamento de acesso controlado a modalidade de loteamento, definida nos termos do § 1º deste artigo, cujo controle de acesso será regulamentado por ato do poder público municipal, sendo vedado o impedimento de acesso a pedestres ou a condutores de veículos, não residentes, devidamente identificados ou cadastrados". O dispositivo já seria suficiente a superar o justo anseio de adquirentes de lotes por segurança e infraestrutura diferenciadas. Existe o compreensível desejo de se morar em loteamentos fechados, murados, dotados de portaria, com acesso limitado e controle de segurança. Equipamentos comuns, como quadras poliesportivas, piscinas, paisagismo e mesmo serviços próprios de fornecimento de água são atrativos irresistíveis para os compradores. Tais demandas justificadas de mercado foram atendidas com a inserção do § 8º e a criação legal do loteamento fechado, ou de acesso controlado.

**Distinção entre condomínio de lotes, loteamento de acesso controlado, condomínio de casas e edilício.** Sucede que o legislador foi muito além, e criou a figura do condomínio de lotes no art. 1.358-A do CC, que não se confunde com a figura do loteamento fechado, ou de acesso controlado, nem com o condomínio de casas (ou deitado), previsto no art. 8º da Lei n. 4.591/64. Necessário dar as características essenciais de cada uma delas, para marcar as diferenças e traçar os regimes jurídicos diversos.

Sabido que o art. 1.331 do CC, norma de natureza cogente, determina os quatro requisitos cumulativos necessários à tipificação do condomínio edilício: a) a existência de edificação; b) sob a forma de unidades autônomas; c) vinculadas de modo indissolúvel à fração ideal do terreno e coisas comuns da edificação; d) todas as unidades autônomas devem ter acesso direto ou indireto à via pública.

O condomínio de lotes não exige o primeiro dos requisitos mencionados, qual seja, a existência de edificação. Pode o comprador adquirir terreno vazio para construir o que, quando e se quiser, desde que respeitadas limitações urbanísticas e convencionais. As áreas comuns do empreendimento, inclusive as vias internas de acesso aos terrenos, são bens particulares e não públicos e, por consequência, sujeitas a tributação como área comum do empreendimento. Se as vias internas são particulares, o acesso somente é permitido aos condôminos e a terceiros por eles admitidos. Dispõe de convenção de condomínio, com natureza de ato-regra, que rege as relações entre os condôminos, inclusive o rateio de despesas comuns.

Não se confunde o condomínio de lotes com o condomínio de casas (ou deitado) regulado pelo art. 8º da Lei n. 4.591/64, que exige edificação. No condomínio de casas a unidade autônoma é necessariamente uma construção, jamais um lote vazio. A peculiaridade está no fato de se tratar de casa, e não de apartamentos em planos sobrepostos, o que impõe regras específicas quanto às áreas de jardim e quintal. Ainda que se trate de unidade futura, a construção deverá estar discriminada, com descrição da fração ideal. Já no condomínio de lotes a unidade autônoma é um terreno vazio, que o proprietário pode ou não edificar.

Já o loteamento fechado (ou de acesso controlado) de imóveis urbanos se encontra regulado pelas normas imperativas da Lei n. 6.766/79 e tem as seguintes marcas essenciais: a) inova-se o sistema viário; b) com o registro do loteamento junto ao oficial do registro de imóveis, todas as vias internas, espaços livres a áreas destinadas aos equipamentos urbanos, automaticamente se transferem para o domínio público do Município; c) os adquirentes compram lotes de terreno, sem vinculação a áreas comuns ou frações ideais da gleba maior; d) controla-se o acesso de terceiros não residentes, nos termos de ato municipal, mediante identificação e cadastro.

Verifica-se, portanto, que as duas principais diferenças entre as figuras do loteamento fechado (de acesso controlado) e o condomínio de lotes são: a) a natureza pública (loteamento) ou particular (condomínio) das vias internas e espaços livres do empreendimento; b) a vinculação do lote, como unidade imobiliária, a fração ideal de terreno (condomínio) ou a sua inocorrência (loteamento); c) a existência de convenção de condomínio para regrar direitos e deveres dos titulares das unidades imobiliárias (condomínio de lotes), ou a reunião dos donos de lotes em associações de moradores (loteamentos de acesso restrito).

Não há dúvida de que a criação do condomínio de lotes soluciona uma série de dificuldades anteriormente existentes. Perdem força as seguidas ações ajuizadas pelo Ministério Público, questionando a constitucionalidade das leis municipais que permitem o fechamento de loteamentos, uma vez que as áreas internas dos empreendimentos serão particulares por definição de lei federal. Soluciona-se a séria questão da cobrança do rateio das despesas indispensáveis para a manutenção do empreendimento, tais como segurança, portaria, ajardinamento e mesmo fornecimento de água. Haverá convenção de condomínio, e um dos deveres dos adquirentes de lotes como unidades imobiliárias será o pagamento do rateio das despesas comuns, na forma do art. 1.336, I, do CC.

De outro lado, o condomínio de lotes gera desvantagens e perigos. O primeiro risco é de natureza eminentemente urbanística, de organização e desenvolvimento das cidades. Basta circular por qualquer cidade para constatar que os loteamentos, depois de implantados, desaparecem como empreendimentos autônomos e se inserem na malha urbana. Não se percebe, no mais das vezes, quando se passa de um para outro loteamento, integrados que estão na cidade. Os condomínios de lotes formariam verdadeiros enclaves na cidade, impedindo a circulação interna de veículos. Claro que se pode argumentar que tais condomínios somente seriam aprovados em bairros distantes dos grandes centros. Lembre-se, porém, que as cidades crescem rapidamente e alcançam bairros que hoje parecem longínquos. Basta imaginar loteamentos hoje situados em zonas centrais das cidades, mas implantados há cinquenta anos em zona periférica. Hoje teríamos verdadeiros guetos que inviabilizariam o crescimento organizado da cidade e o acesso aos bairros que se situam além deles. O segundo risco, ainda mais grave, é o do controle dos requisitos urbanísticos dos loteamentos. A Lei n. 6.766/79 sujeita o parcelamento do solo urbano a dezenas de requisitos de natureza cogente, tais como largura mínima de ruas, tamanho mínimo de lotes, obras mínimas de infraestrutura e vedação a implantação em terrenos impróprios (inclinados, alagadiços, contaminados...). Se o empreendedor pode livremente cambiar de regime jurídico e escapar dos rigores da Lei n. 6.766/79 para cair na Lei n. 4.591/64 e arts. 1.331 e seguintes do CC, naturalmente irá fazê-lo, se tal migração importar menores custos. Basta imaginar a hipótese de um empreendedor inescrupuloso lançar um condomínio de lotes popular, em terreno perigoso, sem qualquer infraestrutura, com vias estreitas e lotes de tamanhos ínfimos. Bastaria a aprovação junto à Prefeitura Municipal para implantar tal condomínio em flagrante burla às normas rigorosas da Lei do Parcelamento do Solo. Sempre pensamos em condomínios de lotes de alto padrão, mas a norma é genérica e permite sejam estendidos a empreendimentos populares. A aprovação de um loteamento é muito mais rigorosa do que a aprovação de um condomínio edilício. A Lei n. 6.766/79, complementada por normas locais, exige para loteamentos, licenças ambientais e procedimento de registro rigoroso. Indago: qual empresário se sujeitaria a tal rigor, se pode aprovar o mesmo empreendimento como condomínio de lotes?

O terceiro problema é que o art. 15 da Lei n. 6.766/79 transfere para o domínio do poder público, no exato momento do registro do empreendimento junto ao RI, as vias públicas e áreas institucionais, destinadas à implantação de parques e equipamentos urbanos, tais como escolas e hospitais. Estima-se que cerca de 1/3 de parte de uma gleba loteável seja transferida gratuitamente ao poder público quando do registro do loteamento. Pergunta-se: qual empresário lançará o empreendimento como loteamento, se pode fazê-lo como condomínio de lotes, vendendo a totalidade da gleba? Pior. Implantado o condomínio de lotes, haverá a subsequente necessidade de equipamentos públicos para atender aos moradores. O poder público terá, então, de desapropriar áreas a elevado custo, que deveriam ser suas gratuitamente, segundo a Lei n. 6.766/79.

Essa a razão pela qual a interpretação do artigo em exame deve ser cuidadosa e sistemática, lembrando que ocorreu concomitante alteração da Lei n. 6.766/79, com diversas referências cruzadas ao condomínio de lotes.

**A instituição do condomínio de lotes.** A instituição do condomínio de lotes se faz por negócio jurídico – instrumento público ou particular – levado ao registro imobiliário, como previsto no art. 1.332 do CC. O registro tem natureza constitutiva, de modo que antes dele existe somente relação obrigacional entre os adquirentes de lotes.

A primeira questão a ser enfrentada é saber se a venda de lotes em condomínio antes da completa implantação das obras de infraestrutura do empreendimento deve ser precedida de incorporação na forma da Lei n. 4.591/64. A resposta é a princípio positiva, diante dos expressos termos do inciso II e do § 3º do artigo em exame, de que a origem se dá mediante negócio jurídico de incorporação, seguido de registro imobiliário, e não de parcelamento do solo urbano.

Note-se que o inciso II do § 2º do artigo em exame dispõe de modo claro se aplicar ao condomínio de lotes o regime jurídico da Lei n. 4.591/64, equiparando-se o empreendedor ao incorporador quanto aos aspectos civis e registrários. Não paira mais dúvida sobre o regime jurídico do condomínio de lotes. Deve haver incorporação imobiliária se a venda dos lotes ocorrer antes da conclusão de todas as obras de infraestrutura. O registro da incorporação obedecerá ao disposto no art. 32 da Lei n. 4.591/64, e o registro da instituição o disposto no art. 1.332 do CC. O contrato de compromisso de compra e venda da unidade autônoma futura, composta de um lote, também seguirá o regime da Lei n. 4.591/64, inclusive no que se refere ao modo de resolução e cláusula penal na hipótese de extinção do contrato.

A regra da prévia exigência de incorporação imobiliária, todavia, comporta exceções. A primeira é a hipótese de o empreendedor previamente implantar todas as obras de infraestrutura, e somente alienar os lotes com o condomínio já pronto e regularmente instituído, na forma do art. 1.332 do CC. Se não houver venda ao público de unidades futuras, mas, sim, presentes e já regularizadas, dispensa-se a incorporação. A segunda é a possibilidade de coproprietários de gleba dividi-la entre si para instituir condomínio de lotes para uso próprio, sem venda de unidades futuras a terceiros. Cuidarão os condôminos de aprovar o projeto, implantar as obras de infraestrutura, instituir o condomínio de lotes e atribuir para si próprios as unidades autônomas, levando-as ao registro imobiliário, sem exercício de atividade empresarial e comercialização a terceiros. Nessas hipóteses, a instituição se faz diretamente, sem prévia incorporação imobiliária.

O que se indaga é se a incorporação, caso necessária, e a instituição de condomínio deve apenas se ater às exigências da Lei n. 4.591/64, ou também deve observar os requisitos urbanísticos mínimos dos arts. 3º e 4º da Lei n. 6.766/79. Entendo que ambas as leis devem ser observadas. Lembro que o inciso II do § 2º dispõe que os aspectos registrários e civis seguem a Lei n. 4.591/64 e o capítulo do condomínio edilício.

O § 2º do art. 1.358-A dispõe que "aplica-se, no que couber, ao condomínio de lotes o disposto sobre condomínio edilício neste Capítulo, *respeitada a legislação urbanística*". A legislação urbanística a que se refere o preceito não é apenas a municipal ou a estadual, mas também a federal prevista na Lei n. 6.766/79, desde que compatível com o condomínio de lotes.

O § 7º do art. 2º da Lei n. 6.766/79 faz expressa referência ao condomínio de lotes. Razoável que os §§ 4º, 5º e 6º do art. 2º, que tratam da infraestrutura básica e indispensável aos loteamentos, estendam-se ao condomínio de lotes. De igual modo, o art. 3º, que trata dos terrenos impróprios aos parcelamentos, e o art. 4º, que dispõe sobre os requisitos urbanísticos mínimos dos loteamentos, são também aplicáveis.

Lembro que o art. 4º, § 4º, da Lei n. 6.766/79, recém-acrescido, tem a seguinte redação: "No caso de lotes integrantes de condomínio de lotes, poderão ser instituídas limitações administrativas e direitos reais sobre coisa alheia em benefício do poder público, da população em geral e da proteção da paisagem urbana, tais como servidões de passagem, usufrutos e restrições à construção de muros". É a cautela do legislador, advertindo que o condomínio de lotes não constitui um cheque em branco para empreendedores imobiliários parcelarem o solo sob nova modalidade jurídica, sem observância dos requisitos urbanísticos.

A instituição do condomínio de lotes seguirá as regras do art. 1.332 do CC já comentado e ao qual se remete o leitor, e da Lei n. 4.591/64, observados os requisitos urbanísticos e realizadas as obras de infraestrutura mínimas previstas nos arts. 2º, 3º e 4º da Lei n. 6.766/79. A redação dos dispositivos é insuficiente e dá margem a sérias dúvidas, gerando incerteza jurídica.

No dizer de Melhim Chalhub, "a divisão da gleba, a instituição de um condomínio de lotes e sua comercialização são atos que caracterizam atividade semelhante à do loteamento, mas que guardam semelhança com as normas da incorporação imobiliária, de modo que, não havendo, em lei federal, requisitos específicos para implantação de condomínio de lotes, justifica-se a aplicação subsidiária da Lei de Loteamentos e da Lei de Incorporações Imobiliárias em relação aos requisitos para aprovação, implantação e comercialização dos lotes, notadamente aquelas enunciadas nos seus arts. 2º, 3º, 4º e 18 da Lei n. 6.766/79, naquilo que couberem, a par da necessidade de observância de outras restrições urbanísticas e ambientais previstas no ordenamento, no que for compatível com a divisão de gleba no regime condominial" ("Condomínio de lotes após a vigência da Lei n. 13.465/2017", p. 400. In: *Estatuto Fundiário Brasileiro*: comentários à Lei n. 13.465/2017, Homenagem ao Prof. José Manoel de Arruda Alvim Neto, diversos autores. São Paulo, Iasp, 2018).

Arremata o autor que a instituição de condomínio de lotes deve observar não somente a Lei n. 4.591/64, mas também os requisitos cabíveis da Lei n. 6.766/79, em especial: "(I) escritura de instituição de condomínio, na qual constem cláusulas urbanístico-ambientais convencionais, a par daquelas instituídas por lei; (II) estipulação de cláusulas padronizadas para os contratos de alienação dos lotes; (III) cronograma de execução das obras; (IV) substituição do empreendedor nas situações previstas na lei, entre outras" (op. cit., p. 403).

Não há dúvida da necessidade de leis especiais municipais que regulem o condomínio de lotes, além da aprovação municipal. Isso não afasta o dever de observar restrições urbanísticas e ambientais, bem como das regras da Lei n. 6.766/79, no que se refere às medidas dos lotes e áreas impróprias à implantação do empreendimento.

O § 1º do art. 1.358-A traça balizas abertas para o cálculo da fração ideal de cada condômino. Seguiu critério similar ao dos arts. 1.331, § 3º, e 1.332 do CC, abrindo espaço à autonomia privada manifestada por ocasião da instituição do condomínio. Sugere dois critérios – proporcionalidade à área do solo ou ao respectivo potencial construtivo. A norma, no entanto, é dispositiva, de modo que podem os condôminos instituidores escolher outros critérios. O que importa é a existência expressa da fixação das frações ideais no momento da instituição, que somente poderão ser alteradas posteriormente em assembleia extraordinária e por unanimidade de votos, pois afeta direitos individuais de cada um dos condôminos.

O § 2º dispõe que se aplica, no que couber, ao condomínio de lotes o disposto sobre condomínio edilício, respeitada a legislação urbanística. A maior parte das regras relativas ao condomínio edilício é compatível com o condomínio de lotes. A regulação da convenção de condomínio e dos órgãos de administração, inclusive modalidades de assembleias, quóruns de instalação e de aprovação de matérias são inteiramente aplicáveis.

**Direitos e devedores dos condôminos de lotes.** Os direitos e deveres dos condôminos serão os previstos nos arts. 1.335 e 1.336 do CC, com poucas observações. Alguns deveres, como a vedação de alteração das fachadas ou esquadrias externas, por exemplo, devem ser compatibilizados com a inexistência inicial de construções e com a posterior liberdade relativa de construir no condomínio de lotes. Não resta dúvida da possibilidade da criação de limitações ao direito de construir, por exemplo, número de pavimentos ou percentual de aproveitamento do terreno, recuos ou altura de muros. Lembre-se que tais limitações convencionais podem ser incluídas na instituição e na convenção e prevalecem sobre alterações legislativas supervenientes, uma vez que os espaços internos do empreendimento são privados e os lotes equivalem a unidades autônomas. Serão de extrema relevância regras claras na instituição e na convenção sobre limitações ao direito de construir, levadas ao registro imobiliário e averbadas nas matrículas das unidades, com o propósito de dar-lhes publicidade e evitar litígios com futuros condôminos.

No que se refere às despesas de condomínio de lotes, desaparecem as questões relativas à formação de associações de moradores de loteamentos e do direito de desassociação, amplamente discutidas nos tribunais. O rateio tem origem agora na convenção de condomínio, e constitui título executivo extrajudicial, com inteira aplicação das regras e da jurisprudência consolidada relativas aos arts. 1.336, I, e seguintes do CC. Aplica-se também o art. 1.345, de tal modo que as despesas vencidas, inclusive multas, podem ser cobradas dos adquirentes dos lotes. Importante lembrar, porém, que a superveniência da nova lei não converte loteamentos de acesso restrito ou condomínios edilícios em condomínio de lotes, segundo recentes precedentes dos tribunais a seguir transcritos. No que toca aos loteamentos de acesso restrito (ou fechados) a conversão, além de exigir negócio jurídico com o consentimento de todos os proprietários de lotes, também pressupõe a desafetação por lei de vias e áreas públicas.

Questão interessante surge quanto ao disposto no art. 1.340, já comentado, do seguinte teor: "As despesas relativas a partes comuns de uso exclusivo de um condômino, ou de alguns deles, incumbem a quem delas se serve". Poderão as despesas relativas a portaria, segurança e manutenção das áreas comuns ser cobradas dos proprietários de lotes sem construção? A resposta é positiva, uma vez que tais despesas valorizam todo o empreendimento, e a ausência de construção constitui mera faculdade do condômino, de modo que os serviços e equipamentos se encontram à sua disposição.

Finalmente, o § 3º do art. 1.358-A, norma cogente que não admite disposição negocial em sentido contrário, exige que a implantação de toda a infraestrutura do empreendimento fique a cargo do empreendedor. Não se aplica aqui o prazo quadrienal disposto no art. 18, V, da Lei n. 6.766/79 para realização das obras. O condomínio somente poderá ser instituído com as obras já prontas e averbadas no registro imobiliário. Nada impede, porém, a transmissão da posse aos promissários compradores antes da implantação total das obras de infraestrutura. Eventual inadimplemento na implantação de referidas obras não mais implicará demandas que envolvam as prefeituras municipais. Repete-se que não há mais parcelamento do solo, mas sim condomínio, razão pela qual a ausência de obras deve ser solucionada na esfera do direito privado.

Poderá o empreendedor alienar os lotes de condomínio já inteiramente pronto, com o termo de entrega integral das obras certificado pela prefeitura municipal como requisito formal do registro da instituição do condomínio (item 450 das Normas de Serviço da Corregedoria Geral da Justiça de São Paulo).

Poderá, ainda, o empreendedor alienar os lotes de condomínio a ser implantado, ou durante a implantação, mediante negócio de incorporação imobiliária levado ao registro imobiliário, na forma da Lei n. 4.591/64. Nessa hipótese, não poderá repassar aos adquirentes e responsabilidade pela realização das obras de infraestrutura. O custo das obras será sempre repassado, pois embutido no preço do lote, mas não a responsabilidade pela implantação. Dizendo de outro modo, permanece viva a figura da construção das obras de infraestrutura por administração (ou a preço de custo), mas a responsabilidade pela implantação será exclusivamente da incorporadora. Pode-se mostrar abusivo o repasse do custeio das obras em separado do valor do lote, especialmente se o montante não for prefixado ou especificado, em violação aos deveres de transparência e de informação que regem as relações de consumo.

Lembre-se que, instituído o condomínio, não mais se admitirão desdobros e unificações de lotes, que implicarão alterações na instituição de condomínio, a exigir a anuência da totalidade dos condôminos e readequação das frações ideais.

**Jurisprudência:** Enunciado n. 625, CEJ: A incorporação imobiliária que tenha por objeto o condomínio de lotes poderá ser submetida ao regime do patrimônio de afetação, na forma da lei especial.

Apelação cível. Loteamento fechado. Execução de contribuições associativas. Embargos do devedor. Procedência. Extinção da execução. Ausência de título executivo. Insurgência da embargada. Alegação de que o título executivo extrajudicial decorre de crédito originário de despesas ordinárias e/ou extraordinárias, equiparadas a cotas condominiais. Não acolhimento. Loteamento aberto que foi convertido em fechado. Hipótese que não se enquadra no art. 1.358-A, do CC, que instituiu o condomínio em lotes. Inadequação do crédito ao inc. X, do art. 784, do CPC. Extinção mantida. Honorários majorados em 15% do valor atualizado da causa, nos termos do § 11, do art. 85, do CPC. Recurso não provido. (TJSP, AC n. 10008907220238260047/Assis, 22ª Câm. de Dir. Priv., rel. Júlio César Franco, j. 14.11.2023, publ. 14.11.2023)

Embargos de terceiro. Taxa de manutenção imposta por associação de moradores. Sentença de procedência. Preliminares afastadas. Verba desprovida de natureza *propter rem*. Não equiparação à dívida condominial. Inovação legislativa relativa aos "condomínios de lotes", prevista na Lei n. 13.465/2017 não implica a imediata conversão do loteamento em ente condominial, algo que dependeria de expressa deliberação dos titulares dos lotes. Verba devida não convolada em taxa condominial. Imóvel caracterizado como bem de família, ficando resguardado de atos constritivos. Art. 1º da Lei n. 8.009/90 e art. 832 do CPC. Sentença mantida. Apelação desprovida. (TJSP, AC n. 1001933-93.2018.8.26.0152, 5ª Câm. de Dir. Priv., rel. Des. Moreira Viegas, j. 19.12.2018)

Contudo, isso não significa que, com a novel legislação, os condomínios edilícios ou loteamentos urbanos registrados estejam convertidos em condomínios de lotes. Os loteamentos regularizados, constituídos sob a égide do DL n. 58/37, ou da Lei n. 6.766/79, não se convertem em condomínio de lotes, já que os bens públicos neles existentes, tais como sistemas viários, incorporados ao patrimônio municipal, não são passíveis de desafetação (art. 180, VII, da Constituição do Estado de São Paulo). Já os condomínios edilícios regularmente instituídos, seja pela Lei n. 4.591/64, seja pelo CC, também não se convertem, já que o condomínio de lotes tem como unidades autônomas áreas não edificadas, ao passo que o que caracteriza e distingue o condomínio edilício dos demais institutos jurídicos é a existência de vinculação obrigatória entre o terreno e a construção. (TJSP, Conselho Superior da Magistratura, AC n. 1007007-51.2017.8.26.0286, rel. Des. Corregedor Geral Pinheiro Franco, j. 01.12.2018)

Associação. Cobrança de mensalidades. Incidência dos Recursos Repetitivos ns. 1.280.871 e 1.439.163 do Col. STJ, com natureza vinculante e no sentido de que as taxas de manutenção criadas por associações de moradores não obrigam os não associados. Não se pode aceitar a cobrança por suposta anuência tácita, devendo a manifestação de vontade ser clara. Jurisprudência do STJ. A Lei n. 13.465/2017, do qual adveio o art. 1.358-A, do CC, não transforma os loteamentos fechados de hoje a condomínio de lotes, nem se aplica retroativamente. Recurso provido para julgar a ação improcedente. (TJSP, AC n. 1002554-27.2017.8.26.0152, 4ª Câm. de Dir. Priv., rel. Des. Maia da Cunha, j. 08.11.2018)

Em sentido contrário: [...] As associações de proprietários de imóveis, titulares de direitos ou moradores em loteamentos ou empreendimentos assemelhados, realizam todas as atividades inerentes ao condomínio regular, não sendo razoável que todos os que delas se beneficiam, ainda que de forma indireta, esquivem-se de contribuir por decisão unilateral e arbitrária. 8 – A Lei n. 13.465/2017, fruto da conversão da MP n. 759/2016, que alterou, dentre outras, a Lei n. 6.766/79, introduziu relevantes modificações nas relações entre titulares de direito ou moradores em loteamentos ou empreendimentos assemelhados e a respectiva administração. As atividades desenvolvidas pelas referidas associações, desde que não tenham fins lucrativos, bem como pelas entidades civis organizadas em função da solidariedade de interesses coletivos desse público com o objetivo de administração, conservação, manutenção, disciplina de utilização e convivência, visando valorizar os imóveis que compõem o empreendimento, tendo em vista a sua natureza jurídica, vinculam-se, por critérios de afinidade, similitude e conexão, à atividade de administração de imóveis em condomínio edilício. 9 – A administração de imóveis em condomínio de lotes, nos termos acima definidos, sujeita seus titulares à normatização e à disciplina constantes de seus atos constitutivos e autoriza a instituição/cobrança de cotas para suportar a consecução dos seus objetivos. 10 – A dívida por inadimplência de contribuições ordinárias ou extraordinárias de condomínio de lotes, previstas na respectiva convenção ou aprovadas em assembleia geral, desde que documentalmente comprovadas e que correspondam, no título, a obrigação certa, líquida e exigível, podem ser executadas ou demandadas em ação de cobrança, por expressa disposição do art. 1.358-A do CC, introduzido pela Lei n. 13.465/2017, com aplicação integrativa aos arts. 784, X, e 785 do CPC c/c art. 36-A da Lei n. 6.766/79, com a redação dada pela Lei n. 13.465/2017. 11 – "As obrigações associativas formalmente constituídas, que ostentam os requisitos de certeza, liquidez e exigibilidade, porquanto dispensam cognição exauriente, são aptas as embasar execução por quantia certa. Afinal, se no preciosismo da linguagem não constituem condomínio edilício propriamente (CPC, art. 784, X), não se nega que o instrumento particular também pode servir como título executivo extrajudicial segundo a previsão contida no inciso III do diploma processual". (TJDF, Ap. Cível n. 0029576-10.2016.8.07.0001, rel. Des. Nídia Corrêa Lima, j. 21.05.2019)

## CAPÍTULO VII-A
## DO CONDOMÍNIO EM MULTIPROPRIEDADE

Capítulo acrescentado pela Lei n. 13.777, de 20.12.2018.

### *Seção I*
### *Disposições Gerais*

Seção acrescentada pela Lei n. 13.777, de 20.12.2018.

---

**Art. 1.358-B. A multipropriedade reger-se-á pelo disposto neste Capítulo e, de forma supletiva e subsidiária, pelas demais disposições deste Código e pelas disposições das Leis ns. 4.591, de 16 de dezembro de 1964, e 8.078, de 11 de setembro de 1990 (Código de Defesa do Consumidor).**

Artigo acrescentado pela Lei n. 13.777, de 20.12.2018.

---

O Capítulo VII-A foi acrescentado ao CC pela Lei n. 13.777/2018 e regula de modo minucioso o instituto da multipropriedade, ou *time-sharing*, dedicando-lhe nada menos que vinte artigos. Salvo pequenos reparos, que serão enfrentados nos comentários aos artigos seguintes, merece elogios a boa técnica e o grau de detalhamento do legislador, que deixou poucas lacunas e disciplinou o regime jurídico, o conceito, a formação, os efeitos e a extinção do instituto.

O instituto já era conhecido desde a metade do século XX, pois permite, nas palavras de Melhim Chalhub "engenhosa forma de ampliação e racionalização do aproveitamento econômico de bens passíveis de apropriação e uso temporário, útil tanto para o mercado consumidor como para o setor produtivo" ("Multipropriedade – uma abordagem à luz do Recurso Especial n. 1.546.165-SP". *Revista de Direito Imobiliário*, v. 82, p. 71, RT, 2017).

Boa doutrina já defendia, há mais de 25 anos, que a multipropriedade fosse admitida como direito real, dotada de absolutismo, eficácia geral e sequela, passível de inscrição no registro imobiliário. A proposta de Gustavo Tepedino, em obra de referência sobre o tema, é no sentido de que embora os direitos reais sejam *numerus clausus*, vale dizer, somente possam ser criados por lei, sua tipicidade tem alguma elasticidade, de modo que a propriedade possa abrigar modalidades com ela compatíveis e não proibidas pelo ordenamento jurídico. A multipropriedade, assim, seria uma modalidade de copropriedade, dividida não em frações ideais físicas, mas, sim, por períodos de uso e fruição (*Multipropriedade imobiliária*. São Paulo, Saraiva, 1993).

Na lição de Melhim Chalhub, "a periodicidade, assim, é elemento central de caracterização dessa figura, qualifica-a e a distingue das demais modalidades de propriedade e fruição, na medida em que, a despeito de se tornar titular da propriedade perpétua e exclusiva sobre uma fração do imóvel, o multiproprietário só tem a faculdade de exercer a fruição durante um determinado período em cada ano-calendário" (op. cit., p. 73).

Fato é que sempre houve notória resistência dos oficiais de registro de imóveis e da jurisprudência administrativa dos tribunais em admitir o registro da multipropriedade. Admitia-se o registro de condomínio edilício, e cada uma das unidades autônomas, objeto de matrículas próprias, tinham diversos – às vezes dezenas – de condôminos, cada qual com fração ideal, mas sem discriminação do período de ocupação. O tempo de ocupação de cada coproprietário da unidade se dava por negócio jurídico e gerava somente efeitos obrigacionais, o que causava insegurança jurídica frente a terceiros subadquirentes.

É verdade que relevante precedente do STJ assentou que a "multipropriedade imobiliária, mesmo não efetivamente codificada, possui natureza jurídica de direito real, harmonizando-se, portanto, com os institutos constantes do rol previsto no art. 1.225 do CC; e o multiproprietário, no caso de penhora do imóvel objeto de compartilhamento espaço-temporal, tem, nos embargos de terceiro, o instrumento judicial protetivo de sua fração ideal do bem objeto de constrição" (REsp n. 1.546.165/SP, rel. Min. João Otávio Noronha, j. 26.04.2016, publicado 06.09.2016; ementa completa a seguir transcrita).

A alteração legislativa coloca fim à polêmica: a multipropriedade é direito real, modalidade de condomínio por período de uso e fruição de cada um dos condôminos multiproprietários. Os preceitos do CC vieram acompanhados de inovações na Lei n. 6.015/73, que detalham os procedimentos de registros e de averbações junto aos oficiais de registros de imóveis.

O artigo em exame estabelece o regime jurídico da multipropriedade. O regime primário é o fixado neste capítulo, que, em razão do elevado nível de detalhamento das normas, fornecerá as regras básicas que regerão as relações entre multiproprietários, administradores e empreendedores imobiliários. Nas lacunas deste Capítulo, aplicam-se as demais disposições do CC, da Lei n. 4.591/64 (incorporação imobiliária) e Lei n. 8.078/90 (CDC).

No que se refere ao CC, as disposições que guardam maior afinidade com a multipropriedade são as que regem o condomínio edilício, cujas regras relativas aos órgãos de administração, direito e deveres, em especial cobrança de despesas condominiais, podem suprir lacunas deste Capítulo. Claro que as regras da Parte Geral, que regulam a capacidade dos sujeitos de direito, os requisitos de validade e de eficácia do negócio jurídico e a prescrição também têm plena incidência sobre todos os demais livros do CC. As regras relativas às modalidades das obrigações, extinção com pagamento, sem pagamento e inadimplemento também se aplicam, sujeitas, porém, ao princípio da especialidade das normas deste Capítulo.

No que se refere à Lei n. 4.591/64, cabe lembrar que o negócio complexo de incorporação imobiliária somente será indispensável na hipótese de alienação de unidades autônomas multiproprietárias futuras, vale dizer, na planta ou durante a construção. Caso o empreendedor aliene as unidades já concluídas e com condomínio multiproprietário instituído, afasta-se a incidência da Lei n. 4.591/64. De igual modo, não há necessidade de incorporação caso grupo fechado de condôminos delibere converter condomínio tradicional, ou mesmo condomínio edilício já instituído, em condomínio multiproprietário (art. 1.358-O, adiante comentado).

No que se refere à incidência da Lei n. 8.078/90, correta a observação de Carlos Eduardo Elias de Oliveira no sentido de que "ocorrerá apenas se houver relação de consumo envolvendo, de um lado, os multiproprietários e, de outro lado, o administrador do condomínio multiproprietário, a empresa operadora do regime de *pool* (art. 1.358-S, II, do CC) ou a empresa operadora do regime de intercâmbio (art. 1.358-P, VI, do CC). E, para haver relação de consumo, é preciso observar os requisitos do CDC" (http://professorflaviotartuce.blogspot.com/2018/12/consideracoes-sobre-recente-lei-de.html). Não incidem as regras do CDC, portanto, nas relações que entre si mantêm os multiproprietários de uma mesma unidade, nem com os multiproprietários de outras unidades, ou com o condomínio edilício que congrega todas as unidades.

No que se refere às relações sujeitas ao CDC, Gustavo Tepedino invoca a larga experiência europeia expressa inicialmente na Diretiva n. 94/47 do Parlamento Europeu e do Conselho da União Europeia, de 26.10.1994, e posteriormente na Diretiva n. 2008/122/CE, que dispõem sobre "proteção dos adquirentes quanto a certos aspectos dos contratos de aquisição de um direito de utilização a tempo parcial de bens", compreendendo, entre outras, a exigência de fixação de um prazo dentro do qual o adquirente tem a faculdade de resilição do contrato, a nulidade de cláusulas que prevejam renúncia a direitos do adquirente, a elaboração de programa de administração e conservação e sua observância, visando a preservação do padrão de qualidade estabelecido para o empreendimento, entre outras normas ("Aspectos atuais da multipropriedade". In: Azevedo, Fábio de Oliveira; Mello, Marco Aurélio Bezerra de (coords.). *Direito imobiliário*. Escritos em homenagem ao Professor Ricardo Pereira Lira. São Paulo, Atlas, 2015, p. 521-2).

Também Claudia Lima Marques lembra a necessidade de normas específicas sobre a aquisição e o uso compartilhado de imóveis, salientando que "no direito comparado, observa-se que as técnicas legislativas de proteção aos consumidores em matéria de contratos de *time-sharing* visam a inicialmente garantir uma nova proteção da vontade dos consumidores, isto é, garantir uma autonomia real da vontade do contratante mais fraco – uma vontade protegida pelo direito, vontade liberta das pressões (*Contratos no Código de Defesa do Consumidor*, 5. ed. São Paulo, RT, 2006, p. 848). Não se nota essa preocupação neste Capítulo do CC, razão pela qual a jurisprudência deverá aplicar com todo vigor as regras protetivas do CDC, em especial o direito de arrependimento no prazo de sete dias de contratos fechados em estandes de venda, os deveres de informação e transparência e, principalmente, o controle de cláusulas abusivas, com o escopo de preservar o equilíbrio do contrato. Note-se que a jurisprudência a seguir citada, anterior à nova lei, já mostrava preocupação com vendas emocionais, permitindo a resilição do contrato por parte do consumidor no prazo legal.

**Jurisprudência:** Promessa de compra e venda. Regime de multipropriedade. No regime de condomínio denominado de multipropriedade, cada um dos proprietários de um mesmo imóvel é titular de uma fração de tempo, à qual corresponde a faculdade de uso e gozo, com exclusividade, da totalidade do imóvel, durante o período correspondente à sua fração de tempo (art. 1.358-I, I, CC). Pagamento integral do preço pelo autor. Cumprimento recíproco das obrigações. A não locação do tempo do autor, pela sua impossibilidade de usufruí-lo, não justifica a resolução do contrato. Impossibilidade de desistência do contrato de promessa de compra e venda. Precedente do STJ. Recurso provido. (TJSP, Ap. Cível n. 10350963020228260506/Ribeirão Preto, 4ª Câm. de Dir. Priv., rel. Alcides Leopoldo, j. 27.06.2024, publ. 27.06.2024)

Multipropriedade. *Time-sharing*. Enquadramento entre os direitos reais. Inviabilidade. Constituição do empreendimento como condomínio especial disciplinado pela Lei n. 4.591/64, com instituição de condomínio tradicional, regido pelo CC, sobre as diversas unidades autônomas. Possibilidade. Alteração de convenção condominial que traz disposições de natureza obrigacional. Recusa acertada de averbação. Condomínio tradicional sobre as unidades autônomas, com inserção nas matrículas correspondentes de elementos de ordem obrigacional, tendentes a tornar reais direitos pessoais. Inadmissibilidade. (TJSP, rel. Gilberto Passos de Freitas – *RDI* 65/330-335) [o julgado é anterior ao artigo em exame e reflete o entendimento da impossibilidade de registro da multipropriedade]

Compromisso de compra e venda. Multipropriedade ou *time-sharing*. Direito de arrependimento que é viável no caso concreto e foi exercido no prazo de reflexão de sete dias, previsto no art. 49 do CDC. Configurada a chamada "venda emocional", sendo abusiva a retenção de percentual dos valores pagos ou mesmo a das arras ou sinal. Devolução que deve se dar de forma integral e de uma só vez. Sentença mantida. Recurso improvido. (TJSP, AC n. 1002889-11.2017.8.26.0196, 2ª Câm. de Dir. Priv., José Carlos Ferreira Alves, j. 02.11.2018)

No caso em julgamento, a violação ao direito ao equilíbrio contratual e ao dever de informação foram manifestamente violados no contrato celebrado pelo autor junto à ré de hospedagem em sistema compartilhado classificado *time-sharing*. Depois de assinado o instrumento particular em meio a muita pressão psicológica e pelo modo utilizado de venda emocional dos produtos e serviços oferecidos, logo no dia seguinte, os autores refletiram sobre os termos da contratação e manifestaram o intento de rescindir, mas não puderam sob forte ameaça de imposição de altos encargos, enfraquecendo a ideia original. O direito de arrependimento não poderia ser negado, ainda que a celebração da venda tenha ocorrido nas dependências da rede hoteleira em que estavam hospedados. Os métodos impostos de publicidade e de venda, aliados a outras circunstâncias estratégicas, têm o condão de impedir e dificultar uma percepção racional daquilo que está sendo contratado, mesmo apresentando eventual conteúdo escrito. Na prática, tudo o que foi oferecido acaba não sendo possível de se executar, o que causa frustração de legítima expectativa suportada pelos autores da presente ação. 2 – Caracterizada típica abusividade incompatível com os princípios sociais do contrato, isto é, a boa-fé, a equivalência material e a função social, além daqueles previstos na relação de consumo, imperiosa a rescisão do contrato sem onerar os consumidores com pagamento de eventual cláusula penal, lembrando que não foi usufruído nenhum tipo de serviço anunciado de hospedagem, por obstáculo criado pela própria fornecedora-ré. (TJSP, AC n. 1016036-31.2016.8.26.0361, 31ª Câm. de Dir. Priv., rel. Des. Adilson de Araújo, j. 19.10.2018)

1 – O sistema *time-sharing* ou multipropriedade imobiliária, conforme ensina Gustavo Tepedino, é uma espécie de condomínio relativo a locais de lazer no qual se divide o aproveitamento econômico de bem imóvel (casa, chalé, apartamento) entre os cotitulares em unidades fixas de tempo, assegurando-se a cada um o uso exclusivo e perpétuo durante certo período do ano. 2 – Extremamente acobertada por princípios que encerram os direitos reais, a multipropriedade imobiliária, nada obstante ter feição obrigacional aferida por muitos, detém forte liame com o instituto da propriedade, se não for sua própria expressão, como já vem proclamando a doutrina contemporânea, inclusive num contexto de não se reprimir a autonomia da vontade nem a liberdade contratual diante da preponderância da tipicidade dos direitos reais e do sistema de *numerus clausus*. 3 – No contexto do CC/2002, não há óbice a se dotar o institu-

to da multipropriedade imobiliária de caráter real, especialmente sob a ótica da taxatividade e imutabilidade dos direitos reais inscritos no art. 1.225. 4 – O vigente diploma, seguindo os ditames do estatuto civil anterior, não traz nenhuma vedação nem faz referência à inviabilidade de consagrar novos direitos reais. Além disso, com os atributos dos direitos reais se harmoniza o novel instituto, que, circunscrito a um vínculo jurídico de aproveitamento econômico e de imediata aderência ao imóvel, detém as faculdades de uso, gozo e disposição sobre fração ideal do bem, ainda que objeto de compartilhamento pelos multiproprietários de espaço e turnos fixos de tempo. 5 – A multipropriedade imobiliária, mesmo não efetivamente codificada, possui natureza jurídica de direito real, harmonizando-se, portanto, com os institutos constantes do rol previsto no art. 1.225 do CC; e o multiproprietário, no caso de penhora do imóvel objeto de compartilhamento espaço-temporal (*time-sharing*), tem, nos embargos de terceiro, o instrumento judicial protetivo de sua fração ideal do bem objeto de constrição. 6 – É insubsistente a penhora sobre a integralidade do imóvel submetido ao regime de multipropriedade na hipótese em que a parte embargante é titular de fração ideal por conta de cessão de direitos em que figurou como cessionária. 7 – Recurso especial conhecido e provido. (STJ, REsp n. 1.546.165/SP, 3ª T., rel. Min. João Otavio Noronha, j. 26.04.2016)

Prestação de serviços. Contrato de hospedagem em unidades de rede hoteleira. Cessão de direito de ocupação em sistema de tempo compartilhado *time-sharing*. Ação de resolução proposta pelos contratantes cumulada com restituição de parcelas pagas e indenização por danos morais. Sentença de procedência. Apelação de uma das rés. Nulidade decorrente de cerceamento de prova. Matéria dirimida em agravo de instrumento. Preclusão. Relação de consumo. Contrato de adesão. Cláusulas abusivas. Nulidade. Pedido de desistência. Art. 49 do CDC. Método "emotivo" de venda. Indução da presença dos consumidores no estabelecimento da fornecedora. Aplicação da regra da contratação fora do estabelecimento. Retorno das partes à situação anterior. Multa contratual não devida. Danos morais não configurados. Sucumbência recíproca. Recurso parcialmente provido. (TJSP, AC n. 0114361-43.2008.8.26.0004, rel. Carlos Henrique Miguel Trevisan, j. 04.03.2015)

---

**Art. 1.358-C. Multipropriedade é o regime de condomínio em que cada um dos proprietários de um mesmo imóvel é titular de uma fração de tempo, à qual corresponde a faculdade de uso e gozo, com exclusividade, da totalidade do imóvel, a ser exercida pelos proprietários de forma alternada.**

Artigo acrescentado pela Lei n. 13.777, de 20.12.2018.

**Parágrafo único. A multipropriedade não se extinguirá automaticamente se todas as frações de tempo forem do mesmo multiproprietário.**

---

O artigo em exame define com precisão a multipropriedade, dando-lhe de modo técnico os exatos contornos. Inicia por caracterizá-la como modalidade especial de condomínio, o que possibilita classificá-la como direito real sobre coisa própria, e não direito real sobre coisa alheia. Em seguida, destaca que a marca principal do instituto está em que o condômino multiproprietário não tem propriamente uma fração ideal física da coisa comum, mas, sim, temporal. No dizer da lei, tem "uma fração de tempo", que lhe assegura o direito de usar e de fruir com exclusividade da totalidade do prédio, mas limitado ao período convencionado. Os coproprietários, portanto, exercerão de modo pleno e exclusivo os direitos típicos da propriedade (usar e fruir), mas de modo alternado e circunscrito no tempo.

A definição se ajusta à proposta por Gustavo Tepedino, para quem se cuida de uma "relação jurídica de aproveitamento econômico de uma coisa móvel ou imóvel, repartida em unidades fixas de tempo, de modo que diversos titulares possam, cada qual a seu turno, utilizar-se da coisa com exclusividade e de maneira perpétua" (*Multipropriedade imobiliária*. São Paulo, Saraiva, 1993, p. 1). Apenas cabe ressaltar que o legislador limitou a multipropriedade às coisas imóveis, não estendendo às coisas móveis.

Não resta dúvida de que o proveito da coisa – uso e fruição – limitados no tempo e em caráter perpétuo são as marcas distintivas da multipropriedade. Nas palavras de Melhim Chalhoub, "a periodicidade, assim, é elemento central de caracterização dessa figura, qualifica-a e a distingue das demais modalidades de propriedade e fruição, na medida em que, a despeito de se tornar titular da propriedade perpétua e exclusiva sobre uma fração do imóvel, o multiproprietário só tem a faculdade de exercer a fruição durante um determinado período em cada ano-calendário" ("Multipropriedade – uma abordagem à luz do Recurso Especial n. 1.546.165-SP. *Revista de Direito Imobiliário*, v. 82, p. 72, RT, 2017).

No condomínio tradicional, a copropriedade gera composse (*pro indiviso*) ou, em certas situações, posses localizadas de cada condômino sobre partes certas da coisa comum (*pro diviso*). Na multipropriedade a lógica é outra, pois se assegura a cada condômino multiproprietário a posse exclusiva da coisa comum, mas de modo alternado e sucessivo, por períodos. No dizer de Carlos Eduardo Elias de Oliveira, "a multipropriedade pode ser definida como um parcelamento temporal do bem em unidades autônomas periódicas. É pulverizar um bem físico no tempo por meio de uma ficção jurídica. Enxergar a multipropriedade como um condomínio fruto de um parcelamento temporal – e ficto! – do bem elucida bem o instituto" (http://professorflaviotartuce.blogspot.com/2018/12/consideracoes-sobre-recente-lei-de.html).

Costuma-se afirmar que o instituto foi inspirado no direito real de habitação periódica do Direito português. As duas figuras, porém, embora guardem semelhança quanto à periodicidade da posse direta, têm diferenças marcantes. No Direito português "se trata de um direito real de gozo que poderia incidir sobre imóveis ou conjuntos imobiliários destinados a fins turísticos, perpétua ou temporariamente, durante certo período de tempo de cada ano" (MESQUITA, Manoel Henrique. "Uma nova figura real: o direito de habitação periódica". *Revista de Direito e Economia*, 1982, p. 39). No nosso Direito, como acima dito, trata-se de nova modalidade de propriedade, direito real sobre coisa própria e de natureza perpétua. Somente a posse direta e exclusiva sobre a coisa comum é temporária, sucessiva e alternada entre os diversos condôminos, sem alterar, no entanto, a cotitularidade dominial.

Têm os multiproprietários, por consequência, as faculdades típicas dos proprietários – usar, fruir e dispor – apenas amoldadas às características da multipropriedade. A posse e fruição são exclusivas, mas temporárias e alternadas. O direito de dispor permanece incólume, o que implica também a faculdade de oneração, desde que o direito real constituído em favor de terceiro se mostre compatível com o regime de multipropriedade. Também se assegura o direito de reivindicar a coisa em face de terceiro – ou coproprietário – que a possua ou detenha injustamente. Os multiproprietários, portanto, têm ação petitória – reivindicatória ou de imissão de posse – para assegurar o uso e fruição exclusiva da coisa comum durante o período que integra o direito real.

Finalmente, o parágrafo único permite que as frações de tempo se concentrem em um mesmo multiproprietário. Tal situação pode ocorrer em duas hipóteses. A primeira é a de um empreendedor constituir regime de multipropriedade para depois alienar as unidades autônomas periódicas para terceiros. A segunda segue caminho inverso, qual seja, a de um multiproprietário adquirir paulatinamente as unidades periódicas de seus cotitulares, concentrando-as em uma única pessoa natural ou jurídica. Tal possibilidade, aliás, não constitui propriamente novidade, uma vez que se admite também condomínio edilício instituído com um único titular de todas as unidades autônomas.

**Jurisprudência:** Alvará. Pedido formulado pelos herdeiros, com o objetivo de regularizar alienação de direitos de multipropriedade realizada pelos falecidos genitores. Sentença de indeferimento do pedido, ao argumento de que os registros lançados na matrícula do Oficial do Registro de imóveis revelam verdadeira burla à Lei do Parcelamento do Solo Urbano, mediante alienação de frações ideais de uma mesma unidade autônoma. Multipropriedade ou *time-sharing* consolidada por registro desde o ano de 1984. Inexistência de ilegalidade aparente no registro da multipropriedade. Viabilidade de deferimento do pedido de expedição de alvará, que somente autoriza a regularização de alienação já ultimada. Recurso provido. (TJSP, Ap. Cível n. 1003515-21.2017.8.26.0587, rel. Des. Francisco Loureiro, j. 20.04.2018)

---

**Art. 1.358-D. O imóvel objeto da multipropriedade:**

Artigo acrescentado pela Lei n. 13.777, de 20.12.2018.

**I – é indivisível, não se sujeitando a ação de divisão ou de extinção de condomínio;**

**II – inclui as instalações, os equipamentos e o mobiliário destinados a seu uso e gozo.**

---

O artigo trata do objeto da multipropriedade, limitada aos bens imóveis. Não distingue imóveis urbanos dos rurais, muito menos unidades autônomas em planos horizontais dos condomínios de casas, ou deitados, ou de lotes. Todos podem ser submetidos ao regime de condomínio, mediante instituição e registro imobiliário, fixando o período de uso e fruição de cada um dos multiproprietários.

Não se exige que o condomínio em multipropriedade tenha por objeto uma unidade autônoma localizada no interior de um condomínio edilício. Podem perfeitamente grupos de amigos, ou herdeiros de um imóvel, ou investidores em geral, se reunir e adquirir uma casa de campo, ou de praia, ou um sítio, e neles estabelecer regime de multipropriedade, mediante fracionamento de tempo de posse direta a cada condômino. Podem também ser convertidos o condomínio tradicional e o edilício, mediante negócio jurídico *inter vivos* ou *causa mortis* levados ao registro, como a seguir será examinado.

Deixou a lei de lado os bens móveis, situação que seria útil, especialmente em relação a ativos de maior valor, como barcos e aeronaves, mediante aquisição por tempo compartilhado. A omissão legal, porém, não impede que adquirentes estabeleçam por negócio jurídico regime de multipropriedade. Lembro que a tipicidade dos direitos reais não mais é fechada, mas, sim, elástica, de modo que o novo modelo se encaixa – ou não é incompatível – com a propriedade móvel. Basta que se encontre mecanismo eficaz de conferir publicidade à nova modalidade proprietária, de modo a evitar prejuízos à segurança negocial e a terceiros adquirentes de boa-fé. Nos casos específicos de embarcações e aeronaves, os registros administrativos das capitanias dos portos e dos aeroportos, cuja prévia consulta integra os usos e costumes nos casos de alienação, mostra-se eficaz a conferir publicidade e efeitos em relação a terceiros.

O inciso I dispõe que o imóvel multiproprietário é indivisível por determinação legal. Não comporta, por consequência, extinção de condomínio, mediante divisão negocial ou judicial. Indaga-se a possibilidade de alienação judicial de coisa comum, que provocará a divisão do preço da arrematação, e não da coisa em si. Possível tal solução, que preserva a unidade da coisa e provoca a divisão do preço, resolvendo problemas de herdeiros, ex-cônjuges ou ex-companheiros que não mais desejam manter o compartilhamento de tempo.

O inciso II dispõe que o objeto de multipropriedade abrange as instalações, os equipamentos e o mobiliário destinados a seu uso e gozo. Correto o dispositivo, uma vez que, além de acessórios, instalações e equipamentos compõem uma universalidade de fato, essencial à causa e utilidade da multipropriedade, qual seja, proporcionar aos titulares o uso e gozo temporário da unidade, normalmente com a finalidade de lazer. No caso do mobiliário, sua natureza é de pertenças, e não de benfeitorias, vale dizer, segundo o art. 94 do CC, gozariam de certa autonomia jurídica. Para fins deste Capítulo, porém, são abrangidos pelo regime jurídico da multipropriedade, não podendo ser levados pelos ocupantes temporários do imóvel, e substituídos somente nas hipóteses previstas nos artigos subsequentes.

---

**Art. 1.358-E. Cada fração de tempo é indivisível.**
Artigo acrescentado pela Lei n. 13.777, de 20.12.2018.

**§ 1º O período correspondente a cada fração de tempo será de, no mínimo, 7 (sete) dias, seguidos ou intercalados, e poderá ser:**

**I – fixo e determinado, no mesmo período de cada ano;**

**II – flutuante, caso em que a determinação do período será realizada de forma periódica, mediante procedimento objetivo que respeite, em relação a todos os multiproprietários, o princípio da isonomia, devendo ser previamente divulgado; ou**

**III – misto, combinando os sistemas fixo e flutuante.**

**§ 2º Todos os multiproprietários terão direito a uma mesma quantidade mínima de dias seguidos durante o ano, podendo haver a aquisição de frações maiores que a mínima, com o correspondente direito ao uso por períodos também maiores.**

---

O artigo regula a unidade temporária de cada multiproprietário. De modo simétrico ao artigo anterior, não somente o imóvel objeto da multipropriedade, mas também a própria unidade temporária não é passível de novo fracionamento de tempo. Tome-se como exemplo a propriedade temporária sobre a primeira semana, ou sobre a primeira quinzena de janeiro, estabelecida na instituição e devidamente registrada, que não admite nova divisão por vontade do multiproprietário. Apenas a alteração da própria instituição é que pode mudar o regime periódico de cada titular. Não se admite fração inferior a sete dias, norma cogente que veda qualquer ato negocial em sentido contrário. Disso decorre que o número máximo de unidades periódicas anual será de 52.

O § 1º trata dos critérios de divisão do tempo de uso e fruição. Três são as opções, em respeito à autonomia privada manifestada no momento da instituição: fixo, flutuante e misto. O fixo determina com exatidão qual o período de ocupação de cada multiproprietário ao longo dos anos, sem flexibilidade, de modo que o titular sabe de antemão qual a semana, quinzena ou mês terá a posse exclusiva da coisa comum. O critério flutuante, ao contrário, permite alteração do período de ocupação a cada ano, desde que mediante procedimento objetivo, isonômico e precedido de publicidade. Aqui o campo é fértil para abusos das administradoras em face dos consumidores, de modo que os procedimentos devem estar previstos de modo absolutamente claros na própria instituição da multipropriedade, evitando cláusulas surpresa. O misto mescla os dois antecedentes, mas a exigência de clareza da cláusula se mantém.

O § 2º estabelece algumas regras cogentes de garantia dos multiproprietários. Dispõe que a fração mínima se dá em dias seguidos e não em dias alternados, sem o que se inviabilizaria a utilização da unidade. O titular que quiser usar a coisa por períodos maiores deverá adquirir múltiplos de frações mínimas.

## *Seção II*
## *Da Instituição da Multipropriedade*

Seção acrescentada pela Lei n. 13.777, de 20.12.2018.

---

**Art. 1.358-F. Institui-se a multipropriedade por ato entre vivos ou testamento, registrado no com-**

**petente cartório de registro de imóveis, devendo constar daquele ato a duração dos períodos correspondentes a cada fração de tempo.**

Artigo acrescentado pela Lei n. 13.777, de 20.12.2018.

---

Trata o artigo dos modos de instituição da multipropriedade, que se dá por negócio jurídico entre vivos ou *causa mortis*, levado ao registro imobiliário. Não há previsão de forma especial para o negócio jurídico, que é solene (forma escrita), mas sem a necessidade de escritura pública, pois não exigida em lei. A norma é simétrica à do art. 1.332 do CC, que trata da instituição do condomínio edilício, que segundo entendimento pacífico, contenta-se com contrato escrito, sem forma pública. Note-se que se houver a venda de unidades periódicas antes da instituição da multipropriedade, é indispensável o negócio e o registro de incorporação imobiliária, observadas as regras da Lei n. 4.591/64.

O registro tem natureza constitutiva da multipropriedade, de modo que antes dele existe apenas relação contratual, geradora de efeitos obrigacionais entre as partes. É o registro que converte o direito obrigacional relativo em direito real de propriedade absoluto, com eficácia geral, publicidade e sequela.

Deve constar necessariamente do negócio jurídico e do registro a duração dos períodos correspondentes a cada fração de tempo. Aliás, houve também alteração da Lei n. 6.015/73, passando a dispor o art. 176, § 10, que "quando o imóvel se destinar ao regime da multipropriedade, além da matrícula do imóvel, haverá uma matrícula para cada fração de tempo, na qual se registrarão e averbarão os atos referentes à respectiva fração de tempo". Disso decorre que existirão múltiplas matrículas relativas ao mesmo prédio, ou unidade autônoma. A primeira – matrícula-mãe – destinada ao imóvel em si. As demais – matrículas filhotes – destinadas individualmente às unidades periódicas, contendo com precisão a que imóvel se referem e a fração de tempo do titular. É de toda a conveniência que ao final da matrícula-mãe se abra uma ficha de controle, contendo menção aos números de todas as matrículas filhotes das unidades periódicas. Isso porque uma única matrícula-mãe poderá gerar até 52 matrículas filhotes, o que dificultará o controle da disponibilidade. Nas matrículas filhotes das unidades periódicas é que se lançarão os atos de registros das alienações e averbações.

O § 11 do art. 176 da Lei n. 6.015/73 dispõe que "na hipótese prevista no § 10 deste artigo, cada fração de tempo poderá, em função de legislação tributária municipal, ser objeto de inscrição imobiliária individualizada". Na verdade, cada unidade periódica terá a sua matrícula própria, nas quais serão lançados os registros e averbações subsequentes. O ideal é que haja inscrição municipal também individual, para que cada titular seja tributado de acordo e nos limites de sua propriedade temporal.

Segundo a melhor doutrina, "a multipropriedade imobiliária [...] é concluída mediante um contrato de compra e venda de uma cota de compropriedade, ao qual se aditam a disciplina relativa à divisão por turnos e à utilização das unidades, e as normas referentes ao funcionamento e à administração do complexo residencial" (TEPEDINO, Gustavo José Mendes; TEPEDINO, Maria Celina Bodin de Moraes. "A multipropriedade". *Revista de Direito Civil* – imobiliário, agrário e empresarial, v. 40. São Paulo, RT, 1987, p. 103). Parece claro que deve constar do negócio de instituição não apenas o período temporal, mas também as regras básicas de funcionamento, para efeitos publicitários e eficácia em face de terceiros.

No que se refere ao testamento, cabe fazer uma ressalva. Sabido que, por força do disposto no art. 1.784 do CC, que consagra o princípio da *saisine*, a transmissão da posse e da propriedade ocorrem no momento da morte. O registro do formal ou escritura de partilha tem efeito regularizatório, mas não constitutivo da propriedade. Claro, porém, que eventual transmissão da multipropriedade em favor de terceiros exige o prévio registro, em obediência ao princípio da continuidade.

A aquisição na via originária da usucapião é de difícil consecução, pois exige posse contínua pelo prazo previsto em lei (arts. 1.238 e segs. do CC). A periodicidade da posse é, a princípio, incompatível com a usucapião, pois se dá em blocos alternados e separados entre si. A única exceção seria a da usucapião ordinária (art. 1.242 do CC), amparada em justo título, e o usucapiente tenha usado a unidade periódica em períodos intercalados ao longo de dez anos.

---

**Art. 1.358-G. Além das cláusulas que os multiproprietários decidirem estipular, a convenção de condomínio em multipropriedade determinará:**

Artigo acrescentado pela Lei n. 13.777, de 20.12.2018.

**I – os poderes e deveres dos multiproprietários, especialmente em matéria de instalações, equipamentos e mobiliário do imóvel, de manutenção ordinária e extraordinária, de conservação e limpeza e de pagamento da contribuição condominial;**

**II – o número máximo de pessoas que podem ocupar simultaneamente o imóvel no período correspondente a cada fração de tempo;**

**III – as regras de acesso do administrador condominial ao imóvel para cumprimento do dever de manutenção, conservação e limpeza;**

**IV – a criação de fundo de reserva para reposição e manutenção dos equipamentos, instalações e mobiliário;**

**V – o regime aplicável em caso de perda ou destruição parcial ou total do imóvel, inclusive para efeitos de participação no risco ou no valor do seguro, da indenização ou da parte restante;**

**VI – as multas aplicáveis ao multiproprietário nas hipóteses de descumprimento de deveres.**

Como constou dos comentários aos arts. 1.333 e 1.334 do CC, aos quais se remete o leitor, a convenção é o estatuto disciplinar das relações internas dos condôminos. Deve ter a forma escrita, mas não necessariamente por escritura pública. Será levada ao registro imobiliário simultaneamente com a instituição do condomínio de multipropriedade e registrada no livro 03 do oficial de registro de imóveis, com averbação de sua existência na matrícula-mãe do imóvel e também nas matrículas individuais das unidades temporárias. Tem a convenção natureza jurídica de ato-regra, ou estatutária, geradora de direitos e obrigações não somente aos subscritores, mas em face daqueles que dela dissentiram e também de terceiros que venham a interagir com o condomínio.

O *caput* do artigo exige, por norma cogente, o conteúdo mínimo da convenção do condomínio em multipropriedade. Nada impede os multiproprietários de ajustarem outras cláusulas de acordo com o princípio da autonomia privada, desde que não violem normas de ordem pública, com especial atenção às protetivas dos direitos dos consumidores.

O inciso I dispõe que a convenção deve regular os direitos e deveres dos multiproprietários, lembrando, porém, que vários deles constam expressamente da lei, como será visto nos artigos subsequentes. Deve constar especialmente o dever de pagar e os critérios de rateio das contribuições condominiais, bem como de manutenção e conservação da unidade.

O inciso II, de modo correto, dispõe que deve necessariamente constar da convenção o número máximo de ocupantes do imóvel no período de uso e gozo do multiproprietário. A regra, como é óbvio, alcança também locatários e comodatários e tem por escopo evitar que a superlotação da unidade sobrecarregue os serviços comuns, perturbe o sossego e desgaste o imóvel. Mais uma vez se trata de norma cogente, que não pode ser superada pela vontade das partes, em especial, locador e locatário, salvo por assembleia com quórum necessário para alterar a própria convenção.

Os incisos III, IV e VI são claros e autoexplicativos, dispensando maiores comentários. Já o inciso V merece algumas considerações, em especial porque os critérios de participação dos multiproprietários nos riscos, do valor do seguro e do valor das indenizações deverão ser equilibrados e proporcionais ao tempo de ocupação das unidades periódicas. Não pode a convenção concentrar ou isentar de riscos ou do direito à indenização alguns titulares, especialmente em benefício do empreendedor ou do administrador que reservou para si determinadas unidades.

**Art. 1.358-H. O instrumento de instituição da multipropriedade ou a convenção de condomínio em multipropriedade poderá estabelecer o limite máximo de frações de tempo no mesmo imóvel que poderão ser detidas pela mesma pessoa natural ou jurídica.**

Artigo acrescentado pela Lei n. 13.777, de 20.12.2018.

**Parágrafo único. Em caso de instituição da multipropriedade para posterior venda das frações de tempo a terceiros, o atendimento a eventual limite de frações de tempo por titular estabelecido no instrumento de instituição será obrigatório somente após a venda das frações.**

O artigo consagra o princípio de que, no silêncio do instrumento ou da convenção, não há qualquer limite ao número máximo de frações de tempo que um único titular, pessoa física ou jurídica, pode manter no condomínio em multipropriedade. Nada impede, portanto, que um único titular tenha a maioria absoluta das frações de tempo, do mesmo modo que no condomínio edilício um único condômino pode ser proprietário de diversas unidades autônomas.

A limitação ao número máximo de frações não decorre da lei, mas, sim, da vontade das partes, ou do próprio instrumento de instituição, ou da convenção de condomínio, que deve ser respeitada pelos adquirentes.

Contém o artigo exceção óbvia à regra convencional, qual seja, a de em um primeiro momento o empreendedor titularizar a totalidade das frações de tempo, antes das alienações. O problema ocorrerá se, iniciadas as vendas, as frações remanescentes de tempo em nome do empreendedor superarem o limite convencional. Em tal hipótese, cabível ação dos demais multiproprietários para compelir a venda a terceiros, e com isso diluir a participação e mantê-la no limite convencional.

## *Seção III*
## *Dos Direitos e das Obrigações do Multiproprietário*

**Art. 1.358-I. São direitos do multiproprietário, além daqueles previstos no instrumento de insti-**

**tuição e na convenção de condomínio em multipropriedade:**

Artigo acrescentado pela Lei n. 13.777, de 20.12.2018.

**I – usar e gozar, durante o período correspondente à sua fração de tempo, do imóvel e de suas instalações, equipamentos e mobiliário;**

**II – ceder a fração de tempo em locação ou comodato;**

**III – alienar a fração de tempo, por ato entre vivos ou por causa de morte, a título oneroso ou gratuito, ou onerá-la, devendo a alienação e a qualificação do sucessor, ou a oneração, ser informadas ao administrador;**

**IV – participar e votar, pessoalmente ou por intermédio de representante ou procurador, desde que esteja quite com as obrigações condominiais, em:**

***a)* assembleia geral do condomínio em multipropriedade, e o voto do multiproprietário corresponderá à quota de sua fração de tempo no imóvel;**

***b)* assembleia geral do condomínio edilício, quando for o caso, e o voto do multiproprietário corresponderá à quota de sua fração de tempo em relação à quota de poder político atribuído à unidade autônoma na respectiva convenção de condomínio edilício.**

---

Regula o artigo os direitos do condômino multiproprietário, com certa simetria ao art. 1.335 do CC, acima comentado, que trata dos direitos do condômino no condomínio edilício. Note-se que os direitos relacionados nos quatro incisos são os mínimos, que não podem ser suprimidos nem comprimidos em demasia pela convenção ou pelo instrumento de instituição, dada a sua natureza cogente. Nada impede, como destaca o *caput*, que outros direitos, além dos mínimos, sejam criados na instituição ou na convenção, em homenagem ao princípio da autonomia privada.

O primeiro direito é o de usar e gozar do imóvel durante o período ajustado na unidade periódica, o que abrange instalações, equipamento e mobiliário. O uso e o gozo não são ilimitados, mas se sujeitam a determinadas restrições, por exemplo, número máximo de ocupantes, respeito à destinação, não substituição ou alteração do mobiliário e vedação a comportamentos que afetem o sossego, a saúde e a segurança de eventuais outros condôminos e vizinhos. Dizendo de outro modo, a posse direta é assegurada, mas com as limitações dos arts. 1.358-J e 1.358-Q a seguir.

O segundo direito é o de ceder a posse direta da unidade periódica mediante negócios jurídicos de locação ou comodato. Claro que o comodatário e o locatário se encontram sujeitos às mesmas limitações de uso do multiproprietário. Ainda que o comodato e a locação tenham sido ajustados por tempo superior à fração de titularidade do comodante/locador, tal situação não pode ser oposta aos demais multiproprietários. Isso porque foi cedida a posse direta de unidade periódica, que integra o próprio direito de propriedade de natureza absoluta, oponível em face de locatários e comodatários. Eventual excesso de tempo convencionado na cessão da fração se resolve em perdas e danos entre cedente e cessionários, inoponível ao multiproprietário que usará a unidade no período subsequente e tem ação de imissão de posse para fazer valer o seu direito.

O terceiro direito é o de dispor livremente da unidade periódica por ato *inter vivos* ou *causa mortis*, independentemente de anuência ou notificação dos demais multiproprietários, a quem não cabe, a princípio, direito de preferência, salvo se expressamente convencionado no instrumento de instituição ou na convenção, conforme o art. 1.358-L, a seguir comentado. A alienação é livre e não se subordina ao prévio pagamento de despesas condominiais, mas o adquirente ficará responsável por débitos e multas anteriores à aquisição. Se o multiproprietário pode alienar, pode também onerar a unidade periódica. Pode oferecê-la em garantia mediante hipoteca ou propriedade fiduciária, casos em que, na hipótese de excussão, o arrematante se sub-roga nos direitos multiproprietários. Também pode constituir direitos reais de gozo e fruição, desde que compatíveis com a multipropriedade, como o usufruto, o uso, a habitação e a superfície, casos em que a posse direta seguirá o regime temporal de titularidade multiproprietário. O direito real de servidão, por pressupor dois prédios distintos, dominante e serviente, aparentemente é incompatível com a multipropriedade, pois afetará direitos de terceiros.

O quarto e último direito é o de participar e de votar em assembleia, pessoalmente ou mediante representação legal ou convencional, desde que se encontre quite com as obrigações condominiais. A representação convencional exige procuração com poderes especiais e expressos. Quanto a tal direito, em especial a necessidade de convocação do condômino inadimplente, justificativas do inadimplemento e composição de quóruns, remete-se o leitor ao comentário ao art. 1.335 do CC, que trata da mesma matéria. Note-se que o condômino inadimplente não participa nem vota, de modo que fica impedido de debater as matérias postas em debate. O inadimplemento diz respeito não somente às despesas da multipropriedade, mas também às despesas proporcionais do condomínio edilício em que se situa a unidade periódica.

Finalmente, as alíneas *a* e *b* do inciso IV dizem respeito ao poder de voto do multiproprietário, nas duas assembleias, a primeira da multipropriedade e a segunda do condomínio edilício em que se situa a unidade periódica. No que se refere à primeira assembleia (multipropriedade), a lei estabelece critério único e cogente da força do voto, proporcional à quota de fração de tempo no imóvel. Considera-se não escrita norma convencional que estabeleça critério diverso.

Na assembleia do condomínio edilício, os critérios da força do voto se bifurcam. O multiproprietário vota com a força de sua fração de tempo em relação à unidade periódica. Para fins de cômputo do voto na contagem total do condomínio edilício, porém, necessário saber qual o critério adotado na convenção de condomínio para cada unidade autônoma, em obediência ao disposto no art. 1.352, parágrafo único, comentado anteriormente. O dispositivo é correto e harmoniza os critérios das assembleias de multiproprietários e de condôminos, mas certamente gerará ao secretário dificuldades na contagem dos votos.

---

Art. 1.358-J. **São obrigações do multiproprietário, além daquelas previstas no instrumento de instituição e na convenção de condomínio em multipropriedade:**

Artigo acrescentado pela Lei n. 13.777, de 20.12.2018.

**I – pagar a contribuição condominial do condomínio em multipropriedade e, quando for o caso, do condomínio edilício, ainda que renuncie ao uso e gozo, total ou parcial, do imóvel, das áreas comuns ou das respectivas instalações, equipamentos e mobiliário;**

**II – responder por danos causados ao imóvel, às instalações, aos equipamentos e ao mobiliário por si, por qualquer de seus acompanhantes, convidados ou prepostos ou por pessoas por ele autorizadas;**

**III – comunicar imediatamente ao administrador os defeitos, avarias e vícios no imóvel dos quais tiver ciência durante a utilização;**

**IV – não modificar, alterar ou substituir o mobiliário, os equipamentos e as instalações do imóvel;**

**V – manter o imóvel em estado de conservação e limpeza condizente com os fins a que se destina e com a natureza da respectiva construção;**

**VI – usar o imóvel, bem como suas instalações, equipamentos e mobiliário, conforme seu destino e natureza;**

**VII – usar o imóvel exclusivamente durante o período correspondente à sua fração de tempo;**

**VIII – desocupar o imóvel, impreterivelmente, até o dia e hora fixados no instrumento de instituição ou na convenção de condomínio em multipropriedade, sob pena de multa diária, conforme convencionado no instrumento pertinente;**

**IX – permitir a realização de obras ou reparos urgentes.**

**§ 1º Conforme previsão que deverá constar da respectiva convenção de condomínio em multipropriedade, o multiproprietário estará sujeito a:**

**I – multa, no caso de descumprimento de qualquer de seus deveres;**

**II – multa progressiva e perda temporária do direito de utilização do imóvel no período correspondente à sua fração de tempo, no caso de descumprimento reiterado de deveres.**

**§ 2º A responsabilidade pelas despesas referentes a reparos no imóvel, bem como suas instalações, equipamentos e mobiliário, será:**

**I – de todos os multiproprietários, quando decorrentes do uso normal e do desgaste natural do imóvel;**

**II – exclusivamente do multiproprietário responsável pelo uso anormal, sem prejuízo de multa, quando decorrentes de uso anormal do imóvel.**

**§§ 3º a 5º** (*Vetados.*)

---

O artigo em exame guarda certa simetria com o art. 1.336 do CC, que trata do condomínio edilício, comentado anteriormemte, ao qual se remete o leitor. Os deveres relacionados nos nove incisos são os mínimos atribuídos aos multiproprietários, de natureza cogente, que não podem ser suprimidos pelo instrumento de instituição ou convenção do condomínio de multipropriedade. Nada impede, porém, que tais atos convencionais acrescentem novas obrigações ou detalhem as já existentes na lei, como frequentemente ocorre nas convenções.

O inciso I regula o dever de contribuição das despesas da multipropriedade e, se o caso, do condomínio edilício. Razoável que se o poder de voto na multipropriedade é estabelecido por critério de fração de tempo, que o rateio das despesas siga o mesmo caminho, evitando a quebra de isonomia entre os multiproprietários. No que se refere ao critério de rateio das despesas de condomínio edilício o critério é outro (fração ideal de terreno, salvo disposição em contrário na convenção) e se encontra previsto no art. 1.336, I, ao qual se remete o leitor. A novidade do dispositivo em exame está na persistência da obrigação de pagar as despesas, ainda que haja renúncia total ou parcial da unidade multiproprietária, áreas comuns, equipamentos e mobiliário. A regra é rigorosa e tem parcial justificação. Inaceitável que o multiproprietário que não deseja usar o tempo que lhe foi atribuído em determinado ano se escuse do rateio das despesas, comprometendo a saúde financeira do instituto e onerando os demais coproprietários. A regra, porém, mostra-se excessivamente gravosa no caso de renúncia total e definitiva à copropriedade, em especial no que se refere a empreendimentos fracassados ou inviabilizados pela deficiência de estrutura ou dos serviços prestados. Pode ocorrer violação, em tal situação, do direito do consumidor frente ao empreendedor ou administrador empresário.

Os incisos II a VII são autoexplicativos, e a clareza de redação dispensa maiores comentários. O inciso VII, que trata da sanção de multa ao multiproprietário que deixar de entregar a posse direta da unidade na data e nos horários previstos, merece a consideração de que a pena pecuniária não afasta o direito do multiproprietário que utilizará a unidade no período subsequente ajuíze ação petitória, com pedido de tutela provisória de urgência, sem prejuízo da cobrança da multa.

O § 1º, I, dispõe que a previsão da incidência, montante e modo de aplicação das multas constará da convenção de condomínio de multipropriedade. Note-se que não incide aqui a limitação da multa moratória de 2% do condomínio edilício, prevista no art. 1.336, § 1º, comentado anteriormente. A multa moratória é a prevista na convenção. O inciso II prevê a possibilidade de aplicação de multa progressiva, desde que prevista na convenção, na hipótese de descumprimento reiterado dos deveres pelo condômino, inclusive com perda temporária de utilização do imóvel durante sua fração de tempo. Cuida-se de sanção severa, somente viável na hipótese de renitência e gravidade do comportamento, mas que não se mostra inconstitucional. É modalidade de *exceptio non adimpleti contractus* estendida ao direito das coisas, com o propósito de salvaguardar a convivência e a finalidade da multipropriedade. Claro que poderá o condômino questionar judicialmente a proporcionalidade, a adequação e a observância das formalidades na aplicação da sanção. Não há violação ao direito de propriedade, pois a vedação é temporária e atende à sua função social.

O § 2º trata da responsabilidade pelas despesas de reparos no imóvel, diferenciando suas situações. A primeira, de uso adequado e desgaste natural, não apenas do imóvel, mas de equipamentos e móveis, com rateio entre os condôminos na proporção de suas frações de tempo. A segunda, de uso anormal, imputável somente ao multiproprietário que causou os danos, ainda que não intencionais.

**Jurisprudência:** Compromisso de compra e venda. Imóvel (chalé) adquirido em regime de multipropriedade. Resolução por inadimplemento da adquirente. Sentença de parcial procedência. Inconformismo apenas da empreendedora, limitado ao tema da taxa de fruição. Definição, pela r. sentença, do percentual de 0,5%, incidente sobre o valor do contrato, pelo período de efetiva disponibilização da unidade à adquirente-ré. Pretensão de consideração não do valor do negócio, mas do valor total do imóvel, visto que adquirida pela ré tão somente uma cota. Impertinência. Cálculo que não pode ser feito em margem superior ao valor do contrato efetivamente resolvido, o que representaria distorção, em prejuízo da ré. Regime de propriedade, outrossim, que implica direito de uso limitado no tempo. Arts. 1.358-C e 1.358-I, I, do CC. Impossibilidade de consideração da totalidade do tempo decorrido desde a entrega da unidade, quando é certo que esteve à disposição da adquirente-cotista em termos limitados no tempo, tal qual foi considerado corretamente pelo MM. Juízo *a quo*. Sentença confirmada quanto a esses aspectos. Apelação da autora desprovida. (TJSP, Ap. Cível n. 10023910520218260541/Santa Fé do Sul, 29ª Câm. de Dir. Priv., rel. Fabio Tabosa, j. 08.10.2024, publ. 08.10.2024)

Prejudicial de nulidade de sentença. Arguição de nulidade de sentença em decorrência da não apreciação do questionamento acerca da forma de rateio das cotas condominiais. Matéria que não se encontra circunscrita aos limites objetivos da ação, devendo ser objeto de demanda própria. Prejudicial rejeitada. Apelação. Execução de título extrajudicial. Embargos à execução. Pretensão do embargante voltada à declaração de inexigibilidade de despesas condominiais instituídas em decorrência de sistema de multipropriedade ou *time-sharing*. Sentença de improcedência. Como é cediço, o regime de multipropriedade, também denominado de *time-sharing*, consiste em um sistema pelo qual os adquirentes são proprietários de "unidades de tempo", de modo que o bem é dividido para que cada um deles utilize a coisa, com exclusividade, durante certos períodos de tempo por ano. Neste cenário, na estrita hipótese dos autos, verifica-se a formação de dois condomínios, um envolvendo as unidades em relação ao terreno e outro relativo aos coproprietários da mesma unidade, circunstância que atrai a incidência da Lei n. 4.591/64. As prestações condominiais, nesse meandro, consistem em verdadeiro dever legal, nos termos do art. 1.336, I, do CC e art. 12 da Lei n. 4.591/64. Assim, em se tratando de obrigação proveniente de norma cogente, basta que a ação de execução seja instruída com a discriminação do débito, sendo dispensável a apresentação de outros documentos. Ausência, ademais, de excesso de execução, já que em sendo as despesas condominiais obrigações de natureza *propter rem*, possível a cobrança do valor integral de qualquer coproprietário. Sentença mantida. Recurso não provido. (TJSP, AC n. 1044484-87.2017.8.26.0002, 31ª Câm. de Dir. Priv., rel. Des. Carlos Nunes, j. 04.09.2018)

Despesas condominiais. Execução de título extrajudicial. Embargos à execução. Multipropriedade ou *time-sharing*. Embargantes que são proprietários de fração ideal de unidade autônoma. Atas das assembleias em que se deliberou sobre despesas cobradas. Impugnações genéricas e descabidas sobre a validade da assembleia que permanece hígida até que eventual anulação seja reconhecida pelas vias apropriadas. Juntada de demais documentos. Desnecessidade. Obrigação que é *propter rem* e indivisível. Recurso improvido. (TJSP, AC n. 1051512-43.2016.8.26.0002, 36ª Câm. de Dir. Priv., rel. Walter Cesar Exner, j. 04.05.2018)

---

**Art. 1.358-K. Para os efeitos do disposto nesta Seção, são equiparados aos multiproprietários os promitentes compradores e os cessionários de direitos relativos a cada fração de tempo.**

Artigo acrescentado pela Lei n. 13.777, de 20.12.2018.

---

O artigo equipara os multiproprietários aos promissários compradores e cessionários para fins de direitos e deveres no condomínio em multipropriedade. A regra segue o entendimento pacífico da jurisprudência no que se refere aos condomínios edilícios, consoante se extrai dos comentários ao art. 1.345, ao qual se remete o leitor.

Note-se que os promissários compradores e cessionários não apenas se obrigam, em especial, ao pagamento do rateio das despesas, mas também podem usar a unidade periódica e participar e votar em assembleias. Não se exige que os compromissos e respectivas cessões sejam levados ao registro imobiliário, sendo suficiente a mera prova de sua existência, mediante apresentação do contrato ou de sua cópia.

Indaga-se se os promissários compradores e cessionários, para fins deste artigo, devem se encontrar imitidos na posse da unidade periódica. Não faz a lei tal exigência, mesmo porque a posse direta é temporária, às vezes, por curto período. É suficiente que o condomínio, ou o administrador, tome ciência da promessa de alienação ou cessão para a incidência da regra.

Consagra o artigo tendência de se considerar o compromisso de venda e compra contrato preliminar impróprio, pois frequentemente todos os efeitos da venda – *jus utendi, fruendi e abutendi* – são antecipados para o primeiro contrato.

## *Seção IV*
## *Da Transferência da Multipropriedade*

Seção acrescentada pela Lei n. 13.777, de 20.12.2018.

---

**Art. 1.358-L. A transferência do direito de multipropriedade e a sua produção de efeitos perante terceiros dar-se-ão na forma da lei civil e não dependerão da anuência ou cientificação dos demais multiproprietários.**

Artigo acrescentado pela Lei n. 13.777, de 20.12.2018.

**§ 1º Não haverá direito de preferência na alienação de fração de tempo, salvo se estabelecido no instrumento de instituição ou na convenção do condomínio em multipropriedade em favor dos demais multiproprietários ou do instituidor do condomínio em multipropriedade.**

**§ 2º O adquirente será solidariamente responsável com o alienante pelas obrigações de que trata o § 5º do art. 1.358-J deste Código caso não obtenha a declaração de inexistência de débitos referente à fração de tempo no momento de sua aquisição.**

O art. 1.358-J, § 5º, foi vetado.

---

O artigo trata da transferência da multipropriedade, que ocorre "na forma da lei civil", a título *inter vivos* ou *causa mortis*. Caso ocorra mediante negócio jurídico *inter vivos*, deve ser observada a forma do art. 108 do CC, se superar o valor de 30 salários mínimos, e o registro imobiliário tem natureza constitutiva. Os chamados contratos translativos – compra e venda, doação, permuta, dação em pagamento – geram somente efeitos obrigacionais, que se convertem em direito de propriedade periódica somente com o registro junto ao oficial de registro de imóveis. Note-se, porém, como destacado nos comentários ao artigo anterior, que perante o condomínio em multipropriedade os contratos, inclusive os compromissos de venda e compra e respectivas cessões, geram efeitos imediatos, independentemente do registro, de modo que os adquirentes se sujeitam, desde logo, aos direitos e deveres dos demais multiproprietários.

Nas transmissões *causa mortis* incide o art. 1.784 do CC – princípio da *saisine* – de modo que a transmissão da posse e da propriedade ocorre no exato momento da morte. O registro do formal ou da escritura de partilha no registro de imóveis somente regulariza a transmissão anterior, para fins regularizatórios e publicitários. Desde a morte, portanto, os herdeiros têm os direitos e deveres dos multiproprietários. O registro permite aos herdeiros alienações subsequentes derivadas, preservando o princípio da continuidade.

A alienação da propriedade periódica é livre, não se subordinando o titular à anuência ou cientificação dos demais multiproprietários. Isso porque tem ele propriedade exclusiva – embora periódica – sobre a unidade. Ressalva o § 1º, porém, que o direito de preferência pode ser estabelecido na instituição ou na convenção de condomínio em multipropriedade, devidamente levadas ao registro imobiliário. Destaca o dispositivo que a preferência pode ser estabelecida em favor dos demais multiproprietários ou do instituidor do condomínio. Não estabelece, porém, regra de prioridade no exercício de preferência, o que pode ser estabelecido de acordo com a autonomia privada mediante cláusula levada ao registro. Também as regras quanto modo e tempo da preferência devem ser convencionadas, e na omissão da instituição ou convenção, aplica-se por analogia o disposto no art. 504 do CC. Note-se que a inobservância do direito de preferência não leva à invalidade do negócio nem impede o seu registro, mas implica apenas ineficácia relativa frente ao instituidor ou demais multiproprietários, que tiveram violada a prerrogativa.

O § 2º estabelece que o adquirente é solidariamente responsável com o alienante pelas obrigações previstas no § 5º do art. 1.358-J. Sucede que o dispositivo a que se faz remissão foi vetado, de modo que o preceito se tornou inoperante. De qualquer forma, ainda que sem regra expressa, aplica-se por analogia o art. 1.345 do CC, anteriormente comentado e com sólida jurisprudência sedimentada do STJ, a respeito e ao qual se remete o leitor. Não resta dúvida de que a obrigação de participar do rateio das despesas tem natureza de ônus real (embora a maioria da doutrina se refira à obrigação *propter rem*), de modo que o adquirente se torna responsável pelo pagamento das despesas, multas e juros inadimplidos, ainda que em data anterior ao negócio. Note-se que a declaração de quitação passada pelo administrador não é documento indispensável à alienação, mas sujeita o adquirente ao pagamento de dívidas pendentes.

## *Seção V*
## *Da Administração da Multipropriedade*

Seção acrescentada pela Lei n. 13.777, de 20.12.2018.

---

**Art. 1.358-M. A administração do imóvel e de suas instalações, equipamentos e mobiliário será de responsabilidade da pessoa indicada no instrumento de instituição ou na convenção de condomínio em multipropriedade, ou, na falta de indicação, de pessoa escolhida em assembleia geral dos condôminos.**

Artigo acrescentado pela Lei n. 13.777, de 20.12.2018.

**§ 1º O administrador exercerá, além daquelas previstas no instrumento de instituição e na convenção de condomínio em multipropriedade, as seguintes atribuições:**

**I – coordenação da utilização do imóvel pelos multiproprietários durante o período correspondente a suas respectivas frações de tempo;**

**II – determinação, no caso dos sistemas flutuante ou misto, dos períodos concretos de uso e gozo exclusivos de cada multiproprietário em cada ano;**

**III – manutenção, conservação e limpeza do imóvel;**

**IV – troca ou substituição de instalações, equipamentos ou mobiliário, inclusive:**

***a)* determinar a necessidade da troca ou substituição;**

***b)* providenciar os orçamentos necessários para a troca ou substituição;**

***c)* submeter os orçamentos à aprovação pela maioria simples dos condôminos em assembleia;**

**V – elaboração do orçamento anual, com previsão das receitas e despesas;**

**VI – cobrança das quotas de custeio de responsabilidade dos multiproprietários;**

**VII – pagamento, por conta do condomínio edilício ou voluntário, com os fundos comuns arrecadados, de todas as despesas comuns.**

**§ 2º A convenção de condomínio em multipropriedade poderá regrar de forma diversa a atribuição prevista no inciso IV do § 1º deste artigo.**

---

Esta seção traz regras relativas à administração da multipropriedade. Peca por tratar das atribuições do administrador, sem prever, no entanto, suas responsabilidades ou modos de destituição. Adota o viés da empresa administradora, sem olhar para o multiproprietário, que nos mais das vezes será um consumidor. Merece o preceito, portanto, ser lido e interpretado à luz do CDC.

O *caput* corretamente dispõe sobre a necessidade de nomeação de um administrador da multipropriedade, prevista no instrumento de constituição ou de convenção da multipropriedade, necessariamente levados ao registro imobiliário. Somente no silêncio de tais negócios é que a indicação far-se-á em assembleia de condôminos, por votação da maioria simples das frações periódicas, diante da ausência de indicação legal de quórum especial. Resta saber o que fazer se os condôminos não concordarem com a indicação do administrador prevista na instituição ou na convenção. Inaceitável que a indicação seja perpétua, ou por longo prazo, sem a possibilidade de destituição, que pode ser tomada por maioria qualificada de 2/3 dos condôminos, a mesma exigida para alteração da própria convenção, quórum que se estende à instituição. Caso contrário teríamos administradores rejeitados pelos condôminos, ou, pior, com situação de representação em proveito próprio e eventualmente contra os interesses dos representados. Não prevê a lei quem tem legitimação – ou não – para ser administrador. Pode ser condômino, ou um estranho, pessoa física ou jurídica. Exige-se apenas capacidade para os atos da vida civil e ausência de conflito de interesses com o condomínio em multipropriedade.

O § 1º relaciona as atribuições do administrador em seus sete incisos. São atribuições mínimas, uma vez que a convenção e a instituição podem adicionar outras, desde que não violadoras do equilíbrio contratual nem excessivamente onerosas, em especial nas relações de consumo. Entre as atribuições, algumas são autoexplicativas (incisos I, III, V, VI e VII).

Outras, porém, merecem exame e críticas. O inciso II dispõe que cabe ao administrador a determinação, nos sistemas flutuante ou misto, dos períodos do condomínio. Os critérios devem ser claros e públicos, sem violar a isonomia dos multiproprietários, pena de se converterem em abuso de direito e violação dos direitos do consumidor. A omissão quanto aos critérios deve ser suprida em assembleia, jamais por decisão unilateral do administrador, que representa os condôminos.

O inciso IV trata da troca, ou substituição, de instalações, equipamentos ou mobiliário, cuja necessidade, a princípio, fica a critério do administrador, salvo se a convenção regrar de forma diversa tal atribuição (§ 2º). Causa espécie, porém, que o administrador possa determinar a troca, contra a vontade dos condôminos que pagarão a despesa. Não somente a aprovação dos orçamentos, mas a própria decisão de substituição é decisão dos condôminos, que poderão deliberar em assembleia, e não exclusiva do administrador.

---

**Art. 1.358-N. O instrumento de instituição poderá prever fração de tempo destinada à realização, no imóvel e em suas instalações, em seus equipamentos e em seu mobiliário, de reparos indispensáveis ao exercício normal do direito de multipropriedade.**

Artigo acrescentado pela Lei n. 13.777, de 20.12.2018.

**§ 1º A fração de tempo de que trata o *caput* deste artigo poderá ser atribuída:**

**I – ao instituidor da multipropriedade; ou**

**II – aos multiproprietários, proporcionalmente às respectivas frações.**

**§ 2º Em caso de emergência, os reparos de que trata o *caput* deste artigo poderão ser feitos durante o período correspondente à fração de tempo de um dos multiproprietários.**

---

O artigo trata de possibilidade da instituição do condomínio em multipropriedade prever de antemão a fração de tempo a ser utilizada para reparos, de modo a não sacrificar o direito de qualquer dos multiproprietários. Tal previsão deve necessariamente ser formalizada no instrumento de instituição, insuficiente para tanto a mera convenção.

Essa fração pode ser atribuída ao próprio instituidor, ou não alienada a terceiros, ou, ainda, rateada de modo proporcional entre multiproprietários. O problema será operacionalizar o rateio, uma vez que muitas vezes a execução das obras exige períodos contínuos, sem possibilidade de fracionamento. Razoável que o instrumento de instituição preveja obras em períodos alternados ao longo dos anos, de modo a não sacrificar em demasia qualquer dos multiproprietários.

Exceção à regra são as obras de urgência, que podem ser feitas às custas do período de apenas um dos multiproprietários.

## *Seção VI*
## *Disposições Específicas Relativas às Unidades Autônomas de Condomínios Edilícios*

Seção acrescentada pela Lei n. 13.777, de 20.12.2018.

---

**Art. 1.358-O. O condomínio edilício poderá adotar o regime de multipropriedade em parte ou na totalidade de suas unidades autônomas, mediante:**

Artigo acrescentado pela Lei n. 13.777, de 20.12.2018.

**I – previsão no instrumento de instituição; ou**

**II – deliberação da maioria absoluta dos condôminos.**

**Parágrafo único. No caso previsto no inciso I do *caput* deste artigo, a iniciativa e a responsabilidade para a instituição do regime da multipropriedade serão atribuídas às mesmas pessoas e observarão os mesmos requisitos indicados nas alíneas *a*, *b* e *c* e no § 1º do art. 31 da Lei n. 4.591, de 16 de dezembro de 1964.**

---

Esta seção regula a multipropriedade instituída em unidades autônomas de condomínio edilício, pronto ou em fase de edificação. O *caput* ressalva que a multipropriedade pode ser criada na totalidade ou em parte do condomínio edilício, estabelecendo, nesta última hipótese, empreendimento misto.

O parágrafo único destaca que na hipótese de unidades autônomas futuras, a construir ou em construção, alienadas ao público em geral, a instituição da multipropriedade poderá ser feita pelo incorporador (art. 31 da Lei n. 4.591/64). Não há dúvida de tal possibilidade, com a ressalva de que o próprio memorial de incorporação deverá necessariamente conter o regime jurídico do condomínio, se somente edilício ou em multipropriedade. Cuida-se de circunstância essencial do negócio jurídico, que não pode ser relegada pelo incorporador somente para o momento da instituição do condomínio, com a edificação já pronta, pena de intolerável surpresa aos consumidores promissários compradores.

Os incisos I e II regulam o momento em que pode ser criada a multipropriedade. O primeiro será no próprio instrumento de instituição do condomínio, com a construção já pronta e habite-se expedido, levado ao registro de imóveis e subscrito pela totalidade dos adquirentes, ou promissários compradores. O segundo será por deliberação da assembleia, tomada por maioria absoluta dos condôminos. O quórum previsto pelo legislador é manifestamente insuficiente para decisão de tamanha envergadura, que afetará a vida e a própria natureza das unidades autônomas de todos os condôminos. Não faz sentido que para alterar a destinação do edifício se exija unanimidade, ou que para alterar dispositivo da convenção se exija maioria qualificada de 2/3, mas para conversão de condomínio edilício em condomínio de multipropriedade se contente a lei com maioria absoluta dos votos. Tal quórum somente se aplica na hipótese de omissão da convenção, que poderá – e será conveniente que o faça – exigir quóruns mais elevados.

---

**Art. 1.358-P. Na hipótese do art. 1.358-O, a convenção de condomínio edilício deve prever, além das matérias elencadas nos arts. 1.332, 1.334 e, se for o caso, 1.358-G deste Código:**

Artigo acrescentado pela Lei n. 13.777, de 20.12.2018.

**I – a identificação das unidades sujeitas ao regime da multipropriedade, no caso de empreendimentos mistos;**

**II – a indicação da duração das frações de tempo de cada unidade autônoma sujeita ao regime da multipropriedade;**

**III – a forma de rateio, entre os multiproprietários de uma mesma unidade autônoma, das contribuições condominiais relativas à unidade, que, salvo se disciplinada de forma diversa no instrumento de instituição ou na convenção de condomínio em multipropriedade, será proporcional à fração de tempo de cada multiproprietário;**

**IV – a especificação das despesas ordinárias, cujo custeio será obrigatório, independentemente do uso e gozo do imóvel e das áreas comuns;**

**V – os órgãos de administração da multipropriedade;**

**VI – a indicação, se for o caso, de que o empreendimento conta com sistema de administração de intercâmbio, na forma prevista no § 2º do art. 23 da Lei n. 11.771, de 17 de setembro de 2008, seja do período de fruição da fração de tempo, seja do local de fruição, caso em que a responsabilidade e as obrigações da companhia de intercâmbio limitam-se ao contido na documentação de sua contratação;**

**VII – a competência para a imposição de sanções e o respectivo procedimento, especialmente nos casos de mora no cumprimento das obrigações de custeio e nos casos de descumprimento da obrigação de desocupar o imóvel até o dia e hora previstos;**

**VIII – o quórum exigido para a deliberação de adjudicação da fração de tempo na hipótese de inadimplemento do respectivo multiproprietário;**

**IX – o quórum exigido para a deliberação de alienação, pelo condomínio edilício, da fração de tempo adjudicada em virtude do inadimplemento do respectivo multiproprietário.**

---

Trata o artigo das novas matérias que devem obrigatoriamente ser tratadas na convenção de condomínio em multipropriedade, além daquelas já relacionadas nos arts. 1.332, 1.334 e 1.358-G, comentados anteriormente e aos quais se remete o leitor.

Alguns dispositivos são claros e não exigem maiores explicações (incisos I, II, V, VII, VIII e IX). O inciso III dispõe que o rateio das despesas condominiais relativas à unidade em multipropriedade, no silêncio da convenção e da instituição, será proporcional às frações de tempo. A regra é dispositiva, de modo que os aludidos instrumentos poderão dispor de modo contrário, adotando critérios diversos. É bom ressaltar, porém, que tais critérios não poderão ser puramente discricionários, nem prejudicar um ou alguns dos condôminos em benefício dos demais. A isonomia e a razoabilidade dos critérios de rateio são de ordem pública, especialmente em empreendimentos que constituem relações de consumo. O inciso IV exige a discriminação das despesas ordinárias, de rateio geral, independentemente da utilização da unidade. Em oposição, as despesas extraordinárias deverão ser suportadas somente pelos condôminos que usufruírem de determinados benefícios ou serviços. Lembre-se que a distinção entre despesas ordinárias e extraordinárias não guardam relação com as previstas na Lei do Inquilinato (art. 23), mas, sim, despesas geradas exclusivamente pela utilização da unidade temporária, como fornecimento de alimentação, *concierge* ou utilização de certos equipamentos pagos à parte, como sauna, salão de festas etc.

---

**Art. 1.358-Q. Na hipótese do art. 1.358-O deste Código, o regimento interno do condomínio edilício deve prever:**

Artigo acrescentado pela Lei n. 13.777, de 20.12.2018.

**I – os direitos dos multiproprietários sobre as partes comuns do condomínio edilício;**

**II – os direitos e obrigações do administrador, inclusive quanto ao acesso ao imóvel para cumprimento do dever de manutenção, conservação e limpeza;**

**III – as condições e regras para uso das áreas comuns;**

**IV – os procedimentos a serem observados para uso e gozo dos imóveis e das instalações, equipamentos e mobiliário destinados ao regime da multipropriedade;**

**V – o número máximo de pessoas que podem ocupar simultaneamente o imóvel no período correspondente a cada fração de tempo;**

**VI – as regras de convivência entre os multiproprietários e os ocupantes de unidades autônomas não sujeitas ao regime da multipropriedade, quando se tratar de empreendimentos mistos;**

**VII – a forma de contribuição, destinação e gestão do fundo de reserva específico para cada imóvel, para reposição e manutenção dos equipamentos, instalações e mobiliário, sem prejuízo do fundo de reserva do condomínio edilício;**

**VIII – a possibilidade de realização de assembleias não presenciais, inclusive por meio eletrônico;**

**IX – os mecanismos de participação e representação dos titulares;**

**X – o funcionamento do sistema de reserva, os meios de confirmação e os requisitos a serem cumpridos pelo multiproprietário quando não exercer diretamente sua faculdade de uso;**

**XI – a descrição dos serviços adicionais, se existentes, e as regras para seu uso e custeio.**

**Parágrafo único. O regimento interno poderá ser instituído por escritura pública ou por instrumento particular.**

---

O artigo em exame peca por duas razões. A primeira porque detalha ao extremo temas que devem ser tratados na convenção de condomínio em multipropriedade. Não há razão plausível para que desça a lei nível tão elevado de detalhamento, muito mais minucioso que as próprias normas legais dos condomínios edilícios, mais frequentes e de maior relevância econômica e social. A segunda – e mais grave – é que relega temas nítidos de convenção para simples regimento interno, cuja alteração e criação não exige quórum especial.

Parece claro que melhor seria que temas relevantes como utilização das áreas comuns, direitos e obrigações do administrador, número máximo de pessoas que podem ocupar cada unidade, regras básicas de convivência, modos de convocação e de realização de assembleias devem ser regulados em convenção, votada por maioria qualificada, e não deixados ao alvedrio da maioria simples em assembleia que crie ou altere o regimento interno. Procurou a lei dar maior flexibilidade à regulação da multipropriedade, sem pesar os riscos de danos aos condôminos, em especial em empreendimentos de natureza empresarial, que tenham por objeto relações de consumo.

Se aludidos temas forem inseridos na convenção, não poderão ser modificados por regimento interno.

---

**Art. 1.358-R. O condomínio edilício em que tenha sido instituído o regime de multipropriedade em parte ou na totalidade de suas unidades autônomas terá necessariamente um administrador profissional.**

Artigo acrescentado pela Lei n. 13.777, de 20.12.2018.

**§ 1º O prazo de duração do contrato de administração será livremente convencionado.**

**§ 2º O administrador do condomínio referido no *caput* deste artigo será também o administrador de todos os condomínios em multipropriedade de suas unidades autônomas.**

**§ 3º O administrador será mandatário legal de todos os multiproprietários, exclusivamente para a realização dos atos de gestão ordinária da multipropriedade, incluindo manutenção, conservação e limpeza do imóvel e de suas instalações, equipamentos e mobiliário.**

**§ 4º O administrador poderá modificar o regimento interno quanto aos aspectos estritamente operacionais da gestão da multipropriedade no condomínio edilício.**

**§ 5º O administrador pode ser ou não um prestador de serviços de hospedagem.**

---

O artigo trata da obrigatoriedade de administrador profissional gerir condomínio edilício em regime parcial ou total de multipropriedade. O administrador será único para as unidades autônomas e para as unidades periódicas, caso se trate de empreendimento misto.

O dispositivo tem indisfarçável natureza corporativista de administradores de empreendimentos de multipropriedade, e certamente merecerá interpretação restritiva da jurisprudência, com o propósito de coibir abusos e lesão a direitos de consumidores.

O § 1º dispõe que o contrato de administração terá prazo livremente convencionado. A regra deve ser vista com cautela. Evidente que se o próprio empreendedor contrata o administrador (muitas vezes pessoa jurídica ligada ao mesmo grupo econômico) por prazo longo, tal medida pode vir em prejuízo dos adquirentes, que poderão resolver ou resilir o contrato, caso se mostre excessivamente oneroso aos consumidores.

O administrador, além de prestador de serviços, é mandatário dos condomínios, de modo que deve agir em nome, interesse e proveito destes. Razoável a regra do § 3º, da existência de representação legal para atos de gestão ordinária do imóvel, suas instalações, equipamentos e mobiliário. Não se justifica, por outro lado, a regra que delega ao administrador a prerrogativa de alterar o regimento interno quanto aos "aspectos estritamente operacionais", sem discriminar no que consistiriam tais temas. Lembre-se da crítica ao artigo anterior, que relegou indevidamente ao regimento interno matérias típicas de convenções. Parece claro que alterações relevantes no regimento, que alterem de modo significativo direitos e deveres dos condôminos deverão ser submetidas à assembleia geral, pois não pode o mandatário agir em desacordo com os interesses e desejos dos mandantes.

Mais uma vez faltou, já que se esmerou o legislador em regular com extremos detalhes a matéria, relacionar os deveres e responsabilidades do administrador e, em especial, o modo e o quórum necessários para sua destituição. Na ausência de norma legal ou prevista em convenção, é suficiente a maioria simples em assembleia extraordinária.

---

**Art. 1.358-S. Na hipótese de inadimplemento, por parte do multiproprietário, da obrigação de custeio das despesas ordinárias ou extraordinárias, é cabível, na forma da lei processual civil, a adjudicação ao condomínio edilício da fração de tempo correspondente.**

Artigo acrescentado pela Lei n. 13.777, de 20.12.2018.

**Parágrafo único. Na hipótese de o imóvel objeto da multipropriedade ser parte integrante de empreendimento em que haja sistema de locação das frações de tempo no qual os titulares possam ou sejam obrigados a locar suas frações de tempo exclusivamente por meio de uma administração única, repartindo entre si as receitas das locações independentemente da efetiva ocupação de cada unidade autônoma, poderá a convenção do condomínio edilício regrar que em caso de inadimplência:**

**I – o inadimplente fique proibido de utilizar o imóvel até a integral quitação da dívida;**

**II – a fração de tempo do inadimplente passe a integrar o *pool* da administradora;**

**III – a administradora do sistema de locação fique automaticamente munida de poderes e obrigada a, por conta e ordem do inadimplente, utilizar a integralidade dos valores líquidos a que o inadimplente tiver direito para amortizar suas dívidas condominiais, seja do condomínio edilício, seja do condomínio em multipropriedade, até sua integral quitação, devendo eventual saldo ser imediatamente repassado ao multiproprietário.**

---

O artigo regula a cobrança das despesas do condomínio em multipropriedade, desde que situado em condomínio edilício. As despesas constituem título executivo extrajudicial, tal como previsto no CPC, e o prazo prescricional é quinquenal, a contar dos vencimentos das prestações. Menciona o *caput* a possibilidade de adjudicação da unidade, na forma da lei processual civil. Exige-se, é claro, o devido processo legal, com citação, penhora, intimação e prazo de oferecimento de embargos. Pode o credor pedir a adjudicação, pelo valor de avaliação, ou levar a unidade à excussão e satisfazer o crédito com o produto da arrematação. Eventuais sobras serão, é claro, levantadas pelo executado.

A grande novidade se encontra no parágrafo único, que cria hipótese de uma "anticrese legal", desde que prevista em convenção de empreendimento de características peculiares, com administração única de todas as unidades e rateio entre todos os titulares (*pool*) das receitas provenientes das locações a terceiros. Em tal situação, criou a lei modalidade de *exceptio non adimpleti contractus* de direitos reais, impedindo o multiproprietário de usar o imóvel enquanto tiver dívidas pendentes com o condomínio. Previu mais, a prerrogativa de a administradora locar a unidade a terceiros e reverter os alugueres em proveito do condomínio, extinguindo o crédito do rateio de despesas mediante compensação. Indaga-se da constitucionalidade do preceito, que violaria o direito de ampla defesa e o devido processo legal. Na realidade, não se leva o bem à excussão nem se expropria o multiproprietário de sua unidade, mas somente se aplica os valores de créditos de locação no abatimento da dívida de condomínio. Não parece ocorrer violação à constituição, tal como ocorre na própria anticrese. Tome-se também como exemplo a cessão fiduciária de crédito, na qual o credor fiduciário, por força de lei, compensa o valor dos direitos creditórios com o valor da dívida garantida.

**Art. 1.358-T. O multiproprietário somente poderá renunciar de forma translativa a seu direito de multipropriedade em favor do condomínio edilício.**

Artigo acrescentado pela Lei n. 13.777, de 20.12.2018.

**Parágrafo único. A renúncia de que trata o *caput* deste artigo só é admitida se o multiproprietário estiver em dia com as contribuições condominiais, com os tributos imobiliários e, se houver, com o foro ou a taxa de ocupação.**

O artigo trata de modo pouco técnico da renúncia à multipropriedade. Dispõe que a renúncia é translativa em favor do condomínio edilício, vale dizer, trata-se de cessão gratuita, típico negócio de doação, a ser instrumentalizado por escritura pública, se tiver o imóvel valor superior a 30 salários mínimos, na forma do art.108 do CC, com o recolhimento do imposto e levada ao registro imobiliário. Em outras palavras, doação do multiproprietário ao condomínio.

O parágrafo único contém regra polêmica, que condiciona a renúncia – ou doação – ao prévio pagamento de todas as despesas, tributos, foros e taxas de ocupação inadimplidas. Tem a norma o escopo de evitar que o multiproprietário se exonere de suas obrigações, renunciando à titularidade da unidade. Não faz sentido a condição, bastando regra que dispusesse que a renúncia opera efeitos *ex nunc*. Na realidade, enxerga-se uma segunda finalidade da norma, de manter adquirentes vinculados a empreendimentos inviáveis economicamente, em proveito exclusivo do empreendedor ou administrador, o que pode ser considerado abusivo nas relações de consumo.

**Art. 1.358-U. As convenções dos condomínios edilícios, os memoriais de loteamentos e os instrumentos de venda dos lotes em loteamentos urbanos poderão limitar ou impedir a instituição da multipropriedade nos respectivos imóveis, vedação que somente poderá ser alterada no mínimo pela maioria absoluta dos condôminos.**

Artigo acrescentado pela Lei n. 13.777, de 20.12.2018.

O artigo dispõe que convenções de condomínio, memoriais de loteamento e compromissos de compra e venda de lotes poderão limitar ou impedir a criação de condomínio em multipropriedade. Caso sejam omissos, segundo o art. 1.358-O, comentado anteriormente, o instituto pode ser criado em assembleia de condomínio, por maioria absoluta dos votos.

O problema está na hipótese de convenções, memoriais e compromissos vedarem ou limitarem a criação de condomínio em multipropriedade. A solução dada pelo legislador é inaceitável, porque mais uma vez dispõe que os obstáculos poderão ser removidos por decisão da maioria absoluta de votos em assembleia. O preceito visa facilitar a conversão, privilegiando os interesses dos empreendedores e dos administradores profissionais, sem levar em conta, porém, os interesses dos adquirentes.

Como consta do comentário ao art. 1.358-O, a criação do condomínio em multipropriedade provoca profundas alterações na natureza e funcionamento das unidades autônomas, de modo que injustificável se dê por quórum somente de maioria absoluta.

Pior ainda a referência aos loteamentos e compromissos de compra e venda. Sabido que em loteamentos não há convenção nem assembleias, de modo que o preceito é manifestamente inaplicável. Quanto aos contratos de venda em loteamentos que contenham vedação ou limitação, a modificação posterior por assembleia – que não existe – violaria de modo claro ato jurídico perfeito, em desarmonia com princípio constitucional.

## CAPÍTULO VIII
## DA PROPRIEDADE RESOLÚVEL

**Art. 1.359. Resolvida a propriedade pelo implemento da condição ou pelo advento do termo, entendem-se também resolvidos os direitos reais concedidos na sua pendência, e o proprietário, em cujo favor se opera a resolução, pode reivindicar a coisa do poder de quem a possua ou detenha.**

O artigo em exame corresponde ao art. 647 do CC/1916, com alterações apenas formais de redação. Substituiu-se o termo "domínio" por "propriedade", mantendo-se, no mais, incólume o preceito, que disciplina a propriedade resolúvel.

Na lição clássica de Clóvis Bevilaqua, "propriedade resolúvel, ou revogável, é a que, no próprio título de sua constituição encerra o princípio, que a tem de extinguir, realizada a condição resolutória, ou advindo o termo, seja por força de declaração, seja por determinação da lei" (*Direito das coisas*. Rio de Janeiro, Freitas Bastos, 1951, p. 243).

A propriedade, como já vimos no comentário ao art. 1.228, tem como uma de suas características a perpetuidade. Adverte Orlando Gomes, porém, que "a ordem jurídica admite situações nas quais a propriedade torna-se temporária. Quando sua duração se subordina a uma condição resolutiva, ou termo final, previsto no título constitutivo do direito, diz-se que há propriedade resolúvel. Quando não é adquirida para durar certo tempo, mas se apresenta potencialmente temporária, podendo seu titular perdê-la por força de certos acontecimentos, diz-se que há propriedade *ad tempus*" (*Direitos reais*, 19. ed., atualizada por Edson Luiz Fachin. Rio de Janeiro, Forense, 2004, p. 265).

Ainda segundo Orlando Gomes, "o traço característico da propriedade resolúvel reside na previsão de sua extinção no próprio título que a constitui. A causa da revogação há de ser estabelecida em cláusula informativa de condição ou termo. Necessária será a declaração de vontade nesse sentido. Do contrário, não será propriedade resolúvel, por exemplo, se a revogação decorre de causa superveniente" (op. cit., p. 267). Em termos diversos, a propriedade resolúvel é temporária, e o proprietário, ao adquiri-la, sabe que a perderá com o advento do termo ou da condição.

A resolução da propriedade produz efeitos parcialmente retroativos ao momento de sua aquisição. Ingressa-se, aqui, no controverso tema da retroatividade da condição resolutiva. São parcialmente retroativos, pois aquele investido do direito de proprietário resolúvel usa e frui licitamente a coisa, até o advento do termo e da condição. É proprietário pleno quanto à extensão do domínio, embora temporário. Logo, não restitui frutos e rendimentos recebidos, muito menos indeniza aquele em favor de quem se opera a restituição pelo uso temporário da coisa. Preservam-se, assim, os atos de administração.

Quanto aos atos de disposição ou oneração, a resolução tem efeitos *ex tunc*, retro-operantes ao momento da aquisição. A resolução acarreta a ineficácia desses atos, que são revogados. Ninguém pode dispor de mais direitos do que tem. Logo, se a propriedade está sob condição ou a termo, o adquirente a perde no momento em que se verifica o fato extintivo, porque adquiriu propriedade resolúvel. De igual modo, essa revogação retroativa alcança não só a propriedade, mas todos os direitos reais sobre ela constituídos pelo proprietário resolúvel, por exemplo, servidão, usufruto, hipoteca, penhor etc. O proprietário resolúvel não está inibido de alienar ou gravar de ônus reais a coisa. Apenas a aquisição desses direitos levará a marca congênita da resolutividade, ou, no dizer de Pontes de Miranda, "atribui-se à cláusula eficácia real, tanto que se admite direito de reivindicação" (*Tratado de direito privado*, 4. ed. São Paulo, RT, 1983, v. XIV, p. 119).

Nosso CC contempla diversos casos de propriedade resolúvel: fideicomisso, retrovenda, venda a contento sob condição resolutiva, doação com cláusula de reversão, propriedade fiduciária, cláusula comissória expressa levada ao registro imobiliário. Quando a causa da resolução é a vontade da parte, a norma é dispositiva, admitindo-se que o título preveja o respeito do alienante a eventuais direitos criados a favor de terceiros (BEVILAQUA, Clóvis. Op. cit., p. 244). A resolução pode operar-se tanto a favor do alienante, como no caso da retrovenda ou do pacto de melhor comprador, como de terceiro, como no caso do fideicomisso.

Em relação à resolução do contrato por inadimplemento e seus efeitos em relação a terceiros, invoca-se a lição de Ruy Rosado de Aguiar Júnior: "Sendo a resolução negocial (ou convencional) porque inserida no contrato cláusula resolutória por incumprimento, levado o contrato ao registro de imóveis, incide o art. 1.359; nesse caso, a resolução produz efeitos reais quanto à contraparte e também relativamente ao terceiro subadquirente; isto é, desfaz-se o negócio também quanto a terceiro" (*Extinção dos contratos por incumprimento do devedor*, 2. ed. Rio de Janeiro, Aide, 2003, p. 262). Caso, porém, não haja cláusula resolutiva expressa e constante do título, mas mera cláusula resolutiva tácita (art. 475 do CC), a solução é outra, porque desfaz o negócio *inter partes*, mas é inoponível a terceiros de boa-fé.

A parte final do preceito diz que o proprietário em favor do qual se opera a resolução pode reivindicar a coisa em poder de quem a possua ou detenha. Exige-se, porém, que a posse seja injusta, sem uma causa que a justifique. Em determinados casos, não caberá ação reivindicatória, por exemplo em face do locatário cujo contrato foi celebrado durante o período de propriedade resolúvel, caso em que é cabível apenas a ação de despejo.

**Jurisprudência**: Apelação cível. Ação revogatória de doação. Sentença de improcedência. Falecimento dos donatários. Escritura de doação estipulando o retorno do bem em questão ao patrimônio da doadora em caso de falecimento dos donatários. Exegese dos arts. 647 e 1.174 do CC revogado. Imprescindível o retorno do bem ao patrimônio da apelante. Recurso conhecido. Provimento (TJSP, Ap. Cível n. 152.971-4/0-00, rel. Carlos Renato, j. 06.02.2003). (*Lex-TJSP* 266/112, 2003)

Processual civil. Fraude de execução. Inocorrência. Propriedade resolúvel. Agravo desprovido. Não ocorreu fraude de execução, na espécie, uma vez que a ora agravada não dispunha do domínio pleno do imóvel, porque o recebera da Cemig por meio de doação com cláusula resolutiva que impedia sua venda e penhora. (STJ, Ag. Reg. no Ag. n. 311.810/SP, rel. Min. Sálvio de Figueiredo Teixeira, j. 17.10.2000)

Compra e venda. Propriedade resolúvel. Lotes de terreno de domínio público vendidos para particular. Condição resolutiva de construção no local de prédio comercial ou de prestação de serviços. Não cumprimento. Impossibilidade de indenização por perdas e danos. Recurso não provido. (TJSP, Ap. n. 234.507-2, rel. Luiz Tâmbara, j. 06.09.1994)

**Art. 1.360. Se a propriedade se resolver por outra causa superveniente, o possuidor, que a tiver adquirido por título anterior à sua resolução, será considerado proprietário perfeito, restando à pessoa, em cujo benefício houve a resolução, ação contra aquele cuja propriedade se resolveu para haver a própria coisa ou o seu valor.**

O artigo em exame corresponde ao art. 648 do CC/1916, com mínimas alterações. Trocou-se o termo domínio por propriedade, mantendo-se, no mais, o conteúdo do preceito, que disciplina a propriedade *ad tempus*.

Na propriedade *ad tempus* não há condição nem termo apostos ao título constitutivo da propriedade. No dizer de Orlando Gomes, não é ela adquirida para durar certo tempo, mas se apresenta potencialmente temporária, podendo seu titular perdê-la por força de certos acontecimentos futuros (*Direitos reais*, 19. ed., atualizada por Edson Luiz Fachin. Rio de Janeiro, Forense, 2004, p. 265). A causa da revogação é superveniente e estranha ao título.

Tome-se como exemplo a doação revogada por ingratidão do donatário, ou por descumprimento de encargo. Reconhecido judicialmente o ato de ingratidão, ou o descumprimento do encargo, a coisa doada retorna ao patrimônio do donatário. A ingratidão, todavia, é mero fato eventual e futuro, diverso de uma condição ou termo que, desde o nascimento, já subordinam a eficácia do ato ou negócio jurídico por cláusula contratual. De igual modo, a cláusula resolutiva tácita, implícita em todo contrato bilateral, que nao se confunde com a condição, porque não expressa no título causal, não opera de pleno direito. É por isso que tais situações previstas em lei não vão ao registro imobiliário juntamente com o título aquisitivo da propriedade, tal como ocorre na propriedade resolúvel ou a cláusula resolutiva expressa, disciplinadas no artigo antecedente.

Assim, se Antônio doou imóvel a João, que o vendeu a Carlos, a posterior revogação da doação não resolve a venda ou a constituição de direitos reais a terceiro de boa-fé, gerando apenas direito ao doador de exigir o equivalente em dinheiro do donatário. É uma resolução sem eficácia real. Gera direito pessoal e não direito real de reivindicar a coisa em poder de terceiro.

Ainda no dizer de Orlando Gomes, na propriedade *ad tempus* o "fato extintivo acarreta a transmissão do domínio no estado em que se encontra: diminuído, modificado, aumentado, juridicamente ou materialmente. Sua eficácia é para o futuro" (op. cit., p.267).

Tanto a resolução como a revogação por causas supervenientes pressupõem negócio válido. A anulação e a nulidade têm origem em ausência de requisitos, vícios de consentimento ou outras causas previstas em lei, que afetam a própria formação do negócio.

**Jurisprudência:** Enunciado n. 509 da V Jornada do CEJ do STJ: A resolução da propriedade, quando determinada por causa originária, prevista no título, opera *ex tunc* e *erga omnes*; se decorrente de causa superveniente, atua *ex nunc* e *inter partes*.

## CAPÍTULO IX
## DA PROPRIEDADE FIDUCIÁRIA

**Art. 1.361. Considera-se fiduciária a propriedade resolúvel de coisa móvel infungível que o devedor, com escopo de garantia, transfere ao credor.**

**§ 1º Constitui-se a propriedade fiduciária com o registro do contrato, celebrado por instrumento público ou particular, que lhe serve de título, no Registro de Títulos e Documentos do domicílio do devedor, ou, em se tratando de veículos, na repartição competente para o licenciamento, fazendo-se a anotação no certificado de registro.**

**§ 2º Com a constituição da propriedade fiduciária, dá-se o desdobramento da posse, tornando-se o devedor possuidor direto da coisa.**

**§ 3º A propriedade superveniente, adquirida pelo devedor, torna eficaz, desde o arquivamento, a transferência da propriedade fiduciária.**

**Regime jurídico da propriedade fiduciária:** O capítulo em exame, que disciplina a propriedade fiduciária, foi integralmente introduzido no atual CC, pois o Código revogado era silente a respeito.

Há, porém, profusa legislação especial tratando da matéria. Pode-se afirmar a atual coexistência de múltiplo regime jurídico da propriedade fiduciária: o CC disciplina a propriedade fiduciária sobre coisas móveis infungíveis, quando o credor fiduciário não for instituição financeira; o art. 66-B da Lei n. 4.728/65, acrescentado pela Lei n. 10.931/2004, e o DL n. 911/69 disciplinam a propriedade fiduciária sobre coisas móveis fungíveis e infungíveis quando o credor fiduciário for instituição financeira; a Lei n. 9.514/97, também modificada pela Lei n. 10.931/2004, disciplina a propriedade fiduciária sobre bens imóveis, quando os protagonistas forem ou não instituições financeiras; a Lei n. 6.404/76 disciplina a propriedade fiduciária de ações; a Lei n. 9.514/97, com redação dada pela Lei

n. 10.931/2004, disciplina a titularidade fiduciária de créditos como lastro de operação de securitização de dívidas do Sistema Financeiro Imobiliário.

O art. 1.368-A, adiante comentado, explicita a solução do conflito de leis. Dispõe que o CC trata apenas da propriedade fiduciária sobre bens móveis infungíveis entre pessoas naturais ou jurídicas, desde que o credor fiduciário não seja instituição financeira. As demais espécies de propriedade fiduciária ou de titularidade fiduciária submetem-se à disciplina específica das respectivas leis especiais, com aplicação supletiva do CC, no que não contrariar as leis especiais.

As regras processuais da execução da propriedade fiduciária disciplinada no CC não mais são as do DL n. 911/69. O art. 8º-A do DL n. 911/69, alterado pela Lei n. 10.931/2004, diz que o procedimento judicial se aplica somente nas hipóteses da Seção XIV da Lei de Mercado de Capitais, ou seja, somente para as situações jurídicas nas quais a credora fiduciária seja uma instituição financeira, ou pessoa jurídica equiparada. Será a matéria mais bem examinada no comentário ao art. 1.363 a seguir.

O CC/2002, nos arts. 521 a 528, trata da compra e venda com reserva de domínio, que pode gerar certa confusão com a propriedade fiduciária. Algumas diferenças, porém, distinguem os dois institutos. Como ensina Orlando Gomes, "na venda com reserva de domínio a alienação é suspensa, conservando o vendedor a propriedade do bem, até que se realize a condição, enquanto na alienação fiduciária em garantia a transferência da propriedade é um dos pressupostos de sua perfeição", embora em caráter resolúvel, voltando ao patrimônio do transmitente, quando a dívida é paga (*Alienação fiduciária em garantia*. São Paulo, RT, 1970, p. 26-7).

**Definição:** A cabeça do art. 1.361 define com precisão a propriedade fiduciária: propriedade resolúvel que o devedor, com finalidade de garantia, transfere ao credor. No dizer de Caio Mário da Silva Pereira, é "a transferência, ao credor, do domínio e posse indireta de uma coisa, independentemente de sua tradição efetiva, em garantia do pagamento de obrigação a que acede, resolvendo-se o direito do adquirente com a solução da dívida garantida" (*Instituições de direito civil*, 18. ed. Rio de Janeiro, Forense, 2003, p.426). Não se confunde com a alienação fiduciária em garantia o contrato que serve de título para a constituição da propriedade fiduciária. A alienação fiduciária é o negócio jurídico, enquanto a propriedade fiduciária é direito real com escopo de garantia.

Protagonistas da propriedade fiduciária são o credor fiduciário e o devedor fiduciante. Nada impede que terceiro não devedor transfira coisas de sua propriedade em caráter resolúvel para o credor, garantindo obrigação alheia. Antes da vigência do CC/2002, grassava na doutrina séria divergência sobre a possibilidade de pessoas jurídicas – ou naturais – que não instituições financeiras pudessem figurar como credoras fiduciárias. A tendência majoritária era no sentido de reservar o instituto somente às instituições financeiras e entidades equiparadas, como consórcios (*RTJ* 124/1.443, 125/842, *RT* 624/220). Agora não mais. Abre o CC a possibilidade de qualquer credor, pessoa jurídica ou natural, usar a propriedade fiduciária para garantir o adimplemento de obrigações. Mais ainda, o parágrafo único do art. 22 da Lei n. 9.514/97, com a redação que lhe deu a Lei n. 11.076/2004, reza que a alienação fiduciária de bens imóveis pode ser contratada por pessoa física ou jurídica, não sendo privativa das entidades que operam no sistema financeiro imobiliário. Há o temor de que a nova modalidade de propriedade-garantia sirva de estímulo para a usura. Como, porém, alerta Moreira Alves, "o justo temor da usura deve levar ao combate desta, e não à limitação de uma garantia que vem se impondo por sua maior eficácia em face das até então admitidas" (*Da alienação fiduciária em garantia*, 3. ed. Rio de Janeiro, Forense, 1987, p. 266).

Esse forte instituto, agora franqueado a todos os contratantes, que implica a transferência de propriedade resolúvel ao credor, pondo-o a salvo do concurso de outros credores, somado à rápida execução no caso de inadimplemento, certamente se tornará a mais popular das garantias reais, pondo de lado o penhor e a hipoteca.

Repousa a propriedade fiduciária sobre três institutos fundamentais ao seu entendimento: desdobramento da posse, propriedade resolúvel e patrimônio de afetação.

Quanto ao desdobramento da posse, a posse direta permanece com o devedor, enquanto a posse indireta e a propriedade resolúvel permanecem com o credor fiduciário, aplicando-se o art. 1.197 do CC, já comentado, ao qual se remete o leitor. Não há necessidade de entrega material da coisa do credor ao devedor, nem vice-versa, podendo ocorrer tradição ficta, ou meramente convencional, pelo constituto possessório. Ambos são possuidores, dispõem de tutela possessória para defender a posse contra atos ilícitos de terceiros, assim como um contra o outro, sempre que as respectivas condutas afrontarem os poderes convencionalmente atribuídos ao credor fiduciário e ao devedor fiduciante. Cabe, por exemplo, ação possessória do devedor contra tentativa ilícita do credor de retomar a posse direta do bem alienado. Cabe, também, ação possessória do credor contra o devedor, quando houver quebra do dever de restituição, ou quando o devedor colocar em risco de perda ou tentar alienar a coisa que não lhe pertence.

A propriedade transmitida ao credor fiduciário em garantia é resolúvel, por ser subordinada a um evento futuro e incerto, qual seja, o adimplemento da obrigação garantida. Efetuado o pagamento, a coisa retorna ao devedor automaticamente, sem necessidade de nova emissão de vontade das partes. O devedor fiduciante, segundo dispõe o art. 1.368-B, adiante comentado, tem não somente a posse direta, como também direito real de aquisição sobre a coisa dada em garantia. Tem a propriedade sob condição suspensiva, vale dizer, a legítima expectativa de recuperar o domínio da coisa, tão logo cumpra a obrigação garantida, sem que a isso possa se opor o credor. Nas obrigações de execução diferida e fracionada, quanto mais parcelas o devedor paga, mais próximo se encontra o implemento da condição suspensiva, que lhe devolverá o domínio da coisa dada em garantia. Na boa expressão de Aderbal da Cunha Gonçalves, ao constituir a propriedade fiduciária, credor e devedor "são investidos de direitos opostos e complementares, e o acontecimento que aniquila o direito de um, consolidará, fatalmente, o do outro" (*Da propriedade resolúvel*. São Paulo, RT, 1979, nota 82).

A propriedade fiduciária constitui patrimônio de afetação, porque despida de dois dos poderes federados do domínio – *jus utendi* e *fruendi* –, que se encontram nas mãos do devedor fiduciante. O credor fiduciário tem apenas o *jus abutendi* e, mesmo assim, sujeito à condição resolutiva, destinado, afetado somente a servir de garantia ao cumprimento de uma obrigação. O direito de dispor, na verdade, está atrelado à cessão do crédito garantido. A propriedade-garantia é acessória à obrigação e segue sua sorte. A peculiaridade é que, ao contrário das demais garantias reais, incide não sobre coisa alheia, mas sobre coisa própria transferida ao credor, embora sob condição resolutiva. O art. 1.367, adiante comentado, é expresso ao dispor que a propriedade fiduciária tem a natureza de direito real de garantia.

**Objeto:** Podem ser objeto da propriedade fiduciária, no regime do CC, apenas as coisas móveis infungíveis. Os bens móveis estão disciplinados nos arts. 82 a 84 do CC. Note-se que o art. 1.361 não alude a bens, mas às coisas móveis, vale dizer, apenas aos bens móveis corpóreos. Engloba as coisas semoventes, as que não se movem por força própria e as móveis por antecipação. Abrange também as pertenças, pois o STJ, anteriormente à vigência do atual CC, admitiu a constituição de propriedade fiduciária sobre bens imóveis por acessão intelectual, categoria não mais contemplada na lei (Ag. n. 94.947/MG, rel. Min. Eduardo Ribeiro, *DJU* 12.08.1996). Devem, no entanto, ser infungíveis, ou seja, somente coisas que não podem ser substituídas por outras da mesma espécie, qualidade e quantidade. Incluem-se aí veículos, eletrodomésticos e outros bens de consumo duráveis individualizados por números de série e marcas que permitam distingui-los de qualquer outro, tornados infungíveis por convenção das partes.

Admite-se, também, a propriedade fiduciária sobre navios e aeronaves, que podem, de acordo com a conveniência das partes, ser dados em hipoteca (DL n. 413/69). O CC/2002 positivou e restringiu o entendimento do STJ, no sentido de que as coisas fungíveis e consumíveis não podem ser objetos de propriedade fiduciária (REsp n. 19.915-8/MG, rel. Min. Sálvio de Figueiredo; *RTJ* 65/444). Note-se que a lei não mais menciona coisas consumíveis. Logo, coisas fungíveis, embora inconsumíveis, não mais podem ser dadas em garantia fiduciária.

A regra mencionada não vale para a alienação fiduciária em garantia no âmbito do mercado de capitais. A Lei n. 10.931/2004 acrescentou o art. 66-B à Lei n. 4.728/65, admitindo de modo explícito propriedade fiduciária sobre coisa fungível e cessão fiduciária de direitos sobre coisas móveis e sobre direitos creditórios. Vai mais longe a lei e permite que, caso esteja o credor de posse direta da coisa ou título recebido em garantia, na hipótese de inadimplemento poderá vender o bem a terceiro independentemente de qualquer medida judicial ou extrajudicial, ferindo os princípios constitucionais da ampla defesa e do devido processo legal.

**Forma:** O § 1º do art. 1.361 disciplina a forma e o registro do contrato e termina com antiga polêmica sobre a natureza do registro. Explicita o preceito que a propriedade fiduciária se *constitui* com o registro. Não há mais sentido em discutir se o registro tem efeito constitutivo ou publicitário, e perde vigência a Súmula n. 489 do STF, do seguinte teor: "A compra e venda de automóvel não prevalece contra terceiros, de boa-fé, se o contrato não foi transcrito no Registro de Títulos e Documentos". Positivou o CC a Súmula n. 92 do STJ: "A terceiro de boa-fé não é oponível a alienação fiduciária não anotada no Certificado de Registro do veículo automotor".

A questão agora não é mais de oponibilidade em face de terceiros de boa-fé, mas de inexistência de propriedade fiduciária sem o prévio e correto registro. Antes do registro, há simples crédito, sem qualquer garantia real nem propriedade resolúvel transferida ao credor. Por isso, não mais se aplica a Súmula n. 30 do extinto II TACSP, que dispõe o registro do contrato não ser pressuposto para o ajuizamento da ação de busca e apreensão e para a concessão de liminar contra o devedor ou terceiro. Recente precedente do TJSP foi no sentido exatamente oposto ao da súmula: sem registro, não cabe a ação para retomada da coisa. Ficou assentado que "o registro do contrato na repartição competente para o licenciamento é indispensável à constituição da propriedade fiduciária. Indemonstrado o direito real, descabida a ação de busca e apreensão prevista na lei especial" (TJSP, AI n. 1.124.091-0/2, rel. Des. Lino Machado, j. 08.08.2007). Reconhece-se, porém, ser a matéria ainda polêmica, com julgados em ambos os sentidos (*v.* TJSP, Ap. Cível n. 1.077.713-0/9, 35ª Câm. de Dir. Priv., rel. José Malerbi, j. 19.10.2009).

A matéria se encontra atualmente sumulada pelo TJSP: "A propriedade fiduciária constitui-se com o registro do instrumento no registro de títulos e documentos do domicílio do devedor" (Súmula n. 60).

No que se refere ao regime da Lei de Mercado de Capitais (art. 66-B da Lei n. 4.728/65), o STJ tem entendimento no sentido da desnecessidade do registro das cessões fiduciárias de crédito. Afirmou a Corte Superior que a constituição da garantia real se dá pelo só negócio jurídico da cessão, e o registro é meramente publicitário, e não constitutivo do direito real. O fundamento dos precedentes está na circunstância da Lei n. 4.728/65 não aludir expressamente ao registro, razão pela qual inaplicável o regime jurídico do art. 1.361 do CC. Com o devido respeito, tal posição não se sustenta. Isso porque o art. 66-B da lei especial diz expressamente o seguinte: "O contrato de alienação fiduciária celebrado no âmbito do mercado financeiro e de capitais, bem como em garantia de créditos fiscais e previdenciários, deverá conter, *além dos requisitos definidos na Lei n. 10.406, de 10 de janeiro de 2002 – Código Civil*, a taxa de juros, a cláusula penal, o índice de atualização monetária, se houver, e as demais comissões e encargos" (destaque nosso). Além disso, o § 5º do art. 66-B dispõe que se aplicam também os arts. 1.421, 1.425, 1.426, 1.435 e 1.436 deste CC, ou seja, regras relativas aos direitos reais de garantia, todos constituídos pelo registro. Admitiu o STJ que o mais forte de todos os direitos reais de garantia se constitua sem registro, o que fere todo o sistema.

O atual CC explicita onde e como devem ser feitos os registros, dividindo as coisas móveis infungíveis em duas categorias: veículos e outras coisas. Para as coisas móveis infungíveis em geral, o registro deve ser feito no Oficial do Registro de Títulos e Documentos do domicílio do devedor. Se houver mais de um devedor, ou um devedor e um garantidor, nos domicílios de ambos. Embora seja omissa a LRP, é conveniente, em atenção ao princípio da publicidade dos registros, que as Corregedorias Gerais de cada estado editem normas organizando central ou cadastro único em ordem alfabética, nas comarcas onde houver mais de um Oficial de Registro de Títulos e Documentos. É o caso, por exemplo, da capital do Estado de São Paulo, onde existe uma dezena de oficiais, sem distribuição territorial entre eles, dificultando as pesquisas de terceiros que pretendam adquirir coisa móvel infungível.

Para os veículos, o registro far-se-á unicamente na repartição competente para o licenciamento, com anotação no certificado de propriedade do veículo, dispensado, por ineficaz, registro no Oficial de Títulos e Documentos, como em julgados recentes entendeu o STJ. Não há necessidade de um duplo registro para os veículos. Positivou o CC a Súmula n. 92 do STJ, de inegável conteúdo prático, pois os usos e costumes indicam que adquirentes e terceiros consultam apenas documentação dos veículos e repartições de trânsito, em vez de Oficiais de Registro de Títulos e Documentos.

O mesmo § 1º explicita o contrato ser solene, porque exige a forma escrita, indiferente, porém, se por instrumento público ou particular, o que é natural, por se tratar da transferência de coisas móveis. A novidade não está no CC, mas na Lei n. 11.076/2004, que alterou o art. 38 da Lei n. 9.514/97, dispondo que os atos e contratos relativos à constituição, transferência, modificação ou renúncia de direitos reais sobre imóveis, inclusive a propriedade fiduciária, podem ser celebrados por escritura pública ou instrumento particular com efeito de escritura pública, no regime do Sistema Financeiro Imobiliário. Em data recente, a Corregedoria Geral da Justiça de São Paulo emitiu parecer normativo admitindo que a compra e venda com alienação fiduciária celebrada por pessoa física ou jurídica que não integre o sistema financeiro imobiliário (SFI) pode ser feita por instrumento particular, por força da conjugação dos arts. 2º, § 1º, e 38 da Lei n. 9.514/97 (Proc. Administrativo n. 0049648-26.2012.8.26.0002, Corregedor Geral Manoel de Queiroz Pereira Calças).

**Jurisprudência:** Enunciado n. 506 do CEJ do STJ: Estando em curso contrato de alienação fiduciária, é possível a constituição concomitante de nova garantia fiduciária sobre o mesmo bem imóvel, que, entretanto, incidirá sobre a respectiva propriedade superveniente que o fiduciante vier a readquirir, quando do implemento da condição a que estiver subordinada a primeira garantia fiduciária; a nova garantia poderá ser registrada na data em que convencionada e será eficaz desde a data do registro, produzindo efeito *ex tunc*.

Ação de busca e apreensão. Contrato de alienação fiduciária. Processo extinto com fundamento no art. 485, VI, do CPC. Automóvel registrado em nome de terceiro e sem indicação de existência de restrição. Exigência do registro do veículo no Detran em nome do réu como pressuposto da ação de busca e apreensão. Inadmissibilidade. Comprovação da relação contratual entre as partes e a inscrição do gravame no Sistema Nacional de Gravames (SNG) que são documentos suficientes para comprovar a constituição da propriedade fiduciária. Registro do contrato na repartição competente para o licenciamento do veículo comprovado, conforme obriga o art. 1.361, § 1º, do CC. Propriedade fiduciária constituída. O comprovante de registro do veículo em nome do réu, conquanto importante para dar publicidade a terceiros, não é requisito essencial para o ajuizamento da ação de busca e apreensão. Precedentes da jurisprudência. Sentença anulada. Recurso provido. (TJSP, Ap. Cível n. 1020978-62.2023.8.26.0361/Mogi das Cruzes, 36ª Câm. de Dir. Priv., rel. Milton Carvalho, j. 09.02.2024, publ. 09.02.2024)

Alienação fiduciária em garantia. Busca e apreensão. Rito do DL n. 911/69. Legitimidade ativa. Instituições financeiras e sociedades equiparadas. Organização da sociedade civil de interesse público – Oscip. Instituição de Microcrédito Produtivo Orientado. Classificação ou equiparação com instituição financeira. Impossibilidade. (STJ, REsp n. 1.311.071/SC, rel. Min. Ricardo Villas Bôas Cueva, por unanimidade, j. 21.03.2017, *DJe* 24.03.2017)

Não se submetem aos efeitos da recuperação judicial do devedor os direitos de crédito cedidos fiduciariamente por ele em garantia de obrigação representada por Cédula de Crédito Bancário existentes na data do pedido de recuperação, independentemente de a cessão ter ou não sido registrada no Registro de Títulos e Documentos do domicílio do devedor. (STJ REsp n. 1.412.529/SP, rel. Min. Paulo de Tarso Sanseverino, rel. p/ ac. Min. Marco Aurélio Bellizze, j. 17.12.2015, *DJe* 02.03.2016)

1 – Cinge-se a controvérsia a saber se é possível a constituição de alienação fiduciária de bem imóvel para garantia de operação de crédito não relacionadas ao Sistema Financeiro Imobiliário, ou seja, desprovida da finalidade de aquisição, construção ou reforma do imóvel oferecido em garantia. 2 – A lei não exige que o contrato de alienação fiduciária de imóvel se vincule ao financiamento do próprio bem, de modo que é legítima a sua formalização como garantia de toda e qualquer obrigação pecuniária, podendo inclusive ser prestada por terceiros. Inteligência dos arts. 22, § 1º, da Lei n. 9.514/97 e 51 da Lei n. 10.931/2004. 3. Muito embora a alienação fiduciária de imóveis tenha sido introduzida em nosso ordenamento jurídico pela Lei n. 9.514/97, que dispõe sobre o Sistema Financiamento Imobiliário, seu alcance ultrapassa os limites das transações relacionadas à aquisição de imóvel. (STJ, REsp n. 1.542.275/MS, rel. Min. Ricardo Villas Bôas Cueva, j. 24.11.2015, *DJe* 02.12.2015)

1 – O ordenamento positivo estabelece o registro do contrato como requisito essencial da constituição da propriedade fiduciária. 2 – Nesse contexto, a não apresentação do registro do contrato, como prova da constituição da propriedade fiduciária para o exercício da tutela de busca e apreensão, enseja o indeferimento da petição inicial por ausência de interesse processual. (TJRJ, Ap. Cível n. 0153064-13.2009.8.19.0001, rel. Des. Milton Fernandes de Souza, j. 01.07.2011)

É incabível a penhora de bem alienado fiduciariamente por dívida do devedor-fiduciante para com terceiro, tendo em vista que o bem ainda não foi incorporado à sua esfera patrimonial. O que se admite é a constrição do direito resultante do contrato de alienação, de modo que, à medida que se vai pagando o financiamento, a parte disponível do executado vai aumentando, proporcionalmente. (TRF, 1ª R., Ag. Reg. no AI n. 0008972-42.2010.4.01.0000/PA, 7ª T., rel. Des. Fed. Reynaldo Fonseca, *DJF1* 22.10.2010)

Com o advento do novo CC a constituição da propriedade fiduciária de bens móveis recebeu novos contornos. Daí por que para sua constituição válida e eficaz torna-se imprescindível o assentamento do ajuste no Registro de Títulos e Documentos do domicílio do devedor (art. 1.361). Olvidado esse requisito, não ocorre o desdobramento da posse, o que implica impossibilidade de ajuizamento da ação de busca e apreensão por parte do credor por inadequação do rito eleito para satisfação do débito. (TJRS, Ap. Cível n. 70.019.351.790, 14ª Câm. Cível, rel. Des. Judith dos Santos Mottecy, j. 10.05.2007)

O bem objeto de alienação fiduciária, que passa a pertencer à esfera patrimonial do credor fiduciário, não pode ser objeto de penhora no processo de execução fiscal, porquanto o domínio da coisa já não pertence ao executado, mas a um terceiro, alheio à relação jurídico-tributária. A alienação fiduciária não institui um ônus real de garantia, não havendo de se falar, nesses casos, em aplicação da preferência do crédito tributário. (STJ, REsp n. 332.369, rel. Min. Eliana Calmon, j. 27.06.2006)

Civil. Certificado de registro de veículo. Alienação fiduciária. Publicidade. Violação aos arts. 1.361, § 1º, do CCB, 66, § 1º, da Lei n. 4.728/65, 122 e 124 do CTB.

Exigibilidade de registro cartorial para expedição do documento do veículo. Impossibilidade. 1 – O registro no cartório não é requisito de validade do contrato de alienação fiduciária. Ele traz como única consequência a ausência de eficácia desse contrato perante o terceiro de boa-fé. 2 – A anotação do gravame no certificado de propriedade do veículo pelo órgão competente permite que o adquirente se certifique dessa situação do automóvel, dando efetividade à publicidade que se pretende. 3 – Inviável determinar que o órgão administrativo exija o prévio registro cartorial do contrato de alienação fiduciária para a expedição do certificado de registro do veículo, sem que a lei o faça. (STJ, REsp n. 770.315/AL, rel. Min. Francisco Peçanha Martins, j. 04.04.2006)

No mesmo sentido: STJ, REsp n. 278.993/SP, rel. Min. Laurita Vaz, j. 15.10.2002, *RSTJ* 168/203.

Alienação fiduciária. Contrato. Validade. Registro no cartório de títulos e documentos e/ou no departamento de trânsito. Ausência. Irrelevância. Circunstância relevante que afeta somente quanto a terceiros. Reconhecimento. Irrelevância de a alienação fiduciária não estar anotada no Certificado de Propriedade do veículo e de não ter sido registrada no Cartório de Títulos e Documentos. Ação de depósito que decorre de expressa previsão legal e da celebração do contrato de alienação fiduciária e seu inadimplemento. (II TACSP, Ap. c/ Rev. n. 607.987-00/5, 12ª Câm., rel. Juiz Romeu Ricupero, j. 31.05.2001)

Os bens alienados fiduciariamente por não pertencerem ao devedor-executado, mas à instituição financeira que lhe proporcionou as condições necessárias para o financiamento do veículo automotor não adimplido, não pode ser objeto de penhora na execução fiscal. II – A cédula de crédito com alienação fiduciária não se confunde com os créditos que gozam de garantia real ou pessoal, os quais, não gozam de primazia frente aos créditos tributários, visto que, a transação que aquele envolve "não institui ônus real de garantia, mas opera a própria transmissão resolúvel do direito de propriedade". III – Recurso especial a que se dá provimento, para excluir da penhora o bem indevidamente constrito. (STJ, REsp n. 214.763/SP, rel. Min. Nancy Andrighi, j. 15.08.2000)

Alienação fiduciária. Busca e apreensão. Aeronave. Ação promovida pelo credor em razão da inadimplência do devedor. Suficiência de que o contrato se encontre devidamente registrado no Registro de Títulos e Documentos. Desnecessidade da transcrição do título de propriedade do bem no Registro Aeronáutico Brasileiro, mormente se a questão a ser dirimida não envolve terceiros. Voto vencido (STF). (*RT* 787/166)

**Art. 1.362. O contrato, que serve de título à propriedade fiduciária, conterá:**
**I – o total da dívida, ou sua estimativa;**
**II – o prazo, ou a época do pagamento;**
**III – a taxa de juros, se houver;**
**IV – a descrição da coisa objeto da transferência, com os elementos indispensáveis à sua identificação.**

O artigo em exame não tem correspondente no CC/1916. O art. 1º do DL n. 911/69, que alterou a redação do art. 66 da Lei n. 4.728/65, continha regra semelhante, exigindo a especialização da dívida e da coisa dada em garantia fiduciária. Atualmente, no âmbito do mercado de capitais, regra semelhante contém o art. 66-B da Lei n. 4.728/65, com redação dada pela Lei n. 10.931/2004.

Nota-se, inicialmente, que o CC/2002 permite a propriedade fiduciária garantir os mais diversos contratos e obrigações, apenas fixando seus parâmetros mínimos em atenção ao princípio da especialização. Disso decorre a propriedade fiduciária ser garantia amoldável a diversas obrigações, de dar, inclusive pecuniária, de fazer, ou não fazer, desde que se conheçam o total e as características da dívida garantida.

Como dito, a propriedade fiduciária é acessória à obrigação garantida, seguindo sua sorte. Nada impede, de resto, que uma mesma obrigação receba múltiplas garantias, reais e fidejussórias; portanto a perda ou deterioração da coisa entregue em propriedade fiduciária em nada altera a garantia pessoal prestada por fiador ou avalista de título cambial emitido em reforço (TACMG, Ap. n. 22.422-0, rel. Juiz Lauro Bracarense, j. 10.10.1996).

Guarda a regra simetria com o art. 1.424 do CC, que consolida o princípio da especialização das garantias reais. A ausência dos requisitos previstos no artigo em comento constitui vício extrínseco, acarretando a invalidade do direito real e impedindo seu registro no Oficial de Registro de Títulos e Documentos ou no departamento de trânsito.

Interessa, não somente às partes contratantes, conhecer o negócio que recebeu a garantia e o transferido como propriedade fiduciária. Como dito no comentário ao artigo anterior, o devedor fiduciário não é mero depositário ou possuidor direto, mas também proprietário sob condição suspensiva, pois recuperará o domínio com o adimplemento da obrigação. Por isso, todos os demais credores e os que negociam tanto com o devedor como com o credor fiduciário têm interesse em saber qual o patrimônio disponível, o transferido para o credor e em que condições retornará para o patrimônio do devedor. Por isso a norma cogente impõe requisitos mínimos ao contrato, dando publicidade e especializando o patrimônio transferido em garantia e as características da obrigação garantida.

Lembre-se, finalmente, que, por força do disposto no art. 66-B da Lei n. 4.728/65, com a alteração recebida da Lei n. 10.931/2004, em relação aos contratos de alienação fiduciária celebrados no âmbito do mercado financeiro, bem como em garantia de créditos fiscais e previdenciários, o contrato deverá conter, além dos requisitos anteriores, taxa de juros, cláusula penal, índice de atualização monetária, se houver, e demais comissões e encargos.

Ainda no que se refere aos contratos celebrados no âmbito do mercado financeiro (art. 66-B da Lei n. 4.728/65), que tem por objeto da garantia recebíveis ou direitos creditórios, discute-se a necessidade de especialização. Em outras palavras, basta a referência a créditos em geral de titularidade da devedora fiduciante, ou, ao contrário, deve constar do contrato ao menos elementos mínimos de identificação dos recebíveis? A tendência dos tribunais é a de admitir que a garantia recaia sobre créditos ainda não performados, desde que se tenham elementos mínimos de identificação (a qual contrato se refere ou créditos em face de determinado devedor).

**Jurisprudência**: O contrato de alienação fiduciária deverá conter, obrigatoriamente, a descrição dos bens alienados, com os elementos indispensáveis à sua identificação. Pretender ação de busca e apreensão sobre coisa incerta é juridicamente impossível, levando à carência de ação. Preliminar acolhida e processo extinto sem julgamento do mérito. (TJMG, Ap. Cível n. 2.0000.00.467602-8/000, rel. Roberto Borges de Oliveira, j. 10.01.2006)

Recuperação judicial. Cessão fiduciária de créditos. Pretendida exclusão do procedimento concursal. Exame concreto da instituição da garantia fiduciária. Ausência de descrição dos bens afetados, sem atendimento aos requisitos previstos nos arts. 1.362, IV, do CC/2002 e 66-B da Lei n. 4.528/65. Decisão mantida. Recurso desprovido. (TJSP, AI n. 2011315-69.2015.8.26.0000, 1ª Câm. Res. de Dir. Empres., rel. Des. Fortes Barbosa, j. 26.08.2015)

A lei estabelece requisitos mínimos para que o contrato instituidor da alienação fiduciária tenha eficácia jurídica como tal e validade como prova da contratação da garantia. Não se presta a tanto o instrumento contratual que, embora firmado pelas partes e por testemunhas e traga expresso o valor do financiamento, não contenha as datas de vencimentos das parcelas correspondentes, nem o valor da cada uma das parcelas, as taxas de juros incidentes e os parâmetros atualizatórios a serem observados. Nesse quadro, indefinidas as datas de vencimento e os valores das correspondentes, condições inexistem de averiguar-se o inadimplemento e, pois, a mora da alienante, o que acarreta a impossibilidade jurídica da ação de busca e apreensão para a execução da garantia fiduciária. (TJSC, Ap. n. 2.002.014.248-0, rel. Trindade dos Santos, j. 19.02.2004)

O contrato que prova a alienação fiduciária em garantia deve conter, obrigatoriamente, os requisitos das alíneas do § 1º do art. 66 da Lei n. 4.728/65, com redação dada pelo art. 1º do DL n. 911/69. A ausência de tais requisitos desautoriza a busca e apreensão fiduciária do bem. (TJRS, 14ª Câm., Ap. n. 70.004.478.285, rel. Sejalmo Sebastião de Paula Nery, j. 13.03.2003)

Em regra, ao mútuo bancário não se aplica a limitação da taxa de juros em 12% ao ano, como estabelecido na Lei de Usura (Decreto n. 22.626/33). Incidência da Súmula n. 596-STF. Restrita às taxas de mercado, a estipulação da comissão de permanência não é tida como cláusula puramente potestativa. Precedentes do STJ. Mora não caracterizada dos devedores no caso, em virtude de cobrança excessiva do Banco credor no ponto concernente à capitalização mensal dos juros. Recurso especial conhecido, em parte, e provido. (STJ, REsp n. 436.214, 4ª T., rel. Min. Barros Monteiro, j. 20.08.2002)

---

**Art. 1.363. Antes de vencida a dívida, o devedor, a suas expensas e risco, pode usar a coisa segundo sua destinação, sendo obrigado, como depositário:**

**I – a empregar na guarda da coisa a diligência exigida por sua natureza;**

**II – a entregá-la ao credor, se a dívida não for paga no vencimento.**

---

O artigo em exame não tem correspondente no CC/1916. O art. 1º do DL n. 911/69 continha preceito similar, dispondo que o devedor fiduciante era "possuidor direto e depositário, com todas as responsabilidades que lhe incumbem de acordo com a lei civil e penal". O preceito, porém, foi expressamente revogado pelo art. 67 da Lei n. 10.931/2004; os deveres do devedor fiduciante são regulados, agora, somente pelo art. 1.363 em estudo, que se aplica também às instituições financeiras.

Disciplina o artigo em comento os direitos e deveres do devedor-fiduciante. Diz a parte inicial da cabeça do artigo ter ele posse direta e direito de usar a coisa. Dessa forma, como possuidor direto, tem tutela possessória para defender a posse dos ataques injustos de terceiros e mesmo do credor-fiduciário. Sua posse é justa, enquanto não houver quebra do dever de restituição, em razão do inadimplemento. Se a posse é justa – e, portanto, de boa-fé – tem direito também à percepção dos frutos, embora não o diga expressamente a lei, enquanto perdurar a boa-fé. Mais ainda, tem direito expectativo de recuperar a propriedade da coisa alienada em garantia, tão logo pague a obrigação garantida. Desse modo, como visto no comentário ao artigo anterior, tem propriedade sob condição suspensiva, subordinada ao fato futuro do adimplemento da obrigação.

Em seguida, disciplina o artigo os deveres do devedor fiduciário. Diz, inicialmente, que arca ele com custos e riscos da utilização da coisa. Logo, paga o devedor todo o custeio de manutenção da coisa, inclusive impostos e taxas sobre ela incidentes. Além disso, há deslocamento legal dos riscos de perecimento e deterioração da coisa transferida em garantia, não se aplicando a regra *res perit domino* do direito das obrigações. A coisa se perde e se deteriora para o devedor não proprietário, com ou sem culpa, não ficando ele desonerado do pagamento da dívida em tais hipóteses. Há entendimento iterativo do STJ no sentido de que "furtado o bem, prossegue a ação de depósito, afastada a decretação da prisão, processando-se a execução nos próprios autos pelo equivalente em dinheiro, valendo a sentença como título judicial" (REsp n. 510.999/SP, rel. Min. Carlos Alberto Menezes Direito, j. 21.10.2003). No mesmo sentido, "a jurisprudência da 2ª Seção do STJ consolidou-se no sentido de que, em caso de desaparecimento do bem alienado fiduciariamente, é lícito ao credor, após a transformação da ação de busca e apreensão em depósito, prosseguir nos próprios autos com a cobrança da dívida representada pelo "equivalente em dinheiro" ao automóvel financiado, assim entendido o menor entre o seu valor de mercado e o débito apurado (REsp n. 439.932/SP, rel. Min. Aldir Passarinho Júnior, j. 24.06.2003; cf. também, entre outros, REsp n. 283.676/MG, rel. Min. Barros Monteiro, j. 11.06.2002; REsp n. 169.293/SP, rel. Min. Nancy Andrighi, j. 09.05.2001; REsp n. 247.671/SP, rel. Min. Carlos Alberto Menezes Direito, j. 15.05.2001). A mesma posição adota o STF, afirmando que roubo ou furto do bem objeto de alienação fiduciária exonera o devedor de responder como depositário infiel, mas prossegue a ação de depósito como execução por quantia certa (*RTJ* 124/966 e 172/540).

O deslocamento legal dos riscos da coisa para o devedor fiduciante e a natureza de patrimônio de afetação da propriedade fiduciária que garante o credor provocam ainda outras consequências jurídicas. A responsabilidade civil decorrente de ato ilícito do devedor fiduciante, ou de terceiros, na utilização da coisa, especialmente acidentes de veículos, não acarreta a responsabilidade civil do credor fiduciário, segundo entendimento do STJ e do STF. Também a responsabilidade pelo pagamento de multas decorrentes de infrações de trânsito, taxas de licenciamento e IPVA são de responsabilidade exclusiva do devedor fiduciante, não recaindo sobre o patrimônio do credor fiduciário.

A parte final da cabeça do artigo equipara, indevidamente, o devedor-fiduciante ao depositário, atribuindo-lhe os deveres de empregar na guarda da coisa a diligência exigida por sua natureza e de entregá-la ao credor se a dívida não for paga no vencimento.

O STJ mantém, hoje, firme posição no sentido da impossibilidade da prisão do devedor-fiduciante como depositário infiel, pois se trata de depósito atípico, uma vez que, como visto, é o devedor possuidor direto, com direito a usar e fruir da coisa, e, mais, proprietário sob condição suspensiva, com direito de recuperar a propriedade, mediante adimplemento da obrigação. Ao contrário do depósito, portanto, não há simples relação de guarda e devolução da coisa depositada. Tal entendimento foi sedimentado nos Embargos de divergência n. 149.518/GO, rel. Min. Ruy Rosado de Aguiar (ver íntegra do julgado na *RT* 777/145) e confirmado por inúmeros julgados da mesma Corte (cf. Ag. Reg. no EREsp n. 489.648/GO; Ag. Reg. nos ED no REsp n. 2003/0185321-4, rel. Min. Ari Pargendler, j. 17.11.2004).

O STF, durante mais de uma década, em formação plenária e por maioria de votos, assentou a constitucionalidade da prisão do devedor fiduciante que não entrega o bem alienado ao credor fiduciário após o inadimplemento (*RTJ* 186/980; *v.* também *RTJ* 170/1.011, 172/652 e 174/335; *RT* 798/202). Entendeu que o Pacto de São José da Costa Rica não pode se opor ao comando do art. 5º, LXVII, da CF, e, por ser norma geral infraconstitucional, não derrogou as normas especiais infraconstitucionais que autorizam a prisão do depositário infiel. Afirmou, mais, caber ao legislador infraconstitucional definir o que considera contrato de depósito, bem como equiparar certas situações jurídicas à do depositário infiel (*RTJ* 176/511; *RT* 803/150, 807/193 e 809/195). Tal posição, porém, foi diametralmente alterada, por ocasião do julgamento do RE n. 466.343/SP, rel. Min. Cezar Peluso. Entendeu-se, por unanimidade de votos, inconstitucional a prisão civil do depositário infiel, com fundamento tanto na impossibilidade de extensão dos efeitos do contrato de depósito de guarda ao depósito de uso, ou impróprio, como também pela violação ao disposto no Pacto de São José da Costa Rica, que veda a prisão civil por dívidas, salvo a proveniente de obrigação alimentar.

Os dois incisos do artigo em estudo explicitam os deveres do devedor fiduciante como possuidor direto e proprietário expectativo da coisa. O primeiro é o dever de cuidado na guarda da coisa, dela zelando como se tivesse a propriedade plena. Não pode, ainda, usar a coisa para finalidade que contrarie sua natureza, ou para fins vedados por cláusula negocial.

O segundo é o dever de restituição da posse direta da coisa ao credor fiduciário, se a dívida não for paga no vencimento. Havendo inadimplemento, resolve-se o contrato que gerou a obrigação garantida por propriedade fiduciária. Se não mais haverá o implemento da condição resolutiva, a propriedade resolúvel se converte em propriedade plena. Nasce, aí, dever legal de restituição da coisa, e a posse, que era direta e justa, converte-se em posse precária, configurando esbulho. Não há, no CC e na legislação especial que rege a matéria, qualquer vedação cogente impeditiva da aposição de cláusula resolutiva expressa nas obrigações com garantia fiduciária. Resolvido o contrato de pleno direito (art. 474 do CC), desaparece a causa que justificava a posse direta do devedor fiduciante.

A resolução do contrato por inadimplemento e a consolidação da propriedade nas mãos do credor, porém, devem obedecer ao princípio da boa-fé objetiva, em sua função de controle. Deve haver correspondência entre descumprimento e sanção imposta ao devedor, evitando o abuso de direito. O STJ, em sucessivos julgamentos, assentou que "o cumprimento do contrato de financiamento, com a falta apenas da última prestação, não autoriza o credor a lançar mão da ação de busca e apreensão, em lugar da cobrança da parcela faltante. O adimplemento substancial do contrato pelo devedor não autoriza ao credor a propositura de ação para a extinção do contrato, salvo se demonstrada a perda do interesse na continuidade da execução, que não é o caso. Na espécie, ainda houve a consignação judicial do valor da última parcela. Não atende à exigência da boa-fé objetiva a atitude do credor que desconhece esses fatos e promove a busca e apreensão, com pedido liminar de reintegração de posse (REsp n. 272.739/MG, rel. Min. Ruy Rosado de Aguiar, *RSTJ* 150/398). Recente precedente do STJ, transcrito a seguir, decidiu em sentido contrário, qual seja, o de que a teoria do adimplemento substancial não se aplica à propriedade fiduciária, por duas razões: primeiro, porque a alienação fiduciária de instituições financeiras é regida por lei especial, que exige o pagamento integral do financiamento; segundo, porque não se trata de resolução de contrato, mas, sim, de execução de uma garantia. Os argumentos são controversos, em especial, o primeiro, o que significaria deixar de aplicar o princípio da boa-fé objetiva às relações jurídicas regidas por leis especiais.

Note-se que o CC não menciona a necessidade de notificar o devedor fiduciante para comprovar ou constituir a mora, ao contrário do que dispõe o art. 2º, § 2º, do DL n. 911/69. Por força do art. 8º-A do DL n. 911/69, acrescentado pela Lei n. 10.931/2004, o procedimento judicial da lei especial (busca e apreensão) se aplica somente às hipóteses de alienação fiduciária reguladas pela Lei de Mercado de Capitais. Parece claro que, no regime do CC, se a obrigação garantida é positiva, líquida e a termo, a mora é *ex re*, incidindo a regra *dies interpellat pro omine*. A notificação, porém, em que pese o silêncio do CC e a não aplicação das regras do DL n. 911/69, é indispensável para converter a mora em inadimplemento absoluto, marcando não mais ter o credor fiduciante interesse ou utilidade no recebimento da prestação. Mais ainda, o inadimplemento absoluto marcará o momento a partir do qual não mais poderá o devedor fiduciante pagar as parcelas em atraso e, portanto, cumprir a condição resolutiva da propriedade fiduciária, que, então, tornar-se-á plena nas mãos do credor. Vigentes e aplicáveis, tanto no regime do CC, como no regime da Lei de Mercado de Capitais, as Súmulas ns. 72 ("A comprovação da mora é imprescindível à busca e apreensão do bem alienado fiduciariamente") e 245 ("A notificação destinada a comprovar a mora nas dívidas garantidas por alienação fiduciária dispensa a indicação do valor do débito") do STJ. Critica-se a última súmula. Parece evidente necessitar o devedor conhecer o exato montante do saldo devedor, com os acréscimos legais e contratuais, para que possa purgar a mora. Apenas se ressalva que as notificações, no regime do CC, não servem para comprovar a mora, mas sim para convertê-la em inadimplemento absoluto. Dessa forma, o devedor fiduciante, uma vez notificado, pode purgar a mora no prazo razoável assinado pelo credor, independentemente do percentual da dívida já paga.

O art. 3º, § 2º, do DL n. 911/69, com redação dada pela Lei n. 10.931/2004, diz que, no prazo de cinco dias após executada a liminar de busca e apreensão, poderá o devedor fiduciante pagar a integralidade da dívida, segundo valores apresentados pelo credor fiduciário na inicial, caso no qual o bem lhe será restituído livre de ônus. A novidade, que encontra séria resistência nos tribunais, está na liquidação da totalidade da dívida e não somente das parcelas vencidas. Não mais se exige o devedor fiduciante já ter pago 40% do valor financiado, revogada, em tal ponto, a Súmula n. 284 do STJ. O TJSP, porém, julgou em data recente, por seu Órgão Especial, a "inconstitucionalidade da interpretação da expressão 'integralidade da dívida pendente' do § 2º do art. 3º do DL n. 911/64, significando a integralidade da dívida. Interpretação que afasta a garantia do contraditório e da ampla defesa (CF, art. 5º, LV) e a defesa do consumidor (CF, art. 5º, XXXII). Interpretação conforme que se restringe às prestações vencidas e seus acréscimos. A exigência de pagamento da integralidade da dívida pendente, para purgação da mora na ação de busca e apreensão de bem alienado fiduciariamente (DL n. 911/69, art. 3º, § 2º), deve ser interpretada como sendo a totalidade das prestações vencidas do financiamento quando, sob pena de violação da garantia da ampla defesa e do contraditório (CF, art. 5º, LV) e da defesa do consumidor (CF, art. 5º, XXXII)" (TJSP, Órgão Especial, Incidente de Inconstitucionalidade n. 150.402-0/5, rel. Des. Boris Kaufman).

O STJ, porém, tem seguidamente se manifestado em sentido contrário. Diversos precedentes recentes afirmam que "após o advento da Lei n. 10.931/2004, que deu nova redação ao art. 3º do DL n. 911/69, não há mais que falar em purgação da mora, haja vista que, sob a nova sistemática, após decorrido o prazo de cinco dias contados da execução da liminar, a propriedade do bem fica consolidada com o credor fiduciário, devendo o devedor efetuar o pagamento da integralidade do débito remanescente a fim de obter a restituição do bem livre de ônus" (Ag. Reg. no REsp n. 1.201.683/MS, rel. Min. Luis Felipe Salomão, j. 16.08.2012; Ag. Reg. no REsp n. 1.183.477/DF, rel. Min. Vasco Della Giustina, j. 03.05.2011). Com o devido respeito, deixou o STJ de aplicar a teoria da mitigação (*doctrine of mitigation*), segundo a qual o credor deve colaborar, apesar da inexecução do contrato, para que não se agrave, por sua ação, o resultado danoso (AGUIAR JR., Ruy Rosado de. *Extinção dos contratos por incumprimento do devedor*. 2. ed. Belo Horizonte, Aide, p. 136). Parece claro que, se as instituições financeiras têm por atividade empresarial o financiamento de bens de consumo durável e auferem lucros com a cobrança de juros, não faz sentido que se neguem a receber as parcelas em atraso no pedido de purgação de mora do devedor, que deseja retomar e manter vivo o contrato. A recusa somente seria aceitável se fundada em razão objetiva, por exemplo, sucessivos e constantes atrasos do devedor, a exigir permanente movimentação do credor para receber o seu crédito.

O CC – corretamente – não contém normas adjetivas sobre a medida judicial cabível para o credor fiduciário retomar a posse direta da coisa em garantia fiduciária. Como visto, o art. 8º-A do DL n. 911/69 é expresso ao dispor que o procedimento judicial da busca e apreensão, com as regras da lei especial, somente se aplica às hipóteses da Lei de Mercado de Capitais quando a credora fiduciária for instituição financeira. Nos demais casos regulados somente pelo CC, nos quais o credor fiduciário for pessoa natural ou pessoa jurídica não instituição financeira, cabível será a ação de reintegração de posse, tal como ocorre nos casos de arrendamento mercantil. É possível cogitar, ainda, na utilização, por analogia, do procedimento especial dos arts. 1.070 e 1.071 do CPC/73 (sem correspondentes no CPC/2015), previsto para os casos de compra e venda com reserva de domínio. Recente precedente do STJ, transcrito a seguir, referendou tal entendimento.

**Jurisprudência**: Alienação fiduciária em garantia. Busca e apreensão. Rito do DL n. 911/69. Legitimidade ativa. Instituições financeiras e sociedades equiparadas. Organização da sociedade civil de interesse público – Oscip. Instituição de Microcrédito Produtivo Orientado. Classificação ou equiparação com instituição financeira. Impossibilidade. (STJ, REsp n. 1.311.071/SC, rel. Min. Ricardo Villas Bôas Cueva, por unanimidade, j. 21.03.2017, *DJe* 24.03.2017)

Ação de busca e apreensão. Contrato de financiamento de veículo com alienação fiduciária em garantia regido pelo DL n. 911/69. Incontroverso inadimplemento das quatro últimas parcelas (de um total de 48). Aplicação da teoria do adimplemento substancial. Descabimento. (STJ, REsp n. 1.622.555/MG, rel. Min. Marco Buzzi, rel. p/ ac. Min. Marco Aurélio Bellizze, por maioria, j. 22.02.2017, *DJe* 16.03.2017)

Nos contratos firmados na vigência da Lei n. 10.931/2004, compete ao devedor, no prazo de 5 (cinco) dias após a execução da liminar na ação de busca e apreensão, pagar a integralidade da dívida – entendida esta como os valores apresentados e comprovados pelo credor na inicial –, sob pena de consolidação da propriedade do bem móvel objeto de alienação fiduciária". (STJ, REsp n. 1.418.593/MS, rel. Min. Luis Felipe Salomão, 2ª S., j. 14.05.2014, *DJe* 27.05.2014)

1 – Constituída a alienação fiduciária a posse do bem se desdobra em indireta, para o credor fiduciário, e em direta, para o devedor fiduciário (art. 1.361, § 2º, CC), a quem cabe "empregar na guarda da coisa a diligência exigida por sua natureza" (art. 1.363, I, CC). 2 – O devedor fiduciário, possuidor direto do bem, e que deu causa à remoção do veículo, é responsável pelas despesas de remoção e estadia. (TJSP, Ap. n. 0167481-47.2007.8.26.0000, 9ª Câm. de Dir. Públ., rel. Des. Décio Notarangeli, j. 30.11.2011)

Agravo de instrumento. Busca e apreensão fundada em contrato de financiamento com alienação fiduciária de veículo automotor. Pagamento das parcelas vencidas. Restituição do bem. Purgação da mora integral da dívida. Decisão mantida. Considerando-se a possibilidade da purgação da mora sem a rescisão do contrato, nos termos do art. 54, § 2º, do CDC, e que se, por um lado, o credor judiciário é titular da propriedade resolúvel, por outro lado, o devedor fiduciante é titular da propriedade sujeita a condição suspensiva, persiste o direito de o devedor fiduciante purgar a mora com o depósito das parcelas até então vencidas. Agravo desprovido. (TJSP, Ap. Cível n. 0044649-70.2011.8.26.0000, 30ª Câm. de Dir. Priv., rel. Des. Lino Machado, j. 08.06.2011)

1 – As despesas decorrentes do depósito do bem alienado em pátio privado constituem obrigações *propter rem*, de maneira que independem da manifestação expressa ou tácita da vontade do devedor. 2 – O credor fiduciário é o responsável final pelo pagamento das despesas com a estadia do automóvel junto a pátio privado, pois permanece na propriedade do bem alienado, ao passo que o devedor fiduciante detém apenas sua posse direta. (STJ, REsp n. 1.045.857, rel. Min. Nancy Andrighi, j. 12.04.2011)

A transferência a terceiro de veículo gravado como propriedade fiduciária, à revelia do proprietário (credor), constitui ato de clandestinidade, incapaz de induzir posse (art. 1.208 do CC/2002), sendo por isso mesmo impossível a aquisição do bem por usucapião. De fato, em contratos com alienação fiduciária em garantia, sendo o desdobramento da posse e a possibilidade de busca e apreensão do bem inerentes ao próprio contrato, conclui-se que a transferência da posse direta a terceiros porque modifica a essência do contrato, bem como a garantia do credor fiduciário deve ser precedida de autorização. Recurso especial conhecido e provido. (STJ, REsp n. 881.270/RS, 4ª T., rel. Min. Luis Felipe Salomão, *DJe* 19.03.2010)

É válida, para efeito de constituição em mora do devedor, a entrega da notificação em seu endereço, não se exigindo que a assinatura constante do referido aviso seja a do próprio destinatário. (STJ, Ag. Reg. no REsp n. 659.582/RS, rel. Min. Sidnei Beneti, j. 26.11.2008)

Cabe ao credor fiduciário, que detém a propriedade resolúvel e a posse indireta do bem, o pagamento das despesas de estadia e outros encargos para liberação do veículo quando lhe foi deferida a busca e apreensão e, por conseguinte, a posse direta do bem. Por outro lado, tais despesas são passíveis de restituição em face da parte contrária. (TJRS, AI n. 70.020.985.495, rel. Des. Judith dos Santos Mottecy, j. 16.08.2007)

*Habeas corpus*. 1 – No caso concreto foi ajuizada ação de execução sob o n. 612/2000 perante a 3ª Vara Cível de Santa Bárbara D'Oeste/SP em face do paciente. A credora requereu a entrega total dos bens sob pena de prisão. 2 – A defesa alega a existência de constrangimento ilegal em face da iminência de expedição de mandado de prisão em desfavor do paciente. Ademais, a inicial sustenta a ilegitimidade constitucional da prisão civil por dívida. 3 – Reiterados alguns dos argumentos expendidos em meu voto, proferido em sessão do Plenário de 22.11.2006, no RE n. 466.343/SP: a legitimidade da prisão civil do depositário infiel, ressalvada a hipótese excepcional do devedor de alimentos, está em plena discussão no Plenário deste STF. No julgamento do RE n. 466.343/SP, rel. Min. Cezar Peluso, que se iniciou na sessão de 22.11.2006, esta Corte, por maioria que já conta com sete votos, acenou para a possibilidade do reconhecimento da inconstitucionalidade da prisão civil do alienante fiduciário e do depositário infiel. 4 – Superação da Súmula n. 691/STF em face da configuração de patente constrangimento ilegal, com deferimento do pedido de medida liminar, em ordem a assegurar, ao paciente, o direito de permanecer em liberdade até a apreciação do mérito do *HC* n. 68.584/SP pelo STJ. 5 – Considerada a plausibilidade da orientação que está a se firmar perante o Plenário deste STF – a qual já conta com 7 votos – ordem deferida para que sejam mantidos os efeitos da medida liminar. (STF, *HC* n. 90.172/SP, rel. Min. Gilmar Mendes, j. 05.06.2007)

No regime de propriedade fiduciária posto no CC/2002, que é dirigido apenas a bens móveis, mas que pode ter suas disposições aplicadas subsidiariamente ao regime de propriedade fiduciária de bens imóveis, não há um prazo limite para a purgação da mora. O que há é a vedação da alienação do bem em razão de mora anterior a aceitação do pagamento, do que decorre a possibilidade de purgação da mora a qualquer tempo antes da alienação (CC/2002, art. 1.425, III, *in fine*, c/c art. 1.367). No caso dos autos, há clara e inequívoca intenção da fiduciante em se manter pontual e em manter a validade do contrato originalmente acordado, acompanhado da não ocorrência de efetivos prejuízos para a CEF no caso de manutenção do contrato. (TRF, 4ª R., Ap. Cível n. 2002.700.003.74099, rel. Carlos Eduardo Thompson Flores Lenz, j. 22.05.2006)

Contrato garantido por alienação fiduciária. Prisão do devedor fiduciário. Impossibilidade. Precedentes desta Corte. Aplicação do Enunciado n. 83 da súmula desta Corte. I – Segundo a jurisprudência tranquila desta Corte, o devedor fiduciante, em contrato de alienação fiduciária em garantia, não está sujeito à prisão civil, por não se equiparar ao depositário infiel. (STJ, Ag. Reg. nos Emb. Decl. no AI n. 626.775/MG, rel. Min. Antônio de Pádua Ribeiro, j. 03.03.2005)

Esta Corte já pacificou o entendimento no sentido de que, em caso de conversão da ação de busca e apreensão em ação de depósito, como verificado na espécie, é inviável a prisão civil do devedor fiduciário, porquanto as hipóteses de depósito atípico não estão inseridas na exceção constitucional restritiva de liberdade, inadmitindo-se a respectiva ampliação. (STJ, Ag. no REsp n. 690.646/DF, rel. Min. Jorge Scartezzini, j. 01.03.2005)

Não cabe prisão civil do devedor que descumpre contrato garantido por alienação fiduciária. No caso da alienação fiduciária em garantia não se tem um contrato de depósito genuíno, portanto o alienante não deve ser equiparado ao depositário infiel. (STJ, AEREsp n. 489.648/GO, rel. Min. Ari Pargendler, j. 17.11.2004, v.u., *DJ* 06.12.2004)

No mesmo sentido: AEREsp n. 489.278/DF, rel. Min. Hamilton Carvalhido, j. 27.11.2003, v.u., *DJ* 22.03.2004; *HC* n. 11.918/CE, rel. Min. Nilson Naves, j. 20.10.2000, v.m., *DJ* 10.06.2002; AEREsp n. 263.551/PR, rel. Min. Antônio de Pádua Ribeiro, j. 11.04.2002, v.u., *DJ* 13.05.2002.

Mora. Notificação. Falta de prova da entrega. A falta de prova da entrega da notificação no endereço do devedor impede a propositura da ação de busca e apreensão. Recurso não conhecido. (STJ, 3ª T., REsp n. 468.348, rel. Min. Ruy Rosado de Aguiar, j. 25.03.2003)

Constatado no contrato de financiamento com alienação fiduciária em garantia cláusula resolutória expressa para o caso de inadimplemento, pode a instituição fiduciária valer-se da ação de busca e apreensão para a retomada dos bens alienados fiduciariamente, após formal notificação e constituição do devedor fiduciante em mora. (II TACSP, Ap. n. 698.635-00/0, rel. Gomes Varjão, j. 26.09.2001)

Em ação de busca e apreensão fundada em contrato de alienação fiduciária em garantia, conquanto a mora se caracterize pelo vencimento da dívida, a lei impõe sua comunicação, que pode dar-se "por intermédio de Cartório de Títulos e Documentos ou pelo Protesto do Título". O protesto, porém, há de ser regular, para valer e isto só ocorre se observados os requisitos impostos pela Lei n. 9.492, de 10.09.1997. Se, no entanto, prova alguma se fez das hipóteses elencadas no art. 15 da referida lei, pois a devedora tem endereço certo dentro da competência territorial do tabelionato, logo, impunha-se a tentativa de intimação pessoal do protesto. Inválido o protesto, resta desatendida a exigência do art. 2º, § 2º, do DL n. 911/69 e isto determina a falta de pressuposto processual, razão por que a extinção do processo sem apreciação do mérito, na forma do art. 267, IV, do CPC [art. 485, IV, do CPC/2015], é de rigor. (II TACSP, Ap. n. 585.171-00/2, rel. Nestor Duarte, j. 23.08.2000)

O devedor fiduciante exerce apenas a posse precária direta, com expectativa de propriedade, além da responsabilidade pela guarda e conservação da coisa como depositário contratual. Inadmissível, pois, a penhora de bem alienado fiduciariamente, cujo domínio pertence ao credor. (II TACSP, AI n. 540.707, rel. Renato Sartorelli, j. 10.09.1998)

---

**Art. 1.364. Vencida a dívida, e não paga, fica o credor obrigado a vender, judicial ou extrajudicialmente, a coisa a terceiros, a aplicar o preço no pagamento de seu crédito e das despesas de cobrança, e a entregar o saldo, se houver, ao devedor.**

---

O artigo em estudo não tem correspondente no CC/1916. O art. 2º do DL n. 911/69 contém preceito semelhante e ainda se encontra em vigor para os contratos de alienação fiduciária em que figure como credora instituição financeira.

O presente dispositivo tem estreita relação com o subsequente, que veda a aposição de cláusula comissória nos contratos garantidos por propriedade fiduciária. Como visto no artigo anterior, com o inadimplemento absoluto, a propriedade resolúvel se converte em propriedade plena – mas afetada ainda à função de garantia – nas mãos do credor fiduciário, pois não mais haverá o implemento da condição resolutiva pelo pagamento.

Não pode o credor, agora proprietário pleno da coisa, mas com afetação residual à satisfação de um crédito, ficar com ela, devendo promover sua alienação a terceiros, em leilão judicial ou extrajudicial, de acordo com o previsto no contrato garantido. No silêncio do título, a opção pela forma de alienação é do credor. Note-se a venda da coisa ter natureza jurídica de excussão, interessando não somente ao alienante e ao adquirente, mas também ao devedor fiduciário, que terá direito a eventual saldo credor ou ficará responsável por eventual saldo devedor a ser apurado.

É por isso que, segundo o entendimento do STJ, "deverá o devedor ser previamente comunicado das condições da alienação, para que possa exercer a defesa de seus interesses" e acompanhar a venda, verificando sua correção e, se for o caso, ofertando valor superior (REsp n. 327.291/RS, rel. Min. Nancy Andrighi, j. 20.09.2001; também *RJ* 278/72). Não exige a lei prévia avaliação do bem por perito ou oficial de justiça, mas a venda, obrigatoriamente, será por valor de mercado da coisa, levando em conta natureza e estado de conservação (*RSTJ* 151/280). O credor escolhe o adquirente, não havendo necessidade de a alienação ser feita em leilão judicial. A venda extrajudicial por valor inferior ao de mercado, porém, gera responsabilidade civil do credor, por vigorar o princípio de a execução dever ser feita do modo menos oneroso ao devedor (RESTIFFE NETO, Paulo. *Garantia fiduciária*, 2. ed. São Paulo, RT, 1994, p. 331).

Alienado o bem, três possibilidades se abrem: o valor da alienação pode superar, igualar ou ser inferior ao saldo devedor da obrigação garantida. O saldo devedor, para efeito de compensação, é calculado acrescido dos encargos moratórios legais (correção monetária, juros, custas processuais e honorários advocatícios) ou contratuais (cláusula penal, comissão de permanência). Trata o artigo em comento apenas da primeira possibilidade: o valor apurado quando o valor de venda é superior ao saldo devedor. Nesse caso, deve haver a restituição do saldo apurado ao devedor, atualizado e acrescido de juros moratórios contados da data da alienação. Pouco importa o credor ter vendido a prazo, devendo a restituição do saldo ao devedor ser efetuada à vista. Cabe ao devedor o direito de exigir contas do credor, que tem o dever de prestá-las, segundo entendimento do STJ (REsp n. 67.295/RO, rel. Min. Eduardo Ribeiro, j. 26.08.1996).

O devedor tem direito à restituição da diferença entre o valor da venda da coisa e o saldo devedor da obrigação garantida, mas não à devolução das parcelas pagas. A coisa não ficará com o credor, que apenas satisfará seu crédito, pois a venda tem natureza de excussão. O art. 53 do CDC, portanto, ao se referir à vedação da cláusula que estabeleça a perda da totalidade das prestações pagas nas vendas a crédito, inclusive nas alienações fiduciárias, deve ser lido como vedação a que o devedor, por cláusula contratual, renuncie ao direito de receber eventual saldo apurado quando da venda da coisa garantida a terceiros, como já se pronunciou o STJ (REsp n. 437.451/RJ, rel. Min. Carlos Alberto Menezes Direito, j. 11.02.2003; REsp n. 363.810/DF, rel. Min. Barros Monteiro, j. 21.02.2002).

O art. 3º, § 1º, do DL n. 911/69, com redação dada pela Lei n. 10.931/2004, reza que cinco dias após executada a liminar, propriedade e posse da coisa se consolidarão no patrimônio do credor fiduciário, cabendo às repartições competentes expedir novo certificado de propriedade do veículo, livre do ônus da propriedade fiduciária. A regra vale somente para os casos nos quais sejam as credoras instituições financeiras e se mostra de duvidosa constitucionalidade, pois a venda poderá ser feita antes do prazo de defesa e de eventual sentença.

**Jurisprudência**: Há necessidade de ajuizamento de ação autônoma para pleitear a prestação de contas relativa à venda extrajudicial em ação de busca e apreensão de bem alienado fiduciariamente. (STJ, REsp n. 1.866.230/SP, 3ª T., rel. Min. Nancy Andrighi, v.u., j. 22.09.2020, *DJe* 28.09.2020)

Ação de prestação de contas. Interesse processual. Alienação fiduciária. Busca e apreensão. Leilão extrajudicial. Veículo automotor. Administração de interesse de terceiro. Cabimento. (STJ, REsp n. 1.678.525/SP, rel. Min. Antonio Carlos Ferreira, por unanimidade, j. 05.10.2017, *DJe* 09.10.2017)

Agravo de instrumento. Alienação fiduciária. Ação de busca e apreensão. Sentença de procedência que consolida a posse definitivamente nas mãos do autor. Devedor postulando a retirada de partes acessórias do bem entregue ao autor. Impossibilidade. Partes acessórias integradas ao bem que devem seguir o destino dado ao objeto principal. Pretensão deferida em primeiro grau. Recurso provido. (TJSP, AI n. 113.329.3001, rel. Ruy Coppola, j. 08.11.2007)

Contrato. Consórcio. Contemplação e inadimplemento. Retomada do bem em ação de busca e apreensão. Aplicação do produto da venda no pagamento do crédito, com devolução, para o inadimplente, de eventual saldo remanescente, consoante disposições do art. 1.364 do CC/2002. Inviabilidade da pretensa restituição integral através de ação de cobrança, sendo a adequada a de prestação de contas. Sentença de improcedência mantida. Recurso improvido. (TJSP, Ap. Cível n. 1.038.051-9/Bauru, 22ª Câm. de Dir. Priv., rel. Matheus Fontes, j. 28.03.2006)

No que tange a alegação de violação aos arts. 2º e 3º do DL n. 911/69, porquanto seria o recorrido carecedor da ação por falta de interesse processual, posto que os bens alienados fiduciariamente foram devolvidos espontaneamente pela devedora-alienante antes do ajuizamento da ação de busca e apreensão, o recurso, igualmente, não prospera. O mencionado art. 2º faculta ao credor vender o objeto da garantia, independentemente de qualquer medida judicial ou extrajudicial. Entretanto, não exclui a possibilidade do credor fiduciário requerer a busca e apreensão, o que é ratificado pelo próprio art. 3º. A simples entrega dos bens pelo devedor fiduciante, como no caso, não tem o condão de tornar o credor sem interesse processual de agir, com a propositura de eventual ação de busca e apreensão, porquanto esta é o instrumento necessário para a consolidação da propriedade e posse plena e exclusiva dos referidos bens, os quais podem, então, ser objeto de venda extrajudicial. Uma vez consolidada a propriedade nas mãos do fiduciário, a venda passa a ser exercício do pleno poder de dispor de um proprietário irrestrito, não mais um ônus para realização de uma garantia, como se apresenta quando o fiduciário ainda não teve consolidada a propriedade. Recurso conhecido, por ambas as alíneas, porém, desprovido. (STJ, REsp n. 240.289, 4ª T., rel. Min. Jorge Scartezzini, j. 03.08.2004)

A venda extrajudicial é opção legítima conferida pela lei ao proprietário fiduciário como forma de satisfação de um crédito consubstanciado em título executivo extrajudicial consistente em contrato de alienação fiduciária, sendo desnecessária a realização de leilão. No entanto, essa excussão, à semelhança da execução judicial, também deve revestir-se da forma menos onerosa e com o menor sacrifício para o executado. Tendo verificado, o oficial de justiça, que o veículo estava em bom estado de conservação, na oportunidade da busca e apreensão, condição aceita pela autora, eventuais pequenos defeitos existentes no momento da alienação induzem apenas que o veículo seja vendido pelo preço mínimo, na média apurada pela venda de mercado, colhido em revista especializada, não se admitindo como boa a venda realizada por preço inferior àquela estimativa, mesmo porque não foi conferida qualquer oportunidade para que o devedor pudesse, ao menos, fiscalizar as condições em que a alienação se realizava. (II TACSP, Ap. n. 595.662-00/6, rel. Amorim Cantuária, j. 20.03.2001)

Alienação fiduciária em garantia. Ação de busca e apreensão de veículo. Sentença que julga procedente o pedido para consolidar a propriedade e a posse plena do bem nas mãos do autor, impondo a este a caução daquele até que ao réu se restitua eventual saldo remanescente e o valor das prestações já pagas. Apelação na qual se sustenta a possibilidade da alienação do veículo. Não é possível, logicamente, impedir a venda do bem alienado que definitivamente tornou às mãos do credor fiduciário, para garantir ao devedor fiduciante o pagamento de eventual saldo que somente com a realização daquela será porventura apurado. Se o pago não foi preço de venda e compra, mas sim empréstimo, e servirá o produto da alienação do bem dado em alienação fiduciária para este pagar também, não se justifica a preocupação de se assegurar a restituição, ao devedor fiduciante, do valor por ele já despendido. (II TACSP, Ap. n. 587.662-00/1, rel. Palma Bisson, j. 08.02.2001)

Alienação fiduciária. Avaliação do bem apreendido, para estabelecer preço mínimo na venda a terceiro. Inocorrência de previsão contratual. Apelação do credor fiduciário provida, para afastar o limite mínimo fixado na sentença com base nessa avaliação. Não havendo expressa previsão no contrato, não se poderá exigir que o credor fiduciário só possa vender o bem apreendido a terceiro por preço nunca inferior ao estabelecido em prévia avaliação (DL n. 911/69, art. 2º). (TJPR, Ap. Cível n. 47.633-9, 7ª Câm. Cível, rel. Mendonça de Anunciação, j. 05.02.1993)

---

**Art. 1.365. É nula a cláusula que autoriza o proprietário fiduciário a ficar com a coisa alienada em garantia, se a dívida não for paga no vencimento.**

**Parágrafo único. O devedor pode, com a anuência do credor, dar seu direito eventual à coisa em pagamento da dívida, após o vencimento desta.**

---

O artigo guarda simetria com o art. 765 do CC revogado e com o art. 1.428 do atual Código, que vedam, por norma cogente, contratação de cláusula comissória.

A propriedade fiduciária é afetada à garantia do pagamento de uma obrigação e, por isso, está sujeita também à cláusula comissória, que veda ao credor ficar com objeto da garantia se a dívida não for paga no vencimento. A vedação é imperativa, e considera-se não escrita qualquer cláusula em sentido contrário. Nulos são também os negócios indiretos – em fraude à lei – que por contratos formalmente lícitos alcancem o objetivo prático vedado pela norma cogente.

Não cabe a adjudicação da coisa ao credor em leilão extrajudicial. Tal possibilidade somente ocorrerá em leilão judicial, por ser público, com prévia avaliação e fiscalização do juiz. Em relação à alienação fiduciária sobre bens imóveis, regulada pela Lei n. 9.514/97 (art. 27, § 5º), admite-se que, se o lance não superar o valor da dívida acrescida de encargos no segundo leilão, a obrigação se considerará extinta, e o credor não terá o dever de restituir qualquer quantia. Admite-se, em tal caso, o imóvel ficar com o credor fiduciário, mediante quitação da dívida.

O parágrafo único do artigo em estudo, de modo simétrico ao parágrafo único do art. 1.428 adiante comentado, admite a possibilidade de dação em pagamento da coisa após o vencimento da dívida. Exige-se o negócio da dação ser feito após o vencimento, não valendo, como é óbvio, cláusula negocial inserta no título da obrigação garantida prevendo tal figura. O consentimento deve ser livremente manifestado pelo devedor fiduciante depois do vencimento da dívida. Note-se que o próprio legislador reconhece, aqui, que o devedor fiduciante é muito mais do que mero depositário, ao admitir que dê em pagamento a propriedade expectativa.

**Jurisprudência:** Apelação. Ação de reintegração de posse. Alienação fiduciária com inadimplência da ré. O direito de compra e venda do lote descrito na inicial é o objeto da garantia. Tutela possessória. Medida cabível e adequada para corrigir a agressão do fiduciante que faz cessar a posse ilegítima. Precedentes desta Câmara e deste Tribunal em casos análogos envolvendo a mesma parte autora da presente demanda. Recurso provido. (TJSP, Ap. Cível n. 10006466220218260420/Paranapanema, 38ª Câm. de Dir. Priv., rel. Flávio Cunha da Silva, j. 23.09.2024, publ. 23.09.2024)

O DL n. 911/69, com as alterações da Lei n. 10.931/2004, continua recepcionado pela CF, e a aplicação de seus dispositivos não ofende os princípios do contraditório e da ampla defesa, daí ser cabível a ação de busca e apreensão, nos casos de mora do devedor fiduciário. A consolidação da propriedade do bem no patrimônio do credor, nos termos do § 1º do art. 3º do DL n. 911/69, só ocorrerá se o devedor, citado, não pagar o débito, e, mesmo assim, há que se proceder à venda do bem, entregando-se ao devedor o saldo apurado, o que se harmoniza com o disposto no art. 1.364 do CC, bem como não se choca com o que dispõe o art. 1.365 do mesmo estatuto, porque neste dispositivo a vedação diz respeito a cláusula contratual que autorize o credor a ficar com a coisa, sem obrigação de sua venda e entrega do saldo apurado. (TJMG, AI n. 1.0702.05.220516-9/001, rel. Guilherme Luciano Baeta Nunes, j. 09.09.2005)

---

**Art. 1.366. Quando, vendida a coisa, o produto não bastar para o pagamento da dívida e das despesas de cobrança, continuará o devedor obrigado pelo restante.**

---

O artigo guarda simetria com o art. 1.430, adiante comentado, que prevê a responsabilidade do devedor pelo restante, quando o produto da excussão da coisa dada em garantia não bastar para o pagamento da dívida e despesas judiciais.

Não prevê o CC a responsabilidade residual de terceiros garantes, como avalistas ou fiadores, mas tão somente do devedor fiduciário. Tal regra consolida o entendimento do STJ, no sentido de que "após a venda extrajudicial do bem, a obrigação do pagamento do saldo remanescente é pessoal do devedor principal, sendo ilícita a execução contra os garantes, sejam eles fiadores, avalistas ou terceiros interessados" (EREsp n. 49.086/MG, 2ª S., rel. Min. Ruy Rosado de Aguiar, j. 25.06.1997, v.m., *DJ* 10.11.1997; REsp n. 142.984/SP, 4ª T., rel. Min. Cesar Asfor Rocha, j. 21.03.2002, v.u., *DJ* 17.06.2002; REsp n. 254.408/MG, 4ª T., rel. Min. Barros Monteiro, j. 01.03.2001, v.u., *DJ* 04.06.2001; REsp n. 4.605/SP, 4ª T., rel. Min. Athos Carneiro, j. 16.04.1991, v.u., *DJ* 10.06.1991).

Há, porém, entendimento diverso do STJ, de que "a venda extrajudicial do bem alienado fiduciariamente não leva, por si, à extinção da responsabilidade dos garantes pelo pagamento do saldo residual remanescente. Indispensável, entretanto, que o credor dê a eles ciência de que vai alienar o bem, por determinado preço" (REsp n. 178.255/PR, 3ª T., rel. Min. Eduardo Ribeiro, j. 29.06.2000, v.u., *DJ* 28.08.2000; REsp n. 140.894/PR, 2ª S., rel. Min. Eduardo Ribeiro, j. 14.06.2000, v.u., *DJ* 19.03.2001; REsp n. 533.733/RS, 4ª T., rel. Min. Cesar Asfor Rocha, j. 09.09.2003, v.u., *DJ* 28.10.2003). Embora persista a responsabilidade do garante, exige-se a prévia ciência para acompanhamento da venda da coisa dada em garantia, para efeito de controle do preço e, por consequência, do saldo devedor.

No que se refere à cobrança do saldo em relação ao devedor fiduciário, o entendimento atual do STJ é no sentido de que se o credor não pode valer-se do processo executivo "para haver o remanescente do débito decorrente da venda extrajudicial do bem dado em garantia, admissível é a ação monitória nos termos do art. 1.102-A, do CPC [art. 700 do CPC/2015]" (REsp n. 331.789/MG, 4ª T., rel. Min. Barros Monteiro, j. 25.09.2001, *DJ* 04.03.2002; STJ, REsp n. 562.945/RS, 3ª T., rel. Min. Carlos Alberto Menezes Direito, j. 27.04.2004, v.u.). Em termos diversos, a venda extrajudicial do bem retira a liquidez da apuração de eventual saldo devedor, que não pode ser cobrado pela via executiva. A verificação da correspondência entre o valor apurado na venda unilateral e o valor de mercado da coisa é incompatível com o processo de execução.

O saldo devedor engloba o valor da dívida, acrescida de juros moratórios legais e, se for o caso, convencionais, cláusula penal e despesas com a cobrança, inclusive honorários advocatícios.

**Jurisprudência:** Ação anulatória c/c reparatória. Contrato de financiamento de veículo, garantido por alienação fiduciária. Devolução amigável do bem à instituição financeira financiadora. Mera entrega do bem à credora que não implica automática quitação da dívida e sua inexigibilidade, apenas amortização. Incidência do art. 2º, do DL n. 911/69. Saldo remanescente após a alienação. Responsabilidade da devedora. Cobrança. Possibilidade. Inteligência do art. 1.366 do CC. Encargos moratórios. Necessidade de observância ao limite de 1% ao mês. Entendimento da Súmula n. 379, do Eg. STJ. Recurso parcialmente provido para determinar a amortização do valor pelo qual o veículo foi leiloado, bem como reduzir os juros moratórios a 1% ao mês, readequada a sucumbência. (TJSP, Ap. Cível n. 10753705620238260100/SP, rel. Mendes Pereira, j. 21.06.2024, 15ª Câm. de Dir. Priv., publ. 21.06.2024)

Alienação fiduciária. Consórcio. Devolução do bem e venda extrajudicial. Ausência de prévia comunicação da venda ao devedor. Pretensão de cobrança de saldo. Ônus da prova. Extinção da responsabilidade do garante. Frustração do direito de sub-rogação. A venda extrajudicial do bem devolvido ao credor fiduciário é válida, mas dela deve ser previamente cientificado o devedor, sob pena de restar inviabilizada a pretensão de cobrança de saldo, se houver dúvida sobre a exatidão dos valores. Na ação de cobrança fundada no § 5º do art. 1º do DL n. 911/69, é do credor fiduciário o ônus da prova quanto à existência de saldo devedor do fiduciante, devendo postular de modo a viabilizar o exercício do direito de defesa, discriminando todas as parcelas pagas, recebidas e descontadas, agindo como se de ação de prestação de contas se tratasse, já que tem o dever de prestá-las. Com a venda do bem apreendido, frustrado o direito de sub-rogação, resta exonerado, o fiador, da responsabilidade quanto ao pagamento de eventual saldo devedor. Precedentes do STJ. Ação julgada improcedente. Apelação não provida. (TJRS, Ap. n. 70.002.654.333, 14ª Câm., rel. Marco Antônio Bandeira Scapini, j. 14.03.2002)

Se a taxa exigida pelo credor fiduciário a título de comissão de permanência foi por ele fixada aleatoriamente, sem estar baseada em taxa oficial de mercado regularmente comprovada, poderá o magistrado determinar seja ela recalculada, para fins de purgação de mora ou de cobrança, segundo a taxa de juros praticada no contrato original, conforme, aliás, prevê como primeira hipótese a Resolução n. 1.129/86 do Banco Central, critério esse inequivocamente justo para ambas as partes, uma vez que o credor continuará a receber a mesma remuneração por seu dinheiro que entendeu conveniente ao conceder o empréstimo, que assim teria apenas se prorrogado no tempo por conta do inadimplemento, enquanto o devedor pagará os mesmos encargos que julgou aceitáveis ao contratá-lo. (II TACSP, AI n. 687.125-00/5, rel. Amaral Vieira, j. 29.05.2001)

Inadimplemento da arrendatária e que não fez qualquer opção antes do término do prazo contratual. Contrato com prazo de duração exaurido. Existência, ainda assim, de título executivo extrajudicial. Execução permitida, porém, apenas das contraprestações e encargos contratuais. Exclusão do valor residual garantido do processo de execução. Enquadramento do valor residual como caução e que não pertence à arrendadora. Necessidade de prévia alienação dos bens de propriedade da arrendadora para, só então, apurar existência de eventual saldo credor. Ausência dos requisitos da liquidez, certeza e exigibilidade em relação ao valor residual. (II TACSP, Ap. n. 590.704-00/0, rel. Kioitsi Chicuta, j. 19.10.2000)

Alienação fiduciária em garantia. Legitimidade do fiador. Não se exime da responsabilidade o fiador, quando, ocorrendo busca e apreensão, o bem é vendido pelo credor, mas o valor não é suficiente para cobrir o débito, existindo saldo devedor remanescente. Interpretação do art. 66 da Lei n. 4.728/65, na redação do DL n. 911. Necessidade, entretanto, de que seja ele cientificado, pelo credor, de que o bem será vendido, para que possa pagar o débito, sub-rogando-se no crédito e na garantia. Isso não se fazendo, não poderá ser responsabilizado pelo débito remanescente. (STJ, REsp n. 140.894, 2ª S., rel. Min. Eduardo Ribeiro, j. 14.06.2000)

Alienação fiduciária. Fiador. Alienação do bem. Após a venda extrajudicial do bem, sem a participação do devedor, a obrigação de pagamento do saldo é pessoal do devedor, desaparecendo a garantia da fiança. Art. 66, § 5º, da Lei n. 4.728/1965. Embargos providos. (STJ, Emb. de Diverg. no REsp n. 49.086, 2ª S., rel. Min. Ruy Rosado de Aguiar, j. 25.06.1997)

---

**Art. 1.367. A propriedade fiduciária em garantia de bens móveis ou imóveis sujeita-se às disposições do Capítulo I do Título X do Livro III da Parte Especial deste Código e, no que for específico, à legislação especial pertinente, não se equiparando, para quaisquer efeitos, à propriedade plena de que trata o art. 1.231.**

Artigo com redação dada pela Lei n. 13.043, de 13.11.2014.

---

O artigo em exame não encontra correspondente no CC/1916 e foi introduzido no texto do Código Civil pela Lei n. 13.043/2014.

A redação original do art. 1.367 do CC era repetida pelo § 5º do art. 66-B da Lei n. 4.728/65, acrescentado pela Lei n. 10.931/2004. Dispunha a redação original do artigo que se aplicavam à propriedade fiduciária determinados dispositivos (arts. 1.421, 1.425 a 1.427 e 1.436) do Título X do Livro III da Parte Especial do CC, que regula os direitos reais de garantia.

A nova redação do art. 1.367 tornou mais ampla a sujeição da propriedade fiduciária sobre bens imóveis e móveis às regras que regulam os direitos reais de garantia, sem menção, todavia, a determinados dispositivos. Segundo se extrai do novo texto legal, a sujeição é ampla e abrange todas as disposições gerais que regulam os direitos reais de garantia. De outro lado, não mais se aplica à propriedade fiduciária a regra do art. 1.436 do CC, que trata das causas extintivas do direito real de penhor.

A alteração teve o nítido escopo de ressaltar a função de garantia real da propriedade fiduciária, afetada ao cumprimento de determinada obrigação. Embora se encontre a propriedade fiduciária regulada no atual CC como modalidade de propriedade resolúvel, é inequívoca a sua função e vocação de direito real de garantia.

Atento a tal realidade, o legislador estendeu ao regime jurídico da propriedade fiduciária os princípios e regras que orientam os direitos reais de garantia. Os efeitos dos direitos reais de garantia – privilégio, sequela, excussão e indivisibilidade – se aplicam à propriedade fiduciária, mas somente naquilo que for compatível com o instituto. Quanto ao conteúdo de tais efeitos, se remete o leitor aos comentários dos arts. 1.419 a 1.430 adiante.

Deve-se levar em conta, porém, que a propriedade fiduciária é garantia sobre coisa própria, e não garantia sobre coisa alheia, pois transfere o domínio da coisa em caráter resolúvel para o credor. Tal situação acarreta significativas consequências jurídicas. Necessário se faz, portanto, compatibilizar alguns dos efeitos dos direitos reais de garantia com as peculiaridades da propriedade fiduciária.

Tome-se como exemplo a preferência dos direitos reais de garantia, que assegura ao credor garantido excutir a coisa e receber o seu crédito com prioridade no pagamento, regulada no art. 1.422 do CC. O parágrafo único do artigo, contudo, excetua de tal regra os créditos com preferência legal, por exemplo, os fiscais, previdenciários, trabalhistas e acidentários. Tais exceções não se estendem à propriedade fiduciária, pela simples razão de que a propriedade foi transferida em caráter resolúvel ao próprio credor. Como acima dito, é garantia sobre coisa própria, e não sobre coisa alheia, de modo que não se sujeita ao concurso de credores.

No que se refere à regra do art. 1.421 do CC, que consagra o princípio da indivisibilidade da garantia real, segundo o qual toda a coisa e cada uma de suas partes garantem a totalidade da dívida, de modo que o cumprimento parcial da obrigação não implica liberação parcial da garantia, salvo disposição contratual em sentido contrário, vale apenas destacar que se aplica por analogia a exceção ao princípio da indivisibilidade previsto no art. 1.488 do CC (que permite a liberação parcial da hipoteca de imóveis loteados e em condomínio edilício) à propriedade fiduciária sobre bens imóveis (Lei n. 9.514/97).

Também merece menção o princípio mencionado no art. 1.425 do CC, sobre o vencimento antecipado da dívida, em razão de fatos supervenientes que coloquem em risco ou acarretem a perda da garantia. As hipóteses previstas em lei serão analisadas individualmente no comentário ao artigo citado. Cabe lembrar, em relação à propriedade fiduciária, somente ter sentido o vencimento antecipado da obrigação no caso de risco à garantia do credor. A insolvência do devedor, por exemplo, nem sempre afeta a garantia, pois, na propriedade fiduciária, a coisa já pertence ao credor em caráter resolúvel e se encontra a salvo de penhora ou arrecadação por outros credores. Já a deterioração ou perda da coisa sem dúvida coloca em risco a posição do credor e justifica o vencimento antecipado da dívida. Logo, a transposição do art. 1.425 deve ser feita levando em conta as peculiaridades da propriedade fiduciária e o risco efetivo e concreto trazido pelo fato superveniente à garantia do credor fiduciário.

Quanto à adjudicação de coisas móveis no regime do CC, cabe lembrar a lição de Orlando Gomes, para quem há, na verdade, consolidação, pois o credor fiduciário já era proprietário da coisa, inicialmente em caráter resolúvel e depois em caráter pleno, apenas com o dever de promover sua excussão (*Alienação fiduciária em garantia*. São Paulo, RT, 1970, p. 138). Deve haver extrema cautela com a adjudicação no caso de propriedade fiduciária, pois o bem não é avaliado judicialmente. Assim, somente a adjudicação por valor de mercado do bem é que se admite, para evitar o enriquecimento sem causa do credor e o desmedido sacrifício do devedor.

A nova redação do art. 1.367 termina com a ressalva expressa no sentido de que não se equipara a propriedade fiduciária, "para quaisquer efeitos, à propriedade plena de que trata o art. 1.231". Coloca-se mais ênfase na natureza de patrimônio de afetação da propriedade fiduciária, com função de garantia eficaz do adimplemento de uma obrigação. Como já foi dito por ocasião do comentário ao art. 1.361, ao qual se remete o leitor, as faculdades federadas da propriedade – *jus utendi et fruendi* – permanecem nas mãos do devedor fiduciante, não transferidas ao credor fiduciário desprovido de posse direta sobre a coisa. O credor fiduciário não tem também o poder de disposição da coisa, podendo apenas ceder o seu crédito garantido.

Na lição clássica de Moreira Alves "essa propriedade resolúvel, porém – como já acentuamos –, é bastante limitada, em virtude do escopo de garantia que a restringe. À diferença da propriedade resolúvel comum, em que seu titular goza das diferentes faculdades jurídicas que integram o conteúdo do domínio, na propriedade fiduciária o adquirente não dispõe da posse direta sobre a coisa, nem pode usar ou fruir dela" (MOREIRA ALVES, José Carlos. *Da alienação fiduciária em garantia*, 3. ed. Rio de Janeiro, Forense, p. 186).

Note-se, porém, que embora o credor fiduciário, na dicção da lei, seja titular de um direito real de garantia, dispõe das ações reais que tutelam as coisas móveis e imóveis, assim como, por ser possuidor indireto, dos interditos possessórios contra atos ilícitos de terceiros e mesmo do devedor fiduciante.

A nova redação do art. 1.367 constitui o embasamento para a segunda e subsequente alteração do CC, qual seja, o art. 1.368-B, adiante comentado. A ideia é a de afastar a noção de propriedade fiduciária do instituto da propriedade plena, com a finalidade de elidir os deveres e obrigações típicos do proprietário. Tome-se como exemplo, em relação às coisas imóveis, o pagamento do rateio das despesas de condomínio, tributos e taxas, exigíveis apenas do proprietário, mas não do mero credor com garantia real. Em relação aos bens móveis, especialmente automotores, os impostos, as taxas, as multas e a responsabilidade civil por danos a terceiros causados pelo devedor fiduciante e possuidor direto.

No comentário ao art. 1.368-B adiante faremos a interpretação e compatibilização entre dois interesses opostos e dignos de tutela: o primeiro do credor fiduciário, que, embora titular de direito real de garantia, goza de superproteção e é proprietário resolúvel; o segundo dos credores privilegiados, como o condomínio e o Fisco, de buscar a realização eficaz de seus créditos, com origem na própria coisa dada em garantia.

**Jurisprudência**: Agravo de instrumento. Reserva de domínio. Busca e apreensão. Devedora fiduciária em recuperação judicial. Permanência dos bens em mãos do devedor. Admissibilidade. Maquinário indispensável à sua atividade. Aplicação do art. 49, § 3º, da Lei n. 11.101/2005. Recurso provido. (TJSP, AI n. 992.09.051756-2, 26ª Câm. de Dir. Priv., rel. Andreatta Rizzo, j. 23.09.2009)

Possibilidade de revisão de contrato quitado. A revisão do contrato quitado é possível, haja vista que o negócio não se afigura imutável, principalmente por apresentar incongruência entre suas cláusulas e os moldes legais atinentes à espécie. Quitação antecipada e abatimento nos juros pactuados. Ocorrendo a quitação antecipada do financiamento, é devido o desconto proporcional dos juros incidentes nas parcelas pagas em data anterior ao previsto no contrato. Repetição de indébito. Verificado o pagamento a maior realizado pelo consumidor, impõe-se a repetição simples de tais parcelas. Apelação parcialmente provida. (TJRS, 14ª Câm., Ap. n. 70.008.296.717, rel. Des. Rogério Gesta Leal, j. 25.03.2004)

1 – Na falência do devedor fiduciário é desnecessária a interpelação do síndico, pelo credor, para dizer se cumprirá ou não o contrato. Primeiro, porque a falência importa no vencimento antecipado do gravame, e a resolubilidade da propriedade fiduciária em favor do devedor alienante deixa de existir. Segundo, porque o contrato que deu origem à alienação fiduciária é um contrato de abertura de crédito, típico contrato unilateral que escapa do alcance do art. 43 da Lei de Falências. 2 – Não constitui óbice ao ajuizamento do pedido restitutório o fato de ter a alienação fiduciária sido dada dentro do termo legal da falência. Não, porque, no caso concreto, ela foi constituída juntamente com a dívida garantida, e o art. 52, III, da Lei de Falência exige tratar-se de dívida anterior ao período suspeito. Ainda, não recaiu sobre bem próprio da devedora, mas foi adquirido contemporaneamente à abertura de crédito e a esse vinculado. (TJPR, Ap. Cível n. 52.040-7, 1ª Câm. Cível, rel. Ulysses Lopes, j. 17.12.1996)

Exsurge com clareza, portanto, da Lei de Recuperações e Falências, que o credor com garantia decorrente de alienação fiduciária de coisa móvel (proprietário fiduciário), como é o agravante, não se submete aos efeitos da recuperação judicial, prevalecendo seus direitos de proprietário fiduciário de acordo com a respectiva lei de regência. O único efeito que suportará o agravante é o de não poder pleitear a busca e apreensão das máquinas objeto de alienação fiduciária, pelo prazo de 180 dias, contado do deferimento do processamento da recuperação, porque elas consistem em bens de capital essenciais à atividade empresarial da devedora. O único efeito que suportará o agravante é o de não poder pleitear a busca e apreensão das máquinas objeto de alienação fiduciária, pelo prazo de 180 dias, contado do deferimento do processamento da recuperação, porque elas consistem em bens de capital essenciais à atividade empresarial da devedora. (TJSP, AI n. 428.701.4/5-00, rel. Des. Pereira Calças, Câm. Especial de Falência e Recuperações)

**Art. 1.368. O terceiro, interessado ou não, que pagar a dívida, se sub-rogará de pleno direito no crédito e na propriedade fiduciária.**

O art. 6º do DL n. 911/69 assegura a sub-rogação apenas ao terceiro interessado, ao fiador e ao avalista. A lei especial se aplica às instituições financeiras credoras fiduciárias com regime jurídico diferenciado.

Na lição de Luiz Edson Fachin, "sub-rogação é a substituição nos direitos creditórios, operada em favor de quem pagou a dívida" (*Comentários ao Código Civil*. Rio de Janeiro, Saraiva, 2003, v. XIV, p. 1.368).

A novidade do CC está em permitir ao terceiro, interessado ou não, sub-rogação no crédito e na garantia, de pleno direito. A sub-rogação, portanto, dá-se em duas frentes: no crédito e na garantia, que lhe é acessória. O preceito é mais amplo do que a regra da sub-rogação do art. 346 do CC, que admite a sub-rogação legal, de pleno direito, em relação apenas a determinados credores, previstos em seus três incisos. A sub-rogação legal, portanto, ganha nova feição quando ocorre em obrigações garantidas por propriedade fiduciária, abrangendo também os terceiros não interessados.

Consequência da sub-rogação legal é a possibilidade de o terceiro, novo credor, prosseguir na ação originalmente ajuizada pelo credor fiduciário, como substituto processual, ou, ainda, ajuizar ação de busca e apreensão (DL n. 911/69) ou de reintegração de posse (CC/2002), ou mesmo de depósito, contra o devedor fiduciante. Tome-se como exemplo a seguradora que paga indenização correspondente ao crédito do credor fiduciário, que pode ajuizar ação de busca e apreensão do veículo segurado (TACMG, Ap. n. 308.948-30, rel. Juiz Geraldo Augusto, j. 15.06.2000). No mesmo sentido, admitindo busca e apreensão ajuizada pela seguradora sub-rogada, o STJ decidiu que "o comando do art. 6º do DL n. 911/69 é expresso ao assegurar a sub-rogação de pleno direito em favor daquele que pagar a dívida, assim o avalista, o fiador ou o terceiro interessado" (REsp n. 148.865/SP, rel. Min. Carlos Alberto Menezes Direito).

**Jurisprudência**: No âmbito dos contratos de alienação fiduciária em garantia, é possível a realização da cessão do crédito e do bem dado em garantia (art. 1.368, CC/2002), inclusive para fins de propositura da ação de busca e apreensão, nos termos do art. 6º do DL n. 911/69. IV – Verificada a existência de previsão expressa no contrato acerca da faculdade do credor em transferir seu crédito a terceiros, e comprovada a notificação do devedor, não há falar-se em ineficácia da cessão de crédito em relação a este. (TJMG, Ap. Cível n. 1.0701.05.113370-3/001, rel. Bitencourt Marcondes, j. 01.03.2007)

Ação de busca e apreensão movida por terceiro interessado e que pagou a dívida diretamente à fiduciária. Sub-rogação legal. Legitimidade para ajuizar ação de busca e apreensão. Ação julgada procedente. Ausência de prova de pagamento das prestações pelo fiduciante. Recursos improvidos. (II TACSP, Ap. n. 598.717-00/6, rel. Kioitsi Chicuta, j. 19.03.2001)

O direito de sub-rogação previsto no art. 6º do DL n. 911/69 é reservado ao terceiro interessado, àquele que paga a dívida pela qual era ou podia ser obrigado, no todo ou em parte. (II TACSP, AI n. 644.571-00/7, rel. Amaral Vieira, j. 08.08.2000)

1 – Não negando o réu a dívida, nem, muito menos, apresentando impugnação específica sobre o valor cobrado, limitando-se a uma investida genérica, o argumento de violação ao art. 330, I, do CPC [art. 355, I, do CPC/2015] fica inconsistente. 2 – O comando do art. 6º do DL n. 911/69 é expresso ao assegurar a sub-rogação de pleno direito em favor daquele que pagará a dívida, assim o avalista, o fiador ou o terceiro interessado. 3 – Recurso especial não conhecido. (STJ, REsp n. 148.865, 3ª T., rel. Min. Carlos Alberto Menezes Direito, j. 15.09.1998)

Havendo, por parte do terceiro interessado, o adimplemento da dívida no lugar do devedor, opera-se o efeito da sub-rogação legal dele no crédito, bem como na garantia da alienação fiduciária, não havendo, portanto, como impedi-lo de residir no polo ativo da ação de busca e apreensão convertida em ação de depósito. (TACPR, Ap. Cível n. 60.399-0, 5ª Câm., rel. Cícero da Silva, j. 03.02.1995)

---

**Art. 1.368-A. As demais espécies de propriedade fiduciária ou de titularidade fiduciária submetem-se à disciplina específica das respectivas leis especiais, somente se aplicando as disposições deste Código naquilo que não for incompatível com a legislação especial.**

Artigo acrescentado pela Lei n. 10.931, de 02.08.2004.

---

Este artigo não constava da redação original do CC/2002 e foi acrescentado pela Lei n. 10.931/2004.

Cuidou o legislador de marcar os múltiplos regimes jurídicos da propriedade fiduciária e de estabelecer as regras de sua incidência. Como comentado no art. 1.361, há profusa legislação especial tratando da mesma matéria. Pode-se afirmar a atual coexistência de múltiplos regimes jurídicos da propriedade fiduciária: o CC disciplina a propriedade fiduciária sobre coisas móveis infungíveis, quando o credor fiduciário não for instituição financeira; o art. 66-B da Lei n. 4.728/65, acrescentado pela Lei n. 10.931/2004, e o DL n. 911/69 disciplinam a propriedade fiduciária sobre bens móveis fungíveis e infungíveis quando o credor fiduciário for instituição financeira; a Lei n. 9.514/97, também modificada pela Lei n. 10.931/2004, disciplina a propriedade fiduciária sobre bens imóveis, quando os protagonistas forem ou não instituições financeiras, além da titularidade fiduciária de créditos como lastro de operação de securitização de dívidas do Sistema Financeiro Imobiliário; a Lei n. 6.404/76 disciplina a propriedade fiduciária de ações.

O atual CC, pode-se assim dizer, popularizou a utilização da propriedade fiduciária, franqueando-a a pessoas físicas e jurídicas. Qualquer pessoa pode ser credora fiduciária e utilizar essa forte garantia real nas obrigações em geral. Limitou o objeto, porém, às coisas móveis infungíveis.

A Lei n. 10.931/2004 fixou regime jurídico próprio, com regras específicas de direito material e processual, para os casos de propriedade fiduciária em garantia de obrigação na qual o credor fiduciário seja instituição financeira, tendo por objeto bens móveis, tanto infungíveis como fungíveis, inclusive bens incorpóreos, como créditos.

A Lei n. 9.514/97, por seu turno, criou regime jurídico especial tendo em conta não os sujeitos da obrigação, mas o objeto da garantia, que recai sobre coisa imóvel. Aplica-se a lei especial, desde que a garantia fiduciária recaia sobre coisa imóvel, a todos os credores fiduciários, instituições financeiras ou não.

Em relação às propriedades fiduciárias previstas em leis especiais, criou o CC regra clara para evitar o conflito de normas: aplicam-se de modo primário as leis especiais e, em suas lacunas e no que não as contrariar, as normas gerais do CC. O inverso, porém, não é verdadeiro. Não se aplica de modo supletivo à propriedade fiduciária regulada pelo CC a disciplina das diversas leis especiais, especialmente as regras de direito processual do DL n. 911/69, por dispor o art. 8º-A do DL n. 911/69, com redação dada pela Lei n. 10.931/2004, que o procedimento judicial da lei especial (busca e apreensão) aplica-se somente às hipóteses de alienação fiduciária reguladas pela Lei de Mercado de Capitais, vedada sua extensão às relações do CC. De igual modo, a Lei n. 9.514/97 é expressa ao dispor que sua incidência se limita à propriedade imóvel e determinados direitos reais sobre imóveis, ou seja, é especial quanto ao objeto da relação jurídica, indiferente, porém, sobre as qualidades do credor fiduciário.

**Jurisprudência:** O fato de o DL n. 911/69 prever procedimento especial mais célere, conforme regulado especialmente no seu art. 3º, de modo a efetivar a garantia do credor em contrato de alienação mercantil, não o macula com o vício da inconstitucionalidade, e nem fere a garantia do devido processo legal. As alterações trazidas pela Lei n. 10.931/2004 não implicaram repristinação, porquanto o novo CC não revogou as disposições do DL n. 911/69, já que não regulou inteiramente a matéria atinente ao instituto da alienação fiduciária, ressalvando no art. 1.368-A que "as demais espécies de propriedade fiduciária ou de titularidade fiduciária submetem-se à disciplina específica das respectivas leis especiais, somente se aplicando as disposições deste Código naquilo que não for incompatível com a legislação especial". Uma vez comprovada a mora do devedor através de carta registrada expedida por intermédio de Cartório de Títulos e Documentos, o deferimento da liminar de busca e apreensão é medida de rigor, de acordo com o que estabelece o art. 3º, *caput*, do DL n. 911/69. (TJMG, Ag. n. 1.0702.05.197818-8/001, rel. Elias Camilo, j. 04.05.2006)

---

**Art. 1.368-B. A alienação fiduciária em garantia de bem móvel ou imóvel confere direito real de aquisição ao fiduciante, seu cessionário ou sucessor.**

Artigo acrescentado pela Lei n. 13.043, de 13.11.2014.

**Parágrafo único. O credor fiduciário que se tornar proprietário pleno do bem, por efeito de realização da garantia, mediante consolidação da propriedade, adjudicação, dação ou outra forma pela qual lhe tenha sido transmitida a propriedade plena, passa a responder pelo pagamento dos tributos sobre a propriedade e a posse, taxas, despesas condominiais e quaisquer outros encargos, tributários ou não, incidentes sobre o bem objeto da garantia, a partir da data em que vier a ser imitido na posse direta do bem.**

---

Tem o dispositivo alguma semelhança com o art. 27, § 8º, da Lei n. 9.514/97, com a redação dada pela Lei n. 10.931/2004, que trata, entre outras matérias, da propriedade fiduciária sobre bens imóveis e tem o seguinte teor: "Responde o fiduciante pelo pagamento dos impostos, taxas, contribuições condominiais e quaisquer outros encargos que recaiam ou venham a recair sobre o imóvel, cuja posse tenha sido transferida para o fiduciário, nos termos deste artigo, até a data em que o fiduciário vier a ser imitido na posse". O artigo em comento tem redação mais ampla e aperfeiçoada, em comparação com o art. 27, § 8º, da Lei n. 9.514/97, acima reproduzido. Note-se que embora este capítulo do CC trate exclusivamente da propriedade fiduciária sobre bens móveis infungíveis, nas hipóteses em que o credor fiduciário não for instituição financeira, o artigo em exame avança e abarca todas as modalidades de propriedade fiduciária. Abrange, assim, a propriedade fiduciária sobre bens móveis infungíveis e fungíveis (Lei n. 4.728/65) e também sobre bens imóveis (Lei n. 9.514/97).

O *caput* do art. 1.368-B trata da natureza jurídica do direito do devedor fiduciante, enquanto não solve a obrigação garantida. Define tal direito expectativo como "direito real de aquisição ao fiduciante, seu cessionário ou sucessor".

É acesa na doutrina a discussão sobre a natureza jurídica da posição do devedor fiduciante. Na lição de Moreira Alves, "três são, a esse respeito, as orientações seguidas pelos autores: para uns o alienante é proprietário sob condição suspensiva; para outros, tem ele, com relação à coisa, tão somente expectativa de direito; e, finalmente, há os que entendem que é o alienante, nesse caso, titular de direito eventual [...] que Pontes de Miranda traduz pela expressão direito expectativo [...]" (MOREIRA ALVES, José Carlos. *Da alienação fiduciária em garantia*. 3. ed. Rio de Janeiro, Forense, p. 174-5).

Esse direito expectativo à aquisição da propriedade – que se diferencia da mera expectativa de direito – tem natureza real e, ainda segundo a lição de Moreira Alves, nada impede que a lei o amplie (obra citada, p. 176). Foi o que ocorreu no caso presente, no qual a lei definiu tal direito expectativo como real de aquisição. Tal situação está afinada com a posição que o art. 1.367, acima comentado, que atribuiu ao direito do credor fiduciário a natureza de garantia real, afastando-o da propriedade plena. O que se extrai do conjunto das novas redações dos dois artigos é a tentativa do legislador de dar solução juridicamente confortável ao credor e proprietário fiduciário, mantendo a força e a higidez da garantia, mas isentando-o do pagamento das despesas geradas pelo bem.

A titularidade pelo devedor fiduciante de direito real de aquisição, que se converterá em propriedade plena tão logo solva a obrigação garantida, gera relevantes consequências jurídicas. Tem o devedor fiduciante a seu favor ações reais, fundadas não somente na sua posse direta (*jus possessionis*) como também no seu direito real de aquisição (*jus possidendi*), inclusive ação reivindicatória, contra quem quer que viole tal prerrogativa, até mesmo em face do credor fiduciário. Além disso, esse direito é transmissível *inter vivos* e *causa mortis*, e suscetível de ser penhorado, arrestado e sequestrado, porquanto é atual e tem valor econômico (MOREIRA ALVES, obra citada, p. 178).

Também se admite a sua alienação ou cessão negocial, a princípio independentemente do consentimento do credor fiduciário, salvo se a lei o exigir, tal como ocorre no art. 29 da Lei n. 9.514/97, pois a garantia permanecerá hígida. Ainda na hipótese de previsão legal ou contratual de subordinação da cessão à prévia e expressa anuência do credor fiduciário, sempre se deve verificar, à luz das circunstâncias do caso concreto, se eventual recusa não configura abuso de direito (art. 187 do CC), que se caracteriza se o bem objeto da garantia não correr o risco de deterioração ou perda. Parece sensato que se o credor hipotecário não pode se opor à alienação do imóvel hipotecado (art. 1.475 do CC, adiante comentado) igual regra se estenda à propriedade fiduciária, garantia exclusiva e mais vigorosa do credor fiduciário. A cessão de direitos do devedor fiduciante deve necessariamente ser levada ao registro competente, de caráter constitutivo, para converter a relação meramente obrigacional em direito real de aquisição.

O parágrafo único do art. 1.368-B contém a regra e a razão pela qual se reformou o CC. Diz que o credor fiduciário que se tornar proprietário pleno do bem, por qualquer razão (consolidação, arrematação, adjudicação ou dação em pagamento) somente passará a responder pelo pagamento dos tributos sobre a propriedade e a posse, taxas, despesas condominiais e quaisquer outros encargos, tributários ou não, a partir da data em que for imitido na posse.

Colocam-se em choque dois interesses contrapostos e dignos de tutela. De um lado, o interesse do credor fiduciário, que tem a propriedade resolúvel como mero patrimônio de afetação, um direito real de garantia, assim definido por lei (art. 1.367), voltado à satisfação de um crédito e, por não ser proprietário, não deve responder pelas dívidas geradas pelo bem. De outro lado, os titulares de créditos gerados pelo próprio bem dado em garantia (IPTU, IPVA, rateio de despesas de condomínio), que, se não puderem satisfazê-lo mediante penhora e excussão da coisa, ficarão desprotegidos e a descoberto.

Tomou o CC, com a alteração do art. 1.367 e a inclusão do art. 1.368-B, nítido partido no sentido da proteção dos interesses do credor fiduciário, em detrimento dos interesses dos credores de despesas geradas pelo próprio bem dado em garantia.

Com a finalidade de evitar situações iníquas e que conduzam mesmo à inviabilização de alguns institutos, como o condomínio edilício, cabe à doutrina e à jurisprudência compatibilizar e harmonizar os interesses conflitantes do credor fiduciário e dos credores de despesas geradas pelo bem garantido.

A propriedade fiduciária é a grande garantia real, que tende a aniquilar a hipoteca, o penhor e a anticrese, esta já em desuso. Milhões de financiamentos são concedidos para a aquisição de imóveis e de bens móveis duráveis, bem como a contratos de mútuo e obrigações em geral. Na imensa maioria desses contratos, o credor escolhe a garantia que lhe é mais favorável, e a opção recai naturalmente sobre a propriedade fiduciária. Em outras palavras, temos milhões de imóveis, veículos e recebíveis objetos de garantia de propriedade fiduciária.

O que fazer e qual o destino das dívidas geradas pelo bem dado em garantia, enquanto perdura o financiamento, que pode se prolongar por décadas? Tome-se como exemplo o financiamento imobiliário de longo prazo. Como pode o condomínio receber de modo eficaz o rateio das despesas do devedor fiduciante inadimplente, se o credor fiduciário não responde pela dívida e o imóvel não pode ser excutido?

Não há como se chancelar a solução literal e simplista adotada pelo legislador, que abraçou de modo integral os interesses do credor fiduciário, deixando a descoberto os interesses dos credores que contribuem para a manutenção e preservação do bem dado em garantia.

A primeira observação é a de que se o devedor fiduciante é titular de direito real de aquisição, atual e de valor econômico, pode tal direito ser penhorado pelos demais credores em geral, e em especial pelos credores de despesas geradas pelo próprio bem. Não mais faz sentido a jurisprudência minoritária dos tribunais, no sentido de que impenhorável a mera expectativa de direito do devedor fiduciante. Prevalece o entendimento já encampado pelo STJ no sentido de que "o bem alienado fiduciariamente, por não integrar o patrimônio do devedor, não pode ser objeto de penhora. Nada impede, contudo, que os direitos do devedor fiduciante oriundos do contrato sejam constritos" (REsp n. 679.821/DF, 5ª T., rel. Min. Felix Fisher, unânime, *DJ* 17.12.2004, p. 594; no mesmo sentido, REsp n. 1.171.341/DF, 4ª T., rel. Min. Maria Isabel Gallotti, j. 06.12.2011, *DJe* 14.12.2011). Evidente que o arrematante não adquire a propriedade plena, mas sim se sub-roga na posição jurídica de titular de direito expectativo real de aquisição de devedor fiduciante. O produto da arrematação é levantado pelo exequente, e não pelo credor fiduciário, que mantém íntegra a sua garantia. Nessa hipótese, não há propriamente concurso de credores, porque a propriedade fiduciária remanesce íntegra, alterando apenas a figura do devedor fiduciante, que passa a ser o arrematante do direito real de aquisição. Ocorre sub-rogação legal da posição de devedor fiduciante, independentemente da anuência do credor fiduciário.

Pode ocorrer, porém, e frequentemente sucederá, de a dívida garantida por propriedade fiduciária, com os encargos contratuais, ser de valor igual ou até mesmo superior ao valor do bem, o que afastará eventuais interessados na arrematação do direito real expectativo de aquisição do devedor fiduciante. Em tal hipótese, esgotada a possibilidade de recuperação do crédito mediante penhora do direito do devedor fiduciante, não restará alternativa, que não a penhora e excussão da propriedade plena. Tal prerrogativa, contudo, será reservada apenas aos credores de despesas geradas pela própria coisa, e não aos credores quirografários, ou com privilégio legal. Nessa hipótese (credor fiduciário x credor de despesas da coisa) se dará o concurso de credores. O produto da arrematação servirá para satisfação das despesas geradas pela própria coisa, e o saldo será entregue ao credor fiduciário, necessária e previamente intimado da hasta pública. Satisfeito também o credor fiduciário, eventual sobra será então colocada à disposição de outros credores e, caso não existam, devolvida ao devedor fiduciante.

Parece ser esta a única solução que concilia todos os relevantes interesses conflitantes em jogo. Não admitir a penhora da propriedade plena – somente após esgotada a possibilidade de excussão do direito real de aquisição do devedor fiduciante – criaria situação insustentável aos credores de despesas geradas pelo próprio bem garantido. Basta imaginar a hipótese, nada acadêmica, de o devedor fiduciante manter-se em dia com o pagamento do financiamento de aquisição do apartamento, mas deixar de honrar o pagamento das despesas condominiais. As despesas com a preservação da higidez da própria coisa dada em garantia permaneceriam em aberto por anos a fio, custeadas indevidamente pelos demais condôminos fiéis.

A jurisprudência do STJ, em um primeiro momento, manteve-se firme na interpretação literal do texto do art. 1.368-B do CC, admitindo tão somente a penhora do direito real de aquisição por credores de despesas da coisa, em especial as despesas de condomínio edilício. No entanto, recente precedente adotou posição diametralmente inversa e admitiu a penhora sobre a propriedade plena da coisa objeto de garantia fiduciária, instaurando-se, a seguir, o concurso de credores (ver os julgados citados à frente, com posicionamentos divergentes entre a 3ª e a 4ª Turmas).

Parece que a virtude se encontra no meio-termo. Em um primeiro momento, faz-se a penhora sobre o direito real de aquisição do devedor fiduciante, nos exatos termos do que dispõe o art. 1.368-B. No entanto, infrutífera a excussão do direito real aquisitivo, a execução prossegue com a penhora sobre a propriedade plena, intimando-se previamente da hasta pública o credor fiduciário. Note-se que o credor fiduciário não é devedor, mas titular de propriedade resolúvel atingida pela constrição. No concurso de credores, tem melhor privilégio o crédito das despesas da própria coisa objeto da garantia, que visam assegurar sua incolumidade, em situação similar ao que ocorre com as despesas da massa no direito falimentar.

O parágrafo único do art. 1.368-B do CC ressalva que o credor fiduciário somente responde pelas despesas geradas pela coisa após a sua imissão na posse, depois de consolidada a propriedade plena. Tal regra deve ser interpretada e compatibilizada com os interesses dos credores de despesas geradas pela coisa garantida. Não resta dúvida que o devedor primário das despesas geradas pela coisa é o devedor fiduciante, titular de direito real de aquisição, da posse direta e das faculdades de usar (*jus utendi*) e de fruir (*jus fruendi*) do bem. Nessa qualidade, responde com todo o seu patrimônio pela solução das dívidas e deve reembolsar toda e qualquer despesa eventualmente paga pelo credor fiduciário. Na lição de Melhim Namem Chalhub, "a exclusão da responsabilidade do fiduciário fundamenta-se em que este não tira proveito do imóvel, na medida em que a lei não lhe defere a posse, pois a propriedade que lhe é atribuída é de natureza fiduciária e tem apenas a função de garantia" (*Negócio fiduciário*, 4. ed. revista e atualizada. São Paulo, Renovar, p. 240).

Isso, porém, não significa dizer que os credores das despesas geradas pela própria coisa garantida fiquem desprotegidos. Tais créditos têm origem na própria preservação da coisa dada em garantia, de tal modo que o credor fiduciário, ao consolidar a propriedade plena e alienar a coisa a terceiros, se beneficiaria indevidamente com o esforço e os recursos invertidos por terceiros, em situação típica de enriquecimento sem causa.

A segunda questão a ser examinada no parágrafo único do art. 1.368-B é a do momento em que nasce a responsabilidade direta do credor fiduciário pelas dívidas da coisa, ou seja, somente nasce com a imissão na posse. A partir daí, passa o credor, agora proprietário pleno e imitido na posse, a responder com a totalidade de seu patrimônio pela solução do crédito.

Antes da imissão na posse, porém, têm os credores das despesas geradas pela coisa o direito de reaver o seu crédito, inicialmente com a excussão do direito real de aquisição de titularidade do devedor fiduciante. Frustrada tal possibilidade, com o produto da venda do próprio bem, em sua integralidade, em leilão judicial ou extrajudicial. Do produto da venda se abatem as despesas geradas pela coisa, e o saldo é entregue ao credor fiduciário. Indispensável, porém, para preservação dos direitos de todos os credores envolvidos, sejam eles intimados ou avisados de modo inequívoco da ocorrência do leilão ou da praça, para o exercício de suas prerrogativas e preferências, nos termos do art. 699 do CPC.

E o arrematante, ou o próprio credor fiduciário que fica proprietário pleno da coisa na ausência de licitantes, respondem pelas despesas pretéritas da coisa? Lembre-se de que o bem dado em garantia, caso não tenha sido vendido em leilão judicial ou extrajudicial, ou mesmo em venda particular (como permite a recente reforma do DL n. 911/69), passa a integrar como propriedade plena o patrimônio do credor.

Parece claro que, em tal situação, deve o credor fiduciário, que venderá posteriormente o bem a terceiros pelo valor pleno, beneficiado pelas despesas de manutenção e preservação da coisa, reembolsá-las aos credores que tiveram desfalcado o seu patrimônio em proveito alheio.

A situação do arrematante do bem é regulada pelo art. 1.345 do CC (a cujos comentários se remete o leitor) e tema de recurso repetitivo do STJ.

Os primeiros precedentes dos Tribunais a respeito do artigo em exame se inclinam no sentido da solução acima proposta: deve a penhora recair sobre o direito real de aquisição do devedor fiduciante; inviável a excussão, poderá então a penhora recair sobre a totalidade do bem objeto de garantia fiduciária. Para tanto, porém, há necessidade, segundo os precedentes colacionados a seguir, de intimação do credor fiduciário, a teor do art. 799, I do CPC.

Em resumo, o art. 1.368-B não revogou nem derrogou o art. 1.345 do CC, mas apenas e tão somente criou possibilidades e arranjos para que credores de despesas geradas pela própria coisa recuperem o seu crédito no momento da arrematação, ou o reembolso na hipótese de adjudicação ou dação em favor do próprio credor.

O que não faz sentido é o benefício desequilibrado para proteção unilateral da posição do credor fiduciário, em detrimento de terceiros credores que desfalcaram o próprio patrimônio para custear despesas e manutenção, preservação e valorização da coisa objeto da garantia fiduciária.

**Jurisprudência:** Súmula n. 399, STJ: Cabe à legislação municipal estabelecer o sujeito passivo do IPTU.

Súmula n. 478, STJ: Na execução de crédito relativo a cotas condominiais, este tem preferência sobre o hipotecário.

Agravo de instrumento. Execução fiscal. IPTU dos exercícios de 2015 a 2017. Município de Limeira. Exceção de pré-executividade apresentada pelo coexecutado fundada na ilegitimidade passiva em razão de anterior "Instrumento Particular de Financiamento para Aquisição de Imóvel, Venda e Compra e Constituição de Alienação Fiduciária". Decisão agravada que rejeitou o incidente. Insurgência do coexecutado. Cabimento. Compra de imóvel seguida de alienação fiduciária do bem em garantia, ambos com registro no CRI competente antes do fato gerador e propositura da ação executiva. Ausência de *animus domini* do credor fiduciário que exclui a aplicação do art. 34 do CTN. Transferência de propriedade sob condição resolúvel. Responsabilidade tributária que deve recair apenas sobre o devedor fiduciante, possuidor direto do bem. Inteligência dos arts. 24, 25 e 27, § 5º, § 6º e § 8º, da Lei n. 9.514/97 e dos arts. 1.228, 1.231, 1.367 e 1.368-B, CC. Precedentes jurisprudenciais. Decisão reformada. Recurso provido. (TJSP, AI n. 21907984420248260000/Limeira, 18ª Câm. de Dir. Públ., rel. Fernando Figueiredo Bartoletti, j. 19.09.2024, publ. 19.09.2024)

Em execução por dívida condominial movida pelo condomínio edilício, é possível a penhora do próprio imóvel que dá origem ao débito, ainda que esteja alienado fiduciariamente, devendo o condomínio exequente promover a prévia citação também do credor fiduciário, a fim de que venha integrar a execução, facultando-lhe a oportunidade de quitar o débito condominial. (STJ, REsp n. 2.059.278/SC, 4ª T., rel. Min. Marco Buzzi, rel. p/ ac. Min. Raul Araújo, j. 23.05.2023)

Não é possível a penhora do imóvel alienado fiduciariamente em execução de despesas condominiais de responsabilidade do devedor fiduciante, uma vez que o bem não integra o seu patrimônio, mas sim o do credor fiduciário, admitindo-se, contudo, a penhora do direito real de aquisição derivado da alienação fiduciária, de acordo com o art. 1.368-B, *caput*, do CC/2002, c/c o art. 835, XII, do CPC/2015. (STJ, REsp n. 2.036.289/RS, 3ª T., rel. Min. Nancy Andrighi, j. 18.04.2023)

Em se tratando do único imóvel utilizado pelo devedor fiduciante ou por sua família, para moradia permanente, tais direitos estarão igualmente protegidos como bem de família, em ação de execução movida por terceiro estranho ao contrato garantido por alienação fiduciária, razão pela qual, enquanto vigente essa condição, sobre ele deve incidir a garantia da impenhorabilidade a que alude o art. 1º da Lei n. 8.009/90. (STJ, REsp n. 1.726.733, rel. Min. Marco Aurélio Bellizze, j. 16.10.2020; também REsp n. 1.629.861/DF, 3ª T., rel. Min. Nancy Andrighi, *DJe* 08.08.2019)

No entanto, a) quando o bem de família é oferecido em garantia fiduciária pelos únicos sócios da pessoa jurídica devedora, sendo ônus dos proprietários a demonstração de que a família não se beneficiou dos valores auferidos, a fim de afastar a constrição (EAREsp n. 848.498/PR, rel. Min. Luis Felipe Salomão, 2ª S., *DJe* 07.06.2018); e b) reconhecendo como válida a alienação fiduciária de imóvel identificado como bem de família, se foi o próprio devedor que o ofertou em garantia, não podendo este, posteriormente, vir a alegar que tal indicação não teria amparo legal, por vedação ao comportamento contraditório (STJ, REsp n. 1.560.562/SC, 3ª T., rel. Min. Nancy Andrighi, *DJe* 04.04.2019)

A Lei n. 9.514/97 deixou expressamente consignado, em seu art. 23, parágrafo único, que "com a constituição da propriedade fiduciária, dá-se o desdobramento da posse, tornando-se o fiduciante possuidor direto e o fiduciário possuidor indireto da coisa imóvel". Com o advento da Lei n. 10.931/2004 introduziu-se o § 8º ao art. 27 da Lei n. 9.514/97, segundo o qual "responde o fiduciante pelo pagamento dos impostos, taxas, contribuições condominiais e quaisquer outros encargos que recaiam ou venham a recair sobre o imóvel, cuja posse tenha sido transferida para o fiduciário, nos termos deste artigo, até a data em que o fiduciário vier a ser imitido na posse". Mais recentemente, essa divisão foi reafirmada com a edição da Lei n. 13.043/2014, que introduziu o art. 1.368-B ao CC/2002. Aparentemente, com a interpretação literal dos mencionados dispositivos legais, chega-se à conclusão de que o legislador procurou mesmo proteger os interesses do credor fiduciário, que tem a propriedade resolúvel como mero direito real de garantia voltado à satisfação de um crédito. Ocorre que a proteção indefinida do credor fiduciário contrasta-se com outro interesse digno de tutela: o interesse dos titulares de créditos gerados pelo próprio bem dado em garantia (a exemplo do IPTU, das despesas condominiais, etc.) que, se não puderem satisfazê-lo mediante a penhora ou excussão da coisa, ficarão desprotegidos. A fim de estancar eventuais choques de interesses porventura existentes, uma solução que se admite é a de que o devedor fiduciante, titular de direito real de aquisição – e que possui valor econômico –, tenha tal direito penhorado pelos demais credores em geral, em especial pelos credores de despesas geradas pelo próprio bem – a exemplo do condomínio quando da cobrança de despesas condominiais. Nessa hipótese o credor das despesas originadas pelo bem não adquire a propriedade plena, mas sub-roga-se na posição jurídica de titular de direito expectativo real de aquisição do devedor fiduciante. O credor fiduciário, por sua vez, mantém íntegra a sua garantia. Dessume-se que, de fato, a responsabilidade do credor fiduciário pelo pagamento das despesas condominiais dá-se quando da consolidação de sua propriedade plena quanto ao bem dado em garantia, ou seja, quando de sua imissão na posse do imóvel. (STJ, REsp n. 1.731.735/SP, rel. Min. Nancy Andrighi, por unanimidade, j. 13.11.2018, *DJe* 22.11.2018)

1 – Recurso especial interposto contra acórdão publicado na vigência do CPC/2015 (Enunciados Administrativos ns. 2 e 3/STJ). 2 – Cinge-se a controvérsia a defi-

nir se o credor fiduciário, no contrato de alienação fiduciária em garantia de bem imóvel, tem responsabilidade pelo pagamento das despesas condominiais juntamente com o devedor fiduciante. 3 – Nos contratos de alienação fiduciária em garantia de bem imóvel, a responsabilidade pelo pagamento das despesas condominiais recai sobre o devedor fiduciante enquanto estiver na posse direta do imóvel. 4 – O credor fiduciário somente responde pelas dívidas condominiais incidentes sobre o imóvel se consolidar a propriedade para si, tornando-se o possuidor direto do bem. 5 – Com a utilização da garantia, o credor fiduciário receberá o imóvel no estado em que se encontra, até mesmo com os débitos condominiais anteriores, pois são obrigações de caráter *propter rem* (por causa da coisa). 6 – Na hipótese, o credor fiduciário não pode responder pelo pagamento das despesas condominiais por não ter a posse direta do imóvel, devendo, em relação a ele, ser julgado improcedente o pedido. 7 – Recurso especial provido. (STJ, REsp n. 1.696.038/SP, rel. Min. Ricardo Villas Bôas Cueva, j. 28.08.2018)

Despesas condominiais. Ação de cobrança em fase de cumprimento de sentença. Penhora de imóvel alienado fiduciariamente à Caixa Econômica Federal. Como ainda não houve consolidação da propriedade pela credora fiduciária, é incabível deferir, neste momento, a penhora da própria unidade condominial, sendo possível apenas a constrição dos direitos que o executado possui sobre o imóvel, na forma do art. 835, XII, do CPC/2015. Exegese do art. 27, § 8º, da Lei n. 9.514/97 e art. 1.368-B, parágrafo único, do CC. Precedentes. Recurso improvido. (TJSP, AC n. 2173158-38.2018.8.26.0000, j. 02.10.2018)

Despesas condominiais. Ação de cobrança. Fase de cumprimento de sentença. Penhora da unidade condominial geradora dos débitos. Possibilidade. Imóvel alienado fiduciariamente. Irrelevância ante a natureza *propter rem* da obrigação. Interesse da coletividade condominial em receber os recursos para pagamento de despesas indispensáveis e inadiáveis. Prevalência. Recurso provido. (TJSP, AI n. 2062641-63.2018.8.26.0000, 28ª Câm. de Dir. Priv., rel. Dimas Rubens Fonseca, j. 11.06.2018)

A jurisprudência desta Corte consolidou o entendimento de que não integra o patrimônio do executado o bem alienado fiduciariamente, contudo, permite-se somente a realização da penhora sobre os direitos do devedor decorrentes do referido contrato. Além disso, é cediço que na alienação fiduciária o credor detém a posse indireta e a propriedade resolúvel do bem objeto do contrato, que lhe foram transmitidos por conta deste, enquanto o devedor fiduciante é possuidor direto até que todas as prestações sejam quitadas, quando consolidará a posse e o domínio do referido bem. (STJ, REsp n. 1.485.972/SC, rel. Min. Marco Buzzi, j. 09.05.2017)

Agravo de instrumento. Despesas condominiais. Imóvel alienado fiduciariamente. Penhora dos direitos que o devedor tem sobre o imóvel. Possibilidade. Preferência do crédito condominial sobre os demais. Agravo não provido. (TJSP, AI n. 2170085-29.2016.8.26.0000, 28ª Câm. de Dir. Priv., rel. Des. Cesar Lacerda, j. 16.12.2016)

Despesas condominiais. Ação de cobrança. Cumprimento de sentença. Penhora dos direitos do devedor sobre bem imóvel gerador da despesa condominial e objeto de alienação fiduciária em garantia. Possibilidade. Consolidação da propriedade. Credor fiduciante que não integrou o polo passivo da ação de conhecimento, não podendo responder pela dívida contraída pelo executado. Impossibilidade de penhorar o imóvel. Despacho mantido. Recurso improvido. (TJSP, AI n. 2242772-04.2016.8.26.0000, 26ª Câm. de Dir. Priv., rel. Des. Bonilha Filho, j. 15.12.2016)

Conquanto a alienação fiduciária impeça que a penhora recaia sobre o bem em si, posto ser a propriedade resolúvel de terceiro, nada obsta constrição sobre os direitos da executada decorrentes do contrato. Precedentes. Agravo desprovido. (TJSP, AI n. 2111715-57.2016.8.26.0000, 34ª Câm. de Dir. Priv., rel. Antonio Tadeu Ottoni, j. 28.07.2016)

Ação de cobrança de despesas de condomínio. Contrato de compra e venda com garantia fiduciária. Devedores fiduciantes que têm a posse direta sobre o imóvel. Ciência inequívoca do condomínio, que apresentou certidão de matrícula do imóvel. Inexistência de solidariedade entre credor e devedor. Fiduciários. Responsabilidade dos adquirentes pelo débito condominial até que o credor fiduciário venha a ser imitido na posse. Ilegitimidade do credor fiduciário. Extinção do processo sem resolução do mérito em relação a ele. Apelação provida. (TJSP, AI n. 1003433- 95.2015.8.26.0704, 33ª Câm. de Dir. Priv., rel. Eros Piceli, j. 29.08.2016)

Agravo de instrumento. Ação de cobrança. Despesas condominiais. Cumprimento de sentença. Penhora da unidade autônoma. Dívida *propter rem*. Imóvel alienado fiduciariamente. Prevalência do condomínio sobre os interesses da instituição financeira. Possibilidade de penhora sobre os direitos do devedor fiduciário. Recurso provido em parte, com determinação. (TJSP, AI n. 2146953-74.2015.8.26.0000, 26ª Câm. de Dir. Priv., rel. Antonio Nascimento, j. 28.08.2015)

Agravo de instrumento. Cobrança de despesas condominiais em fase de cumprimento de sentença. Penhora. Incidência sobre o imóvel gerador do débito. Impossibilidade. Bem cuja propriedade não pertence aos executados, posto que foi alienado fiduciariamente à instituição financeira agravante, que não figurou no polo passivo da ação de conhecimento. Precedentes jurisprudenciais. Levantamento da constrição que se faz necessário. Recurso provido. (TJSP, AI n. 2159168-19.2014.8.26.0000, rel. Des. Ruy Coppola, j. 06.11.2014)

O adquirente, em alienação fiduciária, responde pelos encargos condominiais incidentes sobre o imóvel, ainda que anteriores à aquisição, tendo em vista a natureza *propter rem* das cotas condominiais. (STJ, REsp n. 827.085/SP, 4ª T., rel. Min. Jorge Scartezzini, j. 04.05.2006, *DJ* 22.05.2006, p. 219; no mesmo sentido: STJ, Ag. Reg. no REsp n. 1.413.977/SP, rel. Min. Sidnei Beneti, j. 11.02.2014; REsp n. 1.500.685, rel. Min. Moura Ribeiro, j. 15.12.2014)

Condomínio edilício. Cobrança. Por se tratar de dívida *propter rem*, deve a unidade geradora do débito por ela responder, independentemente de haver gravame referente a alienação fiduciária. Decisão reformada. Recurso provido. (TJSP, AI n. 2211657-33.2014.8.26.0000, rel. Felipe Ferreira, j. 03.12.2014)

É certo que a Lei n. 9.514, de 20.11.1997, dispõe que "responde o fiduciante pelo pagamento dos impostos, taxas, contribuições condominiais e quaisquer outros encargos que recaiam ou venham a recair sobre o imóvel, cuja posse tenha sido transferida para o fiduciário, nos termos deste artigo, até a data em que o fiduciário vier a ser imitido na posse" (art. 27, § 8º), contudo, essa disposição legal vale entre as partes do contrato de financiamento, mas não é aplicável ao condomínio, dado o caráter *propter rem* dos débitos condominiais, pelo que a eles se vincula a coisa e, consequentemente, o proprietário, ainda que resolúvel a propriedade. (TJSP, Ap. n. 0028906-11.2010.8.26.0564, rel. Des. Nestor Duarte, j. 17.11.2014)

A alienação de imóvel originário de garantia fiduciária aperfeiçoada em favor do credor fiduciário é pautada pelo disposto no edital que modulara a alienação pública, emergindo que, prevendo a regulação editalícia que ao arrematante ficava debitada a obrigação de regularizar o imóvel alienando, deve assumir as obrigações tributárias e condominiais que afetavam a coisa, pois inexoravelmente compreendidas nessa previsão, notadamente porque realizada a aquisição pelo valor venal do imóvel, que obviamente não compreendia os encargos que o afetavam, e na carta de arrematação aludida obrigação fora reiterada, não se lhe afigurando lícito pretender, após o aperfeiçoamento da aquisição, transmiti-los ao alienante. (STJ, AREsp n. 408.692, rel. Min. Maria Isabel Gallotti, j. 04.11.2014)

Agravo de instrumento. Ação de cobrança de cotas condominiais, ora em fase de cumprimento de sentença. Pedido de penhora da unidade condominial geradora dos débitos. Imóvel alienado fiduciariamente. Decisão recorrida que deferiu a penhora apenas sobre os direitos da devedora fiduciante. Pretensão do agravante à penhora da unidade geradora do débito condominial. Natureza *propter rem* da dívida. Possibilidade. Decisão reformada. (TJSP, AI n. 2150519-65.2014.8.26.0000, rel. Edgard Rosa, j. 26.09.2014)

Cobrança de despesas condominiais. Fase de cumprimento de sentença. Em se tratando de execução de débito de condomínio, a penhora recairá de modo preferencial sobre o imóvel gerador da despesa, por força da natureza *propter rem* da obrigação, que não se ocupa com o nome do titular do domínio nem com a causa que vincula alguém ao bem: a coisa responde por si, mesmo que seja objeto de alienação fiduciária. Agravo provido. (TJSP, AI n.2141282-07.2014.8.26.0000, rel. Silvia Rocha, 29ª Câm. de Dir. Priv., j. 24.09.2014)

Cobrança de despesas condominiais. Imóvel alienado fiduciariamente à CEF. Decisão recorrida que determinou a penhora sobre os direitos da unidade condominial e não sobre o imóvel em si. Decisão acertada, que nada tem de inócua em termos de garantia da dívida condominial, visto que possibilita direito à reintegração ou imissão na posse, utilização da unidade e, quitadas as obrigações, a transferência voluntária ou compulsória do domínio. Precedentes desta Col. Câmara e Eg. Tribunal. Decisão mantida. Recurso desprovido. (STJ, AREsp n. 359.376, rel. Min. Paulo Sanseverino, j. 10.09.2014)

Ação de cobrança de despesas condominiais em fase de cumprimento de sentença. Imóvel penhorado objeto de alienação fiduciária. Penhora admissível em virtude da natureza *propter rem* da dívida. Agravo improvido. (TJSP, AI n. 2054610-93.2014.8.26.0000, 34ª Câm. de Dir. Priv., rel. Des. Nestor Duarte, j. 11.08.2014)

Cobrança de despesas condominiais. Cumprimento de sentença. Pedido de penhora da unidade devedora, gravada em alienação fiduciária. Possibilidade. Prevalência da natureza *propter rem* da dívida e dos interesses condominiais, no caso, sobre qualquer outra situação jurídica. Decisão reformada. Agravo provido. (TJSP, AI n. 2016833-74.2014.8.26.0000, 34ª Câm. de Dir. Priv., rel. Des. Soares Levada, j. 31.03.2014)

O contribuinte do IPVA é o proprietário de veículo automotor, conforme dispõe o art. 4°, da Lei n. 14.937/2003, respondendo solidariamente com ele, pelo pagamento do tributo e dos acréscimos legais devidos, o devedor fiduciante, em relação a veículo objeto de alienação fiduciária (art. 5°, I). A propriedade do bem alienado fiduciariamente é do credor fiduciário (instituição financeira) e o devedor é apenas o possuidor direto até que haja o adimplemento da obrigação. (STJ, AREsp n. 436.108, rel. Min. Arnaldo Esteves Lima, 06.12.2013)

Despesas condominiais. Cobrança. Débito condominial em aberto. Unidade gravada com alienação fiduciária. Credor fiduciário. Legitimidade do credor fiduciário para responder por despesas condominiais geradas pelo fiduciante inadimplente. Inadmissibilidade. Ilegitimidade passiva de parte reconhecida. Aplicabilidade do art. 27, § 8°, da Lei n. 9.514/97. Recurso provido. (TJSP, Ap. Cível n. 0119732-49-2012-8-26-0100, rel. Des. Cláudio Hamilton, j. 04.12.2014; TJSP, Ap. n. 0145447-38.2008.8.26.0002, 25ª Câm. de Dir. Priv., rel. Des. Hugo Crepaldi, j. 26.09.2012)

As despesas decorrentes do depósito do bem alienado em pátio privado constituem obrigações *propter rem*, de maneira que independem da manifestação expressa ou tácita da vontade do devedor. O credor fiduciário é o responsável final pelo pagamento das despesas com a estadia do automóvel junto a pátio privado, pois permanece na propriedade do bem alienado, ao passo que o devedor fiduciante detém penas sua posse direta. Recurso especial a que se nega provimento. (STJ, REsp n. 1.045.857/SP, rel. Min. Nancy Andrighi, 3ª T., j. 12.04.2011, *DJe* 25.04.201; também AREsp n. 139.869, rel. Min. Sidnei Beneti, j. 26.03.2012)

O direito assegurado ao credor fiduciário pela Lei n. 4.728/65 de haver o bem alienado fiduciariamente, bastando a configuração do estado de mora ou de inadimplemento pelo adquirente, não se estende na hipótese de ter sido decretado o perdimento do veículo, ante o transporte clandestino de mercadorias estrangeiras. O credor fiduciário deve se valer de outros meios de execução para assegurar seu crédito. O contrato de alienação fiduciária, em que a garantia real é o veículo apreendido, não tem o condão de afastar a aplicabilidade da legislação aduaneira, tendo em vista a prevalência do interesse público sobre o privado. (STJ, REsp n. 1.171.668, rel. Min. Herman Benjamin, j. 10.02.2010)

A responsabilidade pelo pagamento de cotas condominiais em atraso alcança o atual proprietário, ainda que constituídas antes da aquisição pelo credor fiduciário, por se tratar de obrigações *propter rem*. (STJ, Ag. Reg. no Ag. n. 792.138/RJ, 3ª T., rel. Min. Paulo Furtado, j. 09.06.2009)

A empresa de arrendamento mercantil é, objetivamente, parte ilegítima para figurar no polo passivo da demanda causada pelo uso indevido do bem pelo arrendatário, porquanto o mesmo é o possuidor direto da coisa, descabendo à empresa arrendatária a fiscalização pela utilização irregular do bem. (STJ, Ag. Reg. no Ag. n. 909.245/SP, rel. Min. José Delgado, 1ª T., *DJ* 07.05.2008)

O entendimento firmado pelas Turmas integrantes da 2ª Seção do STJ é no sentido de que a dívida condominial constitui obrigação *propter rem*, de sorte que, aderindo ao imóvel, passa à responsabilidade do novo adquirente, ainda que se cuide de cotas anteriores à transferência do domínio, ressalvado o seu direito de regresso contra o antigo proprietário. Recurso especial não conhecido. (STJ, REsp n. 659.584/SP, rel. Min. Aldir Passarinho Júnior, 4ª T., j. 04.04.2006, *DJ* 22.05.2006)

A responsabilidade pelo pagamento de preço público de remoção e estadia de veículos, apreendidos em razão de sua utilização para o transporte irregular de passageiros (lotação), pelo devedor fiduciante, é deste, a teor do § 3° do art. 257 do CTB, em que pese o credor fiduciário tenha retomado a posse dos bens, por meio de busca e apreensão. Cabe ao condutor a responsabilidade pelas infrações advindas de atos praticados na direção do automóvel. Sendo o condutor o infrator, é ele, e não o proprietário do veículo, quem deve receber notificação da penalidade. (STJ, REsp n. 669.810/SP, rel. Min. Francisco Falcão, j. 16.03.2006, *DJ* 10.04.2006)

## CAPÍTULO X
## DO FUNDO DE INVESTIMENTO

Capítulo acrescentado pela Lei n. 13.874, de 20.09.2019.

---

**Art. 1.368-C. O fundo de investimento é uma comunhão de recursos, constituído sob a forma de condomínio de natureza especial, destinado à aplicação em ativos financeiros, bens e direitos de qualquer natureza.**

Artigo acrescentado pela Lei n. 13.874, de 20.09.2019.

**§ 1° Não se aplicam ao fundo de investimento as disposições constantes dos arts. 1.314 ao 1.358-A deste Código.**

**§ 2° Competirá à Comissão de Valores Mobiliários disciplinar o disposto no *caput* deste artigo.**

**§ 3° O registro dos regulamentos dos fundos de investimentos na Comissão de Valores Mobiliários**

**é condição suficiente para garantir a sua publicidade e a oponibilidade de efeitos em relação a terceiros.**

O Capítulo X foi acrescentado pela Lei n. 13.874/2019, denominada "Lei da Liberdade Econômica". Teve origem na MP n. 881/2019, que causou espanto à comunidade jurídica ao propor diversas alterações no Código Civil pelo instrumento da medida provisória, diante da manifesta ausência de urgência. O fato é que a MP n. 881/2019 foi objeto de regular processo legislativo e sofreu inúmeras alterações, com o aperfeiçoamento possível da redação original do projeto, seguida de sanção presidencial e imediata vigência. Discute-se sobre a conveniência de regrar os fundos de investimento em capítulo específico do CC. Isso porque a Instrução n. 555/2014 da CVM já regula com minúcia e técnica o instituto. O próprio art. 1.368-C, abaixo comentado, remete à CVM a atribuição para disciplinar fundos de investimento.

O artigo em exame regula, no *caput*, a natureza jurídica e o objeto dos fundos de investimento. Nos seus três parágrafos fixa qual o regime jurídico e os requisitos de sua constituição. A localização dentro do CC não é a melhor. Se a própria lei afirma que se trata de condomínio de natureza especial, deveria tê-lo regulado junto ao condomínio comum ou edilício, e não após o capítulo da propriedade fiduciária.

Teve a alteração legal o mérito de definir a natureza jurídica dos fundos de investimento como "comunhão de recursos, constituído sob a forma de condomínio especial". Cessou a incerteza que grassava na doutrina sobre a natureza do instituto, cuja origem se remete à figura maleável do *trust*. Muitas são as correntes que investigaram a natureza jurídica, cada qual com proposta distinta. Na lição de Luciana Pedroso Xavier e Rafael Santos-Pinto, os principais estudos remetem às seguintes propostas: "i) copropriedade (ou condomínio); ii) propriedade de mão comum; iii) propriedade fiduciária; iv) sociedade; v) comunidade não condominial (comunhão)" (*Comentários à Lei da Liberdade Econômica*, coord. Floriano Peixoto Marques Neto e outros. São Paulo: RT, 2019, p. 433). A corrente mais forte era a que definia os fundos de investimentos como sociedades, caracterizada por uma atividade comum com intuito lucrativo, na qual os bens sociais são meramente instrumentais (NOVAES, Erasmo Valladão Azevedo e. *Temas de direito societário, falimentar e teoria da empresa*. São Paulo: Malheiros, 2009, p. 191; também DOTTA, Eduardo Montenegro. *Responsabilidade civil dos administradores e gestores de fundos de investimento*. São Paulo: Almedina, 2018, p. 90-94).

O STJ, já na vigência da MP n. 881/2019, fixou em acórdão a seguinte passagem, em caso que tinha por objeto a responsabilidade civil dos administradores: "A despeito do desencontro de teses no âmbito doutrinário, para os fins que aqui interessam, importa reconhecer que: a) as normas aplicáveis aos fundos de investimento dispõem expressamente que eles são constituídos sob a forma de condomínio; b) nem todos os dispositivos legais que disciplinam os condomínios são indistintamente aplicáveis aos fundos de investimento, sujeitos a regramento específico; c) embora destituídos de personalidade jurídica, aos fundos de investimento são imputados direitos e deveres, tanto em suas relações internas quanto externas; e d) não obstante exercerem suas atividades por intermédio de seu administrador/gestor, os fundos de investimento podem ser titular, em nome próprio, de direitos e obrigações" (REsp n. 1.834.003/SP, rel. Min. Ricardo Villas Bôas Cueva, j. 17.09.2019).

Positivou a lei a natureza jurídica dos fundos de investimentos como condomínio, mas de natureza especial, sem extensão das regras dos condomínios comum e edilício do CC. Não gozam os cotistas, portanto, das prerrogativas dos condôminos de usar, fruir e dispor da coisa comum. O patrimônio do fundo não pode ser usado, fruído ou alienado diretamente pelo cotista. Cria-se, na verdade, uma relação fiduciária, na qual os cotistas integralizam as cotas e os recursos invertidos passam a ser administrados por prestadores de serviço – gestores – em benefício dos condôminos. O modo de operação dos fundos mais se aproxima do negócio fiduciário e da figura do *trust*, pois o administrador pode negociar os ativos, comprando e vendendo bens ou títulos, em proveito dos cotistas (GOUVÊA, Carlos Portugal, Comentários aos arts. 1.368-C a 1.368-F do Código Civil: fundos de investimento na Lei da Liberdade Econômica. In: MARTINS-COSTA, Judith; NITSCHKE, Guilherme Carneiro Monteiro. *Direito Privado na Lei da Liberdade Econômica*. Almedina, 2022, p. 598).

A natureza jurídica de condomínio especial tem a relevante consequência de inexistir responsabilidade limitada decorrente da lei, o que pode surpreender investidores não qualificados, chamados a cobrir com seu patrimônio o passivo a descoberto dos fundos. O art. 1.368-D, adiante comentado, admite somente a limitação da responsabilidade dos cotistas mediante expressa previsão contratual, devidamente registrada na CVM. Na ausência de previsão contratual, os riscos do cotista não estão circunscritos ao capital investido. Note-se que tal regime não se estende aos Fundos de Investimento Imobiliários, cuja limitação de responsabilidade advém de regra expressa de lei especial (art. 74, III, c, da Lei n. 14.133/2021 – art. 13, II, da Lei. 8.668/93), não revogada pelo Código Civil.

A definição dos fundos de investimentos tem os seguintes elementos: "i) comunhão de recursos; ii) constituição sob a forma de condomínio de natureza especial; iii) destinado à aplicação em ativos financeiros, bens e direitos de qualquer natureza" (XAVIER, Luciana Pedroso; SANTOS-PINTO, Rafael. *Comentários à Lei da Liberdade Econômica*, coord. Floriano Peixoto Marques Neto e outros. São Paulo: RT, 2019, p. 433).

A comunhão de recursos se caracteriza por um acervo patrimonial separado do patrimônio dos cotistas ou do administrador. Os cotistas são titulares do valor patrimonial das cotas, que podem ser resgatadas, alienadas ou penhoradas, mas não diretamente dos bens que compõem o acervo do fundo. Precedentes do STJ, transcritos à frente, reafirmam que apenas as cotas e sua participação no fundo respondem por dívidas pessoais decorrentes de atos ilícitos praticados pelo cotista. Além disso, a penhora não transfere a titularidade da cota ao credor, de modo que a valorização patrimonial a este não beneficia, como julgou em data recente o STJ, em julgado reproduzido à frente. Ressalva-se, no entanto, a hipótese de o próprio fundo ter sido constituído com o propósito de lesar credores ou ocultar bens, caso em que o STJ deferiu a extensão da responsabilidade ao patrimônio integral do fundo.

Essa comunhão se dá, segundo a lei, sob a forma de condomínio de natureza especial, inconfundível e com regras distintas das demais modalidades de condomínio do CC (comum, edilício e de lotes), por força de regra expressa do § 1º. Não é dotado o condomínio de personalidade jurídica, e sim composto de cotistas, cada qual com uma parte ideal do valor patrimonial dos bens que compõem o fundo, colocados sob administração de terceiro. Interessante notar que pode o fundo ser constituído pelo administrador, seguido de adesão dos cotistas. Faltou ao legislador, contudo, explicitar no que consiste o "condomínio de natureza especial" e disciplinar suas regras. O tema foi relegado à CVM, que o disciplina de modo minucioso na Instrução n. 555/2014.

Em relação ao patrimônio dos fundos, a parte final do *caput* do art. 1.368-C é bem mais ampla do que a Instrução n. 555/2014 da CVM, e contempla ativos financeiros, bens e direitos. Está claro que a amplitude dos ativos que podem compor os fundos torna-os extremamente maleáveis, englobando bens móveis e imóveis, créditos, títulos públicos e *commodities*. Permite não somente que se tornem um canal de poupança de investidores do mercado financeiro, como também instrumentos de administração patrimonial de grupos e de famílias, aproximando-se do *trust*.

O § 1º explicita que não se aplicam aos fundos de investimentos as regras dos condomínios comum e edilício. A regra é relevante, especialmente no que se refere à votação em assembleias, quóruns e limitação da responsabilidade dos cotistas.

Faltou ao legislador dizer, contudo, quais serão as regras desse novo "condomínio especial". Na verdade, relegou-se à CVM praticamente todo o poder normativo sobre os fundos de investimento, desde que não conflite com as poucas regras legais, comentadas nos dispositivos subsequentes.

O § 3º dispõe sobre a constituição dos fundos de investimento. O registro na CVM tem natureza constitutiva dos fundos, ou, no dizer da lei, "é condição suficiente" para garantia da publicidade e oponibilidade face a terceiros. Antes do registro na CVM, portanto, não se constitui o condomínio de natureza especial, nem há qualquer tipo de patrimônio separado, nem eventuais atos praticados pelo administrador produzem quaisquer efeitos perante terceiros. O regulamento, porém, deve conter os requisitos e ser instruído com as certidões e documentos exigidos pelo art. 8º da Instrução n. 555/2014 da CVM, sem o que não obterá o registro. Tem a CVM o poder e o dever de filtrar os regulamentos que violem as normas regulamentares ou legais e de não qualificá-los, ou seja, negar seu pedido de registro.

**Jurisprudência:** Incidente a penhora sobre cotas de fundo de investimento – espécie de valores mobiliários descritos no rol legal de preferência de penhora (art. 835, III, do CPC/2015), nos termos do art. 2º, V, da Lei n. 6.385/76 –, a propriedade desses bens mantém-se com o devedor investidor até o resgate ou a expropriação final, revelando-se indevida a transferência ao exequente da álea inerente a esse tipo de negócio jurídico (que vincula apenas os cotistas contratantes), não se podendo obrigar-se pelos ônus nem beneficiar-se dos bônus, notadamente diante do princípio da relatividade dos efeitos do contrato. (STJ, REsp n. 1.885.119/RJ, rel. Min. Marco Aurélio Bellizze, j. 25.10.2022)

Sucede que o fundo de investimentos, que é um condomínio de natureza especial, destinado à aplicação em ativos financeiros, bens e direitos de qualquer natureza (art. 1.368, CC), não pode responder integralmente por delitos imputados a um agente que detém apenas 14% das cotas do fundo de investimento. Desse modo, num juízo de razoabilidade, e para evitar o excesso cautelar, a constrição deve ser reduzida a 14% das cotas pertencentes ao acusado no referido Fundo de Investimentos. Não faz sentido que os 16 demais cotistas, que não fazem parte da relação processual penal da base, tenham o seu patrimônio afetado pelo bloqueio. (STJ, Ag. Reg. no RMS n. 58.018/RJ, 6ª T., rel. Min. Olindo Menezes (des. conv. do TRF 1ª R.), por unanimidade, j. 23.08.2022, *DJe* 26.08.2022)

As normas aplicáveis aos fundos de investimento dispõem expressamente que eles são constituídos sob a forma de condomínio, mas nem todos os dispositivos legais que disciplinam os condomínios são indistintamente aplicáveis aos fundos de investimento, sujeitos a regramento específico ditado pela Comissão de Valores Mobiliários (CVM). Embora destituídos de personalidade jurídica, aos fundos de investimento são imputados direitos e deveres, tanto em suas relações internas quanto externas, e, não obstante exercerem suas atividades por intermédio de seu administrador/gestor, os fundos de investimento podem ser titulares, em nome próprio, de direitos e obrigações. O patrimônio gerido pelo Fundo de Investimento em Participações (FIP) pertence, em condomínio, a todos os investidores (cotistas), a impedir a responsabilização do fundo por dívida de um único cotista, de modo que, em tese, não poderia a constrição judicial recair sobre todo o patrimônio comum do fundo de investimento por dívidas de um só cotista, ressalvada a penhora da sua cota-parte. A impossibilidade de responsabilização do fundo por dívidas de um único cotista, de obrigatória observância em circunstâncias normais, deve ceder diante da comprovação inequívoca de que a própria constituição do fundo de investimento se deu de forma fraudulenta, como forma de encobrir ilegalidades e ocultar o patrimônio de empresas pertencentes a um mesmo grupo econômico. Comprovado o abuso de direito, caracterizado pelo desvio de finalidade (ato intencional dos sócios com intuito de fraudar terceiros), e/ou confusão patrimonial, é possível desconsiderar a personalidade jurídica de uma empresa para atingir o patrimônio de outras pertencentes ao mesmo grupo econômico. Hipótese em que a desconsideração inversa da personalidade jurídica foi determinada com base em desvio de finalidade e confusão patrimonial, não constituindo o recurso especial a via processual adequada para modificar as conclusões do acórdão recorrido, obtidas a partir da análise da documentação juntada aos autos. Incidência da Súmula n. 7/STJ. No momento da constrição determinada pelo juízo da execução, como consequência da desconsideração inversa da personalidade jurídica do devedor, o fundo de investimento que teve o seu patrimônio constrito possuía apenas dois cotistas, ambos integrantes do mesmo conglomerado econômico, a revelar que o ato de constrição judicial não atingiu o patrimônio de terceiros. (STJ, REsp n. 1.965.982/SP, 3ª T., rel. Min. Ricardo Villas Bôas Cueva, por unanimidade, j. 05.04.2022, *DJe* 08.04.2022)

A despeito do desencontro de teses no âmbito doutrinário, para os fins que aqui interessam, importa reconhecer que: a) as normas aplicáveis aos fundos de investimento dispõem expressamente que eles são constituídos sob a forma de condomínio; b) nem todos os dispositivos legais que disciplinam os condomínios são indistintamente aplicáveis aos fundos de investimento, sujeitos a regramento específico; c) embora destituídos de personalidade jurídica, aos fundos de investimento são imputados direitos e deveres, tanto em suas relações internas quanto externas; e d) não obstante exercerem suas atividades por intermédio de seu administrador/gestor, os fundos de investimento podem ser titular, em nome próprio, de direitos e obrigações. (STJ, REsp n. 1.834.003/SP, rel. Min. Ricardo Villas Bôas Cueva, j. 17.09.2019)

O STJ, no julgamento do REsp n. 1.388.642/SP, processado sob o rito do recurso repetitivo (Tema n. 913), concluiu que "a cota de fundo de investimento não se subsume à ordem de preferência legal disposta no inciso I do art. 655 do CPC/73 (ou no inciso I do art. 835 do NCPC)", bem como que "a recusa da nomeação à penhora de cotas de fundo de investimento, reputada legítima a partir das particularidades de cada caso concreto, não encerra, em si, excessiva onerosidade ao devedor, violação do recolhimento dos depósitos compulsórios e voluntários do Banco Central do Brasil ou afronta à impenhorabilidade das reservas obrigatórias". (STJ, REsp n. 1.388.642/SP, Corte Especial, rel. Min. Marco Aurélio Bellizze, j. 03.08.2016, *DJe* 06.09.2016)

A 2ª Seção pacificou o entendimento de que "é possível ao devedor poupar valores sob a regra da impenhorabilidade no patamar de até 40 salários mínimos, não apenas aqueles depositados em cadernetas de poupança, mas também em conta corrente ou em fundos de investimento, ou guardados em papel-moeda". (STJ, EREsp n. 1.330.567/RS, 2ª S., rel. Min. Luis Felipe Salomão, *DJe* 19.12.2014)

---

**Art. 1.368-D. O regulamento do fundo de investimento poderá, observado o disposto na regulamentação a que se refere o § 2º do art. 1.368-C desta Lei, estabelecer:**

Artigo acrescentado pela Lei n. 13.874, de 20.09.2019.

**I – a limitação da responsabilidade de cada investidor ao valor de suas cotas;**

**II – a limitação da responsabilidade, bem como parâmetros de sua aferição, dos prestadores de serviços do fundo de investimento, perante o condomínio e entre si, ao cumprimento dos deveres particulares de cada um, sem solidariedade; e**

**III – classes de cotas com direitos e obrigações distintos, com possibilidade de constituir patrimônio segregado para cada classe.**

**§ 1º A adoção da responsabilidade limitada por fundo de investimento constituído sem a limitação de responsabilidade somente abrangerá fatos ocorridos após a respectiva mudança em seu regulamento.**

**§ 2º A avaliação de responsabilidade dos prestadores de serviço deverá levar sempre em consideração os riscos inerentes às aplicações nos mercados de atuação do fundo de investimento e a natureza de obrigação de meio de seus serviços.**

**§ 3º O patrimônio segregado referido no inciso III do *caput* deste artigo só responderá por obrigações vinculadas à classe respectiva, nos termos do regulamento.**

---

O artigo em exame cria uma série de limitações de responsabilidade, em primeiro lugar do cotista em relação a terceiros, até o valor de suas cotas. Em seguida, cria a possibilidade de limitação de responsabilidade dos prestadores de serviço perante o condomínio especial de cotistas.

Inicialmente cabe considerar que o *caput* do art. 1.368-D contém mera faculdade, consistente da limitação de responsabilidades, de acordo com cláusula expressa do regulamento. A cláusula, além de expressa, deve ser absolutamente clara e somente surtirá efeito após o registro do regulamento, ou de sua alteração mediante aprovação de assembleia, junto à CVM, com efeito *ex nunc*. A omissão do regulamento, portanto, não autoriza a limitação de responsabilidade. Em outros termos, se o condomínio especial não tem personalidade jurídica distinta da personalidade dos cotistas, mas somente patrimônio separado. A limitação não decorre diretamente da lei, mas sim de ato negocial. Lembro mais uma vez que a regra não se estende aos Fundos de Investimento Imobiliários, cuja responsabilidade limitada decorre de lei especial (art. 74, III, c, da Lei n. 14.133/2021 – art. 13, II, Lei n. 8.668/93), não revogada pelo CC.

O inciso I trata da limitação negocial da responsabilidade do investidor ao valor de suas cotas. Cuida-se de novidade, não prevista na Instrução n. 555/2014 da CVM. A limitação da responsabilidade não decorre da natureza dos fundos, desprovidos de personalidade jurídica. No direito societário, a limitação de responsabilidade deriva, em alguns tipos societários (sociedades anônimas, sociedades limitadas, sociedades limitadas unipessoais), da autonomia da personalidade da pessoa jurídica em relação às personalidades dos sócios que as compõem. A ausência de personalidade jurídica dos fundos, meros condomínios especiais, impossibilita a limitação da responsabilidade decorrente diretamente da lei. É por isso que a limitação deve estar prevista expressamente no regulamento levado a registro na CVM. A omissão significa que os cotistas responderão com todos os seus bens na hipótese de o fundo apresentar patrimônio negativo.

De um lado, a possibilidade negocial de limitação da responsabilidade dos cotistas tem aspecto positivo, pois traz segurança e é um atrativo aos investidores não qualificados, que se enquadram como consumidores. Sabem que as perdas estarão limitadas ao valor patrimonial das cotas, de modo que travam o risco do investimento. De outro, determinados fundos de investidores qualificados em ativos de extremo risco, como fundos de *private equity*, podem ser chamados a inverter capital para soerguer empresas em dificuldades. Não faz sentido a limitação da responsabilidade a tal modalidade de fundos, contrária à própria natureza da atividade e dos riscos a elas inerentes. Não deixa de ser estranho também que a limitação se dê por cláusula do próprio regulamento, normalmente redigido unilateralmente pelo administrador, seguido da adesão dos investidores. Acrescento que a limitação da responsabilidade do cotista não impede a fiscalização e a intervenção da CVM, que pode em determinados casos exigir a substituição da administração ou gestão do fundo, e até mesmo a sua liquidação. Desnecessário dizer que terceiros que negociam com os fundos que limitam a responsabilidade do cotista deverão ter especial cuidado e examinar previamente o regulamento devidamente registrado na CVM.

O inciso II trata da limitação da responsabilidade e parâmetros de sua aferição dos prestadores de serviços, abrangendo o administrador, o gestor e o custodiante, entre outros. Mais uma vez se observa que a limitação e os critérios serão objeto de disposição expressa no regulamento, com efeito *ex nunc*. Na omissão, seguem os prestadores de serviços as regras relativas à responsabilidade civil previstas nos arts. 186 e 927 do CC e do CDC. O art. 78 da Instrução Normativa n. 555/2014 relaciona uma série de prestadores de serviços contratados pelo administrador, todos eles abrangidos pela nova norma. Note-se que o regulamento poderá (é uma faculdade) conter regras sobre i) a limitação de responsabilidade; ii) parâmetros de sua aferição; e iii) ausência de solidariedade. Mais uma vez ressalta-se que se trata de limitação convencional, e não decorrente diretamente da lei. Disso decorre, por exemplo, que, se a ausência de solidariedade não for expressamente prevista no regulamento, prevalecerá a corresponsabilidade, por força do disposto no art. 79 da IN n. 555/2014. No que se refere aos parâmetros de sua aferição, a regra permite que se fixe no regulamento se a responsabilidade dos prestadores de serviços perante os cotistas é subjetiva ou objetiva.

Note-se que a limitação de responsabilidade, a fixação de critérios de sua aferição e a ausência de solidariedade, desde que previstas em regulamento, ferem diretamente as regras protetivas do CDC. O STJ, em diversos precedentes abaixo relacionados, fixou o entendimento de que se aplica a legislação consumerista na relação entre investidores e fundos de investimento. A faculdade ora criada em favor dos prestadores de serviços, por norma convencional, viola diretamente preceitos cogentes do CDC.

Parece que a norma ora comentada deve ser interpretada no sentido de que somente cabe a limitação convencional da responsabilidade, critério subjetivo de sua aferição e ausência de solidariedade se o fundo for composto de investidores qualificados, sem assimetrias informativa e econômica. Os investidores não qualificados e vulneráveis são protegidos pelas normas cogentes do CDC, que não podem ser afastadas pelo próprio administrador do fundo ao criar o regulamento, com o escopo de se autoproteger. Admitir tal situação criaria uma classe de consumidores de segunda categoria, totalmente desprotegidos ao investir seus recursos em fundos de investimentos.

O inciso III cria a possibilidade de o regulamento prever classes de cotas com deveres e direitos distintos, além de patrimônio segregado. Cuida-se de novidade relevante, que sofisticará os fundos de investimentos, com alguma semelhança com as classes de acionistas previstas na Lei de S/A. Poderá o regulamento, por exemplo, prever uma classe de cotistas votantes, ou com votos exclusivos em certas matérias, e outras classes com preferência no recebimento dos lucros. Poderá ainda o regulamento prever que determinada classe de cotistas invista em ativos de maior ou de menor risco. O que importa é que a divisão em classes, especialmente nas relações de consumo, deverá ser absolutamente clara e informada aos investidores, esclarecendo-os de suas limitações e vantagens. De modo correlato, poderá o regulamento criar patrimônios segregados para cada classe de cotistas, que somente responderá pelas obrigações assumidas por aquele segmento (§ 3º), em verdadeiro patrimônio de afetação. Em última análise, a nova lei cria a possibilidade de fracionamento dos fundos de investimentos sob um único administrador.

Finalmente, o § 2º dispõe que a aferição da responsabilidade dos prestadores de serviços deverá levar em conta os riscos inerentes aos investimentos e a natureza de obrigação de meio. Não resta dúvida de que o grau de risco dos investimentos deve ser levado em conta ao se examinarem os atos de administração e de gestão dos fundos. Nem todo prejuízo é imputável aos gestores, mas somente aqueles decorrentes de conduta temerária e contrária ao regulamento ou às práticas de mercado. A depender do tipo de ativo financeiro negociado pelo fundo, a volatilidade aumentará, com maior risco de perdas e de ganhos.

Em relação à natureza de obrigação de meio, cabe observação relevante. Determinados prestadores de serviço têm obrigações tipicamente de resultado, como os custodiantes. Os prestadores de serviços de administração e de gestão é que têm obrigações tipicamente de meio, pois não se obrigam a alcançar determinado rendimento ou valorização das cotas, mas sim envidar seus melhores esforços e conhecimento técnico para atingir determinada meta. Disso decorre que, se o fundo não tem a performance esperada, ou até mesmo se gera prejuízos aos cotistas, nem por isso serão o gestor e o administrador responsabilizados. Necessário demonstrar a gestão temerária dos recursos, ou o comportamento culposo dos gestores, que desprezaram regras básicas de administração e finanças.

Na boa lição de Carlos Portugal Gouvea, faltou à lei explicitar qual o conteúdo preciso da obrigação de meio. Deve necessariamente ser levada em conta a álea da atividade do gestor que maneja o patrimônio do fundo. Deve empreender como fiduciário o mais alto dever de diligência possível. Na lição do autor, "no caso da gestão fiduciária o erro não pode ser excluído, pois todo o regime de deveres fiduciários está baseado, justamente, em diferenciar o erro ou negligência que são aceitáveis com base no dever de diligência estampado no art. 153 da Lei de Sociedades por Ações, daqueles que são absolutamente inaceitáveis para um profissional de determinado padrão que assume a responsabilidade por gerir ativos de um volume expressivo" (Comentários aos arts. 1.368-C a 1.368-F do Código Civil: fundos de investimento na Lei da Liberdade Econômica. In: MARTINS-COSTA, Judith; NITSCHKE, Guilherme Carneiro Monteiro. *Direito Privado na Lei da Liberdade Econômica*. Almedina, 2022, p. 607). O art. 153 das LSA tem o seguinte teor: "o administrador da companhia deve empregar, no exercício de suas funções, o cuidado e diligência que todo homem ativo e probo costuma empregar na administração de seus próprios negócios". É esse o grau de diligência que se exige do administrador e do gestor de fundos de investimento.

**Jurisprudência:** Por estar caracterizada relação de consumo, incidem as regras do CDC aos contratos relativos a aplicações em fundos de investimento celebrados entre instituições financeiras e seus clientes. (STJ, AI no AREsp n. 1.525.807/RJ, rel. Min. Nancy Andrighi, j. 18.11.2019)

1 – Ação de indenização por danos materiais e morais em que se alega que as expressivas perdas decorreram de má gestão dos fundos de investimentos derivativos vinculados ao dólar, além de omissão de informações aos investidores dos riscos assumidos. 2 – Requerimento dos réus para produção de prova oral e pericial, bem como expedição de ofício ao Banco Central, para comprovação de suas alegações acerca da ciência dos investidores a respeito dos riscos assumidos e dos lucros que obtiveram nos meses anteriores, precisamente em decorrência do tipo de aplicação de risco, e para a demonstração da composição da carteira de investimentos e o enquadramento dos ativos. 3 – Esta Corte já firmou posicionamento no sentido de que configura cerceamento de defesa a decisão que, a despeito de pedido de produção probatória, julga de forma antecipada o pedido improcedente com fundamento na ausência de provas. 4 – Acolhimento da preliminar de cerceamento de defesa, para anular a sentença e determinar o retorno dos autos à origem a fim de que sejam produzidas as provas requeridas pelos réus. (STJ, REsp n. 1.119.445/RJ, rel. Min. Maria Isabel Gallotti, j. 24.09.2019)

O princípio da boa-fé e seus deveres anexos devem ser aplicados na proteção do investidor-consumidor que utiliza os serviços de fornecedores de serviços bancários, o que implica a exigência, por parte desses, de informações adequadas, suficientes e específicas sobre o serviço que está sendo prestado com o patrimônio daquele que o escolheu como parceiro. O administrador de fundo de investimento não se compromete a entregar ao investidor uma rentabilidade contratada, mas de apenas de empregar os melhores esforços – portanto, uma obrigação de meio – no sentido de obter os melhores ganhos possíveis frente a outras possibilidades de investimento existentes no mercado. No entanto, o STJ afirma que a má gestão, consubstanciada pelas arriscadas e temerárias operações com o capital do investidor, ou a existência de fraudes, torna o administrador responsável por eventuais prejuízos. Na hipótese em julgamento, o Tribunal de origem afirma, com fundamento em laudo pericial, que houve uma "troca inoportuna" dos títulos naquele momento conflagrado do mercado financeiro, o que é uma avaliação de mérito sobre a qualidade do serviço de administração de fundos de investimento, não uma afirmação de falha do serviço, nos termos do CDC, originada de possível má gestão ou de negligência ou imperícia. (STJ, REsp n. 1.724.722/RJ, rel. Min. Nancy Andrighi, j. 27.08.2019)

Esta Corte posicionou-se no sentido de que entre o investidor e a instituição financeira administradora de fundos de investimento existe uma típica relação de consumo, ante a inafastável prestação de serviços que a entidade bancária/instituição financeira realiza, sendo, portanto, aplicável o disposto no § 2º do art. 3º do CDC. Incidência, na espécie, do teor da Súmula n. 83 do STJ. (STJ, Ag. Reg. no Ag. n. 1.140.811/RJ, rel. Min. Marco Buzzi, j. 23.02.2016)

O CDC é aplicável aos contratos firmados entre a instituição financeira e seus clientes referentes a aplicações em fundos de investimentos, nos termos da Súmula n. 297/STJ. 1 – O CDC é aplicável aos contratos celebrados entre as instituições financeiras e seus clientes, visando a aplicações em fundos de investimento, na linha do Enunciado n. 297 da Súmula do STJ. Precedentes. 2 – Há responsabilidade da instituição financeira nas hipóteses em que a má gestão do capital do investidor ultrapassa a razoabilidade prevista no art. 14, § 1º, II, do CDC, consubstanciada, por exemplo, por arriscadas e temerárias operações com o capital do investidor, ainda que se trate de aplicações de risco. Precedente. Com maior razão, o mesmo entendimento deve ser aplicado nos casos em que o investidor optou por fundos de renda fixa, que se definem como modalidades de investimento de baixo risco. (STJ, Ag. Reg. no AREsp n. 658.608/ES, rel. Min. Marco Aurélio Bellizze, j. 17.08.2015)

---

**Art. 1.368-E. Os fundos de investimento respondem diretamente pelas obrigações legais e contratuais por eles assumidas, e os prestadores de serviço não respondem por essas obrigações, mas respondem pelos prejuízos que causarem quando procederem com dolo ou má-fé.**

*Caput* acrescentado pela Lei n. 13.874, de 20.09.2019.

**§ 1º Se o fundo de investimento com limitação de responsabilidade não possuir patrimônio suficiente para responder por suas dívidas, aplicam-se as regras de insolvência previstas nos arts. 955 a 965 deste Código.**

Parágrafo acrescentado pela Lei n. 13.874, de 20.09.2019.

**§ 2º A insolvência pode ser requerida judicialmente por credores, por deliberação própria dos cotistas do fundo de investimento, nos termos de seu regulamento, ou pela Comissão de Valores Mobiliários.**

Parágrafo acrescentado pela Lei n. 13.874, de 20.09.2019.

**§ 3º Caso o regulamento do fundo estabeleça classes de cotas com direitos e obrigações distintos, nos termos do inciso III do *caput* do art. 1.368-D des-**

**te Código, aplica-se o disposto neste artigo a cada classe de cotas, individualmente considerada.**

Parágrafo acrescentado pela Lei n. 14.754, de 12.12.2023.

---

O dispositivo em exame não tem a melhor redação. Dispõe que os fundos de investimentos respondem pelas obrigações legais e contratuais por eles assumidas. Como visto nos comentários aos artigos anteriores, não são dotados os fundos de investimentos de personalidade jurídica. Os gestores e administradores atuam em nome, proveito e por conta dos fundos e de seus cotistas. Eventuais danos causados a terceiros recairão sobre o patrimônio do fundo de investimento, em prejuízo dos cotistas, que terão as suas cotas desvalorizadas. Podem os terceiros que negociam com os gestores satisfazer seus créditos sobre o patrimônio separado dos fundos e, se insuficiente, sobre o patrimônio dos cotistas, salvo cláusula expressa de limitação de responsabilidade prevista no regulamento registrado na CVM.

A segunda parte do *caput* do artigo dispõe que os prestadores de serviços não respondem pessoalmente pelas obrigações que assumiram em nome do fundo e em proveito dos cotistas, salvo dolo ou má-fé. Note-se que o artigo regula a responsabilidade dos prestadores de serviços frente a terceiros, e não frente aos cotistas. Natural que os prestadores de serviços, que agem em nome, por conta e em proveito dos cotistas, não respondam pessoalmente pelos prejuízos causados a terceiros. Os cotistas responderão pelo prejuízo, podendo o terceiro credor satisfazer o seu crédito sobre o patrimônio separado do fundo.

Exceção à ausência de responsabilidade dos prestadores de serviço é o comportamento doloso ou de má-fé. Novamente a técnica deixa a desejar, pois o dolo e a má-fé são distintos. O dolo é "o ato positivo (manobra, artifício, mentira) ou negativo (omissão) que, ao levar a engenho uma das partes, influencia diretamente a declaração de vontade desta" (BENETTI, Giovana. *O dolo no direito civil.* São Paulo: Quartier Latin, 2019, p. 31). Já a má-fé é a oposição à boa-fé subjetiva, consistente do conhecimento do vício que macula determinada situação jurídica. O prestador de serviço que, ao negociar em nome do fundo com terceiros, age dolosamente ou com má-fé responde pessoalmente frente ao terceiro lesado. A responsabilidade do prestador de serviços frente ao cotista do fundo se encontra regulada no artigo antecedente, acima comentado.

Os §§ 1º e 2º dispõem que o fundo de investimento com limitação de responsabilidade com patrimônio líquido negativo deverá ser liquidado segundo as regras da insolvência dos arts. 955 a 965 do CC. Mais uma vez se equivocou o legislador, porque o processo de insolvência é moroso e antiquado, e a IN n. 555/2014, em seu art. 148, determina a aplicação dos fundos das regras da intervenção, administração especial temporária e liquidação extrajudicial. Agora prevalece a lei sobre a instrução normativa, em prejuízo da comunidade de credores e da segurança jurídica.

O § 3º foi acrescentado pela Lei n. 14.754/2023 e constitui natural corolário da possibilidade prevista no artigo antecedente, de o regulamento prever classes de cotistas, com direitos, deveres e responsabilidades distintas. A regra negocial se estende à responsabilidade perante terceiros que negocial com o fundo e, em especial, à situação de insolvência, requerida por credores, pela CVM ou pelos próprios cotistas. Deverá aqui ser observada a classe com direito a voto e a segregação patrimonial de cada uma. Perfeitamente possível que a insolvência atinja somente uma classe de cotistas com o patrimônio segregado, e não as demais, que permanecerão solventes e ativas. A insolvência, portanto, não provoca a extinção das classes, nem elimina as regras de responsabilidade limitada ou ilimitada de cada uma delas.

**Jurisprudência:** [...] Nos termos da jurisprudência do STJ, as condições da ação, aí incluída a legitimidade, devem ser aferidas com base na teoria da asserção, isto é, à luz das afirmações deduzidas na petição inicial. 3 – O administrador de um fundo de investimento é parte legítima para figurar no polo passivo de demanda em que se pretende a reparação de supostos danos resultantes da inadequada liquidação da aludida comunhão de recursos financeiros. 4 – Hipótese em que o administrador foi demandado pelo fato de ter realizado a liquidação do fundo de investimento, mediante distribuição do patrimônio líquido entre os cotistas, sem o prévio pagamento de um suposto passivo. 5 – A satisfação integral do passivo antes da partilha do patrimônio líquido entre os cotistas está, em regra, inserida entre as atribuições do administrador, sendo dele a responsabilidade, em tese, por eventuais prejuízos que guardem nexo de causalidade com a inobservância desse mister. 6 – Independentemente de previsão legal ou regulamentar específica, a realização do ativo, a satisfação do passivo e a partilha do acervo líquido entre os cotistas são atribuições dos liquidantes das massas patrimoniais em geral. (STJ, REsp n. 1.834.003/SP, rel. Min. Ricardo Villas Bôas Cueva, j. 17.09.2019)

---

**Art. 1.368-F. O fundo de investimento constituído por lei específica e regulamentado pela Comissão de Valores Mobiliários deverá, no que couber, seguir as disposições deste Capítulo.**

Artigo acrescentado pela Lei n. 13.874, de 20.09.2019.

O artigo em exame determina que o CC terá aplicação supletiva em relação aos fundos de investimento regulados por lei específica e regulamentados pela CVM.

Note-se que a aplicação primária das regras especiais e regulamentares da CVM depende da existência de duplo requisito: i) seja constituído por lei especial; ii) seja regulamentado pela CVM. Disso decorre que fundos de investimentos apenas regulados pela CVM, mas sem suporte em lei especial, recebem incidência primária do CC.

## TÍTULO IV
## DA SUPERFÍCIE

**Art. 1.369. O proprietário pode conceder a outrem o direito de construir ou de plantar em seu terreno, por tempo determinado, mediante escritura pública devidamente registrada no Cartório de Registro de Imóveis.**

**Parágrafo único. O direito de superfície não autoriza obra no subsolo, salvo se for inerente ao objeto da concessão.**

**Definição:** O artigo em exame não tem correspondente no CC/1916, que não tratava do direito de superfície. O art. 21 da Lei n. 10.257/2001 (Estatuto da Cidade) disciplina o direito de superfície, mas com conteúdo algo diverso. O conflito entre os dois regimes jurídicos – CC e Estatuto da Cidade – é resolvido no art. 1.377, a seguir comentado.

Na definição sintética de Oliveira Ascensão, "superfície é o direito real de ter coisa própria incorporada em terreno alheio" (*Direito civil, reais*, 5. ed. Coimbra, Coimbra, 1995, p. 525). Dizendo de outro modo, é o direito real de ter construção ou plantação em solo alheio. Há, por assim dizer, um seccionamento da propriedade da construção ou plantação temporária da propriedade do solo. É uma suspensão ao milenar princípio da acessão (*superficies solo cedit*), já estudado como modo originário de aquisição da propriedade imóvel, pelo qual ao dono do solo fica pertencendo tudo aquilo que nele adere e não pode ser retirado sem fratura ou deterioração. O direito de superfície permite, em caráter temporário, a quebra da homogeneidade dominial entre solo e construção ou plantação.

A definição analítica do direito de superfície, de Ricardo Pereira Lira, diz que é direito real sobre coisa alheia, autônomo, temporário, de fazer uma construção ou plantação sobre – e em certos casos sob – o solo alheio e delas ficar proprietário ("O direito de superfície no novo Código Civil". In: *Revista Forense*, 2003, v. 364, p. 251).

**Sujeitos:** Sujeitos do direito real de superfície são o dono do solo, denominado concedente, e o titular do direito real de superfície, denominado superficiário ou concessionário. É direito real sobre coisa alheia e não modalidade de propriedade resolúvel, pois a propriedade da construção ou plantação é temporária e grava terreno alheio, consolidando-se, no final, nas mãos do dono do solo. É autônomo, pois tem características próprias, que o distinguem de outros direitos reais e pessoais.

**Tempo:** Ao contrário de determinados modelos legislativos, o artigo em exame deixa explícito que o direito de superfície é temporário e, mais, por tempo determinado. A regra é cogente, não havendo direito de superfície perpétuo, constituindo fraude à lei a cláusula estabelecendo-o por prazo tão longo que equivalha, em seus efeitos, à perpetuidade. Não estabelece a lei o prazo máximo, cabendo ao intérprete fixá-lo caso a caso, levando em conta a natureza da construção e da plantação, bem como do montante de investimentos feitos pelo superficiário, que determinarão o fim do negócio e o prazo necessário para o retorno do capital investido. Exige a lei *prazo determinado*, de modo que a superfície é sempre a termo certo, eliminando a possibilidade de constituição por prazo indeterminado, termo incerto ou condição resolutiva.

**Objeto:** Em relação ao objeto, a superfície circunscreve-se às coisas imóveis, urbanas ou rurais. Explicita a lei a modalidade de superfície por concreção, pela qual o dono do solo concede ao superficiário o direito de construir (edilícia) ou de plantar (rústica ou vegetal) em seu terreno e de se tornar proprietário temporário daquilo construído ou plantado. Em suma, o superficiário recebe uma concessão para construir ou plantar e se torna proprietário temporário daquilo que ele próprio construiu ou plantou.

Não prevê a lei, mas também não proíbe, a modalidade de superfície por cisão. Em tal figura, o imóvel já se encontra construído ou plantado, por acessão. O proprietário aliena, temporariamente, as acessões, mediante constituição de direito real de superfície, remanescendo como dono do solo; em outras palavras, transfere construções e plantações já existentes. Pode, ainda, ocorrer de o proprietário alienar o solo, remanescendo temporariamente proprietário da construção ou plantação. Essa operativa modalidade de superfície por cisão constitui importante instrumento de atração de investimentos e capitais, permitindo a multiplicação de novos empreendimentos imobiliários. Embora não expressamente prevista pelo legislador, não há óbice à sua constituição. Remete-se o leitor à interpretação contemporânea do princípio da tipicidade dos direitos reais, desenvolvida no capítulo inicial do Livro "Do Direito das Coisas". Admite-se uma certa elasticidade no princípio da tipicidade, para que cada um dos direitos reais, individualmente considerados, possa abrigar situações jurídicas que, embora não expressamente previstas, sejam compatíveis com seus princípios e mecanismos.

Adotando o mesmo princípio da tipicidade elástica, nada impede a constituição de direito de sobrelevação, o direito de superfície sobre superfície. Tome-se como exemplo o titular de direito real de superfície sobre um centro comercial que decide criar sobre a laje do teto novo direito de superfície e entregá-lo a terceiro, para construção de um estacionamento coberto. É óbvio que a sobrelevação não sobrevive ao direito de superfície, extinguindo-se juntamente com ele. Deve haver, ainda, previsão da nova construção no título original, ou anuência do concedente, evitando, assim, mudança de destinação da construção. Observados tais pressupostos, admite-se a superfície sobre superfície, ou sobrelevação.

Ainda quanto ao objeto, o parágrafo único do artigo em exame dispõe que "o direito de superfície não autoriza obra no subsolo, salvo se for inerente ao objeto da concessão". Não é proibida a constituição de obra no subsolo, ela é apenas subordinada a um nexo de utilidade e funcionalidade com a obra erigida sobre o solo. São os casos de alicerces, garagens, passagens de cabos e tubulações ou mesmo construção de pavimentos sob o solo, ligados à obra externa. Nada impede, além disso, havendo nexo entre as duas obras, a constituição de direitos de superfície simultaneamente a dois superficiários diferentes, um com as construções sobre o solo e outro com as construções no subsolo. Também não há óbice à concessão de superfície sobre o espaço aéreo, permitindo, por exemplo, construção ligando dois lados de uma via.

**Modos de aquisição:** A parte final da cabeça do artigo em estudo prevê um dos modos – o mais comum – de aquisição do direito real de superfície, mediante escritura pública levada ao registro imobiliário. Há um negócio jurídico de concessão de superfície, convertido em direito real por seu registro imobiliário. O registro é constitutivo e causal, pois não se desliga do título que lhe deu origem. O negócio jurídico é solene, exigindo a forma escrita. A escritura pública é apenas da substância do negócio, caso seu valor supere trinta vezes o salário mínimo, como exige o art. 108 do CC. Desde que haja previsão legal, admite-se a cobrança de ITBI sobre a constituição do direito de superfície. Precedente do TJSP, abaixo transcrito, admitiu a cobrança do imposto criado por lei posterior à data da escritura, mas anterior à data do registro. Tal posição não parece ser a mais adequada, uma vez que toda a operação econômica que constitui o fato imponível ocorreu antes da vigência da lei municipal. Tal como ocorre na venda e compra, o tributo é exigível no momento da lavratura da escritura definitiva, embora o registro ocorra em data posterior.

Embora não preveja a lei, admite-se a constituição de superfície pelo negócio jurídico *causa mortis* do testamento, instituindo um legatário ou herdeiro do solo e outro temporariamente das construções ou plantações já existentes ou a serem ainda feitas. A instituição da superfície, tal como ocorre no usufruto, dada sua amplitude, levando em conta sua extensão e o prazo de sua duração, pode invadir a legítima dos herdeiros necessários, devendo ser reduzida, em tal hipótese.

Finalmente, cabe também aquisição do direito real de servidão por usucapião. A hipótese viável é a da superfície adquirida a *non domino*, servindo, após consumação do prazo de dez ou cinco anos (art. 1.242 do CC), a escritura ou o registro como justo título. É possível, ainda, ao superficiário, usucapir o domínio pleno do imóvel, invertendo a qualidade de sua posse direta para posse *ad usucapionem*, explicitando ao concedente não mais reconhecer a supremacia de seu direito à restituição da coisa. Passa, então, o superficiário, a ser esbulhador, mas com soberania sobre a coisa, repelindo qualquer direito concorrente de terceiro, possuindo o imóvel como seu (*animus domini*), e fluindo, a partir de então, o termo inicial do prazo de usucapião.

**Jurisprudência:** Enunciado n. 250, CEJ: Admite-se a constituição do direito de superfície por cisão.

Enunciado n. 249, CEJ: A propriedade superficiária pode ser autonomamente objeto de direitos reais de gozo e garantia, cujo prazo não exceda a duração da concessão da superfície, não se lhe aplicando o art. 1.474.

Apelação. Mandado se segurança. Imposto sobre transmissão *inter vivos* de bens imóveis. Direito real de superfície. Alegação de não incidência do tributo. Improcedência. Exação fundada em lei municipal editada após a lavratura da escritura pública de concessão de direito real. Irrelevância. Fato gerador do imposto que se consubstancia no registro imobiliário do título aquisitivo do direito. Base de cálculo. Valor da transação. Incorreção não configurada. Inteligência do estatuído no art. 38 do CTN, bem como dos arts. 7º e 8º da Lei municipal n. 11.154/91. Recurso denegado. (TJSP, Ap. Cível n. 9193571-36.2007.8.26.0000/SP, 14ª Câm. de Dir. Públ., rel. Geraldo Xavier, j. 28.07.2011)

Registro de imóveis. Retificação de área. Possibilidade de cumulação dos pedidos de retificação e unificação de matrículas. Impugnação rejeitada. Negócio jurídico, anterior ao novo CC, que convenciona que as acessões pertencem ao alienante, produzem efeitos meramente obrigacionais e não configuram condomínio. Inexistência de questão de alta indagação que impeça a retificação do registro. Retificação deferida. Recurso improvido. (TJSP, Ap. Cível n. 311.661.4/3-00, rel. Francisco Loureiro, j. 15.12.2005)

**Art. 1.370. A concessão da superfície será gratuita ou onerosa; se onerosa, estipularão as partes se o pagamento será feito de uma só vez, ou parceladamente.**

O artigo em exame não tem correspondente no antigo CC. Equivale, porém, ao § 2º do art. 21 da Lei n. 10.257/2001, que disciplina a superfície constituída por pessoas jurídicas de direito público internas.

Deixou o legislador a fixação da natureza gratuita ou onerosa da superfície à autonomia privada das partes. Não se presume a gratuidade dos negócios jurídicos, devendo o intérprete levar em conta, na omissão do contrato, a natureza das obras, vulto dos investimentos, prazo do direito real sobre coisa alheia e indenização final das acessões, para concluir se o equilíbrio contratual é compatível com o pagamento de remuneração.

A remuneração é denominada solário (*solarium*) ou cânon superficiário. Poderá ser livremente estipulada pelas partes, quanto a valor, oportunidade e periodicidade. Pode o pagamento ser antecipado, feito durante ou mesmo ao final do termo da superfície, ao inteiro critério das partes, observados apenas os princípios de ordem pública da boa-fé objetiva, do equilíbrio contratual e da função social do contrato. Não se admite indexação ou fixação com base em critérios vedados por norma cogente, por exemplo, moeda estrangeira ou salário mínimo, nos moldes do que dispõe o art. 318 do CC.

Essa retribuição não se confunde com aluguel, nem a superfície com locação ou arrendamento rural. A locação gera direito de crédito, ainda que levada ao registro imobiliário (art. 8º da Lei n. 8.245/91), e o imóvel locado está sujeito à retomada para uso próprio, de ascendente, descendente, ou para reforma do prédio, além de eventual renovação compulsória, o que não ocorre no direito de superfície, no qual o superficiário é proprietário a termo da construção. Não se aplicam, portanto, as leis especiais que regem a locação de imóveis urbanos e o arrendamento rural.

As consequências da falta de pagamento do *solarium*, em especial a possibilidade de extinção do direito real, serão analisadas no comentário ao art. 1.374.

**Art. 1.371. O superficiário responderá pelos encargos e tributos que incidirem sobre o imóvel.**

O artigo em exame não tem correspondente no CC/1916. Corresponde, porém, ao art. 21, § 3º, da Lei n. 10.257/2001, que dá tratamento algo diverso à superfície constituída por pessoa jurídica de direito público interno, determinando o rateio de modo proporcional entre concedente e superficiário.

A norma em exame é dispositiva, razão pela qual nada impede as partes de distribuírem os ônus com o pagamento de encargos e tributos de modo diverso, prevalecendo a autonomia privada. Nesse sentido se posicionou o Enunciado n. 94 do CEJ, em reunião feita no STJ no ano de 2002: "As partes têm plena liberdade para deliberar, no contrato respectivo, sobre o rateio dos encargos e tributos que incidirão sobre a área objeto da concessão do direito de superfície".

A regra do CC é a de todos os encargos e tributos que recaírem sobre o imóvel serem de responsabilidade exclusiva do superficiário, quer incidentes sobre a construção ou plantação, quer sobre o solo. Parece mais equânime a regra do Estatuto da Cidade, que distribui entre as partes os ônus de modo proporcional a seus direitos sobre a coisa.

Lembre-se que, normalmente, encargos e tributos incidentes sobre o imóvel geram obrigações *propter rem* ou, às vezes, ônus reais. Perante o credor, a coisa garante a solução da obrigação, podendo o imóvel ser penhorado em sua totalidade e não somente o direito do superficiário. Apenas em sede de regresso entre concedente e superficiário se discutirá eventual responsabilidade pelo inadimplemento.

**Jurisprudência:** Enunciado n. 321, CEJ: Os direitos e obrigações vinculados ao terreno e, bem assim, aqueles vinculados à construção ou à plantação formam patrimônios distintos e autônomos, respondendo cada um de seus titulares exclusivamente por suas próprias dívidas e obrigações, ressalvadas as fiscais decorrentes do imóvel.

**Art. 1.372. O direito de superfície pode transferir-se a terceiros e, por morte do superficiário, aos seus herdeiros.**

**Parágrafo único. Não poderá ser estipulado pelo concedente, a nenhum título, qualquer pagamento pela transferência.**

O art. 21, §§ 4º e 5º, do Estatuto da Cidade disciplina a possibilidade de transferência do direito de superfície constituído por pessoa jurídica de direito público interno, com regras em parte distintas das do atual CC.

Uma das principais marcas do direito de superfície é sua transmissibilidade, por ato *inter vivos*, oneroso ou gratuito, ou *causa mortis*. Embora haja opiniões em sentido contrário, a transmissibilidade é da essência do direito de superfície, e não pode ser vedada por cláusula contratual. Considera-se não escrita a cláusula de inalienabilidade do direito de superfície, ainda que imposta em doação ou testamento. Explicitou o legislador que a superfície, ao contrário de usufruto, uso e habitação, não é constituída *intuitu personae*, nem sobre a cabeça do superficiário, que, ao contrário, tem a liberdade de aliená-la a qualquer título, gratuito ou oneroso. A alienação por ato *inter vivos* deve se revestir da forma de escritura pública, caso seu valor supere trinta vezes o salário mínimo, como diz o art. 108 do CC. Exige, mais, outorga uxória, salvo se o regime de bens do casal for o da separação absoluta. Repete-se que o registro é constitutivo do direito real e também de sua transferência. Antes do registro, a alienação gera simples direito obrigacional entre as partes contratantes. A transmissão *causa mortis* pode ser legítima ou testamentária, caso no qual a transferência do direito real se dá no momento da morte (*saisine*), tendo o registro efeito meramente regularizador, para preservar a continuidade e possibilitar nova alienação.

Embora não diga de modo expresso o artigo, se o superficiário pode alienar, é natural poder também onerar o direito de superfície com direitos reais de gozo, fruição e garantia. Pode, assim, dá-lo em garantia hipotecária ou anticrética, como, de resto, prevê hoje de modo explícito o art. 1.473, X, do CC, adiante comentado, com a redação que lhe deu a Lei n. 11.481/2007. Não é incompatível nem mesmo com a propriedade fiduciária prevista na Lei n. 9.514/97. É evidente que a garantia recairá apenas sobre o direito de superfície e seguirá sua sorte. Extinto o direito de superfície, extingue-se com ele a garantia real. Também se mostra possível que o titular constitua sobre a propriedade superficiária direitos reais de usufruto, uso, habitação e servidão, sempre atrelados à subsistência da superfície. Até mesmo a constituição de superfície sobre superfície, denominado direito de sobrelevação, não fere a natureza do instituto. Mais ainda, se o direito real é alienável, é também penhorável, podendo ser levado à hasta pública, sub-rogando-se o arrematante nos direitos e deveres do superficiário.

A dúvida maior está em saber se o adquirente do direito de superfície está vinculado aos deveres do superficiário original, como o pagamento do *solarium*, e outras obrigações de dar ou fazer, como as de conservação do imóvel, pagamento de tributos e encargos e contratação de seguros. Embora parte da doutrina entenda que tais obrigações acessórias não vinculam terceiros, ou sucessores, porque geram mero direito obrigacional (ROCHA, Marco Túlio de Camargo. *A superfície no direito brasileiro*; *RF* 344/197), o melhor entendimento é no sentido oposto: se tanto o imóvel como o direito de superfície forem transferidos a terceiros, por ato *inter vivos* ou *causa mortis*, os adquirentes ou herdeiros ficam obrigados a respeitar as condições originais da escritura de constituição da superfície, mantendo-se íntegra a relação jurídica originária (BITTENCOURT, Frederico. *Direito real de superfície*; *RF* 272/406). É por isso que, ao efetuar o registro do direito real de superfície, devem dele constar os deveres acessórios de dar e de fazer, que constituem obrigações *propter rem* e merecem publicidade, para efeito de conhecimento de terceiros.

O parágrafo único do artigo em exame veda, de modo imperativo, cobrança de qualquer quantia, a qualquer título, em razão da transferência do direito de superfície. A norma é cogente, sendo considerada não escrita qualquer cláusula negocial em sentido contrário. Nota-se a preocupação do legislador em distanciar a superfície da enfiteuse, proibindo a cobrança de laudêmio em razão da transferência do direito real.

**Jurisprudência:** Não havendo direito real de superfície autônomo em relação à propriedade, descabida a penhora sobre construção feita em terreno alheio. Apelo improvido. Unânime. (TJRS, Ap. n. 70.001.271.428, 2ª Câm., rel. Luiz Roberto Imperatore de Assis Brasil, j. 06.06.2001)

**Art. 1.373. Em caso de alienação do imóvel ou do direito de superfície, o superficiário ou o proprietário tem direito de preferência, em igualdade de condições.**

O art. 22 da Lei n. 10.257/2001 tem preceito de igual conteúdo, em relação à superfície constituída por pessoa jurídica de direito público interno.

Fixa a lei o direito de preferência recíproco entre concedente e superficiário, no caso de alienação da propriedade sobre o solo, ou da propriedade temporária sobre construções ou plantações. A ideia é facilitar a consolidação da propriedade plena nas mãos de uma só pessoa, evitando eventuais conflitos com o adquirente. Embora use o termo amplo alienação, é óbvio somente ter cabimento o exercício do direito de preferência quando a alienação se der por venda, dação em pagamento ou troca com bem fungível. Nos casos de troca por bens infungíveis ou doação, não se cogita de preferência, por impossibilidade de se igualar a oferta do adquirente. Se o direito de superfície recair sobre parte da coisa alienada por inteiro, somente por inteiro se exerce a preferência, mediante depósito do preço da totalidade do imóvel.

Falha a lei ao deixar de criar regras ao exercício do direito de preferência. Na omissão, invoca-se por analogia a disciplina da preferência entre condôminos de coisa indivisível, prevista no art. 504 do CC. Deve o alienante notificar o titular do direito real – sobre o solo ou sobre a construção, dependendo da hipótese – com prazo razoável para que este manifeste seu propósito de exercer o direito. Omissa a lei, a praxe e a Lei do Inquilinato indicam prazo de trinta dias, suficiente para reflexão e reunião de recursos para a aquisição. Deve a notificação, sob pena de ineficácia, indicar preço e condições de pagamento, exatamente fiéis às ofertadas por terceiro. Nada impede que o titular do direito renuncie desde logo ao exercício da preferência, dispensando o aguardo do trintídio para a alienação. O que não se admite, em razão da natureza cogente da norma, é a renúncia antecipada ao exercício da preferência, por ocasião da formação do negócio, ou mesmo antes da oferta de terceiro.

A falta de notificação abre ao titular de direito real preterido o direito potestativo de exercício da preferência, no prazo decadencial de seis meses, depositando judicialmente o preço e as despesas com a alienação e reivindicando a coisa para si. O prazo de seis meses tem termo inicial na data do registro ou na data em que o titular do direito real tomou conhecimento da alienação, valendo a que ocorrer antes. Cabe aos réus o ônus da prova de que antes do registro o titular de direito real preterido já tinha conhecimento da alienação.

Note-se que a alienação é válida, apenas ineficaz em relação a concedente ou superficiário preteridos. A ação deve ser endereçada tanto contra o alienante como contra o adquirente do direito real e ser acompanhada do depósito do valor mais despesas e tributos decorrentes da alienação. A ação tem natureza real e dá sequela ao titular do direito, ou seja, prerrogativa de perseguir, de obter a coisa, e não apenas a condenação ao pagamento de perdas e danos do alienante.

**Jurisprudência:** Enunciado n. 510 da V Jornada de Direito Civil do CEJ do STJ: Ao superficiário que não foi previamente notificado pelo proprietário para exercer o direito de preferência previsto no art. 1.373 do CC é assegurado o direito de, no prazo de seis meses, contado do registro da alienação, adjudicar para si o bem mediante depósito do preço.

---

**Art. 1.374. Antes do termo final, resolver-se-á a concessão se o superficiário der ao terreno destinação diversa daquela para que foi concedida.**

---

O art. 23 do Estatuto da Cidade, com redação superior e aplicável à superfície instituída por pessoa jurídica de direito público interno, dispõe-se extinguir o direito pelo advento do termo ou descumprimento de qualquer das obrigações contratuais assumidas pelo superficiário.

Trata o preceito em exame da extinção do direito de superfície, e o faz de modo insuficiente. Explicita que se extingue antecipadamente a superfície pelo desvio de destinação. Cabe melhor analisar essa primeira causa. Leva à extinção da superfície não somente construção ou plantação de coisa diversa da acordada, como ausência de construção e plantação no prazo estipulado pelas partes. De igual modo, caso a construção ou a plantação pereça, a falta de reposição no prazo acordado ou, na omissão da convenção, em prazo razoável com a natureza da coisa, também acarreta a extinção da superfície.

Além dessa causa, outras, embora não explicitadas, também acarretam a extinção da superfície, por serem incompatíveis com sua persistência: o advento do termo; a resilição bilateral, pois a vontade que criou o direito real pode atuar em sentido contrário para levar a sua extinção pelo distrato, levado a registro; a renúncia do superficiário, também levada a registro, depois de haver construído ou plantado o convencionado, ou seja, depois de já cumprida sua obrigação, quando somente é credor de prestação do concedente; a consolidação da propriedade plena nas mãos de um só titular; a prescrição, em razão da inércia do exercício do direito, no prazo de dez anos; o perecimento do objeto, hipótese rara, por se tratar de coisa imóvel, lembrando que o perecimento é do imóvel, e não de construção ou plantação, que podem ser novamente erigidas; a desapropriação, mais bem analisada no art. 1.376, adiante comentado; a resolução, em razão do inadimplemento das obrigações assumidas pelo superficiário ou pelo concedente.

Em relação à resolução, grassa divergência na doutrina. Alguns autores entendem, na esteira de legislações estrangeiras, que o inadimplemento das obrigações assumidas pelo superficiário, especialmente as de pagamento do *solarium* e de tributos e encargos, gera somente ao concedente crédito passível de cobrança, mas não o direito potestativo de resolver o contrato e extinguir o direito real. Diante, porém, da omissão do legislador, não se vê razão para a interpretação restritiva, por duas razões: primeiro, porque o art. 23 do Estatuto da Cidade, que se aplica de modo supletivo à superfície regulada no CC (ver comentário ao art. 1.377), prevê, de modo expresso, a possibilidade de extinção do direito real pelo inadimplemento das obrigações assumidas pelo superficiário; segundo, porque o direito real se constitui pelo registro e é este causal, ligado ao título que lhe deu origem. Desfeito o negócio, cancela-se o registro dele produto. Nada impede, portanto, as partes de negociarem mecanismos de resolução do contrato (art. 474 do CC) ou, na omissão da avença, de aplicarem a cláusula resolutiva tácita (art. 475 do CC). Abre-se à parte inocente obrigação alternativa entre exigir a prestação ou desfazer o negócio. Em relação a terceiros adquirentes de boa-fé, aplica-se o já comentado nos arts. 1.359 e 1.360. De igual modo, não há óbice a que se proceda a resolução por onerosidade excessiva, preenchidos os requisitos do art. 478 do CC.

Mais comum será o inadimplemento do superficiário, em razão das obrigações que assume. Nada impede, porém, a ocorrência de inadimplemento de obrigações assumidas pelo concedente, especialmente a de entregar a posse direta do imóvel ao superficiário, para que este lá possa construir ou plantar. Cabe, então, ao superficiário, obrigação alternativa, optando entre a entrega da coisa (cumprimento da prestação) ou resolução do contrato e extinção do direito real, acrescido de perdas e danos.

Apenas frise-se que nem todo descumprimento leva à resolução. Como anotado no comentário ao art. 1.363, o descumprimento de obrigação acessória que não comprometa a parte substancial da obrigação abre ao contratante inocente a possibilidade de executar a prestação, mas não a de resolver o contrato, em razão da desproporção entre descumprimento e sanção.

Não prevê o artigo em exame a extinção pelo resgate da superfície, tal como ocorria no antigo direito de enfiteuse. Não é, portanto, um efeito natural do direito real de superfície, somente se aplicando caso tenham expressamente convencionado as partes.

---

**Art. 1.375. Extinta a concessão, o proprietário passará a ter a propriedade plena sobre o terreno, construção ou plantação, independentemente de indenização, se as partes não houverem estipulado o contrário.**

---

O art. 24 do Estatuto da Cidade contém preceito de conteúdo semelhante, embora com redação superior.

Vimos no comentário ao art. 1.369 que o direito real de superfície suspende o princípio da acessão, pelo qual ao dono do solo fica pertencendo tudo o que nele adere e não pode ser retirado sem fratura (*superficies solo cedit*). Extinta a superfície, por qualquer das causas previstas no artigo antecedente, inclusive as não explicitadas pelo legislador, incide novamente o princípio da acessão com toda a sua força. A propriedade plena se consolida nas mãos do concedente, e construções e plantações tornam a ser acessões, incorporando-se ao solo e seguindo sua titularidade e seu regime jurídico. Decorre daí o dever do superficiário de não somente construir e plantar, mas também de conservar, para restituir a acessão em bom estado ao concedente.

Não se aplica ao caso o regime da acessão inversa, prevista no art. 1.255, parágrafo único, já comentado, pois o superficiário, por força de disposição contratual, tem inequívoca ciência de que constrói ou planta em terreno alheio e do termo final de seu direito real, bem como do correlato dever de restituição da coisa ao concedente. A quebra do dever de restituição enseja ao concedente o direito de reaver a coisa por via possessória ou petitória, invocando o *ius possessionis* ou o *ius possidendi*. A posse do superficiário, que era direta e justa, com a quebra do dever de devolução se torna injusta, porque precária, configurando esbulho. Conta daí o prazo de ano e dia previsto no art. 924 do CPC/73 (art. 558 do CPC/2015), para que obtenha o concedente liminar na ação de reintegração de posse.

Reza o artigo em exame que as construções e plantações se incorporam de forma jurídica ao solo independentemente de indenização, se as partes não houverem estipulado o contrário. A regra é dispositiva e tem aplicação em caráter supletivo, no silêncio da convenção. Na omissão do contrato, não faz o superficiário *jus* à indenização por construções ou plantações que erigiu. A regra, porém, comporta temperamento. Caso se prove – e o ônus cabe ao superficiário – que, apesar da omissão das partes, a perda das acessões sem direito à indenização não integrava o sinalagma do contrato, prevalecem os princípios de ordem pública do equilíbrio contratual, boa-fé objetiva e função social do contrato, devendo ser calculada indenização, para evitar o enriquecimento sem causa do concedente.

Caso seja estipulado o direito à indenização, ou decorra este dos princípios imperativos anteriormente referidos, restam ainda algumas questões relevantes a serem examinadas. A primeira delas é o valor da indenização, a ser calculado, no silêncio do título, usando, por analogia, os critérios do art. 1.222 do CC, já comentado. Se a acessão foi construída ou plantada de boa-fé, em razão da previsão contratual, indeniza-se por seu valor atual, contemporâneo o tempo do pagamento. Arca o concedente com o ônus da depreciação da acessão, mas tem a seu favor a vantagem de eventual valorização, em comparação com o investimento feito. Caso, porém, a acessão esteja em desacordo com o previsto no título, a regra é distinta. Por força do que dispõe a parte final do art. 1.255, o superficiário perde para o concedente as acessões, sem direito à indenização. Mais uma vez, a regra é temperada por boa-fé objetiva e vedação do enriquecimento sem causa, portanto pequenas diferenças, que não afetem a utilidade da coisa ou o interesse do concedente, não podem acarretar sanção desproporcional ao inadimplemento. A segunda questão é a da incidência de eventual direito de retenção do superficiário, até que lhe seja paga a indenização. Desde que as construções e plantação tenham sido feitas de boa-fé, e normalmente o serão, em razão da previsão contratual, aplica-se por analogia a regra do art. 1.219 do CC. Remete-se o leitor ao quanto se disse no comentário ao art. 1.255 do CC, que aqui se aplica.

**Art. 1.376. No caso de extinção do direito de superfície em consequência de desapropriação, a indenização cabe ao proprietário e ao superficiário, no valor correspondente ao direito real de cada um.**

O artigo em exame não tem correspondente no CC/1916 nem no Estatuto da Cidade.

O preceito tem dupla incidência. Primeiro, diz que a desapropriação, como modo originário de aquisição da propriedade, leva à extinção do direito real de superfície, que não sobrevive com o expropriante. Segundo, confirma o direito real de superfície ter valor patrimonial, e, por isso, a indenização paga pelo expropriante pela aquisição compulsória do domínio pleno deve ser rateada proporcionalmente entre concedente e superficiário, na medida do direito de cada um sobre o imóvel. Esse rateio leva em conta o prazo restante do direito real de superfície, assim como eventual *solarium* pago pelo superficiário e o montante do investimento por ele feito, bem como a previsão de indenização quando da extinção do direito real. Todos esses elementos servem para modular o valor da superfície e do direito do concedente. Aliás, ainda que não existisse o dispositivo, seria ele aplicável, em razão da incidência do preceito constitucional da justa indenização e para evitar o enriquecimento sem causa do concedente em desfavor do superficiário.

**Jurisprudência:** Enunciado n. 322, CEJ: O momento da desapropriação e as condições da concessão superficiária serão considerados para fins da divisão do montante indenizatório (art. 1.376), constituindo-se litisconsórcio passivo necessário simples entre proprietário e superficiário.

**Art. 1.377. O direito de superfície, constituído por pessoa jurídica de direito público interno, rege-se por este Código, no que não for diversamente disciplinado em lei especial.**

O artigo tem imediata conexão com os arts. 21 a 24 da Lei n. 10.257/2001 (Estatuto da Cidade), que também disciplinam o direito de superfície. As regras do Estatuto da Cidade não foram revogadas pelo CC/2002, mas incidem apenas nos casos em que a superfície seja constituída por pessoas jurídicas de direito público interno.

Há, portanto, dois regimes jurídicos distintos. Um para os casos nos quais a superfície é constituída por pessoas jurídicas de direito público interno, regulada de modo primário pelos arts. 21 a 24 do Estatuto da Cidade e de modo supletivo, no preenchimento de lacunas, pelo atual CC. Outro regime jurídico para os casos nos quais a superfície é constituída entre pessoas naturais ou jurídicas de direito privado, regulada de modo primário pelo CC/2002 e de modo supletivo, no preenchimento de lacunas, pelo Estatuto da Cidade.

O CEJ, da Justiça Federal, que se reuniu no STJ para discutir o CC/2002, firmou o seguinte, em sua primeira jornada, realizada no ano de 2002: "Enunciado n. 93: As normas previstas no CC sobre direito de superfície não revogam as relativas a direito de superfície constantes do Estatuto da Cidade (Lei n. 10.257/2001) por ser instrumento de política de desenvolvimento urbano".

Essa conclusão comporta temperamento. Não resta dúvida, como aponta Ricardo Pereira Lira, que "o direito de superfície contemplado no Estatuto da Cidade é um instituto de vocação diversa daquele previsto no CC/2002, voltado aquele para as necessidades do desenvolvimento urbano, editado como categoria necessária à organização regular e equânime dos assentamentos urbanos, como fator de institucionalização da função social da cidade. No CC/2002, o direito de superfície será um instrumento destinado a atender interesses e necessidades privados" ("O direito de superfície no novo CC". In: *Revista Forense*, 2003, v. 364, p. 265).

Reafirma-se a existência de duplo regime jurídico do direito de superfície, um regido pelo CC, envolvendo exclusivamente direito privado, e outro pelo Estatuto da Cidade, envolvendo pessoas jurídicas de direito público interno. Ambos são direitos reais, apenas aplicáveis a situações distintas, com regras diferentes, em razão do princípio da especialidade do art. 2º da Lindb. Embora haja alguma controvérsia, a superfície do Estatuto da Cidade é também direito real, porque reúne todas as suas características, apenas não havendo – porque dispensável – a utilização do termo sacramental *direito real*.

Não tipifica direito de superfície, apesar de alguma divergência na doutrina, a concessão do direito real de uso prevista no art. 7º do DL n. 271/67, pois não enseja a suspensão do princípio da acessão. Em tal regime jurídico, a construção, tão logo feita, incorpora-se à propriedade do dono do chão, cabendo ao usuário apenas dela extrair o proveito – usar e gozar – durante certo período.

**Jurisprudência:** Direito real de superfície. Liminar suspensa. Determinação para suspensão do processo, diante do deferimento do processamento da recuperação judicial da empresa agravada. Irresignação da recorrente. Elementos suficientes para cumprimento do mandado de reintegração de posse. O deferimento da recuperação judicial não é motivo para suspender o curso da ação. Autora que visa tão somente a retomada do imóvel, inexistindo cobrança dos débitos atrelados ao uso do local. Decisão reformada. Recurso provido. (TJSP, AI n. 2133630-31.2017.8.26.0000, rel. Afonso Bráz, j. 04.09.2017)

# TÍTULO V
# DAS SERVIDÕES

## CAPÍTULO I
## DA CONSTITUIÇÃO DAS SERVIDÕES

**Art. 1.378. A servidão proporciona utilidade para o prédio dominante, e grava o prédio serviente, que pertence a diverso dono, e constitui-se mediante declaração expressa dos proprietários, ou por testamento, e subsequente registro no Cartório de Registro de Imóveis.**

Condensaram-se em um só preceito os traços básicos da servidão e dois de seus modos de aquisição, mediante negócio jurídico *inter vivos* ou *causa mortis*, levados ao registro. Deu-se redação mais técnica às características da servidão, eliminando-se o termo *impõe-se*, que dava a falsa impressão de ser a servidão compulsória ao prédio serviente, aproximando-a da passagem forçada do direito de vizinhança.

Nas palavras de Washington de Barros Monteiro, definem-se servidões como "restrições impostas a um prédio para uso e utilidade de outro prédio, pertencente a proprietário diverso" (MONTEIRO, Washington de Barros. *Curso de direito civil, direito das coisas*, 37. ed. revista e atualizada. São Paulo, Saraiva, 2003, p. 276). O termo prédio não significa construção, mas terreno, que pode ter ou não acessões. O prédio que sofre as restrições é o serviente, e o que recebe vantagens e utilidades é o dominante.

O CC/2002, ao contrário do revogado, não usa a expressão *servidão predial*, mas tão somente *servidão*. Para efeito doutrinário, não se confundem o direito real de servidão, ora estudado, e as impropriamente chamadas servidões legais, que nada mais são do que restrições gerais ao direito de propriedade com fonte na lei e comuns no direito de vizinhança. Remete-se o leitor ao comentário do art. 1.277, no qual se traçaram as distinções entre as duas figuras. Também não se confunde o direito real de servidão com as servidões pessoais, que, em determinadas legislações estrangeiras, são o usufruto, o uso e a habitação. Para nós, usufruto, uso e habitação são também direitos reais, com características próprias, e a expressão servidões pessoais é reservada às vantagens proporcionadas a alguém, que geram apenas direito de crédito, nunca direitos reais oponíveis a terceiros. Finalmente, não se confundem direito real de servidão com servidões administrativas, que são os ônus reais do Poder Público sobre a propriedade particular, com finalidade de serventia pública, não exigindo prédios dominante e serviente.

São, portanto, elementos da servidão, segundo Darcy Bessone: dois prédios, já que um serve ao outro; dois proprietários diferentes, pois um só proprietário de dois prédios, fazendo um servir ao outro, não cria direito em favor do dominante; relação de serviço ou utilidade (BESSONE, Darcy. *Direitos reais*, 2. ed. São Paulo, Saraiva, 1996, p. 277).

Dispõe a lei que a servidão pressupõe dois prédios, um dominante e um serviente, pertencentes a proprietários diversos. Os prédios são vizinhos, mas não necessariamente contíguos, pois a noção de vizinhança se conjuga com a de utilidade proporcionada por um imóvel a outro. Uma servidão de passagem pode atravessar vários prédios, que serão próximos, mas não confrontantes.

Deve haver diversidade dominial, por ser a servidão direito real sobre coisa alheia. Pode ocorrer, porém, de o proprietário do prédio dominante ser condômino do serviente ou vice-versa. Aceita-se até haver condomínio sobre ambos os imóveis, desde que em frações ideais distintas.

Admitem a doutrina majoritária (contra a opinião de Clóvis) e os tribunais, embora sem expressa previsão na lei, a servidão por destino do proprietário, ou do pai de família. É modo embrionário de servidão pelo qual, segundo Washington de Barros Monteiro, o proprietário, em caráter permanente, reserva determinada serventia, em prédio seu, a favor de outro. Se futuramente os dois imóveis passam a pertencer a proprietários distintos, a serventia converte-se em servidão, cujo termo inicial somente ocorre no momento em que dá diversidade dominial (op. cit., p. 282). Lembra Tupinambá Miguel Castro do Nascimento que, embora não encontre referência legal expressa em nosso ordenamento, essa modalidade de constituição da servidão é amplamente admitida pela doutrina e pela jurisprudência (cf. *Direito real de servidão*. Rio de Janeiro, Aide, 1985, p. 149-50). Há inclusive no Projeto de reforma do CC (PL n. 699/2011) a previsão de dispositivo a regular expressamente aludido modo de constituição da servidão. A melhor doutrina arrola como requisitos para a constituição da servidão por destinação do pai de família o caráter visível da coisa, ou seja, a aparência da servidão, a dualidade dos prédios envolvidos e a inexistência de cláusula contrária ao estabelecimento do gravame (cf. Gustavo Tepedino e outros. *Código Civil interpretado*, v. III. São Paulo, Renovar, 2011, p. 773).

Quanto ao conteúdo, a servidão proporciona ao prédio dominante o aumento de sua utilidade, mediante restrição correlativa de um direito do prédio serviente. O proveito é de imóvel a imóvel, beneficiando de modo mediato seu titular. É óbvio o prédio dominante não ser titular, mas objeto de direitos. Quer-se dizer que "há o titular da servidão, porque legitimado pela circunstância de ser proprietário do prédio dominante". Assim, "vê-se que na servidão, a pessoa sofre ou goza da servidão não em razão dela mesma, mas através de prédios" (NASCIMENTO, Tupinambá Miguel Castro. *Direito real de servidão*. Rio de Janeiro, Aide, 1985, p. 17-8). As vantagens e correspondentes restrições podem ser de variado teor, algumas exigindo do titular do prédio serviente uma obrigação de não fazer, uma conduta puramente omissiva, como a de não construir além de certa altura. Outras servidões vão além, exigindo uma ação de tolerância (*pati*), suportando a incursão alheia em seu imóvel, como nos casos da servidão de passagem, ou da tirada de água. Não se impõem ao titular do prédio serviente obrigações principais de fazer, que, caso existam, geram direito apenas obrigacional.

Algumas regras regem o direito real de servidão. É direito real e acompanha o imóvel em todas suas transmissões; é inalienável, por não admitir transferência separada do prédio a que adere, em razão de sua natureza acessória. É direito que se exerce, mas inalienável: pode ser alienado o prédio gravado ou beneficiado pela servidão, mas não o direito real em si mesmo considerado, pois não se constitui servidão sobre servidão. A servidão não se presume, porque a propriedade se presume plena. Logo, a servidão deve ser provada de modo explícito, e sua interpretação é sempre restritiva, quanto à sua existência ou extensão, e seu exercício deve ser o menos oneroso ao prédio serviente. É indivisível, com as consequências que serão vistas no comentário ao art. 1.386. Tende à perpetuidade, mas nada impede ser constituída por tempo determinado, ou sob condição (não comporta resgate pelo titular do prédio serviente, salvo se houver convenção expressa a respeito. Alguns autores referem que a servidão tem duração indeterminada, até sobrevir uma das causas de sua extinção).

Comportam as servidões diversas classificações. Podem ser afirmativas (positivas) ou negativas: as afirmativas possibilitam um comportamento positivo do titular do prédio dominante, como a servidão de passagem; as negativas não conferem ao titular do prédio dominante qualquer conduta, mas somente a abstenção do serviente, como a servidão de não construir além de certa altura. Podem ser contínuas ou descontínuas (não contínuas): as contínuas exercitam-se constantemente, independem de ato humano, como a de passagem de água; as descontínuas, embora tenham caráter permanente, exigem para seu exercício um comportamento humano, como a de passagem. Podem ser aparentes ou não aparentes: as aparentes se relevam por obras ou sinais exteriores, constatáveis *icto oculi*, como a de passagem marcada no terreno; não aparentes são as sem sinais exteriores de sua existência.

A parte final do artigo trata da constituição do direito real de servidão. Não é imposta por lei, pois se distingue da servidão legal do direito de vizinhança. Nada impede, porém, ao titular de imóvel encravado, em vez de exigir judicialmente a passagem forçada, contratar com o vizinho servidão, e a levar ao registro imobiliário, convertendo-a em direito real.

Cinco são os modos de aquisição do direito real de servidão: por negócio jurídico *inter vivos* levado ao registro imobiliário; por negócio jurídico *causa mortis*, em testamento; por destinação do proprietário, anteriormente analisada; por decisão judicial, em ação divisória; por usucapião, analisada no comentário ao art. 1.379.

O primeiro modo de aquisição, por negócio jurídico bilateral *inter vivos*, tem forma solene, sempre escrita, por escritura pública, se de valor superior a trinta salários mínimos. A declaração de vontade será sempre expressa no sentido de constituir servidão, explicitando a vantagem do prédio dominante e a restrição do prédio serviente, pois esta não se presume, não sendo admitida, portanto, manifestação tácita. Admite-se a servidão constituída por procurador munido de poderes expressos e especiais. Como se trata de direito real constituído sobre coisa imóvel, é exigida a outorga uxória, salvo se o regime de bens do casamento for o da separação absoluta. Pode onerar quem pode alienar, ou seja, a princípio, somente o proprietário. Admite-se, porém, que o proprietário sob condição resolutiva e o enfiteuta possam constituir servidão, mas esta também estará subordinada a limite temporal, desaparecendo juntamente com a propriedade da qual é acessória. Admite-se, ainda, o nu-proprietário constituir servidão, desde que não afete ou interfira no direito do usufrutuário. A mesma regra vale para o direito de superfície, com a ressalva de que o superficiário pode constituir também servidão, que desaparecerá junto com a aquisição da propriedade a termo sobre construção ou plantação.

No caso de imóvel em condomínio, não pode um condômino isoladamente onerar todo o prédio com servidão, em detrimento dos demais comunheiros. Porém, admite-se que o condômino, sem anuência dos demais, institua a favor do imóvel comum direito real de servidão, pois a posição de prédio dominante a todos aproveita.

Nada impede um mesmo prédio de ser gravado com mais de uma servidão, sem exigência de anuência do titular do prédio dominante, desde que não haja interferências entre elas.

O registro é constitutivo do direito real, servindo o contrato como título. Antes do registro, há mero direito de crédito entre as partes, inoponível contra terceiros, no caso de alienação de qualquer dos prédios. Alienado o prédio, não há como fazer registro posterior de escritura anteriormente lavrada. A mesma regra não se aplica à sucessão hereditária: se o dono do prédio serviente falecer entre a data da escritura e a do registro, este pode ser feito, pois os herdeiros sub-rogam-se na posição jurídica do antecessor.

Pode a servidão ser instituída por testamento, que, porém, só ganha eficácia com a morte do testador. Em razão do direito de saisina, a servidão passa a gravar o prédio como direito real no momento da morte, não tendo, em tal caso, o registro efeito constitutivo, mas somente de regularização dominial, visando a preservar o princípio da continuidade.

Embora a constituição de servidão por decisão judicial não se encontre prevista no CC, há expressa menção no art. 596, II, do CPC/2015 (art. 979, II, do CPC/73). Ao efetuar a demarcação dos quinhões na ação divisória, poderá o juiz instituir as servidões indispensáveis de uns quinhões sobre outros, especialmente no caso de encravamento.

**Jurisprudência:** Ação possessória. Pedido de manutenção de posse sob alegação de turbação pelos réus, proprietários/possuidores do imóvel contíguo. Ação julgada procedente. Desacerto. Requeridos que fazem jus ao reconhecimento da alegada servidão de passagem. Constituição da servidão mediante destinação do proprietário/pai de família no caso em tela. Modalidade de constituição que, embora não encontre expressa previsão legal, é amplamente reconhecida pela doutrina e pela jurisprudência. Existência de mera serventia quando ambos os imóveis pertenciam a um dos corréus, e que se transformou em servidão a partir do momento em que houve a transferência da propriedade de um dos prédios ao autor. Requisitos da aparência da servidão, da diversidade dominial e da falta de declaração contrária ao estabelecimento da servidão que foram preenchidos no caso concreto. Desnecessidade de registro da serventia. Provas dos autos a evidenciar que o autor tinha inequívoco conhecimento da utilização do imóvel para passagem quando de sua aquisição. Reconhecimento do direito dos réus à servidão que se limita, porém, à utilização do imóvel serviente para passagem dos moradores, visitantes e respectivos veículos do prédio vizinho, sendo vedado o uso para quaisquer outros fins, como passagem de estranhos e depósito de bens móveis. Recurso parcialmente provido. (TJSP, Ap. Cível n. 0252138-42.2009.8.26.0002, 37ª Câm. de Dir. Priv., rel. Des. Francisco Loureiro, j. 10.11.2011)

Manutenção de posse. Servidão de passagem. Indeferimento da liminar e de pedidos de reconsideração. Existência de servidão e de se tratar de única via de acesso à propriedade do autor dependente de comprovação documental ou técnica não apresentada. Impossibilidade de presunção da existência de servidão de passagem. Necessidade de cognição exauriente. Inteligência do art. 1.378 do CC. Requisitos ensejadores da liminar não caracterizados. Decisão mantida. Recurso improvido. (TJSP, AI n. 714.196.3700, rel. Correia Lima, j. 19.06.2007)

Agravo de instrumento. Reintegração de posse. Servidão de passagem. Indeferimento da liminar. A passagem forçada, inserida no CC dentre os direitos de vizinhança, compreendendo limitação legal ao direito de propriedade se distingue da servidão de passagem, cuja reintegração de posse ora se pleiteia. A primeira consiste em prerrogativa conferida ao vizinho, titular de imóvel encravado, de estabelecer seu acesso à via pública, transpondo no percurso o imóvel confinante, tratando-se de imposição normativa (art. 1.378, CC) que constitui modalidade de direito real sobre coisa alheia. Enquanto a segunda tem a finalidade única de facilitar o acesso a um prédio, independentemente de existir ou não encravamento, decorrente do acordo de vontade entre os proprietários do prédio dominante e do prédio serviente. Decisão agravada que não se sustenta posto que fundada apenas no fato de não se tratar de prédio encravado, enquanto o pedido não se refere à passagem forçada, mas à servidão de passagem. Provimento do recurso. (TJRJ, AI n. 2007.002.05439, rel. Des. Roberto Wider, j. 17.04.2007)

O fato do proprietário não mais poder exigir o desfazimento de edificação irregular de seu vizinho, passado o prazo decadencial de ano e dia (CC, art. 576), não obsta que aquele, se sentindo prejudicado, levante em seu terreno, a qualquer tempo, contramuro, ainda que em prejuízo da claridade incidente sobre o imóvel lindeiro (CC, art. 573, § 2º). Considerando-se que servidão de luz não se presume (CC, art. 696), compete ao proprietário de imóvel lindeiro que pretenda garantir eventual direito neste aspecto, providenciar o registro da limitação no álbum imobiliário. (II TACSP, Ap. Cível n. 848.044-00/9, rel. Clóvis Castelo, j. 23.08.2004)

O direito real de servidão de trânsito prescinde do encravamento do imóvel dominante. Precedentes. Agravo regimental improvido. (STJ, Ag. Reg. no AI n. 431.929, 4ª T., rel. Min. Barros Monteiro, j. 13.04.2004)

Enquanto a passagem forçada é instituto de direito real, gerando obrigações *propter rem*, impondo-se ao titular do prédio vizinho como forma de garantir o direito de ir e vir do dono do prédio encravado, independentemente do consenso porquanto decorre da própria condição física do imóvel, a servidão de trânsito visa tão somente uma melhor utilidade do imóvel, mediante a manifestação de vontade dos proprietários dos dois prédios, ou ainda, decorrente de uma posse pública, mansa e pacífica, caracterizando-se como *ius in re aliena*. O caso dos autos afasta a primeira hipótese, na qual se amparou a pretensão nunciatória. Ainda que a prova produzida leve a concluir a existência de servidão de trânsito, a ação veio amparada em fatos e fundamentos jurídicos voltados para a pretensão nunciatória, base em passagem forçada, a caracterizar meio inadequado e, portanto, carência de ação por falta de interesse de agir. Processo extinto, de ofício, prejudicado o apelo. (TJRS, Ap. Cível n. 70.006.164.032, 17ª Câm. Cível, rel. Elaine Harzheim Macedo, j. 27.05.2003)

Nunciação de obra nova. Servidão aparente. Limitação ao direito de construir. I – Janelas que se abrem a menos de metro e meio do prédio vizinho constituem servidão de luz. A situação fática decorre da origem comum dos prédios que pertenciam ao mesmo proprietário, transmitidas à família. II – As janelas em relação ao prédio vizinho, inicialmente (mesmos proprietários) era serventia transferido o imóvel a outros, transforma-se em servidão aparente, visível, inexigível transcrição no registro imobiliário. III – Reconhecida a servidão é permanente e indivisível, limitando o direito (art. 572) de construir do prédio vizinho (serviente) que não pode impedir a luz ao dominante. Este, por sua vez, não pode ampliar a servidão. Consolida-se pela servidão a situação existente quando da venda do imóvel dominante. Negado provimento. (TJRS, 19ª Câm. Cível, AI n. 598.485.761, rel. Elba Aparecida Nicolli Bastos, j. 09.11.1999)

Manutenção de posse. Servidão de passagem. Inexistência. Condomínio. Caracterização. Possessória e mudança de servidão. Pedidos contrapostos. Imóveis pró-diviso. Estrada de uso comum há mais de vinte anos por detentores de posses no mesmo imóvel. Inexistência de servidão que pressupõe prédio dominante e prédio serviente. Recurso desprovido. (TACPR, Ap. Cível n. 75.867-6, rel. Ivan Bortoleto, j. 02.05.1995)

Registro de imóveis. Servidão predial aparente. Desnecessidade de formalidade restrita às servidões não aparentes. Carência da ação afastada. Preliminar rejeitada. O requisito da transcrição para aquisição do direito real, previsto no art. 676 do CC, cede passo à disposição especial do art. 697, que restringe aquela formalidade às servidões não aparentes. (TJSP, Ap. Cível n. 192.621-1, rel. Euclides de Oliveira, j. 05.08.1993)

Manutenção de posse. Servidão de passagem. Turbação. Usucapião. Interesse público. Passagem forçada. Direito real. Caracterização. Manutenção de posse. Alegada servidão de trânsito. Ramificação secundária de uso comum. Imóvel servido por estrada municipal. Não caracterização de direito real. Ação improcedente. Recurso improvido. I – Não constitui servidão de trânsito a via secundária, de uso comum, não titulada e insuscetível de ser usucapião, embora encurte distância e possua melhor traçado, máxime se o imóvel dos autores é servido por estrada municipal. II – A servidão não se presume. Deve ser comprovada de modo explícito, cabendo o ônus da prova a quem lhe afirme a existência. A sua interpretação é sempre *stricti juris*, visto implicar, invariavelmente, limitação ao direito de propriedade. III – A passagem particular, por simples liberalidade, não constitui servidão, sobretudo havendo outros caminhos, podendo o proprietário do imóvel, no exercício dos poderes dominiais, fechar dita passagem, sem que o fato configure turbação à posse de outrem. (TACPR, Ap. Cível n. 45.892-0, rel. Munir Karam, j. 12.03.1993)

Possessória. Manutenção de posse. Abertura pelo réu, encravando o próprio imóvel, de porta, janelas e *vitraux* em terreno consistente de corredor integrante do prédio vizinho de propriedade e posse do autor. Turbação caracterizada. Impossibilidade de se onerar a propriedade vizinha com servidão, que não se presume, ou passagem forçada, uma vez obstruída a via natural de trânsito por culpa ou conveniência pessoal do turbador. Aplicação dos arts. 696, 559 e 497 e inaplicabilidade do art. 576, todos do CC (I TACSP). (*RT* 648/116)

**Art. 1.379. O exercício incontestado e contínuo de uma servidão aparente, por dez anos, nos termos do art. 1.242, autoriza o interessado a registrá-la em seu nome no Registro de Imóveis, valendo-lhe como título a sentença que julgar consumado a usucapião.**

**Parágrafo único. Se o possuidor não tiver título, o prazo da usucapião será de vinte anos.**

O artigo em exame corresponde ao art. 698 do CC/1916 com significativa alteração, pois explicitou que somente as servidões aparentes podem ser adquiridas por usucapião. Positivou o CC/2002 a Súmula n. 415 do STF, de seguinte teor: "Servidão de trânsito não titulada, mas tornada permanente, sobretudo pela natureza das obras realizadas, considera-se aparente, conferindo direito à proteção possessória".

Vimos no comentário ao artigo anterior que servidões aparentes são aquelas com sinais exteriores de sua existência, constatáveis *icto oculi*. Somente tal categoria pode gerar usucapião, pois se a posse é a visibilidade do domínio, o comportamento do possuidor deve ser público, exercido à vista de todos, especialmente daqueles que têm interesse em reagir contra a posse, evitando a consumação do prazo da usucapião. Se assim não fosse, o proprietário do prédio serviente seria colhido de surpresa, pois não teria conhecimento dos atos praticados pelo titular do prédio dominante. O preceito em exame tem estreita ligação com o do art. 1.213, ao qual se remete o leitor.

Exige a lei que as servidões, para gerar usucapião sejam apenas aparentes, não exigindo serem elas também contínuas. Podem as servidões descontínuas, que para seu exercício dependem de atos do titular do prédio dominante, gerar usucapião, se forem aparentes.

A usucapião é modo originário de aquisição da propriedade e de outros direitos reais, de modo que o registro não é constitutivo da servidão, mas tem caráter regularizatório e publicitário, com o fim de preservar o princípio da continuidade.

A cabeça do artigo diz poder o direito real de servidão ser adquirido por usucapião ordinária, no prazo de dez anos, fazendo expressa remissão aos requisitos do art. 1.242 do CC. Exige-se, além dos requisitos necessários à usucapião extraordinária, a existência de justo título e boa-fé, conceitos já analisados no referido artigo. Não há óbice a que se aplique ao direito real de servidão a usucapião de prazo reduzido de cinco anos prevista no parágrafo único do art. 1.242, desde que preenchidos seus requisitos. Não se exige o possuidor utilizar a servidão como moradia, mas, se tiver feito relevantes investimentos de caráter social e de justo título registrado e posteriormente cancelado, pode se beneficiar da nova figura prevista em lei.

O parágrafo único do art. 1.379, em exame, dispõe que se o possuidor não tiver justo título, "o prazo da usucapião será de vinte anos". Cuida-se da usucapião extraordinária, devendo ter a posse as qualidades previstas no art. 1.238, ao qual se remete o leitor. A posse deve ser contínua, sem oposição e com *animus domini*, independentemente de boa-fé e justo título. Nada impede, como já dito, aplicar-se à usucapião de servidão o prazo reduzido do parágrafo único do art. 1.238, desde que preenchidos os requisitos de "posse trabalho".

Há, porém, manifesta inconsistência entre os arts. 1.238 e 1.379, referente ao prazo para consumação da usucapião. Para usucapir propriedade plena, o prazo é de quinze anos, mas para usucapir mero direito real sobre coisa alheia, uma parcela do direito maior de propriedade, o prazo é de vinte anos, segundo a lei. Aparentemente, houve um descuido do legislador, que se esqueceu de efetuar a redução do prazo também para a usucapião de servidão. Na lição de Karl Engish, na base de todas as regras hermenêuticas para harmonizar normas aparentemente conflitantes, figura como verdadeiro postulado o princípio da coerência da ordem jurídica (*Introdução ao pensamento jurídico,* 6. ed. Lisboa, Calouste Gulbenkian, 1988, p. 313). Por isso, a interpretação do preceito deve ser construtiva, estendendo o prazo de quinze anos também para a usucapião extraordinária de servidões. O Enunciado n. 251 do CEJ chegou à mesma conclusão: "O prazo máximo para o usucapião extraordinário de servidões deve ser de quinze anos, em conformidade com o sistema geral de usucapião previsto no CC".

**Jurisprudência:** Enunciado n. 251, CEJ: O prazo máximo para o usucapião extraordinário de servidões deve ser de 15 anos, em conformidade com o sistema geral de usucapião previsto no CC.

Elementos dos autos convencendo plenamente do esbulho praticado pelo réu, consistente em fechar com cadeados porteiras de passagens que, embora cortando o imóvel rural sob sua posse, caracterizam, na pior das hipóteses, longevas servidões de trânsito, tornadas perenes na forma prevista no art. 1.379 do CC. Cenário ensejando proteção possessória, com base na orientação sedimentada na vetusta Súmula n. 415 do STF. (TJSP, AC n. 0000662-31.2013.8.26.0382, rel. Ricardo Pessoa de Mello Belli, j. 26.06.2017)

Direito de vizinhança. Cominatória. Servidão de passagem. 1 – Servidão de passagem de esgoto, que se perpetrou no tempo, é de ser mantida a favor do titular do prédio dominante, diante da prova cabal e evidente, da sua constituição, não podendo o dono do prédio serviente, a seu bel-prazer, fazer cessá-la, causando prejuízos de ordem moral. 2 – Deram parcial provimento ao recurso, apenas e tão somente para reduzir o valor da multa diária e fixar prazo para a obrigação de fazer. (TJSP, Ap. Cível n. 801.422.000, rel. Des. Vanderci Álvares, j. 20.03.2007)

Ação de reintegração de posse. Servidão aparente. Demonstrando a prova que a passagem era contínua e permanente há, no mínimo, cinco anos, a sua obstrução unilateral constitui esbulho, suscetível de ser estancado pela proteção judicial. Irrelevante a existência de outra via de acesso ao local, quando esta implica prejuízo para a parte. Cabível a proteção possessória da servidão de trânsito, que não se confunde com o conceito de passagem forçada. Súmula n. 415 do STF. Apelo desprovido. (TJRS, Ap. Cível n. 70.011.092.970, 20ª Câm. Cível, rel. Des. José Aquino Flores de Camargo, j. 23.03.2005)

Reintegração de posse. Caminho. Utilização contínua ao longo de vários anos. Colocação de porteiras pelo dono do prédio dominante. Servidão de passagem. Falta de titulação. Irrelevância. Procedência. Apelação. Desprovimento. 1 – Demonstrado que a servidão de passagem perdura por longos 50 anos, de forma aparente e contínua, configura esbulho o obstá-la ao dono do prédio dominante em cujo favor se há de conferir direito à proteção possessória. 2 – Não se pode negar proteção possessória a uma servidão de caminho, não titulada, mas que se define por traços visíveis e permanentes. (TJPB, Ap. Cível n. 96.001.307-2, rel. Plínio Leite Fontes, j. 24.09.1996)

Possessória. Servidão de passagem. Esgoto. CC. Art. 167. Possessória. Servidão de passagem. Duto de esgoto subterrâneo. Hipótese de servidão não aparente a qual só pode ser estabelecida por meio de transcrição no registro de imóveis. Art. 697 do CC. Transcrição inocorrente, importando na inexistência de servidão. Caracterização, outrossim, de mera tolerância de passagem, a qual não cria para os autores direito de verem estabelecida uma servidão. Recurso improvido. (I TACSP, Ap. Cível n. 579.499-7/004, rel. Silveira Paulilo, j. 25.04.1996)

Ato jurídico. Ineficácia. Compromisso de compra e venda. Área referente à servidão aérea. Adquirente que não poderia ignorar sua existência, visto tratar-se de servidão visível, aparente e conhecida de todos. Ação de rescisão contratual procedente. Recurso provido para esse fim. Voto vencido. Embora não constasse do instrumento particular a servidão aérea, é indiscutível que o apelado não poderia ignorar sua existência, visto tratar-se de servidão visível, aparente e conhecida de todos. (TJSP, Ap. Cível n. 188.795-2, rel. Clímaco de Godoy, j. 09.02.1993)

Possessória. Reintegração de posse. Servidão de trânsito. Passagem datada de muitos anos e marcada por sinais visíveis. Caracterização como aparente, embora não titulada. Esbulho comprovado. Proteção possessória assegurada. Ação procedente. Aplicação da Súmula n. 415 do STF. (*RT* 640/184)

## CAPÍTULO II
## DO EXERCÍCIO DAS SERVIDÕES

**Art. 1.380. O dono de uma servidão pode fazer todas as obras necessárias à sua conservação e uso, e, se a servidão pertencer a mais de um prédio, serão as despesas rateadas entre os respectivos donos.**

Manteve-se o conteúdo do revogado artigo correspondente do CC/1916, apenas substituindo-se a expressão *tem direito* por *pode*.

Consagra o preceito a regra básica de ter o dono da servidão direito a tudo o que é necessário ao exercício dela. De nada valeria a servidão, sem fornecer os meios para seu regular exercício. Dessa forma, em determinadas servidões, por sua natureza, criam-se servidões acessórias: a servidão de retirada de água do prédio vizinho tem como acessória a servidão de passagem para chegar à fonte; a servidão de aqueduto tem como acessória a servidão de ingressar no imóvel vizinho para fazer limpeza e reparos imprescindíveis (SANTOS, J. M. Carvalho. *Código Civil brasileiro interpretado*, 5. ed. Rio de Janeiro, Freitas Bastos, 1953, v. IX, p. 135-6). Essas servidões acessórias seguem o destino da principal.

O proprietário do prédio dominante pode fazer as obras necessárias a sua conservação e uso. Tais obras podem ou não estar discriminadas no título constitutivo da servidão. No silêncio do contrato, as obras são determinadas em razão da natureza da servidão e de suas condições. No curso das obras, podem ocorrer danos ao prédio serviente, somente indenizáveis se não forem inerentes ao incômodo da própria servidão ou se decorrerem de ato culposo do titular do prédio dominante.

O titular da servidão pode deixar de exercer seu direito de se utilizar dela. Logo, pode também deixar de fazer as obras necessárias à sua utilização, não podendo ser constrangido a tanto, salvo se a obrigação tiver sido expressamente convencionada, ou a omissão causar danos ao prédio serviente.

A parte final do artigo prevê a hipótese de a servidão ser constituída a favor de mais de um prédio, caso no qual, como é natural, as despesas com as obras serão rateadas entre os respectivos donos. Se o prédio dominante for um condomínio, as despesas serão rateadas de modo proporcional aos respectivos quinhões.

**Art. 1.381. As obras a que se refere o artigo antecedente devem ser feitas pelo dono do prédio dominante, se o contrário não dispuser expressamente o título.**

Como alerta Tupinambá Miguel Castro do Nascimento, não cria o preceito uma obrigação do titular do prédio dominante, exigível pelo titular do prédio serviente. Há somente o dever de executar as obras se quiser ter o exercício da servidão (*Direito real de servidão*. Rio de Janeiro, Aide, 1985, p. 77).

A obra pode beneficiar, de modo concomitante, ambos os prédios, o dominante e o serviente, por exemplo uma servidão de passagem, também utilizada pelo dono do imóvel onerado. Em tal caso, embora silente a lei, a doutrina é tranquila no sentido de o encargo de conservação incumbir a ambas as partes, na proporção do interesse de cada uma, de modo a evitar enriquecimento sem causa.

A regra é dispositiva, razão pela qual nada impede de convencionarem as partes em sentido diverso: que despesas e obras caibam ao titular do prédio serviente. Tal obrigação, constante do título levado a registro, ganha natureza *propter rem*, irradiando efeitos em relação a terceiros e acompanhando a servidão, enquanto esta durar. Deve o registro do título fazer menção à obrigação do titular do prédio serviente, alertando eventuais adquirentes quanto às cláusulas acessórias da servidão. Caso, porém, seja a convenção firmada apenas entre as partes, sem ingressar no registro imobiliário, cria-se mero direito de crédito, inoponível a terceiros adquirentes de boa-fé.

**Jurisprudência:** 1 – Turbação de posse. Colocação de cadeado em porteira, transtornando o uso de servidão existente há mais de quarenta anos. Obstáculo indevido reconhecido. Irrelevância de os donos do prédio dominante também possuírem chaves do cadeado, dada a grande distância entre sua casa e a porteira, atrapalhando terceiros visitantes. 2 – Determinação de fazimento de cercas dos dois lados da servidão. Medida justificada, no caso, pela existência de gado dos donos do prédio serviente a invadir a servidão, com risco concreto de acidentes com pessoas e veículos. Obra, ademais, a ser custeada por ambas as partes, não se mostrando oneração desnecessária ao prédio serviente. *Astreintes* bem fixadas. (TJSP, Ap. Cível n. 110.002.1200, rel. Soares Levada, j. 17.05.2007)

Ação cominatória. Obrigação de fazer. Servidão. Manutenção. Ônus. Prédio dominante. Apelo improvido. Impõe-se a responsabilidade do prédio dominante pela conservação da servidão de passagem, não titulada, mas aparente e permanente. Inteligência do art. 1.381 do CC. (TJMG, Ap. Cível n. 2.0000.00.486241-7/000, rel. Sebastião Pereira de Souza, j. 19.04.2006)

**Art. 1.382. Quando a obrigação incumbir ao dono do prédio serviente, este poderá exonerar-se, abandonando, total ou parcialmente, a propriedade ao dono do dominante.**

**Parágrafo único. Se o proprietário do prédio dominante se recusar a receber a propriedade do serviente, ou parte dela, caber-lhe-á custear as obras.**

A cabeça do artigo ganhou apenas a expressão *total ou parcialmente* quanto ao abandono, implícita na legislação revogada. O abandono parcial, é claro, tem como pressuposto lógico a servidão afetar apenas parte do prédio, por exemplo um caminho de passagem. Além disso, foi acrescido um parágrafo disciplinando a hipótese de o proprietário do prédio dominante se recusar a receber o prédio serviente abandonado.

O direito de abandonar todo ou parte do prédio serviente, segundo o preceito, cabe a seu titular quando, na hipótese do artigo anterior, houver convencionalmente sido transferida a responsabilidade e o custeio das obras necessárias ao exercício da servidão. O abandono acarreta exoneração e extinção da obrigação de fazer. A norma é dispositiva, nada impede de se convencionar a renúncia antecipada do direito de abandono, ou este somente ser possível em relação a certas obras. Não cabe a figura em estudo, porém, quando o dever de realizar obras decorrer não de estipulação convencional, mas de ato culposo do titular do prédio serviente, como destruição de um aqueduto.

O termo abandono não foi usado pelo legislador em seu sentido técnico, pois não basta o comportamento intencional do titular do prédio serviente para operar transferência do fundo gravado. Deve haver instrumento público, se acima da taxa legal, levado ao registro imobiliário, que tem efeito constitutivo em aquisição e perda de direitos reais sobre coisas imóveis. Há, na verdade, negócio de alienação do prédio serviente, tendo como causa liberação da obrigação de custear ou manter as obras necessárias ao exercício da servidão. Como diz Tupinambá Miguel Castro do Nascimento, essa renúncia tem dupla eficácia: é liberatória e transmissiva (*Direito real de servidão*. Rio de Janeiro, Aide, 1985, p. 81).

A novidade está no acréscimo do parágrafo único, que deixa explícito o titular do prédio dominante poder recusar-se a receber a propriedade serviente. Dessa forma, não mais tem sentido a dúvida doutrinária quanto à possibilidade dessa alienação constituir ato unilateral do titular do prédio serviente, pois exige a lei concordância do titular do prédio dominante. Sem concordância, não há alienação, mas pode haver renúncia pura, com exoneração da obrigação de custear ou manter as obras da servidão, passando o encargo, em qualquer hipótese, ao titular do prédio dominante.

Finalmente, a omissão do titular do prédio serviente em fazer ou manter as obras contratadas não acarreta perda do prédio serviente, ou de parte dele. A alienação e a renúncia previstas no preceito não são compulsórias, dependem sempre de iniciativa do titular do prédio serviente. O titular do prédio dominante, no caso de inadimplemento, tem apenas o direito de exigir realização ou manutenção das obras necessárias ao exercício da servidão, mas não a transferência da propriedade.

---

**Art. 1.383. O dono do prédio serviente não poderá embaraçar de modo algum o exercício legítimo da servidão.**

---

O conteúdo do artigo foi mantido, aprimorando-se a redação com a troca do termo *uso* por *exercício*, mais técnico e adequado à figura da servidão.

No comentário ao art. 1.378, vimos que as servidões, quanto a seu conteúdo, podem ser afirmativas (positivas) ou negativas. As afirmativas possibilitam um comportamento positivo do titular do prédio dominante, como a servidão de passagem. As negativas não conferem ao titular do prédio dominante qualquer conduta a tomar, mas apenas a de exigir abstenção do serviente, como a servidão de não construir além de certa altura. Dessa forma, vantagens e correspondentes restrições, de acordo com a natureza da servidão, podem ser de variado teor: algumas exigem do titular do prédio serviente obrigação de não fazer, como não construir além de certa altura; outras vão além, exigindo ação de tolerância (*pati*), como suportar a incursão alheia em seu imóvel, nos casos da servidão de passagem ou tirada de água.

O inadimplemento dessas obrigações de tolerar, ou de não fazer, confere ao titular do prédio dominante invocar a tutela possessória, nos termos dos arts. 1.210 a 1.213 do CC, sem prejuízo das providências previstas no art. 461 do CPC/73 (arts. 139, IV, 497 a 500, 536, § 1º, e 537 do CPC/2015), inclusive a fixação de multa diária por descumprimento do preceito, além da composição de perdas e danos.

Como alerta Carvalho Santos, o dono do prédio serviente deve observar as restrições impostas pela servidão, mas, afora isso, conserva todas as demais faculdades inerentes ao domínio. Logo, somente é vedado ao dono do prédio serviente "fazer inovações que diminuam ou prejudiquem o uso da servidão, ou o torne mais incômodo, tendo-se em vista o seu objeto e a sua natureza, ou, para usarmos da expressão legal, o seu uso legítimo" (*Código Civil brasileiro interpretado*, 5. ed. Rio de Janeiro, Freitas Bastos, 1953, v. IX, p. 219).

Deve-se levar em conta, também, a servidão ter como causa as utilidades que proporciona ao prédio dominante e o respeito ao prédio serviente. Assim, admitem-se certas condutas do titular do prédio serviente, considerando a proporcionalidade entre as consequências do gravame e o incômodo ao titular do prédio dominante. Tome-se o exemplo dado por Carvalho Santos, do proprietário do prédio gravado com servidão de passagem, que coloca na entrada de seu imóvel uma porteira para preservar sua segurança, com o cuidado, porém, de oferecer uma chave ao titular da servidão, de modo a lhe causar o mínimo embaraço possível (op. cit., v. IX, p. 215).

**Jurisprudência:** Servidão de passagem. Colocação de porteira em imóvel rural. Necessidade de segurança do patrimônio pertencente ao dono do prédio serviente. Determinação de que permaneça fechada (encostada), sem cadeado. Necessidade de abrir e fechar. Fato que não configura embaraço ao exercício do *jus in re aliena* pelo titular do prédio dominante. Ação cominatória procedente. Apelação improvida. (TJSP, Ap. Cível n. 701.909.9300, rel. Des. Matheus Fontes, j. 30.01.2007)

Servidão de passagem. Conceituação. Manutenção de porteiras abertas na chácara serviente que acarreta a sua proprietária danos materiais. Inadmissibilidade. Imposição ao titular da servidão de realizá-la da forma menos onerosa ao prédio serviente. CC, art. 704. Inexistência, ademais, de prova no sentido de que a colocação do portão de acesso à servidão constituirá óbice ao exercício da posse por parte dos réus. Recurso improvido. (I TACSP, Ap. Cível n. 568.810-4/006, rel. Elliot Akel, j. 14.07.1994)

Ação possessória: interdito proibitório. Servidão de passagem. Ainda que não seja dado ao dono do prédio serviente embaraçar o uso legítimo da servidão, é vedado ao proprietário do prédio dominante o uso abusivo da mesma. Assim se conduz o proprietário do prédio dominante que, destruindo cerca, largando gado à solta no caminho, possibilita o ingresso de vacuns na propriedade do autor, facilitando, com tal conduta, a ação de abigeatários. Proteção interdital concedida ao proprietário do prédio serviente pelo uso abusivo do caminho pelo senhor da servidão. Sentença mantida. Apelo negado. (TJRS, Ap. Cível n. 191.148.063, 6ª Câm. Cível, rel. Milton Martins Soares, j. 13.08.1992)

Servidão. Canalização de águas pluviais. Passagem sob propriedade particular. Obstrução ou destruição. Impossibilidade. Aplicação dos arts. 698, parágrafo único, 550 e 702 do CC (I TACSP). (*RT* 563/132)

---

**Art. 1.384. A servidão pode ser removida, de um local para outro, pelo dono do prédio serviente e à sua custa, se em nada diminuir as vantagens do prédio dominante, ou pelo dono deste e à sua custa, se houver considerável incremento da utilidade e não prejudicar o prédio serviente.**

---

Houve considerável alteração de conteúdo em relação ao CC revogado, acrescentando também a possibilidade de remoção da servidão pelo dono do prédio dominante.

Dois vetores orientam o direito real de servidão. De um lado, a necessidade do prédio dominante e, de outro, o mínimo gravame possível ao prédio serviente. O artigo em comento reflete os dois valores prestigiados pelo legislador, em homenagem à função social da propriedade, permitindo a remoção da servidão de um local a outro, sempre que não houver qualquer prejuízo à outra parte. Por positivar a cláusula geral da função social, a norma em exame é cogente, considerando-se não escrita eventual cláusula negocial em sentido contrário.

Cuida-se de direito potestativo, tanto do titular dominante como do serviente, não sujeito à prescrição, podendo ser exercido a qualquer tempo, sem limitação do número de vezes. Independe da anuência da outra parte, razão pela qual o deslocamento da servidão pode ser adotado de modo unilateral, mediante mera comunicação. Caso haja resistência, deve-se ingressar na via judicial, fazendo-se prova da inocorrência de prejuízo para a outra parte, pois não se admite a autotutela no caso concreto. As alterações devem sempre ser levadas ao registro imobiliário, para ganhar publicidade frente a terceiros.

Para o titular do prédio serviente, a remoção da servidão está sujeita a duplo requisito cumulativo: ausência de prejuízo para o prédio dominante e pagamento de todas as despesas necessárias para a remoção. Não é necessário justificar a remoção ou demonstrar alteração das circunstâncias em comparação com o momento de sua constituição. Para o titular do prédio dominante, há terceiro requisito cumulativo: a remoção lhe trazer "considerável incremento da utilidade", razão pela qual tem o ônus de provar também a ocorrência de benefício expressivo. Vê-se, portanto, que os requisitos não são os mesmos para os prédios serviente e dominante.

É correta a posição de Pontes de Miranda, para quem cabe também, por aplicação analógica do preceito, a remoção de modo e tempo do exercício da servidão. Assim, "nada obsta, por exemplo, que se substitua o cano ao rego ou vala, ou a bomba a motor elétrico a bomba manual. Quanto ao tempo, se a servidão exercida durante o dia melhor vantagem dá durante a noite, sem prejuízo para o prédio dominante, nem despesas a mais, nada obsta que o dono do prédio serviente mude as horas de exercício" (PONTES DE MIRANDA. *Tratado de direito privado*, 3. ed. São Paulo, RT, 1983, t. XVIII, p. 385).

Finalmente, embora controversa a doutrina, nada impede a servidão de ser removida de um prédio para outro, do mesmo proprietário serviente, ou mesmo para um prédio de terceiro com expressa anuência deste. Os requisitos mencionados devem estar presentes, e a remoção, no caso, como se faz em benefício ou em gravame de prédio, deve ser levada ao registro imobiliário. Haverá, como consequência do direito potestativo de remoção, extinção de uma servidão e constituição de outra, sobre prédio diverso.

**Jurisprudência:** Apelação. Ação de manutenção de posse c/c indenização por perdas e danos. Servidão de passagem. Modificação do local da servidão. Inexistência de prejuízo ao prédio dominante. Servidão de passagem pode ser removida de um local para outro pelo serviente e às suas expensas se em nada diminuir as vantagens do prédio dominante. Arts. 1.384 e 1.385 do CC. Argumentos da sentença que são adotados nos moldes do art. 252 do RITJ. Precedentes desta Corte e da Corte Superior. Recurso desprovido. (TJSP, AC n. 0000888-14.2011.8.26.0412, rel. Jonize Sacchi de Oliveira, j. 01.12.2016)

Apelação. Obrigação de fazer. Caixa de distribuição de linhas telefônicas mantida por concessionária de serviço público junto ao muro de imóvel particular. Pretensão dos proprietários à remoção da caixa, para que possam abrir portão de garagem. Exigência da concessionária de pagamento dos custos da obra de remoção pelos primeiros. Inadmissibilidade. Quadro retratando servidão administrativa informalmente instituída. Administrado fazendo jus a indenização, caso o interesse público determine a instituição ou a manutenção da servidão administrativa, com prejuízo ao pleno exercício dos direitos inerentes à propriedade. Situação dos autos, porém, envolvendo mero interesse econômico da concessionária de serviços, tanto que se dispõe ela a remover a servidão. Viabilidade, portanto, de o administrado, ao invés de reclamar o pagamento de indenização, exigir que a remoção se realize sem que disso lhe advenham custos. Sentença de procedência confirmada. (TJSP, Ap. Cível n. 904.147.900, rel. Ricardo Pessoa de Mello Belli, j. 24.07.2007)

Servidão predial. Remoção de um lugar para outro. Vantagens do prédio dominante. Despesas. A servidão, que, em regra, é imutável, pode ser removida para outro lugar, contanto que não diminua as vantagens anteriormente auferidas pelo dono do prédio dominante e não acarrete despesas para ele. (TJBA, Ap. Cível n. 347/89, rel. Cícero Britto)

Servidão de passagem. Remoção pelo dono do prédio serviente. Impossibilidade de diminuição das "vantagens" do prédio dominante. Inteligência do art. 703 do CC (TACMG). (*RT* 542/220)

---

**Art. 1.385. Restringir-se-á o exercício da servidão às necessidades do prédio dominante, evitando-se, quanto possível, agravar o encargo ao prédio serviente.**

**§ 1º Constituída para certo fim, a servidão não se pode ampliar a outro.**

**§ 2º Nas servidões de trânsito, a de maior inclui a de menor ônus, e a menor exclui a mais onerosa.**

**§ 3º Se as necessidades da cultura, ou da indústria, do prédio dominante impuserem à servidão maior largueza, o dono do serviente é obrigado a sofrê-la; mas tem direito a ser indenizado pelo excesso.**

---

Os três artigos do CC/1916 foram concentrados em um só preceito, em razão da similitude da matéria tratada. Manteve-se o conteúdo dos artigos originais.

A cabeça do artigo, na lição de Carvalho Santos, significa a servidão dever ser exercida "nos termos restritos de sua constituição, de conformidade com o objetivo, ou fim, da servidão e dentro dos limites das necessidades, que ela se propusesse satisfazer" (SANTOS, J. M. Carvalho. *Código Civil brasileiro interpretado*, 5. ed. Rio de Janeiro, Freitas Bastos, 1953, v. IX, p. 223). Como limitação à propriedade, que se presume plena, merece interpretação restritiva, quanto a sua existência e sua amplitude. Critério valioso para interpretar é saber como satisfazer as necessidades do prédio dominante com o mínimo de restrição ao prédio serviente.

Nas palavras de Pontes de Miranda, "a utilidade limita, porque não se justificaria que se diminuísse, ao prédio serviente, o valor, sem que disso se aproveitasse o prédio dominante" (PONTES DE MIRANDA. *Tratado de direito privado*, 3. ed. São Paulo, RT, 1983, t. XVIII, p. 367). Em termos diversos, a necessidade do prédio dominante limita conteúdo e exercício da servidão.

Decorre de o preceito não haver servidão sobre servidão, ou seja, não pode a servidão se estender a prédios diversos daquele para o qual foi constituída. Mesmo que o proprietário dominante adquira outros prédios, a eles não se estende a servidão. Apenas se admite exercício indistinto se a servidão foi constituída de modo genérico, sem fixação de sua finalidade.

A parte final do preceito reza dever-se, no exercício da servidão, tanto quanto possível, evitar agravar o encargo ao prédio serviente. A regra se interpreta em dois sentidos. No primeiro, se o exercício pode ocorrer de vários modos, indiferentemente ao prédio dominante, escolhe-se o menos gravoso ao prédio serviente. No segundo, a servidão deve ser exercida de modos qualitativo e quantitativo compatíveis com o título. O título limita conteúdo e exercício da servidão, jamais podendo ser ultrapassados pelo titular do fundo dominante.

Os §§ 1º e 2º são regras dispositivas que somente valem no silêncio da convenção. A primeira regra diz não se admitir a ampliação da servidão para outro fim, distinto do previsto no título. Não se consideram distorções da finalidade, como visto no comentário ao art. 1.383, atividades necessárias ao exercício da servidão: por exemplo, a passagem para viabilizar tirada de água do prédio vizinho. A segunda regra é a concreção do princípio geral de direito de quem pode o mais pode o menos, pois daí não resulta dano do prédio serviente. Assim, em uma servidão de passagem para escoamento da produção de uma fábrica, podem passar não somente os caminhões, como também os veículos de passeio, ou pessoas a pé que tenham acesso ao prédio dominante.

Finalmente, o § 3º do artigo em exame contém exceção à regra de não poder a servidão ser ampliada sem consentimento do titular do prédio serviente. Reza o artigo poderem ser as servidões alargadas se as necessidades da cultura ou da indústria do prédio dominante assim o exigirem, mas contra pagamento de indenização pelo excesso. A novidade do Código está na inserção da necessidade também da indústria, omitida na lei anterior, permitindo inferir que a ampliação cabe nos prédios rústicos e nos urbanos. A norma é cogente, pois tem fundamento na função social da propriedade, permitindo a melhor utilização de seus recursos. A ampliação da servidão é compulsória, mesmo contra a vontade do serviente, tratando-se de direito potestativo do titular do prédio dominante, não sujeito, portanto, à prescrição. A recusa injustificada do titular do prédio serviente abrirá caminho para a fixação judicial de novos limites da servidão e correspondente indenização.

O CC/2002 não reproduziu o disposto no art. 706, parágrafo único, do CC/1916, no sentido de o alargamento da servidão não poder ser decorrência da "mudança na maneira de exercer", como no caso de se pretender edificar em terreno até então destinado à cultura. A regra continua implícita no atual CC, uma vez que se altera a causa da servidão, a sua finalidade original, não prevista e nem desejada pelas partes. Em tal caso, como a passagem de escoamento da produção de uma fábrica em servidão constituída originalmente para trânsito de moradores de uma residência, o alargamento não é compulsório, depende de novo negócio jurídico entre as partes ou ocorrência de usucapião.

**Jurisprudência:** Reintegração de posse. Servidão de passagem. Exercício. Tráfego de veículos automotores. Impossibilidade. Limitação da servidão ao menor ônus. À vista do que dispõe o art. 1.385 do CC, o exercício da servidão deve ser realizado da forma menos incômoda ao prédio serviente. Demonstrada nos autos a impossibilidade de utilização de veículo automotor na passagem que dá acesso ao prédio dominante, não se justifica a ampliação do ônus suportado pelo prédio serviente, salvo se, em tempo futuro se demonstrar a necessidade imperiosa de se alargar seus limites, devendo ser mantido o menor ônus então existente (art. 1.385, § 2º, do CC). (TJMG, Ap. Cível n. 2.0000.00.449282-8/000, rel. Viçoso Rodrigues, j. 19.08.2004)

A servidão é gravame que não se presume, e que, portanto, não se pode interpretar extensivamente. Restrita a posse anterior à finalidade determinada, somente nesse limite é suscetível de reintegração. A alteração da finalidade da passagem de atividades pastoris para atividades agrícolas, ao impor maior gravosidade ao imóvel serviente, importa pretensão à ampliação da servidão (art. 1.385, § 3º, do CC/2002), e portanto ultrapassa os limites da liminar possessória. Agravo improvido. (TJRS, AI n. 70.006.800.049, 19ª Câm. Cível, rel. Leoberto Narciso Brancher, j. 28.10.2003)

**Art. 1.386. As servidões prediais são indivisíveis, e subsistem, no caso de divisão dos imóveis, em benefício de cada uma das porções do prédio dominante, e continuam a gravar cada uma das do prédio serviente, salvo se, por natureza, ou destino, só se aplicarem a certa parte de um ou de outro.**

Houve melhoria apenas na redação do preceito, mantido, porém, seu conteúdo.

A existência da servidão tem causa na necessidade do prédio dominante, de tal modo que se exige o exercício ser completo para atingir sua finalidade. Decorre daí a característica da indivisibilidade do direito real de servidão, cuja consequência mais visível é não se poder adquirir ou perder por partes, pois comprometeria sua causa. É óbvio ser indivisível apenas o exercício, pois frutos e proveito decorrentes da servidão podem ser divisíveis.

Na lição de Washington de Barros Monteiro, produzem indivisibilidade da servidão as seguintes consequências: "a) a servidão não pode ser instituída em favor de parte ideal do prédio dominante, nem pode incidir sobre parte ideal do prédio serviente; b) se o proprietário do imóvel dominante se torna condômino do serviente, ou vice-versa, mantém-se a servidão; c) defendida a servidão por um dos condôminos do prédio dominante, a todos aproveita a ação" (MONTEIRO, Washington de Barros. *Curso de direito civil, direito das coisas*, 37. ed. revista e atualizada. São Paulo, Saraiva, 2003, p. 276 e 278).

Diz a lei que, no caso de divisão do prédio dominante ou do serviente, a aderência da servidão faz esta aproveitar ou onerar todas as partes produtos da divisão, do mesmo modo que aproveitava ou onerava a totalidade. As partes resultantes da divisão deverão guardar uma relação de utilidade ou necessidade da servidão. O condômino contemplado com quinhão situado do lado oposto do prédio, por exemplo, pode não ter nenhum interesse em uma servidão de não construir de determinado vizinho agora distante, ou em uma servidão de passagem que atravessa apenas um dos quinhões produto da divisão do prédio serviente sem afetar as outras partes.

Cuida a indivisibilidade de atributo acidental, pois a própria lei ressalva, em determinados casos, em razão de natureza ou destino da servidão, sua utilidade não ser afetada pelo fracionamento. Em tal hipótese, se admite o fracionamento. Carvalho Santos dá como exemplo a servidão de água, nada impedindo que diversas pessoas a dividam, fracionando quantidade e período de utilização (SANTOS, J. M. Carvalho. *Código Civil brasileiro interpretado*, 5. ed. Rio de Janeiro, Freitas Bastos, 1953, v. IX, p. 244). Tal fato pode ocorrer, inclusive, no momento da divisão do prédio dominante, fracionando-se o proveito de modo proporcional aos titulares das partes.

**Jurisprudência:** Servidão de passagem. Imóvel encravado. CC. Possessória: servidão de passagem. Ação visando divisão de servidão de passagem. Imóvel encravado na parte dos fundos utilizado para estacionamento de veículos. Indivisibilidade das servidões prediais. Art. 707 do CC. Inadequação da via eleita. Indeferimento. Sentença mantida. (I TACSP, Ap. Cível n. 452.219-3/000, rel. Marcondes Machado, j. 09.01.1991)

Registro de imóveis. Compra e venda. Imóvel desmembrado de parte maior. Existência de servidão de passagem. Prévia anuência do titular do direito real. Desnecessidade. Gravame que será transferido à nova matrícula, preservando-se tal direito. Registro deferido. Recurso provido. (*JTJ* 188/355)

## CAPÍTULO III
## DA EXTINÇÃO DAS SERVIDÕES

**Art. 1.387. Salvo nas desapropriações, a servidão, uma vez registrada, só se extingue, com respeito a terceiros, quando cancelada.**

**Parágrafo único. Se o prédio dominante estiver hipotecado, e a servidão se mencionar no título hipotecário, será também preciso, para a cancelar, o consentimento do credor.**

Em comparação com o direito anterior, apenas o termo *transcrição* foi atualizado para *registro*, em consonância com o regime da Lei n. 6.015/73.

Traça o preceito regra geral de ser o registro, salvo exceções, constitutivo do direito real de servidão; sua extinção, em relação a terceiros, somente se dará com o respectivo cancelamento por averbação junto ao registro imobiliário. Há um fato extintivo e, como efeito desse fato, o cancelamento do registro da servidão. Entre as partes, normalmente, a servidão deixa de produzir efeito desde o fato extintivo; em relação a terceiros, somente do momento no qual se averba o cancelamento junto ao registro imobiliário.

A própria lei traça uma exceção ao princípio: nas desapropriações, o cancelamento da servidão ocorre independentemente do registro, em razão do modo originário de aquisição da propriedade pelo Poder Público. A perda da servidão por desapropriação é indenizável, devendo, por consequência, ser citado o titular do prédio dominante. Nada impede, de outro lado, o próprio Poder Público, ao desapropriar um imóvel, de optar pela preservação da servidão, em vez de indenizar, caso no qual esta será preservada, continuando a onerar o prédio serviente. A não exigência do cancelamento vale somente para a desapropriação; não vale para aquisições de imóveis pelo Poder Público a título derivado, provenientes de negócio jurídico.

Esqueceu-se o legislador, porém, de que também a usucapião do prédio serviente, dado seu modo originário de aquisição, cria uma cadeia dominial, desligada da propriedade anterior e de todos os direitos reais sobre coisa alheia a ela acessórios, inclusive a servidão. Logo, consumada a usucapião sobre a propriedade plena do prédio serviente, extingue-se o direito real de servidão, independentemente do cancelamento do registro. É por essa razão que o titular do imóvel dominante é litisconsorte passivo necessário na ação de usucapião sobre o imóvel serviente. Ressalva-se, é claro, a possibilidade de o usucapiente possuir como seu o imóvel, mas respeitar a servidão que o grava. Em tal hipótese, a aquisição da propriedade por usucapião não provocará a extinção da servidão.

A servidão proporciona utilidade ao imóvel dominante e o valoriza, ao potencializar sua exploração. Decorre daí a regra do parágrafo único do artigo em exame: caso esteja o imóvel hipotecado, o credor hipotecário deverá anuir ao cancelamento, pois haverá desfalque da garantia real. Embora não diga a lei, o mesmo ocorrerá em relação a outros direitos reais sobre coisa alheia, como usufruto e superfície. O cancelamento da servidão, se atingir direitos do usufrutuário ou do superficiário – e normalmente isso ocorrerá – deverá contar com a anuência deles quando tiver origem em negócio jurídico.

**Art. 1.388. O dono do prédio serviente tem direito, pelos meios judiciais, ao cancelamento do registro, embora o dono do prédio dominante lho impugne:**

**I – quando o titular houver renunciado a sua servidão;**

**II – quando tiver cessado, para o prédio dominante, a utilidade ou a comodidade, que determinou a constituição da servidão;**

**III – quando o dono do prédio serviente resgatar a servidão.**

A inovação restringiu-se ao inciso II, aperfeiçoando o dispositivo. Em vez de se referir à espécie servidão de passagem, como fazia a lei revogada, alude a atual ao gênero, determinando a extinção da servidão pelo desaparecimento de utilidade ou comodidade que lhe deu causa.

O CC contém um rol meramente enunciativo das causas de extinção da servidão, nos arts. 1.388 e 1.389. Além das causas enumeradas na lei, há outras, implícitas ou lógicas: perecimento do prédio dominante ou serviente, como invasão de um deles, em caráter permanente, por águas de represa ou mar; resolução do domínio de quem as constituiu, pois, resolvido o domínio dos prédios serviente ou dominante, resolvem-se os direitos reais concedidos em sua pendência, como determina o art. 1.359 do CC; expiração de termo ou condição resolutiva a que se subordina a servidão, já que não tem caráter necessariamente perpétuo, podendo ser constituída por prazo certo, ou ter sua eficácia subordinada a evento futuro e incerto; usucapião do prédio serviente por terceiro, que rompe a cadeia dominial e os direitos reais atrelados à propriedade perdida; desapropriação, comentada no artigo anterior; abandono especificado, comentado no art. 1.382.

Em relação às três causas previstas de modo explícito no artigo em análise, cabem algumas observações. A cabeça do artigo tem redação deficiente, dando falsa impressão de o cancelamento do registro em razão das causas arroladas nos três incisos ocorrer exclusivamente por decisão judicial. A intervenção judicial, porém, somente se faz necessária quando depender do exame de prova dos fatos das causas extintivas. Tanto a renúncia expressa quanto o resgate, desde que deduzidos pelos interessados por documento escrito hábil, podem ser diretamente levados ao registro imobiliário, sem necessidade de decisão judicial, na forma do art. 250, III, da Lei n. 6.015/73.

Para a renúncia (inciso I), o renunciante deve ser capaz e legitimado. A regra é somente poder renunciar à servidão quem puder constituí-la, ou seja, quem pode dispor do prédio dominante. Se casado for, necessita da outorga uxória, salvo se o regime de bens for de separação absoluta. Se o prédio dominante é em condomínio, a servidão não se extingue pela renúncia de um só dos condôminos, em razão de sua indivisibilidade. A renúncia é unilateral, não se exigindo, por consequência, a anuência dos titulares do prédio serviente. A renúncia expressa é solene e exige forma de escritura pública, se acima do valor legal, em obediência ao disposto no art. 108 do CC.

Pode a renúncia ser expressa ou tácita, a última dedutível do comportamento concludente do titular do prédio dominante, incompatível com a persistência da servidão. Tomem-se como exemplos os casos do titular de direito de aqueduto, que desfaz as obras e nada coloca em seu lugar; ou do titular de direito de não construir, que aconselha e auxilia o titular do prédio serviente a fazer a construção proibida. A renúncia tácita, cuja aferição depende de exame de conduta, pressupõe sempre pronunciamento judicial.

O inciso II trata da extinção por cessação da utilidade ou comodidade, que modelam o exercício da servidão. No dizer de Marco Aurélio Viana, "a extinção vem como decorrência da perda da razão de ser da servidão. O novo estado de fato supre a função que a servidão exercitava" (*Comentários ao novo Código Civil.* Rio de Janeiro, Forense, 2003, v. XVI, p. 604). O binômio utilidade–comodidade serve como causa do negócio jurídico gerador do direito real de servidão. O desaparecimento posterior da causa não leva à invalidade, mas à frustração da restrição, que perde o sentido e não mais se justifica. A prova dessa causa extintiva deve ser feita judicialmente e não perante o oficial do registro, diante da necessidade de se aferir o fato da ausência de utilidade ou comodidade. A ação é imprescritível, pois se trata de direito potestativo, sem prazo decadencial assinado em lei.

O inciso III trata do resgate da servidão pelo dono do prédio serviente. Omitiu-se a lei, porém, em definir a figura do resgate. No direito real de enfiteuse constitui prerrogativa do proprietário, que pode exercê-lo contra a vontade do enfiteuta. Na servidão, tem o resgate natureza convencional, ou, no dizer de Carvalho Santos, "é a liberação do prédio serviente, mediante acordo dos interessados" (SANTOS, J. M. Carvalho. *Código Civil brasileiro interpretado*, 5. ed. Rio de Janeiro, Freitas Bastos, 1953, v. IX, p. 227). O titular do prédio serviente recobra, readquire do dono do prédio dominante direitos e vantagens transmitidos ao constituir a servidão. A vontade geradora do negócio jurídico que serve de título para a servidão atua em sentido contrário e leva à sua morte, em negócio extintivo solene, por escritura pública, se acima do valor legal, e levado ao registro imobiliário. O resgate não constitui direito potestativo do titular do prédio serviente, mas, ao contrário, somente se dá pelo consenso das partes. Esse ajuste pode ser feito tanto no próprio negócio constitutivo da servidão, acordando desde logo as partes o direito de resgate, inclusive quanto à oportunidade e preço, quanto em negócio posterior. Caso tenha sido ajustado no momento da constituição da servidão, gera direito potestativo ao dono do prédio serviente; e, diante de eventual resistência do titular do prédio dominante, tem o primeiro ação judicial na qual deposita o preço e postula a declaração de extinção da servidão, levando o mandado judicial ao registro imobiliário. Lembre-se que o direito de resgate é conferido para o titular do prédio serviente recomprar a restrição que onera seu prédio, não dando ao titular do prédio dominante, salvo ajuste explícito entre as partes, direito de exigir o preço sem anuência da parte contrária. Finalmente, caso o resgate seja instrumentalizado por escritura pública, pode ser levado diretamente ao registro imobiliário, sem necessidade de qualquer intervenção judicial.

**Jurisprudência:** Propriedade e direitos reais sobre coisas alheias. Servidão. Usucapião. Nos termos do art. 1.378, do CC, a servidão deve proporcionar utilidade, sendo injustificável a permanência caso deixe de ser útil, consoante o art. 1.388, II, do referido diploma legal. No caso, não há falar em declaração de domínio da fonte de água, porquanto a prova dos autos demonstrou que não é mais utilizada pelos autores, pois, além de estar com vazão escassa, o local já é atendido pela Corsan. Manutenção da sentença que se impõe. Negaram provimento ao recurso. Unânime. (TJRS, Ap. Cível n. 70.051.519.478, 20ª Câm. Cível, rel. Walda Maria Melo Pierro, j. 24.04.2013)

Servidões. Ação de cancelamento de registro de servidão de passagem. Cessação, para o prédio dominante, da utilidade que determinou a constituição da servidão. Necessidade do cancelamento do registro. Exegese do art. 1.388 c/c o inciso II do CC. Prova apta a demonstrar a construção de rodovia pública que passa no imóvel dos réus. Recurso de apelação desprovido. (TJRS, Ap. Cível n. 70.036.946.051, 18ª Câm. Cível, rel. Pedro Celso Dal Prá, j. 19.08.2010)

Servidão de trânsito. O prédio serviente está sujeito à limitação da propriedade para superar o encravamento do prédio dominante. A sua aquisição anterior àquele não serve de supedâneo à exclusão da servidão, pois o encravamento pode resultar da venda, divisão e partilha da própria área, tal qual se vê no contexto fático probatório para impor o seu restabelecimento, com a manutenção da reintegração de posse. A constituição de nova servidão após o fechamento da anterior só a excluiria se ficasse comprovado que a outra, por si só, era mais cômoda para tanto, assim não ocorrendo para manter a sua continuidade. Recurso de apelação a que se nega provimento. (TJSP, Ap. Cível n. 706.073.5300, rel. Conti Machado, j. 09.05.2007)

Servidão de passagem. Ação de extinção. Possibilidade de acesso ao imóvel por outra via a depender de obra complexa e dispendiosa. Impossibilidade de extinção da servidão. Recurso improvido. Sentença mantida. (TJSP, Ap. c/ Rev. n. 104.796.5700, rel. Mário de Oliveira, j. 29.11.2006)

Evidenciado pela prova dos autos que o caminho usado pelos apelados para chegar à sua casa, inclusive de automóvel, existe há muitos anos, tornando-se aparente inclusive pelas obras realizadas (calçamento), pelo qual passavam até mesmo com veículo, comete esbulho possessório o vizinho que, a despeito de existir caminho alternativo, não mais quer permitir a passagem por seu terreno. Incidência da Súmula n. 415 do STF. Pretensão dos apelantes que deve ser exercida via ação negatória de servidão, conforme o art. 1.388 do nCC, não pelo simples impedimento do uso da servidão existente. Recurso improvido. Unânime. (TJRS, Ap. Cível n. 70.006.738.009, 18ª Câm. Cível, rel. Pedro Luiz Pozza, j. 18.12.2003)

Servidão de passagem. Propriedade não encravada. CC. Art. 709, II. Existência de um segundo acesso aberto em terras contíguas pertencentes ao proprietário do prédio dominante. Inutilidade da antiga servidão existente no prédio serviente reconhecida. Inteligência do art. 709, II, do CC. Ação improcedente. Recurso provido. (I TACSP, Ap. Cível n. 605.412-0/002, rel. Torres Júnior, j. 06.12.1995)

Servidão de passagem. Reconhecimento. Inadmissibilidade. Prédio não encravado. Abertura de um segundo acesso pelo proprietário do prédio dominante. Inutilidade da servidão existente no prédio serviente. Ação improcedente. Inteligência do art. 709, II, do CC (I TACSP). (*RT* 728/252)

---

**Art. 1.389. Também se extingue a servidão, ficando ao dono do prédio serviente a faculdade de fazê-la cancelar, mediante a prova da extinção:**

**I – pela reunião dos dois prédios no domínio da mesma pessoa;**

**II – pela supressão das respectivas obras por efeito de contrato, ou de outro título expresso;**

**III – pelo não uso, durante dez anos contínuos.**

---

Foi alterada apenas a cabeça do artigo, e para pior, criando falsa impressão de as três causas extintivas da servidão, previstas nos respectivos incisos, independerem de intervenção judicial, podendo ser levadas diretamente ao registro imobiliário. Melhor seria que se agrupassem todas as causas extintivas em um único artigo, com a regra simples de que causas comprováveis documentalmente independem de intervenção judicial. Em especial a causa prevista no inciso III demanda análise de fatos – não uso – e, necessariamente, deve ser objeto de sentença judicial.

O inciso I trata da confusão que ocorre quando os prédios dominante e serviente passam a pertencer ao mesmo titular. A servidão é incompatível com a homogeneidade dominial, pressupondo prédios vizinhos pertencentes a titulares diversos. Se uma das aquisições for em caráter resolúvel, ou padecer de invalidade, desaparece a figura da confusão definitiva e a servidão persiste. Se houver condomínio, somente se extingue a servidão se em ambos os prédios houver a mesma titularidade dominial, ainda que em frações diferentes. A averbação do cancelamento pode ser feita diretamente pelo oficial do registro imobiliário, sem intervenção judicial.

A maior dúvida a respeito do tema está em saber se, cessada a homogeneidade dominial sobre ambos os prédios por causa superveniente, como alienação de um deles para terceiro, ressurge a servidão, que estaria apenas adormecida, convertida em serventia. A doutrina se divide a respeito do tema (a favor da restauração da servidão, Serpa Lopes e Tupinambá Miguel Castro do Nascimento; contra, Carvalho Santos, Marco Aurélio Viana e Pontes de Miranda). Como provoca confusão a extinção da servidão, em caráter definitivo, a melhor posição está em negar seu ressurgimento, em homenagem à boa-fé de terceiros adquirentes, que certamente seriam surpreendidos com a restauração do registro inoperante em razão da anterior homogeneidade dominial. Caso desejem as partes, deverão constituir nova servidão por negócio jurídico ou usucapião.

O inciso II trata da supressão das obras necessárias ao exercício da servidão, desde que essa eliminação tenha sido contratada ou haja outro título expresso a demonstrando. Esse negócio de supressão exige sempre o consentimento de todos os interessados, manifestado por escritura pública, se superior à taxa legal, pois importa renúncia ou distrato que leva à extinção de direito real. O instrumento que materializa a supressão pode ser levado diretamente ao registro imobiliário, sem intervenção judicial. Explicita a lei que a supressão tenha causa em negócio jurídico ou outro título expresso. As mutações fáticas, que impliquem abandono ou destruição das obras, sem convenção explícita, podem apenas suspender ou impossibilitar momentaneamente o exercício da servidão, mas não a extinguem. A destruição das obras sem base em título explícito pode, quando muito, configurar renúncia tácita ao direito de servidão, nos termos do art. 1.388, I.

O inciso III trata da extinção da servidão pelo não uso por dez anos contínuos. A longa inércia do titular do prédio serviente faz presumir inutilidade da servidão, e não há razão para continuar a onerar o prédio serviente.

Todas as modalidades de servidões – contínuas e não contínuas, aparentes e não aparentes, afirmativas e negativas – extinguem-se pelo não uso. Não vale aqui, portanto, a regra inversa, de somente se adquirirem pela prescrição aquisitiva (usucapião) as servidões aparentes. O não uso pode ocorrer desde o momento da constituição da servidão, ou iniciar-se em um momento posterior. A causa em exame exige reconhecimento na via judicial, pois não pode o oficial do registro imobiliário aferir situação de fato, consistente do não uso da servidão por determinado prazo.

No que se refere ao termo *a quo* contagem do prazo de dez anos, a melhor solução, embora não explicitada em nosso direito positivo, é a adoção do que contêm os arts. 3.059 do CC argentino e 2.228 do CC português: "a prescrição correrá, nas servidões descontínuas, desde o dia em que se deixe de usar, e nas contínuas, desde o dia em que se começar a interrupção da servidão", vale dizer, do dia em que o titular do prédio serviente praticar o ato que lhe era vedado.

A mesma lição é enunciada por Pontes de Miranda de modo diverso, levando em conta a natureza afirmativa ou negativa da servidão: "nas servidões afirmativas (contínuas ou descontínuas), começa-se a contar o decênio do momento em que cessa o exercício; *e. g.*, deixa de tirar água da fonte, cai o aqueduto, fechou a passagem. Nas servidões negativas, desde que o dono do prédio serviente pratica o ato que não devia praticar, não importa se houve, ou não, força maior para o não uso. O exercício, que interrompe o curso do decênio, pode ser por pessoa que represente o dono do prédio dominante, ou por terceiro, que o pratique como exercício do direito de servidão. Se o prédio dominante é comum, basta, para a interrupção, que o pratique qualquer dos comunheiros. Se contra um deles não corre o prazo, a suspensão aproveita a todos" (PONTES DE MIRANDA, F. C. *Tratado de direito privado*, 3. ed. São Paulo, RT, 1983, t. XVIII, p. 418-9).

A maioria da doutrina não distingue o não uso da servidão e sua prescrição. Na verdade, há relevante distinção. Somente há prazo prescricional quando houver pretensão, ou seja, reação contra ato ou conduta do titular do prédio serviente que praticar o ato vedado (servidões negativas) ou impedir ao titular do prédio dominante fazer o permitido pela servidão (servidões afirmativas). No exato momento em que há o ato ilícito do titular do prédio serviente, nasce a pretensão, sujeita à prescrição pela inércia do titular do prédio dominante. Aplicam-se, aí, as causas suspensivas e interruptivas do prazo prescricional, previstas nos arts. 197 a 204 do CC. As causas inerentes ou de iniciativa de um dos titulares do prédio dominante aos demais aproveita, em vista da indivisibilidade da servidão.

Diversa, porém, é a situação na qual, em servidões afirmativas, há pura inércia do titular, sem qualquer conduta ilícita do dono do prédio serviente. Nesse caso, não há pretensão a ser exercida, pela simples razão de não haver ação ou medida a ser proposta em face do dono do prédio serviente, que nunca se opôs à servidão. Cuida-se de singela falta de exercício de direito material, que se perderá pelo decurso do tempo. O prazo é decadencial e não prescricional, razão pela qual o prazo flui de modo contínuo, sem interrupção ou suspensão, ressalvadas as hipóteses mencionadas no art. 208 do CC (cf. as posições de PONTES DE MIRANDA, F. C. *Tratado de direito privado*, 3. ed. São Paulo, RT, 1983, t. XVIII, p. 419; e NASCIMENTO, Tupinambá Miguel Castro. *Direito real de servidão*. Rio de Janeiro, Aide, 1985, p. 247-8).

**Jurisprudência:** Apelação. Ação civil pública emendada para se tornar possessória. Sentença que pronunciou a prescrição da pretensão possessória da autora e declarou a caducidade da servidão de passagem, acenando com a ocorrência de prescrição aquisitiva em favor dos ocupantes. Insurgência da requerente. Descabimento. Servidão. Causa extintiva comprovada. O desuso da servidão de passagem, por lapso superior a 10 anos – como no caso dos autos – é causa extintiva da servidão, nos termos do art. 1.389, III, do CCB. Sentença mantida pelos próprios fundamentos. Recurso desprovido. (TJSP, Ap. Cível n. 1000908-19.2021.8.26.0450/Piracaia, 8ª Câm. de Dir. Priv., rel. Pedro de Alcântara da Silva Leme Filho, j. 23.11.2023, publ. 23.11.2023)

Apelação. Servidão de passagem. Reintegração de posse. Pretensão do autor de que seja reintegrado na posse da servidão de passagem. Descabimento. Hipótese em que ficou demonstrado que o autor não pode utilizar a servidão e que o não exercício do direito já perdura por mais de 22 anos. Extinção da servidão (CC, art. 1.389). Recurso desprovido. (TJSP, AC n. 0010540-13.2012.8.26.0156, rel. Ana de Lourdes Coutinho Silva da Fonseca, j. 25.09.2017)

Reintegração de posse. Esbulho. Servidao de passagem localizada no terreno dos réus, instituída por escritura pública. Acesso à propriedade dos autores que nunca foi utilizada, conforme apurado pela perícia técnica realizada no local. Prova oral que corrobora a tese da defesa e confronta com as alegações iniciais. Comprovação de que existe possibilidade de acesso ao terreno do autor sem a utilização da referida passagem. Extinção da servidão pelo não uso contínuo, à luz do art. 1.389, III, do CC. Sentença de improcedência mantida. Recurso desprovido. (TJSP, AC n. 9082236-80.2005.8.26.0000, 23ª Câm. de Dir. Priv., rel. Des. Sérgio Shimura, j. 29.06.2011)

Conveniente lembrar que a servidão é estabelecida sob o critério de utilidade do prédio dominante, sendo que no caso de extinção por não uso, o prazo flui a partir do último ato praticado, sendo portanto o prazo prescritivo interrompido a cada limpeza, a cada serviço realizado ou vistoria desenvolvida pelo recorrido, daí por que se entende como não tendo sido esgotado, por consequência, o prazo que autoriza a extinção, razão pela qual não possam os reclamos obter amparo da recorrente junto a Turma Julgadora. (TJSP, Ap. Cível n. 105.858.0100, rel. Simões Vergueiro, j. 27.02.2007)

Servidão *cloacae*. Prédios, inicialmente integrantes de uma única unidade imobiliária, que guardam relação de dominância e de servidão. Desmembramento e posterior alienação de uma das partes, donde exsurge a servidão como direito real na modalidade de destinação do *pater familiae*. Aplicação analógica do disposto no inciso I do art. 1.389 do CC e do art. 710 do Código revogado. Provimento do apelo. (TJRJ, Ap. Cível n. 2005.001.31993, rel. Des. Marilene Melo Alves, j. 22.02.2006)

Inobstante a exigência legal de que a servidão deva constar de registro no Cartório de Registro de Imóveis, a ausência de referência na matrícula imobiliária não retira a eficácia da inscrição da servidão contemplada em escritura pública lavrada anteriormente à entrada em vigor da Lei n. 6.015/73. A servidão deve desempenhar uma utilização social. Se o decurso de tempo demonstrou, pelo não uso, sua não utilidade, a servidão não pode ser considerada existente. 3 – A inexistência de atos necessários à conservação e ao uso da servidão, que são inerentes ao exercício do direito real instituído, caracteriza o abandono da servidão. (TJMG, Ap. Cível n. 2.0000.00.411162-0/000, rel. Elias Camilo, j. 12.02.2004)

Apelação cível. Servidão de passagem. Condomínio. Extinção pelo não uso. Art. 1.389, III, do CC. Preliminar. Não ocorre nulidade da sentença que analisou o pedido e julgou a lide nos estritos limites estabelecidos na petição inicial. Preliminar rejeitada. As provas documental e testemunhal produzidas nos autos evidenciam o abandono da servidão pelo prédio dominante há mais de dez anos, o que enseja a sua extinção pelo não uso, na forma do art. 1.389, III, do CC. Sentença mantida. Apelo improvido. Unânime. (TJRS, 18ª Câm. Cível, Ap. Cível n. 70.001.551.787, rel. Des. Cláudio Augusto Rosa Lopes Nunes, j. 10.04.2003)

Interpelação feita exclusivamente para os efeitos do art. 119 do CC não tem virtude de interromper a prescrição, por não constituir em mora o devedor (art. 172, IV, do mesmo Código). A extinção da servidão opera-se no prazo da prescrição, daí não haver óbice ao reconhecimento desta. (STJ, REsp n. 39.112/SP, rel. Min. Paulo Costa Leite, j. 02.04.1996)

# TÍTULO VI
# DO USUFRUTO

## CAPÍTULO I
## DISPOSIÇÕES GERAIS

**Art. 1.390. O usufruto pode recair em um ou mais bens, móveis ou imóveis, em um patrimônio inteiro, ou parte deste, abrangendo-lhe, no todo ou em parte, os frutos e utilidades.**

**Definição:** Na lição de Caio Mário da Silva Pereira, "usufruto é o direito real de fruir as utilidades e frutos de uma coisa sem alterar-lhe a substância, enquanto temporariamente destacado da propriedade" (*Instituições de direito civil* – direitos reais, 18. ed. Rio de Janeiro, Forense, v. IV, 2003). A definição se aproxima do que continha o art. 713 do revogado CC, que, apesar de não reproduzido no atual, se encontra implícito, porque inalteradas as características do instituto. Prossegue o autor, afirmando que o ponto de partida de sua configuração é a distinção de dois elementos na propriedade, proveito e substância (op. cit., p. 290). Há um desdobramento dos poderes do proprietário, que outorga o proveito em caráter temporário ao usufrutuário e permanece com a substância do bem, tornando-se nu-proprietário. Convivem pacificamente os diversos poderes sobre o mesmo bem, sem se chocar ou anular, porque as titularidades se dão em planos qualitativos diferentes, ao contrário do condomínio, em que os direitos são os mesmos, apenas quantitativamente distintos.

**Características:** Da definição tiramos suas principais características, a saber: a) é direito real sobre coisa alheia, gravando temporariamente um bem em favor de uma pessoa (por isso alguns autores, indevidamente, denominam-no servidão pessoal), com efeito *erga omnes*, distinguindo-se, portanto, da locação; b) é temporário, podendo ser a termo, ou sob condição resolutiva, quando muito vitalício, extinguindo-se com a morte do usufrutuário, porque constituído sobre sua cabeça; c) provoca o desdobramento da posse, atribuindo a posse direta ao usufrutuário e reservando a posse indireta ao nu-proprietário; d) é intransmissível, podendo apenas ser cedido o seu exercício, como veremos no comentário ao art. 1.393 adiante.

**Objeto:** No que se refere ao objeto, tem o usufruto amplo espectro, ao contrário dos direitos reais de superfície e de servidão. Podem ser bens frutuários, ou usufruídos, todos aqueles passíveis de apropriação, quer sejam apenas úteis à exploração, quer sejam frugíferos. Devem ser alienáveis, para sobre eles recair o gravame real de uso e fruição, com transmissão parcial das faculdades reais, razão pela qual não se admite usufruto constituído sobre bens gravados com cláusula de inalienabilidade (art. 1.911 do CC) nem sobre bem de família. Também não o admitem os direitos intransmissíveis, por exemplo servidão, uso e habitação. Não podem constituir usufruto sobre a coisa aqueles titulares de direitos reais que não têm a prerrogativa de usar e de fruir, como o penhor, a hipoteca, ou mesmo a propriedade fiduciária. Em contrapartida, admite-se o gravame do usufruto instituído pelos titulares dos direitos reais de superfície, de anticrese, de promitente comprador imitido na posse, de enfiteuse e a propriedade resolúvel. Claro que em tais hipóteses o direito de usufruto não ultrapassa o direito real sobre o qual recai. Logo, extinta a superfície, extingue-se o usufruto, ou, resolvido o compromisso de compra e venda, com ele resolve-se o usufruto.

Embora haja resistência da jurisprudência em admitir usufruto sobre direito real de promitente comprador, tal posição é hoje injustificável. É o compromisso de compra e venda contrato preliminar impróprio, que quase esgota a atividade negocial, convertendo a escritura definitiva em simples ato devido. Os poderes federados do domínio se reúnem nas mãos do compromissário comprador, restando ao promitente vendedor um mero domínio garantia do recebimento do preço (cf. AZEVEDO JÚNIOR, José Osório de. *Compromisso de compra e venda*, 2. ed. São Paulo, Saraiva, 1983). Por isso, se há o registro do compromisso irretratável e o promitente comprador já se encontra imitido na posse e, mais, sendo o direito de promitente comprador transmissível até por trespasse, nada justifica que não possa ser dado em usufruto, nem em hipoteca, nem que garanta ao adquirente direito à reivindicação.

Pode o usufruto recair sobre coisas (bens corpóreos) móveis ou imóveis, singulares ou coletivas, assim como sobre bens incorpóreos. Admite-se usufruto sobre créditos, desde que transmissíveis. Abrangem tal modalidade direito sobre valores, direitos de coparticipação, direitos intelectuais, sobre um patrimônio ou sobre uma empresa. Cabe, por exemplo, usufruto sobre quotas e ações de sociedade anônima, ou sobre títulos da dívida pública, ou sobre os direitos patrimoniais (não os morais) de autor e de invenção. Como diz Orlando Gomes, "o usufruto de direitos consiste na atribuição a outrem das utilidades de um direito, durante um certo período de tempo, resguardada a sua existência e integridade" (GOMES, Orlando. "Usufruto de direitos". In: *Revista Forense*, v. 180, p. 36-41). Pode recair sobre crédito incorporado em um título, ou não, com ou sem garantia real. Intervêm em tal modalidade de usufruto três protagonistas, o credor, o devedor e o usufrutuário, que exercerá os direitos de gozo, devendo, porém, preservar a substância do direito.

O atual CC não reproduziu o art. 726 do CC/1916, que disciplinava o quase-usufruto, ou usufruto impróprio, incidente sobre as coisas consumíveis – às quais, para esse efeito, se equipararam às fungíveis – e que caíam no domínio do usufrutuário, que se obrigava a restituí-las no equivalente em gênero, qualidade e quantidade, regendo-se, no geral, pelas regras do mútuo. Note-se, porém, que o usufruto se extinguia pela morte do usufrutuário, ao contrário do mútuo, cuja obrigação e crédito se transmitem aos herdeiros.

As coisas consumíveis e fungíveis não mais podem ser dadas em usufruto, como objeto principal, porque concludente é o silêncio do legislador, que resgatou a pureza da garantia real, exigindo a preservação da substância. Ressalva-se apenas a exceção do art. 1.392, § 1º, que trata dos acessórios e acrescidos consumíveis e que será abordado mais adiante.

**Classificação:** Classifica-se o usufruto, segundo diversos critérios, na lição de Washington de Barros Monteiro:

a) quanto à *causa*, em usufruto *legal* e *convencional*. Decorre o convencional de negócio jurídico *inter vivos* ou *causa mortis*. Em relação ao usufruto decorrente de negócio *inter vivos*, o registro imobiliário para imóveis ou a tradição, para bens móveis, são constitutivos do direito real (*v.* art. 1.391). É solene, porque exige forma escrita, qualquer que seja o objeto. Se recair sobre coisa imóvel, exige-se outorga uxória, salvo o regime da separação total de bens, além de escritura pública, se de valor superior à taxa legal (art. 108 do CC). Em relação à aquisição *causa mortis*, em razão da saisina o registro tem efeito somente publicitário e regularizatório. Já o usufruto legal é aquele estabelecido diretamente pela lei, em determinadas situações jurídicas, independentemente da vontade das partes. Há diversos casos de usufruto legal, previstos em nosso ordenamento: 1) o indígena do art. 231 da CF, que atribui aos silvícolas o direito exclusivo de usufruto das riquezas naturais e utilidades das terras que ocupam; 2) o dos pais sobre os bens dos filhos menores sujeitos ao poder familiar (art. 1.689, I, do CC); 3) o dos cônjuges sobre os bens do outro, nos casos previstos em lei (art. 1.652, I, do CC). Não contempla o CC/2002 a possibilidade de constituição de usufruto vidual dos cônjuges (art. 1.611 do CC/1916) e companheiros supérstites (art. 2º, I e II, da Lei n. 8.971/94), sobre parte dos bens do falecido, porque atualmente concorrem eles em propriedade plena com os herdeiros de primeira e segunda classe. Claro que os usufrutos viduais constituídos antes da vigência do CC/2002 continuam a produzir os seus efeitos, até que sejam extintos. A questão crucial da necessidade – ou não – do registro do usufruto legal será examinada no comentário ao art. 1.391. Modalidade de usufruto legal é o usufruto judicial, previsto no art. 867 do CPC/2015 (art. 716 do CPC/73), que, a requerimento do credor, pode recair sobre imóvel ou empresa, segundo o objeto da penhora;

b) quanto ao *objeto*, o usufruto é *geral (universal)* ou *particular*, conforme recaia sobre uma universalidade, ou parte ideal dela (patrimônio, herança), ou sobre objeto determinado;

c) quanto à *extensão*, o usufruto é *pleno*, quando abrange todos os frutos e utilidades da coisa, ou *restrito*, quando se exclui parte desses poderes. Nada impede, assim, que constem do título certas limitações dos poderes transferidos para o usufrutuário;

d) quanto à *duração*, pode ser *a termo certo*, *sob condição* ou *vitalício*, sendo este último extinto somente com a morte do usufrutuário. Não ultrapassa o usufruto a vida do usufrutuário, por isso se diz que é constituído sobre sua cabeça. Sua morte é causa automática de extinção do usufruto, mas a morte do nu-proprietário nenhuma consequência traz, porque os herdeiros recebem o bem onerado, salvo se o contrário foi expressamente convencionado entre as partes.

Discute-se a compatibilidade entre o usufruto e a cláusula de inalienabilidade nos seguintes termos, postos por Tupinambá Miguel Castro do Nascimento: "Há uma doação com usufruto *deducto*, impondo ao doador a cláusula de inalienabilidade à nua-propriedade. Seria possível a manutenção dessa cláusula após a morte do doador, no caso, o usufrutuário?" (*Usufruto*, 2. ed. Rio de Janeiro, Aide, 1983). A questão é controversa. Afirma Washington de Barros Monteiro que a persistência da cláusula, após a extinção do usufruto, caracterizaria usufruto sucessivo, uma vez que não estariam os poderes federados do domínio reunidos na mão do dono, o que é vedado por norma cogente (*Curso de direito civil* – direito das coisas, 37. ed. São Paulo, Saraiva, 2003, v. III). A jurisprudência controverte a respeito, havendo julgados em ambos os sentidos. O melhor entendimento, porém, é no sentido de que a persistência do vínculo após a morte do usufrutuário não cria usufruto de segunda geração, porque os poderes do dono do imóvel gravado são mais amplos do que os do usufrutuário, podendo mudar sua destinação ou mesmo promover a sub-rogação em bem diverso. Além disso, é inviável cogitar de usufruto sem que haja nu-proprietário.

**Jurisprudência:** Registro de imóveis. Usufruto vidual. Registro, pretendido, nas matrículas relativas aos imóveis deixados pelo finado marido. Inadmissibilidade. Necessidade de reconhecimento judicial no processo de inventário, com especificação dos bens sobre os quais recairá o ônus. Recurso não provido (TJSP, Ap. Cível n. 68.107-0, rel. Luis de Macedo, j. 04.05.2000). (*Lex-TJSP* 230/383, 2000)

Direito civil. Usufruto pendente. Divisão. Possibilidade. Recurso conhecido pelo dissídio mas desprovido. Não há vedação em que, mesmo na pendência de usufruto, se promova judicialmente a divisão de imóvel entre condôminos com direito de igual natureza (STJ, REsp n. 2.707/MG, 4ª T., rel. Min. Sálvio de Figueiredo Teixeira, j. 30.10.1990, v.u.). (*Lex-STJ* 37/48)

Usufruto. Morte do usufrutuário. Cláusula de inalienabilidade. Propriedade plena consolidada no nu-proprietário. Limitação do *jus disponendi*. Impossibilidade de extinção do vínculo. Restrição da inalienabilidade que é circunstância especial mas normal do domínio, podendo, genericamente, gravar qualquer liberalidade. Art. 1.676 do CC. Recurso não provido. (*JTJ* 166/173)

Divisão. Condomínio. Imóvel objeto de usufruto. Ajuizamento por nu-proprietário. Cabimento, independentemente da anuência do usufrutuário, desde que os direitos deste sejam resguardados. Embargos rejeitados. (*JTJ* 144/188)

Usufruto. Vitalício. Bem gravado com condição de inalienabilidade. Condição que não desaparece com a extinção do usufruto. Cessação deste que depende da morte do usufrutuário, dependendo a cessação do gravame da morte do adquirente. Recurso não provido. (*JTJ* 134/269)

Doação. Usufruto reservado. Extinção pela morte do doador. Subsistência das cláusulas restritivas. Instituição destas que nada tem a ver com o usufruto. Cancelamento indeferido. Recurso não provido. (*JTJ* 123/83)

Doação. Imóvel doado a dois filhos com reserva de usufruto aos doadores. Nascimento de terceiro descendente. Retificação pretendida para sua inclusão como donatário. Inadmissibilidade. Extinção do processo sem julgamento do mérito. (*RT* 585/46)

**Art. 1.391. O usufruto de imóveis, quando não resulte de usucapião, constituir-se-á mediante registro no Cartório de Registro de Imóveis.**

O art. 715 do Código revogado dispunha que "o usufruto de imóveis, quando não resulte do direito de família, dependerá de transcrição no respectivo registro".

É a usucapião, como vimos no comentário ao art. 1.238 do CC, modo originário de aquisição da propriedade e de outros direitos reais, pela posse prolongada e qualificada pelos requisitos exigidos em lei. Se é modo originário e não derivado, a aquisição do direito real não se subordina ao registro, como previsto no art. 1.227 do CC, bastando a mera situação de fato da posse, à qual a lei empresta efeitos jurídicos, convertendo-a em direito real. Além disso, a sentença que julga procedente a ação de usucapião é meramente declaratória, retroagindo ao momento de consumação do prazo temporal previsto em lei, ou, segundo parte da doutrina, ao início da posse *ad usucapionem*. Consequência disso é que nem a sentença nem o registro são constitutivos do direito real. O registro tem efeito meramente publicitário e regularizador. Visa o preceito apenas a explicitar que se pode adquirir usufruto por usucapião, o que, na vigência do CC/1916, era admitido pela doutrina majoritária, embora negado por Pontes de Miranda.

Explica Lenine Nequete que se adquirem por usucapião os direitos reais que implicam posse dos objetos sobre os quais recaem, a saber: usufruto, uso, habitação e superfície. Reputam-se adquiridos pela usucapião "quando quem os constitui não é o verdadeiro proprietário, em consequência do que, consumada a prescrição, o direito do beneficiado subsiste em pleno vigor, com todos os seus efeitos, como se por ele mesmo houvesse sido estabelecido" (NEQUETE, Lenine. *Da prescrição aquisitiva*. Porto Alegre, Sulina, 1954). É o exemplo clássico da usucapião ordinária, de usufruto adquirido a *non domino*, após completado o prazo de dez ou cinco anos (art. 1.242 do CC).

O artigo em estudo contém certa imprecisão. Deve ser lido do seguinte modo: o usufruto adquirido a título derivado por negócio jurídico *inter vivos*, tendo por objeto coisa imóvel, somente se adquire com o registro imobiliário. Isso porque, como vimos no comentário ao artigo anterior, o usufruto adquirido por testamento se transmite ao herdeiro ou legatário com a morte do testador e não com o registro imobiliário, em razão do direito de saisina. O registro, em tal caso, tem efeito meramente publicitário e regularizatório, mas não constitutivo do direito real. De igual modo, o usufruto sobre coisa móvel se constitui pela tradição, sem previsão de registro constitutivo nos arts. 127 e 129 da Lei n. 6.015/73.

Também não necessita do registro imobiliário o usufruto legal do direito de família, ainda que recaia sobre coisas imóveis, por força do que dispõe o art. 167, I, 7, da Lei n. 6.015/73, em plena vigência.

Embora não tenha o atual CC reproduzido o disposto no art. 715 do CC revogado, o preceito acima transcrito da LRP faz explícita menção à dispensa do registro do usufruto do direito de família. A publicidade, em tal caso, decorre da própria lei, bastando, por exemplo, a terceiros interessados defrontarem com patrimônio de menor sujeito ao poder familiar, para desde logo saber que existe usufruto *ex lege* em favor dos pais.

Questão mais delicada é saber se o usufruto vidual do direito sucessório, previsto no art. 1.611 do CC/1916 e não renovado no atual, depende de registro para produzir efeitos contra terceiros de boa-fé. Embora no atual sistema o cônjuge e o companheiro supérstites não mais recebam usufruto vidual, porque podem concorrer com as classes de herdeiros que estão à sua frente, recebendo propriedade plena, a questão ainda é relevante, em relação aos óbitos ocorridos na vigência do CC anterior. Há entendimento da doutrina e dos tribunais de que o usufruto vidual tem natureza de direito real (TEPEDINO, Gustavo. *Usufruto legal do cônjuge viúvo*. Rio de Janeiro, Forense, 1991 e REsp n. 209.706/SP, rel. Min. Nancy Andrighi). O entendimento majoritário é no sentido de que, reconhecida a comunhão de aquestos, não tem o viúvo meeiro direito ao usufruto vidual, porque a sua estabilidade financeira já se encontra garantida (REsp n. 34.714/SP, rel. Min. Barros Monteiro). Caso contrário, incide sobre parte de toda a herança, inclusive a legítima dos herdeiros necessários. Além disso, embora haja dissonância na doutrina, o entendimento majoritário dos tribunais é no sentido de que o usufruto vidual deva ser levado ao registro imobiliário, para efeito publicitário e segurança do tráfego jurídico, prevenindo terceiros adquirentes de boa-fé (*RJTJERGS* 106/388, rel. Des. Edson Alves de Souza; TJSP, Ap. Cível n. 68.107-0/6, rel. Des. Luis de Macedo).

**Jurisprudência:** Embargos de terceiro. Alegação da embargante de que é legítima usufrutuária do imóvel, objeto da ação de reintegração de posse ajuizada pelas embargadas. Usufruto sem registro que não produz efeitos (art. 1.391 do CC). Caso em que a reintegração de posse ajuizada pelas embargadas foi julgada procedente, com trânsito em julgado e consequente extinção do processo, circunstância que esvazia a utilidade e a finalidade dos presentes embargos de terceiro. Sentença de improcedência dos embargos mantida. Recurso desprovido. (TJSP, AC n. 0004198-10.2013.8.26.0266, rel. Des. Sérgio Shimura, j. 31.03.2017)

Conforme o disposto no art. 1.391 do CC, "o usufruto de imóveis, quando não resulte de usucapião, constituir-se-á mediante registro no Cartório de Registro de Imóveis". Assim, é carecedora de ação de prestação de contas a autora que a ajuíza sob o fundamento de ser usufrutuária do imóvel, quando deixou de levar a registro a escritura de constituição de usufruto. Negaram provimento ao recurso. Unânime. (TJRS, Ap. Cível n. 70.022.754.758, 18ª Câm. Cível, rel. Cláudio Augusto Rosa Lopes Nunes, j. 05.08.2010)

Embargos de terceiro oferecidos por usufrutuário de imóvel em execução de título judicial. Escritura de compra e venda com instituição de usufruto não registrado no Cartório de Imóveis. Penhora do bem por dívida do nu-proprietário. Possibilidade. A ausência de registro do direito real sobre imóvel impede a produção de seus efeitos perante terceiros. Inteligência dos arts. 1.227 e 1.391 do CC. Sentença mantida. Recurso desprovido. (TJRJ, Ap. Cível n. 2007.001.17958, rel. Des. Agostinho Teixeira de Almeida Filho, j. 14.08.2007)

Civil. Usufruto vidual. Sucessão testamentária. O usufruto vidual é instituto de direito sucessório, independente da situação financeira do cônjuge sobrevivente, e não se restringe à sucessão legítima; tem aplicação, também, na sucessão testamentária. (STJ, REsp n. 648.072/RJ, rel. Min. Ari Pargendler, j. 20.03.2007)

Arrolamento. Pretensão do cônjuge sobrevivente ao usufruto vidual. Casamento celebrado sob o regime da comunhão parcial de bens. Meação nos aquestos. Direito inexistente se o cônjuge sobrevivente foi contemplado com a meação dos bens. Interpretação do art. 1.611, § 1º, do CC. Recurso não provido. (TJSP, AI n. 332.586-4, 3ª Câm. de Dir. Priv., rel. Carlos Roberto Gonçalves, j. 23.03.2004, v.u.)

Direito civil. Usufruto vidual. I – O usufruto vidual possui natureza hereditária e depende, para sua concessão, tão somente da presença dos requisitos do § 1º do art. 1.611 do CC, anterior, podendo alcançar até a metade da totalidade do patrimônio do falecido, inclusive, a legítima, se não houver descendentes. II – Na impossibilidade de seu deferimento, em razão da extinção da sociedade comercial sobre a qual deveria recair, deve haver compensação na partilha ou indenização a ser verificada segundo o caso concreto. Precedentes. Recurso especial provido. (STJ, REsp n. 330.026/MG, 3ª T., rel. Min. Castro Filho, j. 02.03.2004)

Inventário. Pedido a envolver direito sobre usufruto vidual. Falecimento do autor da herança quando já em vigor o CC/2002. Alegado direito à aplicação do disposto no art. 1.611, § 1º, do CC/1916. Impossibilidade de retroação. Aplicação da nova legislação, nas circunstâncias. Arts. 1.787, 1.829, I, 1.791 e 1.831. Decisão de indeferimento em primeiro grau. Recurso da viúva não provido. (TJSP, AI n. 316.674-4/9-00/Batatais, 4ª Câm. de Dir. Priv., rel. J. G. Jacobina Rabello, j. 06.11.2003, v.u.)

Ação de anulação. Ilegitimidade de parte. A pessoa que alega ter direito a usufruto que não consta do Registro Imobiliário não tem legitimidade para promover a anulação dos atos, atingindo terceiros adquirentes. Recurso conhecido e provido. (STJ, REsp n. 444.928/DF, 4ª T., rel. Min. Ruy Rosado de Aguiar, j. 17.10.2002)

Reivindicatória. Ação promovida contra titular de usufruto vidual do imóvel, recaente sobre um quarto da metade ideal. Bem a não comportar cômoda divisão. Posse da ré, exercida com base no direito hereditário, ainda assim justa, a afastar a procedência decretada. Apelação da ré provida e dos autores não provida. Aos titulares do domínio, com legitimação para reivindicar, carece razão em fazê-lo contra a viúva de seu pai, a qual, por força do usufruto vidual (art. 1.611, § 1º, CC), exerce posse justa e jurídica, ainda que em pequena porção, na complexa relação mantida sobre o imóvel, residencial e não a comportar cômoda divisão. (TJSP, Ap. Cível n. 106.620-4, 2ª Câm. de Dir. Priv., rel. J. Roberto Bedran, j. 29.08.2000, v.u.)

Usufruto vidual. Direito de natureza sucessória. Doutrina que costuma caracterizá-lo como "legado". Quota que se calcula sobre todos os bens do acervo hereditário, alcançando inclusive a legítima dos herdeiros necessários. Recurso não provido. (TJSP, AI n. 81.593-4/SP, 8ª Câm. de Dir. Priv., rel. Des. Cesar Lacerda, j. 07.10.1998, v.u.)

Inventário. Usufruto vidual. Casamento celebrado sob o regime da comunhão parcial de bens. Meação dos aquestos. Direito inexistente. Interpretação do art. 1.611, § 1º, do CC. Recurso não provido. (TJSP, AI n. 180.856/SP, 4ª Câm. Cível, rel. Cezar Peluso, j. 27.10.1992)

Em face da regra do § 1º do art. 1.611 do CC, à viúva não se atribui a qualidade de herdeira ou legatária, mas nos próprios autos do inventário se há de reconhecer e consignar o benefício legal a seu favor. [...] É o formal de partilha (LRP, art. 212, IV), portanto, e não o requerimento da viúva ao Oficial instruído com certidões do casamento e do óbito, que se qualifica como título apto ao ingresso na tábua registral do usufruto legal que a beneficia. (STJ, REsp n. 4.625/SP, 4ª T., rel. Min. Sálvio de Figueiredo Teixeira, j. 16.04.1991, v.u.)

Sucessão. Vocação hereditária. Usufruto de cônjuge viúvo casado sob regime de separação de bens. Legado de origem sucessória resultante, porém, do direito de família. Direito temporário e condicionado que independe de declaração constitutiva e, portanto, de registro. Inaplicabilidade do art. 167, 7, da Lei n. 6.015/1973. (TJSP, *RT* 642/117)

---

**Art. 1.392. Salvo disposição em contrário, o usufruto estende-se aos acessórios da coisa e seus acrescidos.**

**§ 1º Se, entre os acessórios e os acrescidos, houver coisas consumíveis, terá o usufrutuário o dever de restituir, findo o usufruto, as que ainda houver e, das outras, o equivalente em gênero, qualidade e quantidade, ou, não sendo possível, o seu valor, estimado ao tempo da restituição.**

**§ 2º Se há no prédio em que recai o usufruto florestas ou os recursos minerais a que se refere o art. 1.230, devem o dono e o usufrutuário prefixar-lhe a extensão do gozo e a maneira de exploração.**

**§ 3º Se o usufruto recai sobre universalidade ou quota-parte de bens, o usufrutuário tem direito à parte do tesouro achado por outrem, e ao preço pago pelo vizinho do prédio usufruído, para obter meação em parede, cerca, muro, vala ou valado.**

---

O artigo em exame condensa os arts. 716 e 725 a 728 do CC/1916. Houve alteração significativa, especialmente no que se refere ao § 1º do artigo em foco, que substituiu o art. 726 do Código revogado.

A cabeça do artigo contém norma dispositiva, que somente se aplica no silêncio da convenção entre as partes. Diz que o usufruto se estende aos acessórios da coisa e aos seus acrescidos. Os acessórios, segundo Caio Mário da Silva Pereira, "pela sua própria existência subordinada, não têm, nesta qualidade, uma valoração autônoma, mas liga-se-lhes o objetivo de completar, como subsidiário, a finalidade econômica da coisa principal" (*Instituições de direito civil*, 18. ed. Rio de Janeiro, Forense, 2003, v. I, p. 435). Falta-lhes autonomia, seguindo o destino da coisa principal. Assim, salvo cláusula expressa em sentido contrário, o usufruto de um imóvel abrange as construções e plantações que sobre ele se encontram, bem como os frutos, os produtos, os rendimentos e as benfeitorias.

O problema está em saber se o termo "acessórios" inclui as pertenças, que, na forma do art. 94 do CC, são coisas que não constituem partes integrantes, mas que se destinam, de modo duradouro, ao uso, aformoseamento ou serviço de outra. São tudo o que o proprietário mantém no bem visando a servir à sua finalidade econômica, mas se distinguem da parte integrante, porque podem ser retiradas sem alterá-las. Conservam identidade própria e não se incorporam à coisa, à qual servem temporariamente. O art. 95 do CC rompe o princípio da gravitação jurídica ao dispor que os negócios jurídicos que dizem respeito ao bem principal não abrangem as pertenças, salvo se o contrário resultar da lei, das circunstâncias ou manifestação de vontade das partes. Via de consequência, para que as pertenças – implementos agrícolas, veículos, máquinas, objetos de decoração e utensílios de casa em geral – integrem o usufruto de um imóvel, deve haver expressa convenção a respeito entre as partes. No silêncio, as pertenças são entregues ao nu-proprietário, porque não mais são consideradas imóveis por acessão intelectual.

O usufruto abrange os acrescidos, que dizem respeito às acessões, em especial avulsão, aluvião ou formação de ilhas, que aumentem a coisa usufruída.

O § 1º do artigo em exame consagra importante novidade, já mencionada no comentário ao art. 1.390. O art. 726 do CC/1916, que disciplinava o usufruto impróprio sobre bens consumíveis, não encontrou eco no sistema vigente. Desaparece, assim, a possibilidade de se constituir direito real de usufruto sobre bens consumíveis e fungíveis, cuja substância era transferida ao usufrutuário, que a devolvia no mesmo gênero, qualidade e quantidade, quebrando a característica fundamental do instituto. Agora somente tolera o legislador o usufruto sobre coisas consumíveis – e acrescente-se, fungíveis – se consistirem elas de acessórios ou acrescidos de coisa principal infungível e inconsumível ao primeiro uso. Dizendo de outro modo, não mais se admite o gravame do usufruto sobre coisa principal consumível ou fungível.

O § 2º trata da existência de florestas e recursos minerais no imóvel usufruído, com expressa menção ao disposto no art. 1.230 do CC, comentado anteriormente. Claro que o usufruto não pode recair sobre minas, jazidas, demais recursos minerais, potenciais de energia elétrica, monumentos arqueológicos e outros bens referidos em lei especial, pela simples razão de que tais bens não são de propriedade do dono do solo, mas sim da União federal. Logo, não pode o proprietário transmitir ao usufrutuário o que não tem. A referência a recursos minerais se limita à hipótese do parágrafo único do art. 1.230, vale dizer, àqueles de emprego imediato na construção civil, desde que não submetidos à transformação industrial. No que se refere às florestas, o usufruto somente pode abranger aquelas destinadas à extração de madeira, uma vez que as matas nativas não podem ser destruídas em face da legislação ambiental. Quanto às florestas e recursos minerais passíveis de exploração, vigora a convenção entre as partes. No silêncio do título, somente se admite a extração, pelo usufrutuário, se as árvores já se destinavam pelo proprietário para o corte, ou se já havia atividade de exploração mineral no terreno (VIANA, Marco Aurélio S. *Comentários ao novo Código Civil*. Rio de Janeiro, Forense, 2003, v. XVI, p. 628).

Finalmente, o § 3º do artigo em comento reza que, se o usufruto recair sobre universalidade ou quota-parte de bens, como o patrimônio ou a herança, o usufrutuário tem direito à parte do tesouro achado por outrem e ao preço pago pelo vizinho, para obter meação em parede, cerca, muro, vala ou valado. A contrário senso, se recair o usufruto sobre coisas singulares, não se confere tal direito ao usufrutuário.

**Jurisprudência:** Vaga em garagem de edifício. Usufruto instituído sobre a unidade residencial. Extensão. Quando à vaga de garagem for atribuída fração ideal de terreno, considerar-se-á unidade autônoma não vinculada à unidade habitacional, não havendo como se falar em extensão do usufruto instituído sobre o apartamento, eis que inexiste relação de acessoriedade entre as unidades. Necessário se faz disposição expressa do nu-proprietário e inscrição do usufruto sobre a vaga. Recurso conhecido e provido. (STJ, REsp n. 39.676/SP, 3ª T., rel. Min. Cláudio Santos, j. 28.11.1994)

Usufruto. Instituição sobre unidade residencial. Extensão inadmissível à vaga de garagem à qual foi atribuída fração ideal de terreno. Desvinculação da unidade habitacional. (*RT* 718/272)

---

**Art. 1.393. Não se pode transferir o usufruto por alienação; mas o seu exercício pode ceder-se por título gratuito ou oneroso.**

---

O artigo em exame corresponde ao art. 717 do CC/1916, de conteúdo semelhante, mas com a ressalva de que a alienação somente poderia ser feita ao proprietário da coisa.

No dizer de Carvalho Santos, justifica-se a vedação cogente à alienação do usufruto por duas razões: "a) por melhor corresponder aos fins da instituição, que, como se sabe, ordinariamente criada para beneficiar alguém, dando-lhe meios de prover a subsistência, falharia a seus fins, desrespeitados os intuitos do instituidor, se fosse possível ser alienado; b) porque o usufruto é sem dúvida uma servidão pessoal e, portanto, um direito vinculado à pessoa, sendo evidentemente contrário à sua essência torná-la alienável" (*Código Civil brasileiro interpretado*, 5. ed. Rio de Janeiro, Freitas Bastos, 1953, v. IX, p. 366).

A inalienabilidade do usufruto não tem nenhuma incompatibilidade com a extinção por consolidação. O que proíbe a norma cogente é que o direito real de usufruto sobreviva sob a titularidade de terceiro, porque é personalíssimo do usufrutuário. A transmissão, porém, se admite quando provocar a extinção do usufruto por consolidação. São os casos da aquisição do usufruto a título gratuito ou oneroso pelo nu-proprietário ou, então, de um terceiro que adquira simultaneamente a nua-propriedade e o usufruto, consolidando a propriedade em suas mãos. Não há aí propriamente alienação do direito real, mas sim modo de sua extinção por consolidação.

Discute-se se a intransmissibilidade abrange também a partilha do direito real de usufruto pertencente ao casal. Washington de Barros Monteiro ensina que, "como servidão pessoal, vinculada à própria pessoa do usufrutuário, não admite adjudicação ao outro cônjuge, em partilha consequente a desquite do casal" (*Curso de direito civil* – direito das coisas, 37. ed. São Paulo, Saraiva, 2003, v. III. No mesmo sentido, PONTES DE MIRANDA. *Tratado de direito privado*, 4. ed. São Paulo, RT, 1977, t. XIX, p. 63). Há, porém, precedentes dos tribunais entendendo, com razão, que a partilha não tem natureza atributiva da propriedade, de modo que escaparia da proibição de alienação, até como meio de evitar a perpetuação de disputas e conflitos entre os ex-cônjuges (FIORANELLI, Ademar. "Direito real de usufruto". In: *Direito registral imobiliário*. Porto Alegre, Sergio Antonio Fabris, 2001, p. 394).

Situação diversa, porém, é o caso do usufruto constituído a favor de um só dos cônjuges, ou anteriormente ao casamento. Não há comunicação do usufruto ao outro cônjuge em razão do regime de bens adotado, ainda que da comunhão universal, porque feriria o seu caráter personalíssimo e intransmissível.

Como não pode ser o direito real de usufruto alienado, não pode também ser dado em garantia real, nem penhorado, porque não seria passível de arrematação por terceiro em hasta pública. Ressalte-se, porém, que inalienável é apenas o direito real, nada obstando que credores penhorem as utilidades do usufrutuário, por exemplo os rendimentos da coisa. Nada impede, de outro lado, que se penhore a nua-propriedade, apenas com a ressalva de que o direito real de usufruto gravará a coisa mesmo após a arrematação.

Admite-se apenas a cessão do exercício do usufruto, ou seja, o terceiro favorecido será titular de um simples direito de crédito, podendo usar ou fruir a coisa, mas não de um direito real. Não se transmite usufruto, mas apenas os poderes derivados da relação jurídica de usufruto. Nada impede que o usufrutuário, eventualmente impedido de explorar pessoalmente a coisa, possa alugá-la ou emprestá-la a outrem. Disso decorre que, extinto o usufruto, por qualquer de suas causas, extingue-se o direito de exercício dele decorrente, não podendo o cessionário do exercício opor seus direitos frente ao nu-proprietário que consolidou a propriedade em suas mãos, salvo disposição em lei especial, como ocorre na locação predial urbana. Os deveres do usufrutuário continuam os mesmos e incólumes perante o nu-proprietário, admitindo-se, apenas, que por convenção o cessionário se torne devedor solidário.

No dizer de Pontes de Miranda, "se foi transferido o exercício, o usufrutuário continua com o direito real, as pretensões, ações e exceções ligadas a esse direito" (op. cit., t. XIX, p. 56). Pode ocorrer novo desmembramento da posse, passando o usufrutuário a ser possuidor indireto e o cessionário do exercício possuidor direto, o que permite a ambos usar da tutela possessória, por ofensas de terceiros, ou mesmo entre si (*v.* art. 1.197). Como não se transfere direito real, a cessão do exercício não ingressa no registro imobiliário.

**Jurisprudência:** Agravo de instrumento. Ação de cobrança. Cumprimento de sentença. Decisão que indeferiu penhoras da nua propriedade do imóvel e do direito do usufruto sobre o bem. Insurgência. Impossibilidade da penhora da nua propriedade do imóvel que não é dos executados. Direito de usufruto e exercício desse direito que são impenhoráveis. Agravo não provido. (TJSP, AI n. 22370752120248260000/SP, 26ª Câm. de Dir. Priv., rel. Morais Pucci, j. 24.08.2024, publ. 24.08.2024)

Embargos de terceiro. Executados/usufrutuários que, juntamente com os nu-proprietários, alienaram os direitos sobre o imóvel. Negócio jurídico, em tese, válido à luz do instituto da "consolidação", conforme exegese dos arts. 1.393 e 1.410, VI, do CC. Validade do negócio que não se confunde com a sua eficácia perante terceiros. Fraude à execução configurada. Má-fé da apelante demonstrada à luz da Súmula n. 375 do STJ, conforme peculiaridades do caso concreto. Ineficácia da alienação do usufruto mantida. Legitimidade da penhora sobre os frutos e rendimentos do direito de usufruto, conforme reconhecido no AI n. 0095888-16.2011.8.26.0000. Sentença de rejeição dos embargos mantida. Recurso não provido. (TJSP, AC n. 1015482-70.2014.8.26.0554, rel. Tasso Duarte de Melo, j. 23.05.2017)

Tratando-se de exercício do direito de usufruto sem conteúdo econômico, como no caso em que a coembargante reside no imóvel sobre o qual exerce os direitos de usufrutuário e dele não aufere rendimentos, inadmissível a penhora do usufruto. (TJSP, Ap. Cível n. 9176218-46.2008.8.26.0000, 31ª Câm. de Dir. Priv., rel. Antonio Rigolin, j. 19.04.2011)

Extinção de condomínio. Fase de execução de sentença. Alienação judicial de bem com cláusula de usufruto. Inexistência de impedimento legal que obste a disposição do imóvel. Nua-propriedade que se encontra destacada dos direitos do usufrutuário. Observação apenas de que nas próximas designações de praceamento do bem conste a existência desse ônus real, a fim de prevenir os interesses do eventual adquirente e da própria usufrutuária. Decisão mantida. Recurso improvido, com observação. (TJSP, AI n. 517.623.4200, rel. Salles Rossi, j. 27.09.2007)

Execução fiscal. Penhora de nua-propriedade. Alegação de impenhorabilidade por se tratar de imóvel dado em usufruto e constituir-se em bem de família destinado à moradia da titular da nua-propriedade. Expropriação que não incide sobre o direito real relativo ao usufruto ou de imóvel residencial da coembargante. Admissibilidade. Improcedência dos embargos mantida. Recurso improvido. (TJSP, Ap. Cível n. 266.247.5600, rel. Rubens Cury, j. 18.09.2007)

É possível a concessão ao credor do usufruto do imóvel gerador das despesas condominiais, ainda que o imóvel esteja sendo utilizado para moradia pela usufrutuária. É possível a incidência de penhora sobre a nua-propriedade do imóvel gerador das despesas condominiais. Recurso improvido. Deferida, de ofício, a penhora da nua-propriedade. (TJSP, AI n. 110.929.3800, rel. Gomes Varjão, j. 15.08.2007)

Agravo de instrumento. Despesas de condomínio. Cobrança. Execução de título judicial. Condenação da usufrutuária ao pagamento do débito condominial constituído anteriormente à extinção do usufruto. Irrelevância. Natureza *propter rem* da obrigação. Imóvel que garante a dívida. Penhora do imóvel gerador das despesas condominiais. Admissibilidade. Recurso provido. (TJSP, AI n. 109.671.0600, rel. Rocha de Souza, j. 10.05.2007)

Penhora. Incidência sobre o exercício do direito de usufruto. Cabimento. Impenhorável o direito real de usufruto, mas não os rendimentos provenientes de seu exercício. Defesa do devedor limitou-se a arguir a impossibilidade da penhora por pertencer a terceiro a propriedade dos bens objeto do usufruto. Argumento insuficiente para levantamento da constrição, tendo em vista que esta não recaiu sobre a propriedade, mas sim sobre o exercício do direito de usufruto. Decisão mantida. Recurso desprovido. Litigância de má-fé. Configuração. Presença de afirmações que visam alterar a verdade dos fatos, bem como deduzidas pretensões contra texto expresso de lei. Condenação nas penas por litigância de má-fé de acordo com o arts. 17, I, II e V, e 18 do CPC [arts. 80, I, II e V, e 81 do CPC/2015]. Recurso desprovido. (TJSP, AI n. 712.799.0200, rel. Renato Rangel Desinano, j. 19.04.2007)

Partilha em arrolamento. Pagamento da meação da viúva mediante instituição de usufruto vitalício, com atribuição de nua-propriedade integral em favor dos filhos e herdeiros. Avanço sobre a meação da viúva. Cessão de direitos hereditários configurada. Negócio jurídico com forma especial exigida por lei. Escritura pública imprescindível. Inteligência dos arts. 108 e 1.793 do CC. (TJSP, AI n. 48.256.74800, rel. Oscarlino Moeller, j. 14.03.2007)

Apelação cível. União estável. Partilha de bens. Aquisição de usufruto de bem imóvel. 1 – Assiste razão ao apelante ao pleitear seja excluído da partilha igualitária imóvel que, nos termos de contrato de promessa de compra e venda, foi adquirido por seu filho. Ademais, dito negócio jurídico foi celebrado após o período em que se deu a separação fática dos conviventes considerando-se a data de ruptura informada pela própria autora. 2 – Quanto à partilha do usufruto, não é admissível porque, nos termos do art. 1.393 do CC, o direito ao usufruto não comporta atos de transferência ou alienação, apenas o seu exercício que pode ser cedido por título gratuito ou oneroso. 3 – A toda a evidência que, em se tratando de direito de feição personalíssima e ante o fim de uma vida em comum, não se pode cogitar de exercício conjunto. Proveram, à unanimidade (segredo de justiça). (TJRS, Ap. Cível n. 70.012.219.911, 7ª Câm. Cível, rel. Des. Luiz Felipe Brasil Santos, j. 23.11.2005)

Civil. Usufruto. Os frutos são penhoráveis; o usufruto não. Recurso especial conhecido, mas não provido. (STJ, REsp n. 242.031/SP, 3ª T., rel. Min. Ari Pargendler, j. 02.10.2003, *DJ* 29.03.2004)

Penhora. Direito de usufruto. Inadmissibilidade. Alienabilidade e penhorabilidade do usufruto apenas em relação ao nu-proprietário. Inteligência e aplicação dos arts. 717 do CC e 648, I, do CPC [art. 832 do CPC/2015] (TJSP). (*RT* 654/89)

## CAPÍTULO II
## DOS DIREITOS DO USUFRUTUÁRIO

**Art. 1.394. O usufrutuário tem direito à posse, uso, administração e percepção dos frutos.**

Este artigo inaugura o Capítulo "Dos Direitos do Usufrutuário", traçando as suas principais prerrogativas. A regra é supletiva, porque nada impede que as partes, nos limites da autonomia privada, estabeleçam outros direitos, ou mesmo restrinjam alguns deles.

Tem o usufrutuário direito à posse direta do bem – sem o que não poderá exercer as demais prerrogativas – que, caso não lhe seja entregue pelo nu-proprietário, enseja ação petitória, com base no *ius possidendi*. Caso, porém, receba a posse e depois a perca por ato ilícito de terceiro, ou mesmo do nu-proprietário, pode usar da autotutela e da tutela possessória, com base no *ius possessionis*. A posse do usufrutuário é justa e presumivelmente de boa-fé, porque dispõe de uma causa que a justifica.

Segundo correto entendimento do STJ, transcrito à frente, o usufrutuário, com fundamento no *jus possidendi*, pode propor ação petitória para imitir-se na posse do bem objeto do usufruto. Entendeu a Corte Superior pelo cabimento da ação reivindicatória ajuizada pelo usufrutuário.

Tem também direito ao uso do bem, mediante exploração direta, para dele extrair o seu proveito, mas sem desfalcar a substância e respeitando sua destinação. A utilização, como vimos no comentário ao art. 1.392, abrange os acessórios e os acréscimos, mesmo que omisso o título, bem como as pertenças, se assim se convencionou. Sua utilização, porém, não se equipara à do dono, porque, embora deva proceder em conformidade com a função social, não pode converter o destino econômico, estético ou histórico da coisa, sob pena de comprometer a substância, ainda que possa potencializar a exploração, se o proprietário o fazia de modo incompleto.

Pode, ainda, administrar o bem usufruído, escolhendo como pretende extrair-lhe o melhor proveito. Administrar envolve certa liberdade de escolha do usufrutuário, deliberando, por exemplo, se usará o bem, ou se o emprestará, ou se o locará, e a quem, tirando, assim, a máxima produtividade e potencializando o proveito, independentemente da anuência do nu-proprietário.

Finalmente, pode o usufrutuário receber os frutos naturais e civis do bem, extrair o proveito e o rendimento que gera. Torna-se o usufrutuário proprietário dos frutos colhidos, podendo aliená-los e apropriar-se do respectivo preço, sem necessidade de prestar contas ao nu-proprietário. Em determinados casos, como veremos adiante, pode o usufrutuário ser privado da administração, mas nunca do direito à percepção dos frutos, que é da essência do instituto. O termo fruto não se interpreta aqui em sentido estrito, mas, segundo a clássica doutrina, engloba também os produtos (CARVALHO SANTOS, J. M. *Código Civil brasileiro interpretado*, 5. ed. Rio de Janeiro, Freitas Bastos, 1953, v. IX), desde que não exaura a substância da coisa.

**Jurisprudência:** O usufrutuário possui legitimidade e interesse para propor ação reivindicatória – de caráter petitório – com o objetivo de fazer prevalecer o seu direito de usufruto sobre o bem, seja contra o nu-proprietário, seja contra terceiros. A legitimidade do usufrutuário para reivindicar a coisa, mediante ação petitória, está amparada no direito de sequela, característica de todos os direitos reais, entre os quais se enquadra o usufruto, por expressa disposição legal (art. 1.225, IV, do CC). A ideia de usufruto emerge da consideração que se faz de um bem, no qual se destacam os poderes de usar e gozar ou usufruir, sendo entregues a uma pessoa distinta do proprietário, enquanto a este remanesce apenas a substância da coisa. Ocorre, portanto, um desdobramento dos poderes emanados da propriedade: enquanto o direito de dispor da coisa permanece com o nu-proprietário (*ius abutendi*), a usabilidade e a fruibilidade (*ius utendi* e *ius fruendi*) passam para o usufrutuário. Assim é que o art. 1.394 do CC dispõe que o "usufrutuário tem direito à posse, uso, administração e percepção dos frutos". Desse modo, se é certo que o usufrutuário – na condição de possuidor direto do bem – pode valer-se das ações possessórias contra o possuidor indireto (nu-proprietário), também se deve admitir a sua legitimidade para a propositura de ações de caráter petitório – na condição de titular de um direito real limitado, dotado de direito de sequela – contra o nu-proprietário ou qualquer pessoa que obstaculize ou negue o seu direito. A propósito, a possibilidade de o usufrutuário valer-se da ação petitória para garantir o direito de usufruto contra o nu-proprietário, e inclusive *erga omnes*, encontra amparo na doutrina, que admite a utilização pelo usufrutuário das ações reivindicatória, confessória, negatória, declaratória, imissão de posse, entre outras. Precedente citado: REsp n. 28.863/RJ, 3ª T., *DJ* 22.11.1993. (STJ, REsp n. 1.202.843/PR, rel. Min. Ricardo Villas Bôas Cueva, j. 21.10.2014)

Reintegração de posse. Doação de imóvel gravado com usufruto vitalício. Réu que detém apenas a nua-propriedade, porque a posse direta deve ser conservada com a autora, usufrutuária. Enquanto perdurar o usufruto o nu-proprietário não pode embaraçar a posse do usufrutuário (art. 1.394 do CC). Autora, usufrutuária vitalícia, ao ter o exercício da posse impedido por nu-proprietário, seu neto. Comportamento ilícito do réu, caracterizando esbulho, por não desocupar o imóvel após ser notificado para fazê-lo. Direito de indenização pela construção efetuada no imóvel não discutida em primeiro grau, dela não podendo o Tribunal conhecer sob pena de supressão de instância. Sentença mantida. Recurso negado. (TJSP, Ap. n. 991060034126 (7083581300), rel. Francisco Giaquinto, j. 09.12.2009)

O usufrutuário tem legitimidade para figurar no polo passivo da ação de cobrança relativa às despesas de consumo de água e coleta de esgoto, na medida em que, como detentor que é de um direito real e dispondo "da posse, uso, administração e percepção dos frutos" (CC, art. 1.394), é ele quem se beneficia, direta ou indiretamente, de tais serviços. (TJSP, Ap. Cível n. 931.021-0/5/SP, 35ª Câm. de Dir. Priv., rel. Mendes Gomes, j. 23.10.2006, v.u., voto n. 11.164)

Cousufruto. Utilização por um dos usufrutuários com exclusividade de imóvel gravado com direito real de usufruto. Direito do outro cousufrutuário, enquanto perdurar o direito real sobre coisa alheia, de postular a fixação de valor locativo correspondente à sua cota-parte. Adoção do método da renda, amparado em elementos sólidos pelo perito judicial. Adequação do valor locativo, apurado em data posterior, ao período em que perdurou o usufruto. Recurso parcialmente provido. (TJSP, Ap. Cível n. 339.183.4/6-00, rel. Francisco Loureiro, j. 27.07.2006)

Proprietário de imóvel gravado com usufruto vitalício. Morte do usufrutuário. Locação sem consentimento. O proprietário de imóvel gravado com usufruto vitalício tem legitimação para, após a morte do usufrutuário, ajuizar ação de despejo objetivando a retomada do imóvel locado, ainda que o contrato de locação tenha sido celebrado sem o seu consentimento. Nos termos dos arts. 4º, § 1º, e 7º da Lei n. 6.649/1979. (STJ, REsp n. 36.398/SP, 6ª T., rel. Min. Vicente Leal, j. 15.08.1995, *DJ* 04.03.1996)

Arrendamento rural. Usufruto. Rompe-se o arrendamento rural quando extinto o usufruto pela morte do usufrutuário arrendador. (STJ, REsp n. 8.105/SP, 4ª T., rel. Min. Fontes de Alencar, j. 11.12.1995, *DJ* 08.04.1996)

Arrendamento rural. Usufruto. Extinção. A extinção do usufruto não resolve o contrato de arrendamento rural firmado pelo usufrutuário. Cabe ao titular do domínio, consolidada a propriedade plena, respeitar aquele contrato. De qualquer sorte, ainda assim não fosse, não poderia despedir o arrendatário antes de findo o prazo mínimo de que cogita a legislação. (STJ, REsp n. 30.295/SP, 3ª T., rel. Min. Eduardo Ribeiro, j. 25.04.1994)

Usufruto. Ação proposta pelo usufrutuário, pleiteando a restituição do imóvel (lote), do qual foi despojado. 1. Legitimidade ativa para a ação reivindicatória. O usufrutuário tem as ações que defendem a posse e, no tempo petitório, ao lado da confessória, tem também a ação reivindicatória. Doutrina sobre o tema. Não ocorrência, no particular, de ofensa ao art. 524 do CC, uma vez julgado precedente o pedido de reivindicação, com imissão na posse do imóvel. (STJ, REsp n. 28.863/RJ, 3ª T., rel. Min. Nilson Naves, j. 11.10.1993, *DJ* 22.11.1993)

Prestação de contas. Ação proposta por filhos menores contra o pai, que se encontra na administração e usufruto de seus bens. Inadmissibilidade. Usufrutuário que estando no exercício do usufruto e do pátrio poder, não tem obrigação legal de prestar contas ao titular do domínio. Ação improcedente. Recurso provido para esse fim. (*JTJ* 125/231)

Usufruto. Ação reivindicatória do imóvel. Legitimidade ativa *ad causam* do nu-proprietário e do usufrutuário, posto que ambos se reúnem em comunhão de interesses. Declaração de voto. (TJSP, *RT* 666/90)

---

**Art. 1.395. Quando o usufruto recai em títulos de crédito, o usufrutuário tem direito a perceber os frutos e a cobrar as respectivas dívidas.**

**Parágrafo único. Cobradas as dívidas, o usufrutuário aplicará, de imediato, a importância em títulos da mesma natureza, ou em títulos da dívida pública federal, com cláusula de atualização monetária segundo índices oficiais regularmente estabelecidos.**

---

O artigo em exame corresponde ao art. 719 do CC/1916, com profundas alterações. Rezava o dispositivo revogado que o usufrutuário de títulos de crédito podia não só cobrar a respectiva dívida, como livremente empregar a quantia recebida, por sua própria conta e risco. Em contrapartida, o nu-proprietário, cessado o usufruto, podia recusar os novos títulos, exigindo a quantia em dinheiro.

Vimos que o usufruto pode recair não somente sobre coisas, mas também sobre créditos. Na lição clássica de Carvalho Santos, o usufruto recai sobre o objeto da prestação devida ao credor, caracterizando-se um direito e gozo sobre a prestação (*Código Civil brasileiro interpretado*, 5. ed. Rio de Janeiro, Freitas Bastos, 1953, v. IX).

Há dois momentos distintos no usufruto sobre créditos. No primeiro, antes do vencimento, pode o usufrutuário apenas receber eventuais juros. Vencida a dívida, pode cobrar o capital, aplicá-lo e receber os rendimentos, até a extinção do usufruto. Nada impede, porém, que o nu-proprietário, em razão da inércia do usufrutuário, tome as medidas assecuratórias em face do devedor, para a preservação de seu crédito, inclusive efetuando a cobrança, com o fito de impedir a prescrição.

O usufrutuário deve notificar o devedor para que lhe pague diretamente o crédito. O pagamento feito pelo devedor ao nu-proprietário será ineficaz frente ao usufrutuário. Sem notificação, o pagamento é eficaz, mas o credor nu-proprietário que receber diretamente o crédito do devedor deve entregá-lo ao usufrutuário, para que este possa aplicá-lo e receber os rendimentos. Se, ao invés, houve remissão ou compensação, a obrigação se extingue, mas o nu-proprietário deve pagar os juros que renderia o capital, até o prazo final do usufruto.

Restringiu o CC/2002 a liberdade do usufrutuário, impondo-lhe, no parágrafo único, obrigação alternativa na aplicação imediata das dívidas recebidas: a) ou em títulos da mesma natureza, porque se presume que atenda ao desejo do nu-proprietário, que fez a aplicação original; b) ou em títulos da dívida pública federal com cláusula de atualização monetária, investimento que prima pela segurança do retorno. Forra-se o usufrutuário, assim, dos riscos com a perda do crédito, salvo conduta culposa. Embora não explicite o preceito, é da natureza do usufruto que o usufrutuário zele pela incolumidade da substância do bem alheio. Óbvio, portanto, que, dentre as alternativas postas pelo legislador, deverá optar por aquela que melhor preserve a incolumidade do crédito. Assim, por exemplo, se o investimento inicial feito pelo nu-proprietário era seguro, mas, por circunstâncias supervenientes, deixou de sê-lo, não poderá o usufrutuário renovar a aplicação, na busca exclusiva de melhores rendimentos, colocando em risco o capital alheio.

De outro lado, a aplicação da dívida de modo diverso do previsto no parágrafo único, salvo convenção entre as partes, torna o usufrutuário inadimplente, abrindo ao nu-proprietário a possibilidade da adoção das medidas necessárias à preservação da incolumidade do crédito, ou mesmo a extinção do usufruto.

---

**Art. 1.396. Salvo direito adquirido por outrem, o usufrutuário faz seus os frutos naturais, pendentes ao começar o usufruto, sem encargo de pagar as despesas de produção.**

**Parágrafo único. Os frutos naturais, pendentes ao tempo em que cessa o usufruto, pertencem ao dono, também sem compensação das despesas.**

---

O artigo em exame reproduz inteiramente o que continha o art. 721 do CC/1916. Traduz regra simples, que se restringe aos frutos naturais gerados pelo bem dado em usufruto.

Frutos naturais são as riquezas ou utilidades periódicas e decorrentes do próprio desenvolvimento orgânico que gera a coisa, sem desfalque de sua substância. Nada impede que haja contribuição do homem para a melhoria da produtividade ou da qualidade dos frutos.

A regra alcança apenas os frutos naturais pendentes, ou seja, aqueles ainda vinculados ou unidos à coisa principal. Os frutos pendentes no início do usufruto pertencem ao usufrutuário, sem que despenda este o valor do custeio para produzi-los. Em contrapartida, os frutos pendentes ao final do usufruto pertencem ao nu-proprietário, também sem a obrigação de indenizar as despesas de custeio. As regras são parelhas e equânimes, razão pela qual se mostra acertada a posição de Carvalho Santos, para quem, se o usufrutuário colher os frutos por antecipação, quebra o equilíbrio do preceito, e por isso deve devolvê-los, ou o equivalente, ao nu-proprietário retomante (*Código Civil brasileiro interpretado*, 5. ed. Rio de Janeiro, Freitas Bastos, 1953, v. IX).

Ressalva o legislador, corretamente, apenas eventual direito de terceiro em relação aos frutos, no momento da constituição do usufruto. Se um terceiro era arrendatário das terras e tinha frutos pendentes a colher, tal direito deve ser respeitado pelo usufrutuário, que se sub-roga em parcela dos poderes dominiais ao arrendante. O inverso, porém, não é verdadeiro. O terceiro que contrata com o usufrutuário tem conhecimento do direito real de usufruto, que produz efeitos *erga omnes*, assim como de seu termo ou condição. Logo, os frutos pendentes, produto de trabalho e de investimento de terceiro, perdem-se a favor do nu-proprietário com a extinção do usufruto, mas há direito de indenização pelas despesas de custeio em face do usufrutuário.

---

**Art. 1.397. As crias dos animais pertencem ao usufrutuário, deduzidas quantas bastem para inteirar as cabeças de gado existentes ao começar o usufruto.**

---

O artigo em exame é idêntico ao art. 722 do CC/1916. Traduz para o usufruto de animais, essencialmente bens fungíveis, a regra geral de que o usufrutuário tem o proveito, enquanto o nu-proprietário tem a substância da coisa.

São as crias frutos naturais e, como tais, pertencem ao usufrutuário. Ressalta o preceito, todavia, que os animais mortos, ou mesmo os improdutivos, devem ser repostos com as crias, para que o rebanho seja devolvido na íntegra, porque, como já dito, são bens fungíveis, e a substância pertence ao nu-proprietário. A reposição deve obedecer à mesma qualidade dos animais perdidos, no que se refere à raça e ao sexo, evitando o comprometimento da coisa coletiva. É indiferente que a perda de animais seja imputável ou não ao usufrutuário, segundo a melhor doutrina. Se as crias não bastarem para repor as perdas, cabe ao usufrutuário adquirir novas cabeças e fazer a substituição, ou o equivalente em dinheiro. Ao invés, se as crias excederem as perdas, o saldo de cabeças pertence ao usufrutuário.

Embora haja controvérsia na doutrina, o melhor entendimento é o de que a regra se aplica somente aos animais considerados formando um só todo, *uti universitas*, e não aos animais considerados de modo singular, como coisa infungível. A regra se aplica por analogia também às árvores frutíferas.

**Art. 1.398. Os frutos civis, vencidos na data inicial do usufruto, pertencem ao proprietário, e ao usufrutuário os vencidos na data em que cessa o usufruto.**

A regra diz respeito aos frutos civis, ou seja, aos rendimentos que a coisa produz, tais como juros e aluguéis. Como é sabido, os frutos civis reputam-se vencidos dia a dia (art. 1.215 do CC), o que facilita a aplicação da regra. Os frutos vencidos na data do início do usufruto pertencem ao nu-proprietário, enquanto os frutos vencidos ao seu término pertencem ao usufrutuário.

Tupinambá Miguel Castro do Nascimento adverte que o início do usufruto se dá com a tradição das coisas móveis e o registro das imóveis, enquanto o término somente ocorre com a causa extintiva, para os móveis, e o cancelamento do registro, para os imóveis. Tais datas são fundamentais para a contagem e a titularidade dos frutos civis (*Usufruto*, 2. ed. Rio de Janeiro, Aide, 1983, p. 102).

A mesma regra do art. 1.396, anteriormente comentado, no que diz respeito aos direitos de terceiros, se estende aos frutos civis. Os frutos vencidos durante o usufruto somente pertencem ao usufrutuário se não houver anterior direito de terceiros sobre eles.

**Art. 1.399. O usufrutuário pode usufruir em pessoa, ou mediante arrendamento, o prédio, mas não mudar-lhe a destinação econômica, sem expressa autorização do proprietário.**

O artigo em exame corresponde ao art. 724 do CC revogado, com diversas alterações. O preceito revogado mencionava alteração do tipo de cultura, em vez de destinação econômica em geral. Aludia, ainda, à possibilidade de se fazer tal alteração, no caso de usufruto legal.

Traduz o dispositivo a essência do usufruto, com entrega do proveito ao usufrutuário e manutenção da substância do bem com o nu-proprietário. A utilidade em poder do usufrutuário pode dar-se por exploração direta do bem – uso – ou mediante arrendamento a terceiro, com percepção de frutos. A regra, de resto, está afinada com o que contém o art. 1.393, anteriormente comentado, que veda a alienação do direito real de usufruto, mas admite a cessão de seu exercício – direito obrigacional – a título oneroso ou gratuito.

Lembre-se que no caso de extinção do usufruto a locação do imóvel celebrada pelo usufrutuário poderá ser denunciada no prazo de noventa dias pelo proprietário, salvo se este tiver anuído à locação. Escoado o prazo sem denúncia, presume-se que o proprietário concorda com a locação, nos mesmos termos em que foi contratada (art. 7º da Lei n. 8.245/91).

A redação do artigo é mais abrangente do que a do preceito correspondente do CC/1916. Agora a vedação atinge a mudança não somente do gênero de cultura, que dizia respeito a atividades eminentemente rurais, mas de toda forma de destinação econômica. Tome-se como exemplo um imóvel de natureza residencial, que não poderá ser locado pelo usufrutuário para fins comerciais, ou vice-versa.

A regra deve ser interpretada com razoabilidade, admitindo-se destinação diversa da original, se não houver nenhum prejuízo ao nu-proprietário ou mudança substancial ou risco de depreciação ou deterioração do bem. Não se pode esquecer que a norma visa à preservação da substância e, se esta não for afetada, perde sentido a restrição, em homenagem ao princípio da boa-fé objetiva e da função social do negócio jurídico.

A alteração da destinação, segundo consta do artigo, está subordinada à expressa autorização do proprietário, a qualquer tempo, inclusive constando desde logo do próprio título.

Embora não mais mencione o artigo que o usufruto legal escapa de tal limitação, a regra está implícita no ordenamento. O usufruto legal dos pais sobre os bens dos filhos menores sujeitos ao poder familiar abrange a prerrogativa de dirigir a pessoa e os bens do menor, sempre em seu proveito. Não faz sentido, por isso, que esteja o pai proibido de dar destinação econômica diversa ao bem do filho, mesmo porque este somente pode concordar representado pelo próprio genitor.

## CAPÍTULO III
## DOS DEVERES DO USUFRUTUÁRIO

O capítulo em estudo disciplina os deveres do usufrutuário, que podem ser, quanto ao tempo, contemporâneos ao nascimento, à execução ou à extinção do usufruto. Alguns dos artigos se aplicam a todas as modalidades de usufruto, enquanto outros se limitam a certas espécies (CARVALHO SANTOS, J. M. *Código Civil brasileiro interpretado*, 5. ed. Rio de Janeiro, Freitas Bastos, 1953, v. IX, p. 413).

**Art. 1.400. O usufrutuário, antes de assumir o usufruto, inventariará, à sua custa, os bens que receber, determinando o estado em que se acham, e dará caução, fidejussória ou real, se lha exigir o dono, de velar-lhes pela conservação, e entregá-los findo o usufruto.**

**Parágrafo único. Não é obrigado à caução o doador que se reservar o usufruto da coisa doada.**

O artigo em exame corresponde ao art. 729 do CC/1916, sem nenhuma alteração em seu *caput*. O parágrafo único corresponde ao inciso I do art. 731 do revogado Código, que contemplava outras hipóteses, agora não renovadas, de dispensa da caução.

Reúne o preceito dois deveres prévios do usufrutuário, exigíveis antes mesmo do início do exercício do usufruto, embora depois de sua constituição. Tais deveres são dispositivos, de modo que podem ser dispensados por convenção entre as partes. Nenhum deles impede o exercício do usufruto, embora acarretem sanções diversas.

O primeiro dever do usufrutuário é o de inventariar, à sua custa, os bens que receber. Isso porque o usufrutuário recebe a coisa como se acha e deve devolvê-la depois de certo tempo. Visa o inventário, assim, a constatar quais são os bens dados em usufruto, em que quantidade e em que estado eles se encontram, com o propósito de evitar controvérsia no momento da devolução. Disso decorre que inventariar é um dever e um direito do usufrutuário, porque reverte em seu proveito. Inventariar é descrever quais são os bens, enumerá-los, dar a sua qualidade e quantidade e, em especial, descrever o seu estado atual, embora seja dispensável mencionar o seu valor. As despesas com a realização do inventário correm por conta do usufrutuário, salvo se os bens já se encontrarem inventariados por causa diversa, como no caso do herdeiro que entrega legado de usufruto ao usufrutuário. Pode constar do próprio título ou de ato escrito posterior. O proprietário tem direito de participar da vistoria, para a qual deve ser notificado, assim como dela discordar, caso em que cabe decisão judicial.

E quais as consequências da ausência de inventário? Uma delas é que o inventário pode ser exigido como obrigação de fazer pelo proprietário, em especial se o exercício já se iniciou. Outra consequência divide a doutrina, embora a melhor corrente, capitaneada por Pontes de Miranda, entenda caber ao proprietário a exceção do contrato não cumprido. Enquanto não se prestar inventário, inexigível é a entrega da posse ao usufrutuário (PONTES DE MIRANDA, F. C. *Tratado de direito privado*, 4. ed. São Paulo, RT, 1977, t. XIX, p. 108). Em caso de omissão, quando não feito ou reclamado por qualquer das partes, presume-se que os bens entregues se achavam em bom estado, cabendo ao usufrutuário, no momento da devolução, destruir essa presunção relativa.

O segundo dever do usufrutuário é prestar caução, real ou fidejussória, para as duas principais obrigações assumidas, quais sejam, de conservação e devolução do bem, no momento em que se extinguir o usufruto. O proprietário diz se quer ou não a prestação de caução, que não é decorrência automática do usufruto, mas depende da exigência do dono. Ainda que dispensada num primeiro momento, pode o proprietário exigi-la durante o exercício do usufruto, desde que haja risco concreto de dissipação ou deterioração dos bens. O usufrutuário, exigida a caução, tem o direito de escolher qual modalidade de garantia prestará, desde que idônea. O descumprimento do dever de prestar garantia não impede o exercício do usufruto, mas apenas retira do usufrutuário o poder de administrar, como será analisado no artigo seguinte.

O parágrafo único reza que no usufruto *deducto*, ou seja, proveniente de doação com reserva, dispensa-se o doador usufrutuário da garantia. Apenas ressalva-se que a regra não atinge negócios a título oneroso. Há omissão quanto ao usufruto legal, que era expressamente mencionado no CC/1916, mas o melhor entendimento é o de que, apesar do silêncio do legislador, há certa incompatibilidade entre o usufruto que deriva diretamente da lei, em razão de fato ou situação jurídica, e a caução que deriva de exigência do proprietário. Além disso, a falta de caução poderia limitar o usufruto legal, que, por sua vez, tem incidência e regime cogentes (NASCIMENTO, Tupinambá Miguel Castro do. *Usufruto*, 2. ed. Rio de Janeiro, Aide, 1983, p.84).

Cabem breves observações sobre as obrigações do usufrutuário – conservar e devolver – que recebem a caução. Na lição clássica de Carvalho Santos, deve o usufrutuário, como bom pai de família, responder pela perda ou deterioração do bem a que der causa, ainda que por culpa leve. Deve, mais, restituir a coisa incólume ao dono findo o usufruto, mantida a sua substância, sem alterações nas suas qualidades fundamentais, como visto no comentário ao artigo anterior.

**Art. 1.401. O usufrutuário que não quiser ou não puder dar caução suficiente perderá o direito de**

**administrar o usufruto; e, neste caso, os bens serão administrados pelo proprietário, que ficará obrigado, mediante caução, a entregar ao usufrutuário o rendimento deles, deduzidas as despesas de administração, entre as quais se incluirá a quantia fixada pelo juiz como remuneração do administrador.**

A regra é simples. Caso o usufrutuário descumpra o seu dever de prestar caução suficiente, ainda que por impossibilidade de fazê-lo, pode exercer o usufruto, mas perde parte de suas prerrogativas para o nu-proprietário. Perde o poder de administrar o usufruto, de escolher qual destino dará ao bem. Remanesce o direito de receber os frutos e rendimentos da coisa, cuja administração passa ao dono, ou a terceiro que indicar. Nada impede que, a qualquer tempo, enquanto durar o usufruto, cumpra o usufrutuário seu dever de prestar caução e obtenha ou recobre a administração.

A parte final do artigo inverte a caução, que deve ser agora prestada pelo nu-proprietário ao usufrutuário, como garantia do repasse das rendas, sem, no entanto, cominar sanção para o caso de inadimplemento. Duas soluções são possíveis. A primeira, mais operativa e simples, é a de compensar os inadimplementos e devolver a administração ao usufrutuário. A segunda é a de entregar a administração a terceira pessoa, dispensando-a de qualquer caução.

**Art. 1.402. O usufrutuário não é obrigado a pagar as deteriorações resultantes do exercício regular do usufruto.**

As coisas em geral, umas mais, outras menos, se deterioram ou se depreciam naturalmente em razão da passagem do tempo e de sua utilização. Se o exercício do usufruto é regular, não responde o usufrutuário pelas deteriorações. Não fosse assim, estaria tolhido em seus direitos básicos de usar e fruir. Do mesmo modo, não responde pela perda ou deterioração ocorridas sem culpa, ou decorrentes de caso fortuito ou força maior, porque a coisa se perde para o dono *(res perit domino)*.

Como alerta Carvalho Santos, o proprietário não recebe menos do que entregou, como parece à primeira vista. Recebe a mesma coisa, apenas gasta, depreciada por seu uso normal, como, de resto, também estaria se tivesse continuado em suas mãos, em razão da natural deterioração pela exploração ordinária e pelo decurso do tempo (*Código Civil brasileiro interpretado*, 5. ed. Rio de Janeiro, Freitas Bastos, 1953, v. IX, p. 434).

Indispensável, porém, que o desgaste e a deterioração sejam produto natural do uso normal e do decurso do tempo. Se decorrentes de qualquer ato imputável ao usufrutuário, quer comissivo, quer omissivo, ainda que com culpa leve, ou por falta de conservação que lhe incumbia, ou por alteração da destinação econômica sem anuência do dono, os riscos se deslocam inteiramente, gerando o dever de indenizar, ou de repor o bem em seu estado normal. Em termos diversos, o exercício irregular do usufruto, em qualquer de suas modalidades, constitui ato ilícito e obriga o usufrutuário a indenizar.

**Art. 1.403. Incumbem ao usufrutuário:**
**I – as despesas ordinárias de conservação dos bens no estado em que os recebeu;**
**II – as prestações e os tributos devidos pela posse ou rendimento da coisa usufruída.**

O artigo em exame corresponde ao art. 733 do CC/1916, sem alterações substanciais. Apenas o inciso II recebeu nova redação, mais técnica e adequada aos encargos do usufruto.

O inciso I atribui ao usufrutuário o encargo de arcar com as despesas ordinárias de conservação. Lembre-se, porém, que o preceito é complementado pelo art. 1.404. Além de ordinárias, as despesas também devem ser módicas. Por ordinárias se entendem aquelas despesas normais para a conservação do bem, as de mera manutenção no estado em que se encontra, evitando a deterioração ou o desgaste acentuado. As despesas ordinárias, embora deva-se evitar um rol casuístico, têm as marcas da previsibilidade, periodicidade e regularidade.

Tupinambá Miguel Castro do Nascimento exemplifica como ordinárias as despesas como a pintura de um prédio ou a lavagem de um carro, ou a troca de seus pneus ou amortecedores, pois ocorrem dentro de certo período e são suscetíveis de previsão. O conserto da estrutura de um prédio ou a retífica de um motor com baixa quilometragem, por sua vez, são extraordinários, porque irregulares e imprevisíveis (*Usufruto*, 2. ed. Rio de Janeiro, Aide, 1983, p. 88-9). Já o conceito de modicidade é dado pelo próprio legislador no art. 1.404, comentado adiante.

O inadimplemento do usufrutuário confere ao nu-proprietário a pretensão de exigir compulsoriamente a realização de despesas, ou que as faça diretamente e as cobre do devedor. Além disso, se a falta de manutenção colocar a coisa em risco, o nu-proprietário pode exigir caução, ou mesmo a extinção do usufruto. A regra, todavia, deve sempre ser interpretada em atenção ao princípio da boa-fé objetiva, na sua função de controle, evitando desproporção entre o descumprimento da obrigação e as suas consequências.

O inciso II confere ao usufrutuário o encargo de arcar com o pagamento de prestações e tributos que incidam sobre o imóvel ou a sua renda. Como prestações, tomem-se o pagamento das despesas ordinárias de condomínio, foros, no caso de imóvel enfitêutico, assim como tarifas sobre serviços públicos. Como tributos incidentes sobre o imóvel, tomem-se o IPTU e o imposto territorial rural, inteiramente a cargo do usufrutuário. Como tributos incidentes sobre a renda, tomem-se o imposto de renda e eventuais contribuições sobre o lucro de pessoa jurídica.

**Jurisprudência:** Havendo usufruto, caberá ao usufrutuário pagar a cota-parte relativa às despesas ordinárias de conservação e administração da unidade autônoma e ao nu-proprietário as despesas extraordinárias. Consequentemente, cada um tem legitimidade para comparecer às assembleias e votar sobre os encargos que lhe couberem (arts. 733 e 734 do CC). (TJSP, Ap. Cível n. 0205634-09.2008.8.26.0100, 30ª Câm. de Dir. Priv., rel. Des. Edgard Rosa, j. 08.06.2011)

Ação de indenização por perdas e danos. Improcedência. Inconformismo. Cabimento parcial. Ré tem direito ao usufruto da quarta parte dos bens do cônjuge falecido. Ré tem que concorrer no pagamento das despesas de manutenção do telhado, na mesma proporção de seu usufruto. Apelação parcialmente provida. (TJSP, Ap. Cível c/ Rev. n. 310.857.4000, rel. Ribeiro da Silva, j. 28.06.2007)

Condomínio. Despesas condominiais. Cobrança. Usufruto. Simples alegação sem comprovação. Responsabilidade solidária entre o eventual nu-proprietário e a usufrutuária pelo pagamento das cotas condominiais, filho e mãe respectivamente. Reconhecimento. Ajuizamento da ação também em face da usufrutuária. Desnecessidade. Procedência da ação mantida. (TJSP, Ap. s/ Rev. n. 965.465.700, rel. Jayme Queiroz Lopes, j. 17.05.2007)

Agravo de instrumento. Execução fundada no descumprimento de condenação imposta em ação de cobrança de despesas de condomínio. Pleito de "extinção de usufruto", deduzido pelo condomínio-credor, com base no art. 1.410, VII e VIII, do CC. Total inconsistência. Extinção de usufruto fundada nos citados dispositivos de legitimidade ativa exclusiva do nu-proprietário. Pedido, ademais, reclamando a instauração de específica ação de conhecimento, tanto porque não guarda nenhuma relação com o instituto da fraude de execução, do que, aliás, nem sequer cogita o credor. Indeferimento mantido. (TJSP, AI n. 109.695.9800, rel. Ricardo Pessoa de Mello Belli, j. 13.02.2007)

A obrigação de pagar a taxa de despesas de condomínio é *propter rem*, atingindo o proprietário ou o compromissário comprador que atualmente ocupa o imóvel, independentemente do período. Acordo de divórcio (compromisso do casal compromissário comprador de doar o imóvel ao filho, com usufruto do varão), que não atinge direitos de terceiro. Apelos improvidos. (TJSP, Ap. s/ Rev. n. 102.885.2900, rel. Dyrceu Cintra, j. 22.01.2007)

Recurso especial. Tributário. Imposto predial e territorial urbano. Usufruto. Legitimidade passiva do usufrutuário. Precedente deste sodalício. Segundo lição do saudoso mestre Pontes de Miranda, "o direito de usufruto compreende o usar e fruir, ainda que não exerça, e a pretensão a que outrem, inclusive o dono, se o há, do bem, ou do patrimônio, se abstenha de intromissão tal que fira o uso e a fruição exclusivos. É direito, *erga omnes*, de exclusividade do usar e do fruir". O renomado jurista perlustra, ainda, acerca do dever do usufrutuário de suportar certos encargos, que "os encargos públicos ordinários são os impostos e taxas, que supõem uso e fruto da propriedade, como o imposto territorial e o predial". Na mesma linha de raciocínio, este STJ, ao apreciar a matéria, assentou que, "em tese, o sujeito passivo do IPTU é o proprietário e não o possuidor, a qualquer título [...]. Ocorre que, em certas circunstâncias, a posse tem configuração jurídica de título próprio, de investidura do seu titular como se proprietário fosse. É o caso do usufrutuário que, como todos sabemos, tem a obrigação de proteger a coisa como se detivesse o domínio" (REsp n. 203.098/SP, rel. Min. Carlos Alberto Menezes Direito, *DJ* 08.03.2000). Destarte, nas hipóteses de usufruto de imóvel, não há falar em solidariedade passiva do proprietário e do usufrutuário no tocante ao imposto sobre a propriedade predial e territorial urbana quando apenas o usufrutuário é quem detém o direito de usar e fruir exclusivamente do bem. Recurso especial improvido (STJ, REsp n. 691.714/SC, 2ª T., rel. Min. Franciulli Netto, j. 22.03.2005, v.u.). (*RSTJ* 195/244)

Usufruto. Pagamento do IPTU. 1 – O usufrutuário, que colhe os proveitos do bem, é o responsável pelo pagamento do IPTU, nos termos do art. 733, II, do CC, na proporção de seu usufruto (STJ, REsp n. 203.098/SP, 3ª T., rel. Min. Carlos Alberto Menezes Direito, j. 09.12.1999, v.u., *DJ* 08.03.2000, p. 106). (*Lex-STJ* 130/229)

**Art. 1.404. Incumbem ao dono as reparações extraordinárias e as que não forem de custo módico; mas o usufrutuário lhe pagará os juros do capital**

**despendido com as que forem necessárias à conservação, ou aumentarem o rendimento da coisa usufruída.**

**§ 1º Não se consideram módicas as despesas superiores a dois terços do líquido rendimento em um ano.**

**§ 2º Se o dono não fizer as reparações a que está obrigado, e que são indispensáveis à conservação da coisa, o usufrutuário pode realizá-las, cobrando daquele a importância despendida.**

---

O artigo em exame corresponde ao art. 734 do CC/1916, com redação idêntica em seu *caput* e § 1º. A novidade está na adição do § 2º, que regula a possibilidade de o usufrutuário efetuar por conta própria as reparações que cabem ao proprietário, para posteriormente ser ressarcido.

Como já mencionado no comentário ao artigo anterior, para que as reparações incumbam ao usufrutuário, devem atender a dois requisitos cumulativos: ser ordinárias e módicas. Via de consequência, as reparações extraordinárias e as ordinárias que não forem módicas ficam a cargo do proprietário.

Claro que, se o usufrutuário deu causa aos estragos que exigem a reparação, por culpa, ainda que leve, tal critério é desprezado e o usufrutuário deve assumir, em razão do ato ilícito, a reparação integral. Além disso, a norma em exame é dispositiva, de tal modo que nada impede que as partes convencionem em sentido contrário. Em poucas palavras, o critério legal somente se aplica aos casos em que não houver disposição em contrário no título ou em negócio posterior entre as partes e quando resultar do fortuito ou do estrago natural da coisa.

Vimos no comentário ao artigo anterior o que são despesas ordinárias. Para evitar a incerteza que o termo indeterminado despesa módica, ou pequena, certamente acarretaria, tratou o legislador de fixar seu conceito, no § 1º: são módicas as despesas superiores a dois terços do líquido rendimento de um ano. A contagem de um ano, segundo Tupinambá Miguel Castro do Nascimento, é aquela "que vai, retrocedendo, do dia em que a necessidade da reparação apareceu, até o mesmo mês e dia do ano antecedente" (*Usufruto*, 2. ed. Rio de Janeiro, Aide, 1983, p. 89).

O § 2º do artigo em exame supre lacuna do CC/1916, disciplinando a sanção que sofre o proprietário que deixa de fazer as reparações que lhe incumbem. Faculta agora a lei ao usufrutuário, desde que as reparações sejam necessárias à conservação da coisa – excluindo, portanto, as úteis e voluptuárias –, que as faça por sua própria conta e as cobre posteriormente do proprietário. Lembre-se, porém, que a lei confere um direito ao usufrutuário. Nada impede que este permaneça inerte, correndo o proprietário o risco com a deterioração ou perda da coisa, do que não poderá reclamar.

A parte final do *caput* confere ao proprietário que realize despesas com reparações necessárias à conservação da coisa, ou que aumentarem o seu rendimento, a possibilidade de cobrar do usufrutuário juros do capital despendido. Radica-se a regra no fato de o dono ter interesse na preservação da substância, mas a despesa reverter em proveito imediato do usufrutuário. Os juros são os legais, nada impedindo que as partes convencionem juros diversos, desde que respeitadas à norma cogente da Lei da Usura.

---

**Art. 1.405. Se o usufruto recair num patrimônio, ou parte deste, será o usufrutuário obrigado aos juros da dívida que onerar o patrimônio ou a parte dele.**

---

O artigo em exame corresponde ao art. 736 do CC/1916, com expressiva alteração. Não mais trata dos juros incidentes sobre usufruto de coisa singular, mas somente de patrimônio ou parte dele, vale dizer, universalidade de direito.

A regra é no sentido de que aquele que adquire usufruto sobre patrimônio ou parte dele, que constitui universalidade de direito, sucede a título universal, razão pela qual se obriga pessoalmente pelos juros da dívida que eventualmente onerar tal patrimônio.

Note-se que a regra diz respeito apenas aos juros, pelos quais responde pessoalmente o usufrutuário. Óbvio que, se for o usufruto constituído em fraude de credores ou de execução, será ineficaz frente aos credores, cabendo ao usufrutuário apenas o direito de remir a dívida, para a persistência do direito real.

---

**Art. 1.406. O usufrutuário é obrigado a dar ciência ao dono de qualquer lesão produzida contra a posse da coisa, ou os direitos deste.**

---

Constitui o artigo em exame novidade, sem correspondência com regras do velho CC.

A regra complementa o dever do usufrutuário de restituir a coisa no mesmo estado em que a recebeu. A incolumidade diz respeito não só ao estado físico, como também à integridade jurídica. Decorre daí o dever do usufrutuário de cientificar o dono de toda e qualquer agressão injusta à posse, assim como de qualquer outra afronta que possa atingir os direitos deste, como, por exemplo, ofensa a direito de vizinhança, penhoras e arrestos.

Lembre-se que o usufrutuário, na qualidade de possuidor direto da coisa, pode usar da tutela possessória, ou das ações de vizinhança em nome próprio, o que não o exonera de cientificar o proprietário, para que este, como assistente, possa exercer os direitos que entenda corretos.

Note-se que tal dever já era implícito no velho CC, tanto assim que Caio Mário da Silva Pereira, ao arrolar os deveres do usufrutuário, afirma que "compete ao usufrutuário defender a coisa usufruída, repelir as ocupações e as vias de fato de terceiros, impedir a constituição de situações jurídicas adversas ao nu-proprietário, avisar o proprietário das pretensões de terceiros, exercer o que seja mister para que não pereçam as servidões ativas, obstar que se criem servidões passivas, abster-se de tudo que possa danificar a coisa, diminuir-lhe o valor, ou restringir as faculdades residuais do proprietário (*Instituições de direito civil* – direitos reais, 18. ed. Rio de Janeiro, Forense, 2003, v. IV, p. 302).

---

**Art. 1.407. Se a coisa estiver segurada, incumbe ao usufrutuário pagar, durante o usufruto, as contribuições do seguro.**

**§ 1º Se o usufrutuário fizer o seguro, ao proprietário caberá o direito dele resultante contra o segurador.**

**§ 2º Em qualquer hipótese, o direito do usufrutuário fica sub-rogado no valor da indenização do seguro.**

---

O artigo em exame corresponde ao art. 735 do CC/1916, com alteração mínima, de cunho meramente gramático.

Constata-se, de início, que o seguro da coisa dada em usufruto é meramente facultativo, não constituindo obrigação do usufrutuário fazê-lo, salvo convenção a respeito no título. Pode ocorrer, porém, de a coisa já se encontrar segurada, quando da constituição do usufruto, caso em que ao usufrutuário incumbirá o pagamento do prêmio.

Pode o usufrutuário contratar o seguro da coisa usufruída, mas eventual indenização será paga ao proprietário, em típica estipulação em favor de terceiro.

Em qualquer hipótese, quer seja o seguro feito pelo usufrutuário, quer pelo nu-proprietário, ocorrido o sinistro, o usufrutuário fica sub-rogado no valor da indenização do seguro.

**Jurisprudência:** Direito civil. Usufruto. Destruição da coisa. Incêndio. Seguro firmado. Recebimento da indenização. Usufrutuário. Legitimidade. Sub-rogação legal. Arts. 735, 737 e 739, IV, do CC. Doutrina. Circunstâncias da causa. Recurso desacolhido. Havendo previsão legal da sub-rogação do usufrutuário à indenização, quando, segurada a coisa, sem razão negar-se sua legitimidade para obter diretamente da seguradora o recebimento do *quantum* indenizatório, notadamente na espécie, em que o imóvel foi reconstruído e não há notícia de controvérsia entre os nu-proprietários do bem (seus filhos) e a usufrutuária. (STJ, REsp n. 317.504/RJ, 4ª T., rel. Min. Sálvio de Figueiredo Teixeira, j. 02.08.2001)

---

**Art. 1.408. Se um edifício sujeito a usufruto for destruído sem culpa do proprietário, não será este obrigado a reconstruí-lo, nem o usufruto se restabelecerá, se o proprietário reconstruir à sua custa o prédio; mas se a indenização do seguro for aplicada à reconstrução do prédio, restabelecer-se-á o usufruto.**

---

O artigo em exame corresponde ao art. 737 do CC/1916, com poucas alterações substanciais.

A regra é simples. Se o prédio dado em usufruto for destruído sem culpa do nu-proprietário e por este reconstruído, como o investimento e o dispêndio do capital são novos e sem contribuição do usufrutuário, o usufruto não se restabelece.

Caso, porém, esteja o prédio segurado, por quem quer que seja, e o produto da indenização, no qual se sub-roga o seguro, for invertido na reconstrução do prédio, o usufruto se restabelecerá.

---

**Art. 1.409. Também fica sub-rogada no ônus do usufruto, em lugar do prédio, a indenização paga, se ele for desapropriado, ou a importância do dano, ressarcido pelo terceiro responsável no caso de danificação ou perda.**

---

Disciplina o artigo três causas de sub-rogação do usufruto: desapropriação e indenização pagas por terceiro que causar a perda ou danificação da coisa usufruída.

A desapropriação é modo originário de aquisição da propriedade, de forma que não subsiste o direito real de usufruto em face do expropriante. Em contrapartida, há o imperativo legal do pagamento do justo preço, de maneira que o patrimônio do proprietário muda qualitativamente, mas não quantitativamente. Decorrência disso é que sobre a quantia paga se sub-roga o usufruto, que passa a recair sobre bem fungível, a ser restituído, devidamente atualizado, quando da extinção do direito real. Anota Carvalho Santos, e com razão, que, se parte da indenização for paga ao usufrutuário pelo não recebimento dos frutos durante certo período, tal valor, assim como ocorreria com os frutos, pertence ao usufrutuário.

Igual fenômeno ocorre no caso de perda ou deterioração da coisa usufruída, causada por ato ilícito de terceiro. A indenização paga por terceiro é também onerada pelo usufruto, lembrando que, se houver mera danificação, o valor é invertido na recuperação da coisa. Se o terceiro for insolvente, o usufruto se extingue.

**Jurisprudência:** Usufruto. Imóvel sob nua-propriedade do réu e usufruto vitalício de sua mãe. Desapropriação do bem que leva à aplicação da regra do art. 738 do CC antigo. Entrega, entretanto, do valor da indenização pela mãe ao filho. Pretensão dos outros filhos a receber parte dos rendimentos produzidos por esse capital, já que o réu nunca os entregava à mãe. Inexistência de tal direito. O usufrutuário não é obrigado a fruir do bem, podendo deixar de fazê-lo a título de liberalidade a favor do nu-proprietário. Recurso do réu provido para julgar improcedente a ação. (TJSP, Ap. Cível n. 167.776-4/4-00, rel. Morato de Andrade, j. 27.02.2007)

Indenização. Imóvel desapropriado. Vínculo de usufruto sobre o mesmo. Sub-rogação na indenização. Pedido de levantamento dos juros e correção monetária. Deferimento. Impossibilidade. Decisão reformada para determinar o levantamento tão só dos juros. (TJSP, *RT* 684/184)

## CAPÍTULO IV
## DA EXTINÇÃO DO USUFRUTO

**Art. 1.410. O usufruto extingue-se, cancelando-se o registro no Cartório de Registro de Imóveis:**

**I – pela renúncia ou morte do usufrutuário;**

**II – pelo termo de sua duração;**

**III – pela extinção da pessoa jurídica, em favor de quem o usufruto foi constituído, ou, se ela perdurar, pelo decurso de trinta anos da data em que se começou a exercer;**

**IV – pela cessação do motivo de que se origina;**

**V – pela destruição da coisa, guardadas as disposições dos arts. 1.407, 1.408, 2ª parte, e 1.409;**

**VI – pela consolidação;**

**VII – por culpa do usufrutuário, quando aliena, deteriora, ou deixa arruinar os bens, não lhes acudindo com os reparos de conservação, ou quando, no usufruto de títulos de crédito, não dá às importâncias recebidas a aplicação prevista no parágrafo único do art. 1.395;**

**VIII – pelo não uso, ou não fruição, da coisa em que o usufruto recai (arts. 1.390 e 1.399).**

O artigo em exame corresponde ao art. 739 do CC/1916, com diversas alterações, acrescentando e modificando causas de extinção do usufruto.

Vimos anteriormente que o usufruto é sempre temporário, vedada por norma cogente a perpetuidade. Há causas previstas no próprio negócio de constituição e outras na lei, que levam à extinção.

O *caput* do art. 1.410 reza que, se o usufruto recai sobre coisa imóvel, a causa não opera por si só a extinção, mas deve ser levada ao registro imobiliário. O registro, salvo o caso do usufruto legal, da usucapião e com origem em sucessão hereditária, é constitutivo do direito real, de modo que, para a simetria do sistema, deve a causa extintiva ser averbada no registro imobiliário, para que produza efeito *erga omnes*. Note-se que a averbação da causa deve ser feita mesmo no caso de usufruto adquirido por usucapião ou sucessão hereditária, se foi este levado a registro por mandado judicial, em homenagem ao que dispõem o art. 252 da Lei n. 6.015/73 e o art. 1.245, § 2º, do CC. De outro lado, a extinção do usufruto incidente sobre bens móveis se opera pela incidência da causa, independentemente de qualquer ato ulterior, por falta de previsão legal.

Tal regra produz relevantes consequências, especialmente em relação a terceiros. Tupinambá de Castro Nascimento dá diversos exemplos de efeitos de usufruto cuja causa extintiva já se operou, mas sem averbação do cancelamento no registro imobiliário. Tome-se o caso de usufruto a termo, cujos frutos colhidos após decurso do prazo pertencem ao proprietário, mas que podem ser penhorados pelo terceiro credor do usufrutuário, enquanto não se averbar o cancelamento. Também o contrato de cessão de exercício de natureza pessoal – comodato ou locação – entre o usufrutuário e terceiro não pode ser denunciado pelo proprietário, antes da averbação do cancelamento. Em termos diversos, o usufruto ganha uma ultra-atividade após o advento da causa extintiva, mas antes do cancelamento (*Usufruto*, 2. ed. Rio de Janeiro, Aide, 1983, p. 121). Em relação às partes cientes da ocorrência da extinção, porém, os efeitos cessam com a causa e não com a averbação, de modo simétrico ao que ocorre com a constituição.

A primeira causa de extinção do usufruto é a morte do usufrutuário. O usufruto é constituído sobre a cabeça do usufrutuário e a este não sobrevive, salvo no caso de usufruto simultâneo com cláusula de acrescer, que será comentado no art. 1.411 a seguir. Trata-se de causa legal e de ordem pública, prevalecendo sobre eventual causa convencional, por exemplo, a morte que ocorre antes do termo negocial. A morte do nu-proprietário é irrelevante, porque, salvo disposição negocial expressa em sentido contrário, seus herdeiros recebem a coisa gravada por direito real. A morte do usufrutuário pode ser real ou presumida (art. 7º do CC) ou mesmo do caso de ausência, após operar-se a sucessão definitiva (art. 39 do CC). Não altera a questão a morte do usufrutuário causada ou buscada pelo nu-proprietário, porque não prospera o usufruto sem titular e, como direito personalíssimo, não se transmite aos herdeiros. Ocorrendo o óbito, a averbação do cancelamento do registro se faz mediante simples pedido formulado ao registrador, sem necessidade de intervenção judicial, não se aplicando o disposto no art. 725, VI, do CPC/2015 (art. 1.112, VI, do CPC/73), mas, sim, o disposto no art. 250, III, da Lei n. 6.015/73.

A segunda causa é a renúncia do usufrutuário, por ato unilateral, mas comunicada ao usufrutuário. Caso incida sobre coisa imóvel, a renúncia é solene, por instrumento público, e somente produz efeitos perante terceiros após averbação do cancelamento no registro imobiliário.

A terceira causa é pela incidência do termo de duração do usufruto. Não prevalece o termo se ocorrer antes a morte do usufrutuário. Embora não diga de modo expresso a lei, também o advento de condição resolutiva, aposta de modo convencional no título constitutivo, leva à extinção do usufruto. Acrescente-se, ainda, o caso de o usufruto ter sido constituído sobre imóvel com propriedade resolúvel. Resolvido o domínio, caem todos os direitos reais concedidos na sua pendência. Mais uma vez, o advento do termo e da condição comprovável de modo documental permite o cancelamento do registro independentemente de decisão judicial.

A quarta causa é a extinção da pessoa jurídica beneficiária do usufruto, quer de direito público, quer de direito privado. As sociedades irregulares, por lhes faltar personalidade jurídica, não são usufrutuárias, mas apenas os sócios que a compõem. Coloca a lei uma causa legal, impondo que o usufruto de pessoa jurídica não pode ultrapassar trinta anos, contados da data do início do exercício. Foi o prazo reduzido de cem para trinta anos, somente incidente sobre os usufrutos constituídos na vigência do CC/2002, porque, em relação aos antigos, há ato jurídico perfeito. Nada impede que as partes convencionem prazo inferior a trinta anos. O que não se admite é a convenção por prazo superior, porque a norma é cogente, de modo que o termo é automaticamente reduzido, sem invalidar, no entanto, a própria constituição do direito real.

A quinta causa é pela cessação do motivo que originou o usufruto. Embora divirja a doutrina tradicional a respeito, o melhor entendimento, já referendado pelo STF (*RTJ* 101/377), é no sentido de que a causa em exame se aplica tanto ao usufruto convencional como ao legal. O motivo a que alude a lei é o externo, determinante e comum a ambas as partes, desprezadas as razões íntimas, subjetivas e individuais. No dizer de Orlando Gomes, é a razão o móvel determinante que move as partes a realizar determinado contrato (*Contratos*, 12. ed. Rio de Janeiro, Forense, 1987, p. 61). No usufruto legal, tome-se como exemplo a cessação do poder familiar, que extingue o usufruto do pai sobre os bens dos filhos. No usufruto convencional, tome-se como exemplo, citado por Clóvis, o usufruto instituído para que o usufrutuário conclua seus estudos, ou realize determinada pesquisa científica. O cancelamento, aqui, pode exigir intervenção judicial, se a cessação do motivo determinante depender de exame de fatos não provados documentalmente e de modo cabal, inviáveis de serem aferidos pelo registrador na esfera administrativa. A alteração da redação do dispositivo provocou dúvida em doutrina, sobre a necessidade do motivo determinante ser ou não declarado no título. Razoável entender a desnecessidade do motivo determinante ser expresso, bastando que seja inequívoco e comum a ambas as partes, não sendo suficiente as simples razões íntimas e psicológicas do nu-proprietário (*v.*, a respeito, GARBI, Carlos Alberto. *Relação jurídica de direito real e usufruto*. São Paulo, Método, 2008, p. 278).

A sexta causa é a destruição da coisa, que causa a perda do objeto, ressalvadas as hipóteses de sub-rogação, previstas nos arts. 1.407, 1.408 e 1.409, anteriormente comentados. Nos casos em que há sub-rogação – seguro, desapropriação e culpa de terceiro, que indeniza o proprietário –, o usufruto se transfere para o bem sub-rogado, com todas suas características e sem solução de continuidade. Embora fale a lei em destruição – o mais adequado seria perecimento –, o melhor entendimento é no sentido de que não há necessidade de ser total. A perda parcial ou a deterioração grave, que comprometa a qualidade frugífera ou a possibilidade de exploração, também conduzem à extinção, pela incompatibilidade de o usufrutuário extrair as utilidades da coisa. Embora haja controvérsia na doutrina, a transformação radical da coisa não equivale à destruição, desde que persistam as qualidades frugíferas e o interesse do usufrutuário.

A sétima causa é a consolidação, que nada mais é do que a reunião, na mesma pessoa, das qualidades de nu-proprietário e usufrutuário. Pode ocorrer em razão de o usufrutuário adquirir a nua-propriedade, por qualquer razão, ou o inverso, de o nu-proprietário adquirir o usufruto. Como vimos no comentário ao art. 1.393, a inalienabilidade do usufruto não tem nenhuma incompatibilidade com a extinção por consolidação. O que proíbe a norma cogente é que o direito real de usufruto sobreviva sob a titularidade de terceiro, porque é personalíssimo do usufrutuário. A transmissão, porém, se admite quando provocar a extinção do usufruto por consolidação. São os casos da aquisição do usufruto a título gratuito ou oneroso pelo nu-proprietário, ou, então, de um terceiro que adquira simultaneamente a nua-propriedade e o usufruto, consolidando a propriedade em suas mãos. Não há aí propriamente alienação do direito real, mas sim modo de sua extinção por consolidação.

A oitava causa é a culpa do usufrutuário, que aliena, deteriora ou deixa arruinar os bens, ao não promover os cuidados de reparação. A novidade do inciso está em adicionar a hipótese do usufruto dos títulos de crédito, quando o usufrutuário não dá ao crédito recebido a regular aplicação prevista em lei. Constata-se que em todos os casos há inadimplemento do usufrutuário, ou na forma de abuso de exercício – alienação – ou na forma de mau uso – deterioração – dos bens entregues ao seu proveito. Vimos em comentário ao art. 1.393 que a alienação do usufruto é nula, salvo nos casos de consolidação. O que a lei pune, portanto, é a tentativa de alienação, ainda que o nu-proprietário recupere a coisa em poder de terceiro. Já as deteriorações devem ser visíveis, duráveis e culposas. A conduta é sempre culposa, o que exige investigação de fato imputável ao usufrutuário, necessariamente na via judicial, descabendo o pedido de cancelamento direto ao oficial registrador. Além disso, não é a extinção automática, porque pressupõe a iniciativa do nu-proprietário, que, aliás, tem a opção de exigir a reparação, a extinção ou os dois pedidos cumulativos. Como alerta Carvalho Santos, tem o juiz ampla liberdade ao examinar os atos culposos do devedor, especialmente a sua gravidade. Pode, assim, determinar a extinção pura e simples, como a extinção apenas de uma parte, manter o usufrutuário na posse dos bens, mas obrigando-o a reparar os danos, ou a prestar caução, ainda quando esta tenha sido anteriormente dispensada (*Código Civil brasileiro interpretado*, 5. ed. Rio de Janeiro, Freitas Bastos, 1953, v. IX). O não pagamento de tributos e despesas condominiais atribuíveis ao usufrutuário pode também colocar em risco jurídico de perda a coisa, em razão da excussão. Abre-se ao nu-proprietário a obrigação alternativa de pagar as dívidas e reavê-las do usufrutuário, ou de pedir a extinção do usufruto por conduta culposa.

Finalmente, a nona causa de extinção é o não uso, ou a não fruição da coisa em que o usufruto recai. No silêncio da lei, o prazo é o ordinário, previsto no art. 205 do CC. No regime do velho CC, havia na doutrina divergência sobre o prazo aplicável, se o ordinário para as pretensões pessoais (vinte anos) ou o decenal, ou quinzenal para as pretensões reais, com clara preferência pela última corrente, matéria ainda relevante, em razão de seus reflexos no direito intertemporal.

Deve haver distinção entre duas situações. A primeira é a inércia do usufrutuário de exercer a pretensão contra a violação de seu direito subjetivo de tirar o proveito do objeto do direito real de gozo e fruição. Em tal hipótese, o que se perde não é o direito material de usufruto, mas sim a pretensão de obter ou reaver o bem objeto do usufruto. Tanto isto é verdade, que se o bem objeto do usufruto cuja pretensão se encontra prescrita for voluntariamente entregue ao usufrutuário, não pode este ser compelido a devolvê-lo, tal como ocorre no pagamento de dívida prescrita. O prazo em tal hipótese será prescricional de dez anos e começa a correr da data em que deveria ter sido entregue o bem ao usufrutuário, ou da data em que o usufrutuário praticou o último ato de proveito em relação ao bem usufruído. Nada impede, de outro lado, que corra contra o nu-proprietário e contra o usufrutuário a prescrição aquisitiva por posse *ad usucapionem* de terceiro, pelos prazos previstos nos arts. 1.238 a 1.242, 1.260 e 1.261, de acordo com a natureza da coisa possuída.

A segunda situação é o simples não exercício do direito pelo usufrutuário, sem qualquer resistência do nu-proprietário ou de terceiros. Não há aqui pretensão, pois não houve violação a direito subjetivo, e o prazo será decadencial de dez anos, com termo inicial na data em que poderia o usufrutuário exercer o direito. Recente e relevante precedente do STJ transcrito a seguir, porém, entendeu que, na hipótese de inércia do usufrutuário, o prazo de extinção do usufruto é decadencial, mas não no prazo decenal. Como não assina a lei prazo de decadência, o prazo seria aferível caso a caso pelo juiz, levando em conta a finalidade social do instituto.

**Jurisprudência:** Enunciado n. 252, CEJ: A extinção do usufruto pelo não uso, de que trata o art. 1.410, VIII, independe do prazo previsto no art. 1.389, III, operando-se imediatamente. Tem-se por desatendida, nesse caso, a função social do instituto.

Apelação. Extinção de usufruto. Ação ajuizada pelos filhos contra o pai, sob o fundamento de desídia do usufrutuário que não realiza as benfeitorias, não paga tributos e não ocupa o bem. Parte do imóvel locado para terceiro para complementar a renda (a outra metade pertence a genitora que não se opõe a extinção). Percepção dos frutos autorizada pelo art. 1.395 do CC. Falta de manutenção não comprovada e pagamento do IPTU que depende de simples ajuste entre as partes, nada indicando que o réu deixará de cumprir a sua obrigação. Ação improcedente. Decisão mantida. Não provimento. (TJSP, Ap. Cível n. 1000751-57.2022.8.26.0629/Tietê, 4ª Câm. de Dir. Priv., rel. Enio Zuliani, j. 08.05.2024, publ. 08.05.2024)

Usufruto. Extinção. Existência de dívidas de IPTU em aberto incidentes sobre o imóvel e ausência de conservação deste pela usufrutuária. Constatação realizada por oficial de justiça, que certificou que apesar de o imóvel necessitar de alguns reparos, possui boas condições de uso. Ausência de conduta equivalente a abandono. Reparações estruturais de incumbência do nu-proprietário. Arts. 1.402 a 1.404 do CC. Regularização do pagamento do IPTU pela ré. Hipóteses do art. 1.410, VII, do CC não caracterizadas. Ação improcedente. Preliminar de nulidade da sentença não conhecida. Art. 282, § 2°, do CPC. Recurso provido. (TJSP, Ap. Cível n. 1000362-11.2021.8.26.0111/Cajuru, rel. Rui Cascaldi, j. 11.01.2024, 1ª Câm. de Dir. Priv., publ. 11.01.2024)

A morte de usufrutuário que arrenda imóvel, durante a vigência do contrato de arrendamento, sem a reivindicação possessória pelo proprietário, torna precária e injusta a posse exercida pelos seus sucessores, mas não constitui óbice ao exercício dos direitos provenientes do contrato de arrendamento pelo espólio perante o terceiro arrendatário (STJ, REsp n. 1.758.946/SP, rel. 3ª T., rel. Min. Marco Aurélio Bellizze, por unanimidade, j. 08.06.2021, *DJe* 11.06.2021).

O usufruto encerra relação jurídica em que o usufrutuário – titular exclusivo dos poderes de uso e fruição – está obrigado a exercer seu direito em consonância com a finalidade social a que se destina a propriedade. Inteligência dos arts. 1.228, § 1°, do CC e 5°, XXIII, da Constituição. No intuito de assegurar o cumprimento da função social da propriedade gravada, o CC, sem prever prazo determinado, autoriza a extinção do usufruto pelo não uso ou pela não fruição do bem sobre o qual ele recai. A aplicação de prazos de natureza prescricional não é cabível quando a demanda não tem por objetivo compelir a parte adversa ao cumprimento de uma prestação. Tratando-se de usufruto, tampouco é admissível a incidência, por analogia, do prazo extintivo das servidões, pois a circunstância que é comum a ambos os institutos – extinção pelo não uso – não decorre, em cada hipótese, dos mesmos fundamentos. A extinção do usufruto pelo não uso pode ser levada a efeito sempre que, diante das circunstâncias da hipótese concreta, se constatar o não atendimento da finalidade social do bem gravado. No particular, as premissas fáticas assentadas pelo acórdão recorrido revelam, de forma cristalina, que a finalidade social do imóvel gravado pelo usufruto não estava sendo atendida pela usufrutuária, que tinha o dever de adotar uma postura ativa de exercício de seu direito. (STJ, REsp n. 1.179.259/MG, rel. Min. Nancy Andrighi, j. 14.05.2013)

Usufruto. Extinção. Ação movida pela nua-proprietária contra a usufrutuária pela existência de débitos de condomínios e IPTUs do imóvel. Ainda que caiba à usufrutuária responder pelo pagamento do IPTU e condomínios (art. 1.403, II, CC), por ter a posse direta do imóvel, a nua-proprietária tem responsabilidade solidária pelos pagamentos, e poderia ser acionada pelo condomínio, por se tratar de obrigação *propter rem*, e pelo Fisco (art. 32, CTN), em conjunto ou isoladamente. Desta forma, a eventual possibilidade de perda do bem, por dívidas incidentes sobre o imóvel, também é de sua responsabilidade, cabendo-lhe pagar, e ressarcir-se regressivamente da usufrutuária, não podendo invocar tal causa para pleitear a extinção do usufruto, pois se assim fosse, muitos doadores, já em idade avançada e desprovidos de bens e recursos, acabariam simplesmente lançados à própria sorte, sob esta alegação, pela atitude incauta, de tempos antes, terem disposto de seu patrimônio, como é o caso da recorrente, nascida no ano de 1945, e que ainda trabalha para o seu sustento. Inexistência de risco iminente de perda do bem de forma a justificar a extinção do usufruto. Recurso provido. (TJSP, Ap. Cível n. 0037786-37.2006.8.26.0562, 1ª Câm. de Dir. Priv., rel. Des. Alcides Leopoldo e Silva, j. 08.05.2012)

Segundo a jurisprudência do STJ, o não pagamento de impostos incidentes sobre o imóvel usufruído, a que está obrigado o usufrutuário, conforme art. 1.403 do CC, equivalem à deterioração e ao abandono do bem, levando à extinção do usufruto (art. 1.410, VII, do CC), ante o descumprimento de dever legal imposto ao usufrutuário, ainda que se trate de usufruto vitalício. Apelação provida. (TJRS, Ap. Cível n. 70.034.838.631, 7ª Câm. Cível, rel. José Conrado Kurtz de Souza, j. 01.09.2010)

A exegese do inciso VII, do art. 1.410, do CC indica que se afigura plenamente possível a extinção de usufruto quando o usufrutuário não envida os cuidados necessários para a preservação do bem. No entanto, não é toda e qualquer deterioração que autoriza a extinção do usufruto, com fulcro em tal preceito. É preciso que seja uma deterioração anormal, a qual ultrapassa os limites do mero uso transmudando-se em manifesto abuso, o que não restou devidamente provado nos autos. (TJMG, Ap. Cível n. 1.0042.04.009338-9/001, rel. Cláudia Maia, j. 03.05.2007)

Usufruto. Extinção. Omissão reiterada da obrigação do usufrutuário. Não pagamento de taxas condominiais e impostos incidentes sobre o imóvel. Perigo de perecimento do bem evidenciado. Incidência, na hipótese, das disposições do art. 1.410, VII, do CC. Decisão mantida. Apelo improvido. (TJSP, Ap. Cível c/ Rev. n. 383.613-4/7-00/Santos, 2ª Câm. de Dir. Priv., rel. José Roberto Bedran, j. 14.03.2006, v.u.)

Tutela antecipada. Ação de extinção de usufruto cumulada com perdas e danos. Quebra do usufrutuário do dever de pagar tributos incidentes sobre o imóvel. Retomada liminar da administração do bem. Pedido de arresto sobre a renda de outros usufrutos incidentes sobre imóveis diversos. Concessão parcial da liminar, para efeito de atribuir de imediato a administração do imóvel às autoras, inclusive para que os aluguéis revertam no abatimento da dívida fiscal. Recurso provido em parte. (TJSP, AI n. 429.746.4/7-00, rel. Francisco Loureiro, j. 12.01.2006)

Usufruto. Extinção. Outorga vitalícia sem causa determinante expressa. Art. 739, III, do CC, inaplicável ao caso. Motivo da instituição mencionado no exórdio que, ademais, não se acha afastado. Sentença contrária à autora que se mantém. Recurso seu improvido, não conhecido o agravo retido. (TJSP, Ap. Cível n. 36.342-4, 5ª Câm. de Dir. Priv., rel. Ivan Sartori, j. 07.05.1998, v.u.)

Ação de cobrança. Valores vencidos pagos e a vencer referentes a aluguel e demais despesas decorrentes da impossibilidade de residir em imóvel cujo usufruto fora concedido por ocasião da separação consensual. Ausência de registro do usufruto em Cartório de Registro de Imóveis. Impossibilidade. Recurso não provido. (TJSP, Ap. Cível n. 30.985-4/Jardinópolis, 4ª Câm. de Dir. Priv., rel. Barbosa Pereira, j. 07.05.1998, v.u.)

A cessação da causa de que se origina o usufruto constitui modalidade de extinção desse direito real que se aplica tanto aos usufrutos legais como aos convencionais. 3 – Incidência das Súmulas ns. 5 e 7, STJ, quanto à imposição de a usufrutuária residir obrigatoriamente no imóvel objeto do usufruto e tocante à culpa da mesma pela má conservação do prédio. (STJ, REsp n. 133.189/CE, 4ª T., rel. Min. Barros Monteiro, j. 14.04.1998)

Registro de imóveis. Usufruto. Reconhecimento judicial de extinção em razão do falecimento da usufrutuária. Inadmissibilidade. Providência que pode ser obtida mediante simples requerimento ao Cartório de Registro Imobiliário. Carência decretada. Recurso não provido. A extinção do usufruto, pelo falecimento da usufrutuária, pode ser diretamente obtida no Cartório de Registro Imobiliário, instruindo-o, por óbvio, com certidão de óbito. Inexistindo, no caso, oposição de quem quer que seja, manifesta a falta de interesse processual, assim justificando o decreto de carência. (TJSP, Ap. Cível n. 200.650-1/Campinas, rel. Paulo Costa Manso, j. 15.12.1993)

Extinto, por morte do usufrutuário, o usufruto instituído por ato *inter vivos*, o cancelamento do gravame, no registro de imóveis, independe de prévia decisão judicial. (TJRJ, *RP* 27/270)

No mesmo sentido, *RTJ* 82/251, *RJTJRGS* 65/366, *RDI* 12/41, 13/86 e 9/130, entre outros.

Usufruto. Extinção. Reconhecimento judicial em razão do falecimento da usufrutuária. Inadmissibilidade. Providência que pode ser obtida mediante simples requerimento ao cartório de registro imobiliário. Carência decretada. Recurso não provido. (*JTJ* 155/137)

Usufruto. Renúncia. Promessa tácita. Execução específica prevista no art. 639 do CPC [revogado pela Lei n. 11.232/2005]. Não cabimento. Renúncia que deve ser expressa, cuidando-se, ademais, de ato unilateral. Recurso não provido. (*JTJ* 134/268)

Usufruto. Desistência. Imóvel. Necessidade de escritura pública. Hipótese, ademais, de usufrutuário analfabeto. Subsistência do usufruto. Sentença confirmada. (*JTJ* 122/44)

Usufruto. Extinção parcial. Morte do nu-proprietário deixando herdeiro testamentário. Consolidação do direito real nas mãos do usufrutuário ascendente do nu-proprietário apenas em relação à metade ideal do imóvel. Extinção total inadmissível. Aplicação do art. 739, V, do CC. (TJSP, *RT* 637/71)

---

**Art. 1.411. Constituído o usufruto em favor de duas ou mais pessoas, extinguir-se-á a parte em relação a cada uma das que falecerem, salvo se, por estipulação expressa, o quinhão desses couber ao sobrevivente.**

---

O artigo em exame corresponde ao art. 740 do CC/1916, com alteração apenas formal em sua redação, sem nenhuma mudança substancial. Disciplina o preceito a extinção do usufruto simultâneo e a exceção ao princípio de que o usufruto se extingue necessariamente com a morte do usufrutuário.

Prevê a norma que, no caso de usufruto simultâneo ou conjuntivo, qual seja, aquele constituído em favor de uma pluralidade de usufrutuários, a um só tempo, a extinção será feita parte a parte, em relação a cada um dos que falecerem. Essa é a regra, que consolida quotas de propriedade plena nas mãos do nu-proprietário, na medida em que forem falecendo os usufrutuários.

A exceção a tal regra está na possibilidade de estipulação expressa de cláusula de acrescer, pela qual a parte ideal do usufruto cabente ao usufrutuário falecido não se consolida nas mãos do nu-proprietário, mas, ao invés, soma-se à parte do usufrutuário sobrevivente, de tal modo que subsiste íntegra até que o último usufrutuário venha a falecer.

Não se admite por norma cogente, porém, a figura do usufruto sucessivo, pela qual, com a morte de um usufrutuário, ou cousufrutuário, sua parte se transmite a terceiro que até então gozava dessa qualidade. Em termos diversos, não se admite que, com a morte de um usufrutuário, alguém que até então não o era passe a sê-lo, recebendo o direito do falecido.

Lembre-se que, no caso de usufrutos legados conjuntamente a favor de duas ou mais pessoas, a parte do que faltar acresce aos colegatários, independentemente de disposição expressa no testamento, por força do que dispõe o art. 1.946 do CC/2002.

**Jurisprudência:** Apelação. Usufruto conjuntivo. Uso exclusivo por um dos cousufrutuário. Indenização. 1) Sentença que condenou à ré, cousufrutuária que usa com exclusividade o imóvel sobre o qual recai o usufruto para sua própria moradia, ao pagamento de indenização em metade de um aluguel mensal. 2) Usufruto conjuntivo instituído a ambos os pais, de forma unitária, em relação ao qual cada qual acresce ao outro remanescente. 3) Não há, no caso, percepção de frutos a serem indenizados com base no art. 1.319 do CC, já que a ré continua usufruindo meramente para sua habitação. Acordo conjugal que, mantido sem oposição por mais de 10 anos, deve ser preservado em respeito à boa-fé que rege as relações jurídicas. Usufruto que, pelas características do caso, distingue-se do condomínio entre ex-cônjuges antes da partilha e assemelha-se juridicamente mais do direito real de habitação (que igualmente pode ser exercido por um, por outro ou por ambos, conjuntivamente). Não exercício do autor por tantos anos do qual decorre a perda da eficácia de seu usufruto. 4) Não é devida indenização, no caso, pela cousufrutuária habitante. Recurso provido. (TJSP, Ap. Cível n. 1017084-83.2021.8.26.0576/São José do Rio Preto, 7ª Câm. de Dir. Priv., rel. Lia Porto, j. 19.06.2024, publ. 19.06.2024)

Usufruto vitalício com cláusula de acrescer que garante a usufrutuária supérstite o direito integral da garantia por ele representada, sem que o óbito do outro usufrutuário faça cessar ou reduzir a garantia do usufruto. Morte do usufrutuário que não é causa eficiente para modificar a cláusula de acrescer, que beneficia o usufrutuário supérstite. Menoridade dos nu-proprietários, ao tempo da instituição do usufruto e que hoje já não mais existe, em razão da maioridade adquirida, não é causa que invalida o usufruto e nem o torna ineficaz com relação à cláusula de acrescer. Efeito suspensivo revogado. Decisão mantida. Recurso improvido. (TJSP, AI n. 485.127-4/2-00, rel. Salles Rossi, j. 31.05.2007)

Doação. Reserva de usufruto com direito de acrescer. Possibilidade. Hipótese de usufruto simultâneo e não sucessivo. Estipulação expressa. Aplicação do art. 740 do CC. Inocorrência de violação da legítima. Recurso parcialmente provido. Possível é a doação com reserva de usufruto e previsão do direito de acrescer. Hipótese em que não se identifica o proibido usufruto sucessivo, mas, sim, usufruto simultâneo. (TJSP, AI n. 238.539-1/Junqueirópolis, rel. Costa Manso, j. 02.02.1995, v.u.)

Doação. Reserva de usufruto. Direito de acrescer. Possibilidade. Hipótese de usufruto simultâneo e não sucessivo. Recurso provido. (*JTJ* 170/209)

Registro de imóveis. Escritura de compra e venda. Estabelecimento de cláusula de exercício simultâneo de usufruto em favor do nu-proprietário. Inadmissibilidade. Consideração do estabelecido como cláusula não escrita. Impossibilidade. Natureza administrativa da qualificação registrar que não comporta interpretação da vontade dos interessados. Cindibilidade do título, ademais, possível apenas em relação a pretensões distintas ao registro. Dúvida procedente. Recurso provido. (*JTJ* 149/324)

Usufruto. Extinção parcial. Aquisição pelo usufrutuário de metade ideal do imóvel, na qualidade de herdeiro necessário. Bem partilhado e arrematado em hasta pública, nos autos do inventário. Circunstância que não configura alienação pelo usufrutuário. Consolidação parcial do usufruto, em relação à metade ideal do imóvel gravado. Recurso provido para esse fim. (*JTJ* 117/291)

## TÍTULO VII
## DO USO

---

**Art. 1.412. O usuário usará da coisa e perceberá os seus frutos, quanto o exigirem as necessidades suas e de sua família.**

**§ 1º Avaliar-se-ão as necessidades pessoais do usuário conforme a sua condição social e o lugar onde viver.**

**§ 2º As necessidades da família do usuário compreendem as de seu cônjuge, dos filhos solteiros e das pessoas de seu serviço doméstico.**

---

O direito real de uso, de escassa utilização em nossos costumes, foi mantido no atual CC com sua principal característica de usufruto restrito, em miniatura, ou limitado às necessidades do usuário ou de sua família.

Podem ser objeto do direito real de uso coisas móveis e imóveis, desde que não consumíveis ou fungíveis. As fontes do direito real de uso podem ser a convenção, por ato *inter vivos* ou *causa mortis*, a título oneroso ou gratuito, e a usucapião; mas não contempla o CC o uso decorrente diretamente da lei, como o faz com o usufruto e o direito real de habitação legal. Caso recaia sobre coisa imóvel, o registro é constitutivo do direito real.

Tal como o direito real de usufruto, o direito real de uso é sempre temporário e pode ser subordinado a termo ou condição. Podem ser titulares do direito real pessoas naturais e jurídicas, as últimas desde que destinem a coisa para suprir necessidades relativas à própria atividade. Ao contrário do usufruto, o uso não comporta cessão de exercício a terceiros, porque é personalíssimo. É também intransmissível, *inter vivos* ou *causa mortis*, salvo nos casos em que importar em consolidação e extinção do direito real.

No dizer de Caio Mário da Silva Pereira, a principal distinção entre os direitos reais de usufruto e de uso está em que "enquanto o usufrutuário aufere toda a fruição da coisa, ao usuário não é concedida senão a utilização reduzida aos limites de suas necessidades" (*Instituições de direito civil*, 18. ed. Rio de Janeiro, Forense, 1995, v. IV, p. 307).

É certo que a cabeça do artigo refere que o usuário não somente usará a coisa, como também receberá os frutos, quando o exigirem as necessidades suas e de sua família. Pode receber frutos naturais e civis, mas na medida de suas necessidades. Pontes de Miranda diz que os frutos destinados ao consumo por necessidade integram o conceito de uso, e não de fruição (*Tratado de direito privado*. Rio de Janeiro, Borsoi, 1973, v. XIX, p. 323).

O § 1º dá balizas ao intérprete, para que saiba até onde vão as necessidades do usuário. Note-se que somente a percepção de frutos está limitada à necessidade do usuário e de sua família, enquanto o excesso pertence ao nu-proprietário. Já o uso deve ser pessoal, mas não está contido no conceito de necessidade. Para dar parâmetros do que considera necessidade, o legislador menciona exemplificativamente os termos "local onde viver" e "condição social do usuário". Outros fatores devem ser levados em conta, como profissão, hábitos, saúde e idade do usuário, como alerta Tupinambá Miguel Castro do Nascimento (*Usufruto*, 2. ed. Rio de Janeiro, Aide, 1983, p. 193). A necessidade é sempre aferida levando em conta as circunstâncias do caso concreto, lembrando a possibilidade de alteração no curso do tempo, podendo ser aumentada ou diminuída.

O § 2º do artigo em exame define o que é família, para efeito do direito real de uso. O conceito é restrito aos filhos solteiros, ao cônjuge e às pessoas que prestam serviço doméstico ao usuário, numa noção peculiar de família. Estão excluídos, portanto, filhos casados ou em regime de união estável, além de outros descendentes, ascendentes e colaterais. Discute-se se o companheiro está abrangido no conceito legal de família. Embora omissa a lei, não se vê razão plausível para que a união estável, entidade familiar de estatura constitucional, fique fora da proteção legal. O elemento fático essencial é a dependência econômica, que, segundo a mais autorizada doutrina (Pontes de Miranda, Tupinambá Miguel Castro do Nascimento, Maria Helena Diniz), pode se estender a pessoas estranhas às linhas parentais, como afilhados e crianças que vivam às expensas do usuário.

**Jurisprudência:** Apelação com revisão. Arbitramento de aluguel. Imóvel que, por acordo em separação consensual, permaneceu na posse da ex-mulher e filhas. Impossibilidade. Constituição de direito real de uso com nítida natureza alimentar. Estabelecida em acordo de separação judicial cláusula estipulando a posse direta do imóvel do casal à mulher e filhas, houve a constituição de direito real de uso com nítida natureza alimentar, a inviabilizar qualquer pretensão de se reconhecer uma relação de locação em favor do varão. Apelação desprovida. (TJSP, Ap. c/ Rev. n. 880.264.700, rel. Andrade Neto, j. 20.06.2007)

---

**Art. 1.413. São aplicáveis ao uso, no que não for contrário à sua natureza, as disposições relativas ao usufruto.**

---

Estende o preceito o regime jurídico do usufruto ao uso, naquilo que não contrariar sua natureza, quanto aos direitos e deveres do usufrutuário.

Algumas regras do usufruto, porém, não se estendem ao uso, como vimos acima. Tomem-se como exemplos a incedibilidade, a indivisibilidade do uso e a impossibilidade de constituição *ex lege*. No que se refere ao direito de acrescer, previsto no art. 1.411 anteriormente comentado, não depende ele de cláusula expressa no uso, em vista de sua indivisibilidade.

## TÍTULO VIII
## DA HABITAÇÃO

---

**Art. 1.414. Quando o uso consistir no direito de habitar gratuitamente casa alheia, o titular deste direito não a pode alugar, nem emprestar, mas simplesmente ocupá-la com sua família.**

---

Direito real de pouca utilização, pode ter origem em negócio jurídico *inter vivos*, levado ao registro imobiliário, negócio jurídico *causa mortis*, usucapião ou diretamente na lei.

Expressa a lei que a habitação é espécie do gênero uso. É o uso com finalidade exclusiva de habitar ou ocupar um imóvel como moradia. Via de consequência, é vedado usar o prédio com finalidade diversa, como atividade empresarial. A quebra desse dever constitui mau uso e leva à extinção do direito real. Como bem adverte Tupinambá Miguel Castro do Nascimento, é tolerada a utilização mista do imóvel, desde que preponderantemente residencial (*Usufruto*, 2. ed. Rio de Janeiro, Aide, 1983, p. 205).

Note-se, porém, que, ao contrário do uso, a utilização do imóvel não está limitada pela necessidade do morador e de sua família. Embora não diga expressamente a lei, pode habitar o prédio não somente o titular do direito real, como também sua família, sendo inoperante qualquer cláusula em sentido contrário, porque importaria em quebra de entidade de estatura constitucional. O conceito de família é o mesmo do direito real de uso, inclusive o companheiro e outras pessoas que se encontram sob guarda ou dependência do habitador.

Não se admite nem a alienação nem a cessão do exercício do direito real de habitação, dado o seu caráter personalíssimo. É direito real temporário e não ultrapassa a vida de seu titular.

Sem dúvida alguma, a mais frequente hipótese de direito real de habitação é a legal, prevista no art. 1.831 do CC/2002, que reza: "ao cônjuge sobrevivente, qualquer que seja o regime de bens, será assegurado, sem prejuízo da participação que lhe caiba na herança, o direito real de habitação relativamente ao imóvel destinado à residência da família, desde que seja o único daquela natureza a inventariar".

Houve significativa alteração no direito real de habitação do cônjuge sobrevivente em relação ao que dispunha o CC/1916. Tipifica-se o instituto como um verdadeiro legado *ex lege*. É legado porque recai sobre bem determinado. É *ex lege* porque independe do negócio jurídico do testamento, integrando capítulo da sucessão legítima.

Tem a norma o escopo de permitir ao cônjuge supérstite continuar a viver no lugar e entre as coisas nas quais se desenvolveu a vida familiar, ou ao menos a sua última parte. A primeira observação é a de que tem o cônjuge viúvo direito real de habitação qualquer que seja o regime de bens do casamento. Pode, portanto, não herdar quota de propriedade plena, em razão do regime de bens do casamento, mas lhe é assegurada, em qualquer hipótese, a permanência na habitação, bastando apenas que seja o único imóvel daquela natureza a inventariar. Não mais vigora, por consequência, a regra do sistema anterior, em que o direito ao instituto estava circunscrito aos casados pelo regime da comunhão universal, que não recebiam o usufruto vidual.

Prossegue o art. 1.831 do CC/2002 afirmando que o direito real de habitação é atribuído sem prejuízo da participação que caiba ao cônjuge supérstite na herança, subordinado, somente, à existência de um único imóvel de natureza residencial no espólio. O CC/2002, ao atribuir ao viúvo, em determinadas situações, quota de propriedade plena e mais o direito real de habitação, criou um dilema que não existia no sistema de 1916. Basta imaginar a hipótese, nada acadêmica, de cônjuge supérstite que, em razão do regime de bens, concorre somente com um descendente. Caso o único bem do espólio seja um imóvel residencial, o viúvo receberia metade do imóvel como herança e mais o direito real de habitação vitalício sobre ele. Ao descendente restaria apenas a nua propriedade sobre a outra metade da herança, o que, a toda evidência, agrediria sua legítima. Nada impede, todavia, que o cônjuge supérstite renuncie ao direito real de habitação, como, de resto, assentou o Enunciado n. 271 da III Jornada de Direito Civil 2004 do CEJ da Justiça Federal: "Art. 1.831. O cônjuge pode renunciar ao direito real de habitação, nos autos do inventário ou por escritura pública, sem prejuízo de sua participação na herança". Não custa lembrar que o direito real de habitação, que decorre diretamente da lei, não é constituído pelo registro imobiliário, de modo que devem adquirentes de imóveis sempre tomar a cautela de exigir a renúncia do supérstite (v. jurisprudência sobre o tema a seguir).

Conclui-se que o art. 1.831, ao consignar expressamente que se assegura ao viúvo o direito real de habitação sem prejuízo de sua quota na herança, criou uma exceção à regra do art. 1.846 do CC, que garante aos herdeiros necessários, de pleno direito, a metade dos bens da herança. São normas de igual estatura, ambas cogentes, de tal modo que o princípio secular da intangibilidade da legítima ganha uma exceção, prevista na própria lei. Essa antinomia aparente deve-se, certamente, a uma desatenção do legislador, que não notou o descompasso entre a atribuição de quota de propriedade plena ao viúvo e o acréscimo do direito real de habitação, "sem prejuízo da participação que caiba ao cônjuge". Essa expressão ampla era compatível somente com o CC/1916, no qual o cônjuge era herdeiro de terceira classe, sem possibilidade de concorrência com classes superiores.

Além disso, o art. 1.831 do CC/2002 não mais subordina, tal como ocorria no CC/1916, a eficácia do direito real de habitação à persistência da viuvez.

Persistiu dúvida fundada sobre o seu termo final. A melhor interpretação, de acordo com a função do instituto, é reconhecer a sua natureza vidual (v. jurisprudência sobre o tema a seguir). É certo que o PL n. 699, de 2011, sana a omissão, fazendo retornar ao direito positivo a condição resolutiva do art. 1.611, § 2º, vale dizer, o direito real de habitação somente existe enquanto perdurar a viuvez.

Outra inconsistência notável do CC/2002 é a ausência de menção ao companheiro sobrevivente como titular do direito real de habitação. Essa omissão apenas coroa o tratamento severo – e incompreensível – que o art. 1.790 conferiu ao companheiro no direito sucessório, retirando diversas conquistas consagradas pelas Leis ns. 8.971/94 e 9.278/96.

Uma interpretação literal e exegética do art. 1.831 – tão ao gosto do pensamento liberal que orientou o CC/1916 – levaria à fácil conclusão de que o direito real de habitação é prerrogativa reservada exclusivamente ao cônjuge viúvo, excluindo-se o benefício do companheiro viúvo. Há quem sustente que o tratamento radicalmente diverso dado ao cônjuge e ao companheiro sobreviventes nada mais é do que a melhor expressão da norma constitucional, que não equiparou o casamento à união estável, mas, em vez disso, conferiu primazia ao primeiro.

Essa conclusão, a nosso ver, não pode prevalecer sob a ótica civil-constitucional. Óbvio que o casamento não se equipara à união estável, podendo gerar – como gera – direitos e deveres distintos a cônjuges e companheiros. O que se discute é a possibilidade de a legislação infraconstitucional alijar, de modo tão grave, alguns direitos fundamentais anteriormente assegurados a partícipes de entidades familiares constitucionalmente reconhecidas. Como frisado anteriormente, o escopo do direito real de habitação é assegurar ao supérstite a preservação de um ambiente que lhe é caro, permitindo-lhe permanecer no imóvel residencial e entre objetos do casal, assegurando-lhe a manutenção de um bem essencial – a moradia.

**Jurisprudência:** Embargos infringentes. Ação de arbitramento de indenização por uso exclusivo de imóvel comum. Reconvenção para declaração de direito real de habitação de cônjuge viúvo. Ação e reconvenção julgadas parcialmente procedentes. Acórdão embargado que negou provimento ao recurso das rés e deu parcial provimento ao recurso das autoras, para o fim de negar a existência de direito real de habitação da viúva que contraiu novas núpcias. Embargos infringentes conhecidos parcialmente, limitados à votação não unânime e na parte que deu provimento parcial ao recurso das autoras. Parte que negou provimento ao recurso das rés não conhecido. Direito real de habitação da viúva extinto com novo casamento. Interpretação funcional e sistemática do art. 1.831 do CC. Acolhimento parcial dos embargos infringentes, apenas para fixar o termo inicial da indenização na data da citação, como, de resto, é o pedido das autoras formulado na inicial. Embargos infringentes em parte conhecidos e na parte conhecida, em parte providos. (TJSP, Emb. Infring. n. 0000038-40.2012.8.26.0471/5001, rel. Francisco Loureiro)

Ainda que o companheiro supérstite não tenha buscado em ação própria o reconhecimento da união estável antes do falecimento, é admissível que invoque o direito real de habitação em ação possessória, a fim de ser mantido na posse do imóvel em que residia com o falecido. (STJ, REsp n. 1.203.144/RS, rel. Min. Luis Felipe Salomão, j. 27.05.2014)

Possessória. Reintegração. Bem imóvel. Deferimento da liminar. Posse do autor derivada de sucessão *causa mortis*. Indícios de união estável da ré mantida com o *de cujus*. Posse da ré advinda dessa união estável e, após o óbito, decorrente do direito real de habitação. Inteligência dos arts. 7º, parágrafo único, da Lei n. 9.278/96 e 1.831 do CC/2002. Composse, em tese, admitida. Exegese do art. 1.199 do estatuto civil. Prevalência do direito real de habitação da companheira sobrevivente sobre o direito dos demais herdeiros compossuidores. Liminar revogada. Recurso provido. (TJSP, AI n. 0016999-77.2013.8.26.0000, rel. Des. Correia Lima, j. 25.04.2013)

Ao direito real de habitação é aplicada, subsidiariamente, a disciplina do usufruto (CC, 1.416), donde se depreende que a nua-propriedade não está fora do comércio e do que se conclui que o direito real de habitação da viúva, ora apelada, por si só, não impede a alienação do imóvel sobre o qual recai o condomínio a que se visa extinguir. (TJMG, Ap. Cível n. 1.0687.08.061690-1/001, rel. Des. Arnaldo Maciel, j. 13.09.2011)

O direito real de habitação não exige registro imobiliário. (STJ, REsp n. 565.820, 3ª T., rel. Min. Carlos Alberto Menezes Direito, j. 16.09.2004, *DJ* 14.03.2005)

O titular do direito real de habitação tem legitimidade ativa para utilizar a defesa possessória, pouco relevando que dirigida contra quem é compossuidor por força do art. 1.572 do CC/1916. Fosse diferente, seria inútil a garantia assegurada ao cônjuge sobrevivente de exercer o direito real de habitação. 2 – Recurso especial conhecido e provido. (STJ, REsp n. 616.027, 3ª T., rel. Min. Carlos Alberto Menezes Direito, j. 14.06.2004, *DJ* 20.09.2004)

Ao cônjuge sobrevivente, observadas as prescrições legais, é assegurado o direito real de habitação relativamente ao único imóvel destinado à residência da família, a teor do disposto no § 2º, do art. 1.611, do CC/1916. Neste contexto, recusa o entendimento pretoriano, a extinção do condomínio pela alienação do imóvel a requerimento do filho, também herdeiro. Recurso conhecido e provido para restabelecer a sentença julgando improcedente a ação de extinção de condomínio. (STJ, REsp n. 234.276/RJ, rel. Min. Fernando Gonçalves, j. 14.10.2003)

No mesmo sentido, REsp n. 107.273/PR, rel. Min. Ruy Rosado de Aguiar, j. 09.12.1996.

O direito real de habitação em favor do cônjuge sobrevivente se dá *ex vi legis*, dispensando registro no álbum imobiliário, já que guarda estreita relação com o direito de família. (STJ, REsp n. 74.729/SP, rel. Min. Sálvio de Figueiredo Teixeira, j. 09.12.1997)

Ação possessória. Reintegração de posse. Coerdeiro que, aproveitando-se do afastamento da viúva meeira da propriedade objeto de inventário, toma posse do imóvel e passa a fazer obras no local como se fosse o único dono do prédio, proibindo o ingresso daquela na propriedade. Ato que caracteriza esbulho possessório, apto a dar sustentação à demanda. Condômino que, em se tratando de condomínio indivisível, tem o direito de usar livremente da coisa conforme seu destino e sobre ela exercer todos os direitos compatíveis com a indivisão. Viúva meeira, ademais, que, sem prejuízo da parte que lhe caiba da herança, tem assegurado o direito real de habitação, mormente se o único imóvel inventariado é o que se destinava à residência da família. Inteligência dos arts. 623, I, e 1.611, § 2º, do CC. Voto vencido. (I TACSP, *RT* 801/216)

Condomínio. Direito real de habitação instituído em favor de condômino. Cancelamento somente possível na forma do disposto nos arts. 739 a 741, c/c o art. 748 do CC. Circunstância que, porém, não impede a extinção do condomínio. Possibilidade de divisão da coisa comum a qualquer tempo, conforme o art. 629. Direito de habitação que, mesmo em caso de alienação do bem, deve ser respeitado, inclusive por terceiro, desde que haja registro no cartório de imóveis. (TJSP, *RT* 668/90)

Direito real de habitação. Imóvel residencial comum. Inventário. Partilha. Uso por viúva meeira. Invocação inadmissível. Existência de outros bens da mesma natureza a ela atribuídos. Aluguel devido aos demais sucessores a título de indenização. Aplicação do § 2º do art. 1.611 do CC. (TJSP, *RT* 616/83)

Direito de habitação. Coisa comum. Cônjuge supérstite. Presença de todos os pressupostos do direito real de habitação. Art. 1.611, § 2º, do CC. Faculdade de o beneficiário alojar no imóvel quem bem ele queira. Aplicação do art. 748 do CC. Inexistência de obrigação da viúva e do filho que com ela reside de pagar aluguel. Recurso não provido. (*JTJ* 121/51)

---

**Art. 1.415. Se o direito real de habitação for conferido a mais de uma pessoa, qualquer delas que sozinha habite a casa não terá de pagar aluguel à outra, ou às outras, mas não as pode inibir de exercerem, querendo, o direito, que também lhes compete, de habitá-la.**

---

Consagra o princípio da divisibilidade do direito real da habitação, que pode ser concedido a mais de uma pessoa, em partes certas ou em partes ideais.

Ao contrário do que ocorre no condomínio, aquele que usa com exclusividade a coisa dada em habitação comum não tem o dever de indenizar os demais cotitulares, pagando-lhes aluguel ou retribuição pela moradia exclusiva.

Cabe aos demais cotitulares excluídos da habitação apenas o ajuizamento de ação possessória, ou petitória, para garantia do direito de também habitar o prédio. Não se admite, por consequência, ação de indenização entre cotitulares, em razão de habitação exclusiva de um deles.

**Jurisprudência:** Condomínio. Utilização exclusiva da coisa comum. Aluguel. Inadmissibilidade. Hipótese em que se trata de cônjuge sobrevivente, casada sob o regime de comunhão universal de bens. Direito real de habitação. Inteligência do art. 1.611, § 2º, do CC. Titular do direito, ademais, que não está obrigado a morar sozinho. Recurso não provido. (TJSP, Ap. Cível n. 235.776-2/Santos, rel. Oliveira Santos, j. 13.06.1994)

---

**Art. 1.416. São aplicáveis à habitação, no que não for contrário à sua natureza, as disposições relativas ao usufruto.**

---

Diversas regras do usufruto se estendem à habitação. Tomem-se como exemplo a temporariedade, os deveres de guarda, conservação e restituição do habitador, a prestação de caução e as causas de extinção do direito real. A cláusula de acrescer, no caso de coabitação, deve ser expressa, tal como no usufruto.

Não se estende ao direito real de habitação, em razão de sua natureza personalíssima, a possibilidade de cessão do exercício que se admite no usufruto.

**Jurisprudência:** Processo civil. Agravo de instrumento. Direito real de habitação. Viúva que, fazendo uso exclusivo do bem, deixa de pagar as despesas correspondentes, ensejando cobrança judicial. Parte que, ademais, confessou não dispor de renda para suportar as dívidas futuras. Extinção. Possibilidade. Art. 1.416 c/c art. 1.410, VII, do CC. Precedente. 1. O direito real de habitação segue as regras aplicadas ao usufruto (art. 1.416, CC), instituto que permite a extinção por circunstâncias que não se restringem às hipóteses clássicas de renúncia ou morte, mas também por culpa do usufrutuário (art. 1.410, VII, CC). 2. É incontroverso nos autos que a titular do direito real de habitação, embora tenha conhecimento da pendência de dívidas relacionadas ao uso do imóvel, como condomínio e IPTU, "não dispõe, desde o óbito de seu marido, de recursos suficientes ao pagamento". O saldo devedor, inclusive, ensejou ajuizamento de execução satisfeita pelos herdeiros como forma de não perder o domínio em ato de expropriação iminente. 3. Não se desconsidera que a agravante alega exercer o direito real de habitação na expectativa de renda a ser auferida por ocasião da partilha ulterior. Afinal, a quantia que lhe cabe por direito é controvertida e o imóvel em questão, uma cobertura duplex de 259 m$^2$, tem encargos mensais elevados, daí ser forçoso concluir pela impossibilidade de manutenção indefinida da situação tal como ser apresenta. 4. Recurso improvido. (TJSP, AI n. 2121491-03.2024.8.26.0000/Piracicaba, 7ª Câm. de Dir. Priv., rel. Ademir Modesto de Souza, j. 19.06.2024, publ. 19.06.2024)

Em contratos de promessa de compra e venda de imóvel em construção, descabe a cobrança de juros compensatórios antes da entrega das chaves do imóvel – "juros no pé" –, porquanto, nesse período, não há capital da construtora/incorporadora mutuado ao promitente comprador, tampouco utilização do imóvel prometido. (STJ, REsp n. 670.117/PB, 4ª T., rel. Min. Luis Felipe Salomão, *DJe* 23.09.2010)

Na condição de possuidora do imóvel, em virtude de direito real de habitação que lhe foi conferido por decisão judicial, tem a demandada o dever de arcar com os impostos incidentes. Isso porque, segundo a norma extraída dos arts. 1.413 e 1.416 do CC, aplicam-se ao uso e à habitação, naquilo que não for contrário à sua natureza, as regras relativas ao usufruto. E, dentre os deveres do usufrutuário, está o de pagar os tributos devidos pelo exercício da posse da coisa, consoante prevê o art. 1.403, II, do CC. Recurso provido. (TJRS, Rec. Cível n. 71.002.257.418, 3ª T. Rec. Cível, rel. Eugênio Facchini Neto, j. 28.01.2010)

É certo que a jurisprudência desta Corte Superior de Justiça é no sentido de que tanto o promitente comprador (possuidor a qualquer título) do imóvel quanto seu proprietário/promitente vendedor (aquele que tem a propriedade registrada no Registro de Imóveis) são contribuintes responsáveis pelo pagamento do IPTU. (STJ, REsp n. 1.110.551/SP e REsp n. 1.111.202/SP, j. 10.06.2009, *DJe* 18.06.2009, rel. Min. Mauro Campbell Marques)

Compromisso de compra e venda. Imóvel. Resolução do contrato por inadimplemento. Alegação de prescrição. Impossibilidade de reconhecimento. Natureza de direito formativo extintivo da resolução, não sujeito a prescrição direta. Inocorrência de prescrição, que somente se consuma, de modo indireto, quando prescrita a pretensão de exigir as parcelas do preço, ou de exigir a entrega da coisa vendida. Ação pessoal e não real, diante da ausência de registro do contrato de compromisso de venda e compra, gerador apenas de *iura ad rem.* Exercício da pretensão que se deu antes do término do prazo prescricional de 20 anos aplicável à hipótese. Inexistência de prescrição intercorrente. Inadimplemento incontroverso no caso em tela. Ação julgada procedente, para rescindir o contrato e reintegrar o autor na posse, sem devolução da parcela ínfima do preço paga. Penas por litigância de má-fé corretamente aplicadas. Recurso não provido. (TJSP, Ap. Cível n. 0073441-45.1999.8.26.0100, 4ª Câm. de Dir. Priv., rel. Des. Francisco Loureiro)

A renúncia ao usufruto não alcança o direito real de habitação, que decorre de lei e se destina a proteger o cônjuge sobrevivente mantendo-o no imóvel destinado à residência da família. O direito real de habitação não exige o registro imobiliário. (STJ, REsp n. 565.820/PR, rel. Min. Carlos Alberto Menezes Direito, j. 16.09.2004)

Direito de habitação. Contrato vitalício registrado. Falta de pagamento dos tributos incidentes sobre o imóvel. Fato não extintivo do direito real. Hipótese em que não se cuida de contrato de direito obrigacional resolúvel por inadimplemento. Débito cobrável pela via processual própria. Aplicação dos arts. 676, 733, II, c/c os arts. 148, 739 e 746 do CC. (TJRJ, *RT* 643/166)

# TÍTULO IX
# DO DIREITO DO PROMITENTE COMPRADOR

**Art. 1.417. Mediante promessa de compra e venda, em que se não pactuou arrependimento, celebrada por instrumento público ou particular, e registrada no Cartório de Registro de Imóveis, adquire o promitente comprador direito real à aquisição do imóvel.**

Na quarta edição do *Código Civil Comentado*, acrescentei parte do texto que escrevi sobre o compromisso de compra e venda ("Responsabilidade civil no compromisso de compra e venda". In: SILVA, Regina Beatriz Tavares da (coord.). *Responsabilidade civil e sua repercussão nos tribunais*. São Paulo, Saraiva, série Direito-GV, p. 167-219). Justifica-se a inserção, pois os arts. 1.417 e 1.418 regulam apenas o direito real de promitente comprador, enquanto o contrato, de uso extremamente frequente, encontra-se disciplinado em diversas leis especiais.

"Define-se contrato preliminar, ou pré-contrato, ou contrato promessa, ou *pactum de contrahendo* na lição de Pontes de Miranda, como 'o contrato pelo qual uma das partes, ou ambas, se obrigam a concluir outro negócio jurídico' (Pontes de Miranda. *Tratado das ações*. v. VII. São Paulo, RT, 1978, p. 284). As partes, ou uma delas, prometem celebrar mais tarde outro contrato, que será o principal (PEREIRA, Caio Mário da Silva. *Instituições de direito civil*. v. III. 11. ed. Rio de Janeiro, Forense, 2003, p. 81).

Múltiplas razões justificam a utilização do contrato preliminar: assegura-se a realização do contrato prometido, em um momento que existe algum obstáculo material ou jurídico à sua imediata conclusão, ou as partes não podem observar as formalidades legalmente exigidas; uma das partes não dispõe da soma ou de outros meios necessários, mas desde logo quer estabelecer vínculo negocial; vantagens fiscais em postergar a celebração do contrato prometido, com diferimento do recolhimento de impostos e emolumentos; o contrato definitivo refere-se à coisa futura ou alheia; é preciso obter o consentimento de terceiros (COSTA, Mário Júlio de Almeida. *Contrato-promessa. Uma síntese do regime atual*. 4. ed. revista e atualizada. Coimbra, Almedina, 1996, p. 13).

Uma nova e relevante função atípica a um contrato preliminar, via de regra não cogitada pela doutrina, é a de servir de instrumento de garantia ao recebimento do preço. Especialmente na promessa de compra e venda, é comum que o promitente vendedor retenha a propriedade do imóvel vendido, até a satisfação integral de seu crédito. Ao invés de utilizar a garantia real da hipoteca, ou da propriedade fiduciária sobre imóveis (Lei n. 9.514/97), que exigem a excussão do objeto da garantia, optam pelo compromisso de compra e venda, a ser resolvido no caso de inadimplemento do promitente comprador, com consequente devolução do imóvel ao promitente vendedor. Essa escolha de mecanismos de garantia vai provocar profundos efeitos quanto à possibilidade de retomar a coisa prometida à venda e quanto à devolução das parcelas do preço pagas.

A multiplicidade e a diversidade de funções do contrato preliminar não permitem, por consequência, afirmar que o seu objeto sempre será a celebração de um contrato futuro, sem a criação de efeitos substanciais, que podem apenas ser antecipados em caráter excepcional. Claro que a celebração de um contrato preliminar que tem por objeto mediato coisa alheia, ou futura, ou que dependa do consentimento de terceiros, ou de estudos e documentos não disponíveis no momento de sua celebração, terá escassa produção de efeitos substanciais e, sem dúvida, o objeto principal será a celebração de um contrato definitivo. Situação diametralmente diversa é a dos contratos preliminares que têm por função apenas a garantia do recebimento do preço parcelado, ou a obtenção de vantagens fiscais. Em tais funções, o contrato preliminar produz desde logo efeitos substanciais e a celebração do contrato definitivo é apenas mais uma das obrigações – nem sempre a principal – assumida pelas partes.

O contrato principal, ou final, por seu turno, variará de acordo com a função do contrato preliminar, com preponderância de natureza solutória, ou liberatória, enquanto consistir no cumprimento de obrigações assumidas no contrato precedente, e constitutivo, no concernente às novas relações que dele resultarem em caráter definitivo (ANDRADE, Darcy Bessone de Oliveira. *Da compra e venda*: promessa & reserva de domínio. Belo Horizonte, Bernardo Álvares, 1960, p. 99).

O art. 462 do CC dispõe que o 'contrato preliminar, exceto quanto à forma, deve conter todos os requisitos do contrato definitivo'. Adotou nosso Código posição intermediária, exigindo a presença dos requisitos essenciais do contrato principal a ser celebrado, mas não a presença de um acordo completo. Há espaço a uma hierarquização de assuntos, deixando as partes lacunas que serão mais tarde objeto de nova regulamentação convencional, ou, na falta de consenso futuro, poderão encontrar solução na lei, nos usos ou na equidade. O que se exige para o contrato preliminar é um mínimo de precisão, de tal modo que se possibilite a identificação fundamental de seu conteúdo, permitindo a conclusão do contrato definitivo sem deixar ao arbítrio das partes questões que comprometam o seu equilíbrio (BDINE JÚNIOR, Hamid Charaf. *Compromisso de compra e venda em face do Código Civil de 2002*: contrato preliminar e adjudicação compulsória. In: *RT*, v. 843, p. 64). Ressalvou o legislador, porém, a não incidência do princípio da atração das formas entre o contrato preliminar e o definitivo, pondo fim à dúvida doutrinária e consolidando sedimentado entendimento jurisprudencial que sempre admitiu o compromisso de compra e venda de bens imóveis por instrumento particular. Diga-se, aliás, que a liberdade de formas cumpre exatamente uma das funções do contrato preliminar, vinculando as partes até que celebrem o negócio solene.

**O compromisso de compra e venda como contrato preliminar impróprio.** Defende José Osório de Azevedo Júnior, em obra que já se tornou clássica sobre o tema, ser o contrato de compromisso de compra e venda preliminar impróprio. Partiu da premissa da prática negocial revelar que 'os tradicionais poderes inerentes ao domínio (*jus utendi, fruendi et abutendi*) são transferidos ao compromissário comprador, enquanto o compromitente vendedor conserva para si a propriedade nua, vazia, ou menos ainda que propriedade nua' (AZEVEDO JÚNIOR, José Osório de. *Compromisso de compra e venda*. 5. ed. revista e atualizada. São Paulo, Malheiros, 2006, p. 18).

O domínio remanesce em poder do promitente vendedor afetado ao recebimento do preço, como mecanismo de garantia. E arremata José Osório, 'à medida que o crédito vai sendo recebido, aquele pouco que restava do direito do promitente vendedor, isto é, aquela pequena parcela do poder de dispor, vai desaparecendo, até se apagar de todo' (José Osório, op. cit., p. 19). Pago o preço, de modo paradoxal o domínio formal que se encontra em nome do promitente vendedor não lhe confere mais nenhum direito, mas apenas o dever inexorável de outorgar a escritura definitiva.

O fato é que a jurisprudência, de modo consciente ou não da natureza imprópria do contrato de compromisso de compra e venda, ou apenas intuindo tal situação, passou gradativamente a antecipar todos os efeitos da escritura definitiva para o momento do contrato preliminar. Reconhecem os tribunais que a carga negocial, as consequências práticas, o conteúdo econômico do negócio se concentram no primeiro contrato e não no segundo.

Os exemplos são enumerados de modo didático por José Osório de Azevedo Júnior (op. cit., p. 49):

a) as questões relativas à capacidade das partes e vícios do negócio jurídico são examinadas tendo em vista a data da celebração do compromisso, inclusive a fraude contra credores. Disso decorre que o prazo decadencial para ajuizamento da ação pauliana tem termo inicial na data do registro do compromisso, ou na data que teve ciência do negócio o credor, o que antes ocorrer;

b) o promitente comprador devidamente imitido na posse do imóvel, ainda que sem o registro do contrato, pode afastar a penhora sobre o imóvel, em execução movida por credor do promitente vendedor, se foi o negócio celebrado antes da citação do executado. Recente julgado do STJ bem elucida o entendimento sobre o tema: 'É assente na jurisprudência desta Corte de Justiça que a celebração de compromisso de compra e venda, ainda que não tenha sido levado a registro no Cartório de Registro de Imóveis, constitui meio hábil a impossibilitar a constrição do bem imóvel, discutido em execução fiscal, e impede a caracterização de fraude à execução, aplicando-se o disposto no enunciado da Súmula n. 84 do STJ: É admissível a oposição de embargos de terceiro fundados em alegação de posse advinda do compromisso de compra e venda de imóvel, ainda que desprovido do registro.' (REsp n. 974.062/RS, rel. Min. Denise Arruda, j. 20.09.2007);

c) o direito de preferência do condômino sobre coisa indivisível (art. 504 do CC) e da Lei do Inquilinato pode ser exercido contra o compromissário comprador, não havendo por que se esperar a lavratura da escritura de venda e compra. O prazo começa a contar da data do registro do compromisso ou da data em que o condômino tomou ciência da promessa, o que antes ocorrer (REsp n. 198.516/SP, rel. Barros Monteiro, j. 23.02.1999, *Lex-STJ* 129/131 e *RSTJ* 133/391, que, embora diga respeito a contrato de compra e venda não registrado, no corpo do voto estende a preferência ao pré-contrato);

d) a superveniência de leis novas criando obstáculos ou entraves não alcança imóveis já prometidos à venda, ainda que não tenha sido o contrato registrado. Idem a indisponibilidade de bens já prometidos à venda anteriormente (Embargos de terceiro. Liquidação extrajudicial de instituição financeira. Indisponibilidade e arresto do patrimônio dos administradores, com fundamento na Lei n. 6.024/74. Prova cabal de que o embargante adquiriu o imóvel mais de uma década antes da liquidação. Compromisso de compra e venda com firmas reconhecidas e imissão do promitente comprador na posse do imóvel. Embargos procedentes (TJSP, Ap. Cível n. 383.194.4/3-00, rel. Francisco Loureiro, j. 24.05.2007);

e) do mesmo modo que se exige alvará para a alienação de imóvel de incapaz, também se exige em caso de compromisso de compra e venda;

f) é válida a escritura definitiva outorgada após a morte do mandante, em cumprimento a compromisso de compra e venda, irretratável e irrevogável, com o preço inteiramente pago, na forma do art. 684 do CC.

g) cabe ação reivindicatória ajuizada por promitente comprador com contrato irretratável levado ao registro imobiliário. Julgou o STJ que 'promessa de compra e venda irretratável e irrevogável transfere ao promitente comprador os direitos inerentes ao exercício do domínio e confere-lhe o direito de buscar o bem que se encontra injustamente em poder de terceiro. Serve, por isso, como título para embasar ação reivindicatória' (REsp n. 252.020/RJ, rel. Min. Carlos Alberto Menezes Direito, j. 05.09.2000);

h) é anulável a promessa de compra e venda de ascendente a descendente sem consentimento dos demais descendentes e do cônjuge;

i) 'A hipoteca firmada entre a construtora e o agente financeiro, anterior ou posterior à celebração da promessa de compra e venda, não tem eficácia perante os adquirentes do imóvel' (Súmula n. 308 do STJ);

j) o promitente comprador com contrato não registrado, mas imitido na posse, é parte legítima para figurar no polo passivo de ação de cobrança de despesas de condomínio edilício.

Verifica-se, em resumo, que os tribunais gradativamente e de modo mais ousado antecipam para o momento do contrato preliminar impróprio de compromisso de compra e venda todos os efeitos típicos do contrato definitivo. É, sem dúvida, o reconhecimento de que em muitos casos, o compromisso, usado em função e como mecanismo de garantia do recebimento do preço, concentra a carga negocial e as consequências da escritura definitiva.

**O direito real de promitente comprador.** Os arts. 1.417 e 1.418 do CC disciplinam o direito real de promitente comprador com título levado ao registro. O contrato compromisso de compra e venda, desde que subordinado a certos requisitos – impossibilidade de arrependimento e registro imobiliário –, converte-se de direito de crédito em direito real de aquisição.

O CC/1916 não contemplava o direito real de promitente comprador, que, em vez disso, tinha em seu art. 1.088 perigosa armadilha, uma vez que permitia ao promitente vendedor arrepender-se do negócio até o momento da escritura definitiva.

Leis especiais, porém, já conferiam a possibilidade de registro ao compromisso de compra e venda, garantindo-lhe eficácia contra terceiros e impossibilitando o arrependimento. A primeira delas, inspirada na legislação uruguaia, foi o DL n. 58/37, que se destinava somente aos imóveis loteados. Posteriormente, a Lei n. 649/49 estendeu o regime jurídico do compromisso de compra e venda do DL n. 58/37 aos imóveis não loteados. Finalmente, a Lei n. 6.766/79 disciplinou o parcelamento do solo urbano e também o compromisso de compra e venda de imóveis loteados. A Lei n. 4.591/64, que trata do condomínio edilício e da incorporação imobiliária, também contém dispositivos sobre promessa de compra de unidade autônoma futura. A doutrina apenas divergia quanto à natureza do compromisso de compra e venda levado a registro. A maioria se posicionava no sentido de que consistia verdadeiro direito real de aquisição, embora determinados autores defendessem que se tratava de mero contrato com eficácia real.

O que se extrai do preceito em estudo é a presença de dois requisitos cumulativos, para que o contrato de compromisso de compra e venda, que gera apenas direito de crédito, converta-se em direito real e ganhe oponibilidade contra todos, a saber: a) não contenha cláusula de arrependimento; b) seja registrado no Registro Imobiliário competente.

Aos dois requisitos explicitados no artigo em exame devem ser somados os previstos nos arts. 462 e 463 do CC, que disciplinam o gênero dos contratos preliminares, no qual se insere a espécie compromisso de compra e venda. Assim, os contratos preliminares, salvo quanto à forma, devem conter todos os requisitos do contrato principal, no caso a compra e venda, declinando as partes contratantes, o objeto e o preço.

Examinemos os dois requisitos previstos neste artigo, individualmente. O primeiro é a ausência de cláusula de arrependimento. O contrato de compromisso de compra e venda não é daqueles que, nos termos do art. 473 do CC, anteriormente comentado, admitem por força de lei ou de sua natureza a resilição unilateral. A cláusula de arrependimento ou a opção de denúncia devem ser expressamente previstas no contrato. Podem importar na perda do sinal pago, como nas arras penitenciais, ou nem isso. O que importa é que, no silêncio do contrato, não há possibilidade de arrependimento unilateral de qualquer das partes. Mais ainda: no regime dos contratos relativos aos imóveis loteados (art. 25 da Lei n. 6.766/79), norma de ordem pública impõe que os contratos sejam irretratáveis. Logo, sob tal regime, eventual cláusula se considera não escrita e não impede o registro nem a aquisição do direito real.

Mesmo nos contratos relativos a imóveis não loteados, o entendimento pacificado dos tribunais é no sentido de que o direito de arrependimento, expressamente pactuado, encontra limites nos princípios da boa-fé objetiva, equilíbrio e função social do contrato. Assim, não se admite o direito de arrependimento quando o preço se acha integralmente pago (Súmula n. 166 do STF), ou, em corrente mais avançada, quando já se iniciou a execução do contrato. Dizendo de outro modo, quando a cláusula de arrependimento se dá mediante a figura das arras penitenciais, deve ser exercida a faculdade de retratação no prazo assinado. Ultrapassado o pagamento do sinal e iniciado o pagamento do preço, não mais se fala em arras penitenciais, que passam a integrar o valor da coisa. Quando a cláusula de arrependimento é pactuada sem prazo, o exercício de ato de execução implica renúncia à faculdade de se retratar, em vista da estabilidade e da firmeza dos contratos. Em suma, o direito de arrependimento somente pode ser exercido até o início da execução do contrato de compromisso de compra e venda (José Osório de Azevedo Júnior, op. cit., p. 263; Pontes de Miranda. *Tratado de direito privado*. 3. ed. São Paulo, RT, 1984, v. XIII, n. 3, § 1.525).

Disso decorre que, mesmo nos casos de imóveis não loteados com cláusula de arrependimento expressa, escoado o prazo das arras penitenciais, ou iniciada a execução do contrato, não mais cabe a retratação e, por consequência, pode o compromisso ser levado a registro e se converter em direito real.

O segundo requisito é o registro imobiliário do contrato de compromisso de compra e venda. Como vimos anteriormente, o registro é constitutivo da propriedade e de outros direitos reais adquiridos a título derivado e *inter vivos*. Antes do registro, há mero direito de crédito entre as partes. Após o registro, converte-se em direito real, com oponibilidade contra todos, de modo que eventuais novos atos de disposição ou de oneração praticados pelo promitente vendedor em benefício de terceiros, ainda que de boa-fé, são ineficazes frente ao promitente comprador. Lembre-se que retroage o registro – e todos os seus efeitos – à data do ingresso e à prenotação do título no registro imobiliário.

Note-se que, embora o art. 167, I, n. 9, da Lei n. 6.015/73, disponha serem títulos registráveis 'os contratos de compromisso de compra e venda, de cessão deste e de promessa de cessão, com ou sem cláusula de arrependimento [...]', o CC – lei posterior que, apesar de geral, trata da mesma matéria – dispôs de modo diverso, exigindo a característica da irretratabilidade. Prevalece, portanto, o disposto na lei posterior, de tal modo que, atualmente, somente podem ingressar no registro os compromissos irretratáveis.

**As prestações principais, acessórias e os deveres laterais de conduta assumidos pelas partes no compromisso de compra e venda.** Provocou o princípio da boa-fé uma revolução na maneira de encarar a relação obrigacional, que deixou de ser considerada somente um direito de crédito, em contraposição a um dever de prestar, e passou a significar uma relação jurídica total entre as partes, uma relação complexa, visualizada como um processo, composto por uma sucessão de atos tendentes a um fim, qual seja, a satisfação do interesse do credor (SILVA, Clóvis do Couto e. *A obrigação como processo*. São Paulo, José Buchatsky, 1976, p. 10).

No contrato de compromisso de compra e venda, segundo a doutrina majoritária, o objeto seria a celebração do contrato definitivo. Logo, manifestar consentimento no contrato definitivo consistiria a prestação principal. Já as prestações secundárias ou acidentais consistiriam nos deveres de pagar o preço, fornecer a documentação relativa ao imóvel, certidões pessoais dos promitentes vendedores, certidões fiscais e previdenciárias, autorizações e alvarás administrativos, enfim, tudo aquilo que possa interessar à perfeição da prestação principal.

Além dos deveres de prestação, a obrigação como relação complexa, destinada à satisfação do interesse do credor, gera também deveres laterais de conduta, com o escopo de garantir o desenvolvimento regular do contrato como um todo, de modo a não frustrar a confiança da parte contrária. São deveres que não têm conteúdo fixo e nem número determinado e se revelam apenas na medida em que necessários para a realização das finalidades da própria relação obrigacional (NORONHA, Fernando. *O direito dos contratos e seus princípios fundamentais*. São Paulo, Saraiva, 1994, p. 160). Criam condições para uma consecução sem estorvos do fim contratual.

Vimos acima que o contrato de compromisso de compra e venda pode ser, em determinados casos, preliminar impróprio, porque antecipa carga negocial e os efeitos do contrato definitivo. De igual modo, os efeitos principais e acessórios de prestação, bem como os laterais (ou anexos) de conduta decorrentes da boa-fé objetiva, são antecipados de acordo com a causa do contrato.

A par da prestação principal das partes manifestarem consentimento na celebração do contrato principal, há múltiplos deveres acessórios de prestação, ainda que não previstos no contrato pelas partes. Tomem-se como exemplo os deveres de fornecer toda a documentação relativa ao imóvel, bem como certidões e documentos pessoais das partes (inclusive fiscais e previdenciárias) e a regularização de construções existentes sobre o solo.

Há ainda deveres laterais (anexos) de conduta, que abrangem não somente as fases de formação e execução do contrato, como também as fases pré e pós-contratual. São deveres que não se definem *a priori*, mas que surgirão desde as negociações preliminares e se projetam até mesmo depois da celebração do contrato definitivo. Tomem-se como exemplos os deveres pré-contratuais, na fase da puntuação, de se alertar o adquirente sobre restrições ou limitações administrativas existentes sobre o imóvel, questões relevantes de vizinhança, alterações iminentes no zoneamento, problemas relativos à solidez da obra e de composição do solo. Os deveres pós-contratuais de fornecer documentos que porventura tenha o alienante em mãos, que auxiliem discussões dominiais, ou facilitem a retificação do registro imobiliário.

A cláusula geral da boa-fé objetiva, na sua função de controle, interfere de modo significativo na execução do contrato de compra e venda. Controla o exercício abusivo de direitos, que não tragam benefícios ao credor e gerem desproporcional sacrifício do devedor, confere efeitos à inércia prolongada (*surrectio* e *supressio*) e ao comportamento contraditório (*venire contra factum proprio*) dos contratantes. Evita, mais, que qualquer dos contratantes invoque em seu proveito normas que ele próprio violou (*tu quoque*).

Tomem-se como exemplos a resolução do contrato em razão de inadimplemento de pequena monta da outra parte, que não compromete a economia do contrato (teoria do adimplemento substancial), a prolongada inércia quanto à cobrança de determinadas verbas ou de multa moratória, e a própria exceção do contrato não cumprido, com especial enfoque para o cumprimento imperfeito (*exceptio non rite adimpleti contractus*).

É verdade, porém, que cada vez mais, em atenção aos princípios da boa-fé objetiva e função social, o princípio da relatividade dos contratos recebe nova leitura. A Súmula n. 308 do STJ dispõe: 'A hipoteca firmada entre a construtora e o agente financeiro, anterior ou posterior à celebração da promessa de compra e venda, não tem eficácia perante os adquirentes do imóvel'. Tal entendimento tem sido estendido pelo STJ também à garantia real da propriedade fiduciária.

A súmula acima referida constitui importante marco e tem relevante aplicação nas relações negociais. É o reconhecimento pelos tribunais de que, em determinadas situações jurídicas, o contrato de compromisso de venda e compra, mesmo não levado a registro, ganha eficácia frente a terceiros. Como constou de julgado do STJ, 'ao celebrar o contrato de financiamento, facilmente poderia o banco inteirar-se das condições dos imóveis, necessariamente destinados à venda, já oferecidos ao público e, no caso, com preço total ou parcialmente pago pelos terceiros adquirentes de boa-fé' (REsp n. 329.968/DF, *DJ* 04.02.2002).

A tendência de se conferir efeitos contra terceiros ao compromisso de compra e venda não levado a registro também se extrai da Súmula n. 84 do STJ de seguinte teor: 'É admissível a oposição de embargos de terceiro fundados em alegação de posse advinda do compromisso de compra e venda de imóvel, ainda que desprovido do registro'.

**As obrigações do promitente comprador. O dever de consentir na celebração do contrato definitivo. O pagamento do preço. A mora. A resolução. A cláusula penal. As benfeitorias e acessões.** Na função de mero contrato preparatório, sem dúvida a prestação principal de ambas as partes no compromisso de compra e venda será a de prestar consentimento no contrato definitivo. Cuida-se de obrigação de fazer, juridicamente fungível, passível de substituição por sentença judicial, na forma dos arts. 461 do CPC/73 (arts. 139, IV, 497 a 500, 536, § 1º, e 537 do CPC/2015) e 464 do CC. Comum tomar-se tal obrigação como devida pelo promitente vendedor em benefício do promitente comprador.

A obrigação, porém, é recíproca. Existe o direito de o promitente comprador liberar-se da obrigação de outorgar a escritura, de recuperar a sua liberdade e evitar todos os ônus de um imóvel registrado em seu nome, por exemplo, lançamento de impostos, despesas condominiais e eventual responsabilidade civil pelo fato da coisa. Na visão contemporânea do direito obrigacional, o pagamento, em sentido amplo, é não somente um dever, como também um direito do devedor para liberar-se da prestação. Cabe, assim, ação de obrigação de fazer também do promitente vendedor contra o promitente comprador, para que a sentença substitua a escritura injustamente negada pelo adquirente. Problema surge com o registro da escritura, ou da sentença que a substitui, que exige o recolhimento do ITBI e o pagamento das custas e emolumentos devidos ao registrador e ao Estado, ou de imposto predial em atraso. Em tal caso, abre-se em favor do promitente vendedor uma obrigação alternativa. Ou recolhe os impostos e taxas, faz o registro e posteriormente pede o reembolso, ou requer ao juiz a fixação de multa (art. 461 do CPC/73; arts. 139, IV, 497 a 500, 536, § 1º, e 537 do CPC/2015) até que o promitente comprador promova o recolhimento das citadas verbas e o registro.

A Quarta Câmara de Direito Privado do TJSP decidiu o seguinte: 'Ação ajuizada pelos promitentes vendedores contra os promitentes compradores para compeli-los a receber a escritura do imóvel, cujo preço se encontra integralmente pago. Interesse dos promitentes vendedores para que as taxas e tributos ou mesmo obrigações *propter rem*, ou responsabilidade civil por ruína do prédio, não recaiam sobre quem mantém formalmente o domínio, mas despido de todo o conteúdo, já transmitido aos adquirentes' (TJSP, Ap. Cível n. 466.654.4/8-00, 4ª Câm. de Dir. Priv., j. 07.12.2006).

O contrato de compromisso de compra e venda, na frequente função de instrumento de garantia do recebimento do preço, ou de contrato preliminar impróprio, desloca a prestação principal do promitente comprador, de consentir na celebração da escritura definitiva, para o pagamento do preço. A prestação de pagar o preço, via de regra, é positiva, líquida e a termo, o que, na forma do art. 397 do CC, torna a mora *ex re*, independentemente de qualquer notificação ou interpelação. Vigora o aforismo *dies interpellat pro omine*, razão pela qual a multa e os juros moratórios são devidos desde o vencimento da dívida. Para cobrar as parcelas do preço, não há necessidade de qualquer interpelação ou notificação ao devedor. Mais de uma vez julgou o STJ que 'para a simples cobrança das prestações inadimplidas, é desnecessária a interpelação judicial prevista no art. 1º do DL n. 745, de 1969, só exigível quando se quer rescindir o contrato. Recurso especial não conhecido' (REsp n. 480.435/RJ). É por isso que 'para a simples cobrança das prestações, a citação faz as vezes da interpelação prevista no DL n. 745, de 07.08.69' (REsp n. 109.716/SP).

Discute-se se o crédito relativo ao preço é líquido e constitui título executivo. A questão não comporta resposta única. Dependerá da função do contrato de compromisso e do estágio de cumprimento em que se encontra. Se o promitente vendedor já tiver cumprido suas prestações substanciais – a entrega da posse do imóvel, ou a realização das obras de infraestrutura, se for o imóvel loteado, ou a conclusão da obra, se for unidade autônoma em construção – restando apenas ao promitente comprador o pagamento do preço, perde o contrato a sua bilateralidade. Resta apenas ao promitente comprador cumprir a sua prestação principal de pagamento do preço. É por isso que os tribunais, embora não seja o tema pacífico, em mais de uma oportunidade assentaram que 'tem a jurisprudência, inclusive a do Col. STJ, proclamado que o contrato bilateral pode servir de título executivo quando o credor desde logo comprova o integral cumprimento da sua prestação (arts. 585, II, e 615 do CPC/73; arts. 784, II a IV, 798, I, *d*, e II, *a*, e 799, I, II, e VIII, do CPC/2015) (REsp n. 170.446/SP, 4ª T., rel. Min. Ruy Rosado, *DJU* 14.09.1998, p. 82). Ou, ainda: O contrato bilateral pode servir de título executivo de obrigação de pagar quantia certa, desde que definida a liquidez e certeza da prestação do devedor, comprovando o credor o cumprimento integral da sua obrigação (*RSTJ* 85/278). Essa jurisprudência formou-se em face da nova redação dada ao inciso II do art. 585, que considera título executivo o documento particular assinado pelo devedor e por duas testemunhas, afastando as restrições que anteriormente existiam, podendo abranger, hoje, qualquer tipo de obrigação' (TJSP, AI n. 208.214-4/8). Caso o contrato ainda tenha prestações recíprocas a serem cumpridas, a cobrança pode ser feita pela via da ação monitória.

A penhora, no caso de execução de parcelas do preço, pode recair nos direitos do promissário comprador sobre o próprio imóvel, ainda que o único de natureza residencial. Entendeu o STJ que, assumida a dívida para aquisição da moradia, não se aplica ao caso a regra da impenhorabilidade do art. 1º da Lei n. 8.009/90, mas sim as ressalvas previstas no art. 3º do mesmo diploma (REsp n. 54.740-7/DF, rel. Min. Ruy Rosado de Aguiar; no mesmo sentido, *RT* 723/417). Pode parecer estranho que o promitente vendedor, ainda titular do domínio, requeira a penhora recaia sobre bem próprio, onerado por direitos do promitente comprador. Ocorre que os direitos de compromissário comprador têm natureza patrimonial e são passíveis de alienação – cessão – a terceiros, inclusive por mero trespasse. Logo, são perfeitamente penhoráveis e aptos à excussão. O arrematante se sub-rogará na posição de promitente comprador, com os créditos e obrigações inerentes ao contrato. Pode ainda o credor adjudicar os direitos de promitente comprador, na forma prevista no CPC, ou arrematar para si o imóvel.

Em razão do inadimplemento da obrigação do pagamento do preço, abre-se ao promitente vendedor obrigação alternativa: ou executa a prestação ou pede a resolução do contrato. Os efeitos econômicos são radicalmente distintos, inclusive no caso de arrematação por terceiro, pelo próprio exequente, ou de adjudicação. Isso porque não há, em tal hipótese, devolução das parcelas pagas pelo promitente comprador, não incidindo as normas cogentes do art. 53 do CDC e do art. 413 do CC, impeditivos ou limitativos das cláusulas de perdimento, ou de decaimento. Como decidiu em data recente o TJSP, a unidade autônoma não retorna às mãos do credor, diante da ilegalidade da incidência da cláusula comissória. O credor apenas promove a excussão do imóvel, vendendo-o em hasta pública. Se o preço apurado for superior ao crédito, a sobra é devolvida ao devedor; se inferior, remanesce crédito a ser executado (TJSP, AI n. 455.955-4/8-00, 4ª Câm. de Dir. Priv., j. 29.06.2006).

No regime dos imóveis loteados (art. 38 da Lei n. 6.766/79) cabe lembrar que o preço do imóvel somente é exigível se o loteamento se encontrar devidamente registrado e com as obras de infraestrutura concluídas dentro do prazo legal. Como decidiu recentemente o TJSP, 'a Lei n. 6.766/79, que trata do parcelamento do solo urbano, exige que o projeto de loteamento seja aprovado e submetido a registro junto ao Oficial de Registro Imobiliário, acompanhado dos documentos elencados no art. 18. Entre esses documentos, figura o comprovante da aprovação de cronograma das obras de infraestrutura, com a duração máxima de 4 (quatro) anos' (TJSP, Ap. Cível n. 501.986.4/6-00, 4ª Câm. de Dir. Priv., j. 29.11.2007). É uma espécie de *exceptio non adim-*

*pleti contractus* de ordem pública, que permite ao promissário comprador sustar o pagamento do preço, e ao juiz conhecer de ofício da matéria. Pode-se dizer que a regularidade do empreendimento constitui pressuposto para o válido desenvolvimento do processo, de modo que pode o juiz, já no despacho inicial, determinar ao autor que junte certidão atualizada comprovando o registro do loteamento e, se for o caso, a averbação da conclusão das obras de infraestrutura.

Como acima mencionado, a ausência de pagamento do preço, por parte do promitente comprador, abre ao promitente vendedor obrigação alternativa a seu favor: ou executa a prestação ou resolve o contrato. Como diz Caio Mário da Silva Pereira, 'descumprido o contrato bilateral, abre-se uma alternativa para ao lesado, para exigir sua execução ou resolvê-lo com perdas e danos' (*Instituições de direito civil*, 11. ed. Rio de Janeiro, Forense, v. III, p. 156). A opção pela resolução, porém, não se opera de pleno direito, ainda que tenham as partes convencionado cláusula resolutiva expressa, na forma do art. 473 do CC. As leis especiais que disciplinam o contrato de compromisso de compra e venda – DL n. 58/37, Leis ns. 6.766/79 e 4.591/64 –, atenuam a dureza da cláusula e, por normas cogentes, impõem notificação premonitória para o fim de converter a mora, que, como visto, normalmente é *ex re*, em inadimplemento absoluto. Os prazos exigidos nas leis são, respectivamente, de 15 dias para imóveis não loteados, 30 dias para imóveis loteados e 10 dias para unidades autônomas futuras construídas pelo regime de administração (ou preço de custo).

Como o exercício do direito de resolução supõe e requer uma manifestação de vontade unilateral do contratante lesado, com o propósito de formar ou extinguir relações jurídicas concretas, a doutrina mais moderna o tem tratado como direito potestativo. Fala-se, assim, em direito formativo (porque transforma um estado jurídico) extintivo (porque essa transformação desfaz a eficácia jurídica já produzida) (AGUIAR JÚNIOR, Ruy Rosado. *Extinção dos contratos por incumprimento do devedor* – resolução. 2. ed. atualizada. Rio de Janeiro, Aide, 2003, p. 26). Ao contrário do que afirmam alguns doutrinadores, a cláusula resolutiva expressa não se confunde com a condição resolutiva. No dizer de Pontes de Miranda, não se pode elevar o inadimplemento a uma condição, em sentido técnico. Na verdade, o inadimplemento faz apenas nascer ao credor o direito formativo à resolução. A condição seria, então, o exercício desse direito pelo credor, o que é inadmissível (PONTES DE MIRANDA. *Tratado de direito privado*. RT, 1984, t. XXV, p. 338). Em termos diversos, ocorrendo o inadimplemento do promitente comprador, o contrato não se encontra extinto, mas nasce para o promitente vendedor a opção entre cobrar o preço ou resolver o contrato. A notificação, assim, não serve para constituir o promitente comprador em mora, mas sim para convertê-la em inadimplemento absoluto e, com isso, abrir caminho para o exercício do direito potestativo de resolução. Tanto isso é verdade que o pagamento das parcelas fora da data aprazada, mas antes da interpelação, certamente será acrescido dos juros e multa moratórios (AZEVEDO JÚNIOR, José Osório de. 'Compromisso de Compra e Venda'. In: CAHALI, Youssef (coord.). *Contratos nominados*: doutrina e jurisprudência. São Paulo, Saraiva, 1995, p. 286).

O descumprimento que dá margem à resolução é o definitivo, pela impossibilidade do devedor ou pela inutilidade da prestação para o credor. Cabe invocar, aqui, a clássica lição de Agostinho Alvim, para quem 'há inadimplemento absoluto quando não mais subsiste para o credor a possibilidade de receber a prestação; há mora quando persiste essa possibilidade' (ALVIM, Agostinho. *Da inexecução das obrigações e suas consequências*. São Paulo, Saraiva, 1959, p. 46). Há, assim, falta imputável ao devedor, que torna irrecuperável o cumprimento da prestação, ainda que tardio. A obrigação, pois, não foi cumprida, nem poderá mais sê-lo. Disso decorre ser inviável a resolução decorrente de simples mora, ou seja, quando persiste, ainda, a possibilidade e o interesse do credor no recebimento da prestação. A mora, no caso, tem dois efeitos fundamentais: por um lado obriga o devedor a reparar os danos que causa ao credor o atraso no cumprimento; por outro, lança sobre o devedor o risco da impossibilidade da prestação. A resolução do contrato, porém, não é um efeito da mora, mas só nasce para o credor quando a mora se converter em não cumprimento definitivo da obrigação (VARELA, João de Matos Antunes. *Das obrigações em geral*. 6. ed. Coimbra, Almedina, 1996, v. II, p. 124).

A notificação pode ser judicial ou extrajudicial. Já se admitiu inclusive a notificação por simples carta com aviso de recebimento, desde que resulte inequívoco que o devedor tomou conhecimento do ato (TJSP, Ap. Cível n. 497.173.4/4-00, 4ª Câm. de Dir. Priv., j. 25.05.1997). Não se aceitam, porém, simples convites para comparecimento à sede da credora, ou meras cartas ou avisos de cobrança, sem a ressalva expressa da finalidade de conversão da mora em inadimplemento absoluto (TJSP, Ap. Cível n. 337.153.4/5-00, 4ª Câm. de Dir. Priv., j. 09.03.2006). Encontra-se em plena vigência a Súmula n. 76 do STJ: 'A falta de registro do compromisso de compra e venda de imóvel não dispensa a prévia interpelação para constituir em mora o devedor'. Em determinados casos, quando litigam as partes em ação diversa – consignação em pagamento, anulatória de cláusula contratual, inexigibilidade de crédito – e resulta claro que o promitente comprador não deseja purgar a mora, mas discutir ou negar a dívida, a notificação perde sua finalidade e pode ser dispensada. Nos demais casos, a ausência de notificação leva à carência da ação de resolução do contrato, por falta de inadimplemento absoluto.

Não é qualquer inadimplemento que leva à resolução do contrato, mas somente o substancial. A sanção radical da extinção do contrato deve corresponder à falta de proporcional gravidade, sob pena de se violar o princípio da boa-fé objetiva, na sua função de controle. O melhor entendimento, adotado por inúmeros julgados do STJ, é o de que a extinção do contrato por inadimplemento do devedor somente se justifica quando a mora causa ao credor dano de tal envergadura que não lhe interessa mais o recebimento da prestação devida, pois a economia do contrato está afetada. O Ministro Ruy Rosado de Aguiar Júnior, no julgado líder, assentou posição de que 'o adimplemento substancial do contrato pelo devedor não autoriza ao credor a propositura de ação para a extinção do contrato, salvo se demonstrada a perda do interesse na continuidade da execução, que não é o caso' (REsp n. 272.739/MG).

Caso típico de incidência da teoria do adimplemento substancial é o do compromisso de compra e venda com preço diferido ao longo do tempo, quando restam apenas algumas poucas parcelas sem pagamento. As parcelas já pagas atingem percentual elevado do preço total, de modo que o equilíbrio contratual já não mais é rompido pelo descumprimento. Em tal caso, pode o promitente vendedor executar as parcelas faltantes do preço, mas não pedir a resolução do contrato. Aplica-se então a teoria da mitigação (*doctrine of mitigation*), segundo a qual o credor deve colaborar, apesar da inexecução do contrato, para que não se agrave, por sua ação, o resultado danoso (AGUIAR JÚNIOR, Ruy Rosado de. *Extinção dos contratos por do devedor*. 2.ed. Rio de Janeiro, Aide, p. 136). Note-se que o exame do adimplemento substancial deve ser feito não apenas pelo viés quantitativo, mas também pelo viés qualitativo, de exame do comportamento do devedor. Comportamentos maliciosos, ou, ainda, a notória insolvência do devedor, que não dispõe de outros bens para suportar a execução das parcelas restantes do preço impedem a aplicação da teoria.

A resolução do contrato por inadimplemento depende de intervenção judicial ou, decorrido o prazo de purgação da mora, opera extrajudicialmente?

Em relação a tal ponto, houve relevante alteração no ano de 2015. O art. 62 da Lei n. 13.097, de 19.01.2015, alterou o modo de resolução dos contratos de compromisso de compra e venda de imóveis não loteados,

Dispõe a nova lei que nos contratos a que se refere o art. 22 do DL n. 58, de 10.12.1937 (imóveis não loteados e loteamentos rurais), ainda que não tenham sido registrados no Cartório de Registro de Imóveis competente, o inadimplemento absoluto do promissário comprador só se caracterizará se, interpelado por via judicial ou por intermédio de cartório de Registro de Títulos e Documentos, deixar de purgar a mora, no prazo de quinze dias contados do recebimento da interpelação.

E arremata a nova lei: nos contratos nos quais conste cláusula resolutiva expressa, a resolução por inadimplemento do promissário comprador se operará de pleno direito (art. 474 do CC), desde que decorrido o prazo previsto na interpelação referida no *caput*, sem purga da mora.

A regra acima alterou profundamente o entendimento até então amplamente majoritário. Havia entendimento sedimentado no sentido de que ainda na presença de cláusula resolutiva expressa, não poderia a estipulação persistir, à luz do art. 1º do DL n. 745/69, que alterou o art. 22 do DL n. 58/37, norma de natureza cogente. A resolução dependia de reconhecimento judicial, e o pedido de reintegração de posse era cumulativo e sucessivo. Em termos diversos, a reintegração pressupunha necessariamente a resolução do contrato e dela era consequência.

Embora houvesse a existência de alguma vacilação jurisprudencial, o entendimento predominante do STJ era no sentido de se exigir a prévia resolução do contrato e a consequente reintegração de posse, como pedido sucessivo. Nesse sentido, assentou o Ministro Sálvio de Figueiredo Teixeira julgado com a seguinte ementa: 'I – A cláusula de resolução expressa, por inadimplemento, não afasta a necessidade da manifestação judicial para verificação dos pressupostos que justificam a resolução do contrato de promessa de compra e venda de imóvel. II – A ação possessória não se presta à recuperação da posse, sem que antes tenha havido a rescisão (*rectius*, resolução) do contrato. Destarte, inadmissível a concessão de liminar reintegratória em ação de rescisão de contrato de compra e venda de imóvel' (REsp n. 204.246/MG).

Seguiu tal julgado a esteira de anterior precedente do STJ, rel. Min. Ruy Rosado de Aguiar, no REsp n. 237.539/SP, nestes termos: 'Logo, o litígio há de ser solucionado em juízo, e no processo será apreciada não apenas a existência da cláusula, mas também a verificação das circunstâncias que justifiquem a resolução do contrato, pois bem pode acontecer que o inadimplemento não tenha a gravidade suficiente para extinguir o contrato. Com isso quero dizer que a cláusula de resolução expressa não afasta, em princípio, a necessidade da manifestação judicial, para verificação dos pressupostos que justificam a cláusula de resolução. A própria lei já tratou de flexibilizar o sistema do Código ao exigir a notificação prévia (art. 1º do DL n. 745/69), a mostrar que as relações envolvendo a compra e venda de imóveis, especialmente em situação como a dos autos, de conjunto habitacional para população de baixa renda, exigem tratamento diferenciado, com notificação prévia e apreciação em concreto das circunstâncias que justificam a extinção do contrato, atendendo ao seu fim social. No sistema brasileiro, a regra é que a resolução ocorra em juízo, uma vez que somente ali poderá ser examinada a defesa do promissário, fundada, entre outras causas, em fato superveniente e no adimplemento substancial, as quais, se presentes, impediriam a extinção do contrato'.

O novo regime legal, acima mencionado, agora permite a resolução de pleno direito do contrato, sem intervenção judicial. Há necessidade, no entanto, de o contrato prever cláusula resolutória expressa, que nunca se presume. Indispensável, ainda, a notificação judicial ou pelo oficial de títulos e documentos, com a finalidade de converter a mora em inadimplemento absoluto, com a consequente resolução de pleno direito.

Relevante notar que recente julgado do STJ foi mais longe. Afirmou ser possível a resolução extrajudicial do contrato de compromisso de compra e venda, ainda que celebrado anteriormente ao art. 62 da Lei n. 13.097, de 19.01.2015, desde que exista cláusula resolutiva expressa. Tal precedente é relevante, pois afirma que a resolução "de pleno direito", ou seja, sem intervenção judicial, sempre foi possível em contratos de compromisso de compra e venda de imóveis loteados e não loteados (REsp n. 1.789.863/MS, rel. Min. Marco Buzzi, 4ª T., por maioria, j. 10.08.2021).

A meu ver, o art. 62 da Lei n. 13.097/2015 regula o modo de extinção do contrato de compromisso de compra e venda de imóvel não loteado. Trata-se de regra de direito material, que somente alcança os contratos celebrados após a sua vigência. Os contratos celebrados no regime da lei anterior são atos jurídicos perfeitos e geram direito adquirido, de modo que não podem ser atingidos pela alteração superveniente da lei, no que se refere ao modo de extinção por inadimplemento.

O art. 62 da Lei n. 13.097/2015 deve ser compatibilizado com as normas cogentes do CDC. O art. 51, XI, do CDC diz ser abusiva a cláusula que autoriza o fornecedor a cancelar o contrato unilateralmente, sem que igual direito seja conferido ao consumidor. Disso decorre que nas relações de consumo o contrato de compromisso de venda e compra deverá conter também cláusula resolutória expressa na hipótese de inadimplemento das prestações devidas pelo promitente vendedor, pena de abusividade e nulidade absoluta.

Finalmente, no que se refere às unidades autônomas futuras, construídas por regime de administração, os tribunais admitem a aplicação do art. 63 da Lei n. 4.591/64. Após notificação do condômino inadimplente para purgar a mora em 10 dias, o contrato se resolve sem intervenção judicial, e os direitos do promissário comprador podem ser levados a leilão extrajudicial, para com o produto reembolsar os adiantamentos dos demais condôminos para levantamento da obra.

Persiste dúvida se o mesmo regime jurídico se estende às unidades futuras construídas em regime de empreitada a preço global, certo e determinável. Aparentemente existe contradição entre as regras do art. 63, que pressupõem a reversão do produto do leilão extrajudicial da unidade aos condôminos que custearam a obra, e a construção a preço fechado, em que a edificação é paga pela construtora/incorporadora, sem repasse da quota do inadimplente aos demais adquirentes. Ocorre que a Lei n. 4.864/65, em seu art. 1º, VII, estende às incorporações a preço fechado a possibilidade de resolução e venda extrajudicial da unidade futura do inadimplente ao construtor e incorporador. O que acima foi dito em relação ao imóvel loteado aqui se reproduz, pois a resolução e venda extrajudicial impedem a aferição de inadimplemento culposo e subtraem o mecanismo de devolução de parte do preço pago pelo adquirente.

Há, porém, precedente do TJSP estendendo às incorporações por empreitada a preço certo o regime do art. 63 da Lei n. 4.591/64: 'Incorporação. Regime de empreitada a preço certo. Alienação extrajudicial de unidade, decorrente de rescisão do compromisso em razão da mora dos adquirentes. Alegação de nulidade do leilão, por não previsto expressamente no contrato, só cabível para o regime de construção a preço de custo e inadequado para obra já pronta e com posse entregue. Vícios inexistentes. Incidência das disposições da Lei n. 4.864, de 29.11.1965, que criou medidas de estímulo à construção civil e ampliou o âmbito das vendas extrajudiciais decorrentes do inadimplemento dos compradores, com poderes, para tanto, delegados à própria incorporadora. Improcedência da ação declaratória dos adquirentes e procedência da ação de imissão de posse do arrematante. Sentença mantida. Apelação não provida' (Ap. Cível n. 180.020-4/0-00, rel. José Roberto Bedran, j. 08.08.2006).

A resolução, nos contratos de execução diferida e fracionada, provoca efeitos *ex tunc*, retornando as partes ao estado anterior, com composição das perdas e danos por parte do contratante inadimplente. No dizer de Ruy Rosado de Aguiar Júnior, a resolução produz efeitos liberatórios e recuperatórios. Produz a liberação de ambas as partes, que tornam ao estado anterior. Produz o direito à restituição das prestações já pagas, que, no caso do compromisso de venda e compra, implica na devolução da coisa ao promitente vendedor e do preço ao promitente comprador (*Extinção dos contratos por incumprimento do devedor*. 2. ed. Rio de Janeiro, Aide, p. 259). O promitente vendedor devolve o preço e o promitente comprador devolve a coisa ocupada, como consequência natural da resolução e independentemente de pedido expresso da parte. Fixou o STJ em inúmeras oportunidades, que 'em havendo rescisão do compromisso de compra e venda, o desfazimento da relação contratual implica, automaticamente, como decorrência lógica e necessária, na restituição das prestações pagas, reservada uma parte, que fica deduzida, em favor da alienante, para ressarcir-se de despesas administrativas, sendo desnecessário que tal devolução conste nem do pedido exordial (quando o autor é o vendedor), nem da contestação (quando o autor é o comprador), por inerente à natureza da lide' (REsp n. 500.038/SP, rel. Min. Aldir Passarinho Júnior). Logo, resolvido o contrato, não há necessidade de reconvenção ou mesmo de pedido contraposto para a devolução das parcelas pagas pelo promitente comprador, compensadas com as perdas e danos. O juiz pode de ofício determinar a restituição, como seu efeito natural.

Foi editada a recente Súmula n. 543 do STJ, que elucida o tema e tem o seguinte teor: 'Na hipótese de resolução de contrato de promessa de compra e venda de imóvel submetido ao CDC, deve ocorrer a imediata restituição das parcelas pagas pelo promitente comprador – integralmente, em caso de culpa exclusiva do promitente vendedor/construtor, ou parcialmente, caso tenha sido o comprador quem deu causa ao desfazimento'.

O retorno ao estado anterior decorrente da natureza da resolução, com composição de perdas e danos, levou à interessante situação, na qual o promitente comprador que deixou de pagar as parcelas do preço tem interesse em postular a extinção do contrato, para reaver ao menos parte do valor já pago. Como explica o autorizado Ruy Rosado de Aguiar Júnior, 'o devedor pode propor a demanda quando fundamentar o pedido na superveniente modificação das circunstâncias, com alteração da base objetiva do negócio. É o que tem sido feito com muita intensidade relativamente a contratos de longa duração para aquisição de unidades habitacionais, em que os compradores alegam a insuportabilidade das prestações reajustadas por índices superiores aos adotados para a atualização dos salários' (*Extinção dos contratos por incumprimento do devedor*. 2. ed. Rio de Janeiro, Aide, p.165).

O STJ, em dezenas de julgados, assentou admitir-se 'a possibilidade de resilição do compromisso de compra e venda por iniciativa do devedor, se este não mais reúne condições econômicas para suportar o pagamento das prestações avençadas com a empresa vendedora do imóvel' (EREsp n. 59.870/SP, rel. Min. Barros Monteiro, *DJU* 09.12.2002; REsp n. 78.221/SP, rel Min. Aldir Passarinho Júnior, j. 26.08.2003, *DJ* 29.09.2003 p. 253, muitos outros).

A posição, que se encontrava absolutamente sedimentada nos tribunais, teve recente revés. Julgado do STJ criou limitação temporal ao direito de o promitente comprador pedir a resolução do contrato por impossibilidade superveniente. Entendeu que a iniciativa somente pode ser tomada pelo adquirente até a entrega das chaves ou imissão na posse do imóvel (REsp n. 476.780/MG, rel. Min. Aldir Passarinho Júnior, j. 11.06.2008).

Constam do corpo do aresto as seguintes passagens, para justificar a limitação temporal do pedido de resolução: 'deve haver, evidentemente, um limite fático-temporal para o exercício deste direito reconhecido na situação em que, diversamente do comum dos casos, ele é investido na posse do imóvel e passa a ocupá-lo ou alugá-lo a terceiros, transformando o apartamento, que era novo, em usado, iniciando o desgaste que ocorre com a ocupação, alterando o valor comercial do bem, que naturalmente, quando vendido na denominada 1ª locação, tem maior valia'.

E arremata o julgado: 'se a desistência unilateral pelo comprador puder ser postergada para além da ocupação do imóvel, isso ameaça a integridade de obras futuras, posto que um capital disponibilizado para um empreendimento seguinte, já em andamento, sofrerá corte pela restituição que se imporá ante a desconstituição de uma venda implementada em todos os sentidos, notadamente pela entrega e ocupação do imóvel, que passa de novo a usado'.

A crítica que se faz à recente alteração de posicionamento é que, na verdade, a justificativa do pedido de resolução por iniciativa do adquirente nunca foi o simples arrependimento, pois o contrato é irretratável, mas sim a impossibilidade superveniente de arcar com o pagamento do preço. O inadimplemento fatalmente ocorrerá, com a resolução do contrato ou a execução do preço, e a consequência prática da alteração é apenas impedir a iniciativa do adquirente, após a imissão na posse.

Parece mais razoável, ao invés de limitar a iniciativa do pedido de resolução no tempo, limitando-a à data da imissão na posse, exigir prova da impossibilidade superveniente do promitente comprador e dosar com rigor as perdas e danos sofridas pelo promitente vendedor com a utilização e depreciação do imóvel pelo adquirente. Constata-se que em sede de cumprimento de sentença de muitos julgados, as perdas e danos do promitente vendedor foram subestimados, de modo que o valor a restituir, muitas vezes, iguala-se ou mesmo supera o valor atual e depreciado do imóvel. A correção de tal distorção não se dá pela limitação da iniciativa do pedido de resolução, mas sim pelo cálculo cuidadoso das perdas e danos sofridos pelo promitente vendedor, a serem compensados com a devolução de parcelas do preço, especialmente determinando valor de mercado de retribuição pelo uso do imóvel, com termo inicial na data da ocupação.

Tem o juiz a delicada tarefa de calibrar a cláusula penal, tornando-a proporcional aos reais prejuízos do promitente vendedor. Deve levar em conta, assim, as despesas administrativas, fiscais e com intermediação da venda frustrada por circunstância superveniente imputável aos adquirentes. Não se pode esquecer de eventual depreciação, ou mesmo de valorização do imóvel, para chegar ao justo montante das perdas e danos. Deve levar em conta, sobretudo, eventual período de ocupação do imóvel pelo promitente comprador, desde a entrega da posse direta até a efetiva devolução das chaves ao promitente vendedor. Note-se que a indenização pela ocupação, ao contrário do que se vê em muitos julgados, deve ter termo inicial na data da imissão da posse, e não na data do inadimplemento, sem o que não haveria efetivo retorno das partes ao estado anterior, diante do enriquecimento sem causa do promitente comprador, que ocuparia gratuitamente o imóvel durante certo lapso de tempo. Todas essas verbas devem ser compensadas com a devolução das parcelas do preço pagas. Em certos casos, mesmo a perda integral das parcelas do preço não será suficiente para cobrir os danos da parte inocente do contrato.

No que se refere às arras, ou sinal, é entendimento corrente do STJ que 'compreendem-se no percentual a ser devolvido ao promitente comprador todos os valores pagos à construtora, inclusive as arras' (REsp n. 355.818/MG, rel. Min. Aldir Passarinho Júnior; REsp n. 23.118/MG, rel. Min. Nancy Andrighi; REsp n. 257.582/PR, rel. Min. Ruy Rosado de Aguiar). Entender o contrário seria, por via oblíqua, consagrar o enriquecimento sem causa do promitente vendedor, em frontal vulneração ao princípio cogente do equilíbrio contratual, especialmente quando se trate de arras confirmatórias. Também se entende 'abusiva a cláusula que fixa a multa pelo descumprimento do contrato com base não no valor das prestações pagas, mas no valor do imóvel, onerando demasiadamente o devedor' (Ag. Reg. nos Emb. Decl. no AI n. 664744/MG, rel. Min. Sidnei Beneti, j. 26.08.2008).

Decidiu em data recente o TJSP que o crédito relativo à devolução das parcelas é da natureza da resolução, de modo que a pretensão está sujeita ao prazo prescricional ordinário, não ao trienal do enriquecimento sem causa (TJSP, Ap. Cível n. 486.081.4/9-00, 4ª Câm. de Dir. Priv., j. 24.05.2007). O tema, porém, é controverso, diante do recente posicionamento do STJ, que reviu entendimento anterior e julgou que o prazo prescricional para pretensão indenizatória é sempre trienal, quer se trate de inadimplemento contratual, quer se trate de ilícito aquiliano.

Além disso, o crédito correspondente à devolução de parte das parcelas pagas rende juros de mora. A dúvida que persiste é o termo inicial da contagem dos juros. Inicialmente, entendeu-se que a mora não é do descumprimento do contrato resolvido, mas sim da obrigação de devolução de parte do preço pago. Decidiu em tal sentido o STJ que, 'tratando-se de responsabilidade contratual, a mora constitui-se a partir da citação, e os juros respectivos devem ser regulados, até a data da entrada em vigor do novo Código, pelo art. 1.062 do diploma de 1916, e, depois dessa data, pelo art. 406 do atual CC' (REsp n. 594.486/MG, rel. Min. Castro Filho). Decisão mais recente da mesma Corte, contudo, adotou posicionamento diferente, entendendo que 'na hipótese de resolução contratual do compromisso de compra e venda por simples desistência dos adquirentes, em que postulada, pelos autores, a restituição das parcelas pagas de forma diversa da cláusula penal convencionada, os juros moratórios sobre as mesmas serão computados a partir do trânsito em julgado da decisão (REsp n. 1.008.610/RJ, rel. Min. Aldir Passarinho, j. 26.03.2008). Entendo mais adequada a primeira corrente, que manda pagar os juros moratórios contados da citação, momento em que tem o promitente vendedor conhecimento da pretensão de restituição de parte do preço pago pelo adquirente. A segunda corrente, que manda pagar os juros de mora a contar do trânsito em julgado, aparentemente viola o que dispõe o art. 405 do CC, além de estimular a litigância e o retardamento dos julgamentos, com sucessivas interposições de recursos, postergando o momento trânsito.

A cláusula que determina a perda das acessões e benfeitorias erigidas pelo promitente comprador segue o mesmo regime jurídico acima referido. Tem, sem dúvida, a natureza de cláusula penal compensatória, sujeita, portanto, ao regime do art. 413 do CC. O art. 34 da Lei n. 6.766/79, norma cogente aplicável aos imóveis loteados, dispõe serem indenizáveis as benfeitorias necessárias e úteis levadas a efeito pelo adquirente. Apenas diz não serem indenizáveis as benfeitorias erigidas em desacordo com o contrato ou com a lei. Não há como acolher, porém, a tese de que a acessão não é indenizável, porque clandestina e irregular junto a órgãos municipais. O que menciona o art. 34, parágrafo único, da Lei n. 6.766/79, não é a aprovação da construção, mas sim que esteja esta de acordo com a lei. Entender o contrário significaria que a construção irregular na esfera administrativa, mas com inegável valor de mercado, seria adquirida a título gratuito pelo promitente vendedor, em manifesto enriquecimento sem causa. Claro que as despesas correspondentes à regularização do imóvel deverão ser abatidas da indenização, como decidiu o TJSP, em caso recente (TJSP, Ap. Cível n. 425.300.4/3-00, 4ª Câm. de Dir. Priv., j. 01.03.2007).

Não se pode também deixar de perceber nítida tendência dos empreendedores em tentar a fuga das normas protetivas do CDC e do art. 413 do CC sob a criação de novas formas societárias. A tendência dos tribunais é no sentido de desprezar a estrutura jurídica da empreendedora – associação, clube de investimento, cooperativa ou sociedade – com o objetivo de alienação de unidades autônomas futuras, em construção ou a construir, ou de alienação de lotes. O que se privilegia é a natureza da atividade, que sempre consiste, com maior ou menor variação, em serviços remunerados de construção de unidade autônoma futura, vinculada a fração ideal de terreno, ou de lotes (cf., entre dezenas de outros, TJSP, Ap. Cível n. 479.000.4/4-00, 4ª Câm. de Dir. Priv., j. 24.05.2007). Questão delicada é a da necessidade das cooperativas promoverem o registro da incorporação imobiliária, antes de lançar ao público empreendimentos de venda associativa de unidades autônomas futuras ou em construção. São omissas a Lei n. 4.591/64 e as Normas da Corregedoria Geral da Justiça de São Paulo a respeito do tema. A princípio, não há necessidade da incorporação, pois inútil aos cooperados, que constroem pelo regime associativo de preço de custo da obra. Admite-se, porém, a necessidade do aludido registro, inclusive de sua efetivação por determinação judicial, desde que presentes dois requisitos cumulativos: a) a existência de indícios de que a forma social cooperativa mascara atividade empresarial; b) a utilidade do registro aos cooperados, permitindo-lhes maior e eficaz garantia do recebimento das unidades autônomas futuras (TJSP, AI n. 471.689.4/9-00, 4ª Câm. de Dir. Priv., j. 07.12.2006)".

O STJ em 2016 decidiu relevantes temas relacionados aos contratos de compromisso de compra e venda de unidades autônomas, em sede de recursos repetitivos. Os julgados dizem respeito à legalidade da cláusula que transfere ao promitente comprador a obrigação de pagar a comissão de corretagem, desde que claramente estipulada no contrato, e a abusividade da cobrança da denominada taxa SATI (ver julgados transcritos a seguir). O prazo prescricional de restituição de pagamentos de tais verbas, reconhecida a abusividade, ficou limitado a três anos, com fundamento no enriquecimento sem causa.

A recente Lei n. 13.786/2018 introduziu relevantes alterações nos contratos de compromisso de compra e venda de imóveis loteados (Lei n. 6.766/79) e em incorporação imobiliária (Lei n. 4.591/64), no que se refere aos efeitos dos distratos e da resolução por inadimplemento absoluto dos promitentes vendedores e dos promissários compradores. A primeira observação é no sentido de que a alteração legislativa não alcança os contratos de compromissos de compra e venda de imóveis não loteados, regidos pelo DL n. 58/37. Somente os contratos celebrados entre loteador/incorporador e promissários compradores são objeto da alteração legislativa. A segunda observação é que as alterações somente se aplicam aos contratos novos, celebrados após 27.12.2018, pois dizem respeito a normas de direito material, devendo, por consequência, respeitar os atos jurídicos perfeitos.

A nova lei trata fundamentalmente de regular os efeitos da resolução e da resilição dos contratos de imóveis incorporados/loteados, sob o argumento de fazer cessar a insegurança jurídica. Na verdade, os efeitos da extinção dos contratos, em especial a redução das cláusulas penais, já se encontravam pacificadas pelos tribunais, embora a solução não agradasse os empreendedores. O que fez a lei foi tarifar as cláusulas de decaimento, ou de perdimento, em percentuais favoráveis aos fornecedores, alterando o entendimento jurisprudencial dominante. Cuida-se, em termos dogmáticos, de grave involução, pois faz retroceder em quase quarenta anos o entendimento doutrinário e jurisprudencial pacífico da possibilidade de redução da cláusula penal, se constatado o seu manifesto excesso em cotejo com os danos sofridos pelo credor (art. 413 do CC e art. 53 do CDC).

Além disso, a alteração legislativa positiva entendimento jurisprudencial da licitude da cláusula expressa de tolerância de seis meses por atraso de entrega da obra, que já integra os usos e costumes. Inovou, porém, ao fixar o montante das perdas e danos, limitadas em 0,5% ao mês sobre as parcelas do preço pagas, e não sobre o valor do imóvel.

Outra séria alteração criada pelo legislador, na hipótese de distrato ou de resolução por inadimplemento do adquirente, foi a de postergar e de parcelar a restituição das parcelas do preço, abatida a retenção legal. Em especial nas incorporações em que instituído patrimônio de afetação, o termo somente se inicia contado do "habite-se", que pode demorar alguns anos. No caso de imóveis loteados, o termo inicial da restituição somente se inicia a partir do final do cronograma de obras do empreendimento.

Em suma, as recentes modificações favoreceram de modo manifesto os loteadores/incorporadores em detrimento dos adquirentes, que terão cláusulas de perdimento das parcelas pagas mais elevadas e com restituição diferida no tempo.

Cumpre, finalmente, fazer relevante distinção, consagrada pela jurisprudência dos tribunais e consolidada pelo Tema Repetitivo n. 1.095 do STJ. Existem duas situações radicalmente diversas. A primeira é o contrato bilateral de compromisso de compra e venda, que, como visto, pode ser resolvido por iniciativa do promissário comprador impossibilitado de pagar as parcelas do preço. A segundo é o contrato de compra e venda já concluído, com financiamento do preço em alienação fiduciária em garantia. Não se resolve referido contrato já concluído, mas, sim, se executa a garantia, o que é estruturalmente distinto. Existe agora apenas e tão somente contrato unilateral de mútuo garantido por propriedade fiduciária. O inadimplemento do comprador/mutuário não mais acarreta a resolução do contrato de compra e venda, perfeito e acabado. Cabe ao credor apenas e tão somente a execução do preço financiado, mediante excussão do imóvel vinculado ao crédito garantido por propriedade fiduciária.

Tal entendimento foi consolidado em caráter vinculante no Tema n. 1.095 do STJ, do seguinte teor: "Em contrato de compra e venda de imóvel com garantia de alienação fiduciária devidamente registrado em cartório, a resolução do pacto, na hipótese de inadimplemento do devedor, devidamente constituído em mora, deverá observar a forma prevista na Lei n. 9.514/97, por se tratar de legislação específica, afastando-se, por conseguinte, a aplicação do CDC".

A redação não foi a mais clara e gerou inúmeras dúvidas ao intérprete. Na verdade, o contrato de compra e venda com preço financiado em alienação fiduciária em garantia pode ser, frequentemente, uma relação de consumo, a atrair a incidência do CDC. O que se pretendeu dizer é que não incide o disposto no art. 53 do CDC, porque não há contrato a ser resolvido, com efeito *ex tunc* e retorno das partes ao estado anterior, mas sim garantia de propriedade fiduciária a ser executada.

A melhor interpretação que se pode dar ao Tema n. 1.095 é a seguinte: A execução da garantia nos contratos de compra e venda de imóvel com pacto adjeto de alienação fiduciária sujeita-se ao procedimento disciplinado pelos arts. 26 e 27 da Lei n. 9.514/97, prevalecendo o critério de liquidação estabelecido pelo §§ 4º e 5º do art. 27 dessa lei especial sobre a regra do art. 53 da Lei n. 8.078/90.

O Enunciado n. 1.095 do STJ gerou inúmeras críticas da doutrina e dúvidas na jurisprudência. É possível aproveitar ação de resolução contratual para levar a leilão extrajudicial o imóvel vendido com financiamento do preço garantido por alienação fiduciária? Parece que a única interpretação possível é a seguinte: a) se já houver mora e consolidação da propriedade em nome do credor fiduciário, poderá a extinção da relação negocial se dar na própria ação de resolução, mediante leilão extrajudicial, segundo as regras dos arts. 26 e 27 da Lei n. 9.514/97; b) se não houver moda do devedor fiduciante, ou se existir mora, mas sem consolidação da propriedade em nome do credor fiduciário, a ação de resolução deve ser extinta, e a execução se dará nos estritos termos da Lei n. 9.514/97.

**Jurisprudência:** Enunciado n. 253, CEJ: O promitente comprador, titular de direito real (art. 1.417), tem a faculdade de reivindicar de terceiro o imóvel prometido a venda.

Súmula n. 543, STJ: Na hipótese de resolução de contrato de promessa de compra e venda de imóvel submetido ao Código de Defesa do Consumidor, deve ocorrer a imediata restituição das parcelas pagas pelo promitente comprador – integralmente, em caso de culpa exclusiva do promitente vendedor/construtor, ou parcialmente, caso tenha sido o comprador quem deu causa ao desfazimento.

A constituição em mora para fins de rescisão de contrato de compromisso de compra e venda de imóvel em loteamento, sujeito à disciplina da Lei n. 6.766/79, pode se dar por carta com aviso de recebimento, desde que assinado o recibo pelo próprio devedor, nos termos do art. 49 da norma mencionada. (STJ, REsp n. 1.745.407/SP, 3ª T., rel. Min. Marco Aurélio Bellizze, j. 11.05.2021, *DJe* 14.05.2021)

O adquirente de imóvel deve pagar as taxas condominiais desde o recebimento das chaves ou, em caso de recusa ilegítima, a partir do momento no qual as chaves estavam à sua disposição. (STJ, REsp n. 1.847.734/

SP, 3ª T., rel. Min. Ricardo Villas Bôas Cueva, por unanimidade, j. 29.03.2022, *DJe* 31.03.2022).

Hipótese em que, após o pagamento total do imóvel objeto de contrato de promessa de compra e venda, a construtora não outorgou ao comprador a respectiva escritura definitiva, tendo em vista a indisponibilidade de todos os seus bens determinada pela Justiça Federal. 2 – A aludida constrição patrimonial visa impedir apenas a alienação dos bens da empresa em benefício próprio, a fim de evitar prejuízos aos demais credores, não se aplicando a bens dos promitentes compradores de imóveis negociados antes da decretação de indisponibilidade, máxime em razão do direito real à aquisição do imóvel previsto no art. 1.417 do CC. 3 – Considerando que a restrição imposta pelo Poder Judiciário impede não só a alienação do patrimônio da construtora, mas, também, a prática de quaisquer atos cartorários que possam viabilizá-la, é de se concluir pela impossibilidade de cumprimento voluntário da obrigação (baixa do gravame judicial e outorga da escritura), revelando-se, em consequência, descabida a fixação da multa diária. 4 – Diante das particularidades do caso e da necessidade de solucionar o litígio de forma efetiva, deve ser acolhido o pedido subsidiário formulado na ação, no sentido de ser proferida sentença declaratória de outorga da escritura definitiva (adjudicação compulsória), determinando-se a baixa da restrição existente no imóvel aludido, a teor do comando do art. 466-B do CPC/73. 5 – Recurso especial provido. (STJ, REsp n. 1.432.566/DF, rel. Min. Marco Aurélio Bellizze, j. 23.05.2017)

Tese para os fins do art. 1.040 do CPC/2015: 1.1. Validade da cláusula contratual que transfere ao promitente-comprador a obrigação de pagar a comissão de corretagem nos contratos de promessa de compra e venda de unidade autônoma em regime de incorporação imobiliária, desde que previamente informado o preço total da aquisição da unidade autônoma, com o destaque do valor da comissão de corretagem. 1.2. Abusividade da cobrança pelo promitente-vendedor do serviço de assessoria técnico-imobiliária (SATI), ou atividade congênere, vinculado à celebração de promessa de compra e venda de imóvel. (STJ, REsp n. 1.599.511/SP, rel. Min. Paulo de Tarso Sanseverino, j. 06.09.2016)

Em contratos de promessa de compra e venda de imóvel em construção, descabe a cobrança de juros compensatórios antes da entrega das chaves do imóvel – "juros no pé" –, porquanto, nesse período, não há capital da construtora/incorporadora mutuado ao promitente comprador, tampouco utilização do imóvel prometido. (STJ, REsp n. 670.117/PB, 4ª T., rel. Min. Luis Felipe Salomão, *DJe* 23.09.2010)

Reivindicatória. Demanda proposta por compromissários compradores com base em contrato não levado a registro. Inadmissibilidade. Ação reivindicatória que somente é cabível quando o postulante já possuir título dominial do imóvel. Inteligência do art. 1.417 do CC. Autores que não comprovaram a propriedade do imóvel reivindicando. Carência da ação corretamente decretada. Sentença mantida. Recurso improvido. (TJSP, Ap. n. 994092993462 (7021634600), rel. Des. Salles Rossi, j. 28.04.2010)

É certo que a jurisprudência desta Corte Superior de Justiça é no sentido de que tanto o promitente comprador (possuidor a qualquer título) do imóvel quanto seu proprietário/promitente vendedor (aquele que tem a propriedade registrada no Registro de Imóveis) são contribuintes responsáveis pelo pagamento do IPTU. (STJ, REsp n. 1.110.551/SP e REsp n. 1.111.202/SP, j. 10.06.2009, *DJe* 18.06.2009, rel. Min. Mauro Campbell Marques)

Compromisso de compra e venda. Imóvel. Resolução do contrato por inadimplemento. Alegação de prescrição. Impossibilidade de reconhecimento. Natureza de direito formativo extintivo da resolução, não sujeito à prescrição direta. Inocorrência de prescrição, que somente se consuma, de modo indireto, quando prescrita a pretensão de exigir as parcelas do preço, ou de exigir a entrega da coisa vendida. Ação pessoal e não real, diante da ausência de registro do contrato de compromisso de venda e compra, gerador apenas de *iura ad rem*. Exercício da pretensão que se deu antes do término do prazo prescricional de 20 anos aplicável à hipótese. Inexistência de prescrição intercorrente. Inadimplemento incontroverso no caso em tela. Ação julgada procedente, para rescindir o contrato e reintegrar o autor na posse, sem devolução da parcela ínfima do preço paga. Penas por litigância de má-fé corretamente aplicadas. Recurso não provido. (TJSP, AC n. 0073441-45.1999.8.26.0100, 4ª Câm. de Dir. Priv., rel. Des. Francisco Loureiro)

A jurisprudência do STJ reconhece como justo título, hábil a demonstrar a posse, o instrumento particular de compromisso de venda e compra. O bem de família, sobrevindo mudança ou abandono, é suscetível de usucapião. (STJ, REsp n. 174.108/SP, rel. Min. Barros Monteiro, j. 15.09.2005)

Promitente comprador com título devidamente registrado, relativo a bem arrematado pela instituição financeira, tem legitimidade ativa para ajuizar a ação de imissão de posse, embora não acobertado pelo DL n. 70/1966. (STJ, REsp n. 634.126/RJ, rel. Min. Carlos Alberto Menezes Direito, j. 01.09.2005)

O contrato de compra e venda, ainda que não tenha sido levado a registro no Ofício de Registro de Imóveis, constitui meio hábil a inviabilizar a constrição do bem imóvel, em sede de execução fiscal. Comprovada a posse do bem pelo terceiro embargante e a inexistência de fraude à execução, cabe assegurar a pretendida posse nos termos da Súmula n. 84, STJ: "É admissível a oposição de embargos de terceiro fundados em alegação de posse advinda do compromisso de compra e venda de imóvel, ainda que desprovido do registro". (STJ, Ag. Reg. no REsp n. 622.714/SC, rel. Min. Denise Arruda, j. 04.08.2005)

O entendimento pacificado no âmbito da 2ª Seção deste STJ é no sentido de que, em contratos de financiamento para construção de imóveis pelo SFH, a hipoteca concedida pela incorporadora em favor do Banco credor, ainda que anterior, não prevalece sobre a boa-fé do terceiro que adquire, em momento posterior, a unidade imobiliária (Súmula n. 308 do STJ). (STJ, REsp n. 625.045/GO, 4ª T., rel. Min. Fernando Gonçalves, 17.05.2005)

A propriedade imobiliária transfere-se, entre vivos, mediante registro do título translativo no Registro de Imóveis. O direito real à aquisição do imóvel, no caso de promessa de compra e venda, sem cláusula de arrependimento, somente se adquire com o registro. Nessa perspectiva, malgrado a quitação de contrato de compra e venda de imóvel no ato de sua realização, não assiste direito à promissária compradora à expedição de alvará para outorga de escritura, após declaração de quebra da vendedora (art. 52, VII, do DL n. 7.661/45). (STJ, REsp n. 431.432/SP, rel. Min. Fernando Gonçalves, j. 14.12.2004)

Somente quando já tenha recebido as chaves e passado a ter assim a disponibilidade da posse, do uso e do gozo da coisa, é que se reconhece legitimidade passiva ao promitente comprador de unidade autônoma quanto às obrigações respeitantes aos encargos condominiais, ainda que não tenha havido o registro do contrato de promessa de compra e venda. Sem que tenha ocorrido essa demonstração, não há como se reconhecer a ilegitimidade da pessoa em nome de quem a unidade autônoma esteja registrada no livro imobiliário. (STJ, REsp n. 660.229/SP, rel. Min. Cesar Asfor Rocha, j. 21.10.2004)

A morte do vendedor, subsequentemente ao contrato de promessa de compra e venda, nada obstante verificada antes da transferência junto ao agente financeiro (credor hipotecário) e da formalidade do registro imobiliário, quita o respectivo contrato de financiamento em proveito do adquirente, como forma de impedir eventual enriquecimento sem causa e, também, em decorrência da sub-rogação de fato "nas obrigações de mútuo hipotecário", com o pagamento das prestações e do prêmio do seguro neles embutido. (STJ, REsp n. 122.032/RS, rel. Min. Fernando Gonçalves, j. 27.05.2003)

A promessa de compra e venda, se não averbada no registro imobiliário, não possibilita ao comprador anular posterior transferência de domínio a terceiros. (STJ, REsp n. 235.288/SP, rel. Min. Antônio de Pádua Ribeiro, j. 09.12.2003)

*In casu*, o direito de arrependimento não restou pactuado no compromisso de compra e venda, como anotou a respeito o v. acórdão recorrido [...], *in verbis*: "E mais, pelo que verifico dos elementos trazidos aos autos, não havia qualquer acerto quanto à possibilidade de arrependimento, tornando completamente inaplicável o disposto no art. 1.088 do CCB". (STJ, REsp n. 424.543/ES, rel. Min. Nancy Andrighi, j. 06.03.2003)

No mesmo sentido: STJ, REsp n. 8.202/SP, rel. Min. Eduardo Ribeiro, j. 07.05.1991; STJ, REsp n. 20.014/SP, rel. Min. Cláudio Santos, j. 16.12.1992; STJ, REsp n. 57.225, rel. Min. Nilson Naves, j. 09.04.1996.

Resolução. Alienação de imóvel a terceiro de boa-fé. Resolvido o negócio de compra e venda de imóvel, o terceiro adquirente de boa-fé, que confiou no registro e hoje é titular do domínio, não é atingido pelos efeitos da extinção da primitiva relação de direito obrigacional que existia entre o primeiro proprietário e o que vendeu o terreno aos réus. Art. 859 do CC. (STJ, REsp n. 101.571/MG, rel. Min. Ruy Rosado de Aguiar, j. 14.05.2002)

Considera-se como relevante a data de alienação do bem e não o seu registro no Cartório de Imóveis para se aferir a existência de fraude à execução. Precedentes. Bem afastada a alegação de fraude à execução, eis que para admiti-la necessário, ao menos, que o imóvel tenha sido alienado posteriormente à propositura da ação executiva. (STJ, Ag. Reg. no Ag. n. 198.099/SP, rel. Min. Carlos Alberto Menezes Direito, j. 17.11.1998)

---

**Art. 1.418. O promitente comprador, titular de direito real, pode exigir do promitente vendedor, ou de terceiros, a quem os direitos deste forem cedidos, a outorga da escritura definitiva de compra e venda, conforme o disposto no instrumento preliminar; e, se houver recusa, requerer ao juiz a adjudicação do imóvel.**

---

Na quarta edição do *Código Civil comentado*, tal como no artigo anterior, acrescentei trechos de texto que escrevi sobre o compromisso de compra e venda ("Responsabilidade civil no compromisso de compra e venda". In: SILVA, Regina Beatriz Tavares da (coord.). *Responsabilidade civil e sua repercussão nos tribunais*. Saraiva, série Direito-GV, p.167-219). Justifica-se a inserção, pois o art. 1.418 regula apenas a adjudicação compulsória, mas não toca nas demais prestações acessórias e deveres laterais de conduta que derivam do compromisso de compra e venda e que com extrema frequência ocorrem nos tribunais.

"**As obrigações do promitente vendedor. O dever de consentir na celebração do contrato definitivo. A adjudicação compulsória. A entrega da posse. A documentação relativa ao imóvel.** De modo simétrico ao que foi dito no artigo anterior, as obrigações do promitente vendedor variarão de acordo com a função, o objetivo, a operação econômica desejada pelas partes no contrato de compromisso de compra e venda. Caso cumpra o contrato o papel de mero preliminar, enquanto as partes se preparam para a celebração da escritura de compra e venda, sem dúvida a obrigação principal do promitente vendedor consistirá em consentir no contrato definitivo. Essa obrigação de manifestar vontade consiste num *facere*, juridicamente fungível, porque pode ser suprida por decisão judicial. Desde o DL n. 58/37, admite-se que a emissão do consentimento prometido e injustamente negado seja suprida por sentença judicial.

A adjudicação compulsória, na lição de Ricardo Arcoverde Credie, pode ser definida como 'a ação pessoal que pertine ao compromissário comprador, ou ao cessionário de seus direitos à aquisição, ajuizada com relação ao titular do domínio do imóvel – que tenha prometido vendê-lo através de contrato de compromisso de venda e compra e se omitiu quanto à escritura definitiva – tendente ao suprimento judicial desta outorga, mediante sentença constitutiva com a mesma eficácia do ato não praticado' (CREDIE, Ricardo Arcoverde. *Adjudicação compulsória*. 7. ed. São Paulo, Malheiros, 1997).

Embora defenda José Osório de Azevedo Júnior a tese da possibilidade da dispensa da escritura definitiva, substituída pelo compromisso acompanhado de prova da quitação, tal conclusão implica violação ao disposto no art. 108 do CC ('O compromisso de compra e venda'. In: FRANCIULLI NETO, Domingos (coord.), MENDES, Gilmar Ferreira & MARTINS FILHO, Ives Gandra da Silva. *O novo Código Civil*: estudos em homenagem ao prof. Miguel Reale. São Paulo, LTr, 2003, p. 450).

Não pode prevalecer, portanto, o Enunciado n. 87 do Centro de Estudos Judiciários do CJF, por ocasião da Jornada de Direito Civil realizada entre 11 e 13 de setembro de 2002, cujo teor é o seguinte: 'Considera-se também título translativo, para fins do art. 1.245 do nCC, a promessa de compra e venda devidamente quitada (arts. 1.417 e 1.418 do CC e § 6º do art. 26 da Lei n. 6.766/79)'.

Possível, porém, que compromissos de compra e venda de imóveis de valores inferiores a trinta salários mínimos, desde que contenham todos os requisitos do negócio principal, sejam neste convertidos (art. 170 do CC) e, recolhidos os impostos correspondentes, levados diretamente a registro, com transferência plena do direito de propriedade, em homenagem ao que dispõem os arts. 104 e 108 do atual CC, anteriormente comentados. De igual modo, no que se refere a imóveis loteados destinados à população de baixa renda, o art. 26 da Lei n. 6.766/79 admite a transferência da propriedade plena mediante registro do compromisso de venda e compra acompanhado da prova da respectiva quitação (BDINE JÚNIOR, Hamid Charaf. *Compromisso de compra e venda*, *RT* 843/58 e seguintes).

Para que o compromisso de compra e venda gere direito à adjudicação compulsória, deve preencher determinados requisitos, a saber: a) que o contrato preliminar tenha sido celebrado com observância do disposto no art. 462 do CC, ou seja, que contenha todos os requisitos essenciais do contrato a ser celebrado, com exceção da forma; b) que do contrato preliminar não conste cláusula de arrependimento. Caso contrário, as partes terão a possibilidade de desistir da celebração do negócio definitivo, de modo que não faria sentido admitir a execução específica, restando ao prejudicado receber o valor da cláusula penal (art. 408 do CC), as arras (art. 420 do CC) ou indenização por perdas e danos. Lembre-se, porém, que a lei e a jurisprudência colocam diversos limites à cláusula de arrependimento e ao momento em que pode ser alegada; c) que o promitente vendedor esteja em mora; d) que haja adimplemento da contraprestação devida pelo promitente comprador, se exigível.

O art. 1.418 do CC, ora comentado, menciona dever ser o compromissário comprador titular de direito real, vale dizer, o compromisso de compra e venda se encontrar registrado, para que possa exigir a adjudicação compulsória. Tal exigência constitui manifesto retrocesso e ofende todo o entendimento doutrinário e jurisprudencial construído sobre o tema. A Súmula n. 239 do Eg. STJ condensa o entendimento dos tribunais: 'O direito à adjudicação compulsória não se condiciona ao registro do compromisso de compra e venda no cartório de imóveis'.

Admitir interpretação literal do art. 1.418 do CC, ou seja, o registro como requisito para a adjudicação, criaria manifesta contradição em termos. Os demais contratos preliminares admitiriam execução específica, à exceção do mais relevante deles, que é o compromisso de compra e venda. Além disso, geraria situação de manifesta injustiça. Colocaria o promitente comprador, cujo contrato não obteve registro por falha meramente formal – erro na menção de um dado pessoal das partes, ou de uma medida perimetral – nas mãos do promitente vendedor, que poderia exigir vantagem indevida para outorgar a escritura devida.

Para contornar a exigência absurda criada pelo atual CC, necessária se faz interpretação construtiva, com saída técnica e razoável para a questão. Basta entender que adjudicação compulsória é espécie do gênero execução de obrigação de fazer, de prestar declaração para concluir contrato (art. 461 do CPC/73; arts. 139, IV, 497 a 500, 536, § 1º, e 537 do CPC/2015). Logo, o promitente comprador com título registrado usa a espécie adjudicação compulsória (art. 1.418 do CC), enquanto o promitente comprador sem título registrado usa o gênero do art. 461 do CPC/73 (arts. 139, IV, 497 a 500, 536, § 1º, e 537 do CPC/2015), que alberga todos os contratos preliminares. O resultado prático é rigorosamente o mesmo e produzirá a sentença judicial todos os efeitos do contrato ou declaração não emitida.

A única e relevante diferença entre ambas as situações – contrato registrado e sem registro – é a oponibilidade perante terceiros. Se o imóvel tiver sido alienado nesse meio tempo a terceiro de boa-fé, que obteve o registro, o promitente comprador sem título registrado terá direito apenas de exigir do promitente vendedor a devolução do preço, mais perdas e danos, mas não a sentença substitutiva da escritura de venda e compra. Se o contrato estiver registrado, produz efeito *erga omnes* e impede a disposição e a criação de direito real antagônico.

Em suma, o registro do contrato preliminar no oficial competente não é requisito para que o contratante possa exigir a celebração do contrato principal, mas mero pressuposto de oponibilidade a terceiros de boa-fé.

Situação extremamente comum é a do promitente vendedor não ter o domínio do imóvel ou, ainda, a outorga de escritura registrável depender de uma série de providências para a regularização da propriedade, tais como aprovação de loteamento, desmembramento, instituição de condomínio edilício, retificação do registro, apresentação de certidões negativas fiscais, ou outros entraves. Em tais casos, a sentença de adjudicação compulsória, ou sentença substitutiva de vontade, será inócua, porque inábil para ingressar no registro imobiliário. Lembre-se que a sentença apenas substitui o contrato definitivo e está sujeita, como qualquer título, ao exame qualificador do oficial registrador e à obediência aos princípios registrários.

O promitente comprador, diante de tais obstáculos, terá execução de obrigação de fazer distinta contra o promitente vendedor, qual seja, a de promover a regularização do imóvel para, ato subsequente, outorgar a escritura, ainda que em pedidos sucessivos formulados na mesma inicial. Se a obrigação de regularizar não for juridicamente fungível, como na prática via de regra não o é, o pedido cominatório se mostra perfeitamente adequado para compelir o devedor a cumprir com exatidão a prestação de transmitir domínio hígido ao adquirente. Muitas vezes, não resta outra opção ao adquirente que pretenda regularizar a situação dominial de seu imóvel que não a ação de usucapião. Ainda que a prestação de regularizar não esteja expressamente avençada, é um daqueles deveres acessórios, ou laterais, que interessam ao exato cumprimento da prestação principal, em homenagem ao princípio da boa-fé objetiva e da obrigação vista como processo.

Em casos excepcionais, em que a regularização dos entraves formais ao registro da escritura – e da sentença que a substitui – encontre-se em vias de ser atingida, pode ter a ação de adjudicação compulsória utilidade ao promitente comprador. Estará o adquirente munido de título, ciente, porém, de que o ingresso no registro de imóveis está subordinado a prévias medidas ou providências formais. Em caso recente, assim julgou o TJSP: 'Compromisso de venda e compra. Contrato particular quitado, porém não levado a registro perante o Oficial de Registro de Imóveis. Impossibilidade de registro de lote situado em loteamento irregular. Carência da ação afastada. Apreciação do mérito, com fulcro no art. 515, § 3º, do CPC/73 (art. 1.013, § 3º, I, do CPC/2015). Loteamento que se encontra em vias de regularização, já obtida a aprovação da Prefeitura Municipal de Guarulhos. Interesse em postular a adjudicação. Reconhecimento do direito dos autores ao suprimento judicial da outorga da escritura definitiva do imóvel, ressalvando-se que a aquisição do domínio pelo registro somente poderá ser feita após a regularização do empreendimento. Remessa dos autos ao Ministério Público para apuração de crime previsto na Lei n. 6.766/79. Ação parcialmente procedente. Recurso provido em parte' (TJSP, Ap. Cível n. 341.210.4/0-00, j. 07.08.2008). Em data recente, porém, o STJ adotou posição mais restritiva e afirmou que "a existência de imóvel registrável é condição específica da ação de adjudicação compulsória" (REsp n. 1.851.104/SP, rel. Min. Ricardo Villas Bôas Cueva, j. 12.05.2020). Tal posição, porém, merece algum tempero, pois a ação de adjudicação é pessoal, e não real. O promissário comprador pode ter interesse na adjudicação, subordinada a transmissão da propriedade à prévia regularização do imóvel.

O inadimplemento do promitente vendedor faz nascer obrigação alternativa em favor do promitente comprador. Pode ajuizar a execução de obrigação de fazer – ou adjudicação compulsória – ou, ainda, pedir a resolução do contrato, cumulada com perdas e danos.

Não está sujeita a adjudicação compulsória a prazo prescricional. Cuida-se de direito potestativo, podendo ser exercido a qualquer tempo em face do promitente vendedor, que somente cede frente a usucapião consumado em favor de terceiro (STJ, REsp n. 369.206/MG, rel. Min. Ruy Rosado de Aguiar).

Além da obrigação de outorgar a escritura definitiva, assume o promitente vendedor outras obrigações, especialmente no caso de o compromisso de compra e venda ter a função de garantia do recebimento do preço. Ganha relevo, nessa hipótese, a obrigação de entregar a posse da coisa desimpedida ao adquirente. O inadimplemento gera ao promitente comprador a pretensão de ver-se imitido na posse, estando ou não o seu contrato registrado. Mostra-se rigorosamente irrelevante o nome que se dê à ação. O que interessa é seu fundamento no *ius possidendi*, vale dizer, o direito de obtenção da posse como efeito da titularidade de uma relação jurídica de direito pessoal ou real preexistente. O STJ, em mais de uma oportunidade, assentou não ser 'necessário o registro para o ingresso da ação petitória de imissão de posse, na forma de precedente da Corte' (REsp n. 258.711/SP, rel. Min. Carlos Alberto Menezes Direito, j. 24.04.2001). Isso porque, segundo aquele tribunal, 'obrigando-se o promitente vendedor no contrato a proceder a entrega do imóvel ao compromissário comprador, desde logo ou em determinado tempo, a este é facultado o exercício da ação de imissão de posse, ainda que não esteja a promessa registrada no álbum imobiliário' (REsp n. 93015/PR, rel. Min. Barros Monteiro, *RSTJ* 92/283).

Ocorre que em casos frequentes a entrega da posse ao promissário comprador está subordinada à prévia construção da acessão, especialmente sob a forma de unidade autônoma, no regime da incorporação imobiliária da Lei n. 4.591/64. A obrigação deixa de ser apenas de dar e envolve um fazer que, via de regra, é juridicamente infungível. Cabe ao promissário comprador exigir a entrega da coisa, sob pena de incidência de multa, ou, então, resolver o contrato por inadimplemento do promitente vendedor, recuperando a totalidade das parcelas pagas, acrescidas de danos materiais e, em certos casos, também morais. Note-se que aqui não se cogita de impossibilidade superveniente do adquirente, mas de inadimplemento do alienante, razão pela qual a devolução é da integralidade das parcelas pagas, sem qualquer retenção e acrescida de perdas e danos. Decidiu o STJ que 'resolvida a relação obrigacional por culpa do promitente vendedor que não cumpriu a sua obrigação, as partes envolvidas deverão retornar ao estágio anterior à concretização do negócio, devolvendo-se ao promitente vendedor faltoso o direito de livremente dispor do imóvel, cabendo ao promitente comprador o reembolso da integralidade das parcelas já pagas, acrescida dos lucros cessantes' (REsp n. 644.984/RJ, rel. Min. Nancy Andrighi).

Questão ligada à entrega da posse do imóvel, interessante e atual, a ser abordada como pressuposto da resolução é a da quebra antecipada do contrato. Há situações em que se pode deduzir, conclusivamente, que o contrato não será cumprido, de tal forma que não seria razoável aguardar o vencimento da prestação, ou obrigar o contratante fiel e cumprir, desde logo, a prestação correspectiva. Não há, propriamente, quebra da prestação principal ainda não vencida, mas sim quebra da confiança no cumprimento futuro, pautada em elementos objetivos e razoáveis. Admite-se, em tais casos, a resolução do contrato, desde logo. Tomem-se como exemplos casos recentes, em que se contratou a aquisição futura de apartamento, a ser construído, mediante pagamento parcelado. Aproximando-se a data da entrega da unidade, sem que nem as fundações do edifício estivessem concluídas, razoável supor que não seria entregue na data aprazada ou próxima. Viável a resolução, abrindo desde logo ao adquirente a possibilidade de reaver os valores pagos e de exonerar-se dos pagamentos vincendos. No dizer de Ruy Rosado de Aguiar Júnior, é possível o inadimplemento antes do tempo sempre que o devedor pratica atos nitidamente contrários ao cumprimento, de tal sorte que se possa deduzir conclusivamente, diante dos dados objetivos existentes, que não haverá cumprimento. Evidenciada a impossibilidade da prestação, há quebra da confiança e desaparece o interesse social na manutenção de um vínculo que somente gerará lesão ao contratante inocente (*Extinção dos contratos por incumprimento do devedor*. 2. ed. revista e atualizada. Aide, p. 130). Foi decidido pelo TJSP o seguinte, a respeito do tema: 'Compromisso de compra e venda. Resolução do contrato por atraso na entrega da obra. Quebra antecipada por violação positiva do contrato. Descompasso entre o cronograma e o andamento da obra, com clara indicação de não entrega na data prevista. Inadimplemento antecipado da obrigação da empreendedora. Efeito *ex tunc* da sentença resolutória. Restituição integral, atualizada e imediata das parcelas pagas. Ação procedente. Recurso improvido' (TJSP, Ap. Cível n. 306.617.4/1-00, 4ª Câm. de Dir. Priv., j. 02.02.2006).

Não basta a entrega física da posse do imóvel ao promitente comprador. A celebração do contrato definitivo de compra e venda exige também perfeição jurídica. Isso envolve, no caso de promessa de venda de unidade autônoma futura, a expedição do habite-se e a instituição do condomínio edilício (Lei n. 4.591/64). No caso de imóvel loteado, o prévio registro do loteamento e a realização de obras de infraestrutura (Lei n. 6.766/79). Não se pode esquecer que o compromisso de compra e venda é contrato translativo, que visa, em última análise, a aquisição da propriedade imóvel. Por isso, deve o promitente vendedor atender todos os requisitos substanciais, formais, fiscais e administrativos para que o contrato e a futura escritura possam ingressar no registro imobiliário e provocar a aquisição da propriedade. Desdobros, desmembramentos, retificações do registro, averbações de construções, certidões negativas fiscais e previdenciárias, enfim, tudo o que estiver sob o crivo do princípio da legalidade e passível de qualificação pelo Oficial do Registro constituem prestações acessórias e, ainda que não previstas no contrato, são devidas pelo promitente vendedor, para viabilizar a prestação principal e atender o interesse do promitente comprador.

Em todos os casos, qualquer que seja o regime jurídico do compromisso de compra e venda, indispensável a apresentação de documentação completa do imóvel, do promitente vendedor e, se o caso, de seus antecessores, de modo a evitar a ocorrência de evicção total ou parcial. As certidões pessoais do alienante devem proporcionar segurança jurídica ao adquirente. Por isso, são levadas em conta as condições e as qualificações pessoais do promitente vendedor. O crescente desenvolvimento da desconsideração da personalidade jurídica faz com que sejam exigíveis pesquisas em nome da pessoa jurídica da qual o promitente vendedor é cotista, a fim de conhecer a existência de passivos fiscais, previdenciários e trabalhistas que possam afetar de algum modo o patrimônio dos sócios.

A ausência ou deficiência da documentação podem provocar tanto o efeito da suspensão da exigibilidade de parcelas do preço, proporcionais ao risco – *exceptio non rite adimpleti contractus* – como em casos mais graves, nos quais se constate violação que comprometa a economia do contrato e afete de modo substancial o interesse da parte, até mesmo a resolução (TJSP, Ap. Cível n. 503.502.4/3-00, 4ª Câm. de Dir. Priv., j. 29.11.2007). Evidente que, violado o dever acessório de prestação, abre-se em favor do promitente comprador obrigação alternativa de exigir o exato cumprimento da obrigação ou de resolver o contrato".

**Jurisprudência:** Não é cabível a adjudicação compulsória de imóvel pelos promitentes compradores de unidades autônomas adquiridas de incorporadora não titular do domínio do terreno e sem o devido registro do memorial de incorporação no Cartório de Registro de Imóveis. (STJ, REsp n. 1.770.095/DF, 3ª T., rel. Min. Marco Aurélio Bellizze, por unanimidade, j. 10.05.2022)

Adjudicação compulsória. Apartamento em construção. Ausência de instituição e especificação do condomínio edilício. Inviabilidade da transferência da propriedade do bem inexistente. Falta de interesse de agir. Arbitramento de honorários de advogado. Aplicação do § 4° do art. 20 do CPC [art. 85, §§ 3º e 8º do CPC/2015]. Recurso provido. (TJSP, Ap. Cível n. 9196550-15.2000.8.26.0000, 8ª Câm. de Dir. Priv., rel. Des. Marcelo Fortes Barbosa Filho, j. 29.06.2011)

Compromisso de venda e compra. Obrigação de fazer. Ação ajuizada pelos promitentes vendedores contra os promitentes compradores para compeli-los a receber a escritura do imóvel, cujo preço se encontra integralmente pago. Interesse dos promitentes vendedores para que as taxas e tributos ou mesmo obrigações *propter rem*, ou responsabilidade civil por ruína do prédio, não recaiam sobre quem mantém formalmente o domínio, mas despido de todo o conteúdo, já transmitido aos adquirentes. Ação procedente. Recurso não provido. (TJSP, Ap. Cível n. 466.654.4/8-00, rel. Francisco Loureiro, j. 07.12.2006)

Adjudicação compulsória. Compromisso de compra e venda. Cessão de direitos de compromissário comprador de imóvel loteado, com preço quitado. Negócio que pode ser feito por mero trespasse, independentemente da anuência do promitente vendedor. Impossibilidade de oferecimento de *exceptio non adimpleti contractus* com base em contrato diverso de prestação de serviços, feito com a promissária compradora original e cedente de direitos. Ação procedente. Recurso provido. (TJSP, Ap. Cível n. 319.340.4/7-00, rel. Francisco Loureiro, j. 01.06.2006)

Em se tratando de ação de adjudicação compulsória, o valor da causa deverá corresponder ao valor do contrato cujo cumprimento se pretende. (STJ, REsp n. 557.469/SP, rel. Min. Nancy Andrighi, j. 28.10.2004)

Em consonância com o Enunciado n. 239 da súmula desta Corte, o direito à adjudicação compulsória não se condiciona ao registro do compromisso de compra e venda no cartório de imóveis. A hipoteca outorgada pela construtora ao agente financiador em data posterior à celebração da promessa de compra e venda com o promissário comprador não tem eficácia em relação a este último. (STJ, Ag. Reg. no Ag. n. 575.115/SP, rel. Min. Castro Filho, j. 28.10.2004)

Promessa de compra e venda. Escritura definitiva. Adjudicação. Prescrição. Não prescreve o direito de a promissária compradora obter a escritura definitiva do imóvel, direito que só se extingue frente ao de outrem, amparado pelo usucapião. (STJ, REsp n. 369.206/MG, rel. Min. Ruy Rosado de Aguiar, j. 11.03.2003)

Celebrado o compromisso de compra e venda, ainda que não registrado, mas sem cláusula de direito de arrependimento e pago o preço dos imóveis pelo promissário comprador, é cabível a tutela jurisdicional que tenha por escopo à pretensão executiva de suprir, por sentença, a anuência do promitente vendedor em outorgar a escritura definitiva de compra e venda do imóvel. Se o promitente vendedor não prometeu celebrar em seu nome o contrato definitivo de compra e venda, mas tão somente apor anuência em escritura pública a ser outorgada por terceiro, desnecessária é a citação de sua mulher, que menos protegida estaria se citada fosse, hipótese em que poderia responder pelo descumprimento da obrigação de natureza pessoal assumida por seu cônjuge. (STJ, REsp n. 424.543/ES, rel. Min. Nancy Andrighi, j. 06.03.2003)

Na ação de outorga de escritura não há que se exigir o prévio registro do compromisso de compra e venda, pois a sentença opera a mera substituição da vontade do promitente vendedor, cumprindo em seu lugar a obrigação de formalizar o contrato de compra e venda prometido; na ação de adjudicação compulsória o registro imobiliário do pré-contrato somente se mostra imprescindível para surtir efeitos *erga omnes*, hipótese em que a sentença transfere a propriedade do bem, ao passo que, não havendo o prévio registro, produzirá efeitos apenas entre as partes, tão somente substituindo a vontade do vendedor, nos termos da Súmula n. 239/STJ. (STJ, REsp n. 195.236/SP, rel. Min. Cesar Asfor Rocha, j. 23.10.2001)

Promessa de venda e compra. Adjudicação compulsória. Falta de individualização do imóvel. Impossibilidade jurídica do pedido. Constitui uma das condições específicas da ação de adjudicação compulsória a individualização do imóvel objeto do pedido. Sem tal requisito, torna-se inexequível o julgado que porventura a defira. (STJ, REsp n. 51.064/CE, rel. Min. Barros Monteiro, j. 28.05.1996)

# TÍTULO X
# DO PENHOR, DA HIPOTECA E DA ANTICRESE

## CAPÍTULO I
## DISPOSIÇÕES GERAIS

**Art. 1.419. Nas dívidas garantidas por penhor, anticrese ou hipoteca, o bem dado em garantia fica sujeito, por vínculo real, ao cumprimento da obrigação.**

O artigo em exame abre o título que disciplina os direitos reais de garantia no CC/2002. O título é composto de um capítulo dedicado às disposições gerais, aplicáveis a todos os direitos reais de garantia e três capítulos subsequentes, dedicados, respectivamente, ao penhor, à hipoteca e à anticrese. Lembre-se que o CC/2002 tratou da propriedade fiduciária como modalidade da propriedade e não como direito real de garantia. Graças, porém, à afetação do instituto, nitidamente voltado a garantir o adimplemento de uma obrigação, diversos dos dispositivos estudados a seguir se estendem à propriedade fiduciária.

Como explica Caio Mário da Silva Pereira, ligada à ideia de patrimônio está a noção de garantia. O patrimônio da pessoa responde por suas obrigações. É uma garantia geral, ou comum, efetivada mediante meios técnicos previstos nas normas processuais, como arresto, penhora, sequestro e arrecadação. Com o preço obtido com a excussão dos bens do devedor, em hasta pública, o credor satisfaz seu crédito (PEREIRA, Caio Mário da Silva. *Instituições de direito civil*, 18. ed. atualizada. Rio de Janeiro, Forense, 1995, v. IV, p. 321-2). Nem sempre, porém, o credor se satisfaz com a garantia geral ou comum e exige privilégios e garantias especiais, fidejussórias ou reais. São fidejussórias quando uma pessoa estranha à relação obrigacional se responsabiliza pelo adimplemento da obrigação. São reais quando se vincula um determinado bem do devedor ou de terceiro ao pagamento de uma dívida.

Diferem os direitos reais de gozo e fruição dos direitos reais de garantia. Os primeiros não são acessórios e conferem ao titular a faculdade de usar ou gozar a coisa diretamente. Já os segundos – de garantia – são sempre acessórios a uma obrigação e apenas afetam um bem ao cumprimento de uma obrigação, através da realização de seu preço em hasta pública, ou de sua renda.

O artigo em exame reproduz quase integralmente o contido no art. 755 do CC/1916. Apenas substitui o termo *coisa* por *bem*; o que se mostra apropriado, pois existe penhor sobre créditos e títulos, isto é, sobre bens incorpóreos.

Os dois principais efeitos dos direitos reais de garantia são preferência (salvo quanto à anticrese) e sequela. O dispositivo em estudo trata da sequela e destaca o bem ficar sujeito por vínculo real ao cumprimento da obrigação. Isso quer dizer a garantia real aderir ao bem e o acompanhar independente de seu titular. O bem, embora alienado a terceiros, continua afetado ao cumprimento da obrigação, diante da oponibilidade geral do direito real. Essa oponibilidade autoriza o credor munido de garantia real a perseguir a coisa em poder de quem se encontre.

Não se esqueça, porém, o teor da Súmula n. 308 do STJ, objeto do comentário ao art. 1.417, que cria importante exceção à sequela do credor hipotecário frente ao compromissário comprador do imóvel dado em garantia, quando houver, por parte do credor, afronta aos deveres de cuidado e diligência na constituição da garantia real. Tem a súmula o seguinte teor: "A hipoteca firmada entre a construtora e o agente financeiro, anterior ou posterior à celebração da promessa de compra e venda, não tem eficácia perante os adquirentes do imóvel".

O artigo destaca, também, o caráter acessório dos direitos reais de garantia, que se vinculam ao cumprimento de uma obrigação. O crédito garantido pode ser atual, sob condição ou mesmo crédito futuro. São direitos reais garantindo direitos pessoais e seguem a sorte jurídica destes; nula ou extinta a obrigação, nula ou extinta a garantia real. Em razão da falta de autonomia, a garantia real não pode ser transmitida sem transmissão do direito principal.

**Jurisprudência:** Penhora. Nomeação de bens. Preclusão. Decreto de livre penhora. Impossibilidade. Existência de debêntures gravadas pelo penhor. Prevalecimento, independentemente de nomeação. Aplicação dos arts. 1.419 do nCC e 655, § 2º, do CPC [art. 842 do CPC/2015]. Recurso provido. (TJSP, AI n. 7.058.117-4/SP, 24ª Câm. de Dir. Priv., rel. Des. Roberto MacCraken, j. 13.07.2006)

Aquisição de unidade imobiliária em construção. Hipoteca. Celebração do contrato e pagamento do preço antes da outorga da garantia hipotecária. Súmula n. 308 da Corte. Está orientada a jurisprudência da Corte no sentido de que quando a escritura de aquisição da unidade imobiliária é posterior ao contrato de financiamento com garantia real, sendo que, no caso, o preço foi integralmente pago também antes, com quitação reconhecida no próprio instrumento, o adquirente não é atingido pela hipoteca outorgada pela construtora ao agente financeiro. (STJ, REsp n. 713.668/SP, rel. Min. Carlos Alberto Menezes Direito, j. 02.06.2005)

Condomínio. Alienação de bem dado em garantia de hipoteca. Admissibilidade. Ocorrência de fato superveniente que se sobrepõe à proibição de venda. Transferência dos encargos ao novo adquirente. Cobrança da dívida sempre assegurada pelo direito de sequela e de preferência. Recurso não provido. A hipoteca, garantia real, ainda que o bem venha a trocar de mãos, sempre assegurará cobrança da dívida contra o eventual novo adquirente. Afinal, como disposto na lei, os direitos reais passam com o imóvel para o domínio do adquirente. (I TACSP, Ap. n. 264.117-2, 16ª Câm. Cível, rel. Des. Jacobina Rabello, 27.06.1995, v.u.)

---

**Art. 1.420. Só aquele que pode alienar poderá empenhar, hipotecar ou dar em anticrese; só os bens que se podem alienar poderão ser dados em penhor, anticrese ou hipoteca.**

**§ 1º A propriedade superveniente torna eficaz, desde o registro, as garantias reais estabelecidas por quem não era dono.**

**§ 2º A coisa comum a dois ou mais proprietários não pode ser dada em garantia real, na sua totalidade, sem o consentimento de todos; mas cada um pode individualmente dar em garantia real a parte que tiver.**

---

O artigo em exame corresponde aos arts. 756 e 757 do CC/1916, com significativas alterações, especialmente no referente aos §§ 1º e 2º.

Os requisitos de validade dos direitos reais de garantia são três: quem pode dar em garantia (requisito subjetivo), o que pode ser dado em garantia (requisito objetivo) e como pode ser dado em garantia (requisito formal). O artigo em exame trata dos dois primeiros requisitos, subjetivo e objetivo.

O primeiro período do artigo em estudo diz somente poder dar em garantia real aquele que pode alienar. A regra tem razão de ser. Os direitos reais de garantia se consideram alienação em potencial, pois um bem é destacado do patrimônio do devedor, ou de terceiro, e afetado à solução de uma obrigação. O inadimplemento acarreta faculdade do credor de promover a excussão do bem dado em garantia. Por isso, diz-se somente o proprietário poder outorgar garantia real. Pouco importa o bem estar gravado com direito real e gozo e fruição, ou mesmo por outra garantia real, caso no qual eventual arrematante deverá respeitar o ônus preexistente.

Não basta, todavia, ser somente proprietário, pois se exige ter também a livre disposição da coisa, isto é, que se possa exercer pessoalmente o direito de onerar. Diversos proprietários não têm capacidade para alienar, enquanto outros não têm legitimação para tanto.

Quanto à falta de capacidade, os absolutamente incapazes são representados e relativamente assistidos pelos titulares do poder familiar. Exige-se, porém, na forma do art. 1.691 do CC, ao qual se remete o leitor, autorização judicial para alienar e gravar de ônus real os imóveis dos filhos. A falta de autorização judicial culmina de nulidade o ato, inclusive quanto aos relativamente incapazes (parágrafo único do art. 1.691). Note-se a restrição alcançar somente bens imóveis, de tal modo que os bens móveis podem ser alienados e, portanto, ser dados em penhor e garantia fiduciária. No referente aos bens de tutelados e curatelados, contra a opinião de Clóvis Bevilaqua, o entendimento é no sentido de tanto os bens móveis como os imóveis poderem ser onerados, desde que mediante prévia autorização judicial.

Não legitimados, falidos e inventariante, em relação aos bens do espólio, dependem de prévia autorização judicial, e o Poder Público, de autorização legislativa para onerar os bens. As pessoas casadas, salvo o regime da separação absoluta de bens, não podem outorgar garantia real sobre coisa imóvel sem outorga uxória. O entendimento majoritário, contra a opinião de Washington de Barros Monteiro, é no sentido de poderem os ascendentes hipotecar bens para garantir obrigações com descendentes, pois eventual excussão será feita a terceiros em hasta pública.

Pode ser a garantia real constituída mediante representação legal, como visto, ou convencional. No caso de representação convencional, deve o mandatário ter poderes expressos para hipotecar e especiais para gravar certo e determinado bem. O entendimento dominante do STJ, com base em lição de Pontes de Miranda, é no sentido de que "expresso é o poder de vender, hipotecar, e especial é a identificação do ato concreto, ou melhor dizendo, usando as palavras do mestre, poderes especiais são os poderes outorgados para a prática de algum ato determinado ou de alguns atos determinados. Não pode hipotecar o imóvel o mandatário que tem procuração para hipotecar, sem dizer qual o imóvel; recebeu poder expresso, mas poder geral, e não especial" (STJ, REsp n. 98.143/PR, rel. Min. Menezes Direito).

Mais ainda: o conflito de interesses entre mandante e mandatário torna anulável o negócio, por força dos arts. 117 e 119 do CC e nulo, no regime do CDC. Entendeu o STJ ser nula a cláusula-mandato autorizando a construtora hipotecar imóvel de promitente comprador que já quitou o preço ou não utilizará financiamento.

O segundo período do *caput* do art. 1.420 trata do requisito objetivo, o que pode ser dado em garantia real. Reza que só os bens que se podem alienar são passíveis de ser onerados por garantia real. A razão da regra é a já exposta, de a oneração real constituir alienação em germe, em razão da possível excussão no caso de inadimplemento.

Nosso ordenamento jurídico contempla diversos casos de inalienabilidade. No próprio CC, os arts. 1.848 e 1.911 preveem a cláusula de inalienabilidade, imposta em doação ou testamento. Também o art. 101 reza os bens públicos de uso comum do povo e de uso especial serem inalienáveis enquanto conservarem sua qualificação. O art. 1.717 dispõe o bem de família somente poder ser alienado após consentimento dos interessados, seus representantes legais e ouvido o Ministério Público. Há, ainda, os bens considerados indisponíveis por força de leis especiais, como os casos de improbidade administrativa (Lei n. 8.429/92, art. 7º) e administradores de instituições financeiras em intervenção, liquidação extrajudicial ou falência (Lei n. 6.024/74, art. 36).

Não se confundem inalienabilidade e impenhorabilidade. Há bens impenhoráveis por força de lei, mas que admitem a alienação – e, portanto, oneração voluntária. Tomem-se como exemplos, tirados do art. 649 do CPC/73 (art. 833 do CPC/2015): anel nupcial, retratos de família, livros, máquinas e utensílios necessários ou úteis ao exercício profissional. De igual modo, o imóvel residencial e os bens que guarnecem a casa, impenhoráveis por força do disposto na Lei n. 8.009/90, são alienáveis e passíveis de oneração real, caso no qual, como é evidente, são passíveis de constrição na execução da garantia (MAMEDE, Gladston. *Código Civil comentado.* São Paulo, Atlas, 2003, v. XIV, p. 51).

Nada impede, por outro lado, serem alienados e, portanto, objeto de instituição de garantia real, bens litigiosos, ou que se encontrem penhorados, arrestados ou sequestrados. Apenas se ressalta a garantia ser ineficaz frente ao anterior credor, que poderá levar o bem à hasta pública sem conceder preferência ao credor garantido.

O § 1º do artigo em estudo, no dizer de Pontes de Miranda, trata da "pós-eficalização" da garantia real constituída a *non domino* (*Tratado de direito privado.* São Paulo, RT, 1983, t. XX, p. 27). Impecável a redação do preceito no CC/2002. A garantia outorgada por quem não é dono, ao contrário do dito no CC/1916, não se revalida, simplesmente por não ser inválida, mas apenas ineficaz em relação ao verdadeiro proprietário. A regra tem estreita simetria com o disposto no art. 1.268, que trata da aquisição de coisa móvel a *non domino*, que ganha plena eficácia se for adquirida *a posteriori* pelo alienante. Não há, aqui, promessa de outorga de garantia, mas mera garantia ineficaz, que ganha, de modo automático e independentemente de qualquer outra emissão de vontade das partes, plenos efeitos se a coisa for adquirida pelo outorgante. Lembre-se, finalmente, o fato de o atual Código ter eliminado a indesejada menção da pessoa que "possuía a título de proprietário". É absolutamente indiferente o outorgante possuir ou não o bem; basta, pela redação atual, a garantia recair sobre bem do qual não é o outorgante dono.

O § 2º do artigo em exame corrige outra imperfeição do revogado CC. Inicia o preceito enunciando regra de senso comum, de um condômino não poder, sem o consentimento dos demais, dar em garantia real a totalidade da coisa comum. É evidente não poder onerar – porque ineficaz – a parte ideal alheia da coisa comum. A novidade está na segunda parte do § 2º, dizendo poder o condômino onerar em garantia real sua parte ideal sem anuência dos demais condôminos. Se pode o condômino o mais, alienar sua parte ideal, pode o menos, dá-la em garantia real. O CC/1916, porém, exigia, se a coisa fosse indivisível, a anuência dos demais condôminos. A preocupação era com especialização da garantia e direito de preferência do art. 1.139 do CC/1916, correspondente ao art. 504 do CC/2002, que não se justificavam, pois a garantia pode recair sobre parte ideal, e a preferência somente seria exercida se a coisa comum fosse à hasta pública. O CC/2002 elimina a incorreção e permite que o condômino dê em garantia real sua parte ideal, quer o bem seja divisível, quer seja indivisível, sem necessidade de ouvir seus comunheiros. A questão de eventual preferência somente se resolverá no momento da alienação de parte ideal da coisa comum.

Ressalte-se a existência de julgado do STJ, no sentido de que "hipotecado o bem imóvel, não pode a penhora, em execução movida a um dos proprietários, recair sobre parte dele. Sendo indivisível o bem, importa indivisibilidade da garantia real" (STJ, REsp n. 143.804/SP, rel. Min. Waldemar Zveiter. No mesmo sentido, STJ, Ag. Reg. n. 198.099/SP, rel. Min. Carlos Alberto Menezes Direito). Tal posição, todavia, é frontalmente contrária ao teor do dispositivo ora comentado, que permite, de modo explícito, a hipoteca sobre parte ideal de coisa indivisível, sem anuência dos demais condôminos. Como adverte Gladston Mamede, o aresto implica o que a lei visa evitar, ou seja, que o gravame atinja todo o bem, lesionando direito de terceiros, em decorrência de obrigação assumida por só um dos condôminos (op. cit., p. 56).

**Jurisprudência:** Registro de imóveis. Procedimento de dúvida. Registro de hipoteca. Imóvel não pertencente formalmente à devedora, já que alienado fiduciariamente. Devedora da hipoteca titular de direitos aquisitivos do fiduciante. Título que faz referência expressa à constituição da garantia sobre propriedade superveniente decorrente do adimplemento da obrigação garantida pela alienação fiduciária. Possibilidade. Inteligência do § 1º do art. 1.420 do CC. Garantia válida, que ganha plena eficácia com a retomada da propriedade plena pela devedora fiduciante, após a solução da obrigação. Garantia sobre propriedade superveniente pode ocorrer em alienação fiduciária em garantia e em hipoteca. Apelação provida, para autorizar o registro. (TJSP, Ap. Cível n. 10044221020248260309/Jundiaí, Conselho Superior da Magistratura, rel. Francisco Loureiro (Corregedor Geral), j. 12.09.2024, publ. 16.09.2024)

Registro de imóveis. Dúvida julgada procedente. Alienação fiduciária em garantia (propriedade superveniente). Alteração da Lei n. 9.514/97 pela Lei n. 14.711/2023. Admissão do registro da alienação fiduciária da propriedade superveniente (art. 22, § 3º). Negócio jurídico celebrado antes da alteração legislativa. Irrelevância, por duas razões. Primeiro, pela inexistência de título contraditório indicativo da violação de direito de terceiro entre a data da celebração do negócio e a vigência da lei nova. Segundo, porque não havia vedação expressa à alienação fiduciária em garantia superveniente no regime original da Lei n. 9.514/97. Regime geral das garantias compatível com a constituição de direito real de garantia sobre propriedade superveniente. Óbice afastado. Recurso a que se dá provimento. (TJSP, Ap. Cível n. 1000125-58.2023.8.26.0126/Caraguatatuba, Conselho Superior da Magistratura, rel. Francisco Loureiro (Corregedor Geral), j. 16.02.2024, publ. 20.02.2024)

1 – Os titulares de conta poupança mantida em conjunto são credores solidários do banco. A recíproca não é verdadeira: penhor constituído por um dos titulares com o banco, não faz o outro devedor solidário. 2 – O saldo mantido na conta conjunta é propriedade condominial dos titulares. Por isso, a existência de condomínio sobre o saldo, que é bem divisível, impõe-se que cada titular só pode empenhar, licitamente, sua parte ideal em garantia de dívida (arts. 757 do Código Bevilaqua e 1.420, § 2º, do nCC). 3 – O banco credor que, para se pagar por dívida contraída por um dos titulares da conta conjunta de poupança, levanta o saldo integral nela existente, tem o dever de restituir as partes ideais dos demais condôminos que não se obrigaram pelo débito. (STJ, REsp n. 819.327, rel. Min. Humberto Gomes de Barros, j. 14.03.2006)

Não se conhece de recurso especial que julgou nulas as cláusulas que permitiam à construtora dispor do imóvel alienado a terceiros, instituindo hipoteca em favor do banco. Súmula n. 5, STJ. Precedentes. (STJ, REsp n. 410.306/DF, rel. Min. Ruy Rosado de Aguiar, j. 27.08.2002)

Registro de imóveis. Hipoteca. Inadmissibilidade. Prévia constituição de hipoteca oriunda de cédula de crédito rural. Arts. 59 do DL federal n. 167/67 e 1.420 do CC/2002. Recurso não provido. (TJSP, *JTJ* 279/671)

---

**Art. 1.421. O pagamento de uma ou mais prestações da dívida não importa exoneração correspondente da garantia, ainda que esta compreenda vários bens, salvo disposição expressa no título ou na quitação.**

---

O artigo em exame disciplina um dos efeitos dos direitos reais de garantia: sua indivisibilidade.

Na lição de Caio Mário da Silva Pereira, a indivisibilidade se compreende em dois sentidos. No primeiro, significa sua adesão ao bem por inteiro e em cada uma de suas partes. O devedor não consegue eximir a coisa do ônus, sob argumento de excesso de garantia (*Instituições de direito civil*, 18. ed. Rio de Janeiro, Forense, 1995, v. IV, p. 330). Nada impede, por outro lado, o credor de optar por penhorar apenas um ou alguns dos bens dados em garantia real. Além disso, o gravame abrange os acessórios da coisa, ressalvada a hipótese das pertenças, que devem constar do título. Em um segundo sentido, significa persistir a garantia real integralmente sobre o bem onerado, no caso de pagamento parcial da dívida, ainda que compreenda vários bens.

O art. 1.429 do CC/2002, adiante comentado, em complementação ao princípio da indivisibilidade da garantia real, veda ao herdeiro do devedor a faculdade de fazer a remição parcial da dívida, liberando os respectivos quinhões. Note-se, porém, a norma ser dispositiva, de tal modo que pode ser afastada por convenção em contrário contida no próprio título, admitindo a liberação parcial da garantia, na medida da redução da dívida. Deve constar do título quais bens serão liberados e em qual ordem, para evitar a preferência da liberação ficar a cargo do juiz; que, em tal caso, atenderá ao princípio da menor oneração do devedor.

Além disso, prevê a lei poderem, na própria quitação parcial, as partes liberar determinado bem da garantia, ainda que não o tenham convencionado no título, fazendo menção de qual bem se trata.

Lembre-se, finalmente, o art. 1.488 do CC, adiante comentado, criar importante exceção ao princípio da indivisibilidade, nos casos de imóveis loteados ou sobre os quais for instituído condomínio edilício.

**Jurisprudência:** Redução da garantia hipotecária. Inviável a liberação de parte do imóvel dado em garantia hipotecária, sob pena de violação do princípio da indivisibilidade da hipoteca. Inteligência do art. 1.421 do CC. (TJRS, Ap. Cível n. 70.015.128.945, 18ª Câm. Cível, rel. Des. André Luiz Planella Villarinho, j. 31.08.2006)

O exequente, a princípio, não está obrigado a penhorar todos os bens objeto de uma única hipoteca, constituída em favor de terceiro, mas, apenas, aqueles suficientes para garantir a execução, inclusive para não incorrer em excesso de penhora. (STJ, Ag. Reg. no Ag. n. 120.993/SP, rel. Min. Carlos Alberto Menezes Direito, j. 24.03.1997)

---

**Art. 1.422. O credor hipotecário e o pignoratício têm o direito de excutir a coisa hipotecada ou empenhada, e preferir, no pagamento, a outros credores, observada, quanto à hipoteca, a prioridade no registro.**

**Parágrafo único. Excetuam-se da regra estabelecida neste artigo as dívidas que, em virtude de outras leis, devam ser pagas precipuamente a quaisquer outros créditos.**

---

O artigo em exame disciplina os princípios de excussão e preferência – ou privilégio – dos direitos reais. Corresponde ao art. 759 do CC/1916, com alteração meramente lexical no *caput*. Houve alteração significativa no parágrafo único do preceito, amoldando-o aos casos de privilégios decorrentes diretamente da lei, multiplicados na legislação especial.

A excussão significa que, "vencida a não paga a obrigação, ao credor assiste o poder de excutir o bem dado em garantia, isto é, promover pela via judicial a sua venda em público pregão, para com o preço pagar-se preferencialmente aos outros credores" (PEREIRA, Caio Mário da Silva. *Instituições de direito civil*, 18. ed. Rio de Janeiro, Forense, 1995, p. 330). Disso decorre, vencida a obrigação, não poder o credor se apropriar da coisa dada em garantia (cláusula comissória), conduta vedada pela norma cogente do art. 1.428, adiante comentado.

O direito do credor se circunscreve a executar a garantia. Ressalte-se nem sempre a alienação da coisa dada em garantia ser feita em hasta pública. Diversos dispositivos do próprio CC (penhor, art. 1.433, IV; propriedade fiduciária, art. 1.364) e de leis especiais (Lei n. 9.514/97, art. 27, propriedade fiduciária sobre bens imóveis) autorizam a alienação extrajudicial dos bens dados em garantia. Afora os casos previstos em lei, a excussão é feita em hasta pública.

Em certos casos vai a lei mais longe, admitindo a alienação do bem dado em garantia em leilão extrajudicial, sem qualquer ajuizamento prévio de ação de execução. É o caso do DL n. 70/66, que disciplina a execução de imóveis vinculados ao SFH. Duvidosa a constitucionalidade da execução extrajudicial, por ofensa aos princípios do devido processo legal e da ampla defesa. Após grande controvérsia nos tribunais inferiores, o STF fixou que a CF de 1988 recepcionou o DL n. 70/66, não se chocando com os preceitos dos incisos XXXV, LIV e LV do art. 5º, pois ao devedor está aberta a possibilidade de recorrer ao Poder Judiciário, questionando a exigibilidade da dívida ou a correção formal do procedimento de alienação do imóvel pelo credor (entre outros, RE ns. 148.872, 223.075 e 240.361).

A polêmica se renova em razão do disposto no art. 66-B da Lei n. 4.728/65, com a redação dada pela Lei n. 10.931/2004. Dispõe o preceito poder o credor fiduciário promover a venda do bem fungível dado em garantia, independente de prévio pronunciamento judicial, com posterior prestação de contas ao devedor.

O art. 3º, § 1º, do DL n. 911/69, com a redação dada pela Lei n. 10.931/2004, dispõe a propriedade do bem já se consolidar nas mãos do credor após cinco dias da apreensão, independentemente de sentença, que pode expedir novo documento e efetuar sua alienação extrajudicial. Resta saber como os tribunais reagirão a essa venda antecipada previstas em lei. O STJ, em mais de uma oportunidade, fixou a venda antecipada de bens empenhados no regime do art. 41 do DL n. 167/67 somente se admitir nas hipóteses excepcionais dos arts. 670, 793 e 1.113 do CPC/73 (arts. 852, 853, 923 e 730 do CPC/2015) antes do julgamento dos embargos (STJ, REsp n. 38.781/GO, rel. Min. Waldemar Zveiter; STJ, REsp n. 32.185/GO, rel. Min. Barros Monteiro).

Além do direito à excussão, fixa o *caput* do artigo em exame direito de preferência ou prelação do credor hipotecário ou pignoratício no recebimento do crédito garantido. Na lição de Caio Mário da Silva Pereira, essa noção desponta "no fato de pagar-se o credor mediante a venda do bem sobre que incide, independentemente a garantia geral ou comum, e prioritariamente em relação a ela" (op. cit., p. 328).

A preferência do credor garantido acarreta, no caso de concurso de credores, e apenas em relação ao produto da excussão do bem dado em garantia real, que fique fora do rateio proporcional entre os credores quirografários. O credor com garantia real primeiro satisfaz seu crédito. Se houver sobras, haverá rateio entre os credores quirografários. Ao contrário, se o produto da excussão do bem dado em garantia real não bastar para satisfação do crédito, o devedor continua pessoalmente obrigado. O crédito, porém, esgotada a garantia real, converte-se de privilegiado em quirografário, em relação ao restante do patrimônio do devedor.

Também se extingue a garantia real no caso de perda do bem dela objeto. Há entendimento corrente de o crédito se converter de privilegiado em quirografário, de modo que em processo falimentar não se admite a restituição convertida em dinheiro, e a habilitação se dá sem privilégio.

Determina a parte final do artigo em estudo se observar, quanto à hipoteca, a ordem do registro, pois nada impede que incidam várias hipotecas sobre o mesmo bem, como admite de modo explícito o art. 1.476, adiante estudado. Em tal caso, será estabelecida uma gradação de preferências, na ordem dos respectivos registros das hipotecas. Não contempla a lei a possibilidade de multiplicidades de penhores sobre o mesmo bem, pois não há como transmitir posse direta a mais de um credor. Os penhores especiais, por seu turno – rural, industrial e mercantil –, tornam o bem inalienável e, portanto, insuscetível de ser dado em garantia de segundo grau.

O parágrafo único do artigo em estudo ressalva a preferência do crédito com garantia real não superar o privilégio decorrente diretamente da lei. Determinados credores, em razão de sua posição pessoal ou da natureza de seus créditos, são contemplados diretamente pelo legislador com o benefício do privilégio: credores trabalhistas, fiscais, previdenciários e acidentários. São os casos, ainda, das despesas de condomínio edilício, em relação ao imóvel, ou das despesas da massa, no processo falimentar. Lembre-se que, em tais casos, havendo execução coletiva contra o devedor, o crédito com garantia real deve ser habilitado e não executado em via própria.

**Jurisprudência:** Enunciado n. 51 da 1ª Plenária do CEJ da CJF: O saldo do crédito não coberto pelo valor do bem e/ou da garantia dos contratos previstos no § 3º do art. 49 da Lei n. 11.101/2005 é crédito quirografário, sujeito à recuperação judicial.

Agravo de instrumento. Execução de título extrajudicial. Decisão agravada que negou a preferência de terceira estranha à lide em relação a imóvel penhorado. Insurgência. Acolhimento. Imóvel constrito que conta com caução locatícia averbada em favor da recorrente em data anterior à penhora promovida na execução de origem. Diante disto, a caução inicialmente prestada e devidamente averbada na matrícula do imóvel deve prevalecer, conferindo à agravante direito de preferência creditícia. Levantamento da penhora que se impõe. Precedentes. Decisão reformada. Recurso provido. (TJSP, AI n. 2083363-11.2024.8.26.0000/Guarulhos, 18ª Câm. de Dir. Priv., rel. Sergio Gomes, j. 15.05.2024, publ. 15.05.2024)

Execução por título extrajudicial. Adjudicação do imóvel penhorado por conta da verba honorária fixada em favor da exequente, a despeito do crédito hipotecário que grava referido bem, em favor do Banco do Brasil S.A. Admissibilidade. Preferência do crédito hipotecário que não alcança o credor da verba honorária, por se cuidar de crédito de natureza alimentar, que prefere sobre os demais, tal como ocorre com o crédito trabalhista, ao qual se equipara. Arts. 186 do CTN e 649, IV, do CPC [art. 833, IV, do CPC/2015]. Regras dos arts. 961 e 1.422 do CC que comportam exceções. Deferimento da adjudicação que deve ser mantido. Necessidade de nova avaliação do imóvel também não demonstrada pelo coexecutado. Recurso deste improvido. (TJSP, AI n. 990092993810, rel. Thiago de Siqueira, 14ª Câm. de Dir. Priv., j. 03.03.2010)

Concurso de credores. Direito de preferência. Cobrança de despesas de condomínio. Satisfação preferencial de crédito hipotecário, destinando-se ao exequente o sobejo decorrente de eventual arrematação. Admissibilidade. Preferência decorrente do direito real de garantia, independente de anterior ajuizamento de execução e penhora do bem. Exegese do art. 1.422 do CC. Prevalecimento em relação aos créditos decorrentes da natureza da dívida, *propter rem*. Recurso provido. (TJSP, AI n. 1.036.585-0/1/Osasco, 34ª Câm. de Dir. Priv., rel. Des. Gomes Varjão, j. 19.04.2006)

Falência. Habilitação de crédito. Penhor mercantil. Coisas fungíveis consumidas. Garantia extinta. Classificação do crédito como quirografário. Improvimento ao recurso. Aplicação do art. 102, § 4º, da LF. Consumidas as coisas fungíveis dadas em garantia real, o crédito só pode classificar-se como quirográfico, na falência do devedor. (I TACSP, Ap. n. 91.412-4/SP, 2ª Câm. de Dir. Priv., rel. Min. Cezar Peluso, j. 23.02.1999. No mesmo sentido, I TACSP, Ap. n. 153.005-4-0/SP, rel. Des. J. Roberto Bedran, j. 06.06.2000; TJSP, Ap. n. 338.060.4/8-00/SP, rel. Francisco Loureiro, j. 15.12.2005)

É assente, em sede doutrinária e jurisprudencial, que por força da natureza jurídica de seus créditos, o arrematante, credor trabalhista, à luz do que dispõe o art. 690, § 2º, do CPC [art. 895, § 2º, do CPC/2015], está dispensado de exibir o preço, salvo se exceder ao crédito, porquanto é exequente de crédito trabalhista que, a *fortiori*, goza de preferência legal sobre os demais créditos, inclusive o tributário (Precedentes: STJ, REsp n. 172.195, rel. Min. Nancy Andrighi, *DJ* 11.09.2000; STJ, REsp n. 445.341, rel. Min. Vicente Leal, *DJ* 11.11.2002; STJ, REsp n. 193.233, rel. Min. José Delgado, *DJ* 26.04.1999; STJ, REsp n. 21.341, rel. Min. Humberto Gomes de Barros, *DJ* 24.08.1992). A natureza privilegiada do crédito trabalhista tem fundamento nos arts. 449, § 1º, da CLT, 186 do CTN, 30 da Lei n. 6.830/80 e 759, parágrafo único, do CC/1916, agora com a redação mais abrangente e precisa do art. 1.422, parágrafo único, do nCC, instituído pela Lei n. 10.406, de 10.01.2002. (STJ, REsp n. 687.686/SC, rel. Min. Luiz Fux, j. 01.09.2005)

Tratando-se da execução de quotas de condomínio, não há falar em preferência do credor hipotecário, considerando precedente da 3ª Turma assinalando que em tal caso se trata de conservação do imóvel, "sendo indispensáveis à integridade do próprio crédito hipotecário, inevitavelmente depreciado se a garantia perder parte do seu valor. (REsp n. 208.896/RS, rel. Min. Ari Pargendler, *DJ* 19.12.2002)". (STJ, REsp n. 577.547/RS, rel. Min. Carlos Alberto Menezes Direito, j. 29.06.2004)

Civil. Crédito hipotecário. Preferência. O credor hipotecário, embora não tenha ajuizado execução, pode manifestar a sua preferência nos autos de execução proposta por terceiro. Não é possível sobrepor uma preferência processual a uma preferência de direito material. O processo existe para que o direito material se concretize. Recurso especial conhecido e provido. (STJ, REsp n. 159.930/SP, rel. Min. Ari Pargendler, j. 06.03.2003)

As mercadorias dadas em garantia, em penhor mercantil/alienação fiduciária, quando não encontradas, nao podem ser objeto de restituiçao, cabendo incluir o crédito, como quirografário, na lista a que se refere o art. 102 da Lei de Falências. (STJ, REsp n. 249.181/SP, rel. Min. Ruy Rosado de Aguiar, j. 26.06.2001)

Na linha da jurisprudência desta Corte, a preferência do credor hipotecário independe de sua iniciativa na execução ou na penhora. A arrematação de imóvel gravado de hipoteca garante ao credor hipotecário a preferência no recebimento de seu crédito em relação ao exequente. (STJ, REsp n. 162.464/SP, rel. Min. Sálvio de Figueiredo Teixeira, j. 03.05.2001)

A preferência do credor hipotecário não depende de sua iniciativa na execução, ou na penhora. A escritura da garantia real e a sua inscrição no registro imobiliário são suficientes para preservar a prelação dele. O credor hipotecário, formulando o pedido de prelação, recebe preferentemente o valor pertinente ao gravame.

(STJ, REsp n. 1.499/PR, rel. Min. Waldemar Zveiter, j. 29.06.1990)

**Art. 1.423. O credor anticrético tem direito a reter em seu poder o bem, enquanto a dívida não for paga; extingue-se esse direito decorridos quinze anos da data de sua constituição.**

O artigo em estudo dispõe o direito real de anticrese, de rara utilização, não ser dotado de excussão, mas apenas de sequela e faculdade de retenção sobre frutos e rendimentos do imóvel dado em garantia.

Guarda estreita relação com o art. 1.506, adiante comentado. O direito real de anticrese confere ao credor a faculdade de receber frutos e rendimentos de bem imóvel e compensá-los com a dívida garantida. Disso decorre o credor anticrético se pagar com os frutos e não com o preço da excussão.

Assina o artigo prazo quinzenal de caducidade do direito real de anticrese. O prazo não é prescricional, pois inexiste previsão de violação de direito e, portanto, de pretensão. É prazo contínuo, cujo decurso provoca automático cancelamento do direito real e inversão da qualidade da posse direta do credor, que, de justa, passa a precária. O termo inicial do prazo é a constituição do direito real, que se dá com o registro imobiliário, a teor do art. 1.227 do CC.

**Art. 1.424. Os contratos de penhor, anticrese e hipoteca declararão, sob pena de não terem eficácia:**

**I – o valor do crédito, sua estimação, ou valor máximo;**

**II – o prazo fixado para pagamento;**

**III – a taxa dos juros, se houver;**

**IV – o bem dado em garantia com as suas especificações.**

O artigo em exame trata do requisito formal dos direitos reais de garantia – especialização.

A principal alteração está na parte final do *caput*, não mais referindo a falta de especialização acarretar "pena de não valerem contra terceiros", como dizia o velho CC, mas a ineficácia da garantia real. A falta de especialização não afeta a garantia no plano da validade, mas no da eficácia perante terceiros. Vale entre as partes, consoante a prova resultante do título, mas é inoponível frente a terceiros; o que, na prática, retira as consequências de sequela e preferência.

Como diz Caio Mário da Silva Pereira, a garantia real é um começo de alienação e, por isso, importa não somente às partes, como também a terceiros que negociam com o devedor e devem conhecer a parcela do patrimônio livre (*Instituições de direito civil*, 18. ed. Rio de Janeiro, Forense, 1995, v. IV, p. 127). Importa a todos os demais credores, ou terceiros com pretensão de negociar com o devedor, saber o que foi dado em garantia real e quais as características da obrigação garantida.

O inciso I refere que o contrato deve conter valor do crédito, sua estimação ou valor máximo. Deve a obrigação ser mensurável em dinheiro, ou ter valor estabelecido pelas partes no título, com base na autonomia privada. Não há necessidade da obrigação ser líquida no momento de sua formação, mas apenas no momento de sua execução. Interessa, a teor do art. 585, III, do CPC/73 (art. 784, V, do CPC/2015), conhecer-se o *quantum debeatur* no momento do vencimento, para ser possível executar a hipoteca. Tomem-se como exemplos casos nos quais, no momento da escritura, não seja conhecido o total exato do crédito, dependente ainda do acréscimo de encargos ou fatos posteriores, já predeterminados pelas partes no título. Contratos de conta-corrente garantida, de construção, ou mesmo obrigações de fazer, desde que previamente determinados os valores da prestação, comportam garantia hipotecária (CARVALHO SANTOS. *Código Civil brasileiro interpretado*, 5. ed. Rio de Janeiro, Freitas Bastos, 1953, v. X, p. 29). Podem as partes estimar valor máximo do crédito, conferindo a possibilidade de se garantir parte da dívida. O que exceder será crédito quirografário.

O inciso II diz que deve conter o contrato prazo fixado para pagamento. Na omissão, aplica-se a regra do art. 331 do CC, podendo o credor exigir de imediato o crédito, salvo prazo moral decorrente da própria natureza da obrigação, ou do princípio da boa-fé objetiva.

O inciso III diz que deve conter o contrato a taxa de juros, se houver, permitindo a terceiros conhecer a exata situação do devedor. Abrange juros convencionais, tanto compensatórios como moratórios. A omissão não torna o negócio inteiro ineficaz, mas apenas os juros omitidos não mais gozarão de preferência e sequela frente a terceiros. Não há necessidade de menção aos juros legais, correção monetária, ou incidência de honorários, verbas decorrentes da lei, que lhes confere publicidade.

Finalmente, o inciso IV diz que deve constar do contrato a coisa dada em garantia, com suas especificações. Admite-se o penhor sobre bens fungíveis, que, porém, devem ser especializados em gênero, quantidade e qualidade. No referente a hipoteca e anticrese, que recaem sobre bens imóveis, infungíveis por natureza, devem constar as características dos prédios, individualizando-os e os distinguindo de qualquer outro, em atenção ao princípio da especialidade do registro imobiliário. Não se admitem, portanto, hipotecas ou penhores gerais sobre todo o patrimônio ou parte ideal dele sem discriminação dos bens. Admite-se, em casos especiais, hipoteca ou garantia fiduciária sobre coisas futuras, em especial unidades autônomas em construção.

A falta de especialização pode levar à invalidade da garantia, se houver absoluta ausência de dados de identificação do bem. Se forem os dados incompletos, de modo a gerar dúvidas e incertezas, a garantia será ineficaz perante terceiros, mas valerá entre as partes, se forem encontrados bens correspondentes à descrição genérica feita no título (MAMEDE, Gladston. *Código Civil comentado*. São Paulo, Atlas, 2003, v. XIV, p. 86).

**Jurisprudência:** Os requisitos elencados no art. 761 do Código revogado (art. 1.424 do CC/2002) não constituem elementos nucleares do penhor, sem os quais inexistiria o próprio contrato; sequer se ligam à validade mesma do acordo, que está a depender da capacidade do agente, da licitude do objeto e de forma prevista ou não defesa em lei. Constituem, ao revés, verdadeiras condições de sua plena eficácia no mundo jurídico, isto é, da validade de sua oponibilidade a terceiros. Assim, devem ser mantidas, porque válidas, as disposições firmadas entre as partes originárias. (STJ, REsp n. 226.041, rel. Min. Hélio Quaglia Barbosa, j. 12.06.2007)

Hipoteca. Direito real de garantia. Princípio da especialização violado. Obrigação principal extinta. Embargos de terceiro acolhidos. Recurso improvido. "A alvitrada prorrogação da garantia, em desrespeito ao princípio da especialidade, na linha da argumentação da recorrente, para abranger outros débitos, perdas e danos, indenizações e multas, consoante dispõe a cláusula décima primeira, não tem eficácia". (TJSP, Ap. c/ Rev. n. 10.344.41000, rel. Des. Artur Marques, j. 16.04.2007)

Hipoteca. Especificação da coisa. Incorporação. Novas unidades. Instituída a hipoteca sobre certas unidades no ato levado a registro, não pode a garantia ter eficácia frente a terceiros para estender-se sobre outras não indicadas no registro. (STJ, REsp n. 239.231/RS, rel. Min. Ruy Rosado de Aguiar, j. 16.12.1999)

---

**Art. 1.425. A dívida considera-se vencida:**

**I – se, deteriorando-se, ou depreciando-se o bem dado em segurança, desfalcar a garantia, e o devedor, intimado, não a reforçar ou substituir;**

**II – se o devedor cair em insolvência ou falir;**

**III – se as prestações não forem pontualmente pagas, toda vez que deste modo se achar estipulado o pagamento. Neste caso, o recebimento posterior da prestação atrasada importa renúncia do credor ao seu direito de execução imediata;**

**IV – se perecer o bem dado em garantia, e não for substituído;**

**V – se se desapropriar o bem dado em garantia, hipótese na qual se depositará a parte do preço que for necessária para o pagamento integral do credor.**

**§ 1º Nos casos de perecimento da coisa dada em garantia, esta se sub-rogará na indenização do seguro, ou no ressarcimento do dano, em benefício do credor, a quem assistirá sobre ela preferência até seu completo reembolso.**

**§ 2º Nos casos dos incisos IV e V, só se vencerá a hipoteca antes do prazo estipulado se o perecimento, ou a desapropriação recair sobre o bem dado em garantia, e esta não abranger outras; subsistindo, no caso contrário, a dívida reduzida, com a respectiva garantia sobre os demais bens, não desapropriados ou destruídos.**

---

A garantia real é sempre acessória a uma obrigação principal e segue sua sorte jurídica, inclusive o termo da dívida garantida. É o denominado vencimento normal. Pode ocorrer, ainda, vencimento antecipado da obrigação em geral, que, como é evidente, acarreta também vencimento do acessório.

Ao lado do vencimento antecipado da obrigação em geral, previsto no art. 333 do CC, ou de casos previstos pelas partes no contrato, desde que sem ofensa aos princípios da boa-fé objetiva e equilíbrio do contrato, elenca o artigo em exame outros casos legais, independentemente de estipulação. São casos nos quais se reforça a garantia do credor, em razão do agravamento dos riscos por fatos supervenientes.

O inciso I prevê o caso de deterioração ou depreciação do bem objeto da garantia. Deterioração é o estrago, a degradação física; enquanto depreciação é a desvalorização econômica do bem. Não alude a lei a suas causas, podendo o estrago ter qualquer origem, imputável ou não ao devedor, ou mesmo proveniente de caso fortuito ou força maior, desde que superveniente à constituição da garantia. Apenas o fato imputável ao próprio credor – tome-se como exemplo o penhor – não provoca o vencimento antecipado da dívida. Anota Gladston Mamede, com razão, que a pronta iniciativa do devedor, ou do terceiro proprietário garantidor, em recuperar a coisa deteriorada, mantém incólume a garantia do credor e evita o vencimento antecipado (MAMEDE, Gladston. *Código Civil comentado*. São Paulo, Atlas, 2003, v. XIV, p. 91). A depreciação natural da coisa, pelo uso razoável e decurso do tempo, não produz vencimento antecipado da dívida, assim como a deterioração mínima, desproporcional à consequência alvitrada na lei. Reza o preceito o vencimento antecipado não ser automático, exigindo prévia intimação do devedor para que reforce ou substitua a garantia, em prazo razoável, compatível com a complexidade da operação. Decorrido o prazo, considera-se, a partir daí, vencida a obrigação.

O inciso II prevê o vencimento antecipado se o devedor cair em insolvência ou falir. Falência, recuperação judicial, liquidação extrajudicial de instituição financeira e insolvência civil provocam, por expressa força de lei, vencimento antecipado das dívidas do falido, insolvente ou liquidando. As três primeiras situações somente se caracterizarão por força de decisão judicial e acarretarão vencimento antecipado e habilitação na execução coletiva, como crédito privilegiado. Já o termo *cair em insolvência* não exige decretação da insolvência civil do devedor, mas a mera constatação de fato de tal estado, no qual o passivo supera o ativo, apurável no curso da execução (CARVALHO SANTOS. *Código Civil brasileiro interpretado*, 5. ed. Rio de Janeiro, Freitas Bastos, 1953, v. X, p. 73).

Podem as partes convencionar outros fatos, que não caracterizam tecnicamente a insolvência, como protesto de títulos, ajuizamento de execuções contra o devedor, ou penhora do bem dado em garantia real, por credor diverso, provocarem também vencimento antecipado da dívida, por majorarem o risco do credor. Sem previsão contratual, porém, tais situações não caracterizam, por si, insolvência ou falência, nem são causa legal de vencimento antecipado.

O inciso III prevê a hipótese de falta de pagamento pontual das prestações, se acordaram as partes o parcelamento do preço, ou da solução da obrigação. O não pagamento de qualquer das parcelas provoca o vencimento antecipado das demais. Vence-se a dívida toda e, por consequência, a garantia real. A regra é dispositiva, valendo no silêncio do contrato, mas nada impede que se convencione o contrário. Embora divirja a doutrina, a corrente majoritária afirma o não pagamento dos juros, que vencidos incorporam-se ao capital, também provocarem vencimento antecipado da dívida e da garantia. O preceito do vencimento antecipado é previsto na lei em benefício do credor, podendo haver renúncia expressa ou tácita. O recebimento posterior da prestação em atraso é modalidade tácita de renúncia da benesse.

É evidente a regra do inciso III dever ser lida em consonância com os princípios cogentes que regem o direito contratual, em especial boa-fé objetiva, função social e equilíbrio. O atraso no pagamento da prestação deve revestir-se de certa gravidade para provocar o efeito severo do vencimento antecipado e total da dívida. Atraso mínimo, que não acarreta maior prejuízo ao credor, nem altera de modo significativo a utilidade da prestação, pode ainda ser pago, sem necessidade de solução integral da obrigação, como já decidiu o STJ.

O inciso IV trata do perecimento da coisa, tomado em sentido lato, de desaparecimento, destruição ou esgotamento, qualquer que seja sua causa, com ou sem culpa do devedor. Apenas se ressalta o perecimento por culpa exclusiva do credor, como no caso do penhor, que não altera o vencimento da obrigação. Note-se que se perde a garantia, mas permanece íntegro o crédito como quirografário. Tem o devedor o direito potestativo de substituir a garantia por outra, de valor igual ou superior, para evitar o vencimento antecipado da obrigação.

O § 1º do artigo em exame trata da hipótese de pagamento de indenização da garantia perecida, por seguradora ou por terceiro causador do dano. Há o vencimento antecipado e se opera sub-rogação do objeto da garantia, substituído pelo valor da indenização. A seguradora ou o causador do dano, em tal caso, deve pagar diretamente ao credor com garantia real até o valor do bem destruído, sob pena de pagar mal. Decorrência disso, embora duvidosa a questão, é a possibilidade de o credor com garantia real cobrar diretamente a dívida do causador do dano ou da seguradora.

O último inciso trata da desapropriação do bem objeto da garantia real, caso no qual o expropriante pagará ao credor preferencial, que se habilitará na desapropriação e dela será citado, o valor integral do crédito. Se houver sobras, são devidas ao proprietário do bem, que o deu em garantia real. Por outro lado, se a indenização for insuficiente para extinguir a obrigação, remanesce crédito quirografário contra o devedor.

Finalmente, o § 2º trata do perecimento ou desapropriação (incisos IV e V) que atingem somente uma parte dos bens objeto da garantia real. Embora o preceito somente aluda à hipoteca, não se vê razão para não o estender às demais garantias reais, em especial à propriedade fiduciária. Diz a regra que se todos os bens dados em garantia forem atingidos há vencimento antecipado. Se somente parte dos bens forem atingidos, parte proporcional da obrigação, correspondente à redução da garantia, vence antecipadamente, desde que, é óbvio, seja a prestação divisível. Finalmente, se remanescerem bens suficientes para a garantia do crédito, a garantia permanece incólume, e razão não há para vencimento antecipado.

**Jurisprudência:** Execução por título extrajudicial. Consórcio de imóvel. Extinção do feito por falta de exequibilidade do título. Inadmissibilidade. Consorciado contemplado. Bem adquirido por escritura pública com pacto de hipoteca, onde ficou discriminado o saldo devedor e a previsão de vencimento antecipado no caso de inadimplemento. Título hábil a instruir processo de execução, a teor do que estabelece o art. 585, II, do CPC [art. 784, II a IV, do CPC/2015]. Dívida que está perfeitamente delimitada. Hipótese de reforma da sentença acatada, para que a ação executiva tenha seguimento normal. Apelo provido. (TJSP, Ap. c/ Rev. n. 108.091.6800, rel. Des. Jacob Valente, j. 20.06.2007)

Contrato de financiamento. Desembolso de parcela contratada. Vencimento antecipado da dívida da empresa garante em outro contrato. Art. 11 do DL n. 413/69. Art. 1.092 do CC. 1 – Para que a instituição financeira pudesse gozar da proteção do art. 1.092 do CC, seria necessário provar que a autora, contratante, estivesse ela própria inadimplente. E isso o acórdão recorrido não afirmou. O fato de, eventualmente, a garante estar inadimplente em outro contrato, não autoriza a outra parte a estender a inadimplência à contratante. O art. 11 do DL n. 413/69 não tem esta extensão. (STJ, REsp n. 443.510/CE, rel. Min. Carlos Alberto Menezes Direito, j. 26.06.2003)

Civil. Vencimento antecipado da dívida. A cláusula que, para a hipótese de falta de pagamento das prestações do preço antecipa o vencimento da dívida, acarreta a mora *ex re*, que, por sua própria natureza, dispensa a notificação do devedor. (STJ, REsp n. 453.609/PR, rel. Min. Ari Pargendler, j. 24.09.2002)

Uma vez requerida a execução da dívida, pelo vencimento antecipado decorrente da falta de pagamento de uma prestação, o pagamento da parcela vencida terá o efeito de extinguir o processo se, no momento de apreciar o pedido do devedor, não existirem outras parcelas em atraso e executáveis de imediato. Não haveria razão para extinguir o processo, que continuará pelo saldo remanescente, se outras parcelas já podiam ser cobradas judicialmente. (STJ, REsp n. 237.547/MA, rel. Min. Ruy Rosado de Aguiar, j. 16.12.1999)

Nas cédulas de crédito rural o inadimplemento de parcelas pecuniárias, ou de outra obrigação constante da avença, enseja, nos termos do art. 11 do DL n. 167/67, o vencimento antecipado da dívida, ainda que não haja convenção expressa a respeito, por se tratar de relação jurídica *ex lege*. (STJ, REsp n. 35.319/CE, rel. Min. Sálvio de Figueiredo Teixeira, j. 10.05.1994)

Destruídos por incêndio os bens dados em garantia, a hipoteca passará a incidir sobre o valor do respectivo seguro, e a seguradora deve pagar o credor hipotecário, a quem assistirá preferência, até seu completo reembolso. (STJ, REsp n. 1.533/PR, rel. Athos Gusmão Carneiro, j. 27.03.1990)

---

**Art. 1.426. Nas hipóteses do artigo anterior, de vencimento antecipado da dívida, não se compreendem os juros correspondentes ao tempo ainda não decorrido.**

---

O preceito determina, no caso de vencimento antecipado da obrigação e da garantia, redução dos juros compensatórios – ou remuneratórios – relativos ao tempo ainda não decorrido. É regra que visa a evitar enriquecimento sem causa do credor. É natural, se a obrigação teve vencimento antecipado por qualquer das hipóteses do artigo anterior, e será adimplida de imediato pelo devedor, decotarem-se os juros relativos ao período vindouro. Se o devedor não usará o capital alheio pelo prazo previsto, a remuneração deve ser reduzida de modo proporcional e de acordo com a taxa convencionada.

Como anota Gladston Mamede, o preceito alcança descontos para pagamento à vista que, na verdade, significam remuneração indireta para pagamentos a prazo, além de outros encargos, como prêmios de seguro, taxas administrativas e correção monetária prefixada (*Código Civil comentado*. São Paulo, Atlas, 2003, v. XIV, p. 105). É evidente que se houver vencimento antecipado, mas sem pagamento, os juros compensatórios serão abatidos, mas o crédito será acrescido de juros moratórios contados do vencimento (mora *ex re*) ou da interpelação ou citação (mora *ex persona*).

A norma em questão, que traduz aplicação das cláusulas gerais que vedam o enriquecimento sem causa e asseguram o equilíbrio contratual, tem natureza cogente e não comportam previsão negocial em sentido contrário.

---

**Art. 1.427. Salvo cláusula expressa, o terceiro que presta garantia real por dívida alheia não fica obrigado a substituí-la, ou reforçá-la, quando, sem culpa sua, se perca, deteriore, ou desvalorize.**

---

O artigo em exame é norma dispositiva. Comporta, assim, cláusula negocial em sentido contrário, pela qual assume o terceiro prestador da garantia real integralmente os riscos por deterioração ou perecimento da coisa e o dever de substituí-la ou reforçá-la.

É possível a um terceiro não devedor prestar garantia real. Não se torna, com isso, fiador ou devedor solidário, pois apenas vincula bem especializado de seu patrimônio ao adimplemento de obrigação alheia. A responsabilidade se limita ao bem dado em garantia, pois o terceiro não é devedor. Feita a excussão, não responde o terceiro por eventual saldo devedor.

A regra é no sentido de não se estender ao terceiro prestador da garantia real o regime jurídico dos incisos I e IV do art. 1.425, comentado. O terceiro somente é obrigado a substituir ou reforçar o bem dado em garantia real que se deteriorou, pereceu ou desvalorizou por culpa sua. Se o evento não lhe é imputável, a obrigação se vence antecipadamente para devedor, mas sem obrigação do terceiro repor ou reforçar a garantia.

De outro lado, se o fato é imputável ao terceiro, por dolo ou qualquer grau de culpa, a solução é outra. Cabe ação de obrigação de fazer, para reforço ou substituição da garantia contra o terceiro, tanto ao credor como ao devedor prejudicados. Este último pode, ainda, cobrar do terceiro inadimplente perdas e danos decorrentes do vencimento antecipado da obrigação.

Aplicam-se ao terceiro as regras que envolvem sub-rogação da garantia por seu valor indenizado por seguradora, causador do dano ou expropriante, previstas no inciso V e § 1º do art. 1.425 do CC.

O regime jurídico do artigo em estudo, ao contrário do sustentado por parte da doutrina, não se estende ao terceiro adquirente do bem dado em garantia real. A alienação não produz efeitos frente ao credor preferencial, em vista dos efeitos *erga omnes* da garantia real, não sendo justo se este tivesse situação mais desfavorável do que frente ao devedor.

---

**Art. 1.428. É nula a cláusula que autoriza o credor pignoratício, anticrético ou hipotecário a ficar com o objeto da garantia, se a dívida não for paga no vencimento.**

**Parágrafo único. Após o vencimento, poderá o devedor dar a coisa em pagamento da dívida.**

---

O artigo em estudo corresponde ao art. 765 do CC/1916. O *caput* manteve-se sem qualquer alteração. A inovação está no acréscimo do parágrafo único, que trata da possibilidade do devedor contratar com o credor a dação em pagamento do bem objeto da garantia real.

Veda o preceito a cláusula comissória, também denominada *lex comissoria* ou pacto comissório. Na lição de Clóvis Bevilaqua, consiste na estipulação de que o credor ficará com a coisa dada em garantia real se a dívida não for paga no vencimento (*Direito das coisas*, 3. ed. Rio de Janeiro, Freitas Bastos, 1951, t. I, p. 40). Deve ser evitada a utilização do termo pacto comissório, com duplo sentido, pois significa também pacto adjeto da compra e venda por cláusula resolutiva expressa no regime do CC/1916.

A proibição é de ordem pública e prevalece sobre a vontade das partes em todos os direitos reais de garantia, inclusive a propriedade fiduciária. Abrange tanto o ato constitutivo da garantia como convenção posterior (*ex intervallo*). Admite o parágrafo único apenas a dação em pagamento após vencimento da obrigação.

A sanção cominada pelo legislador é a nulidade, que pode ser conhecida *ex officio* tão logo chegue a conhecimento do juiz e não convalesce pelo decurso do tempo. A invalidade alcança apenas a cláusula comissória, de natureza acessória, mas mantém íntegras a garantia real e a obrigação, cabendo ao credor o direito à excussão.

A cláusula comissória é condenada pela maioria das legislações ocidentais por duas razões: por proteger o devedor fraco da exploração gananciosa do credor e por evitar o bem dado em garantia ser apropriado sem correspondência com seu valor de mercado.

A invalidade alcança os negócios jurídicos indiretos, que mascaram a cláusula comissória sob a aparência de convenção lícita, por fraude à lei, nos termos do art. 166, VI, do CC. Os exemplos mais comuns são contratos de venda e compra com pacto de retrovenda, ou compromissos de compra e venda com objetivo de garantia a contrato de mútuo. O negócio indireto se verifica "quando as partes recorrem, concretamente, a um negócio determinado, para obter, através do mesmo, resultado diverso daquele típico da estrutura do próprio negócio; as partes visam, assim, um escopo que não é típico do próprio negócio" (LIMA, Alvino. *A fraude no direito civil*. São Paulo, Saraiva, 1965, p. 80).

O negócio em fraude à lei tem dois requisitos cumulativos: existência de norma imperativa no ordenamento jurídico, necessariamente incidente quando presente determinada situação jurídica; e realização de negócio jurídico suscetível de produzir, por meio indireto, exatamente o resultado previsto como indesejado pela norma jurídica imperativa, ou que seja atingido resultado a ele equivalente (PEREIRA, Regis Velasco Fichtner. *Fraude à lei*. Rio de Janeiro, Renovar, 1994, p. 93). Em suma, feita a prova de que negócios aparentemente lícitos se prestam à apropriação pelo credor de bens dados em garantia, há fraude à lei e nulidade absoluta.

O parágrafo único deste artigo disciplina a possibilidade, admitida de modo tranquilo por doutrina e tribunais, do devedor, no vencimento do crédito ou após, dar o bem objeto da garantia real em pagamento ao credor. A dação em pagamento está prevista nos arts. 356 e seguintes do CC e exige o consentimento do devedor nunca ser contemporâneo à constituição da garantia real. O consentimento necessário à dação somente pode ser dado no momento do vencimento da obrigação ou após. A promessa de dação, manifestada no momento da constituição da garantia real, ofende a vedação de cláusula comissória, como já decidiu o STJ.

**Jurisprudência:** VIII Jornada de Direito Civil – Enunciado n. 625: A incorporação imobiliária que tenha por objeto o condomínio de lotes poderá ser submetida ao regime do patrimônio de afetação, na forma da lei especial.

Compra e venda. Pacto comissório. Confirmada que a compra e venda se realizou de forma fictícia, visando encobrir o pacto comissório proibido, cumpre ao juiz decretar a nulidade dos negócios fraudulentos. Mutuante que, a despeito disso, faz jus à cobrança do valor devido com os juros legais, em ação apropriada. Arts. 765 do CC/1916 e 1.428 do de 2002. Recurso provido. (TJSP, Ap. Cível n. 211.211-4/1-00/SP, 4ª Câm. de Dir. Priv., rel. Ênio Santarelli Zuliani, j. 17.11.2005, v.u.)

Ação anulatória. Pretensão objetivando o reconhecimento da invalidade de escrituras públicas de venda e compra de imóvel, com o consequente cancelamento dos registros respectivos no ofício imobiliário. Procedência da demanda decretada corretamente em primeiro grau. Escrituras reproduzidas nos autos que foram lavradas com o intuito de garantir a quitação de dívida decorrente de empréstimos, desviando-se então tais atos de sua finalidade usual. Hipótese, destarte, em que se encobre negócio de mútuo, com autêntica cláusula comissória e cobrança de juros onzenários, sendo de rigor a aplicação da sanção de nulidade. Recurso não provido. (TJSP, Ap. Cível n. 255.288-4/3/Santo André, 10ª Câm. de Dir. Priv., rel. Paulo Dimas Mascaretti, j. 17.02.2004, v.u.)

Negócio jurídico. Compra e venda de imóvel, formalizada para garantir pagamento de mútuo. Dissimulação de pacto comissório. Fraude à lei. Aplicação analógica do art. 765 do CC/1916. Nulidade pronunciada, com idêntica conclusão em relação à subsequente dação em pagamento do bem a terceiro. Ação dos vendedores procedente, com rejeição do pedido de imissão de posse formulado pelo terceiro adquirente. Sentença mantida. Apelações dos réus não providas (TJSP, rel. J. R. Bedran). (*Lex-TJSP* 274/46, 2004)

O credor hipotecário pode arrematar o bem penhorado em execução promovida por terceiro. Impertinência na espécie da norma inscrita no art. 765 do CC/1916. (STJ, REsp n. 158.405/SP, rel. Min. Barros Monteiro, j. 21.08.2003)

A jurisprudência do STJ se consolidou no sentido de que o pacto comissório não se limita aos casos expressamente previstos no art. 765 do CC, diversamente da posição do STF, o qual entendia que a norma nele contida tinha abrangência restrita. Hipótese em que a divergência não tem qualquer reflexo no caso concreto porquanto a nulidade do negócio resulta da desproporção entre o valor do direito transferido em garantia e o valor do empréstimo garantido, cuja diferença representa juros usurários que acarretam a nulidade da avença. (STJ, REsp n. 475.040/MG, rel. Min. Ari Pargendler, j. 24.06.2003)

Adjudicação compulsória. Compromisso de venda e compra. Contrato celebrado para garantia de pagamento de empréstimo. Dissimulação de pacto comissório. Fraude à lei. Nulidade pronunciada. Ação julgada improcedente. Improvimento ao recurso, nesse ponto. É nula a cláusula de comisso, ainda quando mascarada debaixo da aparência de compra e venda com pacto de resgate, ou simulando-se compromisso de compra e venda em garantia de empréstimo em dinheiro. (I TACSP, Ap. Cível n. 073.974-4/8/Mirassol, 2ª Câm. de Dir. Priv., rel. Cezar Peluso, j. 18.09.2001, v.u.)

Compromisso de compra e venda. Ação ordinária intentada para compelir promitentes vendedores a desocupar e entregar o imóvel. Ação julgada procedente. Negócio jurídico celebrado para garantir contrato civil de mútuo com estipulações usuárias. Negócio dissimulado, realizado com fraude à lei, por encobrir pacto comissório vedado pelo art. 765 do CC. Nulidade do negócio jurídico que é apreciada apenas incidentalmente, ante a ausência de reconvenção para, diante da linha defensiva adotada, reconhecer a improcedência da ação, que não se alicerça em direito subjetivo legitimamente constituído. Recurso parcialmente provido. (I TACSP, Ap. Cível n. 118.469-4/0/Santo André, 8ª Câm. de Dir. Priv., rel. Cesar Lacerda, j. 21.05.2001, v.u.)

Pacto comissório. Ação objetivando o reconhecimento judicial de sua inviabilidade. Negócio nulo e não anulável. Inaplicabilidade do art. 152 do CC. Inteligência do art. 765 do mesmo diploma legal. Sentença de procedência. Recurso não provido. Apesar de o art. 152 do

CC referir-se atecnicamente às "nulidades" do art. 147, este cuida, na verdade, de causas de anulabilidade do ato jurídico, cabendo no rol do art. 145 as de nulidades absoluta, entre elas a prevista no art. 765 (v. art. 145, V). Por outras palavras, o pacto comissório é nulo (e não anulável), não se sujeitando ao regime do artigo por primeiro mencionado, tendo eficácia *ex tunc* a sentença declaratória de sua invalidade. (TJSP, Ap. Cível n. 83.341-4/SP, 6ª Câm. de Dir. Priv., rel. Antonio Carlos Marcato, j. 01.06.2000, v.u.)

Compra e venda de bem móvel. Ato simulado utilizado para encobrir negócio de mútuo com pacto comissório. Inadmissibilidade. Nulidade reconhecida. Improcedência da ação de imissão de posse e procedência da reconvenção. O pacto comissório desnatura o contrato de segurança real, por isso que estabelece uma venda condicional, ao mesmo passo que prejudica, se não inutiliza, os seus fins, por não dar lugar à concorrência de compradores, desde que, em última análise, é uma alienação ajustada a determinada pessoa. A proibição do pacto comissório é de ordem pública, e a violação da norma constitui causa de nulidade absoluta, que pode ser pronunciada até mesmo de ofício. (TJSP, Ap. Cível n. 87.843-4/Campinas, 6ª Câm. de Dir. Priv., rel. Mohamed Amaro, j. 23.09.1999, v.u.)

Pacto comissório. Simulação. A proibição atinge todas as hipóteses em que, para garantir o pagamento de mútuo, se convencione deva o credor ficar com bem de propriedade do devedor. A dação em pagamento é lícita quando visa simplesmente a saldar o débito, não se vislumbrando que a ela se tenha condicionado o mútuo. Hipótese em que isso não ocorreu, pois a renegociação da dívida, com a concessão de novo prazo, vinculou-se a negócio simulado em que o credor recebeu bens e, na mesma oportunidade, prometeu vendê-los ao devedor, mediante pagamentos mensais que, em realidade, correspondiam a amortizações do empréstimo. Nulidade reconhecida. (STJ, REsp n. 41.233/SP, rel. Min. Eduardo Ribeiro, j. 22.03.1994)

Havendo pacto comissório, disfarçado por simulação, não se pode deixar de proclamar a nulidade, não pelo vício da simulação, mas em virtude daquela avença não ser tolerada pelo direito. (STJ, REsp n. 21.681/SP, rel. Min. Eduardo Ribeiro, j. 29.06.1992)

Sendo nula a cláusula que estabelece o pacto comissório, pode isso proclamar o juiz de ofício. Desse modo, não releva, que sua existência só haja sido apontada pelo réu após oferecimento de resposta. Admissível a dação em pagamento, não o é, entretanto, a promessa de fazê-la, mediante avença no mesmo ato em que contratado o mútuo e constituída a garantia hipotecária (STJ, REsp n. 10.952/MG, rel. Min. Eduardo Ribeiro, j. 29.10.1991). (*RSTJ* 28/564)

É nulo o negócio simulado, que permita ao credor ficar com o objeto da garantia, no caso da dívida não ser paga no vencimento. Em decorrência dos motivos, e relevante, da nulidade, o pacto comissório não se limita aos casos expressamente previstos no art. 765 do CC. Hipótese de sua aplicação em compra e venda (escritura e compromisso). (STJ, REsp n. 2.216/SP, rel. Min. Nilson Naves, j. 28.05.1991)

---

**Art. 1.429. Os sucessores do devedor não podem remir parcialmente o penhor ou a hipoteca na proporção dos seus quinhões; qualquer deles, porém, pode fazê-lo no todo.**

**Parágrafo único. O herdeiro ou sucessor que fizer a remição fica sub-rogado nos direitos do credor pelas quotas que houver satisfeito.**

---

O preceito é desdobramento da indivisibilidade da garantia real, que recai sobre o bem por inteiro e beneficia cada parcela da dívida. A norma é dispositiva, cabendo convenção das partes em sentido contrário.

O artigo em exame dispõe que se houver sucessão subjetiva, com substituição do devedor – ou de terceiro prestador da garantia real – por terceiros, em razão de ato *inter vivos* ou *causa mortis*, a remição do bem objeto da garantia real está subordinada ao pagamento integral da dívida. Dizendo de outro modo, ainda que o sucessor receba parte ideal do bem dado em garantia, somente pode obter a liberação mediante solução integral da obrigação, pois não pode o sucessor ter direitos superiores ao do devedor originário.

Como anota Gladston Mamede, este artigo não se aplica somente ao sucessor hereditário, mas a toda e qualquer hipótese de "sucessão subjetiva na qual se tenha substituição do proprietário do bem gravado por ônus real por uma multiplicidade de proprietários, haja compropriedade ou não" (*Código Civil comentado*. São Paulo, Atlas, 2003, v. XIV, p. 119). Lembre-se, porém, que o art. 1.488 do atual CC, adiante comentado, cria importante exceção ao princípio da indivisibilidade, nos casos de imóvel loteado ou em condomínio edilício.

Explica Carvalho Santos o seguinte, a respeito do preceito: se um dos herdeiros ou sucessores do devedor pagar sua parte da dívida, não pode pretender a liberação de sua parte na coisa dada em garantia enquanto a dívida não estiver inteiramente quitada; e, ainda que esse herdeiro pague sua parte da dívida, seu quinhão continua a responder por ela até seu integral pagamento (*Código Civil brasileiro interpretado*, 5. ed. Rio de Janeiro, Freitas Bastos, 1953, v. X, p. 97).

Nada impede um dos sucessores pagar integralmente a dívida e obter a liberação da garantia, sub-rogando-se em todos os direitos que competiam ao credor originário, de modo automático, sem necessidade de qualquer interpelação. Pode cobrar dos demais devedores a totalidade da dívida, excluída apenas sua quota-parte, que se extinguiu pela confusão. A garantia real onerará inteiramente a coisa, até a solução da obrigação.

**Art. 1.430. Quando, excutido o penhor, ou executada a hipoteca, o produto não bastar para pagamento da dívida e despesas judiciais, continuará o devedor obrigado pessoalmente pelo restante.**

O dispositivo regula a responsabilidade do devedor pelo remanescente da dívida, caso o produto da excussão não baste pela solução integral da obrigação, que abrange juros, encargos contratuais, custas processuais e honorários advocatícios.

O devedor continua obrigado pessoalmente pelo saldo. Esgotada a garantia, o credor preferencial se converte em quirografário. Pode executar o saldo, sem necessidade, a princípio, de ajuizar ação de conhecimento. Em determinados casos, quando permite a lei a alienação extrajudicial do bem dado em garantia, como na propriedade fiduciária, o devedor deve ser intimado a acompanhar a venda, sem o que eventual saldo devedor não comporta execução sem prévio acertamento em ação monitória ou de conhecimento. É evidente que, se a garantia real for prestada por terceiro, não há obrigação pessoal pelo saldo, pois o terceiro não é devedor, mas apenas vincula determinado bem de seu patrimônio à solução da obrigação.

**Jurisprudência:** Se o credor não pode valer-se do processo executivo, pertinente é a ação monitória, como no caso do recebimento do saldo remanescente em caso de venda extrajudicial do bem. Quando os embargos enfrentam o mérito, combatendo os juros e a capitalização, pedindo até perícia para a apuração do valor real do débito, devidamente impugnados, não se há de afastar a monitória por falta de liquidez do débito. (STJ, REsp n. 647.002/PR, rel. Min. Carlos Alberto Menezes Direito, j. 25.09.2006)

Execução hipotecária. Arrematação pelo credor. Preço inferior ao da dívida. Extinção do processo. Arts. 767 e 849, VII, CC. Não se concilia com o justo, quando a dívida remanescente, resultante da capitalização crescente de sacrificantes juros e maior que o valor da avaliação do imóvel hipotecado, objeto de arrematação pelo credor hipotecário, iniciar-se nova execução para a cobrança do saldo devedor. A arrematação pelo próprio credor, além do mais, libera o objeto para outra venda, por preço atualizado, permitindo-lhe novas vantagens patrimoniais, e, inclusive, superando a diferença remanescente da dívida originária que deu causa a execução. Não é desajustada, pois, à razão e ao direito, a afirmação do reptado acórdão concluindo que a arrematação pelo credor do imóvel dado em garantia exonera o devedor da obrigação pela dívida remanescente. (STJ, REsp n. 30.197/RJ, rel. Min. Milton Luiz Pereira, j. 31.08.1994)

## CAPÍTULO II
## DO PENHOR

### *Seção I*
### *Da Constituição do Penhor*

**Art. 1.431. Constitui-se o penhor pela transferência efetiva da posse que, em garantia do débito ao credor ou a quem o represente, faz o devedor, ou alguém por ele, de uma coisa móvel, suscetível de alienação.**

**Parágrafo único. No penhor rural, industrial, mercantil e de veículos, as coisas empenhadas continuam em poder do devedor, que as deve guardar e conservar.**

O artigo em exame inaugura o capítulo relativo ao penhor e, em comparação com preceito similar do CC/1916, troca o termo "tradição" pela expressão "transferência efetiva da posse".

Na definição clássica de Clóvis Bevilaqua, penhor "é o direito real, que compete ao credor sobre coisa móvel ou mobilizável, suscetível de alienação, que o devedor, ou alguém por ele, entrega efetivamente ao mesmo credor, em garantia de uma dívida" (*Direito das coisas*, 3. ed. Rio de Janeiro, Freitas Bastos, 1951, p. 49).

Aplicam-se ao penhor os requisitos objetivos, subjetivos e formais disciplinados no capítulo dos princípios gerais dos direitos reais de garantia, já comentados. Somente pode empenhar o proprietário, com poder de disposição, seja o próprio devedor, seja terceiro prestador da garantia. O penhor de bem alheio é ineficaz frente ao dono e convalesce se o devedor adquirir posteriormente sua propriedade.

Somente podem ser empenhados bens móveis ou mobilizáveis, passíveis de alienação. Recai o penhor, via de regra, sobre bens móveis, infungíveis ou fungíveis (chamados de penhores irregulares), ou mesmo sobre bens incorpóreos, como créditos, desde que especializados. É possível o penhor sobre bens mobilizáveis, como as safras agrícolas, e, por exceção, sobre bens imóveis por acessão, como plantações. O penhor exige forma escrita, por instrumento público ou particular, para que seja levado ao registro, especializando o bem dado em garantia e a dívida garantida.

O penhor, segundo diz a lei, "constitui-se pela transferência efetiva da posse". Não mais usa a lei o termo "tradição". Correta a alteração, porque a tradição transfere a propriedade da coisa móvel e tem como causa o negócio jurídico de alienação. No penhor não há tradição, mas apenas desdobramento da posse, mediante entrega efetiva da posse direta do bem empenhado ao credor, cabendo ao devedor a posse indireta (art. 1.197 do CC). Ambos são possuidores e têm tutela possessória contra atos ilícitos praticados por terceiros, ou um contra o outro. O credor não pode usar a coisa, que se encontra afetada ao cumprimento de uma obrigação. Pode apenas guardá-la, como depositário, para devolvê-la oportunamente, no momento da solução da obrigação. Pode, quando muito, apropriar-se dos frutos da coisa e usá-los no abatimento da dívida, como veremos adiante.

O penhor comum não admite a entrega fictícia da posse ou, como dizia o CC/1916, pelo constituto possessório (cláusula *constituti*). A entrega real e efetiva da posse direta é constitutiva do penhor. Sem ela, não há direito real de garantia. Antes da entrega, há apenas promessa de penhor, que constitui mera obrigação de fazer, de cunho estritamente pessoal (PEREIRA, Caio Mário da Silva. *Instituições de direito civil*, 18. ed. atualizada. Rio de Janeiro, Forense, 1995, v. IV, p. 341).

A entrega é feita ao "credor, ou a quem o represente". A expressão "representação do credor" é usada em sentido amplo, abrangendo tanto a representação legal como convencional com poderes especiais, ou mesmo a presentação de pessoas jurídicas por seus órgãos previstos em estatuto, ou mesmo prepostos a tanto habilitados.

O parágrafo único deste artigo ressalva que nos penhores especiais rural (agrícola e pecuário), industrial, mercantil e de veículos não há efetiva entrega da posse dos bens empenhados ao credor. A posse direta permanece em poder do devedor, que deve guardá-los e conservá-los, enquanto o credor tem a posse indireta dos bens. Não mais fala a lei – corretamente – em cláusula *constituti*, ou constituto possessório, para que a posse direta dos bens permaneça com o devedor. Vimos, no comentário ao art. 1.204, que na figura do constituto possessório o possuidor de uma coisa em nome próprio passa a possuí-la em nome alheio. Exemplo clássico é o que se verifica quando o alienante conserva a coisa em seu poder, mediante cláusula contratual, denominada *cláusula constituti*. O adquirente, assim, recebe a coisa por mera convenção, sem posse física. O alienante apenas deixa de possuir para si mesmo e passa a possuir em nome do adquirente, ou seja, converte sua posse em detenção, sem nenhum ato exterior que ateste essa mudança. Nos penhores especiais, tal fenômeno não ocorre. O devedor continua com a posse da coisa, em nome próprio, podendo usá-la e fruí-la. O credor recebe a posse indireta e jurídica da coisa, sem apreensão ou contato físico. Ambos são possuidores, na forma do art. 1.197 do CC, e podem usar a tutela possessória contra atos ilícitos praticados por terceiros, ou um contra o outro.

---

**Art. 1.432. O instrumento do penhor deverá ser levado a registro, por qualquer dos contratantes; o do penhor comum será registrado no Cartório de Títulos e Documentos.**

---

O artigo em exame corresponde aos arts. 770 e 771 do CC/1916, com expressivas alterações. Não mais menciona o contrato lavrado em duplicata nem o registro como mera faculdade.

O penhor comum se constitui pela efetiva entrega da posse do bem ao credor e ganha publicidade e oponibilidade contra terceiros com o registro no Oficial de Títulos e Documentos. Em termos diversos, o registro não é requisito de validade nem constitui o penhor comum. Apenas a eficácia do penhor é que está subordinada ao registro.

Independentemente do registro, pode o credor promover a excussão do bem empenhado no caso de inadimplemento da obrigação garantida. O privilégio em concurso de credores e a sequela, vale dizer, os efeitos que se produzem frente a terceiros é que estão subordinados ao registro. Os arts. 127, II, 144 e 145 da LRP (Lei n. 6.015/73) regulam o registro do penhor, que deve estar devidamente especializado, discriminando o bem empenhado, com quem se encontra a posse e todas as características da obrigação garantida.

Exige o penhor forma escrita, porque menciona este artigo o "instrumento do penhor", título hábil a ingresso no Registro de Título e Documentos. Pode ser por instrumento público ou particular, mas ambos devem ser registrados, para ganhar eficácia *erga omnes*.

O registro dos penhores especiais, nos quais a posse dos bens empenhados permanece em poder do devedor, tem natureza e locais distintos. É constitutivo do direito real, porque supre ausência de publicidade da posse. É feito no registro imobiliário (penhores rural, industrial e mercantil) e no registro de títulos e documentos, anotado no certificado de propriedade do veículo (penhor sobre veículos).

**Jurisprudência:** Recuperação judicial. Habilitação de crédito. Impugnação julgada improcedente. Crédito classificado como quirografário. Penhor industrial. Registro posterior ao ajuizamento do pedido de recuperação judicial. Aplicação dos arts. 1.432 e 1.448 do CC. Recurso desprovido. (TJSP, AI n. 0246347-93.2012.8.26.0000, 1ª Câm. de Dir. Empr., rel. Des. Fortes Barbosa, j. 22.01.2013)

Execução. Penhora sobre veículos automotores. Registro de penhor cedular (cédula de crédito comercial) no Cartório de Registro Imobiliário. Ineficácia em relação a terceiros. Tratando-se de veículos automotores dados em penhor cedular, para a eficácia da garantia em relação a terceiros, é necessário o seu registro no Cartório de Registro de Títulos e Documentos ou na repartição competente para expedir licença ou registrá-los. (STJ, REsp n. 200.663/SP, rel. Min. Barros Monteiro, j. 02.03.2004)

## *Seção II*
## *Dos Direitos do Credor Pignoratício*

---

**Art. 1.433. O credor pignoratício tem direito:**

**I – à posse da coisa empenhada;**

**II – à retenção dela, até que o indenizem das despesas devidamente justificadas, que tiver feito, não sendo ocasionadas por culpa sua;**

**III – ao ressarcimento do prejuízo que houver sofrido por vício da coisa empenhada;**

**IV – a promover a execução judicial, ou a venda amigável, se lhe permitir expressamente o contrato, ou lhe autorizar o devedor mediante procuração;**

**V – a apropriar-se dos frutos da coisa empenhada que se encontra em seu poder;**

**VI – a promover a venda antecipada, mediante prévia autorização judicial, sempre que haja receio fundado de que a coisa empenhada se perca ou deteriore, devendo o preço ser depositado. O dono da coisa empenhada pode impedir a venda antecipada, substituindo-a, ou oferecendo outra garantia real idônea.**

---

O artigo em exame condensa os arts. 772 a 774 do CC/1916, com diversas alterações. Elenca de modo ordenado os direitos do credor pignoratício. São faculdades de ordem dispositiva e que decorrem da lei, aplicando-se no silêncio do contrato. Nada impede, porém, que as partes convencionem regras em sentido contrário, salvo em relação a direitos fundamentais à caracterização do penhor, como a transferência da posse ao credor.

O primeiro direito do credor (inciso I) é a posse do bem empenhado, até a solução completa da obrigação. A posse é a direta, que não anula a posse indireta do devedor. Ambos têm direito à tutela possessória, contra terceiros, e um para coibir os atos ilícitos do outro. A posse do credor, porém, é afetada à garantia do cumprimento da obrigação. Não pode, assim, usar e explorar o bem, mas apenas guardá-lo, como depositário, até a solução da obrigação. O preceito somente se aplica ao penhor comum, porque, como já visto, quanto aos penhores especiais – rural, industrial, mercantil e sobre veículos –, a posse dos bens permanece com o devedor.

O segundo direito do credor (inciso II) é a retenção do bem empenhado, até que se indenizem as despesas devidamente justificadas que tiver feito, desde que não sejam causadas por culpa sua. O preceito deve ser lido em consonância com o art. 1.434, adiante comentado. O credor retém a posse da coisa até integral satisfação de seu crédito, inclusive as despesas necessárias à manutenção e preservação do bem. Tais despesas devem estar devidamente justificadas e comprovadas pelo credor. Cabe ao credor a prova da existência, da necessidade e da origem das despesas. Não cabe a retenção se as despesas decorrem de comportamento culposo do próprio credor. A regra se dirige ao devedor e ao terceiro prestador da garantia, mas não ao arrematante, porque o credor satisfará seu crédito e reembolso de despesas com o produto da venda.

O terceiro direito (inciso III) do credor é reaver do devedor ou do prestador da garantia o prejuízo que sofreu por vício do bem empenhado. O prejuízo não se refere à própria desvalorização ou depreciação do bem empenhado, mas ao patrimônio do credor, como no caso de animais contaminados, ou de mercadorias com pragas.

O quarto direito do credor (inciso IV) é à excussão, ou seja, a penhorar e vender o bem empenhado, no caso de inadimplemento do devedor. Assinala Gladston Mamede que a lei prevê três modalidades de realização da garantia: a) execução judicial; b) leilão administrativo; c) venda amigável (*Código Civil comentado.* São Paulo, Atlas, 2003, v. XIV, p. 149). O contrato de penhor é título executivo extrajudicial (art. 784, V, do CPC/2015; art. 585, III, do CPC/73), de modo que, na execução judicial, deve a penhora recair sobre o bem dado em garantia, independentemente de nomeação, avaliado e levado a leilão. O penhor da Caixa Econômica Federal se executa na forma de seu estatuto, mediante leilão administrativo feito por prepostos da credora especialmente designados, após a publicação de editais em jornais de grande circulação.

Finalmente, admite a lei venda amigável do bem empenhado, desde que expressamente ajustada pelas partes. A convenção nesse sentido pode ser feita no momento da contratação do penhor, ou em momento posterior, antes ou depois do vencimento da obrigação. Exige-se apenas que a cláusula seja expressa, para afastar o modo normal de excussão, que é o judicial. Admite ainda a lei que a venda amigável seja autorizada por procuração com poderes especiais e expressos outorgados pelo devedor ao credor. Devem constar da procuração poderes especiais para alienar e expressos quanto ao bem que será alienado. O que não se admite é o comportamento do representante contrário ao interesse do representado, sob pena de invalidade da alienação (arts. 117 e 119 do CC). Isso significa que a alienação por preço vil, sem avaliação convencional e exata do bem empenhado ou sem conferir ao devedor a prerrogativa de acompanhar a venda, constitui situação ilícita no regime do CC, porque fere os princípios da boa-fé objetiva e do equilíbrio contratual e é abusiva no regime do CDC.

Em suma, a alienação amigável, via de regra, imposta pelo credor ao devedor no momento da concessão do crédito, não pode se revestir de condições especialmente gravosas à parte mais frágil, amputando-lhe prerrogativas básicas, como a venda por preço mínimo e acompanhada pelo interessado. Há o correlato dever do credor de prestar contas ao devedor, com restituição do saldo, se houver. Evidente que a cláusula, ou poderes conferidos ao credor, para venda amigável, não lhe permite se apropriar do bem empenhado, sob pena de violação à proibição cogente da cláusula comissória. Como ressalta Caio Mário da Silva Pereira, "na hipótese de ser o credor autorizado a vender a coisa amigavelmente, não pode comprá-la para si mesmo, pois que uma tal operação envolveria o pacto comissório, vedado por lei. Promovendo, todavia, a excussão do penhor, nada impede a adjudicação na forma e nos termos do que prescreve a lei processual" (*Instituições de direito civil*, 18. ed. atualizada. Rio de Janeiro, Forense, 1995, v. IV, p. 343).

O quinto direito do credor é apropriar-se dos frutos do bem empenhado que se encontra em seu poder. O preceito deve ser lido em conjunto com o inciso III do art. 1.435, adiante comentado. Pode apropriar-se dos frutos, mas deve imputá-los nas despesas, juros e no capital da obrigação garantida.

O sexto direito do credor (inciso VI) é promover a venda antecipada do bem empenhado, sempre que houver receio fundado de sua perda ou deterioração, sem substituição da garantia pelo devedor. Não se confunde a venda antecipada com o vencimento antecipado da obrigação garantida, previsto no art. 1.425, comentado anteriormente. Para o vencimento antecipado se exige a real perda ou deterioração do bem dado em garantia (incisos I e IV). Para a venda antecipada, contenta-se o legislador com o receio fundado, a probabilidade efetiva de perda ou deterioração, cuja prova fica a cargo do credor, quer a obrigação esteja vencida ou não. O que desejou o legislador, aliás, foi evitar a perda ou a deterioração e o consequente vencimento antecipado da obrigação, permitindo que a garantia se sub-rogue do bem para seu preço.

Exige a lei que a venda antecipada se dê mediante prévia autorização judicial, não valendo, por consequência, a mera previsão contratual entre as partes. A autorização se obtém em medida cautelar inominada, e o preço obtido será depositado em conta judicial. A venda pode ser judicial ou amigável, como visto no inciso anterior, desde que devidamente acompanhada pela parte interessada, intimada para tanto. Podem o devedor ou o dono da coisa – e por isso devem ser ouvidos previamente sobre o pedido – elidir a venda antecipada do bem empenhado, ofertando substituição idônea da garantia.

**Jurisprudência:** Civil. Penhor. Joias. Leilão. Dispensa de notificação. Possibilidade. Não se verifica a nulidade do leilão se expressamente previsto no contrato firmado entre as partes, que após vencido o prazo deste e não satisfeita qualquer uma de suas condições, fica a Caixa autorizada a executar o contrato e promover a venda amigável do bem dado em garantia, independentemente de notificação. Não se vislumbra ofensa ao art. 51, IV, da Lei de Defesa do Consumidor, por não se tratar de obrigação iníqua, abusiva ou que ponha o consumidor em desvantagem exagerada e, muito menos, incompatível com sua boa-fé ou equidade, já que vencido o ajuste e não pago, o mesmo deve necessariamente se submeter à execução, conforme prevê o art. 1.433, IV, do CC, que nada menciona acerca da obrigatoriedade de notificação para este fim. Apelo da autoria improvido. (TRF, 3ª R., Ap. Cível n. 200361080123110, rel. Juiz Roberto Jeuken, j. 11.05.2010)

Apelação. Desapropriação para reforma agrária. Credor pignoratício. Sub-rogação. Impossibilidade. Improvimento. O art. 31 do DL n. 3.365/41, bem como o art. 5º, III, do Lei n. 492/37, ao garantirem a sub-rogação dos créditos com garantia real no valor de indenização não implica a concretização deste direito automaticamente, a qual dependerá, primeiramente, da excussão da dívida pelas vias próprias. O direito de retenção da coisa empenhada, assegurado pelo art. 772 do CC/1916 (art. 1.433, II, do diploma atual), não prevalece sobre imissão na posse decorrente de expropriação. (TRF, 5ª R., Ap. Cível n. 285.218, rel. Des. Edílson Nobre, j. 20.04.2006)

**Art. 1.434. O credor não pode ser constrangido a devolver a coisa empenhada, ou uma parte dela, antes de ser integralmente pago, podendo o juiz, a requerimento do proprietário, determinar que seja vendida apenas uma das coisas, ou parte da coisa empenhada, suficiente para o pagamento do credor.**

Tem o credor direito de reter a posse direta, até integral satisfação de seu crédito, inclusive as despesas com o bem empenhado. Lembre-se, porém, que a garantia do penhor é acessória à obrigação, de modo que segue sua sorte jurídica. Extinta a obrigação por qualquer causa, extingue-se o penhor e o bem deve ser devolvido ao devedor.

Além disso, o direito de retenção da posse direta não pode ser abusivo. Inadimplida a obrigação, o credor mantém a posse do bem e promove a execução, com o objetivo de excutir o bem empenhado e se pagar. A inércia prolongada do credor de posse do bem empenhado, em detrimento do devedor, pode configurar abuso de direito, a teor do art. 187 do CC. Prescrita a pretensão, com ela prescreve a garantia real. Antes mesmo da prescrição, constatado que a inércia do credor excede manifestamente as funções econômica e social da garantia, ou a boa-fé objetiva, pode o devedor pedir ao juiz a devolução do bem empenhado, ou exigir que se execute de uma vez o crédito.

Reproduz o preceito o princípio da indivisibilidade da garantia real (art. 1.421 do CC, já comentado), que recai sobre a totalidade dos bens empenhados e que os bens empenhados respondem pelo integral pagamento da dívida. Isso quer dizer que não tem o devedor, salvo convenção expressa no título, ou anuência do credor, o direito de obter a liberação parcial dos bens empenhados, proporcional aos pagamentos feitos.

Cria este artigo em sua parte final, porém, exceção relevante ao princípio da indivisibilidade, em atenção às cláusulas gerais do abuso de direito (art. 187 do CC), boa-fé objetiva (art. 422 do CC) e equilíbrio contratual. Dispõe que pode o juiz, provocado pelo dono dos bens empenhados, determinar a alienação de apenas uma das coisas, ou de parte dela, suficiente para o pagamento do credor. A regra está em consonância com o art. 805 do CPC/2015 (art. 620 do CPC/73), que determina que a execução se fará do meio menos gravoso para o devedor.

São requisitos da excussão parcial da garantia: a) intervenção judicial, provocada pelo dono dos bens empenhados, ou pelo devedor, interessado na medida; b) que a alienação de um dos bens, ou de parte, baste para integral satisfação do credor, abrangendo principal, encargos, custas judiciais, honorários advocatícios e despesas com conservação da garantia.

## *Seção III*
## *Das Obrigações do Credor Pignoratício*

**Art. 1.435. O credor pignoratício é obrigado:**

**I – à custódia da coisa, como depositário, e a ressarcir ao dono a perda ou deterioração de que for culpado, podendo ser compensada na dívida, até a concorrente quantia, a importância da responsabilidade;**

**II – à defesa da posse da coisa empenhada e a dar ciência, ao dono dela, das circunstâncias que tornarem necessário o exercício de ação possessória;**

**III – a imputar o valor dos frutos, de que se apropriar (art. 1.433, inciso V) nas despesas de guarda e conservação, nos juros e no capital da obrigação garantida, sucessivamente;**

**IV – a restituí-la, com os respectivos frutos e acessões, uma vez paga a dívida;**

**V – a entregar o que sobeje do preço, quando a dívida for paga, no caso do inciso IV do art. 1.433.**

O artigo em exame elenca as obrigações do credor pignoratício, em norma dispositiva, que pode ser contrariada pela vontade das partes, em cláusula contratual expressa. Nada impede, por outro lado, que o contrato crie mais deveres ao credor do que os previstos em lei.

A primeira obrigação do credor é à custódia da coisa, para restituí-la íntegra quando da solução da obrigação. Deve conservar a coisa, com diligência e cuidado, respondendo pela perda ou deterioração a que der causa, por ato culposo ou doloso. Por outro lado, se a coisa se perder ou deteriorar sem culpa do credor, por caso fortuito ou força maior, o risco é do proprietário (*res perit domino*), que é o devedor ou terceiro prestador da garantia. Ressalte-se que, em determinados casos, há relação de consumo, e o dever de guarda é exercido em caráter habitual, como nos casos de instituições financeiras. A responsabilidade então é objetiva e somente há excludente por falta de nexo causal, em especial fortuito externo, não ligado à atividade do credor. Já decidiu o STJ que, em relação de consumo, é abusiva a cláusula que prefixa o valor do bem empenhado a ser indenizado abaixo do mercado.

Completa o preceito dizendo que, no caso de responsabilidade do credor frente ao devedor, o prejuízo é compensado com a dívida garantida. É um caso de compensação especial determinada pelo legislador, na qual uma das obrigações pode não ser líquida. Apura-se o dano e em seguida se procede à compensação. Se o dano for de valor inferior ao valor da obrigação garantida, o saldo pode ser executado, inclusive com penhora do bem deteriorado. Se o bem se perder, o saldo do crédito se converte em quirografário.

Diz ainda o inciso I que o credor tem a custódia do bem empenhado como depositário. Caso não devolva o bem empenhado após a solução da obrigação, tornar-se-á o credor depositário infiel, sujeito à sanção da prisão civil. Discute-se a constitucionalidade da prisão civil nos depósitos de garantia de crédito, porque a sanção estaria limitada ao depósito de guarda (STJ, REsp n. 11.409/MG, rel. Min. Waldemar Zveiter). No caso da custódia do credor, porém, este não usa ou explora a coisa e a apropriação dos frutos presta apenas para abatimento da dívida. Evidente que existem algumas distinções entre o contrato de depósito do art. 628 do CC e o depósito necessário do credor pignoratício, uma vez que o depositante não pode reaver o bem a qualquer tempo. O depósito advém da lei, independentemente de consentimento específico do credor pignoratício e se assemelha à figura do depósito necessário dos arts. 647 e seguintes do CC. Por isso, não pode o credor pignoratício equiparar-se ao devedor fiduciante ou ao devedor pignoratício rural, industrial e mercantil e beneficiar-se do entendimento de que o depósito atípico, ou de uso, não serve para a prisão civil. Aqui não há depósito de uso e o credor será considerado depositário infiel.

O segundo dever do credor pignoratício (inciso II) é a defesa da posse. Deve o credor restituir o bem empenhado incólume física e juridicamente ao devedor no momento da solução da obrigação. Por isso, tem o direito e o dever de defendê-la dos ataques injustos de terceiros. Pode, para tanto, usar dos remédios possessórios – reintegração, manutenção e interdito proibitório – e da autotutela do art. 1.210, § 1º, do CC. Além disso, a lei atribui ao credor a obrigação de cientificar o dono da coisa de seu ato, para que este adote, se quiser, as medidas defensivas cabíveis. Não exige a lei forma especial para a cientificação, bastando a prova de que o dono do bem empenhado conhece a existência do litígio sobre a coisa. A omissão do credor acarreta o dever de indenizar, caso se demonstre o nexo causal entre sua inércia na defesa ou na cientificação e a perda ou a deterioração do bem empenhado.

O terceiro dever do credor (inciso III) é imputar os frutos dos quais se apropriar no pagamento das despesas de guarda, conservação, juros ou capital da dívida. O preceito tem estrita ligação com o art. 1.433, V, do CC, já comentado. A apropriação dos frutos decorre da lei, independendo de convenção entre as partes, embora seja norma dispositiva. O credor apenas retém a posse dos frutos e, com a extinção do penhor, deve devolvê-los ao dono juntamente com o bem empenhado. Pode optar, porém, por compensar os frutos, utilizando-os para abater as despesas com a coisa, os juros e o capital da obrigação garantida, sucessivamente.

O quarto dever do credor (inciso IV) é a restituição da coisa empenhada, uma vez paga a dívida e as despesas com a guarda e a conservação do bem empenhado. A posse direta e justa se converte em posse injusta, marcada pelo vício da precariedade. A mora é *ex re* e independe de notificação ou interpelação. Cabe ao devedor o ajuizamento de ação possessória ou de ação de depósito contra o credor inadimplente, que somente se exime da obrigação se demonstrar que o bem se perdeu por força maior ou caso fortuito. A devolução é feita acompanhada dos frutos e das acessões, que se incorporam ao bem. No que se refere aos frutos, podem ser compensados com a dívida, como visto anteriormente.

O quinto e último dever do credor (inciso V) é devolver o saldo do preço do produto da excussão do bem empenhado, quando superar o valor da obrigação garantida. Faz o preceito remissão ao inciso IV do art. 1.433 do CC, que alude não somente à execução judicial como também à alienação administrativa ou à venda amigável. O que sobejar do preço de venda, em qualquer modalidade, após pagamento do principal, encargos legais e contratuais, custas, honorários advocatícios e despesas com a conservação do bem, é restituído ao dono do bem empenhado. No caso de alienação judicial, o próprio juiz controla e determina o levantamento do saldo pelo dono do bem. Nos casos de alienação extrajudicial, deve o credor prestar contas ao devedor e devolver-lhe incontinenti o saldo, notificando-o para vir recebê-lo. A inércia do devedor não autoriza o credor a apropriar-se do saldo, que deve ser consignado em pagamento, para evitar os efeitos da mora. Somente com a prescrição ordinária da pretensão – dez anos – é que se desobriga o credor pignoratício de devolver o saldo ao devedor.

**Jurisprudência:** CC. Depositário. Depósito mútuo. Penhor mercantil. Art. 1.280. Depósito. Vinho. Penhor mercantil dado à conta de garantia de mútuo. Banco credor que descura das cautelas relativas ao armazenamento. Perecimento da coisa. Responsabilidade do depositário. Situação que não autorizava a incidência da regra do art. 1.280 do CC (1916), por se cuidar de depósito processual. Indenizatória parcialmente procedente, pois afastado o lucro cessante. Recursos não providos. (TJSP, Ap. Cível n. 914.263-4, 15ª Câm. de Dir. Priv., rel. Waldir de Souza José, j. 12.07.2005)

Levadas as joias a leilão por equívoco, porque a autora quitou o valor devido no contrato de penhor, descabe a indenização apurada com base na cláusula catorze daquele contrato, pois a mesma diz respeito unicamente aos casos de extravios ou danos, não sendo aplicável quando se trata da obrigação de indenizar por negligência. A avaliação efetuada pela CEF quando os bens lhe são entregues não corresponde ao valor de mercado, distanciando-se de qualquer critério real, possuindo como finalidade única estabelecer valores no contrato. A indenização decorrente de culpa, de negligência confessada, envolve não só o dano material como aquele que reveste o prejuízo sob o aspecto afetivo ligado a preservação dos bens, quer por provenientes de vínculos familiares, quer por derivarem de realização de satisfações pessoais, sem esquecer da hipótese de investimento. (STJ, REsp n. 719.354/RS, rel. Min. Barros Monteiro, j. 24.05.2005)

O contrato de penhor, acessório ao contrato de mútuo, extinguiu-se na espécie pelo implemento da prestação do mutuário, não subsistindo a cláusula limitativa da responsabilidade do credor, de sorte que o extravio do bem empenhado, no período em que o credor pignoratício detinha o bem na qualidade de simples depositário, impõe a indenização ampla determinada pelo art. 774, IV, CC. II – A regra geral da convivência humana, a qual o direito deve proteção, e que a indenização pela reparação deve ser a mais completa possível, a fazer justiça no caso concreto. Somente nos casos ressalvados ou autorizados por lei se mostra admissível limitação da responsabilidade. (STJ, REsp n. 83.717/MG, rel. Min. Sálvio de Figueiredo Teixeira, j. 12.11.1996)

Contrato. Penhor. Furto das joias. Responsabilidade da depositária. Indenização pelo valor de mercado dos bens. Admissibilidade. Inexistência de dano moral (TRF, 3ª R.). (*RT* 769/415)

### *Seção IV*
### *Da Extinção do Penhor*

---

**Art. 1.436. Extingue-se o penhor:**
**I – extinguindo-se a obrigação;**
**II – perecendo a coisa;**
**III – renunciando o credor;**
**IV – confundindo-se na mesma pessoa as qualidades de credor e de dono da coisa;**
**V – dando-se a adjudicação judicial, a remissão ou a venda da coisa empenhada, feita pelo credor ou por ele autorizada.**

**§ 1º Presume-se a renúncia do credor quando consentir na venda particular do penhor sem reserva de preço, quando restituir a sua posse ao devedor, ou quando anuir à sua substituição por outra garantia.**

**§ 2º Operando-se a confusão tão somente quanto à parte da dívida pignoratícia, subsistirá inteiro o penhor quanto ao resto.**

---

O artigo em exame arrola o preceito das causas de extinção do penhor, sem caráter taxativo. Outras causas, além das previstas na lei, são indicadas pela doutrina: a resolução do domínio do bem empenhado, a usucapião do bem empenhado; o decurso do prazo do penhor; a remição ou resgate do penhor.

O *caput* substituiu corretamente o termo "resolve-se" por "extingue-se". A resolução é termo com significado próprio, de extinção do contrato bilateral por inadimplemento do devedor ou onerosidade excessiva. É espécie de extinção do contrato.

A primeira causa de extinção do penhor é a extinção da obrigação garantida. Como explica Clóvis Bevilaqua, "o penhor é constituído para assegurar o pagamento de uma obrigação. É acessório desta. Se a obrigação se extingue, desaparece a razão de ser do penhor; ele extingue-se por via de consequência e falta de fundamento" (*Direito das coisas*, 3. ed. Rio de Janeiro, Freitas Bastos, 1951, p. 96).

Como acessório da obrigação, o penhor segue a sorte jurídica desta. É irrelevante que a extinção se dê por pagamento ou sem pagamento (novação, compensação, confusão, transação). Anota Caio Mário da Silva Pereira que "quando o débito é extinto sem satisfação do credor, poderá subsistir a relação pignoratícia, mas é preciso que interfira a vontade neste sentido, como ocorre com a novação; se outra obrigação se contrair extinguindo-se a primeira, resolve-se com esta o penhor que a assegurava; mas subsistirá se, ao novar-se, o penhor é transferido explicitamente para a nova *obligatio*" (*Instituições de direito civil*, 18. ed. atualizada. Rio de Janeiro, Forense, 1995, v. IV, p. 358).

No caso de pagamento com sub-rogação, o *solvens* assume a posição do antigo credor, com as garantias e qualidades do crédito original (art. 349 do CC).

Também não sobrevive o penhor à extinção da obrigação por decadência ou por invalidade – nulidade ou anulabilidade. Embora divirja a doutrina, o melhor entendimento é o de que, prescrita a pretensão da obrigação garantida, não mais faz sentido a persistência do penhor, diante de sua inexigibilidade. É verdade que o pagamento voluntário pelo devedor de crédito prescrito é eficaz e não comporta repetição, mas nenhuma relação guarda com a garantia real do penhor. Parece evidente que, prescrita a pretensão, a retenção do bem empenhado pelo credor até o pagamento constituiria manifesto ato ilícito.

A segunda causa de extinção é o perecimento da coisa. Pode o perecimento dar-se pela destruição total ou perda da coisa. Se a destruição for parcial, persiste o penhor sobre o remanescente, em vista da indivisibilidade da garantia real. Se o bem empenhado se encontrava no seguro, ou for indenizado por terceiro causador da perda, não se opera extinção, mas sub-rogação no valor da indenização, como visto no comentário ao art. 1.425, § 1º, do CC. Se o bem empenhado se perdeu por culpa do credor, seu valor é compensado com o da obrigação garantida. Lembre-se que o penhor se extingue pela perda do bem, mas persiste a obrigação como crédito quirografário, com vencimento antecipado (art. 1.425 do CC).

A terceira causa de extinção é a renúncia do credor, que pode desistir da garantia em vista de seu caráter patrimonial e disponível. Somente aquele que tem a livre disposição de seus bens pode renunciar à garantia. Pode a renúncia dar-se por ato *inter vivos* ou *causa mortis*. Se ocorrer por procurador, exigem-se poderes expressos e especiais. Não se exige outorga uxória, por se tratar de bens móveis.

A renúncia pode ocorrer de forma expressa, sempre por escrito, para constituir título hábil a instruir pedido de cancelamento no registro de títulos e documentos ou imobiliário (no caso de penhores especiais).

Pode, ainda, ocorrer de forma tácita, como previsto nas três hipóteses exemplificativas do § 1º deste artigo. Nada impede que outros comportamentos concludentes do credor, embora não arrolados no dispositivo, deixem evidenciado o desejo de renunciar à garantia. As hipóteses do § 1º são a) o consentimento na venda do bem empenhado sem reserva do preço; b) a restituição de sua posse ao devedor que, na forma do art. 387 do CC, já comentado, que prova a renúncia do credor à garantia, mas não ao crédito. Claro que essa regra não se aplica aos casos de penhores especiais rural, industrial e mercantil, ou sobre veículos, nos quais a posse direta não se transmite ao credor; c) a anuência do credor à substituição da garantia.

A quarta causa de extinção (inciso IV) é a confusão, porque é natural que, se o credor adquire o bem empenhado, não mais há direito real de garantia sobre coisa alheia. Do mesmo modo, se a própria obrigação se extingue em razão da confusão, com ela se extingue a garantia real acessória. O § 2º deste artigo completa o preceito, ressalvando que, se a confusão se opera apenas quanto à parte da garantia, persiste o penhor quanto aos demais bens empenhados.

Finalmente, a quinta e última causa da extinção do penhor (inciso V) opera pela adjudicação, arrematação e remição-resgate (e não remissão-perdão, como se encontra grafado neste artigo). A excussão do bem empenhado faz com que o credor se satisfaça com o respectivo preço, de modo que o arrematante receba o bem livre e desonerado. É irrelevante que o crédito garantido supere o valor da arrematação, porque o saldo, esgotada a garantia, se converterá em crédito quirografário. Igual fenômeno ocorre se há venda amigável autorizada por cláusula contratual ou por procuração, se o credor adjudica o bem empenhado, ou se há o resgate da dívida por terceiro interessado ou parentes do devedor.

Não explicita o preceito a possibilidade de credor quirografário penhorar e levar o bem empenhado a leilão e seus efeitos em relação ao credor garantido. Aplica-se por analogia o disposto no art. 1.501 do CC, adiante comentado. O bem empenhado é alienável e, portanto, penhorável. Não extingue o penhor devidamente registrado a arrematação ou adjudicação feitas por credor quirografário, se não foi notificado o credor pignoratício que não foi, de qualquer modo, parte na execução. A arrematação e adjudicação são válidas, mas ineficazes frente ao credor pignoratício, continuando empenhado o bem.

Os penhores especiais pecuário, industrial e mercantil tornam os bens inalienáveis e, portanto, impenhoráveis. Serão analisados nos comentários aos arts. 1.445 e 1.449 do CC os efeitos da inalienabilidade/impenhorabilidade frente aos demais credores com privilégio legal.

**Jurisprudência:** O perecimento por completo da coisa empenhada não induz à extinção da obrigação principal, pois o penhor é apenas acessório desta, perdurando, por conseguinte, a obrigação do devedor, embora com caráter pessoal e não mais real. Segundo o disposto no inciso IV do art. 774 do CC/1916, o credor pignoratício é obrigado, como depositário, a ressarcir ao dono a perda ou deterioração, de que for culpado. Havendo furto ou roubo do bem empenhado, o contrato de penhor fica resolvido, devolvendo-se ao devedor o valor do bem empenhado, cabendo ao credor pignoratício o recebimento do valor do mútuo, com a possibilidade de compensação entre ambos, de acordo com o art. 775

do CC/1916. (STJ, REsp n. 730.925/RJ, rel. Min. Nancy Andrighi, j. 20.04.2006)

A impenhorabilidade dos bens entregues em garantia hipotecária tanto em cédula de crédito rural como em cédula de crédito industrial é relativa, sendo admitida nos seguintes casos: a) em sede de execução fiscal, haja vista a preferência dos créditos tributários (REsp n. 471.899/SP, rel. Min. Franciulli Netto, *DJ* de 06.09.2004; REsp n. 563.033/SP, deste relator, *DJ* de 22.03.2004; REsp n. 318.883/SP, rel. Min. Eliana Calmon, *DJ* de 31.03.2002; REsp n. 268.641/SP, rel. Min. Francisco Peçanha Martins, *DJ* de 11.11.2002; REsp n. 309.853/SP, rel. Min. José Delgado, *DJ* de 27.08.2001); b) após o período de vigência do contrato de financiamento (REsp n. 131.699/MG, rel. Min. Barros Monteiro, *DJ* de 24.11.2003; REsp n. 539.977/PR, rel. Min. Cesar Asfor Rocha, *DJ* de 28.10.2003; REsp n. 451.199/SP, rel. Min. Ruy Rosado de Aguiar, *DJ* de 26.05.2003); e c) quando houver a anuência do credor (STJ, REsp n. 532.946/PR, rel. Min. Cesar Asfor Rocha, *DJ* de 13.10.2003). [...] *In casu*, a regra da impenhorabilidade prevista no art. 69, do DL n. 167/67, foi relativizada tendo em vista que o valor do bem excede a dívida garantida pela hipoteca. 4 – A *ratio essendi* do art. 69, do DL n. 167/67, é a de proteger a satisfação do crédito e o direito de preferência do credor (RE n. 140.437/SP, rel. Min. Ilmar Galvão, *DJ* de 03.02.1995). 5 – A exegese do referido preceito explicita a preferência do detentor da garantia real sobre os demais credores na arrematação do bem vinculado à hipoteca". (STJ, REsp n. 633.463/BA, rel. Min. Luiz Fux, j. 22.03.2005)

**Art. 1.437. Produz efeitos a extinção do penhor depois de averbado o cancelamento do registro, à vista da respectiva prova.**

O artigo em exame merece interpretação cuidadosa. O preceito pode ser dividido em duas partes: a) os efeitos da averbação do cancelamento do registro; b) a prova, ou seja, o título necessário para fazer a averbação do cancelamento.

Quanto à primeira parte, cabe lembrar que o registro do penhor gera consequências diversas, de acordo com sua modalidade. No comentário ao art. 1.432 do CC, vimos que o penhor comum, ou vulgar, se constitui com a entrega da posse direta do bem empenhado ao credor. O registro não tem efeito constitutivo do direito penhor, mas apenas efeito publicitário. Gera oponibilidade contra terceiros de boa-fé. Os arts. 1.438, 1.448 e 1.462, adiante comentados, que tratam respectivamente dos penhores rural, industrial/mercantil e de veículos, são expressos ao dispor que o direito real se *constitui* pelo registro. Como não há entrega da posse direta do bem empenhado ao credor, fica a cargo do registro toda a publicidade inerente ao direito real. Sem registro, não há direito real de penhor.

Disso decorre que a extinção do penhor deve ser averbada nos respectivos registros (títulos e documentos para os penhores comum e de veículos; registro de imóveis para os penhores rural, industrial e mercantil), como, de resto, preveem os arts. 164/165 (*RTD*) e 248/254 (*RI*) da LRP (Lei n. 6.015/73).

Embora este artigo, de modo imperfeito, dê a impressão de que todos os efeitos da extinção do penhor ocorrem somente depois da averbação do cancelamento do registro, isso não é exato. Na verdade, há um fato extintivo e, como efeito desse fato, o cancelamento do registro do penhor. Entre as partes, via de regra, o penhor deixa de produzir efeito desde o fato extintivo, mas, em relação a terceiros, somente a partir do momento em que se averba o cancelamento junto ao registro de títulos e documentos ou imobiliário, dependendo da modalidade da garantia.

O que visa a lei é preservar o interesse de terceiros de boa-fé, como o cessionário do crédito pignoratício que, fiado no registro, ignora o anterior fato extintivo. Lembre-se apenas que até mesmo em relação a terceiros há causas extintivas que constituem modo originário de aquisição da propriedade e que independem de ingresso no registro, como a usucapião ou desapropriação do bem empenhado.

A segunda parte do artigo diz que a averbação do cancelamento do registro se faz "à vista da respectiva prova". O art. 250 da Lei n. 6.015/73 melhor regula o tema e dispõe que o cancelamento se faz: a) em cumprimento de decisão judicial transitada em julgado; b) a requerimento unânime das partes que tenham participado do ato registrado; c) a requerimento do interessado, instruído com documento hábil.

Exige-se um título instrumentalizado em documento para a averbação do cancelamento. Nem sempre se faz necessária a intervenção judicial. Em diversos casos, basta o requerimento da parte acompanhado de documento suficiente para, a um exame extrínseco, demonstrar a causa extintiva. A renúncia expressa instrumentalizada pelo credor por escrito, a quitação passada pelo credor, o decurso do prazo e o documento demonstrativo da alienação amigável da coisa empenhada a terceiro bastam para obtenção do cancelamento. Em outros casos, quando a causa extintiva depender do exame de fatos não demonstrados na face do título, como o perecimento da coisa, há necessidade de intervenção judicial e o cancelamento se faz à vista de mandado.

### *Seção V*
### *Do Penhor Rural*

### Subseção I
### Disposições Gerais

**Art. 1.438. Constitui-se o penhor rural mediante instrumento público ou particular, registrado no Cartório de Registro de Imóveis da circunscrição em que estiverem situadas as coisas empenhadas.**

**Parágrafo único. Prometendo pagar em dinheiro a dívida, que garante com penhor rural, o devedor poderá emitir, em favor do credor, cédula rural pignoratícia, na forma determinada em lei especial.**

Legislação correlata: arts. 1º a 3º, Lei n. 492, de 30.08.1937.

O penhor rural abrange os penhores agrícola e pecuário. Inicialmente, o legislador traça regras comuns às duas espécies, para, em seguida (arts. 1.442 e segs.), cuidar da disciplina específica de cada uma delas. O penhor rural, ao lado dos penhores industrial e mercantil, atende às necessidades do tráfico jurídico e imposições do desenvolvimento econômico. Leva em conta que a transferência da posse direta do bem empenhado ao credor nem sempre é o desejável ou possível. O agricultor desprovido das sementes ou dos implementos agrícolas, o pecuarista sem a posse de suas matrizes e reprodutores, dados em garantia pignoratícia, certamente inviabilizariam a própria atividade econômica.

Por isso se criaram os penhores especiais, cuja marca principal é a manutenção da posse direta em poder do próprio devedor, para que este empregue o bem empenhado em sua atividade econômica e possa, com isso, gerar fundos para adimplir a obrigação.

Dispõe o *caput* deste artigo que se constitui o penhor rural mediante o registro imobiliário do instrumento público ou particular. Ao contrário do penhor comum, não há entrega da posse direta do bem empenhado ao credor. A posse direta permanece nas mãos do próprio devedor, ou de terceiro prestador da garantia. Ao credor é transferida somente a posse indireta e jurídica sobre o bem empenhado. Não mais alude a lei, corretamente, à *cláusula constituti*, ou ao constituto possessório. O constituto possessório é modo de aquisição e perda da posse, pelo qual o alienante permanece fisicamente com a coisa, mas em nome do adquirente. A posse do alienante se degrada em detenção. No penhor agrícola, não é isso o que ocorre. Há mero desdobramento da posse, nos termos do art. 1.197 do CC, comentado anteriormente. O devedor é possuidor direto e o credor, possuidor indireto, ambos com direito à tutela possessória. A situação jurídica é apenas inversa à do penhor comum, na qual a posse direta é transferida ao credor, enquanto ao devedor remanesce a posse indireta.

Em contrapartida, há necessidade de se conferir publicidade mais eficaz ao penhor, porque não conta o credor com a posse (visibilidade do domínio) sobre o bem empenhado. Deve-se criar mecanismo de alerta a terceiros de boa-fé, para que possam saber e conhecer que o bem móvel que se encontra com o devedor está onerado por direito real de garantia, dotado de sequela. Esse mecanismo é o registro imobiliário, que nos penhores especiais tem natureza constitutiva e não meramente publicitária. Sem o registro imobiliário, não há direito real de penhor. É ineficaz o registro no oficial de títulos e documentos. O registro é feito na circunscrição imobiliária onde estiverem localizadas as coisas empenhadas, sob pena de ineficácia perante terceiros, como já reconhecido pelo STJ (Ag. Reg. no AI n. 37.388/RS, rel. Min. Dias Trindade). É lançado no Livro III, de modo que fácil fica a terceiro que vai negociar com o devedor, mediante simples consulta ao indicador pessoal do registro de imóveis, saber quais bens móveis se encontram empenhados e quais as obrigações garantidas. Não há necessidade de o devedor ser proprietário ou titular de direito real sobre imóvel rural, porque o penhor tem por objeto apenas bens móveis. O penhor não é registrado na matrícula do imóvel, mas apenas no Livro III. Logo, o arrendatário pode dar em garantia os bens móveis de sua propriedade que se encontram em imóvel rural alheio.

Corrigiu este artigo a posição da Lei n. 492/37, que em seu art. 1º dispunha que o devedor permanecia como depositário dos bens empenhados. O atual CC, em posição absolutamente afinada com a jurisprudência dominante do STJ, eliminou o termo "depositário". Reconheceu que tem devedor muito mais do que a simples guarda e o dever de restituição do bem empenhado. O devedor é proprietário do bem empenhado e tem a posse direta e os correlatos direitos de usar e de fruir. Como frisou o Ministro Athos Gusmão Carneiro, ao julgar o REsp n. 12.507/RS, a prisão civil só se admite nos depósitos para guarda e não nos depósitos para garantia de crédito, sob pena de regressão aos tempos prístinos de prisão por dívidas, proibidas pela CF.

O entendimento do STJ é todo no sentido de que, tratando-se de depósito de bens fungíveis e consumíveis celebrado em garantia de outro contrato, não cabe o ajuizamento de ação de depósito com pedido de prisão do depositário inadimplente, uma vez que, na espécie, são aplicáveis as regras do mútuo. Na hipótese de contrato de depósito clássico e autônomo, ainda que de bens fungíveis, ocorrendo infidelidade, é cabível o ajuizamento de ação de depósito com pedido de prisão do depositário dos bens (REsp n. 440.832/RS, REsp n. 406.858/RS, *HC* n. 28.385/PR, *HC* n. 24.829/SP, *HC* n. 37.967/SP, REsp n. 193.728/GO, REsp n. 218.118/SP, entre outros).

No caso de inadimplemento, cabe excussão do penhor e até mesmo pedido de tutela antecipada, preenchidos os requisitos do art. 273 do CPC/73 (arts. 296 a 300, *caput*, § 3º, 305, parágrafo único, 311, *caput* e I, e 356 do CPC/2015), para que a posse direta seja transferida ao credor, ou a terceiro. Não cabe, porém, a ação de depósito contra o devedor pignoratício. Como já decidiu o STJ, "conquanto admissível a tradição simbólica à perfectibilização do penhor cedular, não cabe a ação de depósito para reaver os bens que lhe serviram de objeto" (REsp n. 106.023/RS, rel. Min. Cesar Asfor Rocha. No mesmo sentido, REsp n. 122.751/MG, rel. Min. Sálvio de Figueiredo Teixeira).

Finalmente, o parágrafo único deste artigo prevê a possibilidade de emissão de cédula rural pignoratícia, regulada em lei especial. A lei especial é o DL n. 167/67, que se encontra em vigor, salvo naquilo que contrastar com o atual CC, em especial a qualificação do devedor como depositário dos bens empenhados. Define-se como "títulos representativos de operações de financiamento, constituídos a partir de empréstimos concedidos por instituições financeiras, ou entidades a estas equiparadas, a pessoa natural (física) ou jurídica que se dedique à respectiva atividade" (MAMEDE, Gladston. *Código Civil comentado.* São Paulo, Atlas, 2003, v. XIV, p. 180).

Como diz Caio Mário da Silva Pereira, "a cédula é título formal, líquido, certo e exigível pela soma nela inscrita, que dispensa a outorga conjugal e é oponível a terceiros. Facilmente negociável, comporta redesconto no Banco Central, e constitui título executório extrajudicial. Pode ser endossada em preto ou em branco" (*Instituições de direito civil*, 18. ed. atualizada. Rio de Janeiro, Forense, 1995, v. IV, p. 349). Constitui poderoso instrumento de mobilização do crédito rural e deve ser levada ao registro imobiliário.

**Jurisprudência:** Agravo. Impugnação de crédito. Credores titulares de penhor rural incidente sobre soja depositada no mesmo armazém. Natureza constitutiva do registro do contrato de penhor no cartório de registro imobiliário. Princípio da prioridade do registro imobiliário no concurso de preferência entre credores com garantia pignoratícia sobre soja depositada no mesmo armazém. Legalidade do penhor rural incidir sobre os mesmos produtos agrícolas/garantida a prioridade de pagamento para o titular da garantia registrada em primeiro lugar. Legalidade do penhor rural de primeiro e segundo grau. Lei n. 492, de 30.09.1937, que regula o penhor rural em pleno vigor, já que não foi revogada pelo CC/2002. Inteligência do art. 2º, § 2º, da LICC [atual Lindb] e do art. 4º, § 1º, da Lei n. 492/37. A anterioridade do arresto ou penhora prevista no art. 711 do CPC [art. 908, *caput* e § 2º do CPC/2015], em concurso de execução singular, regra que concede preferência processual, não se sobrepõe à preferência derivada do penhor, que é norma de direito material. A prelação da penhora não incide no concurso de credores instaurado na recuperação judicial, onde a classificação dos credores que se submetem a seus efeitos observa o art. 83 da Lei n. 11.101/2005. O credor titular de garantia pignoratícia de segundo grau deve ser classificado como credor com garantia real e não como quirografário. Agravo provido, em parte, para classificar o crédito do agravante como de garantia real, com penhor de segundo grau, observando-se a regra do art. 83, II e § 1º, da Lei n. 11.101/2005. (TJSP, AI n. 990100677241, Câm. Reservada à Falência e Recuperação, rel. Des. Pereira Calças, j. 06.07.2010)

Processual civil. Civil. Arresto. Bem gravado por cédula de crédito rural. Registro tardio do título. Efeito constitutivo da inscrição. Inexistência de direito de preferência ao crédito anterior ao registro. (STJ, REsp n. 698.576/MT, rel. Min. Nancy Andrighi, j. 05.04.2005)

Segundo entendimento firmado na 3ª Turma, "o cabimento de prisão civil, nos casos de penhor mercantil, deve submeter-se à mesma orientação aplicada aos casos de alienação fiduciária, por cuidarem, ambos, de depósito atípico" e que, "considerando a Corte Especial ser ilegítima a prisão de devedor que descumpre contrato garantido por alienação fiduciária, ilegal é também a prisão decretada nos casos de penhor mercantil" (*HC* n. 24.931/SP, rel. Min. Pádua Ribeiro, *DJ* 12.08.2003). (STJ, *HC* n. 36.104/MG, rel. Min. Carlos Alberto Menezes Direito, j. 26.08.2004)

Não dá ensejo à ação de depósito o inadimplemento de contrato de abertura de crédito garantido com penhor mercantil de bens fungíveis, por não se configurar, a espécie, depósito clássico, mas mero mútuo, cujas regras devem incidir na espécie, de conformidade com o art. 1.280 do CC anterior. Inviável, da mesma forma, o pedido prisional. (STJ, REsp n. 92.713/PR, rel. Min. Aldir Passarinho Júnior, j. 01.06.2004)

O art. 1º da Lei n. 492/37, que regula o penhor rural, estipula que essa modalidade de garantia se constitui "pelo vínculo real resultante do registro", de sorte que não se pode tratar como tal o ajuste ao qual falte esse requisito formal. (STJ, REsp n. 35.109/MG, rel. Min. Sálvio de Figueiredo Teixeira, j. 03.09.1996)

Civil. Penhor agrícola. Registro. Não contraria o art. 69 do DL n. 167/67 o acórdão que tem por improcedente ação rescisória, pelo inciso V do art. 485, tendo em vista a falta de registro do contrato de penhor agrícola no local de situação do imóvel onde se encontra a lavoura apenhada. (STJ, Ag. Reg. no AI n. 37.388/RS, rel. Min. Dias Trindade, j. 14.07.1993)

O depósito de coisas fungíveis não enseja ação de depósito, nem prisão civil, aplicando-se, no caso, as regras do mútuo comum. Ag. Reg. no REsp n. 521.828/PR, Min. Humberto Gomes de Barros. No mesmo sentido, STJ, REsp n. 293.633/PR (*RJTAMG* 86/377), REsp n. 178.368/PR, *HC* n. 11.676/RJ, REsp n. 188.462/GO (*RJADCOAS* 21/112).

---

**Art. 1.439. O penhor agrícola e o penhor pecuário não podem ser convencionados por prazos superiores aos das obrigações garantidas.**

*Caput* com redação dada pela Lei n. 12.873, de 24.10.2013.

**§ 1º Embora vencidos os prazos, permanece a garantia, enquanto subsistirem os bens que a constituem.**

**§ 2º A prorrogação deve ser averbada à margem do registro respectivo, mediante requerimento do credor e do devedor.**

---

Legislação correlata: arts. 7º e 13, Lei n. 492, de 30.08.1937.

Sofreu o artigo em exame radical alteração por força da Lei n. 12.873, de 24.10.2013, que fixou que o prazo do penhor não pode superar o prazo da obrigação garantida.

Como é sabido, todos os direitos reais de garantia, entre os quais o penhor, têm natureza acessória em relação à obrigação garantida. Somente existem em razão e enquanto persistir a obrigação garantida.

Extinta a obrigação garantida, a ela não sobrevive o penhor, nos termos do que dispõe o art. 1.436 do CC, já comentado. Essa a razão pela qual o penhor não pode ser convencionado por prazo superior à obrigação garantida.

Desapareceram, por consequência, as limitações temporais de natureza cogente que continham a regra original deste art. 1.439 do CC. A anterior limitação do prazo de três anos para o penhor agrícola e quatro anos para o penhor pecuário tinha por escopo não embaraçar em demasia as atividades do dono do bem empenhado.

Prevaleceu na alteração legislativa o valor de proporcionar maior segurança ao credor, especialmente levando em conta a existência de diversas culturas cujo prazo de maturação pode ultrapassar o triênio. A mudança segue nítida tendência de fortalecimento dos direitos do credor, com a finalidade de conferir maior operabilidade às operações de financiamento e com isso baratear o custo da concessão de crédito.

Claro que os penhores agrícolas e rurais constituídos sob a égide da redação original do CC, antes da 24.10.2013, são atos jurídicos perfeitos e, portanto, devem obedecer aos prazos máximos previstos na legislação revogada.

A Lei n. 14.421/2022 alterou o disposto no art. 61 do DL n. 167, de 14.02.1967, que passou a vigorar com a seguinte redação: "Art. 61. O prazo do penhor rural, agrícola ou pecuário, não excederá o da obrigação garantida e, embora vencido, permanecerá a garantia enquanto subsistirem os bens que a constituem ou a obrigação garantida".

Disso decorre que embora o art. 1.439 do CC não mais contenha regras sobre a permanência da garantia enquanto subsistirem os bens objeto do penhor e sobre a averbação da prorrogação da garantia junto ao Oficial do Registro de Imóveis, tais preceitos permanecem vigentes, por força do que contém a lei especial.

**Jurisprudência:** Registro de imóveis. Cédula rural pignoratícia. Título que tem prazo superior a três anos, o que contraria a limitação legal prevista no art. 61 do DL n. 167/67, reafirmada no art. 1.439 do CC. Dúvida julgada procedente para o fim de manter a recusa do registro do título. Recurso improvido. (TJSP, Ap. Cível n. 718-6/9-00/Teodoro Sampaio, rel. Gilberto Passos de Freitas, j. 26.07.2007, v.u.)

---

**Art. 1.440. Se o prédio estiver hipotecado, o penhor rural poderá constituir-se independentemente da anuência do credor hipotecário, mas não lhe prejudica o direito de preferência, nem restringe a extensão da hipoteca, ao ser executada.**

---

Legislação correlata: art. 4º, Lei n. 492, de 30.08.1937.

Diz este artigo que o penhor rural pode constituir-se sobre o imóvel hipotecado, sem anuência do credor hipotecário, nem prejuízo de seu direito de prelação. Nos termos do art. 79 do CC, são bens imóveis o solo e tudo quanto se lhe incorporar, natural ou artificialmente. Disso decorre que plantações são bens imóveis por definição legal, mas por exceção podem ser também objeto de penhor, por serem mobilizáveis.

Em tese, pode ocorrer do mesmo bem – plantações – ser objeto simultaneamente de garantia hipotecária e pignoratícia. Permite a lei tal situação, sem anuência do credor hipotecário, que nenhum prejuízo sofre, porque mantém incólumes seus direitos de sequela e prelação. A anterior hipoteca registrada goza de preferência sobre o penhor posterior, quando houver coincidência de objetos.

A maior dificuldade está na conciliação da regra deste artigo com o disposto nos arts. 59 e 69 do DL n. 167/67, que dispõe que os bens objeto de penhor ou hipoteca constituídos pela cédula e crédito rural não serão alienados nem penhorados, arrestados ou sequestrados por outras dívidas do devedor ou o terceiro prestador da garantia. Tal preceito, como abaixo veremos, sofre sérias restrições da jurisprudência, especialmente quando o credor que faz a penhora tem privilégio legal. De todo modo, a melhor interpretação é no sentido de que o art. 1.440 é exceção à regra da inalienabilidade e impenhorabilidade dos bens objeto de hipoteca cedular, mesmo porque esta permanece incólume para o credor hipotecário, que não perde a prelação nem a sequela.

**Jurisprudência:** Execução de cédula rural pignoratícia. Duplicidade de execução com o ajuizamento de outra distinta referente ao título dado em garantia sob a forma de penhor mercantil. Jurisprudência da Corte. Ambas as turmas que compõem a Seção de Direito Privado da Corte convergem no entendimento de que não se admite a execução da mesma dívida em processos distintos. (STJ, REsp n. 608.897/MT, rel. Min. Carlos Alberto Menezes Direito, j. 05.04.2005)

Cédula de crédito rural. Execução por título extrajudicial. Hipoteca. Penhora. Imóvel. Penhora. Execução por título extrajudicial. Constrição sobre imóvel onerado com hipoteca em cédulas rurais de crédito. Penhora declarada nula pelo juiz, *ex officio*, em face do art. 69 do DL n. 167/67. Impenhorabilidade, porém, que não é ilimitada e se circunscreve ao tempo de vigência do contrato. Cédulas hipotecárias vencidas e credor cedular ciente da execução promovida pelo agravante. Penhora válida e direito de prelação a ser observado. Agravo provido para este fim. (TJSP, Ap. Cível n. 128.6997-1, rel. Cerqueira Leite, j. 14.04.2004)

Direito de preferência. Penhora. Crédito rural. Penhora. Imóvel gravado por cédulas de crédito rural. Despacho que tornou nula a penhora baseando-se no art. 69 do DL n. 167/67. Desacolhimento. Títulos que, vencidos e não pagos, estão sendo cobrados. Possibilidade de se penhorar o imóvel, pois a impenhorabilidade persiste somente até o vencimento das referidas cédulas. Direito de preferência do credor pignoratício que deverá ser intimado da penhora. Agravo provido. (TJSP, AI n. 113.6700-1, rel. Alberto Mariz de Oliveira, j. 19.02.2003)

Omissão. CPC, art. 600 [art. 774 do CPC/2015]. Depósito. Cédula rural pignoratícia. Penhor. Depósito. Penhor. Determinação de apresentação de bens dados em decorrência de cédula rural pignoratícia. Não apresentação. Inadmissibilidade. Omissão que caracteriza-se como ato atentatório à dignidade da justiça. Fixação da multa em 15% sobre o valor atualizado do débito. Aplicação do art. 600, III e IV, do CPC [art. 774, IV e V, do CPC/2015]. Imposição de multa configurada. Recurso improvido. (TJSP, AI n. 115.6232-4, rel. Antonio Marson, j. 12.12.2002)

Execução por título extrajudicial. Penhora incidente sobre bem hipotecado em razão de cédula de crédito rural já vencida. Admissibilidade. Impenhorabilidade, decorrente do DL n. 167/67, que perdura durante a vigência do contrato. Credor hipotecário, contudo, que goza da preferência, devendo ser intimado do ato da constrição determinada. Agravo provido para esse fim. (TJSP, AI n. 104.3464-9, rel. Marciano da Fonseca, j. 30.10.2001)

---

**Art. 1.441. Tem o credor direito a verificar o estado das coisas empenhadas, inspecionando-as onde se acharem, por si ou por pessoa que credenciar.**

---

A regra é simples e corolário lógico da posse direta do bem empenhado permanecer nas mãos do devedor, que pode usá-lo e receber seus frutos.

Esse direito de inspeção, embora de natureza dispositiva, decorre da lei e se aplica ainda que nada tenham as partes convencionado a respeito. Permite o credor verificar se o devedor mantém seu dever de custódia e íntegro o bem empenhado. A inspeção pode ser feita pessoalmente pelo credor, ou por terceiro por ele autorizado. A recusa injustificada do devedor abre ao credor o direito de obter judicialmente a inspeção. Podem convencionar as partes que a recusa do devedor provoca o vencimento antecipado da dívida.

## Subseção II
## Do Penhor Agrícola

---

**Art. 1.442. Podem ser objeto de penhor:**
**I – máquinas e instrumentos de agricultura;**
**II – colheitas pendentes, ou em via de formação;**
**III – frutos acondicionados ou armazenados;**

**IV – lenha cortada e carvão vegetal;**
**V – animais do serviço ordinário de estabelecimento agrícola.**

Legislação correlata: art. 6º, Lei n. 492, de 30.08.1937.

O artigo em exame abre o estudo do penhor agrícola, que têm por objeto as operações de financiamento da atividade de plantio e produção de vegetais. Vimos que seu prazo de validade máximo é de três anos, prorrogáveis por igual período.

Podem constituir o penhor agrícola não somente o proprietário do imóvel onde se dá o plantio, como também o enfiteuta, o superficiário, o usufrutuário, o arrendatário e o parceiro, independentemente de consentimento do dono do solo (CARVALHO SANTOS. *Código Civil brasileiro interpretado*, 5. ed. Rio de Janeiro, Freitas Bastos, 1953, v. X, p. 173).

Os cinco incisos deste artigo arrolam bens empenháveis, em caráter exemplificativo. Nada impede que outros bens destinados à produção agrícola possam ser dados em garantia real, embora não elencados na lei.

O inciso I menciona máquinas e instrumentos de agricultura, que abrange implementos agrícolas, tratores, caminhões. Não se confunde com o penhor de veículos, embora, para melhor publicidade e conhecimento de terceiros de boa-fé, nada impeça a anotação do gravame nos certificados de propriedade dos veículos.

O inciso II se refere às colheitas pendentes ou em vias de formação. É uma exceção à regra de que a garantia real deve incidir sobre coisas existentes, ou que não adquiriram sua forma definitiva. Não admite a lei, porém, o penhor sobre colheitas futuras, ainda não plantadas, mas somente sobre aquelas que se encontram, no mínimo, já plantadas ou em via de formação no ano do contrato (BEVILAQUA, Clóvis. *Direito das coisas*, 3. ed. Rio de Janeiro, Freitas Bastos, 1951, p. 85). Embora ainda não existente, a colheita integra automaticamente a garantia à medida que vai se formando, sem necessidade de qualquer novo ato ou consentimento das partes.

Assentou o STJ, em relação ao penhor sobre safras futuras, que "não cabe ação de depósito para restituição de bem inexistente ao tempo da celebração do contrato de financiamento" (REsp n. 47.027/RS, rel. Min. Ruy Rosado de Aguiar). A mesma Corte foi mais longe e assentou, em caso em que foi realizada a penhora sem constatação da real existência da colheita, que "infidelidade do depósito de safra futura, mesmo que judicial, não autoriza a pena de prisão civil" (*HC* n. 26.639/SP, rel. Min. Ari Pargendler. No mesmo sentido, *HC* n. 11.283/SP, rel. Min. Cesar Asfor Rocha).

Os demais incisos deste artigo, claros por si, não comportam maiores considerações.

**Jurisprudência:** Embargos de terceiro. Nulidade do penhor rural. Descrição minuciosa do imóvel em que encontráveis os bens empenhados. Inexigência. A norma do art. 2º, § 2º, VI, da Lei n. 492, de 30.08.1937, foi derrogada pelo art. 14, V, do DL n. 167, de 14.02.1967. Basta, assim, a menção do local em que os bens empenhados podem ser encontrados. Requisito satisfeito no caso. (STJ, REsp n. 109.280/RS, rel. Min. Barros Monteiro, j. 23.04.2002)

Recurso ordinário em *habeas corpus*. Depósito judicial. Execução de cédula rural. Garantia pignoratícia de safra futura. Penhora. Se o devedor, ao tempo da lavratura do auto de penhora, que ocorreu em mera conformidade com a estimativa do penhor cedular, não mais possuía o objeto deste, depósito não houve, carecendo a prisão, nessa hipótese, de justa causa. (STJ, RHC n. 11.283/SP, Min. Cesar Asfor Rocha, j. 03.05.2001)

Depósito. Penhor rural. Safra futura. Não cabe ação de depósito para a restituição de bem inexistente ao tempo da celebração do contrato de financiamento. (STJ, REsp n. 47.027/RS, Min. Ruy Rosado de Aguiar, j. 29.11.1994)

**Art. 1.443. O penhor agrícola que recai sobre colheita pendente, ou em via de formação, abrange a imediatamente seguinte, no caso de frustrar-se ou ser insuficiente a que se deu em garantia.**

**Parágrafo único. Se o credor não financiar a nova safra, poderá o devedor constituir com outrem novo penhor, em quantia máxima equivalente à do primeiro; o segundo penhor terá preferência sobre o primeiro, abrangendo este apenas o excesso apurado na colheita seguinte.**

Legislação correlata: art. 7º, Lei n. 492, de 30.08.1937.

Este artigo disciplina a extensão legal, independentemente da vontade do devedor, da garantia real para a primeira safra subsequente, se a colheita originalmente empenhada se perdeu ou foi insuficiente para cobrir a dívida.

Como acentua Gladston Mamede (*Código Civil comentado*. São Paulo, Atlas, 2003, v. XIV, p. 212), essa prorrogação não é automática, mas depende de manifestação de vontade do credor. Incide ainda o art. 7º, § 2º, da Lei n. 492/37: "Assiste ao credor o direito de, exibindo a prova do tanto quanto na colheita se lhe consignou, ou se apurou, ou de ter-se frustrado no todo ou em parte, requerer ao juiz competente da situação da propriedade agrícola que faça expedir mandado para a averbação de estender-se o penhor à colheita imediata".

Em termos diversos, a perda ou insuficiência da colheita original exige exame de fatos a serem provados, de modo que deve haver requerimento judicial de extensão da garantia e averbação no registro imobiliário, para conhecimento de terceiros. Sem tais providências, não pode o credor simplesmente penhorar e excutir o produto da colheita subsequente.

**Jurisprudência:** [...] Conforme se depreende do disposto na Lei n. 492/37, somente no caso de frustrar-se ou ser insuficiente a colheita objeto do penhor agrícola é que este se estende à safra seguinte, não havendo notícia de que tenha ocorrido tal hipótese, com as providências cabíveis. (STF, Ag. Reg. no AI n. 187.357/MG, rel. Min. Waldemar Zveiter, j. 17.06.1999)

## Subseção III
## Do Penhor Pecuário

**Art. 1.444. Podem ser objeto de penhor os animais que integram a atividade pastoril, agrícola ou de laticínios.**

Legislação correlata: arts. 10 e 11, Lei n. 492, de 30.08.1937.

O artigo em exame abre a subseção que disciplina o penhor pecuário. Além dos animais que integram a atividade pastoril, agrícola ou de laticínios a que se refere este artigo, pode também ser empenhado o maquinário utilizado na produção.

A posse direta dos animais permanece com o devedor ou prestador da garantia, que transfere ao credor apenas a posse indireta e jurídica. Não há necessidade de descrição do local onde se encontram os animais empenhados. Isso porque, segundo decidiu o STJ, "a norma do art. 2º, § 2º, VI, da Lei n. 492, de 30.08.1937, foi derrogada pelo art. 14, V, do DL n. 167, de 14.02.1967. Basta, assim, a menção do local em que os bens empenhados podem ser encontrados. Requisito satisfeito no caso" (REsp n. 109.280/RS, rel. Min. Barros Monteiro).

Gladston Mamede acentua, com razão, ser "comum que o financiamento seja concedido para a aquisição dos animais, empenhando-se as cabeças que sejam adquiridas" com o crédito garantido. Em tal caso, o desvio do crédito e sua aplicação em finalidade diversa constitui infração penal prevista no art. 20 da Lei n. 7.492/86 (*Código Civil comentado*. São Paulo, Atlas, 2003, v. XIV, p. 218).

**Art. 1.445. O devedor não poderá alienar os animais empenhados sem prévio consentimento, por escrito, do credor.**

**Parágrafo único. Quando o devedor pretende alienar o gado empenhado ou, por negligência, ameace prejudicar o credor, poderá este requerer se depositem os animais sob a guarda de terceiro, ou exigir que se lhe pague a dívida de imediato.**

Legislação correlata: arts. 12 e 35, Lei n. 492, de 30.08.1937.

Veda a lei a alienação dos animais empenhados, sem prévio consentimento do credor, por escrito. O consentimento do credor é formal e anterior à venda. Se não houver qualquer ressalva quanto à persistência da garantia, ou sua sub-rogação, ou substituição, a anuência à venda provoca a extinção do penhor. Pode a anuência se referir a apenas parte dos animais, caso em que a garantia se concentra no remanescente, em razão do princípio da indivisibilidade.

Embora haja controvérsia na doutrina, a alienação dos animais sem tal consentimento é nula e não produz efeitos frente ao credor, que pode promover sua excussão, ainda que se encontrem em poder de terceiros. A alienação de qualquer bem dado em garantia real é ineficaz frente ao credor garantido, em razão da sequela. Os bens empenhados em geral são alienáveis, porque não afetam a garantia, em razão do vínculo real que os prende à obrigação. No penhor pecuário, porém, dadas suas peculiaridades, com o risco de perda dos animais, o legislador foi além. No dizer de Pontes de Miranda, "as alienações sem o consentimento do titular do direito de penhor não têm eficácia. Tudo se passa como se fossem alienações de coisa alheia. Daí a vindicabilidade do titular do direito de penhor, sem necessidade de qualquer ação" (*Tratado de direito privado*, 3. ed. São Paulo, RT, 1984, v. XXI, p. 48).

A inalienabilidade dos animais empenhados acarreta também sua impenhorabilidade e a impossibilidade de dá-los em nova garantia, sem consentimento do credor original. Apenas se ressalva que, segundo entendimento do STJ, cabe a penhora em execução movida por credores com privilégio legal superior ao do credor pignoratício. Parte da jurisprudência vai além e admite a penhora por outros credores, quando não advier qualquer prejuízo ao credor pignoratício, preservando sua prelação.

O parágrafo único deste artigo disciplina duas hipóteses em que a garantia é colocada em risco pelo devedor: a) quando pretende alienar os bens por atos inequívocos, como anúncios ou leilões; b) quando por negligência ameace a perda, deterioração ou desvalorização dos animais, em razão de maus tratos, insuficiência de pastagens de água ou falta de vacinas adequadas.

A consequência para ambos os casos é a faculdade alternativa de o credor requerer o pagamento imediato da dívida garantida, em vista de seu vencimento antecipado por disposição legal, ou o depósito dos animais, sob a guarda de terceiros. Cabe ao credor o ônus da prova do risco de deterioração da garantia, ou da pretensão de alienação, por parte do devedor.

Na lição de Pontes de Miranda, cabem as seguintes ações ao credor pignoratício, nas hipóteses contempladas por este artigo: a) a ação cautelar de depósito, em caso de intenção de alienar, ou de ameaça de prejuízo ao titular do direito de penhor, por negligência, com a alternativa de pagamento imediato da dívida; b) a ação de vindicação pignoratícia contra o outorgado da alienação, por força do art. 622 do CC/1916 e art. 12 da Lei n. 492/37; c) a ação possessória do titular do penhor, por ser-lhe ofendida, com a posse de terceiro, a posse mediata de titular do direito de penhor (PONTES DE MIRANDA. Op. cit., p. 48-9).

**Jurisprudência:** 1 – O art. 69, do DL n. 167/67, preceitua que "Os bens objeto de penhor ou de hipoteca constituídos pela cédula de crédito rural não serão penhorados, arrestados ou sequestrados por outras dívidas do emitente ou do terceiro empenhador ou hipotecante, cumprindo ao emitente ou ao terceiro empenhador ou hipotecante denunciar a existência da cédula às autoridades incumbidas da diligência ou a quem a determinou, sob pena de responderem pelos prejuízos resultantes de sua omissão". 2 – A impenhorabilidade dos bens entregues em garantia hipotecária tanto em cédula de crédito rural como em cédula de crédito industrial é relativa, sendo admitida nos seguintes casos: a) em sede de execução fiscal, haja vista a preferência dos créditos tributários (REsp n. 471.899/SP, rel. Min. Franciulli Netto, *DJ* 06.09.2004; REsp n. 563.033/SP, deste relator, *DJ* 22.03.2004; REsp n. 318.883/SP, rel. Min. Eliana Calmon, *DJ* 31.03.2002; REsp n. 268.641/SP, rel. Min. Francisco Peçanha Martins, *DJ* 11.11.2002; REsp n. 309.853/SP, rel. Min. José Delgado, *DJ* 27.08.2001); b) após o período de vigência do contrato de financiamento (REsp n. 131.699/MG, rel. Min. Barros Monteiro, *DJ* 24.11.2003; REsp n. 539.977/PR, rel. Min. Cesar Asfor Rocha, *DJ* 28.10.2003; REsp n. 451.199/SP, rel. Min. Ruy Rosado de Aguiar, *DJ* 26.05.2003); e c) quando houver a anuência do credor (REsp n. 532.946/PR, rel. Min. Cesar Asfor Rocha, *DJ* 13.10.2003). 3 – *In casu*, a regra da impenhorabilidade prevista no art. 69, do Decreto n. 167/67, foi relativizada tendo em vista que o valor do bem excede a dívida garantida pela hipoteca. 4 – A *ratio essendi* do art. 69, do DL n. 167/67, é a de proteger a satisfação do crédito e o direito de preferência do credor (RE n. 140.437/SP, rel. Min. Ilmar Galvão, *DJ* 03.02.1995). 5 – A exegese do referido preceito explicita a preferência do detentor da garantia real sobre os demais credores na arrematação do bem vinculado à hipoteca. 6 – Concluindo as instâncias ordinárias, que possuem irrestrito acesso às provas dos autos, concluíram que a penhora não comprometerá a possível execução da garantia hipotecária, revela-se insindicável a esta Corte Superior, por força da incidência da Súmula n. 7/STJ, rever tal posicionamento. (STJ, REsp n. 633.463/BA, rel. Min. Luiz Fux, j. 22.03.2005)

---

**Art. 1.446. Os animais da mesma espécie, comprados para substituir os mortos, ficam sub-rogados no penhor.**

**Parágrafo único. Presume-se a substituição prevista neste artigo, mas não terá eficácia contra terceiros, se não constar de menção adicional ao respectivo contrato, a qual deverá ser averbada.**

---

Legislação correlata: art. 12, §§ 2º e 3º, Lei n. 492, de 30.08.1937.

Na lição de Carvalho Santos, o penhor pecuário tem a peculiaridade de aumento com as crias e diminuição com a morte ou extravio dos animais empenhados. No caso de penhor de um rebanho – animais da mesma espécie –, a natureza da universalidade de fato continua a mesma com os acréscimos e diminuições, porque é considerado como um todo. Claro que os novos animais devem ser da mesma espécie e qualidade dos originais, para integrar o rebanho (*Código Civil brasileiro interpretado*, 5. ed. Rio de Janeiro, Freitas Bastos, 1953, v. X, p.187). A regra vale somente para os animais fungíveis, jamais para os animais infungíveis e empenhados como tais, como campeões ou reprodutores.

A regra é a de que o penhor se estende, independentemente de convenção expressa entre as partes, sobre os novos animais comprados ou nascidos para substituir os mortos ou extraviados.

Há sub-rogação real presumida dos animais originais para os novos animais. A presunção é relativa e pode ser destruída por prova em sentido contrário, a cargo do devedor pignoratício, ou terceiro prestador da garantia real.

A presunção da sub-rogação real se limita às partes, mas não tem eficácia frente a terceiros, antes de aditado o contrato, a ser averbado no registro imobiliário. Indaga-se a razão pela qual deve ser o contrato aditado, diante da presunção de eficácia entre as partes. Isso se dá porque o registrador imobiliário não pode efetuar a averbação sem título escrito.

### *Seção VI*
### *Do Penhor Industrial e Mercantil*

**Art. 1.447. Podem ser objeto de penhor máquinas, aparelhos, materiais, instrumentos, instalados e em funcionamento, com os acessórios ou sem eles; animais, utilizados na indústria; sal e bens destinados à exploração das salinas; produtos de suinocultura, animais destinados à industrialização de carnes e derivados; matérias-primas e produtos industrializados.**

**Parágrafo único. Regula-se pelas disposições relativas aos armazéns gerais o penhor das mercadorias neles depositadas.**

Legislação correlata: art. 273 (*revogado*), CCom.

O artigo em exame abre a seção que disciplina os penhores industrial e mercantil. A maior novidade está na reunião, em um único capítulo, dessas modalidades de penhores, que se encontram regulados em legislação esparsa. Traça o CC/2002 apenas poucas regras genéricas, de modo que, como acentua Caio Mário da Silva Pereira, "naquilo que as normas aqui constituídas não revogarem as especiais, ou não regularem o negócio jurídico respectivo, prevalecem subsidiariamente as que compõem a legislação própria" (*Instituições de direito civil*, 18. ed. atualizada. Rio de Janeiro, Forense, 1995, v. IV, p. 350).

Arrola este artigo, em caráter exemplificativo, os bens que podem ser dados em penhor industrial ou mercantil. O DL n. 413/69, no art. 20, que se encontra em vigor, ainda em caráter exemplificativo, elenca bens distintos, inclusive fazendo menção a títulos da dívida pública, ações de companhias e empresas e papéis de crédito negociável em comércio, bem como a outros que o Conselho Monetário Nacional venha a admitir como garantia de financiamentos. Grosso modo, podem ser dados em penhor todos os tipos de equipamentos e acessórios instalados e em funcionamento, além de matérias-primas e produtos industrializados e os acabados.

Como os demais penhores especiais, sua marca principal é que os bens empenhados continuam sob a posse direta do devedor pignoratício e a constituição do direito real ocorre pelo registro imobiliário.

O parágrafo único deste artigo dispõe que se regula pelas disposições dos armazéns gerais o penhor das mercadorias neles depositadas. A legislação especial a que se refere é o Decreto n. 1.102 de 1903, ainda em vigor. Como explica Marco Aurélio S. Viana, "nesse diploma legal temos a disciplina relativa às empresas que têm por fim a guarda e conservação de mercadorias, cabendo-lhe a emissão de títulos especiais que representam as mercadorias. Os títulos expedidos pelos armazéns são o *conhecimento de depósito* e o *warrant*. O primeiro incorpora o direito de propriedade sobre as mercadorias, enquanto o *warrant* se refere ao crédito e valor das mesmas" (*Comentários ao Código Civil*, Rio de Janeiro, Forense, 2003, v. XVI, p. 754).

**Jurisprudência:** Contrato. Compra e venda. Penhor mercantil. Contrato. Compra e venda de equipamentos com garantia de penhor mercantil. Agravante que adquiriu máquinas da agravada, pretendendo utilizá-los em sua atividade comercial, oferecendo aos seus clientes um serviço de revelação fotográfica de alta qualidade. Caso em que não se cuida de relação de consumo, mas de operação de compra e venda mercantil, como insumo da atividade empresarial. Inaplicabilidade da legislação consumerista, nem por força da equiparação prevista em seu art. 29. Agravo desprovido. (TJSP, AI n. 129.0812-2, rel. José Marcos Marrone, j. 05.05.2004)

**Art. 1.448. Constitui-se o penhor industrial, ou o mercantil, mediante instrumento público ou particular, registrado no Cartório de Registro de Imóveis da circunscrição onde estiverem situadas as coisas empenhadas.**

**Parágrafo único. Prometendo pagar em dinheiro a dívida, que garante com penhor industrial ou mercantil, o devedor poderá emitir, em favor do credor, cédula do respectivo crédito, na forma e para os fins que a lei especial determinar.**

Legislação correlata: arts. 271 e 272 (*revogados*), CCom.

Vale aqui o que foi dito no comentário ao art. 1.431 acima, embora diga respeito ao penhor rural. Dispõe o *caput* deste artigo que se constitui o penhor industrial ou mercantil mediante o registro imobiliário do instrumento público ou particular. Ao contrário do penhor comum, não há entrega da posse direta do bem empenhado ao credor. A posse direta permanece nas mãos do próprio devedor, ou de terceiro prestador da garantia. Ao credor é transferida somente a posse indireta e jurídica sobre o bem empenhado. Não mais alude a lei, corretamente, à cláusula *constituti*, ou ao constituto possessório. O constituto possessório é modo de aquisição e perda da posse, pelo qual o alienante permanece fisicamente com a coisa, mas em nome do adquirente. A posse do alienante se degrada em detenção. No penhor industrial ou mercantil não é isso o que ocorre. Há mero desdobramento da posse, nos termos do art. 1.197 do CC, já comentado. O devedor é possuidor direto, e o credor, possuidor indireto, ambos com direito à tutela possessória. A situação jurídica é apenas inversa à do penhor comum, na qual a posse direta é transferida ao credor, ao passo que ao devedor remanesce a posse indireta.

Em contrapartida, há necessidade de se conferir publicidade mais eficaz ao penhor, porque não conta o credor com a posse (visibilidade do domínio) sobre o bem empenhado. Deve-se criar mecanismo de alerta a terceiros de boa-fé, para que possam saber e conhecer que o bem móvel que se encontra com o devedor está onerado por direito real de garantia, dotado de sequela. Esse mecanismo é o registro imobiliário, que nos penhores especiais tem natureza constitutiva e não meramente publicitária. Sem o registro imobiliário, não há direito real de penhor. É ineficaz o registro no oficial de títulos e documentos. O registro é feito na circunscrição imobiliária onde estiverem localizadas as coisas empenhadas, sob pena de ineficácia perante terceiros, como já reconhecido pelo STJ (Ag. Reg. n. 37.388/RS, rel. Min. Dias Trindade). É lançado no Livro III, de modo que fica fácil a terceiro que vai negociar com o devedor, mediante simples consulta ao indicador pessoal do registro de imóveis, saber quais bens móveis se encontram empenhados e quais as obrigações garantidas.

Este artigo não menciona que o devedor pignoratício é depositário dos bens empenhados. Reconheceu que tem devedor muito mais do que a simples guarda e dever de restituição do bem empenhado. O devedor é proprietário do bem empenhado e tem a posse direta e os correlatos direitos de usar e de fruir. Como frisou o Ministro Athos Gusmão Carneiro, ao julgar o REsp n. 12.507/RS, a prisão civil só se admite nos depósitos para guarda e não nos depósitos para garantia de crédito, sob pena de regressão aos tempos prístinos de prisão por dívidas, proibidas pela CF.

O entendimento do STJ é todo no sentido de que, em se tratando de depósito de bens fungíveis e consumíveis celebrado em garantia de outro contrato, não cabe o ajuizamento de ação de depósito com pedido de prisão do depositário inadimplente, uma vez que, na espécie, são aplicáveis as regras do mútuo. Na hipótese de contrato de depósito clássico e autônomo, ainda que de bens fungíveis, ocorrendo infidelidade, é cabível o ajuizamento de ação de depósito com pedido de prisão do depositário dos bens (REsp n. 440.832/RS, REsp n. 406.858/RS, *HC* n. 28.385/PR, *HC* n. 24.829/SP, *HC* n. 37.967/SP, REsp n. 193.728/GO, REsp n. 218.118/SP, entre outros).

Finalmente, o parágrafo único deste artigo prevê a possibilidade de emissão de cédula pignoratícia mercantil ou industrial, regulada em lei especial. A lei especial é o DL n. 413/69, que se encontra em vigor, salvo naquilo que contrastar com o CC/2002, em especial a qualificação do devedor como depositário dos bens empenhados. O art. 14 do aludido Decreto-lei dispõe sobre os requisitos formais para expedição da cédula pignoratícia, em atenção ao princípio da especialização. Definem-se as cédulas como "títulos representativos de operações de financiamento, constituídos a partir de empréstimos concedidos por instituições financeiras, ou entidades a estas equiparadas, a pessoa natural (física) ou jurídica que se dedique à respectiva atividade" (MAMEDE, Gladston. *Código Civil comentado.* São Paulo, Atlas, 2003, v. XIV, p. 180).

O DL n. 413/69 criou uma série de regras específicas para a execução da cédula de crédito mercantil. O STJ, porém, em mais de uma oportunidade, fixou que o procedimento especial foi revogado pelo CPC, que agora regula a matéria no processo de execução (REsp n. 5.344/MG, rel. Min. Eduardo Ribeiro; REsp n. 32.640/RS, rel. Min. Sálvio de Figueiredo Teixeira). Não mais se admite a venda antecipada de bens fora das hipóteses dos arts. 670, 793 e 1.113 do CPC/73 (respectivamente, arts. 852 e 853, 923 e 730 do CPC/2015), revogado, portanto, o art. 41 do DL n. 413/69 (REsp n. 38.781/GO, rel. Min. Waldemar Zveiter; REsp n. 32.195, rel. Min. Barros Monteiro).

**Jurisprudência:** O cabimento de prisão civil, nos casos de penhor mercantil, deve submeter-se à mesma orientação aplicada aos casos de alienação fiduciária, por cuidarem, ambos, de depósito atípico e que, "considerando a Corte Especial ser ilegítima a prisão de devedor que descumpre contrato garantido por alienação fiduciária, ilegal é também a prisão decretada nos casos de penhor mercantil" (STJ, *HC* n. 24.931/SP, rel. Min. Pádua Ribeiro, j. 24.06.2003, *DJ* 12.08.2003). No mesmo sentido, *HC* n. 36.104/MG, rel. Min. Carlos Alberto Menezes Direito, j. 26.08.2004.

Não dá ensejo à ação de depósito o inadimplemento de contrato de abertura de crédito garantido com penhor mercantil de bens fungíveis, por não se configurar, a espécie, depósito clássico, mas mero mútuo, cujas regras devem incidir na espécie, de conformidade com o art. 1.280 do CC anterior. Inviável, da mesma forma, o pedido prisional. (STJ, REsp n. 92.713/PR, rel. Min. Aldir Passarinho Júnior, j. 01.06.2004)

Ainda que se trate de bens fungíveis e consumíveis, é possível a tradição simbólica no penhor mercantil. Assim decidiu há pouco a Col. 3ª Turma, em julgado de que foi relator o Ministro Carlos Alberto Menezes Direito (REsp n. 337.842/SP). S. Exa., em seu douto voto, evoca precedentes desta Casa na mesma linha: REsp ns. 40.174/MG e 68.024/PR, rel. Min. Sálvio de Figueiredo Teixeira; 123.278/SP, rel. Min. Waldemar Zveiter, e 66.930/RS, rel. Min. Eduardo Ribeiro. Este último aresto, que se encontra publicado na *RSTJ*, v. 75, p. 442-6, salienta, com remissão à regra do art. 274 do CCom, então em vigor, a possibilidade de constituir-se o penhor mercantil sem a entrega efetiva do bem empenhado. Assim também assentara essa 4ª Turma: admite-se a tradição simbólica para o aperfeiçoamento do contrato de penhor mercantil (REsp ns. 7.187/SP, 40.174/MG, acima citado, e 182.183/RS, todos de relatoria do Min. Sálvio de Figueiredo Teixeira; REsp n. 210.032/PR, por mim relatado). Tal orientação, por sinal, houvera sido placitada pela Corte Suprema quando se lhe achava afeto também o controle da legislação infraconstitucional (RE n. 72.500/SP, rel. Min. Rodrigues de Alckmin). A aceitação do encargo pelo depositário faz presumir a entrega simbólica dos bens dados em garantia. Além disso, a circunstância de cuidar-se de produtos perecíveis, com prazo de validade determinado, não obsta tal entendimento. É que tais bens, remédios e medicamentos, são suscetíveis de serem prontamente repostos, permanecendo então como objeto da garantia oferecida via do penhor mercantil. (STJ, REsp n. 147.898/RS, rel. Min. Barros Monteiro, j. 07.10.2003)

Penhor mercantil. Depósito. Coisas fungíveis, integrantes do capital de giro de empresa devedora principal, com atividades encerradas. Réus como depositários no contrato, mas sem entrega efetiva dos bens que integravam o capital de giro. Irrealização de sua entrega na ação de execução, pela penhora. Tratativa da garantia como mútuo, inexistindo o depósito ensejador da ação respectiva. Sentença de extinção. Apelação improvida. (TJSP, Ap. Cível n. 842.853-7, rel. Oscarlino Moeller, j. 25.02.2003)

---

**Art. 1.449. O devedor não pode, sem o consentimento por escrito do credor, alterar as coisas empenhadas ou mudar-lhes a situação, nem delas dispor. O devedor que, anuindo o credor, alienar as coisas empenhadas, deverá repor outros bens da mesma natureza, que ficarão sub-rogados no penhor.**

---

A regra do artigo em exame é similar à do art. 1.445, anteriormente comentado, à qual se remete o leitor.

O legislador houve por bem reforçar a garantia do credor pignoratício industrial e mercantil, vedando a alienação dos bens empenhados sem a sua concordância expressa e escrita.

O que se disse para a inalienabilidade do bem dado em garantia em penhor pecuário vale para os penhores mercantil e industrial. Estende-se também o que se disse sobre a impenhorabilidade desses bens e sua interpretação pelos tribunais.

Apenas se ressalta que este artigo é mais restritivo, pois não somente a alienação, como também a alteração e a mudança de situação da coisa empenhada dependem de consentimento do credor.

Além disso, a alienação da coisa empenhada com consentimento do credor não provoca a extinção da garantia real, como ocorre no penhor tradicional. Diz a parte final do artigo que deverá o devedor repor as coisas empenhadas por outras da mesma natureza. Disso decorre que a renúncia tácita do penhor em geral, por consentimento à alienação sem ressalva, não se estende ao penhor mercantil e industrial. O silêncio implica o dever do devedor ou terceiro prestador da garantia repor bens da mesma natureza.

Caso recaia o penhor sobre bens fungíveis, em especial matéria-prima, se aplica a regra do art. 44 do DL n. 413/69, ou seja, o devedor se obriga a manter em estoque uma quantidade desses mesmos bens ou de produtos resultantes de sua transformação, suficientes para cobertura do saldo devedor.

---

**Art. 1.450. Tem o credor direito a verificar o estado das coisas empenhadas, inspecionando-as onde se acharem, por si ou por pessoa que credenciar.**

---

O artigo em exame não tinha correspondente no CC/1916 e repete, sem qualquer alteração, o disposto no art. 1.441, anteriormente comentado, ao qual se remete o leitor.

## *Seção VII*
## *Do Penhor de Direitos e Títulos de Crédito*

---

**Art. 1.451. Podem ser objeto de penhor direitos, suscetíveis de cessão, sobre coisas móveis.**

---

O artigo em exame inaugura a seção relativa ao penhor sobre bens imateriais.

O CC anterior denominava o penhor sobre títulos de *caução*, termo que, apesar de impróprio, porque designa garantia em geral, ainda se utiliza na prática bancária e empresarial. Essa modalidade de penhor especial tem larga utilização e, na expressão de Orlando Gomes, "a doutrina de que há direitos sobre direitos recebe, na matéria, uma de suas aplicações mais fecundas, pois a extensão do penhor a tais bens empresta à sua função econômica específica notável importância" (*Direitos reais*, 19. ed. Rio de Janeiro, Forense, 2004, p. 400). Obtempera, porém, Menezes de Cordeiro que "o penhor de créditos tem por objeto não um direito – ou uma coisa – mas uma prestação" (*Direitos reais*. Lisboa, Edições Jurídicas Lex, 1993, p. 754).

Os direitos reais, via de regra, têm por objeto coisas, ou seja, bens corpóreos. Uma das exceções é o penhor, que pode incidir sobre bens imateriais. Houve significativa ampliação do objeto do penhor sobre bens imateriais, porque no sistema anterior se exigia que os direitos estivessem representados por títulos, como os da dívida pública e os de crédito. Agora basta que os direitos reúnam dois requisitos cumulativos: i) sejam passíveis de cessão e ii) incidam sobre coisas móveis. Lembre-se que há créditos passíveis de cessão por sua natureza, mas com cláusula proibitiva convencional. Em tal caso, por analogia ao que dispõe o art. 286 do CC, a restrição deve constar do próprio instrumento da obrigação, sob pena de não valer contra terceiro.

Como alerta Gladston Mamede, agora se aceita que o penhor incida tanto sobre "(1) os instrumentos que representam, na forma da lei, obrigações; (2) obrigações que, sem instrumentos representativos, sejam passíveis de cessão" (*Código Civil comentado*. São Paulo, Atlas, 2003, v. XIV, p. 243).

A abertura legal permite a incidência do penhor sobre a propriedade industrial, ou a exploração do direito patrimonial de autor, além de títulos nominativos da dívida pública, títulos de crédito pessoal e ações de sociedade anônima, entre outros.

**Jurisprudência:** Caução liminar. Medida cautelar. Cautela inominada. Cláusula abusiva. Medida cautelar. Cautela inominada. Liminar indeferida. Pedido de suspensão de cláusula contratual. Dispositivo que obriga os autores a oferecer, em garantia, caução de receita referente a operações realizadas por meio de cartão de crédito administrado pelo banco agravado. Descabimento. Hipótese em que o penhor de direitos somente é constituído mediante registro no Cartório de Registro de Títulos e Documentos. Condição, todavia, não preenchida. Cláusula abusiva configurada. Recurso provido. (I TACSP, Proc. n. 132.5801-0, 4ª Câm., rel. Des. Gomes Corrêa, j. 13.04.2005)

Execução por título extrajudicial. Cédula de crédito bancário garantida por instrumento de constituição de garantia e outras avenças (caução de títulos). Concordata preventiva da executada. Descabimento da suspensão da execução. Hipótese em que o crédito em que se funda a execução goza de privilégio especial, que recai sobre os títulos caucionados, nos termos do art. 792, IV, do CC/1916, vigente à época da constituição da garantia. Concordata atinge somente créditos quirografários. Art. 147 da Lei das Falências. Agravo de instrumento provido. (I TACSP, AI n. 121.3186-5, 12ª Câm., rel. Des. Paulo Razuk, j. 10.02.2004)

---

**Art. 1.452. Constitui-se o penhor de direito mediante instrumento público ou particular, registrado no Registro de Títulos e Documentos.**

**Parágrafo único. O titular de direito empenhado deverá entregar ao credor pignoratício os documentos comprobatórios desse direito, salvo se tiver interesse legítimo em conservá-los.**

---

Disciplina o requisito formal do penhor sobre direitos, sem prejuízo da observância da especialização da garantia real, prevista no art. 1.424, já comentado. O negócio jurídico do penhor é solene e exige a forma escrita, por instrumento público ou particular, para que se obtenha título apto a ingressar no Registro de Títulos e Documentos. O registro é constitutivo do direito real de penhor e não meramente publicitário, até porque não haverá tradição de créditos incorpóreos.

Note-se, porém, que a eficácia do direito real quanto ao devedor do crédito dado em garantia somente se dará quando for notificado ou tomar ciência da existência do penhor, como se verá no comentário ao artigo subsequente. Disso decorre que o simples registro, excepcionalmente, não basta para produzir todos os efeitos da garantia real em relação ao devedor.

Razão tem Gladston Mamede quando adverte que certos créditos, por sua natureza e exigência legal, recebem registros específicos (*Código Civil comentado*. São Paulo, Atlas, 2003, v. XIV). São os casos de títulos nominativos da dívida pública, determinadas categorias de ações de sociedades ou direitos de marcas e patentes. O contrato de penhor merece, em tais hipóteses, ingresso nos registros especiais das juntas comerciais, registros de pessoas jurídicas, livros das sociedades, para perfeita eficácia em relação aos terceiros de boa-fé.

Não se cogita de entrega do bem no penhor de créditos, por ausência de materialidade, caso em que a constituição do direito real está amparada somente no registro. No dizer de Orlando Gomes, fundado em lição de Pontes de Miranda, há, no caso, penhor de crédito *stricto sensu*. O direito à prestação do devedor é submetido à relação pignoratícia por seu valor patrimonial, sem coisa quem o represente (*Direitos reais*, 19. ed. Rio de Janeiro, Forense, 2004, p. 401).

Não se confunde tal modalidade com a caução de títulos de crédito. Na caução, os direitos são representados por títulos de crédito ou por instrumentos indispensáveis a seu exercício, caso em que a entrega se faz indispensável, como, de resto, prevê o art. 1.458, adiante comentado.

Ainda nos casos de penhores de créditos não instrumentalizados em títulos indispensáveis a seu exercício, o credor pignoratício tem o direito de receber os documentos comprobatórios desse direito para que possa melhor protegê-lo e cobrá-lo do devedor no momento do vencimento. Note-se que a entrega, em tal caso, não é constitutiva do direito real, mas apenas uma medida acessória que visa melhor assegurar o credor pignoratício. Ressalva a lei que o devedor pode reter os documentos, caso demonstre legítimo interesse em conservá-los.

**Jurisprudência:** Impugnação de crédito. Cédulas de crédito bancário garantidas por penhor sobre direitos e créditos (recebíveis). Ausência de registro dos títulos junto ao Oficial de Registro de Títulos e Documentos. Registro de natureza constitutiva do direito real de penhor sobre créditos, por força de regra expressa do art. 1.452 do CC. A ausência de tradição de bens incorpóreos justifica a força constitutiva do registro, em oposição ao penhor comum sobre coisas móveis corpóreas (arts. 1.431 e 1.432 do CC), cujo registro tem efeito meramente publicitário. Ausência de preclusão, uma vez que anterior recurso apenas apreciou a possibilidade de liberação de travas bancárias, sem enfrentar a questão do registro da garantia real. Correta a decisão que decidiu sobre a natureza quirografária do crédito. Recurso improvido. (TJSP, AC n. 0032374-55.2012.8.26.0000, 1ª Câm. de Dir. Empr., rel. Des. Francisco Loureiro, j. 26.03.2013)

---

**Art. 1.453. O penhor de crédito não tem eficácia senão quando notificado ao devedor; por notificado tem-se o devedor que, em instrumento público ou particular, declarar-se ciente da existência do penhor.**

---

Como explica Caio Mário da Silva Pereira, "o CC/2002 transpõe para o penhor de créditos os princípios relativos à cessão dos mesmos, tendo em vista que o penhor, por si só, representa um começo de disposição. Assim é que, para assegurar o seu direito, o credor pignoratício fará intimar o devedor para que não pague ao credor primitivo, ainda que registrado esteja o penhor. Equivalerá, todavia, à notificação a prova de que o devedor está ciente da existência do penhor, qualquer que seja a modalidade do documento, e qualquer que tenha sido a finalidade de sua emissão ou de seus destinatários" (*Instituições de direito civil*, 18. ed. atualizada. Rio de Janeiro, Forense, 2003, v. IV, p. 354).

Como mencionado no comentário ao artigo anterior, o direito real de garantia de penhor de crédito tem peculiaridades em vista de seu objeto. O registro é constitutivo, mas não produz plenos efeitos contra o devedor primitivo do crédito dado em garantia. Reconhece o legislador que a publicidade do registro é mera ficção, de modo que para evitar situações frequentes de devedores pagarem a seu credor primitivo, desconhecendo que o crédito fora dado em penhor, determinou sua notificação.

Antes da notificação, o penhor é ineficaz ao devedor que de boa-fé pagar seu credor primitivo. O pagamento é bom e forra o devedor do risco de pagar novamente. Após a notificação, a situação se inverte. O pagamento feito pelo devedor ao credor primitivo é ineficaz frente ao credor pignoratício, que pode exigir novo adimplemento.

Destaca a parte final do artigo que equivale à notificação a declaração de ciência do devedor em instrumento público ou particular, porque a finalidade do conhecimento da garantia real prestada a terceiro foi atingida. Não menciona a lei forma especial para a notificação, que pode ser por meio judicial ou por registro de títulos e documentos. Admite-se mesmo, segundo ressalva com razão Gladston Mamede, que "essa ciência pode ser dada, inclusive, em segunda via de correspondência, na qual o devedor aponha, singelamente, seu ciente e a assinatura, aplicando-se o art. 219 do nCC" (*Código Civil comentado.* São Paulo, Atlas, 2003, v. XIV, p. 250).

**Jurisprudência:** Tendo em vista que o devedor não foi intimado, na forma do art. 1.459, III, do CC, a respeito do endosso-caução de duplicatas contra ele sacadas, mostra-se válido o pagamento efetuado ao credor originário, que inclusive forneceu carta de anuência. Da mesma forma, não subsistem motivos para a manutenção dos protestos lavrados, merecendo reparos a sentença. Apelação provida. (TJRS, Ap. Cível n. 70.019.361.151, 10ª Câm. Cível, rel. Des. Paulo Roberto Lessa Franz, j. 30.08.2007)

---

**Art. 1.454. O credor pignoratício deve praticar os atos necessários à conservação e defesa do direito empenhado e cobrar os juros e mais prestações acessórias compreendidas na garantia.**

---

Legislação correlata: art. 277 (*revogado*), CCom.

Disciplina o preceito o poder/dever do credor pignoratício de zelar pela incolumidade jurídica do direito empenhado. Tal atribuição do credor pignoratício decorre não somente de seu interesse em preservar a garantia de seu crédito como também da obrigação de restituir o bem imaterial ao devedor pignoratício, após a solução da obrigação garantida.

Pode e deve o credor tomar todas as medidas para a preservação do crédito, como a habilitação em inventário ou falência, requerimento de medidas cautelares de arresto ou sequestro, ou o ajuizamento de ações que visem à abstenção indevida do uso de marca, ou a contrafação de patentes, no caso de propriedade industrial.

No caso de penhor de ações de sociedade anônima, a princípio o direito de voto remanesce com o devedor pignoratício, salvo se as partes convencionaram o contrário.

Recebe o credor a garantia com todos os seus acessórios e deve zelar também pela sua preservação. Disso decorre, segundo diz a parte final do preceito, que deve cobrar do devedor primitivo juros, multas e outros encargos contratuais, porque o crédito ainda é de titularidade do devedor pignoratício. A falta de cobrança dos acessórios acarreta o dever do credor de indenizar o devedor pignoratício ou de compensar o prejuízo com o crédito garantido.

---

**Art. 1.455. Deverá o credor pignoratício cobrar o crédito empenhado, assim que se torne exigível. Se este consistir numa prestação pecuniária, depositará a importância recebida, de acordo com o devedor pignoratício, ou onde o juiz determinar; se consistir na entrega da coisa, nesta se sub-rogará o penhor.**

**Parágrafo único. Estando vencido o crédito pignoratício, tem o credor direito a reter, da quantia recebida, o que lhe é devido, restituindo o restante ao devedor; ou a excutir a coisa a ele entregue.**

---

Entre os direitos/deveres do credor, está o poder de cobrar o crédito empenhado, tão logo se torne exigível. Decorre tal prerrogativa do direito de retenção do bem empenhado, até o pagamento do crédito. Além disso, no mais das vezes, a documentação necessária à cobrança do crédito estará nas mãos do credor, como acima vimos. A cobrança, porém, é também um dever, porque a inércia pode sujeitar o titular do direito empenhado a riscos graves de perecimento, prescrição ou insolvência superveniente do devedor.

Embora diga a lei que o direito/dever de cobrar o crédito nasce com sua exigibilidade, há também o dever de conservar o crédito. Como visto no comentário ao artigo anterior, antes mesmo do vencimento deve o credor tomar as medidas assecuratórias e conservatórias do crédito empenhado.

Caso deixe o credor de culposamente tomar as medidas adequadas para a cobrança do crédito, inclusive dos acessórios, responderá pelo prejuízo que causar ao devedor pignoratício. Poderá este compensar o dano com o valor do crédito garantido.

A expressão *cobrar o crédito empenhado* abrange medidas judiciais e extrajudiciais. Inclui o ajuizamento de execução por quantia certa, ação monitória ou processo de conhecimento, acompanhadas de eventuais medidas cautelares, assim como, na seara extrajudicial, a apresentação do título ao devedor, o encaminhamento a protesto e outras providências adequadas ao recebimento. Por outro lado, quando o credor assim procede, não o faz como mero representante do devedor pignoratício, mas como titular de um direito real de garantia. Por isso, responde pessoalmente perante o devedor primitivo pelos danos que lhe causarem as medidas relacionadas à cobrança, em especial indevidos protestos e negativação em bancos de dados de proteção ao crédito. Terá direito de regresso contra o devedor pignoratício, ou terceiro prestador da garantia, se o dano que indenizou ao devedor primitivo decorre de problemas com o crédito que recebeu em garantia.

Pode ocorrer de o devedor primitivo pretender opor ao credor pignoratício exceções que tinha contra o credor originário. A questão se resolve com base nas regras que regem a cessão de crédito, diante da analogia de situações. Embora nosso CC não tenha artigo expresso a respeito, é plenamente aplicável, porque ajustado a nosso sistema, o preceito do art. 684 do CC português, que reza: "dado em penhor um direito por virtude do qual se possa exigir uma prestação, as relações entre o obrigado e o credor pignoratício estão sujeitas às disposições aplicáveis, na cessão de crédito, entre o devedor e o cessionário". Remete-se o leitor ao comentário do art. 294 do CC acima, que trata das exceções do devedor ao cessionário, que se estendem ao credor pignoratício.

O segundo período desse artigo trata dos efeitos do pagamento do crédito empenhado, variáveis segundo a natureza da prestação. Cabe inicialmente a advertência de Antunes Varella, para quem, "cobrado o crédito (empenhado), não se dá evidentemente a satisfação imediata do crédito garantido, que pode, inclusivamente, não se ter vencido ainda. Com a cobrança do crédito empenhado, é outro fenômeno jurídico que opera. O penhor [...] passa a incidir sobre a coisa prestada em satisfação do crédito" (*Das obrigações em geral*, 6. ed. Coimbra, Almedina, 1995, v. II, p. 540).

Prossegue o autor, dizendo que "o penhor, que até então tinha por objeto uma *coisa incorpórea*, uma coisa ideal, um direito subjetivo, passa a incidir sobre a coisa *material*, a *res mobilis*, as mais das vezes o *dinheiro* que era objeto da prestação debitória (*res succedit in locum nominis*)" (VARELLA. Op. cit., p. 540, destaques do original). Opera-se verdadeira sub-rogação real. Extingue-se o crédito que garantia o credor pignoratício e em seu lugar, e com a mesma função, surge o objeto da prestação devida, exatamente com o mesmo valor do direito extinto.

Variam os efeitos do pagamento, segundo a natureza da prestação do crédito empenhado. Se a prestação for pecuniária, o pagamento será feito em conta aberta especialmente para recebê-lo, já ajustada no contrato de penhor, de acordo com o princípio da autonomia privada. Na falta de prévia convenção entre credor e devedor pignoratício, o depósito será feito em conta comum, com o acordo do devedor pignoratício. Se não houver consenso, o depósito será em conta judicial. Cabe ao devedor primitivo ajuizar medida judicial, de natureza tipicamente cautelar, para efetuar o depósito em conta judicial, citando credor e devedor pignoratício e obtendo a liberação da obrigação. Se a prestação consistir na entrega de coisa, o pagamento é feito ao credor, uma vez que em razão da sub-rogação real lhe cabe a posse direta da coisa empenhada. Note-se que em ambos os casos o credor pignoratício não se apodera da coisa ou do dinheiro como dono, mas simplesmente para preservar a garantia real.

Finalmente, o parágrafo único deste artigo trata dos efeitos do vencimento do crédito pignoratício, que novamente variam de acordo com a natureza da coisa na qual se sub-rogou o penhor de direitos. Se a prestação era pecuniária e o penhor se sub-rogou sobre dinheiro, diz a lei que cabe ao credor pignoratício *retenção do que lhe é devido*. Na verdade, a figura não é de retenção, mas sim de compensação, desde que existam dívidas recíprocas pecuniárias, líquidas e vencidas. A compensação opera automaticamente, independentemente de decisão judicial ou de execução da dívida garantida. Se a quantia recebida pelo credor pignoratício for superior a seu crédito, restitui ao devedor pignoratício a diferença. Ao contrário, se a quantia recebida for inferior, remanesce crédito de natureza quirografária, porque esgotada a garantia real. Lembre-se que, por força do disposto no art. 375 do CC, a compensação é norma dispositiva, que pode ser afastada por convenção entre as partes.

Anota com razão Gladston Mamede que "para compensação entre o crédito garantido e o crédito dado em garantia é indiferente ter sido o penhor constituído pelo próprio devedor ou por terceiro que prestou a garantia real para dívida alheia. Note-se, porém, que o terceiro que presta garantia real por dívida alheia, caso seja titular de créditos contra o credor pignoratício, não poderá compensar essa dívida com a que seus bens, direitos ou crédito estão a garantir, pelo penhor. É o que prevê o art. 376 do nCC" (*Código Civil comentado*. São Paulo, Atlas, 2003, v. XIV, p. 258).

---

**Art. 1.456. Se o mesmo crédito for objeto de vários penhores, só ao credor pignoratício, cujo direito prefira aos demais, o devedor deve pagar; responde por perdas e danos aos demais credores o credor preferente que, notificado por qualquer um deles, não promover oportunamente a cobrança.**

---

O artigo em exame é preceito similar ao do art. 685, § 3º, do CC português e trata da hipótese de sobre o mesmo crédito recaírem vários penhores.

Admite a lei multiplicidade de penhores sobre um mesmo crédito, porque não se cogita da transferência da posse sobre bens incorpóreos, o que inviabilizaria a existência de mais de um credor com garantia real sobre a mesma coisa. Não se aplica o preceito, todavia, à caução regulada no art. 1.458 comentado a seguir, na qual os direitos são representados por títulos de crédito, ou representados por instrumentos indispensáveis a seu exercício, caso em que a entrega se faz indispensável. A entrega constitutiva do título a um credor inviabiliza a constituição de nova garantia a outro.

Regula este artigo a concorrência de credores pignoratícios em relação a um mesmo crédito empenhado. Na lição de Antunes Varella, "como o penhor é, tipicamente, um direito real de garantia, fonte de preferência do respectivo titular sobre todos os demais credores, só ao credor cujo direito prefira a todos os outros se reconhece legitimidade para cobrar o crédito empenhado e gozar da sub-rogação real correspondente" (*Das obrigações em geral*, 6. ed. Coimbra, Almedina, 1995, v. II, p. 541).

A ordem de preferência entre diversos penhores se dá pelo critério cronológico de ingresso no Registro de Títulos e Documentos, ou nos registros especiais, em casos de cotas, ações e propriedade industrial, como Juntas Comerciais, Registros Civil de Pessoas Jurídicas, Inpi ou livros de registro de ações de sociedades anônimas. Isso porque, como acima visto, na impossibilidade de transferência da posse dos bens corpóreos empenhados o registro tem natureza constitutiva, convertendo mero direito de crédito em direito real.

No que se refere aos demais credores, com garantia de maior grau e pior prioridade, resta apenas a faculdade de compelirem o credor de melhor preferência a cobrar a dívida, sob pena de responder pelo prejuízo que causar aos demais em razão da demora, da prescrição ou superveniente insolvência do devedor primitivo. Nada impede, porém, que ajuízem as medidas judiciais cabíveis para a conservação e defesa do crédito empenhado, uma vez que apenas a cobrança é que está reservada para o credor munido de melhor preferência.

**Art. 1.457. O titular do crédito empenhado só pode receber o pagamento com a anuência, por escrito, do credor pignoratício, caso em que o penhor se extinguirá.**

Diz o artigo que o penhor de direitos e créditos transfere ao credor pignoratício o direito de cobrar a prestação do devedor primitivo. Natural que assim seja, porque o penhor de crédito irá se converter em penhor sobre a coisa objeto da prestação, que permanecerá em poder do credor, até solução da obrigação garantida.

Logo, não pode o credor primitivo, que deu o crédito em garantia, cobrá-lo diretamente do devedor. Também não deve o credor, após a notificação ou ciência do penhor, efetuar o pagamento ao credor primitivo, sob risco de pagar mal e permanecer obrigado a repeti-lo ao credor pignoratício.

Nada impede, porém, que o credor pignoratício concorde, por escrito, que o pagamento seja feito pelo devedor primitivo ao titular do crédito empenhado. A conduta concludente do credor garantido faz presumir a renúncia ao penhor e provoca sua extinção, convertendo o crédito pignoratício em quirografário. A regra é simétrica à do art. 1.436, § 1º, do CC, acima comentada.

Lembre-se apenas que, como não se presume a renúncia, a concordância com o pagamento deve ter a forma escrita.

**Art. 1.458. O penhor, que recai sobre título de crédito, constitui-se mediante instrumento público ou particular ou endosso pignoratício, com a tradição do título ao credor, regendo-se pelas Disposições Gerais deste Título e, no que couber, pela presente Seção.**

O artigo em exame inaugura a série de três artigos (1.458 a 1.460) que disciplinam modalidade específica de penhor sobre créditos, atendendo às características cambiárias dos títulos de crédito.

Na definição clássica de Vivante, título de crédito é o "documento necessário para o exercício do direito literal e autônomo nele mencionado". O art. 887 do CC repete a definição, apenas trocando a expressão *nele mencionado* por *nele contido*. Da própria definição acolhida em nosso ordenamento, podemos tirar as características principais dos títulos de crédito: i) é literal, porque existe segundo o teor do documento; ii) é autônomo, porque a posse de boa-fé enseja um direito próprio, que não pode ser destruído pelas relações entre os precedentes possuidores e o devedor (abstração); iii) é documento necessário para exercitar o direito, porque deve o credor exibi-lo ao devedor, devendo anotar no título as mudanças na posse do mesmo.

Diverge a doutrina sobre a característica da incorporação do direito no título. Há quem entenda que a incorporação resulta da materialização do direito no documento, de sorte que a conexão, a compenetração de um ao outro é de tal natureza, que não se concebe o direito sem o documento. Não se pode esquecer, todavia, que diversas hipóteses previstas em lei indicam a possibilidade da existência de direito sem título. Exemplos são a destruição ou perda do título (art. 321 do CC), a presunção relativa de pagamento gerada pela devolução ao devedor (art. 324 do CC), a emissão de uma duplicata por indicação, a anulação e substituição judicial de título ao portador. Parece melhor afirmar que o direito existe sem o título, mas dele necessita para ser exercido.

Há três modalidades de título de crédito: i) ao portador, documento pelo qual o emitente se obriga a pagar a quem se apresentar como seu detentor, ou seja, o credor é determinável no momento do pagamento. Há necessidade de autorização legal para sua emissão (art. 907 do CC); ii) à ordem, que identifica o titular do crédito e é transferido por endosso; iii) nominativo, emitido em favor da pessoa cujo nome conste em registro do emitente.

Em vista das particularidades dos títulos de crédito, a constituição do penhor difere das demais modalidades. Exige-se apenas o instrumento público ou particular, ou endosso pignoratício e a tradição do título ao credor endossatário pignoratício. Dispensa-se o registro dessa modalidade de penhor no Registro de Títulos e Documentos, uma vez que a publicidade decorre da própria posse do título representativo do crédito empenhado.

Mais comum e adequado será o endosso do que o contrato por instrumento público ou particular. Somente nos casos de título ao portador é que faz sentido o contrato, para demonstrar que o apresentante portador não é titular, mas somente credor pignoratício do crédito. A entrega do título ao credor pignoratício, em razão da sua literalidade e necessariedade, é constitutiva do penhor.

O endosso penhor ou em garantia não transfere ao credor pignoratício a titularidade do crédito. Não se torna, assim, o credor pignoratício credor do devedor originário do título de crédito, mas apenas exerce determinados poderes de cobrança em nome do credor-endossante originário e também no próprio interesse. Disso decorre, embora vacile a jurisprudência, que o credor pignoratício, como não é mero mandatário, mas age em interesse próprio, responde solidariamente com o credor originário/endossante por danos que causar ao devedor originário em razão de cobrança, protesto ou negativação junto a bancos de dados que se mostrem indevidos. Em certos casos em que o protesto do título é necessário, se houver dúvida sobre a legitimidade do crédito deve o credor pignoratício ter a cautela de pedir do Tabelião de Protestos que o nome do devedor originário não conste de seus índices.

Encerra o preceito dizendo o penhor sobre títulos de crédito se rege pelas Disposições Gerais deste Título (arts. 1.419 a 1.430, comentados anteriormente) e, no que couber, pela presente Seção. As disposições gerais do título dos direitos reais de garantia se aplicam sem restrições. Já as demais disposições legais dessa seção somente se aplicam se houver compatibilidade com as características do direito cambiário.

Não se aplicam os seguintes artigos: a) 1.452, que exige o registro do penhor de direitos (e não de títulos de crédito) no RTD; b) 1.453, porque os títulos de crédito se pagam mediante apresentação pelo credor/endossatário, sendo facultativa a notificação do devedor originário; c) 1.456, porque a entrega do título é constitutiva do penhor, sendo inviável a constituição de penhores de diversos graus a credores distintos.

Aplicam-se os seguintes artigos: a) 1.454, porque o credor pignoratício, de posse do título de crédito, deve promover a cobrança e todas as medidas destinadas à conservação e defesa do direito empenhado; b) 1.455, porque o credor pignoratício deve cobrar o crédito empenhado e depositar a quantia empenhada em conta previamente ajustada com o devedor pignoratício; c) 1.457, porque o titular do crédito empenhado pode recebê-lo do devedor originário, se houver anuência do credor pignoratício. Deve apenas o devedor originário se acautelar, uma vez que não poderá opor o pagamento contra eventual terceiro endossatário de boa-fé, que apresentar o título.

**Jurisprudência:** Dano moral. Responsabilidade civil. Cambial. Duplicata. Protesto indevido. Ausência de lastro para saque da cártula. Hipótese em que o banco recebeu por endosso-caução sem verificar a regularidade do saque. Negligência da instituição bancária, principalmente pelo fato de mandar o título a protesto sem a ressalva para que fosse excluído o nome do sacado. Verba devida, reduzida a indenização para 50 vezes o valor do título indevidamente protestado. Recurso do réu provido em parte para esse fim. Intervenção de terceiros. Denunciação da lide. Responsabilidade civil. Cambial. Protesto indevido. Falta de prova do alegado pagamento do título. Responsabilidade da denunciada configurada. Recurso da corré desprovido. (TJSP, Ap. Cível n. 905.791-4, 15ª Câm. de Dir. Priv., rel. Waldir de Souza José, j. 12.07.2005)

[...] A instituição financeira que recebe a duplicata mediante endosso-caução responde pelos danos decorrentes do protesto, já que caberia àquela verificar a causa do título. (STJ, REsp n. 397.771/MG, rel. Min. Ari Pargendler, j. 02.06.2005)

Protesto cambial. Duplicata. Ilegitimidade *ad causam*. Responsabilidade civil. Indenização. Dano moral. Endosso-caução. Ilegitimidade *ad causam*. Dano moral. Responsabilidade civil. Cambial. Duplicata. Título recebido pelo banco em razão de endosso-caução e apresentado para protesto com inclusão do sacado no cadastro de inadimplentes. Instituição que tornou-se credora pignoratícia do endossante. Legitimidade passiva reconhecida. Hipótese de exercício regular de direito para efetivação da garantia real. Condição de terceiro de boa-fé. Inoponibilidade de exceções fundadas nas relações pessoais com o endossante. Indenizatória julgada improcedente, declarada insubsistente a tutela parcialmente antecipada. Recurso desprovido com observação. (I TACSP, Ap. Cível n. 874.406-5, 12ª Câm., rel. Matheus Fontes, j. 09.11.2004)

Inservível ao embasamento de execução meras fotocópias de notas promissórias cujos originais se acham caucionados junto à instituição bancária para garantia de empréstimo obtido pela credora-exequente. (STJ, REsp n. 88.879/ES, rel. Min. Aldir Passarinho Júnior, j. 20.02.2001)

Ilegitimidade *ad causam*. Declaratória. Cambial. Duplicata. Recebimento da cártula, pelo banco corréu, mediante endosso-caução. Responsabilidade do endossatário pelo dano causado pelo título levado a protesto indevidamente. Determinação do retorno do processo ao primeiro grau para que a referida responsabilidade seja analisada, restando prejudicada a análise do recurso contra a outra corré. Recurso provido para esse fim. (I TACSP, Ap. Cível n. 480.7803-5, 3ª Câm., rel. Juiz Térsio Negrato, j. 14.11.2000)

Comercial. Protesto. Duplicata mercantil. Endosso-caução. No endosso-caução, diferentemente do endosso simples, o protesto do título é desnecessário, porque o endossatário não tem direito de regresso contra o emitente. (STJ, REsp n. 179.871/SP, rel. Min. Waldemar Zveiter, j. 02.05.2000)

Ação de indenização por indevido protesto de duplicata. Distinção entre o endosso decorrente de desconto bancário, o endosso-mandato simples e o endosso para fins de caução. No endosso decorrente de desconto bancário, o protesto do título poderia ser considerado necessário ao resguardo da pretensão regressiva, a teor do art. 13, § 4º, da Lei n. 5.474/68. No simples endosso-mandato, responsável e exclusivamente o mandante pelos atos praticados por sua ordem pelo banco endossatário. Mas no endosso de títulos em caução, garantindo financiamento concedido ao endossante e servindo sua cobrança para a liquidação total ou parcial da dívida, em tal caso apresenta-se a responsabilidade civil do sacador da duplicata "fria", e do banco que a recebeu em caução e que, embora advertido, veio a protestá-la. (STJ, REsp n. 12.128/RJ, rel. Min. Athos Carneiro, j. 01.09.1992)

---

**Art. 1.459. Ao credor, em penhor de título de crédito, compete o direito de:**

**I – conservar a posse do título e recuperá-la de quem quer que o detenha;**

**II – usar dos meios judiciais convenientes para assegurar os seus direitos, e os do credor do título empenhado;**

**III – fazer intimar ao devedor do título que não pague ao seu credor, enquanto durar o penhor;**

**IV – receber a importância consubstanciada no título e os respectivos juros, se exigíveis, restituindo o título ao devedor, quando este solver a obrigação.**

---

O artigo em exame arrola as faculdades do credor pignoratício de título de crédito.

Ressalte-se que os deveres do credor pignoratício de crédito, que se estendem ao título de crédito, estão previstos nos arts. 1.454 e 1.455, anteriormente comentados. Aqui regula a lei os direitos do credor pignoratício de título de crédito, embora alguns deles consistam num poder/dever.

A faculdade prevista no inciso I é a de conservar a posse do título e recuperá-la de quem quer que a detenha. No comentário ao artigo anterior, vimos que título de crédito é o documento necessário para o exercício do direito literal e autônomo nele mencionado. Disso decorre que o credor pignoratício não pode exercer seus direitos se não estiver de posse do título para apresentá-lo ao devedor originário e dele receber o pagamento. Como destaca Gladston Mamede, "não se pode olvidar que o crédito circula com a simples tradição do título e se o credor pignoratício não o conservasse em sua posse, correria o risco de seu devedor pignoratício endossar o título a terceiros de boa-fé, que estariam protegidos pelo princípio da segurança" (*Código Civil comentado.* São Paulo, Atlas, 2003, v. XIV, p. 272).

Tem o credor pignoratício legitimidade para o ajuizamento de ação petitória e possessória para entrega do título de crédito que injustamente se encontra em poder de terceiro. Note-se que a regra deve ser lida em conjunto com a do art. 896 do CC, que diz que o título de crédito não pode ser reivindicado do portador que adquiriu de boa-fé e na conformidade com as normas que disciplinam sua circulação.

A faculdade prevista no inciso II é a de usar os meios judiciais para assegurar seus direitos e os do credor do título empenhado. A regra envolve um poder/dever, uma vez que o art. 1.454, comentado anteriormente, impõe ao credor pignoratício o dever de conservar do crédito empenhado. Age em nome e interesse próprio, para conservar o crédito alheio que lhe serve de garantia real.

Por sua vez, a faculdade prevista no inciso III é a de intimar ao devedor, para que este não pague o título a seu credor enquanto durar o penhor. Lembre-se, contudo, que os títulos de crédito são documentos de apresentação, de modo que o devedor originário somente vai efetuar o pagamento ao endossatário/portador, exigindo a devolução da cártula. A regra, assim, importa simples faculdade do credor pignoratício. Dizendo de outro modo, ainda que o devedor originário não seja intimado da existência do penhor somente efetuará o pagamento ao apresentante, vale dizer, ao credor pignoratício endossatário, que tem a cártula em seu poder.

A intimação do devedor, para que não faça o pagamento a seu credor originário, somente tem razão se ser quando se trate de títulos de crédito sem vinculação por escrito do devedor, como as duplicatas por indicação, que podem ser substituídas por triplicatas, colocando em risco o devedor, uma vez que mais de um credor pode apresentar a cártula para pagamento. Aí sim a intimação se faz necessária, para produzir efeitos contra o devedor originário.

Finalmente, a faculdade prevista no inciso IV encerra mais um poder/dever, o de receber o pagamento do título e respectivos juros do devedor originário. A regra é similar à do art. 1.455, comentado anteriormente. O credor pignoratício recebe a posse do título e somente mediante sua apresentação e devolução é que o devedor originário fará o pagamento. Por isso, o devedor pignoratício – credor originário – pode e deve, no vencimento, efetuar a cobrança, sob pena de responder pelos prejuízos que causar ao devedor pignoratício. Lembre-se que o credor pignoratício não é titular do crédito, de modo que deve depositar o pagamento em conta previamente ajustada com o devedor pignoratício e aguardar o vencimento do crédito garantido, oportunidade em que, se não receber o crédito garantido, fará, se for o caso, a devida compensação.

Finalmente, o credor pignoratício não pode ceder mais direitos do que dispõe. Assim, na forma do art. 918, § 1º, do CC, somente pode endossar novamente o título recebido em garantia na qualidade de procurador. Não cabe novo endosso translativo, mas somente endosso-mandato.

**Jurisprudência:** Duplicata. Nulidade. Posse. Lei n. 5.474/68. Endosso-caução. Duplicata. Operação financeira de desconto de duplicatas vinculada a contrato de abertura de crédito com caução dos títulos. Configuração de endosso-caução ou pignoratício, em que há transferência da posse jurídica das cártulas, passando o portador de boa-fé a exercer os direitos nelas contidos em nome próprio. Legitimidade do apontamento a protesto de cártulas das quais validamente se apropriou o endossatário, em razão do inadimplemento da obrigação garantida, como forma de assegurar o direito de regresso contra a sacadora e endossante. Art. 13, §§ 1º e 4º, da Lei n. 5.474/68. Pagamento irregular à endossante, que não mais detinha a posse dos títulos, transferidos por endosso translativo ao banco. Falta de comunicação ao endossatário da quitação das duplicatas. Legitimidade da conduta do portador de boa-fé dos títulos, que afasta a postulação indenizatória. Descabimento da pretensão ao reconhecimento da nulidade das duplicatas. Sentença mantida. Recurso improvido. (I TACSP, Ap. Cível n. 871.285-4, 10ª Câm., rel. Des. João Camillo de Almeida Prado Costa, j. 26.10.2004)

Cambial. Duplicata. Endosso-caução cambial. Duplicata. Endosso-caução em favor do Banco. Protesto da cártula posteriormente. Pagamento a endossante em documento separado. Impossibilidade. Quitação considerada inexistente frente ao direito cambiário. Declaratória e cautelar improcedentes. Recurso provido. (I TACSP, Ap. Cível n. 790.373-9, 11ª Câm., rel. Juiz Antonio Marson, j. 25.10.1999)

Art. 792. Cambial. Duplicata. CC, art. 795, II. Recurso. Endosso-caução cambial. Duplicata. Endosso-caução. Estabelecimento bancário endossatário que deixa de notificar o sacado acerca da transferência. Arts. 792, inciso II, e 795 do CC. Circunstância que impede sua oposição ao pagamento efetuado diretamente pelo devedor à emitente endossante. Impossibilidade, ainda, de se evidenciar por protesto a mora de quem sem objeção cumprira a obrigação cambial. Solidariedade entre o devedor e a caucionante afastada. Recurso improvido. (I TACSP, Ap. Cível n. 776.895-8, 2ª Câm., rel. Luiz Sabbato, j. 26.05.1999)

---

**Art. 1.460. O devedor do título empenhado que receber a intimação prevista no inciso III do artigo antecedente, ou se der por ciente do penhor, não poderá pagar ao seu credor. Se o fizer, responderá solidariamente por este, por perdas e danos, perante o credor pignoratício.**

**Parágrafo único. Se o credor der quitação ao devedor do título empenhado, deverá saldar imediatamente a dívida, em cuja garantia se constituiu o penhor.**

---

A regra guarda estreita relação com a do art. 1.453 do CC, acima comentado, mas peca por desprezar as características do direito cambiário. Diz o preceito que o devedor originário que, notificado ou ciente do penhor, fizer o pagamento ao credor originário (devedor pignoratício) responderá solidariamente pelas perdas e danos que causar ao credor pignoratício.

Ocorre, porém, que a notificação ou ciência do penhor não faz sentido nos títulos de crédito que o devedor emitiu com sua assinatura e que serão pagos somente mediante apresentação e devolução da cártula. A notificação ou ciência, em tais casos, apenas alerta o devedor de que o título se encontra em poder do credor pignoratício. Ainda, porém, que não haja notificação ou ciência, o devedor somente fará o pagamento contra apresentação do título, sob pena de pagar mal e a solução ser ineficaz frente ao credor pignoratício endossatário, que se encontra de posse da cambial.

A regra em estudo somente faz sentido nos casos de título de crédito em sentido lato, que não se transferem por endosso, ou nos casos de cambiais emitidas sem assinatura do devedor, como duplicatas, que comportam emissão de triplicata, ou emissão por indicação. Em tais hipóteses, a eficácia do penhor frente ao devedor originário somente ocorrerá após a notificação ou ciência, porque existe a possibilidade de o credor originário (devedor pignoratício) emitir novas cambiais e dá-las em segunda garantia pignoratícia.

O parágrafo único do artigo em exame regula a hipótese de o credor originário – devedor pignoratício – receber diretamente o crédito do devedor originário, esvaziando a garantia real. Deve pagar imediatamente o credor garantido, sob pena de vencimento antecipado da obrigação, além de responder por perdas e danos.

## *Seção VIII*
## *Do Penhor de Veículos*

**Art. 1.461. Podem ser objeto de penhor os veículos empregados em qualquer espécie de transporte ou condução.**

O artigo em exame inaugura a seção que cria modalidade de penhor especial sobre veículos.

Deu o legislador maior operacionalidade ao penhor de veículos, admitindo que a posse direta do bem empenhado permaneça com o devedor, mediante a criação de novo mecanismo publicitário, para resguardar terceiros adquirentes de boa-fé. Era incômodo, em termos econômicos, que o devedor pignoratício ficasse privado da posse do veículo enquanto o credor tinha o ônus de guardar bem de consumo durável, sujeito à rápida depreciação. A nova figura, embora atenda reclamos de maior praticidade, deverá ser de escassa utilização, uma vez que foi colocada à disposição da generalidade dos credores e garantia mais eficaz da propriedade fiduciária, que confere exclusividade e rapidez de execução (arts. 1.361 e segs. do CC).

O preceito em exame trata do objeto do penhor de veículos, "empregados em qualquer espécie de transporte ou condução". Embora sejam amplos os termos usados pelo legislador, comporta a expressão algumas ressalvas. Os veículos devem ter características precisas e individualizadas, como tipo, marca, cor, número de série e inscrição no registro próprio. Navios e aeronaves são objetos de hipoteca e não de penhor (art. 1.473 do CC). Somente veículos automotores registrados em departamentos de trânsito, destinados ao transporte de pessoas ou objetos, isoladamente ou em frota, comportam o penhor. Isso porque o penhor é anotado no certificado de propriedade, com caráter constitutivo da garantia real. Veículos não registrados são incompatíveis com essa modalidade especial de penhor. Nada impede que os veículos utilizados na agricultura, pecuária, indústria e comércio, como integrantes de conjunto de bens ligados a tais atividades, sejam dados em penhor rural, industrial e mercantil, com as regras que lhe são próprias, somadas à anotação no certificado de propriedade do veículo.

**Art. 1.462. Constitui-se o penhor, a que se refere o artigo antecedente, mediante instrumento público ou particular, registrado no Cartório de Títulos e Documentos do domicílio do devedor, e anotado no certificado de propriedade.**

**Parágrafo único. Prometendo pagar em dinheiro a dívida garantida com o penhor, poderá o devedor emitir cédula de crédito, na forma e para os fins que a lei especial determinar.**

O artigo em exame regula a constituição do penhor especial de veículos, em vista da peculiaridade de a posse direta do bem empenhado permanecer em poder do devedor, sem entrega ao credor.

No penhor comum, como vimos anteriormente nos comentários aos arts. 1.431 e 1.432, a entrega da posse direta ao credor tem caráter constitutivo, e o registro no Oficial de Títulos e Documentos, efeito publicitário, gerando oponibilidade contra terceiros de boa-fé. No penhor de veículos, como a posse direta permanece com o devedor, houve necessidade da criação de novos mecanismos, eficazes e enérgicos, para dar visibilidade ao penhor, prevenindo terceiros de boa-fé.

Tais mecanismos de reforço da garantia real e preservação da boa-fé de terceiros se dão em dois sentidos. Primeiro, o registro e a anotação no certificado de propriedade do veículo têm caráter constitutivo, como se extrai de modo expresso do texto do artigo em comento. Sem o registro e a anotação, não há direito real de penhor. Segundo, como o registro e, em especial, a anotação dão visibilidade ao direito real, porque é dos usos a conferência dos documentos do veículo antes de sua aquisição, há presunção absoluta de que terceiros conheçam o direito real.

Diga-se que a anotação no certificado de propriedade sedimenta entendimento jurisprudencial construído na vigência do CC/1916 e que desembocou, no caso da propriedade fiduciária, na Súmula n. 92 no STJ. Ainda no caso de penhor especial rural, assentou a mesma Corte que "tratando-se de veículos automotores dados em penhor cedular, para a eficácia da garantia em relação a terceiros, é necessário o seu registro no Cartório de Títulos e Documentos ou na repartição competente para expedir licença ou registrá-los" (REsp n. 197.772/SP, rel. Barros Monteiro). A novidade é que a lei agora exige dupla e cumulativa providência com efeito constitutivo: o registro no RTD e a anotação no certificado de propriedade do veículo.

O parágrafo único, de modo simétrico com os demais penhores especiais – rural, industrial e comercial –, admite a emissão de cédula de crédito pignoratício se a obrigação garantida for pecuniária.

**Art. 1.463.** ***(Revogado pela Lei n. 14.179, de 30.06.2021.)***

**Art. 1.464. Tem o credor direito a verificar o estado do veículo empenhado, inspecionando-o onde se achar, por si ou por pessoa que credenciar.**

Decorre do fato de o bem empenhado permanecer de posse direta do devedor, o que faculta ao credor inspecionar o estado em que se encontra a garantia. O preceito é similar aos dos arts. 1.441 e 1.450 comentados anteriormente, aos quais se remete o leitor.

**Art. 1.465. A alienação, ou a mudança, do veículo empenhado sem prévia comunicação ao credor importa no vencimento antecipado do crédito pignoratício.**

Em razão da eficácia geral dos direitos reais de garantia e da prerrogativa da sequela, eventual alienação do veículo empenhado não produz efeitos em relação ao credor pignoratício. Ocorrendo o inadimplemento da obrigação garantida, pode perseguir o veículo em poder de quem quer que se encontre e promover sua excussão. Logo, a alienação do veículo empenhado é válida, apenas ineficaz em relação ao credor garantido.

Tanto a alienação como a mudança do veículo empenhado, porém, podem ocasionar maior risco de deterioração ou perda da garantia real. Por isso, cria a lei duas novas hipóteses de vencimento antecipado da obrigação garantida, que se somam às do art. 1.425, já comentado.

Evidente que somente se cogita de ineficácia da alienação do veículo empenhado se houve regular constituição do penhor, com registro no RTD e anotação no certificado de propriedade.

O termo *alienação* engloba todos os negócios de disposição do bem, onerosos ou gratuitos. O termo *mudança* provoca algumas dúvidas. A mudança pode ser de local onde se encontra o veículo empenhado ou de sua destinação. Somente importará o vencimento antecipado da obrigação se acarretar razoável aumento do risco de perda ou deterioração do bem empenhado, ou significativa dificuldade do credor promover a inspeção do objeto da garantia.

Finalmente, o preceito em exame destaca que o vencimento antecipado do crédito somente ocorre quando a alienação e mudança não são precedidas de comunicação ao credor. A expressão "sem prévia comunicação", usada pela lei, não é exata. A mera comunicação somente é suficiente se da alienação ou mudança não resulta qualquer agravamento do risco, ou perda da garantia. Sempre, porém, que houver prejuízo potencial ao credor, este pode se opor, de modo que a ausência de seu consentimento implica o vencimento antecipado da dívida.

**Art. 1.466. O penhor de veículos só se pode convencionar pelo prazo máximo de dois anos, prorrogável até o limite de igual tempo, averbada a prorrogação à margem do registro respectivo.**

A limitação do prazo de garantia é cogente, de modo que não pode ser contornada pela vontade das partes. A convenção por prazo superior se reduz automaticamente ao biênio. A razão de ser da norma está na natureza do bem empenhado, porque veículos se depreciam, se desgastam pelo uso e correm permanentes riscos.

Escoado o biênio, caduca a garantia real e o crédito se converte em quirografário. Nada impede, porém, que as partes convencionem a prorrogação do prazo da garantia pelo prazo máximo de mais dois anos. Não limita a lei o número de prorrogações, que fica a critério das partes. Apenas a prorrogação deve dar-se no curso ou ao final do primeiro biênio, com nova manifestação de vontade das partes, e não no momento da constituição do crédito e da garantia. A prorrogação antecipada implica fraude à lei.

Deve a prorrogação ser averbada no registro e anotada no certificado de propriedade do veículo, para persistência da garantia real e eficácia contra terceiros de boa-fé.

## *Seção IX*
## *Do Penhor Legal*

**Art. 1.467. São credores pignoratícios, independentemente de convenção:**

**I – os hospedeiros, ou fornecedores de pousada ou alimento, sobre as bagagens, móveis, joias ou dinheiro que os seus consumidores ou fregueses tiverem consigo nas respectivas casas ou estabelecimentos, pelas despesas ou consumo que aí tiverem feito;**

**II – o dono do prédio rústico ou urbano, sobre os bens móveis que o rendeiro ou inquilino tiver guarnecendo o mesmo prédio, pelos aluguéis ou rendas.**

Define-se penhor legal como a "garantia instituída pela lei para assegurar o pagamento de certas dívidas que, por sua natureza, reclamam tratamento especial. Esse penhor independe de convenção, resultando, exclusivamente, da vontade expressa do legislador" (BARROS MONTEIRO, Washington de. *Curso de direito civil*, 37. ed. São Paulo, Saraiva, 2003, p. 362). Tal como ocorre no usufruto legal, no direito real de habitação legal e na hipoteca legal, a lei arma certos credores ou titulares de direitos em situação jurídica especialmente vulnerável com a faculdade de constituírem direitos reais sobre coisa alheia independentemente de convenção.

O penhor legal, porém, somente existe quando constituído pelo credor, que, usando da faculdade que a lei lhe assegura, se apodera por força própria de certos bens móveis do devedor. É um dos casos excepcionais admitidos pela lei civil, que facultam ao titular do direito o exercício da autotutela. Não há qualquer inconstitucionalidade no preceito, uma vez que, tão logo se apodere dos bens, deverá o credor requerer em juízo a homologação do penhor legal. Não é, portanto, um penhor tácito nem mero privilégio pessoal. Por se tratar da imposição de um ônus, deve ser interpretado restritivamente.

Não se confunde o penhor legal com o direito de retenção, do qual difere: a) pela tomada da posse do objeto, que se acha em poder do devedor, o que não se dá no direito de retenção, que pressupõe a posse do retentor; b) pelo direito de excussão do bem empenhado, após homologação judicial; c) porque recai somente sobre bens móveis do devedor (BEVILAQUA, Clóvis. *Direito das coisas*, 3. ed. Rio de Janeiro, Freitas Bastos, 1951, t. I, p. 67).

Discute-se até onde vai o poder de autotutela do credor. Tal como ocorre no § 1º do art. 1.210 do CC, anteriormente comentado, deve o credor usar de meios moderados e estritamente necessários ao exercício da faculdade que a lei lhe concede, se necessário com concurso da autoridade policial. Não se admite, porém, que para garantia do crédito se ofendam direitos fundamentais do devedor.

O inciso I diz que têm penhor legal os (i) hospedeiros, (ii) fornecedores de pousada e (iii) fornecedores de alimento. A interpretação sistemática do preceito com o artigo subsequente, que exige tabela impressa, prévia e ostensivamente exposta na casa, deixa claro que o benefício alcança apenas aqueles que exercem a atividade com habitualidade e caráter oneroso. No que se refere aos fornecedores de alimentos, alcança, segundo Gladston Mamede, somente a atividade de restauração, na qual alimentos são preparados e podem ser consumidos no próprio local e não a venda de alimentos em mercados, mercearias e supermercados (*Código Civil comentado*. São Paulo, Atlas, 2003, v. XIV, p. 299).

O penhor recai sobre bagagens, joias, móveis ou dinheiro, em garantia das despesas realizadas naquele momento, não servindo débitos pretéritos, que os consumidores tiverem consigo no restaurante, hotel ou hospedaria, desde que penhoráveis, em obediência às regras dos arts. 649 e 650 do CPC/73 (arts. 833 e 834 do CPC/2015) e Lei n. 8.009/90, como veremos adiante. Alerta, com razão, Marco Aurélio S. Viana que o penhor recai também sobre o veículo que o devedor tenha na garagem do estabelecimento. Devem os bens tomados em garantia pertencer ao devedor, com a ressalva de que podem recair sobre bens de integrantes de um grupo, como joias da esposa que se hospeda com o marido (*Comentários ao novo Código Civil*, Rio de Janeiro, Forense, 2003, p. 785).

O inciso II diz que tem penhor legal o dono de prédio rústico ou urbano sobre bens móveis do rendeiro ou inquilino que estiverem guarnecendo o prédio, para garantia dos aluguéis e rendas. Abrange os contratos de locação de coisa, urbana ou rural, desde que imóvel, bem como os de constituição de renda. A expressão *dono de prédio* tem o sentido de locador, não se exigindo a existência de construção e nem de título dominial. O objeto são bens móveis que guarnecem o prédio, abrangendo não somente o mobiliário como também veículos, máquinas, arados e animais que se encontram sobre o imóvel rural ou urbano, conforme o caso. Mais uma vez se destaca que não pode o penhor, dada sua origem legal, recair sobre bens impenhoráveis.

**Jurisprudência:** Ação de indenização por danos morais. Motel. Uso das dependências do motel, cama, toalhas de banho e frigobar, com posterior argumento de que o equipamento da banheira de hidromassagem não funcionou. Tentativa de ser pago preço reduzido não aceita por funcionário do estabelecimento, o qual, ante a recusa dos hóspedes de quitarem a diária cobrada, reteve-lhes a saída e a bagagem. Exercício regular de um direito. Art. 776 do antigo CC, hoje recepcionado pelo art. 1.467 do novo Código. Não se conjugando os pressupostos necessários da responsabilidade civil, que pressupõe a existência de uma conduta contrária ao dever, por ação ou omissão, tendo o demandado agido no exercício regular de um direito, não se demonstrando que tivesse excedido os limites objetivos da norma positiva de direito, não obrando com dolo ou culpa, senão adotando o procedimento usual e correto para as circunstâncias, tampouco se flagrando atitude desrespeitosa ou truculenta por parte do preposto do demandado, não há ilícito deflagrador de responsabilidade civil, merecendo a pretensão de indenização por danos morais ser desacolhida. Sentença modificada. Apelo provido. (TJRS, Ap. Cível n. 70.007.377.864, 10ª Câm. Cível, rel. Ana Lúcia Carvalho Pinto Vieira, j. 15.04.2004)

CPC, parágrafo único, contrato prestação de serviços, art. 874 [sem correspondente no CPC/2015]. Contrato. Prestação de serviços. Serviços de hotelaria. Despesas de hospedagem e consumo. Bens dados em garantia para pagamento de tais verbas. Homologação de penhor legal deferida. Art. 874, parágrafo único, do CPC [sem correspondente no CPC/2015]. Ausência de demonstração de que referidos bens são de propriedade da agravante. Irrelevância, devendo eventual prejuízo ser pleiteado em ação própria. Recurso improvido. (I TACSP, Proc. n. 914.859-0, 8ª Câm., rel. Carlos Alberto Lopes, j. 23.02.2000)

**Art. 1.468. A conta das dívidas enumeradas no inciso I do artigo antecedente será extraída conforme a tabela impressa, prévia e ostensivamente exposta na casa, dos preços de hospedagem, da pensão ou dos gêneros fornecidos, sob pena de nulidade do penhor.**

A regra é simples e exige que os créditos de i) hospedeiros, ii) fornecedores de pousada e iii) fornecedores de alimento, previstos no inciso I do artigo antecedente, deve ser fundado em tabela impressa prévia e ostensivamente exposta ao consumidor. O preceito traduz os deveres de prévia informação e cautela, decorrentes da boa-fé objetiva e do CDC. Devem as informações ser completas e abranger todos os serviços e produtos cobrados, como preços do cardápio, de serviços de quarto, lavanderia, telefonia e outros onerosos ofertados aos hóspedes.

Não se exige que a conta constitua título executivo, prevista no art. 784 do CPC/2015 (art. 585 do CPC/73), bastando que seja líquida, certa e exigível para ensejar o direito ao penhor legal.

**Art. 1.469. Em cada um dos casos do art. 1.467, o credor poderá tomar em garantia um ou mais objetos até o valor da dívida.**

O artigo em exame deve ser interpretado em consonância com o que dispõe o art. 1.467, anteriormente comentado. Não são todos os bens móveis do devedor que podem ser tomados em penhor, mas somente aqueles mencionados nos incisos I e II do citado artigo. Os bens móveis pessoais devem estar em poder do hóspede ou cliente do restaurante, ou guarnecer o imóvel locado. Não recai a garantia legal, portanto, a outros bens do devedor que se encontrem em local diverso.

Embora não diga o artigo em exame, tem razão Gladston Mamede ao alertar que, como não há concurso da vontade do devedor no penhor legal, somente podem ser tomados em garantia os bens legalmente penhoráveis. Disso decorre que não recai o penhor sobre os bens referidos nos arts. 833 e 834 do CPC/2015 (arts. 649 e 650 do CPC/73) e Lei n. 8.009/90.

Além disso, o penhor legal, em vista de sua excepcionalidade e de permitir a autotutela do credor, está limitado a tantos bens quantos bastem para satisfação do crédito, numa estimativa razoável. O excesso de garantia, ou sua incidência sobre bens impenhoráveis sujeitam o credor aos efeitos do abuso de direito, previsto no art. 187 do CC.

**Art. 1.470. Os credores, compreendidos no art. 1.467, podem fazer efetivo o penhor, antes de recorrerem à autoridade judiciária, sempre que haja perigo na demora, dando aos devedores comprovante dos bens de que se apossarem.**

O artigo em exame acrescentou à lei um dever ao credor pignoratício, qual seja o de fornecer ao devedor comprovante especificado dos bens de que se apossou sem intervenção judicial.

A doutrina tradicional, amparada na lição de Clóvis Bevilaqua, entende que o penhor legal, independentemente do perigo da demora, se inicia com o apossamento dos bens pelo credor e se completa com a homologação judicial. Quando houver perigo na demora, pode ser iniciada desde logo a execução dos bens empenhados, sem se aguardar a homologação (*Direito das coisas*, Rio de Janeiro, Freitas Bastos, 1951, t. I, p. 68).

Parece, no entanto, preferível a interpretação que deram os autores mais modernos ao preceito, qual seja a de que o apossamento de bens por força própria do credor, sem intervenção judicial, somente é cabível quando houver perigo na demora. Caso não exista tal perigo, o credor deve pedir apossamento dos bens para constituição do penhor por ordem judicial (MAMEDE, Gladston. *Código Civil comentado.* São Paulo, Atlas, 2003, v. XIV, p. 310-4).

Dito de outro modo, a autotutela somente se justifica em circunstâncias excepcionais, quando não haja outro meio para reparar a violação a direito subjetivo. A ausência de risco na demora das providências necessárias à constituição judicial do penhor é que autoriza que o credor primeiro aja e depois busque a chancela judicial de sua conduta.

É verdade que os arts. 703, 704 e 706 do CPC/2015 (arts. 874 a 876 do CPC/73) preveem apenas a homologação do penhor legal, cujo apossamento foi previamente consumado pelo credor. Tais preceitos se aplicam apenas aos casos de urgência, que não poderiam aguardar o ajuizamento da medida judicial correta para apossamentos dos bens móveis do devedor.

A novidade do CC está na parte final do artigo, que atribui ao credor que se apossou de bens do devedor para constituição do penhor legal o dever de lhe passar recibo. O recibo deve conter a relação dos bens apossados e, embora não diga a lei, o valor e a natureza do crédito, para que possa o devedor reclamar judicialmente do excesso de garantia, ou de sua ilegalidade.

**Art. 1.471. Tomado o penhor, requererá o credor, ato contínuo, a sua homologação judicial.**

O artigo em exame corresponde ao art. 780 do CC/1916, com alterações. Foram extraídas as regras de natureza adjetiva, disciplinadas nos arts. 703, 704 e 706 do CPC/2015 (arts. 874 a 876 do CPC/73).

O penhor judicial, nos casos urgentes, constitui-se em duas etapas. A primeira é o apossamento do bem móvel pelo credor, por sua própria força. A segunda é a homologação judicial do comportamento do credor.

Deve o credor requerer, ato contínuo, a homologação judicial do penhor, instruindo a inicial com a conta pormenorizada das despesas, a tabela de preços e a relação dos objetos apossados; no caso de locação, o contrato escrito, com os respectivos recibos e memória de cálculo.

O devedor é citado para, no breve prazo de 24 horas, ofertar defesa, na qual somente poderá alegar: i) a nulidade do processo, ii) a extinção da obrigação e iii) não estar a dívida compreendida nas hipóteses do art. 1.467 do CC.

Homologado o penhor, os autos serão entregues, independentemente de traslado, ao interessado, que poderá, então, iniciar a execução da garantia. Indeferida a homologação, a posse do credor, que era direta e justa, converte-se em posse injusta, marcada pelo vício da precariedade. Deve devolver os bens empenhados ao devedor e cobrar seu crédito como quirografário. Caso não devolva os bens, pode o devedor ajuizar ação possessória ou petitória para reavê-los.

**Jurisprudência:** Ação de homologação de penhor legal ajuizada quase seis meses após a tomada da posse do veículo pelo locador-autor, o que não pode ser considerado como "ato contínuo", conforme preceitua o art. 1.471 do CC e o art. 874 do CPC/73. Mera alegação de suspeita de que o locatário-réu tinha intenção de vender o veículo não enseja justificativa razoável para a tomada do penhor legal. Art. 1.467 do CC que exige "perigo na demora", pois o apossamento de bens por força própria do credor, sem intervenção judicial, constitui exceção à regra que não permite a autotutela. Ausentes pressupostos de constituição e desenvolvimento válido e regular do processo, de ser mantida a extinção do feito sem resolução do mérito, nos termos do art. 267, IV, do CPC. Recurso desprovido (TJSP, AC n. 1000577-92.2015.8.26.0047, rel. Des, Gilberto Leme, j. 12.09.2016)

Cobrança. Retenção de bens móveis do autor em razão de débito existente decorrente de locação. Contrapedido para ressarcimento de benfeitoria realizada no imóvel do autor. Previsão contratual acerca da responsabilidade do proprietário pelas obras no imóvel. O penhor legal sobre os móveis que guarnecem a economia locada é assegurado pelo art. 1.467, II, do CC, mas deve ser visto como garantia e não dação em pagamento. Recurso parcialmente provido. (TJRS, Rec. Cível n. 71.000.802.157, 3ª T. Rec. Cível, rel. Clóvis Moacyr Mattana Ramos, j. 21.02.2006)

**Art. 1.472. Pode o locatário impedir a constituição do penhor mediante caução idônea.**

Confere apenas a uma das hipóteses do art. 1.467 – locação – a possibilidade de o devedor impedir a constituição do penhor, mediante a prestação de caução. A caução pode ser em dinheiro, real ou fidejussória, desde que idônea para assegurar o recebimento do crédito, e pode ser pleiteada em ação cautelar própria (art. 829 do CPC/73 – sem correspondente no CPC/2015) ou em defesa na homologação judicial do penhor.

Embora não diga o artigo, os devedores de serviços de hospedagem e consumo de alimentos também podem prestar caução em dinheiro enquanto discutem a exigibilidade do crédito.

## CAPÍTULO III
## DA HIPOTECA

### *Seção I*
### *Disposições Gerais*

**Art. 1.473. Podem ser objeto de hipoteca:**

**I – os imóveis e os acessórios dos imóveis conjuntamente com eles;**

**II – o domínio direto;**

**III – o domínio útil;**

**IV – as estradas de ferro;**

**V – os recursos naturais a que se refere o art. 1.230, independentemente do solo onde se acham;**

**VI – os navios;**

**VII – as aeronaves;**

**VIII – o direito de uso especial para fins de moradia;**

Inciso acrescentado pela Lei n. 11.481, de 31.05.2007.

**IX – o direito real de uso;**

Inciso acrescentado pela Lei n. 11.481, de 31.05.2007.

**X – a propriedade superficiária;**

Inciso com redação dada pela Lei n. 14.620, de 13.07.2023.

**XI – os direitos oriundos da imissão provisória na posse, quando concedida à União, aos Estados, ao Distrito Federal, aos Municípios ou às suas entidades delegadas e a respectiva cessão e promessa de cessão.**

Inciso acrescentado pela Lei n. 14.620, de 13.07.2023.

**§ 1º A hipoteca dos navios e das aeronaves reger-se-á pelo disposto em lei especial.**

Antigo parágrafo único renumerado pela Lei n. 11.481, de 31.05.2007.

**§ 2º Os direitos de garantia instituídos nas hipóteses dos incisos IX e X do *caput* deste artigo ficam limitados à duração da concessão ou direito de superfície, caso tenham sido transferidos por período determinado.**

Parágrafo acrescentado pela Lei n. 11.481, de 31.05.2007.

---

O *caput* deste artigo não alude mais à natureza civil da hipoteca e de sua jurisdição, ainda que a dívida seja comercial, diante da inserção do direito empresarial como livro do CC e a ausência de previsão da criação de tribunais de comércio.

**Definição:** Segundo Caio Mário da Silva Pereira, "hipoteca é o direito real de natureza civil, incidente em coisa imóvel do devedor ou de terceiro, sem transmissão da posse ao credor" (*Instituições de direito civil*, 18. ed. Rio de Janeiro, Forense, 2003, v. IV, p. 368).

**Características:** As principais características da hipoteca são: a) é direito real de garantia, de modo que adere ao bem e é dotada de oponibilidade geral; b) é acessória, porque não se concebe garantia sem uma obrigação a ser garantida, segue a sorte jurídica da obrigação garantida; c) tem por objeto coisa do devedor ou de terceiro – nada impede que o hipotecante seja pessoa diversa do devedor; d) tem por objeto coisa imóvel, navios e aeronaves; como direito real imobiliário, é em si mesma classificada como bem imóvel; e) a posse da coisa hipotecada permanece com o proprietário, seja devedor ou terceiro, sem transferência ao credor; f) é indivisível, porque enquanto não satisfeita integralmente a dívida, subsiste por inteiro sobre a totalidade dos bens gravados, com a exceção do art. 1.488 do CC, adiante comentado; e g) é temporária, porque tem como uma das causas de extinção a perempção, ou usucapião da liberdade, com cancelamento do registro, após o prazo de trinta anos (art. 1.485 do CC). Como os demais direitos reais de garantia, a hipoteca confere ao credor os direitos de sequela, preferência e excussão.

**Objeto:** O artigo em estudo trata do objeto da hipoteca. Cada um dos sete incisos prevê um bem passível de hipoteca. A doutrina tradicional diz que o rol é taxativo. Nada impede, porém, ante a tipicidade elástica que a doutrina moderna confere aos direitos reais, que situações jurídicas não expressamente contempladas pelo legislador possam ser objeto de hipoteca, desde que plenamente compatíveis com a natureza do instituto. Embora polêmico o tema, esses são os casos do direito real de superfície e de promissário comprador com preço pago e título levado a registro.

O próprio legislador, na Lei n. 11.481/2007, incluiu no rol mais três casos de bens hipotecáveis (incisos VIII a X). A inclusão teve por escopo eliminar dúvidas da doutrina quanto à possibilidade de se hipotecar tais direitos reais que têm por objeto bens imóveis e são alienáveis a terceiros. Tais figuras, mesmo antes da reforma legislativa, já eram hipotecáveis. Embora não incluído no rol, é também hipotecável o direito de promissário comprador com título levado ao registro.

Recente julgado do STJ entendeu que "mesmo se tiver sido averbada apenas à margem da matrícula, o efeito da caução locatícia em bens imóveis deve ser o de hipoteca, a menos que seja expressamente indicado que se trata de anticrese". E arremata o aresto que "a caução locatícia devidamente averbada na matrícula do imóvel confere ao credor o direito de preferência nos créditos em situação de concurso singular de credores, em virtude de sua natureza de garantia real que se equipara à hipoteca" (REsp n. 2.123.225/SP, j. 21.05.2024, rel. Min. Nancy Andrighi).

O inciso I afirma que são hipotecáveis os imóveis e os acessórios dos imóveis, conjuntamente com eles. Somente os imóveis alienáveis são hipotecáveis, porque a garantia real é uma alienação em potencial. Se a inalienabilidade ou a alienabilidade forem temporárias, assim também será a hipoteca. Logo, imóveis gravados com cláusula de inalienabilidade, ou bens de família no regime do CC, não são hipotecáveis. Nada impede, porém, que o impropriamente denominado bem de família, previsto na Lei n. 8.009/90, seja hipotecado, porque na verdade é somente impenhorável. Como pode o dono alienar voluntariamente a casa, poderia também hipotecá-la.

No mais, admite-se a hipoteca de imóveis urbanos ou rurais, em condomínio vulgar ou edilício. O condômino pode hipotecar sua parte ideal sem a anuência dos demais condôminos, seja o imóvel divisível ou indivisível, à vista do que dispõe o art. 1.420, § 2º, do CC, já comentado. É possível a hipoteca de propriedade sob condição resolutiva (propriedade fiduciária, ou ao comprador, na venda e compra com pacto de retrovenda), caso em que se extingue a garantia, com a resolução do domínio. Não se admite, porém, a hipoteca sobre propriedade sujeita à condição suspensiva. Isso porque o titular de direito sob condição suspensiva não adquire o direito a que ela visa e tem mera expectativa, podendo apenas exercer atos de conservação, mas não de oneração.

Admite-se a hipoteca de unidades autônomas em construção. Na lição de Caio Mário da Silva Pereira, é viável a hipoteca de "quota ideal de terreno, ajustando que ao apartamento, quando for construído, se estenda o ônus real, porque, nesse instante, se fará um complexo jurídico inseparável com a copropriedade do solo" (*Condomínio e incorporações*, 10. ed. Rio de Janeiro, Forense, 2002, p. 148). Cuida-se de situação especial de hipoteca sobre coisa futura, especializada por antecipação.

Prossegue o inciso I afirmando que são hipotecados com os imóveis os seus acessórios. A regra se encontra mais bem explicitada no art. 1.474. Cabe destacar que o preceito, de natureza cogente, é expresso ao dispor que somente se admite a hipoteca dos acessórios com o imóvel principal. Disso decorre não se admitir a hipoteca dos acessórios independente ou separadamente da hipoteca do solo, sem embargo de respeitáveis opiniões em sentido contrário.

O termo "acessórios" merece cuidadoso exame. Há acessórios que são partes integrantes da coisa, pois a ela se vinculam por união física e não podem ser retirados sem fratura. São os casos de acessões e benfeitorias, que integram a hipoteca do imóvel, quer sejam anteriores, concomitantes ou posteriores à constituição da garantia, independentemente de cláusula expressa a respeito. Também os frutos pendentes são partes integrantes da coisa e, enquanto não destacados, são abrangidos pela hipoteca. Nota-se, porém, que os frutos destacados antes ou mesmo durante a hipoteca se desligam da garantia, porque o poder de fruição da coisa permanece com o dono e não com o credor. No que se refere aos produtos, que integram a substância da coisa, a regra é outra. Estão incluídos na garantia, e sua retirada desfalca a substância e desvaloriza a coisa, em prejuízo do credor.

Há, porém, acessórios que consistem em simples pertenças (antigas acessões intelectuais), colocados à disposição duradoura da coisa para otimizar seu uso, exploração, ou aformoseamento; mas, se retirados, readquirem sua autonomia jurídica e econômica (art. 93 do CC). Reza o art. 94 do CC que "os negócios jurídicos que dizem respeito ao bem principal não abrangem as pertenças, salvo se o contrário resultar da lei, da manifestação de vontade, ou das circunstâncias do caso". Disso decorre as pertenças não se incluírem naturalmente na garantia hipotecária. Deve o título constitutivo da hipoteca expressa e especializadamente abranger as pertenças para incluí-las na garantia, com inscrição no registro imobiliário. Tomem-se como exemplos o mobiliário de um imóvel residencial, as máquinas de um imóvel industrial, os equipamentos de um imóvel comercial, os implementos de um imóvel agrícola. A questão, porém, envolve sempre matéria de fato, porque equipamentos que se encontram fisicamente unidos ao imóvel e não podem ser retirados sem fratura, como elevadores ou aparelhos de ar-condicionado central, constituem benfeitorias e integram automaticamente a garantia real.

Os incisos II e III dizem poder ser objeto da garantia hipotecária o domínio direto e o domínio útil do imóvel. Cuidam do direito real de enfiteuse, aforamento ou emprazamento, previsto no art. 678 do CC/1916. Não mais se admite a criação de enfiteuse na vigência do CC/2002. Vigoram, porém, as enfiteuses instituídas na vigência da lei anterior, em atenção ao ato jurídico perfeito. Tanto o domínio útil do enfiteuta como o domínio direto do senhorio podem ser hipotecados, com a ressalva de que, no momento da arrematação, há direito de preferência recíproco entre os protagonistas da enfiteuse.

Também podem ser hipotecados, embora não diga de modo expresso a lei, a nua-propriedade – ou o domínio direto – nos casos de usufruto, uso, habitação e superfície.

O art. 80 do CC dispõe serem imóveis os direitos reais que têm por objeto coisas imóveis. Assim, os direitos reais de usufruto, uso, habitação e servidão são bens imóveis por definição legal, mas não podem ser hipotecados, porque são inalienáveis. Já o direito real de hipoteca, embora imóvel e passível de alienação, pode apenas ser dado em penhor, por força de disposição legal (Decreto n. 22.778/34).

Nada obsta, porém, que outros direitos reais sobre coisa alheia, imóveis por definição legal e alienáveis a terceiros, sejam dados em hipoteca. O direito real de superfície tem natureza imóvel e pode ser alienado por expressa disposição legal. Nada impede de seja onerado por garantia real de hipoteca. Claro que a hipoteca se extinguirá com o direito real de superfície.

Embora negue a doutrina tradicional, não se vê razão para que o direito real de promitente comprador, decorrente de contrato de compromisso de compra e venda sem cláusula de arrependimento e levado ao registro imobiliário, não possa ser dado em garantia hipotecária. É bem imóvel por definição legal e passível de cessão por simples trespasse. Como vimos anteriormente, nos comentários aos arts. 1.417 e 1.418, é o compromisso de compra e venda contrato preliminar impróprio que concentra toda a carga negocial da compra e venda. Pago o preço, todos os poderes federados do domínio estão concentrados nas mãos do promitente comprador, nada mais restando ao promitente vendedor do que o dever de outorgar a escritura definitiva. Na lição de José Osório de Azevedo Júnior, "considerando que o compromisso já é hoje reconhecido, para inúmeros efeitos, como uma forma de alienação, ficando o compromissário com amplíssimo poder de disposição da coisa, cremos que, após o pagamento do preço, lhe devia ser permitido hipotecar o imóvel, ou pelo menos hipotecar seus direitos reais, que também são imóveis" (*Compromisso de compra e venda*, 2. ed. São Paulo, Saraiva, 1983, p. 100).

O inciso IV afirma que podem ser dadas em hipoteca estradas de ferro, urbanas ou não, de superfície ou subterrâneas. Elas são consideradas uma universalidade de fato, e, como bens coletivos, a hipoteca abrange os trilhos, as estações, os páteos de manobra, os terminais de passageiros, as locomotivas, os vagões e todos os demais acessórios necessários ao perfeito funcionamento do meio de transporte. A hipoteca é registrada, e a inscrição se faz no oficial do registro do lugar do imóvel correspondente à estação inicial da linha (art. 171 da Lei n. 6.015/73). As estradas de ferro são exploradas, via de regra, sob o regime de concessão. O arrematante tem direito a explorar o serviço concedido, ressalvado, porém, o direito de preferência do poder concedente, de retomada da concessão, pagando o preço da arrematação no prazo de trinta dias, na forma do art. 699 do CPC/73 (revogado pela Lei n. 11.382/2006).

O inciso V dispõe poder ser hipotecados os recursos naturais a que alude o art. 1.230 do CC, independentemente do solo onde se acham. Minas e jazidas, por força de preceito constitucional, são bens da União, independentes do solo onde se encontram. O objeto da hipoteca na verdade é o aproveitamento da mina, mediante direito de lavra. Na lição de Tupinambá Miguel Castro do Nascimento, "a garantia hipotecária está no valor da mina, que, genericamente, é o fato da exploração e que, objetivamente, é o conjunto lavrável acrescido, como partes integrantes dos edifícios, máquinas, instrumentos, animais, veículos etc." (*Hipoteca*. Rio de Janeiro, Aide, 1996, p. 45). A hipoteca é registrada no Departamento Nacional de Produção Mineral.

Nos incisos VI e VII consta que podem ser hipotecados navios e aeronaves, regidos por disposto em lei especial. Embora sejam bens móveis por natureza, é da tradição do Direito brasileiro e de legislações estrangeiras a admissão da hipoteca, em razão do vulto dos financiamentos à sua construção e manutenção. A instabilidade do constante deslocamento se compensa com a estabilidade dos registros em aeroportos e portos de origem.

A hipoteca de navios se encontra disciplinada pelo art. 278 do Decreto n. 18.871/29, que promulga a Convenção de Direito Internacional Privado de Havana (Código Bustamante), e pelos arts. 12 a 14 da Lei n. 7.652/88, que dispõem sobre o registro de propriedade marítima. A hipoteca de aeronaves se encontra nos arts. 138 a 146 da Lei n. 7.565/86 (Código Brasileiro de Aeronáutica).

Os incisos VIII e IX, adicionados pela Lei n. 11.481/2007, admitem a hipoteca sobre o direito de uso especial para fins de moradia e o direito real de uso, regulados, respectivamente, na MP n. 2.220/2001 e art. 4º, V, *g*, do Estatuto da Cidade. O acréscimo guarda simetria com a inclusão no art. 1.225 dos dois novos direitos reais de gozo e fruição. A medida constitui importante passo para que possam ocupantes de imóveis públicos obter financiamento imobiliário para construção de acessões. Lembre-se de que o direito real de uso é o previsto em lei especial, e não nos arts. 1.412 e 1.413 do CC, que tem natureza personalíssima e, por ser intransmissível, também não é passível de ser dado em garantia real.

O inciso X dispõe ser hipotecável a propriedade superficiária. Tal possibilidade já era reconhecida pela doutrina antes mesmo da inovação legislativa. Isto porque a propriedade superficiária, como direito real sobre coisa alheia incidente sobre bem imóvel, é considerada também imóvel por definição legal. Como é o direito real de superfície alienável, é também hipotecável. Ressalte-se que o arrematante se sub-rogará no direito de superfície, pelo prazo faltante, previsto no título, e assumindo todas as obrigações do superficiário devedor, inclusive a do pagamento de encargos e de eventual *solarium*.

O inciso XI dispõe que também são hipotecáveis os direitos oriundos da imissão provisória na posse, quando concedida à União, aos Estados, ao Distrito Federal, aos Municípios ou às suas entidades delegadas e a respectiva cessão e promessa de cessão. O preceito se encontra em plena sintonia com a modificação feita no art. 1.225, XIV, do CC, já comentado. Se o direito de imissão provisória na posse em ação de desapropriação tem a natureza de direito real de aquisição e é passível de cessão a terceiros, natural possa ser objeto de direito real de garantia. Aliás, também a Lei n. 9.514/97 foi modificada para admitir a garantia da propriedade fiduciária sobre o referido direito real. Cabe a ressalva no sentido de que, registrada a imissão provisória na posse, não mais caberá a desistência da ação de desapropriação, ante a irreversibilidade da situação do imóvel e dos interesses de terceiros de boa-fé. Evidente que eventual arrematante se sub-rogará na posição jurídica de titular de direito real de imissão provisória na posse e somente adquirirá o domínio pleno após o pagamento integral da justa indenização na ação de desapropriação.

O § 2º nada mais explicita que o caráter acessório dos direitos reais de garantia. Se o objeto da garantia for a termo, ou, ainda, embora não dito pela lei, mas implícito, extinguir-se por qualquer das causas previstas em lei, extingue-se juntamente a hipoteca. Assim, se o direito de uso especial for extinto por desvio de uso, ou por ter o titular adquirido outro imóvel, extingue-se também o direito real de hipoteca.

**Jurisprudência:** Registro de imóveis. Procedimento de dúvida. Registro de hipoteca judicial. Título que se sujeita à qualificação registral. Imóvel não pertencente ao devedor, já que alienado fiduciariamente. Possibilidade de registro da hipoteca sobre direitos aquisitivos derivados da alienação fiduciária em garantia, cuja natureza jurídica é de direito real de aquisição. Rol do art. 1.473 do CC é compatível com a hipoteca de direitos reais de aquisição, em leitura contemporânea do princípio da tipicidade. Óbice afastado. Apelação provida para autorizar o registro. (TJSP, Ap. Cível n. 1015540-55.2023.8.26.0361/Mogi das Cruzes, Conselho Superior da Magistratura, rel. Francisco Loureiro (Corregedor Geral), j. 11.04.2024, publ. 19.04.2024)

Concurso de credores. Direito de preferência. Despesas condominiais. Natureza *propter rem*. Execução. Credor hipotecário. Descabimento. A preferência do crédito garantido por hipoteca (art. 1.560 do CC/1916 e art. 961 do CC/2002), não se aplica ao crédito da massa condominial, oriundo de despesas ligadas à manutenção e preservação da integridade do próprio bem oferecido em garantia. Conquanto não reproduzido no CC/2002, mantém-se atual o princípio consagrado no art. 1.564 do CC/1916, que previa que do preço alcançado pelo imóvel hipotecado deveriam ser deduzidas as despesas feitas por terceiros na conservação da coisa. Recurso improvido. (TJSP, AI n. 984.723-0/6/SP, 35ª Câm., rel. Clóvis Castelo, j. 21.11.2005, v.u.)

Penhora. Bem de família. Execução por título extrajudicial. Contrato de mútuo. Bens imóveis dados em hipoteca no pacto adjeto do contrato. Indiscutível interesse da entidade familiar beneficiada pelo empréstimo. Impossibilidade de invocar-se a impenhorabilidade do bem de família. Exceção do art. 3º, V, da Lei n. 8.009, de 29.03.1990. Recurso improvido. (TJSP, Ap. Cível n. 973.015-2/Santo André, 12ª Câm., rel. Des. Cerqueira Leite, j. 16.11.2005, v.u.)

Penhora. Bem de família. Imóvel objeto de garantia hipotecária do débito em execução. Inaplicabilidade do benefício. Art. 3º, V, da Lei n. 8.009, de 29.03.1990. Embargos à arrematação improcedentes. (I TACSP, Ap. Cível n. 617.896, rel. Antonio Rigolin)

---

**Art. 1.474. A hipoteca abrange todas as acessões, melhoramentos ou construções do imóvel. Subsistem os ônus reais constituídos e registrados, anteriormente à hipoteca, sobre o mesmo imóvel.**

---

Duas são as regras enunciadas no preceito: (a) a hipoteca abrange a integralidade do imóvel, com todos os seus acessórios; (b) a hipoteca não afeta os direitos reais anteriormente constituídos e registrados.

No que se refere aos acessórios, remete-se o leitor ao comentário do artigo anterior, especialmente o inciso I. A hipoteca abrange todas as construções, plantações (acessões) e benfeitorias, que guardam relação de acessoriedade com o imóvel. Ainda que não mencionadas no título, integram naturalmente a garantia real. Também as construções e plantações não existentes ao tempo da constituição da garantia real, à medida que forem erigidas e plantadas, integram-se automaticamente à hipoteca, independentemente de previsão negocial. A regra tem especial relevância no que se refere às unidades autônomas de condomínio edilício em construção, hipótese em que se admite, por exceção, a hipoteca sobre coisa futura, especializada por antecipação.

No artigo anterior também estudamos as pertenças, que, por não se enquadrarem na condição de acessórias – embora sirvam à exploração da coisa a que servem –, gozam de autonomia jurídica e somente integram a garantia se expressamente previstas no título constitutivo.

No que se refere às acessões e benfeitorias feitas por terceiros no imóvel hipotecado, a situação é outra. Na lição de Clóvis Bevilaqua, "as benfeitorias úteis e necessárias, realizadas por terceiros de boa-fé, não se desagregam do imóvel hipotecado, de modo que o credor exequente as terá de descontar do preço do imóvel arrematado ou adjudicado, para indenizar a quem as realizou. Quem, de boa-fé, melhora o prédio alheio nas condições acima expostas, tem direito a ser indenizado" (*Direito das coisas*. Rio de Janeiro, Freitas Bastos, 1951, v. II, p. 148). Do mesmo modo, Orlando Gomes afirma que "se as benfeitorias pertencerem a terceiros, aos quais assista direito de pedir indenização ao proprietário do imóvel, deduz-se o seu valor no preço da venda do bem principal" (*Direitos reais*, 19. ed. Rio de Janeiro, Forense, 2004, p. 416).

Em suma, em relação a terceiros, aplica-se o regime de indenização e de retenção previsto nos arts. 1.219 a 1.222 (benfeitorias) e 1.253 a 1.259 (acessões) já estudados, sendo primordial conhecer a boa-fé do possuidor e do construtor. O direito que teriam contra o proprietário do imóvel hipotecado pode abater do valor da arrematação, ou exercê-lo contra o credor adjudicante. Isso porque as acessões e benfeitorias valorizaram o imóvel e integram o preço de arrematação, de modo que a não indenização vulneraria a cláusula geral que veda o enriquecimento sem causa.

Quanto aos frutos, o devedor hipotecário ou terceiro prestador da garantia conserva a posse, acompanhada dos poderes de usar e fruir a coisa dada em garantia, até o momento da excussão. Enquanto pendentes, os frutos são acessórios da coisa e integram, por consequência, a garantia hipotecária. Porém, o proprietário da coisa hipotecada pode destacar e consumir ou alienar os frutos, momento em que ganham autonomia jurídica e se desligam da garantia. Como os frutos são renováveis periodicamente e não desfalcam a substância da coisa hipotecada, preserva-se o seu valor e o interesse do credor. Em suma, até o momento da excussão, os frutos pertencem ao proprietário. Somente os frutos colhidos por antecipação é que devem ser devolvidos ao arrematante.

No que se refere aos produtos, a regra é outra. Eles não são renováveis e desfalcam a substância da coisa hipotecada, provocando sua desvalorização. Devem ser preservados pelo proprietário, evitando o prejuízo do credor hipotecário, salvo cláusula em sentido contrário contida no título.

O segundo período do artigo em estudo ressalva subsistirem os ônus reais constituídos anteriormente à hipoteca. Natural que os anteriores direitos reais sobre coisa alheia, como superfície, servidão, usufruto, uso, habitação e mesmo anterior hipoteca, irradiem efeitos em relação à nova garantia, que recai sobre coisa já gravada.

A regra inversa também é verdadeira. A hipoteca registrada prevalece e não é afetada diante dos posteriores direitos reais sobre coisa alheia, inclusive segunda hipoteca.

Merece destaque a Súmula n. 308 do STJ: "A hipoteca firmada entre a construtora e o agente financeiro, anterior ou posterior à celebração da promessa de compra e venda, não tem eficácia perante os adquirentes do imóvel". O STJ, em homenagem ao princípio da boa-fé objetiva e aos deveres de cuidado ao se contratar, a fim de não lesar interesses alheios, conferiu eficácia aos compromissos de venda e compra não registrados, perante o direito real de hipoteca das instituições financeiras. Partiu da correta premissa de que as instituições financeiras conheciam ou deveriam conhecer que as unidades recebidas em garantia eram prometidas à venda ao público.

**Jurisprudência:** Sistema Financeiro da Habitação. Adjudicação de imóvel hipotecado. Direito à indenização em face de benfeitorias realizadas. Impossibilidade. Segundo o art. 1.474, do CC, "a hipoteca abrange todas as acessões, melhoramentos ou construções do imóvel. Subsistem os ônus reais constituídos e registrados, anteriormente à hipoteca, sobre o mesmo imóvel". Assim sendo, não existe obrigação, por parte do mutuante, de indenizar as benfeitorias, tendo em vista que a hipoteca abrange o imóvel como um todo. (TRF, 4ª R., Ap. Cível n. 2006.70.030.015.484, rel. Vânia Hack de Almeida, j. 01.08.2007)

Tutela. É possível antecipar tutela específica de obrigação de concluir compromisso de compra e venda de apartamento em construção quitado, contra os anseios da incorporadora que se opõe pela constituição de hipoteca que pega a unidade compromissada. Repressão ao abuso de direito praticado pela incorporadora, com valorização da sentença que, lavrando multa estimulante por dia de atraso, busca obter o resultado prático equivalente ao do adimplemento (art. 461, § 5°, do CPC, e art. 84, § 5°, da Lei n. 8.078, de 11.09.1990) [arts. 139, IV, e 536, § 1°, do CPC/2015]. Improvimento. (TJSP, AI n. 94.852-4/Campinas, 3ª Câm. de Dir. Priv., rel. Ênio Santarelli Zuliani, j. 02.03.1999, v.u.)

**Art. 1.475. É nula a cláusula que proíbe ao proprietário alienar imóvel hipotecado.**

**Parágrafo único. Pode convencionar-se que vencerá o crédito hipotecário, se o imóvel for alienado.**

O principal efeito da hipoteca é vincular um bem imóvel ao cumprimento de uma obrigação. Como alerta Caio Mário da Silva Pereira, o proprietário "não está inibido de alienar o imóvel hipotecado, porque não perde o *jus disponendi*. Ao adquirente, porém, transfere-se o ônus que o grava, não lhe valendo de escusa a alegação de ignorância, que não prevalece contra o registro, nem lhe socorrendo para libertá-lo de qualquer cláusula de sua escritura, ou compromisso assumido pelo devedor hipotecário. A alienação transfere o domínio do imóvel; mas este passa ao adquirente com o ônus hipotecário – *transit cum onere suo*" (*Instituições de direito civil*, 18. ed. Rio de Janeiro, Forense, 2003, v. IV, p. 386).

Em termos diversos, a sequela constitui um dos efeitos dos direitos reais de garantia, provocando a aderência do ônus à coisa, acompanhando-a em poder de quem se encontre. O artigo em exame destaca não ser o imóvel hipotecado inalienável, embora a alienação seja ineficaz perante o credor, que pode perseguir a coisa em poder de quem se encontre e promover sua excussão, no caso de inadimplemento do devedor.

A norma é cogente, de modo que se considera nula e não escrita qualquer cláusula negocial que impeça a alienação do imóvel hipotecado. Somente a cláusula é nula, não a garantia real. A regra tem razão de ser. É indiferente ao credor a alienação do imóvel, porque a garantia recai com vínculo real sobre a coisa, que será levada à hasta pública se houver inadimplemento. Se o imóvel hipotecado for alienável, também será penhorável, com as regras estabelecidas no art. 1.501, no caso de excussão.

O parágrafo único admite, mediante cláusula convencional expressa constante do título e do registro imobiliário, para conhecimento de terceiros, que a alienação provocará o vencimento antecipado do crédito hipotecário. No silêncio do título ou na omissão do registro, a alienação não produz qualquer efeito em relação ao crédito. A lei somente admite a aposição de tal cláusula no caso de alienação e não no de oneração do imóvel, inclusive por segunda hipoteca, que respeita os direitos reais anteriormente constituídos. A regra, porém, estende-se ao compromisso de compra e venda, que, como já visto nos comentários aos arts. 1.417 e 1.418, constitui direito real de aquisição e contrato preliminar impróprio, quase esgotando os efeitos da compra e venda.

A cláusula convencional do vencimento antecipado não é da natureza da garantia hipotecária e deve ser interpretada em cotejo com os princípios imperativos da boa-fé objetiva, da função social do contrato e do equilíbrio contratual. A alienação, embora ineficaz frente ao credor, pode provocar agravamento do risco ou de depreciação do imóvel hipotecado. Basta imaginar o adquirente deixar de pagar impostos, ou o rateio das despesas de condomínio edilício, ou de promover a conservação da construção, não fazendo as benfeitorias necessárias. Haverá, em tais hipóteses, nítida depreciação da garantia, o que justifica o vencimento convencional imediato da dívida e, na falta de pagamento, a pronta execução e excussão do prédio hipotecado.

Caso, porém, a alienação não provoque qualquer agravamento do risco de depreciação da garantia, inexiste razão para o vencimento antecipado da dívida, embora previsto em cláusula convencional. A medida provocaria a impossibilidade do devedor arcar com o pagamento integral e, por consequência, a execução da dívida, sem razão para tanto. É o que a melhor doutrina insere como uma das facetas do princípio da boa-fé objetiva e denomina de exercício desequilibrado de direitos (*inciviliter agere*), em que há manifesta desproporção entre a vantagem auferida pelo titular de um direito e o sacrifício imposto à contraparte, ainda que não haja o propósito de molestar. São casos em que o titular de um direito age sem consideração pela contraparte (NORONHA, Fernando. *O direito dos contratos e seus princípios fundamentais*. São Paulo, Saraiva, 1994, p. 179). O clássico Menezes Cordeiro trata da matéria como desequilíbrio no exercício de direitos, provocando danos inúteis à desproporção dos efeitos práticos. Ensina que "da ponderação dos casos concretos que deram corpo ao exercício em desequilíbrio, desprende-se a ideia de que, em todos, há uma desconexão – ou, se quiser, uma desproporção – entre as situações sociais típicas prefiguradas pelas normas jurídicas que atribuíam direitos e o resultado prático do exercício desses direitos. Parece, pois, haver uma bitola que, transcendendo as simples normas jurídicas, regula, para além delas, o exercício de posições jus-subjetivas; essa bitola dita a medida da desproporção tolerável, a partir da qual já há abuso" (*Da boa-fé no direito civil*. Coimbra, Almedina, 1977, p. 859).

Em resumo, o vencimento antecipado da dívida, ainda que convencionado pelas partes, está subordinado à prova de que a alienação de algum modo feriu interesse do credor hipotecário, ou provocou a depreciação do imóvel objeto da garantia, sob pena da execução antecipada configurar abuso de direito.

As hipotecas vinculadas ao SFH – Sistema Financeiro de Habitação – são regidas por lei especial, que reclama prévia e expressa anuência do credor hipotecário para a alienação do imóvel gravado a terceiros. Dispõe a Lei n. 8.004/90, que o mutuário do SFH somente pode alienar o imóvel gravado com a concomitante transferência do financiamento e com interveniência obrigatória da instituição financeira. A norma não se encontra revogada pelo artigo em estudo do CC/2002, pois se trata de lei especial, voltada a financiamentos com regras pontuais e juros subsidiados, tendo como destinatários determinados segmentos da população. O financiamento tem caráter social, cobrando juros inferiores aos praticados pelo mercado. Os destinatários devem reunir certo perfil desenhado pelo legislador: não serem proprietários de imóvel residencial diverso e terem renda comprovada, cujo comprometimento não pode ultrapassar certo patamar.

Ressalte-se apenas a existência da Lei n. 10.150/2000, que prevê a possibilidade de regularização das transferências efetuadas sem a anuência da instituição financeira até 25.10.1996, à exceção daquelas que envolvam contratos enquadrados nos planos de reajustamento definidos pela Lei n. 8.692/93, o que revela a intenção do legislador de possibilitar a regularização dos cognominados "contratos de gaveta", originários da celeridade do comércio imobiliário e da negativa do agente financeiro em aceitar transferências de titularidade do mútuo sem renegociar o saldo devedor.

Afora essa hipótese, a vedação à cessão prevista na Lei n. 8.004/90 se justifica. O financiamento a juros subsidiados é concedido a certa camada da população de perfil socialmente desejável pelo legislador, de modo que a benesse não deve ser repassada a terceiros não portadores das mesmas características. Há razão objetiva para o discrímen justificador da incidência de regulação por norma especial, não afetada pela norma geral do CC/2002 (STJ, REsp n. 100.347/SC, rel. Min. Ari Pargendler).

O STJ, em mais de uma oportunidade, assentou o seguinte: "Com efeito, em qualquer transferência de financiamento no âmbito do Sistema Financeiro de Habitação é obrigatória a intervenção da instituição financeira no negócio jurídico de cessão de direitos e obrigações decorrentes do mútuo hipotecário. Caso, no entanto, a cessão ocorra sem essa intervenção, não haverá vínculo jurídico a obrigar a instituição financeira perante o cessionário, mesmo porque em tais contratos existe expressa previsão de que a cessão ou transferência a terceiros dos direitos contratuais, sem consentimento da credora, implicará vencimento antecipado da dívida" (REsp n. 184.337/ES, rel. Min. Sálvio de Figueiredo Teixeira).

O julgado, porém, estabeleceu limites à atuação da credora hipotecária, ao admitir que ao mutuário "em resumo, de uma ponta, não pode privar-se de alienar seu imóvel. De outra, a credora hipotecária não pode estar alheia às transferências do bem hipotecado a seu favor. Todavia, não pode a Caixa ter para si o arbítrio exclusivo de utilizar essa condição da concordância na medida de sua conveniência, já que teria o poder de inviabilizar a faculdade de o proprietário dispor do imóvel. A harmonização dessas faculdades e direitos de ambos os contratantes está a exigir moderada interpretação da cláusula contratual, no sentido de que só poderá a Caixa recusar a transferência do imóvel nos casos de o adquirente não cumprir as exigências do SFH, na qualidade de sub-rogado naqueles direitos e obrigações. Sem esse motivo, torna a ela vedado recusar a alienação do imóvel".

Parece ser esta a posição mais equânime para solução da questão: há necessidade do credor hipotecário, no sistema do SFH, anuir à alienação do imóvel hipotecado, mas a recusa não pode ser imotivada se o adquirente preencher o perfil social e financeiro para a modalidade especial de financiamento. Faz-se, porém, uma ressalva. Há casos em que, tratando-se de financiamentos habitacionais para camadas populares de baixa renda, a mera circunstância de o cessionário, ao adquirir o imóvel financiado, estar infringindo a ordem estabelecida para o benefício (em filas ou sorteios específicos) já representará razão suficiente para a recusa à anuência.

Ao julgar em 04.05.2006, na 4ª Câmara de Direito Privado do TJSP, a Apelação Cível n. 345.464.4/8-00, deixei assentado, em caso similar ao ora em exame, que "não resta dúvida que legítimo é o interesse da recorrente de garantir seu direito fundamental à moradia. Há, porém, outras pessoas, tão ou mais carentes, que percorreram verdadeira via *crucis* de filas e documentos para obterem o cadastro no programa de habitação popular e que aguardam anos, à espera de contemplação em sorteio. Dizendo de outro modo, acolher a pretensão da autora significaria alijar pretensão tão ou mais legítima alheia, o que não se mostra factível".

Após a vigência do atual CC, o STJ examinou o diálogo entre o art. 1.475 e a Lei n. 8.004/90. Assentou que o art. 1.475 "não alcança as hipotecas vinculadas ao Sistema Financeiro da Habitação - SFH, posto que para esse fim há lei especial - Lei n. 8.004/90 -, a qual não veda a alienação, mas apenas estabelece como requisito a interveniência do credor hipotecário e a assunção, pelo novo adquirente, do saldo devedor existente na data da venda, em sintonia com a regra do art. 303 do CC/2002. Com efeito, associada à questão da dispensa de anuência do credor hipotecário está a notificação dirigida ao credor, relativamente à alienação do imóvel hipotecado e à assunção da respectiva dívida pelo novo titular do imóvel. A matéria está regulada nos arts. 299 a 303 do novel CC – da assunção de dívida –, dispondo o art. 303 que 'o adquirente do imóvel hipotecado pode tomar a seu cargo o pagamento do crédito garantido; se o credor, notificado, não impugnar em trinta dias a transferência do débito, entender-se-á dado o assentimento'" (STJ, REsp n. 627.424/PR, rel. Min. Luiz Fux, j. 06.03.2007).

Em resumo, parece ser esta a mais recente orientação do STJ: no regime do SFH, exige-se a anuência do credor hipotecário para a cessão ou alienação do imóvel hipotecado; caso, porém, o adquirente notifique o credor hipotecário, com prazo de 30 dias, e tome a seu cargo o pagamento da dívida sem oposição do credor, entende-se suprido o assentimento.

**Jurisprudência:** Registro de imóveis. Dúvida. Hipoteca cedular previamente registrada. Cédula de crédito comercial. Possibilidade de posterior registro de penhora referente a débito condominial. Obrigação *propter rem*. Inteligência do art. 5º da Lei n. 6.840/80 e do art. 57 do DL n. 413/69. Recurso não provido (TJSP, Ap. Cível n. 223-6/0, rel. José Mário Antonio Cardinale). (*Lex-TJSP* 286/577, 2005)

1 – "Passando o agente financeiro a receber do cessionário as prestações amortizadoras do financiamento, após tomar conhecimento da transferência do imóvel financiado a termo, presume-se que ele consentiu tacitamente com a alienação" (STJ, EREsp n. 70.684, rel. Min. Garcia Vieira, *DJ* 14.02.2000). 2 – A alienação

do imóvel objeto do contrato de mútuo operou-se em 1989, quando ainda inexistia exigência legal de que o agente financeiro participasse da transferência do imóvel, não estando a mesma vedada por nenhum dispositivo legal. Consequentemente, inaplicáveis as regras contidas na Lei n. 8.004, de 14.03.1990, que obriga a interveniência do credor hipotecário e a assunção, pelo novo adquirente, do saldo devedor existente na data da venda. 3 – Situação fática em que o credor (Banco [...]) foi notificado em três ocasiões sobre a transferência do contrato. Embora tenha manifestado sua discordância com o negócio realizado, permaneceu recebendo as prestações até o mês de abril de 1995, ensejando a anuência tácita da transferência do mútuo. 4 – Consoante o princípio *pacta sunt servanda*, a força obrigatória dos contratos há de prevalecer, porquanto é a base de sustentação da segurança jurídica, segundo o vetusto CC/1916, de feição individualista, que privilegiava a autonomia da vontade e a força obrigatória das manifestações volitivas. Não obstante, esse princípio sofre mitigação, uma vez que sua aplicação prática está condicionada a outros fatores, como, *v. g.*, a função social, as regras que beneficiam o aderente nos contratos de adesão e a onerosidade excessiva. (STJ, REsp n. 573.059/RS, rel. Min. Luiz Fux, j. 14.09.2004)

Registro de imóveis. Alienação. Imóvel. Hipoteca. Cédula de crédito rural. Credor. Prévia anuência. Área de reserva legal. Desnecessidade de averbação. A regra geral do art. 1.475 do CC não exclui a aplicação da norma especial contida no art. 59 do DL n. 167/67, que condiciona a venda dos bens apenhados ou hipotecados por meio de cédula de crédito rural à prévia anuência do credor, por escrito. (TJMG, Ap. Cível n. 1.0498.03.002572-6/002, rel. Almeida Melo, j. 09.09.2004)

É obrigatória a interveniência da instituição financeira na transferência de imóvel financiado pelo SFH. (STJ, REsp n. 184.337/ES, rel. Min. Sálvio de Figueiredo Teixeira, j. 25.06.2002)

Contrato original, entre a CEF e o mutuário, bem como o negócio entre cedente e cessionário, foram efetuados, ambos, anteriormente à Lei n. 8.004, de 14.03.1990. Credor hipotecário que recebeu as prestações por vários meses antes da recusa ao pagamento, caracterizando anuência tácita. (STJ, REsp n. 83.467/SP, rel. Min. Francisco Peçanha Martins, j. 08.06.1999)

Conforme precedentes desta corte, com a transferência ilegal do imóvel ocorre o vencimento antecipado da dívida e o saldo devedor deve ser quitado, não havendo que se falar em sub-rogação com referência às prestações mensais ou em direito à transferência do contrato de financiamento. Portanto, se a alienação se deu ao arrepio da instituição que detém a hipoteca, sem a sua anuência ou consentimento, não merece prosperar a consignatória. (STJ, REsp n. 75.373/RS, rel. Min. José de Jesus Filho, j. 08.04.1997)

Execução fiscal. Penhora. Incidência sobre bem vinculado à cédula de crédito comercial. Prevalência do art. 184 do CTN sobre o art. 57 do DL n. 413, de 09.01.1969. Recurso não provido. São impenhoráveis os bens dados em hipoteca ou penhor e vinculados à cédula de crédito industrial ou comercial, salvo confronto com os créditos tributários. (I TACSP, AI n. 268.097-2/Nova Granada, 14ª Câm., rel. Franciulli Netto, j. 07.11.1995, v.u.)

Condomínio. Alienação de bem dado em garantia de hipoteca. Admissibilidade. Ocorrência de fato superveniente que se sobrepõe à proibição de venda. Transferência dos encargos ao novo adquirente. Cobrança da dívida sempre assegurada pelo direito de sequela e de preferência. Recurso não provido. A hipoteca, garantia real, ainda que o bem venha a trocar de mãos, sempre assegurará cobrança da dívida contra o eventual novo adquirente. Afinal, como disposto na lei, os direitos reais passam com o imóvel para o domínio do adquirente. (I TACSP, Ap. Cível n. 264.117-2/Indaiatuba, 16ª Câm., rel. Jacobina Rabello, j. 27.06.1995, v.u.)

Direito real sobre coisa alheia. Hipoteca. Vinculação do bem gravado. Hipótese em que o bem responde pela dívida, ainda que se encontre em poder de terceiro. Ação de cobrança, ademais, que deve ser dirigida contra quem se obrigou. Recurso não provido. (TJSP, AI n. 230.981-1/Capivari, rel. Leite Cintra, j. 23.11.1994, v.u.)

A transferência do imóvel foi ilegal e violou cláusula contratual, acarretando o vencimento antecipado da dívida e o saldo devedor deve ser quitado, não assistindo qualquer razão aos recorridos de sub-rogação, de continuar a pagar as prestações mensais do imóvel *sub judice* ou de compelir o recorrente a transferir-lhes o contrato de financiamento (STJ, REsp n. 55.270/RS, rel. Min. Garcia Vieira, j. 07.11.1994). (*Lex-STJ* 72/228)

**Art. 1.476. O dono do imóvel hipotecado pode constituir outra hipoteca sobre ele, mediante novo título, em favor do mesmo ou de outro credor.**

Este artigo completa o preceito do artigo anterior, pois no *jus disponendi* se integra o direito do proprietário do bem hipotecado constituir novas garantias reais. O preceito abrange não apenas o dono, mas também o titular do domínio útil e do direto, o superficiário e do direito de lavra. Podem constituir anticrese, pois a hipoteca não afeta o *jus fruendi*, assim como novas sub-hipotecas, sem limitação de número ou de valor.

Embora o artigo mencione hipoteca no singular, nada impede o proprietário de constituir quantas hipotecas desejar, de valor inferior ou superior ao do bem, sem afetar a garantia anteriormente constituída. A constituição independe de prévia anuência do credor hipotecário em primeiro grau, porque em nada afeta os efeitos da garantia já constituída. O direito de sub-hipotecar é de natureza cogente, tal como o de alienar previsto no artigo anterior, considerando-se não escrita cláusula proibitiva. O que podem as partes convencionar é o vencimento antecipado da dívida, de modo similar ao do parágrafo único do artigo anterior, respeitando-se, porém, os princípios da boa-fé e do equilíbrio contratual.

A regra em exame, tal como destacado no artigo antecedente, não vale para as hipotecas constituídas no regime do Sistema Financeiro de Habitação, pois a alienação ou a oneração devem contar com expressa anuência do credor hipotecário.

---

**Art. 1.477. Salvo o caso de insolvência do devedor, o credor da segunda hipoteca, embora vencida, não poderá executar o imóvel antes de vencida a primeira.**

**§ 1º Não se considera insolvente o devedor por faltar ao pagamento das obrigações garantidas por hipotecas posteriores à primeira.**

Antigo parágrafo único renumerado pela Lei n. 14.711, de 30.10.2023.

**§ 2º O inadimplemento da obrigação garantida por hipoteca faculta ao credor declarar vencidas as demais obrigações de que for titular garantidas pelo mesmo imóvel.**

Parágrafo acrescentado pela Lei n. 14.711, de 30.10.2023.

---

Embora aluda a norma apenas à primeira e à segunda hipotecas, abrangem todas as de grau superior, em relação às hipotecas de grau inferior. O termo "primeira hipoteca" diz respeito à anterioridade de registro, em relação à segunda hipoteca. Assim, o credor da terceira hipoteca, embora vencida, não pode executá-la enquanto não estiverem vencidas a primeira e a segunda hipotecas. Com maior dose de razão, abrange também os credores quirografários, de dívidas vencidas antes do crédito hipotecário (FULGÊNCIO, Tito. *Direito real de hipoteca*. Rio de Janeiro, Forense, 1960, p. 158).

A razão de ser da norma é explicada por Clóvis Bevilaqua: "esses credores de hipoteca ulteriormente inscrita já encontraram o bem gravado, em sua totalidade, em proveito do credor anteriormente inscrito. Sua garantia está na parcela do valor do bem, que restar do pagamento da obrigação anteriormente garantida. Retarda-se a execução, porque a garantia recai sobre o remanescente" (*Direito das coisas*. Rio de Janeiro, Freitas Bastos, 1951, v. II, p. 160).

A regra é a da impossibilidade do credor de hipoteca de grau mais elevado executar a garantia antes do vencimento da hipoteca de grau menos elevado. Em termos diversos, a exigibilidade se posterga até o vencimento do crédito garantido por hipoteca de grau inferior. Se não há exigibilidade, não há pretensão e nem corre a prescrição. Nada impede, porém, o credor de hipoteca de grau superior, em vez de aguardar o vencimento da hipoteca inferior, penhorar outros bens do devedor, livres da hipoteca, não se aplicando ao caso a regra do art. 842 do CPC/2015 (art. 655, § 2º, do CPC/73).

Exceção à regra da inexigibilidade do crédito de hipoteca de grau superior, antes de vencida a hipoteca de grau inferior, é a hipótese de insolvência do devedor, que provoca o vencimento antecipado de todos os créditos e a instauração do concurso de credores. Embora não refira de modo expresso a lei, o entendimento majoritário é no sentido de que os demais casos de vencimento antecipado, previstos no art. 1.425, provocam o mesmo efeito.

O § 1º do artigo em estudo trata da prova da insolvência do devedor, constatada pela existência de dívidas vencidas superiores à importância dos bens do devedor (art. 748 do CPC/73 – sem correspondente no CPC/2015). A prova é facilitada pela regra do art. 750 do CPC/73 (sem correspondente no CPC/2015), no sentido de que se presume a insolvência quando o devedor não possui bens livres ou desembaraçados para nomear à penhora.

Para evitar, porém, que um bem de valor suficiente para cobrir diversas hipotecas leve à indevida insolvência do devedor, quando vencidas sub-hipotecas, uma vez que as execuções não podem ser iniciadas antes do vencimento da primeira hipoteca, e o devedor não possuir outros bens livres, é que existe o preceito do § 1º: não se considera insolvente o devedor por faltar ao pagamento das obrigações garantidas por hipotecas posteriores à primeira.

O § 2º foi acrescentado pela Lei n. 14.711/2023 e se encontra em harmonia com a nova figura da extensão da hipoteca, positivada no art. 1.487-A do CC, adiante comentado. Criou exceção à regra do § 1º, facultando ao credor, desde que haja unicidade, ou seja, um só credor com hipotecas de diversos graus ou, então, um só credor com hipoteca única estendida a várias obrigações, considerá-las vencidas se houver o inadimplemento de uma delas. A regra não exige cláusula contratual expressa a respeito, pois deriva da lei.

Lembre-se que os créditos com privilégio legal superiores à hipoteca, referidos no art. 1.422, não se encontram sujeitos à restrição prevista neste artigo e podem ser executados desde os respectivos vencimentos.

---

**Art. 1.478. O credor hipotecário que efetuar o pagamento, a qualquer tempo, das dívidas garantidas pelas hipotecas anteriores sub-rogar-se-á nos seus direitos, sem prejuízo dos que lhe competirem contra o devedor comum.**

*Caput* com redação dada pela Lei n. 14.711, de 30.10.2023.

**Parágrafo único. Se o primeiro credor estiver promovendo a execução da hipoteca, o credor da segunda depositará a importância do débito e as despesas judiciais.**

---

Este artigo, com redação alterada e simplificada pela Lei n. 14.711/2023, disciplina a primeira hipótese de remição – resgate ou redenção – da hipoteca, feita pelo credor garantido por hipoteca posterior.

A remição pelo credor com hipoteca posterior foi extremamente facilitada pela alteração legislativa. Não mais se exige que a dívida garantida pela primeira hipoteca se encontre vencida ou executada.

Basta ao credor de hipoteca posterior, a "qualquer tempo", no dizer da lei, resgatar a dívida garantida pela hipoteca anterior para se sub-rogar em seus direitos.

Na falta de consenso entre os credores e o próprio devedor, com preferência no exercício de tal prerrogativa, a remição se faz mediante pagamento por consignação. São citados os credores com hipotecas de graus inferiores e o devedor; este em razão da preferência que goza na remição. O depósito engloba o crédito e seus encargos. Se já houver execução aparelhada, também as despesas judiciais.

A remição provoca a sub-rogação do credor com hipoteca posterior nos direitos do credor com hipoteca anterior, sem prejuízo dos que lhe competem. Embora mencione o preceito a extinção da hipoteca, tal fenômeno não ocorrerá nessa modalidade de remição, que apenas afasta a concorrência do primeiro credor. Há simples sub-rogação. O credor da hipoteca posterior assume a posição jurídica do credor da hipoteca anterior, com todos os seus benefícios e vicissitudes. Os juros, a cláusula penal e em especial a melhor preferência são transmitidos ao credor remissor, sem prejuízo do crédito de que já era titular contra o devedor. A execução pode ocorrer pelo total dos créditos. De outro lado, pode o devedor opor ao novo credor as exceções que tinha contra o credor originário.

---

**Art. 1.479. O adquirente do imóvel hipotecado, desde que não se tenha obrigado pessoalmente a pagar as dívidas aos credores hipotecários, poderá exonerar-se da hipoteca, abandonando-lhes o imóvel.**

---

O artigo em estudo merece interpretação cuidadosa. Confere ao adquirente de imóvel hipotecado o direito potestativo de exonerar-se da hipoteca, caso não deseje remi-la, abandonando o imóvel.

A norma alcança somente o terceiro adquirente não obrigado ao pagamento da obrigação garantida. Caso tenha se obrigado a solver a dívida, ainda que como garantidor, ou sucessor do obrigado, não pode usar da prerrogativa do abandono, mas apenas da remição.

Usa a lei de modo impróprio o termo abandono, pois o que se faculta ao adquirente é a entrega do imóvel ao credor hipotecário ou a sua devolução ao alienante. Como alerta Marco Aurélio S. Viana, é impróprio falar em abandono em favor de alguém (*Comentários ao novo Código Civil*. Rio de Janeiro, Forense, p. 808). O que criou a lei foi um caso de resilição unilateral do negócio aquisitivo, mediante devolução ao alienante, ou de entrega ao credor, com o fito de extinguir a hipoteca.

Note-se que a entrega ao credor provoca a exoneração da hipoteca, não a extinção da obrigação garantida. O adquirente não é devedor, mas apenas proprietário de imóvel ou bem previsto no art. 1.473 gravado por hipoteca e nessa qualidade deve ser citado na execução hipotecária (STJ, REsp n. 326.201/SP, rel. Min. Eduardo Ribeiro). É dono de bem afetado ao cumprimento de uma obrigação e pode evitar a execução desfazendo o negócio aquisitivo, ou entregando a coisa ao credor hipotecário, de modo unilateral.

O abandono previsto nesse artigo não se dá mediante mera entrega da posse do bem hipotecado ao credor ou ao alienante, com o ânimo específico de exonerar-se da hipoteca. A entrega da posse por negócio jurídico solene ou mediante decisão judicial deve ser instrumentalizada e levada ao registro imobiliário.

Ao contrário do que defende parte da doutrina (MAMEDE, Gladston. *Código Civil comentado*. São Paulo, Atlas, 2003, v. XV, p. 361), o preceito não se estende a todos os casos de terceiros prestadores de garantia, mas tão somente ao adquirente de bem hipotecado, como se deduz da leitura do artigo subsequente.

Remete-se o leitor ao comentário do art. 1.474. Os tribunais cada vez mais valorizam a posse do adquirente de boa-fé, em detrimento do credor hipotecário, especialmente se este se descurou dos deveres de cuidado e diligência. Merece destaque a Súmula n. 308 do STJ, do seguinte teor: "A hipoteca firmada entre a construtora e o agente financeiro, anterior ou posterior à celebração da promessa de compra e venda, não tem eficácia perante os adquirentes do imóvel".

**Art. 1.480. O adquirente notificará o vendedor e os credores hipotecários, deferindo-lhes, conjuntamente, a posse do imóvel, ou o depositará em juízo.**

**Parágrafo único. Poderá o adquirente exercer a faculdade de abandonar o imóvel hipotecado, até as vinte e quatro horas subsequentes à citação, com que se inicia o procedimento executivo.**

Detalha o artigo o exercício do direito potestativo de *abandono* – ou melhor, transferência – do bem hipotecado ao alienante ou ao credor hipotecário. A entrega do bem pode ocorrer antes da execução, mediante notificação ou consignação do adquirente. A notificação deve ser seguida de entrega da posse, instrumentalização e registro. A sentença que julga a consignação constitui título hábil ao registro.

Pode ocorrer também o abandono durante a execução da hipoteca, no prazo decadencial de vinte e quatro horas, contado da citação, mediante requerimento nos autos. Caso a entrega se faça nos autos da execução hipotecária, o juiz mandará imitir o credor na posse do imóvel, assim como determinará a transferência do imóvel hipotecado. A execução poderá prosseguir como quirografária contra o devedor, porque esgotada a garantia real. Em tal hipótese, abate-se da dívida o valor de aquisição do bem hipotecado, ou, caso seja inferior ou superior ao de mercado, o valor ajustado, nos moldes do art. 1.484 do CC, ou se procederá à avaliação do imóvel.

Ressalta o preceito poder a consignação ser ajuizada em face também do alienante. A lei criou uma espécie de denúncia unilateral de contrato de venda e compra de imóvel hipotecado. Não diz a lei, no caso de disputa entre o credor hipotecário e o alienante, qual deles receberá o imóvel. Caso o preço tenha sido integralmente pago, é razoável que a preferência seja do credor. Caso contrário, a preferência de receber o imóvel abandonado será do alienante.

**Art. 1.481. Dentro em trinta dias, contados do registro do título aquisitivo, tem o adquirente do imóvel hipotecado o direito de remi-lo, citando os credores hipotecários e propondo importância não inferior ao preço por que o adquiriu.**

**§ 1º Se o credor impugnar o preço da aquisição ou a importância oferecida, realizar-se-á licitação, efetuando-se a venda judicial a quem oferecer maior preço, assegurada preferência ao adquirente do imóvel.**

**§ 2º Não impugnado pelo credor, o preço da aquisição ou o preço proposto pelo adquirente, haver-se-á por definitivamente fixado para a remissão do imóvel, que ficará livre de hipoteca, uma vez pago ou depositado o preço.**

**§ 3º Se o adquirente deixar de remir o imóvel, sujeitando-o a execução, ficará obrigado a ressarcir os credores hipotecários da desvalorização que, por sua culpa, o mesmo vier a sofrer, além das despesas judiciais da execução.**

**§ 4º Disporá de ação regressiva contra o vendedor o adquirente que ficar privado do imóvel em consequência de licitação ou penhora, o que pagar a hipoteca, o que, por causa de adjudicação ou licitação, desembolsar com o pagamento da hipoteca importância excedente à da compra e o que suportar custas e despesas judiciais.**

Legislação correlata: arts. 266 a 276, Lei n. 6.015, de 31.12.1973.

Trata da remição – ou resgate, ou purga, ou redenção da hipoteca – por adquirente do imóvel ou bem hipotecado, desde que o faça tempestivamente. Entende-se por adquirente todo aquele a quem for transmitido o imóvel, a título *inter vivos* ou *causa mortis*, desde que não seja parte na obrigação ou na hipoteca (CARVALHO SANTOS, J. M. de. *Código Civil interpretado*, 11. ed. Rio de Janeiro, Freitas Bastos, 1972, v. X, p. 342). O preceito deve ser estendido ao promitente comprador, com título registrado, titular de direito real de aquisição.

Tem por objetivo, segundo Caio Mário da Silva Pereira, conciliar dois princípios: segurança para o credor e livre circulação dos bens (*Instituições de direito civil*, 18. ed. Rio de Janeiro, Forense, 2003, v. IV, p. 394). A hipoteca é dotada de sequela, que provoca aderência ao bem e segue a sua sorte em poder de quem se encontre. Pode não convir ao adquirente a manutenção do vínculo real do bem à solução de uma obrigação. A lei lhe confere o direito de remir a dívida, liberando o bem da garantia.

O direito de remição pode ser exercido pelo adquirente antes mesmo do vencimento do crédito hipotecário. O prazo decadencial a que está sujeito o adquirente é de trinta dias – contados do registro do título *inter vivos* ou do formal de partilha – para citar os credores hipotecários em ação própria. Não basta a notificação manifestando a intenção de remir; é exigido também o ajuizamento da ação judicial. Deve ofertar desde logo o preço de resgate (nunca inferior ao preço de aquisição), assim como o modo de pagamento. Se for adquirido por doação, o valor mínimo é o atribuído pelas partes ao negócio. Evidente que se o valor do bem supera o das dívidas garantidas, a remição se fará pelo valor das dívidas, pois o que interessa aos credores é a satisfação de seus créditos. O valor da dívida abrange juros e outros encargos, aplicando-se, porém, a regra do art. 1.426, quanto aos juros correspondentes ao período ainda não decorrido.

Se o credor não impugnar o pedido, o valor ofertado pelo adquirente torna-se definitivo e, mediante depósito, será expedido mandado de cancelamento do registro da hipoteca. Eventual saldo credor poderá ser cobrado do devedor como quirografário.

O credor pode impugnar o pedido de remição, alegando a ausência de seus requisitos (decadência, ausência de registro, obrigação do adquirente pelo pagamento da dívida garantida), ou apenas o preço ofertado, pois inferior ao de mercado. Estabelece a lei a instauração de uma licitação, com o objetivo de apurar o real valor do bem hipotecado. São duas as razões centrais da licitação: a) proporcionar ao credor a certeza de que o bem gravado se liberte com o pagamento do valor real, evitando o conluio e a venda por preço baixo, com o escopo de esvaziar a hipoteca; b) consolidar a situação do adquirente, que se expõe a uma licitação e não poderá ser posteriormente acusado de libertar o bem por valor inferior ao de mercado (PEREIRA, Caio Mário da Silva. *Instituições de direito civil*, 18. ed. Rio de Janeiro, Forense, 2003, v. IV, p. 397). A novidade está no fato de a licitação ser agora aberta a qualquer interessado, com o objetivo de aferir o real valor de mercado, e não mais limitada aos credores hipotecários, fiadores e adquirente. O adquirente tem preferência na licitação, igualando o maior lance do leilão. Se o maior lance for inferior ao da proposta inicial e da remição do adquirente, esta prevalece por ser vinculativa.

Caso o adquirente não obtenha em licitação a remição, ainda assim faz jus à indenização pelas benfeitorias úteis e necessárias que introduziu no imóvel, a fim de evitar o enriquecimento sem causa do credor, que a computou no preço de alienação a terceiros.

A remição extingue a hipoteca, mas não faz desaparecer o crédito. O adquirente se sub-roga no crédito contra o alienante, sem a hipoteca que se extinguiu, desde que a aquisição tenha se dado por negócio oneroso. A situação jurídica do adquirente do imóvel hipotecado é análoga à do evicto, pelo que se estende o regime da evicção (PEREIRA, Caio Mário da Silva. Op. cit., p. 397).

O direito de regresso do adquirente contra o alienante se dá nas seguintes hipóteses e limites, na lição de Marco Aurélio S. Viana: "a) em todos os casos, as despesas e custas judiciais; b) quando o adquirente já tiver pago o preço do imóvel, no todo ou em parte, aquilo que teve novamente de pagar aos credores; c) a diferença entre o preço da avaliação e o que tiver, efetivamente, desembolsado no pagamento dos credores, se ainda não tiver pago ao alienante; ou toda a soma despendida, se já tiver pago; d) se o imóvel lhe for adjudicado por quantia maior que a da aquisição, a diferença acrescida; e) se a outrem for adjudicado o imóvel, o que por ele recebeu o alienante" (*Comentários ao novo Código Civil.* Rio de Janeiro, Forense, 2003, v. XVI, p. 817).

**Jurisprudência:** O direito a remir o bem é exercido no tempo e modo previsto no art. 815 do CC, cabendo ao adquirente notificar judicialmente o seu contrato ao credor hipotecário, baldia, assim, a alegação de falta de oportunidade. (STJ, REsp n. 164.609/ES, rel. Min. Carlos Alberto Menezes Direito, j. 24.06.1999)

**Arts. 1.482 e 1.483.** (***Revogados pela Lei n. 13.105, de 16.03.2015.***)

**Art. 1.484. É lícito aos interessados fazer constar das escrituras o valor entre si ajustado dos imóveis hipotecados, o qual, devidamente atualizado, será a base para as arrematações, adjudicações e remições, dispensada a avaliação.**

Houve a supressão da parte final do antigo preceito (art. 818 do CC/1916), que limitava as remições ao período entre a primeira praça e a assinatura do auto de arrematação. Como vimos, a remição, em suas diversas hipóteses, tem prazos distintos de exercício. Além disso, há menção na redação atual sobre a atualização do valor convencionado.

Permite o preceito a fixação pelas partes do valor do bem hipotecado, no momento da constituição da hipoteca, com fundamento na autonomia privada. O valor acordado dispensa a avaliação e serve de base para arrematação, adjudicação e remição. A liberdade de estipulação, porém, encontra limites nas normas cogentes tanto no CDC como do CC, que consagram os princípios da boa-fé objetiva, do equilíbrio contratual e da função social do contrato. O valor contratual do bem hipotecado deve corresponder sempre ao seu valor de mercado, evitando a ocorrência de danos ao próprio credor, pela remição, ou especialmente ao devedor, pela arrematação ou adjudicação por valor vil.

Não se aceita a afirmação de Carvalho Santos, para quem podem as partes estipular que o valor pelo qual será o bem levado à hasta pública corresponderá ao valor da dívida (*Código Civil brasileiro interpretado*, 11. ed. Rio de Janeiro, Freitas Bastos, 1972, v. X, p. 369). O descompasso entre o valor do débito e o valor de mercado do bem dado em garantia pode provocar sérios prejuízos ao credor ou ao devedor, incompatíveis com os princípios contratuais cogentes referidos anteriormente.

A convenção atribuindo valor determinado ao bem hipotecado vincula não somente as partes contratantes. Levada a escritura – ou o contrato – ao registro, nasce direito real de garantia, oponível contra todos. A cláusula integra o negócio jurídico – ao lado da especialização – e também ganha realidade. Desde que compatível com o valor de mercado do bem hipotecado, vincula terceiros interessados ou que pretendam remir o imóvel.

Tentou o atual CC contornar a necessidade de avaliação, dispondo que a excussão e a remição se farão por valor atualizado. Não basta, porém, a singela correção monetária do valor convencionado, caso se mostre insuficiente para atingir o valor real de mercado. Na boa lição de Marco Aurélio S. Viana, "devemos entender a expressão valor atualizado, que a regra legal utiliza na disposição do artigo em comento, como a possibilidade de se estabelecer o preço real, no momento da execução" (*Comentários ao novo Código Civil*. Rio de Janeiro, Forense, p. 820).

No dizer de Araken de Assis, a técnica de certame estimula os pretendentes a atingir o maior e melhor preço, se mostrando justo, nesse caso, a apropriação pelo executado da diferença favorável entre o valor da dívida e do imóvel, pois a mais-valia integra seu patrimônio e cabe restituí-la (*Manual do processo de execução*, 6. ed. São Paulo, RT, p. 793).

Em resumo, o artigo em exame tem finalidade de evitar, no caso de inadimplemento, a fase de avaliação do bem penhorado. Recebe, porém, interpretação restritiva, somente alcançando o seu escopo se a avaliação corresponder ao valor de mercado do bem dado em garantia.

Note-se que a redação dada ao art. 684 do CPC/73 (art. 871 do CPC/2015), pela Lei n. 11.382/2006, não altera o que foi acima dito. Diz o preceito que não se procederá à avaliação, se o exequente aceitar a estimativa feita pelo executado, na hipótese do art. 668, parágrafo único, V, ou seja, quando houver pedido de substituição do bem penhorado, caso em que o devedor atribuirá valor ao bem ofertado. A atribuição é feita pelo próprio devedor no curso da execução, e não no momento da celebração do negócio, ou da constituição da garantia. São hipóteses inconfundíveis e distintas.

**Jurisprudência:** Execução hipotecária. Avaliação. Necessidade. Valor dos imóveis indicado na escritura aparentemente inferior ao valor real. Arts. 1.484 do CC/2002 e 818 do CC/1916. Interpretação coerente com as regras do processo de execução. Art. 684, I, do CPC [art. 871, I, do CPC/2015]. Hipótese inocorrente. Situações distintas. Recurso provido. (TJSP, AI n. 7.111.822-2/SP, 22ª Câm. de Dir. Priv., rel. Roberto Bedaque, j. 06.02.2007)

Não prevalência da disposição de caráter processual do art. 818 do CC, em face dos preceitos adjetivos mais modernos, que autorizam a avaliação dos bens dados em garantia, independentemente do valor acordado para o bem na escritura em que constituída a hipoteca. (STJ, Ag. Reg. n. 305.622/RJ, rel. Min. Aldir Passarinho Júnior, j. 13.03.2002)

Hipoteca convencional, contida em contrato de abertura de crédito bancário. Art. 818 do CC. Tema relativo à necessidade de avaliação do bem hipotecado. A avaliação do bem objeto da penhora é indispensável, nas execuções regidas pelo CPC, salvante as hipóteses do art. 684 do mesmo Código [art. 871, I, do CPC/2015]. A norma de natureza processual, contida no art. 818 do CC, é de considerar-se revogada pela legislação processual posterior. Recurso especial não conhecido. (STJ, REsp n. 5.623/SP, rel. Min. Athos Gusmão Carneiro, j. 11.06.1991)

---

**Art. 1.485. Mediante simples averbação, requerida por ambas as partes, poderá prorrogar-se a hipoteca, até 30 (trinta) anos da data do contrato. Desde que perfaça esse prazo, só poderá subsistir o contrato de hipoteca reconstituindo-se por novo título e novo registro; e, nesse caso, lhe será mantida a precedência, que então lhe competir.**

Artigo com redação dada pela Lei n. 10.931, de 02.08.2004.

---

Note-se que o preceito já foi mudado após a vigência do CC/2002. O texto original do art. 1.485 previa prazo de perempção de vinte anos, estendido para trinta anos por força da Lei n. 10.931/2004.

Podem as partes convencionar livremente o prazo da hipoteca, desde que não supere o limite cogente de trinta anos. Como ensina Caio Mário da Silva Pereira, não convém à estabilidade dos negócios e ao interesse social o estabelecimento de garantia real perpétua ou demasiado prolongada (*Instituições de direito civil*, 18. ed. Rio de Janeiro, Forense, 2003, v. IV, p. 389). Escoado o prazo trintenário, com termo inicial na data do contrato e não do registro da garantia real, pois a lei expressamente assim estabelece, dá-se a perempção, ou usucapião da liberdade (*usucapio libertatis*) da garantia real. A obrigação subsiste, mas a garantia real perime.

Nada impede que, estabelecida a hipoteca por prazo inferior, possa ser esta prorrogada, sem limitação do número de vezes, desde que não ultrapasse o limite de trinta anos imposto por norma cogente. A prorrogação se faz por simples requerimento escrito das partes, tal como diz lei, devidamente averbado no registro imobiliário, sem necessidade de escritura pública ou de novo título de hipoteca, constituindo exceção à regra geral do art. 108 do CC. Deve ser convencionada antes do prazo trintenário fatal, pois após o seu decurso exige-se a constituição de nova garantia. Não afeta direito de terceiros, de modo a não atingir a execução iniciada pelo credor da segunda hipoteca, depois de vencida a primeira.

O prazo de trinta anos é de natureza decadencial, de modo que não se aplicam as causas impeditivas, suspensivas e interruptivas aplicáveis à prescrição. Escoado o prazo, a hipoteca se extingue de pleno direito, ainda antes do cancelamento junto ao registro imobiliário, cujo efeito é meramente regularizatório, a ser pedido pelo interessado ao oficial. Não se confundem perempção da hipoteca com prescrição da pretensão da obrigação garantida. Disso decorre a possibilidade da perempção da garantia ocorrer antes da prescrição da obrigação garantida, que se converterá em quirografária. A regra somente vale para as hipotecas convencionais, não se estendendo às legais ou judiciárias, que perduram enquanto se prolongar a situação jurídica que elas visam a acautelar (MONTEIRO, Washington de Barros. *Curso de direito civil*, 37. ed. São Paulo, Saraiva, 2003, v. III, p. 417).

Ultrapassado o prazo fatal de trinta anos, somente subsiste a garantia real mediante novo contrato de hipoteca e novo registro imobiliário. Diz a lei que a hipoteca, em tal caso, reconstitui-se, mantendo a ordem de preferência que lhe competir. Superado se encontra antigo dissídio doutrinário sobre a interpretação do termo "preferência que lhe competir", se a originária ou a do momento da nova inscrição. Parece claro que se a hipoteca reconstitui-se, confirma-se, consolida-se e mantém a ordem de preferência, somente tem sentido a norma se for a ordem originária. O art. 238 da Lei n. 6.015/73 explicita o alcance da regra, ao dispor: "O registro da hipoteca convencional valerá pelo prazo de trinta anos, findo o qual só será mantido o número anterior se reconstituída por novo título e novo registro".

Assinala com razão Tupinambá Miguel Castro do Nascimento que a manutenção da ordem original de preferência somente ocorrerá "se a reconstituição por novo título e novo registro for tempestiva, ou seja, antes de decorridos os trinta anos da data do contrato hipotecário que antecedeu a reinscrição" (*Hipoteca*. Rio de Janeiro, Aide, 1996, p. 113). Não fosse assim, poderia o terceiro credor de boa-fé ser surpreendido pela reconstituição de hipoteca já extinta com manutenção da preferência original, em autêntica subversão da garantia e da segurança das relações negociais e dos direitos reais.

---

**Art. 1.486. Podem o credor e o devedor, no ato constitutivo da hipoteca, autorizar a emissão da correspondente cédula hipotecária, na forma e para os fins previstos em lei especial.**

---

A cédula hipotecária é um título de crédito que o credor hipotecário, desde que legitimado por lei (em especial instituições financeiras) e com base em hipoteca já constituída e inscrita, emite e lança à circulação.

É um título representativo do crédito hipotecário, não podendo ultrapassar jamais o seu valor, com a finalidade de facilitar a circulação e o desconto em mercado secundário.

Não se confunde a cédula hipotecária com a hipoteca cedular. A primeira não constitui hipoteca, mas é emitida, com características cambiais, em razão de hipoteca já constituída. A segunda é uma modalidade de hipoteca convencional, uma forma simplificada de contrato hipotecário, mediante preenchimento de modelos previstos em lei especial, sem necessidade de escritura pública. São títulos para a constituição da hipoteca que se convertem em direito real de garantia, se levados ao registro imobiliário.

Diversas leis especiais regulam a emissão de cédulas de crédito, hipotecárias ou pignoratícias (DL ns. 70/66, 167/67 e 413/69; Leis ns. 5.741/71 e 8.929/94; MP n. 2.160-25/2001), não alteradas pelo atual CC.

As cédulas hipotecárias, reguladas por leis especiais, têm restrições *ratione personae* e *ratione materiae*. Somente podem ser emitidas por instituições financeiras e em certas operações de crédito.

O artigo em exame não estendeu a prerrogativa de emissão de cédulas de crédito a todos os credores hipotecários, pois remete à "forma e para os fins previstos em lei especial". Sem a edição de nova lei, o regime continua a ser idêntico ao vigente antes do CC/2002.

---

**Art. 1.487. A hipoteca pode ser constituída para garantia de dívida futura ou condicionada, desde**

**que determinado o valor máximo do crédito a ser garantido.**

**§ 1º Nos casos deste artigo, a execução da hipoteca dependerá de prévia e expressa concordância do devedor quanto à verificação da condição, ou ao montante da dívida.**

**§ 2º Havendo divergência entre o credor e o devedor, caberá àquele fazer prova de seu crédito. Reconhecido este, o devedor responderá, inclusive, por perdas e danos, em razão da superveniente desvalorização do imóvel.**

---

Este artigo positiva entendimento prevalecente na doutrina e na jurisprudência. Sempre se afirmou poderem ser garantidas por hipoteca todas as obrigações de ordem econômica, de dar, fazer, ou não fazer, simples ou condicionais, líquidas ou ilíquidas.

Admite-se também hipoteca sobre obrigações sujeitas à condição ou mesmo futuras, com ou sem base em uma relação jurídica preexistente. O mais comum é que embora ainda não tenha nascido a obrigação, já exista uma relação jurídica anterior, que dê sustento à hipoteca como garantia de dívida que eventualmente se formará. É o que ocorre, por exemplo, no caso de hipoteca legal sobre os bens dos responsáveis por gestão de rendas públicas, ou, ainda, nos contratos de abertura de crédito rotativo, que permitem ao mutuário sacar até um determinado limite em um certo prazo. Diversos outros contratos de execução diferida ou continuada comportam a hipoteca como garantia de crédito eventual, como os de agência, distribuição, comissão, ou fornecimento continuado de mercadorias. Segundo Gladston Mamede, "é lícito instituir a garantia antes da existência da dívida e pela eventualidade de ela constituir-se" (*Código Civil comentado*, São Paulo, Atlas, 2003, v. XIV, p. 409).

Note-se ser a hipoteca acessória à obrigação que garante. Apesar disso, enquanto a obrigação se encontra em estado meramente potencial, a hipoteca já pode existir e é válida, inclusive mediante ingresso no registro imobiliário, mas somente ganha eficácia quando a obrigação se forma. A hipoteca antecede a obrigação que vai garantir. Sua preferência resulta da data do registro, dando ciência a terceiros de que existe o gravame para a eventualidade do nascimento do crédito. A data do nascimento da obrigação não interfere na ordem de preferência. No dizer de Clóvis Bevilaqua, "a sua existência é meramente formal. Completar-se-á com a constituição da dívida. Mas essa constituição, imposta pelas necessidades da vida, acomoda-se melhor, com os princípios do direito hipotecário" (*Direito das coisas*. Rio de Janeiro, Freitas Bastos, 1951, v. II, p. 151).

A lei cria uma restrição à hipoteca sobre dívidas ilíquidas, sob condição, ou futuras: seja determinado o valor máximo ou estimado do crédito a ser garantido. A regra integra a especialização dos direitos reais de garantia, requisito formal de sua eficácia, nos termos do art. 1.424 do CC, anteriormente comentado, cujo inciso I contém: "o valor do crédito, sua estimação, ou valor máximo".

O § 1º dispõe que somente as hipotecas garantidoras de obrigações líquidas podem ser executadas. No caso de dívidas futuras ou condicionais, diz o preceito que a execução dependerá de prévia e expressa concordância do devedor quanto à verificação da condição, ou ao montante da dívida. A regra merece interpretação cuidadosa. A anuência do devedor ao montante da dívida deve ser expressa, mas não necessariamente posterior ao vencimento. Perfeitamente possível, por exemplo, o reconhecimento mediante anotação no canhoto do recebimento de mercadorias vendidas a prazo, ou o *de acordo* em extratos de conta-corrente, no momento do nascimento da obrigação. Nada impede, é óbvio, que o reconhecimento se faça também por instrumento de confissão de dívida ou de transação.

De igual modo, o implemento de condição somente depende de prévia concordância do devedor quando depender da aferição de fato não notório. Se o evento é notório ou demonstrado por prova documental concludente, não se vê razão para subordinar a execução da hipoteca à prévia concordância do devedor.

O § 2º tentou compensar a redação demasiado restritiva da regra do § 1º, impondo ao devedor uma sanção, caso divirja do valor do crédito, comprovado a final pelo credor em sede de processo de conhecimento ou ação monitória. Deslocou para o devedor os riscos decorrentes da desvalorização superveniente do imóvel objeto da hipoteca. A regra é de pouca valia e de duvidosa constitucionalidade. Se realmente o crédito era ilíquido e dependia de comprovação, o regular exercício de um direito de defesa não pode provocar a imposição de pena ao devedor. Se houve abuso de direito ou litigância de má-fé, os próprios CC (art. 187) e CPC/73 (art. 17 – art. 80 do CPC/2015) já preveem sanções adequadas. Diga-se, mais, que se o bem objeto da garantia real se depreciou, remanescerá crédito quirografário, a ser satisfeito sobre outros bens do devedor. Não se vê, assim, como dar concretude a perdas e danos previstos pelo legislador, uma vez que o patrimônio do devedor sempre responderá pelo saldo apurado após a excussão do bem dado em garantia.

**Jurisprudência:** Petição inicial. Execução de título extrajudicial. Duplicatas mercantis sacadas no bojo de contrato de distribuição de GLP. Determinação de emenda da petição inicial por ausência de certeza da dívida em relação ao sócio garantidor hipotecário. Descabimento. Escrituras de hipoteca outorgadas por este que garantiram os futuros débitos contraídos pela empresa executada. Hipótese de hipoteca em garantia de obrigação futura prevista pelo art. 1.487 do CC. Existência de títulos executivos extrajudiciais (duplicatas) e de reconhecimento antecipado da liquidez e certeza do crédito nas escrituras públicas, que supre a necessidade de prévia concordância do devedor. Eventual discordância quanto ao montante do crédito que poderá ser trazida pelo garantidor hipotecário pelas vias normais de impugnação à execução. Recurso provido. (TJSP, AI n. 7.158.926-5/Praia Grande, 12ª Câm. de Dir. Priv., rel. Rui Cascaldi, j. 08.08.2007)

---

**Art. 1.487-A. A hipoteca poderá, por requerimento do proprietário, ser posteriormente estendida para garantir novas obrigações em favor do mesmo credor, mantidos o registro e a publicidade originais, mas respeitada, em relação à extensão, a prioridade de direitos contraditórios ingressos na matrícula do imóvel.**

Artigo acrescentado pela Lei n. 14.711, de 30.10.2023.

**§ 1º A extensão da hipoteca não poderá exceder ao prazo e ao valor máximo garantido constantes da especialização da garantia original.**

**§ 2º A extensão da hipoteca será objeto de averbação subsequente na matrícula do imóvel, assegurada a preferência creditória em favor da:**

**I – obrigação inicial, em relação às obrigações alcançadas pela extensão da hipoteca;**

**II – obrigação mais antiga, considerando-se o tempo da averbação, no caso de mais de uma extensão de hipoteca.**

**§ 3º Na hipótese de superveniente multiplicidade de credores garantidos pela mesma hipoteca estendida, apenas o credor titular do crédito mais prioritário, conforme estabelecido no § 2º deste artigo, poderá promover a execução judicial ou extrajudicial da garantia, exceto se convencionado de modo diverso por todos os credores.**

---

Criou a Lei n. 14.711/2023, denominada Lei das Garantias, com expressivas alterações em leis especiais e pontual alteração do CC, a possibilidade de extensão da hipoteca, a requerimento do proprietário, para assegurar novos créditos, constituídos em favor do credor original.

A ideia do dispositivo é evitar o que se denomina "capital morto", ou seja, que um ativo de alto valor sirva de garantia para um crédito de baixo valor, impedindo ou dificultando que o excedente sirva para assegurar novas operações de crédito. Nessa linha, a Lei de Garantias alterou, por exemplo, o art. 22 da Lei n. 9.514/97, permitindo a alienação fiduciária da propriedade superveniente, também denominada alienação fiduciária sucessiva.

Nos comentários ao artigo anterior do CC vimos que a hipoteca pode garantir créditos futuros ou obrigações ainda não constituídas, ou, ainda, subordinadas a condição, conferindo maior maleabilidade ao instituto.

O artigo em exame complementa essa maior funcionabilidade do instituto, permitindo sua extensão, desde que respeitados o prazo e o valor original da obrigação primitiva, para garantir novos créditos, sem a necessidade da constituição de hipoteca de segundo grau. A primeira garantia é aproveitada para abrigar novos créditos que se formarem nesse meio-tempo.

O dispositivo é similar, embora mais amplo, em relação aos preceitos criados pelos arts. 9º-A a 9º-D adicionados à Lei n. 13.476/2017, que tratam da extensão da alienação fiduciária sobre coisa imóvel. Têm os preceitos irmãos a mesma finalidade, embora os da lei especial se encontrem limitados às instituições financeiras e assemelhadas, o que não ocorre no CC.

A extensão da hipoteca tem requisitos cumulativos para ser validamente constituída, que merecem exame separado.

O primeiro é o consentimento expresso e solene do proprietário do imóvel hipotecado. Fala a lei corretamente em proprietário, diante da possibilidade da existência de terceiro não devedor garantidor. A capacidade que se exige do proprietário é a mesma para constituir a garantia original, ou seja, somente pode constituir garantia real quem pode alienar. O requerimento deve ser formulado pelo proprietário ou por procurador com poderes expressos e especiais. Indaga-se se basta o requerimento do proprietário, ou também se faz-se necessário o consentimento do credor, não mencionado expressamente na lei. O consentimento do credor é facultativo, pois a garantia vem em seu benefício, vale dizer, a extensão pode se dar por negócio unilateral ou bilateral. Note-se que a concessão de novos créditos se faz por contrato, mas o requerimento de extensão da garantia pode ser formulado somente pelo proprietário. O requerimento é solene e exige a forma escrita, mas não necessariamente a escritura pública. Não exige a lei, corretamente, a forma pública, pois a hipoteca já se encontra constituída e, apenas para tal fim, aplica-se o art. 108 do CC. Aqui se trata de mera extensão de hipoteca já existente para abrigar novas dívidas.

O segundo requisito tem natureza temporal. A extensão da hipoteca não se projeta no tempo, mas apenas na quantidade e na qualidade de novos créditos que receberão abrigo da garantia já existente. A lei é expressa em seu § 1º ao dispor que a extensão da hipoteca não poderá exceder o prazo da original. A regra tem razão de ser, pois outros credores, inclusive quirografários, poderiam ser prejudicados com a extensão temporal da garantia antiga.

O terceiro requisito diz respeito ao valor do crédito, que não poderá exceder o valor original garantido, pena de prejuízo aos demais credores não garantidos. Note-se que o valor original pode ser atualizado, diante do entendimento corrente no sentido de que a correção monetária apenas mantém inalterado o valor de troca da moeda, evitando sua depreciação. Tal entendimento, porém, não se estende aos juros, de modo que não pode a obrigação original ser calculada, para efeito de limitação da extensão, do acréscimo de juros moratórios ou remuneratórios cobrados no período. Nada impede que a obrigação estendida tenha a mesma remuneração da original ou até superior. O que não se admite é que, somada aos encargos, supere a original. Caso a obrigação original tenha sido solvida parcialmente, a estendida apenas completará o valor faltante. Nada impede que as obrigações tenham natureza distinta – dar e fazer, ou não fazer –, desde que respeitados os limites temporal e de valor originais. Lembre-se que a especialidade dos direitos reais de garantia (art. 1.424 do CC) se estende também à extensão.

O quarto requisito é o da unicidade de credor hipotecário, expressamente exigida no *caput* do art. 1.487-A, ou, de modo diverso, não há como novo credor aproveitar a extensão da garantia preexistente em favor de outro credor, pena de subversão da ordem legal de preferência e prejuízo a terceiros. O § 3º, ao prever a hipótese de multiplicidade de credores, em nada conflita com o *caput*. A multiplicidade de que trata o § 3º é superveniente, decorrente de o credor originário ceder um de seus créditos garantidos em favor de terceiros cessionários.

O requerimento de extensão ingressará no registro imobiliário mediante averbação, pois não cria um novo direito real, mas somente o estende a garantir novos créditos. Não se trata de simples alteração contratual, com pactuação de novos prazos e condições de pagamento, que sempre tiveram acesso ao registro mediante averbação. A modificação aqui é mais profunda, pois novos créditos são concedidos e a hipoteca é estendida para também assegurá-los. Não se trata também de novação, pois inexiste a extinção da obrigação garantida original. Essa é a razão pela qual o legislador acrescentou o item 37 no inciso II do art. 167 da Lei n. 6.015/73, prevendo nova hipótese específica de averbação, com o escopo de evitar qualquer tipo de insegurança jurídica. A grande novidade do dispositivo foi exatamente evitar uma nova hipoteca de segundo grau.

A publicidade e, em especial, a prioridade da extensão seguem as da obrigação original, embora com exceção. A exceção consiste nos direitos contraditórios que nesse meio-tempo ingressaram no registro imobiliário. O direito contraditório pode ou não ter natureza real. Direitos que não têm natureza real, como penhoras, arrestos, indisponibilidades, averbações da existência de execução ou de ação de conhecimento ou reipersecutória, bastam como direitos contraditórios e não podem ser afetados pela extensão posterior da hipoteca. O que exige a lei é que os direitos contraditórios constem da matrícula, em harmonia com os arts. 54 e 55 da Lei n. 13.097/2015 (concentração de atos na matrícula), o que reforça a necessidade de se providenciar o mais rapidamente possível o registro da existência de ações e de constrições judiciais. Importante ressalvar que, a princípio, direitos contraditórios não impedem a extensão, mas somente afetam sua eficácia e a ordem de preferência. Note-se que, em relação à alienação fiduciária em garantia de bens imóveis, o art. 9º-A, II, da Lei n. 9.514/97 veda o recarregamento ou extensão, se já houver outro credor nesse meio-tempo, tratando-se de regra mais restritiva.

Além da exceção examinada anteriormente, a extensão da hipoteca não gozará de prioridade em relação ao crédito original. Pode-se indagar da utilidade do preceito, uma vez que o credor é o mesmo. Sucede que o crédito garantido por extensão pode ser cedido. A unicidade original, requisito para a extensão, converte-se em multiplicidade de credores por negócio jurídico superveniente. Nesse caso, o cessionário não gozará de preferência em relação ao credor original, cuja garantia é mais antiga, até o montante do referido crédito. A regra se aplica também na hipótese de sucessivas extensões: o crédito objeto da extensão mais antiga prefere o crédito objeto da extensão mais moderna.

O § 3º contém intrincada regra de ordem de execução das garantias, na hipótese de multiplicidade superveniente de credores. Como visto anteriormente, os créditos objeto da extensão podem ser cedidos, de modo que surgirão diversos credores distintos do credor original, competindo entre si. A questão aqui não é somente de prioridade na satisfação do crédito, mas de iniciativa de execução das garantias. Apenas o credor original, ou mais prioritário, pode tomar a iniciativa de executar o crédito. Os demais devem aguardar, ou pedir a instauração de concurso de credores após o término da primeira execução, caso existam sobras da arrematação. A regra, porém, é dispositiva, pois pode ser contrariada por convenção em sentido contrário. Nada impede, embora não haja previsão no CC, somente na lei especial de alienação fiduciária em garantia, que as partes convencionem por cláusula expressa que deverá constar da averbação da matrícula, no exercício do princípio da autonomia privada, cláusula de *cross default*, segundo a qual o inadimplemento de qualquer das obrigações garantidas provoca o vencimento antecipado das demais.

No silêncio do contrato, pode se caracterizar abuso de direito do primeiro credor, caso este permaneça inerte em executar sua garantia, em detrimento dos credores com prioridade inferior, impedidos de executar seus créditos. Poderão estes, nessa hipótese, tomar a iniciativa de executar as próprias garantias estendidas, embora mantidas as preferências na ordem de pagamentos.

---

**Art. 1.488. Se o imóvel, dado em garantia hipotecária, vier a ser loteado, ou se nele se constituir condomínio edilício, poderá o ônus ser dividido, gravando cada lote ou unidade autônoma, se o requererem ao juiz o credor, o devedor ou os donos, obedecida a proporção entre o valor de cada um deles e o crédito.**

**§ 1º O credor só poderá se opor ao pedido de desmembramento do ônus, provando que o mesmo importa em diminuição de sua garantia.**

**§ 2º Salvo convenção em contrário, todas as despesas judiciais ou extrajudiciais necessárias ao desmembramento do ônus correm por conta de quem o requerer.**

**§ 3º O desmembramento do ônus não exonera o devedor originário da responsabilidade a que se refere o art. 1.430, salvo anuência do credor.**

---

Este artigo constitui exceção ao princípio da indivisibilidade do direito real de garantia, examinado no art. 1.428. Tal princípio se compreende em dois sentidos. No primeiro, significa sua adesão ao bem por inteiro e em cada uma de suas partes. O devedor não consegue eximir a coisa do ônus, sob argumento de excesso de garantia. No segundo sentido, significa que persiste a garantia real integralmente sobre o bem onerado, no caso de pagamento parcial da dívida, ainda que compreenda vários bens.

O proprietário da coisa dada em garantia não perde o *ius disponendi*, como vimos no art. 1.475. A alienação é, a princípio, indiferente ao credor hipotecário, em razão da aderência da garantia real, produto da sequela. Pode também o imóvel onerado ser loteado – ou desmembrado – ou submetido ao regime de condomínio edilício, com atribuição de unidades autônomas. A hipoteca gravará, a princípio, cada lote ou unidade autônoma produto do negócio jurídico.

Confere a norma em exame, como exceção ao princípio da indivisibilidade da garantia real, o *direito potestativo* do credor, do devedor, do terceiro prestador, ou do adquirente da coisa dada em garantia, de divisão do ônus real, gravando cada lote ou unidade autônoma de acordo com a proporção entre o valor de cada um deles e o valor do crédito. Em vista da natureza potestativa do direito, não há prazo prescricional para o seu exercício, podendo a divisão ser exigida enquanto perdurar a hipoteca.

O preceito se insere no capítulo da hipoteca, mas positiva o princípio maior de natureza cogente – função social do contrato. Justifica-se pela possibilidade do titular do bem onerado dar-lhe função econômica e social, mediante parcelamento do solo ou edificação de unidades autônomas, podendo aliená-las a terceiros, sem o risco de arcarem estes com o pagamento integral da dívida. Disso decorre sua extensão aos demais direitos reais de garantia, pois não importa prejuízo ao credor e vem em benefício do proprietário e adquirentes de bens onerados. Decorre também sua aplicabilidade imediata aos direitos reais de garantia constituídos em data anterior ao CC. Como assentou o STJ, "o art. 1.488 do CC/2002, que regula a possibilidade de fracionamento da hipoteca, consubstancia uma das hipóteses de materialização do princípio da função social dos contratos, aplicando-se, portanto, imediatamente às relações jurídicas em curso, nos termos do art. 2.035 do CC/2002" (STJ, REsp n. 691.738, rel. Min. Nancy Andrighi).

O desmembramento da hipoteca pode dar-se na via negocial ou judicial. Na via negocial, deve haver manifestação do dono do imóvel gravado – ou adquirente – e do credor, por escritura pública levada ao registro imobiliário.

Na via judicial, podem requerer a medida, em processo de conhecimento, o credor, o devedor e o proprietário do imóvel gravado, ou seu adquirente, aí incluído o promitente comprador, titular de direito real de aquisição. Pode o credor em contestação alegar e provar que o desmembramento provoca a diminuição da garantia real. Note-se que o desmembramento far-se-á obedecida a proporção entre o valor de cada um dos lotes ou unidades e o valor total do crédito. A divisão, portanto, não é feita *pro rata* e nem pelo tamanho de cada unidade, mas pelos respectivos valores que, no caso de discordância, pode exigir avaliação judicial, na fase de conhecimento ou em liquidação por arbitramento.

O § 2º do artigo em estudo contém regra a ser interpretada com cautela. Diz que salvo convenção em contrário, todas as despesas judiciais e extrajudiciais do desmembramento correm por conta de quem o requerer. A regra, de natureza dispositiva, é justa quanto às despesas extrajudiciais com avaliações, escrituras e registros. Não, porém, com os honorários advocatícios, caso haja resistência do credor, vencido a final. Segundo Gladston Mamede, "vencido o credor que resistiu, por meio de contestação, ao pedido de divisão do encargo, a ele competem as despesas judiciais, fruto de sua sucumbência, às quais será condenado na forma do Código Processual. De qualquer sorte, as despesas extrajudiciais necessárias ao desmembramento do ônus, independentemente de vitória no processo judicial, são, sim, daquele que requerer a divisão do ônus, cuidando-se de despesas civis" (*Código Civil comentado*. São Paulo, Atlas, 2003, v. XIV, p. 416).

O § 3º reza que o devedor hipotecário não se exonera de sua obrigação em razão do desmembramento do objeto da garantia. No caso de insuficiência do produto da alienação judicial das unidades ou dos lotes, responde pelo débito remanescente. A mesma regra vale para a hipótese de remição dos adquirentes, que se sub-rogam no valor do crédito.

Finalmente, vale destacar a inteira compatibilidade entre o artigo em estudo e a Súmula n. 308 do STJ, do seguinte teor: "A hipoteca firmada entre a construtora e o agente financeiro, anterior ou posterior à celebração da promessa de compra e venda, não tem eficácia perante os adquirentes do imóvel". O direito do adquirente de exigir o desmembramento do objeto da garantia nao elide o direito de pleitear a extinção da hipoteca, caso o preço tenha sido inteiramente pago à construtora, em condições tais que a instituição financeira credora conhecia ou deveria conhecer.

**Jurisprudência:** Compromisso de compra e venda. Outorga de escritura definitiva e cancelamento de hipoteca. Admissibilidade. Preço quitado. Se no imóvel dado em garantia hipotecária se constituir condomínio edilício, o ônus não poderá recair sobre a unidade construída, sem intervenção do juiz ou do consentimento dos compromissários compradores e da correta e proporcional divisão de crédito e responsabilidade. Precedente do STJ e disposição do nCC (art. 1.488 da Lei n. 10.406/2002). Provimento para cancelar a hipoteca. (TJSP, Ap. Cível n. 219.991-4/8/SP, 3ª Câm. de Dir. Priv., rel. Ênio Santarelli Zuliani, j. 28.05.2002, v.u.)

## *Seção II*
## *Da Hipoteca Legal*

**Art. 1.489. A lei confere hipoteca:**

**I – às pessoas de direito público interno (art. 41) sobre os imóveis pertencentes aos encarregados da cobrança, guarda ou administração dos respectivos fundos e rendas;**

**II – aos filhos, sobre os imóveis do pai ou da mãe que passar a outras núpcias, antes de fazer o inventário do casal anterior;**

**III – ao ofendido, ou aos seus herdeiros, sobre os imóveis do delinquente, para satisfação do dano causado pelo delito e pagamento das despesas judiciais;**

**IV – ao coerdeiro, para garantia do seu quinhão ou torna da partilha, sobre o imóvel adjudicado ao herdeiro reponente;**

**V – ao credor sobre o imóvel arrematado, para garantia do pagamento do restante do preço da arrematação.**

O artigo em exame arrola os casos de hipoteca legal, com diversas hipóteses suprimidas e apenas uma (inciso V) acrescida, em relação ao CC/1916.

Define-se como a hipoteca instituída por lei, em garantia de certas obrigações que, pela sua natureza, ou pela condição da pessoa a que são devidas, merecem tal favor (MONTEIRO, Washington de Barros. *Curso de direito civil*, 37. ed. São Paulo, Saraiva, 2003, v. III, p. 426). Completa o sistema de garantias criadas pela lei para proteger certas situações jurídicas ou certos credores.

A hipoteca legal não é tácita nem geral. Exige pedido judicial de especialização, formulado pelo credor, ou convenção entre as partes, e registro imobiliário. Se o pedido de especialização for judicial, dispensa a anuência do devedor e pode ser imposta até contra sua vontade.

No dizer de Caio Mário, a hipoteca legal desdobra-se em dois momentos distintos:

"A) Um primeiro momento – *momento inicial* – em que se dá o fato constitutivo ou gerador, que contudo não se objetiva na submissão de uma coisa à obrigação, senão que se mantém em estado potencial ou e mera possibilidade. Nessa fase, o interessado tem o *poder* de converter o imóvel em garantia real de uma obrigação. Mas, nada tendo promovido neste propósito, não se verifica ainda a criação de um direito real.

B) No segundo – momento definitivo – o beneficiário obtém a individualização dos bens que se tornem objeto da garantia real, concretizando-se esta no imóvel especificado, e produzindo as consequências da sujeição deste ao cumprimento do obrigado, tal como se dá na hipoteca convencional. Este segundo momento é alcançado com a especialização e o registro" (*Instituições de direito civil*, 18. ed. Rio de Janeiro, Forense, v. IV, p. 400-1).

A hipoteca legal se constitui de três elementos cumulativos: título da lei, somado à especialização e ao registro imobiliário. Não basta a previsão legal de garantia real. Deve haver especialização e registro, para nascimento do direito real (art. 1.497 do CC).

O pedido de especialização da hipoteca legal é disciplinado pelos arts. 1.205 a 1.210 do CPC/73 (sem correspondentes no CPC/2015). Deve ser instruído com prova do domínio dos bens do devedor e declarar a estimativa do crédito. O arbitramento do valor da responsabilidade e a avaliação dos bens far-se-ão por perito nomeado pelo juiz. Há previsão de dispensa de intervenção judicial se os interessados, desde que capazes, convencionem a garantia por escritura pública.

O inciso I trata da hipoteca legal das pessoas jurídicas de direito público interno, inclusive autarquias e outras criadas por lei, sobre os móveis dos encarregados da cobrança, guarda ou administração dos fundos e rendas. A garantia não exclui, mas, apenas complementa uma série de outras providências acautelatórias e repressivas com o fito de evitar a dilapidação do patrimônio público.

O inciso II trata da hipoteca legal dos filhos sobre imóveis dos pais que passarem a outras núpcias antes de fazer o inventário do casal anterior. Cuida-se de providência acautelatória suplementar à causa suspensiva do casamento, prevista no art. 1.523 do CC, que acarreta a imposição do regime da separação obrigatória de bens do casal. A hipoteca é uma segunda sanção legal, para evitar a confusão patrimonial. Note-se, porém, que se estende à hipoteca a excludente prevista no parágrafo único do art. 1.523, ou seja, a inexistência de prejuízo aos filhos em razão do novo casamento, quer porque não há bens a inventariar, quer porque os bens já estão devidamente discriminados, sem risco de confusão. A garantia está circunscrita aos filhos, não se estendendo ao cônjuge divorciado, quando ocorre casamento do outro sem prévia partilha de bens.

O inciso III trata da hipoteca legal do ofendido ou de seus herdeiros sobre os bens do ofensor, ou de seus herdeiros, para satisfação do dano causado pelo delito e pagamento das despesas judiciais. Limita-se aos atos ilícitos que tipifiquem crimes e causem dano ao ofendido ou aos seus herdeiros. Os demais atos ilícitos não se encontram abrangidos pelo preceito, pois o crime constitui ofensa à ordem social, contra a qual a sociedade reage pelo meio da sanção penal e conferindo à vítima maior eficácia no recebimento de uma satisfação direta. Pode o ofendido ser pessoa natural ou jurídica e o dano material ou extrapatrimonial. Nos casos de responsabilidade civil por ato de terceiro, que constitua infração penal, somente os bens do próprio ofensor direto estão sujeitos à hipoteca legal.

O inciso IV trata da hipoteca legal do coerdeiro, para garantia de seu quinhão ou torna, sobre imóveis adjudicados ao herdeiro reponente. A regra abrange herdeiros legítimos e testamentários, como também o cônjuge ou companheiro meeiro beneficiado na partilha. A hipoteca recai sobre o próprio imóvel partilhado a maior ou adjudicado a um dos herdeiros, para evitar que este se furte ao pagamento da torna.

O inciso V trata da hipoteca legal do credor sobre o imóvel arrematado, para garantia do pagamento do restante do preço da arrematação. O preço da arrematação, via de regra, deve ser imediato (arts. 892 e 895, I, §§ 1º, 2º, 8º, I, e 9º, do CPC/2015; art. 690 do CPC/73) ou no prazo que o juiz assinar (art. 897 do CPC/2015; art. 695 do CPC/73), sob pena de desfazimento do ato (art. 903, III do CPC/2015; art. 694, II, do CPC/73). O art. 85, *caput* e I, e § 1º do CPC/2015 (art. 690, § 1º, do CPC/73) admite, porém, que o interessado ofereça o pagamento em parcelas, desde que ao menos 30% à vista, e o saldo garantido por hipoteca sobre o próprio imóvel.

Finalmente, embora suprimida do atual CC, persiste ainda a hipoteca judicial, ou judiciária, regulada pelo art. 495 do CPC/2015 (art. 466 do CPC/73). Exige sentença condenatória, ainda que genérica a condenação, mesmo quando o credor possa promover a execução provisória da sentença. A hipoteca judiciária constitui efeito secundário e imediato da sentença cível condenatória. Tem a finalidade de garantir ao vencedor da demanda a efetividade da futura execução a ser instaurada contra o devedor, prevenindo eventual fraude na pendência do recurso de apelação. Disso decorre que, como consequência secundária e imediata da sentença, não se encontra a hipoteca judiciária sujeita ao efeito suspensivo do recurso de apelação. Há iterativo entendimento de nossos tribunais no sentido de que a hipoteca judiciária é consequência imediata da sentença, pouco importando a pendência, ou não, de recurso recebido no duplo efeito contra esta (STJ, REsp n. 823.990, rel. Min. Gomes de Barros). Produz apenas o efeito da sequela, mas não o da preferência, para evitar a subversão da qualidade de créditos sem garantia original.

**Jurisprudência:** I – A hipoteca judiciária, prevista no art. 466 do CPC [art. 495 do CPC/2015], constitui efeito natural e imediato da sentença condenatória, de modo que pode ser deferida a requerimento do credor independentemente de outros requisitos, não previstos pela lei. II – O direito do credor à hipoteca judiciária não se suprime ante a recorribilidade, com efeito suspensivo, da sentença, nem ante a aparência de suficiência patrimonial do devedor, nem, ainda, de desproporção entre o valor da dívida e o do bem sobre o qual recaia a hipoteca, apenas devendo, na execução, observar-se a devida adequação proporcional à dívida. (STJ, REsp n. 1.133.147/SP, rel. Min. Sidnei Beneti, j. 04.05.2010)

Não obstante seja um efeito da sentença condenatória, a hipoteca judiciária não pode ser constituída unilateralmente; o devedor deve ser ouvido previamente a respeito do pedido. (STJ, REsp n. 439.648/PR, rel. Min. Ari Pargendler, j. 16.11.2006)

Registro de imóveis. Hipoteca judiciária. Pendência de recurso de apelação recebido no duplo efeito. Admissibilidade. Condenação relativa apenas ao pagamento das verbas de sucumbência. Irrelevância. Expedição de carta de sentença. Desnecessidade. Resultado que pode ser alcançado por mera ordem judicial determinando sua inscrição. Recurso parcialmente provido. (TJSP, AI n. 7.044.774-0/SP, 22ª Câm. de Dir. Priv., rel. Roberto Bedaque, j. 17.01.2006, v.u.)

Curatela. Especialização de hipoteca legal. Exigência inexistente no art. 1.489 do CC atual. Dispensabilidade de garantia na espécie. Art. 1.781 do CC e art. 1.190 do CPC [sem correspondente no CPC/2015]. Recurso provido. (TJSP, AI n. 342.634-4/2/Bragança Paulista, 1ª Câm. de Dir. Priv., rel. De Santi Ribeiro, j. 31.08.2004, v.u.)

Hipoteca judiciária. Providência decorrente de efeito secundário da sentença, não se confundindo com medidas pertinentes à execução provisória. Admissibilidade, portanto, ainda que na pendência de recurso recebido no efeito suspensivo. Inteligência dos arts. 466 e 587 do CPC [arts. 495 e 1.012, §§ 1º, III, e 2º, do CPC/2015]. Suficiência, no entanto, da incidência da hipoteca sobre apenas uma das unidades autônomas indicadas pela autora. Recurso provido em parte. (TJSP, AI n. 337.502-4/9/SP, 6ª Câm. de Dir. Priv., rel. Sebastião Carlos Garcia, j. 15.04.2004, v.u.)

Competência. Hipoteca judiciária. Juiz de primeiro grau. Aplicação do art. 466 do CPC [art. 495 do CPC/2015]. Deve ser requerida no juízo de primeiro grau a constituição de hipoteca judiciária, ainda que pendente de apreciação no Tribunal o apelo interposto por uma das partes. (TJSP, AI n. 251.675-4/0/SP, 6ª Câm. de Dir. Priv., rel. Ernani de Paiva, j. 15.05.2003, v.u.)

Revisional de alimentos. Hipoteca judiciária. Indeferimento em primeiro grau. Determinação de sua constituição imediata, em decorrência de sentença condenatória. Art. 466, do CPC [art. 495 do CPC/2015]. Irrelevância de se tratar de obrigação de caráter continuativo, bem como de haver determinação de desconto em folha de pagamento, como óbice à garantia pretendida. Garantia automática, atribuída ao credor. Busca de assegurar a satisfação das prestações vencidas e acumuladas. Agravo provido. (TJSP, AI n. 266.828-4/4/SP, 10ª Câm. de Dir. Priv., rel. Hélio Quaglia Barbosa, j. 18.02.2003, v.u.)

Indenização. Especialização de hipoteca judiciária. Bem de família. Gravame descabido, em se tratando de imóvel impenhorável. Área contígua passível de constrição, que, porém, não é abarcada pelo decisório recorrido, descabendo, por óbvio, o faça o Tribunal, em face de recurso da devedora. Recurso não provido. (TJSP, AI n. 153.183-4/Franco da Rocha, 5ª Câm. de Dir. Priv., rel. Ivan Sartori, j. 24.08.2000, v.u.)

Hipoteca legal. Judiciária. Especialização. Inadmissibilidade. Credor que não providenciou avaliação judicial dos bens nem especificou os que seriam suficientes para garantia da condenação. Improvimento ao agravo. Inteligência dos arts. 466, *caput*, 1.206, *caput*, 1.207, *caput*, e 1.208 do CPC [respectivamente, art. 495, *caput*, do CPC/2015 e demais artigos sem correspondentes], e do art. 176, § 1º, III, n. 5, c/c o art. 167, I, n. 2, da LRP. Não se admite especialização de hipoteca judiciária, se o credor não providencia avaliação judicial dos bens nem especifica os que seriam suficientes para garantia da condenação. (TJSP, AI n. 78.815-4/SP, 2ª Câm. de Dir. Priv., rel. Cezar Peluso, j. 11.08.1998, v.u.)

Alimentos. Hipoteca judiciária. Consequência imediata da sentença condenatória. Irrelevante o fato de não se encontrar inadimplente o alimentante. Direito do credor. Agravo provido. (TJSP, AI n. 279.507-1/Jales, 9ª Câm. de Dir. Priv., rel. Franciulli Netto, j. 17.12.1996, v.u.)

Enquanto ainda for incerta a obrigação de indenizar, o pedido de especialização da hipoteca legal feito para garantir o adimplemento de dano causado pelo crime deve ser dirigido ao juízo penal. (*RT* 810/270)

---

**Art. 1.490. O credor da hipoteca legal, ou quem o represente, poderá, provando a insuficiência dos imóveis especializados, exigir do devedor que seja reforçado com outros.**

Este artigo permite ao credor o direito de exigir o reforço, caso a hipoteca legal se mostre suficiente à garantia da obrigação.

Menciona o preceito o reforço de "outros", o que induz a nova especialização da hipoteca sobre imóveis diversos. Nada impede, porém, que a garantia seja reforçada por outros meios, como caução ou fiança. O que importa é o reforço da garantia de situação jurídica tutelada pela lei.

A insuficiência da garantia pode decorrer de vários fatores: a) falta de bens suficientes no momento da especialização, completados por aquisições posteriores; b) apuração do crédito em valor acima do originalmente estimado e garantido; c) depreciação dos imóveis sobre os quais já incide a garantia.

**Art. 1.491. A hipoteca legal pode ser substituída por caução de títulos da dívida pública federal ou estadual, recebidos pelo valor de sua cotação mínima no ano corrente; ou por outra garantia, a critério do juiz, a requerimento do devedor.**

Permite a norma que o devedor, a qualquer tempo, antes ou depois da especialização, requeira sua substituição. Visa a oferecer uma facilidade às pessoas submetidas à incômoda hipoteca legal, sem deixar de considerar os interesses do credor, que almeja o instituto preservar.

A substituição pode dar-se, inicialmente, por títulos da dívida federal ou estadual, mas não municipal. Os títulos não são recebidos por seu valor de face, mas sim por sua cotação mínima no ano corrente, com o propósito de evitar variações atípicas e deletérias aos interesses do credor.

A novidade está na possibilidade da substituição da hipoteca legal por outra garantia, real ou fidejussória. Pode ser bem em penhor, em garantia fiduciária ou fiança. No dizer de Gladston Mamede, "de qualquer sorte, o juiz deverá, em qualquer hipótese, pautar sua decisão não pelo interesse ou pelas posições das partes, mas examinando o que dá maior segurança ao crédito, atendendo, assim, ao fim do instituto que ora se estuda" (*Código Civil comentado*. São Paulo, Atlas, 2003, v. XIV, p. 428).

**Jurisprudência:** Caução. Substituição de hipoteca legal. Título da dívida pública. Obrigação ao portador da Eletrobrás. Ausência de liquidez. O art. 1.491, do CC, prevê a substituição de hipoteca legal por títulos da dívida pública federal ou estadual. No entanto, é necessário que tais títulos se revistam de idoneidade e de liquidez, de modo a satisfazer a sua finalidade, no caso, a reparação do dano devida aos herdeiros da vítima. O título de obrigação da Eletrobrás não pode ser aceito em substituição à hipoteca legal, pois não possui a liquidez necessária ao atendimento do objetivo almejado. (TJMG, Ap. Cível n. 1.0017.04.008795-3/001, rel. Jarbas Ladeira, j. 10.10.2006)

## Seção III
## Do Registro da Hipoteca

**Art. 1.492. As hipotecas serão registradas no cartório do lugar do imóvel, ou no de cada um deles, se o título se referir a mais de um.**

**Parágrafo único. Compete aos interessados, exibido o título, requerer o registro da hipoteca.**

O artigo em exame inaugura a seção dedicada ao registro da hipoteca, em grande parte ociosa, por repetir preceitos da Lei n. 6.015/73, lei especial voltada aos registros públicos.

Não mais persiste discussão doutrinária sobre a natureza do registro da hipoteca, se constitutivo do direito real, ou meramente publicitário. O CC/2002 não reproduziu o art. 848 do CC/1916, que dispunha: "enquanto não inscritas, as hipotecas subsistem entre os contraentes".

O art. 1.227 do CC/2002 é claro ao dispor que o registro é constitutivo dos direitos reais sobre imóveis, adquiridos por atos derivados e *inter vivos*. Disso decorre, segundo Clóvis Bevilaqua, que "sem inscrição não há hipoteca: o instrumento público pelo qual se constitui é apenas uma declaração de vontade, criadora de um direito que se perfaz, tornando-se real, com a inscrição. Antes da inscrição, a escritura documenta uma obrigação, é título de direito pessoal. A inscrição dá-lhe força contra todos, com direito de sequela e preferência" (*Direito das coisas*. Rio de Janeiro, Freitas Bastos, 1951, v. II, p. 269).

Em resumo, o negócio jurídico da hipoteca gera direito de crédito (*iura ad rem*) e constitui o título que, levado ao registro imobiliário, converte-se em direito real. Lembrem-se dos princípios do registro imobiliário, estudados nos arts. 1.245 e seguintes, já comentados. O registro é causal e não saneador, de modo que invalidado o título, cancela-se o registro. Por outro lado, se anulado o registro por vício de qualificação, o título se mantém hígido.

O art. 167, I, 2, da Lei n. 6.015/73, prevê o registro das hipotecas legais, judiciais e convencionais. O registro se faz no oficial do registro imobiliário da situação do imóvel (art. 169 da Lei n. 6.015/73). Se a hipoteca tiver por objeto vários imóveis, na matrícula de cada um deles. Pode ocorrer dos registros serem feitos em imóveis situados em comarcas ou circunscrições limítrofes, caso em que serão feitos em todas elas, com a ocorrência anotada pelo oficial na prática do ato.

O parágrafo único reza que o requerimento de registro ao oficial compete aos interessados, mediante exibição do título. O maior interessado é o credor hipotecário, nada impedindo, porém, que o devedor, ou o terceiro prestador da garantia, ou adquirente, ou outra pessoa que demonstre legítimo interesse possa fazê-lo. O preceito é mais restritivo que a previsão do art. 217 da LRP (Lei n. 6.015/73), pelo qual "o registro e a averbação poderão ser provocados por qualquer pessoa, incumbindo-lhe as despesas respectivas".

**Jurisprudência:** O provimento de recurso que acarreta a extinção do processo de execução, por vício formal, não extingue o crédito assegurado por hipoteca, que só pode ser desconstituída, no caso em concreto, pela utilização das vias ordinárias. Se a obrigação principal não foi completamente adimplida, devem subsistir os gravames hipotecários sobre os bens dados em garantia da dívida, de acordo com o inciso I do art. 849 do CC, sendo incabível a declaração de extinção da hipoteca dos bens dados em garantia. (STJ, REsp n. 299.118/PI, rel. Min. Nancy Andrighi, j. 18.12.2001)

---

**Art. 1.493. Os registros e averbações seguirão a ordem em que forem requeridos, verificando-se ela pela da sua numeração sucessiva no protocolo.**

**Parágrafo único. O número de ordem determina a prioridade, e esta a preferência entre as hipotecas.**

---

Legislação correlata: arts. 182 e 186, Lei n. 6.015, de 31.12.1973.

Dispensável enunciação da regra em estudo, mais bem escrita nos arts. 182 e 186 da LRP (Lei n. 6.015/73). Disciplina o princípio da prioridade, já estudado no art. 1.245, que, na expressão de Afrânio de Carvalho, significa que "num concurso de direitos reais sobre um mesmo imóvel, estes não ocupam todos o mesmo posto, mas se graduam ou classificam por uma relação de precedência fundada na ordem cronológica do seu aparecimento" (*Registro de imóveis*, 2. ed. Rio de Janeiro, Forense, 1977, p. 191).

Vigora a máxima *prius in tempus, mellior in jus*, de modo que o título, que traduz simples relação de crédito, converte-se em direito real e ganha eficácia contra terceiros no exato momento em que é prenotado no registro imobiliário. Entre o protocolo do título e o seu efetivo registro decorre certo tempo para que o oficial faça a qualificação, fixado no máximo de trinta dias no art. 188 da LRP. O registro, porém, é feito com a data do protocolo e todos os seus efeitos a ela retroagem, porque a eficácia *erga omnes* nasce com a prenotação.

Dispõem os arts. 11 e 12 da LRP que todos os títulos ingressados no registro serão protocolados para efeito de assegurar a preferência sobre outro eventual direito contraditório. A única exceção a tal regra é a recepção do título para simples exame e cálculo, mediante requerimento expresso do interessado de que não deseja o seu registro e tem ciência dos efeitos jurídicos da ausência da prenotação.

Tem o princípio da prioridade o escopo principal de evitar o conflito de títulos contraditórios, ou seja, aqueles que têm por objeto direitos que não podem coexistir, relativos ao mesmo imóvel, cuja força dependa da ordem de ingresso no registro imobiliário (ORLANDI NETO, Narciso. *Retificação do registro de imóveis*, 2. ed. São Paulo, Juarez de Oliveira, 1999, p. 62). O princípio se aplica às hipotecas, com as exceções dos arts. 1.494 e 1.495.

---

**Art. 1.494.** ***(Revogado pela Lei n. 14.382, de 27.06.2022.)***

---

O art. 1.494, ora revogado, reproduzia, com imperfeição, as regras dos arts. 190 a 192 da LRP (Lei n. 6.015/73).

A ideia era de que não seriam registrados no mesmo dia títulos pelos quais se constituíssem direitos contraditórios sobre o mesmo imóvel (art. 190 da LRP). Ocorrendo tal hipótese, mantinha-se, a princípio, a regra geral de que prevaleceria, para efeito de prioridade, o título prenotado no protocolo com número de ordem mais baixo. O título com número de protocolo mais elevado teria o seu registro postergado pelo prazo correspondente a pelo menos um dia útil (art. 191 da LRP).

O princípio, porém, tinha exceção. Consagrava a parte final do preceito que, no caso de escrituras lavradas na mesma data e apresentadas a registro no mesmo dia, a prioridade era conferida não ao título de protocolo inferior, mas sim àquele lavrado em primeiro lugar, desde que deles constasse taxativamente a hora da lavratura (art. 192 da LRP).

Cuidava-se de exceção infeliz aos princípios da prioridade e da inscrição. Era um caso em que o direito pessoal (momento do contrato) estabelecia a preferência, em detrimento do momento do protocolo. De acordo com o artigo revogado, devia constar de modo expresso na escritura a hora em que foram colhidas as assinaturas das partes, o que é fato incomum nos nossos costumes.

---

**Art. 1.495. Quando se apresentar ao oficial do registro título de hipoteca que mencione a constituição de anterior, não registrada, sobrestará ele na inscrição da nova, depois de a prenotar, até trinta**

**dias, aguardando que o interessado inscreva a precedente; esgotado o prazo, sem que se requeira a inscrição desta, a hipoteca ulterior será registrada e obterá preferência.**

O artigo em exame contém alterações que aperfeiçoaram a redação do correspondente art. 837 do CC/1916. Não tem o preceito razão de ser, pois reproduz quase que inteiramente o art. 189 da LRP (Lei n. 6.015/73).

Pode ocorrer de o título mencionar, de modo expresso, a existência de hipoteca anterior, porém ainda não levada ao registro imobiliário. Cuida-se de hipoteca de grau mais elevado (segunda, terceira etc.), embora a de grau inferior não se encontre registrada. Em tal caso, o oficial fará a prenotação do título, mas não o seu registro imediato. Aguardará durante trinta dias para que os interessados na primeira promovam o seu respectivo registro. Esgotado o prazo, que terá termo inicial na data da prenotação, sem que seja apresentado o título anterior, o segundo será registrado e obterá preferência sobre aquele (art. 189 da LRP).

Cabem algumas observações. A menção no título a que se refere o artigo será sempre expressa. Deve constar do próprio título de hipoteca de grau mais elevado, sendo irrelevante que conste de outro título, ou chegue a conhecimento do oficial por outros meios.

Feita a prenotação, que não confere sequela, mas apenas assegura a prioridade em relação a outros títulos contraditórios, os interessados no registro da hipoteca anterior não devem ser intimados ou notificados. O prazo flui sem suspensão ou interrupção. Escoado o prazo de trinta dias, o oficial fará a qualificação e o registro do título prenotado, independentemente de novo pedido. Caso não obedeça ao prazo de espera, o registro será nulo de pleno direito, por defeito do próprio mecanismo de qualificação, e poderá ser cancelado na forma do art. 214 da LRP, independentemente de ação direta.

**Art. 1.496. Se tiver dúvida sobre a legalidade do registro requerido, o oficial fará, ainda assim, a prenotação do pedido. Se a dúvida, dentro em noventa dias, for julgada improcedente, o registro efetuar-se-á com o mesmo número que teria na data da prenotação; no caso contrário, cancelada esta, receberá o registro o número correspondente à data em que se tornar a requerer.**

A principal alteração que traz o artigo em exame é o prazo de julgamento do procedimento da dúvida, que era de trinta e passou para noventa dias, embora seu descumprimento não acarrete efeitos práticos.

O preceito é desnecessário, pois a matéria se encontra regulada de modo superior e minudente pelos arts. 198 a 207 da LRP (Lei n. 6.015/73). Todos os títulos apresentados ao oficial do registro imobiliário são protocolados no Livro I e prenotados, assegurando a prioridade pelo prazo de trinta dias (arts. 12 e 182 da LRP). Exceção a tal regra são os títulos apresentados para simples exame e cálculo dos respectivos emolumentos, mediante requerimento expresso do interessado de que não almeja o registro.

No prazo de trinta dias, fará o oficial do registro imobiliário a qualificação e o registro do título, ou elaborará nota devolutiva por escrito, contendo a exigência, se o título não tiver aptidão para o registro (princípio da legalidade). Não se conformando o interessado, ou não podendo satisfazer a exigência, poderá suscitar dúvida ao oficial do registro de imóveis. O oficial encaminhará o título, o pedido de suscitação e as razões da recusa ao juiz corregedor permanente para decisão. Admite-se, embora não esteja prevista expressamente em lei, a dúvida inversa, suscitada pelo interessado diretamente ao juiz corregedor permanente, que então colherá a manifestação do oficial do registro.

Suscitada a dúvida, a prenotação e os efeitos da prioridade se prorrogam até o julgamento final do procedimento da dúvida. Disso decorre que o prazo de noventa dias enunciado no artigo em exame para o julgamento da dúvida, caso excedido, nenhuma consequência provoca. Não teria o menor sentido que perdesse o interessado o efeito fundamental da prioridade em razão de eventual demora no julgamento da dúvida.

Julgada a dúvida procedente, confirmam-se a recusa do oficial e a inaptidão do título ao ingresso no registro. A prenotação é cancelada, e o título mais os documentos que o acompanham são entregues ao interessado. Caso este supere as exigências, eventual novo ingresso no registro imobiliário não aproveita a prenotação anterior, mas inaugura um novo procedimento.

Julgada improcedente a dúvida, o título se encontra apto ao registro, retroativo à data do protocolo.

Lembre-se que todas as hipotecas estão sujeitas ao presente artigo, inclusive as legais e judiciais. Também os títulos judiciais se curvam ao princípio da legalidade e à qualificação do oficial do registro imobiliário, embora, como é óbvio, não caiba reexame do mérito da decisão judicial pela autoridade administrativa do registro.

**Jurisprudência:** O exercício da função administrativa delegada de registrar os atos que digam respeito aos imóveis, entre eles o de constituição de hipoteca legal (art. 167, I, 2, da Lei n. 6.015/73), nos livros próprios e na forma da lei, impõe ao registrador o dever de verificar os pressupostos previstos na legislação para a prática do ato, para o que deve proceder na forma do art. 98 da LRP. (STJ, RMS n. 8.310/RS, rel. Min. Ruy Rosado de Aguiar, j. 10.03.1998)

---

**Art. 1.497. As hipotecas legais, de qualquer natureza, deverão ser registradas e especializadas.**

**§ 1º O registro e a especialização das hipotecas legais incumbem a quem está obrigado a prestar a garantia, mas os interessados podem promover a inscrição delas, ou solicitar ao Ministério Público que o faça.**

**§ 2º As pessoas, às quais incumbir o registro e a especialização das hipotecas legais, estão sujeitas a perdas e danos pela omissão.**

---

O artigo em exame explicita o que acima se disse: todas as hipotecas, inclusive as legais e as judiciais, encontram-se sujeitas à especialização e ao registro. Antes de tais providências, existe mero direito potencial do credor em requerer a especialização da hipoteca, sem qualquer um de seus efeitos. O registro é sempre constitutivo do direito real de hipoteca.

Remete-se o leitor ao comentário do art. 1.485, no que se refere ao processo de especialização da hipoteca legal, disciplinado nos arts. 1.205 a 1.210 do CPC/73 (sem correspondentes no CPC/2015). Nada impede que as partes maiores e capazes instrumentalizem a hipoteca legal por negócio jurídico – escritura pública – levada ao registro imobiliário.

Inovou o CC ao deixar de especificar todos os interessados em especializar e registrar as hipotecas legais. A incumbência primária cabe a quem está encarregado de prestar a hipoteca (art. 1.489 do CC), sob pena de compor perdas e danos em razão de sua omissão. Logo, ao contrário da hipoteca convencional, na legal o próprio devedor tem a incumbência de tomar a iniciativa de especializar e registrar a garantia. As perdas e danos decorrentes da omissão do devedor não se confundem com a própria obrigação garantida, mas sim com as despesas de eventual execução frustrada por ausência de hipoteca regularmente constituída e registrada.

Na omissão das pessoas obrigadas a prestar garantia, pode qualquer interessado promover a especialização e o registro. Interessados primários serão os credores, ou qualquer pessoa que se beneficie da garantia. Diz a lei poderem os interessados solicitar ao representante do MP que o faça. Parece claro, porém, em vista da limitação constitucional de atuação nos casos de interesse público, que a atuação do promotor de justiça somente ocorrerá nos casos em que houver interesse de incapazes, reparação de dano causado por crime, quando for pobre a vítima (art. 68 do CPP) e na defesa do patrimônio público.

---

**Art. 1.498. Vale o registro da hipoteca, enquanto a obrigação perdurar; mas a especialização, em completando vinte anos, deve ser renovada.**

---

O prazo de renovação da especialização da hipoteca caiu de trinta para vinte anos.

No comentário ao art. 1.485, vimos que o prazo de perempção da hipoteca, que no CC/1916 era de trinta anos, caiu para vinte e foi novamente aumentado, por força da Lei n. 10.931/2004, para trinta anos. Esqueceu-se o legislador, porém, de amoldar o prazo de renovação da especialização ao prazo de perempção, como seria desejável segundo a tradição em nosso sistema.

O preceito vale para todas as modalidades de hipoteca. Enquanto durar a obrigação, vigoram a garantia, que lhe é acessória, e o respectivo registro. As hipotecas legais e judiciárias não se encontram sujeitas à perempção, estudada no art. 1.485. Ao final de vinte anos, deve ser renovada a especialização sem alteração da ordem de preferência da garantia, mediante simples averbação no registro imobiliário.

As hipotecas convencionais estão sujeitas à perempção, no prazo de trinta anos. Antes disso, porém, ao se completarem vinte anos de vigência da garantia, deve haver nova especialização da hipoteca, sem alteração da ordem de preferência. Caso o devedor ou terceiro prestador da garantia se recusem a manifestar consentimento à renovação da especialização, a garantia corre risco de extinção e provoca o vencimento antecipado da dívida.

A necessidade de renovação da especialização explica-se do seguinte modo, segundo Carvalho Santos: "presume a lei que tenha havido alteração do valor dos imóveis, ou melhor, que tenha havido alterações que precisam ser constatadas, em benefício dos interessados, por meio de nova avaliação" (*Código Civil brasileiro interpretado*, 5. ed. Rio de Janeiro, Freitas Bastos, 1952, v. X, p. 443).

A não renovação da especialização provoca a sua extinção, em razão da falta de persistência de requisito formal. A renovação deve ser feita antes de escoado o prazo de vinte anos, pois, extinta a garantia, somente será possível a constituição de outra hipoteca, com novos título e registro, e consequente alteração na ordem de preferência.

## *Seção IV*
## *Da Extinção da Hipoteca*

**Art. 1.499. A hipoteca extingue-se:**
**I – pela extinção da obrigação principal;**
**II – pelo perecimento da coisa;**
**III – pela resolução da propriedade;**
**IV – pela renúncia do credor;**
**V – pela remição;**
**VI – pela arrematação ou adjudicação.**

O artigo em exame contém alterações em relação ao seu correspondente no CC/1916. Foram suprimidas duas hipóteses legais de extinção da hipoteca – sentença passada em julgado e prescrição – que, porém, ainda persistem no ordenamento jurídico, englobadas em outras causas.

Engloba o preceito causas extintivas somente da hipoteca, mantendo íntegra a obrigação, com outras que extinguem a obrigação e, por via de consequência, a hipoteca que lhe é acessória. Todas as causas extintivas devem ser levadas ao registro de imóveis, para efeito de averbação do cancelamento.

Não é o rol do artigo em estudo exaustivo, tanto assim que o art. 1.500, adiante comentado, acrescenta que a hipoteca também se extingue com o cancelamento do registro, à vista da respectiva prova. Além disso, outras causas podem ser somadas, como a consolidação, a perempção (art. 1.485), a falta de renovação da especialização (art. 1.498), o decurso do prazo da garantia, a desapropriação e a usucapião do bem hipotecado.

A primeira causa (inciso I) diz que se extingue a hipoteca pela extinção da obrigação principal. A hipoteca, como direito real de garantia, é acessória à obrigação principal e segue a sorte jurídica desta. Não se concebe a persistência da garantia após o desaparecimento da obrigação garantida. No caso de extinção da obrigação pelo pagamento, deve ser este integral, pois se saldo credor houver a hipoteca permanece por inteiro, em obediência ao princípio da indivisibilidade.

Como adverte, porém, Caio Mário da Silva Pereira, a regra não tem caráter absoluto. Pode ocorrer de a obrigação se extinguir por razão que permita a sobrevivência ou transferência da obrigação acessória. É o caso do pagamento com sub-rogação, que "sem perder a qualificação de modalidade extintiva da obrigação transfere ao *solvens* todos os direitos, ações, privilégios e garantias do primitivo, em solução da dívida contra o devedor principal e os fiadores (art. 349 do CC)" (*Instituições de direito civil,* 18. ed. Rio de Janeiro, Forense, v. IV, p. 406).

A novação extingue a obrigação primitiva em razão do surgimento de nova obrigação. Em tal caso, somente persistem as garantias da obrigação extinta se o devedor ou mesmo o terceiro prestador da garantia participarem da novação, com expressa ressalva da manutenção dos acessórios (art. 364). No silêncio das partes, o efeito natural é o da extinção dos acessórios, entre os quais a hipoteca.

A dação em pagamento, após o vencimento da dívida (art. 1.428), também extingue a hipoteca, salvo o caso de evicção (art. 359 do CC), com o restabelecimento da obrigação primitiva e de seus acessórios.

Os demais casos de extinção da obrigação, como inexistência, nulidade ou anulação, também levam à extinção da hipoteca. A prescrição da pretensão da obrigação principal acarreta a prescrição da pretensão de execução da garantia, o mesmo podendo ser dito da decadência.

A segunda causa (inciso II) diz que se extingue a hipoteca pelo perecimento da coisa. O perecimento será mais comum nos casos de hipotecas sobre navios e aeronaves. Pode ocorrer, em casos excepcionais, o perecimento do imóvel, que deve ser total para a extinção da garantia. Se for parcial, a hipoteca continua a gravar o remanescente, podendo o credor pedir o reforço, sob pena de vencimento antecipado.

Na lição de Caio Mário da Silva Pereira, "se for devida indenização por terceiro, tendo como causa a destruição da coisa, não se altera o princípio da extinção da hipoteca, pois o direito do credor hipotecário se desloca para o seu valor (sub-rogação real), conservando o caráter preferencial" (op. cit., p. 401). O mesmo se dá na desapropriação, sub-rogando-se o credor hipotecário no respectivo preço.

A terceira causa (inciso III) diz que se extingue a hipoteca pela resolução da propriedade. A propriedade resolúvel está regulada nos arts. 1.359 e 1.360 do CC, já estudados. Não perde o proprietário resolúvel o *jus disponendi*, de modo que também pode gravar o imóvel com direito real de garantia. Resolvido o domínio, com ele resolvem-se juntamente todos os direitos reais sobre coisa alheia. Pode a propriedade resolver-se por causa já constante do título, ou por causa superveniente. Se a causa constar do próprio título, como condição ou cláusula resolutiva expressa, a termo, ou cláusula de retrovenda, ou propriedade fiduciária, levadas ao registro imobiliário, a resolução da propriedade arrasta consigo os direitos reais posteriormente constituídos (art. 1.359 do CC). Se a resolução se der por causa superveniente, como nos casos de revogação da doação, ou cláusula resolutiva tácita, ou descumprimento de encargo (propriedade *ad tempus*), o fato extintivo acarreta a transmissão do domínio no estado em que se encontra: diminuído, modificado, aumentado, jurídica ou materialmente. Sua eficácia é para o futuro (art. 1.360 do CC).

Alguns autores encaixam a usucapião do imóvel hipotecado no inciso III, em estudo. O usucapiente adquire o imóvel desonerado, pois rompe a cadeia dominial, dado o modo originário de aquisição. Por isso, deve o credor hipotecário ser citado como litisconsorte necessário passivo na ação de usucapião, pois será atingido no caso de sentença de procedência.

A quarta causa (inciso IV) diz que se extingue a hipoteca pela renúncia do credor. Aplica-se a regra à hipoteca convencional. Alguns casos de hipoteca legal são irrenunciáveis (incisos I e II do art. 1.489), pois envolvem normas cogentes, ou interesses de incapazes. Admite-se, porém, a renúncia à hipoteca legal em outros casos, como o do coerdeiro para garantia da torna, ou do credor sobre o imóvel arrematado, ou do ofendido capaz sobre os imóveis do delinquente, pois envolvem direito patrimonial disponível (incisos III, IV e V do art. 1.489).

A renúncia é forma de exercício de direito e exige do renunciante não só a capacidade para a prática dos atos da vida civil em geral, como também a disposição do crédito garantido. Por isso se admite a renúncia em necessidade de outorga uxória. Se expressa, deve instrumentalizar-se por escritura pública, em respeito ao que dispõe o art. 108 do CC, que expressamente alude a renúncia de direitos reais sobre imóveis. Embora controversa, admite-se a renúncia tácita, por comportamento concludente do credor, abdicando da garantia. São os casos da assinatura sem ressalva do credor, com o vendedor, da escritura de venda do imóvel gravado, prevista no art. 276 da LRP (Lei n. 6.015/73), ou quando permanece inerte, depois de notificado da penhora sobre o bem gravado, levada a efeito por credor quirografário (art. 1.501 do CC).

Com a renúncia da hipoteca, remanesce o crédito sem garantia, convertendo-se em quirografário. Se a renúncia for do crédito, extingue-se com ele a garantia acessória.

A quinta causa (inciso V) diz que se extingue a hipoteca pela remição, ou resgate, estudada nos arts. 1.478 a 1.481, aos quais se remete o leitor.

A sexta e última causa prevista em lei (inciso VI) diz que se extingue a hipoteca pela arrematação ou adjudicação. Levado o bem objeto da garantia à excussão, o credor se satisfaz com o produto da venda judicial, ou pela adjudicação do bem para si. O valor da venda judicial substitui o bem objeto da garantia. Se o produto da alienação for inferior ao crédito garantido, o saldo remanescente persistirá como quirografário, pois esgotada está a garantia. O arrematante recebe o imóvel livre das hipotecas, ainda que posteriores, pois o concurso de credores se estabelecerá sobre o produto da arrematação.

A única dúvida que desperta o preceito é a sua aplicação a qualquer alienação em hasta pública, ou somente à venda judicial promovida pelo próprio credor hipotecário. A resposta está no art. 1.501, adiante comentado. Se o credor hipotecário for notificado judicialmente da execução promovida por outros credores e permanecer inerte, a arrematação e a adjudicação extinguem a hipoteca. Caso não se faça a notificação, a venda judicial é ineficaz perante o credor hipotecário e não extingue a hipoteca, que continua a gravar o bem do arrematante.

A mesma regra vale para a adjudicação, na ausência de licitantes. Pode o credor hipotecário requerer a adjudicação, por preço não inferior ao que consta do edital. Se o valor do bem for superior ao do crédito, depositará o credor a diferença, para ser rateada entre os demais credores, ou, na sua falta, devolvida ao devedor. Admitem os tribunais que em segunda praça a adjudicação se faça por valor inferior ao da avaliação, desde que o preço não se qualifique como vil (*RSTJ* 75/345, STJ-*RT* 788/212). O terceiro credor que pretenda adjudicar o bem hipotecado deve previamente notificar o credor hipotecário. Caso esse manifeste preferência, o terceiro credor deverá depositar inteiramente o valor de avaliação, para não frustrar o privilégio da hipoteca (*RT* 608/108, 612/167, 661/107, entre outros). Se o credor hipotecário permanecer inerte, será dispensado o depósito e a hipoteca se extingue, tal como ocorre na arrematação.

**Jurisprudência:** A decisão que reconhece a aquisição da propriedade de bem imóvel por usucapião prevalece sobre a hipoteca judicial que anteriormente tenha gravado o referido bem. Isso porque, com a declaração de aquisição de domínio por usucapião, deve desaparecer o gravame real constituído sobre o imóvel, antes ou depois do início da posse ad usucapionem, seja porque a sentença apenas declara a usucapião com efeitos *ex tunc*, seja porque a usucapião é forma originária de aquisição de propriedade, não decorrente da antiga e não guardando com ela relação de continuidade. Precedentes citados: Ag. Reg. no Ag. n. 1.319.516/MG, 3ª T., *DJe* 13.10.2010; e REsp n. 941.464/SC, 4ª T., DJe 29.06.2012. (STJ, REsp n. 620.610/DF, rel. Min. Raul Araújo, j. 03.09.2013)

Embargos de terceiro. Penhora. Imóvel adjudicado. Havendo a resolução do domínio dos embargados/executados sobre o imóvel que deram em hipoteca, ante a adjudicação do imóvel por terceiro, extinta estava aquela, nos termos do art. 849, II, do CC/1916, atual art. 1.499, III, do CC/2002, desaparecendo, por via de consequência, o direito real sobre coisa alheia em referência, afastando a possibilidade de sua penhora na satisfação dos débitos dos embargados/executados. Recurso improvido. (TJSP, Ap. Cível n. 875.204-0/4/Ribeirão Preto, 31ª Câm. de Dir. Priv., rel. Paulo Ayrosa, j. 28.11.2006)

Registro de imóveis. Hipoteca. Ação declaratória de extinção proposta por arrematante contra o credor hipotecário. Arrematação em processo de execução promovido por outro credor, quirografário. Admissibilidade da extinção. Imprescindibilidade, porém, da intimação do credor hipotecário, da penhora e da praça (arts. 615, II, e 698, ambos do CPC) [arts. 799, I, e 889, V, do CPC/2015]. Intimação da penhora não diligenciada ao tempo da constrição. Impossibilidade de ser convalidada com a intimação para a praça, sob pena de o credor não poder defender seus direitos. Alienação ineficaz para o credor, que já ajuizou ação declaratória de nulidade. Extinção da hipoteca inviável. Recurso provido. (II TACSP, Ap. Cível n. 1.141.574-4/Lins, 12ª Câm. de Dir. Priv., rel. Cerqueira Leite, j. 19.10.2005, v.u.)

Execução por despesas condominiais. Preferência do crédito garantido por hipoteca. Não reconhecimento. Preferência que não se aplica ao crédito proveniente de despesas feitas com a própria coisa dada em garantia. Recurso provido. (II TACSP, AI n. 901376-0/0/São Bernardo do Campo, 36ª Câm. de Dir. Priv., rel. Arantes Theodoro, j. 16.06.2005, v.u.)

Civil. Hipoteca. Extinção. Cédula de crédito industrial. Prescrição. Art. 849 do CC. Impossibilidade de levantamento da hipoteca. Subsistência da obrigação principal. Vencido o título de crédito, mas perdurando a dívida assegurada, deve subsistir o gravame hipotecário sobre o bem dado em garantia, de acordo com o inciso I do art. 849, CC/1916. (STJ, REsp n. 506.290/RS, Min. Nancy Andrighi, j. 07.12.2004)

Mesmo não tendo o credor hipotecário sido intimado da penhora e da realização da praça, o prazo para oposição dos embargos de terceiro é de até cinco dias depois da arrematação, adjudicação ou remição, mas sempre antes da assinatura da respectiva carta. Devem ser conjugados o art. 1.047, II, e o art. 1.048, ambos do CPC [respectivamente, arts. 674, § 2º, IV, e 675 do CPC/2015], porque os embargos de terceiro, na qualidade de credor com garantia real, se destinam a "obstar a alienação judicial do objeto da hipoteca, penhor ou anticrese", e, se essa alienação está perfeita e acabada com a assinatura do auto de arrematação, o credor com garantia real não pode mais se insurgir contra a imissão de posse do arrematante, porque tem o direito de sequela, permanecendo a coisa gravada com hipoteca. A arrematação que extingue a hipoteca é aquela promovida pelo credor hipotecário; bem como na hipótese de sua anuência, ou pela inércia no exercício de prelação, quando intimado da realização da praça ou leilão. Pelo fato de a coisa dada em garantia estar sujeita por vínculo real, para o cumprimento da obrigação (art. 755 do CC), e de o credor hipotecário não exercer parcela do direito de propriedade, com *animus domini,* nem detenção fática sobre ela, não se justifica que, precluso o prazo previsto no art. 1.048 do CPC [art. 675 do CPC/2015], seja-lhe autorizado o manejo da ação de embargos de terceiro para obstar a imissão de posse do arrematante. (STJ, REsp n. 303.325/SP, rel. Min. Nancy Andrighi, j. 26.10.2004, *DJ* 06.12.2004)

O provimento de recurso que acarreta a extinção do processo de execução, por vício formal, não extingue o crédito assegurado por hipoteca, que só pode ser desconstituída, no caso em concreto, pela utilização das vias ordinárias. Se a obrigação principal não foi completamente adimplida, devem subsistir os gravames hipotecários sobre os bens dados em garantia da dívida, de acordo com o inciso I do art. 849, CC, sendo incabível a declaração de extinção da hipoteca dos bens dados em garantia (STJ, REsp n. 299.118/PI, 3ª T., rel. Min. Nancy Andrighi, j. 18.12.2001, *DJ* 03.06.2002). (*RT* 806/142)

A garantia hipotecária constitui-se mediante inscrição no Cartório de Registro de Imóveis vinculadamente ao contrato que a institui, de sorte que, se o empréstimo foi objeto de repactuação, pela celebração de confissão de dívida estabelecendo condições específicas novas, como a elevação da taxa de juros, é impossível a extensão daquela para o novo pacto sem que tenha havido inscrição respectiva. Destarte, é oponível à penhora a regra do art. 1º da Lei n. 8.009/90, por não se configurar a exceção prevista no art. 3º, V, do mesmo diploma legal. (STJ, REsp n. 268.689/SP, 4ª T., rel. Min. Aldir Passarinho Júnior, j. 12.06.2001, *DJ* 08.10.2001)

**Art. 1.500. Extingue-se ainda a hipoteca com a averbação, no Registro de Imóveis, do cancelamento do registro, à vista da respectiva prova.**

É dispensável a regra, pois a matéria se encontra disciplinada de modo superior pelo art. 251 da LRP (Lei n. 6.015/73).

O cancelamento do registro é ato essencialmente causal. Repousa na vontade das partes (voluntária ou convencional) ou por decisão judicial ou administrativa (coativa ou necessária).

Dispõe o aludido artigo que a averbação do cancelamento da hipoteca poderá ser feita nos seguintes casos:

• À vista de autorização expressa de quitação outorgada pelo credor ou seu sucessor, em instrumento público ou particular.

• Em razão de procedimento administrativo ou contencioso, no qual o credor tenha sido intimado. A intimação do credor é indispensável. O procedimento pode ser contencioso, no qual se ataca o título e por tabela o registro, ou somente o registro. O procedimento pode ser ainda administrativo, perante o juiz corregedor permanente, com base em vícios do próprio mecanismo de registro, ou em matéria que dependa de aferição de fatos (perecimento, renúncia tácita etc.).

• De conformidade com a legislação especial referente às cédulas hipotecárias (DL n. 70/66), à vista do título em poder do devedor.

Nos termos do art. 253 da LRP, ao terceiro prejudicado é lícito, em juízo, fazer prova da extinção dos ônus reais, e promover o cancelamento do registro.

**Jurisprudência:** Suscitação de dúvida. Arrematação de imóvel hipotecado. Desnecessidade de mandado judicial para se proceder a seu cancelamento. Arts. 1.499, VI, e 1.500 do CC vigente. Constando de uma matrícula de imóvel o registro da hipoteca, uma vez que esse imóvel foi arrematado em hasta pública judicialmente determinada, seu cancelamento independe de autorização expressa (art. 251, I, da Lei n. 6.015/73), bastando a respectiva prova (art. 1.500 do CC/2002), consubstanciada pela certidão de arrematação. (TJMG, Ap. Cível n. 1.0000.00.307831-8/000, rel. Jarbas Ladeira, j. 07.10.2003)

**Art. 1.501. Não extinguirá a hipoteca, devidamente registrada, a arrematação ou adjudicação, sem que tenham sido notificados judicialmente os respectivos credores hipotecários, que não forem de qualquer modo partes na execução.**

Legislação correlata: arts. 799, I e II, 804 e 889, V, do CPC/2015; arts. 615, II, 619 e 698, CPC/73.

Vimos no comentário ao art. 1.499, VI, do CC, que a arrematação e a adjudicação do imóvel extinguem a hipoteca. Exceção a tal regra é a venda em hasta pública promovida por terceiro credor, sem prévia notificação dos credores hipotecários que não forem de qualquer modo parte na execução.

O art. 615 do CPC/73 (arts. 784, II a IV, 798, I, *d*, e II, *a*, e 799, I, II, e VIII, do CPC/2015) dispõe que incumbe ainda ao credor requerer a intimação dos credores pignoratício, hipotecário e anticrético e do usufrutuário, quando a penhora recair sobre bem gravado. O art. 619 do CPC/73 (art. 804 do CPC/2015) acrescenta ser ineficaz a alienação dos bens gravados em relação aos credores garantidos e ao usufrutuário, se não forem estes intimados. Disso decorre a necessidade da intimação dos aludidos credores tanto da penhora quanto da hasta pública.

O art. 694 do CPC/73 (art. 903 do CPC/2015) reza que poderá desfazer-se a arrematação nos casos previstos no art. 698 (art. 889, V, do CPC/2015). Este artigo, finalmente, determina que não se efetuará a praça de imóvel hipotecado ou emprazado, sem que seja cientificado, por qualquer modo idôneo, com dez dias pelo menos de antecedência, o credor hipotecário ou o senhorio direto, que não seja de qualquer modo parte na execução.

Devem ser intimados todos os credores hipotecários, no caso de hipotecas de diversos graus, sem distinção entre eles. De igual modo, deve o credor hipotecário de grau superior intimar o credor hipotecário de grau inferior, para o exercício da preferência (*RTJ* 98/1.111 e 105/377).

Os tribunais ora afirmavam que a praça realizada sem prévia intimação do credor hipotecário era nula (desfeita), ora que era ineficaz (valia a praça, mas a hipoteca se mantinha), ou, ainda, que poderia optar o credor entre a nulidade e a ineficácia. O artigo em exame põe fim à vacilação dos tribunais. A praça é válida e a arrematação ou adjudicação não são desfeitas. Apenas e tão somente a hipoteca não se extingue e continua a gravar o imóvel adquirido pelo arrematante ou adjudicatário. Embora o art. 698 do CPC/73 (art. 889, V, do CPC/2015) tenha recebido nova redação por força da Lei n. 11.382/2006, ou seja, tornou-se norma posterior à do CC, o melhor entendimento ainda é no sentido de que a alienação é válida, mas apenas ineficaz frente ao credor hipotecário.

O oficial do registro imobiliário, ao fazer o registro da arrematação/adjudicação, deve exigir prova da prévia intimação do credor hipotecário, para fazer a averbação do cancelamento da hipoteca. Sem tal prova, a arrematação/adjudicação ingressa no registro, mas o imóvel continua gravado. Entendem os tribunais não ter o devedor legitimidade para arguir a invalidade ou ineficácia da hasta pública, por falta de intimação do credor hipotecário (*RSTJ* 36/309).

Se o credor hipotecário, porém, foi regularmente intimado dos termos da execução e permaneceu inerte, deixando de manifestar o seu interesse ou de exercer a preferência no recebimento do preço da arrematação, ou ainda de exigir o depósito do preço na adjudicação, opera-se a extinção da hipoteca. Não parece ser exata, porém, a afirmação contida em alguns julgados, inclusive do STJ, de que a hipoteca em tal caso se extingue, dada a natureza originária da aquisição por arrematação. A aquisição na verdade é derivada, tanto assim que outros direitos reais sobre coisa alheia – usufruto, servidão, superfície – não são afetados nem se extinguem pela arrematação. O que ocorre é a sub-rogação dos direitos reais de garantia, que tinham por objeto a coisa e passam a incidir sobre o preço, para a satisfação do crédito.

O credor hipotecário, devidamente intimado, mediante simples pedido formulado nos autos da execução movida pelo credor quirografário, assegurará sua preferência no recebimento do crédito decorrente da arrematação. Não há a necessidade de o credor hipotecário ter a iniciativa da execução, ou ter realizado a penhora, para exercer a preferência em execução alheia. Diverge a jurisprudência apenas sobre a necessidade de o credor hipotecário já ter ajuizado a ação de execução para o fim de submeter seu crédito ao crivo do contraditório. O entendimento majoritário e mais recente do STJ é no sentido da desnecessidade de tal providência. Também não há necessidade nem cabimento do ajuizamento de embargos de terceiro, pois a constrição realizada por credor quirografário será mantida. O que se discutirá é apenas a preferência no concurso sobre o produto da arrematação.

Outro problema controverso diz respeito às obrigações não vencidas, ou ilíquidas, garantidas por hipoteca. O credor hipotecário não pode exercer a preferência, pois não é seu crédito ainda exigível. Na opinião de Gladston Mamede, aplica-se por analogia o disposto no art. 1.477 do CC: "salvo caso de insolvência do devedor, o credor de segunda hipoteca não poderá executar o imóvel antes de vencida a primeira". Se a regra vale para credor hipotecário de grau mais elevado, vale também para o credor quirografário, sem o que ficaria em melhor posição do que o credor garantido (*Código Civil comentado*. São Paulo, Atlas, 2003, v. XIV, p. 461). Há posicionamento do STJ, no entanto, no sentido de que, "não estando vencida e não tendo o credor hipotecário condições de promover a sua execução, a garantia acompanha o bem objeto da arrematação" (STJ, REsp n. 32.881/SP, 4ª T., rel. Min. Cesar Asfor Rocha, voto do Min. Ruy Rosado de Aguiar, j. 02.12.1997, *DJ* 27.04.1998).

Questão distinta é a das cédulas de crédito hipotecárias (DL ns. 167/67 e 413/69), que conferem garantia exclusiva ao credor e impedem a alienação dos bens hipotecados. Não podem tais imóveis ser penhorados por credores diversos, o que enseja ao credor hipotecário embargos de terceiro, para levantar a constrição indevida. Lembre-se, todavia, que a impenhorabilidade não alcança os créditos com privilégio legal (fiscais, trabalhistas, acidentários e previdenciários) que gozam de melhor preferência. A inalienabilidade, segundo entendimento dos tribunais, não pode subverter a ordem de preferência, razão pela qual se admitem a penhora e a venda dos imóveis hipotecados em hasta pública, para instauração de concurso de credores (STJ, REsp n. 247.855/MG, 4ª T., rel. Sálvio de Figueiredo Teixeira, j. 08.08.2000, *DJ* 12.02.2002; STJ, REsp n. 117.368/PE, 2ª T., rel. Min. Peçanha Martins, j. 15.09.1997, *DJ* 01.12.1997).

**Jurisprudência:** Agravo de instrumento. Execução de título extrajudicial. Irresignação do Banco S. contra decisão que manteve a exclusão do credor hipotecário do concurso de credores. Intimado a apresentar o cálculo de seu crédito hipotecário, o Banco credor quedou-se inerte. Depois da decisão que excluiu o credor hipotecário do concurso de credores, o Banco informa que está providenciando os cálculos da quantia que faz jus. Preclusão temporal caracterizada. Irresignação também contra a determinação de baixa da hipoteca junto ao CRI. Possibilidade. Credor hipotecário regularmente intimado da penhora e de que o imóvel gravado seria levado à leilão, de modo a resguardar os seus direitos. Ausência de qualquer providência em defesa de seus direitos foi tomada pelo credor hipotecário, a não ser os pedidos de prazo e de envio de matrícula. Decisão mantida. Recurso não conhecido em parte e, na parte conhecida, improvido o agravo. (TJSP, AI n. 21234873620248260000/SP, 25ª Câm. de Dir. Priv., rel. João Antunes, j. 05.07.2024, publ. 05.07.2024)

O objetivo da notificação, de que trata o art. 1.501 do CC, é levar ao conhecimento do credor hipotecário o fato de que o bem gravado foi penhorado e será levado à praça de modo que este possa vir a juízo em defesa de seus direitos, adotando as providências que entender mais convenientes, dependendo do caso concreto. Realizada a intimação do credor hipotecário, nos moldes da legislação de regência (arts. 619 e 698 do CPC) [arts. 799, I e II, e 889, V, do CPC/2015], a arrematação extingue a hipoteca, operando-se a sub-rogação do direito real no preço e transferindo-se o bem ao adquirente livre e desembaraçado de tais ônus por força do efeito purgativo do gravame. (STJ, REsp n. 1.201.108/DF, rel. Min. Ricardo Villas Bôas Cueva, j. 17.05.2012)

A arrematação levada a efeito sem intimação do credor hipotecário é inoperante relativamente a este, não obstante eficaz entre executado e arrematante. (STJ, REsp n. 1.269.474/SP, rel. Min. Nancy Andrighi, j. 06.12.2011)

O credor hipotecário, embora não tenha proposto ação de execução, pode exercer sua preferência nos autos de execução ajuizada por terceiro, uma vez que não é possível sobrepor uma preferência de direito processual a uma de direito material. (STJ, Ag. Reg. nos Emb. Decl. no REsp n. 775.723/SP, rel. Min. Sidnei Beneti, j. 20.05.2010)

Agravo de instrumento. Penhora sobre metade do imóvel. Imóvel hipotecado. Credor hipotecário não exerceu seu direito de preferência. Imóvel arrematado. Determinação para o cancelamento da hipoteca em razão da arrematação. Inadmissibilidade. A arrematação somente extingue a hipoteca se a penhora incidir sobre a totalidade do imóvel. Art. 1.499, VI, CC. Arrematação que incidiu somente sobre a parte do imóvel constrita. Recurso provido. (TJSP, AI n. 112.756.4006, rel. Cristiano Ferreira Leite, j. 24.10.2007)

Agravo de instrumento. Arrematação. Intimação do credor hipotecário. Necessidade. Na forma das disposições contidas nos arts. 615, II, 694, IV, 698 do CPC [respectivamente, arts. 799, I e II, 903 e 889, V, do CPC/2015], 826 do CC/1916 e 1.501 do novo diploma civilista, faz-se necessária a intimação do credor hipotecário quanto à arrematação procedida sobre bem em que recaia o dito direito real, sob pena de ineficácia do ato realizado no feito executivo quanto à parte interessada e possibilidade de declaração de sua nulidade pelo juiz da causa. (TJMG, Ap. Cível n. 1.0024.00.127287-1/001, rel. Otávio Portes, j. 15.02.2006)

Diante da preferência do crédito tributário sobre o crédito hipotecário, e uma vez certificada a inexistência de outros bens penhoráveis, e mesmo a insuficiência do valor do bem constrito para satisfazer o débito fiscal, conclui-se não haver qualquer sentido prático na decretação da nulidade da alienação. Trata-se de medida que nenhum proveito traria ao credor hipotecário, obrigado a realizar novo leilão, cujo produto, de qualquer sorte, teria de ser destinado à satisfação do débito tributário. (STJ, REsp n. 440.811/RS, rel. Min. Teori Albino Zavascki, j. 03.02.2005)

É nula a arrematação se não tiver sido cumprido o disposto no art. 698, podendo o credor hipotecário impugná-la através de embargos de terceiro, ou de ação de nulidade de arrematação. (STJ, REsp n. 397.932/SP, 2ª T., rel. Min. Paulo Medina, j. 10.12.2002, *DJ* 31.03.2003)

Se o credor hipotecário foi notificado dos termos da execução e deixou o processo correr, sem manifestar o seu interesse, opera-se a extinção da hipoteca. (STJ, REsp n. 36.757-3/SP, 4ª T., rel. Min. Barros Monteiro, j. 24.05.1994, *DJ* 05.09.1994)

É nula a praça de imóvel indiviso, se de sua futura realização não foram intimados os demais condôminos, a fim de que pudessem deduzir seu direito de preferência. (*JTA* 116/39)

Civil. Crédito hipotecário. Preferência. O credor hipotecário, embora não tenha ajuizado a execução, pode manifestar a sua preferência nos autos de execução proposta por terceiro. Não é possível sobrepor uma preferência processual a uma preferência de direito material. O processo existe para que o direito material se concretize. Recurso especial conhecido e provido. (STJ, REsp n. 159.930/SP, 3ª T., rel. Min. Ari Pargendler, j. 06.03.2003, *DJ* 16.06.2003)

A arrematação extingue a hipoteca, tanto que o credor hipotecário tenha sido intimado da realização da praça, posto que tem conteúdo de aquisição originária, livre dos ônus que anteriormente gravavam o bem por esse meio adquirido. (*RSTJ* 57/433. No mesmo sentido, STJ, REsp n. 110.093/MG, 4ª T., rel. Min. Barros Monteiro, j. 04.02.2003, *DJ* 07.04.2003)

A preferência do credor hipotecário independe de sua iniciativa na execução ou na penhora. A arrematação do imóvel gravado de hipoteca garante ao credor hipotecário a preferência no recebimento de seu crédito em relação ao exequente (STJ, REsp n. 162.464/SP, 4ª T., rel. Min. Sálvio de Figueiredo, j. 03.05.2001, *DJ* 11.06.2001). (*RSTJ* 151/403)

Simples manifestação do credor hipotecário da existência de saldo devedor não caracteriza seu interesse para impedir a extinção da hipoteca pela arrematação do bem em outro processo executório. (STJ, REsp n. 148.356/RS, 2ª T., rel. Min. Francisco Peçanha Martins, j. 14.06.1999, *DJ* 18.12.2000)

O concurso de credores previsto nos arts. 711 e 712 do CPC [arts. 908, *caput* e § 2º, e 909 do CPC/2015] pressupõe execução e penhora do credor que alega preferência já que não basta por si só o fato de ser credor hipotecário. A escritura de garantia hipotecária e a sua inscrição no registro público não são suficientes para preservar a prelação do credor hipotecário em execução promovida por terceiro, pois a sua preferência só se impõe se existirem prévias execuções por ele aforadas e penhora sobre o bem. Falece a quem não demonstra tais pressupostos aptidão para pretender a satisfação do crédito que alegar possuir contra o executado. Recurso não conhecido (STJ, REsp n. 32.881, rel. Min. Cesar Asfor Rocha, j. 02.12.1997, *DJ* 27.04.1998). (*RSTJ* 110/273)

Recurso especial. Credor hipotecário. Preferência. Precedentes da corte. Na linha de precedentes desta corte, a preferência do credor hipotecário não depende de sua iniciativa na execução, ou na penhora. A escritura de garantia real e a sua inscrição no registro imobiliário são suficientes para preservar a prelação dele. (STJ, REsp n. 75.091/SP, 3ª T., rel. Min. Carlos Alberto Menezes Direito, j. 09.06.1997, *DJ* 22.09.1997).

No mesmo sentido: REsp n. 7.632, rel. Min. Nilson Naves, *DJ* 20.05.1991; REsp n. 9.767, rel. Min. Dias Trindade, *DJ* 17.06.1991; STJ, REsp n. 1.499, 3ª T., rel. Min. Waldemar Zveiter, j. 29.06.1990, *DJ* 03.09.1990.

### *Seção V*
### *Da Hipoteca de Vias Férreas*

**Art. 1.502. As hipotecas sobre as estradas de ferro serão registradas no Município da estação inicial da respectiva linha.**

Legislação correlata: art. 171, Lei n. 6.015, de 31.12.1973; art. 1º, DL n. 3.109, de 12.03.1941.

O artigo em exame regula o registro da hipoteca de estradas de ferro, a ser feito no oficial do registro de imóveis da estação inicial. Constitui exceção à regra do art. 1.492 do CC, no sentido de que o registro deve ser feito em todos os oficiais onde estiverem situados os imóveis hipotecados.

**Art. 1.503. Os credores hipotecários não podem embaraçar a exploração da linha, nem contrariar as modificações, que a administração deliberar, no leito da estrada, em suas dependências, ou no seu material.**

A regra nada mais é do que o desdobramento de uma das características do direito real de hipoteca, de que o devedor ou prestador da garantia não transfere a posse do bem ao credor.

Avulta-se a importância do preceito, pois a hipoteca sobre linhas férreas recai sobre bem coletivo, destinado à exploração de atividade de interesse público. A falta de preservação da incolumidade de certos componentes da linha, como composições, poderia comprometer a qualidade e a finalidade do transporte coletivo.

**Art. 1.504. A hipoteca será circunscrita à linha ou às linhas especificadas na escritura e ao respectivo material de exploração, no estado em que ao tempo da execução estiverem; mas os credores hipotecários poderão opor-se à venda da estrada, à de suas linhas, de seus ramais ou de parte considerável do material de exploração; bem como à fusão com outra empresa, sempre que com isso a garantia do débito enfraquecer.**

O artigo em exame reúne algumas regras específicas sobre a hipoteca de linhas férreas.

A primeira é que a hipoteca pode recair sobre toda a estrada de ferro ou somente sobre determinadas linhas, de acordo com o que especificar o respectivo título.

A segunda é que a linha férrea é um bem coletivo (art. 90 do CC), pois se constitui de uma pluralidade de bens singulares, pertinentes à mesma pessoa, com destinação unitária. A garantia abrange a totalidade do bem, incluindo materiais de exploração tais como estações, escritórios, páteos de manobras, bilheterias, galpões de carga, locomotivas, vagões e tudo o mais que for necessário ao funcionamento regular da linha.

A terceira é que os credores podem se opor à venda da estrada, das linhas ou de parte considerável do material de exploração, assim como à fusão com outra empresa, sempre que tais atos enfraquecerem a garantia. Não se aplica às linhas férreas, portanto, a regra cogente do art. 1.475 do CC, que comina a nulidade da cláusula proibitiva de alienação do bem hipotecado. Cabe ao credor uma de duas alternativas: (i) opor-se à venda; (ii) considerar a dívida vencida antecipadamente. Cabe-lhe, porém, o ônus de demonstrar que os atos de alienação ou fusão provocaram a deterioração da garantia.

**Art. 1.505. Na execução das hipotecas será intimado o representante da União ou do Estado, para, dentro em quinze dias, remir a estrada de ferro hipotecada, pagando o preço da arrematação ou da adjudicação.**

A antinomia com o art. 699 do CPC/73 (revogado pela Lei n. 11.382/2006) se resolve a favor do CC/2002, lei posterior, da mesma hierarquia, que regula idêntico tema de modo diverso.

Diante do interesse público decorrente da natureza da atividade de transporte público, confere a lei o direito potestativo da administração pública federal ou estadual de remir a hipoteca, pelo preço da arrematação ou adjudicação, no prazo fatal de quinze dias, com termo inicial da data da intimação.

## CAPÍTULO IV
## DA ANTICRESE

**Art. 1.506. Pode o devedor ou outrem por ele, com a entrega do imóvel ao credor, ceder-lhe o di-**

**reito de perceber, em compensação da dívida, os frutos e rendimentos.**

**§ 1º É permitido estipular que os frutos e rendimentos do imóvel sejam percebidos pelo credor à conta de juros, mas se o seu valor ultrapassar a taxa máxima permitida em lei para as operações financeiras, o remanescente será imputado ao capital.**

**§ 2º Quando a anticrese recair sobre bem imóvel, este poderá ser hipotecado pelo devedor ao credor anticrético, ou a terceiros, assim como o imóvel hipotecado poderá ser dado em anticrese.**

---

O artigo em exame contém alterações pontuais em seus dois parágrafos, em relação ao correspondente art. 805.

Não se justifica a manutenção da anticrese em nosso ordenamento jurídico, diante de sua escassa utilidade e do raro uso nos negócios. Define-se, na lição de Clóvis Bevilaqua, como "o direito real sobre imóvel alheio, em virtude do qual o credor o possui, a fim de perceber-lhe os frutos e imputá-los no pagamento da dívida, juros e capital, ou somente dos juros" (*Direito das coisas*, 3. ed. Rio de Janeiro, Freitas Bastos, 1951, t. I, p. 101).

Recai sobre bens imóveis frutíferos pertencentes ao devedor ou a terceiro prestador da garantia. O objeto da anticrese não é propriamente o imóvel, mas sim os seus frutos. O credor anticrético pode usar o imóvel e receber os seus frutos, retendo a posse até a solução da obrigação, mas não levar o prédio à excussão.

A constituição se dá mediante negócio jurídico solene, sempre por escrito e mediante escritura pública, se de valor superior a trinta salários mínimos, com a devida especialização. O título é levado ao registro imobiliário, de natureza constitutiva do direito real. Antes do registro, há mero direito obrigacional – *iura ad rem* – do credor anticrético. A posse direta do imóvel é transferida ao credor, mas sem caráter constitutivo da garantia.

Podem constituir a anticrese não somente o proprietário do imóvel, mas também os titulares de poder de disposição dos rendimentos, entre os quais o enfiteuta, o usufrutuário e o superficiário.

O credor anticrético pode explorar pessoalmente o imóvel, atribuindo valor ao uso, ou entregá-lo à exploração de terceiros e receber os seus frutos e rendimentos, em ambos os casos com a finalidade de amortização da dívida. Nada impede que recaia a anticrese também sobre produtos, mediante expressa convenção entre as partes. Anota com razão Gladston Mamede que nada impede que recaia a anticrese sobre frutos naturais ou industriais e que a cessão do imóvel seja feita com acessórios e pertenças, marca e outros direitos. Haveria negócio de anticrese sobre a base física – imóvel – e penhor sobre bens móveis e pertenças (*Código Civil comentado,* São Paulo, Atlas, 2003, v. XIV, p. 473).

O § 1º prevê o critério de amortização da dívida garantida com os frutos e rendimentos recebidos pelo credor anticrético. A norma, de caráter dispositivo, vigente no silêncio de convenção em contrário das partes, dispõe que os rendimentos do imóvel anticrético serão imputados preferencialmente no pagamento dos juros. Os juros convencionais e legais encontram limite nos arts. 591 e 406 do CC, salvo no caso de instituições financeiras, às quais se permite cobrar juros livremente convencionados, à taxa de mercado. Se os frutos superarem o valor dos juros, serão imputados ao capital.

O § 2º tem relevante novidade, pois não mais adota a limitação, como fazia o CC/1916, de que a hipoteca e a anticrese de imóveis já gravados com garantia real sejam constituídas apenas em favor do mesmo credor. O devedor anticrético não perde a disponibilidade do imóvel, podendo aliená-lo a terceiros, que respeitarão as garantias reais já constituídas. É lógico, portanto, que o devedor anticrético constitua hipoteca em favor do credor ou de terceiros, ou que o devedor hipotecário possa constituir anticrese em favor do credor ou de terceiros, sem afetar a garantia real anterior.

---

**Art. 1.507. O credor anticrético pode administrar os bens dados em anticrese e fruir seus frutos e utilidades, mas deverá apresentar anualmente balanço, exato e fiel, de sua administração.**

**§ 1º Se o devedor anticrético não concordar com o que se contém no balanço, por ser inexato, ou ruinosa a administração, poderá impugná-lo, e, se o quiser, requerer a transformação em arrendamento, fixando o juiz o valor mensal do aluguel, o qual poderá ser corrigido anualmente.**

**§ 2º O credor anticrético pode, salvo pacto em sentido contrário, arrendar os bens dados em anticrese a terceiro, mantendo, até ser pago, direito de retenção do imóvel, embora o aluguel desse arrendamento não seja vinculativo para o devedor.**

---

O artigo em exame corresponde ao art. 806 do CC/1916, com significativas alterações.

Recebe o credor anticrético a posse direta do imóvel, podendo usá-lo, fruí-lo e administrá-lo, imputando os frutos e rendimentos na amortização da dívida garantida.

A exploração do imóvel poderá ser feita diretamente pelo credor, que usará as vantagens auferidas no pagamento da dívida. Nada impede que as partes ajustem desde logo um valor prefixado de remuneração decorrente do uso, desde que respeitados os princípios cogentes da boa-fé objetiva e do equilíbrio contratual. Caso não haja prévia estipulação do valor da utilização, deverá o credor apresentar anualmente balanço exato de sua administração, demonstrando os rendimentos e os custos da exploração do imóvel.

No caso de divergência fundada do devedor, quando os rendimentos apresentados forem inferiores aos reais, ou a administração do imóvel for ruinosa, inclusive no que se refere à sua conservação, a exploração direta poderá ser convertida em arrendamento. O juiz, na falta de acordo entre as partes, fixará o valor mensal do aluguel pela exploração do imóvel.

Salvo pacto em contrário, pode ainda o credor arrendar o imóvel a terceiro e receber os rendimentos e aluguéis, usando-os na amortização da dívida. Reterá o imóvel até a solução da obrigação garantida, mas o arrendamento não vincula o devedor anticrético, pois é parte estranha ao contrato.

---

**Art. 1.508. O credor anticrético responde pelas deteriorações que, por culpa sua, o imóvel vier a sofrer, e pelos frutos e rendimentos que, por sua negligência, deixar de perceber.**

---

O credor anticrético tem o poder de administrar, usar e fruir coisa alheia. Não tem, porém, o poder de dispor, muito menos de alterar a substância da coisa dada em garantia. Cabe-lhe, por consequência, o dever de guardar e conservar o imóvel anticrético, além de zelar por ele, a fim de restituí-lo no mesmo estado que o recebeu, quando da solução da dívida e extinção da garantia real. Não responde entretanto pela depreciação decorrente do uso normal nem por aquelas às quais não der causa. Vigora a máxima *res perit domini*, que no caso é o devedor anticrético, se a coisa se perder ou deteriorar-se sem culpa do credor, que tem a posse direta.

Caso, porém, o imóvel se deteriore por culpa do credor, este responderá por perdas e danos. Também responderá caso entregue o imóvel em arrendamento a terceiro e este provoque o dano. Pode e deve o credor cuidar da conservação do imóvel, realizando as despesas e benfeitorias necessárias, além do pagamento de taxas e impostos. Para tanto, usará os frutos e rendimentos do próprio imóvel, empregando o saldo na amortização da dívida garantida.

Pode ocorrer de, em casos excepcionais, o imóvel nada produzir, situação que deve apenas ser comunicada ao devedor proprietário, para que este providencie, às suas expensas, as despesas necessárias à manutenção do imóvel.

Cuida-se de norma dispositiva, razão pela qual nada impede que convencionem as partes em sentido contrário. Podem ainda estipular as partes que será o imóvel entregue ao arrendamento de terceiro, escolhido em comum acordo, e que o arrendatário arcará com as despesas de manutenção e conservação do imóvel.

Dispõe ainda o artigo que responde o credor anticrético pelos frutos que se perderem por sua culpa. O preceito é lógico, pois a perda culposa de frutos e rendimentos repercutirá na amortização da dívida garantida, em detrimento do devedor. O valor dos frutos perdidos culposamente, assim, deve ser também imputado no pagamento da obrigação.

---

**Art. 1.509. O credor anticrético pode vindicar os seus direitos contra o adquirente dos bens, os credores quirografários e os hipotecários posteriores ao registro da anticrese.**

**§ 1º Se executar os bens por falta de pagamento da dívida, ou permitir que outro credor o execute, sem opor o seu direito de retenção ao exequente, não terá preferência sobre o preço.**

**§ 2º O credor anticrético não terá preferência sobre a indenização do seguro, quando o prédio seja destruído, nem, se forem desapropriados os bens, com relação à desapropriação.**

---

Como qualquer direito real, a anticrese é dotada de sequela, que lhe confere aderência sobre o imóvel e irradiação de efeitos perante terceiros. O *caput* do artigo em exame apenas reflete tal situação: os adquirentes do imóvel, os credores hipotecários e os quirografários ulteriores ao registro da anticrese devem respeitar os direitos anteriormente constituídos do credor anticrético.

Não perde o devedor o *jus disponendi* do imóvel, podendo perfeitamente aliená-lo ou dá-lo em hipoteca a terceiros, que, porém, recebem-no já gravado e são obrigados a respeitar os direitos do credor anticrético de administrar, usar, fruir e reter tal imóvel.

O § 1º do artigo se desdobra em dois preceitos. O primeiro diz que pode o credor anticrético executar o imóvel por falta de pagamento da dívida. Lembre-se, todavia, que a garantia está circunscrita ao proveito – uso e fruição – e não à substância do imóvel. Disso decorre, como ensina Marco Aurélio S. Viana, que, "se executa, ele está tacitamente renunciando à anticrese, o que leva à extinção do ônus. Não sendo mais titular de direito real de garantia, não goza da preferência, equiparando-se aos demais credores quirografários" (*Comentários ao Novo Código Civil*. Rio de Janeiro, Forense, 2003, v. XVI, p. 880). Em suma, pode penhorar e levar o imóvel à praça, mas como credor quirografário, abdicando da garantia e, por consequência, perdendo o direito de administração, uso, fruição e retenção.

A segunda parte do preceito diz que pode outro credor penhorar o imóvel gravado, pois é ele alienável. O credor anticrético, em regra similar à do art. 1.501, já comentado, deve ser intimado da penhora e manifestar-se na execução, ressalvando o seu direito de retenção. Se permanecer silente, apesar de intimado, a anticrese se extingue. Note-se apenas que a preferência decorrente do direito real de garantia não incide sobre o preço da arrematação, mas sim sobre os frutos e rendimentos do imóvel. O arrematante ou o adjudicante, assim, devem respeitar os direitos anteriores da anticrese, permanecendo o credor anticrético de posse do bem, recebendo os seus frutos e rendimentos, até a solução integral da dívida.

O § 2º dispõe que o credor anticrético não terá preferência sobre a indenização do seguro ou da desapropriação. A regra do art. 1.425, já comentado, aplica-se somente aos credores hipotecários e pignoratícios. A anticrese confere direito apenas aos frutos e rendimentos, e não sobre a substância do imóvel. Como porém adverte Gladston Mamede, para evitar o enriquecimento sem causa do devedor anticrético, que tinha o imóvel gravado, parte da indenização, proporcional ao valor da anticrese, deverá ser paga ao credor (*Código Civil comentado*. São Paulo, Atlas, 2003, v. XIV, p. 485).

---

**Art. 1.510. O adquirente dos bens dados em anticrese poderá remi-los, antes do vencimento da dívida, pagando a sua totalidade à data do pedido de remição e imitir-se-á, se for o caso, na sua posse.**

---

Estende-se com alterações à anticrese o direito de remição, estudado no art. 1.481. Vimos que o imóvel anticrético pode ser alienado a terceiros, pois a garantia real goza de aderência. O adquirente pode fazer a remição da dívida para liberar o bem. Deve fazê-lo, porém, antes do vencimento, e pagando a totalidade da dívida.

Disso decorre que, se o valor da dívida for superior ao da aquisição, a liberação não ocorrerá somente com o depósito do valor da compra. Deve-se pagar a totalidade da dívida.

Extinta a obrigação, segue a sua sorte jurídica o direito acessório de garantia. O adquirente poderá então se imitir na posse do imóvel e se sub-rogará nos direitos do credor contra o devedor, embora como quirografário.

## TÍTULO XI
## DA LAJE

Título acrescentado pela Lei n. 13.465, de 11.07.2017.

---

**Art. 1.510-A. O proprietário de uma construção-base poderá ceder a superfície superior ou inferior de sua construção a fim de que o titular da laje mantenha unidade distinta daquela originalmente construída sobre o solo.**

Artigo acrescentado pela Lei n. 13.465, de 11.07.2017.

**§ 1º O direito real de laje contempla o espaço aéreo ou o subsolo de terrenos públicos ou privados, tomados em projeção vertical, como unidade imobiliária autônoma, não contemplando as demais áreas edificadas ou não pertencentes ao proprietário da construção-base.**

**§ 2º O titular do direito real de laje responderá pelos encargos e tributos que incidirem sobre a sua unidade.**

**§ 3º Os titulares da laje, unidade imobiliária autônoma constituída em matrícula própria, poderão dela usar, gozar e dispor.**

**§ 4º A instituição do direito real de laje não implica a atribuição de fração ideal de terreno ao titular da laje ou a participação proporcional em áreas já edificadas.**

**§ 5º Os Municípios e o Distrito Federal poderão dispor sobre posturas edilícias e urbanísticas associadas ao direito real de laje.**

**§ 6º O titular da laje poderá ceder a superfície de sua construção para a instituição de um sucessivo direito real de laje, desde que haja autorização expressa dos titulares da construção-base e das demais lajes, respeitadas as posturas edilícias e urbanísticas vigentes.**

---

A Lei n. 13.465/2017, que dispõe sobre a regularização fundiária rural e urbana, criou o novo direito real de laje, acrescentando o inciso XIII ao art. 1.225 do CC, já comentado. Não há dúvida de que o novo instituto teve regulação mais técnica e muito superior à prevista na redação original da MP n. 759/2016, cujos defeitos e obscuridades eram manifestos.

A localização escolhida pelo legislador não foi feliz, pois inseriu a nova figura no capítulo dos direitos reais de garantia, com os quais não guarda a mais remota afinidade. Mais adequada seria a inserção de novo instituto no capítulo que regula o direito de propriedade. O que desejou criar o legislador foi uma nova modalidade proprietária, de modo que o novo artigo ficaria bem situado após o capítulo que rege o condomínio edilício, com o qual, de resto, também não se confunde.

O direito real de laje atende à realidade social de comunidades e núcleos urbanos desorganizados. O crescimento desordenado das cidades levou as camadas de baixa renda da população a formar aglomerações urbanas caóticas. A escassez de terrenos nas grandes cidades fez com que pessoas à busca de moradia passassem a adquirir direitos de construir e de morar sobre lajes de imóveis alheios. Essa atividade negocial se tornou frequente, embora limitada ao campo obrigacional, diante da impossibilidade de acesso ao registro imobiliário. A doutrina, amparada em lição de Ricardo Pereira Lira, já anotava a existência informal do direito de laje, presente em comunidades da baixa renda, mediante o qual "moradores permitem que um terceiro construa sobre sua laje, ficando de posse exclusiva desse terceiro a moradia por ele construída" (TEPEDINO, Gustavo et al. *Código Civil interpretado*, São Paulo, Renovar, p. 754, v. III).

O legislador, ao relacionar os instrumentos da regularização fundiária urbana (REURB) no art. 15 da Lei n. 13.465/2017, não menciona de modo expresso o direito real de laje. Faz apenas breve alusão ao instituto no art. 13, § 1º, ao referir que o primeiro registro da laje será isento de custas e emolumentos. Apesar da omissão legislativa, não há dúvida de que a laje, por sua própria natureza, é instrumento da REURB.

Melhor seria que o direito real de laje fosse regulado somente no âmbito das REURBs previstas na Lei n. 13.465/2017, sem a necessidade de criação de título específico no corpo do CC. Isso evitaria interpretações equivocadas de empreendedores imobiliários, que podem antever no direito de laje a falsa saída para a realização de negócios jurídicos indiretos que visem a burla das normas cogentes da incorporação imobiliária, regulada na Lei n. 4.591/64.

Dizendo de outro modo, o direito real de laje, embora instituto de direito comum, tem a nítida função de viabilizar a regularização de construções de moradias erigidas por população de baixa renda sobre imóveis alheios, e não de proporcionar a empresários a possibilidade de lançar empreendimentos de unidades autônomas sobrepostas ao largo e à margem da Lei n. 4.591/64 e dos arts. 1.331 e seguintes do CC.

Nada impede, de outro lado, em situação inversa, que lajes sucessivas sejam submetidas ao regime de incorporação imobiliária e de condomínio edilício, instituídos a partir da primeira laje (*v.* item 436.1 das Normas de Serviço da Corregedoria Geral da Justiça de São Paulo).

O direito real de laje é instituto *sui generis*, com requisitos e efeitos próprios, que não se confundem com o direito de superfície (arts. 1.369 e segs. do CC) nem com a amplitude da propriedade plena (art. 1.228 do CC). O legislador procurou regularizar e solucionar situação de fato que aflige milhares de famílias no país, em especial as de baixa renda: o proprietário de determinado imóvel, ou o titular de direito de laje, aliena a terceiros a superfície inferior ou superior da construção (já construída ou a construir), e se torna o adquirente dono da nova unidade, independentemente daquela original, que se encontra em sobrelevação ou subelevação.

**Definição.** O direito real de laje é uma nova modalidade de propriedade, na qual o titular adquirente (lajeário) torna-se proprietário de unidade autônoma consistente de construção erigida ou a erigir sobre ou sob acessão alheia, sem implicar situação de condomínio tradicional ou edilício.

Cuida-se de direito real sobre coisa própria, nova modalidade proprietária sobre ou sob construção preexistente, com a forma de unidade autônoma, desligada da propriedade sobre o solo.

Não se trata de condomínio tradicional (arts. 1.314 e segs. do CC) nem de condomínio edilício (arts. 1.331 e segs. do CC), muito menos de direito de superfície temporário (arts. 1.369 e segs. do CC).

**Distinção entre laje e superfície.** A leitura ligeira do *caput* do art. 1.510-A do CC, que utiliza a expressão "ceder a superfície superior ou inferior de sua construção" pode levar à enganosa equiparação da laje ao direito real de superfície.

Optou o legislador, corretamente, por não regular o direito real de laje como modalidade do direito de superfície. As diferenças entre os dois institutos são marcantes. A definição analítica do direito de superfície, de Ricardo Pereira Lira, diz que é direito real sobre coisa alheia, autônomo, temporário, de fazer uma construção ou plantação sobre – e em certos casos sob – o solo alheio e delas ficar proprietário ("O direito de superfície no novo Código Civil". In: *Revista Forense*, 2003, v. 364, p. 251). O direito real de laje é mais amplo, pois não é temporário, mas, sim, perene, ou ao menos tende à perenidade, com hipóteses estritas de extinção (art. 1.510-E do CC), conferindo ao seu titular direito próximo ao de propriedade plena sobre a segunda construção, tanto assim que o § 3º prevê o descerramento de matrícula própria para a unidade autônoma, o que não se admite no direito real de superfície.

A superfície é direito real de gozo e fruição sobre coisa alheia, enquanto a laje é direito real sobre coisa própria, embora erguida sobre ou sob construção-base alheia.

**Distinção entre laje e condomínio.** Embora o titular do direito real de laje tenha a propriedade plena sobre a unidade que ergueu (ou adquiriu já pronta) sobre ou sob a acessão-base alheia, o § 4º dispõe que não implica atribuição de fração ideal de terreno ou participação proporcional em áreas já edificadas.

Criou-se modalidade de propriedade limitada à construção, mas sem implicar situação de condomínio, quer tradicional, quer edilício, entre o proprietário do solo/construção-base concedente, que se encontra abaixo ou acima da laje.

Não há, portanto, direito do titular da laje sobre a fração ideal de terreno onde se assentam as duas construções. O terreno pertence com exclusividade ao proprietário da construção-base, concedente do direito real de laje.

Também não há condomínio edilício, pois a unidade autônoma criada não tem participação proporcional na área já edificada, nem no solo onde se assenta. Pode a laje ser criada sobre/sob construção e ser feita ou construção já concluída. A nova unidade, porém, ao contrário do que exige o art. 1.331, que contém os requisitos do condomínio edilício, não tem fração ideal sobre o terreno em que se assentam as duas construções, nem sobre as partes comuns da edificação. O art. 1.510-C, comentado à frente, prevê a existência de áreas e de equipamentos que servem a todo o edifício, para o fim de regular o rateio de despesas de conservação e regras de utilização, mas no campo estritamente obrigacional, como obrigações *propter rem*. Isso não significa, porém, que a laje como direito real e o seu registro devam conter a fração ideal de terreno, nem discriminar quais são os equipamentos comuns.

Na lição da doutrina, "não se estabelece um *mix* de propriedade comum e propriedade autônoma ou individual. Há uma propriedade individual com reflexos específicos sobre certas áreas que servem todos os envolvidos (lajeários e proprietários) (FARIAS, Cristiano Chaves de et al. *Direito de laje*, Salvador, JusPodivm, 2018, p. 34).

Finalmente, não se confunde a laje com o condomínio urbano simples, inovação criada pelos arts. 61 e 62 da Lei n. 13.465/2017. Isso porque tal figura regula as construções de casas ou cômodos em um mesmo terreno, em posição horizontal, e não vertical. São os casos de casas de frente e de fundos, ou de casas divididas entre diversas famílias que ocupam partes certas lado a lado, e não umas sobre/sob as outras.

**Objeto.** O direito de laje tem por objeto imóveis públicos ou particulares, ao contrário dos demais direitos reais regulados no CC. Não cuida o direito privado da propriedade ou de direitos reais sobre bens públicos, de modo que a laje é exceção à regra. Explica-se pelo fato de se tratar de instrumento de regularização fundiária (REURB) que, de modo impróprio, foi inserido no CC, quando deveria permanecer circunscrito à legislação especial. Não existe previsão da necessidade de prévia desafetação ou de licitação para fins de constituição da laje em favor de particulares, exigências que esvaziariam a natureza regularizatória do instituto, voltado à população de baixa renda.

A laje pode ter por objeto superfície superior ou inferior, mas sempre em posição vertical. Significa dizer que necessariamente as construções devem ocorrem em planos horizontais, uma (laje) sobre (ascendente) ou sob (descendente) a outra (original). Pode causar certa estranheza a laje descendente, mas corretamente adotou o legislador posição elástica, para permitir que construções feitas sob a original possam também ser regularizadas.

Não se admite a utilização do instituto para situações conhecidas como "condomínios deitados", consistentes de conjuntos de casas sem sobreposição de umas sobre as outras (art. 8º da Lei n. 4.591/64). De igual modo, casas de fundos e de frente em um mesmo terreno podem gerar condomínio urbano (arts. 61 e 62 da Lei n. 13.465/2017), mas não direito de laje.

Também não se admite que as edificações objeto do direito de laje se estendam sobre outros imóveis vizinhos, pertencentes a proprietários diversos do imóvel original. Significa dizer que a constituição do direito de laje pressupõe homogeneidade dominial do imóvel original. Nada impede, é claro, que os concedentes da laje sejam condôminos da construção-base, situação inversa também se admite. Pode a laje ser concedida em favor de diversas pessoas, que serão cotitulares do direito real.

O que se indaga é a possibilidade da criação de diversos direitos de laje, em favor de titulares distintos, com unidades autônomas discriminadas e individualizadas, sobre uma mesma construção-base. Embora não prevista em lei, nada impede tal situação, desde que as novas unidades criadas pela laje estejam perfeitamente descritas e discriminadas, inconfundíveis umas com as outras. Se a criação for sucessiva, deve haver o consentimento do primeiro titular de laje, tal como ocorre na hipótese de sobrelevação, ou laje de segundo grau (§ 6º).

A laje se institui sobre ou sob construção-base já existente, de modo que não se estenderá sobre acréscimos futuros da edificação original, salvo convenção expressa entre as partes. De igual modo, nada impede que a laje seja instituída apenas sobre (ou sob) parte da construção-base, e não sobre (ou sob) a sua totalidade. A extensão da laje, nessa hipótese, exige novo negócio com o concedente, seguido do respectivo registro.

Diz o § 1º que a laje abrange o espaço aéreo e o subsolo de terrenos, sempre em posição vertical. Questão interessante, não enfrentada pelo legislador, é se o direito de laje pode se dar somente por concreção, ou também por cisão. O *caput* dispõe que o proprietário da construção-base poderá ceder a superfície, a fim de que terceiro edifique unidade distinta daquela originalmente construída. É a laje por concreção. O titular da laje edifica e se torna proprietário da nova unidade por ele próprio construída.

Não há óbice a que ocorra situação inversa, da laje por cisão. O titular da construção-base edifica sobre ou sob a acessão já existente, e aliena a nova unidade já pronta para o lajeário.

O § 6º admite e regula a figura da laje de segundo grau, denominada também de laje em sobrelevação, ou sobrelaje, ou laje sucessiva. O lajeário pode ceder a sua superfície superior ou inferior, desde que em plano vertical, para instituir lajes sucessivas, ascendentes ou descendentes. Dizendo de outro modo, o direito de laje pode desdobrar-se em diversos graus, mediante a criação de novas unidades autônomas, desde que observados os requisitos legais. O tema será esmiuçado à frente.

**Constituição.** A constituição do direito real de laje, assim como de laje de segundo grau, embora omisso o artigo, pode ocorrer mediante diversas modalidades. A primeira é mediante celebração de negócio jurídico *inter vivos* levado ao oficial de registro de imóveis. Se o contrato tiver valor superior a trinta salários mínimos, será exigida escritura pública, na forma do art. 108 do CC.

O acesso ao registro imobiliário está subordinado à regularidade dominial do imóvel do concedente (construção-base), pena de violação aos princípios da continuidade e disponibilidade registral. O registro é constitutivo do direito real. Antes dele, existe entre as partes simples relação obrigacional de direito de laje. Os contratos translativos (venda e compra, doação, permuta, dação em pagamento) são os títulos geradores de direitos pessoais, mas que somente se convertem em direito real após o ingresso no registro imobiliário, mediante descerramento de matrícula própria (§ 3º). Anoto que o negócio comportará duplo ato registrário. O primeiro, de averbação na matrícula do imóvel do concedente transmitente, que sofrerá o ônus. A averbação do desfalque é de suma importância, para que terceiros tenham conhecimento de que o imóvel não abrange a construção existente sobre ou sob a laje. O segundo ato é de registro em sentido estrito, a ser lançado na matrícula especialmente aberta para a nova unidade imobiliária receber o direito real de laje. A descrição do imóvel na matrícula deverá deixar absolutamente claro que o objeto do direito real é apenas a construção sobre ou sob a laje, e jamais o terreno onde ela se assenta. A menção e descrição do terreno terá apenas a finalidade de localização da nova unidade objeto do direito de laje, sem integrar o direito real. Nos casos de laje de segundo grau, além da abertura de matrícula própria, devem ser lançadas duas averbações, uma na matrícula da laje de primeiro grau e outra na matriz da construção-base original.

Pode também o direito real de laje ser criado por negócio jurídico *causa mortis*, mediante testamento, no qual o testador atribua a primeira construção a um legatário, e a segunda construção, ascendente ou descendente, em favor de outro legatário. A aquisição do direito real, em tal hipótese, se dá pela morte, por força do princípio da *saisine* (art. 1.784 do CC), e o registro terá natureza meramente regularizatória.

A terceira possibilidade de aquisição pode ocorrer mediante usucapião, em diversas modalidades: extraordinária, ordinária, especial urbana, ou mesmo entre ex-cônjuges ou companheiros. Apenas as modalidades de usucapião especial rural e coletiva são incompatíveis com o novo instituto. Os requisitos de cada modalidade se encontram nos arts. 1.238 e seguintes do CC, já comentados. A razão de tal entendimento é simples. A usucapião pode ter por objeto a propriedade ou outros direitos reais passíveis de posse. Logo, nada impede que o titular de posse prolongada e qualificada sobre a construção erigida sobre ou sob laje alheia possa requerer a usucapião somente da unidade que ocupa, sem abranger a acessão abaixo, ou acima, nem o terreno onde se assenta. Preserva-se a construção-base e o terreno, e a usucapião incide somente sobre o direito real de laje. Pode a usucapião ser requerida usando prazo de posse anterior à Lei n. 13.465, de 11.07.2017, porque não se criou modalidade de prescrição aquisitiva, a colher de surpresa o titular do domínio, mas tão somente novo direito real usucapível. No que se refere ao rito, admite-se a usucapião judicial e também a extrajudicial (arts. 1.071 do CPC e 216-A da Lei n. 6.015/73). Em qualquer hipótese, deve haver a concordância, ou, na sua falta, serem citados os titulares do domínio, de direitos reais, inclusive de direitos de laje de graus diversos, possuidores, confrontantes e cientificadas as Fazendas Públicas.

O problema pode surgir se o concedente, titular de direitos sobre o terreno, não tiver o domínio formal do imóvel. Embora peculiar a situação, pode em caráter excepcional ser declarada a usucapião e descerrada a matrícula, levando em conta a natureza originária da aquisição, com descrição da nova unidade e mera menção ao terreno onde está erigida.

Questão relevante é a da possibilidade de usucapião de direito de laje sobre imóvel público. Não há dúvida da impossibilidade de usucapião de propriedade sobre bem público, diante do que dispõem os arts. 183 e 191 da CF e 102 do CC. A vedação não alcança o direito real de laje, pois preserva o terreno onde se assenta a construção. Possível a usucapião da laje sem afetar a construção-base ou o terreno público, de modo simétrico ao que já decidiram o STF e o STJ quanto a imóveis foreiros da União: admite-se a usucapião do domínio útil, sem afetar o domínio direto de titularidade do poder público (STF, RE n. 218.324/PE, rel. Min. Joaquim Barbosa; STJ, REsp n. 575.572/PE, rel. Min Nancy Andrighi).

Finalmente, a aquisição pode ocorrer mediante sentença judicial, especialmente útil nas ações de família. Tome-se como exemplo partilha judicial em divórcio, na qual, diante da impossibilidade da divisão, ou inconveniência da venda, determine o juiz que o primeiro piso seja atribuído a um dos cônjuges e o segundo piso ao outro, mediante realização de obras e instituição de direito de laje, com criação de unidade autônoma.

**Direitos e deveres.** No que se refere aos efeitos, o direito real de laje cria unidades imobiliárias autônomas, conferindo ao titular (lajeário) propriedade da construção, para ascendente ou descendente ao titular. Dispõe o § 3º que aludidas unidades serão objeto de matrícula própria e poderão ser usadas, fruídas e alienadas livremente. As prerrogativas equivalem às previstas no art. 1.228, inerentes ao direito de propriedade. Embora não explícito, o direito de reivindicar a coisa de quem injustamente a detenha ou possua também integra o direito de laje.

De igual modo, se o direito real de laje se encontrar acompanhado da posse sobre a nova unidade, tem o titular a seu favor tutela possessória (*jus possessionis*), mediante autotutela ou ações possessórias, para fazer cessar atos injustos praticados por terceiros, inclusive do titular da construção-base.

O direito real de laje, caso usado para fins de moradia do titular ou de sua família, está também protegido pela impenhorabilidade nas hipóteses e com as exceções previstas na Lei n. 8.009/90.

O direito de laje não é personalíssimo, mas, ao contrário, a transmissibilidade é da sua essência, a transmissão do direito de laje pode dar-se por negócio *inter vivos* ou *causa mortis*, sempre levado ao registro imobiliário. O direito de preferência assegurado ao titular da construção-base ou de laje não é requisito de validade da alienação, mas somente de sua eficácia. Dizendo de outro modo, a violação ao direito de preferência não anula a alienação, mas apenas confere ao prejudicado o direito de exercer a ação de preferência, de natureza reipersecutória, como se verá a seguir. Disso decorre que a ausência de oferecimento de preferência não impede o registro da alienação da laje.

A prerrogativa de alienar abrange a de onerar. Pode o titular do direito de laje constituir novos direitos reais de fruição ou de garantia. Determinados direitos reais, porém, dependem do consentimento do titular da construção-base e de laje para a sua constituição, por exemplo, a laje de segundo grau e o direito de superfície. Os demais direitos reais podem ser livremente constituídos, como o usufruto, o uso, a habitação, o compromisso de compra e venda ou os direitos reais de garantia, inclusive a propriedade fiduciária. Claro que, na hipótese de excussão da garantia real, o arrematante se sub-rogará na titularidade do direito real de laje, e não terá direito sobre o terreno onde se assenta a construção nem sobre o pavimento inferior.

No que se refere à constituição de laje de segundo grau, denominada também de laje em sobrelevação, ou sobrelaje, ou laje sucessiva, o § 6º prevê requisitos adicionais. O primeiro é a compatibilidade física com a constituição da laje de segundo grau. O segundo é a autorização expressa dos titulares da construção-base e das demais lajes. Note-se que exige a lei consentimento expresso, de modo que insuficiente o mero silêncio após a notificação. Tais autorizações são requisitos de validade da constituição do novo direito real de laje, e sua falta impossibilita o registro, por força de violação do princípio da legalidade. Indaga-se a possibilidade de tais consentimentos serem supridos por sentença judicial. A princípio, é exercício regular de direito a recusa a prestar anuência, pois a nova laje pode interferir com a segurança, a harmonia arquitetônica ou estética do edifício. Somente em casos de recusa caprichosa e injustificada, cuja prova está a cargo de quem pretende instituir nova laje, a configurar abuso de direito (art. 187 do CC), é que se admite o suprimento judicial. O terceiro e último requisito é o respeito às posturas urbanísticas e edilícias vigentes, mediante aprovação administrativa municipal, justificável para evitar riscos à segurança e salubridade do edifício. Embora a Lei n. 13.465/2017, em determinados dispositivos, dispense a aprovação de autoridade administrativa para a construção, tal benesse não se estende ao direito de laje, que contém norma específica acerca da regularidade da obra e observância das posturas legais, somente aferíveis e certificáveis pela competente autoridade administrativa municipal.

Cabe renúncia antecipada à constituição de laje de segundo grau? Não há vedação à renúncia, pois se trata de direito patrimonial disponível. A sobrelaje não é direito potestativo e cogente do lajeário, de modo que nada impede que convencionem as partes que não haverá nova construção sobre ou sob a primeira laje.

De outro lado, tem o titular do direito real de laje diversos deveres, entre os quais avulta o pagamento de encargos e tributos incidentes sobre a nova unidade (§ 2º). A obrigação é efeito da autonomia da laje em relação à construção-base e o terreno onde se assenta. Não discrimina a lei o critério de rateio, mas se entende que a municipalidade deverá efetuar lançamentos diferentes para as unidades já regularizadas. Quanto aos encargos podem as partes convencionar quais deles caberão ao titular da laje. No silêncio do título ou ausência de lançamentos distintos, razoável que o rateio se dê de modo igualitário.

O § 5º dispõe que os Municípios e o Distrito Federal poderão dispor sobre posturas edilícias e urbanísticas associadas ao direito real de laje. Isso significa que a abertura da matrícula da laje dependerá de comprovação de que o projeto atende às posturas edilícias e urbanísticas municipais. A ausência de legislação local impõe a aprovação do projeto pela Prefeitura Municipal (ver itens 439 e 440 nas Normas de Serviço da Corregedoria Geral da Justiça de São Paulo).

Os demais direitos e deveres, entre os quais o de preferência, vedação a obras novas prejudiciais, rateio de despesas de conservação de partes que servem todo o edifício e extinção do direito de laje serão analisados a seguir, nos artigos subsequentes.

**Jurisprudência:** VIII Jornada de Direito Civil – Enunciado n. 627: O direito real de laje em terreno privado é passível de usucapião.

Usucapião. Imóvel que se presta à moradia dos autores. Pretensão dos autores à declaração de usucapião de laje erigida sobre construção-base, nos termos do art. 1.510-A do CC. Sentença de improcedência do pedido. Irresignação dos autores. Posse supostamente exercida há mais de trinta anos. Posse direta que se originou de comodato verbal decorrente de relação familiar mantida com a titular de direitos sobre a construção-base e a coautora. Posse de natureza precária caracterizada, que se subordina ao direito de propriedade do comodante. Natureza da posse exercida pelos autores que impede a declaração de usucapião do imóvel. Precedente desta Câmara. Sentença de improcedência do pedido mantida. Recurso desprovido. (TJSP, Ap. Cível n. 1005365-70.2014.8.26.0020/SP, 1ª Câm. de Dir. Priv., rel. Alexandre Marcondes, j. 25.03.2024, publ. 25.03.2024)

Apelação cível. Reivindicatória. Demanda proposta por herdeiros contra ex-cônjuge de um deles, a pretexto de posse irregular. Sentença de procedência. Irresignação das rés. Acolhimento. Pese o imóvel objeto da ação (casa sobreposta alta) estar descrito na mesma matrícula do imóvel que foi parcialmente adjudicado aos herdeiros/autores (casa baixa), é certo que se trata de imóveis distintos e autônomos, havendo prova idônea de que a edificação da referida casa alta deu-se na constância da união de um dos apelados com a apelante, em esforço comum do casal e mediante permissão do genitor do varão, então proprietário do bem, para a construção de residência no andar superior. Permissão concedida para a construção que há de ser hoje equiparada à constituição de direito de laje (à época inexistente), merecendo proteção. Intelecção de que a herança transmitiu apenas o imóvel inferior, dele devendo ser decotada a casa alta hoje ocupada pelas apelantes. Existência, ademais, de acordo em divórcio havido entre Márcio e Vanessa que corrobora essa lógica, por expressa menção à parte de um e outro sobre o imóvel, e não apenas sobre o valor correspondente. Casa alta que integra unicamente o patrimônio do casal que a erigiu e, portanto, não se submete à pretensão dos autores/apelados. Análise que se faz com o permissivo da profundidade do recurso. Aplicação dos arts. 1.510-A e segs. do CC. Enunciado n. 669 da 9ª Jornada de Direito Civil. Direito de laje que aqui se reconhece para afastar a pretensão. *Iura novit curia*. Necessidade de ação própria entre Márcio e Vanessa para ultimação dos direitos de um e outro sobre tal bem. Sentença reformada. Recurso provido, com determinação. (TJSP, Ap. Cível n. 1007307-07.2022.8.26.0005/SP, 7ª Câm. de Dir. Priv., rel. Fernando Reverendo Vidal Akaoui, j. 22.05.2024, publ. 22.05.2024)

Ação de execução. Impenhorabilidade de bem imóvel. Bem indivisível. Residência e parte comercial. Desdobro. Direito de laje. I – Hipótese em que o imóvel penhorado, de matrícula 43.906 do 2º CRI de Piracicaba/SP, perfaz área que contém, além de um imóvel residencial, na parte superior, um salão comercial e uma garagem, na parte inferior. Incontroverso nos autos o fato de que o agravante reside no imóvel objeto da penhora com sua família, fazendo jus a proteção legal da impenhorabilidade, nos termos do art. 1º, e parágrafo único, da Lei n. 8.009/90. Ausente demonstração de que o imóvel em questão comporta cômoda divisão, ante a ausência do regramento local sobre a área, é inadmissível afirmar-se que seja cabível o desdobro, para destacar a parte inferior (comercial) da parte superior (residencial). Reconhecida a possibilidade de penhora de parte comercial do imóvel, desde que demonstrada a inexistência de prejuízo para a área residencial, o que não foi demonstrado na hipótese dos autos. Regra da impenhorabilidade que deve ser interpretada extensivamente. Precedentes deste Eg. TJSP. Penhora incabível. II – Direito de laje que apenas confere ao proprietário do imóvel a possibilidade de ceder a superfície superior ou inferior de sua construção, a fim de que o titular da laje mantenha unidade distinta daquela originalmente construída. Arts. 1.510-A, *caput*, §§ 1º, 3º e 4º, e 1.015-B [*sic*, art. 1.510-B], do NCCB, com redação dada pela Lei n. 13.465/2017. Hipótese dos autos, contudo, em que o agravante é titular do imóvel como um todo, e não de uma unidade autônoma erigida sobre acessão alheia. Decisão reformada. Agravo provido. (TJSP, AI n. 2250114-95.2018.8.26.0000, rel. Des. Salles Vieira, j. 31.10.2019)

---

**Art. 1.510-B. É expressamente vedado ao titular da laje prejudicar com obras novas ou com falta de reparação a segurança, a linha arquitetônica ou o arranjo estético do edifício, observadas as posturas previstas em legislação local.**

Artigo acrescentado pela Lei n. 13.465, de 11.07.2017.

---

O artigo em exame positiva o entendimento de que, embora a laje crie unidade autônoma em termos jurídicos, persiste vinculação física com a construção-base, a gerar uma série de obrigações negativas e positivas ao lajeário.

Elegeu o legislador três valores tutelados: segurança, harmonia da linha arquitetônica e arranjo estético do edifício. A regra guarda alguma harmonia com o art. 1.336, II e III, do CC, comentado anteriormente, que regula deveres no condomínio edilício.

A expressão "obras novas" deve ser entendida em duplo sentido. Abrange tanto a construção que viabiliza o direito de laje como obras em acréscimo da laje já concluída.

A realização de obras novas de laje já concluída não pode acarretar acréscimo da área construída sem consentimento do titular da construção-base. De outro lado, o aumento de área da construção-base não provoca direito de extensão da laje.

As obras feitas pelo lajeário podem ser realizadas de acordo com o título, salvo se afetarem a segurança, estética ou linha arquitetônica do edifício. Tome-se como exemplos a retirada de colunas, a mudança da fachada, a troca de esquadrias e a pintura da parede externa. O juiz deverá ter alguma flexibilidade ao interpretar a norma, especialmente no que se refere à questão estética, levando em conta a natureza popular e de regularização do direito de laje.

A norma também sanciona comportamento omissivo do lajeário – falta de reparação – que afetem os mesmos valores referidos.

Cabe ao titular da construção-base ações de obrigação de fazer e de não fazer, inclusive com pedido cominatório, para fazer cessar os comportamentos ilícitos do lajeário.

A parte final do artigo diz que devem ser "observadas as posturas previstas em legislação local" pelo lajeário. Significa que cabe ao lajeário a aprovação das obras perante a municipalidade.

---

**Art. 1.510-C. Sem prejuízo, no que couber, das normas aplicáveis aos condomínios edilícios, para fins do direito real de laje, as despesas necessárias à conservação e fruição das partes que sirvam a todo o edifício e ao pagamento de serviços de interesse comum serão partilhadas entre o proprietário da construção-base e o titular da laje, na proporção que venha a ser estipulada em contrato.**

Artigo acrescentado pela Lei n. 13.465, de 11.07.2017.

**§ 1º São partes que servem a todo o edifício:**

**I – os alicerces, colunas, pilares, paredes-mestras e todas as partes restantes que constituam a estrutura do prédio;**

**II – o telhado ou os terraços de cobertura, ainda que destinados ao uso exclusivo do titular da laje;**

**III – as instalações gerais de água, esgoto, eletricidade, aquecimento, ar condicionado, gás, comunicações e semelhantes que sirvam a todo o edifício; e**

**IV – em geral, as coisas que sejam afetadas ao uso de todo o edifício.**

**§ 2º É assegurado, em qualquer caso, o direito de qualquer interessado em promover reparações urgentes na construção na forma do parágrafo único do art. 249 deste Código.**

---

A redação original da MP n. 759/2016 dispunha que o direito de laje tinha como pressupostos o isolamento funcional e o acesso independente à nova unidade. Tais exigências foram corretamente retiradas durante o processo legislativo, pois poderiam inviabilizar a regularização de inúmeros edifícios sem espaço suficiente a possibilitar a construção de acesso independente.

Preferiu por isso o legislador – embora pudesse ser a lei mais clara – optar por solução maleável. Não exige que a laje tenha completo isolamento em relação à construção-base, nem acesso independente, embora tais situações sejam desejáveis.

A autonomia da nova unidade criada pela laje é jurídica, mas nem sempre física ou utilitária. Pode ocorrer de o acesso à nova unidade dar-se por escada ou cômodo comum à construção-base. A solução foi dizer que o titular da laje não tem fração ideal do terreno nem da construção-base, mas, sim, o direito de uso e o dever de conservação e de rateio de despesas das partes que sirvam a todo o edifício. Com isso, afastou-se a laje do condomínio edilício e dos complexos cálculos necessários à sua instituição, que certamente dificultariam a função regularizatória voltada para a população de baixa renda.

Houve a necessidade – bem solucionada pela lei – de regular o uso e os deveres relativos às partes comuns, mediante remessa às normas que regulam direitos e deveres dos condôminos no condomínio edilício. Note-se que a remessa não é total (no que couber), mas apenas àquelas compatíveis com a natureza do direito de laje.

Algumas regras relativas ao condomínio edilício são compatíveis com a laje. Tomem-se como exemplo as relativas ao direito de vizinhança (art. 1.336, IV, do CC), que determinam que o titular da unidade autônoma deve usá-la sem violar o sossego, a segurança, a saúde e os bons costumes.

Outras regras relativas ao condomínio edilício são incompatíveis com a laje e devem ser afastadas. Tomem-se como exemplos o rateio de despesas de acordo com as frações ideais do terreno, a eleição de síndico ou a convocação de assembleias ordinárias e extraordinárias, com os respectivos quóruns de deliberação.

Dispõe a lei que o rateio das despesas com as despesas necessárias à conservação e fruição das partes que sirvam a todo o edifício e ao pagamento de serviços de interesse comum devem seguir aquilo ajustado entre as partes no contrato. Dá-se espaço à autonomia privada, embora controlada pela boa-fé objetiva, função social e equilíbrio do contrato. Não se admite, por exemplo, que a totalidade das despesas de conservação de equipamentos comuns sejam carreadas ao lajeário, por imposição do titular da construção-base. Razoável que na omissão do título, aludidas despesas sejam rateadas igualmente entre os contratantes.

O § 1º relaciona quais são as partes que servem a todo o edifício. O rol é exemplificativo, nada impedindo que outras áreas e equipamentos sejam tidos como de uso ou proveito comum, diante das circunstâncias do caso concreto.

Finalmente, assegura corretamente a lei a prerrogativa da autotutela a qualquer dos interessados para a realização de reparações urgentes, na forma do parágrafo único do art. 249 deste Código. Tais obras podem ser realizadas diretamente pelo interessado, sujeitas a um duplo requisito: urgência e necessidade. Aquele que despendeu para a reparação pode cobrar a cota-parte do outro.

Se não for o reparo urgente, sua realização deve ser precedida de prévia consulta e comunicação ao outro interessado.

---

**Art. 1.510-D. Em caso de alienação de qualquer das unidades sobrepostas, terão direito de preferência, em igualdade de condições com terceiros, os titulares da construção-base e da laje, nessa ordem, que serão cientificados por escrito para que se manifestem no prazo de trinta dias, salvo se o contrato dispuser de modo diverso.**

Artigo acrescentado pela Lei n. 13.465, de 11.07.2017.

**§ 1º O titular da construção-base ou da laje a quem não se der conhecimento da alienação poderá, mediante depósito do respectivo preço, haver para si a parte alienada a terceiros, se o requerer no prazo decadencial de cento e oitenta dias, contado da data de alienação.**

**§ 2º Se houver mais de uma laje, terá preferência, sucessivamente, o titular das lajes ascendentes e o titular das lajes descendentes, assegurada a prioridade para a laje mais próxima à unidade sobreposta a ser alienada.**

---

Regula o presente artigo caso de preferência – ou prelação – legal recíproca entre o titular da construção-base e o lajeário, com o escopo louvável de evitar conflitos com futuros adquirentes e possibilitar a consolidação da propriedade nas mãos de um só titular.

Note-se que não veda a norma a alienação, mas tão somente impõe respeito ao direito de preferência dos outros interessados. A violação à determinação legal não provoca a invalidade do negócio, mas somente a sua ineficácia relativa frente ao prejudicado a quem não se concedeu a preferência. Em razão disso, não é fato impeditivo do registro imobiliário da alienação.

Não é qualquer negócio de alienação que desperta o direito de preferência, mas apenas aqueles em que houver pagamento de preço mediante bens fungíveis, por exemplo, a compra e venda e a dação em pagamento. A doação e a permuta por bens infungíveis são incompatíveis com a preferência.

A preferência se concede por escrito, vale dizer, é declaração receptícia solene de vontade, mediante notificação ou outra modalidade de transmissão, desde que de modo inequívoco chegue ao conhecimento do destinatário. Deve conter todos os elementos da oferta, em especial o preço e as condições de pagamento. O prazo para o exercício da preferência é de trinta dias, com termo inicial na data em que tomou o destinatário conhecimento da oferta. Note-se que o prazo não é apenas para manifestação de interesse na aquisição, mas, sim, para pagamento do preço, contra apresentação da respectiva documentação do imóvel. Não há espaço para modificação da proposta (contraoferta), pois o destinatário apenas assente com a oferta e deposita o preço devido.

Dispõe a parte final do *caput* que as regras do direito de preferência são as acima referidas, "salvo se o contrato dispuser de modo diverso". A ressalva não diz respeito ao direito de preferência em si, que não pode ser objeto de renúncia antecipada, no momento da criação do direito de laje. Refere-se apenas ao modo e ao prazo para o exercício do direito, que pode ser regulado com regras diversas pelas partes, desde que não implique sua excessiva compressão ou eliminação.

Gradua a lei a preferência na hipótese de pluralidade de interessados. Utiliza critérios diversos. No *caput* refere que, se a concorrência se der entre titular de laje e de construção-base, terá melhor preferência o último.

Caso, no entanto, a concorrência se der entre titulares de direito de laje de graus diversos (sobrelajes), a prioridade é daquele de graus mais próximos, em detrimento dos de graus mais distantes. Se for uma laje intermediária (por exemplo, de segundo grau) e a concorrência se der entre um titular de laje ascendente (terceiro grau) e um de laje descendente (primeiro grau), tem a primeira preferência a de grau superior (ascendente).

O § 1º regula a ação de preferência por parte do interessado não notificado da alienação. Repito que a ação não é de invalidade da alienação, mas, sim, de ineficácia relativa. Deve ser ajuizada no prazo decadencial de 180 dias, com termo inicial na data da alienação. São litisconsortes passivos necessários o alienante e o adquirente. O autor depositará o valor do preço, acrescido das despesas do adquirente com impostos e registro, e pedirá para si a adjudicação da unidade. Cuida-se de ação real, reipersecutória, de tal modo que o autor persegue a coisa, e não se limita a pedir perdas e danos.

Caso, no entanto, o direito de laje do interessado que teve a preferência violada não se encontre registrado, a ação terá cunho meramente pessoal e se resolverá em perdas e danos em face do alienante.

---

**Art. 1.510-E. A ruína da construção-base implica extinção do direito real de laje, salvo:**

*Caput* acrescentado pela Lei n. 13.465, de 11.07.2017.

**I – se este tiver sido instituído sobre o subsolo;**

Inciso acrescentado pela Lei n. 13.465, de 11.07.2017.

**II – se a construção-base for reconstruída no prazo de 5 (cinco) anos.**

Inciso com redação dada pela Lei n. 14.382, de 27.06.2022.

**Parágrafo único. O disposto neste artigo não afasta o direito a eventual reparação civil contra o culpado pela ruína**

Parágrafo acrescentado pela Lei n. 13.465, de 11.07.2017.

---

A regra geral é que o direito de laje tende à perenidade. Não é temporário, como os direitos reais de gozo e fruição. É propriedade, e não direito real sobre coisa alheia. Como vimos, não é personalíssimo (tal como ocorre com o usufruto), de modo que a morte do titular não extingue o direito.

Regula o artigo a extinção do direito de laje, ou melhor, apenas uma de suas hipóteses, qual seja, a ruína da construção-base.

Evidente que o rol é meramente exemplificativo, pois a laje pode extinguir-se por diversas outras causas, embora não previstas expressamente em lei.

Nada impede que as partes convencionem, mediante cláusula expressa, a aposição de termo ou de condição resolutiva, cujo implemento provoca a extinção de pleno direito da laje. No silêncio do contrato, repito que a laje tende à perpetuidade. Se a propriedade plena pode ser resolúvel, também se admite a criação de tal modalidade para o direito real de laje.

A usucapião da laje por terceiro, a desapropriação do edifício, o distrato levado ao registro imobiliário e a renúncia são também causas de extinção do direito real de laje.

Optou o legislador por regular apenas a hipótese da extinção da laje pelo perecimento da construção-base. Em tal situação, remanesce apenas o terreno, de titularidade exclusiva do concedente. Caso o perecimento seja causado por terceiro, ou a construção se encontre segurada, o titular do direito real de laje fará jus à indenização proporcional.

A extinção da laje pelo perecimento da construção-base tem duas exceções, previstas de modo expresso pelo legislador:

a) laje descendente, instituída no subsolo, via de regra não afetada pela destruição da construção-base;

b) reconstrução da construção-base no prazo de cinco anos.

A última hipótese é a que suscita mais dúvidas. Segundo a lei, a destruição da construção-base provoca a extinção do direito de laje ascendente, mas diferida no tempo. A extinção se sujeita a condição suspensiva, consistente na não reconstrução (fato futuro e incerto) no prazo de cinco anos.

O problema é que o direito do titular da laje fica subordinado a um comportamento positivo (reconstruir) do concedente, titular da construção-base. Basta supor a hipótese deste último aguardar o quinquênio para a reconstrução, com isso extinguindo direito alheio por omissão própria.

A solução dada pelo legislador não foi a melhor, e deve ser temperada pela jurisprudência. Cabe ao titular da laje, com o propósito de evitar a extinção de seu direito, promover a reconstrução da construção-base, ou ao menos da estrutura indispensável a suportar a nova laje.

Como a reconstrução-base beneficiará o concedente, estar-se-á diante de situação notória de enriquecimento sem causa. Poderá o titular da laje, nessa hipótese, cobrar do concedente o acréscimo patrimonial que este auferiu.

A extinção do real de laje, em todas as hipóteses referidas, deverá ser averbada no registro imobiliário.

**Jurisprudência:** Extinção de condomínio. Elementos coligidos que demonstraram a existência da copropriedade. Extinção que exsurge como direito potestativo do titular. Pretendida constituição do direito de laje em favor do autor. Descabimento. Imóvel construído em dois pavimentos. Demandante que é titular de fração do imóvel como um todo, e não de uma unidade autônoma erigida sobre acessão alheia. Exegese do art. 1.510-A do CC. Sentença mantida. Recurso desprovido. (TJSP, Ap. n. 1003200-18.2017.8.26.0320, rel. A.C. Mathias Coltro, j. 01.08.2018)

# LIVRO IV
# DO DIREITO DE FAMÍLIA

## TÍTULO I
## DO DIREITO PESSOAL

### *SUBTÍTULO I*
### *DO CASAMENTO*

#### CAPÍTULO I
#### DISPOSIÇÕES GERAIS

**Art. 1.511. O casamento estabelece comunhão plena de vida, com base na igualdade de direitos e deveres dos cônjuges.**

Legislação correlata: art. 226, § 5º, CF.

O **direito de família** é o complexo dos princípios que regulam a celebração do casamento, sua validade, seus efeitos, a dissolução, a união estável, os vínculos de parentesco e os institutos complementares da tutela e da curatela. O direito de família cuida, pois, das relações que envolvem o indivíduo dentro do núcleo social em que ele nasce, cresce e se desenvolve.

Os princípios constitucionais relativos à família estão no art. 226 da CF. As principais modificações decorrentes de tais princípios foram a admissão da *pluralidade de famílias* (a união estável e a família monoparental passaram a ter também a proteção do Estado); a *igualdade entre os cônjuges* (a direção da família passou a ser exercida por ambos os cônjuges em igualdade); e, por fim, a *igualdade entre filhos*, advindos ou não do casamento, biológicos ou resultantes de adoção (proibição de toda distinção entre os filhos).

O direito de família previsto no CC é dividido em quatro títulos. O primeiro, relativo ao *direito pessoal*, encampa o casamento e as relações de parentesco (arts. 1.511 a 1.638). Disciplina as regras de ambos os institutos. O segundo, o *direito patrimonial*, compreende o regime de bens no casamento, o usufruto e a administração dos bens de filhos menores, alimentos e bem de família (arts. 1.639 a 1.722). Cuida, portanto, do aspecto patrimonial que resulta do casamento. O terceiro, a *união estável* (arts. 1.723 a 1.727), encontra-se deslocado, pois deveria ser tratado nos títulos do direito pessoal e patrimonial. O quarto e último refere-se ao direito protetivo e envolve a *tutela* e a *curatela* (arts. 1.728 a 1.783).

Em um sentido mais amplo, a família pode ser definida como a comunidade dos parentes consanguíneos, civis ou por afinidade. Em sentido estrito, como a comunidade formada pelos pais ou um deles e os filhos (LOTUFO, Maria Alice Zaratin. *Curso avançado de direito civil* – direito de família. São Paulo, RT, v. V). Segundo a doutrina mais avançada em direito de família, a ideia de família é imortal, como a do núcleo básico ao qual nos integramos ao nascer, um ponto de referência central do indivíduo na sociedade, de solidariedade, que lhe dá segurança, transmite-lhe valores e o torna apto a perseguir um projeto para sua realização pessoal e para alcançar a felicidade (OLIVEIRA, Euclides de & HIRONAKA, Giselda Maria Fernandes Novaes. "Do direito de família". In: *Direito de família e o novo Código Civil.* Belo Horizonte, Del Rey – IBDFam, 2002).

A família pode ser constituída por órfãos ou pelos avós e netos, por exemplo, pois eles se enquadram no conceito de núcleo básico de afeto e amor que caracteriza a família. Em consequência, merecem proteção jurídica.

A família pode ser encarada sob o aspecto individual, que tem em vista a pessoa em relação a seus pais, colaterais, cônjuges e descendentes. Pode também ser compreendida a partir do interesse do Estado em sua sólida organização e na segurança das relações humanas. A família constitui a célula básica da sociedade. Representa o alicerce de toda a organização social, sendo compreensível, portanto, que o Estado a queira preservar e fortalecer. Na família se fundam a vida econômica e as raízes morais. Os interesses individuais da família refletem nos interesses da sociedade e, reciprocamente, esses últimos correspondem aos primeiros, garantindo condições de desenvolvimento e sobrevivência.

O *direito de família é extrapatrimonial ou personalíssimo*. É irrenunciável e intransmissível, não admitindo condição ou termo ou o seu exercício por meio de procurador. Apesar de esse direito sofrer a intervenção estatal, entende-se que a ingerência não pode ser tal que tolha substancialmente a liberdade individual, preservando-se, assim, os interesses individuais que dão o *caráter privado ao direito de família*.

Da CF é possível extrair os *princípios que norteiam o direito de família*. Segundo Maria Helena Diniz, são eles: a) o princípio da *ratio* do matrimônio (a afeição entre os cônjuges e a necessidade de que perdure completa comunhão de vida); b) o princípio da igualdade jurídica dos cônjuges, já referido anteriormente; c) o princípio da igualdade jurídica de todos os filhos, também apontado anteriormente; d) o princípio do pluralismo familiar, já mencionado; e) o princípio da consagração do poder familiar, que pode ser incluído no da igualdade entre os cônjuges; f) o princípio da liberdade do casal no desenvolvimento das atividades destinadas à família; e, por fim, g) o princípio do respeito à dignidade da pessoa humana, garantia do pleno desenvolvimento dos membros da comunidade familiar (*Curso de direito civil brasileiro* – direito de família. São Paulo, Saraiva, 2002, v. V).

Por força do disposto nos §§ 3º e 4º do art. 226 da CF, a família passou a ser tanto aquela constituída pelo casamento como pela união estável, ou ainda por um dos genitores e sua prole. O **casamento** deixou, portanto, de ser a única forma de constituição da família. O casamento é a união legal, formal e solene entre homem e mulher, em que ambos buscam a constituição de família – propósito da comunhão plena de vida e de interesses, assentada na igualdade de direitos e deveres dos cônjuges –, para auxílio mútuo, material e espiritual, e também da prole advinda dessa união. Pelo casamento, homem e mulher assumem mutuamente a condição de consortes, companheiros e responsáveis pelos encargos da família (art. 1.565). O objetivo de estabelecer comunhão plena de vida e a igualdade de direitos e deveres dos cônjuges são pressupostos de existência e validade do casamento. A comunhão plena de vida pressupõe a existência de amor e afeto entre o casal, a dedicação exclusiva ao outro cônjuge e aos filhos. A relação matrimonial impõe a mútua convivência, a reciprocidade de interesses na organização da vida e nas atitudes ou condutas individuais e, por fim, uma gama de direitos e deveres iguais, que irão disciplinar a vida em comum. "A comunhão de vida é a nota fulcral que marca o casamento. Sem esta, desaparecem seu sentido e sua finalidade. O enlace envolve a comunhão de afetos e dos demais componentes de uma vida em comum, como a ajuda mútua, a dedicação recíproca e a colaboração pessoal, doméstica e econômica. Mas o elo espiritual que une os cônjuges é que torna realidade a comunhão material" (RIZZARDO, Arnaldo. *Direito de família*. Rio de Janeiro, Forense, 2004). A ausência de comunhão plena de vida pode gerar a separação do casal, fundamentada na insuportabilidade da manutenção da vida em comum (*v.* comentário ao art. 1.573).

A igualdade de direitos entre marido e mulher, já ressaltada, decorre do disposto no art. 226, § 5º, da CF, originário do princípio da igualdade previsto no art. 5º da Carta. Dispõe o citado parágrafo que "os direitos e deveres referentes à sociedade conjugal são exercidos igualmente pelo homem e pela mulher". Neste Código, a igualdade entre ambos os cônjuges vem bem retratada no disposto dos arts. 1.565 a 1.570, para os quais remete-se o leitor. Desse princípio decorrem, por exemplo, o direito de ambos os cônjuges de dirigirem a sociedade conjugal e o direito de ambos de acrescer o sobrenome do outro (sobre a subsistência do privilégio conferido à mulher relativo à propriedade exclusiva dos bens reservados, *v.* comentários ao art. 1.642). O disposto no art. 1.584 também retrata o princípio da igualdade entre os cônjuges ao definir que a guarda dos filhos poderá ser atribuída tanto ao pai quanto à mãe, segundo as condições de cada um para exercê-la. A isonomia tratada neste artigo procura evitar que pessoas em situação essencialmente igual tenham tratamento diferente. Cláudia Lima Marques assevera que "esta isonomia de tratamento jurídico é aquela que, em abstrato, permite que se considerem iguais marido e mulher em relação ao papel que desempenham na chefia da sociedade conjugal. É também a isonomia que se busca na identificação dos filhos de uma mesma mãe ou de um mesmo pai. É ainda a isonomia que protege o patrimônio entre personagens que disponham do mesmo *status familiae*". ("Igualdade entre filhos no direito brasileiro atual – direito pós-moderno?". In: *Revista dos Tribunais*, n. 764, p. 19).

São três as correntes que controvertem a *natureza do casamento*. Para a corrente clássica ou individualista, ou de concepção contratualista, o casamento é um *contrato*. Contudo, a razão preponderante do casamento não é econômica, nem ele pode ser desfeito pelo simples consentimento mútuo das partes. Para a institucional ou de concepção institucionalista, é uma *instituição social*. Às regras impostas pelo Estado as partes têm a faculdade de aderir, mas a vontade dos cônjuges tornar-se-á impotente para alterar os efeitos da instituição que se produzem automaticamente. Por fim, para a *corrente eclética ou mista, o casamento é um contrato e uma instituição*. É exatamente a dificuldade de identificar a natureza jurídica do casamento que faz com que ele seja tratado como *ato complexo*, no qual estão presentes elementos volitivos, típicos dos contratos e elementos institucionais. Silvio Rodrigues se refere ao casamento como contrato de direito de família, desejando diferenciar o contrato de casamento dos outros contratos de direito privado.

Podem ser resumidas a três as *finalidades do casamento:* a) disciplinar as relações sexuais entre os cônjuges; b) proteger a prole; e c) assegurar a mútua assistência entre os cônjuges.

São *princípios norteadores do casamento:* a) liberdade da união; b) solenidade do ato nupcial; c) monogamia; d) indissolubilidade; e e) convivência ou vida em comunidade.

**Jurisprudência:** O casamento estabelece uma plena comunhão, cujo consectário não é apenas o entrelaçamento de vidas, mas também de patrimônios, que deve ser entendido com base na igualdade de direitos e deveres dos cônjuges (art. 1.511 do CC), com o fim da vida em comum pela ausência do ânimo socioafetivo, real motivação da comunicação patrimonial, há a cessação do regime de bens. (STJ, REsp n. 1.287.579, 3ª T., rel. Min. Ricardo Villas Bôas Cueva, j. 11.06.2013)

Apelação cível. Divórcio. Partilha de bens. Alegação de doação de parte de lote imobiliário. Divisão de depósitos em poupança e proventos pessoais. Alimentos. 1 – Não há falar em doação verbal de parte do terreno no qual foi edificada residência do casal. Pela natureza do negócio jurídico que encerra, a doação de imóvel é ato formal e solene, cuja realização não foi provada pelo apelante. 2 – Ademais, somente se cogita de comunhão de bens adquiridos por doação se o ato for, às claras, em favor de ambos os cônjuges, mas sequer a existência da doação está provada. 3 – É usual que na vigência da vida conjugal certo numerário seja dirigido a aplicações financeiras de qualquer natureza. Independentemente de somente um dos cônjuges exercer atividade profissional, tais quantias se incorporam à economia familiar, mesmo que nenhum bem móvel ou imóvel venha a ser adquirido com aqueles valores. É o reflexo, no plano patrimonial, da solidariedade, cumplicidade e comunhão de vidas ínsitos à relação matrimonial (art. 1.511 do CC). 4 – A recorrida conta 53 anos e durante os mais de 20 anos de casamento não trabalhou, o que confirma a dependência econômica. Por outro lado, o varão não logrou comprovar a impossibilidade de arcar com o pensionamento no valor arbitrado, ônus que lhe competia (Conclusão n. 37 do Centro de Estudos deste Tribunal). Negaram provimento, à unanimidade. (TJRS, Ap. Cível n. 70.014.185.201, 7ª Câm. Cível, rel. Des. Luiz Felipe Brasil Santos, j. 03.05.2006)

Alimentos. Critério de fixação. Exegese do art. 400 do CC. Dever dos pais, na medida de suas condições financeiras. O critério de fixação dos alimentos provisionais provisórios ou definitivos está previsto no art. 400 do CC, que determina que sejam observadas as necessidades do reclamante e os recursos econômicos da pessoa obrigada. Assim, a despeito da inexistência de fórmula matemática, a verba alimentar não pode ser arbitrada em quantia irrisória, imprópria para suprir as exigências vitais do alimentando, tampouco em valor excessivo, capaz de levar à bancarrota o obrigado. *Hodiernamente, pai e mãe têm o dever de contribuir para a mantença da prole, na medida de suas condições econômico-financeiras, não mais se podendo falar em responsabilidade exclusiva do varão quando a virago exerce atividade remunerada, tendo em vista o **princípio constitucional da igualdade entre marido e mulher***; o fato de um deles ser pessoa abastada, por si só, não retira do outro a obrigação de prestar alimentos aos filhos, mormente quando não os tem sob sua guarda (TJSC, Ap. Cível n. 2002.009795-6, 2ª Câm. Cível, rel. Des. Luiz Carlos Freyesleben, *DJSC* 26.08.2002). (*RBDFam* 15/112)

Registro civil. Assentos de nascimento e de casamento. Retificação. Inclusão, no nome do marido, do nome de família da mãe da esposa entre seu prenome e o nome de família de seu pai. Admissibilidade ante o *princípio da igualdade de direitos e deveres entre o homem e a mulher* na sociedade conjugal. Art. 226, § 5°, da CF. Recurso provido para esse fim. (*JTJ* 260/235)

---

**Art. 1.512. O casamento é civil e gratuita a sua celebração.**

**Parágrafo único. A habilitação para o casamento, o registro e a primeira certidão serão isentos de selos, emolumentos e custas, para as pessoas cuja pobreza for declarada, sob as penas da lei.**

---

Legislação correlata: art. 226, § 1°, CF.

São *espécies de casamento*: o civil e o religioso com efeitos civis. Ambos estão previstos também na CF, no art. 226, §§ 1° e 2°, respectivamente. Somente o casamento civil é válido entre nós. O casamento religioso (veja comentários aos arts. 1.515 e 1.516), quando único, só tem eficácia se levado a efeito com todas as formalidades impostas pela lei. O casamento civil é aquele realizado segundo as regras estabelecidas pelo Estado, que podem ser encontradas na CF, neste Código e na LRP, tornando-o um ato solene e formal. O casamento civil será celebrado gratuitamente, como já assegurava o disposto na última parte do § 1° do art. 226 da CF. A gratuidade autorizada pelo legislador envolve os selos, os emolumentos e as custas estabelecidas por lei. O *parágrafo único* do artigo estende a gratuidade da celebração do casamento para a habilitação, para o registro e para a primeira certidão, quando forem pobres as pessoas interessadas. A pobreza será comprovada mediante a simples declaração do interessado, sob as penas da lei, na forma prevista na Lei n. 1.060/50, de assistência judiciária gratuita.

**Jurisprudência:** Ação civil pública. Improbidade administrativa. Conjunto probatório que permite aferir, com a certeza necessária, que o réu, preposto interino designado para responder pelo expediente de Oficial do Registro Civil das Pessoas Naturais e de Interdições e Tutelas da Sede da Comarca de Lucélia e do Oficial de Registro Civil das Pessoas Naturais e Tabelião de Notas do Município de Pracinha da Comarca de Lucélia, nos processos de casamento e nos respectivos recolhimentos dos emolumentos, apresentava declarações de pobreza para os nubentes assinarem, mas cobrava, indevidamente, as taxas e emitia recibos falsos constando que não houve o pagamento de qualquer valor pelas custas e emolumentos, como também de que encaminhava ao sindicato dos Notários e Registradores do Estado de São Paulo planilhas dos atos gratuitos praticados, instruindo-as com as declarações de pobreza emitidas pelos nubentes e recibos constando que não foram pagas as custas ou emolumentos, atos que ensejou o recebimento indevido de R$ 1.714,10 a título de compensação pela celebração dos referidos casamentos "gratuitos". Elemento subjetivo demonstrado. Manutenção da condenação. Pequeno reparo no que tange a dosimetria da sanção que deve considerar os princípios da razoabilidade e proporcionalidade, eis que toda disciplina punitiva exige a apreciação da efetiva necessidade da pena e a sua real adequação à situação concreta (Francisco Octávio de Almeida Prado, *Improbidade administrativa*. São Paulo: Malheiros, 2001, p. 153). Recurso provido, em parte. (TJSP, Proc. n. 00013214320158260326, 11ª Câm. de Dir. Público, rel. Des. Jarbas Gomes, j. 03.10.2017, *DJe* 06.10.2017)

Duplo grau obrigatório de jurisdição. Mandado de segurança. Habilitação para fins de casamento sob o pálio da gratuidade de Justiça. Concessão da segurança. Direito constitucionalmente garantido às pessoas carentes. Ausência de recurso voluntário, demonstrando o acerto da decisão. Art. 557, CPC [arts. 932, IV, *a* e *b*, e V, *a*, 1.011, I, e 1.021, §§ 2º, 4º e 5º, do CPC/2015]. Súmula n. 53. Confirmação da sentença em reexame necessário. (TJRJ, MS n. 0002250-17.2006.8.19.0058 (2007.009.01891), 11ª Câm. Cível, rel. Des. Mauro Martins, j. 25.01.2008)

**Art. 1.513. É defeso a qualquer pessoa, de direito público ou privado, interferir na comunhão de vida instituída pela família.**

Na família constituída pela comunhão de vida é defesa a interferência de quem quer que seja. O Estado ou qualquer pessoa de direito público ou privado estão proibidos de intervir na comunhão de vida instituída pela família. O Estado deverá sim assegurar a proteção à família. Este artigo tem como corolário o disposto no art. 1º, III, relativo à dignidade da pessoa humana, no art. 5º, X, que se refere à inviolabilidade da intimidade e da vida privada das pessoas, ambos da CF, bem como o disposto no art. 226, § 7º, também da Carta Magna, e o disposto no art. 1.565, § 2º, deste Código (veja comentário), que conferem autonomia ao casal sobre o planejamento familiar.

**Jurisprudência:** Apelação cível. Sucessões. Cessão de direitos hereditários outorgada à apelante por suposto companheiro da autora da herança. Ilegitimidade da parte autora para postular o reconhecimento judicial da união estável supostamente havida entre terceiros. Carência de ação. Matéria de ordem pública. Processo extinto sem resolução de mérito. 1 – É cabível o pronunciamento deste Tribunal a respeito da não concorrência de condições da ação (legitimidade de parte, interesse processual e possibilidade jurídica do pedido), por se tratar de matéria de ordem pública – o que torna o tema passível de análise a qualquer tempo e grau de jurisdição, até mesmo de ofício. 2 – A autora não é titular do direito material que quer submeter ao juízo e que diz com o reconhecimento de união estável. Nos termos da lei processual vigente, "para propor ou contestar ação é necessário ter interesse e legitimidade" (art. 3º) e "ninguém pode pleitear, em nome próprio, direito alheio, salvo quando autorizado por lei" (art. 6º). 3 – A legitimidade extraordinária (hipótese em que aquele que tem legitimidade para estar no processo como parte não é titular do direito material a ser discutido em juízo), no sistema brasileiro, não pode decorrer da vontade das partes, mas somente da lei. 4 – Não é demais dizer que também é personalíssima a definição do *status* familiar de cada um. Tanto é assim que o art. 1.513 do CC expressamente veda a qualquer pessoa, de direito público ou privado, interferir na comunhão de vida instituída pela família. Isso significa, precisamente, a impossibilidade de interferência de terceiros na esfera inviolável de privacidade da entidade familiar. 5 – Nesse contexto, impõe-se a extinção do feito sem resolução de mérito, com fulcro no art. 267, VI, do CPC, em razão da ilegitimidade ativa da apelante, que não possui legitimidade ordinária e nem mesmo extraordinária para postular o reconhecimento judicial de união estável supostamente havida entre terceiros – relação de estado, personalíssima, de interesse próprio e exclusivo dos conviventes. Por maioria, extinguiram o processo, sem resolução do mérito, prejudicada a apelação. (TJRS, Ap. Cível n. 70.055.905.400, 8ª Câm. Cível, rel. Des. Luiz Felipe Brasil Santos, j. 28.11.2013, *DJe* 06.12.2013)

**Art. 1.514. O casamento se realiza no momento em que o homem e a mulher manifestam, perante o juiz, a sua vontade de estabelecer vínculo conjugal, e o juiz os declara casados.**

O *casamento é ato solene e formal* e sua celebração exige o cumprimento das formalidades do processo de habilitação (*v.* comentários aos arts. 1.525 a 1.532). Para que seja consumado o casamento, o homem e a mulher deverão inicialmente manifestar ao juiz, um após o outro, sua vontade de estabelecer o vínculo conjugal. A *vontade* dos nubentes, por determinação legal (art. 1.535, *v.* comentário), deve ser *livre e espontânea*. A ausência de completa liberdade do querer casar-se e a vontade viciada, sujeita a constrangimentos, impõem a suspensão da celebração e impedem a consumação do casamento (*v.* comentário ao art. 1.538). Diante da resposta positiva (sem nenhuma condição ou termo), clara e consciente dos nubentes, o celebrante declarará formalizado o casamento, pronunciando os dizeres contidos no art. 1.535 (*v.* comentário). Só haverá casamento após essa declaração do celebrante. A *diversidade de sexo dos nubentes* é pressuposto para a realização do casamento válido. Será inexistente o casamento convolado entre duas pessoas do mesmo sexo e, por consequência, não produzirá nenhum efeito jurídico. Maria Helena Diniz ensina que, se porventura o magistrado deparar com caso dessa espécie, deverá tão somente pronunciar sua inexistência, negando a tal união o caráter matrimonial. Deve, é óbvio, distinguir prudentemente a identidade do sexo dos vícios congênitos de conformação, da dubiedade de sexo, da malformação dos órgãos genitais ou da disfunção sexual, que apenas acarretam anulabilidade (*Curso de direito civil brasileiro* – direito de família. São Paulo, Saraiva, 2002, v. V). Todavia, o momento atual é diferente. Muito embora o legislador brasileiro não tenha criado norma específica que preveja o casamento civil entre pessoas do mesmo sexo, a jurisprudência, inclusive do STF (*v.* a seguir), adiantou-se sedimentando o entendimento de admissão do casamento homoafetivo, sob o fundamento de que "[...] 4 – O pluralismo familiar engendrado pela Constituição – explicitamente reconhecido em precedentes tanto desta Corte como do STF – impede se pretenda afirmar que as famílias formadas por pares homoafetivos sejam menos dignas de proteção do Estado, se comparadas com aquelas apoiadas na tradição e formadas por casais heteroafetivos. 5 – O que importa agora, sob a égide da Carta de 1988, é que essas famílias multiformes recebam efetivamente a 'especial proteção do Estado', e é tão somente em razão desse desígnio de especial proteção que a lei deve facilitar a conversão da união estável em casamento, ciente o constituinte que, pelo casamento, o Estado melhor protege esse núcleo doméstico chamado família. 6 – Com efeito, se é verdade que o casamento civil é a forma pela qual o Estado melhor protege a família, e sendo múltiplos os 'arranjos' familiares reconhecidos pela Carta Magna, não há de ser negada essa via a nenhuma família que por ela optar, independentemente de orientação sexual dos partícipes, uma vez que as famílias constituídas por pares homoafetivos possuem os mesmos núcleos axiológicos daquelas constituídas por casais heteroafetivos, quais sejam, a dignidade das pessoas de seus membros e o afeto [...]" (STJ, REsp n. 1.183.378/RS).

Na esteira das decisões de eficácia vinculante dos Tribunais Superiores, o CNJ redigiu e publicou a Resolução n. 175, de 15.05.2013, orientando as autoridades competentes acerca do casamento homoafetivo. "Dispõe sobre a habilitação, celebração de casamento civil, ou de conversão de união estável em casamento, entre pessoas de mesmo sexo. O PRESIDENTE DO CONSELHO NACIONAL DE JUSTIÇA, no uso de suas atribuições constitucionais e regimentais, CONSIDERANDO a decisão do plenário do Conselho Nacional de Justiça, tomada no julgamento do Ato Normativo n. 0002626-65.2013.2.00.0000, na 169ª Sessão Ordinária, realizada em 14.05.2013; CONSIDERANDO que o Supremo Tribunal Federal, nos acórdãos prolatados em julgamento da ADPF n. 132/RJ e da ADI n. 4.277/DF, reconheceu a inconstitucionalidade de distinção de tratamento legal às uniões estáveis constituídas por pessoas de mesmo sexo; CONSIDERANDO que as referidas decisões foram proferidas com eficácia vinculante à administração pública e aos demais órgãos do Poder Judiciário; CONSIDERANDO que o Superior Tribunal de Justiça, em julgamento do REsp n. 1.183.378/RS, decidiu inexistir óbices legais à celebração de casamento entre pessoas de mesmo sexo; CONSIDERANDO a competência do Conselho Nacional de Justiça, prevista no art. 103-B, da Constituição Federal de 1988; RESOLVE: Art. 1º É vedada às autoridades competentes a recusa de habilitação, celebração de casamento civil ou de conversão de união estável em casamento entre pessoas de mesmo sexo. Art. 2º A recusa prevista no art. 1º implicará a imediata comunicação ao respectivo juiz corregedor para as providências cabíveis. Art. 3º Esta resolução entra em vigor na data de sua publicação." Saliente-se por fim que as regras específicas do casamento sobre capacidade, impedimentos, causas suspensivas, processo de habilitação, celebração, provas, invalidade, eficácia e dissolução estendem-se à união entre pessoas do mesmo sexo."

**Jurisprudência:** Apelação cível. Habilitação para casamento. Nubentes do mesmo sexo. Sentença homologatória. Insurgência do MP. Conhecimento do reclamo. Homenagem aos princípios do devido processo legal, duplo grau de jurisdição e primazia do julgamento do mérito. Normas constitucionais. Impossibilidade de interpretação restritiva. Entendimento firmado pelo STF no julgamento da ADI n. 4.277 e ADPF n. 132. Recusa à celebração do casamento igualmente vedada pela Res. n. 175/2013 do CNJ. Apelo conhecido e desprovido.

(TJSC, Ap. Cível n. 00080202820188240091, 1ª Câm. de Dir. Civ., rel. Des. Paulo Ricardo Bruschi, j. 08.08.2019)

Processual civil. Conversão de união estável em casamento. Relação homoafetiva. Pretensão de sua conversão em casamento. "ADI n. 4.277 e da ADPF n. 132, pelo STF, reconheceu como entidade familiar a união entre pessoas do mesmo sexo, concedendo a proteção do estado como entidade familiar à união estável homoafetiva na forma do contido no art. 1.723 do CC. Verificação de similitude, mas não de igualdade factual em relação à união estável entre homem e mulher e união entre pessoas do mesmo sexo. Aplicação às uniões homoafetivas, caracterizadas como entidades familiares, das prescrições legais relativas às uniões estáveis heterossexuais, excluídas, porém, aquelas que exijam a diversidade de sexo para o seu exercício". Improvimento ao recurso. I – Quando do julgamento das ADI n. 4.277 e ADPF n. 132, pelo colendo STF, salientou o eminente Min. Ricardo Lewandowski que as ações deveriam ser julgadas procedentes "para que sejam aplicadas às uniões homoafetivas, caracterizadas como entidades familiares, as prescrições legais relativas às uniões estáveis heterossexuais, excluídas aquelas que exijam a diversidade de sexo para o seu exercício, até que sobrevenham disposições normativas específicas que regulem tais relações". II – De fato, o casamento é contrato solene e para tanto o legislador dispôs no art. 1.514, do Código vigente, que "o casamento se realiza no momento em que o homem e a mulher manifestam, perante o juiz, a sua vontade de estabelecer vínculo conjugal, e o juiz os declara casados" exigindo seu art. 1.535 que "presentes os contraentes, em pessoa ou por procurador especial, juntamente com as testemunhas e o oficial do registro, o presidente do ato, ouvida aos nubentes a afirmação de que pretendem casar por livre e espontânea vontade, declarará efetuado o casamento, nestes termos: "De acordo com a vontade que ambos acabais de afirmar perante mim, de vos receberdes por marido e mulher, eu, em nome da lei, vos declaro casados". Marido e mulher. Marido é o homem unido a uma mulher pelo matrimônio; esposo. Mulher é a companheira do cônjuge; esposa e, como vimos, exige o CC para a celebração do casamento a presença do homem e da mulher. Sem modificar o CC o casamento entre pessoas do mesmo sexo é, simplesmente, nulo. III – Importante relembrar que a CF remete à lei a celebração do casamento e união estável entre homem e mulher – art. 226, § 3º: "Para efeito da proteção do Estado, é reconhecida a união estável entre o homem e a mulher como entidade familiar, devendo a lei facilitar sua conversão em casamento", dispondo seu § 7º que "fundado nos princípios da dignidade da pessoa humana e da paternidade responsável, o planejamento familiar é livre decisão do casal, competindo ao Estado propiciar recursos educacionais e científicos para o exercício desse direito, vedada qualquer forma coercitiva por parte de instituições oficiais ou privadas". Vê-se, portanto, que o STF exigiu, para o casamento, alteração do CC e com as vênias devidas ao CNJ, a Res. n. 175 infringe disposições do CC e não se pode atribuir ao Judiciário a função de legislador positivo. IV – Inatendidos os preceitos insculpidos no CC para o casamento, acolher o recurso importaria em indiscutível afronta à lei que o magistrado jurou cumprir. V – Improvimento ao recurso. (TJRJ, Ap. n. 0066728-04.2012.8.19.0000, 13ª Câm. Cível, rel. Des. Valeria Dacheux Nascimento, j. 22.05.2013, *DJe* 19.11.2013)

Direito de família. Casamento civil entre pessoas do mesmo sexo (homoafetivo). Interpretação dos arts. 1.514, 1.521, 1.523, 1.535 e 1.565 do CC/2002. Inexistência de vedação expressa a que se habilitem para o casamento pessoas do mesmo sexo. Vedação implícita constitucionalmente inaceitável. Orientação principiológica conferida pelo STF no julgamento da ADPF n. 132/RJ e da ADI n. 4.277/DF. (STJ, REsp n. 1.183.378/RS, 4ª T., rel. Min. Luis Felipe Salomão, j. 25.10.2011)

1 – Arguição de Descumprimento de Preceito Fundamental (ADPF). Perda parcial de objeto. Recebimento, na parte remanescente, como ação direta de inconstitucionalidade. União homoafetiva e seu reconhecimento como instituto jurídico. Convergência de objetos entre ações de natureza abstrata. Julgamento conjunto. Encampação dos fundamentos da ADPF n. 132/RJ pela ADI n. 4.277/DF, com a finalidade de conferir "interpretação conforme a Constituição" ao art. 1.723 do CC. Atendimento das condições da ação. 2 – Proibição de discriminação das pessoas em razão do sexo, seja no plano da dicotomia homem/mulher (gênero), seja no plano da orientação sexual de cada qual deles. A proibição do preconceito como capítulo do constitucionalismo fraternal. Homenagem ao pluralismo como valor sociopolítico-cultural. Liberdade para dispor da própria sexualidade, inserida na categoria dos direitos fundamentais do indivíduo, expressão que é da autonomia de vontade. Direito à intimidade e à vida privada. Cláusula pétrea. O sexo das pessoas, salvo disposição constitucional expressa ou implícita em sentido contrário, não se presta como fator de desigualação jurídica. Proibição de preconceito, à luz do inciso IV do art. 3º da CF, por colidir frontalmente com o objetivo constitucional de "promover o bem de todos". Silêncio normativo da Carta Magna a respeito do concreto uso do sexo dos indivíduos como saque da kelseniana "norma geral negativa", segundo a qual "o que não estiver juridicamente proibido, ou obrigado, está juridicamente permitido".

Reconhecimento do direito à preferência sexual como direta emanação do princípio da "dignidade da pessoa humana": direito à autoestima no mais elevado ponto da consciência do indivíduo. Direito à busca da felicidade. Salto normativo da proibição do preconceito para a proclamação do direito à liberdade sexual. O concreto uso da sexualidade faz parte da autonomia da vontade das pessoas naturais. Empírico uso da sexualidade nos planos da intimidade e da privacidade constitucionalmente tuteladas. Autonomia da vontade. Cláusula pétrea. 3 – Tratamento constitucional da instituição da família. Reconhecimento de que a CF não empresta ao substantivo "família" nenhum significado ortodoxo ou da própria técnica jurídica. A família como categoria sociocultural e princípio espiritual. Direito subjetivo de constituir família. Interpretação não reducionista. O *caput* do art. 226 confere à família, base da sociedade, especial proteção do Estado. Ênfase constitucional à instituição da família. Família em seu coloquial ou proverbial significado de núcleo doméstico, pouco importando se formal ou informalmente constituída, ou se integrada por casais heteroafetivos ou por pares homoafetivos. A Constituição de 1988, ao utilizar-se da expressão "família", não limita sua formação a casais heteroafetivos nem a formalidade cartorária, celebração civil ou liturgia religiosa. Família como instituição privada que, voluntariamente constituída entre pessoas adultas, mantém com o Estado e a sociedade civil uma necessária relação tricotômica. Núcleo familiar que é o principal lócus institucional de concreção dos direitos fundamentais que a própria Constituição designa por "intimidade e vida privada" (inciso X do art. 5º). Isonomia entre casais heteroafetivos e pares homoafetivos que somente ganha plenitude de sentido se desembocar no igual direito subjetivo à formação de uma autonomizada família. Família como figura central ou continente, de que tudo o mais é conteúdo. Imperiosidade da interpretação não reducionista do conceito de família como instituição que também se forma por vias distintas do casamento civil. Avanço da CF/88 no plano dos costumes. Caminhada na direção do pluralismo como categoria sociopolítica-cultural. Competência do Supremo Tribunal Federal para manter, interpretativamente, o Texto Magno na posse do seu fundamental atributo da coerência, o que passa pela eliminação de preconceito quanto à orientação sexual das pessoas. 4 – União estável. Normação constitucional referida a homem e mulher, mas apenas para especial proteção desta última. Focado propósito constitucional de estabelecer relações jurídicas horizontais ou sem hierarquia entre as duas tipologias do gênero humano. Identidade constitucional dos conceitos de "entidade familiar" e "família". A referência constitucional à dualidade básica homem/mulher, no § 3º do seu art. 226, deve-se ao centrado intuito de não se perder a menor oportunidade para favorecer relações jurídicas horizontais ou sem hierarquia no âmbito das sociedades domésticas. Reforço normativo a um mais eficiente combate à renitência patriarcal dos costumes brasileiros. Impossibilidade de uso da letra da Constituição para ressuscitar o art. 175 da Carta de 1967/1969. Não há como fazer rolar a cabeça do art. 226 no patíbulo do seu § 3º. Dispositivo que, ao utilizar da terminologia "entidade familiar", não pretendeu diferenciá-la da "família". Inexistência de hierarquia ou diferença de qualidade jurídica entre as duas formas de constituição de um novo e autonomizado núcleo doméstico. Emprego do fraseado "entidade familiar" como sinônimo perfeito de família. A Constituição não interdita a formação de família por pessoas do mesmo sexo. Consagração do juízo de que não se proíbe nada a ninguém senão em face de um direito ou de proteção de um legítimo interesse de outrem, ou de toda a sociedade, o que não se dá na hipótese *sub judice*. Inexistência do direito dos indivíduos heteroafetivos à sua não equiparação jurídica com os indivíduos homoafetivos. Aplicabilidade do § 2º do art. 5º da CF, a evidenciar que outros direitos e garantias, não expressamente listados na Constituição, emergem "do regime e dos princípios por ela adotados", *in verbis*: "Os direitos e garantias expressos nesta Constituição não excluem outros decorrentes do regime e dos princípios por ela adotados, ou dos tratados internacionais em que a República Federativa do Brasil seja parte". 5 – Divergências laterais quanto à fundamentação do acórdão. Anotação de que os Ministros Ricardo Lewandowski, Gilmar Mendes e Cezar Peluso convergiram no particular entendimento da impossibilidade de ortodoxo enquadramento da união homoafetiva nas espécies de família constitucionalmente estabelecidas. Sem embargo, reconheceram a união entre parceiros do mesmo sexo como uma nova forma de entidade familiar. Matéria aberta à conformação legislativa, sem prejuízo do reconhecimento da imediata autoaplicabilidade da Constituição. 6 – Interpretação do art. 1.723 do CC em conformidade com a CF (técnica da "interpretação conforme"). Reconhecimento da união homoafetiva como família. Procedência das ações. Ante a possibilidade de interpretação em sentido preconceituoso ou discriminatório do art. 1.723 do CC, não resolúvel à luz dele próprio, faz-se necessária a utilização da técnica de "interpretação conforme a Constituição". Isso para excluir do dispositivo em causa qualquer significado que impeça o reconhecimento da união contínua, pública e duradoura entre pessoas do mesmo sexo como família. Reconhecimento que é de ser feito segundo as mesmas regras e com as mesmas consequências da união estável heteroafetiva. (STF,

Tribunal Pleno, ADI n. 4.277/DF, rel. Min. Ayres Britto, j. 05.05.2011, *DJe* 13.10.2011)

No mesmo sentido: STF, ADPF n. 132/RJ, Tribunal Pleno, rel. Min. Ayres Britto, j. 05.05.2011, *DJe* 13.10.2011.

Pedido de reconhecimento de casamento. Extinção do feito. Impossibilidade jurídica do pedido. A celebração do matrimônio, na forma da lei, só se concretiza com o ato formal em si, não servindo o cumprimento dos trâmites legais condição suficiente para o reconhecimento do casamento entre as partes. Mantida a extinção do feito por impossibilidade jurídica do pedido. Recurso desprovido. (TJRS, Ap. Cível n. 70.028.486.652, 8ª Câm. Cível, rel. José Ataídes Siqueira Trindade, j. 11.05.2009)

Ação de indenização. Dano moral. Rompimento de noivado injustificado e próximo à data do casamento. Dano moral caracterizado. Danos materiais. 1 – Pleito indenizatório em que a parte autora busca a reparação de danos materiais e morais suportados em virtude do rompimento injustificado do noivado pelo nubente varão poucos dias antes da data marcada para a celebração do casamento. 2 – Faz-se necessário esclarecer que as relações afetivas podem ser tuteladas pelo direito quando há repercussão econômica. No que se refere à promessa de casamento, tenho que esta deve ser analisada sob a ótica da fase preliminar dos contratos. 3 – Oportuno salientar que a possibilidade de responsabilização civil não pode ser utilizada como forma de coação aos nubentes. O casamento deve ser contraído mediante a manifestação livre e espontânea da vontade dos noivos de se unirem formalmente. Inteligência do art. 1.514 do CC. 4 – Impende destacar que a ruptura de noivado por si só não determina a responsabilidade do desistente, o que pode ensejar a reparação são as circunstâncias em que a outra parte foi comunicada de seu intento [...]. (TJRS, Ap. Cível n. 70.027.032.440, 5ª Câm. Cível, rel. Jorge Luiz Lopes do Canto, j. 21.01.2009)

---

**Art. 1.515. O casamento religioso, que atender às exigências da lei para a validade do casamento civil, equipara-se a este, desde que registrado no registro próprio, produzindo efeitos a partir da data de sua celebração.**

---

Legislação correlata: art. 226, §§ 1º e 2º, CF; arts. 71 a 75, Lei n. 6.015, de 31.12.1973 (LRP).

Como já salientado (*v.* comentário ao art. 1.512), outra espécie de casamento, além do civil, autorizada pela CF é o *religioso com efeitos civis*, referido neste artigo e no seguinte. O casamento religioso realizado perante autoridade religiosa ou ministro religioso tem sua validade sujeita a uma condição: de que seja ele inscrito no livro de Registro Civil das Pessoas Naturais, após cumpridas as formalidades do processo de habilitação, antes ou depois da celebração religiosa (*v.* comentário ao art. 1.516), produzindo efeitos civis, contudo, a partir de tal data.

**Jurisprudência:** Registro civil. Casamento religioso para efeitos civis. Ação ajuizada por um dos nubentes requerendo o registro de casamento religioso para efeitos civis. Casamento religioso realizado sem prévia habilitação dos nubentes. Art. 74 da Lei n. 6.015/73. Ato personalíssimo. Falecimento do outro nubente. Impossibilidade de manifestação de vontade quanto ao registro do casamento religioso para efeitos civis. Precedente. Ação improcedente. Recurso desprovido. (TJSP, Ap. Cível n. 1022025-13.2020.8.26.0576, 7ª Câm. de Dir. Priv., rel. Des. Mary Grün, j. 09.03.2021)

Registro civil. Suprimento judicial. Registro civil de nascimento não localizado. Cabimento. Casamento civil. Casamento religioso realizado em 1895. Impossibilidade do suprimento judicial. Pedidos que objetivam a obtenção de cidadania italiana. 1 – Diante da existência da certidão de casamento realizado no Registro Civil, cabível o deferimento do suprimento judicial do registro civil de nascimento do avô do recorrente. 2 – Segundo o disposto no art. 226, § 2º, da CF e no art. 1.515 do CC, é atribuído ao casamento religioso o efeito civil, desde que atendidas as exigências da lei para validade do casamento civil. 3 – Considerando que o casamento civil no Brasil foi instituído através do Dec. n. 181, de 1890, vedando qualquer outra forma de casamento, não há como reconhecer a possibilidade de suprimento do registro civil de casamento dos bisavós do recorrente, que foi realizado na forma religiosa em 1895. Recurso provido em parte. (TJRS, Ap. Cível n. 70.079.438.321, 7ª Câm. Cível, rel. Des. Sérgio Fernando de Vasconcellos Chaves, j. 20.03.2019)

Responsabilidade civil. Casamento celebrado perante autoridade religiosa, precedido da devida habilitação, mas que não produziu efeitos civis, porque não registrado no ofício de registro civil de pessoas naturais no prazo legal. Pretensão indenizatória de danos morais e materiais, que se fulcra exclusivamente na omissão do réu quanto ao registro civil do casamento. A culpa pelo término do relacionamento afetivo atribui-se a ambas as partes, valendo registro que as providências relativas ao registro civil também a ambas incumbiam. Ausência de prova quanto às supostas humilhações experimentadas pela apelante por ato do réu. Sem a prova da conduta ilícita, não é possível se pretender reparação com base na responsabilidade civil. Recurso desprovido. (TJRJ, Ap. n. 0000267-08.2003.8. 19.0019, 17ª Câm. Cível, rel. Des. Luisa Bottrel Souza, j. 25.08.2010)

Registro civil das pessoas naturais. Suprimento judicial de casamento civil. Casamento religioso realizado em 1906. Requisito para a obtenção de cidadania italiana pela neta. Comprovada a comunhão de vida e a formação de prole. Possibilidade. A CF/88, em seu art. 226, § 2º, confere ao casamento religioso efeito civil, nos termos da lei. Também o CCB, em seu art. 1.515, atribui ao casamento religioso, atendidas as exigências da lei para validade do casamento civil, a equiparação a este, conquanto seja registrado no registro próprio, produzindo efeitos a partir da data de sua celebração. Na espécie, comprovada a existência da cerimônia religiosa e a formação de prole, não há como deixar de reconhecer a vontade das partes de contraírem matrimônio. Demonstrado o interesse da autora em suprir judicialmente o registro civil de casamento de seus avós, para fins de obtenção de cidadania italiana e não demonstrado qualquer prejuízo a terceiros, já que falecidos os nubentes há vários anos, imperioso acolher a pretensão da autora. Recurso provido. (TJRS, Ap. Cível n. 70.027.429.802, 7ª Câm. Cível, rel. Ricardo Raupp Ruschel, j. 27.05.2009)

Casamento religioso. Efeitos civis. Registro. Decurso do prazo. Impossibilidade. Decorrido o prazo legal para o registro em cartório do casamento religioso, precedido de habilitação legal, para que sejam atribuídos efeitos civis ao matrimônio deve ser realizada nova habilitação. Temerário se admitir que o casamento religioso produza efeitos civis retroativos à data da celebração, após o decurso de mais de quinze anos, período durante o qual podem ter sido praticados atos jurídicos influenciados pelo estado civil. Falecido um dos cônjuges, tornando inviável a habilitação, o registro civil do casamento religioso, somente será possível se justificada a sua falta no momento oportuno, na forma do art. 1.543, parágrafo único, do CC/2002, comprovando-se, ainda, a inexistência de impedimentos para a declaração do casamento. Recurso provido (TJMG, Ap. Cível n. 1.0024.08.245324-2/001, 7ª Câm. Cível, rel. Heloisa Combat, *DJ* 22.05.2009). (*RBDFS* 12/156)

Registros públicos. Termo de casamento religioso. Registro para efeitos civis. Indeferimento. Pedido extemporâneo. Peculiaridades do caso concreto. Requerimento não formulado na época oportuna em razão da enfermidade súbita do nubente varão e posterior falecimento. Superação do prazo decadencial. I – O pedido de registro do termo de casamento religioso para efeitos civis não foi deduzido na época oportuna, em razão da enfermidade súbita e posterior falecimento do cônjuge varão. Assim sendo, diante das particularidades do caso concreto, é justificável a superação do prazo decadencial prazo previsto no art. 1.516, § 1º, do CC/2002, para permitir o registro no ofício competente, conforme a orientação emanada do egrégio STJ, máxime por se tratar de mero ato para formalizar o casamento já realizado. II – A exegese sistemática da ordem jurídica vigente no país demonstra, o *quantum satis*, a plausibilidade da pretensão deduzida na inicial, até em homenagem ao relevante valor que o direito positivo atribui à vontade declarada da pessoa que em face da morte não pôde proceder aos atos tendentes a realização de seu intento. III – Deu-se provimento. Unânime (TJDF, Ap. Cível n. 2005.01.1.003612-0, 1ª T. Cível, rel. José Divino, *DJU* 03.07.2007, p. 148). (*RBDFS* 11/160)

Previdenciário. Pensão por morte. Não comprovação da condição de dependência. Requisitos legais não preenchidos. I – A LRP (Lei n. 6.015/73) levou o legislador a disciplinar a matéria referente ao registro de casamento no CC/2002, de forma que o art. 1.515 do CC equiparou o casamento religioso ao civil, desde que atendidas as exigências legais e devidamente registrado no registro próprio. Sendo assim, a certidão de casamento religioso da autora, emitida pela Igreja e não registrada no Registro Civil, não gera efeitos civis, de modo que a requerente não se enquadra na condição de esposa do falecido. II – *In casu*, também não se caracteriza a eventual união estável entre a requerente e o *de cujus* até a época do falecimento, em 1998, uma vez que o relacionamento entre eles se estendeu somente até o ano de 1977, conforme se verificou dos depoimentos testemunhais. III – Inviável a concessão do benefício pleiteado em face da não implementação dos requisitos legais. IV – Apelação da parte autora improvida. (TRF, 3ª R., Ap. Cível n. 602.450/SP, 7ª T., rel. Walter Amaral, *DJ* 12.08.2004)

---

**Art. 1.516. O registro do casamento religioso submete-se aos mesmos requisitos exigidos para o casamento civil.**

**§ 1º O registro civil do casamento religioso deverá ser promovido dentro de noventa dias de sua realização, mediante comunicação do celebrante ao ofício competente, ou por iniciativa de qualquer interessado, desde que haja sido homologada previamente a habilitação regulada neste Código. Após o referido prazo, o registro dependerá de nova habilitação.**

**§ 2º O casamento religioso, celebrado sem as formalidades exigidas neste Código, terá efeitos civis se, a requerimento do casal, for registrado, a qualquer tempo, no registro civil, mediante prévia ha-**

**bilitação perante a autoridade competente e observado o prazo do art. 1.532.**

**§ 3º Será nulo o registro civil do casamento religioso se, antes dele, qualquer dos consorciados houver contraído com outrem casamento civil.**

---

Legislação correlata: arts. 71 a 74, Lei n. 6.015, de 31.12.1973 (LRP).

A lei impõe que, para ter validade o casamento religioso, devem ser atendidas as mesmas exigências legais de validade do casamento civil. Os efeitos civis do casamento religioso serão alcançados após o regular processo de habilitação exigido pela lei, que poderá ser prévio ou posterior à celebração religiosa do casamento. A regra é que a habilitação seja prévia, ou seja, os nubentes deverão inicialmente apresentar-se perante o oficial do registro civil e solicitar que sejam habilitados para o casamento posterior. Esse procedimento de habilitação é o previsto nos arts. 1.525 a 1.532 (*v.* comentários). Ao final, será extraída uma certidão de habilitação que deverá ser apresentada à autoridade religiosa. Excepcionalmente, a lei autoriza que a habilitação para o casamento seja efetivada pelos nubentes após a realização da celebração do ato religioso. Nessa hipótese, a validade do casamento ficará condicionada ao registro posterior, mediante a comprovação da capacitação dos nubentes para o casamento.

O *§ 1º do presente artigo* trata do *casamento religioso com habilitação prévia*. Estabelece o legislador o prazo *decadencial* de noventa dias para que seja feito o registro civil do casamento religioso, período esse superior àquele fixado pela LRP (art. 73). Decorrido esse prazo, que é contado a partir da data da celebração, o registro do casamento religioso dependerá de nova habilitação, permanecendo válida, contudo, a celebração religiosa já efetivada. O prazo da comunicação ao registro civil é para o celebrante ou para qualquer interessado. A morte de um dos cônjuges não impedirá o registro civil do casamento religioso realizado validamente, quando o pedido de registro for encaminhado dentro do prazo estabelecido pela lei.

O *§ 2º do artigo* trata do *casamento religioso com habilitação posterior*. Não estabelece a lei prazo para que seja inscrito no registro civil o casamento religioso, o que poderá ser feito a qualquer tempo, desde que seja efetivada pelos nubentes a habilitação perante a autoridade competente. Os efeitos do casamento religioso retroagirão, em qualquer dos casos, à data da celebração, como estabelece o art. 1.515, parte final.

Será considerado nulo, por força do que dispõe o *§ 3º deste artigo*, o registro do casamento civil realizado por qualquer dos cônjuges exatamente no período que intermedeia a data da celebração e do registro do casamento religioso. Igualmente será nulo o registro civil do casamento religioso quando já registrado anteriormente o casamento civil de algum dos cônjuges.

**Jurisprudência:** Ação de suprimento tardio de casamento c/c. Retificação. Pretensão de lavratura de assento tardio de casamento realizado em 1908 sob alegação de que o ato religioso estabelece a formalidade civil. Não acolhimento. Legislação brasileira que, desde 1890, havia instituído o casamento civil (Dec. n. 181/1890), tornando sem efeito casamento religioso (art. 108). Constituição de 1891 que afastou a validade para efeitos civis do casamento religioso. Inviabilidade de assento tardio, pois a questão não é de registro, mas de inexistência de casamento sob a ótica da legislação civil. Precedentes. Apelo desprovido. (TJSP, Ap. Cível n. 10048833220228260218/Guararapes, 3ª Câm. de Dir. Priv., rel. Donegá Morandini, j. 22.05.2023, *DJ* 22.05.2023)

Ação de conversão de união estável. Petição inicial. Indeferimento. Adequação. CC, art. 1.516. Inteligência. Recurso improvido. Não é possível dar-se ao casamento civil efeito retroativo a data da celebração do casamento religioso – 1999 –, pois os apelantes não obedeceram aos regramentos estabelecidos nos §§ 1º e 2º do art. 1.516 do CC. (TJSP, Ap. c/ Rev. n. 567.700-4/5-00/Itanhaém, 3ª Câm. de Dir. Priv., rel. Jesus Lofrano, j. 29.07.2008, *DJESP* 13.08.2008)

Agravo de instrumento. Casal que celebrou casamento religioso aos 02.02.2002, tendo somente registrado o matrimônio aos 15.08.2002. Matrimônio cujos efeitos, contudo, retroagem à data da celebração. Inteligência do art. 73, LRP e do art. 1.516, CC/2002. Reconhecimento, portanto, da meação da mulher sobre os valores pagos para aquisição de imóvel até a data do deferimento de seu autoafastamento 22.04.2004. Correto afastamento da partilha do valor percebido a título de honorários advocatícios por não integrar a comunhão. Aplicação do art. 1.659, VI, CC/2002. Agravo de instrumento a que se nega provimento. (TJRJ, AI n. 0039115-82.2007.8.19.0000 (2007.002.24184), 4ª Câm. Cível, rel. Des. Horacio S. Ribeiro Neto, j. 08.01.2008)

Processo civil e civil. Registros públicos. Termo de casamento religioso. Registro para efeitos civis. Indeferimento. Pedido extemporâneo. Peculiaridades do caso concreto. Requerimento não formulado na época oportuna em razão da enfermidade súbita do nubente varão e posterior falecimento. Superação do prazo decadencial. I – O pedido de registro do termo de casamento religioso para efeitos civis não foi deduzido na época oportuna, em razão da enfermidade súbita e posterior falecimento do cônjuge varão. Assim sendo, diante das particularidades do caso concreto, é justificável a superação do prazo decadencial previsto no art. 1.516, § 1º, do CC/2002, para permitir o registro no ofício competente, conforme a orientação emanada do Egrégio STJ, máxime por se tratar de mero ato para formalizar o casamento já realizado. II – A exegese sistemática da ordem jurídica vigente no país demonstra, o *quantum satis*, a plausibilidade da pretensão deduzida na inicial, até em homenagem ao relevante valor que o direito positivo atribui à vontade declarada da pessoa que em face da morte não pôde proceder aos atos tendentes a realização de seu intento. III – Deu-se provimento. Unânime. (TJDF, Ap. Cível n. 2005.01.1.003612-0, 1ª T. Cível, rel. Des. José Divino, *DJU* 03.07.2007, p. 148)

Casamento religioso. Efeitos civis. Interdição. [...] Se inexistente prova da incapacidade mental do varão à época da celebração do casamento religioso, válidos são os efeitos civis decorrentes de posterior habilitação, máxime quando inconteste que a união perdurou para mais de trinta anos. (STJ, Ag. Reg. n. 24.836/MG, rel. Min. Sálvio de Figueiredo Teixeira, j. 13.04.1993, *DJU* 31.05.1993)

## CAPÍTULO II
## DA CAPACIDADE PARA O CASAMENTO

**Art. 1.517. O homem e a mulher com dezesseis anos podem casar, exigindo-se autorização de ambos os pais, ou de seus representantes legais, enquanto não atingida a maioridade civil.**

**Parágrafo único. Se houver divergência entre os pais, aplica-se o disposto no parágrafo único do art. 1.631.**

A *capacidade para o casamento* se comprova pela habilitação a que estão sujeitos os nubentes. Por intermédio dela, os nubentes demonstram que estão aptos a se casar. Comprovada a capacidade, bastará a idade mínima de 16 anos para que se possa contrair o casamento. Aos 16 anos a pessoa atinge a idade núbil. Antes dessa idade, o casamento é vedado por lei (*v.* art. 1.520). A lei exige que a pessoa tenha atingido a maioridade (18 anos) para que possa casar-se sem autorização dos pais ou representantes legais. Os nubentes dependerão de autorização de seus responsáveis, portanto, durante o período de dois anos que medeia os 16 e os 18 anos. A autorização exigida pelo dispositivo legal não se aplica ao emancipado (cf. Enunciado n. 512 da V Jornada de Direito Civil do CJF). O casamento contraído por menor de 16 anos é anulável. O Estatuto da Pessoa com Deficiência (Lei n. 13.146/2015) também autorizou aquele com deficiência mental ou intelectual, em idade núbia, a contrair matrimônio, desde que expresse sua vontade, nos termos do disposto no § 2º do art. 1.550 deste Código. Segundo o Estatuto, a deficiência não afeta a plena capacidade da pessoa para casar-se.

O *parágrafo único do artigo* dispõe que, havendo divergência entre os pais quanto à autorização, caberá ao juiz decidir o conflito, na forma do disposto no parágrafo único do art. 1.631 (*v.* comentário), observando sempre o que for de melhor interesse da família a ser constituída. Do mesmo modo, sendo injusta, arbitrária e imotivada a recusa ao consentimento, poderá o juiz supri-la, segundo o art. 1.519 (*v.* comentário). O casamento realizado com autorização judicial estará sujeito, necessariamente, ao regime de separação de bens, conforme determina o art. 1.641, III. Já o casamento de menores que receberam autorização de seus pais ou de seus representantes para se casar pode ser realizado sem que seja celebrado pacto antenupcial, casando-se eles pelo regime de comunhão parcial de bens e reduzindo a termo essa opção (*v.* comentários aos arts. 1.537 e 1.640).

**Jurisprudência:** Apelação cível. Direito de família. Ação relativa à união estável. Reconhecimento de união *post mortem*. A união é caracterizada pela convivência pública, contínua e duradoura, estabelecida com o objetivo de constituição de família. Requisitos evidenciados nos autos. Alegação de namoro qualificado que não foi comprovada pelos réus de forma inequívoca, ônus que lhes incumbia. Reforma da sentença tão somente para alterar o início da união estável, considerando as alegações da parte autora e respeitando a idade núbil de 16 anos do companheiro, por força do disposto nos arts. 1.517 e 1.723, ambos do CC. Questão de ordem que tem o objetivo de proteger os menores e incapazes de discernir os atos da vida civil. Sentença reformada em parte. Recurso parcialmente provido. (TJRS, Ap. n. 50004259820178210158, 1ª Câm. Esp. Cível, rel. Glaucia Dipp Dreher, j. 24.06.2024, *DJ* 01.07.2024)

Apelação cível. Exoneração de alimentos. Menor de idade. Absolutamente incapaz. Ação movida pelo genitor contra filha que atualmente conta com quinze anos de idade. Sentença de improcedência. Insurgência do autor. Não prospera a alegação de que a filha vive em "união estável" com o namorado. Vedação ao reconhecimento de união estável envolvendo menor absolutamente incapaz, para o fim de exoneração de alimentos fixados em seu favor. Inteligência dos arts. 1.517 e 1.520 do CC por analogia, considerando a finalidade protetiva da norma aos menores absolutamente incapazes. Precedente deste Tribunal. Ré que, ademais, impugnou o pedido inicial, declarando que ainda necessita dos alimentos e comprovando que frequenta a escola. Impossibilidade financeira do autor que não foi comprovada. Sentença preservada. Negado provimento ao recurso. (TJSP, Ap. Cível n. 10076953720208260438/SP, 3ª Câm. de Dir. Priv., rel. Viviani Nicolau, j. 23.01.2023, *DJ* 23.01.2023)

Suprimento de idade. Casamento. Menor de 16 anos. Inocorrência de quaisquer das hipóteses excepcionais do art. 1.517 ou 1.520 do CC. Impossibilidade jurídica do pedido. Extinção sem julgamento do mérito. Sentença mantida. Recurso desprovido. (TJSP, Ap. n. 0008653-16.2014.8.26.0320, 4ª Câm. de Dir. Priv., rel. Milton Carvalho, j. 30.10.2014)

Veja no art. 1.520 o seguinte acórdão: TJSP, Ap. Cível n. 1007581-69.2020.8.26.0286, 6ª Câm. de Dir. Priv., rel. Des. Vito Guglielmi, j. 07.07.2021.

Apelação cível. Pedido de alvará para suplementação de idade núbil. Inocorrência das hipóteses autorizadoras previstas no art. 1.520 do CC. Inexistência de qualquer outro motivo excepcional e relevante a justificar o deferimento do pedido. 1 – O estabelecimento dos 16 anos como idade núbil pelo art. 1.517 do CC tem razão de ser, porquanto aqueles que ainda não atingiram tal idade são considerados menores impúberes, isto é, absolutamente incapazes de exercer pessoalmente os atos da vida civil, nos termos do art. 3°, I, do CCB. Sucede que para a realização do casamento, se exige a manifestação de vontade dos nubentes de estabelecer a sociedade conjugal (arts. 1.514 e 1.535 do CCB), vontade esta que o menor impúbere, em regra, não detém capacidade para exprimir. Por esta razão é que somente em casos extremamente relevantes e excepcionais se admite a celebração do casamento por menores de 16 anos, mormente tendo em vista que o casamento implica, dentre outras consequências fáticas e jurídicas, a cessação da incapacidade para os menores, nos termos do art. 5°, parágrafo único, do CCB. 2 – No caso, a narrativa apresentada na exordial não se subsume às hipóteses expressamente previstas em lei e, igualmente, tampouco se visualiza qualquer outra razão excepcional e relevante o bastante para justificar a concessão do alvará postulado, como seria, por exemplo, se o casal já coabitasse. Impõe-se, assim, a manutenção da sentença vergastada, que indeferiu o pedido. Negaram provimento. Unânime. (TJRS, Ap. Cível n. 70.057.130.882, 8ª Câm. Cível, rel. Des. Luiz Felipe Brasil Santos, j. 30.01.2014)

Apelação cível. Família. Alvará. Suprimento de idade. Casamento. Improcedência na origem. 1 – Preliminar. Julgamento antecipado. Cerceamento de defesa. Elementos justificadores da dilação ausentes. Suficiência à decisão qualificada. Proemial rejeitada. Se a parte, na fase recursal, invoca cerceamento de defesa por julgamento antecipado, cumpre-lhe demonstrar, suficientemente, o fato probando, o meio probatório e a potencialidade da prova suprimida para alterar a decisão. Não satisfaz essas exigências a pretensão de provar, por testemunhas, a capacidade para o casamento de quem não atingiu 16 anos. Preliminar superada. 2 – Mérito. Requerente com 15 anos. Idade núbil (16 anos) não atingida. Art. 1.517 do CC. Exceções do art. 1.520 do CC. Não configuração. Excepcionalidade não verificada. Incapacidade para o casamento caracterizada. Não alcançada a idade núbil – 16 anos, a teor do art. 1.517 do CC –, não caracterizada nenhuma das hipóteses exceptivas do art. 1.520 do diploma substantivo, nem mesmo particular excepcionalidade a justificar a extensão almejada na irresignação, mister a manutenção da improcedência do pleito de suprimento da idade para o casamento. Sentença mantida. Recurso desprovido. (TJSC, Ap. Cível n. 2012.092509-1/Canoinhas, 5ª Câm. de Dir. Civil, rel. Henry Petry Junior, j. 14.03.2013)

Civil. Suprimento judicial de idade para casar. Pedido julgado improcedente. Autora às vésperas de completar 16 anos, vivendo em companhia do namorado. Alegação de sofrimento e discriminação no seio de sua comunidade religiosa pelo fato da vida em comum sem casamento. Concordância dos pais. Peculiaridades do caso concreto. Análise em consonância com o objetivo do legislador de proteger as relações familiares. Autorização deferida. Recurso provido.

O art. 1.517 do CC estabelece que a idade mínima para o casamento é de 16 anos. Excepcionalmente, a lei permite a contração de núpcias antes de completada a idade núbil, para evitar imposição ou cumprimento de pena criminal ou em caso de gravidez. Porém, além dessas hipóteses expressamente previstas, o juiz pode, em face das peculiaridades do caso concreto, suprir a idade de quem não completou 16 anos, mormente se a realidade dá conta da maturidade do casal no tocante à compreensão da importância do casamento, considerando o objetivo do legislador de conferir proteção às relações familiares. (TJSC, Ap. Cível n. 2012.023817-0, 2ª Câm. de Dir. Civil, rel. Luiz Carlos Freyesleben, j. 04.06.2012)

Suprimento de idade. Recorrente que, no curso do processo, alcançou a idade núbil prevista no art. 1.517 do CC. Desnecessidade de autorização judicial para convolar núpcias. Perda de objeto do pedido. Recurso prejudicado. (TJSP, Ap. Cível c/ Rev. n. 6.228.294.300/Franca, 3ª Câm. de Dir. Priv., rel. Donegá Morandini, j. 28.04.2009)

Suprimento de idade para casamento. Adolescente menor de 16 anos. Mostra-se descabido o pedido de suprimento de idade para casamento de adolescente que ainda não atingiu a idade núbil. Inteligência dos arts. 1.517 e 1.520 do CC/2002. Negado provimento ao apelo. (TJRS, Ap. Cível n. 70.015.468.432, 7ª Câm. Cível, rel. Des. Maria Berenice Dias, j. 16.08.2006)

Casamento. Nubente com quinze anos de idade. Suprimento da idade para fins matrimoniais. Inadmissibilidade. Autorização dos pais que se mostra insuficiente. Ausência de uma das excepcionalidades previstas no art. 1.520 do CC/2002. Inteligência do art. 1.517 do CC/2002 (TJRS, Ap. Cível n. 70.015.228.505, 8ª Câm. Cível, rel. Des. Luiz Ari Azambuja Ramos, j. 22.06.2006). (*RT* 852/356)

Casamento. Menor de 16 anos de idade. Necessidade de suprimento da outorga paterna, estando o pai ausente, e do suprimento da idade (art. 183, XII, do CC). Outorga da mãe. Deferimento. Decisão mantida. Recurso não provido. (TJSP, Ap. Cível n. 129.592-4, rel. Des. Octavio Helene, j. 10.02.2000)

Suprimento de idade. Casamento. Pretendentes que coabitam e têm a mesma crença religiosa. Consentimento dos pais. Anuência de idade núbil. Normas que contrariam o art. 226, § 3º, da CR. Regra maior que orienta a lei infraconstitucional à conversão da união estável em casamento. Pedido procedente. Recurso provido. (*JTJ* 265/219)

Suprimento de idade. Casamento. Menor. Concordância dos genitores. Oposição do MP. Inadmissibilidade. Interesse da família que prevalece. Finalidade social de constituir família legítima. Aptidão física da mulher ao matrimônio. Ação procedente. Recurso não provido. (*JTJ* 248/242)

Casamento. Suprimento de idade e de consentimento maternal. Demora no julgamento. Idade núbil alcançada. Recurso prejudicado quanto a essa parte. Mãe da menor desaparecida. Citação por edital. Impossibilidade de consentir, pela ausência, que deve ser considerada justificada. Recurso provido para esse fim. (*JTJ* 228/16)

Adolescente. Suprimento de capacidade ou do consentimento para o casamento. Inexistência de qualquer oposição dos pais da menor ao relacionamento entre ela e seu pretendente, bem como presente o afeto mútuo entre os mesmos, demonstrando terem consciência do que o enlace matrimonial representa em suas vidas. Autorização para contrair núpcias que se impõe, contornando-se a vedação prevista no art. 183, XII, do CC, mormente se do namoro resultou gravidez. (*RT* 768/373)

---

**Art. 1.518. Até a celebração do casamento podem os pais ou tutores revogar a autorização.**

Artigo com redação dada pela Lei n. 13.146, de 06.07.2015.

---

Até o momento da celebração do casamento, a autorização de que trata o artigo antecedente poderá ser revogada. A regra é cogente, de ordem pública, não podendo ser renunciada pelos legitimados em circunstância alguma. Caso ocorra, ter-se-á por não escrita. A retratação terá em vista o interesse do incapaz, devendo o motivo surgir de fato novo, de grande gravidade, como a presença de doença transmissível e periculosidade do nubente. Aquele que suceder ao outorgante falecido no poder familiar poderá valer-se da faculdade concedida pela lei, sempre que convier ao incapaz. Ocorrendo a revogação da autorização, o nubente poderá ingressar com o pedido de suprimento judicial a que se refere o art. 1.519. A revogação, "que será entregue ao oficial do registro, deverá ser feita por escrito, indicando o motivo justo e superveniente à anuência anteriormente dada, constatando o erro que o levou a consentir. Se, no entanto, essa retratação for feita no instante da celebração do ato nupcial, poderá, então, ser feita verbalmente, constando do termo do casamento, que deverá ser assinado pelo juiz, pelos nubentes, pelo representante legal que se retratou, pelas testemunhas e pelo oficial do registro" (DINIZ, Maria Helena. *Código Civil anotado*. São Paulo, Saraiva, 1995). O Estatuto da Pessoa com Deficiência (Lei n. 13.146/2015) excluiu do artigo a figura do curador, uma vez que a curatela não alcança direito ao matrimônio, estando o deficiente em idade núbil autorizado a casar, desde que expresse sua vontade, nos termos do disposto no § 2º do art. 1.550 deste Código. Segundo o Estatuto, a deficiência não afeta a plena capacidade da pessoa para casar-se.

---

**Art. 1.519. A denegação do consentimento, quando injusta, pode ser suprida pelo juiz.**

---

Como já ressaltado em comentários ao art. 1.517, a denegação dos pais ou responsáveis de consentimento ao casamento não poderá ser arbitrária, imotivada ou injusta. Caberá ao juiz, diante das circunstâncias peculiares de cada caso concreto, examinar a injustiça da denegação que fere direito subjetivo dos nubentes. Capricho, autoritarismo, preconceito e antipatia dos pais contrapõem-se a costumes desregrados, inaptidão para o sustento da família e grave risco para a saúde e para a integridade física e moral do outro nubente, que são, indubitavelmente, motivos que justificam a recusa da autorização. Repita-se que o casamento realizado com autorização judicial estará sujeito, necessariamente, ao regime de separação de bens, conforme determina o art. 1.641, III. Apesar de suprimida pelo legislador a referência ao cabimento de recurso que constava do art. 188 do CC/1916, o certo é que a possibilidade de sua interposição está assegurada pelo diploma processual civil (arts. 994 e segs. do CPC/2015; arts. 496 e segs. do CPC/73).

**Jurisprudência:** Família. Casamento. Suprimento de autorização para fins matrimoniais. Nubente com 17 anos de idade. Regra geral (art. 1.517 do CC/2002). Autorização dos pais injustificadamente negada. Suprimento judicial possível (art. 1.519). Sentença de procedência mantida. Apelação desprovida. (TJRS, Ap. Cível n. 70.017.347.717, 8ª Câm. Cível, rel. Des. Luiz Ari Azambuja Ramos Rui Portanova, j. 23.11.2006)

---

**Art. 1.520. Não será permitido, em qualquer caso, o casamento de quem ainda não atingiu a idade núbil, observado o disposto no art. 1.517 deste Código.**

Artigo com redação dada pela Lei n. 13.811, de 12.03.2019.

---

A Lei n. 13.811/2019 alterou a redação do art. 1.520 do CC, para vedar, definitivamente, o denominado casamento infantil, de menores (de qualquer gênero) que ainda não atingiram a idade núbil de 16 anos, assim definida pelo art. 1.517 deste mesmo diploma legal.

De fato, o casamento para menores de 16 anos somente era permitido em dois casos: a) para evitar a imposição e o cumprimento de pena criminal; e b) em caso de gravidez. A alínea *a* da redação anterior já era considerada pela doutrina como tacitamente revogada desde a promulgação da Lei n. 11.106/2005, que suprimiu a extinção de punibilidade do agente de crime de estupro em razão do seu casamento com a vítima, prevista no inc. VII do art. 107 do CP. Assim, a Lei n. 13.811/2019 foi promulgada com o intuito de retirar de vigor a outra exceção à regra da idade núbil, prevista na redação da segunda parte do art. 1.520, ou seja, em razão de gravidez.

O legislador do CC/2002 autorizou o casamento do menor que ainda não tivesse atingido a idade núbil em caso de gravidez com o intuito de proteger o nascituro, que nasceria no seio de uma família que lhe proporcionasse desenvolvimento saudável e afeto, beneficiando, inclusive, a paternidade responsável. Contudo, ainda que houvesse a pretendida intenção de proteger o melhor interesse da criança que estava por nascer, o dispositivo deixava de dedicar atenção à outra jovem: a grávida. Ela, sem ter atingido a idade núbil, estaria vulnerável ao contrair um casamento precoce, que, eventualmente, poderia levá-la a abandonar os estudos, diminuindo suas chances de empregabilidade e realização de seu futuro, trazendo vulnerabilidade social, bem como ser vítima de exploração sexual. Certamente, tais fatores orientaram a elaboração e votação da Lei n. 13.811/2019, que visa à proteção da dignidade da jovem mãe.

Não se há que desconsiderar a boa intenção do legislador ao vedar o casamento antes da idade núbil. Contudo, é fato que muitas das uniões envolvendo jovens que ainda não atingiram essa idade têm caráter informal. Estariam elas sob o manto da nova redação do art. 1.520 do CC? A união estável não se reveste de qualquer formalidade e não se submete a nenhum ato solene para ter origem, como o casamento. Desta maneira, depreende-se que, a princípio, a nova lei não atinge sua existência e, sendo assim, não alcançará o resultado prático pretendido pelo legislador, considerando-se o grande número de uniões informais envolvendo jovens que ainda não atingiram a idade núbil. De outra sorte, se a nova redação do art. 1.520 do Código Civil alcançasse também a união estável de menores de 16 anos, o faria somente em tese, porquanto evidente a dificuldade de haver um controle efetivo da lei e do Estado para a proteção dos jovens envolvidos, conforme pretendeu o legislador. Ademais, inadmitir-se a existência da união estável, pode-se trazer prejuízo às partes envolvidas, negando-lhes eventuais direitos que a união garantiria aos seus integrantes.

A redação do § 1º do art. 1.723 do CC enumera as situações em que é vedado o reconhecimento de união estável: são os impedimentos matrimoniais do art. 1.521 do CC em cujo rol, que é taxativo, não há a idade núbil como hipótese. A Lei n. 13.811/2019 alterou exclusivamente a redação do art. 1.520 do CC, sem acrescentar aos impedimentos do art. 1.521 do CC a idade núbil, nem tampouco incluiu sua exigência no texto do art. 1.723 do CC. Assim, da análise e interpretação dos textos legais, não havendo vedação expressa ao reconhecimento de união estável entre jovem ou jovens que ainda não atingiram a idade núbil, há que se admitir seu reconhecimento, bem como os direitos dele decorrentes, por mera analogia.

Não houve, também, revogação – expressa ou tácita – ou mudança nos arts. 1.550 a 1.553 do CC, que permanecem em vigor e dispõem sobre as regras de anulabilidade do casamento por motivo de idade. Assim, se o casamento daquele que não atingiu a idade núbil for, por equívoco, levado a registro, será anulável, conforme disposto no art. 1.550, I. A anulação poderá ser requerida pelo próprio cônjuge menor (art. 1.552, I), por seus representantes legais (art. 1.552, II) ou por seus ascendentes (art. 1.552, III), porém não será anulado, ou melhor, será convalidado, se da união resultou gravidez (art. 1.551). A lei ainda permite a confirmação do casamento pelo próprio jovem, após completar 16 anos, com a autorização de seu representante legal ou, se for o caso, com suprimento judicial (art. 1.553). O intuito do legislador é preservar a família que está formada e que merece proteção constitucional.

**Jurisprudência:** Menor. Suprimento de idade núbil. Autora, nascida em maio de 2006, e que completou recentemente 15 anos de idade, que pretende casar-se com seu atual namorado. Autora que aduz haver engravidado e estar na iminência de dar à luz o filho do casal. Alegação de que o casamento, na espécie, privilegiaria os interesses do nascituro, bem como o de sua família. Inadmissibilidade. Autora que não alcançou a idade núbil de 16 anos prevista pelo art. 1.517 do CC. Ademais, embora o art. 1.520 do CC autorizasse excepcionalmente o casamento antes do alcance da idade núbil para evitar-se imposição ou cumprimento de pena criminal, ou na hipótese de gravidez, referido dispositivo foi revogado com o advento da Lei n. 13.811/2019. Atual redação do art. 1.520 do CC que veda, em caráter absoluto, o casamento de quem não atingiu a idade núbil. Sentença de improcedência mantida. Recurso improvido. (TJSP, Ap. Cível n. 1007581-69.2020.8.26.0286, 6ª Câm. de Dir. Priv., rel. Des. Vito Guglielmi, j. 07.07.2021)

## CAPÍTULO III
## DOS IMPEDIMENTOS

---

**Art. 1.521. Não podem casar:**

**I – os ascendentes com os descendentes, seja o parentesco natural ou civil;**

**II – os afins em linha reta;**

**III – o adotante com quem foi cônjuge do adotado e o adotado com quem o foi do adotante;**

**IV – os irmãos, unilaterais ou bilaterais, e demais colaterais, até o terceiro grau inclusive;**

**V – o adotado com o filho do adotante;**

**VI – as pessoas casadas;**

**VII – o cônjuge sobrevivente com o condenado por homicídio ou tentativa de homicídio contra o seu consorte.**

---

O presente artigo trata dos impedimentos matrimoniais. Impedimento matrimonial é a ausência de requisitos para a constituição de um casamento válido. A lei enumera taxativamente as circunstâncias que impedem a realização do casamento, que, ao mesmo tempo, deverá ter como elementos essenciais a *diversidade de sexo* dos nubentes (*v.* comentário ao art. 1.514), o *consentimento* (*v.* comentários aos arts. 1.517 a 1.519) e a *celebração* (*v.* comentários aos arts. 1.533 a 1.542). Ao impedido de casar faltará legitimidade para fazê-lo, embora possa ter capacidade para tanto (*v.* comentários aos arts. 1.517 a 1.520).

Os impedimentos relacionados pela lei têm caráter absoluto e são baseados no interesse público, porque têm em vista as causas relativas à instituição da família e à estabilidade social. O caráter público de tais impedimentos os torna impossíveis de serem supridos ou sanados, bem como torna nulo de pleno direito o casamento realizado com ofensa a qualquer deles (*v.* comentário ao art. 1.548, II).

A lei divide em três classes os impedimentos: a) os que resultam do parentesco (incisos I a V); b) os que resultam de casamento anterior ou impedimento de vínculo (inciso VI); e, por fim, c) os que são decorrentes de crime ou impedimento de crime (inciso VII). Os impedimentos resultantes do parentesco podem ainda ser divididos em 1) impedimentos de consanguinidade, previstos nos incisos I e IV deste artigo, que resultam de parentesco próximo; 2) impedimento de afinidade, previsto no inciso II; e 3) impedimento de adoção, previsto nos incisos III e V.

Na hipótese do **inciso I**, os ascendentes estão impedidos de casar com os descendentes, seja o parentesco natural, seja civil. A lei proíbe, pois, o casamento incestuoso. No caso do parentesco natural, a preocupação do legislador decorre da questão da eugenia, de caráter fisiológico, portanto, "pois enlaces dessa natureza podem, em virtude do atavismo, realçar defeitos e taras que se encontravam nos antepassados" (RODRIGUES, Silvio. *Direito civil* – direito de família, São Paulo, Saraiva, 1988, v. VI). Não importa se se trata de descendente havido do matrimônio ou não. No caso do parentesco civil (emana da adoção), tem-se em vista a moralidade familiar. "Ora, seria repugnante ao sentimento moral da coletividade admitir um casamento entre as pessoas do adotante e do adotado" (RODRIGUES, Silvio. *Comentários ao Código Civil* – parte especial do direito de família. São Paulo, Saraiva, 2003, v. XVII).

Ainda tratando dos impedimentos de consanguinidade, tem-se no **inciso IV** a hipótese de que os irmãos, unilaterais ou bilaterais, e demais colaterais, até o terceiro grau, inclusive, não poderão se casar, pois estaria configurado o incesto absoluto. Silvio

Rodrigues explica de forma bem clara e didática a hipótese tratada nesse inciso ao afirmar que "colaterais são parentes que descendem de um tronco comum, sem descenderem um dos outros. O parentesco colateral se conta por gerações, partindo de uma pessoa até o ancestral comum, e dele descendo até o parente que se tem em vista. Cada geração é representada por um grau. Assim, irmãos são parentes em segundo grau, pois, para contar os graus, sobe-se até o pai (um grau), e desce-se ao irmão (outro grau). Colaterais em terceiro grau são os tios e sobrinhos, pois, para contar os graus desse parentesco, parte-se, por exemplo, do sobrinho ao seu pai (um grau), vai-se ao avô (dois graus) e desce-se ao tio (três graus). Irmãos germanos ou bilaterais são os que têm o mesmo pai e a mesma mãe; unilaterais, aqueles que têm em comum só um dos genitores. O impedimento decorrente do parentesco colateral em segundo grau é absolutamente dirimente, e alcança os irmãos germanos e os unilaterais" (op. cit.). Tios e sobrinhos são parentes colaterais de terceiro grau e estão impedidos de casar. Contudo, permanece em vigor o disposto no DL n. 3.200/41 que permite ao juiz autorizar, em caráter excepcional, o casamento entre eles desde que se submetam a exame pré-nupcial que ateste inexistir risco à saúde dos filhos que venham a ser concebidos, porque não houve revogação expressa desse diploma pelo CC, devendo o impedimento previsto no inciso IV deste artigo ser interpretado à luz do referido decreto-lei. Nesse sentido é, aliás, o Enunciado n. 98 da I Jornada de Direito Civil do CEJ do CJF: "o inciso IV do art. 1.521 do novo CC deve ser interpretado à luz do DL n. 3.200/41 no que se refere à possibilidade de casamento entre colaterais de 3º grau". No PL n. 699/2011, há proposta de alteração do dispositivo, para que seja acrescentado parágrafo único que permita ao juiz autorizar, excepcionalmente, o casamento de colaterais de terceiro grau, atendido previamente o requisito exigido pelo decreto-lei. Já os primos podem se casar, porque são colaterais de quarto grau.

Quanto ao impedimento de afinidade, tem-se no **inciso II** do presente artigo a vedação do casamento entre os afins em linha reta. Parentesco por afinidade é aquele que liga uma pessoa aos parentes de seu cônjuge. É estabelecido, portanto, em virtude do casamento entre eles (*v.* comentário ao art. 1.595). Ensina Maria Helena Diniz que "a afinidade só é impedimento matrimonial quando em linha reta, logo não podem convolar núpcias sogra e genro, sogro e nora, padrasto e enteada, madrasta e enteado ou qualquer outro descendente do marido (neto, bisneto) nascido de outra união, embora tenha sido dissolvido o casamento que originou a afinidade" (*Curso de direito civil brasileiro* – direito de família. São Paulo, Saraiva, 2002, v. V). Isso ocorre porque, pelo CC, art. 1.595, § 2º, "na linha reta, a afinidade não se extingue com a dissolução do casamento ou da união estável". Assim, não pode o viúvo casar com a mãe ou filha de sua falecida mulher; da mesma forma o filho não pode casar com a mulher de seu pai. Já na linha colateral a afinidade se extingue com a dissolução do casamento, desaparecendo, em consequência, cunhadio. Os cunhados não estão impedidos de convolar núpcias. Essa vedação relativa aos afins em linha reta passa a abranger também as pessoas em união estável, em vista da ampliação do conceito de parentesco legal contido no art. 1.595 (*v.* comentário), por força do que expressamente é determinado no § 1º do art. 1.723 (*v.* comentário) e até mesmo por coerência ao tratamento conferido pelo legislador à união estável: entidade familiar digna e merecedora de proteção do Estado. Há, portanto, afinidade entre o companheiro e os parentes da companheira e vice-versa.

Quanto ao impedimento por adoção, previsto no **inciso III**, que veda o casamento entre o adotante e quem foi cônjuge do adotado e entre o adotado e quem o foi do adotante, a menção era desnecessária, uma vez que eles são afins em linha reta, encontrando-se a hipótese já estabelecida no inciso II anteriormente comentado. O impedimento decorre de questão de ordem moral, do respeito e da confiança que deve haver na família, já que a adoção procura imitá-la. O adotante não pode contrair matrimônio com a adotada e vice-versa, por força do que dispõem os arts. 1.521, I, e 1.626, parágrafo único, deste Código (*v.* comentários).

No **inciso V** há outro impedimento por adoção. É proibido o casamento entre o adotado e o filho do adotante, pois, por força do disposto no art. 1.626 e no art. 227, § 6º, da CF, ambos passaram a ser irmãos, sendo desnecessária, inclusive, a inclusão desse impedimento, diante do já exposto no inciso IV deste mesmo artigo. Esse impedimento, de qualquer forma, também tem em vista a moralidade familiar.

No **inciso VI** encontra-se o impedimento resultante de casamento anterior. Com essa proibição o legislador buscou resguardar a monogamia e combater a poligamia. O vínculo conjugal só se extingue com a morte, com a invalidade do casamento e com o divórcio (*v.* comentário ao art. 1.571). Aquele que se casa sem que o vínculo anterior esteja extinto comete bigamia, que constitui crime previsto no art. 235 do CP. O casamento religioso anterior não constitui impedimento enquanto não estiver inscrito no registro civil (*v.* comentário ao art. 1.515). Será declarado nulo o segundo casamento quando realizado ainda na existência do primeiro, não podendo ser convalidado mesmo que este tenha sido dissolvido antes da decretação de nulidade daquele, por ser já preexistente o impedimento legal. Já o casamento de pessoas falecidas não poderá ser contestado em prejuízo da prole comum, ressalvada a hipótese prevista no art. 1.545 (*v.* comentário). Por fim, cumpre ressaltar que o impedimento previsto neste inciso VI não se aplica às pessoas que vivam em união estável, por força da ressalva expressa no § 1º do art. 1.723 (*v.* comentário), no caso de a pessoa casada se achar separada de fato ou judicialmente.

Finalmente, no **inciso VII** encontra-se o impedimento decorrente de crime. Por razões éticas e morais, o legislador veda o casamento do cônjuge com o condenado por homicídio ou tentativa de homicídio contra o seu consorte, pois, na verdade, o que pretende é afastar a possibilidade da realização de casamentos motivados pela prática do crime. Como o legislador teve em vista o objetivo buscado pelo criminoso, exige-se que tenha sido doloso o crime praticado. Por outro lado, não se exige para a configuração da proibição a participação no crime do cônjuge da vítima, pois o seu propósito de casar com o criminoso implica tácita aprovação do delito. O impedimento só poderá ser reconhecido depois da condenação definitiva – sentença transitada em julgado – do criminoso. A extinção da punibilidade pela prescrição da ação não autoriza a incidência do impedimento legal. A nulidade do casamento ocorrido com ofensa desse impedimento poderá ser reconhecida mesmo que a condenação do criminoso seja posterior a ele.

**Jurisprudência:** Ação de reconhecimento e dissolução de união estável *post mortem*. Sentença de procedência. Inconformismo dos requeridos. Reconhecida a relação de união estável no período de 1993 até o óbito em outubro de 2019. Caso em que, embora a autora fosse casada civilmente, estava separada de fato há 52 anos. Incidência do disposto no § 1º do art. 1.723 do CPC que afasta o impedimento previsto no VI do art. 1.521 do CC, quando a pessoa se encontrar separada de fato. Prova documental e oral firme quanto a relação de união estável havida. Sentença de procedência mantida. Recurso não provido. (TJSP, Ap. Cível n. 1003965-35.2020.8.26.0400/SP, 8ª Câm. de Dir. Priv., rel. Benedito Antonio Okuno, j. 06.07.2022, publ. 06.07.2022)

Apelação. Ação anulatória de casamento. Sentença que reconheceu a nulidade do matrimônio celebrado entre as partes em território estrangeiro, posteriormente transcrito no Brasil. Irresignação. Preliminar de incompetência da justiça nacional. Desacolhimento. Transcrição do casamento levada ao RCPN e de Interdições e Tutelas do 1º Subdistrito Sé. Art. 32, § 1º, da Lei n. 6.015/73. Casamento que surte seus regulares e jurídicos efeitos no Brasil. Existência de Registro Civil do apelante. Inteligência dos arts. 21 e 23, III, do CPC. Preliminar afastada. Mérito. Apelante que já era casado no momento do segundo casamento. Impedimento absoluto, arts. 1.521, VI, e 1.548, II, do CC. Impossibilidade de contrair novas núpcias por violação a norma de ordem pública. Sentença mantida pelos próprios e jurídicos fundamentos. Adoção do art. 252 do Regimento Interno deste TJSP. Recurso desprovido. (TJSP, Ap. Cível n. 1130488-32.2014.8.26.0100/SP, 6ª Câm. de Dir. Priv., rel. Ana Zomer, j. 18.05.2022, publ. 18.05.2022)

Apelação cível. Anulação de casamento. Sentença de procedência. Insurgência. Descabimento. É nulo o casamento contraído por infringência de impedimento. Réu que ainda era legalmente casado quando da conversão da união estável em casamento. Inteligência dos arts. 1.548, II, e 1.521, VI, ambos do CC. Escritura pública do divórcio do réu que somente foi levada a averbação após o ajuizamento da presente ação. Desídia que somente a ele pode ser imputada. Má-fé do requerido caracterizada, pois se declarou solteiro quando da habilitação ao casamento. Sentença mantida, casamento declarado nulo. Recurso desprovido. (TJSP, Ap. Cível n. 1059406-31.2020.8.26.0002/SP, 5ª Câm. de Dir. Priv., rel. Rodolfo Pellizari, j. 04.05.2022, publ. 04.05.2022)

Apelação cível. Direito previdenciário. Pensão por morte. Ex-servidor estadual. Casamento entre tio e sobrinha. Relação de parentesco. Impedimento. Art. 1.521, IV, do CC. Improcedência. Irresignação da autora. Indícios que sugerem a existência de um casamento meramente formal, realizado com o único intuito de obtenção de pensionamento de ente público, após o falecimento do servidor. Manutenção da sentença. Inconformismo do apelante contra sentença que julgou improcedente o pedido de habilitação para recebimento de pensão e pagamento dos atrasados. Alegação de cerceamento de defesa que se afasta. Cabe ao juiz, como destinatário das provas, determinar quais são as necessárias para o julgamento da lide, nos termos do art. 370 do CPC. Desnecessidade de produção de prova testemunhal. Matéria unicamente de direito. De acordo com a regra do art. 1.521, IV, do CC não podem casar os tios e sobrinhos, que são colaterais de terceiro grau. Fortes indícios sugerem a existência de um casamento meramente formal, realizado com o único intuito de obtenção de pensionamento de ente público, após o falecimento do servidor, que já que este não deixou filhos. Notória falta de prova de que a autora e o ex-servidor conviviam maritalmente, bem como da dependência econômica.

Consequentemente, não há possibilidade de se reconhecer o direito da autora em receber o pensionamento por ela pleiteado na esfera administrativa. "Casamentos previdenciários" que devem ser coibidos pelo Poder Judiciário, posto que impactam negativamente na Previdência Social e nos Fundos de Previdência. Manutenção da sentença que se impõe. Pagará a apelante os honorários recursais, na forma do § 11 do art. 85 do CPC, ora fixado em 1% sobre o valor dado à causa. Recurso desprovido. (TJRJ, Ap. n. 02130135020188190001, 4ª Câm. Cível, rel. Des. Maria Helena Pinto Machado, j. 05.04.2022, publ. 07.04.2022)

Ação declaratória de existência de união estável, c/c a partilha de bens em razão da dissolução. Improcedência em primeiro grau. Inteligência dos arts. 1.521, VI, e 1.731, § 1º, do CC. Impossibilidade no ordenamento jurídico de reconhecimento simultâneo de união estável, com efeitos patrimoniais, durante a vigência de casamento válido e eficaz, de ciência inequívoca do consorte. Supremacia do regime monogâmico no sistema pátrio. Precedentes do STF. Honorários advocatícios arbitrados em importância razoável, proporcional e condigna com os serviços prestados. Descabimento da majoração por critérios unilaterais. Sentença modelar mantida. Recurso de apelação e adesivo não providos. (TJSP, Ap. Cível n. 1094645-35.2016.8.26.0100/SP, 9ª Câm. de Dir. Priv., rel. César Peixoto, j. 29.03.2022, publ. 30.03.2022)

Ação de divórcio. Procedência parcial em primeiro grau. Subsistência e dissolução do casamento preexistente celebrado no exterior [06.07.2006 – Portugal], e nulidade absoluta do subsequente [26.05.2015 – Brasil] realizado em território brasileiro. Invalidade insanável decorrente da infração de ordem pública. Inteligência dos arts. 1.521, IV, 1.544, 1.548, II, 1.563, 1.564, I, 1.571, II, e 1.640 do CC. Falta de competência jurisdicional da autoridade nacional quanto à restituição/imissão na posse do bem imóvel situado no estrangeiro. Incidência dos arts. 7º, § 4º, 8º e 9º, da Lindb. Possibilidade da decretação da extinção da sociedade e do vínculo conjugal pelo juízo local. Inteligência dos arts. 21, I, e 23, III, do CPC, estabelecendo a regra de competência internacional concorrente. Eficácia da decisão subordinada às leis, convenções e tratados bilaterais entre os países da Comunidade Europeia para fins de averbação do estado civil atual no conservatório, apostilamento e homologação/*exequatur*. Questão de soberania das nações. Legalidade dos instrumentos envolvendo disposição patrimonial, de natureza disponível, com a partilha, renúncia e atribuição/divisão de bens e direitos com exclusividade aos consortes. Vícios ou defeitos não caracterizados na formação do ato jurídico. Vinculação negocial válida em virtude da livre manifestação bilateral de vontade dos figurantes. Sentença mantida. Recurso de apelação não provido. (TJSP, Ap. Cível n. 1000321-24.2021.8.26.0344/SP, 9ª Câm. de Dir. Priv., rel. César Peixoto, j. 09.03.2022, publ. 09.03.2022)

Apelação cível. Direito previdenciário. Policial militar. Pensão por morte. Autora que alega a convivência contínua e sob o mesmo teto com o *de cujus*. Sentença de improcedência. Irresignação. Inteligência do art. 1.723 em cúmulo com o art. 1.521, ambos do CC. Orientação da corte superior no sentido de que "a união estável pressupõe a inexistência de impedimento para o casamento, assegurando-se à companheira o direito ao recebimento da pensão por morte do falecido que ainda esteja casado, desde que comprovada a separação de fato entre os ex-cônjuges" (REsp n. 1.894.963/AL). Tema n. 529 da Repercussão Geral que fixou a tese segundo a qual: "a preexistência de casamento ou de união estável de um dos conviventes, ressalvada a exceção do art. 1.723, § 1º, do CC, impede o reconhecimento de novo vínculo referente ao mesmo período, inclusive para fins previdenciários, em virtude da consagração do dever de fidelidade e da monogamia pelo ordenamento jurídico-constitucional brasileiro". Ré que comprova ter sido casada com o falecido, tendo arcado, inclusive, com as despesas de translado, ornamentação e urna funerária. Parte autora que não cumpre cabalmente o seu ônus probatório sobre a separação de fato entre a demanda e o *de cujus* ao tempo do óbito, o que seria necessário à sua habilitação para o recebimento do benefício. Precedentes do STJ e do STF. Recurso conhecido e, no mérito, desprovido. (TJRJ, Ap. n. 00025753520108190063, 14ª Câm. Cível, rel. Des. Gilberto Campista Guarino, j. 17.02.2022, publ. 18.02.2022)

Apelação cível. Processual civil. Prova: oportunidade: Preclusão. Cerceamento de defesa: Inocorrência. A perda da oportunidade de produção de prova, por decurso de prazo, consumação do ato ou incompatibilidade lógica, é ônus processual que não configura cerceamento de defesa. Apelação cível. Direito civil. Família. União estável. Impedimento: casamento. Separação de fato: ausência. 1. A união estável demanda a existência de união contínua, pública e duradoura, com intenção de constituir família, desde que não haja qualquer causa impeditiva estabelecida no art. 1.521 do CC. 2. Comprovado que um dos companheiros é casado, sem a separação de fato ou judicial, há impedimento para reconhecimento de união estável concomitantemente ao casamento. (TJMG, Ap. Cível n. 1.0000.20.008850-8/001, rel. Des. Oliveira Firmo, j. 15.07.2020)

Apelação cível. Ação de petição de herança c/c anulação de cláusula contratual e pedido de tutela antecipada. Ausência de interesse processual. Manutenção do *decisum*. A partir do momento em que ocorreu a adoção do apelante, este deixou de estar na condição de filho da *de cujus*, extinguindo-se o seu direito de herança, pois tornou-se filho naquele novo núcleo familiar. O que permanece são apenas os impedimentos matrimoniais, nos termos do art. 1.521 do CC. Outrossim, o filho adotivo passa a ter direitos sucessórios quanto a nova família, nos termos do art. 227, § 6°, do CPC. Dessa forma, não se tratando de herdeiro, carece o autor de interesse processual para pleitear em juízo, quanto aos bens deixados pela *de cujus*. Apelação desprovida. (TJRS, Ap. Cível n. 70.079.411.559, 8ª Câm. Cível, rel. Des. José Antônio Daltoe Cezar, j. 22.11.2018)

Previdenciário. Agravo regimental em recurso especial. Pensão por morte. O impedimento para o casamento impede a constituição de união estável e, por consequência, afasta o direito ao rateio do benefício entre a companheira e a viúva, salvo quando comprovada a separação de fato dos casados. Agravo regimental desprovido. 1 – Esta Corte Superior já pacificou o entendimento de que a existência de impedimento para o casamento disposto no art. 1.521 do CC impede a constituição de união estável e, por consequência, afasta o direito ao recebimento de pensão por morte, salvo quando comprovada a separação de fato dos casados, o que, contudo, não configura a hipótese dos autos. 2 – Agravo regimental desprovido. (STJ, Ag. Reg. no REsp n. 1.418.167/CE, 1ª T., rel. Min. Napoleão Nunes Maia Filho, j. 24.03.2015, *DJe* 17.04.2015)

União estável *post mortem*. Sentença que julgou improcedente o pedido. Concubinato impuro. Aplicação do art. 1.723, § 1°, do CC. 1 – Na hipótese dos autos, a separação de fato entre o *de cujus* e sua esposa não restou comprovada, diante da divergência das provas produzidas pelas partes. O ônus da prova da separação de fato e de que o *de cujus* era livre para constituir união estável cabia à autora, nos termos do art. 333, I, do CPC. 2 – De qualquer forma, na dúvida deve prevalecer o casamento. "A união estável não se constituirá se ocorrerem os impedimentos do art. 1.521; não se aplicando a incidência do inciso VI no caso de a pessoa casada se achar separada de fato ou judicialmente" (art. 1.723, § 1°, do CC). 3 – Sentença mantida. Recurso não provido. (TJSP, Ap. n. 0005796-47.2007.8.26.0609/Taboão da Serra, 10ª Câm. de Dir. Priv., rel. Carlos Alberto Garbi, j. 18.11.2014)

Direito civil. Família. Ação declaratória de união estável *post mortem*. Sentença pela procedência do pedido. Apelação cível. Homem casado. Relacionamento amoroso paralelo ao casamento do falecido. Monogamia. Inexistência de prova suficiente acerca da separação de fato. Ausência de requisitos legais. Impossibilidade de reconhecimento de outra entidade familiar. I – Induvidosamente a autora e o falecido mantiveram relacionamento amoroso, porém a legislação civil, para fins de reconhecimento de união estável, traz como condição que o relacionamento não esbarre nos impedimentos do art. 1.521 do CCB. Não incide a restrição do inciso VI da referida norma se a pessoa casada se achar separada de fato ou judicialmente, o que não restou provado nos autos. II – É fato reconhecido pela própria autora, em seu depoimento pessoal, a subsistência fática e jurídica do casamento do falecido com a esposa. III – Por fim, não há falar em união estável putativa (hipótese em que, excepcionalmente, admitem-se efeitos a essa relação fática), pois a autora confessa que sabia que seu parceiro era casado. Recurso conhecido e provido. Decisão unânime. (TJAL, Ap. n. 0027638-62.2009.8.02.0001, rel. Des. Pedro Augusto Mendonça de Araújo, *DJe* 10.03.2014, p. 34)

Civil. Apelação cível. Ação declaratória de nulidade de casamento julgada procedente. Matrimônio realizado entre sogro e nora. Impossibilidade. Inteligência do art. 1.521, II, do CC. Nulidade configurada. Sentença mantida. Desprovimento do recurso. Nos termos do art. 1.521, II, do CC, os parentes afins em linha reta não podem casar, ainda que deixe de existir o parentesco civil, porquanto a afinidade não se extingue com a dissolução do casamento ou da união estável (art. 1.595, § 2°, do CC). Assim, tendo *in casu* casado-se sogro e nora, a anulação do casamento é medida que se impõe exatamente como decidiu a sentença recorrida, que deve ser mantida em todos seus termos. Recurso adesivo. Procedência total da ação. Ausência de sucumbência recíproca das partes. Inexistência de interesse recursal dos autores. Recurso não conhecido. A teor do art. 500, *caput*, do CPC [art. 997, §§ 1° e 2°, do CPC/2015], somente é possível a interposição de recurso adesivo quando foram vencidos autores e réus. Vale dizer, quando houver sucumbência recíproca das partes. Assim, tendo a presente demanda sido julgada totalmente procedente, não existe interesse recursal na irresignação dos autores, pelo que não pode ser conhecido este recurso. (TJPB, Ap. Cível RA n. 0021948-88.2011.815.0011, rel. Des. José Aurélio da Cruz, *DJe* 19.12.2013, p. 40)

Civil e processual civil. Recurso especial. Casamento nuncupativo. Validade. Comprovação de vício quanto à manifestação da vontade inequívoca do moribundo em convolar núpcias. Comprovação. 1 – Ação de decretação de nulidade de casamento nuncupativo ajuizada em novembro de 2008. Agravo no recurso especial distribuído em 22.03.2012. Decisão determinando a reautuação do agravo em recurso especial, publicada em 12.06.2012. 2 – Recurso especial que discute a validade de casamento nuncupativo realizado entre tio e sobrinha com o falecimento daquele, horas após o enlace. 3 – A inquestionável manifestação da vontade do nubente enfermo, no momento do casamento, fato corroborado pelas 6 testemunhas exigidas por lei, ainda que não realizada de viva voz, supre a exigência legal quanto ao ponto. 4 – A discussão relativa à nulidade preconizada pelo art. 1.548 do CC/2002, que se reporta aos impedimentos, na espécie, consignados no art. 1.521, IV, do CC/2002 (casamento entre colaterais, até o terceiro grau, inclusive) fenece por falta de escopo, tendo em vista que o quase imediato óbito de um dos nubentes não permitiu o concúbito pós-casamento, não havendo que se falar, por conseguinte, em riscos eugênicos, realidade que, na espécie, afasta a impositividade da norma, porquanto lhe retira seu lastro teleológico. 5 – Não existem objetivos pré-constituídos para o casamento, que descumpridos, imporiam sua nulidade, mormente naqueles realizados com evidente possibilidade de óbito de um dos nubentes – casamento nuncupativo –, pois esses se afastam tanto do usual que, salvaguardada as situações constantes dos arts. 166 e 167 do CC/2002, que tratam das nulidades do negócio jurídico, devem, independentemente do fim perseguido pelos nubentes, serem ratificados judicialmente. 6 – E no amplo espectro que se forma com essa assertiva, nada impede que o casamento nuncupativo realizado tenha como motivação central, ou única, a consolidação de meros efeitos sucessórios em favor de um dos nubentes – pois essa circunstância não macula o ato com um dos vícios citados nos arts. 166 e 167 do CC/2002: incapacidade; ilicitude do motivo e do objeto; malferimento da forma, fraude ou simulação. Recurso ao qual se nega provimento. (STJ, REsp n. 1.330.023/RN, 3ª T., rel. Min. Nancy Andrighi, j. 05.11.2013)

Embargos infringentes. União estável concomitante ao casamento. Partilha. Alimentos. Sentença de improcedência. Apelação da autora parcialmente provida, para reconhecer a união estável mantida entre a autora e o requerido (com fundamento na pluriafetividade). Não cessou a convivência familiar entre o requerido e a esposa, durante a união estável com a autora. Impedimento matrimonial que inviabiliza o reconhecimento da união estável. Recurso do requerido provido, com o improvimento da apelação e a consequente manutenção da sentença de improcedência da ação. (TJSP, Emb. Infring. n. 0040600-96.2006.8.26.0602, 2ª Câm. de Dir. Priv., rel. Flavio Abramovici, j. 19.03.2013)

Apelação cível. Direito de família. Declaratória de nulidade de casamento. Padrasto e enteada. Parentes por afinidade. Casamento. Impossibilidade. Art. 1.521, II, do CC. Nulidade. Sentença mantida. O parentesco por afinidade em linha reta não se rompe com o desfazimento do matrimônio, sendo nulo o casamento contraído por padrasto e enteada, nos termos do art. 1.521, II, cumulado com o art. 1.548, ambos do CC. (TJMG, Ap. Cível n. 1.0518.10.025538-0/001, rel. Des. Washington Ferreira, j. 27.03.2012)

Casamento. Ação de anulação fundada na existência do impedimento previsto no art. 1.521, II, do CC. Mulher que vivia em união estável com o filho do contraente. Vínculo de afinidade caracterizado (art. 1.595 do CC) a nulificar o matrimônio. Sentença de procedência mantida. Recurso desprovido. (TJSP, Ap. Cível c/ Rev. n. 6.046.494.000/Santos, 2ª Câm. de Dir. Priv., rel. Morato de Andrade, j. 14.04.2009)

Agravo retido. Documentos apresentados pela autora durante o curso do processo. Inconformismo. Desacolhimento. Possibilidade de juntar documentos que não sejam inúteis ou protelatórios, desde que seja preservado o contraditório. Busca pela verdade real. Decisão mantida. Recurso desprovido. Agravo retido. Saneamento do processo. Alegações de falta de interesse de agir e de existência de coisa julgada que se relacionam com o mérito. Decisão mantida. Recurso não conhecido. Alimentos. União estável. Dissolução homologada judicialmente. Extinção da obrigação de mútua assistência. Rompimento do vínculo conjugal. Inexistência do direito a alimentos. Relação, ademais, que não poderia ser caracterizada como união estável. Companheiro casado. Impedimento previsto no art. 1.521, VI, do CC. Decisão reformada. Recurso provido. (TJSP, Ap. Cível c/ Rev. n. 5.726.904.000/Sorocaba, 9ª Câm. de Dir. Priv., rel. Grava Brazil, j. 10.03.2009)

Direito de família. Declaratória de nulidade de casamento. Irmã da autora que contraiu núpcias com pessoa que já era casada. Impedimento absoluto. Declaração de nulidade que se impõe. Imóvel adquirido antes do casamento nulo e quitado através de seguro por morte da contraente. Se o casamento é nulo, não produz efeitos e assim o então viúvo não poderia ser herdeiro da segunda mulher, com quem se consorciara ocultando dolosamente o fato de já ser casado. Alegação de habitação na residência por mais de 26 anos e de esforço comum para a aquisição do imóvel, que não se prestam a ilidir a nulidade do ato, podendo, quando muito, ser objeto de ação própria. Recurso conhecido e improvido. (TJRJ, Ap. n. 0010729-83.2005.8.19.0203

(2008.001.60580), 12ª Câm. Cível, rel. Des. Antonio Iloizo B. Bastos, j. 17.02.2009)

Apelação cível. Ação de conversão de união estável em casamento. Impedimento do art. 1.521, VI, do CC. Ainda que possível a declaração de união estável desde a separação de fato de qualquer das partes, nos termos do art. 1.723, § 1º, do CCB, o mesmo não se aplica à conversão em casamento, pois o impedimento do art. 1.521, VI, do CCB, conduz à conclusão de que a conversão deverá se operar tão somente desde a data de trânsito em julgado da sentença de divórcio. Deram provimento ao apelo. (TJRS, Ap. Cível n. 70.026.514.745, 8ª Câm. Cível, rel. Alzir Felippe Schmitz, j. 30.10.2008, *DJ* 07.11.2008)

Ação de reconhecimento de união estável. Configuração da entidade familiar paralela ao casamento. Mantém-se o reconhecimento da união estável, mas com o reparo de que foi paralela ao casamento, se o réu não estava separado de fato da esposa. A duplicidade de convivência marital – com a companheira e a esposa –, não afronta o art. 1.723, § 1º, e o art. 1.521, VI, do CC/2002. Precedentes. Sobre os bens do companheiro casado não há meação da autora, mas sim, devem ser divididos em três partes iguais, cabendo à companheira uma das partes. Apelação parcialmente provida. (TJRS, Ap. Cível n. 70.022.784.102/Porto Alegre, 8ª Câm. Cível, rel. Des. José Ataídes Siqueira Trindade, j. 24.04.2008, *DOERS* 02.05.2008, p. 31)

União estável. Art. 1.723 do CC. Impedimento do art. 1.521, VI, do CC. Provas testemunhais. Homem casado, mas não separado de fato. Reconhecimento da união estável. Impossibilidade. Manutenção da decisão de primeira instância. Reconhecimento da existência de união estável não prescinde da análise do impedimento a que se refere o art. 1.521, VI, do CC, não se aplicando, contudo, no caso de a pessoa se achar separada de fato ou judicialmente. Se o conjunto probatório indica que o requerido não se encontrava separado de fato de sua esposa, inviável o reconhecimento da união estável. (TJMG, Ap. Cível n. 1.0194.04.039710-2/001/Coronel Fabriciano, 1ª Câm. Cível, rel. Des. Armando Freire, j. 25.03.2008, *DJEMG* 23.04.2008)

Ação de reconhecimento de sociedade de fato c/c indenização. Relação adulterina. Ausência de formação de patrimônio comum. Óbice ao reconhecimento de união estável ou de sociedade de fato. Recurso improvido. O concubinato ou a união adulterina ocorre quando há impedimento para o matrimônio, ou seja, ainda que a união seja prolongada com convivência constante, a união se torna espúria ou adulterina, formando o concubinato ao se infringir as disposições que impedem o casamento, como a união de pessoas casadas e não separadas de fato. A sociedade de fato, por sua vez, caracteriza-se pelo vínculo que une as partes, com intenção de associar-se (*affectio societatis*) sendo o principal elemento a concorrência na aquisição de bens comuns. Não tendo comprovado a autora os fatos constitutivos de seu direito, no que diz respeito aos requisitos da união estável ou da sociedade de fato com eventual indenização pelos serviços domésticos prestados, impõe-se a improcedência da demanda, mormente quando se vislumbra a ausência do requisito de fidelidade, de exclusividade na coabitação e a existência de impedimento para o casamento, previsto no art. 1.521, VI, do CC. (TJMS, Ap. Cível n. 2007.025089-5/0000-00/Cassilândia, 3ª T., rel. Des. Hamilton Carli, *DJEMS* 14.01.2008, p. 13)

Nulidade de casamento. Celebração com infringência de impedimento expresso em norma. Nulidade absoluta. Tendo sido o casamento celebrado com infringência de impedimento expresso no art. 1.521 do CC/2002, posto que um dos contraentes ainda se encontrava casado, a decretação da nulidade do ato se impõe em observância ao disposto no art. 1.548, do mesmo diploma. (TJMG, Ap. Cível n. 1.0701.03.052335-4/001, rel. Edilson Fernandes, j. 22.02.2005, *DJEMG* 11.03.2005)

Agravo regimental. Medida cautelar. Recurso especial. Efeito suspensivo. Responsabilidade civil. Execução. Rescisória. Ação criminal posterior. Sentença absolutória. 1 – Na linha da jurisprudência das turmas que compõem a 2ª Seção desta Corte, não é documento novo aquele produzido após o julgamento da causa e a ocorrência de decisões contraditórias no cível e no juízo criminal não induzem necessariamente a uma ação rescisória, ausentes as hipóteses mencionadas no art. 485 do CPC [art. 966 do CPC/2015]. 2 – Sobre o art. 1.521 do CC, parece não ter sido violado em sua literal disposição, já que o processo criminal terminou depois do trânsito em julgado da sentença proferida na ação indenizatória. 3 – A ausência do *fumus boni iuris* impede o processamento da cautelar. 4 – Agravo regimental desprovido. (STJ, Ag. Reg. na MC n. 8.310, rel. Min. Carlos Alberto Menezes Direito, j. 03.08.2004)

Casamento. Anulação. Admissibilidade. Matrimônio realizado entre tio e sobrinho. Ato que não pode ser validado com a realização de perícia médica, pois esta deve ser feita antes da celebração do casamento. Alegação de desconhecimento da lei que não procede, diante da declaração dos nubentes de serem primos, quando da habilitação. Inteligência do art. 1.521, IV, do CC (de 2002). (*RT* 840/249)

Anulação de casamento. Provado que a mulher declarou-se solteira para casar, quando era desquitada, ocorre, nesse seu segundo casamento, o fenômeno do duplo matrimoniamento, proibido por lei (art. 1.521, VI, do novo CC), ensejando ao tribunal o reconhecimento da nulidade. Provimento para esse fim (TJSP, Ap. Cível n. 112.792-4/0, rel. Des. Enio Santarelli Zuliani, j. 06.05.2003). (*RBDFam* 19/122)

Ação de anulação. Casamento. Admissibilidade se demonstrados, substancialmente, a bigamia e a boa-fé da autora. (*RT* 755/333)

Ação de nulidade. Casamento com pessoa desquitada. Infringência do art. 183, VI, do CC comprovada. Casamento contraído de boa-fé. Aplicação do art. 221 do CC. Decretação da nulidade do ato, com fundamento no art. 207 do CC. Ação julgada procedente. Recurso, de ofício, não provido. (*JTJ* 239/44)

Casamento. Estrangeiros casados no país de origem. Adoção da nacionalidade brasileira. Celebração de novo casamento no Brasil pelo regime da comunhão. Nulidade. CC, art. 183, VI. Regime de bens de estrangeiros naturalizados. LICC, art. 7º, § 5º. Súmula n. 377 do STF e comunicação dos aquestos. Recurso improvido. (*JTJ* 245/29)

Casamento. Nulidade. Bigamia. Contraentes que tinham pleno conhecimento da eficácia do primeiro casamento. Putatividade afastada. Art. 207 do CC. Ação procedente. Recurso não provido. (*JTJ* 200/20)

Casamento. Anulação. Bigamia. Aptidão atual para novo casamento. Irrelevância. Contraentes que estavam impedidos quando do segundo vínculo. Arts. 183, VI, 207 e 209 do CC. Ação procedente. Sentença confirmada. (*JTJ* 161/10)

Casamento do adotado com o filho preexistente do adotante. Impedimento. O art. 227, § 6º, da CF, que estabelece paridade de direitos entre todos os filhos, naturais ou adotivos, havidos ou não do matrimônio, proibindo quaisquer designações discriminatórias quanto à filiação, impede o casamento entre o adotado e o filho do adotante, mesmo que este seja preexistente à adoção, sendo inaceitável tal casamento, por ferir a lei, a moral e os bons costumes, já que pela Constituição os nubentes são irmãos, e irmãos não podem casar-se, sob pena de se provocar uma desordem de cunho moral no ambiente familiar. *Voto vencido:* o fato de a CF ter nivelado todos os filhos, em direitos e qualificações, não é o bastante para impedir o casamento do adotado com o filho preexistente do adotante, uma vez que o parentesco meramente civil decorrente da adoção se estabelece entre o adotante e o adotado (art. 376 do CC), sendo claro que o destaque dado à filiação pelo texto constitucional é concernente apenas aos pais, pois, a rigor, o adotivo não entra para a família do adotante, e os parentes deste não são parentes daquele, não havendo falar-se que tal casamento é ilícito e antijurídico, porquanto inexiste lei que o proíba, e ninguém será obrigado a fazer ou deixar de fazer alguma coisa senão em virtude de lei (art. 5º, II, da CF) (Des. Aluízio Quintão). (*RF* 344/346-53)

Casamento. Celebração no exterior. Ocorrência quando havia impedimento dirimente absoluto segundo a lei brasileira. Superveniência da Lei do Divórcio. Fato que não torna o matrimônio eficaz. Inteligência do art. 17 da LICC. (STJ, *RT* 716/313)

---

**Art. 1.522. Os impedimentos podem ser opostos, até o momento da celebração do casamento, por qualquer pessoa capaz.**

**Parágrafo único. Se o juiz, ou o oficial de registro, tiver conhecimento da existência de algum impedimento, será obrigado a declará-lo.**

---

Segundo dispõe este artigo, os impedimentos previstos no artigo antecedente poderão ser opostos no processo de habilitação e até o momento da celebração do casamento, que é a última oportunidade possível para que seja evitado o casamento nulo. Qualquer pessoa capaz (a relativa ou absolutamente incapaz não) e sem interesse específico tem legitimidade para arguir os impedimentos legais, por serem absolutamente dirimentes. O conhecimento público decorre da publicação dos proclamas.

O *parágrafo único* do artigo impõe ao juiz celebrante e ao oficial do registro a obrigação de declarar a presença do impedimento de que tenham conhecimento, em razão do interesse público. O representante do Ministério Público quando souber da existência de algum impedimento também terá o dever de denunciá-lo, por ser representante da sociedade e defensor do direito objetivo. O mesmo órgão ministerial poderá também solicitar a decretação de nulidade do casamento contraído por infringência de impedimento, conforme dispõe o art. 1.549 combinado com o art. 1.548, II, deste Código (*v.* comentários). Os impedimentos serão opostos em declaração escrita e assinada, instruída com as provas do fato alegado, ou com a indicação do lugar onde possam ser obtidas, na forma disposta no art. 1.529 (*v.* comentários). O procedimento ainda observará o disposto no art. 1.530 deste Código e no art. 67, § 5º, da LRP. A prova do impedimento poderá ser feita, por exemplo, mediante a exibição da certidão de registro civil, ou, na impossibilidade, por qualquer outro meio. O opoente do impedimento poderá sofrer ações civis e criminais promovidas pelos nubentes quando estiver de má-fé (dolo) ou agir com culpa grave, consoante dispõe o parágrafo único do art. 1.530 (*v.* comentário).

**Jurisprudência:** Apelação cível. Direito civil. Família. União estável. Impedimento. Casamento. Separação de fato. Ausência. 1 – A união estável demanda a existência de união contínua, pública e duradoura, com intenção de constituir família, desde que não haja qualquer causa impeditiva estabelecida no art. 1.521 do CC. 2 – Comprovado que um dos companheiros é casado, sem a separação de fato ou judicial, há impedimento para reconhecimento de união estável. (TJMG, Ap. Cível n. 10707150003192001, rel. Des. Oliveira Firmo, j. 06.11.2018, *DJe* 13.11.2018)

## CAPÍTULO IV
## DAS CAUSAS SUSPENSIVAS

**Art. 1.523. Não devem casar:**

**I – o viúvo ou a viúva que tiver filho do cônjuge falecido, enquanto não fizer inventário dos bens do casal e der partilha aos herdeiros;**

**II – a viúva, ou a mulher cujo casamento se desfez por ser nulo ou ter sido anulado, até dez meses depois do começo da viuvez, ou da dissolução da sociedade conjugal;**

**III – o divorciado, enquanto não houver sido homologada ou decidida a partilha dos bens do casal;**

**IV – o tutor ou o curador e os seus descendentes, ascendentes, irmãos, cunhados ou sobrinhos, com a pessoa tutelada ou curatelada, enquanto não cessar a tutela ou curatela, e não estiverem saldadas as respectivas contas.**

**Parágrafo único. É permitido aos nubentes solicitar ao juiz que não lhes sejam aplicadas as causas suspensivas previstas nos incisos I, III e IV deste artigo, provando-se a inexistência de prejuízo, respectivamente, para o herdeiro, para o ex-cônjuge e para a pessoa tutelada ou curatelada; no caso do inciso II, a nubente deverá provar nascimento de filho, ou inexistência de gravidez, na fluência do prazo.**

Neste artigo o legislador estabelece taxativamente as circunstâncias que não recomendam a realização do casamento e que podem desaparecer desde que haja autorização judicial. O descumprimento das causas estabelecidas na lei não constitui motivo para invalidação ou nulidade do ato, impondo-se somente as sanções fixadas neste Código. Daí porque, ao constar da lei a expressão "não devem casar", se conclui que o comando legal é de restrição menor que o impeditivo. As causas suspensivas estabelecidas pela lei também são chamadas de impedimentos proibitivos, pois não têm caráter absoluto, gerando apenas efeitos colaterais sancionadores. O **parágrafo único** do artigo deixa bem claro o caráter relativo das causas suspensivas, como se verá adiante. A suspensão do casamento deverá ser requerida no prazo de quinze dias a partir da publicação dos editais de proclamas, como se verá a seguir, em comentários ao art. 1.524. As causas suspensivas da celebração do casamento poderão ser arguidas inclusive pelos parentes em linha reta de um dos nubentes e pelos colaterais em segundo grau, por vínculo decorrente de parentesco civil, conforme Enunciado n. 330 da IV Jornada de Direito Civil do CJF.

No **inciso I** tem-se a proibição do viúvo que tiver filho do cônjuge falecido de casar-se novamente enquanto não fizer o inventário dos bens do casal e der partilha aos herdeiros. Visa o legislador com essa exigência a evitar a confusão de patrimônio do novo casal com o dos filhos do primeiro casamento. Assim, impõe a lei que seja definido primeiro e desde logo o que pertence aos filhos do casamento anterior, para que não sejam prejudicados. Como já salientado, a ofensa a essa disposição legal não acarreta a invalidade do casamento, impondo apenas a obrigatoriedade da adoção do regime de separação de bens, como determina o disposto no art. 1.641, I (*v.* comentário), e a hipoteca legal em favor dos filhos dos imóveis do pai ou da mãe que passar a outras núpcias antes de fazer o inventário do casal, nos termos do art. 1.489, II (*v.* comentário). O inventário negativo costuma ser utilizado como prova de que não havia bens a inventariar para liberar o nubente da causa suspensiva. Isso porque não haveria prejuízo para o herdeiro. O impedimento proibitivo, nessa hipótese, poderá, desde que com autorização judicial, não ser aplicado aos nubentes, por força do que dispõe o parágrafo único deste artigo.

O **inciso II** estabelece que não devem casar a viúva ou a mulher cujo casamento se desfez por ser nulo ou ter sido anulado, até dez meses depois do começo da viuvez ou da dissolução da sociedade conjugal. O objetivo do legislador com tal impedimento proibitivo foi evitar a confusão de sangue, pelo eventual nascimento de filho nesse período, o que desencadearia em conflito de paternidade. É que, segundo dispõe o art. 1.597 (*v.* comentário), existe a presunção de que foram concebidos na constância do casamento os filhos nascidos pelo menos cento e oitenta dias depois da celebração ou até trezentos dias após sua dissolução por morte, nulidade, anulação ou separação judicial. Essa presunção relativa poderá ser elidida na forma autorizada pelo disposto no art. 1.598 (*v.* comentário). O presente dispositivo não menciona impedimento para casamento de mulher divorciada há menos de dez meses pela simples razão de que o divórcio exige prazo mais dilatado que esse, seja por conversão da separação judicial (um ano), seja pela via direta (dois anos) (OLIVEIRA, Euclides de; HIRONAKA, Giselda Maria Fernandes Novaes. *Direito de família e o novo Código Civil*. Belo Horizonte, Del Rey, 2002). A causa suspensiva prevista neste inciso II poderá, contudo, não ser aplicada se for provado o nascimento do filho antes do término do prazo estabelecido no dispositivo ou a inexistência de gravidez, pois nessas hipóteses não haveria dúvida quanto à paternidade. É o que autoriza o parágrafo único do artigo. A natureza do impedimento não enseja a nulidade do casamento, mas a imposição do regime da separação de bens, por força do que determina o art. 1.641, I, já citado.

No **inciso III** tem-se mais uma hipótese em que o legislador objetiva evitar a confusão de patrimônio. O dispositivo impede o casamento do divorciado, enquanto não houver sido homologada ou decidida a partilha dos bens do casal. Visa a impedir a confusão entre o patrimônio da antiga e o da nova sociedade conjugal. O art. 1.581 (*v.* comentário) assegura que o divórcio poderá ser concedido sem que haja prévia partilha de bens, contudo, para a nova união ela será exigida. O casamento realizado com infringência dessa causa suspensiva terá como sanção o disposto no art. 1.641, I. O parágrafo único do artigo também permite que, mediante autorização judicial, não seja aplicada a presente causa suspensiva quando os nubentes comprovarem a inexistência de prejuízo para o ex-cônjuge.

Por fim, no **inciso IV** estabelece o legislador que o tutor ou o curador e os seus descendentes, ascendentes, irmãos, cunhados ou sobrinhos não deverão casar com a pessoa tutelada ou curatelada, enquanto não cessar a tutela ou curatela, e não estiverem saldadas as respectivas contas. O impedimento proibitivo tem por finalidade "evitar que, por meio do casamento, se oculte a dilapidação dos bens do tutelado ou curatelado e que os administradores se eximam de prestar contas da gestão. Procura-se ainda afastar a autoridade e ascendência que os tutores e curadores possam exercer sobre a vontade do tutelado e curatelado" (FACHIN, Luiz Edson. *Código Civil comentado*. São Paulo, Atlas, 2003, v. XV). A restrição estende-se aos descendentes, ascendentes, irmãos, cunhados e sobrinhos do tutor ou do curador, pois, supostamente, são pessoas ligadas efetivamente a eles e que, por hipótese, iriam atuar na defesa de quem deve contas. A ofensa ao impedimento legal acarreta a aplicação da sanção prevista no art. 1.641, I, que poderá ser excluída desde que os nubentes comprovem a ausência de prejuízo para a pessoa tutelada ou curatelada, conforme autoriza o parágrafo único do artigo. Também não incidirá o impedimento quando extinta a tutela ou a curatela ou quando forem aprovadas judicialmente as contas prestadas.

**Jurisprudência:** Agravo de instrumento. Inventário. Decisão que removeu a inventariante e nomeou a companheira do autor da herança para exercer o encargo. Insurgência da destituída e do filho herdeiro. Descabimento. União estável reconhecida por sentença transitada em julgado. Separação de fato do falecido. Partilha de bens não realizada. Aplicação analógica da causa suspensiva do art. 1.523, III, do CC. Imposição do regime da separação obrigatória de bens, nos termos do art. 1.641, I, do CC. Nomeação da companheira como inventariante. Ordem de preferência do art. 617 do CPC. Ausente motivo excepcional que justifique a alteração. Irrelevância de quem administra os bens. Decisão mantida. Pedido subsidiário de reconhecimento de que 50% da empresa constituída pelo autor da herança durante a constância do casamento e antes do início da união estável pertencem à agravante. Não conhecimento, sob pena de supressão de instância. Pleito não analisado pelo *decisum* agravado. Recurso parcialmente conhecido e, na parte conhecida, não provido. (TJSP, AI n. 20359145720248260000/Américo Brasiliense, 2ª Câm. de Dir. Priv., rel. Hertha Helena de Oliveira, j. 10.07.2024, *DJ* 10.07.2024)

Agravo de instrumento. Inventário. Decisões reconhecendo que o regime a ser observado na união estável entre a companheira e a finada era o da comunhão parcial de bens, não impedindo, as causas suspensivas do art. 1.523 do CC, a caracterização da união estável, rejeitando os embargos de declaração. Falecida que, ao iniciar a união estável com a agravada, ainda era casada, formalizando a separação consensual e a partilha dos bens objetos do litígio após aludido evento. Causa suspensiva prevista no art. 1.523, III, do CC c/c com o art. 1.641, I, do CC. Observância, portanto, do regime da separação de bens. Regra que não se aplica, apenas, ao matrimônio, sob pena de se privilegiar os companheiros em detrimento dos cônjuges. União estável equiparada ao matrimônio. Precedentes jurisprudenciais. Decisões, no ponto, reformadas. Recurso provido. (TJSP, AI n. 2296114-80.2023.8.26.0000/Sumaré, 2ª Câm. de Dir. Priv., rel. José Joaquim dos Santos, j. 23.05.2024, *DJ* 23.05.2024)

União estável. Reconhecimento *post mortem*. Demanda intentada pela suposta ex-companheira em face do filho do falecido. Sentença de procedência. Irresignação do herdeiro apenas quanto ao regime de bens. União estável que teve início sem que houvesse o arrolamento e partilha de bens do casamento anterior, com herdeiro. Aplicação analógica ao art. 1.523, I, CC à união estável. Causa suspensiva que impõe o regime da separação obrigatória de bens. Norma cogente, de aplicação obrigatória e que pode ser conhecida de ofício. Recurso provido. (TJSP, Ap. Cível n. 10171234320228260577/SP, 9ª Câm. de Dir. Priv., rel. Galdino Toledo Júnior, j. 06.03.2023, *DJ* 06.03.2023)

Apelação cível. Ação de dissolução de união estável c/c partilha de bens. Pleito de substituição do regime de bens. Acolhimento. Sentença reformada. Embora os companheiros tenham elegido o regime da comunhão universal de bens, o patrimônio trazido a debate foi adquirido pelo primeiro marido da apelante, inclusive estando em trâmite nos autos do inventário para devida partilha entre ela e seus filhos, e que, por consequência lógica, afasta a hipótese de esforço comum entre os litigantes. Por isso, com a equiparação da união estável ao casamento, necessário observar o disposto nos arts. 1.523, I, c/c art. 1.641, I, do CC, impondo-se a reformulação do regime adotado pelo extinto casal, aplicando-se o regime da separação obrigatória de bens, sendo partilhável apenas o patrimônio adquirido por esforço comum. Precedente do STJ. Recurso provido. (TJRS, Ap. Cível n. 50010654620208210013/Erechim, 8ª Câm. Cível, rel. José Antônio Daltoe Cezar, j. 03.11.2022, publ. 04.11.2022)

Agravo de instrumento. Inventário e partilha. União estável. Reconhecimento. Regime de bens. Inconformismo contra decisão que declarou a inconstitucionalidade do art. 1.641, II, do CC, e adotou o regime comunhão parcial de bens, entre o autor da herança e a companheira. Impossibilidade, na hipótese. Relacionamento amoroso iniciado em 1970, época em que o *de cujus* estava casado. Relação extraconjugal configurada. União estável incontroversa, mas que tem como termo inicial o ano de 2015, data do óbito da esposa do autor da herança, então com 75 anos de idade. Incidência do art. 1.641, II, do CC. Precedentes do Col. STJ e desta Col. 3ª Câmara. Não encerramento do inventário e partilha dos bens do espólio da ex-esposa do autor da herança. Aplicação analógica do art. 1.523, III, c/c art. 1.641, I, ambos do CC. Regime da separação obrigatória que se impõe. Companheira que não é herdeira e não concorre com os descendentes. Partilha dos bens em nome da companheira, adquiridos durante a convivência, e necessidade de redução testamentária. Não conhecimento, sob pena de supressão de instância. Matéria não examinada na origem. Recurso parcialmente provido, na parte conhecida. (TJSP, AI 2019102-08.2022.8.26.0000/SP, 3ª Câm. de Dir. Priv., rel. Schmitt Corrêa, j. 18.04.2022, publ. 18.04.2022)

Apelação cível. Ação de partilha e direito real de habitação. Autora que teve a união estável reconhecida em outra ação com o falecido. União sob regime de separação obrigatória de bens (arts. 1.523, I, e 1.641, I, do CC). Pretensão à meação dos bens e direito real de habitação afastados, pois o falecido dispunha apenas 50% do imóvel. Precedentes do STJ. Sentença mantida. Recurso não provido. (TJSP, Ap. Cível n. 1002903-59.2019.8.26.0443/SP, 3ª Câm. de Dir. Priv., rel. Schmitt Corrêa, j. 09.02.2022, publ. 09.02.2022)

Apelação. Ação de reconhecimento e dissolução de união estável c/c alimentos e partilha de bens. Sentença de parcial procedência. Inconformismo das partes: da autora, alegando que não houve união estável entre as partes, apenas um namoro, devendo ser aplicado o regime da separação obrigatória de bens, diante da existência de causa suspensiva prevista nos arts. 1.523, I, e 1.641. (TJSP, Ap. Cível n. 1034329-62.2015.8.26.0562, rel. Des. José Aparício Coelho Prado Neto, j. 21.09.2021)

Agravo de instrumento. Processo civil. Inventário e partilha. Decisão do juízo *a quo* que, acolhendo a promoção do MP, adotou o regime de comunhão parcial de bens desde 1998, ante a existência de escritura de união estável. AI interposto pelos filhos do *de cujus*. Decisão que não merece reforma. Inventariado que se casou com a agravada pelo regime da separação legal de bens em função da regra do art. 1.641, I, do CC, já que o inventário da anterior mulher não havia sido concluído, não se podendo acolher a tese recursal de que tal regime foi acolhido por opção dos nubentes e, em razão disso, deveria prevalecer a regra do art. 1.829, I, do CC, em detrimento da agravada. Não provimento do agravo de instrumento. "Abertura de inventário e partilha" requerida por Azeir Vieira Brum da Cruz, com relação aos bens deixados por Manuel Rocha da Cruz. Decisão do juízo *a quo* que acolheu a promoção do MP para adotar o regime de comunhão parcial de bens desde 1998, em razão de escritura de união estável. Agravo de instrumento interposto pelos filhos do *de cujus*. Decisão que não merece reforma. O CC, em seu art. 1.723, dispõe que é reconhecida como entidade familiar a união estável entre o homem e a mulher, configurada na convivência pública, contínua e duradoura e estabelecida com o objetivo de constituição de família, desde que não configurado nenhum dos impedimentos previstos no art. 1.521. O art. 1.725 do CC e o art. 5º da Lei n. 9.278/96 são claros em estabelecer que os bens adquiridos na constância da união estável pertencem a ambos os conviventes, aplicando-se, na falta de estipulação escrita, o regime da comunhão parcial de bens. Note-se que o art. 1.523 estipula que "Não devem casar: I – o viúvo ou a viúva que tiver filho do cônjuge falecido, enquanto não fizer inventário dos bens do casal e der partilha aos herdeiros; (...)", não sendo, portanto, tão restritivo quanto o art. 1.521, eis que as causas suspensivas do art. 1.523 não impedem a caracterização da união estável, a teor do art. 1.723, § 2º, do CC. O fato de o inventariado ter lavrado a escritura de união estável com a agravada sem que o inventário da sua anterior mulher estivesse concluído não constitui ilegalidade, sendo que a inobservância das causas suspensivas estabelecidas no art. 1.523 apenas submete a pessoa que contrairá casamento (e não união estável) à obrigatoriedade da adoção do regime de separação de bens no novo casamento, em cumprimento ao disposto no inciso I do art. 1.641 do CC. Depreende-se, pois, que foi em função desta norma legal que o inventariado se casou com a agravada pelo regime de separação legal de bens, já que o inventário da anterior mulher não havia sido concluído, não se podendo acolher a tese recursal de que tal regime foi acolhido por opção dos nubentes e, em razão disso, deveria prevalecer a regra do art. 1.829, I, do CC, em detrimento da agravada, considerando-se o regime de comunhão parcial a ser adotado em razão da união estável. Também é certo que, de acordo com a Súmula n. 377 do STF, "no regime de separação legal de bens, comunicam-se os adquiridos na constância do casamento". Precedentes jurisprudenciais do STJ e desta Corte. Agravo de instrumento ao qual se nega provimento. (TJRJ, AI n. 00453617920168190000, 14ª Câm. Cível, rel. Des. Juarez Fernandes Folhes, j. 30.11.2016, *DJe* 02.12.2016)

Apelação cível. Ação de retificação de registro de casamento. Erro não demonstrado. Improcedência do pedido. Sentença mantida. A comprovação nos autos de que o casamento da parte autora se deu sob o obrigatório regime da separação de bens (art. 1.641, I, c/c art. 1.523, III, ambos do CC), em conformidade com a documentação apresentada pelos nubentes, afasta a alegação de erro do oficial do cartório de registro civil. (TJMG, Ap. Cível n. 1.0024.14.221623-3/001, rel. Des. Edgard Penna Amorim, j. 30.08.2016)

Alteração de registro civil de nascimento. União estável. Inclusão. Patronímico. Companheiro. Impedimento para casamento. Ausente. Causa suspensiva. Aplicação analógica das disposições relativas ao casamento. Anuência expressa. Comprovação por documento público. Ausente. Impossibilidade. Artigos analisados. Arts. 57 da Lei 6.015/73; 1.523, III e parágrafo único; e 1.565, § 1º, do CC. 1 – Ação de alteração de registro civil, ajuizada em 24.09.2008. Recurso especial concluso ao Gabinete em 12.03.2012. 2 – Discussão relativa à necessidade de prévia declaração judicial da existência de união estável para que a mulher possa requerer o acréscimo do patronímico do seu companheiro. 3 – Inexiste ofensa ao art. 535 do CPC [art. 1.022 do CPC/2015], quando o tribunal de origem pronuncia-se de forma clara e precisa sobre a questão posta nos autos. 4 – Não há impedimento matrimonial na hipótese, mas apenas causa suspensiva para o casamento, nos temos do art. 1.523, III, do CC. 5 – Além de não configurar impedimento para o casamento, a existência de pendência relativa à partilha de bens de casamento anterior também não impede a caracterização da união estável, nos termos do art. 1.723, § 2º, do CC. 6 – O art. 57, § 2º, da Lei n. 6.015/73 não se presta para balizar os pedidos de adoção de sobrenome dentro de uma união estável, situação completamente distinta daquela para qual foi destinada a referida norma. Devem ter aplicação analógica as disposições específicas do CC, relativas à adoção de sobrenome dentro do casamento, porquanto se mostra claro o elemento de identidade entre os institutos. 7 – Em atenção às peculiaridades da união estável, a única ressalva é que seja feita prova documental da relação, por instrumento público, e nela haja anuência do companheiro que terá o nome adotado, cautelas dispensáveis dentro do casamento, pelas formalidades legais que envolvem esse tipo de relacionamento, mas que não inviabilizam a aplicação analógica das disposições constantes no CC, à espécie. 8 – Primazia da segurança jurídica que deve permear os registros públicos, exigindo-se um mínimo de certeza da existência da união estável, por intermédio de uma documentação de caráter público, que poderá ser judicial ou extrajudicial, além da anuência do companheiro quanto à adoção do seu patronímico. 9 – Recurso especial desprovido. (STJ, REsp n. 1.306.196, 3ª T., rel. Min. Nancy Andrighi, *DJe* 28.10.2013)

Divórcio. Partilha litigiosa. Regime de separação obrigatória de bens. Aquestos. I – O regime obrigatório de separação de bens imposto ao casamento contraído com o impediente do art. 183, XIII do CC/1916 (art. 1.523, I, CC/2002) obstaculiza, no divórcio, a eventual partilha de alegados aquestos sem que antes o espólio da falecida esposa tenha sido partilhado com os filhos menores. II – Apelação do réu provida. Apelação da autora prejudicada. (TJDFT, Proc. n. 20090110003843(708971), rel. Des. Vera Andrighi, *DJe* 10.09.2013)

Agravo. Ação de separação judicial. Pedido incidental de divórcio direto. Requisito. Direito potestativo. Na legislação anterior, o único requisito para a decretação do divórcio direto é o decurso do lapso temporal de 2 anos da separação de fato do casal. Tratava-se de direito potestativo não sujeito à concordância da parte contrária. Implementado o decurso temporal, era de rigor a decretação do divórcio. Contudo, tendo em conta que a ausência de partilha de bens importa na adoção obrigatória do regime da separação de bens, em posterior vínculo conjugal das partes (arts. 1.523, III, e 1.641, I, do CC), para evitar dano a direito de terceiros, deve ser averbado juntamente no registro civil das partes que o divórcio está sendo concedido, por enquanto, sem a partilha de bens. Negaram provimento. (TJRS, Ag. n. 70.037.714.243, 8ª Câm. Cível, Rui Portanova, j. 16.09.2010)

Alteração de regime de bens do casamento. Casamento celebrado em 2004. Regime imposto por lei em razão da inobservância da causa suspensiva apontada, à qual agora já não mais existe, vez que a partilha já foi regularizada, deixando de existir a causa suspensiva (art. 1.523, III, do CC) e, por consequência, torna-se insubsistente tal imposição legal, ou seja, a obrigatoriedade do regime da separação de bens (art. 1.641, I, do CC), que reflete de forma negativa aos interesses do casal. Possibilidade. Pretensão razoável que atende ao disposto no § 2º do art. 1.639 do CC/2002. Ação procedente. Recurso provido. (TJSP, Ap. Cível n. 552.439.4/9/São Vicente, 3ª Câm. de Dir. Priv., rel. Des. Beretta da Silveira, j. 27.05.2008, *DJESP* 28.07.2008)

Civil. Sucessão. Inventário negativo. Criação da doutrina. Finalidade. Requisitos. Mitigação da regra. Necessidade diante dos reclames da prestação jurisdicional. 1 – Embora sem previsão legal, o inventário negativo consiste em prática consagrada no meio forense. Pode ser manejado, na hipótese em que o viúvo ou a viúva deseje contrair novas núpcias, nos moldes do art. 1.523, I, do CC, ou, ainda, de herdeiro ou herdeira que receie responsabilidade além das forças da herança, com espeque no CC, no art. 1.792. 2 – Porém, dada a riqueza e a variedade dos fatos da vida, bem como a necessidade maior da Justiça de prestar a jurisdição, viável mitigar a regra imposta pela praxe forense, a fim de deferir processamento de inventário negativo, com o fito de nomear a viúva como inventariante, para perseguir direitos trabalhistas do *de cujus*, junto à Justiça Obreira. 3 – Apelo provido. (TJDF, Ap. Cível n. 2007.03.1.020326-2, 1ª T. Cível, rel. Des. Flavio Rostirola, *DJU* 07.02.2008)

Homologação judicial de partilha. Possibilidade. Recurso provido. O julgador deveria ter acolhido o pedido das partes, visto que a tutela jurisdicional se justifica pelo fato de os recorrentes não poderem contrair novas núpcias se não for homologada a partilha dos bens. É o que dispõe o art. 1.523 do CC, inciso III [...]. Ante tal causa suspensiva do casamento, não restava outra alternativa às partes que não postular a homologação judicial do acordo de partilha. Ademais, se os bens foram adquiridos quando os recorrentes eram casados, deve haver um plano de partilha devidamente homologado em juízo. (TJMG, Ap. Cível n. 1.0024.05.851796-2/001/Belo Horizonte, 5ª Câm. Cível, rel. Des. Maria Elza, j. 06.12.2007, *DJEMG* 19.12.2007)

Direito civil e processual civil. Requerimento de restabelecimento de sociedade conjugal. Ex-cônjuge varão interdito. Ausência de capacidade processual. Colidência de interesses entre o direito dele e o de sua curadora. Inteligência do art. 1.523, IV, do CC. Apelação a que se nega provimento na forma do art. 557, *caput*, do CPC [arts. 932, IV, *a* e *b*, e 1.011, I, do CPC/2015]. (TJRJ, Ap. Cível n. 2007.001.06783, 10ª Câm. Cível, rel. Des. Marilia de Castro Neves, j. 09.02.2007)

Processo civil. Recurso especial. Não conhecimento. Embargos de declaração. Regime de bens. Novas núpcias. Inexistência de confusão entre os patrimônios do novo casal e os dos herdeiros do leito anterior. Inocorrência de vulneração ao art. 183, XIII do CC/1916. Ausência de omissão, obscuridade ou contradição. Nítido caráter infringente. Rejeição. Tendo o v. aresto embargado decidido no sentido de que não há que se falar em vulneração ao art. 183, XIII, CC/1916 (art. 1.523, I, do novo CC), porquanto não se faz necessária a efetiva homologação da partilha (por meio de sentença), para se permitir o regime de comunhão universal de bens nas novas núpcias do viúvo que tem filhos do casamento anterior, desde que aquela tenha sido iniciada, com a apresentação de todos os bens a serem partilhados, de modo a afastar a possibilidade de confusão de patrimônios dos bens do novo casal com os dos filhos da união anterior, revestem-se de caráter infringente os embargos interpostos uma vez que pretendem reabrir o debate acerca do tema. (STJ, Emb. Decl. no REsp n. 343.719, rel. Min. Jorge Scartezzini, j. 12.12.2005)

Novas núpcias. Impossibilidade. Inteligência do CC. Ausência de prejuízo aos herdeiros. Não verificação. Possibilidade de confusão patrimonial. Inventariante. Recurso improvido. Esbarra o pedido da apelante no disposto no art. 1.523, I, do CC, pois conquanto sustente a apelante a ausência de prejuízo para os herdeiros – o que ensejaria a aplicação do parágrafo único, do aludido dispositivo –, certo é que existe a possibilidade de confusão patrimonial, mormente quando a mesma é a inventariante, embora afirme ser apenas a representante legal dos herdeiros, que são menores impúberes. Recurso improvido. (TJES, Ap. Cível n. 017.04.000597-1,

3ª Câm. Cível, rel. Des. Rômulo Taddei, j. 29.03.2005, *DJES* 14.04.2005)

*Novas núpcias.* Partilha. Comunhão universal de bens. Não há vulneração ao art. 183, XIII, do CC/1916, se o julgamento da partilha vem a ocorrer após a celebração do segundo casamento de acordo com o esboço antes efetuado e sem que haja alguma impugnação por parte dos interessados. Convolação de novas núpcias. Admissibilidade. (STJ, REsp n. 343.719/SP, rel. Min. Jorge Scartezzini, j. 10.08.2004)

Casamento. Viúvo que o contrai quando já apresentada a partilha, mas antes do seu julgamento. Inexistência de confusão entre o patrimônio do novo casal e o dos herdeiros, maiores quando da elaboração do plano de partilha e inertes por mais de 22 anos. Descabimento da penalidade de imposição do regime de separação de bens para o segundo consórcio. Inteligência dos arts. 183, XIII, 225, 226 e 258, parágrafo único, do CC, e 5º da LICC [atual Lindb]. Ação de retificação de registro civil julgada improcedente. Recurso improvido. (TJSP, Ap. Cível n. 117.827-4/7, rel. Des. Waldemar Nogueira Filho, j. 16.05.2000)

Casamento. Regime de bens. Cônjuge supérstite que convola novas núpcias sem o regime da separação de bens. Admissibilidade se na época do óbito da ex-consorte estava impedido de promover a partilha dos bens da união anterior. (*RT* 743/224)

**Art. 1.524. As causas suspensivas da celebração do casamento podem ser arguidas pelos parentes em linha reta de um dos nubentes, sejam consanguíneos ou afins, e pelos colaterais em segundo grau, sejam também consanguíneos ou afins.**

Este artigo dispõe sobre a legitimidade daqueles que podem opor as causas suspensivas previstas no artigo antecedente. Por interessarem exclusivamente à família e aos parentes próximos, os impedimentos proibitivos previstos nos incisos I a IV do artigo anterior só poderão ser arguidos pelos parentes em linha reta de um dos nubentes, sejam consanguíneos ou afins, e pelos colaterais em segundo grau, sejam também consanguíneos ou afins.

O representante do Ministério Público não tem legitimidade para suscitar a existência de causas suspensivas, porque, como já ressaltado em comentário ao art. 1.523, estas visam a evitar prejuízos, especialmente de ordem patrimonial, a terceiros determinados. O rol legal, porém, não é taxativo, autorizando, por exemplo, a que o ex-marido, no caso da dissolução do casamento por sentença, visando a evitar a confusão de sangue, tenha interesse em opor o impedimento proibitivo previsto no art. 1.523, II.

A oposição da causa suspensiva será feita no curso do processo de habilitação para casamento, devendo ser apresentada no prazo de quinze dias a partir da data da publicação dos proclamas, conforme estabelecido no art. 1.527 (*v.* comentário). Observará, ainda, quanto à forma, o disposto no art. 1.529 (*v.* comentário), também aplicável aos impedimentos. O opoente deverá provar documentalmente seu grau de parentesco com o nubente. O procedimento ainda observará o disposto no art. 1.530 deste Código e no art. 67, § 5º, da LRP. O opoente da causa suspensiva poderá sofrer ações civis e criminais promovidas pelos nubentes quando estiver de má-fé (dolo) ou agir com culpa grave, consoante dispõe o parágrafo único do art. 1.530 (*v.* comentário).

## CAPÍTULO V
## DO PROCESSO DE HABILITAÇÃO PARA O CASAMENTO

**Art. 1.525. O requerimento de habilitação para o casamento será firmado por ambos os nubentes, de próprio punho, ou, a seu pedido, por procurador, e deve ser instruído com os seguintes documentos:**

**I – certidão de nascimento ou documento equivalente;**

**II – autorização por escrito das pessoas sob cuja dependência legal estiverem, ou ato judicial que a supra;**

**III – declaração de duas testemunhas maiores, parentes ou não, que atestem conhecê-los e afirmem não existir impedimento que os iniba de casar;**

**IV – declaração do estado civil, do domicílio e da residência atual dos contraentes e de seus pais, se forem conhecidos;**

**V – certidão de óbito do cônjuge falecido, de sentença declaratória de nulidade ou de anulação de casamento, transitada em julgado, ou do registro da sentença de divórcio.**

Como já se disse, o casamento tem por finalidade a constituição da família. E, para assegurar a regular formação da família, o Estado, por meio de normas de ordem pública, cerca a celebração do casamento de uma série de formalidades – o que o torna um ato solene e formal –, a fim de constatar a capacidade dos nubentes, apurar a inexistência de impedimentos matrimoniais e dar publicidade ao ato. O desenvolvimento de tais formalidades preliminares se dá no processo de habilitação para o casamento, que tem início a partir deste artigo.

Para o casamento válido, é essencial que entre os nubentes não haja impedimento matrimonial. A verificação desses impedimentos é feita no processo de habilitação dos nubentes, que tem seu andamento perante o oficial do registro civil. As partes instruem o pedido com os documentos exigidos por lei, com os quais visam a demonstrar que estão em condições de se casar validamente. Verifica-se, desse modo, o interesse do Estado em evitar a realização de casamentos vedados por lei.

Diante dessa preocupação, o Estado atua preventivamente no processo de habilitação e de modo repressivo quando reage ao ato do casamento que infringir mandamento legal, imputando-lhe nulidade ou anulabilidade (*v.* comentários aos arts. 1.548 a 1.564). Na fase preventiva, dá-se publicidade ao interesse dos nubentes em se casar, convocando pessoas que saibam de algum impedimento para que venham apresentá-lo, evitando que o casamento se realize (*v.* comentário ao art. 1.527).

O processo terá início com o requerimento conjunto dos nubentes ou de seus representantes legais, por meio do qual demonstram a intenção de se casar. O pedido poderá ser formulado mediante procuração com poderes específicos. Deverá também ser instruído com os documentos enumerados neste artigo, que não geram a presunção absoluta de ausência de impedimento, uma vez que podem ser desconstituídos por provas em sentido contrário. Nesse mesmo momento, os nubentes informarão o regime de bens escolhido (*v.* comentários aos arts. 1.528 e 1.640, parágrafo único), bem como a eventual adoção do sobrenome do outro, na forma autorizada pelo art. 1.565, § 1º (*v.* comentário). Além dos documentos a seguir relacionados, os nubentes instruirão o pedido, quando for o caso, com o instrumento público do pacto antenupcial, se já existente (*v.* comentário ao art. 1.653) – **inciso I**: "certidão de nascimento ou documento equivalente". A certidão de nascimento – que pode ser substituída por documento equivalente como o registro geral (RG), o título de eleitor, o passaporte, o comprobatório da emancipação e até mesmo, no caso dos que já atingiram a maioridade, o atual documento de habilitação para dirigir veículos – se presta para provar a idade dos nubentes (se atingiram a idade núbil; se há necessidade de autorização dos pais; qual o regime cabível – separação obrigatória para os que têm mais de 60 anos) e para identificá-los, a fim de verificar a existência de parentesco entre eles, e a consequente presença de algum dos impedimentos legais – **inciso II**: "autorização por escrito das pessoas sob cuja dependência legal estiverem, ou ato judicial que a supra". O inciso se refere às pessoas que não atingiram a idade núbil e que por esse motivo não poderão casar-se sem a autorização de seus pais ou representantes legais. Nos termos do disposto no art. 1.517 (*v.* comentário), o incapaz necessitará dessa autorização, que, caso negada, poderá ser suprida pelo juiz (*v.* comentário ao art. 1.519). A prova da emancipação também dispensa a autorização das pessoas referidas neste artigo – **inciso III**: "declaração de duas testemunhas maiores, parentes ou não, que atestem conhecê-los e afirmem não existir impedimento que os iniba de casar". A declaração exigida pela lei – que não tem valor absoluto – tem por fim diminuir o risco de ocorrência de casamentos eivados de nulidade por infração a impedimento legal – **inciso IV**: "declaração do estado civil, do domicílio e da residência atual dos contraentes e de seus pais, se forem conhecidos". A finalidade dessa declaração (denominada também memorial) – que igualmente não tem valor absoluto, porque emanada dos próprios habilitantes – é identificar com precisão os nubentes, para que se possa verificar, pelas informações fornecidas, a presença de eventual impedimento – **inciso V**: "certidão de óbito do cônjuge falecido, de sentença declaratória de nulidade ou de anulação de casamento, transitada em julgado, ou do registro da sentença de divórcio". Tendo os nubentes declarado nas informações acima viuvez, divórcio, anulação ou nulidade de casamento anterior, deverão juntar documentos comprobatórios desses fatos, a fim de que seja evitado o casamento de pessoas já casadas. A certidão de óbito pode ser substituída pela declaração de morte presumida, prevista no art. 7º deste Código, como pode ser também obtida em justificação judicial, autorizada pelo disposto no art. 88 da LRP.

**Jurisprudência:** Direito civil. Ação civil pública. Habilitações de casamento com pedido de gratuidade. Casamento comunitário com data designada. Inércia da delegatária do serviço público de registro civil. Ato ilícito. Cerimônia não realizada na data prevista. Dano moral. Ação civil pública ajuizada em face de titular do ofício de registro público que, recebendo pedido de habilitações de casamento com pedido de gratuidade de justiça de nubentes selecionados pelo ente político municipal para celebração de cerimônia comunitária, não lhes deu regular andamento, o que culminou com a não realização do evento. Sentença que condenou a ré a indenizar dano moral com o pagamento de R$ 5.000,00 aos casais que lograram casar até posterior data fixada e de R$ 10.000,00 para os demais; bem como a indenizar dano material apurado em fase de liquidação; e unificou *astreintes* em R$ 100.000,00. Recurso de apelação. 1 – Os direitos de nubentes selecionados para realização de casamento comunitário de terem processadas as respectivas habilitações são individuais homogêneos e, por tal razão, se inserem no objeto de ação civil pública, do que se afasta alegação de falta de interesse de agir por inadequação da via eleita. 2 – Configura ato ilícito a inércia de titular de ofício de registro público em proceder ao andamento de habilitações de casamento com pedido de gratuidade, ainda que para suscitar dúvida na forma da lei. 3 – É irrelevante para a configuração do ato ilícito a declaração de inconstitucionalidade do dispositivo de lei estadual que prevê a concessão da gratuidade sem indicação e fonte de custeio se a isenção do pagamento dele não decorre, mas sim de previsão constitucional. 4 – Configura dano moral porque viola a honra a *capitis diminutio* decorrente da frustração da realização de cerimônia de casamento mesmo depois de dois adiamentos. 5 – A comprovação de dano material pode se dar em fase de liquidação de sentença. 6 – Não se justifica redução de *astreintes* já unificadas em 1/5 do valor efetivamente devido se demonstrado o injustificado e reiterado descumprimento de determinação judicial. 7 – Recurso ao qual se nega provimento. (TJRJ, Ap. n. 00065994020098190064, 3ª Câm. Cível, rel. Des. Fernando Foch de Lemos Arigony da Silva, j. 22.11.2017, *DJe* 06.12.2017)

Apelação. Extinção do processo sem resolução de mérito por falta de interesse processual. Retificação do assento de casamento com o propósito de formar prova documental e apresentá-la perante o INSS. Erronias passíveis de registro são aquelas essenciais à validade do ato registrário, não as acessórias como é o caso da profissão afirmada quando do processo de habilitação para o casamento. Informações que constam no assento do casamento derivam das declarações firmadas sob fé no processo de habilitação ao casamento e elas foram prestadas pelo próprio autor. Processo de retificação do registro de casamento que não é litigioso, dele não participa o INSS, de sorte que utilizar este mecanismo como instrumento secundário para alcançar qualquer benefício daquele órgão é manifestamente impertinente. Autor que deverá promover o seu desiderato perante a autarquia, seja no plano administrativo, seja no judicial litigioso. Sentença mantida. Recurso não provido. (TJSP, Ap. n. 0001853-37.2010.8.26.0279/Itararé, 8ª Câm. de Dir. Priv., rel. Helio Faria, j. 22.05.2013)

Prova. Cerceamento de defesa. Ação de retificação de registro civil. Necessidade de instrução processual. Hipótese em que deve ser dada à autora a oportunidade de comprovar o engano do oficial de registro civil durante a habilitação para o casamento. Sentença anulada. Recurso provido, com determinação. (TJSP, Ap. n. 0038521-13.2011.8.26.0007/ São Paulo, 1ª Câm. de Dir. Priv., rel. Rui Cascaldi, j. 09.10.2012)

Apelação cível. Retificação de registro civil. Mudança na designação da profissão da requerente. Registro feito em conformidade com a habilitação de casamento assinada pela requerente. Alegação de erro desprovida de fundamento. Sentença de improcedência. A requerente, para a habilitação do casamento, firmou documento com declaração de sua profissão. Com base nessa declaração foi feito o registro do casamento. Não houve qualquer erro que justifique a pretendida retificação. O fato de estar a requerente habilitada ao exercício de outra profissão é irrelevante para o registro corretamente feito. Desprovimento do recurso. (TJRJ, Ap. n. 0001687-34.2008.8.19.0064, 9ª Câm. Cível, rel. Des. Joaquim Alves de Brito, j. 18.11.2008)

Apelação cível. Direito de família. Reconhecimento de união estável. Habilitação de casamento. Ausência de prova da convivência *more uxorio*. Litigância de má-fé. Caracterização. Sentença mantida. A existência de habilitação de casamento demonstra vontade dos nubentes em estabelecer matrimônio, contudo, não tem condão de demonstrar eventual união estável entre o casal, nem de explicitar os requisitos desta. Recurso desprovido. (TJRJ, Ap. n. 0010869-67.2003.8.19.0210, 6ª Câm. Cível, rel. Des. Francisco de Assis Pessanha, j. 16.04.2008)

Conflito de competência. Pedido de habilitação para o casamento formulado por homossexuais. Competência do juízo da Vara dos Registros Públicos. Ofício-circular n. 21/2003 da CGJ. Tratando-se de pedido de habilitação para casamento, a competência é da Vara dos Registros Públicos, consoante expressa orientação do ofício-circular n. 21/2003-CGJ. No entanto, os requerentes ingressaram diretamente com a postulação perante a Vara dos Registros Públicos, sem obedecer ao procedimento regrado nos arts. 1.525 e segs. do CC/2002 c/c os arts. 67 a 69 da Lei n. 6.015/73. Manifesta a impropriedade, que, entretanto, não tem o condão de transformar o pedido em ação declaratória. Não tendo sido observado procedimento legal, a consequência deverá, em princípio, ser a extinção do pleito, sem julgamento de mérito, não o deslocamento da competência. Julgaram procedente o conflito. Unânime. (TJRS, CC n. 70.020.095.204, 7ª Câm. Cível, rel. Des. Luiz Felipe Brasil Santos, j. 08.08.2007)

Mandado de segurança. Habilitação em casamento. Procedimento administrativo. A irregularidade no procedimento de habilitação não leva, de ordinário, à nulidade do casamento. Segurança denegada. (TJMG, MS n. 1.0000.05.420176-9/001, rel. José Francisco Bueno, j. 04.08.2005, *DJEMG* 19.08.2005)

Casamento. Regime de bens. Retificação. Inadmissibilidade. Habilitação que se concluiu antes da vigência da Lei n. 6.515/77. Ato jurídico perfeito e acabado. Irrelevância de que o matrimônio tenha se realizado na vigência da lei nova. (*RT* 791/215)

Em sentido contrário: *RT* 704/171 e 554/84.

---

**Art. 1.526. A habilitação será feita pessoalmente perante o oficial do Registro Civil, com a audiência do Ministério Público.**

*Caput* com redação dada pela Lei n. 12.133, de 17.12.2009.

**Parágrafo único. Caso haja impugnação do oficial, do Ministério Público ou de terceiro, a habilitação será submetida ao juiz.**

Parágrafo acrescentado pela Lei n. 12.133, de 17.12.2009.

---

O artigo ganhou redação nova com a Lei n. 12.133/2009 atendendo aos reclamos da doutrina. A proposta de alteração já encontrava previsão no PL n. 699/2011. O procedimento legal estabelecido no dispositivo original alterava aquele dos §§ 1º e 2º do art. 67 da LRP, tornando-o mais moroso, ao determinar que fosse a habilitação submetida à apreciação pelo juiz, formalidade não prevista na lei anterior, ressalvada a hipótese contida no § 2º do art 67, agora revogado pela Lei n. 14.382/2022. Com a alteração fica estabelecido que o juiz só intervirá no procedimento no caso de o pedido ser impugnado ou de não ser regular a documentação.

O CEJ do CJF já ressaltava antes da nova lei a necessidade da modificação do dispositivo legal: "Desde há muito as habilitações de casamento são fiscalizadas e homologadas pelos órgãos de execução do Ministério Público, sem que se tenha qualquer notícia de problemas, como fraudes em relação à matéria. A judicialização da habilitação de casamento não trará ao cidadão nenhuma vantagem ou garantia adicional, não havendo razão para mudar o procedimento que extrajudicialmente funciona de forma segura e ágil". A propósito do tema, a egrégia Corregedoria Geral da Justiça do Estado de São Paulo, em parecer aprovado pelo digníssimo corregedor-geral (Processo CG n. 28/2003, Parecer n. 24/2003 – E, j. 23.01.2003), visando a facilitar e acelerar o processamento das habilitações, em razão de seu elevado contingente, já havia admitido que apenas aquelas dotadas de algumas peculiaridades, potencializadoras do surgimento de invalidades ou de situações de eficácia especial do matrimônio, tais como as tratadas nos arts. 1.521, 1.523, 1.517 e 1.520, devessem ser remetidas ao juiz (conforme o Provimento n. 25/2005, que alterou o item 66, do Capítulo XVII, Subseção IV, t. II, das normas de serviço).

Com o objetivo de desonerar a estrutura do Judiciário, desburocratizar e simplificar o procedimento, a lei determina que a habilitação de casamento deva ser requerida pelos nubentes *diretamente* (e não obrigatoriamente *pessoalmente*) ao oficial do registro civil, sem a necessidade de intervenção judicial. Por força do disposto no art. 67 da LRP, será competente o oficial do registro do distrito de residência dos nubentes, sendo que, se forem distritos diferentes, poderá ser o de qualquer um deles. Nesse caso, os editais serão publicados e registrados em ambos os distritos (art. 1.527 do CC). Afixados os proclamas no cartório e publicados na imprensa, será ouvido o Ministério Público, para exame do preenchimento dos requisitos legais.

**Jurisprudência:** Apelação cível. Ação de indenização por dano moral. Titular do cartório de registro civil. Responsabilidade civil subjetiva. Noivos que compareceram ao cartório extrajudicial no dia agendado para a realização do casamento, o qual não pôde ser realizado por falta de cumprimento dos requisitos exigidos no processo de habilitação para casamento. Sentença de improcedência do pedido autoral e reconvencional. Recurso das partes. 1 – Responsabilidade subjetiva dos notários e oficiais de registros por danos causados a terceiros. Alteração do art. 22 da Lei n. 8.935/94 pela Lei n. 13.286/2016. Fatos ocorridos na vigência da nova lei. 2 – Inexistência de falha na prestação de serviços do réu. Autora que se apresentou à serventia extrajudicial como divorciada, embora seu estado civil fosse separada judicialmente. 3 – Ciência da autora quanto à existência de pendências no processo de habilitação para casamento. 4 – Ausência de responsabilização civil do réu. Não comprovação do estado civil de divorciada da noiva em tempo hábil. Impedimento legal para o casamento. Previsão do art. 1.525, V, parte final, do CC. 5 – Réu que não logrou desconstituir as provas da hipossuficiência dos autores. Declarações de imposto de renda que se encontram compatíveis com as profissões indicadas pelos autores (auxiliar de escritório e vigilante). 7. [*sic*] Ausência de justificativa para extração de cópias dos autos ao Ministério Público. É comum ao homem médio a confusão entre o divórcio e a separação judicial, sendo dever do réu a conferência dos documentos apresentados pelos usuários dos seus serviços. 8 – Afastamento da litigância de má-fé dos autores prevista no art. 142 do CPC. 9 – Majoração dos honorários advocatícios sucumbenciais para 15% sobre o valor da causa. Inteligência do art. 85, § 11, do CPC. 10 – Manutenção da sentença. Desprovimento dos recursos. (TJRJ, Ap. n.

02250049120168190001, 16ª Câm. Cível, rel. Des. Marco Aurélio Bezerra de Melo, j. 13.11.2018)

Correição parcial. Não conhecimento. Processo de habilitação de casamento. Impugnação. Matéria irrecorrível. Inocorrência de *error in procedendo*. Aplicação do art. 67, § 2º, da Lei n. 6.015/73. (*RT* 586/88)
No mesmo sentido: *RT* 587/103.

---

**Art. 1.527. Estando em ordem a documentação, o oficial extrairá o edital, que se afixará durante quinze dias nas circunscrições do Registro Civil de ambos os nubentes, e, obrigatoriamente, se publicará na imprensa local, se houver.**

**Parágrafo único. A autoridade competente, havendo urgência, poderá dispensar a publicação.**

---

Atendendo os nubentes às formalidades preliminares relativas ao requerimento e à documentação, o oficial lavrará os proclamas e determinará a expedição de edital do casamento, que será afixado no cartório, em local ostensivo e de acesso ao público, bem como nas circunscrições do registro civil de ambos os nubentes, com o prazo de quinze dias para qualquer impugnação – conta-se a partir da afixação do edital em cartório –, publicando-se na imprensa local, se houver. A publicação do edital visa a dar conhecimento a todos do casamento que se realizará, bem como a permitir que se apresente impugnação no caso de se constatar a presença de algum impedimento ou causa suspensiva para o casamento.

O parágrafo único do artigo permite a dispensa da publicação dos editais quando os nubentes tiverem urgência na realização do casamento. Segundo entendimento externado no Enunciado n. 513 da V Jornada de Direito Civil do CJF, o juiz não pode dispensar, mesmo fundamentadamente, a publicação do edital de proclamas do casamento, mas sim o decurso do prazo. Ficará a critério do juiz, após ouvido o Ministério Público, analisar o pedido de dispensa, definindo, em cada caso concreto, se há ou não a urgência sustentada. A moléstia grave de um dos nubentes (*v.* comentário ao art. 1.539), o risco de vida iminente de algum dos contratantes (*v.* comentário ao art. 1.540), o parto iminente, a viagem inadiável, imprevista e demorada e o crime contra a honra da mulher são algumas situações urgentes que autorizam o casamento sem a publicação dos editais. O procedimento do pedido de dispensa está estabelecido no art. 69 da LRP.

**Jurisprudência:** Dano moral. Publicação de edital. Erro quanto ao nome da nubente. Equívoco corrigido. Edital de casamento que constou como nubente a ex-esposa ao invés da futura nubente. Situação que gerou constrangimento ao autor perante terceiros, alvo de deboches e brincadeiras. Configurado o dano ante a repercussão e extensão do fato danoso merecendo majoração do *quantum* indenizatório. Não cabe a devolução dos emolumentos pagos no caso em tela, porque prestado o serviço já que o processo de habilitação foi realizado corretamente e o equívoco relativo à publicação do edital foi corrigido, possibilitando a realização do casamento. Sentença reformada. Recurso do autor parcialmente provido. Recurso do réu improvido. (TJRS, Rec. Cível n. 71.001.675.867, 2ª T. Rec. Cível, rel. Hilbert Maximiliano Akihito Obara, j. 03.12.2008, *DJ* 10.12.2008)

Casamento. Proclamas. Nubentes que residem em circunscrições diversas. Edital publicado a tempo apenas na sede em que realizado o casamento. Omissão da serventia da outra circunscrição. Publicação posterior à realização do ato. Dispensa, autorizada pelo juiz corregedor, na forma do art. 199, I (urgência), do CC. Legalidade. Segurança denegada. (*JTJ* 230/264)

Registro civil. Suscitação de dúvida. Conflito entre o art. 67, § 4º, da LRP, e o art. 1.527 do novo CC. 1 – Inexiste conflito real entre tais dispositivos legais, mas aparente. É que o novo CC afastou a obrigatoriedade de o casamento ser realizado no distrito onde um dos nubentes pelo menos tenha residência e, sendo assim, os editais devem ser publicados no local onde cada um resida. 2 – Como a finalidade dos editais é dar publicidade ao casamento, a fim de possibilitar oposição de impedimento, a publicação deve ser feita no local de residência, onde as pessoas são presumivelmente conhecidas, e não no local de nascimento, onde a publicidade poderia ser ficta. Recurso desprovido. (TJRS, Ap. Cível n. 70.007.257.207, rel. Sérgio Fernando de Vasconcellos Chaves, j. 10.12.2003)

Mandado de segurança. Habilitação de casamento. Fixação de edital de proclamas fora do prazo mínimo de quinze dias antecedentes ao casamento. Possibilidade, diante das circunstâncias. Excepcionalidade prevista no art. 199 do CC. Segurança denegada. (TJSP, MS n. 108.955-4, rel. Des. Fernando Horta, j. 06.05.1999)

---

**Art. 1.528. É dever do oficial do registro esclarecer os nubentes a respeito dos fatos que podem ocasionar a invalidade do casamento, bem como sobre os diversos regimes de bens.**

---

O legislador impôs ao oficial do registro a obrigação de informar os nubentes sobre todas as situações que possam acarretar a invalidade do casamento, bem como esclarecê-los sobre o regime de bens para que saibam as consequências daquele que vierem a adotar por ocasião do requerimento de habilitação para o casamento (*v.* comentários aos arts. 1.525 e 1.640, parágrafo único). Assim, deverá o oficial do registro advertir os nubentes de que, se não for exibida nessa ocasião a escritura pública do pacto antenupcial, quando realizado, e não sendo os cônjuges nenhuma das pessoas indicadas no art. 1.641, vigorará o regime legal da comunhão parcial de bens. O oficial do registro será responsabilizado pelo descumprimento desse dever que lhe foi imposto pela lei, arcando com os danos dele decorrentes, na forma do art. 28 da LRP. Contudo, não se invalidará o casamento em razão de sua falta, nem a parte poderá se valer da sua ausência para sanar nulidade ou anulabilidade do casamento. A prova do descumprimento do dever pelo oficial do registro competirá aos nubentes.

**Jurisprudência:** Casamento. *Regime de bens.* Retificação. Inadmissibilidade. Habilitação que se concluiu antes da vigência da Lei n. 6.515/77. Ato jurídico perfeito e acabado. Irrelevância de que o matrimônio tenha se realizado na vigência da lei nova. (*RT* 791/215)

Em sentido contrário: *RT* 704/171 e 554/84.

---

**Art. 1.529. Tanto os impedimentos quanto as causas suspensivas serão opostos em declaração escrita e assinada, instruída com as provas do fato alegado, ou com a indicação do lugar onde possam ser obtidas.**

---

O dispositivo estabelece a forma como deverão proceder os interessados no caso de surgirem contra o casamento dos nubentes impedimentos e causas suspensivas. Os interessados terão de apresentar declaração escrita, devidamente assinada por eles, em que deverá constar a menção a alguns dos impedimentos ou das causas suspensivas enumeradas pelo legislador. Deverão ainda ofertar provas de suas alegações, ou, ao menos, indicar em que lugar poderão ser obtidas, porquanto o interesse público recomenda a sua colheita, produção e análise. A lei determina que as impugnações se revistam de tais formalidades para evitar que sejam formuladas com propósito meramente emulativo, maledicente ou ofensivo, e que os declarantes arquem com os danos delas decorrentes eventualmente causados aos nubentes ou a terceiros, especialmente, os de natureza moral.

**Jurisprudência:** Impugnação à habilitação para casamento. Nubentes idosos. Ausência de *affectio maritalis*. Pretensão de amparo financeiro. Não deve ser admitido o desvirtuamento do matrimônio que visa amparo financeiro, sem qualquer indício de *affectio maritalis*. Deram provimento ao apelo. (TJRS, Ap. Cível n. 70.029.512.019, 8ª Câm. Cível, rel. Alzir Felippe Schmitz, j. 03.09.2009)

Casamento. Habilitação. Impugnação sob a alegação de risco de deformidade genética à prole com base em conclusão pericial. Descabimento na espécie. Casal em concubinato ostensivo há vários anos, tendo gerado filhos sem aparência de anormalidade física e psíquica e estando a nubente grávida. Circunstâncias em que a recusa de habilitação não restringirá a intimidade amorosa entre pessoas que vivem de fato a condição matrimonial. (*RT* 643/72)

---

**Art. 1.530. O oficial do registro dará aos nubentes ou a seus representantes nota da oposição, indicando os fundamentos, as provas e o nome de quem a ofereceu.**

**Parágrafo único. Podem os nubentes requerer prazo razoável para fazer prova contrária aos fatos alegados, e promover as ações civis e criminais contra o oponente de má-fé.**

---

Legislação correlata: art. 67, § 5º, Lei n. 6.015, de 31.12.1973 (LRP).

O artigo estabelece o procedimento a ser cumprido pelo oficial do registro diante da impugnação ao casamento que lhe foi exibida pelos interessados. O oficial, mediante nota da oposição, fornecerá aos nubentes, ou a seus representantes legais, informações a respeito da impugnação, indicando o seu fundamento, as provas fornecidas e o nome dos impugnantes. O procedimento da impugnação tramitará perante o oficial do registro, que fará, inclusive, a instrução da oposição, sob o crivo do contraditório. Os nubentes poderão, segundo autoriza o parágrafo único do artigo, dentro de prazo razoável – entenda-se por razoável aquele que lhes permita, diante das circunstâncias do caso, defender-se amplamente da oposição – a ser estabelecido pelo oficial, fazer prova contrária aos fatos alegados. Após a instrução, os autos serão enviados ao Ministério Público para parecer, sendo, a seguir, decidida a impugnação pelo juiz competente. O reconhecimento da improcedência da impugnação, a presença de culpa ou dolo do impugnante e a ocorrência de danos aos nubentes os autorizam a promover as ações civis e criminais cabíveis, no momento que entenderem oportuno, mas dentro do prazo estabelecido pela lei. A culpa, a que ora se refere, deve ser a grave, pois, do contrário, estariam os interessados inibidos pela lei de ofertar suas oposições, por correrem o risco de desfalque em seu patrimônio.

**Jurisprudência:** O oficial tem o direito de impedir a transformação do exercício do direito de oposição de impedimentos num meio de vexames nas mãos de um aventureiro, em razão do que lhe concede rejeitar uma oposição manifestamente ilegal. (*RF* 142/236)

**Art. 1.531. Cumpridas as formalidades dos arts. 1.526 e 1.527 e verificada a inexistência de fato obstativo, o oficial do registro extrairá o certificado de habilitação.**

Preenchidos os requisitos exigidos nos arts. 1.526 e 1.527, estará o oficial do registro autorizado a expedir o certificado de habilitação, que é o documento comprobatório de que o processo de habilitação foi satisfatoriamente concluído e de que os nubentes estão aptos ao casamento. A celebração do casamento só será possível diante da exibição do certificado de habilitação. A alegação de impedimento, contudo, não será obstada depois de expedido esse certificado, por se tratar de nulidade absoluta, que pode ser arguida a qualquer tempo. O mesmo não ocorrerá com a alegação da presença de causa suspensiva, em razão da relatividade de sua nulidade.

**Art. 1.532. A eficácia da habilitação será de noventa dias, a contar da data em que foi extraído o certificado.**

Legislação correlata: arts. 2º e 3º, Lei n. 1.110, de 23.05.1950 (efeitos civis do casamento religioso); art. 71, Lei n. 6.015, de 31.12.1973 (LRP).

O certificado de habilitação de que trata o artigo antecedente terá validade e eficácia por noventa dias imediatos, ou a contar da data em que for expedido. O decurso desse prazo decadencial não impede que os nubentes contraiam de novo o casamento, contudo estarão obrigados a repetir o processo de habilitação, cumprindo novamente as formalidades estabelecidas pela lei. A fixação desse prazo se faz necessária, uma vez que no período estabelecido pelo legislador poderão ocorrer fatos supervenientes, dando origem a novos impedimentos ou a causas suspensivas. O casamento realizado com certificado de habilitação inválido não é nulo. Todavia, só produzirá efeitos após a realização de nova habilitação pelos cônjuges e ratificação dos atos de celebração e registro já efetivados.

**Jurisprudência:** Indenizatória. Habilitação de casamento. Prazo expirado. Renovação do ato. Necessidade. Danos morais e materiais. Não configurados. 1. O CC prevê expressamente que a habilitação para o casamento tem validade de 90 dias, conforme o art. 1.532; 2. A não celebração do casamento dentro do prazo de validade da habilitação exige a renovação do ato e o pagamento de novos emolumentos; 3. Os autores tinham ciência da suspensão do prazo da habilitação e do retorno do prazo final para celebração do casamento; 4. O ajuizamento de ação postulando danos morais e materiais, contra expresso texto de lei e ciência da necessidade de renovação da habilitação para o casamento, configura litigância de má-fé; 5. Sentença de improcedência mantida. Recurso improvido. (TJSP, Rec. Inom. Cível n. 1000775-10.2023.8.26.0481/Presidente Epitácio, 4ª T. Rec. de Fazenda Pública, rel. Fábio Fresca, j. 03.03.2024, *DJ* 03.03.2024)

Responsabilidade civil. Dano moral. Casamento frustrado. Autores que tiveram a celebração de casamento civil cancelada no dia do ato cerimonial perante o Cartório de Registro Civil do 3º Subdistrito de Campinas por falha na prestação de serviço. Sentença de procedência. Admissão de falha/culpa do réu pela não observância de sua preposta, quando da remarcação do casamento. Nova data que ultrapassaria o prazo de 90 dias para eficácia à habilitação prevista em lei (art. 1.532 do CC). Inconformismo exclusivo do demandado. Descabimento. Falha injustificável. Suficiência da prova produzida, lastreada em filmagem da cerimônia gravada em mídia DVD, demonstrando que a esdrúxula situação de constrangimento vivida pelo casal ultrapassou o mero aborrecimento ou dissabor do cotidiano. Dever de indenizar reconhecido. Alteração do édito condenatório de R$ 20.000,00. Possibilidade. Redução deste para R$ 15.000,00, ante a peculiaridade dos fatos. Recurso provido em parte. (TJSP, Proc. n. 10014926620178260114, 9ª Câm. de Dir. Priv., rel. Des. Galdino Toledo Jr., j. 07.08.2018)

Apelação cível. Casamento religioso precedido por habilitação válida. Fluência do prazo decadencial sem registro civil. Necessidade de nova habilitação. Arts. 1.516 e 1.532 do CCB c/c 73 da LRP. Entendimento doutrinário e jurisprudencial. Sentença mantida. (TJMG, Ap. Cível n. 1.0713.10.002870-1/001, rel. Des. Audebert Delage, j. 26.04.2012)

## CAPÍTULO VI
## DA CELEBRAÇÃO DO CASAMENTO

**Art. 1.533. Celebrar-se-á o casamento, no dia, hora e lugar previamente designados pela autoridade que houver de presidir o ato, mediante petição dos contraentes, que se mostrem habilitados com a certidão do art. 1.531.**

Visando garantir a liberdade e integridade do consentimento dos nubentes e destacar a importância social do casamento, as normas jurídicas deste capítulo estabelecem que a cerimônia nupcial seja realizada com solenidades especiais e com destacada publicidade. A celebração do casamento terá lugar depois de cumpridas as formalidades preliminares, por intermédio das quais os nubentes obtiveram o certificado de habilitação, por estarem aptos ao casamento. Em requerimento assinado pelos nubentes e instruído com esse certificado, eles pleiteiam à autoridade competente a designação de dia, hora e local para a cerimônia do casamento, indicando o dia e a hora de sua preferência, no que são normalmente atendidos. A autoridade responsável pela celebração será designada pela lei de organização judiciária de cada Estado, sendo competente aquela do lugar em que se processou a habilitação. Poderá recair, conforme o Estado, sobre o juiz de paz ou sobre o próprio juiz de direito incumbido desse mister. A celebração do casamento poderá ocorrer no cartório ou em outro local escolhido pelos nubentes. O casamento que for celebrado sem as formalidades prescritas em lei é nulo.

**Jurisprudência:** Apelação cível. Recurso adesivo. Responsabilidade civil. Ação indenizatória por danos morais e materiais. Rompimento do relacionamento afetivo às vésperas do casamento. Inocorrência de dano moral. Ressarcimento por metade das despesas destinadas à celebração do casamento. Dano moral. O rompimento da relação de namoro ou noivado, às vésperas do casamento, demonstra a ausência de afeição, ainda que repentina, e, por mais que possa causar sofrimento àquele que pretendia permanecer no relacionamento, não enseja o dever de indenizar por abalo moral, porquanto inexiste a obrigação legal de submeter alguém à formalização do casamento. A ruptura do relacionamento amoroso, por si só, não pode ser considerada um ato ilícito ou uma violação a um dever jurídico, ante a impossibilidade de se obrigar alguém a amar. Hipóteses dos arts. 186 e 927, do CC, não evidenciadas. Precedentes do TJRS. Dano material. As despesas destinadas à celebração do casamento geram o dever de indenizar pelo dano material, atribuível em 50% ao réu. Apelação e recurso adesivo desprovidos. (TJRS, Ap. Cível n. 70.074.221.953, 10ª Câm. Cível, rel. Des. Catarina Rita Krieger Martins, j. 30.11.2017, *DJe* 05.12.2017)

Nubentes habilitados ao casamento. Morte de um deles. Pedido de formalização de casamento *post mortem*. Impossibilidade jurídica. Petição inicial indeferida. Apelação improvida. (TJSP, Ap. Cível n. 80.205-4/6, rel. Des. Roberto Stucchi, j. 25.05.1999)

Nulo é o casamento celebrado na ausência do juiz de casamentos que só posteriormente assinou o livro. (*RT* 372/117)

---

**Art. 1.534. A solenidade realizar-se-á na sede do cartório, com toda publicidade, a portas abertas, presentes pelo menos duas testemunhas, parentes ou não dos contraentes, ou, querendo as partes e consentindo a autoridade celebrante, noutro edifício público ou particular.**

**§ 1º Quando o casamento for em edifício particular, ficará este de portas abertas durante o ato.**

**§ 2º Serão quatro as testemunhas na hipótese do parágrafo anterior e se algum dos contraentes não souber ou não puder escrever.**

---

Quando a celebração do casamento ocorrer no cartório em que se deu a habilitação, o oficial zelará para dar a ela toda a publicidade e divulgação determinadas pela norma de ordem pública ora comentada. Para tanto, impõe a lei que as portas do cartório estejam abertas para o acesso de todos – para opor algum impedimento e afastar os riscos de intimidação ou falseamento da vontade (PEREIRA, Caio Mário da Silva. *Instituições de direito civil*. Rio de Janeiro, Forense, 1997, *v*. III) – e que pelo menos duas testemunhas, capazes, parentes ou não dos contratantes, presenciem a celebração. Escolhido pelos nubentes outro local – edifício público ou particular –, a autoridade celebrante exigirá que as portas do recinto permaneçam abertas (§ 1º). A lei impõe ainda um número maior de testemunhas – quatro – quando, celebrado o casamento em edifício particular, algum dos nubentes não for alfabetizado ou, por algum motivo, não puder escrever (§ 2º). A ausência de quaisquer das formalidades deste artigo torna nula a celebração, impondo a realização de uma nova cerimônia.

**Jurisprudência:** Mandado de segurança. Processo administrativo disciplinar. Regularidade do procedimento. Destituição da atividade de juiz de paz. Direito de imagem atenuada. Função investida de *munus* público. Legalidade da penalidade imposta. I – O processo administrativo disciplinar é instrumento para apurar as supostas infrações disciplinares e, tal qual o processo judicial, é regido pelas garantias do devido processo legal, contraditório e ampla defesa. Ao Poder Judiciário não é facultada a incursão no mérito administrativo. Quando provocado, deve apreciar apenas os aspectos de legalidade das decisões. II – A interposição de pedido de reconsideração, por si, não legitima a continuidade da conduta advertida. A admoestação sobre o incorreto procedimento, apesar de não ter caráter sancionador, deve ser acatada de pronto, ante o poder-dever da Corregedoria de Justiça local de primar pela observância da legalidade estrita da prestação de serviços públicos e dos procedimentos a ele inerentes. III – O fato de o impetrante encontrar-se licenciado para tratar de interesses particulares não impede a aplicação de pena de destituição da atividade. Precedente do STJ. IV – O direito de imagem merece atenuação em acontecimentos de caráter público com figura investida de *munus* público. O registro da imagem de Juiz de Paz, durante a celebração de cerimônia, não evidencia prejuízo à intimidade. O interesse individual deve ser contrabalanceado com outros constitucionalmente tutelados. O casamento é ato público de relevante importância social, protegido pela CF, e exige celebração que, feita por Juiz de Paz, necessariamente, expõe a imagem durante o exercício das funções que lhe são inerentes. V – A Comissão Processante concluiu que a conduta do indiciado "maculou a formalidade e a solenidade de ato público, sem justo motivo, conduta essa que se amolda ao art. 116, II e IX, e ao art. 117, V, da Lei n. 8.112/90". Acolhido o relatório final pelo Corregedor da Justiça do TJDFT e imposta a pena de destituição da atividade pelo Presidente do TJDFT. Não há falar em desproporcionalidade da sanção, pois em conformidade com o art. 132, XIII, da Lei n. 8.112/90. VI – Ordem denegada. (TJDF, Proc. n. 0012462-27.2017.8.07.0000, rel. Des. Sandra de Santis, j. 03.10.2017, *DJe* 09.10.2017)

**Art. 1.535. Presentes os contraentes, em pessoa ou por procurador especial, juntamente com as testemunhas e o oficial do registro, o presidente do ato, ouvida aos nubentes a afirmação de que pretendem casar por livre e espontânea vontade, declarará efetuado o casamento, nestes termos: "De acordo com a vontade que ambos acabais de afirmar perante mim, de vos receberdes por marido e mulher, eu, em nome da lei, vos declaro casados".**

O artigo disciplina a solenidade da celebração do casamento. Indica quem deverá estar presente a ela, descreve o comportamento dos nubentes e a atuação do presidente do ato. No momento da celebração far-se-ão presentes os nubentes em pessoa, ou por procurador com poderes expressos concedidos para tal fim (*v.* comentário ao art. 1.542), as testemunhas exigidas no artigo antecedente, o oficial do registro e o presidente do ato (juiz de casamento) ou celebrante. Nesse momento essencial da cerimônia, o celebrante indaga aos nubentes, um após o outro, se pretendem casar por livre e espontânea vontade. Diante da resposta positiva (sem nenhuma condição ou termo), clara e consciente dos nubentes, o celebrante declarará formalizado o casamento, pronunciando os dizeres contidos no artigo. Só haverá casamento após a declaração do celebrante. O nubente surdo poderá manifestar sua vontade por escrito ou por sinais. Ao estrangeiro poderá ser concedido um intérprete. Será nula a celebração quando não observadas as formalidades solenes deste artigo.

**Jurisprudência:** Civil. Pedido de habilitação para casamento homoafetivo. Sentença de procedência. Apelo do MP. Insubsistência. Interpretação da CF e das leis à luz dos julgamentos do STF (ADI n. 4.722 e ADPF n. 132). Direito ao casamento homoafetivo como expressão do princípio da igualdade (art. 5°, *caput*, da CF) e corolário da dignidade humana (art. 1°, III, CF). Entendimento confirmado no STJ. Precedentes desta corte. Sentença mantida. Recurso desprovido. 1 – "Se determinada situação é possível ao extrato heterossexual da população brasileira, também o é à fração homossexual, assexual ou transexual, e todos os demais grupos representativos de minorias de qualquer natureza que são abraçados, em igualdade de condições, pelos mesmos direitos e se submetem, de igual forma, às restrições ou exigências da mesma lei, que deve, em homenagem ao princípio da igualdade, resguardar-se de quaisquer conteúdos discriminatórios" (STJ, REsp n. 1.281.093, rel. Min. Nancy Andrighi, 3ª T., j. 18.12.2012). 2 – "[...] se é verdade que o casamento civil é a forma pela qual o Estado melhor protege a família, e sendo múltiplos os "arranjos" familiares reconhecidos pela Carta Magna, não há de ser negada essa via a nenhuma família que por ela optar, independentemente de orientação sexual dos partícipes, uma vez que as famílias constituídas por pares homoafetivos possuem os mesmos núcleos axiológicos daquelas constituídas por casais heteroafetivos, quais sejam, a dignidade das pessoas de seus membros e o afeto. [...] Os arts. 1.514, 1.521, 1.523, 1.535 e 1.565, todos do CC/2002, não vedam expressamente o casamento entre pessoas do mesmo sexo, e não há como se enxergar uma vedação implícita ao casamento homoafetivo sem afronta a caros princípios constitucionais, como o da igualdade, o da não discriminação, o da dignidade da pessoa humana e os do pluralismo e livre planejamento familiar [...]" (REsp n. 1.183.378/RS, rel. Min. Luis Felipe Salomão, 4ª T., j. 25.10.2011). (TJSC, Ap. Cível n. 00328890720148240023, 3ª Câm. de Dir. Civ., rel. Des. Marcus Tulio Sartorato, j. 19.03.2019)

Veja no art. 1.517 o seguinte acórdão: TJRS, Ap. Cível n. 70.057.130.882, 8ª Câm. Cível, rel. Des. Luiz Felipe Brasil Santos, j. 30.01.2014.

Civil. Casamento. Ato. Utilização de documentos de terceiro. Elementos constitutivos. Vontade (CC, art. 1.514). Nubente. Inexistência. Relação jurídica. Inexistência. Reconhecimento. Efeitos anexos. Desconstituição dos assentamentos. Ação de Estado. Competência. Vara de Família. Sentença. Nulidade. Inocorrência. 1 – A pretensão volvida ao reconhecimento da inexistência do negócio jurídico consubstanciado no casamento dos litigantes sob o prisma da sua inexistência por defeito havido na sua gênese, pois teria sido entabulado mediante o uso da certidão de nascimento da nubente quando o enlace tivera como protagonista sua irmã, que à época não ostentava idade núbil, extrapola o debate adstrito ao ato cartorário em si, alcançando a formação do próprio negócio e à sua subsistência e eficácia, implicando efeitos, inclusive, no estado dos litigantes como efeito anexo ao reconhecimento da insubsistência do liame, estando a competência para processá-la e julgá-la, por encerrar ação de estado, afetada à Vara de Família (Lei n. 11.697/2008, art. 27, I, a) 2 – Como negócio jurídico que interfere no estado dos nubentes e irradia efeitos materiais e pessoais, emoldurando-se, inclusive, como instituição, o casamento civil, como ato formal e solene, tem como pressuposto genético a subsistência de exteriorização de vontade livre, consciente e válida por parte dos nubentes, derivando dessa regulação, que é inerente aos negócios jurídicos, que o enlace entabulado à revelia de um dos protagonistas consubstancia ato inexistente, pois carente de manifestação e pressuposto inerente à sua gênese, determinando que seja reconhecida a inexistência do vínculo e, como efeitos anexos inerentes à inexistência do liame, desconstituídos os assentamentos registrários (CC, arts. 1.511, 1.514, 1.525 etc.). 3 – Apelação conhecida e desprovida. Unânime. (TJDFT, Proc. n. 20090111333994 (711607), rel. Des. Teófilo Caetano, *DJe* 18.09.2013, p. 61)

**Art. 1.536. Do casamento, logo depois de celebrado, lavrar-se-á o assento no livro de registro. No assento, assinado pelo presidente do ato, pelos cônjuges, as testemunhas, e o oficial do registro, serão exarados:**

**I – os prenomes, sobrenomes, datas de nascimento, profissão, domicílio e residência atual dos cônjuges;**

**II – os prenomes, sobrenomes, datas de nascimento ou de morte, domicílio e residência atual dos pais;**

**III – o prenome e sobrenome do cônjuge precedente e a data da dissolução do casamento anterior;**

**IV – a data da publicação dos proclamas e da celebração do casamento;**

**V – a relação dos documentos apresentados ao oficial do registro;**

**VI – o prenome, sobrenome, profissão, domicílio e residência atual das testemunhas;**

**VII – o regime do casamento, com a declaração da data e do cartório em cujas notas foi lavrada a escritura antenupcial, quando o regime não for o da comunhão parcial, ou o obrigatoriamente estabelecido.**

O presente artigo disciplina o registro do casamento e dispõe sobre os elementos que lhe são indispensáveis. O registro do casamento dá publicidade ao ato, tem por finalidade sua perpetuação, serve de prova da sua existência (*v.* comentário ao art. 1.543), mas não é imprescindível para que produza efeitos (ao contrário do casamento religioso com efeito civil – *v.* comentário ao art. 1.515), nem sua ausência invalidará o casamento. Terá o efeito de apenas servir de prova *(ad probationem)*. O assento deverá ser assinado pelas pessoas que se encontravam presentes no ato da celebração, referidas no artigo antecedente. Os cônjuges e seus pais, para perfeita identificação, inclusive da prole futura, preencherão os dados determinados nos **incisos I e II**. As informações relativas ao cônjuge precedente, exigidas no **inciso III**, são necessárias para que se comprove a dissolução da sociedade conjugal anterior. A referência à data da publicação dos proclamas e da celebração do casamento **(inciso IV)** tem por fim dar conhecimento a todos do processo de habilitação de casamento e informar a partir de quando o casamento passou a produzir efeitos. A relação dos documentos ofertados pelos nubentes ao oficial do registro **(inciso V)** também tem por fim dar publicidade da regularidade do processo de habilitação de casamento. Igualmente para perfeita identificação, as testemunhas do ato deverão fornecer os dados a seu respeito **(inciso VI)**. A indicação do regime de casamento escolhido pelos cônjuges é imprescindível ao registro do casamento, para fazer prova entre eles e ressalvar direitos de terceiros **(inciso VII)**.

**Jurisprudência:** Jurisdição voluntária. Retificação do registro de casamento. Acréscimo do patronímico do cônjuge após o matrimônio. Impossibilidade. O acréscimo do patronímico do nubente deve ser feito logo depois de celebrado o matrimônio. Inteligência dos arts. 1.536 e 1.565 do CC e art. 70 da LRP. Recurso conhecido e provido. (TJMG, Ap. Cível n. 1.0024.08.100468-1/001, rel. Albergaria Costa, j. 19.03.2009)

Nulidade. Assento do matrimônio. Falta de menção do prenome e nome da nubente, da data do nascimento, domicílio e residência dos pais dos contraentes. Falta de prova, ademais, da publicação dos editais. Motivos irrelevantes. Assento lavrado *ad probationem* e não *ad solemnitatem*. Carência de ação decretada no saneador. Decisão confirmada. (*RT* 334/142)

A omissão, no assento que se lavrou do matrimônio, do *regime de bens* adotado na escritura pública antenupcial não significa a revogação desta. (STF, *RT* 201/581)

---

**Art. 1.537. O instrumento da autorização para casar transcrever-se-á integralmente na escritura antenupcial.**

---

O artigo determina que o instrumento de consentimento dos pais para que seus filhos menores possam se casar seja transcrito integralmente na escritura antenupcial. O pacto antenupcial é, como visto, o instrumento por meio do qual os nubentes escolhem um regime matrimonial de bens, quando outro não for imposto pela lei. A eficácia desse pacto, entretanto, dependerá de aprovação do representante legal quando os nubentes forem menores de 18 anos e maiores de 16 (*v.* comentário ao art. 1.654). Os menores que receberam autorização de seus pais ou de seus representantes para se casar podem convolar núpcias sem celebrar pacto antenupcial, casando-se pelo regime da comunhão parcial de bens. Já aqueles que receberam o suprimento judicial para se casar, necessariamente, devem fazê-lo pelo regime da separação obrigatória de bens, nos termos do art. 1.641, III (*v.* comentários aos arts. 1.517 e 1.641). O pacto produzirá efeitos perante terceiros quando a escritura antenupcial for registrada no cartório de registro de imóveis, como determina o art. 1.657 (*v.* comentário), e da autorização nele obrigatoriamente transcrita – que deu validade ao casamento – terão todos pleno conhecimento. Mais adequado seria que a autorização fosse transcrita no assento de casamento.

**Jurisprudência:** Apelação cível. Ação de autorização para lavratura de escritura pública de pacto antenupcial. Pretensão de fazer prevalecer o regime da comunhão universal, constante da certidão de casamento, embora ausente pacto antenupcial. Procedência. Manutenção. 1 – Caso em que os cônjuges pretendem fazer prevalecer o regime da comunhão universal, constante da certidão de casamento, apesar de ausente pacto antenupcial (que não foi elaborado por ocasião da celebração do matrimônio, ocorrida depois da entrada em vigor da Lei n. 6.515/77), indicando que elegeram esse regime quando do casamento. 2 – Deve ser mantida a sentença de procedência, no sentido do suprimento da ausência do pacto e confirmação do regime da comunhão universal de bens, não havendo cogitar, em face disso, de prejuízo a interesses de terceiros, já que as garantias de eventuais credores serão ampliadas. Apelo desprovido. (TJRS, Ap. Cível n. 70.079.602.983, 8ª Câm. Cível, rel. Des. Ricardo Moreira Lins Pastl, j. 21.03.2019, *DJe* 01.04.2019)

---

**Art. 1.538. A celebração do casamento será imediatamente suspensa se algum dos contraentes:**

**I – recusar a solene afirmação da sua vontade;**

**II – declarar que esta não é livre e espontânea;**

**III – manifestar-se arrependido.**

**Parágrafo único. O nubente que, por algum dos fatos mencionados neste artigo, der causa à suspensão do ato, não será admitido a retratar-se no mesmo dia.**

---

Como já salientado em comentários ao art. 1.535, no momento da celebração do casamento os nubentes deverão afirmar que pretendem casar-se por livre e espontânea vontade. Com o fim de preservar a inteireza da vontade do nubente é que a lei estabelece situações em que a celebração do casamento deverá ser suspensa. O rol não é taxativo, pois, quando houver a oposição séria de impedimento no momento da celebração ou a revogação do consentimento dos pais, tutores ou curadores, a celebração também será suspensa. A recusa à vontade de se casar do nubente (**inciso I**) é causa óbvia da paralisação da celebração do casamento, pois sem o seu consentimento não pode haver casamento. A vontade do nubente, por determinação legal (art. 1.535), deve ser livre e espontânea. A ausência de completa liberdade do querer casar-se e a vontade viciada, sujeita a constrangimentos, impõem a suspensão da celebração e impedem a consumação do casamento (**inciso II**). A retratação ao consentimento, antes da consumação do casamento com declaração do celebrante (art. 1.535, *v.* comentário), também é causa de suspensão da celebração (**inciso III**). Já o arrependimento posterior a essa declaração é ineficaz. O silêncio e a hesitação do nubente também implicam a suspensão do casamento. A anuência do nubente deve ser clara e convicta. O casamento repousa substancialmente no acordo de vontades. Consequentemente, verificado o constrangimento por parte de um dos nubentes, susta-se de plano o ato (BARROS MONTEIRO, Washington de. *Curso de direito civil*. São Paulo, Saraiva, 1994, v. II). Ocorrendo a suspensão do casamento por qualquer dos motivos enumerados neste artigo, o nubente não poderá se retratar no mesmo dia, ainda que sustente tratar-se de pilhéria (parágrafo único do artigo). A cerimônia nupcial é formal e solene, não admitindo arrependimento, gracejo, subterfúgio nem dubitação volitiva (DINIZ, Maria Helena. *Curso de direito civil brasileiro*. São Paulo, Saraiva, 2002, v. V). A celebração poderá, contudo, ocorrer no dia seguinte. As formalidades anteriores praticadas poderão ser aproveitadas se o certificado de habilitação estiver válido, ou, estando vencido, a celebração prosseguir no dia seguinte imediato ao da suspensão.

**Jurisprudência:** Agravo interno no recurso especial. Recurso interposto sob a égide do NCPC. Família. Ação de exigir de contas de pensão alimentícia. Interesse processual. Configuração. Afastamento do decreto de extinção do feito. Acórdão recorrido em harmonia com a atual jurisprudência do STJ. Decisão mantida. Agravo interno não provido. 1. Aplica-se o NCPC a este recurso ante os termos do Enunciado Administrativo n. 3, aprovado pelo Plenário do STJ na sessão de 09.03.2016: aos recursos interpostos com fundamento no CPC/2015 (relativos a decisões publicadas a partir de 18.03.2016) serão exigidos os requisitos de admissibilidade recursal na forma do NCPC. 2. Em recente julgamento pela 3ª Turma do REsp n. 1.814.639/RS, firmou-se o entendimento de que, em hipótese excepcional, é viável juridicamente a ação de exigir contas pelo alimentante contra o guardião do alimentado para obtenção de informações acerca da destinação de pensão alimentícia prestada mensalmente, porque tal pretensão, no mínimo, indiretamente está relacionada com a saúde física e também psicológica do menor alimentado, desde que proposta sem a finalidade de apurar a existência de eventual crédito, pois os alimentos prestados são irrepetíveis. 3. No referido julgado firmou-se também o entendimento de que não há apenas interesse jurídico, mas também o dever legal, por força do § 5º do art. 1.538 do CC/2002, do genitor alimentante de acompanhar os gastos com o filho alimentado que não se encontra sob a sua guarda, fiscalizando o atendimento integral de suas necessidades materiais e imateriais essenciais ao seu desenvolvimento físico e também psicológico, aferindo o real destino do emprego da verba alimentar que paga mensalmente, pois ela é voltada para esse fim. 3.1. O que justifica o legítimo interesse processual em ação dessa natureza é só e exclusivamente a finalidade protetiva da criança ou do adolescente beneficiário dos alimentos, diante da sua possível malversação, e não o eventual acertamento de contas, perseguições ou picuinhas com a(o) guardiã(ao), devendo ela ser dosada, ficando vedada a possibilidade de apuração de créditos ou preparação de revisional, pois os alimentos são irrepetíveis. 4. Não sendo a linha argumentativa apresentada capaz de evidenciar a inadequação dos fundamentos invocados pela decisão agravada, o presente agravo não se revela apto a alterar o conteúdo do julgado impugnado, devendo ele ser integralmente mantido em seus próprios termos. 5. Agravo interno não provido. (STJ, AI no REsp n. 1.924.422/SP, 3ª T., rel. Min. Moura Ribeiro, j. 14.02.2022, *DJe* 16.02.2022)

---

**Art. 1.539. No caso de moléstia grave de um dos nubentes, o presidente do ato irá celebrá-lo onde se encontrar o impedido, sendo urgente, ainda que à noite, perante duas testemunhas que saibam ler e escrever.**

**§ 1º A falta ou impedimento da autoridade competente para presidir o casamento suprir-se-á por qualquer dos seus substitutos legais, e a do oficial do Registro Civil por outro *ad hoc*, nomeado pelo presidente do ato.**

**§ 2º O termo avulso, lavrado pelo oficial *ad hoc*, será registrado no respectivo registro dentro em cinco dias, perante duas testemunhas, ficando arquivado.**

---

O artigo dispõe sobre como deve ser celebrado o casamento quando algum dos nubentes estiver acometido de moléstia grave, que o impeça de locomover-se ou aguardar a data da celebração futura. Determina a lei que nesse caso o celebrante e o oficial se dirijam à sua casa ou onde estiver (p. ex., hospital), mesmo no período noturno, para realizar o ato nupcial. O casamento nessa hipótese pressupõe o cumprimento das formalidades preliminares, com a expedição do respectivo certificado de habilitação, e exige que seja celebrado na presença de duas testemunhas que saibam ler e escrever. A urgência para a celebração, em razão da gravidade da enfermidade, será analisada pela autoridade celebrante competente, que poderá dispensar a prova técnica da gravidade diante do perceptível estado de doença do nubente. "Moléstia grave deve ser reputada àquela que inviabilize a locomoção ou remoçao do paciente sem risco de agravamento de seu quadro e que é capaz de levá-lo à morte em tempo breve. Ser a doença capaz de levar à morte em tempo breve não significa que, necessariamente, seja necessário atestar que tal fato virá, fatalmente, a acontecer em dado prazo. Basta a potencialidade, dada a gravidade da moléstia, aliada à impossibilidade de locomoção sem riscos. Não significa, necessariamente, morte iminente, que pode ter lugar a qualquer instante; sem embargo, exige-se risco efetivo de morte em virtude de doença. Se a doença do nubente vier a se prolongar por longo tempo, ou se ele vier a convalescer, tal fato não invalida o casamento celebrado na circunstância descrita no artigo em tela, nem exige a ulterior prática de formalidades adicionais" (FACHIN, Luiz Edson. *Código Civil comentado*. São Paulo, Atlas, 2003, v. XV).

Portanto, a situação grave e urgente tratada neste artigo é a que *não* põe em risco imediato a vida dos nubentes, sendo necessário que eles providenciem o processo de habilitação. A que coloca em risco imediato a vida dos nubentes, tratada no artigo seguinte (art. 1.540), dispensa essas formalidades preliminares.

Se a autoridade competente estiver impossibilitada de atender ao chamado, o casamento será celebrado por seu substituto legal, que nomeará um oficial *ad hoc*, para o caso de o oficial do registro civil também não comparecer (§ 1º). Esse oficial *ad hoc* deverá lavrar termo avulso, que será levado a assento no registro em cinco dias, após assinado por duas testemunhas deste ato (registro) (§ 2º). Quando presente o oficial do registro, este será efetivado ao final da celebração.

**Jurisprudência:** Apelação cível. Ação de registro de casamento. Impugnação pelo MP de 1º grau do assento da cerimônia civil realizada. Moléstia grave de um dos nubentes, portador de câncer no sistema nervoso (glioma maligno), que veio a falecer no curso do presente feito. Prévio processo de habilitação dispensável no caso. Observância dos requisitos previstos no art. 1.539 do CC/2002. Inexistência de bens a inventariar. Ausência de prejuízo econômico evidente. Manifestação favorável pela Procuradoria-Geral de Justiça ao registro. Sentença reformada. Recurso conhecido e provido. A urgência do ato dispensa os atos preparatórios da habilitação e proclamas (TJRS, AC n. 70.013.292.107, 7ª Câm. Cível, rel. Ricardo Raupp Ruschel, j. 11.01.2006). (TJSC, Ap. Cível n. 20130528467, 6ª Câm. de Dir. Civ. Julg., rel. Stanley da Silva Braga, j. 18.09.2013)

**Art. 1.540. Quando algum dos contraentes estiver em iminente risco de vida, não obtendo a presença da autoridade à qual incumba presidir o ato, nem a de seu substituto, poderá o casamento ser celebrado na presença de seis testemunhas, que com os nubentes não tenham parentesco em linha reta, ou, na colateral, até segundo grau.**

Este artigo dispõe sobre o casamento nuncupativo ou *in extremis vitae momentis*, que é aquele que se realiza quando um dos contraentes se acha em iminente perigo de vida, não havendo tempo para que sejam cumpridas as formalidades preliminares exigidas para a celebração do casamento, dispensando, inclusive, a presença do celebrante e a do oficial do registro civil. É outra modalidade do casamento realizado em regime de urgência (a primeira é a prevista no artigo antecedente) e terá lugar não só em casos de doença em fase terminal, mas pode ser efetivado em situações como catástrofes, acidentes, crimes contra a vida e outras hipóteses em que um dos nubentes esteja agonizante e pretenda casar-se antes de falecer (FACHIN, Luiz Edson. *Código Civil comentado*. São Paulo, Atlas, 2003, v. XV).

O casamento nuncupativo tem como principal característica a dispensa das formalidades exigidas pelos arts. 1.533 e seguintes deste Código. É celebrado pelos próprios nubentes, na presença de seis testemunhas, quando a autoridade competente não puder presidir o ato nupcial. Para a validade do casamento e visando a afastar eventual suspeita de que esteja sendo forjado pelos nubentes, determina a lei que as testemunhas que presenciem o ato – ao contrário do casamento celebrado com as formalidades normais – não sejam, obrigatoriamente, ascendentes, descendentes ou irmãos dos nubentes. No momento da celebração, os nubentes declaram, de viva voz, na presença dessas testemunhas, que livre e espontaneamente querem receber-se por marido e mulher. Essa espécie de casamento exige a ratificação posterior, na forma determinada no artigo seguinte.

**Jurisprudência:** Ação de concessão de pensão por morte. Casamento ocorrido poucas horas antes do óbito. Conversão de união estável em casamento que pode ser feita na via extrajudicial. Inteligência do art. 8º da Lei n. 9.278/96. Observância das regras de habilitação para casamento insculpidas no CC. Possibilidade do pedido de conversão ser feito por procuração pelo nubente em risco de vida. Exegese do art. 1.542 do CC. Ausência de provas de invalidade do casamento. Tese que, por si só, seria suficiente para reconhecer a procedência do pedido. União estável, ademais, que já estava configurada no momento do óbito, consoante demonstrado pela prova testemunhal. Desnecessidade de prova de coabitação, posto que não é requisito da união estável. Inteligência do art. 1.723 do CC. Sentença reformada. Recurso conhecido e provido. (TJSP, Ap. Cível n. 1000928-11.2017.8.26.0204, 2ª Câm. de Dir. Públ., rel. Des. Vera Angrisani, j. 15.09.2020)

Apelação cível. Ação de homologação de casamento nuncupativo. Art. 1.540 do CC. Iminente risco de vida. Inobservância do requisito legal para homologação do ato. 1 – O casamento nuncupativo, ou *in extremis vitae momentis*, é aquele que se realiza quando um dos contraentes se acha em iminente perigo de vida, não havendo tempo para que sejam cumpridas as formalidades preliminares exigidas para celebração do casamento, dispensando, inclusive, a presença do celebrante e a do oficial do registro civil. É modalidade do casamento realizado em regime de urgência e terá lugar não só em casos de doença em fase terminal, mas também em situações como catástrofes, acidentes, crimes contra a vida e outras hipóteses em que um dos nubentes esteja agonizante e pretenda casar-se antes de falecer. 2 – Não obstante as declarações apresentadas pela autora no sentido de que presenciaram a celebração do casamento, certo é que não restou demonstrado que este se deu em decorrência do nubente se encontrar em iminente risco de vida. 3 – Apesar do alegado estado de saúde de N.J.V.C., os depoimentos colhidos e as fotografias anexadas, ao contrário do que é afirmado, dão conta de que este não se encontrava na iminência do perigo de vida. 4 – Decisão correta, na forma e no conteúdo, que integralmente se mantém. Desprovimento do recurso. (TJRJ, Ap. n. 00262234120128190203, 1ª Câm. Cível, rel. Des. Jose Carlos Maldonado de Carvalho, j. 20.08.2013, *DJe* 06.11.2013)

Veja no art. 1.521 o seguinte acórdão: STJ, REsp n. 1.330.023/RN, 3ª T., rel. Min. Nancy Andrighi, j. 05.11.2013.

Casamento nuncupativo. Pedido de homologação. Indeferimento. Requisitos legais não preenchidos. Arts. 1.540 e 1.541 do CC. Urgência não constatada. Ausência de todas as testemunhas no ato. Assinaturas não coincidentes de duas testemunhas. Declarações posteriores fora do prazo. Recurso improvido. (TJSP, Ap. c/ Rev. n. 504.155.4/6-00/São Vicente, 8ª Câm. de Dir. Priv., rel. Silvio Marques Neto, j. 05.11.2008, *DJESP* 14.11.2008)

Habilitação para casamento. Nubente em risco de vida. I – É exigida a apresentação dos documentos elencados no art. 180 do CCB por ambos os nubentes, ainda que um deles esteja em iminente risco de vida, consoante interpretação do art. 199, *caput*, do CCB, pois tal apresentação constitui manifestação prévia da vontade dos nubentes em contrair matrimônio, que não pode ser suprimida. II – Apelo improvido (TJDF, Ap. Cível n. 2001.01.1.099968-0, rel. Des. Vera Andrighi, *DJU* 25.09.2002). (*RBDFam* 15/119)

Casamento nuncupativo. Registro. Admissibilidade. Prévia habilitação do casal para as núpcias, com proclamas publicados e data marcada. Celebração *in extremis* na presença de seis testemunhas. Declaração espontânea do desejo de se receberem por marido e mulher. Requisitos legais preenchidos. Validade do ato. Efetivação do registro determinada. Art. 76, § 5º, da Lei federal n. 6.015, de 1973. Recurso provido. (*JTJ* 226/21)

Casamento nuncupativo. Inocorrência. Iminente risco de vida. Simples vontade de casar manifestada pela nubente, anterior ao seu falecimento. Circunstância que não torna válido o matrimônio *in articulo mortis*, se não houve a declaração dos contraentes, por marido e mulher, na presença de seis testemunhas. (*RT* 798/385)

Casamento nuncupativo. Homologação. Não realização do ato face ao óbito do noivo. Intenção não concretizada que não pode ser suprida pelo aplicador da lei. Obrigatoriedade da realização do ato para a consequente homologação pretendida. Impossibilidade. Recurso improvido. (TJSP, Ap. Cível n. 105.992-4/SP, 7ª Câm. de Dir. Priv., rel. Salles de Toledo, j. 16.06.1999, v.u.)

Nubentes habilitados ao casamento. Morte de um deles. Pedido de formalização de casamento *post mortem*. Impossibilidade jurídica. Petição inicial indeferida. Apelação improvida. (TJSP, Ap. Cível n. 80.205-4/6, rel. Des. Roberto Stucchi, j. 25.05.1999)

Casamento nuncupativo. Homologação. Admissibilidade. Prévia habilitação do casal para as núpcias civis. União estável por vinte anos. Doença grave e morte do varão após as núpcias religiosas. Ato existente e eficaz. Jurisdição voluntária, a permitir juízo de equidade. Recurso provido. (*JTJ* 200/23)

Casamento nuncupativo. Iminente risco de vida. Nubente que veio a falecer. Pedido de lavratura do assento matrimonial. Necessidade de terem os contraentes manifestado o propósito de se casarem perante seis testemunhas desimpedidas. Formalidade, entretanto, não cumprida. Aplicação dos arts. 199 e 200 do CC. (*RT* 647/89)

Casamento nuncupativo. Descaracterização. Vontade manifestada pelo casal antes do falecimento do nubente, além da existência de processo de habilitação em curso à época da morte. Insuficiência. Ausência dos pressupostos previstos nos arts. 1.540 e 1.541 do CC/2002. (*RT* 841/338)

---

**Art. 1.541. Realizado o casamento, devem as testemunhas comparecer perante a autoridade judicial mais próxima, dentro em dez dias, pedindo que lhes tome por termo a declaração de:**

**I – que foram convocadas por parte do enfermo;**

**II – que este parecia em perigo de vida, mas em seu juízo;**

**III – que, em sua presença, declararam os contraentes, livre e espontaneamente, receber-se por marido e mulher.**

**§ 1º Autuado o pedido e tomadas as declarações, o juiz procederá às diligências necessárias para verificar se os contraentes podiam ter-se habilitado, na forma ordinária, ouvidos os interessados que o requererem, dentro em quinze dias.**

**§ 2º Verificada a idoneidade dos cônjuges para o casamento, assim o decidirá a autoridade competente, com recurso voluntário às partes.**

**§ 3º Se da decisão não se tiver recorrido, ou se ela passar em julgado, apesar dos recursos interpostos, o juiz mandará registrá-la no livro do Registro dos Casamentos.**

**§ 4º O assento assim lavrado retrotrairá os efeitos do casamento, quanto ao estado dos cônjuges, à data da celebração.**

**§ 5º Serão dispensadas as formalidades deste e do artigo antecedente, se o enfermo convalescer e puder ratificar o casamento na presença da autoridade competente e do oficial do registro.**

---

Este artigo estabelece as formalidades que deverão ser observadas após a celebração do casamento nuncupativo, visando à sua existência jurídica, com o registro no cartório competente, sem o qual não produzirá efeitos.

As seis testemunhas que presenciaram o ato nupcial deverão comparecer, no prazo de dez dias após a realização do ato, perante a autoridade judicial mais próxima pedindo para que sejam tomadas por termo suas declarações de que foram convocadas por parte do enfermo (pessoalmente ou por terceiro que atenda à sua vontade) – ou pelas vítimas referidas nos exemplos citados no artigo antecedente –, de que este realmente aparentava estar correndo perigo de vida, mas em seu juízo perfeito, e de que, de viva voz, aceitaram os nubentes (o que não estiver em iminente risco de vida poderá fazer-se representar – conforme o art. 1.542, § 2º, quando são poderá estar representado por procurador), conscientemente, receber-se por marido e mulher (incisos I a III).

O pedido será autuado, sendo, a seguir, ouvidas as testemunhas, que se não comparecerem no prazo antes referido poderão ser intimadas, a pedido de pessoa que demonstrar efetivo interesse. Se for declarada ineficaz a celebração, por inércia das testemunhas, responderão elas civilmente pelos danos morais e patrimoniais que eventualmente vierem a causar aos nubentes.

Competirá ao juiz, após a oitiva do Ministério Público, verificar a inexistência de impedimento dos nubentes para o casamento (§ 1º). Para tanto, o juiz ordenará a apresentação dos documentos exigidos pelo art. 1.525, determinando, na sequência, que seja expedido edital, para conhecimento de terceiros, a fim de que possam arguir impedimentos e ofertar impugnações. Verificada a ausência de óbices legais, até mesmo após a oitiva de interessados que o requererem, a autoridade judicial decidirá, cabendo contra essa sentença o recurso de apelação (§ 2º), que deverá ser recebido em seu duplo efeito. Transitada em julgado a decisão, será ela registrada no livro do Registro de Casamentos (§ 3º). Os efeitos do casamento retroagirão à data da celebração *(ex tunc)* (§ 4º).

Consoante ensina Washington de Barros Monteiro (*Curso de direito civil* – direito de família. São Paulo, Saraiva, 1994, v. II), recomenda-se, nesses processos, a maior cautela, porque, por meio de casamento nuncupativo forjado por aventureiros audazes, despojam-se os sucessores do enfermo de seus legítimos direitos hereditários. Para Silvio Rodrigues (*Direito civil* – direito de família. São Paulo, Saraiva, 1988, v. VI), o casamento nuncupativo constitui porta aberta à fraude e à simulação e visa a proteger interesses meramente individuais que os próprios interessados, por mais das vezes, negligenciaram em defender.

Por fim, o § 5º do artigo ora comentado estabelece que, convalescendo o nubente enfermo a ponto de poder ratificar pessoalmente o casamento perante a autoridade celebrante e o oficial do registro, ficarão dispensadas as formalidades deste artigo e do antecedente, que exigem a intervenção judicial. A ratificação será levada a termo no livro do Registro de Casamentos, devendo ser assinada também pelo outro cônjuge e por duas testemunhas. Os cônjuges deverão também exibir os documentos exigidos no art. 1.525 e o certificado de que trata o art. 1.531, comprobatório da inexistência de impedimentos. A ratificação deste parágrafo só será necessária se o enfermo convalescer antes de efetuado o registro.

**Jurisprudência:** Civil e processual civil. Apelação cível. Casamento nuncupativo. Sentença homologatória de termo de celebração de casamento em iminente risco de vida. Comprovação da existência de vontade inequívoca do moribundo em convolar núpcias. Inteligência dos arts. 1.540 e 1.541 do CC. Recurso conhecido e desprovido. Manutenção da sentença. (TJRN, Ap. Cível n. 33398, 3ª Câm. Cível, rel. Des. Amaury Moura Sobrinho, j. 27.10.2009)

Veja no art. 1.540 os seguintes acórdãos: TJSP, Ap. c/ Rev. n. 504.155.4/6-00/São Vicente, 8ª Câm. de Dir. Priv., rel. Silvio Marques Neto, j. 05.11.2008, *DJESP* 14.11.2008; *RT* 647/89; e *RT* 841/338.

---

**Art. 1.542. O casamento pode celebrar-se mediante procuração, por instrumento público, com poderes especiais.**

**§ 1º A revogação do mandato não necessita chegar ao conhecimento do mandatário; mas, celebrado o casamento sem que o mandatário ou o outro**

**contraente tivessem ciência da revogação, responderá o mandante por perdas e danos.**

**§ 2º O nubente que não estiver em iminente risco de vida poderá fazer-se representar no casamento nuncupativo.**

**§ 3º A eficácia do mandato não ultrapassará noventa dias.**

**§ 4º Só por instrumento público se poderá revogar o mandato.**

---

A lei autoriza o casamento por procuração quando um dos nubentes (ou ambos) estiver impedido de fazer-se presente ao ato nupcial (p. ex., exerce trabalho no exterior; reside em local diverso do outro etc.). Para tanto, ele poderá outorgar poderes para que terceiro o represente e receba o contraente.

Tendo em vista a solenidade do ato, a lei determina que a procuração seja lavrada por instrumento público e que contenha poderes especiais (*caput*) para os fins concedidos, ou seja, para comparecer em seu lugar e receber, em seu nome, o outro contraente, cujo nome também estará indicado no instrumento, que terá eficácia por noventa dias (§ 3º).

A procuração deverá mencionar ainda o regime de bens escolhido pelos nubentes e não poderá ser outorgada por ambos os nubentes ao mesmo procurador, para que cada um defenda os interesses de seu constituinte. O casamento por procuração não dispensa a cerimônia pública (art. 1.535). Mas, se celebrado com procuração vencida, é anulável, porque há a possibilidade de o mandante providenciar a sua renovação e convalidar o casamento.

A procuração poderá ser revogada até o momento da celebração do ato nupcial e essa revogação só poderá ocorrer se for por instrumento público (§ 4º). A revogação do mandato não precisa chegar ao conhecimento do mandatário para produzir efeitos. Contudo, o mandante deverá cientificar o mandatário e o outro contraente da revogação, porquanto, celebrado o casamento sem que eles tenham ciência desta revogação, responderá o mandante, comprovada sua culpa, por perdas e danos que vier a causar a ambos, inclusive de natureza extrapatrimonial (§ 1º).

O casamento realizado por intermédio de instrumento de mandato revogado sem o conhecimento dos interessados – o que pressupõe a boa-fé do mandatário – é anulável, desde que não sobrevenha coabitação entre os cônjuges, pois nessa hipótese o casamento estaria convalidado (*v.* comentário ao art. 1.550, V). Já o casamento realizado após a extinção do mandato em razão da morte do mandante é considerado ato inexistente, por ausência de consentimento válido, não tendo aplicação ao direito de família o disposto no art. 689 deste Código, mas apenas ao direito obrigacional.

Conforme afirmado no artigo antecedente, o nubente que não estiver em iminente risco de vida poderá fazer-se representar no casamento nuncupativo (§ 2º).

O art. 7º, § 1º, da Lindb autoriza qualquer estrangeiro a se casar por procuração no Brasil, mesmo que sua lei nacional nada diga a respeito ou contenha disposição em sentido diverso.

**Jurisprudência:** Ação rescisória. Ação incidental declaratória de falsidade de assinatura constante em procuração outorgada para o ajuizamento de ação anulatória de casamento. Sentença de improcedência. Documento novo. Inexistência. A gravação realizada pela autora de uma conversa telefônica mantida com o falecido, apresentada com a intenção de comprovar a boa relação havida entre ambos e que ele não tinha a intenção de anular o casamento celebrado, não configura "documento novo" nos termos reclamados no art. 485, VII, do CPC, já que tinha conhecimento de sua existência e dela podia ter feito uso como meio de prova na instrução da ação que deu origem ao julgado rescindendo. Ação rescisória julgada improcedente. Unânime. (TJRS, AR n. 70059713214, 4º Gr. de Câm. Cíveis, rel. Ricardo Moreira Lins Pastl, j. 31.10.2014, *DJe* 05.11.2014)

Veja no art. 1.540 o seguinte acórdão: TJSP, Ap. Cível n. 1000928-11.2017.8.26.0204, 2ª Câm. de Dir. Público, rel. Des. Vera Angrisani, j. 15.09.2020.

## CAPÍTULO VII
## DAS PROVAS DO CASAMENTO

---

**Art. 1.543. O casamento celebrado no Brasil prova-se pela certidão do registro.**

**Parágrafo único. Justificada a falta ou perda do registro civil, é admissível qualquer outra espécie de prova.**

---

A relevância dos efeitos decorrentes do casamento exige a demonstração rigorosa de sua existência. O sistema instituído por nossa lei civil para comprovar a existência do casamento é o da prova pré-constituída. A prova direta, primária ou ordinária, e específica do casamento é a certidão do registro. Porque o casamento é um ato solene, deve ser lavrado seu assento no livro de registro de casamento (*v.* comentário ao art. 1.536), do qual se extrairá a certidão, que constitui verdadeira cópia do ato lavrado. Essa certidão faz presumir a veracidade do ato nupcial, que vigorará até prova em contrário.

Autoriza ainda o parágrafo único do artigo ora comentado que, no caso de perda ou extravio do registro civil (não da certidão) – desaparecimento, destruição ou incêndio do livro de registros ou do cartório –, ou mesmo no de ausência da inscrição no registro, o casamento seja comprovado por qualquer outro meio de prova. Trata-se da prova supletória ou extraordinária. Essa prova subsidiária poderá ser feita por testemunhas (como as do ato nupcial) e por documentos, que podem ser a carteira de trabalho, o passaporte, a averbação feita em registro de nascimento, a certidão dos proclamas, a carteira de identidade, a habilitação de motorista, por exemplo.

O processo de justificação judicial terá duas fases. Na primeira, deverá ser comprovado o fato que ocasionou a perda ou falta do registro. Na segunda, se superada com êxito a primeira, a existência do casamento. A sentença declaratória da existência do casamento retroagirá até a data da celebração (art. 1.546). Na falta de registro ou de outro documento hábil, o casamento poderá ser comprovado, indiretamente, pela posse do estado de casados, tratada no art. 1.545, para cujo comentário remete-se o leitor.

**Jurisprudência:** Agravo de instrumento. Inventário e partilha. Determinação de juntada de certidão de casamento. Manutenção. Certidão de casamento religioso que não tem o condão de suprir a exigência assinalada pelo magistrado *a quo*. Segurança inerente ao registro civil, fé pública, formalidades que antecedem a certidão, bem como reflexos sucessórios e patrimoniais que não comportam abstração. Decisão mantida. Adoção do art. 252 do RITJ. Recurso desprovido. (TJSP, AI n. 2328369-91.2023.8.26.0000/Jacareí, 10ª Câm. de Dir. Priv., rel. Jair de Souza, j. 04.03.2024, *DJ* 04.03.2024)

Apelação cível. Previdenciário. Pensão por morte. Separação de fato não configurada. Casados há mais de cinco décadas. Separados fisicamente em decorrência de peculiaridades do casal (saúde). Presunção de casamento não derruída pela prova dos autos. Decisão reformada. Benefício da pensão concedido. Apelo provido. Há presunção estabelecida pela certidão de casamento das partes, nos termos do art. 1.543, do CC, pois "o casamento celebrado no Brasil prova-se pela certidão do registro". A separação física do casal, que viveu por aproximadamente cinco décadas sob o mesmo teto, decorreu da soma de fatores, tais como a idade avançada, estado de saúde do par e peculiaridades da família. Porém, como demonstram as certidões de casamento e de óbito, além da prova documental e oral produzida nos autos, não há falar em separação de fato. Incumbia ao apelado comprovar, à saciedade, o desfazimento do matrimônio, sobretudo diante da presunção de casamento estabelecida pela certidão de casamento, porquanto o art. 1.547, do CC, [...] dispõe que, "na dúvida entre as provas favoráveis e contrárias, julgar-se-á pelo casamento, se os cônjuges, cujo casamento se impugna, viverem ou tiverem vivido na posse do estado de casados. Apelo provido. (TJRS, Ap. Cível n. 50522202720208210001/Porto Alegre, 22ª Câm. Cível, rel. Marilene Bonzanini, j. 23.03.2023, *DJ* 30.03.2023)

Apelação. Cível. Processo civil. Embargos de terceiro. Preliminar. Nulidade da sentença. Rejeitada. Proteção de direitos do cônjuge. Ilegitimidade ativa para oposição de embargos. Emenda à inicial. Não atendimento. 1 – Segundo a reiterada jurisprudência do STJ, não há que se confundir decisão contrária aos interesses da parte com negativa de prestação jurisdicional, nem fundamentação sucinta com ausência de fundamentação. 2 – Para que o cônjuge seja considerado legitimado ativo, para efeitos da parte final do § 2º do art. 674 do CPC, é necessária a comprovação da sua situação conjugal. 3 – Conforme dispõe o art. 1.543 do CC, "o casamento celebrado no Brasil prova-se pela certidão do registro". 4 – Oportunizada a emenda à inicial, com especificação do que deveria ser corrigido ou complementado, a Embargante não atendeu ao comando judicial. 5 – Recurso conhecido. Preliminar rejeitada. No mérito, negou-se provimento ao apelo. Honorários recursais fixados. (TJDF, Proc. n. 20171310019897, 3ª T. Cível, rel. Flavio Rostirola, j. 25.04.2018, *DJe* 03.05.2018)

Apelação. Embargos de terceiro. Preliminar de nulidade e cerceamento de defesa. Rejeitadas. Casamento. Não apresentação da certidão expedida pelo registro civil (art. 1.543 do CC). Ausência de prova. Estando a conclusão firmada na sentença em plena correlação com as premissas elencadas, não há nulidade. Não há cerceamento de defesa em virtude da ausência de instrução probatória, quando as provas constantes nos autos já autorizam o enfrentamento da questão controversa posta no feito. O casamento celebrado no Brasil prova-se pela certidão do registro civil, nos termos do art. 1.543. Hipótese em que não tendo sido ela apresentada não há como se afiançar que a embargante tem direito à meação sobre o bem constrito no curso da ação executiva. V.V.P.: (Des. Antônio Bispo). (TJMG, Ap. Cível n. 1.0460.10.004243-7/001, 15ª Câm. Cível, rel. Tiago Pinto, *DJe* 07.07.2014)

Embargos do devedor. Locação. Fiança. Casamento é ato formal cuja prova se faz com a respectiva certidão (art. 1.543, CC). O fiador se declarou viúvo no contrato de locação do bem penhorado e sua inventariante só teria legitimidade para alegar invalidade da fiança por ausência de outorga uxória se apresentasse certidão de casamento. O art. 3°, VII, da Lei n. 8.009/90 não é inconstitucional. Possibilidade de constrição de imóvel residencial em se tratando de fiador em contrato de locação. Inexistência de afronta ao direito de moradia. Precedentes do STF e do STJ. Decisão reformada. Apelo provido. (TJSP, Ap. n. 9198347-11.2009.8.26.0000/São José do Rio Preto, 34ª Câm. de Dir. Priv., rel. Soares Levada, j. 15.10.2012, *DJe* 17.10.2012)

Agravo de instrumento. Exceção de pré-executividade oposta pela esposa do executado. Rejeição em primeiro grau ao argumento de ilegitimidade ativa *ad causam*. Inexistência de certidão de casamento para demonstrar a relação conjugal. Provas carreadas ao feito que demonstram, contudo, que o casal reside no mesmo imóvel. Existência, ainda, de demonstrativo de débito expedido pela municipalidade, referente ao citado bem, em nome da agravante. Prova da propriedade conjunta do imóvel. Legitimidade configurada. Aceitação da exceção de pré-executividade.

Muito embora não tenha sido carreada ao feito certidão de casamento para demonstrar a relação conjugal entre o executado e a excipiente, as demais provas carreadas ao feito demonstram que o casal reside no mesmo imóvel e que a agravante também encontra-se cadastrada como proprietária do bem perante a municipalidade, o que lhe fornece legitimidade para opor exceção de pré-executividade. (TJSC, AI n. 2011.061328-9, 1ª Câm. de Dir. Públ., rel. Vanderlei Romer, j. 10.02.2012)

Embargos de terceiro. Oposição pela cônjuge do executado. Ausência da certidão de casamento. Não acolhimento. Necessidade. Inteligência do art. 1.543 do CC/2002, não havendo, nos autos, qualquer fato que justifique a falta ou a perda do registro civil. Ratificação dos fundamentos da sentença. Aplicação do art. 252 do RITJSP. Recurso improvido. (TJSP, Ap. n. 0059517-34.2003.8.26.0000, 2ª Câm. de Dir. Priv., rel. Alvaro Passos, j. 04.10.2011)

Casamento religioso. Efeitos civis. Registro. Decurso do prazo. Impossibilidade. Decorrido o prazo legal para o registro em cartório do casamento religioso, precedido de habilitação legal, para que sejam atribuídos efeitos civis ao matrimônio deve ser realizada nova habilitação. Temerário se admitir que o casamento religioso produza efeitos civis retroativos à data da celebração, após o decurso de mais de quinze anos, período durante o qual podem ter sido praticados atos jurídicos influenciados pelo estado civil. Falecido um dos cônjuges, tornando inviável a habilitação, o registro civil do casamento religioso, somente será possível se justificada a sua falta no momento oportuno, na forma do art. 1.543, parágrafo único, do CC/2002, comprovando-se, ainda, a inexistência de impedimentos para a declaração do casamento. Recurso provido (TJMG, Ap. Cível n. 1.0024.08.245324-2/001, 7ª Câm. Cível, rel. Heloisa Combat, *DJ* 22.05.2009). (*RBDFS* 12/156)

Embargos de terceiro. Casamento. Ato formal e solene que se prova através de certidão. Inaplicabilidade das disposições contidas no art. 655, § 2°, do CPC [art. 842 do CPC/2015]. Recurso Improvido. (TJSP, Emb. de Terceiro n. 714.808.0/1-00/Itanhaém, 20ª Câm. de Dir. Priv., rel. Luís Fernando Balieiro Lodi, j. 13.10.2008, *DJESP* 30.10.2008)

Casamento. Prova. Celebração no exterior. Ausência de documentos relativos ao registro. Demonstração por provas diretas ou presunção legal. Admissibilidade. Reconhecimento do vínculo a fim de se estabelecer obrigação alimentar. Inteligência dos arts. 202 e 204 do CC. (*RT* 622/79)

---

**Art. 1.544. O casamento de brasileiro, celebrado no estrangeiro, perante as respectivas autoridades ou os cônsules brasileiros, deverá ser registrado em cento e oitenta dias, a contar da volta de um ou de ambos os cônjuges ao Brasil, no cartório do respectivo domicílio, ou, em sua falta, no 1º Ofício da Capital do Estado em que passarem a residir.**

---

Dispõe o presente artigo sobre a prova do casamento celebrado fora do Brasil. O casamento de brasileiro celebrado no exterior poderá ocorrer perante as autoridades estrangeiras ou perante o cônsul brasileiro do local de residência. O casamento poderá ser realizado conforme a lei brasileira, nesse caso perante as autoridades consulares, ou segundo a lei estrangeira.

Prova-se o casamento realizado no exterior também pela certidão do registro. Realizado o casamento perante o agente consular (art. 18 da Lindb), ele será provado por certidão do assento no registro do consulado, devendo ser ela registrada no Brasil no prazo de cento e oitenta dias a contar da volta de um ou de ambos os cônjuges ao país, sob pena de recair sobre eles a obrigação de se habilitarem novamente, desta vez perante a autoridade nacional competente. O registro será feito no cartório do domicílio dos nubentes ou, se não tiverem domicílio certo, no 1º Ofício da Capital do Estado em que passarem a residir.

Já o casamento celebrado perante a autoridade estrangeira, embora omisso o Código a respeito da prova de sua existência, provar-se-á de acordo com a lei do país onde tenha sido celebrado (princípio de direito internacional privado *locus regit actum* ou *lex loci regit actum*), por força do disposto no art. 7º da Lindb, segundo o qual a lei do país onde está domiciliada a pessoa é que determina as regras gerais sobre o direito de família. Para que o documento estrangeiro possa produzir efeitos no Brasil, deverá ser autenticado pelo cônsul brasileiro do lugar, cuja assinatura será reconhecida no Ministério das Relações Exteriores ou nas repartições fiscais da União. Será dispensada essa formalidade se, além de não contar o Brasil com representação diplomática no lugar em que foi celebrado o matrimônio, este se acha corroborado por vários elementos probatórios (BARROS MONTEIRO, Washington de. *Curso de direito civil* – direito de família. São Paulo, Saraiva, 1994, v. II). Para validade no Brasil, determina a LRP que seja a certidão do registro devidamente traduzida e autenticada pelo agente consular brasileiro, averbada no registro civil.

**Jurisprudência:** Veja no art. 1.521 a seguinte decisão: TJSP, Ap. Cível n. 1000321-24.2021.8.26.0344/SP, 9ª Câm. de Dir. Priv., rel. César Peixoto, j. 09.03.2022, publ. 09.03.2022.

Apelação cível. Regime de bens. Casamento celebrado no exterior sem expressa fixação de regime patrimonial. Pedido de fixação de regime de bens com expedição de alvará para outorga de escritura definitiva que foi indeferido. Sentença que merece reforma. Casamento realizado na Inglaterra em que não houve expressa e prévia fixação de regime de bens. Autores que, em verdade, não pretendem alterar regime de bens, mas estabelecer um regime na lacuna existente no assento de casamento. Pretensão que visa a adoção de regime de bens para evitar problemas na prática de negócios com terceiros, inexistindo indício de fraude. Declaração do regime vigente que é possível, sendo incabível, entretanto, a expedição de alvará para lavratura de escritura ou de alteração do assento de casamento. Expedição de alvará que é desnecessária, bastando que os autores extraiam certidão de objeto e pé do processo e apresentem nos atos negociais. Alteração do assento que é incabível, já que o ato foi lavrado na Inglaterra, e não no Brasil. Pedido inicial que deve ser acolhido tão somente para o fim de ser declarada a vigência do regime de comunhão parcial de bens no casamento. Dá-se provimento em parte ao recurso. (TJSP, Ap. Cível n. 1021780-95.2018.8.26.0309, 1ª Câm. de Dir. Priv., rel. Des. Vera Angrisani, j. 15.09.2020)

Casamento. Ação de ratificação de registro civil. Pretensão de homologação judicial de matrimônio celebrado no exterior em razão de os requerentes terem optado pela separação de bens, mas não realizado o pacto antenupcial exigido pelo CC brasileiro. Falta de interesse de agir. Configuração. Ato civil realizado nos termos da legislação do país de sua celebração, cujo registro em Cartório Brasileiro com a simples transcrição do texto do assento civil do exterior traz regularidade, validade e eficácia em território nacional. Observância do art. 7º da Lindb e do art. 32 da Lei n. 6.015/73. Necessidade de aplicação da legislação estrangeira. Recurso improvido. (TJSP, Ap. Cível n. 1065286-35.2019.8.26.0100, 2ª Câm. de Dir. Priv., rel. Des. Alvaro Passos, j. 24.07.2020)

Apelação cível. Família. Casamento celebrado no Uruguai. Domicílio conjugal no Brasil. Ação de divórcio. Compete à autoridade judiciária brasileira apreciar ação de divórcio quando os cônjuges forem domiciliados no Brasil. Desnecessidade de registro do casamento validamente contraído no exterior, no Cartório de Registro Civil, conforme entendimento do STJ. Desconstituição da sentença que se impõe. Precedente. Apelação provida. (TJRS, Ap. Cível n. 70.080.431.760, 7ª Câm. Cível, rel. Des. Sandra Brisolara Medeiros, j. 24.04.2019, *DJe* 29.04.2019)

Ação de separação de corpos. Casamento no estrangeiro, onde o varão se mantém. Mulher domiciliada no território pátrio. Competência da Justiça brasileira. A Justiça brasileira é competente para as controvérsias de direito de família, quando um dos cônjuges se domicilia no país, mesmo que o casamento tenha se realizado no estrangeiro, onde permanece o outro parceiro. Imprescindível o cumprimento da formalidade legal contida no art. 1.544 do CC. Até preenchimento do requisito legal incompetente se mostra a Justiça brasileira. Extinção mantida. Recurso improvido. (TJSP, Ap. n. 990102068544, 5ª Câm. de Dir. Priv., rel. James Siano, j. 15.10.2010)

Família. Apelação. Ação anulatória de transcrição em cartório brasileiro de casamento celebrado no exterior. Decisão judicial anterior de dissolução de união estável entre as mesmas partes. Irrelevância. Recurso improvido. O casamento entre brasileiros celebrado no exterior produz efeitos no território nacional mesmo que averbado após o prazo de 180 dias previsto no art. 1.544 do CC/2002, porquanto o traslado da referida certidão para o cartório brasileiro destina-se apenas a fazer prova de sua celebração, não interferindo em sua validade e eficácia no âmbito do território nacional. Assim, faz-se irrelevante a prévia existência de decisão judicial transitada em julgado em que foi dissolvida a união estável entre as mesmas partes, pois, em havendo casamento, o vínculo conjugal só poderia ser rompido mediante divórcio. (TJMG, Ap. n. 1.0024.07.506350-3/002(1), 3ª Câm. Cível, rel. Dídimo Inocêncio de Paula, j. 15.10.2009)

Registro público. Casamento no exterior. Brasileiros. Assento. Transcrição. Eficácia. Certidão. Retificação. Dados. Acréscimo. Inviabilidade. O traslado, no cartório de registro civil nacional competente, do assento de casamento de brasileiros, contraído no exterior, perante autoridade estrangeira, destina-se a dar-lhe eficácia no Brasil, sendo inviável o acréscimo de dados não existentes no ato originário, porque submetido ao princípio *locus regit actum*. Nega-se provimento ao recurso. (TJMG, Ap. Cível n. 1.0024.04.449963-0/001, rel. Almeida Melo, j. 17.03.2005, *DJEMG* 27.04.2005)

Casamento realizado no estrangeiro. Matrimônio subsequente no país, sem prévio divórcio. Anulação. O casamento realizado no estrangeiro é válido no país, tenha ou não sido aqui registrado, e por isso impede novo matrimônio, salvo se desfeito o anterior. Recurso especial não conhecido. (STJ, REsp n. 280.197/RJ, rel. Min. Ari Pargendler, j. 11.06.2002, *DJU* 05.08.2002)

No mesmo sentido: STJ, REsp n. 440.443/RS, rel. Min. Ari Pargendler, *DJU* 26.05.2003 e TJSC, Ap. Cível n. 99.010.684-5, rel. Des. Silveira Lenzi, j. 22.02.2000.

Casamento. Realização no exterior. Averbação do ato na certidão de nascimento da cônjuge. Fato suficiente para tornar válido o matrimônio no Brasil. Desnecessidade de se fazer o registro em cartório de seu atual domicílio. Intenção do legislador que é dar publicidade e formalidade ao ato. Inteligência do art. 32, § 1º, da Lei n. 6.015/73. (*RT* 846/258)

Veja no art. 1.543 o seguinte acórdão: *RT* 622/79.

**Art. 1.545. O casamento de pessoas que, na posse do estado de casadas, não possam manifestar vontade, ou tenham falecido, não se pode contestar em prejuízo da prole comum, salvo mediante certidão do Registro Civil que prove que já era casada alguma delas, quando contraiu o casamento impugnado.**

O presente artigo trata da posse do estado de casados. A posse, como sabido, é a situação de fato e, quando ela se refere à convivência de um casal como marido e mulher, exterioriza o casamento. Washington de Barros Monteiro conceitua a posse do estado de casados como a situação de duas pessoas que sempre se comportaram, privada e publicamente, como marido e mulher, que sempre se encontraram no gozo recíproco da situação de esposos; como tais se apresentaram perante a sociedade e no círculo familiar; consideram-nos todos como marido e mulher (*Curso de direito civil* – direito de família. São Paulo, Saraiva, 1994, v. II).

A posse do estado de casados compreende os seguintes elementos: *nomem*, que significa a utilização por um dos companheiros do patronímico do outro; *tractatus*, que consiste no tratamento recíproco de ambos como se casados fossem; e, finalmente, *fama*, que implica o reconhecimento geral, por parte da sociedade, da condição de cônjuges.

A posse do estado de casados é prova indireta do casamento, como afirmado em comentário ao art. 1.543. E o que o artigo visa a evitar é que o casamento provado dessa forma, cujos cônjuges faleceram, ou, se vivos, não conseguem manifestar vontade, seja contestado quando em prejuízo de prole comum. Contudo, a norma, que buscava ver cessada a discriminação nas relações de filiação (distinção entre filhos legítimos e ilegítimos), vinculando a legitimidade ao casamento, acabou por perder a finalidade, em razão da isonomia hoje existente entre os filhos, imposta tanto pela CF (art. 227, § 6º) como decorrente do disposto nos arts. 1.596 e 1.723 deste Código. Edson Fachin assevera que, entretanto, o artigo deve ter leitura diversa, devendo ser informada, necessariamente, pelo disposto no ECA e pela CF, já que a proteção da prole deve atentar para o princípio do melhor interesse da criança e não se limitar ao aspecto patrimonialista (*Código Civil comentado*, São Paulo, Atlas, 2003, v. XV).

A presunção de casamento que decorre da posse do estado de casados só pode ser afastada por rigorosa impugnação, em face da existência de casamento anterior, a ser comprovado mediante a exibição da certidão de casamento. Essa prova indireta do casamento também valerá para as pessoas que não possam manifestar vontade, como aquelas atingidas por moléstia mental, as ausentes, assim reconhecidas por sentença, e os incapazes (art. 3º), desde que representados por curador.

**Jurisprudência:** União estável putativa. Ações de reconhecimento e dissolução. Post mortem. Sentença pela parcial procedência dos pedidos. Inconformismo manifestado por uma das autoras e pela parte requerida. Descabimento. Caso dos autos em que a existência de união estável putativa restou bem caracterizada. Ausência de alegação capaz de infirmar conclusão em sentido contrário. Ratificação dos fundamentos da sentença, nos termos do art. 252 do Regimento Interno deste Tribunal. Princípio da correlação entre a demanda e a sentença, todavia, que deve ser observado quanto ao termo inicial do reconhecimento da união. Sentença reformada quanto ao ponto. Recurso da autora improvido. Recurso dos réus parcialmente provido. (TJSP, Ap. Cível n. 1010868-48.2016.8.26.0361, 1ª Câm. de Dir. Priv., rel. Des. Rui Cascaldi, j. 07.07.2021)

Anulação de escritura de compra e venda. Casamento de fato. Venda de bem imóvel sem abertura de inventário e sem consentimento de herdeiro necessário. Comprovada a posse do estado de casados e a não existência de impedimentos para a realização do ato, o casamento de fato deve ser reconhecido. Requisitos do art. 203 do CC preenchidos. (*RT* 610/172)

**Art. 1.546. Quando a prova da celebração legal do casamento resultar de processo judicial, o registro da sentença no livro do Registro Civil produzirá, tanto no que toca aos cônjuges como no que respeita aos filhos, todos os efeitos civis desde a data do casamento.**

O artigo estabelece a partir de que momento a sentença que reconhece a existência do casamento produz efeitos. Provada a celebração legal do casamento em processo judicial (ação declaratória), deverá a sentença ser registrada no livro do Registro Civil para que produza efeitos, tanto relativamente aos cônjuges quanto aos filhos. Esses efeitos decorrentes do registro da decisão retroagirão à data do casamento, não podendo, contudo, prejudicar terceiros. Como ressalta Silvio Rodrigues (*Comentários ao Código Civil*. São Paulo, Saraiva, 2003, v. XVII), a regra tinha importância maior no passado que atualmente, pois a retroatividade beneficiava os filhos já nascidos, que eram legítimos desde a data de celebração. Com a superveniência da regra constitucional que estabelece igualdade entre todos os filhos (art. 227, § 6º, da CF), o artigo perdeu parte de seu alcance.

**Art. 1.547. Na dúvida entre as provas favoráveis e contrárias, julgar-se-á pelo casamento, se os cônjuges, cujo casamento se impugna, viverem ou tiverem vivido na posse do estado de casados.**

Quando a prova sobre a existência do casamento deixar dúvidas, autoriza a lei que o julgador decida em favor do casamento. A regra do *in dubio pro matrimonio* é tratada neste artigo. Poderá ser aplicada quando a prova sobre a celebração do casamento se apresentar duvidosa (não convincente) ou contraditória (conflitante). Penderá sempre em favor de sua comprovação se os cônjuges vivem ou tiverem vivido na posse do estado de casados. Segundo ensina Washington de Barros Monteiro, reportando-se à lição de Clóvis Bevilaqua, esse princípio se funda em duas fortes razões: a) nas sociedades cultas, os casamentos devem ser tratados com benevolência, porque constituem o alicerce das famílias e, portanto, da própria sociedade; b) a segunda razão inspira-se na equidade, que recomenda, em caso de dúvida, se oriente o aplicador da lei pela solução mais benigna. Iníquo seria, efetivamente, que, num caso duvidoso, se preferisse solução contrária à legitimidade ou à existência do casamento (*Curso de direito civil* – direito de família. São Paulo, Saraiva, 1994, v. II). Ressalte-se, por fim, que essa regra tem aplicação limitada às questões relativas à prova do casamento, em razão da falta ou perda do registro, não tendo incidência nas questões referentes à validade ou invalidade do casamento, já que estas são tratadas pelo disposto nos arts. 1.548 a 1.564.

**Jurisprudência:** Casamento. Prova. Indícios e presunções suficientes para concluir-se pela sua existência. Art. 206 do CC. Recurso provido. (*RJTJESP* 113/345)

## CAPÍTULO VIII
## DA INVALIDADE DO CASAMENTO

**Art. 1.548. É nulo o casamento contraído:**
**I – (*Revogado pela Lei n. 13.146, de 06.07.2015.*)**
**II – por infringência de impedimento.**

O presente artigo dá início ao capítulo do Código que trata da invalidade do casamento. O legislador manteve a distinção entre os vícios que geram a nulidade ou a anulabilidade do casamento, estabelecendo como diferença essencial entre eles a sua maior ou menor gravidade. O Código cuidou especificamente de apenas duas das espécies de casamento inválido, do nulo e do anulável, deixando de disciplinar expressamente o casamento inexistente, admitido pela doutrina.

O casamento será nulo quando celebrado sob as infrações estabelecidas pela ordem legal e por motivos fundados em interesse público. Será anulável o casamento quando realizado com observância de quaisquer das circunstâncias previstas no art. 1.550 deste Código.

As diferenças principais entre o casamento nulo e o anulável são: a) no primeiro caso, a nulidade é decretada no interesse de toda a coletividade; no segundo, a nulidade relativa tem em vista o interesse privado ou individual da vítima ou de um grupo de pessoas; b) o primeiro não gera efeito algum, o segundo pode gerar efeitos; c) o segundo é passível de ratificação e o primeiro não; d) no primeiro caso, qualquer interessado ou o Ministério Público pode alegar a nulidade do casamento; no segundo, a anulabilidade só pode ser arguida por quem tiver interesse nessa solução ou pelo Ministério Público; e, por fim, e) são imprescritíveis as ações que buscam a nulidade do casamento, porque o casamento nulo não se convalida, ao passo que o prazo decadencial estabelecido pela lei para que sejam arguidas nulidades relativas é curto.

O casamento inexistente é aquele realizado sem os requisitos exigidos pela lei, que são a diversidade de sexo, o consentimento e a celebração na forma da lei. Portanto, como se vê, a existência refere-se à presença dos elementos estruturais do negócio jurídico, não podendo, pois, ser confundida com a validade, já que esta diz respeito às qualidades desses elementos estruturais. Esse casamento não produz nenhum efeito, nem mesmo os efeitos do casamento putativo. O reconhecimento da inexistência do casamento pode ocorrer a qualquer tempo, não estando sujeito a prescrição ou decadência.

O disposto no então inciso I deste artigo (casamento contraído por "enfermo mental sem o necessário discernimento para os atos da vida civil") foi revogado expressamente pelo Estatuto da Pessoa com Deficiência (Lei n. 13.146/2015) que deixou de reconhecer a nulidade do matrimônio celebrado em tais circunstâncias, uma vez que suprimida a incapacidade absoluta do regramento jurídico da pessoa com deficiência psíquica ou intelectual, revogando-se o disposto no art. 3º, II, deste Código. Portanto, o deficiente na situação antes disciplinada, porque legalmente autorizado a casar, e que se tornou relativamente incapaz, não terá reconhecida a nulidade de seu matrimônio. De outra parte, aquele que se casou quando se encontrava com reduzida capacidade de discernimento ou com discernimento parcial, ou que manifestou de forma inequívoca o seu desejo de contrair o casamento, pode ter o negócio jurídico confirmado ou convalescida a invalidade pelo decurso do prazo de 180 dias (art. 1.560, I). Nesse caso, ter-se-á o casamento anulável, previsto no art. 1.550, IV (*v.* comentário), e não o casamento nulo ora referido.

Será também considerado nulo o casamento realizado por infringência de impedimento (inciso II). Os impedimentos dirimentes referidos no inciso II são aqueles previstos no art. 1.521, I a VII, para cujos comentários remete-se o leitor.

**Jurisprudência:** Veja no art. 1.521 as seguintes decisões: TJSP, Ap. Cível n. 1130488-32.2014.8.26.0100/SP, 6ª Câm. de Dir. Priv., rel. Ana Zomer, j. 18.05.2022, publ. 18.05.2022; TJSP, Ap. Cível n. 1059406-31.2020.8.26.0002/SP, 5ª Câm. de Dir. Priv., rel. Rodolfo Pellizari, j. 04.05.2022, publ. 04.05.2022; e TJSP, Ap. Cível n. 1000321-24.2021.8.26.0344/SP, 9ª Câm. de Dir. Priv., rel. César Peixoto, j. 09.03.2022, publ. 09.03.2022.

Família e processual civil. Ação de anulação de casamento. Preliminar. Cerceamento do direito de defesa. Inocorrência. Pessoa com deficiência mental. Capacidade para casar. Peculiaridade do caso. Casamento realizado antes da vigência da Lei n. 13.146/2015. Ausência de aptidão para exprimir vontade de forma livre e crítica sobre o ato de casar. Nulidade do matrimônio. Sentença mantida. (TJDF, 5ª T. Cível, Proc. n. 20150610132404, rel. Des. Angelo Passareli, j. 01.08.2018, *DJe* 08.08.2018)

Pensão. Iprem. São Paulo. Extinção do benefício. Arts. 8º, IV, e 16, V, da LM n. 10.828/90. Art. 1.548, I, do CC. LF n. 13.146/2015 (Estatuto da Pessoa com Deficiência). Pensão por morte. Filha incapaz. União estável. Filha em comum com companheiro. 1 – Sentença *citra petita*. Nulidade. Pedido de anulação dos procedimentos administrativos. Improcedência que abarca o pedido. Questões tratadas nos procedimentos administrativos analisadas nestes autos, onde a autora pôde exercer plenamente o contraditório e seu direito de defesa, de modo que eventual nulidade estaria de toda forma superada. Preliminar rejeitada. 2 – União estável. Convivência marital estabelecida entre beneficiária e o pai de sua filha suficientemente comprovada nos autos. Depoimentos da curadora e do sobrinho da autora que perdem força diante dos demais elementos de prova. Existência de união estável reconhecida. 3 – União estável. Incapaz. A incapacidade para a prática dos atos da vida civil não pode ser considerada de forma absoluta. A despeito da interdição, a limitação do incapaz deve ser analisada de forma individualizada; a generalização, por impor barreira desnecessária ao pleno exercício de sua dignidade, resulta na violação de direitos e garantias fundamentais do incapaz. Evolução legislativa. O art. 1.548, I, do CC não considera nulo qualquer casamento do incapaz, mas apenas do incapaz "sem discernimento"; e a prova demonstra o discernimento suficiente da autora, que criou a filha e tem vida autônoma faz muitos anos. Estatuto da Pessoa com Deficiência que, ao revogar o inciso I do art. 1.548 do CC, ratifica tal conclusão. 3 [*sic*] – Pensão. Filha incapaz. A união estável extingue o direito do beneficiário à pensão, nos termos do art. 16, V, da LM n. 10.828/90. Improcedência. Recurso da autora desprovido. (TJSP, Ap. n. 0608384-60.2008.8.26.0053, 10ª Câm. de Dir. Públ., rel. Torres de Carvalho, j. 03.04.2017)

Apelação cível. Ação de nulidade de casamento. Testemunhas ouvidas como informantes. Valoração das provas. Nubente enfermo mental sem necessário discernimento. Impedimento legal. Simulação. Ato nulo. 1 – As testemunhas ouvidas como informantes não têm o condão de afastar a devida valoração às mencionadas provas orais, uma vez que cabe ao Juiz, ao seu judicioso critério, colher tais elementos probatórios, valorando-os na condição de informantes (art. 405, § 4º, CPC). 2 Comprovado está que o casamento da requerida com o *de cujus*, pai da autora, foi simulado, um ato fictício, que encobre e disfarça uma declaração real de vontade, que simula a existência de uma declaração que não se fez, com o objetivo de obtenção por ela de pensão previdenciária. 2 – Além do que, restou evidenciado que o nubente falecido, pai do apelante, se tratava de enfermo mental sem o necessário discernimento para atos da vida civil em afronta ao art. 1.048, I, do CC, vigente à época da celebração. 3 – A causa de pedir é a declaração de nulidade de um negócio jurídico – casamento – realizado mediante infringência a impedimento legal e simulação, o que não se confunde com causa de anulabilidade, esta última sujeita à prescrição do art. 177 c/c art. 1.560 do CC. Apelação conhecida e desprovida. (TJGO, Ap. Cível n. 04023314320128090065, rel. Des. Walter Carlos Lemes, j. 29.11.2016, *DJe* 13.12.2016)

Civil e processual civil. Casamento. Nulidade. Enfermidade mental do nubente. Ausência de discernimento para atos da vida civil. Perícia. Comprovação. Anulação. Defeito insanável (CC, art. 1.548, I). Invalidação. Efeitos *ex nunc*. Cônjuge. Má-fé. Prova. Ausência. Efeitos jurídicos decorrentes do matrimônio. Eficácia até a invalidação (CC, arts. 1.561 e 1.563). Agravos retidos. Rol de testemunhas. Apresentação no interstício legal. Feriado. Prorrogação do prazo. Suspeição e impedimento do perito. Inocorrência. Nulidade da perícia. Inexistência. Laudo. Cotejo. Apreensão. Honorários advocatícios. Mensuração. Fórmula legalmente estabelecida. Ponderação. Verba. Adequação. Preservação. Documentos. Apresentação na fase recursal. Documentos novos. Contraposição de fatos surgidos após os articulados. Inocorrência. Conhecimento. Impossibilidade. Omissões. Contradições. Vícios inexistentes. Rediscussão da causa. Via inadequada. Rejeição. Prequestionamento. (TJDFT, Proc. n. 20100110163057 (792778), rel. Des. Teófilo Caetano, *DJe* 02.06.2014)

Apelação cível. Ação de reconhecimento e dissolução de união estável. Incapacidade absoluta do companheiro. Obrigação alimentar. Impossibilidade. Prova. Ausência. Recurso não provido. 1 – Hipótese em que o apelante não impugnou a sentença na parte em que reconheceu os requisitos da união estável a partir da análise da prova documental e testemunhal e da aplicação da regra do ônus da prova prevista no inciso II, do art. 333, do CPC [art. 373, II, do CPC/2015], questionando a validade da união por motivo de incapacidade absoluta, à luz do art. 1.548, I, do CCB. 2 – A sentença de interdição proferida após o período da união estável e sem determinação de retroação de seus efeitos ao seu termo inicial não a invalida (jurisprudência do Col. STJ), muito menos, porque não provada, a alegação de que a doença mental que a motivou é preexistente à aludida união e suficiente para comprometer o necessário discernimento do companheiro para a prática dos atos da vida civil, parcial ou totalmente. 3 – Porque a impossibilidade de arcar com a pensão mensal não foi alegada em defesa, quanto mais demonstrada, e mesmo que pudessem ser enquadrados como fatos supervenientes à sentença, não foram provados os gastos médicos advindos do agravamento do quadro de saúde do recorrente, como alegado na apelação cível, impõe-se a manutenção da sentença também no aspecto. 4 – Quanto à prática de litigância de má-fé alegada na resposta recursal, não existem nos autos elementos de prova cuja confrontação com as razões recursais tenha aptidão para demonstrar o elemento subjetivo da conduta processual imputada ao apelante (formulação de pretensões destituídas de fundamento). 5 – Recurso não provido. (TJES, Ap. n. 0005813-16.2010.8.08.0048, rel. Fabio Clem de Oliveira, *DJe* 22.01.2014)

Veja no art. 1.521 os seguintes acórdãos: STJ, REsp n. 1.330.023, 3ª T., rel. Min. Nancy Andrighi, *DJe* 29.11.2013, p. 887; STJ, REsp n. 1.330.023/RN, 3ª T., rel. Min. Nancy Andrighi, j. 05.11.2013.

Apelação cível. Inépcia da inicial. Ausência. Nulidade da sentença. Não ocorrência. Casamento nulo. Incapacidade mental do nubente para os atos da vida civil. Demonstração. Litigância de má-fé. Inocorrência. Recurso conhecido e não provido. É apta a inicial que cumpre os requisitos legais do art. 282 e seguintes do CPC [arts. 319 e segs. do CPC/2015]. Não há falar-se em nulidade da sentença que declarou nulo o casamento entre as partes, por vício *extra petita*, quando pretende o autor a anulação ou declaração de nulidade do matrimônio, levando-se em consideração o grau de sua incapacidade de se exprimir. É nulo o casamento contraído pelo enfermo mental sem o necessário discernimento para os atos da vida civil, nos termos do art. 1.548, I, do CC. Comprovada a incapacidade absoluta do nubente à época da celebração do casamento, impõe-se a declaração de nulidade do ato. A aplicação das sanções cominadas pelo art. 18 do CPC [art. 81 do CPC/2015] (litigância de má-fé), pressupõe a demonstração inequívoca da conduta maliciosa da parte. (TJMG, Ap. Cível n. 1.0106.06.020387-9/002(1), rel. Des. Bitencourt Marcondes, j. 27.05.2010)

Habilitação para casamento. Casal de deficientes auditivos. Autora interditada devido a retardo mental moderado. Inteligência do art. 1.548 do CCB. Não vinga a pretensão de habilitação para casamento da nubente que foi interditada, já que não apresenta capacidade de discernimento para os atos da vida civil. Deram provimento ao apelo. (TJRS, Ap. Cível n. 70.026.942.995, 8ª Câm. Cível, rel. Alzir Felippe Schmitz, j. 29.01.2009)

Ação de nulidade de casamento. Cerceamento de defesa. Inocorrência. Suficiência da prova documental existente nos autos para a composição do litígio. Aplicação do disposto no art. 330, I, do CPC [art. 355, I, do CPC/2015]. Casamento nulo. Apelante, portador de anomalia psíquica permanente e sem perspectiva de cura, com decreto de interdição expedido em seu desfavor. Invalidade do casamento. Incidência do disposto no art. 1.548, I, do CC. Sentença mantida. Apelo improvido. (TJSP, Ap. c/ Rev. n. 583.978.4/0-00/Presidente Venceslau, 3ª Câm. de Dir. Priv., rel. Donegá Morandini, j. 11.11.2008, *DJESP* 19.11.2008)

Apelações cíveis. Nulidade de casamento. Sentença de procedência. Casamento celebrado apesar de um dos contraentes ter sido interditado anteriormente com a declaração de sua incapacidade absoluta para os atos da vida civil. Configurada a nulidade absoluta do ato. Inteligência do art. 1.548, I, do CC. Sucumbência inalterada. Recursos improvidos. (TJSP, Ap. c/ Rev. n. 557.520.4/5-00/Patrocínio Paulista, 5ª Câm. de Dir. Priv., rel. Oldemar Azevedo, j. 15.10.2008, *DJESP* 28.11.2008)

Veja no art. 1.521 o seguinte acórdão: TJMG, Ap. Cível n. 1.0701.03.052335-4/001, rel. Edilson Fernandes, j. 22.02.2005, *DJEMG* 11.03.2005.

Casamento realizado no estrangeiro. Matrimônio subsequente no país, sem prévio divórcio. Anulação. (STJ, REsp n. 280.197/RJ, rel. Min. Ari Pargendler, j. 11.06.2002)

Ação de anulação. Casamento. Admissibilidade se demonstradas, substancialmente, a bigamia e a boa-fé da autora. (*RT* 755/333)

Ação de nulidade. Casamento com pessoa desquitada. Infringência do art. 183, VI, do CC comprovada. Casamento contraído de boa-fé. Aplicação do art. 221 do CC. Decretação da nulidade do ato, com fundamento no art. 207 do CC. Ação julgada procedente. Recurso, de ofício, não provido. (*JTJ* 239/44 ou *RT* 788/236)

Casamento. Estrangeiros casados no país de origem. Adoção da nacionalidade brasileira. Celebração de novo casamento no Brasil pelo regime da comunhão. Nulidade. CC, art. 183, VI. Regime de bens de estrangeiros naturalizados. Lei de Introdução ao CC, art. 7º, § 5º. Súmula n. 377 do STF e comunicação dos aquestos. Recurso improvido. (*JTJ* 245/29)

Casamento. Nulidade. Bigamia. Contraentes que tinham pleno conhecimento da eficácia do primeiro casamento. Putatividade afastada. Art. 207 do CC. Ação procedente. Recurso não provido. (*JTJ* 200/20)

Casamento. Anulação. Bigamia. Aptidão atual para novo casamento. Irrelevância. Contraentes que estavam impedidos quando do segundo vínculo. Arts. 183, VI, 207 e 209, do CC. Ação procedente. Sentença confirmada. (*JTJ* 161/10)

**Art. 1.549. A decretação de nulidade de casamento, pelos motivos previstos no artigo antecedente, pode ser promovida mediante ação direta, por qualquer interessado, ou pelo Ministério Público.**

Como já afirmado em comentários ao artigo antecedente, a nulidade do casamento sempre será decretada no interesse de toda a coletividade. Isso porque o vínculo está envolvido em um princípio dirimente público absoluto. Em razão da inércia da jurisdição (art. 2º do CPC/2015; art. 2º do CPC/73) e da ausência de poder das nulidades para atuarem de pleno direito, a declaração de nulidade do casamento realizado com o vício insanável referido no art. 1.548 deverá ser pleiteada no Poder Judiciário, conferindo o presente dispositivo legal legitimidade ativa tanto a qualquer interessado como ao Ministério Público. O primeiro terá legitimidade para a ação quando, por motivos de ordem privada, manifestar seu interesse – econômico ou moral – na declaração de nulidade do ato jurídico. Poderá a ação ser proposta, nessa hipótese, pelo próprio participante do ato, por seus ascendentes, descendentes, irmãos, cunhados, por herdeiros necessários, pelos tutores e curadores, pelos credores dos cônjuges e pelos adquirentes de seus bens, bem como pela companheira, segundo seus interesses morais ou econômicos. Também o cônjuge sobrevivo terá legitimidade para a ação de nulidade, para excluir os efeitos do casamento, inclusive quanto aos bens. Até mesmo o cônjuge que agiu de má-fé (p. ex., o bígamo) pode, fundado em interesse exclusivamente moral, pleitear a nulidade de seu casamento. Quando a ação se assentar em motivos de ordem pública, como ofensa a princípios que envolvam a natureza jurídica constitutiva da família, protegida pela CF, poderá ser ajuizada pelo Ministério Público, guardião dos interesses dos incapazes e fiscal da lei. A nulidade do casamento só pode ser declarada em ação específica e não incidentalmente, como as nulidades em geral. Essa ação de nulidade é imprescritível, porque o ato nulo não se convalida. É ação de estado e versa sobre direitos indisponíveis, motivos pelos quais tem incidência o disposto nos arts. 82 a 84, no parágrafo único do art. 302 e no inciso II do art. 320, todos do CPC/73 (arts. 178, 179, 341, parágrafo único, e 345, II, do CPC/2015; art. 84 sem correspondente no CPC/2015).

**Jurisprudência:** Apelação cível. Família. Ação anulatória de casamento ajuizada pelo Ministério Público somente em face da esposa. Alegação de simulação. Marido falecido, que deixou dois filhos. Litisconsórcio passivo necessário e unitário. Deliberação comum a ambos os contraentes do casamento. Necessidade de inclusão da sucessão do marido no polo passivo. O julgamento de pedido formulado em ação anulatória ou declaratória de nulidade de casamento ajuizada pelo Ministério Público deve produzir efeitos em relação a ambos os contraentes do matrimônio, sendo que o mérito deverá ser decidido de modo uniforme para ambos. Portanto, evidencia-se ser o caso de litisconsórcio passivo necessário (art. 114 do CPC) e também unitário (art. 116 do CPC). Mesmo que um dos contraentes já tenha falecido, como se verifica na espécie, é imprescindível a inclusão de sua sucessão no polo passivo, com a citação de seus sucessores – seus dois filhos. Desse modo, considerando que somente a esposa integrou o polo passivo, é de ser desconstituída a sentença atacada, a fim de que haja a correta formação do litisconsórcio passivo com a sucessão do marido falecido. De ofício, desconstituíram a sentença, prejudicado o exame da apelação. Unânime. (TJRS, Ap. n. 5000469-03.2016.8.21.0078, 8ª Câm. Cível, rel. Luiz Felipe Brasil Santos, j. 22.02.2024, *DJ* 23.02.2024)

Ação de nulidade de casamento. Pedido de antecipação de tutela. Sustação do pagamento de pensão previdenciária. Legitimidade ativa. 1 – Descabe determinar a suspensão do recebimento de benefício junto ao INSS, a ser prestado à viúva, pelo fato de estar sendo pleiteada a anulação do casamento, ainda que possam ser ponderáveis os motivos. 2 – Somente é cabível a antecipação de tutela quando se evidenciar muito provável o resultado pretendido pela parte e, ainda, quando há abuso do direito de defesa e não há risco de irreversibilidade do provimento antecipado. Inteligência do art. 273 do CPC [arts. 296 a 300, *caput*, § 3º, 305, parágrafo único, 311, *caput*, I, e 356 do CPC/2015]. 3 – Ação de anulação de casamento pode ser proposta por qualquer interessado ou pelo Ministério Público. Inteligência do art. 1.549 do CC. Recurso provido em parte (segredo de justiça). (TJRS, AI n. 70.020.668.042, 7ª Câm. Cível, rel. Sérgio Fernando de Vasconcellos Chaves, j. 10.10.2007, *DJ* 19.10.2007)

Casamento. Bigamia. Nulidade. A morte do bígamo não impede a propositura da ação de nulidade do casamento pelas pessoas referidas no parágrafo único, inciso I, do art. 208, do CC. (*JTJ* 188/15)

---

**Art. 1.550. É anulável o casamento:**

**I – de quem não completou a idade mínima para casar;**

**II – do menor em idade núbil, quando não autorizado por seu representante legal;**

**III – por vício da vontade, nos termos dos arts. 1.556 a 1.558;**

**IV – do incapaz de consentir ou manifestar, de modo inequívoco, o consentimento;**

**V – realizado pelo mandatário, sem que ele ou o outro contraente soubesse da revogação do mandato, e não sobrevindo coabitação entre os cônjuges;**

**VI – por incompetência da autoridade celebrante.**

**§ 1º Equipara-se à revogação a invalidade do mandato judicialmente decretada.**

Parágrafo renumerado pela Lei n. 13.146, de 06.07.2015.

**§ 2º A pessoa com deficiência mental ou intelectual em idade núbia poderá contrair matrimônio, expressando sua vontade diretamente ou por meio de seu responsável ou curador.**

Parágrafo acrescentado pela Lei n. 13.146, de 06.07.2015.

---

O artigo enumera os casos em que o casamento pode ser anulado por decisão judicial.

No **inciso I**, tem-se como causa da anulabilidade a inobservância da idade legal mínima para o casamento. Como já salientado em comentários ao art. 1.517, a lei exige a idade mínima de 16 anos para que se possa contrair o casamento. Aos 16 anos a pessoa atinge a idade núbil. Antes dessa idade, não será autorizado o casamento em hipótese alguma, consoante disposto no art. 1.520 (*v.* comentário). A lei exige que a pessoa tenha atingido a maioridade (18 anos) para que possa casar-se sem a autorização dos pais ou representantes legais. Os nubentes dependerão de autorização de seus responsáveis, portanto, durante o período de dois anos que medeia os 16 e os 18 anos (**inciso II**). O casamento contraído por menor de 16 anos ou por aquele que atingiu a idade núbil sem autorização é anulável (**incisos I e II**). Sobre a anulabilidade do casamento por defeito de idade, remete-se o leitor aos comentários dos arts. 1.517, 1.519, 1.520, 1.551 a 1.553, 1.555 e 1.560, § 1º.

O **inciso III** do artigo refere-se à anulabilidade do casamento por vício de vontade, seja decorrente de erro essencial quanto à pessoa do outro cônjuge, seja em virtude de coação. A anulação do casamento por vício de vontade é minuciosamente tratada em comentários aos arts. 1.556 a 1.558, para os quais se remete o leitor.

Também será anulado o casamento do incapaz de consentir ou manifestar, de modo inequívoco, o consentimento **(inciso IV)**. A lei define como *anulável* o casamento daquele que, gozando de momentos de lucidez, o realizou quando se encontrava com reduzida capacidade de discernimento ou com discernimento parcial, ou pôde manifestar, de forma inequívoca, seu desejo de contrair o casamento. A hipótese tratada neste dispositivo refere-se aos relativamente incapazes, mencionados no art. 4º do Código, quais sejam, os ébrios habituais, os viciados em tóxicos e as pessoas que, por causa transitória ou definitiva, não puderem exprimir sua vontade. Nos casos de incapacidade relativa, o casamento será válido desde que autorizado pelos assistentes legais do relativamente incapaz. O negócio jurídico realizado pelo relativamente incapaz poderá ser confirmado ou ter convalescida sua invalidade pelo decurso do prazo de 180 dias (art. 1.560, I). O legislador quis, a bem da verdade, tentar preservar o casamento realizado em tais circunstâncias. Por força do disposto no **§ 2º** do artigo em comento, acrescentado pelo Estatuto da Pessoa com Deficiência (Lei n. 13.146/2015), ficou claro que não será anulável o casamento contraído por pessoa com deficiência mental ou intelectual, em idade núbia, desde que tenha conseguido expressar sua vontade, não se enquadrando esta situação à hipótese tratada no inciso IV do artigo. Pela mesma razão, o casamento muito menos será declarado nulo, consoante exposto em comentários ao art. 1.548.

O **inciso V** trata da anulabilidade do casamento realizado pelo mandatário quando o mandato já tenha sido revogado. Conforme já observado em comentários ao art. 1.542, a procuração conferida ao mandatário, com poderes especiais para contrair casamento, poderá ser revogada até o momento da celebração do ato nupcial e essa revogação só poderá ocorrer se for por instrumento público (§ 4º do art. 1.542). A revogação do mandato não precisa chegar ao conhecimento do mandatário para produzir efeitos. Contudo, o mandante deverá cientificar o mandatário e o outro contraente da revogação, porquanto, celebrado o casamento sem que eles tenham ciência dessa revogação, responderá o mandante, comprovada sua culpa, por perdas e danos que vier a causar a ambos, inclusive de natureza extrapatrimonial (§ 1º do mesmo artigo). O artigo ora comentado impõe que, além das consequências antes apontadas decorrentes do casamento realizado sem a ciência da revogação do mandato, seja ele também declarado anulado. Ou seja, o casamento realizado com a utilização de instrumento de mandato revogado sem o conhecimento dos interessados – o que pressupõe a boa-fé do mandatário – é anulável, desde que não sobrevenha coabitação entre os cônjuges, pois, nessa hipótese, o casamento estaria convalidado, já que a *coabitação posterior* ratifica o casamento realizado nessas condições. Confirmadas as núpcias ou decorrido o prazo de 180 dias contados da ciência do mandante da ocorrência da celebração (art. 1.560, § 2º), também ter-se-á por convalescida a invalidade.

O **§ 1º** do artigo equipara a invalidade do mandato, quando esta for judicialmente decretada, à revogação. Segundo Silvio Rodrigues (*Comentários ao Código Civil*. São Paulo, Saraiva, 2003, v. XVII), "o preceito, de raríssima aplicação, é, de certo modo, supérfluo. Isso porque só tem legitimação para propor a ação judicial, visante a revogar a procuração, o próprio mandante, ou seu representante legal, se menor ou interdito. Ora, no primeiro caso, mais fácil ao mandante revogar o mandato, e, no caso de seu representante legal, mais conveniente ser-lhe-á denegar seu consentimento para o referido matrimônio".

Por fim, estabelece a lei a anulabilidade do casamento quando celebrado por autoridade incompetente **(inciso VI)**. Trata-se de incompetência *ratione loci*, ou seja, em razão do lugar da celebração, ou da incompetência *ratione personarum*, em razão das pessoas dos nubentes, quanto a seus domicílios. O ato nupcial considera-se válido apenas quando celebrado por juiz do distrito em que se processou a habilitação de casamento. Já a incompetência tratada no art. 1.554 é a *ratione materiae*, como adiante se verá. A incompetência do celebrante deve ser alegada dentro do prazo decadencial de dois anos (art. 1.560, II). Decorridos, o casamento convalesce do vício e não pode mais ser infirmado. Ao conferir a essa hipótese a qualidade de nulidade relativa, buscou o legislador prestigiar os interesses dos filhos e a boa-fé dos cônjuges.

**Jurisprudência:** Apelação cível. Família. Preliminar contrarrecursal de não conhecimento do apelo afastada. Ação anulatória de casamento. Erro sobre a pessoa do outro cônjuge. Ausência de prova. 1. Os argumentos trazidos pelo apelante, embora sucintos, impugnam os fundamentos da sentença no que diz respeito à anulação do casamento, motivo pelo qual deve ser afastada a preliminar contrarrecursal de não conhecimento do apelo. 2. Considerando que o autor fundamentou o pedido de anulação de casamento no erro essencial sobre a pessoa do outro cônjuge, competia a ele, nos termos do art. 373, I do CPC, fazer prova contundente das suas alegações, do que não se desincumbiu. O insucesso na procriação e o descontentamento do apelante com relação à frequência sexual do casal, não configura erro essencial sobre a pessoa. Aplicação dos arts. 1.550 e 1.557, ambos do CC. Precedentes desta Corte. Preliminar contrarrecursal rejeitada. Apelo desprovido. (TJRS, Ap. n. 50112881520218210016, 1ª Câm. Esp. Cível, rel. Glaucia Dipp Dreher, j. 26.06.2024, *DJ* 27.06.2024)

Casamento. Anulação. Sentença que decretou o divórcio do casal. Apelação do requerido. Erro essencial em relação à pessoa do cônjuge. Ausência de provas de que o autor tinha conhecimento da opção sexual da requerida, em razão da qual as partes não mantinham relacionamento íntimo afetivo. Ação julgada procedente para anular o casamento, com fundamento no art. 1.550, III, do CC. Recurso do autor provido. (TJSP, Ap. Cível n. 10178388920218260005/SP, 1ª Câm. De Dir. Priv., rel. Augusto Rezende, j. 14.04.2023, *DJ* 14.04.2023)

Apelação. Anulação de casamento por vício de consentimento ou erro essencial. Inocorrência. Herdeiros que não se conformam com o casamento da genitora e buscam invalidar o ato, imputando incapacidade e ausência de discernimento em virtude de quadro de transtorno de acumulação crônico. Inadmissibilidade. Prazo decadencial decorrido *in albis*. Inteligência dos arts. 1.550, IV, e 1.560, I, do CC. Ilegitimidade ativa dos herdeiros para pleitear anulação do casamento sob fundamento de erro essencial, com base no art. 1.557 do CC. Ação de natureza personalíssima. Anulação de testamento. Indeferimento da inicial nesse ponto. Existência de ação própria para discussão do mérito. Oportunizada a defesa naqueles autos, em fase de recurso. Incabível a manifestação em observância ao contraditório e ampla defesa. Preliminar de nulidade da sentença por ausência de fundamentação. Afastada por se confundir com o mérito. Sentença mantida. Adoção do art. 252 do RITJ. Recurso desprovido. (TJSP, Ap. Cível n. 1017112-68.2020.8.26.0032/SP, 10ª Câm. de Dir. Priv., rel. Jair de Souza, j. 14.12.2021, publ. 14.12.2021)

Apelação cível. Ação anulatória de casamento civil. Erro essencial. Honra e boa fama. Impotência *coeundi*. Arts. 1.550, III, 1.556, 1.557, I e III, do CC. Decadência. Art. 1.560, III, do CC. Ocorrência. Nos termos do art. 1.560, III, do CC, é de três anos o prazo decadencial para a propositura da ação anulatória do casamento civil, sob a justificativa, prevista nos arts. 1.550, III, 1.556, 1.557, I e III, todos do CC, de ocorrência de erro essencial, consubstanciado no erro acerca da honra e boa fama do marido, além da ignorância, anterior ao casamento, da impotência *coeundi*. Não observado o prazo, o processo deve ser extinto por força do disposto no art. 269, IV, do CPC [art. 487, II, do CPC/2015]. (TJMG, Ap. Cível n. 1.0024.12.227574-6/001, rel. Des. Washington Ferreira, j. 25.06.2013, *DJe* 01.07.2013)

Anulação de casamento. Inexistência de coabitação do casal. Erro essencial quanto à pessoa do outro cônjuge. Não configuração. Impossibilidade jurídica do pedido. Família. Anulação de casamento. Alegação de erro essencial quanto à pessoa do cônjuge, ausência de consumação do casamento e de inexistência de coabitação após a celebração das núpcias. As hipóteses de anulabilidade do matrimônio encontram-se descritas no art. 1.550 do CC, apresentando-se *numerus clausus*, não se admitindo interpretação extensiva. Impossibilidade jurídica do pedido corretamente aplicada quanto às alegações de ausência de consumação do casamento e de inexistência de vida comum do casal. Erro essencial quanto à pessoa do outro cônjuge não configurado, pela ausência dos elementos caracterizadores, quais sejam, ausência de vida comum e desconhecimento do fato imputado ao outro cônjuge. A instabilidade emocional não é motivo ensejador da desconstituição do matrimônio por via da anulação. Argumentos recursais do cônjuge mulher, que devem ser objeto de ação própria, por inexistência de reconvenção nos autos. Recursos improvidos. (TJRJ, Ap. n. 0009372-48.2008.8.19.0208 (2009.001.55751), 10ª Câm. Cível, rel. Des. Celso Peres, j. 25.11.2009)

Anulação de casamento. Hipóteses excepcionais e taxativamente previstas em lei. Art. 1.550, CC. Vícios de consentimento não configurados. O fato de a mulher ser autoritária e ciumenta não caracteriza erro essencial, assim como a incompatibilidade demonstrada pelo fato de o casamento ter durado apenas 48 horas. Religião que permite relacionamento íntimo apenas depois da união que não implica coação. Correta a r. sentença de improcedência. Recurso improvido. (TJSP, Ap. Cível n. 6.355.454.700/Ribeirão Preto, 4ª Câm. de Dir. Priv., rel. Maia da Cunha, j. 14.05.2009)

Ação de anulação de casamento. Erro essencial. Prazo decadencial contado da data da celebração do ato. Art. 1.560, III, CC. 1 – Nos termos do art. 1.560 do CC, o prazo para intentar a ação de anulação de casamento conta-se da data da celebração, sendo irrelevante, no caso, o fato de o erro essencial ter sido descoberto um ano após a realização do ato. 2 – O rol de hipóteses que autorizam a anulação de casamento é taxativo, estando contemplado no art. 1.550 do CC. 3 – Decorrido o prazo decadencial, correta a sentença que extinguiu o feito com base no art. 269, IV, do CPC [art. 487, II, do CPC/2015]. 4 – Recurso não provido (TJDF, Ap. Cível n. 2008.01.1.119996-2, 4ª T. Cível, rel. Cruz Macedo, *DJ* 23.03.2009, p.103). (*RBDFS* 11/158)

Apelação cível. Casamento. Incapaz. Enfermidade mental. Nulidade absoluta ou relativa. Casamento nulo ou anulável. Prazos diferenciados. É imprescritível a ação declaratória de nulidade do casamento contraído pelo enfermo mental sem o necessário discernimento para os atos da vida civil, sendo anulável o casamento realizado por incapaz de consentir ou manifestar, de modo inequívoco, o consentimento, devendo ser observado, nesse caso, o prazo decadencial previsto no art. 1.560, I, do CC/2002. (TJMG, Ap. Cível n. 1.0106.06.020387-9/001, rel. Teresa Cristina da Cunha Peixoto, j. 19.07.2007, *DJEMG* 02.08.2007)

Casamento. Anulação. Bigamia. Aptidão atual para novo casamento. Irrelevância. Contraentes que estavam impedidos quando do segundo vínculo. Arts. 183, VI, 207 e 209 do CC. Ação procedente. Sentença confirmada. (*JTJ* 161/10)

---

**Art. 1.551. Não se anulará, por motivo de idade, o casamento de que resultou gravidez.**

---

A gravidez tratada neste dispositivo é posterior ao casamento. Constatada a ausência de capacidade para o casamento, em razão da idade dos nubentes, sobrevindo a gravidez da menor após a sua realização, não se poderá mais anulá-lo. A finalidade do legislador neste artigo é a mesma da que se verifica no art. 1.520 antes referido, qual seja a proteção da prole futura, com a sua integração em família constituída. Esse motivo de relevante aspecto social se sobrepõe ao defeito de idade.

---

**Art. 1.552. A anulação do casamento dos menores de dezesseis anos será requerida:**

**I - pelo próprio cônjuge menor;**

**II - por seus representantes legais;**

**III - por seus ascendentes.**

---

O artigo dispõe sobre a legitimidade e o interesse para pleitear a anulação do casamento daqueles que ainda não atingiram a idade núbil. Somente as pessoas arroladas no artigo terão legitimidade para requerer a anulação do casamento dos menores de dezesseis anos, cujo interesse decorre da presunção legal. O próprio cônjuge menor (**inciso I**), que não atingiu a idade núbil, e que contraiu o casamento registrado por equívoco, está autorizado a requerer a nulidade do seu casamento, independentemente da anuência de seus representantes legais, já que atingiu a maioridade civil com o casamento. Não terá legitimidade o cônjuge maior de dezesseis anos que contraiu casamento com aquele que ainda não atingira a idade núbil. Os **incisos II e III** do artigo autorizam os representantes legais do menor e seus ascendentes a pleitear a anulação do casamento, quando não consentiram com ele, embora lhes estivesse assegurado esse direito, ou quando o menor estiver impossibilitado de requerê-la.

---

**Art. 1.553. O menor que não atingiu a idade núbil poderá, depois de completá-la, confirmar seu casamento, com a autorização de seus representantes legais, se necessária, ou com suprimento judicial.**

---

O presente artigo dispõe sobre a ratificação do casamento por aquele que não estava capacitado para contraí-lo em razão da idade. Considerar-se-á confirmado o enlace quando o menor atingir a idade núbil. Contudo, essa confirmação, segundo a lei, só terá validade se for autorizada ou consentida por seus representantes legais, ou, se esta for negada por eles, com suprimento judicial (*v.* comentário ao art. 1.519). A ratificação tem por finalidade sanar a invalidade do casamento. O artigo trata da ratificação expressa por parte do menor, sendo que, caso ela não ocorra, não será, por si só, causa de anulabilidade do casamento, porquanto haverá a confirmação tácita depois de escoado o prazo de seis meses de que trata o § 1º do art. 1.560 (*v.* comentário). Assim, embora possa o cônjuge confirmar o casamento até mesmo depois de alcançar a maioridade, o certo é que não haverá a necessidade de fazê-lo em razão do decurso do prazo decadencial estabelecido para o ajuizamento da ação anulatória correspondente.

---

**Art. 1.554. Subsiste o casamento celebrado por aquele que, sem possuir a competência exigida na lei, exercer publicamente as funções de juiz de casamentos e, nessa qualidade, tiver registrado o ato no Registro Civil.**

---

O casamento realizado por quem não recebeu poderes de autoridade celebrante é inexistente. Trata-se de incompetência *ratione materiae*. Contudo, o reconhecimento da existência e da validade do casamento celebrado por quem não tem competência para fazê-lo está expressamente autorizado pela lei, que exige a satisfação de alguns requisitos, dado seu caráter excepcional. Necessário se faz que as pessoas que o contraíram tenham atendido às formalidades legais, tenham agido de boa-fé, tenham praticado erro escusável, que o ato tenha sido registrado no livro competente e que a pessoa que o celebrou, o juiz de casamento, reconhecido como tal no meio social, já exercesse publicamente essa função. Presentes tais requisitos, o interessado poderá invocar ao caso a aplicação da teoria da aparência, para obter a convalidação do casamento, pois, como observa Luiz Edson Fachin (*Código Civil comentado*. São Paulo, Atlas, 2003, v. XV), o reconhecimento de inexistência de casamento celebrado por alguém que é socialmente reconhecido como autoridade celebrante – a ponto de conseguir levar a efeito o próprio registro do ato – implica repercussão particularmente grave para os cônjuges ludibriados pelo falso celebrante. Daí o motivo da sua proteção legal.

---

**Art. 1.555. O casamento do menor em idade núbil, quando não autorizado por seu representante legal, só poderá ser anulado se a ação for proposta em cento e oitenta dias, por iniciativa do incapaz, ao deixar de sê-lo, de seus representantes legais ou de seus herdeiros necessários.**

**§ 1º O prazo estabelecido neste artigo será contado do dia em que cessou a incapacidade, no primeiro caso; a partir do casamento, no segundo; e, no terceiro, da morte do incapaz.**

**§ 2º Não se anulará o casamento quando à sua celebração houverem assistido os representantes legais do incapaz, ou tiverem, por qualquer modo, manifestado sua aprovação.**

---

O dispositivo trata da legitimação e do prazo de caducidade – portanto decadencial – para propor ação de anulação do casamento realizado por menor em idade núbil, sem autorização de seu representante legal. Estarão legitimados para a ação o próprio incapaz, seus representantes legais e seus herdeiros necessários. Quanto ao primeiro, estabelece a lei o prazo de cento e oitenta dias para ingressar com a ação anulatória, contados da data em que atingiu dezoito anos de idade. Os representantes legais do menor terão o mesmo prazo para ajuizar a ação, contudo, esse prazo terá início na data da celebração do casamento. Todavia, esse termo inicial pode ser superado com certa facilidade em razão do desconhecimento pelos representantes legais do ato realizado. Surtiria maior efeito o disposto no artigo caso tivesse o legislador estabelecido como marco inicial do prazo a data do conhecimento pelos responsáveis da celebração do casamento. Por fim, poderão ainda ajuizar a ação anulatória de casamento os herdeiros necessários do incapaz, sendo que o prazo (180 dias) para a sua propositura passa a fluir a partir da morte deste, momento em que lhe sucedem. O interesse dos herdeiros é manifestamente patrimonial e acaba por se sobrepor à relação de afeto consolidada entre os cônjuges. O § 2º do artigo prevê situação impeditiva de anulação do casamento. Estando presentes na cerimônia do casamento os representantes legais do menor e não se opondo à sua realização, mediante manifestação inequívoca de sua discordância, ao contrário, permanecendo silentes, não se poderá oportunamente pretender a nulidade do casamento porque para a celebração anuíram as pessoas a quem a lei conferiu tal encargo. Trata-se de anuência tácita. O casamento realizado sob essas circunstâncias é de difícil ocorrência.

---

**Art. 1.556. O casamento pode ser anulado por vício da vontade, se houve por parte de um dos nubentes, ao consentir, erro essencial quanto à pessoa do outro.**

---

O artigo trata da anulação do casamento celebrado por erro quanto à pessoa do outro nubente. O erro é defeito no ato jurídico. É vício relativo ao consentimento. O casamento celebrado com vício de vontade de um dos nubentes deve ser anulado. A teoria do erro no matrimônio, pela sua índole, pela característica *sui generis* do contrato e pelos interesses sociais que a ele se ligam, é totalmente diversa da teoria do erro nos atos jurídicos ordinários, ensina Paulo Lins e Silva (*Direito de família e o novo Código Civil*. Belo Horizonte, Del Rey, 2002). O erro que anula o casamento é o essencial ou o substancial. Consiste, segundo Silvio Rodrigues, no engano de tal modo relevante que, se fosse conhecida a realidade, o consentimento não se externaria pela forma por que se deu. O artigo seguinte (art. 1.557) estabelece quais são os erros essenciais que autorizam a anulação do casamento, cujos requisitos a ser atendidos são: a) a preexistência do fato ao casamento, ou simplesmente anterioridade; b) o desconhecimento desse fato pelo cônjuge enganado; e c) a intolerabilidade ou insuportabilidade da vida em comum para o cônjuge enganado após a descoberta da verdade, não passada por irrelevante após sólida convivência conjugal, pois não se pode pretender promover a anulação do casamento por causa de posteriores desentendimentos entre os cônjuges, a pretexto de sancionar pretensa invalidade decorrente de erro essencial, como observa Luiz Edson Fachin (*Código Civil comentado*. São Paulo, Atlas, 2003, v. XV).

**Jurisprudência:** Nulidade de casamento. Ação julgada improcedente pelo juízo originário, por considerar que o abandono do lar conjugal por parte do réu não caracteriza vício da vontade, nos termos dos arts. 1.556 a 1.558 do CC. Inconformismo manifestado pela autora. Cabimento. Réu que, poucos dias após o casamento, simplesmente abandonou o lar e nunca mais voltou, sem deixar qualquer explicação ou notícias de seu paradeiro. Requerido que se furtou à citação pessoal, conforme certificado pelo Oficial de Justiça. Erro essencial quanto à honra caracterizado. Sentença reformada. Recurso provido, com observação. (TJSP, Ap. Cível n. 1000504-67.2021.8.26.0320/SP, 1ª Câm. de Dir. Priv., rel. Rui Cascaldi, j. 12.04.2022, publ. 12.04.2022)

Apelação cível. Família. Casamento. Nulidade. Ação declaratória. Presunção da veracidade dos fatos alegados pela autora em razão da ausência de contestação. Inocorrência. Demanda que envolve direitos indisponíveis. Art. 1.556 do CC. Erro essencial quanto à pessoa do varão. Em demanda que envolve a validade do casamento, tratando-se de direitos indisponíveis, resta afastada a presunção de veracidade dos fatos alegados pela parte autora, conforme dicção do art. 345, II, do CPC. Não há falar em nulidade do casamento no caso concreto, porquanto restou demonstrado que, no período de união estável anterior ao matrimônio, o varão já apresentava transtornos mentais, provavelmente decorrentes do uso de substâncias entorpecentes, fato que era do conhecimento da autora. Sentença de improcedência confirmada. Apelo desprovido. (TJRS, Ap. Cível n. 70.077.669.752, rel. Sandra Brisolara Medeiros, j. 25.07.2018, *DJe* 30.07.2018)

Apelação cível. Anulação de casamento. Arts. 1.556 e 1.557, I, do CC. Erro essencial. Não demonstrado. Recurso desprovido. Nos termos do art. 1.556, "o casamento pode ser anulado por vício da vontade, se houve por parte de um dos nubentes, ao consentir, erro essencial quanto à pessoa do outro". O erro sobre a honra e boa fama do cônjuge está relacionado a comportamentos anteriores ao casamento, dos quais o nubente não tinha conhecimento, e que, quando descobertos, tornou insuportável a vida em comum. Se os fatos alegados não dizem respeito a comportamentos anteriores ao casamento das partes que pudessem induzir o apelante a erro quanto à pessoa com quem estava contraindo núpcias, não há que se falar em anulação de casamento. (TJMG, Ap. Cível n. 10000180539412001, rel. Des. Jair Varão, j. 28.06.2018, *DJe* 19.06.2018)

Apelação cível. Anulação de casamento. Sentença de improcedência. Inocorrência de erro essencial. 1 – preliminar de nulidade. A apelante assevera que não foi oportunizado às partes se manifestarem acerca do interesse na produção de outras provas. Ocorre que tendo ela fundamentado seu pedido de anulação de casamento na alegação de erro essencial quanto à pessoa, a instrução probatória pretendida é inócua para confirmar a alegação, porque o fato de uma pessoa acumular dívidas não configura a hipótese legal referida. 2 – Mérito. Os fatos que dão causa ao pedido (existência de dívidas) não se prestam a caracterizar hipótese de erro essencial, considerando-se como aquele que diz respeito à identidade, honra e boa fama, de modo que o ulterior conhecimento desse erro torne para o cônjuge enganado insuportável a vida em comum (art. 1.556 e inciso I do art. 1.557 do CCB). As hipóteses do art. 1.557 do CCB constituem *numerus clausus*, descabendo interpretação extensiva. No caso, o fato de estar o demandado endividado por si só não configura erro de identidade, honra e boa fama. Negaram provimento. Unânime. (TJRS, Ap. Cível n. 70.058.745.100, 8ª Câm. Cível, rel. Des. Luiz Felipe Brasil Santos, j. 24.04.2014)

Anulação de casamento. Erro essencial relativo à identidade do outro cônjuge. Réu que revelou ser usuário de drogas, ter personalidade agressiva e envolvimento em prática delituosa, após o casamento. Elementos desabonadores antes do matrimônio não comprovados. Autora não se desincumbiu de comprovar que desconhecia a personalidade agressiva e a vida pregressa do apelado. Requisitos legais e essenciais à anulação do casamento não comprovados. Sentença de improcedência mantida. Recurso desprovido. (TJSP, Ap. Cível n. 0003850-94.2010.8.26.0072, 4ª Câm. de Dir. Priv., rel. Milton Carvalho, j. 06.06.2013)

Direito de família. Anulação de casamento. Requisitos. Arts. 1.556/1.557 do CC. Erro essencial quanto à pessoa. Insuportabilidade da vida em comum. Para a caracterização do vício da vontade o erro tem de ser profundo, grave, envolvendo aspectos morais. A parte lesada, de boa-fé, tem de evidenciar que jamais se casaria com seu cônjuge, se imaginasse que o mesmo não se revestia das qualidades que ostentava. O fato do cônjuge virago casar-se com a única finalidade de emancipar-se para sair da casa dos pais e ir atrás de outro homem, fugindo no dia seguinte ao da celebração do matrimônio, configura erro quanto à pessoa, passível de anular o casamento contraído pelos litigantes, pois a vontade da parte lesada estava viciada pelo dolo do cônjuge que jamais desejou constituir família. (TJMG, Ap. Cível n. 1.0079.07.358548-5/001(1), rel. Des. Dárcio Lopardi Mendes, j. 17.12.2009)

Anulação de casamento. Sentença de improcedência do pedido. Vício de vontade. Esposa que desconhecia o homossexualismo do marido antes do casamento. Arts. 1.556 e 1.557 do CC. Comprovação dos requisitos para anulação. Recurso, nesse sentido, provido. (TJSP, Ap. c/

Rev. n. 580.938.4/6-00/São Paulo, 4ª Câm. de Dir. Priv., rel. Teixeira Leite, j. 11.09.2008, *DJESP* 30.09.2008)

Agravo interno. Decisão monocrática que dá provimento a apelo manifestamente procedente. Manutenção. Casamento. Erro sobre a pessoa. Anulação. Cabimento. Nulo é o casamento celebrado com vício de vontade. O namoro de poucos meses e o evidente desconhecimento da autora em relação ao noivo é prova suficiente do erro em relação à pessoa do cônjuge. Negaram provimento, por maioria (segredo de justiça). (TJRS, Ag. Int. n. 70.021.573.944, 8ª Câm. Cível, rel. Rui Portanova, j. 25.10.2007)

Casamento. Anulação. Erro essencial. Gênio difícil e falta de educação que não o configuram. Vício de consentimento inexistente. Infração do dever conjugal de mútuo respeito que poderá ensejar ação de separação judicial, não de anulação de casamento. Art. 218 e incisos do CC. Recurso, de ofício, provido. (*JTJ* 226/17)

Casamento. Anulação. Erro essencial quanto à pessoa do outro. Caracterização. Cônjuge varão que contrai núpcias com a mulher em razão de sua gravidez e vem a descobrir posteriormente que o filho pertence a terceiro. Admissibilidade da medida, independentemente de a esposa ter ou não agido dolosamente. Inteligência do art. 218 do CC. (*RT* 767/235)

---

**Art. 1.557. Considera-se erro essencial sobre a pessoa do outro cônjuge:**

**I – o que diz respeito à sua identidade, sua honra e boa fama, sendo esse erro tal que o seu conhecimento ulterior torne insuportável a vida em comum ao cônjuge enganado;**

**II – a ignorância de crime, anterior ao casamento, que, por sua natureza, torne insuportável a vida conjugal;**

**III – a ignorância, anterior ao casamento, de defeito físico irremediável que não caracterize deficiência ou de moléstia grave e transmissível, por contágio ou por herança, capaz de pôr em risco a saúde do outro cônjuge ou de sua descendência;**

Inciso com redação dada pela Lei n. 13.146, de 06.07.2015.

**IV – (*Revogado pela Lei n. 13.146, de 06.07.2015.*)**

---

Como afirmado no artigo antecedente, o presente dispositivo estabelece quais são os erros essenciais quanto à pessoa do consorte que possibilitam ou autorizam a propositura da ação anulatória do casamento. Para que seja reconhecido o erro essencial alegado pelo nubente, é necessário o preenchimento dos requisitos descritos no artigo antecedente, aplicáveis a todas as hipóteses enumeradas neste artigo.

• **Inciso I:** sobre o erro a respeito da identidade do outro cônjuge *(error in persona)*, pode ele ser verificado quanto à identidade física e a civil ou social. Ocorrerá o erro sobre a identidade física do cônjuge quando, pretendendo casar-se com certa pessoa, se contraem núpcias com outra. Diz respeito ao engano na representação física da pessoa. Exemplo: gêmeos. A hipótese é de difícil ocorrência. O erro sobre a identidade civil ou social da pessoa do outro cônjuge ocorrerá "quando alguém descobre em seu consorte, após a boda, algum atributo inesperado (a identidade civil, segundo Clóvis Bevilaqua, é o conjunto de atributos ou qualidades essenciais com que a pessoa aparece na sociedade) e inadmitido, alguma qualidade repulsiva, capaz de, ante seus olhos, transformar-lhe a personalidade, fazê-lo pessoa diferente daquela querida". Silvio Rodrigues ainda complementa dizendo que é nesse conceito de identidade civil que se alarga o arbítrio do juiz, porque nele caberá qualquer espécie de engano sério sobre a qualidade do outro cônjuge e estará porventura caracterizado o erro referente à pessoa (*Comentários ao Código Civil*. São Paulo, Saraiva, 2003, v. XVII).

Ainda nesse inciso encontra-se o *erro sobre a honra e a boa fama*. Não se pode perder de vista as noções de honra e boa fama ensinadas por Clóvis Bevilaqua ("honra é a dignidade da pessoa, que vive honestamente, que pauta o seu proceder pelos ditames da moral; boa fama é a estima social de que a pessoa goza, por se conduzir segundo os bons costumes"), contudo, o conteúdo de tais conceitos será verificado e considerado pelo juiz diante de cada caso concreto, segundo os valores vigentes no momento de sua aplicação, sempre em consonância com os princípios constitucionais, especialmente os da dignidade da pessoa humana e da igualdade. São exemplos desse inciso: marido que descobre que a esposa é prostituta; mulher que descobre que o marido é homossexual; mulher que descobre que o marido já era casado.

• **Inciso II:** a ignorância de crime anterior ao casamento também pode gerar a anulabilidade deste. A lei não exige que o crime seja inafiançável ou mesmo que tenha havido condenação criminal, transitada em julgado, para o ingresso da ação. Contudo, o crime deve ser de tal modo grave, que torne intolerável a vida conjugal, diante do repúdio gerado para o cônjuge enganado. Consoante já afirmado em comentário ao art. 1.556, a sólida convivência do casal evidencia a falta do requisito da insuportabilidade da vida comum, para autorizar o pedido de anulação do casamento, razão pela qual se infere que nos casos dos incisos I e II ora comentados a coabitação, com ciência do vício, convalida o casamento, conforme dispõe o art. 1.559, segunda parte.

• **Inciso III:** a existência de defeito físico ou moléstia grave e transmissível ignorada pelo nubente também é motivo para que o casamento seja anulado, pois pode pôr em risco a saúde do cônjuge enganado ou a da descendência das partes envolvidas. O defeito físico referido pela lei é a impotência *coeundi* ou instrumental, física ou psicológica, quer do homem, quer da mulher, que impede o débito conjugal. A esterilidade de um dos cônjuges (impotência *generandi*) não é motivo para que se possa invalidar o casamento. Nem a impotência *concipiendi* (da mulher, para conceber). Contudo, a esterilidade voluntária, dolosamente omitida, autoriza o pedido de anulação de casamento. Entre as moléstias graves ignoradas, podem-se indicar aquelas sexualmente transmissíveis, como a Aids. O Estatuto da Pessoa com Deficiência (Lei n. 13.146/2015) acrescentou que o defeito físico irremediável exigido pelo legislador é aquele que "não caracterize deficiência", uma vez que, na esteira do já exposto nos artigos antecedentes (arts. 1.548 e 1.550), não será anulável o casamento contraído por pessoa com deficiência mental ou intelectual, pois esta estará plenamente capacitada para realizá-lo, nos termos do art. 6º, I, da mencionada lei. Por fim, a doença mental grave ignorada por um dos nubentes, então prevista no inciso IV ora revogado, deixou de ser considerada erro essencial e causa de anulabilidade do casamento, uma vez que ofensiva aos princípios da solidariedade e da igualdade que fundamentam o Estatuto da Pessoa com Deficiência.

**Jurisprudência:** Veja no art. 1.550 a seguinte decisão: TJRS, Ap. n. 50112881520218210016, 1ª Câm. Esp. Cível, rel. Glaucia Dipp Dreher, j. 26.06.2024, *DJ* 27.06.2024.

Ação anulatória de casamento. Sentença de improcedência. Análise na origem a respeito da subtração de numerário pela ré sem o consentimento do autor, com a subsistência do entendimento quanto a não incidência do art. 1.557, I, do CC na espécie. Cerceamento de defesa não configurado. Casamento celebrado somente cinco meses após o autor conhecer a ré por meio de aplicativo de relacionamentos e residindo as partes em continentes diferentes. Tempo insuficiente para se concluir pelo requisito relacionado à anterioridade do alegado erro essencial. Incontroverso abandono do lar conjugal pela apelada após três meses de casados. Inexistência, outrossim, do requisito referente à insuportabilidade da vida em comum. Sentença mantida. Recurso não provido. (TJSP, Ap. Cível n. 1000908-91.2020.8.26.0114/SP, 9ª Câm. de Dir. Priv., rel. César Peixoto, j. 28.04.2022, publ. 28.04.2022)

Veja no art. 1.550 a seguinte decisão: TJSP, Ap. Cível n. 1017112-68.2020.8.26.0032/SP, 10ª Câm. de Dir. Priv., rel. Jair de Souza, j. 14.12.2021, publ. 14.12.2021.

Apelação cível. Ação de anulação de casamento. Sentença de improcedência. Recurso da autora. Negativa do cônjuge de manter relações sexuais com a esposa. Alegação de erro essencial quanto à pessoa do outro cônjuge. Situação que não se enquadra no rol taxativo do art. 1.557 do CC. Vício de vontade não configurado. Comportamento do cônjuge que não se enquadra como erro de sua identidade. Decisão mantida. Recurso desprovido. A negativa de manter relações sexuais, pelo Demandado, não configura erro essencial quanto à pessoa do outro cônjuge, previsto no art. 1.557, I, do CC, pois não diz respeito à sua identidade, mas à opção por ele feita de não manter determinada conduta. (TJSC, Ap. Cível n. 03104596020158240020, 2ª Câm. de Dir. Civ., rel. João Batista Góes Ulysséa, j. 08.06.2017)

Apelação cível. Anulação de casamento. Inocorrência de erro essencial. Apelo provido. Nos termos do art. 1.557, I, do CC, erro essencial diz com questão relativa à identidade, à honra e à boa fama do cônjuge que, se conhecida antes da celebração do enlace, inviabilizaria o casamento. Ademais, depois do conhecimento da "questão", a vida em comum há de ter se tornado insuportável para justificar o pleito de anulação de casamento. Ausentes tais requisitos, não há falar em anulação de casamento. Apelo provido. (TJRS, Ap. Cível n. 70.064.817.703, 8ª Câm. Cível, rel. Alzir Felippe Schmitz, j. 16.07.2015)

Apelação cível. Ação de anulação de casamento. Fato novo alegado apenas na apelação. Proibição de inovar. Ausência de motivo de força maior. Inteligência do art. 517 do CPC [art. 1.014 do CPC/2015]. Anulação do casamento com base no art. 1.557, I, do CPC [*sic*, CC]. Erro essencial sobre a pessoa do cônjuge. Inocorrência. Ausência de hipótese ensejadora de anulação. Ausência de interesse processual. Inteligência dos arts. 267, VI, e 295, III, ambos do CPC. Recurso desprovido. 1 – É defeso à parte, salvo motivo de força maior, inovar em juízo no momento da interposição do recurso, seja alegando questões de fato, seja alegando questões de direito, exceto as que podem ser conhecidas de ofício (CPC, arts. 515 e 517) [arts. 938, §§ 1º e 2º, 1.013 e 1.014 do CPC/2015], do que decorre que a alegação de que o apelado possuía "problemas mentais graves" não pode ser analisada por este Eg. Tribunal de Justiça. 2 – O erro essencial é aquele que mostra divergência entre o querer manifestado e o querer efetivo, isto é, uma pessoa casa-se com outra pensando que ela tem determinada identidade social e, depois, verifica que nada do que supunha era verdadeiro, tendo incorrido em erro. Essa identidade social diz respeito à sua honra e ao seu conceito, cujo conhecimento ulterior torna insuportável a vida em comum. E, para a decretação de anulação do casamento, considera-se a situação de fato e a sensibilidade moral, bem como o padrão cultural e social do cônjuge enganado. 3 – O legislador elencou no art. 1.557 do CC as hipóteses que configuram o erro sobre a pessoa do outro cônjuge, sendo esta norma de natureza taxativa (*numerus clausus*). Deste modo, se o fato narrado na inicial não configura nenhuma das hipóteses previstas no referido artigo, carece a autora de interesse processual. 4 – Recurso desprovido. (TJES, Ap. n. 0098924-93.2010.8.08.0035, rel. Fabio Clem de Oliveira, *DJe* 26.06.2014)

Veja no art. 1.556 o seguinte acórdão: TJRS, Ap. Cível n. 70.058.745.100, 8ª Câm. Cível, rel. Des. Luiz Felipe Brasil Santos, j. 24.04.2014.

Direito civil. Ação declaratória de nulidade de casamento. Alegação de erro essencial quanto à pessoa do outro cônjuge. Não comprovação do equívoco. Alteração de comportamento que não implica obrigatoriamente erro essencial. Não incidência do caso concreto a hipótese legal prevista no inciso I do art. 1.557 do CC. Sentença confirmada. Apelo conhecido e desprovido. (TJRN, Ap. Cível n. 2013.011628-6, rel. Des. Expedito Ferreira, *DJe* 07.02.2014, p. 22)

Civil. Direito de família. Anulação de casamento. Ausência dos requisitos dos arts. 1.556 e 1.557 do CC. Apelação conhecida e desprovida. 1 – Cuidam-se os presentes autos de apelação cível com o intuito de reformar sentença exarada pelo juízo da 6ª Vara da Família de Fortaleza que julgou improcedente a ação de anulação de casamento, por entender não se amoldar o caso em testilha aos comandos do art. 1.557, I, do CC/2002. 2 – O cerne da questão controvertida consiste em averiguar se estão presentes os requisitos configuradores do erro essencial sobre a pessoa, mais precisamente o que diz respeito à sua identidade. 3 – A irresignação apresentada diz respeito ao comportamento antagônico do cônjuge varão antes e depois do matrimônio. Com efeito, o fato do cônjuge apresentar comportamento diferente do quanto esperado, mais se aproxima de violação dos deveres que ambos os nubentes devem ter no matrimônio do que propriamente a incidência das hipóteses de vício de vontade. 4 – A circunstância de um cônjuge não se comportar e agir como o marido idealizado não possui o condão de ensejar a anulação do casamento, podendo servir, em tese, de base para um possível pedido de separação ou divórcio. Precedentes. 5 – Apelação conhecida e desprovida a fim de manter a sentença de 1º grau. (TJCE, Ap. n. 42135-75.2006.8.06.0001/1, rel. Des. Paulo Francisco Banhos Ponte, *DJe* 06.02.2014, p. 10)

Apelação-separação litigiosa proposta pelo apelado. Reconvenção pela requerida que postula anulação de casamento. Posterior pedido de homologação de acordo. Acordo homologado e decretada a separação do casal. Sentença que foge aos limites do pedido. Recurso apresentado pela requerida. Apreciação da reconvenção. Erro essencial em relação à pessoa do cônjuge. Ocorrência. Inteligência do art. 1.557, III, do CC. Recurso provido. Comporta reforma a sentença que declara a separação judicial dos litigantes, sem observar posterior pedido e vontade das partes, que por acordo postularam homologação da transação com a declaração de anulação do casamento. Sentença reformada. Reconvenção apresentada pela requerida. Anulação do casamento por erro essencial em relação à pessoa do cônjuge. O fato de que a cônjuge desconhecia completamente que, após o casamento, não obteria do outro anuência para realização de conjunção carnal, em razão do quadro de saúde, demonstra a ocorrência de erro essencial, situação que autoriza a anulação do casamento nos termos do art. 1.557, III, do CPC [*sic*, CC]. (TJMT, Ap. n. 93474/2013, rel. Des. Guiomar Teodoro Borges, *DJe* 18.11.2013, p. 163)

Civil e processual civil. Casamento. Anulação. Erro essencial sobre a pessoa do outro cônjuge (CC, art. 1.557, I e II). Requisitos. Apreensão. Ilícito penal. Imputação ao varão. Fatos antecedentes ao enlace. Vida social irrepreensível. Dissimilação. Prisão em flagrante. Atos clandestinos. Conhecimento. Fato grave. Afetação da honorabilidade e boa fama. Vida em comum. Insuportabilidade. Sentença. Nulidade. Princípio da identidade física do juiz. Interpretação. Modulação legal. Violação. Ausência. [...] 3 – A anulação do casamento sob o prisma da subsistência de erro essencial sobre a pessoa do outro cônjuge exige o cumprimento de três requisitos cumulativamente: (I) a anterioridade ao casamento da circunstância ignorada pelo cônjuge; (II) a descoberta do erro posteriormente ao casamento; e (III) a ignorância de crime ou de relevante erro quanto à identidade, a honra e boa fama do outro cônjuge, que torne a vida em comum insuportável, conduzindo a satisfação desses pressupostos à invalidação do negócio jurídico traduzido no enlace matrimonial (CC, art. 1.557, I e II). 4 – Apreendido que, no momento do enlace, o varão descortinava condutas social e profissional irrepreensíveis, aparentando se tratar de jovem promissor por exercer e ter exercitado relevantes funções públicas decorrentes dos cargos em comissão que ocupara, induzindo na esposa essa expectativa, e que, passados poucos meses do enlace, viera a consorte ser despertada para realidade com o comunicado da prisão em flagrante do marido sob a acusação de estar enredado na prática de fato ilícito traduzido na traficância de substâncias entorpecentes, os fatos induzem à invalidação do casamento sob o prisma da subsistência de erro essencial sobre a pessoa do marido. 5 – Apurado que, aliado ao fato de que desconhecia a vida clandestina do marido, os fatos que se descortinaram, denunciando sua personalidade e que estava envolvido em atividades ilícitas cuja gênese era antecedente ao casamento, ensejam a qualificação de que o enlace derivara de erro essencial da esposa sobre a pessoa do consorte e que os fatos em que se envolvera ele, além de afetarem a honorabilidade e dignidade do casal, tornaram a vida em comum insustentável, pois destruíra qualquer confiança que a esposa poderia dispensar ao consorte, ensejando, então, a invalidação do casamento na forma autorizada pelo legislador civil. 6 – Apelação conhecida e provida. Unânime. (TJDFT, Proc. n. 20120110468770(707452), rel. Des. Teófilo Caetano, *DJe* 02.09.2013, p. 61)

Veja no art. 1.556 o seguinte acórdão: TJSP, Ap. Cível n. 0003850-94.2010.8.26.0072, 4ª Câm. de Dir. Priv., rel. Milton Carvalho, j. 06.06.2013.

Anulação de casamento. Ignorância de crimes praticados antes do casamento. Cônjuge denunciado e condenado pela prática de estupro de vulnerável, cujas vítimas eram suas filhas. Recurso interposto contra a sentença penal condenatória pendente de recurso. Irrelevância. Basta a prática de crime grave, entendido como aquele capaz de gerar repúdio para o consorte enganado, antes do casamento. Redação atual do art. 1.557, II, que não exige o trânsito em julgado da decisão na esfera criminal. Ignorância da esposa quanto ao cometimento dos delitos demonstrada. Presença dos requisitos legais que autorizam a anulação do casamento. Recurso desprovido. (TJSP, Ap. Cível n. 0018353-84.2011.8.26.0590, 4ª Câm. de Dir. Priv., rel. Milton Carvalho, j. 31.01.2013)

Ação de anulação de casamento. Requisitos. Art. 1.557, IV, do CC. Comprovação. Procedência do pedido. Comprovado nos autos o erro essencial sobre a pessoa do outro cônjuge, dada a ignorância, anterior ao casamento, da doença mental grave que lhe acomete, e que, por sua natureza, torna insuportável a vida em comum ao cônjuge enganado, caso é de procedência do pedido de anulação do casamento, com fundamento no art. 1.557, IV, do CC. Recurso desprovido. (TJMG, Ap. Cível n. 1.0231.09.151764-0/001, rel. Des. Eduardo Andrade, j. 22.01.2013, *DJe* 31.01.2013)

Apelação cível. Sentença. Fundamentação. Nulidade afastada ação de separação litigiosa. Pedido de anulação de casamento. Erro essencial não demonstrado. Arts. 1.556 e 1.557 do CC/2002. Excepcionalidade da medida. Separação judicial. Conversão em divórcio. Alimentos. Necessidade não comprovada. Partilha. Não há que se falar em nulidade da sentença, já que foram observados os requisitos técnicos e formais, contendo o *decisum* relatório, fundamentação, ainda que sucinta, e dispositivo, em obediência ao art. 458 do CPC [art. 489 do CPC/2015]. A teor dos arts. 1.556 e 1.557 do CC/2002, o erro que autoriza a anulação do casamento é aquele objetivamente comprovado em relação à identidade do outro cônjuge, à sua honra e boa fama, sendo pressupostos para a anulação a anterioridade do defeito ao ato nupcial, o desconhecimento do defeito pelo cônjuge enganado e a insuportabilidade de vida em comum. Não restando comprovado, de forma cabal, o alegado erro essencial, há que prevalecer o casamento realizado, vigorando no ordenamento jurídico o princípio da indissolubilidade do mesmo, dando-se a anulação somente em caráter excepcional [...]. (TJMG, Ap. Cível n. 1.0701.07.206275-8/001, rel. Des. Teresa Cristina da Cunha Peixoto, j. 19.05.2011)

**Casamento. Anulação. Erro essencial quanto à pessoa:** Apelação cível. Ação de anulação de casamento. Erro essencial quanto a pessoa (art. 1.557, III, CC/2002). Revelia. Em se tratando a ação anulatória de casamento de ação de estado, envolvendo direito indisponível, tem aplicação o art. 320, II, do CPC [art. 345, II, do CPC/2015], não havendo presunção de verdade dos fatos articulados pela autora na petição inicial, mesmo na ausência de contestação. Anulação do casamento. Consistindo o pedido com base em erro essencial quanto à pessoa, na forma do art. 1.557, III, do CC, e não demonstrada a alegada doença do réu – Aids –, muito menos que preexistisse ao casamento e tenha sido omitida da autora, ônus probatório que lhe competia, impunha-se a improcedência da ação. Apelação desprovida. (TJRS, Ap. Cível n. 70.034.941.674, 7ª Câm. Cível, rel. Des. André Luiz Planella Villarinho, j. 22.09.2010)

Separação judicial litigiosa. Procedência. Reconvenção. Pedido de anulação de casamento. Improcedência. Adequação. Comportamento do marido que não se enquadra em nenhuma das hipóteses do CC, art. 1.557. Recurso improvido. Nenhuma é a prova a viabilizar o reconhecimento do erro essencial sobre a pessoa do apelado e diversas foram as testemunhas ouvidas em audiência, sem que tivessem feito qualquer menção à conduta do apelado que pudesse se enquadrar no dispositivo legal, a dar margem à anulação do casamento. (TJSP, Ap. Cível c/ Rev. n. 5.398.994.100/Araçatuba, 3ª Câm. de Dir. Priv., rel. Jesus Lofrano, j. 29.09.2009)

Anulação de casamento. Erro essencial quanto à pessoa do outro cônjuge. Funcionalização do direito. Instituto do casamento. Proteção relativizada. Inexistência de intenção de constituir família. Direito civil. Família. Anulação de casamento. Funcionalização do Direito: proteção dos institutos jurídicos condicionada ao atendimento à respectiva função social. Casamento celebrado sem finalidade de constituição de família. Erro essencial sobre a pessoa do outro cônjuge: interesses unicamente materiais. Art. 1.557, I, do CC. A funcionalização do direito, profundamente incidente sobre o direito patrimonial, a exemplo do que ocorre com a função social da propriedade e do contrato, atua também, e com maior razão, no direito extrapatrimonial. Nesse sentido, da mesma forma que a CRFB, no art. 226, estendeu a proteção jurídica a outras formas de organização nuclear da sociedade como entidades familiares, relativizou-se a proteção dispensada ao casamento, quando celebrado sem observância da função social que lhe foi reservada, identificada na constituição de família. Pessoa idosa e ingênua que se casou com mulher 29 anos mais jovem, pensando que esta lhe tinha afeto, quando os fatos imediatamente posteriores à celebração demonstraram que o interesse era apenas patrimonial. Configurado, portanto, o erro essencial sobre a pessoa, na forma do art. 1.557, I, do CC. Desprovimento do recurso; sentença que se mantém. (TJRJ, Ap. n. 0002888-50.2006.8.19.0058 (2009.001.21641), 19ª Câm. Cível, rel. Des. Claudio Brandão, j. 04.08.2009)

Ação de alimentos e ação de anulação de casamento cumulada com pedido indenizatório. Sentença única. Julgamento conjunto. Ausente a prova acerca do erro essencial sobre a pessoa, não vinga a pretensão baseada no art. 1.557 do CCB. Também não há falar em indenização pelos danos materiais e morais alegadamente suportados em decorrência do desfazimento da relação. Afinal, não há prova da prática de qualquer ilícito, e os dissabores típicos do fato não são indenizáveis. Alimentos. Ainda que fixados alimentos provisórios em sede de cognição sumária, a constatação da ausência de necessidade da autora gera a improcedência do pedido. Negaram provimento ao apelo (TJRS, Ap. Cível n. 70.028.093.912, 8ª Câm. Cível, rel. Alzir Felippe Schmitz, *DO* 29.05.2009, p. 44). (*RBDFS* 10/159)

Inexistência. Ausência de elementos que revelem qualquer conduta desabonadora do requerido, em momento anterior à celebração matrimonial. Ausência, ademais, de qualquer indicativo de que a requerente tenha tomado conhecimento de circunstâncias que pudessem inviabilizar a manutenção da vida conjugal. Hipótese em que a autora jamais se viu em situação de perigo ou em risco de comprometimento de sua integridade física ou moral. Existência de notícia de que as partes sempre protagonizaram uma relação de mútuo companheirismo. Aplicação do art. 1.557 do CC, de que não se cogita. Apesar de a requerente ter sido abandonada, tal fato desafiaria, em tese, eventual demanda de separação judicial, nunca anulação. Ausência de descoberta de algum atributo repulsivo que inviabilizasse a vida conjugal. Ação improcedente. Inversão do ônus da sucumbência. Recurso provido. (TJSP, Ap. Cível n. 527.043.4/3, rel. Des. Luiz Antonio de Godoy, j. 06.05.2008)

Direito de família. Anulação de casamento. Erro essencial sobre a pessoa do outro cônjuge. Alegação de plano elaborado pela mulher, anterior ao casamento, com intuito de tão somente conseguir, com a celebração das núpcias, adentrar em país estrangeiro. Reforma da sentença. 1 – A alegação de que a ré, anteriormente ao casamento, planejou a celebração das núpcias para tão somente adentrar em país estrangeiro no qual reside o autor, desde que cabalmente comprovada, poderá ensejar a anulação do casamento, pois o erro essencial sobre a honra do cônjuge caracteriza motivo para tanto. 2 – Recurso provido. (TJMG, Ap. Cível n. 1.0024.05.582322-3/001, rel. Edgard Penna Amorim, j. 26.04.2007, *DJEMG* 15.06.2007)

Casamento agenciado. Não se pode invocar erro essencial sobre a pessoa do outro cônjuge quando o casamento é celebrado em curto espaço de tempo entre o namoro e a sua celebração. Assume-se o risco de se equivocar quanto à pessoa quem aceita casar sem manter um período razoável de conhecimento mútuo. Insuficiência probatória. Anulação improcedente. Separação judicial, vida conjugal insuportável. Acolhimento do pleito reconvencional. Apelação desprovida. (TJRS, Ap. Cível n. 70.015.420.599, 8ª Câm. Cível, rel. Des. Luiz Ari Azambuja Ramos, j. 10.08.2006)

Anulação de casamento. Erro essencial sobre a pessoa do cônjuge: o que diz respeito à identidade do outro cônjuge, sua honra e boa fama. Conhecimento ulterior. Insuportabilidade da vida em comum. Ignorância, anterior ao casamento, de defeito físico irremediável ou de moléstia grave e transmissível, por contágio ou herança, capaz de pôr em risco a saúde do outro cônjuge ou de sua descendência (art. 219, I e III, do CC/1916). 1 – Erro no que diz respeito à identidade do outro cônjuge, sua honra e boa fama e erro essencial sobre defeito físico irremediável ou de moléstia grave e transmissível, por contágio ou herança, desvendado após o casamento, é a ignorância de sua existência, tal como descrita no dispositivo, pois não se admite interpretação extensiva às hipóteses previstas pela lei e, no matrimônio, as nulidades são expressas e textuais. 2 – A finalidade da nulidade por moléstia mental é a de proteção à família, de evitar a propagação dos males e das taras. (TJMG, Ap. Cível n. 1.0699.98.005185-7/001, rel. Fernando Bráulio, j. 25.11.2004, *DJEMG* 16.03.2005)

Infidelidade e gravidez de outro homem. Insuportabilidade da vida em comum. Reconhecimento (*JTJ* 264/162, 236/46 e 231/180, TJSP, Ap. Cível n. 215.902-4/4, rel. Des. Enio Santarelli Zuliani, j. 09.04.2002). (*RT* 767/235)

Gravidez simulada. (*JTJ* 262/36)

Infidelidade. Vida amorosa dúplice e oculta. Insuportabilidade da vida em comum. (*RT* 781/235)

Portador de deformidade peniana congênita (hipospádia). Impotência instrumental. Reconhecimento. (*JTJ* 251/39)

Cônjuge toxicômano. Insuportabilidade da vida em comum. Reconhecimento. (*RT* 796/244 e *JTJ* 249/31)

Marido com passado criminal. Prova de desconhecimento. Exigibilidade. (*JTJ* 246/41)

Mulher consumidora compulsiva. Não cabimento. (*JTJ* 265/233)

Assunção de compromissos comerciais acima de suas posses. Dívidas. A noiva sabia da situação econômica do réu. Desacolhimento. (STJ, REsp n. 134.690/PR, rel. Min. Ruy Rosado de Aguiar, j. 21.09.2000, *DJU* 30.10.2000)

Dissimulação do verdadeiro caráter da esposa. Ardil com objetivo patrimonial. Desonestidade e abandono. Acolhimento. (TJRJ, Ap. Cível n. 4969/00/01, rel. Des. Alexandre H. P. Varella, j. 08.08.2000)

Desemprego. Ociosidade. Desacolhimento. (TJPR, Ap. Cível n. 81.061-1, rel. Des. Cordeiro Cleve, j. 16.02.2000)

Casamento. Anulação. Admissibilidade. Erro essencial sobre a pessoa do outro cônjuge. Cônjuge varão que mentiu sobre sua identidade civil. Análise da situação social, cultural e econômica do casal que permite a conclusão de que a ulterior descoberta do erro tornou insuportável a vida em comum. Inteligência do art. 1.557, I, do CC (de 2002). (*RT* 842/199)

---

**Art. 1.558. É anulável o casamento em virtude de coação, quando o consentimento de um ou de ambos os cônjuges houver sido captado mediante fundado temor de mal considerável e iminente para a vida, a saúde e a honra, sua ou de seus familiares.**

---

A manifestação de vontade viciada pela coação também é causa de anulabilidade do casamento. O casamento, como já se disse, deve decorrer da vontade livre e espontânea dos nubentes de contrair núpcias (art. 1.535). Essa liberdade para consentir deixa de existir quando há coação. Ela vicia o ato praticado, por não representar a real intenção ou vontade do agente. Para sua configuração, ao contrário do que se observa para os contratos, a lei exige apenas o temor de mal genérico, e não de dano, motivo pelo qual o juiz pode verificar a presença da coação com maior facilidade. A coação pode ser física ou moral. Na primeira há a *vis absoluta*, que é a violência ou força física, que torna nulo o ato cometido. Na segunda há a *vis compulsiva*, que torna o ato anulável. Ao contrário da primeira, nesta a vítima tem a escolha de praticar o ato ou sofrer as consequências previstas. O temor será qualificado como fundado quando decorrente de ameaça grave (promessa de morte, de escândalo, do ridículo, da denunciação às autoridades), embasada em elementos sólidos capazes de impressionar o nubente. Já o critério de aferição dessa persuasão leva em conta a condição pessoal do coacto, apurável segundo as circunstâncias enumeradas no art. 152 deste Código. Determina ainda a lei que o mal seja atual ou iminente (próximo, irremediável e não remoto), capaz de ocasionar o fundado receio de que se produza dano à vida, à saúde ou à honra do coacto ou de seus familiares. A coação pode ser efetivada tanto pelo outro cônjuge como por terceiro. "Não se considera coação a ameaça do exercício normal de um direito, nem o simples temor reverencial" (art. 153).

**Jurisprudência:** Veja no art. 1.556 a seguinte decisão: TJSP, Ap. Cível n. 1000504-67.2021.8.26.0320/SP, 1ª Câm. de Dir. Priv., rel. Rui Cascaldi, j. 12.04.2022, publ. 12.04.2022.

Apelação Cível. Julgamento conjunto com a AC n. 70077931665. Ação anulatória de casamento celebrado pelo regime da comunhão universal de bens. Procedência. Manutenção. Verificada a hipótese prevista no art. 1.558 do CC, deve ser mantida a sentença que julgou procedente o pedido de anulação do casamento. Apelo desprovido. (TJRS, Ap. Cível n. 70077627164, 8ª Câm. Cível, rel. Des. Ricardo Moreira Lins Pastl, j. 18.10.2018)

Apelação cível. Anulação de casamento. Coação não configurada. Prescrição da pretensão ratificada. Inocorrente a situação descrita no art. 1.558 do CC, não se apreendendo que o consentimento da apelante tenha sido dado mediante coação ou fundado temor, bem como, convalidado o enlace pela coabitação, consoante explicitado no art. 1.559 do CC, não há falar na incidência da hipótese prevista no art. 1.560, IV, do CC. Recurso desprovido. (TJRS, Ap. Cível n. 70.030.915.359, 8ª Câm. Cível, rel. José Ataídes Siqueira Trindade, j. 14.07.2009)

Anulação de casamento. Restando demonstrada a coação praticada com o intuito de obrigar o casamento entre as partes, contrariando a sua vontade, é de julgar procedente o pedido formulado em ação de anulação de casamento (TJMG, Ap. Cível n. 000.147.405-5/00, rel. Des. Bady Curi, j. 02.12.1999). (*RBDFam* 5/121)

**Art. 1.559. Somente o cônjuge que incidiu em erro, ou sofreu coação, pode demandar a anulação do casamento; mas a coabitação, havendo ciência do vício, valida o ato, ressalvadas as hipóteses dos incisos III e IV do art. 1.557.**

A lei limita ao cônjuge que incidiu em erro ou sofreu coação a legitimidade para ajuizar a ação de anulação de casamento fundamentada nos vícios de consentimento descritos nos arts. 1.556 e 1.558, antes comentados. O que significa que apenas o cônjuge tem legitimidade para a ação, não o tendo aquele que se beneficiou do ato ou o seu representante legal. Assim, preferindo o cônjuge que sofreu a coação ou que incidiu em erro manter o casamento, ninguém poderá impedir ou solicitar a decretação de sua invalidade. A *segunda parte do artigo* dispõe sobre a convalidação do casamento quando, ocorrendo quaisquer das hipóteses previstas nos arts. 1.557, I (erro quanto à identidade, à honra e à boa fama do outro cônjuge) e II (erro decorrente de ignorância acerca de crime anterior ao casamento), e 1.558 (coação), houver coabitação dos cônjuges após a ciência de algum dos vícios enumerados nos citados dispositivos legais. Como já afirmado em comentário ao art. 1.557, a sólida convivência do casal evidencia a falta do requisito da insuportabilidade da vida comum para autorizar o pedido de anulação do casamento, de onde se infere que, nos casos dos incisos I e II do art. 1.557, a coabitação, com ciência do vício, convalida o casamento, diante do que se poderia considerar perdão da vítima. Já nas hipóteses previstas nos incisos III e IV do art. 1.557 – erro quanto a defeito físico irremediável, moléstia grave e transmissível ao cônjuge e aos herdeiros e doença mental grave –, o fato da coabitação dos cônjuges não tem por consequência a regularização da invalidade descoberta. Com relação à coabitação decorrente de casamento realizado mediante coação, deverá ser ela voluntária, pois a derivada de violência não gera o efeito de convalidar o casamento que, a qualquer momento, poderá ser declarado nulo.

**Jurisprudência:** Apelação cível. Anulação de casamento. Art. 1.559 do CC. Somente o cônjuge que incidiu em erro, ou sofreu coação, pode demandar a anulação do casamento. Logo, inconteste que a ação de anulação de casamento é personalíssima e intransmissível, sendo descabida a habilitação dos herdeiros da falecida. Demais disto, prevê o art. 485, IX, do CPC, que o processo será extinto sem apreciação do mérito, em caso de morte da parte quando a ação for considerada intransmissível por disposição legal, o que perfeitamente se amolda ao caso concreto. Apelo desprovido. (TJSP, Ap. Cível n. 10244802720208260001/SP, 8ª Câm. de Dir. Priv., rel. Silvério da Silva, j. 12.04.2023, *DJ* 17.04.2023)

Processo civil. Direito civil. Apelação. Ação de reconhecimento e dissolução de união estável. Requisitos. Art. 1.724, CC. Pedido contraposto. Anulação de casamento. Erro essencial. Art. 1.550, CC. Anterior ao enlace. Ausente. Divórcio. Partilha. Sentença mantida. 1 – Não configurados os requisitos elencados no art. 1.723 do CC, o pedido para reconhecimento de união estável não deve proceder. 2 – Com a evolução dos conceitos de direito de família, a união estável pode ser aferida a partir de um relacionamento afetivo-amoroso duradouro e público entre as pessoas, com ânimo de constituição de família. 3 – No caso, a ausência de pretensão de construção de entidade familiar no relacionamento amoroso existente entre as partes, impede a caracterização da união estável, pois há clara indicação que não houve o *affectio maritalis*, como propósito comum, caracterizando a convivência *sub judice* como "namoro qualificado". 4 – Somente será considerado erro essencial, para viabilizar a anulação do casamento, quando evidente que o consentimento foi viciado pelo desconhecimento de fatos anteriores ao casamento que, se conhecidos, a união não se consumaria. 5 – Quando a parte tinha conhecimento de toda a vida financeira e emocional do requerido, não restando demonstrado que incorreu em erro sobre a pessoa, pois os traços violentos surgiram no calor da separação, essas condutas não podem ser motivo para anulação do casamento, mas perfeitamente possível para o divórcio. 6 – Negou-se provimento aos recursos. (TJDF, Proc. n. 00076967720178070016, 7ª T. Cível, rel. Leila Arlanch, j. 06.02.2019, *DJe* 07.02.2019)

Apelação. Ação ordinária de anulação de casamento. Perda da virgindade antes do matrimônio. Alegação de que a mulher passou a se comportar de forma leviana após o casamento. Inicial indeferida. 1 – A perda da virgindade antes das núpcias não é mais sinal de má fama ou má reputação, não sendo suficiente para motivar a anulação do matrimônio sob a alegação de erro essencial sobre a pessoa, principalmente quando tal pedido é feito após 11 meses de casamento, tempo suficiente para caracterizar a coabitação elencada no art. 1.559 do CCB. 2 – A alegação de mau comportamento da mulher, após o matrimônio, tampouco tem o condão de motivar a anulação do casamento, podendo apenas e tão somente servir como argumento em possível ação de separação ou divórcio. 3 – Decisão que indeferiu a inicial mantida. (TJMG, Ap. Cível n. 1.0702.03.082960-1/001, rel. Jarbas Ladeira, j. 26.04.2005, *DJEMG* 20.05.2005)

Ação de anulação de casamento. Legitimidade *ad causam*. O rol do art. 210 do CC diz respeito a pessoas legitimadas a requerer a anulação do casamento a qualquer tempo, na vigência deste ou após a morte de um dos cônjuges. Já a legitimação dos herdeiros, prevista no art. 178, § 5°, II, do CC, é extraordinária, só manifestando-se após a morte do incapaz de consentir, por força do interesse na herança. Recurso especial conhecido e provido. (STJ, REsp n. 145.889/SP, 3ª T., rel. Min. Ari Pargendler, j. 30.05.2001, v.u., *DJU* 20.08.2001)

Casamento. Anulação. Ajuizamento por herdeiro (irmã do cônjuge falecido). Legitimação extraordinária reconhecida. Interpretação dos arts. 210 e 178, § 5°, II, do CC. Recurso provido. (*JTJ* 232/36)

---

**Art. 1.560. O prazo para ser intentada a ação de anulação do casamento, a contar da data da celebração, é de:**

**I – cento e oitenta dias, no caso do inciso IV do art. 1.550;**

**II – dois anos, se incompetente a autoridade celebrante;**

**III – três anos, nos casos dos incisos I a IV do art. 1.557;**

**IV – quatro anos, se houver coação.**

**§ 1º Extingue-se, em cento e oitenta dias, o direito de anular o casamento dos menores de dezesseis anos, contado o prazo para o menor do dia em que perfez essa idade; e da data do casamento, para seus representantes legais ou ascendentes.**

**§ 2º Na hipótese do inciso V do art. 1.550, o prazo para anulação do casamento é de cento e oitenta dias, a partir da data em que o mandante tiver conhecimento da celebração.**

---

Este artigo estabelece os prazos para a propositura da ação de anulação de casamento, segundo as causas, já comentadas, que podem gerar sua invalidade. Os prazos fixados pelo legislador são de decadência, e todos aqueles previstos nos incisos terão como marco inicial a data da celebração do casamento. O **inciso I** estabelece o prazo de 180 dias para anular o casamento do incapaz de consentir (*v.* comentário ao art. 1.550, IV). O **inciso II** fixa em dois anos o prazo para o direito de anular o casamento no caso de incompetência da autoridade celebrante (*v.* comentário aos arts. 1.550, VI, e 1.554). O **inciso III** impõe o prazo de três anos para o direito de anular o casamento decorrente de erro do nubente (*v.* comentários aos arts. 1.556, 1.557, I a IV, e 1.559). Já o **inciso IV** fixa o prazo de quatro anos para anular o casamento decorrente de coação (*v.* comentários aos arts. 1.558 e 1.559). Os **§§ 1º e 2º do artigo** estabelecem prazos decadenciais que têm outro marco inicial. Será de 180 dias o prazo para o direito de anular o casamento dos menores de dezesseis anos, sendo que este prazo passará a fluir, para o menor, do dia em que perfez essa idade, e, para seus representantes legais ou ascendentes, da data do casamento (*v.* comentários aos arts. 1.517 e 1.552). O prazo será também de 180 dias para a anulação do casamento celebrado mediante procuração cujo mandato já havia sido revogado, a partir da data em que o mandante tiver conhecimento da celebração (*v.* comentário ao art. 1.550, V e parágrafo único).

**Jurisprudência:** Veja no art. 1.550 a seguinte decisão: TJSP, Ap. Cível n. 1017112-68.2020.8.26.0032/SP, 10ª Câm. de Dir. Priv., rel. Jair de Souza, j. 14.12.2021, publ. 14.12.2021.

Apelação cível. Ação de anulação de casamento. Erro essencial. Prazo decadencial. Termo inicial. Data da celebração. De acordo com o disposto no art. 1.560 do CC/2002, o prazo para o ajuizamento de ação de anulação do casamento com base em erro essencial quanto à pessoa do cônjuge é de 3 anos, a contar da data da sua celebração. Recurso conhecido e não provido. (TJMG,

Ap. Cível n. 10439160082210001, rel. Des. Albergaria Costa, j. 30.05.2019, *DJe* 11.06.2019)

Apelação cível. Pedido de anulação de casamento. Erro essencial. Art. 1.560 do CC. Decadência. Nos termos do art. 1.560 do CC, o prazo para ser ajuizada ação de anulação do casamento com base em erro essencial, é de três anos a contar da data de sua celebração. (TJMG, Ap. Cível n. 1.0520.10.001683-8/001, rel. Des. Dárcio Lopardi Mendes, j. 12.01.2012)

Apelação. Pedido de anulação de casamento. Decadência. Inocorrência. Impotência. Demonstração. Erro essencial. Caracterização. O pedido de anulação de casamento com base em erro essencial quanto a pessoa não tem prazo decadencial de 180 dias, mas sim de 3 anos. Inteligência do art. 1.560, III, c/c art. 1.557, ambos do CCB. Comprovada a impotência sexual do varão, e comprovado que esse fato era desconhecido antes do matrimônio, é de rigor considerar demonstrada a caracterização de erro essencial. Desimporta, para isso, a causa da impotência: se física ou psicológica. Importa apenas a consequência. A saber: a ocorrência de erro quanto a uma circunstância essencial do outro, e a frustração de uma legítima expectativa, decorrente dos usos e costumes da nossa cultura, de que haverá sexo entre as pessoas que se casam. Rejeitada a preliminar. No mérito, deram provimento. (TJRS, Ap. Cível n. 70.036.910.933, 8ª Câm. Cível, rel. Des. Rui Portanova, j. 22.07.2010)

Família. Anulação de casamento. Erro essencial. Prazo decadencial. 3 anos contados da celebração. I – O direito de intentar ação de anulação de casamento decai em 3 anos, a contar da data da celebração, nos termos do art. 1.560, III, do CC/2002. (TJMG, Ap. Cível n. 1.0003.07.020695-2/001, rel. Fernando Botelho, j. 09.07.2009)

Veja no art. 1.550 os seguintes acórdãos: TJDF, Ap. Cível n. 2008.01.1.119996-2, 4ª T. Cível, rel. Cruz Macedo, *DJ* 23.03.2009, p. 103, *RBDFS* 11/158; TJMG, Ap. Cível n. 1.0106.06.020387-9/001, rel. Teresa Cristina da Cunha Peixoto, j. 19.07.2007, *DJEMG* 02.08.2007.

---

**Art. 1.561. Embora anulável ou mesmo nulo, se contraído de boa-fé por ambos os cônjuges, o casamento, em relação a estes como aos filhos, produz todos os efeitos até o dia da sentença anulatória.**

**§ 1º Se um dos cônjuges estava de boa-fé ao celebrar o casamento, os seus efeitos civis só a ele e aos filhos aproveitarão.**

**§ 2º Se ambos os cônjuges estavam de má-fé ao celebrar o casamento, os seus efeitos civis só aos filhos aproveitarão.**

---

Este artigo dispõe sobre o casamento putativo e seus efeitos. *Casamento putativo* é aquele contraído de boa-fé pelos cônjuges, que ignoram circunstância que o torna nulo ou anulável. Em razão da boa-fé dos contraentes, o casamento aparenta ser verdadeiro, válido, mas não o é. Em homenagem a essa boa-fé dos contratantes ou de apenas um deles, a lei assegura que o casamento nulo ou anulável produzirá os efeitos do casamento válido até a data da sentença que decretar a sua invalidação. Desse modo, protegem-se a família e os filhos.

A boa-fé necessária para que se tenha como putativo o casamento significa ignorância do impedimento ou da causa de anulabilidade prevista na lei.

O erro capaz de autorizar o reconhecimento do casamento putativo deve ser escusável. Pode ser de fato (pessoa que se casou sem saber que o cônjuge já era casado; casamento de cônjuges sem que soubessem que eram irmãos) ou de direito (tios e sobrinhos que casaram sem saber da necessidade de exame pré-nupcial). O erro de direito está disciplinado neste Código, precisamente no art. 139, III, em que a lei dispõe sobre esse defeito do negócio jurídico. O erro de direito não é arguido para que os cônjuges se escusem de cumprir a lei que alegaram desconhecer (art. 3º da Lindb), pois o casamento será declarado nulo ou anulado de qualquer modo, como no exemplo: genro e sogra viúvos que decidem casar, descuidando do fato de que o parentesco na linha ascendente não se desfaz com o óbito do cônjuge.

O casamento putativo produzirá efeitos de casamento válido até a data da sentença que reconhecer sua invalidade, o que representa exceção à regra do art. 1.563, segundo a qual os efeitos da sentença que decretar nulidade do casamento retroagem à data da celebração. Os efeitos do reconhecimento do casamento putativo variam segundo a boa-fé dos cônjuges. Estando ambos os cônjuges de boa-fé (art. 1.561, *caput*), porque desconheciam o motivo que os impedia de casar, poderão obter o reconhecimento dos efeitos do casamento válido até a data da sentença. Nessa hipótese, as convenções antenupciais deverão ser observadas por ocasião da partilha dos bens. Se a dissolução for decretada após a morte de um dos cônjuges, o outro figura na ordem da vocação hereditária, e se a morte ocorrer após a anulação não haverá direito sucessório, pois não haverá que falar em cônjuge sobrevivente. As doações feitas em razão do matrimônio não deverão ser devolvidas, pois o negócio jurídico (casamento) terá ocorrido.

Caso apenas um dos cônjuges esteja de boa-fé (§ 1º), nenhum efeito do casamento válido beneficia o que estiver de má-fé, que, no entanto, suportará todos os ônus dele decorrentes. O cônjuge de boa-fé poderá optar entre invocar ou não a existência do matrimônio, valendo-se daquilo que o beneficiar. O cônjuge de boa-fé receberá a meação a que teria direito pelo regime de bens; o culpado terá direito aos bens adquiridos com esforço comum durante o casamento, para que não haja enriquecimento ilícito; mas perderá todas as vantagens havidas do inocente, além de ser obrigado a cumprir o que prometeu no pacto antenupcial (art. 1.564, I e II). O inocente que se emancipou com o casamento permanece emancipado. Pode manter o nome de casado, se o alterou com o casamento.

Quando ambos os cônjuges estiverem de má-fé (§ 2º), os efeitos civis só beneficiarão os filhos, para os quais a boa-fé dos pais será irrelevante, pois sua posição não se alterará. Ao cônjuge coacto, por força da equidade, deve ser dado o mesmo tratamento que ao cônjuge de boa-fé que casou por erro, pois foi vítima da *vis compulsiva*, não representando o seu ato a sua real intenção ou vontade. Nesse sentido também são as disposições legais encontradas nos Códigos alemão, italiano e português. Há proposta de inclusão nesse sentido no PL n. 699/2011.

**Jurisprudência:** Nulidade da sentença por omissão. Inocorrência. Observância estrita aos pedidos da inicial. Preliminar rejeitada. Ação Declaratória de Nulidade de Casamento. Procedência do pedido. Inconformismo. Acolhimento parcial. Matrimônio dos réus que foi celebrado após a separação e antes da dissolução do vínculo do casamento da corré. Nulidade que se impõe. Incidência dos arts. 1.521, VI, e 1.548, II, do CC. Casamento dos apelantes que foi contraído de boa-fé. Aplicação do art. 1.561, *caput*, do referido diploma legal. Pedidos de reconhecimento de união estável e de conversão em casamento que não merecem acolhimento. Ausência de reconvenção. Necessidade de ação própria. Sentença reformada apenas para reconhecer a celebração do casamento dos réus de boa-fé. Recurso provido em parte. Preliminar rejeitada e recurso parcialmente provido. (TJRS, Ap. Cível n. 1038670-89.2020.8.26.0002, 5ª Câm. de Dir. Priv., rel. Des. J. L. Mônaco da Silva, j. 18.06.2021)

Casamento putativo. Nulidade. Declaração que impõe ao contraente de boa-fé o perdimento de direitos patrimoniais e de pensão alimentícia, por não mais existir a condição de cônjuge. (*RT* 840/334)

Alimentos. Exoneração. Admissibilidade. Casamento anulado. Obrigação alimentar que persistiu enquanto em curso a ação anulatória do enlace. Obrigação que não mais subsiste após o trânsito em julgado da sentença. Ação procedente. Recurso não provido. (*JTJ* 278/28)

Casamento. Nulidade. Bigamia. Putatividade. Réu desquitado. Ausência de má-fé bem demonstrada. Inocorrência de ocultação da autora, ou mesmo das autoridades, de seu verdadeiro estado civil. Absoluto descuido no processo de habilitação. Hipótese do art. 221 do CC. Ação procedente. Sentença confirmada. (*JTJ* 239/44 ou *RT* 788/236)

Anulação de casamento. Bigamia. Boa-fé de um dos contraentes. Convalidação dos efeitos do casamento putativo em relação ao cônjuge inocente e em relação aos filhos. 1 – Restando demonstrada, de forma cabal, a celebração de seu casamento com a autora da ação anulatória, correta é a sentença que, proclamando a existência de impedimento dirimente absoluto, declara a anulação do vínculo matrimonial. 2 – Se um dos cônjuges estava de boa-fé, porque desconhecia o estado civil do outro contraente, há de ser proclamada a putatividade do matrimônio nulo, preservando-se os seus efeitos em relação a si e aos filhos do casal (TJDF, Remessa de Ofício n. 2000.01.1.011853-5, rel. Des. Arnoldo Camanho de Assis, *DJU* 07.08.2002). (*RBDFam* 15/118)

Casamento putativo. Boa-fé. Direito a alimentos. Reclamação da mulher. 1 – Ao cônjuge de boa-fé aproveitam os efeitos civis do casamento, embora anulável ou mesmo nulo (art. 221, parágrafo único, do CC). 2 – A mulher que reclama alimentos a eles tem direito, mas até a data da sentença (art. 221, parte final, do CC). Anulado ou declarado nulo o casamento, desaparece a condição de cônjuges. 3 – Direito a alimentos "até o dia da sentença anulatória". 4 – Recurso especial conhecido pelas alíneas *a* e *c* e provido. (STJ, REsp n. 69.108/PR, 3ª T., rel. Min. Nilson Naves, j. 16.12.1999, v.u., *DJU* 27.03.2000)

Ação ordinária de anulação de casamento. Confecção de segunda certidão de nascimento, com dados fornecidos pelo próprio interessado, omitindo um de seus sobrenomes e os nomes dos avós. Prova a confirmar que ambas as certidões de nascimento se referem à mesma pessoa. Certidão confeccionada com o fito exclusivo de propiciar segundo casamento. Bigamia caracterizada, estando porém demonstrada a boa-fé do outro cônjuge. Correta a sentença que proclama a nulidade do segundo casamento e declara a putatividade do casamento em relação ao cônjuge não impedido. Sentença que se confirma (TJRJ, DGJ n. 00016/00, 4ª Câm. Cível, rel. Des. Maria Augusta Vaz Monteiro de Figueiredo, j. 31.08.2000). (*RBDFam* 9/119)

A putatividade, no casamento anulável ou mesmo nulo, consiste em assegurar ao cônjuge de boa-fé os efeitos do casamento válido, e entre eles se encontra o direito a alimentos, sem limitação no tempo (STF, RE n. 81.105/SP, 2ª T., rel. Min. Cordeiro Guerra, vencido Min. Moreira Alves, j. 05.09.1978). (*RTJ* 89/495)

---

**Art. 1.562. Antes de mover a ação de nulidade do casamento, a de anulação, a de separação judicial, a de divórcio direto ou a de dissolução de união estável, poderá requerer a parte, comprovando sua necessidade, a separação de corpos, que será concedida pelo juiz com a possível brevidade.**

---

***Ver comentários sobre a EC n. 66/2010 nos arts. 1.571 e 1.572 a seguir.***

A parte que, *antes* de mover ação de nulidade do casamento, de anulação, de separação judicial, de divórcio direto ou de dissolução de união estável, portanto, previamente, pretender a separação de corpos, poderá fazê-lo desde que comprove a sua necessidade. Trata-se de medida cautelar antecedente, que tem por fundamento legal também o disposto nos arts. 300 a 302 e 305 a 310 do CPC/2015, que admite ainda medida incidental no mesmo sentido.

A medida cautelar autorizada pela lei tem por finalidade a segurança (integridade física e psicológica) e a dignidade das pessoas dos cônjuges que não mais conseguem conviver pacificamente sob o mesmo teto. Tem como pressuposto uma situação fática de emergência.

A medida cautelar implicará a suspensão do dever de coabitação e fidelidade recíproca e poderá ser requerida por um ou por ambos os cônjuges. Destina-se a obter autorização judicial para que o cônjuge ou companheiro deixe o lar conjugal ou o lar comum, ou para que o outro cônjuge ou companheiro o faça obrigatoriamente. Nesse último caso, os motivos graves retratados no pedido de separação de corpos podem, inclusive, importar o *afastamento temporário de um dos cônjuges ou companheiros da moradia do casal*, sendo considerado um *plus* em relação ao pedido de separação de corpos, previsto neste artigo.

A jurisprudência também consolidou entendimento no sentido de que a separação de corpos pode ser formulada conjunta e consensualmente pelos cônjuges, antes mesmo de completado o prazo de um ano para ser requerida a separação consensual, a fim de que seja solucionado imediatamente o problema da impossibilidade da vida em comum, bem como fiquem suspensos os deveres de coabitação e fidelidade recíproca e o regime de bens. A medida produzirá efeitos até que os cônjuges atinjam o lapso temporal necessário para que requeiram a separação consensual. Com o advento da Lei n. 11.441/2007, que instituiu a ***separação consensual extrajudicial***, é possível vislumbrar a possibilidade de que a medida de separação de corpos tratada no artigo também seja estabelecida por escritura pública para marcar o início da contagem do prazo para o divórcio (art. 1.580), desde que as partes sejam maiores e capazes e o pedido seja consensual, tendo em vista a simplicidade da medida e o objetivo por ela buscado, incidindo aqui a regra de quem pode o mais (separação consensual) pode o menos (separação de corpos).

O "afastamento do lar, domicílio ou local de convivência com a mulher ofendida" também é medida que a nova Lei n. 11.340, de 07.08.2006 (art. 22, II), a qual dispõe sobre os mecanismos para coibir a violência doméstica e familiar contra a mulher, entre eles a criação dos "Juizados de Violência Doméstica e Familiar contra a Mulher", prevê como protetiva de urgência imposta ao agressor, estabelecendo ainda outras "protetivas de urgência à ofendida", tais como a recondução dela e a de seus dependentes ao respectivo domicílio, após afastamento do agressor (art. 23, II) e afastamento dela do lar, sem prejuízo dos direitos relativos a bens, guarda dos filhos e alimentos (art. 23, III), além da própria separação de corpos (art. 23, IV) aqui tratada, mas fundamentada em qualquer das formas de violência doméstica e familiar contra a mulher, previstas no art. 7º do novo diploma legal citado. Lembre-se de que tais medidas, embora de competência cível, deverão ser conhecidas e julgadas pelos juízes das varas criminais, enquanto ainda não estruturados os juizados especiais estabelecidos pela lei, conforme determina o disposto no seu art. 33.

A providência cautelar prevista neste artigo terá relevância para a contagem do prazo exigido pelo art. 1.580, pois será o marco inicial para a conversão da separação em divórcio. A separação de fato não impedirá o ingresso do processo cautelar, que, em verdade, dará força cogente a uma situação de fato preexistente.

Na separação de corpos cautelar poderá o juiz dispor sobre a guarda dos filhos, como autoriza o art. 1.585, observando o disposto no art. 1.584 e seu parágrafo único (*v.* comentário).

**Jurisprudência:** Agravo de instrumento. Ação de divórcio. Justiça gratuita. Indeferimento. Patrimônio incompatível com a benesse pleiteada. Necessidade do benefício não comprovada. Pedido de afastamento do cônjuge do lar. Indeferimento. Existência de indícios de risco à integridade psicológica e patrimonial da autora. Afastamento que se impõe. Art. 12-C, I, da Lei n. 11.343/2006 e art. 1.562 do CC. Guarda compartilhada do menor. Inadmissibilidade. Intensa animosidade entre os genitores. Necessidade de fixação da guarda provisória unilateral em favor da genitora, com a fixação de regime provisório de visitas em favor do genitor. Solução que melhor atende aos interesses do menor. Recurso parcialmente provido. 1. Não tendo sido demonstrada a hipossuficiência econômica da parte, diante da existência de patrimônio incompatível com tal alegação, descabe o deferimento dos benefícios da justiça gratuita. 2. Havendo indícios de ocorrência de violência psicológica e patrimonial contra a mulher, é de rigor o afastamento do agressor do lar. Inteligência do art. 12-C, I, da Lei n. 11.340/2006 e art. 1.562 do CC. Precedente desta Col. Câmara. 3. Visando preservar o melhor interesse da criança e considerando a intensa animosidade entre os seus genitores, impõe-se a fixação de guarda provisória unilateral em favor de sua genitora, fixando-se regime provisório de visitas em favor do genitor. (TJSP, AI n. 2283369-39.2021.8.26.0000/SP, 6ª Câm. de Dir. Priv., rel. Maria do Carmo Honorio, j. 21.06.2022, publ. 21.06.2022)

Agravo de instrumento. Ação cautelar de separação de corpos c/c ação de alimentos c/c guarda separação de corpos e afastamento do cônjuge do lar conjugal. Insuportabilidade da vida em comum. Tutela da dignidade da pessoa humana. Decisão reformada. A impossibilidade de comunhão de vidas e afetos (parágrafo único do art. 1.573 do CC), observada a partir da litigiosidade que reveste o atual estágio do relacionamento das partes, impõe o deferimento da separação de corpos e afastamento do cônjuge do lar conjugal até decisão final do litígio, resguardando a integridade física e moral do casal e evitando que o estado de beligerância se agrave, o que é prudente evitar (arts. 1.562 c/c 1.575, *caput*, ambos do CC e art. 888, VI, do CPC) [sem correspondente no CPC/2015]. Recurso conhecido e provido. (TJPR, AI n. 1098955-0, 12ª Câm. Cível, rel. Des. Rosana Amara Girardi Fachin, *DJe* 11.02.2014, p. 698)

Apelação cível. Cautelar. Separação de corpos posterior à separação judicial. Medida preparatória de ação de partilha. Ausência de *debitum conjugale*. Inadequação. Inteligência do art. 1.562 do CC. 1 – A separação de corpos pressupõe o *debitum conjugale* e, estando este extinto pela separação litigiosa, tem-se por inconcebível o seu reconhecimento, vez que já vazio de discussão para uma pretensa ação de partilha de bens, a qual independe de *debitum conjugale*. (TJMG, Ap. Cível n. 1.0245.07.131557-7/001, rel. Elias Camilo, j. 29.01.2009)

Separação de corpos. Pedido que não precisa necessariamente basear-se em risco à integridade física e psicológica do proponente. Cabimento apenas para que se possibilite o afastamento do lar conjugal sem que esteja configurada a quebra do dever de coabitação. Inteligência dos arts. 1.562, 1.566 e 1.572 do CC. Interesse de agir presente. Carência afastada. Recurso provido. (TJSP, Ap. Cível n. 581.113.4/9-00, rel. Maia da Cunha, 4ª Câm. de Dir. Priv., j. 07.08.2008, *DJESP* 18.08.2008)

Agravo de instrumento. Família. Ação de separação judicial litigiosa. Pedido liminar de separação de corpos, guarda dos filhos e alimentos. Possibilidade. Separação de corpos. Necessidade de acautelamento da saúde física e psíquica das partes e dos filhos do casal. Guarda provisória dos filhos deferida à virago. Manutenção. Alimentos provisionais. Alimentos arbitrados em patamar razoável ante as possibilidades do agravante e a necessidade dos alimentandos. Nos termos do § 7º do art. 273 do CPC [art. 305, parágrafo único, do CPC/2015], que autoriza o deferimento de medida cautelar em caráter incidental, é possível que o autor requeira, liminarmente, a separação de corpos na ação de separação judicial litigiosa. Comprovado o clima de animosidade entre os cônjuges no seio do convívio familiar, de todo recomendável a concessão da separação de corpos, para evitar o acirramento dos ânimos entre o casal, preservando, assim, sua integridade física e psíquica, bem como a de seus filhos. Inexistindo motivos relevantes para alterar a guarda provisória concedida à mãe, recomendável que a situação dos menores seja mantida da forma como determinada pelo digno juízo de origem. Fixados os alimentos provisionais, nesta fase, em patamar razoável, que atenda, por um lado, às necessidades dos alimentandos e, por outro, às possibilidades do alimentante, devem ser eles mantidos no *quantum* fixado monocraticamente. (TJMG, Ap. Cível n. 1.0024.07.785726-6/001, rel. Armando Freire, j. 22.07.2008, *DJEMG* 15.08.2008)

Separação de corpos. Decretação que depende apenas do exame da existência do casamento. Hipótese em que se mostra inoportuna e impertinente a discussão que envolva fatos a ser apreciados na ação de separação judicial. (*RT* 819/289)

Separação de corpos. Ajuizamento para a fixação da data da separação de fato do casal. Admissibilidade. Medida que visa a resguardar direitos para eventual separação judicial. Aplicação do art. 515, § 3º, do CPC [art. 1.013, § 3º, I, do CPC/2015]. Extinção do processo sem julgamento do mérito. Inadmissibilidade. Prosseguimento do feito. Recurso provido. (*JTJ* 273/146)

Separação de corpos. Cabimento ainda que existente a separação de fato. Decretação do afastamento temporário do marido do lar conjugal. Comprovação da imposição de maus-tratos à mulher e da queda ao vício do jogo. (*RT* 810/391)

Separação de corpos. Casal já separado de fato. Admissibilidade. Legalização da situação para resguardo de direitos da autora. Extinção do processo afastada. Recurso provido (*JTJ* 243/118).

No mesmo sentido: *RT* 781/349.

Separação de corpos. Pleiteada por marido que descobre, na memória do computador do casal, documentação eletrônica (fotos enviadas e mensagem trocada pela mulher, com sentido pornográfico e injurioso), comprometedora da harmonia e do equilíbrio racional da convivência. Legalidade da providência (art. 888, VI, do CPC) [sem correspondente no CPC/2015]. Não provimento (TJSP, AI n. 318.650-4/4, rel. Des. Enio Santarelli Zuliani, j. 07.10.2003). (*RBDFam* 22/63)

Separação de corpos. União estável. Indeferimento da inicial. Inadmissibilidade. Existência de direito líquido e certo da autora na apreciação do seu pedido. Entendimento do art. 226, § 3º, da CR. Recurso provido. (*JTJ* 258/166)

Separação de corpos. Concessão ao cônjuge sem que esteja vivendo uma situação de perigo. Possibilidade diante da ocorrência de desamor entre o casal. Circunstância, no entanto, que deverá ser devidamente demonstrada. (*RT* 788/247 ou *JTJ* 241/120)

Cautelar. Afastamento do cônjuge da morada comum do casal. Guarda de filhos. Alimentos. Regulamentação de visitas. Possibilidade de cumulação. (TJRS, AI n. 70.005.909.338, rel. Des. Sérgio Fernando de Vasconcellos Chaves, *DOERS* 20.05.2003)

Separação de corpos. União estável. Interesse de agir. Ocorrência. Providência que objetiva a fixação do termo inicial da extinção da comunhão, bem como fazer cessar o dever de fidelidade. Extinção do processo afastada. Recurso provido. (*JTJ* 236/154)

---

**Art. 1.563. A sentença que decretar a nulidade do casamento retroagirá à data da sua celebração, sem prejudicar a aquisição de direitos, a título oneroso, por terceiros de boa-fé, nem a resultante de sentença transitada em julgado.**

---

A sentença que declarar a nulidade do casamento retroagirá até a data de sua celebração, porque o ato nulo não gera efeito algum, devendo as partes retornar ao estado em que se encontravam antes do casamento. Essa é a regra contida no artigo ora comentado, que tem como exceção o disposto no art. 1.561, que dispõe sobre os efeitos da sentença anulatória no caso de reconhecimento do casamento putativo (*v.* comentário ao art. 1.561). Muito embora a lei só se refira à nulidade do casamento, não há razão plausível que justifique a não abrangência do dispositivo aos casos de anulabilidade. Há, no PL n. 699/2011, proposta nesse sentido. Os efeitos retroativos autorizados pela lei à data da celebração do casamento não prejudicarão: a) os direitos adquiridos onerosamente; b) terceiros de boa-fé que tenham celebrado negócios jurídicos com os cônjuges; c) antes da decretação da invalidade do casamento. Os requisitos apontados são cumulativos. Ensina Luiz Edson Fachin (*Código Civil comentado*. São Paulo, Atlas, 2003, v. XV) que a lei confere a proteção aos terceiros de boa-fé, independentemente da boa-fé dos cônjuges que com eles contrataram. Assim, o legislador não submete terceiros à insegurança que poderia decorrer da necessidade de um exame da situação atinente à boa ou má-fé do cônjuge que com ele contrata. Relativamente aos negócios benéficos, entretanto, ensina o ilustre jurista que os efeitos perante terceiros dependerão, ainda, da aferição da boa-fé do cônjuge com quem o negócio jurídico foi contraído. Apesar de ser possível concluir, diante de outras regras deste Código (p. ex., art. 1.561), que a situação dos filhos não ficará prejudicada com a invalidade do casamento dos pais, "nada custa – e convém – deixar consignado nesta, que trata diretamente da questão", segundo justificativa apresentada ao PL n. 276/2007, hoje substituído pelo PL n. 699/2011.

**Jurisprudência:** Veja no art. 1.521 a seguinte decisão: TJSP, Ap. Cível n. 1000321-24.2021.8.26.0344/SP, 9ª Câm. de Dir. Priv., rel. César Peixoto, j. 09.03.2022, publ. 09.03.2022.

Apelação cível. Direito previdenciário. Pensão devida a filha solteira por morte de servidor público estadual. IPERGS. Art. 73 da Lei Estadual n. 7.672/82. Restabelecimento após anulação de matrimônio. Impossibilidade. Casamento putativo reconhecido em sentença transitada em julgado. Declaração de nulidade com efeitos *ex nunc*. União estável caracterizada. Perda da condição de dependente. Não preenchimento dos requisitos legais. Precedentes.

– A pretensão veiculada pela apelante está fundamentada no fato de que nenhum efeito subsiste de matrimônio declarado nulo, razão pela qual deveria ser restabelecido o pagamento de pensão por morte do genitor, havido como direito adquirido desde 1993. Caso dos autos em que a união vivenciada pela autora, que perdurou por dez anos, foi reconhecida judicialmente, em decisão transitada em julgado, como casamento putativo, gerando todos os seus efeitos, entre eles a perda da qualidade de dependente, além de caracterizar união estável, circunstância que, igualmente, gera a cessação do benefício.

– Não tendo sido reconhecida a inexistência do casamento, mas sim a sua nulidade, com efeitos *ex nunc*, pela putatividade, não há falar em direito adquirido, tendo em vista que inexiste possibilidade legalmente admitida para que seja restabelecido o benefício previdenciário em razão do retorno do administrado ao estado civil que lhe permitiria receber a pensão. A melhor exegese do art. 9°, em conjunto com a norma de transição do art. 73, ambos da Lei n. 7.672/82, demonstra que o pensionamento deve ocorrer apenas enquanto solteiros os filhos. Precedentes.

– A norma do art. 14 da Lei Estadual n. 7.672/82 não prevê como situação de perda da condição de dependente apenas o casamento, mas também o concubinato, e não há dúvida de que o matrimônio que veio a ser declarado nulo caracterizou união estável, fazendo desaparecer a presunção de dependência econômica e, assim, fazendo cessar o pensionamento.

– Análise da finalidade da lei, que, em sua redação originária, à época de sua edição, tinha como escopo proteger as mulheres, presumidamente dependentes de seus genitores, suprindo assim as suas necessidades econômicas, situação não experimentada pela apelante, pós-graduada e proprietária de joalheria em *shopping* de alto padrão, nesta Capital, derruindo a presunção ficta de dispositivo legal que, ademais, não tem mais vigência. Apelo desprovido. (TJRS, Ap. Cível n. 70.074.146.101, rel. Marilene Bonzanini, j. 27.07.2017, *DJe* 03.08.2017)

Apelação cível. Previdência pública. Filha solteira. Casamento. Anulação. Efeitos *ex tunc*. Condição de beneficiária. Restabelecimento. Direito implementado sob a vigência da Lei n. 6.617/73. Dependência presumida. 1 – A anulação do casamento opera efeitos *ex tunc*, como se os cônjuges jamais tivessem contraído o vínculo matrimonial. Nesse passo, a filha solteira que com o matrimônio teve alterado seu estado civil e, assim, extinta sua inscrição perante o Ipergs, com a anulação do casamento retorna ao *statu quo*, regulando-se o benefício pela data do óbito do segurado. 2 – A filha solteira que implementou seu direito, sob a égide da Lei n. 6.617/73, com o óbito do pai ocorrido em 1975, é assegurada a condição de dependente presumida enquanto não contrair casamento civil, desde que admitido o servidor no serviço público antes de 1974. Apelação provida. (TJRS, Ap. Cível n. 70.018.260.166, 2ª Câm. Cível, rel. Arno Werlang, j. 17.10.2007, *DJ* 09.11.2007)

**Art. 1.564. Quando o casamento for anulado por culpa de um dos cônjuges, este incorrerá:**

**I – na perda de todas as vantagens havidas do cônjuge inocente;**

**II – na obrigação de cumprir as promessas que lhe fez no contrato antenupcial.**

O presente artigo dispõe sobre as sanções que deverão recair sobre o cônjuge culpado pela anulação do casamento. A regra se aplica a todo casamento anulado, seja ele putativo, seja aquele decorrente de erro, seja o realizado mediante coação. Segundo o **inciso I**, o cônjuge reconhecido culpado perderá todas as vantagens havidas do cônjuge inocente, devendo ser entendidos como vantagens os eventuais direitos adquiridos em decorrência de doação ou outras majorações materiais, tais como participação em herança ou qualquer outra que possa ser restituível. Essa sanção será aplicada ao casamento realizado tanto sob o regime de bens decorrente da estipulação em pacto antenupcial como sob o regime proveniente da comunhão parcial. O cônjuge culpado não terá direito a ser herdeiro por morte do cônjuge de boa-fé, se este falecer antes da sentença anulatória. Já no **inciso II** determina o legislador que o cônjuge culpado deverá cumprir a promessa que fez no contrato antenupcial. Esse direito fica reservado ao cônjuge de boa-fé, não culpado, que poderá exercê-lo ou não, segundo o seu livre-arbítrio. Porém, se o cônjuge de boa-fé optar pela execução do contrato antenupcial, não poderá cindi-lo para reclamar somente a execução das cláusulas que lhe são favoráveis, rejeitando outras. A avença inserida no pacto antenupcial deve estar revestida de todos os pressupostos de validade do ato jurídico.

**Jurisprudência:** Veja no art. 1.521 a seguinte decisão: TJSP, Ap. Cível n. 1000321-24.2021.8.26.0344/SP, 9ª Câm. de Dir. Priv., rel. César Peixoto, j. 09.03.2022, publ. 09.03.2022.

## CAPÍTULO IX
## DA EFICÁCIA DO CASAMENTO

**Art. 1.565. Pelo casamento, homem e mulher assumem mutuamente a condição de consortes, companheiros e responsáveis pelos encargos da família.**

**§ 1º Qualquer dos nubentes, querendo, poderá acrescer ao seu o sobrenome do outro.**

**§ 2º O planejamento familiar é de livre decisão do casal, competindo ao Estado propiciar recursos educacionais e financeiros para o exercício desse direito, vedado qualquer tipo de coerção por parte de instituições privadas ou públicas.**

Do casamento advêm importantes consequências (ou efeitos). A primeira delas é a constituição da família legítima, base da sociedade, assim reconhecida constitucionalmente (art. 226, *caput*, da CF). O segundo efeito consiste na mútua assunção, pelo casal, da condição de consortes, companheiros e responsáveis pelos encargos da família. Como já salientado em comentário ao art. 1.511, a relação matrimonial impõe a mútua convivência, a reciprocidade de interesses na organização da vida e na obrigação de atitudes ou condutas individuais, e, por fim, uma gama de direitos e deveres iguais, que irão disciplinar a vida em comum. "A comunhão de vida é a nota fulcral que marca o casamento. Sem esta, desaparecem seu sentido e sua finalidade. O enlace envolve a comunhão de afetos e dos demais componentes de uma vida em comum, como a ajuda mútua, a dedicação recíproca e a colaboração pessoal, doméstica e econômica. Mas o elo espiritual que une os cônjuges é que torna realidade a comunhão material" (RIZZARDO, Arnaldo. *Direito de família*. Rio de Janeiro, Forense, 2004).

A adoção do nome de família por qualquer dos cônjuges, autorizada pela lei (§ 1º), é exemplo da comunhão de vida exigida pelo casamento. Decorre do princípio constitucional da igualdade entre as pessoas casadas (art. 226, § 5º, c/c o art. 5º, *caput* e inciso I, da CF). Outro exemplo é o planejamento familiar, em que predomina a autonomia do casal, decorrente da comunhão existente entre os cônjuges. Competirá exclusivamente aos cônjuges decidir se vão ter filhos e quantos. Ao Estado competirá apenas propiciar recursos educacionais e financeiros para o exercício desse direito, vedado qualquer tipo de coerção por parte de instituições privadas ou públicas (§ 2º). Essa regra também tem natureza constitucional (art. 226, § 7º, da CF), estando fundada nos princípios da dignidade da pessoa humana e da paternidade responsável. Este § 2º também se aplica aos casais que vivem em união estável, por força do disposto no art. 226, *caput*, §§ 3º e 7º, da CF, e não revogou o disposto na Lei n. 9.263/96 (que regula o § 7º do art. 226 da CF, que trata do planejamento familiar, estabelece penalidades e dá outras providências). O terceiro efeito é a imposição de deveres aos cônjuges, a partir da celebração, que serão objeto de comentários ao artigo seguinte (art. 1.566). O quarto e último efeito é a imediata vigência do regime de bens, a cujos comentários feitos ao art. 1.639, §§ 1º e 2º, remete-se o leitor.

**Jurisprudência:** Apelação cível. Ação de retificação do registro civil. Direitos de personalidade. Supressão do matronímico após o casamento. Possibilidade. O pedido de supressão, diante da adoção do sobrenome do cônjuge, é legalmente possível, pois não afeta o conhecimento da ancestralidade, nem causa prejuízo a terceiros ou à sociedade. Precedentes do STJ e do TJRS. Apelação provida. (TJRS, Ap. n. 50630770320238210010/ Caxias do Sul, 1ª Câm. Esp. Cível, rel. Eduardo Augusto Dias Bainy, j. 19.08.2024, *DJ* 26.08.2024)

Retificação de registro civil. Autora "L. M. J. M. C." que pretende restabelecer o sobrenome de solteira após casamento e divórcio na Suécia, uma vez que permanece com o nome de casada. Pleito de supressão do sobrenome marital "J.". Sentença de improcedência por ausência de comprovação de que a autora regularizou o uso do sobrenome de solteira no país onde contraiu o matrimônio. Inconformismo da postulante. Cabimento. Autora que comprovou a adoção do nome de solteira em órgãos oficiais da Suécia atendendo à premissa jurídica adotada na sentença. Modificação pretendida que se considera permissível e está amparada pelo art. 57, II, da Lei n. 6.015/73. Precedente desta Eg. Corte. Parecer favorável da D. Procuradoria de Justiça. Recurso provido. (TJSP, Ap. n. 10026136420238260100/SP, 9ª Câm. de Dir. Priv., rel. Galdino Toledo Júnior, j. 21.06.2024, *DJ* 21.06.2024)

Retificação de nome. Pedido de exclusão do patronímico do ex-cônjuge. Casamento celebrado na Suécia. Sentença de improcedência. Possibilidade de exclusão do sobrenome do ex-cônjuge que não encontra impedimento legal. Inteligência dos arts. 1.578, § 1º, e 1.565, § 1º, ambos do CC. Conjunto probatório que não evidencia a prática de má-fé. Sentença reformada. Recurso provido. (TJSP, Ap. Cível n. 1072910-04.2020.8.26.0100/ SP, 3ª Câm. de Dir. Priv., rel. João Pazine Neto, j. 09.05.2022, publ. 09.05.2022)

Retificação de registro civil. Pedido julgado parcialmente procedente, somente para incluir o patronímico do cônjuge, contudo, sem a exclusão do patronímico paterno. Insurgência. Acolhimento. Princípio da imutabilidade relativa, do art. 57 da Lei n. 6.015/73, que não é atingido. Mera adequação à situação de casada, para identificação com o nome do filho. Precedentes do STJ. Sentença reformada. Recurso provido. (TJSP, Ap. Cível n. 1006078-96.2021.8.26.0344, 3ª Câm. de Dir. Priv., rel. Des. João Pazine Neto, j. 16.08.2021)

Apelação cível. Ação de retificação de registro civil. Supressão do patronímico do cônjuge. Manutenção da sociedade conjugal. Possibilidade. Ausência de prejuízo. Manutenção dos apelidos de família. Origem familiar preservada. Recurso ao qual se dá provimento. 1. Dentre as formas de aquisição e perda do sobrenome está o casamento, no qual, de acordo com o disposto no § 1º do art. 1.565, do CC, qualquer dos nubentes, querendo, poderá acrescer ao seu o sobrenome do outro. 2. É permitida a supressão do patronímico adquirido em núpcias quando a alteração não afeta os apelidos de família, muito menos a estirpe do requerente. (Des. MR) Apelação Cível. Ação de retificação de registro civil. Exclusão do patronímico do marido. Inexistência de situação excepcional ou justo motivo. Impossibilidade. Sentença mantida. 1. Deve ser mantida a sentença que julga improcedente o pedido de retificação do registro civil diante da ausência de situação excepcional ou justo motivo que pudesse autorizar a exclusão do patronímico do marido. (JD. BN) (TJMG, Ap. Cível n. 1.0000.19.050677-4/001, rel. Des. Baeta Neves, j. 27.08.2019)

Recurso especial. Civil. Registro público. Direito de família. Casamento. Alteração do nome. Sobrenome. Retificação de registro civil. Acréscimo. Data de celebração do casamento. Escolha posterior. Possibilidade. Identidade familiar. Justo motivo. Segurança jurídica. Preservação. 1 – Recurso especial interposto contra acórdão publicado na vigência do CPC/73 (Enunciados Adm. ns. 2 e 3/STJ). 2 – O art. 1.565, § 1º, do CC/2002 não impõe limitação temporal para a retificação do registro civil e o acréscimo de patronímico do outro cônjuge por retratar manifesto direito de personalidade. 3 – A inclusão do sobrenome do outro cônjuge pode decorrer da dinâmica familiar e do vínculo conjugal construído posteriormente à fase de habilitação dos nubentes. 4 – Incumbe ao Poder Judiciário apreciar, no caso concreto, a conveniência da alteração do patronímico à luz do princípio da segurança jurídica. 5 – Recurso especial provido. (STJ, REsp n. 1.648.858/SP, 3ª T., rel. Min. Ricardo Villas Bôas Cueva, j. 20.08.2019, *DJe* 28.08.2019)

Retificação de registro civil. Supressão do sobrenome do marido, com permanência do vínculo conjugal. 1 – Preliminar de cerceamento de defesa afastada. Questão de direito, não havendo necessidade de produção de prova oral em audiência. 2 – Alteração de nome deve ser excepcional e motivada. Art. 57, *caput*, da Lei n. 6.015/73. Exceção no tocante à inclusão ou supressão de sobrenome do cônjuge por ocasião da celebração do casamento ou da dissolução do vínculo conjugal. Art. 1.565, § 1º, do CC. Somente se exige motivação no caso de manutenção do sobrenome do cônjuge inocente pelo cônjuge culpado. Art. 1.578 do CC. Possibilidade de exercício da opção pela inclusão do sobrenome do cônjuge a qualquer momento, enquanto perdure o vínculo conjugal. Precedente do STJ. Possibilidade de supressão do sobrenome do cônjuge após a celebração do casamento, mesmo com a subsistência do vínculo conjugal, por analogia. A lei autoriza expressamente a supressão do sobrenome do companheiro, exigindo apenas o requerimento da parte interessada, ouvida a outra. Art. 57, §§ 1º a 5º, da Lei n. 6.015/73. Concordância do marido da autora. Acolhimento do pedido. 3 – Recurso provido. (TJSP, Ap. n. 1080312-15.2015.8.26.0100, 7ª Câm. de Dir. Priv., rel. Mary Grün, j. 09.10.2017)

Registro civil. Nome da apelante que, ao convolar núpcias, preferiu manter o nome de solteira. Pedido para que se acrescente o patronímico "Gabriel dos Santos" ao seu. Verificação de que "Gabriel dos Santos" é nome de família do marido da apelante, sendo compartilhado por seu pai, avô e irmão. Inexistência de prazo legal para que o cônjuge adote o nome do outro, nos temos do art. 1.565, § 1º, do CC. Possibilidade a qualquer tempo. Inexistência de requisitos que não a vontade do cônjuge, ao contrário da hipótese do art. 57, *caput* da LRP. Presunção de boa-fé que é princípio geral de direito. Certidões negativas não requisitadas pelo Ministério Público. Preclusão. Má-fé não demonstrada. Pedido deferido para acrescentar o nome "Gabriel dos Santos" ao da apelante. Expedição de mandado de averbação. Recurso provido. (TJSP, Ap. n. 0021604-72.2012.8.26.0462/Poá, 1ª Câm. de Dir. Priv., rel. Paulo Eduardo Razuk, *DJe* 24.07.2014, p. 1.187)

Apelação cível. Ação de retificação de registro civil. Apelante que pretende acrescentar o patronímico do marido. Possibilidade, ainda que casada há seis anos, pelo art. 1.565, § 1º, do CC, que não prevê limite temporal para tanto. Sentença de improcedência reformada. Recurso provido. (TJSP, Ap. n. 0007385-36.2011.8.26.0156/Cruzeiro, 2ª Câm. de Dir. Priv., rel. José Joaquim dos Santos, *DJe* 26.05.2014, p. 1.411)

Apelação cível. Ação de retificação de registro civil de casamento. Pedido de inclusão do patronímico do cônjuge. Viabilidade. Relativização do princípio da imutabilidade do nome. Ciência do art. 57 da Lei n. 6.015/73 e do § 1º do art. 1.565 do CC. Ausência de limitação temporal à possibilidade de inclusão do patronímico do cônjuge. Precedente do STJ. Inexistência de prejuízos a terceiros. Nome que se destaca como um dos aspectos da personalidade individual. Sentença reformada. Revela-se possível a retificação do registro civil para a inclusão do patronímico do cônjuge no sobrenome do outro, ainda que posteriormente à celebração do casamento, considerando-se que o direito ao nome é atributo da personalidade individual e merece especial tutela jurídica. Recurso conhecido e provido. (TJPR, Ap. Cível n. 1106640-1, 12ª Câm. Cível, rel. Des. Rosana Amara Girardi Fachin, *DJe* 13.05.2014, p. 534)

Retificação de registro civil. Acréscimo de apenas um dos patronímicos do cônjuge com supressão de um dos sobrenomes próprios. Possibilidade. A norma do § 1º do art. 1.565 do CC admite interpretação ampliativa, não trazendo em seu bojo qualquer limitação ou vedação. Com o matrimônio é criada nova entidade familiar, a qual também merece identificação social. Hipótese em que não há prejuízo à individualização da autora e de sua origem familiar ou prejuízos sociais. Recurso provido. (TJSP, Ap. n. 0037588-52.2010.8.26.0564/São Bernardo do Campo, 6ª Câm. de Dir. Priv., rel. Ana Lucia Romanhole Martucci, *DJe* 02.04.2014, p. 1.614)

Veja no art. 1.523 o seguinte acórdão: STJ, REsp n. 1.306.196, 3ª T., rel. Min. Nancy Andrighi, *DJe* 28.10.2013, p. 1.075.

Direito de família. Ação regressiva para ressarcimento de danos. Autor que pretende ser ressarcido pela ex-cônjuge, em 50% do valor referente ao acordo firmado com hospital em razão de despesas com a internação do filho comum, logo após o seu nascimento. Poder familiar. Dever de prover sustento dos filhos. Art. 1.566 do CC. Casamento que traduz comunhão plena de vida. Responsabilidade de ambos os consortes pelos encargos da família, em amparo material recíproco. Art. 1.565 do CC. Matéria que deve ser analisada à luz do princípio da solidariedade familiar. Obrigação que se revela juridicamente inexigível. Irrepetibilidade. Além disso, impossível reavivar questão pecuniária pertinente ao casamento, porquanto extinto há mais de década. Sentença de improcedência mantida. Recurso desprovido. (TJSP, Ap. n. 0020246-52.2011.8.26.0577/São José dos Campos, 6ª Câm. de Dir. Priv., rel. Paulo Alcides, j. 23.05.2013, *DJe* 28.05.2013)

Agravo de instrumento. Pensão por ato ilícito. Valor. Dependência econômica do cônjuge e filhos. Presunção que exsurge da interpretação do quanto disposto nos arts. 1.565 e 1.566 do CC. Impedimento judicial a recair sobre veículos de propriedade do réu. Poder geral de cautela. Art. 798, CPC [art. 297 do CPC/2015]. Ausência de receio de lesão grave ou de difícil reparação ao direito da autora. Impossibilidade. Não havendo prova em contrário, presume-se, em interpretação do quanto contido nos arts. 1.565 e 1.566 do CC, a contribuição econômica de ambos os cônjuges para o sustento familiar. Não havendo prova segura, nesse momento, quanto ao valor exato percebido pelo cônjuge falecido, afigura-se razoável o arbitramento da pensão devida com base nos gastos mensais familiares devidamente comprovados, computando-se a renda do cônjuge supérstite. O poder geral de cautela, delineado no art. 798 do CPC [art. 297 do CPC/2015], autoriza ao magistrado determinar as medidas provisórias que julgar adequadas à preservação da efetividade do provimento judicial final. Contudo, o instituto só encontrará razão de ser uma vez presente "fundado rert.ceio de que uma parte, antes do julgamento da lide, cause ao direito da outra lesão grave ou de difícil reparação", nos termos do dispositivo legal mencionado. (TJMG, AI n. 1.0112.11.003636-8/001, rel. Des. Cláudia Maia, j. 30.08.2012, *DJe* 05.09.2012)

Apelação cível. Registro civil. Casamento. Acréscimo do sobrenome do nubente. Pedido retificação de registro para supressão do patronímico materno. Possibilidade. 1 – Não há vedação legal à supressão do sobrenome materno quando do casamento, desde que não configure prejuízo à ancestralidade ou à segurança jurídica que decorre da verdade registral. Inteligência do art. 1.565, § 1º, do CC. Precedente do STJ. 2 – Sendo plausível a alegação da postulante, no sentido de que não procedeu à supressão do patronímico materno quando da habilitação para o casamento em razão de informação equivocada que lhe foi prestada, de que somente seria possível o acréscimo do sobrenome de seu nubente, não há razão para obstar retificação de registro pretendida, na medida em que não se verifica prejuízo de qualquer ordem. 3 – Manifesta procedência do recurso que autoriza julgamento monocrático, conforme o disposto no art. 557, § 1º-A, do CPC [art. 932, V, *a*, do CPC/2015]. Recurso provido em decisão monocrática. (TJRS, Ap. Cível n. 70.052.518.016, 8ª Câm. Cível, rel. Luiz Felipe Brasil Santos, j. 15.01.2013)

Retificação de registro civil. Acréscimo de apenas um dos patronímicos do cônjuge com supressão de sobrenome próprio. Possibilidade. A norma do § 1º do art. 1.565 do CC admite interpretação ampliativa, não trazendo em seu bojo qualquer limitação ou vedação que inviabilize a mescla dos patronímicos dos consortes para que eles formem um sobrenome comum. Com o matrimônio é criada nova entidade familiar, a qual também merece identificação social. Hipótese em que não há prejuízo à individualização da autora e de sua origem familiar ou prejuízos sociais. Recurso provido. (TJSP, Ap. Cível n. 0081263-81.2011.8.26.0224/Guarulhos, 4ª Câm. de Dir. Priv., rel. Milton Carvalho, j. 16.08.2012)

Retificação de registro civil (assento de casamento). Improcedência. Pedido de retificação que busca a supressão do patronímico do cônjuge. Inadmissibilidade. Opção exercida quando da celebração do casamento (art. 1.565, § 1º, do CC). Exclusão do referido patronímico somente nas hipóteses previstas no art. 1.571, § 2º, do mesmo diploma legal. Ausência ainda de quaisquer situações excepcionais previstas nos arts. 56, 57 e 58 da Lei n. 6.015/73 (redação dada pela Lei n. 9.708/98).

Alegadas desavenças com a família do cônjuge não autorizam a retificação pretendida. Precedentes. Sentença mantida. Recurso improvido. (TJSP, Ap. n. 990102224538, 8ª Câm. de Dir. Priv., rel. Des. Salles Rossi, j. 15.09.2010)

Apelação. Retificação de registro. Casamento. Acréscimo do patronímico materno do cônjuge. Possibilidade. A Lei permite a qualquer dos cônjuges acrescer ao seu o sobrenome do outro. Inteligência do art. 1.565, § 1º, do CCB. Não há qualquer vedação legal à pretensão de acrescer o patronímico materno do cônjuge e não o paterno. E onde a própria Lei não limitou ou restringiu, não cabe ao intérprete e aplicador impor limitação ou restrição. Ademais, no caso concreto, a parte já ostenta por sua própria descendência o patronímico paterno do cônjuge. Logo, a pretensão de adotar o patronímico materno do cônjuge não é mero capricho, mas sim relevante opção por não ostentar sobrenome repetido. Deram provimento. (TJRS, Ap. Cível n. 70.035.424.985, 8ª Câm. Cível, rel. Des. Rui Portanova, j. 22.04.2010)

Apelação cível. Habilitação de casamento. Supressão pela nubente de um dos patronímicos para acrescer o apelido de família do marido. Possibilidade. Interpretação extensiva do art. 1.565, § 1º, do CC. Precedentes. (TJMG, Ap. Cível n. 1.0145.09.551316-7/001(1), rel. Des. Barros Levenhagen, j. 04.02.2010)

Mandado de segurança. Reexame necessário. Pretensão de obter cirurgia de laqueadura de trompas. Planejamento familiar. Art. 226, § 7º, da Carta Magna. Regulamentado pela Lei n. 9.263/96. Inexistência de recurso voluntário. O direito à saúde e ao planejamento familiar são garantidos constitucionalmente, não podendo os entes públicos com a atribuição de efetivá-los recusar a assistência necessária para tanto. Sentença de procedência, concedendo a ordem que se mantém. Decisão monocrática com fulcro no art. 557, *caput*, do CPC [arts. 932, IV, *a* e *b*, e 1.011, I, do CPC/2015], mantendo a sentença em sede de reexame necessário. (TJRJ, MS n. 0006738-06.2008.8.19.0006, 15ª Câm. Cível, rel. Des. Celso Ferreira Filho, j. 26.08.2009)

Alteração de registro civil. Acréscimo do patronímico do marido após o casamento. Alteração. Possibilidade. Interpretação do art. 1.565, § 1º, do CC/2002. Estando clara a demonstração da vontade das partes em inserir o patronímico do virão no Registro Civil de casamento, afigura-se razoável a pretensão. Impedir a concretização é ato que não coaduna com a proteção constitucional da dignidade humana e da família, mesmo porque a lei não exige requisitos rigorosamente estabelecidos para que se dê a retificação do nome da pessoa perante o registro civil. (TJMG, Ap. Cível n. 1.0024.08.082916-1/001, rel. Teresa Cristina da Cunha Peixoto, j. 16.04.2009)

Processo civil. Ação de retificação de nome em virtude de casamento. Supressão de apelido de família da nubente para o acréscimo de um do marido. Possibilidade. Interpretação do art. 1.565, § 1º, do CC/2002. Ainda que o vocábulo "acrescer" contido no § 1º do art. 1.565 do CC/2002 indique, a princípio, apenas o acréscimo de um sobrenome, não deve sua interpretação ser realizada restritivamente, de forma a dificultar a vida dos nubentes ou gerar-lhes inconvenientes, mas, sim, buscando-se alcançar o significado mais amplo da norma em apreço, que confere aos nubentes a faculdade de, em razão do casamento: a) manter o nome de solteiro; ou, b) acrescentar ao seu nome apelido(s) de família do outro nubente; ou c) substituir um, ou alguns, dos seus apelidos de família pelo do outro nubente, desde que não causem prejuízos a terceiros. (TJMG, Ap. Cível n. 1.0145.08.448405-7/001, rel. Elias Camilo, j. 29.01.2009)

Registro civil. Retificação. Acréscimo de sobrenome materno omitido na certidão de nascimento e inclusão reflexa de tal sobrenome ao da cônjuge. Exegese dos arts. 55 e 57 da LRP e art. 1.565, § 1º, do CC. Direito personalíssimo do indivíduo que deve ser tutelado amplamente. Inexistência de vedação legal. Ação procedente. Recurso provido. (TJSP, Ap. c/ Rev. n. 539.090.4/0-00/F. D. Brás Cubas/Mogi das Cruzes, rel. Piva Rodrigues, 9ª Câm. de Dir. Priv., j. 23.09.2008, *DJESP* 10.10.2008)

Apelação cível. Registro civil. Supressão de patronímico de ascendente. Art. 1.565, § 1º, do CC. Conforme dispõe o art. 1.565, § 1º, do CC, quando do casamento é possível somente o acréscimo pelo nubente do sobrenome do consorte. Nosso ordenamento jurídico homenageia a imutabilidade do nome da pessoa, o que só pode ser modificado em situações excepcionais. Assim, não se enquadrando o caso dos autos nesse rótulo, defesa a exclusão do patronímico paterno pretendida pela apelante. Recurso desprovido. (TJRS, Ap. Cível n. 70.020.555.066, 8ª Câm. Cível, rel. José Ataídes Siqueira Trindade, j. 05.12.2007)

Nome. Alteração. Inclusão de sobrenome de marido. Cônjuge já falecido. Art. 1.565, § 1º, do CC. Termo "nubentes". Entendimento. Delimitação temporal. Pedido. Improcedência. Não se pode alterar nome de pessoa para incluir sobrenome de marido muito depois da celebração do casamento. No art. 1.565, § 1º, do CC, o termo "nubentes", utilizado ao invés de "cônjuges", significa que há delimitação temporal para a modificação no nome. Não se é de dar procedência ao pedido de alteração, mormente porque a sociedade conjugal já foi extinta pelo falecimento de um cônjuge. (TJMG, Ap. Cível n. 1.0702.06.266489-2/001, rel. Manuel Saramago, j. 25.01.2007, *DJEMG* 14.02.2007)

Apelação cível. Registro civil. Acréscimo do nome da família do noivo. O acréscimo do nome da família do noivo não se traduz em prejuízo da identificação da noiva no meio social, mormente, porque, no caso, foi mantido integralmente seu nome de solteira. O ordenamento jurídico civil pátrio veda a exclusão do nome de família, não o acréscimo. Inteligência do art. 1.565, § 1º, do CC/2002. Recurso desprovido. (TJRS, Ap. Cível n. 70.017.085.127, 8ª Câm. Cível, rel. Des. José Ataídes Siqueira Trindade, j. 06.11.2006)

Direito civil. Recurso especial. Casamento. Nome civil. Supressão de patronímico. Possibilidade. Direito da personalidade. Desde que não haja prejuízo à ancestralidade, nem à sociedade, é possível a supressão de um patronímico, pelo casamento, pois o nome civil é direito da personalidade. Recurso especial a que não se conhece. (STJ, REsp n. 662.799, rel. Min. Castro Filho, j. 08.11.2005)

Apelidos do marido. Alteração pedida pela viúva para restabelecer o nome de solteira. Possibilidade jurídica do pedido. Não é irrenunciável o direito ao uso dos apelidos do marido, sendo possível juridicamente o pedido de restabelecimento do nome de solteira, presentes circunstâncias próprias que justifiquem a alteração do registro. (STJ, REsp n. 363.794/DF, rel. Min. Carlos Alberto Menezes Direito, j. 27.06.2002, *DJU* 30.09.2002)

**Art. 1.566. São deveres de ambos os cônjuges:**
**I – fidelidade recíproca;**
**II – vida em comum, no domicílio conjugal;**
**III – mútua assistência;**
**IV – sustento, guarda e educação dos filhos;**
**V – respeito e consideração mútuos.**

Este artigo estabelece os deveres comuns e recíprocos dos cônjuges, que nascem com o casamento destes. O rol legal não é taxativo. O legislador limitou-se a enumerar os deveres principais, que, descumpridos, poderão gerar a dissolução da sociedade conjugal. De outra parte, o cumprimento de tais deveres gera a estabilidade conjugal, que ainda deverá contar com o amor entre os cônjuges, a confiança, a tolerância, a abnegação, a colaboração, entre outros.

O primeiro dever, previsto no **inciso I** do presente artigo, é o da fidelidade recíproca. Decorre da organização monogâmica da família. Implica lealdade dos cônjuges, sob os aspectos físico e moral, quanto à manutenção de relações que visam à satisfação de seus instintos sexuais. A infração a esse dever configura adultério, motivo de impossibilidade de manutenção da vida em comum. A infidelidade virtual, o quase adultério e o adultério científico são objeto de comentário ao inciso I do art. 1.573, a seguir.

O segundo dever, previsto no **inciso II** deste artigo, é o da vida em comum, no domicílio conjugal. Esse dever tem sentido mais amplo que o simples dever de coabitação – convivência sob o mesmo teto –, pois envolve a plena comunhão de vida, na qual se compreende a satisfação sexual (*debitum conjugale*), a assistência mútua, a convivência de esforços, trabalhos, desejos e realizações. As ausências temporárias em razão do exercício da profissão ou impostas por outras necessidades, tais como a assistência a filhos ou pais residentes em outra cidade, não configuram violação do dever de coabitação (*v.* comentário ao art. 1.569). Até mesmo a moradia em casas diferentes, havendo motivo que o justifique, não descaracteriza, necessariamente, o dever de vida em comum entre os cônjuges. O abandono injurioso (voluntário, injustificado, com ânimo de não regressar) é causa de separação litigiosa.

O **inciso III** traz a mútua assistência como dever a ser observado reciprocamente pelos cônjuges. A mútua assistência consiste no dever de amparo material (auxílio econômico) e moral (proteção aos direitos da personalidade do cônjuge: vida, integridade física e psíquica, honra e liberdade). O dever de mútua ajuda é, na verdade, um dever de conteúdo ético, fundado na solidariedade.

O quarto dever dos cônjuges é o sustento, a guarda e a educação dos filhos (**inciso IV**). Esse dever é inerente à autoridade parental e constitui encargo jurídico e moral dos cônjuges. Visa à estruturação da personalidade dos filhos.

Por fim, é dever dos cônjuges o respeito e consideração mútuos (**inciso V**). Para Carlos Roberto Gonçalves, o respeito e a consideração mútuos constituem corolário do princípio esculpido no art. 1.511 deste Código, segundo o qual o casamento estabelece comunhão plena de vida, com base na igualdade de direitos e deveres dos cônjuges. Tem relação com o aspecto espiritual do casamento e com o companheirismo que nele deve existir. Demonstra a intenção do legislador de torná-lo mais humano (*Direito de família*. São Paulo, Saraiva, 2002, v. II). Configuram violação a esse dever a tentativa de morte, a sevícia, a injúria grave, a conduta desonrosa, a ofensa à liberdade profissional, religiosa e social do cônjuge, dentre outros atos que importem em desrespeito aos direitos da personalidade do cônjuge (SILVA, Regina

Beatriz Tavares da. *Novo Código Civil comentado*. São Paulo, Saraiva, 2002).

**Jurisprudência:** Agravo interno. Apelação cível. Família. Ação negatória de paternidade c/c retificação de registro civil. Reconvenção. Indenização por abandono afetivo por parte do genitor. Inocorrência. Embora exista o dever jurídico de cuidado, que compreende os deveres de ambos os pais relativos ao sustento, guarda e educação dos filhos, nos exatos termos do art. 1.566, IV, do CC, não há o dever jurídico de cuidar afetuosamente, de modo que não há falar, em regra, em indenização pelo abandono, *in casu*, estritamente afetivo. A indenização por danos morais decorrentes de abandono afetivo assume um caráter excepcionalíssimo, devendo estar claramente demonstrados e conectados entre si todos os elementos da responsabilidade civil, previstos no art. 186 do CC, para que reste configurada a obrigação de indenizar. Na hipótese nos autos, em que pese a autora alegue abandono afetivo por parte do genitor, em não havendo prova de que a condição por ela reclamada lhe tenha gerado efetiva lesão emocional/psíquica, com repercussão negativa em seu desenvolvimento ou bem-estar, não merece provimento a pretensão. Precedentes do TJRS e do STJ. Agravo interno desprovido. (TJRS, Ap. n. 50035406120228213001/Porto Alegre, 7ª Câm. Cível, rel. Carlos Eduardo Zietlow Duro, j. 28.02.2024, *DJ* 28.02.2024)

Apelação cível. Ação de dissolução de união estável. Pretensão de alimentos e partilha de bens. Descabimento. I. Sabe-se que a prestação de alimentos entre ex-cônjuges ou ex-companheiros encontra respaldo no art. 1.694, *caput*, do CC, consubstanciando-se no princípio da solidariedade conjugal, que pode perdurar como um dever, mesmo após a ruptura da vida em comum, bem como no dever de mútua assistência estampado no art. 1.566, III, do CC. II. Caso dos autos em que restou demonstrado que a apelante possui plena capacidade de ingressar no mercado de trabalho, estando, desde 2020, buscando garantir a própria subsistência, sem a contribuição do apelado. III. Ausência de prova quanto a benfeitorias realizadas em imóvel, e da compra de bens móveis cuja partilha é pleiteada. Apelação desprovida. (TJRS, Ap. n. 5002187-61.2020.8.21.4001/Porto Alegre, 1ª Câm. Esp. Cível, rel. Luiz Antônio Alves Capra, j. 20.11.2023, *DJ* 27.11.2023)

Apelação cível. Família. Ação de indenização por abandono afetivo do genitor. Danos morais. Inocorrência. Embora exista o dever jurídico de cuidado, que compreende os deveres de ambos os pais relativos ao sustento, guarda e educação dos filhos, nos exatos termos do art. 1.566, IV, do CC, não há o dever jurídico de cuidar afetuosamente, de modo que não há falar, em regra, em indenização pelo abandono estritamente afetivo. Nesse contexto, a indenização por dano moral decorrente de abandono afetivo assume um caráter excepcionalíssimo, devendo estar claramente demonstrados e conectados entre si todos os elementos da responsabilidade civil, previstos no art. 186 do CC, para que reste configurada a obrigação de indenizar. Na hipótese nos autos, em que pese o abandono afetivo por parte do genitor demandado, não há prova de que do abandono afetivo tenha decorrido lesão emocional ou psíquica à parte autora, com repercussão negativa em seu desenvolvimento ou bem-estar, de modo que a manutenção da improcedência do pedido no ponto é medida que se impõe. Precedentes do STJ e do TJRS. Apelação desprovida. (TJRS, Ap. Cível n. 50000381201682150001/RS, 7ª Câm. Cível, rel. Carlos Eduardo Zietlow Duro, j. 19.04.2022, publ. 19.04.2022)

Agravo interno em agravo de instrumento. Direito de família. Ação de divórcio cumulada com partilha de bens e alimentos. Alimentos em favor de ex-companheira. Descabimento. A prestação de alimentos entre ex-cônjuges encontra respaldo no art. 1.694, *caput*, do CC, consubstanciando-se no princípio da solidariedade e mútua assistência estampado no art. 1.566, III, do CC. Caso em que agravante é saudável e apta ao trabalho, de modo que não restou demonstrada a necessidade, nem mesmo a dependência econômica, para autorizar a fixação de alimentos provisórios. Agravo interno desprovido. (TJRS, AI n. 51187096420218217000/RS, 7ª Câm. Cível, rel. Vera Lucia Deboni, j. 23.02.2022, publ. 23.02.2022)

Civil. Apelação cível. Responsabilidade civil. Danos emergentes. Venda de automóvel adquirido na constância do casamento. Ausência de prova do fato constitutivo da pretensão. Dano moral. Adultério. Ausência de cumprimento dos deveres impostos aos cônjuges. Fato com repercussão *in re ipsa*. Indenização devida. 1 – É atribuição da parte demandante a prova do fato constitutivo da pretensão, sem a qual não pode haver o reconhecimento dos alegados danos emergentes. 2 – O fato de ter sido o adultério descriminalizado não pode ser visto como óbice à compensação dos danos morais causados pelo cônjuge adúltero ao inocente, pois a fidelidade conjugal constitui dever legalmente atribuído ao par conjugal. Ademais, a transgressão a esse dever imposto aos cônjuges, deve ser visto como ato ilícito relativo, pois afeta as partes predeterminadas em uma apontada relação jurídica substancial. 3 – Como se sabe, o casamento é evento que tem múltiplas eficácias e gera uma peculiar relação jurídica cujo objetivo é o estabelecimento da "comunhão plena de vida, com base na igualdade de direitos e deveres dos cônjuges". Aliás, de acordo com a disposição expressa contida no art. 1.566, I, do CC, a fidelidade é dever de ambos os cônjuges, regra que deve ser observada reciprocamente. 4 – Logo, tendo havido a transgressão a esse comando normativo prescritivo e, diante da repercussão *in re ipsa* desse ilícito na esfera jurídica da parte, deve ser aplicada à hipótese a obrigação adveniente de ato ilícito indenizatório, nos termos do art. 186, em composição com o disposto no art. 927, *caput*, ambos do CC. 5 – Recurso da autora parcialmente provido para manter a condenação do demandado ao pagamento de indenização pelos danos morais gerados. Recurso do réu improvido. (TJDF, Proc. n. 0013950-24.2016.8.07.0009, rel. Maria de Lourdes Abreu, j. 19.09.2018, *DJe* 16.10.2018)

Apelação cível. Ação de reconhecimento e dissolução de união estável. Alimentos. Binômio necessidade/possibilidade. Dever de mútua assistência. Os alimentos entre os companheiros têm caráter de mútua assistência (art. 1.566, III, do CC), encontrando-se amparados no dever da solidariedade familiar (arts. 1.694, 1.702 e 1.704, *caput*, do CC). A fixação dos alimentos em favor da ex-companheira exige a prova da impossibilidade desta em prover o próprio sustento. Negaram provimento ao agravo de instrumento. (TJRS, Ap. Cível n. 70.064.440.746, 8ª Câm. Cível, rel. Alzir Felippe Schmitz, j. 16.07.2015)

Infidelidade conjugal. Violação dos deveres do casamento. Omissão sobre a verdadeira paternidade biológica de filho. Quebra da confiança. Dano moral configurado. Direito de família. Demanda indenizatória. Omissão sobre a verdadeira paternidade biológica de filho nascido na constância do casamento. Inocorrência de prescrição. Incidência do art. 197, I, do CC. Separação de fato que não permite a contagem do prazo prescricional. Alegação da apelante de que o recorrido violou os deveres conjugais e de que o adultério foi consentido. Ausência de provas que pudessem comprovar as alegações da demandada. Aplicação do art. 333, II, do CPC [art. 373, II, do CPC/2015]. Infidelidade conjugal, que por si só não gera dano moral. Peculiaridades relativas à infidelidade conjugal com o padrinho de casamento do casal e quebra da confiança do apelado, com omissão acerca da verdadeira paternidade biológica do filho nascido durante o casamento. Violação dos deveres de fidelidade, respeito e consideração mútuos. Art. 1.566 do CC. Dano moral configurado. Dano material comprovado. Valor da compensação que deve ser reduzido para R$ 20.000,00. Recurso parcialmente provido. (TJRJ, Ap. n. 0007742-78.2008.8.19.0006, 2ª Câm. Cível, rel. Des. Alexandre Antonio Franco Freitas Camara, *DJe* 14.05.2014, p. 103)

Divórcio litigioso. Ex-cônjuge. Pensão alimentícia. Possibilidade. Recurso de apelação cível. Divórcio litigioso. Pensão alimentícia em favor da ex-cônjuge. Possibilidade. Dedicação exclusiva às tarefas domésticas e família. Ausência de qualificação profissional. Idade avançada. Binômio necessidade-utilidade. Princípio da mútua assistência. Recurso provido. Restou evidenciada a necessidade da ex-cônjuge em perceber alimentos ante o término da vida conjugal, a qual perdurou por mais de 25 anos, período em que era dependente economicamente do marido, porquanto desempenhava tarefas domésticas e dedicava-se exclusivamente à família, proporcionando ao cônjuge varão condições para que o mesmo exercesse suas atividades profissionais com tranquilidade. Ademais, não se pode olvidar que a idade avançada e a ausência de qualificação profissional da apelante agravam as dificuldades inerentes ao ingresso tardio no mercado de trabalho. O dever de mútua assistência existente entre os cônjuges (art. 1.566, III, do CC) se materializa no encargo alimentar quando dissolvida a vida em comum, sendo, pois, resguardado ao cônjuge que não se encontra em condições de fomentar isoladamente sua própria subsistência, consoante a regra inserta no art. 1.694 do CC. A fixação da pensão alimentícia em favor da ex-cônjuge não acarretará sobrecarga intransponível ou expressiva em sua situação financeira ao cônjuge varão, cumprindo, pois, o binômio necessidade-utilidade. (TJMT, Ap. n. 17210/2013, rel. Des. Carlos Alberto Alves da Rocha, *DJe* 23.08.2013)

Reconhecimento de união estável *post mortem*. Relações patrimoniais entre os conviventes que se regem pelo regime da comunhão parcial de bens. Presunção absoluta de esforço comum na formação do patrimônio. Direito real de habitação que é consectário do reconhecimento da união estável. Art. 7º da Lei n. 9.278/96 não revogado pelo CC/2002. CF que equipara a união estável ao casamento, aplicando-se ao convivente viúvo, portanto, o art. 1.831 do CC. Proteção ao direito de moradia (CF, art. 6º, *caput*) que decorre do dever de assistência que incumbe aos consortes no casamento e na união estável (CC, arts. 1.566, III, e 1.724). Recurso provido. (TJSP, Ap. Cível n. 0003533-96.2010.8.26.0072, 4ª Câm. de Dir. Priv., rel. Milton Carvalho, j. 18.07.2013)

Agravo de instrumento. Medida cautelar. Alimentos provisórios. Binômio necessidade/possibilidade. Observância. Majoração do encargo. Necessidade de dilação probatória. Bloqueio de bens em nome de terceiros estranhos à lide. Impossibilidade. Desprovimento. Conquanto não se olvide que o dever de mútua assistência preconizado no art. 1.566, do CC, permanece até que sejam definitivamente dissolvidos os laços conjugais, sendo a recorrente maior e capaz, a necessidade não se presume, devendo-se registrar, ainda, que ela própria afirma, na inicial recursal, ser *free lancer*. (TJMG, AI n. 1.0024.12.223920-5/001, rel. Des. Barros Levenhagen, j. 23.05.2013, *DJe* 28.05.2013)

Agravo de instrumento. Ação de reconhecimento e dissolução de união estável cumulada com alimentos e danos morais. Tutela antecipada negada. Evidências de que as partes tenham efetivamente vivido em união com o objetivo de constituir uma família. Proposta de acordo informal efetuada pelo agravado, em que se dispunha a contribuir financeiramente para o sustento da agravante. Probabilidade do direito invocado. Alimentos provisórios fixados em patamar inferior ao pleiteado (três salários mínimos). Bloqueio de imóveis que constituiriam patrimônio do casal a ser partilhado. Impossibilidade de auferir o período de duração da união. Dúvida acerca da copropriedade da agravada. Ausência de perigo que autorize a concessão emergencial da medida. Inexistência de evidências de que o companheiro pretenda dilapidar os bens comuns. Possibilidade de cumulação com pedido indenizatório. Compatibilidade de ritos. Responsabilidade civil extracontratual que decorre do descumprimento de deveres entre os companheiros. Juízo de família que também se mostra competente para apreciar a questão. Recurso parcialmente provido. (TJSP, AI n. 0117193-22.2012.8.26.0000, 4ª Câm. de Dir. Priv., rel. Milton Carvalho, j. 13.12.2012)

Divórcio. Ex-esposa que é pessoa capaz, saudável e apta para o trabalho. O pagamento da pensão alimentícia deve restringir-se a dois anos, apenas para permitir seu ingresso no mercado de trabalho. A fixação dos alimentos em percentual dos rendimentos líquidos do alimentante assegura a observância ao binômio necessidade/possibilidade. Dano moral não caracterizado. Inexistência de situação excepcionalmente vexatória em decorrência do adultério descrito na inicial. Ausência de provas quanto a sua ocorrência. Recurso desprovido. (TJSP, Ap. Cível n. 0002220-19.2009.8.26.0466, 4ª Câm. de Dir. Priv., rel. Milton Carvalho, j. 13.12.2012)

Agravo de instrumento. Alimentos entre companheiros. Dever de mútua assistência. Binômio necessidade e possibilidade. Os alimentos entre os companheiros têm caráter de mútua assistência (art. 1.566, III, do CC), estando fundados no dever da solidariedade entre os ex-companheiros, cuja relação é equiparada ao casamento (art. 1.694 do CC), consagrados no princípio da solidariedade familiar, com amparo nos arts. 1.702 e 1.704, *caput*, do CC. Comprovado por quem postula os alimentos a impossibilidade – mesmo que temporária – de prover o próprio sustento, hão de ser fixados alimentos em seu favor, de acordo com o binômio necessidade e possibilidade. Deram parcial provimento ao recurso. (TJRS, AI n. 70.048.521.330, 8ª Câm. Cível, rel. Alzir Felippe Schmitz, j. 14.06.2012)

Indenizatória. Adultério. Infidelidade conjugal isoladamente considerada não gera dano moral passível de indenização. Necessidade de que as circunstâncias do caso evidenciem a existência de danos indenizáveis. Ausência na hipótese. Falta de comprovação de que houve publicidade da traição, inclusive, no local de trabalho. Intensidade da violação que não autoriza o ressarcimento almejado. Responsabilidade civil não configurada. Precedentes da jurisprudência. Recurso do réu provido. (TJSP, Ap. n. 0018292-50.2010.8.26.0562, rel. Juiz Milton Carvalho, j. 10.05.2012)

Indenizatória. Danos morais e materiais. Conflito entre ex-cônjuges. Ré que teria requerido a reclusão do autor por se sentir ameaçada com sua liberdade. Revogação do benefício de livramento condicional do autor. Dano moral não configurado. Decisão que depende do livre convencimento do juiz de execuções criminais. Despesas com contratação de advogado. Não comprovadas. Inadmissível concessão de indenização por dano material. Recurso desprovido. (TJSP, Ap. Cível n. 0022640-25.2009.8.26.0602, rel. Juiz Milton Carvalho, j. 02.02.2012)

Responsabilidade civil. Dano moral. Traição. Dever legal de fidelidade recíproca. Art. 1.566. CCB/2002. Regra oponível apenas ao casal entre si. Ato ilícito inexistente. Dever de indenizar não configurado. (TJRS, Ap. Cível n. 70.037.770.948, 9ª Câm. Cível, rel. Des. Iris Helena Medeiros Nogueira, j. 15.09.2010)

Direito de família. Alimentos em favor da esposa e filhos, na constância do casamento. Ausência de prova de que o marido não presta assistência material à família. Pedido não acolhido. Sentença mantida. Doutrina e jurisprudência entendem que o fato de o casal permanecer em coabitação não impede que um dos cônjuges e/ou os filhos do casal pleiteiem o pagamento de pensão alimentícia, desde que provem que o outro cônjuge e/ou pai não está cumprindo o dever de mútua assistência previsto no art. 1.566 do CC. Não existindo prova de que o marido e pai, com quem vivem sob o mesmo teto a esposa e os filhos, não vem cumprindo o dever de prestar assistência material a estes, julga-se improcedente o pedido formulado na ação de alimentos. Direito de família. Alimentos na constância do casamento em coabitação. Possibilidade. Prova da ausência de assistência material ao cônjuge e filhos. Comprovação. Tendo sido demonstrada, por via documental e testemunhal, a ausência de assistência material do cônjuge varão à virago e aos filhos, deve ser fixada pensão alimentícia, de acordo com o binômio possibilidade-necessidade. Dar provimento parcial ao recurso. (TJMG, Ap. Cível n. 1.0024.09.574638-4/001(1), rel. Des. Maurício Barros, j. 14.09.2010)

Ação de separação judicial. Homologação. Prestação alimentícia para os filhos. Necessidade dos alimentados. Capacidade contributiva do alimentante provada. Partilha de bens. Crédito trabalhista. A obrigação de prestar alimentos a filho menor decorre das previsões contidas no art. 227 da CR e no art. 1.566, IV, do CC. As verbas de natureza trabalhista nascidas e pleiteadas na constância do casamento comunicam-se entre os cônjuges. Aplica-se ao caso dos autos a regra prevista no art. 271, VI, do CC/1916. Recursos não providos. (TJMG, Ap. Cível n. 1.0024.05.695041-3/001(1), rel. Des. Almeida Melo, j. 09.09.2010)

Separação judicial litigiosa. Comunhão universal. Partilha de bens. A contribuição para o aprimoramento intelectual do cônjuge decorre do dever de mútua assistência, inerente ao casamento, consoante se extrai do art. 1.566, III, do CC, não gerando direito à indenização. A indenização trabalhista é considerada fruto civil do trabalho, ou, na linguagem do novo CC, provento do trabalho pessoal de cada cônjuge, não integrando o patrimônio comum, o que afasta a sua comunicabilidade. Precedentes jurisprudenciais. De acordo com o art. 1.667 do CC, o regime da comunhão universal importa a comunicação de todos os bens presentes e futuros dos cônjuges e suas dívidas. Todavia, para que seja reconhecida a divisão do passivo, as dívidas devem ser devidamente comprovadas. Recurso parcialmente provido. (TJRS, Ap. Cível n. 70.033.045.865, 8ª Câm. Cível, rel. Claudir Fidelis Faccenda, j. 26.11.2009)

Responsabilidade civil. Dano moral. Adultério. Ação ajuizada pelo marido traído em face do cúmplice da ex-esposa. Ato ilícito. Inexistência. Ausência de violação de norma posta. 1 – O cúmplice de cônjuge infiel não tem o dever de indenizar o traído, uma vez que o conceito de ilicitude está imbricado na violação de um dever legal ou contratual, do qual resulta dano para outrem, e não há no ordenamento jurídico pátrio norma de direito público ou privado que obrigue terceiros a velar pela fidelidade conjugal em casamento do qual não faz parte. 2 – Não há como o Judiciário impor um "não fazer" ao cúmplice, decorrendo disso a impossibilidade de se indenizar o ato por inexistência de norma posta – legal e não moral – que assim determine. O réu é estranho à relação jurídica existente entre o autor e sua ex-esposa, relação da qual se origina o dever de fidelidade mencionado no art. 1.566, I, do CC/2002. 3 – De outra parte, não se reconhece solidariedade do réu por suposto ilícito praticado pela ex-esposa do autor, tendo em vista que o art. 942, *caput* e parágrafo único, do CC/2002 (art. 1.518 do CC/1916), somente tem aplicação quando o ato do coautor ou partícipe for, em si, ilícito, o que não se verifica na hipótese dos autos. 4 – Recurso especial não conhecido. (STJ, REsp n. 1.122.547, 4ª T., rel. Min. Luis Felipe Salomão, j. 10.11.2009)

Apelação cível. Família. Separação judicial litigiosa. Ex-esposa necessitada de alimentos. Sucumbência. Honorários advocatícios. Alteração. Mulher que se dedicou às lides do lar até a separação de fato. Varão único provedor da família. Necessidade de recolocação no mercado de trabalho pelo cônjuge-mulher. Verba alimentar fixada em favor da varoa que atende o binômio necessidade/possibilidade e vem ao encontro do disposto no art. 1.566, III, da Lei Civil, que estabelece o dever de mútua assistência entre cônjuges. Honorários advocatícios em ações que versam sobre alimentos devem ser fixados em percentual sobre doze prestações mensais fixadas. Desprovida a apelação do autor e provida a apelação da demandada. (TJRS, Ap. Cível n. 70.024.390.528, 7ª Câm. Cível, rel. André Luiz Planella Villarinho, j. 08.10.2008, *DJ* 16.10.2008)

Ação de prestação de contas. Curatela. Suspensão do processo para habilitação do espólio ou sucessores do *de cujus*. Desnecessidade. Período anterior à morte do réu. Ausência de prejuízo. União estável. Companheiros. Inexistência de obrigação de prestar contas entre si. Sentença mantida. Não se vislumbrando a ocorrência de prejuízo às partes, não há nulidade a ser declarada, vez que a legislação processual civil adotou o princípio *pas de nullité sans grief*, ainda que ocorra alguma irregularidade processual. O art. 1.566 do CC estabelece o dever entre os cônjuges de vida em comum e assistência mútua, sendo homem e mulher, na condição de companheiros, responsáveis pelos encargos da família, nos termos do art. 1.565 do mesmo diploma legal, condição essa incompatível com a obrigação de administração de bens e direitos alheios, e de prestação de contas, submetida a procedimento especial – ação de prestação de contas. (TJMG, Ap. Cível n. 1.0024.06.029175-4/001, rel. Geraldo Augusto, j. 26.02.2008, *DJEMG* 18.03.2008)

Agravo de instrumento. Alimentos provisórios. Fixação. 1 – O pedido de alimentos reside no dever de mútua assistência entre os cônjuges, previsto no art. 1.566, III, do CC/2002. Imprescindível, contudo, para a fixação dos provisórios, prova inequívoca – entendida como aquela que não admite dúvida razoável – da necessidade de quem os pleiteia e da possibilidade da parte contrária, nos termos do art. 1.694, § 1º, do CC/2002. 2 – Razoável a alegação de que a agravante não possui renda, visto que figura na declaração de imposto de renda do agravado como sua dependente, necessitando, com isso, de pensão. Proveram parcialmente. Unânime. (TJRS, AI n. 70.020.884.854, 7ª Câm. Cível, rel. Des. Luiz Felipe Brasil Santos, j. 29.08.2007)

Ação de exoneração de pensão alimentícia. 1 – Ausente qualquer causa de cessação da incapacidade civil elencadas no art. 5º do CC/2002, e sendo a obrigação do alimentante decorrente do dever de sustento da prole durante a menoridade (art. 1.566, IV, do CC/2002), é juridicamente impossível o pedido exoneratório de alimentos formulado pelo genitor, pois a ninguém é dado livrar-se de um dever absoluto. 2 – Manifesta improcedência do recurso que autoriza o julgamento monocrático. Art. 557 do CPC [arts. 932, IV, *a* e *b*, e V, *a*, 1.011, I, e 1.021, §§ 2º, 4º e 5º, do CPC/2015]. Negado provimento, em julgamento monocrático. (TJRS, Ap. Cível n. 70.020.369.914, 7ª Câm. Cível, rel. Des. Luiz Felipe Brasil Santos, j. 29.08.2007)

Alimentos. Obrigação. Filho menor. A obrigação legal de alimentar o filho menor, decorrente dos arts. 229, da CF, e 231, IV, do CC, não pressupõe folga de recursos por parte do alimentante, uma vez que vai mesmo ao ponto de impor sacrifícios ao pai, restrição de seus gastos e redução de suas despesas, se a tanto for levado para cumprir o dever (TJMG, Ap. Cível n. 000.217.576-8/00, rel. Des. Almeida Melo, *DJMG* 24.05.2001). (*RBDFam* 12/129)

Reconhecendo o dever de sustento de ambos os pais em relação aos filhos de que detêm o poder familiar: TJMG, Ap. Cível n. 252.440-3/00, rel. Des. Francisco Figueiredo, *DJMG* 25.10.2002 (*RBDFam* 15/114); TJSC, Ap. Cível n. 2002.009795-6, rel. Des. Luiz Carlos Freyesleben, *DJSC* 26.08.2002 (*RBDFam* 15/112); TJSP, Ap. Cível n. 125.183-4, rel. Des. Cezar Peluso, j. 21.03.2000; TJSP, Ap. Cível n. 139.449-4, rel. Des. Cunha Cintra, j. 16.03.2000.

---

**Art. 1.567. A direção da sociedade conjugal será exercida, em colaboração, pelo marido e pela mulher, sempre no interesse do casal e dos filhos.**

**Parágrafo único. Havendo divergência, qualquer dos cônjuges poderá recorrer ao juiz, que decidirá tendo em consideração aqueles interesses.**

---

O legislador pôs fim à disposição do CC/1916 que estabelecia ser o marido o chefe da sociedade conjugal. Por força do princípio constitucional da igualdade entre os cônjuges (art. 226, § 5º, da CF), a sociedade conjugal passou a ser dirigida por ambos os cônjuges. Assim, a representação da família, a administração dos bens comuns e particulares dos cônjuges, o direito de fixar o domicílio da família e o dever de prover à manutenção da família passaram a ser exercidos pelo marido e pela mulher, em colaboração (cogestão), não em conjunto – necessidade de prática conjunta –, já que existem atos de direção que dispensam a participação dos dois cônjuges. As únicas exceções à disposição legal contida neste artigo, que atribuem a apenas um dos cônjuges a chefia plena da sociedade conjugal, estão enumeradas no art. 1.570 (*v.* comentário a seguir). O *parágrafo único* do artigo estabelece a possibilidade de intervenção judicial quando os cônjuges divergirem sobre assuntos relativos à gestão da sociedade familiar. O juiz decidirá tendo em consideração os interesses do casal e dos filhos.

**Jurisprudência:** Apelação. Ação indenizatória. Responsabilidade civil. Uso da imagem de aluno, que aparece por cerca de dois segundos em vídeo institucional do colégio onde estudava e que foi veiculado no YouTube. Alegação de que o uso não autorizado, com fins econômicos, comporta reparação por danos materiais e moral. Descabimento. Suficiência da autorização dada pela mãe, conforme cláusula do contrato de prestação de serviços educacionais entabulado pelas partes, não havendo se falar em desrespeito ao poder familiar do pai, pois "A direção da sociedade conjugal será exercida, em colaboração, pelo marido e pela mulher, sempre no interesse do casal e dos filhos" (CC, art. 1.567), daí decorrendo, na divisão de tarefas pelo casal, a presunção de que o ato de um sempre conta com a aquiescência do outro – causa e efeito da comunhão de vida dos consortes. A ré não agiu ilicitamente e prontamente retirou o vídeo da plataforma, tão logo houve a reclamação, a demonstrar sua boa-fé. Quanto ao uso da imagem em si, não há comprovação alguma de proveito econômico – pois a apelada é entidade com objetivos beneficentes e educacionais sem fins lucrativos – nem dano à honra objetiva ou personalidade do aluno, que aparece por dois segundos em vídeo institucional, sem qualquer conteúdo ofensivo ou vexatório. Sentença de improcedência mantida. Recurso desprovido. (TJSP, Ap. Cível n. 1017145-78.2019.8.26.0554/SP, 15ª Câm. de Dir. Priv., rel. Elói Estevão Troly, j. 15.02.2022, publ. 17.02.2022)

Obrigação de não fazer. Ação buscando tutela inibitória preventiva. Casal em vias de se separar, a mulher não concordando com a administração isolada, pelo marido, de todo o patrimônio comum. Inteligência ao art. 1.567 do CC. Apelo contra sentença que julgou procedente a demanda. Procuração outorgada a dois filhos para sua representação na administração dos bens. Legalidade da providência. Irresignação do marido pugnando pela improcedência da lide, bem como pela devolução dos valores. Descabimento. Incabível reconvenção no caso em exame, nos termos do art. 315 do CPC [art. 343 do CPC/2015]. Sentença mantida. Recurso improvido. (TJSP, Ap. n. 0000739-95.2011.8.26.0451/Piracicaba, 8ª Câm. de Dir. Priv., rel. Luiz Ambra, j. 13.03.2013, *DJe* 15.03.2013)

Apelação cível. Homologação de acordo. Pagamento de alimentos. Litigantes casados. Possibilidade. Art. 1.567 do CC. Natureza alimentar do direito de família e não civil. Pedido juridicamente possível. Sentença reformada. [...] Portanto, juridicamente possível o pedido dos autores, devendo o acordo realizado para pagamento de alimentos à esposa ser homologado, mesmo sendo o casal casado e vivendo sob o mesmo teto, pois o que pretendem é realmente salvar o casamento mantendo a unidade familiar. (TJMG, Ap. Cível n. 1.0324.09.072580-9/001(1), rel. Des. Mauro Soares de Freitas, j. 22.04.2010)

**Art. 1.568. Os cônjuges são obrigados a concorrer, na proporção de seus bens e dos rendimentos do trabalho, para o sustento da família e a educação dos filhos, qualquer que seja o regime patrimonial.**

Ainda fundamentado no princípio constitucional da igualdade entre os cônjuges (art. 226, § 5º, da CF), estabelece o legislador que o sustento da família e a educação dos filhos, seja qual for o regime patrimonial, competirão a ambos os cônjuges. A repartição desses ônus e afazeres respeitará a situação patrimonial de cada cônjuge, pois será estabelecida na proporção de seus bens e rendimentos do trabalho. Os cônjuges também deverão responder solidariamente pelas dívidas contraídas em benefício da família (*v.* comentários aos arts. 1.643, 1.644 e 1.664).

**Jurisprudência:** Agravo de instrumento. Contrato de prestação de serviços educacionais. Ação de cobrança. Cumprimento de sentença. Decisão que indeferiu o pedido de inclusão da genitora no polo passivo do processo. Descabimento: Contrato firmado pelo genitor em benefício de filho menor. Em ações objetivando o recebimento de valores devidos a título de mensalidades escolares, admissível o reconhecimento da responsabilidade solidária dos genitores, detentores de poder familiar, por se tratar de dívida referente à educação dos filhos, contraída em proveito da entidade familiar. Inteligência dos arts. 265, 1.566, IV, 1.568, 1.634, I, 1.643 e 1.644 do CC, dos arts. 229 da CF e 22 do ECA. Legitimidade da mãe do estudante reconhecida. Precedentes. Decisão reformada. Recurso provido. (TJSP, AI n. 2012739-34.2024.8.26.0000/São Bernardo do Campo, 18ª Câm. de Dir. Priv., rel. Israel Góes dos Anjos, j. 25.03.2024, *DJ* 25.03.2024)

Execução. Prestação de serviços escolares. Contrato assinado exclusivamente pelo genitor. Pretensão de incluir a genitora. Cabimento. Legitimidade extraordinária daquele que não assinou o título. Responsabilidade solidária dos pais pela educação dos filhos (CC, arts. 1.568, 1.643, I e 1.644). Precedentes. Decisão reformada. Recurso provido, com determinação. (TJSP, AI n. 2347154-04.2023.8.26.0000/Barretos, 15ª Câm. de Dir. Priv., rel. Vicentini Barroso, j. 26.02.2024, *DJ* 26.02.2024)

Indenização por danos materiais e moral. Traição ocorrida na constância do casamento e quebra do dever de assistência mútua e sustento dos filhos. Procedência parcial dos pedidos. Inconformismo de ambas as partes. Acolhimento parcial dos recursos. Restabelecimento do segredo de justiça que se impõe. Aplicação do art. 189, II e III, do CPC. Danos materiais não caracterizados. Incidência dos arts. 1.568 e 1.688 do CC. Fidelidade recíproca que representa um dos deveres impostos aos cônjuges pelo art. 1.566, I, do diploma civil. Quebra do dever de fidelidade que não gera automaticamente a condenação em danos morais. Autora que não comprovou que entrou em depressão ou foi acometida por doença psicológica grave em razão da infidelidade. Precedentes desta Col. Câmara. Danos morais inocorrentes. Quebra do dever de assistência mútua e sustento dos filhos que também não induzem danos morais, existindo mecanismos processuais adequados já utilizados para a garantia do sustento familiar. Sentença reformada em parte para julgar improcedente o pedido de danos morais e restabelecer o segredo de justiça deferido anteriormente. Recursos providos em parte. (TJSP, Ap. Cível n. 1058265-76.2017.8.26.0100/SP, 5ª Câm. de Dir. Priv., rel. J. L. Mônaco da Silva, j. 18.05.2022, publ. 18.05.2022)

Execução. Prestação de serviços escolares. Contrato assinado exclusivamente por terceira pessoa. Inadimplência de mensalidades. Não localização de bens passíveis de penhora. Pedido de inclusão da genitora no polo passivo da demanda. Admissibilidade. Legitimidade extraordinária. Responsabilidade dos pais pela educação dos filhos (CC, art. 1.568). Decisão reformada. Recurso provido. (TJSP, AI n. 2253358-27.2021.8.26.0000/SP, 15ª Câm. de Dir. Priv., rel. Vicentini Barroso, j. 16.12.2021, publ. 16.12.2021)

Civil. Família. Alimentos. Menor impúbere. Fixação da verba alimentar. Critérios. Observância do binômio necessidade-possibilidade. Minoração. Sentença reformada. 1 – A obrigação alimentícia incumbe aos pais, na medida de suas possibilidades, não apenas àquele que possui melhores condições de recursos, não se podendo onerar apenas um dos genitores em detrimento do outro. 2 – O próprio art. 1.568 do CC assegura este dever ao enfatizar que "os cônjuges são obrigados a concorrer, na proporção de seus bens e dos rendimentos do trabalho, para o sustento da família e a educação dos filhos, qualquer que seja o regime patrimonial". 3 – A contribuição do pai para a manutenção do filho deve ser distribuída equitativamente com a mãe, uma vez que os genitores são obrigados, por imposição legal, a garantir a subsistência e o bem-estar de sua prole. 4 – No caso dos autos, os alimentos devem ser fixados no patamar de 15% sobre os rendimentos brutos do devedor, em atenção ao binômio necessidades do alimentando e possibilidades do alimentante, de modo a se alcançar o critério da proporcionalidade e encontrar-se o valor justo e adequado ao caso concreto, sendo ainda certo que a decisão poderá ser revista a qualquer momento, sobrevindo alteração na situação financeira de qualquer dos pais. 5 – Apelo provido. (TJDFT, Proc. n. 20130110262144(796435), rel. Des. João Egmont, *DJe* 16.06.2014, p. 153)

Agravo de instrumento. Fixação de alimentos provisórios. Binômio necessidade-possibilidade. A fixação de alimentos provisórios deve atender ao binômio necessidade-possibilidade. Compete a ambos os cônjuges o sustento dos filhos, nos termos dos arts. 1.566, IV, e 1.568 do CC/2002. Não existindo comprovação de que o alimentante detém condições de suportar a quantia fixada a título de alimentos provisórios, há que se reduzir o valor fixado. Recurso parcialmente provido. (TJMG, AI n. 1.0223.13.017942-5/001, 1ª Câm. Cível, rel. Eduardo Andrade, *DJe* 11.06.2014)

Direito civil e processual civil. Agravo de instrumento. Ação de reconhecimento e dissolução de união estável c/c regulamentação de guarda e visitas c/c oferta de alimentos. Alimentos provisórios. Redução do montante fixado pelo juiz *a quo*. Possibilidade. Quantia superior à necessidade da alimentada e inferior à possibilidade do alimentante. Art. 1.568 do CC. Recurso parcialmente provido. (TJPR, AI n. 1063792-4, 12ª Câm. Cível, rel. Des. Mário Helton Jorge, *DJe* 07.05.2014, p. 221)

Divórcio. Partilha. Regime da separação obrigatória de bens. Incidência da Súmula n. 377 do STF, que é aplicável mesmo após a entrada em vigor do novo CC. Presunção absoluta de cooperação para a aquisição onerosa de bens durante o casamento. Partilha dos direitos de aquisição sobre imóveis e outros bens móveis adquiridos antes da separação de fato. Dívidas havidas na constância do matrimônio. Presunção de responsabilidade solidária dos cônjuges sobre aquelas contraídas para a manutenção da economia doméstica. Ônus da prova que compete ao cônjuge que as pagou e pretende obter a restituição do valor. Encargo do qual não se desincumbiu completamente o réu. Sucumbência recíproca. Distribuição dos ônus da sucumbência mantida. Recursos parcialmente providos. (TJSP, Ap. Cível n. 0017883-25.2011.8.26.0664, 4ª Câm. de Dir. Priv., rel. Milton Carvalho, j. 16.05.2013)

Separação judicial. Divórcio. Decreto. Lapso temporal. Prova. Alimentos para filha. Partilha de bens. Valores recebidos pelo varão como beneficiário de seguro de vida de sua mãe. 1 – É cabível a decretação do divórcio do casal postulada na resposta do réu à ação de divórcio quando incontroversa a ruptura da sociedade conjugal por período superior a dois anos. 2 – O sustento dos filhos menores decorre de lei, constitui obrigação decorrente do poder parental e esse encargo é, por igual, de ambos os cônjuges, devendo cada qual concorrer na medida da própria disponibilidade, descabendo cogitar-se de exoneração pela superveniente maioridade civil da filha. 3 – Sendo o regime de bens do casamento o da comunhão universal, o patrimônio amealhado pelo casal deve ser repartido igualitariamente, mas não comporta partilha o valor referente ao seguro de vida recebido pelo separando, mormente quando este se deu após a ruptura da sociedade conjugal. Recurso provido em parte (segredo de justiça). (TJRS, Ap. Cível n. 70.021.436.951, 7ª Câm. Cível, rel. Sérgio Fernando de Vasconcellos Chaves, j. 20.02.2008, *DJ* 25.02.2008)

Família. Separação judicial. Cônjuge. Alimentos. Dever de mútua assistência. Fixação. Respeito ao binômio necessidade/possibilidade. Desconto em folha de pagamento. Empréstimo contraído em benefício da família. Dedução do valor da remuneração bruta. 1 – De acordo com o art. 1.568 do CC/2002, ambos os cônjuges são obrigados a concorrer, na proporção de seus bens e dos rendimentos do trabalho, para o sustento da família e a educação dos filhos, qualquer que seja o regime patrimonial. Dessa forma, qualquer dos cônjuges poderá demandar contra o outro a prestação de alimentos que se fizerem necessários para si e para os filhos. 2 – A fixação do débito alimentar deve respeitar critérios de proporcionalidade e razoabilidade, de modo que o valor dos alimentos corresponda à justa medida das possibilidades do alimentante, confrontadas com as reais necessidades do alimentado, nos termos do art. 1.694,

§ 1º, do CC. 3 – Havendo desconto em folha de pagamento do valor referente à pensão alimentícia, deverá incidir sobre o salário líquido do alimentante, compreendido como a sua remuneração bruta, excluídos os valores relativos à contribuição previdenciária e ao imposto de renda, e, ainda, a possíveis empréstimos contraídos em benefício do grupo familiar. (TJMG, Ap. Cível n. 1.0105.02.056428-9/001, rel. Duarte de Paula, j. 25.11.2004, *DJEMG* 15.04.2005)

Alimentos. Revisional. Existência posterior de outra família e filhos. Pensão. Obrigação concomitante da mãe. Adequação. Mesmo tendo o alimentado direito à pensão, mediante decisão judicial pretérita, não pode passar despercebida ao julgador a compossibilidade e a adequação do valor da pensão, tendo em vista a existência de novos beneficiários, de maneira a tornar a partilha salarial equânime e harmoniosa, evitando a incompossibilidade de o alimentante se sustentar, mister observando-se que a obrigação alimentar do menor é dos pais, cabendo também à mãe contribuir para tal (TJMG, Ap. Cível n. 252.440-3/00, rel. Des. Francisco Figueiredo, j. 02.04.2002, *DJMG* 25.10.2002). (*RBDFam* 15/114)

Alimentos. Obrigação alimentar. Genitor. Prova apenas das possibilidades. Necessidades não demonstradas. Obrigação, ademais, que cabe também à mãe. Redução determinada. Recurso parcialmente provido. (*JTJ* 275/30)

---

**Art. 1.569. O domicílio do casal será escolhido por ambos os cônjuges, mas um e outro podem ausentar-se do domicílio conjugal para atender a encargos públicos, ao exercício de sua profissão, ou a interesses particulares relevantes.**

---

Por força do princípio constitucional da plena igualdade entre os cônjuges (art. 226, § 5º, da CF), estabelece o legislador que a escolha do domicílio do casal competirá a ambos os cônjuges. A vida em comum do casal em domicílio conjugal constitui dever dos cônjuges (*v.* comentário ao art. 1.566, II). Por isso, deverão fazer a escolha do lugar onde estabelecerão residência com ânimo definitivo, a fim de que possa ser cumprido o dever imposto pela lei. Na escolha do domicílio deverão ser consideradas a condição econômica dos cônjuges, as comodidades ou vantagens que terão, as condições sociais e ambientais do lugar pretendido, a distância dos centros urbanos, entre outras circunstâncias. Como já se afirmou em comentário ao inciso II do art. 1.566 deste Código, a permanência absoluta dos cônjuges no domicílio conjugal é dispensável, pois situações excepcionais poderão autorizar a ausência de um dos cônjuges do lar conjugal (ausências temporárias em razão do exercício da profissão – atender encargos públicos –, ou impostas por outras necessidades, tais como a assistência a filhos ou pais residentes em outra cidade). O que a lei exige é a presença regular e constante no local eleito, pois, como ensina Luiz Edson Fachin (*Código Civil comentado*. São Paulo, Atlas, 2003, v. XV), o objetivo, a rigor, é dar base física à comunhão de vida, daí porque esta comunhão se sobrepõe ao domicílio.

**Jurisprudência:** Direito civil e previdenciário. Pensão por morte. Mudança de domicílio de um dos cônjuges antes do falecimento. Dever relativo. Prova documental e depoimentos testemunhais. Comprovação da manutenção do vínculo matrimonial ao tempo do óbito. Ausência de prova contrária. Precedentes no STJ. Recurso de apelação improvido. Decisão por maioria. 1 – É fato incontroverso a existência de enlace matrimonial entre a requerente e o ex-servidor público, desde 08.04.1994, conforme certidão às fls. 14. Também não resta dúvida da transferência voluntária da parte autora de seu local de trabalho, IX Gerência Regional de Saúde de Ouricuri para a VIII Gerência Regional de Saúde de Petrolina. 2 – A requerente alega que a mudança de cidade apenas se deu por razões de saúde e que ficava hospedada na casa de seu filho, mantendo, entretanto, a convivência marital por meio de constantes viagens entre as cidades nos finais de semana. 3 – Como se pode observar, as testemunhas confirmam a relação conjugal e alegam desconhecer ocorrência de separação. Suposta divergência entre os motivos para a mudança de endereço, se para ajudar ao filho ou por problemas de saúde, não são suficientes para elidir as alegações autorais, uma vez que a manutenção do casamento restou patente entre as testemunhas. 4 – O art. 1.569 do CC, ao mesmo passo em que prevê como dever dos cônjuges a vida em comum, no domicílio conjugal, permite a ausência para atender ao exercício de profissão ou a interesses particulares relevantes. 5 – Cumpre salientar o entendimento esposado na súmula 382 do STF, que torna desnecessário o convívio sob o mesmo teto (*more uxorio*) para configurar união estável e se adequa ainda mais ao presente caso, tendo em vista haver prova documental (certidão de casamento) do enlace entre as partes. 6 – Sendo assim, em razão da juntada de prova documental (certidão de casamento) e dos depoimentos testemunhais, caberia à fundação previdenciária o ônus de provar a ocorrência de separação de fato, de forma incontroversa, a ponto de obstar o direito da parte autora ao recebimento de benefício previdenciário (art. 333, II, do CPC) [art. 373, II, do CPC/2015]. Isso não ocorreu no presente caso. 7 – Desta forma, tão somente a transferência do local de trabalho da parte autora não pode servir de motivação para a improcedência do pedido de pensão por morte, tendo em vista as partes serem casadas civilmente e haver informações de permanência do convívio. 8 – Recurso de apelação improvido, por maioria, nos termos do voto revisor. (TJPE, Ap. n. 0002879-35.2012.8.17.0640, 1ª Câm. de Dir. Públ., rel. Des. Jorge Américo Pereira de Lira, *DJe* 03.07.2014, p. 75)

Possessória. Por se tratar de efeito jurídico do casamento (art. 233, III, do CC/1916, correspondente ao art. 1.569 do CC/2002), a mulher tem direito de permanecer no imóvel, onde foi fixado o domicílio do casal, mesmo que adquirido antes do casamento pelo marido, com casamento regido pelo regime da comunhão parcial de bens, enquanto não dissolvidos a sociedade conjugal ou o vínculo conjugal, o que não prescinde da separação judicial ou divórcio, ainda mais quando vigente liminar que autorizou o autor a se retirar da residência do casal, mas não determinou o afastamento do lar da mulher. Carência da ação, por falta de interesse de agir, ante a inadequação da via eleita, visto que a ação possessória não se presta a retirada de cônjuge do imóvel em que fixado o domicílio do casal. Recurso desprovido. (TJSP, Ap. Cível n. 974.118.200/Jacareí, 12ª Câm. de Dir. Priv., rel. Rebello Pinto, j. 05.08.2009)

---

**Art. 1.570. Se qualquer dos cônjuges estiver em lugar remoto ou não sabido, encarcerado por mais de cento e oitenta dias, interditado judicialmente ou privado, episodicamente, de consciência, em virtude de enfermidade ou de acidente, o outro exercerá com exclusividade a direção da família, cabendo-lhe a administração dos bens.**

---

Este artigo estabelece exceções à determinação contida no art. 1.567 (*v.* comentário), segundo a qual a direção ou a chefia plena da sociedade conjugal será exercida por ambos os cônjuges, em sistema de cogestão, permitindo ser atribuída a apenas um deles. São elas: 1) quando um dos cônjuges estiver em lugar remoto e não sabido; 2) preso por mais de cento e oitenta dias; 3) interditado judicialmente; e, finalmente, 4) quando um dos cônjuges estiver privado, temporariamente, de consciência, em razão de moléstia ou acidente. O rol legal é exemplificativo. Situações outras (p. ex., doença prolongada, afastamentos ou viagens por longos períodos, o exercício de atividade em local retirado) poderão surgir em que haja a impossibilidade real e efetiva do exercício simultâneo por ambos os cônjuges.

## CAPÍTULO X
## DA DISSOLUÇÃO DA SOCIEDADE E DO VÍNCULO CONJUGAL

---

**Art. 1.571. A sociedade conjugal termina:**
**I – pela morte de um dos cônjuges;**
**II – pela nulidade ou anulação do casamento;**
**III – pela separação judicial;**
**IV – pelo divórcio.**

**§ 1º O casamento válido só se dissolve pela morte de um dos cônjuges ou pelo divórcio, aplicando-se a presunção estabelecida neste Código quanto ao ausente.**

**§ 2º Dissolvido o casamento pelo divórcio direto ou por conversão, o cônjuge poderá manter o nome de casado; salvo, no segundo caso, dispondo em contrário a sentença de separação judicial.**

---

Legislação correlata: arts. 2º, 17, 18 e 25, parágrafo único, Lei n. 6.515, de 26.12.1977 (Lei do Divórcio).

Antes da análise individual dos artigos que tratam da dissolução da sociedade e do vínculo conjugal referidos neste capítulo, necessário tecer algumas considerações preliminares sobre o tema à vista da EC n. 66, de 14.07.2010, que alterou a redação do art. 226, § 6º, da CR, cujo texto original era "o casamento civil pode ser dissolvido pelo divórcio, após prévia separação judicial por mais de um ano nos casos expressos em lei, ou comprovada separação de fato por mais de dois anos"; passando a ser "O casamento civil pode ser dissolvido pelo divórcio".

Da nova redação do dispositivo constitucional se infere que hoje já é possível dissolver o casamento pelo divórcio sem que sejam exigidos o prazo de um ano para a hipótese de sentença de separação judicial, e o prazo de dois anos para o caso de separação de fato do casal. Portanto, como se vê, não há mais necessidade de que os cônjuges obtenham primeiro a separação, que põe fim à sociedade conjugal, para que depois venham a se divorciar, dissolvendo o casamento e rompendo o vínculo matrimonial.

A norma constitucional tem eficácia imediata e se sobrepõe às regras da legislação ordinária, nada, no entanto, referindo sobre quais delas teriam sido recepcionadas. Daí a origem da controvérsia existente hoje na doutrina sobre a subsistência da separação, seja judicial ou extrajudicial, no nosso ordenamento jurídico.

***A questão da subsistência ou não da separação judicial após a EC n. 66/2010***

Muito embora da justificativa do projeto que deu origem à EC n. 66/2010 constasse a manifesta intenção de o legislador pôr fim de vez à separação, o certo é que não se pode descartar a possibilidade do entendimento segundo o qual a Emenda permitiu que ao interessado seja facultada a utilização da via da separação antes do rompimento do vínculo conjugal pelo divórcio.

A não recepção dos dispositivos do CC que se referem às espécies, causas e conteúdo do processo de separação judicial, é uma das posições (maioria) encontrada na doutrina especializada sobre o tema para justificar a não mais existência da separação. Hoje é possível postular divórcio direto independentemente de qualquer prazo, quer de separação de fato, quer de reflexão de um ano, contado do casamento, como havia para a separação judicial, ou de qualquer motivo (direito potestativo, não havendo como evitá-lo). As questões relativas à guarda de filhos, visitas, nome, alimentos e partilha, nele deverão ser resolvidas, afastada discussão sobre culpa.

Há quem entenda que a EC, sem a alteração da legislação infraconstitucional, não mudou em nada o CC, nem mesmo os requisitos para o divórcio, não sendo, portanto, de aplicação imediata. A CR apenas teria aberto as portas para que o CC fosse modificado.

A faculdade do interessado de pretender antes a separação judicial, sem o efeito extintivo e definitivo do divórcio, é também a posição de outros doutrinadores, especialmente, porque a norma constitucional apenas aboliu os antigos requisitos para o divórcio, não mencionando, nem proibindo a separação judicial. Defende-se essa corrente em face da vocação religiosa de cada indivíduo, do direito do casal que assim preferir, podendo se restabelecer a sociedade conjugal quando pretenderem.

Respeitados os posicionamentos contrários, compartilha-se do entendimento segundo o qual não mais subsiste no nosso ordenamento jurídico a separação (judicial ou extra), não recepcionados os dispositivos do CC (além dos constantes na Lei n. 11.441/2007) relativos a ela, porque incompatíveis com a EC, já que esta deixou de regulamentar os requisitos prévios da separação como o fazia a redação anterior do art. 226, § 6º, da CR, disciplinando apenas o divórcio para o qual não impôs prazo algum, causa e motivo que o justifique, e sem ter de ser antecedido de uma separação de direito ou de fato. Ademais, não se vislumbra a utilidade da separação judicial prévia, se não mais é possível a sua conversão em divórcio, nos termos da EC. Entendimento diverso é o do Enunciado n. 514 da V Jornada de Direito Civil do CJF (a EC n. 66/2010 não extinguiu o instituto da separação judicial e extrajudicial).

***Disposições legais (CC e Lei n. 11.441/2007) não recepcionadas pela EC***

Partindo-se do entendimento de que não mais subsiste a separação no nosso ordenamento jurídico, necessário apontar quais as normas contidas no CC e na Lei n. 11.441/2007 que deixaram de vigorar após a EC n. 66/2010.

Relativamente ao Livro IV do CC, que trata do direito de família, a EC não recepcionou as disposições contidas nos arts. 1.571, *caput* (por indicar as hipóteses de dissolução da sociedade conjugal sem dissolução do vínculo conjugal, única via que a nova redação tutela, segundo Paulo Luiz Lôbo Netto); 1.572 a 1.578 e 1.702 a 1.704. Já dos arts. 1.562, 1.571, III e § 2º, 1.580, 1.584, 1.597, II, 1.632 e 1.683 deverão ser excluídas as expressões "separação judicial", "separação" e "separado judicialmente", aplicados os dispositivos quanto aos seus demais termos.

O disposto no art. 1.124-A do CPC/73 (atual arts. 98, § 1º, IX, e 733 do CPC/2015), acrescido pela Lei n. 11.441/2007, que trata da separação e do divórcio extrajudiciais, teve recepção parcial com a extinção da separação pela EC, permanecendo a disposição processual relativa apenas ao divórcio, que não mais exige certo decurso de tempo.

***A subsistência dos procedimentos extrajudiciais***

O Colégio Notarial do Brasil (CNB) – Seção São Paulo publicou orientação aos associados esclarecendo que para a lavratura de escritura de separação consensual deve-se observar o prazo do art. 1.574 do CC, pois, muito embora a EC n. 66/2010 tenha suprimido os prazos para realização do divórcio, não fez referência à separação judicial ou extrajudicial. De acordo com a entidade, a Emenda não extinguiu o instituto da separação que ainda é uma opção que pode ser utilizada pelos interessados.

Por cautela, e tendo em vista a discussão que persiste sobre o tema, o Conselho Nacional de Justiça (CNJ) também rejeitou o pedido de supressão dos artigos da Resolução n. 35 que cuidam da separação consensual por escritura pública, por entender que nem todas as questões estão pacificadas na doutrina.

Pese embora o entendimento externado pelo CNB e pelo CNJ, as disposições legais que tratam da separação extrajudicial, por não terem sido recepcionadas pela EC, não mais subsistem em nosso ordenamento. As referentes ao divórcio, abolidos os prazos na forma da EC, ficam mantidas.

***Da necessidade de manutenção dos comentários aos artigos não recepcionados do CC***

A despeito da posição ora adotada – a EC extirpou a separação do nosso ordenamento jurídico –, tendo em vista a controvérsia ainda existente na doutrina acerca da recepção pela EC das disposições legais que tratam do tema, e inexistindo também um grande número de decisões de nossos tribunais sobre o assunto, impõe-se a manutenção e comentários a todos os dispositivos deste Código que se referem ao tema, apesar de já manifestado o entendimento de que grande parte deles já teria perdido a vigência, para que se deixe ao leitor e operador do Direito a utilização da obra da forma que melhor seja conveniente até que pacificado o entendimento acerca da EC n. 66/2010.

O CC passou a regulamentar os casos de dissolução da sociedade conjugal e do casamento, revogando os dispositivos que tratavam dos temas previstos na Lei n. 6.515, de 26.12.1977.

Entre os casos estabelecidos pela lei, há dois que não só dissolvem a sociedade conjugal como o próprio vínculo do casamento, autorizando o consorte a contrair novas núpcias. São eles a morte e o divórcio (**art. 1.571, § 1º, primeira parte**). *A morte*, prevista no **inciso I** do artigo comentado, é a real, a causa natural que faz cessar *ipso iure* o casamento. Equipara-se a ela a presumida. A primeira deverá ser comprovada por certidão do assento de óbito. A segunda, *morte presumida*, novidade introduzida pelo legislador (**art. 1.571, § 1º, segunda parte**), configura-se quando alguém desaparece por longo tempo, sendo autorizado o seu reconhecimento, quanto aos ausentes (CC, art. 6º, segunda parte, veja comentário), nos casos em que a lei autoriza a abertura de sucessão definitiva (CC, arts. 37 e 38, veja comentários). Assim, a abertura desta pode ser requerida após dez anos de passada em julgado a sentença que conceder a abertura da sucessão provisória ou provando-se que o ausente tem oitenta anos de idade e que as últimas notícias dele são de cinco anos atrás. Sua inclusão entre as causas terminativas teve por fim solucionar questão relativa à situação de um dos cônjuges que estava impedido de casar sem a declaração de óbito do outro. Para fins de dissolução da sociedade conjugal basta, nessa hipótese, a declaração judicial de ausência. Contudo, não se vislumbra vantagem concreta em solicitar a declaração de ausência do cônjuge, principalmente quando não há patrimônio a ser partilhado, se a parte pode obter a extinção do vínculo do casamento pelo divórcio direto em prazo inferior (dois anos), mediante a alegação de separação de fato do casal. A ausência passou a ser tratada na parte geral do atual Código, especificamente nos arts. 6º, 7º e 22 a 25 (veja comentários). E exatamente no art. 7º citado encontra-se a disposição em que o legislador admite a declaração de morte presumida, *sem decretação de ausência*, para todos os efeitos. Nos casos previstos na lei ("se for extremamente provável a morte de quem estava em perigo de vida" e "se alguém, desaparecido em campanha ou feito prisioneiro, não for encontrado até dois anos após o término da guerra"), a sentença fixará a data provável do falecimento. Ressalte-se, por fim, que o aparecimento do morto presumido após o casamento de seu ex-cônjuge não o tornará nulo, mas apenas putativo (veja comentários ao art. 1.561).

A segunda causa terminativa da sociedade conjugal é a *nulidade ou anulação do casamento*, prevista no **inciso II** e que ocorrerá sempre que houver vício de legalidade do ato praticado (*vide* comentários aos arts. 1.548 a 1.564).

As outras causas que geram o fim da sociedade conjugal, previstas nos incisos III e IV, são a separação (*judicial ou extrajudicial* – Lei n. 11.441, de 04.01.2007) e o *divórcio*, que serão objeto de comentários nos arts. 1.572 a 1.582.

Já o disposto no **§ 2º do art. 1.571** disciplina a utilização do nome do cônjuge no caso de ocorrer o divórcio. Segundo o legislador, no *divórcio direto* será facultado ao cônjuge, da mesma forma que na separação consensual, manter o sobrenome de casado. No caso do *divórcio-conversão* essa faculdade não poderá ser exercida quando a sentença proferida nos autos da separação judicial dispuser de maneira diversa. Terá, contudo, aplicação ao divórcio o disposto nos incisos do art. 1.578 do CC, quando a alteração do nome do cônjuge acarretar alguma das consequências enumeradas no referido dispositivo. Quanto ao nome de casado, no divórcio direto consensual ***realizado de forma extrajudicial***, as partes poderão livremente optar pela alteração de algum dos cônjuges, podendo o interessado, inclusive, retificar, mediante declaração unilateral, por nova escritura, a anterior, para voltar a usar o nome de solteiro. Já no divórcio-conversão, também efetivado de forma consensual, *extrajudicialmente*, as partes podem deliberar pela modificação do nome, mesmo quando a sentença de separação judicial tenha disposto em sentido contrário, pois autorizados pelo disposto no art. 1.124-A do CPC/73 (atual arts. 98, § 1º, IX, e 733 do CPC/2015).

**Jurisprudência: Separação e divórcio à luz da EC n. 66/2010:**

Apelação. Divórcio c/c partilha de bens, regulamentação de guarda e visitas e fixação de alimentos. Julgamento de parcial procedência dos pedidos. Retomada do uso do nome de solteira pelo cônjuge virago. Admissibilidade. Direito personalíssimo. Faculdade do cônjuge divorciado. Inteligência do art. 1.571, § 2º, do CC.

Partilha do mobiliário que guarnecia a residência comum. Exclusão. Inadmissibilidade. Bens móveis que se presumem adquiridos durante o casamento (art. 1.662 do CC). Ausência de prova da incomunicabilidade dos bens. Partilha de dívida. Exclusão. Inadmissibilidade. Presunção da contratação de dívida fundada em contrato oneroso, na constância do matrimônio, em favor da família. Obrigação solidária dos cônjuges. Inteligência dos arts. 1.644, 1.658 e 1.659 do CC. Jurisprudência. Sentença reformada em parte. Recurso parcialmente provido. (TJSP, Ap. Cível n. 10057980220188260322/SP, 10ª Câm. de Dir. Priv., rel. J. B. Paula Lima, j. 31.01.2023, *DJ* 31.01.2023)

Agravo de instrumento. Divórcio. Decisão que indefere a tutela de evidência para o decreto liminar do divórcio. Inconformismo. Acolhimento. Divórcio. Concessão imediata em tutela de evidência. Direito potestativo dos cônjuges incorporado à Carta Magna (EC n. 66/2010). Evidência do direito material patente. Teoria do divórcio impositivo, o qual postulado por um, não há, na estrutura legal, nenhuma tese de defesa que o outro possa suscitar e que possa ter força jurídica de obstar o não decreto do divórcio. Hipótese de rara verdade absoluta. O direito de divorcia-se depende somente da manifestação de vontade de qualquer cônjuge. Detalhe que excepciona a necessidade de contraditório formal. Temática que pode ser concedida de plano, sobretudo porque não se verifica quadra legal impediente que possa advir do prévio contraditório suscetível de gerar dúvida razoável. Perigo de irreversibilidade que somente se verifica em face de lesão a direito material correlato do outro cônjuge. Inocorrência. Segurança jurídica que verte da própria ordem constitucional. Medida que por sua natureza jurídica, estirpe e envergadura esgota-se em si mesma. Situação típica que não depende da aferição de teórico dano irreparável ou de difícil reparação. Divórcio deferido. Alimentos (verba e plano de saúde). Ex-mulher. Jovem. Trinta e seis anos de idade, sem morbidades ou declaração médica de impossibilidade de laborar. União conjugal que perdurou por curto período (inferior a um ano). Decisão que impõe prévio contraditório que cumpre preceito constitucional-legal elementar e que não importa em nenhum ativismo judicial. Inviabilidade objetiva. Agravo parcialmente provido. (TJSP, AI n. 2269032-45.2021.8.26.0000, 7ª Câm. de Dir. Priv., rel. Des. Rômolo Russo, j. 24.11.2021)

Agravo de instrumento. Divórcio. Manutenção do nome de casada. Acolhimento do pedido. Irresignação do agravante que pretende a supressão do seu patronímico do nome da ex-esposa. O nome é atributo da personalidade e tem como fim precípuo individualizar a pessoa. Faculdade da agravada de manter o nome, se assim desejar. Aplicação do art. 1.571, § 2º, do CC. Decisão mantida. Recurso não provido. (TJSP, AI n. 2104762-38.2020.8.26.0000, 1ª Câm. de Dir. Priv., rel. Des. José Eduardo Marcondes Machado, j. 01.02.2021)

Recurso especial. Direito civil. Direito de família. EC n. 66/2010. Divórcio direto. Requisito temporal. Extinção. Separação judicial ou extrajudicial. Coexistência. Institutos distintos. Princípio da autonomia da vontade. Preservação. Legislação infraconstitucional. Observância. 1 – A dissolução da sociedade conjugal pela separação não se confunde com a dissolução definitiva do casamento pelo divórcio, pois versam acerca de institutos autônomos e distintos. 2 – A EC n. 66/2010 apenas excluiu os requisitos temporais para facilitar o divórcio. 3 – O constituinte derivado reformador não revogou, expressa ou tacitamente, a legislação ordinária que cuida da separação judicial, que remanesce incólume no ordenamento pátrio, conforme previsto pelo CPC/2015 (arts. 693, 731, 732 e 733 da Lei n. 13.105/2015). 4 – A opção pela separação faculta às partes uma futura reconciliação e permite discussões subjacentes e laterais ao rompimento da relação. 5 – A possibilidade de eventual arrependimento durante o período de separação preserva, indubitavelmente, a autonomia da vontade das partes, princípio basilar do direito privado. 6 – O atual sistema brasileiro se amolda ao sistema dualista opcional que não condiciona o divórcio à prévia separação judicial ou de fato. 7 – Recurso especial não provido. (STJ, REsp n. 1.431.370/SP, 3ª T., rel. Min. Ricardo Villas Bôas Cueva, j. 15.08.2017, *DJe* 22.08.2017)

Civil e processual civil. Divórcio litigioso. Apelação. Audiência de ratificação. Desnecessidade. Improvável a obtenção de acordo. Casal separado de fato por longo período. Impugnação por motivos religiosos. Dogmas não imponíveis ao outro cônjuge. Estado laico com liberdade de crença. Art. 19, I e 5º, VII da CF. Dissolução do matrimônio. Direito potestativo. EC n. 66/2010. Art. 226, § 6º da CF e art. 1.571, § 1º do CC/02. Sem controvérsia quanto aos efeitos jurídicos do divórcio. Sentença mantida. 1 – Apelo interposto contra sentença que decretou o divórcio entre os litigantes, sem a designação de audiência conciliatória. 1.1 – Recorrente alega que dissolução do vínculo matrimonial constitui afronta aos seus princípios religiosos e assevera ser indispensável a tentativa judicial de acordo entre as partes, face a avançada idade do apelado. 2 – A associação da velhice à debilidade intelectual é posicionamento equivocado, pois o avançar da idade não conduz a presunção absoluta de incapacidade civil do indivíduo. 2.1 – Sendo o recorrido sujeito sobre o qual não pairam quaisquer das hipóteses de interdição previstas nos arts. 3º e 4º do CC, deve ter sua autonomia de vontade respeitada, sob pena de implicar discriminação etária e ofensa a isonomia de direitos (arts. 1º, IV, 5º da CF e arts. 2º e 4º da Lei n. 10.741/2003). 3 – Desnecessária a realização de audiência de conciliação em ação de divórcio litigioso, especialmente quando os elementos demonstram ser improvável a obtenção de acordo entre os cônjuges separados por longo lapso temporal. 3.1 – Precedentes do STJ e desta Corte. 4 – A EC n. 66/2010, que conferiu nova redação ao § 6º do art. 226 da CF, inseriu no ordenamento jurídico pátrio a permissão para que qualquer dos cônjuges ingresse com o pedido de divórcio, independente de prévia separação judicial e de perquirição quanto à culpa pelo declínio do casamento. 4.1 – "Sendo o divórcio direito potestativo, está condicionado apenas e tão somente ao pedido de uma das partes, não havendo falar-se em necessidade de verificação de culpa ou lapso temporal para sua decretação, após a promulgação da EC n. 66/2010, a qual modificou a redação do art. 226, § 6º da CF/88" [...]. 5 – O CC atual também confere ao divórcio poder de dissolução do casamento (art. 1.571, § 1º), identificando os legitimados a propor a demanda (art. 1.582) e esclarecendo a dispensa/faculdade da partilha de bens para a sua decretação (art. 1.581). 6 – O Estado brasileiro, como ente democrático e laico, ocupa posição imparcial em assuntos religiosos, não apoiando ou discriminando nenhuma religião, mas respeitando a coexistência das múltiplas crenças, nos termos dos arts. 19, I, e 5º, VII da CF. 6.1 – Com o fim do afeto que unia o casal, não faz sentido forçar a permanência de uma relação conjugal, em detrimento da dignidade e da liberdade religiosa do cônjuge infeliz com o matrimônio. 7 – O objeto cognitivo das ações de divórcio não consensual é extremamente restrito. A litigiosidade da demanda não deve repousar sobre conflitos de vontade e de atuação. 7.1 – Não havendo controvérsias quanto aos efeitos jurídicos da dissolução, o divórcio é direito potestativo assegurado pela CF, em seu art. 226, § 6º. 8 – Recurso conhecido e desprovido. (TJDF, Ap. Cível n. 20140110315217, 2ª T. Cível, rel. João Egmont, j. 21.10.2015, *DJe* 03.11.2015)

Divórcio. Pedido de prestação alimentícia em favor da ex-cônjuge, que é pessoa capaz, saudável e realiza atividade remunerada. Dependência econômica que não restou evidenciada. Fixação de obrigação alimentar que se mostra inadequada na hipótese. Partilha de bem imóvel. Edificação erigida antes do advento do casamento, que foi posteriormente ampliada. Partilha limitada ao acréscimo. Impossibilidade de se discutir culpa pelo término do casamento desde a EC n. 66/2010. Sucumbência fixada com acerto. Sentença confirmada. Recurso desprovido. (TJSP, Ap. n. 0021312-03.2011.8.26.0566, 4ª Câm. de Dir. Priv., rel. Milton Carvalho, j. 30.01.2014)

Ação de divórcio. Superveniência da EC n. 66/2010. Inteligência da nova redação dada ao art. 226, § 6º, da CF. Divórcio sempre direto e imotivado, sem requisitos subjetivos ou objetivos. Possibilidade de cisão da sentença, decretando-se desde logo o divórcio incontroverso e relegando questões acessórias, como guarda de filhos, regime de visitas, alimentos e partilha de bens para segundo momento, após produção de provas. Inteligência do art. 1.581 do CC/2002. Divórcio decretado desde já, extinguindo o vínculo matrimonial. Feito deve prosseguir para a resolução de questões laterais que exigem a produção de provas. Recurso provido. (TJSP, AI n. 990.10.449022-7, rel. Des. Francisco Loureiro, j. 14.02.2011)

Conversão de separação judicial em divórcio. Superveniência da EC n. 66/2010. Inteligência da nova redação do art. 226, § 6º, da CF. Desaparecimento da figura jurídica da separação judicial, perdendo o sentido a discussão sobre a culpa. Divórcio que é sempre direto e imotivado. Desaparecimento, também, dos alimentos humanitários. Alimentos que repousam exclusivamente no binômio necessidade/possibilidade. Nova norma constitucional que atinge as separações em curso. Irrelevância. Correta a decretação do divórcio. Recurso não provido. (TJSP, Ap. Cível n. 990.10.491345-4, rel. Des. Francisco Loureiro, j. 07.02.2011)

Família. Ação de divórcio litigioso direto. Advento da EC n. 66/2010. Supressão da exigência de lapso temporal de separação de fato ou judicial. Decretação do divórcio. Pedido de alimentos e partilha de bens. Controvérsia sobre matéria fática. Retorno dos autos ao juízo de origem para prosseguimento da lide. Com a entrada em vigor da EC n. 66, deu-se nova redação ao § 6º do art. 226 da CF, que dispõe sobre a dissolubilidade do casamento civil pelo divórcio, restando suprimida a exigência de prévia separação judicial do casal por mais de um ano ou da comprovação da separação de fato por mais de dois anos, razão pela qual, havendo pedido, deve ser decretado, de imediato, o divórcio do casal. Tratando-se de demanda cumulada, em que, além do divórcio, foram requeridos alimentos e partilha de bens do casal, tem-se como devida a imediata decretação do divórcio, com o retorno dos autos, entretanto, ao juízo de origem, para o prosseguimento da lide com relação aos demais pleitos. (TJMG, Ap. Cível n. 1.0456.05.033464-2/001, rel. Des. Elias Camilo, j. 11.11.2010)

Separação consensual. Ajuizamento anterior à EC n. 66/2010. Adaptação do pedido à nova ordem constitucional. Possibilidade. Observância aos princípios da razoabilidade, economia, celeridade e efetividade processuais. Inexistência de ofensa ao CPC. A EC n. 66/2010 não revogou as disposições contidas na Lei n. 6.515/77 e aquelas do CC, permitindo, apenas, às partes optarem pela forma de pôr fim à vida em comum, ou seja, o divórcio não está mais condicionado à comprovação de anterior separação de fato ou judicial. As disposições contidas no CC e na Lei n. 6.515/77 continuam, no entanto, vigorando e tendo aplicabilidade. À luz do princípio da razoabilidade, da celeridade e da economia processuais, bem como da efetividade do processo, deve o Juiz, nos processos em andamento, proporcionar às partes a oportunidade de emendarem a inicial, adaptando-se o pedido ao novo comando constitucional – EC n. 66/2010 – sem que tal solução constitua ofensa ao art. 264 do CPC [sem correspondente no CPC/2015]. (TJMG, Ap. Cível n. 1.0011.10.000370-3/001, rel. Des. Wander Marotta, j. 09.11.2010)

Ação de separação consensual. Extinção prematura do processo, fundada equivocadamente na falta de interesse de agir. Inteligência do art. 1.124-A do CPC [arts. 98, § 1º, IX, e 733 do CPC/2015], que exprime facultatividade, e não obrigatoriedade. Vulneração aos princípios do acesso à justiça e da inafastabilidade da jurisdição. Possibilidade atual do divórcio direto, com emenda da inicial, cuidando-se a EC n. 66/2010 de fato novo. Sentença cassada. Recurso provido. (TJSC, Ap. Cível n. 2010.030837-8, Câm. Especial Regional de Chapecó, rel. Cesar Abreu, j. 05.11.2010)

Separação judicial. Superveniência da EC n. 66/2010. Inteligência da nova redação dada ao art. 226, § 6º, da CF. Desaparecimento da figura jurídica da separação judicial, perdendo o sentido a discussão sobre a culpa. Divórcio que é sempre direto e imotivado. Desaparecimento, também, dos alimentos humanitários. Alimentos que repousam exclusivamente no binômio necessidade/possibilidade. Nova norma constitucional que atinge as separações em curso. Anulação da sentença que julgou parcialmente procedente a ação, apenas para decretar a separação do casal. Julgamento antecipado do feito. Sentença que determinou a formulação dos pedidos de alimentos e de partilha de bens pela via adequada. Desacerto. Alimentos, partilha de bens, guarda de filhos e regime de visitas são consideradas questões laterais obrigatórias nas ações de divórcio. Cerceamento do direito à prova. Julgamento antecipado da lide, no presente caso, mostrou-se precipitado, por não ter sido dada às partes oportunidade de produzir as provas, além das alegações formuladas. Necessidade de produção de outras provas, além das já trazidas aos autos, para elucidação das contradições existentes. Possibilidade de se decretar o divórcio desde logo, diante do consenso entre as partes, e, no mais, anular a sentença recorrida, para o fim de determinar o prosseguimento do feito e decidir as questões laterais relativas a alimentos e partilha, com regular instrução probatória. (TJSP, Ap. Cível n. 990.10.201117-8, rel. Des. Francisco Loureiro, j. 21.10.2010)

Recurso especial. Divórcio direto. Direito superveniente. Impossibilidade de aplicação, na espécie. Separação de fato. Ausência de comprovação. Entendimento obtido da análise do conjunto fático-probatório. Inviabilidade de reexame. Aplicação da Súmula n. 7/STJ. Recurso especial a que se nega seguimento. (STJ, REsp n. 1.199.164/DF, rel. Min. Massami Uyeda, *DJe* 15.10.2010)

Família. Ação de separação consensual. Requisito temporal não verificado. Superveniência da EC n. 66/2010. Conversão do pedido em divórcio feita pelos cônjuges. Possibilidade. Se a ação de separação consensual é aforada antes de completado o prazo de um ano, mas na época do julgamento da apelação esse lapso de tempo já se consumou, e ainda, ocorreu a promulgação superveniente da EC n. 66/2010, decreta-se a dissolução do casamento em razão do expresso pedido de conversão feito pelos cônjuges. (TJMG, Ap. Cível n. 1.0518.09.178706-0/001(1), rel. Des. Alberto Vilas Boas, j. 28.09.2010)

Divórcio. Requisitos. Prova da separação de fato do casal há mais de dois anos. Desnecessidade. Art. 226, § 6º, da CF. Nova redação dada pela EC n. 66/2010. Para a concessão do divórcio direto não há mais a necessidade da comprovação da separação de fato do casal há mais de dois anos. Inteligência da nova redação do § 6º do art. 226 da CF, dada pela EC n. 66/2010. (TJMG, Ap. Cível n. 1.0313.09.290934-7/001, rel. Des. Silas Vieira, j. 02.09.2010)

Divórcio. Requisitos: prova da separação de fato do casal há mais de dois anos. Desnecessidade. Art. 226, § 6º, da CF. Nova redação dada pela EC n. 66/2010. Para a concessão do divórcio direto não há mais a necessidade da comprovação da separação de fato do casal há mais de dois anos. Inteligência da nova redação do § 6º do art. 226, da CF, dada pela EC n. 66/2010. (TJMG, Ap. Cível n. 1.0313.09.290934-7/001(1), rel. Des. Silas Vieira, j. 02.09.2010)

Divórcio direto, guarda e alimentos à filha menor. Julgamento antecipado da lide, cerceamento de defesa inocorrente. Hipótese em que o demandado, citado pessoalmente, não ofertou contestação, mantendo-se inerte. Prosseguimento da ação deduzido pela autora, dispensando a produção probatória. Divórcio do casal decretado ante a comprovação da separação fática por período superior a dois anos. Requisito temporal, aliás, prescindível, face à nova redação do art. 226, § 6°, da CF, com o advento da EC n. 66/2010. Regularização da guarda em favor da mãe, com a livre visitação paterna, e fixação de alimentos à filha no montante que vinha sendo alcançado voluntariamente pelo genitor. Prejuízo às partes não identificado. Imprescindibilidade de reabertura da instrução probatória. Ação procedente, decisão confirmada. Apelação desprovida. (TJRS, Ap cível n. 70.037.359.692, 8ª Câm. Cível, rel. Des. Luiz Ari Azambuja Ramos, j. 02.09.2010)

Direito processual civil. Embargos de declaração. Alegação de omissão, contradição e obscuridade. Descabimento. Direito de família. Ação de conversão de separação em divórcio. Procedência do pedido. Recurso. Alegação de descumprimento do acordo. Irrelevância. Para a decretação do divórcio é irrelevante o descumprimento do acordo que deverá ser executado pelas vias próprias. EC n. 66/2010. Fim dos requisitos para decretação do divórcio. Provimento do apelo. "Felizmente este verdadeiro calvário chega ao fim. A mudança provoca uma revisão de paradigmas. Além de acabar com a separação e eliminar os prazos para a concessão do divórcio, espanca definitivamente a culpa do âmbito do direito das famílias. Mas, de tudo, o aspecto mais significativo da mudança talvez seja o fato de acabar a injustificável interferência do Estado na vida dos cidadãos. Enfim passou a ser respeitado o direito de todos de buscar a felicidade, que não se encontra necessariamente na mantença do casamento, mas, muitas vezes, com o seu fim." (DIAS, Maria Berenice. *Divórcio Já*! Editora Magister – Porto Alegre. Data de inserção: 09.07.2010. Disponível em: www.editoramagister.com) Desprovimento do recurso. (TJRJ, Ap. n. 0374116-18.2008.8.19.0001, 6ª Câm. Cível, rel. Des. Nagib Slaibi, j. 25.08.2010)

Família. Divórcio consensual judicial. Audiência de conciliação. Presença das partes. Caso excepcional. Cônjuge morando no exterior. Dispensa. Representação processual. Atos personalíssimos. Procuração com poderes. Cabimento. Malgrado a realização de audiência de conciliação seja obrigatória no âmbito da ação de divórcio consensual judicial, em casos excepcionais ela pode ser dispensada, quando, por exemplo, um dos cônjuges reside no exterior. O cônjuge residente no exterior pode ser representado na ação de divórcio consensual quando há procuração, lavrada perante a Chancelaria do Brasil no exterior, conferindo poderes específicos para o mandatário representar aquele neste tipo de demanda. Em face da superveniência da EC n. 66/2010, que deu nova redação ao art. 226, CF, e é aplicável de forma superveniente ao caso em julgamento (art. 462, CPC) [art. 493 do CPC/2015] é ocioso discutir se há prova do tempo da separação de fato. (TJMG, Ap. Cível n. 1.0105.08.282752-5/001(1), rel. Des. Alberto Vilas Boas, j. 24.08.2010)

Apelação cível. Divórcio direto. Requisito recepcionado pelo art. 226, § 6°, da CR/88, com nova redação dada pela EC n. 66 de 2010. Possibilidade. Divórcio. Cabimento. Desnecessidade de comprovação do decurso temporal. Recurso a que se dá provimento. (TJMG, Ap. Cível n. 1.0027.06.110617-8/001, rel. Des. Roney Oliveira, j. 17.08.2010)

Separação judicial contenciosa. Ausência de culpa. Ruptura da vida em comum. Mitigação do prazo. EC n. 66, de 2010. Direito de família. Ação de separação litigiosa. Casamento que durou menos de um ano pedido de separação fundado na culpa. Não demonstração. Insustentabilidade da vida em comum. Caracterização. Formulado o pedido de separação judicial com fundamento na culpa (art. 1.572 e/ou art. 1.573 e incisos), o juiz poderá decretar a separação do casal diante da constatação da insubsistência da comunhão plena da vida (art. 1.511), que caracteriza hipótese de "outros fatos que tornem evidente a impossibilidade da vida em comum", sem atribuir culpa a nenhum dos cônjuges. Enunciado n. 254 da III Jornada de Direito Civil do CEJ do Conselho de Justiça Federal. Mitigação do prazo de um ano a que alude o art. 1.572 do CC. EC n. 66 que acabou com o prazo mínimo para a concessão de divórcio direto. Se a legislação pátria atual permite ao casal optar pelo divórcio direto sem qualquer exigência temporal, argumentando-se a *maiori ad minus*, com mais razão deve-se permitir a separação, cujos efeitos são menores pois, conforme o topo invocado, quem pode o mais pode o menos. Decretação da separação sem atribuição de culpa a nenhum dos cônjuges. Provimento do recurso. (TJRJ, Ap. n. 0015250 14.2009.8.19.0209, 7ª Câm. Cível, rel. Des. Maria Henriqueta Lobo, j. 11.08.2010)

Apelação cível. Família. Divórcio direto. Manutenção do nome de casada. Art. 1.571, § 2°, do CC. A manutenção do nome de casado é possível mesmo depois de dissolvido o vínculo do matrimônio, nos termos do art. 1.571, § 2°, do CC, tratando-se de prerrogativa de quem assumiu o uso do nome do outro. Apelação provida. (TJRS, Ap. Cível n. 70.032.545.204, 7ª Câm. Cível, rel. Des. José Conrado Kurtz de Souza, j. 08.03.2010)

**Outras decisões:**

Divórcio. Nome de casada. Manutenção. Varão que não pode impor à virago a supressão do sobrenome por ela adotado, sem motivo relevante. Direito indisponível. Art. 1.571, § 2°, do CC. Revelia da ré que não importa em presunção de aquiescência com o pedido de retorno do seu nome de solteira. Recurso desprovido. (TJSP, Ap. Cível n. 1001816-86.2021.8.26.0576/SP, 1ª Câm. de Dir. Priv., rel. Rui Cascaldi, j. 10.12.2021, publ. 10.12.2021)

Veja no art. 1.521 a seguinte decisão: TJSP, Ap. Cível n. 1000321-24.2021.8.26.0344/SP, 9ª Câm. de Dir. Priv., rel. César Peixoto, j. 09.03.2022, publ. 09.03.2022.

Apelação cível. Retificação de registro civil. Nome. Imutabilidade. Erro material, omissão ou destruição. Ausência. Retorno do uso do nome de casada após o divórcio. Opção pela utilização do nome de solteira quando da separação judicial. Determinação inserida na sentença. Impossibilidade. Por gozarem de fé pública, milita, em favor dos atos registrais, a presunção de veracidade do que neles se exprime, sendo uma de suas características, em regra, a imutabilidade. Contudo, configurada a ocorrência de erro, omissão ou destruição do registro, disciplinou a Lei n. 6.015/73, em seus arts. 109 a 113, o procedimento adequado para a retificação dos ditos vícios. Nos termos do art. 1.571, § 2º, do CC [...]. Realizada a opção, no momento da ação de separação judicial, pelo retorno do uso do nome de solteira e havendo, na sentença, expressa determinação nesse sentido, o mero arrependimento não constitui causa adequada para a reinserção do sobrenome do ex-cônjuge, vez que não demonstrado erro material e, muito menos, vício na manifestação livre de vontade da parte. (TJMG, Ap. Cível n. 1.0002.17.001620-4/001, rel. Des. Ana Paula Caixeta, j. 22.02.2018)

Agravo de instrumento. Ação de divórcio. Pedido de antecipação de tutela para que seja decretado o divórcio das partes. Risco de dano não evidenciado. Presença de causa suspensiva para a convolação de novas núpcias. Medida irreversível. Impossibilidade de concessão (CPC, art. 273, § 2º) [art. 300, § 3º, do CPC/2015]. Recurso desprovido. (TJSP, AI n. 2118524-34.2014.8.26.0000, 4ª Câm. de Dir. Priv., rel. Milton Carvalho, j. 07.08.2014)

Agravo de instrumento. Divórcio consensual. Audiência de ratificação. Art. 1.122 do CPC [sem correspondente no CPC/2015]. Agravante que se encontra em local distante. Acertada a decisão que determinou o comparecimento das partes ou, ao menos, a apresentação de procuração por instrumento público. Solenidade do ato a ser preservada. Possibilidade também de deprecar a oitiva do agravante. Recurso provido em parte. (TJSP, AI n. 2091527-14.2014.8.26.0000, 4ª Câm. de Dir. Priv., rel. Milton Carvalho, j. 24.07.2014)

Apelação cível. Ação de divórcio litigioso. Nome do cônjuge. Supressão. Impossibilidade. 1 – Não pode ser imposta à ex-cônjuge a retomada do nome de solteira se ela não se manifestou nesse sentido, conforme faculta o art. 1.571, § 2º, do CC. O nome assumido no casamento integra a personalidade do cônjuge. 2 – Recurso desprovido. (TJDFT, Ap. Cível n. 20110610078914(767190), rel. Des. Antoninho Lopes, *DJe* 13.03.2014, p. 113)

Apelação cível. Ação de divórcio consensual. Falecimento do cônjuge antes da sentença homologatória. Extinção do processo. Recurso provido. A morte de um dos cônjuges termina a sociedade conjugal (CC, art. 1.571, I). Falecido um dos cônjuges no curso da ação de divórcio, mas antes do trânsito em julgado da sentença, o estado do outro passa a ser de viúvo. Se uma das partes vem a falecer no curso da ação de divórcio, o processo deve ser extinto sem resolução do mérito, pois o direito é intransmissível (CPC, art. 267, IV e IX) [art. 485, IV e IX, do CPC/2015]. (TJMT, Ap. n. 143470/2012, rel. Des. Adilson Polegato de Freitas, *DJe* 19.02.2014, p. 23)

Responsabilidade civil. Dano material. Prescrição inocorrente. Prazo prescricional de 3 anos (art. 206, § 3º, V, do CC). Prescrição não corre entre cônjuges (art. 197, I, do CC). Prazo prescricional iniciado com a separação judicial, que rompe a sociedade conjuga (art. 1.571, III, do CC). Preliminar de impossibilidade jurídica do pedido rejeitada. Ação ajuizada pela autora, que afirma haver custeado reforma em imóvel do réu, seu ex-marido, na constância do casamento. Danos emergentes precisam ser objetivamente comprovados e quantificados, sob pena de restarem excluídos da condenação. A autora não se desincumbiu do ônus de comprovar o fato constitutivo do seu direito (art. 333, I, do CPC) [art. 373, I, do CPC/2015]. A autora não logrou demonstrar a realização de nenhuma despesa na reforma do imóvel do réu. Se a reforma do imóvel do réu foi de fato custeada pela autora, isso se deu por mera liberalidade desta, não havendo sequer indícios de que o réu se comprometera a reembolsar-lhe o valor eventualmente despendido. Rejeição do pedido. Sucumbência da autora. Recurso provido. (TJSP, Ap. n. 0012185-61.2012.8.26.0451/Piracicaba, 1ª Câm. de Dir. Priv., rel. Paulo Eduardo Razuk, *DJe* 27.01.2014, p. 1.032)

Agravo regimental no recurso especial. Separação judicial. Imóvel comum utilizado por apenas um dos cônjuges. Arbitramento de aluguel. Impossibilidade. 1 – A jurisprudência desta Corte admite o arbitramento de aluguel, bem como o ressarcimento pelo uso exclusivo de bem integrante do patrimônio comum do casal apenas nas hipóteses em que, decretada a separação ou o divórcio, e efetuada a partilha, um dos cônjuges permaneça residindo no imóvel. 2 – Nos termos do art. 1.571,

III, do CC, a sociedade conjugal apenas termina pela separação judicial, razão pela qual não há que se falar em ato ilícito gerador do dever de indenizar durante a constância do casamento, sendo o uso exclusivo do imóvel decorrente de cumprimento de ordem judicial que determinou a separação de corpos. 3 – Agravo regimental improvido. (STJ, Ag. Reg.-REsp n. 1.369.599, 3ª T., rel. Min. Sidnei Beneti, *DJe* 01.08.2013, p. 5.256)

Apelação cível. Ação de divórcio direto. Procedência na origem. Reclamo da virago. Julgamento *extra petita*. Exclusão do sobrenome de casada. Questão suscitada em primeiro grau. Atuação de ofício não configurada. Limites da lide observados. Pedido de manutenção do apelido de família do ex-marido. Possibilidade. Exegese do art. 1.571, § 2°, do CC. Recurso conhecido e parcialmente provido. (TJSC, Ap. Cível n. 2013.020476-3/Tubarão, 5ª Câm. de Dir. Civil, rel. Odson Cardoso Filho, j. 13.06.2013)

Direito civil. Ação de cobrança. Seguro de vida. Segurado que vem a óbito depois de ter, supostamente, se separado de fato da autora. Irrelevância. Apólice que possui cláusula expressa de inclusão do cônjuge sobrevivente como beneficiário no caso de segurado que sustenta o estado civil de casado. Dissolução do vínculo conjugal que somente se opera com a morte ou divórcio. Inteligência do art. 1.571, § 1°, do CC. Ausência, ademais, de prova acerca da união estável do *de cujus* com terceira pessoa. Inexistência de indicação, mediante preenchimento do cartão proposta, de beneficiário diverso. Dever de indenizar caracterizado. Sentença de procedência. Mantida. Recurso desprovido. A teor do art. 1.571, § 1°, do CC, o casamento válido somente se dissolve pela morte de um dos cônjuges ou pelo divórcio. (TJSC, Ap. Cível n. 2012.081803-3/Joinville, 3ª Câm. de Dir. Civil, rel. Marcus Túlio Sartorato, j. 15.01.2013)

Decisão monocrática. Divórcio. Falecimento do cônjuge no curso da demanda. Direito intransmissível. Extinção do processo. Art. 267, IX, do CPC [art. 485, IX, do CPC/2015]. No curso da ação de divórcio direto, houve o falecimento da demandante, consoante se infere da certidão de óbito colacionada aos autos, fato que só foi noticiado em sede recursal após a prolação da r. sentença. *In casu*, tendo em vista o caráter personalíssimo da ação, em razão da intransmissibilidade do direito em tela, tem aplicação a norma do art. 267, IX, do CPC [art. 485, IX, do CPC/2015] que determina a extinção do processo sem julgamento de mérito. Os efeitos do falecimento de um dos cônjuges no casamento decorrem da lei civil, a qual determina a extinção da sociedade conjugal (art. 1.571, I, do CC), passando o cônjuge sobrevivente ao estado civil de viúvo. Provimento do recurso. Art. 557 do CPC [arts. 932, IV, *a* e *b*, e V, *a*, 1.011, I, e 1.021, §§ 2°, 4° e 5°, do CPC/2015]. (TJRJ, Ap. n. 0003379-09.2010.8.19.0061, 9ª Câm. Cível, rel. Des. Roberto de Abreu e Silva, j. 24.07.2012)

Agravo regimental. Agravo de instrumento. Prequestionamento. Ausência. Separação judicial. Reconvenção. Imóvel comum utilizado por apenas um dos cônjuges. Indenização. Impossibilidade. Decisão agravada mantida. Improvimento. O conteúdo normativo do dispositivo tido por violado não foi objeto de debate no v. Acórdão recorrido, carecendo, portanto, do necessário prequestionamento viabilizador do Recurso Especial, nos termos da Súmula n. 211 desta Corte. A jurisprudência desta Corte admite o arbitramento de aluguel, bem como o ressarcimento pelo uso exclusivo de bem integrante do patrimônio comum do casal apenas nas hipóteses em que, decretada a separação ou o divórcio, e efetuada a partilha, um dos cônjuges permaneça residindo no imóvel. Nos termos do art. 1.571, III, do CC, a sociedade conjugal apenas termina pela separação judicial, razão pela qual não há que se falar em ato ilícito gerador do dever de indenizar durante a constância do casamento, sendo o uso exclusivo do imóvel decorrente de cumprimento de ordem judicial que determinou a separação de corpos. O agravo não trouxe nenhum argumento novo capaz de modificar a conclusão alvitrada, a qual se mantém por seus próprios fundamentos. Agravo regimental improvido. (STJ, Ag. Reg. no AI n. 1.212.247, 3ª T., rel. Min. Sidnei Beneti, *DJe* 12.05.2010)

Sociedade conjugal. Restabelecimento. Falecimento do varão. Ausência de comunicação. Sentença proferida seis meses após a morte. Efeito *ex nunc*. Perda do objeto diante previsão do inciso I do art. 1.571 do CC. Sentença confirmada. Recurso não provido. (TJSP, Ap. Cível c/ Rev. n. 6.058.394.400/Guarulhos, 7ª Câm. de Dir. Priv., rel. Elcio Trujillo, j. 02.09.2009)

Ação de alimentos. Ex-mulher. Separação judicial. Dispensa de pensão. Divórcio. Requerimento. Impossibilidade jurídica do pedido. Improcedência do pedido. Sentença mantida. A mulher que dispensou alimentos em ação de separação e quando do divórcio, pondo, portanto, fim a sociedade conjugal, conforme art. 1.571 do CC, não pode vir a juízo pleitear pensão alimentícia de seu ex-cônjuge. (TJMG, Ap. Cível n. 1.0027.07.138562-2/001, rel. Mauro Soares de Freitas, j. 09.07.2009)

Conversão de separação judicial em divórcio. Nome de casada da apelante. Preservação, mesmo após o advento do divórcio. Possibilidade. Avença, a respeito, por ocasião da separação consensual. Aplicação do disposto no art. 1.571, § 2°, do CC. Sentença, nesta parte, reformada. Apelo provido. (TJSP, Ap. Cível c/ Rev. n. 6.288.334.500/Santo André, 3ª Câm. de Dir. Priv., rel. Donegá Morandini, j. 07.07.2009)

Divórcio direto. Casal separado de fato há mais de dois anos. Preenchido o requisito exigido pelo § 2º do art. 1.580 do CC, o deferimento do pedido é medida que se impõe. Manutenção do nome de casada. Possibilidade, nos termos do art. 1.571, § 2º, do CC. Direito não renunciado e nem perdido em sentença de separação judicial. Recurso parcialmente provido. (TJSP, Ap. c/ Rev. n. 331.343.4/9-00/Botucatu, rel. Adilson de Andrade, 3ª Câm. de Dir. Priv., j. 29.07.2008, *DJESP* 07.08.2008)

Divórcio direto. Nome. Determinação de retirada do patronímico do ex-marido. Descabimento. Em ação de divórcio direto, a questão do nome está condicionada à vontade de quem o usa, sendo descabida a deliberação judicial de retorno ao uso do nome de solteira. Inteligência do art. 1.571, § 2º, do CC/2002. Apelo provido. (TJRS, Ap. Cível n. 70.019.031.491, 7ª Câm. Cível, rel. Des. Maria Berenice Dias, j. 12.04.2007)

Registro civil. Nome de mulher divorciada. Uso do nome de casada. Pedido de alteração. 1 – Se o casal ajustou no divórcio consensual que a mulher manteria o nome de casada, descabida se mostra a pretensão de que ela retome o uso do nome de solteira. 2 – O uso do nome de casada pela mulher constitui direito da personalidade e, exercendo atividade profissional, a perda acarretaria evidente prejuízo para sua identificação. Inteligência do art. 1.571, § 2º, do CC/2002. Recurso desprovido. (TJRS, Ap. Cível n. 70.014.755.656, 7ª Câm. Cível, rel. Des. Sérgio Fernando de Vasconcellos Chaves, j. 12.07.2006)

Nome de casada. Sentença de conversão em divórcio que determina a volta ao nome de solteira, havendo cláusula, na separação consensual, para permanência do nome de casada. Pedido indeferido, nos autos da conversão, após o trânsito em julgado da sentença, para continuar a usar o nome de casada. Nova ordem civil. Deferimento. Nenhum óbice ao pleito traz o trânsito em julgado da sentença de conversão da separação judicial em divórcio (TJDF, AI n. 2003.00.2.001785-9, rel. Mário Machado, *DJU* 06.08.2003). (*RBDFam* 25/117)

Veja no art. 1.565 a seguinte decisão: STJ, REsp n. 363.794/DF, rel. Min. Carlos Alberto Menezes Direito, *DJU* 30.09.2002.

Conversão de separação judicial em divórcio. Supressão do nome de casada. Exceções previstas no art. 25, parágrafo único, I e II, da Lei n. 6.515, de 26.12.1977. Cerceamento de defesa. Inocorrência. Preservação do direito à identidade do ex-cônjuge. Distinção manifesta entre o sobrenome da mãe e dos filhos havidos da união dissolvida, não importando que hoje já tenham estes atingido a maioridade. Recurso não conhecido. (STJ, REsp n. 358.598/PR, rel. Min. Barros Monteiro, j. 17.09.2002)

---

**Art. 1.572. Qualquer dos cônjuges poderá propor a ação de separação judicial, imputando ao outro qualquer ato que importe grave violação dos deveres do casamento e torne insuportável a vida em comum.**

**§ 1º A separação judicial pode também ser pedida se um dos cônjuges provar ruptura da vida em comum há mais de um ano e a impossibilidade de sua reconstituição.**

**§ 2º O cônjuge pode ainda pedir a separação judicial quando o outro estiver acometido de doença mental grave, manifestada após o casamento, que torne impossível a continuação da vida em comum, desde que, após uma duração de dois anos, a enfermidade tenha sido reconhecida de cura improvável.**

**§ 3º No caso do § 2º, reverterão ao cônjuge enfermo, que não houver pedido a separação judicial, os remanescentes dos bens que levou para o casamento, e se o regime dos bens adotado o permitir, a meação dos adquiridos na constância da sociedade conjugal.**

---

Legislação correlata: art. 5º, Lei n. 6.515, de 26.12.1977 (Lei do Divórcio).

***EC n. 66/2010: da extinção da culpa e suas consequências***

A regra do art. 1.572 do CC, que trata da separação judicial litigiosa e que exige a culpa de um dos cônjuges para pôr fim à sociedade, deixou de existir, pois, extinta a separação, não há de se falar mais em culpa.

Com efeito, diante da norma constitucional que facilitou o divórcio, sem impor a existência de causas culposas, não se pode conceber a possibilidade da manutenção de uma separação só para que se possa discutir a culpa de um dos cônjuges, sabendo ser esta mecanismo de fomento de conflitos. A ideia do legislador foi ampliar a autonomia privada no direito de família, pondo fim ao casamento sem declinar os motivos nem imputar ao outro cônjuge conduta desairosa. Era evidente a gradativa perda da relevância na culpa no direito de família (*v.* com. art. 1.573). Nesse sentido, bem observou Maria Berenice Dias: "Felizmente – e em boa hora – a EC n. 66/2010 derrogou quase todo o capítulo do CC que trata da dissolução do casamento e do vínculo conjugal (arts. 1.571 a 1.582). Atendendo aos reclames da doutrina e à tendência dos tribunais, todas as referências à imputação de culpa para efeitos de obtenção da separação, por não guardarem consonância com a norma constitucional, passou a admitir a dissolução do casamento exclusivamente por meio do divórcio. Não há mais prazos nem perquirição de culpas para qualquer dos cônjuges, a qualquer tempo, buscar o divórcio. Ao menos agora há uniformidade de tratamento, uma vez que, na união estável, nunca foi exigida identificação de causas ou averiguação de culpas" (*Manual de direito das famílias*, 9. ed. São Paulo, RT). Igual é o entendimento de Rolf Madaleno, "se mostra impraticável seguir discutindo a culpa em processos de separação judicial, cuja figura jurídica considero haver sido derrogada pela EC n. 66/2010, notadamente por se tratar de norma legal que colide frontalmente com o divórcio e tenho que os dois institutos transitam pela mesma via e em flagrante rota de colisão" (*Curso de direito de família*, 5. ed. Rio de Janeiro, Forense).

Já as consequências que então eram impostas ao cônjuge responsável pela separação, relativas aos alimentos naturais e ao direito ao uso de sobrenome do outro, deverão ser resolvidas dentro do próprio processo de divórcio ou em sede própria.

Ressalte-se que tal discussão não estará adstrita aos termos da lei atual (CC, arts. 1.578, 1.702 e 1.704) – até porque ela se refere à culpa –, embora as regras nela contidas poderão servir de parâmetro para o julgamento da controvérsia.

No caso do direito ao uso do sobrenome, o evidente prejuízo para identificação, a manifesta distinção entre o nome da família e dos filhos e dano grave reconhecido em decisão judicial, poderão ser eventualmente utilizados para a manutenção do sobrenome, além de outros, dependendo da tese esposada (*v. g.*, a manutenção constitui sempre uma prerrogativa da mulher).

Cumpre observar que o nome é um dos elementos da personalidade individual, e o princípio da dignidade da pessoa humana não pode ser ignorado ou simplesmente afastado para justificar a perda do direito a ele com fundamento em conduta repreensível definida como tal para instituto que não mais subsiste no ordenamento jurídico.

Na hipótese dos alimentos, a questão deverá ser solucionada pelo princípio da solidariedade, observado o binômio necessidade-possibilidade (art. 1.694), facultada ainda a aplicação da regra contida no parágrafo único do art. 1.708, que diz respeito à indignidade, cuja tendência é usar por analogia as hipóteses de deserdação e indignidade do direito sucessório (*v.* com. art. 1.708), pois não se pode conceber a tutela de situações antiéticas, como a do marido que sevicia a esposa, não trabalha e ainda lhe pede alimentos fundados na solidariedade. Como toda obrigação tem um fundamento ético, compete ao juiz, nos casos em que a conduta de um dos cônjuges se mostre especialmente gravosa ou indigna, sopesar tal circunstância quando solicitados os alimentos.

Com a extinção da separação judicial, ao que parece, a dispensa aos alimentos virou renúncia (CC, art. 1.707), devendo os alimentos ser solicitados no momento do divórcio, já que a dispensa agora é irretratável, salvo expressa ressalva em contrário das partes.

Além dessas situações, se o descumprimento dos deveres do casamento impuser ao cônjuge dano de natureza moral, também poderá valer-se da via ordinária própria para a satisfação de sua reparação, respeitadas as regras pertinentes à responsabilidade civil.

***Comentários ao dispositivo***

Repete-se aqui a observação feita no comentário do artigo anterior no sentido de que a despeito da posição antes adotada – a EC extirpou a separação do nosso ordenamento jurídico –, tendo em vista a controvérsia ainda existente na doutrina acerca da recepção pela EC das disposições legais que tratam do tema, e inexistindo também um grande número de decisões de nossos tribunais sobre o assunto, impõe-se a manutenção do comentário a todos os dispositivos deste Código que se referem ao tema, apesar de já manifestado o entendimento de que grande parte deles já teria perdido a vigência, para que se deixe ao leitor e ao operador do Direito a utilização da obra da forma que melhor seja conveniente até que pacificado o entendimento acerca da EC n. 66/2010.

O artigo trata da separação judicial, que é causa de dissolução da sociedade conjugal (art. 1.571, III). Não rompe o vínculo matrimonial, de modo que nenhum dos consortes pode convolar novas núpcias somente separado, exigindo a lei que estejam divorciados.

A separação judicial pode ocorrer de forma consensual, por mútuo consentimento (art. 1.574), podendo nesta hipótese se dar também extrajudicialmente, ou litigiosa. A tratada no artigo é a *litigiosa*. Tem por fundamento a *culpa* de um dos cônjuges *(caput)* ou uma das causas objetivas independentes de culpa (§§ 1º e 2º) (a respeito da necessidade da prova da culpa, veja comentários e jurisprudência correspondente ao art. 1.573, a seguir).

São três as espécies de separação litigiosa. A primeira delas é a *separação-sanção*, prevista no ***caput***

**do artigo**, que é, na verdade, uma cláusula geral. Está fundamentada na *culpa* que um dos cônjuges atribui ao outro pela dissolução do matrimônio, em razão da grave violação de um dos deveres conjugais (há quem sustente que apenas essa separação é litigiosa, porquanto nas demais não se discute a culpa). Os requisitos (a) de qual dever do casamento foi gravemente violado (art. 1.566) e (b) da insuportabilidade da vida em comum são cumulativos e devem ser demonstrados pelo autor. A culpa, portanto, deve ser comprovada. Reconhecida a culpa, o cônjuge *perderá o direito a alimentos*, exceto os naturais, nas hipóteses dos arts. 1.694, § 2º, e 1.704, parágrafo único (veja comentários aos arts. 1.702 e 1.704), e o direito de conservar o sobrenome do outro, observadas as exceções do art. 1.578 (veja comentário). Já a culpa recíproca afasta o direito a alimentos de qualquer dos cônjuges. O art. 1.573 enumera os motivos que podem causar a insuportabilidade da vida comum e serão analisados a seguir. Quando a ruptura do matrimônio provém da prática de um ato antijurídico, de um delito ou quase delito (por exemplo, adultério ou agressões físicas continuadas), produzindo danos de natureza extrapatrimoniais ao outro cônjuge, que teve sua honra ofendida, a doutrina atual tem admitido a reparação moral, com amparo no princípio constitucional da dignidade da pessoa humana, elevado à categoria de fundamento da República Federativa do Brasil (CF, art. 1º, III) (veja doutrina na *RT* 775/128).

No **§ 1º do artigo** ora comentado se encontra a *separação-ruptura (ou falência)*, que se caracteriza pela ruptura da vida em comum há mais de um ano e a impossibilidade de sua reconstituição. Nessa modalidade não se discute culpa. São requisitos cumulativos (a) a separação de fato há mais de um ano e (b) a impossibilidade da reconstituição do casamento. Ambos devem ser comprovados; contudo, não se discutirá a razão da ruptura ou quem tenha dado causa a ela. A lei passou a considerar possível, para os fins da contagem do tempo estabelecido no parágrafo, a soma dos períodos de separação para integralizar o prazo exigido, abolindo-se também a sanção, no tocante à partilha dos bens, que era imposta ao cônjuge que tomava a iniciativa da ação. Esse é o entendimento de Carlos Roberto Gonçalves em *Direito de família*, 8. ed. São Paulo, Saraiva, 2002.

O **§ 2º do art. 1.572** trata da *separação-remédio*, que recebeu muitas críticas da doutrina por ofender o dever de mútua assistência moral (CC, art. 1.566, III). Poderá ser pedida (a) quando o cônjuge estiver acometido de doença mental grave (b) manifestada após o casamento, (c) impossibilitando a continuação da vida em comum e (d) quando for reconhecido que a cura para a doença é improvável. O requerente deverá fazer a prova da insanidade mental. São casos de doença mental para os fins dispostos neste artigo, entre outros, a paranoia, a neurose-traumática e a psicose maníaco-depressiva.

Por fim, o § 3º deste artigo acima considera efeito patrimonial da separação sem culpa, apenas no caso da separação requerida por motivo de doença mental (§ 2º), a perda pelo cônjuge requerente dos bens remanescentes que o cônjuge enfermo levou para o casamento, assim como a perda da meação dos aquestos, se o regime adotado permitir. O dispositivo visa dar maior proteção à pessoa doente e impor uma sanção ao cônjuge requerente. Na verdade, o requerente perderá a meação dos bens remanescentes do cônjuge enfermo, quando adotado o regime da comunhão universal de bens, e metade dos adquiridos na constância da sociedade conjugal, se o regime for o da comunhão parcial. O Código não mais prevê a *cláusula da dureza* (art. 6º da Lei do Divórcio), que estabelece a possibilidade de o juiz negar a separação-remédio caso ela traga agravamento da saúde do cônjuge doente ou prejuízo aos filhos do casal. De outra sorte, o CC/2002 reduziu de cinco para dois anos o período de duração da enfermidade grave de cura improvável, que servirá de fundamento à separação-remédio (art. 5º, § 2º, da Lei do Divórcio). Considerando que haverá a necessidade de o cônjuge requerente fundamentar e comprovar o pedido de reconhecimento da separação-remédio, correndo o risco de sofrer repercussão negativa em seu patrimônio, decorrido o prazo de dois anos de separação, caracterizado pela impossibilidade de continuação da vida em comum, poderá requerer imediatamente o divórcio direto. Isso explica por que há forte tendência de o disposto no § 2º do artigo comentado cair em desuso.

Controvertida na doutrina é a questão relativa à ***possibilidade de reparação por dano moral em direito de família***, especialmente nas hipóteses de separação judicial por descumprimento de alguns dos deveres do casamento. Regina Beatriz Tavares da Silva sustenta ser cabível a indenização quando houver dano ao consorte em razão de tal descumprimento, não se enquadrando nessa hipótese o simples desamor, pois a falta de amor, por si só, não pode acarretar qualquer consequência jurídica, já que amar não é dever jurídico, inexistindo ato ilícito na falta de amor. Sobre o tema, Enio Santarelli Zuliani assevera que no cotidiano familiar o dano que outrora não se ressarcia, hoje se indeniza. O abandono afetivo, por exemplo, nunca deixou de ser um ato de covardia que se comete contra um ser frágil, mas nunca foi reprovado; agora o é, pelos efeitos perversos da rejeição que, naturalmente, perturbam e lesam a vida, a saúde e o bem-estar da vítima. O sentido cultural do problema é atualmente mais aguçado e receptivo. A infidelidade conjugal é mais grave que a desilusão em face de um amor não correspondido, ela nem sempre será indenizável, exatamente porque o direito jamais impedirá os acertos e desatinos dos sentimentos; contudo, quando a traição excede os limites de uma acentuada tolerância, que se admite em casos do gênero, ao traído cabe destinar uma quantia em dinheiro para que se recupere do golpe vergonhoso e humilhante.

Assim, forçoso é concluir que o cabimento da indenização com essa finalidade é de ser analisado em cada caso concreto. Terá em vista a natureza dos direitos lesados, a intensidade da violação e as consequências dela promanantes, para que seja reconhecida a necessidade de reparação e atribuído o seu valor em pecúnia.

**Jurisprudência:** Apelação. Ação de indenização por danos morais. Propositura pela ex-esposa. Pretensão de reparação por danos morais em razão de infidelidade conjugal. Sentença de improcedência. Inconformismo da autora, arguindo preliminar de cerceamento de defesa e "decisão surpresa"; alegando, quanto ao mérito, que ficou demonstrada a infidelidade conjugal do réu e a exposição do fato perante terceiros, bem como a ofensa à honra e o prejuízo moral sofrido, devendo haver a anulação da sentença ou a procedência de seus pedidos. Descabimento. Inocorrência de cerceamento de defesa ou "decisão surpresa". Infidelidade conjugal que, por si só, não configura dano moral indenizável. Recurso desprovido. (TJSP, Ap. n. 1000282-52.2021.8.26.0271/ Itapevi, 10ª Câm. de Dir. Priv., rel. José Aparício Coelho Prado Neto, j. 18.01.2024, *DJ* 18.01.2024)

Apelação. Ação de indenização por danos morais. Alegada situação vexatória decorrente de traição conjugal. Art. 1.566, I, do CC. Dever legal de fidelidade. Traição durante o casamento que, por si só, não causa dano moral indenizável. Ausência de provas de fatos suficientes para justificar a condenação. Autora que não cuidou de fazer prova necessária, nos termos do art. 373, I, do CPC/2015, não se desincumbindo do ônus de demonstrar os fatos constitutivos de seu direito. Precedentes. Sentença mantida. Honorários majorados. Recurso não provido. (TJSP, Ap. n. 1024505-69.2021.8.26.0562/ Santos, 8ª Câm. de Dir. Priv., rel. Benedito Antonio Okuno, j. 25.04.2024, *DJ* 25.04.2024)

Agravo de instrumento. Ação de divórcio litigioso. Decisão que indeferiu o pedido de tutela visando a imediata decretação do fim do vínculo matrimonial. Ausência de óbice à decretação do divórcio, porquanto, basta a manifestação de qualquer dos cônjuges. Recurso provido. (TJSP, AI n. 2233001-26.2021.8.26.0000, 7ª Câm. de Dir. Priv., rel. Des. Maria de Lourdes Lopez Gil, j. 24.11.2021)

Apelação. Ação de divórcio litigioso. Ajuizamento pelo cônjuge. Casamento realizado no estrangeiro sem registro no Brasil. Sentença que indeferiu a inicial e julgou extinto o processo sem julgamento de mérito. Inconformismo do autor, sob alegação de validade do casamento, ainda que sem registro no Brasil, visto que o primeiro domicílio do casal foi em território nacional, devendo, portanto, aplicar a regra da comunhão parcial de bens. Descabimento. Casamento, entre brasileiro e romena, realizado no estrangeiro e não levado a registro no Brasil. Hipótese em que não compete à Justiça brasileira decretar a dissolução da sociedade conjugal. Existência de bens não comprovada. Recurso desprovido. (TJSP, Ap. Cível. n. 1001832-38.2020.8.26.0394, 9ª Câm. de Dir. Priv., rel. Des. José Aparício Coelho Prado Neto, j. 23.11.2021)

Apelação cível. Ação declaratória de reconhecimento de união estável *post mortem*. Reconhecimento da união estável concomitantemente com o casamento. Ausência de separação judicial ou divórcio. Pedido de dissolução do casamento civil do companheiro falecido formulado pela companheira sobrevivente. Ilegitimidade ativa. Sentença mantida. Recurso desprovido. O art. 1.572 do CC confere legitimidade ativa para pleitear a dissolução da sociedade conjugal aos cônjuges, de modo que não é lícito à companheira pleitear a dissolução do casamento civil do companheiro que com ela convive estavelmente, mas ainda permanece civilmente casado, principalmente após sua morte. (TJMT, Ap. n. 145801/2012, rel. Des. João Ferreira Filho, *DJe* 04.04.2014, p. 26)

Litispendência. Separação judicial. Ação extinta sem resolução de mérito com fundamento na existência de litispendência com ação de divórcio movida pelo apelado em face da apelante. Identidade dos elementos identificadores da ação quanto aos pedidos de partilha de bens, guarda e alimentos em relação à filha menor e alteração do nome da esposa. Pedidos de prestação alimentícia em favor da apelante e de discussão de culpa pelo término do casamento que com aqueles não se confundem. Impossibilidade de se discutir culpa, decorrente da entrada em vigor da EC n. 66/2010, que retirou a separação judicial do ordenamento jurídico. Possibilidade de prosseguimento do processo, na forma de ação de alimentos. Recurso parcialmente provido. (TJSP, Ap. Cível n. 0003536-62.2011.8.26.0348, rel. Juiz Milton Carvalho, j. 30.08.2012, voto n. 3.289)

Apelação cível. Ação de separação judicial consensual. EC n. 66/2010. Nova redação dada ao art. 226, § 6º, da CF/88 que elimina os requisitos à decretação do divórcio. Instituto da separação judicial que não foi suprimido do ordenamento jurídico. Requisitos temporais para sua decretação. Inexigibilidade. Persistindo no ordenamento jurídico o instituto da separação judicial, e não mais subsistindo com o advento da EC n. 66/2010 os requisitos temporais (separação de fato por mais de dois anos ou da separação judicial por mais de um ano) para a decretação do divórcio, não se afigura razoável, por conseguinte, exigir das partes para a decretação da separação judicial (cujas consequências jurídicas são mais brandas do que as do divórcio) o preenchimento dos requisitos estampados no CC, quais sejam, de um ano de separação de fato para a separação litigiosa (art. 1.572, § 1º) e de um ano de casamento para a consensual (art. 1.574, *caput*). Entendimento pacificado no 4º Grupo Cível. Apelação provida, em monocrática (segredo de justiça). (TJRS, Ap. Cível n. 70.047.937.933, 8ª Câm. Cível, rel. Ricardo Moreira Lins Pastl, j. 28.05.2012)

Separação litigiosa. Cerceamento de defesa. Preliminar afastada. A EC n. 66/2010 alterou a forma de dissolução do casamento, retirando do ordenamento jurídico a separação judicial. Alteração normativa que põe fim à discussão acerca da culpa. Decretação do divórcio *ex officio*. Inexistência de bens a serem partilhados (CC, art. 1.659, I). Alimentos fixados em 1/3 dos rendimentos líquidos do apelante. Binômio necessidade/possibilidade observado. Recurso desprovido. (TJSP, Ap. Cível n. 9159532-47.2006.8.26.0000, rel. Juiz Milton Carvalho, j. 19.10.2011)

Separação judicial. Mesmo debaixo de teto comum, há muito tempo cessou a vida conjugal, pelo desgaste da relação, com o passar do tempo. Improvável a reconstituição da vida em comum, a separação judicial pode ser decretada com fundamento no art. 1.572, § 1º, do CC. Perquirição da culpa que só remanesce para efeito da imposição do ônus da sucumbência, em virtude do princípio da causalidade. A alegada culpa do apelado não restou demonstrada no âmbito do contraditório. Como consequência da separação judicial, pondo fim aos deveres recíprocos dos cônjuges, o apelado deve deixar o lar conjugal no prazo de trinta dias. Apelante continuará a usar o nome de casada, ao qual poderá renunciar a qualquer momento. Filhos maiores e capazes. Alimentos devidos à apelante. Objeto de processo autônomo. Modificação deve ser pleiteada na via adequada. Decretada a partilha do patrimônio comum do casal (ativos e passivos), que poderá ser ultimada nestes mesmos autos, nomeado inventariante o apelado. Recurso provido em parte. (TJSP, Ap. Cível c/ Rev. n. 5.885.164.900/São Paulo, 1ª Câm. de Dir. Priv., rel. Paulo Eduardo Razuk, j. 09.06.2009)

Processual civil. Recurso especial. Prequestionamento. Ausência. Impossibilidade de decretação de divórcio em sede de ação de separação judicial com base unicamente nos arts. 1.572, § 1º, e 1.580 do CC. Fundamento suficiente não impugnado. Súmula n. 283 do STF. I – O prequestionamento, entendido como a necessidade de o tema objeto do recurso haver sido examinado pela decisão atacada, constitui exigência inafastável da própria previsão constitucional, ao tratar do recurso especial, impondo-se como um dos principais requisitos ao seu conhecimento. Não examinada a matéria objeto do especial pela instância *a quo*, mesmo com a oposição dos Embargos de Declaração, incide o Enunciado n. 211 da Súmula do STJ. II – Os arts. 1.572, § 1º, e 1.580 do CC são insuficientes, para, por si sós, autorizar que se decrete o divórcio em uma ação de separação judicial. III – Não merece conhecimento o recurso especial quanto ao ponto em que deixa de atacar todos os fundamentos suficientes do acórdão. Incidência da Súmula n. 283 do STF. Agravo regimental improvido. (STJ, Ag. Reg. no AI n. 1.039.661, 3ª T., rel. Min. Sidnei Beneti, j. 16.04.2009, *DJ* 06.05.2009)

Separação judicial litigiosa. Decretada a separação do casal. Indenização por danos morais. Não cabimento. Apelante e apelada que mantiveram relacionamento sexual após a separação do casal em razão do adultério. Perdão. Configuração. Partilha do imóvel. Confirmação. Regime da comunhão parcial de bens. Presunção de que o bem é produto do esforço comum. Litigância de má-fé. Não caracterização. Recurso não provido. (TJSP, Ap. Cível n. 605.828-4/4, rel. Des. Sousa Lima, j. 04.03.2009)

Ação ordinária de indenização por danos morais. Prática de adultério. Reconhecimento da culpa afastada. Dano moral. A orientação da jurisprudência gaúcha é no sentido da irrelevância da aferição da culpa quando da separação judicial, uma vez que a eventual infração cometida por um dos cônjuges decorre da natural deteriorização da relação conjugal. A prática de adultério por qualquer dos cônjuges gera tão somente a dissolução da sociedade conjugal, com os seus reflexos, não gerando dano moral indenizável à parte ofendida. Apelo não provido. (TJRS, Ap. Cível n. 70.026.555.177, 8ª Câm. Cível, rel. Claudir Fidelis Faccenda, j. 30.10.2008, *DJ* 07.11.2008)

Apelações cíveis. Separação judicial. Separação de corpos. O pedido de separação de corpos, deduzido pelo separando na separação litigiosa, não afasta a procedência da cautelar de separação de corpos ajuizada pela separanda. Culpa. Não obstante o disposto no art. 1.572 do CC/2002, descabe a atribuição de culpa em separação judicial, porque a falência do casamento não pode ser imputada unicamente a um dos cônjuges. Alimentos. Mantêm-se os alimentos fixados em favor do filho do menor do casal, se adequado ao binômio necessidade/possibilidade demonstrado nos autos. Visitas. Mantém-se o pernoite na visitação do pai ao filho menor, se não há qualquer elemento de prova que o desautorize. Partilha. Mantém-se a partilha dos bens adquiridos pelo casal, descabendo a inclusão dos imóveis pertencentes a empresa da qual é sócio o separando. Apelações desprovidas. (TJRS, Ap. Cível n. 70.026.482.638, 8ª Câm. Cível, rel. José Ataídes Siqueira Trindade, j. 30.10.2008, *DJ* 06.11.2008)

Apelação cível. Separação judicial. Declaração de culpa. Ausência de interesse jurídico. Rompimento da vida em comum. Partilha de bens. Momento posterior. Possibilidade. Alimentos. Necessidade não comprovada. Caracterizada a hipótese de separação judicial autorizada pelo art. 1.572, § 1º, do CC/2002, estando demonstrada a impossibilidade de manutenção da vida em comum, descabe a declaração de culpa de um dos consortes pelo rompimento do vínculo. O reconhecimento da culpa, no caso concreto, não acarretará qualquer benefício para o cônjuge supostamente inocente, inexistindo interesse jurídico nesse provimento. A separação judicial pode ser decretada sem que ocorra a partilha dos bens que, diante da existência de controvérsia sobre a delimitação do patrimônio, pode ser postergada para momento posterior à sentença. Os alimentos são devidos ao cônjuge que demonstrar a impossibilidade de prover por seu trabalho a sua própria subsistência em condições de vida digna e compatível com o padrão mantido na vigência do casamento. Demonstrado que o casamento durou menos de 3 anos e que a requerida se separou aos 29 anos de idade, resta presumida a ausência de necessidade do recebimento de pensão alimentícia, uma vez que a alimentanda poderá cuidar de sua mantença tal como fazia antes de se casar, quando contava com quase 27 anos de idade. Recurso improvido. (TJMG, Ap. Cível n. 1.0701.07.184719-1/001, rel. Heloisa Combat, j. 08.07.2008, *DJEMG* 29.08.2008)

Família. Separação judicial litigiosa. Filho havido fora do casamento. Violação ao dever de fidelidade. Recurso não provido. A existência de filho havido fora do casamento traduz violação ao dever de fidelidade, constituindo, portanto, motivo hábil a decretação de separação judicial, já que tal ato constitui desrespeito à parceira e à própria família, tornando a permanência do vínculo conjugal insuportável. (TJMG, Ap. Cível n. 1.0027.06.090347-6/001, rel. Maria Elza, j. 29.05.2008, *DJEMG* 11.06.2008)

Indenização em caso de adultério do cônjuge. Hipótese em que não cabe aplicar as regras da responsabilidade civil embora tenha sido confirmada a traição da mulher na constância da vida em comum, por ser esse um fato que se tornou público, ao ser objeto de investigação policial, não tendo, apesar dessa notoriedade, proporcionado pronta e enérgica reação do marido enganado, uma conduta omissiva que compromete a noção de honra digna de ser resgatada pela compensação financeira (art. 5º, V e X, da CF). Provimento para julgar improcedente a ação. (TJSP, Ap. Cível n. 465.038-4/0-00, rel. Des. Enio Santarelli Zuliani, j. 29.05.2008)

Separação judicial litigiosa. Pleito ajuizado pelo varão atribuindo a culpa pela ruptura da sociedade conjugal ao virago. Sentença parcialmente procedente, reconhecendo, outrossim, a configuração de danos morais. Inconformismo da ré. Superveniência de acórdão transitado em julgado que decretou o divórcio do casal. Reconhecimento da culpa recíproca, entretanto, unicamente para fins de fixação de alimentos em ação independente. Inadmissibilidade de fixação de indenização por danos morais decorrente de violação dos deveres do casamento. Recurso provido. (TJSP, Ap. Cível n. 478.076-4/2-00, rel. Des. Sebastião Carlos Garcia, j. 21.02.2008)

Dano moral. Casamento. Infidelidade do varão comprovada nos autos. Ausência do dever de indenizar. Violação dos deveres do casamento que não pode ser confundida com conduta delituosa de um dos conviventes, a ensejar a reparação. Recurso parcialmente provido para afastar a condenação por danos morais (TJSP, Ap. Cível n. 471.053-4/7, rel. Des. Ruy Camilo, j. 14.11.2006)

Casamento. Adultério. Dano moral não configurado. Para que o adultério se traduza em dano moral é necessário repercussão extraordinária do fato e não, apenas, as consequências que lhes são ínsitas. Sendo a prova dos autos insuficiente tal, cabe a improcedência da pretensão. Recurso provido. (TJSP, Ap. Cível n. 228.985.4/1-00, rel. Des. Marcelo Benacchio, j. 19.07.2006)

Danos morais. Adultério. Ato ilícito que causa sofrimento moral e psicológico. Ausência de provas, pelo réu, de separação de fato anterior ao novo relacionamento. Indenização devida. Majoração do *quantum* indenizatório. Recurso da autora provido. (TJSP, Ap. Cível n. 185.669-4/8-00, rel. Des. Eduardo Tobias de Aguiar Moeller, j. 23.09.2005)

Ação de separação. Alegação de culpabilidade do cônjuge varão. Ausência de provas. Improcedência do pedido autoral. Insatisfação. Impossibilidade de comunhão de vida em comum manifestada por ambas as partes. Aplicação do § 1º do art. 1.572 do CC. Falência da estrutura do casamento. Apelo provido. Decisão reformada. (TJRJ, Ap. Cível n. 06.742/04, rel. Des. Marcus Tullius Alves, j. 05.04.2005. In: CAHALI, Francisco José. *Família e sucessões no CC de 2002.* São Paulo, RT, 2005, v. II)

Separação litigiosa. Danos morais. Cabimento. O sistema jurídico brasileiro admite, na separação e no divórcio, a indenização por dano moral. Juridicamente, portanto, tal pedido é possível: responde pela indenização o cônjuge responsável exclusivo pela separação. Caso em que, diante do comportamento injurioso do cônjuge varão, a turma conheceu do especial e deu provimento ao recurso, por ofensa ao art. 159 do CC, para admitir a obrigação de se ressarcirem danos morais. (STJ, REsp n. 37.051/SP, 3ª T., rel. Min. Nilson Naves, j. 17.04.2001, *DJU* 25.06.2001, v.m.).

---

**Art. 1.573. Pode caracterizar a impossibilidade da comunhão de vida a ocorrência de algum dos seguintes motivos:**

**I – adultério;**

**II – tentativa de morte;**

**III – sevícia ou injúria grave;**

**IV – abandono voluntário do lar conjugal, durante um ano contínuo;**

**V – condenação por crime infamante;**

**VI – conduta desonrosa.**

**Parágrafo único. O juiz poderá considerar outros fatos que tornem evidente a impossibilidade da vida em comum.**

---

***Ver comentários sobre a EC n. 66/2010 nos arts. 1.571 e 1.572, especialmente sobre as disposições legais não recepcionadas por esta Emenda.***

O artigo enumera os motivos que caracterizam a impossibilidade de manutenção da vida em comum. O Código restabeleceu o rol de situações que autorizavam a separação litigiosa previsto no art. 317 do CC/1916, então revogado pela Lei n. 6.515, de 26.12.1977. O rol é exemplificativo (até por esse motivo o elenco de cláusulas gerais estabelecido na Lei do Divórcio era mais eficiente) por força do que dispõe o **parágrafo único** do artigo, autorizando o juiz a considerar outros motivos para aquilatar a insuportabilidade do convívio do casal para os fins da separação, tendo em vista a ausente *comunhão plena de vida* retratada no art. 1.511 (*v.* comentário) como efeito do casamento. Entre eles podem ser citados os casos de "incompatibilidade de gênios" e de "crueldade mental", próprios de casais que efetivamente "não combinam", desde que o comportamento de um dos cônjuges se revele ofensivo ao dever de "respeito e consideração", tornando insuportável o prosseguimento da vida em comum (OLIVEIRA, Euclides Benedito de. "Direito de família no novo CC". In: *Cadernos Jurídicos*, n. 13, p. 97-112). Até mesmo pela ausência da *affectio*, que constitui a própria razão de ser do relacionamento conjugal, pode ser decretada a separação judicial com fundamento exclusivo na impossibilidade de continuação da vida em comum. Evidencia ainda a insuportabilidade da vida em comum, o mero ajuizamento da ação imputando fato grave ao outro, a autorizar, inclusive, a inversão da prova quanto à exceção da suportabilidade da vida em comum.

A propósito do tema, oportuna a referência ao Enunciado n. 254 da III Jornada de Direito Civil, promovida pelo CEJ do CJF, no seguinte sentido: "formulado o pedido de separação judicial com fundamento na culpa (arts. 1.572 e/ou 1.573 e incisos), o juiz poderá decretar a separação do casal diante da constatação da insubsistência da comunhão plena de vida (art. 1.511) – que caracteriza hipótese de 'outros fatos que tornem evidente a impossibilidade da vida em comum' – sem atribuir culpa a nenhum dos cônjuges".

De qualquer forma, o que importa ressaltar é que o tipo aberto previsto no **parágrafo único** pode ser a válvula de escape para que o julgador, valendo-se da equidade, relativize o sistema separatório brasileiro, que exige comprovação de culpa e que representa verdadeiro retrocesso doutrinário e jurisprudencial, para poder, norteado especialmente pelo princípio constitucional da dignidade da pessoa humana, autorizar a separação do casal – independentemente da prova da culpa – que não mais pretenda preservar o matrimônio, porque falido (veja jurisprudência a seguir). Contudo, mais correta seria a proposta de alteração legislativa do dispositivo, para permitir que qualquer dos cônjuges possa ajuizar ação de separação judicial, com fundamento na impossibilidade da vida em comum.

O primeiro motivo enumerado no artigo comentado é o *adultério* (**inciso I**), que constitui ofensa ao dever recíproco de fidelidade. Por essa razão seria melhor que o legislador tivesse mencionado a infidelidade, em vez do adultério, pois, além de possuir um dever correspondente, abrangeria outros casos de infidelidade, já que o adultério não é a única forma de violação do dever de fidelidade, sendo, na verdade, espécie do gênero infidelidade. Há proposta de alteração deste dispositivo no PL n. 699/2011. O adultério é, de outra parte, a mais infamante das causas separatórias. A *infidelidade virtual* é uma nova forma de relacionamento que pode ser motivo da separação judicial litigiosa. Não constitui adultério, mas injúria grave. Caracteriza-se pela possibilidade de o internauta casado valer-se de programa de computador para manter envolvimentos amorosos que criam laços afetivo-eróticos virtuais, fazendo surgir, na internet, infidelidade, por *e-mail* e contatos sexuais imaginários com outra pessoa, que não seja seu cônjuge, dando origem à conduta desonrosa (veja DINIZ, Maria Helena. *Curso de direito civil* – direito de família. São Paulo, Saraiva, 2002). O adultério caracteriza-se pela conjunção carnal entre duas pessoas de sexo diferente, exigindo também a voluntariedade da ação. Os atos pré-sexuais ou preparatórios configuram o *quase adultério* ou injúria grave. O *adultério científico* é a inseminação artificial, que também constitui injúria grave e não é verdadeiramente adultério, pois este exige a realização do ato sexual.

O segundo motivo previsto no artigo é a *tentativa de morte* (**inciso II**). Caracteriza-se pelo começo de execução do crime de homicídio por um dos cônjuges contra o outro, só não consumado por circunstâncias alheias à vontade do agente. O seu reconhecimento não depende da condenação penal do agente. Contudo, poderão ser aproveitadas as causas de sua absolvição criminal, consistentes na falta de prova da existência do fato, de sua autoria e na presença de uma das causas de exclusão da antijuridicidade.

A *sevícia* (**inciso III**) – maus-tratos corporais ou agressões físicas intencionais – e a *injúria grave* (**inciso III**) – conceito de grande extensão ou elasticidade – também são motivos que autorizam a separação litigiosa. A injúria, ato que ofende a integridade moral do cônjuge, pode ser real – derivada de gesto ultrajante, que diminui a honra e a dignidade do outro ou põe em perigo seu patrimônio – ou verbal – decorrente de palavras que ofendam a respeitabilidade do outro cônjuge.

O "abandono voluntário do lar conjugal, durante um ano contínuo", previsto no **inciso IV**, é causa para a separação litigiosa. O abandono, que é a ausência física ou moral, deve ser, necessariamente, voluntário, pressupondo a intenção ou o ânimo do consorte de não mais retornar ao lar conjugal depois do prazo mínimo de um ano cumprido continuamente. Pode se caracterizar pelo ato de deixar o outro cônjuge e os filhos desamparados material e moralmente. A ausência física do cônjuge, que é o abandono material, deve ser por um ano e ter motivo justo. Já o prazo de um ano exigido pela lei para a configuração do abandono, sem o qual não haveria a situação motivadora da separação, não guarda coerência com o disposto no art. 1.723, § 1º, que reconhece a união estável, sem exigir qualquer lapso temporal, quando a pessoa casada se achar separada de fato. Assim, para que seja possível ao cônjuge separado regularizar seu estado civil, deverá esperar que o juiz reconheça, com fundamento no parágrafo único do artigo comentado, a impossibilidade da vida em comum, pela união do cônjuge com terceiro, ainda que decorrente de concubinato. Por essa razão é que será bem-vinda a alteração proposta no PL n. 699/2011 que excluirá do inciso esse prazo de um ano. Vale ressaltar que o referido prazo legal também é incompatível com a *comunhão plena de vida* prevista no art. 1.511 (veja comentário), porquanto para que esse dever deixe de existir não há a necessidade do prazo de um ano, podendo ocorrer até mesmo antes do decurso de tal período.

A *condenação do cônjuge por crime infamante* acarreta a insuportabilidade da vida em comum, porque revela o caráter do seu autor, responsável pela repulsa no meio social em que vive. A *conduta desonrosa*, que foi deslocada do *caput* do art. 5º da Lei n. 6.515/77 para figurar como motivo autônomo da separação, por impossibilidade da comunhão de vida, é conceito jurídico indeterminado cuja definição cabe aos juízes e tribunais, diante do caso concreto. Fatores como o ambiente familiar, o meio social em que vive o casal, a sensibilidade e o grau de educação dos cônjuges deverão ser considerados para tal definição. Não há dúvida de que o comportamento imoral, ilícito ou antissocial pode configurar conduta desonrosa. A doutrina e a jurisprudência reconhecem o alcoolismo, o uso de tóxicos, o namoro com estranhos, a prática de crimes sexuais e de crimes em geral e a contaminação com doença venérea como condutas desonrosas.

**Jurisprudência:** Indenização por danos morais. Sentença de parcial procedência. Apelação do réu. Alegação de que os vídeos do suposto adultério são anteriores ao casamento e não houve sua divulgação a terceiros. Desacolhimento. Existência de prova documental e oral demonstrando que o réu traiu a esposa na constância do casamento e no lar conjugal. Adultério, por si só, não gera o dever de indenizar. Contudo, há particularidades no caso. Traição ocorreu em ambiente familiar, o réu fez vídeos e os deixou arquivados em seu computador. Autora sofreu transtorno psicológico com o desrespeito do cônjuge. Circunstância que superou o mero aborrecimento. Presente o dever de indenizar. Condenação do réu a pagar indenização no valor de R$ 10.000,00. Admissibilidade. Precedentes. Sentença mantida. Recurso improvido. (TJSP, Ap. Cível n. 10025964220218260506/Ribeirão Preto, 8ª Câm. de Dir. Priv., rel. Benedito Antonio Okuno, j. 25.05.2023, *DJ* 25.05.2023)

Apelação. Direito civil. Família. Ação de divórcio. Partilha. Dano moral. 1 – Sendo o casamento regido pelo regime da comunhão parcial, devem ser partilhados, de forma igualitária, os bens adquiridos a título oneroso, na constância da vida em comum. 2 – Bem imóvel adquirido mediante financiamento ainda não quitado não pode ser objeto de partilha. Nesse caso, a partilha deve envolver o que foi efetivamente pago na vigência do matrimônio. 3 – No âmbito do direito de família, não há a possibilidade de averiguação de responsabilidades patrimoniais pelo fim das relações familiares. O art. 1.573 do CC prevê que o adultério como causa que pode determinar a impossibilidade da vida em comum o que permite ao cônjuge pedir a separação judicial por grave violação dos deveres do casamento. Recurso parcialmente provido. (TJRS, Ap. Cível n. 70.060.982.071, 7ª Câm. Cível, rel. Liselena Schifino Robles Ribeiro, j. 24.09.2014)

Apelação cível. Ação de separação litigiosa. Partilha de bens. Prova dos bens. Indenização por danos morais. Fixação do regime de visita. Se a causa de pedir na ação de separação é o parágrafo único do art. 1.573 do CC/2002, não é necessária a comprovação da separação de fato por mais de um ano. Para a partilha dos bens é imprescindível a prova da sua existência e quantidade. O mero aborrecimento não gera suficiente abalo moral, a ponto de merecer reparação. Afinal, os sentimentos de afetividade não são perenes e a falência do casamento, em absoluto, não pode ser encarada como evento indenizável. Em ações que visam à fixação do regime de visitas, o magistrado não está vinculado ao pedido das partes, em razão da especial proteção dispensada aos interesses do menor por nosso ordenamento jurídico. Recurso provido em parte. (TJMG, Ap. Cível n. 1.0702.08.435046-2/001(1), rel. Des. Albergaria Costa, j. 02.09.2010)

Separação judicial. Não comprovadas as recíprocas imputações de injúria grave deduzidas pelos cônjuges. Evidenciada, entretanto, a ruptura da vida em comum há vários anos e a impossibilidade de sua reconstituição. Transformação da separação-sanção em separação-remédio. Aplicação da regra do parágrafo único do art. 1.573 do CC. Partilha descabida em razão do regime de bens adotado. Disciplina da obrigação alimentar do pai mesmo não conhecido o recurso da filha em razão de falha processual. Insurgência do réu desacolhida nessa parte. Recurso do réu provido em parte. Não conhecido o da filha do casal. (TJSP, Ap. Cível c/ Rev. n. 6.153.134.200/Rio Claro, 2ª Câm. de Dir. Priv., rel. Morato de Andrade, j. 01.12.2009)

Separação judicial. Culpa da ré verificada. Demonstração da relação extraconjugal bastante suspeita mantida entre a ré e terceiro, com as características do denominado "quase adultério", que constitui injúria grave. Alimentos. Ausência de comprovação de não ter parentes em condições de prestá-los. Inteligência do art. 1.704, parágrafo único, do CC. Encargo indevido. Valores depositados em conta vinculada ao FGTS do autor. Adoção do regime de comunhão parcial de bens. Partilha indevida, por não integrar o patrimônio comum. Recurso desprovido. (TJSP, Ap. Cível c/ Rev. n. 5.662.914.000/Rosana, 1ª Câm. de Dir. Priv., rel. Luiz Antônio de Godoy, j. 19.05.2009)

Ação de separação judicial litigiosa. Acolhimento de contradita. Ausência de impugnação oportuna. Tema, agora, acobertado pela preclusão. Partilha de bens. Adoção do regime de separação total de bens. Inaplicabilidade do enunciado pela Súmula n. 377 do STF. Incidência apenas em relação ao regime de separação obrigatória de bens. Reconhecimento da culpa do apelante pela separação. Conduta violenta do varão. Demonstração na prova. Aplicação do disposto no art. 1.573, III, do CC. Verba honorária (R$ 1.500,00). Redução afastada, à vista da complexidade da demanda, com oferta e acolhimento de reconvenção. Sentença mantida. Recursos improvidos. (TJSP, Ap. Cível c/ Rev. n. 6.110.394.200/São Bernardo do Campo, 3ª Câm. de Dir. Priv., rel. Donegá Morandini, j. 28.04.2009)

Separação judicial. Pretensão à reforma parcial da sentença, para que o autor-reconvindo seja condenado no pagamento de indenização por danos morais, bem como seja garantido o direito de postular alimentos por via processual própria. Fidelidade recíproca que é um dos deveres de ambos os cônjuges, podendo o adultério caracterizar a impossibilidade de comunhão de vida. Inteligência dos arts. 1.566, I, e 1.573, I, do CC. Adultério que configura a mais grave das faltas, por ofender a moral do cônjuge, bem como o regime monogâmico, colocando em risco a legitimidade dos filhos. Adultério demonstrado, inclusive com o nascimento de uma filha de relacionamento extraconjugal. Conduta desonrosa e insuportabilidade do convívio que restaram patentes. Separação do casal por culpa do autor-reconvindo corretamente decretada. Caracterização de dano moral indenizável. Comportamento do autor-reconvindo que se revelou reprovável, ocasionando à ré-reconvinte sofrimento e humilhação, com repercussão na esfera moral. Indenização fixada em R$ 45.000,00. Alimentos. Possibilidade de requerê-los em ação própria, demonstrando necessidade. Recurso provido. (TJSP, Ap. Cível n. 539.390-4/9-00/São Paulo, 1ª Câm. de Dir. Priv., rel. Des. Luis Antônio de Godoy, j. 10.06.2008, *DJ* 17.06.2008)

Separação litigiosa. Conduta desonrosa. Cônjuge condenado por homicídio. Reclusão há mais de três anos.

CC, arts. 1.572 e 1.573, VI. Inteligência. Ruptura da vida em comum há mais de um ano e impossibilidade de sua reconstituição. Caracterização. Recurso improvido. A reclusão do apelante há mais de três anos em decorrência da prática de crime de homicídio, considerada a alegação da autora de que sua vida em comum se tornara insuportável, constitui conduta desonrosa em relação ao cônjuge, a possibilitar a separação judicial. (TJSP, Ap. Cível n. 432.502-4/1-00/Andradina, 3ª Câm. de Dir. Priv., rel. Jesus Lofrano, j. 11.03.2008, *DJ* 17.03.2008)

Separação judicial litigiosa. Embora não comprovada a conduta desonrosa e adultério imputados ao varão, incontroverso o abandono voluntário deste, do lar conjugal. Violação dos deveres do casamento (art. 1.566, II, do CC). Ausência de comprovação da culpa atribuída à autora pela separação. Ciúme que não represente grave violação aos deveres do casamento, tampouco culpa recíproca pela separação, que deve ser decretada por culpa exclusiva do varão, diante do abandono voluntário do lar conjugal. (TJSP, Ap. Cível n. 547.607.4/4-00, rel. Des. Salles Rossi, j. 06.03.2008)

Separação judicial litigiosa. Violação de dever do casamento, consistente na perpetração de adultério pelo varão. Reconhecimento da culpa, ensejando a fixação de alimentos em favor do cônjuge inocente e a meação dos bens constantes do patrimônio comum. Alimentos que, entretanto, devem ser fixados com observância do binômio necessidade-possibilidade, ensejando a minoração. Recurso parcialmente provido para este fim. (TJSP, Ap. Cível n. 471.053-4/7, rel. Des. Ruy Camilo, j. 14.11.2006)

Direito civil. Família. Ação de separação judicial. Pedidos inicial e reconvencional fundados na culpa. Não comprovação. Insuportabilidade da vida em comum. Decretação da separação sem atribuição de causa. Possibilidade. Verificada a insuportabilidade da vida conjugal, em pedidos de separação com recíproca atribuição de culpa, por meio de ação e reconvenção, e diante da ausência de comprovação dos motivos apresentados conforme posto no acórdão impugnado, convém seja decretada a separação do casal, sem imputação de causa a nenhuma das partes. Ressalte-se que, após a sentença de improcedência dos pedidos de separação com culpa, as partes formularam petição conjunta pleiteando a dissolução do vínculo conjugal, com fundamento no art. 1.573 do CC/2002, e mesmo assim não alcançaram o desiderato em 2º grau de jurisdição. Dessa forma, havendo o firme propósito de dissolução do vínculo matrimonial, nada obsta que o decreto de separação-sanção seja modificado para o de separação-remédio. Recurso especial conhecido e provido. (STJ, REsp n. 783.137, 3ª T., rel. Min. Nancy Andrighi, j. 25.09.2006, *DJ* 09.10.2006)

Pedido de separação judicial. Comportamento agressivo e ameaçador do cônjuge. Conduta desonrosa. Sevícia e injúria grave. Ofensa à integridade física e à honra do cônjuge feminino. Demonstração da impossibilidade da comunhão de vida. Procedência do pedido. Demonstrada nos autos a impossibilidade de comunhão de vida do casal, em decorrência do comportamento agressivo e ameaçador do cônjuge, que ofende a integridade física e a honra do cônjuge feminino, deve ser julgado procedente o pedido de separação judicial, nos termos do art. 1.572 c/c 1.573, III, IV e parágrafo único, do CC. (TJMG, Ap. Cível n. 1.0324.04.022570-2/001, rel. Geraldo Augusto, j. 22.11.2005, *DJEMG* 08.12.2005)

Separação judicial. Pedido intentado com base na culpa exclusiva do cônjuge mulher. Decisão que acolhe a pretensão em face da insuportabilidade da vida em comum, independentemente da verificação da culpa em relação a ambos os litigantes. Admissibilidade. A despeito de o pedido inicial atribuir culpa exclusiva à ré e de inexistir reconvenção, ainda que não comprovada tal culpabilidade, é possível ao Julgador levar em consideração outros fatos que tornem evidente a insustentabilidade da vida em comum e, diante disso, decretar a separação judicial do casal. Hipótese em que da decretação da separação judicial não surtem consequências jurídicas relevantes. Embargos de divergência conhecidos, mas rejeitados. (STJ, EREsp n. 466.329, rel. Min. Barros Monteiro, j. 14.09.2005)

Civil. Recurso especial. Ação de separação judicial. Pedido de separação fundado na culpa. Não demonstração. Insustentabilidade da vida em comum. Caracterização. Decretação da separação. Julgamento diverso do pedido. Inocorrência. Ainda que se requeira a separação judicial com imputação de culpa e essa não reste provada nos autos, o juiz pode decretá-la caso verifique, nas provas coligidas aos autos, a insuportabilidade da vida em comum, situação em que a decretação da separação não implica julgamento diverso do pedido. Recurso especial não conhecido. (STJ, REsp n. 466.329, rel. Min. Nancy Andrighi, j. 22.06.2004)

Separação judicial litigiosa. Prova do decurso do lapso ânuo e a impossibilidade de reconciliação. Insuportabilidade da vida em comum. Inteligência do parágrafo único do art. 1.573 do CC. Recurso não provido. (TJSP. Ap. Cível n. 357.090.4/3-00, rel. Des. Silvério Ribeiro, j. 11.06.2005. In: CAHALI, Francisco José. *Família e sucessões no CC de 2002.* São Paulo, RT, 2005, v. II)

Apelação cível. Separação litigiosa. Não decretação. Inconformismo do autor. Alegação da insuportabilidade da vida em comum. Desamor. Possibilidade com base no art. 1.573, parágrafo único. Partilha de bens. Direcionamento para vias ordinárias. Provimento do recurso. (TJMG, Ap. Cível n. 1.0194.03.030295-5/001, rel. Roney Oliveira, j. 07.04.2005, *DJEMG* 12.08.2005)

Separação por conduta desonrosa do marido. Prova não realizada. Irrelevância. Insuportabilidade da vida em comum manifestada por ambos os cônjuges. Possibilidade da decretação da separação. Nova orientação. CC/2002 (art. 1.573). Recurso desacolhido. Na linha de entendimento mais recente e em atenção às diretrizes do novo CC, evidenciado o desejo de ambos os cônjuges em extinguir a sociedade conjugal, a separação deve ser decretada, mesmo que a pretensão posta em juízo tenha como causa de pedir a existência de conduta desonrosa. (STJ, REsp n. 433.206/DF, 4ª T., rel. Min. Sálvio de Figueiredo Teixeira, j. 06.03.2003, *DJU* 07.04.2003)

Separação. Ação e reconvenção. Improcedência de ambos os pedidos. Possibilidade da decretação da separação. Evidenciada a insuportabilidade da vida em comum, e manifestado por ambos os cônjuges, pela ação e reconvenção, o propósito de se separarem, o mais conveniente é reconhecer esse fato e decretar a separação, sem imputação da causa a qualquer das partes. Recurso conhecido e provido em parte. (STJ, REsp n. 467.184, rel. Min. Ruy Rosado de Aguiar, j. 05.12.2002)

No mesmo sentido: TJRS, AI n. 70.004.010.039, j. 08.05.2002 (*RBDFam* 18/51); Ap. Cível n. 70.003.764.099, rel. Des. José Carlos Teixeira Giorgis, j. 20.03.2002; TJRS, Ap. Cível n. 70.002.371.896, rel. Des. Rui Portanova, j. 17.05.2001; TJRS, Ap. Cível n. 70.003.961.604, rel. Des. Luiz Felipe Brasil Santos, j. 24.04.2002 e Ap. Cível n. 70.000.859.983, rel. Des. Maria Berenice Dias, j. 14.06.2000 (*RBDFam* 12/147).

Separação judicial. Culpa. Alimentos temporários. Partilha de bens. O exame da culpa na separação judicial deve ser evitado sempre que possível, consoante moderna tendência do Direito de Família. Quando termina o amor, é dramático o exame da relação havida, pois, em regra, cuida-se apenas da causa imediata da ruptura, desconsiderando-se que o rompimento é resultado de uma sucessão de acontecimentos e desencontros próprios do convívio diuturno, em meio também às próprias dificuldades pessoais de cada um. Se o varão alega abandono do lar pela mulher e esta disse que foi expulsa do lar, além de ser ofendida pelo marido, descabe questionar a culpa, mormente porque existem indícios de adultério pela mulher e também de que ela foi forçada a sair do lar (TJRS, Ap. Cível n. 70.003.893.534, rel. Des. Sérgio Fernando de Vasconcellos Chaves, j. 06.03.2002). (*RBDFam* 14/122)

Separação conjugal litigiosa. Separação de fato. Prova de culpa. Desnecessidade. Confirmando-se o fracasso do casamento, pela ruptura da vida em comum, admite-se a separação-consumação do § 1º do art. 5º da Lei n. 6.515, de 26.12.1977, como técnica jurídica de legalização do término do vínculo conjugal irremediavelmente rompido, dispensado o exame da culpa, sempre complicado em termos de matéria probatória e traumatizante para o direito de personalidade dos cônjuges. Provimento (TJSP, Ap. Cível n. 211.302.4/7, rel. Des. Enio Santarelli Zuliani, j. 05.02.2002). (*RBDFam* 13/119)

Separação judicial litigiosa. Comprovado nos autos que o cônjuge varão dirigia toda sorte de injúrias e agressões verbais à varoa, resta configurada a violação aos deveres recíprocos do matrimônio, tornando insuportável a vida em comum, havendo sucedâneo legal, especificamente o art. 5º da Lei n. 6.515, reguladora da matéria posta nos autos, para que um só dos cônjuges peça a separação (TJMG, AI n. 000.189.451-8/01, rel. Des. Pinheiro Lago, *DJMG* 07.12.2001). (*RBDFam* 13/137)

Separação judicial litigiosa. Quebra do dever conjugal. Comprovada a quebra do dever conjugal por parte do cônjuge virago, impõe-se a decretação da separação judicial do casal. Indícios veementes da infidelidade conjugal, bem como a impossibilidade de reconciliação do casal, ante o não perdão por parte do cônjuge varão, justificam a procedência da ação (TJDF, Emb. infring. cíveis n. 52.991/2000, 2ª Câm., rel. Des. Haydevalda Sampaio, *DJU* 31.10.2001). (*RBDFam* 12/139)

Separação litigiosa. Art. 5º, *caput*, da Lei n. 6.515, de 26.12.1977. Reconhecimento de culpa do autor. Ausência de reconvenção. Peculiaridade. Situação consolidada há mais de 10 anos. Precedentes do STJ. Para a procedência do pedido, sem que se comprovem os fatos alegados pelo autor, em regra, é indispensável a reconvenção nos casos em que o demandado pretenda imputar a culpa ao autor da ação de separação judicial, aforada com base no art. 5º, *caput*, da Lei n. 6.515, de 26.12.1977. Consolidada, porém, a situação das partes, por força de decisão judicial, há mais de 10 anos, não se aconselha seja ela modificada, para atender a norma de caráter puramente processual, mormente quando existe pedido de ambas as partes ao provimento jurisdicional, com acolhimento da pretensão. (STJ, REsp n. 30.202/PR, rel. Min. Castro Filho, j. 20.09.2001, *DJU* 05.11.2001)

**Art. 1.574. Dar-se-á a separação judicial por mútuo consentimento dos cônjuges se forem casados por mais de um ano e o manifestarem perante o juiz, sendo por ele devidamente homologada a convenção.**

**Parágrafo único. O juiz pode recusar a homologação e não decretar a separação judicial se apurar que a convenção não preserva suficientemente os interesses dos filhos ou de um dos cônjuges.**

Legislação correlata: arts. 4º e 34, § 2º, Lei n. 6.515, de 26.12.1977 (Lei do Divórcio).

***Ver comentários gerais sobre a EC n. 66/2010 nos arts. 1.571 e 1.572, especialmente sobre as disposições legais não recepcionadas por esta Emenda.***

O artigo trata de *separação consensual ou amigável*, como modalidade da separação judicial. A Lei n. 11.441, de 04.01.2007, que acrescentou o art. 1.124-A ao CPC/73 (atual arts. 98, § 1º, IX, e 733 do CPC/2015), passou a permitir a ***separação consensual*** também ***de forma extrajudicial***, mediante escritura pública, disciplinando-a no referido artigo, como se verá a seguir. Na judicial, as partes, de comum acordo, podem solicitar a dissolução da sociedade conjugal após o período mínimo de um ano do casamento, prazo definido como de experiência. Contudo, diante da diretriz do CC de intervenção mínima nas relações familiares e tendo em vista que não há na CR exigência de tal prazo para a separação amigável, a doutrina tem sustentado a inconveniência do requisito objetivo ora referido, havendo, inclusive, proposta para que seja alterado (PL n. 699/2011). Nesse sentido, o Enunciado n. 515 da V Jornada de Direito Civil do CJF assentou entendimento no sentido de que, segundo interpretação teleológica da EC n. 66/2010, não há prazo mínimo de casamento para a separação consensual. O casal elaborará convenção escrita que será homologada pelo juiz. Não há a necessidade de que seja declinada a causa da separação. O acordo deverá disciplinar obrigatoriamente a guarda dos filhos, o direito de visitas (*v.* comentário ao art. 1.589), os alimentos, o nome do cônjuge (*v.* comentário ao art. 1.578). Como as disposições de cunho processual da Lei n. 6.515, de 26.12.1977, não foram revogadas pelo atual Código, os requerentes deverão atender ao disposto no art. 34 da Lei do Divórcio e nos arts. 1.120 a 1.124-A do CPC/73 (atual arts. 98, § 1º, IX, 731 e 733 do CPC/2015).

O casal também poderá *optar* (*v.* art. 2º da Resolução n. 35 do CNJ, de 24.04.2007), quando, entre outras razões, não pretender a preservação do segredo de justiça (como proteção à dignidade humana, é possível, no entanto, sustentar a incidência da norma contida no art. 189, II, do CPC/2015 (art. 155, II, do CPC/73), para restringir a publicidade do ato – veja-se, a propósito, o item 11.11.8.6 do Provimento n. 110 da Corregedoria Geral da Justiça do Estado do Paraná), pela ***separação consensual extrajudicial***, que se dará por escritura pública e que não dependerá de homologação judicial.

Como já ressaltado em comentário ao artigo anterior, discutível a subsistência do procedimento extrajudicial criado por lei, à vista do disposto na EC n. 66/2010. O Colégio Notarial do Brasil (CNB) – Seção São Paulo publicou orientação aos associados esclarecendo que para a lavratura de escritura de separação consensual deve-se observar o prazo do art. 1.574 do CC, pois, muito embora a EC n. 66/2010 tenha suprimido os prazos para realização do divórcio, não fez referência à separação judicial ou extrajudicial. De acordo com a entidade, a Emenda não extinguiu o instituto da separação que ainda é uma opção que pode ser utilizada pelos interessados.

Por cautela, e tendo em vista a discussão que persiste sobre o tema, o Conselho Nacional de Justiça (CNJ) também rejeitou o pedido de supressão dos artigos da Resolução n. 35 que cuidam da separação consensual por escritura pública, por entender que nem todas as questões estão pacificadas na doutrina.

Pese embora o entendimento externado pelo CNB e pelo CNJ, as disposições legais que tratam da separação extrajudicial, por não terem sido recepcionadas pela EC, não mais subsistem em nosso ordenamento. As referentes ao divórcio, abolidos os prazos na forma da EC, ficam mantidas.

E, analisando-se o dispositivo em apreço, como subsistente no nosso ordenamento jurídico, o interessado poderá valer-se do procedimento extrajudicial desde que satisfaça os requisitos legais, que exige, além do consenso do casal: 1 – prova de um ano de casamento, 2 – manifestação da vontade espontânea e isenta de vícios em não mais manter a sociedade conjugal e desejar a separação conforme as cláusulas ajustadas que expressam; 3 – ausência de filhos menores ou incapazes do casal; 4 – assistência das partes por advogado, que poderá ser comum; 5 – inexistência de gravidez do cônjuge virago ou desconhecimento acerca desta circunstância (cf. art. 47 da Resolução citada). Quanto à ***capacidade dos filhos***, a lei se refere à civil, de modo que os filhos emancipados, ainda que menores, não constituirão óbice à realização da separação, como, aliás, assentou entendimento o art. 47 da Resolução n. 35 do CNJ. Contudo, adverte Rolf Madaleno (*Separação extrajudicial e fraude*, coords. Antonio Carlos Mathias Coltro e Mário Luiz Delgado. São Paulo, Método, 2007, p. 246) que o tabelião deverá "estar atento para pesquisar se a emancipação não teve por objeto burlar a vedação de acesso à separação ou ao divórcio extrajudicial, quando filho menor ou incapaz (arts. 98, § 1º, IX, e 733 do CPC/2015; art. 1.124-A do CPC/73), e se a sua finalidade não foi apenas a de exonerar os genitores da imprescindível pensão alimentícia do filho que não tem meios próprios de subsistência. Nesse caso, a emancipação não será de molde a permitir a formalização da escritura pública de separação ou divórcio extrajudicial dos pais do emancipado". De outra parte, ainda que resolvidas prévia e judicialmente todas as questões referentes aos filhos menores (p. ex. guarda, visitas, alimentos), não poderá ser lavrada escritura pública de separação ou divórcio consensuais. Os ***bens do casal*** podem ser partilhados por escritura pública ou não (nesta última hipótese, não se deve olvidar do disposto no art. 1.523, III, deste Código, já que a nova lei também se aplica ao divórcio – ver comentário ao art. 1.581), conforme a opção escolhida, constituindo a escritura título hábil para a transferência da titularidade dos bens móveis e imóveis partilhados. Havendo bens a serem partilhados na escritura, distinguir-se-á o que é do patrimônio individual de cada cônjuge, se houver, do que é do patrimônio comum do casal, conforme o regime de bens, constando isto do seu corpo. A partilha em escritura pública de separação consensual se fará conforme as regras da partilha em inventário extrajudicial, no que couber, com as adaptações necessárias (ver ainda comentário ao art. 1.581). A ***pensão alimentícia*** também poderá ser estabelecida na escritura pública, de acordo com a vontade das partes, maiores e capazes, vedada qualquer imposição do notário. Quanto a esta, é possível, por mútuo consenso, a elaboração de escritura pública de retificação da cláusula relativa à obrigação alimentar ajustada anteriormente. No que se refere à possibilidade de inserção na escritura pública de cláusula de renúncia a alimentos, aplica-se a regra do art. 1.707 deste Código apenas ao procedimento administrativo de separação judicial consensual e não ao divórcio direto ou indireto, porquanto a irrenunciabilidade do direito a alimentos entre cônjuges somente é admitida enquanto subsista vínculo de direito de família (ver comentário ao art. 1.707). Também será admitido que da escritura conste cláusula de fixação de pensão devida por um ou por ambos os genitores em favor dos filhos necessitados, ainda dependentes, maiores de 18 anos (por exemplo, sem emprego e cursando ensino superior). O descumprimento da obrigação alimentícia pactuada dará ensejo à execução (CPC/2015, art. 784, II a IV; CPC/73, art. 585, II), podendo o credor valer-se do disposto nos arts. 732 e 733 do CPC/73 (atual arts. 528, § 8º, 911 e 913 do CPC/2015). Da escritura ainda poderá constar a ***alteração de nome*** de algum dos cônjuges, podendo o interessado, mediante declaração unilateral, retificar por nova escritura a anterior para voltar a usar o nome de solteiro. Ressalte-se, por fim, que a cláusula de acordo firmada em separação judicial consensual pode ser alterada na via administrativa desde que haja consenso das partes e atenda os limites impostos pela Lei n. 11.441/2007.

O *parágrafo único* do artigo autoriza o juiz – portanto, na separação consensual judicial – a recusar a homologação quando não forem preservados os interesses dos filhos ou de um dos cônjuges, muito embora também possa propor às partes as alterações que entender convenientes para evitar a recusa, chancelando a separação a seguir. O juiz poderá negar a homologação se verificar a insinceridade do pedido de um dos cônjuges, se vislumbrar no acordo que a vontade de um deles está dominada pela do outro, ou se perceber que a separação é concedida por um dos consortes mediante pacto leonino que prejudica, gravemente, o outro e a prole, não atendendo a seus interesses (veja DINIZ, Maria Helena. *Curso de direito civil: direito de família*. São Paulo, Saraiva, 2002). O juiz, na separação judicial por mútuo consentimento, poderá intervir no limite da preservação do interesse dos incapazes ou de um dos cônjuges, permitida a cindibilidade dos pedidos com a concordância das partes, aplicando-se esse entendimento também ao divórcio, consoante Enunciado n. 516 da V Jornada de Direito Civil do CJF. A decisão, passível de recurso, deve ser fundamentada e limitada à recusa, não podendo o juiz alterar a convenção das partes. Estas, por sua vez, podem concordar com as ponderações do juiz e apresentar um novo pedido de separação com as alterações que acharem convenientes. Já na ***separação consensual extrajudicial***, "o tabelião poderá se negar a lavrar a escritura de separação ou divórcio se houver fundados indícios de prejuízo a um dos cônjuges ou em caso de dúvidas sobre a declaração de vontade, fundamentando a recusa por escrito" (Resolução n. 35 do CNJ, art. 46, ver ainda art. 32). Com efeito, o notário não pode chancelar ilegalidades, por isso, deverá suscitar dúvida, quando uma disposição proposta estiver contrária à lei. A lavratura de escritura com a inobservância de norma legal dará ensejo à possível ação anulatória do ato jurídico, por vício de consentimento. De outra parte, se comprovada a resolução prévia e judicial de todas as questões referentes aos filhos menores ou incapazes, o tabelião de notas poderá lavrar escrituras públicas de dissolução conjugal, conforme Enunciado n. 571 da VI Jornada de Direito Civil do STJ.

Sobre a disciplina das novas regras contidas na Lei n. 11.441/2007, que permitiu a realização de separação e divórcio por escritura pública, vejam-se as orientações extraídas das "Conclusões do Grupo de Estudos instituído pela Portaria CG n. 1/2007 da Corregedoria Geral de Justiça do TJSP", de fevereiro de 2007; a Resolução n. 35 do CNJ, de 24.04.2007; o Provimento n. 2/2007, da Corregedoria Geral da Justiça do Estado do Acre; o Provimento n. 4/2007, da Corregedoria Geral de Justiça do Estado da Bahia; o Provimento n. 2/2007, da Corregedoria Geral da Justiça do Estado de Mato Grosso; o Provimento n. 164/2007, da Corregedoria Geral de Justiça do Estado de Minas Gerais; o Provimento n. 3/2007, da Corregedoria Geral de Justiça do Estado da Paraíba; o Provimento n. 110/2007, da Corregedoria Geral da Justiça do Estado do Paraná; e o Provimento n. 4/2007 da Corregedoria Geral de Justiça do Estado do Rio Grande do Sul.

**Jurisprudência:** Ação de divórcio. Decisão saneadora que indeferiu a decretação do divórcio das partes. Requisitos da tutela de evidência, fundada no art. 311, IV, do CPC, preenchidos. Com a redação dada pela EC n. 66/2010 ao art. 226, § 6º, da CF, a decretação do divórcio passou a ser direta e imotivada. Direito potestativo da parte. Precedentes. Decisão reformada. Agravo provido. (TJSP, AI n. 2151773-29.2021.8.26.0000, 8ª Câm. de Dir. Priv., rel. Des. Theodureto Camargo, j. 17.11.2021)

Recurso especial. Direito de família. Separação judicial. Partilha de bens. Acordo. Reconhecimento de prejuízo a um dos cônjuges. Não homologação pelo tribunal de origem. 1 – Apresenta-se deficiente a fundamentação do recurso especial em que a alegação de ofensa ao art. 535 do CPC [art. 1.022 do CPC/2015] se faz de forma genérica, não havendo a demonstração clara dos pontos do acórdão que se apresentam omissos, contraditórios ou obscuros. 2 – Entendimento firme desta Corte Superior no sentido da atração do enunciado n. 7/STJ no que tange à verificação da presença do cerceamento de defesa, pois os magistrados, à luz das provas produzidas, entenderam-nas suficientes à solução da controvérsia na forma como que apresentada pelas partes. 3 – Ausência de violação às regras do art. 1.574, parágrafo único, do CC, e do art. 34, § 2º, da Lei 6.515/77, pois o objetivo dessas normas é a preservação dos interesses dos filhos e do cônjuge que, em face do acordo celebrado no curso da ação de separação, restem prejudicados. 4 – Constatada a possibilidade concreta de prejuízo a um dos cônjuges, em separação já declarada, mostra-se plenamente possível ao juízo rejeitar a homologação de acordo, que entenda desatender, como no caso, aos interesses de um dos consortes. 5 – A análise do prejuízo a um dos consortes, decorrente de acordo firmado no curso de ação de separação, fora pela Corte de origem realizada à luz das provas acostadas e dos termos em que firmado o ato transacional, cuja revisão por esta Corte encontra óbice no enunciado n. 7/STJ. 6 – Recurso especial a que se nega provimento. (STJ, REsp n. 1.203.786, 3ª T. rel. Min. Paulo de Tarso Sanseverino, *DJe* 19.03.2014, p. 471)

Apelação cível. Separação judicial consensual. Prazo. Embora o art. 1.574 do CCB preveja que a separação judicial consensual será concedida somente após passado um ano da data do casamento, não se mostra razoável extinguir o feito, pela falta do decurso do prazo ali previsto, quando esse mesmo prazo restou esgotado no curso da demanda. As partes contraíram matrimônio em 29.03.2008. Há mais de um ano, portanto. Negaram provimento. (TJRS, Ap. Cível n. 70.028.910.941/ Santa Maria, 8ª Câm. Cível, rel. Rui Portanova, j. 09.07.2009)

Família. Separação judicial consensual. Possibilidade de decretação da separação, em face da implementação do período de um ano de casamento ao longo do feito. Art. 1.574 do CC. Homologação do acordo relativo à guarda e visitação do filho do casal e aos alimentos. Recurso provido. (TJRS, Ap. Cível n. 70.025.071.499, 7ª Câm. Cível, rel. Ricardo Raupp Ruschel, j. 29.01.2009)

Apelação cível. Recurso de apelação. Sentença homologatória de acordo. Cabimento. Como o julgador tem o dever de recusar a homologação quando o acordo não preserva suficientemente os interesses dos consortes ou dos filhos, o juízo de valoração previsto no parágrafo único do art. 1.574 do CC passa a integrar o ato homologatório em si, de forma a ensejar a possibilidade de conhecimento do recurso. Contudo, somente em especialíssimas situações, de flagrante desigualdade ou manifesto prejuízo, esta Corte tem manifestado oposição à respectiva chancela judicial, o que ocorre na espécie, pois as visitas da filha ao pai, da forma como estabelecida na avença, infringem de forma significativa o seu direito à convivência familiar. Outrossim, a patente ilegitimidade da genitora para firmar acordo de alimentos em nome da filha maior de idade deflagra a irregularidade do ato homologatório em si. Apelo provido. (TJRS, Ap. Cível n. 70.022.726.103, 7ª Câm. Cível, rel. Maria Berenice Dias, j. 14.03.2008, *DJ* 19.03.2008)

Recurso de apelação interposto contra sentença homologatória de acordo. Cabimento. Como o julgador tem o dever de recusar a homologação quando o acordo não preserva suficientemente os interesses dos consortes ou dos filhos, o juízo de valoração previsto no parágrafo único do art. 1.574 do CC/2002 passa a integrar o ato homologatório em si, de forma a ensejar a possibilidade de conhecimento do recurso. Contudo, somente em especialíssimas situações, de flagrante desigualdade ou manifesto prejuízo, esta Corte tem manifestado oposição à respectiva chancela judicial, o que inocorre na espécie. (TJRS, Ap. Cível n. 70.018.784.686, 7ª Câm. Cível, rel. Des. Maria Berenice Dias, j. 13.06.2007)

Família. Separação consensual. Alimentos devidos à filha menor. Ausência de estipulação. Homologação. Impossibilidade. A ausência de fixação da pensão alimentícia devida à filha menor é óbice para a homologação do acordo de separação consensual, tendo em vista o disposto no art. 1.121, III, do CPC [art. 731, IV, do CPC/2015], e no parágrafo único do art. 1.574 do CC. "A menção da importância com que os cônjuges concorrerão para a criação e educação dos filhos constitui requisito indispensável do acordo, sem o qual a separação judicial não pode ser homologada". (TJMG, Ap. Cível n. 1.0024.04.404434-5/001, rel. Gouvêa Rios, j. 21.06.2005, *DJEMG* 01.07.2005)

**Art. 1.575. A sentença de separação judicial importa a separação de corpos e a partilha de bens.**

**Parágrafo único. A partilha de bens poderá ser feita mediante proposta dos cônjuges e homologada pelo juiz ou por este decidida.**

Legislação correlata: art. 7º, Lei n. 6.515, de 26.12.1977 (Lei do Divórcio).

***Ver comentários sobre a EC n. 66/2010 nos arts. 1.571 e 1.572, especialmente sobre as disposições legais não recepcionadas por esta Emenda.***

A separação judicial ou extrajudicial tem como consequência a *separação de corpos*. Esta poderá ser concedida até mesmo antes do ajuizamento daquela ou do requerimento conjunto perante o tabelião do cartório, quando a urgência da situação recomendar, e tem por fundamento legal o disposto nos arts. 300 a 302 e 305 a 310 do CPC/2015 e no art. 1.562 do CC (*v.* comentário). A medida cautelar implica a suspensão do dever de coabitação e fidelidade recíproca e pode ser requerida por um ou por ambos os cônjuges, sendo que nesta última hipótese a medida poderá ser estabelecida também de forma extrajudicial, consoante exposto em comentário ao art. 1.562. A providência cautelar tem relevância para a contagem do prazo exigido pelo art. 1.580, pois é o marco inicial para a conversão da separação em divórcio, que também poderá ocorrer extrajudicialmente. A separação de fato não impede o ingresso do processo cautelar. Na separação de corpos cautelar o juiz poderá dispor sobre a guarda dos filhos, como autoriza o art. 1.585, observando o disposto no art. 1.584 e seu parágrafo único (veja comentário). A separação judicial ou extrajudicial também importa a *partilha de bens* proposta pelos cônjuges e homologada pelo juiz ou constante da escritura pública. Caso não cheguem a um acordo, a separação não poderá ser negada, até mesmo por força do disposto no art. 1.581 (veja ainda Súmula n. 197 do STJ), ficando a partilha relegada ao procedimento próprio de inventário judicial (CPC/2015, art. 731, parágrafo único; CPC/73, art. 1.121, § 1º) ou extrajudicial (CPC/2015, arts. 98, § 1º, IX, e 733; CPC/73, art. 1.124-A). Nesse sentido é também o Enunciado n. 255 da III Jornada de Direito Civil, promovida pelo CEJ do CJF: "não é obrigatória a partilha de bens na separação judicial". Da mesma forma, não o será na separação extrajudicial, conforme afirmado no artigo antecedente. Exatamente por esse motivo é que existe proposta de alteração do referido dispositivo no PL n. 699/2011, a fim de que não se deixe a impressão de que a realização da partilha é obrigatória para que ocorra a separação judicial, e agora também a extrajudicial, eliminando-se, ainda, do mesmo dispositivo, a referência sobre a separação de corpos, já mencionada no artigo subsequente que dispõe sobre a extinção do dever de coabitação.

**Jurisprudência:** Divórcio. Questão controvertida restrita à partilha de bens. Bem imóvel adquirido pela esposa antes do matrimônio, com financiamento de longo prazo e parte ínfima do preço pago na constância do casamento. Reconhecimento do direito à partilha exclusivamente dos direitos adquiridos a título oneroso na constância do casamento, limitados à metade das parcelas vencidas e pagas até a data da separação de fato do casal. Inexistência de condomínio e, portanto, ausência de direito a indenização por uso exclusivo. Curta duração do casamento, celebração do contrato antes das núpcias e longo prazo do financiamento não recomendam a manutenção de situação de condomínio, se as parcelas do preço solvidas durante o casamento se referem a parte mínima do preço. Recurso provido em parte. (TJSP, Ap. Cível n. 10007576120208260006/SP, 1ª Câm. de Dir. Priv., rel. Francisco Loureiro, j. 12.09.2023, *DJ* 13.09.2023)

Apelação cível. Divórcio litigioso c/c indenização por danos morais por alegada infidelidade atribuída ao marido. Pretensão de homologação de instrumento particular de acordo envolvendo bens do casal (veículos e imóveis). Sentença de parcial procedência. Acordo não homologado. Determinada partilha igualitária de bens.

Apelo da autora. Cerceamento defesa. Não ocorrência. Prova documental suficiente para o deslinde da questão em debate. Partilha de bens. 1. Pretensão de homologação de acordo celebrado por instrumento particular. Discordância manifestada pelo réu. Aplicação da regra do art. 1.575, parágrafo único, do CC. 2. Direitos reais sobre bens imóveis. Transferência. Validade do negócio jurídico, desde que por escritura pública. Aplicação dos arts. 108 e 842 do CC. Decisão mantida. Infidelidade conjugal do marido. Dano moral não configurado. O adultério, por si só, não gera o dever de indenizar. Decisão irretocável. Motivação do decisório adotado como julgamento em segundo grau. Honorários recursais. Aplicação da regra do art. 85, § 11, do CPC/2015. Resultado. Recurso não provido. (TJSP, Ap. Cível n. 1003480-41.2020.8.26.0010/SP, 9ª Câm. de Dir. Priv., rel. Edson Luiz de Queiróz, j. 18.03.2022, publ. 18.03.2022)

Recurso especial. Direito de família. União estável. Partilha. Acordo extrajudicial. Art. 1.575 do CC/2002. Homologação em juízo. Renúncia tácita. Arts. 471 e 474 do CPC/73. Preclusão consumativa. Boa-fé objetiva. 1 – À luz do art. 1.575 do CC/2002, a partilha de bens decorrente de separação pode ser realizada por meio do acordo entre as partes, desde que homologado judicialmente. 2 – Na hipótese, houve acordo extrajudicial acerca da dissolução do primeiro período da união estável entabulada pelas partes, que vieram a retomar a relação em momento subsequente, no qual restaram estabelecidas todas as questões relativas àquela fase, inclusive sob o prisma patrimonial, sem a interposição de nenhum recurso ou ressalva. 3 – No acordo firmado, constou ser devida uma indenização à ex-companheira relativa ao período correspondente a maio/2005 a 12 de dezembro/2007, pleito formulado na inicial (e-STJ fls. 3-21) e contra o qual não houve impugnação pela via processual adequada. 4 – Há manifesta renúncia tácita acerca da meação de bens, por meio de silêncio eloquente na transação celebrada entre partes capazes devidamente acompanhadas de seus respectivos advogados. 5 – Impossibilidade de rediscussão das mesmas questões objeto de acordo diante da ocorrência do fenômeno da preclusão consumativa (arts. 471 e 474 do CPC/73). 6 – Rediscutir questões concernentes ao acordo firmado revela manifesta violação do princípio da boa-fé objetiva tendo em vista a legítima expectativa de que a controvérsia já havia sido solucionada pelas partes quando da sua celebração. 7 – Recurso especial provido. (STJ, REsp n. 1.620.710, rel. Min. Ricardo Villas Bôas Cueva, j. 14.03.2017, *DJe* 21.03.2017)

Sobre a medida cautelar de separação de corpos, veja a jurisprudência contida no comentário ao art. 1.562.

Súmula n. 197, STJ: O divórcio direto pode ser concedido sem que haja prévia partilha dos bens.

Ação de separação judicial. Falta de consenso quanto à partilha de bens. Cabe ao Magistrado, à luz do disposto no art. 1.575, parágrafo único, do CC, decidir a respeito. Partilha, na espécie, quanto à edificação e bens que guarneciam a moradia, realizada em consonância com a proposta feita na petição inicial. Veículos (caminhão e carro de passeio). Aquisição na constância do casamento. Divisão determinada. Dívidas. Necessidade. Presunção de que foram feitas em benefício do casal. Sentença mantida. Apelo improvido. (TJSP, Ap. Cível c/ Rev. n. 6.228.654.700/Itapetininga, 3ª Câm. de Dir. Priv., rel. Donegá Morandini, j. 28.04.2009)

Separação judicial. Partilha. Imóvel adquirido e vendido na constância do casamento. Regime da comunhão parcial. Meação. Direito da virago. Arts. 1.575 do CCB e 7º da Lei n. 6.515/77. Comprovado que o imóvel, objeto da partilha, foi adquirido pelo varão na constância do casamento que é regido pela comunhão parcial de bens e, posteriormente, transferido a terceiro, ainda na vigência deste, é indiscutível o direito da virago à meação. (TJMG, Ap. Cível n. 1.0035.07.088501-3/001, rel. José Francisco Bueno, j. 26.03.2009)

Casamento celebrado sob o regime de comunhão universal de bens. Casal que ajusta a partilha amigável quando da separação de fato. Ineficácia do ato por ausência de respectiva homologação judicial. Possibilidade, em princípio, da divisão de todos os bens do casal em razão da comunicabilidade do acervo patrimonial. Exclusão, no entanto, dos bens havidos pelo esforço exclusivo de um dos cônjuges após o período de separação de fato. Recursos parcialmente providos. (TJPR, Ap. Cível n. 135.965-7, rel. Des. Ulysses Lopes, j. 29.04.2003)

Separação judicial. Partilha. Anulação. Alegação de que o bem partilhado é exclusivo do varão, eis que adquirido antes do matrimônio celebrado sob o regime da comunhão parcial de bens. Irrelevância. Livre disposição dos bens na partilha. Fato que não contraria o art. 269, I, do CC/1916. Ação improcedente. Recurso não provido. (TJSP, Ap. Cível n. 141.505-4/9-00, rel. Des. Boris Kauffmann, v.u., j. 19.08.2003)

---

**Art. 1.576. A separação judicial põe termo aos deveres de coabitação e fidelidade recíproca e ao regime de bens.**

**Parágrafo único. O procedimento judicial da separação caberá somente aos cônjuges, e, no caso de incapacidade, serão representados pelo curador, pelo ascendente ou pelo irmão.**

---

Legislação correlata: art. 3º, Lei n. 6.515, de 26.12.1977 (Lei do Divórcio).

***Ver comentários sobre a EC n. 66/2010 nos arts. 1.571 e 1.572, especialmente sobre as disposições legais não recepcionadas por esta Emenda.***

A separação põe fim a alguns deveres conjugais recíprocos. Extinguem-se necessariamente os deveres de coabitação, fidelidade e regime de bens. Entenda-se aqui não só a separação judicial referida no artigo, mas a *extrajudicial* (instituída pela Lei n. 11.441/2007), na medida em que o legislador em nada alterou o instituto da separação em relação ao direito material, não havendo, portanto, distinção entre os efeitos de uma ou outra forma de se oficializar o fim da sociedade conjugal. No *plano pessoal*, permanece o dever de mútua assistência, prolongado na forma de alimentos, para os casos previstos na lei. Como *efeito patrimonial*, a separação, que importa a partilha dos bens, conforme art. 1.575, faz cessar, por consequência, o regime matrimonial de bens. A *separação de fato do casal* também poderá implicar *incomunicabilidade* dos bens adquiridos nesse período por um dos cônjuges para que não se gere enriquecimento sem causa (*v.* comentário ao art. 1.642, V). Da mesma forma, a separação de corpos impõe o fim do dever de coabitação, porque o presente dispositivo não trata do *divórcio* como uma causa que, igualmente, extingue os deveres dos cônjuges; porque a norma não se refere expressamente sobre todos esses deveres, mas apenas aos de coabitação e fidelidade recíproca; e, finalmente, porque não faz referência explícita à extinção do regime de bens durante a separação de fato do casal, o que, como já referido anteriormente, implicaria incomunicabilidade dos bens adquiridos nesse período. Há proposta para alteração nesses sentidos no PL n. 699/2011, em trâmite no Congresso Nacional.

O *parágrafo único* do artigo assegura o *caráter personalíssimo da ação de separação*, ao afirmar que ela só poderá ser proposta pelos cônjuges. A ação é intransmissível, devendo ser declarada extinta pelo juiz no caso de morte de um deles, evento que também autoriza a dissolução da sociedade, por força do que dispõe o art. 1.571. A lei ressalva a possibilidade de a ação ser ajuizada ou ter prosseguimento por terceiro – curador, ascendente ou irmão, nesta ordem de preferência – no caso de incapacidade de um dos cônjuges. Na hipótese de interdição do cônjuge, ressalva cabe à impossibilidade de o pedido de separação ser ajuizado pelo outro cônjuge, curador do interdito, contra quem se pretende a separação (CC, art. 1.775, *caput*), diante de evidente incompatibilidade de interesses. Isso leva a concluir que na hipótese tratada no referido parágrafo único, ou seja, de pedido de separação, somente o ascendente e o irmão poderão ser os representantes do cônjuge incapaz. A não referência aos descendentes do cônjuge decorre de eventual interesse pessoal que possam vir a ter, causando prejuízo ao incapaz. A representação – *na realidade autêntica legitimação extraordinária* –, autorizada pela lei, poderá ocorrer tanto na ação de separação litigiosa quanto na consensual, uma vez que a norma legal não faz qualquer distinção. A *incapacidade mental do cônjuge* – única tratada pelo artigo, por força do que dispõe o art. 5º, II – deve ser reconhecida por decisão judicial. Assim, ele será representado por seu curador. Já a ***separação consensual extrajudicial*** poderá ser requerida pelos cônjuges pessoalmente, os quais, contudo, poderão se fazer representar por mandatário constituído, desde que por instrumento público com poderes especiais, descrição das cláusulas essenciais e prazo de validade de trinta dias (Resolução n. 35 do CNJ, art. 36). Isto porque não existe nenhum óbice legal a que tal ato consensual seja praticado por procurador, além do que a exigência de procuração por instrumento público, com os requisitos antes referidos, faz com que se mantenha a solenidade do ato. Ademais, se a lei autoriza a representação por procuração para a habilitação e a celebração do casamento, não há por que impedi-la para a hipótese de separação consensual extrajudicial, sendo, inclusive, admitida a representação de ambos os cônjuges pelo mesmo mandatário, ante a inexistência de conflito de interesses.

**Jurisprudência:** Recurso especial. Direito de família. Negativa de prestação jurisdicional. Não ocorrência. Divórcio. Regime da comunhão universal de bens. Imóvel doado com cláusula temporária de inalienabilidade. Bem incomunicável. Separação de fato. Termo do regime de bens. Recurso especial conhecido e desprovido. 1. Verifica-se que o Tribunal de origem analisou todas as questões relevantes para a solução da lide de forma fundamentada, não havendo falar em negativa de prestação jurisdicional. 2. No regime da comunhão universal de bens são considerados bens particulares aqueles doados ou herdados com a cláusula de incomunicabilidade e os sub-rogados em seu lugar (art. 1.668, I, do CC). Assim, nos termos do enunciado n. 49 da Súmula do STF, "a cláusula de inalienabilidade inclui a incomunicabilidade dos bens". 3. Enquanto não transcorrido o lapso temporal estabelecido na cláusula de inalienabilidade temporária, o bem não integra o patrimônio partilhável. 4. Deve-se aplicar analogicamente a regra do art. 1.576 do CC à separação de fato, a fim de fazer cessar o regime de bens, o dever de fidelidade recíproca e o dever de coabitação. Em virtude disso, o raciocínio a ser empregado nas hipóteses em que encerrada a convivência *more uxorio*, mas ainda não decretado o divórcio, é o de que os bens adquiridos durante a separação de fato não são partilháveis com a decretação do divórcio. 5. Na hipótese dos autos, a separação de fato se deu ainda na vigência da cláusula de inalienabilidade, de modo que o imóvel estava excluído da comunhão, sendo indiferente ter a sentença de divórcio sido proferida quando verificado o prazo estabelecido na cláusula restritiva. 6. Recurso especial conhecido e desprovido. (STJ, REsp n. 1.760.281/TO, 3ª T., rel. Min. Marco Aurélio Bellizze, j. 24.05.2022, *DJe* 31.05.2022)

Direito civil. União estável. Dissolução. Uso e fruição de imóvel comum com exclusividade. Indenização proporcional ao ex-companheiro. Irrelevância da causa do afastamento do lar ou da ruptura da união estável. Sentença mantida. I. O término da união estável põe termo ao regime de bens e por isso insere no território jurídico do condomínio os bens comuns, consoante a inteligência dos arts. 1.576 e 1.725 do CC. II. O ex-companheiro que usufrui com exclusividade imóvel comum após a dissolução da união estável deve indenizar o outro na proporção do seu quinhão, nos termos dos arts. 1.319 e 1326 do CC. III. Não elide o direito subjetivo do ex-companheiro à indenização o motivo do afastamento do lar conjugal ou do término da união estável, tendo em vista o caráter eminentemente patrimonial do uso e da fruição do imóvel comum. IV. Recurso conhecido e desprovido. (TJDF, 0731519-34.2020.8.07.0016, 4ª T. Cível, rel. James Eduardo Oliveira, j. 03.02.2022, *DJe* 22.02.2022, segredo de justiça)

Ação declaratória c/c dissolução parcial de sociedade limitada c/c pedido de antecipação de tutela. Sociedades limitadas. Cerceamento de defesa. Inocorrência. Pretensão de reconhecimento de grupo econômico entre duas empresas para permitir que a autora estenda sua participação societária em outra não compreendida na partilha havida por ocasião de sua separação judicial. Ausência de elementos caracterizadores de grupo econômico. Hipótese em que, ademais, a segunda empresa foi constituída após a separação de fato do casal, a não gerar a pretendia comunicação (CC, art. 1.576). Precedentes. Apuração de haveres com determinação de balanço especial (CC, art. 1.031). Critério correto, até porque previsto no contrato social. Sentença de parcial procedência mantida Recurso desprovido. (TJSP, Ap. Cível n. 0010761-14.2012.8.26.0344, 2ª Câm. Res. de Dir. Empr., rel. Des. Maurício Pessoa, j. 02.02.2021)

Apelação. Embargos de terceiro. Ineficácia da garantia. Inexistência. Embargante que já era separado judicialmente quando sua ex-cônjuge prestou garantia. Desnecessidade de outorga marital, que, aliás, era impossível. Sociedade conjugal que já estava extinta. Extinta a sociedade conjugal, nenhum dos deveres e das proibições que se impunham aos cônjuges, pois "a separação judicial põe termo aos deveres de coabitação e fidelidade recíproca e ao regime de bens" (CC, art. 1.576, *caput*). Como visto, com a separação, os separados deixam a condição de consortes, inexistindo a persistência da comunhão de vidas e patrimônio que justificava a vedação dos atos de disposição, gravação com ônus reais ou garantia em favor de terceiros. Disso não deixa dúvida a norma prevista no art. 1.647, *caput*, do CC ao se referir a que "nenhum dos cônjuges pode", evidenciado a necessária contemporaneidade entre os atos vedados e a existência da sociedade conjugal, bem como, consequentemente, excluindo de sua incidência os ex-cônjuges, que não mais têm uma vida em comum. Desde a separação e partilha, os bens regem-se não pelas regras atinentes ao casamento e ao regime escolhido pelos ex-consortes, mas sim pelas regras do condomínio. Segundo preceitua o art. 1.314, *caput*, do CC, "cada condômino pode usar da coisa conforme sua destinação, sobre ela exercer todos os direitos compatíveis com a indivisão, reivindicá-la de terceiro, defender a sua posse e alhear a respectiva parte ideal, ou gravá-la". Conclui-se que, como condômino, a ex-cônjuge podia alienar ou gravar sua fração da coisa comum, sem necessidade de anuência do coproprietário. Apelação desprovida. (TJSP, Ap. Cível n. 1006634-44.2018.8.26.0008, rel. Des. Lino Machado, 30ª Câm. de Dir. Priv., j. 10.09.2020, *DJe* 10.09.2020)

Apelação cível. Ação de divórcio litigioso. Sentença de parcial procedência dos pedidos iniciais. Apelante que almeja a majoração do montante estipulado em razão do auxílio na compra de imóvel de propriedade da apelada. Apartamento adquirido após o fim da relação conjugal, o que inviabiliza sua inclusão na partilha. Inteligência do art. 1.576 do CC. Valor arbitrado na sentença singular que sequer seria devido como reflexo da divisão patrimonial dos ex-nubentes. Manutenção, todavia, sob pena de nítido *reformatio in pejus*. Julgado omisso no que tange aos honorários sucumbenciais. Fixação, *ex officio*. Incidência do art. 85, §§ 2º e 11, do CPC/2015. Sentença ajustada. Recurso desprovido. É cediço que a separação de fato põe fim ao regime matrimonial de bens, o que faz com que não se comunique o patrimônio amealhado pelos ex-nubentes após tal marco, tampouco as dívidas contraídas ou prestações individualmente quitadas. Não se afasta, contudo, mediante ação própria, a busca de valores eventualmente emprestados, após o término da relação conjugal, por um dos ex-cônjuges ao outro do par, quando, então, será analisada eventual hipótese de condomínio civil sobre determinado bem. (TJSC, Ap. Cível n. n. 00018232620148240082, 2ª Câm. de Dir. Civ., rel. Des. Jorge Luis Costa Beber, j. 29.08.2019)

Separação litigiosa cumulada com partilha de bens. Cerceamento de defesa. Necessidade de comprovar o momento exato em que houve a separação de fato. Preliminar acolhida. Caracterizada a separação de fato, deixam de se comunicar os bens do casal, mesmo que em regime de comunhão universal. Sentença anulada exclusivamente no que diz respeito à partilha de bens, tendo em vista o cerceamento de defesa. Recurso provido. (TJSP, Ap. Cível n. 0030990-18.2010.8.26.0068, rel. Milton Carvalho, j. 02.02.2012)

Alimentos. Pretensão de ex-cônjuge. Renúncia no momento da separação. Transcurso de sete anos desde a homologação da separação. Impossibilidade da pretensão. Inexistência de qualquer relação jurídica entre as partes que justifique alimentos à ex-esposa renunciante. Recurso improvido. (TJSP, Ap. Cível n. 994.09.034243-2, 7ª Câm. de Dir. Priv., rel. Milton Carvalho, j. 29.09.2010)

Separação judicial. Retirada do ex-cônjuge. Deferimento. Insurgência. Inexistentes quaisquer motivos relevantes a autorizar a permanência do varão no imóvel em que reside a ex-mulher. Agravante que possui, inclusive, domicílio em outra localidade. Cessado dever de coabitação. Art. 1.576, *caput*, do CC. Decisão mantida. Recurso improvido. (TJSP, AI n. 5.552.894.500/São Bernardo do Campo, 8ª Câm. de Dir. Priv., rel. Joaquim Garcia, j. 26.08.2009)

Separação de corpos. Ato judicial que acarreta a extinção do dever de fidelidade, em razão da retroatividade dos efeitos da separação judicial. (*JTJ* 255/233)

Alimentos. Pensão alimentícia. Exoneração. Inadmissibilidade. Filho concebido pela mulher após a separação consensual. Separação que põe termo ao dever de fidelidade recíproca. Pedido exoneratório somente possível nas hipóteses de o alimentando contrair novas núpcias ou estabelecer relação concubinária, adotar comportamento indigno ou de ocorrer alterações econômicas dos ex-cônjuges em relação às existentes à época da dissolução da sociedade conjugal. Declaração de votos. (STJ, *RT* 701/183)

**Art. 1.577. Seja qual for a causa da separação judicial e o modo como esta se faça, é lícito aos cônjuges restabelecer, a todo tempo, a sociedade conjugal, por ato regular em juízo.**

**Parágrafo único. A reconciliação em nada prejudicará o direito de terceiros, adquirido antes e durante o estado de separado, seja qual for o regime de bens.**

Legislação correlata: art. 46, Lei n. 6.515, de 26.12.1977 (Lei do Divórcio).

***Ver comentários sobre a EC n. 66/2010 nos arts. 1.571 e 1.572, especialmente sobre as disposições legais não recepcionadas por esta Emenda.***

A lei autoriza os cônjuges a restabelecerem a sociedade conjugal a qualquer tempo, mediante simples requerimento conjunto formulado ao juiz, permitindo, ainda, que não o façam nos mesmos termos e condições em que foi constituída, *v. g.*, modificando o regime de bens do casamento adotado anteriormente, obviamente desde que preenchidos os requisitos legais (CC, art. 1.639, § 2º). Já no caso de cônjuges divorciados, o restabelecimento da sociedade conjugal dar-se-á somente mediante novo casamento (Lei do Divórcio, art. 33). Caio Mário da Silva Pereira ensina que "a sociedade conjugal fica automaticamente restabelecida, nas mesmas condições em que se constituíra, independentemente de aprovação judicial. É contudo essencial, a par do elemento psicológico ou perdão, consubstanciado na intenção dos cônjuges, o elemento material, que é a retomada da vida em comum. A matéria, que é de interesse prático evidente, exige esta observação: não há reconciliação sem o restabelecimento da vida em comum, ainda que se prove o perdão manifestado pelo cônjuge inocente. Daí dizer-se que a reconciliação é sempre ato bilateral. Além disto, não comporta seja subordinada à condição, embora possa resultar das circunstâncias" (*Instituições de direito civil*, v. V, "Direito de família", 16. ed., p. 274). O parágrafo único põe a salvo os direitos dos terceiros de boa-fé, para os atos praticados antes e durante a separação (eficácia jurídica da separação anterior). Assim, não se invalidam atos efetuados pelos ex-cônjuges, e nem se impede a produção de efeitos mesmo durante a reconciliação (veja RIZZARDO, Arnaldo. *Direito de família*. Rio de Janeiro, Forense, 2004). O *restabelecimento da sociedade conjugal também poderá ser feito por escritura pública*, ainda que a separação tenha sido judicial – não há qualquer restrição para tanto –, bastando, nessa hipótese, que a parte apresente certidão da sentença de separação ou da averbação da separação no assento de casamento. Nesse caso, a sociedade conjugal não pode ser restabelecida com modificações, salvo no que se refere ao uso do nome. Isto porque a mudança do regime de bens, prevista no art. 1.639, § 2º, citado, exige a intervenção judicial. Na escritura pública de restabelecimento também deve constar expressamente que em nada prejudicará o direito de terceiros, adquirido antes e durante o estado de separado, seja qual for o regime de bens. Será ainda admissível o restabelecimento por procuração, se por instrumento público e com poderes especiais.

**Jurisprudência:** Apelação cível. Ação de divórcio consensual. Restabelecimento da vida conjugal noticiado nos autos antes do trânsito em julgado da sentença que decretou o divórcio. Desconstituição da sentença. Extinção do feito, sem resolução de mérito. Cabimento. Tendo os cônjuges se reconciliado e informado tal ocorrência nos autos antes do trânsito em julgado da sentença que decretou o divórcio, viável a desconstituição da sentença e a extinção do feito sem resolução de mérito (observância do *caput* do art. 1.577 do CC e falta de interesse processual, conforme o art. 485, IV, do CPC). Apelo provido. (TJRS, Ap. Cível n. 70.073.583.270, 8ª Câm. Cível, rel. Des. Ricardo Moreira Lins Pastl, j. 22.06.2017)

Agravo de instrumento. Restabelecimento da sociedade conjugal. Art. 1.577 do CC. Processamento do pedido nos próprios autos da ação de separação consensual. Possibilidade. Prestigiando-se os princípios da economia e da celeridade processual, deve ser autorizado o processamento do pedido de restabelecimento da sociedade conjugal nos mesmos autos da ação de separação consensual. Agravo de instrumento provido. (TJRS, AI n. 70.068.171.727, 8ª Câm. Cível, rel. Des. Ricardo Moreira Lins Pastl, j. 31.03.2016)

Agravo de instrumento. Direito civil. Direito de família. Separação consensual. Homologada por sentença transitada em julgado. Pedido restabelecimento de sociedade conjugal. Necessidade de ajuizamento de ação autônoma. Afastada. Aplicação arts. 1.577 do CC e 46 da Lei n. 6.515/77. Recurso conhecido e provido. Decisão cassada. 1 – O restabelecimento da sociedade conjugal pode acontecer a todo e qualquer tempo, podendo ser revertida a separação judicial, independente de ser litigiosa ou consensual. Art. 1.577 do CC e art. 46 da Lei n. 6.515/77. 2 – A lei estabelece que o pedido de restabelecimento da sociedade conjugal pode ser feito nos autos da ação de separação, sendo desnecessário o ajuizamento de ação autônoma. 3 – Necessário cassar a decisão que se nega a analisar o pedido feito pelos agravantes e determina o ajuizamento de ação autônoma. 4 – Recurso conhecido e provido. Decisão cassada. (TJDF, AI n. 20150020219864, 1ª T. Cível, rel. Des. Romulo de Araujo Mendes, j. 09.09.2015, *DJe* 21.09.2015)

Direito de família. Separação judicial. Reconciliação. Art. 1.577 do CC. Morte do cônjuge varão. Interesse processual. 1 – Protocolizada petição inicial na qual consta requerimento de restabelecimento do vínculo conjugal nos termos do art. 1.577 do CC, estando devidamente subscrita pelos interessados e pelo causídico comum por eles constituído e tendo sido regularmente instruído o feito, a superveniente morte de um dos cônjuges] não obsta o deferimento do pedido. 2 – Recurso especial conhecido e provido. (STJ, REsp n. 1.322.036/SP, 3ª T., rel. João Otávio de Noronha, j. 12.05.2015, *DJe* 25.05.2015)

Apelação cível. Ação de conversão de separação judicial em divórcio. Reconciliação do casal. Ausência de ato regular em juízo. Exegese do art. 1.577 do CC. Nova separação de fato. Discussão sobre utilização do patrimônio constituído durante o restabelecimento da união fática refeita. Aplicação do efeito translativo. Reconhecimento da existência de união estável entre as partes durante o período de agosto de 2000 a janeiro de 2004. Conflito patrimonial a ser dirimido nas vias ordinárias. Recurso conhecido e desprovido. I – Se as partes, após separação judicial, restabelecem tão somente a vida em comum do casal, sem a intervenção judicial para restabelecimento do vínculo civil do matrimônio (art. 1.577 do CC), o período de convivência subsequente há de ser considerado como união estável – fato aliás incontroverso nos autos – com todos os seus consectários, inclusive de ordem patrimonial. II – Assim, a partilha de bens realizada judicialmente durante o processo de separação judicial do casal é considerada perfeita e acabada para os fins a que se destinava, sem prejuízo de, durante a reconciliação do casal, no plano factual, novos bens serem adquiridos durante a constância da união estável, hipótese que requer a consecução de uma nova partilha, por se tratar de fato superveniente. III – Desta feita, com fulcro no efeito translativo que se agrega ao recurso interposto, necessário se faz o reconhecimento da união estável estabelecida entre as partes durante o período de agosto de 2000 a janeiro de 2004 – fato incontroverso – facultado às partes a utilização das vias ordinárias para solucionar conflitos atinentes à partilha de bens do casal eventualmente adquiridos durante o período de convivência. (TJSC, Ap. Cível n. 2010.024874-2/Rio do Sul, 6ª Câm. de Dir. Civil, rel. Joel Figueira Júnior, j. 18.04.2013)

Apelação cível. Divórcio direto consensual e acordo de partilha. Sentença de homologação do acordo e decreto do divórcio. Supressão da audiência de tentativa de reconciliação ou ratificação. Irregularidade. Posterior reconciliação dos cônjuges. Precedente. Decisão por ato da relatora (art. 557 do CPC) [arts. 932, IV, *a* e *b*, e V, *a*, 1.011, I, 1.021, §§ 2º, 4º e 5º, do CPC/2015]. Manifestada em juízo livremente pelas partes a vontade de dissolução da sociedade e do vínculo conjugal, não há cogitar nulidade do processo diante da supressão da audiência de tentativa de reconciliação ou ratificação, justificando-se a medida apenas em face de indícios de prejuízo. Todavia, sobrevindo aos autos manifestação de reconciliação dos cônjuges, ainda que depois de prolatada sentença de decreto de divórcio e homologação do correspondente acordo de partilha, é possível torná-la sem efeito, por aplicação da norma disposta no *caput* do art. 1.577 do CC, não havendo trânsito em julgado. Processo julgado extinto. Apelo provido. (TJRS, Ap. Cível n. 70.050.265.230, 7ª Câm. Cível, rel. Sandra Brisolara Medeiros, j. 12.09.2012, *DJ* 14.09.2012)

Execução de alimentos e revisional de alimentos julgados extintos por falta de interesse de agir. Cobrança por menor alimentado com fundamento em cláusula estabelecida em separação consensual devidamente homologada e averbada. Reconciliação de fato do casal por determinado período. Sentença que reconhece a cessação das obrigações pactuadas em face do restabelecimento passageiro da sociedade conjugal. Impossibilidade. Reconciliação de fato que não gera os mesmos efeitos da de direito prevista no art. 1.577 do CC. Suspensão temporária da eficácia da cláusula relativa à pensão no período de harmonia. Reconhecimento da possibilidade da cobrança pela alimentada e da revisão pelo alimentante. Extinções afastadas. Recursos providos. (TJSP, Ap. Cível n. 994.06.150030-0, 7ª Câm. de Dir. Priv., rel. Milton Carvalho, j. 29.09.2010)

Separação judicial litigiosa. Impossibilidade jurídica do pedido. Casal já separado judicialmente. Reconciliação de fato. Não restabelecimento da sociedade conjugal. Feito extinto. Art. 267, VI, do CPC [art. 485, VI, do CPC/2015]. É juridicamente impossível o ajuizamento de ação de separação judicial quando o casal em questão já está separado judicialmente. A ausência de averbação na certidão de casamento da sentença homologatória da separação não afasta os seus efeitos. A reconciliação de fato não tem o condão de restabelecer a sociedade conjugal, o que somente ocorre quando observado o disposto no art. 1.577 do CC. Impossibilidade jurídica do pedido reconhecida, com extinção do feito sem resolução do mérito. Acolheram a preliminar e extinguiram o feito sem resolução do mérito, declarando prejudicado o agravo de instrumento. (TJRS, AI n. 70.029.296.506, 7ª Câm. Cível, rel. André Luiz Planella Villarinho, j. 10.06.2009)

Processual civil. Agravo de instrumento. Extinção de sociedade conjugal. Separação de corpos. Art. 1.577 CC/2002. Financiamento imobiliário. Possibilidade. 1 – Trata-se de agravo de instrumento, com pedido de antecipação da tutela recursal contra decisão proferida pela Juíza *a quo*, que decidiu deferir a antecipação dos efeitos da tutela determinando, assim, que a CEF se abstenha de negar a concessão do financiamento imobiliário da agravada. 2 – No caso dos autos, a Agravada objetiva fazer financiamento em seu próprio nome, alegando que sustenta o único filho do casal, na época com 6 anos de idade, e que os dois estão passando sérias dificuldades em encontrar um imóvel onde residir. 3 – É cediço que não se vislumbra nenhum motivo para a agravante negar o financiamento do imóvel para a agravada, uma vez que, de acordo com art. 1.577 do CC/2002 estabelece que posterior e eventual conciliação do casal não prejudicará o direito da CEF. 4 – A separação judicial põe fim ao regime de bens, donde se conclui que a partir da separação de corpos, caso dos autos, já está consumada a dissolução do regime de bens. 5 – Com as garantias legais e judiciais dadas à Caixa Econômica Federal, não se vislumbra motivos suficientes para a mesma negar à Agravada seu pleito por financiamento de imóvel. 6 – Agravo de instrumento improvido. (TRF, 5ª R., AI n. 63.950/CE, 1ª T., rel. Des. Ubaldo Ataíde Cavalcante, j. 09.10.2008, *DJ* 14.11.2008)

Civil e processual civil. Separação judicial. Processo. Curso. Pedido de restabelecimento da sociedade conjugal. Art. 1.577 do CC. Deferimento. Acordo. Homologação. Arrependimento. Pedido de prosseguimento da ação. Descabimento. O acordo celebrado entre as partes, objeto de chancela jurisdicional pela competente homologação, não pode ser infirmado pelos acordantes, em sede de apelação, exceto quando configurado vício de consentimento. (TJMG, Ap. Cível n. 1.0024.06.130516-5/001, rel. Antônio Sérvulo, j. 30.09.2008, *DJEMG* 14.11.2008)

Restabelecimento de sociedade conjugal. Pertinência, mediante só requerimento nos autos da ação de separação e resguardados direitos de terceiros adquiridos antes e durante a separação, seja qual for o regime de bens (arts. 46 da Lei n. 6.515/77 – Divórcio – e 1.577 do CC). Petição subscrita só por aquela que assistiu à mulher na separação, conquanto também assinada pelos interessados. Conveniência, antes daquele restabelecimento, de termo de ratificação. Recurso provido parcialmente, nesse sentido. (TJSP, AI n. 565.823.4/1-00/

Sumaré, 1ª Câm. de Dir. Priv., rel. Vicenti Barroso, j. 06.05.2008, *DJ* 09.05.2008)

Separação judicial. Reconciliação. Homologação. Indeferimento. Declaração unilateral da mulher. Varão falecido. Recurso não provido, com observação. (*JTJ* 276/420)

Separação judicial. Reconciliação. Pedido efetuado diretamente pelos cônjuges assistidos por advogado comum. Demora na apreciação. Falecimento do varão. Extinção do processo sem julgamento do mérito. Inadmissibilidade. Homologação que se impõe. Retroação dos efeitos à data do pedido. Recurso provido. (*JTJ* 273/200)

Separação judicial. Pedido de reconciliação. Ocorrência de morte do cônjuge varão anteriormente à homologação. Desnecessidade da lavratura de termo com as partes presentes. Promoção por advogado com poderes especiais sem objeção do Ministério Público. Inexistência de qualquer manifestação posterior de arrependimento dos postulantes. Recurso provido. (*JTJ* 262/213)

Separação judicial. Reconciliação. Homologação. Efeitos *ex tunc*. Inadmissibilidade. Retroação que implicaria na supressão da ressalva de direitos de terceiros. Sentença que se caracteriza pelo efeito *ex nunc*. Decisão mantida. Recurso não provido. (*JTJ* 261/418)

Separação judicial. Reconciliação. Averbação, ainda que concomitantemente, da separação e da reconciliação no Registro Civil. Necessidade como garantia de direitos e interesses de terceiros e a veracidade dos registros públicos. Recurso provido. (*JTJ* 249/179)

---

**Art. 1.578. O cônjuge declarado culpado na ação de separação judicial perde o direito de usar o sobrenome do outro, desde que expressamente requerido pelo cônjuge inocente e se a alteração não acarretar:**

**I – evidente prejuízo para a sua identificação;**

**II – manifesta distinção entre o seu nome de família e o dos filhos havidos da união dissolvida;**

**III – dano grave reconhecido na decisão judicial.**

**§ 1º O cônjuge inocente na ação de separação judicial poderá renunciar, a qualquer momento, ao direito de usar o sobrenome do outro.**

**§ 2º Nos demais casos caberá a opção pela conservação do nome de casado.**

---

Legislação correlata: arts. 17, 18 e 25, parágrafo único, Lei n. 6.515, de 26.12.1977 (Lei do Divórcio).

Como se teve oportunidade de escrever em comentário ao art. 1.572 do CC, a EC n. 66/2010 não recepcionou aquele dispositivo legal. E, diante da norma constitucional que facilitou o divórcio, sem impor a existência de causas culposas, não se pode conceber a possibilidade da manutenção de uma separação só para que se possa discutir a culpa de um dos cônjuges, sabendo ser esta mecanismo de fomento de conflitos. A ideia do legislador foi ampliar a autonomia privada no direito de família, pondo fim ao casamento sem declinar os motivos nem imputar ao outro cônjuge conduta desairosa. Era evidente a gradativa perda da relevância na culpa no direito de família (*v.* com. art. 1.573). Nesse sentido, bem observou Maria Berenice Dias: "Felizmente – e em boa hora – a EC n. 66/2010 derrogou quase todo o capítulo do Código Civil que trata da dissolução do casamento e do vínculo conjugal (arts. 1.571 a 1.582). Atendendo aos reclamas da doutrina e à tendência dos tribunais, todas as referências à imputação de culpa para efeitos de obtenção da separação, por não guardarem consonância com a norma constitucional, passou a admitir a dissolução do casamento exclusivamente por meio do divórcio. Não há mais prazos nem perquirição de culpas para qualquer dos cônjuges, a qualquer tempo, buscar o divórcio. Ao menos agora há uniformidade de tratamento, uma vez que, na união estável, nunca foi exigida identificação de causas ou averiguação de culpas" (*Manual de direito das famílias*, 9. ed. São Paulo, RT). Igual é o entendimento de Rolf Madaleno, "se mostra impraticável seguir discutindo a culpa em processos de separação judicial, cuja figura jurídica considero haver sido derrogada pela EC n. 66/2010, notadamente por se tratar de norma legal que colide frontalmente com o divórcio e tenho que os dois institutos transitam pela mesma via e em flagrante rota de colisão" (*Curso de direito de família*, 5. ed. Rio de Janeiro, Forense).

Já as consequências que então eram impostas ao cônjuge responsável pela separação, relativas aos alimentos naturais e ao direito ao uso do sobrenome do outro, deverão ser resolvidas dentro do próprio processo de divórcio ou em sede própria.

Ressalte-se que tal discussão não estará adstrita aos termos da lei atual (CC, arts. 1.578, 1.702 e 1.704) – até porque ela se refere à culpa –, embora as regras nela contidas poderão servir de parâmetro para o julgamento da controvérsia.

No caso do direito ao uso do sobrenome, o evidente prejuízo para identificação, a manifesta distinção entre o nome da família e dos filhos e dano grave reconhecido em decisão judicial, poderão ser eventualmente utilizados para a manutenção do sobrenome, além de outros, dependendo da tese esposada (*v. g.*, a manutenção constitui sempre uma prerrogativa da mulher).

Cumpre observar que o nome é um dos elementos da personalidade individual, e o princípio da dignidade da pessoa humana não pode ser ignorado ou simplesmente afastado para justificar a perda do direito a ele com fundamento em conduta repreensível definida como tal para instituto que não mais subsiste no ordenamento jurídico.

*Comentários ao dispositivo*

Repete-se aqui a observação feita no comentário do art. 1.572 no sentido de que a despeito da posição antes adotada – a EC extirpou a separação do nosso ordenamento jurídico –, tendo em vista a controvérsia ainda existente na doutrina acerca da recepção pela EC das disposições legais que tratam do tema, e inexistindo também um grande número de decisões de nossos tribunais sobre o assunto, impõe-se a manutenção do comentário a todos os dispositivos deste Código que se referem ao tema, apesar de já manifestado o entendimento de que grande parte deles já teria perdido a vigência, para que se deixe ao leitor e ao operador do Direito a utilização da obra da forma que melhor seja conveniente até que pacificado o entendimento acerca da EC n. 66/2010.

A perda do direito de usar o sobrenome (ou patronímico) do outro cônjuge é *sanção* imposta ao que foi reconhecido culpado na ação de separação litigiosa. A regra terá incidência na hipótese de *culpa* de qualquer dos nubentes (mulher ou marido), quando qualquer deles tiver se valido da faculdade contida no art. 1.565, § 1º. Além dessa perda, o cônjuge culpado também perderá o direito de receber alimentos do outro, exceto os naturais, na hipótese dos arts. 1.694, § 2º, e 1.704, parágrafo único, do CC (*v.* comentários aos arts. 1.702 e 1.704).

Na *separação consensual*, seja judicial ou extrajudicial, o cônjuge decide livremente a respeito do uso do sobrenome do outro (arts. 98, § 1º, IX, e 733 do CPC/2015; **§ 2º e art. 1.124-A do CPC/73**). Caso o cônjuge opte pelo nome de solteiro, não poderá reclamar no futuro a retomada do de casado. Se mantiver o de casado, a qualquer tempo, unilateralmente, poderá optar pelo de solteiro. Somente motivos muito graves e devidamente comprovados podem acarretar a perda do direito ao uso do sobrenome do outro, se o cônjuge não renunciou a ele na separação. Poderá o cônjuge ainda voltar a usar o nome de casamento anterior, conservado por opção ou na viuvez (sobre a alteração de nome na separação consensual extrajudicial, ver comentário ao art. 1.574).

Na *separação litigiosa*, o cônjuge só volta a usar o nome de solteiro – *a regra é a conservação* – desde que preenchidos os requisitos cumulativos: (a) tenha sido vencido na separação (declarado culpado); (b) tenha sido requerido expressamente pelo vencedor; e (c) não prevista qualquer das hipóteses dos incisos I, II e III do artigo comentado.

Já o cônjuge inocente pode optar por conservar o sobrenome do outro, podendo ainda renunciar ao seu uso a qualquer tempo (**§ 1º**).

Quanto à exceção prevista no **inciso I**, evidente prejuízo para a identificação do cônjuge, o fato de privá-lo de usar o sobrenome com o qual adquiriu notoriedade, até mesmo profissionalmente, gera desrespeito ao direito da personalidade dele, inclusive de valor econômico, como se retirasse parte de seu patrimônio. Já a hipótese tratada no **inciso II**, que se refere à distinção entre o nome de família do cônjuge e dos filhos havidos da união dissolvida, permite que o culpado seja identificado como pertencente à mesma família de sua prole, evitando-se situações de constrangimento aos filhos da união dissolvida.

Quanto ao disposto no **inciso III**, o dano grave ali referido é aquele decorrente da própria decisão da separação judicial e não de outra ação. O conceito vago "dano grave", que concede certo poder discricionário ao juiz, não se refere à identidade profissional do cônjuge, porque ela está tratada no inciso I, mas a qualquer dano moral ou material que a exclusão do nome vier a causar, tanto ao cônjuge culpado como ao inocente. Carlos Roberto Gonçalves (*Direito de família*. São Paulo, Saraiva, 2002) ressalta que o uso do nome do outro cônjuge, nos casos especificados, não é, entretanto, absoluto. Se a mulher, por exemplo, após a separação, mesmo vitoriosa na ação de separação, passa a ter conduta imoral ou desonrosa, agindo de modo a enxovalhar o nome do ex-marido, este poderá ajuizar ação ordinária para cessar esse direito, pela superveniente alteração das circunstâncias.

Nas demais modalidades de separação judicial (ruptura e remédio) terá incidência a regra do § 2º. O CC/2002 não traz proibição com relação à continuação do uso do sobrenome do outro cônjuge após a decretação do divórcio, como o fazia a Lei do Divórcio. Assim, ao ex-consorte divorciado é permitido manter o sobrenome de casado, até mesmo após novo matrimônio, se a sentença de separação judicial não dispuser em sentido diverso.

**Jurisprudência:** Apelação cível. Direito de família. Ação de divórcio direto litigioso. Pretensão de exclusão do nome de casado do réu/apelado por parte da autora/apelante. Art. 1.578, § 2º, do CC. Atributo do direito da personalidade. Inexistência de manifestação expressa do demandado, revel, no pertinente à manutenção do nome de casado. "O fato de a ré ter sido revel em ação de divórcio em que se pretende, também, a exclusão do patronímico adotado por ocasião do casamento não significa concordância tácita com a modificação de seu nome civil, quer seja porque o retorno ao nome de solteira após a dissolução do vínculo conjugal exige manifestação expressa nesse sentido, quer seja o efeito da presunção de veracidade decorrente da revelia apenas atinge às questões de fato, quer seja ainda porque os direitos indisponíveis não se submetem ao efeito da presunção da veracidade dos fatos" (STJ, REsp n. 1.732.807/RJ, rel. Min. Nancy Andrighi, 3ª T., j. 14.08.2018, *DJe* 17.08.2018). Recurso desprovido. (TJRS, Ap. n. 5182064-59.2022.8.21.0001/Porto Alegre, 1ª Câm. Esp. Cível, rel. Leandro Figueira Martins, j. 31.01.2024, *DJ* 01.02.2024)

Veja no art. 1.565 a seguinte decisão: TJSP, Ap. Cível n. 1072910-04.2020.8.26.0100/SP, 3ª Câm. de Dir. Priv., rel. João Pazine Neto, j. 09.05.2022, publ. 09.05.2022.

Registro civil. Retificação de nome. Autora que deseja suprimir o patronímico do marido, acrescentado por ocasião de seu casamento. Admissibilidade. Direito contemporâneo que dá nova função ao nome, não apenas para designar a pessoa humana e tornar possível a identificação do sujeito de direito, mas, sobretudo, como um elemento da personalidade individual. Ausência de intenção fraudulenta, de violação a texto de lei, ou prejuízo a terceiros. Alteração que melhora a situação social da interessada. Possibilidade. Recurso provido. (TJSP, Ap. Cível n. 1012344-74.2020.8.26.0008, 1ª Câm. de Dir. Priv., rel. Des. Francisco Loureiro, j. 22.04.2021)

Divórcio. Agravo de instrumento. Ação de divórcio c/c partilha de bens. Decisão parcial de mérito, que decretou o divórcio das partes, permitindo à mulher a conservação do nome de casada. Inconformismo do autor. Conservação do nome de casado que depende da opção do cônjuge que adotou o nome do outro ao casar. Direito personalíssimo. Inteligência do art. 1.578, § 2°, do CC. Decisão mantida. Recurso desprovido. (TJSP, AI n. 2240141-48.2020.8.26.0000, 10ª Câm. de Dir. Priv., rel. Des. Coelho Mendes, j. 20.04.2021)

Retificação de registro civil. Pleito de exclusão do patronímico do cônjuge. Sentença de improcedência. Inconformismo. Manutenção do sobrenome de casada, derivada dos direitos de personalidade. Natureza não absoluta ou irrestrita. Pedido possível. Conversão do julgamento em diligência. Prova acrescida (certidões negativas em relação ao nome cuja alteração se pretende) sem nenhuma mácula. (TJSP, Ap. Cível n. 1015943-57.2017.8.26.0224, 7ª Câm. de Dir. Priv., rel. Des. Rômolo Russo, j. 07.04.2021)

Mudança de sobrenome. Retificação de registro público. Princípio da imutabilidade do nome civil. Autora que pretende voltar a usar o nome de solteira. Admissibilidade. Inteligência do art. 1.578, § 1°, do CC. Precedentes do Eg. Tribunal de Justiça e do Col. STJ. Presença de situação autorizadora de mudança no nome civil. Sentença de improcedência modificada. Recurso provido. (TJSP, Ap. Cível n. 1089588-31.2019.8.26.0100, 5ª Câm. de Dir. Priv., rel. Des. Erickson Gavazza Marques, j. 17.02.2021)

Agravo regimental. Agravo em recurso especial. Civil. Processo civil. Família. Divórcio direto. Revelia. Opção pelo uso de nome de solteira. Manifestação expressa de vontade. Necessidade. Recurso desprovido. 1 – O art. 1.578 do CC prevê a perda do direito de uso do nome de casado para o caso de o cônjuge ser declarado culpado na ação de separação judicial. Mesmo nessas hipóteses, porém, a perda desse direito somente terá lugar se não ocorrer uma das situações previstas nos incisos I a III do referido dispositivo legal. Assim, a perda do direito ao uso do nome é exceção, e não regra. 2 – Os efeitos da revelia não abrangem as questões de direito, tampouco implicam renúncia a direito ou a automática procedência do pedido da parte adversa. Acarretam simplesmente a presunção relativa de veracidade dos fatos alegados pelo autor (CPC, art. 319). 3 – A não apresentação de contestação ao pedido de divórcio pelo cônjuge virago não pode ser entendida como manifestação de vontade no sentido de opção pelo uso do nome de solteira (CC, art. 1.578, § 2°). 4 – Agravo regimental desprovido. (STJ, Ag. Reg. no AREsp n. 204.908, 4ª T., rel. Min. Raul Araújo, j. 04.11.2014, *DJe* 03.12.2014)

Retificação de registro civil. Ação ajuizada pelo ex-marido em face da ex-mulher objetivando a exclusão do sobrenome de casada. Improcedência do pedido. Inconformismo. Desacolhimento. Ausência de requisitos mínimos. Perda do sobrenome que só é atribuída ao cônjuge declarado culpado e, ainda, apenas mediante expresso requerimento da parte inocente. Inteligência do art. 1.578, *caput*, do CC. Partes que abdicaram de discutir a culpa, visto que se separaram consensualmente. Acordo, homologado por sentença transitada em julgado, que foi expresso sobre a manutenção do sobrenome adquirido com o casamento. Conversão da separação em divórcio que também não abordou a questão da perda do nome de família. Sentença mantida. Recurso desprovido. (TJSP, Ap. n. 0003591-92.2011.8.26.0160, Descalvado, 5ª Câm. de Dir. Priv., rel. J. L. Mônaco da Silva, *DJe* 25.06.2014, p. 1.201)

Direito civil. Família. Apelação cível. Ação de divórcio c/c pedido de divisão de bens comuns com oferta de pensão alimentícia. Sentença apelada que fixou pensão alimentícia em benefício da apelante em 20% dos rendimentos líquidos do apelado. Fixação que se mostra razoável. Recurso adesivo. Pedido de minoração dos alimentos. Impossibilidade. Valor que atende ao binômio necessidade-possibilidade. Impossibilidade de majoração. Manutenção do nome de casada. Possibilidade. Os alimentos devem ser fixados na proporção das necessidades do alimentado e dos recursos do alimentante, olvidando que há de ter o alimentante, também, o necessário para sua própria subsistência, sob pena de perecimento do seu próprio sustento. É lícito à ex-mulher, em conversão consensual de separação judicial em divórcio, desejar manter o apelido de família do ex-marido, a fim de evitar distinção entre seu nome de família e o dos filhos do casal, eis que a pretensão encontra agasalho no inciso II do parágrafo único do art. 25 da Lei n. 6.515/77, na redação da Lei n. 8.408/92, como também no art. 1.578, § 2º, do CC. Recurso de apelação e recurso adesivo conhecidos e desprovidos. (TJPR, Ap. Cível n. 1048485-8, 12ª Câm. Cível, rel. Juíza Conv. Subst. Angela Maria Machado Costa, *DJe* 28.03.2014, p. 197)

Casamento entre brasileiro e estrangeira. Casamento realizado no Brasil. Divórcio. Competência da autoridade judiciária brasileira. Exclusão do nome de casada. Aplicabilidade do CC. Direito internacional. Convenção de Haia. Casamento entre brasileiro e francesa. Divórcio. Oferecimento de alimentos. Regulamentação de visitas. Filhas de nacionalidade brasileira. Cônjuge mulher que viaja para seu país natal com as filhas, não mais retornando ao Brasil. Carta rogatória. Recusa de recebimento pela ré. Revelia. Juízo de primeiro grau que reconhece competência da justiça estadual apenas para a decretação do divórcio. Reforma. Mudança do nome de casada. Alimentos. Extinção do pedido de visitação sem apreciação do mérito. Como já salientou o STJ, a autoridade judiciária brasileira possui competência para decretar o divórcio de casamento realizado no Brasil (REsp n. 978.655), devendo-se aplicar à hipótese o art. 88, III, do CPC [art. 21, III, do CPC/2015]. Utilização do nome de casado pelo cônjuge-virago. Aplicação do disposto no art. 1.578 do CC, eis que este agiu com culpa e o casamento durou pouco mais de três anos. Pleito acolhido. Redação do art. 21 da Convenção de Haia que reconhece atribuição às Autoridades Centrais de postularem o direito de visita, buscando o melhor interesse da criança, razão pela qual falece competência à Justiça Estadual, mantendo-se hígida a solução dada pela sentença. No que se refere aos alimentos, compete à Justiça Estadual dirimir a questão, não se justificando a atuação da autoridade interveniente, *in casu*, a Procuradoria Geral da República, conforme dispõe o art. 26 da Lei n. 5.478/68. Assim, como não houve resistência ao pedido de oferta de alimentos, e diante da ausência de prejuízo para os menores e da presunção relativa da revelia na ação de alimentos, aplica-se o disposto no art. 515, § 3º, do CPC [art. 1.013, § 3º, I, do CPC/2015] para acolher o pedido formulado pelo autor de oferecimento de alimentos. Recurso parcialmente provido. (TJRJ, Ap. Cível, 0001897-44.2010.8.19.0055/São Pedro da Aldeia, 20ª Câm. Cível, rel. Des. Flavia Romano de Rezende, *DJe* 17.10.2013, p. 13)

Sobre o uso do nome no divórcio direto e no divórcio-conversão, veja jurisprudência no art. 1.571.

Apelação cível. Ação de divórcio. Inovação recursal. Inocorrência. É defeso à parte, quando do recurso, inovar, já que a inovação afronta o disposto no art. 515 do estatuto processual. No caso, a matéria foi apreciada na sentença e debatida entre as partes no processo. Partilha de bens. Não havendo consenso quanto à partilha dos bens, correta a decisão hostilizada ao determinar o condomínio dos bens. Uso do nome de casada. Inexiste qualquer prejuízo, ao apelante, no sentido da apelada continuar usando o nome de casada, a qual é identificada há quase trinta e quatro anos, já que o art. 1.578, § 2º, do CC, prevê a opção de conservação do nome de casada. Apelação desprovida (segredo de justiça). (TJRS, Ap. Cível n. 70.030.224.554, 7ª Câm. Cível, rel. Des. Jorge Luís Dall'Agnol, j. 11.08.2010)

Apelação cível. Direito de família. Separação judicial. [...] Decretada a separação judicial sem atribuição de culpa a qualquer dos cônjuges, inexiste óbice que o virago, em sede de apelação, postule pela retirada do sobrenome do varão, eis que o art. 1.578, § 1º, CC/2002, lhe assegura o exercício do direito de renúncia, a "qualquer momento". (TJMG, Ap. Cível n. 1.0051.04.008704-4/001, rel. Afrânio Vilela, j. 06.10.2009)

Apelação. Divórcio. Retorno da ex-esposa ao nome de solteira. Descabimento. Afora os casos de culpa (coisa que aqui não se discute), o retorno ao nome de solteiro é uma opção que cabe apenas à pessoa que adotou o nome do outro ao casar. Inteligência do art. 1.578 do CCB. [...] Havendo manifestação expressa da apelada, afirmando sua intenção de permanecer utilizando o nome de casada, e não sendo caso de culpa dela pela separação, é de rigor seja acolhida tal manifestação. Negaram provimento. (TJRS, Ap. Cível n. 70.030.885.289, 8ª Câm. Cível, rel. Rui Portanova, j. 17.09.2009)

Revelando-se complexa a questão, notadamente pela divergência das partes quanto à forma de partilhamento do patrimônio comum do casal separando, revela-se correta a decisão que relega a partilha para ação própria onde, com maiores oportunidades de se provar o alegado, a questão será melhor esclarecida e avaliada. Não há na lei um critério rígido para a fixação dos alimentos, cabendo ao magistrado, nesta ocasião, levar em consideração o binômio necessidade/possibilidade previsto no art. 1.694, § 1°, CC/2002. Consoante o disposto no art. 1.578, § 1°, CC/2002, "o cônjuge inocente na ação de separação judicial poderá renunciar, a qualquer momento, ao direito de usar o sobrenome do outro". (TJMG, Ap. Cível n. 1.0672.06.200352-6/003, rel. Edivaldo George dos Santos, j. 09.09.2008, *DJEMG* 26.09.2008)

Divórcio direto. Cônjuge virago. Nome de solteira. Necessidade de atribuição de culpa. Nos termos do art. 1.578 do CC/2002, somente o cônjuge declarado culpado na ação de separação judicial perde o direito de usar o sobrenome do outro e desde que requerido pelo cônjuge inocente. Verificando-se que a alteração vai gerar distinção entre o seu nome de família e dos filhos havidos da união dissolvida, deve ser mantido o sobrenome do ex-marido. (TJMG, Ap. Cível n. 1.0024.07.474216-4/001, rel. Teresa Cristina da Cunha Peixoto, j. 17.04.2008, *DJEMG* 12.06.2008)

Separação judicial. Partilha de bens e alteração de nome da virago. Reconhecimento da sub-rogação alegada. Bem imóvel adquirido com recurso exclusivo do apelante. Possibilidade de alteração do nome da virago. Inteligência do art. 1.578, § 2°, do CC. Recurso provido em parte. (TJSP, Ap. c/ Rev. n. 540.882.4/7-00/Jardinópolis, 3ª Câm. de Dir. Priv., rel. Beretta da Silveira, j. 26.02.2008, *DJ* 29.02.2008)

Família. Divórcio direto. Cônjuge virago citada por edital. Nomeação de curador especial. Inconformidade recursal limitada ao uso do nome de casada. Caso em que, ausente controvérsia acerca da culpa pelo término do matrimônio, à varoa assiste o direito de conservar o patronímico do marido. Exegese dos arts. 1.571 e 1.578, § 2°, do CC/2002. Atributo de personalidade, precedentes jurisprudenciais. Apelo provido. (TJRS, Ap. Cível n. 70.018.860.395, 8ª Câm. Cível, rel. Des. Luiz Ari Azambuja Ramos, j. 26.04.2007)

Separação consensual. Mulher. Nome de casada. Manutenção. Art. 25, parágrafo único, II, da Lei n. 6.515, de 26.12.1977. 1 – Reconhecida pela instância originária (ordinária) que ao deixar a mulher de usar o nome de casada ocorrerá manifesta distinção entre o seu nome de família e dos filhos havidos da união dissolvida, não tem força bastante o fundamento da maioridade da prole, invocado pelo acórdão para reformar a sentença, porquanto trata-se de requisito não contemplado pela lei de regência. Precedente da 4ª T., REsp n. 358.598/PR. 2 – Recurso especial conhecido em parte e, nessa extensão, provido. (STJ, REsp n. 247.949/SP, 4ª T., rel. Min. Fernando Gonçalves, v.u., j. 11.05.2004, *DJU* 31.05.2004)

Veja no art. 1.565 a seguinte decisão: STJ, REsp n. 363.794/DF, rel. Min. Carlos Alberto Menezes Direito, j. 27.06.2002, *DJU* 30.09.2002.

---

**Art. 1.579. O divórcio não modificará os direitos e deveres dos pais em relação aos filhos.**

**Parágrafo único. Novo casamento de qualquer dos pais, ou de ambos, não poderá importar restrições aos direitos e deveres previstos neste artigo.**

---

Legislação correlata: art. 27, Lei n. 6.515, de 26.12.1977 (Lei do Divórcio).

Estabelecidos na separação as obrigações e os direitos dos pais em relação a seus filhos, no que se refere a manutenção, guarda e visita, não sofrerão alteração por superveniência do divórcio, ou até mesmo de uma união estável de qualquer dos pais. O divórcio não dará ensejo à modificação dos direitos e deveres dos pais no concernente a seus filhos, até mesmo se um deles vier a contrair novo casamento, pois a lei continuará assegurando a estes últimos atenção e proteção jurídica. Situações excepcionais, no entanto, justificarão a alteração da guarda e dos alimentos anteriormente fixados, por exemplo eventual malefício que o novo cônjuge daquele que detém a guarda possa causar aos filhos do primeiro casamento e a existência de nova prole, a justificar a redução da pensão alimentícia antes estabelecida.

**Jurisprudência:** Apelação cível. Direito civil. Divórcio consensual. Acordo. Sentença homologatória. Jurisdição voluntária. Direito potestativo. EC n. 66/2010. Ausência de cláusulas sobre alimentos, guarda e visitação do filho menor. Possibilidade de ajuizamento de ação por via própria. Ausência de prejuízo ao infante. Manutenção da sentença. Inconformismo do MP com a sentença homologatória de acordo, em ação de divórcio consensual, entendendo pela necessidade de emenda à inicial para inclusão de cláusulas relativas aos alimentos, guarda e visitação do filho menor, apesar de as partes declararem que inexiste conflito quanto a essas questões. Divórcio que consiste em direito potestativo das partes, a partir da EC n. 66/2010, que alterou o art. 226,

§ 6º, da CRFB/88, excluindo o requisito temporal. Descabe ao Poder Judiciário impor a inclusão de cláusulas no acordo, versando sobre alimentos, guarda e visitação de filho menor, diante da ausência de respaldo legal. Precedentes do STJ e desta Corte de Justiça. Caso ocorra o descumprimento de deveres familiares por um dos genitores, caberá ao outro intentar ação própria visando proteger os direitos assegurados aos menores, mormente em hipótese de separação do casal. Isto porque ambos os genitores continuam responsáveis pelo provimento das necessidades dos filhos menores, na forma do art. 1.579 do CC. Recurso ao qual se nega provimento. (TJRJ, Ap. n. 00010895120168190080, 4ª Câm. Cível, rel. Maria Helena Pinto Machado, j. 31.05.2017, *DJe* 02.06.2017)

Ação de alimentos. Chamamento da genitora ao processo. Indeferimento. Mãe que colabora com o sustento do alimentando, que com ela reside. Filho que atingiu a maioridade e atualmente completa seus estudos universitários. Prestação alimentícia necessária para o seu sustento na fase de desenvolvimento profissional. Obrigação que decorre dos princípios da equidade e da solidariedade familiar. Pensão que tem caráter de complementariedade, e não pode ser fixada em valor que se mostre insuficiente para colaborar com o sustento do apelante. Alimentante que não comprovou a impossibilidade de arcar com o valor arbitrado. Manutenção da obrigação alimentar nos moldes fixados pela sentença. Caso o autor interrompa seu curso universitário, o pensionamento poderá ser suspenso, devendo ser retomado quando retornar aos estudos. Recurso parcialmente provido. (TJSP, Ap. n. 0000522-64.2012.8.26.0565, 4ª Câm. de Dir. Priv., rel. Milton Carvalho, j. 31.01.2013)

Divórcio. Uso do nome de casada. Possibilidade. 1 – A conservação do nome de casado depende da opção do cônjuge *ex vi* do art. 1.578, § 2º, do CC, não podendo a sentença que decreta o divórcio determinar a retomada do nome de solteira. 2 – O uso do nome de casada pela mulher constitui direito da personalidade, sendo que sua perda acarreta evidente prejuízo para a identificação. Recurso desprovido. (TJRS, Ap. Cível n. 70.049.769.086/Canoas, 7ª Câm. Cível, rel. Sérgio Fernando de Vasconcellos Chaves, j. 01.08.2012, *DJ* 03.08.2012)

Separação. Direito de visitas dos pais aos filhos. Direito inquestionável. Equidade e harmonia dos direitos dos pais. Férias. Dias especiais. Harmonia emocional no maior interesse dos menores, pois entre pais e filhos não existe separação e divórcio. (TJMG, Ap. Cível n. 1.0433.05.145782-1/001, rel. Francisco Figueiredo, j. 18.09.2007, *DJEMG* 25.09.2007)

Ação de prestação de contas. Pedido ajuizado pelo alimentante em face da ex-mulher, guardiã da alimentária. Extinção do feito pronunciada em primeiro grau na forma do art. 267, VI, do CPC [art. 485, IV, do CPC/2015], reconhecida a inadequação da via eleita. Desacerto do decisório. Se a cada direito deve corresponder uma ação que o assegure, não há como negar ao autor apelante o direito de exigir da acionada esclarecimentos precisos acerca da administração da prestação alimentícia recebida por conta da filha menor, máxime diante da fundada suspeita de malversação. Incidência, no particular, do disposto no art. 1.589 do CC/2002. Direito de exigir contra que, *in casu*, decorre do chamado poder familiar, sendo certo que o divórcio em nada modifica os direitos e deveres dos pais em relação aos filhos (art. 1.579, também do CC/2002). Apelo provido. (*JTJ* 271/27)

Pensão. Redução. Nova família. Constituição. I – O simples fato de constituir nova família não importa em redução de pensão à ex-esposa, especialmente se não houve modificação para pior na situação econômica do ex-marido. II – Recurso especial conhecido e provido. (STJ, REsp n. 475.167/RJ, 3ª T., rel. Min. Antônio de Pádua Ribeiro, v.u., j. 25.02.2003, *DJU* 24.03.2003)

Alimentos. Revisão. Constituição pelo autor de nova família. Superveniente modificação em sua situação financeira. Motivo suficiente a justificar a redução do pensionamento à ré. A constituição de nova família pelo alimentante, com filhos, constitui motivo a ser ponderado para a verificação da alegada mudança em sua situação financeira (art. 401 do CC). Recurso especial não conhecido. (STJ, REsp n. 109.259/SP, 4ª T., rel. Min. Barros Monteiro, v.u., j. 12.11.2002, *DJU* 10.03.2003)

Alimentos. Pedido de redução. Cabimento. Como o alimentante constituiu nova família, com nascimento de dois filhos que já estão ingressando na escola e que apresentam problemas de saúde, demandando maiores despesas, cabível a pretensão revisional, pois houve indiscutível redução da sua capacidade econômica. Embora o divórcio não modifique os direitos e deveres dos pais em relação aos filhos, os alimentos devidos pelos pais podem ser alterados a qualquer tempo, caso sobrevenha mudança na capacidade econômica. Inteligência dos arts. 27 e 28 da Lei n. 6.515, de 26.12.1977, e art. 401 do CCB. Obrigação alimentária não é escravidão nem pode impedir alguém de constituir nova família, não se podendo admitir distinção entre filhos, sendo inaceitável privilegiar os do primeiro casamento ou união em detrimento dos demais, o que é vedado pela Lei Maior (art. 227, § 6º, da CFB). A apelada faz *jus* aos alimentos, não apenas por ser filha e menor, mas por estar também dando continuidade aos seus estudos, sendo obrigação do pai dar-lhe condições de concorrer no mercado de trabalho e buscar a realização pessoal e profissional, mas o *quantum* deve ser readequado às possibilidades do alimentante, em vista de todos os seus encargos familiares. Recurso provido em parte (TJRS, Ap. Cível n. 70.000.437.129, rel. Des. Sérgio Fernando de Vasconcellos Chaves, j. 22.03.2000). (*RBDFam* 8/138)

---

**Art. 1.580. Decorrido um ano do trânsito em julgado da sentença que houver decretado a separação judicial, ou da decisão concessiva da medida cautelar de separação de corpos, qualquer das partes poderá requerer sua conversão em divórcio.**

**§ 1º A conversão em divórcio da separação judicial dos cônjuges será decretada por sentença, da qual não constará referência à causa que a determinou.**

**§ 2º O divórcio poderá ser requerido, por um ou por ambos os cônjuges, no caso de comprovada separação de fato por mais de dois anos.**

---

Legislação correlata: arts. 25, 36 e 40, Lei n. 6.515, de 26.12.1977 (Lei do Divórcio).

***Ver comentários sobre a EC n. 66/2010 nos arts. 1.571 e 1.572, especialmente sobre as disposições legais não recepcionadas por esta Emenda.***

Como se viu (art. 1.571, IV e § 1º), o divórcio é uma das causas de dissolução do casamento válido. Com ele rompe-se o vínculo matrimonial ou conjugal. Somente após a sua decretação por sentença judicial ou por escritura pública (Lei n. 11.441/2007) é que estão os ex-cônjuges autorizados a convolar novas núpcias. Há duas modalidades de divórcio previstas em lei: (a) o divórcio direto e (b) o divórcio indireto. O art. 226, § 6º, da CR também dispõe sobre o divórcio. Tanto o divórcio direto consensual como o divórcio indireto (conversão) consensual podem ocorrer administrativamente, mediante escritura pública, na forma disposta na Lei n. 11.441/2007. Ambas as modalidades de divórcio, segundo o dispositivo, exigem lapso temporal. Contudo, a doutrina e a jurisprudência já assentaram o entendimento segundo o qual, com o advento da EC n. 66/2010, não mais subsistem os prazos previstos neste art. 1.580, ausente qualquer exigência nesse sentido na CR. O divórcio pode, portanto, ser requerido a qualquer momento, até mesmo no dia seguinte ao casamento. O Enunciado n. 517 da V Jornada de Direito Civil do CJF também é nesse sentido, observando que ficou mantido o divórcio-conversão.

O *divórcio indireto*, previsto no ***caput*** e no **§ 1º** do artigo ora comentado, também conhecido por *divórcio-conversão*, que pode ocorrer de forma consensual (requerido por ambas as partes) e litigiosa, será decretado quando o casal já estiver separado judicialmente.

O divórcio-conversão consensual também poderá se dar de ***forma extrajudicial***, e ainda que o casal tenha se separado judicialmente (inexiste óbice constitucional para tanto). O interessado deverá comprovar a separação anterior por intermédio da apresentação da certidão de casamento com a dissolução da sociedade conjugal devidamente averbada ou com a outorga da escritura. Quando consensual o pedido de divórcio indireto judicial, é lícito às partes convencionarem sobre alterações pretendidas nas cláusulas anteriormente estabelecidas na separação, como aquelas relacionadas com a guarda dos filhos, pensão, visitas, entre outras. Não mais subsiste, como aliás já vinha entendendo a jurisprudência de nossos tribunais, em razão do disposto no art. 226, § 6º, da CR, a possibilidade de o cônjuge resistente invocar o descumprimento das obrigações assumidas por ocasião da separação judicial (Lei do Divórcio, art. 36, II), ora revogado, pois o ex-cônjuge pode exigir o cumprimento delas por intermédio da via própria, não sendo coerente e justo que se obste a satisfação da pretensão do requerente por tal motivo.

Em razão da ausência de exigência pela CR (art. 226, § 6º) de lapso de tempo para a decretação do divórcio, este de que trata o § 2º do presente artigo é chamado direto, que decorre de direito potestativo daquele que o pleiteia. "A ação de divórcio não dispõe de causa de pedir. Como se trata de direito potestativo, não é necessário o autor declinar o fundamento do pedido. Assim, não há defesa cabível. Culpas, responsabilidades, eventuais descumprimentos dos deveres do casamento não integram a demanda. Não cabem ser alegados, discutidos e muito menos reconhecidos na sentença". É indispensável que reste decidida a guarda dos filhos menores ou incapazes, o valor dos alimentos e o regime de visitas, por aplicação analógica ao que determina a lei quando à separação. Mesmo não mais existindo a separação, o procedimento persiste para o divórcio (DIAS, Maria Berenice. *Manual de direito das famílias*, 9. ed. São Paulo, RT). O divórcio direto também pode ser consensual, quando requerido por ambas as partes, e litigioso, quando ausente esse consenso. O divórcio direto consensual poderá ocorrer de ***forma judicial ou extrajudicial***, este segundo disposto no art. 1.124-A do CPC/73 (atual arts. 98, § 1º, IX, e 733 do CPC/2015). Já no ***divórcio-conversão e no direto***, realizados de ***forma consensual, extrajudicialmente***, as partes deverão observar as regras do art. 1.124-A no que diz respeito à partilha dos bens comuns, à pensão alimentícia e ao acordo quanto à retomada pelo cônjuge de seu nome de solteiro ou manutenção do nome adotado quando se deu o casamento, já referidos em comentário ao art. 1.574, podendo manter, no divórcio-conversão, o que foi convencionado na separação anterior. Não se olvide também que no divórcio extrajudicial não há a necessidade de que a partilha de bens deva ser prévia (*v.* comentário ao art. 1.581). Por fim, dispõe o § 1º do art. 1.580 que em ambas as modalidades de divórcio não se discutirá a causa que determinou tanto a separação judicial como a separação de fato, aplicando-se a mesma regra no caso do divórcio extrajudicial.

**Jurisprudência:** Fixação de guarda. Guarda unilateral materna. Sentença de parcial procedência. Irresignação do autor. Sentença mantida. 1. Cerceamento de defesa. Inocorrência. Pretensão do apelante de produção de prova oral, para provar maus-tratos da apelada aos filhos. Prova desnecessária, após estudo social (art. 370, parágrafo único, CPC). Provas orais que se referem a período anterior, de outras circunstâncias, ao apurado pelo estudo social. 2. Guarda. Fixação da guarda de forma unilateral materna (arts. 1.583, § 1º, e 1.584, CC). Residência em cidades distantes, comprometendo o bom exercício de guarda compartilhada. Estudo social que não desabona a guarda pela mãe, que se mostra em condições de prestar os melhores cuidados aos filhos. Alegações do autor não condizentes com provas documentais dos autos. Situação atual que não se mostra contrária ao melhor interesse dos filhos. Recurso desprovido. (TJSP, Ap. Cível n. 10004182820218260084/SP, 3ª Câm. de Dir. Priv., rel. Carlos Alberto de Salles, j. 20.01.2023, *DJ* 20.01.2023)

Apelação. Ação de conversão de separação judicial em divórcio. Requisitos. Descumprimento do acordo realizado na separação. Para o deferimento do pedido de conversão da separação judicial em divórcio basta o preenchimento dos requisitos do art. 1.580 do CC. Eventual descumprimento do acordo celebrado quando da separação deve ser resolvido na via própria. Apelo improvido. Unânime. (TJRS, Ap. Cível n. 70.072.684.905, 8ª Câm. Cível, rel. Ivan Leomar Bruxel, j. 14.09.2017, *DJe* 21.09.2017)

Civil. Divórcio indireto (por conversão). Requisitos para deferimento. Prévia partilha de bens. Inexigibilidade. Nova perspectiva do direito de família. Arts. 1.580 e 1.581 do CC/2002. 1 – A regulamentação das ações de estado, na perspectiva contemporânea do fenômeno familiar, afasta-se da tutela do direito essencialmente patrimonial, ganhando autonomia e devendo ser interpretada com vistas à realização ampla da dignidade da pessoa humana. 2 – A tutela jurídica do direito patrimonial, por sua vez, deve ser atendida por meio de vias próprias e independentes, desobstruindo o caminho para a realização do direito fundamental de busca da felicidade. 3 – O divórcio, em qualquer modalidade, na forma como regulamentada pelo CC/2002, está sujeito ao requisito único do transcurso do tempo. 4 – Recurso especial conhecido e não provido. (STJ, REsp n. 1.281.236/SP, 3ª T., rel. Min. Nancy Andrighi, j. 19.03.2013, *DJe* 26.03.2013)

Agravo de instrumento. Alimentos. Acordo em conversão de separação em divórcio. Interpretação dúbia acerca da manutenção de assistência à saúde a ex-cônjuge. Novação. Inocorrência. Ausência dos elementos configuradores. Elementos dos autos que não demonstram o interesse das partes de substituir o acordo original. Recurso provido. (TJSP, AI n. 0298640-74.2011.8.26.0000, rel. Juiz Milton Carvalho, j. 12.04.2012)

Apelação cível. Separação judicial. EC n. 66/2010. Abolição do instituto. Inocorrência. Desconstitucionalização do tema. Liberdade de regulamentação pelo legislador ordinário. Divórcio. Decreto direto. Art. 1.580 do CC. Lapso temporal. Inobservância. Sentença reformada. A EC n. 66/2010 não aboliu a separação judicial do ordenamento jurídico pátrio, limitando-se à desconstitucionalização do tema, conferindo ao legislador ordinário liberdade para sua regulamentação, em consonância com os reclamos da sociedade pós-moderna. Deve ser reformada a sentença que converte a ação de separação judicial em divórcio, sem observância do lapso temporal exigido pelo art. 1.580 do CC. (TJMG, Ap. Cível n. 1.0028.11.000116-2/001, rel. Afrânio Vilela, j. 13.12.2011)

Separação judicial consensual. Averbação não promovida. Reconciliação. Homologação. Apelação fundada na imprescindibilidade da averbação da separação judicial. Formalidade cuja ausência não impede o restabelecimento da sociedade conjugal. Efeitos perante terceiros. Recurso desprovido. (TJSP, Ap. n. 9155726-38.2005.8.26.0000, 10ª Câm. de Dir. Priv., rel. Carlos Henrique Trevisan, j. 30.11.2010)

De acordo com o art. 1.580 do CC, decorrido um ano da decisão concessiva da medida cautelar de separação de corpos, qualquer das partes poderá requerer sua conversão em divórcio. A conversão de separação em divórcio foi requerida em 2008, vale dizer, depois de um ano do ajuizamento de medida cautelar de separação de corpos e realização de acordo em ação de regulamentação de visitas, o que leva à presunção de que as partes já não mais conviviam sob o mesmo teto e permite a conversão da separação em divórcio, com o que os ex-cônjuges estão de acordo. (TJSP, Ap. Cível c/ Rev. n. 6.178.854.600/Cruzeiro, 3ª Câm. de Dir. Priv., rel. Jesus Lofrano, j. 07.07.2009)

Agravo de instrumento. Conversão. Separação judicial em divórcio. Homologação judicial ocorrida há mais de 1 (um) ano. Exigência da averbação da homologação no Cartório de Registro Civil. Desnecessidade. Aplicação do art. 1.580 do CC. Decisão reformada. Agravo provido. (TJSP, AI n. 9060516-52.2008.8.26.0000, 3ª Câm. de Dir. Priv., rel. Egidio Giacoia, j. 27.01.2009)

Separação consensual. Conversão em divórcio. Art. 1.580 do CC/2002. Possibilidade. Ação de separação litigiosa convertida em consensual. Circunstância que não prejudica a conversão em divórcio, transcorrido 1 ano da liminar concessiva da separação de corpos. Conversão que se impõe. Recurso provido. (TJSP, AI n. 576.033.4/1-00/São José do Rio Preto, 4ª Câm. de Dir. Priv., rel. Teixeira Leite, j. 09.10.2008, *DJ* 22.10.2008)

Divórcio indireto. Conversão. Extinção do feito sem julgamento de mérito. Lapso temporal. 1 – O que importa para a decretação do divórcio é que a ruptura da vida conjugal seja superior a um ano, o que pode decorrer da separação judicial ou da decisão concessiva de separação de corpos, nos termos do que prevê o art. 1.580 do CCB. 2 – Há possibilidade jurídica no pedido da autora, já que o casal está separado de fato desde julho de 2003. 3 – Além disso, já está sedimentada a orientação de que o lapso temporal exigido por lei para fins de decretação da separação ou do divórcio pode ser implementado no curso da demanda. Recurso provido. (TJRS, Ap. Cível n. 70.024.360.810, 7ª Câm. Cível, rel. Sérgio Fernando de Vasconcellos Chaves, j. 30.07.2008, *DJ* 08.08.2008)

Família. Conversão de separação consensual em divórcio. Inconformidade relativa à decretação do divórcio sem a prévia partilha dos bens. Descabimento. Requisito único para a decretação do divórcio por conversão é o decurso do prazo de um ano da separação judicial, ou da medida cautelar de separação de corpos (art. 1.580 do CC/2002). Hipótese em que o requisito temporal restou implementado, impondo-se a decretação da ruptura do vínculo matrimonial. Apelação desprovida. (TJRS, Ap. Cível n. 70.020.384.558, 8ª Câm. Cível, rel. Des. Luiz Ari Azambuja Ramos, j. 16.08.2007)

Civil. Família. Separação judicial. Conversão em divórcio. Art. 1.580 do CC/2002. Cautelar de separação de corpos. Defere-se a conversão de separação em divórcio, desde que observado o prazo de um ano, contado do trânsito em julgado da sentença que decretou ou da decisão homologatória da separação judicial, ou daquela que concedeu a medida cautelar de separação de corpos. (STJ, REsp n. 726.870, 3ª T., rel. Min. Humberto Gomes de Barros, j. 28.11.2006, *DJ* 18.12.2006)

Divórcio. Conversão. Prazo legal. União estável. 1 – Presente o lapso temporal exigido pela lei, é cabível a conversão da separação judicial em divórcio. Inteligência do art. 1.580 do CCB. 2 – O fato de os ex-cônjuges continuarem a morar sob o mesmo teto não impede a dissolução do vínculo matrimonial, eis que a sociedade conjugal restou extinta com a separação judicial. 3 – A eventual ocorrência de uma união estável deverá ser reconhecida e dissolvida em ação própria. Recurso desprovido. (TJRS, Ap. Cível n. 70.009.118.233, rel. Des. Sérgio Fernando de Vasconcellos Chaves, j. 11.08.2004. In: CAHALI, Francisco José. *Família e sucessões no CC de 2002.* São Paulo, RT, 2005, v. II)

Divórcio. Conversão de separação judicial em divórcio. Limite temporal. União estável posterior à separação judicial. O ajuizamento de ação de reconhecimento e dissolução de sociedade de fato havida entre o casal posteriormente à separação judicial não obsta a conversão em divórcio, sendo suficiente para tanto que tenha transcorrido o limite temporal de mais de um ano da separação judicial dos cônjuges, consoante dispõe o art. 25 da Lei n. 6.515, de 26.12.1977, c/c o art. 226, § 6º, da CF. As ações de conversão de separação judicial em divórcio e a de reconhecimento e dissolução de sociedade de fato são autônomas e independentes (TJDF, Ap. Cível n. 2001.01.1.119683-8, rel. Des. Sérgio Bittencourt, *DJU* 22.04.2004). (*RBDFam* 24/126)

Separação de corpos. Conversão em divórcio. Inadmissibilidade. Necessidade do trânsito em julgado da sentença de separação. Extinção do processo. Recurso não provido. (*JTJ* 276/209)

No sentido da inexigibilidade de separação judicial com sentença com trânsito em julgado (contagem da decisão concessiva da separação de corpos: *JTJ* 252/66).

Divórcio. Conversão de separação judicial. Comprovação do decurso de prazo de mais de um ano. Admissibilidade. Descumprimento do dever de alimentar ou falta de realização prévia da partilha que não constitui fator impeditivo. Inteligência do art. 226, § 6º, da CF e do art. 25 da Lei n. 6.515, de 26.12.1977. (*RT* 802/211)

No mesmo sentido: STJ, REsp n. 343.635/SP, em decisão monocrática, rel. Min. Nancy Andrighi, j. 18.02.2001, *DJ* 26.10.2001, TJSP, Ap. Cível n. 450.381-4/0-00, rel.

Des. José Luiz Gavião de Almeida, j. 20.03.2007, *RT* 761/311, STJ, *RT* 722/234, 733/221, 740/235 e 740/275 e *JTJ* 252/63.

No sentido da desnecessidade de prova do cumprimento das obrigações assumidas na separação: *JTJ* 270/50, 267/90 e 259/89.

**Art. 1.581. O divórcio pode ser concedido sem que haja prévia partilha de bens.**

Legislação correlata: art. 31, Lei n. 6.515, de 26.12.1977 (Lei do Divórcio).

Ao contrário do que exigia a lei anterior, o CC/2002 afastou a necessidade da prévia partilha dos bens do casal para que possa se divorciar. A autorização legal atende aos anseios da doutrina e da jurisprudência, que entendiam não se justificar a restrição, especialmente nos casos em que os cônjuges já se encontravam separados de fato há mais de dois anos. O STJ já havia cristalizado o entendimento de que o divórcio direto pode ser concedido sem que haja prévia separação de bens (veja Súmula n. 197 do STJ). Assim, poderá o divórcio, tanto o direto, como o de conversão, por não existirem motivos para tratamento diferenciado entre eles em relação à partilha, ser concedido sem que haja prévia partilha de bens (veja a alteração proposta no PL n. 699/2011, que faz referência expressa às duas modalidades de divórcio). Como referido em comentário ao artigo antecedente e no art. 1.574, no caso do ***divórcio consensual extrajudicial*** (conversão ou direto), a partilha de bens poderá ou não ser realizada na mesma escritura pública, pois não teria sentido exigir para o procedimento administrativo mais rigor que o judicial. A escritura pública poderá conter partilha parcial efetuada pelos cônjuges, ficando para a sobrepartilha a discussão e a decisão sobre os bens litigiosos. Convém lembrar que a falta de partilha dos bens do casal impede que o divorciado se case novamente, conforme disposto no art. 1.523, III, do CC. Optando o casal por realizar a partilha, na escritura se distinguirá o que é do patrimônio individual de cada cônjuge, se houver, do que é do patrimônio comum do casal, conforme o regime de bens, constando isto do seu corpo. A partilha em escritura pública de divórcio consensual se fará conforme as regras da partilha em inventário extrajudicial, no que couber, com as adaptações necessárias. A escritura constituirá título hábil para a transferência da titularidade dos bens móveis e imóveis partilhados.

**Jurisprudência:** Súmula n. 197, STJ: O divórcio direto pode ser concedido sem que haja prévia partilha dos bens.

Agravo de instrumento. Direito de família. Ação de divórcio litigioso. Decretação liminar do divórcio. Possibilidade. Art. 1.581 do CC. Súmula n. 197. Art. 226, § 6º, da CF/88. I. Conforme o disposto no art. 1.581 do CC e consoante o entendimento externado pelo STJ por meio da Súmula 197, o divórcio pode ser decretado sem que haja prévia partilha dos bens ou análise de demais questões levantadas na petição inicial. II. Considerando que a EC n. 66/2010 deu nova redação ao art. 226, § 6º, da CR/1988, excluindo a exigência de qualquer prazo ou a verificação de culpa para a decretação do divórcio, possível a sua decretação antes de solucionadas as demais questões discutidas na lide. (TJMG, AI n. 1.0000.20.555066-8/002, rel. Des. Washington Ferreira, j. 25.05.2021)

Agravo de instrumento. Família. Ação de divórcio. Decretação prévia. Cabível a decretação do divórcio, desde logo, porquanto não há necessidade de se estabelecer a partilha do acervo patrimonial comum, conforme art. 1.581 do CC, segundo o qual o divórcio pode ser concedido sem que haja prévia partilha de bens. Recurso provido. (TJRS, AI n. 70.078.958.147/RS, 7ª Câm. Cível, rel. Liselena Schifino Robles Ribeiro, j. 03.09.2018)

Agravo regimental no recurso especial. Civil. Direito de família. Anulação de doação a irmãos. Meação. Regime da comunhão parcial de bens. Direito adquirido. Não observância da quota-parte da meeira. Prescrição. Inexistência. Termo inicial. Dissolução da sociedade conjugal. Separação de corpos. Medida cautelar. Efeitos prospectivos. Julgado de acordo com a jurisprudência desta corte. Súmula n. 83/STJ. Ausência de negativa de prestação jurisdicional. Manifesta recalcitrância. 1 – Em caso de fraude, o prazo prescricional da ação anulatória de doação do art. 1.177 do CC/1916 inicia-se com a dissolução formal do casamento, fluindo a partir do momento em que ocorre a separação judicial, com a efetiva discussão acerca da partilha, e não da mera separação de corpos, termo inicial para discussão dos efeitos próprios desta medida cautelar, de caráter prospectivo. 2 – A existência de fraude na partilha pode gerar a obrigação de alimentos transitórios, sob pena de enriquecimento sem causa (art. 884 do CC). 3 – A Lei n. 6.515/77, em seu art. 40, § 2º, admite que a partilha de bens não ocorra no mesmo momento do divórcio, o que é confirmado no art. 1.581 do CC e na Súmula n. 197/STJ: "O divórcio direto pode ser concedido sem que haja prévia partilha de bens". 4 – Estando o acórdão recorrido em consonância com a jurisprudência pacífica desta Corte, tem incidência a Súmula n. 83/STJ, aplicável por ambas as alíneas autorizadoras. 5 – Não há falar em negativa de prestação jurisdicional se o tribunal de origem motiva adequadamente sua decisão, solucionando a controvérsia com a aplicação do direito que entende cabível à hipótese, apenas não no sentido pretendido pela parte. 6 – Agravo regimental não provido. (STJ, Ag. Reg. no REsp n. 1.327.644, 3ª T., rel. Min. Ricardo Villas Bôas Cueva, *DJe* 22.05.2014, p. 2.086)

Ação rescisória. Citação por edital em ação de divórcio. Alegação de induzimento à revelia e pedido de rescisão da sentença com base no inciso III do art. 485 do CPC [art. 966, III, do CPC/2015]. Ausência de interesse processual. Inocorrência do binômio necessidade-utilidade. Processo extinto sem resolução do mérito. I – Afigura-se o interesse de agir sempre que se constatar que o meio utilizado pelo autor haverá de ser necessário e útil à pretensão por ele deduzida. II – Não se vislumbra melhoria da situação jurídica da autora e, portanto, utilidade da ação, com o acolhimento do pedido rescindendo, que redundará na mesma situação atual, que é o próprio divórcio entre as partes, já que a alteração do § 6º do art. 206 da CF, dada pela EC n. 66/2010, colocou fim à separação judicial. III – Quanto à partilha dos bens, ao constatar que, no divórcio, não houve provimento jurisdicional encerrando a questão, é de se ver que a pretensão contraria o teor do *caput* do art. 485 do CPC [art. 966, *caput*, do CPC/2015], segundo o qual o cabimento da ação rescisória está, necessariamente, atrelado a uma decisão definitiva de mérito, com a conseguinte formação da coisa julgada material a respeito da questão. IV – A necessidade se dirige ao ingresso de ação própria e independente para discutir o aspecto patrimonial do divórcio, ainda não decidido. Manobra perfeitamente possível à luz do art. 1.581 do CC e da jurisprudência contemporânea. V – Processo extinto sem resolução do mérito, com fundamento no art. 267, VI, do CPC [art. 485, VI, do CPC/2015], de acordo com o parecer ministerial. (TJMS, Ação Resc. n. 4012110-02.2013.8.12.0000, 2ª S. Cível, rel. Des. Dorival Renato Pavan, *DJe* 19.05.2014)

Apelação cível. Decretação de divórcio sem partilha do acervo patrimonial. Providência que contraria a expectativa das partes. Potencial majoração do conflito entre os cônjuges. Pedido de pagamento de aluguéis em proveito do cônjuge privado da posse dos bens comuns. Pretensão deduzida exclusivamente no apelo. Inovação recursal. 1 – A decretação do divórcio sem a realização da partilha de bens do casal, malgrado encontre amparo normativo (art. 1.581 do CC/2002), pode eventualmente postergar o alcance da função precípua da jurisdição (pacificação social), avultando as naturais animosidades entre varão e virago. 2 – Na espécie, ademais, há peculiaridade digna de registro. As partes foram induzidas a crer que a partilha seria dirimida pelo magistrado *a quo*. Sua Excelência, quando do saneamento da ação de divórcio, chegou a fixar a divisão de bens como único ponto controvertido, prolatando, contudo, sentença que surpreendentemente deixou apreciar a matéria. 3 – Ainda que o casal não disponha da propriedade do imóvel que adquiriu (referência à propriedade registral, art. 1.245 do CC/2002), os direitos possessórios que exercem sobre o bem têm expressão e conteúdo patrimonial, podendo, pois, ser objeto de partilha. 4 – O pedido de pagamento de aluguéis em proveito da virago foi por ela deduzido apenas e tão somente nas razões de apelação. Configurada, pois, a inovação recursal, já que "Não é admissível que no recurso de apelação seja formulado novo pedido ou causa de pedir" (TJES, Ap. n. 24980168322). 5 – Apelo parcialmente conhecido e, na parte em conhecido, provido, para partilhar o acervo patrimonial comum ao casal. (TJES, Ap. n. 0009424-74.2010.8.08.0048, rel. Des. Eliana Junqueira Munhos Ferreira, *DJe* 17.04.2014)

Apelação. Divórcio litigioso. Partilha de bem móvel e imóvel. Terceiro prejudicado: legitimidade e interesse recursal. Acessões construídas em imóvel de terceiro: inviabilidade da partilha. I – Dispõe o art. 499 do CPC [art. 996 do CPC/2015] que o terceiro prejudicado pode interpor recurso, cumprindo a ele demonstrar o nexo de interdependência entre o seu interesse de intervir e a relação jurídica submetida à apreciação judicial, sendo certo que, demonstrado que sua esfera jurídica foi atingida ou afetada pela decisão, inequívoca sua legitimidade e interesse para recorrer. II – Sem a comprovação da titularidade dos bens e do momento da aquisição dos mesmos, o divórcio deve-se dar sem a prévia partilha de bens, como autoriza o art. 1.581 do CC/2002. III – Como já assentado pela jurisprudência deste Eg. TJMG: "no processo de divórcio, não é possível partilhar bens de terceiros" (Ap. Cível n. 1.0452.07.028698-7/001, rel. Des. Moreira Diniz), bem como que "é inviável a partilha entre cônjuges de construção realizada em terreno de propriedade de terceiro, quando não se prova a contribuição da parte que requer a divisão nem se afasta a presunção decorrente das regras dos arts. 1.253 e 1.255 do CC" (Ap. Cível n. 1.0140.06.000701-4/001, rel. Des. Almeida Melo). (TJMG, Ap. Cível n. 1.0079.08.432631-7/001, rel. Des. Peixoto Henriques, j. 25.06.2013, *DJ* 01.07.2013)

Ação de divórcio. Pedido de assistência judiciária gratuita. Cabimento. Partilha de bens. Descabimento. 1 – O benefício da assistência judiciária gratuita visa assegurar o acesso à justiça de quem não possui recursos para atender as despesas do processo sem acarretar sacrifício ao seu sustento ou ao de sua família. 2 – A gratuidade constitui exceção dentro do sistema judiciário pátrio e o benefício deve ser deferido àqueles que são efetivamente necessitados, na acepção legal. 3 – É cabível a concessão do benefício quando fica demonstrado que a recorrente não possui condições financeiras para arcar com as custas sem prejudicar seu próprio sustento, pois recebe pensão alimentícia do ex-marido, que está na posse e administração dos bens comuns, enquanto não é ultimada a partilha. 4 – Independentemente do transcurso de qualquer prazo, é viável a decretação do divórcio, sendo irrelevante o fato de estarem os bens pendentes de partilha. Inteligência do art. 1.581 do CC e EC n. 66, de 13.07.2010. 5 – Mostra-se descabido o pedido de partilha de bens na ação de divórcio, quando essa discussão está sendo travada nos autos da ação de separação judicial em curso. Recurso parcialmente provido. (TJRS, Ap. Cível n. 70.052.270.394/Passo Fundo, 7ª Câm. Cível, rel. Sérgio Fernando de Vasconcellos Chaves, j. 30.01.2013)

Ação de conversão de separação judicial em divórcio. Cerceamento de defesa. Inocorrência. Suficiência da prova documental encartada aos autos para o equacionamento da lide. Aplicação do disposto no art. 330, I, do CPC [art. 355, I, do CPC/2015]. Nulidade da sentença afastada. Exigência apenas de comprovação do decurso do lapso temporal superior a 1 (um) ano para deferimento da conversão. Aplicação do disposto pelo art. 226, § 6°, da CF. Partilha de bens que deve ser buscada em ação própria. Falta de partilha que não impede a decretação do divórcio. Aplicação do disposto no art. 1.581 do CC. Sentença mantida. Apelo improvido. (TJSP, Ap. n. 994093195329, 3ª Câm. de Dir. Priv., rel. Des. Donegá Morandini, j. 28.01.2010)

Divórcio direto. Decurso do prazo de 2 anos de separação de fato (art. 226, § 6°, da CF/88) comprovado nos autos. Alimentos e partilha de bens inábeis a obstar o decreto de divórcio. Aplicação da Súmula n. 197 do STJ e do art. 1.581 do CC/2002. Ação procedente. Decisão mantida. Recurso desprovido. (TJSP, Ap. Cível c/ Rev. n. 3.563.784.000/Andradina, 1ª Câm. de Dir. Priv., rel. De Santi Ribeiro, j. 16.06.2009)

Agravo de instrumento. Divórcio decretado. Partilha posterior. Possibilidade em via adequada. Não há obstáculo a discussão da partilha efetuar-se em momento posterior ao de decretação do divórcio (art. 1.581 do CC). A partilha posterior, no entanto, deve ser intentada em via própria consoante o disposto no art. 1.121, § 1°, do CPC [art. 731, parágrafo único, do CPC/2015] c/c arts. 982 a 1.045 deste mesmo diploma. Recurso provido. (TJMG, Ap. Cível n. 1.0024.98.026776-9/001, rel. Heloisa Combat, j. 18.11.2008, *DJEMG* 05.12.2008)

Apelação. Conversão de separação judicial em divórcio. Descumprimento de obrigação assumida quando da separação que não impede a sua conversão em divórcio. Art. 1.581 do CC/2002 derrogou tacitamente a norma do inciso II do parágrafo único do art. 36 da Lei n. 6.515/77. Ação julgada procedente. Recurso improvido. (TJSP, Ap. c/ Rev. n. 508.986.4/7-00/Olímpia, 3ª Câm. de Dir. Priv., rel. Egidio Giacoia, j. 08.04.2008, *DJ* 17.04.2008)

Apelação cível. Divórcio. Conversão. Partilha. Desnecessidade. Consoante disposto nos arts. 1.580 e 1.581, ambos do CC, assim como o art. 226 da CF, desnecessária a partilha de bens para que se opere a decretação do divórcio. O único requisito para tanto é o transcurso do lapso temporal. Precedentes. Recurso desprovido. (TJRS, Ap. Cível n. 70.021.853.684, 8ª Câm. Cível, rel. José Ataídes Siqueira Trindade, j. 12.11.2007, *DJ* 20.11.2007)

Divórcio. Conversão. Inexistência de partilha de bens. Possibilidade. 1 – O divórcio pode ser decretado sem que haja prévia partilha de bens, consoante dispõe expressamente o art. 1.581 do CC/2002. 2 – Mostra-se adequado relegar a partilha do patrimônio comum para exame em ação própria quando o divorciando não concorda com a proposta da divorcianda e pretende relegá-la para momento posterior, pois não possui condições de avaliar a situação real dos bens, até mesmo para fins de conciliação, pois se encontra recolhido em estabelecimento prisional. Recurso desprovido. (TJRS, Ap. Cível n. 70.019.105.295, 7ª Câm. Cível, rel. Des. Sérgio Fernando de Vasconcellos Chaves, j. 27.06.2007)

Direito civil e processual civil. Recurso especial. Ação de conversão de separação judicial em divórcio. Causas impeditivas. Partilha de bens. Prévia decisão. Pendência de execução. Descumprimento de obrigação assumida na separação. A pendência de execução da partilha de bens homologada em sentença com trânsito em julgado não obsta a conversão da separação em divórcio. Evidenciado o descumprimento da obrigação alimentícia assumida na separação, não há o direito subjetivo de ver decretada a conversão da separação em divórcio. Inviável, entretanto, a análise em recurso especial do cumprimento ou não da obrigação de prestar alimentos assumida na separação, quando se extrai da sentença que a pensão alimentícia vem sendo paga e o Tribunal de origem silencia a respeito. Recurso especial não conhecido. (STJ, REsp n. 663.955, rel. Min. Nancy Andrighi, j. 03.05.2005)

**Art. 1.582. O pedido de divórcio somente competirá aos cônjuges.**

**Parágrafo único. Se o cônjuge for incapaz para propor a ação ou defender-se, poderá fazê-lo o curador, o ascendente ou o irmão.**

Legislação correlata: art. 24, parágrafo único, Lei n. 6.515, de 26.12.1977 (Lei do Divórcio).

O artigo refere-se ao caráter personalíssimo do pedido de divórcio. Quanto à separação, já foi objeto de análise no art. 1.576, parágrafo único. Essa é a regra, que comporta a exceção prevista no *parágrafo único* do mesmo artigo citado, ao autorizar que a ação de divórcio seja proposta ou contestada por curador, ascendente ou irmão do cônjuge que apresente incapacidade. Como já mencionado no art. 1.576, trata-se de verdadeira *legitimação extraordinária* autorizada por lei. A lei não estabeleceu a espécie de incapacidade exigida para que se autorize a substituição processual, estendendo-se além da absoluta, ao autorizar a intervenção do ascendente, parente em linha reta de primeiro grau, e do irmão, parente colateral de segundo grau. O certo, no entanto, é que se trata de incapacidade mental – que deve ser reconhecida por decisão judicial – e não a relativa à menoridade, pois desta não há cogitar-se em face do disposto no art. 5º, parágrafo único, II, que trata da emancipação pelo casamento. A não referência aos descendentes do cônjuge decorre de eventual interesse pessoal que possam vir a ter, em prejuízo do incapaz. Já o ***divórcio consensual extrajudicial*** poderá ser requerido pelos cônjuges pessoalmente que, contudo, poderão se fazer representar por mandatário constituído, desde que por instrumento público com poderes especiais, descrição das cláusulas essenciais e prazo de validade de trinta dias (Resolução n. 35 do CNJ, art. 36). Isto porque, como afirmado em comentário ao art. 1.576, não existe nenhum óbice legal a que tal ato consensual seja praticado por procurador, além do que a exigência de procuração por instrumento público, com os requisitos antes referidos, faz com que se mantenha a solenidade do ato. Ademais, se a lei autoriza a representação por procuração para a habilitação e a celebração do casamento, não há por que impedi-la para a hipótese do divórcio consensual extrajudicial, sendo, inclusive, admitida a representação de ambos os divorciandos pelo mesmo mandatário, ante a inexistência de conflito de interesses.

**Jurisprudência:** Apelação cível. Divórcio litigioso c/c partilha de bens. Falecimento do cônjuge no curso da demanda. Dissolução do vínculo conjugal pela morte. Direito personalíssimo. Impossibilidade de sucessão processual. Direitos patrimoniais. Questionamento no juízo sucessório. 1. A morte de um dos cônjuges no curso da ação de divórcio implica a perda superveniente do pedido, dissolvendo-se o vínculo conjugal em virtude do falecimento (art. 1.571, I, do CC). 2. Não é cabível a sucessão processual na ação de divórcio, por se tratar de direito personalíssimo, afigurando-se intransmissível, nos termos do art. 1.582 do CC. Eventuais direitos patrimoniais somente poderão ser objeto de questionamento no juízo sucessório. 3. Recurso não provido. (TJMG, Ap. Cível n. 1.0000.21.180906-6/001, rel. Des. Áurea Brasil, j. 18.11.2021)

Agravo de instrumento. Ação de divórcio post mortem. Natureza personalíssima e intransmissível. Sucessão processual. Impossibilidade. Extinção sem resolução do mérito. Recurso provido. O divórcio, hipótese de dissolução da sociedade e do vínculo conjugal, possui natureza personalíssima e intransmissível, conforme disposto no art. 1.582 do CC. A respeito das ações que versam sobre direitos de natureza intransmissível, o CPC, em seu art. 485, X, prevê a impossibilidade de se proceder à sucessão processual em caso de morte da parte, impondo-se, assim, a extinção sem resolução do mérito. O falecimento do cônjuge antes mesmo de ajuizada a ação de divórcio, torna inviável o seu ajuizamento, considerando a natureza personalíssima da pretensão e o fato de que a morte, por si só, é causa de dissolução da sociedade conjugal, conforme previsão contida no art. 1.571, I, do CC. Haja vista a ilegitimidade ativa dos genitores da falecida, deve ser dado provimento ao recurso, conferindo-lhe efeito translativo, para julgar a ação de divórcio extinta sem resolução do mérito. (TJMG, AI n. 1.0000.21.074484-3/001, rel. Des. Carlos Roberto de Faria, j. 26.08.2021)

Processual civil. Agravo regimental no agravo em recurso especial. Violação do art. 535 do CPC. Alegação genérica. Súmula n. 284/STF. Dispositivos tidos por violados. Ausência de prequestionamento. Súmula n. 211/STJ. 1 – Não se conhece do recurso especial em relação à ofensa ao art. 535 do CPC quando a parte não aponta, de forma clara, o vício em que teria incorrido o acórdão impugnado. Aplicação, por analogia, da Súmula n. 284/STF. 2 – O entendimento desta Corte é no sentido de admitir o reconhecimento da união estável mesmo que ainda vigente o casamento, desde que haja comprovação da separação de fato dos casados havendo, assim, distinção entre concubinato e união estável, tal como reconhecido no caso dos autos. 3 – Relativamente aos arts. 1.582 e 1.727 do CC, impõe-se o não conhecimento do recurso especial por ausência de prequestionamento, incidindo no caso a Súmula n. 211 do

STJ. 4 – Agravo regimental a que se nega provimento. (STJ, Ag. Reg. no AREsp n. 664.969/RS, 2ª T., rel. Min. Og Fernandes, j. 18.08.2015, *DJe* 27.08.2015)

Apelação cível. Divórcio litigioso. Ilegitimidade ativa. Autor em processo de interdição. Nomeação de curador provisório que não outorga legitimidade para representação processual quanto a direito personalíssimo. Hipótese do parágrafo único do art. 1.582 não configurada, porque ainda não decretada a interdição. Não há legitimidade ativa para o pedido de divórcio com atuação do curador provisório. Não estando ainda decretada a interdição, não se configura a hipótese do parágrafo único do art. 1.582 do CC – que é imperativa a respeito de ser o cônjuge incapaz, sem qualquer ressalva acerca de nomeação de curador provisório. Além disto, o referido termo de curatela provisória foi expedido em novembro de 2012, com validade de 180 dias, data posterior ao ajuizamento do feito, que se deu em agosto do mesmo ano. Negaram provimento. Unânime. (TJRS, Ap. Cível n. 70.055.801.211, 8ª Câm. Cível, rel. Luiz Felipe Brasil Santos, j. 29.08.2013, *DJe* 03.09.2013)

Apelação. Direito processual civil. Família. Ação de divórcio direto. O falecimento de um dos cônjuges antes do trânsito em julgado da sentença, em ação de divórcio direto, evento que determina a perda do objeto da demanda. Disposições do art. 1.582 do CC. Precedentes jurisprudenciais. Extinção. (TJRS, Ap. Cível n. 70.050.645.282, 7ª Câm. Cível, rel. Liselena Schifino Robles Ribeiro, j. 10.09.2012)

Separação judicial litigiosa. Falecimento do autor da ação. Falta de interesse processual da sucessão. Extinção da ação sem julgamento de mérito, art. 267, IX, do CPC [art. 485, IX, do CPC/2015]. Falecendo o autor de ação de separação judicial litigiosa, após o ajuizamento da demanda, há perda de interesse processual, dada a natureza do direito personalíssimo e intransferível da ação (art. 1.582 do CC/2002). Extinção do feito sem julgamento de mérito (inciso IX do art. 267 do CPC) [art. 485, IX, do CPC/2015]. A morte de um dos cônjuges constitui termo da sociedade conjugal (art. 1.572, CC). Negaram provimento à apelação (segredo de justiça). (TJRS, Ap. Cível n. 70.027.605.625, 7ª Câm. Cível, rel. André Luiz Planella Villarinho, j. 08.07.2009)

Agravo de instrumento. Divórcio consensual. Representação de cônjuge que reside fora do país. Procuração celebrada por instrumento público. Possibilidade legal. Provimento do recurso. O art. 1.582 do CCB veda o pedido de divórcio por pessoa do cônjuge. Contudo, em momento algum, proíbe a regular representação de cônjuge ausente do país, tal como presenciada nestes autos. De fato, se os arts. 1.525 e 1.535 do CC preveem a possibilidade de requerimento de habilitação e, também, de celebração de casamento, realizado por instrumento de procuração, razão não há para que seja diferente em caso de seu desfazimento. (TJMG, AI n. 1.0411.08.041215-7/001, rel. Edivaldo George dos Santos, j. 12.05.2009)

Família. Divórcio direto. Falecimento de um dos cônjuges antes da sentença. Evento que determina a perda do objeto da demanda. Impossibilidade de habilitação dos herdeiros. Ação personalíssima (CC/2002, art. 1.582). Discussão sobre a partilha relegada ao inventário. Sentença de extinção confirmada. Apelação desprovida (segredo de justiça). (TJRS, Ap. Cível n. 70.021.139.332, 8ª Câm. Cível, rel. Luiz Ari Azambuja Ramos, j. 18.10.2007, *DJ* 25.10.2008)

Divórcio. Falecimento de parte. Estado civil de supérstite. Ação de divórcio direto. Legitimidade do espólio. Habilitação. Ausência de impugnação. Coisa julgada. Falecimento do varão antes do julgamento dos recursos contra o despacho que não admitiu os especiais. Precedente da corte. 1 – Tendo o espólio requerido a sua habilitação oportunamente, sem a devida impugnação da parte interessada, não pode mais o tema ser renovado no âmbito do especial. 2 – Falecendo o varão antes de transitada em julgado a decisão que concedeu o divórcio, embora em execução provisória, porque pendente o julgamento de recursos contra os despachos que não admitiram os especiais, o estado civil do cônjuge sobrevivente é de viúva, não de divorciada. 3 – Recurso especial conhecido e provido. (STJ, REsp n. 239.195/SP, rel. Min. Carlos Alberto Menezes Direito, *DJU* 05.11.2001)

Mandado de segurança. Acórdão que decretou o divórcio. Morte do autor sem o trânsito em julgado. Correta a extinção do feito. Direito personalíssimo. Incabível substituição processual. Impossível a apresentação de qualquer recurso em nome daquele que está morto. Cessou o casamento com o falecimento. Cabível o presente mandado para decretar nulidade da decisão proferida nos embargos de declaração e não declarar a impetrante como viúva. Efeito anexo da decisão. Falta à impetrante interesse processual e por não ser o *mandamus* a via adequada. Segurança concedida em parte. (*JTJ* 237/246)

## CAPÍTULO XI
## DA PROTEÇÃO DA PESSOA DOS FILHOS

**Art. 1.583. A guarda será unilateral ou compartilhada.**

*Caput* com redação dada pela Lei n. 11.698, de 13.06.2008.

**§ 1º Compreende-se por guarda unilateral a atribuída a um só dos genitores ou a alguém que o substitua (art. 1.584, § 5º) e, por guarda compartilhada a responsabilização conjunta e o exercício de direitos e deveres do pai e da mãe que não vivam sob o mesmo teto, concernentes ao poder familiar dos filhos comuns.**

Parágrafo acrescentado pela Lei n. 11.698, de 13.06.2008.

**§ 2º Na guarda compartilhada, o tempo de convívio com os filhos deve ser dividido de forma equilibrada com a mãe e com o pai, sempre tendo em vista as condições fáticas e os interesses dos filhos.**

Parágrafo acrescentado pela Lei n. 11.698, de 13.06.2008, e com redação dada pela Lei n. 13.058, de 22.12.2014.

I a III – (*Incisos revogados pela Lei n. 13.058, de 22.12.2014.*)

**§ 3º Na guarda compartilhada, a cidade considerada base de moradia dos filhos será aquela que melhor atender aos interesses dos filhos.**

Parágrafo acrescentado pela Lei n. 11.698, de 13.06.2008, e com redação dada pela Lei n. 13.058, de 22.12.2014.

§ 4º (*Vetado.*)

Parágrafo acrescentado pela Lei n. 11.698, de 13.06.2008.

**§ 5º A guarda unilateral obriga o pai ou a mãe que não a detenha a supervisionar os interesses dos filhos, e, para possibilitar tal supervisão, qualquer dos genitores sempre será parte legítima para solicitar informações e/ou prestação de contas, objetivas ou subjetivas, em assuntos ou situações que direta ou indiretamente afetem a saúde física e psicológica e a educação de seus filhos.**

Parágrafo acrescentado pela Lei n. 13.058, de 22.12.2014.

---

Legislação correlata: art. 9º, Lei n. 6.515, de 26.12.1977 (Lei do Divórcio).

Por ocasião da separação, do divórcio, da anulação de casamento e da dissolução da união estável, o casal poderá acordar sobre a guarda de seus filhos e disciplinar as visitas a eles. Caso assim não procedam, a decisão competirá ao juiz do processo. Em ambas as hipóteses, sempre se decidirá tendo-se em vista os interesses dos menores, podendo, por esta razão, ser modificada a decisão a qualquer tempo, desde que a ocorrência de fato relevante e grave a justifique. Esta guarda não se confunde com aquela do ECA, destinada a colocação dos menores em família substituta, pressupondo a perda do poder familiar dos pais. Por força dos requisitos exigidos pelo disposto no art. 1.124-A do CPC/73 (atual arts. 98, § 1º, IX, e 733 do CPC/2015), a norma contida no artigo ora comentado só se aplica à separação e ao divórcio consensuais judiciais e não aos extrajudiciais.

A guarda poderá ser *unilateral* (materna, paterna ou de terceiro) ou *conjunta* (*compartilhada*) (*§ 1º*). A doutrina discorre ainda sobre uma terceira espécie de guarda, a *alternada*, em que a criança ou o adolescente permanece um período com o pai e outro com a mãe, invertendo-se o direito de visita. Segundo Theodureto de Almeida Camargo Neto, Desembargador do TJSP, essa modalidade não é bem-vista porque pressupõe rotatividade periódica, que é considerada nociva ao equilíbrio da criança e do adolescente, que necessita estabelecer raízes no local onde mora. Além do mais, os filhos receberiam definições educacionais e formativas específicas, de acordo com o período em que estivessem com o pai ou com a mãe. Ressalta, no entanto, o ilustre magistrado que se os pais residem em cidades distantes ou mesmo em países diferentes, pode ser uma alternativa inviável (*Revista de Direito de Família e das Sucessões*, v. 1, p. 199, RT).

*Da guarda unilateral*

A *guarda unilateral* é exercida com exclusividade por um dos pais somente quando não for possível a guarda compartilhada por desejo de um deles. Nessa hipótese o guardião deverá atender ao melhor interesse da criança, propiciando a ela afeto em suas relações e com o grupo familiar, saúde, segurança e educação. Poderá eventualmente ser exercida por terceiro na forma do disposto no art. 1.584, § 5º (*v.* comentário a seguir).

Na atribuição do exercício da guarda deve-se ter em vista o equilíbrio entre dois elementos da mesma equação: as necessidades dos filhos e as possibilidades (objetivas e subjetivas) dos pais (veja FACHIN, Luiz Edson. *Código Civil comentado* – direito de família. São Paulo, Atlas, 2003, v. XV). Embora seja unilateral a guarda, as decisões referentes aos filhos não serão de exclusividade daquele que a detém. Decisão sobre a escola em que estuda o filho, religião, tratamento médico, entre outras, sempre foi conjunta de ambos os pais, pois decorre do poder familiar. Não é a guarda compartilhada que resolve essa questão que, aliás, nenhuma relação tem com a posse física e companhia dos filhos, como se verá a seguir.

Nessa modalidade de guarda, a lei obriga o pai ou a mãe que não a detenha a supervisionar os interesses dos filhos (*§ 5º*). A supervisão diz respeito a tudo o que envolve as necessidades vitais do filho, como nutrição adequada, cuidados com a saúde física e mental, lazer, brinquedos. A fiscalização abrange não apenas o efetivo emprego dos valores correspondentes aos alimentos, cuja obrigação assumiu o não guardião, mas o que compete ao guardião, de acordo com os rendimentos deste (cf. LÔBO, Paulo, *RBDFS* 6/30, Magister) (*v.* com. ao art. 1.589, a seguir). Nesse contexto, a lei estabeleceu que, para possibilitar a real e correta supervisão dos interesses do filho, qualquer dos genitores sempre terá legitimidade para solicitar informações e/ou prestação de contas, objetivas ou subjetivas, em assuntos ou situações que direta ou indiretamente afetem à saúde física e psicológica e a educação de seus filhos, medidas essas de caráter meramente exemplificativo (§ 5º). O não atendimento às informações solicitadas pelos genitores sobre seu filho fará com que o estabelecimento público ou privado a quem requeridas e não atendidas incorra na pena de multa prevista no § 6º do art. 1.584 (*v.* comentários a seguir).

***Da guarda compartilhada***

Na *guarda conjunta* ou *compartilhada* ambos os pais participam da convivência, da educação e dos demais deveres inerentes ao poder parental (veja SILVA, Regina Beatriz Tavares da. *Novo Código Civil comentado.* São Paulo, Saraiva, 2002). Haverá, portanto, a responsabilização conjunta, bem como o exercício de direitos e deveres dos pais, concernentes ao poder familiar dos filhos. Não há dúvida de que a existência de moradias próximas, compreensão, o bom senso dos ex-cônjuges e diálogo entre os pais facilitará o exercício da guarda compartilhada. Nela os pais têm responsabilidade conjunta na tomada das decisões e igual responsabilidade legal sobre os filhos, entre as quais a escolha da escola, das atividades extracurriculares e dos tratamentos de saúde. Ambos têm a guarda jurídica, apesar de um deles ter a guarda material ou a custódia física. Há presença física da criança no lar de um dos genitores – estabelecida a residência única conforme seja melhor para os filhos menores, a depender da localização da moradia dos genitores, de sua disponibilidade de tempo e das rotinas dos pais e dos filhos –, tendo o outro o direito de visitá-la periodicamente, mas a responsabilidade legal sobre o filho e pela sua educação deve ser bilateral, ou seja, do pai e da mãe. O poder familiar é exercido por ambos, que tomarão conjuntamente as decisões do dia a dia. A *guarda conjunta* é, na verdade, o exercício comum do poder familiar. Desaparece o casal conjugal e surge o casal parental, que decidirá sobre os estudos, a educação religiosa, as férias, as viagens, o lazer e as práticas desportivas da prole (DINIZ, Maria Helena. *Curso de direito civil* – direito de família. São Paulo, Saraiva, 2002).

A lei determina que, não havendo acordo entre a mãe e o pai quanto à guarda do filho, seja aplicada pelo juiz, sempre considerando o interesse do menor, a ***guarda compartilhada***, salvo se um dos genitores declarar ao magistrado que não deseja a guarda do filho ou se o juiz entender que um dos pais não está apto para exercê-la de forma compartilhada, por exemplo, na hipótese de violência física contra a criança (cf. § 2º do art. 1.584). Como se vê, o ***legislador instituiu agora a guarda compartilhada como regra***. Por meio dela se "busca a plena proteção do melhor interesse dos filhos, pois reflete com muito mais acuidade a realidade da organização social atual que caminha para o fim das rígidas divisões de papéis sociais definidas pelo gênero dos pais. A guarda compartilhada é o ideal a ser buscado no exercício do poder familiar entre pais separados, mesmo que demandem deles reestruturações, concessões e adequações diversas, para que seus filhos possam usufruir, durante sua formação, do ideal psicológico de duplo referencial. Apesar de a separação ou do divórcio usualmente coincidirem com o ápice do distanciamento do antigo casal e com a maior evidenciação das diferenças existentes, o melhor interesse do menor, ainda assim, dita a aplicação da guarda compartilhada como regra, mesmo na hipótese de ausência de consenso" (Ministra Nancy Andrighi, REsp n. 1.428.596/RS, j. 03.06.2014).

O ***consenso dos pais*** não constitui condição necessária para sua implementação. Acerca do consenso como pré-requisito para a concessão da guarda compartilhada, dispõe a Ministra no mesmo aresto citado: "é questionável afirmação de que a litigiosidade entre os pais impede a fixação da guarda compartilhada, porquanto se ignora toda estruturação teórica, prática e legal que aponta para a adoção da guarda compartilhada como regra. A conclusão de inviabilidade da guarda compartilhada por ausência de consenso faz prevalecer o exercício de uma potestade inexistente. E diz-se inexistente porque, como afirmado antes, o poder familiar existe para a proteção da prole, e pelos interesses dessa é exercido, não podendo, assim, ser usado para contrair esses mesmos interesses. Na verdade, exigir-se consenso para a guarda compartilhada dá foco distorcido à problemática, pois se centra na existência de litígio e se ignora a busca do melhor interesse do menor. Para a litigiosidade entre os pais, é preciso se buscar soluções. Novas soluções – porque novo o problema – desde que não inviabilizem o instituto da guarda compartilhada, nem deem a um dos genitores – normalmente à mãe, *in casu*, ao pai – poderes de vetar a realização do melhor interesse do menor".

Aliás, na justificação do projeto de lei se assentou que admitir o consenso como condição para estabelecer a guarda compartilhada "permite que qualquer genitor beligerante, inclusive um eventual alienador parental, propositadamente provoque e mantenha uma situação de litígio para com o outro, apenas com o objetivo de impedir a aplicação da guarda compartilhada, favorecendo assim, não o melhor interesse da criança, mas os seus próprios, tornando inócua a lei já promulgada".

A custódia física conjunta do menor constitui a efetiva expressão da guarda compartilhada. "É o ideal a ser buscado na fixação da guarda compartilhada, porque sua implementação quebra a monoparentalidade na criação dos filhos, fato corriqueiro na guarda unilateral, que é substituída pela implementação de condições propícias à continuidade da existência de fontes bifrontais de exercício do poder familiar" (Ministra Nancy Andrighi, REsp n. 1.251.000/MG). Porém, quando não for ela possível, o juiz deverá dividir o tempo de custódia do filho de forma equilibrada entre os pais, sempre tendo em vista as circunstâncias fáticas, como a localização das residências e disponibilidade de tempo de cada um, e condições concretas do caso, como a capacidade financeira das partes e os interesses do menor, como sua rotina (*§ 2º*) (ver comentários ao art. 1.584, § 3º, a seguir).

O *§ 3º* do artigo dispõe sobre a cidade base da moradia dos filhos que, sem qualquer dificuldade e até mesmo necessidade de referência, será aquela que melhor atender aos interesses dos filhos. Ou seja, na hipótese de dupla residência a que deverá prevalecer é aquela que melhor serve para suprir as necessidades do menor, devendo ser considerado o seu deslocamento, os impactos na sua rotina, o local em que estuda, suas referências sociais, entre outras situações. A doutrina entende que o "dispositivo é absolutamente nefasto ao menor e ao adolescente. Preconiza ele a dupla residência do menor em contrariedade às orientações de todos os especialistas da área da psicanálise. Convívio com ambos os pais, algo saudável e necessário ao menor, não significa, como faz crer o dispositivo, que o menor passa a ter duas casas, dormindo às segundas e quartas na casa do pai e terças e quintas na casa da mãe. Essa orientação é de guarda alternada e não compartilhada. A criança sofre, nessa hipótese, o drama do duplo referencial criando desordem em sua vida. Não se pode imaginar que compartilhar a guarda significa que nas duas primeiras semanas do mês a criança dorme na casa paterna e nas duas últimas dorme na casa materna" (artigo do professor José Fernando Simão, no *blog* do Prof. Flávio Tartuce). De qualquer maneira é importante destacar que a guarda é elemento que define a competência nas ações sobre os interesses de menores (Súmula n. 383 do STJ), sendo necessário que eles tenham um domicílio de referência (no caso de duplicidade) para propositura e julgamento de tais ações, estabelecendo a lei seja aquele que melhor atender aos interesses dos menores.

Ressalte-se que a implementação da guarda compartilhada pode não importar a fixação de ***pensão alimentícia*** em favor do menor, assumindo cada um dos pais as despesas enquanto tiverem a custódia física do filho. Porém, se diversa a situação, serão divididos os gastos entre eles, fixada a pensão devida por um ou outro, sempre de acordo com as necessidades do menor e as possibilidades dos pais, considerando-se, ainda, o período de custódia que cada um deles tiver com o filho, caso importe maior dispêndio material.

Por fim, *guarda compartilhada*, que passou a ter previsão a partir da Lei n. 11.698/2008, já era admitida pela doutrina e pela jurisprudência na preservação dos interesses dos filhos. No Enunciado n. 101 da I Jornada de Direito Civil, ficou assentado, ainda sob a égide da redação anterior do artigo, que: "sem prejuízos dos deveres que compõem a esfera do poder familiar, a expressão 'guarda dos filhos', à luz do art. 1.583, pode compreender tanto a guarda unilateral quanto a compartilhada em entendimento ao princípio do melhor interesse da criança".

Segundo o Enunciado n. 518 da V Jornada de Direito Civil do CJF, a Lei n. 11.698/2008, que deu nova redação aos arts. 1.583 e 1.584 do CC, não se restringe à guarda unilateral e à guarda compartilhada, podendo ser adotada aquela mais adequada à situação do filho, em atendimento ao princípio do melhor interesse da criança e do adolescente, aplicando tal regra a qualquer modelo de família.

### *Da alienação parental*

A Lei n. 12.318, de 26.08.2010, denominada Lei da Alienação Parental, regulamenta os casos de interferência psicológica na formação da criança ou do adolescente realizada por um dos genitores, avós ou quem estiver com sua guarda, autoridade ou vigilância, em detrimento do outro genitor.

A conduta ilegal, mediante acusações e utilização de meios para obstrução da convivência, visa a desmoralizar um dos genitores perante o filho menor ou adolescente, com a finalidade de fragilizar os laços afetivos existentes entre eles.

A pessoa que promove a alienação parental é chamada de alienador, que tem como vítima tanto aquele que sofre as consequências, como a criança ou o adolescente, sendo ambos considerados alienados.

Nas palavras do Desembargador Caetano Lagrasta Neto, alienação parental é a programação da criança ou do adolescente para odiar o outro genitor ou qualquer pessoa que possa influir na manutenção de seu bem-estar e desenvolvimento, contra a vontade do alienador.

Muito embora a lei identifique somente o genitor como alvo da alienação, entende-se possível a extensão dos seus efeitos para outros familiares, como avós, primos e tios, que possam sofrer ofensas ou a privação de conviver com netos, sobrinhos etc.

O texto legal reconhece a conduta reprovável que afronta direitos fundamentais da criança e do adolescente, tais como: ao respeito, à convivência familiar, à dignidade e à inviolabilidade da integridade psíquica, cuja violação afeta diretamente sua formação psíquica e emocional.

A ocorrência da síndrome da alienação parental já foi, há muito tempo, diagnosticada pela doutrina e jurisprudência e a nova legislação define os graus de alienação (gravidade do caso) e as sanções correspondentes (até mesmo a suspensão da autoridade parental), facilitando a atuação dos operadores do Direito.

As hipóteses legais de conduta que caracterizam a alienação parental constituem um rol meramente exemplificativo, podendo o juiz identificar outras que, diante das peculiaridades do caso concreto, se apresentam como tal.

A requerimento da parte ofendida, do Ministério Público, ou de ofício, o juiz da Vara de Família, em ação autônoma ou incidentalmente a processo em curso, dependendo da gravidade da situação, poderá, baseado em indícios de conduta que caracterize a alienação parental, determinar medidas provisórias que preservem a integridade psicológica do menor e a realização de perícia psicológica e biopsicossocial para apuração da ocorrência e do grau de alienação, que será realizada por equipe multidisciplinar, com o apoio dos demais operadores do Direito.

"A SAP (Síndrome da Alienação Parental) é uma síndrome nefasta às relações familiares e uma patologia psíquica e jurídica que não pode ser ignorada, sob pena de perniciosa ao meio jurídico, já que há o risco de seus membros proferirem decisões eivadas de injustiça. [...] Como forma de evitar o equívoco em decisões judiciais, o magistrado deve analisar com a máxima atenção as provas que possam indicar indícios da SAP. [...] Não obstante a existência de medidas punitivas, a principal arma para combater a SAP consiste no uso da razão, observação, acuidade e prudência, atributos esses que não estão tão distantes assim do homem médio" (Ana Surany Martins Costa, in *Revista Brasileira de Direito das Famílias e Sucessões*, n. 16, jun-jul/2010, IBDFam, p. 62/81).

O legislador apresenta como solução para coibir a alienação parental, a responsabilização civil e criminal, além da aplicação de penalidades que variam de graduação, de acordo com a gravidade de cada caso, especialmente a alteração da guarda da criança ou do adolescente para aquele genitor que melhor preservar os interesses do menor, quando não for possível a fixação da guarda compartilhada.

As regras relativas à alienação parental também têm aplicação nos arts. 1.584, 1.586, 1.589, 1.590, 1.635 e 1.637 deste Código.

**Jurisprudência:** Apelação cível. Família. Alimentos. Guarda compartilhada. Divisão das responsabilidades. Medicação de uso contínuo utilizada pelo infante. Necessidade de que ambos os genitores possuam em suas residências. Sentença mantida. A guarda compartilhada, prevista no art. 1.583 do CC, é a regra e hipótese em que os pais exercem simultaneamente a guarda dos filhos menores, dividindo as responsabilidades e participando ativamente das decisões acerca da vida dos filhos. Por conseguinte, é responsabilidade de cada genitor suprir as necessidades materiais e imateriais dos filhos, adequadas a sua permanência no período de visitas, sobretudo, àqueles indispensáveis à saúde e bem-estar dos infantes. No caso, a condição de saúde do filho, por si só, justifica a necessidade de ambos os genitores possuírem, em suas residências, toda a medicação que seja indispensável ao infante, sob pena de prejuízos irreversíveis em sua saúde. Apelação cível desprovida. (TJRS, Ap. n. 50030886020238210109, 8ª Câm. Cível, rel. João Ricardo dos Santos Costa, j. 20.06.2024, *DJ* 21.06.2024)

Apelação cível. Direito de família. Ação de exigir contas de obrigação alimentar – primeira fase proposta pelo alimentante. Alimentos prestados a filho menor de idade e administrados pela genitora. Ausência de legitimidade e interesse processual. 1. A constituição da obrigação alimentar decorrente do poder familiar não estabelece relação jurídica entre o genitor alimentante e o genitor guardião do alimentando, a quem também compete o dever de sustento, ainda que *in natura*, e a representação legal. 2. Assim sendo, não há cogitar legitimidade fiscalizatória do alimentante em relação à representante do alimentando, salientando que o credor de eventual prestação de contas em relação ao guardião é o próprio alimentando. 3. Precedentes deste Tribunal e do STJ. 4. Sentença mantida. Apelo desprovido.

(TJRS, Ap. n. 5008546-43.2023.8.21.0017, 7ª Câm. Cível, rel. Sandra Brisolara Medeiros, j. 30.10.2023, *DJ* 30.10.2023)

Veja, no art. 1.580, a seguinte deicisão: TJSP, Ap. Cível n. 10004182820218260084/SP, 3ª Câm. de Dir. Priv., rel. Carlos Alberto de Salles, j. 20.01.2023, *DJ* 20.01.2023.

Família. Guarda. Sentença que concedeu aos genitores a guarda compartilhada dos filhos, fixando a residência do filho adolescente no domicílio paterno e da outra filha no domicílio materno. Insurgência da autora contra a guarda compartilhada. Guarda compartilhada que é regra geral, nos termos dos arts. 1.583 a 1.585 do CC. Conflitos e litigiosidade existente entre os pais que não impedem, no caso concreto, o compartilhamento da guarda. Moradia base do filho adolescente que deve permanecer com o genitor. Sentença mantida. Recurso desprovido. (TJSP, Ap. Cível n. 1008365-70.2021.8.26.0008/SP, 1ª Câm. de Dir. Priv., rel. Alexandre Marcondes, j. 28.03.2022, publ. 28.03.2022)

Regulamentação de guarda e visitas. Pleito deduzido pela genitora. Filha menor (10 anos de idade). Sentença de parcial procedência. Irresignação. Desacolhimento. Conjunto probatório que, por ora, torna o compartilhamento desaconselhável, corroborando que o melhor interesse da criança, visando ao seu bem-estar socioemocional, coincide com a guarda unilateral em prol da genitora e o regime de visitação semanal, sem pernoite. Conjunto probatório que aponta que, atualmente, a genitora possui plenas condições de exercer a guarda. Inexistência de qualquer motivo que justifique a abrupta modificação do lar da menor, ainda que sob a forma de compartilhamento da guarda. Estudos psicossociais que destacam a preferência da criança em residir com a mãe e sugerem a retomada gradual das visitas paternas. Primazia ao princípio do melhor interesse da criança preservado (art. 227, *caput*, da CF; arts. 1.583 e 1.584 do CC; arts. 1º e 6º do ECA). Sentença mantida. Recurso desprovido. (TJSP, Ap. Cível n. 1010815-96.2019.8.26.0576/SP, 7ª Câm. de Dir. Priv., rel. Rômolo Russo, j. 27.01.2022, publ. 27.01.2022)

Ação de regulamentação de guarda. Guarda unilateral concedida ao genitor. Inexistência, porém, de fundamento suficiente a afastar o seu compartilhamento. Necessária aplicação do disposto no art. 1.583 do CC. Conflitos e litigiosidade existentes entre os pais que não impedem a determinação da guarda compartilhada. Precedentes. Necessidade, no entanto, de fixação da moradia base junto ao genitor. Circunstância que vem sendo realizada há considerável tempo. Modificação, por ora, que não está alinhada ao superior interesse da criança. Precedentes. Apelo parcialmente provido. (TJSP, Ap. Cível n. 1001439-43.2018.8.26.0634/SP, 3ª Câm. de Dir. Priv., rel. Donegá Morandini, j. 26.01.2022, publ. 26.01.2022)

Divórcio. Guarda de menor, visitas e alimentos. Fixação da guarda de forma compartilhada. Insurgência quanto ao período de convivência com as menores. Guarda compartilhada que não implica em guarda alternada, tampouco alternância de residências. Observância ao melhor interesse do menor. Atendimento do quanto dispõe o art. 33 do ECA. Inteligência do art. 1.583 do CC. Regime de visitas fixado com razoabilidade. Alimentos. Arbitramento em 30% dos rendimentos líquidos da alimentante e 50% do salário mínimo, na hipótese de desemprego. Adequação. Montantes que melhor se adequam ao trinômio necessidade/possibilidade/proporcionalidade. Sentença mantida. Recurso desprovido. (TJSP, Ap. Cível n. 1000424-95.2018.8.26.0292, 5ª Câm. de Dir. Priv., rel. Des. Moreira Viegas, j. 16.11.2021)

Agravo interno nos embargos de declaração no recurso especial. Agravo de instrumento contra determinação de prestação de contas em favor do genitor alimentante. Guarda compartilhada. 1. À luz do disposto no § 5º do art. 1.583 do CC [...], "a guarda unilateral obriga o pai ou a mãe que não a detenha a supervisionar os interesses dos filhos, e, para possibilitar tal supervisão, qualquer dos genitores sempre será parte legítima para solicitar informações e/ou prestação de contas, objetivas ou subjetivas, em assuntos ou situações que direta ou indiretamente afetem a saúde física e psicológica e a educação de seus filhos". 2. Tal norma positivou a viabilidade da propositura de ação de exigir contas de verba alimentar, cujo propósito não reside em apurar um saldo devedor a ensejar eventual execução (dada a irrepetibilidade dos valores pagos a esse título), mas sim o exercício do direito-dever – daquele que não detém a guarda – de fiscalização da aplicação dos recursos destinados ao menor, o que poderá dar azo, caso comprovada a má administração da pensão alimentícia, a um pedido de alteração da guarda ou a um futuro processo para suspensão ou extinção do poder familiar do ascendente guardião [...]. (STJ, Ag. Int. nos Emb. Decl. no REsp n. 1.857.050/SP, rel. Min. Luis Felipe Salomão, 4ª T., j. 23.08.2021)

Civil. Família. Guarda. Laudo biopsicossocial. Documentos. Melhor interesse do adolescente. 1 – Nos termos do art. 1.583 do CC, a guarda da criança pode ser compartilhada ou unilateral; esta ocorre quando atribuída a um só dos genitores ou a quem o substitua, sendo certo que o detentor da guarda fica com a responsabilidade exclusiva de decidir sobre a vida da criança, restando ao outro apenas a atribuição de supervisionar; aquela acontece quando ambos os genitores são responsáveis pelo filho. 2 – Em que pese a guarda compartilhada ser, em regra, a indicada, as circunstâncias do caso concreto podem revelar como mais adequada a fixação da guarda unilateral em favor de um dos genitores. 3 – Recurso conhecido e desprovido. (TJDF, Proc. n. 00043871620158070017, rel. Leila Arlanch, j. 11.03.2019, *DJe* 15.03.2019)

**À luz da lei anterior**

Civil e processual civil. Recurso especial. Direito civil e processual civil. Família. Guarda compartilhada. Consenso. Necessidade. Alternância de residência do menor. Possibilidade. 1 – A guarda compartilhada busca a plena proteção do melhor interesse dos filhos, pois reflete, com muito mais acuidade, a realidade da organização social atual que caminha para o fim das rígidas divisões de papéis sociais definidas pelo gênero dos pais. 2 – A guarda compartilhada é o ideal a ser buscado no exercício do poder familiar entre pais separados, mesmo que demandem deles reestruturações, concessões e adequações diversas, para que seus filhos possam usufruir, durante sua formação, do ideal psicológico de duplo referencial. 3 – Apesar de a separação ou de o divórcio usualmente coincidirem com o ápice do distanciamento do antigo casal e com a maior evidenciação das diferenças existentes, o melhor interesse do menor, ainda assim, dita a aplicação da guarda compartilhada como regra, mesmo na hipótese de ausência de consenso. 4 – A inviabilidade da guarda compartilhada, por ausência de consenso, faria prevalecer o exercício de uma potestade inexistente por um dos pais. E diz-se inexistente, porque contrária ao escopo do poder familiar que existe para a proteção da prole. 5 – A imposição judicial das atribuições de cada um dos pais, e o período de convivência da criança sob guarda compartilhada, quando não houver consenso, é medida extrema, porém necessária à implementação dessa nova visão, para que não se faça do texto legal, letra morta. 6 – A guarda compartilhada deve ser tida como regra, e a custódia física conjunta – sempre que possível – como sua efetiva expressão. 7 – Recurso especial provido. (STJ, REsp n. 1.428.596/RS, rel. Min. Nancy Andrighi, 3ª T., j. 03.06.2014).

No mesmo sentido: REsp n. 1.251.000/MG, rel. Min. Nancy Andrighi, 3ª T., j. 23.08.2011.

Apelação cível. Guarda paterna. Considerando a prova dos autos, assim como os termos do parágrafo 2º do art. 1.583 do CC, é de manter a menor sob os cuidados do pai, porquanto reúne as condições de proporcionar à filha um desenvolvimento saudável, garantido, no entanto, à mãe o direito de visitá-la, como forma de proteger os vínculos afetivos. Negaram provimento. Unânime. (TJRS, Ap. Cível n. 70.058.268.335, 8ª Câm. Cível, rel. Des. Luiz Felipe Brasil Santos, j. 08.05.2014)

Guarda compartilhada. Menor impúbere. Avô materno guardião. Consentimento da genitora. Interesse da criança. Princípio da proteção integral. Direito de família. Menor impúbere. Pedido de guarda formulado por avô materno. Sentença julgando procedente o pedido para deferir a guarda compartilhada do menor ao requerente e à genitora. Inconformismo do autor. Entendimento desta relatora quanto à manutenção da sentença guerreada. Trata-se de demanda que envolve interesse de menor. Predominância da diretriz legal lançada pelo ECA. Proteção integral à criança e ao adolescente como pessoa humana em desenvolvimento e como sujeito de direitos civis, humanos e sociais, garantidos, originariamente, na CRFB/88. *In casu*, percebe-se através dos elementos de convicção encartados a este processo que, em verdade, o aludido menor reside desde o seu nascimento em companhia de sua genitora e de seus avós maternos na casa de propriedade destes últimos, sendo certo que o avô Juvenil Pereira sempre foi o principal responsável pelo sustento de seu neto, além de também ter assumido postura bastante relevante nos cuidados diários com a criação de Wagner ao longo de todos esses anos. Logo, do ponto de vista fático, pode-se afirmar que atualmente a mãe e o avô materno de Wagner Ferreira Pereira vêm compartilhando a guarda do menor, sendo certo que a convivência deste com o requerente tem sido bastante proveitosa para o infante, na medida em que o avô Juvenil o ajuda a suprir todas as suas necessidades materiais e afetivas, devendo, portanto, ser ratificada a sentença recorrida. Preceito da absoluta prioridade na proteção dos integrais interesses da criança e do adolescente, a ser observado não só pela família, mas pela sociedade e pelo Estado (art. 277 da CRFB/88). Portanto, as decisões que afetem a criança ou o adolescente em sua subjetividade devem pautar-se, necessariamente, na premissa básica de prevalência dos interesses do menor. Estudo social embasando a sentença recorrida. Ressalte-se ainda que, conforme anteriormente mencionado, o pedido de guarda compartilhada permanente ora sugerido encontra supedâneo no art. 33, § 2º, do ECA c/c arts. 1.583 e 1.584 do CC, na medida em que visa tão somente regularizar uma situação de fato preexistente, uma vez que o requerente já vem prestando ao seu neto a assistência material, moral e educacional prevista no *caput* do art. 33 da Lei n. 8.069/90, atualmente em conjunto com a genitora do infante. Precedentes do STJ e do TJERJ. Por fim, o apelante insiste na inserção do seu nome no assento de nascimento do neto, suprindo atual lacuna no registro. Contudo, a guarda não traz como consequência a inclusão do nome do guardião como pai no registro civil da criança, inexistindo relação entre a guarda e o registro de nascimento. Acolhimento integral do parecer do Ilustre Procurador de Justiça. Apelo cujas razões se mostram manifestamente improcedentes e em confronto com a jurisprudência majoritária do STJ e do TJERJ. Recurso a que se nega seguimento, na forma do art. 557, *caput*, do CPC [arts. 932, IV, *a* e *b*, e 1.011, I, do CPC/2015]. (TJRJ, Ap. n. 0006376-81.2011.8.19.0205, 20ª Câm. Cível, rel. Conceição Aparecida Mousnier Teixeira de Guimaraes Pena, *DJe* 12.03.2014, p. 43)

Agravo de instrumento. Ação de modificação de guarda de menores. Mãe presa por tráfico de drogas. Interesse dos menores (art. 1.583, § 2º, do CC). Princípio da proteção integral do menor. Recurso improvido. 1 – Nos termos do § 2º do art. 1.583 do CC/2002, na definição da guarda do menor, deve ser levado em consideração o genitor que possui as melhores condições para cuidar das crianças. O fator determinante na definição da guarda de menores é o interesse destes, de sorte que, demonstrado por estudo social e parecer psicológico que as crianças já se achavam, desde a prisão da mãe por tráfico de drogas, sob a guarda de fato do pai, vivendo em harmonia na companhia do pai e de sua atual esposa, deve ser mantida a medida liminar deferida pelo magistrado de primeiro grau. 2 – Inexistindo fatos que justifiquem a modificação da guarda dos filhos menores, deve a mesma ser mantida com o pai, evitando-se mudanças drásticas no cotidiano dos menores que possam ferir o princípio da proteção integral ao menor, prestigiando a estabilidade das relações das crianças. 3 – Recurso improvido. (TJES, AI n. 0002518-10.2013.8.08.0001, rel. Janete Vargas Simões, *DJe* 06.12.2013)

Civil. Ação de guarda e responsabilidade. Criança e adolescente. Guarda unilateral. Genitor com melhores condições. Proteção integral. Interesse superior do menor. I – Não é possível a decretação de guarda compartilhada quando os genitores residem em países diferentes, uma vez que tal fato impossibilita a convivência física e imediata dos filhos com os dois genitores, bem como a manutenção de dois lares, a participação igualitária no processo de desenvolvimento e crescimento dos filhos e a divisão das responsabilidades. II – A guarda unilateral será atribuída ao genitor que revelar melhores condições para exercê-la e mais aptidão para propiciar afeto, saúde, segurança e educação (art. 1.583, § 2º, do CC), levando-se em conta a proteção integral e o interesse superior da criança ou do adolescente. III – Sempre que possível, a criança ou o adolescente deverá ser previamente ouvido, respeitado seu estágio de desenvolvimento e grau de compreensão, e terá sua opinião devidamente considerada. IV – Negou-se provimento ao recurso. (TJDFT, Proc. n. 20120111808204(728430), rel. Des. José Divino de Oliveira, *DJe* 29.10.2013, p. 174)

Modificação de guarda. Cerceamento de defesa não verificado. Autor que sustenta que a criança não recebe os melhores cuidados da ré. Tutela antecipada deferida para atribuir a ele a guarda provisória. Estudos que apontam que a infante recebe atenção apropriada do autor e de sua companheira. Conjunto probatório que indica que o genitor realmente reúne melhores condições de exercer a guarda nesse momento. Ademais, nova alteração da situação consolidada e favorável à criança que não se justifica. Observância ao princípio da prioridade absoluta do melhor interesse da incapaz. Sentença de procedência confirmada. Recurso desprovido. (TJSP, Ap. n. 0000666-61.2012.8.26.0137, 4ª Câm. de Dir. Priv., rel. Milton Carvalho, j. 17.10.2013)

Agravo de instrumento. Modificação de guarda. Pedido formulado pelo pai, que exerce a guarda de fato dos adolescentes há quase três anos. Prova documental da verossimilhança das alegações. Risco aos incapazes caso sejam obrigados a mudar repentinamente de residência e de rotina. Presença dos requisitos que autorizam a antecipação dos efeitos da tutela. Decisão reformada. Guarda provisória deferida ao agravante. Recurso provido. (TJSP, AI n. 0048685-87.2013.8.26.0000, 4ª Câm. de Dir. Priv., rel. Milton Carvalho, j. 19.09.2013)

Modificação de guarda. Alienação parental. Sentença que julgou improcedente o pedido de modificação de guarda e subsidiário de guarda compartilhada. Ausência de prova relativa à prática de atos de alienação parental e animosidade entre as partes que desaconselha o regime de guarda compartilhada. Ausência de pedido expresso quanto à ampliação do regime de visitas que não extrapola os limites objetivos da demanda. Previsão legal de que a genitora que não detém a guarda dos filhos menores possui o direito de tê-los em sua companhia (CC, art. 1.589). Desejo dos menores de permanecerem mais tempo em companhia materna. Fixação de visitas, portanto, que decorre da concessão da guarda unilateral, inclusive, em razão de se preservarem os interesses da prole. Regime de visitação ampliado. Recurso parcialmente provido. (TJSP, Ap. n. 0017398-64.2011.8.26.0554, 4ª Câm. de Dir. Priv., rel. Milton Carvalho, j. 08.08.2013)

Agravo de instrumento. Modificação de guarda. Decisão que indeferiu o pedido de antecipação de tutela do agravante. Ausência de demonstração de prejuízo para a criança decorrente do exercício da guarda por sua genitora. Elementos dos autos que não demonstram que qualquer necessidade sua esteja sendo negligenciada. Adequado que seja realizada a regular instrução do feito antes de determinar alteração na rotina do infante. Manutenção da guarda nos moldes decididos até o exercício da cognição exauriente. Recurso desprovido. (TJSP, AI n. 0137624-77.2012.8.26.0000, 4ª Câm. de Dir. Priv., rel. Milton Carvalho, j. 08.08.2013)

Agravo de instrumento. Tutela antecipada. Guarda compartilhada fixada por acordo celebrado entre as partes. Pedido de modificação para guarda unilateral, a ser exercida pela genitora que recebeu proposta de trabalho em outra cidade. Ausência dos requisitos legais que autorizam a antecipação de tutela. Necessidade de prévio exercício do contraditório e de dilação probatória. Recurso desprovido. (TJSP, AI n. 0140523-14.2013.8.26.0000, 4ª Câm. de Dir. Priv., rel. Milton Carvalho, j. 08.08.2013)

Ação de guarda. Crianças que se encontram sob a guarda da avó há alguns anos. Decisão que atende ao princípio da prioridade absoluta dos interesses dos infantes. Genitora que, embora mantenha forte vínculo afetivo com a prole, não ostenta condições de exercer a guarda. Atribuição da guarda em favor da avó que não importa perda ou suspensão do poder familiar. Recurso desprovido. (TJSP, Ap. Cível n. 0015076-94.2011.8.26.0320, 4ª Câm. de Dir. Priv., rel. Milton Carvalho, j. 16.05.2013)

Agravo de instrumento. Ação de guarda promovida pela mãe. Falecimento do genitor. Desnecessidade de obter a autora, pela via judicial, a guarda de filha menor impúbere, guarda essa que lhe é assegurada, como consectário natural, pelo art. 1.583, § 1º, do CC. Com o falecimento do genitor, a guarda transfere-se, com exclusividade e de forma automática, à mãe da menor, o que a torna carecedora do direito de buscar ele em juízo essa guarda. Alimentos. Pleito deduzido contra os avós paternos e maternos. Óbito do pai da infante. Carência de recursos materiais da representante legal da menor comprovada. Caráter subsidiário e complementar dos alimentos. Recurso provido em parte. 1 – Os alimentos entre avós e neta são motivados pelo princípio da solidariedade humana que deve existir entre parentes na linha reta, caracterizando-se esses alimentos pela subsidiariedade e pela complementaridade. Produzida prova de que o genitor da alimentante não lhe garantiu o pensionamento por morte e que sua mãe não possui condições de suprir suas necessidades materiais, o pedido de alimentos avoengos deve ser deferido. 2 – Havendo pedido expresso do montante a ser pensionado e sendo este razoável frente às características do caso, é de ser dividido o valor na proporção de 1/4 (um quarto) entre os avós paternos e maternos. (TJSC, AI n. 2012.063795-2/Itajaí, 2ª Câm. de Dir. Civil, rel. Trindade dos Santos, j. 09.05.2013)

Ação de guarda. Filhos que passaram a residir na companhia paterna, o que motivou o ajuizamento da ação. Adolescente que voltou a morar com a mãe durante o curso da lide, e apresenta graves problemas disciplinares. Mãe que tem que dividir a atenção a ser dada à filha com mais cinco crianças. Genitor que se mostra mais apto a empreender a energia e rigidez necessárias à criação da adolescente nesta fase delicada de sua vida. Observância ao princípio da prioridade absoluta do melhor interesse da incapaz. Recurso desprovido. (TJSP, Ap. Cível n. 0000388-73.2012.8.26.0165, 4ª Câm. de Dir. Priv., rel. Milton Carvalho, j. 09.05.2013)

Agravo de instrumento. Guarda e regulamentação de visitas. Pedido de tutela antecipada que tem por objeto a fixação de guarda compartilhada. Ausência dos requisitos legais que autorizam a antecipação dos efeitos da tutela. Guarda compartilhada que é mais recomendada para as hipóteses em que há harmonia, compreensão e diálogo entre os genitores, pois somente assim o exercício conjunto do poder familiar será benéfico à prole. Hipótese em que as partes litigam em diversas medidas judiciais, sinalizando que a relação mantida entre elas não ostenta tais características. Inexistência de risco de dano para o agravante ou para as crianças. Necessidade de dilação probatória. Recurso desprovido. (TJSP, AI n. 0248303-47.2012.8.26.0000, 4ª Câm. de Dir. Priv., rel. Milton Carvalho, j. 04.04.2013)

Guarda e regulamentação de visitas. Preliminares afastadas. Guarda unilateral da genitora. Alienação parental praticada por ambos os genitores. Prova robusta. Pretendida alteração da guarda pelo genitor que não se justifica. Medida incapaz de encerrar o conflito existente entre as partes e que prejudica o infante. Ao revés, ensejaria maior insegurança. Comportamento dos pais é que deve ser ajustado. Mudança do regime de visitas, excluindo-se aquelas realizadas durante a semana, que atende ao interesse da criança, diante das circunstâncias dos autos. Convivência com o pai já assegurada pela respeitável sentença. Recurso desprovido. (TJSP, Ap. n. 0004629-48.2010.8.2.0137, 4ª Câm. de Dir. Priv., rel. Milton Carvalho, j. 21.02.2013)

Modificação de guarda. Mãe que busca restabelecer a guarda das filhas, sob responsabilidade de fato da avó paterna de uma delas. Princípio da prioridade absoluta de seus interesses. Manifestação de ambas em favor da permanência com a avó, que detém condições mais favoráveis e nenhum óbice para manter a guarda. Lastro probatório que corrobora. Atenção à estabilidade psicossocial das crianças e manutenção da rotina. Manifestação da Procuradoria-Geral de Justiça favorável à participação da figura materna em visitas não monitoradas, a fim de construir vínculos afetivos com as crianças. Acolhido o parecer. Recurso provido em parte. (TJSP, Ap. n. 0000146-08.2011.8.26.0438, 4ª Câm. de Dir. Priv., rel. Milton Carvalho, j. 31.01.2013)

Ação de guarda. Pretensão dos avós maternos em face do genitor. Não acolhimento. Farto conjunto probatório. Ausência de elementos que impeçam a criança de permanecer sob a guarda paterna. Genitor que reúne condições de exercer a guarda. Crianças adaptadas ao convívio com o pai. Melhor condição financeira que é insuficiente para ensejar a modificação. Adequada a manutenção da situação de fato. Princípio de prevalência do interesse do menor. Regime de visitas quinzenais adequado. Sentença confirmada. Recurso desprovido. (TJSP, Ap. n. 0000292-23.2011.8.26.0673, 4ª Câm. de Dir. Priv., rel. Milton Carvalho, j. 31.01.2013)

Ação de guarda. Menor que está sob a guarda da irmã desde o falecimento de sua genitora. Regulamentação da situação de fato. Possibilidade (ECA, art. 33, § 1º). Conjunto probatório que evidencia encontrar-se a menor em boas condições sob a guarda da irmã e seu companheiro. Observância ao princípio da prioridade absoluta dos interesses do menor. Recurso desprovido. (TJSP, Ap. n. 0320273-06.2009.8.26.0100, 4ª Câm. de Dir. Priv., rel. Milton Carvalho, j. 29.11.2012)

Direito de família. Pedido de fixação de guarda e regulamentação do regime de visitas. Guarda de fato da menor exercida pelo autor após a separação dos genitores. A guarda unilateral, consoante dispõe o art. 1.583, § 2º, do CC, será atribuída ao genitor que revele melhores condições para exercê-la e, objetivamente, mais aptidão para propiciar aos filhos afeto, saúde, educação, segurança e educação. O estudo social demonstrou estar a criança bem cuidada na companhia paterna e terem ambos os genitores condições de assisti-la materialmente. O estudo psicológico, de outra parte, relevou a importância da presença da mãe na vida da criança e a falta que sente do convívio. Ausência nos autos, todavia, de motivo grave que justifique a alteração da situação fática já consolidada. Alegação de que a menor estaria residindo na casa da avó paterna e de que teria o genitor fixado residência em outro endereço que não se confirma. Não pode deixar de ser considerado o fato de que a genitora está desempregada e grávida de segundo filho fruto de outro relacionamento, dependendo o seu sustento exclusivamente da renda auferida pelo novo companheiro, situação que não pode ser descartada como fonte de eventual instabilidade ao provento da menor. Ressalva-se, por sua vez, o direito da genitora de ingressar com novo pedido de fixação de guarda se assim julgar necessário e caso sobrevenham fatos que alterem as circunstâncias do caso concreto. Sentença reformada para que a guarda seja fixada em favor do autor. Mantém-se o regime de visitas fixado na r. sentença, que deverá ser atendido, em face da reforma em relação à guarda, pela requerida e não pelo autor. Recurso provido para este fim. (TJSP, Ap. n. 0126087-05.2008.8.26.0007/São Paulo, 10ª Câm. de Dir. Priv., rel. Carlos Alberto Garbi, j. 09.10.2012)

Embargos infringentes. Ação de modificação de guarda. Embargada que pretende levar o filho para a Espanha, retirando-o dos cuidados do pai e dos avós paternos. Menor que está amparado e que possui ambiente estável e seguro no Brasil. Situação propícia para o seu desenvolvimento sadio verificada, embora demonstre afeto por ambos progenitores. Ausência de elementos precisos acerca das condições em que viveria no exterior. Falta do indispensável estudo social na residência onde convive a mãe com seu companheiro. Informações constantes dos autos que não permitem concluir, de forma segura, que a grande mudança atenderia aos interesses do menor. Embargos infringentes acolhidos. (TJSP, Emb. infring. n. 0030110-09.2008.8.26.0161/50000, rel. Juiz Milton Carvalho, j. 12.04.2012)

Direito de família. Modificação de guarda. Menor exposto a abusos do padrasto. Fatos corroborados pela avó materna. Manifestação de vontade do menor no sentido de que deseja permanecer com a ré. Não acolhimento. Genitor que atualmente reúne melhores condições de exercer a guarda. Princípio de prevalência do interesse do menor. Sentença mantida. Recurso desprovido. (TJSP, Ap. Cível n. 0001597-18.2011.8.26.0196, rel. Juiz Milton Carvalho, j. 08.02.2012)

Modificação de guarda. Pretensão do genitor em face da genitora. Não acolhimento. Ausência de elementos que impedem permaneçam as crianças sob a guarda materna. Adequação da manutenção da situação de fato. Genitora que reúne condições de exercer a guarda. Princípio de prevalência do interesse do menor. Sentença mantida. Recurso desprovido. (TJSP, Ap. Cível n. 0012020-68.2009.8.26.0564, rel. Juiz Milton Carvalho, j. 02.02.2012)

Regulamentação de visitas. Genitor apto ao exercício de direito. Criança com mais de oito anos. Pernoite está em condições de prevalecer. Oportunidade para que pai e filho, em ambiente descontraído, possam ampliar a afetividade. Prevalência do interesse do menor. Obstáculo apresentado pela genitora é prejudicial à criança. Individualismo da mãe deve ser afastado de plano. Procedimento da apelante caracteriza alienação parental. Recorrente já propusera ação de destituição de pátrio poder em face do recorrido, porém, sem sucesso. Beligerância entre as partes não pode afetar o relacionamento com o filho. Apelo desprovido. (TJSP, Ap. Cível n. 0005127-74.2004.8.26.0099, 4ª Câm. de Dir. Priv., rel. Natan Zelinschi de Arruda, j. 11.11.2010)

Agravo de instrumento. Ação de separação judicial litigiosa. Decisão que reverteu a guarda dos filhos menores para o genitor. Comportamento inadequado da genitora em prejuízo dos menores. Impedimento ao exercício do direito de visitação paterna. Intenção da mãe e de seus familiares de impedir a criação de vínculo afetivo dos filhos com o pai. Inobservância dos deveres inerentes à guarda pela genitora. Reiterado descumprimento de ordens judiciais para permissão das visitas paternas. Oposição de obstáculos à atuação do conselho tutelar e acompanhamento psicológico dos menores. Alienação parental configurada. Ineficácia das medidas aplicadas pelo juízo. Necessidade de alteração da guarda. Preservação dos interesses dos menores. Decisão mantida. Recurso desprovido. (TJPR, AI n. 7128.379-9, 12ª Câm. Cível, rel. Des. Clayton Camargo, j. 10.11.2010)

Apelação cível. Reconhecimento e dissolução de união estável. Partilha. Guarda compartilhada. Alimentos. A guarda compartilhada, prevista nos arts. 1.583 e 1.584 do CC, com a redação dada pela Lei n. 11.698/2008, pode ser imposta pelo juiz, desde que verificadas as condições que melhor atendem os interesses dos menores. Implementada a guarda compartilhada, fica prejudicado o pensionamento em favor dos filhos, uma vez que os encargos com as crianças passam ser de responsabilidade de ambos os genitores. Recurso provido, em parte. (TJRS, Ap. Cível n. 70.035.274.794, 8ª Câm. Cível, rel. Des. Claudir Fidelis Faccenda, j. 20.05.2010)

Decisão. Fabiana [...] interpôs agravo de instrumento alvejando decisão interlocutória proferida pelo Juízo de Direito da 2ª Vara de Família Regional [...], que, em audiência realizada nos autos da ação de guarda compartilhada proposta por Daniel [...], autorizou a ampliação da visitação paterna nos termos da promoção do MP. Decisão, por cópia, em fls. 264. Insurge-se a agravante contra a decisão que alterou o regime de visitação, pretendendo que a mesma retorne ao estabelecido em sede de tutela antecipada. Relatados, decido: Cuida-se de agravo de instrumento alvejando decisão que acolheu o parecer do MP, deferindo a visitação provisória do filho Bernardo [...], nascido em [...] maio de 2006, ao genitor, em fins de semana alternados, um dia no meio da semana, às quartas-feiras, além de estipular as visitas nos períodos do Carnaval, Semana Santa, feriados e aniversários. Não assiste razão a agravante. Verifica-se que o art. 1.589 do CC dispõe: "O pai ou a mãe, em cuja guarda não estejam os filhos, poderá visitá-los e tê-los em sua companhia, segundo o que acordar com o outro cônjuge, ou for fixado pelo juiz, bem como fiscalizar sua manutenção e educação". Ainda os arts. 1.583 e 1.584, I e II, do CC, com a nova redação dada pela Lei n. 11.698/2008, estabelecem, como regra, a guarda unilateral ou compartilhada, entretanto, pode o Juiz adotar critério diferenciado de visitação, diante da situação concreta. Constata-se que a legislação objetiva considerou, precipuamente, os superiores interesses do menor, que se sobrepõem a qualquer outro juridicamente tutelado. Outrossim, o estabelecimento do regime de visitação ao pai, quando a criança está sob a guarda da mãe, é fundamental para consolidação emocional, formação moral e, sobretudo, preservação dos vínculos afetivos com seu genitor, de forma que tal convivência, além de ser um direito da criança, deve ser garantida pelo Judiciário. Na hipótese dos autos, a agravante invoca os aspectos fundamentais ao desenvolvimento saudável do menor, ou seja, a importância da rotina na educação infantil e a moradia. Com efeito, não é possível considerar que a possibilidade de um pai pegar seu filho na creche em uma quarta-feira e o devolver no mesmo local, no dia seguinte, importe em desregramento ou ausência de rotina saudável. Da mesma forma os argumentos da recorrente no que concerne ao espaço físico da moradia do genitor e o mobiliário que a guarnece, não podem proceder, uma vez que a decisão que concedeu o pernoite em um dia durante a semana objetiva, principalmente, adequar o direito de visitação do agravado e os interesses e benefícios afetivos do menor, pouco importando o conforto e a infraestrutura das residências dos genitores. Portanto, não apresentados elementos que efetivamente inviabilizem a visitação deferida, prevalecerá a decisão agravada. Assim, com respaldo no art. 557 do CPC [arts. 932, IV, *a* e *b*, e V, *a*, 1.011, I, e 1.021, §§ 2º, 4º e 5º, do CPC/2015], nego provimento ao agravo de instrumento. (TJRJ, AI n. 0006257-90.2010.8.19.0000, 1ª Câm. Cível, rel. Des. Camilo Ribeiro Ruliere, j. 08.04.2010)

Cautelar. Regulamentação de visitas. Menor com 3 anos de idade. Deferimento parcial da liminar, estipulando visitas em favor do genitor, sem pernoite. Solução adequada, ao menos por ora. Advertência acerca dos riscos da alienação parental, dirigida a ambos os genitores. Prudente o aguardo da instrução do feito e realização de estudo psicossocial. Decisão mantida. Provimento negado. (TJSP, AI n. 9036827-42.2009.8.26.0000, 8ª Câm. de Dir. Priv., rel. Des. Caetano Lagrasta, j. 11.11.2009)

Guarda de menor. Atribuição ao genitor, com regulamentação das visitas maternas. Interesse superior do menor preservado na decisão recorrida. Sentença de parcial procedência mantida. Advertência quanto aos riscos de instalação de síndrome de alienação parental. Recurso improvido, com observações. (TJSP, Ap. c/ Rev. n. 0339629-93.2009.8.26.0000, 8ª Câm. de Dir. Priv., rel. Des. Caetano Lagrasta, j. 27.10.2009)

Guarda de menor. Provas dos autos indicam que a melhor solução é atribuir a guarda do filho adolescente ao pai. Inteligência do art. 33 da Lei n. 8.069/90 (ECA) e 1.583 do CC. Laudos social e psicológico favoráveis à guarda paterna. Menor que se encontra adaptado ao lar paterno. Mãe que se mostrou mais instável emocionalmente. Razoável regime de visitas, que permite à genitora acompanhar a educação e o desenvolvimento do filho. Recurso não provido. (TJSP, Ap. Cível n. 6.401.274.100/Jundiaí, 4ª Câm. de Dir. Priv., rel. Francisco Loureiro, j. 29.10.2009)

Processual civil. Ação de guarda compartilhada cumulada com regulamentação de visitas recíprocas. Matéria que deve ser apreciada com os olhos e coração voltados para os supremos interesses da criança. Sentença que alicerçada na prova dos autos terminou por afastar a guarda compartilhada regulamentando, no entanto, a visitação. Necessidade de se estabelecer horários para os denominados "feriados prolongados". Provimento parcial ao recurso. Nos termos do art. 1.583 do CC, "a guarda será unilateral ou compartilhada", e segundo o seu "§ 1º Compreende-se por guarda unilateral a atribuída a um só dos genitores ou a alguém que o substitua (art. 1.584, § 5º) e, por guarda compartilhada a responsabilização conjunta e o exercício de direitos e deveres do pai e da mãe que não vivam sob o mesmo teto, concernentes ao poder familiar dos filhos comuns". Hipótese, todavia, em que a prova dos autos demonstra não haver condições emocionais, psicológicas, para se estabelecer a guarda compartilhada, limitando-se o juiz a regulamentar a visitação que, no entanto, merece pequeno reparo quanto aos feriados de Natal, Ano-Novo, Carnaval e Semana Santa. Provimento parcial ao recurso. (TJRJ, Ap. n. 0002855-15.2008.8.19.0212 (2009.001.44486), 13ª Câm. Cível, rel. Des. Ademir Pimentel, j. 14.10.2009)

Ação de modificação de guarda. Liminar deferida em favor da genitora, com fixação de alimentos provisórios para os menores. Inconformismo do genitor, que detinha a guarda há pouco mais de dois anos, mediante acordo. Precipitada a alteração imediata da guarda, diante da ausência de elementos concretos que indiquem situação de risco aos menores. Considerações e advertência a respeito da alienação parental. Decisão reformada. Prudente o aguardo da instrução, inclusive com a realização de estudo psicossocial. Recurso provido. (TJSP, AI n. 9021145-47.2009.8.26.0000, 8ª Câm. de Dir. Priv., rel. Des. Caetano Lagrasta, j. 30.09.2009)

Visitas. Suspensão. Alegação de violência sexual. Ausência de verossimilhança na versão da agravada. Perigo de instalação da Síndrome de Alienação Parental. Decisão reformada. Recurso provido. (TJSP, AI n. 9020496-82.2009.8.26.0000, 8ª Câm. de Dir. Priv., rel. Des. Caetano Lagrasta, j. 23.09.2009)

Dissolução de sociedade de fato. Guarda. Alimentos. Mantém-se a sentença que deferiu a guarda dos dois filhos adolescentes ao pai, se esta é a situação que atende o melhor interesse deles, nos termos do art. 1.583, § 2º, I, II, e III, do CC/2002. Redimensionam-se os alimentos a serem prestados pela mãe aos filhos, os quais se mostram exagerados, ante as possibilidades dela. Apelação parcialmente provida. (TJRS, Ap. Cível n. 70.031.772.510, 8ª Câm. Cível, rel. José Ataídes Siqueira Trindade, j. 17.09.2009)

Alimentos. Majoração para atender aos cuidados básicos da criação das filhas menores. Advertências quanto à progressiva instalação da Síndrome da Alienação Parental. Inclusive com a separação dos irmãos. Sentença reformada. Recurso provido. (TJSP, Ap. c/ Rev. n. 9060812-40.2009.8.26.0000, 8ª Câm. de Dir. Priv., rel. Des. Caetano Lagrasta, j. 05.08.2009)

Direito de família. Guarda de menor. Impossibilidade de guarda conjunta. Pai detentor da guarda de fato. Critérios para determinação da guarda. Princípio do melhor interesse do menor. O juiz, ao apurar qual dos pais tem melhores condições para exercer a guarda, sob o ponto de vista moral, educacional e afetivo, deve analisar as circunstâncias específicas de cada caso concreto, com vistas a garantir o melhor interesse do menor. (TJMG, Ap. Cível n. 1.0396.03.012019-2/001, rel. Dárcio Lopardi Mendes, j. 27.11.2008, *DJ* 10.12.2008)

Dissolução de união estável litigiosa. Pedido de guarda compartilhada. Descabimento. Ausência de condições para decretação. A guarda compartilhada está prevista nos arts. 1.583 e 1.584 do CC, com a redação dada pela Lei n. 11.698/2008, não podendo ser impositiva na ausência de condições cabalmente demonstradas nos autos sobre sua conveniência em prol dos interesses do menor. Exige harmonia entre o casal, mesmo na separação, condições favoráveis de atenção e apoio na formação da criança e, sobremaneira, real disposição dos pais em compartilhar a guarda como medida eficaz e necessária à formação do filho, com vista a sua adaptação à separação dos pais, com o mínimo de prejuízos ao filho. Ausente tal demonstração nos autos, inviável sua decretação pelo Juízo. Agravo de instrumento desprovido. (TJRS, AI n. 70.025.244.955/Camaquã, 7ª Câm. Cível, rel. Des. André Luiz Planella Villarinho, j. 24.09.2008, *DOERS* 01.10.2008, p. 44)

Ação de guarda de menor. Guarda compartilhada. Relação conflituosa entre os genitores. Impossibilidade. Risco de ofensa ao princípio que tutela o melhor interesse do infante. Procedência do pedido. Provimento da irresignação. Inteligência do art. 227 da CR e arts. 1.583 e 1.584 do CC, com redação dada pela Lei n. 11.698/2008. A guarda compartilhada não pode ser exercida quando os guardiões possuem uma relação conflituosa, sob o risco de se comprometer o bem-estar dos menores e perpetuar o litígio parental. Na definição de guarda de filhos menores, é preciso atender, antes de tudo, aos interesses deles, retratado pelos elementos informativos constantes dos autos. (TJMG, Ap. Cível n. 1.0775.05.004678-5/001/Coração de Jesus, 5ª Câm. Cível, rel. Des. Dorival Guimarães Pereira, j. 07.08.2008, *DJEMG* 27.08.2008)

Separação judicial consensual. Guarda compartilhada. Interesse dos menores. Ajuste entre o casal. Possibilidade. Não é a convivência dos pais que deve orientar a decisão da guarda, e sim o interesse do menor. A denominada guarda compartilhada não consiste em transformar o filho em objeto à disposição de cada genitor por certo tempo, devendo ser uma forma harmônica ajustada pelos pais, que permita a ele (filho) desfrutar tanto da companhia paterna como da materna, num regime de visitação bastante amplo e flexível, mas sem perder seus referenciais de moradia. Não traz ela (guarda compartilhada) maior prejuízo para os filhos do que a própria separação dos pais. É imprescindível que exista entre eles (pais) uma relação marcada pela harmonia e pelo respeito, na qual não existam disputas nem conflitos (TJMG, Ap. Cível n. 01.0024.03.887697-5/001, 4ª Câm. Cível, rel. Des. Hyparco Immesi, j. 09.12.2004). (*RBDFam* 32/72)

Guarda compartilhada. Genitor residente de outro país. Interesses do menor. 1 – Inviabilizada a guarda compartilhada na hipótese de o genitor residir em outro país, eis que não ocorreria a efetiva e contínua participação de ambos os pais no integral acompanhamento do filho. 2 – Encontrando-se o menor perfeitamente ajustado em seu modo de vida, mantendo bom relacionamento com a genitora e recebendo educação adequada, incabível a transferência da guarda para o outro genitor (TJDF, Ap. Cível n. 2000.01.1.094839-5, rel. Des. Valter Xavier, *DJU* 13.11.2002). (*RBDFam* 16/129)

Agravo de instrumento. Direito civil. Ação de guarda. ECA. Termo de guarda e responsabilidade. Ausência de vedação legal à guarda conjunta deferida ao casal de avós. Recurso provido (TJRJ, AI n. 7141-2000/RJ, rel. Des. José Pimentel Marques, *DORJ* 06.09.2001). (*RBDFam* 11/129)

Guarda compartilhada de menor. Pedido de guarda compartilhada formulada pelos tios. Menor que se encontra sob a guarda da avó materna. Arts. 33 e segs. do ECA (TJMG, Ap. Cível n. 000.190.410-1/00, rel. Des. Bady Curi, j. 28.12.2000). (*RBDFam* 9/124)

Guarda conjunta. Só é recomendada a adoção de guarda conjunta quando os pais convivem em perfeita harmonia e livre é a movimentação do filho entre as duas residências. O estado de beligerância entre os genitores não permite a imposição judicial de que seja adotada a guarda compartilhada. Apelo do autor improvido, e acolhido o recurso da ré. (TJRS, Ap. Cível n. 70.001.021.534, rel. Des. Maria Berenice Dias, j. 21.06.2000)

Guarda. Criança. Sentença estrangeira. Homologação. Inadmissibilidade. Divórcio. Decisão proferida no exterior que concedeu a guarda compartilhada aos pais do menor. Posterior decisão determinando o genitor como guardião exclusivo. Ausência de citação da genitora na ação proposta no juízo estrangeiro. Pedido idêntico ao da mãe da criança formulado no Brasil, que deferiu à genitora a guarda do infante. (*RT* 824/130)

Guarda de filho menor. Pais separados de fato. Guarda conferida à mãe, que organiza nova família com terceiro. Pedido de destituição do pátrio poder. Inadmissibilidade. Concessão, todavia, da guarda conjunta dos menores à mãe e seu companheiro. (*RT* 552/70)

**Art. 1.584. A guarda, unilateral ou compartilhada, poderá ser:**

*Caput* com redação dada pela Lei n. 11.698, de 13.06.2008.

**I – requerida, por consenso, pelo pai e pela mãe, ou por qualquer deles, em ação autônoma de separação, de divórcio, de dissolução de união estável ou em medida cautelar;**

Inciso acrescentado pela Lei n. 11.698, de 13.06.2008.

**II – decretada pelo juiz, em atenção a necessidades específicas do filho, ou em razão da distribuição de tempo necessário ao convívio deste com o pai e com a mãe.**

Inciso acrescentado pela Lei n. 11.698, de 13.06.2008.

**§ 1º Na audiência de conciliação, o juiz informará ao pai e à mãe o significado da guarda compartilhada, a sua importância, a similitude de deveres e direitos atribuídos aos genitores e as sanções pelo descumprimento de suas cláusulas.**

Parágrafo acrescentado pela Lei n. 11.698, de 13.06.2008.

**§ 2º Quando não houver acordo entre a mãe e o pai quanto à guarda do filho, encontrando-se ambos os genitores aptos a exercer o poder familiar, será aplicada a guarda compartilhada, salvo se um dos genitores declarar ao magistrado que não deseja a guarda da criança ou do adolescente ou quando houver elementos que evidenciem a probabilidade de risco de violência doméstica ou familiar.**

Parágrafo com redação dada pela Lei n. 14.713, de 30.10.2023.

**§ 3º Para estabelecer as atribuições do pai e da mãe e os períodos de convivência sob guarda compartilhada, o juiz, de ofício ou a requerimento do Ministério Público, poderá basear-se em orientação técnico-profissional ou de equipe interdisciplinar, que deverá visar à divisão equilibrada do tempo com o pai e com a mãe.**

Parágrafo acrescentado pela Lei n. 11.698, de 13.06.2008, e com redação dada pela Lei n. 13.058, de 22.12.2014.

**§ 4º A alteração não autorizada ou o descumprimento imotivado de cláusula de guarda unilateral ou compartilhada poderá implicar a redução de prerrogativas atribuídas ao seu detentor.**

Parágrafo acrescentado pela Lei n. 11.698, de 13.06.2008, e com redação dada pela Lei n. 13.058, de 22.12.2014.

**§ 5º Se o juiz verificar que o filho não deve permanecer sob a guarda do pai ou da mãe, deferirá a guarda a pessoa que revele compatibilidade com a natureza da medida, considerados, de preferência, o grau de parentesco e as relações de afinidade e afetividade.**

Parágrafo acrescentado pela Lei n. 11.698, de 13.06.2008, e com redação dada pela Lei n. 13.058, de 22.12.2014.

**§ 6º Qualquer estabelecimento público ou privado é obrigado a prestar informações a qualquer dos genitores sobre os filhos destes, sob pena de multa de R$ 200,00 (duzentos reais) a R$ 500,00 (quinhentos reais) por dia pelo não atendimento da solicitação.**

Parágrafo acrescentado pela Lei n. 13.058, de 22.12.2014.

---

Legislação correlata: art. 10, Lei n. 6.515, de 26.12.1977 (Lei do Divórcio).

***Ver comentários sobre a EC n. 66/2010 nos arts. 1.571 e 1.572, especialmente sobre as disposições legais não recepcionadas por esta Emenda.***

Como ressaltado no comentário do artigo anterior, a lei visou a assegurar o interesse dos filhos na questão relativa à sua guarda. O artigo trata da guarda dos filhos quando esta tiver de ser definida em ações consensuais e litigiosas. Possui regras de natureza material e processual. O dispositivo legal, assim como o anterior, afasta qualquer relação entre eventual culpa de um dos cônjuges pela dissolução da sociedade e a guarda dos filhos comuns, deixando claro que a guarda deverá ser compartilhada entre os pais, pois é a que mais atende aos interesses dos filhos, ou ser atribuída excepcionalmente a apenas um deles, considerando aqui também sempre prevalente o maior interesse da criança.

A guarda unilateral e a compartilhada podem ser requeridas de comum acordo pelos pais, ou por qualquer deles, em ação autônoma de separação, de divórcio, de dissolução de união estável ou em medida cautelar (*inciso I*). Nesta última hipótese, a ação cautelar de guarda terá por fim assegurar o resultado útil do pedido principal, em que será decidida de forma definitiva, e se revestirá dos requisitos da probabilidade do direito invocado (demonstração do direito à guarda, decorrente, por exemplo, do poder familiar) e do perigo da demora (situação de risco de dano ao menor em caso de não concessão imediata da medida). Há, no entanto, necessidade de que o juiz aja com especial cautela na apreciação do pedido, uma vez que constantes modificações quanto à guarda provisória poderão prejudicar os interesses do menor.

Não havendo consenso entre os pais sobre a guarda dos filhos, encontrando-se ambos aptos a exercer o poder familiar e um deles não declarar que não deseja a guarda, ou ainda não houver elementos que evidenciem a probabilidade de risco de violência doméstica ou familiar, será aplicada pelo juiz a guarda compartilhada (*§ 2º*), competindo a ele informar ao pai e à mãe o significado dessa modalidade de guarda, sua importância, a similitude de deveres e direitos atribuídos aos genitores e as sanções pelo descumprimento de suas cláusulas (*§ 1º*). A nova legislação (Lei n. 14.713/2023) estabeleceu o risco de violência doméstica ou familiar como causa impeditiva ao exercício da guarda conjunta. Justificou-se a criação da norma, com precisão, com a entrega da criança ou do adolescente ao genitor não responsável pela violência doméstica ou familiar, a existência de prova de risco à vida, saúde, integridade física ou psicológica da criança ou do outro genitor. Assim, se ficar provado que nas situações em que houver prova ou indícios considerados suficientes de atentado praticado, no âmbito das relações domésticas, familiares ou de afeto, por um dos pais ou genitores contra a vida, a integridade física ou psicológica, a liberdade, a dignidade sexual, a saúde corporal ou a honra do outro ou de filho, a guarda de criança ou adolescente deve ser entregue àquele que não seja o autor ou responsável pelos fatos. Não se deve compartilhar a guarda, cabendo ao juiz determinar, de imediato, a guarda unilateral ao genitor não responsável pela violência, decidindo, dessa forma, segundo o princípio do melhor interesse do menor. Além disso, a referida lei também fez permitir que o juiz e o representante do Ministério Público tomem conhecimento de situações de violência doméstica e familiar envolvendo as partes integrantes do processo de guarda, ao acrescentar novo dispositivo ao CPC (art. 699-A: "Nas ações de guarda, antes de iniciada a audiência de mediação e conciliação de que trata o art. 695 deste Código, o juiz indagará às partes e ao Ministério Público se há risco de violência doméstica ou familiar, fixando o prazo de 5 (cinco) dias para a apresentação de prova ou de indícios pertinentes"). Por fim, saliente-se que o risco de violência doméstica ou familiar se subsume aos casos de "motivos graves" a que se refere o art. 1.586 deste Código, a justificar a regulamentação da guarda pelo juiz, segundo os interesses do menor.

Como afirmado no artigo anterior, ***o legislador instituiu a guarda compartilhada como regra***, devendo o juiz estabelecer as atribuições do pai e da mãe e os períodos de convivência sob guarda conjunta. "A imposição judicial das atribuições de cada um dos pais, e o período de convivência da criança sob guarda compartilhada, quando não houver consenso, é medida extrema, porém necessária à implementação dessa nova visão, para que não se faça do texto legal, letra morta" (Ministra Nancy Andrighi, REsp n. 1.428.596/RS, j. 03.06.2014).

Paulo Lôbo ensina que a guarda compartilhada tem as seguintes vantagens: "prioriza o melhor interesse dos filhos e da família, prioriza o poder familiar em sua extensão e a igualdade dos gêneros no exercício da parentalidade, bem como a diferenciação de suas funções, não ficando um dos pais como mero coadjuvante, e privilegia a continuidade das relações da criança com seus dois pais. Respeita a família enquanto sistema, maior do que a soma das partes, que não se dissolve, mas se transforma, devendo continuar sua finalidade de cuidado, proteção e amparo dos menores. Diminui, preventivamente, as disputas passionais pelos filhos, remetendo, no caso de litígio, o conflito conjugal para o âmbito original, que é o das relações entre os adultos. As relações de solidariedade e do exercício complementar das funções, por meio da cooperação, são fortalecidas a despeito da crise conjugal que o casal atravesse no processo de separação" (*RBDFS* 6/33, Magister).

Decidindo a guarda e considerando os interesses do menor, o juiz atentará para as necessidades específicas dele, e para a satisfatória distribuição de tempo necessário para que ele conviva com o pai e com a mãe, como antes afirmado (***inciso II***). Quanto à guarda compartilhada, a lei ainda dispõe que o juiz poderá valer-se de orientação técnico-profissional ou de equipe interdisciplinar (laudos elaborados pela equipe psicossocial do Poder Judiciário) para, convencendo os pais e superando seus conflitos, definir as atribuições do pai e da mãe e os períodos de convivência, sempre de forma equilibrada (*§ 3º*). A expressão "divisão equilibrada" foi inserida para que não se concluísse pela obrigatoriedade da divisão igualitária do tempo de convivência dos pais com os filhos. Com efeito, "a guarda compartilhada não pode ser confundida com a divisão igualitária da custódia física dos filhos, vez que a rotina é elemento essencial para o cotidiano dos seres humanos em formação, podendo essa divisão igual do tempo em que os filhos ficarão com cada um dos genitores operar em seu desfavor" (SILVA, Regina Beatriz Tavares da. *Guarda compartilhada na legislação vigente e projetada*).

Já "com a ação interdisciplinar, prevista no art. 1.584, § 3º, do CC-02, não se busca extirpar as diferenças existentes entre o antigo casal, mas sim evitar impasse que inviabilize a guarda compartilhada. Busca-se, por esta ação interdisciplinar, primeiro, fecundar o diálogo produtivo entre os pais; segundo, evidenciar as vantagens, para os filhos, da guarda compartilhada; terceiro, construir as linhas mestras para o exercício do poder familiar de forma conjunta ou, quiçá, estabelecer-se, de pronto, as regras básicas dessa nova convivência. Por certo, esse procedimento preliminar demandará intenso trabalho de todos os envolvidos para evitar frustração diante do intento perseguido, cabendo ao Estado-juiz agir na função de verdadeiro mediador familiar, interdisciplinar [...]" (Ministra Nancy Andrighi, REsp n. 1.251.000/MG, j. 31.08.2011).

A alteração não autorizada ou o descumprimento imotivado da cláusula de guarda unilateral ou compartilhada importará restrições (redução de prerrogativas), quanto à guarda, ao desobediente (*§ 4º*). Esta sanção civil estabelecida pelo legislador contraria o princípio do melhor interesse do menor, podendo ampliar a alienação parental, no caso da guarda unilateral, ou comprometer a guarda compartilhada. Daí concluir com acerto o jurista Paulo Lôbo, anteriormente citado, que a regra deve se restringir "à violação da cláusula de guarda, quando o genitor, sem justificativa razoável e de modo arbitrário, retiver o filho reiteradamente além de seu período de convivência, prejudicando o direito de convivência do outro. Ocorrências isoladas não devem ser consideradas, para que a justiça não se converta em arena de reabertura de conflitos. Em contrapartida, se o genitor reduzir o período de convivência, reiteradamente e sem motivo justificável, incorre em inadimplemento do dever jurídico correspondente, respondendo por danos morais" (LÔBO, Paulo. Ob. cit., p. 25).

Sendo desaconselhável a permanência dos filhos em companhia de qualquer dos genitores, autoriza o disposto no *§ 5º* do artigo em comento que o juiz confira a guarda a terceiro. O novo guardião, de notória idoneidade, deverá revelar compatibilidade com a função. Será escolhido pelo juiz, que levará em conta o seu grau de parentesco e a relação de afinidade e afetividade com os menores, consoante determina a lei especial (ECA, arts. 28 e segs.). O encargo, excepcionalmente, poderá recair sobre um terceiro não parente do menor.

O *§ 6º* do artigo foi incluído pela Lei n. 13.058/2014 e dispõe sobre a incidência de multa a estabelecimentos públicos ou privados que não prestarem as informações que desejarem os genitores sobre seus filhos. A sanção terá aplicação tanto nas hipóteses de guarda unilateral, quando do exercício do direito de supervisão do pai que não a detiver (art. 1.583, § 5º), como na guarda compartilhada, visando ao interesse comum dos pais em relação ao filho que detêm sob guarda. A multa tem natureza coercitiva, pois visa a que a solicitação seja regularmente cumprida pelo estabelecimento.

***Sobre alienação parental, ver comentário ao art. 1.583.***

**Jurisprudência:** Ação de guarda e alimentos. Deferimento liminar de guarda compartilhada. Pedido de alteração para que a guarda seja unilateral materna. Descabimento. 1. Não é a conveniência dos pais que deve orientar a definição da guarda, mas o superior interesse do filho. 2. A guarda compartilhada é uma forma harmônica que permite à criança desfrutar tanto da companhia do pai como também da mãe, com quem já reside, sem perder os seus referenciais de moradia. 3. Cuidando-se de decisão provisória, poderá ser modificada a qualquer tempo, bastando que venham aos autos elementos de convicção que justifiquem a revisão. Recurso desprovido. (TJRS, AI n. 52044362020238217000, 7ª Câm. Cível, rel. Sérgio Fernando de Vasconcellos Chaves, j. 25.10.2023, *DJ* 25.10.2023)

Ação de divórcio c/c fixação de guarda unilateral e de alimentos e regulamentação do direito de visitas. Sentença que fixou a guarda unilateral em favor da mãe, regulamentou o direito de visitas do pai quinzenalmente aos finais de semana e, por fim, condenou-o ao pagamento de alimentos em favor da filha no montante de 25% do salário líquido, na hipótese de emprego formal, ou 25% do salário mínimo em caso de desemprego. Irresignação de ambas as partes. Não acolhimento. Regulamentação de visitas. Ausência de provas concretas de que a criança necessita de dieta especial. Réu que contestou as alegações da autora no tocante à possível incompatibilidade dos horários das visitas com o expediente do trabalho. Regime de visitas mantido. Guarda. Em que pese a guarda compartilhada ser a regra do ordenamento jurídico, nos termos do art. 1.584, § 2º, do CC, a hipótese dos autos reclama solução diversa diante dos desentendimentos dos genitores e a concreta possibilidade de o conflito atingir o bom desenvolvimento da criança. Jurisprudência do Eg. STJ a respeito. Guarda unilateral em favor da mãe mantida. Alimentos no importe de 25% do salário líquido do alimentante. Mesmo percentual pago pelo alimentante em favor de outra filha. Pai que mora atualmente com irmã e mãe. Percentual que se apresenta como razoável e proporcional diante dos critérios estabelecidos no art. 1.694, § 1º, do CC, analisados a partir das circunstâncias do caso concreto. Sentença mantida. Apelos desprovidos. (TJSP, Ap. Cível n. 10072170320218260597/Sertãozinho, 3ª Câm. de Dir. Priv., rel. Donegá Morandini, j. 25.07.2023, *DJ* 26.07.2023)

Guarda compartilhada. Sentença pela qual foi julgado parcialmente procedente o pedido para fixar a guarda compartilhada da menor em favor de ambos os genitores. Irresignação da genitora da menor. Pretensão à guarda unilateral. Ausência de conduta desabonadora do genitor. Observância do melhor interesse da menor. Não há dúvida sobre os benefícios da guarda compartilhada nas relações entre pais e filhos e por isso ela pode ser imposta a despeito da falta de plena concordância das partes, sendo certo, em face dos termos da Lei [art. 1.584, § 2º, do CC, alterado pela Lei n. 13.058/2014], representar um modelo ideal a ser perseguido pelo Magistrado no julgamento de litígios desta natureza. O fato de as partes apresentarem divergências no tocante à educação da menor não afasta a possibilidade de fixação da guarda compartilhada, sobretudo na hipótese dos autos em que não há nenhum fato a desabonar a conduta do genitor. A fixação da guarda compartilhada visa atender ao melhor interesse da criança, garantindo maior aproximação desta com ambos os pais, mesmo quando cessado o vínculo afetivo entre os genitores. Sentença mantida. Recurso não provido. (TJSP, Ap. Cível n. 1015045-86.2020.8.26.0564/SP, 6ª Câm. de Dir. Priv., rel. Christiano Jorge, j. 23.06.2022, publ. 23.06.2022)

Apelação. Guarda. Fixação da guarda unilateral em favor da apelada, que sempre exerceu a guarda fática. A guarda compartilhada deve ser buscada como regra, mesmo nas hipóteses de dissenso entre os genitores. Inteligência no art. 1.584, § 2º, do CC. Fixação da guarda compartilhada sem alternância de lares, com fixação do domicílio da genitora. Regulamentação das visitas paternas, com permissão de pernoite. Recurso provido. (TJSP, Ap. Cível n. 1002020-88.2021.8.26.0008/SP, 10ª Câm. de Dir. Priv., rel. Márcio Boscaro, j. 09.04.2022, publ. 09.04.2022)

Regulamentação de guarda e visitas. Guarda compartilhada. Sentença de procedência de ação de guarda e de improcedência de pedido reconvencional, para fixar a guarda unilateral do filho à autora mãe, com visitas regulamentadas ao pai réu. Irresignação do réu-reconvinte. Guarda compartilhada que deve ser fixada. Regime legal preferencial (art. 1.584 do CC). Ausência de elementos que desaconselhem a guarda por qualquer genitor. Recomendação técnica pericial para exercício da guarda compartilhada, com ampliação do período de convívio do genitor apelante com o filho. Sentença reformada, para fixar a guarda compartilhada do menor B. aos genitores, com ampliação do regime de visitas ao apelante, no período de três horas noturnas durante a semana – retornando à casa materna até 21 horas – além das visitas já definidas na r. sentença apelada. Recurso provido. (TJSP, Ap. Cível n. 1000494-77.2018.8.26.0045/SP, 3ª Câm. de Dir. Priv., rel. Carlos Alberto de Salles, j. 08.03.2022, publ. 10.03.2022)

Agravo de instrumento. Gratuidade da justiça a ser requerida na origem. Insurgência contra a atribuição da guarda provisória do menor à tia materna. Não cabimento. Recurso parcialmente conhecido e, na parte conhecida, desprovido. Regulamentação de guarda. Gratuidade da justiça. Requerimento a ser previamente formulado ao juízo *a quo*, evitando-se supressão de instância. Insurgência contra a atribuição da guarda provisória do menor à tia materna. Não cabimento. Possibilidade de fixação da guarda a pessoa diversa dos pais, que apresente melhores condições para tanto, como autoriza o art. 1.584, § 5º, do CC. Notícia de que o menor não mantém convívio regular com o pai, mas que sempre esteve muito próximo à tia, que está prestando-lhe os cuidados necessários desde o falecimento da mãe. Manutenção da decisão, em atenção aos superiores interesses do menor. Recurso parcialmente conhecido e, na parte conhecida, desprovido. (TJSP, AI n. 2000913-79.2022.8.26.0000/SP, 10ª Câm. de Dir. Priv., rel. J. B. Paula Lima, j. 08.03.2022, publ. 08.03.2022)

Veja no art. 1.583 a seguinte decisão: TJSP, Ap. Cível n. 1010815-96.2019.8.26.0576/SP, 7ª Câm. de Dir. Priv., rel. Rômolo Russo, j. 27.01.2022, publ. 27.01.2022.

Apelação cível. Guarda compartilhada. Residência habitual na casa da mãe. Circunstância fática que impede convivência alternada. Alimentos. Guarda compartilhada. Segundo entendimento do STJ, a nova redação do art. 1.584 do CC irradia, com força vinculante, a peremptoriedade da guarda compartilhada. O termo "será" não deixa margem a debates periféricos, fixando a presunção *jure tantum* de que se houver interesse na guarda compartilhada por um dos ascendentes, será esse o sistema eleito, salvo se um dos genitores [ascendentes] declarar ao magistrado que não deseja a guarda do menor ou não tenha aptidão para o exercício do poder familiar (art. 1.584, § 2º, *in fine*, do CC). No caso dos autos, ambos os genitores têm condições morais e psicológicas para dispensar à filha o cuidado e afeto necessários para um saudável desenvolvimento. Nesse passo, mostra-se de rigor o estabelecimento da guarda compartilhada como mecanismo para efetivação da cooperação entre os pais na tomada de decisão conjunta em relação ao futuro da prole, onde ambos participam conjuntamente e em igualdade de condições nas escolhas que envolvam o futuro dos filhos comuns. Convivência alternada e residência habitual. Tratando-se de guarda compartilhada, instituto no qual se busca efetivar a igualdade de direitos de ambos os pais em relação à prole, não há óbice de que a criança crie referenciais em relação a duas casas: a casa do pai e a casa da mãe. Logo, não há óbice, como regra geral, que os filhos convivam alternadamente na casa de ambos os pais em iguais períodos. Mas há situações em que a convivência alternada na casa dos diferentes genitores, em iguais períodos de tempo, encontra obstáculo de ordem prática. Por exemplo, a distância dos domicílios dos genitores que residem em municípios ou até mesmo estados diferentes. Por certo, esse arranjo de convivência alternada, dadas as condições fáticas do caso, iria contra o melhor interesse da menor, mui especialmente no que se refere à continuidade dos estudos do colégio e à compatibilidade de conteúdos entre as diferentes escolas. Nesse passo, o arranjo estabelecido na sentença, de fixação de lar habitual na casa da mãe e visitação livre do pai, é adequado e encontra respaldo no § 2º do art. 1.583

do CC. Alimentos: nenhum reparo merece a decisão que estabeleceu alimentos no percentual de 24% dos ganhos do genitor, percentual que não refoge ao que ordinariamente vem sendo arbitrado para casos análogos, em favor de uma filha sem necessidades extraordinárias. Negaram provimento. Decisão: Acórdão. (TJRS, Ap. Cível n. 70.077.494.888/Uruguaiana, 8ª Câm. Cível, rel. Rui Portanova, j. 30.08.2018)

Apelação Cível. Ação de guarda. Menor que vivia [com a] avó materna. Retomada da guarda pela genitora. Melhor interesse do menor. Manutenção da guarda materna. Deve prevalecer, segundo a doutrina e a jurisprudência, o melhor interesse da criança, em se tratando de guarda de menor. A titularidade do exercício da guarda é naturalmente dos genitores, conforme se infere dos arts. 1.583, 1.584 e 1.564, do CC, e do art. 22 do ECA. Demonstrado nos autos que o exercício da guarda pela genitora se mostra benéfica aos menores e, não havendo qualquer elemento que ponha óbice à permanência das crianças no lar materno, não há razões para a concessão da guarda para a avó das crianças. (TJMG, Ap. Cível n. 1.0702.13.087238-6/001, rel. Des. Jair Varão, j. 21.06.2018)

Agravo interno no agravo em recurso especial. Família. Guarda compartilhada. Melhor interesse do menor. Impossibilidade. Súmula n. 7/STJ. 1 – Recurso especial interposto contra acórdão publicado na vigência do CPC/73 (Enunciados Administrativos ns. 2 e 3/STJ). 2 – A implementação da guarda compartilhada não se sujeita à transigência dos genitores. 3 – As peculiaridades do caso concreto inviabilizam a implementação da guarda compartilhada em virtude da realização do princípio do melhor interesse da menor, que obstaculiza, a princípio, sua efetivação. 4 – A verificação da procedência dos argumentos expendidos no recurso especial exigiria, por parte desta Corte, o reexame de matéria fática, o que é vedado pela Súmula n. 7/STJ. 5 – Agravo interno não provido. (STJ, Ag. Int. no AREsp n. 879.361/DF, 3ª T., rel. Min. Ricardo Villas Bôas Cueva, j. 13.03.2018, *DJe* 22.03.2018)

Recurso especial. Direito de família. Guarda compartilhada. Regra do sistema. Art. 1.584, § 2º, do CC. Consenso dos genitores. Desnecessidade. Alternância de residência da criança. Possibilidade. Melhor interesse do menor. 1 – A instituição da guarda compartilhada de filho não se sujeita à transigência dos genitores ou à existência de naturais desavenças entre cônjuges separados. 2 – A guarda compartilhada é a regra no ordenamento jurídico brasileiro, conforme disposto no art. 1.584 do CC, em face da redação estabelecida pelas Leis ns. 11.698/2008 e 13.058/2014, ressalvadas eventuais peculiaridades do caso concreto aptas a inviabilizar a sua implementação, porquanto às partes é concedida a possibilidade de demonstrar a existência de impedimento insuperável ao seu exercício, o que não ocorreu na hipótese dos autos. 3 – Recurso especial provido. (STJ, REsp n. 1.591.161/SE, 3ª T., rel. Min. Ricardo Villas Bôas Cueva, j. 21.02.2017, *DJe* 24.02.2017)

Recurso especial. Civil e processual civil. Família. Guarda compartilhada. Melhor interesse do menor. Impossibilidade. Súmula n. 7/STJ. Art. 1.584, § 3º, do CC/2002. Interesse da prole. Supervisão. Direito de visitas. Implementação. Convivência com o genitor. Ampliação. Possibilidade. Alienação parental. Preclusão. 1 – A implementação da guarda compartilhada não se sujeita à transigência dos genitores. 2 – As peculiaridades do caso concreto inviabilizam a implementação da guarda compartilhada em virtude da realização do princípio do melhor interesse da menor, que obstaculiza, a princípio, sua efetivação. 3 – A verificação da procedência dos argumentos expendidos no recurso especial exigiria, por parte desta Corte, o reexame de matéria fática, o que é vedado pela Súmula n. 7/STJ. 4 – Possibilidade de modificação do direito de visitas com o objetivo de ampliação do tempo de permanência do pai com a filha menor. 5 – A tese relativa à alienação parental encontra-se superada pela preclusão, conforme assentado pelo acórdão recorrido. 6 – Recurso especial parcialmente provido. (STJ, REsp n. 1.654.111/DF, 3ª T., rel. Min. Ricardo Villas Bôas Cueva, j. 22.08.2017, *DJe* 29.08.2017)

Agravo de instrumento. Guarda compartilhada. Residência habitual materna e regime de convivência paterno-filial. A redação atual do art. 1.584, § 2º, CC (introduzido pela Lei n. 13.058/2014) dispõe que a guarda compartilhada é a regra há ser aplicada, mesmo em caso de dissenso entre o casal, somente não se aplicando na hipótese de inaptidão por um dos genitores ao exercício do poder familiar ou quando algum dos pais expressamente declarar o desinteresse em exercer a guarda. Caso em que a guarda compartilhada vai regulamentada, com fixação da residência habitual materna e regime de convivência paterno-filial em finais de semana alternados com pernoite. Deram parcial provimento. (TJRS, AI n. 70.065.020.422, 8ª Câm. Cível, rel. José Pedro de Oliveira Eckert, j. 16.07.2015)

Direito civil. Ação de modificação de guarda. Melhor interesse do filho. Guarda exercida a contento pela mãe. Mudança desprovida de embasamento probatório. Situação jurídica mantida. I – De acordo com o art. 1.584 do CC, a guarda dos filhos menores deve ser atribuída ao genitor em melhores condições de exercê-la. II – É o interesse dos filhos o fator central e predominante da ponderação judicial sobre qual dos pais ostenta os predicados mais adequados ao desempenho da guarda. III – Se a mãe sempre exerceu a contento a guarda da filha sob os aspectos de saúde, segurança, educação e afeto, não se pode, à falta de qualquer acontecimento grave ou de qualquer indicativo seguro, dar respaldo à mudança pretendida pelo pai. IV – Recurso conhecido e desprovido. (TJDFT, Proc. n. 20120910023395(802937), rel. Des. James Eduardo Oliveira, *DJe* 18.07.2014, p. 149)

Apelação cível. Ação de guarda cumulada. Regulamentação do direito de visitas. Prevalência do interesse da menor. Recurso não provido. A decisão acerca da guarda deve ser tomada de forma que o interesse do menor prevaleça acima de toda situação ou condição, e, tal como prevê o art. 1.584, *caput*, do atual CC, não havendo acordo entre os pais com relação à guarda dos filhos, esta deverá ser atribuída a quem tem melhor condição para exercê-la, devendo-se entender por melhores condições não apenas a melhor situação econômica, mas todo um conjunto de condições que atendam aos interesses e bem-estar do menor. (TJMS, Ap. n. 0800449-57.2011.8.12.0024, 5ª Câm. Cível, rel. Des. Vladimir Abreu da Silva, *DJe* 10.06.2014)

Direito civil. Ação de guarda. Tutela antecipada. Filhos menores. Guarda provisória atribuída à avó materna. Possibilidade. Preservação da incolumidade física e mental das crianças. Princípio da supremacia do interesse dos menores. I – A guarda dos filhos menores constitui dever dos pais (CC, art. 1.566, IV) e um dos apanágios do poder familiar (CC, art. 1.634, II), mas pode ser atribuída a outras pessoas ou instituições em melhores condições de exercitá-la, contanto que a migração seja orientada para o fim maior de preservar os interesses prevalecentes das crianças. II – Levando sempre em conta a supremacia do interesse dos menores, ao magistrado é permitido regulamentar a guarda de acordo com os parâmetros fáticos e jurídicos do caso concreto, ainda que de forma diversa da pretensão externada por um ou ambos os genitores. III – O fato de a avó materna não figurar como parte no processo não impede que lhe seja atribuída provisoriamente a guarda, mormente quando ostenta condições adequadas para o seu desempenho, na linha do que prescreve o art. 1.584, § 5º, do CC. IV – Mantém-se a decisão que, em sede de antecipação dos efeitos da tutela jurisdicional, pondera adequadamente as circunstâncias da causa e atribui à avó materna a guarda provisória dos netos. V – Diante da necessidade de resguardar o conforto físico e emocional dos menores, a cautela recomenda que a mudança da guarda definitiva seja precedida do enriquecimento dos autos com subsídios probatórios amplamente elucidativos. VI – Recurso conhecido e desprovido. (TJDFT, Proc. n. 20130020218672(746797), rel. Des. James Eduardo Oliveira, *DJe* 14.01.2014, p. 82)

Alienação parental. Modificação de guarda. Preliminares afastadas. Indícios de prática de alienação parental. Criança que se mostra resistente às visitas do genitor. Comportamento agressivo e agitado na escola. Partes que se utilizam do infante para se atacarem mutuamente. Indícios de que o apelante também tenha contribuído para a dificuldade na realização das visitas. Alienação parental não configurada. Alteração de guarda inadequada aos interesses do infante. Risco à estabilidade de suas estruturas psicológicas e emocionais. Necessária reaproximação gradual entre pai e filho. Advertência sobre o risco que o comportamento dos genitores traz ao infante e das medidas legais possíveis de serem aplicadas. Recurso desprovido. (TJSP, Ap. n. 0000330-35.2012.8.26.0597, 4ª Câm. de Dir. Priv., rel. Milton Carvalho, j. 19.09.2013)

Agravo de instrumento. Modificação de guarda com pedido subsidiário de alteração no regime de visitas. Decisão que indeferiu o pedido de antecipação de tutela do agravante. Ausência de demonstração de prejuízo para a criança decorrente do exercício da guarda por sua genitora. Notícias de que o genitor, ora agravante, possa ter praticado violência sexual contra o infante. Realização de visitas monitoradas determinada em ação diversa. Situação fática que deve ser mantida. Fatos narrados que determinam prudência e atenção, a fim de garantir a proteção do infante, bem como a realização de seus interesses. Adequado que seja realizada a regular instrução do feito antes de determinar alteração na rotina da criança. Manutenção da guarda e das visitas nos moldes decididos até o exercício da cognição exauriente. Recurso desprovido. (TJSP, AI n. 0090330-92.2013.8.26.0000, 4ª Câm. de Dir. Priv., rel. Milton Carvalho, j. 17.10.2013)

Agravo de instrumento. Modificação de guarda. Pedido formulado após sentença transitada em julgado. Formação da coisa julgada formal. Impossibilidade de haver nova apreciação do objeto da demanda nos mesmos autos. Alteração da guarda do infante que está condicionada à propositura de nova ação. Necessidade de nova citação dos pais da criança, bem como realização de fase instrutória. Decisão interlocutória mantida. Recurso desprovido. (TJSP, AI n. 0170250-18.2013.8.26.000, 4ª Câm. de Dir. Priv., rel. Milton Carvalho, j. 19.09.2013)

Ação de fixação de guarda. Decisão que indeferiu pedido liminar da agravante mantendo a guarda de fato dos avós maternos. A fixação da guarda deve atentar aos interesses da criança. Não se tratando de situação de risco, maus-tratos ou falta de cuidados, é preferível a manutenção da situação fática vivida pelas partes, pois a rotina constitui um dos principais elementos da criação do infante. Ausência de demonstração de prejuízo concreto para o menor decorrente do exercício da guarda provisória por seus avós maternos e pai. Necessidade de instrução do pedido. Recurso desprovido. (TJSP, AI n. 0155607-55.2013.8.26.0000, 4ª Câm. de Dir. Priv., rel. Milton Carvalho, j. 05.09.2013)

Ação de fixação de guarda. Decisão que indeferiu pedido liminar das agravantes mantendo a guarda de fato da tia materna. A fixação da guarda deve atentar aos interesses da criança. Não se tratando de situação de risco, maus tratos ou falta de cuidados, é preferível a manutenção da situação fática vivida pelas partes, pois a rotina constitui um dos principais elementos da criação do infante. Ausência de demonstração de prejuízo concreto para a menor decorrente do exercício da guarda por sua tia materna. Necessidade de instrução do pedido. Recurso desprovido. (TJSP, AI n. 0151648-76.2013.8.26.0000, 4ª Câm. de Dir. Priv., rel. Milton Carvalho, j. 22.08.2013)

Veja no art. 1.583 o seguinte acórdão: TJSP, AI n. 0140523-14.2013.8.26.0000, 4ª Câm. de Dir. Priv., rel. Milton Carvalho, j. 08.08.2013.

Apelação cível. Ação de substituição de guarda. Filha menor de idade. Disputa entre os genitores. Art. 1.584 do CC. Comprovado o descumprimento dos deveres maternos. Evidenciado nos autos que o genitor dispõe de melhores condições pessoais para exercer a guarda da filha, uma vez que comprovado que a menina sofria maus-tratos na residência materna, correta a sentença que determinou a alteração da guarda. Negaram provimento ao apelo. (TJRS, Ap. Cível n. 70.054.063.516, 8ª Câm. Cível, rel. Alzir Felippe Schmitz, j. 27.06.2013)

Agravo regimental em agravo em recurso especial. Decisão que se mantém por seus próprios fundamentos. Inexistência de violação dos arts. 1.583 e 1.584 do CC. Julgamento *extra petita*. Não ocorrência. Reparação de danos estéticos e morais. Ataque de animal. Responsabilidade do dono ou detentor. Súmulas ns. 7 e 83/STJ. *Quantum* indenizatório. Divergência jurisprudencial. Bases fáticas distintas. Recurso manifestamente improcedente. Aplicação de multa. Art. 557, § 2º, CPC [arts. 932, IV, *a* e *b*, e V, *a*, 1.011, I, e 1.021, §§ 2º, 4º e 5º, do CPC/2015]. 1 – O divórcio, por si só, não é capaz de alterar a guarda de menor reconhecida por decisão judicial. 2 – Não há julgamento *extra petita* quando são apreciadas especificamente as questões objeto da lide. 3 – Incide a Súmula n. 7 do STJ na hipótese em que a tese versada no recurso especial reclama a análise dos elementos probatórios produzidos ao longo da demanda. 4 – É cabível a cumulação de danos morais com danos estéticos, ainda que decorrentes do mesmo fato, quando são passíveis de identificação em separado. 5 – Não há como conhecer de recurso especial fundado em dissídio jurisprudencial ante a ausência de demonstração de similitude fática e jurídica entre os julgados. 6 – Aplica-se a multa prevista no art. 557, § 2º, do CPC [art. 1.021, §§ 4º e 5º, do CPC/2015], na hipótese de agravo regimental manifestamente improcedente, ficando condicionada a interposição de qualquer outro apelo ao depósito do respectivo valor. 7 – Agravo regimental desprovido. Aplicação de multa de 1% sobre o valor corrigido da causa. (STJ, Ag. Reg. no Ag. REsp n. 201.456/DF, 3ª T., rel. Min. João Otávio de Noronha, j. 11.06.2013)

Agravo de instrumento. Direito de família. Guarda. Observância do interesse do menor. Precedentes jurisprudenciais deste Eg. Tribunal de Justiça. Recurso provido. I – Em observância ao princípio constitucional da prioridade absoluta (art. 227, *caput*, CF/88), incorporado à doutrina da proteção integral, consagrada pelo ECA, o instituto da guarda judicial há de ser interpretado em favor da incondicional prevalência dos interesses do menor, e não dos litigantes. II – Bem por isso é que o art. 1.584, do CC, determina que a guarda incumbirá a quem revele "melhores condições" de exercê-la, devendo ser levado em conta, além do aspecto econômico, circunstâncias de natureza afetiva, pessoais, sociais e outras passíveis de consideração, como ambiente social, disponibilidade de tempo, convivência com outros parentes, cuidados quanto à alimentação, vestuário, recreação, dentre outros. III – No caso, analisando-se detidamente as provas até então produzidas, entende-se que o contexto impõe a permanência da regulamentação de visitas nos exatos termos em que fora fixada pelo Juízo de origem. (TJMG, AI n. 1.0024.12.243576-1/001, rel. Des. Washington Ferreira, j. 05.02.2013)

Agravo de instrumento. Ação de guarda e alimentos. Acordo de guarda compartilhada e aplicação da legislação alemã. Matérias analisadas pelo STJ na sentença estrangeira contestada n. 5.635/DF. Fato superveniente. Questões prejudicadas. Diante da análise pelo STJ da questão atinente ao acordo da guarda compartilhada formalizado pelas partes na Alemanha, bem como com o reconhecimento pelo mencionado Tribunal Superior da aplicação da jurisdição e normas brasileiras, resta prejudicado o exame destas matérias por esta instância recursal. Guarda compartilhada. Arts. 1.583 e 1.584 do CC. Genitores residentes em países diversos. Guarda unilateral exercida pela mãe desde o término do relacionamento dos pais. Melhor interesse do menor resguardado. Manutenção da decisão. A guarda compartilhada, prevista pelo ordenamento jurídico pátrio, nos arts. 1.583 e 1.584 do CC, foi importante avanço legislativo e social, todavia, o fato dos genitores residirem em países distintos acabar por inviabilizar sua efetividade, que é resguardar o melhor interesse da criança. Alimentos provisórios. Poder familiar. Menor. Vinte salários mínimos. Binômio necessidade x possibilidade. Montante excessivo diante das necessidades da criança. Readequação necessária. A fixação dos alimentos deve observar o binômio necessidade/possibilidade, nos termos do art. 1.694, § 1º, do CC, devendo ser minorada a verba alimentar provisória quando as necessidades do menor não evidenciam gastos que exijam um valor excessivo. (TJSC, AI n. 2011.081483-6, 2ª Câm. de Dir. Civil, rel. João Batista Góes Ulysséa, j. 09.08.2012)

Ação de guarda. Menor que já está sob a guarda avoenga há alguns anos. Regulamentação da situação de fato. Possibilidade (ECA, art. 33, § 1º). Conjunto probatório que evidencia encontrar-se o menor em boas condições sob a guarda dos avós. Observância ao princípio da prioridade absoluta dos interesses do menor. Possibilidade de posterior modificação da guarda em favor do genitor que torna desnecessária a imposição de delimitação temporal ao seu exercício pelos avós. Recurso desprovido. (TJSP, Ap. Cível n. 0003173-55.2009.8.26.0248, rel. Juiz Milton Carvalho, j. 12.04.2012)

Modificação de guarda. Pretensão da bisavó materna em face dos genitores. Não acolhimento. Menor e genitora que residem com a autora. Guarda para fins previdenciários. Inexistência de situação peculiar que justifique a concessão de guarda da criança à bisavó materna. Recurso desprovido. (TJSP, Ap. Cível n. 0001819-44.2009.8.26.0070, rel. Milton Carvalho, j. 12.04.2012)

Ação de guarda compartilhada. Improcedência. A guarda compartilhada será deferida sempre que possível (art. 1.584, § 2º, CC/2002). Se o relacionamento dos genitores/litigantes é conflituoso, sendo que eles sequer se comunicam, ela não se mostra cabível. Apelação desprovida. (TJRS, Ap. Cível n. 70.032.636.698, 8ª Câm. Cível, rel. José Ataídes Siqueira Trindade, j. 20.10.2009)

Apelação cível. Ação de regulamentação de guarda compartilhada. Ausência dos requisitos. Impossibilidade de imposição ante a desavença entre os genitores. Embora o disposto no § 2º do art. 1.584 do CC/2002, descabe o exercício da guarda compartilhada por pais que, após a separação, não mantêm relação harmoniosa. O exercício de tal modalidade de guarda pressupõe contatos amiúde entre os pais, para discussão e acertos acerca da criação e educação da filha, se tornando inaplicável quando há conflitos entre o ex-casal. Visitas regulamentadas, preservando o relacionamento pai e filha. Apelação desprovida. (TJRS, Ap. Cível n. 70.035.140.433, 7ª Câm. Cível, rel. Des. André Luiz Planella Villarinho, j. 22.09.2010)

Apelação cível. Família. Alteração da guarda. Princípio da preponderância do interesse da criança. Preservação da situação que ocasiona bem-estar e maior estabilidade emocional e afetiva. Ausência de demonstração de que a criança se encontra sob risco. Inexistência de razão relevante que ateste a necessidade de alteração da situação existente. Impossibilidade de deferimento da guarda compartilhada. Sentença mantida. Não se mostra razoável a alteração da guarda de filho se inexistente situação de risco ou razão relevante para que não mais permaneça sob os cuidados de quem detém o encargo desde o ano de 2006. Levando-se em consideração o estabelecido no art. 1.584 do CC, que recomenda que a guarda deve ser concedida àquele cônjuge que tiver melhores condições para criar o filho, há de buscar-se, sempre, o melhor atendimento dos interesses da criança, não se mostrando razoável que se altere a guarda a um dos genitores tão somente em virtude de possuírem plenas condições de exercê-la. Ademais, não se mostra possível o deferimento da guarda compartilhada, quando em jogo o desenvolvimento saudável da criança, notadamente pelo fato de que o ex-casal não convive harmoniosamente. Apelação desprovida. (TJRS, Ap. Cível n. 70036629202, 7ª Câm. Cível, rel. Des. José Conrado Kurtz de Souza, j. 01.09.2010)

Família. Relações de parentesco. Guarda de filha com 11 anos de idade. Permanência com a genitora. Atendimento do princípio da preponderância do interesse da criança. Preservação da situação que ocasiona bem-estar e maior estabilidade emocional e afetiva. Ausência de demonstração de que a criança se encontra sob risco. Inexistência de razão relevante que ateste a necessidade de alteração da situação existente. Animosidade entre os genitores. Não se mostra razoável a alteração da guarda de filho se inexistente situação de risco ou razão relevante para que não mais permaneça sob os cuidados de quem detém o encargo. Levando-se em consideração o estabelecido no art. 1.584 do CC, que recomenda que a guarda deve ser concedida àquele cônjuge que tiver melhores condições para criar o filho, há de buscar-se, sempre, o melhor atendimento dos interesses da criança, ostentando-se irrazoável que se altere a guarda anteriormente concedida a um dos genitores tão somente em virtude de o outro não concordar com a forma como conduzida a vida cotidiana do filho. Impossível o deferimento da guarda compartilhada quando os pais não mostram o mínimo interesse de, abstraindo as diferenças pessoais que levaram à separação, manter conduta razoável com o bom senso que deve permear os relacionamentos interpessoais, mormente quando em jogo o desenvolvimento saudável da prole. Apelação desprovida (segredo de justiça). (TJRS, Ap. Cível n. 70.029.650.033, 7ª Câm. Cível, rel. José Conrado de Souza Júnior, j. 14.10.2009)

Ação de guarda autônoma. Residindo o casal litigante sob o mesmo teto, juntamente com os três filhos, e não havendo separação de fato deles, descabe o pedido autônomo de guarda dos menores (art. 1.584, I, do CC/2002). Agravo de instrumento provido. (TJRS, AI n. 70.029.438.215, 8ª Câm. Cível, rel. José Ataídes Siqueira Trindade, j. 14.07.2009)

Ação de substituição de guarda de menor. Guarda exercida pelos avós maternos, confiada ao pai na sentença. Prevalência dos interesses da menor. Estando demonstrado no contexto probatório dos autos que, ao melhor interesse da criança, será a transferência da guarda para o pai biológico, que há muitos anos busca em juízo a guarda da filha, a sentença que assim decidiu, com base na prova e nos laudos técnicos, merece ser confirmada. Aplicação do 1.584 do CC. Guarda da criança até então exercida pelos avós maternos, que não possuem relação amistosa com o pai da menor, restando demonstrado nos autos presença de síndrome de alienação parental. Sentença confirmada, com voto de louvor. Negaram provimento à apelação (TJRS, Ap. Cível n. 70.029.368.834, 7ª Câm. Cível, rel. André Luiz Planella Villarinho, *DJ* 14.07.2009). (*RBDFS* 11/165)

Guarda das filhas menores. Deferimento de forma compartilhada. Se a guarda das meninas já vem sendo exercida de forma compartilhada entre os litigantes, estando a genitora/apelante, inclusive, residindo próximo à moradia do genitor e das filhas, conforme consta do último estudo social, não há porque atribuí-la exclusivamente a um dos genitores, devendo ser estabelecida na forma do art. 1.584, § 2º, do CC/2002, com a redação que lhe deu a Lei n. 11.698/2008. Apelação parcialmente provida. (TJRS, Ap. Cível n. 70.024.950.438/ Alvorada, 8ª Câm. Cível, rel. Des. José Ataídes Siqueira Trindade, j. 27.11.2008, *DOERS* 03.12.2008, p. 57)

Veja no art. 1.583 os seguintes acórdãos: TJRS, AI n. 70.025.244.955/Camaquã, 7ª Câm. Cível, rel. Des. André Luiz Planella Villarinho, j. 24.09.2008, *DOERS* 01.10.2008, p. 44; e TJMG, Ap. Cível n. 1.0775.05.004678-5/001/Coração de Jesus, 5ª Câm. Cível, rel. Des. Dorival Guimarães Pereira, j. 07.08.2008, *DJEMG* 27.08.2008.

Agravo de instrumento. Separação. Alimentos provisórios, guarda compartilhada e visitas. Mantêm-se os alimentos provisórios fixados em favor dos dois filhos, se o valor ofertado pelo agravante representa quantia por demais ínfima para ajudar no sustento dos menores. A guarda compartilhada não decorre pura e simplesmente da Lei n. 11.698/2008, mas sim, conforme a redação dada ao art. 1.584, § 2º, CC/2002, será aplicada sempre que possível. Sobre ela deve ser ouvida primeiramente a genitora. A visitação livre também depende da análise da sua conveniência, mostrando-se adequada, dentro da cognição sumária apresentada, a fixação em finais de semana alternados. Agravo de instrumento desprovido. (TJRS, AI n. 70.024.604.555, 8ª Câm. Cível, rel. José Ataídes Siqueira Trindade, j. 30.06.2008, *DJ* 07.07.2008)

Pedido de guarda de menor formulado pelo pai em face da mãe. Melhores condições. Prevalência do interesse da criança. Impõe-se, relativamente aos processos que envolvam interesse de menor, a predominância da diretriz legal lançada pelo ECA, de proteção integral à criança e ao adolescente como pessoa humana em desenvolvimento e como sujeito de direitos civis, humanos e sociais, garantidos, originariamente, na CF. Devem, pois, as decisões que afetem a criança ou o adolescente em sua subjetividade, necessariamente, pautar-se na premissa básica de prevalência dos interesses do menor. Nos processos em que se litiga pela guarda de menor, não se atrela a temática ao direito da mãe ou do pai, ou ainda de outro familiar, mas sim, e sobretudo, ao direito da criança a uma estrutura familiar que lhe confira segurança e todos os elementos necessários a um crescimento equilibrado. Sob a ótica do interesse superior da criança, é preferível ao bem-estar do menor, sempre que possível, o convívio harmônico com a família – tanto materna, quanto paterna. Se a conduta da mãe, nos termos do traçado probatório delineado pelo Tribunal de origem, denota plenas condições de promover o sustento, a guarda, a educação do menor, bem assim, assegurar a efetivação de seus direitos e facultar seu desenvolvimento físico, intelectual, moral, espiritual e social, em condições de liberdade e de dignidade, com todo o amor, carinho e zelo inerentes à relação materno-filial, deve-lhe ser atribuída a guarda da filha, porquanto revela melhores condições para exercê-la, conforme dispõe o art. 1.584 do CC/2002. Melhores condições para o exercício da guarda de menor, na acepção jurídica do termo, evidencia não só o aparelhamento econômico daquele que se pretende guardião do menor, mas, acima de tudo, o atendimento ao melhor interesse da criança, no sentido mais completo alcançável. Contrapõe-se à proibição de se reexaminar provas em sede de Recurso Especial, rever a conclusão do Tribunal de origem, que repousa na adequação dos fatos analisados à Lei aplicada. Recurso especial não conhecido. (STJ, REsp n. 916.350, 3ª T., rel. Min. Nancy Andrighi, j. 11.03.2008, *DJe* 26.03.2008)

Guarda. Disputa entre genitores. Apresentando a mãe melhores condições de satisfazer as necessidades da filha, a ela deve ser deferida a guarda, até mesmo porque a menina já se encontra sob seus cuidados há mais de ano. Inteligência do art. 1.584 do CC/2002. Afastada a preliminar, apelo provido. (TJRS, Ap. Cível n. 70.014.775.381, 7ª Câm. Cível, rel. Des. Maria Berenice Dias, j. 14.02.2007)

Ação de separação. Guarda. Disputa entre os genitores. Aplicação do art. 1.584 do CC/2002. O conjunto probatório formado pelo laudo de perícia social, laudo psicológico e depoimentos, demonstra que, apesar da vontade do menor de ficar com o pai, a mãe está melhor estruturada para suprir as necessidades do infante. O CC/2002 em seu art. 1.584 estabelece que decretada a separação judicial ou o divórcio, sem que haja entre as partes acordo quanto à guarda dos filhos, será ela atribuída a quem revelar as melhores condições para exercê-la. Apelo não provido. (TJRS, Ap. Cível n. 70.016.267.205, 8ª Câm. Cível, rel. Des. Claudir Fidelis Faccenda, j. 31.08.2006)

Família. Guarda de filhos. 1 – Assentado o acórdão recorrido na prova dos autos que indica já estarem as filhas na guarda do pai, integradas ao convívio familiar e gozando de afeto, a modificação da guarda pode ser prejudicial às filhas, no cenário desenhado nos autos. 2 – Recurso especial não conhecido. (STJ, REsp n. 27.346/SP, 3ª T., rel. Min. Carlos Alberto Menezes Direito, j. 18.03.2004, *DJU* 03.05.2004)

Guarda de filhos. Proposta de mudança deduzida sem vantagem concreta para os menores, que estão sendo bem cuidados e educados pelo pai. Predominância do interesse dos menores (TJSP, Ap. Cível n. 221.653-4/6, rel. Des. Enio Santarelli Zuliani, j. 05.03.2002). (*RDBFam* 14/115)

Guarda de filho. Se uma criança supera e bem os eventuais efeitos traumáticos da divisão de irmãos que os pais decidem quando rompem a coabitação, construindo, com o pai, um padrão existencial próprio e digno, não é possível, anos depois, subtrair-lhe a perspectiva de viver o destino que lhe foi imposto. Modificação de guarda pleiteada pela mãe não recomendada para o interesse da criança. Improvimento (TJSP, Ap. Cível n. 190.472.4/0, rel. Des. Enio Santarelli Zuliani, j. 04.09.2001). (*RBDFam* 12/137)

Separação judicial litigiosa. Guarda dos filhos. Permanência com o pai. Conduta mais adequada. A guarda dos filhos deve permanecer com o pai, que com eles já se encontra há bastante tempo e que, segundo revelam os autos, mantém conduta mais adequada que a mãe, que foi considerada culpada pela separação do casal (TJMG, Ap. Cível n. 000.200.737-5/00, rel. Des. José Antonino Baía Borges, j. 31.05.2001). (*RBDFam* 12/139)

Separação judicial. Proteção da pessoa dos filhos (guarda e interesse). O cônjuge responsável pela separação pode ficar com a guarda do filho menor, em se tratando de solução que melhor atenda ao interesse da criança. Há permissão legal para que se regule por maneira diferente a situação do menor com os pais. Em casos tais, justifica-se e se recomenda que prevaleça o interesse do menor. (STJ, REsp n. 37.051/SP, 3ª T., rel. Min. Nilson Naves, j. 17.04.2001, v.m., *DJU* 25.06.2001)

Guarda de menor. Adolescente. Pais divorciados. Idênticas condições destes para assumi-la. Prevalecimento da opção do menor livremente manifestada. Em questões atinentes a menores impõe-se o prevalecimento do interesse deles, com vistas ao seu bem-estar. Se, *exempli gratia*, divorciados os pais, sua filha adolescente opta, sem hesitar, por residir em companhia do pai, tendo este e a mãe idênticas condições para o exercício do dever de guarda, impõe-se dar receptividade à sua opção, desde que se infira ter sido livremente manifestada (TJMG, AI n. 188.593-8/00, rel. Des. Hyparco Immesi, *DJMG* 24.04.2001). (*RBDFam* 10/128)

Guarda. Criança. Menor que era criado pelos avós. Pretensão da genitora em tê-lo sob sua responsabilidade. Admissibilidade. Laudo psicológico que indica a conveniência em se manter o infante junto de sua mãe. Circunstância em que a custódia deve a ela ser concedida. Aplicabilidade dos princípios norteadores do ECA. (*RT* 817/367)

Adolescente. Guarda. Transferência do encargo antes atribuído à mãe para o pai. Admissibilidade se o infante, sem hesitar, afirma adaptar-se melhor ao genitor. Prevalência do interesse do menor sobre qualquer outro. (*RT* 784/364)

Criança. Guarda. Menor adotado. Fato que não modifica os critérios a serem observados para a concessão da medida. Guarda que deve ser concedida à mãe se as provas apontam no sentido de que o infante ficaria em situação melhor, ressalvado ao pai o direito de visitação que também deve ser regulado. (*RT* 782/358)

Criança. Modificação da guarda. Homologação do acordo em que a genitora, sob a alegação de não ter condições de criar seus filhos, transfere o encargo a seus pais, avós dos menores. Desnecessidade da expressa concordância do genitor dos impúberes. Medida que não implica perda ou suspensão do pátrio poder, podendo ser modificada a qualquer tempo, desde que sobrevenha alteração do estado de fato ou de direito. (*RT* 786/267)

Guarda. Pais separados. Custódia alternada semanalmente. Inconveniência. Permanência sob a guarda da mãe. Direito de visita do pai. (*RT* 733/333)

Separação judicial. Litigioso. Culpa exclusiva da ré. Violação ao dever matrimonial de fidelidade. Perda do lar conjugal. Admissibilidade. Manutenção, no entanto, da guarda da filha ante as melhores condições para sua criação. Exegese do art. 1.584 do CC/2002. Recurso parcialmente provido. (*JTJ* 284/186)

Guarda. Modificação. Pedido do pai, em face da mãe. Atribuição da guarda à avó materna. Julgamento *extra petita*. Inocorrência. Aplicação do art. 10, § 2º, da Lei n. 6.515, de 26.12.1977. Preliminar rejeitada. (*JTJ* 241/131)

---

**Art. 1.585. Em sede de medida cautelar de separação de corpos, em sede de medida cautelar de guarda ou em outra sede de fixação liminar de guarda, a decisão sobre guarda de filhos, mesmo que provisória, será proferida preferencialmente após a oitiva de ambas as partes perante o juiz, salvo se a proteção aos interesses dos filhos exigir a concessão de liminar sem a oitiva da outra parte, aplicando-se as disposições do art. 1.584.**

Artigo com redação dada pela Lei n. 13.058, de 22.12.2014.

---

A nova lei estabelece que em todas as ações em que for permitida a discussão acerca da guarda de filhos menores, na qual pleiteadas tutelas antecipadas cautelares ou satisfativas, em que haja a possibilidade de concessão de pedidos liminares relativos a ela, deverá o juiz, preferencialmente, ouvir as partes interessadas antes de sua apreciação. Ou seja, o legislador considerou que em vista da relevância e gravidade da matéria posta em juízo, seria mais conveniente e oportuno que o magistrado não concedesse o pedido *inaudita altera parte*, ou sem que seja ouvida a parte contrária, para que não ocorra prejuízo irreparável para o menor. O advérbio "preferencialmente" e a ressalva estabelecida no artigo asseguram que se trata de mera faculdade do julgador que poderá optar pela concessão sem oitiva da parte contrária quando entender que o conhecimento por ela possa frustrar a execução da medida, de forma a prejudicar os interesses dos filhos menores. Apesar da nobre preocupação do legislador, entende-se desnecessária a previsão legal, já existente no capítulo das tutelas antecipadas no CPC/2015, bem como no atual. Importante ressaltar, por fim, que a jurisprudência tem admitido a cumulação dos pedidos de guarda, alimentos e regulamentação de visitas em sede de separação de corpos.

**Jurisprudência:** Agravo de instrumento. Pedido de guarda unilateral. Sem qualquer demonstração de risco à infante, não se afigura razoável estabelecer a guarda unilateral em favor da genitora em sede de tutela de urgência, sem a oitiva da parte adversa, tendo em vista que a regra é a guarda compartilhada, nos moldes do art. 1.584, § 2º, do CC. Inteligência do art. 1.585 do CC. Negado provimento, em decisão monocrática. (TJRS, AI n. 5347631-63.2023.8.21.7000, 8ª Câm. Cível, rel. Luiz Felipe Brasil Santos, j. 23.12.2023, *DJ* 08.01.2024)

Veja no art. 1.583 a seguinte decisão: TJSP, Ap. Cível n. 1008365-70.2021.8.26.0008/SP, 1ª Câm. de Dir. Priv., rel. Alexandre Marcondes, j. 28.03.2022, publ. 28.03.2022.

Agravo de instrumento. Direito de família. Ação de dissolução de união estável, guarda, alimentos e visitas. Decisão que concedeu verba alimentar provisória a três filhos menores. Recurso da autora. Guarda unilateral. Concessão. Tutela recursal antecipada deferida no ponto. Situação de fato que merece regulamentação. Compartilhamento legalmente preferível. Conciliação inexitosa. Prudência necessária. Manifestação das partes recomendável. Oitiva do genitor. Melhor interesse dos menores. Incidência do art. 1.585 do CC. "Embora não se desconheça que com o advento da Lei n. 13.058/2014 a guarda compartilhada passou a ser tratada como regra, na situação em que ambos os pais demonstrarem interesse pela guarda do filho esta é de ser deferida, provisoriamente, na forma unilateral em favor da genitora, quando as circunstâncias fáticas demonstrarem que, ao menos por ora, a mãe reúne melhores condições para os cuidados e proteção legal do infante, mormente quando este já se encontre com ela de fato". (TJSC, AI n. 40263726120188240900, 2ª Câm. de Dir. Civ., rel. Rubens Schulz, j. 25.04.2019)

Agravo de instrumento. Regulamentação de guarda. Pedido de fixação de guarda unilateral. Antecipação de tutela. Impossibilidade. Segundo a nova legislação aplicável, Lei n. 13.058/2014, não havendo motivo relevante que autorize a fixação liminar da guarda, esta somente será apreciada após a oitiva da parte contrária. Art. 1.585 do CC. Negaram provimento ao agravo de instrumento. (TJRS, AI n. 70.062.735.915, 8ª Câm. Cível, rel. Alzir Felippe Schmitz, j. 09.04.2015)

Ação de guarda. Autor que requer a guarda dos irmãos menores. Destituição dos genitores do poder familiar. Concessão da guarda que implicaria reavivamento do vínculo com os genitores dos menores. Histórico de atos infracionais cometidos pelo autor que revela seu envolvimento com entorpecentes. Desaconselhável a concessão da guarda. Menores já inseridos em família substituta. Recurso desprovido. (TJSP, Ap. n. 0000695-21.2011.8.26.0146, rel. Milton Carvalho, j. 14.06.2012, voto n. 3.088)

Família. Guarda. Separação cautelar de corpos. Desavença entre pais. Ausência de comprovação da incapacidade da mãe em permanecer com os dois filhos menores. Laudos da assistente social que não podem ser desprezados em razão de possível conduta do pai em denegrir a imagem da mãe junto ao filho de 6 anos e que se encontra sob sua guarda. Em ação que objetiva a modificação da guarda de criança, será sempre priorizado o melhor interesse do menor. Se a prova dos autos não atesta a incapacidade da mãe de prover a assistência material e moral aos filhos, não se modifica a guarda em favor do pai que, na curta convivência com um dos infantes, aparentemente desenvolveu conduta objetivando denegrir a imagem da mãe. (TJMG, AI n. 0037278-52.2010.8.13.0000, rel. Des. Alberto Vilas Boas, j. 25.05.2010)

Medida cautelar. Concubinato. Separação de corpos cumulada com guarda de filhos menores. Companheira. A lei não veda a um dos concubinos a possibilidade de requerer judicialmente o seu afastamento da residência comum do casal, sendo-lhe lícito recorrer ao poder de cautela quando ocorrentes o *fumus boni iuris* e o *periculum in mora* (TJMG, Ap. Cível n. 157.938/2, rel. Des. Aloysio Nogueira, *DJMG* 03.08.2000). (*RBDFam* 7/125)

Separação de corpos. União estável. Cumulação com pedido de guarda de filho menor, bem como autorização para retirar da residência do casal os pertences de uso pessoal de ambos. Admissibilidade. Inexistência de óbice legal à cumulação. Extinção do processo afastada. Recurso provido. (*JTJ* 236/154)

**Art. 1.586. Havendo motivos graves, poderá o juiz, em qualquer caso, a bem dos filhos, regular de maneira diferente da estabelecida nos artigos antecedentes a situação deles para com os pais.**

Legislação correlata: art. 13, Lei n. 6.515, de 26.12.1977 (Lei do Divórcio).

Este artigo realça mais uma vez a prevalência, quanto à definição sobre a guarda, do interesse do menor sobre o dos seus pais, como já constava nos artigos antecedentes (arts. 1.583 e segs.). Em razão da não ocorrência da coisa julgada material, exatamente porque recomenda o interesse do menor, o que se definiu anteriormente sobre a guarda dos filhos pode ser regulamentado de maneira diferente pelo juiz, agora se houver motivos graves. A lei não define "motivos graves", que, sem dúvida, são aqueles decorrentes de situações especiais ou anormais. São aqueles que podem comprometer a saúde, a segurança ou a moralidade dos filhos, por comprovada negligência, incapacidade, abuso de poder, maus exemplos, perversidade ou crimes dos pais (*v.* MONTEIRO, Washington de Barros. *Curso de direito civil* – direito de família. São Paulo, Saraiva, 1994, v. II). A gravidade da motivação está no âmbito do juízo discricionário que se funde em razões baseadas na proteção dos filhos. A existência de motivos suficientes é por si só grave em tal perspectiva (*v.* FACHIN, Luiz Edson. *Código Civil comentado* – direito de família. São Paulo, Atlas, 2003, v. XV). A degradação dos costumes e o relacionamento amoroso do guardião com pessoa nociva ao filho menor são exemplos de motivos graves. Os motivos podem ser supervenientes ou ao menos não conhecidos por uma das partes ao tempo em que foi proferida a sentença concedendo a guarda. Paulo Lôbo ressalta que o juiz deve verificar se o acordo dos pais sobre a guarda dos menores observa efetivamente o melhor interesse dos filhos, ou o reduz em benefício de concessões recíprocas para superação do ambiente conflituoso, contemplando mais os interesses de um ou de ambos os pais, e que é, certamente, motivo grave a preferência dada pelos pais para a superação de seus próprios conflitos, em detrimento dos filhos. Segundo o jurista, a guarda também pode ser modificada pelo juiz ou mesmo subtraída do guardião se este abusar de seu direito, em virtude da regra geral estabelecida no art. 187 deste Código, quando exceder manifestamente os limites impostos pelo fim social da guarda, pela boa-fé ou pelos bons costumes. Na doutrina estrangeira, observa ele, entende-se como abuso, no âmbito do direito de família, quando o direito é exercido com o propósito de causar dano aos interesses da outra pessoa; ou quando tem fins distintos do que o direito lhe atribui; ou quando há desproporção entre o modo do exercício e o dano causado por esse exercício (*RBDFS* v. 6, p. 24). A regra, como se vê, tem evidente caráter excepcional. Contudo, em motivo incidente que justifique, o juiz estará autorizado, por força do disposto neste artigo, a conceder a guarda do menor a terceiro. Em razão do princípio da mutabilidade da sentença que definiu a guarda dos filhos, antes referido, reclama a doutrina a previsão legal para que se possa modificar a guarda anteriormente concedida, quando os interesses dos menores recomendarem e houver justo motivo para tanto, levando-se em conta no momento da alteração a afinidade e a afetividade que devem sempre prevalecer nas relações entre o guardião e o menor – filhos oriundos ou não de casamento. Por isso existe proposta nesse sentido de alteração do dispositivo ora comentado no PL n. 699/2011.

***Sobre alienação parental, ver comentário ao art. 1.583.***

**Jurisprudência:** Apelação cível. Ação para reconhecimento de união estável c/c pedidos de regulamentação de guarda, convivência e alimentos. 1. Guarda. O acirrado conflito e a animosidade que permeiam a relação entre os genitores não recomendam o deferimento da guarda compartilhada. Embora a previsão legal (arts. 1.583 e 1.584 do CC), a estipulação dessa modalidade deve sempre, e acima de tudo, ser interpretada à luz dos princípios constitucionais que consagram o melhor interesse da criança. 2. Convivência. A convivência entre pais e filhos conta com previsão no art. 1.589 do CC, sendo direito a ser exercício em prol do fortalecimento de vínculos familiares, mas, sobretudo, no interesse da prole, considerada a proteção especial às crianças e adolescentes, cujo bem-estar é prioritário e assegurado constitucionalmente (art. 227 da CF). No caso, a filha está com 12 anos de idade, tendo constado do laudo social elaborado em janeiro do ano em curso que a menina expressou suas mágoas e ressentimentos e temores, no contexto de violência doméstica experimentada pela genitora, não desejando a convivência com o pai. Assim, priorizando o bem-estar físico e psíquico e a segurança emocional da menina, deve ser mantida a suspensão da convivência. 3. Alimentos. Os alimentos para a filha foram estipulados no valor correspondente a 1 salário mínimo ou 25% dos rendimentos líquidos do genitor, em caso de vínculo empregatício. O apelante alega impossibilidade de arcar com tal quantia, porque encerrou as atividades comerciais da loja que o casal mantinha, dizendo que sobrevive apenas com benefício previdenciário de cerca de 1 SM. É precária a prova dos autos acerca da incapacidade financeira, sendo do alimentante o ônus da prová-la (Conclusão n. 37 do Centro de Estudos do TJRS). Não havendo nos autos comprovação segura e consistente, que convença acerca do alegado, fica mantida a pensão alimentícia nos valores estipulados na sentença. 4. Indenização pelo uso exclusivo de imóvel comum. Não houve na contestação apresentada pelo apelante pedido nesse sentido, tampouco em manifestações posteriores levadas aos autos. Consequentemente, o pedido deduzido nas razões recursais, para estipulação de "aluguel" pelo uso exclusivo do imóvel pela autora configura inovação recursal, e dele não se pode conhecer. Conheceram em parte dos pedidos recursais, negando-lhes provimento. Unânime. (TJRS, Ap. n. 50259405520218210010/Caxias do Sul, 8ª Câm. Cível, rel. Luiz Felipe Brasil Santos, j. 23.11.2023, *DJ* 24.11.2023)

Civil e processual civil. Agravo de instrumento. Tutela de urgência. Requisito. Probabilidade do direito. Inexistência. Menor. Guarda unilateral. Estabelecimento liminar. Impossibilidade. Dilação probatória. Necessidade. Decisão mantida. 1 – A teor do disposto no art. 300 do vigente CPC, a concessão de tutela de urgência demanda comprovação da probabilidade de existência do direito defendido. 2 – A 3ª Turma do STJ, no julgamento do REsp n. 1.428.596/RS, firmou entendimento de que a guarda compartilhada é a regra a ser seguida e não pode ser suprimida com base apenas na existência de desavenças entre os genitores. 3 – A partir da conjugação dos arts. 1.585 e 1586 do CC, exsurge que a fixação da guarda, ou sua modificação, de forma liminar será preferencialmente proferida após a oitiva de ambas as partes pelo magistrado. 4 – Pretensão recursal voltada à reforma da decisão que indeferiu pedido de estabelecimento de guarda unilateral. Necessidade do contraditório e da ampla defesa para que seja ouvida a parte contrária, pois o objetivo final da demanda de origem é alterar o regime anteriormente pactuado e homologado em juízo, o que traz risco aos menores e à convivência deles com seu genitor. 5 – Recurso conhecido e não provido. (TJDF, Proc. n. 07030990420198070000, 7ª T. Cível, rel. Gislene Pinheiro, j. 14.08.2019, *DJe* 15.08.2019)

Agravo de instrumento. Ação de regulamentação de guarda e responsabilidade c/c tutela antecipada. Guarda provisória deferida à tia. Revogação da liminar. Ausência de circunstâncias que justifiquem a retirada da adolescente do convívio paterno. Inteligência ao art. 1.586 do CC. Litigância de má-fé. Inobservância. Recurso conhecido e parcialmente provido. 1 – Inexistindo qualquer circunstância irregular ou excepcional que autorize a retirada da adolescente do convívio paterno, nos termos do art. 1.586 do CC, não há que se falar na retirada da guarda dela de seu genitor. 2 – Não é possível a condenação da agravada por litigância de má-fé, sob argumento de alteração da verdade dos fatos, pois tal alegação só poderá ser efetivamente comprovada após a instrução probatória. 3 – Recurso conhecido e parcialmente provido. (TJPR, AI n. 1028142-2, 11ª Câm. Cível, rel. Des. Fábio Haick Dalla Vecchia, *DJe* 15.07.2014, p. 165)

Agravo de instrumento. Tutela antecipada. Decisão que, após contestação, reformou a tutela antecipada anteriormente concedida para restringir as visitas maternas ao ambiente do lar paterno, em finais de semana alternados, sem pernoite. O regime de visitas deve atentar aos interesses e à proteção da criança. Notícia de ser a agravante usuária de drogas e álcool. Demonstração de fatos que fazem depreender correta a precaução tomada na decisão impugnada. Ausência de motivos aptos a autorizar a concessão da medida antecipatória, em sede liminar. Manutenção do regime de visitas nos moldes decididos até o exercício da cognição exauriente. Recurso desprovido. (TJSP, AI n. 0143903-79.2012.8.26.0000, 4ª Câm. de Dir. Priv., rel. Milton Carvalho, j. 13.12.2012)

Agravo de instrumento. Guarda e visita de filha menor. Finais de semana alternados. Possibilidade. Melhor interesse da menor. Provimento do recurso. O direito de visitas não é sagrado, impostergável, ou inalienável, mas está sujeito a limitações que podem levar à sua suspensão ou exclusão, sempre que considerações de ordem moral ou psicológica assim o exigirem. Vigora sempre o princípio de que, havendo motivos graves, devidamente especificados na sentença, o juiz pode e deve regular a guarda e entrega dos filhos (visita) por forma diferente da fixada na lei, em termos gerais e abstratos. Se não tem caráter definitivo o direito de visita, como indica a exegese legal, pode ser modificado, suspenso ou até mesmo suprimido, sempre que as circunstâncias assim o exigirem. No presente caso, considerando o melhor interesse da menor, deve-se dar provimento ao recurso, pois assim, aquela terá um maior convívio tanto com a família da mãe quanto com a do pai, devendo as visitas de finais de semana do pai se alternarem com a mãe. (TJMG, AI n. 1.0024.07.588213-4/001, rel. Mauro Soares de Freitas, j. 28.02.2008, *DJEMG* 28.03.2008)

Menor. Direito de visita. Alteração do local. Decretação de ofício. Admissibilidade. Desvio de conduta sexual do pai. Voto vencido. (*RT* 732/349)

**Art. 1.587. No caso de invalidade do casamento, havendo filhos comuns, observar-se-á o disposto nos arts. 1.584 e 1.586.**

Legislação correlata: art. 14, Lei n. 6.515, de 26.12.1977 (Lei do Divórcio).

Dispõe este artigo que as regras estabelecidas nos arts. 1.584 e 1.586, que privilegiam os interesses dos filhos menores no que concerne à sua guarda pelos pais, também deverão ser observadas na hipótese de se reconhecer a invalidade do casamento tratada pelos arts. 1.548 a 1.564. Nulo ou anulado o casamento, a guarda dos filhos de divorciados e separados judicialmente deverá ser concedida àquele que revelar melhores condições para exercê-la, entendida essa expressão como *atender melhor ao interesse da criança*. Por "filhos comuns" entenda-se aqueles originários do matrimônio e os filhos do cônjuge que podem ser adotados pelo outro.

**Art. 1.588. O pai ou a mãe que contrair novas núpcias não perde o direito de ter consigo os filhos, que só lhe poderão ser retirados por mandado judicial, provado que não são tratados convenientemente.**

O artigo retrata mais uma vez a prevalência dos interesses do menor, ao dispor que o novo casamento, por si só, não obstará a que pai e mãe exerçam o direito de ter consigo seus filhos. O direito outrora reconhecido só poderá ser modificado por decisão judicial, quando comprovado que os filhos não estão sendo tratados convenientemente por aqueles com quem convivam diretamente. A indefinição sobre o que constitua tratamento conveniente – conceito jurídico indeterminado – confere ao juiz poder discricionário para estabelecer situações especiais que evidenciem tratamento inadequado destinado aos menores, entendido este como aquele não condizente com o necessário para sua formação física e moral. A inadequação do tratamento é extensiva a todos aqueles com os quais convivam os menores, até mesmo àqueles com os quais ele não mantenha relação de parentesco. Embora a lei faça referência às novas núpcias, não se pode restringir o direito assegurado pelo dispositivo apenas ao casamento, devendo compreender na expressão "novas núpcias" eventual novo relacionamento amoroso de qualquer dos pais, desde que implique o compartilhamento dos direitos de guarda sobre os filhos. Como já se afirmou em comentários ao parágrafo único do art. 1.579, somente situações excepcionais justificarão a alteração do direito de guarda, como eventual malefício que o novo cônjuge daquele que detém a guarda possa causar aos filhos do casamento anterior, por exemplo.

**Jurisprudência:** Apelação. Ação de dissolução de união estável c/c guarda do filho e meação de bens. Inconformação do pai quanto à guarda deferida à mãe, de criança que ora conta cinco anos de idade. Reconhecimento, à vista dos pareceres técnicos, de que o melhor para o menor é permanecer sob os cuidados maternos. Aplicação dos arts. 1.584 e 1.588 do CC. Provimento parcial do recurso, apenas para determinar que o Juízo discipline o exercício do direito de visitação do pai ao filho. (TJRJ, Ap. n. 0004769-67.2007.8.19.0045, 2ª Câm. Cível, rel. Des. Jesse Torres, j. 28.10.2009)

---

**Art. 1.589. O pai ou a mãe, em cuja guarda não estejam os filhos, poderá visitá-los e tê-los em sua companhia, segundo o que acordar com o outro cônjuge, ou for fixado pelo juiz, bem como fiscalizar sua manutenção e educação.**

**Parágrafo único. O direito de visita estende-se a qualquer dos avós, a critério do juiz, observados os interesses da criança ou do adolescente.**

Parágrafo acrescentado pela Lei n. 12.398, de 28.03.2011.

---

Legislação correlata: art. 15, Lei n. 6.515, de 26.12.1977 (Lei do Divórcio).

O artigo estabelece o direito de visita dos pais que não detêm a guarda de seus filhos. Esse direito poderá ser exercido segundo o que foi pactuado livremente entre os genitores ou, na falta de consenso entre eles, o que foi definido pelo juiz. A visita dos pais aos filhos está compreendida no exercício do poder familiar (art. 1.634, II) e, na realidade, constitui verdadeiro direito-dever dos primeiros. No regime de visitas, os cônjuges ajustam a forma de permanência dos filhos em companhia daquele que não ficar com sua guarda, compreendendo, por exemplo, encontros periódicos regularmente estabelecidos, repartição das férias escolares e dias festivos (CPC/2015, art. 731, III).

Quando reconhecido e estabelecido pelo juiz o direito de visita, a decisão, de natureza determinativa, não fará coisa julgada material, podendo ser modificada a qualquer tempo desde que situações excepcionais autorizem, sempre em atenção ao interesse do menor, que deve se sobrepor a qualquer outro. Existe proposta de alteração no PL n. 699/2011, para que fique clara e expressa a possibilidade de que a fixação das visitas possa ser modificada pelo juiz, assim como na guarda, a qualquer momento.

A lei ainda assegura ao genitor que não detém a guarda o direito de fiscalizar o sustento, a manutenção e a educação conferidos a seu filho, embora esse direito não deva ser restrito ao genitor, estendendo-se a qualquer um que venha noticiar o desempenho inadequado pelo guardião, em virtude da preservação do interesse do menor.

No exercício do direito de visita, importante é que o genitor não se comporte como mero visitante, mas como efetivo pai, interessado na vida e na formação do filho, participando, além de fiscalizar, das decisões relativas à sua criação e educação (OLIVEIRA, Euclides Benedito de. "Direito de família no novo Código Civil". In: *Cadernos Jurídicos*, n. 13, p. 97-112).

O direito de visita poderá ser extensivo aos avós ou outros parentes próximos dos menores, como os irmãos. O parágrafo único do artigo, recentemente acrescentado, atendendo aos reclamos da doutrina e da jurisprudência, autoriza e regulamenta agora o direito de visita dos avós, recomendado em razão dos princípios maiores que informam os interesses da criança e do adolescente e para que se preservem sua necessária integração no núcleo familiar, os laços de afeição que os unem, e na própria sociedade (direito dos menores à convivência familiar – CR, art. 227 e ECA, art. 19).

Assim como já afirmado em comentários ao art. 1.584, em relação à guarda, não se deve fazer qualquer associação entre o direito de visita conferido aos pais e à culpa de um deles, reconhecida na ação de separação, ou à falta de condições para tornar-se guardião, pois o direito-dever ora referido estará assegurado independentemente da existência de qualquer dessas situações. Até mesmo faltando idoneidade à pessoa de um dos pais, não será subtraído desta o direito de permanecer com o seu filho, salvo na hipótese de vir a prejudicá-lo.

Ressalte-se, entretanto, que o direito de visita do pai aos filhos poderá vir a sofrer restrição ou suspensão quando constatada a violência doméstica e familiar contra a mulher, sendo esta a medida protetiva de urgência a ser adotada pelo juiz contra o agressor, nos termos do disposto no art. 22, IV, da Lei n. 11.340, de 07.08.2006 (dispõe sobre os mecanismos para coibir a violência doméstica e familiar contra a mulher), após a oitiva da equipe de atendimento multidisciplinar ou serviço similar do juízo, cumprindo lembrar, por fim, que tal medida, embora de competência cível, deverá ser conhecida e julgada pelos juízes das varas criminais, enquanto ainda não estruturados os juizados especiais estabelecidos pela lei, conforme determina o disposto no seu art. 33.

***Sobre alienação parental, v. comentário ao art. 1.583.***

**Jurisprudência:** Agravo interno. Agravo de instrumento. Família. Ação de guarda compartilhada c/c regulamentação de visitas e alimentos. Pedido de que a visitação paterna, que liminarmente foi autorizada, seja suspensa até que que se proceda a estudo social/psicológico das partes; ou, ao menos, que os encontros se deem em local público, com acompanhamento de pessoa da confiança da genitora. Descabimento. Com efeito, a fim de preservar a necessária convivência entre pai e filho, deve ser regularizada a visitação paterna. No caso, ausentes elementos seguros, por ora, a evidenciar exposição de risco ao menor, nascido em 27.11.2022, e sendo evidente a intenção da genitora em obstaculizar os encontros paterno-filial, de ser mantida a decisão que deferiu a retomada das visitas paternas em domingos alternados, sem pernoite, devendo a busca ocorrer a partir das 9 horas e devolução até as 19 horas; bem como autorizou o genitor a encontrar com o filho, no Dia das Crianças (12.10.2023), das 12 às 17 horas, devendo, apenas, ser indicada pessoa da família paterna para realizar a busca e devolução do menor à residência da mãe. Salienta-se que eventuais alterações, desde que devidamente comprovadas, poderão ensejar a reanálise da questão. Inteligência do art. 1.589 do CC. Precedentes do TJRS. Agravo interno desprovido. (TJRS, AI n. 5323162-50.2023.8.21.7000/Porto Alegre, 7ª Câm. Cível, rel. Carlos Eduardo Zietlow Duro, j. 29.11.2023, *DJ* 29.11.2023)

Agravo de instrumento. Ação revisional de alimentos, guarda e convivência familiar. Pleito de alteração da convivência materno-filial. Descabimento. Inexistência de risco ao filho que fundamente a mudança do estabelecido pela origem. Inteligência do art. 1.589 do CC. A convivência entre pais e filhos deve levar em conta o princípio constitucional do melhor interesse da criança. Agravo de instrumento desprovido. (TJRS, AI n. 5117407-29.2023.8.21.7000, 7ª Câm. Cível, rel. Vera Lucia Deboni, j. 25.10.2023, *DJ* 25.10.2023)

Agravo de instrumento. Ação de prestação de contas. I. Demanda de exigir contas ajuizadas pelo autor em face da guardiã da menor a quem presta alimentos. Condenação da ré, em primeira fase, à prestação das contas em relação a alimentos pagos no período de 30.11.2020 até a efetiva prestação das contas. Irresignação da ré. Reforma imperativa. II. Ilegitimidade passiva da ré, dada a inexistência de relação jurídica entre o alimentante e a guardiã da alimentanda. Irrepetibilidade dos alimentos, ademais, que qualifica como inócuo qualquer provimento condenatório editado no feito aforado. III. Eventual má administração da verba alimentar pela guardiã que reclama alteração da guarda ou até mesmo redução do valor dos alimentos. Aplicação do disposto no art. 1.589 do CC. Precedente do E. Superior Tribunal e desta Corte. IV. Carência de ação cujo reconhecimento se impõe, com extinção da demanda, na forma do art. 485, VI, do CPC. Decisão reformada. Agravo provido. (TJSP, AI n. 2123242-93.2022.8.26.0000/SP, 3ª Câm. de Dir. Priv., rel. Donegá Morandini, j. 23.06.2022, publ. 23.06.2022)

Tutela de urgência. Ação de regulamentação de visitas ajuizada pela avó paterna de menor. Cabimento. Restrição do regime provisório de visitas regulamentado pelo juízo. Inadmissibilidade. Direito da avó paterna de ter a neta em sua companhia. Inteligência do parágrafo único do art. 1.589 do CC. Ausência de riscos à menor nas visitas à pleiteante. Risco de dano irreparável que advém, ao revés, da privação da convivência da criança com a família paterna. Decisão mantida. Recurso improvido. (TJSP, AI n. 2001615-25.2022.8.26.0000/SP, 6ª Câm. de Dir. Priv., rel. Vito Guglielmi, j. 23.02.2022, publ. 23.02.2022)

Veja no art. 1.632 a seguinte decisão: TJSP, AI n. 2055679-19.2021.8.26.0000/SP, 1ª Câm. de Dir. Priv., rel. Augusto Rezende, j. 10.12.2021, publ. 10.12.2021.

Agravo de instrumento. Ação de guarda c/c regulamentação de visitas e alimentos. Regulamentação de visitas paternas. Princípio do melhor interesse do menor. 1. O art. 1.589 do CC franqueia ao genitor, não detentor da guarda da criança ou do adolescente, ampla convivência mediante visitação em ambiente e condições favoráveis ao seu pleno e sadio desenvolvimento. 2. A regulamentação de visitas deve tutelar o melhor interesse da criança e/ou adolescente, garantindo-lhe o desenvolvimento físico, mental, moral, espiritual e social, em condições de liberdade e de dignidade. (TJMG, AI n. 1.0000.21.149414-1/001, rel. Des. Wagner Wilson, j. 05.11.2021)

Agravo de instrumento. Ação de divórcio litigioso c/c guarda compartilhada. Deferidas visitas do genitor em finais de semanas alternados. Recurso *secundum eventum litis*. Melhor interesse das crianças. Poder geral de cautela do juiz. Decisão mantida. 1 – O agravo de instrumento constitui espécie recursal *secundum eventum litis*, restringindo suas razões aos lindes da decisão objetada, seu acerto ou desacerto. Dessarte, não pode a instância revisora antecipar-se ao julgamento do feito, sob consequência de, violando a devolutividade estrita, suprimir um grau de jurisdição. 2 – Inexistindo ilegalidade, nulidade, abusividade ou teratologia na decisão recorrida, forçoso o desprovimento recursal, mantendo-se a regulamentação de visitas tal como deferida até que, em cognição exauriente, defina-se o melhor caminho a ser traçado para resguardar os interesses das crianças. 3 – Muito embora seja direito fundamental da criança a convivência com os genitores, *ex vi* do art. 1.589, do CC, o direito de visita deve sempre garantir o melhor interesse da criança em detrimento dos pais. Recurso conhecido e desprovido. (TJGO, AI n. 00802695120198090000, 3ª Câm. Cível, rel. Gilberto Marques Filho, j. 26.09.2019)

Civil, família e processual civil. Revisional de alimentos c/c regulamentação de visitas. Apelo para majoração de verba escolar. Pedido não deduzido na inicial. Inovação recursal. Regulamentação de visitas assistidas. Acordo homologado. Sem intercorrência na fase de adaptação. Art. 1.589 do CC. Regime de visitação mantido. Recurso improvido. 1 – Ação revisional de alimentos e regulamentação de visitas proposta pela genitora objetivando a majoração da verba alimentar de 10% para 30% dos rendimentos brutos do requerido, incluindo 13º salário e 1/3 de férias descontados os compulsórios e a regulamentação de visitas assistidas. 1.1 – Sentença de parcial procedência que majorou o valor da pensão alimentícia para o valor equivalente a 15% dos rendimentos brutos do requerido, deduzidos os descontos compulsórios e julgou improcedente o pedido de regulamentação de visitas assistidas mantendo a regulamentação de visitas anteriormente homologada na sentença de divórcio. 1.2 – Apelo da autora pela reforma da sentença para majoração da verba de material escolar para 50% e definição de procedimentos a serem adotados pela genitora quando a apelante se recusar a acompanhar o apelado e que seja estipulado tempo de tolerância nos dias de visitação do genitor. 2 – Rejeitado pedido de majoração da verba de material escolar por se tratar de inovação recursal. 2.1 – Nos termos do art. 1.014 do CPC, "as questões de fato, não propostas no juízo inferior, poderão ser suscitadas na apelação, se a parte provar que deixou de fazê-lo por motivo de força maior". 3 – De acordo com o art. 1.589 do CC, "o pai ou a mãe, em cuja guarda não estejam os filhos, poderá visitá-los e tê-los em sua companhia, segundo o que acordar com o outro cônjuge, ou for fixado pelo juiz, bem como fiscalizar sua manutenção e educação". 3.1 – No caso dos autos, a regulamentação de visitas quinzenal pelo genitor foi acordada na sentença de divórcio, e posteriormente revista em acordo provisório nestes autos, cujas partes deveriam informar ao juízo qualquer intercorrência durante o período de transição acordado. 3.2 – Durante o prosseguimento do processo, até a sentença, não houve notícia de irregularidade no curso das visitações acordadas, tendo a genitora da autora se furtado de informar qualquer intercorrência por parte do genitor. 3.3 – Mantido o regime de visitação acordado na sentença de divórcio. 4 – Apelo improvido. (TJDF, Proc. n. 20151410036197, 2ª T. Cível, rel. João Egmont, j. 11.04.2018, *DJe* 17.04.2018)

Pedido de regulamentação de visitas. Avós paternos. Alienação parental praticada pelo genitor. Proximidade deste com os postulantes. Interesse do menor preponderante sobre os desejos dos progenitores. Pedido corretamente indeferido. Recurso desprovido. Conforme reza o art. 1.589 do CC, o direito de visitação estende-se aos avós, a critério do juiz, observados os interesses da criança ou do adolescente, centralizados no conflito de interesses, também a teor do art. 3º do ECA. Isso posto, havendo histórico de alienação parental pelo genitor, com quem os avós são próximos, e uma série de conflitos familiares em curso, desgastantes ao infante, é impertinente que se conceda a visitação na forma almejada, o que torna correto o indeferimento do pleito em primeiro grau. (TJSC, AI n. 2014.092069-5/Capital, rel. Des. Maria do Rocio Luz Santa Ritta, j. 28.07.2015)

Veja no art. 1.584 a seguinte decisão: TJSP, AI n. 0090330-92.2013.8.26.0000, 4ª Câm. de Dir. Priv., rel. Milton Carvalho, j. 17.10.2013.

Agravo regimental em recurso especial. Ação de fiscalização de despesas alimentícias. Demanda que objetiva a fiscalização da aplicação da verba alimentar. Ação inadequada ao fim colimado. 1 – Segundo a jurisprudência desta Corte, o alimentante não detém interesse de agir quanto a pedido de prestação de contas formulado em face da mãe do alimentando, filho de ambos, sendo irrelevante, a esse fim, que a ação tenha sido proposta com base no art. 1.589 do CC, uma vez que esse dispositivo autoriza a possibilidade de o genitor que não detém a guarda do filho fiscalizar a sua manutenção e educação, sem, contudo, permitir a sua ingerência na forma como os alimentos prestados são administrados pela genitora. 2 – Agravo regimental improvido. (STJ, Ag. Reg. REsp n. 1.378.928, 3ª T., rel. Min. Sidnei Beneti, *DJe* 06.09.2013, p. 2.438)

Apelação cível. Recurso adesivo. Regulamentação de visitas da avó materna. 1 – Regulamentação de visitas proposta pela avó materna. Sentença de procedência parcial. Insurgência de ambas as partes. 2 – Em que pese o direito de visitação dos avós, previsto no parágrafo único do art. 1.589 do CC, deve sempre prevalecer o interesse do menor. 3 – A existência de conflito entre os pais e a autora não pode obstar o bem-estar da criança, devendo ser preservado o laço afetivo entre a menor e sua avó. 4 – Visitação que não pode prejudicar a rotina de vida da infante (6 anos), não sendo recomendado o pernoite, mormente pela existência de animosidade entre o marido da autora e os pais da menor, sendo certo que este último não possui laço familiar com a criança, não havendo, ao longo da instrução probatória, qualquer indício de relação afetiva entre os mesmos. 5 – Visitação quinzenal mantida, mostrando-se adequada, diante da avaliação psicológica realizada. 6 – Modificação do horário estabelecido na sentença, em razão da nova rotina de trabalho da genitora da menor, mantida as demais condições de visitação. 7 – Negado provimento ao primeiro apelo (autora), provido o recurso adesivo (ré). (TJRJ, Ap. Cível n. 0136480-65.2009.8.19.0001, 8ª Câm. Cível, rel. Des. Monica Costa Di Piero, *DJe* 22.08.2013)

Veja no art. 1.583 a seguinte decisão: TJSP, Ap. n. 0000666-61.2012.8.26.0137, 4ª Câm. de Dir. Priv., rel. Milton Carvalho, j. 17.10.2013; TJSP, Ap. n. 0017398-64.2011.8.26.0554, 4ª Câm. de Dir. Priv., rel. Milton Carvalho, j. 08.08.2013.

Agravo de instrumento. Regulamentação de visitas. Indeferimento de tutela antecipada. Pretensão do agravante em fixar regime de visitas provisório. Alegação de ocorrência de alienação parental. Ausência, por ora, de demonstração da verossimilhança das alegações de alienação parental e de provas inequívocas quanto ao suposto impedimento do seu direito de visitas. Conveniente aguardar-se a instauração e desenvolvimento do contraditório, com a realização de estudo psicossocial. Decisão mantida. Agravo desprovido. (TJSP, AI n. 2012377-18.2013.8.26.0000, 4ª Câm. de Dir. Priv., rel. Milton Carvalho, j. 17.10.2013)

Regulamentação de visitas. Pedido formulado pela avó paterna. A criança e o adolescente têm direito à convivência familiar, a partir do que se compreende que o menor é o verdadeiro titular do direito a visitas. Fixação que deve ser feita de modo que sejam atendidos os seus interesses. Hipótese em que não existem vínculos afetivos entre as crianças e a família paterna, não se mostrando adequada a imposição de convívio, o qual deve ser estabelecido de forma gradual. Recurso desprovido. (TJSP, Ap. Cível n. 0018517-20.2012.8.26.0071, 4ª Câm. de Dir. Priv., rel. Milton Carvalho, j. 17.10.2013)

Pedido de fiscalização de pensão alimentícia. Pretensão de fiscalizar a administração feita pela genitora que detém a guarda com relação às verbas alimentares pagas em favor de filho comum. Ausência de interesse processual do alimentante. Irrelevância de que a ação tenha sido proposta com base no art. 1.589 do CC. Fiscalização da manutenção e da educação do filho menor que não se confundem com fiscalização da administração dos valores pagos a título de pensão alimentícia. Precedentes do STJ. Indeferimento da inicial mantido. Litigância de má-fé não caracterizada. Recurso desprovido. (TJSP, Ap. Cível n. 0000198-35.2013.8.26.0114, 4ª Câm. de Dir. Priv., rel. Milton Carvalho, j. 17.10.2013)

Regulamentação de visitas. Guarda exclusiva da genitora. Pai que busca a regulamentação de visitas. Genitora que pretende impedir a visitação nos finais de semana alternados, reduzindo-a ao período de três horas por dia. Ausência de justificativa. Criança com mais de um ano de idade que não se alimenta exclusivamente do leite materno, podendo ausentar-se da presença materna pelo período fixado em sentença. Convivência com o pai de extrema importância para o desenvolvimento da menor. Sentença integralmente mantida. Recurso desprovido. (TJSP, Ap. Cível n. 0023597-96.2012.8.26.0577, 4ª Câm. de Dir. Priv., rel. Milton Carvalho, j. 19.09.2013)

Agravo de instrumento. Regulamentação de visitas. Alegação de que o pai praticou violência sexual contra a filha. Pedido de realização de visitas assistidas pelo setor técnico. Indeferimento. Alegações formuladas pela agravante que carecem de comprovação. Relatórios médicos que referem dermatite de contato e descartam a possibilidade de violência sexual. Ausência de elementos que indiquem prejuízo para a infante decorrente do exercício de visitação de seu genitor. A fixação do regime de visitas deve atentar aos interesses da criança. Prudente aguardar-se o desenvolvimento do contraditório e da instrução do pedido para alterá-lo. Precedentes da jurisprudência. Recurso desprovido. (TJSP, AI n. 0030280-03.2013.8.26.0000, 4ª Câm. de Dir. Priv., rel. Milton Carvalho, j. 05.09.2013)

Agravo de instrumento. Tutela antecipada. Suspensão de visitas. Petição inicial instruída com atestados médicos, relatório psicológico e boletim de ocorrência lavrado por assistente social que consistem em provas aptas a convencer da verossimilhança da alegação de que o convívio da criança com o genitor tem sido prejudicial ao seu desenvolvimento. Documentos que apresentam indícios de que o infante esteja sofrendo abusos sexuais por parte do genitor, a caracterizar risco de dano irreparável ou de difícil reparação. Presença dos requisitos do art. 273 do CPC [arts. 296 a 300, *caput*, § 3º, 305, parágrafo único, 311, *caput*, I, e 356 do CPC/2015] que autoriza a concessão da tutela antecipada. Suspensão das visitas mantida. Recurso desprovido. (TJSP, AI n. 0148233-85.2013.8. 26.0000, 4ª Câm. de Dir. Priv., rel. Milton Carvalho, j. 22.08.2013)

Apelação cível. Ação de modificação de guarda ajuizada pela genitora. Criança que conta atualmente 11 anos de idade, estando sob os cuidados paternos nos últimos tempos. Procedência na origem, com alteração da guarda e estipulação de visitas da infante ao requerido. Recurso da autora/mãe. 1 – Julgamento *extra* ou *ultra petita*. Não ocorrência. Fixação de visitas que decorre do pedido de guarda formulado pelo outro genitor. Regulamentação cabível *ex officio*. Inteligência do art. 1.589 do CC. Prefacial repelida. 2 – Pretenso emprego de óbice à visitação atribuída ao pai. Descabimento. Criança bem cuidada durante o período em que esteve sob a supervisão paterna (aproximadamente 4 anos). Ruptura abrupta dos laços afetivos não recomendada. Sentença mantida. 3 – Recurso conhecido e desprovido. (TJSC, Ap. Cível n. 2013.013552-3/Criciúma, 1ª Câm. de Dir. Civil, rel. Raulino Jacó Brüning, j. 11.06.2013)

Agravo de instrumento. Cautelar de regulamentação de visitas. Infante sob a guarda do genitor. Decisão que determinou visitas em finais de semanas alternados, porém sem que o infante pernoite na casa de sua genitora. Sob o argumento de que a criança tem pouca idade (7 anos). Inconformismo. Ausência de fundamento. Nenhuma prova que desabone a conduta da agravante. Necessidade de firmar os vínculos afetivos. Exegese do art. 19 do ECA e art. 1.589 do CC. Recurso conhecido e parcialmente provido. I – Salvo situações excepcionais, os pais que não detém a guarda de filho menor tem assegurado o direito de desfrutar da companhia do infante em período adequado ao caso concreto, de modo a reforçar o vínculo familiar, o afeto recíproco e a educação da prole. Encontros dessa natureza são chancelados por nobres escopos e precisam atingir seus fins em benefício da cabal formação da criança. II – Dessa forma, necessária a reforma da decisão de primeiro grau, para garantir o direito do infante em conviver com seus genitores e, assim, consolidar os vínculos afetivos. (TJSC, AI n. 2012.091359-1, 6ª Câm. de Dir. Civil, rel. Joel Figueira Júnior, j. 23.05.2013)

Agravo de instrumento. Alimentos provisórios. Pedido de redução. Pensão alimentícia fixada em 25% dos rendimentos líquidos do alimentante. Criança sujeita ao poder familiar. Dever de sustento. Necessidades presumidas. Fixação em percentual dos ganhos do alimentante que respeita a proporcionalidade que deve existir entre o valor da pensão e os rendimentos auferidos pelo genitor. Regulamentação de visitas. Regime que se adéqua às necessidades da criança que, em razão da pouca idade, ainda depende dos cuidados maternos. Visitas fixadas semanalmente que permitem maior contato entre pai e filho. Recurso desprovido. (TJSP, AI n. 0268007-46.2012.8.26.0000, 4ª Câm. de Dir. Priv., rel. Milton Carvalho, j. 16.05.2013)

Agravo de instrumento. Cautelar inominada. Decisão que fixou regime provisório de visitas para o genitor, independentemente de assistência da genitora ou outra pessoa. Criança de apenas três anos que apresentou mudanças comportamentais, de índole sexual. Embora ausentes indícios de abuso sexual por parte do genitor, deve-se evitar que a infante seja exposta a situações que lhe prejudiquem o desenvolvimento físico e psicológico. Visitas que devem ser realizadas de forma assistida até a conclusão da instrução processual. Recurso provido. (TJSP, AI n. 0269298-81.2012.8.26.0000, 4ª Câm. de Dir. Priv., rel. Milton Carvalho, j. 09.05.2013)

Regulamentação de visitas. Guarda exclusiva da mãe. Ampliação do regime de visitas em favor do genitor, para incluir o pernoite nos finais de semana alternados e permanência em datas comemorativas. Genitora que pretende impedir a pernoite na casa paterna até que a criança ultrapasse os seis anos de idade. Ausência de justificativa. Genitor que exerce a guarda de outra criança, de idade semelhante à da filha das partes. Ausência de provas de que não possua condições para receber a infante em seu ambiente familiar. Intensificação do regime de visitas a partir dos quatro anos de idade que não encontra qualquer óbice. Convivência com o pai de extrema importância para o desenvolvimento da criança. Recurso desprovido. (TJSP, Ap. n. 0056488-36.2010.8.26.0224, 4ª Câm. de Dir. Priv., rel. Milton Carvalho, j. 18.04.2013)

Apelação cível. Regulamentação de visitas pela avó materna. O direito de visita dos avós está positivado no parágrafo único do art. 1.589 do CC. No entanto, impõe-se preservar os interesses da criança. No caso, o infante perdeu a mãe de forma trágica quando tinha apenas 3 anos de idade, passando a residir com o pai na cidade de Ronda Alta. Os estudos (social e psicológico) realizados são conclusivos no sentido de que afastamentos prolongados do pai seriam prejudiciais ao menino, sobretudo porque a avó materna reside no interior do Estado de São Paulo na cidade de Cotia e porque ele manifesta que não quer ficar longe do pai. Assim, por ora não se recomenda visitas com pernoites nem nas datas festivas, o que implicaria um deslocamento excessivo ao infante. Negaram provimento. Unânime. (TJRS, Ap. Cível n. 70.052.090.685/Ronda Alta, 8ª Câm. Cível, rel. Luiz Felipe Brasil Santos, j. 07.02.2013, *DJ* 14.02.2013)

Regulamentação de visitas. Decisão que concedeu o direito de visitas à avó paterna. Direito de visitas avoengas assegurada pelo ordenamento. Alegação, contudo, de que a decisão não atende ao interesse da criança. Evidente o alto nível de litigiosidade entre as partes. Genitora agravante que deduz sérias alegações acerca do ambiente ao qual estaria sujeita a criança. Necessidade de instrução do feito, para aferir a veracidade da assertiva. Hipótese que recomenda cautela. Recurso provido. (TJSP, AI n. 0154539-07.2012.8.26.0000, 4ª Câm. de Dir. Priv., rel. Milton Carvalho, j. 29.11.2012)

Ação de guarda. Sentença que julgou improcedente o pedido de guarda formulado pela autora e estabeleceu regime de visitas em favor dela. Ausência de pedido expresso quanto à fixação de visitas que não extrapola os limites objetivos da demanda. Previsão legal de que o genitor que não detém a guarda dos filhos menores possui o direito de tê-los em sua companhia (CC, art. 1.589). Fixação de visitas, portanto, que decorre da concessão da guarda unilateral, inclusive, em razão de se preservarem os interesses da prole. Genitores que residem em cidades diferentes. Responsabilidade quanto à efetivação das visitas que pertence a ambos, pois titulares do poder familiar. Necessidade de se dividir o encargo entre os pais. Sentença mantida. Recurso desprovido. (TJSP, Ap. Cível n. 0000191-19.2009.8.26.0523, rel. Milton Carvalho, j. 28.06.2012, voto n. 3.236)

Agravo de instrumento. Modificação de regime de visitação. Antecipação de tutela. Pretensão de suspensão das visitas paternas. Decisão agravada que determina o cumprimento do acordo homologado judicialmente. A fixação do regime de visitação deve atentar aos interesses da criança. Ausência de demonstração suficiente de prejuízo para o menor decorrente do exercício de visitação de seu genitor. Prudente aguardar-se a instauração e desenvolvimento do contraditório e da instrução do pedido. Precedentes da jurisprudência. Decisão bem fundamentada. Recurso desprovido. (TJSP, AI n. 0264380-68.2011.8.26.0000, rel. Milton Carvalho, j. 10.05.2012)

Regulamentação de visitas. Genitor apto ao exercício de direito. Criança com mais de oito anos. Pernoite está em condições de prevalecer. Oportunidade para que pai e filho, em ambiente descontraído, possam ampliar a afetividade. Prevalência do interesse do menor. Obstáculo apresentado pela genitora é prejudicial à criança. Individualismo da mãe deve ser afastado de plano. **Procedimento da apelante caracteriza alienação parental.** Recorrente já propusera ação de destituição de pátrio poder em face do recorrido, porém, sem sucesso. Beligerância entre as partes não pode afetar o relacionamento com o filho. Apelo desprovido. (TJSP, Ap. Cível n. 0005127-74.2004.8.26.0099, 4ª Câm. de Dir. Priv., rel. Natan Zelinschi de Arruda, j. 11.11.2010)

Regulamentação de visitas. Acusações de ocorrência de abusos sexuais do pai contra os filhos. Ausência de prova. Síndrome da alienação parental caracterizada. Desprovimento do recurso. É indispensável a fixação de visitas ao ascendente afastado do constante convívio com os filhos, em virtude do fim do casamento dos pais, conforme prescreve os arts. 1.589 e 1.632 do CC. A prática de abusos sexuais deve ser cabalmente comprovada, sob pena de inadmissível afastamento do pai da criação da prole, medida esta que culmina em graves e até mesmo irreversíveis gravames psíquicos aos envolvidos. O conjunto probatório que não demonstra o abuso sexual sustentado pela genitora, com autoria atribuída ao pai dos infantes, aliada às demais provas que comprovam a insatisfação dos filhos com o término do relacionamento do casal, inviabiliza a restrição do direito de visitas atribuído ao ascendente afastado da prole, mormente diante da caracterização da síndrome da alienação parental. (TJMG, Ap. Cível n. 1.0024.08.984043-3/004(1), rel. Des. Edilson Fernandes, j. 14.09.2010)

Direito de visitação. Art. 1.589 do CC. Direito do pai e da menor. Ausência de elementos que desabonem a conduta do pai. Visitação deferida. [...] Considerando que a regulamentação de visitas de menor deve considerar o bem-estar da criança, prevalecendo aquilo que vai incentivar seu desenvolvimento físico, social e psíquico da melhor maneira possível, garantindo, sempre, seus direitos e sua proteção, e, ainda, que é indispensável para que tais objetivos sejam alcançados o convívio com ambos os pais, não havendo nada que desabone a conduta do pai para com a infante, não vejo razão para não conceder ao agravante a visitação pleiteada. As visitas às quartas-feiras, claramente inconvenientes, devem ser indeferidas. (TJMG, AI n. 0038703-17.2010.8.13.0000, rel. Des. Eduardo Andrade, j. 22.06.2010)

Agravo de instrumento. Regulamentação de visitas. Pedido de suspensão pela guardiã. Maus-tratos e abuso sexual não comprovados. O art. 1.589 do CCB dispõe que o pai ou a mãe, em cuja guarda não estejam os filhos, poderá visitá-los e tê-los em sua companhia, bem como finalizar sua manutenção e educação. Diante da ausência de provas, na fase, das alegações da genitora do menor, de que esse estaria sofrendo maus-tratos e abuso sexual por parte do pai, assim como de qualquer fato concreto impossibilitando as visitas, é de serem mantidas, nos termos deferidos no juízo *a quo*, mormente a cautela do acompanhamento por terapeuta. Estudo social nesse sentido. Negaram provimento ao agravo de instrumento (segredo de justiça). (TJRS, AI n. 70.034.742.577, 7ª Câm. Cível, rel. Des. André Luiz Planella Villarinho, j. 12.05.2010)

Regulamentação de direito de visitas. Preponderância dos interesses da criança. Convivência com o pai que é necessária para seu bom desenvolvimento psicológico e emocional. Direito natural do pai consagrado no art. 1.589 do CC/2002. Visita fora da casa materna, aos domingos, das 9 às 19 horas, que é razoável e se mostra benéfica à formação afetiva da criança. Inexistência de motivo concreto para restrição, devendo a autora adaptar sua rotina e da criança para que esta última possa estar na companhia do pai. Jurisprudência dominante neste TJSP e no STJ. Decisão parcialmente reformada. Recurso provido em parte. (TJSP, Ap. Cível n. 669.353.440/Franca, 4ª Câm. de Dir. Priv., rel. Maia da Cunha, j. 26.11.2009)

Direito civil e processual civil. Família. Recurso especial. Medida cautelar incidental. Pretensão da mãe de obstar o direito do pai de visitar a filha. Ação de modificação de visitas. Pretensão do pai de ter ampliado o seu direito de visitar a filha. Ajuizamento concomitante, em outro processo, de ação negatória de paternidade. Alegação de incompatibilidade de interesses a envolver ambas as ações propostas pela mesma parte. Desistência da negatória após a contestação. Ausência de consentimento da parte ré. Questão a ser observada na ação negatória e não em sede de medida cautelar. Manutenção do direito de visitas. A prevalência do melhor interesse da criança impõe o dever aos pais de pensar de forma conjugada no bem-estar dos filhos, para que possam os menores usufruir harmonicamente da família que possuem, tanto a materna, quanto a paterna, sob a premissa de que toda criança ou adolescente tem o direito de ter amplamente assegurada a convivência familiar, conforme linhas mestras vertidas pelo art. 19 do ECA. É inerente ao poder familiar, que compete aos pais, quanto à pessoa dos filhos menores, tê-los em sua companhia, nos termos do art. 1.634, II, do CC/2002, ainda que essa companhia tenha que ser regulada pelo direito de visitas explicitado no art. 1.589 do CC/2002, considerada a restrição contida no art. 1.632 do CC/2002, quando colhido o casal pela separação judicial, divórcio ou dissolução da união estável; sem que se tenha notícia de que o poder familiar do recorrido em relação à filha tenha sido de alguma forma suspenso ou extinto, assiste-lhe o direito de visitar a filha, nos termos em que fixadas as visitas em juízo. A desistência da ação negatória em outro processo, tal como asseverado no acórdão impugnado, não tem o condão de produzir efeitos processuais nos autos da ação de modificação de guarda com o objetivo de ampliar as visitas do pai à filha; apenas foi tomada em consideração a referida desistência, para que se verificasse a real intenção do recorrido, de não se afastar da criança, tendo como parâmetro que neste processo, discute-se unicamente o direito de visitas. Se o acórdão recorrido estabelece que o pai possui interesse de estar presente e visitar a filha o tanto quanto lhe for permitido, conforme determinação do Juízo na regulamentação de visitas, cumprindo, por conseguinte, com suas obrigações paternas, demonstrando intensa preocupação e cuidado com o bem-estar da menor, tendo-se apenas em perspectiva real o fator de intenso conflito vivenciado entre os genitores, não há porque restringir o salutar contato da filha com pai. Recurso especial não provido. (STJ, REsp n. 1.032.875, rel. Min. Nancy Andrighi, j. 28.04.2009)

Alteração de guarda. Regulamentação de visitas. Necessidade de manutenção do vínculo materno. Ainda que a adolescente esteja sob a guarda de sua tia paterna há aproximadamente sete anos, lhe deve ser oportunizado o convívio materno, direito assegurado pela CF, bem como pela legislação infraconstitucional (art. 227 da CF, arts. 4º e 19 do ECA e art. 1.589 do CC). Recurso improvido. (TJRS, Ap. Cível n. 70.027.937.903, 8ª Câm. Cível, rel. Claudir Fidelis Faccenda, j. 19.02.2009)

Visita. Decisão que concede ao pai direito de visitar filha, de 3 anos, todos os domingos, podendo sair para passeios. Admissibilidade, nos termos do art. 1.589 do CC. Não provimento. (TJSP, AI n. 583.670-4/4-00, 4ª Câm. de Dir. Priv., rel. Enio Zuliani, j. 04.09.2008, *DJ* 26.09.2008)

Apelação cível. Ação cautelar satisfativa. Fiscalização da pensão alimentícia. Art. 1.589 do CC/2002. A ação cautelar inominada, satisfativa, não é o instrumento processual adequado para a fiscalização da manutenção do menor/alimentando, pelo pai/alimentante, quando nenhum proveito jurisdicional dela advirá. Eventual apuração de gastos inúteis e desnecessários do menor, do desperdício da pensão alimentícia pela genitora do alimentando, ou superfaturamento das despesas do menor elencadas na contestação à ação revisional de alimentos, é matéria atinente a essa ação ordinária (revisional). A inadequação procedimental acarreta a inexistência de interesse processual. Extinção da ação cautelar mantida. Apelação desprovida. (TJRS, Ap. Cível n. 70.024.137.564, 8ª Câm. Cível, rel. José Ataídes Siqueira Trindade, j. 21.08.2008, *DJ* 29.08.2008)

Cautelar. Separação de corpos. Possibilidade. Regulamentação de visitas. Direito do pai. A separação de fato do casal não obsta o deferimento liminar da separação de corpos das partes, sendo medida recomendável a fim de evitar futuras discussões advindas do fim da sociedade conjugal. Ao pai que não é atribuída a guarda dos filhos deve ser garantido o direito de visitas, conforme dispõe o art. 1.589 do CC. (TJMG, Ap. Cível n. 1.0024.08.978927-5/001, rel. Edilson Fernandes, j. 19.08.2008, *DJEMG* 12.09.2008)

Prestação de contas. Pleito ajuizado pelo alimentante em face da guardiã da alimentanda menor. A guardiã não administra bens ou valores do alimentante, mas valores integralmente cabentes à filha, cuja guarda e respectivo poder-familiar asseguram a ela o lídimo direito de administração, visando à manutenção e ao bem-estar da infante. Manifesta ilegitimidade *ad causam* e falta de interesse processual, com a consequente carência da ação. Recurso provido. (TJSP, Ap. Cível n. 400.980.4/2-00, rel. Des. Sebastião Carlos Garcia, j. 02.02.2006)

Guarda de menor e regulamentação de visitas. Genitor residente em outro país. Genitora que detém a guarda do menor e atualmente reside no Brasil. Competência da Justiça comum para dirimir os conflitos até que se prove o sequestro na Justiça Federal. Afastada a suspensão do presente feito. Quando no Brasil, a visita do pai não fica restrita nos moldes pretendidos pela genitora, a criança pode pernoitar no hotel com o genitor nos finais de semana, sendo devolvida às 17 horas de domingo. Agravo parcialmente provido. (TJSP, AI n. 408.499-4/5-00, rel. Des. Ribeiro da Silva, j. 26.01.2006)

Agravo. Regulamentação de visitas. Menor em idade tenra. Bem-estar da menor que se sobrepõe ao interesse dos seus genitores. 1 – O direito do pai de visitar e ter consigo a filha decorre da regra prevista no art. 1.589 do CC, e só admite restrições, ou até mesmo supressão, se diante da prova segura de que seu exercício decorresse para a menor consequências maléficas. 2 – Os interesses da menor hão de preferir aos dos seus genitores (art. 227 da CF). (TJMG, AI n. 1.0074.03.017664-3/001, rel. Fernando Bráulio, j. 28.10.2004, *DJEMG* 16.03.2005)

Alimentos. Prestação de contas. Ação ajuizada em face da mãe do alimentando, objetivando esclarecimento sobre o destino que vem sendo dado às prestações mensais em favor de seu filho. Inadmissibilidade. Mãe administradora legal dos bens do filho porque se acha sob seu poder. Autor que, na qualidade de pai, não guarda qualquer vínculo jurídico obrigacional com a mãe da criança que possa legitimar seu pedido de prestação de contas. Faculdade do art. 15 da Lei n. 6.515, de 26.12.1977, de mera fiscalização e não de exigência de obrigação legal ou contratual. Sentença mantida. Recurso não provido. (TJSP, Ap. Cível n. 298.195-4/3, rel. Des. Sebastião Amorim, j. 17.06.2004)

Regulamentação de visitas. Filha menor. 1 – O interesse maior a prevalecer, em caso de impossibilidade de convivência entre os pais, é o interesse da filha menor. 2 – Por se tratar de criança em tenra idade, atento às necessidades da mesma, resta clara a necessidade de cuidados maternos. 3 – Recomenda-se, por previdência, seja o contato com o genitor amadurecido simultaneamente ao desenvolvimento da prole (TJDF, AI n. 2003.00.2.008365-3, rel. Des. Silvânio Barbosa dos Santos, *DJU* 23.03.2004). (*RBDFam* 24/130)

**Art. 1.590. As disposições relativas à guarda e prestação de alimentos aos filhos menores estendem-se aos maiores incapazes.**

Legislação correlata: art. 16, Lei n. 6.515, de 26.12.1977 (Lei do Divórcio).

O artigo ora comentado estende aos maiores incapazes as disposições anteriores relativas à guarda (arts. 1.584 e segs.) e as dos arts. 1.694 a 1.710 referentes à prestação alimentícia. A incapacidade mencionada no artigo é a tratada pelo art. 4º, II a IV, deste Código.

*Sobre alienação parental,* vide *comentário ao art. 1.583.*

**Jurisprudência:** Apelação cível. Direito de família. Ação revisional de alimentos. Constituição de nova família. Irrelevância. Ausência de prova da alteração do binômio necessidade x possibilidade. Apelo provido para manutenção do percentual anteriormente fixado. 1 – A decisão proferida em sede de revisional de alimentos deve ser lastreada no binômio possibilidade do alimentante e necessidade do alimentado, adequando o *quantum* fixado de alimentos à nova realidade concretamente deduzida. 2 – O fato de o alimentante ter constituído nova família não o libera de pagar alimentos às filhas menores (art. 1.590 do CC), além de não autorizar que a verba alimentar seja reduzida a patamar ínfimo. 3 – As provas dos autos levam a conclusão de que houve, em verdade, aumento das necessidades das alimentadas, não desincumbindo-se, o Apelante, de demonstrar a alteração do binômio necessidade/possibilidade a ensejar a redução da pensão alimentícia, sendo forçosa, portanto, a manutenção da pensão no percentual anteriormente fixado. Apelo conhecido e provido. (TJBA, Ap. n. 00009155220138050269, rel. Des. Gesivaldo Britto, *DJe* 06.05.2016)

Regulamentação de direito de visita avoenga. Neto que, embora tenha atingido a maioridade, é portador de enfermidade mental. Nomeação da genitora como curadora provisória em ação de interdição. Incidência das normas que disciplinam o instituto da curatela. Direito de visitação da avó inalterado. Exegese dos arts. 1.589 e 1.590 do CC. Mudança de domicílio da família, todavia, que implica sua readequação, a fim de atender à nova realidade das partes. Recurso conhecido e parcialmente provido. (TJSC, AI n. 2014.070436-9/Balneário Camboriú, rel. Des. Ronei Danielli, j. 28.04.2015)

Agravo de Instrumento. Ação revisional de alimentos. Togado *a quo* que concedeu a tutela antecipada pleiteada, reduzindo a pensão alimentícia devida pelo genitor/agravado de 1 para 1/2 salário mínimo. Recurso da ré ao argumento de que é civilmente incapaz. 1 – Decisão baseada, sobretudo, na idade da requerida/filha, que possui 24 anos. Descendente, porém, portadora de deficiência mental severa e autismo infantil, tendo sido, inclusive, interditada. Incapacidade da ré evidenciada. Necessidade dos alimentos comprovada. Exegese do art. 1.590 do CC. 2 – Ausência de indícios, ademais, de diminuição da capacidade financeira do autor/agravado. Redução da verba alimentar, portanto, inviável em juízo de cognição sumária. 3 – Recurso conhecido e provido. (TJSP, AI n. 2012.072917-6, 1ª Câm. de Dir. Civil, rel. Raulino Jacó Brüning, j. 11.06.2013)

Ação de investigação de paternidade. Alimentos. Filho maior. Prova da incapacidade evidenciada no processo. Art. 1.590 do CC. Verba devida. Fixação do valor. Binômio necessidade/possibilidade. Redução inviável na hipótese. Sentença mantida. Recurso desprovido. (TJSC, Ap. Cível n. 2012.046824-7, 3ª Câm. de Dir. Civil, rel. Maria do Rocio Luz Santa Ritta, j. 30.10.2012)

Separação judicial. Partilha postergada. Alimentos. Filha maior, mas incapaz. Pedido de exoneração ou redução. Prova. 1 – Se a filha do casal é portadora de deficiência física e mental, estando interditada e, portanto, incapacitada ao trabalho, compete aos pais prestarem o necessário auxílio, na medida das suas possibilidades. 2 – É adequado o *quantum* alimentar fixado na sentença quando atende ao binômio possibilidade-necessidade e o alimentante não comprova a sua impossibilidade. Conclusão n. 37 do Centro de Estudos do TJRS. 3 – Descabe determinar a partilha de bens quando não resta definido o patrimônio comum, havendo na área de terras incertezas acerca da posse e propriedade de bens, inclusive havendo edificações irregulares, devendo a questão ser alvo de ação própria. Recurso desprovido (segredo de justiça). (TJRS, Ap. Cível n. 70.024.339.269, 7ª Câm. Cível, rel. Sérgio Fernando de Vasconcellos Chaves, j. 13.08.2008, *DJ* 21.08.2008)

## *SUBTÍTULO II*
## *DAS RELAÇÕES DE PARENTESCO*

### CAPÍTULO I
### DISPOSIÇÕES GERAIS

---

**Art. 1.591. São parentes em linha reta as pessoas que estão umas para com as outras na relação de ascendentes e descendentes.**

---

Na lição de Maria Helena Diniz, "parentesco é a relação jurídica vinculatória existente entre pessoas que descendem umas das outras ou de um mesmo tronco comum e entre um cônjuge e os parentes do outro e entre adotante e adotado" (*Curso de direito civil brasileiro*. São Paulo, Saraiva, 2002, v. V, p. 361). No que se refere ao parentesco resultante da adoção, importa registrar que ele não se distingue do consanguíneo, a despeito da classificação distinta que lhe confere o art. 1.593, tendo em vista a regra do art. 227, § 6º, da CF, que assegura igualdade de tratamento aos "filhos, havidos ou não da relação do casamento, ou por adoção", vedando qualquer designação discriminatória.

O parentesco denominado natural ou consanguíneo compreende as pessoas descendentes de um mesmo tronco ancestral, ligadas, portanto, pelo mesmo sangue. É, a rigor, o único parentesco realmente existente, na medida em que o casamento "não traz parentesco entre o homem e a mulher. Eles são simplesmente afins" (RIZZARDO, Arnaldo. *Direito de família*. Rio de Janeiro, Forense, 2004, p. 393).

A relação de parentesco tem reflexos jurídicos fundamentais: vocação hereditária (CC, art. 1.829), impedimentos para o casamento (CC, art. 1.521, I), dever alimentar (CC, art. 1.696) etc. A linha de parentesco é estabelecida entre as pessoas a partir da identificação de um tronco comum. Essa linha pode ser reta ou colateral. No primeiro caso, ela se dirige de modo ascendente ou descendente, tal como consignado no dispositivo em exame. Compreende, pois, bisavós, avós, pais, filhos, netos, bisnetos etc. Na linha colateral, o parentesco se estabelece na linha transversal, dirigindo-se até o tronco comum, mas sem descenderem umas das outras. Tal definição está consignada no art. 1.592 do CC. A linha reta é dividida em graus, correspondente, cada um deles, a uma geração. Assim, pai e filho são parentes em primeiro grau; avô e neto, em segundo, como ensina Luiz Edson Fachin (*Comentários ao novo Código Civil*. Rio de Janeiro, Forense, 2003, p. 13, v. XVIII). O mesmo autor pondera que se o ponto de partida da contagem for o pai e a mãe, surgirão as linhas retas paterna e materna (idem). Na linha reta ascendente ou descendente, o parentesco é infinito. Paulo Luiz Netto Lôbo observa que "a descendência não pode ser desfeita por ato de vontade" e que o parentesco, porém, será extinto no caso de adoção (*Código Civil comentado*. São Paulo, Atlas, 2003, p. 18-9, v. XVI).

**Jurisprudência:** Direito civil. Família. Ação de declaração de relação avoenga. Busca da ancestralidade. Direito personalíssimo dos netos. Dignidade da pessoa humana. Legitimidade ativa e possibilidade jurídica do pedido. Peculiaridade. Mãe dos pretensos netos que também postula seu direito de meação dos bens que supostamente seriam herdados pelo marido falecido, porquanto premorto o avô. (STJ, REsp n. 807.849, 2ª S., rel. Min. Nancy Andrighi, j. 24.03.2010, *DJe* 06.08.2010)

**Art. 1.592. São parentes em linha colateral ou transversal, até o quarto grau, as pessoas provenientes de um só tronco, sem descenderem uma da outra.**

Na linha colateral, o parentesco tem origem em um mesmo tronco ancestral, mas não se vincula em linha reta (ascendente ou descendente), mas sim de modo transversal. Nessas hipóteses, o parentesco se encerra no quarto grau: os filhos de nossos primos não são nossos parentes. Tal limite resulta do reconhecimento de que o parentesco longínquo afrouxa os laços de afeto e solidariedade que sustentam e devem caracterizar a entidade familiar. Para contagem do grau de parentesco, contam-se os graus (gerações) até o ancestral comum dos parentes cujo grau se pretende apurar. Assim, de José ao pai de José, primeiro grau; em seguida, vai-se ao avô de José, segundo grau; do avô de José, vai-se ao tio paterno de José, terceiro grau; finalmente, alcança-se o primo de José, filho do tio paterno antes referido, quarto grau, encerrando-se assim, nessa linha, o parentesco. A questão tem relevância em matéria sucessória (art. 1.839 do CC), em matéria de casamento (art. 1.521, IV, do CC) e em matéria de legitimidade para as medidas previstas no parágrafo único do art. 12 do CC, a cujo comentário nos reportamos. Por outro lado, na legislação especial, a Lei n. 10.211, de 23.03.2001, admite que o parente colateral até segundo grau autorize o transplante de órgão de pessoa morta (LÔBO, Paulo Luiz Netto. *Código Civil comentado*. São Paulo, Atlas, 2003, v. XVI).

**Jurisprudência:** Apelação cível. Ação de guarda. Ausência de parentesco ou relação de afetividade. Negado provimento ao apelo. 1 – Não há entre os autores e o menor parentesco legal (arts. 1.591 e 1.592 do CC), uma vez que os documentos colacionados aos autos dão conta de que o vínculo entre as partes é de sétimo grau, não estando os interessados inscritos no Cadastro Nacional de Adoção (CNA). 2 – Ausente parentesco consanguíneo entre as partes e habilitação dos interessados no CNA, caso demonstrado nos autos o cumprimento dos deveres inerentes e o exercício da guarda de fato, presente a possibilidade jurídica do pedido consubstanciada no excepcional vínculo socioafetivo. 3 – Hipótese em que os autores não exerceram a guarda de fato, tampouco demonstraram relação de afetividade excepcional a ensejar o acolhimento do pleito. (TJMS, Ap. n. 0800866-48.2013.8.12.0021, 3ª Câm. Cível, rel. Des. Fernando Mauro Moreira Marinho, *DJe* 22.01.2014)

Ação de interdição. Legitimidade para interpor a ação que alcança o parentesco até o 4º grau (art. 1.592 do CCB). Hipótese em que a autora da ação possui relação familiar de 5º grau, evidenciando efetiva ilegitimidade à causa. Recurso provido, com extinção da ação de interdição. Recurso provido. (TJRS, AI n. 70.027.501.717, 7ª Câm. Cível, rel. Ricardo Raupp Ruschel, j. 28.01.2009)

Nos termos do art. 83, § 1º, *b*, 1 e 2, da Lei n. 8.069, de 13.07.1990, não se exige autorização para viagem de criança acompanhada de ascendente ou colateral maior, até o terceiro grau, se comprovado documentalmente o parentesco. (STJ, REsp n. 264.077, rel. Min. Garcia Vieira, j. 18.06.2002)

**Art. 1.593. O parentesco é natural ou civil, conforme resulte de consanguinidade ou outra origem.**

O dispositivo classifica o parentesco, distinguindo os que resultam da consanguinidade do que tenha outra origem. De acordo com a regra em exame, o parentesco civil é todo aquele que não tem origem biológica. Recorde-se, porém, que o art. 227, § 6º, da CF assegura igualdade aos filhos havidos ou não do casamento. O termo "outra origem", usado pelo legislador, admite como fontes de parentesco os casos de reprodução artificial e as relações socioafetivas, sem vínculo biológico ou de adoção. A respeito do tema, a Jornada de Direito Civil, promovida pelo CEJ do CJF, no período de 11 a 13.09.2002, editou o Enunciado n. 103: "o CC reconhece, no art. 1.593, outras espécies de parentesco civil além daquele decorrente da adoção, acolhendo, assim, a noção de que há também parentesco civil no vínculo parental proveniente quer das técnicas de reprodução assistida heteróloga relativamente ao pai (ou mãe) que não contribuiu com seu material fecundante, quer da paternidade socioafetiva, fundada na posse do estado do filho". Por seu turno, na III Jornada cristalizou-se o entendimento enunciado da seguinte forma: "a posse do estado de filho (parentalidade socioafetiva), constitui modalidade de parentesco civil" (Enunciado n. 256). Já o Enunciado n. 519 da V Jornada assentou posicionamento no sentido de que o reconhecimento judicial do vínculo de parentesco em virtude de socioafetividade deve ocorrer a partir da relação entre pai(s) e filho(s), com base na posse do estado de filho, para que produza efeitos pessoais e patrimoniais. Sobre parentalidade socioafetiva, *vide* comentário ao art. 1.596.

**Jurisprudência:** Voto do relator. Ementa. Negatória de paternidade c/c anulação de registro de nascimento. Demanda ajuizada pelo genitor, visando à anulação de registro de nascimento onde reconheceu voluntariamente a apelada como filha. Improcedência decretada. Inconformismo do autor. Não acolhimento. Inexistência de cerceamento de defesa. Ampla dilação probatória (estudo psicossocial). Afastamento da paternidade biológica através de exame hematológico. Circunstância que, no entanto, não enseja a procedência da demanda (ajuizada quanto a ré contava com 6 anos de idade). Comprovação de que o autor registrou a menor como se filha fosse. Estudo psicossocial confirmatório de que esta reconhece o apelante como pai (que buscou desconstituir a paternidade após condenação ao pagamento de pensão alimentícia). Correta aplicação do disposto no art. 1.593 do CC c/c Enunciado n. 103 do CEJ. Nulidade do registro afastada. Precedentes (inclusive desta Câmara). Sentença mantida. Recurso desprovido. (TJSP, Ap. Cível n. 1004866-66.2016.8.26.0101/SP, 8ª Câm. de Dir. Priv., rel. Salles Rossi, j. 27.07.2022, publ. 27.07.2022)

Apelação cível. Ação declaratória de reconhecimento de paternidade socioafetiva *post mortem*. Inviabilidade. Conjunto probatório que não evidencia a caracterização da posse do estado de filho. Manutenção do *decisum*. Embora evidenciada a relação de carinho e afeto entre autor e padrasto, não se pode olvidar que as ações pautadas na socioafetividade ensejam minuciosa análise do substrato probatório, especialmente diante da diversidade de realidades fáticas dos núcleos de convivência, havendo necessidade de incontestável comprovação dos elementos caracterizadores da referida parentalidade, quais sejam, o *nomen*, o *tractatus* e a *reputatio*, o que não se verifica no caso *sub judice*. Exigência de comprovação da inequívoca manifestação de vontade por parte do adotante, nos termos do art. 42, § 6º, da Lei n. 8.069/90, não atendida. Caso dos autos em que a prova produzida não logrou êxito em caracterizar, indubitavelmente, a posse do estado de filho. Inteligência do art. 1.593 do CC. Recurso desprovido. (TJRS, Ap. Cível n. 50013250920188210009/RS, 8ª Câm. Cível, rel. José Antônio Daltoe Cezar, j. 10.03.2022, publ. 11.03.2022)

Apelação cível. Ação declaratória para reconhecimento de maternidade socioafetiva c/c reconhecimento de paternidade socioafetiva *post mortem*. Preliminares de ofensa ao princípio da dialeticidade e de cerceamento de defesa. Rejeição. Relação socioafetiva da autora com os requeridos. Ausência de comprovação. Ônus da prova. Improcedência do pedido. Recurso desprovido. Não há que se falar em violação ao princípio da dialeticidade e, por conseguinte, em não conhecimento do recurso, se as razões recursais apresentadas são suficientes para combater os fundamentos da sentença. Em virtude da preclusão temporal, não há que se falar em cerceamento de defesa, quando a parte foi intimada para indicar as provas que pretendia produzir e permaneceu silente. Com efeito, o ordenamento jurídico pátrio vem atualizando sua jurisprudência no sentido de reconhecer a existência da relação socioafetiva entre pais e filhos sem vínculo biológico, mas cujos efeitos são exatamente os mesmos dos familiares com vínculo sanguíneo. Inteligência do art. 1.593 do CC/02. Nesse cenário, em situações como a dos autos, necessária se faz a análise da existência, ou não, de vínculo afetivo entre as partes envolvidas, ou seja, o exame da maternidade/paternidade socioafetiva a fim de se aferir devidamente a posse do estado de filho, e também no intuito de afastar ações com interesses exclusivamente patrimoniais ou de qualquer outra ordem, sendo eles contrários à situação de fato previamente estabelecida. Na hipótese em apreço, como a autora não demonstrou a efetiva relação socioafetiva com os requeridos, a caracterizar os elementos da filiação socioafetiva, ônus que lhe cabia, por se tratar de fato constitutivo de seu pretenso direito, a teor do disposto no art. 373, I, do CPC, a improcedência do pedido inicial é medida que se impõe. (TJMG, Ap. Cível n. 1.0000.21.032360-6/001, rel. Des. Ângela de Lourdes Rodrigues, j. 29.07.2021)

Recurso especial. Direito de família. Socioafetividade. Art. 1.593 do CC. Paternidade. Multiparentalidade. Possibilidade. Súmula n. 7/STJ. Indignidade. Ação autônoma. Arts. 1.814 e 1.816 do CC/2002. 1 – Recurso especial interposto contra acórdão publicado na vigência do CPC/73 (Enunciados Administrativos ns. 2 e 3/STJ). 2 – A eficácia preclusiva da coisa julgada exige a tríplice identidade, a saber: mesmas partes, mesma causa de pedir e mesmo pedido, o que não é o caso dos autos. 3 – Na hipótese, a primeira demanda não foi proposta pelo filho, mas por sua genitora, que buscava justamente anular o registro de filiação na ação declaratória que não debateu a socioafetividade buscada na presente demanda. 4 – Não há falar em ilegitimidade das partes no caso dos autos, visto que o apontado erro material de grafia foi objeto de retificação. 5 – À luz do art. 1.593 do CC, as instâncias de origem assentaram a posse de estado de filho, que consiste no desfrute público e contínuo dessa condição, além do preenchimento dos requisitos de afeto, carinho e amor, essenciais à configuração da relação socioafetiva de paternidade ao longo da vida, elementos insindicáveis nesta instância especial ante o óbice da Súmula n. 7/STJ. 6 – A paternidade socioafetiva realiza a própria dignidade da pessoa humana por permitir que um indivíduo tenha reconhecido seu histórico de vida e a condição social ostentada, valorizando, além dos aspectos formais, como a regular adoção, a verdade real dos fatos. 7 – O STF, ao julgar o RE n. 898.060, com repercussão geral reconhecida, admitiu a coexistência entre as paternidades biológica e socioafetiva, afastando qualquer interpretação apta a ensejar a hierarquização dos vínculos. 8 – Aquele que atenta contra os princípios basilares de justiça e da moral, nas hipóteses taxativamente previstas em lei, fica impedido de receber determinado acervo patrimonial por herança. 9 – A indignidade deve ser objeto de ação autônoma e seus efeitos se restringem aos aspectos pessoais, não atingindo os descendentes do herdeiro excluído (arts. 1.814 e 1.816 do CC/2002). 10 – Recurso especial não provido. (STJ, REsp n. 1704972, rel. Min. Ricardo Villas Bôas Cueva, j. 09.10.2018, *DJe* 15.10.2018)

**Manutenção no assento de nascimento de duas modalidades:** Agravo interno no recurso especial. Direito de família. Paternidade socioafetiva e biológica. Coexistência. Possibilidade. Registro civil. Averbação. 1 – A paternidade socioafetiva, declarada ou não em registro público, não impede o reconhecimento do vínculo de filiação concomitante baseado na origem biológica, com todas as suas consequências patrimoniais e extrapatrimoniais. 2 – Agravo interno não provido. (STJ, Ag. Int. no REsp n. 1.622.330/RS, 3ª T., rel. Min. Ricardo Villas Bôas Cueva, j. 12.12.2017, *DJe* 02.02.2018)

Maternidade socioafetiva. Preservação da maternidade biológica. Respeito à memória da mãe biológica, falecida em decorrência do parto, e de sua família. Enteado criado como filho desde os dois anos de idade. Filiação socioafetiva que tem amparo no art. 1.593 do CC e decorre da posse do estado de filho, fruto de longa e estável convivência, aliado ao afeto e considerações mútuos, e sua manifestação pública, de forma a não deixar dúvida, a quem não conhece, de que se trata de parentes. A formação da família moderna não consanguínea tem sua base na afetividade e nos princípios da dignidade da pessoa humana e da solidariedade. Recurso provido. (TJSP, Ap. n. 0006422-26.2011.8.26.0286/ Itu, 1ª Câm. de Dir. Priv., rel. Alcides Leopoldo e Silva Júnior, j. 14.08.2012, *DJ* 14.08.2012)

**Não manutenção no assento de nascimento de duas modalidades:** Investigação de paternidade socioafetiva c/c alimentos. Inicial indeferida. Anterior reconhecimento voluntário e pessoal do pai biológico, sem menção na inicial da qualidade de seu relacionamento com o filho. Genitora que passa a conviver com o requerido, padrasto do autor. Pedido de acréscimo no assento de nascimento do autor da paternidade socioafetiva do padrasto, sem cancelamento da paternidade biológica do genitor. Necessidade da inclusão do pai biológico no polo passivo da demanda, como litisconsorte necessário e diretamente atingido pelo resultado da demanda. Investigação de paternidade socioafetiva em tese possível, ainda que inexista perfilhação do padrasto, mas excludente do parentesco biológico. Inconveniência da manutenção no mesmo assento de nascimento das duas modalidades de parentesco, geradoras de múltiplos efeitos jurídicos incompatíveis entre si. Recurso improvido. (TJSP, Ap. n. 0023418-92.2013.8.26.0007/ São Paulo, rel. Francisco Loureiro)

Recurso especial. Direito de família. Socioafetividade. Art. 1.593 do CC. Possibilidade. Paternidade. Reconhecimento espontâneo. Registro. Art. 1.604 do CC. Erro ou falsidade. Inexistência. Anulação. Impossibilidade. Princípio do melhor interesse da criança. 1 – A socioafetividade é contemplada pelo art. 1.593 do CC, no sentido de que o parentesco é natural ou civil, conforme resulte da consanguinidade ou outra origem. 2 – Impossibilidade de retificação do registro de nascimento do menor por ausência dos requisitos para tanto, quais sejam: a configuração de erro ou falsidade (art. 1.604 do CC). 3 – A paternidade socioafetiva realiza a própria dignidade da pessoa humana por permitir que um indivíduo tenha reconhecido seu histórico de vida e a condição social ostentada, valorizando, além dos aspectos formais, como a regular adoção, a verdade real dos fatos. 4 – A posse de estado de filho, que consiste no desfrute público e contínuo da condição de filho legítimo, restou atestada pelas instâncias ordinárias. 5 – A "adoção à brasileira", ainda que fundamentada na "piedade", e muito embora seja expediente à margem do ordenamento pátrio, quando se fizer fonte de vínculo socioafetivo entre o pai de registro e o filho registrado não consubstancia negócio jurídico sujeito a distrato por mera liberalidade, tampouco avença submetida a condição resolutiva, consistente no término do relacionamento com a genitora (precedente). 6 – Aplicação do princípio do melhor interesse da criança, que não pode ter a manifesta filiação modificada pelo pai registral e socioafetivo, afigurando-se irrelevante, nesse caso, a verdade biológica. 7 – Recurso especial não provido. (STJ, REsp n. 1.613.641/MG, 3ª T., rel. Min. Ricardo Villas Bôas Cueva, j. 23.05.2017, *DJe* 29.05.2017)

Embargos infringentes. Preliminar de não conhecimento rejeitada. Ação declaratória para o reconhecimento de vínculo de parentesco *post mortem*. Filiação socioafetiva. Possibilidade. Art. 1.593 do CC. Caracterização da posse do estado de filho. Recurso provido. Não há que se falar em não conhecimento dos embargos infringentes, quando constatado que a matéria recursal encontra-se em consonância com o voto vencido, o qual serve de paradigma para a oposição do presente recurso. A filiação socioafetiva não se encontra lastreada no fator biológico/genético, mas em ato de vontade, que se constrói a partir de um respeito recíproco de tratamento afetivo paterno-filial, revelada pela convivência estreita e duradoura, que, no plano jurídico, recupera a noção de posse de estado de filho, há muito esquecida no limbo do Direito. O art. 1.593 do CC, ao prever a formação do estado filiativo advindo de outras espécies de parentesco civil que não necessariamente a consanguínea, permite a interpretação do alcance da expressão "outra origem" como sendo adoção, a filiação proveniente das técnicas de reprodução assistida, bem como a filiação socioafetiva, fundada na posse de estado de filho. (TJMT, Emb. Infring. n. 118476/2013, rel. Des. Cleuci Terezinha Chagas, *DJe* 09.05.2014, p. 93)

Apelação cível. Adoção póstuma ou *post mortem*. Adoção à brasileira. Posse no estado de filho. Parentesco civil. Relação socioafetiva. Parâmetros de direito material. Configuração. 1 – A posse de estado de filho de quem nesta condição permaneceu autoriza o reconhecimento da adoção, póstuma ou não, perante aquele que também em circunstância tais sempre o concebeu. Leitura do art. 1.593, *caput*, do art. 1.609, parágrafo único e do art. 1.619, *caput*, da Lei n. 10.406/02, c/c arts. 42, § 6°, e 47, *caput*, e § 7°, da Lei n. 8.069/90, todos à luz da socioafetividade que tanto orienta o atual Direito de família. Raciocínio que, por sua vez, enxerga eco nos Enunciados ns. 256, 339 e 518, das III, IV e V Jornadas de Direito Civil, respectivamente. 2 – Logo, há de ser reconhecida em juízo a adoção à brasileira *post mortem* do demandante que, ao longo de anos a fio, comprovou que na posse do estado de filho com os genitores já falecidos dos requeridos conviveu. Jurisdição em segundo grau concluída com fundamento nas provas hospedadas nos autos e, outrossim, com fulcro nas promoções ministeriais, estas, inclusive, utilizadas como razão de decidir. Apelação conhecida, porém desprovida. (TJGO, Ap. Cível, 200692124497, 5ª Câm. Cível, rel. Des. Alan S. de Sena Conceição, *DJe* 17.01.2014, p. 262)

Ação de reconhecimento de filiação socioafetiva *post mortem*. Indeferimento da inicial e extinção do processo, sem resolução do mérito. Possibilidade jurídica do pedido. Filiação socioafetiva. Modalidade de parentesco civil. Direito fundamental. Aplicação do art. 1.593 do CC/2002. Enunciado n. 256, CEJ-CJF. Sentença anulada. Determinação de formação de litisconsórcio passivo necessário. Inclusão dos pais biológicos do falecido. Sentença anulada, com determinação. (TJSP, Ap. n. 9112687-49.2009.8.26.0000/SP, 5ª Câm. de Dir. Priv., rel. Edson Luiz de Queiroz, *DJe* 11.12.2013, p. 1.250)

Família. Filiação. Civil e processo civil. Recurso especial. Ação de investigação de paternidade. Vínculo biológico. Paternidade socioafetiva. Identidade genética. Ancestralidade. Artigos analisados. Art. 326 do CPC [art. 350 do CPC/2015] e art. 1.593 do CC. 1 – Ação de investigação de paternidade ajuizada em 25.04.2002. Recurso especial concluso ao gabinete em 16.03.2012. 2 – Discussão relativa à possibilidade do vínculo socioafetivo com o pai registrário impedir o reconhecimento da paternidade biológica. 3 – Inexiste ofensa ao art. 535 do CPC [art. 1.022 do CPC/2015], quando o tribunal de origem pronuncia-se de forma clara e precisa sobre a questão posta nos autos. 4 – A maternidade/paternidade socioafetiva tem seu reconhecimento jurídico decorrente da relação jurídica de afeto, marcadamente nos casos em que, sem nenhum vínculo biológico, os pais criam uma criança por escolha própria, destinando-lhe todo o amor, ternura e cuidados inerentes à relação pai-filho. 5 – A prevalência da paternidade/maternidade socioafetiva frente à biológica tem como principal fundamento o interesse do próprio menor, ou seja, visa garantir direitos aos filhos face às pretensões negatórias de paternidade, quando é inequívoco (I) o conhecimento da verdade biológica pelos pais que assim o declararam no registro de nascimento e (II) a existência de uma relação de afeto, cuidado, assistência moral, patrimonial e respeito, construída ao longo dos anos. 6 – Se é o próprio filho quem busca o reconhecimento do vínculo biológico com outrem, porque durante toda a sua vida foi induzido a acreditar em uma verdade que lhe foi imposta por aqueles que o registraram, não é razoável que se lhe imponha a prevalência da paternidade socioafetiva, a fim de impedir sua pretensão. 7 – O reconhecimento do estado de filiação constitui direito personalíssimo, indisponível e imprescritível, que pode ser exercitado, portanto, sem qualquer restrição, em face dos pais ou seus herdeiros. 8 – Ainda que haja a consequência patrimonial advinda do reconhecimento do vínculo jurídico de parentesco, ela não pode ser invocada como argumento para negar o direito do recorrido à sua ancestralidade. Afinal, todo o embasamento relativo à possibilidade de investigação da paternidade, na hipótese, está no valor supremo da dignidade da pessoa humana e no direito do recorrido à sua identidade genética. 9 – Recurso especial desprovido. (STJ,

REsp n. 1.401.719, 3ª T., rel. Min. Nancy Andrighi, *DJe* 15.10.2013, p. 943)

Apelação cível. Ação de adoção póstuma. Indeferimento da peça preambular por impossibilidade jurídica do pedido. Condições da ação presentes no caso em tela. Busca da filiação civil. Posse de estado. Pais socioafetivos falecidos. Autora que foi adotada à brasileira logo após o nascimento. Irmão afetivo nomeado judicialmente como guardião da autora em outra demanda. Necessidade de instrução processual. Exegese do art. 1.593 do CC e art. 27 do ECA. Precedentes do STJ. Sentença cassada. Recurso provido. (TJSC, Ap. Cível n. 2012.048633-1/Brusque, 1ª Câm. de Dir. Civil, rel. Cinthia Beatriz da Silva Bittencourt Schaefer, j. 17.08.2012)

Civil. Família. Reconhecimento de filiação adotiva póstuma. Pedido juridicamente possível. Art. 515, § 3º, do CPC [art. 1.013, § 3º, I, do CPC/2015]. Apreciação do mérito. Prova da vontade inequívoca da mãe falecida e de fato impeditivo, alheio à vontade desta. Inexistência. Pedido improcedente. É juridicamente possível o pedido de reconhecimento de filiação adotiva *post mortem*. Arts. 1.593 do CC e 42, § 5º, do ECA. O reconhecimento de filiação adotiva póstuma somente poderia se consumar em favor do autor na medida em que houvesse sido ajuizada a respectiva ação ou quando houvesse, em interpretação extensiva do art. 42, § 5º, ECA, início de prova documental que revelasse o inequívoco propósito da falecida em acolhê-lo como filho. A interpretação extensiva e flexível que deve ser dada ao referido dispositivo – com ênfase à proteção aos laços de afetividade –, não pode desconsiderar a vontade (não) externada pela falecida, notadamente se ela, tendo convivido por 48 anos com o autor não tomou qualquer providência tendente à adoção. (TJMG, Ap. Cível n. 1.0414.10.000810-4/001, rel. Des. Alberto Vilas Boas, j. 31.07.2012, *DJ* 10.08.2012)

Direito civil. Família. Recurso especial. Ação de anulação de registro de nascimento. Ausência de vício de consentimento. Maternidade socioafetiva. Situação consolidada. Preponderância da preservação da estabilidade familiar. A peculiaridade da lide centra-se no pleito formulado por uma irmã em face da outra, por meio do qual se busca anular o assento de nascimento. [...] A garantia de busca da verdade biológica deve ser interpretada de forma correlata às circunstâncias inerentes às investigatórias de paternidade; jamais às negatórias, sob o perigo de se subverter a ordem e a segurança que se quis conferir àquele que investiga sua real identidade. Mantém-se o acórdão impugnado, impondo-se a irrevogabilidade do reconhecimento voluntário da maternidade, por força da ausência de vício na manifestação da vontade, ainda que procedida em descompasso com a verdade biológica. Isso porque prevalece, na hipótese, a ligação socioafetiva construída e consolidada entre mãe e filha, que tem proteção indelével conferida à personalidade humana, por meio da cláusula geral que a tutela e encontra respaldo na preservação da estabilidade familiar. Recurso especial não provido. (STJ, REsp n. 1.000.356, 3ª T., rel. Min. Nancy Andrighi, j. 25.05.2010, *DJe* 07.06.2010)

Apelação cível. Ação declaratória. Maternidade socioafetiva. Prevalência sobre a biológica. Reconhecimento. Recurso não provido. O art. 1.593 do CC/2002 dispõe que o parentesco é natural ou civil, conforme resulte de consanguinidade ou outra origem. Assim, há reconhecimento legal de outras espécies de parentesco civil, além da adoção, tais como a paternidade socioafetiva. A parentalidade socioafetiva envolve o aspecto sentimental criado entre parentes não biológicos, pelo ato de convivência, de vontade e de amor e prepondera em relação à biológica. Comprovado o vínculo afetivo durante mais de trinta anos entre a tia já falecida e os sobrinhos órfãos, a maternidade socioafetiva deve ser reconhecida. Apelação conhecida e não provida, mantida a sentença que acolheu a pretensão inicial. (TJMG, Ap. Cível n. 1.0024.07.803827-0/001(1), rel. Des. Caetano Levi Lopes, j. 04.05.2010)

Direito de família. Ação declaratória de filiação socioafetiva póstuma. Garantia prevista no ordenamento. Art. 1.593 do CC. Possibilidade jurídica do pedido. Não há que se falar em impossibilidade jurídica do pedido de reconhecimento de filiação socioafetiva, posto que esta pretensão encontra respaldo no art. 1.593 do CC/2002 que prevê que o parentesco não se funda apenas no critério da consanguinidade, mas também no de outra origem, dentre os quais, conforme entendimento jurisprudencial e doutrinário, se inclui a parentalidade socioafetiva. (TJMG, Ap. Cível n. 1.0701.09.260881-2/001(1), rel. Des. Elias Camilo, j. 03.12.2009)

Ação negatória de paternidade cumulada com nulidade de registro de nascimento. Legitimidade ativa. Presença. Interesse de natureza sucessória da apelante. Ausência, no entanto, de erro no reconhecimento da recorrida como filha. Falta de verossimilhança da alegação. Presença, de outro lado, da chamada paternidade desbiologizada ou socioafetiva a apartar a eventual falsidade do registro. Incidência imediata do disposto no art. 1.593 do CC. Improcedência da demanda preservada. Apelo improvido. (TJSP, Ap. Cível c/ Rev. n. 5.734.344.000/São Paulo, 3ª Câm. de Dir. Priv., rel. Donegá Morandini, j. 10.03.2009)

Partilha. Anulação de ato jurídico. Demanda ajuizada com fulcro no art. 1.029 do CPC [art. 657 do CPC/2015]. Inocorrência de prescrição, diante da regra do art. 198, I, do CC. Procedência. Inobservância da ordem hereditária (arts. 1.829 c/c 1.845 do mesmo diploma legal). Autora única filha do *de cujus*. Inocorrência de cerceamento de defesa. Insurgência com relação ao registro de nascimento e escritura pública de reconhecimento de filiação deve ser objeto de ação própria. Incabível sua arguição através da contestação. Apelantes que pretendem transformar a defesa e recurso em verdadeira negatória de paternidade, o que não se admite. Pretensão exordial que encontra amparo na regra do art. 1.603 do CC. Sentença que ressalvou ainda para a questão de eventual paternidade socioafetiva, diante do conteúdo da escritura pública de reconhecimento de filiação (também encartada aos autos), que também confere os mesmos direitos hereditários à apelada. Inteligência do art. 1.593 do CC c/c Enunciado n. 103 do CEJ. Sentença mantida. (TJSP, Ap. c/ Rev. n. 505.057-4/6-00, 8ª Câm. de Dir. Priv., rel. Salles Rossi, j. 27.03.2008, *DJ* 09.04.2008)

Direito civil. Família. Recurso especial. Ação de investigação de paternidade e maternidade. Vínculo biológico. Vínculo socioafetivo. Peculiaridades. A chamada adoção à brasileira, inserida no contexto de filiação socioafetiva, caracteriza-se pelo reconhecimento voluntário da maternidade/paternidade, na qual, fugindo das exigências legais pertinentes ao procedimento de adoção, o casal (ou apenas um dos cônjuges/companheiros) simplesmente registra a criança como sua filha, sem as cautelas judiciais impostas pelo Estado, necessárias à proteção especial que deve recair sobre os interesses do menor. O reconhecimento do estado de filiação constitui direito personalíssimo, indisponível e imprescritível, que pode ser exercitado sem qualquer restrição, em face dos pais ou seus herdeiros. O princípio fundamental da dignidade da pessoa humana, estabelecido no art. 1º, III, da CF/88, como um dos fundamentos da República Federativa do Brasil, traz em seu bojo o direito à identidade biológica e pessoal. Caracteriza violação ao princípio da dignidade da pessoa humana cercear o direito de conhecimento da origem genética, respeitando-se, por conseguinte, a necessidade psicológica de se conhecer a verdade biológica. A investigante não pode ser penalizada pela conduta irrefletida dos pais biológicos, tampouco pela omissão dos pais registrais, apenas sanada, na hipótese, quando aquela já contava com 50 anos de idade. Não se pode, portanto, corroborar a ilicitude perpetrada, tanto pelos pais que registraram a investigante, como pelos pais que a conceberam e não quiseram ou não puderam dar-lhe o alento e o amparo decorrentes dos laços de sangue conjugados aos de afeto. Dessa forma, conquanto tenha a investigante sido acolhida em lar adotivo e usufruído de uma relação socioafetiva, nada lhe retira o direito, em havendo sua insurgência ao tomar conhecimento de sua real história, de ter acesso à sua verdade biológica que lhe foi usurpada, desde o nascimento até a idade madura. Presente o dissenso, portanto, prevalecerá o direito ao reconhecimento do vínculo biológico. Nas questões em que presente a dissociação entre os vínculos familiares biológico e socioafetivo, nas quais seja o Poder Judiciário chamado a se posicionar, deve o julgador, ao decidir, atentar de forma acurada para as peculiaridades do processo, cujos desdobramentos devem pautar as decisões. Recurso especial provido. (STJ, REsp n. 833.712, 3ª T., rel. Min. Nancy Andrighi, j. 17.05.2007, *DJ* 04.06.2007)

Apelação cível. Ação de interdição. Parentesco por afinidade. Legitimidade ativa *ad causam* presente. Recurso provido. 1 – A legitimação para a causa decorre do envolvimento do sujeito do direito em conflito de interesses. 2 – A relação de parentesco não se restringe à consanguinidade, podendo ter origem civil, o que deve ser interpretado segundo o método teleológico. 3 – Tem legitimidade ativa *ad causam* para propositura da ação de interdição o parente próximo, ainda que por afinidade. 4 – Apelação cível conhecida e provida. (TJMG, Ap. Cível n. 1.0342.05.061006-8/001, rel. Caetano Levi Lopes, j. 05.09.2006, *DJEMG* 11.10.2006)

Apelação cível. Ação de impugnação a reconhecimento de paternidade. Improcedência da ação em que pese à comprovada inexistência de liame consanguíneo entre pai e filha. 1 – O autor, mesmo sem ser casado com a mãe da demandada, com quem manteve relação irregular e, segundo diz, sem compromisso de fidelidade à época da concepção, em ato jurídico sem qualquer mácula reconheceu voluntariamente a paternidade da menina. 2 – Ao longo do processo não fez prova de qualquer vício de consentimento capaz de anular aquele ato jurídico. 3 – Além disto, o reconhecimento de paternidade é irrevogável, devendo ser preservada a relação de parentalidade mesmo se o exame de DNA denunciar a ausência de vínculo biológico, porque na atualidade o parentesco pode resultar de consanguinidade ou outra origem, como dispõe o art. 1.593 do CC/2002. Negaram provimento, à unanimidade. (TJRS, Ap. Cível n. 70.014.576.730, 7ª Câm. Cível, rel. Des. Luiz Felipe Brasil Santos, j. 07.06.2006)

Ação de investigação de maternidade c/c anulação de registro civil. Evidências de que o parentesco biológico diverge do assento de nascimento. Irrelevância. Existência de parentesco socioafetivo que sustenta a manutenção do registro civil. Situação consolidada há dezesseis anos, com anuência da suposta mãe biológica. Impossibilidade de desfazimento da filiação socioafetiva, contra o interesse da filha menor e dos pais que constam do assento de nascimento. Ação improcedente, ressalvada a possibilidade da própria filha impugnar a paternidade e a maternidade após a maioridade, na forma do art. 1.614 do novo CC. Ação improcedente. Recurso provido. (TJSP, Ap. Cível n. 403.085.4/0-00, rel. Des. Francisco Loureiro, j. 23.03.2006)

**Art. 1.594. Contam-se, na linha reta, os graus de parentesco pelo número de gerações, e, na colateral, também pelo número delas, subindo de um dos parentes até ao ascendente comum, e descendo até encontrar o outro parente.**

O modo de contagem de graus de parentesco é esclarecido neste artigo. A contagem é relevante em matéria sucessória (art. 1.839 do CC), em matéria de casamento (art. 1.521, IV, do CC) e em matéria de legitimidade para as medidas previstas no parágrafo único do art. 12 do CC, a cujo comentário nos reportamos. A linha reta ascendente ou descendente é infinita, mas o direito limita o parentesco na linha colateral até o quarto grau (CC, art. 1.592). Na linha reta, conta-se uma geração do filho para os pais e assim sucessivamente, na linha ascendente ou descendente. Forma-se, então, a linha ascendente paterna ou materna. Do mesmo modo, no parentesco em linha reta descendente, conta-se um grau dos pais aos filhos, outro aos netos e assim sucessivamente. Na linha lateral, para a contagem dos graus, parte-se da pessoa indicada até o ascendente comum em relação ao parente cujo grau se pretende conhecer. Não há parentes colaterais em primeiro grau, porque tal será sempre um parentesco na linha reta ascendente. Irmãos são parentes em segundo grau, contando-se um grau até os pais (ascendentes comuns) e outro, dos pais ao irmão. Dessa forma, tios, tias e sobrinhos e sobrinhas serão parentes em terceiro grau. Em quarto grau estão tio-avô, sobrinho-neto, primo e seus correspondentes femininos.

**Art. 1.595. Cada cônjuge ou companheiro é aliado aos parentes do outro pelo vínculo da afinidade.**

**§ 1º O parentesco por afinidade limita-se aos ascendentes, aos descendentes e aos irmãos do cônjuge ou companheiro.**

**§ 2º Na linha reta, a afinidade não se extingue com a dissolução do casamento ou da união estável.**

Segundo Fachin, a contagem de grau de parentesco estabelecida entre os parentes por afinidade "limita-se aos ascendentes, descendentes e irmãos do cônjuge ou companheiro somente em relação ao outro cônjuge, não configurando-se afins de um aqueles que são afins do outro, posto que a afinidade é um vínculo pessoal" (*Comentários ao novo Código Civil*. Rio de Janeiro, Forense, 2003, v. XVIII, p. 33). Denomina-se afinidade o vínculo estabelecido entre o cônjuge ou companheiro e os parentes do outro, isto é, do seu cônjuge ou companheiro. Neste dispositivo estão compreendidos sogros, enteados e cunhados, pois, segundo o § 1º do mencionado dispositivo, a afinidade não alcança os demais parentes – como os colaterais de terceiro e quarto graus. Importa observar que o parentesco na linha reta – ascendentes e descendentes – não se extingue com a dissolução do casamento em razão da viuvez ou do divórcio. A permanência da afinidade impede o casamento entre eles, como resulta do disposto no art. 1.521, II, do CC, mas não autoriza o ascendente por afinidade a suceder (ALMEIDA, José Luiz Gavião de. *Código Civil comentado*. São Paulo, Atlas, 2003, v. XVIII, p. 207-8).

**Jurisprudência:** Apelação. Ação de adoção unilateral. Pedido formulado pelo avô por afinidade. Sentença de improcedência. Irresignação do requerente. Impossibilidade de adoção por ascendentes. Inteligência do art. 42, § 1º, do ECA c/c art. 1.595, § 2º, do CC. Marido da avó biológica que, apesar de não ter vínculo genético com o adotando, também se sujeitaria à vedação legal. Medida que ensejaria confusões ao menor quanto às relações de parentesco. Precedentes. Decisão mantida. Recurso não provido. (TJSP, Ap. Cível n. 1001460-20.2019.8.26.0493, Câm. Esp., rel. Des. Sulaiman Miguel, j. 23.03.2021)

Arrolamento. Abertura requerida pela irmã do cônjuge premorto da falecida. Parentesco por afinidade na linha colateral que se extingue com a morte de um dos cônjuges e, consequentemente, implica a ausência de direitos sucessórios. Art. 1.595, § 2º, do CC. Ilegitimidade ativa bem reconhecida. Recurso improvido. (TJSP, Ap. n. 1001214-15.2014.8.26.0003/São Paulo, 4ª Câm. de Dir. Priv., rel. Maia da Cunha, j. 11.12.2014)

Apelação cível. Mandado de segurança. Conselheira tutelar. Mandato eletivo. Tio e sobrinho. Parentesco por afinidade. Interpretação do art. 140 do ECA. Os casos de impedimento previstos no art. 140 do ECA são taxativos, não sendo possível sua interpretação extensiva. O cônjuge do tio é somente "parente por afinidade" do sobrinho, nos termos do art. 1.595 do CC. Nestes casos, portanto, não existe o parentesco vedado pelo art. 140 do ECA. Apelo provido. (TJRS, Ap. Cível n. 70.060.345.709, 4ª Câm. Cível, rel. Francesco Conti, j. 17.09.2014)

Prova oitiva de testemunha apenas como informante. Ausência de impedimento para oitiva como testemunha compromissada. § 2º do art. 1.595 do CC. Parentesco por afinidade entre os cunhados desaparece com a dissolução do casamento. Recurso provido. (TJSP. AI n. 0099016-73.2013.8.26.0000/SP, 14ª Câm. de Dir. Priv., rel. Cardoso Neto, *DJe* 10.09.2013, p. 1.243)

Mandado de segurança. Pedido de pensão previdenciária. União estável com o ex-sogro. Impossibilidade jurídica do pedido. 1 – Mostra-se totalmente descabido o pleito da impetrante de obter pensão previdenciária sob o argumento de que conviveu em união estável com o ex-sogro, diante do impedimento previsto no art. 1.723, § 1º, do CC. 2 – Segundo a expressa dicção do art. 1.595, § 2º, do CC, o parentesco por afinidade na linha reta não se extingue com a dissolução do casamento ou da união estável. 3 – Se a autora não pode contrair casamento com o sogro, evidentemente a relação que eventualmente pudesse manter com ele não poderia configurar união estável. Incidência do art. 1.723, § 1º, do CC. Recurso desprovido. (TJRS, Ap. Cível n. 70.052.234.671/Itaqui, 7ª Câm. Cível, rel. Sérgio Fernando de Vasconcellos Chaves, j. 30.01.2013, *DJ* 01.02.2013)

Mandado de segurança. Conselheiro tutelar/impedimento. Inexistência. Impetrante que foi impedida de assumir as funções de conselheira tutelar em razão de suposto parentesco com outro conselheiro. O concunhadio, para fins legais, não pode ser considerado relação de parentesco. Exegese do art. 1.595 e parágrafos do CC e art. 140 do ECA. Sentença mantida. Recursos desprovidos. (TJSP, Ap. n. 990101402556, 7ª Câm. de Dir. Públ., rel. Des. Nogueira Diefenthaler, j. 18.10.2010)

Interdição. Retificação do polo ativo da ação para constar o MP. Interdição pode ser requerida por qualquer parente, desde que obedecido o disposto nos arts. 1.591, 1.592 e 1.595 do CC. Parentesco por afinidade, limita-se aos ascendentes, descendentes e aos irmãos do cônjuge ou companheiro. Decisão mantida. Recurso a que se nega provimento. (TJSP, AI n. 990104106508, 6ª Câm. de Dir. Priv., rel. Des. Percival Nogueira, j. 30.09.2010)

Veja no art. 1.521 o seguinte acórdão: TJSP, Ap. Cível c/ Rev. n. 6.046.494.000/Santos, 2ª Câm. de Dir. Priv., rel. Morato de Andrade, j. 14.04.2009.

Reconhecimento de união estável c/c recebimento de benefício previdenciário. Ausente objetivo de constituir família. Inexistência de prova da convivência pública e duradoura. Vínculo de parentesco na linha reta por afinidade. Impedimento legal. Improcedência. A união estável se caracteriza pela convivência pública, contínua e duradoura entre um casal com o objetivo de constituir uma família. Inexistindo indícios suficientes da existência de vida em comum de reconhecimento público, assemelhada a um casamento, descabe a declaração da sociedade da união estável. A existência de vínculo de parentesco entre a autora e o *de cujus*, em linha reta e por afinidade (sogro e nora), constitui impedimento ao reconhecimento de união estável (arts. 1.723, § 1º, 1.521, II, e 1.595, § 2º, do CC/2002). Recurso improvido. (TJMG, Ap. Cível n. 1.0024.06.215824-1/001, rel. Heloisa Combat, j. 07.04.2009)

Agravo de instrumento. Ação de inventário. Decisão do Juízo de primeiro grau que indeferiu o pedido de declaração de herança jacente suscitado pela Fazenda Municipal. Agravo improvido. Agravados que não possuem relação de parentesco com o extinto. Afinidade que se extingue em linha colateral com a dissolução do casamento. Inteligência do art. 1.595, § 1º, do CC/2002. Recurso provido. (TJRJ, AI n. 0052840-07.2008.8.19.0000 (2008.002.37094), 10ª Câm. Cível, rel. Des. Celso Peres, j. 04.02.2009)

Apelação cível. Concurso público. Conselho tutelar. Município de Vera Cruz. Mandado de segurança. Impedimento. Parentesco por afinidade. Impossibilidade. A interpretação a ser dada ao disposto no art. 24, da Lei municipal n. 2.899/2006, deve guardar relação com o que dispõe o CC acerca das relações de parentesco, haja vista que aquela é restritiva de direito, e como tal deve ser interpretada, não podendo alargar sua abrangência para hipóteses não contempladas no estatuto material civil, visto que o seu § 1º do art. 1.595 define que o parentesco por afinidade limita-se aos ascendentes, descendentes e aos irmãos do cônjuge ou companheiro. Apelação desprovida. (TJRS, Ap. Cível n. 70.026.471.318, 3ª Câm. Cível, rel. Rogerio Gesta Leal, j. 13.11.2008, *DJ* 24.11.2008)

Pedido de suspensão de liminar. Indeferimento versando sobre os fatos objeto dos autos. Exame que se cinge aos requisitos do art. 4º da Lei n. 8.437/92. Inexistência de prejudicialidade, em relação ao mérito do recurso. Preliminar afastada. Conhecimento. Improbidade administrativa. Liminar. Afastamento de servidor ocupante de cargo em comissão na Câmara, filho de irmão do marido de vereadora. Limitação do parentesco por afinidade a ascendentes, descendentes e irmãos do cônjuge (art. 1.595, § 1º, do CC). Disciplina dada pela Res. n. 7/2005 do CNJ. Definição de critério apto a evitar infringência aos princípios da impessoalidade e da moralidade, não se criando relação de parentesco não contemplado na lei civil. Cabimento. Tutela antecipada.

Ação civil pública. Improbidade administrativa. Deferimento para afastar servidores da Câmara, ocupantes de cargo em comissão, que sejam parentes de vereadores. Presença dos requisitos do art. 273 do CPC [arts. 296 a 300, *caput*, § 3º, 305, parágrafo único, 311, *caput*, I, e 356 do CPC/2015]. Inexistência de violação ao princípio do contraditório a ampla defesa (CF, art. 5º, LV), tampouco ao art. 17, da Lei n. 8.429/92. Inocorrência de medida satisfativa. Nulidade afastada. Recurso desprovido. (TJSP, AI n. 775.656-5/9-00/F.D. Paulínia/Campinas, 8ª Câm. de Dir. Priv., rel. Paulo Travain, j. 03.09.2008, *DJ* 11.09.2008)

Direito de família. Alimentos. Pedido feito pela enteada. Art. 1.595 do CC. Existência de parentesco. Legitimidade passiva. O CC atual considera que as pessoas ligadas por vínculo de afinidade são parentes entre si, o que se evidencia pelo uso da expressão "parentesco por afinidade", no § 1º de seu art. 1.595. O art. 1.694, que trata da obrigação alimentar em virtude do parentesco, não distingue entre parentes consanguíneos e afins. (TJMG, Ap. Cível n. 1.0024.04.533394-5/001, rel. Moreira Diniz, j. 20.10.2005, *DJEMG* 25.10.2005)

## CAPÍTULO II
## DA FILIAÇÃO

**Art. 1.596. Os filhos, havidos ou não da relação de casamento, ou por adoção, terão os mesmos direitos e qualificações, proibidas quaisquer designações discriminatórias relativas à filiação.**

A disposição em exame corresponde ao § 6º do art. 227 da CF e tem por objetivo eliminar as distinções que se faziam entre filhos legítimos e ilegítimos. Entre os filhos havidos ou não do casamento e os adotivos há distinções, mas elas não autorizam divergência de direitos e efeitos. Também não se admitem discriminações entre uns e outros. Sílvio Rodrigues, porém, pondera a respeito do tema o seguinte: "Assim é que, para os filhos originados de uma relação conjugal, a lei estabelece uma presunção de paternidade e a forma de sua impugnação; para os havidos fora do casamento, criam-se critérios para o reconhecimento, judicial ou voluntário; e, por fim, para os adotados, são estabelecidos requisitos e procedimento para a perfilhação" (*Direito civil*. São Paulo, Saraiva, 2002, p. 340, v. VI).

O conceito de *entidade familiar* foi reformulado na nova ordem constitucional, especialmente com base na doutrina moderna que define a família sob a visão das pessoas que dela fazem parte. Em estrita observância ao *princípio da dignidade da pessoa humana* e considerando exclusivamente os integrantes da família e os laços de afetividade que os envolvem, foram reconhecidos expressamente pela CF/88 outros modelos de entidade familiar, além daquele decorrente do casamento: *o núcleo formado pela união estável e a denominada família monoparental constituída por um dos genitores e seus filhos*. Com referência às relações familiares e, especialmente, no tocante à filiação, identifica-se no Brasil de hoje a plena observância ao ***princípio da afetividade*** como uma espécie do princípio geral da dignidade da pessoa humana, que privilegia os laços sociais e afetivos, em contraposição aos vínculos de origem biológica ou genética, que eram, em outros tempos, os únicos critérios considerados para a constatação da filiação. Paulo Lôbo assevera que a doutrina jurídica brasileira tem vislumbrado aplicação do princípio da afetividade em variadas situações do direito de família, nas dimensões: a) da solidariedade e da cooperação; b) da concepção eudemonista; c) da funcionalização da família para o desenvolvimento da personalidade de seus membros; d) do redirecionamento dos papéis masculino e feminino e da relação entre legalidade e subjetividade; e) dos efeitos jurídicos da reprodução humana medicamente assistida; f) da colisão de direitos fundamentais; g) da primazia do estado de filiação, independentemente da origem biológica ou não biológica (*RBDFS* 5/12-13, Magister).

Com efeito, do registro de nascimento constarão todas as informações apontadas como obrigatórias no art. 54 da LRP e anotadas de acordo com as declarações prestadas pelo pai da criança, sendo este o declarante. A filiação e o conteúdo das demais informações constantes do assento de nascimento são dotadas de presunção de veracidade, nos termos dos arts. 1.603 e 1.604 do CC. Ao Estado e à sociedade interessam que o vínculo registral seja mantido por ser o principal gerador de direitos e deveres, em razão da lei e da publicidade de que é revestido. Contudo, em alguns casos, ele poderá ser alterado, em razão do ***vínculo socioafetivo*** que, para ser reconhecido, necessita de ampla dilação probatória. A despeito da presunção de veracidade de que todos os dados existentes no assento de nascimento são dotados, a verdade registral poderá não coincidir com a verdade biológica.

A ***parentalidade biológica*** é identificada pela herança genética recebida pela criança que foi gerada após a fecundação do óvulo pelo espermatozoide. O vínculo biológico surge, portanto, já no início da vida da criança ao receber os genes da mãe e do pai, por meio da união dos respectivos gametas. A paternidade genética pode hoje, pois, ser identificada por intermédio da utilização de avançadas técnicas científicas e de modernos exames laboratoriais que rastreiam e esclarecem a verdade biológica, muitas vezes contrariando as informações existentes no registro de nascimento.

A *parentalidade socioafetiva*, por sua vez, não decorre de uma declaração, nem tampouco, de um fato biológico. Ela surge em razão da existência de estreitos laços afetivos e sociais que unem determinadas pessoas que se relacionam como entidade familiar, independentemente da correspondência com a verdade biológica ou aquela constante do assento de nascimento. A *posse do estado de filho*, como também é denominado o relacionamento socioafetivo, é reconhecida pela própria sociedade que identifica o vínculo parental pela observação daquele núcleo familiar que possui uma relação verdadeira entre pais e filhos ligados pelo amor, carinho, consideração, respeito e cumplicidade, importando direitos e deveres. A opção do legislador pela filiação socioafetiva se manifesta nos arts. 1.593, 1.596, 1.597, V, 1.605 e 1.614 deste Código. O STJ já entendeu que ainda que haja a consequência patrimonial advinda do reconhecimento do vínculo jurídico do parentesco, ela não pode ser invocada como argumento para negar o direito do recorrido à sua ancestralidade. Afinal, todo o embasamento relativo à possibilidade de investigação da paternidade, na hipótese, está no valor supremo da dignidade da pessoa humana e no direito do recorrido à sua identidade genética (REsp n. 1.401.719).

É possível concluir que a nossa legislação estabelece quatro tipos de estados de filiação, decorrentes das seguintes origens: 1) por consanguinidade; 2) por adoção; 3) por inseminação artificial heteróloga; 4) em virtude de posse de estado de filiação. Paulo Lôbo ensina que a consanguinidade, a mais ampla de todas, faz presumir o estado de filiação quando os pais são casados ou vivem em união estável, ou ainda na hipótese de família monoparental, e que o direito brasileiro não permite que os estados de filiação não consanguíneos (itens 2 a 4 acima) sejam contraditados por investigação de paternidade, com fundamento na ausência de origem biológica, pois são irreversíveis e invioláveis, no interesse do filho (op. cit., p.14).

O TJSP negou pedido de reconhecimento de parentesco colateral socioafetivo em relação a "irmãos de criação", entendendo que parentalidade socioafetiva pressupõe o estado de posse de filho (vínculo entre o pai ou a mãe e o filho), só podendo ser estendida aos demais parentes e membros da família quando houver prévio reconhecimento da filiação. "Irmã de criação" que não buscou em vida ser reconhecida filha dos pais dos autores. Parentalidade socioafetiva que, ademais, tem por fundamento a efetivação do princípio da dignidade da pessoa humana, privilegiando os laços de amor em detrimento da origem biológica, razão pela qual seu reconhecimento não pode servir unicamente para atribuir direitos sucessórios aos autores. Seria ilegal atribuir direito sucessório aos recorrentes com base na relação afetiva que existia entre eles e a falecida, sob pena, inclusive, de se criar uma classe de herdeiros em prejuízo da certeza que decorre da lei e de uma tradição jurídica secular. (TJSP, Ap. n. 1060404-06.2014.8.26.0100).

**Jurisprudência:** Agravo de instrumento. Ação de guarda com alimentos. Possibilidade do genitor. Necessidade da menor. Trinômio necessidade-possibilidade-proporcionalidade. Vedação ao tratamento desigual entre os filhos. Readequação. Dispõe a Constituição Federal em seu art. 229 que os alimentos são devidos pelos pais em favor dos filhos de forma simultânea e solidária, tendo em vista o dever de criar, assistir e educá-los. As prestações alimentares são necessárias à subsistência do alimentando que por algum motivo não possui ou não está em condições de suprir suas necessidades básicas para a sobrevivência, nos termos do art. 1.694 do CC. O art. 1.596 do CC busca garantir que não haja distinções entre os filhos de um mesmo genitor. Restando demonstrado que o valor fixado pode onerar de forma desproporcional os rendimentos do alimentante e não havendo demonstração de necessidades extraordinárias a justificar o quantum arbitrado em montante muito superior ao já fixado para outro filho, a redução do *quantum* alimentar é a medida que se impõe. (TJMG, AI n. 1.0000.21.063712-0/001, rel. Des. Ângela de Lourdes Rodrigues, j. 13.08.2021)

Apelação. Ação de investigação de paternidade. Procedência do pedido. Insurgência da promovida. Preliminar arguição em sede de razões recursais. Ação de interdição. Suspensão processual. Necessidade. Pleito condicionado a juntada de prova cabal da incapacidade. Ausência. Citação. Realização. Prazo para contestação decorrido *in albis*. Revelia. Decretação cogente. Rejeição. Mérito. Origem biológica. Necessidade imanente à pessoa e direito à personalidade. Observância. Distinção entre filhos. Inviabilidade de discriminação em virtude do nascimento entre pais casados. Exame de DNA. Prova exclusiva. Inocorrência. Acervo probatório favorável ao reconhecimento. Desprovimento do recurso. O atendimento ao pedido de suspensão processual decorrente de ação de interdição de uma das partes não é automático, carecendo, por oportuno, de prova cabal da incapacidade à época do ato combatido. Havendo prova do cumprimento de citação da promovida sem a respectiva apresentação de contestação, cumpre ao magistrado decretar-se a revelia, impondo os efeitos, contudo, de acordo com os interesses apresentados na demanda. Entre os direitos inerentes à personalidade, encontra-se o de investigar sua origem genética, sendo a busca da paternidade uma necessidade imanente do indivíduo. Nos termos do art. 227, § 6º, da CF, e do art. 1.596, do CC, não pode existir discriminação referente à ilegitimidade dos filhos nascidos fora do casamento. Em que pese a força probatória do exame de DNA, uma vez existentes outras provas hábeis a confirmar a paternidade do falecido como genitor do promovente, a manutenção de procedência da ação é medida cogente. (TJPB, Proc. n. 00090362020158150011, 4ª Câm. Cível, rel. Des. Frederico Martinho da Nóbrega Coutinho, j. 03.04.2018)

**Manutenção no assento de nascimento de duas modalidades:** Veja no art. 1.593 a seguinte decisão: TJSP, Ap. n. 0006422-26.2011.8.26. 0286/Itu, 1ª Câm. de Dir. Priv., rel. Alcides Leopoldo e Silva Júnior, j. 14.08.2012, *DJ* 14.08.2012.

**Não manutenção no assento de nascimento de duas modalidades:** Veja no art. 1.593 a seguinte decisão: TJSP, Ap. n. 0023418-92.2013.8.26.0007/São Paulo, rel. Francisco Loureiro.

Adoção simples. Registro civil de nascimento. Averbação do nome de família dos adotantes. Possibilidade. Eficácia normativa do texto constitucional. Princípio da dignidade da pessoa humana. Requerimento de alvará judicial no qual a apelante postula a averbação dos nomes dos genitores paternos e maternos de seus pais adotivos em sua certidão de nascimento. A sentença julgou extinto o processo sem resolução do mérito pela impossibilidade jurídica do pedido. Adoção simples, regida pelos arts. 368 e segs. do CC/1916. Alteração da dimensão do instituto da adoção pela CF. A adoção em apreço deu-se pelas regras do CC/1916, segundo o qual o parentesco resultante da adoção limita-se ao adotante e ao adotado. A regra impede o sucesso da pretensão. A CF/88 estabelece, por sua vez, que os filhos, havidos ou não da relação do casamento, ou por adoção, terão os mesmos direitos e qualificações, proibidas quaisquer designações discriminatórias relativas à filiação. É a regra do § 6º do art. 227. Ainda que se argumente estar a adoção encoberta pelo manto do ato jurídico perfeito, que goza de proteção constitucional, no cotejo entre os dois institutos (ato jurídico perfeito – filiação sem discriminações), o segundo deve prevalecer, por ser mais coerente com a dignidade da pessoa humana, princípio fundamental da Carta Magna. Recurso conhecido e provido. (TJRJ, Ap. n. 0008303-09.2008.8.19.0037, 13ª Câm. Cível, rel. Des. Gabriel Zéfiro, j. 14.04.2010)

Ação de investigação de paternidade. Presença da relação de socioafetividade. Determinação do pai biológico através do exame de DNA. Manutenção do registro com a declaração da paternidade biológica. Possibilidade. Teoria tridimensional. Mesmo havendo pai registral, o filho tem o direito constitucional de buscar sua filiação biológica (CF, § 6º do art. 227), pelo princípio da dignidade da pessoa humana. O estado de filiação é a qualificação jurídica da relação de parentesco entre pai e filho que estabelece um complexo de direitos e deveres reciprocamente considerados. Constitui-se em decorrência da lei (arts. 1.593, 1.596 e 1.597 do CC, e 227 da CF), ou em razão da posse do estado de filho advinda da convivência familiar. Nem a paternidade socioafetiva e nem a paternidade biológica podem se sobrepor uma à outra. Ambas as paternidades são iguais, não havendo prevalência de nenhuma delas porque fazem parte da condição humana tridimensional, que é genética, afetiva e ontológica. Apelo provido (segredo de justiça). (TJRS, Ap. Cível n. 70.029.363.918, 8ª Câm. Cível, rel. Claudir Fidelis Faccenda, j. 07.05.2009)

Obrigação de fazer. Plano de saúde. Inclusão de dependente. Requisito de guarda judicial. Os filhos civis devem possuir os mesmos direitos que os filhos consanguíneos. Recurso provido. (TJSP, Ap. Cível n. 527.250-4/8-00/São Paulo, 9ª Câm. de Dir. Priv., rel. José Luiz Gavião de Almeida, j. 29.07.2008, *DJ* 18.08.2008)

Apelação cível. Negatória de paternidade c/c retificação de registro civil. Verdade biológica que prevalece sobre a verdade registral. Inexistência de relação socioafetiva. 1 – O estado de filiação é a qualificação jurídica da relação de parentesco entre pai e filho que estabelece um complexo de direitos e deveres reciprocamente considerados. 2 – Constitui-se em decorrência da lei (arts. 1.593, 1.596 e 1.597 do CC, e 227 da CF), ou em razão da posse do estado de filho advinda da convivência familiar. 3 – Se o autor registrou demandado como filho, sem saber que não era o pai biológico, e não possui maior relação socioafetiva com ele, a ação negatória de paternidade é medida que se impõe, pois, neste caso, a verdade biológica deve prevalecer sobre a verdade registral. Apelo não provido. (TJRS, Ap. Cível n. 70.021.308.515, 8ª Câm. Cível, rel. Claudir Fidelis Faccenda, j. 13.12.2007, *DJ* 11.01.2008)

Apelação cível. Negatória de paternidade. Presença da relação de socioafetividade. O estado de filiação é a qualificação jurídica da relação de parentesco entre pai e filho que estabelece um complexo de direitos e deveres reciprocamente considerados. Constitui-se em decorrência da lei (arts. 1.593, 1.596 e 1.597 do CC/2002, e 227 da CF/88), ou em razão da posse do estado de filho advinda da convivência familiar. Para anulação do registro civil, deve ser demonstrado um dos vícios do ato jurídico ou, ainda mesmo, a ausência da relação de socioafetividade. Registro mantido no caso concreto. Apelo não provido. (TJRS, Ap. Cível n. 70.018.217.638, 8ª Câm. Cível, rel. Des. Claudir Fidelis Faccenda, j. 19.04.2007)

Civil. Indenização. Paciente. Queda da maca durante a internação hospitalar. Evento morte. Dano e nexo de causalidade demonstrados. Responsabilidade civil do município. Verificado nos autos que hospital público pertencente à Secretaria de Saúde do Município de Contagem foi negligente no atendimento de paciente e, comprovado que a causa da morte (traumatismo cranioencefálico) deveu-se à queda da vítima durante a internação, impõe-se o dever de indenizar os autores pelos danos morais e materiais sofridos. Não havendo o que ser reembolsado à parte vencedora, não deve o ente público ser condenado ao pagamento de custas, por ser isento, na forma prevista no art. 10 da Lei estadual n. 14.939/2003. O dano moral não se vincula à idade dos beneficiários, sendo que o ordenamento jurídico não permite discriminação dos filhos, ressaltando que todos terão os mesmos direitos (art. 227, § 6º, CF e art. 1.596, CC). (TJMG, Ap. Cível n. 1.0079.02.006626-6/001, rel. Edilson Fernandes, j. 28.06.2006, *DJEMG* 28.07.2006)

---

**Art. 1.597. Presumem-se concebidos na constância do casamento os filhos:**

**I – nascidos cento e oitenta dias, pelo menos, depois de estabelecida a convivência conjugal;**

**II – nascidos nos trezentos dias subsequentes à dissolução da sociedade conjugal, por morte, separação judicial, nulidade e anulação do casamento;**

**III – havidos por fecundação artificial homóloga, mesmo que falecido o marido;**

**IV – havidos, a qualquer tempo, quando se tratar de embriões excedentários, decorrentes de concepção artificial homóloga;**

**V – havidos por inseminação artificial heteróloga, desde que tenha prévia autorização do marido.**

---

A regra em exame tem por objeto fixar critérios para tornar certa a filiação. O dispositivo foi alterado significativamente em relação ao CC revogado, na medida em que não se restringiu às hipóteses de relação sexual. José de Oliveira Ascensão criticou o dispositivo ao afirmar que ele traz mais dúvidas do que soluções, uma vez que os seus incisos não tratam propriamente da filiação, mas de presunções de vínculos decorrentes do casamento.

O período da gravidez se inicia com a concepção e se encerra com o nascimento. Desse modo, de acordo com o **inciso I** do dispositivo em exame, os nascidos seis meses após o estabelecimento da convivência conjugal presumem-se concebidos durante o casamento. Esse prazo é o mínimo para o desenvolvimento da gestação. De todo modo, Arnaldo Rizzardo observa que "inexistindo impugnação de parte do marido da mãe, firma-se a paternidade" (*Direito de família*. Rio de Janeiro, Forense, 2004, p. 416).

O sistema legal, por outro lado, afasta a presunção se o nascimento ocorrer antes do decurso do prazo de 180 dias contados do estabelecimento da convivência conjugal. Também se estabelece presunção de que a concepção se verificou na constância do casamento quando o filho nasceu menos de dez meses após sua dissolução (**inciso II**). O marco inicial para a fluência desse prazo deve ser a separação de fato. Tais presunções, contudo, não prevalecem em face da constatação biológica em sentido diverso. Tratando-se de presunção relativa, e levando em conta a evolução da ciência contemporânea a respeito do tema, haverá de prevalecer a constatação técnica a propósito da paternidade.

No **inciso III** do presente artigo, cuida-se da fecundação artificial homóloga, correspondente àquela que resulta da manipulação de gametas do marido (sêmen) e da mulher (óvulo). Tal procedimento depende do consentimento do marido enquanto ele viver (LÔBO, Paulo Luiz Netto. *Código Civil comentado*. São Paulo, Atlas, 2003, v. XVI, p. 50). Diversamente do que ocorre com a presunção prevista no inciso II do presente artigo, nessa hipótese a fecundação pode ocorrer mais de trezentos dias da dissolução do casamento. Nesses casos, será indispensável o consentimento expresso do marido.

Segundo o Enunciado n. 106 da I Jornada de Direito Civil, promovida pelo CEJ do CJF, "para que seja presumida a paternidade do marido falecido, será obrigatório que a mulher, ao se submeter a uma das técnicas de reprodução assistida com o material genético do falecido, esteja na condição de viúva, sendo obrigatório, ainda, que haja autorização escrita do marido para que se utilize seu material genético após sua morte".

A hipótese tratada no **inciso IV** cuida dos embriões excedentários, isto é, aqueles que foram manipulados geneticamente, mas encontram-se armazenados sem, ainda, terem sido introduzidos no útero materno. A concepção de embriões excedentários só é admitida nos casos de fecundação homóloga, ou seja, em que os gametas sejam de pessoas casadas ou que vivam em união estável (LÔBO, Paulo Luiz Netto. *Có-*

*digo Civil comentado*. v. XVI. São Paulo, Atlas, 2003, p. 52). Descumprida essa regra, o filho será juridicamente da mulher em cujo útero ele foi instalado e do marido dela, se ela for casada (idem). "Finda a sociedade conjugal, na forma do art. 1.571, a regra do inciso IV somente poderá ser aplicada se houver autorização prévia, por escrito, dos ex-cônjuges, para a utilização dos embriões excedentários, só podendo ser revogada até o início do procedimento de implantação desses embriões" (Enunciado n. 107 da I Jornada de Direito Civil).

Finalmente, a última hipótese – **inciso V** – disciplina a inseminação heteróloga – aquela em que o gameta não é do marido –, possibilidade condicionada exclusivamente à autorização prévia deste. O dispositivo não exige nem mesmo que a autorização seja dada por escrito, bastando que seja prévia. Comprovada a autorização, o marido não poderá negar a paternidade, prevalecendo, mais uma vez, a paternidade socioafetiva. Note-se, ainda, que, embora o dispositivo faça referência expressa ao casamento, deve ser aplicado à união estável (LÔBO, Paulo Luiz Netto. Op. cit., p. 59, v. XVI). Nesta, todavia, como não há presunção de paternidade do companheiro em relação ao filho de sua companheira é preciso identificar o mecanismo de estabelecimento do vínculo paterno-filial. E este se constitui mediante ato complexo consistente na manifestação de vontade do companheiro, no sentido de autorizar a companheira a ter acesso a técnica de reprodução assistida heteróloga, e, após, no início da gravidez em razão do êxito da técnica conceptiva. Daí porque, na VI Jornada de Direito Civil, foi assentado o entendimento externado no **Enunciado n. 570** nos seguintes termos: "o reconhecimento de filho havido em união estável fruto de técnica de reprodução assistida heteróloga *a patre* consentida expressamente pelo companheiro representa a formalização do vínculo jurídico de paternidade-filiação, cuja constituição se deu no momento do início da gravidez da companheira".

Sobre o presente dispositivo legal, as I e III Jornadas de Direito Civil do Centro de Estudos antes referido estabeleceram os seguintes Enunciados: n. 104: "no âmbito das técnicas de reprodução assistida envolvendo o emprego de material fecundante de terceiros, o pressuposto fático da relação sexual é substituído pela vontade (ou eventualmente pelo risco da situação jurídica matrimonial) juridicamente qualificada, gerando presunção absoluta ou relativa de paternidade no que tange ao marido da mãe da criança concebida, dependendo da manifestação expressa (ou implícita) de vontade no curso do casamento"; n. 105: "as expressões 'fecundação artificial', 'concepção artificial' e 'inseminação artificial' constantes, respectivamente, dos incisos III, IV e V do art. 1.597 deverão ser interpretadas como 'técnica de reprodução assistida'"; n. 257: "as expressões 'fecundação artificial', 'concepção artificial' e 'inseminação artificial', constantes, respectivamente, dos incisos III, IV e V do art. 1.597 do CC, devem ser interpretadas restritivamente, não abrangendo a utilização de óvulos doados e a gestação de substituição".

A doutrina prevê que a Lei de Biossegurança, n. 11.105/2005, trará inúmeros questionamentos acerca da filiação decorrente de inseminação artificial heteróloga, entre outros, o relativo à autorização de utilização de células-tronco pelos genitores do embrião (art. 5º, § 1º).

**Jurisprudência:** Apelação. Família. Investigação de paternidade. Indeferimento da petição inicial. Descabimento. O pai que registrou filha, concebida e nascida na constância do seu casamento com a genitora, tem direito a "investigar" a veracidade da paternidade, a ele imputada pela presunção relativa do *pater is est* (CC, art. 1.597). Trata-se de pretensão que mais se amolda à "ação negatória de paternidade", mas o que importa é que o nome dado à demanda não é elemento determinante a respeito de seu recebimento ou não. O que importa é que a pretensão não é juridicamente impossível e há interesse de agir, especialmente considerando a necessidade de fazer prova para tentar desfazer a presunção relativa que milita em desfavor do pai registral, no contexto em que o registro foi realizado. Por isso, não é caso para indeferimento da petição inicial, mas sim para seu recebimento e prosseguimento do processo, com a mais ampla dilação probatória, até ulterior prolatação de sentença de mérito. Recurso provido. (TJRS, Ap. n. 50013703820228210117, 1ª Câm. Esp. Cível, rel. Eduardo Augusto Dias Bainy, j. 24.06.2024, *DJ* 01.07.2024)

Agravo interno em agravo de instrumento. Família. Ação de reconhecimento de paternidade socioafetiva *post mortem*. Comprovada a ausência de vínculo genético entre o autor e o suposto pai, que jamais o registrou como filho durante os 16 anos de convivência com o menino. Evidente inaplicabilidade ao caso concreto da presunção de paternidade prevista no art. 1.597 do CC. Suspensão do feito até o trânsito em julgado de demanda similar, envolvendo o irmão do autor, que também pleiteia o reconhecimento da paternidade socioafetiva. Decisão adequada, que não merece reforma, dada a clara semelhança entre as situações fáticas e o eventual risco de decisões conflitantes. Inteligência do art. 313, V, do CPC. Decisão monocrática mantida. Agravo interno desprovido. (TJRS, AI n. 5186694-79.2023.8.21.7000/Porto Alegre, 1ª Câm. Esp. Cível, rel. Glaucia Dipp Dreher, j. 16.10.2023, *DJ* 20.10.2023)

Agravo de instrumento. Ação de fixação de alimentos gravídicos. Minoração. 1. Restou evidenciado que as partes mantiveram união estável, comprovada através de escritura pública, hipótese na qual a paternidade é presumida, na estrita e exata dicção do art. 1.597, do CC. 2. Os alimentos devem ser fixados de forma a contribuir para a mantença da gestante, mas dentro das possibilidades do alimentante e sem sobrecarregá-lo em demasia. O agravante comprovou possuir outra filha a quem também possui o dever de sustento, de forma com que se justifica a minoração, ainda que não em patamar pretendido. Deram parcial provimento. (TJRS, AI n. 50827835120238217000/Pelotas, 8ª Câm. Cível, rel. Rui Portanova, j. 06.07.2023, *DJ* 17.07.2023)

Agravo de instrumento. Alimentos gravídicos. Gravidez na constância do casamento. Presunção de paternidade. Majoração. 1. Nos termos do art. 6º da Lei n. 11.804/08, se convencido da existência de indícios da paternidade, o juiz fixará alimentos gravídicos, que perdurarão até o nascimento da criança. 2. A gravidez ocorrida ainda na constância do casamento gera a presunção *juris tantum* de paternidade do cônjuge, a teor do art. 1.597, II, do CC. 3. Em sede de tutela provisória, a fixação da obrigação alimentar, oriunda das relações familiares, deve considerar o trinômio necessidade, possibilidade e proporcionalidade, sempre à vista daquilo que se colhe na perfunctoriedade peculiar de uma cognição sumária. (TJMG, AI n. 1.0000.21.022097-6/001, rel. Des. Wagner Wilson, j. 27.05.2021)

Apelação cível. Ação anulatória de reconhecimento de paternidade impropriamente denominada negatória de paternidade. Alegação de indução em erro. Vício de vontade na origem do ato não comprovado. Ônus que incumbe à parte autora, conforme art. 333, I, do CPC. Irrevogabilidade do reconhecimento voluntário de paternidade. Inteligência dos arts. 1.609 e 1.610 do CC. 1 – A ação negatória de paternidade é exclusiva do marido da mãe e se presta para contestar a presunção *pater is est* que sobre ele recai em relação de prole havida na constância do casamento e nas hipóteses dos incisos do art. 1.597 do CCB. Não se tratando de filiação surgida em decorrência de presunção legal, porquanto inexistente o vínculo matrimonial ao tempo em que foi registrada a paternidade no assento de nascimento da requerida, cuida-se, em verdade, de ação anulatória de reconhecimento de paternidade. 2 – O reconhecimento voluntário de paternidade – seja ele com ou sem dúvida por parte do reconhecente – é ato irrevogável e irretratável, conforme os arts. 1.609 e 1.610 do CC. Embora seja juridicamente possível o pedido de anulação do reconhecimento espontâneo, com fundamento no art. 1.604 do CC, para tanto é necessária comprovação de vício de vontade na sua origem. Precedentes do STJ. 3 – Considerando que, no caso, o demandante não logrou êxito em comprovar a ocorrência de erro ou de qualquer outro vício de vontade apto a nulificar o reconhecimento espontâneo de paternidade operado, não se desincumbindo a contento do ônus probatório que lhe competia, conforme o art. 333, I, do CPC, deve prevalecer a irrevogabilidade e irretratabilidade do ato, pois praticado de forma livre e consciente. Negaram provimento. Unânime. (TJRS, Ap. Cível n. 70.062.477.146, 8ª Câm. Cível, rel. Luiz Felipe Brasil Santos, j. 18.12.2014)

Família. Processual civil. Ação rescisória. Acórdão. Apelação. Ação de investigação de paternidade. Presunção legal da paternidade não observada. Violação de literal disposição de lei. Art. 1.597 do CC. Ocorrência. Procedência do pedido rescisório. 1 – Para os fins do art. 485, V, do CPC [art. 966, V, do CPC/2015], considera-se que violou literal disposição de lei. No caso, o art. 1.597 do CC, segundo o qual se presumem concebidos na constância do casamento os filhos "nascidos 180 dias, pelo menos, depois de estabelecida a convivência conjugal". O acórdão que confirmou a procedência do pedido de reconhecimento de paternidade com base na presunção decorrente de recusa na realização de exame de DNA, independentemente da prova de que, à época da concepção e nascimento da criança, seus pais se encontravam separados de fato. 2 – Para idênticos fins, considera-se violado o art. 1.601 do mesmo CC pelo referido acórdão que admitiu a legitimidade de terceira pessoa, que não o marido, para questionar a paternidade dos filhos nascidos da mulher deste. 3 – Pedido rescisório julgado procedente. V.V. (TJMG, Ação Resc. n. 1.0000.08.467903-4/000, rel. Des. Wander Marotta, j. 20.02.2013, *DJ* 19.04.2013)

Investigação de paternidade. Alimentos. Presumem-se concebidos na constância do casamento os filhos nascidos nos trezentos dias subsequentes à dissolução da sociedade conjugal por separação judicial (art. 1.597 do CC). Considerando-se que o investigante nasceu dentro desse período, é de rigor a presunção da paternidade para efeitos de reconhecimento do dever alimentar. A Corte guarda algum entendimento de que alimentos em prol de apenas 1 filho, sem necessidades especiais, devem ser fixados em cerca de 20% dos rendimentos líquidos do alimentante. Agravo parcialmente provido. Em monocrática. (TJRS, AI n. 70.033.413.147, 8ª Câm. Cível, rel. Rui Portanova, j. 23.11.2009)

Investigação de paternidade cumulada com pedido de alimentos provisórios. Sede de cognição sumária. Elementos colacionados que atestam a possibilidade, *in limine litis*, do réu vir a ser o pai da menor infante. Provas calcadas em certidões registrárias de casamento e nascimento dos envolvidos. Aplicação do art. 1.597, II, do CC. Presunção *pater is est quem nuptiam demonstrant*. Antecipação dos efeitos da tutela para o fim de conceder alimentos provisórios, todavia, no importe de 1/3 do salário mínimo vigente. Recurso parcialmente provido para esse fim. (TJSP, AI n. 6.316.244.900/Itatiba, 5ª Câm. de Dir. Priv., rel. Oscarlino Moeller, j. 27.05.2009)

Ação negatória de paternidade. Presunção de paternidade não incidente na hipótese. Recusa reiterada da mãe a submeter o menor a exame genético. Quadro probatório. Existência de laudo nos autos negando a paternidade. Ausência de vínculo de parentesco entre as partes. Reconhecimento. Possibilidade. Filiação afetiva não configurada. Estado de filiação. Direito personalíssimo. 1 – A presunção de paternidade prevista no art. 1.597 do CC não é aplicável à espécie, porquanto esta vige nos casos em que a criança nasce depois de 180 dias do início da convivência conjugal. Na espécie, a criança foi gerada um mês após o matrimônio. 2 – A persistente recusa ao exame pericial perpetrada pela mãe da criança, conjugado à existência de um laudo nos autos atestando a ausência de vínculo de parentesco entre as partes, somado, ainda, à conduta do autor, se dispondo a realizar por diversas vezes novo teste genético em juízo e à ausência de prova testemunhal em sentido diverso, dá ensejo a que seja reconhecido o alegado maltrato ao art. 232 do CC. 3 – É preciso advertir que não se está a dizer que a simples recusa da mãe à submissão do menor ao exame de DNA faz presumir a inexistência de vínculo filial. 4 – Não há, a princípio, vínculo entre as partes suficiente a configurar, mesmo que fosse, a filiação afetiva, definida pela estabilidade dos laços afetivos construídos no cotidiano de pai e filho. 5 – A manutenção de um vínculo de paternidade a toda força impede a criança de conhecer seu verdadeiro estado de filiação, direito personalíssimo, nos termos do art. 27 do ECA. 6 – Recurso especial conhecido e provido. (STJ, REsp n. 786.312, rel. Min. Luis Felipe Salomão, j. 21.05.2009)

Negatória de paternidade. Ausência de prova. Vício de consentimento não demonstrado. 1 – O ato de reconhecimento de filho é irrevogável (art. 1º da Lei n. 8.560/92 e art. 1.609 do CCB). 2 – Não sendo apontada a existência de qualquer vício de consentimento no registro de nascimento dos filhos menores, mostram-se hígidos os assentos civis. 3 – A mera dúvida sobre a paternidade dos filhos de sua ex-esposa, gerados e nascidos na constância casamento, não justifica a propositura da ação negatória de paternidade. Recurso desprovido (segredo de justiça). (TJRS, Ap. Cível n. 70.024.635.500, 7ª Câm. Cível, rel. Sérgio Fernando de Vasconcellos Chaves, j. 22.10.2008, *DJ* 28.10.2008)

Investigação de paternidade. Alimentos provisórios. Fixação. Cabimento. 1 – É possível deferir alimentos provisórios em sede de ação investigatória quando existem ponderáveis elementos de convicção acerca do liame parental, ainda que pendente o exame de DNA. 2 – Considerando que o réu era casado com a mãe do investigante, vige a presunção *juris tantum* de ter sido ele concebido na constância do casamento, merecendo credibilidade a alegação de existência do liame biológico constante na peça exordial. Inteligência do art. 1.597, II, do CCB. Recurso desprovido (segredo de justiça). (TJRS, AI n. 70.022.142.905, 7ª Câm. Cível, rel. Sérgio Fernando de Vasconcellos Chaves, j. 20.02.2008, *DJ* 26.02.2008)

Processo civil. Embargos de declaração. Inexistência de omissão. Acórdão fundamentado. Impugnação do estado de filiação. Filhos concebidos na constância do casamento. Presunção da paternidade. Recusa ao exame de DNA. Examinadas, fundamentadamente, todas as matérias discutidas na apelação, especialmente a aplicação das regras dos arts. 231 e 232 do CC/2002, quando se discute a negação de estado de filiação regularmente constituído, na forma da lei, reiteram-se os fundamentos e a conclusão do acórdão. Rejeitam-se os embargos de declaração. (TJMG, Emb. de Decl. n. 1.0687.01.007227-4/002, rel. Almeida Melo, j. 28.06.2007, *DJEMG* 05.07.2007)

Apelação cível. Investigação de paternidade. Pai registral que é marido da mãe. Presunção de paternidade. 1 – Cuida-se de parentalidade *ficta*, estabelecida a partir da presunção de paternidade do marido da mãe *(pater is est)*, hipótese prevista no art. 1.597 do CC/2002. 2 – Não há falar em erro como vício de consentimento se a relação de parentesco se forja por força de imperativo legal e ao longo de 25 anos houve a convivência da autora com o pai registral, encontrando-se o marido e mulher ainda casados. No caso concreto, coincidem a filiação noticiada no registro civil e aquela que se firmou na posse do estado de filho. Negaram provimento, por maioria. (TJRS, Ap. Cível n. 70.015.797.301, 7ª Câm. Cível, rel. Des. Luiz Felipe Brasil Santos, j. 13.09.2006)

Agravo de instrumento. Investigação de paternidade. Alimentos provisórios. Presunção de paternidade. Art. 1.597, II, CC/2002. A obrigação alimentar advinda da relação de parentesco, quando presentes os requisitos da verossimilhança da paternidade, enseja a fixação de alimentos provisórios, em ação de investigação de paternidade. No caso vertente, detecta-se a existência de prova nesse sentido. Agravo provido. Em monocrática. (TJRS, AI n. 70.013.705.553, 8ª Câm. Cível, rel. Des. Rui Portanova, j. 20.02.2006)

**Art. 1.598. Salvo prova em contrário, se, antes de decorrido o prazo previsto no inciso II do art. 1.523, a mulher contrair novas núpcias e lhe nascer algum filho, este se presume do primeiro marido, se nascido dentro dos trezentos dias a contar da data do falecimento deste e, do segundo, se o nascimento ocorrer após esse período e já decorrido o prazo a que se refere o inciso I do art. 1.597.**

O dispositivo visa estabelecer presunções que solucionem eventual conflito a respeito da paternidade de criança nascida de mulher viúva ou separada judicialmente que volte a se casar. Se a mulher se casar novamente antes de dez meses contados de sua viuvez, anulação ou declaração de nulidade (art. 1.523, II, do CC), presumir-se-á que o filho que vier a ter é de seu primeiro marido, se nascer dentro de trezentos dias posteriores ao falecimento deste. Caso venha a nascer após esse prazo, e ultrapassados 180 dias do estabelecimento da nova convivência conjugal (art. 1.597, I, do CC), a presunção será de que o filho é do segundo marido. Embora o dispositivo só mencione a presunção de paternidade no caso de nascimento posterior a trezentos dias do falecimento do primeiro marido, como o art. 1.523, II, que também se refere à separação, é de se considerar excluída a presunção também se tratar de invalidação.

Não se pode deixar de notar que o sistema de presunção não prevalecerá diante da prova técnica, que, nos tempos atuais, permite com segurança identificar a paternidade sem necessidade de partir de critérios meramente originados de presunção. A investigação do DNA, por exemplo, pode conferir praticamente 100% – mais exatamente 99,99% – de certeza ao reconhecimento ou à exclusão da paternidade, conforme observa Arnaldo Rizzardo (*Direito de família*. Rio de Janeiro, Forense, 2004, p. 489). No mesmo sentido é a lição de Caio Mário da Silva Pereira: "Quer dizer: não poderá ser admitida a relação jurídica da paternidade em face de concluir a prova científica pela impossibilidade da filiação biológica" (*Reconhecimento de paternidade e seus efeitos*, 3. ed. Rio de Janeiro, Forense, p. 125). Arnaldo Rizzardo também observa com acerto que "o CC/2002, primando pela objetividade, dá ensejo à prova da impossibilidade da concepção através da relação com o marido ou o companheiro porque inexistia a união na época, ou porque presente qualquer fator impossibilitante da relação sexual" (op. cit., p. 425).

A presunção oriunda desse dispositivo não incide nos casos de fecundação artificial homóloga, com a utilização do sêmen do primeiro marido, nos casos em que ela se verificar após trezentos dias contados de sua morte. Do mesmo modo, não se aplica aos casos em que a concepção se dá após trezentos dias da dissolução da sociedade conjugal com embriões excedentários. A norma em exame deve ser aplicada em relação às uniões estáveis, na medida em que elas também podem dar origem ao conflito de paternidades entre duas uniões, ou entre uma união posterior a um casamento, ou a um casamento posterior a uma união.

**Jurisprudência:** Veja no art. 1.597 os seguintes acórdãos: TJMG, AI n. 1.0000.21.022097-6/001, rel. Des. Wagner Wilson, j. 27.05.2021; TJSP, Ap. Cível n. 192.890-4-2/Batatais, 3ª Câm. de Dir. Priv., rel. Enio Santarelli Zuliani, j. 14.08.2001, v.u., *RBDFam* 11/133.

Apelação. Ação de indenização por danos morais. Registro de nascimento. Apontamento de paternidade. Falta de correspondência com a realidade. Tabelião do cartório de registro civil. Responsabilidade objetiva. Afastada. Art. 1.597 do CC. Presunção de paternidade. 1. O texto constitucional consagra a responsabilidade objetiva como fundamento jurídico para o ressarcimento dos danos causados a terceiros em virtude da atuação dos agentes vinculados às pessoas de direito público e seus delegatários. 2. Nos termos do art. 1.597 do CC, presumem se concebidos na constância do casamento os filhos nascidos nos trezentos dias subsequentes à dissolução da sociedade conjugal, por morte, separação judicial, nulidade e anulação do casamento. 3. Se a criança nasceu dentro dos 300 dias subsequentes à separação judicial averbada em Cartório, não há irregularidade a ser reconhecida no registro de nascimento, diante da presunção de paternidade. (TJMG, Ap. Cível n. 1.0105.14.014460-8/001, rel. Des. Carlos Roberto de Faria, j. 15.04.2021)

Negatória de paternidade. Filiação na constância do casamento. Paternidade presumida. Restrição às hipóteses do art. 340 do CC. Inadmissibilidade. Prosseguimento do feito. Recurso provido. (*JTJ* 267/180)

Paternidade. Filiação. Impugnação. Inadmissibilidade. Convivência dos cônjuges sob o mesmo teto após a separação. Art. 341 do CC. Enumeração do art. 340 do

CC que é taxativa, não comportando ampliação. Recurso não provido. (*JTJ* 114/191)

Investigação de paternidade. Filiação adulterina *a matre*. Admissibilidade do reconhecimento na hipótese de comprovação da separação de fato do casal, ao tempo da concepção ou do nascimento. Interpretação extensiva do disposto no art. 340 do CC. Possibilidade jurídica do pedido. Carência afastada. Recurso provido para esse fim. (*JTJ* 113/215)

**Art. 1.599. A prova da impotência do cônjuge para gerar, à época da concepção, ilide a presunção da paternidade.**

Se na época provável da concepção o cônjuge estava impotente para gerar, não pode prevalecer a presunção de que era pai da criança nascida de sua esposa. A impotência *coeundi* acarreta presunção da impossibilidade para gerar, pois se caracteriza pela impossibilidade de cópula. Métodos científicos modernos, porém, permitem que seja extraído sêmen do homem para fins de inseminação artificial. A impotência denominada *generandi* é a que impede a inseminação de modo absoluto. Ela pode resultar da cirurgia de vasectomia ou de fatores físicos, mas não é incompatível com a realização do ato sexual. O dispositivo contempla, portanto, toda hipótese em que se demonstrar a absoluta impossibilidade de gerar na época da concepção, sem distinguir entre uma e outra espécie de impotência (CHINELATO, Silmara Juny. *Comentários ao Código Civil*. São Paulo, Saraiva, 2004, v. XVIII, p. 63). Não se aplica a disposição aos casos em que o marido registra filho em seu nome sabendo que não é pai biológico, pois nesse caso não poderá, posteriormente, contestar a paternidade assumida espontaneamente (op. cit., p. 63).

**Jurisprudência:** Negatória de paternidade. Somente com indícios fortes e convincentes da impotência *generandi* (art. 1.599 do CC) se poderá cogitar de interesse para desconstituir reconhecimento de paternidade solenizado em audiência, com homologação judicial, não bastando, para tal, exame que indica baixa quantidade de espermatozoides. Nesse contexto e por não constar indícios de vício de consentimento, preserva-se a sentença que rejeita a ação com base nos arts. 1.604 e 1.610 do CC. Não provimento. (TJSP, Ap. Cível n. 5.871.414.000/Itaquaquecetuba, 4ª Câm. de Dir. Priv., rel. Enio Zuliani, j. 27.08.2009)

**Art. 1.600. Não basta o adultério da mulher, ainda que confessado, para ilidir a presunção legal da paternidade.**

O adultério não exclui a presunção de paternidade em qualquer circunstância, pois, a despeito de sua ocorrência, subsiste a possibilidade de o cônjuge ser o pai da criança gerada pela esposa adúltera. Contudo, não se questiona que o adultério comprovado lança dúvidas sobre a paternidade do marido. Haverá, sempre, que se verificar se a mulher mantinha dupla vida sexual. Do contrário, se a mulher estiver separada de fato do marido, o adultério exclui a presunção de paternidade deste, embora, no caso de rompimento do primeiro relacionamento, não se possa falar, a rigor, em adultério.

**Art. 1.601. Cabe ao marido o direito de contestar a paternidade dos filhos nascidos de sua mulher, sendo tal ação imprescritível.**

**Parágrafo único. Contestada a filiação, os herdeiros do impugnante têm direito de prosseguir na ação.**

Restringe-se ao marido o direito de contestar a paternidade dos filhos nascidos de sua mulher, mas, uma vez contestada judicialmente, seus herdeiros podem prosseguir na demanda. Como registra Paulo Luiz Netto Lôbo, "ninguém, nem mesmo o filho ou a mãe, poderá impugnar a paternidade. A norma, assim lida em conformidade com a Constituição, desloca a paternidade da origem genética para a paternidade socioafetiva" (*Código Civil comentado*. São Paulo, Atlas, 2003, p. 73). Silmara Juny Chinellato anota que o pai que espontaneamente reconhece filho que sabe não ser seu não poderá contestar a paternidade (*Comentários ao Código Civil*. São Paulo, Saraiva, 2004, v. XVIII, p. 66), salvo se comprovar que foi induzido em erro ou se agiu mediante dolo ou coação. Acrescente-se que também não basta a demonstração de que o marido não é o pai biológico: deve-se, ainda, provar que não se estabeleceu a paternidade socioafetiva (LÔBO, Paulo Luiz Netto. Op. cit., p. 76-7).

Por outro lado, o presente dispositivo estabelece a imprescritibilidade da ação de contestação de paternidade, na medida em que envolve direitos da personalidade. Sobre a matéria, Silmara Chinellato pondera: "Tratando-se de estabelecimento de paternidade, é curial que a socioafetiva prevaleça em relação à biológica, determinando que o pai socioafetivo não tenha interesse algum em contestá-la. Os outros filhos – se houver – podem ter interesse patrimonial em fazê-lo, ao excluir um herdeiro, aumentando o quinhão na herança. Porque não sou contra o conteúdo do art. 1.601 e apenas lhe dou interpretação restrita, penso que o legislador andou bem ao estabelecer como personalíssimo o direito de ingressar com a ação negatória de paternidade, quando cabível. Resta aos herdeiros apenas prosseguir como autores, se falecer o impugnante no curso da ação. Não têm, no entanto, legitimidade para interpô-la em nome próprio e por direito próprio" (op. cit., p. 68).

A III Jornada de Direito Civil do CEJ do CJF firmou o entendimento no sentido de que "não cabe a ação prevista no art. 1.601 do CC se a filiação tiver origem em procriação assistida heteróloga, autorizada pelo marido nos termos do inciso V do art. 1.597, cuja paternidade configura presunção absoluta" (Enunciado n. 258).

A ação de contestação da paternidade é imprescritível, tanto quanto a de investigação de paternidade, como consignado na Súmula n. 149 do STF. Os herdeiros do marido não estão autorizados a propor a ação de contestação, mas apenas a prosseguir na que ele já houver proposto, o que significa que só poderão fazê-lo em caso de óbito daquele, pois "o direito brasileiro não admite herança ou herdeiros de pessoas vivas" (LÔBO, Paulo Luiz Netto. Op. cit., p. 74-5). Levando em conta que a paternidade biológica pode inexistir, mas, em virtude de se estabelecer a paternidade socioafetiva – e sendo a questão vinculada a aspecto íntimo da família –, a contestação da paternidade não é admitida para o pai biológico (idem). A concepção do filho que se fizer por uma das formas previstas no art. 1.597 do CC não admite a contestação da paternidade, a não ser que fique comprovado que o profissional ou o hospital utilizaram sêmen que não era do marido. Segundo o Enunciado n. 520 da V Jornada de Direito Civil do CJF o conhecimento da ausência de vínculo biológico e a posse de estado de filho obstam a contestação da paternidade presumida.

Na lição de Paulo Luiz Netto Lôbo, o estado de filiação nada tem a ver com o direito ao conhecimento da origem genética, questão ligada ao direito da personalidade (op. cit., p. 78). Para a tutela do direito de conhecer a origem genética não há necessidade de alterar a paternidade que resulta da relação social e afetiva estabelecida entre pai e filhos ou filhas.

O dispositivo em exame não se aplica às uniões estáveis, nas quais o reconhecimento da paternidade resulta do ato espontâneo de cada companheiro.

**Jurisprudência:** Agravo de instrumento. Ação anulatória de partilha extrajudicial. Decisão que indeferiu a petição inicial da reconvenção, questionando a paternidade dos autores-reconvindos, por ilegitimidade ativa dos reconvintes. Irresignação. Agravantes aduzem que não se trata de negatória de paternidade, mas, sim, de impugnação à paternidade. Não acolhimento. Finalidade negatória de paternidade, de caráter personalíssimo, de modo que o direito de ação é restrito ao pai e aos filhos por ele reconhecidos, nos termos dos arts. 1.601 e 1.606, do CC. Não se desconhece entendimento de parte da doutrina e da jurisprudência que aponta uma hipótese que autoriza terceiros a questionar o registro do nascimento, com fulcro no art. 1.604, do CC. Caso concreto em que seria descabida a determinação de realização de exame de DNA se o falecido pai registral não requereu em vida a realização do exame. Mesmo se ausente vínculo genético, deveria ser demonstrada a ausência de filiação socioafetiva e que houve vício de consentimento do pai registral. Pretensão descabida no bojo de reconvenção. Recurso desprovido. (TJSP, AI n. 2107482-36.2024.8.26.0000/Piracicaba, 6ª Câm. de Dir. Priv., rel. Rodolfo Pellizari, j. 14.06.2024, *DJ* 14.06.2024)

Apelação cível. Direito de família. Ação investigatória de paternidade c/c ação declaratória de negativa de paternidade e de modificação de registro civil de nascimento. 1. O reconhecimento dos filhos é ato irrevogável, nos termos do art. 1.601 do CC, somente cabendo o pleito de retificação do registro civil no caso de demonstração de existência de vício do ato jurídico, como erro, dolo, coação, simulação ou fraude. Situação na qual não houve prova de erro do ato, bem como há comprovação da existência de vínculo afetivo entre as partes, restando configurado, de qualquer forma, o instituto da paternidade socioafetiva. Sentença mantida. 2. Litigância de má-fé. Não configuração das hipóteses autorizadoras. Mero exercício do direito de recorrer. Recurso desprovido. (TJRS, Ap. n. 5022190-16.2019.8.21.0010/Caxias do Sul, 7ª Câm. Cível, rel. Vera Lucia Deboni, j. 26.01.2024, *DJ* 26.01.2024)

Apelação cível. Família. Ação de investigação de paternidade c/c retificação de registro de nascimento movida pela filha em desfavor do pai registral e do pretenso pai biológico. Contestação apresentada pelo pai registral, admitindo não ter vínculo biológico mas sustentando a existência de vínculo socioafetivo com a menor. Morte do pai registral no curso da ação. Pretensão da sucessão do pai registral de que seja excluída a sua paternidade, com retificação do registro civil de nascimento da filha. Descabimento. Direito personalíssimo dos pais registrais. Mantida sentença de improcedência. A ação em que se contesta a filiação registral, por ser direito personalíssimo, só pode ser manejada pelos pais registrais, sendo intransmissível a legitimidade para a sua propositura aos sucessores, cônjuge ou companheiro sobrevivente do *de cujus*, ressalvada apenas a possibilidade de continuarem a demanda na hipótese de falecimento dos genitores registrais após o seu ajuizamento (inteligência dos arts. 1.601, parágrafo único, e 1.606, parágrafo único, ambos do CC). Hipótese em que, não obstante a manifestação da sucessão do genitor registral, a realidade é que, além de não ter sido manejada por este ação negatória de paternidade, o réu Rodrigo, antes de falecer, contestou a ação e, embora admitindo não ter vínculo biológico com a autora, sustentou ter com ela forte vinculação afetiva, na medida em que exerceu a função de pai desde o nascimento da menina, o que foi corroborado pelas avaliações sociais realizadas, sendo impositiva a manutenção da sentença, que julgou improcedente o pedido. Precedentes do TJRS e do STJ. Apelação desprovida. (TJRS, Ap. n. 5000720-17.2015.8.21.0026, 7ª Câm. Cível, rel. Carlos Eduardo Zietlow Duro, j. 31.10.2023, *DJ* 31.10.2023)

Apelação cível. Ação negatória de paternidade cumulada com nulidade de registro civil. Ação movida por pai registral. Sentença de improcedência. Irresignação do autor. Cerceamento de defesa. Não ocorrência. Prova psicológica colacionada aos autos suficiente para o deslinde da questão em debate, notadamente, filiação afetiva. Deferimento de estudo social apenas ocasionaria morosidade processual. Mérito. Negatória de paternidade com base no art. 1.601, do CC. Genitores que conviveram em união estável. Vínculo genético excluído pelo sistema DNA. Prova técnica psicológica apontando pela existência da filiação afetiva. Necessidade de amparo emocional e financeiro para o correto desenvolvimento do menor. Possibilidade de reconhecimento da multiparentalidade (STJ, RE n. 898.060/SC). Sentença mantida. Motivação do decisório adotado como julgamento em segundo grau. Inteligência do art. 252 do RITJ. Honorários recursais. Aplicação da regra do art. 85, § 11, do CPC/2015. Resultado. Preliminar rejeitada. Recurso não provido. (TJSP, Ap. Cível n. 1023938-30.2020.8.26.0576/SP, 9ª Câm. de Dir. Priv., rel. Edson Luiz de Queiróz, j. 23.06.2022, publ. 23.06.2022)

Ação de investigação de paternidade *post mortem*. Extinção sem resolução do mérito. Ilegitimidade ativa *ad causam*. Negatória movida pela avó paterna contra a requerida, sua neta. Ação personalíssima do genitor. Inteligência do art. 1.601 do CC. A incapacidade relativa não atinge os atos existenciais, sobretudo aqueles relacionados à família, e a curatela se restringe aos atos patrimoniais e negociais. Arts. 6º e 85 do Estatuto da Pessoa com Deficiência. Não foi afetada a capacidade do falecido no que concerne ao registro da filiação da ré, ao exercício da paternidade por mais de 17 anos e, inclusive, à possibilidade de contestá-la, o que não fez. A incapacidade relativa do *de cujus* não gera a legitimidade da autora para a propositura de ação de investigação de paternidade. Recurso desprovido. (TJSP, Ap. Cível n. 1000321-06.2020.8.26.0426/SP, 4ª Câm. de Dir. Priv., rel. Alcides Leopoldo, j. 17.03.2022, publ. 20.03.2022)

Agravo de instrumento. Negatória de paternidade cumulada com anulação de registro civil. Decadência. Inocorrência. Ação referente a estado que possui natureza imprescritível. Inteligência do art. 1.601 do CC. Pretensa aplicação do art. 178, § 3º, do CC/1916. Inadmissibilidade. Precedente do C. STJ que admite a propositura da ação mesmo já ultrapassado o prazo estabelecido no citado artigo. Incidência da Súmula n. 149 do STF. Questões outras, envolvendo aspectos da relação estabelecida entre os litigantes, que não foram objeto de análise pelo Juízo *a quo*, logo, fazê-lo nesta sede implicaria supressão de instância. Agravo desprovido, na parte conhecida. (TJSP, AI n. 2290315-27.2021.8.26.0000/SP, 4ª Câm. de Dir. Priv., rel. Natan Zelinschi de Arruda, j. 03.03.2022, publ. 03.03.2022)

Apelação cível. Negatória de paternidade *post mortem*. Sentença de extinção sem resolução do mérito. Ilegitimidade ativa, sem condenação ao pagamento das custas em razão da gratuidade e dos honorários, não "instaurado o contraditório". Sentença mantida. Revelia que, no caso, não induz à veracidade dos fatos alegados na inicial. Direito indisponível. Ação negatória de paternidade que é personalíssima do pai registral. Art. 1.601 do CC e precedentes jurisprudenciais. Avós paternos que carecem de legitimidade ativa. Genitor registral falecido um ano após realizar o exame de DNA, excluindo a paternidade, sem que ingressasse com a presente ação, certo que o menor contava 11 anos de idade por ocasião do falecimento do genitor. Recurso improvido. (TJSP, Ap. Cível n. 1000891-95.2021.8.26.0348/SP, 2ª Câm. de Dir. Priv., rel. José Joaquim dos Santos, j. 23.02.2022, publ. 23.02.2022)

Apelação cível. Ação declaratória negativa de paternidade c/c investigatória de paternidade e pedido de modificação de registro civil de nascimento. Sentença de improcedência. Manutenção. Ação ajuizada pela avó paterna da ré. Ilegitimidade passiva ad causam. Reconhecimento de filho que é ato jurídico de natureza personalíssima e eficácia irrevogável. Precedentes. Recurso não provido. (TJSP, Ap. Cível n. 1007518-14.2019.8.26.0566, 10ª Câm. de Dir. Priv., rel. Des. Coelho Mendes, j. 01.12.2020)

Apelação cível. Ação de petição de herança c/c nulidade de partilha. Preliminar de cerceamento de defesa rejeitada. Pedido reconvencional. Anulação de registro. Legitimidade dos herdeiros configurada. Interesse. Não verificação. Sentença confirmada por outros fundamentos. A ação negatória de paternidade prevista no art. 1.601 do CC não se confunde com a ação de anulação de registro civil, prevista no art. 1.604 do mesmo Código. Enquanto a primeira objetiva a impugnação de paternidade de filho havido no casamento, sendo, pois, demanda de direito personalíssimo, cabível somente ao marido e suposto pai, a segunda prevê a possibilidade de, provando-se falsidade ou erro no assento do registro civil, reivindicar-se estado contrário ao que resulta desse registro, por meio de ação de anulação, não apresentando caráter personalíssimo e podendo, portanto, ser manejado por qualquer pessoa que apresente legítimo interesse em demonstrar a existência de erro ou falsidade no registro civil. Os herdeiros têm legitimidade para contestar registro civil de nascimento que envolva o autor da herança. Hipótese em que a anulação do registro não terá qualquer efeito prático, uma vez que, mesmo tendo ciência acerca da paternidade que lhe foi unilateralmente imputada, o falecido jamais tomou qualquer providência para desconstituí-la, de forma que a paternidade restou consolidada, independentemente de filiação biológica e eventual falsidade ideológica no momento do registro. Como consequência, o que falta aos herdeiros não é legitimidade, mas sim interesse, posto que a qualidade de herdeiro do autor da ação de petição de herança c/c partilha não pode ser afastada por eventual nulidade de seu registro civil. Recurso a que se nega provimento. (TJMG, Ap. Cível n. 1.0079.13.014873-1/001/Contagem, rel. Des. Adriano de Mesquita Carneiro (Juiz Des. Conv.), j. 09.11.2017)

Apelação cível. Direito de família. Declaratória de inexistência de relação parental. Anulação de registro. Arts. 1.601 e 1.604 do CC. Legitimidade ativa verificada. A ação declaratória de inexistência de relação parental, cumulada com anulação de registro, com base em erro ou falsidade pode ser pleiteada por qualquer pessoa que tenha interesse no seu reconhecimento. Inteligência do art. 1.604 do CC. V.v. a legislação pátria não possibilita a ação negatória de paternidade se esta é proposta por quem efetuou a declaração constante do registro. (TJMG, Ap. Cível n. 1.0433.14.043412-0/001, rel. Des. Moreira Diniz, j. 25.06.2015)

Civil e processual civil. Ação de desconstituição de paternidade. Assento de nascimento. Reconhecimento voluntário da filiação, pelo suposto pai, já falecido. Ilegitimidade do autor (filho do registrante) para impugnar reconhecimento de filho nascido de relação extraconjugal havida entre o seu genitor e terceira pessoa. Ausência de vício de consentimento a justificar eventual alteração do registro civil extinção do processo sem resolução do mérito (art. exegese do art. 1.601, CC; art. 267, VI, CPC) [art. 485, VI, do CPC/2015]. Precedentes do TJRS. Apelo conhecido e desprovido. (TJRN, Ap. Cível n. 2013.022268-2, rel. Des. Cláudio Santos, *DJe* 16.07.2014, p. 73)

Ação visando anulação de assento de nascimento. Ação extinta sem apreciação do mérito. Falecimento do pai. Ajuizamento da ação pelos avós paternos da criança. Legitimidade ativa. Embora somente ao pai caiba, em princípio, iniciar ação de contestação da paternidade, nos termos do art. 1.601 do CC, por se tratar de ação personalíssima, o fato é que no presente caso há legítimo interesse dos avós no sentido de fazer prevalecer a verdade real, inclusive do ato registrário, lembrando que os autores têm seus nomes na certidão de nascimento do neto, existindo interesse moral e até mesmo pecuniário, eventualmente. Interesse em aclarar a relação de parentesco com o réu, nascido em janeiro de 2011, sendo que o falecimento do filho dos autores ocorreu em maio do mesmo ano, não sendo possível nem mesmo defender-se a tese da constituição de relação socioafetiva, que de fato poderia ser adotada, em detrimento daquela meramente biológica. Alegação, ademais, de que houve falsidade ideológica e erro. Apelo provido para determinar-se o prosseguimento do processo, com a realização de perícia. (TJSP, Ap. n. 0001315-63.2011.8.26.0233/São Carlos, 2ª Câm. de Dir. Priv., rel. José Carlos Ferreira Alves, *DJe* 16.06.2014, p. 1.337)

Agravo interno em agravo de instrumento. Ação negatória de paternidade. Falecimento do autor. Indeferimento de pedido de substituição do polo ativo pela genitora do réu. Conflito de interesse. Manutenção. 1 – Pleito de reforma da decisão agravada, a fim de que seja autorizada a substituição do *de cujus* pela agravante, ou para que seja determinada a extinção do feito, face à inexistência de outros herdeiros que não a agravante e o réu na ação originária. 2 – Ao contrário do que afirma a agravante, restou comprovado nos autos que o *de cujus* tem outros sucessores legítimos, além da agravante e do réu. 3 – Considerando que o parágrafo único do art. 1.601 do CC estabelece genericamente aos herdeiros do impugnante o direito de prosseguir na ação de contestação de paternidade, sem qualquer menção à ordem de vocação hereditária, não se vislumbra nenhum óbice à substituição do polo ativo por outros herdeiros do falecido autor, que não a agravante. 4 – Por outro lado, é evidente o conflito de interesses da agravante no caso em tela, tendo em vista ser a mesma genitora do réu na ação originária, em que se pretende a desconstituição do vínculo paterno, e a anulação do registro de nascimento do mesmo, motivo que inviabiliza a substituição do polo ativo pela agravante, devendo ser mantida a decisão agravada, que determinou a habilitação dos demais herdeiros do *de cujus*. Desprovimento do agravo interno. (TJRJ, Ag. Int. n. 0056184-20.2013.8.19.0000, rel. Des. Carlos Santos de Oliveira, j. 19.11.2013, *DJe* 14.01.2014)

Apelação cível. Ação de investigação. Paternidade c/c anulação de registro civil que na verdade se traduz em ação de negatória de paternidade. Genitor falecido em razão de acidente de trânsito. Demanda proposta pelos avós paternos sob a alegação de que a relação do casal foi de curto lapso temporal. Contestação apresentada na qual constou que o registro da menor foi feito em conjunto pelo pai e pela mãe. Menor apelante que sempre foi reconhecida pelos avós paternos/apelante como neta legítima. Reconvenção ajuizada pela menor e sua mãe sob o argumento de existência de constrangimentos sofridos diante do ajuizamento da ação de investigação de paternidade. Pedido de indenização por danos morais configurados. Sentença de extinção do feito embasada na ilegitimidade *ad causam*. Ação personalíssima. Nos termos do art. 1.601 do CC, compete somente ao marido contestar a paternidade dos filhos. Ação de cunho personalíssimo. Recurso conhecido e não provido. Recurso adesivo interposto sob o foco da ocorrência de danos morais. Recurso adesivo conhecido e provido. (TJSC, Ap. Cível n. 2013.001106-5/Trombudo Central, 1ª Câm. de Dir. Civil, rel. Denise de Souza Luiz Francoski, j. 14.05.2013)

Apelação cível. Ação negatória de paternidade cumulada com anulação de registro civil. Negatória de paternidade. Legitimidade exclusiva do genitor. Cuidando-se, a ação negatória de paternidade, de ação de estado personalíssima, é de exclusiva iniciativa do pai a sua iniciativa. Art. 1.601 do CC. Já tendo falecido o pai e sendo extinta anterior ação por ele ajuizada, falece ao filho legitimidade para promover novo pedido em face dos irmãos. Anulação de registro civil. Paternidade socioafetiva. Ausência de prova de vício de consentimento. Havendo elementos que levem a crer a configuração da chamada adoção à brasileira, há de se reconhecer a existência da paternidade socioafetiva. Para a anulação de registro assim levado a efeito, impõe-se prova segura da ocorrência de vício de consentimento. Apelação desprovida (segredo de justiça). (TJRS, Ap. Cível n. 70.030.436.653, 7ª Câm. Cível, rel. Des. Jorge Luís Dall'Agnol, j. 28.04.2010)

Direito de família. Ação negatória de paternidade. Legitimidade do pai registral para intentar ação que pretende a desconstituição da paternidade. Sobre a legitimidade ativa para a propositura da negatória de paternidade, em que pese o art. 1.601 do CC [...], doutrina e jurisprudência majoritária são uníssonas em afirmar que cabe ao pai o ajuizamento da negatória de paternidade, ainda que este não seja casado com a genitora do filho que se deseja desconstituir a paternidade. Ressalta-se que o mesmo provimento da negatória de paternidade, qual seja, a desconstituição da filiação, pode ser deduzida em juízo sob o nome de ação anulatória de registro civil, tanto pelo pai, como pelo filho. O magistrado deve deixar de lado o excesso de formalismo jurídico, buscando o cumprimento do princípio da economia processual e celeridade processual, pois a moderna concepção de processo é sustentada justamente pelos princípios da economia, instrumentalidade e celeridade processual, determinando o aproveitamento máximo dos atos processuais, principalmente quando não há prejuízo para a defesa das partes. (TJMG, Ap. Cível n. 1.0035.09.152971-5/001(1), rel. Des. Dárcio Lopardi Mendes, j. 22.04.2010)

Negatória de paternidade c/c cancelamento de registro. Espólio. Ilegitimidade ativa. Direito personalíssimo. Honorários advocatícios. Ausência manifestação do requerido. Descabimento da verba. Sentença reformada em parte. Os filhos do impugnante e bem assim seus demais descendentes não têm legitimidade para contestarem a paternidade, se em vida o marido legitimado não contestou a ação, isso porque os descendentes só têm o direito de prosseguirem na ação (parágrafo único, art. 1.601 do CC), e se o processo iniciado pelo marido for extinto por sua inércia em vida seus herdeiros não poderão reativar a ação. Em caso de improcedência do pedido ou de extinção do processo sem resolução de mérito, é incabível a condenação do postulante no pagamento de honorários advocatícios da sucumbência quando o requerido não comparece nos autos para se defender nem se faz representar por advogado em qualquer fase processual anterior ao julgamento da apelação. (TJMG, Ap. Cível n. 1.0194.07.067284-6/001, rel. Mauro Soares de Freitas, j. 27.08.2009)

Ação negatória de paternidade. Extinção do processo, nos termos do art. 269, IV, do CPC [art. 487, II, do CPC/2015]. Alegação de nulidade do registro de nascimento, por conter falsidade. Imprescritibilidade da ação conforme previsão do art. 1.601, *caput*, do novo CC. Norma que, aliás, se coaduna com a jurisprudência sedimentada à época da vigência do CC/1916, que já reconhecia a imprescritibilidade da ação. Sentença reformada para que o feito tenha regular prosseguimento. Determinação, entretanto, de emenda da inicial, para que o pedido se torne certo e determinado, considerando-se a falta de formação até o momento da relação processual. Dá-se provimento ao recurso, com determinação. (TJSP, Ap. Cível c/ Rev. n. 4.272.064.900/São José dos Campos, 5ª Câm. de Dir. Priv., rel. Christine Santini, j. 01.07.2009)

Negatória de paternidade. Falecimento do pai da ré. Ação ajuizada pela viúva e pelo filho. Ilegitimidade ativa configurada. Hipótese em que somente o pai tem legitimidade ativa. Inteligência do art. 1.601, *caput* e parágrafo único, do CC. Herdeiros que somente poderiam prosseguir na ação negatória de paternidade na hipótese de óbito no curso da ação do primitivo requerente. Interesse meramente patrimonial dos autores verificado. Sentença mantida. Recurso desprovido. (TJSP, Ap. Cível c/ Rev. n. 5.501.694.100/Guarujá, 1ª Câm. de Dir. Priv., rel. Luiz Antônio de Godoy, j. 05.05.2009)

Ação negatória de paternidade. Art. 1.601, CC/2002. Falecimento do pai antes do nascimento de sua filha. Assento com o nome do falecido, porquanto a concepção se deu na constância do casamento. Presunção do art. 1.503, II, CC/2002. Propositura da ação contestatória pela avó paterna. Extinção sem julgamento do mérito por ilegitimidade, reconhecida a natureza personalíssima da demanda. Ainda que superado tal vício com a interpretação extensiva do dispositivo relevando a peculiaridade de o suposto genitor ter falecido antes do nascimento da ré, remanesce a ilegitimidade porque a autora não assume a condição de herdeira. Ilegitimidade bem decretada. Recurso improvido. (TJSP, Ap. Cível n. 620.366-4/5, rel. Des. Maia da Cunha, j. 16.04.2009)

Negatória de paternidade. Ação imprescritível. Art. 1.601 do CC. Precedentes do STJ. Sentença desconstituída para determinar prosseguimento do feito. Apelo provido. (TJRS, Ap. Cível n. 70.020.913.042, 7ª Câm. Cível, rel. Maria Berenice Dias, j. 12.11.2007, *DJ* 23.11.2007)

Direito civil. Família. Recurso especial. Ação negatória de paternidade. Exame de DNA. Tem-se como perfeitamente demonstrado o vício de consentimento a que foi levado a incorrer o suposto pai, quando induzido a erro ao proceder ao registro da criança, acreditando se tratar de filho biológico. A realização do exame pelo método DNA, a comprovar cientificamente a inexistência do vínculo genético, confere ao marido a possibilidade de obter, por meio de ação negatória de paternidade, a anulação do registro ocorrido com vício de consentimento. A regra expressa no art. 1.601 do CC/2002 estabelece a imprescritibilidade da ação do marido de contestar a paternidade dos filhos nascidos de sua mulher, para afastar a presunção da paternidade. Não pode prevalecer a verdade fictícia quando maculada pela verdade real e incontestável, calcada em prova de robusta certeza, como o é o exame genético pelo método DNA. E mesmo considerando a prevalência dos interesses da criança que deve nortear a condução do processo em que se discute de um lado o direito do pai de negar a paternidade em razão do estabelecimento da verdade biológica e, de outro, o direito da criança de ter preservado seu estado de filiação, verifica-se que não há prejuízo para esta, porquanto à menor socorre o direito de perseguir a verdade real em ação investigatória de paternidade, para valer-se, aí sim, do direito indisponível de reconhecimento do estado de filiação e das consequências, inclusive materiais, daí advindas. Recurso especial conhecido e provido. (STJ, REsp n. 878.954, 3ª T., rel. Min. Nancy Andrighi, *DJ* 28.05.2007)

Ação negatória de paternidade. Imprescritibilidade. Produção de provas. Necessidade. Direito de família. Evolução. Hermenêutica. Cassação da sentença. Cabe ao marido o direito de contestar a paternidade dos filhos nascidos de sua mulher, sendo tal ação imprescritível, conforme disposição do art. 1.601 do CC. Deve-se ensejar a produção de provas sempre que ela se apresentar imprescindível à boa realização da justiça, sob o risco de se sobrepor a verdade formal à possível verdade real. (TJMG, Ap. Cível n. 1.0035.06.068524-1/001, rel. Geraldo Augusto, j. 03.04.2007, *DJEMG* 17.04.2007)

Civil. Direito de família. Anulação de registro de nascimento. Direito imprescritível do marido de contestar a paternidade do filho nascido de sua mulher. Prescrição rejeitada. Sentença cassada. Na ação negatória de paternidade ajuizada pelo marido, com o objetivo de contestar a paternidade do filho nascido de sua mulher, não mais se aplica o prazo decadencial do § 3º do art. 178 do CC/1916. A ação negatória de paternidade con figura-se em ação personalíssima do marido e, atualmente, a teor do art. 1.601 do CC/2002, não mais subsiste qualquer prazo prescricional ou decadencial. (TJMG, Ap. Cível n. 1.0000.00.345225-7/000, rel. Brandão Teixeira, j. 09.03.2004, *DJEMG* 19.03.2004)

Ação negatória de paternidade. A jurisprudência, por força da evolução da ciência e possibilidade de reconhecimento da filiação quase com absoluta certeza, há muito já havia reconhecido a ineficácia do art. 178, § 3º, do CC/1916, litigado aos arts. 338 e 344 daquele Código. O CC/2002, embora tenha ampliado os casos de filiação presumida, no art. 1.597, deixou expresso, no art. 1.601, que é imprescritível o direito de o marido questionar a paternidade dos filhos nascidos de sua mulher. Hipótese dos autos, contudo, que não é de filiação presumida, mas de reconhecimento voluntário de filho nascido fora do casamento, em que se pretende a declaração de filiação ilegítima. Carência incorretamente decretada por ausência de interesse. O avanço tecnológico não permite que se deixe de verificar a paternidade real nos casos em que questionada. Irrevogabilidade inexistente. Recurso provido para determinar o prosseguimento da ação até o julgamento do mérito. (TJSP, Ap. Cível n. 263.48-4/Tietê, 2ª Câm. de Dir. Priv., rel. Maia Cunha, j. 15.04.2003, v.u.)

**Art. 1.602. Não basta a confissão materna para excluir a paternidade.**

Como visto no exame do art. 1.601 deste Código, não se confere à mãe o direito de impugnar a paternidade de seu marido. A lei considera a confissão insuficiente para afastar a presunção de paternidade. Mais uma vez prevalece a paternidade socioafetiva em relação à biológica.

**Jurisprudência:** Ação anulatória de registro de nascimento. Pai que pretende a anulação do registro em relação ao filho. Inadmissibilidade. Ausência de vício de consentimento. Requerido que deixou de comparecer aos exames designados. Irrelevância. Apelado que reconhece ter realizado o registro sem exigir o exame de DNA, em que pese o relacionamento com a genitora tenha sido informal. Comprovação da existência de paternidade afetiva, ao menos, nos primeiros meses de vida. Estudos social e psicológico nesse sentido. Concordância da genitora com a anulação do registro. Irrelevância. Não basta a confissão materna para excluir a paternidade. Inteligência do art. 1.602, do CC. Impossibilidade de anulação de registro civil realizado de forma espontânea e consciente. Improcedência mantida. Recurso desprovido. (TJSP, Ap. Cível n. 1000446-41.2018.8.26.0491/SP, 9ª Câm. de Dir. Priv., rel. Des. Galdino Toledo Júnior, j. 05.05.2021)

Ação negatória de paternidade. Ação ajuizada em relação aos dois filhos do réu. Exame de Identificação de Polimorfismos de DNA que reconheceu a compatibilidade genética em relação à filha mais nova e afastou a paternidade em relação ao filho mais velho. Sentença de parcial procedência. Insurgência recursal limitada à exclusão da paternidade do filho mais velho. Reconhecimento voluntário de filho da companheira, que já sabia à época da perfilhação não ser seu filho biológico. Inexistência de erro ou dolo a viciar a manifestação de vontade. Reconhecimento irretratável e irrevogável. Fim da relação e ausência de convivência com o menor não abre a possibilidade de postular o desfazimento da perfilhação. Anterior concordância da genitora com a negatória retratada quando da interposição do presente recurso de apelação. Irrelevância da concordância anterior. Interpretação do disposto no art. 1.602 do CC. Representante legal do menor que não pode e não deve agir contra seus interesses, em especial se versam sobre direitos indisponíveis. Reforma da sentença para julgar a ação totalmente improcedente. Recurso provido. (TJSP, Ap. Cível n. 1000446-41.2018.8.26.0491/SP, 1ª Câm. de Dir. Priv., rel. Des. Francisco Loureiro, j. 08.07.2020)

Exoneração de alimentos. Procedência parcial do pedido. Inconformismo do autor reconvindo e das rés reconvintes. Alimentos com fundamento no dever de solidariedade. Decisão exoneratória tem caráter desconstitutivo. Impossibilidade de retroação. Efeitos a partir da prolação. Condenação de autor reconvindo ao pagamento das mensalidades da faculdade cursada pela ré reconvinte M. N. B. Desnecessidade. Antecipação parcial dos efeitos da tutela manteve as despesas com educação. Alimentos à ré reconvinte Y. N. B. Manutenção. Fixação que obedeceu aos requisitos do binômio necessidade/possibilidade. [...] (art. 1.602 do CC). Sucumbência recíproca. Recurso de apelação das rés-reconvintes parcialmente provido e do autor reconvindo não provido. (TJSP, Ap. Cível c/ Rev. n. 5.795.764.000/São Paulo, 9ª Câm. de Dir. Priv., rel. Piva Rodrigues, j. 05.05.2009)

Negatória de paternidade. Lide que versa sobre direitos indisponíveis. Revelia que não produz os efeitos do art. 319 do CPC [art. 344 do CPC/2015]. Prova pericial não produzida. Não comparecimento do requerido e de sua genitora. Impossibilidade de obrigar o requerido a ceder material para a realização do exame. Existência de declaração da mãe do requerido de que o autor não é pai do menor. Irrelevância. Interesse da genitora no desfecho do processo em favor do requerente demonstrado. Inteligência do art. 1.602 do CC. Ausência de elementos capazes de comprovar os fatos alegados. Exclusão da paternidade de que não se cogita. Recurso desprovido. (TJSP, Ap. Cível c/ Rev. n. 5.780.774.600/Marília, 1ª Câm. de Dir. Priv., rel. Luiz Antônio de Godoy, j. 05.05.2009)

Veja no art. 1.597 o seguinte acórdão: TJSP, Ap. Cível n. 192.890-4/2/Batatais, 3ª Câm. de Dir. Priv., rel. Enio Santarelli Zuliani, j. 14.08.2001, v.u.

**Art. 1.603. A filiação prova-se pela certidão do termo de nascimento registrada no Registro Civil.**

Este artigo deve ser conjugado com o art. 1.609 do CC, que autoriza outros meios de reconhecimento da paternidade. O registro, porém, gera presunção quase absoluta de paternidade, só se desconstituindo se for comprovado erro ou falsidade. A declaração de paternidade feita pelo pai é irrevogável, remanescendo apenas a contestação de paternidade prevista no art. 1.601 do CC. Na Jornada de Direito Civil ocorrida em setembro de 2002, foi aprovado enunciado segundo o qual "no fato jurídico do nascimento, mencionado no art. 1.603, compreende-se, à luz do disposto no art. 1.593, a filiação consanguínea e também a socioafetiva" (Enunciado n. 108). Sobre a ***filiação socioafetiva***, veja-se comentário ao art. 1.596.

**Jurisprudência:** Sucessão. Habilitação de herdeiro necessário. Questão a ser apurada em vias próprias. Admissibilidade. Inteligência dos arts. 612 e 628, § 2º, do CPC. Filiação que se prova mediante certidão de termo de nascimento registrada no Registro Civil, sendo necessária a comprovação de erro ou falsidade do registro para se vindicar estado contrário daquele decorrente do registro de nascimento. Arts. 1.603 e 1.604 do CC. Necessidade de dilação probatória para se apurar o erro alegado. Herdeiro pré-morto. Condição que não se verifica. Herdeira falecida em momento posterior ao passamento da autora da herança. Decisão reformada no tocante. Recurso parcialmente provido. (TJSP, AI n. 2007372-97.2022.8.26.0000/SP, 6ª Câm. de Dir. Priv., rel. Vito Guglielmi, j. 28.01.2022, publ. 28.01.2022)

Apelação cível. Ação declaratória de parentalidade socioafetiva *post mortem* cumulada com anulação de assentamento de registro civil e petição de herança. Mantida a sentença de procedência. 1. O reconhecimento da parentalidade socioafetiva, salvo situações excepcionais, deve valer, de regra, para o efeito de preservar uma filiação juridicamente já constituída voluntariamente, pelo registro (que define, no plano jurídico, a existência do laço, consoante o disposto no art. 1.603 do CC), não se prestando para o fito de constituí-la de modo forçado. 2. O caso dos autos, porém, diante da eloquência das provas produzidas, configura exceção, possibilitando o reconhecimento da parentalidade socioafetiva *post mortem*. Isso porque a certidão de batismo e o convite de casamento da recorrida, nos quais os recorrentes constaram como pais, em conjunto com a prova oral colhida, demonstram a configuração da inequívoca posse do estado de filho. 3. Uma vez reconhecido e estabelecido o vínculo jurídico entre pai/mãe e filha, com a declaração do estado de filiação, incidem todos os efeitos que advêm de tal relação, de forma retroativa (*ex tunc*). Portanto, por via de consequência, consoante constou na sentença, deve ser formalizada a averbação no registro civil da filiação, ainda que isso importe em situação de multiparentalidade – conforme entendimento do STF no RE n. 898.060/SC – bem como reconhecido o direito da apelada à herança. Negaram provimento. Unânime. (TJRS, Ap. Cível n. 50001092420138210062, 8ª Câm. Cível, rel. Des. Luiz Felipe Brasil Santos, j. 08.04.2021)

Ação declaratória. Nulidade de registro civil. Inexistência de prova de erro ou coação que viciasse a vontade. Impossibilidade de afastar-se a paternidade. Inteligência dos arts. 1.603 e 1.604 do CC. Não demonstrado o vício da vontade no registro de nascimento, prevalece a paternidade socioafetiva. Sentença mantida. 1 – O autor não logrou comprovar que agiu em erro ao registrar o requerido como filho. 2 – A simples declaração da mãe de que seu marido não é o pai biológico de seu filho, não deve ser considerada verdade real, capaz de desconstituir a paternidade, já reconhecida em registro público. 3 – Considerando-se que a filiação prova-se pela certidão do termo de nascimento (CC, art. 1.603) e que ninguém pode vindicar estado contrário ao ali registrado, salvo provando-se erro ou falsidade do registro (CC, art. 1.604), não se pode revogar a paternidade que o autor assumiu em relação ao menor no ato do registro, consolidando-se a paternidade socioafetiva. 4 – Recurso conhecido e improvido. Sentença mantida. (TJCE, Ap. n. 0504172-83.2000.8.06.0001, rel. Francisco Bezerra Cavalcante, *DJe* 01.07.2014, p. 44)

Arrolamento. Bens de espólio. Arrolamento requerido pelo agravante, sobrinho do autor da herança. A agravante ingressou nos autos e exibiu certidão de nascimento que demonstra ser filha do *de cujus*, razão pela qual foi reconhecida como única herdeira, com o deferimento da inventariança. A filiação prova-se pela certidão do assento de nascimento lavrado no registro civil. Art. 1.603 do CC. A divergência quanto ao nome da mãe do *de cujus*, avó da agravada, não é suficiente a que se infirme a filiação da agravada. A vindicação de estado contrário ao que resulta do registro civil há que ser demandada na via adequada. Art. 1.604 do CC. Decisão mantida. Agravo improvido. (TJSP, AI n. 990093732890, 1ª Câm. de Dir. Priv., rel. Des. Paulo Eduardo Razuk, j. 20.04.2010)

Ação negatória de paternidade. Inexistência de prova do erro ou coação que viciasse a vontade. Autor que confirma o relacionamento íntimo com a mãe do menor e decide registrá-lo como filho. Impossibilidade de afastar-se a paternidade. Inteligência dos arts. 1.603 e 1.604 do CC. Não demonstrado o vício da vontade no registro de nascimento, prevalece a paternidade socioafetiva. Da análise dos autos infere-se que o autor não se desincumbiu do ônus gravado no art. 333, I, do CPC [art. 373, I, do CPC/2015], já que não logrou comprovar que agiu em erro ao registrar o menor como filho. Assim, considerando-se que a filiação se prova pela certidão do termo de nascimento (CC, art. 1.603) e que ninguém pode vindicar estado contrário ao ali registrado, salvo provando-se erro ou falsidade do registro (CC, art. 1.604), não se pode revogar a paternidade que o autor assumiu em relação ao menor no ato de registro, efetivando, ao que parece, o que se costumou chamar de "adoção à brasileira". (TJMG, Emb. Infring. n. 1.0672.05.183900-5/002, rel. Wander Marotta, j. 26.05.2009)

Apelação cível. Alimentos. 1 – Ilegitimidade passiva afastada. Enquanto não anulado o registro de nascimento da autora/alimentanda, na ação intentada pelo réu/alimentante, vige a presunção de veracidade que dele emana. A relação de filiação demonstrada pela certidão de nascimento afasta a alegada ilegitimidade passiva deduzida pelo alimentante. 2 – Base de incidência dos alimentos. Mantém-se o percentual alimentar fixado na sentença, se de acordo com o binômio necessidade/possibilidade. Mantém-se também a incidência dos alimentos sobre o 13º salário percebido pelo alimentante, mas exclui-se a incidência sobre as horas extras. Prefacial de ilegitimidade passiva rejeitada. Apelação parcialmente provida. (TJRS, Ap. Cível n. 70.026.596.056, 8ª Câm. Cível, rel. José Ataídes Siqueira Trindade, j. 28.10.2008, *DJ* 04.11.2008)

Apelação cível. Ação de reconhecimento de maternidade socioafetiva cumulada com petição de herança. Filho de criação. Inviabilidade da pretensão. A relação socioafetiva serve para preservar uma filiação juridicamente já constituída, modo voluntário, pelo registro (que define, no plano jurídico, a existência do laço – art. 1.603 do CC/2002), jamais sendo suficiente para constituí-la de modo forçado, à revelia da vontade do genitor. Dar tamanha extensão a parentalidade socioafetiva, resultará, por certo, não em proteção aos interesses de crianças e adolescentes, mas, ao contrário, em desserviço a eles, pois, se consolidada tal tese, ninguém mais correrá o risco de tomar uma criança em guarda, com receio de mais adiante se ver réu de uma investigatória de paternidade ou maternidade. É bom ter os olhos bem abertos, para não se deixar tomar pela bem-intencionada, mas ingênua ilusão de que em tais situações se estará preservando o princípio da dignidade da pessoa humana, pois o que invariavelmente se encontra por trás de pretensões da espécie aqui deduzida nada mais é do que o reles interesse patrimonial. É de indagar se o apelado deduziria este pleito se a falecida guardiã fosse pessoa desprovida de posses! Proveram, por maioria. (TJRS, Ap. Cível n. 70.014.775.159, 7ª Câm. Cível, rel. Des. Luiz Felipe Brasil Santos, j. 28.06.2006)

Apelação cível. Alimentos. Certidão de nascimento. Presunção de veracidade. A certidão de nascimento é prova bastante para configurar a obrigação alimentar do pai em relação à filha. A declaração de possível falsidade do documento ou da inexistência de filiação deve ser pleiteada em ação própria, manejada pelo interessado. (TJMG, Ap. Cível n. 1.0024.02.826571-8/001, rel. Wander Marotta, j. 31.08.2004, *DJEMG* 05.11.2004)

**Art. 1.604. Ninguém pode vindicar estado contrário ao que resulta do registro de nascimento, salvo provando-se erro ou falsidade do registro.**

A regra é a presunção praticamente absoluta da filiação estabelecida no registro, só se admitindo sua alteração em caso de erro ou falsidade reconhecida em decisão judicial. Nos termos do disposto no art. 52 da Lei n. 6.015, de 31.12.1973, são obrigados a fazer a declaração de nascimento, o pai ou, na falta ou impedimento dele, a mãe, ou, na falta ou impedimento desta, o parente mais próximo, com sucessão por administradores de hospitais, médicos, parteiras e terceiros que tiverem assistido ao parto. Confere-se ao oficial a possibilidade de, se tiver motivo para duvidar da declaração, exigir atestado do médico ou da parteira ou declaração de duas pessoas que tenham assistido ao parto e não sejam os pais. Se a mãe for casada, do registro constará o nome do marido como pai; se for solteira, o nome do pai só constará se ele for o declarante, em conjunto com a mãe, ou isoladamente, ou, ainda, quando vier a reconhecer posteriormente a paternidade, voluntariamente ou em ação de investigação. Caso o filho seja havido fora do casamento, do registro não constará o estado civil dos pais nem a natureza da filiação (art. 5º da Lei n. 8.560, de 29.12.1992). A norma em exame é de ordem pública e exclui outras possibilidades de se buscar estado diverso do que consta do registro.

Mais uma vez, é oportuno notar que toda pessoa tem direito constitucionalmente assegurado de conhecer sua origem biológica. Mas nem por isso esse direito pode interferir no direito de família, que não permite a modificação do estado de filiação, que decorre da relação socioafetiva (LÔBO, Paulo Luiz Netto. *Código Civil comentado*. São Paulo, Atlas, 2003, v. XVI, p. 88).

Assim, o artigo previu a possibilidade de, provando-se falsidade ou erro no assento do registro civil, vindicar-se estado contrário ao que resulta do registro civil, por meio de ação de anulação. Dessa forma, diferentemente da ação negatória de paternidade (art. 1.601), a ação anulatória não tem caráter personalíssimo, podendo ser manejada por qualquer pessoa que tenha legítimo interesse em demonstrar a existência de erro ou falsidade do registro civil. Insta destacar que na doutrina pátria há entendimentos de que a ação anulatória do registro civil pode ser ajuizada, não só pelo pai e suposto filho, mas por qualquer pessoa que tenha interesse em tornar nula a falsa declaração (veja-se juris a seguir).

Também não se vislumbra incompatibilidade entre este artigo e o art. 27 do ECA, pois, neste, assegura-se o direito ao reconhecimento da filiação a quem ainda não tenha sido reconhecido por ambos ou por um dos pais. No presente dispositivo, cuida-se da hipótese em que já houve o reconhecimento, prevalecendo o que consta do registro.

Autorizam, porém, vindicar estado de filiação contrário ao registro o erro ou a falsidade. Caracteriza-se o erro como o engano não intencional na declaração relativo ao próprio ato do registro, por parte do declarante ou do oficial. A falsidade é a declaração intencionalmente contrária à verdade que havia de constar do registro. Silmara Juny Chinellato observa não haver erro quando alguém registra em seu nome aquele que sabe ser filho de outro e pondera que a norma não pode ser aplicada aos casos de espontâneo reconhecimento de filho alheio para constituição da paternidade socioafetiva (*Comentários ao Código Civil*. São Paulo, Saraiva, 2004, p. 78-80, v. XVIII).

**Jurisprudência:** Apelação cível. Ação denominada como "negatória de paternidade". Ausência das hipóteses do art. 1.604 do CC. Incidência dos arts. 1.609, 1.610 e 1.614 do CC. 1. No caso, não há demonstração de que houve coação ou o erro de que trata o art. 1.604 do CC, com o que, ausente o vício no consentimento, é inviável o pretendido afastamento da paternidade. 2. O reconhecimento do filho é ato irrevogável, não se prestando o simples arrependimento quanto ao ato espontaneamente praticado para infirmar a realidade afirmada na esfera registral. 3. Assim, é irretocável a sentença de improcedência do pedido de impugnação da paternidade. Apelação desprovida. (TJRS, Ap. n. 5000381-86.2018.8.21.0112, 8ª Câm. Cível, rel. Ricardo Moreira Lins Pastl, j. 14.12.2023, *DJ* 14.12.2023)

Apelação cível. Ação declaratória de inexistência de filiação legítima c/c anulação de registro civil. Ação ajuizada pelo avô paterno. Legitimidade ativa. Entendimento pacífico no Col. STJ. Processo em condições de imediato julgamento. Pedido inicial que deve ser julgado improcedente. Ausência de demonstração de vício de consentimento. Dúvidas quanto à paternidade quando do registro que afasta a configuração do erro. Recurso parcialmente provido. 1. Qualquer pessoa com legítimo interesse jurídico pode ajuizar ação declaratória de inexistência de filiação, em razão de erro ou falsidade ideológica, fundada no art. 1.604 do CC. Precedente do Col. STJ. 2. Não há fundamento para anular o registro civil de nascimento se demonstrado que o reconhecimento da paternidade foi efetuado sem nenhum tipo de vício que comprometesse a vontade do declarante. Precedentes do Col. STJ e desse Eg. Tribunal de Justiça. (TJSP, Ap. Cível n. 1000774-66.2020.8.26.0275/SP, 6ª Câm. de Dir. Priv., rel. Maria do Carmo Honorio, j. 09.07.2022, publ. 09.07.2022)

Ação negatória de paternidade, visando à retificação do assento de nascimento. Improcedência da ação. Cerceamento de defesa não caracterizado. Ilegitimidade da medida. Inexistência de vício de consentimento do autor quando do registro civil da infante. Medida que exigiu o preenchimento de dois requisitos: (i) prova robusta no sentido de que o pai foi de fato induzido a erro, ou, ainda, que tenha sido coagido a tanto e (ii) inexistência de relação socioafetiva entre pai e filho. Precedentes do STJ. Ato registral realizado de forma consciente, voluntária e espontânea. Prévia desconfiança pelo autor de que a menor não seria sua filha biológica. Inocorrência de erro escusável capaz de justificar a anulação do registro de nascimento, art. 1.604 do CC. Validade e eficácia do estado de filiação. Sentença mantida. Recurso não provido. (TJSP, Ap. Cível n. 1001400-18.2021.8.26.0189/SP, 9ª Câm. de Dir. Priv., rel. César Peixoto, j. 28.04.2022, publ. 28.04.2022)

Negatória de paternidade. Sentença de improcedência. Insurgência do autor. Benefício da justiça gratuita concedido ao autor mantido. Reconhecimento da paternidade que somente pode ser revogado se houver prova do erro ou da falsidade do registro (art. 1.604 do CC). Reconhecimento voluntário e consciente da paternidade, a despeito do curto período de relacionamento sem exclusividade do autor com a genitora e de dúvida acerca do vínculo biológico com a criança. Impossibilidade de invocar o erro na manifestação de vontade ocorrida há mais de 20 anos. Autor que continuou assumindo as responsabilidades de pai. Ausência de justa causa para a revogação do reconhecimento da paternidade. Improcedência mantida. Recurso desprovido. (TJSP, Ap. Cível n. 1000015-82.2019.8.26.0584/SP, 1ª Câm. de Dir. Priv., rel. Alexandre Marcondes, j. 28.04.2022, publ. 28.04.2022)

Negatória de paternidade cumulada com anulação de registro de nascimento. Demanda ajuizada pelo genitor visando à anulação de registro de nascimento onde reconheceu voluntariamente o apelado como filho. Improcedência. Inconformismo. Descabimento. Afastamento da paternidade biológica que não enseja a anulação de ato praticado sem a existência de qualquer vício de consentimento (art. 1.604 do CC). Estudo psicossocial confirmatório da existência de vínculo socioafetivo. De rigor a aplicação do disposto no art. 1.593 do CC c/c Enunciado n. 103 do CEJ. Precedentes (inclusive desta Câmara). Improcedência mantida. Recurso desprovido. (TJSP, Ap. Cível n. 1013071-77.2019.8.26.0037/SP, 8ª Câm. de Dir. Priv., rel. Salles Rossi, j. 11.02.2022, publ. 11.02.2022)

Veja no art. 1.603 a seguinte decisão: TJSP, AI n. 2007372-97.2022.8.26.0000/SP, 6ª Câm. de Dir. Priv., rel. Vito Guglielmi, j. 28.01.2022, publ. 28.01.2022.

Apelação cível. Ação de alimentos. Reconvenção. Pedido de anulação de registro, impropriamente denominada negatória de paternidade. A ação negatória de paternidade é exclusiva do marido da mãe, para contestar a presunção *pater is est* que sobre ele recai em relação à prole havida na constância do casamento, e nas hipóteses dos incisos do art. 1.597 do CC. No caso, não se trata de filiação surgida em decorrência de presunção legal, porquanto nunca houve vínculo matrimonial entre o autor e a genitora do autor/reconvindo. Desse modo, cuida-se, em verdade, de ação anulatória de reconhecimento de paternidade, pois foi o demandante que se declarou pai do apelado perante o registro civil. Em princípio, o registro voluntário de filiação é ato irretratável e irrevogável, conforme disposto no art. 1.604 do CCB e art. 1º da Lei n. 8.560/92, de forma que o mero arrependimento do reconhecente não é hábil para desconstituí-lo. De outro lado, admite-se a alteração do registro de nascimento em situações excepcionais, quando comprovado erro ou falsidade do registro. Para tanto, necessária prova contundente do engano não intencional na manifestação de vontade de registrar para que seja caracterizado o vício de consentimento, o que não ocorre na situação em exame. O julgador não está obrigado a se manifestar especificamente acerca de todas as normas legais invocadas pela parte, devendo, isto sim, lançar decisão fundamentada, julgando a lide e prestando a tutela jurisdicional requerida. Negaram provimento. Unânime. (TJRS, Ap. Cível n. 50080322420178210010, 8ª Câm. Cível, rel. Des. Luiz Felipe Brasil Santos, j. 11.11.2021)

Recurso especial. Processo civil. Direito de família. Ação negatória de paternidade cumulada com anulatória de registro de nascimento. Vício de consentimento. Inexistência. Relação socioafetiva. Configuração. Ausência de prova contrária. Ônus de quem alega. Art. 333 do CPC/73. Súmula n. 7/STJ. 1 – Recurso especial interposto contra acórdão publicado na vigência do CPC/73 (Enunciados Administrativos ns. 2 e 3/STJ). 2 – A retificação do registro de nascimento depende da configuração de erro ou falsidade (art. 1.604 do CC/2002) em virtude da presunção de veracidade decorrente do ato, bem como da inexistência de relação socioafetiva preexistente entre pai e filho. 3 – A paternidade socioafetiva não foi impugnada pela autora, a quem incumbia o ônus de desconstituir os atos praticados por seu pai biológico, à luz do art. 333, I, do CPC/73. 4 – O Tribunal local manteve incólumes os registros de nascimentos em virtude da filiação socioafetiva, circunstância insindicável nesta instância especial em virtude do óbice da Súmula n. 7/STJ. 5 – Recurso especial não provido. (STJ, REsp n. 1.730.618/RJ, 3ª T., rel. Min. Ricardo Villas Bôas Cueva, j. 22.05.2018, *DJe* 30.05.2018)

Apelação cível. Direito de família. Ação anulatória de registro civil. Filho reconhecido pelo genitor. Óbito do genitor. Ação proposta por herdeiros. Ilegitimidade ativa dos herdeiros. Caráter de ação negatória de paternidade. Sentença mantida. A teor do art. 1.604 do CC, ninguém pode vindicar estado contrário ao que resulta do registro de nascimento, salvo provando-se erro ou falsidade do registro, e em consonância com o art. 18 do CPC, ninguém pode pleitear em nome próprio direito alheio. Tendo a ação sido proposta em face de dúvida sobre a paternidade, deve ser mantida a decisão sobre a ilegitimidade dos autores, tendo em vista que o próprio falecido reconheceu a paternidade do menor, voluntariamente. Se nos autos a causa de pedir funda-se apenas em negatória de paternidade, não tendo os autores trazido nenhum indício de erro ou falsidade do registro, o desprovimento é a medida que se impõe. Recurso conhecido e não provido. (TJMG, Ap. Cível n. 0063861-63.2016.8.13.0647, rel. Des. Gilson Soares Lemes, 8ª Câm. Cível, j. 07.07.2017, *DJ* 28.07.2017)

Recurso especial. Ação de anulação de registro de nascimento. Art. 1.604 do CC. Pretensão que vindica bem jurídico próprio dos herdeiros. Ilegitimidade ativa do espólio. Recurso desprovido. 1 – Cuida-se de ação anulatória de registro de nascimento fundada em vício de consentimento, com amparo no art. 1.604 do CC, a qual é suscetível de ser intentada não apenas por parentes próximos do falecido, mas também por outros legítimos interessados, seja por interesse moral ou econômico. Precedentes. 2 – Todavia, o espólio não detém legitimidade para o ajuizamento da ação, uma vez que a sua capacidade processual é voltada para a defesa de interesses que possam afetar a esfera patrimonial dos bens que compõem a herança, até que ocorra a partilha. Como, no caso, a demanda veicula direito de natureza pessoal, que não importa em aumento ou diminuição do acervo hereditário, a legitimidade ativa deve ser reconhecida apenas em favor dos herdeiros, que poderão ingressar com nova ação, em nome próprio, se assim o desejarem. 3 – Recurso especial desprovido. (STJ, REsp n. 1.497.676/SC, 3ª T., rel. Min. Marco Aurélio Bellizze, j. 09.05.2017, *DJe* 31.05.2017)

Apelação cível. Ação negatória de paternidade. Mera alegação de dúvida acerca da existência do vínculo biológico. Demanda proposta 35 anos depois que o autor declarou o nascimento do requerido perante o registro civil. Ausência de alegação de vício de consentimento capaz de macular o ato na origem. Impossibilidade jurídica do pedido. Extinção do processo. Precedentes do STJ. 1 – O pedido de anulação do reconhecimento espontâneo de paternidade e consequente retificação do registro de nascimento é juridicamente possível, encontrando fundamento no art. 1.604 do CC, porém nas estritas hipóteses de falsidade do registro, ou de ocorrência de erro ou outro vício de vontade capaz de macular o ato em sua origem. Desse modo, a alegação de mera dúvida acerca da existência do vínculo biológico por parte de quem reconheceu o filho como seu – no caso, surgida somente 36 anos depois que o autor declarou o nascimento do requerido perante o Registro Civil – não se constitui causa de pedir apta a possibilitar a tramitação de ação negatória de paternidade, quando a atribuição da paternidade decorre de reconhecimento voluntário. 2 – Não se verificando da leitura da petição inicial a mais tênue alegação de erro ou qualquer outro vício de consentimento apto a anular o reconhecimento voluntário de paternidade operado, quando declarada pelo autor a paternidade perante o Registro Civil, é imperiosa a extinção do feito sem julgamento de mérito, com fulcro no art. 267, VI, do CPC, pois diante da causa de pedir declinada na inicial, o pedido é juridicamente impossível e não merece trânsito. Precedentes do STJ. Negaram provimento. Unânime. (TJRS, Ap. Cível n. 70.064.895.626, 8ª Câm. Cível, rel. Luiz Felipe Brasil Santos, j. 16.07.2015)

Apelação cível. Impugnação de paternidade. Nulidade de registro. Condições da ação. Desistência. Impossibilidade de homologação. Art. 1.604 do CC. Vício de consentimento. Ausência. Improcedência do pedido inicial. 1 – No caso, presentes as condições de ação (legitimidade das partes, interesse de agir e possibilidade jurídica do pedido), equivocada a extinção do feito pelo inciso VI do art. 267 do CPC. 2 – Outrossim, ante a discordância da parte ré, na linha do disposto no art. 267, § 4º, do CPC, resta desautorizada a homologação do pedido de desistência da ação. Sentença modificada, no ponto. 3 – Caracterizada a hipótese do art. 515, § 1º, do CPC, cabível a análise do mérito e, uma vez não demonstrada qualquer das hipóteses do art. 1.604 do CCB e tendo em vista que o reconhecimento do filho é ato irrevogável, deve ser julgado improcedente o pedido, sendo inócuo o acordo entabulado pelas partes acerca do estado de filiação do infante, por versar sobre direito indisponível. Apelação parcialmente provida. Ação julgada improcedente. (TJRS, Ap. Cível n. 70.063.831.465, 8ª Câm. Cível, rel. Ricardo Moreira Lins Pastl, j. 21.05.2015)

Direito civil. Recurso especial. Família. Ação negatória de paternidade. Anulação de registro de nascimento. Ausência de vício de consentimento. Improcedência do pedido: arts. 1.604 e 1.609 do CC. 1 – Ação negatória de paternidade, ajuizada em 14.08.2006. Recurso especial concluso ao Gabinete em 14.06.2013. 2 – Discussão relativa à nulidade do registro de nascimento em razão de vício de consentimento, diante da demonstração da ausência de vínculo genético entre as partes. 3 – A regra inserta no *caput* do art. 1.609 do CC/2002 tem por escopo a proteção da criança registrada, evitando que seu estado de filiação fique à mercê da volatilidade dos relacionamentos amorosos. Por tal razão, o art. 1.604 do mesmo diploma legal permite a alteração do assento de nascimento excepcionalmente nos casos de comprovado erro ou falsidade do registro. 4 – Para que fique caracterizado o erro, é necessária a prova do engano não intencional na manifestação da vontade de registrar. 5 – Mesmo que não tenha ficado demonstrada a construção de qualquer vínculo de afetividade entre as partes, no decorrer de mais de 50 anos, a dúvida que o recorrente confessa que sempre existiu, mesmo antes da criança nascer, de que ele era seu filho, já é suficiente para afastar a ocorrência do vício de consentimento – erro – no momento do registro voluntário. 6 – No entendimento desta Corte, para que haja efetiva possibilidade de anulação do registro de nascimento, é necessária prova robusta no sentido de que o pai foi de fato induzido a erro, ou ainda, que tenha sido coagido a tanto. 7 – Recurso especial desprovido. (STJ, REsp n. 1.433.470/RS, 3ª T., rel. Min. Nancy Andrighi, j. 15.05.2014, v.u.)

Ação declaratória. Nulidade de registro civil. Inexistência de prova de erro ou coação que viciasse a vontade. Impossibilidade de afastar-se a paternidade. Inteligência dos arts. 1.603 e 1.604 do CC. Não demonstrado o vício da vontade no registro de nascimento, prevalece a paternidade socioafetiva. Sentença mantida. 1 – O autor não logrou comprovar que agiu em erro ao registrar o requerido como filho. 2 – A simples declaração da mãe de que seu marido não é o pai biológico de seu filho, não deve ser considerada verdade real, capaz de desconstituir a paternidade, já reconhecida em registro público. 3 – Considerando-se que a filiação prova-se pela certidão do termo de nascimento (CC, art. 1.603) e que ninguém pode vindicar estado contrário ao ali registrado, salvo provando-se erro ou falsidade do registro (CC, art. 1.604), não se pode revogar a paternidade que o autor assumiu em relação ao menor no ato do registro, consolidando-se a paternidade socioafetiva. 4 – Recurso conhecido e improvido. Sentença mantida. (TJCE, Ap. n. 0504172-83.2000.8.06.0001, rel. Francisco Bezerra Cavalcante, *DJe* 01.07.2014, p. 44)

Direito de família. Ação negatória de paternidade. Ausência de vício de consentimento. Improcedência do pedido. Inteligência do art. 1.604 do CC. Recurso provido. É possível a anulação do registro de nascimento de uma criança se demonstrado, mediante de prova cabal, a ocorrência de vício de consentimento do "pai registral", nos exatos termos do art. 1.604 do CC. "Tendo em mente a salvaguarda dos interesses dos pequenos, verifica-se que a ambivalência presente nas recusas de paternidade são particularmente mutilantes para a identidade das crianças, o que impõe ao julgador substancial desvelo no exame das peculiaridades de cada processo, no sentido de tornar, o quanto for possível, perenes os vínculos e alicerces na vida em desenvolvimento." (STJ, REsp n. 1.003.628). Recurso ao qual se dá provimento. Processual civil e família. Apelação cível. Ação negatória de paternidade. Produção de prova pericial. Princípio da verdade real. Recusa da mãe. Ausência de vínculo socioafetivo. Falta de prova. Sentença procedente. Recurso não provido. A produção da perícia genética é recomendada pelos princípios da busca da verdade real e da economia processual. (TJMG, Ap. Cível n. 1.0024.11.119917-0/001, 5ª Câm. Cível, rel. Luís Carlos Gambogi, *DJe* 16.06.2014)

Direito civil. Recurso especial. Família. Ação negatória de paternidade c/c anulatória de registro de nascimento. Ausência de vício de consentimento. Relação socioafetiva. Improcedência do pedido. Artigos analisados. Arts. 1.604 e 1.609 do CC. 1 – Ação negatória de paternidade, ajuizada em fevereiro de 2006. Recurso especial concluso ao Gabinete em 26.11.2012. 2 – Discussão relativa à nulidade do registro de nascimento em razão de vício de consentimento, diante da demonstração da ausência de vínculo genético entre as partes. 3 – A regra inserta no *caput* do art. 1.609 do CC/2002 tem por escopo a proteção da criança registrada, evitando que seu estado de filiação fique à mercê da volatilidade dos relacionamentos amorosos. Por tal razão, o art. 1.604 do mesmo diploma legal permite a alteração do assento de nascimento excepcionalmente nos casos de comprovado erro ou falsidade do registro. 4 – Para que fique caracterizado o erro, é necessária a prova do engano não intencional na manifestação da vontade de registrar. 5 – Inexiste meio de desfazer um ato levado a efeito com perfeita demonstração da vontade daquele que, um dia declarou perante a sociedade, em ato solene e de reconhecimento público, ser pai da criança, valendo-se, para tanto, da verdade socialmente construída com base no afeto, demonstrando, dessa forma, a efetiva existência de vínculo familiar. 6 – Permitir a desconstituição de reconhecimento de paternidade amparado em relação de afeto teria o condão de extirpar da criança preponderante fator de construção de sua identidade e de definição de sua personalidade. E a identidade dessa pessoa, resgatada pelo afeto, não pode ficar à deriva em face das incertezas, instabilidades ou até mesmo interesses meramente patrimoniais de terceiros submersos em conflitos familiares. 7 – Recurso especial desprovido. (STJ, REsp n. 1.383.408, 3ª T., rel. Min. Nancy Andrighi, *DJe* 30.05.2014, p. 561)

Família. Filiação. Civil. Recurso especial. Ação de investigação de paternidade e petição de herança. Vínculo biológico. Paternidade socioafetiva. Identidade genética. Ancestralidade. Direitos sucessórios. Artigos analisados. Arts. 1.593-1.604 e 1.609 do CC. Art. 48 do ECA. E do art. 1º da Lei n. 8.560/92. 1 – Ação de petição de herança, ajuizada em 07.03.2008. Recurso especial concluso ao gabinete em 25.08.2011. 2 – Discussão relativa à possibilidade de o vínculo socioafetivo com o pai registrário impedir o reconhecimento da paternidade biológica. 3 – A maternidade/paternidade socioafetiva tem seu reconhecimento jurídico decorrente da relação jurídica de afeto, marcadamente nos casos em que, sem nenhum vínculo biológico, os pais criam uma criança por escolha própria, destinando-lhe todo o amor, ternura e cuidados inerentes à relação pai-filho. 4 – A prevalência da paternidade/maternidade socioafetiva frente à biológica tem como principal fundamento o interesse do próprio menor, ou seja, visa garantir direitos aos filhos face às pretensões negatórias de paternidade, quando é inequívoco (i) o conhecimento da verdade biológica pelos pais que assim o declararam no registro de nascimento e (ii) a existência de uma relação de afeto, cuidado, assistência moral, patrimonial e respeito, construída ao longo dos anos. 5 – Se é o próprio filho quem busca o reconhecimento do vínculo biológico com outrem, porque durante toda a sua vida foi induzido a acreditar em uma verdade que lhe foi imposta por aqueles que o registraram, não é razoável que se lhe imponha a prevalência da paternidade socioafetiva, a fim de impedir sua pretensão. 6 – O reconhecimento do estado de filiação constitui direito personalíssimo, indisponível e imprescritível, que pode ser exercitado, portanto, sem qualquer restrição, em face dos pais ou seus herdeiros. 7 – A paternidade traz em seu bojo diversas responsabilidades, sejam de ordem moral ou patrimonial, devendo ser assegurados os direitos sucessórios decorrentes da comprovação do estado de filiação. 8 – Todos os filhos são iguais, não sendo admitida qualquer distinção entre eles, sendo desinfluente a existência, ou não, de qualquer contribuição para a formação do patrimônio familiar. 9 – Recurso especial desprovido. (STJ, REsp n. 1.274.240, 3ª T., rel. Min. Nancy Andrighi, *DJe* 15.10.2013, p. 940)

Apelação cível. Ação de investigação de paternidade e anulatória de averbação em registro de nascimento. Pai registral falecido. Presunção de paternidade. Alegação de erro. Prova. Paternidade socioafetiva. Prova. Recurso provido. 1 – Ante a presunção legal da veracidade da filiação estabelecida no registro de nascimento (CCB/2002, art. 1.604), é imprescindível, à sua desconstituição, a existência de prova robusta do vício (erro ou falsidade do registro). Arestos do Col. STJ. 2 – Hipótese em que os requerentes apostaram na pressuposição de que o falecido não teria reconhecido a paternidade caso soubesse que não era pai biológico da requerida, contudo, sem apoio em mínimo substrato probatório, em especial em depoimentos prestados pelas testemunhas, que em momento algum indicaram a existência de conflituosidade do falecido com a representante legal da requerida ou aberta negação da requerida como sua filha. Pelo contrário, duas das três testemunhas ouvidas pelo juízo vivenciaram parte do cotidiano do *de cujus*, prestaram depoimentos não contraditórios e foram enfáticas ao afirmarem a harmonia da aludida relação extraconjugal e o reconhecimento prévio, embora ainda informal, da paternidade, bem como a existência de vínculo socioafetivo. 3 – O posterior advento de resultado negativo de paternidade em exame laboratorial de DNA, reafirmado num segundo exame, este realizado no curso de esta ação, certamente realoca a discussão sobre a paternidade, do vínculo biológico para o socioafetivo. Todavia, no caso concreto, a prova testemunhal apreciada também foi decisiva quanto a existência desse vínculo, ainda mais à vista da ausência de qualquer outra prova contrária produzida pelos apelados. 4 – "A prevalência dos interesses da criança é o sentimento que deve nortear a condução do processo em que se discute de um lado o direito do pai de negar a paternidade em razão do estabelecimento da verdade biológica e, de outro, o direito da criança de ter preservado seu estado de filiação" (STJ, REsp n. 1.229.044/SC, 3ª T., rel. Min. Nancy Andrighi, j. 04.06.2013, *DJe* 13.06.2013). 5 – Recurso provido para reformar a sentença, julgar improcedentes os pedidos, inverter os ônus de sucumbência, condenar os apelados ao pagamento das custas processuais e honorários advocatícios fixados em R$ 4.000,00, considerando para tanto a natureza da causa, sua extrema importância, a boa técnica e zelo dos patronos da apelante e o fato de que atuaram na mesma Comarca em que possuem endereço profissional (CPC, art. 20, § 4º) [art. 85, §§ 3º e 8º, do CPC/2015]. 6 – Necessidade de observância do preceito do art. 12 da Lei Federal n. 1.060/50 (STJ, Ag. Reg. no REsp n. 1.125.502/RS, 4ª T., rel. Min. Marco Buzzi, j. 24.04.2012, *DJe* 03.05.2012), considerando que diante da falta de apreciação do requerimento de assistência judiciária gratuita decorre o seu deferimento (STJ, Ag. Reg. no REsp n. 1.285.116/DF, 2ª T., rel. Min. Humberto Martins, j. 13.12.2011, *DJe* 19.12.2011). (TJES, Ap. n. 0001016-64.2009.8.08.0037, rel. Fabio Clem de Oliveira, *DJe* 24.09.2013)

Recurso especial. Civil. Família. Ação anulatória de registro civil (CC/2002, art. 1.604). Falsidade ideológica. Filhos do autor falecido. Legitimidade ativa. Interessados. Recurso provido. 1 – A anulação do registro de nascimento ajuizada com fulcro no art. 1.604 do CC/2002, em virtude de falsidade ideológica, pode ser pleiteada por todos que tenham interesse em tornar nula a falsa declaração. 2 – Recurso especial provido. (STJ, REsp n. 1.238.393/SP, 4ª T., rel. Min. Raúl Araújo, j. 02.09.2014, DJe 18.09.2014) No mesmo sentido: Ag. Reg. no REsp n. 939.657/RS, rel. Min. Nancy Andrighi, 3ª T., j. 01.12.2009, DJe 14.12.2009.

Ação negatória de paternidade. Sentença de improcedência fundamentada na existência de paternidade socioafetiva. Apelo da demandada que anuiu com o pedido inicial. Direito indisponível, art. 27, ECA. Possibilidade, todavia, da análise do direito material. Recurso conhecido. Ainda que não tenha sido sucumbente, assiste direito à demandada de apelar, pois o Judiciário não pode dar maior importância ao direito processual e fechar os olhos para situações patentes de insatisfação com a parentalidade que é imposta aos litigantes que não se reconhecem neste estado e não desejam a perpetuação deste vínculo. Exame de DNA que excluiu a paternidade. Vício do consentimento consistente em erro. Possibilidade de modificação do registro civil conforme o art. 1.604 do CC. Estudo social que concluiu serem frágeis os vínculos parentais. Ausência de paternidade socioafetiva. Declaração de inexistência da filiação e anulação do registro. Existe erro no registro civil capaz de ensejar a modificação de seu estado quando o pai registral não é o biológico. Ainda, se o registrante pretende ver desfeito o vínculo da filiação, subentende-se que não nutre o afeto balizador da paternidade afetiva pelo registrado. Em consequência do reconhecimento da ilegitimidade da filiação, declara-se o demandante isento da obrigação alimentar. Recurso provido. (TJSC, Ap. Cível n. 2012.047866-4/Otacílio Costa, 2ª Câm. de Dir. Civil, rel. Gilberto Gomes de Oliveira, j. 21.02.2013)

Direito de família. Recurso especial. Ação investigatória de paternidade e maternidade ajuizada pela filha. Ocorrência da chamada "adoção à brasileira". Rompimento dos vínculos civis decorrentes da filiação biológica. Não ocorrência. Paternidade e maternidade reconhecidas. 1 – A tese segundo a qual a paternidade socioafetiva sempre prevalece sobre a biológica deve ser analisada com bastante ponderação, e depende sempre do exame do caso concreto. É que, em diversos precedentes desta Corte, a prevalência da paternidade socioafetiva sobre a biológica foi proclamada em um contexto de ação negatória de paternidade ajuizada pelo pai registral (ou por terceiros), situação bem diversa da que ocorre quando o filho registral é quem busca sua paternidade biológica, sobretudo no cenário da chamada "adoção à brasileira". 2 – De fato, é de prevalecer a paternidade socioafetiva sobre a biológica para garantir direitos aos filhos, na esteira do princípio do melhor interesse da prole, sem que, necessariamente, a assertiva seja verdadeira quando é o filho que busca a paternidade biológica em detrimento da socioafetiva. No caso de ser o filho – o maior interessado na manutenção do vínculo civil resultante do liame socioafetivo – quem vindica estado contrário ao que consta no registro civil, socorre-lhe a existência de "erro ou falsidade" (art. 1.604 do CC/2002) para os quais não contribuiu. Afastar a possibilidade de o filho pleitear o reconhecimento da paternidade biológica, no caso de "adoção à brasileira", significa impor-lhe que se conforme com essa situação criada à sua revelia e à margem da lei. 3 – A paternidade biológica gera, necessariamente, uma responsabilidade não evanescente e que não se desfaz com a prática ilícita da chamada "adoção à brasileira", independentemente da nobreza dos desígnios que a motivaram. E, do mesmo modo, a filiação socioafetiva desenvolvida com os pais registrais não afasta os direitos da filha resultantes da filiação biológica, não podendo, no caso, haver equiparação entre a adoção regular e a chamada "adoção à brasileira". 4 – Recurso especial provido para julgar procedente o pedido deduzido pela autora relativamente ao reconhecimento da paternidade e maternidade, com todos os consectários legais, determinando-se também a anulação do registro de nascimento para que figurem os réus como pais da requerente. (STJ, REsp n. 1.167.993/RS, 4ª T., rel. Min. Luis Felipe Salomão, j. 18.12.2012, *DJe* 15.03.2013)

Ação negatória de paternidade. Exame de DNA que comprova a não paternidade do autor. Sentença de procedência da ação. Recurso do Ministério Público. Alegação de que a paternidade não pode ser excluída, senão, por erro ou falsidade de registro. Erro configurado. Sentença correta. Recurso conhecido e desprovido. Conforme o art. 1.604 do CC, o registro de nascimento pode ser contestado quando configurado erro ou falsidade do registro. Configurado o erro e o consequente vício de vontade no reconhecimento registral de paternidade, evidente que pode ser modificado tal registro. (TJSC, Ap. Cível n. 2012.050676-7/Brusque, 6ª Câm. de Dir. Civil, rel. Jaime Luiz Vicari, j. 25.10.2012)

Ação de desconstituição dos efeitos da filiação. Alegação de ausência de afeto, afinidade e identificação com os pais. Ausência de amparo legal. Pedido juridicamente impossível. Repetição de ação anteriormente ajuizada. Hipóteses taxativas no art. 1.604 do CC. Recurso improvido. (TJSP, Ap. n. 0024716-05.2011.8.26.0100/São Paulo, 5ª Câm. de Dir. Priv., rel. Edson Luiz de Queiroz, j. 12.09.2012, *DJ* 18.09.2012)

É possível desconstituir o registro de paternidade diante de erro e falsidades, sendo admissível a ação quando existam indícios desses vícios que contaminam o ato jurídico (art. 1.604 do CC). Se a mãe exclui os dois filhos que nasceram próximo da separação de fato na ação de divórcio significa que existe verossimilhança na alegação de fraude no registro. Provimento para que a ação prossiga, determinando-se a citação e requisição de data para o exame de DNA. (TJSP, Ap. n. 990101642956, 4ª Câm. de Dir. Priv., j. 12.08.2010)

Processual civil. Ação de anulação de registro de nascimento. Menor. Autor que, por influência da companheira, com quem mantivera relacionamento, registra menor cujo exame de DNA constatou não ser seu filho. Inexistência de prova da "adoção à brasileira". Direito personalíssimo da menor, indisponível e imprescritível, em saber quem é o seu verdadeiro pai. Provimento ao recurso com amparo no art. 557, § 1º-A, do CPC [art. 932, V, *a*, do CPC/2015]. Agravo interno. Improvimento. Resultando do laudo de tipagens por DNA e cálculos, que o apelante está excluído de ser o pai biológico da apelada, a manutenção desse *status* consolidaria erro quanto à paternidade. Preceitua o art. 1.604, do CC, que "ninguém pode vindicar estado contrário ao que resulta do registro de nascimento, salvo provando-se erro ou falsidade do registro", ao tempo em que o art. 27 do ECA, estatui que "o reconhecimento do estado de filiação é direito personalíssimo, indisponível e imprescritível, podendo ser exercitado contra os pais ou seus herdeiros, sem qualquer restrição, observado o segredo de Justiça". "Não pode prevalecer a verdade fictícia quando maculada pela verdade real e incontestável, calcada em prova de robusta certeza, como o é o exame genético pelo método DNA", proclama o venerando STJ. Recurso ao qual se dá provimento dentro do permissivo do art. 557, § 1º-A, do CPC [art. 932, V, *a*, do CPC/2015], decisão que se confirma. (TJRJ, Ap. n.

0012101-95.2004.8.19.0205 (2009.001.20517), 13ª Câm. Cível, rel. Des. Ademir Pimentel, j. 10.02.2010)

Investigação de paternidade c/c retificação de registro civil c/c petição de herança. Prescrição. Não ocorrência. Imprescritibilidade reconhecida de todos os pedidos. Fundamento na Súmula n. 149, STF. Art. 27 do ECA. Alegação dos réus de que falta à autora legítimo direito de agir, eis que já consta em seus registros o nome de seu pai. Art. 1.604 do CC que autoriza vindicar estado de filiação contrário ao registro por erro ou a falsidade. Aplicação no presente caso. Recurso desprovido. (TJSP, Ap. Cível c/ Rev. n. 6.595.004.800/Penápolis, 2ª Câm. de Dir. Priv., rel. Neves Amorim, j. 10.11.2009)

Registro civil. Reconhecimento de paternidade via escritura pública. Intenção livre e consciente. Assento de nascimento de filho não biológico. Retificação pretendida por filha do *de cujus*. Art. 1.604 do CC. Ausência de vícios de consentimento. Vínculo socioafetivo. Ato de registro da filiação. Revogação. Descabimento. Arts. 1.609 e 1.610 do CC. 1 – Estabelecendo o art. 1.604 do CC que "ninguém pode vindicar estado contrário ao que resulta do registro de nascimento, salvo provando-se erro ou falsidade de registro", a tipificação das exceções previstas no citado dispositivo verificar-se-ia somente se perfeitamente demonstrado qualquer dos vícios de consentimento, que, porventura, teria incorrido a pessoa na declaração do assento de nascimento, em especial quando induzido a engano ao proceder o registro da criança. 2 – Não há que se falar em erro ou falsidade se o registro de nascimento de filho não biológico efetivou-se em decorrência do reconhecimento de paternidade, via escritura pública, de forma espontânea, quando inteirado o pretenso pai de que o menor não era seu filho; porém, materializa-se sua vontade, em condições normais de discernimento, movido pelo vínculo socioafetivo e sentimento de nobreza. 3 – "O reconhecimento de paternidade é válido se reflete a existência duradoura do vínculo socioafetivo entre pais e filhos. A ausência de vínculo biológico é fato que por si só não revela a falsidade da declaração de vontade consubstanciada no ato do reconhecimento. A relação socioafetiva é fato que não pode ser, e não é, desconhecido pelo Direito. Inexistência de nulidade do assento lançado em registro civil" (REsp n. 878.941/DF, 3ª T., rel. Min. Nancy Andrighi, *DJ* 17.09.2007). 4 – O termo de nascimento fundado numa paternidade socioafetiva, sob autêntica posse de estado de filho, com proteção em recentes reformas do direito contemporâneo, por denotar uma verdadeira filiação registral – portanto, jurídica –, conquanto respaldada pela livre e consciente intenção do reconhecimento voluntário, não se mostra capaz de afetar o ato de registro da filiação, dar ensejo a sua revogação, por força do que dispõem os arts. 1.609 e 1.610 do CC. 5 – Recurso especial provido. (STJ, REsp n. 709.608, rel. Min. João Otávio de Noronha, j. 05.11.2009)

Investigação de paternidade (art. 1.604 do CC). Possibilidade de o sujeito, mesmo tendo sido adotado, pesquisar o vínculo genético, que é indispensável para garantia do direito à identidade pessoal e de conhecimento de sua ascendência biológica, valores de dignidade humana (art. 1º, III, da CF). Provimento para que se realize o exame DNA. (TJSP, Ap. Cível n. 5.828.084.800/São Joaquim da Barra, 4ª Câm. de Dir. Priv., rel. Enio Zuliani, j. 19.02.2009)

Negatória de paternidade. Insurgência contra sentença pela qual improcedente pedido formulado pelo apelante contra menor representado pela mãe. Admissibilidade. Possibilidade de ação negatória se o reconhecimento voluntário de paternidade efetuado não for condizente com a realidade. Aplicação dos princípios da veracidade e da legitimidade do registro público. Recurso provido. (TJSP, Ap. Cível n. 532.832.4/6-00, rel. Des. Encinas Manfre, j. 11.12.2008)

Apelação cível. Família. Anulatória de registro civil. Desconstituição de paternidade. Ação movida pelo pai registral. Ausência de prova a demonstrar vício de consentimento ou nulidade do ato de registro de nascimento. Inteligência dos arts. 185, 171, 166, 1.604 e 1.609, todos do CC e art. 1º da Lei n. 8.560/92. Paternidade socioafetiva que se mostra incontroversa. Sentença mantida por seus próprios e jurídicos fundamentos. Apelação improvida. (TJRS, Ap. Cível n. 70.025.822.115, 7ª Câm. Cível, rel. Vasco Della Giustina, j. 19.11.2008, *DJ* 26.11.2008)

Ação negatória de paternidade c/c declaratória de nulidade de registro civil. Interesse maior da criança. Ausência de vício de consentimento. Improcedência do pedido. O assentamento no registro civil a expressar o vínculo de filiação em sociedade, nunca foi colocado tão à prova como no momento atual, em que, por meio de um preciso e implacável exame de laboratório, pode-se destruir verdades construídas e conquistadas com afeto. Se por um lado predomina o sentimento de busca da verdade real, no sentido de propiciar meios adequados ao investigante para que tenha assegurado um direito que lhe é imanente, por outro, reina a curiosidade, a dúvida, a oportunidade, ou até mesmo o oportunismo, para que se veja o ser humano – tão falho por muitas vezes – livre das amarras não só de um relacionamento fracassado, como também das obrigações decorrentes da sua dissolução. Existem, pois, ex-cônjuges e ex-companheiros; não podem existir, contudo, ex-pais. O reconhecimento espontâneo da paternidade somente pode ser desfeito quando demonstrado vício de consentimento, isto é, para que haja possibilidade de anulação do registro de nascimento de menor cuja paternidade foi reconhecida, é necessária prova robusta no sentido de que "o pai registral" foi de fato, por exemplo, induzido a erro, ou ainda, que tenha sido coagido a tanto. Tendo em mente a salvaguarda dos interesses dos pequenos, verifica-se que a ambivalência presente nas recusas de paternidade são particularmente mutilantes para a identidade das crianças, o que impõe ao julgador substancial desvelo no exame das peculiaridades de cada processo, no sentido de tornar, o quanto for possível, perenes os vínculos e alicerces na vida em desenvolvimento. A fragilidade e a fluidez dos relacionamentos entre os adultos não devem perpassar as relações entre pais e filhos, as quais precisam ser perpetuadas e solidificadas. Em contraponto à instabilidade dos vínculos advindos das uniões matrimoniais, estáveis ou concubinárias, os laços de filiação devem estar fortemente assegurados, com vistas no interesse maior da criança, que não deve ser vítima de mais um fenômeno comportamental do mundo adulto. Recurso especial conhecido e provido. (STJ, REsp n. 1.003.628/DF, rel. Min. Nancy Andrighi, j. 14.10.2008)

Retificação de registro civil. Art. 1.604 do CC c/c art. 113 da Lei n. 6.015/73. Modificação quanto à filiação. Necessidade de contencioso. Ação de retificação. Procedimento de jurisdição voluntária. Ação inadequada. Dispõe o art. 1.604 do CC que "ninguém pode vindicar estado contrário ao que resulta do registro de nascimento, salvo provando-se erro ou falsidade do registro". A simplória alegação de erro na filiação não propicia a retificação de registro civil na forma prevista no art. 109 da Lei n. 6.015/73, que em seu art. 113 submete as questões referentes à filiação a processo contencioso para anulação ou reforma de assento. (TJMG, Ap. Cível n. 1.0024.06.073470-4/001, rel. Vanessa Verdolim Hudson Andrade, j. 20.05.2008, *DJEMG* 17.06.2008)

Apelação cível. Ação anulatória de registro de nascimento por falsidade ideológica. Legitimidade do avô paterno. Aquele que consta como avô paterno no registro de nascimento dos menores é parte legítima para a anulação de tal registro, por falsidade ideológica, sendo juridicamente possível seu pedido, conforme previsão contida no art. 1.604, CC/2002. Precedentes. Sentença que indeferiu a petição inicial por impossibilidade jurídica do pedido desconstituída. Apelação provida. (TJRS, Ap. Cível n. 70.017.692.179, 8ª Câm. Cível, rel. Des. José Ataídes Siqueira Trindade, j. 29.01.2007)

Família. Processual civil. Indeferimento da inicial. Extinção do processo, impossibilidade jurídica do pedido. Negativa de paternidade. Anulação de registro de nascimento. Vício de consentimento ou falsidade do registro sequer alegado (CC/2002, art. 1.604). Parentalidade socioafetiva. Prevalência da realidade socioafetiva sobre a biológica, diante da relação formada entre pai-filho ao longo de anos. Declaração de vontade, reconhecendo voluntariamente a paternidade, que se torna irretratável. Apelação desprovida. (TJRS, Ap. Cível n. 70.014.027.544, 8ª Câm. Cível, rel. Des. Luiz Ari Azambuja Ramos, j. 23.03.2006)

Ação negatória de paternidade. Anulação de registro de casamento. Falsidade ideológica. Comprovada a falsidade do processo de habilitação de casamento, inclusive com expedição de termo de casamento sem que haja o respectivo registro de assentamento do nascimento no Cartório de Registro Civil, o mesmo é nulo, eis que padece de formalidade essencial. Não é possível juridicamente a pretensão deduzida relativa ao pedido de anulação da certidão e retirada do nome do suposto pai através de ação negatória de paternidade, e sim através de ação anulatória do registro de nascimento por falsidade ideológica da paternidade atribuída, fulcrada no art. 1.604 do CC. (TJMG, Ap. Cível n. 1.0210.93.000349-1/001, rel. Belizário de Lacerda, j. 19.10.2004, *DJEMG* 30.12.2004)

Investigação de paternidade. Ação anulatória. Registro de nascimento. Reconhecimento de paternidade decorrente de erro. Cabimento. Sendo a declaração de vontade emanada de erro substancial, e havendo nos altos elementos bastantes a demonstrá-lo, cabível e procedente é a ação anulatória de registro civil (TJMG, Ap. Cível n. 1.031.301.027.003-8/001, 1ª Câm. Cível, rel. Geraldo Augusto, j. 30.04.2004). (*RBDFam* 26/122)

Negatória de paternidade. Reconhecimento voluntário que não inibe o seu exercício pelo perfilhante, quer por defeito do ato jurídico, quer por não espelhar a verdade. Irrevogabilidade vitanda que impede a retratação pura e simples do ato e não a sua anulação por meio de decisão judicial. Inteligência dos arts. 1º da Lei n. 8.560, de 29.12.1992; 348 do CC/1916; 1.604 do CC/2002; e 113 da LRP. Hipótese, ademais, em que não houve sentença de mérito proclamando a paternidade, mas mera homologação de reconhecimento levado a efeito em ação de investigação. Recurso provido para determinar o prosseguimento do processo, indeferindo, porém, o pedido de antecipação da tutela. (TJSP, Ap. Cível n. 271.160-4/7/Itapeva, 3ª Câm. de Dir. Priv., rel. Waldemar Nogueira Filho, j. 01.04.2003, v.u.)

Adoção. Não pode a mãe biológica, após ter dado a filha em adoção, pleitear nova adoção sob o fundamento do rompimento dos laços de família. Ato simulado da mãe biológica dando em adoção uma das filhas gêmeas para uma tia, para que dela cuidasse. Adotada que sabe ser irmã gêmea e que vive sob o mesmo teto com esta e com a mãe biológica, desde o falecimento da mãe adotiva. Simulação que implica ato nulo que não é suscetível de confirmação e que não convalesce pelo decurso do tempo. Hipótese de incidência dos arts. 113, da LRP, e 348 e 349, do CC, porque a certidão de nascimento tem que tornar certa a filiação. (TJSP, Ap. Cível n. 94.678-0/Vargem Grande Paulista, Câm. Especial, rel. Moura Ribeiro, j. 23.09.2002, v.u.)

Negatória de paternidade. Ação interposta pelo suposto pai alegando vício de consentimento quando do registro de nascimento do recorrido. Admissibilidade, ainda que se considere que o reconhecimento de filho é situação jurídica irrevogável. Inteligência dos arts. 147 e 348, ambos do CC. Recurso provido para afastar a extinção do processo pela carência, que deverá prosseguir até decisão meritória. (TJSP, Ap. Cível n. 238.210-4/Santa Isabel, 6ª Câm. de Dir. Priv., rel. Octávio Helene, j. 19.09.2002, v.u.)

Negatória de paternidade. Reconhecimento espontâneo da paternidade em ação de investigação que não obsta o questionamento ao reconhecimento fundado em vício de consentimento, em especial quando não realizado o exame de DNA. Provada a falsidade ideológica do registro de reconhecimento de paternidade não presumida, poderá ser alterado o seu conteúdo. Art. 348, CC. Possibilidade de formação da certeza científica pelo exame de DNA que atende aos fins colimados pelo processo, como instrumento para a realização do direito material. Direito ao reconhecimento do estado filial que é indissociável da personalidade humana, devendo ser prestigiado, ainda que existente sentença transitada em julgado fundada na verdade formal. Recurso provido para afastar o decreto de extinção, devendo, o feito, ter regular processamento (TJSP, Ap. Cível n. 227.204-4/Presidente Epitácio, 1ª Câm. de Dir. Priv., rel. Elliot Akel, j. 19.03.2002, v.u.). (*RBDFam* 16/133)

Negatória de paternidade. "Adoção à brasileira". Confronto entre a verdade biológica e a socioafetiva. Tutela da dignidade da pessoa humana. Procedência. Decisão reformada. 1 – A ação negatória de paternidade é imprescritível, na esteira do entendimento consagrado pela Súmula n. 149 do STF, já que a demanda versa sobre o estado da pessoa, que é a emanação do direito de personalidade. 2 – No confronto entre a verdade biológica, atestada em exame de DNA, e a verdade socioafetiva, decorrente da denominada "adoção à brasileira" (isto é, da situação de um casal ter registrado, com outro nome, menor como se dele filho fosse) e que perdura por quase quarenta anos, há de prevalecer a situação que melhor tutele a dignidade da pessoa humana. 3 – A paternidade socioafetiva, estando baseada na tendência de personificação do Direito Civil, vê a família como instrumento de realização do ser humano; aniquilar a pessoa do apelante, apagando-lhe todo o histórico de vida e condição social, em razão de aspectos formais inerentes à irregular "adoção à brasileira", não tutelaria a dignidade humana, nem faria justiça ao caso concreto, mas, ao contrário, por critérios meramente formais, proteger-se-ia as artimanhas, os ilícitos e as negligências utilizadas em benefício do próprio apelado (TJPR, Ap. Cível n. 108.417-9, rel. Accácio Cambi, *DJPR* 04.02.2002). (*RBDFam* 24/157)

Apelação. Adoção. Estando a criança no convívio do casal adotante há mais de 9 anos, já tendo com eles desenvolvido vínculos afetivos e sociais, é inconcebível retirá-la da guarda daqueles que reconhece como pais, mormente quando os pais biológicos demonstraram por ela total desinteresse. Evidenciado que o vínculo afetivo da criança, a esta altura da vida, encontra-se bem definido na pessoa dos apelados, deve-se prestigiar a paternidade biológica, sempre que, no conflito entre ambas, assim apontar o superior interesse da criança (TJRS, Ap. Cível n. 70.003.110.574, 7ª Câm. Cível, rel. Felipe Brasil Santos, j. 14.11.2001). (*RBDFam* 24/157)

---

**Art. 1.605. Na falta, ou defeito, do termo de nascimento, poderá provar-se a filiação por qualquer modo admissível em direito:**

**I – quando houver começo de prova por escrito, proveniente dos pais, conjunta ou separadamente;**

**II – quando existirem veementes presunções resultantes de fatos já certos.**

---

A primeira observação a ser feita é a de que a norma se refere a qualquer filiação – genética, socioafetiva, inseminação etc. –, não estabelecendo qualquer espécie de restrição. Desse modo, a prova da filiação pode resultar de uma situação fática, e não apenas do registro de nascimento. A prova da filiação pode ser todo meio admitido em direito, desde que, como se verifica dos incisos do dispositivo, haja começo de prova escrita ou veementes presunções oriundas de fatos certos. Paulo Luiz Netto Lôbo observa que os requisitos são alternativos, de maneira que basta um deles para que seja possível a dilação probatória destinada a demonstrar a filiação (*Código Civil comentado*. São Paulo, Atlas, 2003, v. XVI, p. 95). A I Jornada de Direito Civil, realizada em Brasília em setembro de 2002, formulou a propósito desse artigo o seguinte enunciado: "a restrição da coisa julgada oriunda de demandas reputadas improcedentes por insuficiência de prova não deve prevalecer para inibir a busca da identidade genética pelo investigando" (Enunciado n. 109).

**Jurisprudência:** Ação de investigação de paternidade pós-morte. Prova do vínculo socioafetivo. Posse do estado de filho configurada. Recurso conhecido e desprovido. 1 – A paternidade pode ser biológica ou afetiva. Por sua vez, a prova da filiação pode ocorrer mediante certidão do Registro Civil ou, na falta dela, por meio de qualquer prova admitida em direito quando houver começo de prova por escrito ou existirem veementes presunções resultantes de fatos já certos (art. 1.605 do CC). 2 – *In casu*, apesar de não ter sido realizado o exame de DNA para atestar a paternidade biológica, a paternidade socioafetiva restou seguramente demonstrada por meio de fotos, documentos e depoimentos de testemunhas. 3 – Apelação conhecida e desprovida. (TJDF, Proc. n. 07141792420178070003, 4ª T. Cível, rel. Des. Luís Gustavo B. de Oliveira, j. 19.09.2014, *DJe* 24.09.2019)

Investigação de paternidade *post mortem* c/c petição de herança. Extinção (coisa julgada). Inocorrência. Sentença, com trânsito em julgado, que julgou improcedente ação idêntica (pela ausência do autor ao exame). Irrelevância. Em se tratando de ação de investigação (ou negatória) de paternidade, a coisa julgada tem sido mitigada. Ação de estado. Demanda imprescritível, por força do disposto no art. 1.601 do atual CC. Prevalecimento das verdades real e biológica. Coisa julgada material que, ademais, somente se opera após a produção de todas as provas (em especial a hematológica, que aqui não se realizou, nem na ação anterior). Provas documental e testemunhal confirmatórias da existência de relacionamento entre a genitora do autor e o falecido e que durante esse período adveio o nascimento daquele. Fotografias acostadas aos autos indicativas de estreitas semelhanças físicas entre o autor e o *de cujus*. Conjunto probatório suficiente ao reconhecimento da paternidade, sendo desnecessária a realização de prova pericial, de reconhecida dificuldade no caso concreto (já que dois dos apelados residem na Espanha). Inteligência do art. 1.605 do CC, que permite a prova da filiação por qualquer meio admitido em direito. Sentença reformada para declarar a paternidade e determinar a retificação do assento de nascimento do autor. Recurso provido. (TJSP, Ap. n. 990101115646, 8ª Câm. de Dir. Priv., j. 16.06.2010)

Investigação de paternidade cumulada com pedido de retificação de registro. *Post mortem*. Prova documental e oral trazidas aos autos que confirmam a existência de união entre a genitora dos menores e o falecido e que durante esse período adveio o nascimento dos autores. Declaração pública firmada pelo primo do requerido (único parente conhecido) neste mesmo sentido. Conjunto probatório suficiente que justificam o reconhecimento da paternidade, sendo desnecessária a realização de prova pericial, de reconhecida dificuldade no caso concreto. Supostos herdeiros citados por edital que não se opuseram ao pedido. Inteligência do art. 1.605 do CC que permite a prova da filiação por qualquer meio admitido em direito. Sentença reformada para declarar a paternidade e determinar a retificação dos assentos dos menores. Recurso provido. (TJSP, Ap. c/ Rev. n. 550.425-4/0-00/Pompeia, 8ª Câm. de Dir. Priv., rel. Salles Rossi, j. 17.04.2008, *DJ* 05.05.2008)

Veja no art. 1.604 o seguinte acórdão: TJSP, Ap. Cível n. 94.678-0/Vargem Grande Paulista, Câm. Especial, rel. Moura Ribeiro, j. 23.09.2002, v.u.

**Art. 1.606. A ação de prova de filiação compete ao filho, enquanto viver, passando aos herdeiros, se ele morrer menor ou incapaz.**

**Parágrafo único. Se iniciada a ação pelo filho, os herdeiros poderão continuá-la, salvo se julgado extinto o processo.**

Não se limita a possibilidade de vindicar estado de filiação resultante do casamento, sendo possível a postulação qualquer que seja a origem. A pretensão é imprescritível (LÔBO, Paulo Luiz Netto. *Código Civil comentado*. São Paulo, Atlas, 2003, v. XVI, p. 97) e não se confunde com a ação de investigação de paternidade, na qual se objetiva o reconhecimento compulsório do filho. Na ação mencionada neste artigo, trata-se de buscar a regularização do registro, na medida em que a paternidade nunca foi discutida: o pai jamais recusou a paternidade e sempre agiu como se o fosse. A pretensão tem natureza personalíssima, de modo que não se pode atribuir ao filho paternidade que ele não deseja. Contudo, se ele ajuíza a demanda e vem a falecer, seus herdeiros poderão continuá-la, salvo se o processo já estiver extinto, hipótese em que se presume que ele não pretendeu dar continuidade a ela, ou em que haverá trânsito em julgado. Mas Silmara Juny Chinellato observa, com razão, que se a extinção não revelar desinteresse do falecido na propositura, "a ação pode ser reproposta após superados os óbices que embasaram a extinção" (*Comentários ao Código Civil*. São Paulo, Saraiva, 2004, v. XVIII, p. 86). Caso, porém, o filho seja incapaz por critério de idade ou de desenvolvimento mental, admite-se que a demanda seja intentada por seus herdeiros após sua morte. Enquanto ele viver, a demanda pode ser ajuizada pelo próprio filho, por intermédio de seu representante. Por outro lado, o Enunciado n. 521 da V Jornada de Direito Civil do CJF assentou entendimento segundo o qual qualquer descendente possui legitimidade, por direito próprio, para propor o reconhecimento do vínculo de parentesco em face dos avós ou de qualquer ascendente de grau superior, ainda que o pai não tenha iniciado a ação de prova da filiação em vida.

**Jurisprudência:** Apelação cível. Direito de família. Ação de investigação de paternidade. Autora da ação que faleceu no curso do processo. Legitimidade do filho herdeiro para assumir o polo ativo da ação. Aplicação do art. 1.606, parágrafo único, do CC. A legitimidade para a propositura da ação tem natureza personalíssima e intransmissível, porém, após ajuizada, transmite-se aos herdeiros o direito de prosseguir na ação já proposta. Desconstituição da sentença que extinguiu o feito sem julgamento do mérito. Retorno dos autos à origem para o regular prosseguimento do feito e julgamento do mérito. Apelo provido. (TJRS, Ap. n. 50000717220148210063, 1ª Câm. Esp. Cível, rel. Glaucia Dipp Dreher, j. 24.06.2024, *DJ* 01.07.2024)

Apelação cível. Família. Ação de investigação de paternidade proposta pela filha contra o pai registral. Pedido de realização de perícia genética. Ausência de interesse processual configurado. Ainda que a requerente detenha legitimidade ativa para a propor investigação de paternidade, deve-se atentar à causa de pedir, ou seja, nos fatos e fundamentos jurídicos do pedido, a tutela material pretendida pela autora da ação. No caso, a motivação para postular via judicial pela realização de perícia genética, decorre de uma dúvida pessoal da recorrente, oriunda do fato de que o seu pai registral teria afirmado não ser o seu pai biológico. Caso se confirme a paternidade biológica, nada se alterará, ou seja, o intuito é exclusivamente sanar seu interesse íntimo, sem reflexo jurídico-legal, pois não postula negatória de paternidade, seja biológica, seja registral. Ademais, ao receber a inicial, o juízo determinou a realização de perícia, a qual não compareceu o demandado, motivo pelo qual, ainda que se aplique o teor da Súmula n. 301 do STJ, em nada mudaria o sentimento de dúvida ventilado pela autora na inicial. Logo, tal como fundamentado na origem, o autor carece de interesse processual, pois o resultado da sua pretensão, não terá utilidade prática e legal. A ação judicial não se presta a satisfazer questões pessoais e psíquicas, que visam tão somente esclarecer controvérsias íntimas e psicoemocionais das relações familiares, pelo contrário, tal intervencionismo do Estado, afrontaria o Princípio da Autonomia da Vontades dos envolvidos, onde não há interesse legal e processual. Apelo desprovido. (TJRS, Ap. n. 50004646120188210158/Rodeio Bonito, 1ª Câm. Esp. Cível, rel. Glaucia Dipp Dreher, j. 16.10.2023, *DJ* 20.10.2023)

Apelação cível. Ação de reconhecimento de paternidade socioafetiva. Propositura pelo pretenso genitor. Ilegitimidade ativa. Ação personalíssima que compete ao filho. Art. 1.606 do CC. Extinção mantida. Recurso não provido. Apenas o filho (e seus herdeiros) possuem legitimidade para pleitear, judicialmente, o reconhecimento de paternidade socioafetiva. (TJSP, Ap. Cível n. 10096832720228260405/SP, 6ª Câm. de Dir. Priv., rel. Maria do Carmo Honorio, j. 28.02.2023, *DJ* 28.02.2023)

Apelação cível. Ação de reconhecimento de paternidade *post mortem*, cumulada com pedido de retificação de registro civil. Pleito de desconstituição da sentença extintiva. Inviabilidade. Sentença confirmada. Caso dos autos em que o pleito ao reconhecimento de paternidade não foi buscado pelo filho em vida, portanto carece a sucessão de interesse para fazê-lo. Aplicação do art. 1.606 do CC. Eventual reconhecimento de relação avoenga entre autores e demandado, desafia ação própria. Recurso desprovido. (TJRS, Ap. n. 50017155420208210026/RS, 8ª Câm. Cível, rel. José Antônio Daltoe Cezar, j. 07.04.2022, publ. 08.04.2022)

Agravo de instrumento. Decisão interlocutória que, nos autos de ação negatória de paternidade, indeferiu o pedido de chamamento de terceiro para integrar a lide. Filiação. Direito personalíssimo e indisponível, art. 1.606, *caput*, do CC e do art. 27 do ECA. Descabimento da pretensão do autor de apurar a paternidade de terceiro, ainda que seja seu irmão. Interesse do filho registral de ajuizar demanda autônoma na hipótese de exclusão do vínculo biológico com o pai registral. Recurso não provido. (TJSP, AI n. 2225910-79.2021.8.26.0000/SP, 9ª Câm. de Dir. Priv., rel. César Peixoto, j. 17.12.2021, publ. 17.12.2021)

Apelação cível. Ação de investigação de paternidade proposta pelo pai registral. Petição inicial indeferida. Ausência de interesse processual. Ilegitimidade *ad causam* ativa. Sentença de extinção do feito sem resolução de mérito. Manutenção. A ação investigatória de paternidade possui natureza personalíssima, sendo legitimado para intentá-la o pretenso filho, eis que titular do direito ao reconhecimento do estado de filiação. É o que dispõe o art. 1.606, *caput*, do CC, segundo o qual "a ação de prova de filiação compete ao filho, enquanto viver, passando aos herdeiros, se ele morrer menor ou incapaz". Caso concreto em que o autor, pai registral da demandada, além de carecer de legitimidade ativa, também não possui interesse processual, uma vez que o pedido inicial, mesmo após a emenda, consiste na simples realização do exame de DNA, ao que não se opõe a genitora da menor, e estabelecimento de visitas, se a perícia genética for positiva. Extinção do feito ratificada. Apelo desprovido. (TJRS, Ap. Cível n. 70.079.260.634, 7ª Câm. Cível, rel. Des. Sandra Brisolara Medeiros, j. 27.03.2019)

Apelação. Direito processual civil. Família. Ação de investigação de paternidade. Extinção. Ilegitimidade ativa. Suposto pai biológico. A ação investigatória possui natureza personalíssima, sendo intuitivo que o legitimado para intentá-la seja o pretenso filho, prevendo, dessa forma, o art. 1.606, *caput*, do CC. Autor, sedizente pai biológico, não tem legitimidade para o ajuizamento da demanda. Recurso desprovido. (TJRS, Ap. Cível n. 70.065.094.807, 7ª Câm. Cível, rel. Liselena Schifino Robles Ribeiro, j. 16.06.2015)

Direito constitucional e processual civil. Investigação de paternidade. Legitimidade ativa. Confusão autor e réu. Inocorrência. Direito indisponível. Princípios da adequação e adaptabilidade. De acordo com o disposto no art. 1.606 do CC a ação de prova de filiação compete ao filho, enquanto viver, passando aos herdeiros, se ele morrer menor ou incapaz. Destarte, em se tratando de menor que vem a falecer no dia subsequente ao do nascimento latente a legitimidade da genitora para ajuizar a ação. Não há que se falar em confusão entre autor e réu quando não se verifica que as situações jurídicas de credor e devedor se fundiram no mesmo sujeito de direito. Tratando-se a filiação de garantia constitucional decorrente do princípio da dignidade da pessoa humana, que visa assegurar à criança o direito à dignidade, ao respeito e à convivência familiar, que pressupõe reconhecer seu legítimo direito de saber a verdade sobre sua paternidade, não é vedada a adaptação do processo visando ao atendimento das peculiaridades do caso concreto. (TJMG, AI n. 1.0016.07.068191-7/001, rel. Maria Elza, j. 18.09.2009)

Apelação. Investigação de paternidade ajuizada pelos filhos do investigante. Condições da ação. Presença. É juridicamente possível aos filhos de pessoa falecida ajuizarem ação de investigação de paternidade, visando o reconhecimento judicial da relação avoenga. A restrição legal, prevista no art. 1.606 do CC, que prevê que a ação para reconhecimento de filiação é direito personalíssimo dos filhos, restringe os direitos da personalidade dos netos. Hipótese que contraria a atual hermenêutica constitucional e o princípio basilar da dignidade da pessoa humana, pois, assim como os filhos têm direito ao reconhecimento da sua paternidade, também os netos, possuem direito personalíssimo ao reconhecimento de sua ancestralidade e os reflexos patrimoniais dos vínculos de parentesco. Deram provimento. Por maioria. (TJRS, Ap. Cível n. 70.029.407.467, 8ª Câm. Cível, rel. Rui Portanova, j. 14.05.2009)

Ação investigatória de paternidade ajuizada pelo eventual genitor. Ilegitimidade ativa. Ação de prova de filiação compete ao filho. Ação intentada contra a mãe em estado gestacional. A ação de investigação de paternidade é personalíssima e compete ao filho enquanto vivo. Inteligência do art. 1.606 do CC. Recurso improvido, por maioria. (TJRS, Ap. Cível n. 70.023.951.304, 8ª Câm. Cível, rel. Claudir Fidelis Faccenda, j. 15.05.2008, *DJ* 23.05.2008)

Investigação de paternidade. *Post mortem*. Falecimento do autor no curso da ação. Habilitação da sua genitora. Extinção do processo sem julgamento do mérito. Impossibilidade. Inteligência do art. 1.606 do CC/2002. Recurso provido. (TJSP, Ap. c/ Rev. n. 418.299-4/0-00/Diadema, 7ª Câm. de Dir. Priv., rel. Álvaro Passos, j. 23.04.2008, *DJ* 06.05.2008)

Embargos infringentes contra acórdão que julgou agravo de instrumento. Decisão de mérito. Possibilidade. Família. Relação avoenga. Reconhecimento judicial. Caso a decisão atacada, por agravo de instrumento, tenha se manifestado acerca de questão de mérito, cabível a interposição de embargos infringentes contra acórdão que julgou o agravo de instrumento. A análise da legitimidade ativa *ad causam*, no caso concreto, demanda exame de mérito. Inconsistência da teoria das condições da ação evidenciada no caso concreto. É juridicamente possível o pedido dos netos, formulado contra os herdeiros do avô, visando o reconhecimento judicial da relação avoenga. A restrição legal, prevista no art. 1.606 do CC, que prevê que a ação para reconhecimento de filiação é direito personalíssimo dos filhos, restringe os direitos da personalidade dos netos. Hipótese que contraria a atual hermenêutica constitucional e o princípio basilar da dignidade da pessoa humana, pois, assim como os filhos têm direito ao reconhecimento da sua paternidade, também os netos, possuem direito personalíssimo ao reconhecimento de sua ancestralidade e os reflexos patrimoniais dos vínculos de parentesco. Embargos conhecidos e providos, por maioria (segredo de justiça). (TJRS, Emb.

Infring. n. 70.021.324.306, 4º Grupo de Câmaras Cíveis, rel. Rui Portanova, j. 19.10.2007, *DJ* 23.11.2007)

Apelação cível. Ação de investigação de paternidade e maternidade intentada pelo espólio. Ilegitimidade ativa. Somente o filho, em vida, tem legitimidade para intentar ação investigatória de paternidade e maternidade (art. 1.606, CC/2002), sendo parte ilegítima o cônjuge sobrevivente para a propositura da ação em nome do espólio. Precedentes. Apelação desprovida. (TJRS, Ap. Cível n. 70.013.410.824, 8ª Câm. Cível, rel. Des. José Ataídes Siqueira Trindade, j. 09.03.2006)

## CAPÍTULO III
## DO RECONHECIMENTO DOS FILHOS

**Art. 1.607. O filho havido fora do casamento pode ser reconhecido pelos pais, conjunta ou separadamente.**

Legislação correlata: art. 26, *caput*, Lei n. 8.069, de 13.07.1990 (ECA).

O artigo trata do reconhecimento voluntário de paternidade ou maternidade. O reconhecimento diz respeito, exclusivamente, aos filhos havidos fora do casamento. Não se aplica aos oriundos do casamento, pois, em relação a estes, a lei presume que os pais são os cônjuges.

O reconhecimento pode ser voluntário, que é o tratado nesse artigo, ou forçado, este obtido por meio de ação de investigação de paternidade ou maternidade. O reconhecimento voluntário é ato jurídico unilateral, perfazendo-se com a exclusiva manifestação de vontade do pai ou da mãe. Esta última afirmaçao parece contraditória com a previsão do art. 1.614, segundo a qual o filho maior não pode ser reconhecido sem o seu consentimento, e o menor pode impugnar o reconhecimento nos quatro anos seguintes à maioridade ou à emancipação. A contradição é só aparente, pois o reconhecimento se consuma pela manifestação de vontade do pai ou da mãe.

O consentimento do filho maior constitui ato distinto, necessário para dar eficácia ao primeiro. A impugnação do que é reconhecido quando menor, após superar a menoridade, também representa novo ato, que retira a eficácia do reconhecimento anterior. Como prevê o art. 1.610, o reconhecimento é irrevogável.

Segundo observação de Paulo Luiz Netto Lôbo, o reconhecimento voluntário não é possível se o filho já tiver registro de nascimento no qual figurem outras pessoas como seus pais, pois, nesse caso, será indispensável ação judicial para comprovar a falsidade ou o erro do registro precedente (*Código Civil comentado*. São Paulo, Atlas, 2003, v. XVI, p. 100). Embora esse jurista entenda que o menor púbere, entre 16 e 18 anos de idade, não pode reconhecer sem assistência de seus pais ou representante legal (op. cit., p. 102), parece mais adequado o entendimento já manifestado pelo TJSP, no sentido de que o menor púbere pode, sem assistência, reconhecer um filho (o julgado é citado e endossado em: CENEVIVA, Walter. *Lei dos registros públicos comentada*. São Paulo, Saraiva, 1988, p. 119).

Esta última solução se justifica porque o reconhecimento é ato personalíssimo, que não admite influência externa, sendo razoável estender a possibilidade de praticá-lo ao menor púbere, mesmo relativamente incapaz, porque ele pode ser emancipado (art. 5º, parágrafo único, I) e, além disso, tem capacidade plena para, sem assistência, realizar testamento (art. 1.860, parágrafo único). Em relação aos demais incapazes, Paulo Luiz Netto Lôbo entende que podem reconhecer mediante representação ou assistência (op. cit., p. 102), mas, respeitada essa posição, parece que o entendimento mais adequado é o de lhes negar o poder de efetuar o reconhecimento, por ser ato personalíssimo, incompatível com quem não tem completo discernimento, ainda que assistido ou representado (nesse sentido, VENOSA, Sílvio de Salvo. *Direito Civil* – direito de família, 2. ed. São Paulo, Atlas, 2002, v. VI, p. 286).

Por último, vale lembrar o procedimento para obtenção de reconhecimento voluntário, criado pelo art. 2º da Lei n. 8.560, de 29.12.1992. Segundo essa norma, em registro de nascimento de menor apenas com a maternidade estabelecida, o oficial do registro civil, consultando a mãe e obtendo desta dados sobre o suposto pai, encaminha a declaração dela ao juiz, que notifica a pessoa para que se manifeste sobre a paternidade que lhe foi atribuída. O suposto pai pode comparecer e reconhecer espontaneamente a paternidade. Se a negar, será promovida a ação de investigação de paternidade.

Sobre o reconhecimento de filho havido em união estável fruto de técnica de reprodução assistida heteróloga *a patre*, v. comentário ao art. 1.597.

**Jurisprudência:** Civil e processual civil. Agravo interno no agravo em recurso especial. Negativa de prestação jurisdicional. Não ocorrência. Ação negatória de paternidade *post mortem*. Anulação do registro de nascimento. Vício de consentimento. Não comprovação. Paternidade socioafetiva reconhecida. Acórdão recorrido em consonância com a jurisprudência desta corte. Súmula n. 83 do STJ. Reexame do conjunto fático-probatório dos autos. Inadmissibilidade. Súmula n. 7 do STJ.

Divergência jurisprudencial. Não demonstração. Decisão mantida. 1. Inexiste afronta aos arts. 489 e 1.022 do CPC/2015 quando a Corte local pronunciou-se, de forma clara e suficiente, acerca das questões suscitadas nos autos, manifestando-se sobre todos os argumentos que, em tese, poderiam infirmar a conclusão adotada pelo Juízo. 2. Inadmissível o recurso especial quando o entendimento adotado pelo Tribunal de origem coincide com a jurisprudência do STJ (Súmula n. 83 do STJ). 3. "Esta Corte consolidou orientação no sentido de que para ser possível a anulação do registro de nascimento, é imprescindível a presença de dois requisitos, a saber: (i) prova robusta no sentido de que o pai foi de fato induzido a erro, ou ainda, que tenha sido coagido a tanto e (ii) inexistência de relação socioafetiva entre pai e filho. Assim, a divergência entre a paternidade biológica e a declarada no registro de nascimento não é apta, por si só, para anular o registro" (REsp n. 1.814.330/SP, rel. Min. Nancy Andrighi, 3ª T., j.14.09.2021, *DJe* 28.9.2021). 4. O recurso especial não comporta exame de questões que impliquem revolvimento do contexto fático-probatório dos autos (Súmula n. 7 do STJ). 5. O conhecimento do recurso pela alínea *c* do permissivo constitucional exige a demonstração da divergência, mediante o cotejo analítico do acórdão recorrido e dos arestos paradigmas, de modo a se verificarem as circunstâncias que assemelhem ou identifiquem os casos confrontados (arts. 255, § 1º, do RISTJ e 1.029, § 1º, do CPC/2015), ônus do qual a parte recorrente não se desincumbiu. 6. Agravo interno a que se nega provimento. (STJ, Ag. Int. no AREsp n. 2428177/SP, 4ª T., rel. Min. Antonio Carlos Ferreira, j. 26.02.2024, *DJe* 29.02.2024)

Investigação de paternidade. Pretensão de homologação de acordo feito pelas supostas filhas com os irmãos do suposto pai (falecido) reconhecendo a paternidade deste com relação a elas. Inadmissibilidade. O reconhecimento voluntário da paternidade só pode ser realizado pelos pais, conjunta ou separadamente, nos termos do art. 1.607 do CC. Ainda que o suposto pai tenha falecido, não cabe aos supostos tios reconhecer a paternidade de outrem. Versando a causa sobre direito indisponível, é inadmissível a transação, nos termos do art. 841 do CC. Não obstante, o exame de DNA juntado pelos requerentes é inconclusivo quanto a paternidade do *de cujus* com relação às apelantes. Sentença de improcedência reformada em parte. Recurso parcialmente provido, tão somente para julgar extinto o processo sem apreciação do mérito, com fundamento nos arts. 267, I e IV, bem como 295, I (inépcia da inicial e impossibilidade jurídica do pedido) do CPC. (TJSP, Ap. Cível n. 10128689320148260004, rel. Des. Mendes Pereira, j. 22.01.2016)

Ação de reconhecimento voluntário de paternidade. Extinção. Falta de interesse de agir. Descabimento. Noticiada a impossibilidade de averbação junto ao Registro Civil. Inteligência dos arts. 1.607 e 1.609 do CC. Demanda que deve prosseguir, sob pena de vedação ao Judiciário. Sentença anulada. Recurso provido. (TJSP, Ap. n. 000678-95.2012.8.26.0486, 7ª Câm. de Dir. Priv., rel. Luiz Antonio Costa, j. 28.11.2012, *DJ* 29.11.2012)

Recurso especial. Direito de família. Filiação. Óbito. Suposto pai. Reconhecimento voluntário. Herdeiros. Descabimento. I – O direito de reconhecer voluntariamente a prole é personalíssimo e, portanto, intransmissível aos herdeiros, não existindo no direito positivo pátrio norma que atribua efeitos jurídicos ao ato pelo qual aqueles reconhecem a condição de irmão, se o pai não o fez em vida. II – Falecido o suposto genitor sem manifestação expressa acerca da existência de filho *extra matrimonium*, a pretensão de inclusão do seu nome no registro de nascimento poderá ser deduzida apenas na via judicial, por meio de ação investigatória de paternidade. Recurso não conhecido. (STJ, REsp n. 832.330, 3ª T., rel. Min. Castro Filho, j. 20.03.2007, *DJ* 02.04.2007)

Relação avoenga. Reconhecimento judicial. Possibilidade jurídica do pedido. É juridicamente possível o pedido dos netos formulado contra o avô, os seus herdeiros deste, visando ao reconhecimento judicial da relação avoenga. Nenhuma interpretação pode levar o texto legal ao absurdo. (STJ, REsp n. 604.154/RS, 3ª T., rel. Min. Humberto Gomes de Barros, *DJU* 01.07.2005)

Filiação. Natural. Registro, pelo autor, à época solteiro. Casamento posterior com outra mulher. Caráter natural e não adulterino daquela filiação. Aplicação do art. 355 e não do art. 358 do CC. Classificação errônea. Possibilidade de correção, porém, somente por via processual própria. (*JTJ* 111/104)

**Art. 1.608. Quando a maternidade constar do termo do nascimento do filho, a mãe só poderá contestá-la, provando a falsidade do termo, ou das declarações nele contidas.**

O artigo contempla a possibilidade de a mãe contestar a maternidade daquele que, no registro de nascimento, consta como sendo seu filho. Tal contestação só é admissível, segundo a disposição legal, no caso de falsidade do termo ou das declarações nele contidas. Assim, se a mãe foi induzida por erro a crer que aquele era o seu filho, quando na verdade era outro, poderá contestar a maternidade com base nesse artigo. No entanto, caso tenha espontaneamente reconhecido como próprio filho alheio, realizando o que se denomina "adoção à brasileira", houve efetivo ato de reconhecimento de maternidade, de cunho irrevogável, hipótese em que não poderá posteriormente contestar a maternidade.

**Jurisprudência:** Ação de inventário. Decisão agravada que deliberou que a doação pretendida pela viúva meeira em favor dos herdeiros deve ser feita por escritura pública. Insurgência da inventariante. Não acolhimento. Inteligência do art. 1.608 do CC. Pretensão da esposa do falecido de doação de sua cota-parte do imóvel aos seus herdeiros que deverá ser realizada por meio de escritura pública. Dicção do disposto no art. 300 do CPC. Decisão mantida. Recurso não provido. (TJSP, AI n. 2250843-19.2021.8.26.0000/SP, 4ª Câm. de Dir. Priv., rel. Marcia Dalla Déa Barone, j. 15.02.2022, publ. 15.02.2022)

Direito de família. Agravo de instrumento. Ação investigatória de paternidade. Existência de pai registral. Prévio ajuizamento de ação anulatória de registro civil. Desnecessidade. Realização de exame de DNA. Cabimento. Recusa de submissão ao exame genético. Presunção de veracidade. Enunciado n. 301 das súmulas do STJ. Inteligência do art. 2º-A, parágrafo único, da Lei n. 12.004/2009. Desprovimento do recurso. A concomitância de pedidos de investigação de paternidade e de anulação do registro civil (e não de negatória de paternidade, eis que se trata de ação exclusiva do pai – art. 1.601 do CC) não encontra óbice no art. 292 do CPC, não se revelando razoável e tampouco consentâneo ao moderno escopo do processo que a investigação de paternidade seja precedida do ajuizamento da anulatória de registro civil prevista nos arts. 1.604 e 1.608 do CC. Havendo o julgador monocrático considerado prudente, na busca da verdade real, a determinação de pesquisa laboratorial e, sendo cabível a cumulação dos pedidos de investigação de paternidade e anulação de registro civil, razão não assiste aos herdeiros em se opor à sua realização. O Enunciado n. 301, da súmula do STJ, prevê que, "em ação investigatória, a recusa do suposto pai submeter-se ao exame de DNA induz presunção *juris tantum* de paternidade". Não obstante o enunciado se refira ao suposto pai, a hipótese recomenda interpretação analógica para estender a sanção aos herdeiros. Recurso improvido. (TJMG, AI n. 1.0470.10.002310-5/001, rel. Des. Barros Levenhagen, j. 12.11.2014)

Apelação cível anulatória de registro civil. Vício de consentimento não caracterizado. Ato de reconhecimento do filho é irrevogável. Impossibilidade de anulação do registro de nascimento. Mantida a sentença *a quo*. Recurso improvido. 1 – Só é possível a anulação de registro de nascimento quando restar demonstrada a ocorrência de coação, erro, dolo, simulação ou fraude. 2 – O Apelado possui pai e mãe devidamente registrados em sua Certidão de Nascimento, cuja validade nunca foi contestada. 3 – À unanimidade, nos termos do voto do desembargador relator, recurso de apelação improvido. (TJPA, Ap. Cível n. 00165715620118140301, rel. Des. Leonardo de Noronha Tavares, j. 12.11.2012, *DJe* 20.11.2012)

Apelação cível. Ação negatória de maternidade. Ação anulatória do registro civil. Adoção à brasileira. Preliminar de ilegitimidade ativa. Ainda que intitulada de ação negatória de maternidade, cuja legitimidade ativa seria exclusiva da mãe (art. 1.608 do CC/2002), se a ação intentada pelo próprio filho objetiva a declaração de inexistência de filiação e anulação do registro, o filho é parte legítima para intentar a ação. Preliminar rejeitada. Adoção à brasileira e filiação socioafetiva. Incontroversa a adoção à brasileira do autor pelos pais registrais, a exemplo da adoção legal, aquela é irrevogável. Existindo manifesta filiação socioafetiva por mais de três décadas entre autor e a ré (mãe registral), a pretensão de anulação não comporta acolhimento, nem mesmo diante de eventual rompimento de relações entre as partes – filho e mãe – cujos sentimentos em conflito, não têm o condão de desconstituir os vínculos de filiação entre eles. Rejeitaram a preliminar e desproveram a apelação. (TJRS, Ap. Cível n. 70.032.889.644, 7ª Câm. Cível, rel. Des. André Luiz Planella Villarinho, j. 07.07.2010)

---

**Art. 1.609. O reconhecimento dos filhos havidos fora do casamento é irrevogável e será feito:**

**I – no registro do nascimento;**

**II – por escritura pública ou escrito particular, a ser arquivado em cartório;**

**III – por testamento, ainda que incidentalmente manifestado;**

**IV – por manifestação direta e expressa perante o juiz, ainda que o reconhecimento não haja sido o objeto único e principal do ato que o contém.**

**Parágrafo único. O reconhecimento pode preceder o nascimento do filho ou ser posterior ao seu falecimento, se ele deixar descendentes.**

---

Legislação correlata: art. 26, Lei n. 8.069, de 13.07.1990 (ECA); art. 1º, Lei n. 8.560, de 29.12.1992.

O artigo reproduz, nos incisos, o art. 1º da Lei n. 8.560, de 29.12.1992 e, no parágrafo único, com pequena alteração de redação, o parágrafo único do art. 26 do ECA.

A norma trata da forma do reconhecimento voluntário de paternidade dos filhos havidos fora do casamento (sobre o conceito de reconhecimento e a diferenciação entre reconhecimento voluntário e forçado, *v.* comentário ao art. 1.607).

A primeira hipótese é a do reconhecimento no registro de nascimento: o pai comparece pessoalmente ou é representado por mandatário com poderes específicos, perante o oficial do registro civil, e declara que aquele é seu filho. Caso a mãe faça o registro de nascimento, sem paternidade estabelecida, será indagada a respeito do suposto pai, para a investigação oficiosa de paternidade da Lei n. 8.560, de 29.12.1992 (*v.* comentário ao art. 1.607).

A segunda hipótese é do reconhecimento por escritura pública ou escrito particular, a ser arquivado em cartório. Nesse caso, o reconhecimento é posterior ao registro de nascimento. Não há no registro paternidade estabelecida e, para suprir a omissão, o pai declara que aquele é seu filho por meio de escritura ou escrito particular.

Indaga-se se o reconhecimento de paternidade por escritura pública deve constituir o objeto principal da declaração. Pela interpretação literal do artigo, a resposta seria positiva, pois o legislador estabeleceu nos **incisos III e IV** que, por testamento e por declaração ao juiz, o reconhecimento da paternidade não precisa ser o objeto único e principal do ato. *A contrario sensu*, ao não fazer tal ressalva no **inciso II**, o reconhecimento deveria ser o objeto principal na escritura ou escrito particular. Não é a interpretação literal, porém, que deve prevalecer, pois a maioria da doutrina entende que, mesmo na escritura pública, o reconhecimento pode ser incidental (*v.* o erudito voto, com ampla citação doutrinária, do REsp n. 57.505, rel. Min. César Asfor Rocha, j. 19.03.1996, v.u., publicado em *Lex-STJ* 90/143, *RSTJ* 97/249 e *RT* 734/257, no qual foi aceito reconhecimento declarado incidentalmente em escritura de venda e compra).

No caso do reconhecimento em escrito particular, o reconhecimento deve ser expresso e direto, pois, se der margem a dúvidas, só servirá como início de prova na investigação de paternidade. O reconhecimento também pode ser feito por *testamento*, em qualquer de suas modalidades. Como enuncia o § 2º do art. 1.857, são válidas disposições testamentárias de caráter não patrimonial, ainda que o testamento a elas se limite.

O reconhecimento feito por testamento, assim como por qualquer outro meio, é irrevogável (art. 1.610), subsistindo ainda que o testamento que contemple a declaração seja revogado em relação às suas demais disposições. Embora a lei se refira, nesse **inciso III**, a testamento, aparentemente excluindo o codicilo (art. 1.881), é possível o reconhecimento de paternidade em codicilo, não com base nesse **inciso III**, mas sim no **inciso II**, por ser escrito particular. A invalidade do testamento não invalida o reconhecimento da paternidade, a não ser que tenha por causa vício de consentimento ou incapacidade. O **inciso IV** prevê que o reconhecimento pode ser feito mediante manifestação direta e expressa ao juiz, ainda que não seja o objeto único e principal do ato que o contém. Por conseguinte, qualquer declaração prestada em juízo, em que o declarante afirme direta e expressamente a paternidade, serve como reconhecimento espontâneo.

O parágrafo único permite que o reconhecimento anteceda o nascimento, na hipótese, por exemplo, de companheiro acometido de doença fatal, ciente da gravidez da companheira. Também autoriza o reconhecimento posterior à morte do filho, desde que este tenha deixado descendentes. Explica-se a proibição de reconhecimento *post mortem*, quando o falecido não deixou descendentes, porque presume o legislador que, nesse caso, o único intuito do pai, moralmente reprovável, será o de receber a herança do filho.

Sobre o reconhecimento de filho havido em união estável fruto de técnica de reprodução assistida heteróloga *a patre*, *v.* comentário ao art. 1.597.

Por fim, observe-se que o PL n. 699/2011 prevê a inclusão de dois novos parágrafos a esse artigo, disciplinando a investigação de paternidade oficiosa, tal como já prevista na Lei n. 8.560, de 29.12.1992.

**Jurisprudência:** Apelação cível. Direito de família. Ação negatória de paternidade c/c anulação de registro civil. Apelante que reconheceu a paternidade voluntariamente logo após o nascimento do menor, sem requerer a realização de exame genético. Genitor que questiona a paternidade após 14 anos, mesma época em que foi executado por alimentos em atraso. Realizado novo acordo referente aos alimentos, o que caracteriza novamente o reconhecimento da paternidade de forma voluntária. Autor deixou de apresentar provas quanto a ausência de vínculo afetivo e, embora o réu não tenha comparecido em audiência para coleta de material genético, deixou o recorrente de solicitar nova data para sua realização. Genitor que não comprovou qualquer vício de consentimento no registro da paternidade, que foi reconhecida espontaneamente logo após o nascimento do menor. Reconhecimento de paternidade é ato irrevogável e irretratável. Sentença mantida. 1. O ato de reconhecimento de filho é irrevogável, conforme dispõe o art. 1.609, do CC. 2. A anulação do registro civil, para ser admitida, deve ser sobejamente demonstrada como decorrente de vício do ato jurídico (coação, erro, dolo, simulação ou fraude). 3. Mesmo quando inexistente o liame biológico, o acolhimento do pleito anulatório não se justifica quando resta evidenciada a existência do liame socioafetivo. 4. Inexistência de prova de vício no ato jurídico, eis que o reconhecimento se deu de forma livre e voluntária, há mais de 14 anos, e à época sem pedido de perícia genética, o que conduz à improcedência da presente ação. Apelo desprovido. (TJRS, Ap. n. 50008258120188210060, 1ª Câm. Esp. Cível, rel. Glaucia Dipp Dreher, j. 24.06.2024)

Negatória de paternidade. Reconhecimento voluntário. Vício da vontade afastado. Inteligência do art. 1.609 do CC. Aplicação do art. 1º do ECA. Sentença mantida. Apelo desprovido. (TJSP, Ap. Cível n. 10035061120198260063/Barra Bonita, 2ª Câm. de Dir. Priv., rel. Giffoni Ferreira, j. 30.05.2023, *DJ* 30.05.2023)

Apelação cível. Ação anulatória de reconhecimento de paternidade e registro civil. Erro substancial não comprovado. Paternidade socioafetiva latente. Sentença de improcedência mantida. O ato de reconhecimento de filho é irrevogável (art. 1.609 do CC). A anulação do registro, para ser admitida, deve ser sobejamente demonstrada como decorrente de vício do ato jurídico (coação, erro, dolo, simulação ou fraude). Se o apelante registrou o apelado como filho, mesmo havendo a possibilidade de inexistência do liame biológico, não pode pretender a desconstituição do vínculo, já que presente a voluntariedade do ato, tendo se estabelecido inequívoca paternidade socioafetiva. Precedentes. Apelo desprovido. (TJRS, Ap. Cível n. 50028390920188210005/Bento Gonçalves, 8ª Câm. Cível, rel. Mauro Caum Gonçalves, j. 20.10.2022, publ. 21.10.2022)

Negatória de paternidade e anulação de registro civil. Vício de consentimento não comprovado. 1. O reconhecimento de filho é um ato jurídico irrevogável e irretratável, de acordo com o art. 1º da Lei n. 8.560/92 e art. 1.609 do CC, sendo que a anulação do registro apenas é possível quando comprovada a ocorrência de um dos vícios do ato jurídico, tais como coação, erro, dolo, simulação ou fraude. 2. Se o autor registrou a ré como filha, mesmo havendo a probabilidade de inexistir o liame biológico, não pode pretender a desconstituição do vínculo, pois é inequívoca a voluntariedade do ato. Recurso provido. (TJRS, Ap. Cível n. 50119000620198210021/RS, 7ª Câm. Cível, rel. Sérgio Fernando de Vasconcellos Chaves, j. 23.02.2022, publ. 23.02.2022)

Negatória de paternidade. Cerceamento de defesa. Não ocorrência. Exclusão de litisconsorte que deveria ter sido atacado por agravo de instrumento. Preclusão. Inexistência de vício de consentimento quando do reconhecimento da paternidade. Confissão do autor de que quando conheceu a genitora do menor esta já estava grávida. Mero arrependimento decorrente do desfazimento da união estável. Prevalência da irrevogabilidade do reconhecimento dos filhos havidos fora do casamento (art. 1.609 do CC e art. 1º da Lei 8.560/92). Improcedência da ação. Recurso desprovido. (TJSP, Ap. Cível n. 1004030-39.2017.8.26.0625/SP, 4ª Câm. de Dir. Priv., rel. Alcides Leopoldo, j. 20.01.2022, publ. 20.01.2022)

Trata-se de recursos especiais interpostos por Ministério Público do Estado de São Paulo e por GBM, ambos fundamentados na alínea *a* do inc. III do art. 105 da CF e manejados contra o acórdão do TJSP assim ementado: (e-STJ fl. 157) Ação negatória de paternidade. I. Pretensão de anulação de ato de reconhecimento de paternidade com retificação de assento de nascimento. Declaração de vontade irrevogável. Incidência do art. 1.609, *caput*, do CC. Ônus do genitor de demonstrar o erro ou coação para ato de reconhecimento da filiação (arts. 348 e 1.604, CC). Vício de vontade não comprovado ou sequer explicitado na causa de pedir. II. Presença, ademais, de parentesco civil entre as partes (art. 1.593, CC), derivado da posse do estado de filho. Parentalidade socioafetiva. Irrelevância de o vínculo encontrar-se atualmente fragilizado. Reforço à necessidade da manutenção do registro na forma em que inicialmente realizado. Precedentes. Sentença preservada. Apelo desprovido. (STJ, REsp n. 1.650.848/SP, rel. Min. Paulo de Tarso Sanseverino, *DJe* 07.06.2018)

Apelação cível. Família. Ação negatória de paternidade. Reconhecimento voluntário da paternidade. Arrependimento posterior. 1 – A sentença de interdição possui somente efeitos *ex nunc*, nos termos do art. 1.104 do CPC. 2 – O ato de reconhecimento de filho é irrevogável (art. 1º da Lei n. 8.560/92 e art. 1.609 do CCB). Se o autor registrou o réu como filho não pode pretender a desconstituição do vínculo, uma vez que presente a voluntariedade do ato. Recurso provido. (TJRS, Ap. Cível n. 70.063.783.930, 7ª Câm. Cível, rel. Liselena Schifino Robles Ribeiro, j. 29.04.2015)

Apelação cível. Ação negatória de paternidade c/c retificação de registro civil. Exame de DNA negativo. Ausência de comprovação de vício de consentimento. Reconhecimento da relação socioafetiva. Precedentes do STJ. Recurso não provido. O reconhecimento do filho no registro de nascimento é irrevogável (art. 1.609 do CC e art. 1º da Lei n. 8.560/92). A anulação do ato somente é admitida quando demonstrada a existência de coação, erro, dolo, simulação ou fraude (REsp n. 68.281-0 e REsp n. 111.832-2). (TJMT, Ap. n. 32945/2014, rel. Des. Rubens de Oliveira Santos Filho, *DJe* 26.06.2014, p. 61)

Veja no art. 1.604 o seguinte acórdão: STJ, REsp n. 1.383.408, 3ª T., rel. Min. Nancy Andrighi, *DJe* 30.05.2014, p. 561.

Apelação cível. Registros públicos. Reconhecimento de paternidade por escritura pública. Retificação de assento requerida pelo genitor. Procedência na origem. Recurso do Ministério Público pugnando pela realização de exame de DNA. Inexigibilidade. Inteligência do art. 1.609, II, do CC. Sentença mantida. Recurso desprovido. O reconhecimento da paternidade por escritura pública está previsto no art. 1.609, II, do CC, sendo desnecessária a realização de exame de DNA para que se proceda a retificação do registro civil. (TJSC, Ap. Cível n. 2011.075766-0/Indaial, 1ª Câm. de Dir. Civil, rel. Joel Figueira Júnior, j. 14.03.2013)

Apelação cível. Investigação de paternidade. Existência de pai registral. Paternidade socioafetiva. Ausência de vícios de consentimento. O reconhecimento da paternidade é ato irrevogável, a teor do art. 1º da Lei n. 8.560/92 e art. 1.609 do CC. A retificação do registro civil de nascimento, com supressão do nome do genitor, somente é possível quando há prova de ocorrência de vício de consentimento no ato registral ou, em situação excepcional, demonstração de cabal ausência de qualquer relação socioafetiva entre pai e filho. Recurso provido. (TJRS, Ap. Cível n. 70.052.669.280, 7ª Câm. Cível, rel. Liselena Schifino Robles Ribeiro, j. 27.02.2013, *DJ* 06.03.2013)

Veja no art. 1.607 o seguinte acórdão: TJSP, Ap. n. 000678-95.2012.8.26.0486, 7ª Câm. de Dir. Priv., rel. Luiz Antonio Costa, j. 28.11.2012, *DJ* 29.11.2012.

Registro civil. Reconhecimento de paternidade. Direito indisponível. Indeferimento da petição inicial. Paternidade que pode ser reconhecida por escritura pública ou perante o juiz. Inteligência do art. 1.609, IV, do CC. Afastamento da extinção sem resolução do mérito. Aplicação do art. 515, § 3º, do CPC [art. 1.013, § 3º, I, do CPC/2015]. Pedido procedente para declarar a paternidade do requerente em relação à requerida. Recurso provido. (TJSP, Ap. n. 0003295-47.2010.8.26.0664/Votuporanga, 5ª Câm. de Dir. Priv., rel. Moreira Viegas, j. 01.08.2012, *DJ* 04.08.2012)

Ação negatória de paternidade. Ausência de prova da ocorrência de vício de consentimento. Parentalidade socioafetiva. O reconhecimento dos filhos havidos fora do casamento, no registro de nascimento, é irrevogável. Inteligência do art. 1.609 do CC e art. 1º da Lei n. 8.560/92. A anulação do ato somente é admitida quando demonstrada a existência de coação, erro, dolo, simulação ou fraude, o que não se verifica na espécie. Embora constatada a inexistência de filiação biológica, pelo exame de DNA, inviável anular o registro civil da apelada, realizado por livre vontade do apelante, quando não se verifica a existência ou não de parentalidade socioafetiva, mormente em decorrência do abandono paterno. Apelação provida. (TJRS, Ap. Cível n. 70.048.906.101, 7ª Câm. Cível, rel. Jorge Luís Dall'Agnol, j. 27.06.2012)

Apelação cível. Família. Ação de anulação de registro civil cumulada com ação negatória de paternidade. Impossibilidade. Existência de socioafetividade. Segundo orientação sedimentada desta Corte, comprovada a socioafetividade entre pai e filha não é possível a anulação do registro civil, tampouco a desconstituição de paternidade. Inteligência do art. 1.609 do CC que dispõe acerca da irrevogabilidade do reconhecimento do filho havido fora do casamento. Apelação desprovida. (TJRS, Ap. Cível n. 70.033.783.390, 7ª Câm. Cível, rel. Des. José Conrado Kurtz de Souza, j. 22.09.2010)

Negatória de paternidade. Ação proposta pela irmã unilateral. Ilegitimidade ativa para impugnar o reconhecimento de filha feito pelo seu genitor. Impossibilidade jurídica do pedido. Extinção sem julgamento de mérito. Embora não se trate de ação negatória de paternidade, mas de desconstituição de registro, a ação é de estado e personalíssima do genitor. A irmã unilateral não tem legitimidade para questionar a paternidade, mormente quando não aponta nenhum vício, baseando-se em mera dúvida sua. Há impossibilidade jurídica do pedido, na medida em que o falecido registrou como sua filha, assumindo a relação parental, de forma livre e espontânea. Cuida-se de um ato jurídico perfeito e acabado, cuja validade é prevista na lei, de forma expressa, quando dispõe ser irrevogável o reconhecimento dos filhos havidos fora do casamento. Inteligência do art. 1.609, I, do CCB. Recurso desprovido. (TJRS, Ap. Cível n. 70.033.722.513, 7ª Câm. Cível, rel. Des. Sérgio Fernando de Vasconcellos Chaves, j. 14.09.2010)

Negatória de paternidade. Anulação de registro civil. Autor que falece no curso da lide. Substituição processual pela herdeira. Legitimidade. Prova. Exame de DNA. Recusa do réu. Tanto a ação negatória de paternidade como a de desconstituição de registro civil são personalíssimas, mas é possível a substituição processual quando ocorre o falecimento da parte no curso do processo. Inteligência dos arts. 1.601, parágrafo único, do

CCB e 43 do CPC [art. 110 do CPC/2015]. A existência de descendentes do autor autoriza substituí-lo no debate jurídico, descabendo arguir sua ilegitimidade. Embora o ato de reconhecimento de filho seja irrevogável (art. 1º da Lei n. 8.560/92 e art. 1.609 do CC), é possível promover a anulação do registro quando fica sobejamente demonstrado o vício do ato jurídico. Recurso desprovido. (TJRS, Ap. Cível n. 70.031.335.813, 7ª Câm. Cível, rel. Des. Sérgio Fernando de Vasconcellos Chaves, j. 23.06.2010)

Negatória de paternidade. Ação ajuizada pelo pai em face do filho para desconstituir o vínculo de paternidade antes espontaneamente reconhecido. Sentença de procedência. Apelo do réu. Precedente demanda entre as mesmas partes e para os mesmos fins em que, a despeito de extinguir o processo sem julgamento de mérito, explicitamente se pronunciou sobre a inviabilidade jurídica de se negar a paternidade espontaneamente reconhecida a despeito de saber não ser o pai biológico. Coisa julgada. Ainda que assim não fosse, a ação é manifestamente improcedente, pela irretratabilidade do reconhecimento filial. Inteligência da regência civil (CC, arts. 1.609, I; 1.610; 1.613 e Lei n. 8.560/92). Sentença reformada. Apelo provido. (TJSP, Ap. Cível c/ Rev. n. 6.411.554.600/Itatiba, 9ª Câm. de Dir. Priv., rel. João Carlos Garcia, j. 03.11.2009)

Negatória de paternidade. Filiação reconhecida voluntariamente pelo casamento do autor com a mãe da criança e que proporcionou sete anos de convivência fraterna, um estado que ganha vulto e importância (afetividade) para efeito de aplicar o art. 1.609 do CC, com rigor, restringindo a hipótese de revogabilidade do reconhecimento para falsidade ou vícios de vontade. Inocorrência de tais motivos. Arts. 1.604 e 1.610 do CC/2002. Paternidade socioafetiva consolidada. Não provimento. (TJSP, Ap. Cível n. 5.929.104.100/São Paulo, 4ª Câm. de Dir. Priv., rel. Enio Zuliani, j. 14.05.2009)

Negatória de paternidade. Insurgência contra sentença pela qual improcedente pedido formulado pelo apelante contra menor representado pela mãe. Admissibilidade. Possibilidade de ação negatória se o reconhecimento voluntário de paternidade efetuado não for condizente com a realidade. Aplicação dos princípios da veracidade e da legitimidade do registro público. Recurso provido. (TJSP, Ap. Cível n. 532.832.4/6-00, rel. Des. Encinas Manfre, j. 11.12.2008)

Apelação cível. Ação negatória de paternidade. Verdade registral que deve prevalecer sobre a verdade biológica. Existência de vínculo socioafetivo. O reconhecimento da paternidade é ato irrevogável, a teor do art. 1º da Lei n. 8.560/92 e art. 1.609 do CC. A retificação do registro civil de nascimento, com supressão do nome do genitor, somente é possível quando há nos autos prova cabal de ocorrência de um dos vícios de consentimento. O registro da criança pelo autor, como filho, realizado com reconhecidas dúvidas dele acerca da paternidade biológica, constitui ato do reconhecimento em que impera o princípio da verdade registral, mesmo sobre a verdade biológica, até em razão dos laços de socioafetividade então havido entre as partes. Higidez do registro civil que deve permanecer. Apelação provida. (TJRS, Ap. Cível n. 70.024.527.004, 7ª Câm. Cível, rel. André Luiz Planella Villarinho, j. 05.11.2008)

Reconhecimento de paternidade cumulado com pedido de guarda e regulamentação de visitas. Inépcia da inicial. Extinção. Pretendida aplicação do art. 1.609, III, do CC. Impossibilidade. Caráter incidental desse reconhecimento. Ademais, ausente interesse processual. Autor que já reconheceu a paternidade em relação à menor, por documento particular, além de não haver qualquer resistência por parte da genitora, requisito indispensável à configuração do litígio. Hipótese em que a guarda e as visitas não podem ser decididas, pois há ilegitimidade passiva. Ações que devem ser propostas contra a genitora da menor. Sentença mantida. Recurso improvido. (TJSP, Ap. s/ Rev. n. 479.781-4/7-00/Ourinhos, 8ª Câm. de Dir. Priv., rel. Joaquim Garcia, j. 07.08.2008, *DJ* 12.08.2008)

Ação anulatória de registro público. Possibilidade jurídica do pedido. Exame de DNA. Busca da verdade real. Existência de erro. Deferimento do pedido. A possibilidade jurídica do pedido é identificada pela possibilidade segundo o ordenamento jurídico de se conceder a tutela pleiteada em juízo. No caso em comento, não se pode aferir a impossibilidade jurídica do pedido, uma vez que o pedido de negatória de paternidade, bem como anulação do registro, encontra respaldo na lei, na doutrina e jurisprudência mais modernas. Ação negatória de paternidade com pedido de averbações civis. Inépcia da inicial. Formalismo jurídico. Razões e pedido. Instrumentalidade das formas. Rejeitar. A moderna concepção de processo, sustentada pelos princípios da economia, instrumentalidade e celeridade processual, determina o aproveitamento máximo dos atos processuais, principalmente quando não há prejuízo para a defesa das partes. Se da fundamentação e do pedido se extrai a devida pretensão do autor, deve o magistrado prestigiar a prestação jurisdicional em detrimento do formalismo jurídico. É sucedâneo lógico da ação negatória de paternidade com pedido de averbações civis, a anulação do pedido, pois a ação negatória de paternidade tem como fim primordial a retirada do assento de nascimento civil, o nome do antigo pai. Ação negatória de paternidade com pedido de averbações civis. Nulidade da sentença. Formalismo jurídico. Rejeitar. O julgador ao prestar sua função jurisdicional, deve sempre garantir que na decisão o direito será determinado muito além da forma e da legalidade, indo em consonância com a efetividade e com o ideal de justiça. E, mais, a função jurisdicional também deve ser célere, não podendo o magistrado, se é perfeitamente possível adotar a decisão de primeiro grau, anulá-la e interromper a marcha processual. Ação anulatória de registro público. Possibilidade jurídica do pedido. Exame de DNA. Busca da verdade real. Existência de erro. Deferimento do pedido. O reconhecimento dos filhos através de registro público é irrevogável, no entanto, tal fato não implica na vedação de questionamentos em torno da filiação, desde que haja elementos suficientes para buscar a desconstituição do reconhecimento anteriormente formulado. Para desconstituir o registro de nascimento é necessário erro ou falsidade, contudo tenho que o exame de DNA, por ter como resultado um erro essencial sobre o estado da pessoa, é prova capaz de desconstituí-lo, pois derruba, por completo, a verdade jurídica nele estabelecida. Diante de uma prova tecnológica e cientificamente avançada como o exame de DNA e, ainda, não havendo, nos autos, elementos suficientes para contradizer o resultado por ele alcançado, não há razão para decidir contrariamente à sua conclusão. (TJMG, Ap. Cível n. 1.0598.05.005248-2/001, rel. Moreira Diniz, j. 20.09.2007, *DJEMG* 08.11.2007)

Família. Negatória de paternidade. Anulação de registro civil. Assento de nascimento. Vício de consentimento não comprovado. Vínculo de parentalidade. Prevalência da realidade socioafetiva sobre a biológica. Reconhecimento voluntário da paternidade, declaração de vontade irretratável. Exegese do art. 1.609 do CC/2002. Ação improcedente, sentença mantida. Apelação desprovida. (TJRS, Ap. Cível n. 70.020.174.827, 8ª Câm. Cível, rel. Des. Luiz Ari Azambuja Ramos, j. 09.08.2007)

Investigação de paternidade. Agravo de instrumento. Reconhecimento da paternidade perante o juiz em audiência. Fixação de alimentos provisórios. A lei considera válido o reconhecimento da paternidade por manifestação direta e expressa perante o juiz (art. 1.609, IV, CC/2002). A presença do agente do MP na audiência se revela como uma garantia das crianças, e não do autor, maior e capaz, que sabia exatamente o que estava a fazer ao reconhecer a paternidade. *Quantum* dos alimentos deve ser aquele que melhor resguarde a proporção entre as necessidades presumidas dos alimentados e as possibilidades do alimentante. Negado provimento. (TJRS, Ap. Cível n. 70.017.223.660, 7ª Câm. Cível, rel. Des. Maria Berenice Dias, j. 06.12.2006)

Negatória de paternidade. Ilegitimidade da esposa do genitor para impugnar reconhecimento de filho nascido de relação extraconjugal. Impossibilidade jurídica do pedido. Extinção sem julgamento de mérito. 1 – Embora não se trate de ação negatória de paternidade, mas de desconstituição de registro, a ação é de estado e personalíssima do genitor. 2 – A viúva do genitor tem ilegitimidade para questionar a paternidade, mormente quando não aponta nenhum vício, baseando-se em mera dúvida sua. 3 – Há impossibilidade jurídica do pedido, na medida em que o falecido manteve relacionamento com a mãe do menor e o registrou como seu filho, assumindo a relação parental livre e espontaneamente. 4 – Cuidando-se de um ato jurídico perfeito e acabado, assegurado expressamente pela lei, que prevê ser irrevogável o reconhecimento dos filhos havidos fora do casamento. Inteligência do art. 1.609, I, do CC/2002, descabida se revela a ação que imotivadamente visa desconstituir o registro de nascimento que foi declarado livremente pelo pai já falecido. Recurso desprovido. (TJRS, Ap. Cível n. 70.014.439.962, 7ª Câm. Cível, rel. Des. Sérgio Fernando de Vasconcellos Chaves, j. 10.05.2006)

Família. Ação negatória de paternidade. Reconhecimento de filhos havidos fora do casamento. Negócio jurídico anulável somente diante de vícios de consentimento. O reconhecimento dos filhos havidos fora do casamento é irrevogável, todavia, tendo havido algumas das hipóteses de vício de consentimento, como erro, dolo, coação, simulação ou fraude, pode-se anular o referido ato jurídico. (TJMG, Ap. Cível n. 1.0145.02.010391-0/001, rel. Duarte de Paula, j. 02.12.2004, *DJEMG* 15.04.2005)

Apelação cível. Negatória de paternidade. Filha havida fora do casamento. Registro civil. Pai falecido. Ilegitimidade ativa dos irmãos para formular o pedido. O reconhecimento dos filhos havidos fora do casamento é irrevogável e pode ser feito na via do registro de seu nascimento (art. 1.609, CC, que tem correspondente no art. 357 do CC/1916). A negatória de paternidade é ação que compete exclusivamente ao marido, ou, por interpretação, ao pai que reconhece em registro civil filho havido fora do casamento. Os irmãos da menor não têm legitimidade para a referida ação. O rigor processual presta-se a uma maior garantia da menor, que, inclusive, poderia ter sido adotada, passando a deter a condição de filho (art. 1.626), o que afasta definitivamente a hipótese da negatória pela mera inexistência de vínculo biológico. (TJMG, Ap. Cível n. 1.0456.01.007742-2/001, rel. Wander Marotta, j. 16.03.2004, *DJEMG* 28.05.2005)

Família. Relação avoenga. Reconhecimento judicial. Possibilidade jurídica do pedido. É juridicamente possível o pedido dos netos formulado contra o avô, os seus herdeiros deste, visando o reconhecimento judicial da relação avoenga. Nenhuma interpretação pode levar o texto legal ao absurdo (STJ, REsp n. 604.154/RS, 3ª T., rel. Min. Humberto Gomes de Barros, *DJU* 01.07.2003, p.518). (*RBDFS* 9/142)

Investigação de paternidade. Nascituro. Extinção do processo sem julgamento do mérito. Falta processual. Inadmissibilidade. Possibilidade científica e jurídica da investigação. Exegese dos arts. 1.609, do CC/2002; 878 do CPC [sem correspondente no CPC/2015]; 7º do ECA; e 5º, *caput*, da CR. Prosseguimento do feito. Recurso provido. (*JTJ* 289/192)

Paternidade. Reconhecimento voluntário perante o juiz. Ato plenamente válido e irrevogável a teor do art. 1.609, II, do CC/2002. Desnecessidade de declaração judicial. Lavratura nos autos que possui fé pública. Recurso não provido. (*JTJ* 288/227)

---

**Art. 1.610. O reconhecimento não pode ser revogado, nem mesmo quando feito em testamento.**

---

Sem correspondência no CC/1916, o art. 1.610 dispõe que o reconhecimento voluntário de paternidade (*v.* art. 1.607), por uma das formas previstas no art. 1.609, é irrevogável, mesmo quando consumado em testamento.

Essa ênfase no testamento se justifica, pois uma de suas características essenciais é a revogabilidade (art. 1.858), excepcionada nesse art. 1.610 quando se trata de reconhecimento de paternidade. Por conseguinte, embora o testador possa revogar o testamento quanto a tudo o mais que nele dispôs, subsistirá exclusivamente em relação ao reconhecimento da paternidade.

O artigo em questão não impede, porém, a invalidação do reconhecimento, no qual tenha havido vício de vontade. Recorde-se, como visto nos comentários ao art. 1.608, que o reconhecimento não poderá ser questionado pelo pai que tenha reconhecido filho alheio como próprio, na chamada "adoção à brasileira".

**Jurisprudência:** Apelação. Família. Ação negatória de paternidade c/c anulação de registro civil. Pretensão de improcedência da ação. Cabimento. Demonstrado nos autos que o recorrido não possuí vínculo biológico com a criança. Contudo, o reconhecimento voluntário de paternidade é ato irrevogável e irretratável, arts. 1.609 e 1.610 do CC. Ausência de prova de vício de consentimento do ato registral. Mero arrependimento que não é suficiente para legitimar a alteração do reconhecimento de paternidade. Não bastasse isso, no caso, demonstrado vínculo socioafetivo, visto que, ao menos nos três primeiros anos do infante, agiu como se pai fosse. Laudo psicológico refere que a criança não tem outra referência paterna, demonstra afeto e falta do recorrido. É o caso de reforma da sentença proferida, devendo ser julgada improcedente a ação. Apelação provida. (TJRS, Ap. n. 50058153520188210022, 8ª Câm. Cível, rel. Roberto Arriada Lorea, j. 04.04.2024, *DJ* 04.04.2024)

Veja a seguinte decisão no art. 1.604: TJRS, Ap. n. 50003818620188210112, 8ª Câm. Cível, rel. Ricardo Moreira Lins Pastl, j. 14.12.2023, *DJ* 14.12.2023.

Apelação cível. Ação negatória de paternidade. Pedido de procedência do pedido. Alegação de erro e dolo no registro. Descabimento. Ciência da ausência de paternidade biológica. Existência de vínculo socioafetivo. Sentença mantida. O reconhecimento de filho é ato irrevogável, segundo preconiza o art. 1º da Lei n. 8.560/92, e os arts. 1.609 e 1.610, ambos do CC, de modo que o mero arrependimento quanto ao ato voluntariamente praticado não serve para desconstituí-lo. O alegado erro e dolo quando do ato, capaz de macular o registro de paternidade, não restou comprovado nos autos. Ainda, da própria narrativa do autor denota-se a ciência da ausência de paternidade biológica quando do registro, que ocorreu de forma voluntária. Além disso, o laudo psicológico produzido demonstrou a existência de relacionamento socioafetivo entre o pai registral e a filha, sendo estremecida após o término do relacionamento com a genitora desta última. Apelação desprovida. (TJRS, Ap. Cível n. 50004411820178210040/ Caçapava do Sul, 8ª Câm. Cível, rel. José Antônio Daltoe Cezar, j. 03.11.2022, publ. 04.11.2022)

Embargos infringentes. Negatória de paternidade. Acórdão embargado que reformou a sentença e julgou improcedente o pedido. Inconformismo. Desacolhimento. Autor que afirma na inicial que, mesmo havendo dúvidas acerca da paternidade, registrou o requerido em seu nome. Coação imputada à genitora do requerido não comprovada. Arrependimento que não é capaz de desconstituir a filiação. Inteligência dos arts. 1.609, *caput*, e 1.610 do CC. Decisão mantida. Embargos rejeitados. (TJSP, Emb. Infring. n. 0009350-19.2010. 8.26.0533/Santa Bárbara D'Oeste, 5ª Câm. de Dir. Priv., rel. J. L. Mônaco da Silva, *DJe* 14.05.2014, p. 1.644)

Apelação cível. Negatória de paternidade. Ação equivocada. Pretensão de anulação do registro civil de nascimento do réu. Absoluta ausência de alegação de vício no consentimento ou falsidade no registro. Impossibilidade jurídica do pedido reconhecida. Manutenção da sentença, no caso concreto. 1 – O autor é carecedor de ação, na medida em que a pretensão de anular o registro civil de nascimento do réu, sob a alegação exclusiva de que registrou o menor sem ter certeza quanto a paternidade é vedada pelo ordenamento jurídico pátrio (arts. 1.609 e 1.610 do CC e art. 1º da Lei n. 8.560/92). Impossibilidade jurídica do pedido reconhecida no caso concreto. 2 – Correção, de ofício, no dispositivo da sentença, pois a impossibilidade jurídica do pedido acarreta, em nosso sistema processual, a extinção sem resolução de mérito, na forma do art. 267, VI, do CPC [art. 485, VI, do CPC/2015]. Apelação desprovida. (TJRS, Ap. Cível n. 70.056.883.705, 8ª Câm. Cível, rel. Des. Ricardo Moreira Lins Pastl, j. 13.03.2014)

Apelação cível. Ação negatória de paternidade. Pretensão de retificação do registro civil de nascimento. Exame de DNA excludente do vínculo genético entre as partes. Filho advindo na constância do matrimônio. Dúvida, desde o princípio, acerca do liame consanguíneo. Ausência de vício na manifestação de vontade. Reconhecimento voluntário da filiação. Ato irrevogável. Inteligência do art. 1.610 do CC. Paternidade socioafetiva plenamente configurada. Prevalência, no caso concreto, do laço afetivo ao biológico. Recurso conhecido e desprovido. O reconhecimento voluntário da filiação somente pode ser contestado acaso comprovado vício na manifestação de vontade. Caso contrário, o ato é irrevogável (CC/2002, art. 1.610), mormente em se tendo formado a paternidade socioafetiva, a qual, na espécie, deve prevalecer sobre o vínculo genético, em prol dos interesses do menor envolvido. (TJSC, Ap. Cível n. 2012.048709-6/Lages, 6ª Câm. de Dir. Civil, rel. Stanley da Silva Braga, j. 06.09.2012)

O alimentante reconheceu, de forma voluntária, a paternidade e busca revogar o reconhecimento com base em exame de DNA extrajudicial, concomitamente a pedido de alimentos. Tendo em vista que o art. 1.610 do CC, considera irrevogável o reconhecimento, salvo caso de vícios, não parece ajustado suspender o dever de o pai contribuir com o sustento da filha reconhecida, pelo menos até que se confirme a eficácia do exame. Provimento. (TJSP, AI n. 994.093.365.400/Araras, 4ª Câm. de Dir. Priv., rel. Enio Zuliani, j. 12.11.2009)

Agravo interno. Investigação de paternidade. Extinção do processo sem resolução do mérito em face da coisa julgada. Cabimento. No caso dos autos, verifica-se que o agravado em nenhum momento faz nem sequer alusão à existência de vício de consentimento (erro, dolo, coação, simulação ou fraude), de modo a possibilitar a análise da viabilidade da sua pretensão. Inteligência do art. 1.610 do CC. Deram provimento ao recurso, por maioria. (TJRS, AI n. 70.023.355.365, 8ª Câm. Cível, rel. José Ataídes Siqueira Trindade, j. 27.03.2008, *DJ* 02.04.2008)

Família. Ação negatória de paternidade. Anulação de registro civil. Vício de vontade. Inexistência. Irrevogabilidade do reconhecimento. Relação socioafetiva. O reconhecimento de filho, mesmo não sendo pai biológico, realizado em registro de nascimento, é irrevogável. Salvo comprovação de vício de vontade, cujo ônus probatório incumbe à parte interessada em anulá-lo. Não demonstrado vício formal ou material necessários à procedência do pedido, deve-se preservar o interesse do menor, valorizando-se a paternidade socioafetiva. (TJMG, Ap. Cível n. 1.0210.05.030025-5/001, rel. Armando Freire, j. 25.03.2008, *DJEMG* 29.04.2008)

Ação negatória de paternidade. Impossibilidade jurídica do pedido. Coisa julgada. Descabimento. O reconhecimento judicial da paternidade ocorrido no âmbito de ação de investigação de paternidade anteriormente ajuizada pela apelada contra o apelante não pode ser suplantado por simples alegação de dúvidas. Ademais, o recorrente nem mesmo menciona existência de vício de consentimento e, ainda, não se pode ignorar que a demanda investigatória de paternidade já transitou em julgado. Incidência do disposto no art. 1.610 do CC/2002. Precedentes. Processo extinto, fulcro no art. 267, V e VI, do CPC [art. 485, V e VI, do CPC/2015]. Recurso desprovido. (TJRS, Ap. Cível n. 70.018.492.934, 8ª Câm. Cível, rel. Des. José Ataídes Siqueira Trindade, j. 15.03.2007)

Ação anulatória de registro civil. Falsidade ideológica. Reconhecimento voluntário. Ato irretratável e irrevogável. O reconhecimento de paternidade produz efeitos imediatos ao momento do lançamento no ofício do registro civil, tornando-se irrevogável, conforme estatuído no art. 1.610 do Código atual, não se podendo vindicar estado contrário àquele inserido no registro de nascimento, conforme disposto no art. 1.604 do CC. Todavia, é possível a anulação de registro civil de nascimento se demonstrada alguma das hipóteses previstas pelo art. 147 do CC/1916, atual art. 171, como erro, dolo, coação, simulação ou fraude. Não pode ser desconstituída a declaração válida de vontade exarada no momento da escritura pública de reconhecimento, se ausentes vícios de consentimento, eis que uma vez aperfeiçoada, a declaração torna-se irretratável e irrevogável. (TJMG, Ap. Cível n. 1.0687.02.015377-5/001, rel. Dárcio Lopardi Mendes, j. 24.08.2006, *DJEMG* 05.09.2006)

**Art. 1.611. O filho havido fora do casamento, reconhecido por um dos cônjuges, não poderá residir no lar conjugal sem o consentimento do outro.**

Afora a expressão "filho ilegítimo", que foi substituída por "filho havido fora do casamento", este art. 1.611 reproduz o preceito do art. 359 do CC/1916.

A norma contempla a possibilidade de, na constância da sociedade conjugal, preservada a vida em comum, um dos cônjuges reconhecer filho que teve com outra pessoa. O artigo prevê que, nessa hipótese, o filho não poderá residir no lar conjugal sem o consentimento do outro cônjuge. A guarda não será concedida ao genitor casado se seu cônjuge não aceitar.

Como bem salientado por Paulo Luiz Netto Lôbo (*Código Civil comentado*. São Paulo, Atlas, 2003, v. XVI, p. 118), essa norma não pode ser aplicada com absoluto rigor, pois ao direito do cônjuge que não é genitor sobrepõe-se o interesse maior do filho, caso seja criança ou adolescente. Se não tiver quem possa assumir sua guarda, ou se o outro genitor não tiver condições de cuidar dele, o filho poderá ficar com o genitor casado, apesar de eventual discordância do cônjuge deste.

**Art. 1.612. O filho reconhecido, enquanto menor, ficará sob a guarda do genitor que o reconheceu, e, se ambos o reconheceram e não houver acordo, sob a de quem melhor atender aos interesses do menor.**

O artigo volta a explicitar o princípio de que, em matéria de guarda de filhos menores, até que completem 18 anos de idade, deve ser adotada a solução que melhor atenda aos interesses deles (*v.* arts. 1.584 e 1.586).

O princípio é particularizado, nesse art. 1.612, para a hipótese de reconhecimento dos filhos havidos fora do casamento. Se somente um dos pais reconheceu o filho, é quem exercerá a guarda dele. Se ambos o reconheceram, a guarda será definida por acordo entre os pais. Esse acordo não prevalecerá se a solução adotada não for a que melhor atenda aos interesses do menor.

Levado o fato a juízo, o juiz pode deliberar diversamente do que os pais acordaram. É claro que tal decisão terá em conta fatos sérios, devidamente comprovados. Não havendo acordo e sendo o litígio submetido ao juízo da família, a solução a ser buscada será a que melhor atender aos interesses do menor. Essa solução pode ser inclusive a de negar a guarda aos pais, atribuindo-a a terceiro, normalmente um familiar do menor, que possa melhor atender a seus interesses.

Como noticia Paulo Luiz Netto Lôbo (*Código Civil comentado*. São Paulo, Atlas, 2003, v. XVI, p. 122-4), duas alternativas para esse melhor atendimento dos interesses do menor podem ser a guarda compartilhada, na qual ambos os pais, embora separados de fato, participam ativamente do cotidiano de seus filhos, anulando a necessidade de direito de visitas, e a guarda alternada, que, assim como explica o referido jurista, tornou-se a preferencial da legislação francesa, porque tem se revelado muito mais benéfica a crianças e adolescentes do que a tradicional guarda exclusiva, em favor de um dos pais.

Na guarda alternada, as crianças passam com o pai e com a mãe períodos variáveis (semanais, mensais, anuais). Evita-se, assim, o distanciamento – que muitas vezes ocorre – do filho em relação ao pai que não exerce a guarda. Ressalve-se que tais soluções, ao que parece, só se tornam viáveis quando há bastante amadurecimento e harmonia entre os pais nos assuntos concernentes aos filhos.

**Jurisprudência:** Direito civil. Direito de família. Agravo de instrumento. Modificação de guarda de menor. Tutela de urgência. Suspeita da prática de crime sexual. Padrasto. Indícios de ocultação de crime por parte da genitora. Cognição estreita do agravo de instrumento. Observância. Princípio do melhor interesse da criança. Decisão mantida. 1. O art. 1.612 do CC informa que a guarda de menor deve ficar sob a supervisão de quem melhor atender aos seus interesses no momento. 2. Ao exercício da guarda exige observância ao princípio do melhor interesse da criança e do adolescente. 3. No caso concreto, os fatos narrados pelo genitor são graves e exigem a máxima cautela do julgador, até que os fatos sejam esclarecidos em estudo psicossocial, para que não haja prejuízo à integridade física, psíquica e psicológica da menor. 4. Agravo de instrumento conhecido e não provido. Unânime. (TJDF, 07366275820218070000 1407252, 3ª T. Cível, rel. Fátima Rafael, j. 10.03.2022, publ. 22.03.2022)

Apelação cível. Direito civil. Direito de família. Regularização de guarda. Arts. 1.584 e 1.612 do CC. Relatório psicossocial. Parecer social. Genitor. Pessoa mais adequada para exercer a guarda e responsabilidade do adolescente. Atendimento dos interesses do adolescente. Recurso conhecido e não provido. Sentença mantida.1 – Nos termos dos arts. 1.584 e 1.612 do CC, o juiz concederá a guarda com observância dos interesses e proteção dos menores. 2 – Ficou demonstrado no parecer exarado pelo SERAF que, além da nítida vontade do filho de morar com o pai, o referido lar será mais propício ao desenvolvimento do adolescente, mantendo-se o convívio regular com a mãe. 3 – Inexistem, portanto, motivos para alterar a sentença. 4 – Recurso conhecido e não provido. Sentença mantida. (TJDF, Ap. Cível n. 20130910034612, rel. Des. Romulo de Araujo Mendes, j. 30.09.2015, *DJe* 13.10.2015)

**Art. 1.613. São ineficazes a condição e o termo apostos ao ato de reconhecimento do filho.**

Apesar da alteração de redação, manteve-se, na essência, o que dispunha o art. 361 do CC/1916. O reconhecimento de filhos havidos fora do casamento é puro e simples, produzindo efeitos prontamente.

Sua eficácia não pode ser subordinada a condição, evento futuro e incerto (arts. 121 a 130), ou a termo, a determinado prazo para ter validade (arts. 131 e segs.). Não é possível, assim, por exemplo, o reconhecimento feito para ter eficácia somente quando o filho completar a maioridade, visando-se, com isso, evitar o pagamento de alimentos enquanto for menor.

**Art. 1.614. O filho maior não pode ser reconhecido sem o seu consentimento, e o menor pode impugnar o reconhecimento, nos quatro anos que se seguirem à maioridade, ou à emancipação.**

Com mínima alteração na redação, mas nenhuma na substância, este art. 1.614 reproduz a disposição do art. 362 do CC/1916. Principia por estabelecer que a eficácia do reconhecimento de filho maior depende de seu consentimento. Este pode ser manifestado concomitantemente ao reconhecimento, ou após. Enquanto não for expresso pelo filho, o reconhecimento não adquire eficácia e não pode ser objeto de averbação no registro de nascimento. Como visto no comentário ao art. 1.607, o reconhecimento é ato jurídico unilateral, não sinalagmático. Não obstante, sua eficácia fica condicionada ao consentimento do filho, caso seja maior ou emancipado.

Em relação ao filho menor, não se exige o consentimento, porque ele não tem capacidade para concedê-lo. Apesar disso, é de boa cautela exigir-se, no ato do reconhecimento da paternidade, a anuência materna. Dispensado o consentimento do filho menor, assegura-se a ele, em contrapartida, o direito de, nos quatro anos seguintes à maioridade ou à emancipação, impugnar o reconhecimento. O prazo é de decadência e não de prescrição. A impugnação não precisa ser fundamentada na ausência de vínculo biológico. Consiste em simples direito do filho reconhecido de repudiar o reconhecimento, por rejeitar a paternidade reconhecida.

Importantíssima distinção que se faz necessária é entre a impugnação do reconhecimento de paternidade, para simplesmente rejeitá-lo, e a impugnação que é feita em concomitância com a investigação de verdadeira paternidade. No primeiro caso, de impugnação pura e simples, aplica-se o prazo decadencial de quatro anos. No segundo, sendo imprescritível a ação de investigação de paternidade, autoriza-se a impugnação da paternidade, anteriormente estabelecida pelo reconhecimento, a qualquer tempo.

O STJ já pacificou o entendimento segundo o qual a regra ora aludida que impõe ao investigante o prazo de quatro anos para impugnar o reconhecimento da paternidade constante do registro civil só é aplicável ao filho natural que pretende afastar a paternidade por mero ato de vontade, com o objetivo único de desconstituir o reconhecimento da filiação, sem buscar constituir nova relação, e que, portanto, a decadência não atinge o direito do filho que busca o reconhecimento da verdade biológica em investigação de paternidade e a consequente anulação do registro com base na falsidade deste (*vide* jurisprudência a seguir).

Observe-se que o PL n. 699/2011 prevê alteração para esse art. 1.614, acabando com o prazo de quatro anos para impugnação do reconhecimento, de modo que poderá ser feito a qualquer tempo.

**Jurisprudência:** Apelação cível. Direito de família. Ação declaratória de nulidade e retificação do registro civil. Sentença de procedência. Recurso do réu. 1. Laudo técnico pericial de investigação de elo genético via DNA que excluiu a paternidade biológica. 2. Prova que não demonstrou haver situação de paternidade socioafetiva. Ausência de convivência constante e significativa para a formação, consolidação e estreitamento de vínculo afetivo. 3. Menor com 1 ano de idade e que manteve reduzido convívio com o réu/apelante. 4. A retificação do registro de nascimento da criança é medida impositiva. Além de afastada a ligação biológica com o réu/apelante, não ficou estampada a paternidade socioafetiva, inexistindo um quadro de posse de estado de filho. Recurso desprovido. (TJRS, Ap. n. 50323705020228210022/Pelotas, 1ª Câm. Esp. Cível, rel. Leandro Figueira Martins, j. 16.10.2023, *DJ* 20.10.2023)

Apelação cível. Ação declaratória de inexistência de filiação legítima c/c anulação de registro civil. Decadência. Configuração. Parte que almeja somente a desconstituição do reconhecimento da paternidade. Hipótese em que se aplica o disposto no art. 1.614 do CC. Pedido inicial improcedente. Recurso provido. Visando apenas a desconstituição da paternidade e não a concomitante constituição de nova relação, hipótese que daria ensejo ao ajuizamento de ação de investigação de paternidade c/c anulação de registro civil, tem aplicação o disposto no art. 1.614 do CC, que prevê o prazo decadencial de 4 anos, contados da maioridade, para impugnação do reconhecimento da paternidade. Precedentes do STJ. (TJSP, Ap. Cível n. 10235376720218260100/SP, 6ª Câm. de Dir. Priv., rel. Maria do Carmo Honorio, *DJ* 12.07.2023)

Ação de anulação de registro civil cumulada com investigação de paternidade. Decadência. Inocorrência. Ausência de vínculo socioafetivo. Afastado o instituto da multiparentalidade. Exclusão do pai registral. Recusa na realização do exame genético. Presunção da paternidade. Aplicação da Súmula n. 301 do STJ. Cabimento. 1. A ação de anulação de registro civil, cumulada com investigação de paternidade, trata de direito personalíssimo, pois cuida do estado de filiação, e não se sujeita a prazo de decadência. Inaplicabilidade do art. 1.614 do CC. 2. A ausência de localização do pai registral, após o esgotamento das diligências cabíveis, não obsta o prosseguimento do feito, mormente por se tratar de direito personalíssimo. 3. Cabível a retificação do registro civil de nascimento, com a supressão do nome do genitor, quando há nos autos prova cabal de ausência de qualquer relação socioafetiva entre o pai registral e o filho. 4. Não se cogita de multiparentalidade quando a parte autora nega a relação de socioafetividade com o pai registral, com quem conviveu apenas por breve lapso temporal, logo após o seu nascimento. 5. Tendo o réu se recusado, sem qualquer justificativa plausível, a se submeter ao exame de DNA, correta a aplicação da presunção da paternidade de que trata a Súmula n. 301 do STJ. Recursos desprovidos. (TJRS, Ap. Cível n. 70.083.134.106/RS, 7ª Câm. Cível, rel. Sérgio Fernando de Vasconcellos Chaves, j. 23.02.2022, publ. 16.03.2022)

Apelações cíveis. Ação de investigação de paternidade *post mortem* c/c anulação de registro, petição de herança e nulidade da partilha. Agravo retido. CPC/73. Ilegitimidade passiva da viúva meeira. Reconhecimento. Decadência. Inocorrência. Impossibilidade jurídica do pedido rejeitada. Ajuizamento pelo próprio filho. Conhecimento de sua ancestralidade. Direito personalíssimo, indisponível e imprescritível, que pode ser exercitado sem qualquer restrição (inclusive face à eventual preexistência de vínculo socioafetivo). Restauração de todos os consectários legais atinentes à paternidade biológica (registrais, patrimoniais e hereditários). Jurisprudência consolidada nos tribunais superiores. Nulidade da partilha. Indenização. Agravo retido parcialmente provido. Primeiro recurso conhecido e não provido. Segundo recurso conhecido e provido. 1. [...]. 2. Segundo entendimento pacífico do STJ, a ação com prazo decadencial de quatro anos prevista no art.1.614 do CC/02 somente se destina ao filho natural que vise unicamente impugnar a maternidade/paternidade registral, restando afastada na hipótese em que a desconstituição deste vínculo não constitua um fim em si mesmo, mas uma consequência da declaração de outro estado de filiação, caso em que se aplica o disposto no art. 27 do ECA. 3. O direito de ver reconhecido o vínculo parental, após a CF/88, passou a ser tratado como direito fundamental do indivíduo e, consequentemente, pressuposto para efetivação da dignidade humana, fundamento da República Federativa do Brasil (art. 1º, III). 4. O reconhecimento do estado de filiação constitui direito personalíssimo, imprescritível e indisponível, tendo o filho a prerrogativa de conhecer sua origem genética e promover a alteração de seu registro de nascimento, a fim de que este reflita sua verdade biológica. 5. A existência de pai registral ou socioafetivo somente importa quando se trata de ação negatória de paternidade, uma vez que, neste caso, o autor é aquele que assumiu a paternidade de filho que não era seu, não podendo, após o desenvolvimento de vínculo familiar, querer retratar-se, salvo comprovada existência de vício de consentimento (art. 171, CC). 6. Havendo comprovação de que o de cujus investigado é pai biológico do investigando, tem este o direito de ver reconhecido seu estado de filiação em face daquele. 7. A petição de herança, disciplinada nos arts. 1.824 a 1.828 do CC, consiste na demanda a ser proposta por herdeiro para o reconhecimento de seu direito sucessório ou a restituição da universalidade de bens ou de cota ideal da herança de que não participou. Cuida-se, portanto, de ação de que deve se valer o herdeiro preterido com a finalidade de reivindicar a totalidade ou parte do acervo hereditário contra quem, na qualidade de herdeiro, ou mesmo sem título, o possua, de modo que seja promovida nova partilha dos bens. 8. Suprimido herdeiro necessário da divisão dos bens deixados pelo de cujus, necessária se faz a nulidade da partilha encerrada em 2003, cinco anos antes da propositura da presente demanda, apenas para que seja incluído neste rateio como se estivesse presente no momento da abertura da sucessão. Não há falar-se em nulidade das destinações dadas pelos herdeiros presentes aos quinhões recebidos. Isso porque, estavam de boa-fé quanto ao uso livre da herança recebida, assim como estava de boa-fé eventual adquirente. (TJMG, Ap. Cível n. 1.0394.08.078190-6/001, rel. Des. Bitencourt Marcondes, j. 12.08.2021)

Apelação cível. Ação ordinária. Retificação de registro civil. Reconhecimento de maternidade *post mortem*. Direito personalíssimo. Art. 27, ECA. Art. 1.614, CC. Necessidade de consentimento do filho maior. Impossibilidade. Falecimento. Sentença mantida. O reconhecimento do estado de filiação é direito personalíssimo, indisponível e imprescritível, podendo ser exercitado contra os pais ou seus herdeiros, sem qualquer restrição, observado o segredo de Justiça (art. 27, Lei n. 8.069/90). "A imprescindibilidade do consentimento do filho maior para o reconhecimento de filiação *post mortem* decorre da impossibilidade de se alterar, unilateralmente, a verdade biológica ou afetiva de alguém sem que lhe seja dada a oportunidade de se manifestar, devendo ser respeitadas a memória e a imagem póstumas (...)" (REsp n. 1.688.470/RJ, *DJe* 13.04.2018). (TJMG, Ap. Cível n. 1.0000.21.011382-5/001, rel. Des. Maurício Soares, j. 05.08.2021)

Recurso especial. Civil. Processual civil. Ação de reconhecimento de maternidade socioafetiva de filho maior *post mortem*. Interesse processual e possibilidade jurídica do pedido existentes. Viabilidade da pretensão em tese. Reconhecimento da relação de filiação após o falecimento do filho maior e de sua genitora biológica. Imprescindibilidade do consentimento previsto no art. 1.614 do CC. Respeito à memória e à imagem póstumas. 1 – Ação distribuída em 11.01.2016. Recurso especial interposto em 09.02.2017 e atribuído à relatora em 25.08.2017. 2 – O propósito recursal é definir se é possível reconhecer a existência de maternidade socioafetiva entre a parte e filho maior, com genitora biológica conhecida, após a morte de ambos, especialmente para o fim de que a parte possa receber a pensão decorrente da morte do pretenso filho. 3 – A pretensão de reconhecimento da maternidade socioafetiva *post mortem* de filho maior é, em tese, admissível, motivo pelo qual é inadequado extinguir o feito em que se pretenda discutir a interpretação e o alcance da regra contida no art. 1.614 do CC/2002 por ausência de interesse recursal ou impossibilidade jurídica do pedido. 4 – A imprescindibilidade do consentimento do filho maior para o reconhecimento de filiação *post mortem* decorre da impossibilidade de se alterar, unilateralmente, a verdade biológica ou afetiva de alguém sem que lhe seja dada a oportunidade de se manifestar, devendo ser respeitadas a memória e a imagem póstumas de modo a preservar a história do filho e também de sua genitora biológica. 6 – [*sic*] Recurso especial conhecido e desprovido, por fundamentação distinta, a fim de julgar improcedente o pedido com resolução de mérito. (STJ, REsp n. 1.688.470/RJ, 3ª T., rel. Min Nancy Andrighi, j. 10.04.2018, *DJe* 13.04.2018)

Processual civil e civil. Apelação cível. Ação de investigação de paternidade c/c anulação de registro civil, petição de herança e nulidade de doações. Contrarrazões. Preliminar. Intempestividade do recurso afastada. Agravo retido 1. Legitimidade ativa. Herdeiros e não do espólio. Ausência de inventário. Agravo retido. 2. Pai registral. Litisconsórcio passivo necessário. Defeito sanado. Ausência de prejuízo. Legitimidade passiva. Herdeiros necessários e não do espólio. Entendimento do STJ. Prescrição. O prazo previsto no art. 1.614 do CC não se aplica à hipótese. Ação de petição de herança. Prescrição afastada. Apelação. Preliminar. Cerceamento de defesa. Afastada. A realização do exame de DNA não mudaria o resultado final preliminar. Sentença contraditória. Nulidade. reconhecimento. Recurso provido. Julgamento *ex officio*, nos termos do art. 515, § 3º, do CPC [art. 1.013, § 3º, I, do CPC/2015]. Prevalência da paternidade socioafetiva na hipótese. Necessidade de manter a estabilidade da família e das relações correlatas. Demais pedidos prejudicados. Improcedência do pedido de investigação de paternidade. (TJPR, Ap. Cível n. 1091524-7, 12ª Câm. Cível, rel. Des. Mário Helton Jorge, *DJe* 15.04.2014, p. 436)

Apelações cíveis. Ação investigatória de paternidade. Decadência. Quando o investigante procura não somente a desconstituição da paternidade reconhecida em seu registro civil, mas também a constituição de uma nova relação de paternidade, com a ação investigatória, tal direito não está abarcado pelo prazo decadencial previsto no art. 1.614, do CC e, além disso, é imprescritível. Precedentes jurisprudenciais. Investigado falecido. Exame de DNA realizado em descendentes do *de cujus*. Prova suficiente para confirmação da paternidade. O exame genético realizado com os descendentes do investigado, aliado à prova produzida nos autos, é suficiente para determinar a paternidade. Os investigados não podem invocar a manutenção da paternidade socioafetiva, o que constitui direito de terceiro, o pai registral, para se opor à busca da paternidade biológica. Diante disso, demonstrado, de forma inequívoca, através de exame de DNA, o vínculo genético entre o falecido, investigado, e o investigante, não pode ser mantida a filiação registral sob o argumento de caracterização da paternidade socioafetiva, impondo-se que seja acolhida a pretensão investigatória da paternidade, em todos os seus efeitos, e determinado o cancelamento do registro levado a efeito, devendo este ser refeito com a inclusão do pai biológico, ora reconhecido. Negaram provimento ao apelo, por maioria, vencido o Des. Presidente. (TJRS, Ap. Cível n. 70.049.676.901/Rio Grande, 8ª Câm. Cível, rel. Alzir Felippe Schmitz, j. 27.09.2012, *DJ* 18.10.2012)

Apelação. Investigação de paternidade cumulada com anulação de registro. Nulidade e decadência. Inocorrência. Pessoa reconhecida quando menor de idade. Inexistência de vínculo biológico com o pai registral. Ausência de prova de paternidade socioafetiva. Caso em que não há se reconhece nulidade, mesmo que não tenha havido intimação acerca de uma decisão rejeitando preliminar suscitada em contestação. Isso porque a eventual irregularidade gerada pela falta de intimação sobre aquela decisão vai suprida aqui e agora, já que a mesma alegação veio repetida em preliminar de contrarrazões de apelo. Com a apreciação da questão aqui e agora fica afastada qualquer possibilidade de cerceamento de defesa ou prejuízo. A ação de investigação de paternidade é imprescritível, tenha o investigante ou não pai registral. O prazo de 4 anos previsto no art. 1.614 do CCB é apenas para a impugnação imotivada. Precedentes doutrinários e jurisprudenciais. Caso em que o investigante foi reconhecido quando menor de idade, por pessoa que comprovadamente não é o seu pai biológico. Não há prova concreta de que tenha se formado parentalidade socioafetiva entre o investigante e o pai registral. E mesmo a eventual presunção que se queira retirar do tempo passado entre o reconhecimento da paternidade e o ajuizamento da demanda (20 anos), no caso cede passo porquanto a alegação de que inexistiu paternidade socioafetiva, e de que o pai registral foi violento com o investigante, sequer foi contestada. Hipótese em que se mostra de rigor desconstituir a paternidade em relação ao pai registral e declará-la em relação ao investigado com todos os efeitos registrais e patrimoniais disso decorrentes. Rejeitadas as preliminares. No mérito, deram provimento. (TJRS, Ap. Cível n. 70.035.711.100, 8ª Câm. Cível, rel. Des. Rui Portanova, j. 10.06.2010)

Direito de família. Ação de investigação de paternidade c/c herança. Decadência. Art. 1.614, CC. Não incidência. Manutenção da sentença. Em se tratando de ação de Estado, de direito personalíssimo, indisponível e imprescritível, o reconhecimento de filiação pode ser exercitado contra pais ou seus herdeiros, sem qualquer restrição, pelo que não se aplica a incidência do prazo decadencial, do art. 1.614, CC. Preliminares rejeitadas e apelo não provido. (TJMG, Ap. Cível n. 1.0878.04.004583-2/005(1), rel. Des. Edgard Penna Amorim, j. 04.02.2010)

Direito de família. Desconstituição de reconhecimento voluntário de filiação c/c constituição de nova filiação. DNA. Prova pericial que atesta paternidade biológica do investigado. Requisição a pedido do filho. Possibilidade. Nos termos do art. 1.614 do CC, o filho menor pode impugnar o reconhecimento da paternidade, nos quatro anos que se seguirem à maioridade. Em regra, a paternidade socioafetiva de quem, de forma abnegada cedeu o seu nome e o seu coração àquele que viria ao mundo sem o reconhecimento de um pai, deve obstar a impugnação à filiação, por se tratar de ato de boa-fé, ato de amor que transcende os interesses materiais do filho assumido. Não há sequer que se falar em falsidade do registro, pois o pai registral que o assume com amor pai é e pai se sente. No entanto, se o próprio pai registral consente com o pedido e corrobora o pleito de investigação de paternidade para que outro seja reconhecido como pai biológico e assim averbado no registro de nascimento, não há como negar o pedido, que encontra respaldo legal. V.V. A configuração da paternidade socioafetiva construída a partir da declaração feita pelo pai registral ao tempo do nascimento, elimina a possibilidade de o filho, em ocasião posterior, pretender desfazê-la e ver afirmada a nova paternidade em face do falecido pai biológico. As relações afetivas não podem ser patrimonializadas a ponto de se permitir que, criado e cuidado pelo pai registral, possa o filho desprezar todo este histórico de vida a fim de obter possível vantagem econômica derivada do reconhecimento da paternidade biológica. (TJMG, Ap. Cível n. 1.0137.07.006104-9/001, rel. Vanessa Verdolim Hudson Andrade, j. 30.06.2009)

Decadência. Ação de investigação de maternidade cumulada com anulação de registro. Art. 1.614 do novo CC (correspondente ao art. 362 do CC/1916). Inaplicabilidade, na espécie. Subsistência do direito de o filho investigar a paternidade ou maternidade e pleitear a alteração do registro, mesmo quando vencido integralmente, depois da maioridade, o prazo de quatro anos. Precedentes do STJ. Eventual caracterização de adoção por meio do registro anterior que não impede a propositura da presente demanda. Decadência afastada. Recurso provido. (TJSP, Ap. Cível c/ Rev. n. 5.229.414.500/São Paulo, 1ª Câm. de Dir. Priv., rel. Elliot Akel, j. 23.06.2009)

Investigação de paternidade. Existência de pai registral. 1 – Art. 1.614, CC/2002. Decadência. Inaplicabilidade. Em sendo a ação de investigação de paternidade imprescritível para aquele que não tem pai registral, à evidência que não pode subsistir o prazo de quatro anos que se segue à maioridade dentro do qual o filho menor poderia impugnar o reconhecimento da filiação, sob pena de infringência ao disposto no art. 227, § 6º, da CF. Precedentes. 2 – Paternidade biológica reconhecida. Efeitos. Se o pai registral/socioafetivo não se insurgiu contra a pretensão do autor de reconhecer sua paternidade biológica, e o pai biológico aceitou o autor como seu filho, submetendo-se ao exame do DNA e também não contestando a pretensão, a procedência da ação de investigação de paternidade deve produzir todos os seus efeitos, sem a limitação imposta na sentença que proibiu a retificação do registro de nascimento do autor, mormente considerando-se que inclusive os herdeiros/filhos do pai registral e do pai biológico (ambos falecidos no curso da ação), também concordaram com a pretensão do autor, não opondo qualquer resistência ao reconhecimento da paternidade. Preliminar rejeitada. Apelação provida. (TJRS, Ap. Cível n. 70.022.853.089, 8ª Câm. Cível, rel. José Ataídes Siqueira Trindade, j. 02.04.2009)

Agravo de instrumento. Ação de investigação de paternidade. Filho. Legitimidade ativa. Direito personalíssimo. Em virtude do princípio de dignidade humana, bem como da busca pela verdadeira identidade biológica, deve-se preservar o direito dos seres humanos conhecerem e sua origem, tal direito é personalíssimo. Compete ao indivíduo maior e capaz dar impulso inicial à demanda que visa o reconhecimento de sua própria filiação. (TJMG, AI n. 1.0024.07.598694-3/001, rel. Dárcio Lopardi Mendes, j. 06.11.2008, *DJEMG* 18.11.2008)

Agravo regimental em agravo de instrumento. Manutenção da decisão hostilizada pelas suas razões e fundamentos. Agravo improvido. I – Não houve qualquer argumento capaz de modificar a conclusão alvitrada, que está em consonância com a jurisprudência consolidada desta Corte, devendo a decisão ser mantida por seus próprios fundamentos. II – O prazo do art. 1.614 do CC refere-se ao filho que deseja impugnar reconhecimento de paternidade, e não à ação de investigação desta. Ademais, o prazo previsto no artigo supracitado vem sendo mitigado pela jurisprudência desta Corte Superior. Agravo improvido. (STJ, Ag. Reg. no AI n. 1.035.876/AP, 3ª T., rel. Min. Sidnei Beneti, j. 04.09.2008)

Direito civil e processual civil. Recurso especial. Ação de investigação de paternidade. Decisão interlocutória que rejeita preliminares arguidas pelo investigado. Agravo de instrumento que mantém a decisão. Decadência do direito do investigante. Não ocorrência. Litisconsórcio passivo necessário. Demais herdeiros do pai registral falecido. Imposição sob pena de nulidade processual. A regra que impõe o prazo de quatro anos para impugnar o reconhecimento da paternidade constante do registro civil só é aplicável ao filho natural que pretende afastar a paternidade por mero ato de vontade, com o objetivo único de desconstituir o reconhecimento da filiação, sem contudo buscar constituir nova relação. A decadência, portanto, não atinge o direito do filho que busca o reconhecimento da verdade biológica em investigação de paternidade e a consequente anulação do registro com base na falsidade deste. Em investigatória de paternidade, a ausência de citação do pai registral ou, na hipótese de seu falecimento, de seus demais herdeiros, para a consequente formação de litisconsórcio passivo necessário, implica em nulidade processual, nos termos do art. 47, parágrafo único, do CPC [art. 115, parágrafo único, do CPC/2015]. Recurso especial parcialmente conhecido e, nessa parte, provido. (STJ, REsp n. 987.987/SP, 3ª T., rel. Min. Nancy Andrighi, j. 21.08.2008)

Pedidos de desconstituição da relação de filiação cumulativamente com investigação de paternidade. Oposição do pai registral. Vínculo socioafetivo. 1 – Cabe apenas ao marido o direito de contestar a paternidade dos filhos nascidos de sua mulher. Inteligência do art. 1.601 do CC/2002. 2 – O filho maior pode impugnar o reconhecimento da sua filiação apenas dentro dos quatro anos que se seguirem à maioridade civil, sendo totalmente descabida a ação se proposta quando o filho já contava 38 anos, é casado e inclusive já possui filho. Art. 1.614, CC/2002. 3 – A anulação do registro, para ser admitida, deve ser sobejamente demonstrada como decorrente de vício do ato jurídico, ou seja, coação, erro, dolo, simulação ou fraude, o que não se verifica, quando se trata de uma declaração de paternidade feita pelo marido da mãe em relação a filho que foi concebido e nasceu na constância do casamento. 4 – Mesmo que esteja ausente o liame biológico, pelo fato da mãe do autor ter sido infiel ao pai registral, induzindo-o a erro, descabe desconstituir a relação jurídica de paternidade quando resta incontroversa a existência da filiação socioafetiva, e o pai registral (e socioafetivo) não concorda com a desconstituição do registro civil. Recursos providos, por maioria. (TJRS, Ap. Cível n. 70.018.883.215, 7ª Câm. Cível, rel. Des. Sérgio Fernando de Vasconcellos Chaves, j. 27.06.2007)

Família. Investigação de paternidade. Negatória de filiação. Petição de herança. Possibilidade jurídica do pedido. Prescrição. Decadência. ECA. O filho nascido na constância do casamento tem legitimidade para propor ação para identificar seu verdadeiro ancestral. A restrição contida no art. 340 do Código Beviláqua foi mitigada pelo advento dos modernos exames de DNA. [...] A ação de investigação de paternidade independe do prévio ajuizamento da ação anulatória de filiação, cujo pedido é apenas consequência lógica da procedência da demanda investigatória. A regra que impõe ao perfilhado o prazo de quatro anos para impugnar o reconhecimento, só é aplicável ao filho natural que visa afastar a paternidade por mero ato de vontade, a fim de desconstituir o reconhecimento da filiação, sem buscar constituir nova relação. É imprescritível a ação de filho, mesmo maior, ajuizar negatória de paternidade. Não se aplica o prazo do Art. 178, § 9°, VI, do Código Beviláqua. (STJ, REsp n. 765.479/RJ, rel. Min. Humberto Gomes de Barros, *DJ* 24.04.2006)

Direito civil e processual civil. Agravo nos embargos no recurso especial. Ação de investigação de paternidade c/c petição de herança, nulidade e retificação de registro civil. Decadência. Anulação da paternidade constante do registro civil. Decorrência lógica e jurídica da eventual procedência do pedido de reconhecimento da nova paternidade. O cancelamento da paternidade constante do registro civil é decorrência lógica e jurídica da eventual procedência do pedido de reconhecimento da nova paternidade. A regra que impõe ao investigante o prazo de quatro anos para impugnar o reconhecimento da paternidade constante do registro civil só é aplicável ao filho natural que pretende afastar a paternidade por mero ato de vontade, a fim de desconstituir o reconhecimento da filiação, sem buscar constituir nova relação. A decadência não atinge o direito do filho que pleiteie a investigação da paternidade e a anulação do registro com base na falsidade deste. Negado provimento ao agravo. (STJ, Ag. Reg. nos Emb. de Decl. no REsp n. 745.884/RS, rel. Min. Nancy Andrighi, *DJ* 03.04.2006)

Investigação de paternidade, cumulada com pedido de retificação do registro civil. Decadência. Não se extingue o direito de o filho investigar a paternidade e pleitear a alteração do registro de nascimento tido como falso, mesmo quando vencido integralmente, após a maioridade, o prazo de quatro anos. Precedentes. Recurso especial conhecido e provido. (STJ, REsp n. 595.942/MG, rel. Min. Barros Monteiro, *DJ* 27.03.2006)

Veja no art. 1.593 o seguinte acórdão: TJSP, Ap. Cível n. 403.085.4/0-00, rel. Francisco Loureiro, j. 23.03.2006.

Investigação de paternidade. Prescrição. Arts. 178, § 9°, VI, e 362 do CC. Orientação da segunda seção. É imprescritível o direito de o filho, mesmo já tendo atingido a maioridade, investigar a paternidade e pleitear a alteração do registro, não se aplicando, no caso, o prazo de quatro anos, sendo, pois, desinfluentes as regras dos arts. 178, § 9°, VI, e 362 do CC então vigente. Precedentes. (STJ, REsp n. 601.997/RS, 3ª T., rel. Min. Castro Filho, *DJU* 01.07.2004)

Nulidade de registro civil. Desistência da ação. Réus revéis. Desnecessidade de anuência. Maioridade superveniente. Procuração com poderes especiais. Reconhecimento de firma. Desnecessidade. Homologação devida. Apresenta-se própria e regular a sentença que homologou a desistência da ação, instituto que não se confunde com o da renúncia, prescindindo-se da anuência dos réus revéis e do reconhecimento de firma posta na procuração, que conta com poder especial exigível ao ato. Ademais, não pode o Judiciário refutar a desistência da ação, impondo arbitrariamente à autora nova linha de parentesco, porquanto se tornou maior no curso da lide. O acolhimento da pretensão ministerial importaria na afronta aos direitos à dignidade, intimidade e personalidade da autora, porque "o filho maior não pode ser reconhecido sem o seu consentimento" (CC, art. 1.614 e Lei n. 8.560/1992, art. 4°). (TJMG, Ap. Cível n. 1.0431.03.001949-8/001, rel. Nepomuceno Silva, j. 13.04.2004, *DJEMG* 07.05.2004)

Investigação de paternidade. Prescrição. Ação proposta por quem, legitimado pelo casamento daqueles que, no registro de nascimento, aparecem como seus genitores, quer a declaração de que o pai é outrem. Inaplicabilidade do art. 178, § 9°, VI, e do art. 362 do CC então vigente. Precedentes. (STJ, REsp n. 237.553/RO, 2ª S., rel. Min. Ari Pargendler, j. 05.04.2004)

Investigação de paternidade c/c anulação de registro civil. CC, arts. 178, § 9°, VI, e 362. Fluência antes do advento da CF/88 e da Lei n. 8.069, de 13.07.1990. Prescrição e decadência. Não configuração. A decadência não atinge direito do filho legítimo ou legitimado, nem do filho natural que pleiteie a investigação de paternidade e a anulação do registro, com base na falsidade deste. (STJ, REsp n. 256.171/RS, 3ª T., rel. Min. J.J. Costa Carvalho, j. 31.03.2004)

Direito civil. Investigação de paternidade e anulação de registro. CC, art. 178, § 9°, VI, e 362. Fluência antes do advento da CF/88 e da Lei n. 8.069/90 (ECA). Prescrição e decadência. Não configuração. Jurisprudência atual do STJ. I – Ajuizada ação de investigação de paternidade, a anulação do registro constitui mera consequência da procedência do pedido investigatório. II – A regra que impõe ao perfilhado o prazo de quatro anos para impugnar o reconhecimento só é aplicável ao filho natural que visa a afastar a paternidade por mero ato de vontade, a fim de desconstituir o reconhecimento da filiação, sem buscar constituir nova relação. III – A decadência não atinge o direito do filho legítimo ou legitimado, nem do filho natural que pleiteie a investigação de paternidade e a anulação do registro, com base na falsidade deste. IV – Precedentes jurisprudenciais. V – Recurso especial não conhecido. (STJ, REsp n. 256.171, rel. Min. Antônio de Pádua Ribeiro, j. 02.03.2004)

Investigação de paternidade. Decorrido prazo decadencial de 4 (quatro) anos do implemento da maioridade do investigante. Aplicação do art. 1.614 do CC. Há de ser diferenciada a situação do filho que teve reconhecimento da paternidade registral daquele que não o teve. Havendo paternidade registral, o direito de ação em relação à investigatória decai no lapso temporal de 4 (quatro) anos do implemento da maioridade do investigante. Diversa será a situação do investigante em cujo registro de nascimento inexiste reconhecimento da paternidade. Existência de vínculo afetivo do filho com o pai registral demonstrado pelo teor do registro de óbito deste, onde constou o investigante como um de seus filhos. Cheque datado de 1985, emitido pelo investigado para pagamento de alimentos, quando o investigante contava com 21 anos, demonstra anterior conhecimento deste quanto ao vínculo ora apontado. Decurso do prazo decadencial pela inércia do investigante. Mantida a sucumbência. Afastada a litigância de má-fé (TJRS, Ap. Cível n. 70.006.775.266, 8ª Câm. Cível, rel. Rui Portanova, j. 09.02.2004). (*RBDFam* 22/105)

Investigação de paternidade com petição de herança. Desconstituição de registro civil. Decadência. Assistência judiciária gratuita. 1 – Tratando-se de ação investigatória de paternidade movida por pessoa que tem pai registral, imprescindível o expresso pedido de desconstituição do registro e o chamamento dos sucessores do demandado, que são atingidos pessoalmente pelos efeitos da sentença. 2 – As normas legais que estabelecem limite temporal ao exercício do direito de desconstituir a paternidade registral visam a consolidar a paternidade socioafetiva, sendo também um imperativo de equilíbrio, segurança e estabilidade social, sendo que a disposição do art. 362 do CCB vem repristinada no art. 1.614 do novo CCB. Ultrapassado o prazo legal, imperioso reconhecer a decadência. 3 – Mantém-se o benefício da assistência judiciária se a impugnação não traz elementos de prova de que o beneficiário ostenta boa situação econômica. Recurso provido, por maioria (TJRS, AI n. 70.005.047.709, 7ª Câm. Cível, rel. Sérgio Fernando de Vasconcellos Chaves, j. 02.04.2003). (*RBDFam* 20/146)

**Art. 1.615. Qualquer pessoa, que justo interesse tenha, pode contestar a ação de investigação de paternidade, ou maternidade.**

Como visto nos comentários ao art. 1.607, o reconhecimento dos filhos havidos fora do casamento pode ser voluntário ou forçado. O reconhecimento forçado se dá por meio da ação de investigação de paternidade ou maternidade. A legitimidade ativa é do filho, representado pela mãe ou pai que o reconheceu, se for menor impúbere, ou assistido, se púbere. Pode ainda ser representado ou assistido por terceiro, que seja seu representante legal.

O art. 1.615, similar ao art. 365 do CC/1916, dispõe que qualquer pessoa que tenha justo interesse pode contestar essa ação. Dentre essas pessoas, além do suposto pai ou da suposta mãe, que necessariamente serão réus, incluem-se seus cônjuges, potenciais herdeiros concorrentes etc.

A ação de investigação de paternidade, segundo se tem admitido, pode ser cumulada com a ação de anulação da paternidade que consta do registro de nascimento. Por conseguinte, se o filho tem paternidade estabelecida no registro de nascimento, isso não o impede de demandar contra aquele que, no registro, consta como sendo seu pai, para anular o registro nessa parte, e, simultaneamente, na mesma ação, cumular pedido de investigação de paternidade.

Este art. 1.615 trata dos legitimados a contestar a ação de investigação de paternidade, mas o legislador se esqueceu de disciplinar outros aspectos dessa ação. Por esse motivo, o PL n. 699/2011 propõe substancial alteração deste art. 1.615, disciplinando amplamente a ação de investigação de paternidade, nos seguintes termos: "Art. 1.615. Os filhos têm ação contra os pais ou seus herdeiros, para demandar o reconhecimento da filiação, sendo esse direito imprescritível. § 1º A ação pode ser intentada antes ou depois do nascimento do filho; § 2º Nas ações de filiação são admitidas todas as espécies de prova, inclusive as biológicas; § 3º Há presunção da relação de filiação diante de recusa injustificada à realização das provas médico-legais; § 4º A posse do estado do filho, comprovada em juízo, presume a paternidade, salvo se o investigado provar que não é o pai; § 5º Se a mãe convivia com o suposto pai durante a época da concepção, presume-se a paternidade, salvo prova em contrário; § 6º Quando o autor da ação investigatória já tiver uma filiação anteriormente estabelecida, deverá prévia ou simultaneamente, desconstituir o registro da aludida filiação; § 7º A ação investigatória compete ao filho enquanto viver, passando aos herdeiros, se ele morrer menor ou incapaz; se iniciada a ação pelo filho, os herdeiros poderão continuá-la, salvo se julgado extinto o processo; § 8º Qualquer pessoa, que justo interesse tenha, pode contestar a ação de investigação de paternidade ou maternidade; § 9º A sentença de primeiro grau que reconhecer a paternidade fixará os alimentos em favor do reconhecido que deles necessite".

**Jurisprudência:** Agravo interno em agravo de instrumento. Ação de investigação de paternidade *post mortem* c/c petição de herança. Viúva meeira do investigado. Ilegitimidade passiva. Justo interesse em contestar a demanda. Inexistência. Inexistência de fato novo. Decisão do relator mantida. 1 – Dada a sua natureza, o agravo interno deve encerrar discussão restrita à adequação do posicionamento adotado pelo julgador aos preceitos do art. 557 do CPC [arts. 932, IV, *a* e *b*, e V, *a*, 1.011, I, e 1.021, §§ 2º, 4º e 5º, do CPC/2015], cabendo à parte agravante demonstrar, a contento, que a decisão foi proferida em desconformidade com as hipóteses autorizadoras do julgamento monocrático, o que não se verifica na espécie. 2 – Na linha da jurisprudência pacífica deste sodalício, a ação de investigação de paternidade, quando já falecido o indigitado genitor, deve ser proposta pelo investigante em face dos herdeiros do investigado, se existentes, pois eventual sentença de procedência do pedido atingirá, direta e inequivocamente, os seus quinhões. 3 – Não concorrendo na sucessão legítima, nem na sucessão testamentária, a viúva do investigado, na qualidade exclusiva de meeira do patrimônio comum formado pelo casal, não tem legitimidade para a causa, tampouco o justo interesse em contestar a ação de investigação de paternidade a que alude o art. 1.615 do CC. 4 – Se a parte recorrente não demonstra a superveniência de fatos novos, tampouco apresenta argumentação hábil a acarretar a modificação da linha de raciocínio adotada pelo órgão julgador, cingindo-se a debater novamente pontos já exaustivamente examinados nos autos, o improvimento do agravo interno se impõe. Agravo interno conhecido e improvido. (TJGO, AI n. 201491850809, 4ª Câm. Cível, rel. Des. Kisleu Dias Maciel Filho, *DJe* 14.07.2014, p. 182)

Apelação cível. Ação constitutiva negatória de paternidade. Legitimidade ativa da neta. Ação de investigação de paternidade anteriormente ajuizada pela apelada julgada procedente. Interesse moral ou material da herdeira em requerer a realização de exame de DNA. Art. 1.615 do CC. Dar provimento ao apelo principal para determinar o prosseguimento do feito. Apelo adesivo. Litigância de má-fé. Inocorrência. Demais questões prejudicadas. Decorre da exegese do art. 1.615 do CC a possibilidade de impugnação da ação investigatória de paternidade por qualquer pessoa legitimamente interessada em demonstrar a irrealidade do estado de filho legítimo ostentado por alguém. A presença de interesse moral, bem como interesse patrimonial decorrente do direito sucessório, legitima a autora a pretender a declaração de inexistência de filiação legítima da apelada. (TJMG, Ap. Cível n. 1.0479.06.114117-8/001, rel. Armando Freire, j. 05.08.2008, *DJEMG* 12.09.2008)

Ação negatória de paternidade. Nomeação de curador especial. Art. 1.615 do CC. 1 – A nomeação de curador especial, assentou precedente desta Corte, "supõe a existência de conflito de interesses entre o incapaz e seu representante. Isso não resulta do simples fato de esse último ter-se descurado do bom andamento do processo. As falhas desse podem ser supridas pela atuação do MP, a quem cabem os mesmos poderes e ônus das partes" (REsp n. 34.377/SP, rel. Min. Eduardo Ribeiro, *DJ* 13.10.1997). 2 – A ação negatória de paternidade compete ao marido, não se autorizando a aplicação do art. 1.615 do CC para autorizar a intervenção de terceiro, cabendo ao MP intervir para proteger os interesses do menor. 3. Recurso especial não conhecido. (STJ, REsp n. 886124, 3ª T., rel. Min. Carlos Alberto Menezes Direito, j. 20.09.2007, *DJe* 19.11.2007)

Investigação de paternidade. Paternidade registral. Lapso temporal e paternidade socioafetiva. Legitimação passiva. 1 – Tem legitimidade para contestar ação de investigação de paternidade qualquer pessoa que demonstre justo interesse. Inteligência do art. 1.615 do CC. 2 – As normas legais que estabelecem limite temporal ao exercício do direito de desconstituir a paternidade registral visam consolidar a paternidade socioafetiva, sendo também um imperativo de equilíbrio, segurança e estabilidade social. Inteligência do art. 1.614 do CCB. 3 – Mostra-se flagrantemente descabida a investigação de paternidade com o propósito manifesto de obter herança do pai biológico, quando resta consolidada a relação jurídica de paternidade socioafetiva com o pai registral. Recurso desprovido (segredo de justiça). (TJRS, Ap. Cível n. 70.022.449.524, 7ª Câm. Cível, rel. Sérgio Fernando de Vasconcellos Chaves, j. 26.03.2008, *DJ* 01.04.2004)

Investigação de paternidade. Prescrição. Inocorrência. Ação proposta por quem, registrada como filha legítima do marido de sua mãe, quer a declaração de que o pai é outrem. Inaplicabilidade do prazo prescricional previsto no art. 178, § 9º, VI, do CC, pois trata-se de norma dirigida ao filho nascido fora do casamento. (*RT* 798/220)

Recurso especial. Investigação de paternidade. Viúva. Citação. 1 – A viúva, consoante entendimento pretoriano, não é necessariamente parte na ação de investigação de paternidade (art. 365 do CC/1916). 2 – Recurso especial não conhecido. (STJ, REsp n. 266.970, rel. Min. Fernando Gonçalves, j. 09.09.2003)

Investigação de paternidade. A ação negatória de paternidade, atribuída privativamente ao marido (CC, art. 344), não exclui a ação de investigação de paternidade proposta pelo filho contra o indigitado pai. (STJ, REsp n. 184.151/SP, 3ª T., rel. Min. Ari Pargendler, *DJ* 19.11.2001)

Negatória de paternidade. Legitimidade de filho. Em benefício da dignidade humana da criança (arts. 1º, III, e 226, § 6º, da CF e 17 e 29 do ECA, Lei n. 8.009, de 29.03.1990), admite-se a sua plena legitimidade para pesquisar a sua herança genética, cancelando registro de paternidade produzido com erro, ainda que com nobres motivos. Quebra do monopólio da legitimidade centralizada do marido para a negatória de paternidade (art. 344 do CC). Improvimento. (TJSP, AI n. 189.803-4/0, 3ª Câm. de Dir. Priv., rel. Enio Santarelli Zuliani, j. 19.06.2001)

**Art. 1.616. A sentença que julgar procedente a ação de investigação produzirá os mesmos efeitos do reconhecimento; mas poderá ordenar que o filho se crie e eduque fora da companhia dos pais ou daquele que lhe contestou essa qualidade.**

Uma vez transitada em julgado a sentença que julgou procedente o pedido da ação de investigação de paternidade, consuma-se o reconhecimento forçado, averbando-se o reconhecimento judicial da paternidade no registro de nascimento. Esse reconhecimento produz efeitos *ex tunc*, pois a sentença de reconhecimento de paternidade é meramente declaratória. Não é ela que constitui a paternidade; esta lhe é preexistente.

Nos termos do art. 7º da Lei n. 8.560, de 29.12.1992, na sentença que acolher o pedido de investigação de paternidade, o juiz fixará, independentemente de pedido expresso, os alimentos provisionais e definitivos de que necessitar o filho menor. Esses alimentos serão devidos prontamente, independentemente do trânsito em julgado.

Recorde-se a orientação que prevaleceu na jurisprudência do STJ, no sentido de que os alimentos fixados na ação de investigação de paternidade retroagem à citação, nos termos do art. 13 da Lei de Alimentos, solução adequada para evitar que o pai se locuplete com a demora da ação.

Reconhecida a paternidade, o juiz pode ordenar, se isso convir ao menor, que se crie ou eduque fora da companhia dos pais ou daquele que contestou a paternidade. Tal previsão é mera decorrência do princípio maior mencionado em outras passagens, de que, na solução da guarda de menores, deve prevalecer a solução que melhor atenda aos interesses deles.

**Jurisprudência:** Investigação de paternidade. Procedência da ação. Efeitos patrimoniais. Ausência de afeto entre a investigante e o pai biológico. Declarada a paternidade biológica do réu em relação à autora, a sentença produz os mesmos efeitos do reconhecimento espontâneo e dela emanam os efeitos patrimoniais, independente da existência de afetividade entre o pai biológico, ora apelante, e a filha, sob pena de violação aos arts. 1.616 e 1.596 do CC/2002, e ao art. 227, § 6º, da CF. Apelação desprovida. (TJRS, Ap. Cível n. 70.029.461.266, 7ª Câm. Cível, rel. André Luiz Planella Villarinho, j. 16.12.2009)

**Art. 1.617. A filiação materna ou paterna pode resultar de casamento declarado nulo, ainda mesmo sem as condições do putativo.**

Distinção importante, analisada nos comentários ao art. 1.607, se dá entre, de um lado, a presunção de paternidade dos filhos havidos do casamento, a dispensar reconhecimento, e, de outro, o reconhecimento que é necessário em face dos filhos havidos fora do casamento.

Segundo este art. 1.617, a presunção de paternidade decorrente do casamento subsiste ainda que o casamento venha a ser declarado nulo, nas hipóteses do art. 1.548, mesmo que sem as condições do casamento putativo (art. 1.561). Subsiste essa presunção porque, ainda que ambos os cônjuges estejam de má-fé, os efeitos do casamento ainda assim aproveitam aos filhos (art. 1.561, § 2º). Por conseguinte, mesmo o casamento sendo nulo, não há necessidade de reconhecimento, porque os filhos são considerados como havidos do casamento.

## CAPÍTULO IV
## DA ADOÇÃO

**Art. 1.618. A adoção de crianças e adolescentes será deferida na forma prevista pela Lei n. 8.069, de 13 de julho de 1990 – Estatuto da Criança e do Adolescente.**

Artigo com redação dada pela Lei n. 12.010, de 03.08.2009.

**Parágrafo único.** (*Revogado pela Lei n. 12.010, de 03.08.2009.*)

Legislação correlata: art. 42, Lei n. 8.069, de 13.07.1990 (ECA).

A Lei n. 12.010, de 03.08.2009, que dispõe sobre a adoção, revogou expressamente os arts. 1.620 a 1.629 deste Código, alterando a redação dos que sobejaram (arts. 1.618 e 1.619). A filiação resultante da adoção, espécie de parentesco civil (art. 1.593), que teve o regramento unificado pelo CC/2002, voltou a ter o seu tratamento dicotomizado pela nova lei, que estabeleceu dever a adoção de criança e adolescente ser regida pelo ECA (Lei n. 8.069, de 13.07.1990), enquanto aquela de pessoa maior de dezoito anos estará submetida à nova sistemática do CC. O CC/1916 já cuidava da adoção de maiores ou nascituros. As normas contidas no CC conviverão com a legislação especial, no que não incompatíveis, uma vez que existem previsões no ECA que são indispensáveis e que não se contém no CC atual. Em relação à *adoção internacional*, aquela na qual a pessoa ou casal postulante é residente ou domiciliado fora do Brasil, tratada pelo ECA, também sofreu grandes alterações pela nova lei, impondo maior rigor na sua concretização, como permitir a saída do adotando do território nacional somente após o trânsito em julgado da sentença que concedeu a adoção (ECA, art. 52, § 8º).

De qualquer maneira, continua o instituto da adoção a buscar novo e completo vínculo familiar, e extinguir os antecedentes vínculos de sangue, ensejando, em razão de sua função de inserção do adotado em uma nova família, filiação plena. Sempre se tendo em vista o melhor interesse do adotando ou seu efetivo benefício, como dispõe o art. 43 do ECA e estabelecia o revogado **art. 1.625 do CC**.

**Nova disciplina da adoção e as disposições revogadas do CC.**

A nova lei – apesar de criticada por criar entraves, burocratizar e emperrar o direito à adoção (cf. Maria Berenice Dias, *RBDFamesuc 11/125*) – deixou claro que a intervenção do Estado é prioritariamente voltada à orientação, apoio, promoção social da família natural, junto à qual a criança e o adolescente devem permanecer.

Por isso, a adoção continua a constituir *medida excepcional e irrevogável*, protetiva de colocação em família substituta que estabelece parentesco civil entre adotante e adotado. Segundo Nelson Rosenvald (*Direito das Famílias*, Lumen Juris, p.913), a adoção está assentada na ideia de se oportunizar a uma pessoa humana a inserção em núcleo familiar, com a sua integração efetiva e plena, de modo a assegurar a sua dignidade, atendendo às suas necessidades de desenvolvimento da personalidade, inclusive pelo prisma psíquico, educacional e afetivo.

A novel legislação estabeleceu expressamente que a adoção poderá ocorrer somente quando esgotados os recursos de manutenção da criança ou adolescente na ***família natural ou extensa ou ampliada***, entendida esta última como a que se estende para além da unidade pais e filhos ou da unidade do casal, formada por parentes próximos com os quais a criança ou o adolescente convive e mantém vínculos de afinidade e afetividade.

O legislador quis deixar claro o caráter de excepcionalidade da colocação de pessoa em *família substituta* (formada em razão da guarda, tutela e adoção), somente a admitindo quando esgotadas todas as tentativas para a sua manutenção na *família natural* (formada pelos pais ou qualquer deles e seus descendentes) ou na *família extensa*, antes referida.

Será *unilateral* a adoção quando mantido o vínculo com um dos pais biológicos e *bilateral* quando houver o rompimento do vínculo de ambos. *Conjunta* é a adoção por duas pessoas juntas que mantenham vínculo afetivo em razão do casamento ou da união estável.

***I. Condições e legitimação para a adoção.***

A regra que continha o revogado **art. 1.619 do CC** foi mantida (*o adotante há de ser pelo menos dezesseis anos mais velho que o adotado*), conforme dispõe o art. 42, § 3º, do ECA, à consideração de que a adoção, afinal, estabelece uma relação de pais e filhos, inconcebível sem que se reconheça uma maior vivência, principalmente quando se cuide de adoção de menores, que devem ser educados e formados. De toda sorte, se a adoção, como classicamente se dizia – e hoje em dia se supera, até, pelo fenômeno da *desbiologização* da filiação, absolutamente equiparadas a natural e a civil – imita a filiação sanguínea, não se há de imaginá-la consumada por pessoas mais novas ou da mesma idade do adotado, ou mesmo com pouca idade a mais em relação àquele que se tenciona adotar. Mesmo na *adoção conjunta* ambos os adotantes devem contar com mais de dezesseis anos de diferença para o adotado, mesmo que um deles não seja maior de idade. Já a disposição do **art. 1.618 do CC**, embora revogada, vem repetida no *caput* do art. 42 do ECA (*podem adotar os maiores de 18 (dezoito) anos, independentemente do estado civil*), de modo que subsiste a exigência do preenchimento deste requisito objetivo para a adoção.

As regras do **art. 1.622** revogado, relativas à ***legitimação para a adoção***, foram mantidas e inseridas nos §§ 2º e 4º do art. 42 do ECA. Não houve alteração substancial da norma anterior. Duas pessoas, juntas, só podem adotar se forem marido e mulher ou companheiros. E, nesses casos, impende comprovar, ainda, a estabilidade da família. A adoção, chamada conjunta, fora dessas hipóteses, faz-se vedada, posto que efetivada por casal que mantenha entre si vínculo afetivo, mas sem a caracterização do casamento ou da união estável. A propósito, vale lembrar que a adoção conjunta pressupõe a integração do adotado a uma família, como tal concebida pelo art. 226 da CF. E, na relação entre homem e mulher, o preceito considerou serem entidades familiares o casamento e a união estável. Fora daí, a adoção se faz por uma só pessoa (portanto, o adotante pode ser solteiro) que, com o filho adotivo, constituirá igual família, também reconhecida pela CF/88, denominada família monoparental. Ou seja, estabeleceu-se verdadeira simetria dos dispositivos relativos à adoção com as formas familiares reconhecidas pela Constituição.

Fora das hipóteses de cônjuges ou companheiros, não pode haver adoção por mais de uma pessoa. Tal asserção remete à questão da *adoção por parceiros homossexuais*, não solucionada pela nova lei. Se não cabe aqui exame vertical da polêmica, apenas não nos furtamos a observar que casos como esse têm sido examinados da perspectiva da adoção postulada por uma só pessoa, posto que em vida homoafetiva, aferindo-se então, nessas condições, se com a iniciativa de adoção seria melhor atendido, ou não, o interesse do adotando.

A regra revogada do **parágrafo único do art. 1.622 do CC** foi reproduzida em grande parte pelo § 4º do art. 42 do ECA. Permite, com efeito, que um casal divorciado ou judicialmente separado e ex-companheiros adotem, desde que haja acordo sobre guarda e regime de visitas, assim como estágio de convivência iniciado na constância da sociedade conjugal. Esse estágio de convivência, cogitável para a adoção de menores, está previsto no art. 46 do ECA. Tem-se, então, que, iniciado o estágio de convivência enquanto ainda vivam juntos cônjuges ou companheiros, depois de separados a adoção pode se consumar mesmo assim, sempre no interesse do adotado, e desde que os adotantes ajustem a guarda e o regime de visitas. Há de ser comprovada também a existência de vínculos de afinidade e afetividade com aquele não detentor da guarda, que justifiquem a excepcionalidade da concessão. Cuida-se, portanto, de uma especial forma de adoção conjunta, a que se erigiu requisito especificamente concernente à situação de menores que, presume a lei, em melhor situação ficam com esta adoção, posto que separados ou divorciados os pais adotivos. É evidente que se, nessas hipóteses, pode haver a adoção por divorciados ou separados judicialmente, poderá haver também por pais *separados de fato e por ex-companheiros*, como agora estabelece a nova legislação. Mas, segundo se entende, os requisitos deverão ser os mesmos. Ou seja, não se considera que possam os separados de fato adotar, pura e simplesmente, se, afinal, é preciso, na adoção conjunta, provar a estabilidade da família.

Por fim, quanto à legitimidade para adoção do tutor e do curador, a disposição do CC, **art. 1.620**, embora tenha este sido revogado, subsiste por força do disposto no art. 44 do ECA, só autorizando a adoção do pupilo e do curatelado após a prestação de contas da administração e a liquidação do débito. O sentido da regra é evidentemente protetivo, visando a evitar que tutor ou curador se prevaleçam da condição de pais para, de algum modo, esquivar-se ou escapar de sua completa responsabilidade a dano potencial do pupilo ou do curatelado. Aliás, igual propósito anima a disposição do art. 1.523, IV, do CC/2002, que veda o casamento do tutor ou do curador com o tutelado ou o curatelado, enquanto não prestadas contas da tutela ou curatela.

A 3ª Turma do STJ manteve decisão que permitiu a adoção de neto por seus avós, reconhecendo a filiação socioafetiva entre ele e o casal, uma vez que adotaram uma criança de 8 anos de idade, já grávida, em razão de abuso sexual sofrido e, por sua tenríssima idade de mãe, passaram a exercer a paternidade socioafetiva de fato do filho dela, nascido quando contava apenas 9 anos de idade (REsp n. 1.448.969, j. 21.10.2014).

***II. Efeitos da adoção.***

Os *efeitos da adoção*, agora previstos unicamente no art. 41 do ECA, antes no **art. 1.626 do CC**, permanecem os mesmos. Começam a partir do trânsito em julgado da sentença, exceto se o adotante vier a falecer no curso do procedimento, *após inequívoca manifestação de vontade* (**adoção póstuma** ou *post mortem*), caso em que terá força retroativa à data do óbito (a regra do **art. 1.628 do CC**, revogado, não dispunha explicitamente sobre a *manifestação inequívoca* exigida pelo art. 42, § 6º, que passou a tratar, unicamente, da matéria).

São sempre plenos os efeitos, pois a adoção implica o estabelecimento de uma relação de filiação que não pode sofrer qualquer diferenciação de ordem material, de conteúdo.

O filho adotivo é filho, seja maior, seja menor, titulando os mesmos direitos dos filhos consanguíneos, e a CR veda qualquer distinção quanto à filiação (art. 227, § 6º), de modo que se pode hoje dizer que filho é um só, independentemente de origem ou natureza do parentesco. Sendo assim, não só não caberia diferenciar filhos adotivos maiores e menores, como, igualmente, não caberia distinguir qualquer deles em relação ao filho natural, de sangue. Daí a previsão de que o filho adotivo, qualquer que seja, passa a integrar uma nova família, desprendendo-se da vinculação com a família de sangue, para quaisquer fins, ressalvados os impedimentos matrimoniais, assim evitando-se casamento eventual entre consanguíneos. Assim, o filho adotivo passa a ter relações de parentesco com os parentes dos pais adotivos, à semelhança, ou melhor, identicamente ao parentesco natural, da mesma forma que entre ele e os parentes, na linha colateral até quarto grau, estabelece-se vínculo sucessório, tanto quanto o alimentar, só que na linha colateral até segundo grau, como é o regramento geral da matéria (art. 1.697).

A *inclusão do sobrenome do adotante ao do adotado*, que constitui também efeito da adoção, prevista no revogado **art. 1.627 do CC**, passou a ser tratada pelo art. 47, § 5º, do ECA. O dispositivo continua a autorizar a modificação do *prenome* do adotado, a pedido dele próprio ou do adotante. A nova lei não faz distinção sobre ser o adotado maior ou menor, não limitando mais o benefício ao segundo como determinava o artigo revogado, de modo que a nova lei autoriza também a modificação do prenome do maior. Contudo, o prenome, por constituir sinal distintivo da pessoa, em sua individualidade, completado pelo sobrenome, que indica sua procedência familiar, especialmente no caso do maior, deve ter sua modificação revestida de cuidados especiais, uma vez que poderá gerar prejuízos à sua identidade, e importar burla ao ordenamento jurídico, de maneira a que se proceda maior verificação, com a juntada de certidões negativas de distribuidores de órgãos públicos.

**Jurisprudência:** *Habeas corpus*. Direito de família. Guarda e adoção. Menor impúbere (10 meses de vida). Casal homoafetivo. Entrega pela mãe. Adoção. Procedimento formal iniciado. Acolhimento institucional. Medida teratológica. Melhor interesse do menor. Ordem concedida de ofício. 1 – A potencial possibilidade de ocorrência de dano grave e irreparável aos direitos da criança, ora paciente, que foi recolhida em abrigo após longo convívio com a família que o recebeu como filho, impõe afastar de plano o óbice formal da Súmula n. 691/STF. 2 – O menor, então com 17 dias de vida, foi deixado espontaneamente pela genitora na porta dos interessados, fato descoberto após a conclusão de investigação particular. 3 – A criança vem recebendo afeto e todos os cuidados necessários para seu bem-estar psíquico e físico desde então, havendo interesse concreto na sua adoção formal, procedimento já iniciado, situação diversa daquela denominada adoção "à brasileira". 4 – A observância do cadastro de adotantes não é absoluta porque deve ser sopesada com o princípio do melhor interesse da criança, fundamento de todo o sistema de proteção ao menor. 5 – Ordem concedida. (STJ, *HC* n. 404.545/CE, 3ª T., rel. Min. Ricardo Villas Bôas Cueva, j. 22.08.2017, *DJe* 29.08.2017)

Direito civil e processual civil. Adoção póstuma. Manifestação inequívoca da vontade do adotante. Inexistência. Laço de afetividade em vida. Demonstração cabal. 1 – A adoção póstuma é albergada pelo direito brasileiro, nos termos do art. 42, § 6º, do ECA, na hipótese de óbito do adotante, no curso do procedimento de adoção, e a constatação de que este manifestou, em vida, de forma inequívoca, seu desejo de adotar. 2 – Para as adoções *post mortem*, vigem, como comprovação da inequívoca vontade do de *cujus* em adotar, as mesmas regras que comprovam a filiação socioafetiva: o tratamento do adotando como se filho fosse e o conhecimento público dessa condição. 3 – Em situações excepcionais, em que demonstrada a inequívoca vontade em adotar, diante da longa relação de afetividade, pode ser deferida adoção póstuma ainda que o adotante venha a falecer antes de iniciado o processo de adoção. 4 – Recurso especial conhecido e provido. (STJ, REsp n. 1.663.137/MG, 3ª T., rel. Min. Nancy Andrighi, j. 15.08.2017, *DJe* 22.08.2017)

Processual civil. Civil. Recurso especial. Adoção unilateral. Revogação. Possibilidade. 1 – A adoção unilateral, ou adoção por cônjuge, é espécie do gênero adoção, que se distingue das demais, principalmente pela ausência de ruptura total entre o adotado e os pais biológicos, porquanto um deles permanece exercendo o poder familiar sobre o menor, que será, após a adoção, compartilhado com o cônjuge adotante. 2 – Nesse tipo de adoção, que ocorre quando um dos ascendentes biológicos faleceu, foi destituído do poder familiar, ou é desconhecido, não há consulta ao grupo familiar estendido do ascendente ausente, cabendo tão só ao cônjuge supérstite decidir sobre a conveniência, ou não, da adoção do filho pelo seu novo cônjuge/companheiro. 3 – Embora não se olvide haver inúmeras adoções dessa natureza positivas, mormente quando há ascendente – usualmente o pai – desconhecidos, a adoção unilateral feita após o óbito de ascendente, com o consequente rompimento formal entre o adotado e parte de seu ramo biológico, por vezes, impõe demasiado sacrifício ao adotado. 4 – Diante desse cenário, e sabendo-se que a norma que proíbe a revogação da adoção é, indisfarçavelmente, de proteção ao menor adotado, não pode esse comando legal ser usado em descompasso com seus fins teleológicos, devendo se ponderar sobre o acerto de sua utilização, quando reconhecidamente prejudique o adotado. 5 – Na hipótese sob exame, a desvinculação legal entre o adotado e o ramo familiar de seu pai biológico, não teve o condão de romper os laços familiares preexistentes, colocando o adotado em um limbo familiar, no qual convivia intimamente com os parentes de seu pai biológico, mas estava atado, legalmente, ao núcleo familiar de seu pai adotivo. 6 – Nessas circunstâncias, e em outras correlatas, deve preponderar o melhor interesse da criança e do adolescente, que tem o peso principiológico necessário para impedir a aplicação de regramento claramente desfavorável ao adotado – *in casu*, a vedação da revogação da adoção – cancelando-se, assim, a adoção unilateral anteriormente estabelecida. 7 – Recurso provido para, desde já, permitir ao recorrente o restabelecimento do seu vínculo paterno-biológico, cancelando-se, para todos os efeitos legais, o deferimento do pedido de adoção feito em relação ao recorrente. (STJ, REsp n. 1.545.959/SC, 3ª T., rel. Min. Ricardo Villas Bôas Cueva, rel. p/ ac. Min. Nancy Andrighi, j. 06.06.2017, *DJe* 01.08.2017)

Ação de adoção. Ascendente. Adotanda maior de idade. Vedação legal contida no § 1º do art. 42 do ECA. Inaplicabilidade. Adotanda portadora de deficiência mental. Absolutamente incapaz. Avó paterna, que outrora exercera a guarda, nomeada curadora da neta. Pedido que objetiva resguardar situação fática já existente há anos. Vínculos de afinidade e afetividade. Dignidade da pessoa humana. Ausência de impedimento legal à adoção. Possibilidade. A vedação legal contida no § 1º do art. 42 do ECA, relativamente à adoção de descendente por ascendente, aplica-se somente em ação de adoção de menor de idade. Tratando-se de pedido de adoção de pessoa maior de idade – que dependerá da efetiva assistência do poder público e de sentença constitutiva (art. 1.619 do CC) –, as únicas vedações legais são aquelas referentes à impossibilidade de adoção por pessoa menor de 18 anos e com diferença de idade em relação ao adotando inferior a 16 anos – regras estas que permanecem exigíveis, a despeito da alteração da redação dos arts. 1.618 e 1.619 do CC, pela Lei n. 12.010/2009.

– A adoção está assentada na ideia de se oportunizar a uma pessoa humana a inserção em núcleo familiar, com a sua integração efetiva e plena, de modo a assegurar a sua dignidade, atendendo às suas necessidades de desenvolvimento da personalidade, inclusive pelo prisma psíquico, educacional e afetivo (Nelson Rosenvald, citado por Milton Paulo de Carvalho Filho). Nessa orientação, restando evidenciado nos autos que a adotanda, malgrado maior de idade, é pessoa absolutamente incapaz, por apresentar deficiência mental, bem como que, há muitos anos, é a sua avó paterna quem lhe propicia toda a assistência afetiva, material e psicológica necessárias ao seu bem-estar e à garantia de uma vida digna, tendo sido, por essa razão, nomeada a sua guardiã, durante a menoridade, e, posteriormente, a sua curadora, no bojo da ação de interdição, viável é o pedido de adoção, ausente qualquer impedimento legal.

– A regra prevista no art. 44, do ECA, que exige prévia prestação de contas da administração da curatela como condição à adoção pelo curador, não tem cabimento no caso específico dos autos, eis que inexistente qualquer preocupação quanto à hipótese de o adotante se valer do instituto para camuflar eventual dilapidação do patrimônio do adotando/curatelado.

– Pedido julgado procedente. (TJMG, Ap. Cível n. 1.0024.10.270911-0/001, rel. Des. Eduardo Andrade, j. 05.06.2012)

Apelação cível. Ação de adoção. Poder familiar. Pai desconhecido e mãe falecida. Destituição prévia desnecessária. Guardiães. Legitimidade para requerer a adoção. Menor em situação de abandono pela família biológica. Avó materna. Ausência de condições para ser guardiã. Melhor interesse da criança. Adoção deferida ao casal guardião do infante. Insurgência da avó materna inadmissível. Recurso não provido. 1 – Desnecessária a prévia destituição do poder familiar porque o pai é desconhecido e mãe já faleceu. 2 – São legitimados ativos para a ação de adoção os diretamente interessados no deferimento da medida, em especial os atuais guardiães do menor. 3 – Não há que se falar em descumprimento dos arts. 59, 103 e 105 do CPC [respectivamente, arts. 685 e 55, *caput* e § 1º, do CPC/2015], quando o julgamento da ação de adoção resultar em automática perda de objeto da ação de destituição de guarda do infante. 4 – O instituto da adoção de menor deve atender o melhor interesse da criança, fato corroborado por laudo psicossocial e documentos que comprovam a boa condição física, moral e financeira dos adotantes, bem como a situação precária da família biológica do adotado. 5 – Apelação cível conhecida e não provida, rejeitadas duas preliminares. (TJMG, Ap. Cível n. 1.0024.09.608020-5/001, rel. Des. Caetano Levi Lopes, j. 22.11.2011)

Apelação cível. Adoção póstuma. Procedência. Demonstrada a posse de estado de filha relativamente à autora, que foi assim criada pela falecida e seu marido desde a tenra idade, os quais detinham sua guarda judicial onde se comprometeram a lhe dar tratamento de filha, mantém-se a sentença de procedência da ação de adoção póstuma, com todos os efeitos daí decorrentes, inclusive sucessórios, por aplicação do art. 41 do ECA, uma vez revogado o art. 1.628 do CC/2002 pela Lei n. 12.010/2009. Apelação desprovida. (TJRS, Ap. Cível n. 70.033.369.158, 8ª Câm. Cível, José Ataídes Siqueira Trindade, j. 04.02.2010)

---

**Art. 1.619. A adoção de maiores de 18 (dezoito) anos dependerá da assistência efetiva do poder público e de sentença constitutiva, aplicando-se, no que couber, as regras da Lei n. 8.069, de 13 de julho de 1990 – Estatuto da Criança e do Adolescente.**

Artigo com redação dada pela Lei n. 12.010, de 03.08.2009.

---

Como dito em comentário ao artigo anterior, o CC se restringiu à disciplina da adoção de maiores de dezoito anos de idade, remetendo às regras estatutárias, quando indispensáveis, omissos e não incompatíveis. O artigo ressalta a necessidade da efetiva participação do poder público e de sentença constitutiva, na medida em que não mais permite a adoção por procuração, como autorizava o CC/1916 (art.

375). Portanto, como já constava da anterior redação do **art. 1.623, parágrafo único**, revogado, a adoção de maiores também dependerá de ***procedimento judicial***.

Tratando-se de maior de 12 (doze) anos de idade, continua sendo necessário seu ***consentimento*** (art. 28, § 2º, do ECA), como já dispunha o **art. 1.621** também revogado. Em comentário ao referido dispositivo, ressaltou-se que "para a adoção se exige o consentimento pessoal do adotante, portanto entende-se vigente a proibição de adoção por procuração, tal como se prevê no art. 39, parágrafo único [*hoje § 2º*], do ECA, necessitando-se ainda que manifeste consentimento o próprio adotado, se maior, ou seus representantes, se incapaz. Porém, mesmo se incapaz, por idade, mas maior de doze anos, também o adotado deve manifestar seu consentimento, atentando-se à posição ativa que, corolário de sua dignidade, hoje se reconhece ao infante em seu próprio processo formativo, aqui tomada a especial relevância garantida à opinião de quem já é adolescente. Evidentemente, a exigência de consentimento do adotado ou de seus representantes dá-se em função da relação parental plena que decorre da adoção". E nesse contexto, a nova lei impôs que *sempre que possível, a criança ou o adolescente será previamente ouvido por equipe interprofissional, respeitado seu estágio de desenvolvimento e grau de compreensão sobre as implicações da medida, e terá sua opinião devidamente considerada* (art. 28, § 1º, do ECA), como demonstração da tendência atual de que seja observada a manifestação de vontade do menor, respeitando-se, por óbvio, seu grau de discernimento. Já o consentimento do maior deverá agora ser manifestado em audiência perante a autoridade judicial (art. 28, § 2º, do ECA).

Permanece o entendimento segundo o qual o consentimento será, no entanto, dispensado quando os pais forem desconhecidos ou destituídos do poder familiar, apesar de revogado o disposto no **§ 1º do art. 1.621 do CC**, bem como o que estabelece ser o consentimento retratável até a data da realização da audiência para verificação de concordância com a adoção, por força da nova regra contida no art. 166, § 5º, do ECA (o **§ 2º do art. 1.621 do CC** dispunha que o consentimento era *revogável* até a publicação da sentença constitutiva da adoção). Contudo, a retratação autorizada pela lei deve ser analisada em consonância com o disposto no art. 43 do ECA, que impõe seja preservado o melhor interesse do adotando.

Não se há de cogitar de ***estágio de convivência***, aludido no art. 46 do ECA, caso se trate de adoção de maiores. Sendo assim, não se estranharia que o procedimento para a adoção de maiores fosse mais simplificado, dada a diversa cautela que, quando chegou a ser sugerida uma adoção para maiores que dispensasse sentença judicial, dando-se a assistência do Poder Público, de resto exigida pela CF (art. 227, § 5º), por meio de homologação pelo Ministério Público. De qualquer maneira, admitida a necessidade de procedimento judicial também para a adoção de maiores, decerto que seu trâmite não se dará perante o juízo da infância, mas sim perante o juízo de família.

Não será necessária também a elaboração de ***estudo social interprofissional*** no processo de adoção de maiores, pois não se verificará a existência de eventual situação de risco justificadora da medida excepcional.

**Jurisprudência:** Agravo de instrumento. Inventário. Decisão que indeferiu ingresso de neta da *de cujus* no feito na qualidade de herdeira dos espólios inventariados conjuntamente. Inconformismo. Não acolhimento. Inexistência de decisão que tenha reconhecido a arguida filiação socioafetiva. Ação que tem como objeto tal reconhecimento foi julgada improcedente em primeiro grau, estando atualmente em fase recursal. Vedação do art. 42, § 1º, ECA, aplicável nos termos do art. 1.619 do CC. Mãe da recorrente, filha da *de cujus*, está viva e integra o quadro de herdeiros. Entre os descendentes, os de grau mais próximo (filhos) excluem os mais remotos (netos), salvo o direito de representação, inexistente no caso em tela. Decisão mantida. Recurso não provido. (TJSP, AI n. 2183077-46.2021.8.26.0000/SP, 7ª Câm. de Dir. Priv., rel. Maria de Lourdes Lopez Gil, j. 22.03.2022, publ. 22.03.2022)

Apelação cível. Preliminar. Cerceamento de defesa. Inocorrência. Adoção de maior. Art. 1.619 do CC/02. Falecimento do autor no curso do processo. Aplicação subsidiária do ECA. Manifestação inequívoca de vontade do adotante. Art. 42, § 6º, do ECA. Deferimento da adoção. Possibilidade. Sentença reformada. Recurso provido. 1. Não configura cerceamento de defesa, a falta de designação de audiência de instrução e julgamento, se aquele que arguiu a nulidade não demonstrou interesse na produção de provas. 2. Nos termos do art. 1.619 do CC/02, a adoção de maiores de 18 anos dependerá da assistência efetiva do poder público e de sentença constitutiva, aplicando-se, no que couber, as regras gerais da Lei n. 8.069/90 (ECA). 3. O pedido de adoção de maior pode ser deferido, ainda que o adotante venha a falecer no curso do processo, antes da sentença, desde que tenha manifestado inequivocamente a vontade de adotar, nos termos do art. 42, § 6º, do ECA. 4. A iniciativa para o ajuizamento da ação de adoção, a declaração prestada em Juízo e no Testamento por Escritura Pública, deixado em favor da adotanda, são manifestações evidentes da vontade do adotante no reconhecimento da paternidade afetiva, de modo que a procedência do pedido é medida que se impõe. 5. Preliminar rejeitada. 6. Sentença reformada. 7. Recurso provido. (TJMG, Ap. Cível n. 1.0000.20.030528-2/0015046313-29.2017.8.13.0024, rel. Des. Raimundo Messias Júnior, j. 29.06.2021)

Adoção de maior. Adoção póstuma. Inexistência de manifestação de vontade de adotar. Recurso não provido. Para que haja adoção póstuma é indispensável a manifestação inequívoca da vontade de adotar e, embora tenha sido mitigada a exigência de que esteja em curso procedimento judicial de adoção, não se pode admitir o reconhecimento de vontade retroativa a 1984 – data da morte do suposto adotante – quando sequer havia a previsão legal para essa modalidade de adoção. Isso implica evidente violação da segurança jurídica a causar incerteza sobre o *status* de toda pessoa que pretenda discutir seus vínculos familiares. (TJSP, Proc. n. 10084603420158260001, 10ª Câm. de Dir. Priv., rel. Des. Ronnie Herbert Barros Soares, j. 18.07.2017, *DJe* 25.07.2017)

*V.* no art. 1.593 o seguinte acórdão: TJGO, Ap. Cível n. 200692124497, 5ª Câm. Cível, rel. Des. Alan S. de Sena Conceição, *DJe* 17.01.2014, p. 262.

Adoção de maior. Indeferimento da petição inicial por impossibilidade jurídica do pedido. Ausência do requisito previsto no art. 1.619 do CC e § 3º do art. 42 do ECA, isto é, que o adotante seja dezesseis anos mais velho que o adotado. Diferença, aqui, de apenas quatro anos. Sentença mantida. Apelo não provido. (TJSP, Ap. n. 0031392-40.2009.8.26.0196/Franca, 10ª Câm. de Dir. Priv., rel. Roberto Maia, *DJe* 08.08.2013, p. 2.130)

Adoção de maior. Indeferimento da petição inicial por impossibilidade jurídica do pedido. Ausência do requisito previsto no art. 1.619 do CC e § 3º do art. 42 do ECA, isto é, que o adotante seja dezesseis anos mais velho que o adotado. Diferença, aqui, de apenas quatro anos. Sentença mantida. Apelo não provido. (TJSP, Ap. n. 0031392-40.2009.8.26.0196/Franca, 10ª Câm. de Dir. Priv., rel. Roberto Maia, j. 25.06.2013, *DJ* 27.06.2013)

Investigação de paternidade e maternidade, cumulada com retificação de registro civil. Adoção plena realizada nos termos do CC/1916. Autora adotada pelos avós, que buscavam preservar a honra da mãe solteira. Apelante que sustenta ter sido criada tanto pelos adotantes quanto pelos pais biológicos. Busca da tutela jurisdicional impulsionada por vantagem patrimonial (indenização seguro). Liame genético incontroverso nos autos que, no caso, não prevalece sobre o vínculo socioafetivo. Registro que não apresenta qualquer incorreção ou falsidade. Adoção, de outra parte, que é irrevogável, já pela legislação vigente à época. Sentença mantida. Recurso desprovido. (TJSP, Ap. Cível n. 0003940-35.2006.8.26.0269, 4ª Câm. de Dir. Priv., rel. Milton Carvalho, j. 06.06.2013)

**Arts. 1.620 a 1.629.** *(Revogados pela Lei n. 12.010, de 03.08.2009.)*

## CAPÍTULO V
## DO PODER FAMILIAR

### *Seção I*
### *Disposições Gerais*

**Art. 1.630. Os filhos estão sujeitos ao poder familiar, enquanto menores.**

No CC/1916, o *poder familiar* era denominado *pátrio poder* e centrava-se na ideia de que o pai, com a colaboração da mãe, exerceria o poder sobre os filhos menores, visando, unicamente, aos interesses do chefe da família. Contudo, a nova legislação civil reflete a evolução do conceito de *família* e as modificações das próprias relações familiares ocorridas no decorrer do século XX, definindo o instituto como o conjunto de deveres e obrigações dos pais em relação aos filhos menores não emancipados e aos bens destes, decorrentes da relação de parentesco existente entre eles. A lei, portanto, atribui simultaneamente aos pais um encargo a ser exercido perante a sociedade – *múnus público* – que é indelegável, imprescritível e irrenunciável. A única exceção a essa última característica ocorre na hipótese do art. 166 do ECA, quando os pais dão o filho para adoção, transferindo, pois, o encargo à família substituta, por meio de determinação judicial. A denominação *poder* não é adequada às verdadeiras características do instituto, tendo sido alvo de veementes críticas da doutrina, uma vez que a atribuição legal aproxima-se mais do conceito de *dever* dos pais visando ao bom desenvolvimento, ao bem-estar e à proteção dos filhos.

**Jurisprudência:** Apelação cível. Família. Ação de curatela. Adolescente relativamente incapaz. Ausência de interesse processual dos avós. Sentença de extinção mantida. O instituto da curatela não se destina, propriamente, aos maiores de 16 e aos menores de 18 anos, já que as pessoas desta faixa etária estão sujeitas ao poder familiar, na forma do art. 1.630, do CC. No caso dos autos, a curatelada conta, atualmente, 16 anos de idade.

Embora contasse menos de 16 anos ao tempo do ajuizamento da ação, em 13.12.2023, denota-se que os autores/recorrentes, que são avós da adolescente, carecem de interesse processual em buscar a curatela da neta, que já é considerada relativamente incapaz pela legislação civil. Recurso desprovido. (TJRS, Ap. n. 50609162020238210010/Caxias do Sul, 8ª Câm. Cível, rel. João Ricardo dos Santos Costa, j. 20.06.2024, *DJ* 21.06.2024)

Agravo de instrumento. Busca e apreensão. Apesar da proximidade do implemento da maioridade, a filha da agravante ainda é uma adolescente de 17 anos, sujeita ao poder familiar da genitora (art. 1.630 do CC). Consta do feito que a jovem deixou a residência da agravante há aproximadamente dois meses, e estaria morando com pessoas estranhas, sem nenhum vínculo de parentesco com ela, não havendo notícias concretas da situação atual da adolescente. Soma-se a isso o fato de que a agravante narra que a família do ex-namorado de filha teria envolvimento com a prática de crimes, temendo pela aproximação mantida por essas pessoas com a filha. Nesse contexto, é de ser deferida a pretensão recursal de busca e apreensão, medida que se afigura necessária, a fim de averiguar e esclarecer o que está ocorrendo com a adolescente. Deram provimento. Unânime. (TJRS, AI n. 50082713420228217000/RS, 8ª Câm. Cível, rel. Luiz Felipe Brasil Santos, j. 10.03.2022, publ. 11.03.2022)

Agravo de instrumento. Ação de guarda e visitas. Pedido de imposição de óbice ao contato entre pai e filha, sob pena de multa, e de realização de perícia. Ação de origem ajuizada a fim discutir a guarda e o regime de visitação de adolescente que atingiu a maioridade. Perda do objeto inicial da ação (arts. 1.630 e 1.635, III, do CC). Maioridade que faculta à adolescente plenos poderes de autodeterminação, podendo optar ou não por se encontrar com o genitor a qualquer tempo. Perícia. Indeferimento. Prova que teria por finalidade orientar o juízo ao decidir questões relativas a guarda e visitas. Laudos psicológico e social que já se prestavam a este fim. Ação não extinta por conta da discussão instaurada incidentalmente nos autos de origem referente à alegada alienação parental, matéria cujo deslinde deve ocorrer oportunamente. Decisão mantida. Agravo desprovido, com observação, revogada a antecipação da tutela recursal. (TJSP, AI n. 2124323-48.2020.8.26.0000, 6ª Câm. De Dir. Priv., rel. Des. Alexandre Marcondes, j. 24.10.2020)

Mandado de segurança contra ato administrativo impetrante. Membro do Ministério Público. Ato comissivo dos comissários de justiça da infância, da juventude e do idoso. Ingresso em sala de projeção de filmes impróprios. Vício de ilegalidade. Violação de direito constitucional ao lazer das crianças e dos adolescentes. Reexame necessário. Mandado de segurança impetrado pelo Ministério Público contra ato comissivo dos comissários de justiça da infância, da juventude e do idoso, constante em proibição ao público infantojuvenil de assistir a filmes cuja faixa etária esteja acima de sua idade, nem mesmo com a presença de pai, mãe, ou responsável legal. Sentença de 1º grau que concedeu a segurança. Manutenção. Proibição que se mostra desarrazoada. O ECA, em perfeita sintonia com o mandamento constitucional, somente veda o acesso de menores de idade desacompanhados dos pais ou responsável, com o escopo de garantir o pleno exercício do poder familiar assegurado nos arts. 1.630 e 1.634 do CC, 227 e 229 da CF. O ato impugnado, embora tenha sido expedido pelo comissário de justiça no desempenho das suas funções, contém vício em seu conteúdo, tendo em vista que extrapola os limites da atuação deste órgão auxiliar do Poder Judiciário. Confirmação da sentença em reexame necessário. O acesso de crianças e adolescentes nesses locais submete-se às normas disciplinares estabelecidas pelo ECA, e podem ser complementadas por portarias ou alvarás judiciais, nos termos do art. 149 do ECA, observado que, em regra, elas podem ingressar em qualquer estabelecimento quando acompanhados de seus pais ou responsável, excetuando-se, por exemplo, aquela prevista no art. 75 do ECA, que impede o acesso de criança ou adolescente às diversões e espetáculos públicos considerados impróprios ou inadequados a sua faixa etária. A desarrazoada proibição de ingresso no espetáculo teatral do menor acompanhado de seus pais baseado na classificação por faixa etária, que constitui mera recomendação, coloca em segundo plano o poder familiar e desrespeita aos comandos normativos. Confirmação da sentença em reexame necessário. (TJRJ, Reex. Necess. n. 0005046-97.2013.8.19.0037, 19ª Câm. Cível, rel. Guaraci de Campos Vianna, *DJe* 05.02.2014, p. 22)

Apelação cível. Destituição do poder familiar. Comprovação da ausência de condições dos pais biológicos criarem a filha menor. Requisitos preenchidos. Sentença mantida. O poder familiar, hoje, é um complexo de direitos e deveres dos pais quanto à pessoa e bens dos filhos, instituído mais em benefício destes do que para conceder privilégios aos genitores, ou seja, é um conjunto de direitos e obrigações, quanto à pessoa e bens do filho menor não emancipado, exercido, em igualdade de condições, por ambos os pais, para que possam desempenhar os encargos que a norma jurídica lhes impõe, tendo em vista o interesse e a proteção do filho. Resulta da necessidade natural de que o ser humano precisa, durante sua infância, de alguém que o crie, eduque, ampare, defenda, guarde e cuide de seus interesses, regendo sua pessoa e seus bens, razão da intervenção do Estado para submeter o exercício do poder familiar à sua fiscalização e controle, limitando o poder, restringindo o uso e o direito dos pais. Comprovada nos autos a ausência total de condições dos pais biológicos criarem a filha menor, deve-se manter a sentença que determinou a destituição do poder familiar para encaminhar aquela para adoção. (TJMG, Ap. Cível n. 1.0686.08.217277-2/001(1), rel. Des. Mauro Soares de Freitas, j. 01.07.2010)

Apelação cível. Revisão de alimentos. Pedido de majoração. Ausência de prova quanto a alteração das necessidades e da possibilidade do alimentante. A maioridade dos filhos faz cessar o poder familiar, nos termos do art. 1.630 do CC/2002, não desaparecendo o dever de solidariedade decorrente da relação parental, uma vez comprovada a efetiva "necessidade". Incomprovada alteração no binômio necessidade-possibilidade das partes, impunha-se a improcedência da ação revisional, bem decidida na sentença. Apelação desprovida (segredo de justiça). (TJRS, Ap. Cível n. 70.032.748.444, 7ª Câm. Cível, rel. Des. André Luiz Planella Villarinho, j. 09.06.2010)

Alimentos. Filha maior. Dever de parentesco. Prova da efetiva necessidade. Com a maioridade dos filhos, cessa o poder familiar dos pais, conforme art. 1.630 do CCB, não desaparecendo o dever de solidariedade decorrente da relação parental, mostrando-se cabível alimentos uma vez comprovada a necessidade, nos termos do art. 1.696 do CPC [*sic*, CC], dever este que é residual ao poder familiar. Filha maior cursando supletivo, não trabalha e reside na casa dos avós maternos. Negaram provimento ao agravo de instrumento. (TJRS, AI n. 70.032.807.810, 7ª Câm. Cível, rel. André Luiz Planella Villarinho, j. 16.12.2009)

Ação de guarda. Maioridade do filho no curso da ação. Perda do objeto. Extinção do feito. Fica prejudicado o pedido de guarda do filho que atingiu a maioridade no curso da ação, o qual não está mais sujeito ao poder familiar. Inteligência dos arts. 5º e 1.630, ambos do CC. Precedentes. Negado seguimento. (TJRS, Ap. Cível n. 70.032.798.100, 8ª Câm. Cível, rel. José Ataídes Siqueira Trindade, j. 09.11.2009)

Apelação cível. Guarda. Disputa entre os avós e o pai. Falecida a genitora, a guarda da filha menor compete ao pai, em razão do poder familiar. Arts. 1.630 e 1.634, I e II, do CC/2002. Não se vislumbrando situação que desautorize o natural exercício da guarda pelo pai relativamente à filha, descabe o seu deferimento em favor dos avós maternos, mormente quando a infante apresentou consideráveis progressos em seu desenvolvimento quando passou para os cuidados do genitor. Apelação desprovida. (TJRS, Ap. Cível n. 70.022.322.911, 8ª Câm. Cível, rel. José Ataídes Siqueira Trindade, j. 14.02.2008, *DJ* 20.02.2008)

**Art. 1.631. Durante o casamento e a união estável, compete o poder familiar aos pais; na falta ou impedimento de um deles, o outro o exercerá com exclusividade.**

**Parágrafo único. Divergindo os pais quanto ao exercício do poder familiar, é assegurado a qualquer deles recorrer ao juiz para solução do desacordo.**

Legislação correlata: art. 21, Lei n. 8.069, de 13.07.1990 (ECA).

O CC dispõe que o *poder familiar* será exercido por ambos os genitores, em igualdade de condições, durante o casamento ou união estável dos pais, visando sempre ao melhor interesse do menor tanto no aspecto pessoal como no material. Contudo, é possível que, embora casados ou mantendo relacionamento estável, os pais apresentem divergências quanto à educação ou formação dos filhos menores ou à administração do patrimônio destes, situações que deverão ser levadas à apreciação judicial.

**Jurisprudência:** Processo civil e civil. Família. Conexão. Ação de obrigação de fazer e oferta de alimentos. Genitores. Divergência acerca da instituição educacional em que os filhos devem ser matriculados. Prevalência do melhor interesse. Alienação parental. Litigância de má-fé. I – Nas ações de obrigação de fazer e oferta de alimentos tanto a causa de pedir quanto o pedido são diversos e não existe perigo de decisões divergentes, razão da regra de modificação de competência preconizada no art. 105 do CPC [art. 55, § 1º, do CPC/2015]. II – Em caso de pais separados, embora a titularidade do poder familiar continue a pertencer a ambos os genitores, o exercício efetivo é cindido, dividindo-se as atribuições, de modo que é direcionado ao que detém a guarda, mesmo que de fato, sendo assegurado àquele que não tem os filhos em sua companhia o direito de fiscalizar o desempenho da outra, podendo requerer a intervenção judicial para solucionar eventuais desavenças ou coibir abusos (CC, art. 1.631, parágrafo único, e art. 21 da Lei n. 8.069/90). III – A agravante tem os filhos em sua companhia. Portanto, cabe a ela adotar todas as providências para que as crianças frequentem regularmente a escola, estar atenta aos horários, cuidar dos lanches e refeições, fiscalizar os estudos, em especial se estão sendo feitos os deveres de casa, participar de eventos e reuniões para acompanhar o desenvolvimento escolar. Assim sendo, em linha de princípio, deve prevalecer a sua decisão acerca da instituição de ensino escolhida, uma vez que, no caso concreto, também atende aos interesses dos filhos, mas a transferência deve ser efetivada após o encerramento do ano letivo. IV – A alienação parental ocorre quando há o propósito de inviabilizar ou obstruir a convivência familiar (Lei n. 12.318/2010, art. 6°, parágrafo único), o que não se verifica na hipótese em apreço. V – Não tem cabimento a pretensão de condenar o agravado por litigância de má-fé, pois a conduta imputada não se enquadra em qualquer das hipóteses descritas no art. 17 do CPC [art. 80 do CPC/2015]. VI – Deu-se parcial provimento ao recurso. (TJDFT, Proc. n. 20130020206713(731962), rel. p/ o ac. Des. José Divino de Oliveira, *DJe* 12.11.2013, p. 128)

Apelação cível. Representação do MP por infração administrativa às normas do ECA. Art. 227 da CRFB. Princípio da proteção integral da criança e do adolescente. Melhor interesse do menor. Descumprimento de dever inerente ao poder familiar. Art. 249 do ECA. Multa. Aplicação de penalidade pecuniária por infração administrativa, decorrente de descumprimento de dever inerente ao exercício do poder familiar pela genitora do menor, ora Apelante, com amparo no art. 249 do ECA, em razão de sua omissão em relação aos maus-tratos e abusos sexuais que seu companheiro praticou com sua filha. Compete aos pais o exercício do poder familiar, que consiste no sustento, guarda e educação, em aspecto amplo, dos menores, a fim de protegê-los e proporcioná-los o melhor desenvolvimento possível, tanto no campo afetivo, como social e familiar, visto que isso é fundamental elemento no desenvolvimento da personalidade da criança. É esta a *ratio* extraída do art. 1.631 do CC c/c art. 22 do ECA. A Carta Suprema, através de seu art. 227, elevou a criança e o adolescente ao *status* de sujeitos de direitos, e não mais apenas objetos de proteção, cuja proteção – com prioridade absoluta – constituirá dever dos pais, Estado e de toda sociedade, sendo garantia fundamental, com raízes na tutela do princípio da dignidade da pessoa humana. Flagrante a ocorrência de infração em razão da inobservância dos deveres inerentes ao poder familiar, mediante a mera descrição dos fatos ocorridos, que gritam por si, evidenciando os horrores aos quais a menor foi submetida, vítima de maus-tratos físicos e psicológicos, além do abuso sexual (diverso da conjunção carnal) que lhe retiraram o direito à afetividade através da convivência familiar, sendo manifesta a omissão e negligência da Apelante. Infração cometida justifica a aplicação de penalidade pecuniária, que fora arbitrada em seu mínimo legal, no valor correspondente a três salários mínimos, que se mostra razoável diante das peculiaridades do caso concreto. É certo que a aplicação da multa prevista no art. 249 do ECA tem como finalidade primordial a função pedagógica, como instrumento de conscientização dos pais responsáveis aos deveres que lhes cabem em função do exercício do poder familiar, como tentativa última de manutenção da criança e do adolescente em sua família natural, evitando a sua destituição. Pagamento da multa condicionado à adesão da genitora às medidas a serem propostas pelo CREAS. Expedição de ofício aos órgãos competentes para apuração de eventual ilícito penal. Precedentes desta Corte. Manutenção da sentença. Negado provimento ao recurso. (TJRJ, Ap. Cível n. 00088733420088190024, 6ª Câm. Cível, rel. Des. Teresa de Andrade Castro Neves, j. 17.10.2012, *DJe* 22.10.2012)

Apelação cível. Pedido de guarda de menor compartilhada entre pais, avó materna e companheiro. Pedido juridicamente impossível. Interesse em benefício previdenciário. Descabimento. Inovação dos fatos em sede recursal. Inadmissibilidade. É juridicamente impossível pedido de guarda compartilhada entre pais, avó materna e o companheiro desta, em face de menores, sob o poder familiar dos pais, meramente para obtenção de benefício previdenciário para as crianças. São os pais os detentores do poder familiar sobre os filhos, conforme termos dos arts. 1.630 e 1.631 do CCB, poder este que somente poderá ser suspenso ou extinto, enquadradas as hipóteses dos arts. 1.635 e 1.638 daquele mesmo diploma legal, inexistente nos autos, mormente inadequada a via eleita para a destituição do poder familiar, se fosse o caso, ante a alegação de incapacidade dos genitores. Negaram provimento à apelação (segredo de justiça). (TJRS, Ap. Cível n. 70.033.667.981, 7ª Câm. Cível, rel. Des. André Luiz Planella Villarinho, j. 11.08.2010)

Agravo de instrumento. Seguro de veículo (DPVAT). Alvará judicial. 1 – Na falta ou impedimento de um dos pais o outro exercerá com exclusividade o poder familiar. Inteligência do art. 1.631 do CC. 2 – Quem está obrigado a prestação de contas são os tutores, conforme o art. 1.755 do CC e a tutela cessa com a maioridade do tutelado ou emancipação, ou caindo o menor sob o poder familiar (art. 1.763 do mesmo diploma legal). E, no caso dos autos, o poder familiar está sendo plenamente exercido pela genitora, ora representante da agravante, sendo desnecessária a prestação de contas. Decisão reformada. Recurso provido. (TJSP, AI n. 116.432/0/0-02/Franca, 26ª Câm. de Dir. Priv., rel. Felipe Ferreira, j. 09.06.2008, *DJ* 13.06.2008)

Modificação de guarda de menor. Indeferimento da inicial. Extinção do processo. Inadequação. CC, 1.631, parágrafo único. Inteligência. Recurso provido. [...] 2 – Estabelece o art. 1.631, parágrafo único, do CC, que divergindo os pais quanto ao exercício do poder familiar, é assegurado a qualquer deles recorrer ao juiz para a solução do desacordo. Assim, como os pais não se entendem em relação à guarda, devem recorrer ao juiz para a solução da controvérsia, razão pela qual há o interesse de agir da apelante, o que afasta a sentença de indeferimento da petição inicial, de molde a permitir o prosseguimento do processo a fim de que a questão possa ser dirimida [...]. (TJSP, Ap. s/ Rev. n. 520.481/4/0-00/Araçatuba, 3ª Câm. de Dir. Priv., rel. Jesus Lofrano, j. 29.04.2008, *DJ* 12.05.2008)

**Art. 1.632. A separação judicial, o divórcio e a dissolução da união estável não alteram as relações entre pais e filhos senão quanto ao direito, que aos primeiros cabe, de terem em sua companhia os segundos.**

Considerando-se que o *poder familiar* é exercido pelos genitores, o artigo em estudo dispõe que, sobrevindo a dissolução do matrimônio ou o fim do relacionamento dos companheiros pela separação, a titularidade do múnus permanecerá igual e simultânea a ambos os pais, ainda que somente um deles detenha a guarda do filho menor. Nessa hipótese, o genitor que não seja guardião do filho exercerá o direito de visita, mantendo a cotitularidade do *poder familiar*, com todas as atribuições inerentes ao instituto (*v.* comentários aos arts. 1.566, IV, 1.583 a 1.590 e 1.724).

**Jurisprudência:** Regime de visitas. Pretensão à fixação. Autor que permaneceu preso e se afastou do convívio com a filha. Fato que por si só não suprime o direito de visitas à filha. Observância dos arts. 1.589 e 1.632 do CC. Necessidade de convívio gradual. Decisão modificada neste particular. Recurso provido. (TJSP, AI n. 2055679-19.2021.8.26.0000/SP, 1ª Câm. de Dir. Priv., rel. Augusto Rezende, j. 10.12.2021, publ. 10.12.2021)

Direito civil. Regulamentação de visitas. Genitor. Alegada necessidade de visitas assistidas. Não comprovação. Arts. 1.589, 1.632 e 1.634 do CC. Alienação parental – art. 2º da Lei federal n. 12.318/2010. Apelação conhecida e não provida. O art. 1.589, do CC vigente, preceitua ser direito do genitor, em cuja guarda não estejam os filhos, "visitá-los e tê-los em sua companhia, segundo o que acordar com o outro cônjuge, ou for fixado pelo juiz, bem como fiscalizar sua manutenção e educação". De igual sorte, segundo o art. 1.634, do CC, compete aos pais, em conjunto, dirigir a criação e a educação dos filhos, sendo que o divórcio, a separação judicial e a dissolução da união estável não podem alterar as relações entre eles, conforme o art. 1.632 do mesmo diploma legal. Inexistindo nos autos provas de causas de impedimentos a que um dos pais veja seus filhos sem a necessidade de supervisão de outrem, não há de se falar em visitas assistidas, pois são indispensáveis os contatos de modo mais livre entre genitores e seus filhos, sendo necessária a sua implementação sem a imposição de dificuldades por parte do outro genitor. Não preservar uma imagem positiva do genitor e dificultar a realização das visitas são posturas prejudiciais do ponto de vista psicológico e que importam em alienação parental, nos termos do art. 2º da Lei federal n. 12.318/2010. Apelação conhecida e não provida. (TJDFT, Proc. n. 20120110060368(741763), rel. Des. Ana Cantarino, *DJe* 10.12.2013, p. 135)

Apelação cível. Separação judicial. Pretensão de concessão da guarda dos filhos em favor do genitor. Guarda e visitação dos filhos que devem ser estabelecidas conforme o interesse dos menores e não em função das desavenças entre o casal. Sentença que corretamente fixou o regime de visitação inexistindo prejuízo ao exercício do pátrio poder pelo autor-apelante. Relatórios dos assistentes sociais e psicólogos, auxiliares do Juízo, que concluem que os menores devem ficar na companhia da mãe, ora apelada. Autor-apelante que não apresenta qualquer argumento que infirme as conclusões dos laudos técnicos que foram essenciais ao deslinde da controvérsia. Guarda deferida em favor da apelada que a qualquer momento pode ser revista, desde que demonstrado que o bem-estar das crianças se encontre comprometido. Filhos do casal que têm direito a convivência com ambos os pais, contribuindo estes na educação, orientação e carinho, sendo certo que a separação não pode alterar as relações entre pais e filhos, *ex vi* do art. 1.632 do CC. Regime de visitação que foi fixado de forma a não privar as crianças do indispensável convívio com o pai, ora apelante. Sentença correta que se mantém. Parecer do MP, em ambos os graus, nesse sentido. Desprovimento do recurso. (TJRJ, Ap. n. 0009140-45.2008.8.19.0011 (2009.001.60817), 10ª Câm. Cível, rel. Des. Gilberto Dutra Moreira, j. 09.12.2009)

Ação de cobrança. Aquisição de roupas efetuada por menor. Responsabilidade objetiva dos pais. Legitimidade passiva. 1 – Em que pese estar a menor sob a guarda exclusiva da mãe, responde o pai pelos atos por ela praticados, nos termos do art. 932, I, e art. 1.632, ambos do CC, pois o poder familiar não se altera pela separação judicial. Assim, o réu é legítimo para figurar no polo passivo da ação. 2 – Tendo a filha menor do réu realizado a compra, o que foi admitido em sede recursal, tem o demandado o dever de efetuar o pagamento correspondente, respondendo assim pelo ato da menor. Sentença confirmada por seus próprios fundamentos. Recurso improvido. (TJRS, Rec. Cível n. 71.001.717.693, 1ª T. Rec. Cível, rel. Ricardo Torres Hermann, j. 09.10.2008, *DJ* 15.10.2008)

Divórcio direto. Sentença que relegou o pedido de alimentos em prol dos menores para ação própria. Conveniência em se discutir nestes autos os aumentos devidos aos filhos, evitando a perpetuação das demandas. Inteligência dos arts. 1.632 do CC e 40 da Lei do Divórcio. Prevalência dos interesses dos menores. Expedição de ofício à Delegacia da Receita Federal e juntada de outros documentos, pertinentes para aferir a possibilidade financeira do alimentante. Comprovação do requisito objetivo temporal do art. 1.580, § 2º, do CC. Decreto de divórcio mantido. Determinado, outrossim, o prosseguimento da ação no tocante aos alimentos devidos à prole. Circunstância a recomendar o julgamento dos alimentos nestes autos, por residir o genitor nos Estados Unidos da América. Agravo retido da ré provido. Agravo retido do autor rejeitado. Recurso parcialmente provido. (TJSP, Ap. Cível n. 532.810/4/6-00/São José do Rio Preto, 4ª Câm. de Dir. Priv., rel. Francisco Loureiro, j. 07.08.2008, *DJ* 18.08.2008).

União estável. Reconhecimento e dissolução. Procedência. Cabimento do arbitramento de alimentos ao filho menor que não integra a relação processual. Dever de sustento. Aplicação do art. 1.632 do novo CC. Impossibilidade de delimitar a obrigação até a superveniência da maioridade do credor. Partilha do imóvel adquirido em condomínio pelos conviventes e sobre o qual erigidas benfeitorias durante a convivência. Cabimento. Recursos desprovidos. (TJSP, Ap. Cível n. 463.950-4/7-00, rel. Des. Ariovaldo Santini Teodoro, j. 21.11.2006)

**Art. 1.633. O filho, não reconhecido pelo pai, fica sob poder familiar exclusivo da mãe; se a mãe não for conhecida ou capaz de exercê-lo, dar-se-á tutor ao menor.**

O presente artigo praticamente possui o mesmo conteúdo da legislação anterior, prescrevendo a possibilidade de o *poder familiar* concentrar-se na genitora, caso o menor não tenha sido reconhecido pelo pai. Todavia, se o filho for reconhecido, de forma voluntária, ou por meio de decisão judicial, o *poder familiar* será exercido por ambos os genitores (*v.* comentário ao art. 1.632). O legislador previu, ainda, a possibilidade de o menor ser colocado sob tutela, no caso de a mãe ser desconhecida ou não ter capacidade de exercer o encargo. Nesse caso, dar-se-á tutor ao menor, desde que a paternidade também seja desconhecida.

**Jurisprudência:** Família. Infância e juventude. Apelação cível. Ação de guarda e tutela. Menor que vivia sob os cuidados da mãe e dos avós maternos desde o nascimento. Família monoparental. Falecimento superveniente da genitora. Poder familiar. Extinção. Pai que não reconheceu o vínculo da filiação. Colocação em família substituta. Avós maternos. Tutela legítima. Possibilidade. Apelo conhecido e provido. Sentença reformada. 1 – Os recorrentes, avós maternos da menor, pleiteiam a tutela e a guarda de sua neta. Para tanto, juntaram documentos que comprovam que são pessoas de vidas ilibadas e de condutas ilaqueadas. 2 – No caso dos autos, o poder familiar era exercido somente pela mãe, uma vez que o pai não reconheceu a paternidade de sua filha, sendo a família, portanto, monoparental, consoante preceitua o art. 1.633 do CC e o art. 226, § 4º, da CF. 3 – Com a morte da mãe, o poder familiar fora extinto, nos termos do art. 1.635, I, da lei substantiva civil, sendo admissível, dessa forma, a nomeação de tutor. 4 – Na demanda sob enfoque, não se faz necessário, para a nomeação de tutores, a desconstituição do poder familiar do pai da menor, uma vez que este nunca o possuiu ou o exerceu, pois sequer reconheceu o vínculo da filiação. 5 – Logo, ao compulsar as provas dos autos, quais sejam, testemunhal, documental e depoimento pessoal, tem-se que os avós maternos possuem plenas condições de assumir o encargo da tutela, conforme dispõe o art. 1.731, I, do CC. 6 – Apelo conhecido e provido. Sentença reformada. (TJCE, Ap. Cível n. 0002694-95.2009.8.06.0029, rel. Raimundo Nonato Silva Santos, *DJe* 03.10.2013, p. 62)

## *Seção II*
## *Do Exercício do Poder Familiar*

**Art. 1.634. Compete a ambos os pais, qualquer que seja a sua situação conjugal, o pleno exercício do poder familiar, que consiste em, quanto aos filhos:**

*Caput* com redação dada pela Lei n. 13.058, de 22.12.2014.

**I – dirigir-lhes a criação e a educação;**

Inciso com redação dada pela Lei n. 13.058, de 22.12.2014.

**II – exercer a guarda unilateral ou compartilhada nos termos do art. 1.584;**

Inciso com redação dada pela Lei n. 13.058, de 22.12.2014.

**III – conceder-lhes ou negar-lhes consentimento para casarem;**

Inciso com redação mantida pela Lei n. 13.058, de 22.12.2014.

**IV – conceder-lhes ou negar-lhes consentimento para viajarem ao exterior;**

Inciso com redação dada pela Lei n. 13.058, de 22.12.2014.

**V – conceder-lhes ou negar-lhes consentimento para mudarem sua residência permanente para outro Município;**

Inciso com redação dada pela Lei n. 13.058, de 22.12.2014.

**VI – nomear-lhes tutor por testamento ou documento autêntico, se o outro dos pais não lhe sobreviver, ou o sobrevivo não puder exercer o poder familiar;**

Antigo inciso IV renumerado pela Lei n. 13.058, de 22.12.2014.

**VII – representá-los judicial e extrajudicialmente até os 16 (dezesseis) anos, nos atos da vida civil, e assisti-los, após essa idade, nos atos em que forem partes, suprindo-lhes o consentimento;**

Inciso com redação dada pela Lei n. 13.058, de 22.12.2014.

**VIII – reclamá-los de quem ilegalmente os detenha;**

Antigo inciso VI renumerado pela Lei n. 13.058, de 22.12.2014.

**IX – exigir que lhes prestem obediência, respeito e os serviços próprios de sua idade e condição.**

Antigo inciso VII renumerado pela Lei n. 13.058, de 22.12.2014.

---

Legislação correlata: art. 22, Lei n. 8.069, de 13.07.1990 (ECA).

O dispositivo relaciona os atributos inerentes ao *poder familiar*, que serão exercidos por ambos os genitores que "não exercem poderes e competências privados, mas direitos vinculados a deveres e cumprem deveres cujos titulares são os filhos" (LÔBO, Paulo Luiz Netto. *Código Civil comentado*. São Paulo, Atlas, 2003, v. XVI, p. 208). A desídia de um ou de ambos os pais com relação aos atributos legais acima enumerados é causa de perda do *poder familiar* (art. 1.637).

O *caput* do artigo foi alterado para deixar claro que ambos os pais, por força do poder familiar que lhes é inerente, têm o dever de zelar pelos direitos de seus filhos, estejam ou não separados ou divorciados, tenha sido a guarda sobre eles estabelecida de forma unilateral ou compartilhada. As decisões, sempre que possível, deverão ser conjuntas e observar o melhor interesse dos menores.

O **inciso I** dispõe sobre o encargo dos pais em conduzir a criação e a educação dos filhos menores, orientando-os segundo as regras de moral e bons costumes, proporcionando-lhes condições para a preparação do caráter, da personalidade e do desenvolvimento intelectual, visando alcançar o pleno exercício da vida em sociedade, com liberdade e dignidade. Incumbe aos pais, também, a escolha da escola, segundo a linha pedagógica que entenderem mais adequada à conveniência familiar, tanto de natureza cultural como financeira, além de optarem pela formação espiritual dos filhos, de acordo com a orientação religiosa que adotem. Havendo divergência entre os pais sobre as opções a serem escolhidas, esses deverão levar à apreciação do juiz, para que ele indique o que melhor se coaduna com o interesse do menor.

No **inciso II**, o legislador atribui aos pais o *poder-dever* de ter os filhos em sua companhia e sob sua guarda, seja unilateral, seja compartilhada (veja-se comentários aos arts. 1.583 e 1.584), confirmando-se o respeito ao direito constitucional da criança e do adolescente à convivência familiar. Tal atribuição garante aos genitores a proximidade para dirigir a educação e a criação dos filhos, norteando sua conduta social, proibindo-os de ausentar-se do lar familiar e de relacionar-se com pessoas cuja convivência seja imprópria aos interesses do menor. Os pais, tendo os filhos em sua companhia, definem o domicílio de sua prole. Contudo, se estiverem separados, o genitor que não tiver a guarda dos menores não terá diminuição do *poder familiar*, porquanto o direito de guarda será substituído pelo direito de visita, que possibilita a convivência familiar e a proximidade com os filhos (sobre o direito de visitas, veja comentário ao art. 1.589).

O **inciso III** dispõe que cabe aos pais dar o consentimento para o casamento dos filhos menores, em idade núbil (maiores de 16 e menores de 18 anos). Negando um dos pais, ou ambos, a consentir, recorrer-se-á ao juiz, requerendo o suprimento de consentimento (*v.* comentários aos arts. 1.517, 1.519, 1.550, II, e 1.631, parágrafo único).

O **inciso IV** estabelece que aos pais caberá decidir conjuntamente sobre a possibilidade de seus filhos viajarem para o exterior, não podendo se omitir quando instados a tanto, seja a guarda unilateral ou compartilhada. A decisão deverá ser conjunta, sempre que possível. A medida se faz necessária porque assim exige o disposto no art. 84 do ECA, que só dispensará a autorização dos pais se a criança ou adolescente estiver acompanhado de ambos. Se a viagem for por longo período e vier a afetar o direito de visitas de um dos pais, o fato deve ser noticiado ao juiz que suprirá ou não a falta de consentimento, sempre levando em conta os motivos que fundamentaram o pedido, a relevância da recusa e o maior relevante interesse dos menores.

No mesmo sentido é o disposto no **inciso V** do artigo, ao estabelecer que caberá a ambos os pais decidirem pela mudança ou não de residência permanente dos menores para outro município, não podendo se dar de forma unilateral por um dos genitores e sem qualquer justificativa, devendo o juiz analisar os argumentos da parte discordante para suprir ou não a falta de consentimento, lembrando que a Lei de Combate à Alienação Parental (Lei n. 12.318/2010) prevê a mudança de domicílio para local distante, visando a dificultar a convivência da criança ou adolescente, com familiares deste ou com avós, como uma das formas de alienação parental.

O **inciso VI** permite ao genitor, quando exercer sozinho o *poder familiar*, em decorrência de o outro ter falecido ou encontrar-se impossibilitado de exercer o encargo, a possibilidade de nomear um tutor para os menores, por meio de testamento ou de outro documento autêntico. A previsão legal coaduna-se com a intenção do legislador em proteger o interesse do menor, porquanto possibilita que o próprio genitor indique pessoa de sua confiança para assumir os encargos pertinentes ao exercício da tutela (*v.* comentários aos arts. 1.740 e segs.).

O **inciso VII** dispõe sobre a representação e a assistência dos filhos menores para a prática dos atos da vida civil. O genitor representará os filhos até que estes atinjam 16 anos e os assistirá após essa idade até que atinjam a maioridade (18 anos). Esse dispositivo legal refere-se à incapacidade civil dos menores de idade, prevista no art. 3º do CC.

O **inciso VIII** é consectário lógico do disposto no inciso II, porquanto tendo os pais o *poder-dever* de ter os filhos sob sua companhia e guarda, poderão pleitear judicialmente a busca e a apreensão do menor de quem os mantém de forma ilegítima.

Finalmente, o **inciso XI** impõe aos filhos o dever de obediência e respeito aos pais, visando à harmonia da convivência familiar, e permite que os filhos exerçam atividades remuneradas apropriadas à sua idade e condição de menoridade, com o intuito de auxiliar na manutenção da família. A legislação em vigor permite que o adolescente entre 14 e 16 anos trabalhe na condição de aprendiz.

**Jurisprudência:** Execução de título extrajudicial. Contrato de prestação de serviços educacionais. Débito de mensalidades escolares. Parcial acolhimento da objeção de pré-executividade para reconhecer a ilegitimidade passiva do agravado, pai do aluno. Responsabilidade solidária dos genitores pelas despesas com a educação dos filhos que decorre do poder familiar. Art. 1.634 do CC. Possibilidade de inclusão do genitor pela dívida concernente aos serviços educacionais prestados ao filho, ainda que não tenha integrado o instrumento contratual. Recentes julgados desta Corte e precedente do C. STJ. Decisão reformada. Recurso a que se dá provimento. (TJSP, AI n. 2008639-07.2022.8.26.0000/SP, 16ª Câm. de Dir. Priv., rel. Mauro Conti Machado, j. 06.05.2022, publ. 06.05.2022)

Cumprimento de sentença. Monitória. Prestação de serviços educacionais. Responsabilidade solidária dos genitores pelas despesas com a educação dos filhos que decorre do poder familiar. Arts. 1.634 do CC, 21 da Lei Federal n. 8.069/90 e 229 da CF. Precedentes do STJ e do TJSP. Possibilidade de inclusão do cônjuge da agravada, genitor das alunas, no polo passivo da execução, não porque eles são casados pelo regime de comunhão parcial de bens, mas porque ambos têm deveres decorrentes do poder familiar, neles se incluindo a obrigação de arcar com as mensalidades escolares da prole. Caso em que se legitima, não a imediata penhora de bens do cônjuge da agravada, genitor das alunas, mas a sua inclusão no polo passivo da execução, devendo ser procedida à sua citação para efetuar o pagamento do débito. Agravo provido em parte. (TJSP, AI n. 2096597-65.2021.8.26.0000/SP, 23ª Câm. de Dir. Priv., rel. José Marcos Marrone, j. 11.02.2022, publ. 14.02.2022)

Apelação cível. Ação monitória. Contrato de prestação de serviços educacionais. Documentos exibidos que permitem aferir a existência da relação contratual e a efetiva prestação dos serviços educacionais (histórico escolar acompanhado dos boletins escolares dos anos letivos de 2016, 2017 e 2018). Contraprestação devida. Responsabilidade comum dos genitores. Inteligência dos arts. 1.634 e 1.644 do CC, arts. 21 e 22 do ECA e art. 229 da CF. Prova documental suficiente, em observância ao art. 700 do CPC. Ação julgada procedente. Título executivo judicial constituído. Sentença reformada. Recurso provido. (TJSP, Ap. Cível n. 1003560-95.2021.8.26.0001/SP, 22ª Câm. de Dir. Priv., rel. Edgard Rosa, j. 25.01.2022, publ. 25.01.2022)

Tutela de urgência. Ação de modificação de guarda cumulada com vistas. Genitora e filho. Mudança de domicílio para outro Estado. Ausência do consentimento paterno. Violação do art. 1.634, V. do CC. A mudança de menor para outro Estado da Federação, sem expresso consentimento do genitor, a princípio, constitui afronta ao disposto no inciso V do art. 1.634 do CC, pois compete a ambos os pais, qualquer que seja a sua situação conjugal, o pleno exercício do poder familiar, que consiste em, quanto aos filhos, "conceder-lhes ou negar-lhes consentimento para mudarem sua residência permanente para outro Município". Recurso desprovido. (TJSP, AI n. 2065390-48.2021.8.26.0000/SP, 2ª Câm. de Dir. Priv., rel. Fernando Marcondes, j. 14.12.2021, publ. 14.12.2021)

Apelação cível. Alvará judicial. Levantamento de pecúlio deixado em favor do filho menor. Administração do patrimônio pela genitora em regular exercício do poder familiar. Possibilidade. Procedência do pedido. Reforma da sentença. Nos termos do art. 1.634, VII, do CC/2002, compete aos genitores representar os filhos judicial e extrajudicialmente até os 16 anos, nos atos da vida civil, e assisti-los, após essa idade, nos atos em que forem partes, suprindo-lhes o consentimento. Ainda, de acordo com os arts. 1.689 e segs., também do CC/2002, cabe aos pais a administração do patrimônio dos filhos, vedada a alienação apenas de bens imóveis ou contrair obrigações que ultrapassem o limite da simples administração, salvo autorização judicial. Na espécie, considerando que o menor requerente já conta com 16 anos de idade, mas ainda se encontra sob regular exercício do poder familiar por parte da genitora (sua representante legal), sem aparente conflito de interesses, não se identifica empecilho à concessão do alvará para levantamento de pecúlio deixado em favor do menor. Precedente do STJ. Recurso provido. (TJMG, Ap. Cível n. 1.0611.19.001065-6/0010010656-28.2019.8.13.0611, rel. Des. Ana Paula Caixeta, j. 18.11.2021)

Apelação cível. ECA. Ação de destituição do poder familiar. Negligência. Genitores usuários de drogas. Ausência de condições dos pais e da família extensa. Cabível a destituição do poder familiar, imposta aos genitores que não cumpriram com os deveres insculpidos no art. 1.634 do CC e nos arts. 227 e 229 da CF, porquanto não apresentam condições de cuidarem dos filhos menores de idade. Além de usuários de drogas, não apresentam condições de zelar pelas necessidades materiais e emocionais dos filhos. Recurso desprovido. (TJRS, Ap. Cível n. 70.065.292.203, 7ª Câm. Cível, rel. Liselena Schifino Robles Ribeiro, j. 29.07.2015)

Destituição do poder familiar. Indícios de violência. Atos praticados pelo genitor. Conduta omissiva da genitora. Suspensão do poder familiar. Princípio do melhor interesse da criança. "Agravo de instrumento. Ação de destituição do poder familiar. Prevalência do princípio do melhor interesse da criança. Indícios de violência física, psicológica e sexual perpetradas pelo genitor. Omissão da genitora em fazer cessar tais abusos. Manutenção das decisões. Desprovimento dos recursos. 1 – Incapacidade dos recorrentes para o exercício do poder familiar, não restando outra alternativa senão aquelas alvitradas pelas decisões atacadas que, embora drásticas, levam em conta o interesse maior das crianças, sobrepondo-se aos dos genitores. 2 – E o descumprimento reiterado das obrigações decorrentes do poder familiar, descritas no art. 1.634, do CC, e art. 22, da Lei n. 8.069/90, obriga que, de forma excepcional, os recorrentes sejam suspensos do poder familiar, na forma do art. 1.638, do CC, e art. 24, do ECA. 3 – Manutenção das decisões. 4 – Não conhecimento do agravo de instrumento n. 0025332-13.2013.8.19.0000 e desprovimento dos demais recursos". (TJRJ, AI n. 0023586-13.2013.8.19.0000, 20ª Câm. Cível, rel. Des. Leticia de Faria Sardas, *DJe* 09.07.2014, p. 148)

Execução de título extrajudicial. Título executivo consistente em instrumento particular de confissão de dívida firmado tão somente pelo pai do aluno. Mensalidades escolares. Pretensão da agravante, cessionária do crédito, de investigar o patrimônio da mãe do aluno para consequente redirecionamento da execução. Apesar de a educação do filho ser de responsabilidade dos pais, a confissão de dívida foi firmada apenas pelo pai do aluno, obstando, dessa forma, a inclusão da mãe no polo passivo da ação de execução. Responsabilidade do cônjuge que não se presume (art. 265, CC). É certo que, em razão do poder familiar, compete a ambos os pais, quanto à pessoa dos filhos menores, dirigir-lhes a criação e educação (art. 1.634, CC; art. 21, Lei n. 8.069/90; e art. 229, CF). Todavia, o dever de educação não leva automática e necessariamente à obrigação solidária, se não houver previsão legal ou não estiver pactuada em contrato (art. 265, CC). Uma das funções do título executivo é fixar a legitimidade das partes ativa e passiva, como se depreende do art. 568, CPC [art. 779 do CPC/2015]. Recurso desprovido. (TJSP, AI n. 0047066-25.2013.8.26.0000/São Paulo, 23ª Câm. de Dir. Priv., rel. Sérgio Shimura, j. 05.06.2013, *DJ* 10.06.2013)

Apelação cível. ECA. Ação de destituição do poder familiar. Genitora usuária de drogas, álcool e portadora de HIV. Negligência e ausência de condições dos pais e da família extensa. Cabível a destituição do poder familiar, imposta aos genitores que não cumpriram com os deveres insculpidos no art. 1.634 do CC e nos arts. 227 e 229 da CF, porquanto não apresentam condições de cuidar e de sustentar o filho menor de idade. A mãe é usuária de drogas, e não apresenta condições de zelar pelas necessidades materiais e emocionais do filho, tanto é que já destituído o poder familiar em relação a outras duas filhas, e os outros dois filhos institucionalizados. Recurso desprovido. (TJRS, Ap. Cível n. 70.054.167.333, 7ª Câm. Cível, rel. Liselena Schifino Robles Ribeiro, j. 29.05.2013, *DJ* 31.05.2013)

Apelação cível. Ação de destituição do poder familiar. Pedido julgado procedente na origem. Insurgência da genitora. Arts. 227 da Carta Cidadã, 22 do ECA e 1.634, I, do CC. Negligência e abandono devidamente provados. Extinção do poder familiar. Inteligência dos arts. 24 do ECA e 1.638 do CC. Sentença mantida. Interessada que objetiva rever por esta via recursal a decisão prolatada por este areópago em agravo de instrumento manejado por terceiro que sequer faz parte da lide e, ainda, que se refere a outro processo que trata de pleito de guarda movido pelo avô materno da criança. Inconformismo não conhecido nesse aspecto. Recurso conhecido em parte e desprovido. (TJSC, Ap. Cível n. 2012.002696-0/Ibirama, 6ª Câm. de Dir. Civil, rel. Rosane Portella Wolff, j. 21.02.2013)

Agravo de instrumento. Execução. Contrato de prestação de serviços educacionais. Pretensão de inclusão de genitor no polo passivo da demanda. Impossibilidade. As regras arguidas pela agravante, especificamente, do art. 229 da CF/88, art. 1.634 do CC, são regras relativas ao poder familiar, ou seja, de natureza meramente protetiva e para fins do saudável desenvolvimento dos filhos, não se mostrando lógico e razoável sua aplicação para fins de sustentar a extensão de responsabilidade patrimonial de genitor, mormente quando ele não participou da celebração do contrato. Agravante que visa criar uma situação de responsabilidade passiva solidária. Inadmissibilidade. A solidariedade passiva não se presume (art. 265 do CC/2002 – art. 896 do CC/1916), decorre da lei (solidariedade passiva legal) ou da vontade das partes (solidariedade passiva convencional), não podendo ser criada no curso de demanda judicial. Recurso não provido. (TJSP, AI n. 0240109-58.2012.8.26.0000, 22ª Câm. de Dir. Priv., rel. Roberto Mac Cracken, j. 17.01.2013, *DJ* 31.01.2013)

Pedido de nomeação do pai para gerir a educação dos filhos, cumulado com alteração de forma de pagamento de pensão alimentícia. Autor que pretende ser gestor da educação dos filhos. Impossibilidade. Poder familiar que deve ser exercido em igualdade de condições por ambos os genitores. Inteligência dos arts. 1.634, I, do CC e 21 do ECA. Pretensão à adoção do indexador INPC/IBGE para correção da pensão. Percentual sobre rendimentos líquidos do alimentante como critério que melhor se ajusta à fixação dos alimentos. Mudança que implicaria revisão de alimentos. Não comprovada alteração no binômio necessidade/possibilidade. Recurso desprovido. (TJSP, Ap. n. 0006894-46.2010.8.26.0291, rel. Milton Carvalho, j. 31.05.2012, voto n. 3.071)

Apelação cível. Ação de guarda deduzida pela madrasta. Improcedência do pedido. Compete aos pais, quanto à pessoa dos filhos menores, dirigir-lhes a educação e criação e tê-los em sua companhia e guarda, conforme expressamente prevê o art. 1.634, I e II, do CC em vigor. Ainda que o menor seja órfão de mãe, não se encontrando em situação peculiar e excepcional, vez está seu genitor no pleno exercício da sua guarda, descabe o pedido de guarda pretendido pela madrasta, por ausência das hipóteses previstas no art. 33, I e II, do ECA. Apelação desprovida. (TJRS, Ap. Cível n. 70.035.097.021, 7ª Câm. Cível, rel. Des. André Luiz Planella Villarinho, j. 22.09.2010)

Busca e apreensão de menor. Guarda de fato exercida pelo genitor. Afastamento da mãe do lar. Convivência familiar. Direito fundamental da criança. Deferimento ao genitor. Agravo de Instrumento. Direito de família. Busca e apreensão de menor proposta pelo pai em face da mãe. Retenção da criança. Guarda de fato exercida pelo genitor. Genitora ausente do lar conjugal. Liminar mantida. A CF elevou a convivência familiar à qualidade de direito fundamental da criança e do adolescente, nos termos do seu art. 227. O art. 1.634, II, do CC assegurou o direito à convivência familiar e atribuiu aos pais, quanto à pessoa dos filhos menores, o poder-dever de tê-los em sua companhia e guarda, para que possam conduzir a educação e criação dos filhos, orientando a conduta social da criança e permitindo seu pleno desenvolvimento. Contudo, não se justifica a manutenção da criança com a genitora, quando esta deixou de exercer a guarda de fato da filha menor após a separação do casal. Além disso, a mãe, desmotivadamente, retirou a filha da escola municipal em que estava matriculada e onde houve o registro de 18 dias de falta, matriculando-a em escola particular. Hipótese em que o pai exerce a guarda de fato da criança, sendo atuante no cumprimento dos deveres próprios da paternidade, sendo correta a medida de busca e apreensão da menor determinada pelo juízo monocrático em desfavor da mãe que reteve indevidamente a criança. Recurso desprovido. (TJRJ, AI n. 0039876-45.2009.8.19.0000, 17ª Câm. Cível, rel. Des. Elton Leme, j. 09.12.2009)

Civil. Responsabilidade da concessionária. Atropelamento. Responsabilidade da concessionária do serviço pela construção de muros, cercas ou passarelas. Impossibilidade de se exigir que cerque toda a linha. Inexistência de travessia segura nas redondezas. Imprudência da vítima. Menor acompanhada de adulto capaz dotado de discernimento. Art. 1.634, I e II, CC. Conduta imprudente da vítima que, somada à negligência da empresa, configuram culpa concorrente. Art. 945, CC. Indenização proporcional. "No caso dos autos, não havia qualquer forma de travessia segura nas redondezas, nada obstante se tratar de área urbanizada, com expressiva densidade demográfica e inclusive com uma escola infantil nas proximidades. Assim, mesmo que não se possa atribuir toda a responsabilidade do acidente à empresa, ante a impossibilidade de se murar ou cercar toda a extensão da linha, é inegável que seu descaso aumenta significativamente o risco de atropelamentos, devendo ser responsabilizada ao menos parcialmente. E o fato de a menor estar acompanhada de adulto dotado de capacidade e discernimento atenua a responsabilidade da empresa pelo acidente, na medida em que a avó, na posição de garante, detinha responsabilidade e condições de evitá-lo – assim como a empresa –, e, assim como aquela, falhou, pela sua imprudência ao tentar atravessar na frente do trem". (TJSP, Ap. Cível n. 992.090.555.448/São Vicente, 35ª Câm. de Dir. Priv., rel. Artur Marques, j. 28.09.2009)

Guarda de menor. Falecimento da mãe. Decisão que revogou liminar que concedia ao tio e sua companheira a guarda provisória, após a apresentação de contestação pelo pai. Inconformismo. Desacolhimento. Ausência de *fumus boni iuris* e *periculum in mora* que desautorizem o exercício da guarda pelo pai. Arts. 1.631 e 1.634, II, do CC. Dados trazidos com a contestação que recomendam que, ao menos provisoriamente, o menor permaneça em companhia paterna. Decisão mantida. Recurso desprovido. (TJSP, AI n. 594.447/4/2-00/Marília, 9ª Câm. de Dir. Priv., rel. Grava Brazil, j. 16.09.2008, *DJ* 25.09.2008)

Agravo de instrumento. Indenização. Decisão agravada que autorizou o levantamento dos honorários advocatícios, estipulados contratualmente pela genitora do menor e seus patronos, em 20% sobre o valor que por ventura recebesse. Contrato de risco, *ad exitum*. Alegação de que o instrumento é nulo, porque celebrado sem a intervenção do MP, pela genitora que teria extrapolado os limites estabelecidos pelo art. 1.691 do CC. Intangibilidade. Os advogados foram contratados para que o menor buscasse seus direitos junto à empresa causadora da morte de seu pai. Assim, a mãe agiu em necessidade e em evidente interesse de seu filho, como lhe assegura o próprio art. 1.691 e o art. 1.634, V, ambos do CC. Manutenção da decisão atacada. Recurso desprovido. (TJSP, AI n. 715.781/9/1-00/Marília, 24ª Câm. de Dir. Priv., rel. Walter Fonseca, j. 13.03.2008, *DJ* 22.04.2008)

Processual civil. Ação de indenização por ato ilícito. Apelação cível. Fazenda Pública estadual. Prescrição quinquenal. Art. 1º do Decreto n. 20.910/32. Menor impúbere. Inaplicabilidade. Recurso não provido. 1 – Cuidam os autos de ação de indenização ajuizada por M.F.R.S. contra o Estado do Amazonas objetivando indenização por danos estéticos sofridos por sua filha após ter recebido a terceira dose de vacina antirrábica. A sentença julgou prescrito o direito pelo desaparecimento da tutela legal. No recurso especial, o Estado alega que houve ofensa aos arts. 198 do CC/2002; 269, IV, do CPC [art. 487, II, do CPC/2015] e 1º do Decreto n. 20.910/32. Em síntese, defende no recurso especial a reforma do acórdão recorrido, para o reconhecimento da prescrição, pelo lapso temporal de mais de 5 anos do evento danoso até a propositura da respectiva ação, extinguindo-se o processo com resolução do mérito, na forma do art. 269, IV, do CPC [art. 487, II, do CPC/2015]. Contrarrazões pelo conhecimento e não provimento do recurso. 2 – Ação de indenização. Sequelas decorrentes da má-prestação de serviço médico em hospital público. Ação manejada pela genitora da vítima, que contava com 8 anos à época do sinistro e com 14 à época do ajuizamento. Representação legal decorrente de expressa disposição legal (art. 8º do CPC c/c art. 1.634, V, do CC) [art. 71 do CPC/2015]. A prescrição não corre contra os absolutamente incapazes (art. 198, I, do CC). Prescrição afastada. Precedente do STJ. 3 – Recurso especial conhecido e não provido. (STJ, REsp n. 993.249/AM, 1ª T., rel. Min. José Delgado, j. 06.03.2008, *DJ* 03.04.2008)

Prestação de serviços educacionais. Ação de cobrança. Ilegitimidade passiva do cônjuge que não assinou o contrato. Reconhecimento de ofício. Inviabilidade. Hipótese em que ainda carece de comprovação a ausência de responsabilidade do genitor em relação à menor, tendo-se em vista o exercício do poder familiar. Em princípio, a responsabilidade dos pais em concorrerem para a educação dos filhos se sobrepõe ao regime contratual comum. Extinção afastada. Agravo de instrumento provido. (TJSP, AI n. 1.088.608-0/0, rel. Des. Cristina Zucchi, j. 25.04.2007)

Direito civil e processual civil. Ação de indenização por danos materiais e morais. Atropelamento. Morte da vítima. Valores destinados aos irmãos menores. Movimentação da conta pela mãe. Possibilidade. Exercício do poder familiar. Administração dos bens dos filhos. Os valores destinados aos irmãos menores da vítima de acidente fatal, depositados em cadernetas de poupança, podem ser livremente movimentados pela mãe, porque no exercício do poder familiar e da administração dos bens dos filhos. Precedentes. Recurso especial conhecido e provido. (STJ, REsp n. 727.056, 3ª T., rel. Min. Nancy Andrighi, j. 17.08.2006, *DJ* 04.09.2006)

Frequência escolar. Matéria de direito de família. Art. 249 do ECA. Carência de ação por impossibilidade jurídica do pedido. 1 – O art. 249 do ECA autoriza o ajuizamento da representação pelo MP para apurar a responsabilidade dos pais, não havendo fundamento para reconhecer carência de ação por impossibilidade jurídica do pedido. 2 – No caso, se houve Termo de Responsabilidade assinado pelos pais [...] e Termo de Advertência [...], daí provocando a iniciativa da Representação ajuizada pelo MP, não se há de exigir que mais provas sejam apresentadas com a inicial. 3 – Todos sabemos da ineficiência do Estado nos cuidados com a infância e adolescência, falhas até aqui de políticas públicas capazes de enfrentar esse enorme desafio de criar condições concretas para prover educação e assistência aos que se encontram desamparados. Mas isso não significa alijar do cenário a responsabilidade dos pais, embora em muitas circunstâncias seja-lhes difícil dispor de meios para tanto. 4 – Recurso especial conhecido e provido. (STJ, REsp n. 768.572, 3ª T., rel. Min. Carlos Alberto Menezes Direito, j. 10.08.2006, *DJ* 02.10.2006)

Apelação cível. ECA. Apuração de ato infracional. Infrequência escolar. Desobediência (art. 330, CP). É dos pais e/ou responsáveis o dever de assegurar e dirigir a educação da criança e do adolescente, devendo a pretensão ser contra esses deduzida, em observância aos comandos contidos no art. 227 da CF/88, art. 4º do ECA, e art. 1.634, I, do CC/2002. Negaram provimento. Unânime. (TJRS, Ap. Cível n. 70.014.339.667, 8ª Câm. Cível, rel. Des. Claudir Fidelis Faccenda, j. 22.06.2006)

Alimentos. Dever familiar. Imposição legal. Paternidade responsável. Inclui-se no dever familiar, a prestação pelos pais, de alimentos aos filhos menores, conforme previsto, às expressas, no *Civile Codex* (art. 1.566, IV, CC – antigo art. 231, IV, CC – e art. 1.634, I, CC – antigo art. 384, I, CC), dever esse elevado à categoria de norma constitucional, consoante a regra insculpida no art. 229 da Lei Magna vigente. Cabe àquele que gerou o filho o ônus de sustentá-lo, por imperativo emanado, da paternidade responsável. (TJMG, Ap. Cível n. 1.0702.02.017838-1/001, rel. Hyparco Immesi, j. 11.08.2005, *DJ* 16.09.2005)

## *Seção III*
## *Da Suspensão e Extinção do Poder Familiar*

**Art. 1.635. Extingue-se o poder familiar:**

**I – pela morte dos pais ou do filho;**
**II – pela emancipação, nos termos do art. 5º, parágrafo único;**
**III – pela maioridade;**
**IV – pela adoção;**
**V – por decisão judicial, na forma do art. 1.638.**

O dispositivo legal relaciona, de maneira taxativa, as formas de extinção do *poder familiar*. Tais causas, com exceção daquela prevista no **inciso** V, provocarão a extinção *automática* – *"ipso iure"* – do *poder familiar*. O **inciso** I prevê a extinção em decorrência da morte de ambos os pais, pois, sobrevivendo um deles, o *poder familiar* concentrar-se-á na pessoa deste. De outra sorte, falecendo a criança ou o adolescente, extingue-se o encargo, uma vez que não existe mais o objeto do instituto, qual seja, filho menor. O **inciso II** dispõe que tendo o filho adquirido a plena capacidade civil, por meio da emancipação, esta extinguirá o *poder familiar*. Da mesma forma, no **inciso III**, sobrevindo a maioridade do filho, quando completar 18 anos e, com isso, a consequente aquisição da capacidade para todos os atos da vida civil, não se há mais que falar em *poder familiar*. O **inciso IV** prevê a adoção como causa de extinção do encargo. Contudo, ocorrerá na verdade uma transferência do *poder familiar* dos pais biológicos para os adotantes. O **inciso** V prevê a extinção do *poder familiar* no caso de ser proferida decisão judicial com fundamento nas causas previstas no art. 1.638 (veja comentário).

***Sobre alienação parental,* vide *comentário ao art. 1.583.***

**Jurisprudência:** Ação de exoneração de alimentos, calcada em alcance da maioridade civil. Cessação da presunção da necessidade e do dever de sustento decorrente do poder familiar. Aplicação do disposto no art. 1.635, III, do CC. Apelante que não comprovou a frequência a curso de formação superior, ou incapacidade para o trabalho. Exoneração do encargo alimentar que se impõe. Sentença mantida. Recurso desprovido. (TJSP, Ap. Cível n. 1005503-63.2021.8.26.0320/SP, 10ª Câm. de Dir. Priv., rel. Márcio Boscaro, j. 31.01.2022, publ. 31.01.2022)

Agravo de instrumento. Ação de guarda e visitas. Pedido de imposição de óbice ao contato entre pai e filha, sob pena de multa, e de realização de perícia. Ação de origem ajuizada a fim discutir a guarda e o regime de visitação de adolescente que atingiu a maioridade. Perda do objeto inicial da ação (arts. 1.630 e 1.635, III do CC). Maioridade que faculta à adolescente plenos poderes de autodeterminação, podendo optar ou não por se encontrar com o genitor a qualquer tempo. Perícia. Indeferimento. Prova que teria por finalidade orientar o juízo ao decidir questões relativas a guarda e visitas. Laudos psicológico e social que já se prestavam a este fim. Ação não extinta por conta da discussão instaurada incidentalmente nos autos de origem referente à alegada alienação parental, matéria cujo deslinde deve ocorrer oportunamente. Decisão mantida. Agravo desprovido, com observação, revogada a antecipação da tutela recursal. (TJSP, AI n. 2124323-48.2020.8.26.0000, 6ª Câm. de Dir. Priv., rel. Des. Alexandre Marcondes, j. 24.10.2020)

Agravo de instrumento. Execução de alimentos. Débito alimentar. Prescrição bienal. Não ocorrência. Recurso a que se nega provimento. A maioridade dos filhos extingue o poder familiar atribuído aos pais, conforme preveem os arts. 1.630 e 1.635, III, do CC, devendo esse ser o marco inicial para a contagem do prescricional disposto no art. 206, § 2º, do CC, para fins de cobrança de parcelas alimentares inadimplidas. Por outro lado, o art. 197, II, do CC prevê que não corre prescrição entre ascendentes e descendentes durante o poder familiar. (TJMG, Ap. Cível n. 10069150020639001, rel. Des. Belizário de Lacerda, j. 02.04.2019, *DJe* 10.04.2019)

Apelação cível. Destituição de poder familiar. Morte da apelante. Nos termos do art. 1.635, I, do CC, desde o óbito da mãe, está extinto o poder familiar. Portanto, inviável conhecer do apelo manejado pela genitora que veio a óbito antes de seu julgamento, razão pela qual julgado extinto o feito em relação à apelante. Extinção do feito, de ofício, prejudicado o recurso. (TJRS, Ap. Cível n. 70.060.734.613, 8ª Câm. Cível, rel. Alzir Felippe Schmitz, j. 19.12.2014)

Civil. Processual civil. ECA. Entrega da criança para adoção. Consentimento da representante legal da adotanda. Prescindibilidade de procedimento prévio de destituição do poder familiar. Hipótese não prevista no art. 1.638, II, do CC. Sentença mantida. 1 – O ato de entrega da criança para adoção não caracteriza a hipótese de perda do poder familiar prevista no art. 1.638, II, do CC (deixar o filho em abandono), sendo prescindível o prévio procedimento de destituição do poder familiar para o fim de inserção da criança no cadastro de adoção, sobretudo porque, nos termos do art. 45, do ECA, a adoção depende do consentimento dos pais ou do representante legal do adotando, como no caso, ressaltando-se que, uma vez adotada a menor, automaticamente opera-se a perda do poder familiar (art. 1.635, IV, do CC). 2 – Na lição de Maria Berenice Dias, "ninguém questiona que o ideal é crianças e adolescentes crescerem juntos a quem lhes trouxe ao mundo. Mas há uma realidade que precisa ser arrostada sem medo. Quando a convivência com a família natural se revela impossível ou é desaconselhável, melhor atende ao interesse de quem a família não deseja ou não pode ter consigo, ser entregues aos cuidados de quem sonha reconhecê-los como filhos. A celeridade deste processo é o que garante a convivência familiar, direito constitucionalmente preservado com absoluta prioridade". 3 – Nenhum reparo merece a sentença resistida que, ante a ausência de interesse processual, indeferiu a petição inicial e julgou extinto o processo, sem resolução de mérito. 4 – Recurso improvido. Sentença mantida. (TJDFT, Proc. n. 20120130045885 (739711), rel. Des. Arnoldo Camanho de Assis, *DJe* 03.12.2013, p. 144)

Adoção. Destituição do poder familiar. Inaptidão da genitora para a função parental. Situação de risco. Negligência. Nulidade processual. Citação editalícia. Observância ao disposto no art. 231 do CPC [art. 256 do CPC/2015]. 1 – Cabível a citação por edital quando as diligências realizadas no sentido de localizar a requerida restam infrutíferas, gerando a convicção de que a parte efetivamente se encontra em lugar incerto e não sabido. 2 – Descabe alegar nulidade processual, quando são observadas as formalidades legais e a parte permaneceu silente, tendo-lhe sido nomeada curadora especial, que foi atuante no processo. 3 – Para que ocorra a adoção, necessariamente é preciso que haja a destituição do poder familiar, conforme art. 1.635, IV, do CCB e no art. 41 do ECA. 4 – Se a genitora abandonou o filho com a postulante da adoção, jamais tendo exercido de forma adequada a maternidade, é imperiosa a destituição do poder familiar, para que o adolescente, que já está inserido na família que o acolheu desde quando contava oito meses de vida, continue a desfrutar de uma vida saudável e equilibrada. 3 – [*sic*] Deve sempre prevalecer o interesse da criança ou adolescente acima dos demais, e, no caso, os elementos de convicção apontam a conveniência da adoção pela autora, com quem o adolescente já reside desde tenra idade. Recurso desprovido. (TJRS, Ap. Cível n. 70.059.968.974, 7ª Câm. Cível, rel. Des. Sérgio Fernando de Vasconcellos Chaves, j. 30.07.2014)

Apelação cível. Destituição do poder familiar. Caso em que, ante a falta aos deveres do poder familiar por parte dos pais demandados, é de rigor a manutenção da sentença que julgou procedente o pedido de destituição do poder familiar dos pais em relação aos quatro filhos, na forma dos arts. 1.635 e 1.638 do CC e art. 155 do ECA. Negaram provimento. (TJRS, Ap. Cível n. 70.052.926.383/São Jerônimo, 8ª Câm. Cível, rel. Rui Portanova, j. 06.06.2013, *DJ* 12.06.2013)

Ação de destituição de poder familiar. Réu acusado da prática de homicídio contra a genitora do autor. Condenação em primeira instância. Julgamento antecipado da lide. Descabimento. Direito indisponível. Necessidade de produção de provas, que foram requeridas pelo autor. Inclusive, pleiteado exame de DNA. Direito à identidade biológica a ser observado. Demais circunstâncias que também demandam elaboração de laudo técnico, em face da gravidade da medida pleiteada. Elementos probatórios insuficientes para o acolhimento de plano do pedido. Sentença anulada de ofício para determinar a regular instrução do feito, prejudicado o apelo. (TJSP, Ap. n. 0013278-30.2012.8.26.0008, 4ª Câm. de Dir. Priv., rel. Milton Carvalho, j. 06.06.2013)

Apelação. Infração administrativa. ECA. Descumprimento de dever inerente ao poder familiar (art. 249 do ECA). Genitores representados em face da evasão escolar da filha de 14 anos. Pedido de imposição de multa. Sentença de procedência. Impossibilidade. Extinção do poder familiar em face da maioridade da adolescente alcançada pela união estável. Exegese dos arts. 1.635, II, e 5º, II, do CC. Dolo e culpa ademais não demonstrados. Sentença reformada. Recurso provido. (TJSC, Ap. n. 2012.070659-4/Videira, 4ª Câm. Crim., rel. Rodrigo Collaço, j. 23.05.2013)

Agravo de instrumento. Ação de adoção. Destituição do poder familiar dos pais biológicos. Citação. Desnecessidade. Decisão reformada. Com fundamento no § 1º, do art. 45, do ECA, em ação de adoção, para procedência do pedido, é prescindível o consentimento dos pais biológicos do menor que foram destituídos do poder familiar. Recurso provido. (TJMG, AI n. 1.0378.10.002503-0/001, rel. Des. Eduardo Andrade, j. 29.05.2012)

Família. Processo civil. Ação de destituição de poder familiar. Mãe-autora que objetiva a sua própria destituição. Ilegitimidade ativa *ad causam* e impossibilidade jurídica do pedido. Extinção, sem resolução do mérito. Sentença mantida. A ação de destituição de poder familiar ajuizada pela mãe e em seu próprio desfavor deve ser extinta, sem resolução, por ilegitimidade ativa *ad causam* e por impossibilidade jurídica do pedido. (TJMG, Ap. Cível n. 1.0386.10.000256-0/001, rel. Des. Alberto Vilas Boas, j. 25.10.2011)

Não é de se exigir a prévia destituição do poder familiar, como pressuposto do pedido de adoção, tendo em vista que, à luz do art. 1.635, IV, CC, uma das causas de extinção do poder familiar é, exatamente, a adoção, que tem o condão de desligar o adotado de quaisquer vínculos anteriores, ressalvados os de ordem matrimonial, daí porque, nesta hipótese, opera-se automaticamente a perda do poder familiar. À luz do art. 155 do ECA, aquele que "tenha legítimo interesse" está legitimado a iniciar o procedimento para a perda ou a suspensão do poder familiar, condição esta reconhecida àquele que detém a guarda provisória do menor, em benefício do qual, a propósito, é que se defere o pedido de adoção. Em sendo a questão controvertida unicamente de direito, ou, caso não haja necessidade de produção de prova em audiência, compete ao magistrado proceder ao julgamento antecipado da lide, conforme recomenda o art. 330, I, CPC [art. 355, I, do CPC/2015], em respeito, inclusive, aos princípios da celeridade e da razoável duração do processo, agora positivado em nossa Constituição. Estando demonstrado que a mãe biológica, que se encontra em local incerto e não sabido, abandonou a filha que, então, foi entregue à guarda de casal idôneo, com estudo social favorável, deve ser deferida a adoção que, nessas hipóteses, apresenta reais vantagens para o adotando e funda-se em motivos legítimos. (TJMG, Ap. Cível n. 1.0024.09.715417-3/001, rel. Des. Edivaldo George dos Santos, j. 26.07.2011)

Pátrio poder. Destituição. Existência de motivo relevante. Menor. Ambiente inadequado para formação moral dos menores. Viabilidade legal. Da destituição *in casu*. A única forma de plasmar a personalidade de uma criança é proporcionar-lhe uma ambiência propícia para a forja de sua formação moral e psicológica. Se os pais de sangue não reúnem essa condição ideal de criação e preparo do menor para a vida adulta, a destituição do *pater potestas* é imperiosa em nome de uma razão maior que é o interesse na higidez ética da criança. Comprovado por prova concreta – estudo social – de que os pais biológicos não têm condições psicológicas e morais para a criação e boa educação dos filhos, a inarredável destituição do *pater potestas* se impõe, haja vista a obrigação que tem os pais de promover a iniciação da formação ética dos filhos. (TJMG, Ap. Cível n. 1.0114.09.115260-2/001, rel. Des. Belizário de Lacerda, j. 26.07.2011)

Apelação cível. Adoção. Sentença *ultra petita*. Ausência de pedido expresso de destituição do poder familiar. Tratando-se de adoção deve-se dar prioridade aos interesses do menor. A ausência de pedido expresso de destituição do poder familiar não gera invalidade da sentença, visto que implícito no pleito de adoção. Inteligência do art. 1.635, IV, CC. Apelação desprovida, de plano. (TJRS, Ap. Cível n. 70.038.020.350, 7ª Câm. Cível, rel. Des. Jorge Luís Dall'Agnol, j. 29.09.2010)

Ação de destituição de poder familiar. Maioridade intercorrente. Art. 1.635, III, do CCB. Uma vez constatado que a filha atingiu a maioridade no curso do processo, extinguiu-se o poder familiar, a teor do art. 1.635, III, do CC. Logo, a demanda merece ser extinta, sem julgamento de mérito, pela perda de seu objeto, o que torna o recurso de apelação prejudicado. Extinguiram a ação, sem julgamento de mérito, prejudicado o recurso. (TJRS, Ap. Cível n. 70.031.502.362, 8ª Câm. Cível, rel. Alzir Felippe Schmitz, j. 10.09.2009)

Adoção. Destituição do poder familiar. Preliminar de nulidade da sentença. Descabimento. Inaptidão da genitora para a função parental. 1 – A ausência de expressa formulação de pedido de destituição do poder familiar, juntamente com o pedido de adoção não implica nulidade da sentença, pois, devidamente citada, a ré teve nomeada curadora especial que apresentou contestação e não se insurgiu com falta desse pleito, restando preclusa a questão, cumprindo observar que foi assegurado à ré o exercício do contraditório e da mais ampla defesa. 2 – Para que ocorra a adoção, necessariamente é preciso que haja a destituição do poder familiar, conforme previsto no art. 1.635, IV, do CC e no art. 41 do ECA. 3 – Se a genitora negligenciou e abandonou a filha com o casal postulante da adoção, jamais tendo exercido de forma adequada a maternidade, pois é portadora de deficiência mental e motora irreversível, torna-se imperiosa a destituição do poder familiar, a fim de que a criança, que já está inserida na família que a acolheu desde a morte do pai, continue a desfrutar de uma vida saudável, equilibrada e feliz. 3 – Deve sempre prevalecer o interesse da criança acima de todos os demais, e, no caso em tela, os elementos de convicção são eloquentes em apontar a conveniência da adoção pelo casal, cujo varão é seu tio, irmão da genitora, com quem a infante já reside. Recurso desprovido. (TJRS, Ap. Cível n. 70.025.997.164, 7ª Câm. Cível, rel. Sérgio Fernando de Vasconcellos Chaves, j. 05.11.2008, *DJ* 11.11.2008)

Prestação de contas. Valor de benefício previdenciário de filho, administrado pela mãe. Beneficiário sob guarda de outrem, por quem não adotado. Saldo credor apurado. Não ocorrência de vício na representação processual. Prescrição. Inexistência. Menor púbere. Preservação do poder familiar até sua maioridade (arts. 197, II, e 1.635, III, CC). Recurso desprovido. (TJSP, Ap. c/ Rev. n. 530.572/4/4-00/Paraibuna, 1ª Câm. de Dir. Priv., rel. Vicentini Barroso, j. 13.05.2008, *DJ* 04.06.2008)

Família. Separação litigiosa, alimentos e partilha de bens. Filho maior. Extinção do poder familiar (CC/2002, art. 1.635, III). Ilegitimidade ativa para figurar no polo ativo, demanda de um dos pais contra o outro. Necessidade de ação própria, alimentos em razão do parentesco, imprescindibilidade de discussão sobre o chamado do binômio alimentar. Hipótese em que a filha maior, ademais, já concluiu curso superior e se encontra trabalhando. Alimentos que não são devidos. Partilha de bens. Inexistência de causa impeditiva para que se proceda a divisão patrimonial desde logo, mormente não havendo controvérsia a respeito. Divisão do patrimônio comum que se deve proceder na forma igualitária, pretendida pelas partes, exceto de um automóvel já alienado. Apelação provida. (TJRS, Ap. Cível n. 70.015.255.136, 8ª Câm. Cível, rel. Des. Luiz Ari Azambuja Ramos, j. 22.06.2006)

ECA. Destituição do poder familiar. Núcleo familiar inadequado para a formação e educação das crianças, consoante retratado no estudo social. Ausência de vínculo afetivo. Maus-tratos e abandono dos menores. Ingestão de bebida alcoólica por parte dos genitores. Risco à integridade física, moral e psicológica dos menores. Ação procedente, sentença que se impõe confirmada relativamente ao genitor. Óbito posterior da genitora, perda de objeto da ação, extinguindo-se *via legis* o poder familiar (CC/2002, art. 1.635, I). Processo extinto, em parte, de ofício (CPC, art. 267, VI) [art. 485, VI, do CPC/2015]. Apelação parcialmente conhecida e desprovida. (TJRS, Ap. Cível n. 70.014.226.492, 8ª Câm. Cível, rel. Des. Luiz Ari Azambuja Ramos, j. 23.03.2006)

Execução de alimentos. Prescrição. Inocorrência. Poder familiar. Art. 197 do CC. Sentença mantida. "Segundo o disposto no art. 197, II, do CC/2002, antigo art. 168, II, do CC/1916, a prescrição não corre entre ascendentes e descendentes durante o poder familiar". "O art. 1.635 do CC menciona que a extinção do poder familiar somente ocorrerá com a morte dos pais ou do filho, pela emancipação, maioridade, adoção ou por decisão judicial, na forma do art. 1.638 do mesmo diploma legal". (TJMG, Ap. Cível n. 1.0024.00.007669-5/001, rel. Alvim Soares, j. 14.09.2004, *DJ* 05.11.2004)

Adoção e destituição do pátrio poder. Sentença que destitui a mãe biológica do pátrio poder sobre a filha e a dá em adoção aos autores. Alegação de nulidade da citação. Se foram esgotados todos os meios usuais para a localização do paradeiro da mãe da menor, sem que se tenha conseguido qualquer êxito, válida é a citação editalícia. A destituição do pátrio poder é consequência lógica e prejudicial do pedido de adoção, estando implícita a pretensão quando se postula a segunda. Provado que a mãe biológica abandonou sua filha logo após a concepção, e entregue aos adotantes, na companhia de quem vive há vários anos, perfeitamente incorporada ao seio da nova família, bem assim, o total desinteresse da mãe de sangue pela menor durante todo este tempo, correta é a decisão que a destitui do pátrio poder e defere a adoção aos requerentes. Adotantes que reúnem todas as condições para o exercício do encargo. Procedência do pedido de adoção com a consequente decretação da perda do pátrio poder (TJRJ, Ap. Cível n. 17.623, 1ª Câm., rel. Fernando Cabral, j. 06.12.2002). (*RBDFam* 18/135)

---

**Art. 1.636. O pai ou a mãe que contrai novas núpcias, ou estabelece união estável, não perde, quanto aos filhos do relacionamento anterior, os direitos ao poder familiar, exercendo-os sem qualquer interferência do novo cônjuge ou companheiro.**

**Parágrafo único. Igual preceito ao estabelecido neste artigo aplica-se ao pai ou à mãe solteiros que casarem ou estabelecerem união estável.**

---

O artigo dispõe que a nova união dos pais – casamento ou união estável – não tem o condão de deslocar o *poder familiar* para os novos cônjuges ou companheiros. Aliás, o legislador vedou expressamente a possibilidade de qualquer ingerência do novo consorte sobre a formação e a educação do menor, filho de seu cônjuge ou companheiro. Assim, os pais que venham a constituir nova família não deixam de exercer o múnus, que continuará sendo partilhado com o outro genitor do menor, sem qualquer alteração (*v.* comentário ao art. 1.588). O parágrafo único prescreve que o mesmo ocorrerá no caso de pais solteiros que venham a casar ou a constituir união estável.

**Jurisprudência:** Apelação cível. Ação de destituição do poder familiar. Sentença de procedência. Recurso da genitora. Alegação de que os laudos sociais estariam desatualizados e não dariam conta da atual situação da recorrente. Inocorrência. Transcurso de menos de 6 meses entre elaboração dos últimos laudos e a data da prolação da sentença. Manutenção de relação amorosa estável entre a genitora e terceiro que não é suficiente para demonstrar a existência de condições para o cuidado dos infantes. Problemas graves de drogadição e alcoolemia e prestação de serviços sexuais diante dos menores. Descuido com a saúde e educação das crianças atestado em diversas oportunidades por diferentes profissionais. Inteligência do art. 1.638 c/c o art. 1.636 do CC. Destituição do poder familiar que é a medida que se impõe. Alegação de que não houve tentativa de colocação dos infantes sob poder da família estendida que tampouco merece acolhida. Ascendentes dos genitores que não manifestaram interesse em cuidar das crianças, mesmo após contato da assistência social. Pais que ou não quiseram ficar com as crianças ou não possuem condições para tanto. Recurso conhecido e desprovido. (TJSC, Ap. Cível n. 09000109620188240049, 1ª Câm. de Dir. Civil, rel. Des. Rosane Portella Wolff, j. 27.06.2019)

---

**Art. 1.637. Se o pai, ou a mãe, abusar de sua autoridade, faltando aos deveres a eles inerentes ou arruinando os bens dos filhos, cabe ao juiz, requerendo algum parente, ou o Ministério Público, adotar a medida que lhe pareça reclamada pela segurança do menor e seus haveres, até suspendendo o poder familiar, quando convenha.**

**Parágrafo único. Suspende-se igualmente o exercício do poder familiar ao pai ou à mãe condenados por sentença irrecorrível, em virtude de crime cuja pena exceda a dois anos de prisão.**

---

O legislador relaciona, nesse dispositivo, de forma genérica, as causas que autorizam a suspensão do *poder familiar*. Considerando-se que o instituto é um encargo, delegado pela sociedade aos pais, esta exerce, por meio da lei, uma fiscalização sobre a atuação dos genitores, zelando, exclusivamente, pelo interesse dos menores. As causas acima enumeradas podem levar à suspensão de todos os atributos do *poder familiar* ou de apenas um ou alguns. Além disso, podem ter caráter temporário, de tal maneira que se desaparecerem, e sendo assim reconhecido pelo juiz, este determinaria o fim da suspensão do *poder familiar*.

O pedido pode ser apresentado pelo Ministério Público ou por qualquer parente e, sendo acolhido, o juiz determinará a concentração do *poder familiar* no outro genitor, ou, se este faltar ou estiver impedido, caberá a nomeação de um tutor. Muitas são as circunstâncias que podem autorizar a suspensão, como o abuso da autoridade dos pais, por meio de proibições e restrições exageradas e atuação destes com negligência, omissão ou comprovado descuido com relação a educação, criação, formação, saúde ou patrimônio dos próprios filhos. A condenação por crime, com decisão transitada em julgado, cuja pena seja maior que dois anos de prisão, também configura causa para a suspensão do *poder familiar*, pelo período que durar seu cumprimento, seja por encarceramento ou pelo regime de substituição da pena, conforme determina o parágrafo único.

***Sobre alienação parental,* vide *comentário ao art. 1.583.***

**Jurisprudência:** Apelação cível. Preliminar de inadmissibilidade. Rejeição. Ação de destituição de poder familiar c/c adoção. Ilegitimidade ativa. Ausência de legítimo interesse. Art. 1.637, CC. Art. 155, ECA. Recurso conhecido e não provido. 1. A questão afeta à legitimidade dos apelantes para figurar no polo ativo da demanda diz respeito ao mérito recursal e não aos requisitos de admissibilidade do recurso. 2. A norma inserta no art. 1.637, CC, confere legitimidade apenas ao MP e aos parentes para propor a ação de destituição do poder familiar, no entanto, o ECA – lei especial – ampliou o rol de legitimados, para abranger aqueles que possuem "legítimo interesse" em instaurar procedimento visando à suspensão ou perda do poder familiar, sempre visando o melhor interesse do infante. 3. Malgrado a expressão "legítimo interesse" caracterize-se como conceito indeterminado, seu alcance é determinável no caso concreto, sendo possível ao intérprete do direito averiguar quem possui legitimidade para pleitear a medida, o que ocorre, *v.g.*, nas hipóteses em que o requerente já detém a guarda de fato do menor e mantém vínculo afetivo formado, sempre, é claro, tendo como norte os princípios da proteção integral e melhor interesse da criança. Precedentes no STJ. 4. Considerando que os autores não são parentes e não possuem a guarda de fato do menor, pois contrataram uma advogada para "acordar" com seus genitores sua adoção após seu nascimento – situação juridicamente proibida no ordenamento jurídico pátrio – ausentes quaisquer das hipóteses aptas a configurar sua legitimidade para o ajuizamento o procedimento de destituição do poder familiar e, via de consequência, para a propositura da ação de adoção. (TJMG, Ap. Cível n. 1.0000.21.106286-4/0015151841-47.2020.8.13.0024, rel. Des. Bitencourt Marcondes, j. 16.09.2021)

Apelação cível. Ação de destituição do poder familiar. Colocação do menor em família substituta. Nulidade. Inexistência. Prova emprestada. Utilização. Licitude. Abandono e maus-tratos. Comprovação. Perda do poder familiar. Possibilidade. Adaptação do menor à família substituta. Melhor interesse do menor. Recurso desprovido. A colocação de crianças e adolescentes em família substituta não significa a concessão da adoção, nos termos do art. 28 do ECA. O fato de ter havido procedimento administrativo sem manifestação dos interessados não macula de nulidade o processo judicial no qual foram assegurados os direitos constitucionais ao contraditório e à ampla defesa. O poder familiar é um dever dos pais, mas o Estado moderno sente-se legitimado a intervir na família, caso seja preciso para defender o interesse dos menores envolvidos, pois se trata de um direito de fiscalizar que o Estado guarda para si, podendo suspender ou excluir o poder familiar quando um ou ambos os genitores deixar de cumprir com seus deveres, mantendo comportamento que possa prejudicar a integridade física e psíquica do filho. A Lei Civil e o ECA preveem as hipóteses de extinção do poder familiar, como uma sanção imposta pelo Judiciário em situações em que se comprova a falta, omissão ou abuso em relação aos filhos. Inteligência dos arts. 22 e 24 do ECA c/c 1.637 e 1.638 do CC. Cabalmente demonstrada nos autos a situação de risco a que estava submetido o filho da apelante, denota-se configurada a sua negligência capaz de autorizar a destituição do seu poder familiar, nos termos do art. 1.638 do CC. Ademais, tendo em vista que o menor encontra-se totalmente adaptado à família substituta, recebendo o necessário amparo material e emocional necessários ao seu desenvolvimento, a manutenção da procedência do pedido de destituição do poder familiar é medida que se impõe. (TJMG, Ap. Cív. n. 10024170855654001, rel. Des. Ângela de Lourdes Rodrigues, j. 19.09.2019, *DJe* 30.09.2019)

Apelação cível. Ação de suspensão do poder familiar. Abandono e maus-tratos. Comprovação. Hipótese. Extinção configurada. Prevalência do melhor interesse da criança. O poder familiar compete, em princípio, aos pais. A suspensão deste é excepcional e o art. 1.637 do CC/2002 elenca as hipóteses legais que permitem a medida extrema. Demonstrado nos autos o abandono e maus-tratos à criança, mister decretar a suspensão do poder familiar relativamente aos seus genitores. (TJMG, Ap. Cível n. 1.0517.08.008082-6/002, rel. Des. Fernando Caldeira Brant, j. 02.05.2013, *DJ* 09.05.2013)

Ação de destituição do poder familiar. Comprovada situação de reiterada e grave violação dos deveres inerentes ao poder familiar. Exegese dos arts. 22 e 24 do ECA, e dos arts. 1.637 e 1.638 do CC. Decretação da extinção do poder familiar mantida. Prevalência do interesse dos menores. Recurso conhecido e desprovido. Demonstrada a reiterada negligência da genitora com relação às necessidades básicas de seus filhos, deve esta ser destituída do seu poder familiar. Em todos os casos que envolvem um menor, deve-se levar em conta o seu bem-estar, o que for melhor para ele, ainda que para alcançar esse fim seja necessário retirá-lo da convivência da família biológica, situação esta que até pode parecer, em um primeiro momento, atitude drástica e exagerada, mas que, por fim, acaba por resguardar os interesses do infante. (TJSC, Ap. Cível n. 2012.058737-2/Gaspar, 6ª Câm. de Dir. Civil, rel. Jaime Luiz Vicari, j. 07.02.2013)

Apelação cível. Ação de tutela c/c extinção do poder familiar. Mãe desaparecida há mais de 15 anos. Avó exerce, de fato, o encargo de amparar os netos. Tutela deferida à avó. A mãe e o pai perderão o poder familiar nos casos em que deixar o filho em abandono, praticar atos contrários à moral e aos bons costumes e incidir, reiteradamente, nas faltas previstas no art. 1.637, como é o caso de o pai e a mãe faltar com seus deveres. Aos pais incumbe o dever de sustento, guarda e educação dos filhos menores, cabendo-lhes ainda, no interesse destes, a obrigação de cumprir e fazer cumprir as determinações judiciais. A perda e a suspensão do poder familiar serão decretadas judicialmente, em procedimento contraditório, nos casos previstos na legislação civil. Dicção dos arts. 1.635, 1.637, 1.638 e 1.728 do CC e arts. 22 e 24 do ECA. Recurso provido. (TJMG, Ap. Cível n. 1.0024.04.287151-7/001(1), rel. Des. Heloisa Combat, j. 01.07.2010)

Direito de família. Adoção. Prevalência do interesse do menor. Destituição do pátrio poder. Medida extrema. Possibilidade. Cediço é que, nos litígios em que estejam envolvidos interesses relativos a crianças, notadamente naqueles que envolvam pedido de modificação de guarda, o julgador deve ter em vista, sempre e primordialmente, o interesse do menor. A destituição do poder familiar é algo sempre perturbador e traumático para o juiz, pois envolve o poder de declarar desfeitos os vínculos de filiação e parentescos entre os pais e os filhos. Por ser algo tão sério e relevante, o legislador trata a destituição do poder familiar como algo excepcional, a ser aferido mediante o exame acurado das hipóteses previstas no art. 1.635 do CC. Este dispositivo trata das hipóteses de extinção do poder familiar e dispõe em seu inciso V que "extingue-se o poder familiar (...) por decisão judicial, na forma do art. 1.638". Com efeito, aquele que castigar imoderadamente o filho, deixá-lo em abandono, praticar atos contrários à moral e aos bons costumes e incidir reiteradamente nas faltas previstas no art. 1.637 do mesmo estatuto legal, estará sujeito à decretação da perda do poder familiar. Destarte, comprovado o abandono, a destituição do poder familiar é medida que se impõe, bem como o provimento do pedido de adoção realizado por aquele que em verdade é o pai do menor. (TJMG, Ap. Cível n. 1.0079.08.439049-5/001, rel. Maria Elza, j. 30.07.2009)

Direito de família. Guarda de menores. Suspensão do poder familiar em virtude de condenação criminal da mãe. 1 – A suspensão do poder familiar da mãe condenada por sentença transitada em julgado, decorre da lei (art. 1.637, parágrafo único, do CC), não tendo o condão de alterar tal fato a simples alegação de estar a condenada cumprindo rigorosamente a pena imposta. 2 – Recurso não provido. (TJMG, Ap. Cível n. 1.0362.03.033045-4/002, rel. Edgard Penna Amorim, j. 19.02.2009)

Apelação. Direito de família. ECA. Destituição do poder familiar. Genitora presa. Melhor interesse do incapaz. 1 – Impõe-se a destituição do poder familiar quando evidenciado que a genitora descumpre injustificadamente os deveres inerentes à condição de provedora, expondo o filho a situação de risco por abandono material e moral. 2 – O fato de a apelante estar cumprindo pena de três anos de reclusão por tráfico de entorpecentes é causa suficiente para a suspensão do poder familiar, nos termos do art. 1.637, parágrafo único, do CC. Recurso desprovido (segredo de justiça). (TJRS, Ap. Cível n. 70.024.232.746, 7ª Câm. Cível, rel. Ricardo Raupp Ruschel, j. 25.06.2008, *DJ* 01.07.2008)

Agravo de instrumento. Medida cautelar. Suspensão do direito de visitas. Prevalência do interesse da criança. Sendo graves os atos que estariam, em tese, sendo praticados pelo genitor, quando de suas visitas, se justifica a cautela da suspensão temporária do direito de visitas, em nome do bem-estar da criança, que deve prevalecer acima de qualquer outro interesse. As visitas do genitor devem ser realizadas sem traumas, intranquilidade e desassossego à criança. Dicção do art. 1.637 do CC. Recurso a que nega provimento. (TJMG, AI n. 1.0024.05.750262-7/001, rel. Heloisa Combat, j. 15.04.2008, *DJ* 18.07.2008)

Apelação cível. Suspensão do poder familiar. Descabimento. Se não obstante a carência de recursos materiais dos genitores/apelantes e as limitações socioculturais que evidentemente daí decorrem, resultou demonstrado nos autos que não lhes falta vontade de melhorar os cuidados com a prole, descabe a suspensão do poder familiar, mormente se não incidem as hipóteses do art. 1.637 do CC/2002 e do art. 157 do ECA. É também dever do Estado e da sociedade auxiliar à família em questão (art. 227 da CF), o qual não resta cumprido tão somente com o fornecimento de uma Bolsa Família de R$ 95,00 mensais. Reforma da sentença de procedência da ação. Apelação provida. (TJRS, Ap. Cível n. 70.022.176.069, 8ª Câm. Cível, rel. José Ataídes Siqueira Trindade, j. 19.12.2007, *DJ* 17.01.2008)

Suspensão do pátrio poder. Alegação de abuso sexual praticado pelo genitor. Perícias social e psicológica conclusivas acerca dos fatos noticiados. Suspensão do exercício do poder familiar por prazo indeterminado. Medida compatível com a gravidade dos fatos. Preservação dos direitos e interesses do menor. Apelo não provido. (TJSP, Ap. Cível n. 383.464-4/6, rel. Des. José Carlos Ferreira Alves, j. 21.03.2007)

ECA. Destituição do poder familiar. Suspensão determinada. Sentença *extra petita*. Inocorrência. No pedido de maior abrangência está contido o de menor. Ação promovida pelos avós para retirar o poder familiar do pai, preso pelo homicídio da esposa. Hipótese contemplada no parágrafo único do art. 1.637 do CC/2002.

Sentença mantida. Apelação desprovida. (TJRS, Ap. Cível n. 70.015.812.761, 8ª Câm. Cível, rel. Des. Luiz Ari Azambuja Ramos, j. 14.09.2006)

Honorários de advogado. Contratação que atingiu interesse de incapazes. Validade da contratação que cabe ser sopesada com o resultado obtido em favor dos incapazes. Percentual dos honorários contratados que deve ser reduzido, porque excessivo. Exegese dos arts. 384, V, c/c 385 e 386, todos do CC/1916 e dos arts. 1.634, V, e 1.637 do novo CC. Recurso provido em parte. (TJSP, AI n. 131.571/8/7-00, 5ª Câm. (extinto I TAC), rel. Cunha Garcia, j. 10.05.2005, *DJ* 18.05.2005)

---

**Art. 1.638. Perderá por ato judicial o poder familiar o pai ou a mãe que:**

**I – castigar imoderadamente o filho;**

**II – deixar o filho em abandono;**

**III – praticar atos contrários à moral e aos bons costumes;**

**IV – incidir, reiteradamente, nas faltas previstas no artigo antecedente;**

**V – entregar de forma irregular o filho a terceiros para fins de adoção.**

Inciso acrescentado pela Lei n. 13.509, de 22.11.2017.

**Parágrafo único. Perderá também por ato judicial o poder familiar aquele que:**

Parágrafo acrescentado pela Lei n. 13.715, de 24.09.2018.

**I – praticar contra outrem igualmente titular do mesmo poder familiar:**

Inciso acrescentado pela Lei n. 13.715, de 24.09.2018.

***a)* homicídio, feminicídio ou lesão corporal de natureza grave ou seguida de morte, quando se tratar de crime doloso envolvendo violência doméstica e familiar ou menosprezo ou discriminação à condição de mulher;**

Alínea acrescentada pela Lei n. 13.715, de 24.09.2018.

***b)* estupro ou outro crime contra a dignidade sexual sujeito à pena de reclusão;**

Alínea acrescentada pela Lei n. 13.715, de 24.09.2018.

**II – praticar contra filho, filha ou outro descendente:**

Inciso acrescentado pela Lei n. 13.715, de 24.09.2018.

***a)* homicídio, feminicídio ou lesão corporal de natureza grave ou seguida de morte, quando se tratar de crime doloso envolvendo violência doméstica e familiar ou menosprezo ou discriminação à condição de mulher;**

Alínea acrescentada pela Lei n. 13.715, de 24.09.2018.

***b)* estupro, estupro de vulnerável ou outro crime contra a dignidade sexual sujeito à pena de reclusão.**

Alínea acrescentada pela Lei n. 13.715, de 24.09.2018.

---

Legislação correlata: art. 24, Lei n. 8.069, de 13.07.1990 (ECA).

A perda do *poder familiar* ocorre em razão de situações de extrema gravidade, em que a conduta do genitor está totalmente contrária aos interesses do menor, trazendo prejuízos irreparáveis a este. O **inciso I** dispõe que o pai (ou a mãe) perderá o encargo se aplicar ao filho menor castigos que extrapolem a própria autoridade que lhe foi reconhecida por lei, por meio de atos de extrema violência, que atentem contra a integridade física da criança ou do adolescente; ou mediante a manutenção do menor em cárcere privado; ou ainda, obrigando-o a executar trabalho incompatível com sua idade e condição física.

O **inciso II** prevê que o pai (ou a mãe) será destituído do *poder familiar*, quando relegar seu filho ao abandono moral, afetivo e material, privando-o do sustento, de habitação, de condições de saúde e educação. Contudo, há na doutrina uma posição de ressalva à perda "automática" do *poder familiar* nos casos de extrema pobreza do genitor ou quando este não apresentar condições de saúde que permitam dedicar-se ao próprio filho, recomendando a suspensão até que seja possível ao pai assumir os cuidados com o menor.

O **inciso III** dispõe como fundamento à perda do *poder familiar*, a conduta do genitor que seja contrária à moral e aos bons costumes. Aos pais cabe a orientação e a criação dos filhos, visando à formação do caráter destes, dentro dos princípios morais e das regras de honestidade e dignidade (*v.* comentário ao art. 1.634). Vislumbra o legislador as hipóteses em que, por meio da permissividade do genitor, o filho cresça e conviva em ambiente indigno e reprovável, em que ocorram práticas criminosas ou libidinosas, uso de drogas ou álcool, ou que o genitor induza a criança ou adolescente à prostituição ou à conduta delituosa.

A causa prevista no **inciso IV** contém rol taxativo (art. 1.637) das práticas cometidas pelo genitor, de forma repetida e constante, que representam violação dos deveres dos pais e que darão fundamento à perda do *poder familiar*. Em quaisquer dos casos, o juiz determinará a perda do *poder familiar* pelo genitor culpado e a concentração do exercício nas mãos do outro. Caso este último seja falecido ou incapaz de exercer o *poder familiar*, caberá a nomeação de um tutor.

Por fim, o inciso V, introduzido pela Lei n. 13.509/2017, que buscou incentivar e facilitar o processo de adoção no Brasil, estabeleceu nova hipótese de perda do poder familiar para aquele que entregar de forma irregular o seu filho para adoção, descumprindo, portanto, os trâmites procedimentais exigidos pela lei. A medida visa a impedir a conhecida "adoção à brasileira" e, embora pareça não desestimular aquele que tenha o ideal de não permanecer com o filho, impõe o pronto reconhecimento da perda do poder familiar, incentivando a rápida adoção por terceiro. A medida ainda desestimula o arrependimento posterior.

O parágrafo único deste artigo foi acrescentado pela Lei n. 13.715/2018 que dispõe sobre hipóteses de perda do poder familiar pelo autor de determinados crimes contra outrem igualmente titular do mesmo poder familiar ou contra filho, filha ou outro descendente. A lei também alterou o art. 92, II, do CP que trata dos efeitos da condenação, ao estabelecer que o agente poderá perder a capacidade para o exercício do poder familiar, da tutela ou da curatela nos crimes dolosos sujeitos à pena de reclusão *cometidos*, também, *contra outrem igualmente titular do mesmo poder familiar*, contra filho, *filha ou outro descendente* ou contra tutelado ou curatelado. Da mesma forma, visando a harmonia do sistema jurídico, a lei ainda modificou o disposto no art. 23, § 2º, do ECA, ao dispor que a condenação criminal do pai ou da mãe não implicará a destituição do poder familiar, exceto na hipótese de condenação por crime doloso sujeito à pena de reclusão *contra outrem igualmente titular do mesmo poder familiar ou* contra filho, filha *ou outro descendente*. Como se vê, são hipóteses que estão relacionadas às situações de violência praticadas não só contra o filho ou a filha, mas ainda contra a pessoa que também exerce o poder familiar. O legislador enumerou os atos e as pessoas que deles foram vítimas para alargar as hipóteses de perda do poder familiar, em manifesta intenção de enfrentamento à violência no âmbito doméstico contra filhos, menores e mulheres. Com efeito, não se pode manter o poder familiar daquele genitor que atenta contra a vida, a incolumidade física e a dignidade do seu próprio filho (ou filha). Da mesma maneira, não se justifica a manutenção desse poder se o ato enumerado no dispositivo for cometido também contra outrem igualmente titular do mesmo poder familiar. Impossível conceber, pois, que o pai atente contra a vida, incolumidade física e dignidade da mãe, com quem divide o poder familiar, sem que se pense em resguardar a formação moral e física do filho. Pela nova regra, pessoas que cometem as condutas apontadas no dispositivo contra o pai ou a mãe de seus filhos podem perder o poder familiar sobre eles. Contudo, não há dúvida de que a medida severa somente pode ser aplicada à vista das circunstâncias do caso concreto, especialmente, considerando as consequências que dela advirão ou advieram para o filho, uma vez que existirão situações em que a punição poderá passar da pessoa do genitor, atingindo indevidamente o filho, por exemplo, no caso em que um atente contra o outro por violenta emoção, embora seja um ótimo pai ou mãe, demonstrando todos os atributos inerentes ao poder familiar. O interesse do menor nesse caso não estaria sendo preservado. A lei ainda dispôs que perderá o poder familiar aquele que praticar os referidos atos contra outro descendente, ou seja, quando a conduta for praticada contra seu neto ou bisneto, por exemplo. Assim, atentando o avô contra a vida, incolumidade física e dignidade de seu neto, perderá o poder familiar não quanto a ele, porque não o detém, mas do filho sobre o qual ainda possui esse poder, porquanto demonstrou não ter condições para desempenhá-lo.

A lei determina que o procedimento objetivando a destituição do poder familiar deve ser instaurado perante o juízo cível, que decidirá, ao final, sobre a prática das condutas descritas nos incisos I e II do parágrafo único do artigo por seu autor. Ao que parece, o ato judicial retratado no artigo, refere-se à *sentença civil* – embora a medida também possa ser concedida, em caráter de urgência, a título provisório (CPC, arts. 300 a 310) – a ser proferida com fundamento nas provas, colhidas sob o crivo do contraditório, no qual poderá ser discutida a responsabilidade subjetiva do autor pelos atos praticados, uma vez que se trata de condutas dolosas. Para a ação terão legitimidade ativa a vítima que exerce o poder familiar, o menor sujeito a este poder e, em caráter concorrente, o Ministério Público. Não referiu o legislador a necessidade de que houvesse antes uma condenação criminal, para que só após o juiz cível pudesse decretar a perda do poder familiar, como, aliás, consta da redação do art. 23, § 2º, do ECA, inalterada nesse ponto pela Lei n. 13.715/2018, em aparente contradição. Por isso, vislumbra-se, no caso, a incidência da regra consagrada no art. 935 deste Código, que prevê a independência relativa ou mitigada da jurisdição civil em relação à criminal. Assim, se já houver uma condenação criminal, será desnecessário um novo pronunciamento judicial. E ainda, se a sentença criminal eventualmente reconhecer a inexistência do fato; que o acusado não foi o seu autor, ou que lhe favorece uma causa de exclusão da ilicitude, não mais poderão ser questionadas tais matérias no juízo cível (*v.* com. art. 935). Ademais, sustentável o argumento de que a necessidade de prévia condenação criminal importaria o esvaziamento da norma, já que a perda do poder familiar é também efeito da condenação (CP, art. 92, II).

**Jurisprudência:** Apelação cível. ECA. Destituição do poder familiar. Situação de risco demonstrada via laudos social e psicológico. Genitores que não apresentam condições de proporcionar o desenvolvimento saudável do filho. Descumprimento dos deveres inerentes ao poder familiar. Art. 1.638 do CC e arts. 22 e segs. do ECA. Princípio constitucional da máxima proteção à criança. Prevalência do melhor interesse do infante. Sentença confirmada. Recurso conhecido e desprovido. (TJRS, Ap. n. 5000414-66.2018.8.21.0083/Bom Jesus, 7ª Câm. Cível, rel. Roberto Arriada Lorea, j. 25.10.2023, *DJ* 25.10.2023)

Apelação cível. ECA. Destituição de poder familiar. Genitora que não apresenta condições de responsabilizar-se pelo filho. Melhor interesse do infante. Sentença integralmente mantida. Caso dos autos em que a prova testemunhal evidencia que a apelante não possui condições de exercer o poder familiar, tendo em vista que deixou de se responsabilizar pelo filho e o colocou em situações de risco, traficando entorpecentes na sua presença. Necessidade de prevalência do melhor interesse do infante. Sentença que adequadamente ponderou o contexto dos autos. Apelação desprovida. (TJRS, Ap. Cível n. 50040470620228210064/Santiago, 8ª Câm. Cível, rel. José Antônio Daltoe Cezar, j. 15.06.2023, *DJ* 15.06.2023)

Apelação. Destituição do poder familiar. Sentença de procedência. Apelo da genitora. Preliminares. Nulidade da r. sentença por ausência de fundamentação. Eiva não verificada na espécie. Fundamentação que levaria em conta as teses defensivas, considerando e refutando os argumentos propostos. Cerceamento de defesa. Inocorrência. Ampla possibilidade da parte se manifestar e produzir provas. As normas processuais são, acima de tudo, instrumentos de concretização de direitos materiais. Sob esse enfoque, deve-se ponderar se a inobservância de regra específica originaria efetivo prejuízo à recorrente, influenciando no resultado da causa. Circunstâncias não vislumbradas na hipótese dos autos. Medida imposta dentro dos critérios da melhor técnica que a hipótese apontara. Desnecessidade de qualquer reparo. Conjunto probatório suficiente. Núcleo familiar acompanhado desde 2014. Negligência da recorrente nos cuidados básicos com os filhos. Apelante que incidira, reiteradamente, nas faltas previstas no art. 1.637 do CC. Genitora que não ostentaria capacidade e discernimento suficientes ao exercício da maternidade. Descumprimento dos deveres de guarda, proteção e educação caracterizados. Destituição fundada no superior interesse das crianças. Inteligência do art. 1.638, IV, do CC, e art. 24, ECA. Sentença mantida. Precedentes. Recurso não provido. (TJSP, Ap. Cível n. 1005608-80.2020.8.26.0609/SP, Câm. Especial, rel. Sulaiman Miguel, j. 16.05.2022, publ. 16.05.2022)

Apelação. Destituição do poder familiar. Negligência. Abandono. Exposição à situação de risco. Sentença que julgou procedente a pretensão inicial para o fim de destituir os genitores da autoridade parental. Irresignação do requerido. Incapacidade para o exercício dos atributos inerentes ao poder familiar cabalmente comprovada. Genitor que está recluso e que confirmou não reunir condições de assumir os cuidados com a prole, além de não contar com rede de apoio para reverter as condições adversas que deram azo ao acolhimento institucional. Configuração de grave violação dos deveres inerentes à autoridade parental. Inteligência do art. 1.638, II, do CC. Ausência de parentes para inserção das menores no seio da família extensa. Aplicação do postulado normativo do interesse superior da criança. Sentença mantida. Recurso desprovido. (TJSP, Ap. Cível n. 1004146-87.2020.8.26.0577/SP, Câm. Especial, rel. Daniela Cilento Morsello, j. 28.04.2022, publ. 28.04.2022)

Apelação. Destituição do poder familiar cumulada com anulatória de registro de nascimento. Sentença de procedência. Apelo da genitora. Alegado desacerto da decisão porque ausente hipótese a legitimar a medida excepcional. Descabimento. Conjunto probatório suficiente. Mãe que, inicialmente, demonstrara, perante o Juízo, enquanto grávida, o seu intento de entregar a rebenta à adoção. Formalidade prevista no art. 19-A, *caput*, do ECA, observada. Posterior falseamento do registro de nascimento. Petiz entregue irregularmente a casal não habilitado à adoção. Situação que configura burla ao CNA. Criança exposta à situação de risco. Guarda de fato exercido pelo casal. Ausência de vínculo socioafetivo entre a genitora e a filha. Abandono. Descumprimento dos deveres de guarda, proteção e educação caracterizados. Impossibilidade de colocação da menor na família extensa. Criança já desabrigada e inserida numa família substituta. Destituição que se impõe, fundada no superior interesse da criança. Inteligência do art. 1.638, II e V, do CC, e art. 24, ECA. Sentença mantida. Precedentes. Recurso não provido. (TJSP, Ap. Cível n. 1017386-77.2020.8.26.0405/SP, Câm. Especial, rel. Sulaiman Miguel, j. 28.03.2022, publ. 29.03.2022)

Apelação. Destituição do poder familiar. Abandono. Genitora que vive em situação de rua e drogadição. Paradeiro atual desconhecido. Esgotamento das tentativas de localização dos requeridos. Citação editalícia válida. Sentença que julgou procedente o pedido inicial. Apelo da genitora. Preliminar de nulidade de citação por edital afastada. Exaurimento das tentativas de localização do atual domicílio da demandada. Observância do disposto nos arts. 256 do CPC e art. 158, § 1°, do ECA. Grave violação dos atributos do poder familiar cabalmente comprovada. Inteligência do art. 1.638, III, do CC. Omissão materna nos cuidados dos filhos e prática de maus-tratos. Genitora que é usuária de bebidas alcoólicas, com indício de que faz uso de substâncias entorpecentes, cujo paradeiro é de difícil apuração. Aplicação do postulado normativo do interesse superior da criança. Sentença mantida. Recurso desprovido. (TJSP, Ap. Cível n. 1014277-97.2020.8.26.0003/SP, Câm. Especial, rel. Daniela Cilento Morsello, j. 22.03.2022, publ. 22.03.2022)

Apelação. Infância e adoção unilateral c/c destituição do poder familiar. Genitor biológico que nunca manteve contato com a filha e nem lhe prestou qualquer assistência moral ou material. Abandono caracterizado. Art. 1.638, II, do CC. Relação paterno-filial entre padrasto e enteada configurada. Prevalência do melhor interesse da adolescente. Sentença que julgou procedente o pedido inicial. Irresignação do genitor biológico. Nulidade da citação por edital não configurada. Ausência de dados relativos à qualificação do requerido que inviabilizaram a realização de diligências úteis e concretas, junto aos órgãos públicos para a obtenção do seu atual domicílio. Pesquisas realizadas com base nos dados existentes. Observância dos arts. 158, § 1°, do ECA, e 256, II e § 3°, do CPC. Preliminar afastada. Genitor que nunca manteve contato com a filha e nem lhe prestou qualquer assistência moral ou material. Configuração de típica situação de abandono. Inteligência do art. 1.638, II, do CC. Padrasto que assumiu o papel paterno da menor desde sua infância. Estudo psicossocial comprobatório da existência de relação paterno-filial e estreito vínculo afetivo entre adotante e adotada. Aplicação do postulado normativo do superior interesse da menor e dos metaprincípios da proteção integral e da prioridade absoluta. Recurso improvido. (TJSP, Ap. Cível n. 1000386-29.2019.8.26.0137/SP, Câm. Especial, rel. Daniela Cilento Morsello, j. 24.02.2022, publ. 24.02.2022)

Apelação. Destituição do poder familiar e adoção. Decisão que julgou procedentes os pedidos deduzidos pelos atuais guardiões, membros da família extensa. Circunstância fática que se amolda à hipótese prevista nos arts. 1.638, II, do CC e 24 do ECA. prevalência do superior interesse do menor a impor a manutenção da sentença. Recurso improvido. 1. Pedido de destituição do poder familiar dos genitores e adoção de menor. Sentença de procedência. 2. Conjunto probatório que demonstra a inaptidão dos genitores de proverem as necessidades do filho, deixado sob os cuidados dos avós maternos, que, por sua vez, recorreram ao auxílio dos guardiões para o exercício do encargo. 3. Decretação da perda do poder familiar nas hipóteses do art. 1.638, II, do CC e art. 24 do ECA, que se impõe. 4. Em decorrência, deve a adoção ser deferida aos autores, como medida de preservação dos superiores interesses da criança, assegurando-se a melhor possibilidade de garantias abrangidas pelo art. 227 da CF e do art. 3° do ECA. 5. Contexto fático (cuidam do menor desde a tenra idade) respaldado pelo art. 50, § 13, III, da Lei n. 8.069/90, que permite a formalização do novo vínculo de filiação independentemente de submissão dos postulantes aos procedimentos exigidos aos inscritos em cadastro de habilitados à adoção, quando "oriundo o pedido de quem detém a tutela ou guarda legal de criança maior de 3 anos ou adolescente, desde que o lapso de tempo de convivência comprove a fixação de laços de afinidade e afetividade". 6. Recurso não provido. (TJSP, Ap. Cível n. 1007354-23.2018.8.26.0101/SP, Câm. Especial, rel. Luis Soares de Mello (Vice-Presidente), j. 14.12.2021, publ. 14.12.2021)

Apelação. Ação de destituição de poder familiar julgada procedente. Inconformismo. Preliminar de não exaurimento das diligências voltadas à reintegração familiar, que se confunde com o mérito. Alegação de não comprovação de nenhuma das hipóteses do CC, art. 1.638. Inocorrência. Proteção integral à infância que impõe intensa responsabilidade ao genitor e ao Estado pelo não prolongamento indefinido da institucionalização. Impossibilidade de o genitor cuidar das crianças caracterizada. Perda do poder familiar bem decretada. Recurso não provido. (TJSP, Ap. Cível n. 1015046-64.2018.8.26.0007, Câm. Esp., rel. Des. Guilherme G. Strenger, j. 01.06.2021)

Apelação civil. ECA. Acolhimento institucional. Destituição de poder familiar. Genitor encarcerado. Ausência de vínculo afetivo. Abandono. Princípio da proteção integral do menor. Citação editalícia. Ausência de irregularidade. 1 – Cabível a destituição do poder familiar e o cadastramento para adoção da criança que se encontra na hipótese de abandono material e afetivo pelos pais (art. 1.638, II, CC). 2 – A situação de encarceramento, por si só, não serve como fundamento para a destituição do poder familiar, mas sim o descumprimento injustificado dos deveres e obrigações previstas pelo ECA, bem como no abandono previsto pelo art. 1.638, II, do CC. 3 – Em que pese estar cumprindo pena em sistema prisional, existem meios viáveis de obter notícias da filha, inclusive de receber sua visita. Assim, não se vislumbra motivos coerentes para que o genitor justifique o abandono à filha, nunca tendo sequer procurado receber notícias. 4 – As questões sociais que levaram o genitor à marginalização não se sobrepõem ao dever do Estado em garantir um ambiente saudável e digno para as crianças, que devem ter o seu melhor interesse preservado. 5 – A reversão da situação já consolidada em prol de nova tentativa de reinserção familiar (que sequer pode acontecer neste momento em razão da prisão do pai), sem garantia de sucesso, traria à criança evidentes e irreparáveis prejuízos, sendo este um caso em que a exceção deve se sobrepor à regra de permanência na família biológica. 6 – De acordo com os arts. 256 e 257, I, do CPC, a certidão do Oficial de Justiça ou a simples afirmação do autor atestando que a parte encontra-se em lugar ignorado, incerto ou inacessível é suficiente a lastrear o deferimento da citação por edital. 7 – Apelos conhecidos e desprovidos. (TJDF, Proc. n. 20170130065724, 6ª T. Cível, rel. Des. Carlos Rodrigues, j. 05.12.2018, *DJe* 05.02.2019)

Apelação cível. ECA. Ação de destituição do poder familiar cumulada com adoção. Abandono. Criança que possui estreitos vínculos afetivos com a guardiã, pretendente à adoção. Procedência do pedido. Superior interesse da criança. O contexto probatório carreado aos autos comprova sem sombra de dúvida o abandono afetivo e material perpetrado em relação ao infante, que foi cuidado pela pretendente à adoção desde tenra idade, circunstância que autoriza a destituição do poder familiar, com fundamento no art. 1.638, II, do CC. Muito embora seja medida extrema, vai ao encontro dos superiores interesses da criança, princípio insculpido no art. 100, IV, do ECA, ao viabilizar a adoção pretendida pela guardiã, sendo evidente o benefício que a adoção representará em razão dos laços afetivos que o infante, hoje com 9 anos de idade, tem com a autora, dando contornos jurídicos a esta realidade já consolidada. Negaram provimento. Unânime. Decisão: acórdão. (TJRS, Ap. Cível n. 70.078.344.884/Lajeado, 8ª Câm. Cível, rel. Luiz Felipe Brasil Santos, j. 13.09.2018, *DJe* 17.09.2018)

Apelação cível. Ação de destituição do poder familiar. Condutas desabonadoras por parte dos pais biológicos caracterizadas. Melhor interesse das crianças. Preservação. Procedência do pedido. Manutenção da sentença. A perda do poder familiar consiste em sanção que deve ser aplicada aos pais quando demonstrado suficientemente que estes, por culpa ou dolo, não preservaram os direitos e interesses dos menores, observado o disposto no art. 1.638 do CC/2002 e nos arts. 22 e 24 do ECA. Comprovada a prática de condutas desabonadoras e a ausência de condições psicológicas por parte dos pais biológicos, deve ser mantida a decisão que decretou a perda do poder familiar, por ser esta a medida que preserva o melhor interesse das crianças. Recurso desprovido. (TJMG, Ap. Cível n. 1.0079.11.010320-1/001, 4ª Câm. Cível, rel. Ana Paula Caixeta, *DJe* 23.07.2014)

Apelação cível. Ação de destituição do poder familiar. Abandono e negligência caracterizados. Prova que evidenciam a prática de atos contrários à moral e aos bons costumes por parte dos genitores. Art. 1.638, II e III, do CC. Sentença mantida. Recurso improvido. 1 – Restando demonstrado pela prova produzida nos autos que os genitores são omissos e negligentes em relação ao filho ainda criança de tenra idade e que, além disso, são dados à prática de atos contrários à moral e aos bons costumes, a destituição do poder familiar é medida que se impõe, em conformidade com o disposto no art. 1.638 do CC. 2 – Assim, devendo ser atendidos os princípios da prioridade absoluta e do melhor interesse do menor, insculpidos na CF em seu art. 227 e norteadores do ECA, *in casu*, faz-se necessária, além da destituição do poder familiar dos apelantes, a colocação da criança em família substituta. 3 – Recurso improvido. (TJES, Ap. n. 0017061-47.2012.8.08.0035, rel. Janete Vargas Simões, *DJe* 11.07.2014)

Apelação. Família. Poder familiar. Suposto abuso sexual por parte do genitor. Ausência de provas concretas. 1 – A perda do poder familiar é medida extrema e só deve ser autorizada quando houver provas contundentes de que os genitores não apresentam condições de exercer tal poder. 2 – Ausentes provas concretas de algumas das hipóteses previstas no art. 1.638 do CC, deve ser mantido o poder familiar do genitor sobre suas filhas. 3 – Deu-se provimento ao apelo. (TJDFT, Ap. n. 20090130082115(796938), rel. p/ o ac. Des. Sérgio Rocha, *DJe* 17.06.2014, p. 104)

Apelação cível. Ação de destituição de poder familiar. Prefacial de nulidade de audiência por falta de intimação da genitora. Ofensa aos princípios da ampla defesa e do contraditório. Preliminares rejeitadas. Condições inadequadas para o regular desenvolvimento afetivo, moral e psicológico dos infantes. Descumprimento dos deveres de guarda e educação dos filhos menores. Alcoolismo e prostituição. Internação da genitora em clínica de desintoxicação. Impossibilidade de manutenção do poder familiar. Medida mais salutar para os infantes. Exegese do art. 24 do ECA e art. 1.638, II, do CC. Recurso conhecido e desprovido. Consoante o disposto no art. 22 do ECA, "aos pais incumbe o dever de sustento, guarda e educação dos filhos menores", além dos demais deveres previstos no art. 1.634 do CC. Assim, a negligência da genitora no sentido de não fornecer condições adequadas para o desenvolvimento afetivo, psicológico, moral e educacional dos infantes implica o descumprimento injustificado dos direitos e obrigações acima expostos, dando azo à destituição do poder familiar, nos termos do art. 24 do ECA e do art. 1.638, II, do CC. (TJSC, Ap. Cível n. 2013.018443-0/Lages, 6ª Câm. de Dir. Civil, rel. Joel Figueira Júnior, j. 09.05.2013)

Apelação cível. Ação de destituição de poder familiar. Menor em risco social por abandono dos pais. Destituição confirmada. Recurso não provido. 1 – A destituição do poder familiar é excepcional e o art. 1.638 do CC/2002 elenca, *numerus clausus*, as hipóteses legais que permitem a medida. 2 – Comprovado o abandono do filho menor pelos pais biológicos, resta concretizada a hipótese contida no art. 1.638, II, do CC/2002 a justificar o decreto de destituição. 3 – Apelação cível conhecida e não provida, mantido o acolhimento da pretensão inicial. (TJMG, Ap. Cível n. 1.0480.09.133805-7/001, rel. Des. Caetano Levi Lopes, j. 05.03.2013, *DJ* 15.03.2013)

Direito de família. Pedido de suspensão e extinção do poder familiar. Fixação do regime de visitas na sentença que homologou o divórcio consensual entre as partes. Alegação da autora de que o pai seria dependente de drogas. Não há dúvida de que, nos termos dos arts. 1.586 e 1.638, III, ambos do CC, poderá o juiz, a bem dos filhos, regular de maneira diferente da estabelecida a situação deles com os pais, bem como perderá o poder familiar o pai ou a mãe que praticar atos contrários à moral e bons costumes. Não existe nos autos, todavia, prova suficiente de que faria o requerido uso de drogas, bem como de que estaria a menor sujeita a risco com a manutenção do regime de visitas já fixado. Ainda que haja indicativos de problemas de ordem emocional nas famílias, o estudo social demonstrou terem ambas as partes condições de assistir materialmente a menor. Estudo psicológico, de outra parte, descarta a possibilidade de afastamento, que traria prejuízos à formação da criança. Sentença de improcedência mantida. Recurso não provido. (TJSP, Ap. n. 0023129-55.2005.8.26.0003, 10ª Câm. de Dir. Priv., rel. Carlos Alberto Garbi, j. 25.09.2012)

Apelação cível. Ação de destituição do poder familiar. Ausência de condições dos pais terem os filhos sob sua responsabilidade. Acompanhamento da família pelo conselho tutelar. Abandono material e emocional evidenciados. Exposição dos infantes a situação de risco. Prevalência dos interesses destes. Recurso conhecido e não provido. "Comprovado o abandono do menor pelos recorrentes, que agiram de forma negligente em cuidados básicos como saúde, higiene, alimentação, vestuário e educação, torna-se imperativa a destituição do poder familiar (art. 1.638, II, do CC c/c art. 24 do ECA)" (TJSC, Ap. Cível n. 2008.020369-3/Herval D'Oeste, rel. Des. Eládio Torret Rocha, j. 16.07.2008). (TJSC, Ap. Cível n. 2012.029552-7, 4ª Câm. de Dir. Civil, rel. Victor Ferreira, j. 24.07.2012)

Apelação cível. Destituição do poder familiar. ECA. Interesse da criança. Considerando o desinteresse da genitora pelos menores, bem como a situação de risco que se encontravam, deve ser julgada procedente a ação de destituição do poder familiar. Inteligência do art. 1.638, I e II, do CC. Recurso improvido. (TJRS, Ap. Cível n. 70.035.630.672, 8ª Câm. Cível, rel. Des. Claudir Fidelis Faccenda, j. 20.05.2010)

Destituição do poder familiar. Abuso sexual. Medida de proteção ao filho. Prova. Nos casos de abuso sexual, a palavra da vítima tem especial relevância, tendo a violência sido corroborada pelos demais elementos de convicção. Impõe-se a destituição do poder familiar quando existem indícios veementes de que a genitora praticou atos de violência sexual contra o filho. Incidência do art. 1.638, III, do CCB. Como o filho foi vitimado por um ambiente familiar doentio, imperiosa a aplicação de medida de proteção. Incidência do art. 101, V, do ECA. Recurso desprovido (segredo de justiça). (TJRS, Ap. Cível n. 70.034.917.070, 7ª Câm. Cível, rel. Des. Sérgio Fernando de Vasconcellos Chaves, j. 12.05.2010)

ECA. Destituição do poder familiar. Negligência e inaptidão da genitora para prover a subsistência dos três filhos. Inteligência do art. 1.638 do CC e arts. 22 e segs. do ECA. Princípios constitucionais de máxima proteção à criança e da dignidade da pessoa humana. Comprovado que a mãe biológica não apresenta condições de cumprir os deveres de sustento, guarda e educação dos filhos, sujeitando-os à negligência e ao abandono, é devida a destituição do poder familiar. Apelação desprovida. (TJRS, Ap. Cível n. 70.031.691.918, 7ª Câm. Cível, rel. José Conrado de Souza Jr., j. 14.10.2009)

Destituição do poder familiar. Ação proposta pelo MP contra os pais da criança. Sentença de procedência do pedido. Recurso no sentido de que o rol do art. 1.638 do CC é taxativo, o qual não prevê o retardo mental dos genitores como causa de perda do poder familiar. Irrelevância. Fundamento concernente ao descumprimento dos deveres dos pais. Art. 22 do ECA. Deficiência cognitivo-intelectual que constituiu mera causa remota, indireta. Circunstâncias que evidenciam a absoluta inaptidão para zelar pela guarda, educação e cuidados exigidos por uma criança de tenra idade. Prova testemunhal e relatórios psicossociais nesse sentido. Histórico dos pais péssimo, inclusive com notícia de morte de uma filha de apenas um ano de idade, provavelmente em decorrência de desnutrição e falta de zelo. Retorno do petiz à família natural que configura grave risco à sua saúde e integridade psíquica. Decretação da perda do poder familiar que se revela como medida de proteção e atende aos superiores interesses da criança, por possibilitar o seu pleno e saudável desenvolvimento em uma família substituta. Recurso desprovido. (TJSP, Ap. Cível s/ Rev. n. 1.722.820.700/São Paulo, Câm. Especial, rel. Paulo Alcides, j. 27.04.2009)

Destituição de poder familiar. O pátrio poder é direito-dever irrenunciável (arts. 1.635 do CC/2002 e 392 do CC/1916), e, sendo irrenunciável, o titular dele não pode desistir (e muito menos "abrir mão") em hipótese alguma, só podendo perdê-lo por sentença judicial e nos casos expressos em Lei (CC, art. 395, correspondente ao 1.638 CC/2002), sendo por isso nulo e de nenhum efeito o ato do pai em que desiste do poder familiar. Decisão mantida. Recurso improvido. (TJSP, Ap. Cível c/ Rev. n. 5.880.924.200/Campinas, 3ª Câm. de Dir. Priv., rel. Beretta da Silveira, j. 07.04.2009)

Apelação cível. Perda do poder familiar. ECA. Interesse da criança. Considerando o desinteresse dos pais pelos menores, bem como a situação de risco que se encontravam, deve ser julgada procedente a ação de destituição do poder familiar. Inteligência do art. 1.638, II, do CC. Comprovada a negligência dos genitores, com o descumprimento dos deveres inerentes ao poder familiar, deve ser confirmada a sentença que julgou procedente a ação de destituição do poder familiar. Recurso não provido. (TJRS, Ap. Cível n. 70.027.026.707, 8ª Câm. Cível, rel. Claudir Fidelis Faccenda, j. 13.11.2008, *DJ* 19.11.2008)

Direito de família. Destituição do poder familiar. Abandono do filho. Demonstração nos autos. Recurso improvido. O poder familiar dos pais é ônus que a sociedade organizada a eles atribui, em virtude da circunstância da parentalidade, no interesse dos filhos. O exercício do múnus não é livre, mas necessário no interesse de outrem. A perda do poder familiar é definitiva, devendo ser observado para sua decretação, por sua gravidade, que o fato que a ensejar seja de tal magnitude que ponha em perigo permanente a segurança e a dignidade do filho. (TJMG, Ap. Cível n. 1.0132.06.003134-2/001, rel. Carreira Machado, j. 11.11.2008, *DJ* 26.11.2008)

Direito de família. CC. ECA. Menor adotado anteriormente. Destituição do poder familiar. Nova adoção. Possibilidade. Também o pai ou a mãe adotivos estão sujeitos à perda do poder familiar, nas hipóteses previstas no art. 1.638 do CC. Sendo assim, se o pai adotivo deixar o filho adotado em abandono, ou reiteradamente abusar de sua autoridade, faltando aos deveres de pai, pode o menor ser objeto de nova adoção, sem qualquer ofensa ao art. 48 do ECA. Hipótese dos autos em que a primeira adoção foi feita apenas para "fins previdenciários". (TJMG, Ap. Cível n. 1.0713.02.011525-7/001, rel. Maurício Barros, j. 01.07.2008, *DJ* 31.07.2008)

ECA. Ação de destituição do poder familiar. Abuso sexual. Medida de proteção às filhas. Alimentos. Adequação do *quantum*. 1 – Nos casos de abuso sexual, a palavra da vítima tem especial relevância, tendo a violência sido corroborada pelos demais elementos de convicção. 2 – É cabível a suspensão do poder familiar quando existem indícios veementes de que o genitor praticou atos de violência sexual contra as filhas. Incidência do art. 1.638, III, do CCB. 3 – Mostra-se adequado o *quantum* da obrigação alimentar quando observa o binômio possibilidade-necessidade, isto é, quando atende razoavelmente as necessidades das alimentandas, mas sem sobrecarregar em demasia o alimentante. 4 – Constitui ônus processual de quem alega a inadequação da pensão produzir prova cabal do desequilíbrio do binômio possibilidade-necessidade, a fim de obter o redimensionamento do encargo alimentar. Recurso desprovido (segredo de justiça). (TJRS, Ap. Cível n. 70.022.473.698, 7ª Câm. Cível, rel. Sérgio Fernando de Vasconcellos Chaves, j. 20.02.2008, *DJ* 26.02.2008)

Destituição do poder familiar. Abuso sexual. Medida de proteção à filha. 1 – Nos casos de abuso sexual, a palavra da vítima tem especial relevância, tendo a violência sido corroborada pelos demais elementos de convicção. 2 – Impõe-se a destituição do poder familiar quando existem indícios veementes de que o genitor praticou atos de violência sexual contra a filha. Incidência do art. 1.638, III, do CC/2002. 3 – Como a filha foi vitimada por um ambiente familiar doentio, imperiosa a aplicação de medida de proteção. Incidência do art. 101, V, do ECA. Recurso desprovido. (TJRS, Ap. Cível n. 70.019.979.459, 7ª Câm. Cível, rel. Des. Sérgio Fernando de Vasconcellos Chaves, j. 18.07.2007)

Apelação cível. Destituição do poder familiar. ECA. Interesse da criança. Descumprimento dos deveres inerentes ao poder familiar. Evidente nos autos o descumprimento dos deveres inerentes à condição materna. Além da negligência e dos maus-tratos, a mãe utiliza entorpecentes e mantém relações sexuais com variados parceiros na frente do filho. Os depoimentos dos profissionais que há anos vêm acompanhando a situação da apelante dão conta da sua total impossibilidade em exercer o poder familiar, tanto que a mesma já foi destituída do mesmo em relação aos outros três filhos. Assim, fulcro nos incisos II, III e IV do art. 1.638 do CC/2002, impõe-se a confirmação da sentença que julgou procedente a ação de destituição do poder familiar. Recurso improvido. (TJRS, Ap. Cível n. 70.016.900.839, 8ª Câm. Cível, rel. Des. Claudir Fidelis Faccenda, j. 26.10.2006)

Apelação cível. Destituição do poder familiar. Improcedência. 1 – Nulidade. Ausência de prejuízo. Não se decreta a nulidade do feito pela não oportunização aos réus da apresentação dos memoriais, se a falta do ato não lhes causou prejuízo, ante a improcedência da ação. Art. 249, § 1º, do CPC [art. 282, § 1º, do CPC/2015]. 2 – Improcedência da ação. Inexistindo quaisquer das hipóteses elencadas no art. 1.638 do CC/2002, confirma-se a improcedência da ação de destituição do poder familiar. A pobreza, por si só, não é causa para a destituição do poder familiar (art. 23 do ECA). Preliminar de nulidade rejeitada. Apelação cível desprovida. (TJRS, Ap. Cível n. 70.016.269.441, 8ª Câm. Cível, rel. Des. José Ataídes Siqueira Trindade, j. 14.09.2006)

Responsabilidade civil. Abandono moral. Reparação. Danos morais. Impossibilidade. 1 – A indenização por dano moral pressupõe a prática de ato ilícito, não rendendo ensejo à aplicabilidade da norma do art. 159 do CC/1916 o abandono afetivo, incapaz de reparação pecuniária. 2 – Recurso especial conhecido e provido. (STJ, REsp n. 757.411, 4ª T., rel. Min. Fernando Gonçalves, *DJ* 27.03.2006)

Direito de família. Destituição do poder familiar. Dever de sustento, guarda e educação dos filhos. Descumprimento. Procedência. Apelação do pai. Prova cabal da prática reiterada de atos que atentam à moral e aos bons costumes. Aplicação do art. 1.638, III, do CC/2002. Recurso a que se nega provimento. (TJMG, Ap. Cível n. 1.0428.04.910502-9/001, rel. Roney Oliveira, j. 30.09.2004, *DJ* 04.02.2005)

Poder familiar. Destituição. Admissibilidade. Crianças privadas dos cuidados indispensáveis à saúde, segurança pessoal e moralidade. Abandono pela mãe confirmado por parecer do serviço social forense e avaliação psicológica. Inteligência dos arts. 1.638, II, do CC e 129, X, da Lei n. 8.069, de 13.07.1990. (*RT* 827/93)

Poder familiar. Destituição. Admissibilidade. Criança e adolescente. Estado de abandono dos infantes em razão de alcoolismo dos pais biológicos. Absoluta falta de estrutura familiar. Hipótese em que é necessário assegurar aos menores convivência familiar e comunitária, reservando-lhes o direito de serem criados e educados em família substituta. (*RT* 826/93)

Pátrio poder. Destituição. Menores em estado de abandono. Presença dos requisitos ensejadores da solução extrema. Fatos comprovados. Decisão confirmada (TJPR, Ap. Cível n. 153.358-0, 7ª Câm., rel. Accácio Cambi, j. 18.05.2004). (*RBDFam* 25/113)

Pátrio poder. Destituição. Negligência. Provada a completa negligência com que foram tratados os infantes pela genitora – que é alcoólatra – e o estado de abandono a que foram relegadas, configurada está a situação grave de risco, constituindo conduta ilícita que é atingida na órbita civil pela sanção de destituição do poder familiar. Recurso desprovido (TJRS, Ap. Cível n. 70.005.902.408, 7ª Câm., rel. Sérgio Fernando de Vasconcellos Chaves, j. 27.05.2003). (*RBDFam* 18/140)

Destituição do pátrio poder. Nomeação de curador especial. Descabimento. Descumprimento de dever inerente ao poder familiar. 1 – Desnecessária a nomeação de curador especial à criança em ação de destituição do pátrio poder promovida pelo Dr. Promotor de Justiça, já que a ação é direcionada contra os pais e a providência adotada pelo órgão do MP tem conteúdo eminentemente protetivo. Inteligência da Súmula n. 22 do TJRS. 2 – A destituição do pátrio poder é medida drástica, pois rompe de forma definitiva com todos os liames jurídicos entre pais e filhos. 3 – Constitui situação de abandono o descumprimento de encargos elementares do pátrio poder, tais como garantir condições de higiene e proporcionar um ambiente familiar saudável. 4 – Se a genitora vive em condições precárias e foi constatada a falta de cuidado para com a menor, é imperiosa a destituição (TJRS, Ap. Cível n. 70.005.561.642, 7ª Câm., rel. Sérgio Fernando de Vasconcellos Chaves, j. 27.05.2003). (*RBDFam* 20/144)

Pátrio poder. Destituição. Descumprimento de deveres inerentes ao pátrio poder. 1 – A destituição do pátrio poder é medida drástica, pois rompe de forma definitiva com todos os liames jurídicos entre pais e filho e as hipóteses do art. 395 do CC devem ser interpretadas de forma restritiva. 2 – Constitui situação de abandono o descumprimento de encargos elementares do pátrio poder, tais como assegurar a frequência ao ensino fundamental, garantir condições de higiene e proporcionar um ambiente familiar saudável. Genitora alcoólatra que exerce a prostituição em plena via pública não revela as mínimas condições para exercer o pátrio poder, sendo imperiosa a destituição. Da mesma forma, o genitor negligente que demonstra total desinteresse no bem-estar dos filhos tampouco merece o pátrio poder (TJRS, Ap. Cível n. 70.003.380.201, 7ª Câm., rel. Sérgio Fernando de Vasconcellos Chaves, j. 29.04.2002). (*RBDFam* 16/129)

# TÍTULO II
# DO DIREITO PATRIMONIAL

## *SUBTÍTULO I*
## *DO REGIME DE BENS ENTRE OS CÔNJUGES*

Entende-se por regime de bens as normas de regulamentação das relações patrimoniais existentes entre os cônjuges após a celebração do casamento, com relação aos bens particulares que cada um trouxer ao casamento, bem como com relação ao patrimônio constituído na constância da sociedade conjugal.

### CAPÍTULO I
### DISPOSIÇÕES GERAIS

**Art. 1.639. É lícito aos nubentes, antes de celebrado o casamento, estipular, quanto aos seus bens, o que lhes aprouver.**

**§ 1º O regime de bens entre os cônjuges começa a vigorar desde a data do casamento.**

**§ 2º É admissível alteração do regime de bens, mediante autorização judicial em pedido motivado de ambos os cônjuges, apurada a procedência das razões invocadas e ressalvados os direitos de terceiros.**

A convenção sobre o regime de bens depende da escolha dos cônjuges a ser feita antes da celebração do casamento e pode revestir-se de uma das quatro formas legais: a) comunhão parcial (regime legal), b) comunhão universal, c) separação de bens e d) participação final de aquestos. Poderá haver outra criada pelos nubentes, desde que não seja contrária ao princípio de ordem pública ou em fraude à lei, especialmente no que se refere aos direitos e deveres do casamento. Assim, a nova legislação concede a liberdade de criação de um regime de bens produto da fusão de duas ou mais espécies de regime previstas na lei, ou com disposições na forma que melhor convier aos cônjuges.

Se a opção dos nubentes for diferente do regime legal (comunhão parcial de bens – art. 1.640), a estipulação far-se-á por intermédio de pacto antenupcial consubstanciado em escritura pública, que será anexada aos documentos necessários ao processo de habilitação para o casamento (*v.* comentários aos arts. 1.525 e segs.).

O *pacto* é um contrato solene, realizado antes do casamento, por meio do qual as partes definem as regras que vigorarão quanto ao patrimônio, após a realização do casamento (§ 1º) (*v.* comentários aos arts. 1.653 a 1.657). A estipulação convencional sobre o regime de bens produz efeitos desde que a) o pacto antenupcial seja válido e que b) o casamento seja celebrado. Assim, há necessidade da ocorrência desses dois elementos para que o regime escolhido pelos cônjuges tenha eficácia, pois o pacto pode ter validade, porém o casamento não se realizar, ou, ainda, o pacto pode ser nulo ou anulável e ainda assim ocorrer a celebração do casamento. Nessa última hipótese, vigorará para os nubentes o regime legal da comunhão parcial de bens.

O CC/1916 impunha a imutabilidade e irrevogabilidade do regime de bens do casamento. O atual Código (§ 2º), porém, admite a mudança, por meio de decisão judicial. Para o acolhimento do pedido de *mudança de regime* pela autoridade judicial, a lei exige que ele seja formulado pelos dois cônjuges, conjuntamente, fundamentado em motivo relevante e desde que ressalvados os direitos de terceiros. O pedido apresentado em conjunto pelo casal evidencia a preocupação do novo ordenamento legal em evitar que possa existir o prejuízo de um cônjuge em relação ao outro. A existência do consenso entre as partes é imperativa, sendo, portanto, inviável o pedido formulado por apenas uma delas. Além disso, o motivo apresentado pelos cônjuges deve ser plausível para que o juiz o admita como suficientemente relevante para justificar a mutabilidade. O novo regime a ser adotado poderá ser um dos previstos em lei ou outro ajustado e convencionado pelas partes. Caso o regime anterior seja o da separação obrigatória de bens, atualmente previsto no art. 1.641, a alteração somente poderá ocorrer desde que seja superada a causa que o impôs, porquanto, interpretação diversa seria permitir a violação ao ordenamento legal. Nesse sentido é o Enunciado n. 131 da I Jornada de Direito Civil promovida pelo CEJ do CJF, ocorrida em dezembro de 2004.

De uma forma ou de outra, a especificação do novo regime será parte integrante da motivação do pedido de alteração, devendo, também, ser submetido à apreciação judicial, que avaliará a pertinência das justificativas apresentadas pelos requerentes. A modificação do regime de bens dos cônjuges não poderá prejudicar terceiros, razão pela qual a decisão judicial gerará efeitos para o futuro, protegendo, assim, os atos jurídicos perfeitos. Porém, a mudança poderá apresentar efeitos retroativos se o novo regime adotado proporcionar maiores garantias patrimoniais aos credores dos cônjuges.

Na I Jornada de Direito Civil referida anteriormente, fixou-se Enunciado (n. 131) no sentido de que "é admissível alteração do regime de bens entre os cônjuges, quando então o pedido, devidamente motivado e assinado por ambos os cônjuges, será objeto de autorização judicial, com ressalva dos direitos de terceiros, inclusive dos entes públicos, após perquirição de inexistência de dívida de qualquer natureza, exigida ampla publicidade".

A sentença que declarar a mudança do regime terá efeitos *ex nunc* e substituirá o pacto antenupcial, se houver, por intermédio de mandado de averbação ao cartório de Registro Civil para alteração no assento de casamento e ao cartório de Registro de Imóveis do domicílio do casal.

O § 2º aplica-se, também, às uniões celebradas antes da vigência do CC, porquanto o art. 2.039 das Disposições Transitórias, que reza: "o regime de bens nos casamentos celebrados na vigência do CC anterior, Lei n. 3.071, de 1º de janeiro de 1916, é o por ele estabelecido", diz respeito apenas às regras específicas de cada regime de bens – normas estas que sofreram algumas alterações no novo ordenamento – visando à proteção do direito adquirido e do ato jurídico perfeito, não fazendo referência às normas pertinentes aos efeitos jurídicos do casamento que, entre outras, previa a imutabilidade do regime de bens. Assim, está autorizada a alteração do regime de bens dos casamentos realizados sob a égide do CC/1916. Nesse sentido é o Enunciado n. 260 da III Jornada de Direito do CEJ do CJF: "a alteração do regime de bens prevista no § 2º do art. 1.639 do CC também é permitida nos casamentos realizados na vigência da legislação anterior".

**Jurisprudência:** Apelação. Família. Ação de alteração de registro de casamento. Separação total para comunhão parcial de bens. Impossibilidade. Potencial prejuízo a terceiros evidenciado. Sentença mantida nos termos do art. 1.639, § 2º, do CC, é admissível alteração do regime de bens, mediante autorização judicial, em pedido motivado de ambos os cônjuges, apurada a procedência das razões invocadas e ressalvados os direitos de terceiros. Todavia, ao se avaliar a possibilidade de embaraço a credores, evidenciou-se ao menos uma dezena de ações indenizatórias e execuções fiscais ajuizadas em face dos apelantes. Portanto, em virtude do potencial prejuízo a terceiros identificado no presente caso, resta configurada a impossibilidade de concessão da alteração do regime de bens. Apelo desprovido, em decisão monocrática. (TJRS, Ap. n. 5058223-27.2022.8.21.0001/Porto Alegre, 7ª Câm. Cível, rel. Mauro Caum Gonçalves, j. 30.11.2023, *DJ* 30.11.2023)

Recurso especial. Civil e processual civil. Direito de família. Casamento. Alteração do regime de bens de separação total para comunhão universal. Retroação à data do matrimônio. Eficácia *ex tunc*. Manifestação expressa de vontade das partes. Corolário lógico do novo regime. Recurso especial provido. 1. Nos termos do art. 1.639, § 2º, do CC/2002, "é admissível alteração do regime de bens, mediante autorização judicial em pedido motivado de ambos os cônjuges, apurada a procedência das razões invocadas e ressalvados os direitos de terceiros". 2. A eficácia ordinária da modificação de regime de bens é *ex nunc*, valendo apenas para o futuro, permitindo-se a eficácia retroativa (*ex tunc*), a pedido dos interessados, se o novo regime adotado amplia as garantias patrimoniais, consolidando, ainda mais, a sociedade conjugal. 3. A retroatividade será corolário lógico do ato se o novo regime for o da comunhão universal, pois a comunicação de todos os bens dos cônjuges, presentes e futuros, é pressuposto da universalidade da comunhão, conforme determina o art. 1.667 do CC de 2002. 4. A própria lei já ressalva os direitos de terceiros que eventualmente se considerem prejudicados, de modo que a modificação do regime de bens será considerada ineficaz em relação a eles (art. 1.639, § 2º, parte final). 5. Recurso especial provido, para que a alteração do regime de bens de separação total para comunhão universal tenha efeitos desde a data da celebração do matrimônio (*ex tunc*). (STJ, REsp n. 1.671.422/SP, 4ª T., rel. Min. Raul Araújo, j. 25.04.2023, *DJe* 30.05.2023)

Apelação cível. Pretensão de alteração do regime de bens do casamento, de comunhão parcial, para separação total. Alteração pretendida, no caso concreto, que pode implicar prejuízo a credores. Verificada a existência de ações judiciais, contra o apelante, envolvendo valores elevados. Inteligência do art. 1.639, § 2º, do CC. Sentença mantida. Recurso não provido. (TJSP, Ap. Cível n. 1000419-41.2020.8.26.0474/SP, 10ª Câm. de Dir. Priv., rel. Márcio Boscaro, j. 21.03.2022, publ. 22.03.2022)

Agravo interno. Apelação cível. Família. Pedido de alteração do regime de bens do casamento de comunhão parcial de bens para separação total de bens. Efeito *ex nunc*. Termo inicial é a data do trânsito em julgado da sentença que o modificou. Direitos de terceiros ressalvados. A alteração do regime de bens do casamento deve-se operar com efeitos *ex nunc*, tendo por termo inicial a data do trânsito em julgado da decisão judicial que o modificou, a fim de evitar prejuízos a terceiros. Inteligência do art. 1.639, § 2º, do CC. Precedentes do TJRS e do STJ. Apelação desprovida. (TJRS, Ap. Cível n. 50397771020218210001/RS, 7ª Câm. Cível, rel. Carlos Eduardo Zietlow Duro, j. 23.02.2022, publ. 24.02.2022)

Alteração de regime de bens do casamento. Sentença de improcedência. Inconformismo dos autores. Pedido de alteração do regime de comunhão parcial de bens para separação total de bens. Impossibilidade. Existência de diversos processos contra o coautor, inclusive execuções fiscais e ações de improbidade administrativa. Falta de informações sobre as quantias devidas e sobre a existência de patrimônio realmente suficiente para arcar com as obrigações relacionadas a terceiros. Existência de processos que ainda não foram julgados. Necessidade de preservação do direito de terceiros. Situação que obstaculiza o pedido dos autores. Inteligência do art. 1.639, § 2º, do CC. Motivos apresentados pela coautora ("evitar maiores transtornos e prejuízos a ela, que não faz parte dos processos mencionados"; "sobrecarregar ainda mais o Judiciário, com diversos embargos de terceiro"; e a "impossibilidade de adquirir bens exclusivamente particulares") que, ademais, não são suficientes para justificar a mudança do regime. Sentença que deve ser mantida. Recurso não provido. (TJSP, Ap. Cível n. 1003222-12.2019.8.26.0642/SP, 6ª Câm. de Dir. Priv., rel. Ana Maria Baldy, j. 17.01.2022, publ. 17.01.2022)

Alteração consensual de regime de bens no casamento. Modificação do regime da separação de bens para o da comunhão parcial de bens. Aplicação do § 2º do art. 1.639 do CC. Requisitos presentes, a autorizar a pretensão. Alteração que produz efeitos *ex nunc*, com expressa ressalva a direitos de terceiros anteriormente constituídos. Sentença reformada. Recurso provido. (TJSP, Ap. Cível n. 1000014-65.2021.8.26.0281/SP, 3ª Câm. de Dir. Priv., rel. João Pazine Neto, j. 10.12.2021, publ. 10.12.2021)

Casamento celebrado no exterior. Certidão de casamento. Regime de bens inexistente. Acordo pós-nupcial feito no estrangeiro. Alteração. Possibilidade. Inteligência do art. 1.639, § 2º, do CC. Justificativa válida. Ressalva de que não pode se sobrepor ao direito de terceiros que venham a ser prejudicados por fatos anteriores à modificação. Recurso provido. (TJSP, Ap. Cível n. 1012092-20.2019.8.26.0004, 4ª Câm. de Dir. Priv., rel. Des. Alcides Leopoldo, j. 26.03.2020)

Alteração de regime de bens. Comunhão parcial para comunhão universal. Modificação do regime de bens que possui eficácia *ex nunc*. Inteligência do art. 1.639, § 2º, do CC. Precedentes. Sentença mantida. Recurso desprovido. (TJSP, Ap. n. 1101798-22.2016.8.26.0100, 5ª Câm. de Dir. Priv., rel. Moreira Viegas, j. 27.09.2017)

Processo civil. Agravo interno. Razões que não enfrentam o fundamento da decisão agravada. Alteração do regime de bens. Requisitos do art. 1.639, § 2º, do CC. Exigência de certidões. Possibilidade. Enunciado n. 113, da I Jornada de Direito Civil. Tese do recurso especial que demanda reexame de contexto fático e probatório dos autos. Súmula n. 7/STJ. 1 – As razões do agravo interno não enfrentam adequadamente o fundamento da decisão agravada. 2 – Nos termos do Enunciado n. 113, da I Jornada de Direito Civil/CJF, "é admissível a alteração do regime de bens entre os cônjuges, quando então o pedido, devidamente motivado e assinado por ambos os cônjuges, será objeto de autorização judicial, com ressalva dos direitos de terceiros, inclusive dos entes públicos, após perquirição de inexistência de dívida de qualquer natureza, exigida ampla publicidade", de modo que possível a exigência de documentos pelo Tribunal de origem. 3 – A tese defendida no recurso especial demanda reexame do contexto fático e probatório dos autos, vedado pela Súmula n. 7/STJ. 4 – Agravo interno a que se nega provimento. (STJ, Ag. Int. no REsp n. 1.379.728/SP, 4ª T., rel. Min. Maria Isabel Gallotti, j. 08.08.2017, *DJe* 21.08.2017)

Apelação cível. Direito de família. Alteração de regime de casamento. Art. 1.639, § 2º, CC. Possibilidade. Efeitos prospectivos. Desnecessidade de sua exigência para garantia do direito de terceiros. Recurso provido. Nos termos do art. 1.639, § 2º, do CC, é admissível a alteração do regime de bens depois de pedido motivado de ambos os cônjuges, desde que apurada a procedência das razões invocadas e ressalvados o direito de terceiros. A modificação do regime de bens somente surtirá efeitos perante terceiros a partir do instante da averbação da sentença no livro de casamento (art. 100, § 1º, da Lei n. 6.015/73), e, após o registro, em livro especial, pelo oficial do Registro de Imóveis do domicílio dos cônjuges. Assim, inexiste óbice em se determinar que a alteração de regime de bens possua efeitos ex *tunc* em relação aos cônjuges, uma vez que já ressalvados o direito de terceiros. Recurso provido. (TJMG, Ap. Cível n. 1.0223.11.006774-9/001, 5ª Câm. Cível, rel. Luís Carlos Gambogi, *DJe* 07.07.2014)

Recurso especial. Civil e processual civil. Direito de família. Dissolução do casamento. Alteração do regime de bens. Termo inicial dos seus efeitos. *Ex nunc*. Alimentos. Razoabilidade. Binômio necessidade e possibilidade. Conclusões alcançadas pela Corte de origem. Impossibilidade de revisão na via eleita. Súmula 7/STJ. 1 – Separação judicial de casal que, após período de união estável, casou-se, em 1997, pelo regime da separação de bens, procedendo a sua alteração para o regime da comunhão parcial em 2007 e separando-se definitivamente em 2008. 2 – Controvérsia em torno do termo inicial dos efeitos da alteração do regime de bens do casamento (*ex nunc* ou *ex tunc*) e do valor dos alimentos. 3 – Reconhecimento da eficácia *ex nunc* da alteração do regime de bens, tendo por termo inicial a data do trânsito em julgado da decisão judicial que o modificou. Interpretação do art. 1.639, § 2º, do CC/2002. 4 – Razoabilidade do valor fixado a título de alimentos, atendendo aos critérios legais (necessidade da alimentanda e possibilidade do alimentante). Impossibilidade de revisão em sede de recurso especial. Vedação da Súmula n. 7/STJ. 5 – Precedentes jurisprudenciais do STJ. 6 – Recurso especial parcialmente provido. (STJ, REsp n. 1.300.036, 3ª T., rel. Min. Paulo de Tarso Sanseverino, *DJe* 20.05.2014, p. 523)

Ação de divórcio. Regime da separação legal de bens. Renúncia tácita. Divisão do patrimônio. CC/1916. Impossibilidade de alteração. Ação de divórcio. Manifestação das partes no sentido do interesse na dissolução da sociedade conjugal. Apelação pretendendo o reconhecimento de renúncia tácita ao regime da separação total de bens e o estabelecimento da divisão do patrimônio adquirido pelo esforço comum na constância da união conjugal e a concessão do benefício da gratuidade de justiça pleiteada. Pacto antenupcial firmado pelas partes, na qual se destaca que determinaram livremente a separação total com incomunicabilidade, inclusive dos frutos e rendimentos, abrangendo os bens pretéritos, presentes e futuros, havidos a qualquer título. A Escritura Pública de Pacto Antenupcial foi lavrada em 03.03.1994, sob a égide do CC/1916, legislação que não previa a alteração de regime de casamento. Na vigência do novo CC, de 2002, o § 2º do art. 1.639 passou a permitir, mediante pedido motivado e subscrito por ambos os cônjuges e autorização judicial, a alteração do regime de bens, porém jamais na forma pretendida pela apelante. Validade do documento. Benefício da gratuidade. Ausência de demonstração da alegada hipossuficiência. Desprovimento da apelação. (TJRJ, Ap. Cível n. 0025986-23.2011.8.19.0209, 1ª Câm. Cível, rel. Des. Camilo Ribeiro Ruliere, *DJe* 17.10.2013, p. 11)

Voto n. 3.466. Procedimento de jurisdição voluntária de alteração de regime de bens entre cônjuges. CC, § 2º do art. 1.639. Se o regime vigente é o da comunhão, ainda que parcial, e o que se pretende é o da separação total, por imperativo de lógica há que se fazer partilha de bens. Decisão que determina o contrário que, por isso, se reforma. Cautelas impostas pelo acórdão, a par das já determinadas em primeiro grau (certidões, editais etc.): apresentação de certidões de distribuidores forenses e de Cartórios de Protestos, expedição de ofícios à Receita Federal, observância do procedimento de inventário e partilha (CPC, arts. 982 e segs.) [arts. 610 e segs. do CPC/2015], avaliação do real valor do patrimônio comum, etc. Agravo provido, com tais determinações. (TJSP, AI n. 0000820-68.2013.8.26.0000, 10ª Câm. de Dir. Priv., rel. Cesar Ciampolini, j. 21.05.2013, *DJ* 22.05.2013)

Apelação cível. Direito de família. Alteração de regime de casamento. Art. 1.639, § 2º, CC. Possibilidade. Consistência da motivação. Direitos de terceiros. Efeitos prospectivos. Requisitos preenchidos. Recurso provido. O CC Brasileiro, em seu art. 1.639, § 2º, permite a alteração do regime de bens do casamento, mediante autorização judicial, através de pedido motivado de ambos os cônjuges, apurada a procedência das razões invocadas e ressalvando-se os direitos de terceiros. A alteração de regime de bens possui efeitos prospectivos, razão pela qual restam ressalvados os direitos de terceiros. Preenchidos os pressupostos legais, há que se deferir a modificação pretendida. Recurso provido. (TJMG, Ap. Cível n. 1.0704.11.001366-8/001, rel. Des. Versiani Penna, j. 25.01.2013, *DJ* 03.05.2013)

Agravo de instrumento. Alteração de regime de bens. Apresentação de certidões negativas. Desnecessidade. Em pedido de alteração de regime de bens, não há necessidade de juntada de farta documentação para preservação de direitos de eventuais terceiros, pois seus direitos já estão protegidos pela própria lei (art. 1.639, § 2º, do CC). Precedentes jurisprudenciais. Deram provimento. (TJRS, AI n. 70.051.702.090, 8ª Câm. Cível, rel. Rui Portanova, j. 06.12.2012, *DJ* 11.12.2012)

Alteração. Regime. Comunhão parcial de bens para separação. Pedido firmado por ambos os cônjuges, livre e espontaneamente. Prova de inexistência de débitos. Direitos de terceiros resguardados. Decisão não retroativa. Provimento da apelação. O art. 1.639, § 2º, do CC, admite que os cônjuges alterem o regime de bens do casamento, mediante pedido fundamentado, a partir de autorização judicial, com validade, inclusive, para os casamentos celebrados antes da vigência da nova lei civil, com fundamento nos arts. 2.036 e 2.039 do CC. Pedido motivado na liberdade de gerir o patrimônio e suficiente, quando demonstrado que os cônjuges são capazes e têm instrução necessária para reconhecer as implicações da modificação pretendida. Alteração do regime de bens, de comunhão parcial para separação total de bens, ressalvados os direitos de terceiros e a irretroatividade desta decisão. (TJSC, Ap. Cível n. 2010.052099-8/São Bento do Sul, 2ª Câm. de Dir. Civil, rel. Gilberto Gomes de Oliveira, j. 04.10.2012)

Apelação cível. Casamento. Alteração de regime de bens. Possibilidade. Motivos subjetivos que se mostram suficientes à alteração pretendida. Segundo o art. 1.639, § 2º, do CCB, admite-se a alteração do regime de bens do casamento quando, submetido o pedido à autorização judicial, as partes justificam o pedido ainda que subjetivamente, restando ressalvados os direitos de terceiros. Apelação desprovida. (TJRS, Ap. Cível n. 70.045.733.870, 7ª Câm. Cível, rel. Roberto Carvalho Fraga, j. 13.06.2012)

Reconhecimento de união estável e partilha de bens. Prescrição. Inocorrência. Término da união estável que decorreu do casamento das partes. Inteligência do art. 197, I, do CC. Preliminar de impossibilidade jurídica do pedido afastada. Contestação que, considerada em seu conjunto impugnou integralmente a pretensão do autor (art. 302, III, CPC) [art. 341, III, do CPC/2015]. Depoimento pessoal. Ausência. Confissão ficta que é meio de prova. Exame com as demais provas. Convivência anterior à CR de 1988. Não configuração de união estável. Mera sociedade de fato. Impossibilidade de retroação das normas para alcançar situações consolidadas antes de sua vigência. Casamento posterior pelo regime da separação de bens. Pacto antenupcial que expressamente mencionou a separação dos bens particulares anteriores ao matrimônio que inviabiliza a partilha dos bens adquiridos na constância da convivência. Inexistência, ademais, de prova de esforço comum na sua aquisição, visto que se trata de relacionamento anterior à Lei n. 9.278/96. Recurso desprovido. (TJSP, Ap. Cível n. 0001743-75.2010.8.26.0008, rel. Milton Carvalho, j. 10.05.2012)

Civil. Família. Matrimônio. Alteração do regime de bens do casamento (CC/2002, art. 1.639, § 2º). Expressa ressalva legal dos direitos de terceiros. Publicação de edital para conhecimento de eventuais interessados, no órgão oficial e na imprensa local. Provimento n. 24/2003 da corregedoria do tribunal estadual. Formalidade dispensável, ausente base legal. Recurso especial conhecido e provido. 1 – Nos termos do art. 1.639, § 2º, do CC/2002, a alteração do regime jurídico de bens do casamento é admitida, quando procedentes as razões invocadas no pedido de ambos os cônjuges, mediante autorização judicial, sempre com ressalva dos direitos de terceiros. 2 – Mostra-se, assim, dispensável a formalidade emanada de Provimento do Tribunal de Justiça de publicação de editais acerca da alteração do regime de bens, mormente pelo fato de se tratar de providência da qual não cogita a legislação aplicável. 3 – O princípio da publicidade, em tal hipótese, é atendido pela publicação da sentença que defere o pedido e pelas anotações e alterações procedidas nos registros próprios, com averbação no registro civil de pessoas naturais e, sendo o caso, no registro de imóveis. 4 – Recurso especial provido para dispensar a publicação de editais determinada pelas instâncias ordinárias. (STJ, REsp n. 776.455/RS, 4ª T., rel. Min. Raul Araújo, j. 17.04.2012)

Apelação cível. Família. Alteração de regime de casamento. Separação legal. Art. 1.641, II, do CC. Lei n. 12.344/2010. Desaparecimento da causa impositiva do regime adotado. Consistência da motivação. Direitos de terceiros. Efeitos prospectivos. Requisitos preenchidos. Recurso provido. I – O desaparecimento da causa da imposição do regime de separação legal de bens, na constância do casamento, não impede a alteração do regime de bens, pois, diante do permissivo legal do art. 1.639, § 2º, do CC, o regime bens não é imutável, não havendo que se falar em ato jurídico perfeito sob tal aspecto. II – O CC/2002, em seu art. 1.639, § 2º, permite a alteração do regime de bens do casamento, mediante autorização judicial, através de pedido motivado de ambos os cônjuges, apurada a procedência das razões invocadas e ressalvando-se os direitos de terceiros. III – No presente caso, há certidões negativas judiciais e extrajudiciais, que demonstram a salvaguarda do direito de terceiros. IV – Ademais, a alteração de regime de bens possui efeitos prospectivos, razão pela qual restam ressalvados os direitos de terceiros. V – Preenchidos os pressupostos legais, há que se deferir a modificação pretendida. (TJMG, Ap. Cível n. 1.0079.11.005378-6/001, rel. Des. Leite Praça, j. 01.12.2011)

Família. Ação ordinária de modificação de regime de casamento. Motivação do pedido. Necessidade. Fundamentos apresentados insuficientes. Inconsistência da motivação. Pedido que se julga improcedente. I – O CC/2002, em seu art. 1.639, § 2º, permite a modificação do regime de bens do casamento, mediante autorização judicial, através de pedido motivado de ambos os cônjuges, apurada a procedência das razões invocadas e ressalvando-se os direitos de terceiros. II – A motivação do pedido é indispensável para que se autorize a modificação do regime de bens do casamento, sendo certo que a motivação insuficiente do casal acarreta a improcedência do pedido. (TJMG, Ap. Cível n. 1.0480.10.016881-8/001, rel. Des. Leite Praça, j. 10.11.2011)

Direito de família. Regime matrimonial de bens. Alteração. Casamento realizado na vigência do antigo CC. Viabilidade, em tese. Requisitos constantes do art. 1.639, § 2º, do CC. Resguardo de direito de terceiros, incluído o poder público. Determinação judicial pela exibição de certidões negativas de débitos fiscais. Inobservância pelos requerentes. Inviabilidade. No direito de família, a alteração se admite, em tese, para todos os casos de regime de bens, não importando a data de celebração do casamento, ante a abrangência do dispositivo legal e ante a exigência de que o pedido seja feito por ambos os cônjuges. Entendimento já pacificado no âmbito do STJ. No entanto, no caso concreto, não restando comprovado, de maneira induvidosa, que os requerentes não possuem dívidas perante o Poder Público, deixando de acostar aos autos as certidões negativas de débitos fiscais, conforme determinado pela I. Magistrada, inviável o pedido inicial, porquanto não há certeza sobre o resguardo de direitos de terceiros (Fisco), como exige a lei, impondo-se a extinção do feito, sem resolução do mérito. (TJMG, Ap. Cível n. 1.0081.10.001141-0/001, rel. Eduardo Andrade, j. 11.10.2011)

Direito civil. Alteração do regime de bens. Casamento celebrado na vigência do CC/1916. Possibilidade desde que procedentes as razões apresentadas. Ausência de motivação no caso concreto. Doutrina e jurisprudência majoritárias admitem, hoje, a mudança do regime de bens do casamento, de acordo com o ordenamento jurídico vigente, independentemente do que dispunha a legislação da época do ato de sua eleição ou adoção obrigatória, tudo como dispõe, agora, o art. 1.639, § 2º, do CC. A alteração do regime de bens no casamento tem caráter de exceção, e somente pode ser deferida se atendidos os requisitos legais constantes do citado dispositivo, ou seja, que haja pedido motivado de ambos os cônjuges e sejam adequadas e razoáveis as razões invocadas, não bastando, para tanto, a mera vontade, imotivada – ou motivada insuficientemente – do casal interessado. (TJMG, Ap. Cível n. 1.0145.09.542884-6/001(1), rel. Des. Wander Marotta, j. 23.02.2010)

Civil. Casamento. Regime de bens. Alteração judicial. Casamento celebrado sob a égide do CC/1916 (Lei n. 3.071). Possibilidade. Art. 2.039 do CC/2002 (Lei n. 10.406). Precedentes. Art. 1.639, § 2º, CC/2002. I – Precedentes recentes de ambas as Turmas da 2ª Seção desta Corte uniformizaram o entendimento no sentido da possibilidade de alteração de regime de bens de casamento celebrado sob a égide do CC/1916, por força do § 2º do art. 1.639 do CC atual. II – Recurso especial provido, determinando-se o retorno dos autos às instâncias ordinárias, para que, observada a possibilidade, em tese, de alteração do regime de bens, sejam examinados, no caso, os requisitos constantes do § 2º do art. 1.639 do CC atual. (STJ, REsp n. 1.112.123, 3ª T., rel. Min. Sidnei Beneti, j. 16.06.2009)

Alteração de regime de bens. Comunhão parcial para separação total. Casamento. Celebração na vigência do novo CC. Exigência dos requisitos do § 2º do art. 1.639. Motivação não relevante. Direitos de terceiros. Incerteza quanto ao resguardo. Sentença reformada. A alteração do regime de bens no casamento, introduzida no ordenamento pelo novo CC, somente se faz possível quando presentes, cumulativamente, os requisitos insertos no § 2º do art. 1.639, quais sejam: (a) pedido formulado por ambos os cônjuges (consensual); (b) motivação do pedido; (c) relevância dos argumentos apresentados; (d) respeito aos direitos de terceiros e dos entes públicos; (e) autorização judicial. Desatendida qualquer uma dessas exigências, tal como ocorre na hipótese dos autos, na qual a motivação é incapaz de sustentar o pedido formulado pelos requerentes e não há certeza sobre o resguardo dos direitos de terceiros, impõe-se a improcedência do pleito (TJDF, Ap. Cível n. 2008.01.1.071820-0, 1ª T. Cível, rel. Natanael Caetano, *DJ* 19.05.2009, p. 65). (*RBDFS* 10/159)

Apelação cível. Alteração do regime de bens. Comunhão parcial para participação final nos aquestos. Impossibilidade no caso concreto. Meação do cônjuge varão resguardada. Possibilidade de violação a direito de terceiros. Recurso desprovido. Impõe-se o indeferimento da pretensão de alteração do regime de comunhão parcial de bens para o de participação final nos aquestos se a meação do cônjuge varão já se encontra protegida das dívidas contraídas apenas pelo cônjuge virago, existindo, outrossim, a possibilidade de violação a direitos de terceiros. (TJMG, Ap. Cível n. 1.0024.05.683939-2/001(1), rel. Armando Freire, j. 17.03.2009)

Agravo de instrumento. Pedido de alteração de regime de bens do casamento. Mudança do regime da comunhão parcial para o da separação absoluta. Apresentação de escritura pública de pacto nupcial. Segundo o art. 1.639, § 2º, do CCB, admite-se a alteração do regime de bens do casamento quando, submetido o pedido à autorização judicial, admite o magistrado pela relevância da fundamentação apresentada, ressalvados direitos de terceiros, procedendo o termo judicial a registro, restando desnecessária a lavratura de escritura pública de pacto nupcial, não exigida em lei para tal desiderato. Agravo de instrumento provido. (TJRS, AI n. 70.026.062.281, 7ª Câm. Cível, rel. André Luiz Planella Villarinho, j. 08.10.2008, *DJ* 08.10.2008)

Apelação cível. Procedimento de jurisdição voluntária. Alteração de regime de bens. Casamento celebrado sob a vigência do CC/1916. Possibilidade. Precedentes deste Tribunal e do STJ. Requisitos do art. 1.639, § 2º, do CC/2002. É aplicável a regra do art. 1.639, § 2º, do CC/2002 aos casamentos celebrados sob a égide do CC/1916, desde que a mudança de regime tenha procedência nas razões invocadas e que sejam resguardados os direitos de terceiros. A vedação à alteração do regime de bens para os casamentos celebrados anteriormente à vigência do CC/1916 afronta o princípio da isonomia no tratamento indispensável às pessoas que se encontrem em igual situação de casadas, não podendo ser discriminadas apenas com base na data da celebração, quando presentes os requisitos legais que informam a justa pretensão. (TJMG, Ap. Cível n. 1.0452.06.027934-9/001, rel. Elias Camilo, j. 25.09.2008, *DJ* 14.10.2008)

Veja no art. 1.523 o seguinte acórdão: TJSP, Ap. s/ Rev. n. 552.439/4/9-00/São Vicente, 3ª Câm. de Dir. Priv., rel. Beretta da Silveira, j. 27.05.2008, *DJ* 04.06.2008.

Direito civil. Família. Casamento celebrado sob a égide do CC/1916. Alteração do regime de bens. Possibilidade. A interpretação conjugada dos arts. 1.639, § 2º, 2.035 e 2.039 do CC/2002 admite a alteração do regime de bens adotado por ocasião do matrimônio, desde que ressalvados os direitos de terceiros e apuradas as razões invocadas pelos cônjuges para tal pedido. Assim, se o Tribunal estadual analisou os requisitos autorizadores da alteração do regime de bens e concluiu pela sua viabilidade, tendo os cônjuges invocado como razões da mudança a cessação da incapacidade civil interligada à causa suspensiva da celebração do casamento a exigir a adoção do regime de separação obrigatória, além da necessária ressalva quanto a direitos de terceiros, a alteração para o regime de comunhão parcial é permitida. Por elementar questão de razoabilidade e justiça, o desaparecimento da causa suspensiva durante o casamento e a ausência de qualquer prejuízo ao cônjuge ou a terceiro permitem a alteração do regime de bens, antes obrigatório, para o eleito pelo casal, notadamente porque cessada a causa que exigia regime específico. Os fatos anteriores e os efeitos pretéritos do regime anterior permanecem sob a regência da lei antiga. Os fatos posteriores, todavia, serão regulados pelo CC/2002, isto é, a partir da alteração do regime de bens, passa o CC/2002 a reger a nova relação do casal. Por isso, não há se falar em retroatividade da lei, vedada pelo art. 5º, XXXVI, da CF/88, e sim em aplicação de norma geral com efeitos imediatos. Recurso especial não conhecido. (STJ, REsp n. 821.807, 3ª T., rel. Min. Nancy Andrighi, j. 19.10.2006, *DJ* 13.11.2006)

Registro civil de casamento. Regime de bens. Alteração. Pacto antenupcial inexistente. Convenção não formalizada através de documento próprio. Modificação condicionada à motivação. Inteligência do art. 1.639 do CC/2002. Inexistente motivo razoável, deve permanecer o regime legal. Erro material verificado no registro que não merece retificação. Apelação desprovida. (TJRS, Ap. Cível n. 70.014.031.397, 8ª Câm. Cível, rel. Des. Luiz Ari Azambuja Ramos, j. 06.04.2006)

Regime matrimonial de bens. Alteração judicial. Casamento ocorrido sob a égide do CC/1916 (Lei n. 3.071). Possibilidade. Art. 2.039 do CC/2002 (Lei n. 10.406). Correntes doutrinárias. Art. 1.639, § 2º, c/c o art. 2.035 do CC/2002. Norma Geral de aplicação imediata (STJ, REsp n. 730.546, 4ª T., rel. Min. Jorge Scartezzini, *DJU* 03.10.2005). (*RBDFam* 33/131)

Civil. Regime matrimonial de bens. Alteração judicial. Casamento ocorrido sob a égide do CC/1916 (Lei n. 3.071). Possibilidade. Art. 2.039 do CC/2002 (Lei n. 10.406). Correntes doutrinárias. Art. 1.639, § 2º, c/c o art. 2.035 do CC/2002. Norma geral de aplicação imediata. 1 – Apresenta-se razoável, *in casu*, não considerar o art. 2.039 do CC/2002 como óbice à aplicação de norma geral, constante do art. 1.639, § 2º, do CC/2002, concernente à alteração incidental de regime de bens nos casamentos ocorridos sob a égide do CC/1916, desde que ressalvados os direitos de terceiros e apuradas as razões invocadas pelos cônjuges para tal pedido, não havendo que se falar em retroatividade legal, vedada nos termos do art. 5º, XXXVI, da CF/88, mas, ao revés, nos termos do art. 2.035 do CC/2002, em aplicação de norma geral com efeitos imediatos. 2 – Recurso conhecido e provido pela alínea *a* para, admitindo-se a possibilidade de alteração do regime de bens adotado por ocasião de matrimônio realizado sob o pálio do CC/1916, determinar o retorno dos autos às instâncias ordinárias a fim de que procedam à análise do pedido, nos termos do art. 1.639, § 2º, do CC/2002. (STJ, REsp n. 730.546, rel. Min. Jorge Scartezzini, j. 23.08.2005)

Casamento. Realização sob o regime de separação de bens, em razão da faixa etária da virago. Vida em comum anterior e nascimento de uma filha. Regime de separação não obrigatório. Irrelevante a falta de pacto antenupcial. Inteligência do art. 258, parágrafo único, inciso II, do CC/1916, e do art. 45 da Lei n. 6.515, de 26.12.1977. Viabilidade, ademais, da sua alteração pelo art. 1.639, § 2º, do vigente CC. Art. 2.039 deste atual estatuto civil que não é óbice a tanto. Deferimento da modificação do regime para o da comunhão universal, com averbação à margem do assento de casamento, ressalvados os direitos de terceiros. Recurso parcialmente provido. Se ao tempo do casamento era facultado aos nubentes escolher à vontade o regime de bens, ou seja, não era de interesse ou ordem pública que assim não fosse, não haverá nenhum motivo razoável para proibir alteração posterior, caso a lei deixe de considerar como de interesse ou ordem pública a imutabilidade. (TJSP, Ap. Cível n. 306.106-4/0, rel. Des. Waldemar Nogueira Filho, j. 14.09.2004)

Assento de casamento. Adoção do regime da comunhão parcial. Alegada existência de erro, diante de pacto antenupcial por escritura pública. Ação de retificação do registro cumulada com sobrepartilha de bens. Improcedência da retificação e procedência, em parte, do pedido de sobrepartilha. Recurso improvido ("nem seria possível, de outra parte, invocar a aplicação do art. 1.639, § 2°, do novo CC, que só entrou em vigor depois da sentença, que admite a alteração do regime de bens do casamento, porque, para esta hipótese, requisito essencial é a existência de 'pedido motivado de ambos os cônjuges', afastada, portanto, a iniciativa unilateral de qualquer deles, como ocorre nestes autos, onde o réu contesta a ocorrência de erro ou omissão do assento do casamento, autorizando a confirmação da sentença"). (TJSP, Ap. Cível n. 308.611-4/9-00, rel. Des. Olavo Silveira, j. 18.12.2003)

Alvará judicial. Pedido de autorização para lavrar escritura pública de pacto antenupcial. Possibilidade jurídica da alteração de regime. Desnecessidade de escritura pública. Inexistência de coisa julgada. 1 – Ainda que igual pedido tenha sido formulado anteriormente pelo casal recorrente, inexiste coisa julgada a obstaculizar o curso do processo, já que é outra a causa de pedir e a superveniente alteração da lei civil torna viável a pretensão. 2 – Não tendo havido pacto antenupcial, o regime de bens do casamento é mesmo o da comunhão parcial, sendo nula a convenção acerca do regime de bens, quando não constante de escritura pública, e constitui mero erro material na certidão de casamento a referência ao regime da comunhão universal. Inteligência do art. 1.640 do CC. 2 [*sic*] – A pretensão deduzida pelos recorrentes que pretendem adotar o regime da comunhão universal de bens é possível juridicamente, consoante estabelece o art. 1.639, § 2°, do CC, e as razões postas pelas partes são bastante ponderáveis, constituindo o pedido motivado de que trata a lei e que foi formulado pelo casal. Assim, cabe ao julgador *a quo* apreciar o mérito do pedido e, sendo deferida a alteração de regime, desnecessário será lavrar escritura pública, sendo bastante a expedição do competente mandado judicial. O pacto antenupcial é ato notarial; a alteração do regime matrimonial é ato judicial. 3 – A alteração do regime de bens pode ser promovida a qualquer tempo, de regra com efeito *ex tunc*, ressalvados direitos de terceiros. Inteligência do art. 2.039 do CC. 4 – É possível alterar o regime de bens de casamentos anteriores à vigência do CC. Recurso provido. (TJRS, Ap. Cível n. 70.006.709.950, rel. Des. Sérgio Fernando de Vasconcellos Chaves, j. 22.10.2003)

No mesmo sentido: TJRS, Ap. Cível n. 70.006.423.891, rel. Des. Sérgio Fernando de Vasconcellos Chaves, j. 13.08.2003.

Retificação de regime de bens. Casamento. Regime de comunhão parcial. Alteração. Regime de separação. Dívidas do marido. Exclusão de bens da mulher. Inviabilidade. Prejuízo a credores. Sentença mantida. Apelação improvida. A regra inovadora do § 2° do art. 1.639 do atual CC, que permite a modificação do regime de bens do casamento, não pode ser usada para prejudicar terceiros. Assim, se o objetivo visado com o pedido é proteger bens de um dos cônjuges com a redução da garantia de credores, mostra-se inviável a pretensão. (TJPR, Ap. Cível n. 141.161-6, rel. Des. Troiano Netto, j. 14.10.2003)

Regime da comunhão universal. Se, à data do matrimônio, o marido já herdara bens, ainda que não partilhados, a mulher tem direito à meação, qualquer que tenha sido a duração do casamento. Recurso especial conhecido e provido em parte. (STJ, REsp n. 145.812/SP, 3ª T., rel. Min. Ari Pargendler, j. 11.11.2002, *DJU* 16.12.2002)

Casamento. Regime de bens. Alteração. Admissibilidade, ainda que o matrimônio tenha sido realizado durante a vigência do CC anterior. Regime de separação obrigatória de bens. Inaplicabilidade à pessoa maior de 60 anos, quando o casamento foi precedido de união estável iniciada antes dessa idade. Inteligência do art. 1.639, § 2°, do CC/2002. (*RT* 848/319)

Casamento. Regime de bens. Modificação. Admissibilidade ainda que o enlace tenha sido realizado na vigência do CC de 1916. Inteligência do art. 1.639 do CC de 2002. Recurso provido. (*JTJ* 293/63)

---

**Art. 1.640. Não havendo convenção, ou sendo ela nula ou ineficaz, vigorará, quanto aos bens entre os cônjuges, o regime da comunhão parcial.**

**Parágrafo único. Poderão os nubentes, no processo de habilitação, optar por qualquer dos regimes que este Código regula. Quanto à forma, reduzir-se-á a termo a opção pela comunhão parcial, fazendo-se o pacto antenupcial por escritura pública, nas demais escolhas.**

---

O ordenamento dispõe que, não havendo outra convenção elaborada pelas partes ou sendo esta nula ou ineficaz, automaticamente, o casamento será regido pelo regime legal ou supletivo, qual seja, o da comunhão parcial de bens. A regra terá incidência quando não houver pacto antenupcial e desde que a hipótese não seja de aplicação da separação obrigatória de bens (*v.* comentário ao art. 1.641). O regime da comunhão parcial, que será detidamente analisado mais adiante (*v.* comentários aos arts. 1.658 a 1.666), prevê a comunicação de todos os bens adquiridos na constância do casamento (aquestos) e a incomunicabilidade daqueles que cada cônjuge já possuía ao casar, ou ainda, daqueles outros adquiridos por razões alheias ao casamento (DINIZ, Maria Helena. *Curso de direito civil brasileiro* – direito de família. São Paulo, Saraiva, 2002, v. V).

A opção pelo regime de bens que vigorará durante o casamento deverá ser feita por ocasião da habilitação para o casamento (*v.* comentários aos arts. 1.525 e 1.528) (parágrafo único). Assim, se não for apresentado ao Oficial de Registro Civil o pacto antenupcial, realizado por intermédio de escritura pública, e não sendo os cônjuges nenhuma das pessoas indicadas no art. 1.641, vigorará o regime legal. No caso de o pacto antenupcial celebrado entre os cônjuges ser nulo ou ineficaz, também valerá o regime da comunhão parcial de bens. A terminologia adotada pelo legislador deverá ser interpretada de forma sistemática, entendendo-se como abrangidas as hipóteses de nulidade (ex.: pacto celebrado por absolutamente incapaz) e de anulabilidade (ex.: manifestação de vontade inquinada de vício). Além disso, a convenção deverá revestir-se de todas as exigências legais de forma e fundo para que atinja a validade e possa produzir efeitos após a celebração do casamento (*parágrafo único*). Consoante disposto no art. 1.528 comentado, caberá ao Oficial do Registro orientar os nubentes sobre os diferentes regimes de bens e a forma de sua adoção, advertindo-os sobre a incidência automática do regime legal da comunhão parcial de bens, caso não seja feita disposição diversa.

**Jurisprudência:** Inventário. Reconhecimento de meação do *de cujus* sobre bens em nome da ex-esposa. Necessidade de remessa às vias ordinárias para prova do esforço comum. Decisão que determinou o ajuizamento de demanda autônoma para que os herdeiros demonstrassem a efetiva contribuição patrimonial do falecido sobre o imóvel e saldo bancário. Agravantes que sustentam a comunicabilidade do bem adquirido na constância da união estável e a realização de transação judicial acerca do imóvel. Parcial acolhimento. Aplicação do regime da separação obrigatória de bens à união estável entre o falecido e a agravada, em razão da idade (art. 1.640, II, do CC). Imóvel registrado exclusivamente em nome da agravada, de modo que a meação do herdeiro depende de prova do esforço comum na compra do bem. Questão da alta indagação corretamente remetida às vias ordinárias. Transação judicial homologada em processo de união estável que não reconheceu direito de meação ao falecido, observada a interpretação restritiva aplicável a esse tipo contratual (art. 843 do CPC). Possibilidade, contudo, de imediata partilha do saldo bancário em conta do *de cujus*. Inexistência de alegação da viúva de esforço para formação de tais valores, a afastar qualquer litigiosidade sobre a divisão incluída no plano de partilha. Ausência de dependência entre a controvérsia sobre o imóvel e a partilha dos ativos financeiros, pois a prova do esforço comum deve ser discutida separadamente acerca de cada bem. Decisão parcialmente reformada. Recurso parcialmente provido. (TJSP, AI n. 2286554-17.2023.8.26.0000/Presidente Prudente, 10ª Câm. de Dir. Priv., rel. Angela Moreno Pacheco de Rezende Lopes, j. 09.02.2024, *DJ* 09.02.2024)

Veja no art. 1.521 a seguinte decisão: TJSP, Ap. Cível n. 1000321-24.2021.8.26.0344/SP, 9ª Câm. de Dir. Priv., rel. César Peixoto, j. 09.03.2022, publ. 09.03.2022.

Apelação cível. União estável. Partilha de bens. Aplicação das regras do regime de comunhão parcial. Bens adquiridos na constância da união. Presunção do esforço comum. Benfeitorias. Ausência de prova. Dívidas contraídas na constância da união. Divisão devida. Recurso parcialmente provido. Nos termos do art. 1.640, do CC, inexistindo contrato escrito entre os conviventes, o regime é o da comunhão parcial, dispensada a prova de esforço comum que, neste caso, é presumida. Nesse regime, os bens adquiridos na constância da união devem ser partilhados, à luz do disposto no art. 1.658, do CC/2002, ressalvadas as exceções legais. De acordo com o art. 1.660, IV, do CC/2002, as benfeitorias em bens particulares de cada cônjuge integram a partilha, desde que devidamente comprovadas. Ausente comprovação da realização das benfeitorias na vigência da união estável, a improcedência do pedido é medida que se impõe. Existentes dívidas contraídas pelo casal, deve ser alterado o dispositivo da sentença para conste que as dívidas adquiridas pelo casal durante a união estável deverão ser partilhadas na proporção de 50% para cada, tudo a ser apurado em liquidação de sentença. (TJMG, Ap. Cível n. 1.0459.15.003198-5/002, rel. Des. Wilson Benevides, j. 09.11.2021)

Veja no art. 1.639 o seguinte acórdão: TJRS, Ap. Cível n. 70.006.709.950, rel. Des. Sérgio Fernando de Vasconcellos Chaves, j. 22.10.2003.

Casamento. Regime de bens. Retificação. Inadmissibilidade. Habilitação que se concluiu antes da vigência da Lei n. 6.515, de 26.12.1977. Ato jurídico perfeito e acabado. Irrelevância de que o matrimônio tenha se realizado na vigência da lei nova. (*RT* 791/215)

Em sentido contrário: *RT* 704/171 e 554/84.

Casamento. Regime de bens. Comunhão universal. Inexistência de pacto antenupcial. Erro de direito configurado. Retificação para o regime da comunhão parcial. *Caput* do art. 258 do CC. Análise da questão determinada, procedendo-se, inclusive, à citação de todos os interessados. *Caput* do art. 109 da Lei n. 6.015, de 1973. Extinção do processo afastada. Recurso provido. (*JTJ* 166/23)

---

**Art. 1.641. É obrigatório o regime da separação de bens no casamento:**

**I – das pessoas que o contraírem com inobservância das causas suspensivas da celebração do casamento;**

**II – da pessoa maior de 70 (setenta) anos;**

Inciso com redação dada pela Lei n. 12.344, de 09.12.2010.

**III – de todos os que dependerem, para casar, de suprimento judicial.**

---

A lei impõe, em alguns casos, o regime da separação de bens como obrigatório aos nubentes, seja por razões de ordem pública, seja por razões de proteção aos interessados. A imposição legal da aplicação do regime da separação de bens na legislação anterior foi temperada pela ***Súmula n. 377*** do STF, cujo enunciado é: "No regime da separação legal de bens, comunicam-se os adquiridos na constância do casamento". O STJ, por sua vez, amenizou o entendimento sumulado, exigindo a prova do esforço comum na aquisição do patrimônio havido na constância do matrimônio. Contudo, à luz dos princípios constitucionais da igualdade, da solidariedade social, do enriquecimento sem causa e da liberdade e da dignidade da pessoa humana, o entendimento sumulado permanece em vigor, devendo ser levado em consideração para os casos de separação obrigatória de bens, ou seja, aqueles previstos no artigo comentado. Enquanto se verificarem as causas estabelecidas pela lei para a aplicação do regime de separação total, aplica-se a Súmula n. 377. Cessadas, é possível a alteração do regime de bens, tornando-se injustificada a comunicação dos aquestos (Gustavo Tepedino, *Revista do Advogado*, n. 98). Assim, embora a questão seja controversa, entende-se que os bens adquiridos na constância do casamento, independentemente de que tenham sido provenientes do esforço comum, comunicar-se-ão, evitando-se que sobrevenha injustiça a qualquer um dos cônjuges, quando, após alguns anos de vida conjugal, houver incremento no patrimônio de um deles.

O **inciso I** refere-se aos casos em que o casamento foi realizado sem a observância das causas suspensivas descritas no art. 1.523 (*v.* comentário). Por esse motivo, o legislador impõe a separação de bens privando os nubentes da livre escolha do regime que regerá seu casamento. Entendendo o legislador que o casamento foi realizado de forma irregular, ele mesmo impõe a separação de bens como um ônus aos nubentes que não terão a livre escolha do regime que regerá seu casamento.

O **inciso II** realça o caráter protetor do legislador, que pretende resguardar o nubente maior de 70 anos de uma união fugaz e exclusivamente interesseira. A doutrina observa que esse dispositivo fere os princípios da dignidade da pessoa humana e da igualdade, previstos em norma constitucional. O contraente com 70 anos ou mais é plenamente capaz para o exercício de todos os atos da vida civil e para a livre disposição de seus bens. Não há justificativa plausível que ampare o intuito da disposição legal de reduzir a autonomia do nubente, em evidente contrariedade à Lei Maior, muito embora a redação dada pela Lei n. 12.344, de 10.12.2010, já tenha elevado a idade de 60 para 70 anos, em face o aumento da expectativa de vida da população brasileira. Merece aplauso o Enunciado n. 261 da III Jornada de Direito Civil do CEJ do CJF, que cristalizou o entendimento segundo o qual "a obrigatoriedade do regime da separação de bens não se aplica a pessoa maior de sessenta anos [hoje, 70], quando o casamento for precedido de união estável iniciada antes dessa idade". Isso porque não se pode privar os nubentes dos bens que adquiriram juntos em união estável, por sobrevir casamento sexagenário. Sobre a obrigatoriedade do regime de separação obrigatória de bens aos companheiros sexagenários, veja o comentário ao art. 1.725, relativo à união estável.

O **inciso III** também evidencia o caráter protetor do legislador, com vistas a evitar que os menores que se casam com suprimento judicial possam sofrer consequências de cunho patrimonial futuramente. Entretanto, diversamente do que previa o diploma civil anterior, o atual Código permite aos nubentes menores de idade que façam a opção pelo regime de bens que lhes aprouver, caso tenham a autorização de ambos os pais ou representantes legais para o casamento (*v.* comentários aos arts. 1.517 e 1.537).

O art. 977 do CC veda aos cônjuges casados sob o regime da separação obrigatória de bens que constituam sociedade entre si e com terceiros. A intenção do legislador é, nitidamente, a de evitar que a proibição do art. 1.641 seja fraudada mediante a criação de uma sociedade entre os cônjuges. Tal proibição, na prática, aplica-se exclusivamente ao inciso II do artigo ora comentado, qual seja, na hipótese dos nubentes sexagenários, porquanto as causas das hipóteses dos incisos I e III podem desaparecer com o tempo e, assim, ser conveniente aos cônjuges alterar o regime de bens do casamento para outro que permita a constituição de sociedade entre si e com terceiros. Como exemplo, no caso do inciso I, o divorciado que à época da celebração do novo casamento ainda não havia obtido a homologação da partilha do patrimônio da união anterior e, após algum tempo, essa foi realizada. No inciso III, o nubente menor que, após a celebração do casamento, atinja a maioridade.

**Jurisprudência:** Súmula n. 655, STJ: Aplica-se à união estável contraída por septuagenário o regime da separação obrigatória de bens, comunicando-se os adquiridos na constância, quando comprovado o esforço comum.

Agravo de instrumento. Inventário. União estável e casamento sob regime da separação obrigatória. Homologação de acordo reconhecendo o regime da união estável. Herança sobre os bens adquiridos antes da união e meação para os durante. 1. Oposição ao julgamento virtual que não possui previsão legal no agravo de instrumento e que, no caso concreto, não acarreta qualquer prejuízo às partes. 2. O regime de separação obrigatória de bens, previsto no art. 1.641, II, do CC, é de ordem pública e não pode ser afastado por liberalidade das partes. 3. A homologação judicial de acordo quanto ao regime de bens, ainda que equivocada, produz efeitos enquanto não for anulada por ação própria, motivo pelo qual as partes devem ser remetidas às vias ordinárias para questioná-la, da mesma forma que a dilação probatória de maior complexidade há de ser apurada em ação própria. 4. Recurso parcialmente prejudicado e desprovido na parte conhecida. (TJSP, AI n. 21221978320248260000/Piracicaba, 7ª Câm. de Dir. Priv., rel. Ademir Modesto de Souza, j. 24.09.2024, *DJ* 24.09.2024)

Agravo de instrumento. Inventário. Recurso interposto contra a decisão que determinou a retificação das primeiras declarações para partilha integral de bem partilhar do falecido entre os herdeiros, sem meação da viúva. Inconformismo. Descabimento. Separação legal de bens. Aplicação da Súmula n. 377 do STF. Esforço comum que não é presumido. Interpretação em conformidade com o entendimento do STJ. Alegação de contribuição financeira na compra de veículo. Inexistência de demonstração do alegado esforço comum. Bem particular que deve ser partilhado entre os herdeiros. Decisão mantida. Recurso não provido. (TJSP, AI n. 2120364-30.2024.8.26.0000/Ourinhos, 8ª Câm. de Dir. Priv., rel. Pedro de Alcântara da Silva Leme Filho, j. 24.05.2024, *DJ* 24.05.2024)

Agravo de instrumento. Inventário. Decisão que determina a apresentação de declaração judicial reconheça o esforço comum da agravante na aquisição do patrimônio deixado pelo *de cujus*. Inconformismo. Pedido de reforma. Falecido que dispôs de metade dos bens para a companheira sobrevivente. Plano de partilha elaborado pela inventariante que destina 25% da legítima destinada aos herdeiros necessários. Aplicação à união estável o regime da separação legal de bens, nos termos do art. 1.641, II, do CC. Falecido que contava com mais de 70 anos de idade. Incidência da Súmula n. 377 do STF com ressalva, devendo o esforço comum para a formação do patrimônio ser provado. Precedentes do Col. STJ e desta Corte a este respeito. Ausência de prova de contribuição por parte da recorrente que justifique os quinhões apresentados no plano de partilha. Necessidade de declaração judicial do esforço comum, que deve ser feito por via própria, para que seja dado prosseguimento ao inventário nos moldes apresentados. Decisão mantida. Não provimento. (TJSP, AI n. 2263028-21.2023.8.26.0000/Santos, 4ª Câm. de Dir. Priv., rel. Enio Zuliani, j. 12.12.2023, *DJ* 12.12.2023)

Agravo interno no recurso especial. Reconhecimento de união estável *post mortem*. Período anterior ao casamento. Causa suspensiva de união estável até o divórcio. Casamento pelo regime de separação obrigatória de bens. Proteção ao idoso. 1. Inexiste a alegada violação dos arts. 489 e 1.022 do CPC, visto que o Tribunal de origem efetivamente enfrentou toda a questão levada ao seu conhecimento. 2. Cuida-se, na origem, de ação declaratória de reconhecimento de união estável cumulada com petição de herança, julgada parcialmente procedente pelo Juízo de primeiro grau. O Tribunal de origem, ao dar parcial provimento aos recursos das partes, entendeu pela não comprovação da existência de união estável desde 1990, mas apenas a partir de 1993. 3. Impossibilidade de revisão da premissa de comprovação da união estável apenas a partir de 1993, em razão do óbice da Súmula n. 7/STJ. Evidente a ocorrência de causa suspensiva de união estável até a data do divórcio. 4. A união estável entre a recorrente e o *de cujus* se iniciou antes do divórcio deste, na vigência de restrição legal prevista no art. 1.523, III, do CC. Apenas a partir do divórcio afastar-se-ia a obrigatoriedade da separação de bens. Contudo, em 2015, o *de cujus* já contava com 73 anos de idade, razão pela qual, nos termos do art. 1.641, II, do CC, deve ser observado o regime de separação total de bens.5. De acordo com a redação originária do art. 1.641, II, do CC de 2002, vigente à época do início da união estável reconhecida, impõe-se ao nubente ou companheiro sexagenário o regime de separação obrigatória de bens. Precedentes. Agravo interno improvido. (STJ, AI no REsp n. 2.060.732/SP, 3ª T., rel. Min. Humberto Martins, j. 11.09.2023, *DJe* 13.09.2023)

Apelação cível. Ação de reconhecimento e dissolução de união estável *post mortem*. Preenchimento dos requisitos legais. Convivência pública, contínua e duradoura, com objetivo de constituição familiar. Demonstração. Reconhecimento dos direitos sucessórios do ex-companheiro. Possibilidade. Regime de bens. Separação de bens. Aplicação analógica do art. 1.641, II, do CC. Recurso parcialmente provido. 1. Tendo sido demonstrado que as partes mantiveram convivência amorosa duradoura com o objetivo de constituir família, de rigor o reconhecimento da união estável e dos direitos sucessórios do companheiro supérstite. 2. Possuindo, um dos companheiros, mais de 70 anos quando do início da união estável, o regime de bens aplicável é do da separação legal, por aplicação analógica do art. 1.641, II, do CC. (TJSP, Ap. Cível n. 1002250-36.2021.8.26.0007/SP, 6ª Câm. de Dir. Priv., rel. Maria do Carmo Honorio, j. 27.11.2022, publ. 27.11.2022)

Inventário. Decisão que aplicou à união estável, mantida pela agravante e o falecido, o regime da separação obrigatória de bens e, em seguida, substituiu a inventariante. União estável e respectiva escritura, firmada pelos companheiros, antecede a alteração do inc. II do art. 1.641 do CC, para a idade de 70 anos. Falecido companheiro era sexagenário na época destes fatos, quando vigia a antiga redação do mencionado dispositivo legal. Aplicável ao caso concreto o regime da separação obrigatória de bens. Precedentes do STJ. Vontade das partes ou qualquer outra questão são irrelevantes, tendo em vista que se trata de norma cogente. Não verificada a alegada inconstitucionalidade. Necessária a observância ao princípio da isonomia entre união estável e casamento. Correta a substituição da inventariante, que não é herdeira, e eventual direito à meação depende de questionamento nas vias próprias. Recurso desprovido. (TJSP, AI n. 2038051-17.2021.8.26.0000/SP, 10ª Câm. de Dir. Priv., rel. Coelho Mendes, j. 28.06.2022, publ. 28.06.2022)

Ação de divórcio. Sentença de procedência. Imóvel adquirido antes do matrimônio, com exclusividade pelo varão, que deve ser excluído da partilha. Inadmissibilidade da conversão em indenização efetivada na decisão. Adoção, pelos contraentes, do regime de separação de bens, convencionado por escritura pública de pacto antenupcial. Incomunicabilidade dos aquestos, ante a existência de livre estipulação nesse sentido. Entendimento atual do STJ sobre a Súmula n. 377 do STF refere-se apenas à separação obrigatória do art. 1.641 do CC. Sentença reformada. Recurso provido. (TJSP, Ap. Cível n. 1012744-97.2020.8.26.0005/SP, 5ª Câm. de Dir. Priv., rel. Moreira Viegas, j. 24.06.2022, publ. 24.06.2022)

Agravo interno no recurso especial. Ação de dissolução de união estável. Decisão monocrática que negou provimento ao reclamo. Insurgência da parte autora. 1. Esta Corte assentou seu entendimento de que se aplica à união estável a mesma regra de obrigatoriedade do regime de separação de bens incidente ao casamento. Precedentes. 2. O STJ tem orientação consolidada de que é obrigatório o regime da separação de bens no casamento do maior de setenta (70) anos de idade, nos termos do art. 1.641, II, do CC. Precedentes. 3. "A *ratio legis* foi a de proteger o idoso e seus herdeiros necessários dos casamentos realizados por interesse estritamente econômico, evitando que este seja o principal fator a mover o consorte para o enlace" (REsp n. 1.689.152/SC, Rel. Min. Luis Felipe Salomão, 4ª T., j. 24.10.2017, *DJe* 22.11.2017). 4. Agravo interno desprovido. (STJ, Ag. Int. no REsp n. 1.946.313/SP, 4ª T., rel. Min. Marco Buzzi, j. 23.05.2022, *DJe* 30.05.2022)

Veja no art. 1.523 as seguintes decisões: TJRS, Ap. Cível n. 50010654620208210013/Erechim, 8ª Câm. Cível, rel. José Antônio Daltoe Cezar, j. 03.11.2022, publ. 04.11.2022; TJSP, AI 2019102-08.2022.8.26.0000/SP, 3ª Câm. de Dir. Priv., rel. Schmitt Corrêa, j. 18.04.2022, publ. 18.04.2022; TJSP, Ap. Cível n. 1002903-59.2019.8.26.0443/SP, 3ª Câm. de Dir. Priv., rel. Schmitt Corrêa, j. 09.02.2022, publ. 09.02.2022.

União estável. Reconhecimento e dissolução *post mortem*. Discussão a respeito do regime de bens. Separação obrigatória de bens que deve ser aplicada ao caso, pois quando o relacionamento iniciou o falecido possuía mais de 60 anos, devendo ser aplicada ao caso a redação original do art. 1.641, inc. II, do CC. Recurso provido. (TJSP, Ap. Cível n. 1000873-64.2019.8.26.0568, 7ª Câm. de Dir. Priv., rel. Des. Luis Mario Galbetti, j. 04.08.2021)

Agravo de instrumento. Inventário. Primeiras declarações. Exclusão de bens imóveis do acervo hereditário. Casamento sob o regime de separação legal de bens. Súmula n. 377 do STF. Reinterpretação. Comunicação de bens adquiridos na constância do casamento desde que comprovado o esforço comum. Entendimento do STJ. No regime de separação legal de bens prevista no art. 1.641 do CC, comunicam-se os adquiridos na constância do casamento, desde que comprovado o esforço comum para sua aquisição, o que não se pode presumir. A Súmula n. 377 do STF deve ser reinterpretada nesse sentido, cabendo ao(s) interessado(s) comprovar que teve efetiva e relevante (ainda que não financeira) participação no esforço para aquisição onerosa de determinado bem (prova positiva). Agravo de instrumento conhecido e desprovido. (TJGO, AI n. 04853773020188090000, 3ª Câm. Cível, rel. Des. Itamar de Lima, j. 28.01.2019)

Agravo interno no agravo em recurso especial. Ação anulatória. Escritura pública de constituição de união estável homoafetiva. Pretensão de nulidade de cláusula que elegeu o regime de comunhão total de bens. Convivente falecido que contava com mais de 60 (sessenta) anos no início da convivência, quando vigente a redação original do art. 1.641, II, do CC (redação anterior à Lei n. 12.344/2010). Regime de bens obrigatório. Separação legal. Agravo interno a que se nega provimento. 1 – "É obrigatório o regime de separação legal de bens na união estável quando um dos companheiros, no início da relação, conta com mais de sessenta anos, à luz da redação originária do art. 1.641, II, do CC, a fim de realizar a isonomia no sistema, evitando-se prestigiar a união estável no lugar do casamento" (REsp n. 1.403.419/MG, 3ª T., rel. Min. Ricardo Villas Bôas Cueva, j. 11.11.2014, *DJe* 14.11.2014). 2 – Agravo interno a que se nega provimento. (STJ, Ag. Int. no AREsp n. 1.247.639/SP, 4ª T., rel. Min Lázaro Guimarães (des. conv. do TRF-5ª R.), j. 16.08.2018, *DJe* 27.08.2018) Embargos de divergência no recurso especial. Direito de família. União estável. Casamento contraído sob causa suspensiva. Separação obrigatória de bens (CC/1916, art. 258, II; CC/2002, art. 1.641, II). Partilha. Bens adquiridos onerosamente. Necessidade de prova do esforço comum. Pressuposto da pretensão. Moderna compreensão da Súmula n. 377/STF. Embargos de divergência providos. 1 – Nos moldes do art. 1.641, II, do CC/2002, ao casamento contraído sob causa suspensiva, impõe-se o regime da separação obrigatória de bens. 2 – No regime de separação legal de bens, comunicam-se os adquiridos na constância do casamento, desde que comprovado o esforço comum para sua aquisição. 3 – Releitura da antiga Súmula n. 377/STF (no regime de separação legal de bens, comunicam-se os adquiridos na constância do casamento), editada com o intuito de interpretar o art. 259 do CC/1916, ainda na época em que cabia à Suprema Corte decidir em última instância acerca da interpretação da legislação federal, mister que hoje cabe ao STJ. 4 – Embargos de divergência conhecidos e providos, para dar provimento ao recurso especial. (STJ, EREsp n. 1.623.858/MG, 2ª S., rel. Min. Lázaro Guimarães (des. conv. do TRF-5ª R.), j. 23.05.2018, *DJe* 30.05.2018)

Agravo regimental. Agravo em recurso especial. Casamento. Regime de bens. Separação obrigatória de bens. Art. 258, II, do CC/1916 (art. 1.641, II, CC/2002). Súmula n. 284/STF. Partilha. Esforço comum. Prova. Súmulas ns. 7 e 83/STJ. 1 – Incide o óbice previsto na Súmula n. 284 do STF na hipótese em que a deficiência da fundamentação do recurso não permite a exata compreensão da controvérsia. 2 – O recurso especial não é sede própria para rever questão referente à existência de prova de esforço exclusivo de um dos cônjuges para a constituição do acervo de bens adquiridos após o casamento na hipótese em que seja necessário reexaminar elementos fáticos. Aplicação da Súmula n. 7/STJ. 3 – No regime da separação obrigatória, comunicam-se os bens adquiridos onerosamente na constância do casamento, sendo presumido o esforço comum (Súmula n. 377/STF). 4 – Agravo regimental desprovido. (STJ, Ag. Reg. no AREsp n. 650.390/SP, 3ª T., rel. Min. João Otávio de Noronha, j. 27.10.2015, *DJe* 03.11.2015)

Civil. Recurso especial. Direito de família. União estável. Contrato de convivência. 1) alegação de nulidade do contrato. Inocorrência. Presença dos requisitos do negócio jurídico. Art. 104 e incisos do CC/2002. Senilidade e doença incurável, por si, não é motivo de incapacidade para o exercício de direito. Ausência de elementos indicativos de que não tinha o necessário discernimento para a prática do negócio jurídico. Afirmada ausência de manifestação de vontade. Incidência da Súmula n. 7 do STJ. Deficiência na fundamentação. Incidência da Súmula n. 284 do STF. Regime obrigatório de separação de bens no casamento. Inciso II do art. 1.641 do CC/2002. Aplicação na união estável. Aferição da idade. Época do início do relacionamento. Precedentes. Apontada violação de súmula. Descabimento. Não se enquadra no conceito de legislação federal. Precedentes. Dissídio jurisprudencial não demonstrado. Recurso especial do ex-companheiro não provido. 2) pretensão de se atribuir efeitos retroativos a contrato de convivência. Impossibilidade. Recurso especial da ex-companheira não provido. 1 – A condição de idoso e o acometimento de doença incurável à época da celebração do contrato de convivência, por si, não é motivo de incapacidade para o exercício de direito ou empecilho para contrair obrigações, quando não há elementos indicativos da ausência de discernimento para compreensão do negócio jurídico realizado. 2 – Com o aumento da expectativa de vida do povo brasileiro, conforme pesquisa do IBGE, com a notória recente melhoria na qualidade de vida dos idosos e, com os avanços da medicina, não é razoável afirmar que a pessoa maior de 60 anos não tenha capacidade para praticar os atos da vida civil. Afirmar o contrário afrontaria diretamente o princípio da dignidade da pessoa humana e o da igualdade. 3 – A alteração da conclusão do Tribunal *a quo*, com base nos elementos probatórios de que não existia um mínimo de prova indicando que não houve livre manifestação da vontade e de que não se comprovou alteração no estado emocional ou ausência de capacidade para a formalização do ajuste, não é possível de ser feita em recurso especial, em razão do óbice contido na Súmula n. 7 do STJ. 4 – A deficiência na fundamentação do recurso especial no que tange à alegada ofensa aos arts. 1.641, II, 104, 145 e 171 do CC/2002 atrai a incidência da Súmula n. 284 do STF. 5. Apesar do inciso II do art. 1.641 do CC/2002 impor o regime da separação obrigatória de bens somente no casamento da pessoa maior de 60 anos (70 anos após a vigência da Lei n. 12.344/2010), a jurisprudência desta egrégia Corte Superior estendeu essa limitação à união estável quando ao menos um dos companheiros contar tal idade à época do início do relacionamento, o que não é o caso. Precedentes. 6 – O fato de o convivente ter celebrado acordo com mais de sessenta anos de idade não torna nulo contrato de convivência, pois os ex-companheiros, livre e espontaneamente, convencionaram que as relações patrimoniais seriam regidas pelo regime da separação total de bens, que se assemelha ao regime de separação de bens. Observância do disposto no inciso II do art. 1.641 do CC/2002. 7 – A jurisprudência desta Corte firmou o entendimento de que o apelo nobre não constitui via adequada para análise de eventual ofensa a enunciado sumular por não estar ele compreendido na expressão "lei federal" constante da alínea a do inciso III do art. 105 da CF. Precedentes. Some-se o fato da ausência de demonstração e comprovação do dissídio jurisprudencial na forma legal exigida. 8 – No curso do período de convivência, não é lícito aos conviventes atribuírem por contrato efeitos retroativos à união estável elegendo o regime de bens para a sociedade de fato, pois, assim, se estar-se-ia conferindo mais benefícios à união estável que ao casamento. 9 – Recursos especiais não providos. (STJ, REsp n. 1.383.624/MG, 3ª T., rel. Min. Moura Ribeiro, j. 02.06.2015, *DJe* 12.06.2015)

Agravo de instrumento. Inventário. Cônjuge supérstite. Inclusão de herdeira/meeira. Casamento realizado sob o regime de separação obrigatória. Descabimento. Recurso não provido. 1 – Não retroagem os efeitos da decisão proferida pelo Órgão Especial deste Eg. Tribunal reconhecendo a inconstitucionalidade de imposição do regime de separação obrigatória de bens previsto no art. 1.641, II, do CC. 2 – Realizado o casamento sob o regime da separação obrigatória de bens, sem alteração por parte dos nubentes, durante o tempo de convivência, não deve a lei alçar ao cônjuge sobrevivente à condição de herdeiro, concorrendo com os descendentes, sob pena de clara violação ao regime de bens estipulado, nos termos do art. 1.829, I, do CC. 3 – Recurso conhecido e não provido. (TJMG, AI n. 1.0520.12.003821-8/001, rel. Des. Raimundo Messias, j. 26.05.2015)

Civil. Direito das sucessões. Cônjuge. Herdeiro necessário. Art. 1.845 do CC. Regime de separação convencional de bens. Concorrência com descendente. Possibilidade. Art. 1.829, I, do CC. Doação efetivada antes da vigência do novo CC. Colação. Dispensa. 1 – O cônjuge, qualquer que seja o regime de bens adotado pelo casal, é herdeiro necessário (art. 1.845 do CC). 2 – No regime de separação convencional de bens, o cônjuge sobrevivente concorre com os descendentes do falecido. A lei afasta a concorrência apenas quanto ao regime da separação legal de bens prevista no art. 1.641 do CC. Interpretação do art. 1.829, I, do CC. 3 – A doação feita ao cônjuge antes da vigência do CC/2002 dispensa a colação do bem doado, uma vez que, na legislação revogada, o cônjuge não detinha a condição de herdeiro necessário. 4 – Recurso especial desprovido. (STJ, REsp n. 1.346.324/SP, 3ª T., rel. Min. João Otávio Noronha, j. 19.08.2014, *DJe* 02.12.2014)

Ação rescisória. Direito de família. Ação de divórcio. Violação a dispositivo literal de lei. Erro de fato. Casamento celebrado sob regime legal da separação obrigatória de bens. Art. 1.641, II, do CC. Divórcio decretado com fundamento em regime de comunhão parcial, com partilha do patrimônio. Domínio de bem imóvel partilhado supostamente adquirido em anterior união estável. Necessidade de contraditório em ação autônoma. Procedência do pedido. Ofende a dispositivo literal de Lei e constata-se o erro de fato pela afirmação de um fato inexistente, quando o Juiz *a quo*, ao apreciar o pedido de divórcio, ordena a aplicação de regime de bens da comunhão parcial em caso no qual o cônjuge tinha mais de setenta anos na época do casamento (art. 1.641, II, CC). Hipótese na qual é necessário efetuar o juízo rescisório, com rejulgamento da causa e remessa das partes às vias ordinárias no que concerne à partilha de bem imóvel, porque não há elemento de prova conclusivo quanto ao momento em que ocorreu a sua aquisição (se em anterior união estável ou durante o casamento). (TJMG, Ação Resc. n. 1.0000.13.060262-0/000, 1ª Câm. Cível, rel. Alberto Vilas Boas, *DJe* 11.06.2014)

Apelação cível. Direito civil. Família. Ação de divórcio. Reconhecimento de união estável. Regime de bens. Convivente maior de 60 (sessenta) anos. União havida antes do advento da Lei n. 12.344, de 09.12.2010. Separação legal de bens. Partilha de imóvel adquirido na constância do relacionamento comum. Súmula n. 377 do STF. Esforço comum não demonstrado. Sentença mantida. 1 – É obrigatório o regime de separação de bens na união estável quando um dos companheiros for maior de 70 anos, em analogia ao art. 1.641, II, do CC. 2 – A não extensão do regime da separação obrigatória de bens à união estável em razão da senilidade de um ou de ambos os conviventes, seria um desestímulo ao casamento e destoaria da finalidade arraigada no ordenamento jurídico nacional, que se propõe a facilitar a convolação da união estável em casamento, e não o contrário. 3 – Apenas os bens adquiridos na constância da união estável, e desde que comprovado o esforço comum, devem ser partilhados entre os ex-conviventes, nos termos da Súmula n. 377 do STF. 4 – Recurso conhecido e improvido. (TJDFT, Ap. Cível n. 20130110666922(791211), rel. Des. Getúlio de Moraes Oliveira, *DJe* 23.05.2014, p. 147)

Agravo de instrumento. Inventário. Nulidades. Fundamentação das decisões judiciais. As decisões judiciais devem ser fundamentadas, porém, o exercício da fundamentação pode ser feito de forma sucinta sem violar os enunciados legais. Constitucionalidade do regime de bens previsto no inciso II, do art. 1.641, do CC. Proteção ao idoso. Decisão mantida. Recurso desprovido. (TJPR, AI n. 0993733-1, rel. Des. Vilma Régia Ramos de Rezende, *DJe* 21.01.2014, p. 411)

Ação de anulação de pacto antenupcial. Preliminares afastadas. Nubentes idosos que elegeram o regime da comunhão universal de bens. Possibilidade. União estável prolongada, anterior à celebração do matrimônio, que autoriza excepcionar a regra prevista no art. 258, II, do CC/1916, aplicável ao caso. Inteligência do art. 45 da Lei n. 6.515/77. Ademais, referido dispositivo legal é de ser reputado inconstitucional. Não há justificativa plausível que ampare o intuito da disposição legal de reduzir a autonomia do nubente. Precedentes da jurisprudência. Litigância de má-fé. Dolo não vislumbrado. Sentença confirmada. Recurso desprovido. (TJSP, Ap. n. 0043677-91.2011.8.26.0100, 4ª Câm. de Dir. Priv., rel. Milton Carvalho, j. 25.07.2013)

Casamento. Regime de bens. Alteração. Art. 1.641, II, do CC que exige a adoção do regime da separação de bens no casamento para pessoas maiores de setenta anos. Inexigibilidade na hipótese em exame. Vontade dos requerentes que deve ser respeitada. Ausência de prejuízos a terceiros. Alteração que produzirá efeitos *ex nunc*. Pedido acolhido. Recurso provido. (TJSP, Ap. n. 0003991-54.2012.8.26.0554/Santo André, 1ª Câm. de Dir. Priv., rel. Luiz Antonio de Godoy, j. 12.03.2013, *DJ* 13.03.2013)

Apelação cível. Preliminar de carência de ação. Inocorrência. Ação declaratória de união estável *post mortem*. Convivente octagenário. Aplicação do regime da separação obrigatória. Partilha de bens. Ausência de prova de que o veículo tenha sido adquirido exclusivamente com o produto da venda de bem exclusivo do convivente. Bens móveis que guarneciam a residência do casal. Partilha de um fogão à lenha e de uma cama. 1 – Não há falar em ausência de interesse processual no ajuizamento de ação declaratória de união estável *post mortem*, sob o argumento de que aplicável ao caso o regime da separação obrigatória de bens, uma vez que a declaração perseguida independe da questão patrimonial, que é apenas uma sua consequência lógica (meação/herança). 2 – Reconhecida judicialmente a união estável, incidem nesta relação, considerando que ao tempo do início o companheiro já contava com 80 anos de idade, as regras do regime da separação obrigatória de bens (art. 1.641, II, do CC, em analogia), comunicando-se eventuais aquestos resultado do esforço comum. Precedentes do STJ. 3 – Em que pese isso, não se desincumbiram os recorrentes (sucessores do convivente falecido) de comprovar a alegação de que para a aquisição do veículo, no curso da união, foram utilizados exclusivamente os recursos da venda de bem particular do falecido, razão por que corretamente reconhecido o direito de meação da recorrida sobre diferença investida por ambos nessa aquisição. 4 – À exceção de um fogão à lenha e de uma cama, os demais bens móveis que guarneciam a residência do casal não integram o acervo partilhável, pois, consoante admitido pela própria convivente em seu depoimento pessoal, já pertenciam ao convivente antes do início da relação. Ponto parcialmente acolhido. Preliminar rejeitada, apelação parcialmente provida. (TJRS, Ap. Cível n. 70.047.381.082, 8ª Câm. Cível, rel. Ricardo Moreira Lins Pastl, j. 14.06.2012)

Inventário. *De cujus* cujo desquite ocorreu em 1976. Novo casamento. Separação obrigatória de bens. Doação a cônjuge. Possibilidade. Alegação de sonegação de bens. Remessa às vias ordinárias. Alargar o sentido da norma prevista no art. 1.641, II, do CC, para proibir o sexagenário, maior e capaz, de dispor de seu patrimônio da maneira que melhor lhe aprouver constituiria um atentado contra a sua liberdade individual. A doação, tal como definida no ordenamento jurídico civil, tem a sua invalidade decretada quando ocorre a incapacidade do doador, a ilegitimidade do donatário, a inexistência de aceitação, a inobservância da forma prescrita ou a inidoneidade do objeto, não sendo nenhuma dessas hipóteses verificada no caso em análise, no qual também não ocorreu a chamada doação inoficiosa. No que toca aos bens adquiridos antes do 2º casamento, não tem a inventariante direito à meação dos imóveis que já pertenciam ao falecido anteriormente à alegada união estável, que teria precedido o 2º casamento, não se comunicando esses bens à inventariante, esta que se casou sob o regime de separação obrigatória de bens. Relativamente aos bens adquiridos entre 1976 (data do desquite do falecido e de sua primeira esposa) e 1994 (data do 2º casamento do *de cujus*), foram eles adquiridos em nome do falecido e da requerente; logo, somente 50% desses lotes constituem patrimônio do falecido e podem figurar como objeto da herança, já que os outros 50% pertencem, por direito próprio, à inventariante. Cumpre ressaltar que a inventariante não faz jus à meação dos 50% a serem inventariados, já que seu direito foi resguardado pelo próprio falecido no ato de aquisição dos imóveis. Nos termos da Súmula n. 337 do STF: No regime de separação legal de bens comunicam-se os adquiridos na constância do casamento. Finalmente, quanto à alegação de sonegação de bens, a questão deverá ser dirimida em ação própria, até porque não houve decisão do MM. Juiz de origem a respeito do tema. (TJMG, AI n. 1.0686.09.244631-5/002, rel. Des. Wander Marotta, j. 06.09.2011)

Veja no art. 1.523 o seguinte acórdão: TJRS, Ag. n. 70.037.714.243, 8ª Câm. Cível, rel. Des. Rui Portanova, j. 16.09.2010.

Direito de família. União estável. Companheiro sexagenário. Separação obrigatória de bens. Art. 258, parágrafo único, II, do CC/1916. Por força do art. 258, parágrafo único, II, do CC/1916 (equivalente, em parte, ao art. 1.641, II, do CC/2002), ao casamento de sexagenário, se homem, ou cinquentenária, se mulher, é imposto o regime de separação obrigatória de bens. Por esse motivo, às uniões estáveis é aplicável a mesma regra, impondo-se seja observado o regime de separação obrigatória, sendo o homem maior de sessenta anos ou mulher maior de cinquenta. Nesse passo, apenas os bens adquiridos na constância da união estável, e desde que comprovado o esforço comum, devem ser amealhados pela companheira, nos termos da Súmula n. 377 do STF. Recurso especial provido. (STJ, REsp n. 646.259, 4ª T., rel. Min. Luis Felipe Salomão, j. 22.06.2010, *DJe* 24.08.2010)

Declaratória de existência de união estável. Reconhecimento consensual com pretensão às núpcias sob o regime de comunhão de bens. Art. 1.641, II, do CC. Dispensa não pleiteada pelas partes. Possibilidade jurídica do pedido. Extinção afastada. Apelo provido. (TJSP, Ap. Cível c/ Rev. n. 6.059.594.100/Mairiporã, 7ª Câm. de Dir. Priv., rel. Dimas Carneiro, j. 18.11.2009)

Apelação cível. Recurso adesivo. União estável. 1 – Regime de bens. Art. 1.641, II, CC/2002. Inaplicabilidade. Não se aplica à união estável o art. 1.641, II, CC/2002, por afronta ao princípio constitucional da dignidade da pessoa humana e pelo descabimento de aplicação analógica para restringir direitos. O regime de bens na união estável é o da comunhão parcial, ainda que um dos companheiros tivesse mais de sessenta anos. 2 – Direito real de habitação. Ainda que a autora não tenha requerido o direito real de habitação, ele pode ser concedido de ofício. 3 – Meação. Sub-rogação não demonstrada. A sub-rogação, para ser reconhecida, deve restar inequivocamente demonstrada. Inexistindo tal prova nos autos, concede-se o direito de meação à autora sobre o imóvel adquirido na vigência da união estável. Apelação da sucessão/ré desprovida. Recurso adesivo da autora provido (segredo de justiça). (TJRS, Ap. Cível n. 70.023.452.725, 8ª Câm. Cível, rel. José Ataídes Siqueira Trindade, j. 08.05.2008, *DJ* 15.05.2008)

Apelação civil. Sucessões. Separação consensual. Conversão em divórcio. Inexistência de partilha. Novo casamento. Causa suspensiva. Reconhecimento da condição de herdeira concorrente da viúva. Não há qualquer invalidade nos acordos, tanto na separação, quanto na sua ratificação, por ocasião da conversão em divórcio. A partilha é válida, eis que acordada no âmbito da autonomia privada do casal, tratando-se de bens disponíveis, não se verificando qualquer vício de consentimento, motivo pelo qual recebeu a homologação judicial. Via de consequência, impõe-se que se reconheça que o casamento do *de cujus*, com a apelada, não se deu sob a égide da causa suspensiva, prevista no inciso III do art. 1.523 do CC/2002, motivo pelo qual válido o pacto antenupcial [...]. Por conseguinte, não se verifica a consequência do art. 1.641, I, o qual determina a adoção do regime da separação obrigatória. Passo adiante, correto está o juízo originário ao reconhecer a condição de herdeira da viúva, em concorrência com as filhas do falecido, eis que não incidente nenhuma das exceções previstas no art. 1.829, I, do CC/2002. Por maior que seja a inconformidade das apelantes, não podem elas, tampouco o Judiciário, retirar da apelada o direito à herança que lhe fora alcançado pela reforma do Diploma Civil. Apelo conhecido e no mérito desprovido. (TJRS, Ap. Cível n. 70.018.045.187, 8ª Câm. Cível, rel. Des. Rui Portanova, j. 30.08.2007)

Regime legal de separação legal de bens. Aquestos. Súmula n. 377. Esforço comum. 1 – A viúva foi casada com o *de cujus* por aproximadamente quarenta anos, pelo regime da separação de bens, por imposição do art. 258, parágrafo único, I, do CC/1916. 2 – Nestas circunstâncias, incide a Súmula n. 377 do STF que, por sinal, não cogita de esforço comum, presumido neste caso, segundo entendimento pretoriano majoritário. 3 – Recurso especial não conhecido. (STJ, REsp n. 154.896/RJ, 4ª T., rel. Min. Fernando Gonçalves, j. 20.11.2003, *DJU* 01.12.2003)

---

**Art. 1.642. Qualquer que seja o regime de bens, tanto o marido quanto a mulher podem livremente:**

**I – praticar todos os atos de disposição e de administração necessários ao desempenho de sua profissão, com as limitações estabelecidas no inciso I do art. 1.647;**

**II – administrar os bens próprios;**

**III – desobrigar ou reivindicar os imóveis que tenham sido gravados ou alienados sem o seu consentimento ou sem suprimento judicial;**

**IV – demandar a rescisão dos contratos de fiança e doação, ou a invalidação do aval, realizados pelo outro cônjuge com infração do disposto nos incisos III e IV do art. 1.647;**

**V – reivindicar os bens comuns, móveis ou imóveis, doados ou transferidos pelo outro cônjuge ao concubino, desde que provado que os bens não foram adquiridos pelo esforço comum destes, se o casal estiver separado de fato por mais de cinco anos;**

**VI – praticar todos os atos que não lhes forem vedados expressamente.**

---

Neste artigo o legislador trata dos atos que podem ser livremente praticados pelo cônjuge, independentemente do regime de bens adotado. Retrata, mais uma vez, o princípio da isonomia entre marido e mulher, assegurado na CR (art. 226, § 5º).

O **inciso I**, com o art. 978 supra, representa uma exceção à regra geral do art. 1.647 infra, pois autoriza que um dos cônjuges possa gerir e administrar alguns bens que tenham vínculo com sua atividade profissional, independentemente da autorização ou concordância do outro e do regime de bens que regule o matrimônio. Essa permissão é válida nos casos apontados nesse artigo, incluindo-se aqui os casamentos realizados sob o regime da comunhão universal. O dispositivo em análise autoriza o cônjuge profissional a atuar livremente, dispensando a outorga uxória, para o desempenho de suas atividades econômicas como de profissional liberal ou autônomo, comerciante ou industrial. Tem-se como exemplo o empresário que para instalar seu negócio tome um imóvel em locação, contrate empregados e adquira mercadorias. Ele tem permissão legal para exercer todos esses atos sem que haja necessidade da autorização de sua consorte, ainda que o regime de bens do casamento seja da comunhão (universal ou parcial).

No **inciso II**, o legislador autoriza o cônjuge que possui bens exclusivamente seus a administrá-los, independentemente do consentimento do outro. Os bens referidos compreendem aqueles que não integram a comunhão (*v.* comentários aos arts. 1.659, 1.661 e 1.668) e a permissão legal é limitada aos atos de gestão do patrimônio particular, não permitindo, portanto, a disposição do mesmo sem a outorga do outro.

O **inciso III** permite ao cônjuge que não consentiu que seu consorte gravasse ou alienasse bem comum pleitear perante o Poder Judiciário o imóvel junto ao terceiro, que terá, por sua vez, direito de regresso contra o cônjuge que efetivou o negócio, nos termos do art. 1.646 (*v.* comentário). Este dispositivo destina-se, exclusivamente, aos cônjuges casados sob o regime da comunhão universal ou da comunhão parcial, ou sob o regime de participação final de aquestos (desde que não haja a dispensa expressa da outorga uxória no pacto antenupcial), porquanto os arts. 1.647, *caput*, I, e 1.687 do CC expressamente permitem àquelas pessoas casadas sob separação de bens (legal ou convencional) que livremente disponham de seus bens, seja gravando-os, seja alienando-os. O inciso refere-se a bens *imóveis*, contudo a economia moderna evidencia que muitos bens móveis são tão ou mais valiosos que os próprios bens de raiz. Por essa razão, e, tomando-se como referência o espírito do legislador cujo objetivo é garantir a segurança e a harmonia da vida conjugal e a proteção do patrimônio familiar como um todo, evitando-se prejuízo irreparável a um dos consortes, talvez fosse recomendável que o dispositivo legal em análise abrangesse também os demais bens familiares que tenham grande valor econômico (ações de empresas, títulos cambiários, joias, por exemplo). Espera-se alteração legislativa no sentido de incluir os *bens móveis*.

O **inciso IV** contém a mesma permissão do inciso anterior, dirigindo-se às pessoas casadas sob o regime da comunhão (universal ou parcial) de bens, que prestem fiança e/ou aval. Considerando-se que esses institutos são garantias de pagamento de dívidas assumidas por terceiros e que, possivelmente, terão reflexos econômicos diretos a quem os presta, com consequências imediatas ao patrimônio familiar, impõe-se que tais garantias sejam assumidas de forma expressa por ambos os cônjuges, visando à proteção do acervo da família. As doações, não remuneratórias, de bens comuns, ou dos que possam integrar futura meação, também podem ser objeto de pedido judicial de rescisão do contrato por qualquer um dos cônjuges, por ter sido realizado sem a autorização do outro.

O **inciso V** possibilita ao cônjuge ajuizar ação para desfazer qualquer negócio jurídico realizado entre o outro cônjuge e o concubino deste. A intenção do legislador, nessa hipótese, é obstar que o patrimônio do casal seja desviado para terceira pessoa, em evidente prejuízo ao cônjuge enganado. Deve-se entender por concubinato a relação espúria entre homem ou mulher – que ainda estejam casados e cujo matrimônio não teve rompimento – com terceira pessoa. Não está compreendida no conceito de concubinato a relação amorosa entre pessoas separadas judicialmente ou de fato que, presentes os demais requisitos legais, caracterizam a união estável (*v.* art. 1.723). Convém elucidar que, estando o casal separado de fato, não haverá concubinato, mas união estável (arts. 1.723, § 1º, e 1.727), concluindo-se que a linguagem do legislador no dispositivo ora comentado não foi adequada e condizente com o ordenamento, como aliás foi observado por Regina Beatriz Tavares da Silva, em sua sugestão ao antigo projeto de alteração do CC de autoria do Deputado Ricardo Fiuza (atual PL n. 699/2011), para que seja acrescentado ao artigo o termo "ou companheiro". Ainda assim, o artigo em apreço autoriza o cônjuge prejudicado a vindicar os bens comuns adquiridos na constância do matrimônio e que foram transferidos por seu consorte a terceira pessoa (concubino ou companheiro), permitindo-lhe o ajuizamento da ação de anulação para proteger sua meação, uma vez que a partilha judicial do patrimônio do casal ainda não foi realizada. Ressalte-se que não estarão abrangidos pela proteção legal aqueles bens adquiridos após a separação de fato do casal, com esforço exclusivo de um dos cônjuges ou em conjunto com seu novo companheiro, que, segundo o entendimento pacífico da jurisprudência não se comunicam, em razão do rompimento da sociedade conjugal. A menção ao prazo de cinco anos existente na parte final do inciso é, na verdade, resquício do projeto do CC que impunha como requisito do reconhecimento de união estável, a existência do relacionamento por aquele período. Essa exigência foi excluída do artigo referente à união estável, no entanto, permaneceu no dispositivo que se examina, sem razão de ser, e, possibilitando que o cônjuge separado de fato venha a reclamar meação em bens auferidos sem sua contribuição, dando margem ao enriquecimento ilícito.

O **inciso VI** encontra respaldo no princípio da liberdade contido na CF (art. 5º, II), permitindo a qualquer um dos cônjuges a prática de todos os atos que não forem proibidos por lei.

**Jurisprudência:** Inventário. Exclusão de veículo adquirido pela viúva, casada no regime de separação obrigatória, dos bens comuns. Admissibilidade por não ter sido feito prova de que o *de cujus* participou na aquisição com propósito de ser dono da metade. Aquisição se fez mediante consórcio, por iniciativa da mulher, pensionista do INSS. Não provimento. (TJSP, AI n. 2050215-09.2024.8.26.0000/Itaquaquecetuba, rel. Enio Zuliani, j. 08.04.2024, *DJ* 08.04.2024)

Direito civil. Direito processual civil. Arrendamento rural. Termo previsto no instrumento contratual. Prorrogação automática. Posterior notificação extrajudicial solicitando a restituição do imóvel. Não atendida. Diversas interpelações extrajudiciais não atendidas. Transcurso de prazo superior a seis meses para desocupação do imóvel. Notificação prévia a esposa do arrendatário. Desnecessidade. Precedente STJ. Contrato não solene. Reintegração da posse. Necessidade. Art. 26, I, do Decreto n. 59.566/66. Concessão dos benefícios da justiça gratuita a pessoa jurídica. Associação civil assistencial, sem fins lucrativos. Sociedade São Vicente de Paulo. Hipossuficiência notória. Saldo em conta-corrente insuficiente para realização dos relevantíssimos serviços prestados. O legítimo proprietário, arrendador, pode pleitear a restituição do imóvel objeto do contrato de arrendamento rural, após o termo inicial previsto no instrumento, desde que, no prazo de seis meses antes notifique extrajudicialmente o arrendatário da sua intenção. Tendo o arrendador concedido prazo bem superior a seis meses para desocupação voluntária do imóvel pelo arrendatário, diante das diversas notificações extrajudiciais, e, tendo a parte de forma injustificada permanecido no imóvel, mostra-se necessário o acolhimento do pleito de reintegração de posse formulado na inicial. Segundo entendimento exarado pelo STJ, não há exigência legal de forma especial para a validade e eficácia do arrendamento rural, sendo um contrato não solene. Apesar da forte intervenção estatal (dirigismo contratual) a limitar o poder negocial das partes nos negócios jurídicos agrários, como as disposições do art. 95 do Estatuto da Terra, não se estabeleceu a exigência de forma especial mesmo nos contratos celebrados com prazo igual ou superior a dez anos. Enquadramento entre os atos de administração que podem ser praticados por um dos cônjuges sem autorização do outro. Inteligência do art. 1.642, II e VI, do CC/2002. Constatado que a esposa do arrendatário rural figurou no instrumento contratual como mera anuente, mostra-se totalmente despicienda a sua notificação extrajudicial para desocupação voluntária do imóvel. O Conselho Central de Varginha da Sociedade de São Vicente de Paulo, associação civil de direito privado, beneficente, caritativa e de assistência social, sem fins econômicos, faz jus a concessão dos benefícios da justiça gratuita em face da sua notória hipossuficiência econômica. (TJMG, Ap. Cível n. 1.0000.19.101687-2/001, rel. Des. Luiz Artur Hilário, j. 10.12.2019)

Recurso especial. Direito agrário. Arrendamento rural. Prazo de dez anos. Consentimento do cônjuge. Desnecessidade. Contrato não solene. Inteligência do art. 1.642, II, e VI, do CC, c/c art. 95 do Estatuto da Terra. 1 – Controvérsia em torno da necessidade de outorga uxória para validade e eficácia de contrato de arrendamento rural celebrado com prazo igual ou superior a dez anos, bem como do pedido de afastamento da multa contratual pela alegação da inocorrência da prática de ato ensejador da rescisão contratual sem justa causa. 2 – Reconhecimento pelo acórdão recorrido da existência de cláusula expressa no pacto litigioso no sentido da transmissão de obrigações aos herdeiros do arrendador, bem como de cláusula estipuladora de multa para a hipótese de rescisão sem justa causa no curso do cumprimento do contrato. 3 – O êxito da pretensão recursal, com a afirmação da inexistência de transmissão de obrigações contratuais aos herdeiros, ou para o reconhecimento da rescisão sem justa causa, exigiria a revisão de todo conjunto fático probatório dos autos, o que é vedado a esta Corte Superior, nos termos das Súmulas ns. 5 e 7/STJ. 4 – Nos termos do Dec. n. 59.566/66, o arrendamento rural é, por definição legal, o contrato mediante o qual uma pessoa se obriga a ceder a outra, por tempo determinado ou não, o uso e gozo de imóvel rural, mediante retribuição. 5 – Não há exigência legal de forma especial para a sua plena validade e eficácia, sendo o arrendamento rural um contrato não solene. 6 – Apesar da forte intervenção estatal (dirigismo contratual) a limitar o poder negocial das partes nos negócios jurídicos agrários, como as disposições do art. 95 do Estatuto da Terra, não se estabeleceu a exigência de forma especial mesmo nos contratos celebrados com prazo igual ou superior a dez anos. 7 – Enquadramento entre os atos de administração que podem ser praticados por um dos cônjuges sem autorização do outro. 8 – Inteligência do art. 1.642, II e VI, do CC/2002. 9 – Inaplicabilidade da regra do art. 3º, parágrafo único, da Lei n. 8.245/91 (Lei de Locações), aplicável especificamente para as locações de imóveis urbanos com prazo igual ou superior a dez anos, cuja incidência, por se tratar de regra de exceção, é restrita às hipóteses expressamente contempladas no texto legal, não se estendendo aos contratos agrários. 10 – Recurso especial desprovido. (STJ, REsp n. 1.764.873, 3ª T., rel. Min. Paulo de Tarso Sanseverino, j. 14.05.2019, *DJe* 21.05.2019)

Apelação cível. Declaração de nulidade de garantia. Revelia. contrato de arrendamento mercantil. Ausência de outorga uxória. Cabe ao julgador, mesmo se configurada a revelia, examinar as circunstâncias dos autos, quanto às questões de direito, formando seu convencimento. A fiança prestada por sócio e devedor solidário da empresa devedora, no exercício de sua atividade de empresário, em contrato bancário, independe da outorga uxória de sua cônjuge, conforme estabelece o art. 1.642, I, do CC. (TJMG, Ap. Cível n. 1.0672.14.036598-8/002, rel. Des. Evangelina Castilho Duarte, j. 01.03.2018)

Anulatória. Quotas. Sociedade empresarial. Gratuidade de justiça. Interesse recursal. Inovação recursal. Pedido não deduzido na inicial. Art. 1.647. CC. Cessão. Esposa. Autorização. Patrimônio. Empresa. Bens. 1 – Falta de interesse recursal. Pedido de justiça gratuita quando estes foram deferidos em sentença, oportunidade em que restou suspensa a cobrança de honorários de advogado aos quais foram condenados os apelantes. Recurso parcialmente. 2 – Não se conhece de pedido formulado em sede recursal e não deduzido na inicial, por configurar inovação recursal, desobedecendo ao princípio do duplo grau de jurisdição. 3 – A autorização da esposa para cessão de quotas de sociedade empresária pertencentes ao seu marido não se faz necessária, uma vez que não podem elas ser enquadradas nas vedações dispostas no art. 1.647, do CC. 4 – Desnecessária a autorização da esposa para a alienação de bens de empresa da qual seja sócio seu esposo, se a ele couber a administração da sociedade, como atividade profissional, podendo exercer todos os atos de disposição e administração necessários, por não incidir na espécie qualquer vedação legal, consoante art. 1.642, do CC. 5 – Recurso conhecido e desprovido. (TJDFT, Proc. n. 20100110538659(797996), rel. Des. Gislene Pinheiro, *DJe* 03.07.2014, p. 200)

Agravo de instrumento. Ação de anulatória de registro imobiliário. Doação entre companheiros durante a união estável. Validade. Recurso provido. 1 – Consoante jurisprudência do STJ, interpretando os arts. 505 e 1.642, V, do CC, firmou-se no sentido de que "as doações feitas por homem casado à sua companheira, após a separação de fato de sua esposa, são válidas, porque, nesse momento, o concubinato anterior dá lugar à união estável; *a contrario sensu*, as doações feitas antes disso são nulas" (REsp n. 408.296/RJ, rel. Min. Ari Pargendler, 3ª T., j. 18.06.2009, *DJe* 24.06.2009). 2 – Restando comprovado, por meio da sentença transitada em julgado proferida em ação declaratória de união estável, que a doação à companheira foi realizada no período da união afetiva, tem-se como justificável, *ad cautelam*, para salvaguardar a utilidade e eficácia do provimento final, a concessão da tutela liminar a fim de anotar na matrícula do imóvel litigioso a proibição de transferência do bem. 3 – Recurso provido. (TJES, AI n. 0048774-39.2013.8.08.0024, rel. Des. José Paulo Calmon Nogueira da Gama, *DJe* 24.04.2014)

Aval em título de crédito ação pretendendo sua anulação improcedência inconformismo em contrato celebrado após o advento do CC/2002, é necessária a outorga uxória ao aval prestado pelo cônjuge quando o regime patrimonial é o da comunhão de bens. Apelante que é parte legítima para defender seus interesses, vez que a ela cabia a concessão daquela autorização de anulação do aval que não implica invalidade do contrato principal inteligência dos arts. 1.642, IV, 1.647, III, 1.649, 1.650 do CC/2002. Recurso provido. Litigância de má-fé. Condenação da parte e de seu patrono, solidariamente, ao pagamento da multa e da indenização previstas no art. 18, *caput* e § 2º, do CPC [art. 81, § 3º, do CPC/2015]. Insurgência. Ausência de má-fé a eivar os atos da apelante e de seu patrono, que se limitaram a narrar os fatos e apresentar os documentos constitutivos de seu direito. Decisão reformada. Recurso provido. Justiça gratuita. Cassação da benesse na sentença. Pretensão a seu restabelecimento. Possibilidade Aparente ausência de alteração na situação econômica da apelante apta a suprimir-lhe o benefício anteriormente concedido. Recurso provido. (TJSP, Ap. n. 0000147-39.2012.8.26.0185/Estrela D'Oeste, 22ª Câm. de Dir. Priv., rel. Sérgio Rui, *DJe* 12.03.2014, p. 1.252)

Apelação. Ação de reparação por danos materiais. Danos emergentes. Compra de imóvel "na planta". Relação de consumo configurada. Tolerância de 180 dias de atraso no processo construtivo. Na pendência da mora, responde a requerida pelos danos emergentes e/ou lucros cessantes e pela multa moratória. Houve acordo firmado entre autor e réu em relação ao pagamento de multa contratual. Acordo válido. Não houve a assinatura da cônjuge varoa, porém não houve nenhum prejuízo demonstrado. Art. 1.642, VI, do CC. Não há enquadramento em nenhuma das hipóteses do art. 1.647 do CC. As disposições do instrumento apenas abrangem a multa e não incluem danos emergentes. A ré tem responsabilidade de reparar os gastos com locação e juros de obra pagos à CEF. Não há provas quanto à lesão moral alegada. Recurso provido em parte. (TJSP, Ap. n. 0033264-54.2012.8.26.0562/Santos, 3ª Câm. de Dir. Priv., rel. Beretta da Silveira, *DJe* 26.02.2014, p. 1.256)

Direito civil. Ação desconstitutiva de aval. Garantia prestada no desempenho da atividade profissional. Sócio. Cônjuge. Outorga conjugal. Desnecessidade. Arts. 1.642, I, e 1.647, III, do CC. Interpretação. 1 – A regra do art. 1.642, I, do CC é limitada expressamente apenas pelo art. 1.647, I, do mesmo Código. Vale dizer, pode o cônjuge, em princípio, no exercício da sua atividade profissional, praticar livremente os atos que sejam intrínsecos à gestão, por exemplo, da empresa de que é sócio, exceto alienar ou gravar de ônus real bens imóveis particulares. Não se extrai, pois, impeditivo para o consorte possa prestar aval sem a vênia conjugal nessas circunstâncias, outorga esta que, fora dessa exceção, mostrar-se-ia imprescindível à validade da garantia. (TJMG, Ap. Cível n. 1.0223.10.024919-0/001, rel. Des. Otávio Portes, j. 27.02.2013, *DJ* 08.03.2013)

Embargos de terceiro. Locação. Fiança. Empresa comercial pertencente à fiadora casada. Outorga uxória. Necessidade. Nulidade. A mulher casada titular de empresa comercial locatária, demanda de outorga uxória do marido, para prestar fiança locatícia ante as restrições dos arts. 1.642, IV, e 1.647, I, do CC, sob pena de nulidade da penhora. Recurso provido. (TJSP, Ap. n. 0005937-17.2009.8.26.0441/Peruíbe, 35ª Câm. de Dir. Priv., rel. Clóvis Castelo, j. 28.01.2013, *DJ* 30.01.2013)

Apelação cível. Promessa de compra e venda. Anulatória. Não há falar em anulação do contrato pela regra do art. 1.642, III, do CC, quando a prova demonstra que a autora tinha pleno conhecimento da transação e ainda se beneficiou do negócio. Manutenção da sentença que se impõe. Negaram provimento ao recurso. Unânime. (TJRS, Ap. Cível n. 70.050.890.896/Erechim, 20ª Câm. Cível, rel. Walda Maria Melo Pierro, j. 21.11.2012, *DJ* 29.11.2012)

Aval. Ação anulatória. Empréstimo. Nota promissória. Aval firmado por diretor presidente de hospital. Desnecessidade do consentimento conjugal. Art. 1.642, I, do CC. Ratificação dos fundamentos da sentença (art. 252 do RITJSP). Apelação desprovida. (TJSP, Ap. n. 9113957-45.2008.8.26.0000/São Pedro, 15ª Câm. de Dir. Priv., rel. Alexandre Marcondes, j. 07.08.2012, *DJ* 08.08.2012)

Apelação cível. Ação de anulação de escritura pública de doação. União estável. Ausência de outorga uxória. Prescrição. Em razão de ter sido erigida a união estável à categoria de entidade familiar pela CF (art. 226, § 3º), aplica-se analogicamente o disposto no art. 235, I, c/c art. 239, do antigo CC/1916, regramento repetido no art. 1.642, III, do CC em vigor, que prevê a outorga uxória no negócio jurídico de imóvel comum ao casal. Mantido o reconhecimento da prescrição, se aplicável ao caso o art. 178, § 9º, I, *a*, do CC/1916, e não observado pela autora o prazo de 4 anos para o ajuizamento da ação anulatória da escritura pública de doação, onde o ex-companheiro doou aos filhos o imóvel adquirido na vigência da união estável. Precedentes. Apelação desprovida (segredo de justiça). (TJRS, Ap. Cível n. 70.030.658.348, 7ª Câm. Cível, rel. Des. André Luiz Planella Villarinho, j. 24.02.2010)

Direito privado não especificado. Ação declaratória de descaracterização de aval e de nulidade de fiança. Ausência de outorga uxória. Litigância de má-fé. O aval é instituto próprio do direito cambiário, estando atrelado aos títulos de crédito e aos seus equiparados. Assim, não há falar em aval em contrato de prestação de serviço sujeito às regras do direito comum. Irrelevância do *nomem iuris* dado pelas partes. Descaracterização do aval para fiança. A norma contida no inciso III do art. 1.647 do CC exige a outorga uxória do consorte para fins de prestação de fiança, sob pena de rescindibilidade da garantia (art. 1.642, IV, do CC). Contudo, no caso, a outorga uxória se verifica presente, mesmo que tacitamente, uma vez que a fiança foi prestada pelo marido da autora em favor da empresa limitada formada pela autora e mais uma sócia, tendo, cada uma, direito sobre metade das cotas da sociedade. Litigância de má-fé afastada. Deram parcial provimento ao apelo. (TJRS, Ap. Cível n. 70.030.068.738, 16ª Câm. Cível, rel. Paulo Sérgio Scarparo, j. 28.05.2009)

Execução. Ofício à Receita Federal. Localização de bens da esposa executado. CPC, art. 592, IV [art. 790, IV, do CPC/2015]; CC/1916, art. 246, parágrafo único; CC/2002, art. 1.642. Admissibilidade. As dívidas contraídas pelo marido obrigam, além dos bens comuns, em falta destes, os particulares do cônjuge em razão do proveito experimentado, especialmente quando houver prova de que se beneficiou com o produto oriundo de atos ilícitos levados a cabo pelo cônjuge devedor. Ofício à Receita Federal visando a localização de bens da mulher do executado. Admissibilidade. Recurso provido. (TJSP, AI n. 1.252.685.002/São Paulo, 35ª Câm. de Dir. Priv., rel. Clóvis Castelo, j. 04.05.2009)

Apelação cível. Escritura pública de compra e venda e distrato firmados apenas por um dos cônjuges sem anuência do outro. Validade e eficácia. Art. 1.642, VI, do CCB. Restituição do preço. Falta de prova do pagamento e ausência de confissão de dívida. Art. 333, II, do CPC [art. 373, II, do CPC/2015]. No caso, em que pese o regime de bens vigente entre os recorrentes, não há no sistema jurídico pátrio qualquer vedação no sentido de um dos cônjuges firmar contrato de compra e venda sem anuência do outro e firmar o correspondente distrato, quando ainda, não operado o registro junto ao Ofício Imobiliário. Assim, é válido e eficaz o distrato firmado exclusivamente pela demandada, sem a anuência do seu esposo. Inteligência do art. 1.642, VI, do CCB. Inexistência de elementos de prova no sentido de demonstrar que tenham os demandados adimplido o preço do bem e/ou da existência de confissão de dívida em seu favor. Art. 333, II, do CPC [art. 373, II, do CPC/2015]. Apelação desprovida. (TJRS, Ap. Cível n. 70.021.651.088, 20ª Câm. Cível, rel. Glênio José Wasserstein Hekman, j. 18.06.2008, *DJ* 09.07.2008)

Fiança. Ausência de outorga uxória. Inadmissibilidade. Fiança prestada pelo marido sem o consentimento da esposa é nula de pleno direito e, portanto, invalida o ato por inteiro, inclusive a meação marital. Inteligência do disposto no art. 235, III, c/c 145, IV, do CC/1916 e regras de ordem pública inseridas nos arts. 1.642, IV, e 1.647, III, do CC pátrio. Recurso provido com reflexo nas verbas de sucumbência. (TJSP, Ap. Cível n. 922.110-0/1, rel. Des. Júlio Vidal, j. 03.07.2007)

**Art. 1.643. Podem os cônjuges, independentemente de autorização um do outro:**

**I – comprar, ainda a crédito, as coisas necessárias à economia doméstica;**

**II – obter, por empréstimo, as quantias que a aquisição dessas coisas possa exigir.**

O artigo em análise estende a liberdade aos cônjuges de adquirir, independentemente do consentimento do outro, por meio de financiamento ou empréstimo, tudo o que for necessário para prover a família e sua residência. Assim, qualquer um dos cônjuges está autorizado a comprar livremente alimentos, roupas, móveis, eletrodomésticos e tudo o mais que for destinado ao consumo doméstico. Estão abrangidos, nesse artigo, todos os itens da economia doméstica, ainda que supérfluos, desde que compatíveis com o rendimento do casal.

**Jurisprudência:** Apelação cível. Família. Ação de dissolução de união estável, cumulada com pedido liminar de pensão alimentícia. Partilha de dívidas relativas a débitos de financiamento do veículo Fiat/Palio, IPVA e depósito. Descabimento. Arts. 1.643, 1.644, 1.664 e 1.666 do CC. Comunicam-se no regime de comunhão parcial os bens que sobrevierem ao casal, na constância do casamento, presumido o esforço comum na constituição do patrimônio. O ônus da prova acerca da existência e finalidade das dívidas contraídas exclusivamente por um dos companheiros na constância da união estável incumbe àquele que postula a respectiva partilha. Ausente demonstração de que a compra do veículo, embora contraída na constância da união estável, tenha sido em benefício do casal, com o respectivo proveito comum, não há como se determinar a partilha do bem, sequer das dívidas relacionadas ao veículo apresentadas, quais sejam débitos de financiamento, IPVA e depósito, nos termos dos arts. 1.643, 1.644, 1.664 e 1.666 do CC. Descumpriu a autora/apelante com o ônus da prova imposto pelo art. 373, I, do CPC, que lhe competia. Precedentes do TJRS. Apelação desprovida. (TJRS, Ap. Cível n. 50124896720208210019/RS, 7ª Câm. Cível, rel. Carlos Eduardo Zietlow Duro, j. 05.04.2022, publ. 05.04.2022)

Família. Divórcio c/c partilha de bens e alimentos. Sentença de parcial procedência. Irresignação da autora. Impugnação da partilha das dívidas contraídas durante o matrimônio, sob a alegação de que não foram revertidas em proveito da família. Afastamento. Partes casadas sob o regime da comunhão parcial de bens (arts. 1.658 e segs. do CC). Partilha não só dos bens, mas também das dívidas contraídas durante a união, presumidamente convertidas à entidade familiar. Recorrente que não se desincumbiu do ônus de comprovar que apenas o recorrido se beneficiou dos contratos de empréstimo celebrados antes da ruptura da sociedade conjugal. Irrelevância da falta de autorização ou de assinatura nos negócios controvertidos (arts. 1.643 e 1.644 do CC). Precedentes do TJSP. O simples fato de os contratos terem sido assinados em período próximo à separação não é suficiente para afastar a presunção legal destacada, sendo necessária a comprovação inequívoca de que os valores derivados da relação firmada foram utilizados em prol de apenas um dos cônjuges. Sentença mantida. Honorários advocatícios sucumbenciais majorados para R$ 750,00 (art. 85, § 11, do CPC), ressalvada a gratuidade concedida à parte vencida. Recurso desprovido. (TJSP, Ap. Cível n. 1010144-57.2015.8.26.0562/SP, 1ª Câm. de Dir. Priv., rel. Alexandre Marcondes, j. 21.03.2022, publ. 21.03.2022)

Apelação. Ação de cobrança. Mensalidade escolar. Ilegitimidade passiva *ad causam*. Serviço educacional contratado exclusivamente pelo genitor após a separação judicial com a genitora. Benefício dos serviços educacionais prestados à filha comum. Solidariedade, todavia, que não se presume. Não incidência dos arts. 1.643 e 1.644 do CC. Ausência de pertinência subjetiva. Orientação desta Col. Câmara. Sentença reformada. Sucumbência. Readequação do ônus. Recurso provido. (TJSP, Ap. Cível n. 1078943-10.2020.8.26.0100/SP, 31ª Câm. de Dir. Priv., rel. Rosangela Telles, j. 14.03.2022, publ. 14.03.2022)

Apelação cível. Processo civil e direito civil. Embargos à execução. Cobrança de empréstimo bancário. Preliminar. Nulidade sentença. Cerceamento de defesa. Rejeição. Dívida adquirida na constância do casamento. Responsabilidade do casal. Partilha de dívidas. Benefício da família. Ônus da prova. Presunção geral de solidariedade. 1. Verificado que a prova oral pretendida não seria capaz de demonstrar o quanto pretendido, sem força para afastar a presunção de que a dívida contraída por um dos cônjuges beneficiou a família, correto o juiz que a indeferiu. Preliminar de cerceamento de defesa rejeitada. Dívidas contraídas na constância do casamento configuram obrigação solidária, cuja solvência é de responsabilidade do casal. 2. Não se admite no ordenamento jurídico que uma dívida contraída em benefício da família seja de responsabilidade de apenas um dos cônjuges. Cabe ao cônjuge o ônus de provar que a dívida contraída pelo outro não beneficiou a família, tendo em vista a presunção geral de solidariedade prevista nos arts. 1.643 e 1.644 do CC. 3. Recurso conhecido, preliminar de cerceamento de defesa rejeitada e, no mérito, desprovido. (TJDF, Ap. Cível n. 0710865-37.2021.8.07.0001/DF, 6ª T. Cível, rel. Alfeu Machado, j. 02.02.2022, *DJe* 17.02.2022)

Apelação cível. Divórcio. Partilha de dívidas. Comunhão parcial. Empréstimo obtido na constância do casamento. 1. A presente hipótese consiste em verificar a possibilidade de partilha das dívidas consubstanciadas em empréstimos bancários contraídos por um dos cônjuges na constância do casamento. 2. A regra prevista no art. 1.643, II, do CC faculta aos consortes a obtenção de empréstimos para a aquisição de itens necessários à economia doméstica. 2.1. De acordo com a regra prevista no art. 1.644 do mesmo diploma legal os cônjuges estão solidariamente obrigados ao adimplemento dessas dívidas. 3. Presume-se que o empréstimo contraído por um dos cônjuges durante o matrimônio tenha sido revertido em benefício da entidade familiar. Ausente a prova em contrário, as parcelas a serem pagas após a separação devem integrar a partilha. 4. A presunção de comunicabilidade das dívidas assumidas por apenas um dos cônjuges deve ser ilidida por aquele que pretende resguardar sua meação. 5. No caso em deslinde devem ser partilhadas as dívidas decorrentes de empréstimos contraídos até o mês de março de 2011. 6. Apelações conhecida e desprovida. (TJDF, Ap. Cível n. 0701929-61.2019.8.07.0011, 2ª T. Cível, rel. Alvaro Ciarlini, j. 01.12.2021, *DJe* 10.01.2022)

Apelação cível. Direito civil (família). Ação de divórcio. Dívidas contraídas na constância do casamento. Partilha. Necessidade. Presunção de proveito da família. Solidariedade não afastada. Recurso conhecido e desprovido. 1 Os arts. 1.643 e 1.644 do CC preveem respectivamente o seguinte: [...] 2 – Tratando-se de presunção *iuris tantum*, pode ser afastada a solidariedade dos cônjuges para a satisfação da obrigação, desde que provado que a dívida foi contraída em benefício de apenas um dos consortes. 3 – No caso, a partilha da dívida entre o casal definida na sentença deve ser mantida, porque o próprio réu (cônjuge varão) confessa que o valor foi utilizado para a reforma do imóvel de residência do casal, o que também foi confirmado pelas testemunhas ouvidas, notadamente pelo construtor responsável pela obra, que afirmou ter sido contratado por ambos para a execução dos serviços. 4 – Recurso conhecido e desprovido. (TJDF, Proc. n. 00032575920178070004, 5ª T. Cível, j. 21.08.2019, *DJe* 30.08.2019)

Embargos de terceiro. Penhora de imóvel casamento em regime de comunhão parcial de bens inexistência de prova quanto ao beneficiário da dívida contraída. 1

– Presunção de que a dívida foi contraída para proveito comum (arts. 1.643 e 1.644 do CC). 2 – Os bens de um cônjuge estão sujeitos à execução promovida contra o consorte, "nos casos em que os seus bens próprios, reservados ou de sua meação respondem pela dívida", o que acontece com as contraídas em benefícios da família, consoante previsão do art. 592, IV, do CPC [art. 790, IV, do CPC/2015], e arts. 1.643 e 1.644 do CC/2002, ainda que adotado o regime da separação de bens. Sentença mantida. Recurso improvido. (TJSP, Ap. n. 9108887-47.2008.8.26.0000/Getulina, 20ª Câm. de Dir. Priv., rel. Maria Lúcia Pizzotti, *DJe* 16.07.2014, p. 1.192)

Apelação cível. Reintegração de posse. Pretensão de condenação dos réus pela utilização do bem. Descabimento. Motocicleta dada em garantia pignoratícia. Recusa justificada do credor em devolver o bem enquanto não paga a dívida. Mútuo contraído pela cônjuge por necessidade à economia doméstica. Inexigibilidade de autorização do outro cônjuge. Inteligência do art. 1.643, II, do CC. Recurso não provido. (TJPR, Ap. Cível n. 0748716-1, rel. Juiz Conv. Subst. Marco Antonio Antoniassi, *DJe* 03.09.2013, p. 312)

Apelação cível. Ação de dissolução de união estável c/c partilha. Insurgência do réu. Partilha de dívidas. (A) Dívidas contraídas com *factoring*. Carência de provas de sua existência ou de que tenham sido adquiridas em prol do casal. Ônus que incumbia ao réu. Exegese do art. 333, II, do CPC [art. 373, II, do CPC/2015]. "As dívidas comuns são tratadas pela legislação brasileira como excepcionais, uma vez que o art. 1.643 do CC restringe a presunção de dívida comum aos gastos realizados com a compra das coisas necessárias à economia doméstica (inciso I), ficando qualquer outra despesa eventualmente dependente da prova a ser realizada pelo credor, de que se trata de dívida comum e não pessoal ou própria de quem a contraiu (Rolf Madaleno). (B) Empréstimo da Caixa Econômica Federal. Valor contratado e quitado durante a união estável. Inexistência de débito pendente. (C) Recibos. Importâncias pagas pelo réu na constância da união. Dívida inexistente. Não há falar em partilha de valores referentes a empréstimos contratados e quitados durante a constância da convivência, pois inexiste dívida pendente. (D) Gastos com medicamentos. Documento que não demonstra a dívida remanescente. Impossibilidade de inclusão na partilha. À míngua de prova dando conta do valor ou mesmo da existência de dívida referente à compra de medicamentos utilizados pelo casal, inviável a pretensão de partilhá-la. (E) Despesa com escrituração de imóvel partilhado. Necessidade de partilha do débito incontroversa. Ausência de sucumbência. Falta de interesse recursal. Apelo não conhecido nesta parte. Carece de interesse recursal a parte que pleiteia a partilha do valor despendido a título de escrituração do imóvel, quando a sentença recorrida determinou expressamente a repartição igualitária de tal despesa. Recurso conhecido em parte e, nesta, desprovido. (TJSC, Ap. Cível n. 2012.057625-2, rel. Des. João Batista Góes Ulysséa, *DJe* 16.08.2013)

Penhora. Pretensão sobre a meação de cônjuge. Execução por quantia certa fundada em instrumento particular de confissão de dívida. Diligências frustradas na localização de bens e ativos financeiros. Pretensão do credor a diligências voltadas à localização de bens da cônjuge do avalista e devedor solidário. Indeferimento. Solidariedade dos cônjuges por dívidas contraídas em benefício da economia doméstica. Inteligência dos arts. 1.643 e 1.644 do CC/2002. Legitimidade extraordinária do cônjuge, cujos bens se sujeitam à execução, na forma do art. 592, IV, do CPC [art. 790, IV, do CPC/2015]. Falta de elementos indiciários de que a obrigação objeto da execução tenha revertido em favor do casal ou da entidade familiar. Recurso desprovido. (TJSP, AI n. 0012598-35.2013.8.26.0000/São Paulo, 12ª Câm. de Dir. Priv., rel. Cerqueira Leite, j. 27.02.2013, *DJ* 05.03.2013)

Embargos de terceiro. Exclusão da meação do cônjuge. Impossibilidade. Hipótese em que ficou comprovado que o bem foi adquirido pelo casal. Presunção de que a dívida foi adquirida em benefício do casal. Solidariedade. Inteligência dos arts. 1.643 e 1.644, ambos do CC. Sentença reformada. Recurso do embargado provido, prejudicado o da embargante. (TJSP, Ap. Cível n. 725.364/2/6-00/São Paulo, 15ª Câm. de Dir. Priv., rel. Edgard Jorge Lauand, j. 04.11.2008, *DJ* 18.11.2008)

Bem móvel. Alegação do réu de que a responsabilidade pela compra do refrigerador é da mulher porque não anuiu à transação. Compra feita por ambos quando conviviam. Prova. Eletrodoméstico, ademais, necessário à economia doméstica. Solidariedade do varão. Aplicação dos arts. 1.643 e 1.644 do CC/2002. Sentença de procedência mantida. Apelo improvido. (TJSP, Ap. c/ Rev. n. 115.388/5/0-01/Capivari, 36ª Câm. de Dir. Priv., rel. Dyrceu Cintra, j. 06.11.2008, *DJ* 13.11.2008)

Embargos de terceiro. Dívida contraída pelo marido. Meação. Benefício da família. Ônus da prova. Dívida contraída por somente um dos cônjuges. Excepcionalidade da responsabilização patrimonial do cônjuge que não firmou o instrumento de dívida. Art. 3º da Lei n. 4.121/62 e art. 1.643, CCB. Alegação de empréstimo contraído a pedido do casal, com título firmado apenas pelo marido. Ônus da prova do exequente. Art. 333, II,

CPC [art. 373, II, do CPC/2015]. Meação da esposa resguardada. Precedentes. Negaram provimento. (TJRS, Ap. Cível n. 70.023.684.905, 19ª Câm. Cível, rel. Carlos Rafael dos Santos Júnior, j. 02.09.2008)

Liminar. Provimento do agravo de instrumento. Execução de contrato bancário. Penhora sem reserva da meação. 1 – De ser reafirmado o provimento liminar do agravo de instrumento, admitindo-se a penhora da integralidade do imóvel do casal, ante a presunção, não elidida, de que revertida a dívida em proveito da entidade familiar. Ônus da prova em contrário que recai sobre o cônjuge. 2 – Arts. 1.643, II, e 1.644 do CC/2002 que reproduzem com redação atualizada anteriores dispositivos legais do CC/1916. Alegação de que adotado regramento posterior ao ajuizamento da demanda e firmatura do contrato que não se verifica. Agravo interno improvido. (TJRS, Ap. Cível n. 70.020.600.573, 12ª Câm. Cível, rel. Des. Orlando Heemann Júnior, j. 23.08.2007)

Embargos de terceiro. A legitimidade do coexecutado para responder pela dívida deve ser discutida na execução, através dos competentes embargos do devedor. Apelante que deve responder pelas dívidas contraídas por seu cônjuge a teor do disposto nos arts. 1.643 c/c 1.644, ambos do CC. Bens penhorados destinados ao lazer, ao mero recreio, não sendo indispensáveis à subsistência da parte. Entendimento que visa coibir o inadimplemento e promover a satisfação do direito do exequente. Nega-se provimento ao recurso. (TJSP, Ap. c/ Rev. n. 115.388/5/0-01/Santos, rel. Jesus Lofrano, j. 29.08.2006, *DJ* 26.09.2006)

**Art. 1.644. As dívidas contraídas para os fins do artigo antecedente obrigam solidariamente ambos os cônjuges.**

O artigo em análise complementa o anterior, pois entende o legislador que, uma vez destinados os objetos adquiridos ao consumo familiar, o consentimento do outro consorte é presumido, devendo operar a solidariedade do débito com relação a ambos os cônjuges, em favor do credor de boa-fé.

**Jurisprudência:** Veja no art. 1.634 a seguinte decisão: TJSP, Ap. Cível n. 1003560-95.2021.8.26.0001/SP, 22ª Câm. de Dir. Priv., rel. Edgard Rosa, j. 25.01.2022, publ. 25.01.2022.

Veja no art. 1.643 as seguintes decisões: TJRS, Ap. Cível n. 50124896720208210019/RS, 7ª Câm. Cível, rel. Carlos Eduardo Zietlow Duro, j. 05.04.2022, publ. 05.04.2022; TJSP, Ap. Cível n. 1010144-57.2015.8.26.0562/SP, 1ª Câm. de Dir. Priv., rel. Alexandre Marcondes, j. 21.03.2022, publ. 21.03.2022; TJSP, Ap. Cível n. 1078943-10.2020.8.26.0100/SP, 31ª Câm. de Dir. Priv., rel. Rosangela Telles, j. 14.03.2022, publ. 14.03.2022; TJDF, Ap. Cível n. 0710865-37.2021.8.07.0001/DF, 6ª T. Cível, rel. Alfeu Machado, j. 02.02.2022, *DJe* 17.02.2022; TJDF, Ap. Cível n. 0701929-61.2019.8.07.0011, 2ª T. Cível, rel. Alvaro Ciarlini, j. 01.12.2021, *DJe* 10.01.2022.

Apelação. Ação declaratória de inexigibilidade de título c/c danos morais. Sentença de improcedência. Inadimplemento das mensalidades do curso de inglês contratado para o filho do casal. Contrato que foi assinado somente pelo pai, levando-se a protesto, contudo, o nome da mãe. Responsabilidade solidária. Inteligência dos arts. 1.643 e 1.644 do CC. Nas dívidas contraídas com a educação do filho o casal responderá solidariamente, podendo-se postular a excussão dos bens do legitimado ordinário e do coobrigado. Não há verossimilhança nas alegações de que o contrato foi renovado automaticamente ou de que a assinatura não é a do contratante. Honorários advocatícios sucumbenciais majorados, nos termos do art. 85, § 11, do CPC. Negado provimento. (TJSP, Ap. Cível n. 10007785920168260529, 25ª Câm. de Dir. Priv., j. 13.12.2018, *DJe* 14.12.2018)

Agravo. Execução de título extrajudicial. Contrato de prestação de serviços educacionais celebrado entre a escola e a mãe do aluno. Pedido de intimação do pai para pagamento. Pretensão equiparada a sua inclusão no polo passivo. Impossibilidade. Hipótese de inexistência de solidariedade decorrente de lei ou da vontade das partes. Inteligência dos arts. 1.643 e 1.644 do CC e art. 568 do CPC [art. 779 do CPC/2015]. Recurso improvido – o art. 568, I, do CPC [art. 779, I, do CPC/2015], é claro no sentido de que será sujeito passivo na execução "o devedor, reconhecido como tal no título executivo". O fundamento do litisconsórcio pedido reside apenas na condição de pai do menor beneficiado pelo serviço educacional. A celebração do contrato de prestação de serviço escolar por apenas um dos pais, apta a gerar título executivo, não pode ser confundida com a entidade familiar para efeito de legitimação ordinária para a execução extrajudicial em questão. Mesmo se afirmada e comprovada fosse a sociedade conjugal dos pais, não representa o contrato em questão (assinado apenas pela mãe) dívida solidária *ex lege* com o pai (art. 265 do CC) pela aplicação dos arts. 1.644 c/c 1.643, II, do CC. É que, nestes dispositivos, por consonância do princípio constitucional da absoluta paridade entre os cônjuges, à autorização prevista no art. 1.643 se aplica aos homens e às mulheres, independente da anuência do outro (coisas necessárias à economia doméstica). Em razão dessa norma federal, qualquer um dos cônjuges está autorizado, sem a necessidade de anuência do outro, realizar todos os atos com o fim de adquirir os bens necessários para o bom funcionamento do lar conjugal. (TJSP, AI n. 2080540-16.2014.8.26.0000/SP, 31ª Câm. de Dir. Priv., rel. Adilson de Araujo, *DJe* 23.06.2014, p. 1.534)

Apelação. Direito privado não especificado. Ação de cobrança. Dívidas adquiridas durante o matrimônio. Arts. 1.644 e 1.645 do CC. Não tendo a apelante se desincumbido do ônus de comprovar que os valores cobrados foram revertidos em proveito da entidade familiar, impõe-se a manutenção da sentença. Negaram provimento à apelação. Unânime. (TJRS, Ap. Cível n. 70.049.831.225, 20ª Câm. Cível, rel. Des. Glênio José Wasserstein Hekman, j. 09.04.2014)

Apelação cível. Processo civil. Ação de execução hipotecária. Prescrição. Matéria de ordem pública. Inocorrência. Vencimento antecipado da dívida. Irrelevância. Termo inicial. Data de vencimento da última parcela. Executados. Cônjuges. Financiamento para a aquisição de moradia própria. Recursos do sistema financeiro de habitação (SFH). Obrigação solidária. Citação de um dos executados. Interrupção do prazo prescricional quanto aos demais executados. 1 – Nos termos do § 5º do art. 219 do CPC [art. 487, parágrafo único, do CPC/2015], a prescrição é matéria de ordem pública, cognoscível a qualquer tempo e em qualquer grau de jurisdição ordinária. Assim, por força do efeito translativo dos recursos ordinários, possível é seu afastamento, de ofício, em sede de segundo grau de jurisdição. 2 – Ainda que o inadimplemento de uma das parcelas possa acarretar o vencimento antecipado de toda a dívida, a convenção do pagamento em parcelas implica a constituição do termo inicial da prescrição apenas após o vencimento da última parcela, pois a partir desse momento é que a inércia do titular de um crédito pode sedimentar efeitos em seu desfavor. Precedentes desta Corte. 3 – Nos termos do art. 3º, § 2º, da Lei n. 5.741, de 1971, se o executado e seu cônjuge se acharem fora da jurisdição da situação do imóvel hipotecada, a citação far-se-á por meio de edital, pelo prazo de 10 dias, publicado, uma vez no órgão oficial do estado e, pelo menos, duas vezes em jornal local de grande circulação onde houver. 4 – Se o art. 1.644 do CC dispõe que as dívidas contraídas para a compra das coisas necessárias à economia doméstica (art. 1.643, I, do CC) obrigam solidariamente ambos os cônjuges, com mais segurança pode-se afirmar que o financiamento da moradia própria, expressão máxima e *locus* privilegiado do núcleo familiar, obriga solidariamente os cônjuges. Com efeito, é solidária a obrigação dos cônjuges que, casados sob o regime de comunhão universal de bens, contraem financiamento para a construção de moradia própria com recursos vinculados ao sistema financeiro da habitação (SFH). 5. Nos termos do art. 204, § 1º, do CC, a interrupção do prazo prescricional com a citação válida de um dos credores solidários aproveita aos demais. 6. Apelação conhecida e provida para cassar a r. sentença e determinar o retorno dos autos à origem. (TJDFT, Ap. Cível n. 20010110109744(760418), rel. Des. Simone Lucindo, *DJe* 19.02.2014, p. 84)

Ação de cobrança. Sentença que condenou a ré apenas ao pagamento das parcelas vencidas de dívida, olvidando-se das parcelas vincendas também postuladas na inicial. Possibilidade de a autora cobrar da requerida metade dos valores das parcelas vincendas, não obstante seu ex-marido, réu no processo, também tenha se comprometido a arcar com o débito. Transação celebrada entre autora e requerido no curso da demanda impede aquela de cobrar deste quaisquer outros valores além da quantia que ele anuiu em adimplir. Obrigação solidária dos cônjuges, nos termos do art. 1.644 do CC. Recurso provido, com observação. (TJSP, Ap. n. 0109846-02.2007.8.26.0003/São Paulo, 6ª Câm. de Dir. Priv., rel. Francisco Loureiro, j. 28.02.2013, *DJ* 02.03.2013)

Agravo de instrumento. Equívoco na indicação dos nomes dos advogados da embargada. Irrelevância. Fato que não provocou prejuízo algum à agravada. Não comprovação da irregularidade das intimações. Preliminares rejeitadas. Fraude de execução. Citação do devedor para cumprir o mandado monitório ocorrida em 21.03.2002 (fls. 76), e não de 2001, como constou do item 2 de fls. 45. Irrelevância do equívoco. Negócios jurídicos ocorridos depois. Caracterização da fraude. Responsabilidade patrimonial. Execução proposta contra o varão. Penhora da meação da mulher em alguns bens comuns. Presunção de que o negócio que deu origem à dívida trouxe benefícios para a família. Interpretação dos arts. 1.643 e 1.644 do CC. Ilegitimidade do varão para proteger a meação da mulher. Recurso desprovido penhora *on-line*. Preferência resultante do disposto no art. 655, I, do CPC [art. 835, I, do CPC/2015], com a redação da Lei n. 11.382/2006. Inocorrência de ofensa ao art. 620 do CPC [art. 805 do CPC/2015]. Precedentes. Recurso desprovido. Litigância de má-fé. Falta de provas de que o devedor se houve com dolo. Requisito que, segundo o STJ, é fundamental para a caracterização da deslealdade. (TJSP, AI n. 990100424858, 24ª Câm. de Dir. Priv., rel. Des. Theodureto Camargo, j. 30.08.2010)

Embargos de terceiro. Exclusão da meação do cônjuge. Impossibilidade. Hipótese em que ficou comprovado que o bem foi adquirido pelo casal. Casamento sob o regime da comunhão de bens. Presunção de que a dívida foi adquirida em benefício da família. Solidariedade. Inteligência dos arts. 1.643 e 1.644, ambos do CC. Sentença mantida. Recurso não provido. (TJSP, Ap. Cível n. 7.144.693.200/São João da Boa Vista, 15ª Câm. de Dir. Priv., rel. Edgard Jorge Lauand, j. 26.05.2009)

Separação judicial. Partilha de bens. Dívidas do casal. Imóvel. Sub-rogação. Prova. 1 – O imóvel adquirido na constância do casamento regido pelo regime da comunhão parcial de bens deve ser partilhado igualitariamente, pois não ficou comprovada a sub-rogação. 2 – A sub-rogação constitui exceção à regra da comunicabilidade e, sendo assim, não deve apenas ser alegada para excluir o bem da partilha, mas cabalmente comprovada pela parte que a alegou. 3 – Descabe determinar a partilha das dívidas arroladas pelo separando, quando não está comprovado que foram contraídas em benefício do casal. Incidência dos arts. 1.643 e 1.644 do CC. Recurso desprovido. (TJRS, AI n. 70.025.507.211, 7ª Câm. Cível, rel. Sérgio Fernando de Vasconcellos Chaves, j. 05.11.2008, *DJ* 10.11.2008)

Veja no art. 1.644 os seguintes acórdãos: TJSP, Ap. c/ Rev. n. 115.388/5/0-01/Capivari, 36ª Câm. de Dir. Priv., rel. Dyrceu Cintra, j. 06.11.2008, *DJ* 13.11.2008; TJSP, Ap. Cível n. 725.364/2/6-00/São Paulo, 15ª Câm. de Dir. Priv., rel. Edgard Jorge Lauand, j. 04.11.2008, *DJ* 18.11.2008; e TJSP, Ap. c/ Rev. n. 115.388/5/0-01/Santos, rel. Jesus Lofrano, j. 29.08.2006, *DJ* 26.09.2006.

**Art. 1.645. As ações fundadas nos incisos III, IV e V do art. 1.642 competem ao cônjuge prejudicado e a seus herdeiros.**

Este artigo reconhece ao cônjuge prejudicado e aos seus herdeiros a legitimidade ativa para a demanda judicial a ser proposta para anulação do negócio jurídico realizado, caso ocorram as hipóteses dos incisos III, IV e V do art. 1.642, já analisadas. A legitimidade para a propositura das ações é sucessiva, devendo ser obedecida a ordem de vocação hereditária ditada pelo art. 1.829, após a morte do cônjuge apontado como primeiro titular.

**Jurisprudência:** Execução. Locação comercial. Fiança. Sentença *extra petita*. Inocorrência. Desnecessidade de pedido expresso de pagamento das prestações vincendas. Condenação deve abranger todas as prestações vincendas até a efetiva desocupação do imóvel, sem que isso constitua excesso. Inteligência do art. 290 do CPC [art. 323 do CPC/2015]. Aplicabilidade em procedimento de execução (CPC, art. 598) [art. 771, parágrafo único, do CPC/2015]. Limitação dos aluguéis devidos, sob pena de violação da coisa julgada. Multa moratória devida. Autorização do art. 62, II, *b*, da Lei n. 8.245/91. Multa livremente contratada pelas partes e que não é abusiva, porque se destina a desestimular atrasos do locatário no pagamento do aluguel. Multa compensatória. Aplicabilidade, diante da infração contratual (CPC, art. 302) [art. 341 do CPC/2015]. Penalidade livremente pactuada entre as partes e não cumulada com multa moratória. Pedido de compensação do débito com as benfeitorias realizadas. Impossibilidade. Expressa previsão contratual no sentido de que toda benfeitoria realizada seria automaticamente incorporada ao imóvel. Renúncia à retenção das benfeitorias realizadas. Possibilidade. Validade da cláusula contratual. Súmula n. 335 do STJ. Nulidade da fiança, por falta de outorga conjugal. Legitimidade exclusiva do cônjuge ou herdeiro para alegar nulidade da fiança (CC, art. 1.645). Penhora de imóvel de propriedade da fiadora. Possibilidade. Hipótese que não configura bem de família. Inteligência do art. 3°, VII, da Lei n. 8.009/90. Recurso improvido, com observação. (TJSP, Ap. n. 0022264-80.2010.8.26.0577/São José dos Campos, 29ª Câm. de Dir. Priv., rel. Hamid Bdine, *DJe* 03.06.2014, p. 1.500)

Tutela antecipada. Aval. Pessoa casada em regime de comunhão parcial. Necessidade de autorização conjugal, como requisito de validade. CC/2002, arts. 1.642, IV, 1.645, 1.647, III, e 1.650. Anulação pleiteada pelo outro cônjuge. Verossimilhança por prova inequívoca e receio de dano grave e de difícil reparação. Possibilidade de antecipação dos efeitos da sentença. CPC, art. 273, I [art. 300 do CPC/2015]. Recurso provido. Vistos, relatados e discutidos estes autos de AI n. 1.268.650-5, da Comarca de Santa Rita do Passa Quatro, sendo agravante I.S.T.L. e agravado Banco [...] S.A. Acordam, em 12ª Câm. do I TAC, por votação unânime, dar provimento ao recurso. Trata-se de agravo de instrumento contra decisão que indeferiu tutela antecipada em ação anulatória de aval. Diz a agravante que o marido prestou aval sem seu conhecimento ou autorização, o que o torna sem validade pelas normas do CC vigente. Insiste na antecipação dos efeitos da sentença. Não tem renda própria. Residem em sua companhia as filhas e o neto, além do sogro, nonagenário e doente, que precisa de assistência médica constante e medicamentos diários. Todos são dependentes do avalista, que teve o nome enviado ao serviço de proteção ao crédito e cujo único salário já está praticamente comprometido com despesas para manutenção da família, além de parcelas de empréstimo anteriormente contraído pelo casal. Agregou-se efeito ativo ao recurso para suspender em caráter precário os efeitos do aval, tendo o MM. juiz prestado informações. É o Relatório. Sob o regime da comunhão parcial de bens, o marido da recorrente avalizou empréstimo pessoal sem autorização da consorte.

O aval foi concedido em 23.06.2003, na vigência do novo CC, cujo art. 1.647, III, proibiu a qualquer dos cônjuges fazê-lo sem autorização do outro, exceto no regime da separação absoluta, conferindo ação ao cônjuge prejudicado para invalidá-lo, a teor dos arts. 1.642, IV, 1.645 e 1.650 do mesmo diploma legal. Resultante de emenda no Senado Federal, que acresceu a hipótese do aval ao art. 1.647, III, do CC, o dispositivo tem a finalidade de preservar o patrimônio familiar, ao erigir a autorização conjugal em requisito de validade do aval dado por pessoa casada sob regime de bens que não seja o da separação absoluta (Nelson Nery Júnior, *Código Civil anotado*, p. 737, RT, 2. ed.; *Aspectos controvertidos do novo Código Civil*, coord. Arruda Alvim e outros, p. 148/150, RT; Silvio Rodrigues, *Curso*, v. 6/153, Saraiva, 2002; Regina Beatriz Tavares da Silva, *Novo Código Civil comentado*, coord. Ricardo Fiúza, p. 1.459/1.460, Saraiva, 2002; Maria Helena Diniz, *Código Civil anotado*, p. 1.133, Saraiva, 2003). Certo é que por entravar a dinâmica da circulação dos títulos de crédito, a necessidade de outorga marital ou uxória no aval foi objeto de crítica (Silvio de Salvo Venosa, *Direito civil*, v. VI/150, Atlas, 2. ed.) e de proposta de alteração legislativa (Proposição n. 132, aprovada na Jornada de Direito Civil, promovida, em setembro de 2002, pelo CEJ do CJF); todavia, *legem habemus*. O traslado contém documentos que atestam a existência de perigo de lesão grave e de difícil reparação para a agravante e sua família, todos dependentes do marido, policial militar, cujo nome foi inserido nos órgãos de proteção ao crédito e responde por débitos anteriores, além das despesas ordinárias do lar, renováveis mês a mês, tudo a contribuir para instalar situação aflitiva, que não pode esperar. Em princípio, a falta de autorização do cônjuge, quando obrigatória, torna anulável o ato praticado, se assim o reconhecer o juiz na sentença, cujos efeitos podem ser antecipados em toda ação de conhecimento (CC, arts. 177 e 1.649; Nelson Nery Jr., *Código de Processo Civil comentado*, art. 273:14, p. 648, 7. ed.). Preencheram-se, pois, os requisitos legais para outorga de tutela antecipada: verossimilhança decorrente de prova inequívoca, além de fundado receio de dano irreparável ou de difícil reparação, nos termos do art. 273, *caput* e I, ambos do CPC [art. 300 do CPC/2015]. (TJSP, AI n. 126.865/0/5-00, 5ª Câm. (extinto I TAC), rel. Matheus Fontes, j. 16.03.2004, *DJ* 22.03.2004)

**Art. 1.646. No caso dos incisos III e IV do art. 1.642, o terceiro, prejudicado com a sentença favorável ao autor, terá direito regressivo contra o cônjuge, que realizou o negócio jurídico, ou seus herdeiros.**

O artigo em apreço preserva os direitos do terceiro prejudicado pela decisão favorável ao cônjuge que não consentiu com a alienação ou oneração dos bens comuns, ou com a concessão de aval ou fiança, permitindo-lhe a ação regressiva contra o consorte que realizou o negócio. O legislador preservou os interesses daquele que, de boa-fé, negociou com o cônjuge omisso, estendendo a imposição, inclusive, aos herdeiros deste, caso venha a falecer, na proporção da quota hereditária de cada um.

**Jurisprudência:** Agravo de instrumento. Execução de sentença. Decisão de primeiro grau que definiu que cada executado deve responder apenas pelo valor fixo correspondente à quota-parte que cada um recebeu pela herança. Recurso do exequente. Preliminar. Alegação de nulidade da decisão que rejeitou os embargos de declaração. Insubsistência. Prestação jurisdicional entregue por ocasião da decisão interlocutória. Aclaratórios opostos com o objetivo de revisar o *decisum* do magistrado singular. Vedação. Mérito. Execução de sentença de ação de reparação de danos causados em acidente de trânsito. Pleito de responsabilidade integral de todos os herdeiros pelo valor global da dívida. Alegada possibilidade de direito de regresso contra a viúva meeira e os herdeiros, a teor do art. 1.646 do CC. Mencionada norma que remete ao art. 1.642, III, do CC. Hipótese relativa à alienação ou inclusão de gravame em imóveis sem o consentimento do cônjuge. Caso concreto que não possui semelhança com a situação prevista nos citados artigos, já que a obrigação de pagar decorre de sentença judicial transitada em julgado, proferida em ação de reparação de danos causados em acidente de trânsito. Penhora que deve tomar por base o percentual do patrimônio e não o valor que lhe foi atribuído no inventário. Responsabilidade que deve recair sobre os herdeiros na medida dos respectivos quinhões hereditários e sobre a cessionária nos limites do que foi cedido. Possibilidade de penhora dos bens partilhados entre os herdeiros e a viúva-meeira de acordo com a quota-parte (fração) que coube a cada um. Exegese do art. 1.997, *caput*, do CC. Recurso conhecido e parcialmente provido. (TJSC, AI n. 40290442620188240000, 5ª Câm. de Dir. Civ., rel. Des. Cláudia Lambert de Faria, j. 06.08.2019)

Agravo de instrumento. Direito de sucessões. Inventário. Cessão de direito de herança. Necessidade de escritura pública. Outorga uxória. Por versar sobre bem imóvel a cessão de direitos hereditários, exige-se, no tocante à forma, escritura pública e outorga uxória ou autorização marital, conforme se extrai dos arts. 166, 1.793 e 1.646 do CC. Apenas questões que dizem respeito ao falecido devam ser resolvidas dentro do inventário. (TJMG, AI n. 1.0024.94.038837-4/002, 1ª Câm. Cível, rel. Vanessa Verdolim Hudson Andrade, *DJe* 23.07.2014)

---

**Art. 1.647. Ressalvado o disposto no art. 1.648, nenhum dos cônjuges pode, sem autorização do outro, exceto no regime da separação absoluta:**

**I – alienar ou gravar de ônus real os bens imóveis;**

**II – pleitear, como autor ou réu, acerca desses bens ou direitos;**

**III – prestar fiança ou aval;**

**IV – fazer doação, não sendo remuneratória, de bens comuns, ou dos que possam integrar futura meação.**

**Parágrafo único. São válidas as doações nupciais feitas aos filhos quando casarem ou estabelecerem economia separada.**

---

O poder de administração dos cônjuges encontra limitações destinadas a assegurar a harmonia e a segurança da vida conjugal e preservar o patrimônio familiar. O CC enumera, nesse artigo, os atos que os cônjuges não podem praticar sem a autorização do outro, quando casados sob o regime de comunhão universal, comunhão parcial e participação final dos aquestos, excluindo-se, neste último caso, a hipótese do art. 1.656 (*v.* comentário). A norma é de ordem pública, não podendo os cônjuges dispensar a outorga, por sua própria vontade (o rol de vedações é taxativo, não comportando interpretação extensiva, uma vez que representam limitações ao direito dos consortes), contudo, a regra é excepcionada pelo art. 978 e pelo inciso I do art. 1.642 (veja comentários). A falta de autorização para a prática dos atos enumerados no presente artigo importa ***anulabilidade***, nos termos do disposto no art. 1.649 a seguir (*v.* comentários), sendo que nas hipóteses dos incisos III e IV deste artigo, poderão ainda gerar a rescisão dos contratos de fiança ou doação.

O **inciso I** impede a alienação (compra, venda, permuta, doação) ou gravação de ônus real dos bens imóveis. Consoante já mencionado no art. 1.642, supra, atualmente muitos bens móveis têm valor igual ou superior aos bens imóveis, sendo recomendada a *outorga uxória* para a alienação ou gravação do patrimônio mobiliário de valor elevado (p. ex., ações de uma grande empresa). O dispositivo em estudo não faz referência à natureza do patrimônio que necessite da anuência de ambos os cônjuges para ser alienado ou gravado com ônus reais, sendo certo, portanto, que a imposição abrange, também, os bens particulares de cada cônjuge. A obrigatoriedade de outorga conjugal do inciso I reflete aparente contradição com o art. 1.665, infra. Entretanto, ambos os dispositivos deverão ser interpretados conjunta e harmonicamente no sentido de que a administração e a disposição dos bens particulares caberão ao cônjuge proprietário, que necessitará da anuência do outro para aliená-los ou gravá-los.

O **inciso II** dispõe, da mesma forma, que eventual pretensão perante o Judiciário sobre bens ou direitos familiares deva ser formulada com a anuência de ambos os cônjuges. Incluem-se, portanto, aqueles bens e direitos particulares de um dos consortes. Esse cuidado do legislador se traduz nos reflexos patrimoniais que uma demanda judicial pode causar, seja de acréscimo ou diminuição do acervo da família. Contudo, se um dos cônjuges alienar ou onerar bem imóvel, ou prestar aval ou fiança, sem a autorização do outro, este último tem a permissão legal de pleitear livremente ao Judiciário a restituição ao *status quo ante* do patrimônio familiar, como consequência lógica (art. 1.642, III , IV e V, supra).

A vedação do **inciso III** refere-se à concessão de aval ou fiança, que são garantias prestadas a dívidas de terceiros, e cujo inadimplemento por estes acarretará o comprometimento do patrimônio comum ou particular dos cônjuges, atingindo, via de regra, a estabilidade financeira da família. No caso de prestação de aval ou fiança para o desempenho da profissão, esse art. 1.647 deve ser conjugado à previsão do art. 1.642, I.

O **inciso IV** proíbe que um dos cônjuges realize doação de bens comuns ou de futura meação sem a concordância do outro. A doação é um ato de despojamento de patrimônio, portanto deve ser autorizada pelo casal, conjuntamente, em respeito à harmonia e à preservação do acervo familiar, conforme direcionou o legislador de 2002. O intuito foi preservar o cônjuge que, no caso de diminuição do patrimônio realizada pelo outro consorte, será diretamente atingido na eventual hipótese de ocorrer a separação do casal, na qual será efetivada a partilha dos bens. Assim, o dispositivo em apreço restringe a doação de *bens comuns* que, (i) no regime legal da comunhão parcial, serão aqueles adquiridos na constância do casamento, ressalvadas as hipóteses do art. 1.659; e (ii) no regime da comunhão universal serão todos os bens (particulares ou não), com exceção daqueles relacionados no art. 1.668; e aqueles *que possam integrar futura meação*, no caso do regime da participação final dos aquestos, compreendendo os bens adquiridos de forma onerosa, durante o matrimônio (art. 1.672, *in fine*), ainda que em nome de um dos cônjuges, e que, à época da dissolução da sociedade conjugal, deverão ser trazidos ao acervo patrimonial conjugal, para serem aquinhoados a cada um dos consortes. De outra sorte, o mesmo dispositivo dispensa a autorização conjugal no caso de doação remuneratória, que nada mais é que uma liberalidade feita pelo doador àquela pessoa que lhe prestou serviços, sem que tenha caráter de pagamento. O devedor sente-se na obrigação moral de recompensar uma gentileza do prestador de serviços que gratuitamente lhe atendeu.

O **parágrafo único** faz ressalva à hipótese de um dos cônjuges doar aos próprios filhos do casal, por ocasião do casamento destes ou quando se estabelecerem economicamente, algum ou alguns bens comuns. O legislador pretendeu resguardar o auxílio que o pai ou a mãe presta aos filhos, no início da vida matrimonial ou na instalação de um negócio próprio. A dispensa da outorga dar-se-á, automaticamente, com a menção do motivo da doação no próprio contrato ou escritura lavrada em favor do filho. Nesse caso, *mutatis mutandi*, evidencia-se a intenção do criador da norma em preservar o patrimônio familiar, ampliando o âmbito de abrangência às doações concedidas à prole, na ocorrência das duas situações acima analisadas.

Por fim, importante lembrar que a recente Lei n. 11.340, de 07.08.2006, que dispõe sobre os mecanismos para coibir a violência doméstica e familiar contra a mulher, visando à proteção patrimonial dos bens da sociedade conjugal ou daqueles de propriedade particular da mulher, houve por bem determinar em seu art. 24, II, como medida protetiva de urgência à ofendida, a "proibição temporária para celebração de atos e contratos de compra, venda e locação de propriedade em comum, salvo expressa autorização judicial", ampliando assim as situações em que se proíbe a livre administração e disposição de bens, desta feita em razão de demonstrada crise na sociedade conjugal, para que não seja dissipado o patrimônio comum por um dos consortes. Como previsto no disposto no art. 33 da citada lei, tal medida, embora de competência cível, deverá ser conhecida e julgada pelos juízes das varas criminais, enquanto ainda não estruturados os juizados especiais criados pelo mesmo diploma legal.

**Jurisprudência:** Agravo de instrumento. Execução de título extrajudicial. Exceção de pré-executividade. Aval. Prova pré-constituída. Outorga uxória. Inexistência. Execução de título extrajudicial. Cabimento, para veicular matérias de ordem pública, que independem de dilação probatória. Discussão acerca da nulidade do aval. Possibilidade. Prova pré-constituída. Existência. Garantia fidejussória prestada em título de crédito inominado. Avalista casado no regime da comunhão universal de bens. Outorga uxória. Necessidade. Inteligência do art. 1.647, III, do CC. Precedente do STJ: Apenas é cabível o manejo da exceção de pré-executividade para a veiculação de matérias de ordem pública e que independem de dilação probatória, sendo, no caso, apreciada e acolhida a pretensão de reconhecimento de nulidade do aval, pois prestado independentemente de outorga uxória pelo avalista casado no regime da comunhão universal de bens, em desconformidade com o art. 1.647, III, do CC e com precedente do STJ. Recurso não provido. (TJSP, AI n. 20963195920248260000/Botucatu, 13ª Câm. de Dir. Priv., rel. Nelson Jorge Júnior, j. 26.09.2024, *DJ* 26.09.2024)

Apelação. Locação. Cobrança com despejo. Sentença de parcial procedência. Recurso do fiador. Alegação de que ineficaz a fiança prestada, pois ausente outorga uxória. Aplicação do art. 1.647, III, do CC. Súmula n. 332 do STJ. Ausente qualquer das hipóteses a autorizar a flexibilização da norma. Sentença reformada para afastar a responsabilidade do fiador. Recurso provido. (TJSP, Ap. n. 1018562-20.2021.8.26.0482/Presidente Prudente, 33ª Câm. de Dir. Priv., rel. Ana Lucia Romanhole Martucci, j. 29.05.2024, *DJ* 29.05.2024)

Agravo de instrumento. Divórcio litigioso, partilha de bens e alimentos. Indeferido o bloqueio do imóvel indicado e fixação dos alimentos devidos aos dois filhos menores em 20 salários mínimos. Insurgência da virago e dos menores. Pretensão de bloqueio do bem e de majoração do valor da pensão para quarenta salários mínimos. Descabimento. As partes se casaram pelo regime da separação convencional de bens e o imóvel em questão, adquirido durante o casamento, está apenas em nome do agravado. O cônjuge proprietário pode alienar o bem, sem autorização do outro, nos termos dos arts. 1.647, cabeça e I, e 1.687 do CC. Bem gravado com alienação fiduciária. O valor de vinte salários mínimos é elevado e suficiente para possibilitar vida digna às duas crianças (nascidas em dezembro de 2009 e outubro de 2006). Ausência de urgência e desamparo. Alegações da recorrente que tocam o mérito e pressupõem contraditório e ampla instrução. Agravo improvido. (TJSP, AI n. 2253631-06.2021.8.26.0000/SP, 7ª Câm. de Dir. Priv., rel. Miguel Brandi, j. 29.06.2022, publ. 29.06.2022)

Apelação. Locação de imóvel comercial. Ação de despejo por falta de pagamento cumulada com cobrança. Ação proposta em face do locatário e do fiador. Fiança. Ausência de outorga uxória. Nulidade total da garantia. Ocorrência. Inteligência do disposto no art. 1.647, III, do CC. Declaração de ineficácia da garantia prestada. Recurso provido. Nos termos do art. 1.647, III, do CC, nenhum dos cônjuges pode, sem autorização do outro, exceto no regime da separação absoluta, prestar fiança ou aval. Desse modo, a fiança concedida sem outorga marital no regime matrimonial de comunhão parcial de bens implica inexistência da garantia prestada, tendo em vista que a lei estabelece restrições ao poder de administração do casal. (TJSP, Ap. Cível n. 1004162-49.2020.8.26.0348/SP, 31ª Câm. de Dir. Priv., rel. Adilson de Araujo, j. 28.03.2022, publ. 28.03.2022)

Agravo de instrumento. Execução de título extrajudicial. Exceção de pré-executividade. Acolhimento da preliminar de ilegitimidade passiva. Extinção do feito, sem resolução de mérito, em relação à excipiente, à luz do art. 485, VI, do CPC. Irresignação da exequente. Descabimento. Configuração de outorga uxória, que não se confunde com fiança. Esposas dos fiadores que apenas anuíram com a garantia por eles prestada, nos moldes do art. 1.647, III, do CC. Prestígio à manifestação de vontade exarada, à força vinculante dos contratos (*pacta sunt servanda*) e aos deveres anexos de boa-fé, lealdade e confiança. Comprovado que a excipiente não integrou a relação negocial de mútuo, figurando sua firma no instrumento contratual apenas como outorga uxória, não como corresponsável solidária, inexiste obrigação em arcar com os débitos perseguidos na ação executiva, sendo parte ilegítima para compor o polo passivo da demanda. Interlocutória mantida. Recurso desprovido. (TJSP, AI n. 2252204-08.2020.8.26.0000/SP, 24ª Câm. de Dir. Priv., rel. Rodolfo Pellizari, j. 16.12.2021, publ. 16.12.2021)

Exceção de pré-executividade. Pretensão de declaração de nulidade do aval prestado por administrador de empresa garantidora em cédula de crédito bancário. Ausência de outorga uxória. Entendimento do STJ que dispensa a aplicação do art. 1.647, inc. III, do CC, aos títulos de crédito típicos. Nulidade da garantia. Impossibilidade: A ausência de outorga uxória não invalida o aval prestado em título de crédito típicos, conforme entendimento do STJ. No mais, sendo o empréstimo avalizado por administrador da empresa, previsão em contrato social, não pode se sobrepor ao quanto disposto na lei. Competência territorial. Pessoa jurídica. Mútuo que disponibiliza numerário para a atividade fim da empresa. Destinatário final. Incidência da lei consumerista para declarar a nulidade da cláusula de eleição de foro. Impossibilidade: A pessoa jurídica que contrai empréstimo, cujo capital é destinado à sua atividade fim, não pode ser considerada destinatária final, não sendo aplicável o CDC para fins de declaração de nulidade da cláusula de eleição de foro. Recurso não provido. (TJSP, AI n. 2225803-35.2021.8.26.0000, 13ª Câm. de Dir. Priv., rel. Des. Nelson Jorge Júnior, j. 22.11.2021)

Recurso especial. Embargos de terceiro. Contrato de fiança. Ausência da vênia conjugal. Nulidade da garantia. Imóvel particular do fiador. Penhora decorrente do contrato inválido. Impossibilidade. Recurso especial provido. 1. Cinge-se a controvérsia em saber se é necessária a outorga uxória em contrato de fiança cujo bem constrito é de propriedade exclusiva do fiador que era casado sob o regime de comunhão parcial dos bens. 2. Entre as categorias dos meios de tutela de crédito, a fiança é classificada como uma medida de reforço e constitui garantia pessoal, a qual, diferentemente da garantia real, não se vincula a determinado bem, mas sim a um terceiro à relação jurídica – o fiador –, que se obriga a honrar a obrigação em caso de inadimplência, respondendo com todo o seu patrimônio, sem se prender a um bem singular. 3. Em relação ao plano da validade do contrato de fiança, o art. 1.647, III, do CC determina que nenhum dos cônjuges pode, sem a autorização do outro, prestar fiança, salvo se o casamento se deu no regime da separação convencional de bens, sendo que a falta de autorização tornará anulável o ato praticado, podendo o outro cônjuge pleitear-lhe a anulação até dois anos depois de terminada a sociedade conjugal, nos termos do art. 1.649 do CC. 4. O fato de existir bens de propriedade exclusiva do garante em nada influencia a validade do contrato de fiança, porquanto a ausência de legitimação se verifica no momento da assinatura do contrato. Portanto, se o contrato de fiança é inválido, torna-se ilegal a penhora de imóvel em razão da garantia dada pelo fiador sem a anuência conjugal, ainda que o bem seja de propriedade exclusiva do fiador. 5. Recurso especial provido. (STJ, REsp n. 1.338.337/SP, 3ª T., rel. Min. Marco Aurélio Bellizze, j. 02.03.2021)

Agravo interno no recurso especial. Ação declaratória de nulidade de gravames de usufruto e incomunicabilidade. Alienação de cotas sociais sem outorga conjugal. 1. Tanto sob a égide do CC/1916 (vigente à época da alienação das cotas ao irmão do ex-cônjuge) quanto do codex de 2002, a outorga conjugal somente era exigida em caso de alienação, hipoteca ou ônus real de bens imóveis, ou de doação (que não seja remuneratória ou que envolva contraprestação de pequeno valor). 2. No caso concreto, a transferência onerosa de cotas da sociedade familiar não se enquadra nem na norma do art. 235 do CC/1916 nem no art. 1.647 do CC/2002, tendo em vista que se trata de bem móvel (nos termos do art. 83, III, do CC), e que não houve doação, mas alienação por montante que teria sido revertido em benefício da sociedade conjugal, motivo pelo qual não há falar em anulabilidade. Precedentes. 3. No tocante ao cabimento ou não de meação de cotas doadas em agosto de 2003 ao recorrente por seus pais, dispõe o art.

1.659, inc. I, do CC/2002 que estão excluídos do regime de comunhão parcial os bens que sobrevierem ao matrimônio por doação ou sucessão ou os sub-rogados em seu lugar. 4. Agravo interno não provido. (STJ, Ag. Int. no REsp n. 1.790.940/SP, 4ª T., rel. Min. Luis Felipe Salomão, j. 11.05.2020)

Recurso especial. Embargos à execução por quantia certa. Confissão de dívida firmada por cooperativa. Fiança. Outorga conjugal. Necessidade. 1. Em se tratando de dívida de sociedade cooperativa – a qual nem à luz do CCom ou do CC/2002 ostenta a condição de comerciante ou de sociedade empresária –, não há falar em fiança mercantil, caindo por terra o fundamento exarado pelas instâncias ordinárias para afastar a exigência da outorga conjugal encartada nos arts. 235, inc. III, do CC/1916 e 1.647, inc. III, do CC/2002. 2. Nesse quadro, inexistindo o consentimento da esposa para a prestação da fiança (civil) pelo marido (para garantia do pagamento de dívida contraída pela cooperativa), sobressai a ineficácia do contrato acessório, por força da incidência das supracitadas normas jurídicas. Inteligência da Súmula n. 332/STJ. 3. Recurso especial provido. (STJ, REsp n. 1.351.058/SP, 4ª T., rel. Min. Luis Felipe Salomão, j. 26.11.2019)

Locação de imóveis. Ação declaratória de nulidade de fiança. Fiança prestada em contrato de locação por convivente. Falta de outorga uxória. Alegação de existência de união estável na época do contrato. Nulidade não reconhecida. Art. 1.647 do CC que não se aplica aos casos de união estável. Sentença mantida. Recurso não provido. Não é anulável a fiança prestada por pessoa que vivia à época da assinatura do contrato de locação em união estável, pois o disposto no art. 1.647, do CC, é aplicado apenas em relação ao cônjuge legalmente casado. Logo, não há que se falar em outorga uxória em casos de união estável. Fiança válida. (TJSP, Ap. Cível n. 10089241520178260704, 31ª Câm. de Dir. Priv., rel. Des. Paulo Ayrosa, *DJe* 23.09.2019)

Processual civil. Recurso especial. Ação declaratória de nulidade de ato jurídico. Aval prestado sem a outorga da companheira e do cônjuge dos avalistas. Interpretação do art. 1.647, III, CC/2002. Princípios de direito cambiário. Ato jurídico válido. Ineficácia perante a companheira e o cônjuge que não anuíram. Honorários de sucumbência recursal. Majoração. 1 – Ação declaratória de nulidade de ato jurídico ajuizada em 2009, da qual foi extraído o presente recurso especial, interposto em 03.06.2016 e redistribuído ao gabinete em 14.08.2017. 2 – O propósito recursal é decidir sobre a validade do aval prestado sem a outorga da companheira e do cônjuge dos avalistas. 3 – Até o advento do CC/2002, bastava, para prestar aval, uma simples declaração escrita de vontade; o art. 1.647, III, do CC/2002, no entanto, passou a exigir do avalista casado, exceto se o regime de bens for o da separação absoluta, a outorga conjugal, sob pena de ser tido como anulável o ato por ele praticado. 4 – Se, de um lado, mostra-se louvável a intenção do legislador de proteger o patrimônio da família; de outro, há de ser ela balizada pela proteção ao terceiro de boa-fé, à luz dos princípios que regem as relações cambiárias. 5 – Os títulos de crédito são o principal instrumento de circulação de riquezas, em virtude do regime jurídico-cambial que lhes confere o atributo da negociabilidade, a partir da possibilidade de transferência do crédito neles inscrito. Ademais, estão fundados em uma relação de confiança entre credores, devedores e avalistas, na medida em que, pelo princípio da literalidade, os atos por eles lançados na cártula vinculam a existência, o conteúdo e a extensão do crédito transacionado. 6 – A regra do art. 1.647, III, do CC/2002 é clara quanto à invalidade do aval prestado sem a outorga conjugal. No entanto, segundo o art. 903 do mesmo diploma legal, tal regra cede quando houver disposição diversa em lei especial. 7 – A leitura do art. 31 da Lei Uniforme de Genebra (LUG), em comparação ao texto do art. 1.647, III, do CC/2002, permite inferir que a lei civilista criou verdadeiro requisito de validade para o aval, não previsto naquela lei especial. 8 – Desse modo, não pode ser a exigência da outorga conjugal estendida, irrestritamente, a todos os títulos de crédito, sobretudo aos típicos ou nominados, como é o caso das notas promissórias, porquanto a lei especial de regência não impõe essa mesma condição. 9 –Condicionar a validade do aval dado em nota promissória à outorga do cônjuge do avalista, sobretudo no universo das negociações empresariais, é enfraquecê-lo enquanto garantia pessoal e, em consequência, comprometer a circularidade do título em que é dado, reduzindo sua negociabilidade; é acrescentar ao título de crédito um fator de insegurança, na medida em que, na cadeia de endossos que impulsiona a sua circulação, o portador, não raras vezes, desconhece as condições pessoais dos avalistas. 10 – Conquanto a ausência da outorga não tenha o condão de invalidar o aval prestado nas notas promissórias emitidas em favor de credor de boa-fé, não podem as recorrentes suportar com seus bens a garantia dada sem o seu consentimento, salvo se dela tiverem se beneficiado. 11 – Em virtude do exame do mérito, por meio do qual foi rejeitada a tese sustentada pelas recorrentes, fica prejudicada a análise da divergência jurisprudencial. 12 – Recurso especial conhecido e desprovido, com majoração de honorários. (STJ, REsp n. 1.644.334/SC, 3ª T., rel. Min. Nancy Andrighi, j. 21.08.2018, *DJe* 23.08.2018)

Apelação cível. Suscitação de dúvida. Oficial do registro de imóveis. Sociedade empresária. Integralização de capital. Imóvel. Outorga conjugal. Regime da comunhão universal de bens. Escritura pública. Necessidade. Recusa registrária legítima. Apelo interposto pelo Ministério Público provido. Ainda que se trate de imóvel adquirido na constância do casamento, cujo regime é o da comunhão universal de bens, é necessário que a cônjuge virago transfira a parte que lhe cabe no bem – já que não é sócia e, como tal, não busca integralizar cotas sociais, como ocorre com o cônjuge varão – e, para tal, deverá se valer de escritura pública, não bastando apenas anuir à transferência. V.V. apelação. Dúvida suscitada por oficial de cartório. Transferência de propriedade imóvel para integralização de cotas de uma sociedade empresária. Outorga conjugal. Desnecessidade de escritura pública. Bens transferidos comunicáveis em razão do regime de bens (meação). Recurso não provido. Em se tratando de imóveis adquiridos exclusivamente pelo varão, a sua transmissão depende apenas da vênia conjugal, porquanto serem eles casados sob o regime da comunhão universal de bens. De acordo com o art. 1.647, I, CC/2002, não é permitido a um dos cônjuges, sem a autorização do outro, alienar ou gravar de ônus real os bens imóveis. Pretendendo o varão a integralização do capital social de uma empresa da qual participa, com a transferência de imóveis de sua propriedade, compete à virago, a esse respeito, dar, ou não, a vênia conjugal, o que, na inteligência do art. 107 do CC/2002, independe de escritura pública. Recurso não provido. (TJMG, Ap. Cível n. 1.0701.15.043573-6/001, rel. Des. Armando Freire, j. 29.08.2017)

Anulatória de fiança. Demanda ajuizada pela mulher do fiador. Alegação de nulidade por falta de outorga uxória. Sentença de improcedência. Pacto antenupcial com separação total de bens na égide do CC/1916 e fiança outorgada pelo marido na vigência do atual CC. Aplicação da regra de exceção do art. 1.647 do CC/2002. Inteligência do verbete da Súmula n. 322 do Col. STJ que não trata de situação peculiar do regime de bens. Desnecessária a outorga. Multa imposta por embargos protelatórios que é afastada. Recurso parcialmente provido apenas quanto à multa. Quanto aos negócios futuros, o novo Código tem aplicação imediata, ressalvada a irretroatividade apenas ao direito adquirido e ao ato jurídico perfeito. A regra do art. 1.647 do CC/2002 traz inovação geral para todos os regimes de bens e que atinge os casamentos anteriores, sendo que, no regime da separação total de bens, há dispensa da outorga do cônjuge para a fiança porquanto firmada sob a égide da nova lei e a inteligência do verbete da Súmula n. 322 do Col. STJ expressa o entendimento firmado, após extensa discussão, acerca da nulidade ou anulabilidade da fiança sem outorga conjugal, não tratando da situação peculiar de exceção prevista no novo Código. A multa por embargos protelatórios é afastada, pois não se extrai propósito específico de atrasar a solução do litígio, sendo necessário que esteja explícita a intenção de abuso posta na norma. (TJSP, Ap. n. 1033349-80.2014.8.26.0100, 32ª Câm. de Dir. Priv., rel. Kioitsi Chicuta, j. 25.05.2017)

Recurso especial. Direito patrimonial de família. União estável. Alienação de bem imóvel adquirido na constância da união. Necessidade de consentimento do companheiro. Efeitos sobre o negócio celebrado com terceiro de boa-fé. 1 – A necessidade de autorização de ambos os companheiros para a validade da alienação de bens imóveis adquiridos no curso da união estável é consectário do regime da comunhão parcial de bens, estendido à união estável pelo art. 1.725 do CCB, além do reconhecimento da existência de condomínio natural entre os conviventes sobre os bens adquiridos na constância da união, na forma do art. 5º da Lei n. 9.278/96, Precedente. 2 – Reconhecimento da incidência da regra do art. 1.647, I, do CCB sobre as uniões estáveis, adequando-se, todavia, os efeitos do seu desrespeito às nuanças próprias da ausência de exigências formais para a constituição dessa entidade familiar. 3 – Necessidade de preservação dos efeitos, em nome da segurança jurídica, dos atos jurídicos praticados de boa-fé, que é presumida em nosso sistema jurídico. 4 – A invalidação da alienação de imóvel comum, realizada sem o consentimento do companheiro, dependerá da publicidade conferida à união estável mediante a averbação de contrato de convivência ou da decisão declaratória da existência união estável no Ofício do Registro de Imóveis em que cadastrados os bens comuns, ou pela demonstração de má-fé do adquirente. 5 – Hipótese dos autos em que não há qualquer registro no álbum imobiliário em que inscrito o imóvel objeto de alienação em relação à copropriedade ou mesmo à existência de união estável, devendo-se preservar os interesses do adquirente de boa-fé, conforme reconhecido pelas instâncias de origem. 6 – Recurso especial a que se nega provimento. (STJ, REsp n. 1.424.275, 3ª T., rel. Min. Paulo de Tarso Sanseverino, j. 04.12.2014)

Ação de despejo c/c cobrança. 1ª apelação. Preliminar. Cerceamento de defesa. Rejeitar. Incapacidade do fiador. Nulidade da fiança. Outorga uxória. 2ª apelação. Preliminar. Cerceamento de defesa. Rejeitar. Obrigação dos fiadores. Até a entrega das chaves do imóvel ou imissão do locador na posse do bem. Apelação adesiva. IPTU. Previsão contratual. Ausência de impugnação dos réus do valor cobrado. Em matéria de julgamento antecipado da lide, predomina a prudente discrição do magistrado, no exame da necessidade ou não da realização de prova em audiência, ante as circunstâncias de cada caso concreto e a necessidade de não ofender o princípio basilar do contraditório. A incapacidade para a realização de negócios jurídicos tem efeitos após a declaração da incapacidade no processo de interdição. Porém, provado nos autos, de forma inconteste, que a parte era incapaz desde muito antes da decisão judicial, é perfeitamente possível a alegação de nulidade de negócio jurídico baseado na incapacidade do agente. Sendo nula a fiança prestada por pelo incapaz, é também nula a fiança prestada por sua mulher, nos termos do art. 1.647, III, do CC/2002, vez que nenhum dos cônjuges pode prestar fiança sozinho, sem a anuência do outro. A realização de prova testemunhal para provar que o imóvel estava desocupado desde muito antes da propositura da ação é absolutamente irrelevante, pois, de acordo com o art. 39 da Lei da Locação, "qualquer das garantias de locação se estende até a efetiva devolução do imóvel". A entrega das chaves, seja extrajudicialmente ou em juízo, ou, a imissão na posse do imóvel locado pelo locador, são consideradas pela Lei. Marcos para que os aluguéis não sejam mais cobrados do locatário e, por consequência, do fiador. Nesse sentido, ainda que o locador saiba informalmente que o imóvel locado foi abandonado, as obrigações contratuais são exigíveis até que seja oficializada a entrega do bem. Diante da previsão contratual, bem como da ausência de impugnação específica dos réus nesse sentido, são devidos os valores referentes ao IPTU. (TJMG, Ap. Cível n. 1.0024.10.030245-4/001, 16ª Câm. Cível, rel. Batista de Abreu, *DJe* 07.07.2014)

Direito processual civil. Embargos de declaração em apelação cível em ação declaratória de nulidade de negócio jurídico. Contrato de corretagem de imóveis. Desnecessidade de outorga uxória por ausência de previsão legal. Ausência dos requisitos previstos no art. 535, CPC [art. 1.022 do CPC/2015]. Vícios de omissão, obscuridade e contradição não caracterizados. Repetição de argumentos já enfrentados no julgamento do acórdão embargado. Pretensão de rediscussão da matéria. Incidência da Súmula n. 18 do TJCE. Embargos conhecidos e rejeitados. 1 – O acórdão embargado, escorado na dicção legal do art. 1.647 do CC, que elenca, taxativamente, os atos que os cônjuges não podem praticar sem a autorização do outro, entendeu pela higidez do negócio entabulado pelo ora embargado e o esposo da embargante, Sr. J.B.A.D. 2 – Considerou-se que não há norma na legislação civil que determine a necessidade de outorga uxória para a realização de contratos ou atos que desbordem do rol previsto no artigo retromencionado, o que impôs o afastamento da pretensão veiculada na ação, com a reforma do comando sentencial. Lição doutrinária aponta que "o texto legal carrega norma de ordem pública, apresenta rol taxativo, não comportando interpretação extensiva, uma vez que representam limitações ao direito dos consortes (in *Código Civil comentado*, Coord. Min Cezar Peluso, 7. ed., p. 1.849). 3 – Infere-se, dessa breve exposição, que não há vício a ser corrigido no acórdão atacado, que adota fundamentação suficiente para decidir de modo integral a controvérsia, embora o faça em desalinho com a pretensão do recorrente. Não há confundir, portanto, defeito embargável com decisão contrária aos interesses da parte. 4 – Os embargos de declaração afiguram-se como meio inidôneo para corrigir os fundamentos jurídicos ou fáticos de uma decisão, sendo cabíveis apenas e tão somente nas hipóteses legalmente previstas, seja sanar obscuridade ou contradição, ou ainda para suprir omissão no julgamento, acerca de tema sobre o qual o tribunal deveria ter se manifestado. 5 – Este recurso não tem a finalidade de restaurar a discussão da matéria decidida com o propósito de ajustar o *decisum* ao entendimento sustentado pela embargante. A essência desse procedimento recursal é a correção de obscuridade, contradição ou omissão do julgado, não se prestando à nova análise do acerto ou justiça deste, mesmo que a pretexto de prequestionamento. 6 – Desta feita, tenho por inexistentes quaisquer dos vícios cognitivos do art. 535 do CPC [art. 1.022 do CPC/2015], a não ensejar no caso o acolhimento dos embargos interpostos. Aplica-se à espécie a Súmula n. 18 deste Eg. Tribunal de Justiça. 7 – Embargos de declaração conhecidos e rejeitados. (TJCE, Emb. Decl. n. 0546487-09.2012.8.06.0001/50000, rel. Lisete de Sousa Gadelha, *DJe* 23.04.2014, p. 12)

Agravo regimental em recurso especial. Ação anulatória de aval. Decisão monocrática que deu provimento ao recurso especial, a fim de anular o aval prestado sem o consentimento do cônjuge. Insurgência recursal da ré. 1 – Nos termos do art. 1.647, III, do CC, é necessária vênia conjugal para a prestação de aval por pessoa casada. 2 – Precedentes específicos desta Corte. 3 – Agravo regimental a que se nega provimento. (STJ, Ag. Reg.-REsp n. 1.082.052, 4ª T., rel. Min. Marco Buzzi, *DJe* 27.09.2013, p. 927)

Medida cautelar. Pretensão à exclusão de desabono em cadastros de inadimplentes e preceito ao réu a fim de abster-se à reinclusão. Aval de cônjuge em cédula de crédito bancário. Anuência da autora na cédula. Anuência que não significa solidariedade ou coobrigação, mas vedação ao pleito de anulação do aval. Arts. 1.647 e 1.649 do CC. Coexistência dos requisitos do *periculum in mora* e do *fumus boni juris* no procedimento cautelar. Exclusão do desabono e emissão de preceito ao réu admissíveis. Recurso provido, com determinação. (TJSP, AI n. 0092303-82.2013.8.26.0000/Sumaré, 12ª Câm. de Dir. Priv., rel. Cerqueira Leite, j. 29.05.2013, *DJ* 07.06.2013)

Apelação cível. Ação de anulação de negócio jurídico. Aval. Ausência de anuência da esposa. Outorga uxória. Cédula de crédito bancário. 1 – Conforme o disposto no art. 1.647 do CC, é vedado a um dos cônjuges prestar aval sem a anuência do outro. A inobservância do disposto neste artigo conduz à anulabilidade do ato jurídico, conforme dispõe o art. 1.649, no mesmo diploma legal. 2 – A Cédula de Crédito Bancário é título de crédito, por força do disposto no art. 26 da Lei n. 10.931 e, portanto, sua garantia constitui aval e não mera garantia solidária. 3 – Não tendo havido anuência da autora, o aval prestado pelo seu cônjuge é nulo, devendo ser mantida incólume a sentença que assim o declarou. 4 – Recurso não provido. (TJMG, Ap. Cível n. 1.0026.12.000971-2/001, rel. Des. Wagner Wilson, j. 22.05.2013, *DJ* 03.06.2013)

Locação de imóveis. Aluguéis e encargos. Inadimplemento. Ação de cobrança. Fiança. Morte do fiador. 1 – O efeito da inatividade da ré acarreta a presunção relativa, excluindo a necessidade de prova sobre o fato em razão de seu desinteresse. Contudo, os pontos de direito e a valoração da prova são definidos de acordo com o livre convencimento motivado do Juiz. 2 – Figurando ré apenas como esposa do fiador no contrato de locação, sem firmá-lo como fiadora corresponsável, tem-se, apenas, a autorização de que trata o art. 1.647 do CC, necessária em razão de possível excussão de bens comuns do casal, sem erigir a virago à qualidade de garante. 3 – A morte do fiador antes do surgimento da dívida extingue a obrigação de garanti-la, não havendo transferência da responsabilidade aos herdeiros. 4 – Negaram provimento ao recurso. (TJSP, Ap. n. 0004962-80.2011.8.26.0196/Franca, 25ª Câm. de Dir. Priv., rel. Vanderci Álvares, j. 15.05.2013, *DJ* 16.05.2013)

Apelação cível. Embargos de terceiro. Fiança. Ausência de outorga uxória. Declaração de ineficácia total. Súmula n. 332 do STJ. Inexistência de razão para relativizar a aplicação do entendimento sumulado. A fiança prestada em desacordo com a vedação contida no art. 1.647, III, do CC, deve ser declarada totalmente ineficaz. Apenas nos casos em que houver demonstração de que o fiador agiu em desacordo com o princípio da boa-fé na celebração do contrato, omitindo ou dando informação falsa sobre o seu estado civil, fica prejudicada a declaração de nulidade total da fiança, de forma a se evitar que se beneficie da própria torpeza. (TJMG, Ap. Cível n. 1.0713.09.093567-5/002, rel. Luiz Carlos Gomes da Mata, j. 21.02.2013, *DJ* 01.03.2013)

Apelação cível. Locação. Ação de despejo cumulada com cobrança. Cerceamento de defesa. Inocorrência. A ausência de intimação pessoal do Defensor Público somente acarreta a nulidade do ato se comprovado efetivo prejuízo à parte, o que não se verifica no caso em tela. Nos termos do art. 1.647 do CC/2002, a decretação de invalidade dos atos praticados sem outorga, sem consentimento, ou sem suprimento do juiz, só poderá ser demandada pelo cônjuge a quem cabia concedê-la, ou por seus herdeiros. Incontroversa a inadimplência dos locativos, resta mantida a sentença que julgou procedente o pedido de cobrança desses aluguéis. Pedido de despejo prejudicado. Imóvel desocupado no curso do feito. Recurso desprovido. (TJRS, Ap. Cível n. 70.051.629.939, 16ª Câm. Cível, rel. Paulo Sérgio Scarparo, j. 31.01.2013, *DJ* 04.02.2013)

Apelação cível. Embargos de terceiros. Cédula de crédito comercial avalizada pelo cônjuge da apelada. Art. 897 do CC. Indispensável a outorga uxória. Art. 1.647, III, CC. Anulabilidade reconhecida. Art. 1.649 do CC. Hipoteca removida. Constrição judicial que recaiu sobre o único bem imóvel da entidade familiar. Impenhorabilidade evidenciada. Lei n. 8.009/90. Inoficiosa a alegação de direito de sequela. Recurso desprovido. (TJSC, Ap. Cível n. 2008.064646-0/Barra Velha, 5ª Câm. de Dir. Com., rel. Guilherme Nunes Born, j. 19.07.2012)

Condições da ação. Em relação ao pedido de declaração de nulidade da fiança prestada por seu marido, sem outorga uxória, a autora é parte ativa legítima, porque o réu é titular do interesse que se opõe ao da autora. Em relação aos pedidos de nulidade do contrato de abertura de crédito fixo, em que seu cônjuge figura como fiador, e de exclusão do nome de seu marido do cadastro de inadimplentes, a autora é parte ativa ilegítima, porque: (a) ela não é titular de direito oposto ao réu, quanto a estas pretensões, mas sim: (a.1) os financiados, no que concerne à pretensão de anulação do contrato de abertura de crédito fixo; e (a.2) seu marido, quanto ao pedido de exclusão do nome dele de cadastro de inadimplentes; (b) a falta de outorga uxória não autoriza a autora a pleitear, em nome próprio direito alheio com relação a essas pretensões. Afastamento do julgamento de extinção do processo, sem apreciação do mérito, por ilegitimidade ativa, com relação ao pedido de declaração de nulidade da fiança prestada pelo marido da autora, por falta de outro uxória, mantida a r. sentença, no que concerne ao julgamento de extinção, com relação aos demais pedidos. Julgamento do mérito (CPC, art. 515, § 3º) [art. 1.013, § 3º, I, do CPC/2015]. Ato jurídico. Nula a fiança prestada pelo marido, casado por qualquer regime diverso do regime da separação de bens firmado contratualmente, por meio de pacto antenupcial, sem a devida outorga uxória, mesmo que ele tenha se qualificado como solteiro, quando da contratação, nos termos do art. 1.647, III, do CC/2002. Recurso provido, em parte, e, por autorização do art. 515, § 3º, do CPC [art. 1.013, § 3º, I, do CPC/2015], julga-se procedente, em parte, a ação. (TJSP, Ap. n. 0184214-83.2010.8.26.0000/SP, 20ª Câm. de Dir. Priv., rel. Rebello Pinho, j. 03.10.2011)

Direito privado não especificado. Embargos de terceiro. União estável. Constituição de garantia hipotecária. Anuência do companheiro. Imprescindibilidade, sob pena de ineficácia. Nos termos do art. 1.647, I, do CC/2002, aplicável à união estável por força do art. 1.725 desse diploma legal, a constituição de garantia hipotecária, ressalvada a adoção do regime de separação absoluta de bens, pressupõe, sob pena de ineficácia, a anuência do companheiro ou companheira. Hipótese em que tais normas não foram observadas, impondo-se, por conseguinte, o reconhecimento da ineficácia da garantia. Desprovimento do apelo. (TJRS, Ap. Cível n. 70.036.490.654, 16ª Câm. Cível, rel. Des. Paulo Sérgio Scarparo, j. 12.08.2010)

Fiança. Locação de imóveis. Execução. Nulidade do contrato acessório de fiança prestada pela mulher sem outorga marital em negócio jurídico a envolver locação de imóveis. Fiança concedida sem outorga marital. Impropriedade. O préstimo de fiança sem a outorga marital em regime matrimonial de comunhão parcial (art. 166, IV, do CC pátrio, ou universal de bens implica em inexistência da garantia pessoal, pois a lei impõe restrições ao poder de administração do casal, no que pertine à forma de autorização conjugal contida no art. 1.647, III, do CC/2002. Recurso provido para pronunciar a invalidade da garantia pessoal prestada em negócio jurídico locativo. (TJSP, Ap. n. 992060547285 (1038145400), 28ª Câm. de Dir. Priv., rel. Des. Júlio Vidal, j. 10.08.2010)

Apelação. Ré. Anulatória. Fiança prestada em termo de confissão de dívida. Fiadora casada em regime de comunhão universal de bens. Ausência da autorização do marido, ora apelado. Nulidade de pleno direito. Inteligência do art. 1.647, III, do CC. Súmula n. 332 do STJ. Sentença mantida. Recurso improvido. (TJSP, Ap. Cível n. 991.090.213.620/São João da Boa Vista, 37ª Câm. de Dir. Priv., rel. Tasso Duarte de Melo, j. 14.10.2009)

Civil. Processual civil. Negativa de prestação jurisdicional não caracterizada. Outorga conjugal. Requisito de validade de negócio jurídico. Requisito especial de regularidade da legitimidade processual. Alienação de bens imóveis se perfaz com o registro. Exceção de contrato não cumprido. Restituição das partes ao *status quo ante*. I – Não se viabiliza o especial pela indicada ausência de prestação jurisdicional, porquanto verifica-se que a matéria em exame foi devidamente enfrentada, emitindo-se pronunciamento de forma fundamentada, ainda que em sentido contrário à pretensão dos recorrentes. A jurisprudência desta Casa é pacífica ao proclamar que, se os fundamentos adotados bastam para justificar o concluído na decisão, o julgador não está obrigado a rebater, um a um, os argumentos utilizados pela parte. II – Nos termos do inciso I do art. 1.647 do CC a outorga conjugal é necessária como requisito de validade dos negócios jurídicos que importem alienação de bens imóveis ou imposição de ônus reais sobre bens imóveis. De acordo com o inciso II, do mesmo artigo, ela também é exigida para que o cônjuge pleiteie como autor ou réu, acerca de bens imóveis ou direitos sobre bens imóveis. III – No caso vertente não é possível reconhecer a nulidade, absoluta ou relativa, do contrato verbal de permuta por ausência de outorga conjugal com fundamento no art. 1.647, I, do CC, porque a alienação de bens imóveis só se perfaz com o competente registro no cartório de imóveis e, se não houve registro, não se verificou também a alienação do bem. Assim, não há que se afirmar a nulidade de uma alienação de imóvel por ausência de consentimento do cônjuge, se não houve alienação. IV – A alegação de ofensa ao art. 1.647, II, do CC não foi demonstrada nas razões do recurso especial. Incidência da Súmula n. 284 do STF. V – Tendo o Tribunal de origem determinado o retorno das partes ao *status quo ante*, perde o sentido a alegação de que uma parte não pode exigir da outra o cumprimento de sua obrigação antes de implementar a sua própria. Súmula n. 284 do STF. Agravo regimental improvido. (STJ, Ag. Reg. no REsp n. 1.089.516, 3ª T., rel. Min. Sidnei Beneti, j. 16.06.2009)

Veja no art. 1.642 o seguinte acórdão: TJRS, Ap. Cível n. 70.030.068.738, 16ª Câm. Cível, rel. Des. Paulo Sérgio Scarparo, j. 28.05.2009.

Monitória. Mulher casada. Comunhão universal de bens. Fiança prestada em contrato, sem outorga uxória. Pretensão à nulificação da fiança prestada. Admissibilidade. Reconhecido que a fiança prestada pelo marido sem a outorga uxória implica ineficácia total da garantia. Art. 1.647, III, do CC e Súmula n. 332 do Col. STJ. Apelo improvido (TJSP, Ap. Cível n. 715.917-0/7-00,

24ª Câm. de Dir. Priv., rel. Salles Vieira, j. 07.05.2009). (*RBDFS* 10/160)

Apelação cível. Embargos à execução de título extrajudicial. Instrumento particular de confissão de dívida. I – Das preliminares. 1 – Do título executivo: assinatura de duas testemunhas. Preliminar não acolhida. Não há obrigatoriedade legal a que as assinaturas das testemunhas sejam contemporâneas à celebração do contrato. 2 – Da ausência de outorga uxória. Preliminar acolhida. A fiança sem outorga uxória é nula de pleno direito, a exceção quando prestada por cônjuge casado pelo regime da separação absoluta, pois aplicável na espécie os arts. 1.647, II, e 1.649, ambos do CC. 3 – Do cerceamento do direito de defesa. Preliminar não acolhida. Em que pese a falta da intimação dos ora embargantes, não ficou demonstrada a ocorrência de nenhum prejuízo desta irregularidade, já que as questões que foram aduzidas na exceção de pré-executividade, estão sendo novamente enfrentadas e decididas em sede de embargos. II – Do mérito. 1 – Do pagamento parcial. Os valores alcançados pelos apelantes foram devidamente abatidos do débito originário por ocasião das sucessivas negociações realizadas entre as partes. 2 – Da ausência da origem do título. O termo de novação preenche os requisitos necessários para a constituição do título executivo. O contrato originário do débito, em que pese não ter sido assinado pelos contratantes, foi devidamente assinado por duas testemunhas, conforme preconiza o art. 585, II, do CPC [art. 784, II a IV, do CPC/2015]. Ademais, consta do próprio instrumento de confissão de dívida, em sua cláusula número cinco, que o presente contrato tem origem na compra e venda de um trator agrícola sobre rodas, usado, marca Massey Ferguson, modelo 295 4X4, ano de fabricação 1986. 3 – Da repetição do indébito. Não ficou configurada aqui má-fé por parte da embargada, sendo tão somente possível a compensação na forma simples. 4 – Da litigância de má-fé. Não se caracteriza litigância de má-fé a utilização dos recursos previstos em lei para a devida efetivação de direitos, como no caso em tela. 5 – Dos honorários advocatícios. Honorários advocatícios majorados. Apelo parcialmente provido. (TJRS, Ap. Cível n. 70.025.385.295, 14ª Câm. Cível, rel. Dorval Bráulio Marques, j. 16.10.2008, *DJ* 12.11.2008)

Apelação cível. Direito obrigacional. Ação de nulidade de escritura. Contrato de compra e venda de imóvel. Vício de forma. Ausência de outorga uxória. Nulidade do contrato e da escritura do imóvel. É nulo o negócio jurídico, nos termos do preceito do art. 166, V, do CC, quando for preterida solenidade que a lei considere essencial para sua validade. Nos termos do art. 1.647, I, do CC, exceto no regime da separação absoluta de bens e ressalvado o disposto no art. 1.648 do CC, nenhum dos cônjuges pode, sem a autorização do outro, alienar ou gravar de ônus real os bens imóveis, adquiridos ou não na constância do casamento. A venda de bem imóvel durante a constância do casamento regido pelo regime da comunhão parcial de bens exige a outorga uxória, sem a qual é nulo o negócio jurídico e a escritura pública dele decorrente, por ter sido preterida solenidade que a lei considera essencial à validade do negócio jurídico. (TJMG, Ap. Cível n. 1.0024.03.075836-1/001, rel. Luciano Pinto, j. 21.08.2008, *DJ* 09.09.2008)

Bem móvel/semovente. Declaratória. Fiança sem outorga uxória. Novo CC. Inadmissibilidade. Fiança prestada pelo marido sem o consentimento da esposa é nula de pleno direito e, portanto, invalida o ato por inteiro, inclusive a meação marital. Inteligência do disposto no art. 235, III, c/c 145, IV, do CC/1916 e regras de ordem pública inseridas nos arts. 1.642, IV, e 1.647, III, do CC. Recurso provido com reflexo nas verbas de sucumbência. (TJSP, Ap. Cível n. 1.176.352-0/3, rel. Des. Júlio Vidal, j. 29.07.2008 – voto vencido do Des. Celso Pimentel, que reconhecia a anulabilidade da fiança, afastando a meação somente do cônjuge que não afiançou, subsistindo em relação a quem prestou a garantia)

Apelação cível. Direito privado não especificado. Ação anulatória de aval com pedido de antecipação de tutela. Cédula de produto rural. Aval. Outorga uxória. Desnecessidade. Meação do cônjuge respeitada. 1 – Em se tratando de aval na nota promissória é dispensável a outorga uxória para este tipo de garantia cambial, resguardando-se, todavia, a meação do cônjuge, na forma do art. 3º da Lei n. 4.121/62. 2 – Nos termos do Enunciado n. 114 do CEJ, o aval não pode ser anulado por falta de vênia conjugal, de modo que o inciso III do art. 1.647 do CC apenas caracteriza a inoponibilidade do título ao cônjuge que não assentiu com a garantia prestada. Negado provimento ao apelo. (TJRS, Ap. Cível n. 70.021.954.078, 5ª Câm. Cível, rel. Jorge Luiz Lopes do Canto, j. 21.05.2008, *DJ* 30.05.2008)

Ação de anulação de aval. Exegese do inciso III do art. 1.647 do novo CC. Outorga uxória. Ausência. Efeitos. Vinculação do aval decorrente do próprio instituto cambiário. Da melhor exegese do art. 1.647, III, do CC/2002, se conclui que aquele que firmou aval sem outorga uxória fique responsável pelo aval prestado, inclusive em respeito aos terceiros de boa-fé. Assim, a ausência de outorga uxória, por si só, não torna nulo o aval. Porém, o comprometimento patrimonial deste aval fica restrito à meação daquele que assumiu a obrigação cambial. Apelo improvido. (TJRS, Ap. Cível n.

70.022.612.584, 19ª Câm. Cível, rel. Guinther Spode, j. 01.04.2008, *DJ* 09.04.2008)

Declaratória. Nulidade. Aval. Ausência de conhecimento de autorização do marido. Casamento regido pela comunhão universal. Vedação expressa do art. 1.647, III, do CC. Norma de ordem pública. Nulidade reconhecida. Sentença confirmada. Recurso desprovido. (TJSP, Ap. Cível n. 7.151.638-2, rel. Des. Irineu Fava, j. 03.10.2007)

Veja no art. 1.642 o seguinte acórdão: TJSP, Ap. Cível n. 922.110-0/1, rel. Des. Júlio Vidal, j. 03.07.2007.

Agravo de instrumento. Ação anulatória de aval com pedido de antecipação parcial dos efeitos da tutela. Nota promissória. Aval. Outorga uxória. Desnecessidade. Meação do cônjuge respeitada. 1 – Em se tratando de aval na nota promissória é dispensável a outorga uxória para este tipo de garantia cambial, resguardando-se, todavia, a meação do cônjuge, na forma do art. 3º da Lei n. 4.121/62. 2 – Nos termos do Enunciado n. 114 do CEJ, o aval não pode ser anulado por falta de vênia conjugal, de modo que o inciso III do art. 1.647 do CC/2002 apenas caracteriza a inoponibilidade do título ao cônjuge que não assentiu com a garantia prestada. Agravo de instrumento desprovido de plano em decisão monocrática. (TJRS, AI n. 70.020.350.492, 12ª Câm. Cível, rel. Des. Orlando Heemann Júnior, j. 28.06.2007)

Apelação. Suprimento de outorga uxória. Interesse de agir. Presença. Concessão da autorização. No casamento celebrado pelo regime da separação total, o cônjuge não precisa da autorização do outro para alienar ou gravar com ônus real bens imóveis. Inteligência do art. 1.647, I, do CC/2002. Contudo, se ainda assim o cartório exige autorização judicial, então de rigor reconhecer que o cônjuge tem interesse de agir, tem necessidade de pedir o suprimento judicial e tem direito ao suprimento da outorga uxória. Apelo provido. Em monocrática. (TJRS, Ap. Cível n. 70.018.542.043, 8ª Câm. Cível, rel. Des. Rui Portanova, j. 06.06.2007)

Declaratória. Aval. Nulidade. Ausência de outorga uxória. Efeito que não pode se limitar à meação do cônjuge que não avalizou. Garantia invalidada por inteiro. Inteligência do art. 1.647, III, do CC/2002. Recurso não provido. (TJSP, Ap. Cível n. 7.013.335-0, rel. Des. João Camillo de Almeida Prado Costa, j. 07.11.2006)

Alienação de bens. Regime da separação convencional. Outorga uxória. Dispensa pelo art. 1.647 do CC/2002. Aplicação apenas para os casamentos realizados após a vigência da nova legislação, Inteligência do art. 2.039 do CC/2002. Decisão mantida. (TJDF, AI n. 2003.002.007.4335, rel. Min. Roberval Casemiro Belinati, j. 16.02.2004. In: CAHALI, Francisco José. *Família e sucessões no CC de 2002*. São Paulo, RT, 2005, v. II)

---

**Art. 1.648. Cabe ao juiz, nos casos do artigo antecedente, suprir a outorga, quando um dos cônjuges a denegue sem motivo justo, ou lhe seja impossível concedê-la.**

---

O presente artigo abre a possibilidade de obter-se judicialmente o suprimento da outorga do outro cônjuge quando este negar o consentimento sem justo motivo, ou quando não puder manifestar sua vontade por se encontrar em lugar incerto e não sabido, ou acometido por grave enfermidade, ou, ainda, quando estiver ausente. Caberá ao juiz apreciar cada situação do caso concreto, seja para acolher o pedido e dar o suprimento, seja para afastá-lo, uma vez valorado o justo motivo apresentado pelo outro cônjuge, quando houver recusado o consentimento. Na primeira hipótese, o juiz deverá apreciar as razões apresentadas pelo requerente, para fundamentar o pedido de suprimento (p. ex., proposta de alienação com vantagens financeiras para a família), juntamente com os motivos da recusa do outro cônjuge. Assim, caberá ao magistrado, de acordo com sua convicção, suprir ou não o consentimento, analisando se a recusa tiver evidente caráter de intransigência, ou, por outro lado, se a disposição do patrimônio colocará em risco a estabilidade econômica da família. Nas demais situações, será levada ao juiz a razão da impossibilidade para que o outro cônjuge manifeste sua vontade no negócio jurídico que será realizado (doença grave ou ausência). O magistrado, também aqui, deverá analisar e valorar as provas apresentadas sobre os motivos do pedido de suprimento, conferindo se a impossibilidade de manifestação da vontade está justificada.

**Jurisprudência:** Agravo de instrumento. Suprimento judicial de outorga conjugal para venda de imóvel. Ainda que se trate de bem excluído da comunhão (CC, art. 1.659, I), o art. 1.647, I, do CC impõe a autorização do cônjuge, exceto no regime da separação absoluta, para alienar ou gravar de ônus real os bens imóveis. Norma que visa proteger a família. Necessidade de prévia oitiva da parte contrária, a fim de descobrir o motivo da recusa (CC, art. 1.648). Ausência de demonstração suficiente da urgência no recebimento do valor oriundo da venda do imóvel. Agravo desprovido. (TJSP, AI n. 21307612720198260000, 7ª Câm. de Dir. Priv., rel. Des. Maria de Lourdes Lopez Gil, j. 12.07.2019)

Apelação cível. Ação anulatória. 1 – Coisa julgada. Art. 301, §§ 1º e 3º, *in fine*, CPC [art. 337, §§ 1º, 3º e 4º, do CPC/2015]. Reprodução de ação ajuizada. Mesmas partes, mesma causa de pedir e mesmo pedido. 2 – Alegada dessemelhança entre as ações. Técnica redacional diversa. Diversidade de fundamento ou mera alteração na qualificação jurídica dos fatos. Coisa julgada não afastada. Precedentes do Col. STJ. 3 – Ausência de distinção das causas de pedir presentes na demanda anterior e na presente. Identidade de partes, causa de pedir e pedidos. 4 – Arguida incompetência da vara cível. Competência da vara de família verificada apenas na hipótese do art. 1.648 do CC/2002. 5 – Apelação cível conhecida e desprovida. 1) Segundo o sistema processual vigente, verifica-se a coisa julgada quando se reproduz ação anteriormente ajuizada, já decidida por sentença, de que não caiba recurso (CPC, art. 301, § 1º e § 3º, *in fine*) [art. 337, §§ 1º, 3º e 4º, do CPC/2015]. Para efeito de reprodução de demanda anterior, considera-se uma ação idêntica à outra quanto tiver as mesmas partes, a mesma causa de pedir e o mesmo pedido, à luz do art. 301, § 2º, do CPC [art. 337, § 2º, do CPC/2015]. 2) Já decidiu o STJ que "a diversidade de fundamento legal invocado pelas partes ou a alteração na qualificação jurídica dos fatos narrados não são determinantes para afastar a identidade entre as ações. Tais fatores não integram a causa de pedir, nem vinculam o magistrado, por força dos princípios *iura novit curia* e *da mihi factum, dabo tibi jus*". 3) A mera modificação de palavras e expressões, a bem da verdade dizendo o mesmo de forma diferente, por si só não torna distinta a causa de pedir e o pedido da presente ação em relação àquela já transitada em julgado, já que, concretamente, é inegável a pretensão da autora. Em ambas as demandas – de que seja anulada a transação homologada na referida ação de execução, para tanto aduzindo a existência de vício no negócio jurídico a que se refere e a ausência de outorga uxória, assim contrariando o disposto no art. 1.647, I, do CC. 4) O suprimento de consentimento dos cônjuges a que se refere o art. 61, II, da LC estadual n. 234/2002, para o qual foi prevista a competência das Varas de Família, é aquele tratado no art. 1.648 do CC/2002, em que cabe ao juiz suprir a outorga quando houver recusa sem justo motivo ou quando for impossível ao cônjuge concedê-la, ou seja, nem de longe se identifica com a casuística que aflora dos autos, em que a autora sustenta a ausência de outorga uxória (CC, art. 1.647, I) como um dos motivos para que seja anulada a transação ocorrida na demanda executória. 5) Apelação cível conhecida e desprovida. (TJES, Ap. n. 0033317-69.2010.8.08.0024, rel. Des. Eliana Junqueira Munhos Ferreira, *DJe* 23.06.2014)

Apelação cível. Promessa de compra e venda. Ação de adjudicação. Indeferimento da inicial. A adjudicação compulsória é o remédio jurídico colocado à disposição de quem, munido de contrato de promessa de compra e venda, com posse, preço quitado e pagos os impostos incidentes, não encontra êxito em obter o título definitivo de propriedade do imóvel, pela recusa dos promitentes-vendedores em efetivá-la. No caso, em que pese não haver a outorga uxória, o art. 1.648 do CC dispõe que essa pode ser suprida pelo juiz, devendo ser desconstituída a sentença. Deram provimento à apelação. Unânime. (TJRS, Ap. Cível n. 70.036.798.254, 20ª Câm. Cível, rel. Des. Walda Maria Melo Pierro, j. 25.08.2010)

Ação de adjudicação. Contrato particular de compra e venda de imóvel. Falta de outorga uxória. Art. 1.418 do CCB. Duas são as hipóteses que podem suprir a ausência da mulher no pacto firmado no passado: a do art. 1.648 do CCB, que prevê a possibilidade de o juiz suprir a outorga quando um dos cônjuges a denegue sem justo motivo, ou lhe seja impossível concedê-la, e a consequência da eventual revelia. De qualquer sorte, só com o prosseguimento do feito, inclusive com a citação da mulher, é que se poderá chegar a um juízo de valor sobre a pretensão adjudicatória, até porque há notícia de que o autor estaria morando desde 1989 no imóvel objeto da lide. Precedentes jurisprudenciais autorizando a adjudicação em situações análogas, diante do longo tempo de exercício da posse. Outrossim, na ação de adjudicação o que se pede é a substituição de uma emissão de vontade, a escritura de compra e venda. Não se trata de ação real, mas sim de ação pessoal, o que relativiza a participação da mulher no compromisso assumido. Apelação provida. (TJRS, Ap. Cível n. 70.036.605.897, 17ª Câm. Cível, rel. Des. Elaine Harzheim Macedo, j. 21.06.2010)

Outorga uxória. Ação de suprimento. Improcedência. Inconformismo. Acolhimento. Casamento sob o regime da separação de bens. Imóvel adquirido com recursos exclusivos do marido, o que foi consignado na escritura. Exigência notarial desnecessária. Inteligência dos arts. 1.648, *caput*, e 1.687 do CC. Sentença reformada. Recurso provido. (TJSP, Ap. n. 994092876352 (6765644300), 9ª Câm. de Dir. Priv., rel. Des. Grava Brazil, j. 18.05.2010)

Agravo de instrumento. Outorga uxória. Casamento sob regime da comunhão parcial de bens. Imóvel adquirido por herança. Recusa injustificada do varão. Autorização judicial. Possibilidade. Salvo nos casos de casamento regulado pelas regras relativas ao regime da separação absoluta, é necessária a outorga uxória para alienação de bem imóvel, mesmo que este pertença exclusivamente a um dos cônjuges. Bem havido por herança pela mulher e em condomínio com demais herdeiros. A outorga uxória será suprida quando a negativa for injusta ou impossível de ser concedida, de conformidade com o art. 1.648 CC. Casal em separação de fato, litigando sobre alimentos, com patrimônio comum suficiente para impedir prejuízo ou irreversibilidade da medida. Agravo de instrumento provido. (TJRS, AI n. 70.029.890.985, 7ª Câm. Cível, rel. André Luiz Planella Villarinho, j. 10.06.2009)

Agravo de instrumento. Suprimento judicial. Malgrado tratar-se de imóvel recebido por um dos cônjuges a título de herança e na constância da sociedade conjugal, exigível que a alienação se dê mediante autorização do outro cônjuge, aferido o suprimento nos termos do art. 1.648 do CC. Negaram provimento ao recurso. (TJSP, AI n. 6.206.914.800/São Paulo, 7ª Câm. de Dir. Priv., rel. Gilberto de Souza Moreira, j. 08.04.2009)

Outorga uxória. Imóveis doados pelos avós à neta após o casamento desta sob o regime da comunhão parcial de bens. Alienação dos imóveis pela mulher. Possibilidade. Desnecessidade da aquiescência e participação do marido. CC, art. 1.648. Antecipação da tutela jurisdicional para permitir a alienação independentemente da outorga uxória. Possibilidade. Violação aos princípios do contraditório e da ampla defesa. Inocorrência. Decisão confirmada. Agravo desprovido. Cabível a concessão de antecipação da tutela jurisdicional para, independentemente da autorização ou participação do marido, permitir a alienação de bens imóveis recebidos pela mulher de seus avós por meio de doação realizada após a celebração do casamento sob o regime da comunhão parcial de bens (CC, art. 1.648), sendo inofensiva às garantias do devido processual a decisão que autoriza a alienação independentemente da prestação de outorga uxória (TJMT, AI n. 91.221/2008. 1ª Câm. Cível, rel. João Ferreira Filho, *DJ* 09.12.2008, p. 8). (*RBDFS* 11/159)

Ação de suprimento de consentimento. Compra e venda. Imóvel. Condição contratual. Pode a Justiça impor ao marido a concordância na venda de bem imóvel de exclusiva propriedade da esposa, a teor do que determina o art. 1.648 do CC. (TJMG, Ap. Cível n. 1.0024.07.462885-0/002, rel. Unias Silva, j. 16.09.2008, *DJ* 07.10.2008)

Assistência judiciária. Lei n. 1.060/50. Mera declaração de insuficiência de recursos. Direito fundamental. Interpretação extensiva. Agravo retido provido. Venda de imóvel. Comunhão parcial de bens. Herança. Cônjuge. Recusa injustificada. Suprimento mantido. A outorga uxória será suprida quando a negativa do cônjuge com a alienação do imóvel for injustificada ou impossível de ser concedida, de conformidade com o art. 1.648 do CC. V.V. Suprimento judicial da outorga uxória. Agravo retido. Gratuidade judiciária. Não comprovação da necessidade. Provimento negado. Nos termos da CF para o deferimento da gratuidade judiciária, não basta simples alegação, a parte deverá comprovar a necessidade do benefício, sob pena de indeferimento. (TJMG, Ap. Cível n. 1.0024.07.762184-5/001, rel. Alberto Henrique, j. 03.07.2008, *DJ* 26.07.2008)

---

**Art. 1.649. A falta de autorização, não suprida pelo juiz, quando necessária (art. 1.647), tornará anulável o ato praticado, podendo o outro cônjuge pleitear-lhe a anulação, até dois anos depois de terminada a sociedade conjugal.**

**Parágrafo único. A aprovação torna válido o ato, desde que feita por instrumento público, ou particular, autenticado.**

---

Qualquer dos cônjuges poderá promover a anulação dos atos praticados pelo outro sem a vênia conjugal. O caso é de anulabilidade, pois o ato poderá ser validado pelo cônjuge que dele não participou, ou pelo decurso do tempo. Enquanto não anulado, o ato é eficaz até o pronunciamento judicial, tendo, portanto, efeito *ex nunc*. O STJ editou recentemente a Súmula n. 332 com o seguinte teor: "A fiança prestada sem autorização de um dos cônjuges implica a ineficácia total da garantia". O entendimento inserto nos acórdãos – de casos anteriores à vigência do atual CC – que deram origem a súmula, na verdade, define e realça a impossibilidade da *subsistência de parte da fiança* (invalidade total da garantia) quando conferida sem a autorização de um dos cônjuges. Daí porque talvez não se atentou para a utilização do termo correto, pois, sob a égide da lei anterior implicava nulidade, enquanto para o CC vigente, a ausência de autorização para a concessão da garantia importa anulabilidade, não se justificando o direcionamento para o campo da ineficácia. A lei prevê o prazo decadencial de dois anos, cuja contagem será iniciada após a dissolução da sociedade conjugal – é a separação, portanto, não o divórcio, que dissolve o vínculo. O prazo referido é muito longo, prejudicando a estabilidade dos negócios jurídicos, uma vez que a separação do casal poderá ocorrer muitos anos depois da realização do negócio e, ainda assim, este poderá ser anulado durante os dois anos seguintes à dissolução da sociedade conjugal. O dispositivo, em seu parágrafo único, permite a aprovação posterior do negócio jurídico, por meio do consentimento do cônjuge que não o havia dado. Essa autorização far-se-á por instrumento público ou particular autenticado e garantirá validação do ato e estabilidade das relações jurídicas. O consentimento posterior descrito terá lugar dentro do prazo decadencial previsto em lei, pois, após seu decurso, o ato já estará convalidado.

**Jurisprudência:** Apelação cível. Locação de imóvel. Embargos à execução. Sentença de procedência. Irresignação da executada-embargada. Alegação de decadência. Lapso temporal para arguição de nulidade ultrapassado. Inteligência do art. 1.649 do CC. Garantia prestada pelo cônjuge da embargante, no exercício de mandato outorgado. Alegação de ausência de poderes específicos. Descabimento. Sentença reformada. Alteração da sucumbência com majoração da verba honorária (art. 85, § 11, do CPC). Recurso provido. (TJSP, Ap. n. 11169308020208260100/São Paulo, 25ª Câm. de Dir. Priv., rel. Rodolfo Cesar Milano, j. 05.09.2024, *DJ* 10.09.2024)

Apelação cível. Ação anulatória de venda de bem imóvel pelo marido, sem outorga uxória. Sentença de improcedência, ante o reconhecimento da decadência. Mérito. Ausência de outorga uxória torna anulável o ato praticado. Prazo de até dois anos para o cônjuge prejudicado pleitear a anulação, após o término da sociedade conjugal. Interpretação do art. 1.649 do CC. Venda do imóvel realizada em 13.06.2006. Divórcio do casal decretado em 21.09.2011. Ação anulatória proposta apenas em 11.06.2018. Caracterizada decadência do direito da autora de pleitear a anulação do negócio. Honorários recursais. Aplicação do disposto no art. 85, § 11, do CPC. Honorários advocatícios arbitrados ficam majorados para 20% do valor atualizado da causa, observada a concessão da justiça gratuita. Resultado. Recurso não provido. (TJSP, Ap. Cível n. 1013909-83.2018.8.26.0577/SP, 9ª Câm. de Dir. Priv., rel. Edson Luiz de Queiróz, j. 31.01.2022, publ. 31.01.2022)

Apelação cível. Ação de cobrança c/c perdas e danos. Pretensão de nulidade do termo de renúncia. Direitos hereditários. Ex-cônjuge. Decadência do direito. Exegese do art. 1.649 do CC. Transcurso do prazo. Sentença mantida. Recurso não provido. É de dois anos o prazo para pleitear a anulação do ato, levado a efeito sem autorização do outro cônjuge, a contar do término da sociedade conjugal e o ajuizamento da ação (art. 1.649 do CC). Não obstante, o cônjuge que se encontra separado não faz jus ao recebimento de quaisquer bens havidos pelo outro por herança transmitida após decisão de separação judicial, tendo havido, ou não, a partilha, já que a separação de fato do casal já teve o condão de pôr termo ao regime de bens. (TJMG, Ap. Cível n. 1.0433.14.042978-1/001, rel. Des. Mariangela Meyer, j. 17.08.2021)

Embargos de terceiro. Cédula de crédito bancário avalizada pelo cônjuge da embargante, sem outorga uxória. Sentença de improcedência. Cerceamento de defesa. Rejeição. Suficiência das provas produzidas. Outorga uxória desnecessária por versar sobre cédula de crédito bancário, conforme entendimento do Col. STJ. Anuência posteriormente manifestada pela embargante em documento apartado com autenticação cartorária que nas circunstâncias satisfaz o CC, art. 1.649, parágrafo único. Alegação de impenhorabilidade de um dos imóveis de propriedade da embargante e esposo, fundada em pequena propriedade rural. A impenhorabilidade regrada na Lei n. 8.009/90, art. 4º, § 4º, *fine*, para os fins da CF, art. 5º, XXVI, sufragada no NCPC, art. 833, VIII, diz respeito à "pequena propriedade rural de até 04 módulos fiscais do município em que localizada, e desde que trabalhada pela família e destinada à subsistência familiar", consoante definição que se extrai do Estatuto da Terra (Lei n. 4.504/64; Dec. ns. 55.891/65 e 59.428/66, Leis ns. 6.746/79 e 8.692/93) e ulteriores diplomas legislativos (Leis ns. 11.326/2006, 9.064/17 e 12.651/2012 (Código Florestal). Embargantes que são proprietários de outros imóveis rurais e declararam rendimentos recebidos de natureza diversa da exploração rural. Não comprovação de que o imóvel objetado reúna os requisitos legais da impenhorabilidade a inibir reconhecimento de nulidade da penhora. Constrição regular. Sentença mantida. Negado provimento ao recurso, e majorados os honorários advocatícios (CPC/2015, art. 85, § 11). (TJSP, Ap. Cível n. 1082409-80.2018.8.26.0100, 37ª Câm. de Dir. Priv., rel. Des. José Wagner de Oliveira Melatto Peixoto, j. 02.03.2020)

Família. União estável. Ação de anulação de doação realizada por um dos companheiros para o filho do casal. Alegação de ausência de outorga uxória. Art. 1.647, IV, do CC. Prazo de 2 anos. Art. 1.649, CC. Decadência configurada. Sentença confirmada. Deve ser declarada a decadência do direito do companheiro de pleitear a anulação de doação realizada supostamente sem a outorga uxória, quando transcorridos mais de 2 anos entre o fim da relação conjugal e o ajuizamento da ação anulatória, nos termos dos arts. 1.647, IV, e 1.649 do CC. (TJMG, Ap. Cível n. 10704150112743001, rel. Des. Alberto Vilas Boas, j. 30.07.2019, *DJe* 06.08.2019)

Apelação cível. Anulação de negócio jurídico. Contrato de compra e venda. Decadência. Pretendendo o autor obter a anulação de negócio jurídico celebrado na constância da sociedade conjugal, deve ser aplicado o prazo decadencial de dois anos, previsto no art. 1.649 do CC. (TJMG, Ap. Cível n. 1.0024.12.334060-6/002, rel. Des. Evangelina Castilho Duarte, j. 30.08.2018)

Bem móvel. Ação declaratória de nulidade de avais. Sentença de extinção do processo sem resolução do mérito. Patente é a legitimidade ativa *ad causam* das apelantes *in casu*, a se considerar que "A decretação de invalidade dos atos praticados sem outorga, sem consentimento ou sem suprimento do juiz só poderá ser demandada pelo cônjuge a quem cabia concedê-la, ou por seus herdeiros" (CC, art. 1.650), não abalando essa certeza a circunstância de não existir qualquer demonstração de que o aval prestado pelos cônjuges das demandantes produziu reflexos no patrimônio dos casais, porque o pleito de anulação do ato é incondicionada faculdade a elas concedida, exercitável até dois anos depois de terminada a sociedade conjugal (CC, art. 1.649). Daí ser de rigor tanto a cassação do Decreto extintivo do presente feito como o acolhimento do inicial pleito, seja por desenhada a hipótese do § 3º, do art. 515, do CPC [art. 1.013, § 3º, I, do CPC/2015], seja por desenhada a do art. 1.647, III, do CC, sendo irrelevante, ademais, afirmar que a apelada agiu de boa-fé e os avalistas teriam sido maliciosos ao não se identificar como pessoas casadas, eis que tais ocorrências não são positivadas como capazes de afetar o direito das apelantes recurso provido. (TJSP, Ap. n. 0014307-07.2010.8.26.0099/Bragança Paulista, 36ª Câm. de Dir. Priv., rel. Palma Bisson, *DJe* 26.06.2014, p. 1.431)

União estável. Reconhecimento e dissolução. Partilha. Comunhão parcial. Bens imóveis. Direitos possessórios. Alienação. Anuência. Inexistência. Nulidade. 1 – Na união estável, inexistindo acordo escrito entre as partes quanto ao regime de bens a viger no período em que conviveram, o regime a incidir é o da comunhão parcial dos bens, conforme disposto no art. 1.725 do CPC [*sic*, CC]. 2 – É anulável a alienação de bens imóveis, bem como os direitos possessórios incidentes, quando realizada sem a anuência da companheira, consoante art. 1.649 do CC. 3 – Recurso desprovido. (TJDFT, Proc. n. 20110510111382(786943), Rel. Des. Antoninho Lopes, *DJe* 13.05.2014, p. 135)

Veja no art. 1.647 o seguinte acórdão: TJMG, Ap. Cível n. 1.0026.12.000971-2/001, rel. Des. Wagner Wilson, j. 22.05.2013, *DJ* 03.06.2013.

Negócio jurídico. Ação declaratória de nulidade de escritura pública c/c indenização. 1 – Bem imóvel adquirido na constância da sociedade conjugal. Autora, à data da aquisição, casada com o réu José Manoel sob o regime da comunhão universal de bens. Imóvel, a princípio, que não era excluído da comunhão, cuidando-se de bem comum. Inteligência do disposto no art. 1.668 do CC. 2 – Alienação de bem comum. Ausência de consentimento da autora, à vista da revogação do instrumento de mandato utilizado pelo réu (art. 682, I, CC). Decadência para postular a declaração de nulidade do ato não evidenciada. Outorga uxória, na espécie, necessária apenas para alienação de bens próprios de um dos cônjuges. Alienação de bem comum que reclama participação efetiva dos cônjuges. Inaplicabilidade do disposto no art. 1.649 do CC. Extinção afastada. Apelo provido. (TJSP, Ap. n. 0175086-59.2012.8.26.0100/São Paulo, 3ª Câm. de Dir. Priv., rel. Donegá Morandini, j. 15.01.2013, *DJ* 28.01.2013)

Apelação. Ação declaratória. Anulabilidade. Contrato de compra e venda de imóvel. Vênia conjugal. Obrigatoriedade. Demonstrada que a aquisição ocorreu durante o relacionamento conjugal, o bem incorporou ao patrimônio do casal, razão pela qual somente poderia ter sido alienado com a outorga conjugal, segundo dispõe o art. 1.647 do CC. Violada a regra prevista no art. 1.647 do CC, o ato jurídico deve ser anulado, conforme art. 1.649 do CC. O fato de o recorrente desconhecer a condição de casado do recorrido (Ricardo) é irrelevante, haja vista que o registro público do casamento tem efeito *erga omnes*. (TJMG, Ap. n. 1.0024.05.631428-9/001(1), rel. Des. Tibúrcio Marques, j. 29.04.2010)

Anulação de doação de bem havido durante a união estável. Bem doado aos filhos do *de cujus*, ex-companheiro da autora, que diz não ter autorizado a doação realizada em 1991, requerendo, pois, parte do imóvel que teria por direito em razão da meação. Reconhecimento da união estável na esfera judicial por sentença transitada em julgado em 2005. Dissolução da sociedade conjugal ocorrida em 1999, com o falecimento do companheiro/doador. Ajuizamento da presente ação anulatória em 2006. Decretação da prescrição. Apelo da autora, sustentando aplicação do prazo vintenário do art. 177, CC/1916 e Súmula n. 494/STF. Hipótese em que o CC/1916 previa prazo prescricional específico para busca da tutela aqui perseguida, de quatro anos a contar da dissolução da sociedade. Lapso temporal de natureza decadencial, confirmada, inclusive, pela nova dicção legal (art. 1.649, CC/2002), que reduziu o prazo para dois anos. Impossibilidade de aplicação do dispositivo invocado pela autora. Marco inicial de contagem do prazo que deve recair na data da dissolução da sociedade conjugal (falecimento do convivente), tal como previsto na lei, vez que a pendência de ação prejudicial não obsta o prazo prescricional/decadencial para busca de tutela de direito em demanda supostamente prejudicada. Sentença mantida. Apelo desprovido. (TJSP, Ap.

Cível n. 6.342.324.100/Cotia, 9ª Câm. de Dir. Priv., rel. João Carlos Garcia, j. 18.08.2009)

Aval. Demanda anulatória. Ajuizamento por cônjuge. Sentença de procedência. Decisão mantida. A autorização conjugal, salvo em casamento em que convencionada a absoluta separação de bens, constitui requisito de validade de aval prestado por quem é casado. O aval é anulável, de acordo com a previsão do art. 1.649 do CC. Recurso desprovido. (TJSP, Ap. Cível n. 7.011.016.200/Junqueirópolis, 22ª Câm. de Dir. Priv., rel. Campos Mello, j. 29.04.2009)

No mesmo sentido: TJSP, AI n. 992.060.456.778 (107.193.0/0-00), 36ª Câm. de Dir. Priv., 8º Grupo (extinto II TAC), rel. Pedro Baccarat, j. 08.02.2007, *DJ* 21.02.2007.

Agravo de instrumento. Exceção de pré-executividade. Fiança prestada pela esposa sem outorga uxória. Inadmissibilidade. Fiança exige forma escrita e consentimento expresso. Aplicação dos arts. 819, 1.647, I, e 1.649, parágrafo único, do CC/2002. Recurso provido. (TJSP, AI n. 1.243.498.006/Monte Alto, 36ª Câm. de Dir. Priv., rel. Pedro Baccarat, j. 19.02.2009)

Aval. Ausência de outorga uxória. Desconto de valores de conta-corrente conjunta por dívida contraída somente pelo marido. Arts. 1.647, III, e 1.649 do novo CC. Anulabilidade. Observação de que, nos demais contratos, o marido da autora é devedor solidário. Majoração da condenação por danos morais. Afastamento da condenação por danos materiais. Recursos parcialmente providos. (TJSP, Ap. Cível n. 702.490/3/5-00, 20ª Câm. de Dir. Priv., rel. Luis Carlos de Barros, j. 04.08.2008, *DJ* 19.08.2008)

Ensino particular. Exoneração de fiança. Contrato de mútuo. Falta de outorga uxória. Preliminar de não conhecimento do recurso, por deserto, rejeitada. Não merece prosperar a pretendida declaração de nulidade da fiança, calcada na falta da outorga uxória. Começa que não se trata de ato nulo, mas anulável, conforme prevê o art. 1.649 do vigente CC. Além do mais, o contrato de mútuo, firmado com a universidade demandada, está relacionado ao Programa Estadual de Crédito Educativo, cujos documentos foram firmados pelo fiador e sua esposa. Prova documental dando conta da existência de débito, pelo que não há cogitar de exoneração do fiador ao reembolso dos valores devidos à instituição de ensino. Conclusão do curso, pelo aluno, que não desobriga o fiador. Apelação conhecida, mas desprovida. (TJRS, Ap. Cível n. 70.021.298.914, 5ª Câm. Cível, rel. Leo Lima, j. 24.10.2007, *DJ* 30.10.2007)

Embargos à execução. Nota promissória. Aval. Embargos fundados na nulidade da garantia, pela ausência de outorga uxória, e na configuração de agiotagem. O novo CC trouxe como inovação a impossibilidade de um dos cônjuges prestar aval sem a anuência do outro, sob pena de anulação do ato (art. 1.647, III, c/c 1.649, *caput*, do CC/2002). A ausência de outorga uxória, contudo, somente poderá vir a ser deduzida pelo cônjuge a quem cabia concedê-la, e não pelo próprio avalista. Exegese do art. 1.650 do CC/2002. E no que se refere à alegação de agiotagem, limitou-se o embargante a tecer meras alegações, sem fazê-las acompanhar do conjunto probatório respectivo, de modo que se torna inviável o acolhimento de seus argumentos. Parte autora que não se desincumbiu minimamente do ônus de demonstrar os fatos constitutivos de seu direito (art. 333, I, do CPC) [art. 373, I, do CPC/2015]. Confirmada, pelos próprios fundamentos, da sentença que desacolheu os embargos. Recurso desprovido. (TJRS, Rec. Cível n. 71.001.183.201, 3ª T. Rec. Cível, rel. Des. Eugênio Facchini Neto, j. 24.04.2007)

**Art. 1.650. A decretação de invalidade dos atos praticados sem outorga, sem consentimento ou sem suprimento do juiz só poderá ser demandada pelo cônjuge a quem cabia concedê-la, ou por seus herdeiros.**

O CC/2002 restringiu a legitimidade para propositura de ação de anulabilidade do ato realizado sem vênia conjugal, àquele cônjuge que não consentiu com o negócio e, caso esse venha a falecer, a legislação estendeu aos seus herdeiros, desde que ainda não tenha ocorrido o prazo decadencial do art. 1.649, *caput*. Consoante já exposto no art. 1.645, no caso de os herdeiros assumirem a legitimidade para propositura da ação de anulação, deverá ser observada a ordem de vocação hereditária ditada pelo art. 1.829, após a morte do cônjuge apontado como primeiro titular.

**Jurisprudência:** Embargos à execução. Instrumento particular de confissão de dívida. Fiança. Ausência de outorga uxória. Nulidade não configurada. Legitimidade do cônjuge. Art. 1.650 do CC. Prescrição da nota promissória. Inocorrência. Nota promissória que garante instrumento particular de confissão de dívida. Prazo prescricional de 5 anos. A ausência de outorga uxória não invalida o ato, mas apenas acarreta inoponibilidade da obrigação que não foi autorizada pelo cônjuge quanto à sua meação. Somente o cônjuge tem legitimidade para discutir a legalidade do ato, conforme dispõe o art. 1.650 do CC. Prazo prescricional referente ao instrumento particular de confissão de dívida que é de 5 anos, nos termos do art. 206, § 5º do CC. Sentença mantida pelos seus próprios fundamentos. Sentença mantida pelos seus próprios fundamentos com base no art. 252 do Regimento Interno do Tribunal. Apelação não provida. (TJSP, Ap. n. 1026080-80.2020.8.26.0002/SP, 12ª Câm. de Dir. Priv., rel. Sandra Galhardo Esteves, j. 14.11.2023, *DJ* 16.11.2023)

Apelação. Ação declaratória c/c indenização por danos morais. Alega o autor a inexistência do contrato de fiança por ausência de assinatura digital e outorga uxória. Assinatura. Confirmação da assinatura digital pela documentação colacionada, ainda que não conste a rubrica no instrumento. Validade da forma digital com posterior confirmação da existência da obrigação pelo autor. Vedação ao *venire contra factum proprium*. Ausência de outorga uxória. Matéria que somente pode ser deduzida pelo cônjuge que não outorgou o consentimento. Inteligência dos arts. 1.647, III, e 1.650, ambos do CC. Sucumbência. Fixação de honorários recursais. Sentença mantida. Recurso improvido. (TJSP, Ap. Cível n. 1000087-58.2021.8.26.0565/SP, 31ª Câm. de Dir. Priv., rel. Rosangela Telles, j. 16.05.2022, publ. 16.05.2022)

Embargos à execução. Pedidos julgados improcedentes. Insurgência do embargante. Inadmissibilidade. Vício de vontade não comprovado. Embargante que assinou as notas promissórias como avalista. Apelante que não possui legitimidade para discutir a nulidade do aval, por falta de outorga uxória, sob pena de se beneficiar da própria torpeza (*venire contra factum proprium*). Inteligência do art. 1.650 do CC. Decisão preservada. Recurso desprovido. (TJSP, Ap. Cível n. 1008130-79.2020.8.26.0189/SP, 23ª Câm. de Dir. Priv., rel. Marcos Gozzo, j. 28.04.2022, publ. 28.04.2022)

Apelação cível. Ação de despejo por falta de pagamento c/c cobrança de aluguéis e acessórios-contrato de fiança. Legitimidade do fiador para requerer nulidade. Ausência de outorga uxória. Informações inverídicas pelo fiador. Ausência de prova das alegações de fato modificativo pelo réu. Percentual. Multa moratória. Termo inicial. Juros moratórios e correção monetária. Mora *ex re*. Prova documental juntada em sede de embargos de declaração. Possibilidade. Ausência de má-fé. Contraditório e ampla defesa respeitados. Recurso parcialmente provido. A decretação de invalidade dos atos praticados sem outorga, sem consentimento, ou sem suprimento, só poderá ser demandada pelo cônjuge a quem cabia concedê-la, ou por seus herdeiros, conforme dispõe o art. 1.650 do CC. Além do que, a regra de nulidade da fiança prestada por um cônjuge sem a outorga do outro não se aplica na hipótese de o fiador, quando da celebração do contrato, prestar informação inverídica a respeito de seu estado civil. A lógica processual civil pode ser sintetizada no apropriado brocardo latino *allegatio et non probatio, quasi non allegatio* – alegar e não provar é quase não alegar. Assim, o ônus natural da prova compete a quem alega. Tratando-se de dívida positiva e líquida, a mora decorre do simples vencimento. Assim, os juros moratórios e a correção monetária devem ser aplicados a partir do vencimento de cada parcela inadimplida, a mora é *ex re*, conforme disposto no art. 397 do CC. A jurisprudência do STJ, atenta à função do processo e à busca da solução justa de litígios, definiu que o formalismo não pode imperar sobre a busca pela verdade dos fatos, de forma que as provas documentais podem ser exibidas mesmo após o momento processual previsto pelo codex, desde que não haja má-fé e o contraditório seja respeitado. Recurso desprovido e outro parcialmente provido. (TJMG, Ap. Cível n. 1.0000.21.021587-7/001, rel. Des. Lílian Maciel, j. 09.06.2021)

Apelação cível. Direito privado não especificado. Embargos de terceiro. Fiança. Preliminares afastadas. Verba honorária. Majoração. Possibilidade. São legitimados a impugnar a fiança prestada sem outorga uxória os relacionados no art. 1.650 do novo CC. A fiança prestada sem outorga marital é nula de pleno direito e invalida o ato por inteiro, alcançando inclusive a meação daquele que a prestou. Rejeitadas as preliminares, deram parcial provimento ao primeiro apelo e negaram provimento ao segundo apelo. Unânime. (TJRS, Ap. Cível n. 70.056.417.033, 15ª Câm. Cível, rel. Des. Otávio Augusto de Freitas Barcellos, j. 16.04.2014)

Agravo regimental. Agravo. Recurso especial. Aval. Outorga uxória. Art. 1.650, do CC. Fundamento. Súmula n. 283, STF. Devedora principal. Falência. Inovação. Não provimento. 1 – Adotando o acórdão recorrido fundamento segundo o qual a ausência de outorga do aval aposto pelo cônjuge só pode ser alegada por quem cabia concedê-la, fundamento suficiente para mantê-lo, a ausência de impugnação atrai o óbice de que trata o verbete n. 283, da súmula do STF, na hipótese. 2 – Não é cabível a adição de teses não expostas no recurso especial, ou nas contrarrazões, ao agravo contra a decisão do relator, o que se diz em relação à alegação de falência da sociedade devedora principal. 3 – Agravo regimental a que se nega provimento. (STJ, Ag. Reg.-Ag.-REsp n. 285.507, 4ª T., rel. Min. Maria Isabel Gallotti, *DJe* 16.08.2013, p. 215)

Contrato bancário. Ação monitória. Contrato de abertura de limite de desconto rotativo de títulos. Nulidade do aval por falta de outorga uxória. Arguição suscitada pela própria empresa avalizada e por seu representante. Descabimento. Legitimidade exclusiva do cônjuge mulher preterido para oposição à existência do vício. Inteligência do art. 1.650 do CC. Garantia, ademais, prestada pelo cônjuge varão no bojo de contrato bancário. Impropriedade da utilização do ato cambiário em contrato de índole civil. Vinculação ao instrumento na condição de devedor solidário. Precedentes do Col. STJ. Higidez da garantia reconhecida. Ineficácia, contudo, da garantia prestada por sócia. Inexistência de assinatura como garantidora do débito a impossibilitar sua vinculação ao título. Recurso provido em parte. (TJSP, Ap. n. 0070344-31.2008.8.26.0000/Americana, 20ª Câm. de Dir. Priv., rel. Correia Lima, j. 25.03.2013, *DJ* 28.03.2013)

Execução de título extrajudicial. Locação de imóvel. Ação fundada em contrato de locação. Exceção de não executividade. Nulidade da fiança ante a ausência de outorga uxória que só pode ser arguida pelo cônjuge a quem cabia concedê-la. Dicção do art. 1.650 do CC. Recurso desprovido. (TJSP, AI n. 0255963-92.2012.8.26.0000/Mauá, 27ª Câm. de Dir. Priv., rel. Dimas Rubens Fonseca, j. 22.01.2013, *DJ* 24.01.2013)

Apelação cível. Ação de despejo c/c cobrança de aluguéis. Locação residencial. Sentença de procedência. Apelo da fiadora. Nulidade da fiança. Tese refutada. Garante casada sob o regime da separação total de bens. Desnecessidade da outorga uxória. Intelecção do art. 1.647, II, do CC. Pretensa nulidade que, ademais, só pode ser alegada pelo cônjuge prejudicado ou por seus herdeiros (art. 1.650 do CC), e não pela própria fiadora. Princípio da boa-fé objetiva (art. 422 do CC). Precedentes. Recurso conhecido e desprovido. 1 – Em contrato de locação garantido por fiadora casada sob o regime de separação total de bens – cujo corolário é a individualidade do patrimônio de cada consorte –, evidencia-se desnecessária a autorização do cônjuge para a prestação da fiança, nos termos do art. 1.647, II, do CC. 2 – Ademais, a nulidade da fiança por ausência de outorga uxória não pode ser arguida pelo próprio prestador da garantia, mas somente pelo cônjuge a quem cabia o consentimento ou por seus herdeiros, conforme expressamente dispõe o art. 1.650 do CC. Necessidade da manutenção da boa-fé objetiva, princípio norteador inerente à formação e à consecução dos contratos (art. 422 do CC). (TJSC, Ap. Cível n. 2012.009544-6, 4ª Câm. de Dir. Civil, rel. Jorge Luis Costa Beber, j. 04.10.2012)

Apelação cível. Embargos à execução. Contrato de empréstimo. Devedor solidário. Fiança. Nulidade por ausência de outorga uxória. Caso em que a garantia assumida na condição de devedor solidário caracteriza fiança. Ausência de outorga uxória que importa em nulidade, invalidando o ato por inteiro. Nulidade que só pode ser suscitada pelo cônjuge que não anuiu, nos termos dos arts. 239 e 1.650, respectivamente do anterior e do novo CC. Apelo parcialmente provido. (TJRS, Ap. Cível n. 70.031.799.786, 15ª Câm. Cível, rel. Des. Paulo Roberto Felix, j. 20.10.2010)

Execução. Nota promissória. Agravada que pretende o recebimento do saldo devedor. Determinado pelo juiz da causa que a agravada apresente o demonstrativo do débito e preste esclarecimentos a respeito do saldo devedor. Admissibilidade, ainda que já tenham sido opostos embargos do devedor. Alegação de inépcia da petição inicial da ação executiva afastada. Denunciação à lide. Embargos do devedor. Execução fundada em título extrajudicial. Sentença a ser proferida em sede de embargos que não irá dirimir questões alheias à execução. Inviabilidade da denunciação à lide da empresa mencionada pelos agravantes. Aval. Nota promissória. Ausência de outorga uxória. Irrelevância. Prestado o aval sem a necessária outorga uxória, persiste a responsabilidade daquele que o firmou. Falta de autorização do cônjuge que não torna nulo o aval. Circunstância que caracteriza a inoponibilidade do título ao cônjuge que não anuiu. Decretação de invalidade dos atos praticados sem outorga que só pode ser demandada pelo cônjuge a quem cabia concedê-la, ou por seus herdeiros – art. 1.650 do atual CC. Agravo desprovido. (TJSP, AI n. 990103762290, 23ª Câm. de Dir. Priv., rel. Des. José Marcos Marrone, j. 22.09.2010)

Apelação cível. Negócios jurídicos bancários. Ação monitória. Fiança prestada sem outorga uxória. Legitimidade ativa para invalidar o ato praticado sem outorga. Incidência do disposto no art. 1.650 do novo CC. Sentença mantida. A ausência de outorga uxória torna anulável a fiança, e não a nulifica, todavia, a anulabilidade apenas poderá ser alegada pelo cônjuge que deixou de conceder a outorga, ou seus herdeiros, se já falecido. Aplicação, *in casu*, do disposto no art. 1.650 do novo CC. Apelações desprovidas. (TJRS, Ap. Cível n. 70.033.522.293, 20ª Câm. Cível, rel. Des. Glênio José Wasserstein Hekman, j. 28.07.2010)

Embargos à execução. Locação. Fiança. Ausência de outorga uxória. Falsidade de assinatura da esposa no contrato. Reconhecimento através de laudo pericial. Nulidade da garantia. Súmula n. 332 do STJ pacificando o entendimento de que é nula a garantia prestada sem o consentimento do cônjuge, invalidando o ato por inteiro. Somente o cônjuge que não prestou a garantia é que tem interesse para pleitear a decretação de invalidade do ato praticado sem a sua outorga. Art. 1.650 do CC/2002. Embargante carecedor do pleito. Recurso parcialmente provido, declarando a nulidade da fiança. (TJSP, Ap. Cível n. 992.080.311.716/Guaratinguetá, 33ª Câm. de Dir. Priv., rel. Cristiano Ferreira Leite, j. 16.11.2009)

Embargos de terceiros. Penhora. Compromisso particular de compra e venda firmado antes do ajuizamento da execução, ainda que sem registro no cartório competente, não impede a oposição de embargos pelo adquirente. Incidência da Súmula n. 84 do Eg. STJ. Alegação de falta de outorga marital no contrato particular. Irrelevância. Demanda que compete aos legitimados, conforme texto do art. 1.650 do CC em vigor. Apelo desprovido. (TJSP, Ap. Cível n. 7.367.842.700/ Santo André, 23ª Câm. de Dir. Priv., rel. Rizzatto Nunes, j. 19.08.2009)

Agravo regimental. Recurso especial. Locação. Processual civil. Acórdão. Nulidade. Turma julgadora. Composição. Art. 118, Loman. Falta de prequestionamento. Fiança. Outorga uxória. Nulidade. Inexistência. Irregularidade arguída por quem lhe deu causa. Art. 1.650 do CC. Bem de família. Penhora. Fundamentos constitucional e infraconstitucional. Não interposição de recurso extraordinário. Incidência do Enunciado n. 126/STJ. Litigância de má-fé. Multa. Matéria de fato. Reexame. Não cabimento. Súmula n. 7/STJ. 1 – No exame de recurso especial, não se conhece de matéria que não foi objeto de apreciação pelo Tribunal de origem, ausente assim o necessário prequestionamento. 2 – Nos termos do art. 1.650 do CC, a nulidade da fiança só pode ser demandada pelo cônjuge que não a subscreveu, ou por seus respectivos herdeiros. Precedente. 3 – "É inadmissível recurso especial, quando o acórdão recorrido assenta em fundamentos constitucional e infraconstitucional, qualquer deles suficiente, por si só, para mantê-lo, e a parte vencida não manifesta recurso extraordinário." (Enunciado n. 126 da Súmula do STJ) 4 – Para afastar a conclusão do Tribunal de origem sobre a ocorrência de ato atentatório a dignidade da justiça há necessidade de análise das provas dos autos, o que não é possível nesta sede, a teor do Enunciado n. 7 da Súmula do STJ. 5 – Agravo regimental a que se nega provimento. (STJ, Ag. Reg. nos Emb. de Decl. no REsp n. 1.024.785/ SP, 6ª T., rel. Min. Paulo Gallotti, j. 14.10.2008, *DJ* 17.11.2008)

Civil. Locação. Alegada violação ao art. 1.483 do CC/1916 e ao art. 586 do CPC [art. 783 do CPC/2015]. Ausência de prequestionamento. Súmula n. 211/STJ. Fiança. Outorga uxória. Ausência. Vício que invalida totalmente a garantia, mas que só pode ser alegado pelo cônjuge que não concedeu a vênia conjugal. Precedentes. 1 – Este STJ pacificou o entendimento, cristalizado no enunciado da Súmula n. 211/STJ, segundo o qual a mera oposição de embargos declaratórios não é suficiente para suprir o requisito do prequestionamento, sendo indispensável o efetivo exame da questão pelo acórdão objurgado. 2 – É pacífico neste STJ o entendimento de que a falta da outorga uxória invalida a fiança por inteiro. 3 – No caso dos autos, todavia, a falta da vênia conjugal foi arguida tão somente pelo cônjuge que prestou a fiança sem a autorização de sua esposa. Nesse caso, é de se aplicar a orientação desta Corte no sentido de não conferir, ao cônjuge que concedeu a referida garantia fidejussória sem a outorga uxória, legitimidade para arguir a sua invalidade, permitindo apenas ao outro cônjuge que a suscite, nos termos do art. 1.650 do CC/2002. 4 – Recurso especial parcialmente conhecido e improvido. (STJ, REsp n. 832.669, 6ª T., rel. Min. Maria Thereza de Assis Moura, j. 17.05.2007, *DJ* 04.06.2007)

Veja no art. 1.649 o seguinte acórdão: TJRS, Rec. Cível n. 71.001.183.201, 3ª T. Rec. Cível, rel. Des. Eugênio Facchini Neto, j. 24.04.2007.

Apelação cível. Direito privado não especificado. Nulidade de fiança. Legitimidade ativa. De acordo com o art. 1.650 do CC/2002, o cônjuge tem legitimidade para postular a anulação dos atos praticados sem outorga. Dessa forma, considerando que a recorrente é casada com o fiador pelo regime da comunhão universal de bens, tem legitimidade para figurar no polo ativo de ação declaratória de nulidade de fiança, sob o fundamento de inexistência de outorga uxória. Apelação provida. (TJRS, Ap. Cível n. 70.016.450.520, 10ª Câm. Cível, rel. Des. Paulo Roberto Lessa Franz, j. 12.04.2007)

Processual civil. Locação. Fiança. Prequestionamento. Inexistência. Súmulas ns. 282/STF e 211/STJ. Ausência da outorga uxória. Nulidade relativa. Arguição pelo cônjuge que prestou a fiança. Ilegitimidade. Decretação de ofício pelo magistrado. Impossibilidade. Recurso especial conhecido e improvido. 1 – É pacífica a jurisprudência do STJ no sentido de que é nula a fiança prestada sem a necessária outorga uxória, não havendo considerá-la parcialmente eficaz para constranger a meação do cônjuge varão. 2 – É inadmissível recurso especial pela alínea *a* do permissivo constitucional, quando os dispositivos infraconstitucionais tidos por violados não foram debatidos no acórdão recorrido, malgrado tenham sido opostos embargos declaratórios, restando ausente seu necessário prequestionamento. Tal exigência tem como desiderato principal impedir a condução ao STJ de questões federais não examinadas no tribunal de origem. Aplicação das Súmulas ns. 282/STF e 211/STJ. 3 – Nos termos do art. 239 do CC/1916 (atual art. 1.650 do CC/2002), a nulidade da fiança só pode ser demandada pelo cônjuge que não a subscreveu, ou por seus respectivos herdeiros. 4 – Afasta-se a legitimidade do cônjuge autor da fiança para alegar sua nulidade, pois a ela deu causa. Tal posicionamento busca preservar o princípio consagrado na lei substantiva civil segundo a qual não poder invocar a nulidade do ato aquele que o praticou, valendo-se da própria ilicitude para desfazer o negócio. 5 – A nulidade da fiança também não pode ser declarada *ex officio*, à falta de base legal, por não se tratar de nulidade absoluta, à qual a lei comine tal sanção, independentemente da provocação do cônjuge ou herdeiros, legitimados a argui-la. Ao contrário, trata-se de nulidade relativa, válida e eficaz entre o cônjuge que a concedeu, o afiançado e o credor da obrigação, sobrevindo sua invalidade quando, e se, legitimamente suscitada, por quem de direito, vier a ser reconhecida judicialmente, quando, então, em sua totalidade será desconstituído tal contrato acessório. 6 – Recurso especial conhecido e improvido. (STJ, REsp n. 772.419, 5ª T., rel. Min. Arnaldo Esteves Lima, j. 16.03.2006, *DJ* 24.04.2006)

Agravo regimental em recurso especial. Locação. Falsificação da assinatura da cônjuge mulher. Fiança prestada sem a outorga uxória. Nulidade. 1 – É firme o entendimento desta Corte Superior de Justiça em que a fiança prestada por marido sem a outorga uxória invalida o ato por inteiro, não se podendo limitar o efeito da invalidação apenas à meação da mulher. 2 – Inexiste óbice à arguição de nulidade da fiança, em se cuidando de recurso especial interposto também pela cônjuge mulher, que possui legitimidade para demandar a anulação dos atos do marido. 3 – Agravo regimental improvido. (STJ, Ag. Reg. no REsp n. 631.450, 6ª T., rel. Min. Hamilton Carvalhido, *DJ* 17.04.2006)

---

**Art. 1.651. Quando um dos cônjuges não puder exercer a administração dos bens que lhe incumbem, segundo o regime de bens, caberá ao outro:**

**I - gerir os bens comuns e os do consorte;**

**II - alienar os bens móveis comuns;**

**III - alienar os imóveis comuns e os móveis ou imóveis do consorte, mediante autorização judicial.**

---

Esse artigo permite um dos cônjuges a assumir a administração dos bens comuns e particulares do outro cônjuge quando este apresentar-se incapaz, definitiva ou transitoriamente, para geri-los, ou se estiver ausente. Essa norma é de caráter geral, aplicando-se a qualquer um dos regimes de bens que regem o casamento. O legislador consentiu que o cônjuge administre os bens comuns, bem como aqueles particulares do seu consorte. De outra sorte, permitiu que possa dispor dos bens móveis comuns, e admitiu a alienação dos bens imóveis comuns, bem como dos móveis e imóveis particulares do cônjuge enfermo, desde que precedida de autorização judicial. Os atos de gestão, bem como aqueles de alienação dos bens (comuns ou particulares), deverão ser praticados para a proteção do patrimônio familiar e de acordo com os interesses da família e do enfermo, que não participará do negócio. O cônjuge administrador fica obrigado a prestar contas, se assim for requerido pelo Ministério Público ou pelos familiares do outro. Na hipótese do inciso III do referido artigo, a falta de autorização judicial caracterizará a nulidade do ato jurídico.

**Jurisprudência:** Ausência. Autorização judicial para alienação de imóvel. Demonstrado o desaparecimento do marido, cabe à mulher a direção e administração do casal. Art. 251, I, do CC. Recurso provido, dispensando-se a autora do imediato solvimento das custas, uma vez que é beneficiária da gratuidade da justiça. (TJSP, Ap. Cível n. 219.493.4/5, 1ª Câm. de Dir. Priv., rel. Des. Elliot Akel, j. 12.03.2002, v.u.)

Mulher casada. Marido interdito. Alienação dos bens comuns. Alvará. Requerimento na condição de curadora do cônjuge. Deferimento. Conveniência do ato reconhecida. Interpretação, ademais, do art. 251, *caput*, III, e parágrafo único, IV, do CC. Recurso provido. (*JTJ* 191/147)

Alvará. Mulher que postula autorização judicial para alienar imóveis comuns. Interdição do marido, que assim não pode exercer a chefia da família. Sua substituição pela mulher que se investe de poderes estritamente necessários à cura dos interesses da família. Partilha em vida, dos bens comuns, entre os filhos – essa, boa ou má, é lei (art. 1.776 do CC). Autorização deferida. (*JTJ* 191/148)

---

**Art. 1.652. O cônjuge, que estiver na posse dos bens particulares do outro, será para com este e seus herdeiros responsável:**

**I - como usufrutuário, se o rendimento for comum;**

**II - como procurador, se tiver mandato expresso ou tácito para os administrar;**

**III - como depositário, se não for usufrutuário, nem administrador.**

---

O artigo em estudo impõe ao cônjuge administrador, em diferentes hipóteses, a assunção de responsabilidade de acordo com a espécie de gestão que exercerá sobre o patrimônio particular do outro. No caso de existirem rendimentos comuns do bem particular do outro, o cônjuge gestor será considerado usufrutuário, com todos os deveres decorrentes desse instituto, enquanto seu consorte assumirá a figura de nu-proprietário. Existindo outorga de poderes de um cônjuge para o outro, por meio de mandato expresso ou tácito, a responsabilidade do mandatário será ditada de acordo com a figura legal. Por fim, se, o cônjuge gestor se encontrar na posse dos bens particulares do outro, sem que existam rendimentos ou mandato outorgado a seu favor, responderá como depositário dos mesmos.

**Jurisprudência:** Divórcio. Partes que adotaram o regime da comunhão parcial de bens. Pretensão de recebimento, em pecúnia, do valor correspondente à metade da quota parte da apelada em sociedade empresarial, na qual sucedeu seu genitor em razão do falecimento dele. Apelante não tem nenhum direito às quotas sociais, nem ao respectivo valor em pecúnia. Inteligência do art. 1.652, I, do CC. Recurso desprovido. (TJSP, Ap. Cível n. 1002292-24.2021.8.26.0189/SP, 10ª Câm. de Dir. Priv., rel. Coelho Mendes, j. 31.05.2022, publ. 31.05.2022)

Prestação de contas. Primeira fase. Inexistência de cerceamento de defesa. Dispensada, nesta fase, a dilação probatória. Inocorrência de julgamento *extra petita*. Direito do espólio de exigir contas da cônjuge do falecido. Obrigação desta última que decorre da interpretação do art. 1.652 do CC. Casamento pelo regime obrigatório da separação de bens. Irrelevância. Recusa injustificada da demandada em prestar as contas que lhe são exigidas (embora confessadamente tenha havido alienação de bem e movimentação de contas bancárias conjuntas na constância do casamento). Falecido portador de mal de Alzheimer (tendo sido ajuizada ação de interdição, sem desfecho, ante o falecimento após a perícia médica). Legitimidade e interesse do espólio em exigir as contas, visando o resguardo do patrimônio que será partilhado aos herdeiros. Sentença mantida. Recurso improvido. (TJSP, Ap. c/ Rev. n. 602.848.4/3/-00, 8ª Câm. de Dir. Priv., rel. Salles Rossi, j. 10.12.2008, *DJ* 17.12.2008)

## CAPÍTULO II
## DO PACTO ANTENUPCIAL

**Art. 1.653. É nulo o pacto antenupcial se não for feito por escritura pública, e ineficaz se não lhe seguir o casamento.**

O pacto antenupcial é um contrato bilateral, solene, formal, condicional, acessório, realizado pelos nubentes, por meio de instrumento público, anteriormente à habilitação para o casamento, para evidenciar a opção pelo regime de bens que vigorará após a realização do matrimônio, e que será diverso do regime da comunhão parcial de bens (*v.* comentário ao art. 1.639). Considerando-se que o pacto antenupcial é um ato jurídico, para ser considerado válido exige-se a forma prescrita em lei, o agente capaz e o objeto lícito. Assim, os nubentes farão a escolha pelo regime que regerá o patrimônio particular e/ou do casal, por meio de *escritura pública*. A mera indicação pelos cônjuges do regime a ser adotado, fazendo-se constar da certidão de casamento, não possui qualquer validade, pois a lei impõe a formalização por meio de escritura pública que deverá ser registrada no Cartório de Registro de Imóveis do domicílio dos nubentes. O registro do pacto é necessário para ter eficácia perante terceiros, pois caso não seja efetivado, para os cônjuges valerão as regras do regime adotado, entretanto para quaisquer outras pessoas, valerão as regras do regime legal da comunhão parcial de bens.

O pacto, como se disse, destina-se a regulamentar relações patrimoniais, não existindo, segundo entende Gustavo Tepedino (*Revista do Advogado*, n. 98), impedimento para que se discipline também matéria extrapatrimonial, quando legítima a vontade das partes. Deste modo, cláusulas que estabeleçam regramento de vida espiritual dos cônjuges, relativas à fidelidade e à coabitação, podem ser objeto do pacto, desde que, examinadas em cada caso concreto, não violem a dignidade da pessoa dos cônjuges e o princípio da isonomia.

A doutrina ainda tem admitido como válida, por ausência de impedimento legal e desde que não seja contrária aos bens costumes, à ordem pública ou aos princípios gerais de direito, e que tenham as partes capacidade para tanto, cláusula patrimonial que preveja pagamento de indenização para o caso de infidelidade de um dos cônjuges ou para a hipótese de término do relacionamento comum desejado por apenas um deles.

A capacidade para a realização do pacto é a mesma exigida para a celebração do casamento – maiores de 18 anos, ou aprovação dos pais ou do representante legal, quando o cônjuge for maior de 16 e menor de 18 anos. Além disso, os cônjuges podem ser representados, por meio de procuração outorgada com poderes específicos para tanto. O regime adotado – objeto do pacto – poderá ser por um dos regimes previstos em lei (comunhão universal, separação ou participação final dos aquestos) ou por um outro, que pode ser resultado da fusão de vários tipos diferentes ou criado por eles próprios, desde que não contrário aos princípios da moral, dos bons costumes e da ordem pública. O pacto não poderá conter cláusulas estranhas à sua própria finalidade, contrárias ou em fraude à lei, nem, tampouco, previsões que afetem ou prejudiquem interesses de terceiros.

No que se refere à eficácia, o pacto antenupcial é realizado mediante a condição suspensiva da realização do casamento, porém a lei não fixou prazo para sua validade, gerando efeitos, portanto, mesmo se o matrimônio celebrar-se muito tempo depois de sua lavratura. Ou seja, o pacto antenupcial firmado em escritura pública, por nubentes capazes (ou suprida sua incapacidade por meio de autorização dos representantes legais) e com cláusulas nos termos da lei, não produzirá efeitos se o casamento não se realizar.

O pacto é acessório ao contrato principal – o casamento. Assim, sendo este inválido, o pacto torna-se inválido. Entretanto, a recíproca não é verdadeira. Sendo o pacto nulo ou anulável, o casamento não é afetado. Este será regido como se o pacto não existisse, ou seja, pelo regime legal da comunhão parcial de bens. Conforme já salientado, no caso de modificação do regime de bens, a sentença proferida no processo substituirá o pacto antenupcial, se o novo regime adotado exigi-lo.

**Jurisprudência:** Civil. Processual civil. Direito de família. União estável seguida de casamento, divórcio e partilha de bens. Fundamentos recursais alternativos. Eleição daquele que decidirá a questão meritória em definitivo. Possibilidade. Acórdão recorrido. Premissas fáticas imutáveis. Requalificação jurídica dos fatos. Revaloração da prova. Possibilidade. Declaração da parte em cerimônia de posse de cargo público reconhecendo a união. Emissão de passaporte diplomático. Emissão de declaração para clube reconhecendo a existência de união estável. Circunstâncias suficientes para o reconhecimento do vínculo convivencial pretérito ao casamento. Namoro qualificado inexistente. Lógica natural da vida composta por conhecimento, namoro, noivado e casamento. Conceito jurídico inexistente. Visão de mundo e conceito meramente pessoal e parcial. Impossibilidade de modelação social ou jurídica a partir de visões pessoais. Impossibilidade de imposição de padrões comportamentais ou sociais a partir de padrões pessoais. Direitos das famílias que se orientam a partir da lei, dos fatos e das provas. Direitos das famílias, ademais, extremamente receptivo às novas formas de arranjos familiares e à flexibilidade da sociedade contemporânea. União estável pretérita ao casamento celebrado com pacto antenupcial e regime da separação total de bens. Retroatividade ao período da união estável. Impossibilidade. União estável disciplinada pelo regime da comunhão parcial. Pacto antenupcial que projeta efeitos apenas para o futuro. Declaração de efeitos patrimoniais pretéritos. Impossibilidade. Alteração de regime com eficácia *ex tunc* inadmissível. (STJ, REsp n. 1.935.910/SP, 3ª T., rel. Min. Moura Ribeiro, j. 07.11.2023, *DJe* 22.11.2023)

Apelação. Ação de reparação de danos contratuais por cláusula de fidelidade. Sentença de improcedência. Insurgência da autora. "Pacto antenupcial" elaborado entra as partes com cláusulas nulas por serem divergentes da legislação cível que regula o direito de família, além de não atender ao disposto no art. 1.653 do CC. Autora que na ação de divórcio desistiu expressamente da fixação de danos morais em razão da suposta infidelidade. Sentença mantida. Recurso a que se nega provimento. (TJSP, Ap. Cível n. 1007957-41.2021.8.26.0344/SP, 7ª Câm. de Dir. Priv., rel. José Rubens Queiroz Gomes, j. 30.06.2022, publ. 30.06.2022)

Apelação. Direito civil. Família. Ação de separação judicial litigiosa. Partilha. Pacto antenupcial. As partes optaram, em pacto antenupcional, pelo regime da separação de bens, motivo pelo qual é indevida a partilha de imóvel adquirido durante o matrimônio, adquirido por uma das partes. Recurso desprovido. (TJRS, Ap. Cível n. 70.048.777.346, 7ª Câm. Cível, rel. Liselena Schifino Robles Ribeiro, j. 13.06.2012)

Apelação cível. Separação judicial. Partilha. Casamento realizado após vigência da Lei n. 6.515/77. Ausência de pacto antenupcial. Regime legal. Comunhão parcial de bens. Recurso conhecido e não provido. O convencimento do juiz ao analisar a prova documental não caracteriza julgamento *extra petita*. Na ausência de pacto antenupcial por escritura pública e celebrado o casamento após a vigência da Lei n. 6.515/77, aplica-se o regime legal da comunhão parcial de bens, em observância ao princípio *tempus regit actum*. Excluem-se da comunhão os bens que lhe sobrevierem por sucessão. (TJMG, Ap. Cível n. 1.0079.05.212572-5/001(1), rel. Des. Bitencourt Marcondes, j. 01.07.2010)

Apelação cível. União estável. Dissolução. Regime de bens. Pacto antenupcial. Partilha. Pacto antenupcial. O pacto antenupcial firmado entre as partes perdeu a validade, porquanto não sobrevieram as núpcias. Assim, vigora entre os conviventes o regime de comunhão parcial de bens. Partilha. Inexistindo prova cabal da sub-rogação alegada, devem ser partilhados os bens adquiridos onerosamente na constância da união. Também partilháveis as dívidas contraídas durante o enlace que, presumidamente, reverteram em proveito da entidade familiar. Apelação parcialmente provida. (TJRS, Ap. Cível n. 70.025.650.300, 8ª Câm. Cível, rel. José Ataídes Siqueira Trindade, j. 04.09.2008, *DJ* 12.09.2008)

Apelação cível. Ação de dissolução de união estável cumulada com partilha de bens. Escritura pública de pacto antenupcial não sucedida de casamento. Ineficácia, nos termos previstos no art. 1.653 do CC/2002. Uma vez declarada a união estável mantida entre as partes, prevalece o regime da comunhão parcial de bens, não se conferindo eficácia ao pacto pré-nupcial que prevê o regime da comunhão universal, vez que a condição para que gere efeitos é a realização do casamento, o que não ocorreu na espécie. Partilha. Bem imóvel. Aquisição mediante sub-rogação de bens do requerido demonstrada nos autos. Estando suficientemente comprovado nos autos que a casa objeto da controvérsia foi construída mediante emprego de recursos financeiros advindos da venda do trator de propriedade do requerido, bem como de verbas decorrentes de ação trabalhista, recursos estes suficientes para a construção de toda a casa, o corolário é o desprovimento do recurso, mantendo-se na íntegra a sentença que excluiu referido bem da partilha. Recurso desprovido. (TJRS, Ap. Cível n. 70.018.847.160, 7ª Câm. Cível, rel. Des. Ricardo Raupp Ruschel, j. 13.06.2007)

Ação anulatória. Pacto antenupcial. Sentença. Fundamentação. Ausência de prova de erro substancial ou dolo. A sentença que contém o relatório dos fatos importantes do processo, traduzindo a prestação jurisdicional pleiteada, bem como os motivos nos quais o juiz fundamentou seu entendimento, não apresenta quaisquer defeitos que a possam anular. O pacto antenupcial é solene e condicional, dependendo de ser documentado obrigatoriamente por meio de escritura pública, e só tem eficácia após a celebração do casamento. Através dele, os nubentes estabelecem o regime jurídico sobre os seus bens após o casamento. Não se reveste de caráter contratual, mas institucional. O documento público "faz prova não só da sua formação, mas também dos fatos que o escrivão, o tabelião, ou o funcionário declarar que ocorreram em sua presença" (art. 364, CPC) [art. 405 do CPC/2015], e somente não prevalece mediante prova robusta de vícios que possam anulá-lo. (TJMG, Ap. Cível n. 1.0024.02.698806-3/001, rel. Wander Marotta, j. 29.05.2007, *DJ* 27.07.2007)

Casamento. Pacto antenupcial. Separação de bens. Sociedade de fato. Reconhecimento. Impossibilidade. Divisão dos aquestos. A cláusula do pacto antenupcial que exclui a comunicação dos aquestos impede o reconhecimento de uma sociedade de fato entre marido e mulher para o efeito de dividir os bens adquiridos depois do casamento. Precedentes. (STJ, REsp n. 404.088, 3ª T., rel. Min. Castro Filho, j. 17.04.2007, *DJ* 28.05.2007)

Apelação cível. União estável. 1 – Alimentos. Descabe o pensionamento, ainda que temporário ou a título indenizatório, se a mulher é jovem, apta para o trabalho e independente. 2 – Regime de bens. O pacto antenupcial celebrado entre os litigantes que estabeleceu o regime da separação total de bens, inclusive para aqueles adquiridos antes do casamento, é válido como ato de manifestação de vontade para estabelecer a separação total relativamente aos bens adquiridos durante a união estável que precedeu o casamento. Precedente. 3 – Dano moral. É descabido o pedido de dano moral em sede de reconhecimento de união estável, se esta não se rompeu, mas sim, foi transformada em casamento. 4 – Honorários advocatícios. Tendo o réu decaído em parte mínima do pedido, deve a autora arcar com a sucumbência integral, inclusive os honorários advocatícios no valor fixado na sentença, que remunera dignamente o advogado. Apelação desprovida. (TJRS, Ap. Cível n. 70.016.647.547, 8ª Câm. Cível, rel. Des. José Ataídes Siqueira Trindade, j. 28.09.2006)

Casamento. Regime de bens. Insuficiência da certidão para demonstrar que o matrimônio foi celebrado sob o regime de separação de bens. Imprescindibilidade da existência de pacto antenupcial com convenção nesse sentido. (*RT* 783/255)

Partilha de bens. Existência de pacto antenupcial convencionando que o regime a vigorar entre eles, após a realização de seu casamento, seria o da completa união de bens, em consonância com o art. 256 do CC então em vigor. A assertiva da apelante de que o pacto antenupcial não foi comunicado ao oficial, quando do casamento, por ignorância, já que é pessoa simples, merece credibilidade, constando erroneamente o regime da comunhão parcial. (TJSP, Ap. Cível n. 312.158.4/5-00, rel. Des. Sergio Gomes, j. 11.11.2003)

Alvará judicial. Autorização para lavrar escritura pública de pacto antenupcial com efeito retroativo. Impossibilidade jurídica. Não tendo havido pacto antenupcial, o regime de bens do casamento era o da comunhão parcial (art. 258, CCB), e esse regime é imutável e irrevogável (art. 231, CCB), não podendo ser alterado, agora, pela pretendida escritura pública. É nula a convenção acerca do regime de bens, quando não constar de escritura pública (art. 256, I, CCB). Existe mero erro material na certidão de casamento já que, onde consta regime da comunhão universal, deveria constar regime da comunhão parcial (TJRS, Ap. Cível n. 70.001.865.849, rel.

Des. Sérgio Fernando de Vasconcellos Chaves, *DOERS* 06.03.2001). (*RBDFam* 10/123)

Casamento. Regime de bens. Adoção da separação de bens mediante assento no registro de casamento. Inadmissibilidade. Exigência legal de escritura pública que é imperativa. Princípio da imutabilidade do regime e longo tempo decorrido que não sanam erro do oficial do Registro Civil. Retificação do assento deferida. Não pode prevalecer o regime de separação de bens, declarado na habilitação ao casamento, se inexistente escritura pública de pacto antenupcial. A imutabilidade do regime de bens e o longo tempo decorrido desde a celebração do casamento não têm o condão de sanar erro do oficial do Registro Civil, em conflito com o texto expresso da lei. (*RT* 652/70)

**Art. 1.654. A eficácia do pacto antenupcial, realizado por menor, fica condicionada à aprovação de seu representante legal, salvo as hipóteses de regime obrigatório de separação de bens.**

Conforme já esclarecido, o pacto antenupcial é um negócio jurídico que exige a capacidade do agente para que o ato seja válido. No caso de casamento de pessoa menor de idade, a lei permite que o pacto seja realizado, desde que seja concedida *autorização expressa* dos pais ou do representante legal (*v.* comentários aos arts. 1.517 e 1.537). Essa aprovação deverá constar da própria escritura de pacto antenupcial, ou de documento escrito e assinado, com reconhecimento das respectivas firmas, para que fique afastada qualquer dúvida quanto à concordância dos pais (ou representante legal) sobre a realização do matrimônio. O artigo em estudo diz respeito à exigência de que maiores de 16 e menores de 18 anos obtenham a autorização dos pais ou do representante legal para o casamento. Na hipótese de haver necessidade de intervenção judicial para a realização do casamento, seja para suprimento de idade (art. 1.520) ou para suprimento de autorização (dos pais ou representante legal), o legislador faz ressalva vedando a estipulação do regime de bens no pacto antenupcial, devendo ser aplicado, nesses casos, o disposto no art. 1.641, III.

**Art. 1.655. É nula a convenção ou cláusula dela que contravenha disposição absoluta de lei.**

Embora o ordenamento assegure aos nubentes o direito de convencionar livremente o que lhes convier sobre o patrimônio para vigorar durante o casamento, as estipulações do pacto antenupcial não poderão trazer disposições contrárias à lei, sob pena de torná-lo total ou parcialmente nulo. O conteúdo do pacto restringe-se ao patrimônio particular e comum dos cônjuges e às suas relações econômicas. Quaisquer outras disposições que violem a lei, os bons costumes e a moral serão nulas. Assim, a convenção não pode estipular sobre ordem de vocação hereditária, dispensa dos deveres decorrentes do matrimônio (coabitação, fidelidade e assistência mútua), ou ainda, sobre a desnecessidade de outorga uxória no caso de alienação dos bens familiares.

**Jurisprudência:** Agravo interno. Recurso especial. Direito sucessório. União estável. Regime de separação convencional de bens. Regime sucessório. Normas cogentes. Cônjuge sobrevivente. Herdeiro necessário. 1. As regras sucessórias são de ordem pública, não admitindo, por isso, disposição em contrário pelas partes. 2. "É inviável a pretensão de estender o regime de bens do casamento, de separação total, para alcançar os direitos sucessórios dos cônjuges, obstando a comunicação dos bens do falecido com os do cônjuge supérstite" (Ag. Int. no REsp n. 1.622.459/MT, rel. Min. Raul Araújo, 4ª T., j. 03.12.2019, *DJe* 19.12.2019). 3. Agravo interno a que se nega provimento. (STJ. Ag. Int. no REsp n. 2.060.595, 4ª T., rel. Min. Maria Isabel Gallotti, j. 04.12.2023, *DJe* 07.12.2023)

Registro de imóveis. Dúvida julgada procedente. Escritura pública de pacto antenupcial. Regime híbrido que mescla regras do regime da comunhão parcial de bens com o da separação convencional de bens. Existência de disposições no pacto estabelecido que, segundo o oficial, não comportam ingresso no registro de imóveis porque ilegais. Renúncia a alimentos. Questão não afeta ao pacto antenupcial. Inteligência do disposto no art. 1.639 do CC. Renúncia também à concorrência sucessória do cônjuge com os ascendentes ou descendentes prevista no art. 1.829 do CC. Art. 426 do CC que veda o pacto sucessório. Afastamento dos frutos dos bens particulares de cada cônjuge da comunhão (art. 1.660, V, do CC). Cláusula válida. Sistema dos registros públicos em que impera o princípio da legalidade estrita. Título que, tal como se apresenta, não comporta registro. Apelação não provida. (TJSP, Ap. n. 1003090-14.2023.8.26.0577/São José dos Campos, Conselho Superior da Magistratura, rel. Fernando Torres Garcia, j. 30.11.2023, *DJ* 05.12.2023)

Agravo interno no recurso especial. Decisão monocrática do relator. Nulidade. Inexistência. Retificação de regime de bens fixado em pacto antenupcial. Regime da separação de bens. Extensão dos efeitos para alcançar direitos sucessórios. Impossibilidade. Regime sucessório. Normas cogentes. Cônjuge sobrevivente. Herdeiro necessário. Arts. 1.655 e 1.829, III, do CC/2002.

Agravo interno não provido. 1 – A jurisprudência do STJ é firme no entendimento de que os arts. 557 do CPC/73 e 932 do CPC/2015 admitem que o relator julgue monocraticamente recurso inadmissível ou aplique jurisprudência consolidada nesta Corte, além de reconhecer que não há risco de ofensa ao princípio da colegialidade, tendo em vista a possibilidade de interposição de recurso ao órgão colegiado. 2 – É inviável a pretensão de estender o regime de bens do casamento, de separação total, para alcançar os direitos sucessórios dos cônjuges, obstando a comunicação dos bens do falecido com os do cônjuge supérstite. As regras sucessórias são de ordem pública, não admitindo, por isso, disposição em contrário pelas partes. Nos termos do art. 1.655 do CC/2002, "é nula a convenção ou cláusula dela que contravenha disposição absoluta de lei". 3 – "O cônjuge, qualquer que seja o regime de bens adotado pelo casal, é herdeiro necessário (art. 1.845 do CC)" (REsp n. 1.382.170/SP, rel. p/ ac. Min. João Otávio de Noronha, 2ª S., j. 22.04.2015, *DJe* 26.05.2015). 4 – Conforme já decidido por esta Corte, "O pacto antenupcial que estabelece o regime de separação total de bens somente dispõe acerca da incomunicabilidade de bens e o seu modo de administração no curso do casamento, não produzindo efeitos após a morte por inexistir no ordenamento pátrio previsão de ultratividade do regime patrimonial apta a emprestar eficácia póstuma ao regime matrimonial" (REsp n. 1.294.404/RS, rel. Min. Ricardo Villas Bôas Cueva, 3ª T., j. 20.10.2015, *DJe* 29.10.2015). 5 – Agravo interno a que se nega provimento. (STJ, Ag. Int. no REsp n. 1.622.459, 4ª T., rel. Min. Raul Araújo, j. 03.12.2019, *DJe* 19.12.2019)

Casamento. Regime de bens. Pacto antenupcial estabelecendo o regime da comunhão universal. Mulher com mais de 50 anos. Inadmissibilidade. Arts. 257, II, e 258, parágrafo único, II, do CC. A norma do art. 258, parágrafo único, II, do CC, possui caráter cogente. É nulo e ineficaz o pacto antenupcial firmado por mulher com mais de cinquenta anos, estabelecendo como regime de bens o da comunhão universal. Recurso especial conhecido e provido. (STJ, REsp n. 102.059/SP, 4ª T., rel. Min. Barros Monteiro, j. 28.05.2002, *DJU* 23.09.2002)

**Art. 1.656. No pacto antenupcial, que adotar o regime de participação final nos aquestos, poder-se-á convencionar a livre disposição dos bens imóveis, desde que particulares.**

No regime de participação final de aquestos, deverão ser considerados como bens particulares de cada cônjuge aqueles que já possuíam antes do casamento, aqueles recebidos em razão de herança ou liberalidade, ou, ainda, aqueles bens adquiridos por meio de rendimentos próprios. Sendo assim considerados, o legislador permitiu aos consortes que estipulem no pacto antenupcial a possibilidade de livremente dispor dos referidos bens particulares, dispensando a autorização conjugal. Consoante já estudado, a outorga uxória é exigida pela lei nos regimes da comunhão universal e parcial de bens e, também, no regime da participação final dos aquestos. No entanto, sendo convencionado de outra maneira, neste último caso, não haverá violação a literal disposição de lei.

**Art. 1.657. As convenções antenupciais não terão efeito perante terceiros senão depois de registradas, em livro especial, pelo oficial do Registro de Imóveis do domicílio dos cônjuges.**

Sendo o casamento e o regime de bens nele adotado um ato solene e público, o legislador impõe o registro do pacto antenupcial perante o oficial de Registro de Imóveis do domicílio escolhido pelos nubentes após o casamento, para que o mesmo possa ter validade *erga omnes*. A lei não exige que o pacto seja novamente registrado a cada mudança de domicílio do casal, sendo suficiente, portanto, apenas o primeiro registro.

O casamento gera efeitos patrimoniais que poderão atingir terceiros (credores ou sócios de um dos cônjuges), por esse motivo, a lei exige que o regime de bens adotado pelos nubentes tenha amplo alcance por meio do registro imobiliário. Contudo, no entender de Paulo Luiz Netto Lôbo (*Código Civil comentado*. São Paulo, Atlas, 2003, v. XVI, p. 279), a celebração do casamento e a existência de escritura pública de pacto antenupcial têm eficácia contra terceiros, no que se refere aos bens móveis. Se o pacto não for apresentado ao oficial do Registro de Imóveis, produzirá efeitos tão somente entre os cônjuges e seus herdeiros; porém, com relação a terceiros, o casamento será considerado como celebrado sob o regime legal, a comunhão parcial de bens.

**Jurisprudência:** Ação de exigir contas. Ex-marido da coerdeira x inventariante (irmão da coerdeira). Espólio do genitor do inventariante e da ex-mulher do autor. Casamento pelo regime da comunhão universal de bens. Procedência. Insurgência. Alegação de que: i) o autor é parte ilegítima; ii) a coerdeira se deu por satisfeita com a prestação de contas e iii) o registro do pacto antenupcial ocorreu apenas após a citação na ação de divórcio. Descabimento. Autor que é parte legítima. Casamento com a irmã do inventariante pelo regime da comunhão universal de bens, fato que lhe confere direitos sucessórios. Inaplicabilidade do art. 1.657 do CC. Inexistência da exclusão prevista no art. 1.668, I, do CPC. Direito de exigir contas que é pessoal. Recurso improvido. (TJSP, Ap. Cível n. 10079949720168260100, 7ª Câm. de Dir. Priv., rel. Des. Miguel Brandi, *DJe* 19.07.2019)

Medida cautelar inominada. Indeferimento da petição inicial. Recurso do autor. Não acolhimento. Assembleia de condomínio edilício. Eleição para síndico. Pleito destinado ao registro de candidatura do requerente e à rejeição de candidatura de outro condômino. Indeferimento da petição inicial, sob o fundamento de que o requerente não é proprietário de unidade imobiliária condominial. Imóvel registrado, no Cartório de Registro de Imóveis, em nome da esposa do autor. Art. 1.657 do CC. As convenções antenupciais não terão efeito perante terceiros, senão depois de registradas, em livro especial, pelo oficial do Registro de Imóveis do domicílio dos cônjuges. Inconformismo do autor que se destina à suspensão ou anulação da assembleia já realizada. Pleitos recursais que consubstanciam inovações não admitidas na técnica jurídico-processual. Pedido de suspensão de Assembleia já realizada que, de qualquer modo, já perdeu seu objeto. Pleito de anulação da Assembleia que não pode ser objeto de medida cautelar, mas, sim, de ação de conhecimento. Manutenção da carência da ação. Negado provimento ao recurso (v. 14.350). (TJSP, Ap. n. 0006055-89.2013.8.26.0590/São Vicente, 3ª Câm. de Dir. Priv., rel. Viviani Nicolau, *DJe* 27.11.2013, p. 1.195)

Apelação cível. Procedimento especial de jurisdição voluntária. Pedido de registro de pacto antenupcial tardio. Casamento dos requerentes celebrado em 1978. Adoçao do regime de comunhão universal de bens, enquanto o regime legal à época, recém-alterado pela Lei n. 6.515/77, era o de comunhão parcial de bens. Prejuízo decorrente da falha do cartorário que não pode ser suportado pelos autores. Aplicação do princípio da primazia da realidade no registro público. Necessidade da comprovação da existência de pacto antenupcial para aquisição e registro da casa própria. Inteligência do art. 1.657 do CC/2002. Parecer do Ministério Público favorável na segunda instância. Inteligência do art. 109 da Lei n. 6.015/73. Direito de registro do pacto antenupcial constando regime da comunhão universal de bens. Recurso provido. "Há possibilidade jurídica do pedido, no pleito formulado em conjunto para suprir a ausência de pacto antenupcial, quando consta do registro de casamento a existência de regime de bens diverso do legal, ausente, contudo, a lavratura da avença antecedente" (TJSC, Ap. Cível n. 2011.012901-2/Descanso, rel. Des. Eduardo Mattos Gallo Júnior, j. 19.07.2011). (TJSC, Ap. Cível n. 2010.072721-7/Urussanga, 1ª Câm. de Dir. Civil, rel. Denise Volpato, j. 30.10.2012)

Embargos de terceiro. Penhora. Embargos opostos por convivente do executado avalista. Pretendida a liberação da constrição da totalidade do imóvel penhorado ou apenas da metade ideal pertencente à embargante. Hipoteca constituída em 10.12.91. Efeitos patrimoniais da união estável que vieram a ser regulamentados pelo art. 5º da Lei n. 9.278/96. Diploma legal que entrou em vigor somente em 13.05.96. Lei que, embora tenha incidência imediata, alcançando diretamente as uniões estáveis em andamento, não pode atingir o direito adquirido, o ato jurídico perfeito e a coisa julgada. CF, art. 5º, XXXVI. Lei que não tem o condão de produzir efeitos relativamente ao imóvel objeto da lide. Preponderância da Súmula n. 380 do STJ sobre o patrimônio anterior à vigência da Lei n. 9.278/96. Embargos de terceiro. Penhora. Bem dado em garantia hipotecária de cédula de crédito industrial. Garantia real constituída regularmente. Certidão de matrícula da qual consta que o executado é o único titular do imóvel. Ausência de assentamento da união estável no Cartório de Registro Civil e de sua averbação no Cartório de Registro de Imóveis. União estável que não tem eficácia perante terceiros. Art. 1.657 do atual CC, correspondente ao art. 261 do anterior CC. Credor hipotecário que não tinha condições de tomar conhecimento da existência da união estável entre o executado e a embargante. Direito do credor que deve ser resguardado, por se tratar de terceiro de boa-fé em face da união estável. Sentença proferida na ação de reconhecimento de sociedade de fato que, apesar de seu efeito *ex tunc*, não é oponível ao embargado. Embargos de terceiro. Penhora. Imóvel dado em garantia hipotecária. Executado que se qualificou como solteiro no aditivo à cédula de crédito industrial. União estável entre a embargante e o executado avalista que foi omitida. União estável que, se preexistente, deveria ter sido noticiada ao credor no momento da contratação, para que ele pudesse tomar as cautelas que reputasse como cabíveis. Direito real do credor que há de prevalecer. Precedente do STJ. Apelo desprovido. (TJSP, Ap. Cível n. 1.041.403.800/São Paulo, 23ª Câm. de Dir. Priv., rel. José Marcos Marrone, j. 07.05.2009)

É possível que se ratifique o regime de bens constante da certidão de casamento, devendo os interessados procederam ao pacto antenupcial que será levado a registro no cartório competente, respeitando-se, naturalmente, eventuais direitos de terceiros. (TJMG, Ap. Cível n. 1.0079.06.303590-5/001(1), rel. Edivaldo George dos Santos, j. 03.02.2009)

## CAPÍTULO III
## DO REGIME DE COMUNHÃO PARCIAL

**Art. 1.658. No regime de comunhão parcial, comunicam-se os bens que sobrevierem ao casal, na constância do casamento, com as exceções dos artigos seguintes.**

O regime da comunhão parcial é também chamado de legal ou supletivo, porque é o que se aplicará aos casamentos em que não houver celebração de pacto antenupcial – e a lei não impuser o regime de separação de bens – ou quando este for nulo ou inválido. Nesse regime formam-se três acervos diferentes de bens, particulares da mulher, particulares do marido e comuns. Entende-se por bens particulares de cada cônjuge aqueles que eles já possuíam antes do casamento, ou aqueles recebidos em razão de sucessão ou liberalidade, ainda que na constância do matrimônio (p. ex., herança, doação), ou ainda aqueles adquiridos após o casamento, como produto da alienação destes últimos indicados. O acervo comum – adquirido pelo casal após a realização do casamento – pertencerá a ambos, na proporção de metade ideal para cada um, e será compreendido por todo o patrimônio adquirido após a data da realização do matrimônio (excetuando-se as ressalvas legais), valendo essa celebração como marco inicial da existência da massa de bens que se tornará comunicável. No que se refere aos bens móveis, não havendo distinção sobre qual dos cônjuges os trouxe para o lar conjugal, serão todos considerados pertencentes a ambos.

**Jurisprudência:** Apelação cível. Embargos de terceiro. Penhora de imóvel. Ônus da prova. Cônjuge. Sentença mantida. Nos termos do disposto no art. 1.658 do CC, "no regime de comunhão parcial, comunicam-se os bens que sobrevierem ao casal, na constância do casamento", com as exceções legais. De outro lado, preconiza o art. 1.664 do referido Diploma legal que "os bens da comunhão respondem pelas obrigações contraídas pelo marido ou pela mulher para atender aos encargos da família, às despesas de administração e às decorrentes de imposição legal". Diante disto, incumbe ao cônjuge que opõe embargos de terceiro o ônus de provar que a dívida em debate não reverteu em benefício do casal. Ônus da prova do qual a embargante não logrou se desincumbir satisfatoriamente, a teor do art. 373 do CPC. Recurso desprovido. (TJRS, Ap. n. 5080880-26.2023.8.21.0001/Porto Alegre, 10ª Câm. Cível, rel. Túlio de Oliveira Martins, j. 26.04.2024, *DJ* 30.04.2024)

Apelação cível. Direito de família. Ação de reconhecimento e dissolução de união estável c/c guarda, partilha de bens, alimentos, regulamentação de visitas e confirmação de paternidade. Controvérsia acerca da partilha dos bens adquiridos na constância da união estável. Alegação de que o terreno, onde fora construído o imóvel que serviu de residência ao então casal, fora doado pela genitora da apelante, não cabendo sua partilha. Divisão das dívidas da conta do serviço de água, constituídas em período no qual vigia a união entre os litigantes. Formulação de pedido de reforma da sentença em contrarrazões do apelado. Impossibilidade. Sentença mantida. 1. Conforme o art. 1.658, do CC, comunicam-se os bens que sobrevierem ao casal, na constância da união, sendo irrelevante perquirir acerca da parcela de contribuição de cada um dos companheiros, uma vez que há presunção de esforço comum na formação do patrimônio. 2. Comprovada por escritura a aquisição do terreno, documento público constituído de fé pública, onde consta como compra e venda efetuada por ambas as partes, deve ser mantida a divisão igualitária da importância referente ao valor do terreno, no montante de 50% para cada um dos litigantes. 3. A dívida da conta de água, executada pelo Poder Público Municipal, deve ser dividida em 50% para cada parte, em montante correspondente ao período em que os litigantes estavam em união estável, de 2014 a 2016, ano que houve a separação do então casal. 4. Não deve ser considerado o pedido efetuado pela parte apelada, em sede de contrarrazões, quanto à divisão da produção de milho cultivada no terreno ora em litígio, pois as contrarrazões não se prestam à reforma da sentença. Apelo desprovido. (TJRS, Ap. n. 5000129-51.2018.8.21.0058, 1ª Câm. Esp. Cível, rel. Glaucia Dipp Dreher, j. 18.03.2024, *DJ* 25.03.2024)

Agravo de instrumento. Cumprimento de sentença. Pesquisa de bens do cônjuge. Possibilidade. Ação monitória em fase de cumprimento de sentença. Pretensão de pesquisa de bens em nome do cônjuge da executada. Hipóteses dos arts. 1.658 e 1.667, ambos do CC. Comunicação dos bens comuns. Possibilidade. De rigor o deferimento do pedido de pesquisa de bens em nome do cônjuge do executado, diante da comunicação dos bens comuns do casal, que também integram o patrimônio da esposa em virtude da meação, tal como previsto nos arts. 1.658 e 1.667, ambos do CC, podendo servir para a satisfação da execução. Precedentes do STJ. Recurso provido. (TJSP, AI n. 2156534-35.2023.8.26.0000, 13ª Câm. de Dir. Priv., rel. Nelson Jorge Júnior, j. 29.11.2023, *DJ* 29.11.2023)

Apelação cível. Direito de família. Ação de reconhecimento e dissolução de união estável c/c partilha de bens e pedido de alimentos pela ex-companheira. Partilha de bem imóvel. Imóvel registrado em nome de terceiro estranho à lide. Sentença mantida. 1. Tratando-se do regime de comunhão parcial de bens, à luz do disposto no art. 1.658, do CC, comunicam-se os bens que sobrevieram ao casal, na constância do casamento e adquiridos, de forma igualitária, a título oneroso, sendo legalmente presumido o esforço conjunto para a aquisição de tais bens; 2. Adquire-se propriedade de bem imóvel com o registro do título translativo no Registro de Imóveis, conforme o art. 1.245, do CC. Ainda que afirme o apelado que o ex-casal teria adquirido o bem, não é possível determinar a partilha de direitos e obrigações relativos a imóvel registrado em nome de terceiro. Apelo desprovido. (TJRS, Ap. n. 5002535-38.2018.8.21.0028, 1ª Câm. Esp. Cível, rel. Glaucia Dipp Dreher, j. 20.11.2023, *DJ* 24.11.2023)

Divórcio litigioso. Partilha de bens. Regime da comunhão parcial. Reformas de ampliação do imóvel do genitor do varão, doado para ele durante o casamento. Veículo. Dívidas. Recursos recebidos com a venda de imóvel. Aluguéis. Litigância de má-fé. Inocorrente. 1. Sendo o casamento regido pelo regime da comunhão parcial, devem ser partilhados, de forma igualitária, não apenas os bens adquiridos a título oneroso, na constância da vida em comum, como também as dívidas contraídas na vigência da união, mas desde que cabalmente comprovadas. Inteligência dos art. 1.658 a 1.666 do CC. 2. Correta a partilha das benfeitorias realizadas em imóvel pertencente ao genitor do varão, quando o bem foi doado ao mesmo durante o casamento, sendo ele o beneficiário das melhorias comprovadamente realizadas pelo casal, com apuração do valor em liquidação de sentença. 3. Fica mantida a partilha dos bens móveis arrolados pelas partes, uma vez que na réplica a autora impugnou apenas os valores dos bens apontados pelo varão, e o juízo determinou a avaliação dos mesmos em liquidação de sentença. 4. Comprovado que a autora contraiu dívidas na constância do casamento, devem ser elas partilhadas, pois, mesmo que não tenham sido arroladas na inicial, também houve divisão do valor obtido com a venda de imóvel, que seria utilizado por ela para a quitação dos débitos oriundos de gastos que beneficiaram a entidade familiar. 5. Não se cogita de partilha dos valores auferidos pelo réu pela locação do local onde estava instalado o salão de beleza da autora, pois foi reconhecido em favor dela apenas o direito de indenização pelo valor das benfeitorias, devendo-se ter em mira que o varão é o nu-proprietário do bem. 6. Correta a partilha do veículo determinada na sentença, pois não logrou comprovar a aquisição de outro durante o casamento, ônus que lhe incumbia. 7. Descabida a pretensão da autora de partilha de supostos gastos domésticos e com a faculdade da filha, que teriam sido por ela suportados após a separação fática. 8. Não se verifica a litigância de má-fé, quando não comprovada nenhuma das hipóteses dos arts. 80 e 81 do CPC. Recurso da autora parcialmente provido e recurso do réu desprovido. (TJRS, Ap. Cível n. 50018861620168210005/Bento Gonçalves, 7ª Câm. Cível, rel. Sérgio Fernando de Vasconcellos Chaves, j. 26.10.2022, publ. 26.10.2022)

Agravo de instrumento. Execução de título extrajudicial. Indeferimento do pedido de pesquisa de bens em nome do cônjuge do executado. Inadmissibilidade: os bens adquiridos pelos cônjuges durante a constância do casamento sob o regime da comunhão parcial de bens se comunicam (art. 1.658 do CC). Possibilidade de pesquisa de bens em nome do cônjuge do devedor, porque esses bens também podem ser de sua titularidade. Decisão reformada. Recurso provido. (TJSP, AI n. 2181171-21.2021.8.26.0000/SP, 18ª Câm. de Dir. Priv., rel. Israel Góes dos Anjos, j. 28.03.2022, publ. 29.03.2022)

Agravo de instrumento. Decisão interlocutória que, no curso de inventário, rejeitou o pedido de exclusão de imóveis da partilha em razão da incomunicabilidade de patrimônio pessoal da falecida. Legitimidade da inclusão dos imóveis no plano de partilha. Comunicabilidade dos bens adquiridos durante a vigência do casamento sob o regime de comunhão parcial, art. 1.658 do CC. (TJSP, AI n. 2035703-26.2021.8.26.0000, 9ª Câm. de Dir. Priv., rel. Des. César Peixoto, j. 28.09.2021)

Processual civil e civil. Direito de família. Divórcio e reconvenção. Dissolução da vida conjugal. Patrimônio comum. Partilha. Regime da comunhão parcial de bens. Direito atinente a imóvel adquirido pelo cônjuge virago antes do casamento. Incomunicabilidade. Exclusão da partilha. Cônjuge varão. Pretensão reconvencional. Pedido de reconhecimento de união estável anterior ao casamento. Prova. Ausência. Fato constitutivo do direito invocado. Cerceamento de defesa. Prova testemunhal. Deferimento. Não produção. Audiência. Encerramento. Desistência expressa pelo defensor público. Preclusão consumativa e lógica. Pedido reconvencional. Rejeição. Sentença mantida. Honorários recursais fixados (NCPC, art. 85, §§ 2º e 11). 1 – Havendo manifestação, por parte do Defensor Público que assistira a parte, de desistência expressa, na audiência de instrução e julgamento, da oitiva de testemunhas previamente arroladas e cuja audição havia sido deferida, culminando com o prosseguimento da marcha procedimental no molde da sua própria postura, enseja o aperfeiçoamento da preclusão lógica e consumativa, tornando inviável que, defronte sentença contrária às suas expectativas, a parte ventile a ocorrência de cerceamento de defesa, à medida em que, a par de repugnar o comportamento contraditório, o devido processo legal é paramentado pela preclusão, que coíbe que questão ultrapassada seja reprisada de conformidade com o interesse do litigante como forma de ser assegurado o objetivo teleológico do processo, que é a resolução dos conflitos de interesses surgidos das relações sociais intersubjetivas (CPC, art. 505). 2 – O devido processo legal, informado pelos princípios e regramentos que lhe são inerentes, assegura a todos os litigantes o patrocínio técnico, mas, consumados atos sob essa premissa, tornam-se impassíveis de serem invalidados sob o prisma de falha ou equívoco na estratégia adotada diante do aperfeiçoamento da preclusão, que visa precipuamente que o processo marche sempre para a frente de forma a alcançar seu desiderato final, obstando que retroaja para que fase ou ato já ultrapassados sejam reprisados, ensejando que, manifestada desistência quanto à oitiva de testemunhas, a possibilidade de a parte produzir a prova oral resta alcançada pela preclusão lógica e consumativa, inviabilizando a qualificação de cerceamento de defesa por não ter sido produzida. 3 – Sob a regulação legal, o casamento realizado sob o regime da comunhão parcial de bens resulta na presunção de que os bens adquiridos na constância do vínculo a título oneroso comunicam-se, passando a integrar o acervo comum, devendo ser rateados na hipótese de dissolução do relacionamento conjugal, observadas as exceções estabelecidas pelo próprio legislador à presunção legal emoldurada como forma de ser preservado o alcance do regime patrimonial eleito (CC, arts. 1.658, 1.659, II, e 1.660, I). 4 – Aferido que o imóvel no qual residia o casal fora adquirido pelo cônjuge virago antes do casamento e que não restara evidenciada a existência de convivência em regime de união estável anterior à sua celebração, resta obstada, em se tratando de casamento regrado pelo regime da comunhão parcial de bens, a inclusão do bem na partilha ante a dissolução do vínculo conjugal, porquanto os bens que cada cônjuge possuir ao casar são excluídos da comunhão sob aquela regulação (CC, art. 1.659, I). 5 – Editada a sentença e aviado o apelo sob a égide da nova codificação civil, o desprovimento do recurso implica a majoração dos honorários advocatícios originalmente imputados à parte recorrente, porquanto o novo estatuto processual contemplara o instituto dos honorários recursais, devendo a majoração ser levada a efeito mediante ponderação dos serviços executados na fase recursal pelos patronos da parte exitosa e guardar observância à limitação da verba honorária estabelecida para a fase de conhecimento (NCPC, art. 85, §§ 2º e 11). 6 – Apelação conhecida e desprovida. Preliminar rejeitada. Honorários advocatícios majorados. Unânime. (TJDF, Proc. n. 00149393020168070009, 1ª T. Cível, rel. Des. Teófilo Caetano, j. 05.06.2019, *DJe* 13.06.2019)

Agravo de instrumento. Direito privado não especificado. Cumprimento de sentença. Ação de restituição. Veículos em nome da esposa do executado. Prova do casamento. Regime de comunhão parcial de bens. Possibilidade. Resguardo da meação. Necessidade. Matéria de fato. Caso concreto. A penhora de bem de propriedade de terceiro estranho ao feito será admitida quando cabalmente comprovada a existência do casamento entre o devedor e o terceiro, sob o regime da comunhão parcial de bens, no que tange aos bens elencados nos arts. 1.658 e 1.660 do CC, desde que resguardada a meação. Precedentes desta Corte. Agravo de instrumento provido. (TJRS, AI n. 70.076.651.058, 15ª Câm. Cível, rel. Des. Adriana da Silva Ribeiro, j. 23.05.2018, *DJe* 04.06.2018)

Agravo regimental em agravo em recurso especial. Processo civil. Partilha. Comunicabilidade de verba indenizatória. Interpretação dos arts. 1.658 e 1.659, VI, do CC. 1 – No regime de comunhão parcial ou universal de bens, o direito ao recebimento dos proventos não se comunica ao fim do casamento, mas, ao serem tais verbas percebidas por um dos cônjuges na constância do matrimônio, transmudam-se em bem comum, mesmo que não tenham sido utilizadas na aquisição de qualquer bem móvel ou imóvel (arts. 1.658 e 1.659, VI, do CC). Precedentes. 2 – O mesmo raciocínio é aplicado à situação em que o fato gerador dos proventos ocorrer durante a vigência do vínculo conjugal, independentemente do momento em que efetivamente percebidos, tornando-se, assim, suscetíveis de partilha. Tal entendimento decorre da ideia de frutos percipiendos, vale dizer, aqueles que deveriam ter sido colhidos, mas não o foram. Precedentes. 3 – Agravo regimental não provido. (STJ, Ag. Reg. no AREsp n. 258.465/SP, 4ª T., rel. Min. Luis Felipe Salomão, j. 03.02.2015, *DJe* 24.02.2015)

Apelação cível. Ação de partilha. Pedido em contestação. Impossibilidade. Numerário em conta-corrente. Gasto em prol do casal. Teoria da aparência. Inaplicabilidade. Distribuição da sucumbência. 1 – A ação de partilha não tem caráter dúplice, motivo por que não admite pedido que somente pode ser feito em sede de reconvenção. 2 – Não se há cogitar de partilha de numerário que havia em conta-corrente e que foi gasto na constância do casamento, já que há presunção de que o numerário foi revertido em favor do casal. 3 – No ordenamento jurídico pátrio prepondera a comunicabilidade dos bens adquiridos a título oneroso, pelo casal, na constância do casamento, conforme dispõe a norma do art. 1.658 do CC. 4 – Em se tratando de sucumbência recíproca e não proporcional, os ônus advindos da condenação devem ser distribuídos levando em conta a sucumbência de cada parte. 5 – Recurso do réu parcialmente provido. Recurso adesivo da autora desprovido. (TJDFT, Ap. Cível n. 20080111132423(802616), rel. Des. Antoninho Lopes, *DJe* 16.07.2014, p. 129)

Ação de separação judicial. Partilha de bens. Regime da comunhão parcial. Cotas sociais. Evolução patrimonial. 1 – Não é *extra petita* a sentença que ao invés de determinar a partilha das quotas da sociedade pertencentes ao varão, determina apenas a divisão da evolução patrimonial da sociedade, durante o casamento, pois apenas acolheu o pedido da virago em menor extensão. 2 – Sendo o casamento regido pelo regime da comunhão parcial, devem ser partilhados, de forma igualitária, não apenas os bens adquiridos a título oneroso, na constância da vida em comum, como também as dívidas contraídas na vigência da união, mas desde que cabalmente comprovadas. Inteligência dos arts. 1.658 a 1.650 [*sic*] do CCB. 3 – Ainda que a empresa da qual o varão é sócio tenha sido constituída antes do casamento, o crescimento patrimonial verificado na constância do matrimônio, proporcional à participação dele, deverá ser alvo de partilha, o que será apurado em liquidação de sentença, não conferindo à separanda participação na empresa, mas crédito frente ao separando. 4 – Se cada um dos litigantes possui metade das cotas da sociedade constituída durante o matrimônio, fica cada separando com a sua metade, devendo ser resolvidas em ação própria as demais questões societárias, pois não estão afetas propriamente ao direito de família. Recurso parcialmente provido. (TJRS, Ap. Cível n. 70.058.587.981, 7ª Câm. Cível, rel. Des. Sérgio Fernando de Vasconcellos Chaves, j. 26.03.2014)

Direito civil. Recurso especial. Inventário. Cônjuge supérstite casado com o *de cujus* pelo regime da comunhão parcial de bens. Herança composta de bens particulares e bem comum. Herdeiro necessário. Concorrência com os descendentes. Artigos analisados – 1.658, 1.659, 1.661 e 1.829, I, do CC/2002. 1 – Inventário distribuído em 24.01.2006, do qual foi extraído o presente recurso especial, concluso ao Gabinete em 27.05.2013. 2 – Cinge-se a controvérsia a definir se o cônjuge supérstite, casado com o falecido pelo regime da comunhão parcial de bens, concorre com os descendentes dele na partilha dos bens particulares. 3 – No regime da comunhão parcial, os bens exclusivos de um cônjuge não são partilhados com o outro no divórcio e, pela mesma razão, não o devem ser após a sua morte, sob pena de infringir o que ficou acordado entre os nubentes no momento em que decidiram se unir em matrimônio. Acaso a vontade deles seja a de compartilhar todo o seu patrimônio, a partir do casamento, assim devem instituir em pacto antenupcial. 4 – O fato de o cônjuge não concorrer com os descendentes na partilha dos bens particulares do *de cujus* não exclui a possibilidade de qualquer dos consortes, em vida, dispor desses bens por testamento, desde que respeitada a legítima, reservando-os ou parte deles ao sobrevivente, a fim de resguardá-lo acaso venha a antes dele falecer. 5 – Se o espírito das mudanças operadas no CC/2002 foi evitar que um cônjuge fique ao desamparo com a morte do outro, essa celeuma não se resolve simplesmente atribuindo-lhe participação na partilha apenas dos bens particulares, quando houver, porque podem eles ser insignificantes, se comparados aos bens comuns existentes e amealhados durante toda a vida conjugal. 6 – Mais justo e consentâneo com a preocupação do legislador é permitir que o sobrevivente herde, em concorrência com os descendentes, a parte do patrimônio que ele próprio construiu com o falecido, não lhe tocando qualquer fração daqueloutros bens que, no exercício da autonomia da vontade, optou – seja por não ter elegido regime diverso do legal, seja pela celebração do pacto antenupcial – por manter incomunicáveis, excluindo-os expressamente da comunhão. 7 – Recurso especial conhecido em parte e parcialmente provido. (STJ, REsp n. 1.377.084, 3ª T., rel. Min. Nancy Andrighi, *DJe* 15.10.2013, p. 941)

Divórcio. Partilha de bens. Edificação erigida, na constância da relação conjugal, em terreno de propriedade do cônjuge varão. Partilha que recai sobre a construção feita com recursos das partes. Presunção de esforço comum que deveria ser elidida pelo autor. Ausência de prova de que a construção foi realizada com recursos exclusivos seus. Ônus dessa prova que a ele competia. Sentença mantida. Recurso desprovido. (TJSP, Ap. Cível n. 0004056-25.2012.8.26.0077, 4ª Câm. de Dir. Priv., rel. Milton Carvalho, j. 22.08.2013)

Divórcio. Partilha de bens. A singela promessa de doação à prole, na petição inicial, posteriormente retratada no curso da demanda, não gera efeitos, já que não contém todos os elementos substanciais e formais necessários para a configuração da doação: vontade inequívoca, descrição do objeto, acordo tomado por termo e homologação judicial. Ausência de elementos para acolher o pedido de alteração da partilha referente ao bem imóvel fixada na respeitável sentença. Recurso desprovido. (TJSP, Ap. n. 0000311-61.2011.8.26.0242, 4ª Câm. de Dir. Priv., rel. Milton Carvalho, j. 22.08.2013)

Divórcio. Partilha de bens. Preliminares afastadas. Regime de comunhão parcial de bens que gera presunção legal absoluta de comunhão de esforços na aquisição do patrimônio. Ausência de elementos para acolher o pedido de alteração da partilha fixada na respeitável sentença. Réu-reconvinte que se insurge com a administração dos bens depois da separação. Questão a ser solucionada na via própria. Pedido de redução da prestação alimentícia fixada em favor do filho das partes. Sentença que observou o binômio legal e fixou os alimentos em 25% dos rendimentos líquidos do apelante. Ausência de prova quanto à impossibilidade de suportar o encargo. Sentença confirmada. Recurso desprovido. (TJSP, Ap. n. 0001341-98.2005.8.26.0224, 4ª Câm. de Dir. Priv., rel. Milton Carvalho, j. 22.08.2013)

Apelação cível. Direito de família. Ação de reconhecimento e dissolução de união estável c/c partilha de bens e alimentos. Partilha de benfeitorias e bens móveis. Partilha apenas daquelas benfeitorias realizadas ou bens adquiridos na constância da união. Partilha de frutos. Descabimento. Ausência de prova de remanescência. Nos termos do disposto no art. 1.658, do CC, no regime de comunhão parcial, aplicável à união estável por força do art. 1.725, do mesmo Código, comunicam-se os bens que sobrevierem ao casal na constância da união. Cabe ao convivente que pretende a partilha de determinado bem comprovar que a aquisição se deu na constância da união estável. (TJMG, Ap. Cível n. 1.0309.09.025818-2/002, rel. Armando Freire, j. 11.06.2013, *DJ* 20.06.2013)

Ação de dissolução de união estável. Partilha. Imóvel e benfeitorias erigidas no curso da relação. Art. 1.658 do CC. Participação na divisão. Melhorias feitas em loja pertencente à ré. Ausência de qualquer parâmetro capaz de mensurar o montante da alegada contribuição. Art. 333, I, do CPC [art. 373, I, do CPC/2015]. Ônus probatório descumprido pelo acionante. Automóveis. Participação na meação. Recurso parcialmente provido. (TJSC, Ap. Cível n. 2013.019959-6/Navegantes, 3ª Câm. de Dir. Civil, rel. Maria do Rocio Luz Santa Ritta, j. 30.04.2013) Direito civil. Família. Separação judicial c/c partilha de bens. Parcial procedência em primeiro grau. Inconformismo da ré. Partilha de terreno adquirido antes do casamento. Inacolhimento. Esforço comum indemonstrado. Imóvel adquirido com recursos exclusivos do consorte. Existência de prévio noivado. Irrelevância. Bem que não integra a comunhão. Sentença mantida. Provimento negado. Exclui-se da comunhão parcial de bens o imóvel adquirido anteriormente à união conjugal, a teor do art. 1.658 do CC. A existência de prévio noivado não enseja aos consortes direito de partilha sobre imóvel adquirido anteriormente ao casamento, uma vez que a comunhão patrimonial decorrente do regime de comunhão parcial tem início a partir do matrimônio. (TJSC, Ap. Cível n. 2011.059629-9/Porto Belo, 2ª Câm. de Dir. Civil, rel. Monteiro Rocha, j. 25.04.2013)

Apelação cível. Execução de alimentos. Embargos de terceiro. Penhora sobre a meação. Recaindo a penhora sobre a meação do executado no imóvel adquirido onerosamente na constância da união estável entre este e a embargante, não comprometendo a outra metade do patrimônio do casal, é irrelevante examinar a participação econômica da embargante na compra do imóvel, presumindo-se o esforço comum do casal para tanto. Inteligência dos arts. 1.658 e 1.725 do CC. Apelação desprovida. (TJRS, Ap. Cível n. 70.051.784.601, 7ª Câm. Cível, rel. Jorge Luís Dall'Agnol, j. 27.02.2013, *DJ* 04.03.2013)

Divórcio. Partilha de bens. Dívidas das empresas. Inclusão. Imóvel registrado em nome de terceiro. 1 – No casamento pelo regime da comunhão parcial de bens, comunicam-se os bens adquiridos na constância da vida conjugal, de forma onerosa, em nome de um ou outro. Inteligência do art. 1.658 do CCB. 2 – Devem ser partilhadas as dívidas das empresas constituídas na constância do casamento, quando comprovado que foram contraídas ainda ao tempo da convivência, fato que deverá ser apurado em liquidação de sentença. 3 – Para que seja possível partilhar bem imóvel, imprescindível comprovação da sua aquisição a título oneroso durante a convivência marital. Recurso do réu provido e recurso da autora desprovido. (TJRS, Ap. Cível n. 70.048.579.668, 7ª Câm. Cível, rel. Sérgio Fernando de Vasconcellos Chaves, j. 27.06.2012)

Agravo de instrumento. Inventário. Rito de arrolamento sumário. Composição do monte-mor a ser partilhado e divisão de bens adotada no esboço do plano de partilha apresentado pelo inventariante. Regime de comunhão parcial de bens. Existência de bens particulares. Cônjuge sobrevivente. Direito à meação do bem comum e concorrência com a descendente apenas na partilha dos bens particulares. Direito real de habitação não evidenciado, sob pena de vulneração ao art. 1.831 do CC/2002. Recurso desprovido. 1 – No regime da comunhão parcial comunicam-se os bens que sobrevierem ao casal na constância do casamento, excluindo-se aqueles que cada cônjuge possuía antes do enlace matrimonial, os oriundos de doação ou sucessão, bem como os sub-rogados em seu lugar e os que tenham por título de aquisição causa anterior ao casamento, conforme expressamente preveem os arts. 1.658, 1.659 e 1.661 do CC/2002. 2 – Se o cônjuge sobrevivente era casado sob o regime de comunhão parcial e tendo o *de cujus* deixado bens particulares, será ele herdeiro necessário em concorrência com os descendentes do(a) falecido(a). 3 – O direito real de habitação, previsto no art. 1.831 do CC/2002, é um instituto que gravita na órbita dos direitos sucessórios, inexistindo dúvida quanto à sua aplicabilidade em relação aos cônjuges ou companheiros conviventes em união estável, não se podendo perder de vista a exigência que se faz para o deferimento do aludido direito real de constituir-se em um único imóvel de natureza residencial a ser inventariado. Evidenciado que o bem inventariado encontra-se alugado, residindo o inventariante-agravante em imóvel diverso, não persiste o direito de habitação. (TJMG, AI n. 1.0024.06.147623-0/001, rel. Des. Elias Camilo, j. 14.06.2012)

Reconhecimento e dissolução de união estável. Partilha de bens. Dois imóveis adquiridos durante a convivência estável. Relações patrimoniais entre os conviventes que se regem pelo regime da comunhão parcial de bens. Presunção absoluta de esforço comum na formação do patrimônio. Alegação de que foram adquiridos com valores exclusivamente do autor. Inteligência do art. 1.659, II, do CC. Ônus de quem quer sua exclusão da partilha. Necessidade de prova quanto à natureza desses bens que deve ser contundente para afastar a partilha. Precedentes da jurisprudência. Higidez da presunção legal que não foi abalada no caso concreto. Solução adotada pelo juízo *a quo* adequada, restando um imóvel para cada uma das partes. Sentença mantida. Recurso desprovido. (TJSP, Ap. n. 0015623-44.2007.8.26.0363, rel. Milton Carvalho, j. 10.05.2012)

Reconhecimento e dissolução de união estável *post mortem* cumulada com partilha de bens. Sentença que reconheceu direitos sucessórios aos réus sobre imóvel adquirido na constância da união estável. Inexistindo contrato escrito entre os conviventes, as relações patrimoniais entre eles são disciplinadas pelo regime da comunhão parcial de bens (CC, art. 1.725). Comprovação de que a autora arcou com a maior parte dos valores necessários à compra. Impossibilidade de se conferir direitos sucessórios aos réus sobre a metade ideal do imóvel, sob pena de enriquecimento sem causa. Juízo de equidade que permite a mitigação da presunção acerca da comunhão de esforços para aquisição do patrimônio amealhado durante a união estável. Direitos sucessórios dos réus que se restringem à fração ideal do imóvel correspondente à metade do valor das parcelas pagas na vigência da união estável, a qual deverá ser apurada em liquidação de sentença. Recurso parcialmente provido. (TJSP, Ap. Cível n. 0037687-56.2009.8.26.0564, rel. Milton Carvalho, j. 15.12.2011)

Apelação cível. Ação de divórcio. Preliminar. Nulidade processual. Rol de testemunhas. Apresentação. Prazo. Art. 407 do CPC [arts. 357, § 4°, e 450 do CPC/2015]. Preclusão. União estável anterior ao casamento. Reconhecimento pelo réu. Questão incontroversa. Partilha dos bens. Separação de fato. Efeitos patrimoniais. Veículo. Financiamento. Prestações adimplidas. Meação igualitária. Sentença mantida. 1 – O prazo para apresentação do rol de testemunhas, seja o estabelecido pelo art. 407, do CPC [arts. 357, § 4°, e 450 do CPC/2015], seja o fixado pelo juiz, tem caráter preclusivo. 2 – O comparecimento voluntário das testemunhas não supre a necessidade de apresentação tempestiva do rol. 3 – Na hipótese de união estável anterior ao casamento, o juiz, na ação de divórcio, deve determinar a partilha dos bens eventualmente adquiridos antes de oficializada a vida conjugal, principalmente se o período da união estável for incontroverso nos autos. 4 – Para reconhecimento da união estável, em face das exigências do art. 1.723 do CC, exige-se que a convivência entre homem e mulher seja "contínua e duradoura e estabelecida com o objetivo de constituição de família". 5 – A situação de convivência em união estável exige prova segura para que sejam reconhecidos direitos aos companheiros. 6 – Em relação ao patrimônio, na união estável, aplicam-se as mesmas regras do casamento sob o regime da comunhão parcial de bens (arts. 1.658 a 1.666 do CC). 7 – No regime da comunhão parcial, todos os bens adquiridos durante o relacionamento são considerados fruto do trabalho comum do casal, passando a pertencer a ambos os cônjuges em partes iguais. 8 – A ruptura da união, com a separação de fato, gera efeitos patrimoniais, para fins de partilha. 9 – Os rendimentos decorrentes do aluguel de imóvel pertencente exclusivamente ao réu, a este cabe com exclusividade, se o contrato de locação iniciar após a separação de fato do casal. 10 – Adquirido veículo mediante financiamento, ao cônjuge não proprietário é devida a metade do valor correspondente ao número de parcelas quitadas durante o período de convívio. 11 – A fixação de alimentos em favor de cônjuge depende da prova da necessidade de quem os pleiteia e da possibilidade daquele contra quem se pede, nos termos do art. 1.694, § 1°, do CC. 12 – Recurso improvido. Sentença mantida. (TJMG, Ap. Cível n. 1.0702.10.049430-2/001, rel. Des. Washington Ferreira, j. 29.11.2011)

Apelação cível. Direito de família. Sobrepartilha. Regime de comunhão parcial. Arts. 1.658 e 1.659 do CC. Existência de bem doado a um dos cônjuges. Incomunicabilidade. Art. 1.659 do CC. No regime da comunhão parcial, comunicam-se os bens que sobrevierem ao casal na constância do casamento, excluindo-se aqueles que cada cônjuge possuía antes do enlace matrimonial, os oriundos de doação ou sucessão, bem como os sub-rogados em seu lugar, tal como preveem, expressamente, os arts. 1.658 e 1.659 do CC. Admite-se a sobrepartilha diante da existência de bens sonegados; de bens da herança descobertos após a partilha; de bens litigiosos ou de liquidação difícil ou morosa e, ainda, de bens situados em lugar remoto da sede do juízo do processamento do inventário (art. 1.040 do CPC) [art. 669 do CPC/2015]. Havendo nos autos prova de que o bem objeto da ação de sobrepartilha foi adquirido por um dos cônjuges através de doação efetuada por seu genitor, e, considerando que o regime de casamento eleito foi o da comunhão parcial de bens, não há que se falar em comunicabilidade. (TJMG, Ap. Cível n. 1.0024.10.112265-3/001, rel. Dárcio Lopardi Mendes, j. 04.08.2011)

Família e processual civil. Apelo específico e fundamentado. Conhecimento. Divórcio direto. Partilha. Benfeitoria realizada em imóvel de terceiro. Construção anterior ao casamento. Existência de união estável anterior ao casamento. Comprovação. Alimentos destinados a filho menor. Pedido de majoração. Ausência de prova da possibilidade do alimentante. Manutenção do encargo fixado em primeiro grau. I – Demonstrada pela apelante irresignação contra sentença que lhe foi desfavorável, não há falar em postulação genérica. Preliminar de não conhecimento do apelo rejeitada. II – No casamento celebrado sob o regime da comunhão parcial de bens, "comunicam-se os bens que sobrevierem ao casal, na constância do casamento", de acordo com o disposto art. 1.658 do CC; havendo consenso de que o bem foi construído antes do casamento, não há falar-se em partilha por força do regime de bens adotado pelos cônjuges. III – Para que se configure a união estável exige-se convivência pública, contínua e duradoura entre os supostos consortes, permeada pelo elemento subjetivo, qual seja, o ânimo de constituir família, não se exigindo, para tanto, a coabitação. IV – Comprovada a existência de união estável entre os litigantes, bem como o esforço de ambos para a construção da residência do casal, impõe-se a divisão do valor da edificação, ainda que construída em lote de terceiro. V – De acordo com o disposto no § 1º do art. 1.694 do CC, os alimentos devem ser fixados com base na capacidade econômica do alimentante e necessidade do alimentando; incomprovada razão de alteração da verba arbitrada no juízo recorrido, veda-se alteração no juízo da revisão. (TJMG, Ap. Cível n. 1.0431.08.041466-4/001, rel. Fernando Botelho, j. 04.08.2011)

Separação judicial. Partilha de bens. Regime da comunhão parcial. Sendo o casamento regido pelo regime da comunhão parcial, todos os bens adquiridos a título oneroso na constância da vida conjugal devem ser partilhados igualitariamente, independente de qual tenha sido a contribuição de cada cônjuge para a consecução do resultado patrimonial, pois se presume que a aquisição seja produto do esforço comum do par. Inteligência dos arts. 1.658 a 1.650 do CCB. Como foram construídas duas casas durante a convivência conjugal sobre o terreno de propriedade do separando e como não é possível a divisão equânime dessas casas, mostra-se correta a determinação de que este pague à separanda o valor correspondente à metade da avaliação levada a efeito. Recurso desprovido. (TJRS, Ap. Cível n. 70.033.400.961, 7ª Câm. Cível, rel. Des. Sérgio Fernando de Vasconcellos Chaves, j. 20.10.2010)

Apelação cível. Direito de família. Regime de comunhão parcial. Arts. 1.658 e 1.659 do CC. Bens adquiridos e alienados na constância do casamento. No regime da comunhão parcial, comunicam-se os bens que sobrevierem ao casal na constância do casamento, excluindo-se aqueles que cada cônjuge possuía antes do enlace matrimonial, os oriundos de doação ou sucessão, bem como os sub-rogados em seu lugar, tal como prevê, expressamente, os arts. 1.658 e 1.659 do CC. Inexistindo nos autos prova de que o casal tenha se separado de fato, antes do ajuizamento da ação de separação judicial, a data a ser considerada para efeito de averiguação de inclusão de bens na partilha há de ser a do ajuizamento da aludida ação. (TJMG, Ap. Cível n. 1.0024.08.121607-9/002(1), rel. Des. Dárcio Lopari Mendes, j. 07.10.2010)

Separação judicial litigiosa. Procedência. Adequação. Cerceamento de defesa. Inocorrência. Casamento celebrado sob o regime da comunhão parcial. Partilha do único bem imóvel em proporções iguais entre as partes. Adequação. CC, 1.658. Inteligência. Recurso improvido. No regime da comunhão parcial, comunicam-se os bens que sobrevierem ao casal, na constância do casamento. "O que se amealha na constância do casamento, independentemente da fonte do recurso, é bem comunicável". (TJSP, Ap. Cível c/ Rev. n. 6.846.204.300/São José do Rio Pardo, 3ª Câm. de Dir. Priv., rel. Jesus Lofrano, j. 24.11.2009)

Divórcio. Partilha. Bens imóveis adquiridos na constância da sociedade conjugal. Na hipótese, a prova oral não é segura para afirmar-se que o casal estava definitivamente separado de fato por ocasião da aquisição dos imóveis. Portanto, os imóveis comunicam-se (art. 1.658 do CC). Partilha dos bens do casal mantida. Recurso improvido. (TJSP, Ap. Cível c/ Rev. n. 4.434.784.600/São Paulo, 1ª Câm. de Dir. Priv., rel. Paulo Eduardo Razuk, j. 10.03.2009)

Apelação cível. Ação de divórcio cumulada com pedido de alimentos em favor da ex-cônjuge. Binômio: necessidade e possibilidades. Ônus da prova. A pensão alimentícia deve atender ao binômio necessidade do credor e possibilidades do devedor. Alimentos fixados em salários mínimos. Indexador. Atualização monetária pelo IGP-M. Em regra, quando o alimentante não recebe com base no salário mínimo, este não deve ser o indexador dos alimentos, mas o IGP-M. Contudo, tratando-se de pedido expresso do alimentante e constituindo situação mais benéfica para a alimentada, no caso concreto, há de ser observado o salário mínimo como indexador. Partilha de bens. Havendo as partes contraído matrimônio pelo regime da comunhão parcial de bens, devem ser partilhados todos os bens amealhados a título oneroso na constância da sociedade conjugal, a teor do art. 1.658 do CC. Primeiro apelo parcialmente provido, segundo apelo desprovido. (TJRS, Ap. Cível n. 70.022.463.533, 8ª Câm. Cível, rel. Alzir Felippe Schmitz, j. 21.08.2008, *DJ* 29.08.2008)

Agravo de instrumento. Penhora. Meação. Dívida anterior ao casamento contraída pelo cônjuge. Regime da comunhão parcial de bens. A agravante, até prova em contrário, não responde pelos débitos adquiridos pelo seu marido, débitos estes contraídos antes do surgimento da sociedade conjugal. Contudo, após a celebração do casamento, em virtude do regime a ele inerente, em regra, os bens adquiridos em sua constância comunicam-se e devem responder pelos débitos existentes, inclusive, anteriores, ressalvando-se, neste aspecto, apenas, proteção à meação cabível em favor da agravante. Recurso não provido. (TJSP, AI n. 719.676.7/0/-00/São Paulo, 24ª Câm. de Dir. Priv., rel. Roberto Mac Cracken, j. 28.02.2008, *DJ* 01.04.2008)

Apelação cível. Separação judicial. Partilha de bens. Comunhão parcial. Bens e dívidas adquiridos na constância do casamento. Alimentos. Binômio necessidade-possibilidade. Não comprovação. Sentença parcialmente reformada. Dispõe o art. 1.658 do CC que no regime da comunhão parcial, comunicam-se os bens que sobrevierem ao casal, na constância do casamento. Se comprovada a existência de dívidas contraídas antes da separação de fato do casal, que não foram destinadas para atender necessidades exclusivas de um ex-cônjuge, deverão ser suportadas de igual forma por ambos. Para fixar os alimentos, o julgador deve se ater ao binômio necessidade-possibilidade. No presente caso, o apelante não comprovou sua necessidade a alimentos de forma segura e concreta, somente afirmou estar doente e debilitado. (TJMG, Ap. Cível n. 1.0024.05.649887-6/001, rel. Mauro Soares de Freitas, j. 21.02.2008, *DJ* 13.03.2008)

Apelação. Ação de separação judicial cumulada com alimentos provisionais. Partilha dos bens. *Quantum* alimentar. Partilha. A principal característica do regime de comunhão parcial de bens é a comunicação dos bens que sobrevierem ao casal, na constância do casamento, segundo art. 1.658 do CC/2002. Alimentos. O art. 1.694 do CC/2002 determina que podem os parentes, os cônjuges ou companheiros pedir uns aos outros os alimentos desde que necessitem para viver de modo compatível com a sua condição social, inclusive para atender às necessidades de sua educação. Esses devem ser fixados na proporção das necessidades do reclamante e dos recursos da pessoa obrigada. Ou seja, analisando o trinômio possibilidade-necessidade-proporcionalidade. Negaram provimento. (TJRS, Ap. Cível n. 70.015.630.676, 8ª Câm. Cível, rel. Des. Rui Portanova, j. 05.10.2006)

Embargos de terceiro. Penhora. Veículo. Bem adquirido pela embargante antes de seu casamento com o executado pelo regime da comunhão parcial de bens. Propriedade exclusiva da embargante, uma vez que em tal regime só se comunicam "os bens que sobrevierem ao casal" (art. 1.658 do CC/2002). Embargos procedentes. Recurso não provido. (TJSP, Ap. c/ Rev. n. 704.918.4/6/00/São Paulo, 11ª Câm. de Dir. Priv., rel. Gilberto dos Santos, j. 26.01.2006, *DJ* 31.01.2006)

Relação homoerótica. União estável. Aplicação dos princípios constitucionais da dignidade humana e igualdade. Analogia. Princípios gerais do direito. Visão abrangente das entidades familiares. Regras de inclusão. Partilha de bens. Regime da comunhão parcial. Inteligência dos arts. 1.723, 1.725 e 1.658 do CC de 2002. Precedentes jurisprudenciais (TJRS, Ap. Cível n. 70.005.488.812, 7ª Câm. Cível, rel. José Carlos Teixeira Giorgis, j. 25.06.2003). (*RBDFam* 31/92)

Cautelar inominada incidental. Imóvel adquirido na constância do casamento. Comunhão parcial de bens. Imóvel. Direito do cônjuge varão a 50% do valor do aluguel. É de ser mantida sentença que, em cautelar inominada incidental, declara o direito do cônjuge varão a 50% do valor do aluguel de imóvel, adquirido na constância do casamento, sob o regime de comunhão parcial de bens (TJMG, Ap. Cível n. 255.671-0/00, 5ª Câm., rel. Des. Cláudio Costa, *DJMG* 01.11.2002). (*RBDFam* 17/131)

---

**Art. 1.659. Excluem-se da comunhão:**

**I – os bens que cada cônjuge possuir ao casar, e os que lhe sobrevierem, na constância do casamento, por doação ou sucessão, e os sub-rogados em seu lugar;**

**II – os bens adquiridos com valores exclusivamente pertencentes a um dos cônjuges em sub-rogação dos bens particulares;**

**III – as obrigações anteriores ao casamento;**

**IV – as obrigações provenientes de atos ilícitos, salvo reversão em proveito do casal;**

**V – os bens de uso pessoal, os livros e instrumentos de profissão;**

**VI – os proventos do trabalho pessoal de cada cônjuge;**

**VII – as pensões, meios-soldos, montepios e outras rendas semelhantes.**

---

O presente artigo enumera, de forma taxativa, quais bens não se comunicarão aos cônjuges, constituindo o patrimônio particular de cada nubente.

O **inciso I** exclui da comunhão todos os bens pertencentes ao acervo particular de cada cônjuge, compreendidos que são aqueles já pertencentes na ocasião do matrimônio, ou aqueles adquiridos após a celebração deste, por sucessão ou doação.

O **inciso II** inclui na lista de bens incomunicáveis aqueles obtidos com o produto da alienação de qualquer bem integrante do patrimônio exclusivo do cônjuge (p. ex., venda de um imóvel que o varão possuía antes de casar-se e aquisição de um novo após o casamento).

O **inciso III** restringe ao cônjuge que contraiu obrigações anteriormente à celebração do casamento a responsabilidade de honrar com as próprias dívidas. Assim, o patrimônio particular pertencente ao devedor responderá pelo pagamento dos débitos.

O **inciso IV** abre uma exceção à incomunicabilidade: no caso de obrigações originadas por atos ilícitos, valerá a regra geral de que o cônjuge responsável deverá responder por seu pagamento. Entretanto, se ambos os cônjuges obtiverem vantagem com a ocorrência do ato ilícito, o patrimônio comum responderá pela dívida.

O **inciso V** relaciona os bens de uso pessoal como particular de cada nubente, não devendo ser objeto de comunhão. Assim, são considerados bens de uso pessoal: roupas, sapatos, joias, objetos de lazer (p. ex., bicicleta), arquivos pessoais, papéis, livros etc. Além disso, não serão partilhados os objetos necessários ao exercício da profissão de cada cônjuge, uma vez que são necessários à própria sobrevivência.

O **inciso VI** inclui no rol de bens excluídos da comunhão os proventos do trabalho pessoal de cada cônjuge. Entende-se por provento toda e qualquer remuneração obtida pela atividade profissional do cônjuge: salário do empregado, honorários do profissional liberal, *pro labore* etc. Essa exclusão da lei deve ser entendida para o caso de separação do casal: a remuneração de cada qual não integrará a partilha. Contudo, durante a vigência do casamento, uma vez percebido o provento, este passa a integrar o patrimônio do casal, seja em espécie, seja por meio da aquisição de outros bens. Entendendo que o referido inciso, se permanecer em nosso ordenamento, desnatura os regimes de bens de comunhão (universal e parcial), Alexandre Guedes Alcoforado Assunção sugeriu que, no então Projeto de Alteração do CC do Deputado Ricardo Fiuza (atual PL n. 699/2011), o texto fosse suprimido, renumerando-se o último inciso.

Finalmente, o **inciso VII** dispõe sobre a incomunicabilidade de pensão (pagamento feito por determinação judicial ou legal), meio-soldo (salário do militar reformado) e montepio (pensão paga pelos institutos de previdências aos herdeiros do contribuinte falecido). Na mesma linha de raciocínio do inciso anterior, é importante salientar que o legislador pretendeu tornar incomunicáveis os valores recebidos pelo cônjuge, que não serão partilhados ao outro, em caso de separação. No entanto, na constância do casamento, as rendas recebidas passam a integrar o patrimônio do casal na forma de valores ou bens. Sobre a partilha de bens adquiridos após a separação de fato do casal, veja comentários e jurisprudência ao art. 1.642, V.

**Jurisprudência:** Agravo de instrumento. Sucessões. Ação de inventário. Regime da comunhão universal de bens. Valores em conta bancária da viúva-meeira. Proventos de aposentadoria. Incomunicabilidade. Art. 1.668, V, c/c art. 1.659, VII, ambos do CC. Não integram a partilha os proventos do trabalho pessoal de cada cônjuge, assim como as pensões, meios-soldos, montepios e outras rendas semelhantes, na forma do inciso V do art. 1.668, que remete aos bens referidos nos incisos V a VII do art. 1.659, ambos do CC. Havendo prova nos autos que o valor constante em conta bancária da meeira deriva, exclusivamente, de benefícios previdenciários depositados pelo INSS em seu favor, não há falar em partilha do respectivo montante, pois, nos termos dos arts. 1.668, V, c/c art. 1.659, VII, ambos do CC, são incomunicáveis os proventos do trabalho pessoal de cada cônjuge, as pensões, meios-soldos, montepios e outras rendas semelhantes. Precedentes do TJRS. Agravo de instrumento provido. (TJRS, AI n. 5376332-34.2023.8.21.7000/Porto Alegre, 7ª Câm. Cível, rel. Carlos Eduardo Zietlow Duro, j. 06.12.2023, *DJ* 06.12.2023)

Apelação. Embargos de terceiro. Rejeição. Alegada ausência de necessária vênia conjugal em garantia. Parte executada que participou da contratação como mera "interveniente garantidora". Garantia que não se confunde com fiança ou aval, dispensando, portanto, a participação marital. Precedentes. Possibilidade de preservação da meação do imóvel constrito afastada. Bem sobrevindo de sucessão dos ascendentes, de modo a não se comunicar em razão do regime de comunhão parcial adotado em matrimônio (art. 1.659, I, CC). Decisão mantida. Recurso desprovido. (TJSP, Ap. n. 10004400620228260358/Mirassol, 19ª Câm. de Dir. Priv., rel. Claudia Grieco Tabosa Pessoa, j. 23.10.2023, *DJ* 24.10.2023)

Embargos de declaração. Discutiu-se a eventual partilha sobre imóvel adquirido pelo marido (embargante) quando solteiro mediante financiamento (alienação fiduciária). O Acórdão admitiu que a mulher teria direito da metade do que foi pago durante o matrimônio quando resolvida a propriedade fiduciária. Os embargos, no entanto, proporcionam novo julgamento e, agora, inspirada pelo que foi decidido no REsp n. 1.841.128/MG (relatado pelo Min. Ricardo Villas Bôas Cueva) a Turma Julgadora acolhe os embargos com sentido infringente e dá provimento ao recurso de apelação para julgar a ação improcedente. O precedente é persuasivo sobre a aplicação dos art. 1.661 e 1.659 do CC como referência do bem particular (o que foi admitido no voto condutor) e convincente de que os valores pagos igualmente não se comunicam porque estranhos ao patrimônio comum. Embargos acolhidos. (TJSP, Emb. de Decl. Cível n. 1002211-67.2020.8.26.0009/SP, 4ª Câm. de Dir. Priv., rel. Enio Zuliani, j. 31.03.2022, publ. 29.04.2022)

Ação de divórcio. Partilha do patrimônio amealhado na constância da sociedade conjugal. Sentença de improcedência. Insurgência. Acolhimento. Regime de comunhão parcial de bens. Valores recebidos a título de verbas rescisórias trabalhistas e FGTS que devem ser partilhados. Valores que se originaram, em parte, durante a união conjugal. Comunicabilidade. Precedentes do Col. STJ e desta Corte. Autora que faz jus à partilha dos valores percebidos pela ré, a esse título, que tiveram origem na constância do casamento. Bens móveis adquiridos durante a constância da sociedade conjugal que também deverão ser partilhados na proporção de 50% para cada uma das partes, ressalvadas as exceções expressas pelo art. 1.659 do CC. No caso de já ter ocorrido a alienação, a outra parte deverá restituir ao cônjuge prejudicado o valor equivalente, a ser apurado em liquidação de sentença. Sentença reformada. Recurso provido. (TJSP, Ap. Cível n. 1011195-30.2021.8.26.0001/SP, 6ª Câm. de Dir. Priv., rel. Marcus Vinicius Rios Gonçalves, j. 29.04.2022, publ. 29.04.2022)

Apelação. Embargos de terceiro. Penhora incidente sobre imóvel adquirido por cônjuge, sócio da empresa executada, antes mesmo da instituição da sociedade conjugal. Patrimônio particular. Regime de comunhão parcial de bens. Não comunicação. Exegese dos arts. 1.659, I, e 1.661, ambos do CC. Sentença mantida. Art. 252, RITJSP. Recurso desprovido. (TJSP, Ap. Cível n. 1009915-87.2021.8.26.0562/SP, 21ª Câm. de Dir. Priv., rel. Fábio Podestá, j. 26.04.2022, publ. 26.04.2022)

Agravo de instrumento. Honorários de profissional liberal. Ação de execução. Penhora na conta da cônjuge do devedor. Regime de comunhão parcial de bens. Impossibilidade de bloqueio. Art. 1.659, VI, do CC. O agravado é casado em regime de comunhão parcial de bens, em que os proventos do trabalho pessoal de cada cônjuge não se comunicam, a teor do art. 1.667 do CC, de modo que, considerando que a dívida foi contraída exclusivamente por aquele em cujo proveito não foi revertido ao casal mas a ele próprio, mostra-se incabível a penhora *on-line* diretamente nas contas da sua esposa. Agravo desprovido. (TJRS, AI n. 50388185720228217000/RS, 16ª Câm. Cível, rel. Deborah Coleto Assumpção de Moraes, j. 14.04.2022, publ. 15.04.2022)

União estável. Sentença de parcial procedência. Recurso dos réus em relação à partilha dos bens comuns. Imóvel adquirido durante a constância da convivência. Ausência de prova de que o irmão da corré tenha passado a pagar as parcelas vincendas do financiamento como forma de compensá-la pelo fato de ter ficado com a integralidade de imóvel transmitido a ambos por herança. Inaplicabilidade do art. 1.659, I, do CC. Partilha do imóvel e do financiamento imobiliário mantida. Ressalva de que aquele que pagou sozinho a parcela do financiamento após a separação de fato poderá cobrar a metade que cabe à outra parte em fase de cumprimento de sentença. Valores recebidos a título de verbas indenizatórias trabalhistas e FGTS relativos ao período aquisitivo cumprido durante o relacionamento que são passíveis de partilha. Precedentes do Eg. STJ e desta Col. Câmara. Recurso parcialmente provido. (TJSP, Ap. Cível n. 1012094-83.2019.8.26.0361/SP, 1ª Câm. de Dir. Priv., rel. Alexandre Marcondes, j. 14.03.2022, publ. 14.03.2022)

Apelação. Reconhecimento e dissolução de união estável e partilha de bens. Pretensão de partilha de bem imóvel adquirido durante a constância do casamento. Sub-rogação comprovada quanto ao pagamento, quase integral, do valor do bem à época da aquisição, por parte da apelante, através da venda de bem particular seu, utilizado como parte do pagamento para aquisição do imóvel. Inteligência do art. 1.659, I e II, do CC. Inversão do ônus sucumbencial. Verba honorária majorada consoante art. 85, § 11, do CPC. Sentença reformada. Recurso provido. (TJSP, Ap. Cível n. 1057148-48.2020.8.26.0002/SP, 10ª Câm. de Dir. Priv., rel. Jair de Souza, j. 03.03.2022, publ. 03.03.2022)

Agravo de instrumento. Execução de título extrajudicial. Cédula de crédito bancário. Pedido do exequente de pesquisa de bens e ativos financeiros em nome do cônjuge da executada, na proporção de sua meação. Indeferimento do pedido. Decisão do juízo *a quo* acertada. Excluem-se da comunhão de bens as dívidas e obrigações contraídas anteriormente ao casamento. Exegese dos arts. 1.659 e 1.668 do CC. Inexistência de indícios de que o débito ora cobrado tenha servido ao pagamento de aprestos do matrimônio ou revertido em proveito comum do casal. Recurso desprovido. (TJSP, AI n. 2274918-25.2021.8.26.0000/SP, 22ª Câm. de Dir. Priv., rel. Edgard Rosa, j. 17.12.2021, publ. 17.12.2021)

Civil e processual civil. Apelação cível. Dissolução de união estável. Partilha de bens. Direitos incidentes sobre valor dado de entrada em imóvel. Veículo automotor. Sub-rogação de bem anterior exclusivo. Art. 1.659 do CC/16. Prova. Art. 373 do CPC. Não comprovação. Sentença mantida. 1 – Apelação contra sentença que julgou parcialmente procedentes os pedidos formulados em ação de dissolução de união estável, com a consequente partilha dos bens. 2 – Apesar da alegação de que vendeu o ágio de lote para seu primo durante a constância da união estável, tendo utilizado o valor obtido em proveito do casal, o recorrente deixou de produzir provas nesse sentido, em desatenção ao art. 373 do CPC. 3 – Nos termos do art. [1.659] do CC, excluem-se da partilha "os bens adquiridos com valores exclusivamente pertencentes a um dos cônjuges em sub-rogação dos bens particulares". 3.1 – O apelante não comprovou que o veículo adquirido durante a união estável teve como parte do pagamento outro veículo, de propriedade exclusiva. 4 – Recurso improvido. (TJDF, Proc. n. 0006042-75.2014.8.07.0011, rel. João Egmont, j. 22.03.2017, *DJe* 31.03.2017)

Agravo interno no agravo em recurso especial. Civil. Separação judicial e partilha de bens. Pretensão de inclusão de bem produto de doação. Incidência da Súmula n. 7/STJ. Recurso não provido. 1 – Consoante entendimento desta Corte Superior de Justiça à cláusula de incomunicabilidade dos bens recebidos em doação por um dos cônjuges decorre da lei (art. 1.659, I, do CC/2002), sendo prescindível a inclusão de referida regra no contrato correspondente. 2 – A reforma do julgado demandaria, necessariamente, o revolvimento do conjunto fático-probatório dos autos, providência vedada no âmbito do recurso especial, a teor do disposto na Súmula n. 7/STJ. 3 – Registra-se que "a errônea valoração da prova que enseja a incursão desta Corte na questão é a de direito, ou seja, quando decorre de má aplicação de regra ou princípio no campo probatório e não para que se colham novas conclusões sobre os elementos informativos do processo" (Ag. Int. no AREsp n. 970.049/RO, 4ª T., rel. Min. Maria Isabel Gallotti, j. 04.05.2017, *DJe* 09.05.2017). 4 – Agravo interno a que se nega provimento. (STJ, Ag. Int. no AREsp n. 1.148.044/AM, 4ª T., rel. Min Lázaro Guimarães (des. conv. do TRF-5ª R.), j. 23.08.2018, *DJe* 29.08.2018)

Agravo de instrumento. Sobrepartilha de bens. Processo de inventário. Suspensão. Ação de reconhecimento de união estável. Bens provenientes de sucessão. Bens não partilháveis. Conforme disposto nos arts. 1.658 e 1.659, do CC, no regime da comunhão parcial, comunicam-se os bens que sobrevierem ao casal na constância do matrimônio, excluindo-se aqueles que cada cônjuge possuía antes do casamento, os provenientes de doação ou sucessão, além daqueles adquiridos mediante sub-rogação. Considerando que os bens discutidos no processo sobrevêm de herança dos genitores do *de cujus*, os quais são excluídos de eventual partilha em favor da companheira, não há razão para que se suspenda o curso do processo de inventário. (TJMG, AI n. 1.0672.05.177822-9/001, rel. Des. Paulo Balbino, j. 28.06.2018)

Recurso especial. Direito de família. União estável. Regime de bens. Comunhão parcial. Previdência privada. Modalidade fechada. Contingências futuras. Partilha. Art. 1.659, VII, do CC/2002. Benefício excluído. Meação de dívida. Possibilidade. Súmula n. 7/STJ. Preclusão consumativa. Fundamento autônomo. 1 – Cinge-se a controvérsia a identificar se o benefício de previdência privada fechada está incluído dentro no rol das exceções do art. 1.659, VII, do CC/2002 e, portanto, é verba excluída da partilha em virtude da dissolução de união estável, que observa, em regra, o regime da comunhão parcial dos bens. 2 – A previdência privada possibilita a constituição de reservas para contingências futuras e incertas da vida por meio de entidades organizadas de forma autônoma em relação ao regime geral de previdência social. 3 – As entidades fechadas de previdência complementar, sem fins lucrativos, disponibilizam os planos de benefícios de natureza previdenciária apenas aos empregados ou grupo de empresas aos quais estão atrelados e não se confundem com a relação laboral (art. 458, § 2º, VI, da CLT). 4 – O art. 1.659, VII, do CC/2002 expressamente exclui da comunhão de bens as pensões, meios-soldos, montepios e outras rendas semelhantes, como, por analogia, é o caso da previdência complementar fechada. 5 – O equilíbrio financeiro e atuarial é princípio nuclear da previdência complementar fechada, motivo pelo qual permitir o resgate antecipado de renda capitalizada, o que em tese não é possível à luz das normas previdenciárias e estatutárias, em razão do regime de casamento, representaria um novo parâmetro para a realização de cálculo já extremamente complexo e desequilibraria todo o sistema, lesionando participantes e beneficiários, terceiros de boa-fé, que assinaram previamente o contrato de um fundo sem tal previsão. 6 – Na partilha, comunicam-se não apenas o patrimônio líquido, mas também as dívidas e os encargos existentes até o momento da separação de fato. 7 – Rever a premissa de falta de provas aptas a considerar que os empréstimos beneficiaram a família, demanda o revolvimento do acervo fático-probatório dos autos, o que atrai o óbice da Súmula n. 7 deste superior tribunal. 8 – Recurso especial não provido. (STJ, REsp n. 1.477.937/MG, 3ª T., rel. Min. Ricardo Villas Bôas Cueva, j. 27.04.2017, *DJe* 20.06.2017)

Processual civil e civil. Direito de família. Divórcio. Partilha de bem. Regime da comunhão parcial de bens. Imóvel adquirido pelo cônjuge varão antes do casamento. Incomunicabilidade. Exclusão da partilha. União estável anterior ao casamento. Inexistência. Prova. Ausência. Cerceamento de defesa. Prova testemunhal. Deferimento. Não produção. Audiência. Encerramento. Alegação. Omissão. Nulidade. Primeira oportunidade para falar nos autos. Preclusão. 1 – Consoante regra estratificada no art. 245 do CPC, a nulidade deve ser alegada pela parte na primeira oportunidade que falar nos autos após sua ocorrência, sob pena de preclusão, donde emerge que, omitida, na audiência de instrução e julgamento, a oitiva de testemunhas previamente arroladas e cuja audição havia sido deferida, a ausência de impugnação da parte interessada na própria audiência e em suas alegações finais nos 10 dias que seguiram à sua realização importa o aperfeiçoamento da preclusão temporal sobre a matéria, obstando que, em lhe sendo desfavorável o julgado, venha a aventar a caracterização de cerceamento de defesa em razão da não oitiva das testemunhas que havia indicado. 2 – Sob a regulação legal, o casamento realizado sob o regime da comunhão parcial de bens resulta na presunção de que os bens adquiridos na constância do vínculo a título oneroso comunicam-se, passando a integrar o acervo comum, devendo ser rateados na hipótese de dissolução do relacionamento conjugal, observadas as exceções estabelecidas pelo próprio legislador à presunção legal emoldurada como forma de ser preservado o alcance do regime patrimonial eleito (CC, arts. 1.658, 1.659, II, e 1.660, I). 3 – Aferido que o imóvel no qual residia o casal fora adquirido pelo cônjuge varão antes do casamento e que não restara evidenciada a existência de convivência em regime de união estável anterior à sua celebração, resta obstada, em se tratando de casamento regrado pelo regime da comunhão parcial de bens, a inclusão do bem na partilha ante a dissolução do vínculo conjugal, porquanto os bens que cada cônjuge possuir ao casar são excluídos da comunhão sob aquela regulação (CC, art. 1.659, I). 4 – Apelação conhecida e desprovida. Unânime. (TJDF, Ap. Cível n. 20120710188504, 1ª T. Cível, rel. Des. Teófilo Caetano, j. 06.05.2015, *DJe* 27.05.2015)

Veja no art. 1.658 a seguinte decisão: STJ, Ag. Reg. no AREsp n. 258.465/SP, 4ª T., rel. Min. Luis Felipe Salomão, j. 03.02.2015, *DJe* 24.02.2015.

Partilha de bens. Casamento contraído pelo regime de comunhão parcial de bens. Acervo comum em que não se inserem os bens que cada cônjuge já possuía ao casar, aqueles adquiridos com valores particulares e os que se sub-rogarem em seu lugar. Partilha que recaiu sobre bens particulares do réu. Impossibilidade. Inteligência do art. 1.659, I e II, do CC. Recurso provido. (TJSP, Ap. n. 0000724-66.2008.8.26.0408, 4ª Câm. de Dir. Priv., rel. Milton Carvalho, j. 02.10.2014)

Divórcio. Partilha de bens. Regime de comunhão parcial. Determinação de partilha dos bens comuns na proporção de 50% para cada parte, excluído imóvel adquirido exclusivamente pelo réu antes do casamento. Concordância do réu, em contestação, com a partilha do bem imóvel, sendo 50% para cada parte do valor arrecadado com a alienação do imóvel, subtraída a quantia necessária à quitação do contrato de alienação fiduciária em garantia. Inexistência de controvérsia. Questão patrimonial de cunho disponível. Transação que deve ser prestigiada. Bens móveis. Comunicação dos bens adquiridos na constância do casamento que se impõe, mas apenas com relação àqueles cuja existência foi comprovada. Recurso parcialmente provido. (TJSP, Ap. n. 4002052-52.2013.8.26.0451, 4ª Câm. de Dir. Priv., rel. Milton Carvalho, j. 04.09.2014)

Ação de prestação de contas. Sociedade empresária. Ilegitimidade passiva. Ex-cônjuge titular de quotas de sociedade empresária. Bens comuns do casal não partilhados. Dever do administrador ou gerente de prestar contas. *Pro labore*. Remuneração paga ao administrador. Exclusão do rol de bens comunicáveis entre os cônjuges (CCB, art. 1.659, VI). Inexistência de obrigação de prestar contas. Recurso provido em parte. Sendo a obrigação de prestar contas pessoal e exclusiva dos sócios ou gerentes que administram a sociedade, a teor do art. 1.020 do CC, resta configurada a ilegitimidade passiva da pessoa jurídica para a ação de prestação de contas. A ação de prestação de contas tem o escopo de obter a análise pormenorizada dos efeitos patrimoniais de determinada relação jurídica, promovendo o acertamento dos créditos e débitos existentes entre aqueles que desta participam. À autora-apelante não é dado exigir do réu-apelado prestação de contas acerca dos valores por ele percebidos a título de *pro labore* após a separação, visto que tais rendimentos não se comunicam entre os cônjuges, a teor do art. 1.659, VI, do CC. Quanto a esse tópico, improcede, portanto, o pleito exordial. Com relação à situação econômico-financeira e patrimonial da sociedade empresária, o pedido inicial é procedente. Isso porque, sendo o réu indiscutivelmente titular de quotas da pessoa jurídica, adquiridas na constância de seu casamento com a autora, tais bens, em tese, comunicam-se entre os cônjuges, a teor dos arts. 1.658 e 1.660, I, do CC. Não há dúvida, portanto, que se tratam de bens comuns do casal, os quais estão, entretanto, sob a posse e administração exclusiva do ora apelado. Exsurge daí, por conseguinte, o direito da meeira-apelante de exigir contas, de forma a aferir e quantificar os ativos, passivos, resultados e patrimônio da pessoa jurídica, cujas quotas constituem bens comuns de propriedade do casal, para efeito de futura partilha. Preliminar de ilegitimidade passiva de B.D.P.P.B. Ltda. acolhida no mérito, recurso provido em parte. (TJMG, Ap. Cível n. 1.0024.08.074634-0/001, 17ª Câm. Cível, rel. Eduardo Mariné da Cunha, *DJe* 05.08.2014)

Direito de família. Divórcio. Casamento sob o regime de comunhão parcial. Partilha dos bens e das dívidas. 1 – Comunicam-se os bens adquiridos na constância do casamento, a título oneroso, ainda que só em nome de um dos cônjuges (CC, arts. 1.658 e 1.660, I). 2 – Excluem-se da comunhão, entretanto, os bens que cada cônjuge possuía ao casar, os que sobrevieram, por doação ou sucessão, e os sub-rogados em seu lugar; bem como os adquiridos com valores exclusivamente pertencentes a um dos consortes, em sub-rogação dos bens particulares (art. 1.659, I, e II, do CC). 3 – As dívidas contraídas durante a união, para beneficiar a família, também serão partilhadas entre os cônjuges, no caso de dissolução do vínculo conjugal. 4 – As dívidas decorrentes de empréstimos bancários realizados em nome de quaisquer dos consortes, durante a constância de matrimônio em regime de comunhão parcial de bens, presumem-se como feitas em proveito do patrimônio comum do casal, salvo se comprovado que o débito foi contraído em benefício exclusivo de um dos cônjuges. 5 – O art. 1.643, I e II, do CC contém permissão para que qualquer dos cônjuges, independente de autorização do outro, possa adquirir os bens necessários à mantença da família, ainda que por meio de empréstimo. Tais dívidas, por reverterem em benefício da entidade familiar, obrigam solidariamente ambos os consortes (CC, art. 1.644). 6 – Recurso conhecido e não provido. (TJDFT, Proc. n. 20130110379403 (808316), rel. Des. Waldir Leôncio Lopes Júnior, *DJe* 01.08.2014, p. 82)

Agravo de instrumento. Ação de reintegração de posse ajuizada contra ex-cônjuge e filhos. Bens particulares do autor/agravante. Questão meramente patrimonial. Competência da vara cível. Decisão agravada anulada. Recurso provido. 1 – No caso, o magistrado, entendendo que a matéria versada nos autos poderia envolver questões decorrentes da relação familiar, declinou de sua competência e determinou a remessa dos autos para a Vara de Família. 2 – Bens particulares do agravante adquiridos por sub-rogação que são excluídos da comunhão (art. 1.659, I e II, do CC). 3 – Inexistência de bens comuns entre o casal. 4 – Direito da ex-cônjuge que se limita na partilha das benfeitorias realizadas e comprovadas e nos frutos dos bens particulares do agravante, percebidos na constância do casamento, ou pendentes ao tempo de cessar a comunhão (art. 1.660, IV e V, do CC). 5 – Questão meramente patrimonial. 6 – Competência da Vara Cível. 7 – Decisão anulada. 8 – Recurso provido. (TJES, AI n. 0005268-18.2014.8.08.0011, rel. Janete Vargas Simões, *DJe* 11.07.2014)

Reconhecimento de união estável. Partilha de bens. Regime da comunhão parcial. Regras do instituto. Aplicação ao caso concreto. Recursos desprovidos. Na ausência de contrato de convivência, o regime de bens na união estável é o da comunhão parcial, na forma do art. 1.725, do CC, comunicando-se os bens que sobrevieram ao casal, na constância do relacionamento, por força do art. 1.658 do CC, independentemente da prova de contribuição efetiva do outro convivente. Não provada, de maneira inconcussa, a alegada aquisição com valores exclusivamente pertencentes a um dos cônjuges, em sub-rogação de bens particulares, na forma do art. 1.659, II, CC, prevalece a regra geral da comunicabilidade. Recursos desprovidos. (TJMG, Ap. Cível n. 1.0024.10.271784-0/001, 1ª Câm. Cível, rel. Eduardo Andrade, *DJe* 05.06.2014)

Apelação cível. União estável. Regime de comunhão parcial dos bens. Imóvel da família do requerido. Descabimento de partilha. Ausência de provas da permuta formal com o imóvel do casal. Apelo desprovido. Na união estável, de acordo com o art. 1.725 do CC, o regime de bens aplicável é o da comunhão parcial, sendo considerados aquestos os bens adquiridos durante a convivência. Nestes termos, não há que se cogitar da partilha de bem adquirido pelo companheiro antes da vigência da união estável, nos termos do art. 1.659, I, do CC. No caso em tela, não há comprovação alguma de que houve a permuta formal do imóvel adquirido conjuntamente pelo casal por aquele que era da família do apelado, razão pela qual não pode ser este objeto de partilha. (TJMG, Ap. Cível n. 1.0568.11.000725-5/001, rel. Des. Versiani Penna, j. 20.06.2013, *DJ* 28.06.2013)

União estável. Reconhecimento e dissolução. Alimentos. Autora jovem que reúne plenas condições de se reinserir no mercado de trabalho e prover seu próprio sustento. Partilha. Comunhão parcial de bens. Presunção de colaboração da mulher na constituição de patrimônio. Imóvel recebido por herança pelo réu constitui bem particular sobre o qual não incide a partilha. Quantia desviada da conta de titularidade do réu para a conta de seu sobrinho poucos meses antes da data da dissolução da união estável. Ausência de qualquer justificativa do réu quanto à destinação desses valores. Partilha que deverá incidir sobre tal montante. Recurso provido em parte para este fim. (TJSP, Ap. Cível n. 0006160-18.2011.8.26.0079, 4ª Câm. de Dir. Priv., rel. Milton Carvalho, j. 06.06.2013)

Embargos de terceiro. Afastamento da extinção do feito sem julgamento de mérito. Presença de todas as condições da ação. Aplicação do disposto no art. 515, § 3º, do CPC [art. 1.013, § 3º, I, do CPC/2015], com julgamento de mérito. Penhora de imóvel nos autos de ação de indenização na qual a embargante não é parte. Impenhorabilidade do imóvel alegada pelo marido da embargante afastada nos autos daquele processo, uma vez que não restaram demonstradas as características de bem de família. Meação do cônjuge, contudo, que deverá ser preservada, na medida em que não concorreu para o ato ilícito que ensejou a reparação e que não se beneficiou do mesmo. Inteligência do art. 1.659, IV, do CC. Sucumbência recíproca. Sentença de extinção nos termos do art. 267, VI, do CPC [art. 485, VI, do CPC/2015]. Reforma. Procedência parcial dos embargos, partilha dos respectivos ônus. Recurso provido. (TJSP, Ap. n. 0008343-36.2012.8.26.0625/Taubaté, 10ª Câm. de Dir. Priv., rel. Márcia Regina Dalla Déa Barone, j. 30.04.2013, *DJ* 02.05.2013)

Ação de divórcio. Partilha. Imóvel. Ausência de provas de que a aquisição do bem e a edificação de casa se deu durante o relacionamento. Exclusão da divisão. Existência de outro terreno havido em herança pela autora. Art. 269, *caput*, do CC/1916 c/c art. 1.659, I, do CC atual. Incomunicabilidade. Por outro lado, ausência de prova sólida de construção de acessão naquele local durante a relação. Mobília. Relação não pormenorizada a contento. Exclusão da divisão. Automóvel. Existência do veículo incontroversa. Partilha necessária. Empresa. Meação correspondente ao patrimônio apurado na época do desate conjugal. Honorários. Sucumbência recíproca. Recursos parcialmente providos. (TJSC, Ap. Cível n. 2013.003026-1/São José, 3ª Câm. de Dir. Civil, rel. Maria do Rocio Luz Santa Rita, j. 30.04.2013)

Divórcio. Recurso adstrito à partilha de bens. Instrumentos de trabalho do autor que constituem bens próprios, mesmo adquiridos a título oneroso na constância do casamento, em face de previsão legal expressa. Inteligência do art. 1.659, V, do CC. Imóvel corretamente partilhado em sentença, uma vez que embora o compromisso de venda e compra tenha sido celebrado antes do casamento, dele constam os dois cônjuges como adquirentes. Autora que não comprovou alegada aquisição do bem com recursos exclusivos seus. Partilha de direitos sobre imóvel prometido à venda ao autor na constância do casamento. Questão incontroversa. Recurso parcialmente provido. (TJSP, Ap. n. 0077074-47.2011.8.26.0002, 6ª Câm. de Dir. Priv., rel. Francisco Loureiro, j. 11.04.2013, *DJ* 12.04.2013)

Divórcio. Partilha. Alegação de que bem imóvel foi adquirido com recursos exclusivos da ré. Na falta de provas acerca do efetivo recebimento de valores a título de doação, deve ser privilegiada a regra de que se comunicam os bens adquiridos na constância do casamento. Ausência de provas de que as parcelas referentes ao arrendamento mercantil de veículo contratado pelas partes tenham sido pagas exclusivamente pela ré. Litigância de má-fé não caracterizada, pois não evidenciada a prática de conduta dolosa. Precedentes do STJ. Recurso desprovido. (TJSP, Ap. n. 0003122-51.2011.8.26.0320, 4ª Câm. de Dir. Priv., rel. Milton Carvalho, j. 04.04.2013)

Partilha. Divórcio anteriormente realizado. Cerceamento de defesa não caracterizado. Requerimento de produção de prova inútil à demonstração do fato alegado. Na falta de provas de que o réu é titular de direitos sobre imóvel, inviável partilhar o bem entre as partes. Conjunto probatório que indica ser o réu mero locatário do imóvel. Valores auferidos pelo réu em decorrência de atividade comercial desenvolvida após a separação do casal que não integram a comunhão (art. 1.659, VI, CC). Importâncias amealhadas pela autora na constância do casamento devem ser objeto de partilha. Recurso desprovido. (TJSP, Ap. Cível n. 0026908-71.2011.8.26.0564, 4ª Câm. de Dir. Priv., rel. Milton Carvalho, j. 04.04.2013)

Agravo de instrumento. Ação monitória, em fase de cumprimento de sentença. Pretensão de penhora de direitos sobre bens pertencentes ao suposto companheiro da devedora. Inadmissibilidade independentemente do reconhecimento ou não da existência de união estável, não é possível a penhora de bens do suposto companheiro da devedora. Dívida contraída anteriormente à suposta constituição da união estável. Incomunicabilidade. Inteligência do art. 1.659, III, do CC. Recurso desprovido. Litigância de má-fé. Não ocorrência. Conduta processual da agravante que não extrapolou os limites do regular exercício do direito de defesa de seus interesses em juízo. (TJSP, AI n. 0014691-68.2013.8.26.0000/São José do Rio Pardo, 12ª Câm. de Dir. Priv., rel. Castro Figliolia, j. 03.04.2013, *DJ* 04.04.2013)

Divórcio. Alimentos e partilha. Pedido de redução da prestação alimentícia. Sentença que observou o binômio legal e fixou os alimentos em 30% sobre os rendimentos líquidos do apelante, que é empresário. Ausência de prova quanto à impossibilidade de suportar o encargo. Partilha. Regime de bens. Comunhão parcial. Meação. Veículo objeto de financiamento, quitado e vendido antes da decretação do divórcio. Impossibilidade de se excluir da partilha automóvel que o réu afirma ter vendido durante a relação conjugal. Transferência do valor da venda para empresa em que a apelada é cotista, para aquisição de nova frota de automóveis, que não restou comprovada. Ônus da prova do réu (art. 333, II, do CPC) [art. 373, II, do CPC/2015]. Sentença integralmente mantida. Recurso desprovido (TJSP, Ap. Cível n. 0046650-11.2010.8.26.0114, 4ª Câm. de Dir. Priv., rel. Milton Carvalho, j. 21.03.2013)

União estável. Reconhecimento e dissolução. Aplicação do regime de comunhão parcial de bens. Presunção de colaboração do convivente na constituição de patrimônio. Ausência de que qualquer dos bens do casal tenha sido adquirido em uma das hipóteses previstas pelo art. 1.659 do CC. Partilha da integralidade dos bens que sobrevieram aos companheiros na vigência da união. Recurso não provido. (TJSP, Ap. n. 0002837-24.2009.8.26.0257, 4ª Câm. de Dir. Priv., rel. Milton Carvalho, j. 29.11.2012)

Recurso especial (art. 105, III, *a*, da CF). Procedimento de inventário. Primeiras declarações. Aplicação financeira mantida por esposa do *de cujus* na vigência da sociedade conjugal. Depósito de proventos de aposentadoria. Possibilidade de inclusão dentre o patrimônio a ser partilhado. Perda do caráter alimentar. Regime de comunhão universal. Bem que integra o patrimônio comum e se comunica ao patrimônio do casal. Exegese dos arts. 1.668, V, e 1.659, VI, ambos do CC. Recurso desprovido. 1 – Não se conhece da tese de afronta ao art. 535, I e II, do CPC [art. 1.022, I e II, do CPC/2015] formulada genericamente, sem indicação do ponto relevante ao julgamento da causa supostamente omitido no acórdão recorrido. Aplicação da Súmula n. 284/STF, ante a deficiência nas razões recursais. 2 – Os proventos de aposentadoria, percebidos por cônjuge casado em regime de comunhão universal e durante a vigência da sociedade conjugal, constituem patrimônio particular do consorte ao máximo enquanto mantenham caráter alimentar. Perdida essa natureza, como na hipótese de acúmulo do capital mediante depósito das verbas em aplicação financeira, o valor originado dos proventos de um dos consortes passa a integrar o patrimônio comum do casal, devendo ser partilhado quando da extinção da sociedade conjugal. Interpretação sistemática dos comandos contidos nos arts. 1.659, VI, e 1.668, V, 1.565, 1.566, III, e 1.568, todos do CC. 3 – Recurso especial parcialmente conhecido e desprovido. (STJ, REsp n. 1.053.473/RS, 4ª T., rel. Min. Marco Buzzi, j. 02.10.2012)

Divórcio. Cerceamento de defesa. Inocorrência. Comprovação da propriedade dos bens cuja partilha é discutida que já se encontrava nos autos. Desnecessidade de produção de prova oral. Partilha de bens. Regime da comunhão parcial. Demonstração de que quatro dos cinco imóveis em nome da varoa foram recebidos a título de doação por seus genitores. Patrimônio exclusivo que é excluído da partilha (CC, art. 1.659, I). Integra a comunhão, porém, o bem adquirido onerosamente pela varoa na constância do casamento (CC, art. 1.660, I). Pedido de instituição de direito real de habitação em favor do varão que não goza de respaldo legal, uma vez que a possibilidade do art. 1.831 do CC é aplicável apenas ao cônjuge supérstite, por ocasião da abertura da sucessão legítima e que não se estende ao divórcio. Sentença mantida. Recurso desprovido. (TJSP, Ap. Cível n. 0016889-84.2011.8.26.0344, rel. Milton Carvalho, j. 28.06.2012, voto n. 3.172)

Apelação. Partilha. Bem recebido em adiantamento de legítima dos pais. Recurso adesivo. Ações. Casa. Carro. Caso em que os pais do apelante receberam, em dação de pagamento, dois lotes, como pagamento pela venda de uma área maior de terra que era deles; e no qual doaram ao filho os dois lotes que receberam. A doação dos pais ao filho, a não ser que haja expressa menção em contrário, constitui adiantamento de legítima. Inteligência e leitura combinada dos arts. 544, 2.005 e 2.006, todos do CCB. Como o apelante era casado com a apelada pelo regime da comunhão parcial, a herança adiantada que ele recebeu dos pais é incomunicável. Inteligência do art. 1.659, I, do CCB. Caso de sentença que determinou partilha de ações, mas no qual inexiste prova de que as ações existam, ou de qual a titularidade delas. Mas não se partilha bem sem prova de existência e de titularidade. Precedentes jurisprudenciais. Provado que uma casa foi construída pelo recorrido antes do casamento, adequada a sua exclusão da partilha. Mas provada a existência de reformas levadas a cabo ao longo do casamento, isso deve ser objeto de partilha, em liquidação de sentença. Não há como decidir com mérito sobre pedido de partilha de carro registrado em nome de terceiro que não participou do processo. Precedentes jurisprudenciais. Deram provimento ao apelo, e deram parcial provimento ao recurso adesivo. (TJRS, Ap. Cível n. 70.047.391.776, 8ª Câm. Cível, rel. Rui Portanova, j. 28.06.2012)

Apelação cível. Família. Ação de divórcio. Alimentos em favor da divorcianda e partilha de automóvel. Não conhecimento. Partilha do produto da venda de um imóvel recebido pelo varão através de herança. Incomunicabilidade. Pensão alimentícia em favor da filha menor. Majoração descabimento. Prequestionamento. 1 – Não merece ser conhecido o recurso no ponto em que postula a fixação de alimentos em favor da divorcianda, pois esse pedido foi formulado na origem apenas por ocasião da apresentação da réplica, quando já ultrapassado o momento para aditamento do pedido inicial (art. 294 do CPC) [art. 329, I, do CPC/2015], de modo que, não tendo o demandado se manifestado a respeito, impossibilitado está o pronunciamento judicial. 2 – Ainda que seja possível decidir sobre a partilha de bem arrolado pela autora somente por ocasião da réplica, o que ocorreu em relação a um veículo, é necessário, para tanto, seja garantido à parte ré o direito ao contraditório, o que, no caso dos autos, não se verificou, razão por que, do mesmo modo, não merece ser conhecida a insurgência no que se refere ao pedido de sua partilha. 3 – Não integra o acervo partilhável o produto da venda de bem imóvel transferido ao varão durante o casamento em razão da herança de seu genitor (art. 1.659, I, do CC), transação, aliás, que ocorreu com a autorização da recorrente ainda na vigência do casamento. 4 – Os elementos probatórios constantes dos autos não autorizam seja majorada a verba alimentícia arbitrada na origem em favor da filha menor, pois atende bem as suas necessidades e, ao mesmo tempo, as possibilidades do alimentante. 5 – O magistrado não está obrigado a se manifestar sobre todos os dispositivos legais invocados pelas partes, necessitando, apenas, indicar o suporte jurídico no qual embasa seu juízo de valor, entendendo ter dado à matéria a correta interpretação jurídica. Apelo parcialmente conhecido e, nesta parte, desprovido. (TJRS, Ap. Cível n. 70.047.344.049, 8ª Câm. Cível, rel. Ricardo Moreira Lins Pastl, j. 14.06.2012)

Ação de separação litigiosa. Partilha de bens. Regime da separação obrigatória de bens. Comunicação dos aquestos. Prova. Imóvel adquirido com o uso do FGTS. 1 – Se o regime de bens do casamento era o da separação obrigatória, comunicam-se os bens adquiridos a título oneroso durante a convivência conjugal, sendo descabido questionar qual a contribuição do cônjuge para aquisição do patrimônio comum. Súmula n. 377 do STF. 2 – O FGTS constitui "provento do trabalho pessoal" e não se comunica entre os cônjuges, *ex vi* do art. 1.659, VI, do CC, e quando o pagamento do imóvel é feito mediante expressa entrega do próprio FGTS, opera-se, de forma inequívoca, a sub-rogação, devendo esse ser abatido do valor do imóvel. 3 – Não restando comprovado que o veículo que o varão possuía antes de iniciar a relação tenha sido dado em pagamento daquele adquirido na constância do casamento, imperiosa a partilha igualitária desse bem, pois a sub-rogação é exceção à regra da comunicabilidade e, para ser admitida, deve ficar cabalmente demonstrada. Recursos desprovidos. (TJRS, Ap. Cível n. 70.045.731.734, 7ª Câm. Cível, rel. Sérgio Fernando de Vasconcellos Chaves, j. 13.06.2012)

Apelação cível. Ação de divórcio direto litigioso. Partilha dos bens. Regime da comunhão parcial. Imóvel recebido por sucessão. Exclusão. Art. 1.659, I, do CC. Sentença mantida. Recurso desprovido. Não se comunicam os imóveis recebidos por sucessão na constância do casamento regido pela comunhão parcial de bens, *ex vi* do art. 1.659, I, do CC. (TJSC, Ap. Cível n. 2012.023848-6/São José, 3ª Câm. de Dir. Civil, rel. Fernando Carioni, j. 08.06.2012)

Veja no art. 1.658 os seguintes acórdãos: TJSP, Ap. n. 0015623-44.2007.8.26.0363, rel. Milton Carvalho, j. 10.05.2012; TJSP, Ap. Cível n. 0037687-56.2009.8.26.0564, rel. Milton Carvalho, j. 15.12.2011.

Agravo de instrumento. Ação declaratória de ineficácia de título de crédito e reconvenção de cobrança, em fase de cumprimento de sentença. Rejeição da impugnação. Preliminar rejeitada. Incidência dos juros moratórios de 0,5% ao mês, nos termos do art. 1.062 do CC/1916, a contar da intimação para contestar a reconvenção até o advento do novo CC, a partir de quando o percentual será de 1% ao mês, a teor dos arts. 406 do estatuto de 2002 c/c 161, § 1°, do CTN. Inalterabilidade do julgado. Inexistência de ofensa à coisa julgada. Bloqueio de numerário, em fundo de investimento. Inaplicabilidade do disposto no art. 649, X, do CPC [art. 833, X, do CPC/2015]. União estável. Regime da comunhão parcial de bens. Inteligência do art. 1.725 do CC/2002. Irrelevância da data de início da constituição para fins de meação. Valores bloqueados oriundos do salário da convivente, excluídos da comunhão. Art. 1.659, VI, do diploma civil. Cabimento e necessidade de fixação dos honorários advocatícios. Continuidade da intervenção dos órgãos promoventes da atividade jurisdicional. Necessidade de remuneração do trabalho profissional na efetivação do direito já reconhecido. Recurso improvido. Maioria de votos. (TJSP, AI n. 990100969498, 20ª Câm. de Dir. Priv., rel. Des. Correia Lima, j. 30.08.2010)

Civil. Família. Casamento. Regime de bens. Comunhão parcial. Dissolução. Partilha. Exclusão dos instrumentos de profissão. V do art. 1.659 do CC. Comprovado que o veículo adquirido na constância do casamento é destinado ao exercício da profissão de taxista, deve ser excluído da meação (V do art. 1.659 do CC). (TJMG, Ap. Cível n. 1.0686.08.222002-7/001(1), rel. Des. Manuel Saramago, j. 12.08.2010)

Ação de separação litigiosa. Partilha de imóvel. Bem adquirido com valores exclusivamente pertencentes a um dos cônjuges em sub-rogação dos bens particulares. Incomunicabilidade. Regime de comunhão parcial de bens. Bem adquirido na constância do casamento. Ausência de lastro probatório. Sentença mantida. Consoante disposição contida no art. 1.659, II, do CC, os bens adquiridos com valores exclusivamente pertencentes a um dos cônjuges em sub-rogação dos bens particulares são incomunicáveis, não integrando a partilha. Impossível realizar a partilha do imóvel requerido, se o apelante ao longo da instrução não se desincumbiu do ônus de provar que o referido bem fora adquirido na constância do casamento, com contribuição de ambos os cônjuges. (TJMG, Ap. Cível n. 1.0024.07.778931-1/001(1), rel. Des. Vieira de Brito, j. 15.07.2010)

Apelações cíveis. Separação judicial. Regime da comunhão parcial. Partilha. Doação. Deve-se excluir da partilha dos bens comuns dos separandos, os valores advindos para a compra e benfeitorias no imóvel, oriundos de doação dos genitores feita em favor do varão, a qual restou documentada em testamento por escritura pública. A doação só pode ser considerada como em favor do casal de cônjuges, quando expressamente assim instituída. Art. 1.559, I, e art. 1.660, III, CC. A dívida contraída pela mulher antes do casamento, e quitada na sua vigência, deve ser descontada de sua meação no patrimônio comum (arts. 1.666 e 1.659, III, CC). Alimentos. Descabe o pensionamento alimentar pleiteado pela mulher, sendo esta jovem e apta para o trabalho, o qual desempenhou na condição de advogada, antes e durante o casamento. Apelações cíveis parcialmente providas. (TJRS, Ap. Cível n. 70.033.332.271, 7ª Câm. Cível, rel. Des. André Luiz Planella Villarinho, j. 07.07.2010)

Não obstante no regime de comunhão parcial de bens, somente sejam partilhados aqueles bens adquiridos a título oneroso durante o casamento, não se comunicando, portanto, os adquiridos antes do casamento, a não ser que haja disposição em contrário em pacto antenupcial, e, ainda, apesar da norma do art. 1.659, V, CC, segundo a qual ficam excluídos da comunhão "os proventos do trabalho pessoal de cada cônjuge", a jurisprudência pátria tem entendido que as referidas verbas, quando sacadas ou recebidas na constância do casamento, perdem o caráter de fruto civil, devendo, portanto, serem partilhadas. (TJMG, Ap. Cível n. 1.0701.09.250050-6/001(1), rel. Des. Edivaldo George dos Santos, j. 27.04.2010)

Civil. Família. União estável. Reconhecimento. Ausência de coabitação das partes. Desnecessidade. Violação ao art. 1.723 do CC não configurada. Partilha. Imóvel adquirido com recursos provenientes do salário do varão. Sub-rogação. Violação ao art. 1.659, II, do CC. É pacífico o entendimento de que a ausência de coabitação entre as partes não descaracteriza a união estável. Incidência da Súmula n. 382/STF. Viola o inciso II do art. 1.659 do CC a determinação de partilhar imóvel adquirido com recursos provenientes de diferenças salariais havidas pelo convivente varão em razão de sua atividade profissional, portanto de natureza personalíssima. Recurso especial parcialmente conhecido e, nessa extensão, provido. (STJ, REsp n. 1.096.324, 4ª T., rel. Des. Honildo Amaral de Mello Castro, j. 02.03.2010, *DJe* 10.05.2010)

Embargos de terceiro. Penhora de imóvel. Propriedade adquirida por sucessão legítima. Exclusão da comunhão parcial – art. 1.659, I, do CC. Sentença reformada. Apelação provida. (TJSP, Ap. n. 992050894063, 33ª Câm. de Dir. Priv., rel. Des. Luiz Eurico, j. 12.04.2010)

Embargos de terceiro. Imóvel adjudicado pelo credor. Defesa da meação. Intempestividade. Sub-rogação da meação no produto da alienação. Regime de comunhão parcial de bens. Exclusão dos bens adquiridos anteriormente ao casamento. Processo extinto, sem julgamento do mérito. Interpretação dos arts. 1.046, 1.048 e 655-B, do CPC [arts. 674, 675 e 843 do CPC/2015] e art. 1.659, I, do CCB. Sentença confirmada. Recurso improvido. (TJSP, Ap. Cível n. 991.090.375.280/Registro, 15ª Câm. de Dir. Priv., rel. Adherbal Acquati, j. 01.12.2009)

Reconhecimento e dissolução de união estável. Ação movida pela convivente. Pleitos cumulados de indenização por danos imateriais e partilha de bens. Pedido alternativo de indenização por serviços prestados. Sentença de parcial procedência. Apelo da autora. 1 – Imóvel adquirido pelo apelado após o término da convivência, com utilização de valores recebidos em ação trabalhista e parcelamento do saldo devedor. Inexistência de direito à meação. 2 – Bens que guarnecem o consultório médico do apelado não podem ser partilhados. Aplicação do disposto no art. 1.659, V, do CC. 3 – Dano imaterial não caracterizado. 4 – Indenização por serviços prestados não se coaduna com o espírito da união estável, entidade familiar que é. Precedente deste tribunal. 5 – Sentença mantida. Apelo desprovido. (TJSP, Ap. Cível n. 6.371.014.600/Santos, 9ª Câm. de Dir. Priv., rel. João Carlos Garcia, j. 10.11.2009)

Agravo de instrumento. Direito sucessório. Companheira. Pretensão de meação dos honorários advocatícios devidos ao *de cujus* e haveres de sociedade que fazia parte o mesmo autor da herança. Impossibilidade.

Inteligência do Art. 1.659, VI, CC c/c art. 1.725, CC. Valores que configuram os proventos do trabalho pessoal do *de cujus* que estão excluídos da comunhão. Direito sucessório. Companheira que concorre com filho comum e filho exclusivo do autor da herança. Ausência de regra legal específica para a hipótese. Solução que contempla o direito sucessório da companheira apenas no que toca à metade do que couber a cada um dos filhos. Aplicação por analogia do art. 1.790, II, do CC, de modo a preservar a igualdade entre os filhos. Observância do art. 227, § 6º, CF/88 e do art. 1.834 do CC. Recurso não provido. (TJSP, AI n. 6.525.054.000/São Paulo, 5ª Câm. de Dir. Priv., rel. Roberto Mac Cracken, j. 09.09.2009)

Inventário. Cessão de direitos hereditários sobre bem individualizado do espólio. Negócio jurídico vedado pelo novo CC (art. 1.793, §§ 2º e 3º). Recurso provido para reformar a decisão que adjudicou o bem ao cessionário antes da fase de partilha. Inventário. Dívidas arroladas nas primeiras declarações. Determinação para que sejam excluídas aquelas contraídas durante o matrimônio em nome da inventariante casada pelo regime de comunhão parcial de bens com o *de cujus*. Inadmissibilidade. Aplicação das regras dos incisos III e IV do art. 1.659 do CC. Recurso provido. (TJSP, AI n. 6.242.574.700/Guararapes, 2ª Câm. de Dir. Priv., rel. Morato de Andrade, j. 04.08.2009)

União estável. Regime de comunhão parcial. Edificações realizadas durante o período de convivência. Sub-rogação. Partilha. Exclusão. Na ausência de contrato de convivência, o regime de bens na união estável é o da comunhão parcial, por força do art. 1.658 do CC. Entretanto, uma vez comprovado que as edificações realizadas pelo convivente no imóvel o foram em sub-rogação de outro imóvel de sua propriedade, adquirido anteriormente ao período de convivência, a partilha do bem deve ficar excluída, nos termos do art. 1.659, II, do CC. (TJMG, Ap. Cível n. 1.0702.06.280347-4/001(1), rel. Eduardo Andrade, j. 07.07.2009)

Apelação cível. Ação de conversão de separação em divórcio. Partilha de bens. Regime da comunhão parcial. Incomunicabilidade da empresa constituída em período anterior ao casamento. Aplicação do art. 1.659, I, do CC. Recurso improvido, por maioria. (TJRS, Ap. Cível n. 70.024.215.147, 8ª Câm. Cível, rel. Claudir Fidelis Faccenda, j. 19.06.2008, *DJ* 26.06.2008)

Comunhão universal. Frutos civis. Verbas recebidas a título de benefício previdenciário. Direito que nasceu e foi pleiteado pelo varão durante o casamento. Inclusão na partilha de bens. Recurso não conhecido. 1 – No regime da comunhão universal de bens, as verbas percebidas a título de benefício previdenciário resultantes de um direito que nasceu e foi pleiteado durante a constância do casamento devem entrar na partilha, ainda que recebidas após a ruptura da vida conjugal. 2 – Recurso especial não conhecido. (STJ, REsp n. 918.173/RS, 3ª T., rel. Min. Massami Uyeda, j. 10.06.2008, *DJe* 23.06.2008)

Ação de embargos de terceiro. Penhora. Meação. Comunhão parcial de bens. Art. 1.659, V, do CC. Instrumento de uso profissional. Bem excluído da comunhão. Atividade comum. Exercida em economia familiar. Ausência de provas de esforço mútuo. Nos termos do art. 1.659, V, do CC/2002, "excluem-se da comunhão os bens de uso pessoal, os livros e instrumentos de profissão". Compete à embargante, nos termos do art. 333, I, do CPC [art. 373, I, do CPC/2015], comprovar os fatos constitutivos de seu direito. Inexistindo tais provas, a improcedência do pedido inicial é medida que se impõe. (TJMG, Ap. Cível n. 1.0106.07.026245-1/001, rel. Elpídio Donizetti, j. 29.05.2008, *DJ* 13.06.2008)

Apelação cível. Negócios jurídicos bancários. Execução. Embargos de terceiro. Cônjuge. Penhora. Meação sobre automóvel. Bem dito particular. Ônus da prova. Adquirido o bem na constância do casamento, presume-se sua comunicação (art. 1.658 do CCB). Possível, assim, a penhora da meação do cônjuge executado. Cabia à cônjuge embargante o ônus de comprovar que o veículo teria sido adquirido com valores exclusivamente seus, em sub-rogação de bens particulares (art. 1.659, II, do CCB). Automóvel. Penhorabilidade. Prova. Ausente prova cabal da indispensabilidade do automóvel à atividade laboral da embargante, que apenas afirma ser o veículo necessário para levar seus filhos à escola, descabe reconhecer sua impenhorabilidade. O instituto da impenhorabilidade, exceção à regra geral da constrição dos bens do devedor, deve ser interpretado restritivamente. Negado provimento ao recurso. Unânime. (TJRS, Ap. Cível n. 70.024.167.744, 18ª Câm. Cível, rel. Pedro Celso Dal Prá, j. 29.05.2008, *DJ* 04.06.2008)

Sobrepartilha. Casal divorciado. Pretensão de partilha de créditos trabalhistas. Descabimento. 1 – Descabe o pedido de sobrepartilha dos valores decorrentes de ação civil pública referente a valores atrasados de reposição salarial, pois constituem apenas frutos civis do trabalho do varão. 2 – Só ocorreria a comunicabilidade desse crédito se tivesse sido expressamente prevista em pacto antenupcial. Incidência do art. 1.659, VI, do CCB. Embargos infringentes desacolhidos, por maioria (segredo de justiça). (TJRS, Emb. Infring. n. 70.022.396.139, 4º Grupo de Câms. Cíveis, rel. vencido Rui Portanova, redator para Acórdão Sérgio Fernando de Vasconcellos Chaves, j. 09.05.2008, *DJ* 25.06.2008)

Separação judicial. Partilha. Créditos trabalhistas. FGTS. Indenização de seguro de vida. 1 – A partilha, em sede de separação judicial, inclui os créditos trabalhistas de um dos cônjuges que, em se tratando de verba acumulada, perde a natureza de rendimento do trabalho, prevista no art. 1.659, VI, do CC, para manifestar a natureza de bem que sobreveio ao casal, na constância do casamento, nos termos do *caput* do mesmo artigo. 2 – Não integram a partilha de bens em separação judicial nem o saldo de FGTS, que tem natureza indenizatória, nem indenização de seguro de vida paga em razão da ocorrência do sinistro invalidez de um dos cônjuges. 3 – Sendo beneficiária do seguro de vida do marido, a esposa somente recebe a indenização em caso de ocorrência do sinistro morte, sendo o próprio titular o beneficiário, em caso de ocorrência do sinistro invalidez. (TJMG, Ap. Cível n. 1.0024.06.208064-3/001, rel. Maurício Barros, j. 20.05.2008, *DJ* 05.06.2008)

Embargos de terceiro. Penhora. Automóvel. Meação. Mulher. Dívida decorrente de ilícito civil. Prova. Penhora de automóvel, cujos registros do Detran, atestam como proprietária a esposa do executado. Dívida por ilícito civil. Exclusão da meação da esposa. Art. 1.659, IV, CC. Ausência de prova de que o bem tenha sido adquirido por esforço exclusivo, bem assim do regime de separação de bens. Ônus da embargante. Art. 333, I, CPC [art. 373, I, do CPC/2015]. Negaram provimento. (TJRS, Ap. Cível n. 70.020.723.425, 19ª Câm. Cível, rel. Carlos Rafael dos Santos Júnior, j. 18.03.2008, *DJ* 01.04.2008)

Civil e processual civil. Ação de separação judicial. Partilha. Cotas de sociedade. Aquisição anterior ao casamento. Regime da comunhão parcial. Incomunicabilidade dos bens adquiridos antes do consórcio. Parcial reforma da sentença monocrática. Provimento da irresignação. Inteligência do art. 1.659, I, do CC. Em se tratando de bem adquirido antes do casamento, sujeito ao regime da comunhão parcial, é indubitável que o mesmo não está submisso à partilha, na ocorrência de separação dos cônjuges, pois, por força do ordenamento legal vigente, são eles incomunicáveis. (TJMG, Ap. Cível n. 1.0056.04.081702-7/002, rel. Dorival Guimarães Pereira, j. 24.01.2008, *DJ* 25.03.2008)

Apelação cível. Conversão de separação em divórcio. Partilha de bem doado em favor de um só cônjuge. Regime da comunhão parcial de bens. Descabimento. No regime da comunhão parcial excluem-se da comunhão os bens doados em favor de um só cônjuge (art. 1.659, I, do CC). Constatada que a vontade dos doadores era de doar o bem apenas aos filhos, não há razão para partilhar esse bem com a esposa de um dos donatários. Negaram provimento ao agravo retido e deram provimento ao apelo. (TJRS, Ap. Cível n. 70.020.934.832, 8ª Câm. Cível, rel. Rui Portanova, j. 13.12.2007, *DJ* 14.01.2008)

Homologação de sentença estrangeira de divórcio proferida nos Estados Unidos da América. Regime de comunhão parcial de bens. Imóvel adquirido por meio de doação, com cláusula de impenhorabilidade e incomunicabilidade. Art. 1.659, I, do CC. 1 – Pedido de homologação de sentença estrangeira de divórcio prolatada pelo Tribunal Distrital da Comarca de Harris, Estado do Texas, nos Estados Unidos da América, versando, também, sobre a guarda dos filhos menores do casal, alimentos e divisão do patrimônio. 2 – No pertinente à divisão de bens, a partilha realizada pela Justiça americana alcançou bens imóveis situados no Brasil. Em que pese a regra insculpida no art. 12, § 1º, da LICC, há pacífica jurisprudência no sentido de que a sentença estrangeira que ratifica acordo das partes acerca de bens imóveis situados no Brasil não viola a soberania nacional (SEC n. 979/EX, rel. Min. Fernando Gonçalves, *DJ* 29.08.2005). 3 – No entanto, esta não é a hipótese em tela. Ainda que comprovado nos autos que a divisão de bens determinada pela Corte americana tivesse como fundamento um acordo firmado entre as partes, deve-se considerar a impossibilidade da inclusão do imóvel no patrimônio conjunto dos cônjuges. O regime de bens adotado pelo casal quando da celebração do casamento foi o da comunhão parcial e o referido imóvel foi adquirido pelo requerido, ora contestante, por meio de doação (com as cláusulas de impenhorabilidade e de incomunicabilidade), o que, diante do art. 1.659, I, do CC, o exclui da comunhão. 4 – Pela impenhorabilidade, o bem não pode ser dado ou tomado em garantia. Já pela cláusula de incomunicabilidade, o bem integra o patrimônio particular do beneficiado, não entrando na comunhão em virtude do casamento, qualquer que seja o regime de bens adotado. 5 – A Resolução n. 9/STJ, de 04.05.2005, expressamente dispõe em seu art. 6º que não será homologada sentença estrangeira que ofenda a soberania ou a ordem pública, daí a impossibilidade de a Justiça brasileira ratificar integralmente a decisão da corte estrangeira. 6 – Pedido homologatório parcialmente deferido para excluir a divisão de bens proposta pela Justiça americana, por afrontar as determinações da legislação pátria (art. 1.659, I, do CC/2002) e ofender a ordem pública brasileira (art. 6º da Resolução/STJ n. 9, de 04.05.2005). (STJ, SEC n. 2.222/US, Corte Especial, rel. Min. José Delgado, j. 05.12.2007, *DJ* 11.02.2008)

Execução fiscal. Penhora de bem do coobrigado. Embargos de terceiro. Direito do cônjuge. Comunhão de bens. Exceção. Ônus do credor. O CC – art. 1.659, IV – determina que se excluem do regime de comunhão parcial de bens as obrigações provenientes de ato ilícito, desde que não tenha ocorrido reversão em benefício do casal. Logo, a exclusão da comunhão parcial de bens no caso de obrigação por ato ilícito é a regra, que, no entanto, admite hipótese de exceção, cujo ônus da prova incumbe ao credor. Assim, em execução fiscal, a penhora sobre bem de propriedade comum do casal somente poderá subsistir em sua totalidade caso seja comprovado pelo Fisco o benefício econômico em proveito do casal. (TJMG, Ap. Cível n. 1.0525.06.092751-0/001, rel. Maria Elza, j. 23.08.2007, *DJ* 02.11.2007)

Comunhão universal. Arrolamento de bens. União estável. Importâncias oriundas de proventos pessoais (verbas rescisórias) e que não integram o patrimônio comum do casal. Inteligência do art. 1.659, VI, do CC. Decisão mantida. Recurso improvido. (TJSP, Ap. Cível n. 508.138-4/8-00, rel. Des. Salles Rossi, j. 28.06.2007)

Separação judicial. Partilha. Créditos trabalhistas. Descabimento. 1 – Ainda que casados pelo regime da comunhão universal de bens, imperiosa a exclusão da partilha dos valores a serem recebidos pelo separando em razão de reclamatória trabalhista, pois constituem apenas frutos civis do seu trabalho. 2 – Só ocorreria a comunicabilidade se estivesse expressamente prevista em pacto antenupcial. Incidência do art. 1.659, VI, do CC/2002. Recurso desprovido. (TJRS, Ap. Cível n. 70.017.255.092, 7ª Câm. Cível, rel. Des. Sérgio Fernando de Vasconcellos Chaves, j. 29.11.2006)

Apelação. Separação litigiosa. Partilha de bens. No regime da comunhão parcial, comunicam-se os bens adquiridos durante a constância do casamento, salvo as exceções previstas nos arts. 1.659 e segs. do CC/2002. Considerando que o imóvel onde o casal residia foi construído durante o casamento, através de esforço comum, não restando comprovado que o mesmo seria de propriedade do irmão do varão, correta a sentença que determinou sua partilha. Recurso improvido. (TJRS, Ap. Cível n. 70.017.122.730, 8ª Câm. Cível, rel. Des. Claudir Fidelis Faccenda, j. 09.11.2006)

Direito civil e família. Recurso especial. Ação de divórcio. Partilha dos direitos trabalhistas. Regime de comunhão parcial de bens. Possibilidade. Ao cônjuge casado pelo regime de comunhão parcial de bens é devida à meação das verbas trabalhistas pleiteadas judicialmente durante a constância do casamento. As verbas indenizatórias decorrentes da rescisão de contrato de trabalho só devem ser excluídas da comunhão quando o direito trabalhista tenha nascido ou tenha sido pleiteado após a separação do casal. Recurso especial conhecido e provido. (STJ, REsp n. 646.529, rel. Min. Nancy Andrighi, j. 21.06.2005)

Separação judicial. Partilha. Anulação. Inadmissibilidade. Alegação de que o bem partilhado é exclusivo do varão, eis que adquirido antes do matrimônio celebrado sob o regime da comunhão parcial de bens. Irrelevância. Livre disposição dos bens na partilha. Fato que não contraria o art. 269, I, do CC/1916. Ação improcedente. Recurso não provido. (*JTJ* 272/174)

Divórcio. Regime de bens. Comunhão parcial. Incomunicabilidade. Bem imóvel adquirido em sua maior parte com o produto do levantamento do FGTS de um dos cônjuges. Inteligência do art. 1.659, VI, do CC/2002. (*RT* 852/342)

Declaração de direito e partilha de bens. Créditos trabalhistas do varão. Descabimento. 1 – Os litigantes foram casados pelo regime da comunhão parcial e a separação judicial transitou em julgado antes da vigência do novo CC. 2 – É forçosa a exclusão dos créditos trabalhistas reclamados, que constituem apenas frutos civis do trabalho do varão. 3 – O art. 271, VI, do CC/1916 está em contradição com o art. 269, IV, e art. 263, XIII, do mesmo Código e "são excluídos da comunhão os frutos civis do trabalho ou indústria de cada cônjuge ou de ambos", isto é, na linguagem do novo CC, os proventos do trabalho pessoal de cada cônjuge (art. 1.659, VI). Recurso desprovido. (TJRS, Ap. Cível n. 70.006.380.745, rel. Des. Sérgio Fernando de Vasconcellos Chaves, j. 13.08.2003)

No mesmo sentido, no caso de casamento anterior pela comunhão universal de bens: *RBDFam* 23/125.

Casamento. Regime de comunhão parcial. Bem adquirido pela mulher. Produto de bens herdados. No regime de comunhão parcial, o bem adquirido pela mulher com o produto auferido mediante a alienação do patrimônio herdado de seu pai não se inclui na comunhão. Interpretação do art. 269 do CC. Recurso conhecido e provido (STJ, REsp n. 331.840/SP, 4ª T., rel. Min. Ruy Rosado de Aguiar, j. 25.11.2002, v.u., *DJU* 19.12.2002). (*RBDFam* 16/135)

---

**Art. 1.660. Entram na comunhão:**

**I – os bens adquiridos na constância do casamento por título oneroso, ainda que só em nome de um dos cônjuges;**

**II – os bens adquiridos por fato eventual, com ou sem o concurso de trabalho ou despesa anterior;**

**III – os bens adquiridos por doação, herança ou legado, em favor de ambos os cônjuges;**

**IV – as benfeitorias em bens particulares de cada cônjuge;**

**V – os frutos dos bens comuns, ou dos particulares de cada cônjuge, percebidos na constância do casamento, ou pendentes ao tempo de cessar a comunhão.**

---

O presente artigo enumera, de forma exemplificativa, os bens que são considerados comuns ao casal. A lei prevê, no **inciso I**, que todos os bens, móveis ou imóveis adquiridos pelos cônjuges conjunta ou separadamente, por meio de atos onerosos ocorridos na constância do casamento, serão de ambos, em igual proporção. O legislador especificou a forma onerosa de aquisição, referindo-se àqueles atos em que houver contraprestação em dinheiro, que se entende como obtido e acumulado na vigência do matrimônio. Obviamente que se excetuam aqueles adquiridos na forma dos incisos I e II do art. 1.659. A acumulação de riquezas, durante o casamento, é, no dizer de Maria Helena Diniz (*Curso de direito civil brasileiro* – direito de família. São Paulo, Saraiva, 2002, v. V): "fruto da estreita colaboração que se estabelece entre marido e mulher", criando, por esse motivo um "condomínio" entre os cônjuges, sendo cada qual titular de metade ideal, denominada *meação*.

No **inciso II**, o legislador dispõe que os bens adquiridos pelo casal mediante fato eventual, natural (aluvião) ou desencadeado pelo homem (loteria) integram o patrimônio do casal, porquanto não decorrem de existência de bem particular ou causa anterior ao casamento, e podem, inclusive, serem acrescidos ao acervo do casal por meio de auxílio do outro cônjuge.

O **inciso III** somente confirma a declaração existente em documento particular ou público de doação ou testamento, transmitindo herança ou legado, em que os cônjuges sejam os beneficiários.

Segundo prevê o **inciso IV**, as benfeitorias necessárias, úteis ou voluptuárias, ainda que realizadas em bens particulares de um dos cônjuges, são consideradas comuns, porquanto se presume que tenham sido feitas pelo esforço de ambos, integrando, assim, o patrimônio do casal e a respectiva meação de cada cônjuge. No Projeto de Alteração do CC (PL n. 699/2011) há a sugestão para acrescentar as acessões como bem comum do casal.

Finalmente, o **inciso** V faz referência aos frutos e rendimentos dos bens comuns ou particulares. Considerando-se que, com o casamento, os cônjuges constituem uma sociedade em que todos os ganhos convergem para o patrimônio comum, também os frutos e rendimentos, ainda que advindos de bens particulares de um dos cônjuges, são considerados de ambos. Seguindo a mesma linha de raciocínio da proposta de supressão do inciso VI do art. 1.659, Alexandre Guedes Alcoforado Assunção (*Novo CC comentado*. São Paulo, Saraiva, 2003) sugere que o Projeto de Alteração, neste artigo, acrescente um inciso para serem considerados comuns "os rendimentos do trabalho pessoal de cada cônjuge".

**Jurisprudência:** Agravo de instrumento. Inventário. Decisão que deferiu a realização de pesquisas de contas bancárias e investimentos em nome da viúva-meeira. Insurgência. Tese de que os valores constantes de sua conta bancária são frutos de rendimentos de imóveis e outros bens adquiridos antes do matrimônio, insuscetíveis de partilha. Não acolhimento. Presunção de comunicabilidade de bens particulares percebidos durante o matrimônio, ante a inexistência de prova em sentido contrário. Inteligência do art. 1.660, V, do CC. A ordem de pesquisa de contas e investimentos da agravante é legítima e visa assegurar a identificação do patrimônio a ser partilhado. Manutenção da decisão. Recurso desprovido. (TJSP, AI n. 21944073520248260000/Hortolândia, 7ª Câm. de Dir. Priv., rel. Fernando Reverendo Vidal Akaoui, j. 27.09.2024, *DJ* 27.09.2024)

Agravo de instrumento. Dissolução parcial de sociedade c/c apuração de haveres. Cumprimento de sentença. Alienação de bem imóvel em fraude à execução. Penhora de parcela ideal do bem. Inadmissibilidade. Imóvel que constitui bem particular do cônjuge do devedor. Incomunicabilidade. Aplicação do art. 1.659, I e II, do CC. Recurso provido. Agravo de instrumento. Dissolução parcial de sociedade c/c apuração de haveres. Cumprimento de sentença. Alienação de bem imóvel em fraude à execução. Penhora de parcela ideal do bem. Inadmissibilidade. Imóvel que constitui bem particular do cônjuge do devedor. Incomunicabilidade. Aplicação do art. 1.659, I e II, do CC. Produto da alienação de bem particular, sub-rogado, que não se confunde com frutos civis. Penhora obstada, por se tratar de bem de terceiro. Recurso provido. (TJSP, AI n. 20335978620248260000/São José dos Campos, 1ª Câm. Res. de Dir. Emp., rel. J. B. Paula Lima, j. 15.09.2024, *DJ* 15.09.2024)

Agravo de instrumento. Direito processual civil. Ação de cobrança em fase de cumprimento de sentença. Pesquisa de bens em nome do cônjuge do devedor. Decisão recorrida que indeferiu a pesquisa de bens em nome do cônjuge do executado. Irresignação da exequente, ora agravante, que deve prosperar. Dívida contraída antes do casamento. Irrelevância. Executado que é casado pelo regime da comunhão parcial. Bens adquiridos na constância do casamento a título oneroso que se comunicam. Inteligência do art. 1.660, I do CC. Executado que responde com todos os seus bens presentes e futuros. Possibilidade de pesquisa de bens e ativos em nome do cônjuge do executado a fim de verificar a existência de patrimônio comunicável e proceder com eventual penhora sobre a meação do devedor agravado. Execução que se procede no interesse do credor. Decisão reformada para autorizar a pesquisa de bens em nome do cônjuge do executado via sistemas INFOJUD e RENAJUD, nos limites da meação do devedor. Recurso provido. (TJSP, AI n. 2152473-97.2024.8.26.0000/Lins, 23ª Câm. de Dir. Priv., rel. Emílio Migliano Neto, j. 19.06.2024, *DJ* 19.06.2024)

Apelação cível. Ação de divórcio c/c partilha. Sentença de procedência. Partilha de valores em conta bancária. Admissibilidade. Alegação de que se tratava de valores fruto de trabalho pessoal e FGTS. Não comprovação, sendo cabível a partilha. Inteligência do art. 1.660, I, do CC. Recurso não provido. (TJSP, Ap. Cível n. 1000720-88.2020.8.26.0279/SP, 2ª Câm. de Dir. Priv., rel. José Carlos Ferreira Alves, j. 29.04.2022, publ. 29.04.2022)

Apelação. Divórcio litigioso. Controvérsia sobre a partilha do imóvel construído em terreno adquirido pelo autor em período anterior ao período de convivência. Comprovação de que a edificação ocorreu na constância da união estável, mediante esforço comum. Incidência do disposto no art. 1.660, IV, do CC. Sentença mantida. Recurso não provido. (TJSP, Ap. Cível n. 1000624-91.2018.8.26.0037/SP, 4ª Câm. de Dir. Priv., rel. Enio Zuliani, j. 08.03.2022, publ. 08.03.2022)

Divórcio. Partilha de bens. Sentença de procedência do pedido. Inconformismo manifestado pela ré. Parcial cabimento. Benfeitorias realizadas na constância do casamento que geraram inegável incremento no valor do imóvel e que devem ser partilhadas. Existência e titularidade de motocicletas que restaram comprovadas, devendo integrar a partilha. Aluguéis recebidos pelo autor, em relação a imóveis comuns, que são comunicáveis, conforme art. 1.660, V, do CC. Sentença reformada. Recurso parcialmente provido, com observação. (TJSP, Ap. Cível n. 1017041-59.2020.8.26.0002/SP, 1ª Câm. de Dir. Priv., rel. Rui Cascaldi, j. 08.02.2022, publ. 09.02.2022)

Apelação. Divórcio. Alimentos compensatórios. Partilha. Regime da comunhão parcial de bens. No regime da comunhão parcial de bens, não se comunicam os bens adquiridos por doação, mas se comunicam os frutos dos bens particulares dos cônjuges. Art. 1.660, V, CC. Comunicam-se também os bens onerosamente adquiridos com os proventos do trabalho de um dos cônjuges, conforme melhor exegese do art. 1.659, VI, CC. Doutrina e jurisprudência. Regime patrimonial em que há presunção absoluta de esforço comum de ambos os cônjuges na aquisição onerosa de bens, independentemente do bolso do qual partiram os recursos financeiros. Alimentos compensatórios. Finalidade de reequilibrar, em casos extraordinários, a situação socioeconômica rompida com o divórcio. Caso em que o cônjuge trabalha como advogado autônomo, tem escritório próprio instalado em imóvel particular dele, ocupa um dos imóveis do casal e em partilha recebeu a meação de vários bens integrantes do patrimônio comum. Ausência de elementos a indicar a dimensão do suposto desequilíbrio. Sentença parcialmente reformada. Sucumbência recíproca. Honorários fixados por equidade em R$ 8.000,00 para cada advogado. Adequação. Honorários mantidos. Deram provimento em parte ao recurso do autor-reconvindo e negaram provimento ao recurso da ré-reconvinte. (TJSP, Ap. Cível n. 1006712-80.2019.8.26.0597, 8ª Câm. de Dir. Priv., rel. Des. Alexandre Coelho, j. 14.04.2021)

Divórcio. Partilha de bens. Regime da comunhão parcial. Construção e benfeitorias sobre bens particulares. Comunicação. Autora que deve indenizar o requerido em valor equivalente a 50% do dispêndio devidamente atualizado, a ser apurado em liquidação de sentença. Frutos advindos de bens particulares que integram a comunhão (art. 1.660, V) e não podem ser invocados para fim de sub-rogação. Dívida não comprovada. Mera declaração particular que não tem força de contrato. Afastada a multa por embargos protelatórios. Honorários de sucumbência majorados. Recurso parcialmente provido. (TJSP, Ap. n. 0007369-97.2011.8.26.0539, 5ª Câm. de Dir. Priv., rel. Fábio Podestá, j. 20.10.2017)

Registro de imóveis. Conferência de bens para integralização de capital social. Dúvida julgada procedente em primeira instância. Análise das três exigências. Óbito da outorgante da procuração ocorrido entre a conferência de bens e o registro do título. Afastamento do óbice. Aplicação do art. 674 do CC. Falta de identificação dos imóveis a serem transferidos na procuração outorgada. Procuração que confere ao apelante amplos poderes para representar sua esposa, inclusive para alienação de bens. Afastamento do óbice. Precedente deste Conselho. Conferência de bens comuns do casal para integralizar participação em sociedade da qual apenas o marido se tornará sócio. Regime da comunhão parcial de bens. Participação societária que entrará na comunhão de bens, ainda que as ações fiquem em nome do recorrente. Inteligência do art. 1.660, I, do CC. Anuência suprida pelos termos da procuração e pela futura partilha da participação societária. Exigência afastada. Apelação provida, para julgar improcedente a dúvida. (TJSP, Ap. n. 1001689-21.2015.8.26.0363, Conselho Superior de Magistratura, rel. Pereira Calças, j. 15.08.2017)

Locação. Cobrança de aluguéis. Autora que é proprietária da metade ideal do imóvel objeto da locação. Impossibilidade jurídica do pedido não caracterizada. Ausência de assinatura de contrato de locação. Irrelevância. Contrato de locação que não é solene. Ilegitimidade ativa não configurada. Autora que pretende cobrar os frutos resultantes da locação de seu imóvel. Locação celebrada apenas pelo marido da autora. Frutos pertencentes a ambos. Pertinência subjetiva. Prescrição afastada (CC, art. 206, § 3º, I). Todos os condôminos podem usar o imóvel em condomínio, conforme seu destino, sendo que quem o utiliza com exclusividade deve pagar ao outro condômino o valor correspondente ao quinhão deste último (CC, art. 1.314). Cada condômino responde aos outros pelos frutos que percebeu da coisa (CC, art. 1.319). Locador, ex-marido da autora, que é sócio majoritário da empresa locatária, ora ré, que ocupa o imóvel. O pagamento do valor integral do aluguel ao locador era regular durante a constância do casamento (CC, art. 1.660, V). Ciência inequívoca da locatária da ocorrência do divórcio. Pagamento dos aluguéis que deveria respeitar a quota-parte dos comunheiros. Ausência de prova do pagamento dos aluguéis. Vedação ao enriquecimento sem causa. Litigância de má-fé não caracterizada. Sentença mantida. Recurso improvido. (TJSP, Ap. n. 0023257-31.2011.8.26.0564/São Bernardo do Campo, 29ª Câm. de Dir. Priv., rel. Hamid Bdine, *DJe* 06.08.2014, p. 1.575)

Veja no art. 1.659 o seguinte acórdão: TJES, AI n. 0005268-18.2014.8.08.0011, rel. Janete Vargas Simões, *DJe* 11.07.2014.

Direito de família. Conversão de separação judicial em divórcio. Partilha de bens. Bem particular. Incomunicabilidade. Benfeitorias em bem particular. Comunhão prevista em lei. Matéria não tratada em primeiro grau. Impossibilidade de discussão em sede recursal. Sentença mantida. 1 – Nos termos do art. 1.658 do CC, no regime de comunhão parcial, comunicam-se os bens que sobrevierem ao casal, na constância do casamento, inferindo-se, portanto, que são incomunicáveis àqueles que, de maneira incontroversa, passaram a integrar o patrimônio do consorte em momento anterior ao vínculo matrimonial que se pretende extinguir. 2 – É desnecessário consignar na sentença recorrida que a incomunicabilidade refere-se exclusivamente ao bem particular e não às benfeitorias realizadas na constância do casamento, uma vez que a própria Lei (art. 1.660, IV, do CC) assim já estabelece. 3 – Matéria que não foi objeto da sentença impugnada, em razão de não constar de pedido contraposto expresso ou reconvenção, não pode ser discutida em sede de apelação, sob pena de configurar-se inovação recursal, prática esta vedada em nosso ordenamento jurídico. 4 – Sentença mantida. (TJDFT, Proc. n. 20130110501744 (791533), rel. Des. Gislene Pinheiro, *DJe* 28.05.2014, p. 156)

Agravo de instrumento. Penhora. Meação da esposa. Cabimento. A esposa faz jus à meação sobre o bem penhorado, mesmo que este consista em direitos pessoais sobre o imóvel, em vista da coparticipação na aquisição do bem. Conforme o art. 1.660, I, do CC, referente ao regime de comunhão parcial, "entram na comunhão os bens adquiridos na constância do casamento por título oneroso, ainda que só em nome de um dos cônjuges". (TJDFT, AI n. 20130020299310 (779164), rel. Des. J. J. Costa Carvalho, *DJe* 15.04.2014, p. 105)

Divórcio e partilha. Edificação no fundo do terreno do pai do autor e móveis. Bens adquiridos onerosamente pelo casal na constância do casamento (CC, art. 1.660, I). Partilha determinada. Sentença mantida. Recurso desprovido. (TJSP, Ap. n. 0021779-89.2010.8.26.0477, 4ª Câm. de Dir. Priv., rel. Milton Carvalho, j. 14.11.2013)

Recurso. Apelação. Insurgência contra a r. sentença que julgou improcedentes os embargos de terceiros. Admissibilidade parcial. Penhora. Veículo em nome de companheira, que não assinou a nota promissória que embasa a ação executiva. Presunção de que a dívida foi contraída em benefício do casal. Embargante que não se desincumbiu do ônus que lhe cabia. Inteligência do art. 333, I, do CPC [art. 373, I, do CPC/2015]. Bem comum que responde pela dívida, nos termos do art. 1.660, I, do CC. Ônus sucumbenciais. Embargante que é beneficiária da Justiça gratuita. Aplicação do disposto no art. 12 da Lei n. 1.060/50. Sentença reformada neste ponto. Recurso parcialmente provido. (TJSP, Ap. n. 0026142-55.2011.8.26.0196/Franca, 18ª Câm. de Dir. Priv., rel. Roque Antonio Mesquita de Oliveira, j. 12.06.2013, *DJ* 13.06.2013)

Apelação cível. Ação de sobrepartilha. Negativa da prestação jurisdicional. Sentença *extra petita*. Preliminar acolhida. Aplicação do art. 515, § 1º, do CPC [art. 1.013, § 1º, do CPC/2015]. Herança. Imóvel. Ação de prestação de contas iniciada na constância do casamento e sentença proferida após a cessação da comunhão. Reconhecimento do pagamento do valor equivalente a um aluguel. Regime da comunhão parcial de bens. Frutos não pendentes. Não aplicabilidade do art. 1.660, V, do CC. Recurso desprovido. Não se comunicam os frutos que não podiam ser percebidos ou estavam em via de ser quando da cessão da comunhão, por inteligência do art. 1.660, V, do CC. (TJSC, Ap. Cível n. 2013.029364-3, 3ª Câm. de Dir. Civil, rel. Saul Steil, j. 11.06.2013)

Apelação cível. Ação de divórcio cumulada com partilha e alimentos. Insurgência adstrita à partilha do produto do veículo caminhão, alienado na constância do casamento. Reconhecimento de divergência quanto ao valor depositado. Prova documental que corrobora a alegação da apelante. Aplicação do disposto no art. 1.660, I, do CC. Necessidade de acréscimo do valor de R$ 5.000,00 ao monte partilhável. Sentença parcialmente reformada. Apelo provido. (TJSP, Ap. n. 0043360-02.2010.8.26.0562/Santos, 3ª Câm. de Dir. Priv., rel. Donegá Morandini, j. 16.04.2013, *DJ* 17.04.2013)

Apelação cível. Ação de dissolução de união estável cumulada com partilha de bens. Sentença de parcial procedência do pedido. Imóveis adquiridos pelo requerido anteriormente à união. Não comunicabilidade (art. 1.659, I, do CC). Indenização fixada em favor da autora, em razão da valorização dos referidos imóveis, bem como diante da dedicação exclusiva ao lar conjugal e da contribuição na preservação dos bens. Insurgência recursal do requerido. Dedicação ao lar conjugal e cuidado na manutenção do patrimônio que não são indenizáveis. Deveres do casamento e da união estável (arts. 1.526 e 1.724 do CC). Valorização de imóvel no mercado imobiliário não inserida na concepção do art. 1.660, V, do CC. Ademais, inexistência de demonstração da efetiva valorização. Frutos provenientes de alugueres que entram na comunhão (art. 1.660, V, do CC). Ausência, porém, de comprovação do percebimento dos referidos valores e da sua conservação. Ônus que competia à au tora (art. 333, I, do CPC) [art. 373, I, do CPC/2015]. Indenização indevida. Litigância de má-fé autoral não verificada. Impugnação à justiça gratuita. Via processual inadequada. Sucumbência mínima. Aplicação do art. 21, parágrafo único, do CPC [art. 86, parágrafo único, do CPC/2015]. Recurso conhecido e parcialmente provido. (TJSC, Ap. Cível n. 2009.065033-8/Rio do Sul, 6ª Câm. de Dir. Civil, rel. Stanley da Silva Braga, j. 11.04.2013)

Agravo de instrumento. União estável. Aluguel pelo uso exclusivo de bem comum. Ainda que o imóvel tenha sido construído com recursos provenientes de frutos de bem exclusivo, tratando-se de união estável e vigendo entre os companheiros o regime da comunhão parcial, não há falar em incomunicabilidade do bem, pois fruto de bem exclusivo é comum (art. 1.660, V, do CC). Nesse passo, não havendo provas de que o imóvel construído no curso da união estável seja exclusivo de qualquer dos companheiros, é viável a fixação de aluguel pelo uso desse bem por apenas um dos conviventes. Negaram provimento. (TJRS, AI n. 70.052.156.734, 8ª Câm. Cível, rel. Rui Portanova, j. 21.03.2013, *DJ* 26.03.2013)

Apelação cível. Divórcio. Partilha de bens e dívidas. Partilha igualitária. Comunhão parcial. Doação a favor de ambos os cônjuges. Arbitramento de aluguel. Impossibilidade. Autorização judicial para venda. Ação própria. Os bens adquiridos na constância da vida em comum devem ser alvo de partilha igualitária, pouco importando qual tenha sido a colaboração individual de cada parte, bastando que os bens tenham sido adquiridos a título oneroso na constância do casamento. Entram na comunhão os bens adquiridos por doação feita em favor de ambos os cônjuges, nos termos do art. 1.660, III, do CC. As dívidas assumidas na vigência do casamento também devem ser partilhadas em igual proporção entre os ex-cônjuges, porquanto se presume que foram feitas em benefício da entidade familiar, vertendo-se em proveito do casal e dos filhos. Até a partilha, os bens do casal permanecem em uso comum, o que torna descabido, em regra, o pleito de arbitramento de aluguel em favor do cônjuge que não se encontra na sua posse. Encerrada a partilha, a autorização judicial para a venda de bem deve ser pleiteada em ação de extinção de condomínio. (TJMG, Ap. Cível n. 1.0024.11.010022-9/005, rel. Des. Dárcio Lopardi Mendes, j. 07.02.2013, *DJ* 18.02.2013)

Divórcio. Regime da comunhão parcial de bens. Bem imóvel adquirido na constância do casamento. Determinação de partilha é medida adequada. Impossibilidade de impor ao apelado a doação do imóvel à filha do casal. Negócio jurídico que exige a liberalidade por parte do doador. Elemento volitivo que não pode ser substituído por provimento jurisdicional. Reconhecimento à varoa e sua filha do direito de continuar residindo no imóvel. Direito real de habitação. Pedido que não goza de respaldo legal, uma vez que a possibilidade do art. 1.831 do CC é aplicável apenas ao cônjuge supérstite, por ocasião da abertura da sucessão legítima e que não se estende ao divórcio. Recurso desprovido. (TJSP, Ap. Cível n. 0022152-44.2011.8.26.0006, 4ª Câm. de Dir. Priv., rel. Milton Carvalho, j. 31.01.2013)

Reconhecimento e dissolução de união estável. Comprovação de que a autora e o réu mantiveram relacionamento público, contínuo, duradouro e com o intuito de constituir família. União estável caracterizada. Edificação de casa, na constância da convivência estável, em terreno adquirido pelo réu e pela opoente antes de sua separação de fato. Relações patrimoniais entre os conviventes que se regem pelo regime da comunhão parcial de bens. Presunção absoluta de esforço comum na formação do patrimônio. Prova suficiente da efetiva participação da autora na edificação de acessão (casa). Recurso desprovido. (TJSP, Ap. n. 0008338-61.2009.8.26.0320, 4ª Câm. de Dir. Priv., rel. Milton Carvalho, j. 13.12.2012)

Embargos de terceiro. Penhora de 50% de veículo registrado em nome da esposa do executado. Cabimento. Cônjuges casados pelo regime da comunhão parcial de bens. Automóvel adquirido durante a constância do casamento. Inteligência do art. 1.660, I, do CC. Sentença de improcedência mantida. Recurso não provido. (TJSP, Ap. n. 9234383-86.2008.8.26.0000, 17ª Câm. de Dir. Priv., rel. Paulo Pastore Filho, j. 04.07.2012)

*V.* no art. 1.659 o seguinte acórdão: TJSP, Ap. Cível n. 0016889-84.2011.8.26.0344, rel. Milton Carvalho, j. 28.06.2012, voto n. 3.172.

Apelação cível. Família. Separação judicial litigiosa. Partilha de bens. Ausência de comprovação por parte do varão da doação realizada por seus pais. Os bens adquiridos na constância da união estável devem ser partilhados. Alegação de sub-rogação de bem com relação à aquisição do automóvel da família. Comprovação. Exclusão do valor sub-rogado dos bens a serem partilhados. Insurgência da ex-mulher quanto aos ônus sucumbenciais. Descabimento. Tratando-se de união estável seguida de matrimônio, tem-se que todos os bens adquiridos na constância do relacionamento devem ser partilhados, porquanto passaram a integrar o patrimônio comum do casal, pouco importando se houve ou não aporte financeiro por ambos os cônjuges. Não evidenciado que o imóvel que servia de residência para casal tenha sido adquirido por doação exclusiva ao apelante, deverá o bem integrar a partilha de forma igualitária, nos termos do art. 1.660, II, do CC, isto é, presume-se que a liberalidade do genitor do apelante visava ao benefício do casal. Diversamente, evidenciada a sub-rogação de parte do preço do automóvel [...], é de se excluir da partilha o valor alcançado pela genitora ao apelante para a aquisição do bem. É de ser mantida a sucumbência nos exatos termos da sentença, pois que evidenciado decaimento de ambas as partes. Inteligência do art. 21 do CPC [art. 86 do CPC/2015]. Apelação do autor-reconvindo provida, em parte. Apelação da demandada-reconvinte desprovida. (TJRS, Ap. Cível n. 70.035.353.283, 7ª Câm. Cível, rel. Des. José Conrado Kurtz de Souza, j. 22.09.2010)

Apelação. Separação. Partilha. Dívida que reverteu em prol do casal. Produto da lavoura. Semoventes. Adequada a determinação de partilha de uma dívida decorrente de contrato de mútuo rural, porquanto destinada a financiar a lavoura familiar, ou seja, é dívida que reverteu em prol do casal. A produção da lavoura é "fruto", que como tal, é comum e deve ser partilhada. Inteligência do art. 1.660, V, do CCB. Alegações concernentes à produtividade e sucesso da safra devem ser deduzidas na liquidação de sentença já determinada pela sentença para apurar o que vai concretamente ser partilhado, no que tange à produção da lavoura. De rigor partilhar semoventes, porquanto não há prova concreta de que tais bens tenham sido adquiridos pelo ex-marido antes do casamento. Negaram provimento ao apelo e ao recurso adesivo. (TJRS, Ap. Cível n. 70.035.945.849, 8ª Câm. Cível, rel. Des. Rui Portanova, j. 10.06.2010)

Direito de família. Separação judicial. Regime da comunhão parcial de bens. Prestação alimentícia para filhos. Necessidades dos alimentandos. Capacidade contributiva do alimentante. Direito de visitas. Partilha do patrimônio. Pedido de assistência judiciária. A obrigação de prestar alimentos a filhos menores decorre das previsões do art. 227 da CF e do art. 1.566, IV, do CC, cuja interpretação é de que os alimentandos devem ser atendidos prioritariamente. Nos termos do art. 1.660, I, do CC integram a comunhão os bens adquiridos na constância do casamento por título oneroso, ainda que em nome de um dos cônjuges. Para que a parte obtenha assistência judiciária basta a afirmação de sua necessidade, até prova em contrário. Recurso provido em parte. (TJMG, Ap. Cível n. 1.0352.06.029270-8/001(1), rel. Des. Almeida Melo, j. 27.05.2010)

Direito civil. Família. Recurso especial. Divórcio direto. Embargos de declaração. Multa prevista no art. 538, parágrafo único, do CPC [art. 1.027, § 1º, do CPC/2015], afastada. Partilha de bens. Crédito resultante de execução. Ausência de interesse recursal. Eventuais créditos decorrentes de indenização por danos materiais e morais proposta por um dos cônjuges em face de terceiro. Incomunicabilidade. Créditos trabalhistas. Comunicabilidade. [...] A tônica sob a qual se erige o regime matrimonial da comunhão parcial de bens, de que entram no patrimônio do casal os acréscimos advindos da vida em comum, por constituírem frutos da estreita colaboração que se estabelece entre marido e mulher, encontra sua essência definida no art. 1.660, IV e V, do CC/2002. A interpretação harmônica dos arts. 1.659, VI, e 1.660, V, do CC/2002, permite concluir que, os valores obtidos por qualquer um dos cônjuges, a título de retribuição pelo trabalho que desenvolvem, integram o patrimônio do casal tão logo percebidos. Isto é, tratando-se de percepção de salário, este ingressa mensalmente no patrimônio comum, prestigiando-se, dessa forma, o esforço comum. (STJ, REsp n. 1.024.169, 3ª T., rel. Min. Nancy Andrighi, j. 13.04.2010, *DJe* 28.04.2010) (*DECTRAB* 191/105; *Lex-STJ* 249/117)

União estável. Reconhecimento e dissolução *post mortem*. Convívio *more uxorio* reconhecido. Partilha de bens. Móveis e benfeitorias em imóvel pertencente a ex-convivente. Direito de meação. Art. 1.660, IV, do CC. Apelo provido. (TJSP, Ap. Cível c/ Rev. n. 6.801.344.600/Assis, 7ª Câm. de Dir. Priv., rel. Dimas Carneiro, j. 18.11.2009)

Direito de família. Apelação cível. Separação litigiosa. Não demonstração da culpa. Irrelevância. Decreto de separação judicial do casal. Alteração do pedido. Não verificação. Casamento e união estável. Partilha de bens. Regime da comunhão parcial. Aquisição dos bens com recursos exclusivos de um dos cônjuges não demonstrada. Alimentos. Ex-esposa. Ausência de comprovação do binômio necessidade/possibilidade. Sucumbência recíproca. Verificação. O simples fato de um dos cônjuges ir a juízo postular a separação, já denota o desconforto e o desgaste de uma relação, como também caracteriza a insustentabilidade da vida em comum, acentuando as dificuldades de uma reatação. A comprovação da culpa é de pouca importância, quando o relacionamento do casal já se revela indiscutivelmente inviável. Inexistindo prova correta da aquisição dos bens com recursos exclusivos de um dos cônjuges, decretada a separação judicial do casal, mostra-se correta a determinação da partilha dos bens adquiridos pelas partes na constância do casamento, sob o regime de comunhão parcial de bens, nos termos do art. 1.660, I, do CC/2002. Embora seja possível a prestação de alimentos pelo ex-cônjuge ao outro, como decorrência do dever de mútua assistência, não se desincumbindo o cônjuge virago do ônus de comprovar sua real necessidade de recebimento de auxílio material de seu ex-marido, é correta a decisão que deixa de fixá-los em seu favor. Havendo sucumbência recíproca, as despesas processuais e os honorários advocatícios serão distribuídos entre as partes na proporção da derrota experimentada por cada uma. Inteligência do art. 21 do CPC [art. 86 do CPC/2015]. (TJMG, Ap. Cível n. 1.0525.06.092720-5/002(1), rel. Elias Camilo, j. 01.10.2009)

Embargos de terceiro. Imóvel recebido por doação pelo executado, marido da embargante, casada pelo regime da comunhão parcial de bens. Pretensão de defender a meação. Inadmissibilidade. Incomunicabilidade que deixará de prevalecer se a doação for feita expressamente a ambos os cônjuges (art. 1.660, III, do CC). Do contrário, exclui-se da comunhão (art. 1.659, I). Recurso conhecido em parte e, nesta, desprovido. (TJSP, Ap. c/ Rev. n. 7.251.955.300/Avaré, 6ª Câm. de Dir. Públ., rel. Oliveira Santos, j. 14.09.2009)

Separação judicial. Partilha. Apuração de frutos de ações pertencentes exclusivamente a um dos cônjuges. Indeferimento. Reforma. Bens que se comunicam, nos termos do art. 1.660, V, do CC. Recurso provido. (TJSP, AI n. 5.717.654.500/São Paulo, 8ª Câm. de Dir. Priv., rel. Joaquim Garcia, j. 18.03.2009)

Divórcio direto. Insurgência restrita à partilha. Autora que reclama indenização em razão de benfeitorias no imóvel em que residia gratuitamente com o cônjuge, pertencente à sogra. Hipótese que não se subsume à prevista no art. 1.660, IV, do CC. Pequenas reformas realizadas em imóvel alheio em benefício do casal, que não comportam reembolso ou indenização. Veículo adquirido após a separação de fato que constitui bem próprio, não partível. Correta a partilha determinada na sentença. Recurso improvido. (TJSP, Ap. Cível n. 582.849.4/4-00/São Paulo, 4ª Câm. de Dir. Priv., rel. Francisco Loureiro, j. 25.09.2008, *DJ* 09.10.2008)

Apelação cível. Separação judicial litigiosa. Partilha de bens. Alegação de doação de materiais de construção em benefício exclusivo do varão. Não demonstração. 1 – Exclui-se da comunhão o bem doado exclusivamente em favor de apenas um dos cônjuges, se casados pelo regime da comunhão parcial de bens (arts. 1.659, I, e 1.660, III, do CC). No entanto, no caso concreto deve integrar o acervo partilhável a doação dos materiais de construção e valores utilizados para fins de melhorias da casa habitada pelo casal, pois se tem que foram empregados em benefícios dos litigantes, sem beneficiar a um ou a outro individualmente. Ademais, a prova colhida demonstrou que para a reforma do imóvel houve também o aporte de valores por ambos os litigantes, o que evidencia o direito dos dois às benfeitorias realizadas. 2 – A dúvida existente sobre qual o valor a ser efetivamente partilhado será solvida em sede de liquidação de sentença, já determinada pelo julgador de primeiro grau, o que justifica a iliquidez momentânea da condenação. Apelo desprovido. (TJRS, Ap. Cível n. 70.025.250.630, 8ª Câm. Cível, rel. José Ataídes Siqueira Trindade, j. 12.09.2008, *DJ* 19.09.2008)

Apelação cível. Separação judicial litigiosa. Regime da comunhão parcial de bens. Partilha. Frutos de bens particulares. Direito à meação. Os frutos de bens particulares e anteriores de cada cônjuge, percebidos durante a vigência do casamento, submetem-se à meação, consoante disposição expressa no inciso V do art. 1.660 do CC. Nesse entendimento, cabem ser avaliados os frutos de propriedade particular da agravada, visando eventual partilha, tendo em vista integrarem o rol dos bens partilháveis. Agravo de instrumento provido. (TJRS, AI n. 70.023.497.845, 7ª Câm. Cível, rel. André Luiz Planella Villarinho, j. 27.08.2008, *DJ* 02.09.2008)

Penhora. Usufruto. Cabimento. Dívida assumida pelo marido. Direito instituído em favor do casal. Frutos que integram a comunhão. Art. 1.660, V, CC. Hipótese do art. 1.666, CC. Não configuração. Presunção de benefício para a família não elidida. Ônus do agravante. Art. 331, I, do CPC [art. 373, I, do CPC/2015]. Recurso não provido. (TJSP, AI n. 725.614.9/2-00/Presidente Prudente, 22ª Câm. de Dir. Priv., rel. Roberto Bedaque, j. 19.08.2008, *DJ* 18.09.2008)

Apelação cível. Divórcio direto litigioso. Alimentos. Separação de fato. Data. Exame das provas. Partilha de bens móveis e imóveis. Os alimentos devem ser fixados em atenção ao binômio possibilidades do alimentante e necessidades do alimentado. Necessidade do alimentando é presumida por se tratar de adolescente de 13 anos. Manutenção do patamar da prestação alimentícia, porquanto condizente com as possibilidades do alimentante, comprovadas nos autos, sem constituir obrigação a ele inexequível. A data da separação de fato deve ser fixada para fins de partilha de bens. As provas coligidas aos autos indicam que o casal rompeu de fato na época informada pela virago, no ano de 2000, data fixada para fins do patrimônio a ser partilhado. Tratando-se de terreno urbano adquirido na constância do casamento, a título oneroso, deve ser partilhado, ainda que conste o varão como único adquirente (art. 1.660 do CCB/2002), não merecendo abrigo a pretensão de, sob alegação de que houve simulação na realização do negócio jurídico, excluir tal bem do acervo comum a ser dividido. Alienações ocorridas na constância do casamento, presume-se, na falta de provas em contrário, tenham os recursos advindos com a venda, revertido em proveito do casal. Apelações desprovidas (segredo de justiça). (TJRS, Ap. Cível n. 70.023.440.464, 7ª Câm. Cível, rel. André Luiz Planella Villarinho, j. 28.05.2008, *DJ* 05.06.2008)

União estável. Companheira admitida no inventário dos bens deixados pelo companheiro falecido. Pretensão ao recebimento de alugueres de imóveis particulares do *de cujus* percebidos posteriormente à abertura da sucessão. Inadmissibilidade. Afronta à regra do art. 1.660, V, do CC. Recurso desprovido. (TJSP, Ap. Cível n. 489.404-4/6-00, rel. Des. Morato de Andrade, j. 17.04.2007)

Ação de separação judicial. Filha menor, com 4 anos. Alimentos. Majoração para 20% dos rendimentos líquidos do alimentante, quantia que recompõe o equilíbrio do binômio possibilidade-necessidade. Visitação. Manutenção dos termos da sentença, em face da peculiaridade do requerido residir em cidade diversa. Previdência privada complementar. Incomunicabilidade, em face de se constituir verba indenizatória, ressalvados os frutos oriundos das aplicações deste valor, nos termos do art. 1.660, V, do CC/2002, considerando a data do início da aplicação até a separação de fato do casal. AJG concedida ao requerido que não se coaduna com a sua condição de professor universitário, com rendimentos brutos superiores a R$ 5.000,00. Recurso provido em parte, por maioria. (TJRS, Ap. Cível n. 70.014.652.713, 7ª Câm. Cível, rel. Des. Ricardo Raupp Ruschel, j. 18.10.2006)

Veja no art. 1.659 o seguinte acórdão: STJ, REsp n. 646.529, rel. Min. Nancy Andrighi, j. 21.06.2005.

Direito civil e família. Recurso especial. Ação de divórcio. Partilha dos direitos trabalhistas. Regime de comunhão parcial de bens. Possibilidade. Ao cônjuge casado pelo regime de comunhão parcial de bens é devida a meação das verbas trabalhistas pleiteadas judicialmente durante a constância do casamento. As verbas indenizatórias decorrentes da rescisão de contrato de trabalho só devem ser excluídas da comunhão quando o direito trabalhista tenha nascido ou tenha sido pleiteado após a separação do casal. Recurso especial conhecido e provido. (STJ, REsp n. 646.529, 3ª T., rel. Min. Nancy Andrighi, *DJ* 22.08.2005)

Partilha de bens decorrente de separação. Preliminares de deserção do apelo e nulidade da sentença. Rejeição. Bens que se comunicam. Sentença reformada. Provimento parcial do recurso do réu. Apelo da autora improvido. 1 – Comprovado o preparo do recurso, não há falar em deserção. 2 – Indemonstrado o alegado vício da sentença, não há razão para declarar sua nulidade. 3 – No casamento realizado sob o regime da separação parcial, somente se comunicam os bens adquiridos ou acrescidos no período da união. 4 – Provimento parcial do recurso do réu. 5 – Apelo da autora improvido (TJDF, Ap. Cível n. 1998.01.1.041932-2, 4ª T., rel. Des. Estevam Maia, *DJU* 28.05.2003). (*RBDFam* 19/123)

**Art. 1.661. São incomunicáveis os bens cuja aquisição tiver por título uma causa anterior ao casamento.**

Conforme já afirmado nos artigos anteriores, os bens adquiridos antes da celebração do casamento não se comunicam. O artigo em estudo aumenta o conceito de bens particulares, assim definindo aqueles que tenham título aquisitivo anterior ao matrimônio, ainda que a entrada no patrimônio do cônjuge ocorra após a celebração do casamento. A aquisição propriamente dita é diferida por força de condição ou termo que se realizará após a união. Tome-se como exemplo: (i) a compra de um imóvel por meio de compromisso de compra e venda assinado e registrado antes de contrair núpcias, cuja lavratura de escritura definitiva deu-se após o matrimônio; (ii) propositura por um dos cônjuges, quando ainda solteiro, de ação de cobrança cuja sentença e pagamento venham a ocorrer após a celebração do casamento. Os bens anteriormente referidos são considerados particulares do cônjuge, não integrando a comunhão.

**Jurisprudência:** Condomínio. Terreno adquirido pelo réu antes do casamento. Bem excluído da comunhão, assim como suas acessões. Inexistência de condomínio sobre o bem. Possibilidade, em tese, de indenização da autora pela construção de edificação na constância do matrimônio. Presunção de esforço comum das partes. Evidências, porém, de que a construção foi finalizada antes do casamento. Ausência de indícios em sentido contrário. Sentença mantida. Recurso desprovido. (TJSP, Ap. n. 10095862420218260482/Presidente Prudente, 1ª Câm. de Dir. Priv., rel. Claudio Godoy, j. 24.06.2024, *DJ* 24.06.2024)

Agravo interno. Insurgência contra r. despacho que deferiu a tutela antecipada recursal ao agravo de instrumento interposto. O art. 1.661 do CC dispõe que [...], sendo aplicável também à união estável. Consoante o art. 1.829, I, do CC, os descendentes concorrem com o cônjuge casado pelo regime da comunhão parcial de bens no patrimônio particular que ele houver deixado, de forma que o cônjuge herda quando não há meação. R. despacho agravado parcialmente reformado. Recurso provido. (TJSP, Ag. Int. Cível n. 2307817-08.2023.8.26.0000/SP, 7ª Câm. de Dir. Priv., rel. Luiz Antonio Costa, j. 25.03.2024, *DJ* 25.03.2024)

Veja no art. 1.659 a seguinte decisão: TJSP, Ap. Cível n. 1009915-87.2021.8.26.0562/SP, 21ª Câm. de Dir. Priv., rel. Fábio Podestá, j. 26.04.2022, publ. 26.04.2022.

Divórcio c/c partilha de bens. Insurgência da autora contra a sentença de parcial procedência. Pedido de partilha de imóvel adquirido por instrumento particular celebrado aproximadamente três meses antes do casamento. Inviabilidade. Ausência de comprovação de esforço comum. Irrelevância de o registro ter sido efetivado após a formalização do vínculo matrimonial. Inteligência do art. 1.661 do CC. Precedentes. Incomunicabilidade mantida. Divisão das prestações pagas durante o casamento, conforme determinado no juízo *a quo*. Bens móveis que guarneciam a residência do casal. Existência não comprovada. Pleito a ser formulado em eventual ação de sobrepartilha. Sentença mantida. Honorários advocatícios devidos pela apelante majorados para 13% do valor da causa (art. 85, § 11, do CPC), observada a gratuidade que lhe foi concedida. Recurso desprovido. (TJSP, Ap. Cível n. 1006986-46.2020.8.26.0003/SP, 1ª Câm. de Dir. Priv., rel. Alexandre Marcondes, j. 09.02.2022, publ. 09.02.2022)

Agravo de instrumento. Inventário. Decisão que determinou a devolução dos valores presentes na conta do *de cujus*. Recurso defendendo o direito a meação da quantia ante a presunção do esforço comum do casal. Impossibilidade. Necessidade de demonstração do esforço comum para a meação no caso de regime de separação legal. Precedente STJ. Recurso conhecido e não provido. 1 – No regime de separação legal de bens, comunicam-se os adquiridos na constância do casamento, desde que comprovado o esforço comum para sua aquisição. 3 – Releitura da antiga Súmula n. 377/STF ("No regime de separação legal de bens, comunicam-se os adquiridos na constância do casamento"), editada com o intuito de interpretar o art. 259 do CC/1916, ainda na época em que cabia à Suprema Corte decidir em última instância acerca da interpretação da legislação federal, mister que hoje cabe ao STJ (EREsp n. 1.623.858/MG, rel. Min. Lázaro Guimarães (Des. convocado do TRF 5ª Região), 2ª S., j. 23.05.2018, *DJe* 30.05.2018). 2 – "Art. 1.661. São incomunicáveis os bens cuja aquisição tiver por título uma causa anterior ao casamento" (Art. 1.661, CC). 3 – Recurso conhecido e não provido. (TJPR, Proc. n. 0034112-13.2019.8.16.0000, rel. Juiz Luciano Carrasco Falavinha Souza, 12ª Câm. Cível, j. 07.07.2020)

Embargos de terceiro. Sentença de parcial procedência. Apelação. Discussão restrita à extensão da impenhorabilidade do bem. Imóvel que foi adquirido por herança pela embargante, em sua totalidade, em data anterior ao casamento, não podendo responder por dívida de seu marido, tendo em vista que eles são casados pelo regime da comunhão parcial de bens. Matrícula atual do bem penhorado que trata-se de mero desdobramento da matrícula anterior, de imóvel maior, por força de escritura pública de divisão amigável. Descabimento da aplicação de multa por interposição de embargos de declaração protelatórios, tendo em vista que, por equívoco, o juízo de primeiro grau recebeu simples petição de juntada de documentos como sendo novos embargos declaratórios. Recurso provido. (TJSP, Ap. Cível n. 00016247620098260614, 11ª Câm. de Dir. Priv., rel. Des. Gil Coelho, j. 30.05.2019, *DJe* 31.05.2019)

Ação declaratória. Pretensão voltada a reconhecimento da propriedade exclusiva de bem imóvel por parte de cônjuge supérstite. Aquisição de imóvel, com recursos oriundos da venda de outro bem, adquirido anteriormente ao casamento. Ocorrência de sub-rogação. Incomunicabilidade. Exclusão da partilha na sucessão hereditária. Inteligência dos arts. 1.659, I e II, c/c 1.661 do CC. Indenização por benfeitorias. Impossibilidade. Ausência de prova. Condenação nas verbas de sucumbência, que decorre do resultado do pleito. Sentença confirmada. Recurso não provido. (TJSP, Ap. n. 0002575-94.2011.8.26.0648/Urupês, 5ª Câm. de Dir. Priv., rel. Fábio Podestá, *DJe* 22.05.2014, p. 993)

Embargos infringentes. Separação judicial. Partilha. Imóvel adquirido com os valores provenientes do FGTS do varão. Depósitos mensais anteriores ao casamento. As verbas de natureza trabalhista comunicam-se entre os cônjuges apenas quando nascidas e pleiteadas durante a constância do matrimônio. Bem incomunicável (CC, art. 1.661). Embargos infringentes rejeitados. (TJSP, Emb. Infring. n. 9220352-61.2008.8.26.0000/Santos, 10ª Câm. de Dir. Priv., rel. Araldo Telles, *DJe* 26.09.2013, p. 1.340)

Família. União estável. Dissolução e partilha de bens. Ocorrência de união estável como fato incontroverso. Insurgência relativa à partilha do acervo patrimonial. Pretensão descabida. Bem imóvel adquirido na vigência da sociedade conjugal. Divisão igualitária, à razão de metade para cada companheiro, de forma equânime, independentemente de contribuição financeira. Incomunicabilidade da metade do imóvel pertencente a terceiro e do valor recebido por um dos conviventes a título de herança, mediante comprovada sub-rogação. Inteligência dos arts. 1.658, 1.659 e 1.661 do CC/2002. Divisão corretamente determinada na sentença. Ação parcialmente procedente. Decisão mantida. Apelação desprovida. (TJRS, Ap. Cível n. 70.036.561.645, 8ª Câm. Cível, rel. Des. Luiz Ari Azambuja Ramos, j. 22.07.2010)

Ação de divórcio. Imóvel adquirido na constância do casamento realizado sob o regime da comunhão parcial de bens. Partilha determinada, com abatimento da quantia paga pela requerida em relação ao imóvel quando ainda era solteira. Incidência do disposto no art. 1.661 do CC. Valor do abatimento. Presunção de veracidade do desembolso e dos índices de correção apresentados. Impugnação genérica. Indenização pela fruição do imóvel. Partilha ainda não efetivada. Verba indevida. Sentença mantida. Recursos improvidos. (TJSP, Ap. Cível c/ Rev. n. 5.803.404.700/Campinas, 3ª Câm. de Dir. Priv., rel. Donegá Morandini, j. 10.03.2009)

Embargos de terceiros. Penhora de créditos de empresa. Mulher do executado integrante da sociedade. Descabimento. Impossibilidade. Terceiro estranho à relação processual. Patrimônio da pessoa jurídica distinto do de seus sócios. Comunhão parcial de bens. Comunicação dos bens adquiridos após a constância do casamento. Se as embargantes não emitiram ou avalizaram o título exequendo, não podem ter seus créditos penhorados, pois o processo executivo se esteia na garantia de expropriação do patrimônio pertencente ao devedor, consoante o art. 591 do CPC [art. 789 do CPC/2015]. Não deve prosperar a penhora cujo fundamento se assenta na relação matrimonial existente entre o executado e a sócia, porquanto, de acordo com os arts. 1.656 e 1.661 do novo CCB, os bens adquiridos antes do casamento ou que tiverem por título uma causa anterior ao casamento não se comunicam, isto é, pertencem isoladamente a cada cônjuge. Ainda que se admitisse a responsabilização da esposa do executado, mantém-se a insubsistência da penhora dos créditos das empresas embargantes, pois, como é cediço, a personalidade das entidades abstratas não se confunde com a das pessoas, admitindo-se a mitigação de tal regra excepcionalmente, ou seja, apenas se comprovado o abuso da personalidade jurídica (novo CCB, art. 50). (TJMG, Ap. Cível n. 1.0180.05.028609-5/001, rel. Tarcisio Martins Costa, j. 01.04.2008, *DJ* 10.05.2008)

Apelação cível. Ação de dissolução de união estável. Alimentos. Partilha de bens. Não faz jus à pensão alimentícia a companheira que durante todo relacionamento possuía renda própria, e que atualmente exerce atividade laborativa, além de receber pensão por morte do ex-marido. Deve ser excluído da partilha o imóvel adquirido com valores de indenização originada em período anterior à união estável. Aplicação dos arts. 1.725 e 1.661 do CC/2002. Recurso improvido. (TJRS, Ap. Cível n. 70.019.883.172, 8ª Câm. Cível, rel. Des. Claudir Fidelis Faccenda, j. 05.07.2007)

Regime de bens. Imóvel cuja aquisição tem causa anterior ao casamento. Transcrição na constância da sociedade conjugal. Incomunicabilidade (STJ, REsp n. 707.092, 3ª T., rel. Min. Nancy Andrighi, j. 28.06.2005, *DJU* 01.08.2005). (*RBDFam* 33/130)

---

**Art. 1.662. No regime da comunhão parcial, presumem-se adquiridos na constância do casamento os bens móveis, quando não se provar que o foram em data anterior.**

---

O CC/2002 não deu a importância que deveria ao patrimônio mobiliário do casal, uma vez que, na economia moderna, este, muitas vezes, é maior e mais valioso que aquele constituído por bens de raiz. O legislador presume que os bens móveis tenham sido adquiridos na constância do casamento, entretanto essa presunção é *juris tantum*, admitindo que o cônjuge interessado apresente prova da aquisição anterior à celebração do matrimônio.

**Jurisprudência:** Agravo de instrumento. Ação de dissolução de sociedade empresária com pedido de tutela antecipada. Fase de cumprimento de sentença. Decisão recorrida que indeferiu o pedido de busca patrimonial em nome do cônjuge da executada. Regime da comunhão parcial de bens em que se presumem adquiridos na constância do casamento os bens móveis quando não se provar que o foram em data anterior (CC, art. 1.662). Pedido de pesquisa de bens em nome do cônjuge não devedor, com o objetivo de buscar a parte pertencente ao cônjuge devedor, que é absolutamente legítimo e pertinente, especialmente diante da comunicabilidade dos bens que sobrevierem ao casal, na constância do casamento, com as exceções legais (CC, art. 1.658). Precedentes deste Tribunal de Justiça. Decisão recorrida reformada. Recurso provido. (TJSP, AI n. 2055392-51.2024.8.26.0000/Osasco, 2ª Câm. Res. de Dir. Emp., rel. Maurício Pessoa, j. 19.04.2024, *DJ* 19.04.2024)

Apelação cível. Reconhecimento e dissolução de união estável cumulada com partilha de bens. Divergência acerca do valor de mercado de automóvel que pode ser fluidamente tratada no bojo de apropriado incidente. Franca inexistência de complexidade ou prejuízo. Quanto aos bens móveis que guarneciam o lar comum, e foram adquiridos na constância do relacionamento, recai a presunção de esforço comum, na forma do art. 1.662 do CC. Ônus da prova de percentual díspar que recai sobre quem o alega. Inexistência de prova a conferir mínimo embasamento à tese da apelante. Sentença de parcial procedência bem fundamentada que enfrentou todas as insurgências. Recurso improvido. (TJSP, Ap. Cível n. 1030662-97.2017.8.26.0562/SP, 10ª Câm. de Dir. Priv., rel. Wilson Lisboa Ribeiro, j. 18.05.2022, publ. 18.05.2022)

Veja no art. 1.659 a seguinte decisão: TJSP, Emb. de Decl. Cível n. 1002211-67.2020.8.26.0009/SP, 4ª Câm. de Dir. Priv., rel. Enio Zuliani, j. 31.03.2022, publ. 29.04.2022.

Ação de divórcio litigioso, cumulada com o pedido de partilha de bens. Procedência parcial em primeiro grau. Legitimidade da divisão efetivada pelo magistrado singular. (i) Empréstimos bancários: presunção relativa de que o proveito da operação mercantil subjacente que gerou o débito reverteu em benefício dos membros da família, arts. 1.663 e 1.664 do CC. Ausência de recolhimento da verba honorária pericial pelos interessados. Preclusão da prova. Inocorrência de cerceamento de defesa. (ii) Frutos dos valores existentes em aplicações financeiras: julgamento do feito antes do trânsito em julgado do incidente de falsidade tendo por objeto o instrumento de doação. Ausência de prejuízo. Decisão de procedência mantida por este colegiado. (iii) Bens móveis que guarneciam a residência do casal: presunção de que foram adquiridos na constância do matrimônio, art. 1.662 do CC. Necessidade de inclusão na partilha dos bens constantes no imóvel da Praia Grande/SP, a fim de evitar enriquecimento sem causa dos litigantes. Recurso provido, em parte. (TJSP, Ap. Cível n. 1064390-94.2016.8.26.0100/SP, 9ª Câm. de Dir. Priv., rel. César Peixoto, j. 29.03.2022, publ. 29.03.2022)

Civil. Processo civil. Embargos de terceiro. Alienação fiduciária. Veículo dado em garantia de financiamento pelo companheiro da embargante, titular exclusiva da propriedade do veículo. Desnecessidade de se demonstrar que a embargante recebeu qualquer valor. Administração do patrimônio comum que compete a qualquer dos conviventes. Sentença mantida. 1 – Embora a apelante alegue que não recebeu qualquer valor, não negou a existência de união estável com o devedor fiduciário. Conforme determina o art. 1.725 do CC, na união estável, salvo contrato escrito entre os companheiros, aplica-se às relações patrimoniais, no que couber, o regime da comunhão parcial de bens. E, de acordo com o art. 1.662, no regime da comunhão parcial, presumem-se adquiridos na constância do casamento os bens móveis, quando não se provar que o foram em data anterior. O dispositivo seguinte, por seu turno, prevê que a administração do patrimônio comum compete a qualquer dos cônjuges, e que as dívidas contraídas no exercício da administração obrigam os bens comuns e particulares do cônjuge que os administra, e os do outro na razão do proveito que houver auferido. 2 – Assim, caberia à apelante demonstrar as alegações trazidas na inicial, especialmente porque a prova produzida nos autos demonstrou que a intenção de gravame realizada pela embargada era de fato legítima, tendo a prova trazida pela autora insuficiente a desconstituí-la. Houve, portanto, o adequado cumprimento do disposto no art. 373, II, do nCPC, pois a recorrida demonstrou os fatos impeditivos do direito da apelante. Dessa maneira, era mesmo o caso de se julgar improcedente a demanda. 3 – Recurso improvido. (TJSP, Ap. Cível n. 1007059-56.2015.8.26.0047, 35ª Câm. de Dir. Priv., rel. Des. Artur Marques, j. 30.01.2017)

Divórcio litigioso. Partilha de bens. Regime de comunhão total. Determinação de partilha dos bens comuns na proporção de 50% para cada parte. Comunicação dos bens adquiridos na constância do casamento que se impõe, mas apenas com relação àqueles cuja existência foi comprovada. Alimentos. Dependência em relação ao ex-marido não comprovada. Ex-esposa que exerce atividade econômica. Recurso provido em parte. (TJSP, Ap. n. 0040422-79.2012.8.26.0007, 4ª Câm. de Dir. Priv., rel. Milton Carvalho, j. 23.10.2014)

Divórcio. Partilha de bens. Casamento celebrado na vigência do CC/1916. Relações patrimoniais entre os cônjuges que são regidas conforme a disciplina vigente à época do matrimônio (CC/2002, art. 2.039). Regime de comunhão parcial de bens. Não se incluem no acervo comum os bens que os cônjuges já possuíam ao casar e os que a estes se sub-rogarem, aqueles recebidos por herança e doação, assim como os instrumentos de profissão. Verbas trabalhistas e oriundas de FGTS devem ser partilhadas (CC/1916, art. 271, IV). Precedentes do STJ. Recursos parcialmente providos. (TJSP, Ap. n. 0054131-33.2011.8.26.0100, 4ª Câm. de Dir. Priv., rel. Milton Carvalho, j. 30.10.2014)

Veja no art. 1.659 a seguinte decisão: TJSP, Ap. n. 4002052-52.2013.8.26.0451, 4ª Câm. de Dir. Priv., rel. Milton Carvalho, j. 04.09.2014.

Apelação cível. Ação de reconhecimento e dissolução de união estável c/c partilha de bens, guarda e alimentos. Insurgência contra a inclusão de casa de alvenaria na partilha. Parte que já havia sido construída em data anterior ao início da união exclusão. Partilha das benfeitorias realizadas na constância do relacionamento. Trator. Propriedade de terceiro. Impossibilidade de divisão. Bens móveis que guarneciam a residência. Ausência de prova acerca da aquisição em data anterior (art. 1.662, CC). Ônus sucumbenciais atribuídos ao requerido. Redistribuição. Recurso adesivo. Inconformismo contra a partilha de dívidas. Obrigações assumidas em proveito do casal para exercício da atividade laborativa do convivente (art. 1.664, CC). Exclusão de despesa posterior ao término da união. Recurso de apelação conhecido e parcialmente provido. Recurso adesivo conhecido e parcialmente provido. (TJPR, Ap. Cível n. 1120988-8, 11ª Câm. Cível, rel. Des. Ruy Muggiati, *DJe* 03.06.2014, p. 449)

União estável. Situação putativa. *Affectio maritalis*. Notoriedade e publicidade do relacionamento. Boa-fé da companheira. Prova documental e testemunhal. Partilha de bens. Prova. Alimentos. Filha menor. Adequação do *quantum*. Redução. Descabimento. 1 – Tendo o relacionamento entretido entre os litigantes assemelhando-se a um casamento de fato, com coabitação, clara comunhão de vida e de interesses, resta induvidosa a *affectio maritalis*. 2 – Comprovada a notoriedade e a publicidade do relacionamento amoroso havido entre a autora e o réu, mas que ele mantinha união estável concomitante com outra mulher em outra cidade, é cabível o reconhecimento de união estável putativa, quando fica demonstrado que ela não sabia do relacionamento paralelo do varão com a outra mulher. 3 – Comprovada a união estável, devem ser partilhados de forma igualitária todos os bens adquiridos a título oneroso com a autora na constância da vida em comum, pouco importando qual tenha sido a colaboração prestada individualmente pelos conviventes. Inteligência do art. 1.725 do CCB. 4 – Inviável a partilha da Camioneta S10, por não haver nos autos elementos suficientes acerca da sua existência e propriedade. 5 – Salvo prova em contrário, presume-se que os móveis que guarneciam a residência que mantinha com a autora tenham sido adquiridos na constância da união estável. Inteligência do art. 1.662 do CCB. 6 – Os alimentos devem ser fixados de forma a atender as necessidades da filha, mas dentro da capacidade econômica do genitor e sem sobrecarregá-lo em demasia. 7 – O encargo de prover o sustento da prole comum é de ambos os genitores, devendo cada um concorrer na medida da própria disponibilidade. 8 – Tratando-se de alimentos destinados para o sustento de uma única filha, justifica-se a manutenção do valor fixado, pois está dentro da razoabilidade e adequado ao binômio legal, bem como ao critério de fixação usual na jurisdição de família. 9 – Se o réu alegou que não pode pagar os alimentos, cabia a ele demonstrar a sua impossibilidade e comprovar a sua real capacidade econômica. Conclusão n. 37 do CETJRS. Recurso parcialmente provido. (TJRS, Ap. Cível n. 70.059.170.282, 7ª Câm. Cível, rel. Des. Sérgio Fernando de Vasconcellos Chaves, j. 07.05.2014)

Partilha de bens. Inexistência de elementos comprobatórios de que os bens partilhados foram adquiridos pelo réu antes do período de convivência em união estável. Posterior casamento e aquisição de patrimônio. Falta de provas de que o imóvel foi adquirido em sub-rogação a bens particulares. Bem móvel que se presume incorporado ao patrimônio das partes durante o período do casamento (CC, art. 1.662). Sentença mantida. Apelo desprovido. (TJSP, Ap. n. 0032839-89.2010.8.26.0564/São Bernardo do Campo, 8ª Câm. de Dir. Priv., rel. Theodureto Camargo, *DJe* 06.06.2014, p. 937)

Veja no art. 1.660 a seguinte decisão: TJSP, Ap. n. 0021779-89.2010.8.26.0477, 4ª Câm. de Dir. Priv., rel. Milton Carvalho, j. 14.11.2013.

Divórcio litigioso. Imóvel comprado pelo autor quando os cônjuges encontravam-se separados de fato. Ausência de presunção de colaboração econômica do casal para a construção de patrimônio conjunto. Precedentes das Cortes Superiores e deste Eg. Tribunal. Necessidade de demonstração de que ambas as partes tenham empregado recursos para a aquisição do bem. Ré que não se desincumbiu de seu ônus probatório. Imóvel não partilhado. Sentença de procedência mantida. Recurso desprovido. (TJSP, Ap. n. 0030807-62.2010.8.26.0451, 4ª Câm. de Dir. Priv., rel. Milton Carvalho, j. 14.11.2013)

União estável. Reconhecimento e dissolução. Aplicação do regime de comunhão parcial de bens. Controvérsia acerca do período de convivência estável entre as partes. Ré que não demonstrou que à época em que o autor comprou a casa em que residiam já tinham convivência pública e duradoura, com o objetivo de constituir uma família. Ausência, portanto, de presunção e sua cooperação para a compra do bem. Sentença mantida para desacolher a partilha pretendida. Recurso não provido. (TJSP, Ap. Cível n. 0016883-58.2011.8.26.0609, 4ª Câm. de Dir. Priv., rel. Milton Carvalho, j. 17.10.2013)

União estável. Partilha de bens. Divisão de bem imóvel indicado na proporção de 50% para cada parte. Bem adquirido anteriormente ao período de convivência estável, além da existência de dúvida quanto à titularidade dos direitos relativos a ele. Imóvel que não pode ser partilhado nestes autos. Negócios anteriores à constância da união que devem ser discutidos nas vias próprias. Recurso parcialmente provido. (TJSP, Ap. Cível n. 0010524-10.2011.8.26.0604, 4ª Câm. de Dir. Priv., rel. Milton Carvalho, j. 19.09.2013)

Reconhecimento e dissolução de união estável. Requisitos do art. 1.723 do CC devidamente comprovados. Inexistência de coabitação. Irrelevância. Possibilidade de se aferir a intenção de constituição de família por outros elementos. Partes que se apresentavam socialmente como cônjuges. Relações patrimoniais que se regem pelo regime da comunhão parcial de bens. Partilha dos bens adquiridos onerosamente na constância da união, excluídos aqueles que se sub-rogaram a bens particulares. Pensão alimentícia fixada em favor dos filhos do casal no valor de R$ 750,00 para melhor atender ao binômio necessidade/possibilidade. Recurso parcialmente provido. (TJSP, Ap. Cível n. 0009393-41.2012.8.26.0482, 4ª Câm. de Dir. Priv., rel. Milton Carvalho, j. 22.08.2013)

União estável. Reconhecimento e dissolução. Alimentos. Bem observado o binômio necessidade/possibilidade. Partilha. Comunhão parcial de bens. Presunção de colaboração da mulher na constituição de patrimônio. Imóvel transferido por doação para as filhas do réu, sem qualquer oposição da companheira e sem que se vislumbrem indícios da alegada fraude. Impossibilidade de partilhar o bem que não mais figura em patrimônio de qualquer das partes. Recursos desprovidos. (TJSP, Ap. Cível n. 0005038-20.2011.8.26.0224, 4ª Câm. de Dir. Priv., rel. Milton Carvalho, j. 18.07.2013)

Reconhecimento de união estável *post mortem*. Sentença que declara a existência de união estável entre a autora e o *de cujus*. Insurgência de um de seus filhos, assistido por curador especial. Ausência de demonstração do período da união invocado pela autora. Considera-se que o casal já convivia como se casados fossem quando da concepção de seu primeiro filho. Reconhecimento da união estável entre o ano de 1987 e 30 de março de 2010. Cessão onerosa de direitos de aquisição sobre bem imóvel em favor do *de cujus* quando já havia formado com a autora uma família. Bem que integra o patrimônio comum do casal. Recurso parcialmente provido. (TJSP, Ap. Cível n. 0040626-55.2010.8.26.0602, 4ª Câm. de Dir. Priv., rel. Milton Carvalho, j. 16.05.2013)

Divórcio. Alimentos e partilha. Pedido de redução da prestação alimentícia. Sentença que observou o binômio legal e fixou os alimentos em 1/3 dos rendimentos líquidos do apelante. Ausência de prova quanto à impossibilidade de suportar o encargo. Valor adequado em face do padrão de vida ao qual a criança está habituada. Casal que apresenta rusgas em seu dia a dia. Necessidade de estabelecimento de regime de visitas em favor do genitor, que poderá ser ampliado mediante concessões mútuas. Partilha. Casal que vivia em união estável antes mesmo do casamento. Provas orais e documentais que corroboram as alegações da autora. Aplicação da Lei n. 9.278/96. Presunção de esforço comum para a aquisição do patrimônio não elidida pelo réu. Divisão do imóvel entre as partes que é medida de rigor. Benfeitorias no imóvel feitas em proveito do casal. Indenização afastada. Valorização decorrente das reformas que aproveitaram a ambas as partes. Recurso da autora provido, acolhido parcialmente o do réu. (TJSP, Ap. Cível n. 0002230-13.2009.8.26.0224, 4ª Câm. de Dir. Priv., rel. Milton Carvalho, j. 25.07.2013)

Veja no art. 1.659 os seguintes acórdãos: TJSP, Ap. Cível n. 0006160-18.2011.8.26.0079, 4ª Câm. de Dir. Priv., rel. Milton Carvalho, j. 06.06.2013; TJSP, Ap. Cível n. 0017883-25-2011.8.26.0664, 4ª Câm. de Dir. Priv., rel. Milton Carvalho, j. 16.05.2013.

União estável. Reconhecimento e dissolução. Alimentos. Autora jovem que reúne plenas condições de se reinserir no mercado de trabalho e prover seu próprio sustento. Partilha. Comunhão parcial de bens. Presunção de colaboração da mulher na constituição de patrimônio. Imóvel recebido por herança pelo réu constitui bem particular sobre o qual não incide a partilha. Quantia desviada da conta de titularidade do réu para a conta de seu sobrinho poucos meses antes da data da dissolução da união estável. Ausência de qualquer justificativa do réu quanto à destinação desses valores. Partilha que deverá incidir sobre tal montante. Recurso provido em parte para este fim. (TJSP, Ap. Cível n. 0006160-18.2011.8.26.0079, 4ª Câm. de Dir. Priv., rel. Milton Carvalho, j. 06.06.2013)

Agravo de instrumento. Veículo adquirido na constância do matrimônio. Alegação de que o agravante contraiu empréstimo com seu genitor para quitar o financiamento contratado para a aquisição do automóvel e que, diante de seu inadimplemento, seu genitor teria se tornado proprietário do veículo. Ausência de comprovação de quitação do financiamento ou de previsão no contrato celebrado com seu genitor de que eventual inadimplemento importaria transferência da propriedade do veículo. Inabalada a circunstância de se tratar de bem adquirido na vigência do casamento, era mesmo o caso de se determinar sua partilha. Recurso desprovido. (TJSP, AI n. 0041767-67.2013.8.26.0000, 4ª Câm. de Dir. Priv., rel. Milton Carvalho, j. 06.06.2013)

Veja no art. 1.568 o seguinte acórdão: TJSP, Ap. Cível n. 0017883-25.2011.8.26.0664, 4ª Câm. de Dir. Priv., rel. Milton Carvalho, j. 16.05.2013.

Divórcio, cumulado com partilha. Suspeição de testemunha. Amizade íntima. Alegação que deveria ser realizada após a qualificação da testemunha, o que não ocorreu. Preclusão. Ocorrência. Partilha. Imóvel adquirido em sua maior parte com recursos exclusivos da autora, provindos da alienação de bem próprio e doação de seu genitor. Parcelamento de pequena porção do preço. Prestações quitadas pelo casal. Divisão. Necessidade. Veículo comprado durante a vigência do matrimônio. Presunção de esforço comum. Admissibilidade. Inteligência do art. 1.662 do CC. Recurso desprovido. (TJSP, Ap. n. 0019970-24.2011.8.26.0576, 9ª Câm. de Dir. Priv., rel. Galdino Toledo Júnior, j. 23.04.2013, *DJ* 25.04.2013)

Apelação. Direito civil. Família. Ação declaratória de união estável. Partilha. Bens móveis. Presume-se que os bens móveis tenham sido adquiridos na constância da união estável, consoante se infere do art. 1.662 do CC, motivo pelo qual devem ser partilhados igualitariamente. Havendo divergência quanto ao valor atribuído aos bens divididos se mostra o mais adequado, que seja apurado em liquidação de sentença o valor dos bens móveis que foram partilhados, a fim de que seja feita uma divisão igualitária entre as partes. Recurso desprovido. (TJRS, Ap. Cível n. 70.053.546.321, 7ª Câm. Cível, rel. Liselena Schifino Robles Ribeiro, j. 26.03.2013, *DJ* 28.03.2013)

Reconhecimento e dissolução de união estável. Convivência estável reconhecida entre 25.08.2008 e 16.09.2009. Partilha do patrimônio adquirido pelo casal. Veículo em julho de 2009. Ré que faz jus ao recebimento de metade de todos os valores empregados em sua aquisição durante a vigência da união. Ausência de prova de que o valor dado como "entrada" tenha sido doado pelo genitor do autor. Partilha de bens móveis que guarneciam a residência do casal. Presunção determinada pelo art. 1.662 do CC. Atribuição de 50% de seu total a cada uma das partes, ainda que não tenham sido especificados nos autos. Alimentos arbitrados em favor da filha do casal. Ausência de comprovação da impossibilidade do alimentante em arcar com o valor fixado. Criança que demanda altos gastos para a manutenção de seu padrão social. Genitora que já contribui para a sua criação por meio de cuidados diretos, pois detém sua guarda. Autor que deve ser obrigado a arcar também com as mensalidades escolares de sua filha, e não com todos os gastos relativos à sua educação, que são supridos pelos alimentos pagos em espécie. Recurso parcialmente provido. (TJSP, Ap. Cível n. 0000398-61.2010.8.26.0562, 4ª Câm. de Dir. Priv., rel. Milton Carvalho, j. 21.03.2013)

Apelação cível. Direito de família. Partilha. Regime de comunhão parcial de bens. Bens móveis. Art. 1.662 do CC. No regime da comunhão parcial comunicam-se os bens que sobrevierem ao casal na constância do casamento, excluindo-se os bens que cada cônjuge possui ao casar e os que lhe sobrevierem, na constância do casamento, por doação ou sucessão e os sub-rogados em seu lugar. A teor do art. 1.662 do CC, no regime de comunhão parcial, presumem-se adquiridos na constância do casamento os bens móveis, quando não se provar que o foram em data anterior. (TJMG, Ap. Cível n. 1.0024.09.760516-6/001, rel. Des. Dárcio Lopardi Mendes, j. 29.03.2012)

Apelação cível. Divórcio litigioso. Regime de comunhão parcial de bens. Partilha. Bens móveis. Art. 1.662 do CC. Benfeitorias. Não demonstradas. Ônus da prova. Art. 333 do CPC [art. 373 do CPC/2015]. No regime da comunhão parcial, comunicam-se os bens que sobrevierem ao casal na constância do casamento, excluindo-se aqueles que cada cônjuge possuía antes do enlace matrimonial, os oriundos de doação ou sucessão, bem como os sub-rogados em seu lugar, tal como prevê, expressamente, os arts. 1.658 e 1.659 do CC. Havendo nos autos prova de que o bem móvel foi adquirido na constância do casamento, e, considerando que o regime de casamento eleito foi o da comunhão parcial de bens, deve ser partilhado. Não há como determinar a partilhar de eventuais benfeitorias realizadas quando inexiste nos autos prova da sua existência. (TJMG, Ap. Cível n. 1.0024.10.224081-9/001, rel. Des. Dárcio Lopardi Mendes, j. 17.11.2011)

Apelação. União estável. Partilha. Adequado o reconhecimento da existência de união estável. Comprovada a coabitação e a vida em comum entre a apelada e o *de cujus*, por diversos anos, como se casados fossem. Adequada a determinação de partilha dos bens móveis que guarneciam a casa comum. Não provada a aquisição anterior ao início da união, pelo que presumem-se comuns (CCB, art. 1.662). Adequada a determinação de partilha das benfeitorias realizadas na casa que serviu de morada ao casal. Demonstrado por prova testemunhal que as benfeitorias existem, e que foram feitas na constância da união estável. Negaram provimento. (TJRS, Ap. Cível n. 70.037.810.025, 8ª Câm. Cível, rel. Des. Rui Portanova, j. 19.08.2010)

Bens móveis. Ação de reintegração de posse. União estável. Bens móveis que, segundo a petição inicial, foram emprestados pela mãe do autor ao casal durante a vigência da união estável. Ruptura da união estável. Ré que se nega a devolvê-los. Extinção do processo por carência de ação. Inconformismo. Inadmissibilidade. Bens móveis que pertencem ao casal até prova em contrário. Inteligência do art. 1.662 do CC c/c o art. 5º, *caput*, da Lei n. 9.278/96. Matéria que deve ser examinada em ação de reconhecimento de união estável c/c dissolução e partilha de bens. Redução dos honorários advocatícios. Descabimento. Verba honorária que está em perfeita consonância com o art. 20, § 3º, do CPC [arts. 82, § 2º, e 85, § 17, do CPC/2015]. Sentença mantida. Recurso desprovido. (TJSP, Ap. n. 994050705820 (4071414500), 5ª Câm. de Dir. Priv., rel. Des. J. L. Mônaco da Silva, j. 03.02.2010)

Ação de reconhecimento de união estável cumulada com partilha. União estável reconhecida. Partilha determinada. Veículos adquiridos durante a constância da união. Presunção do concurso dos conviventes na aquisição dos bens. Aplicação dos arts. 1.662 e 1.725 do CC. Pretensão de partilha sobre numerário de conta-corrente. Afastamento. Abertura de conta anteriormente ao início da união estável. Sentença mantida. Recursos improvidos. (TJSP, Ap. Cível c/ Rev. n. 6.306.214.800/Bauru, 3ª Câm. de Dir. Priv., rel. Donegá Morandini, j. 09.06.2009)

Processo civil. Medida cautelar de arrolamento de bens. Ação incidental a divórcio direto. Partilha de bens móveis. A utilidade da prestação jurisdicional deve ser garantida cautelarmente quando presentes o *fumus boni juris* e o *periculum in mora*. Na falta de conhecimento preciso do patrimônio comum dos cônjuges separados de fato, é viável o arrolamento liminar para a constatação e a relação dos bens que poderão ser objeto de partilha. O art. 1.662 do CC estabelece que no regime da comunhão parcial presumem-se adquiridos na constância do casamento os bens móveis, quando não se provar que o foram em data anterior. Rejeita-se a preliminar e nega-se provimento ao recurso. (TJMG, Ap. Cível n. 1.0701.06.151837-2/001, rel. Almeida Melo, j. 12.06.2008, *DJ* 19.06.2008)

Apelações cíveis. Partilha. Dívidas contraídas no curso da união. Inclusão na partilha. Doação de bens móveis em benefício da mulher não demonstrada. Desvalorização dos bens móveis partilhados pelo uso exclusivo de uma das partes. Possibilidade. Responsabilidade do usuário pelo pagamento do IPTU de imóvel partilhado. 1 – Este Tribunal de Justiça vem adotando, já há algum tempo, posição harmônica no sentido de que as dívidas contraídas no curso da união presumem-se realizadas em favor do casal e em benefício da entidade familiar, não se havendo de exigir do autor prova da exata destinação destes recursos. A presunção aqui se opera em favor do varão, sendo ônus da mulher a prova de que tais dívidas foram contraídas em benefício exclusivo dele, prova esta que não restou materializada nos autos. 2 – O ônus da prova dos fatos extintivos, modificativos e impeditivos do direito do autor era da recorrente (inciso II do art. 333 do CPC) [art. 373, II, do CPC/2015], não tendo ela demonstrado que os bens móveis adquiridos na constância da união efetivamente lhe foram doados em benefício exclusivo, ou foram adquiridos com recursos provenientes de herança deixada por seu pai, na esteira do que determina o art. 1.662 do CC. 3 – Tem-se por justa a desvalorização de 30% atribuída aos bens móveis na sentença, em razão da utilização exclusiva pela mulher e o seu desgaste natural, não merecendo a decisão, neste ponto, qualquer modificação, pois a demora em partilhar os bens não pode ser atribuída exclusivamente a uma ou outra parte, uma vez que a partilha já poderia ter sido resolvida nos autos da união estável e foi ela postergada por ambos os litigantes. 4 – Cabe ao cônjuge que está usufruindo do imóvel com exclusividade, o pagamento do IPTU, no curso do processo de separação. Apelo do varão parcialmente provido e apelo da mulher desprovido. (TJRS, Ap. Cível n.

70.022.266.993, 8ª Câm. Cível, rel. Des. José Ataídes Siqueira Trindade, j. 17.04.2008, *DJ* 24.04.2008)

Apelação cível. União estável. Agravo retido. Irregularidade na representação processual. Dever do juiz de conceder prazo para regularização. Partilha. Regime da comunhão parcial de bens. Imóvel financiado. Divisão proporcional ao número de parcelas pagas na vigência da união estável. Alimentos. 1 – Não merece provimento o agravo retido atacando decisão que deu prazo à parte para regularizar a representação processual. Detectada a irregularidade deve o julgador abrir prazo para o saneamento do defeito. 2 – O imóvel residencial foi comprado na vigência da união estável por financiamento imobiliário para pagamento em 15 anos. O companheiro é meeiro do bem e a ele tocará quinhão proporcional ao número de parcelas pagas durante a convivência. Os bens móveis, nos termos do art. 1.662 do CCB, se presumem adquiridos na constância da relação se não se provar que o foram anteriormente. E essa prova não há nos autos. A simples alegação de que os móveis são úteis e necessários para a manutenção das duas filhas e que o varão deles prescinde não retira do companheiro a titularidade sobre tal acervo como meeiro. 3 – Adequada a fixação dos alimentos em valor equivalente a um terço dos ganhos líquidos do genitor como servidor municipal, excluídas da base de incidência, tão só, eventuais diárias e verbas rescisórias que têm natureza indenizatória. Negado provimento ao agravo retido, apelação do demandado conhecida em parte, dando-lhe parcial provimento e recurso da autora provido em parte. Unânime. (TJRS, Ap. Cível n. 70.020.888.111, 7ª Câm. Cível, rel. Des. Luiz Felipe Brasil Santos, j. 19.12.2007, *DJ* 07.01.2008)

Separação judicial litigiosa. Casamento pelo regime da comunhão parcial. Casa edificada pela municipalidade em benefício do casal. Lote de propriedade particular de um dos cônjuges. Partilha em forma de indenização. Bens móveis. Ausência de prova de aquisição anterior ao casamento. Presunção do art. 1.662 do CC (TJMG, Ap. Cível n. 1.0051.04.009518-7/001, 2ª Câm., rel. Des. Caetano Levi Lopes, *DJMG* 10.06.2005). (*RBDFam* 31/131)

---

**Art. 1.663. A administração do patrimônio comum compete a qualquer dos cônjuges.**

**§ 1º As dívidas contraídas no exercício da administração obrigam os bens comuns e particulares do cônjuge que os administra, e os do outro na razão do proveito que houver auferido.**

**§ 2º A anuência de ambos os cônjuges é necessária para os atos, a título gratuito, que impliquem cessão do uso ou gozo dos bens comuns.**

**§ 3º Em caso de malversação dos bens, o juiz poderá atribuir a administração a apenas um dos cônjuges.**

---

O artigo em estudo há que ser analisado conjuntamente com o art. 1.647 supra. A administração dos bens comuns não é mais atributo do marido, como no CC/1916. Com o advento da CF/88, ambos os cônjuges encontram-se em igualdade de posições, podendo, qualquer um deles, ou ambos, assumir a administração do patrimônio comum. Com fundamento no princípio da igualdade, a administração do acervo comum não pode ser submetida a condições ou imposição da vontade de um em relação ao outro, devendo ser conduzida sempre visando ao interesse da entidade familiar. Tanto o homem quanto a mulher acordarão sobre a forma de administrar. As dívidas comuns, adquiridas em razão da administração do patrimônio comum, terão como garantia o patrimônio comum e o particular do administrador, e também do outro cônjuge, caso tenha obtido algum benefício. O legislador, no intuito de proteção do patrimônio familiar, impôs que ambos os cônjuges deem seu consentimento para o caso de cessão de uso ou gozo de bens comuns, móveis ou imóveis. Nesse sentido também o Enunciado n. 340 da IV Jornada de Direito Civil do CJF, segundo o qual no regime da comunhão parcial de bens é sempre indispensável a autorização do cônjuge, ou seu suprimento judicial, para atos de disposição sobre bens imóveis. O § 3º faz referência à hipótese de que um dos cônjuges não gerencie de maneira satisfatória o patrimônio familiar, dilapidando-o ou contraindo dívidas, abrindo o legislador a possibilidade de pleitear-se ao Judiciário a nomeação do outro cônjuge como administrador.

**Jurisprudência:** Agravo de instrumento. Direito processual civil. Cumprimento de sentença. Penhora. Cônjuge do devedor. Dívida contraída em proveito do casal. Possibilidade. Recurso provido. 1. Conforme estabelece que o art. 1.663, § 1º, do CC, as dívidas contraídas no exercício da administração obrigam os bens comuns e particulares do cônjuge que os administra, e os do outro na razão do proveito que houver auferido. 2. A existência de confusão patrimonial entre a pessoa jurídica e a pessoa física e entre a renda dos cônjuges faz presumir ter sido a dívida contraída em favor do casal, motivo pelo qual é possível o deferimento da penhora para atingir a meação. 3. Agravo conhecido e provido. (TJDF, AI n. 07045505920228070000 1430692, 8ª T. Cível, rel. Eustáquio De Castro, j. 14.06.2022, publ. 27.06.2022)

Veja no art. 1.643 a seguinte decisão: TJRS, Ap. Cível n. 50124896720208210019/RS, 7ª Câm. Cível, rel. Carlos Eduardo Zietlow Duro, j. 05.04.2022, publ. 05.04.2022.

Agravo de instrumento. Cumprimento de sentença. Decisão que determinou a penhora sobre bens imóveis da esposa do executado e sobre direitos oriundos de contrato de alienação fiduciária em garantia para aquisição de bem imóvel. Irresignação do executado. Inexistência de patrimônio comum para satisfação do débito. Dívida contraída pelo executado que foi revertida em benefício da família. Bens particulares da esposa do executado que respondem pela dívida perseguida nestes autos, na razão do proveito econômico que houver aferido. Inteligência do § 1º do art. 1.663, do CC. Comprovação de posterior dação em pagamento do imóvel adquirido por alienação fiduciária, sem quaisquer direitos indenizatórios em favor do executado e da terceira interessada. Penhora de direitos deste imóvel que deve ser afastada. Pretensão do executado de ser desincumbido do encargo de depositário dos bens penhorados. Inovação recursal. Não conhecimento desta parte. Análise em sede recursal que implicaria supressão de instância, inadmitida no ordenamento jurídico pátrio. Recurso não conhecido em parte e, na parte conhecida, provido em parte, com determinação. (TJSP, AI n. 2283250-78.2021.8.26.0000/SP, 14ª Câm. de Dir. Priv., rel. Lavínio Donizetti Paschoalão, j. 21.03.2022, publ. 21.03.2022)

Embargos de terceiro. Pedido julgado improcedente sob os fundamentos de que os direitos do cônjuge que não é parte na execução são preservados no produto da alienação do bem indivisível penhorado e que, no caso, a dívida foi contraída em benefício da família. Julgamento antecipado do mérito que não caracterizou cerceamento de defesa. Dilação probatória que não se justificava, uma vez que a administração do patrimônio comum compete a qualquer dos cônjuges (art. 1.663, *caput*, do CC) e que a embargante teve ciência acerca da construção de casas nos imóveis de que ela é coproprietária e que foi beneficiada pelo contrato de empreitada, ainda que dele não tenha sido parte. Penhora de meação de cônjuge do executado. Possibilidade. Cumprimento de sentença que objetiva a satisfação de dívida oriunda do inadimplemento de obrigações contraídas em contrato de empreitada, pelo qual o exequente construiu casas em dois imóveis de que a embargante é coproprietária. Alegação de que a embargante desconhecia a celebração do contrato que se revela inverossímil, embora eventual ignorância não teria qualquer relevância prática, pois ambos os cônjuges podem administrar o patrimônio comum e as dívidas contraída por um deles obriga tanto os bens comuns quanto os particulares do outro. Dívida contraída no exercício da administração do patrimônio comum que beneficiou a embargante. Incidência do art. 1.663, § 1º, do CC e do art. 790, IV, do CPC. Sentença mantida. Recurso desprovido. (TJSP, Ap. Cível n. 1000143-40.2019.8.26.0346, 36ª Câm. de Dir. Priv., rel. Des. Milton Carvalho, j. 31.10.2019, *DJ* 31.10.2019)

Embargos à execução. Cheque emitido pelo ex-cônjuge da embargante na constância do casamento. Regime de comunhão parcial de bens. Legitimidade da esposa para figurar no polo passivo da execução. Art. 1.663, § 1º, do CC. Dívida, no entanto, que, pela prova dos autos, não reverteu em proveito do casal, mas somente do cônjuge que a contraiu. Sentença que extinguiu a execução mantida por fundamento diverso. Condenação da apelante aos ônus da sucumbência também mantida. Aplicação dos princípios da sucumbência e da causalidade. Recurso não provido. (TJSP, Ap. n. 0002475-68.2010.8.26.0004/SP, 12ª Câm. de Dir. Priv., rel. Tasso Duarte de Melo, *DJe* 15.07.2014, p. 1.186)

Recurso especial. Direito de família. Alimentos. Pedido de exoneração. Pendência de partilha obstada pelo recorrido. Princípios da proporcionalidade e da dignidade da pessoa humana. Patrimônio comum do casal sob a exclusiva posse e administração do alimentante. Peculiaridade apta a ensejar o restabelecimento da obrigação alimentar enquanto a situação perdurar. *Periculum in mora* inverso. 1 – A obrigação alimentícia deve ser mantida enquanto pendente a partilha do patrimônio comum do ex-casal manifestamente procrastinada pelo ex-cônjuge recalcitrante, que se encontra na exclusiva posse e administração dos bens e não coopera para que a controvérsia seja dirimida judicialmente. 2 – A prestação alimentícia deve ser proporcional às necessidades da beneficiária e aos recursos do alimentante (art. 1.694, § 1º, do CC), configurando direito fundamental de grau máximo para o alimentário, por lhe garantir a existência digna, de modo que a presença de *periculum in mora* inverso justifica à medida que afasta a tutela antecipada. 3 – O perigo da demora deve ser avaliado de forma igualitária para ambas as partes. 4 – O casamento estabelece uma plena comunhão, cujo consectário não é apenas o entrelaçamento de vidas, mas também de patrimônios, que deve ser entendido com base na igualdade de direitos e deveres dos cônjuges (art. 1.511 do CC), com o fim da vida em comum pela ausência do ânimo socioafetivo, real motivação da comunicação patrimonial, há a cessação do regime de bens. 5 – A administração do patrimônio comum da família compete a ambos os cônjuges (arts. 1.663 e 1.720 do CC), presumindo a lei ter sido adquirido pelo esforço comum do casal, sendo certo que o administrador dos bens em estado de mancomunhão tem a obrigação de prestar contas ao outro cônjuge alijado do direito de propriedade. 6 – Atenta contra a igualdade constitucional conferir indistintamente, na constância do casamento, a qualquer dos consortes a administração exclusiva dos bens comuns, motivo pelo qual, após a ruptura do estado condominial pelo fim da convivência, impõe-se a realização imediata da partilha, que, uma vez obstada, justifica o restabelecimento da obrigação alimentar transitória enquanto perdurar a situação excepcional. 7 – Recurso especial conhecido e provido. (STJ, REsp n. 1.287.579, 3ª T., rel. Min. Ricardo Villas Bôas Cueva, *DJe* 02.08.2013, p. 1.211)

Ação de divórcio litigioso. Regime da comunhão parcial de bens. Partilha de bens adquiridos na constância da sociedade conjugal. Imóvel financiado. Prestações pagas exclusivamente pelo varão, na constância do casamento. Possibilidade de contribuição da cônjuge nas prestações após o divórcio não comprovada. Obrigação do varão após a separação. Dispõe o art. 1.663 do CC que a administração do patrimônio comum compete a qualquer dos cônjuges e, consoante seu § 1º, as dívidas contraídas no exercício da administração obrigam os bens comuns e particulares do cônjuge que os administra, e os do outro na razão do proveito que houver auferido. Nada mais lógico que o marido continue a arcar com as prestações do financiamento do imóvel, se as provas dos autos indicam que a virago não tem condições de fornecer qualquer aporte sem prejuízo de sua sobrevivência. (TJMG, AI n. 1.0045.11.000087-9/001, rel. Des. Vanessa Verdolim Hudson Andrade, j. 05.02.2013, *DJ* 14.02.2013)

Embargos de terceiro. Arresto. Parte dos bens constritos que já integrava o patrimônio exclusivo da embargante quando de seu casamento com o executado, advinda de sucessão. Outra parte dos bens arrestados que foi transmitida à embargante na constância de seu casamento com o executado, proveniente de doação. Embargante que se casou com o executado em 19.11.1993, sob o regime da comunhão parcial de bens. Casal que se divorciou em 10.09.2003. Caso em que, no regime da comunhão parcial, excluem-se da comunhão, basicamente, os bens que os cônjuges possuem ao casar ou que venham a adquirir por causa anterior e alheia ao casamento, como as doações e sucessões. Art. 269, I, do anterior CC, correspondente ao art. 1.659, I, do atual CC. Embargos de terceiro. Arresto. Bens particulares da embargante, os quais não se comunicaram ao executado. Dívidas de um cônjuge que obrigam os bens comuns e particulares, podendo até atingir os bens próprios do outro em razão de seu proveito. Art. 1.663, § 1º, do atual CC, correspondente ao art. 274 do anterior CC. Impossibilidade de se reconhecer que o débito resultante dos oito cheques executados tenha favorecido a embargante. Auto de arresto dos bens litigiosos que não pode subsistir. Mantida a procedência dos embargos de terceiro. Apelo desprovido. (TJSP, Ap. n. 9164119-78.2007.8.26.0000/Vargem Grande do Sul, 23ª Câm. de Dir. Priv., rel. José Marcos Marrone, j. 25.04.2012)

Prestação de contas. Primeira fase. União estável. Dissolução. Bens em condomínio administrados pelo ex-companheiro. Obrigação de prestar contas reconhecida. Precedentes jurisprudenciais. Fase em que se limita a declarar existente ou inexistente o dever de prestar contas. Ratificação dos fundamentos do *decisum*. Aplicação do art. 252 do RITJSP/2009. Recurso desprovido. (TJSP, Ap. Cível n. 0029691-37.2009.8.26.0554, rel. Milton Carvalho, j. 19.10.2011)

Família. Ação de separação litigiosa. Regime da comunhão parcial de bens. Inconformidade restrita à divisão do acervo patrimonial. Partilha igualitária dos bens amealhados na vigência da convivência conjugal, a razão de metade para cada separando. A partilha deve recair sobre os bens existentes no momento da ruptura da vida conjugal, considerando-se inclusive as dívidas comprovadamente existentes. Inclusão da sociedade comercial no rol de bens partilháveis, relegando-se à posterior liquidação de sentença a apuração da participação do varão. Reconhecimento da responsabilidade do varão por metade das dívidas da virago, tendo em vista a comprovação de sua vinculação aos fatos alegados, em atenção ao disposto no § 1º do art. 1.663 do CC. Provida parcialmente apelação da autora e desprovida a do réu. (TJRS, Ap. Cível n. 70.033.187.907, 8ª Câm. Cível, rel. Des. Luiz Ari Azambuja Ramos, j. 08.04.2010)

Embargos de terceiro. Penhora. Inadmissibilidade. Existência de prova de que o imóvel penhorado foi adquirido pela embargante de seus genitores, antes do casamento com o executado, por meio de escritura de doação com cláusula de incomunicabilidade. Aplicação dos arts. 1.659, I, e 1.663, §§ 1º e 2º, do CC. Procedência dos embargos que era mesmo de rigor. Honorários advocatícios fixados, todavia, em valor insuficiente para remunerar condignamente o patrono da embargante, o que se corrigirá. Recurso da embargada desprovido e apelo da embargante provido. (TJSP, Ap. Cível n. 991.090.496.680/Mirandópolis, 23ª Câm. de Dir. Priv., rel. Rizzatto Nunes, j. 25.11.2009)

Prestação de contas entre ex-cônjuges que foram casados no regime de comunhão universal. Embora caiba, em tese, o dever de prestar contas daquele que assume a administração dos bens comuns, o exercício somente produz a obrigação de prestar contas, em forma mercantil, se o ex-cônjuge que pleiteia provar que deseja construir título executivo [art. 918 do CPC; art. 552 do CPC/2015] ou provar malversação de bens para mudar o administrador [art. 1.663, § 3°, do CC], sob pena de se admitir mais um incidente entre as dezenas de ações e incidentes pela litigiosidade ferrenha derivada da separação, sem partilha. Provimento para julgar extinta, sem resolução de mérito, a ação. (TJSP, Emb. Decl. n. 5.328.244.101/São Paulo, 4ª Câm. de Dir. Priv., rel. Enio Zuliani, j. 18.06.2009)

Apelação cível. Embargos de terceiro. Preliminar. Ausência de intimação do cônjuge sobre arresto. Nulidade suprida com o comparecimento do cônjuge para interposição dos presentes embargos. Comunhão parcial. Bens originários de sucessão. Exclusão da comunhão. Não se prestam para responder por dívidas contraídas pelo marido. O comparecimento da esposa do devedor a fim de interpor os presentes embargos, tem o poder de sanar a nulidade do arresto em razão da ausência de sua intimação. A embargante se casou no regime de comunhão parcial de bens e o imóvel arrestado passou a ser de sua propriedade através de sucessão, por isso não se presta para responder pelas dívidas contraídas por seu cônjuge. Nos termos do art. 1.663, § 1°, do CC, os bens particulares da embargante só servem ao pagamento das dívidas contraídas por seu marido se ela houver auferido proveito e na razão de tal proveito, o que não foi comprovado pelo DMAE. (TJMG, Ap. Cível n. 1.0702.07.362983-5/001, rel. Armando Freire, j. 09.09.2008, *DJ* 17.10.2008)

Responsabilidade civil. Mulher casada. Dívida assumida pelo marido. Art. 1.663, § 1°, do CC/2002. Situação em que o marido, como administrador dos bens do casal, firmou contrato de decoração do apartamento com a agravante, e, tendo sido os serviços de decoração devidamente executados, o agravado emitiu, para pagamento dos serviços, cheque n. 317.953, no valor de R$ 25.185,00 que foi devolvido por falta de fundos. Dívida assumida em benefício do casal. Hipótese, em que, a teor do disposto no art. 1.663, § 1°, do CC/2002, os bens particulares da mulher respondem também pela dívida ora cobrada. Determinação para ser efetivada a penhora *on-line* dos ativos financeiros da mulher, bem como pesquisas sobre existência de bens em nome da mulher. Recurso provido. (TJSP, AI n. 720.731.6/2-00, 19ª Câm. de Dir. Priv., rel. Paulo Hatanaka, j. 19.02.2008, *DJ* 13.03.2008)

**Art. 1.664. Os bens da comunhão respondem pelas obrigações contraídas pelo marido ou pela mulher para atender aos encargos da família, às despesas de administração e às decorrentes de imposição legal.**

O legislador, com o intuito de proteger terceiros e credores, quer que o patrimônio familiar responda pelas obrigações e dívidas contraídas para a manutenção da família, presumindo, de maneira absoluta, que, sendo em benefício da família, há o consentimento de ambos os cônjuges. Assim, as despesas assumidas com alimentação, água, luz, habitação, gás, educação, lazer, transporte, impostos, taxas e todas aquelas necessárias ao bem-estar da família obrigam o patrimônio comum. Veja arts. 1.644, 1.659, IV, e 1.663, supra.

**Jurisprudência:** Embargos de terceiro. Penhora de automóvel de propriedade comum do casal. Pretensão de reserva da meação do cônjuge alheio à execução. Improcedência. Irresignação da autora. Descabimento. Dívida contraída pelo marido executado presumivelmente em benefício da família (art. 1.664 do CC). Presunção relativa não elidida. Regularidade da constrição. Ausência de comprovação de que o veículo penhorado é indispensável ao desenvolvimento da atividade empresária da autora (venda de produtos em lanchonete). Improcedência mantida. Recurso improvido. (TJSP, Ap. n. 10022347720238260471/Porto Feliz, 24ª Câm. de Dir. Priv., rel. Nazir David Milano Filho, j. 28.06.2024, *DJ* 28.06.2024)

Agravo de instrumento. Execução de título extrajudicial. Pedido de pesquisa para fins de arresto de bens nos sistemas BACENJUD, INFOJUD, RENAJUD, da meação da executada sobre bens que estejam em nome de seu cônjuge, sob o fundamento de ser possível tal providência em razão de o casamento deles ser realizado sob o regime da comunhão parcial de bens. Possibilidade de efetivação da medida, desde que os ativos financeiros eventualmente encontrados não sejam provenientes dos proventos do trabalho pessoal do esposo da devedora. Arts. 790, IV do CPC, 1.664 do CC, 1.659, VI do CC e 833, IV do CPC. Agravo provido, com observação. (TJSP, AI n. 2156655-63.2023.8.26.0000/Diadema, 16ª Câm. de Dir. Priv., rel. Coutinho de Arruda, j. 05.02.2024, *DJ* 05.02.2024)

Agravo de instrumento. Ação monitória. Fase de cumprimento de sentença. Dívida contraída na constância do casamento. Regime de comunhão parcial de bens. Veículo em nome do cônjuge meeiro do executado. Penhora. I – Decisão agravada que indeferiu o pedido de penhora de veículo em nome do cônjuge do executado – Agravante que alega que o veículo é de propriedade da parte executada, não obstante não registrado em seu nome. Agravante que aduz, ainda, que os bens do cônjuge respondem pela dívida. II – Dívida *sub judice* que foi contraída na constância do matrimônio pelo executado, ora agravado. Regime de bens matrimonial de comunhão parcial de bens. Reconhecido que no regime de comunhão parcial de bens há comunicação de todos os bens presentes e futuros dos cônjuges, bem como de suas dívidas contraídas na constância do matrimônio. Inteligência dos arts. 1.658, 1.659 e 1.660 c/c 1.664 do CC e 790, IV do CPC – Presunção, ademais, de que a dívida tenha sido contraída em benefício do casal ou da família. III – Cabível a responsabilização do cônjuge do executado pelo adimplemento da dívida *sub judice*, em razão da comunicação dos bens pelo regime de casamento da parte devedora, com sua regular intimação. Cabível a penhora do veículo de titularidade do cônjuge do executado. Precedentes. Decisão reformada. Agravo provido. (TJSP, AI n. 22020857220228260000/Votuporanga, 24ª Câm. de Dir. Priv., rel. Salles Vieira, j. 01.06.2023, *DJ* 01.06.2023)

Agravo de instrumento. Locação residencial. Execução de título extrajudicial. Pedido de pesquisa de bens em nome do cônjuge do devedor. Possibilidade. A pretensão da agravante de pesquisar e posteriormente penhorar bens do cônjuge do devedor mostra-se admissível se casados sob regime da comunhão universal ou parcial de bens. Presume-se que a dívida oriunda de contrato de locação residencial foi contraída em prol da unidade familiar, de modo que os consortes são devedores solidários (arts. 1.643, 1.644 e 1.664 do CC). Recurso provido. (TJSP, AI n. 20320772820238260000/SP, 26ª Câm. de Dir. Priv., rel. Antonio Nascimento, j. 24.05.2023, *DJ* 24.05.2023)

Apelação cível. Ação declaratória de união estável. Partilha de bens e dívidas. Proveito comum das dívidas não comprovado. Inteligência dos arts. 1.643, 1.644, 1.664 e 1.666 do CC. Ausência de comprovação da origem dos débitos elencados, bem como da sua finalidade e efetiva demonstração de que os valores serviram à manutenção da família ou reverteram em benefício do núcleo familiar, com o respectivo proveito comum. Apelante que não se desincumbiu do seu ônus probatório previsto no art. 373 do CPC. Partilha inviabilizada. Sentença confirmada. Recurso desprovido. (TJRS, Ap. n. 50012326120148210017/Lajeado, 7ª Câm. Cível, rel. Roberto Arriada Lorea, j. 17.01.2023, *DJ* 17.01.2023)

Reconhecimento e dissolução de união estável. Partilha de bens. Período da união estável incontroverso, insurgência voltada exclusivamente contra a partilha de bens. Parcial acolhimento. Aplicação do regime da comunhão parcial de bens, ante a falta de estipulação contratual. Verbas trabalhistas que têm como fato gerador o exercício de atividade laboral durante a união estável, sendo imperiosa a partilha, na proporção de 50% para cada parte, das parcelas recebidas depois do termo final da união estável. Crédito recebido em data posterior que se presume convertido em favor da família. Aplicação do art. 1.664 do CC. Presunção que se aplica, igualmente, ao crédito recebido em decorrência da contratação de empréstimo consignado durante a união estável, devendo as parcelas vencidas e comprovadamente adimplidas depois do término da união ser partilhadas na proporção de 50% para cada parte. Sentença reformada. Apelo parcialmente provido. (TJSP, Ap. Cível n. 1007607-08.2020.8.26.0047/SP, 3ª Câm. de Dir. Priv., rel. Donegá Morandini, j. 30.05.2022, publ. 30.05.2022)

Veja no art. 1.643 a seguinte decisão: TJRS, Ap. Cível n. 50124896720208210019/RS, 7ª Câm. Cível, rel. Carlos Eduardo Zietlow Duro, j. 05.04.2022, publ. 05.04.2022.

Veja no art. 1.662 a seguinte decisão: TJSP, Ap. Cível n. 1064390-94.2016.8.26.0100/SP, 9ª Câm. de Dir. Priv., rel. César Peixoto, j. 29.03.2022, publ. 29.03.2022.

Apelação cível. Direito de família. Reconhecimento e dissolução de união estável. Preliminar de nulidade. Negativa de prestação jurisdicional. Guarda compartilhada. Partilha de bens. Financiamento bancário. Frutos imóvel comum das partes. Veículo em nome de terceiro estranho à lide. Presunção de contribuição de ambos os cônjuges. Dívidas contraídas durante o casamento. Prova da existência. Dever de partilha. Parcial provimento ao segundo recurso. (TJMG, Ap. Cível n. 1.0000.20.579399-5/001, rel. Des. Lílian Maciel, j. 22.09.2021)

Embargos de terceiro. Meação. Conforme art. 790, IV, do CPC e art. 1.664 do CC, o matrimônio não gera a impenhorabilidade dos bens comuns; antes, determina a necessidade de se resguardar a meia parte titularizada pelo cônjuge, salvo quanto às dívidas contraídas ou geradas pela administração dos bens do próprio casal, hipótese em que até mesmo os bens particulares de cada um se obrigam à satisfação da dívida, no caso, alimentar e de indiscutível preferência. (TRT-3, Ap. Cível n. 00100987120195030098, rel. Des. Emerson Jose Alves Lage, *DJe* 14.08.2019)

Agravo de instrumento. Ação de obrigação de fazer. Cumprimento de sentença. Decisão que afastou a decretação da ineficácia da venda do imóvel sobre o qual o agravante pretende que haja penhora para satisfação de seu crédito, não classificando a venda como fraudulenta. Descabida a pretensão de se reconhecer a sociedade de fato em sede de cumprimento de sentença. Juiz já havia indeferido a inclusão do marido da executada no polo passivo, pois não há título executivo judicial ou extrajudicial que autorize a medida, nem se trata de desconsideração da personalidade jurídica. O imóvel em questão veio ao patrimônio daquele por sucessão. Bem expressamente excluído nos termos do art. 1.659, I, do atual CC. Inaplicabilidade do art. 1.664 do CC. Contrato faz lei entre as partes. Restou comprovado que o imóvel em questão não pertence à executada, e não há como estender a responsabilidade da condenação a terceiro. Agravo desprovido. (TJSP, AI n. 2032563-91.2015.8.26.0000/Santo André, 8ª Câm. de Dir. Priv., rel. Silvério da Silva, j. 30.04.2015)

Apelação cível. Ação de reconhecimento e dissolução de união estável c/c partilha de bens, guarda e alimentos. Insurgência contra a inclusão de casa de alvenaria na partilha. Parte que já havia sido construída em data anterior ao início da união exclusão. Partilha das benfeitorias realizadas na constância do relacionamento. Trator. Propriedade de terceiro. Impossibilidade de divisão. Bens móveis que guarneciam a residência. Ausência de prova acerca da aquisição em data anterior (art. 1.662, CC). Ônus sucumbenciais atribuídos ao requerido. Redistribuição. Recurso adesivo. Inconformismo contra a partilha de dívidas. Obrigações assumidas em proveito do casal para exercício da atividade laborativa do convivente (art. 1.664, CC). Exclusão de despesa posterior ao término da união. Recurso de apelação conhecido e parcialmente provido. Recurso adesivo conhecido e parcialmente provido. (TJPR, Ap. Cível n. 1120988-8, 11ª Câm. Cível, rel. Des. Ruy Muggiati, *DJe* 03.06.2014, p. 449)

Embargos de terceiro. Bem adquirido antes do matrimônio. Financiamento pago na constância do casamento. Impossibilidade de defesa da meação do marido. Dívida que beneficiou a família. Aplicação analógica do art. 1.664 do CC. Sentença mantida. Recurso desprovido. (TJSP, Ap. n. 0185235-17.2012.8.26.0100/SP, 20ª Câm. de Dir. Priv., rel. Luis Carlos de Barros, *DJe* 14.04.2014, p. 1.382)

Apelação cível. Divórcio. Partilha de bens. Casamento realizado pelo regime da comunhão parcial. Dívidas. Proveito pela família. Ônus da prova (art. 333, I, do CPC) [art. 373, I, do CPC/2015]. Inteligência dos arts. 1.658, 1.664 e 1.666 do CCB. Exclusão da partilha. Sentença reformada. O ônus da prova acerca do dever de partilhar dívidas contraídas exclusivamente por um dos cônjuges na constância do casamento realizado pelo regime da comunhão parcial de bens, pretensão contestada e não demonstrado, *ab initio*, que reverteram em prol do casal, é do cônjuge autor do pedido. Não logrando o requerente demonstrar que as dívidas por ele contratadas reverteram em prol da família, a obrigação deve ser excluída da partilha determinada em sentença. Apelo provido. (TJRS, Ap. Cível n. 70.055.926.265, 7ª Câm. Cível, rel. Des. Sandra Brisolara Medeiros, j. 26.03.2014)

Apelação cível. Direito privado não especificado. Embargos de terceiro. Não há falar na alegada prescrição intercorrente, porquanto o feito jamais ficou parado por suposta inércia do credor. Precedente da Corte. Preliminar rejeitada. Casados, a embargante e o executado, sob o regime da comunhão universal de bens, presume-se que a dívida contraída pelo marido reverteu em benefício da família, respondendo os bens da comunhão pelo seu pagamento. Inteligência dos arts. 1.664 e 1.667 do CC. Ademais, tampouco a embargante logrou comprovar o contrário, ônus que lhe incumbia, consoante a regra do art. 333, II, do CPC [art. 373, I, do CPC/2015]. Jurisprudência deste Tribunal de Justiça. Manutenção da sentença que se impõe. Afastaram a preliminar e negaram provimento à apelação. Unânime. (TJRS, Ap. Cível n. 70.053.979.332, 20ª Câm. Cível, rel. Walda Maria Melo Pierro, j. 26.06.2013)

Apelação cível. Ação de separação judicial. Partilha de bens. Dívidas contraídas na constância do casamento. Partilha. Imóvel cedido para pagamento de dívida. Fraude ou litigância de má-fé. Não comprovação. Sentença mantida. Dispõe o art. 1.664 do CC, que as dívidas contraídas, por um dos cônjuges, durante o casamento, para atender aos encargos da família, despesas de administração e aquelas decorrentes de imposição legal, deverão ser suportadas pelo patrimônio comum. Isto vale dizer que todas as dívidas contraídas, em que não houve proveito único e exclusivo de só um cônjuge, deverão ser repartidas entre eles de forma igual, sendo que há presunção de proveito comum. Não havendo comprovação das alegações de fraude ou litigância de má-fé pela apelante, não há como modificar a sentença, vez que descumprido o disposto no art. 333 do CPC [art. 373 do CPC/2015]. (TJMG, Ap. Cível n. 1.0143.08.018750-1/002(1), rel. Des. Mauro Soares de Freitas, j. 01.07.2010)

Penhora da unidade autônoma do casal. Desistência da execução em relação a um dos cônjuges. Pretensão de exclusão de sua meação da penhora. Impossibilidade. Responsabilidade patrimonial mantida. Obrigação assumida em proveito da unidade familiar. Inteligência dos arts. 1.663, § 1º, e 1.664 do CC/2002. Sentença mantida. Recurso desprovido. (TJSP, Ap. n. 992070369002 (1124581500), 30ª Câm. de Dir. Priv., j. 16.06.2010)

Negócios jurídicos bancários. Embargos de terceiro. Ação monitória. Penhora de bens que guarnecem a residência do executado. Impossibilidade, nas circunstâncias. Consoante a jurisprudência do STJ, cuja função constitucional precípua é a uniformização da interpretação da legislação infraconstitucional (CR, art. 105, III), a impenhorabilidade do bem de família de que trata a Lei n. 8.009/90 abrange os móveis que guarnecem a residência do executado, à exceção dos veículos de transporte, obras de arte e adornos suntuosos. Havendo multiplicidade de aparelhos de televisão (quatro, no caso concreto), impõe-se o levantamento da penhora sobre apenas um deles. Penhora que recai sobre bem do casal, coberto pelo regime de comunhão parcial de bens. Ausência de provas de que o débito não foi contraído em favor da família. Impossibilidade de resguardo da meação. Art. 1.664 do CC. Apelo provido em parte. (TJRS, Ap. Cível n. 70.034.284.893, 16ª Câm. Cível, rel. Des. Paulo Sérgio Scarparo, j. 18.03.2010)

Separação judicial. Regime de comunhão parcial de bens. Divisão dos aquestos e também das dívidas adquiridas na constância do casamento. Medida que se impõe. Inteligência do art. 1.664 do CC. Recurso improvido. (TJSP, Ap. Cível c/ Rev. n. 6.296.774.000/São Paulo, 3ª Câm. de Dir. Priv., rel. Beretta da Silveira, j. 19.05.2009)

Embargos de terceiro. Mulher casada. Penhora de automóvel registrado em seu nome. Casamento em regime de comunhão parcial de bens. Bem adquirido na constância da união. Comunicação. Inexistência de prova de que a dívida não beneficiou a família. Ônus da embargante. Não obstante o bem penhorado na execução esteja em nome da mulher do devedor, autora dos embargos de terceiro, verifica-se que o casamento se deu em regime de comunhão parcial de bens, de sorte que incide o art. 1.600, I, do CC, que dispõe que há comunicação dos bens adquiridos na constância da união por título oneroso, ainda que só em nome de um dos cônjuges e o art. 1.664 também do CC, que preceitua que os bens da comunhão respondem pelas obrigações contraídas pelo marido ou pela mulher para atender aos encargos da família, às despesas de administração e às decorrentes de imposição legal. O ônus de demonstrar que a dívida contraída pelo marido não beneficiou a família é do embargante. Embargos de declaração providos com consequente modificação substancial do julgado. (TJRS, Embargos de declaração n. 70.017.121.013, 9ª Câm. Cível, rel. Marilene Bonzanini Bernardi, j. 21.11.2007, *DJ* 27.11.2007)

**Art. 1.665. A administração e a disposição dos bens constitutivos do patrimônio particular competem ao cônjuge proprietário, salvo convenção diversa em pacto antenupcial.**

O art. 1.665 é, aparentemente, contraditório à norma do inciso I do art. 1.647, que exige a autorização conjugal para a alienação ou gravação com ônus reais dos bens imóveis, sejam particulares ou comuns. Contudo, interpretando-se os dois dispositivos de forma coerente, é possível concluir que ao cônjuge proprietário é dada a administração e a disposição de seus bens particulares, que somente poderão ser alienados ou gravados com ônus reais após o consentimento do outro cônjuge. Com a intenção de extinguir quaisquer dúvidas sobre o mencionado conflito, Alexandre Guedes Alcoforado Assunção (*Novo Código Civil comentado*. São Paulo, Saraiva, 2003) apresentou sugestão para o Projeto de Alteração do CC do Deputado Ricardo Fiuza (atual PL n. 699/2011), recomendando a retirada do termo "e a disposição". A parte final do dispositivo abre a possibilidade de indicação, em pacto antenupcial, de que a administração dos bens particulares caberá ao outro. Essa previsão, por meio do contrato pré-nupcial, não tem o condão de tornar comum o patrimônio particular administrado, permanecendo o proprietário com exclusivo domínio e posse de que é titular.

**Art. 1.666. As dívidas, contraídas por qualquer dos cônjuges na administração de seus bens particulares e em benefício destes, não obrigam os bens comuns.**

Mais uma vez, apresenta-se o caráter protetor do legislador no tocante ao patrimônio familiar, impedindo que este responda pelas obrigações advindas dos bens particulares de um dos cônjuges. Assim, somente o acervo exclusivo de cada cônjuge poderá satisfazer dívidas e obrigações adquiridas em consequência da administração daquele patrimônio.

**Jurisprudência:** Agravo de instrumento. Dissolução de sociedade. Cumprimento de sentença. Constrição de bens e ativos em nome do cônjuge da executada. Comunhão parcial de bens. 1) Na espécie, não há elementos probatórios que demonstrem que o cônjuge da executada obteve proveito econômico com a dívida constituída pela sociedade CONTEC – Contabilidade e Assessoria S/S Ltda e sua sócia. Além disse, é parte estranha à lide, motivo pelo qual não se justifica a adoção de medidas constritivas contra a sua pessoa. 2) Ademais, conforme jurisprudência do STJ, o regime de bens adotado pelo casal não torna o cônjuge solidariamente responsável de forma automática por todas as obrigações contraídas pelo parceiro (por força das inúmeras exceções legais contidas nos arts. 1.659 a 1.666 do CC). Agravo de instrumento desprovido. (TJRS, AI n. 50032865120248217000/Caxias do Sul, 5ª Câm. Cível, rel. Cláudia Maria Hardt, j. 24.04.2024, *DJ* 25.04.2024)

Veja no art. 1.658 a seguinte decisão: TJRS, Ap. Cível n. 50018861620168210005/Bento Gonçalves, 7ª Câm. Cível, rel. Sérgio Fernando de Vasconcellos Chaves, j. 26.10.2022, publ. 26.10.2022.

Ação de divórcio c/c partilha. Sentença de parcial procedência. Irresignação do autor. Preliminar de cerceamento de defesa. Pretensão de produção de prova oral. Prova documental suficiente. Preliminar rejeitada. Pedido de partilha de dívida tributária oriunda de empresa individual. Partes casadas sob o regime da comunhão parcial de bens. Dívida, no entanto, proveniente do trabalho e do patrimônio particular do autor. Inteligência do art. 1.666 do CC. Sentença mantida. Recurso desprovido. (TJSP, Ap. Cível n. 1009570-08.2019.8.26.0590/SP, 1ª Câm. de Dir. Priv., rel. Alexandre Marcondes, j. 21.03.2022, publ. 21.03.2022)

Apelação cível. Embargos de terceiro. Ação julgada improcedente. Preliminar de cerceamento de defesa afastada. Pretensão de ser nomeado como depositário do bem. Inadmissibilidade. Inteligência do art. 840, §§ 1º e 2º, do CPC. Recorrente casado em regime de comunhão universal de bens com a devedora, comunicando-se, portanto, todas as dívidas contraídas após o casamento. Pretendida aplicação do quanto disposto no art. 1.666 do CC. Inadmissibilidade. Dispositivo legal aplicável ao regime de comunhão parcial de bens. Recurso não provido. (TJSP, Ap. Cível n. 1042391-73.2020.8.26.0576, 2ª Câm. de Dir. Priv., rel. José Carlos Ferreira Alves, j. 25.02.2022, publ. 25.02.2022)

Agravo de instrumento. Cumprimento de sentença. Penhora de bens do cônjuge. Impossibilidade. Obrigação não revestida em favor da família. Cônjuge que não integra polo passivo. Nos termos do art. 1.666, do CC, "as dívidas, contraídas por qualquer dos cônjuges na administração de seus bens particulares e em benefício destes, não obrigam os bens comuns". Não restando comprovado que a dívida contraída pelo executado foi também aproveitada pelo cônjuge, bem como que este integra o polo passivo da lide, não há que se falar em penhora de terceiro estranho à lide. (TJMG, AI n. 1.0126.13.001438-7/003, rel. Des. Marco Aurelio Ferenzini, j. 14.10.2021)

Agravo de instrumento. Execução de título extrajudicial. Dívida contraída pelo executado na constância do casamento. Regime de separação parcial de bens. Pedido de penhora dos valores existentes em conta corrente de titularidade do cônjuge. Impossibilidade. Meação. Arts. 1.659, 1.663 e 1.666 do CC. Presume-se que os valores existentes em conta-corrente de titularidade do cônjuge são bens particulares, os quais, em princípio, estão excluídos da comunhão no casamento sob regime da comunhão parcial de bens, a teor do art. 1.659, VI e VII, do CC. Desse modo, a penhora de eventuais valores existentes em conta corrente de titularidade do cônjuge, no regime da comunhão parcial de bens, exige o implemento dos pressupostos fáticos previstos nos arts. 1.663, 1.664 e 1.666 do CC, a fim de que a dívida contraída por um deles seja respondida pelos bens de ambos, observada, ainda, a meação e as hipóteses expressas de incomunicabilidade. Hipótese em que a parte exequente não demonstrou que a dívida converteu-se em benefício da entidade familiar ou que foi contraída em decorrência da administração da entidade familiar, ônus que lhe incumbia e do qual não se desvencilhou. Por outro lado, o art. 1.666 do CC dispõe expressamente que as dívidas contraídas por qualquer dos cônjuges na administração de seus bens particulares e em benefício destes não obrigam os bens comuns. Logo, se não obrigam os bens comuns, também não obrigam os bens particulares do outro. Recurso desprovido. (TJRS, AI 70.079.209.755, 24ª Câm. Cível, rel. Jorge Alberto Vescia Corssac, j. 12.12.2018, *DJe* 14.12.2019)

Agravo de instrumento. Execução de título extrajudicial. Penhora de ativos financeiros em conta bancária particular da esposa do executado. Impossibilidade. Terceira estranha à lide. Ausência de prova do proveito familiar da dívida contraída. 1 – O regime de casamento de comunhão parcial de bens não autoriza a constrição de ativo financeiro do cônjuge estranho à lide. 2 – Nos termos do art. 1.666 do CC, "as dívidas, contraídas por qualquer dos cônjuges na administração de seus bens particulares e em benefício destes, não obrigam os bens comuns". 3 – Não comprovado nos autos que a dívida contraída pelo executado foi também aproveitada por sua esposa e que também há ativos financeiros em sua conta bancária particular, mas comum ao casal, não há que se falar na penhora de terceiro estranho à lide. 4 – Recurso conhecido e não provido. (TJMG, AI n. 1.0024.09.691821-4/001, 11ª Câm. Cível, rel. Mariza Porto, *DJe* 06.08.2014)

Separação judicial. Ação de partilha de bens proposta pelo ex-cônjuge mulher. Sentença de procedência parcial. Reconhecimento em favor da autora de quinhão sobre parte das benfeitorias introduzidas em imóvel. Apelação da autora. Esforço comum dos cônjuges na edificação das benfeitorias. Ausência de prova a elidir tal presunção. Art. 1.666, IV, do CC. Laudo pericial que aponta o valor das benfeitorias. Juros de mora incidentes a partir da citação. Ação procedente em maior extensão. Recurso provido em parte. (TJSP, Ap. n. 0004311-19.2009.8.26.0099/Bragança Paulista, 4ª Câm. de Dir. Priv., rel. Carlos Henrique Miguel Trevisan, *DJe* 24.03.2014, p. 1.146)

Agravo de instrumento. Inventário. Partilha. Companheira. Observância do art. 1.790, II, do CC. Constitucionalidade reconhecida pelo Col. Órgão Especial do TJSP. Ausência de prova de que as dívidas contraídas na constância da união estável não tenham sido em favor da entidade familiar ou que se tratasse da hipótese do art. 1.666 do CC, devendo, porém a companheira assumir 50% dos débitos, como determinado, não havendo, ainda, evidências de que tenham sido adquiridos bens pela contratação dessas dívidas ou que existam ativos, mas se foram e existirem, deverão ser partilhados. Não cabe ainda a requisição à Receita Federal das dez últimas ou das últimas declarações de imposto de renda do falecido e muito menos da inventariante, que teria seu sigilo fiscal quebrado sem o devido processo legal, não se prestando o processo de inventário à formação de provas para eventual futura ação a ser proposta. A partilha se faz dos bens existentes na data do óbito, após quitadas as dívidas do morto e as despesas do inventário. Recurso conhecido e provido em parte. (TJSP, AI n. 2045347-71.2013.8.26.0000/SP, 1ª Câm. de Dir. Priv., rel. Alcides Leopoldo e Silva Júnior, *DJe* 05.03.2014, p. 1.762)

Agravo de instrumento. Cumprimento de acordo homologado em ação monitória. Pretensão à penhora do faturamento da empresa individual de titularidade do cônjuge da executada. Regime de comunhão parcial de bens. Débito particular que não incide sobre os bens comuns do casal (art. 1.666 do CC). Agravo desprovido. (TJSP, AI n. 2027578-50.2013.8.26.0000/SP, 11ª Câm. de Dir. Priv., rel. Rômolo Russo, *DJe* 13.11.2013, p. 1.326)

Separação judicial. Partilha de bens. Dívidas. Ações judiciais. 1 – Partilham-se as dívidas contraídas pelos cônjuges na constância do casamento, porquanto presumem-se terem sido adquiridas em benefício da família. No entanto, excluem-se aquelas relativas a bens particulares de um dos consortes. Inteligência dos arts. 1.644, 1.664 e 1.666 do CC. 2 – Devido a escassez de elementos, relega-se para sobrepartilha eventual benefício de patrimônio auferido pelos consortes em ações judiciais. Honorários advocatícios. Como as ações que envolvem partilha de bens encerram inegável conteúdo econômico, mostra-se impositiva a fixação de honorários com base no valor dos bens que compõem a meação do respectivo cliente. Apelo provido em parte (segredo de justiça). (TJRS, Ap. Cível n. 70.020.993.804, 7ª Câm. Cível, rel. Maria Berenice Dias, j. 24.10.2007, *DJ* 01.11.2007)

## CAPÍTULO IV
## DO REGIME DE COMUNHÃO UNIVERSAL

**Art. 1.667. O regime de comunhão universal importa a comunicação de todos os bens presentes e futuros dos cônjuges e suas dívidas passivas, com as exceções do artigo seguinte.**

O regime da comunhão universal era o regime legal do ordenamento brasileiro, até o advento da Lei do Divórcio em 1977, quando o regime da comunhão parcial de bens passou a ocupar essa condição. Esse regime era adotado para beneficiar a condição da mulher submissa, presa aos afazeres domésticos, que não exercia qualquer profissão que a desse condição econômica de constituir um patrimônio. O regime da comunhão universal deverá ser adotado pelos nubentes por meio da lavratura de pacto antenupcial e caracteriza-se pela integração total do patrimônio particular de cada cônjuge com o comum, constituindo um acervo único em que ambos são titulares de metades ideais (*meação*), ressalvadas as exceções do art. 1.668, infra. A comunicação abrange inclusive as dívidas preexistentes, porquanto também integram o patrimônio comum. Nesse regime, é indiferente a origem dos valores de aquisição – particular ou não – dos móveis ou imóveis, pois, enquanto perdurar a sociedade conjugal, os bens fazem parte de uma única massa patrimonial, comunicável a ambos os cônjuges. O art. 977 veda, expressamente, aos cônjuges casados sob o regime da comunhão universal que sejam sócios entre si e com terceiros. A intenção do legislador foi evitar a criação de uma sociedade simulada, pois, ao casar sob o regime da comunhão universal, o casal terá formado um único patrimônio que é comum a ambos (veja comentário ao art. 1.641).

**Jurisprudência:** Apelação. Procedimento de jurisdição voluntária. Alteração consensual de regime de bens de casamento. Sentença que, embora tenha concedido a pretendida alteração, estabeleceu uma eficácia não retroativa. Alteração consensual de um regime mais restrito (comunhão parcial de bens) para um mais amplo (o da comunhão universal de bens), que, além não de envolver risco de prejuízo ao interesse de terceiros, implica na eficácia retroativa da alteração, a abranger assim todos os bens e dívidas presentes e futuras, tal como estabelece o art. 1.667 do CC. Sentença reformada. Recurso de apelação provido. Sem fixação de encargos sucumbenciais. (TJSP, Ap. Cível n. 10000092120228260471/ Porto Feliz, 9ª Câm. de Dir. Priv., rel. Valentino Aparecido de Andrade, j. 12.09.2023, *DJ* 12.09.2023)

Apelação. Sobrepartilha. Herança. Regime de comunhão universal de bens. Pretensão de partilha de bem herdado pelo ex-cônjuge. Sentença de parcial procedência. Inconformismo do réu. Rejeição. No regime de comunhão universal comunicam-se todos os bens presentes e futuros dos cônjuges, inclusive os herdados que não estiverem com cláusula de incomunicabilidade. Art. 1.667 e inteligência do art. 1.668, I, do CC. Sentença ratificada. Negaram provimento ao recurso. (TJSP, Ap. Cível n. 1051277-95.2019.8.26.0576/SP, 8ª Câm. de Dir. Priv., rel. Alexandre Coelho, j. 29.07.2022, publ. 29.07.2022)

Apelação. Embargos de terceiro. Cumprimento de sentença. Pretensão à aplicação da proteção estabelecida pela Lei n. 8.009/90, ou, na impossibilidade, o resguardo à meação sobre os bens penhorados. Inaplicável na espécie a garantia do bem de família, em vista do reconhecimento da fraude à execução, nos autos do cumprimento de sentença. Presunção da ilicitude do ato, ante o grau de parentesco. Meação. Cabimento. Preservação, nos termos dos arts. 1.667 e 1.668, V, do CC. Credor, ora apelado, que não se desincumbiu do ônus de provar que o cônjuge se beneficiou do produto oriundo do ato ilícito perpetrado pelo seu consorte na condição de executado. Inteligência da Súmula n. 251, editada pelo Col. STJ. Precedentes. Sentença reformada. Recurso provido. (TJSP, Ap. Cível n. 1049489-92.2021.8.26.0053/SP, 2ª Câm. de Dir. Públ., rel. Renato Delbianco, j. 25.04.2022, publ. 25.04.2022)

Veja no art. 1.659 a seguinte decisão: TJRS, AI n. 50388185720228217000/RS, 16ª Câm. Cível, rel. Deborah Coleto Assumpção de Moraes, j. 14.04.2022, publ. 15.04.2022.

Processual civil. Agravo interno no agravo em recurso especial. Enunciado administrativo 3/STJ. Cumprimento de sentença. Pesquisa de bens em nome do cônjuge. Regime da comunhão universal de bens. Cabimento. Agravo interno não provido. 1. No caso dos autos, conforme se extrai do acórdão recorrido, cuida-se de ação de cobrança, em fase de cumprimento de sentença, promovida pela União em face do ora agravado. Em primeira instância, foi indeferido o pedido de pesquisa visando ao bloqueio de contas e de ativos financeiros em nome da esposa do executado, pelo sistema Bacenjud e a pesquisa de bens por intermédio do Renajud. Interposto agravo de instrumento, o Tribunal local negou provimento ao recurso. 2. A medida constritiva do patrimônio pode recair sobre os bens comuns do casal, no regime de comunhão universal de bens, respeitando-se a meação da cônjuge do devedor, pois, neste regime, a regra é a comunicabilidade de todos os bens presentes e futuros dos cônjuges e suas dívidas passivas, nos termos do art. 1.667 do CC, com as exceções expressas no arts. 1.668. 3. Caso a medida constritiva recaia sobre bem de propriedade exclusiva do cônjuge do devedor, existe meio processual adequado para que seja provada a exclusividade da propriedade, qual seja, os embargos de terceiro (art. 674, § 2º, I, do CPC), no qual a presunção de comunicabilidade poderá ser afastada pela cônjuge do devedor com a prova de que os bens bloqueados são de sua propriedade exclusiva. 4. Na hipótese de a constrição recair sobre bem comum do casal, é imprescindível que seja respeitada a meação do cônjuge do devedor, inclusive na alienação de coisa indivisível, nos termos do art. 843 do CPC. Precedentes: AREsp n. 438.414/SP, rel. Min. Napoleão Nunes Maia Filho, rel. p/ ac. Min. Benedito Gonçalves, 1ª T., j. 06.11.2018, *DJe* 10.12.2018; REsp n. 900.783/PR, rel. Min. Eliana Calmon, 2ª T., j. 23.06.2009, *DJe* 06.08.2009; REsp n. 1.700.587/PR, rel. Min. Herman Benjamin, 2ª T., j. 16.11.2017, *DJe* 19.12.2017; AI no AREsp n. 970.203/ MG, rel. Min. Luis Felipe Salomão, 4ª T., j. 15.12.2016, *DJe* 02.02.2017; AI no REsp n. 1.248.255/RS, rel. Min. Raul Araújo, 4ª T., j. 13.12.2016, *DJe* 01.02.2017; AI no AREsp n. 841.104/DF, rel. Min. Ricardo Villas Bôas Cueva, 3ª T., j. 16.06.2016, *DJe* 27.06.2016). 5. Em outras palavras, o que se cuida na hipótese é da possibilidade de penhora de bens de propriedade do executado, como resultado da meação a que possui direito pelo regime da comunhão universal de bens, mas que estão em nome de sua esposa. Assim, não há falar em responsabilização de patrimônio de terceiro pela dívida do executado, uma vez que deverá ser obrigatoriamente respeitada a meação pertencente à cônjuge do devedor, inclusive na alienação de coisa indivisível. 6. Deste modo, restringindo-se a pesquisa de bens, e a consequente indisponibilidade e penhora em caso positivo, a bens de propriedade do devedor – sua meação que lhe cabe nos bens em nome de sua cônjuge –, não é necessário perquirir se a dívida foi contraída ou trouxe proveito à família. 7. Agravo interno não provido. (STJ, AI no AREsp n. 1.945.541/PR, 2ª T., rel. Min. Mauro Campbell Marques, j. 28.03.2022, *DJe* 01.04.2022)

Apelação cível. Direito de família. Divórcio. Partilha de bens. Doação à cônjuge. Valor utilizado para aquisição de veículo automotor. Exclusão da partilha. Patrimônio adquirido pelo casal na constância do vínculo matrimonial. Inclusão na partilha. Bem utilizado como instrumento de trabalho. Fato não comprovado. Benfeitorias realizadas em imóvel de terceiros. Propriedade de motocicleta. Ausência de prova. Dever de partilhar afastado. Recurso parcialmente provido. 1. Comprovada a aquisição de bens na constância do relacionamento conjugal, a participação de ambos os cônjuges é presumida, segundo a regra do art. 1.667, do CC, cabendo a cada um, no caso de divórcio, o percentual de 50% do bem. 2. O valor doado a um dos cônjuges a título gratuito por seu genitor pertence apenas ao cônjuge donatário, nos termos do art. 1.659, I, do CC. 3. Ausente prova de que a requerente utiliza o automóvel como instrumento de trabalho, correta a determinação da partilha. 4. Ausente prova da realização de benfeitorias em imóvel de terceiros, restam afastadas da partilha. 5. Ausente prova bastante da titularidade do bem indicado pela apelante, exsurge inviável a correspondente inclusão no rol do patrimônio partilhável, especialmente porque evidenciada a possibilidade de violação de direito de terceiros, já que reconhecida a possível alienação. 6. Recurso parcialmente provido. (TJMG, Ap. Cível n. 1.0000.21.107245-9/001, rel. Des. Sandra Fonseca, j. 24.08.2021)

Apelação cível. Embargos à execução fiscal. Cobrança de ITCD. Doação. Não caracterização. Depósitos bancários realizados entre cônjuges. Regime de comunhão universal de bens. Art. 1.667 do CC. Patrimônio único. Ausência de fato gerador. Recurso desprovido. Nos termos do art. 155, I, da CF, o ITCD possui como fato gerador a transmissão a título gratuito, seja por meio de doação ou por *causa mortis*, de quaisquer bens ou direitos. Os depósitos bancários realizados entre cônjuges casados sob o regime de comunhão universal de bens, por si só, não possuem o condão de configurar doação e, tampouco, fato gerador do imposto em questão, tendo em vista que nesse regime o patrimônio do casal é único, conforme preceitua o art. 1.667 do CC. (TJMG, Ap. Cível n. 10000190450569001, rel. Des. Versiani Penna, j. 13.06.2019, *DJe* 18.06.2019)

Agravo de instrumento. Arrolamento de bens deixados pelo *de cujus*. Contas bancárias de titularidade do falecido. Existência de saldo. Levantamento de 50% dos valores pela viúva meeira. Idosa com sérios problemas de saúde. Prévia legalização da documentação para a realização do inventário. Quitação de tributos. Insuficiência financeira dos herdeiros. Desnecessidade. Possibilidade de levantamento da parte que cabe ao cônjuge. Regime de comunhão universal de bens. Art. 1.667, do CC. Comunicação de todos os bens e dívidas presentes e futuros. Direito à meação. Recurso a que se dá provimento. No regime de comunhão universal de bens, nos moldes estabelecidos no art. 1.667, do CC, todos os bens presentes e futuros dos cônjuges, bem como suas dívidas passivas, comunicam-se. Em se considerando a diferenciação existente entre a meação e a herança, e demonstrada a qualidade de meeira, tem-se que a metade dos valores existentes em contas bancárias de titularidade do *de cujus* é de titularidade do cônjuge sobrevivente, motivo pelo qual, independentemente da concretização da partilha, pode ser por ela levantado. Recurso a que se dá provimento. (TJMG, AI n. 1.0209.14.001844-8/001, rel. Des. Corrêa Junior, j. 22.05.2018)

Direito civil e processual civil. Execução. Dívida do falecido. Legitimidade passiva. Viúva meeira. Regime da comunhão universal de bens. I – A viúva meeira tem legitimidade passiva para a execução por dívida contraída pelo falecido, nos termos do art. 1.667 do CC, segundo o qual "o regime de comunhão universal importa a comunicação de todos os bens presentes e futuros dos cônjuges e suas dívidas passivas, com as exceções do artigo seguinte". II – Deu-se parcial provimento ao recurso. (TJDF, Ag. n. 0702102-55.2018.8.07.0000, 6ª T. Cível, rel. Des. José Divino, j. 10.05.2018, *DJe* 17.05.2018)

Partilha de bens. Comunhão universal de bens. Cerceamento de defesa. Não ocorrência. Aplicação da teoria do livre convencimento motivado. Apelante que era proprietária de parte ideal de imóvel quando da contração do matrimônio. Comunicação dos bens presentes e futuros. Inteligência dos arts. 1.667, CC/2002 e 262, CC/1916. Ausência das hipóteses de exclusão da comunhão. Presunção legal de esforço comum. Sentença mantida. Apelo improvido. (TJSP, Ap. n. 0006698-03.2015.8.26.0291, 5ª Câm. de Dir. Priv., rel. Fábio Podestá, j. 25.10.2017)

Apelação cível. Ação de petição de herança c/c nulidade de inventário/partilha extrajudicial e ato de alienação subsequente. Agravo retido: não conhecido. Inventário extrajudicial. Não participação de todos os herdeiros. Nulidade. Reconhecimento da qualidade de herdeiro. Alienação de bem imóvel. Herdeiro aparente. Adquirente de boa-fé. Dedução de despesas. Ação própria. Honorários sucumbenciais. I – Por força dos arts. 1.667 e 1.668, ambos do CC/2002, e, ainda, do art. 10 do CPC/73 (art. 73, CPC/2015), se em juízo é pedida a "declaração de nulidade de escritura pública" e da "subsequente alienação de bem imóvel" feita pelo cônjuge varão, o virago deverá necessariamente figurar no polo passivo da demanda se casados forem em regime de comunhão universal de bens. II – Não havendo indícios da má-fé dos adquirentes em firmar negócio jurídico com herdeiro aparente, correta a aplicação ao caso do que dispõe o art. 1.827, parágrafo único, do CC/2002. III – Nos termos da legislação processual, sendo mínima a sucumbência de um dos litigantes, o outro responderá, por inteiro, pelas despesas e honorários. (TJMG, Ap. Cível n. 1.0446.12.000555-3/001, rel. Des. Peixoto Henriques, j. 26.09.2017)

Ação declaratória de inexistência de bens. Recurso adesivo. Inexistência de pedido contraposto. Não conhecimento. Doação de ascendente para descendente. Antecipação da legítima. Necessidade de levar a colação para igualar as legítimas. Inteligência dos arts. 2.003 e 2.005 do CC/2002. Sentença reformada parcialmente. A matéria ventilada no recurso adesivo está subordinada à do recurso principal, sendo vedado ao recorrente adesivo discutir questão não constante deste, já que suportou os efeitos da sentença ao deixar transcorrer *in albis* o prazo para interposição do recurso independente. A doação do ascendente aos descendentes representa adiantamento de herança, à luz do art. 544 do CCB, devendo ser colacionada no inventário, para igualar as legítimas, na forma do art. 2.002 do CCB (Des. Wanderley Paiva, relator parcialmente vencido). Apelações cíveis. Ação de inexistência de bens c/c perdas e danos e litigância de má-fé. Doação e empréstimo feitos à cônjuge da herdeira. Regime de comunhão universal de bens. Necessidade de colação. Dispensa. Cláusula expressa. 1 – Nos termos do art. 1.667 do CC, [...]. 2 – Assim, deve haver a colação dos bens doados ao cônjuge do herdeiro caso o regime de bens do casal seja o de comunhão universal de bens, visto que o bem integra, indiretamente, o patrimônio do herdeiro. 3 – Conforme o art. 2.005 do CC, "são dispensados da colação as doações que o doador determinar saiam da parte disponível, contanto que não a excedam, computado seu valor ao tempo da doação". 4 – A dispensa da colação há de ser expressa e formal para que seja válida. 5 – Recurso adesivo não conhecido. 6 – Recurso principal provido em parte (Des. Revisor, Alexandre Santiago). (TJMG, Ap. Cível n. 1.0518.10.005115-1/001, 11ª Câm. Cível, rel. Wanderley Paiva, *DJe* 09.06.2014)

Divórcio litigioso. Partilha de bens. Dívidas do casal. Alimentos em favor da ex-mulher. Necessidade. Plano de saúde. Alimentos. Ex-esposa que não trabalha e tem problemas de saúde. Adequação do *quantum*. Plano de saúde. 1 – Sendo o casamento regido pelo regime da comunhão universal de bens, todo o patrimônio pertencente a qualquer dos cônjuges se comunica, nos termos do art. 1.667 do CCB. 2 – Deve ser partilhado igualitariamente o percentual do imóvel pago na constância do casamento, sendo que aquele que continuar na posse do bem será o responsável pelo pagamento do saldo devedor. 3 – As dívidas contraídas durante o matrimônio e cabalmente comprovadas, integram a partilha, podendo a parte tocante a cada litigante ser compensada na partilha dos bens, em caso de ausência de recursos. 4 – O dever de mútua assistência existente entre os cônjuges se materializa no encargo alimentar, quando existente a necessidade. 5 – Se o varão sempre foi o provedor da família e a mulher sempre se dedicou às atividades do lar, e no momento não possui mais idade para se inserir no mercado de trabalho, até por enfrentar problemas de saúde, é cabível a fixação de alimentos em seu favor, obrigação esta que decorre do dever de mútua assistência. 6 – Os alimentos devem ser fixados de forma a atender as necessidades da alimentada, mas sem sobrecarregar em demasia o alimentante, considerando-se adequada a verba alimentar quando se afeiçoa ao binômio legal. 7 – Se, antes da separação fática, as partes já não mais contavam com plano de saúde, não é razoável que o varão seja obrigado agora a pagar plano de saúde para a ex-esposa. Recurso do réu parcialmente provido e desprovido o recurso da autora. (TJRS, Ap. Cível n. 70.058.902.560, 7ª Câm. Cível, rel. Des. Sérgio Fernando de Vasconcellos Chaves, j. 16.04.2014)

Apelação cível. Ação de divórcio. Casamento regido pela comunhão universal. Existência de pacto antenupcial formalizado por escritura pública. Preclusão quanto à juntada do documento. Inocorrência. Partilha de bens. Imóvel recebido em doação pelo varão, durante a constância do matrimônio. Divisão igualitária. Ausência de qualquer causa de exclusão da comunhão. Inteligência dos arts. 1.667 e 1.668, I, do CC. Sentença confirmada. Apelo desprovido. (TJRS, Ap. Cível n. 70.055.319.388, 7ª Câm. Cível, rel. Des. Sandra Brisolara Medeiros, j. 26.03.2014)

Apelação cível. Ação de divórcio. Casamento. Regime da comunhão universal de bens. Art. 1.667 do CC. Nova disposição da partilha. Impossibilidade. Rendimentos decorrentes de locação. Metade ideal do patrimônio comum. Alimentos. Arts. 1.694, § 1º, e 1.695, ambos do CC. Necessidade não comprovada. Sentença mantida. Recurso desprovido. Os bens adquiridos durante o casamento celebrado sob o regime da comunhão universal permanecem em estado de indivisibilidade até a partilha, pelo que cabe a cada um dos consortes a metade ideal do patrimônio, inclusive os rendimentos decorrentes de alugueres agregados ao imóvel comum. "A percepção, pela alimentanda, de renda maior do que a auferida pelo alimentante derrui o binômio necessidade-possibilidade, impondo a desobrigação do pagamento da verba" (TJSC, AI n. 2012.027287-3/Lages, rel. Des. Jairo Fernandes Gonçalves, j. 25.10.2012). (TJSC, Ap. Cível n. 2013.016975-1/Blumenau, 3ª Câm. de Dir. Civil, rel. Fernando Carioni, j. 30.04.2013)

Embargos à execução. Ônus da prova de que a dívida não trouxe benefício ao casal. Embargante casado sob o regime comunhão universal de bens. Executada constituída sob a forma de firma individual. Inexistência de personalidade jurídica distinta da pessoa física. Meação do cônjuge, ora embargante, que responde pelas dívidas do outro, salvo se provar que a dívida não trouxe benefício ao casal, consoante art. 1.667 do CC. Recurso desprovido. (TJSP, Ap. n. 0002715-08.2009.8.26.0355/Miracatu, 23ª Câm. de Dir. Priv., rel. Sérgio Shimura, j. 24.04.2013, *DJ* 26.04.2013)

Apelação cível. Regime de comunhão universal de bens. Valor que compõe o patrimônio comum dos cônjuges. Vedação de cobrança de um cônjuge em relação ao outro de montante do qual já é proprietário em razão do regime de bens. O CC/2002 prevê nos arts. 1.667 e segs. que "o regime de comunhão universal importa a comunicação de todos os bens presentes e futuros dos cônjuges e suas dívidas passivas, com as exceções do artigo seguinte". Em se tratando de regime de comunhão universal de bens, resta caracterizada falta de interesse de agir de um dos cônjuges em cobrar do outro valor que compõe o patrimônio comum do casal. O interesse processual é requisito essencial para configuração do direito de agir em Juízo, e, quando ausente, resulta na carência de ação, devendo o processo ser julgado extinto, sem resolução do mérito, com espeque no art. 267, VI, do CPC [art. 485, VI, do CPC/2015]. Recurso não provido. (TJMG, Ap. Cível n. 1.0024.10.241348-1/001, rel. Des. Veiga de Oliveira, j. 05.02.2013, *DJ* 15.02.2013)

Agravo de instrumento. Ativos financeiros em nome da esposa do executado. Casamento pelo regime da comunhão universal de bens. Comunicabilidade. Penhora de metade. Possibilidade. 1 – Tratando-se de casamento regido pela comunhão universal de bens, ativos financeiros, a princípio, comunicam-se, integrando o patrimônio conjunto do casal, a teor do art. 1.667 do CC. 2 – Tendo o executado direito à metade dos ativos financeiros da sua esposa, apenas sobre ela (metade) poderá recair a penhora, preservada a meação do cônjuge, a menos que demonstrado pela exequente que a infração à lei tenha revertido em favor do casal (Súmula n. 251 do STJ). (TRF, 4ª R., AI n. 0005324-02.2012.404.000/SC, 2ª T., rel. Otávio Roberto Pamplona, j. 10.07.2012)

Veja no art. 1.576 o seguinte acórdão: TJSP, Ap. Cível n. 0030990-18.2010.8.26.0068, rel. Milton Carvalho, j. 02.02.2012.

Ação de partilha. Art. 1.667 do CC. Regime de comunhão universal de bens. Data da separação de fato. Divórcio. Ônus da prova. Art. 333 do CPC [art. 373 do CPC/2015]. Consoante a disposição contida no art. 1.667 do CC, no regime de comunhão universal de bens, comunicam-se não apenas o patrimônio havido após o casamento, mas também o patrimônio trazido para o casamento, havido por qualquer forma de aquisição no estado civil anterior. Inexistindo prova de que o casal tenha se separado de fato, a data a ser considerada para efeito de averiguação de inclusão de bens na partilha há de ser a do divórcio. O ônus da prova incumbe ao autor, quanto ao fato constitutivo do seu direito, e ao réu, quanto à existência de fato impeditivo, modificativo ou extintivo do direito do autor, conforme a regra expressa do art. 333 do CPC [art. 373 do CPC/2015]. (TJMG, Ap. Cível n. 1.0024.10.073949-9/001, rel. Des. Dárcio Lopardi Mendes, j. 06.10.2011)

Apelação cível. Separação litigiosa. Regime de comunhão universal de bens. Direito à meação. Art. 1.667 do CC. Partilha. Bens recebidos de herança. Ausência de cláusula de incomunicabilidade. Art. 1.668 do CC. Nos termos do art. 1.667 do CC, no regime da comunhão universal de bens, comunicam-se indistintamente todos os bens móveis e imóveis que cada um dos cônjuges traz individualmente para o casamento, bem como aqueles adquiridos na constância do casamento, constituindo-se um acervo patrimonial comum, sendo cada cônjuge meeiro em todos os bens do casal. Com a dissolução da sociedade conjugal e a liquidação da comunhão, dá-se a partilha e a atribuição a cada cônjuge do bem ou dos bens que comportam na sua meação. Ainda que os bens pertencentes ao acervo patrimonial do casal tenham sido objeto de herança ou doação, não podem ser afastados da comunhão, salvo se caracterizada qualquer das hipóteses previstas no art. 1.668 do CC, dentre elas, os bens doados ou herdados gravados com cláusula de incomunicabilidade, bem como os sub-rogados em seu lugar. (TJMG, Ap. Cível n. 1.0704.07.050722-0/002, rel. Des. Dárcio Lopardi Mendes, j. 11.08.2011)

Agravo de instrumento. Separação judicial. Regime da comunhão universal de bens. Sendo o casamento regido pelo regime da comunhão universal de bens, todo o patrimônio comum se comunica, nos termos do art. 1.667 do CCB. Descabe a alegação de que a ex-mulher possui somente 5% das cotas capitais da empresa, quando o regime de bens adotado é o da comunhão universal. Recurso desprovido. (TJRS, AI n. 70.032.052.698,

7ª Câm. Cível, rel. Des. Sérgio Fernando de Vasconcellos Chaves, j. 23.06.2010)

Apelação cível. Ação de divórcio direto. Partilha. Regime de comunhão universal de bens. Art. 1.667 do CC. Benfeitorias. Averbação. Desnecessidade. Consoante dispõe o art. 1.667, no regime de comunhão universal de bens, comunicam-se não apenas o patrimônio havido após o casamento, mas também o patrimônio trazido para o casamento, havido por qualquer forma de aquisição no estado civil anterior. As benfeitorias incorporam ao imóvel, pelo que não há necessidade de proceder-se à averbação pretendida, antes da efetivação da partilha. (TJMG, Ap. Cível n. 1.0702.08.531097-8/001(1), rel. Des. Dárcio Lopardi Mendes, j. 27.05.2010)

Sobrepartilha. Partes casadas pelo regime da comunhão universal de bens. Sociedade empresária constituída na constância do casamento. Comunicação dos bens presentes e futuros (art. 1.667 do CC). Direito da autora de participação na apuração de haveres da sociedade, ao tempo de sua retirada, à razão de 50%, independentemente da divisão das cotas no contrato social. Sentença reformada. Recurso provido. (TJSP, Ap. n. 994040679360 (3592374000), 8ª Câm. de Dir. Priv., rel. Des. Salles Rossi, j. 12.05.2010)

Veja no art. 1.566 o seguinte acórdão: TJRS, Ap. Cível n. 70.033.045.865, 8ª Câm. Cível, rel. Claudir Fidelis Faccenda, j. 26.11.2009.

Direito de família. Partilha de bens. Regime de comunhão universal de bens. Art. 1.667 do CC. Consoante dispõe o art. 1.667, no regime de comunhão universal de bens, comunicam-se não apenas o patrimônio havido após o casamento, mas também o patrimônio trazido para o casamento, havido por qualquer forma de aquisição no estado civil anterior. (TJMG, Ap. Cível n. 1.0313.06.191481-5/002(1), rel. Dárcio Lopardi Mendes, j. 26.11.2009)

Ação declaratória, cumulada com indenização por danos morais. Inserção do nome do apelante no SCPC. Ratificação do instrumento de venda e compra inicialmente firmado pela sua esposa, convalidando a inscrição promovida pela ré. Dívida, ademais, contraída pela esposa. Regime da comunhão de bens. Comunicação da dívida. Aplicação do disposto no art. 1.667 do CC. Improcedência da demanda preservada. Apelo improvido. (TJSP, Ap. Cível c/ Rev. n. 5565154500/Sorocaba, 3ª Câm. de Dir. Priv., rel. Donegá Morandini, j. 28.04.2009)

Embargos de terceiros. Penhora de imóvel. Casamento sob o regime da comunhão universal de bens. Atividade do marido/executado resultou em proveito da embargante e sua família. Art. 1.667 do novo CC. Embargos improcedentes. Sentença mantida. Recurso desprovido. (TJSP, Ap. c/ Rev. n. 699.211.5/5-00, 6ª Câm. de Dir. Priv., rel. José Habice, j. 13.10.2008, *DJ* 22.10.2008)

Separação judicial. Partilha. Regime da comunhão universal de bens. 1 – Sendo o casamento regido pelo regime da comunhão universal de bens, imperiosa a partilha igualitária de todo o patrimônio comum, ou seja, comunicam-se os bens presentes e futuros de cada cônjuge, nos termos do art. 1.667 do CCB. 2 – Também comporta partilha o valor obtido pelas partes com a alienação dos automóveis, assim como do estabelecimento comercial, e, não havendo consenso quanto ao valor a ser repartido, deverá ser apurado em sede de liquidação de sentença. Recurso provido em parte (segredo de justiça). (TJRS, Ap. Cível n. 70.024.910.788, 7ª Câm. Cível, rel. Sérgio Fernando de Vasconcellos Chaves, j. 10.09.2008, *DJ* 17.09.2008)

Direito civil. Família. Ação de divórcio. Regime da comunhão universal de bens. Alegação de violação ao art. 263, XIII, CC/1916 não configurada. Integram a comunhão as verbas indenizatórias trabalhistas, correspondentes a direitos adquiridos durante o matrimônio sob o regime da comunhão universal. Precedente da 2ª Seção nesse sentido. Dissídio não reconhecido. Súmula n. 83/STJ. Recurso especial não conhecido. (STJ, REsp n. 878.516, 4ª T., rel. Min. Luis Felipe Salomão, j. 05.08.2008, *DJ* 18.08.2008)

Apelação. Embargos de terceiro. Cônjuge mulher casada sob regime de comunhão de bens. Arts. 262 do CC/1916 e 1.667 do CC/2002. Comunicação das dívidas contraídas pelo marido. Penhora sobre imóvel. Prova oral e documental a revelar benefício familiar na dívida contraída. Penhora mantida sobre a parte dela no imóvel. Recurso não provido. (TJSP, Ap. Cível n. 713.803.3/9-00/Tietê, 24ª Câm. de Dir. Priv., rel. Gioia Perini, j. 13.06.2008, *DJ* 26.06.2008)

Doação. Outorga uxória. Ausência de formalização por escrito. Irrelevância. Hipótese em que a doação foi realizada em nome do genro em caráter *intuitu familiae* em benefício da filha constituindo antecipação da legítima. *Ementa da redação:* Não há necessidade de formalização por escrito de outorga uxória se a doação realizada em nome do genro era de caráter *intuitu familiae* em benefício da filha do doador, constituindo antecipação da legítima.

Doação. Ação de nulidade. Transferência de quotas sociais de empresa comercial em nome do genro do doador. Possibilidade de aplicação, de forma análoga, do disposto no art. 236 do CC/1916. Hipótese em que se visava à garantia de condições para a manutenção da filha do doador e de sua família e o casamento desta com o donatário se submetia ao regime da comunhão universal de bens, o que implicava na comunicação do bem doado. *Ementa da redação:* É possível a aplicação, de forma análoga, do disposto no art. 236 do CC/1916, ainda que a doação tenha sido realizada em nome do genro do doador, uma vez que, além de a transferência de quotas sociais de empresa comercial visar à garantia de condições para a manutenção da filha do doador e de sua família, o casamento desta com o donatário se submetia ao regime da comunhão universal de bens, o que implicava a comunicação das cotas sociais doadas (TJSP, Ap. Cível n. 224.594-4/8-00, 6ª Câm., rel. Des. Sebastião Carlos Garcia, j. 25.09.2003). (*RT* 821/234)

Inventário. Partilha. Doação. Imóvel doado no qual figura como donatário apenas o marido, falecido. Eventual benefício ao cônjuge supérstite que somente se configurará se o regime de bens, estabelecido no casamento, permitir. Inteligência do art. 1.178, parágrafo único, do CC/1916. *Ementa oficial:* A aplicação do art. 1.178, parágrafo único, do CC, no sentido de subsistir a doação em relação ao cônjuge supérstite, condiciona-se ao fato de terem figurado como donatários, marido e mulher. No contrato de doação, se apenas o marido figura como donatário, ocorrendo a morte deste, eventual benefício à mulher somente se configurará se o regime de bens, estabelecido no matrimônio, permitir (STJ, REsp n. 324.593/SP, 3ª T., rel. Min. Nancy Andrighi, j. 16.09.2003, *DJU* 01.12.2003). (*RT* 823/164)

Separação judicial. Partilha. Partilha de imóvel adquirido mediante financiamento com prazo de larga duração deverá, para traduzir justiça econômica no fim de casamento celebrado sob o regime de comunhão de bens, conter cláusula expressa pela qual garante ao cônjuge que satisfaz a dívida hipotecária, uma quota proporcional e correspondente a essa sua participação econômica. Provimento parcial (TJSP, Ap. Cível n. 251.468-4/6, 3ª Câm., rel. Des. Enio Santarelli Zuliani, *DOESP* 17.02.2003). (*RBDFam* 17/138)

Regime da comunhão universal. Se, à data do matrimônio, o marido já herdara bens, ainda que não partilhados, a mulher tem direito à meação, qualquer que tenha sido a duração do casamento. Recurso especial conhecido e provido em parte. (STJ, REsp n. 145.812/SP, 3ª T., rel. Min. Ari Pargendler, j. 11.11.2002, *DJU* 16.12.2002)

**Art. 1.668. São excluídos da comunhão:**

**I – os bens doados ou herdados com a cláusula de incomunicabilidade e os sub-rogados em seu lugar;**

**II – os bens gravados de fideicomisso e o direito do herdeiro fideicomissário, antes de realizada a condição suspensiva;**

**III – as dívidas anteriores ao casamento, salvo se provierem de despesas com seus aprestos, ou reverterem em proveito comum;**

**IV – as doações antenupciais feitas por um dos cônjuges ao outro com a cláusula de incomunicabilidade;**

**V – os bens referidos nos incisos V a VII do art. 1.659.**

A natureza do regime de comunhão universal de bens apresenta algumas exceções quanto à comunicabilidade do patrimônio. Os bens assim excluídos estão descritos, em rol taxativo, no artigo em estudo.

O inciso I dispõe sobre os bens que foram adquiridos por um dos cônjuges por meio de doação ou por sucessão, com *cláusula de incomunicabilidade*, ou aqueles que foram adquiridos pela alienação destes, que não integrarão a massa comum do patrimônio do casal, por força de disposição do terceiro, autor da liberalidade. É importante elucidar que, muito embora a lei não faça referência expressa, "são também incomunicáveis: a) os bens doados com cláusula de reversão (CC, art. 547), ou seja, com a morte do donatário, o bem doado retorna ao patrimônio do doador que lhe sobrevive, não comunicando ao cônjuge do falecido e b) os bens doados, legados ou herdados com cláusula de inalienabilidade, pois comunicação é alienação", no entendimento de Maria Helena Diniz (*Curso de direito civil brasileiro* – direito de família. São Paulo, Saraiva, 2002, v. V, p. 156).

O inciso II prevê a exclusão da comunhão daquele bem que foi legado a um dos cônjuges por meio de fideicomisso. Nesse instituto de direito civil, o testador (fideicomitente) dispõe que, após sua morte, determinada pessoa (fiduciário) deverá transmitir um bem do falecido a outra pessoa (fideicomissário), após determinado prazo ou ocorrência de uma condição. Da análise do referido instituto, extrai-se a razão pela qual o bem transmitido por fideicomisso não será comum, nem ao cônjuge do fiduciário, nem ao cônjuge do fideicomissário, enquanto subsistir a condição imposta pela disposição de última vontade. O fiduciário tem a propriedade restrita e resolúvel do bem que será transmitido ao fideicomissário, após o implemento do prazo ou da condição imposta pelo testador. O fiduciário somente será titular da propriedade plena do bem caso o fideicomissário faleça antes da efetivação do termo ou da condição. O fideicomissário, por sua vez, somente receberá o domínio pleno do bem após a ocorrência da condição ou do termo indicado em testamento, ou se o fiduciário falecer. De uma forma ou de outra, o bem passará a integrar o patrimônio comum quando for definitivamente transmitido seja ao fiduciário, seja ao fideicomissário.

O **inciso III** prevê a incomunicabilidade das dívidas contraídas antes da celebração do casamento, a menos que estas tenham sido contraídas para a aquisição do imóvel de residência do casal, bem como dos bens destinados a guarnecê-la (enxoval, móveis, eletrodomésticos), ou, ainda, que tenham sido destinadas às despesas para a realização do casamento ou em benefício dos cônjuges. A prova da existência da comunicabilidade caberá ao credor.

O **inciso IV** dispõe sobre a não comunicação das doações ocorridas entre os nubentes, antes da celebração do casamento, desde que gravadas com cláusula de incomunicabilidade. A hipótese se afigura como aceitável pelo ordenamento, sobretudo levando-se em conta a impossibilidade de haver doação entre os cônjuges após a realização do matrimônio e considerando-se que a intenção do doador, nesse caso, é a proteção patrimonial do donatário.

Para análise do **inciso V**, veja comentários aos incisos V e VI do art. 1.659, supra.

**Jurisprudência:** Agravo de instrumento. Execução. Constrição dos bens de cônjuge do executado. Regime de comunhão de bens. Universalidade de bens que faz presumir tratar-se de dívida contraída em benefício da unidade familiar. Precedente do Col. STJ. Medida ora deferida. Recurso provido. (TJSP, AI n. 2147213-39.2024.8.26.0000/Itapevi, 14ª Câm. de Dir. Priv., rel. Luis Fernando Camargo de Barros Vidal, j. 29.05.2024, *DJ* 29.05.2024)

Agravo de instrumento. Ação de execução. Decisão que determinou penhora sobre bem imóvel. Impossibilidade. Bem não pertencente ao executado Maurício. Inteligência do art. 1.668, I, do CC. Imóvel doado com cláusula de incomunicabilidade. Cancelamento da constrição. Recurso provido. (TJSP, AI n. 2098693-53.2021.8.26.0000/SP, 14ª Câm. de Dir. Priv., rel. César Zalaf, j. 31.01.2022, publ. 31.01.2022)

Veja no art. 1.667 a seguinte decisão: TJSP, Ap. Cível n. 1051277-95.2019.8.26.0576/SP, 8ª Câm. de Dir. Priv., rel. Alexandre Coelho, j. 29.07.2022, publ. 29.07.2022; TJSP, Ap. Cível n. 1049489-92.2021.8.26.0053/SP, 2ª Câm. de Dir. Públ., rel. Renato Delbianco, j. 25.04.2022, publ. 25.04.2022; e STJ, AI no AREsp n. 1.945.541/PR, 2ª T., rel. Min. Mauro Campbell Marques, j. 28.03.2022, *DJe* 01.04.2022.

Veja no art. 1.659 a seguinte decisão: TJSP, AI n. 2274918-25.2021.8.26.0000/SP, 22ª Câm. de Dir. Priv., rel. Edgard Rosa, j. 17.12.2021, publ. 17.12.2021.

Veja no art. 1.568 a seguinte decisão: TJSP, Ap. Cível n. 1058265-76.2017.8.26.0100/SP, 5ª Câm. de Dir. Priv., rel. J. L. Mônaco da Silva, j. 18.05.2022, publ. 18.05.2022.

Apelação cível. Ação anulatória de escritura pública de compra e venda e de registro de imóvel. Ofensa ao princípio da dialeticidade. Inocorrência. Comunhão universal de bens. Partilha não realizada. Escritura e registro efetivados. Impossibilidade. Preservação da meação. Nos termos do art. 1.667 do CC/2002, o regime de comunhão universal importa a comunicação de todos os bens presentes e futuros dos cônjuges e suas dívidas passivas, com as exceções do art. 1.668 seguinte. A fração ideal do imóvel em questão já pertencia à apelada no momento do casamento e o referido bem, no instante da instituição das núpcias, passou a integrar o patrimônio conjugal do casal. Cabia ao apelante realizar a partilha do bem em ação própria, antes de proceder com sua alienação. E em assim não o fazendo, assumiu o risco de suportar eventuais prejuízos decorrentes de lavratura de escritura e registro indevidos. (TJMG, Proc. n. 10000190489492001, rel. Des. Rogério Medeiros, j. 06.08.2019, *DJe* 09.08.2019)

Agravo de instrumento. Locação de imóvel. Execução de título extrajudicial. Dívida oriunda de fiança locatícia. Aquisição do imóvel e fiança prestada antes do casamento. Constrição de bens de cônjuge casado sob o regime de comunhão universal de bens. Impossibilidade. Executado fiador em contrato de locação. Inexistência de restrição na matrícula do imóvel quando da celebração do casamento. Incomunicabilidade das dívidas contraídas anteriores ao casamento. Ausência de provas de que a celebração fora realizada maliciosamente, para restringir o crédito de locação. Má-fé que não se presume. Preservação da meação da cônjuge do executado sobre o produto da arrematação ou em eventual adjudicação. Inteligência do art. 843, § 2º, do CPC c/c o art. 1.668, III, do CC. Agravo provido. (TJSP, AI n. 2236463-30.2017.8.26.0000/SP, 32ª Câm. de Dir. Priv., rel. Luis Fernando Nishi, j. 27.08.2018)

Sobrepartilha. Regime de comunhão universal de bens. Divórcio consensual com divisão de bens homologada. Pedido de divisão de recebimentos decorrentes de contrato de prestação de serviços assinados pela empresa do ex-cônjuge na constância do casamento. Alegação de sonegação por parte do réu. Pretenso desconhecimento da autora sobre a existência da empresa. Inocorrência. Aplicação dos arts. 1.659, I e 1.668, V, do CC. Partilha homologada que beneficiou a virago. Recurso desprovido. Sentença mantida. (TJSP, Ap. n. 0000140-23.2013.8.26.0311/Junqueirópolis, 7ª Câm. de Dir. Priv., rel. Mary Grün, j. 30.04.2015)

Apelação cível. Alienação do bem comum com cláusula de usufruto. Terceiro interessado que detém a posse do imóvel. Ilegitimidade recursal. Nulidade absoluta por ausência de citação dos cônjuges dos proprietários registrais. Desconstituição da sentença, de ofício. Terceiro interessado: o apelante/terceiro interessado não logrou êxito em comprovar o nexo de interdependência de seu interesse e a relação jurídica discutida neste feito, uma vez que não é condômino do imóvel descrito na exordial (art. 499, § 2º, do CPC) [sem correspondente no CPC/2015]. Não basta o simples prejuízo do fato. No caso, o simples fato de o apelante ter a posse do imóvel não o torna titular de domínio sobre ele. Logo, ausente interesse jurídico do recorrente, para apelar da presente ação. Recurso não conhecido, em face da ilegitimidade recursal. Assistência judiciária gratuita: prejudicado o pedido, ante o não conhecimento do recurso, salvo para viabilizar a remessa do apelo para esse órgão recursal. Nulidade da sentença: a ausência de citação dos cônjuges dos donatários do imóvel para se manifestarem, conforme preceitua o art. 10, § 1º, I, do CPC [art. 73, § 1º, I, do CPC/2015], caracteriza-se como irregularidade insanável, já que a doação foi gravada com reserva de usufruto, mas sem cláusula de incomunicabilidade (art. 1.668, I, do CC). Sentença desconstituída, ainda que de ofício. Não conheceram do recurso de apelação; e, de ofício, desconstituíram a sentença, com o retorno dos autos à origem. (TJRS, Ap. Cível n. 70.058.122.656, 19ª Câm. Cível, rel. Des. Eduardo João Lima Costa, j. 22.05.2014)

Reexame necessário. Embargos de terceiro. Mulher do embargante que herdou imóvel com cláusula de incomunicabilidade. Incidência do disposto no art. 1.668, I, do CC. Assim, o marido da executada, ora embargante, não poderia figurar no polo passivo da execução fiscal. Negaram provimento ao reexame necessário. (TJSP, Reex. Necess. n. 0025189-73.2011.8.26.0590/São Vicente, 18ª Câm. de Dir. Públ., rel. Osvaldo Capraro, *DJe* 12.11.2013, p. 1.588)

Apelação cível. Ação de divórcio litigioso c/c com pedido de alimentos e partilha de bens. Fixação de alimentos. Doação. Previsão do art. 1.688 CC. Ausência de cláusula de incomunicabilidade. Partilha devida. De acordo com o art. 1.668 do CC, são excluídos da comunhão, dentre outros, os bens doados ou herdados com a cláusula de incomunicabilidade. A pensão alimentícia deve se adequar ao binômio necessidade/possibilidade, que, em outras palavras, significa dizer que ela deve ser prestada em patamar compatível com a condição financeira de quem paga, bem como dentro da necessidade daquele que recebe. Uma vez provada a necessidade da alimentada e contundentes as provas no sentido de que a situação econômica do réu, será a pensão alimentícia proporcional aos ganhos auferidos na realidade fática. (TJMG, Ap. Cível n. 1.0686.11.007736-5/001, rel. Des. Vanessa Verdolim Hudson Andrade, j. 07.05.2013, *DJ* 16.05.2013)

Negócio jurídico. Ação declaratória de nulidade de escritura pública c/c indenização. 1 – Bem imóvel adquirido na constância da sociedade conjugal. Autora, à data da aquisição, casada com o réu José Manoel sob o regime da comunhão universal de bens. Imóvel, a princípio, que não era excluído da comunhão, cuidando-se de bem comum. Inteligência do disposto no art. 1.668 do CC. 2 – Alienação de bem comum. Ausência de consentimento da autora, à vista da revogação do instrumento de mandato utilizado pelo réu (art. 682, I, CC). Decadência para postular a declaração de nulidade do ato não evidenciada. Outorga uxória, na espécie, necessária apenas para alienação de bens próprios de um dos cônjuges. Alienação de bem comum que reclama participação efetiva dos cônjuges. Inaplicabilidade do disposto no art. 1.649 do CC. Extinção afastada. Apelo provido. (TJSP, Ap. n. 0175086-59.2012.8.26.0100/São Paulo, 3ª Câm. de Dir. Priv., rel. Donegá Morandini, j. 15.01.2013, *DJ* 28.01.2013)

I – Mandado de segurança. Tributário. ITCMD. Sociedade conjugal. Regime de comunhão universal de bens. Arrolamento e formal de partilha. Exclusão de bens registrados em nome do cônjuge sobrevivente. Inadmissibilidade. II – O fato gerador do Imposto de Transmissão *Causa Mortis* ocorre com a transmissão dos bens aos herdeiros, por sucessão legítima ou testamentária. Sua incidência se dá no instante da abertura da sucessão, sendo a morte do *de cujus* o fato determinante da abertura da sucessão e, por conseguinte, da transmissão da herança aos herdeiros (art. 1.784 do CC). III – Tanto o veículo como o patrimônio líquido da empresa são bens que se comunicam, participando da comunhão, não podendo ser considerados particulares da viúva, devendo a quota-parte pertencente ao *de cujus* ser levada à partilha sob a incidência do imposto estadual. Hipóteses não contempladas no rol do art. 1.668 do CC. Dessarte, excluída a meação do cônjuge supérstite, e as exceções do art. 1.668, todo o patrimônio do casal forma o montante a ser tributado. IV – O inciso IV do art. 993 do diploma processual manda o inventariante declarar a relação completa e individuada de todos os bens do espólio, ao contrário do que pretende fazer crer a autora, não se tratando de uma faculdade de escolher qual bem irá discriminar. V. Sentença denegatória da ordem. Recurso improvido". (TJSP, Ap. n. 0006298-39.2012.8.26.0664, 7ª Câm. de Dir. Públ., rel. Guerrieri Rezende, j. 10.12.2012, *DJ* 11.12.2012)

Agravo interno. Ensino particular. Execução de título extrajudicial. Fiador. Comunhão universal de bens. Penhora de patrimônio comum. Possibilidade. 1 – O regime de comunhão universal importa a comunicação de todos os bens presentes e futuros dos cônjuges e suas dívidas passivas, salvo as exceções do art. 1.668 do CC. 2 – Não se incluindo a dívida, decorrente de fianças prestadas em contratos de mútuo, em quaisquer das hipóteses previstas na norma precitada que trata dos bens excluídos da comunhão, de sorte que os veículos registrados em nome da mulher do executado respondem pelo débito. 3 – Embora, para fins administrativos, constem como de propriedade daquele junto ao Detran, em verdade, pertencem ao casal, cujo patrimônio único responde pela dívida de qualquer dos cônjuges. 4 – Ademais, sequer cogita-se de anulabilidade das garantias pessoais, pois essas contaram com anuência da cônjuge do executado, nos termos do art. 1.647, III, do CPC [*sic*, CC]. 5 – Os argumentos trazidos no recurso não se mostram razoáveis para reformar a decisão monocrática. Negado provimento ao agravo interno. (TJRS, Ag. n. 70.051.170.439, 5ª Câm. Cível, rel. Jorge Luiz Lopes do Canto, j. 17.10.2012, *DJ* 19.10.2012)

Apelação cível. Divórcio direto. Rescisão trabalhista e FGTS. Incomunicabilidade. Partilha afastada. Os valores constantes na caderneta de poupança oriundos das verbas rescisórias trabalhistas, incluindo o FGTS, da divorcianda, constituem frutos civis do trabalho, devendo ser excluídos da partilha. O fato do valor correspondente ter sido aplicado em caderneta de poupança não lhe retira o caráter de "proventos do trabalho pessoal". Aplicação do art. 263, XIII, do CC/1916, regra recepcionada no art. 1.668, V, do CC/2002. Apelação provida. (TJRS, Ap. Cível n. 70.035.583.145, 7ª Câm. Cível, rel. Des. André Luiz Planella Villarinho, j. 20.10.2010)

Ação de conversão de separação judicial em divórcio. Regime da comunhão universal. Partilha de verbas rescisórias e FGTS. Procedência. I – Partilhável a indenização trabalhista auferida na constância do casamento pelo regime da comunhão universal (art. 265 do CC/1916). II – Precedentes do STJ. III – Recurso especial conhecido e provido (STJ, REsp n. 781.384/RS, 4ª T., rel. Min. Aldir Passarinho Júnior, *DJ* 04.08.2009). (*RBDFS* 11/152)

Casamento. Alteração do regime de bens. Dívida anterior ao casamento. Razão. Improcedente. Interesse de terceiro. Interesse dos credores. Apelação cível. Pedido de alteração de regime de bens. Inobservância do art. 1.639, § 2º, do CC. Existência de execuções trabalhistas e fiscais. Interesses de terceiros que devem ser preservados, na forma da lei. Recurso interposto contra sentença que julgou improcedente o pedido de alteração de regime de bens da comunhão universal para a separação total de bens. A existência de múltiplas execuções trabalhistas e fiscais, advindas de dívidas anteriores ao casamento é causa suficiente para o indeferimento da pretensão ante a possibilidade de lesionar direito de terceiros. Ademais, não demonstrado o alegado prejuízo para o cônjuge virago, uma vez que o art. 1.668, III, do CC, exclui da comunhão universal as dívidas anteriores ao casamento, salvo se provierem de aprestos ou reverterem em proveito comum. Sentença que se mantém. Recurso desprovido. (TJRJ, Ap. n. 0100586-62.2008.8.19.0001 (2009.001.12069), 2ª Câm. Cível, rel. Des. Elisabete Filizzola, j. 15.04.2009)

Processual civil. Civil. Embargos de terceiros. Penhora sobre bem recebido por herança com cláusula de incomunicabilidade. Cônjuge do executado. Impossibilidade. 1 – Não pode subsistir a penhora que recai sobre bem da esposa do executado recebido por herança com cláusula de incomunicabilidade. 2 – Inteligência do art. 1.668, I, do novo CC, que repetiu a redação do art. 263, II, do CC/1916, vigente à época dos fatos. 3 – Silêncio das disposições constantes dos arts. 184 do CTN e 30 da LEF, sancionados em marcos temporais distanciados, no tocante a incomunicabilidade, ao reverso da menção expressa a possibilidade de constrição daqueles gravados com as cláusulas de impenhorabilidade e inalienabilidade, que deve ser valorado pelo julgador. 4 – Apelo da União improvido. (TRF, 3ª R., Ap. Cível n. 2001.61.820.144.982, 3ª T., rel. Juiz Roberto Jeuken, j. 12.03.2009)

Bem imóvel. Exclusão de meação. O imóvel foi adquirido somente com o esforço da autora, quando estava separada de fato do réu. Não obstante o regime de bens do casamento fosse a comunhão universal, não se comunicam proventos do trabalho pessoal de cada cônjuge (art. 1.659, VI, c/c o art. 1.668, V, do CC). Incomunicabilidade do bem adquirido verificado no caso, sob pena de configurar-se enriquecimento sem causa. Ação ordinária de declaração de exclusão de meação sobre imóvel julgada procedente. Recurso improvido. (TJSP, Ap. c/ Rev. n. 161.404.4/4-00, 1ª Câm. de Dir. Priv., rel. Paulo Razuk, j. 18.11.2008, *DJ* 09.12.2008)

Medida cautelar. Impedimento sobre veículos para garantia de dívida. Fiança instituída anteriormente ao casamento. Comunhão universal de bens. Ausência de benefício do casal. Ao teor do art. 1.668, III, do novo CC, excluem-se do regime de comunhão universal de bens as dívidas anteriores ao casamento, salvo se reverterem em benefício do casal. Ou seja, prevalece a incomunicabilidade das dívidas contraídas antes da celebração do casamento, a menos que estas tenham sido contraídas em benefício dos cônjuges, cabendo ao credor o ônus da prova de que isto ocorreu. (TJMG, Ap. Cível n. 1.0707.08.164869-3/001, rel. Cláudia Maia, j. 30.10.2008, *DJ* 24.11.2008)

Separação judicial. Alimentos ao filho. Partilha de bens. Irresignação de ambas as partes. Pedido de redução e majoração. Exclusão de bens do monte partilhável. Prova. 1 – Os alimentos devem ser fixados de forma a atender as necessidades do adolescente, mas dentro das possibilidades do alimentante e sem sobrecarregá-lo em demasia. 2 – Constitui ônus processual de quem alega a inadequação da pensão produzir prova cabal do desequilíbrio do binômio possibilidade-necessidade, a fim de obter o redimensionamento do encargo alimentar e, se as partes não se desincumbem desse ônus, fica mantida a fixação posta na sentença. 3 – Tendo havido reconciliação do casal depois da anterior separação judicial, a qual foi acolhida pelo juízo, então a partilha lá processada também ficou sem efeito, tendo sido plenamente reconstituído o casamento. 4 – Diante da nova separação judicial do casal, deverão ser partilhados, na nova demanda, todos os bens adquiridos na constância do matrimônio. 5 – Sendo os litigantes casados pelo regime da comunhão universal de bens, ficam excluídos da partilha apenas os bens de uso pessoal, os livros e instrumentos de profissão, tal como prevê o art. 1.668, V, c/c art. 1.659, V, do CCB. Desprovida a apelação e provido em parte o recurso adesivo (segredo de justiça). (TJRS, Ap. Cível n. 70.025.536.590, 7ª Câm. Cível, rel. Sérgio Fernando de Vasconcellos Chaves, j. 22.10.2008, *DJ* 28.10.2008)

Apelação. Separação. Partilha. Comunhão universal. Dívidas contraídas no curso do casamento. Inclusão. Alimentos à filha. Redução. Descabimento. No regime da comunhão universal, desnecessário provar se as dívidas contraídas durante a constância do casamento reverteram ou não em prol do casal. Elas integram a partilha de bens. Inteligência do art. 1.668, III, do CCB. Precedentes jurisprudenciais. Descabe reduzir o valor dos alimentos fixados em prol da filha comum, porquanto não demonstrada a alegada impossibilidade do apelante para arcar com o já diminuto valor arbitrado pelo juízo de primeiro grau. Deram parcial provimento. (TJRS, Ap. Cível n. 70.024.133.506, 8ª Câm. Cível, rel. Rui Portanova, j. 07.08.2008, *DJ* 15.08.2008)

Embargos de terceiro. Mulher casada. Meação sobre bem imóvel. Impossibilidade de desconstituição da penhora. Sendo a dívida contraída pelo mando resultante de aquisição de mercadorias para sua oficina mecânica, presume-se o benefício a sua família. O regime de comunhão universal de bens implica comunicação de todos os bens, presentes e futuros, e das dívidas passivas. A doação apenas exclui a comunicação se contiver cláusula de incomunicabilidade. Arts. 262 e 263 do CC/1916 e 1.667 e 1.668 do CC/2002. Embargos improcedentes. Recurso provido. (TJSP, Ap. Cível n. 714.823.3/2-00/Ribeirão Preto, 21ª Câm. de Dir. Priv., rel. Itamar Gaino, j. 30.07.2008, *DJ* 15.08.2008)

Recurso especial. Direito de família. Comunhão universal. Frutos civis. Verbas recebidas a título de benefício previdenciário. Direito que nasceu e foi pleiteado pelo varão durante o casamento. Inclusão na partilha de bens. Recurso não conhecido. 1 – No regime da comunhão universal de bens, as verbas percebidas a título de benefício previdenciário resultantes de um direito que nasceu e foi pleiteado durante a constância do casamento devem entrar na partilha, ainda que recebidas após a ruptura da vida conjugal. 2 – Recurso especial não conhecido. (STJ, REsp n. 918.173/RS, 3ª T., rel. Min. Massami Uyeda, j. 10.06.2008, *DJ* 23.06.2008)

Separação judicial. Inocorrência de nulidade na sentença. Regime da comunhão universal de bens. Partilha. A herança recebida na vigência do casamento também deve ser alvo de partilha. Danos morais, perdas e danos e litigância de má-fé. Indenização. Inovação em sede recursal. 1 – Não há nulidade na sentença quando contém, de forma clara, tanto o relatório como a fundamentação, sendo irrelevante o fato de ser ou não concisa a motivação, pois é suficiente que o julgador decline a razão de seu convencimento, como foi feito. 2 – Não é *ultra petita* a sentença quando discorre exatamente sobre as questões deduzidas na inicial, tendo sido focalizadas as questões postas pelas partes. 3 – As partes receberam tratamento igualitário, sendo assegurada a ampla defesa, não se podendo ignorar que cabe ao julgador determinar a realização das provas necessárias à instrução do feito e indeferir as diligências inúteis ou meramente protelatórias, como corretamente foi feito. Inteligência do art. 130 do CPC [art. 370 do CPC/2015]. 4 – Sendo o casamento regido pelo regime da comunhão universal de bens, imperiosa a partilha igualitária de todo o patrimônio comum, ou seja, comunicam-se os bens presentes e futuros de cada cônjuge, inclusive as dívidas passivas, cabendo exclusão apenas de bens doados ou herdados com cláusula de incomunicabilidade e os sub-rogados em seu lugar. Inteligência dos arts. 1.667 e 1.668 do CC. 5 – Não sendo estipulada a incomunicabilidade dos bens herdados pelo cônjuge varão, devem ser alvo de partilha igualitária, assim como também devem ser repartidos os bens que couberem à virago em decorrência do falecimento da sua genitora, que faleceu na constância da vida conjugal. 6 – Descabe examinar o pedido de indenização por danos morais e perdas e danos, porque não foi deduzido no momento próprio, mas tão somente em sede recursal. 7 – Não há litigância de má-fé, quando não comprovada qualquer das hipóteses do art. 17 do CPC [art. 80 do CPC/2015]. Recurso conhecido em parte e desprovido (segredo de justiça). (TJRS, Ap. Cível n. 70.021.489.786, 7ª Câm. Cível, rel. Sérgio Fernando de Vasconcellos Chaves, j. 21.11.2007, *DJ* 27.11.2008)

Apelação cível. Embargos de terceiro. Responsabilidade civil em acidente de trânsito. Penhora de bem do casal. Defesa da meação da mulher. Ilícito praticado por um só dos cônjuges. 1 – Resguardada a meação da parte embargante, pois o ato ilícito do qual derivou o título executivo judicial foi praticado somente pelo marido e não reverteu em benefício da sociedade conjugal, nos termos do art. 263, VI, do CC/1916, correspondente ao art. 1.668, V, c/c o art. 1.659, IV, ambos do CC/2002. 2 – O benefício da gratuidade judiciária foi expressamente concedido pelo magistrado de origem, inexistindo qualquer elemento plausível para sua revogação. Apelo parcialmente provido. (TJRS, Ap. Cível n. 70.018.847.392, 12ª Câm. Cível, rel. Des. Dálvio Leite Dias Teixeira, j. 23.08.2007)

Apelação cível. Separação judicial. Revisão de alimentos e ação cautelar inominada. Julgamento conjunto. Pedido de exclusão de imóveis doados da partilha. Alegação de incomunicabilidade em face de instituição de usufruto. Pretensão de modificação da sentença em relação aos alimentos. Pedido de AJG. 1 – O casamento das partes foi celebrado pelo regime da comunhão universal de bens e no curso da relação a mulher, por meio de doação, recebeu imóveis gravados com cláusulas de usufruto em favor de seus pais. 2 – Nesse regime de bens são excluídos da comunhão os bens doados com cláusula de incomunicabilidade, nos termos do inciso I do art. 1.668 do CC/2002. 3 – Não estão os bens transferidos à mulher amparados por esta cláusula. Logo, comunicam-se. Não há que confundir inalienabilidade do usufruto com inalienabilidade do bem. 4 – Tendo os alimentos sido postulados em ação cautelar de alimentos provisionais, e não ocorrendo o exercício da pretensão alimentar no bojo da ação principal, a vigência da verba alimentar se esgota com o término do processo principal. 5 – Não cabe fixar alimentos na ação principal se não foram pedidos nem ofertados naquele feito. 6 – Desfrutando a parte do benefício da gratuidade na ação principal, nada mais justo que seja estendido à cautelar. Proveram (AC n. 70.015.239.189). À unanimidade. (TJRS, Ap. Cível n. 70.015.239.189, 7ª Câm. Cível, rel. Des. Luiz Felipe Brasil Santos, j. 02.08.2006)

Apelação cível. Separação judicial litigiosa. Partilha. Regime da comunhão universal de bens. Incomunicabilidade dos proventos do trabalho pessoal de cada cônjuge. Preliminar de nulidade da sentença por *extra petita* afastada. A sentença *extra petita* é aquela que, extrapolando o teor do pedido, julga fato alheio à causa. Se a sentença está enquadrada no conteúdo da demanda, inocorre nulidade. Caracteriza-se o regime da comunhão universal de bens pela comunicação de todos os bens presentes e futuros dos cônjuges, bem como o passivo do casal, excluindo-se, tão somente, os bens relacionados no art. 1.668 do CC/2002, entre eles incluídos os proventos do trabalho pessoal de cada cônjuge (art. 1.659, V, CC/2002). Inexistindo nos autos prova idônea a demonstrar despesa que deveria ser rateada pelo casal, descabe arrolá-la na partilha. Preliminar rejeitada. Recurso desprovido. (TJRS, Ap. Cível n. 70.014.801.591, 8ª Câm. Cível, rel. Des. José Ataídes Siqueira Trindade, j. 27.04.2006)

Regime de bens. Comunhão universal. Ex-esposa, beneficiária de pensão por morte de seu ex cônjuge, que pretende levantar parte de saldo vinculado à conta de FGTS do *de cujus*. Inadmissibilidade. Crédito disponibilizado após a separação judicial do casal. Proventos do trabalho pessoal do cônjuge, ademais, excluídos da comunhão. Inteligência dos arts. 263, VIII, do CC/1916 e 1.668, V, do CC/2002. (*RT* 843/261)

Partilha. Doação. Regime de comunhão universal. Imóvel doado no qual figura como donatário apenas o marido, falecido. Adotado o regime de comunhão de bens, o bem doado acrescerá a meação do cônjuge supérstite, nos termos do art. 263, II, do CC, se no contrato de doação não restou lançada cláusula de incomunicabilidade. (*RT* 823/164)

Regime de bens. Comunhão universal. Indenização trabalhista. Integra a comunhão a indenização trabalhista correspondente a direitos adquiridos durante o tempo de casamento sob o regime de comunhão universal. Recurso conhecido, mas improvido. (STJ, REsp n. 421.801, rel. Min. Humberto Gomes de Barros, j. 22.09.2004)

Fruto civil do trabalho. Comunhão universal de bens. Sobrepartilha. Inteligência do art. 263, XIII, c/c o art. 265 do CC. No regime de comunhão universal de bens, admite-se a comunicação das verbas trabalhistas nascidas e pleiteadas na constância do matrimônio e percebidas após a ruptura da vida conjugal (STJ, REsp n. 355.581/PR, 3ª T., rel. Min. Nancy Andrighi, *DJU* 23.06.2003). (*RBDFam* 21/105)

Regime de bens. Comunhão universal. Indenização trabalhista. Integra a comunhão a indenização trabalhista correspondente a direitos adquiridos durante o tempo de casamento sob regime de comunhão universal. Recurso conhecido e provido. (STJ, REsp n. 421.801, rel. Min. Ruy Rosada de Aguiar, j. 26.05.2003)

Arrolamento de bens. Cautelar. Pedido de bloqueio de créditos trabalhistas. Descabimento. 1 – As verbas rescisórias trabalhistas constituem "frutos civis do trabalho ou da indústria" e não se comunicam entre os cônjuges no regime da comunhão universal de bens, *ex vi* do art. 263, XIII, do CC, salvo se expressamente prevista a sua comunicabilidade em pacto antenupcial. 2 – Estando ausente o *fumus boni juris*, improcede a pretensão cautelar (TJRS, Ap. Cível n. 70.005.963.145, 7ª Câm., rel. Des. Sérgio Fernando de Vasconcellos Chaves, j. 07.05.2003). (*RBDFam* 18/136)

Veja no art. 1.667 o seguinte acórdão: STJ, REsp n. 248.269/RS, 3ª T., rel. Min. Eduardo Ribeiro, j. 02.05.2000, *DJU* 19.06.2000.

**Art. 1.669. A incomunicabilidade dos bens enumerados no artigo antecedente não se estende aos frutos, quando se percebam ou vençam durante o casamento.**

Os frutos e rendimentos advindos dos bens excluídos da comunhão são comuns a ambos os cônjuges. Esse enunciado coaduna-se com o do inciso V do art. 1.660, em que os frutos e rendimentos dos bens particulares dos cônjuges casados sob o regime da comunhão parcial de bens são considerados comuns. Isso porque a intenção do legislador, sobretudo no regime da comunhão universal ora em estudo, é tratar a sociedade conjugal como um todo em que os valores percebidos durante a vida em comum, independentemente de sua causa ou origem, são auferidos em benefício da família e, portanto, para ela devem convergir, comunicando-os. Até mesmo os frutos pendentes, que já poderiam ter sido percebidos na data da dissolução do casamento, deverão ser considerados comuns e partilhados por ocasião do fim da sociedade conjugal. Entretanto, o artigo em apreço poderá deixar de ser aplicado, caso o doador ou testador também tenha estabelecido, no próprio instrumento de doação ou testamento, a incomunicabilidade aos frutos e rendimentos dos bens transmitidos.

**Jurisprudência:** Apelações cíveis. Ação de divórcio. Regime da comunhão universal de bens. Separação de fato. Data alegada não comprovada. Imóvel adquirido na constância do matrimônio e instrumentos de profissão afeto ao patrimônio do casal. Inclusão na partilha. Alimentos para ex-cônjuge. Prazo e termo inicial alterados. Frutos. Direito à meação. Sub-rogação de bem. Prova ausente. Honorários advocatícios. Arbitramento em liquidação de sentença. Primeiro e segundo recursos parcialmente providos. 1. Inexistindo prova da alegada data da separação de fato definitiva do casal, deve ser considerada aquela constatada pelo conjunto probatório. 2. No regime da comunhão universal de bens, dissolvida a sociedade conjugal, devem ser partilhados todos os bens e dívidas existentes por ocasião em que ocorreu a dissolução judicial da sociedade. 3. Devem ser incluídos na partilha o imóvel adquirido antes da separação de fato e os instrumentos de profissão na hipótese de afetação ao patrimônio comum. 4. Os alimentos para ex-cônjuge devem ser fixados com prazo certo, de maneira a permitir que o alimentado reúna condições de reinserir-se no mercado de trabalho em igualdade de condições com o alimentante. Verificada a duração excessiva, o prazo fixado deve ser reduzido. 5. O encargo alimentar retroage à data da citação. Assim, fixado em data anterior, o termo inicial deve ser alterado. 6. Nos termos do art. 1.669 do CC/2002, a incomunicabilidade não se estende aos frutos, quando se percebam ou vençam durante o casamento. 7. Ausente a comprovação de que o veículo que se alega sub-rogação integra o patrimônio comum do casal, é inviável a meação. 8. O arbitramento do percentual dos honorários advocatícios, tratando-se de sentença ilíquida, somente deverá ser feito após liquidação do título judicial. 9. Primeira apelação cível conhecida e parcialmente provida para fixar alimentos pelo período de 18 meses contados a partir da citação. 10. Segunda apelação cível conhecida parcialmente provida para incluir bem no direito à meação e determinar que os honorários advocatícios sejam fixados em liquidação de sentença. (TJMG, Ap. Cível n. 1.0775.18.000861-4/001, rel. Des. Caetano Levi Lopes, j. 25.10.2021)

Apelação cível. Suscitação de dúvida. Registro de escritura pública de compra e venda de imóvel. Bem havido por doação antes do casamento, pelo regime de comunhão parcial, dos proprietários. Bem particular. Necessidade, no entanto, de outorga do cônjuge para a alienação. Art. 1.647, I, do CC. Incomunicabilidade do bem, que não se estende aos frutos havidos posteriormente ao casamento. Arts. 1.660, V, e 1.669, ambos do CC. Art. 157, do Provimento da Corregedoria-Geral de Justiça n. 260/2013. Dúvida julgada procedente. Sentença mantida. Recurso negado. 1. Ainda que exista a incomunicabilidade do bem imóvel havido antes do casamento em regime de comunhão parcial de bens, esta incomunicabilidade, na forma dos arts. 1.660, V, e 1.669, do CC, não se estende aos respectivos frutos, quando se percebam ou vençam durante o casamento, razão pela qual é de rigor a outorga do cônjuge, para a alienação do imóvel, na forma do art. 1.647, I, do CC, e do art. 157, do Provimento CGJ n. 260/2013. 2. Dúvida julgada procedente. Recurso negado. Sentença mantida. (TJMG, Ap. Cível n. 1.0000.20.480537-8/001, rel. Des. Sandra Fonseca. j. 16.03.2021)

Sobrepartilha. Verba decorrente de ação trabalhista ajuizada pelo ex-cônjuge na constância do casamento. Sentença de improcedência modificada. Há direito à meação dos valores recebidos pelo réu. Precedentes do STJ. A autora formulou pedido de sobrepartilha de meação sonegada, objetivando a partilha das verbas trabalhistas recebidas pelo requerido em reclamação trabalhista por ele ajuizada na constância do casamento e percebidas após o trânsito em julgado da sentença proferida nos autos de separação. Embora não tenha havido mudança no tratamento da matéria pelo atual CC, que apenas corrigiu a redação do anterior para sanar a contradição entre as disposições da comunhão universal e da comunhão parcial, é certo que tanto a doutrina como a jurisprudência têm se posicionado, inclusive com precedentes do Eg. STJ, no sentido de que se o período aquisitivo da indenização trabalhista se deu durante o casamento, ainda que tais verbas sejam recebidas após a separação do casal, ambos os cônjuges possuem direito sobre os respectivos valores recebidos a esse título. A rigor, prevalece, na hipótese, a regra inscrita no art. 1.669 do CC, que estabelece que a incomunicabilidade dos bens enumerados no art. 1.668 do CC, não se estende aos frutos, quando se percebam ou vençam durante o casamento. Assim, se as verbas trabalhistas tivessem sido pagas na época devida, teriam favorecido ambas as partes, que viviam em matrimônio. Sentença reformada. Recurso parcialmente provido para julgar parcialmente procedente o pedido e reconhecer o direito da apelante à meação dos valores líquidos (descontados os percentuais percebidos pelo advogado que o assistiu no feito trabalhista e custas decorrentes de assessoria contábil) percebidos pelo réu em decorrência de ação trabalhista. (TJSP, Ap. n. 1000911-09.2016.8.26.0010, 10ª Câm. de Dir. Priv., rel. Carlos Alberto Garbi, j. 03.10.2017)

Recurso especial. Processo civil e civil. Direito de família. Regime de bens. Comunhão de bens. Doação. Matrimônio anterior. Art. 265 do CC/1916. Cláusula genérica. Frutos civis. Incomunicabilidade. Possibilidade. Cláusula expressa. Inexistência de vedação. Conta conjunta no exterior. Incontrovérsia. Princípio da boa-fé objetiva. Necessidade de partilha. Fundamento autônomo. Enriquecimento sem causa. Súmula n. 283/STF. Alimentos. Dever de sustento. Filho comum. Binômio necessidade e possibilidade. Súmula n. 7/STJ. Necessidade de pacto antenupcial. Súmulas ns. 282, 356 e 284/STF. 1 – O doador pode dispor em cláusula expressa a incomunicabilidade dos frutos de bem doado no benefício exclusivo do cônjuge beneficiário antes da celebração de casamento sob o regime de comunhão parcial dos bens. 2 – O mandamento legal previsto no art. 265 do CC/1916 (correspondente ao art. 1.669 do atual CC), de natureza genérica, não veda previsão em sentido contrário. 3 – A partilha de conta conjunta aberta no exterior é incontroversa nos autos, circunstância insindicável ante o óbice da Súmula n. 7/STJ. 4 – O princípio da boa-fé objetiva (art. 422 do CC) rege as relações de família sob o prisma patrimonial. 5 – Incide o óbice da Súmula n. 283 do STF, pois há fundamento autônomo inatacado no especial, a saber: a possibilidade de locupletamento ilícito do cônjuge varão de quantia pertencente ao casal. 6 – O dever de prover o sustento da filha comum compete a ambos os genitores, cada qual devendo concorrer de forma proporcional aos seus recursos, circunstâncias e variáveis insindicáveis nesta instância especial. 7 – A alegação de que os gravames da incomunicabilidade deveriam ter sido realizados através de pacto antenupcial ou registrados em cartório não foi prequestionado, inexistindo alegação de dispositivo legal violado nesse ponto, o que atrai o teor das Súmulas ns. 282, 356 e 284/STF. 8 – Recurso especial parcialmente conhecido, e nessa parte, não provido. (STJ, REsp n. 1.164.887, 3ª T., rel. Min. Ricardo Villas Bôas Cueva, *DJe* 29.04.2014, p. 290)

Apelação cível. Família e processual civil. Ação de reconhecimento e dissolução de união estável. Partilha. Parcial procedência na origem. Recurso do autor. 1 – Compra de imóvel. Prova indicativa de sua realização antes do início da união estável. Pagamento da entrada com verba pertencente unicamente a um dos cônjuges. Incomunicabilidade. Se a prova demonstra que a formalização da transação e o pagamento da entrada (com valores exclusivamente da apelada) deu-se antes do início da incontroversa união estável, urge assentar a respectiva incomunicabilidade, por força dos arts. 1.725 e 1.669, II, do CC. 2 – Parcelamento do remanescente. Efetivação durante a união. Presunção de esforço comum. Contraprova inexistente. Comunicabilidade. Concretizando-se o pagamento das parcelas (inclusive renegociação) na constância da relação, é de pronunciar-se, na ausência de contraprova, a comunicabilidade dos respectivos valores, ainda que decorram de aluguel do próprio imóvel adquirido, nos termos do art. 1.660, V, do CC. Sentença alterada. Recurso parcialmente provido. (TJSC, Ap. Cível n. 2009.074178-7/Itajaí, 5ª Câm. de Dir. Civil, rel. Henry Petry Júnior, j. 28.02.2013)

Ação de conversão de separação judicial em divórcio. Regime da comunhão universal. Partilha de verbas rescisórias e FGTS. Procedência. I – Partilhável a indenização trabalhista auferida na constância do casamento pelo regime da comunhão universal (art. 265 do CC/1916). II – Precedentes do STJ. III. Recurso especial conhecido e provido (STJ, REsp n. 781.384/RS, 4ª T., rel. Min. Aldir Passarinho Júnior, *DJ* 04.08.2009). (*RBDFS* 11/152)

Regime de bens. Comunhão universal. Indenização trabalhista. Integra a comunhão a indenização trabalhista correspondente a direitos adquiridos durante o tempo de casamento sob regime de comunhão universal. Recurso conhecido e provido. (STJ, REsp n. 421.801/RS, 4ª T., rel. Min. Ruy Rosado de Aguiar, j. 26.05.2003, v.u., *DJU* 15.12.2003)

Fruto civil de trabalho. Comunhão universal de bens. Sobrepartilha. Inteligência do art. 263, XIII, c/c o 265 do CC. No regime de comunhão universal de bens, admite-se a comunicação das verbas trabalhistas nascidas e pleiteadas na constância do matrimônio e percebidos após a ruptura da vida conjugal. (STJ, REsp n. 35.581/PR, 3ª T., rel. Min. Carlos Alberto Menezes Direito, j. 13.05.2003, v.u., *DJU* 23.06.2003)

---

**Art. 1.670. Aplica-se ao regime da comunhão universal o disposto no Capítulo antecedente, quanto à administração dos bens.**

---

O legislador remete a questão da administração dos bens do casal aos dispositivos do regime da comunhão parcial de bens, já analisados. Como consectário do princípio da igualdade que reza a CF e considerando-se as características do regime da comunhão universal, a administração dos bens comuns caberá a ambos os cônjuges. Admite-se a nomeação, por meio do pacto antenupcial, de apenas um deles para administrar o patrimônio comum e o particular, se houver. O patrimônio comum responde pelas dívidas contraídas em consequência da administração do acervo, pois se presumem como adquiridas no interesse da família. Os bens particulares do cônjuge administrador também responderão pelas obrigações assumidas durante a gestão. Estão mantidas, contudo, as normas que exigem o consentimento de ambos para a alienação ou gravação de bens, bem como sobre a concessão de aval ou fiança, ainda que referente a bens particulares, preservando o intuito protetor do legislador em salvaguardar os interesses (e o patrimônio) da família.

**Jurisprudência:** Direito civil e processual civil. Apelação. Embargos de terceiro. Penhora incidente sobre veículo. Pretensão da embargante de resguardar sua meação. Presunção de que a dívida foi contraída em proveito da família. Ausência de provas capazes de afastar a presunção. Casamento pelo regime de comunhão total de bens. Comunicação da dívida. Art. 1.667 do CC e art. 790, IV, do CPC. Apelação desprovida. 1 – A apelante apresentou embargos de terceiro em face da CEF ao argumento de haver penhora incidente sobre a integralidade de um bem móvel (veículo) do qual é proprietária na proporção de 25%, devido ao fato de ser casada no regime de comunhão universal de bens com um dos executados – que é coproprietário do bem com seu sócio de fato. 2 – A sentença recorrida considerou que o veículo é instrumento de profissão do marido da apelante – demonstrando que a própria petição inicial o declara – e, por conseguinte, não se comunica dentre os bens incluídos na comunhão, conforme art. 1.668 c/c 1.659, V, do CC, de modo que não há meação a ser resguardada em favor da apelante. 3 – Também ressaltou o juízo de origem o fundamento de que o regime da comunhão universal de bens importa a comunicação dos bens e dívidas, conforme art. 1.667 do CC e que, conforme art. 1.664 c/c 1.670 do mesmo diploma, a presunção é de que a dívida fora contraída em proveito da família, fato não desconstituído pela embargante. 4 – Se, de um lado, o bem é usado em proveito da família, de outro, as dívidas relacionadas ao mesmo bem devem igualmente ser suportadas pela entidade familiar. Ainda que o veículo penhorado seja incluído na comunhão de bens, permitindo assim reconhecer-se a meação da apelante, há de se ressaltar que sua proporção na propriedade do bem também responderá pela dívida, de conformidade com o estabelecido pelos arts. 1.664 (aplicável ao regime universal de bens por força do art. 1.670 do mesmo diploma) e 1.667 do CC. 5 – Em reforço de tal intelecção, o CPC dispõe, no seu art. 790, IV: [...]. 6 – Não se desincumbiu a apelante do seu ônus de provar que a dívida não fora contraída em proveito da família e que não fizera proveito de seu produto. A simples alegação de que fora avalista no empréstimo que gerou a execução não tem o condão de afastar a presunção legal, sendo certo que sequer comprovou a apelante ter avalizado aquele negócio jurídico. 7 – Majoram-se os honorários para o equivalente a 11% sobre o valor atribuído à causa, tendo em vista o pequeno trabalho adicional despendido, restando suspensa a exigibilidade do valor nos termos do art. 98, § 3°, do CPC/2015. 8 – Apelação a que se nega provimento. (TRF-3, Ap. Cível n. 0001279-56.2015.4.03.6117, rel. Wilson Zauhy, j. 07.05.2019, *DJe* 17.05.2019)

Penhora *on-line*. Incidência sobre ativos do cônjuge da devedora. Constrição que não deve atingir os bens pertencentes ao marido. Ausência de prova acerca do atual estado civil da agravada. Inteligência dos arts. 1.670 e 1.663, § 1°, do CC. Decisão mantida. (TJSP, AI n. 991090542089 (7413446600), 19ª Câm. de Dir. Priv., j. 02.03.2010)

Civil e processual civil. Separação judicial. Partilha não ultimada. Cessação dos efeitos do casamento: regime universal de bens. Persistência da propriedade sob as regras do condomínio. Cobrança de despesas condominiais. Solidariedade. Litisconsórcio necessário. Exceção de pré-executividade. Nulidade reconhecida. Cessada a comunhão universal pela separação judicial, pode o patrimônio comum subsistir sob a forma de condomínio se não ultimada a partilha. Sendo os ex-cônjuges casados sob o regime de comunhão universal, coproprietários da unidade autônoma ensejadora da ação de cobrança de despesas condominiais, incumbe-lhes a obrigação pelo respectivo pagamento, pois estas, nos termos do art. 12 da Lei n. 4.591/64, são de responsabilidade de todos os condôminos. Há litisconsórcio necessário, pois a separação judicial, não acompanhada da respectiva partilha do imóvel, não afasta a comunhão de direitos e obrigações relativas ao imóvel comum. Recurso provido (STJ, REsp n. 254.190/SP, 3ª T., rel. Min. Nancy Andrighi, *DJU* 04.02.2002). (*RBDFam* 19/128)

**Art. 1.671. Extinta a comunhão, e efetuada a divisão do ativo e do passivo, cessará a responsabilidade de cada um dos cônjuges para com os credores do outro.**

O artigo em estudo traduz que um cônjuge responde perante os credores do outro, até a homologação da partilha de bens realizada após a separação ou o divórcio. Assim, ainda que o casal esteja separado, remanesce a responsabilidade sobre as dívidas contraídas em benefício da família até o momento em que se efetivar a divisão do patrimônio, que é considerado como a massa obtida após o balanço do ativo e passivo do acervo. Por óbvio que a solidariedade dar-se-á com relação às dívidas decorrentes da administração do patrimônio familiar que poderão ser contraídas após a separação do casal, mas antes de efetivada a partilha judicial. No entanto, quaisquer obrigações adquiridas por um dos cônjuges, já separados, em nome e proveito próprio, desde que comprovada essa sua natureza, não vinculará o outro, mesmo que a partilha não tenha sido ultimada.

**Jurisprudência:** Agravo de instrumento. Cumprimento provisório de sentença. Decisão que indeferiu pedido de penhora de direitos da executada sobre bens imóveis e determinou a indicação de bens excluídos da comunhão universal. Insurgência dos exequentes. Descabimento. Sendo a executada casada com o executado, presume-se a sua solidariedade nas dívidas por ele contraídas. Nos termos do art. 1.671, do CC, não cessa, no caso, a responsabilidade do cônjuge para com o credor do outro. Ausência de prejuízo, ademais, na determinação de indicação de bens excluídos da comunhão. Decisão mantida. Agravo desprovido. (TJSP, AI n. 2279067-93.2023.8.26.0000/Guaíra, 7ª Câm. de Dir. Priv., rel. Miguel Brandi, j. 30.11.2023, *DJ* 30.11.2023)

Agravo interno. Pretensão de reforma de decisório, proferido em apelo, que indeferiu liminar para suspensão dos efeitos da sentença. Julgamento da apelação nesta oportunidade. Recurso prejudicado. Apelação. Embargos de terceiro. Rejeição. Alegada penhora em bem de propriedade de ex-cônjuge, transferido antes da propositura da execução. Ausente irregularidade na deliberação acerca de documentos aportados aos autos, mesmo que de forma intempestiva, se deles é dada oportunidade de manifestação ao adverso. Cerne da questão que reside no reconhecimento da sujeição dos bens próprios do cônjuge à execução, nos termos do art. 790, IV, do CPC, mesmo quando não participa da lide. Cônjuge que pode responder com patrimônio pessoal pelas dívidas do outro, caso tenham revertido em proveito familiar, independente do regime de bens. Débito posterior ao casamento e anterior ao divórcio, não incluído no passivo partilhável. Bem que ainda responde pelas dívidas do casal, afastando a aplicação do comando disposto no art. 1.671 do CC. Presunção relativa da utilidade do negócio gerador do débito para o núcleo familiar não afastada. Precedentes. Decisão mantida. Recurso improvido. (TJSP, Ag. Int. Cível n. 1000722-59.2021.8.26.0526/SP, 19ª Câm. de Dir. Priv., rel. Claudia Grieco Tabosa Pessoa, j. 14.06.2022, publ. 14.06.2022)

Agravo de instrumento. Direito tributário. Execução fiscal. Realização de penhora *on-line*. Impossibilidade no caso concreto, pois verificada situação de impenhorabilidade. I – De fato, haja vista a maciça jurisprudência do Eg. STJ e a vigência da Lei n. 11.382/2006, art. 655-A, do CPC [arts. 854, §§ 3º e 9º, e 866 do CPC/2015], é possível proceder-se ao bloqueio de valores do devedor junto às instituições financeiras, sem a necessidade de comprovação do esgotamento de diligências para a localização de outros bens penhoráveis. No entanto, quanto à N.M.B., não há razão para que seja mantido o bloqueio de suas contas, uma vez que foi trazida aos autos prova de que não é mais casada com um dos executados, de modo que não pode ser responsabilizada por débitos do ex-marido, inclusive, por previsão expressa no art. 1.671 do CC. II – No tocante à A.M.P.P., à sua vez, os valores devem ser desbloqueados, porquanto evidenciada a impenhorabilidade das verbas encontrados em suas contas bancárias, porque decorrentes de salário e aposentadoria, nos termos do art. 649, IV, CPC [art. 833, IV, do CPC/2015]. Agravo desprovido. Unânime. (TJRS, AI n. 70.056.616.923, 21ª Câm. Cível, rel. Des. Francisco José Moesch, j. 18.12.2013)

## CAPÍTULO V
## DO REGIME DE PARTICIPAÇÃO FINAL NOS AQUESTOS

**Art. 1.672. No regime de participação final nos aquestos, cada cônjuge possui patrimônio próprio, consoante disposto no artigo seguinte, e lhe cabe, à época da dissolução da sociedade conjugal, direito à metade dos bens adquiridos pelo casal, a título oneroso, na constância do casamento.**

O regime da participação final nos aquestos representa uma novidade do CC, pois não há, nem nunca houve, nada semelhante em nossa legislação. Segundo Maria Helena Diniz (*Curso de direito civil brasileiro* – direito de família. São Paulo, Saraiva, 2002, v. V, p. 162), "trata-se de um regime misto" que conjuga regras aplicáveis à separação de bens e à comunhão parcial, sucessivamente, dependendo do momento pelo qual passa o casamento: duração ou dissolução. Para ser adotado, exige a lavratura de escritura de pacto antenupcial, nos termos dos arts. 1.653 a 1.657, supra. O regime em estudo caracteriza-se pela existência de dois patrimônios distintos, um do marido e outro da mulher, constituídos pelos bens adquiridos antes do casamento somados àqueles angariados em nome próprio, após a celebração do matrimônio. A administração e a disposição dos bens móveis são livres; contudo, para alienação ou gravação dos bens imóveis, a lei exige a autorização conjugal, a menos que exista previsão de modo contrário no pacto antenupcial. Assim, cada consorte é titular de um acervo particular, ao qual o outro cônjuge não possui direito ou qualquer instrumento para evitar sua dilapidação, uma vez que, na constância do casamento, não há patrimônio comum. Entretanto, à época da dissolução do casamento – separação, divórcio, anulação ou morte – os patrimônios individuais de cada cônjuge tornar-se-ão uma "massa comum", segundo Rolf Madaleno (*Direito de família e o novo Código Civil*. Belo Horizonte, Del Rey, 2001, p. 171), representada pelos bens adquiridos de forma onerosa na constância do matrimônio – exceto aqueles relacionados no art. 1.674, infra –, que será partilhada judicialmente, na proporção de metade para cada consorte. Como se vê, buscou-se com este regime conjugar as vantagens do regime de separação total de bens com os efeitos, no momento da extinção da sociedade conjugal, do regime de comunhão parcial.

Segundo Gustavo Tepedino (*Revista do Advogado*, n. 98), algumas imperfeições legislativas dificultam a assimilação deste regime à prática jurídica, como a forma de apuração dos aquestos que, por envolver extensos cálculos contábeis, mostra-se assaz complexa, alcançando não somente os bens restantes no ato de dissolução, mas todos aqueles adquiridos na constância do casamento (*v.* comentário ao art. 1.675); a necessidade de autorização do cônjuge para atos de alienação de bens imóveis (*v.* comentário ao art. 1.673 a seguir); e, por fim, a possibilidade de ingerência do cônjuge prejudicado na esfera jurídica de terceiros independentemente de verificação dos requisitos para a caracterização de fraude (*v.* comentário ao art. 1.675 a seguir).

**Jurisprudência:** Direito de família e sucessões. Ação de inventário litigioso. Agravo de instrumento objurgando decisão interlocutória que incluiu bem imóvel no inventário do cônjuge *de cujus*. Casamento realizado no regime de bens de participação final nos aquestos. Arts. 1.672 a 1.674, do CC/2002. Alegação de aquisição do bem mediante sub-rogação pelo cônjuge supérstite, ora agravante. Não comprovação. Ônus da prova que lhe incumbia, conforme art. 373 do CPC. Recurso conhecido e não provido. 1 – Cinge-se a controvérsia unicamente em verificar se o apartamento residencial no qual reside o agravante foi adquirido mediante sub-rogação de outro bem imóvel adquirido antes de seu casamento com a falecida, cujo matrimônio se deu sob o regime de participação final nos aquestos, o que excluiria o referido bem do inventário e partilha do *de cujus*. 2

– Conforme conceitua o CC, em seus arts. 1.672 a 1.674, o regime de participação final nos aquestos prevê que cada cônjuge possua patrimônio próprio, sendo considerado proprietário do bem o cônjuge em nome do qual está registrado. Dissolvida a sociedade conjugal, cada cônjuge tem direito à metade dos bens adquiridos com a renda do trabalho do casal, excluídos os patrimônios particulares, que são formados pelos bens anteriores ao casamento e pelos comprados com recursos da sua venda, ou seja, sub-rogados. 3 – No que concerne aos bens imóveis sub-rogados, conforme posicionamento jurisprudencial consolidado, a sub-rogação deve estar devidamente comprovada por vias documentais. Dessa forma, deve a sub-rogação constar, expressamente, do título aquisitivo do novo bem, devendo ser colocada na escritura de compra e venda a cláusula de sub-rogação, a qual indique ter sido o novo bem adquirido com o dinheiro do antigo, que era incomunicável, ou até mesmo averbando tal condição na matrícula do bem, junto ao Registro de Imóveis. 4 – Nesse sentido, na forma do art. 373, do CPC, é certo que incumbe à parte que alegar a ocorrência de sub-rogação comprovar, mediante prova robusta e fidedigna, que a aquisição do bem no curso do casamento lastreou-se em recursos financeiros próprios advindos de venda de bem particular. 5 – Analisando-se a documentação constante nos autos originários, notadamente a escritura pública de compra e venda do bem imóvel em epígrafe e sua matrícula, verifica-se que, além de os documentos estarem nos nomes dos dois cônjuges, não há nenhuma anotação, cláusula ou observação que faça referência à existência de sub-rogação no bem, de forma que não há prova nos autos que referendem a alegação do agravante acerca da aquisição do referido apartamento por sub-rogação, não merecendo prosperar, portanto, o presente agravo de instrumento. 6 – Recurso conhecido e não provido. Decisão mantida. (TJCE, AI n. 06247031120178060000, 3ª Câm. de Dir. Priv., rel. Lira Ramos de Oliveira, j. 15.05.2019)

Agravo de instrumento. Inventário e partilha. Insurgência contra determinação judicial, visando formalização da renúncia à herança, através de termo nos autos ou escritura pública. Inteligência da Súmula n. 377 do STF que prevê o regime de participação final dos aquestos. Renúncia que depende de ato solene, através de termo nos autos ou escritura pública. Decisão mantida. Recurso não provido. (TJSP, AI n. 0060488-04.2012.8.26.0000/Taubaté, 5ª Câm. de Dir. Priv., rel. Edson Luiz de Queiroz, j. 05.09.2012, *DJ* 09.10.2012)

**Art. 1.673. Integram o patrimônio próprio os bens que cada cônjuge possuía ao casar e os por ele adquiridos, a qualquer título, na constância do casamento.**

**Parágrafo único. A administração desses bens é exclusiva de cada cônjuge, que os poderá livremente alienar, se forem móveis.**

Consoante já explanado, enquanto existir o casamento, vigoram as regras da separação de bens e há a coexistência de dois patrimônios distintos e exclusivos: um do homem e outro da mulher. O patrimônio próprio de cada cônjuge é formado pelo conjunto dos bens anteriores ao casamento e daqueles adquiridos após este, de forma onerosa ou por meio de liberalidade de terceiro ou sucessão (doação, herança, legado). Não há que se falar em comunhão, existindo somente, no entender de Maria Helena Diniz (*Curso de direito civil brasileiro* - direito de família. São Paulo, Saraiva, v. V, 2002), "expectativa de direito à meação", que será apurada no momento da dissolução do matrimônio. Enquanto durar o casamento, a administração e a disposição do respectivo patrimônio serão livre e exclusiva do cônjuge titular. A alienação dos bens móveis é permitida, podendo o ser, também, dos ***bens imóveis***, se houver previsão de dispensa da autorização conjugal no pacto antenupcial.

**Art. 1.674. Sobrevindo a dissolução da sociedade conjugal, apurar-se-á o montante dos aquestos, excluindo-se da soma dos patrimônios próprios:**

**I – os bens anteriores ao casamento e os que em seu lugar se sub-rogaram;**

**II – os que sobrevieram a cada cônjuge por sucessão ou liberalidade;**

**III – as dívidas relativas a esses bens.**

**Parágrafo único. Salvo prova em contrário, presumem-se adquiridos durante o casamento os bens móveis.**

Por ocasião da dissolução da sociedade conjugal regida pelo regime da participação final nos aquestos, o acervo a ser trazido à partilha nada mais é que a soma de todos os bens havidos onerosamente durante a existência do casamento, ainda que não mais integrem o patrimônio comum. Essa apuração patrimonial final é específica do regime de bens ora estudado, porquanto, nos demais, o acervo comum a ser partilhado, em caso de fim do casamento, será aquele existente no momento da dissolução. Assim, chegando ao fim o casamento regido pelo regime da participação final nos aquestos – pela separação, pelo divórcio ou pela morte de um dos cônjuges –, aplicar-se-ão as regras pertinentes ao regime da comunhão parcial de bens, nascendo "o direito à metade dos bens adquiridos pelo casal, a título oneroso e na constância do casamento" (MADALENO, Rolf. *Direito de família e o novo Código Civil*. Belo Horizonte, Del Rey, 2001, p. 185).

Os bens adquiridos onerosamente por qualquer um dos cônjuges, durante o casamento – aquestos –, serão reunidos em um acervo único que será, no dizer de Alexandre Guedes Alcoforado Assunção, "identificado e avaliado o monte partilhável, tomando-se por base a data da cessação da convivência (art. 1.683), haverá a divisão equitativa" (*Novo Código Civil comentado*. São Paulo, Saraiva, 2003, p. 1.486). Os outros bens, que formam o patrimônio particular de cada cônjuge, não integrarão esse patrimônio comum, permanecendo com o respectivo titular, consoante previsto nas regras do regime da comunhão parcial de bens. O **inciso I** exclui a comunicação dos bens adquiridos antes da celebração do casamento, bem como os outros adquiridos com o produto da alienação daqueles.

Da mesma forma, o **inciso II** retira da comunhão os bens recebidos por qualquer dos consortes em razão de liberalidade de terceiro ou por sucessão.

Como consectário lógico dos incisos acima enunciados, o **inciso III** dispõe que as dívidas relativas aos bens adquiridos antes do casamento, por liberalidade de terceiro, sucessão, ou, ainda, aqueles angariados com o produto da venda de algum dos anteriores, não serão compartilhadas entre os cônjuges, sendo de exclusiva responsabilidade do titular do patrimônio.

Os dispositivos ora analisados estão em consonância com os comentários ao art. 1.659, supra, que trata dos bens excluídos da comunhão, no regime de comunhão parcial de bens, e que não entram no cálculo de apuração do patrimônio a ser submetido à partilha.

Por fim, no **parágrafo único**, o legislador presume que os bens móveis foram adquiridos na constância do matrimônio, devendo ser levados, portanto, à partilha. Essa presunção é *juris tantum*, passível de prova em contrário, por meio da demonstração da anterioridade da aquisição ou da origem do numerário utilizado para sua compra, que poderá comprovar a não comunicação dos bens móveis e sua exclusão da apuração do patrimônio comum.

---

**Art. 1.675. Ao determinar-se o montante dos aquestos, computar-se-á o valor das doações feitas por um dos cônjuges, sem a necessária autorização do outro; nesse caso, o bem poderá ser reivindicado pelo cônjuge prejudicado ou por seus herdeiros, ou declarado no monte partilhável, por valor equivalente ao da época da dissolução.**

---

A apuração dos aquestos far-se-á por meio de um cálculo contábil em que serão trazidos ao montante os bens existentes à época da dissolução, somados àqueles adquiridos onerosamente na constância do casamento, que foram doados ou alienados por um dos cônjuges, sem a autorização do outro. Consoante já explanado, no regime da participação final nos aquestos, enquanto subsistir o casamento, não há de se falar em comunhão. Contudo, pela própria natureza do regime que prevê a comunicabilidade do que foi adquirido, de forma onerosa, durante o matrimônio, "os cônjuges têm expectativa de direito à meação" (DINIZ, Maria Helena. *Curso de direito civil brasileiro* – direito de família. São Paulo, Saraiva, 2002, v. V, p. 163), que será atribuída a cada um por ocasião da dissolução da sociedade conjugal. Essa meação será calculada por meio de uma operação matemática obtida após a verificação de todo o patrimônio (ativos e passivos) adquirido pelos cônjuges, de forma onerosa, após a realização do casamento.

O artigo em estudo impõe que a partilha a ser ultimada no fim do casamento abranja aqueles bens que foram doados por um dos cônjuges, sem o consentimento do outro, e que integravam os aquestos. Este dispositivo está em consonância com o art. 1.647, IV, do CC (veja comentário supra) e visa à proteção de um dos cônjuges contra possível fraude cometida pelo outro, que, pretendendo a separação, promove, silenciosamente e antes do fim do casamento, a dissipação do patrimônio que é considerado comum por lei.

São, contudo, excluídos do acervo a ser partilhado os bens adquiridos onerosamente na constância da união conjugal que tenham sido doados por doação remuneratória, considerada tal aquela realizada por um dos cônjuges em agradecimento ou retribuição de um serviço prestado por um profissional, gratuitamente a ele (p. ex., médico que realiza uma cirurgia, sem cobrança de honorários). O legislador, no intuito de proteger o patrimônio familiar e sua justa divisão, reserva ao cônjuge lesado, porquanto não havia concordado com o ato de disposição do bem integrante dos aquestos, o direito de reivindicar o próprio bem ou o valor a ele correspondente, trazendo-se os valores à época da dissolução da sociedade conjugal. O direito de reivindicar é estendido, pelo legislador, aos herdeiros do cônjuge prejudicado. A doação será permitida, se houver previsão de dispensa de autorização conjugal no pacto antenupcial.

---

**Art. 1.676. Incorpora-se ao monte o valor dos bens alienados em detrimento da meação, se não houver preferência do cônjuge lesado, ou de seus herdeiros, de os reivindicar.**

---

O artigo em exame complementa o anterior, dispondo que também os bens (adquiridos onerosamente na constância do casamento) que foram alienados, sem autorização de um dos cônjuges, deverão ser trazidos ao acervo comum. Esse acervo será submetido à partilha, estendendo, também, aos herdeiros do cônjuge prejudicado o direito de reivindicar o próprio bem alienado ou o valor a ele correspondente à época da dissolução da sociedade conjugal. Tanto nesse artigo como no anterior, a venda ou a doação sem consentimento do outro cônjuge são inquinadas de nulidade. Entretanto, convém elucidar, para as duas situações, a hipótese em que o pacto antenupcial que institui o regime da participação final nos aquestos dispensa a outorga conjugal, autorizando a livre disposição dos bens, por qualquer um dos consortes. Nesses casos, o negócio jurídico é plenamente válido, não podendo ser reivindicado o bem alienado ou doado. Contudo, não tendo havido pagamento pela meação do cônjuge que não participou do negócio, o valor integral correspondente deverá ser trazido ao acervo para ser submetido à partilha.

**Art. 1.677. Pelas dívidas posteriores ao casamento, contraídas por um dos cônjuges, somente este responderá, salvo prova de terem revertido, parcial ou totalmente, em benefício do outro.**

Em razão da natureza do próprio regime da participação dos aquestos, em que, durante a existência da sociedade conjugal, caberá a cada cônjuge a livre administração do respectivo patrimônio particular, no dispositivo em apreço, como consectário lógico, atribui-se a responsabilidade pessoal e individual de cada consorte sobre as dívidas adquiridas em seu próprio nome, nao podendo ser trazidas à apuração final dos aquestos, na hipótese de dissolução do casamento. Contudo, o legislador prevê uma exceção. Se o valor – integral ou parte dele – tomado emprestado for destinado ao casal ou à família, ambos os cônjuges responderão por ele, durante o casamento. Caso sobrevenha a dissolução do matrimônio, sem que tenha sido solvida a dívida, o passivo correspondente será levado à apuração final dos aquestos. A prova do proveito comum e do *quantum* que beneficiou cada cônjuge (ou a família) caberá àquele que tomou o empréstimo, além da prova pericial pertinente que trará os elementos necessários à decisão judicial da partilha dos aquestos.

**Jurisprudência:** Agravo de instrumento. Cumprimento de sentença. Contrato de locação residencial. Decisão que indeferiu o direcionamento da execução para a esposa do executado. Inconformismo da locadora exequente. Acolhimento. Contrato de locação celebrado pelo cônjuge em residência também habitada pela esposa. Obrigações contraídas para a manutenção da economia doméstica em proveito da entidade familiar. Estão abrangidas na locução "economia doméstica" as obrigações assumidas para a administração do lar e à satisfação das necessidades da família. Solidariedade em relação às dívidas domésticas contraídas ainda que por apenas um dos cônjuges e revertidas em benefício de ambos. Possibilidade, inclusive, de se postular a excussão dos bens do legitimado ordinário e do coobrigado, extraordinariamente legitimado. Inteligência dos arts. 1.643, 1.644 e 1.677 do CC e 790, IV do CPC. Precedentes do Col. STJ e deste Eg. Tribunal de Justiça. Reforma da decisão combatida. recurso provido. (TJSP, AI n. 2336502-25.2023.8.26.0000/São Paulo, 27ª Câm. de Dir. Priv., rel. Celina Dietrich Trigueiros, j. 29.05.2024, *DJ* 29.05.2024)

Apelação. Ação civil pública. Expurgos inflacionários. Execução individual. Poupador falecido. Ajuizamento da ação pela viúva casada no regime da comunhão de bens. Extinção do processo decretada com base no art. 267, VI, do CPC/1973, vigente à época, sob o fundamento da inobservância ao litisconsorte ativo necessário relativo aos herdeiros do *de cujus*. Inadmissibilidade. Apelante casada sob o regime da comunhão de bens. Incidência do art. 1.677, do CC, segundo o qual todos os bens componentes do patrimônio do casal são comuns, detendo legitimidade a apelante, na qualidade de viúva, para promover a demanda na defesa de direito próprio, como também na defesa do direito do espólio, decorrente de excepcional legitimidade para estar em juízo como administradora provisória dos bens que correspondem aos aludidos valores, nos termos do inciso I, do art. 1.797, do CC. Desnecessidade do ingresso dos herdeiros no processo executivo, salvo se facultativamente o desejem, pois mostra-se imprescindível a realização de inventário do acervo hereditário, decorrente do previsto no art. 1.796, do CC, e art. 611, do CPC, e, uma vez identificado o valor da dívida nestes autos, e definida a meação que compõe o acervo hereditário, o respectivo montante deverá ser oportunamente transferido aos autos do aludido inventário, e apenas naquela sede poderá ser levantado. Recurso provido, com observação. (TJSP, Ap. Cível n. 00007928920158260660/Viradouro, 17ª Câm. de Dir. Priv., rel. João Batista Vilhena, j. 21.08.2023, *DJ* 21.08.2023)

**Art. 1.678. Se um dos cônjuges solveu uma dívida do outro com bens do seu patrimônio, o valor do pagamento deve ser atualizado e imputado, na data da dissolução, à meação do outro cônjuge.**

O artigo em análise permite que, por ocasião da dissolução da sociedade conjugal, seja atribuído um crédito ao cônjuge que, durante a convivência, tenha destinado um bem de sua propriedade para o pagamento de dívida contraída por seu consorte. Por ocasião do fim do relacionamento, no cálculo de apuração dos aquestos, o valor do referido bem será atualizado e somado à meação do cônjuge credor, evitando-se, assim, o desequilíbrio da condição econômica de cada qual, ou o enriquecimento de um em detrimento do outro.

**Art. 1.679. No caso de bens adquiridos pelo trabalho conjunto, terá cada um dos cônjuges uma quota igual no condomínio ou no crédito por aquele modo estabelecido.**

Este dispositivo diz respeito aos bens adquiridos pelos cônjuges conjuntamente, pelo esforço de ambos, caracterizando um condomínio. Nesse caso, será atribuída a cada cônjuge a titularidade de metade do bem. A presunção legal de que a quota é igual é *juris tantum*, cabendo ao cônjuge que contribuiu com maior valor ou a terceiro credor a prova contrária.

**Art. 1.680. As coisas móveis, em face de terceiros, presumem-se do domínio do cônjuge devedor, salvo se o bem for de uso pessoal do outro.**

O legislador, visando à proteção de terceiros credores, atribuiu o domínio dos bens móveis ao cônjuge que contraiu dívidas. Essa presunção, tendo em vista a garantia de eventuais credores, pode ser contraposta, por meio da interposição de embargos de terceiro pelo cônjuge não devedor, se este comprovar a aquisição antes da celebração do casamento, ou se demonstrar tratar-se de objeto de seu uso pessoal. O artigo em estudo está em consonância com o parágrafo único do art. 1.674 supra, porquanto os bens móveis presumem-se adquiridos na constância do casamento e, portanto, respondem pelas dívidas, ainda que pessoais, dos cônjuges.

**Art. 1.681. Os bens imóveis são de propriedade do cônjuge cujo nome constar no registro.**

**Parágrafo único. Impugnada a titularidade, caberá ao cônjuge proprietário provar a aquisição regular dos bens.**

O legislador, no *caput* do dispositivo em estudo, estabelece a presunção de que o nome que constar na matrícula do registro dos bens imóveis indica a sua titularidade. Contudo, o parágrafo único abre a possibilidade de impugnação da titularidade, seja pelo cônjuge não proprietário, seja por terceiro, cabendo ao titular comprovar a natureza dos recursos utilizados para a aquisição do referido imóvel, se próprios ou comuns, invertendo-se o ônus da prova. As duas hipóteses encontram-se em consonância com a própria essência do regime da participação final nos aquestos, uma vez que, enquanto existir o casamento, cada consorte é titular de um patrimônio particular, correspondendo a titularidade à nomenclatura constante do registro. Porém, no momento da dissolução, os bens adquiridos onerosamente por cada um em separado ou por ambos, enquanto subsistiu a sociedade conjugal, serão considerados acervo comum e levados à partilha.

**Art. 1.682. O direito à meação não é renunciável, cessível ou penhorável na vigência do regime matrimonial.**

Consoante já amplamente explanado, enquanto subsistir a sociedade conjugal não se há que falar em meação ou patrimônio comum. No casamento celebrado sob o regime da participação final nos aquestos, existe uma expectativa de direito à meação, que se consolidará apenas e tão somente se a união chegar ao fim. Por esse motivo, é expressamente proibido ao cônjuge dispor, por meio de renúncia, doação, penhora ou realização de negócio jurídico, do direito que depende de evento futuro e incerto – dissolução do casamento – para efetivar-se. A vedação é princípio de ordem pública que não pode ser transposto pela vontade do casal, uma vez que o legislador, com tal redação, pretende proteger o cônjuge que possa vir a ser obrigado por seu consorte, ou por terceiro, a abrir mão do que lhe caberia por direito, na hipótese de partilha de aquestos. Contudo, uma vez realizada a apuração do acervo comum, ultimada a partilha e atribuída a meação a cada qual, não há mais impedimento para que um dos cônjuges renuncie ou realize negócio jurídico com o quinhão que recebeu.

**Art. 1.683. Na dissolução do regime de bens por separação judicial ou por divórcio, verificar-se-á o montante dos aquestos à data em que cessou a convivência.**

***Ver comentários gerais sobre a EC n. 66/2010 no início do Capítulo X, especialmente sobre as disposições legais não recepcionadas por esta Emenda.***

O legislador, nesse dispositivo, fixou como termo da sociedade conjugal o fim do convívio do casal. Dessa maneira, serão considerados para a apuração final dos aquestos, no caso de separação, a data da separação de fato do casal e *mutatis mutandi*, no caso de morte de um dos consortes, o dia do óbito. A fixação do termo da convivência é de suma importância para o cálculo do acervo efetivamente adquirido na constância do casamento, que será, posteriormente, partilhado.

---

**Art. 1.684. Se não for possível nem conveniente a divisão de todos os bens em natureza, calcular-se-á o valor de alguns ou de todos para reposição em dinheiro ao cônjuge não proprietário.**

**Parágrafo único. Não se podendo realizar a reposição em dinheiro, serão avaliados e, mediante autorização judicial, alienados tantos bens quantos bastarem.**

---

O legislador, de forma ponderada, procura evitar a instituição de condomínio entre os cônjuges que se separaram, além de considerar que alguns bens, por sua natureza – material ou econômica –, não permitam a divisão. Por tais motivos, o artigo em estudo aconselha que, na eventualidade de não existir uma forma que permita a partilha justa e cômoda do acervo comum, o montante deverá ser apurado e, na atribuição da respectiva meação, o cônjuge titular da propriedade receberá o(s) bem(ns) e o outro o valor correspondente em dinheiro. Não sendo possível a reposição em dinheiro, o parágrafo único abre a possibilidade de o juiz determinar a indicação de alguns bens do acervo comum para serem avaliados, mediante perícia, e levados à alienação, que poderá ser realizada em leilão ou hasta pública, caso haja alguma divergência sobre os bens e seus valores entre as partes.

---

**Art. 1.685. Na dissolução da sociedade conjugal por morte, verificar-se-á a meação do cônjuge sobrevivente de conformidade com os artigos antecedentes, deferindo-se a herança aos herdeiros na forma estabelecida neste Código.**

---

A morte de um dos cônjuges põe termo à sociedade conjugal. Por tal razão, tendo o casal contraído matrimônio sob o regime da participação final nos aquestos, a apuração do quinhão do cônjuge falecido obedecerá às regras pertinentes a esse regime de bens, e a atribuição desse patrimônio aos herdeiros observará as disposições sucessórias do Livro V deste CC.

---

**Art. 1.686. As dívidas de um dos cônjuges, quando superiores à sua meação, não obrigam ao outro, ou a seus herdeiros.**

---

Essa norma está em consonância com os dispositivos desse regime referentes às dívidas particulares e comuns do casal (arts. 1.674, 1.677 e 1.678). Assim, se a dívida contraída pelo cônjuge que veio a falecer não trouxe qualquer benefício ao outro sobrevivente, não há de se falar em responsabilidade deste, tendo como resguardado o direito à sua meação. Contudo, tendo havido qualquer vantagem auferida pelo cônjuge viúvo, esse responderá pela obrigação, total ou parcialmente, na proporção do benefício que obteve. Com relação aos herdeiros do cônjuge falecido que contraiu a dívida, serão responsabilizados, tão somente, nos limites da herança.

**Jurisprudência:** Recurso de apelação em embargos de terceiro. Ação civil pública em fase de cumprimento de sentença. Improbidade administrativa. 1. Ineficácia do negócio jurídico. Doação de imóvel realizada no curso da ação, após a prolação da sentença condenatória. Caracterizada a fraude à execução prevista no art. 792, IV, do CPC, com idêntica previsão no art. 593, II, do revogado CPC/73. Alienação ineficaz em relação ao exequente. 2. Penhora de aluguéis. Execução que deve recair apenas sobre a parte correspondente ao patrimônio do executado, de modo que a penhora deve respeitar a meação do cônjuge. Inteligência do art. 1.686 do CC. 3. Sentença de improcedência reformada em parte, apenas para limitar a penhora a 50% do valor do aluguel. Recurso parcialmente provido. (TJSP, Ap. Cível n. 1006984-36.2020.8.26.0566/SP, 5ª Câm. de Dir. Públ., rel. Marcelo Berthe, j. 14.03.2022, publ. 31.03.2022)

Agravo regimental. Separação litigiosa. Partilha de bens. Aquestos. Esforço comum. Comunhão. 1 – No regime da separação total de bens, à míngua de cláusula excludente expressa no pacto antenupcial, comunicam-se os adquiridos na constância do casamento pelo esforço comum dos cônjuges. Precedentes. 2 – Agravo regimental improvido. (STJ, Ag. Reg. no REsp n. 1.211.658/CE, rel. Min. Sidnei Beneti, j. 16.04.2013, *DJe* 03.05.2013)

Apelação cível. Alteração do regime de bens. Comunhão parcial para participação final nos aquestos. Impossibilidade no caso concreto. Meação do cônjuge-varão resguardada. Possibilidade de violação a direito de terceiros. Recurso desprovido. Impõe-se o indeferimento da pretensão de alteração do regime de comunhão parcial de bens para o de participação final nos aquestos se a meação do cônjuge-varão já se encontra protegida das dívidas contraídas apenas pelo cônjuge-virago, existindo, outrossim, a possibilidade de violação a direitos de terceiros. (TJMG, Ap. Cível n. 1.0024.05.683939-2/001(1), rel. Des. Armando Freire, j. 17.03.2009)

## CAPÍTULO VI
## DO REGIME DE SEPARAÇÃO DE BENS

**Art. 1.687. Estipulada a separação de bens, estes permanecerão sob a administração exclusiva de cada um dos cônjuges, que os poderá livremente alienar ou gravar de ônus real.**

O regime da separação de bens caracteriza-se pela coexistência de dois patrimônios totalmente distintos e incomunicáveis, pertencentes a cada um dos consortes, que detêm a livre administração e disposição dos seus bens. Pelas suas características, é considerado por alguns doutrinadores como ausência de regime patrimonial do casamento.

O regime em estudo pode decorrer da lei, revestindo-se de obrigatoriedade (art. 1.641) ou de convenção dos nubentes realizada pela lavratura de escritura de pacto antenupcial. No casamento celebrado sob o regime da separação obrigatória de bens – art. 1.641 – surge a questão amplamente debatida, porém ainda controvertida, sobre a comunicabilidade dos aquestos e se, com o advento do CC/2002, a Súmula n. 377 do STF, que reconhece a comunicabilidade dos aquestos nessa hipótese, ainda está em vigor. Veja comentário ao art. 1.641, supra, em que comungamos com a corrente que entende que a Súmula n. 377 permanece em vigor, devendo ser reconhecida a comunicação dos aquestos, independentemente da existência de esforço comum.

Outra análise, porém, merece o regime convencional da separação de bens, em razão do princípio da autonomia da vontade. Os cônjuges que fazem a opção de adotar o referido regime para reger seu matrimônio podem, no conteúdo do pacto antenupcial, dispor sobre todas as regras que pretendam fazer incidir sobre o patrimônio. Assim, ao firmarem a convenção, de livre e espontânea vontade, definirão o alcance da separação, quanto a bens particulares, presentes e futuros, produtos, rendimentos etc. Tal convenção poderá ainda definir a comunicação de determinados bens, instalando-se, assim, regime de separação de bens mitigado. O acerto prévio tem por fim evitar eventual discussão acerca da existência de aquestos. Ressalte-se, por fim, que nem mesmo pelas dívidas adquiridas por um dos cônjuges, responde o outro.

**Jurisprudência:** Apelação cível. Direito de família. Ação de dissolução de união estável e partilha de dívidas. Regime da separação convencional de bens.1. No regime da separação de bens não são partilháveis os bens e as dívidas contraídas em nome de qualquer dos cônjuges/companheiros. 2. Se as partes promoveram a lavratura de escritura pública declaratória de união estável, elegendo o regime da separação de bens, tal circunstância impede a formação de condomínio sobre bens ou responsabilidade sobre obrigações patrimoniais. Recurso desprovido. (TJRS, Ap. n. 51920339820228210001/ Porto Alegre, 7ª Câm. Cível, rel. Vera Lucia Deboni, j. 24.04.2024, *DJ* 24.04.2024)

Veja no art. 1.647 a seguinte decisão: TJSP, AI n. 2253631-06.2021.8.26.0000/SP, 7ª Câm. de Dir. Priv., rel. Miguel Brandi, j. 29.06.2022, publ. 29.06.2022.

Apelação. Divórcio litigioso. Partilha. Separação total de bens. Parcial procedência do pedido para o fim de decretar o divórcio, reconhecendo a inexistência de bens a partilhar em razão do regime de bens adotado pelo casal (separação total). Inconformismo da autora, que alega ter contribuído para a aquisição de bens que estariam em nome do requerido, pleiteando, portanto, sua partilha. Descabimento. Partes que celebraram pacto antenupcial estabelecendo o regime convencional da separação total de bens (arts. 1.687 e 1.688 do CC/2002), que deve prevalecer. Em que pese o entendimento jurisprudencial sobre a excepcional comunicação dos bens adquiridos na constância do casamento pelo esforço comum do casal que delibera adotar o regime de separação total de bens, a discussão acerca da efetiva contribuição por parte da autora em relação aos bens adquiridos pelo requerido foge dos liames estabelecidos nesta ação de divórcio. Pretensão que deve ser deduzida em ação autônoma. Sentença mantida. Verba sucumbencial majorada. Recurso desprovido. (TJSP, Ap. Cível n. 1003055-86.2021.8.26.0007/SP, 8ª Câm. de Dir. Priv., rel. Clara Maria Araújo Xavier, j. 14.06.2022, publ. 14.06.2022)

Apelação cível. Divórcio litigioso. Partilha de bens e pensão alimentícia entre genitor e filho. Guarda e regulamentação de visitas. Regime de separação obrigatória. Arts. 1.641 e 1.687 do CC. Alienação parental. Não comprovação. Recurso parcialmente provido. 1. É perfeitamente jurídico que o divórcio possa ser concedido sem que haja prévia partilha de bens. 2. Como regra básica da separação obrigatória, não haverá a comunicação de qualquer bem, seja posterior ou anterior à união, cabendo a administração desses bens de forma exclusiva a cada um dos cônjuges (art. 1.687 do CC). Mitigação, contudo, pela aplicação do Em. 377 da Súmula do STF. 3. Revela-se adequado o redimensionamento da verba alimentar, tendo em vista que a obrigação recai sob o par parental. 4. Beligerância entre as partes mostra-se insuficiente para configuração da alienação parental. 3. [*sic*] Recurso parcialmente provido. (TJMG, Ap. Cível n. 1.0479.11.003071-1/001, rel. Des. Marcelo Rodrigues, j. 19.10.2021)

Agravo de instrumento. Arrolamento e partilha de bens. Pedido de exclusão de viúvo casado com a *de cujus* pelo regime da separação convencional de bens como herdeiro na partilha. Direito sucessório do viúvo, em concorrência com os descendentes. Impossibilidade. Inteligência dos arts. 1.829, I, e 1.687 do CC. Cônjuges que optaram livremente pela não comunicação dos bens. Decisão reformada. Recurso provido. (TJSP, AI n. 2053432-46.2013.8.26.0000/Araraquara, 6ª Câm. de Dir. Priv., rel. Ana Lucia Romanhole Martucci, *DJe* 07.08.2014, p. 1.280)

Agravo regimental. Separação litigiosa. Partilha de bens. Aquestos. Esforço comum. Comunhão. 1 – No regime da separação total de bens, à mingua de cláusula excludente expressa no pacto antenupcial, comunicam-se os adquiridos na constância do casamento pelo esforço comum dos cônjuges. Precedentes. 2 – Agravo regimental improvido. (STJ, Ag. Reg. no REsp n. 1.211.658/CE, 3ª T., rel. Min. Sidnei Beneti, j. 16.04.2013, v.u., *DJe* 03.05.2013)

Apelação cível. 1 – Divórcio. EC n. 66/2010. Aplicabilidade. 2 – Indenização por danos morais. O novo regime constitucional de divórcio afasta aferição de culpa para sua decretação, sem prejuízo de apuração de eventuais danos por meio de ação própria, não se vislumbrando na hipótese prática de ato ilícito. 3 – Regime de bens. Separação convencional e absoluta de bens estipulado por meio de pacto antenupcial constante de escritura pública. Incomunicabilidade dos aquestos (inteligência do art. 1.687 do CC). Decisão mantida. Recurso improvido. (TJSP, Ap. n. 0020596-16.2011.8.26.0100/São Paulo, 3ª Câm. de Dir. Priv., rel. Egidio Giacoia, j. 05.03.2013, *DJ* 07.03.2013)

Agravo. Irmãos agravantes. Inventário. Inexistência de descendentes e ascendentes. Cônjuge supérstite. Herdeira legítima. Art. 1.829, III, do CC. Irrelevância do regime de bens. Não ofensa ao art. 1.687 do CC, aplicável quando os cônjuges eram vivos. Incomunicabilidade de bens por conta do regime da separação obrigatória. Irrelevância. Opção do legislador quanto ao beneficiário do acervo hereditário. Agravo não provido. (TJSP, Ag. n. 0120639-33.2012.8.26.0000/Santa Branca, 9ª Câm. de Dir. Priv., rel. Silvia Sterman, j. 18.12.2012, *DJ* 19.12.2012)

Veja no art. 1.639 o seguinte acórdão: TJSP, Ap. Cível n. 0001743-75.2010.8.26.0008, rel. Milton Carvalho, j. 10.05.2012.

Agravo regimental no agravo de instrumento. Processual civil. Inventário. Casamento com o *de cujus* celebrado sob o regime da separação legal dos bens. Habilitação da viúva como herdeira necessária. Preliminar formal de repercussão geral. Ausência de fundamentação. Art. 543-A, § 2°, do CPC [art. 1.035, § 2°, do CPC/2015] c/c art. 327, § 1°, do RISTF. Não conhecimento do recurso. [...] 4 – Ademais, a agravante não trouxe nenhum argumento capaz de infirmar a decisão hostilizada, razão pela qual a mesma deve ser mantida por seus próprios fundamentos. 5 – *In casu*, o acórdão originariamente recorrido assentou: "Inventário. Deferimento da habilitação da viúva como herdeira necessária. Cabimento. Casamento com o *de cujus* celebrado sob o regime da separação legal de bens ratificado por pacto antenupcial. Irrelevância. Regra expressa do art. 1.829, III, do CC, sem qualquer ressalva do legislador. Oposição à avaliação dos bens constantes do monte. Afastamento. Alegação tardia e desprovida de impugnação específica. Questão relativa à eventual sonegação de bens não apreciada em primeira instância. Circunstância que impede sua apreciação neste recurso. Agravo parcialmente conhecido e desprovido na parte conhecida". 6 – Agravo regimental não provido. (STJ, Ag. Reg. no AI n. 747.100/SP, 1ª T., rel. Min. Luiz Fux, j. 17.04.2012)

Anulatória de alteração de quadro societário cumulada com perdas e danos. Extinção decretada, reconhecida a falta de interesse da autora. Sociedade comercial constituída em 1981. Casamento celebrado pelo regime da separação de bens em 2004. Cotas sociais pertencentes ao marido que não se comunicam (art. 1.687 do CC). Cessão das cotas, a título oneroso ou gratuito, que não dependem da anuência da autora. Exclusividade da administração pelo marido. Ausência de interesse ou legitimidade para postular a anulação do ato, que, se o caso, deverá ser postulado pelo cedente. Sentença mantida. Recurso improvido. (TJSP, Ap. n. 9188070-67.2008.8.26.0000/SP, 8ª Câm. de Dir. Priv., rel. Salles Rossi, j. 09.11.2011)

Separação judicial litigiosa. Partilha. Regime de separação de bens. Contribuição do cônjuge. Ausência de prova. Impossibilidade de meação. Sendo o regime de bens o da separação, não há falar em partilha quando a prova contida nos autos é irrefutável no sentido de que os bens questionados foram adquiridos pelo cônjuge virago com recursos próprios e exclusivos, de antes da união conjugal e decorrentes dos proventos da sua aposentadoria. (TJMG, Ap. Cível n. 1.0114.08.092809-5/001(1), rel. Des. Armando Freire, j. 23.03.2010)

Apelação cível. Ação de divórcio. Partilha de bens. Ausência de prova da aquisição anterior à separação de fato. Para a partilha dos bens imóveis quando o regime de casamento for o de separação de bens, é imprescindível a prova da sua aquisição na constância do casamento. Recurso conhecido, mas não provido. (TJMG, Ap. Cível n. 1.0145.08.435190-0/001(1), rel. Des. Albergaria Costa, j. 14.01.2010)

Civil e processual. Recurso especial. Prequestionamento limitado. Dissídio não apresentado. Inventário. Casamento contraído na Áustria. Regime da separação de bens, consoante a lei daquele país, por falta de pacto antenupcial em sentido contrário. Vinda para o Brasil. Aquisição de patrimônio ao longo da vida em comum. Falecimento do cônjuge varão. Declaração de bens, constando apenas aqueles em nome do *de cujus*. Impugnação pela filha do primeiro casamento. Aquestos. Comunicação. Ressalva quanto aos havidos pelo esforço exclusivo/doação/herança da cônjuge mulher. LICC, art. 7º, § 4º, CC, art. 259. Súmula n. 377-STF. I – Apesar de o casamento haver sido contraído pelo regime da separação de bens no exterior, os bens adquiridos na constância da vida comum, quase à totalidade transcorrida no Brasil, devem se comunicar, desde que resultantes do esforço comum. II – Exclusão, portanto, do patrimônio existente em nome da viúva, obtido pelo labor individual, doação ou herança, incorporando-se os demais ao espólio do cônjuge varão, para partilha e meação, a serem apurados em ação própria. III – Recurso especial conhecido em parte e parcialmente provido. (STJ, REsp n. 123.633, 4ª T., rel. Min. Aldir Passarinho Júnior, j. 17.03.2009, m.v.)

Separação judicial. Regime da separação de bens. Pacto antenupcial. Pedido de indenização por benfeitorias realizadas no imóvel do varão. Assistência judiciária gratuita. Revogação. Honorários advocatícios. *Quantum*. 1 – Não cabe cogitar de partilha quando o casal estabelece, em pacto antenupcial, o regime da separação de bens, com a incomunicabilidade de todos os bens havidos antes e durante o casamento. 2 – Descabe indenização por valores gastos pela virago no imóvel pertencente exclusivamente ao varão, quando não comprovada a contribuição dela e o bem foi usado pela família por mais de 15 anos. 3 – Descabe revogar o benefício da assistência judiciária quando não demonstrado, de forma segura, que o beneficiário não é pessoa necessitada. 4 – Não comprovada a hipossuficiência da virago, descabe conceder-lhe o benefício da gratuidade, que é exceção, reclama interpretação restritiva e se destina a amparar pessoas que não possam atender as despesas do processo, sem sacrifício do sustento próprio e de sua família. 5 – O valor dos honorários é adequado quando remunera condignamente o labor profissional, considerada a abrangência da causa, o tempo de tramitação dos processos, o zelo e a dedicação dos advogados. Recurso desprovido, por maioria. (TJRS, Ap. Cível n. 70.020.713.715, 7ª Câm. Cível, rel. Sérgio Fernando de Vasconcellos Chaves, j. 19.12.2007, *DJ* 12.02.2008)

Embargos de terceiro. Penhora que recai sobre automóvel de propriedade da esposa do executado, com quem é casado pelo regime da separação de bens. Incomunicabilidade dos patrimônios, não respondendo os bens de um dos cônjuges pelas dívidas do outro. Art. 1.687 do CC/2002. Manutenção da sentença que julgou procedentes os embargos e desconstituiu a penhora. Recurso desprovido. (TJRS, Rec. Cível n. 71.001.181.338, 3ª T. Rec. Cível, rel. Des. Eugênio Facchini Neto, j. 17.04.2007)

Direito de família. Sucessão. Ausência de descendentes e ascendentes. Cônjuge. Herdeiro contemplado. Art. 1.838 do CC. Comprovada a ausência de descendentes e ascendentes, será o cônjuge sobrevivente o herdeiro contemplado, conforme a ordem de vocação hereditária, sendo irrelevante o regime de bens do casamento. V.V. Sucessão. Regime de separação de bens. Pacto firmado pelos nubentes. Sua inobservância a gerar violação do art. 1.687 do CC. 1 – A admitir o cônjuge casado pelo regime da separação de bens como herdeiro necessário do inventariado – autor da herança –, estar-se-ia a gerar grave violação do art. 1.687 do novo CC, tornando letra morta o pacto firmado pelos nubentes e que tem como consequência necessária a obrigatoriedade do regime de bens por eles escolhido. 2 – Constatada a adoção do regime de separação de bens, ainda que haja cônjuge sobrevivente (e não haja descendentes ou ascendentes), serão chamados à sucessão os colaterais até o quarto grau, excluídos os mais remotos pelos mais próximos. (TJMG, Ap. Cível n. 1.0105.03.096604-5/001, rel. Hyparco Immesi, j. 10.03.2005, *DJ* 02.08.2005)

Casamento. Regime de bens. Separação legal. Meação de bem imóvel adquirido na constância do matrimônio. Inadmissibilidade. Viúva que não demonstrou o esforço comum na aquisição do bem. "Se o casamento foi celebrado sob o regime da separação legal de bens, deve a viúva comprovar o esforço comum na aquisição de bem imóvel, na constância do matrimônio, para ter direito à meação". (*RT* 846/256)

Casamento. Regime de bens. *Incomunicabilidade dos bens adquiridos depois do matrimônio* se há contrato antenupcial estipulando expressamente a *separação absoluta*. Hipótese em que é incompatível a superveniência de uma sociedade de fato entre marido e mulher dentro do lar. (*RT* 776/176)

**Art. 1.688. Ambos os cônjuges são obrigados a contribuir para as despesas do casal na proporção dos rendimentos de seu trabalho e de seus bens, salvo estipulação em contrário no pacto antenupcial.**

O dispositivo em estudo é aplicável a qualquer regime de bens que regerá o casamento. Isso porque, em razão do princípio constitucional da isonomia, homem e mulher são iguais, possuindo os mesmos direitos e deveres, dentro e fora do matrimônio. Por essa razão, também no regime da separação de bens, cabe a ambos os cônjuges o dever de contribuir para as despesas e gastos decorrentes do lar conjugal e dos filhos do casal, além de ser inafastável que "[...] ambos são responsáveis pela administração da sociedade, bem como pelo seu sustento. Independentemente do regime de bens, a vida na sociedade conjugal é comum, as despesas são feitas em proveito da família: é justo, por conseguinte, a contribuição de ambos os cônjuges, na proporção de seus rendimentos" (ASSUNÇÃO, Alexandre Guedes Alcoforado. *Novo Código Civil comentado*. São Paulo, Saraiva, p. 1.495). A contribuição de cada cônjuge será proporcional aos rendimentos auferidos por cada qual, que possibilite assumir os gastos com habitação, alimentação, saúde, educação, vestuário, lazer, tributos etc. da família, incluindo-se as despesas dos filhos do casal. Não havendo a contribuição da parte de um deles, o outro poderá pleitear perante o Judiciário o cumprimento da obrigação, por meio de arbitramento judicial. O legislador permitiu, ainda, que as partes acordem de forma diversa no pacto antenupcial, apontando quais despesas serão suportadas por cada cônjuge.

**Jurisprudência:** Agravo de instrumento. Inventário. Decisão interlocutória que determinou a exclusão da agravante/companheira, na condição de terceira interessada, do polo ativo da ação. União estável firmada em 19.06.2019, sob o regime de separação total de bens, nos termos dos arts. 1.687 e 1.688 do CC. Declaração da companheira da inexistência de bens comuns. Controvérsia sob a condição de meeira que desborda os limites da ação de inventário. Questão de alta indagação, art. 612 do CPC. Necessidade de dilação probatória para afastar dúvidas objetivas e fundadas a respeito do tema, devendo ser dirimida em ação autônoma, ressalvada a viabilidade de eventual sobrepartilha pela interessada. Decisão mantida. Recurso não provido. (TJSP, AI n. 2335836-24.2023.8.26.0000/Santa Fé do Sul, 9ª Câm. de Dir. Priv., rel. César Peixoto, j. 22.04.2024, *DJ* 22.04.2024)

Veja no art. 1.687 a seguinte decisão: TJSP, Ap. Cível n. 1003055-86.2021.8.26.0007/SP, 8ª Câm. de Dir. Priv., rel. Clara Maria Araújo Xavier, j. 14.06.2022, publ. 14.06.2022.

Divórcio c/c partilha. Sentença de parcial procedência. Insurgência do réu. Partes que se casaram adotando o regime da separação de bens. Cônjuges que devem contribuir para as despesas de convívio familiar. Art. 1.688 do CC. Dúvida quanto à data efetiva em que o réu deixou o lar conjugal. Valores que devem ser partilhados. Sentença mantida. Recurso desprovido. (TJSP, Ap. Cível n. 1002526-22.2020.8.26.0001/SP, 7ª Câm. de Dir. Priv., rel. Maria de Lourdes Lopez Gil, j. 23.02.2022, publ. 23.02.2022)

Veja no art. 1.639 o seguinte acórdão: TJSP, Ap. Cível n. 0001743-75.2010.8.26.0008, rel. Milton Carvalho, j. 10.05.2012.

Ação de cobrança. Encargos condominiais. Regime de separação de bens. Imóvel adquirido na constância do casamento. Administração familiar. Obrigação dos consortes. Novação descaracterizada. Sentença mantida. "Art. 1.565. Pelo casamento, homem e mulher assumem mutuamente a condição de consortes, companheiros e responsáveis pelos encargos da família" (CC/2002). "Art. 1688. [...]" (CC/2002). "Para que se tenha novação será necessário que as partes queiram a criação da nova obrigação, extinguindo o antigo liame obrigacional. Se não houver intenção de novar, a segunda obrigação apenas confirmará a primeira" (Maria Helena Diniz, *Código Civil anotado*, São Paulo: Saraiva, 1995, p. 665). (TJMG, Ap. Cível n. 1.0145.05.215861-8/001, rel. José Antônio Braga, j. 21.02.2006, *DJ* 20.04.2006)

## *SUBTÍTULO II*
## *DO USUFRUTO E DA ADMINISTRAÇÃO DOS BENS DE FILHOS MENORES*

**Art. 1.689. O pai e a mãe, enquanto no exercício do poder familiar:**

**I – são usufrutuários dos bens dos filhos;**

**II – têm a administração dos bens dos filhos menores sob sua autoridade.**

No exercício do poder familiar compete aos pais, dentro da *esfera patrimonial*, administrar os bens de seus filhos menores e deles usufruírem. A administração e o usufruto legais são, pois, corolários do poder familiar. Poderão, no entanto, ser retirados do poder familiar, por disposição expressa do doador ou do testador. Abrangem todos os bens móveis e imóveis dos menores, exceto aqueles relacionados no art. 1.693 (*v.* comentário a seguir). Esses encargos dos pais perduram até que seus filhos atinjam a maioridade (*v.* arts. 3º, I, 4º, I, e 5º). Aos pais pertencem o usufruto, as rendas dos bens dos filhos menores (inciso I).

Esse *usufruto legal* dispensa a *prestação de contas* relativamente aos rendimentos produzidos – compensam-se com as despesas que o pai deve efetuar com a criação e educação dos filhos e harmoniza-se com a ideia de que se trata de uma comunidade doméstica, em que há compartilhamento de receitas e despesas –, bem como a caução de que trata o art. 1.400 deste Código (não mais a hipoteca legal). O usufruto legal é indisponível, intransmissível e não está sujeito à expropriação. O usufrutuário deve cumprir as obrigações contidas no art. 1.403 (*v.* comentário) e terá os direitos assegurados no art. 1.394 (*v.* comentário). O direito de usufruto está, em regra, associado ao direito de administração e não é necessário que esteja inscrito no registro imobiliário, pois decorre do exercício do poder familiar, prescindindo de qualquer outra providência formal.

Na *administração dos bens* dos menores (inciso II), os pais devem zelar pela preservação do patrimônio que cuidam, impedindo que seja reduzido. Os pais poderão celebrar contratos de locação e adquirir outros bens, devendo defender o patrimônio dos menores em juízo, quando for o caso. A conservação abrange o pagamento de impostos e encargos que recaírem sobre tais bens. Pela administração, os pais não terão direito a qualquer remuneração.

**Jurisprudência:** Direito civil. Agravo de instrumento. Ação de indenização por danos materiais e morais. Decisão que determinou que o valor correspondente aos autores menores ficasse depositado em juízo até que atingissem a maioridade. Inconformismo dos autores. Cabimento. Genitores que são responsáveis pela administração dos bens dos filhos. Art. 1.689, II, do CC. Ausência de justo motivo para privar os autores do valor das indenizações. Decisão reformada. Recurso provido. (TJSP, AI n. 2012054-61.2023.8.26.0000/SP, 19ª Câm. de Dir. Priv., rel. Nuncio Theophilo Neto, j. 01.02.2024, *DJ* 01.02.2024)

Ação indenizatória. Pedido de levantamento do valor indenizatório de titularidade das menores. Admissibilidade. Administração dos bens dos filhos menores que incumbe aos pais, no exercício do poder familiar. Art. 1.689, II do CC. Precedentes deste Tribunal. Decisão reformada, com observação. Recurso provido. (TJSP n. 20417894220238260000/SP, 11ª Câm. de Dir. Priv., rel. Gil Coelho, j. 29.05.2023, *DJ* 29.05.2023)

Cumprimento de sentença. Indenização. Seguro de vida. Determinação de retenção da quantia devida à filha do *de cujus*, até que ela atinja a maioridade civil. Admissibilidade do levantamento pela mãe, no exercício do poder familiar, nos termos dos arts. 1.689 e 1.690, do CC. Ausência de justo motivo para a retenção. Precedentes. Agravo de instrumento provido. (TJSP, AI n. 2009979-83.2022.8.26.0000/SP, 33ª Câm. de Dir. Priv., rel. Sá Duarte, j. 23.06.2022, publ. 23.06.2022)

Agravo de instrumento. Alvará judicial. Autorização para venda de veículo pertencente a menor impúbere com síndrome de espectro autista. Alegada dificuldade financeira para sustentar o menor e as suas necessidades de tratamento médico, em decorrência do desemprego de sua genitora. Autorização condicionada ao prévio depósito do valor do automóvel em juízo. Desnecessidade. Enquanto detentores do poder familiar, o pai e a mãe têm a administração dos bens dos filhos menores sob sua autoridade. Inteligência do art. 1.689, II, do CPC. Gestão do numerário que deve ocorrer em prol do filho, visando seu pleno desenvolvimento. Liberação. Precedente do STJ. Embora concedida a autorização de venda do veículo em nome do menor, a pretensão é de liberação da quantia, pois a família encontra-se sem condições econômicas para manter o mínimo existencial do menor. Genitora que se encontra desempregada desde 17.04.2020 e genitor que é autônomo e teve grande impacto na renda em decorrência da pandemia de Covid. Logo, diante do teor do art. 1.689, II, do CC e da situação peculiar de fragilidade financeira, prepondera o poder familiar e a boa-fé na gestão do numerário frente às necessidades do menor e seu melhor desenvolvimento, sendo o depósito incompatível com a efetividade, a celeridade e a razoabilidade. Decisão reformada. Recurso provido. (TJSP, AI n. 2276190-54.2021.8.26.0000/SP, 5ª Câm. de Dir. Priv., rel. Rodolfo Pellizari, j. 14.02.2022, publ. 14.02.2022)

Agravo de instrumento. Cumprimento de sentença. Erro médico. Insurgência contra a r. decisão que indeferiu o pedido de levantamento de valores depositados nos autos em nome do exequente (menor de idade). Acolhimento. Pais que, no exercício do poder familiar, são usufrutuários e administradores dos bens dos filhos (art. 1.689 do CC). Administração patrimonial que somente se submete à análise do juízo na hipótese de conflito de interesses ou divergência entre os pais. Inexistência de óbice legal. Precedentes do Eg. STJ e desta Col. Câmara. Deferimento. Expedição do alvará, contudo, que fica condicionada à expressa concordância paterna ou à comprovação de que a genitora exerce guarda unilateral. Observância do art. 1.690, parágrafo único, do CC. Decisão reformada. Agravo provido com observação. (TJSP, AI n. 2246620-23.2021.8.26.0000, 3ª Câm. de Dir. Priv., rel. Donegá Morandini, j. 08.02.2022, publ. 08.02.2022)

Agravo de instrumento. Ação de indenização por danos morais (em fase de cumprimento de sentença). Depósito judicial em favor de menores. Decisão que indeferiu pedido de levantamento de parte do depósito judicial, efetivado pela ré para pagamento da condenação a ela imposta, observando que o levantamento do numerário só será deferido em caso de comprovação da real necessidade ou interesse dos filhos, caso contrário deverá permanecer depositado judicialmente até que estes atinjam a maioridade. Inconformismo. Arts. 1.689 e 1.691 do CC. Os pais, no exercício do poder familiar, atuam apenas como administradores dos bens, não podendo deles dispor. A indenização, por dano moral, compõe o patrimônio dos menores, não se admitindo a livre disposição dos valores decorrentes da referida ação, pelos pais, administradores, sem prévia justificativa da necessidade, pois tal verba pertence aos infantes. Caso concreto. Ausência de comprovação de justo motivo. Pretensão descabida. Precedentes. Decisão mantida. Recurso desprovido. (TJSP, AI n. 2177200-62.2020.8.26.0000/SP, 24ª Câm. de Dir. Priv., rel. Rodolfo Pellizari, j. 28.01.2022, publ. 28.01.2022)

Cumprimento de sentença. Execução de multa. Depósito judicial pelo executado em favor de menor. Pretensão ao levantamento antes de atingida a maioridade. Possibilidade. Montante a ser levantado modesto, cuja utilização pela genitora do incapaz não ultrapassa os limites da mera administração. Ausência de ofensa ao disposto no art. 1.691 do CC. Art. 1.689 do CC que estabelece que compete aos pais a administração dos bens dos filhos menores. Precedentes do STJ e desta Corte. Decisão reformada. Recurso provido, com recomendação. (TJSP, AI n. 2197158-97.2021.8.26.0000/SP, 2ª Câm. de Dir. Priv., rel. Fernando Marcondes, j. 14.12.2021, publ. 14.12.2021)

Apelação cível. Alvará judicial. Levantamento de pecúlio deixado em favor do filho menor. Administração do patrimônio pela genitora em regular exercício do poder familiar. Possibilidade. Procedência do pedido. Reforma da sentença. Nos termos do art. 1.634, VII, do CC/2002, compete aos genitores representar os filhos judicial e extrajudicialmente até os dezesseis anos, nos atos da vida civil, e assisti-los, após essa idade, nos atos em que forem partes, suprindo-lhes o consentimento. Ainda, de acordo com os arts. 1.689 e segs., também do CC/2002, cabe aos pais a administração do patrimônio dos filhos, vedada a alienação apenas de bens imóveis ou contrair obrigações que ultrapassem o limite da simples administração, salvo autorização judicial. Na espécie, considerando que o menor requerente já conta com dezesseis anos de idade, mas ainda se encontra sob regular exercício do poder familiar por parte da genitora (sua representante legal), sem aparente conflito de interesses, não se identifica empecilho à concessão do alvará para levantamento de pecúlio deixado em favor do menor. Precedente do STJ. Recurso provido. (TJMG, Ap. Cível n. 1.0611.19.001065-6/001, rel. Des. Ana Paula Caixeta, j. 18.11.2021)

Direito civil. Indenização. Valor devido a menor. Necessidades especiais. Exercício do poder familiar. Administração dos pais. Bloqueio desnecessário. Circunstâncias específicas. Decisão mantida. 1 – Ao dispor sobre o exercício do poder familiar, prescreve o CC, art. 1.634, que compete a ambos os pais, qualquer que seja a sua situação conjugal, o pleno exercício do poder familiar, que consiste em, quanto aos filhos, dirigir-lhes a criação e a educação. 2 – Por sua vez, em seu art. 1.689, dispõe o CC, que "o pai e a mãe, enquanto no exercício do poder familiar: I – são usufrutuários dos bens dos filhos; II – têm a administração dos bens dos filhos menores sob sua autoridade". A exceção a essa regra se justifica para proteger o patrimônio do menor quando há indícios de que os genitores não agem de boa-fé ou não estão dilapidando os bens respectivos. Não há nos autos qualquer informação nesse sentido, tampouco acerca de conflito de interesse dos genitores com o filho. Pelo contrário, os pais sequer se opuseram ao requerimento ministerial, presumindo-se que o valor será bem administrado em favor dos interesses do filho. 3 – O Código também proíbe que os genitores contraiam obrigações que ultrapassem os limites da simples administração, salvo por necessidade ou evidente interesse da prole, mediante prévia autorização do juiz (art. 1.691, CC). Nas circunstâncias específicas dos autos, revela-se adequada a confirmação da decisão recorrida que deixa o valor a cargo dos genitores, tendo em vista as necessidades do menor demandam cuidados especiais. 4 – Agravo conhecido e desprovido. (TJDFT, Ag. n. 0703266-21.2019.8.07.0000, 5ª T. Cível, rel. Des. Sebastião Coleho, j. 05.06.2019, *DJe* 14.06.2019)

Cumprimento de sentença. Extravio de mala. Ação de indenização por danos morais e materiais julgada procedente. Fase de cumprimento de sentença. Decisão que determinou que a indenização por danos morais de titularidade da autora menor fique retida nos autos, permitindo o levantamento de 33% do valor depositado nos autos. Inconformismo. Acolhimento. Administração dos bens dos filhos menores que cumpre àqueles que exercem o poder familiar (art. 1.689 do CC). Levantamento deferido. Decisão reformada. Recurso provido. (TJSP, AI n. 21630236420188260000, 21ª Câm. de Dir. Priv., rel. Maia da Rocha, j. 05.02.2019)

Possessória. Ação de reintegração de posse c/c perdas e danos. Autor que em 1999 cedeu o imóvel em comodato para seu filho residir com sua família na constância do matrimônio. Doação realizada em 2003 no percentual de 10% da sua parte disponível, aos dois netos, filhos do casal. Relação conjugal desfeita em 2006, nela permanecendo morando a apelante com os filhos menores. Notificação extrajudicial para desocupação emitida em 2009 pelo ex-sogro, avô e condômino. Esbulho reconhecido no julgamento do agravo de instrumento precedente, concedendo a reintegração de posse. Auto de constatação de que a apelante deixara voluntariamente o imóvel em 12.09.2010. Sentença que reconheceu superada a reintegração e condenou a apelante ao pagamento do IPTU no período de 29.11.2006 até 12.09.2010, e aluguel no período de 17.07.2009 a 12.09.2010, pela ocupação exclusiva. Genitor de filho menor é usufrutuário e administrador de bens deles (CC, art. 1.689). É direito de condômino se utilizar da coisa comum (CC, art. 1.314). Posição da apelante que coincide com a de seus filhos menores, condôminos do imóvel que todos ocupavam. Obrigação de arcar com IPTU de todo o período de ocupação (CC, art. 1.315). Contraprestação proporcional pelo uso exclusivo que é devida somente a partir de denúncia da parte de condômino não ocupante (CC, art. 1.319). Termos e valores fixados e arbitrados corretamente. Sentença mantida por seus próprios fundamentos nos termos do RITJSP, art. 252. Negado provimento ao recurso. (TJSP, Ap. n. 0005237-53.2010.8.26.0070, 15ª Câm. de Dir. Priv., rel. José Wagner de Oliveira Melatto Peixoto, j. 18.05.2017)

Apelação. Ação de cobrança. Loteamento fechado. Embora a obrigação tenha natureza *propter rem*, não se depreende, na espécie, a legitimidade de parte dos nu-proprietários para responderem pelos débitos reclamados. Nu-proprietários menores, que se encontram sob o poder familiar de seus pais. Ausência de poderes de gestão sobre o imóvel, que estão ao encargo exclusivo de seus pais, usufrutuários do bem. Art. 1.689 do CC. Recurso a que se nega provimento. (TJSP, Ap. n. 9156076-84.2009.8.26.0000/Presidente Prudente, 4ª Câm. Extraord. de Dir. Priv., rel. Min. Mauro Conti Machado, j. 06.08.2014)

Agravo de instrumento. Cumprimento de sentença. Pedido de levantamento dos valores penhorados. Decisão agravada que condicionou o levantamento à maioridade do autor ou à comprovação de sua necessidade. Administração dos bens dos filhos menores que cumpre àqueles que exercem o poder familiar (CC, art. 1.689). Ausência de limite ou condição legal. Falta de justo motivo para condicionar o levantamento. Atendimento do melhor interesse do adolescente, que necessita de cuidados especiais. Levantamento deferido. Recurso provido. (TJSP, AI n. 2068024-95.2013.8.26.0000/SP, 29ª Câm. de Dir. Priv., rel. Hamid Bdine, *DJe* 29.04.2014, p. 1.965)

Conta poupança. Ação movida por pai e filho menor contra a mãe. Restituição de valores sacados por esta. Improcedência. Verbas de sucumbência. Justiça gratuita. 1 – A questão de fundo foi bem dissolvida pela r. sentença, com a afirmação de que ambos os genitores tinham poderes para movimentar a conta poupança em nome do filho menor, com aplicação do art. 1.689 do CC. Nenhuma palavra foi dita pelos apelantes para rebater os sólidos fundamentos lançados em primeiro grau de jurisdição, com apoio em firme jurisprudência desta Corte, alinhada que se encontra aos julgados do STJ. 2 – A r. sentença não ressalvou que os apelantes são beneficiários da assistência judiciária gratuita, mas as verbas de sucumbência somente poderão ser exigidas na forma da Lei n. 1.060/50. Apelação não provida. (TJSP, Ap. n. 0025922-91.2010.8.26.0196/Franca, 12ª Câm. de Dir. Priv., rel. Sandra Galhardo Esteves, *DJe* 02.04.2014, p. 1.679)

Apelação cível. Ação de prestação de contas. Mãe que recebeu seguro de vida na qual seu filho, então menor, era beneficiário. Art. 1.689, I, do CC. No exercício do poder familiar compete aos pais, dentro da esfera patrimonial, administrar os bens de seus filhos menores e deles usufruírem. Ainda que a guarda de fato do autor fosse da avó materna, o autor não nega que a ré despendeu gastos com suas necessidades. O valor da indenização recebida é compatível com as despesas tidas com o menor e comprovadas documentalmente. De rigor a improcedência da ação. Apelo provido. (TJSP, Ap. n. 0024811-23.2011.8.26.0007/SP, 8ª Câm. de Dir. Priv., rel. Silvério da Silva, *DJe* 12.03.2014, p. 1.157)

Agravo de instrumento. Alvará. Seguro de vida. Indenização depositada em conta poupança em nome da beneficiária, que é menor impúbere. Compete aos pais a administração dos bens dos filhos menores (CC, art. 1.689, II). Possibilidade de movimentação pela genitora da beneficiária, que é titular do poder familiar. Recurso provido. (TJSP, AI n. 0090165-45.2013.8.26.0000, 4ª Câm. de Dir. Priv., rel. Milton Carvalho, j. 08.08.2013)

Recurso especial. Seguro de vida. Beneficiário. Menor impúbere. Pedido de levantamento de valores pela genitora, a bem da filha. Indeferimento pelas instâncias ordinárias. Recurso da autora. 1 – Não se conhece da tese de afronta ao art. 535, II, do CPC [art. 1.022, II, do CPC/2015] formulada genericamente, sem indicação do ponto relevante ao julgamento da causa supostamente omitido no acórdão recorrido. Aplicação da Súmula n. 284/STF, ante a deficiência nas razões recursais. 2 – Tese de violação aos arts. 1.753 e 1.691 do CC. Conteúdo normativo de dispositivos que não foram alvo de discussão nas instâncias ordinárias. Ausência de prequestionamento a impedir a admissão do recurso especial. Súmulas ns. 282 e 356 do STF. 3 – Salvo justo motivo concretamente visualizado, a negativa de levantamento de valores depositados em juízo, a título de indenização securitária devida a beneficiária menor impúbere representada por sua genitora, ofende o disposto no art. 1.689, I e II, do CC/2002, sobretudo quando o objetivo da operação é propiciar a adequada gestão do patrimônio do incapaz e garantir-lhe condições de alimentação, educação e desenvolvimento, medidas com as quais se efetiva a prioridade absoluta constitucionalmente garantida à criança, ao adolescente e ao jovem (art. 227, *caput*, da CF/88). 4 – O poder familiar inclui, dentre outras obrigações, o dever de criação e educação dos filhos menores conforme dispõe, por exemplo, o art. 1.634, I, do CC, além das disposições do ECA. 5 – No caso dos autos, não há notícia acerca de eventual conflito de interesses entre a menor e sua genitora, nem mesmo discussão quanto à correção do exercício do poder familiar, daí porque inexiste motivo plausível ou justificado que imponha restrição a mãe, titular do poder familiar, de dispor dos valores recebidos por menor de idade. 6 – Recurso especial parcialmente conhecido e, nessa extensão, provido. (STJ, REsp n. 1.131.594/RJ, 4ª T., rel. Min. Marco Buzzi, j. 18.04.2013, *DJe* 08.05.2013)

Agravo de instrumento. Ação de reparação por danos materiais e morais. Interlocutório que indeferiu o saque integral do valor da indenização destinada a filho menor. Autorização para sacar um salário mínimo mensalmente até o completamento da maioridade. Acerto verificado. Poder de administração dos bens conferido à genitora que não abrange o de disposição ilimitada. Harmonização do art. 1.689, II, do CC, com outros estatutos legais. Utilização do montante indenizatório conforme as necessidades comprovadas de seu titular. Sujeição ao controle judicial que não ofende o exercício do poder familiar. Recurso desprovido. O art. 1.689, II, do CC, não conferiu aos pais liberdade absoluta para administrar os bens dos filhos menores. Por isso, não se admite que os pais possam dispor irrestritamente de quantia expressiva quando não justificada a necessidade que atenda aos interesses dos menores, ressalvada a possibilidade de efetuar retiradas periódicas para sustentá-los dignamente. (TJSC, AI n. 2011.015241-3, 5ª Câm. de Dir. Civil, rel. Jairo Fernandes Gonçalves, j. 04.10.2012)

Civil. Processual civil. Recurso especial. Ação de cobrança de aluguel. Possibilidade. Utilização exclusiva de um dos ex-cônjuges, de imóvel pertencente aos filhos. Possibilidade. 1 – Pretensão originária formulada no sentido de que o ex-cônjuge que ocupa imóvel doado aos filhos, pague o equivalente a 50% do valor de locação do imóvel, pelo usufruto, em caráter exclusivo, do bem pertencente à prole. 2 – O exercício do direito real de usufruto de imóvel de filho, com base no poder familiar, compete aos pais de forma conjunta, conforme o disposto no art. 1.689, I, do CC/2002. 3 – A aplicação direta do regramento, contudo, apenas é possível na constância do relacionamento, pois, findo o casamento, ou a união estável, no mais das vezes, ocorre a separação física do casal, fato que torna inviável o exercício do usufruto de forma conjunta. 4 – Nessa hipótese, é factível cobrança do equivalente à metade da locação do imóvel, pois a simples ocupação do bem por um dos ex-consortes representa impedimento de cunho concreto, ou mesmo psicológico, à utilização simultânea pelo outro usufrutuário. 4 [*sic*] – Recurso especial não provido. (STJ, REsp n. 1.098.864/RN, 3ª T., rel. Min. Nancy Andrighi, j. 04.09.2012, *DJe* 21.09.2012)

Agravo de instrumento. Ação de inventário. Ordem de depósito em juízo, pela inventariante, em favor do herdeiro menor, de 1/3 do valor percebido pelo *de cujus* em razão de acordo celebrado perante a Justiça do Trabalho. Possibilidade. Princípio da proteção integral à criança. Interpretação sistemática do art. 1.689 do CC. Guarda, pelo Poder Judiciário, do numerário que passa a integrar o patrimônio do menor no curso de processo judicial, até o alcance da maioridade. Não demonstração de real necessidade do infante a justificar a revogação da ordem de depósito judicial de tais valores. Fração a ser depositada. Redução. Descabimento. 1 – O art. 1.689 do CC, que confere ao pai e à mãe a administração dos bens dos filhos menores sob sua autoridade, não abrange o poder de disposição do patrimônio, devendo ser interpretado em consonância com outros princípios que compõem o ordenamento jurídico pátrio, destacadamente o da proteção integral à criança (art. 227 da CR/88 e Lei n. 8.069/90, arts. 3º e 4º). 2 – À luz de tais princípios, cabe ao Poder Judiciário, em regra, a guarda do numerário que venha a integrar o patrimônio do menor no curso de processo judicial, até o alcance da maioridade. 3 – Ausência de comprovação, na espécie, da real necessidade e da existência de benefício imediato em proveito do infante, a justificar a disposição do numerário que lhe toca. 4 – Tendo o *de cujus* contraído matrimônio com a agravante sob o regime de comunhão parcial de bens, o numerário proveniente do trabalho pessoal do cônjuge está excluído da comunhão, não integrando a meação do supérstite, devendo ser dividida em igual proporção entre os herdeiros. Descabida a redução, de 1/3 para 25%, da fração a ser depositada em juízo em favor do filho menor. 5 – Recurso não provido. (TJMG, AI n. 1.0024.05.797476-8/001, rel. Des. Áurea Brasil, j. 14.06.2012)

Alvará judicial. Venda de imóvel pertencente a menores. Prestação de contas. Restituição de valores. Cabimento. Assistência judiciária gratuita. Cabimento. 1 – É cabível o deferimento do benefício da assistência judiciária gratuita aos recorrentes que são menores incapazes e ostentam a condição de pobreza. 2 – O exercício do poder-dever parental não outorga à mãe a livre administração dos bens dos filhos menores, sendo inarredável o controle do Poder Judiciário e da fiscalização do MP sobre o destino dos bens e valores pertencentes a menor. 3 – Cabível a determinação de restituição dos valores que não foram aplicados com o objetivo de atender as necessidades dos menores. Recurso provido, em parte. (TJRS, Ap. Cível n. 70.040.884.892, 7ª Câm. Cível, rel. Sérgio Fernando de Vasconcellos Chaves, j. 10.02.2012)

Ação de prestação de contas. Primeira fase. Dever de prestar contas comandado à genitora, representante legal de incapaz, e respectivo procurador, à consideração de numerário auferido em acordo judicial (demanda reparatória ajuizada em nome do incapaz). Inteligência dos arts. 668 e 1.689, II, do CC; arts. 914, I, e 917, do CPC [respectivamente, sem correspondente no CPC/2015 e art. 551, § 2º, do CPC/2015]. Recurso dos réus. Desprovimento. (TJSP, Ap. n. 992070489121 (1142511500), 30ª Câm. de Dir. Priv., rel. Des. Carlos Russo, j. 01.09.2010)

Família. Apelação cível. Revisão de pensão alimentícia. Menor. Bens. Administração a cargo de quem detém a guarda. A administração de bens de menores incumbe a quem detém a guarda. (TJMG, Ap. Cível n. 1.0024.05.824556-4/001(1), rel. Wander Marotta, j. 24.03.2009)

Ação anulatória de ato jurídico. Decretada a nulidade sob o fundamento de que houve simulação. Inadmissibilidade. Inexistência de mancomunação entre as partes. Por outro lado, as provas não revelam, de forma segura, a existência de má-fé da parte contrária. Reconhecida a validade da escritura pública de compra e venda. Recurso dos réus provido. Reconvenção. Indenização por dano moral. Impossibilidade. Provas amealhadas não confirmam a intenção dolosa da autora. Recurso desprovido. Ação de despejo c/c cobrança de aluguéis e encargos. Preliminar de ilegitimidade passiva. Inocorrência. Possibilidade de genitora firmar contrato de locação de bem pertencente a filho menor, como usufrutuária legal e administradora de seus bens, e também de defendê-los em Juízo, em razão do poder familiar de que é dotada por lei (art. 1.689, I e II, do CC/2002). No mérito, inexistência de vício no contrato de locação. Validade confirmada. Valores devidos. Recurso provido. (TJSP, Ap. c/ Rev. n. 535.935.4/8-00/Bauru, 1ª Câm. de Dir. Priv., rel. Paulo Alcides, j. 14.08.2008, *DJ* 21.08.2008)

Mandado de segurança. Direito de família. Administração dos bens dos filhos. Alienação. Necessidade de alvará judicial. Art. 1691 do CC. Legalidade do ato impugnado. Indeferimento da ordem. Não há ilegalidade no ato da autoridade de trânsito, consubstanciado na exigência de alvará judicial para alienação de veículo pertencente a menor impúbere, posto que consubstanciado no art. 1.691 do CC. Compete ao juízo de família a apreciação da comprovação de que a alienação de bem móvel pertencente a menor impúbere não acarretará perda patrimonial. (TJMG, Ap. Cível n. 1.0024.05.700273-5/002, rel. Des. Manuel Saramago, j. 03.04.2008)

Agravo de instrumento. Alvará. Prestação de contas. Restituição de metade pertencente aos filhos. Desnecessidade. São boas as contas prestadas pela mãe, considerando a informação de que valores por ela levantados, cuja metade pertencia aos três filhos menores, foi utilizada no pagamento de dívidas do falecido companheiro, de despesas com a conservação da casa e com a manutenção dos filhos. É o pai quem gerencia e administra valores pertencentes aos filhos menores. Inteligência dos arts. 1.634, I, e 1.689, II, ambos do CCB. A não ser que haja indícios de dilapidação de patrimônio ou mau gerenciamento de valores, descabe determinar que valores pertencentes aos filhos fiquem depositados em conta judicial, acessíveis ao genitor apenas através de autorização e mediante prestação de contas. Precedente jurisprudencial. Agravo provido. Em monocrática. (TJRS, AI n. 70.023.306.822, 8ª Câm. Cível, rel. Rui Portanova, j. 05.03.2008, *DJ* 13.03.2008)

Seguro de vida. Verba condenatória destinada aos filhos menores em razão da morte do pai. Movimentação da conta pela mãe. Possibilidade. Pátrio poder. Administração dos bens dos filhos. Art. 1.689 do CC. Recurso parcialmente provido. "Exercendo a mãe o pátrio poder e estando na administração dos bens dos filhos, sem motivo justificado não se lhe pode impor restrição à movimentação de valores pecuniários devidos a eles, especialmente quando se trata de verba relativa a ação indenizatória de seguro de vida". (TJSP, AI n. 112.512.7/0-04, 26ª Câm. de Dir. Priv., rel. Andreatta Rizzo, j. 12.11.2007, *DJ* 23.11.2007)

Acidente de veículo (trem). Ação de indenização por danos materiais e morais. Companheiro e pai dos autores colhido por composição ferroviária ao tentar transpor passagem de nível, vindo por isso a falecer. Sentença de parcial procedência. Recurso da empresa-ré alegando ausência de culpa e inocorrência de danos morais. Improcedência. Existência de prova documental e testemunhal apontando para conduta negligente da empresa de transporte, que não procedeu à manutenção da passagem de nível. Precariedade evidenciada. Risco assumido por omissão. Indenizações devidas. Recurso dos autores. Parcial procedência. Juros de mora que devem ser contados a partir da citação válida (art. 219 do CPC) [arts. 240, *caput* e §§ 1º e 2º, 241 e 802, parágrafo único, do CPC/2015], com verba honorária fixada segundo parâmetros do art. 20, § 3º, do CPC [art. 85, § 2º, do CPC/2015]. Mãe que detém legitimidade para, no exercício do poder familiar, levantar imediatamente as quantias relativas às indenizações cabentes aos filhos. Inteligência do art. 1.689, II, do CC/2002. Apelo da ré desprovido e apelo dos autores parcialmente provido. (TJSP, Ap. c/ Rev. n. 911.497.6/00/ Cabreúva, rel. Marcos Ramos, j. 05.04.2006, *DJ* 18.04.2006)

Administração de bens dos filhos. 1 – O atual CC não prestigiou a preferência paterna da administração dos bens dos filhos (art. 385, CC), de modo que o pai e a mãe, no exercício do Poder Familiar, a detém igualmente, desde que a prole esteja sob a sua autoridade (art. 1.689). 2 – A perda dessa preferência tornou possível indagar-se da conveniência de um ou do outro terem essa administração, quando a separação do casal faz impossível o trabalho em conjunto, para deferi-la a um qualquer deles. 3 – Na hipótese em que um deles está com a guarda dos filhos e que os rendimentos dos bens complementam a pensão alimentícia, a ele deverá ser deferida a administração (TJDF, Ap. n. 2001.051.006.5554, rel. Antoninho Lopes, *DJU* 20.08.2003). (*RBDFam* 25/110)

Bens de menor. O titular do pátrio poder tem interesse de agir contra a decisão judicial que bloqueia, em caderneta de poupança, os haveres do filho menor de idade, até que alcance a maioridade. Recurso especial conhecido e provido. (STJ, REsp n. 162.280/RJ, 3ª T., rel. Min. Ari Pargendler, j. 11.11.2002, v.u., *DJU* 24.02.2003)

---

**Art. 1.690. Compete aos pais, e na falta de um deles ao outro, com exclusividade, representar os filhos menores de dezesseis anos, bem como assisti-los até completarem a maioridade ou serem emancipados.**

**Parágrafo único. Os pais devem decidir em comum as questões relativas aos filhos e a seus bens; havendo divergência, poderá qualquer deles recorrer ao juiz para a solução necessária.**

---

Consoante já ressaltado em comentário ao art. 1.634, VII, deste Código (*v.* comentário), a lei confere aos incapazes proibidos de atuar, por si mesmos, na vida jurídica – no intuito de impedir que sua inexperiência possa conduzi-los à prática de atos prejudiciais – a proteção de quem, capaz, oriente-os, represente-os ou os assista em todos os atos da vida civil. Os menores, absolutamente incapazes (*v.* comentário ao art. 3º), deverão ser representados por seus pais e os que alcançarem 16 anos – relativamente incapazes (*v.* comentário ao art. 4º) – serão assistidos por eles, compartilhando o poder familiar.

A mesma regra pode ser encontrada no art. 71 do CPC/2015 (art. 8º do CPC/73), art. 142 do ECA e no art. 1.747, I, deste Código. O menor emancipado aos 16 anos não será mais assistido. A representação e a assistência serão exercidas conjuntamente pelos pais, sendo que na falta, impedimento ou incapacidade de qualquer deles o outro passará a exercê-las, com exclusividade. Aos pais competirá decidir sobre questões relativas aos filhos e aos bens. Havendo divergência entre os pais sobre tais questões, qualquer deles poderá recorrer ao Poder Judiciário buscando a solução necessária (parágrafo único), que deverá ser fundamentada no interesse absoluto dos menores. Havendo omissão dos pais para a tomada das decisões necessárias sobre as questões de que trata o disposto no parágrafo único, torna-se necessária a designação de curador especial, a pedido do menor ou do Ministério Público, pois pode haver colisão de interesses tanto pela ação dos pais quanto por sua omissão (NETTO LÔBO, Paulo Luiz. *Código Civil comentado* – direito de família. São Paulo, Atlas, 2003, v. XVI).

**Jurisprudência:** Veja no art. 1.689 a seguinte decisão: TJSP, AI n. 2009979-83.2022.8.26.0000/SP, 33ª Câm. de Dir. Priv., rel. Sá Duarte, j. 23.06.2022, publ. 23.06.2022.

Apelação. Ação indenizatória. Indeferimento da inicial. Extinção do processo sem resolução do mérito. Irregularidades sanadas. Emenda da inicial em peça única. Inexigência legal. Trata-se na origem de ação indenizatória que mereceu a extinção do processo sem resolução do mérito, por falta de emenda da inicial em peça única e por não ter juntado aos autos a procuração do nascituro para o qual se formulou pedido autônomo. Segundo se verifica da inicial, foi aberto um capítulo (IX – Da violação aos direitos do nascituro) em que se pretende indenização a título de danos morais no valor R$ 10.000,00 ao nascituro, por violação a sua dignidade (item III). A defesa dos direitos do nascituro depende de seus representantes legais, conforme se extrai do art. 1.690 do CC em vigor e em juízo depende de que o representante legal firme instrumento de procuração em prol do nascituro, que deve constar no polo ativo da demanda. Na procuração juntada, inexistiram poderes específicos aos patronos para que procedessem em juízo em nome do nascituro, razão pela qual o juízo determinou a correção das irregularidades verificada. Em atenção ao mandamento judicial, as partes recorrentes juntaram petição e nela se observou que apenas requereram o acautelamento em cartório dos arquivos audiovisuais, em reiteração à pretensão contida no pedido de item V da inicial, sem que implicasse qualquer prejuízo ao réu. Percebe-se também que os recorrentes acostaram procuração com a correção referente ao nascituro e ainda esclareceram a causa de pedir, conforme determinou o juízo, com exceção ao ponto de ter de elaborar a correção em peça única. Embora signifique maior organização sob o viés formal, essa exigência não encontra amparo legal. Provimento do recurso. (TJRJ, Ap. Cível n. 00151619120188190203, 27ª Câm. Cível, rel. Marcos Alcino de Azevedo Torres, j. 18.09.2019)

Agravo de instrumento. Ação de guarda cumulada com pedido de alimentos. Menor púbere. A genitora, que está exercendo a guarda fática do filho, é parte legítima para pleitear alimentos em favor deste em nome próprio, em ação de guarda, em decorrência do poder familiar exercido, nos termos do art. 1.690, CCB. Ausente qualquer causa de cessação da incapacidade civil, dentre as elencadas no art. 5º do CCB, e sendo a obrigação do alimentante decorrente do dever de sustento da prole durante a menoridade (art. 1.566, IV, do CCB), é juridicamente impossível o pedido de não pagamento de pensão ao filho menor, pois a ninguém é dado livrar-se de um dever absoluto. Considerando que o agravante, além do agravado, possui outros três filhos menores, adequada a fixação da pensão em 10% de sua renda líquida. Rejeitada a preliminar, deram provimento. Unânime. (TJRS, AI n. 70.058.712.365, 8ª Câm. Cível, rel. Des. Luiz Felipe Brasil Santos, j. 22.05.2014)

Agravo de instrumento. Honorários advocatícios de sucumbência. Pretensão da exequente em prosseguir a execução contra os genitores dos executados. Impertinência atual. Maioridade dos autores, executados ausência de legitimidade daqueles para representá-los em juízo. Execução em conformidade com os arts. 591 a 597 do CPC [arts. 789 a 796 do CPC/2015]. Decisão mantida recurso não provido. I – Pela redação do art. 1.690 do CC, há extinção do poder familiar quando os filhos menores atingem a maioridade, cessando também a legitimidade dos pais para representá-los em juízo. Assim, ao completarem os autores 18 anos de idade, cessou para eles a presunção legal de inaptidão para, por si sós, regerem suas pessoas, seus bens e direitos, ficando habilitados à prática de todos os atos da vida civil, inclusive, evidentemente, o de figurarem como executados na presente ação, com fulcro no arts. 591 a 597 do CPC [arts. 789 a 796 do CPC/2015]. II – Em se tratando de execução de verba honorária sucumbencial decorrente do exercício regular de um direito procedido pelos autores na forma do art. 8º do CPC [art. 71 do CPC/2015], inaplicáveis à espécie os arts. 932, I, e 942, ambos do CC, como forma de compelir seus genitores, por ausência de legitimidade para representá-los em juízo, a responder pelos ônus sucumbenciais decorrentes da improcedência da ação, sendo de rigor, portanto, o não provimento do presente agravo. (TJSP, AI n. 2022768-32.2013.8.26.0000/SP, 31ª Câm. de Dir. Priv., rel. Paulo Ayrosa, *DJe* 22.10.2013, p. 1.317)

Civil. Sucessão. Depósitos bancários superiores a 500 OTNs. Inaplicabilidade da Lei n. 6.858/80. Divisão da quantia conforme previsto no CC observada a meação da esposa e os quinhões dos herdeiros. Provimento parcial do recurso. A Lei federal n. 6.858/80 dispensa a instauração de inventário para o levantamento de saldos bancários e de cadernetas de poupança em hipóteses específicas, mas não se aplica quando as quantias a serem retiradas superam o teto estabelecido pela própria legislação. A correta divisão da quantia deixada pelo falecido deve observar a meação da esposa e os quinhões dos herdeiros, conforme previsto no CC vigente. A representação dos filhos menores de 16 compete aos pais, e na falta de um deles ao outro, com exclusividade (art. 1.690 do CC), situação que autoriza à genitora promover a movimentação de saldos financeiros deixados pelo genitor falecido para a correta criação da prole. (TJMG, Ap. Cível n. 1.0433.06.193266-4/001(1), rel. Des. Edilson Fernandes, j. 14.09.2010)

Agravo de instrumento interposto contra decisão que em ação declaratória com pedido de antecipação de tutela indeferiu requerimento de levantamento de quantia depositada em conta poupança. Inconformismo da autora firme na tese de que seu filho, titular da conta, não é emancipado e ainda está sob o poder familiar. Não acolhimento. Titular da conta poupança relativamente incapaz. Movimentação que deve ser feita por ele, relativamente incapaz, assistido por um dos seus pais. Inteligência dos arts. 4°, I, 1.643, V, e 1.690, todos do CC/2002. Recurso não provido. (TJSP, AI n. 990101627078, 11ª Câm. de Dir. Priv., rel. Des. Moura Ribeiro, j. 13.05.2010)

Agravo de instrumento. Direito de família. Ação de separação cumulada com alimentos. Maioridade civil dos filhos. Ilegitimidade ativa da mãe. Conforme se verifica pela redação do art. 1.690 do CC, há extinção do poder familiar quando os filhos menores atingem a maioridade; e, com isto, cessa também a legitimidade dos pais para representá-los em juízo. Segundo o art. 6° do CPC [art. 18 do CPC/2015], é vedado em nosso ordenamento, via de regra, pleitear direito alheio em nome próprio. Carência de ação por ilegitimidade ativa da mãe. Extinção do processo sem julgamento de mérito, nos termos dos arts. 267, VI, e 329 do CPC [arts. 485, VI, e 354 do CPC/2015]. (TJMG, AI n. 1.0625.08.076507-0/001, rel. Heloisa Combat, j. 07.10.2008, *DJ* 05.12.2008)

---

**Art. 1.691. Não podem os pais alienar, ou gravar de ônus real, os imóveis dos filhos, nem contrair, em nome deles, obrigações que ultrapassem os limites da simples administração, salvo por necessidade ou evidente interesse da prole, mediante prévia autorização do juiz.**

**Parágrafo único. Podem pleitear a declaração de nulidade dos atos previstos neste artigo:**

**I – os filhos;**

**II – os herdeiros;**

**III – o representante legal.**

---

A lei impõe algumas limitações ao poder de administração dos pais em relação ao patrimônio dos filhos menores. Os pais não poderão alienar, gravar de ônus real os bens imóveis dos menores não emancipados, nem contrair obrigações que ultrapassem os limites do poder de administração que detêm.

O que o legislador buscou foi a proteção do patrimônio dos filhos em razão de uma eventual má administração dos pais, que implicasse a redução do patrimônio dos menores. As restrições relativas à alienação e ao gravame de ônus reais dizem respeito somente aos bens imóveis dos filhos.

A lei põe a salvo a possibilidade de que seja solicitada autorização judicial para que os atos de alienação relativos aos bens dos menores possam ser realizados. A autorização do juiz será concedida quando a *necessidade* (por exemplo, vende-se para os filhos subsistirem, para comprarem alimentos, para o atendimento de despesas médicas e hospitalares) e o *interesse* da família (por exemplo, adquirir outro bem ou investir o dinheiro em negócio mais seguro e rendoso) recomendarem a prática de tais atos, sendo que quaisquer das situações deverão ser comprovadas em juízo. Como o ato efetuado sem a observância dessa formalidade pode ser anulado, a autorização judicial prévia também tem por finalidade conferir segurança ao terceiro que participa desse ato de alienação. O pedido de autorização judicial deverá ser subscrito por ambos os pais, observando-se, quanto à eventual divergência entre eles, o disposto no parágrafo único do art. 1.690, anteriormente comentado. Em regra, não se impõe a realização de hasta pública para a alienação do bem (*v.* comentário ao art. 1.750). Contudo, poderá o juiz ordenar que se proceda dessa forma se suspeitar de simulação referente ao preço.

A autorização é obtida em procedimento de *alvará*, realizando-se normalmente a prévia avaliação do bem e exigindo-se que o valor da venda não seja inferior ao nela apurado. A importância que cabe ao filho menor é usualmente depositada em juízo para ser levantada quando atingir a maioridade ou em caso de necessidade.

O legislador também buscou impedir que os pais, na administração dos bens dos filhos, contraiam dívidas e obrigações que possam vir a causar-lhes prejuízo. A restrição não envolve apenas os bens imóveis dos menores e, para assegurar que eles não venham a ser prejudicados, a lei impõe a exigência da prévia autorização judicial. Quanto aos atos do tutor que dependam de autorização, remete-se o leitor para o comentário ao art. 1.748 a seguir.

Segundo o **parágrafo único** do artigo, terão legitimidade para requerer a declaração de nulidade dos atos (*os atos são nulos e não anuláveis*) de alienação e disposição previstos neste artigo, efetivados sem a autorização judicial: os filhos (**inciso I**), em razão de seu evidente interesse. A nulidade poderá ser pleiteada pelo filho maior a qualquer tempo. Não há prescrição entre ascendentes e descendentes durante o poder familiar (*v.* comentário ao art. 197, II). Na hipótese do filho menor, havendo conflito de interesses com os dos pais, haverá nomeação de curador especial, na forma do disposto no art. 1.692 (*v.* comentário). A prescrição não corre contra incapazes de que trata o art. 3° do Código, conforme dispõe o art. 198, I (*v.* comentário); os herdeiros dos filhos (**inciso II**), segundo a ordem de sucessão, a qualquer tempo após a morte dos últimos.

Por fim, a lei confere legitimidade ao representante legal (**inciso III**) do filho quando cessar o poder familiar durante a menoridade, seja por morte dos pais, seja por qualquer outro ato do juiz.

**Jurisprudência:** Apelação. Compra e venda. Insurgência em face da r. sentença que julgou procedente a pretensão da autora e declarou a nulidade do contrato de compra e venda do imóvel descrito na inicial. Alegações de cerceamento de defesa, além da necessidade de reconhecimento da validade do negócio jurídico firmado entre as partes. Subsidiariamente, sejam reconhecidos os apelantes como legítimos proprietários de 50% do bem discutido. Descabimento. Herdeira incapaz. Alienação do imóvel integrante do acervo hereditário que não cumpriu com os requisitos legais para que o ato fosse considerado válido (art. 1.691 do CC). Na pendência da indivisibilidade, necessidade de prévia autorização do juiz da sucessão. Nulidade que se impõe. Ausente ainda qualquer hipótese de convalidação do negócio, não é possível acolher também o pedido subsidiário para considerar os apelantes proprietários de parte do imóvel. Sentença mantida. Adoção do art. 252 do RITJ. Recurso desprovido. (TJSP, Ap. Cível n. 10005508720228260072/Bebedouro, 10ª Câm. de Dir. Priv., rel. Jair de Souza, j. 27.06.2023, *DJ* 27.06.2023)

Cumprimento de sentença. Indenizatória. Levantamento de valores pertencentes a menor. Insurgência do menor exequente contra sentença que extinguiu o cumprimento de sentença e indeferiu o pedido de levantamento imediato de valores. Não demonstrada real necessidade de levantamento do montante depositado para arcar com despesas atuais do menor. Necessária prévia autorização judicial. Aplicação por analogia do art. 1.691 do CC. Precedentes desta Câmara. Sentença mantida. Recurso desprovido. (TJSP, Ap. Cível n. 0001718-82.2021.8.26.0006/SP, 3ª Câm. de Dir. Priv., rel. Carlos Alberto de Salles, j. 28.06.2022, publ. 28.06.2022)

Reconhecimento de união estável *post mortem*. Indeferimento do pedido de levantamento de parte do valor depositado judicialmente para pagamento de honorários contratuais. Insurgência. Contrato de honorários firmado pelas genitoras das menores. Ausência de apreciação e homologação judicial que não cria obrigações às incapazes. Art. 1.691, do CC. Decisão acertada que merece ser mantida por seus próprios fundamentos. Recurso não provido. (TJSP, AI n. 2138510-27.2021.8.26.0000/SP, rel. Fábio Quadros, j. 23.02.2022, 3ª Câm. de Dir. Priv., publ. 23.02.2022)

Veja no art. 1.689 as seguintes decisões: TJSP, AI n. 2177200-62.2020.8.26.0000/SP, 24ª Câm. de Dir. Priv., rel. Rodolfo Pellizari, j. 28.01.2022, publ. 28.01.2022; e TJSP, AI n. 2197158-97.2021.8.26.0000/SP, 2ª Câm. de Dir. Priv., rel. Fernando Marcondes, j. 14.12.2021, publ. 14.12.2021.

Apelação cível. Ação de alvará judicial. Autorização para alienação de bem imóvel. Copropriedade entre irmãs. Ausência de justificativa plausível, que atenda ao art. 1.691 do CC. Descabimento. A alienação de bem imóvel pertencente a filho menor somente pode ocorrer quando comprovada a situação de necessidade ou se ficar evidente o interesse da criança ou do sujeito ao poder familiar. Ausente tal elemento, mostra-se descabida a autorização judicial. Apelo desprovido. Unânime. (TJRS, Ap. Cível n. 70085019925, 8ª Câm. Cível, rel. Des. Mauro Caum Gonçalves, j. 17.09.2021)

Alvará judicial. Veículo automotor em nome de incapaz. Pedido do genitor para venda do veículo para aquisição de outro, de maior valor. Necessidade de sub-rogação da garantia legal (art. 1.691, CC). 1 – Na hipótese em apreço, não buscou o genitor vender o veículo automotor com a finalidade de aplicar o produto obtido em investimento de maior rentabilidade (art. 1.719, CC, por analogia), limitando-se em requerer autorização para que, com referido montante, adquirisse veículo automotor de maior valor. 2 – Logo, sendo reconhecida a vantagem patrimonial na substituição do bem de propriedade do incapaz, ocorre a sub-rogação da garantia legal, a impedir a venda do novo bem o que compreende a transferência da titularidade ao genitor, mero usufrutuário e que, nesta condição, dele poderá fazer uso sem que se cogite da possibilidade oneração ou alienação, salvo nova autorização judicial decorrente de pedido justificado na forma do art. 1.691, CC. 3 – Recurso improvido. (TJSP, Ap. n. 1006773-59.2016.8.26.0624, 35ª Câm. de Dir. Priv., rel. Artur Marques, j. 10.04.2017)

Mandado de segurança. Registro de propriedade de motocicleta. Impossibilidade. Nos termos do art. 1.691 do CC, os genitores não podem contrair de nome de seus filhos obrigações que ultrapassem os limites da simples administração. Interesse não demonstrado. Sentença reformada. Recurso provido. (TJSP, Ap. n. 1005360-90.2016.8.26.0048, 8ª Câm. de Dir. Públ., rel. Bandeira Lins, j. 14.12.2016)

Apelação cível. Alvará judicial para venda de bem imóvel de propriedade de menor. Sentença de improcedência. Alegada necessidade de quitação de financiamento de imóvel em que o menor reside. Comprovação a venda do bem do menor servirá para a quitação de financiamento. Demonstração de que sem a quitação do referido contrato os pais estarão na iminência de contrair novas dívidas, o que poderá prejudicar a manutenção do padrão de vida e patamar social do menor. Possibilidade de autorizar a venda. Respeito ao art. 1.691 do CC observado o interesse do menor. Sentença reformada. Recurso provido. (TJPR, Ap. Cível n. 1120081-4, 17ª Câm. Cível, rel. Des. Rui Bacellar Filho, *DJe* 14.05.2014, p. 371)

Alvará judicial. Autorização para alienação de imóvel de menor. Possibilidade. Comprovada vantagem, necessidade e evidente interesse do infante. Arts. 1.691 e 1.750 do CC. O alvará judicial para autorizar a alienação de bem imóvel pertencente a menor pode ser expedido desde que mediante comprovação inequívoca da necessidade da venda, além da certeza de vantagem em prol do infante. Recurso conhecido e provido. (TJSC, Ap. Cível n. 2013.030484-3, rel. Des. Gilberto Gomes de Oliveira, *DJe* 13.08.2013)

Agravo de instrumento. Ação de cobrança de honorários advocatícios. Menor incapaz representada pela mãe. O art. 1.691 do CC estabelece que os pais podem contrair em nome do filho menor obrigações desde que não ultrapassem os limites da simples administração. Há demonstração de que o contrato de honorários foi celebrado pela mãe, dentro dos limites da simples administração (R$ 3.000,00), e, em favor também do interesse da menor. Decisão agravada reformada para que possa permanecer a menor representada por sua mãe, no polo passivo da ação como forma de celeridade processual que não implica futura nulidade. Recurso provido. (TJSP, AI n. 2068460-20.2014.8.26.0000/Mairiporã, 27ª Câm. de Dir. Priv., rel. Claudio Hamilton, *DJe* 06.08.2014, p. 1.550)

Veja no art. 1.694 o seguinte acórdão: TJSP, AI n. 0075243-96.2013.8.26.0000, 4ª Câm. de Dir. Priv., rel. Milton Carvalho, j. 06.06.2013.

Veja no art. 1.689 a seguinte decisão: STJ, REsp n. 1.131.594/RJ, 4ª T., rel. Min. Marco Buzzi, j. 18.04.2013, *DJe* 08.05.2013)

Obrigação de fazer. Impossibilidade, ante a ausência de autorização judicial para que a compromissária vendedora, menor à época, transferisse seus direitos sobre o imóvel. Improcedência. Anulação de instrumento particular de compromisso de compra e venda de imóvel. Venda realizada sem autorização judicial em razão de ser menor um dos alienantes. Inteligência dos arts. 82, 145, III e IV, e 386, do CC/1916 (CC/2002, arts. 104, 166, IV e V, e 1.691). Partes retornam ao estado anterior. Devolução das quantias desembolsadas pelo adquirente, independentemente de reconvenção (Súmula n. 3 do TJSP). Reintegração dos alienantes na posse do bem após o ressarcimento integral dos valores pagos. Procedência parcial. Apelação provida em parte e recurso adesivo não provido. (TJSP, Ap. n. 9168510-76.2007.8.26.0000/Guarulhos, 10ª Câm. de Dir. Priv., rel. Roberto Maia, j. 26.03.2013, *DJ* 04.04.2013)

Registro civil. Filhos adotivos que pleiteiam adição de sobrenome de pais biológicos, excluído do registro civil na sentença de adoção. Alegação de notoriedade do sobrenome excluído. Um dos apelantes é conhecido apenas pela alcunha "Júnior". Sentença de extinção sem julgamento de mérito por impossibilidade jurídica do pedido. Necessidade de reforma. Sentença é de mérito, pois o pedido foi decidido. Pedido de alteração de registro civil é possível. Não é possível, contudo, adicionar sobrenome de pais biológicos quando adotado. Inteligência dos arts. 41 e 47 do ECA, norma supletiva a ser aplicada em adoção de adultos conforme disposto no art. 1.691 do CC. Combinação entre sobrenomes de pais biológicos com de pais adotivos. Impossibilidade. Adoção implica quebra dos vínculos familiares anteriores. Ausência de provas acerca da notoriedade do sobrenome excluído. Recurso provido em parte para afastar a extinção do feito e no mérito julgar improcedente o pedido. (TJSP, Ap. n. 0002509-73.2011.8.26.0597, 7ª Câm. de Dir. Priv., rel. Walter Barone, j. 03.04.2013, *DJ* 04.04.2013)

Agravo de instrumento. Decisão interlocutória liberatória de valor depositado judicialmente. Irresignação do *parquet*. Valores em conta bancária em nome de filho menor. Levantamento parcial de numerário referente aos honorários advocatícios. Ato que ultrapassa o limite da simples administração. Poder familiar. Dever da genitora defender os interesses da criança. Necessidade e/ou interesse. Art. 1.691 do CC. Decisão cassada. Recurso provido. "Inviável o deferimento do pedido de expedição de alvará para liberação dos valores depositados em poupança pertencente a menor, sem que haja nos autos prova efetiva da necessidade e finalidade da utilização da conta bancária ao juízo, até o alcance da maioridade civil, objetiva resguardar os direitos assegurados à criança e ao adolescente" (TJSC, Ap. Cível n. 2010.066142-1/Jaraguá do Sul, rel. Des. Gilberto Gomes de Oliveira, j. 28.03.2012). (TJSC, AI n. 2012.055068-1/Blumenau, 3ª Câm. de Dir. Civil, rel. Fernando Carioni, j. 13.11.2012)

Agravo de instrumento. Ação de indenização. Honorários advocatícios contratuais. Menor incapaz. Autorização judicial. O art. 1.691 do CC estabelece que os pais podem contrair em nome do filho menor obrigações desde que não ultrapassem os limites da simples administração. *In casu* o contrato de honorários foi celebrado pela mãe, dentro dos limites da simples administração, e, em favor também do interesse do menor, dispensando, assim, a autorização judicial. Finalmente, o percentual fixado a título de honorários está em consonância com os critérios legais. Decisão mantida. Recurso improvido. (TJSP, AI n. 0039970-90.2012.8.26.0000, rel. Eduardo Siqueira, j. 19.09.2012, *DJ* 27.09.2012)

Acidente de veículo. Ação de cobrança. Vítima absolutamente incapaz. Contrato celebrado pela genitora do autor com prestadora de serviços, para recebimento do capital segurado. Inexistência de contrato de honorários advocatícios. Ineficácia da avença em face do menor, ante o preterimento de solenidade que a lei considera essencial à sua validade. Exegese dos arts. 166, V, e 1.691 do CC. Agravo não provido. (TJSP, AI n. 990101914441, 25ª Câm. de Dir. Priv., rel. Des. Antonio Benedito Ribeiro Pinto, j. 14.10.2010)

Alvará judicial. Venda de bem de menores. Prova da necessidade e interesse. Ausência. Manutenção da sentença. Para venda ou alienação de bens pertencentes a menores, nos moldes do art. 1.691 do CC, se faz necessária a autorização judicial, que só ocorrerá com a demonstração inequívoca da necessidade e evidente interesse em prol dos incapazes. Cabe ao Poder Judiciário zelar pela segurança e bem-estar dos menores de idade, em virtude do princípio da proteção e melhor interesse da criança e do adolescente. (TJMG, Ap. Cível n. 1.0446.07.008023-4/001(1), rel. Des. Sandra Fonseca, j. 04.05.2010)

Alvará judicial. Interesse de incapaz. Honorários advocatícios. Pedido de levantamento dos honorários contratados. Indeferimento. Inconformismo do advogado. Acolhimento. Contrato de honorários firmado em parâmetros razoáveis. Trabalho executado e que resultou em benefício do interesse do incapaz. Não pagamento da verba que implicaria em enriquecimento sem causa, daquele que obteve o reconhecimento do direito. Ato de contratação praticado pelo representante legal do incapaz e realizado sem exceder os limites de administração. Inteligência do art. 1.691 do CC. Remessa às vias próprias que poderia implicar constrição dos valores do incapaz e aumento dos custos, pela nova verba a ser devida. Sentença de procedência mantida, com autorização para levantamento dos honorários, como contratados. Recurso provido. (TJSP, Ap. n. 994093465270 (6448764800), 9ª Câm. de Dir. Priv., rel. Des. Grava Brazil, j. 30.03.2010)

Alvará. Autorização para venda de imóvel doado aos filhos. Impossibilidade. Não demonstração da necessidade e utilidade. Art. 1.691 do CC. Não há que se falar em pedido de alvará para alienação do imóvel, se este já foi objeto de doação à prole. Para que se autorize a venda de bens de menor sob o pátrio poder, como expresso no art. 1.691 do CC, é indispensável a prova da necessidade ou de evidente interesse da prole. (TJMG, Ap. Cível n. 1.0261.09.073906-9/001(1), rel. Des. Silas Vieira, j. 11.03.2010)

Alvará judicial para venda de imóvel de propriedade de menor. Ausência de necessidade e de interesse na venda. Indeferimento preservado. Aplicação do disposto no art. 1.691, *caput*, do CC. Apelo improvido. (TJSP, Ap. Cível c/ Rev. n. 6.420.474.000/Franca, 3ª Câm. de Dir. Priv., rel. Donegá Morandini, j. 29.09.2009)

Agravo de instrumento. Acidente/seguro de veículo. Alvará judicial. Pedido de autorização para levantar percentual sobre quantia depositada em nome de menor para pagamento de honorários, conforme pactuado em contrato de prestação de serviços firmado entre contratada e mãe de menor. Quantia pleiteada considerada prejudicial ao patrimônio do menor. Autorização indeferida. Exegese do art. 1.691 do CC. Recurso improvido, com observação. (TJSP, AI n. 1.207.791.003/Campinas, 32ª Câm. de Dir. Priv., rel. Rocha de Souza, j. 12.02.2009)

Alvará judicial. Requerimento por menor visando o recebimento dos saldos do FGTS e PIS-Pasep deixados pelo pai falecido em acidente de trânsito. Pedido, também, de alvará para recebimento do seguro obrigatório (DPVAT). Alvarás deferidos e cumpridos, com depósito dos valores em conta judicial. Pretensão dos advogados que patrocinaram os interesses do menor a levantar a parcela correspondente aos valores dos honorários contratados por escrito pelo menor representado pela mãe. Contratos nulos, posto celebrados em desacordo com a regra de ordem pública do art. 1.691 do CC, que exige prévia autorização judicial para os atos que ultrapassem os limites de simples administração dos direitos dos incapazes. Autorização que certamente não seria concedida já que o menor e sua mãe são pessoas muito pobres e seriam encaminhadas ao patrocínio da Defensoria Pública. Recurso prejudicado e anulação de ofício dos aludidos contratos. (TJSP, AI n. 589.120.4/9-00, 2ª Câm. de Dir. Priv., rel. Morato de Andrade, j. 18.11.2008, *DJ* 27.11.2008)

Seguro de vida e acidentes pessoais. Indenização. O valor do seguro contratado é devido por inteiro, podendo o segurado pleitear a complementação em juízo, mesmo tendo dado quitação de importância menor. Diferença devida. Não tem valor de quitação o acordo firmado pela mãe dos beneficiários menores que aceita receber quantia menor. Exige o art. 1.691 do CC autorização judicial e a prova do evidente interesse da prole para a prática de ato de disposição patrimonial. O valor devido é aquele constante na apólice, sobre o qual foi calculado o prêmio devidamente pago. Sentença mantida. Negado provimento ao recurso. (TJSP, Ap. c/ Rev. n. 118.733.3/0-01, 26ª Câm. de Dir. Priv., rel. Carlos Alberto Garbi, j. 20.10.2008, *DJ* 30.10.2008)

Civil e processual civil. Agravo regimental no agravo de instrumento. Família. Poder familiar. Administração de bens de filho. Contratação de serviços advocatícios. Honorários fixados em 30% do valor total da causa. Necessidade de intervenção judicial. Serviço que beneficiou mais o genitor do que a própria menor, em nome de quem o patrocínio foi contratado. I – O CC, apesar de outorgar aos pais amplos poderes de administração sobre os bens dos filhos, não autoriza a realização de atos que extrapolem a simples gerência e conservação do patrimônio do representado. II – Se o representante legal assume, sem prévia autorização judicial, contrato de prestação de serviços advocatícios em nome da filha, sendo o valor fixado dos honorários desproporcional (30% do valor total da causa), com o consequente comprometimento do patrimônio da representada, deve avocar para si a obrigação, ainda mais se considerado que, no caso concreto, os advogados contratados prestaram mais serviços ao representante do que à representada. Agravo regimental improvido. (STJ, Ag. Reg. no AI n. 1.065.953, 3ª T., rel. Min. Sidnei Beneti, j. 07.10.2008, *DJ* 28.10.2008)

Veja no art. 1.659 o seguinte acórdão: TJMG, Ap. Cível n. 1.0024.05.700273-5/002, rel. Manuel Saramago, j. 03.04.2008, *DJ* 22.05.2008.

Ação declaratória. Nulidade. Cessão de direitos. Bem imóvel cuja fração ideal pertence a menor. Autorização judicial. Ausência. Nulidade parcial do negócio. É certo que o CC estabelece que os pais não podem alienar os imóveis dos filhos, salvo por necessidade ou evidente interesse da prole, mediante prévia autorização do juiz (art. 386 do CC/1916, atual art. 1.691 do CC/2002). A alienação de bem imóvel de propriedade de menor impúbere somente pode ser considerada válida se autorizada judicialmente. Restando demonstrada que a mãe da menor [...] aliena imóvel, da qual a mesma possui uma fração ideal, sem prévia autorização judicial, impõe-se o reconhecimento da nulidade da avença apenas em relação à menor, preservando-se os efeitos do negócio jurídico em relação aos demais cedentes. (TJMG, Ap. Cível n. 1.0518.04.063274-8/001, rel. Lucas Ferreira, j. 29.11.2007, *DJ* 18.12.2007)

Alvará judicial. Pedido para alienação de bem pertencente a filho menor. A alienação do imóvel pertencente aos filhos somente pode ocorrer se comprovada a situação de necessidade ou se ficar evidente o interesse da criança ou do adolescente sujeito ao poder familiar. Inteligência do art. 1.691 do CCB. Recurso desprovido. (TJRS, Ap. Cível n. 70.020.226.098, 7ª Câm. Cível, rel. Sérgio Fernando de Vasconcellos Chaves, j. 24.10.2007, *DJ* 30.10.2007)

Alvará judicial. Decisão que indeferiu levantamento de quantia depositada em nome de menor para pagamento de honorários advocatícios. Em decorrência do poder familiar, incumbe aos pais a administração dos bens dos filhos menores, porém, de forma a preservar e sem lesar o patrimônio. Contrato que compromete o capital da menor. Necessidade de autorização judicial para atos que extrapolem a mera administração. Atuação fiscalizadora do Poder Judiciário sobre a destinação dada ao patrimônio, visando protegê-lo. Liminar denegada. Agravo desprovido. (TJSP, AI n. 504.877.4/0-00, rel. Des. Paulo Alcides, j. 15.05.2007)

**Art. 1.692. Sempre que no exercício do poder familiar colidir o interesse dos pais com o do filho, a requerimento deste ou do Ministério Público o juiz lhe dará curador especial.**

A lei determina a intervenção de curador especial sempre que colidirem os interesses dos pais (seja de ambos ou de qualquer um deles) com os dos filhos no exercício do poder familiar. A mesma regra é encontrada no parágrafo único do art. 142 e parágrafo único, letra *f*, do art. 148, ambos do ECA. O curador nomeado terá a função de fiscalizar a solução do conflito de interesses, zelando para que o menor não seja prejudicado.

Com a nomeação, o legislador deixou clara sua intenção de resguardar os interesses do menor. Washington de Barros Monteiro assevera que, para a aplicação dessa norma, não é mister haja prova de que o pai pretenda lesar o filho. Basta se situem em posições aparentemente antagônicas os interesses de um e de outro para que se nomeie curador especial, que velará pelo incapaz. Cita o ainda autor casos em que a nomeação do curador se fez necessária: a) para receber em nome do menor doação que lhe vai fazer o pai; b) para concordar com a venda que o genitor efetuará a outro descendente; c) para intervir na permuta entre o filho menor e os pais; d) para levantamento da inalienabilidade que pesa sobre o bem de família (*Curso de direito civil* – direito de família. São Paulo, Saraiva, 1994, v. II).

A nomeação do curador é provisória e só perdurará até o momento em que seja resolvida a colidência. A falta de nomeação de curador não importará nulidade do ato quando não resultar prejuízo ao menor.

**Jurisprudência:** Apelação cível. Oposição proposta por filha menor em desfavor dos seus genitores. Necessidade de nomeação de curador especial e intervenção do MP. Preliminar de nulidade acolhida. Caso concreto em que incumbia ao juízo a nomeação de curador especial para a menor, a fim de suprir a irregularidade de representação, considerando que a oposição foi proposta contra seus genitores, estes no exercício do poder familiar, a teor do disposto nos arts. 1.692 do CCB, art. 9º do CPC, e art. 142 e parágrafo único do ECA, bem como a intervenção do MP no feito, em observância ao art. 82, I, do CPC. Acolhida preliminar e apelo provido. (TJRS, Ap. Cível n. 70061872230, 7ª Câm. Cível, rel. Des. Sandra Brisolara Medeiros, j. 29.04.2015)

Honorários advocatícios. *Quota litis.* Contrato escrito feito com a genitora do devedor. Celebração quando ainda não se conhecia a dimensão do acervo hereditário. Credora que pretende cobrar os valores diretamente no bojo do inventário. Impossibilidade. Remessa da parte às vias ordinárias. Agravo desprovido com observação. Poder familiar. Administração pela mãe do acervo hereditário de que único herdeiro o filho menor. Necessidade de deferimento pelo MM. Juiz e obrigatória intervenção do MP. Contrato de honorários. Eventual colidência de interesses entre mãe e filho menor. Incidência dos arts. 1.691 e 1.692 do CC. Agravo desprovido. (TJSP, AI n. 990104029031, 6ª Câm. de Dir. Priv., rel. Des. Roberto Solimene, j. 30.09.2010)

Acidente de veículo. Indenização por danos materiais e morais. Acordo. Menor incapaz. A pensão mensal pleiteada a título de indenização por danos materiais tem caráter alimentar e não admite renúncia ou transação, nos termos apresentados. Tendo em vista que os interesses da mãe e do menor colidiram, necessária a nomeação de curador especial, nos termos do art. 1.694 do CC. Recurso provido. (TJSP, Ap. n. 992070222010 (1119313400), 28ª Câm. de Dir. Priv., rel. Des. Cesar Lacerda, j. 22.06.2010)

Agravo de instrumento. Inventário. Renúncia à herança por parte da viúva. Impossibilidade, já que a mesma não é herdeira, mas sim, meeira. Renúncia por parte dos filhos. Necessidade de curador ao filho menor, ante a colidência de interesses. Quanto à filha, não há procuração outorgada por ela ao causídico que subscreve o recurso. Acolhimento apenas do pedido de renúncia à condição de inventariante e nomeação de curador especial ao menor. Recurso parcialmente provido. (TJRS, AI n. 70.024.772.006, 8ª Câm. Cível, rel. Claudir Fidelis Faccenda, j. 29.07.2008, *DJ* 04.08.2008)

Agravo. Inventário. Agravante casado sob o regime da comunhão parcial de bens. Realizada a venda, durante o casamento, de um imóvel adquirido pelo agravante antes dessa união. Aquisição, meses depois, de outro imóvel, com valor um pouco superior. Falecimento da esposa do agravante. Abertura do processo de inventário. Pretensão de que esse segundo imóvel não seja incluído na partilha, de modo que a aquisição seja considerada em sub-rogação ao imóvel adquirido anteriormente ao casamento. Decisão que indeferiu essa pretensão. Inconformismo. Existência de colidência entre os interesses de incapaz, menor filho do agravante e de sua falecida esposa e do seu representante legal. Ausência de nomeação de curador especial ao menor, nos autos de inventário. Inobservância do disposto nos arts. 9º do CPC [art. 72 do CPC/2015] e 1.692 do CC. Decisão anulada, de ofício. (TJSP, AI n. 509.472.4/9-00/ São Paulo, 9ª Câm. de Dir. Priv., rel. Viviani Nicolau, j. 27.11.2007, *DJ* 13.12.2007)

Ação de consignação em pagamento. Dúvida sobre a quem deve ser paga a indenização securitária. Colisão de interesses configurada. Dever de nomeação de curador especial. Nulidade do feito. Nos casos de conflito de interesses entre representado e representante, impõe-se a nomeação de curador especial, a teor do que dispõem o art. 1.692 do novo CC; art. 142, parágrafo único, do ECA e art. 9º do CPC [art. 72 do CPC/2015]. (TJMG, Ap. Cível n. 2.0000.00.483165-0/000, rel. Heloisa Combat, j. 20.09.2005, *DJ* 27.09.2005)

Curador especial. Colidência de interesses entre pai e filho. Extensão dos poderes do curador. Aplicação dos arts. 9º, I, e 1.042, II, do CPC [arts. 72, I, e 671, II, do CPC/2015]. "Havendo colisão de interesses do incapaz com os de seu representante legal, dar-se-á curador especial àquele, com amplos poderes para o exercício das funções que cabiam ao pai ou tutor". (TJSP, AI n. 255.359.4/8, rel. Des. Ernani de Paiva, j. 15.05.2003)

---

**Art. 1.693. Excluem-se do usufruto e da administração dos pais:**

**I – os bens adquiridos pelo filho havido fora do casamento, antes do reconhecimento;**

**II – os valores auferidos pelo filho maior de dezesseis anos, no exercício de atividade profissional e os bens com tais recursos adquiridos;**

**III – os bens deixados ou doados ao filho, sob a condição de não serem usufruídos, ou administrados, pelos pais;**

**IV – os bens que aos filhos couberem na herança, quando os pais forem excluídos da sucessão.**

---

Como já ressaltado em comentários ao art. 1.689 (*v.* comentário), a lei relaciona os bens que devem ser excluídos da administração e usufruto dos pais, conferindo a gerência deles a um curador especial nomeado pelo juiz. A lei enumerou os casos de exclusão de administração e usufruto de forma *exemplificativa*, porquanto outras situações que vierem a causar prejuízo aos filhos menores ou vierem a pôr em risco seu patrimônio, portanto, contra os interesses desses, poderão surgir, a justificar a exclusão dos pais.

No **inciso I**, o legislador excluiu expressamente a administração e usufruto do pai de bens pertencentes ao filho antes que fosse reconhecido por ele. E o fez por cautela e resguardo aos direitos do menor, para que não houvesse eventual interesse econômico do pai no reconhecimento voluntário do filho. O poder familiar que era exercido pela genitora do menor com exclusividade, por força do que dispõe o art. 1.633 (*v.* comentário), continuará a ser exercido por ela em relação aos bens do menor adquiridos antes do reconhecimento.

Os valores auferidos pelo filho menor de 16 anos no exercício de atividade profissional e os bens com tais recursos adquiridos também são excluídos do usufruto e administração dos pais (**inciso II**). A norma tem por finalidade resguardar o patrimônio formado pelo menor no desempenho de sua atividade remunerada, envolvendo todos os bens e dinheiro dela decorrentes. As vantagens auferidas por menores de dezesseis anos, autorizados judicialmente a trabalhar, continuarão a ser administradas e usufruídas por seus pais. O menor poderá adquirir a plena capacidade quando, exercendo atividade remunerada, tiver economia própria, conforme dispõe o art. 5º deste Código (*v.* comentário).

Segundo o **inciso III**, também ficam excluídos da administração ou usufruto dos pais os bens deixados, por força de última vontade, ou doados aos filhos sob essa condição. A restrição deverá ser expressa e constar do respectivo instrumento de doação e testamento. A intenção é preservar a vontade do doador ou do testador que pretendeu favorecer unicamente o filho, em razão da incúria ou falha dos pais no exercício do poder familiar. O doador e o testador poderão designar um terceiro responsável pela administração ou usufruto de tais bens até que o menor atinja a maioridade e, caso não o façam, a nomeação deverá ser providenciada pelo juiz. Ressalte-se que o doador e o testador poderão limitar a exclusão apenas à administração ou ao usufruto dos bens, pois nada impede que haja administração sem usufruto e usufruto sem administração. O que deve ser respeitada é a vontade de ambos (testador e doador).

Por fim, ficam excluídos da administração e usufruto dos pais os bens que aos filhos couberem na herança quando os primeiros forem excluídos da sucessão (**inciso IV**). As disposições legais contidas nos arts. 1.814 a 1.818 deste Código tratam dos excluídos da sucessão. O art. 1.814, como adiante se verá (*v.* comentário), enumera os casos de indignidade dos herdeiros ou legatários excluídos da sucessão, e o art. 1.816 estabelece os efeitos dessa exclusão, determinando que os descendentes do herdeiro excluído sucedam, como se ele morto fosse antes da abertura da sucessão.

Já o parágrafo único desse art. 1.816 (*v.* comentário), repetindo a disposição contida neste inciso IV, retira dos pais excluídos o direito de administrarem e de usufruírem (um *mais* o outro, porque os primeiros herdeiros foram considerados falecidos) dos bens herdados pelos filhos nessa situação. Isso porque não haveria sentido excluir os pais da sucessão e permitir que eles administrassem e usufruíssem os bens transferidos aos filhos, dos quais detêm o poder familiar.

A regra é oportuna e coerente, pois, segundo Silvio Rodrigues, "se o indigno pudesse administrar ou ter o usufruto dos bens havidos por seu filho, em sucessão de que foi excluído, a pena a ele imposta perderia parte de sua eficácia. E sua ingratidão ficaria apenas parcialmente punida. Por isso a lei tira-lhe tanto a administração, como o usufruto, sobre tais bens" (*Direito civil* – direito de família. São Paulo, Saraiva, 1988, v. VI).

**Jurisprudência:** Agravo de instrumento. Ação de indenização por danos morais e estéticos. Cumprimento provisório de sentença. Pedido de levantamento de valor penhorado indeferido, sob o fundamento que a decisão autorizou apenas o levantamento da parte devida ao antigo patrono do menor exequente. Insurgência. Alegação de que não há razão legal para se obstar o levantamento. Cabimento. Incidência do art. 1.689, II, do CC. Dinheiro que não consta como bem excluído da administração dos pais, nos termos do art. 1.693 do CC, não sendo possível presumir a má-fé ou a incapacidade da mãe em relação à administração dos bens de seu filho. A administração e o usufruto legais são, no ordenamento, corolários do poder familiar. Nos termos do art. 197, II, do CC, não flui prescrição contra o menor. Menor agravante que somente alcançará a maioridade em 2025, não sendo razoável que o núcleo familiar fique sem parte da indenização até lá. Levantamento deferido. Decisão reformada. Agravo provido. (TJSP, AI n. 2007011-12.2024.8.26.0000/SP, 7ª Câm. de Dir. Priv., rel. Miguel Brandi, j. 22.05.2024, *DJ* 22.05.2024)

Apelação cível. Ação de inventário. Herdeira menor: pai falecido. Mãe: pátrio poder (poder familiar ou autoridade parental): representante legal: sem impedimento. Dinheiro: reserva. Levantamento: condicionante: impossibilidade: razoabilidade. 1. Fora do caso expressamente previsto no art. 1.693, III e IV, do CC e sem que haja razões bastantes que infirmem a presunção de que o responsável legal em pleno exercício da autoridade parental, administre os bens e interesses do filho menor, é de se autorizar a movimentação de valores em espécie cabíveis ao menor para empregá-los de modo a preservar e frutificar tais valores. 2. Embora os pais possam administrar os bens dos filhos, não lhes podem alienar ou gravar de ônus real os imóveis, nem contrair, em nome deles, obrigações que ultrapassem os limites da mera administração, salvo por necessidade ou evidente interesse da prole, e com prévia autorização judicial (art. 1.691, *caput*, do CC). 3. À inexistência de disposição de última vontade ou disposição legal em contrário, permanece pleno o exercício do pátrio poder por quaisquer dos pais sobreviventes ao outro falecido. (TJMG, Ap. Cível n. 1.0024.14.227906-6/002, rel. Des. Oliveira Firmo, j. 27.07.2021)

Agravo de instrumento. Ação de inventário. Venda de imóvel. Prestação de contas. Interesses de menor. Depósito do valor pertencente ao menor. Possibilidade. Recurso desprovido. I – De acordo com a inteligência dos arts. 1.691 e 1.693, IV, do CC, depreende-se que não caberá aos pais a administração dos bens deixados a seus filhos menores por força de herança, quando os primeiros não forem abrangidos pela sucessão. Outrossim, mesmo quando lhes couber a administração dos referidos bens, é imperiosa a observância dos limites previstos em lei, sendo imprescindível autorização judicial para a prática de qualquer ato que ultrapasse tais limites. II – O depósito em juízo dos valores referentes aos bens deixados a menor na herança visa a resguardar seus direitos, uma vez evidente a prática de atos que vão de encontro às normas vigentes pelo inventariante e por sua genitora. (TJMG, AI n. 1.0079.03.062611-7/001, rel. Des. Wilson Benevides, j. 27.02.2018)

Direito civil e processual civil. Herança. Inventariante. Administração dos bens. Impossibilidade. 1 – O art. 1.693 do atual CC dispõe que estão excluídos da administração e do usufruto dos pais "os bens que aos filhos couberem na herança, quando os pais forem excluídos da sucessão". 2 – O arrolamento de bens visa arrecadar o patrimônio para posterior partilha entre os herdeiros, isto é, além de não permitir o uso e a fruição de forma imediata, a transferência dos bens – após a arrecadação. Ocorrerá entre aqueles legitimados para tanto (herdeiros), e não a quem apenas e tão somente incumbe a função de administrar o espólio. 3 – Agravo conhecido e não provido. (TJDFT, Proc. n. 20130020259582 (783873), rel. Des. Silva Lemos, *DJe* 07.05.2014, p. 141)

## *SUBTÍTULO III*
## *DOS ALIMENTOS*

**Art. 1.694. Podem os parentes, os cônjuges ou companheiros pedir uns aos outros os alimentos de que necessitem para viver de modo compatível com a sua condição social, inclusive para atender às necessidades de sua educação.**

**§ 1º Os alimentos devem ser fixados na proporção das necessidades do reclamante e dos recursos da pessoa obrigada.**

**§ 2º Os alimentos serão apenas os indispensáveis à subsistência, quando a situação de necessidade resultar de culpa de quem os pleiteia.**

Alimentos são prestações fornecidas, em dinheiro ou em espécie, a uma pessoa para o atendimento das necessidades da vida. Compreendem o sustento, o vestuário, a habitação, a assistência médica e, em determinados casos, até mesmo a instrução daquele que deles necessita. Abrangem também agora, por força da Lei n. 11.804/2008, as necessidades da genitora no período da gestação, tutelando os direitos do nascituro. São os denominados *alimentos gravídicos* (*vide* a seguir).

A obrigação de prestar alimentos está fundamentada em princípios e garantias previstos na CR, como o da preservação da dignidade da pessoa humana, do direito à vida e da personalidade. Os alimentos podem ser divididos: a) quanto à natureza: em *civis ou côngruos*, aqueles necessários para que o credor viva de modo compatível com a sua condição social, para manter o *status* da família, abrangendo outras necessidades intelectuais e morais, como a educação, e *naturais ou necessários*, que são os indispensáveis ao atendimento das necessidades primárias da vida (alimentação, vestuário, saúde, habitação etc.), independentemente da condição social; b) quanto à causa: em *legais ou legítimos*, aqueles impostos pela lei, entre parentes, cônjuges e companheiros (são esses o ora examinados neste artigo), *voluntários*, divididos em *inter vivos* e *causa mortis ou testamentários*, sendo o primeiro decorrente da assunção de obrigação voluntária de prestar alimentos e o segundo originário de um legado de alimentos, e *indenizatórios*, que são os devidos por força de responsabilidade civil, ou seja, de direito obrigacional; c) quanto à finalidade: em *definitivos*, de caráter permanente, que são os fixados por sentença ou acordo, embora passíveis de revisão, *provisórios*, que são os fixados liminarmente em ações de alimentos, de procedimento especial, previsto na Lei n. 5.478/68, e *provisionais*, fixados em medida cautelar prevista nos arts. 300 a 302 e 305 a 310 do CPC/2015; d) quanto ao momento: em *pretéritos*, anteriores à demanda, não admitidos no direito brasileiro, *atuais*, postulados a partir do ajuizamento ou da citação, e *futuros*, devidos a partir da sentença. O código estabeleceu no mesmo dispositivo a obrigação decorrente do parentesco originário do casamento e a advinda da união estável. Contudo, há que se diferenciar *dever de sustento* de *obrigação alimentar*.

O primeiro, que compreende os alimentos, decorrerá do poder familiar (art. 1.634), existindo, por isso, entre pais e filhos menores. A segunda, que decorre da lei, está fundada no parentesco e pressupõe a necessidade do alimentado. O presente dispositivo trata especificamente da *obrigação alimentar* ao referir-se aos parentes, ao casamento e à união estável. A *obrigação alimentar* tem como principais características a reciprocidade, a possibilidade de que seu surgimento não cesse nunca e, por fim, a pressuposição da necessidade do alimentando. Já o *dever de sustento* não é recíproco e prescinde da necessidade do alimentando, por ser presumida de modo absoluto. Nessa hipótese, a prova a ser produzida será apenas com relação ao *quantum* necessário.

Tanto o *dever de sustento* como a *obrigação alimentar* são transmissíveis aos herdeiros do alimentante nos limites da herança (*v.* art. 1.700) e divisíveis, não havendo solidariedade entre os obrigados ao cumprimento (*v.* art. 1.698). Contudo, com relação à pessoa idosa (idade igual ou superior a 60 anos), a *obrigação alimentar* passou a ser *solidária*, nos termos do art. 12 da Lei n. 10.741/2003 (Estatuto da Pessoa Idosa), podendo o idoso optar entre os prestadores.

O direito aos alimentos é personalíssimo, não podendo ser objeto de cessão de crédito (*v.* art. 1.707), embora os pretéritos, integrados ao patrimônio do alimentando, possam ser, dado este já ter sobrevivido sem eles. É também *impenhorável* e *não é passível de compensação*, porque isso significaria colocar em risco a sobrevivência do alimentando, muito embora a jurisprudência venha admitindo compensação quando se trate de pagamentos a maior, descontados de pagamentos futuros, considerando a diferença a maior como adiantamento (*v.* art. 1.707).

O direito a alimentos é *imprescritível*, mas as prestações vencidas prescrevem no prazo de dois anos (art. 206, § 2º). O direito de alimentos não pode ser objeto de transação, o *quantum* sim. Os alimentos são *irrepetíveis* e *irrenunciáveis*, inclusive entre cônjuges e companheiros. O que se pode é não exercitar o direito, porém não há como renunciar a ele (*v.* art. 1.707).

Ao tratar dos alimentos *civis* previstos no *caput* deste artigo, o legislador deixou de estabelecer a extensão do termo *condição social*. Competirá ao julgador dar o verdadeiro significado e a extensão deste novo *standart* jurídico, que, com certeza, não poderá ser invocado para que o alimentado leve uma vida de luxo, ostentação e gastos supérfluos por conta do alimentante (cf. VELOSO, Zeno. *Código Civil comentado* – direito de família. São Paulo, Atlas, 2003, v. XVII).

A referência à condição social do alimentando significa variação do valor para o atendimento das peculiaridades de cada pessoa, mas sem distanciar-se de suas necessidades, o que significa exclusão de dispêndios tidos como excessivos ou meramente voluptuários (OLIVEIRA, Euclides Benedito de. "Direito de família no novo CC". In: *Cadernos Jurídicos*, n. 13. São Paulo, Imprensa Oficial, jan./fev. de 2003, p. 97-112). Já a referência do artigo a uma verba para atender às necessidades de educação tem incidência entre parentes e durante a menoridade do alimentado, não se aplicando, *em regra*, aos casos de obrigação de alimentos entre cônjuges ou companheiros – Zeno Veloso cita, por exemplo, a hipótese da mulher que abandonou os estudos para se casar. O *dever de sustento* cessará com a *maioridade* do filho (18 anos, segundo o art. 5º, *caput*, do CC), extinguindo-se o poder familiar (art. 1.635, III). Cessada *ipso jure* a causa jurídica da obrigação de sustento adimplida sob a forma de prestação alimentar, entende-se, em regra, que não haverá necessidade de que o devedor ajuíze ação de exoneração, que se dará automaticamente. No entanto, a jurisprudência tem estendido o *dever de sustento* até que o filho termine os estudos, tendo em vista a dificuldade de conciliar a procura de um trabalho ou deste com o estudo. Contudo, por força da *obrigação alimentar*, fundada no parentesco entre o pai e o filho (*caput* deste artigo), é que poderá o genitor ter de arcar com uma pensão para o seu filho.

O entendimento jurisprudencial referido acabou cristalizado no STJ, com a edição da **Súmula n. 358** que dispõe: "o cancelamento de pensão alimentícia de filho que atingiu a maioridade está sujeito à decisão judicial, mediante contraditório, ainda que nos próprios autos". Ensina Antônio Carlos Mathias Coltro que "a maioridade não implica automática condição para o trabalho nem na possibilidade de sua obtenção, especialmente quando o alimentando esteja em curso pré-vestibular ou já na faculdade, podendo a pura e simples extinção do direito alimentar, fundada no fato de haver completado 18 anos, fazer com que sequer possa prosseguir nos estudos, em evidente prejuízo próprio e clara afronta ao que dispõe o já citado art. 5º da Lei de Introdução ao CC [atual Lindb], afora os dispositivos constitucionais já enunciados e a pacífica jurisprudência do Col. STJ, consolidada, agora, no enunciado da Súmula n. 358, que se limita a observar os preceitos constitucionais e legais aplicáveis à espécie, esperando-se que a conclusão nela exposta se traduza em orientação eficaz a obstar a desnecessária e repetitiva discussão do assunto nela tratado e que tantos recursos tem levado aos tribunais" (*RBDFS* 6/108, Magister).

A obrigação deverá ter em vista razões de equidade e solidariedade familiar, e o alimentado deverá comprovar que, apesar da maioridade, não possui bens nem rendas para suprir, por si próprio, suas necessidades ou arcar com seus estudos e sua formação profissional. A ação deverá estar fundamentada no disposto nos arts. 1.694, *caput* e § 1º, e 1.695. Os alimentos deverão ser fixados equitativamente pelo juiz, que atentará para as necessidades daquele que os pleiteia e para os recursos do obrigado, consoante determina o § 1º do artigo ora comentado. Trata-se do binômio "necessidade do reclamante e possibilidade do devedor", que deverá ser observado pelo julgador para fixar a verba alimentar. A utilização do *critério da proporcionalidade* entre essas duas variáveis permitirá ao juiz estabelecer uma prestação alimentícia de forma racional e equilibrada, sem excessos nem deficiências.

O § 2º deste artigo diz que a obrigação alimentar se restringirá aos alimentos naturais, quando a situação de necessidade daquele que os pleiteia resultar de culpa sua, como, por exemplo, se gastou irresponsavelmente todo o dinheiro que tinha, se malbaratou os bens que possuía, se foi dispensado por má conduta ou indisposição para o trabalho de vários empregos que exerceu (cf. VELOSO, Zeno. Op. cit.). Os alimentos naturais – e somente eles – serão devidos ao requerente, desde que comprovados os requisitos legais, consistentes na culpa do interessado, sua real necessidade e a possibilidade econômica do alimentante. O mesmo tratamento será conferido ao cônjuge culpado pela separação (*v.* art. 1.704, *caput* e parágrafo único).

A Lei n. 11.804, de 05.11.2008, institui os ***alimentos gravídicos***, que, como anteriormente afirmado, são aqueles destinados a prover as necessidades da genitora no período da gestação, visando a garantir-lhe uma gravidez saudável, já que é neste período que a mulher tem necessidades especiais.

A lei buscou assegurar a responsabilidade parental desde a concepção – *paternidade responsável* –, tutelando os direitos do nascituro, já protegidos no art. 2º do CC, portanto, antes de seu nascimento.

Esses alimentos visam, com a ajuda financeira do suposto pai, a prover as despesas adicionais do período de gravidez e que sejam dela decorrentes, da concepção ao parto, inclusive as referentes a alimentação especial, assistência médica e psicológica, exames complementares, internações, parto, medicamentos e demais prescrições preveníveis e terapêuticas indispensáveis, a juízo do médico, além de outras que o juiz considere pertinentes.

Os alimentos gravídicos serão fixados com a mera existência de indícios de paternidade (art. 6º da Lei n. 11.804/2008), não havendo a necessidade de que o postulante prove o parentesco ou então a obrigação alimentar, como impõe o art. 2º da Lei n. 5.478/68.

Os alimentos serão requeridos pela gestante, que fará prova da gravidez, trazendo indícios da paternidade alegada, a serem reconhecidos em cognição sumária. Serão fixados pelo juiz, segundo o binômio necessidade-possibilidade, e vigorarão do despacho inicial até que a criança nasça com vida, quando então ficam convertidos em pensão alimentícia. Nada impede, no entanto, que sejam estabelecidos valores diferenciados vigorando um montante para o período da gravidez e valores outros a título de alimentos ao filho a partir do seu nascimento. O suposto pai poderá contestar o pedido em cinco dias.

Conforme o art. 11 da nova legislação determina, as disposições contidas no CPC e na Lei n. 5.478/68 aplicam-se subsidiariamente aos processos relativos aos alimentos gravídicos, de modo que a tais alimentos, de natureza satisfativa, é dada a possibilidade de concessão de liminar como antecipação de tutela.

Importante observar que foi vetado o art. 10 da Lei n. 11.804/2008, que estabelecia a possibilidade de o autor responder, objetivamente, por danos materiais e morais causados ao réu, quando for negativo o resultado do exame pericial de paternidade, havendo quem entenda na doutrina (TAVARES DA SILVA, Regina Beatriz. *Alimentos gravídicos*), que subsiste a responsabilidade subjetiva do requerente da ação, por força do disposto no art. 186 do CC, apesar do princípio do direito de ação e da irrepetibilidade dos alimentos.

Cabe prisão civil do devedor nos casos de não prestação de alimentos gravídicos estabelecidos com base na Lei n. 11.804/2008, inclusive deferidos em qualquer caso de tutela de urgência (Enunciado n. 522 da V Jornada de Direito Civil do CJF).

**Jurisprudência:** Apelação. Ação de alimentos. Sentença de parcial procedência. Inconformismo dos autores. Réu revel. Alimentos fixados em primeiro grau não observaram o trinômio necessidade-possibilidade-proporcionalidade. Alimentos majorados para 30% dos rendimentos líquidos, em caso de emprego formal, e meio salário mínimo, em caso de emprego informal, tal qual requerido em inicial. Ausência de demonstração das possibilidades do réu, que não se manifestou nos autos. Autores são duas crianças, a mãe que deles cuida é embaladora, necessidade que os alimentos garantam o mínimo. Recurso provido. (TJSP, Ap. Cível n. 10013312420218260435/ Pedreira, 9ª Câm. de Dir. Priv., rel. Piva Rodrigues, j. 03.04.2023, *DJ* 03.04.2023)

Apelação. Exoneração de alimentos. Pleito formulado em razão da maioridade da beneficiária. Sentença de improcedência. Insurgência do autor. Filha que, apesar de maior (completa 19 anos em 2022), é estudante e ainda necessita do auxílio paterno. Inteligência dos arts. 1.694, 1.695 e 1.696 do CC. Alimentada está matriculada em curso superior. Valor pago a título de alimentos que deve ser complementado pela genitora e/ou pela própria alimentada para que possa fazer frente à sua manutenção. Não houve comprovação por parte do autor de impossibilidade de arcar com os alimentos. Sentença mantida. Recurso improvido. (TJSP, Ap. Cível n. 1002332-76.2021.8.26.0101/SP, 7ª Câm. de Dir. Priv., rel. Luiz Antonio Costa, j. 27.04.2022, publ. 27.04.2022)

Ação de oferta de alimentos. Sentença que fixou obrigação alimentar em 1/3 do salário mínimo nacional, em razão do trabalho informal, sendo de 20% dos rendimentos líquidos do genitor no caso de emprego formal, nunca inferiores a 20% do salário mínimo nacional. Parcial procedência da ação. Inexistência de julgamento *ultra petita*. Valor ofertado que se refere a mera estimativa. Prudência do critério de arbitramento adotado pelo juízo. Inteligência dos arts. 1.566, IV, 1.568, 1.630, 1.634, I, 1.694, 1.695 e 1.703 do CC. Decisão que atendeu ao binômio necessidade-possibilidade, art. 1.694, § 1º, do CC. Sentença mantida. Recurso não provido. (TJSP, Ap. Cível n. 1032821-36.2019.8.26.0564/SP, 9ª Câm. de Dir. Priv., rel. César Peixoto, j. 26.04.2022, publ. 26.04.2022)

Alimentos. Ação proposta pelo filho maior de idade. Réu/genitor que não apresentou defesa nos autos. Sentença de procedência. Alimentos fixados em 30% dos rendimentos líquidos do réu e 50% do valor do salário mínimo, em caso de desemprego. Inconformismo do réu/genitor. Justiça gratuita. Deferimento. Maioridade civil. Aplicação do art. 1.694 do CC. Alimentado que frequenta curso superior. Ausência de qualquer prova de abandono do curso superior ou de que o réu exerce atividade remunerada. Percentual fixado que está de acordo com os percentuais usualmente adotados pela jurisprudência. Alimentos que não cessam automaticamente com o término do curso superior ou com o atingimento de 24 anos de idade. Sentença mantida. Recurso parcialmente provido, unicamente para conceder ao réu/apelante os benefícios da justiça gratuita. (TJSP, Ap. Cível n. 1003840-14.2019.8.26.0526/SP, 6ª Câm. de Dir. Priv., rel. Ana Maria Baldy, j. 25.04.2022, publ. 25.04.2022)

Fixação de alimentos. Binômio necessidade-possibilidade. Sentença de parcial procedência, fixando a pensão alimentícia devida pelo pai à filha, em 25% dos rendimentos líquidos dele e em 50% do salário mínimo, em caso de desemprego ou trabalho informal. Irresignação da autora alimentada. Sentença reformada em parte. 1. Valor dos alimentos. Binômio necessidade-possibilidade (art. 1.694, § 1º, do CC). Acolhimento. Possibilidade do réu em arcar com alimentos de 30% dos rendimentos líquidos dele. Valor compatível com as necessidades demonstradas da criança. Proporção das possibilidades dos genitores (art. 1.703 do CC). 2. Base de cálculo. Incidência dos alimentos apenas sobre as verbas de natureza remuneratória. Não incidência da pensão sobre: contribuição previdenciária, IRRF, FGTS, parcelas de natureza indenizatória (como verbas rescisórias, na parte relativa às verbas indenizatórias, contribuições sindical e assistencial), férias indenizadas, PLR e ajudas de custo. Inclusão de horas extras, habituais ou não. Acolhimento para correta especificação. Recurso parcialmente provido. (TJSP, Ap. Cível n. 1012801-14.2020.8.26.0071/SP, 3ª Câm. de Dir. Priv., rel. Carlos Alberto de Salles, j. 22.03.2022, publ. 22.03.2022)

Alimentos. Pretensão deduzida pelo filho maior contra o genitor. Obrigação alimentar decorrente da relação de parentesco. Autor dependente químico que, embora não seja integralmente incapacitado, não ostenta condições de assegurar, sozinho, o próprio sustento. Inteligência dos arts. 1.694, 1.695 e 1.696 do CC. Pensão alimentícia fixada pelo período de dois anos a contar do trânsito em julgado, em valor compatível com as necessidades do alimentando e com as possibilidades do alimentante. Sentença mantida. Diante da condição do autor, de maneira que o numerário não sirva ao custeio e ao fomento de seu vício, os alimentos deverão ser pagos à sua genitora, a quem caberá administrar a importância de forma a prover suas necessidades, do que ela tem se incumbido. Recurso desprovido com observação. (TJSP, Ap. Cível n. 1022238-94.2017.8.26.0003/ SP, 4ª Câm. de Dir. Priv., rel. Alcides Leopoldo, j. 21.03.2022, publ. 21.03.2022)

Ação de alimentos. Decisão singular que apreciou com prudência a situação envolvida no litígio. Adequabilidade do valor arbitrado para o pensionamento. Critério razoável e proporcional, observada a presunção da contribuição solidária de ambos os genitores, nos termos do art. 1.703 do CC. Pronunciamento judicial que atendeu ao binômio necessidade-possibilidade, art. 1.694, § 1º, do CC. Sentença mantida. Recursos não providos. (TJSP, Ap. Cível n. 1006195-49.2020.8.26.0562/SP, 9ª Câm. de Dir. Priv., rel. César Peixoto, j. 24.02.2022, publ. 24.02.2022)

Alimentos. Prestação alimentar a ser fixada de acordo com as possibilidades financeiras do alimentante e necessidades do alimentando. Inteligência do art. 1.694, § 1º, do CC. Presumidas as necessidades dos alimentandos, crianças, inteiramente dependentes dos pais para sobreviver. Não há informação precisa a respeito dos rendimentos do alimentante. Fixação da pensão alimentícia em um terço dos rendimentos líquidos do alimentante, na hipótese de emprego formal, parâmetro reiteradamente adotado pela jurisprudência em casos análogos, em atenção ao trinômio necessidade-possibilidade-proporcionalidade. Na hipótese de desemprego ou trabalho informal, será devido o montante de 60% do salário mínimo, compatível com o padrão de vida das partes. Recursos parcialmente providos. (TJSP, Ap. Cível n. 1000949-98.2021.8.26.0445/SP, 10ª Câm. de Dir. Priv., rel. J.B. Paula Lima, j. 23.02.2022, publ. 23.02.2022)

Veja no art. 1.566 a seguinte decisão: TJRS, AI n. 51187096420218217000/RS, 7ª Câm. Cível, rel. Vera Lucia Deboni, j. 23.02.2022, publ. 23.02.2022.

Revisional de alimentos. Pleito deduzido pelo genitor em face do filho (4 anos de idade). Sentença de improcedência. Irresignação do alimentante. Acolhimento. Modificação no binômio necessidade-possibilidade evidenciada. A superveniência de nova prole impactou a renda do genitor. Isonomia possível. Circunstâncias que implicaram a impossibilidade de prover os alimentos na extensão antes fixada, sob pena do comprometimento da própria subsistência do alimentante e do sustento de seu novo núcleo familiar. Não é hipótese de paternidade irresponsável. O nascimento de outro descendente, após a fixação da pensão ao primogênito, não deve ser simplesmente desprezado; é equação que deve dar-se caso a caso, afastando-se a fórmula genérica no sentido de que a nova prole decorre de paternidade irresponsável. A nova prole, decorrente da reconstrução da vida amorosa do pai ou da mãe, constitui circunstância séria e relevante, a qual implica em efetiva alteração das possibilidades financeiras do provedor. Não se trata de entender instantaneamente que se cuida de paternidade irresponsável, notadamente porque adequada ao fluxo da vida, sendo certo que em hipóteses tais deve buscar-se a isonomia possível entre toda a prole, caso a caso, sem a manutenção do padrão inexpugnável do filho primogênito, a qual, outrossim, importaria em discriminação de um em face dos seus iguais. Pagamento da verba alimentar que não deve superar as forças financeiras do devedor a ponto de impor-lhe sacrifício excessivo. Equilíbrio do binômio necessidade-possibilidade (art. 1.694, § 1º, do CC) que deve ser restaurado. Redução plausível. Partilha do possível. Alimentos reduzidos de 30 para 25% do salário mínimo. Sentença reformada. Recurso parcialmente provido. (TJSP, Ap. Cível n. 10017232720218260123/Capão Bonito, 7ª Câm. de Dir. Priv., rel. Rômolo Russo, j. 18.02.2022, publ. 18.02.2022)

Agravo de instrumento. Decisão que indefere o pedido de arbitramento de alimentos provisórios. Irresignação. Desacolhimento. Alimentos entre cônjuges/conviventes que decorre do dever de mútua assistência (art. 1.704 do CC) e pressupõe que esteja configurado o binômio necessidade/possibilidade (art. 1.694, § 1º, do CC). Mulher jovem (35 anos de idade), com qualificação profissional (nutrição), sem qualquer notícia de doença incapacitante. Casamento que perdurou por curto período, não sobrevindo prole. Não há registro da impossibilidade material da parentela (arts. 1.696/1.697 do CC). Dependência econômica igualmente indemonstrada. Inviabilidade material, emocional ou funcional de prover a própria subsistência não identificada. Hipótese que não autoriza a concessão de tutela antecipatória *inaudita altera pars*. Decisão mantida. Agravo desprovido. (TJSP, AI n. 2191055-74.2021.8.26.0000/SP, 7ª Câm. de Dir. Priv., rel. Rômolo Russo, j. 31.01.2022, publ. 31.01.2022)

Apelação cível. Ação de exoneração de alimentos. Julgamento antecipado da lide. Cerceamento de defesa. Não ocorrência. Maioridade civil da filha alimentada. Ausência de demonstração durante a fase de instrução de continuidade dos estudos. Evidente capacidade laborativa. Parte que se matriculou em curso universitário após a sentença. Compatibilidade entre o horário de estudo e de trabalho. Necessidade não comprovada. Inviabilidade de manutenção da obrigação. Sentença mantida. Recurso não provido. 1. Está correto o julgamento antecipado do pedido quando, além de a parte não ter apresentado qualquer documento no momento oportuno, não deduziu em contestação, matéria da qual pretendia produzir prova. 2. É inviável a manutenção da obrigação alimentar, com fundamento no art. 1.694, parte final, do CC, quando, além de o filho-alimentando maior estar apto a exercer atividade laborativa para prover a própria subsistência, não há incompatibilidade entre os estudos e o trabalho. (TJSP, Ap. Cível n.

1057202-14.2020.8.26.0002/SP, 6ª Câm. de Dir. Priv., rel. Maria do Carmo Honorio, j. 02.12.2021, publ. 13.01.2022)

Apelação cível. Alimentos. Ação de alimentos proposta por filha maior de idade. Necessidades não comprovadas. Manutenção da sentença de improcedência. 1. É possível haver a fixação de alimentos em favor de filho maior de idade. Entretanto, a obrigação alimentar, neste caso, não é fundada no dever absoluto de sustento que recai sobre os genitores em relação aos filhos menores (art. 1.566, IV, do CCB/2002), mas, sim, no dever de assistência entre parentes (art. 1.694, *caput*, do CCB/2002). Desse modo, não há, no caso, presunção da necessidade de percepção dos alimentos pela parte requerente, competindo a ela comprovar a necessidade de receber os alimentos pleiteados. 2. No caso, depois de ter implementado a maioridade – o que ocorreu na fase inicial de tramitação do feito, antes mesmo da oferta da contestação – a autora não trouxe qualquer comprovação no sentido de que permanecia estudando, por exemplo, ou de que estivesse impossibilitada de prover o próprio sustento. Assim, não havendo mínima comprovação da necessidade da demandante, que é maior, plenamente capaz e apta para o trabalho – ao menos não há prova em sentido contrário –, é de rigor a manutenção de sentença de improcedência da pretensão alimentar. Negaram provimento. Unânime. (TJRS, Ap. Cível n. 50009152420208210156/RS, 8ª Câm. Cível, rel. Luiz Felipe Brasil Santos, j. 02.12.2021, publ. 03.12.2021)

Apelação. Ação de oferta de alimentos. Insurgências contra sentença que fixou a pensão a ser paga pelo autor, em favor dos filhos, no importe mensal de R$ 5.000,00, além do custeio de despesas *in natura* relativas a práticas esportivas, cursos, mensalidade e transporte escolar, bem como plano de saúde. Exegese do art. 1.694, § 1º, do CC. Análise do caso à luz do binômio necessidade-possibilidade. Alimentandos que possuem necessidades presumidas, em razão da idade (7 e 8 anos). Alimentante que não se desincumbiu do ônus de comprovar a impossibilidade de arcar com o montante arbitrado (art. 373, I, CPC). Existência de rendimentos anuais superiores a R$ 720.000,00, nos anos de 2017 e 2018, e de cerca de R$ 647.000,00, em 2019, como se notam das declarações de imposto de renda anexadas aos autos. Evidências que indicam alto padrão de vida, com patrimônio de aproximadamente R$ 3.000.000,00, incluindo imóveis, benfeitorias, veículos e investimentos. Ausência de demonstração concreta de queda na capacidade financeira. Elevadas movimentações financeiras na conta do autor demonstradas pelos extratos bancários do ano de 2020. Ganhos da genitora que, embora não sejam baixos (R$ 15.000,00), são substancialmente inferiores aos do genitor. Imperiosidade da manutenção do encargo definido em 1º grau. *Quantum* que se mostra adequado, proporcional, condizente com as particularidades do caso e não gera sobrecarga a nenhum dos pais. Impossibilidade de discutir eventual direito de moradia dos menores no imóvel em que residem ou de arbitrar valor adicional para cobrir o pagamento de alugueres, sob pena de ferir os princípios do contraditório e da ampla defesa. Temas que não foram suscitados no momento oportuno (contestação) e não fazem parte do objeto deste litígio, mas sim de demanda paralela. Sentença mantida. Recursos desprovidos. (TJSP, Ap. Cível n. 1008403-34.2020.8.26.0100, 3ª Câm. de Dir. Priv., rel. Des. Beretta da Silveira, j. 19.10.2021)

Recursos especiais. Direito de família. Ação de alimentos. Ex-cônjuges. Excepcionalidade. Trinômio alimentar. Necessidade da alimentada. Aferição. Manutenção da condição social anterior à ruptura da união. Capacidade financeira do alimentante. Gestor e usufrutuário do vultuoso patrimônio familiar. *Quantum* alimentar. Proporcionalidade. Arts. 1.694, § 1º, e 1.695 do CC. Revisão. Súmula n. 7/STJ. Juntada de documento na fase recursal. Possibilidade. Forma de apuração dos lucros, reservas e dividendos das sociedades anônimas. Prequestionamento. Súmula n. 211/STJ. 1 – Controvérsia em torno da viabilidade da estipulação de alimentos civis entre os ex-cônjuges, bem como se o *quantum* fixado deve ser adequado à manutenção da realidade social vivenciada pelo ex-casal à época da ruptura da união, estando pendente a partilha de vultuoso patrimônio comum. 2 – As questões submetidas ao tribunal de origem foram adequadamente apreciadas, não se evidenciando afronta ao art. 1.022 do CPC/2015. 3 – Segundo a orientação jurisprudencial do STJ, com esteio na isonomia constitucional, a obrigação alimentar entre cônjuges é excepcional, de modo que, quando devida, ostenta caráter assistencial e transitório. 4 – A perenização da obrigação alimentar, a excepcionar a regra da temporalidade, somente se justifica quando constatada a impossibilidade prática de o ex-cônjuge se inserir no mercado de trabalho em emprego que lhe possibilite, em tese, alcançar o padrão social semelhante ao que antes detinha, ou, ainda, em razão de doença própria ou de algum dependente comum sob sua guarda. Precedentes específicos. 5 – A conjuntura familiar dos recorrentes, retratada nas instâncias ordinárias, se amolda à situação excepcional descrita, reconhecendo-se a incapacidade de autossustento do cônjuge que pleiteou os alimentos. 6 – Nos termos do art. 1.694 do CC, os alimentos devidos entre cônjuges destinam-se à manutenção da qualidade de vida do credor, preservando, o tanto quanto possível, a mesma condição social desfrutada na constância da união, conforme preconizado na doutrina e jurisprudência desta Corte. 7 – Impossibilidade de revisão, a teor da Súmula n. 7/STJ, das conclusões alcançadas no acórdão recorrido acerca da presença dos elementos necessários para a concessão da pensão alimentícia, especialmente para majorar ainda mais o *quantum* fixado, como postulou a autora, ou, até mesmo, para reconhecer a desnecessidade desta verba, como quer o réu, por implicar o revolvimento do extenso conjunto probatório dos autos. 8 – Inexistência de risco de *bis in idem* em razão da autora ter postulado em ação própria alimentos compensatórios, uma vez que esta ação foi julgada extinta sem julgamento do mérito, decisão mantida por esta 3ª Turma no REsp n. 1.655.689/RJ. 9 – Hipóteses de cabimento dos alimentos compensatórios (indenizatórios) que não se confundem com as dos alimentos civis devidos entre cônjuges (art. 1.694 do CC), vinculados estritamente às necessidades daquele que os recebe, de caráter assistencial e suficiente para que o alimentando viva de modo compatível com a sua condição social. 10 – Possibilidade de juntada de documentos novos na fase recursal, desde que não se trate de documento indispensável à propositura da ação, não haja má-fé na ocultação e seja ouvida a parte contrária (Ag. Reg. no REsp n. 1.362.266/AL, 3ª T., rel. Min. Ricardo Villas Bôas Cueva, *DJe* 10.09.2015.) 11 – A ausência de manifestação no acórdão recorrido acerca da forma de apuração dos lucros, reservas e dividendos das sociedades anônimas, matérias de que tratam os arts. 187, 189, 190, 191, 192, 201 e 202 da Lei n. 6.404/76, alegadamente violados, impede o conhecimento da matéria, nos termos do enunciado da Súmula n. 211/STJ. 12 – Recursos especiais desprovidos. (STJ, REsp n. 1.726.229/RJ, 3ª T., rel. Min. Paulo de Tarso Sanseverino, j. 15.05.2018)

Recurso especial. Direito civil. Família. Alimentos. Exoneração. Obrigação alimentar prolongada. Extinção após a partilha. Possibilidade. Bem comum. Uso particular. Indenização. Solidariedade. Parentesco. Novo pedido. Faculdade. 1 – Cinge-se a controvérsia a definir se é possível a fixação indefinida de alimentos a ex-companheira, que está inserida no mercado de trabalho. 2 – O fim da relação deve estimular a independência de vidas e não o ócio, pois não constitui garantia material perpétua, razão pela qual o pagamento de alimentos é regra excepcional que desafia interpretação restritiva. 3 – A obrigação que perdura por uma década retrata tempo suficiente e razoável para que a alimentanda possa se restabelecer e seguir a vida sem o apoio financeiro do ex-companheiro. 4 – Aquele que utiliza exclusivamente o bem comum deve indenizar o outro, proporcionalmente, devendo tal circunstância ser considerada no que tange ao dever de prestação de alimentos. 5 – O ordenamento pátrio prevê o dever de solidariedade alimentar decorrente do parentesco (arts. 1.694 e 1.695 do CC), facultando-se à alimentanda a possibilidade de formular novo pedido de alimentos direcionado a seus familiares caso necessário. 6 – Recurso especial provido. (STJ, REsp n. 1.688.619/MG, 3ª T., rel. Min. Ricardo Villas Bôas Cueva, j. 26.09.2017, *DJe* 02.10.2017)

Agravo interno no agravo em recurso especial. Ação de alimentos. Obrigação do avô paterno. Responsabilidade subsidiária e complementar. Necessidade de esgotamento dos meios processuais para localização do genitor. Agravo desprovido. 1 – A obrigação dos avós de prestar alimentos aos netos é subsidiária e complementar, tornando imperiosa a demonstração da inviabilidade de prestar alimentos pelos pais, mediante o esgotamento dos meios processuais necessários à coerção do genitor para o cumprimento da obrigação alimentar, inclusive por meio da decretação da sua prisão civil, prevista no art. 733 do CPC, para só então ser possível o redirecionamento da demanda aos avós. 2 – Agravo interno desprovido. (STJ, Ag. Int. no AREsp n. 740.032/BA, 3ª T., rel. Min. Marco Aurélio Bellizze, j. 21.09.2017, *DJe* 02.10.2017)

Agravo de instrumento. Honorários advocatícios. Indeferimento de pedido de penhora de verba relativa ao FGTS. Indeferimento mantido. Natureza alimentar dos honorários advocatícios diversa da execução de alimentos que permite a penhora/arresto do FGTS. Incidência do art. 1.694 e segs. do CC, art. 833, § 2º, nCPC, art. 3º, III, da Lei n. 8.009/90 e entendimento do Eg. STJ. Decisão agravada mantida. Agravo de instrumento improvido. (TJSP, Ap. n. 2092104-84.2017.8.26.0000, 34ª Câm. de Dir. Priv., rel. Cristina Zucchi, j. 26.07.2017)

Agravo interno no agravo em recurso especial. Execução de alimentos. Violação aos arts. 458 e 535 do CPC/73. Deficiência de fundamentação. Súmula n. 284/STF. Compensação de alimentos pagos a maior. Mera liberalidade. Agravo desprovido. 1 – É deficiente a fundamentação do recurso especial em que a alegação de ofensa ao art. 535 do CPC/73 se faz de forma genérica, sem a demonstração exata dos pontos pelos quais o acórdão se fez omisso, contraditório ou obscuro. Aplica-se, na hipótese, o óbice da Súmula n. 284 do STF. 2 – A jurisprudência desta Corte está sedimentada no sentido de que, fixada a prestação alimentícia, incumbe ao devedor cumprir a obrigação na forma determinada pela sentença, não sendo possível compensar os alimentos arbitrados em pecúnia com parcelas pagas *in natura*. Precedentes. 3 – *In casu*, ficou reconhecido pelo Tribunal de origem, com base em convicções formadas a partir do contexto fático-probatório dos autos, que não há diferenças a serem compensadas do valor principal da pensão alimentícia, uma vez que o pagamento a maior constitui mera liberalidade do alimentante. Alterar essa conclusão mediante o reexame de fatos e provas é vedado em âmbito de recurso especial, ante o óbice da Súmula n. 7 deste Tribunal. 4 – Agravo interno a que se nega provimento. (STJ, Ag. Int. no AREsp n. 1.031.163/RJ, 4ª T., rel. Min. Raul Araújo, j. 20.06.2017, *DJe* 29.06.2017)

Recurso especial. Direito civil. Família. Alimentos. Exoneração. Obrigação alimentar prolongada. Ociosidade. Possibilidade. Parentesco. Solidariedade. Arts. 1.694 e 1.695 do CC. Novo pedido. 1 – Cinge-se a controvérsia a definir se é possível a fixação indefinida de alimentos a ex-cônjuge, que, à época da decretação dos alimentos, possuía condições para sua inserção no mercado de trabalho. 2 – O fim do casamento deve estimular a independência de vidas e não o ócio, pois não constitui garantia material perpétua. 3 – O dever de prestar alimentos entre ex-cônjuges é regra excepcional que desafia interpretação restritiva, ressalvadas as peculiaridades do caso concreto, tais como a impossibilidade do beneficiário em laborar ou eventual acometimento de doença invalidante. 4 – A obrigação que perdura por quase duas décadas retrata tempo suficiente e razoável para que a alimentanda possa se restabelecer e seguir a vida sem o apoio financeiro do ex-cônjuge. 5 – No caso dos autos, não restou demonstrada a plena incapacidade da recorrida para trabalhar, impondo-se a exoneração da obrigação alimentar tendo em vista que há inúmeras atividades laborais compatíveis com a situação de saúde explicitada em atestados médicos, que não impedem todo e qualquer labor. 6 – O ordenamento pátrio prevê o dever de solidariedade alimentar decorrente do parentesco (arts. 1.694 e 1.695 do CC), remanescendo à alimentanda a possibilidade de formular novo pedido de alimentos direcionado a seus familiares se de fato ficar demonstrado não possuir condições de prover, parcial ou totalmente, a própria subsistência. 7 – Recurso especial provido. (STJ, REsp n. 1.608.413/MG, 3ª T., rel. Min. Ricardo Villas Bôas Cueva, j. 02.05.2017, *DJe* 05.05.2017)

Recurso em *habeas corpus*. Execução de alimentos. Prisão civil. Superveniente propositura de ação exoneratória. Decisão provisória suspendendo o pagamento da pensão. Efeitos prospectivos. Não prejudica o prosseguimento da execução. Precedentes. Maioridade. Exoneração dos alimentos não é automática. Súmula n. 358 do STJ. Conclusão de curso de ensino superior e desempenho de atividade laborativa remunerada. Matéria não examinada pelo acórdão recorrido. Impossibilidade de exame pelo STJ. Supressão de instância. Legalidade do decreto de prisão. Inadimplemento das três parcelas anteriores ao ajuizamento da execução e das que venceram no curso da ação. Incidência da Súmula n. 309 do STJ. Recurso ordinário não provido. 1 – A superveniente propositura de ação de exoneração de alimentos não torna ilegal o decreto de prisão fundado em anterior inadimplemento da obrigação alimentar e não obsta o prosseguimento da execução. Precedentes. 2 – O advento da maioridade, por si, não é suficiente para o rompimento automático da obrigação alimentar decorrente do vínculo de sangue. Precedentes. 2.1 – A teor da Súmula n. 358 do STJ, o cancelamento de pensão alimentícia de filho que atingiu a maioridade está sujeito à decisão judicial, mediante contraditório, ainda que nos próprios autos, o que, no caso, ainda não se verificou. Precedentes. 3 – Esta Eg. Corte Superior não pode enfrentar a alegação de que houve conclusão de curso de ensino superior e de exercício de atividade laborativa pelo alimentado, sob pena de indevida supressão de instância. 4 – O decreto de prisão proveniente da execução de alimentos na qual se visa o recebimento integral das três parcelas anteriores ao ajuizamento da ação e das que vencerem no curso dela não é ilegal. Inteligência da Súmula n. 309 do STJ e precedentes. 4 – Recurso ordinário não provido. (STJ, RHC n. 79.070/DF, 3ª T., rel. Min. Moura Ribeiro, j. 21.02.2017, *DJe* 09.03.2017)

Direito civil. Recurso especial. Família. Ação de exoneração de alimentos. Acordo para pagamento de pensão. Ex-cônjuge. Manutenção da situação financeira das partes. Temporariedade. Possibilidade de exoneração. Recurso adesivo. Inadequação. Artigos analisados. Art. 15 da Lei n. 5.478/68 e arts. 1.694 e 1.699 do CC. 1 – Ação de exoneração de alimentos, ajuizada em 17.03.2005. Recurso especial concluso ao gabinete em 03.05.2013. 2 – Discussão relativa à possibilidade de exoneração de alimentos quando ausente qualquer alteração na situação financeira das partes. 3 – Os alimentos devidos entre ex-cônjuges serão fixados com termo certo, a depender das circunstâncias fáticas próprias da hipótese sob discussão, assegurando-se, ao alimentado, tempo hábil para sua inserção, recolocação ou progressão no mercado de trabalho, que lhe possibilite manter pelas próprias forças, *status* social similar ao período do relacionamento. 4 – Serão, no entanto, perenes, nas excepcionais circunstâncias de incapacidade laboral permanente ou, ainda, quando se constatar, a impossibilidade prática de inserção no mercado de trabalho. 5 – Rompidos os laços afetivos e a busca comum pela concretização de sonhos e resolvida a questão relativa à guarda e manutenção da prole – quando houver –, deve ficar entre o antigo casal o respeito mútuo e a consciência de que remanesce, como efeito residual do relacionamento havido, a possibilidade de serem pleiteados alimentos, em caso de necessidade, esta, frise-se, lida sob a ótica da efetiva necessidade. 6 – Não tendo os alimentos anteriormente fixados, lastro na incapacidade física duradoura para o labor ou, ainda, na impossibilidade prática de inserção no mercado de trabalho, enquadra-se na condição de alimentos temporários, fixados para que seja garantido ao ex-cônjuge condições e tempo razoáveis para superar o desemprego ou o subemprego. 7 – Trata-se da plena absorção do conceito de excepcionalidade dos alimentos devidos entre ex-cônjuges, que repudia a anacrônica tese de que o alimentado possa quedar-se inerte – quando tenha capacidade laboral – e deixar ao alimentante a perene obrigação de sustentá-lo. 8 – Se os alimentos devidos a ex-cônjuge não forem fixados por termo certo, o pedido de desoneração total, ou parcial, poderá dispensar a existência de variação no binômio necessidade/possibilidade, quando demonstrado o pagamento de pensão por lapso temporal suficiente para que o alimentado reverta a condição desfavorável que detinha, no momento da fixação desses alimentos. 9 – Contra a decisão que recebe o recurso de apelação no efeito suspensivo, é cabível agravo de instrumento (art. 522 do CPC) [art. 1.015 do CPC/2015] e não recurso especial. Não tendo sido interposto o referido recurso, a questão está preclusa. 10 – Recurso especial desprovido. 11 – Recurso adesivo não conhecido. (STJ, REsp n. 1.388.116, 3ª T., rel. Min. Nancy Andrighi, *DJe* 30.05.2014, p. 563)

Veja no art. 1.663 o seguinte acórdão: STJ, REsp n. 1.287.579, 3ª T., rel. Min. Ricardo Villas Bôas Cueva, *DJe* 02.08.2013, p. 1.211.

Agravo de instrumento. Ação de alimentos gravídicos. *Quantum* arbitrado. Binômio necessidade/possibilidade. Desproporção. Minoração. 1 – A Lei n. 11.804/2008 disciplinou o direito da mulher gestante de obter alimentos gravídicos provisórios, bastando para o arbitramento dos mesmos a comprovação do estado de gravidez e a demonstração de existência de indícios da indigitada paternidade, nos termos dos arts. 1º e 6º, do referido diploma. 2 – Nos termos do § 1º, do art. 1.694, do CC, os alimentos devem ser fixados na proporção das necessidades do reclamante e dos recursos da pessoa obrigada, levando-se em conta as necessidades essenciais da gestante e a capacidade financeira do alimentante, além da contribuição que também deverá ser dada pela mãe. Agravo de instrumento conhecido e provido. (TJGO, AI n. 201390846342, 6ª Câm. Cível, rel. Sebastião Luiz Fleury, *DJe* 02.08.2013, p. 361)

Veja no art. 1.662 o seguinte acórdão: TJSP, Ap. Cível n. 0002230-13.2009.8.26.0224, 4ª Câm. de Dir. Priv., rel. Milton Carvalho, j. 25.07.2013.

Ação de alimentos. Separação de fato. Obrigação alimentar entre cônjuges. Ônus do cônjuge pleiteante de demonstrar sua necessidade alimentar. Não comprovação. Ademais, longo período desde a separação de fato. Ausência de elementos que justifiquem a necessidade da apelante, que não se presume. Inteligência do art. 1.694 do CC. Recurso desprovido. (TJSP, Ap. Cível n. 0015541-72.2011.8.26.0007, 4ª Câm. de Dir. Priv., rel. Milton Carvalho, j. 25.07.2013)

Agravo de instrumento. Ação de alimentos promovida pela agravante contra o agravado. Verba arbitrada em favor da ex-mulher no valor de um salário mínimo mensal. Alegação da agravada de que possui 46 anos e durante o período de casamento dedicou-se exclusivamente às atividades do lar. Recibo de salário comprovado que em dezembro/2011 a agravada trabalhava como "porteiro de edifícios". Nomeação para o cargo de professora auxiliar de educação infantil. Portaria firmada pelo prefeito municipal de Balneário Camboriú publicada em 05.04.2012. Ausência de prova da necessidade de alimentos. Observância do binômio necessidade/possibilidade. Alimentos devidos somente na hipótese de estar o cônjuge impossibilitado de prover o próprio sustento. Recurso conhecido e provido. A regra inserta no art. 1.694, *caput*, do CC, deve ser interpretada restritivamente, de modo que, para fazer jus a alimentos, o pretendente deve demonstrar a necessidade de receber pensão alimentícia, sob pena de desvirtuamento do objetivo e transformação desse instituto em ilegítima fonte de renda e estímulo à ociosidade, sem olvidar que cada cônjuge deve empregar todos os esforços para a manutenção da própria subsistência. (TJSC, AI n. 2013.016043-0, 3ª Câm. de Dir. Civil, rel. Saul Steil, j. 02.07.2013)

Agravo de instrumento. Alimentos provisórios. Demanda proposta em face dos avós paternos em caráter principal. Genitor que se encontra no exterior em local desconhecido. Impossibilidade de prestá-los. Aplicação do art. 1.696 do CC. Decisão confirmada. Recurso desprovido. (TJSP, AI n. 0097370-28.2013.8.26.0000, 4ª Câm. de Dir. Priv., rel. Milton Carvalho, j. 06.06.2013)

União estável. Reconhecimento e dissolução. Alimentos. Autora jovem que reúne plenas condições de se reinserir no mercado de trabalho e prover seu próprio sustento. Partilha. Comunhão parcial de bens. Presunção de colaboração da mulher na constituição de patrimônio. Imóvel recebido por herança pelo réu constitui bem particular sobre o qual não incide a partilha. Quantia desviada da conta de titularidade do réu para a conta de seu sobrinho poucos meses antes da data da dissolução da união estável. Ausência de qualquer justificativa do réu quanto à destinação desses valores. Partilha que deverá incidir sobre tal montante. Recurso provido em parte para este fim. (TJSP, Ap. Cível n. 0006160-18.2011.8.26.0079, 4ª Câm. de Dir. Priv., rel. Milton Carvalho, j. 06.06.2013)

Agravo de instrumento. União estável. Alimentos. Decisão que fixou os alimentos provisórios em 1/3 do salário mínimo. Acordo de renúncia homologado judicialmente. Descabimento. Princípio da solidariedade que impõe obrigação alimentar mesmo após o rompimento do convívio. Mútua assistência. Art. 1.724, CC. Recurso que se limita a alegar ocorrência de coisa julgada. Necessidade da agravada e possibilidade do agravante que não foram tratados no recurso. Elementos que autorizam, em sede de cognição sumária, a manutenção da pensão. Agravo desprovido. (TJSP, AI n. 0075243-96.2013.8.26.0000, 4ª Câm. de Dir. Priv., rel. Milton Carvalho, j. 06.06.2013)

Exoneração de alimentos. Filhos maiores, porém, universitários. Pensão alimentícia necessária para o sustento na fase de desenvolvimento profissional. Obrigação que decorre dos princípios da equidade e da solidariedade familiar. Autor que, ademais, é saudável e não sofreu alteração de condições econômicas a justificar exoneração ou minoração dos alimentos. Sentença mantida. Recurso desprovido. (TJSP, Ap. n. 0001687-64.2012.8.26.0269, 4ª Câm. de Dir. Priv., rel. Milton Carvalho, j. 21.03.2013)

Agravo de instrumento. Alimentos. Pedido de pagamento dos alimentos provisórios de forma direta à instituição de ensino e ao clube recreativo, abatendo-se o montante do total da pensão fixada. Descabimento. Ausência de justificativa para adoção de tal medida nessa fase processual. Manutenção da forma de cumprimento da obrigação até decisão final da lide, momento no qual deverá ser apreciada a conveniência da pretensão. Decisão confirmada. Recurso desprovido. (TJSP, AI n. 0238935-14.2012.8.26.0000, 4ª Câm. de Dir. Priv., rel. Milton Carvalho, j. 07.03.2013)

Direito de família e processual civil. Recurso especial. Omissão e contradição. Inexistência. Alimentos. Decorrem da necessidade do alimentando e possibilidade do alimentante. Dever que, em regra, subsiste até a maioridade do filho ou conclusão do curso técnico ou superior. Moldura fática, apurada pela corte local, apontando que a alimentanda tem curso superior, 25 anos de idade, nada havendo nos autos que infirme sua saúde mental e física. Decisão que, em que pese o apurado, reforma a sentença, para reconhecer a subsistência do dever alimentar. Descabimento. 1 – Os alimentos decorrem da solidariedade que deve haver entre os membros da família ou parentes, visando garantir a subsistência do alimentando, observadas sua necessidade e a possibilidade do alimentante. Com efeito, durante a menoridade, quando os filhos estão sujeitos ao poder familiar – na verdade, conjunto de deveres dos pais, inclusive o de sustento – há presunção de dependência dos filhos, que subsiste caso o alimentando, por ocasião da extinção do poder familiar, esteja frequentando regularmente curso superior ou técnico, todavia passa a ter fundamento na relação de parentesco, nos moldes do art. 1.694 e seguintes do CC. Precedentes do STJ. 2 – "Os filhos civilmente capazes e graduados podem e devem gerir suas próprias vidas, inclusive buscando meios de manter sua própria subsistência e limitando seus sonhos – aí incluídos a pós-graduação ou qualquer outro aperfeiçoamento técnico-educacional – à própria capacidade financeira". (REsp n. 1.218.510/SP, rel. Min. Nancy Andrighi, 3ª T., j. 27.09.2011, *DJe* 03.10.2011) 3 – Portanto, em linha de princípio, havendo a conclusão do curso superior ou técnico, cabe à alimentanda – que, conforme a moldura fática, por ocasião do julgamento da apelação, contava 25 (vinte e cinco) anos de idade, "nada havendo nos autos que deponha contra a sua saúde física e mental, com formação superior" – buscar o seu imediato ingresso no mercado de trabalho, não mais subsistindo obrigação (jurídica) de seus genitores de lhe proverem alimentos. 4 – Recurso especial provido para restabelecer a sentença. (STJ, REsp n. 1.312.706/AL, 4ª T., rel. Min. Luis Felipe Salomão, j. 21.02.2013, *DJe* 12.04.2013)

Revisional de alimentos. Redução. Alegação de diminuição nos rendimentos do alimentante em virtude de desemprego. Fato, em tese, caracterizador de modificação na situação financeira do autor que, contudo, deve ser comprovado. Ausência de demonstração do depauperamento das condições econômicas do apelante. Situação de desemprego já existente à época da fixação da obrigação em favor do alimentando. Pensão já arbitrada no mínimo necessário para o sustento do apelado. Necessidades do infante que não tiveram decréscimo. Recurso desprovido. (TJSP, Ap. n. 0010607-33.2012.8.26.0073, 4ª Câm. de Dir. Priv., rel. Milton Carvalho, j. 21.03.2013)

**Prescrição**

Ajuizamento da ação quando transcorrido mais da metade do prazo previsto no art. 178, § 10, do CC/1916. Alimentados menores de 16 anos. Prevalência da regra dos arts. 3º e 198, I, do novo CC. Recurso provido. (*JTJ* 281/233)

**Binômio necessidade-possibilidade**

Divórcio. Ex-esposa que, embora tenha ficado afastada do mercado de trabalho, é pessoa capaz, saudável e capacitada. Diante das circunstâncias, o pagamento da pensão alimentícia deve restringir-se ao período de quatro anos, para permitir seu ingresso no mercado de trabalho. A fixação dos alimentos em 20% dos rendimentos líquidos do alimentante atende ao binômio necessidade/possibilidade no caso. Percentual que deverá incidir sobre rendimentos ordinários do alimentante, como 13º salário e adicionais trabalhistas. Verbas indenizatórias ou de caráter personalíssimo, como terço constitucional de férias e horas extras, que não devem integrar a base de cálculo da obrigação alimentar. Agravo retido da autora desprovido, não conhecido o agravo retido interposto pelo réu. Apelação provida em parte. (TJSP, Ap. n. 0703804-40.2012.8.26.0704, 4ª Câm. de Dir. Priv., rel. Milton Carvalho, j. 18.07.2013)

Alimentos. Pensão fixada no valor correspondente a 18% dos rendimentos líquidos do alimentante e a 1/2 salário mínimo em caso de ausência de vínculo empregatício. Pedido de redução da pensão. Ausência de prova quanto à impossibilidade de suportar o encargo. Equiparação do valor pago a outros filhos. Binômio necessidade/possibilidade bem observado. Recurso desprovido. (TJSP, Ap. n. 0010664-44.2011.8.26.0604, rel. Milton Carvalho, j. 16.08.2012, voto n. 3.386)

Alimentos. Fixação. Filho que conta com 31 anos, é formado em curso superior e constituiu entidade familiar autônoma. Residência em apartamento de alto padrão. Ausência de prova de necessidades financeiras. Autor que deve adequar seu padrão social à profissão que escolheu e aos proventos que recebe. Ausência de prova de incapacidade para o exercício de atividades laborais que lhe oferecessem maior remuneração. Alimentos indevidos. Recurso desprovido. (TJSP, Ap. Cível n. 0002233-78.2011.8.26.0100, rel. Milton Carvalho, j. 02.08.2012, voto n. 3.399)

Alimentos. Pensão fixada no valor correspondente a 1/3 dos rendimentos líquidos do alimentante e a 1/2 salário mínimo em caso de ausência de vínculo empregatício. Pedido fundamentado no dever de sustento. Incapacidade relativa para o trabalho não exime a obrigação decorrente do poder familiar. Discussão que versa apenas sobre o *quantum*. Pensão arbitrada com base no binômio necessidade/possibilidade. Recurso desprovido. (TJSP, Ap. Cível c/ Rev. n. 0026590-13.2011.8.26.0007, rel. Milton Carvalho, j. 31.05.2012)

Oferta de alimentos. Fixação. Pedido de redução da prestação. Sentença que observou o binômio legal. Ausência de prova quanto a impossibilidade de suportar o encargo. Recurso desprovido. (TJSP, Ap. Cível n. 0019919-77.2010.8.26.0566, rel. Milton Carvalho, j. 12.04.2012)

Direito civil. Família. Recurso especial. Ação de reconhecimento e dissolução de sociedade de fato c/c pedido de alimentos. União estável. Caracterização. Situação de dependência econômica da alimentanda caracterizada. Obrigação de prestar alimentos configurada. Redução do valor com base nos elementos fáticos do processo. Restrições legais ao dever de prestar alimentos entre os companheiros não declaradas no acórdão impugnado. Inviabilidade de análise da questão. Imutabilidade da situação fática tal como descrita pelo Tribunal estadual. Discute-se a obrigação de prestar alimentos entre companheiros, com a peculiaridade de que o recorrente fundamenta suas razões recursais: (i) em alegada quebra, por parte da recorrida, dos deveres inerentes às relações pessoais entre companheiros, notadamente o dever de respeito (art. 1.724 do CC/2002); (ii) no suposto "procedimento indigno" da ex-companheira em relação ao credor de alimentos (art. 1.708, parágrafo único, do CC/2002); e, acaso não acolhidos os pleitos antecedentes (iii) na redução dos alimentos para apenas os indispensáveis à subsistência da alimentanda, sob a perspectiva de que a situação de necessidade resultaria de culpa da pleiteante (art. 1.694, § 2º, do CC/2002). (STJ, REsp n. 995.538, 3ª T., rel. Min. Nancy Andrighi, j. 04.03.2010, *DJe* 17.03.2010) (*Lex-STJ* 247/123)

Direito de família. Apelação cível. Ação de separação judicial cumulada com partilha de bens, guarda e alimentos para os filhos. Regime de comunhão parcial. Parâmetros para a fixação do *quantum* alimentício. Art. 1.694, § 1º, do CC. Binômio da necessidade do reclamante e possibilidade do reclamado. Menores de idade. Necessidade presumida. Sinais exteriores de riqueza do alimentante. Preliminar. Razões recursais. Razões de decidir. Correlação. Consoante se depreende do art. 514 do CPC [art. 1.010 do CPC/2015], dentre os pressupostos de admissibilidade da regularidade formal da apelação, verifica-se a exposição dos fundamentos de fato e de direito, pelos quais o apelante entende deva ser anulada ou reformada a sentença recorrida. Existindo pertinência entre as razões recursais e os fundamentos da sentença, não há falar-se em ausência de pressuposto de regularidade formal do apelo. Na forma dos arts. 1.658 e 1.660 do CC, comunicam-se os bens que sobrevierem ao casal na constância do casamento, adquiridos a título oneroso, ainda que só em nome de um dos cônjuges. Nos termos do § 1º do art. 1.694 do CC, os alimentos devem ser fixados na proporção das necessidades do reclamante e dos recursos da pessoa obrigada. A necessidade de um menor de idade é presumida, porquanto uma criança não tem meios de sustentar a si mesma. Os sinais exteriores de riqueza, como a existência de um razoável patrimônio, devem ser considerados para a aferição da capacidade financeira do alimentante, mormente em se tratando de profissional autônomo, quando há indícios nos autos de que o mesmo aufere renda muito superior à declarada. (TJMG, Ap. Cível n. 1.0016.08.078991-6/003(1), rel. Dárcio Lopardi Mendes, j. 20.08.2009)

Alimentos. Fixação em dois terços do salário mínimo. Pretendida redução. Inadmissibilidade. Ausência de prova irrefutável de impossibilidade financeira para cumprimento do encargo como estipulado. Atendimento do binômio necessidade/possibilidade. Obrigação decorrente do poder familiar. Art. 1.694, § 1°, do CC. Recurso improvido. (TJSP, Ap. c/ Rev. n. 491.691.4/4-00/Itapecerica da Serra, 8ª Câm. de Dir. Priv., rel. Joaquim Garcia, j. 11.06.2008, *DJ* 19.06.2008)

Direito processual civil. Recurso especial. Ação de alimentos. Valor da pensão alimentícia fixado em montante inferior ao postulado na inicial. Sucumbência total de uma das alimentandas. Nas hipóteses em que o juízo confere procedência ao pedido de alimentos, embora fixe-os em valor inferior ao pleiteado na inicial, para atender ao imperativo de proporcionalidade no tocante às necessidades do reclamante e dos recursos da pessoa obrigada (art. 1.694, § 1°, do CC/2002), deve o alimentante arcar com o pagamento integral das custas processuais e honorários advocatícios. Há de se considerar que aquele que pleiteia os alimentos não é vencido na demanda quando o juiz condena o alimentante a pagar-lhe pensão em valor inferior ao pretendido na inicial; ele obtém a prestação jurisdicional, pois o direito subjetivo à parcela de alimentos subsiste, embora tenha esse direito de ser submetido ao ajuste necessário para sua factibilidade. No entanto, considerada a peculiaridade de que apenas uma das alimentandas obteve êxito em sua pretensão, restando, por conseguinte, a outra, sucumbente, na integralidade de seu pedido, a distribuição das custas processuais e dos honorários advocatícios, tal qual estabelecida no acórdão recorrido, merece ser mantida. Recurso especial não conhecido. (STJ, REsp n. 922.630, 3ª T., rel. Min. Nancy Andrighi, j. 16.10.2007, *DJ* 29.10.2007)

Direito civil. Família. Ação revisional de alimentos. Percentual sobre rendimentos do alimentante. Pagamento dos estudos dos alimentandos e do aluguel do imóvel por eles ocupado. Julgamento diverso do pedido. Não ocorrência. Modificação da verba alimentar. Observância do binômio necessidade/possibilidade. Reexame de provas. Não há julgamento diverso do pedido, quando da causa de pedir – na hipótese, modificação do binômio necessidade/possibilidade –, decorre o pedido – modificação do valor dos alimentos –, o qual restou fixado pelo Tribunal de origem em estrita interpretação dos pleitos formulados pelas partes, em nada inovando. Na via especial não se reexamina o conteúdo probatório do processo, notadamente quando o Tribunal de origem bem analisou, quanto aos alimentos fixados, as necessidades dos reclamantes e os recursos da pessoa obrigada, nos termos do art. 1.694, § 1°, do CC/2002. Recurso especial não conhecido. (STJ, REsp n. 866.230, 3ª T., rel. Min. Nancy Andrighi, j. 14.06.2007, *DJ* 29.06.2007)

Alimentos. Critério de fixação. Exegese do art. 400 do CC. Dever dos pais, na medida de suas condições financeiras. O critério de fixação dos alimentos provisionais provisórios ou definitivos está previsto no art. 400 do CC, que determina sejam observadas as necessidades do reclamante e os recursos econômicos da pessoa obrigada. Assim, a despeito da inexistência de fórmula matemática, a verba alimentar não pode ser arbitrada em quantia irrisória, imprópria para suprir as exigências vitais do alimentando, tampouco em valor excessivo, capaz de levar à bancarrota o obrigado. Hodiernamente, pai e mãe têm o dever de contribuir para a mantença da prole, na medida de suas condições econômico-financeiras, não mais se podendo falar em responsabilidade exclusiva do varão quando a virago exerce atividade remunerada, tendo em vista o princípio constitucional da igualdade entre marido e mulher; o fato de um deles ser pessoa abastada, por si só, não retira do outro a obrigação de prestar alimentos aos filhos, mormente quando não os tem sob sua guarda (TJSC, Ap. Cível n. 2002.009795-6, rel. Des. Luiz Carlos Freyesleben, *DJSC* 26.08.2002). (*RBDFam* 15/112)

**Alimentos entre companheiros**

Reconhecimento e dissolução de união estável. Comprovada a união estável após separação de fato do recorrente. Alimentos reduzidos para 15% dos rendimentos líquidos do réu, tendo em vista que também paga pensão alimentícia à ex-esposa. Recurso parcialmente provido. (TJSP, Ap. n. 0000268-16.2012.8.26.0590, 4ª Câm. de Dir. Priv., rel. Milton Carvalho, j. 31.01.2013)

Apelação cível. Ação de alimentos. Relação extraconjugal. Concubinato impuro. Fixação de verba alimentícia. Ausência dos requisitos autorizadores. Embora as partes tenham mantido relação por mais de 14 anos, não se pode extrair tenham constituído uma união estável, requisito indispensável ao estabelecimento da obrigação alimentar (art. 1.694, CC). A própria apelante admite que o relacionamento era paralelo ao casamento do agravado e nem pretende seja eventualmente reconhecida uma entidade familiar. Ademais, trata-se de pessoa jovem, de 36 anos de idade, saudável e que exerce atividade laboral. Apelação desprovida, por maioria. (TJRS, Ap. Cível n. 70.047.479.183, 8ª Câm. Cível, rel. Ricardo Moreira Lins Pastl, j. 31.05.2012)

Alimentos. Fixação. Ex-companheira. Inteligência do art. 1.694 do CC. Alimentanda que possui capacidade laborativa, ainda que limitada, o que lhe permite contribuir para complementar sua renda. Filho maior que já não reside com a ex-companheira. Alimentante que, por sua vez, constituiu nova família. Sentença que observou o binômio legal. Ausência de prova quanto a impossibilidade de suportar o encargo ou de elementos que autorizem a reduzi-lo. Sentença mantida. Recurso desprovido. (TJSP, Ap. n. 0022489-12.2010.8.26.0477, rel. Milton Carvalho, j. 26.04.2012)

Apelação civil. Exoneração de alimentos estipulados em favor da ex-mulher. A obrigação que subsiste entre o casal após a separação possui fundamento no dever de solidariedade e assistência mútua, sendo destinada a assegurar apenas o indispensável para a subsistência digna e diante de cabal demonstração de efetiva necessidade da alimentada, porque já não mais decorrem do vínculo familiar, mas de obrigação contratual, denominados alimentos civis, conforme literal disposição do art. 1.694, *caput*, do CC/2002. Pertinente a exoneração da obrigação alimentar do varão em relação à ex-esposa, diante da comprovação que ela passou a auferir rendimento. Pensão previdenciária superior ao pensionamento, adquirindo condições de prover o próprio sustento, não mais necessitando dos alimentos como meio de subsistência. Alteração na situação financeira do alimentante e das necessidades da alimentada, que justificam a exoneração da obrigação decretada na sentença. Apelação desprovida. (TJRS, Ap. Cível n. 70.031.836.810, 7ª Câm. Cível, rel. Des. André Luiz Planella Villarinho, j. 09.06.2010)

Alimentos. Pedido de alimentos com base em vínculo de casamento. Fixação de provisionais nos autos de ação de dissolução e reconhecimento de união estável. Possibilidade. Aplicação do dever de mútua assistência contido nos arts. 1.694 e 1.576 do CC. Binômio necessidade/possibilidade razoavelmente demonstrado. Pleiteante que se encontra desempregada e ainda possui um filho deficiente que necessita de cuidados especiais. Possibilidade financeira do agravado evidenciada. Fixação do dever provisório em 35% dos ganhos líquidos do varão. Pleito de sequestro de bens móveis. Medida excepcional que, como tal, não se justifica no presente caso e o objetivo é apenas preservar o patrimônio comum. Recurso provido em parte. (TJSP, AI n. 990100478435, 10ª Câm. de Dir. Priv., rel. Des. Galdino Toledo Júnior, j. 24.04.2010)

Alimentos. Revisional. Decisão pela qual se condenou o ora apelante a prestar alimentos no montante de vinte por cento dos rendimentos líquidos. Admissibilidade. Ausência de prova de que a companheira não possa ou deixe de prestar auxílio para atendimento às despesas do lar. Observância à regra do art. 1.694, § 1º, do CC. Recurso não provido. (TJSP, Ap. Cível c/ Rev. n. 6.059.834.000/Piracicaba, 6ª Câm. de Dir. Priv., rel. Encinas Manfré, j. 19.03.2009)

União estável. Alimentos devidos à ex-companheira. Faz jus a alimentos a mulher que está fora do mercado de trabalho, não possui qualificação profissional e que, durante os 15 anos de união estável, não desempenhou qualquer atividade laborativa. Inteligência do art. 1.694 do CC. Apelo provido em parte, por maioria. (TJRS, Ap. Cível n. 70.021.393.137, 7ª Câm. Cível, rel. Maria Berenice Dias, j. 19.12.2007, *DJ* 15.01.2008)

Alimentos. Casamento com separação judicial e, após, coabitação caracterizando união estável. Dependência econômica comprovada apesar de a autora possuir aposentadoria de R$ 1.200,00. Alimentos fixados em 20% dos rendimentos líquidos do réu (arts. 1.694 do CC/2002 e 7º da Lei n. 9.278/96). Provimento em parte. (TJSP, Ap. Cível n. 405.492.4/1-00, rel. Des. Enio Santarelli Zuliani, j. 25.10.2007)

Relacionamento homossexual. Inexistência de união estável. Pedido de alimentos. 1 – A união estável para ser reconhecida como entidade familiar exige a convivência duradoura, pública e contínua de um homem e uma mulher, estabelecida com objetivo de constituição de família e com possibilidade de sua conversão em casamento. 2 – Não se verificando situação fática assemelhada à união estável, sem que o par sequer tenha morado sob o mesmo teto, não há como ser deferido o pedido de alimentos nem de "ajuda financeira". Recurso desprovido, por maioria. (TJRS, Ap. Cível n. 70.009.791.351, rel. Des. Sérgio Fernando de Vasconcellos Chaves, j. 07.11.2004. In: CAHALI, Francisco José. *Família e sucessões no CC de 2002*. São Paulo, RT, 2005, v. II)

Ação de reconhecimento e dissolução de união estável. Alimentos provisórios. Art. 1.694, § 1º, do novo CC. Binômio alimentar. Preliminar. Tem legitimidade a convivente para postular alimentos provisórios em favor da filha menor, nos autos da ação de dissolução do reconhecimento estável. Sopesando-se os elementos de prova que instruem o feito, levando em conta a análise do binômio alimentar, os alimentos provisórios destinados à filha adolescente e à separanda, ainda que esta exerça atividade laborativa, pois presente a necessidade, não se externa desarrazoada. (TJRS, Ap. Cível n. 70.006.442.735, rel. Des. José S. Trindade, j. 14.08.2003)

**Verbas compreendidas (FGTS, décimo terceiro, verbas rescisórias)**

Ação de alimentos. Fixação do encargo alimentar que atende ao binômio capacidade/necessidade. Aplicação do disposto no art. 1.694, § 1°, do CC. Incidência dos descontos sobre décimo-terceiro, com afastamento em relação às férias e verbas rescisórias. Sentença mantida. Apelo improvido, com observação. (TJSP, Ap. cível com revisão n. 6.676.244.700/Araçatuba, 3ª Câm. de Dir. Priv., rel. Donegá Morandini, j. 24.11.2009)

Alimentos. Arbitramento razoável de 20% sobre os rendimentos líquidos, excluídas as verbas indenizatórias (horas extras, FGTS e rescisórias). Legalidade (art. 1.694, § 1°, do CC). Não provimento. (TJSP, Ap. Cível n. 6.651.644.200/ F. D. Ferraz de Vasconcelos/Poá, 4ª Câm. de Dir. Priv., rel. Enio Zuliani, j. 29.10.2009)

Apelação cível. Direito de família. Prestação de alimentos. Obrigação avoenga. A obrigação alimentar, nos termos do art. 1.696 do CC, detém característica subsidiária ou complementar, devendo também atenção ao binômio alimentar do § 1° do art. 1.694 e art. 1.695, ambos do CC/2002. Comprovado o binômio necessidade/possibilidade, notadamente quanto à ausência de condições do progenitor em arcar com pensionamento maior do que o fixado, não é de ser majorado o valor em que estabelecida a pensão alimentícia pelo juízo singular. Entretanto, tal pensionamento deverá incidir sobre o décimo terceiro salário percebido pelo alimentante, uma vez que integra seus rendimentos, tratando-se de verba de natureza salarial e de caráter permanente, recebida em período certo. Apelação parcialmente provida. (TJRS, Ap. Cível n. 70.026.727.198, 7ª Câm. Cível, rel. Vasco Della Giustina, j. 19.11.2008, *DJ* 26.11.2008)

**Verbas compreendidas**

Apelação cível. Dissolução de união estável. Ex-mulher. Alimentos. Incidência sobre o 13° salário. Partilha de bens. Imóvel em nome de terceiro que não é parte no processo. Questão a ser dirimida em ação própria. Alegação de sub-rogação. Exigência de prova inequívoca. A obrigação alimentar entre cônjuges e companheiros funda-se no art. 1.566, III, do CC, dispondo sobre o dever de ambos à mútua assistência, que permanece mesmo após a separação (art. 1.694, CC), desde que provada a carência de recursos por parte de um deles. Os alimentos, que devem ser fixados na proporção das necessidades do reclamante e dos recursos da pessoa obrigada, devendo incidir sobre o 13° salário do alimentante. Na união estável, salvo disposição em contrário, vigora o regime da comunhão parcial de bens (art. 1.725 do CC), de modo que, quando da dissolução, os bens adquiridos onerosamente durante a convivência deverão ser partilhados igualitariamente pelos companheiros. Sabe-se que para ser estabelecida a partilha, deve-se trabalhar com dados concretos e seguros, com o objetivo de afastar a possibilidade de enriquecimento sem causa de uma das partes. Estando um dos bens em nome de terceiro, não se pode, desde logo, determinar a partilha, devendo a questão ser dirimida pela via judicial apropriada com a participação da pessoa cujo nome figura como proprietário perante o registro de imóveis. Nos termos do inciso II do art. 1.659 do CC, não se comunicam os bens adquiridos com valores exclusivamente pertencentes a um dos cônjuges/conviventes em sub-rogação dos bens particulares. Todavia, para que se aplique este dispositivo, é necessário que o interessado ressalve essa sub-rogação no título aquisitivo e prove que de fato um bem substitui outro. Apelações parcialmente providas. (TJRS, Ap. Cível n. 70.034.926.089, 8ª Câm. Cível, rel. Des. Claudir Fidelis Faccenda, j. 19.08.2010)

**Repetição de indébito**

Apelação cível. Repetição de indébito. Alimentos. Cabimento. É indevido o recebimento de valores a título de alimentos por aquele que não detém a guarda fática do alimentado. Necessidade de repetição pelo recebimento indevido. Deram provimento. (TJRS, Ap. Cível n. 70.022.134.969, 8ª Câm. Cível, rel. Rui Portanova, j. 14.08.2008, *DJ* 21.08.2008)

Apelação cível. Ação de repetição de indébito. Alimentos. Descabimento. O valor descontado de uma das fontes pagadoras do alimentante, INSS, a título de alimentos, que já havia sido pago em ação de execução, é irrepetível, irrestituível. Em se tratando de alimentandos menores, vige a presunção de que os valores pagos a maior ou repetidos foram revertidos em favor deles. Não se vislumbra como possam receber, em parcelas mensais, quantias menores do que as que são devidas mensalmente a título de alimentos e às quais estão acostumados, sendo que é certo que possuem compromissos mensais a serem saldados com o pensionamento devido pelo autor/alimentando. Extinção da ação confirmada. Precedentes do Tribunal. Apelação desprovida. (TJRS, Ap. Cível n. 70.022.717.425, 8ª Câm. Cível, rel. José Ataídes Siqueira Trindade, j. 24.04.2008, *DJ* 02.05.2008)

Repetição de indébito. Inadmissibilidade. Pagamento a quem se provou não ser filho do alimentante. Obrigação que se mostrava legítima até o julgamento da negatória de paternidade. Inocorrência de enriquecimento sem causa em face da boa-fé. Recurso não provido. (*JTJ* 280/22)

Alimentos. Repetição do indébito. Admissibilidade. Ocultação de novo casamento pela alimentada. Extinção da obrigação. Art. 29 da Lei federal n. 6.515/1977. Verba que perdeu o caráter alimentar. Ação procedente. Recurso não provido. (*JTJ* 276/34)

**Improcedência do pedido**

Alimentos. Ex-mulher. Sentença de improcedência. Ausência de comprovação de necessidade da apelante e de possibilidade do apelado. Art. 1.694, § 1º, do CC. Recurso desprovido. (TJSP, Ap. n. 990100901290, 4ª Câm. de Dir. Priv., rel. Des. Teixeira Leite, j. 29.04.2010)

Ação de alimentos. Agravo oral. Interposição que não constou do termo de audiência. Inobservância do disposto no art. 523, § 3º, do CPC [sem correspondente no CPC/2015]. Alimentadas que já alcançaram a maioridade civil (24 e 28, respectivamente). Frequência a curso superior (Faculdade de Direito) que possibilita a conciliação entre o estudo e o trabalho. Presunção, ademais, de aptidão ao trabalho. Necessidade aos alimentos não demonstrada. Ausência de comprovação da capacidade contributiva por parte do requerido. Aplicação do disposto no art. 1.694, § 1º, do CC. Improcedência da ação de alimentos decretada, prejudicado o pleito de majoração da verba. Litigância de má-fé. Inocorrência. Sentença reformada. Apelo do réu provido, prejudicado o exame da apelação interposta pelas autoras. (TJSP, Ap. Cível c/ Rev. n. 6.080.794.700/São Paulo, 3ª Câm. de Dir. Priv., rel. Donegá Morandini, j. 10.03.2009)

**Alimentos após divórcio**

Exoneração de alimentos. Sentença que diminuiu o valor da prestação em relação à filha, que realiza curso universitário, e manteve em relação à varoa. Pedido de extinção da obrigação em relação à ex-esposa. Obrigação que não foi instituída com termo final. Ausência de provas da alteração ou piora da situação financeira do autor. Dificuldade de inserção econômica da apelada no mercado de trabalho. Idade avançada, e último vínculo empregatício que se encerrou há mais de 30 anos. Manutenção das necessidades econômicas. Obrigação alimentar que deve subsistir. Recurso desprovido. (TJSP, Ap. n. 0044063-76.2011.8.26.0309, 4ª Câm. de Dir. Priv., rel. Milton Carvalho, j. 13.12.2012)

Oferta de alimentos. Alegação de que o alimentante sofreu modificação em sua situação econômico-financeira no curso do processo, não dispondo de condições de suportar o pagamento dos valores inicialmente ofertados. Conjunto probatório evidencia que o autor possui fontes de renda não declaradas. Ausência de provas que corroborem o empobrecimento alegado. Ex-esposa que é pessoa jovem, capaz, saudável e apta para o trabalho. Pensionamento que deve restringir-se a dois anos, apenas para permitir seu retorno ao mercado de trabalho. Precedentes do STJ. Filha de tenra idade. Despesas que, embora presumidas, não são muito elevadas. Redução do valor da pensão. Recurso parcialmente provido. (TJSP, Ap. Cível n. 0009132-35.2009.8.26.0562, 4ª Câm. de Dir. Priv., rel. Milton Carvalho, j. 13.12.2012)

Oferta de alimentos. Ex-cônjuge. Alimentanda que se encontra afastada do mercado de trabalho há mais de 18 anos, não possui capacitação profissional e conta com 59 anos de idade. Alimentante que recebe benefício previdenciário e exerce atividade remunerada da qual aufere rendimentos suficientes para prover sua subsistência. A despeito de não ter sido demonstrada a renda exata percebida pelo alimentante, o conjunto probatório evidencia ter ele condições de suportar o pagamento da pensão alimentícia no valor correspondente a um salário mínimo. Recurso desprovido. (TJSP, Ap. Cível n. 0026219-30.2012.8.26.0196, 4ª Câm. de Dir. Priv., rel. Milton Carvalho, j. 16.05.2013)

Exoneração de pensão alimentícia devida à ex-cônjuge. Sentença de improcedência. Apelação. Alegada capacidade laborativa e percepção de renda pela alimentanda. Necessidade da pensão comprovada. Alimentanda que não possui formação profissional e sempre laborou no restaurante do casal, que com a separação ficou com o alimentante. Dificuldade prática de inserção no mercado de trabalho. Alegada redução da capacidade financeira do alimentando. Ausência de provas suficientes nesse sentido. Alteração do binômio necessidade/possibilidade não comprovada. Recurso conhecido e desprovido.

Para que o ex-marido seja exonerado do pagamento da pensão alimentícia arbitrada em favor da ex-mulher, deve comprovar que esta não mais necessita dos alimentos ou, por outro lado, consegue provê-los por si própria, ou que ele, o alimentante, teve sua situação financeira alterada a tal ponto que ficou impossibilitado de prestá-los sem prejuízo do próprio sustento. No caso *sub judice*, no entanto, as provas trazidas aos autos não dão conta de nenhuma das situações ensejadoras da exoneração. (TJSC, Ap. Cível n. 2010.014161-3/São José, 6ª Câm. de Dir. Civil, rel. Jaime Luiz Vicari, j. 20.07.2012)

Divórcio litigioso. Não fixação de alimentos em favor da ré. Ausência dos requisitos legais. Tratando-se de ex-cônjuge o conceito de necessidade relaciona-se à ideia de dependência econômica, que se verifica quando, em decorrência da extinção do vínculo matrimonial, o consorte deixa de ter condições de prover sua própria subsistência. Conjunto probatório que indica ter a ré meios próprios para manter-se. Recurso desprovido. (TJSP, Ap. Cível n. 0046193-13.2009.8.26.0114, j. 12.04.2012)

Agravo de instrumento. Alimentos provisórios fixados em favor de ex-esposa. Redução. 1 – A fixação dos alimentos provisórios submete-se ao prudente arbítrio do juiz, fundado no princípio do livre convencimento. 2 – Contudo, o agravante comprovou que sua ex-esposa exerce a representação de uma fabricante de joias, tendo ela confessado que aufere alguma renda com tal atividade. 3 – Não há, ainda, contudo, prova de que tais ganhos, os quais não foram informados nos autos, são suficientes para a manutenção da agravada. 4 – De outra parte, há razoável capacidade do provedor, empresário de transmissão de corridas de Fórmula 1, o que faz presumir a inexistência de maiores dificuldades em arcar, por enquanto, com o pensionamento da ex-esposa, que luta para voltar ao mercado de trabalho. 5 – Diante dessas circunstâncias, o mais adequado, enquanto não se esgota a fase probatória, é prover parcialmente o recurso para redução dos provisórios para o valor equivalente a 5 salários mínimos. (TJRJ, AI n. 0023011-73.2011.8.19.0000, 12ª Câm. Cível, rel. Des. Antonio Iloizio B. Bastos, j. 14.02.2012)

Embargos à execução. Débito decorrente de pensão alimentícia fixada sem a especificação do valor devido a cada alimentando. Hipótese em que foram descaracterizados os alimentos *intuitu familiae* em virtude de terem os filhos do alimentante passado a residir com ele. Situação causada pela própria embargada, que moveu ação de modificação de guarda relativa aos filhos. Acolhimento dos embargos para justificar o pagamento a menor da pensão. Apelo desprovido. (TJSP, Ap. Cível n. 0148972-05.2006.8.26.0000, rel. Milton Carvalho, j. 19.10.2011)

Alimentos. Pretensão de ex-cônjuge. Constituição de novo relacionamento. Inteligência do disposto no art. 1.708 do CC. Inexistência, ademais, de prova da capacidade financeira do ex-marido. Improcedência. Recurso desprovido. (TJSP, Ap. Cível n. 994.08.038458-2, 7ª Câm. de Dir. Priv., rel. Milton Carvalho, j. 25.08.2010)

Exoneração de alimentos. Ex-cônjuge alimentada em nova união estável. Incidência do art. 1.708 do CC. Pelo teor do art. 1.708 do CC/2002 com novo casamento, união estável ou concubinato da parte credora dos alimentos, cessa o dever de prestar pensionamento. No caso dos autos, nem sequer há controvérsia quanto à existência de nova união estável. A alimentada admitiu estar com um novo companheiro e apenas questionou as possibilidades do alimentante. Logo, é de rigor a exoneração. Negaram provimento. (TJRS, Ap. Cível n. 70.037.085.875, 8ª Câm. Cível, rel. Des. Rui Portanova, j. 19.08.2010)

Ação de divórcio direto litigioso. Decurso do lapso temporal exigido. Suficiência. Desnecessidade de se comprovar de quem foi a culpa pela separação, a teor do disposto no art. 1.580, § 2º, do novo CC. Alimentos devidos em virtude do dever de mútua assistência (art. 1.694, CC). Ex-mulher que comprovou a necessidade de auxílio por parte do ex-marido. Observância do binômio necessidade-possibilidade. Sentença parcialmente reformada. Apelo provido em parte. (TJSP, Ap. n. 994080332479 (5831614100), 10ª Câm. de Dir. Priv., rel. Des. Testa Marchi, j. 29.07.2010)

Agravo de instrumento. Pensão alimentícia. Comprovação do casamento da alimentanda. Perda automática do direito ao benefício. Restando comprovado o casamento da filha alimentanda, esta perde automaticamente seu direito ao benefício, nos termos do art. 1.708 do CC. (TJMG, AI n. 0018613-85.2010.8.13.0000, rel. Des. Edilson Fernandes, j. 15.06.2010)

Separação judicial litigiosa. Hipótese em que não se confirma prática de conduta desonrosa ou grave violação dos deveres do casamento durante a coabitação, apurando-se, sim, ter a mulher, na fase de separação de fato, praticado crime contra os costumes e contra os filhos menores, o que justificou condenação em processo criminal, com trânsito em julgado. Não obstante sem definição da culpa, preserva-se a separação ditada pela insuportabilidade da vida em comum, prestigiada a partilha de bens adquiridos durante o matrimônio. Acolhimento do recurso, porém, para reconhecer a exoneração do dever de o autor pagar alimentos à ré em razão do comportamento indigno da ex-mulher, nos termos do parágrafo único do art. 1.708 do CC. Recurso provido, em parte, para esse fim. (TJSP, Ap. n. 994093174484 (6732634800), 4ª Câm. de Dir. Priv., j. 13.05.2010)

Alimentos pretendidos pela mulher após a decretação do divórcio. Decreto de extinção em razão da falta de vínculo entre as partes. Sentença anulada. Inteligência do disposto no art. 1.694 do novo CC. Recurso provido.

(TJSP, Ap. Cível c/ Rev. n. 6.588.154.800/São Bernardo do Campo, 2ª Câm. de Dir. Priv., rel. Boris Kauffmann, j. 06.10.2009)

Apelação cível. Ação de alimentos. Dispensa de alimentos quando da separação e divórcio. Acordo homologado. Posterior ajuizamento de ação de alimentos por ex-cônjuge. Carência de ação. Ilegitimidade ativa. Extinção da ação. Os alimentos ao ex-cônjuge são devidos em face do dever de solidariedade previsto em lei, quando demonstrada a necessidade. Para que seja determinada a prestação de alimentos entre ex-cônjuges (dever de mútua assistência) é necessária a comprovação de dependência econômica entre as partes. No caso, as partes já estão separadas há dez anos, sem a prestação de alimentos, tendo, inclusive, havido expressa renúncia a alimentos quando da separação e divórcio das partes, mostrando-se, assim, inviável a postulação posterior de alimentos. Preliminar rejeitada e recurso desprovido. (TJRS, Ap. Cível n. 70.023.756.372, 7ª Câm. Cível, rel. Ricardo Raupp Ruschel, j. 16.07.2008, *DJ* 22.07.2008)

**Maioridade**

Veja no art. 1.579 o seguinte acórdão: TJSP, Ap. n. 0000522-64.2012.8.26.0565, 4ª Câm. de Dir. Priv., rel. Milton Carvalho, j. 31.01.2013.

Alimentos. Autora que atingiu a maioridade no curso do processo. Dever de sustento que cessa com a maioridade civil. Possibilidade de postular a prestação alimentícia, mas que depende da prova da necessidade, na forma do art. 1.694 do CC. Ausência de prova da necessidade da autora ou inaptidão para o trabalho. Recurso parcialmente provido. (TJSP, Ap. Cível n. 0007792-82.2008.8.26.0597, rel. Milton Carvalho, j. 28.06.2012, voto n. 3.170)

Alimentos. Exoneração. Filha que atingiu maioridade. Acolhimento do pedido, mantido o encargo, proporcionalmente reduzido, à alimentanda ainda menor de idade. Inconformismo contra a redução do valor da verba. Obrigação de natureza *intuitu personae* e não *intuitu familiae*, uma vez ausente estipulação expressa a respeito. Inexistência de previsão legal e pactual do direito de acrescer. Sentença mantida. Negado provimento ao recurso. (TJSP, Ap. Cível n. 0037747-58.2011.8.26.0564, rel. Milton Carvalho, j. 28.06.2012, voto n. 3.167)

Apelação cível. Família. Ação de exoneração de alimentos. Impossibilidade de exoneração. Maioridade das alimentadas que não elidem o dever do pai de prestar alimentos, que decorre do liame parental e da estrita necessidade das jovens (arts. 1.694 e 1.695 do CC). Necessidade de redução da verba alimentar alcançada pelo genitor, bem ainda de fixar-se prazo para o seu término. Não obstante as alimentadas terem completado a maioridade civil e estarem exercendo atividade laborativa, o que, de regra, configuraria motivo suficiente para a exoneração da obrigação alimentar, em razão das provas produzidas nos autos é bastante para se fixar prazo para o término da obrigação alimentar, porquanto as apeladas têm capacidade laborativa para ingressar no mercado de trabalho. No tocante ao alimentante, sua impossibilidade em alcançar os alimentos estipulados em dois salários mínimos restou comprovada com a medida executória. Ônus sucumbenciais invertidos. Apelação provida, em parte. (TJRS, Ap. Cível n. 70.036.598.886, 7ª Câm. Cível, rel. Des. José Conrado Kurtz de Souza, j. 06.10.2010)

Apelação. Exoneração de pensão alimentícia. Extinção automática da obrigação pelo implemento da maioridade do alimentando. Inviabilidade. Transubstanciação do fundamento jurídico do poder familiar ao parentesco. Inteligência dos arts. 1.694 e 1.695 do CC/2002. Extinção afastada. Recurso provido. (TJSP, Ap. Cível s/ Rev. n. 5.676.264.700/São Paulo, 3ª Câm. de Dir. Priv., rel. Egidio Giacoia, j. 12.05.2009)

Agravo de instrumento. Exoneração liminar de alimentos. Descabimento. A maioridade do alimentado, por si só, não leva a exoneração automática do pai/alimentante. É preciso prova de desnecessidade, que por enquanto ainda não aportou nos autos. De outra banda, o alimentante tem dois novos filhos, mas alegou tais fatos como redutores de suas possibilidades somente agora, passado um lapso temporal relativamente longo desde os dois nascimentos. Nesse contexto, a esta altura não há mais espaço para considerar o nascimento dos novos filhos, por si só, como indicador de redução nas possibilidades. Agravo provido. Em monocrática. (TJRS, AI n. 70.026.187.443, 8ª Câm. Cível, rel. Rui Portanova, j. 02.09.2008, *DJ* 10.09.2008)

Agravo de instrumento. Exoneração. Liminar de alimentos. Descabimento. A maioridade recém-atingida pela alimentada, por si só, não é causa para exoneração automática da obrigação do pai/alimentante. Para a exoneração é preciso prova da desnecessidade. E no caso, não há nenhuma prova de que a alimentada tenha constituído família ou tenha filhos. Negado seguimento. Em monocrática. (TJRS, AI n. 70.025.661.679, 8ª Câm. Cível, rel. Rui Portanova, j. 04.08.2008, *DJ* 11.08.2008)

Alimentos. Exoneração. Maioridade. Necessidade de prolongamento da prestação de alimentos constatada. Hipótese em que o alimentando é portador de enfermidades (epilepsia e dislexia), fazendo uso constante de uma série de medicamentos, além de submeter-se a intenso tratamento médico. Dificuldade de obtenção de trabalho em mercado sabidamente seletivo evidenciada. Alimentos devidos, não pelo vínculo familiar, mas em decorrência do disposto no art. 1.694, *caput*, do CC. Ação improcedente. Inversão dos ônus da sucumbência determinada, respeitada a gratuidade. Recurso provido. (TJSP, Ap. c/ Rev. n. 551.785.4/0-00/Itápolis, 1ª Câm. de Dir. Priv., rel. Luiz Antonio de Godoy, j. 08.04.2008, *DJ* 14.04.2008)

Alimentos. Maioridade do alimentando. Exoneração automática da pensão. Inadmissibilidade. Com a maioridade, extingue-se o poder familiar, mas não cessa desde logo o dever de prestar alimentos, fundado a partir de então no parentesco. É vedada a exoneração automática do alimentante, sem possibilitar ao alimentando a oportunidade de manifestar-se e comprovar, se for o caso, a impossibilidade de prover a própria subsistência. Precedentes do STJ. Recursos especiais conhecidos e providos, prejudicada a Medida Cautelar n. 9.420/DF. (STJ, REsp n. 712.176, rel. Min. Barros Monteiro, j. 23.08.2005)

Direito civil e processual civil. Recurso especial. Execução de alimentos. Maioridade. Exoneração automática. Impossibilidade. Com o advento da maioridade, é vedada a exoneração automática da obrigação de prestar alimentos fundada no dever de sustento, a qual terá continuidade com fundamento no dever de parentesco, se comprovada a necessidade pelo filho. Precedentes. Na execução de sentença que condenou o pai a prestar alimentos ao filho, permanece incólume o título executivo judicial ainda que atingida a maioridade, porque comprovado no curso do processo que perdura a necessidade do alimentado. Recurso especial não conhecido. (STJ, REsp n. 510.247, 3ª T., rel. Min. Nancy Andrighi, j. 19.05.2005, *DJ* 08.08.2005)

Alimentos. Maioridade. Com a maioridade extingue-se o poder familiar, mas não cessa o dever de prestar alimentos, a partir de então fundado no parentesco. É vedada a exoneração automática do alimentante, sem possibilitar ao alimentado a oportunidade para se manifestar e comprovar, se for o caso, a impossibilidade de prover a própria subsistência. Diante do pedido exoneratório do alimentante, deve ser estabelecido amplo contraditório, que pode se dar: (i) nos mesmos autos em que foram fixados os alimentos, ou (ii) por meio de ação própria de exoneração. Recurso especial conhecido e parcialmente provido. (STJ, REsp n. 608.371/MG, rel. Min. Nancy Andrighi, j. 29.03.2005, *DJ* 09.05.2005)

Alimentos. Exoneração. Admissibilidade. Atingida a maioridade cessa *ipso jure* a causa jurídica da obrigação de sustentar com base no pátrio poder, atualmente denominado poder familiar, sem que se faça necessário o ajuizamento de ação exoneratória. Não configura hipótese especial para dar continuidade ao dever alimentar, o que não impossibilita ulterior imposição com respaldo na obrigação de assistência decorrente do parentesco. Recurso provido. (TJSP, AI n. 334.018.4/8, rel. Des. Ruiter Oliva, j. 23.03.2004)

Exoneração. A obrigação do pai, de prestar alimentos aos filhos, cessa automaticamente com a maioridade, persistindo, após, somente quando demonstrada por eles a necessidade de continuar a receber a prestação. Para fazer cessar a obrigação de pagar, fixada em decisão judicial, basta simples requerimento nos autos, sendo desnecessária citação ou intimação pessoal do alimentário. (TJSP, AI n. 302.194.4/0, rel. Des. João Carlos Saletti, j. 24.09.2003)

Alimentos. Alimentária que alcançou a maioridade civil. Pedido de expedição de ofício à fonte pagadora para cessação do desconto da pensão fixada. Indeferimento pelo juízo *a quo*, por entender que a exoneração do encargo deve ser pronunciada em ação autônoma ou mediante expressa concordância da alimentanda. Decisório que não merece subsistir. Hipótese em que estamos diante de extinção automática, pelo simples implemento de termo extintivo da obrigação, o que arreda a exigência atinente ao ajuizamento de ação de exoneração. Pleito do alimentante, ora agravante, que pode ser apreciado desde logo nos próprios autos do processo onde se deu a estipulação da prestação alimentar, tendo lugar então a intimação da agravada, para manifestação. Agravo parcialmente provido. (TJSP, AI n. 298.742.4/0-00, rel. Des. Paulo Dimas Mascaretti, j. 17.06.2003)

Alimentos. Exoneração. Desnecessidade do ajuizamento de ação autônoma. Possibilidade de formulação de pedido nesse sentido nos próprios autos de ação de alimentos, assegurado o contraditório. Maioridade da alimentanda. Provável cessação da obrigação alimentar. Determinação à expedição de ofício à empregadora para que deixe de proceder o desconto em folha da pensão. Exoneração definitiva que deverá ser examinada em primeira instância. Agravo parcialmente provido. (TJSP, AI n. 267.595.4/7-00, rel. Des. Luiz Antonio de Godoy, j. 20.05.2003)

Alimentos. Filhos. Maioridade. Extinção. Atingida a maioridade do filho, o alimentante pode requerer, nos autos da ação em que foram estipulados os alimentos, o cancelamento da prestação, com instrução sumária, quando então será apurada a eventual necessidade de o filho continuar recebendo a contribuição. Não se há de exigir do pai a propositura de ação de exoneração, nem do filho o ingresso com ação de alimentos, uma vez que tudo pode ser apreciado nos mesmos autos, salvo situação especial que recomende sejam as partes enviadas à ação própria. Recurso conhecido pela divergência, mas desprovido. (STJ, REsp n. 347.010/SP, rel. Min. Ruy Rosado de Aguiar, j. 25.11.2002, *DJU* 10.02.2003)

Alimentos. Com a maioridade civil do alimentando (art. 9º do CC), termina o pátrio poder (art. 392, III, do CC), extinguindo-se o dever alimentar previsto no art. 397 do CC. Exoneração que poderá ser reconhecida e declarada *incidenter tantum* inclusive em sede de execução (art. 733 do CPC) [art. 911 do CPC/2015] (TJSP, AI n. 230.675-4/7, rel. Des. Enio Santarelli Zuliani, j. 29.01.2002). (*RBDFam* 14/105)

**Maioridade, estudante**

Alimentos. Filho maior de idade universitário. Pensão alimentícia necessária para o seu sustento na fase de desenvolvimento profissional. Obrigação que decorre dos princípios da equidade e da solidariedade familiar. Precedentes da jurisprudência. Autor que, entretanto, é saudável e estuda somente em meio período, o que lhe possibilita laborar. Pensão que, ademais, tem caráter de complementariedade e que, portanto, deve ser reduzida para o montante de meio salário mínimo. Litigância de má-fé. Inocorrência. Penalidade afastada. Alimentos que são devidos a partir da citação. Inteligência do § 2º do art. 13 da Lei de Alimentos. Recurso provido em parte. (TJSP, Ap. n. 0003039-98.2011.8.26.0008, rel. Milton Carvalho, j. 12.04.2012)

Apelação cível. Família. Ação de exoneração de alimentos. Impossibilidade de exoneração. Maioridade da alimentada que não elide o dever do pai de prestar alimentos, que decorre do liame parental e da estrita necessidade da jovem (arts. 1.694 e 1.695 do CC). Ausência de comprovação da incapacidade do alimentante de prestar os alimentos. Art. 333, II, do CPC [art. 373, II, do CPC/2015] e Conclusão n. 37 do Centro de Estudos do TJRS. Hipótese em que restou demonstrado que a alimentada está estudando em instituição de curso superior e que ainda necessita do auxílio do genitor para custear a referida faculdade para que não haja prejuízo em seu sustento, já que não exerce atividade laborativa remunerada. Caso em que não foram trazidos pelo recorrente elementos de prova sobre sua impossibilidade de continuar a alcançar a verba alimentar à filha, ônus que lhe cabia e do qual não se desincumbiu. Ainda que não subsista a presunção de necessidade pelo advento da maioridade, as circunstâncias de fato demonstradas estabelecem efetivo vínculo jurídico alimentar, agora de caráter parental, entre o pai e a filha estudante de curso superior. Apelação desprovida. (TJRS, Ap. Cível n. 70.033.546.466, 7ª Câm. Cível, rel. Des. José Conrado Kurtz de Souza, j. 13.01.2010)

Ação de alimentos. Pleito ajuizado por filha maior de idade com supedâneo no art. 1.694 do CC. Demonstração da necessidade de auxílio para pagamento de curso de nível superior. Fixação adequada do *quantum* alimentar, porém não nos moldes pleiteados, considerando-se o caráter apenas complementar da obrigação ora determinada. Inconformismo do alimentante. Descabimento. Obrigação alimentar fixada com razoabilidade em primeiro grau. Recurso improvido. (TJSP, Ap. Cível c/ Rev. n. 6.809.984.800/Santo André, 6ª Câm. de Dir. Priv., rel. Sebastião Carlos Garcia, j. 19.11.2009)

Apelação cível. Alimentos fixados em demanda de investigação de paternidade. Maioridade. Pleito de exoneração ou redução da verba desacolhido. Não há que se falar em exoneração de alimentos originalmente fixados no âmbito de ação de investigação de paternidade, porquanto, embora o beneficiário seja maior de idade, não pode prescindir do recebimento da pensão, vez que demonstradas, por ora, suas necessidades, enquanto estudante e fora do mercado de trabalho. Persistindo a necessidade e a possibilidade, já que não demonstrou o autor qualquer modificação em sua capacidade econômica, permanece hígido o dever legal de prestar os alimentos (art. 1.696 do CC), que não se extingue apenas pela aquisição da maioridade do alimentado. Pensão majorada em relação ao *quantum* fixado na sentença, adequando-se às necessidades do alimentado. Negado provimento ao apelo do autor e dado parcial provimento ao apelo do alimentado. (TJRS, Ap. Cível n. 70.027.353.028, 7ª Câm. Cível, rel. André Luiz Planella Villarinho, j. 03.12.2008, *DJ* 12.12.2008)

Revisão de alimentos. Pedido de redução. Adequação do *quantum*. Filho maior, estudante universitário e que trabalha. 1 – O poder familiar cessa quando o filho atinge a maioridade, mas não desaparece o dever de solidariedade decorrente da relação parental. 2 – Sendo o alimentando maior, que detém cargo público e é estudante universitário, mostra-se correta a redução estabelecida pela sentença, pois os alimentos destinam-se a garantir a frequência do filho a estabelecimento de ensino superior, como complemento da sua educação, que é dever residual do poder familiar, sem sobrecarregar o alimentante, observando o binômio necessidade-possibilidade. Recurso desprovido (segredo de justiça). (TJRS, Ap. Cível n. 70.024.639.718, 7ª Câm. Cível, rel. Sérgio Fernando de Vasconcellos Chaves, j. 22.10.2008, *DJ* 28.10.2008)

Exoneração de alimentos. Alimentada com 19 anos frequentando o segundo ano do curso médio. Defasagem da vida escolar está configurada. Cabe à alimentada obter o próprio sustento. Agravo provido. (TJSP, AI n. 308.063.4/7-00, rel. Des. Natan Zelinschi de Arruda, j. 13.05.2004, v.u.)

Alimentos. Filho maior. Alegação de ser estudante universitário. O fato de se tratar de um estudante universitário não é, por si só, o suficiente para justificar o dever do pai de prestar-lhe alimentos. Necessidade do filho não demonstrada no caso. Recurso especial não conhecido. (STJ, REsp n. 149.362/RS, rel. Min. Barros Monteiro, j. 03.02.2004, *DJU* 12.04.2004)

Alimentos. Maioridade civil. Suspensão da obrigação alimentar liminarmente. Inadmissibilidade. Alimentanda cursando estabelecimento de ensino superior. Necessidade e possibilidade que devem ser avaliadas. Recurso provido. (TJSP, AI n. 302.612.4/0-00, rel. Des. Ruy Camilo, j. 07.10.2003)

Alimentos. Execução. Maioridade da alimentanda. Exoneração. Curso superior prestes a ser completado. 23 anos de idade e demonstração que não necessita de alimentos. Alimentante com doença degenerativa e com despesas avultadas sem condições de prestar alimentos. Exoneração decretada. Recurso não provido. (TJSP, Ap. Cível n. 273.205.4/8-00, rel. Des. Ruiter Oliva, j. 19.08.2003, v.u.)

Exoneração. Maioridade civil. Pedido incidental formulado nos autos de separação judicial. Comprovação de estar a alimentada cursando pós-graduação. Necessidade de ampla fase probatória. Recurso não provido. (*JTJ* 276/302)

**Direito de acrescer**

Alimentos. Obrigação. Cessação. Maioridade. Direito de acrescer. A aquisição da maioridade civil faz com que se presuma não mais necessite o alimentando da contribuição material do pai. Cessada a menoridade do filho, os alimentos fixados *intuitu familiae* devem ser ajustados à superveniente alteração da causa *debendi*, sendo certo que a fixação dos alimentos feita de maneira global não significa que com a desnecessidade do filho que atingiu a maioridade, sua cota acresça aos demais beneficiários. V.V. (TJMG, Ap. Cível n. 1.0183.07.125413-4/001(1), rel. Dárcio Lopardi Mendes, j. 05.03.2009)

Alimentos. Pensão alimentícia. Exoneração. Filho que atinge a maioridade. Valor da verba alimentar a ser prestado pelo pai que deve ser reduzido, proporcionalmente. Direito de acrescer a quota-parte aos demais filhos inexistentes. (*RT* 821/241)

Sobre exoneração, redução ou majoração (revisão) da pensão alimentícia, *v.* acórdão no art. 1.699 a seguir.

**Alimentos gravídicos**

Alimentos gravídicos. O deferimento da tutela antecipada não exige prova inequívoca, mas indícios da relação de parentesco alegada. Agravado que reconheceu a paternidade em carta redigida de próprio punho. Presença dos requisitos determinados pela Lei n. 11.804/2008. Fixação dos alimentos em valor inferior ao pleiteado pela agravante. Ausência de prova da capacidade econômica do agravado. Possibilidade de encontrar-se encarcerado. Pensão arbitrada em 30% do valor do salário mínimo. Nascimento da criança no curso da lide. Necessidade de instituição da obrigação alimentar, que será convertida em seu favor. Recurso parcialmente provido. (TJSP, AI n. 0139238-20.2012.8.26.0000, 4ª Câm. de Dir. Priv., rel. Milton Carvalho, j. 21.02.2013)

Agravo de instrumento. Tutela antecipada. Anulação de ato judicial. Acordo realizado em ação de alimentos gravídicos. Trânsito em julgado, com expedição de alvará para inclusão da paternidade no assento civil do infante. Negativa da paternidade. Risco à subsistência do menor. Obrigação alimentar que persiste por determinação legal, com respaldo em indícios da paternidade. Situação que demanda dilação probatória. Agravo desprovido. (TJSP, AI n. 0298635-52.2011.8.26.0000, rel. Milton Carvalho, j. 14.06.2012, voto n. 3.161)

Alimentos gravídicos. O deferimento da tutela antecipada, embora não exija prova inequívoca, tem por requisito a presença de indícios da paternidade alegada (Lei n. 11.804/2008, art. 6º). Inexistência de quaisquer elementos que indiquem ser o agravado o pai do nascituro. Decisão mantida. Recurso a que se nega provimento. (TJSP, AI n. 0161296-51.2011.8.26.0000, rel. Milton Carvalho, j. 30.11.2011)

Agravo de instrumento. Direito de família. Alimentos gravídicos. Art. 6º, Lei n. 11.804/2008. Presença dos indícios de paternidade. Fixação. Binômio necessidade-possibilidade. Prova da incapacidade financeira. Ausência. Estando presentes os indícios da alegada paternidade, em atenção ao art. 6º da Lei n. 11.804/2008, deve o juiz arbitrar os alimentos gravídicos devidos ao nascituro a fim de cobrir as despesas adicionais do período de gravidez e as que sejam dela decorrentes, da concepção ao parto. A fixação do valor dos alimentos deve observar o binômio necessidade-possibilidade, conforme previsto no § 1º do art. 1.694 do CC/2002. Não tendo o agravante se desincumbido do ônus de demonstrar sua incapacidade financeira e a impossibilidade de arcar com os alimentos provisórios fixados, deve ser mantida a decisão proferida em primeira instância. (TJMG, AI n. 0093073-43.2010.8.13.0000, rel. Des. Dídimo Inocêncio de Paula, j. 15.07.2010)

Ação de alimentos gravídicos. Lei n. 11.804/2008. Ausência de indícios da paternidade. O deferimento de alimentos gravídicos à gestante pressupõe a demonstração de fundados indícios da paternidade atribuída ao demandado, não bastando a mera imputação da paternidade. Exegese do art. 6º da Lei n. 11.804/2008. Ônus da mulher diante da impossibilidade de se exigir prova negativa por parte do indigitado pai. Ausente comprovação mínima das alegações iniciais, resta inviabilizada, na fase, a concessão dos alimentos reclamados, sem prejuízo de decisão em contrário diante de provas nos autos. Agravo de instrumento desprovido (TJRS, AI n. 70.028.646.594, 7ª Câm. Cível, rel. André Luiz Planella Villarinho, *DJ* 24.04.2009). (*RBDFS* 10/157)

Alimentos gravídicos. Indícios de paternidade. Cabimento. A Lei n. 11.804/2008 regulou o direito de alimentos da mulher gestante. Para a fixação dos alimentos gravídicos basta que existam indícios de paternidade suficientes para o convencimento do juiz. Agravo provido. Em monocrática (TJRS, AI n. 70.029.315.488, 8ª Câm. Cível, rel. Rui Portanova, *DJ* 16.04.2009). (*RBDFS* 10/157)

**Art. 1.695. São devidos os alimentos quando quem os pretende não tem bens suficientes, nem pode prover, pelo seu trabalho, à própria mantença, e aquele, de quem se reclamam, pode fornecê-los, sem desfalque do necessário ao seu sustento.**

O artigo ressalta a necessidade da presença dos pressupostos para que se reconheça a obrigação dos parentes, cônjuges e companheiros de prestar alimentos. O binômio necessidade-possibilidade já mencionado no artigo anterior (art. 1.694, § 1º) é aqui evidenciado.

Os alimentos serão devidos somente excepcionalmente quando comprovada a necessidade do alimentando, por sua ausência de recursos (insuficiência do que ganha com seu trabalho) e bens (ou no caso de possuí-los, insuficiência com a sua alienação), que justifique a impossibilidade de, por si mesmo, prover à sua subsistência. Assim, não serão devidos alimentos às pessoas que, podendo trabalhar, não trabalham.

Demonstrada a necessidade, há ainda que se apurar a possibilidade do alimentante de arcar com a prestação alimentícia desde que sua capacidade financeira permita, sem desfalque do necessário a seu próprio sustento ou manutenção. Presentes ambos os pressupostos, o julgador, adotando o critério de proporcionalidade entre eles, fixará a justa prestação alimentícia.

**Jurisprudência:** Apelação cível. Ação de alimentos. Pedido de reforma da sentença que julgou improcedente a ação. Descabimento. Fixação de alimentos postulada por filho maior de idade, não está baseada no dever de sustento dos genitores, e sim no princípio da solidariedade familiar e no dever de mútua assistência, nos termos dos arts. 1.694 e 1.695 do CC. Caso dos autos em que não demonstrada a necessidade da alimentante em perceber os alimentos do genitor, uma vez que conta 47 anos de idade e não é totalmente incapacitada para o labor. Outrossim, o apelado, que já conta 75 anos, possui outros dois filhos menores de idade, que dele dependem para o sustento, bem como comprovou que já ajuda materialmente a apelante, custeando despesas correntes, alimentos e medicamentos. Apelação desprovida. (TJRS, Ap. n. 5001958-17.2023.8.21.0018, 8ª Câm. Cível, rel. José Antônio Daltoé Cezar, j. 21.03.2024, *DJ* 21.03.2024)

Agravo de instrumento. Alimentos. Filho maior (21 anos de idade). Extinção do poder familiar que não traduz automática exoneração do dever alimentar, mercê da relação de parentesco. Aplicação da Súmula 358 do STJ. Regras de experiência (art. 375 do CPC) no sentido da necessidade alimentar do jovem adulto ainda carente de experiência profissional e de qualificação técnica. Obrigação parental de cuidar e educar que abrange o dever de prover adequada formação profissional. Idade que não autoriza presumir a autossuficiência. Precedentes no sentido de que o pensionamento deve estender-se ao atingimento da faixa etária de 24 anos. Alimentos que devem ser mantidos até maior dilação probatória, com análise percuciente do binômio alimentar. Circunstâncias fáticas que, por ora, não permitem conclusão segura no sentido de que o pagamento dos alimentos na quantia determinada resulta em desfalque do necessário ao sustento do provedor (art. 1.695 do CC). Decisão mantida. Agravo desprovido. (TJSP, AI n. 2184689-19.2021.8.26.0000/SP, 7ª Câm. de Dir. Priv., rel. Rômolo Russo, j. 05.03.2022, publ. 05.03.2022)

Recurso especial. Direito civil. Família. Alimentos. Exoneração. Obrigação alimentar prolongada. Extinção após a partilha. Possibilidade. Bem comum. Uso particular. Indenização. Solidariedade. Parentesco. Novo pedido. Faculdade. 1 – Cinge-se a controvérsia a definir se é possível a fixação indefinida de alimentos à ex-companheira, que está inserida no mercado de trabalho. 2 – O fim da relação deve estimular a independência de vidas e não o ócio, pois não constitui garantia material perpétua, razão pela qual o pagamento de alimentos é regra excepcional que desafia interpretação restritiva. 3 – A obrigação que perdura por uma década retrata tempo suficiente e razoável para que a alimentanda possa se restabelecer e seguir a vida sem o apoio financeiro do ex-companheiro. 4 – Aquele que utiliza exclusivamente o bem comum deve indenizar o outro, proporcionalmente, devendo tal circunstância ser considerada no que tange ao dever de prestação de alimentos. 5 – O ordenamento pátrio prevê o dever de solidariedade alimentar decorrente do parentesco (arts. 1.694 e 1.695 do CC), facultando-se à alimentanda a possibilidade de formular novo pedido de alimentos direcionado a seus familiares caso necessário. 6 – Recurso especial provido. (STJ, REsp n. 1.688.619/MG, 3ª T., rel. Min. Ricardo Villas Bôas Cueva, j. 26.09.2017, *DJe* 02.10.2017)

Ação de alimentos. Filho menor. Fixação do montante. Proporcionalidade. Capacidade do alimentante e necessidade do alimentado. São devidos alimentos, nos moldes do art. 1.695 do CC, quando quem os pretende não tem bens suficientes, nem pode prover, pelo seu trabalho, à própria mantença, e aquele, de quem se reclamam, pode fornecê-los, sem desfalque do necessário ao seu sustento. Para a fixação de alimentos, o Magistrado deve avaliar os requisitos estabelecidos pela lei, considerando-se a proporcionalidade entre a necessidade do alimentando e a possibilidade de pagamento pelo requerido a fim de estabilizar as microrrelações sociais. (TJMG, Ap. Cível n. 1.0183.12.008200-7/001, 5ª Câm. Cível, rel. Fernando Caldeira Brant, *DJe* 16.06.2014)

Ação de alimentos. Recurso especial. Exame de matéria constitucional. Inviabilidade. Omissão e contradição. Inexistência. Ação de alimentos proposta por detenta, em face dos espólios de seus genitores. Inexistência de acordo ou sentença fixando alimentos por ocasião do falecimento do autor da herança. Ilegitimidade passiva do espólio. Concessão de alimentos a maior de idade, sem problema físico ou mental, ou que, por ocasião do atingimento da maioridade até o ajuizamento da ação de alimentos, estivesse regulamente cursando ensino técnico ou superior. Descabimento. Alimentos. Concessão, sem constatação ou presunção legal de necessidade, a quem pode provê-los por esforço próprio. Impossibilidade. A LEP estabelece o direito/dever do preso ao trabalho remunerado. 1 – Embora seja dever de todo magistrado velar a CF, para que se evite supressão de competência do Eg. STF, não se admite apreciação, em sede de recurso especial, de matéria constitucional. 2 – "Os alimentos ostentam caráter personalíssimo, por isso, no que tange à obrigação alimentar, não há falar em transmissão do dever jurídico (em abstrato) de prestá-los" (REsp n. 1.130.742/DF, rel. Min. Luis Felipe Salomão, 4ª T., j. 04.12.2012, *DJe* 17.12.2012). 3 – Assim, embora a jurisprudência desta Corte Superior admita, nos termos do art. 23 da Lei do Divórcio e 1.700 do CC, que, caso exista obrigação alimentar preestabelecida por acordo ou sentença – por ocasião do falecimento do autor da herança –, possa ser ajuizada ação de alimentos em face do espólio – de modo que o alimentando não fique à mercê do encerramento do inventário para que perceba as verbas alimentares –, não há cogitar em transmissão do dever jurídico de prestar alimentos, em razão de seu caráter personalíssimo e, portanto, intransmissível. Precedentes das duas Turmas que compõem a Segunda Seção, mas com ressalvas por parte de integrantes da Quarta Turma. 4 – Igualmente, ainda que não fosse ação de alimentos ajuizada em face de espólio, foi manejada quando a autora já havia alcançado a maioridade e extinto o poder familiar. Assim, não há cogitar em concessão dos alimentos vindicados, pois não há presunção de dependência da recorrente, nos moldes dos precedentes desta Corte Superior. 5 – O art. 1.695 do CC/2002 dispõe que "[são] devidos os alimentos quando quem os pretende não tem bens suficientes, nem pode prover, pelo seu trabalho, à própria mantença". Nesse passo, o preso tem direito à alimentação suficiente, assistência material, saúde e ao vestuário, enquanto a concessão de alimentos demanda a constatação ou presunção legal de necessidade daquele que os pleiteia. Todavia, na exordial, em nenhum momento a autora afirma ter buscado trabalhar durante o período em que se encontra reclusa, não obstante a atribuição de trabalho e sua remuneração seja, conforme disposições da LEP, simultaneamente um direito e um dever do preso (arts. 41, II, e 39, V, c/c 50, VI, da LEP). 6 – Recurso especial não provido. (STJ, REsp n. 1.337.862, 4ª T., rel. Min. Luis Felipe Salomão, *DJe* 20.03.2014, p. 2.026)

Veja no art. 1.662 o seguinte acórdão: TJSP, Ap. Cível n. 0002230-13.2009.8.26.0224, 4ª Câm. de Dir. Priv., rel. Milton Carvalho, j. 25.07.2013.

Veja no art. 1.694 os seguintes acórdãos: TJSP, Ap. Cível n. 0015541-72.2011.8.26.0007, 4ª Câm. de Dir. Priv., rel. Milton Carvalho, j. 25.07.2013; TJSP, Ap. n. 0703804-40.2012.8.26.0704, 4ª Câm. de Dir. Priv., rel. Milton Carvalho, j. 18.07.2013; TJSP, AI n. 0075243-96.2013.8.26.0000, 4ª Câm. de Dir. Priv., rel. Milton

Carvalho, j. 06.06.2013; TJSP, Ap. Cível n. 0006160-18.2011.8.26.0079, 4ª Câm. de Dir. Priv., rel. Milton Carvalho, j. 06.06.2013; TJSP, AI n. 0097370-28.2013.8.26.0000, 4ª Câm. de Dir. Priv., rel. Milton Carvalho, j. 06.06.2013; TJSP, Ap. Cível n. 0026219-30.2012.8.26.0196, 4ª Câm. de Dir. Priv., rel. Milton Carvalho, j. 16.05.2013.

Apelação cível. Ação de exoneração. Alimentos transitórios. Ex-mulher. Não cabimento. Acordo homologado na ação de separação judicial do casal. Condição resolutiva não implementada. Disposição expressa. Obrigação de prestar alimentos. Permanência. Binômio legal. Art. 1.695 do CC. Possível alteração. Irrelevância. I – Cessa a obrigação assumida pelo ex-marido o implemento da cláusula resolutiva da prestação de alimentos transitórios à ex-mulher, expressa no acordo homologado no processo de separação judicial do casal, e não a alteração do binômio legal, como previsto no art. 1.695 do CC. II – Como o ex-marido/autor, nos termos do art. 333, I, do CPC [art. 373, I, do CPC/2015], não demonstrou o preenchimento da condicionante (aquisição de um apartamento), livremente pactuada pelo casal e homologada judicialmente, permanece a obrigação específica de prestar alimentos à ex-mulher. (TJMG, Ap. Cível n. 1.0024.11.082806-8/001, rel. Des. Washington Ferreira, j. 16.04.2013, *DJ* 19.04.2013)

Alimentos. Autor que atingiu a maioridade no curso do processo. Dever de sustento que cessa com a maioridade civil. Possibilidade de postular a prestação alimentícia, mas que depende da prova da necessidade, na forma do art. 1.694 do CC. Demonstração da impossibilidade do réu em suportar o encargo. Ausência de prova da necessidade do autor. Sentença que condenou o réu ao pagamento dos provisórios devidos da citação até a publicação da sentença. Recurso desprovido. (TJSP, Ap. Cível n. 0012285-87.2008.8.26.0020, rel. Milton Carvalho, j. 12.04.2012)

Apelação cível. Separação judicial. Alimentos. Mulher. Indeferimento. Tendo os litigantes contraído matrimônio já na condição de idosos, o qual perdurou seis anos, a mulher deverá prover o próprio sustento com os rendimentos que já auferia antes do casamento, como fez durante a sua vida, não estando preenchidos os requisitos elencados no art. 1.695 do CC/2002, na medida em que, embora o varão aufira proventos superiores aos dela, não tem condições de pensioná-la, sem desfalque ao necessário do seu sustento. Requisito da necessidade não demonstrado nos autos. Apelação desprovida. (TJRS, Ap. Cível n. 70.031.056.013, 7ª Câm. Cível, rel. Des. André Luiz Planella Villarinho, j. 14.04.2010)

Apelação cível. Separação judicial. Partilha. Inclusão de outros bens. Propriedade não comprovada. Exclusão de imóvel recebido em doação. Ausência de comprovação. Meação de numerário resultante de venda de bem imóvel pertencente ao casal. Óbice legal. Inexistência. Art. 1.658 do CPC [*sic*, CC]. Observância. Alimentos em prol do cônjuge virago. Renda própria e patrimônio razoável. Necessidade não demonstrada. Sentença mantida. Não tendo o cônjuge virago se desincumbido do ônus da prova quanto à propriedade de outros bens que pretende incluir no acervo partilhável e, ainda, sobre alegado recebimento de imóvel em doação feita por seu genitor para fins de excluí-lo da partilha, deve ser mantida a sentença que ao decretar a separação judicial estabelece a divisão de bens em consonância com os ditames do art. 1.658 do CPC [*sic*, CC], inexistindo óbice no que concerne à meação de numerário resultante da venda de propriedade rural efetivada pelo casal na constância da sociedade conjugal. Comprovado que o cônjuge virago possui renda própria e permanecerá com patrimônio razoável ante o desfazimento da sociedade conjugal, tem-se por patenteada a impossibilidade de condenação do varão a arcar com a prestação alimentar, porquanto não preenchidos os requisitos previstos no art. 1.695 do CC. (TJMG, Ap. Cível n. 1.0024.07.542522-3/001(1), rel. Des. Afrânio Vilela, j.09.02.2010)

Ação revisional dos alimentos. Exoneração. Ex-mulher. Capacidade laborativa comprovada. Aprovação em concurso público. Distribuição do ônus da prova. Art. 333 do CPC [art. 373 do CPC/2015]. É cabível o pagamento de alimentos entre marido e mulher em virtude do dever de mútua assistência, bem como o princípio da solidariedade, balizador da obrigação alimentar entre os cônjuges, devendo estes ser fixados em consonância com a capacidade do alimentante e a necessidade daquele que pleiteia a pensão alimentícia. Se a pessoa é jovem, tem capacidade e aptidão para inserir-se no mercado de trabalho pode a pensão ser reduzida ou exonerada. Os alimentos não podem estimular as pessoas a se manterem desocupadas, como se pode observar pela interpretação gramatical ou literal do art. 1.695 do CC. Verificada a melhora na capacidade financeira do alimentando e, não demonstrado a impossibilidade de garantir sua subsistência com seu próprio trabalho, a exoneração da pensão alimentícia é medida que se impõe. (TJMG, Ap. Cível n. 1.0223.07.221999-9/001(1), rel. Dárcio Lopardi Mendes, j. 24.09.2009)

Apelação cível. Ação de alimentos. Autora idosa. Obrigação imposta aos filhos. Requisitos. Possibilidade financeira. Insuficiência não demonstrada. Manutenção do encargo em atenção à digna sobrevivência da requerente, que goza de tratamento constitucional privilegiado. O direito ao recebimento de pensão alimentícia em decorrência da filiação não é exclusivo dos filhos, pois aos pais também é garantido o direito de receberem pensão dos filhos em caso de necessidade. O pagamento de pensão pelos filhos aos pais tem fundamento no princípio da solidariedade recíproca que deve reger as relações de família. O art. 229 da CF, o qual dispõe, "os pais têm o dever de assistir, criar e educar os filhos menores, e os filhos maiores têm o dever de ajudar e amparar os pais na velhice, carência ou enfermidade". Não obstante, o art. 1.695 do CC estabelece que os alimentos serão devidos quando aquele de quem se reclama possa fornecê-los sem desfalque do necessário ao seu sustento. Não demonstrada a incapacidade financeira do filho da requerida em suportar a obrigação alimentar sem sacrifício de suas próprias necessidades básicas, descabe falar-se em isenção ou redução do encargo. Recurso improvido. (TJMG, Ap. Cível n. 1.0024.09.497199-1/002(1), rel. Heloisa Combat, j. 11.08.2009)

Apelação cível. Alimentos. Exoneração. Maioridade civil. Curso preparatório. Ausência de prova hábil da impossibilidade de suportar o encargo alimentício. Não demonstração de alteração na fortuna do alimentante. Binômio necessidade-possibilidade. Prevalecimento do *quantum* fixado na sentença. Negar provimento. 1 – É preceito do art. 1.695 do CC que os alimentos são devidos quando o parente que os pretende não tem bens ou não pode prover à própria mantença e os reclama de quem pode fornecê-los sem desfalque do necessário ao seu sustento. 2 – O dever de alimentar dos pais em relação aos filhos cessa com a maioridade civil ou emancipação, porém, apesar de atingida mencionada maioridade, restando evidenciada a necessidade de continuar a usufruir alimentos do pai por estar estudando e não possuir atividade remunerada que lhe dê condição de prover seus estudos, impõe-se a manutenção do encargo. 3 – Nega-se provimento ao recurso. (TJMG, Ap. Cível n. 1.0056.08.165593-0/001, rel. Célio César Paduani, j. 04.12.2008, *DJ* 17.12.2008)

Alimentos. Exoneração. Maioridade. Necessidade de continuidade da obrigação alimentar demonstrada. Alimentanda que se matriculou em curso regular de jornalismo e que, contudo, não dispondo de recursos para arcar com as despesas, viu-se compelida a adiar seus estudos. Intenção de retorno à faculdade verificada. Hipótese em que negar-se alimentos à requerida significaria privar-lhe de seu sonho de ingresso no ensino superior. Alimentos devidos por força do disposto no art. 1.695 do CC/2002. Ocorrência, entretanto, de alteração da situação financeira do requerente evidenciada. Alimentante que constituiu nova família, após a celebração do acordo, tendo significativa diminuição dos seus rendimentos mensais. Redução devida. Observância do binômio possibilidade/necessidade. Ação parcialmente procedente. Condenação do requerente no pagamento de custas, despesas e honorários advocatícios. Recurso parcialmente provido. (TJSP, Ap. c/ Rev. n. 539.965.4/3-00/Franca, 1ª Câm. de Dir. Priv., rel. Luiz Antonio de Godoy, j. 08.04.2008, *DJ* 14.04.2008)

Direito civil. Família. Revisional de alimentos. Reconvenção com pedido de exoneração ou, sucessivamente, de redução do encargo. Dever de mútua assistência. Divórcio. Cessação. Caráter assistencial dos alimentos. Comprovação da necessidade de quem os pleiteia. Condição social. Análise ampla do julgador. Peculiaridades do processo. Sob a perspectiva do ordenamento jurídico brasileiro, o dever de prestar alimentos entre ex-cônjuges, reveste-se de caráter assistencial, não apresentando características indenizatórias, tampouco fundando-se em qualquer traço de dependência econômica havida na constância do casamento. O dever de mútua assistência que perdura ao longo da união, protrai-se no tempo, mesmo após o término da sociedade conjugal, assentado o dever de alimentar dos então separandos, ainda unidos pelo vínculo matrimonial, nos elementos dispostos nos arts. 1.694 e 1.695 do CC/2002, sintetizados no amplamente difundido binômio – necessidades do reclamante e recursos da pessoa obrigada. Ultrapassada essa etapa – quando dissolvido o casamento válido pelo divórcio, tem-se a consequente extinção do dever de mútua assistência, não remanescendo qualquer vínculo entre os divorciados, tanto que desimpedidos de contrair novas núpcias. Dá-se, portanto, incontornável ruptura a quaisquer deveres e obrigações inerentes ao matrimônio cujo divórcio impôs definitivo termo. Por força dos usualmente reconhecidos efeitos patrimoniais do matrimônio e também com vistas a não tolerar a perpetuação de injustas situações que reclamem solução no sentido de perenizar a assistência, optou-se por traçar limites para que a obrigação de prestar alimentos não seja utilizada *ad aeternum* em hipóteses que não demandem efetiva necessidade de quem os pleiteia. Dessa forma, em paralelo ao raciocínio de que a decretação do divórcio cortaria toda e qualquer possibilidade de se postular alimentos, admite-se a possibilidade de prestação do encargo sob as diretrizes consignadas nos arts. 1.694 e segs. do CC/2002, o que implica a decomposição do conceito de necessidade, à luz do disposto no art. 1.695 do CC/2002, do qual é possível colher os seguintes requisitos caracterizadores: I – A ausência de bens suficientes para a manutenção daquele que pretende alimentos; e II – A incapacidade do pretenso alimentando de prover, pelo seu trabalho, à própria mantença [...]. (STJ, REsp n. 933.355,

3ª T., rel. Min. Nancy Andrighi, j. 25.03.2008, *DJ* 11.04.2008)

Apelação cível. Alimentos. Pedido fundamentado no disposto no art. 1.566, III, do CC/2002. Para fixação dos alimentos é indispensável prova da necessidade de quem pleiteia e possibilidade da outra parte. Necessidade essa que se traduz na insuficiência de bens ou impossibilidade de prover o próprio sustento pelo trabalho, nos termos do art. 1.695 do CC/2002. Tratando-se de pessoa apta para o trabalho, com experiência profissional, e contando com 44 anos, não se caracteriza como necessitada para o recebimento de alimentos, podendo prover o próprio sustento com seu trabalho. Negaram provimento. Unânime. (TJRS, Ap. Cível n. 70.015.921.604, 7ª Câm. Cível, rel. Des. Luiz Felipe Brasil Santos, j. 02.08.2006)

**Art. 1.696. O direito à prestação de alimentos é recíproco entre pais e filhos, e extensivo a todos os ascendentes, recaindo a obrigação nos mais próximos em grau, uns em falta de outros.**

O direito a alimentos pode ser cobrado pelos filhos dos pais e pelos pais dos filhos. O dever entre eles é, portanto, recíproco. Entre ascendentes e descendentes há reciprocidade da obrigação alimentar. Desse modo, o genitor pode reclamar alimentos do filho, desde que provada a necessidade do que pleiteia e a possibilidade econômica do demandado. A obrigação alimentar abrange tanto o parentesco consanguíneo como o civil. Sendo possível, portanto, ao adotante pleitear alimentos aos filhos, netos ou bisnetos do adotado ou vice-versa (cf. DINIZ, Maria Helena. *Curso de direito civil brasileiro*. São Paulo, Saraiva, 2002).

A obrigação de prestar alimentos, segundo a lei, deverá alcançar todos os ascendentes, recaindo sobre os mais próximos em grau, uns em falta de outros. Assim, o filho deverá pedir alimentos primeiramente a seu pai e a sua mãe, e, na sequência, na ausência destes, a seus avós paternos ou maternos, a seus bisavós, e deste modo sucessivamente. O ascendente de grau mais próximo preferirá ao de mais remoto. Sobre este último só recairá a obrigação à falta ou impossibilidade do primeiro de prestá-la. Assim, ajuizada a ação de alimentos em face do ascendente de um grau, há que ser comprovada, de forma irretorquível, a impossibilidade de assumir a obrigação do ascendente de grau mais próximo.

A prova poderá ser produzida nesta mesma ação ou já ter sido reconhecida em ação própria anterior. Portanto, como se vê, não ficará a critério do alimentando a escolha contra qual ascendente deverá ser proposta a ação, devendo-se seguir a ordem de preferência estabelecida pela lei. Quando houver mais de um obrigado no mesmo grau, cada qual contribuirá com a quota proporcional aos seus recursos (*v.* art. 1.698).

**Jurisprudência:** Agravo de instrumento. Ação de fixação de alimentos em favor de genitora, ajuizada contra os filhos. Pedido de justiça gratuita formulado nas razões recursais. Deferimento. Decisão interlocutória que fixou alimentos provisórios em 50% do salário mínimo nacional para cada filho. Reciprocidade na obrigação de prestar alimentos entre pais e filhos. Art. 1.696 do CC. Autora que recebe benefício previdenciário de baixo valor e necessita de tratamento *home care*. Ausência de demonstração da impossibilidade da prestação alimentar nos termos fixados neste momento de cognição superficial do litígio. Decisão mantida. Recurso não provido. (TJSP, AI n. 2315803-13.2023.8.26.0000/Santo André, 9ª Câm. de Dir. Priv., rel. César Peixoto, j. 23.04.2024, *DJ* 24.04.2024)

Apelação cível. Direito de família. Ação de alimentos avoengos. A obrigação dos avós em prestar alimentos aos netos é subsidiária e complementar. Alegação de que o genitor é dependente químico e não possui vínculo formal de trabalho. Situações que não o exoneram da obrigação de prestar alimentos aos filhos menores. Ausência de demonstração de total incapacidade para o trabalho. Existência de título executivo contra o alimentante, sem notícias de requerimento de cumprimento de sentença. Avô paterno que recebe parcos rendimentos de aposentadoria, não havendo justificativa para lhe impor tal obrigação. Sentença reformada. Recurso provido. (TJRS, Ap. n. 50017795520218210050, 7ª Câm. Cível, rel. Vera Lucia Deboni, j. 28.02.2024, *DJ* 28.02.2024)

Apelação. Alimentos avoengos. Improcedência. Inconformismo das alimentandas. Rejeição. Dever subsidiário dos avós que implica a impossibilidade dos genitores e a necessidade dos alimentandos. Arts. 1.696 e 1.698, ambos do CC. Súmula n. 596, STJ. Ausência de comprovação de impossibilidade de o genitor prestar os alimentos. Sentença mantida. Negaram provimento ao recurso. (TJSP, Ap. Cível n. 10311881920178260577/São José dos Campos, 8ª Câm. de Dir. Priv., rel. Alexandre Coelho, j. 15.08.2023, *DJ* 15.08.2023)

Exoneração de alimentos entre ex-cônjuges. Sentença de improcedência. Apelação. Irresignação do autor. Alimentos devidos entre ex-cônjuges que possuem caráter assistencial. Não foi encartado ao processo nenhum laudo médico, demonstrando eventual incapacidade, física ou mental da ré. Alimentada que à época possuía 55 anos e não contava com doença incapacitante. Pensão fixada há mais de 11 anos, de modo que a ré poderia ter retornado ao mercado de trabalho. Ré que ainda poderá contar com o auxílio dos filhos maiores, devido ao dever recíproco de alimentos, nos termos do art. 1.696 do CC. Sentença reformada. Exoneração deferida. Recurso provido. (TJSP, Ap. Cível n. 1024012-78.2021.8.26.0405/SP, 2ª Câm. de Dir. Priv., rel. Maria Salete Corrêa Dias, j. 29.06.2022, publ. 29.06.2022)

Veja no art. 1.694 as seguintes decisões: TJSP, Ap. Cível n. 1002332-76.2021.8.26.0101/SP, 7ª Câm. de Dir. Priv., rel. Luiz Antonio Costa, j. 27.04.2022, publ. 27.04.2022; TJSP, Ap. Cível n. 1022238-94.2017.8.26.0003/SP, 4ª Câm. de Dir. Priv., rel. Alcides Leopoldo, j. 21.03.2022, publ. 21.03.2022; e TJSP, AI n. 2191055-74.2021.8.26.0000/SP, 7ª Câm. de Dir. Priv., rel. Rômolo Russo, j. 31.01.2022, publ. 31.01.2022.

*Habeas corpus*. Alimentos avoengos. Decisão que determinou o pagamento da dívida em aberto, sob pena de prisão civil. Pedido preventivo acolhido. Responsabilidade pelos alimentos que atende a uma ordem preferencial (arts. 1.696/1.698 do CC). Encarceramento dos avós paternos que, neste momento, ofende os princípios da dignidade da pessoa humana e da proporcionalidade, diante da evidente gravidade da medida. Cabimento do aguardo do trânsito em julgado da ação, quando então poderá ser mais bem aferido o cabimento da prisão civil dos devedores. Ordem concedida. (TJSP, *HC* n. 2293406-28.2021.8.26.0000/SP, 9ª Câm. de Dir. Priv., rel. Galdino Toledo Júnior, j. 09.02.2022, publ. 09.02.2022)

Apelação cível. Alimentos avoengos. Natureza subsidiária e complementar. Dever de solidariedade. Art. 1.696 do CC. Conclusão n. 44 do centro de estudos desta corte. 1 – Não tendo sido suficientemente demonstrado que a genitora, ainda que isoladamente, não reúne condições para prover o sustento dos filhos, não há como se estender a obrigação aos ascendentes mais remotos. 2 – Ademais, a avó paterna recebe rendimento modesto, não desfrutando de comodidade financeira para auxiliar o neto, não estando, assim, justificada a afirmação da obrigação avoenga, que tem natureza subsidiária e complementar. Apelação desprovida. (TJRS, Ap. Cível n. 70.080.273.618, 8ª Câm. Cível, rel. Ricardo Moreira Lins Pastl, j. 04.04.2019, *DJe* 10.04.2019)

Apelação civil. Alimentos avoengos. Obrigação subsidiária. O art. 1.696 do CC prevê a possibilidade de extensão da obrigação alimentar aos parentes mais próximos, diante de eventual incapacidade dos genitores em prover sozinhos o sustento dos filhos. Assim, a responsabilidade pelo pagamento de alimentos avoengos é subsidiária e complementar, somente sendo cabível em caso de impossibilidade total ou parcial de seu cumprimento pelos genitores. Não tendo restado demonstrado que o genitor se encontra impossibilitado de prestar alimentos, não há que se falar em alimentos avoengos a serem suportados pelo avô paterno. Sentença mantida. Negaram provimento ao apelo. Decisão: Acórdão. (TJRS, Ap. Cível n. 70.078.613.445/Esteio, 8ª Câm. Cível, rel. Rui Portanova, j. 13.09.2018)

Apelação cível. Ação de alimentos em face do pai e do avô paterno. Pedido de redução do *quantum* fixado em primeiro grau. Observância do binômio necessidade/possibilidade. Necessidades da alimentada demonstradas. Complementação da pensão pelos avós. Impossibilidade. Alimentos fixados pelo genitor. Manutenção. Primeiro recurso provido em parte. Nos termos do art. 1.696, do CC/2002, a obrigação de alimentos é extensiva a todos os ascendentes, podendo ser fixada a obrigação avoenga de forma subsidiária e complementar à dos genitores, quando comprovada a falta de capacidade financeira dos genitores para suportarem o encargo. A fixação da prestação alimentícia em favor dos filhos deve considerar o binômio necessidade/possibilidade. A manutenção do alimentado não pode converter-se em ônus insuportável ao alimentante, não pode deixar o beneficiado necessitado, tampouco pode ser desproporcional em relação à realidade fático-econômica das partes. Ausente prova capaz de demonstrar a impossibilidade do segundo apelante para a prestação dos alimentos no *quantum* fixado, deve ser negado provimento ao recurso por ele interposto que visa à redução da verba alimentar. Primeiro recurso provido e segundo não provido. (TJMG, Ap. Cível n. 1.0699.10.001827-3/002, 5ª Câm. Cível, rel. Luís Carlos Gambogi, *DJe* 08.08.2014)

Apelação cível. Ação de alimentos contra irmã. Idoso. Princípio da reciprocidade. I – O CC preconiza o princípio da reciprocidade, garantindo que o direito a alimentos é recíproco entre pais e filhos, estende-se aos ascendentes, descendentes e irmãos, recaindo a obrigação nos mais próximos em grau, uns na falta dos outros (art. 1.696 do CC). II – Deixando o alimentado de comprovar a impossibilidade de seus filhos prestarem os alimentos, deve ser acolhida a preliminar de ilegitimidade passiva da irmã, haja vista não ter sido observada a ordem de precedência. (TJMA, Ap. Cível n.

2.308/2013(149976/2014), rel. Des. Jorge Rachid Mubárack Maluf, *DJe* 18.07.2014, p. 25)

Apelação cível. Ação de alimentos em face de avós paternos. Instrução probatória. Necessidade. Sentença anulada. 1 – O dever de prestar alimentos é extensivo aos ascendentes (art. 1.696 do CC), sendo a obrigação dos avós subsidiária e complementar, ou seja, a responsabilidade dos parentes em grau mais remoto surge apenas com a impossibilidade do mais próximo prover os alimentos. 2 – A instrução probatória é indispensável para aferir a obrigação dos avós de prestar alimentos à neta. 3 – Sentença anulada. (TJES, Ap. n. 0026749-05.2012.8.08.0012, rel. Des. Dair José Bregunce de Oliveira, *DJe* 14.02.2014)

Alimentos. Pedido contra avô paterno. Desacolhimento. Ausência de prova da incapacidade dos genitores para o trabalho. Alegação de estado de miserabilidade. Genitor que trabalha como autônomo com consertos de eletrodomésticos e computadores. Inexistência de prova da necessidade subsidiária da autora. Obrigação alimentícia avoenga de caráter subsidiário. Sentença mantida. Recurso desprovido. (TJSP, Ap. Cível n. 0020845-36.2012.8.26.0001, 4ª Câm. de Dir. Priv., rel. Milton Carvalho, j. 08.08.2013)

Alimentos. Fixação. Obrigação avoenga. Tentativa frustrada de execução contra o genitor. Obrigação complementar e que deve ser fixada com atenção ao binômio necessidade/possibilidade. Avós paternos que recebem apenas benefício previdenciário. Redução da pensão alimentícia de 20% para 10% dos rendimentos líquidos. Recurso parcialmente provido. (TJSP, Ap. Cível n. 0002591-89.2011.8.26.0699, 4ª Câm. de Dir. Priv., rel. Milton Carvalho, j. 25.07.2013)

Agravo de instrumento. Alimentos avoengos provisórios. Natureza subsidiária e complementar. Art. 1.696 do CC. Conclusão n. 44 do Centro de Estudos desta Corte. Descabimento, por ora. 1 – A obrigação alimentar dos avós é de caráter subsidiário e complementar, de modo que só pode ser afirmada quando comprovado que ambos os genitores, ainda que com exclusividade, não têm condições de prover o sustento da prole. 2 – Caso concreto em que não restou demonstrada a impossibilidade dos pais, nem, tampouco, a capacidade financeira da avó. Agravo de instrumento desprovido. (TJRS, AI n. 70.054.062.179, 8ª Câm. Cível, rel. Ricardo Moreira Lins Pastl, j. 27.06.2013, *DJ* 02.07.2013)

Veja no art. 1.694 o seguinte acórdão: TJSP, AI n. 0097370-28.2013.8.26.0000, 4ª Câm. de Dir. Priv., rel. Milton Carvalho, j. 06.06.2013.

Alimentos provisórios. Demanda proposta em face do avô paterno em caráter principal. Decisão que revogou a fixação dos alimentos provisórios. Obrigação alimentícia avoenga de caráter subsidiário. Elementos que, com a instrução do processo, demonstram que o pai da agravante possui condições de participação no sustento da criança. Decisão que revogou os alimentos provisórios mantida. Recurso desprovido. (TJSP, AI n. 0216843-42.2012.8.26.0000, 4ª Câm. de Dir. Priv., rel. Milton Carvalho, j. 07.03.2013)

Alimentos. Pedido contra avós paternos. Desacolhimento. Ausência de prova da suportabilidade do encargo pelos réus. Ademais, ré é dona de casa e apresenta problemas de saúde que lhe acarretam gastos médicos. Réu que sustenta, sozinho, com parcos recursos, cinco pessoas, incluindo três menores. Genitora da apelante, por outro lado, possui duas fontes de renda e conta com o auxílio dos avós maternos com a moradia. Recurso desprovido. (TJSP, Ap. Cível n. 0005459-15.2010.8. 26.0266, 4ª Câm. de Dir. Priv., rel. Milton Carvalho, j. 29.11.2012)

Apelação cível. Alimentos e guarda. Maioridade adquirida por um dos alimentados no curso da ação. Obrigação derivada do dever de parentesco. Alimentos fixados em conformidade com o binômio necessidade-possibilidade. Alimentante que não comprova sua impossibilidade. Ônus que lhe incumbia. Alimentos fixados em favor de três alimentados, em percentual de 80% do salário mínimo, satisfaz minimamente as necessidades dos alimentados. Alimentante que exerce a profissão de eletricista, possuindo renda compatível com a pensão fixada, não se desincumbindo da alegada impossibilidade ao mesmo. Alimentado que adquiriu a maioridade no curso da ação. O simples implemento da maioridade não cessa a obrigação alimentar, porquanto não desaparece o dever de solidariedade decorrente da relação parental, mostrando-se cabível alimentos, comprovada a necessidade, nos termos do art. 1.696 do CCB, dever este que é residual ao poder familiar. Negaram provimento à apelação. (TJRS, Ap. Cível n. 70.034.911.446, 7ª Câm. Cível, rel. Des. André Luiz Planella Villarinho, j. 22.09.2010)

Alimentos provisórios. Demanda ajuizada em face do avô paterno. Arbitramento que se mostrou elevado, na hipótese dos autos. Fixação dos provisórios que deve atender ao binômio necessidade/possibilidade. Necessidades do credor presumidas, em razão da menoridade. Provisórios, que, por seu turno, representam a urgência do crédito e que só a instrução do feito poderá demonstrar o desacerto do seu arbitramento. Redução cabível (em parte), diante da comprovação de que o agravante presta alimentos a outros três netos. Cabível a redução dos provisórios para um salário mínimo (ao invés de 15% dos rendimentos líquidos do agravante, que ultrapassam o montante de R$ 1.100,00). Montante que, ao menos em sede de cognição sumária, atende às necessidades da menor. Obrigação que, ademais, possui aqui caráter subsidiário (art. 1.696 do CC). Genitor do agravado. Paradeiro desconhecido. Genitora que, por seu turno, também deve contribuir para o sustento do filho (que, ao que se infere dos autos, estuda em escola pública). Decisão reformada. Recurso parcialmente provido. (TJSP, AI n. 990100477331, 8ª Câm. de Dir. Priv., rel. Des. Salles Rossi, j. 28.04.2010)

Ação de alimentos. Fixação de alimentos provisórios. Filho. Maioridade alcançada. Necessidade/disponibilidade a serem demonstradas. Manutenção da decisão agravada. Aplica-se à obrigação de alimentar os filhos maiores o disposto nos arts. 1.694, *caput* e § 1º, 1.695 e 1.696, todos do CC, dos quais se conclui que o dever de prestar alimentos é recíproco entre pais e filhos, independe da capacidade civil deste, mas deve se basear no princípio maior contido no binômio necessidade/disponibilidade, respectivamente, entre alimentando e alimentante. Entretanto, desde que a maioridade extingue a presunção legal de necessidade que existe em favor dos filhos menores, é preciso que se comprove concretamente sua indispensabilidade e a própria possibilidade do requerido. (TJMG, AI n. 3165240-66.2010.8.13.0433, rel. Des. Geraldo Augusto, j. 27.04.2010)

Alimentos. Obrigação alimentar dos filhos em relação aos pais. Inteligência do art. 1.696 do CC. Adequadamente sopesado o trinômio proporcionalidade-necessidade-possibilidade. Sentença mantida. Recurso desprovido. (TJSP, Ap. Cível c/ Rev. n. 5.882.324.200/Ribeirão Bonito, 1ª Câm. de Dir. Priv., rel. Guimarães e Souza, j. 08.09.2009)

Veja no art. 1.694 o seguinte acórdão: TJRS, Ap. Cível n. 70.027.353.028, 7ª Câm. Cível, rel. André Luiz Planella Villarinho, j. 03.12.2008, *DJ* 12.12.2008.

Apelação cível. Ação de alimentos movida contra avô paterno. Obrigação avoenga. Excepcionalidade. Pretensão descabida. Inteligência do art. 1.696 do CCB. A obrigação de pagar alimentos recai nos parentes mais próximos em grau, inicialmente em linha reta ascendente, uns em falta de outros (art. 1.696 do CC/2002). A obrigação dos avós de prestar alimentos aos netos é complementar e admitida somente quando comprovada a efetiva necessidade e a impossibilidade ou insuficiência do atendimento pelos pais. Além disso, a fixação dos alimentos resulta da análise das possibilidades do alimentante e das necessidades de quem pede os alimentos. Na espécie, demonstrado que o avô não possui condições de prestar qualquer ajuda ao neto, descabe a condenação ao pagamento de alimentos. Recurso desprovido. (TJRS, Ap. Cível n. 70.025.500.190, 7ª Câm. Cível, rel. Ricardo Raupp Ruschel, j. 03.12.2008, *DJ* 12.12.2008)

Aumentos. Ação proposta somente contra os avós paternos, que se negam a fornecer o paradeiro do filho, genitor dos autores. Decisão que determinou a inclusão do pai e exclusão dos avós. Não cabimento. Admissibilidade do ajuizamento de ação direta contra os avós paternos, se o pai se encontra desaparecido. Inteligência do art. 1.696 do CC. Obrigação alimentar dos avós de caráter complementar. Não teria sentido exigir que inicialmente enfrentassem as menores longa demanda contra o pai, para, somente ao seu final, passados alguns anos e evidenciada a impossibilidade de prestar alimentos, fossem então acionados os avós. Possibilidade de inclusão do pai no polo passivo, sem exclusão dos avós, ou do ajuizamento direto de ação contra os avós, com prova incidente da ausência do pai, ou da sua impossibilidade em pagar alimentos. Recurso provido. (TJSP, AI n. 537.288.4/9-00/Carapicuíba, 4ª Câm. de Dir. Priv., rel. Francisco Loureiro, j. 27.03.2008. *DJ* 23.04.2008)

Alimentos. Ação proposta contra avó paterna. Obrigação sucessiva e complementar. Art. 1.696 do CC/2002. Estabelecimento de encargo alimentar com base no parentesco requer a demonstração da possibilidade do alimentante. Comprovada a possibilidade, fixação dos alimentos em 10% dos rendimentos líquidos da alimentante que atende o binômio necessidade-possibilidade. Fixação, também de alimentos *in natura*, conforme oferecido pela própria demandada. Recurso provido. (TJSP, Ap. Cível n. 475.663-4/0, rel. Des. Maia da Cunha, j. 15.03.2007)

Alimentos. Ação ajuizada contra os avós paternos. Admissibilidade. Inteligência do art. 1.696 do CC. Relação de caráter complementar, que não implica a exclusividade do pai para responder os termos propostos pelos alimentados. Constatação das possibilidades econômicas dos réus e das necessidades de complementação da autora. Prova adequada de que o pensionamento prestado pelo pai, no importe equivalente a 66% do salário mínimo vigente, impõe complementação para fazer frente às necessidades da neta adolescente, em plena fase de desenvolvimento. Recurso não provido. (TJSP, Ap. Cível n. 471.870.4/5-00, rel. Francisco Loureiro, j. 01.03.2007)

Ação de alimentos contra os tios paternos. Impossibilidade jurídica do pedido. Considerando os termos do art. 1.696 do CC/2002, e em observação a Conclusão n. 44 do CETJRS, não tendo havido busca da obrigação alimentar perante os avós maternos, na ausência por morte do pai e dos avós paternos, descabe postulá-los junto aos tios, uma vez que o dispositivo legal mencionado determina que a obrigação seja postulada junto aos parentes de grau mais próximo, o que não restou provado nos autos. Recurso desprovido. (TJRS, Ap. Cível n. 70.016.119.125, 7ª Câm. Cível, rel. Des. Ricardo Raupp Ruschel, j. 21.12.2006)

Direito civil e processo civil. Ação de alimentos proposta pelos pais idosos em face de um dos filhos. Chamamento da outra filha para integrar a lide. Definição da natureza solidária da obrigação de prestar alimentos à luz do Estatuto do Idoso. A doutrina é unissona, sob o prisma do CC/2002, em afirmar que o dever de prestar alimentos recíprocos entre pais e filhos não tem natureza solidária, porque é conjunta. A Lei n. 10.741/2003 atribuiu natureza solidária à obrigação de prestar alimentos quando os credores forem idosos, que por força da sua natureza especial prevalece sobre as disposições específicas do CC/2002. O Estatuto do Idoso, cumprindo política pública (art. 3º), assegura celeridade no processo, impedindo intervenção de outros eventuais devedores de alimentos. A solidariedade da obrigação alimentar devida ao idoso lhe garante a opção entre os prestadores (art. 12). Recurso especial não conhecido. (STJ, REsp n. 775.565, 3ª T., rel. Min. Nancy Andrighi, j. 13.06.2006, *DJ* 26.06.2006)

Apelação cível. Ação de alimentos. Pedido de alimentos da mãe para os filhos. Coisa julgada afastada. Salvo disposto no art. 267, V, do CPC [art. 485, V, do CPC/2015], a extinção do processo não obsta que o autor intente de novo a ação. Aplicação do art. 268 do CPC [art. 486 do CPC/2015]. Nos termos do art. 1.694, § 1º, do CC/2002, podem os parentes, os cônjuges ou companheiros pedir uns aos outros os alimentos de que necessitam para viver de modo compatível com a sua condição social, devendo os mesmos serem fixados na proporção das necessidades do reclamante e dos recursos da pessoa obrigada. Esse direito é recíproco entre pais e filhos (art. 1.696 do CC/2002). Recursos improvidos. (TJRS, Ap. Cível n. 70.014.330.708, 8ª Câm. Cível, rel. Des. Claudir Fidelis Faccenda, j. 01.06.2006)

Pensão complementar. A obrigação dos avós em prestar alimentos aos netos conta com expresso respaldo no art. 1.696 do atual CC, porém, por sua especial peculiaridade, se reveste de caráter complementar e subsidiário, de sorte que somente pode ser exigida quando demonstrada cabalmente a ausência ou insuficiência dos recursos dos genitores, observado o limite de capacidade econômica dos avós. Recurso improvido. (TJSP, Ap. Cível n. 368.932-4/2-00, rel. Des. Antonio Maria, j. 17.05.2005. In: CAHALI, Francisco José. *Família e sucessões no CC de 2002*. São Paulo, RT, 2005, v. II)

Alimentos. Avós. Responsabilidade. I – A responsabilidade de os avós pagarem pensão alimentícia aos netos decorre da incapacidade de o pai cumprir com sua obrigação. Assim, é inviável a ação de alimentos ajuizada diretamente contra os avós paternos, sem comprovação de que o devedor originário esteja impossibilitado de cumprir com o seu dever. Por isso, a constrição imposta aos pacientes, no caso, se mostra ilegal. II – Ordem de *habeas corpus* concedida. (STJ, *HC* n. 38.314/MS, rel. Min. Antônio de Pádua Ribeiro, j. 22.02.2005. In: CAHALI, Francisco José. *Família e sucessões no CC de 2002*. São Paulo, RT, 2005, v. II)

Civil e processual civil. Agravo regimental. Sentença reformada. Acórdão estadual. Pensão alimentícia. Obrigação primeira dos pais. Possibilidade. Pretensão em face dos avós incabível. Provas. Reexame do conjunto fático-probatório. Súmula n. 7, STJ. Prequestionamento. Discussão e debate. Inexistência. Valoração a outro dispositivo de lei. Súmulas ns. 282 e 356, STF. Improvimento. (STJ, Ag. Reg. no Ag. n. 622.970, rel. Min. Aldir Passarinho Júnior, j. 07.12.2004)

Alimentos. Responsabilidade dos avós. Complementar. Reexame de provas. 1 – A responsabilidade dos avós de prestar alimentos aos netos não é apenas sucessiva, mas também complementar, quando demonstrada a insuficiência de recursos do genitor. 2 – Tendo o Tribunal de origem reconhecido a possibilidade econômica do avô e a insuficiência de recursos do genitor, inviável a modificação da conclusão do acórdão recorrido, pois implicaria revolvimento do conjunto fático-probatório. Recurso especial não conhecido. (STJ, REsp n. 579.385/SP, rel. Min. Nancy Andrighi, j. 26.08.2004)

Alimentos. Obrigação avoenga. Subsidiariedade. 1 – Compete aos genitores a obrigação de prover o sustento dos filhos. 2 – A obrigação complementar dos avós é excepcional e somente se justifica quando provada a incapacidade econômica dos genitores para o atendimento das necessidades básicas dos alimentandos. 3 – Demonstrada a capacidade de ambos os pais de prover o sustento dos filhos, descabe postular alimentos contra os avós paternos. Recurso desprovido, por maioria. (TJRS, Ap. Cível n. 70.005.895.537, rel. Des. Sérgio Fernando de Vasconcellos Chaves, *DOERS* 21.05.2003). (*RBDFam* 19/116)

Alimentos. Responsabilidade complementar dos avós. Não é só e só porque o pai deixa de adimplir a obrigação alimentar devida aos seus filhos que sobre os avós (pais do alimentante originário) deve recair a responsabilidade pelo seu cumprimento integral, na mesma quantificação da pensão devida pelo pai. Os avós podem ser instados a pagar alimentos aos netos por obrigação própria, complementar e/ou sucessiva, mas não solidária. Na hipótese de alimentos complementares, tal como no caso, a obrigação de prestá-los se dilui entre todos os avós, paternos e maternos, associada à responsabilidade primária dos pais de alimentarem os seus filhos. Recurso especial parcialmente conhecido e parcialmente provido, para reduzir a pensão em 50% do que foi arbitrado pela Corte de origem. (STJ, REsp n. 366.837/RJ, rel. Min. Ruy Rosado de Aguiar, j. 19.12.2002, *DJU* 22.09.2003)

Alimentos. Avós. Obrigação divisível. Critérios para o arbitramento. Demonstrado que o pai não possui condições de prover sozinho o sustento do filho, a ação pode ser dirigida subsidiariamente contra os avós que possuem maior disponibilidade de recursos financeiros. O critério utilizado na estipulação dos alimentos considera as necessidades do alimentado e as possibilidades dos alimentantes, que dividirão a obrigação. Apelação provida (TJRS, Ap. Cível n. 70.001.376.524, rel. Des. José Carlos Teixeira Giorgis, *DOERS* 10.10.2002). (*RBDFam* 13/124)

Alimentos. Avós. Obrigação complementar. Os avós, tendo condições, podem ser chamados a complementar o pensionamento prestado pelo pai que não supre de modo satisfatório a necessidade dos alimentandos. Art. 397 do CC. Precedentes. Recurso conhecido e provido. (STJ, REsp n. 119.336/SP, rel. Min. Ruy Rosado de Aguiar, j. 11.06.2002, *DJU* 10.03.2003)

**Art. 1.697. Na falta dos ascendentes cabe a obrigação aos descendentes, guardada a ordem de sucessão e, faltando estes, aos irmãos, assim germanos como unilaterais.**

A obrigação alimentar, quando constatada a ausência de ascendentes, deverá recair sobre os descendentes do necessitado. Quanto a estes deverá ser observado que os filhos maiores preferirão aos menores e que independerá a origem de sua filiação. Na falta ou impossibilidade dos filhos, a obrigação poderá recair sobre os netos, bisnetos, e assim sucessivamente. Ausentes os descendentes do necessitado, a obrigação de prestar alimentos deverá incidir sobre os irmãos, parentes colaterais de segundo grau, sejam eles germanos ou bilaterais (filhos do mesmo pai e da mesma mãe) ou unilaterais (filhos de um mesmo pai ou de uma mesma mãe), que arcarão com prestação proporcional aos seus haveres. Nesta linha colateral, o dever alimentar não poderá ultrapassar o segundo grau de parentesco, ou seja, tios, sobrinhos (colaterais de terceiro grau) e primos (colaterais de quarto grau). Estão excluídos também os afins (art. 1.595).

Estando os colaterais em idênticas condições econômicas, sendo a obrigação divisível, partilha-se a mesma entre todos eles. Assim, em ordem de preferência, são obrigadas à prestação alimentícia, nos termos deste artigo e do anterior, as seguintes classes de parentes: 1) pais e filhos, reciprocamente; 2) na falta destes, os ascendentes, na ordem de sua proximidade; 3) os descendentes, na ordem de sucessão; 4) os irmãos, unilaterais ou bilaterais, sem distinção ou preferência. Este rol legal é exaustivo ou taxativo.

**Jurisprudência:** Apelação cível. Família. Ação de alimentos avoengos. Caráter subsidiário e complementar à obrigação dos pais. Intelecção dos arts. 1.694, *caput*, 1.697 e 1.698, do CC. Impossibilidade dos genitores de proverem o sustento do filho. Avó que detém capacidade para prestar auxílio ao neto. Sentença mantida. Apelação cível desprovida. (TJRS, Ap. n. 50033633720188210027/Santa Maria, 8ª Câm. Cível, rel. João Ricardo dos Santos Costa, j. 20.06.2024, *DJ* 21.06.2024)

Alimentos. Genitora que pede auxílio alimentar aos filhos. Alimentos provisórios. Fixação. Pedido de alteração da base de incidência. Cabimento. 1. Podem os parentes pedir uns aos outros os alimentos de que necessitam para viver de modo compatível com sua condição social (art. 1.694, CC), sendo que na falta de ascendentes, respondem os descendentes (arts. 1.697 e 1.698, CC). 2. Para que seja cabível a fixação de pensão alimentícia a ser suportada pelos filhos, deve ser demonstrada a necessidade da alimentanda e a capacidade econômica dos demandados. 3. Fica mantida a fixação dos alimentos, pois inequívoca a necessidade da idosa, devendo ser alterada a base de incidência em relação ao recorrente, pois possui ganhos fixos. 4. Mesmo que as duas irmãs do recorrente sejam também funcionárias públicas, não tem o recorrente legitimidade para postular a modificação da obrigação alimentar fixada em relação a elas. 5. Justifica-se a redução do encargo alimentar a fim de que fique melhor afeiçoado ao binômio alimentar, tendo em mira que a obrigação alimentar é divisível. 6. Tratando-se de alimentos provisórios, a decisão poderá ser revista a qualquer tempo, bastando que venham aos autos elementos de convicção que justifiquem a revisão. Recurso parcialmente provido.

(TJRS, AI n. 5289951-23.2023.8.21.7000, 7ª Câm. Cível, rel. Sérgio Fernando de Vasconcellos Chaves, j. 27.03.2024, *DJ* 28.03.2024)

Alimentos. Ilegitimidade passiva. Extinção do processo, sem resolução do mérito. Insurgência do autor. Desacolhimento. Recurso desprovido. Ação de alimentos. Ilegitimidade passiva. Extinção do processo, sem resolução do mérito. Insurgência do autor. Desacolhimento. Obrigação alimentar que não se estende aos tios, ficando limitada, na linha dos colaterais, aos irmãos. Inteligência do art. 1.697 do CC. Jurisprudência do STJ e deste Tribunal. Sentença mantida. Recurso desprovido. (TJSP, Ap. Cível n. 1013647-51.2021.8.26.0344/SP, 10ª Câm. de Dir. Priv., rel. J. B. Paula Lima, j. 31.05.2022, publ. 31.05.2022)

Veja no art. 1.694 a seguinte decisão: TJSP, AI n. 2191055-74.2021.8.26.0000/SP, 7ª Câm. de Dir. Priv., rel. Rômolo Russo, j. 31.01.2022, publ. 31.01.2022.

Agravo de instrumento. Ação de alimentos ajuizada em face de irmã. Arts. 1.697 e 1.698 do CC. Cabimento na hipótese. Trinômio proporcionalidade/necessidade/possibilidade. *Quantum*. Redução parcial. Menor que aufere rendimento previdenciário. Recurso provido em parte. Na esteira do previsto no art. 1.697 do CC, na falta dos ascendentes, cabe a obrigação aos descendentes, guardada a ordem de sucessão e, faltando estes, assim germanos como unilaterais. Para o arbitramento dos alimentos provisórios, mister a observância do trinômio necessidade, possibilidade e proporcionalidade, norteador das obrigações dessa espécie. Demonstrado, na hipótese em comento, o recebimento de benefício previdenciário pela infante, revela-se cabível a redução parcial do pensionamento arbitrado na origem, sem prejuízo de nova apreciação da questão após a devida dilação probatória. (TJMG, AI n. 1.0000.21.082033-8/001, rel. Des. Versiani Penna, j. 26.08.2021)

Apelação cível. Ação de alimentos contra os irmãos. Ordem legal. Prova. Descabimento. Somente se justifica o pedido de alimentos contra os irmãos em situação excepcional, isto é, quando os pais não possuem condições de atender às necessidades do filho, devendo ser exaurida a ordem estabelecida no art. 1.697 do CC. No caso, ainda que o genitor seja falecido, tem se que a autora possui renda proveniente da pensão militar do pai. Ademais, não logrou comprovar a insuficiência financeira da genitora, motivo pelo qual descabe a fixação de alimentos em face dos irmãos unilaterais paternos. Negaram provimento ao apelo. (TJRS, Ap. Cível n. 70.079.425.195, 8ª Câm. Cível, rel. Rui Portanova, j. 30.05.2019, *DJe* 04.06.2019)

Alimentos provisórios. Irmão. Obrigação subsidiária. Comprovação da incapacidade para arcar com o montante. Impossibilidade. Conforme disposto no art. 1.697 do CC, são parentes sujeitos ao encargo alimentar os pais, filhos, ascendentes, descendentes e colaterais até o segundo grau, quando comprovada a capacidade destes em prestá-lo. Se não resta comprovado, no momento, a capacidade do irmão em prestar alimentos, sem prejuízo do seu sustento, especialmente em razão de sua obrigação ser subsidiária e complementar, não se afigura razoável exigir, *ab initio*, a fixação de alimentos provisórios. Recurso provido. (TJMG, AI n. 1.0223.13.009501-9/003, 1ª Câm. Cível, rel. Eduardo Andrade, *DJe* 05.06.2014)

Apelação cível. Alimentos avoengos. Obrigação subsidiária. Ausência de prova acerca da impossibilidade dos genitores. Dever alimentar dos pais não afastado. Inteligência dos arts. 1.694, *caput*, 1.697 e 1.698 do CCB. Precedente. A obrigação de alimentos somente será repassada a outros parentes, incluindo os avós, excepcionalmente, quando comprovada a total impossibilidade dos genitores, a quem incumbe primeiramente esse dever, decorrente do poder familiar, sob pena de subversão do princípio da solidariedade familiar. Apelo provido. (TJRS, Ap. Cível n. 70.057.571.119, 7ª Câm. Cível, rel. Des. Sandra Brisolara Medeiros, j. 28.05.2014)

Civil e processo civil. Agravo de instrumento. Ação de alimentos. Obrigação alimentar fixada em face de irmão. Possibilidade. Parte agravada que não possui capacidade de prover dignamente seu próprio sustento. Ordem sucessiva prevista no art. 1.697 do CC obedecida. Ausência de parentes em linha reta capazes de prestar alimentos à recorrida. Requisitos do art. 273 do CPC [arts. 296 a 300, *caput* e § 3º, 305, parágrafo único, 311, *caput*, I, e 356 do CPC/2015] preenchidos. Pensão alimentícia fixada em *quantum* razoável. Observância do trinômio necessidade, possibilidade e razoabilidade. Manutenção da decisão originária que se impõe. Recurso desprovido. (TJRN, AI n. 2013.020303-9, 2ª Câm. Cível, rel. Des. Ibanez Monteiro, *DJe* 12.03.2014, p. 59)

Agravo regimental em recurso especial. Ação de alimentos proposta por sobrinha em relação à tia. Inexistência de obrigação legal. 1 – Segundo o entendimento deste Tribunal, a obrigação alimentar decorre da lei, que indica os parentes obrigados de forma taxativa e não enunciativa, sendo devidos os alimentos, reciprocamente, pelos pais, filhos, ascendentes, descendentes e colaterais até o segundo grau, não abrangendo, consequentemente, tios e sobrinhos (CC, art. 1.697). 2 – Agravo regimental improvido. (STJ, Ag. Reg.-REsp n. 1.305.614, 3ª T., rel. Min. Sidnei Beneti, *DJe* 02.10.2013, p. 428)

Apelação cível. Ação de alimentos interposta em desfavor de ex-cônjuge 28 (vinte e oito) anos após a separação judicial consensual. Ausência de fixação de pensão alimentícia em favor da autora à época da homologação do acordo. Sentença de improcedência. Insurgência da ex-esposa. Pleito pela reforma do julgado ao argumento de não conseguir manter seu sustento. Alegação de dificuldade de adaptação ao mercado de trabalho por contar com quase sessenta anos de idade. Insubsistência. Vínculo marital extinto há mais de 28 (vinte e oito) anos. Parte que assegurou sua própria mantença após a separação judicial mediante o exercício de atividade laborativa por longo período. Dificuldade atual que, por si só, não evidencia o dever do ex-cônjuge de arcar com pensão alimentícia. Não demonstrada, outrossim, a impossibilidade dos filhos maiores de arcar com a obrigação alimentar. Descendentes com formação superior. Dever de assistência recíproca entre pais e filhos não esgotado. Exegese dos arts. 1.696 e 1.697 do CC. Ademais, efetiva necessidade da autora não demonstrada. Impossibilidade de prestação dos alimentos pelo apelado evidenciada. Ex-cônjuge acometido de doença cardíaca e diabetes. Percepção de benefício previdenciário que mal supre suas necessidades básicas e de sua nova família. Sentença mantida. Recurso conhecido e desprovido. (TJSC, Ap. Cível n. 2011.010710-2, 1ª Câm. de Dir. Civil, rel. Denise Volpato, j. 11.06.2013)

Agravo de instrumento. Família. Obrigação alimentar entre irmãos. Alimentos provisórios. Impossibilidade de fixação neste momento processual. Existência de ação de interdição ajuizada em desfavor do agravante. Pedido de remoção da curadora. Malgrado o CC admita expressamente a possibilidade da fixação de alimentos entre irmãos (art. 1.697), o seu deferimento em sede de liminar não se revela conveniente, visto que há necessidade, em casos de discussão sobre obrigação alimentar entre parentes, de se garantir o contraditório e mesmo a realização da instrução processual, para esclarecimentos a respeito da própria obrigação do parente demandado, como da efetiva necessidade do postulante e capacidade do obrigado, sobretudo quando em curso pedido de revogação da curadoria provisória concedida à representante do agravante. (TJMG, AI n. 1.0525.12.002540-4/001, rel. Des. Versiani Penna, j. 16.08.2012, *DJ* 27.08.2012)

Alimentos. Parentesco. Pedido formulado por mulher idosa em face de seu irmão. Extinção do processo, sem apreciação do mérito, por ilegitimidade passiva. Autora que possui descendente. Irrelevância. Prevalência da regra da solidariedade na obrigação alimentar. Inteligência do art. 12 do Estatuto do Idoso (Lei n. 10.741/2003). Alimentante tem a prerrogativa de optar entre os prestadores da obrigação. Extinção do processo afastada. Sentença anulada para determinar o prosseguimento do feito. Recurso provido. (TJSP, Ap. n. 0213329-80.2009.8.26.0002, rel. Milton Carvalho, j. 30.11.2011)

Alimentos. Pedido formulado em face de irmão. Partes idosas. O estabelecimento de obrigação alimentar aos irmãos depende de prova da necessidade. O valor da pensão alimentícia deve ser fixado com observância do binômio necessidade/possibilidade. A propositura de ação de oferta de alimentos pelo réu no mesmo período constitui indício de que este pode arcar com o pagamento dos valores oferecidos, sem prejuízo de seu sustento, ainda que, nos últimos anos, sua situação econômico-financeira tenha piorado. Recurso parcialmente provido para majorar a pensão alimentícia para R$ 1.200,00. (TJSP, Ap. n. 0029967-38.2010.8.26.0100, rel. Milton Carvalho, j. 30.11.2011)

Alimentos. Pedido da mãe aos filhos. Descabimento. Inexistência de prova da necessidade. Inteligência dos arts. 1.694, § 1º, e 1.697 do CC. Descabe a fixação de alimentos quando não demonstrada a necessidade daquele que pleiteia em recebê-los. Descabe deferir alimentos quando a pessoa que pede está plenamente apta para exercer atividade laborativa, tendo condições de prover o próprio sustento. Recurso desprovido. (TJRS, Ap. Cível n. 70.032.827.990, 7ª Câm. Cível, rel. Des. Sérgio Fernando de Vasconcellos Chaves, j. 07.07.2010)

Petição inicial. Indeferimento. Alimentos. Obrigação alimentar limitada, entre colaterais, ao segundo grau. Aplicabilidade do art. 1.697 do CC. Inviabilidade de se exigir alimentos da tia. Entretanto, as razões recursais são inteiramente dissociadas do que a sentença decidiu. Recurso não conhecido. (TJSP, Ap. cível c/ rev.n. 6.096.474.700/São Paulo, 1ª Câm. de Dir. Priv., rel. Paulo Eduardo Razuk, j. 24.03.2009)

Agravo de instrumento. Investigação de paternidade com pedido de alimentos em desfavor dos irmãos. Conforme o art. 1.697 do CC, os irmãos do alimentando só podem vir a ser chamados a prestar alimentos a ele depois de demonstrado que os descendentes do mesmo não têm possibilidades econômico-financeiras de prestá-los, uma vez que é deles a obrigação alimentar. Ademais, a pobreza, por si só, não é elemento suficiente para supressão do dever alimentar. Fosse esse o raciocínio, as pessoas pobres não teriam obrigações com seus familiares, sobrepondo-se a situação econômica aos laços de família. Essa conclusão vai ao encontro do próprio espírito da legislação sobre alimentos, que encontra seu fundamento maior no dever de solidariedade entre os parentes. Deram provimento aos agravos de instrumento. (TJRS, AI n. 70.022.444.756, 8ª Câm. Cível, rel. Alzir Felippe Schmitz, j. 30.10.2008, *DJ* 06.11.2008)

Alimentos. Obrigação entre irmãos. Ordem legal. Prova. Descabimento. 1 – Somente se justifica o pedido de alimentos contra os irmãos em situação excepcional, isto é, quando comprovada a impossibilidade dos parentes mais próximos, isto é, dos ascendentes e dos descendentes, devendo ser exaurida a ordem estabelecida no art. 1.697 do CC. 2 – Existe obrigação dos ascendentes, dos descendentes e dos irmãos, sejam eles germanos ou unilaterais, de concorrerem para o sustento do necessitado, mas essa obrigação é residual, em razão do dever de solidariedade familiar, já que a obrigatoriedade segue a ordem legal. 3 – É imprescindível, no entanto, que seja recebida a exordial, sendo determinado o aditamento, devendo ser dado curso ao processo a fim de que sejam demonstradas as questões fáticas e, sobretudo, a falta de condições econômicas da filha. Recurso provido (segredo de justiça). (TJRS, Ap. Cível n. 70.021.675.053, 7ª Câm. Cível, rel. Sérgio Fernando de Vasconcellos Chaves, j. 05.12.2007, *DJ* 16.01.2008)

Alimentos. O direito de pleitear alimentos concerne apenas aos derivados do *jus sanguinis*, ou do parentesco. Parentesco colateral em terceiro grau. Inexistência de obrigação alimentar. Inteligência do art. 1.697 do CC/2002. Sentença mantida. Recurso improvido. (TJSP, Ap. Cível n. 526.085.4/7-00, rel. Des. Beretta da Silveira, j. 23.10.2007)

Agravo de instrumento. Ação de alimentos ajuizada contra irmão. Ordem legal. O direito aos alimentos é recíproco entre pais e filhos, recaindo a obrigação nos mais próximos (art. 1.696 do CC/2002). Na falta dos ascendentes a obrigação alimentar passa aos descendentes, e somente na falta destes é que ela será devida pelos irmãos (art. 1.697 do CC/2002). Deram provimento ao recurso. (TJRS, Ap. Cível n. 70.013.762.075, 7ª Câm. Cível, rel. Des. Ricardo Raupp Ruschel, j. 05.04.2006)

Alimentos. Parentesco colateral em terceiro grau. Inexistência de obrigação alimentar. Inteligência do art. 1.697 do CC/2002. Impossibilidade jurídica do pedido (TJMG, Ap. Cível n. 1.0024.04.422468-1/001, 4ª Câm., rel. Des. Carreira Machado, *DJMG* 14.06.2005). (*RBDFam* 33/124)

---

**Art. 1.698. Se o parente, que deve alimentos em primeiro lugar, não estiver em condições de suportar totalmente o encargo, serão chamados a concorrer os de grau imediato; sendo várias as pessoas obrigadas a prestar alimentos, todas devem concorrer na proporção dos respectivos recursos, e, intentada ação contra uma delas, poderão as demais ser chamadas a integrar a lide.**

---

Como já ressaltado (*v.* art. 1.694), não há *solidariedade* no cumprimento da obrigação alimentar pelos parentes, ressalvando-se a exceção prevista no Estatuto do Idoso (*v.* art. 1.694). Exatamente por tal razão é que a obrigação apresenta-se *divisível*, podendo a prestação dela decorrente ser paga por vários parentes a uma só pessoa. Isso ocorrerá quando o parente da classe mais próxima não estiver em condições de suportar totalmente o encargo legal.

Os *alimentos complementares* poderão ser pleiteados daqueles de grau imediato, que não haviam sido excluídos da obrigação, apenas aguardavam o chamamento após a demonstração da incapacidade financeira parcial dos de graus mais próximos (*v.* arts. 1.696 e 1.697). Portanto, os demais obrigados terão participação supletiva, na proporção dos respectivos recursos. Assim, havendo mais de um obrigado, nada impede que estes contribuam de modo desigual, de conformidade com suas disponibilidades. Por isso, a ação de alimentos deverá ser ajuizada contra todos os parentes obrigados, a fim de possibilitar definir a quota de cada um. Contudo, a *segunda parte* do dispositivo legal estabelece que só deverão ser chamadas a integrar a lide as pessoas obrigadas a prestar alimentos que se encontrem no *mesmo grau de parentesco*, como, por exemplo, dois avós, três irmãos.

A nova figura de natureza processual – *chamamento para integrar a lide* – criada pela lei civil, não é igual a nenhuma daquelas de intervenção de terceiros prevista no CPC. Todavia, a questão relativa à espécie de intervenção é ainda controvertida na doutrina e na jurisprudência.

Pese embora entendimento diverso, compreende-se que efetivamente a figura de intervenção de terceiros tratada na hipótese em exame *não é a denunciação da lide*, prevista no art. 125 do CPC/2015 (art. 70 do CPC/73), uma vez que o réu da ação de alimentos não invoca relação de garantia nem tampouco exerce direito de regresso. Também *não se está diante da intervenção do chamamento ao processo*, prevista no art. 130, III, do CPC/2015 (art. 77, III, do CPC/73), *primeiro* porque o disposto no art. 1.698 do CC não estabelece que a iniciativa do chamamento será do réu, ao contrário do que expressamente dispõe a regra do CPC, deixando antever a possibilidade de que o pedido poderá ser deduzido tanto do autor como do réu; *segundo* porque a obrigação alimentar é divisível e o dispositivo que trata do chamamento ao processo, previsto no CPC, exige expressamente para a sua aplicação que a obrigação seja solidária, não se permitindo a ampliação ou flexibilização (demasiada, aliás) do termo porque diversa a natureza das obrigações, gerando, por isso, consequências bem distintas umas das outras, de maneira que a própria expressão legal, porque precisa e clara, não autoriza seja substituída por outra ou que seja interpretada extensivamente; *terceiro* porque, por se tratar de obrigação divisível, estaria obrigando o autor a litigar contra quem não tinha a intenção por razões particulares, de modo a prejudicá-lo ou a criar-lhe embaraços. Já de *litisconsórcio necessário* não se trata, pois o credor não está impedido de ajuizar a ação contra um dos coobrigados, não havendo por isso no dispositivo determinação expressa de que todos os obrigados devam ser citados para integrar a lide. Assim, entende-se, ressalvada e respeitada posição contrária, que se está diante de ***modalidade de litisconsórcio passivo facultativo ulterior simples***, em face da natureza da obrigação (o STJ já entendeu que a hipótese é de **litisconsórcio obrigatório simples**, conforme jurisprudência a seguir; já para Maria Berenice Dias, constitui um ***litisconsórcio passivo facultativo sucessivo***); porque ao autor deve ser assegurado o direito de promover a ação contra quem desejar (nada impede que o alimentando proponha desde logo a demanda contra todos os devedores-comuns que estejam no mesmo grau, em litisconsórcio facultativo simples); e porque a sentença atenderá plenamente o direito material em jogo, estabelecendo, em razão da natureza da obrigação, a proporção com que cada um dos obrigados deverá concorrer, por força da determinação expressa do art. 1.698. Já a iniciativa do litisconsórcio será exclusiva do autor, a quem ela poderá aproveitar, caso necessite para seu sustento do valor devido por todos os coobrigados, porquanto decorre do próprio instituto do litisconsórcio facultativo o direito do autor de ver prevalecida a sua faculdade de demandar contra quem almeje, além de causar a situação esdrúxula aventada por Fredier Didier Júnior, de o réu passar a ser o substituto processual do autor, e ter de aditar a petição inicial deste, mesmo contra a sua vontade. De outra parte, não se vislumbra óbice ao entendimento ora exposto no disposto no art. 329 do CPC/2015, pois, assim como ocorre com as modalidades de intervenção de terceiro, o novo pedido do autor, em face do novo réu (cumulações subjetiva e objetiva), poderia ocorrer após a contestação até o saneamento do feito, sem que cause qualquer prejuízo às partes, a quem será concedido prazo para novas manifestações, impugnações e juntadas de documentos. Em estudo sob a supervisão do professor Cassio Scarpinella Bueno, no curso de pós-graduação em direito processual civil da Pontifícia Universidade Católica de São Paulo, a respeito do tema, firmou-se também o entendimento de que ainda que não seja formado o litisconsórcio ulterior pelo autor, deverá o juiz, de ofício, a requerimento do Ministério Público (ainda que atue como *custos legis*) ou da parte, autorizar a intervenção dos coobrigados, permitindo a formação de título executivo alimentar também contra eles.

De qualquer maneira, a despeito da controvérsia acerca do tema e considerando, outrossim, que a criação da figura legal teve por fim tornar mais equânime a responsabilidade alimentar, pois não seria mesmo justo que, tratando-se de obrigação conjunta, mas não solidária, e estando os devedores no mesmo plano, pesasse sobre um deles apenas (embora na medida de suas possibilidades) o pagamento da prestação, sem que pudesse chamar para integrar a lide os demais sujeitos passivos da dívida (cf. VELOSO, Zeno. *Código Civil comentado* – direito de família. São Paulo, Atlas, 2003, v. XVII); melhor é entender, como bem salientado por Fredie Didier Junior, tratar-se de *nova figura de intervenção de terceiros* criada pelo legislador civil que, a bem da verdade, não se preocupou com a necessidade de enquadrá-la em alguma das hipóteses legais de intervenção de terceiros, mas em atender o direito material da parte, especialmente, tendo em vista o interesse em jogo por se tratar de ação de alimentos. Nesse caso, diante da pouca preocupação com o aspecto formal da subsunção e processamento da intervenção, poder-se-ia admitir que ela tivesse origem em iniciativa do autor ou do próprio réu – ou do Ministério Público, ou até de ofício – e que fosse admitida até o momento em que as partes pudessem produzir provas de suas alegações, sem causar tumulto ao processo. Nesse sentido é o entendimento externado no Enunciado n. 523 da V Jornada de Direito Civil do CJF: o chamamento dos codevedores para integrar a lide, na forma do art. 1.698 do CC, pode ser requerido por qualquer das partes, bem como pelo Ministério Público, quando legitimado.

A incursão desta figura processual, contudo, pode vir a retardar a prestação jurisdicional, contrariando o espírito das soluções rápidas que norteia os processos de caráter alimentar e que observam o procedimento especial (sumário), aos quais é vedada a intervenção de terceiros.

**Jurisprudência:** Ação de alimentos avoengos. Sentença de improcedência. Insurgência das autoras. Descabimento. Obrigação alimentar dos avós que é subsidiária e complementar. Inteligência da Súmula n. 596 do STJ c/c o art. 1.698 do CC. Inadimplemento da pensão alimentícia pelo genitor que não se confunde com impossibilidade e, portanto, não gera a faculdade de pleitear alimentos avoengos. Precedentes. Sentença mantida. Recurso não provido. (TJSP, Ap. Cível n. 1017723-40.2021.8.26.0564/SP, 3ª Câm. de Dir. Priv., rel. Schmitt Corrêa, j. 28.06.2022, publ. 28.06.2022)

Agravo de instrumento. Alimentos avoengos. Ação ajuizada em face dos avós paternos. Decisão que determinou a emenda da inicial para inclusão dos avós maternos no polo passivo. Insurgência da autora. Acolhimento. Obrigação alimentar divisível e não solidária. Art. 1.698 do CC. Litisconsórcio facultativo. Precedentes desta Câmara. Decisão reformada. Deram provimento ao recurso. (TJSP, AI n. 2067666-18.2022.8.26.0000/SP, 8ª Câm. de Dir. Priv., rel. Alexandre Coelho, j. 30.05.2022, publ. 30.05.2022)

Agravo de instrumento. Família. Alimentos avoengos. Ação de alimentos movida em face do genitor e da avó paterna. Homologação de acordo quanto a obrigação alimentar paterna, com prosseguimento da ação em face da avó. Recurso contra a decisão que rejeitou a preliminar de ilegitimidade passiva. Irresignação da ré. Legitimidade passiva por figurar como avó paterna no registro de nascimento. Desnecessidade do envolvimento dos avós maternos na demanda. Inexistência de litisconsórcio passivo necessário. Medida que, ademais, retardaria a resolução do processo, em prejuízo do menor nele envolvido. Precedentes desta Col. Câmara. Responsabilidade dos avós que é sucessiva e complementar à dos genitores. Inteligência do art. 1.698 do CC e da Súmula n. 596 do STJ. Decisão mantida. Recurso desprovido. (TJSP, AI n. 2012427-29.2022.8.26.0000/SP, 1ª Câm. de Dir. Priv., rel. Alexandre Marcondes, j. 31.03.2022, publ. 31.03.2022)

Veja no art. 1.696 a seguinte decisão: TJSP, *HC* n. 2293406-28.2021.8.26.0000/SP, 9ª Câm. de Dir. Priv., rel. Galdino Toledo Júnior, j. 09.02.2022, publ. 09.02.2022.

Apelação. Alimentos avoengos. Ação proposta em face do avô paterno. Pensão fixada em favor de uma neta de seis anos de idade no valor de 15% dos rendimentos líquidos do avô paterno. Inconformismo da alimentante. Rejeição. Genitor falecido. A obrigação alimentar dos avós tem natureza complementar e subsidiária, somente se configurando no caso de impossibilidade total ou parcial de seu cumprimento pelos pais. Genitor falecido. Cabimento dos alimentos avoengos. Art. 1.698 do CC. Prova da capacidade financeira do avô paterno que recebe aposentadoria no valor de R$ 3.208,32. Razoabilidade do valor fixado de 15% dos rendimentos líquidos do réu. Binômio necessidade-possibilidade. Sentença mantida. Negaram provimento ao recurso. (TJSP, Ap. Cível n. 1023005-22.2019.8.26.0114/SP, 8ª Câm. de Dir. Priv., rel. Alexandre Coelho, j. 29.01.2022, publ. 29.01.2022)

Agravo de instrumento. Ação de alimentos avoengos proposta contra a avó paterna. Necessidade de dilação probatória. Inclusão dos avós maternos no polo passivo da ação. Descabimento. Litisconsórcio facultativo. Recurso a que se dá parcial provimento *in casu*. A obrigação dos avós de prestar alimentos aos netos é subsidiária e complementar, sendo pressuposto para a sua constituição a ausência ou impossibilidade dos pais, aspectos que demandam dilação probatória. O litisconsórcio passivo entre avós paternos e maternos em ação de alimentos movida por neto não é necessário, mas facultativo, haja vista a parte final do art. 1.698 do CC, que estabelece mera possibilidade de ulterior integração à lide dos coobrigados a prestar alimentos. Pela própria natureza dos alimentos avoengos, mormente tendo em vista seu caráter subsidiário, não há que se falar na inclusão dos avós maternos como litisconsortes, vez que a genitora está adimplente com a obrigação de sustento da infante. (TJMG, AI n. 1.0000.21.104232-0/001, rel. Des. Belizário de Lacerda, j. 14.09.2021)

Civil. Processual civil. Ação de alimentos. Indignidade da alimentada. Reexame de fatos e provas. Súmula n. 7/STJ. Pagamento de 13ª parcela de alimentos. Ausência de decisão e de prequestionamento. Súmula n. 211/STJ. Fundamentação recursal deficiente. Súmula n. 284/STJ. Mecanismo de integração posterior do polo passivo pelos coobrigados a prestar alimentos previsto no art. 1.698 do CC. Legitimados a provocar. Exclusividade do autor com plena capacidade processual. Concordância tácita com os alimentos a serem prestados pelo coobrigado réu. Possibilidade, todavia, de provocação do réu ou do MP quando se tratar de autor incapaz, sobretudo se processualmente representado por um dos coobrigados ou se existente risco aos interesses do incapaz. Natureza jurídica do mecanismo. Litisconsórcio facultativo ulterior simples, com a peculiaridade de ser formado não apenas pelo autor, mas também pelo réu ou pelo MP. Momento processual adequado. Fase postulatória, respeitada a estabilização objetiva e subjetiva da lide após o saneamento e organização do processo. 1 – Ação distribuída em 15.12.2016. Recurso especial interposto em 02.09.2017 e atribuído à Relatora em 03.01.2018. 2 – O propósito recursal consiste em definir se deve cessar o pagamento dos alimentos provisórios em razão da alegada indignidade da alimentada, se o genitor que exerce atividade autônoma deve pagar 13ª parcela de alimentos e se a genitora deve ser chamada a compor o polo passivo da ação de alimentos ajuizada pelo filho apenas em face do pai. 3 – O exame da questão relacionada ao reconhecimento da indignidade da alimentada, que o acórdão recorrido consignou não ter sido comprovada apenas pela prova documental, demandaria o revolvimento de fatos e provas, expediente vedado pela Súmula n. 7/STJ. 4 – A questão relacionada ao pagamento da 13ª parcela de alimentos, além de não ter sido decidida e, portanto, não ter sido prequestionada, atraindo a incidência da Súmula n. 211/STJ, também não se encontra adequadamente fundamentada, motivo pelo qual incide à espécie a Súmula n. 284/STF. 5 – A regra do art. 1.698 do CC/2002, por disciplinar questões de direito material e de direito processual, possui natureza híbrida, devendo ser interpretada à luz dos ditames da lei instrumental e, principalmente, sob a ótica de máxima efetividade da lei civil. 6 – A definição acerca da natureza jurídica do mecanismo de integração posterior do polo passivo previsto no art. 1.698 do CC/2002, por meio da qual são convocados os coobrigados a prestar alimentos no mesmo processo judicial e que, segundo a doutrina, seria hipótese de intervenção de terceiro atípica, de litisconsórcio facultativo, de litisconsórcio necessário ou de chamamento ao processo, é relevante para que sejam corretamente delimitados os poderes, ônus, faculdades, deveres e responsabilidades daqueles que vierem a compor o polo passivo, assim como é igualmente relevante para estabelecer a legitimação para provocar e o momento processual adequado para que possa ocorrer a ampliação subjetiva da lide na referida hipótese. 7 – Quando se tratar de credor de alimentos que reúna plena capacidade processual, cabe a ele, exclusivamente, provocar a integração posterior do polo passivo, devendo a sua inércia ser interpretada como concordância tácita com os alimentos que puderem ser prestados pelo réu por ele indicado na petição inicial, sem prejuízo de eventual e futuro ajuizamento de ação autônoma de alimentos em face dos demais coobrigados. 8 – Nas hipóteses em que for necessária a representação processual do credor de alimentos incapaz, cabe também ao devedor provocar a integração posterior do polo passivo, a fim de que os demais coobrigados também componham a lide, inclusive aquele que atua como representante processual do credor dos alimentos, bem como cabe provocação do Ministério Público, quando a ausência de manifestação de quaisquer dos legitimados no sentido de chamar ao processo possa causar prejuízos aos interesses do incapaz. 9 – A natureza jurídica do mecanismo de integração posterior do polo passivo previsto no art. 1.698 do CC/2002 é de litisconsórcio facultativo ulterior simples, com a particularidade, decorrente da realidade do direito material, de que a formação dessa singular espécie de litisconsórcio não ocorre somente por iniciativa exclusiva do autor, mas também por provocação do réu ou do MP, quando o credor dos alimentos for incapaz. 10 – No que tange ao momento processual adequado para a integração do polo passivo pelos coobrigados, cabe ao autor requerê-lo em sua réplica à contestação; ao réu, em sua contestação; e ao MP, após a prática dos referidos atos processuais pelas partes, respeitada, em todas as hipóteses, a impossibilidade de ampliação objetiva ou subjetiva da lide após o saneamento e organização do processo, em homenagem ao contraditório, à ampla defesa e à razoável duração do processo. 11 – Na hipótese, a credora dos alimentos é menor emancipada, possui capacidade processual plena e optou livremente por ajuizar a ação somente em face do genitor, cabendo a ela, com exclusividade, provocar a integração posterior do polo passivo, devendo a sua inércia em fazê-lo ser interpretada como a abdicação, ao menos neste momento, da quota-parte que lhe seria devida pela genitora coobrigada, sem prejuízo de eventualmente ajuizar, no futuro, ação de alimentos autônoma em face da genitora. 12 – Recurso especial parcialmente conhecido e, nessa extensão, desprovido, por fundamentação distinta. (STJ, REsp n. 1.715.438/RS, 3ª T., rel. Min. Nancy Andrighi, j. 13.11.2018, *DJe* 21.11.2018)

Pedido de concessão de efeito suspensivo à apelação. Art. 1.012, §§ 3° e 4°, do CPC. Alimentos avoengos. Natureza subsidiária e complementar. Tratando-se de alimentos avoengos, é imprescindível perquirir, primeiro, se as condições de que desfrutam ambos os genitores inviabilizam o atendimento minimamente adequado das necessidades do menor e, depois, se os avós detêm a possibilidade de auxiliá-lo. É que, enquanto o dever dos pais decorre do poder familiar, sendo incondicionado, a obrigação estendida aos avós, ao contrário, deriva da solidariedade entre parentes, sendo, pois, secundária e condicionada à possibilidade dos potenciais prestadores, nos termos do art. 1.698 do CC e conclusão n. 44 do Centro de Estudos deste Tribunal. No caso, o delicado e atual quadro de saúde dos avós paternos – a avó sofreu recente acidente vascular encefálico, necessitando de medicamentos contínuos, fralda geriátrica, tratamento neurológico e fisioterapia e o avô faz uso de medicamentos em razão dos problemas de joelho e pulmão – e seus parcos rendimentos, provenientes de aposentadoria, autorizam, por ora, a suspensão dos efeitos da sentença que julgou a ação de alimentos promovida pelas netas, condenando os avós ao pagamento de pensão na ordem de 30% do salário mínimo nacional. Efeito suspensivo deferido, com fundamento no art. 1.012, § 4°, do CPC. (TJRS, Pet. n. 70.078.942.687/São Luiz Gonzaga, 8ª Câm. Cível, rel. Luiz Felipe Brasil Santos, j. 03.09.2018)

Apelação cível em ação de alimentos. Obrigação alimentar. Dever do genitor em cumprir com a prestação alimentícia. Pressupostos e possibilidades do alimentante. Provas de que os avós (paternos e maternos) ajudam financeiramente os pais do menor. O dever dos avós em prestar alimentos aos netos é faculdade e não obrigação. Art. 1.696 c/c 1.698, CC. Sentença mantida. Com o parecer. Apelo improvido. Só é viável a postulação de alimentos contra os avós quando o pai e a mãe não possuem condições de arcar, mesmo individualmente, com o sustento dos filhos. "[...] Apenas na impossibilidade de os genitores prestarem alimentos, serão os parentes mais remotos demandados, estendendo-se a obrigação alimentar, na hipótese, para os ascendentes mais próximos [...]" (REsp n. 1.211.314/SP, rel. Min. Nancy Andrighi, 3ª T., j. 15.09.2011, *DJe* 22.09.2011). O dever de prestar alimentos à menor por parte dos avós é derivado de dispositivo legal neste sentido (art. 1.696 e 1.698, ambos do CC), contudo, tal dever deve ser aplicado com estudo de caso a caso, com cautela e prudência do juízo, sob pena de o Judiciário generalizar ações avoengas. Sentença mantida. Com o parecer. Apelo improvido. (TJMS, Ap. n. 0017217-97.2010.8.12.0001, 1ª Câm. Cível, rel. Des. João Maria Lós, *DJe* 01.08.2014)

Ação de alimentos avoengos. Necessidade de demonstração da impossibilidade de prestação alimentícia pelo genitor. Complementação pelos avôs. Possibilidade. Chamamento ao processo dos avôs maternos. Litisconsórcio passivo necessário. Precedentes do STJ. É necessário demonstrar nos autos a impossibilidade do genitor em complementar os alimentos ao filho menor, a teor do disposto no art. 1.698 do CC. A obrigação subsidiária dos avós deve ser diluída entre todos os avós paternos e maternos de acordo com suas respectivas possibilidades, devendo ser formado um litisconsórcio passivo necessário entre eles. Precedentes do STJ. (TJMG, AI n. 1.0525.13.023490-5/001, 4ª Câm. Cível, rel. Duarte de Paula, *DJe* 23.07.2014)

Agravo de instrumento. Ação de alimentos avoengos. Litisconsórcio passivo necessário. Avós paternos e maternos. Cabimento. Recurso provido. À luz dos precedentes mais recentes do STJ e do disposto no art. 1.698, do CC, há litisconsórcio necessário entre os avós paternos e maternos na ação de alimentos complementares. Recurso provido. V.v.: Agravo de instrumento. Ação de alimentos avoengos. Litisconsórcio passivo necessário. Inexistência. 1 – A legislação civil estabeleceu hierarquia entre os devedores de alimentos, sendo o dever dos avós de prestar sustento aos netos complementar e subsidiário ao dos pais. Para que haja a transferência de responsabilidade, é fundamental a prova inequívoca da falta ou impossibilidade do genitor, primeiro responsável legal. 2 – Não restando demonstrada a impossibilidade da mãe em prestar os alimentos, desnecessário se mostra o chamamento de seus pais ao processo, inexistindo o litisconsórcio passivo necessário entre os avós paternos e maternos (Des. Áurea Brasil). (TJMG, AI n. 1.0439.11.006257-7/001, 5ª Câm. Cível, rel. Luís Carlos Gambogi, *DJe* 07.07.2014)

Veja no art. 1.696 o seguinte acórdão: TJSP, Ap. Cível n. 0002591-89.2011.8.26.0699, 4ª Câm. de Dir. Priv., rel. Milton Carvalho, j. 25.07.2013.

Veja no art. 1.694 o seguinte acórdão: TJSP, AI n. 0097370-28.2013.8.26.0000, 4ª Câm. de Dir. Priv., rel. Milton Carvalho, j. 06.06.2013.

Apelação cível. Ação de alimentos. Obrigação avoenga. Caráter subsidiário ou complementar da obrigação. Incumbe aos pais o dever de sustento, guarda e educação dos filhos, decorrente do poder familiar (arts. 1.566, IV, e 1.698 do CC), só se justificando a condenação do avô em face da manifesta impossibilidade dos pais proverem o sustento dos filhos. Situação verificada no caso concreto. Apelação cível desprovida. (TJRS, Ap. Cível n. 70.053.508.248, 7ª Câm. Cível, rel. Jorge Luís Dall'Agnol, j. 26.06.2013, *DJ* 28.06.2013)

Apelação cível. Direito de família. Alimentos. Impossibilidade de prestação pelo genitor. Complementação. Avós. Possibilidade. Litispendência. Não ocorrência. Responsabilidade "restritiva". Art. 1.696 do CC. Ação ajuizada contra a avó paterna. Chamamento ao processo dos avós maternos e avô paterno. Litisconsórcio passivo necessário. Art. 1.698 do CC. Precedentes do STJ. A litispendência é um instituto de direito processual que visa a impedir a reprodução de causa idêntica já proposta, sendo que, sua ocorrência enseja a extinção da segunda demanda proposta, com determinação de se anular todos os atos processuais e decisórios. Não há litispendência entre a ação de alimentos ajuizada em face do genitor e a ação de alimentos ajuizada em face de avó paterna. A teor do disposto nos arts. 1.696 e 1.698 do CC, frustrada a obrigação alimentar principal, de responsabilidade dos pais, os avós poderão ser acionados para prestar alimentos ao neto de forma "restritiva", formando um litisconsórcio passivo necessário. Todavia, a obrigação subsidiária deve ser diluída entre os avós paternos e maternos na medida de seus recursos, diante de sua divisibilidade e possibilidade de fracionamento. (TJMG, Ap. Cível n. 1.0024.10.245655-5/001, rel. Des. Dárcio Lopardi Mendes, j. 20.06.2013, *DJ* 27.06.2013)

Agravo de instrumento. Alimentos e guarda de menor. Ausência de intervenção do Ministério Público no primeiro grau de jurisdição. Decisão de caráter liminar, que determinou a posterior remessa ao representante do *parquet*. Nulidade, ademais, suprida com a manifestação ofertada em grau recursal. Ação ajuizada contra o genitor e os avós do infante. Ilegitimidade passiva *ad causam* dos avós reconhecida. Obrigação avoenga. Ausência de provas da falta do genitor ou do desinteresse no pagamento a justificar o direcionamento do pedido contra os avós. Interlocutória mantida. Recurso desprovido. Não há dúvidas de que os avós podem ser demandados pelos netos para pagamento da pensão alimentar. Todavia, afigura-se imprescindível que o alimentando primeiramente busque a satisfação das suas necessidades dirigindo o pedido de alimentos contra o pai. Evidenciada a impossibilidade deste ou a deliberada omissão no dever de sustento, poderá, então, deflagrar o pedido de alimentos ou de complementação contra os ascendentes, ou seja, contra um deles ou contra todos, justo que o art. 1.698 do CC chancelou a regra atinente ao caráter complementar da obrigação alimentar dos parentes mais remotos, deixando bem evidenciado o alcance da expressão "falta" de condições do mais próximo, seguindo o que já era preconizado tanto pela doutrina como pela jurisprudência. (TJSC, AI n. 2012.027904-2, 4ª Câm. de Dir. Civil, rel. Jorge Luis Costa Beber, j. 01.11.2012)

Exoneração de alimentos. Alimentante que é avó das alimentadas. Alegações de impossibilidade de suportar o encargo alimentar, decorrente de aposentadoria e de problemas de saúde, que tornam os gastos tidos pela autora superiores ao valor auferido a título de benefício previdenciário. Desnecessidade dos alimentos por parte da corré, maior de idade e que já constituiu família própria. Pensão que deve subsistir quanto à segunda ré, menor de idade. Ausência de provas da possibilidade da genitora em arcar sozinha com o sustento da filha menor. Sentença que exonerou os alimentos quanto à primeira corré e reduziu o valor da pensão para 20% do salário mínimo para a segunda. Sentença mantida. Recurso desprovido. (TJSP, Ap. Cível n. 0024349-61.2010.8.26.0602, rel. Milton Carvalho, j. 19.07.2012, voto n. 3.374)

Revisional de alimentos. Majoração. Ausente demonstração da capacidade financeira do genitor. Situação financeira dos avós paternos que, entretanto, restou comprovada. Dever supletivo de prestar alimentos. Inteligência do art. 1.698 do CC. Precedentes da jurisprudência. Observância ao binômio necessidade/possibilidade. Verba alimentar fixada com adequação. Litigância de má-fé. Alteração da verdade dos fatos. Arts. 17, II, e 18 do CPC [arts. 80, II, e 81 do CPC/2015]. Condenação mantida. Honorários advocatícios arbitrados com adequação. Recurso desprovido. (TJSP, Ap. Cível n. 0114905-87.2006.8.26.0008, rel. Milton Carvalho, j. 15.03.2012)

Agravo de instrumento. Ação de alimentos. Obrigação avoenga. Alimentos provisórios. *Quantum*. Atenção ao binômio necessidade/possibilidade. Caráter subsidiário ou complementar, porquanto aos pais incumbe o dever de sustento, guarda e educação dos filhos, decorrente do poder familiar (arts. 1.566, IV, e 1.698 do CC). A fixação de alimentos, inclusive os provisórios, há de atender ao binômio possibilidade-necessidade. Situação que recomenda o arbitramento de alimentos provisórios com moderação e em atenção ao que consta nos autos, até que, com as provas que ainda serão produzidas, reste melhor visualizada a real situação financeira da alimentante e as necessidades das alimentandas. Precedentes jurisprudenciais. Agravo de instrumento desprovido, de plano. (TJRS, AI n. 70.038.290.904, 7ª Câm. Cível, rel. Des. Jorge Luís Dall'Agnol, j. 29.09.2010)

Alimentos. Pedido contra avós paternos. Pensão fixada em 50% do salário mínimo. Pretendida exoneração. Prova da insuportabilidade do encargo pelo pai. Possibilidade dos apelantes. Pensão mantida. Recurso desprovido. (TJSP, Ap. Cível n. 994.06.146248-8, rel. Milton Carvalho, 7ª Câm. de Dir. Priv., j. 28.07.2010)

Avós. Não há porque impedir que na ação dirigida de alimentos dirigida ao avô paterno se faça a chamada da avó materna por requerimento do réu, o que constitui exigência para divisão proporcional do encargo alimentar aos netos [art. 1.698. do CC]. Não provimento. (TJSP, AI n. 994093373230 (6545774100), 4ª Câm. de Dir. Priv., rel. Des. Enio Zuliani, 27.05.2010)

Alimentos. Responsabilidade dos avós. Impossibilidade do genitor. Ausência de provas. Decisão reformada. Os avós só respondem por alimentos perante o neto mediante prova robusta de que o responsável direto (genitor do alimentando) – titular do dever de sustento – está impossibilitado de suportar totalmente o encargo, vez que os avoengos, quanto ao pensionamento, detém a responsabilidade subsidiária e hierarquizada (CC/2002, art. 1.698). (TJMG, Ap. Cível n. 1.0261.08.060305-1/002(1), rel. Nepomuceno Silva, j. 14.05.2009)

Ação de alimentos. Obrigação alimentar dos avós paternos. Inteligência dos arts. 1.696 e 1.698 do novo CC. Obrigação sucessiva e complementar ao dever de assistência dos pais, decorrente do poder familiar. Pai que não reúne condições de suprir as necessidades básicas do filho menor. Avô notário e proprietário de diversos imóveis rurais com o dever de complementar os alimentos. Sentença parcialmente procedente. Recurso improvido. (TJSP, Ap. Cível n. 6.264.734.700/Cravinhos, 4ª Câm. de Dir. Priv., rel. Francisco Loureiro, j. 02.04.2009)

Alimentos. Ação movida pela neta contra o avô paterno. Fixação dos provisórios em 15% dos rendimentos líquidos do réu. Fatos novos, entretanto, que justificam o atendimento do pedido de revisão formulado pelo mesmo. Elementos que sugerem a diminuição de sua capacidade financeira, a inviabilizar o pagamento da pensão inicialmente arbitrada. Redução para valor correspondente a 5% dos proventos líquidos da aposentadoria do réu. Recurso parcialmente provido. Alimentos. Ação movida contra o avô paterno. Requerimento de convocação ao processo da avó materna. Cabimento. Providência prevista expressamente no art. 1.698, 2ª parte, do CC. Norma que deve ser atendida mesmo não se enquadrando a medida nos institutos típicos do CPC (denunciação da lide, chamamento ao processo e litisconsórcio). Caso de litisconsórcio facultativo *sui generis*, na lição de Yussef Said Cahali. Recurso nesse ponto provido. (TJSP, AI n. 584.795.4/1-00/Santos, 2ª Câm. de Dir. Priv., rel. Morato de Andrade, j. 25.11.2008, *DJ* 03.12.2008)

Alimentos. Responsabilidade da avó. Impossibilidade do genitor. Ausência de provas. Decisão mantida. A avó só responde por alimentos perante a neta mediante prova robusta de que os responsáveis diretos (genitores do alimentando), titulares do dever de sustento, estão impossibilitados de suportar totalmente o encargo, vez que os avoengos, quanto ao pensionamento, detêm a responsabilidade subsidiária e hierarquizada (CC, art. 1.698). (TJMG, Ap. Cível n. 1.0525.07.118789-8/001, rel. Nepomuceno Silva, j. 27.03.2008, *DJ* 29.04.2008)

Agravo de instrumento. Ação revisional de alimentos. Chamamento ao processo. Art. 1.698 do CC/2002. O art. 1.698 do CC/2002 traz a possibilidade – e não obrigatoriedade – de serem chamadas ao processo todas as pessoas obrigadas a prestar alimentos em razão do parentesco, e esta possibilidade, à evidência, é uma prerrogativa do alimentando, que suportará o ônus de ver sua pretensão atendida ou não de acordo com as possibilidades somente daquele contra quem intentou a ação. Chamamento ao processo revisional do outro filho do alimentando/agravado é descabido, também se considerando que ele não participou da ação de alimentos onde a obrigação foi estabelecida. Precedentes. Agravo de instrumento desprovido. (TJRS, AI n. 70.024.228.835, 8ª Câm. Cível, rel. José Ataídes Siqueira Trindade, j. 10.07.2008, *DJ* 18.07.2008)

Apelação cível. Alimentos. Obrigação avoenga. Os avós só estão obrigados a alcançar alimentos aos netos, na falta de ambos os genitores (art. 1.698 do CC/2002). Sendo a genitora jovem e sem ocupação remunerada por opção, não há como estabelecer tal obrigação. Negaram provimento, vencida a relatora. (TJRS, Ap. Cível n. 70.019.417.328, 7ª Câm. Cível, rel. Des. Maria Berenice Dias, j. 18.07.2007)

Alimentos. Obrigação avoenga. Inocorrência de situação excepcional. 1 – Cabe aos genitores prover o sustento da prole, que deve manter padrão de vida que os pais lhe puderem proporcionar e não os avós. 2 – Somente se justifica o pedido de alimentos contra os avós em situação excepcional, isto é, quando nem o pai nem a mãe possuem condições de atender às necessidades do filho, o que não é o caso dos autos. 3 – Se o pai trabalha, possui rendimentos, foi obrigado a dar pensão e está cumprindo com a obrigação e se a mãe também trabalha, cabe a eles a obrigação de prover o sustento do filho. 4 – Sendo a ação promovida também contra os avós paternos, cabível o chamamento também dos avós maternos para integrarem a lide consoante prevê, expressamente, o art. 1.698 do CC/2002. Recurso provido, por maioria. (TJRS, Ap. Cível n. 70.014.791.883, 7ª Câm. Cível, rel. Des. Sérgio Fernando de Vasconcellos Chaves, j. 12.07.2006)

Civil. Alimentos. Responsabilidade dos avós. Obrigação complementar e sucessiva. Litisconsórcio. Solidariedade. Ausência. 1 – A obrigação alimentar não tem caráter de solidariedade, no sentido que sendo várias pessoas obrigadas a prestar alimentos todos devem concorrer na proporção dos respectivos recursos. 2 – O demandado, no entanto, terá direito de chamar ao processo os corresponsáveis da obrigação alimentar, caso não consiga suportar sozinho o encargo, para que se defina quanto caberá a cada um contribuir de acordo com as suas possibilidades financeiras. 3 – Neste contexto, à luz do CC/2002, frustrada a obrigação alimentar principal, de responsabilidade dos pais, a obrigação subsidiária deve ser diluída entre os avós paternos e maternos na medida de seus recursos, diante de sua divisibilidade e possibilidade de fracionamento. A necessidade alimentar não deve ser pautada por quem paga, mas sim por quem recebe, representando para o alimentado maior provisionamento tantos quantos coobrigados houver no polo passivo da demanda. 4 – Recurso especial conhecido e provido. (STJ, REsp n. 658.139, 4ª T., rel. Min. Fernando Gonçalves, j. 11.10.2005, *DJ* 13.03.2006)

Alimentos. Intervenção de terceiros. Chamamento ao processo. Aplicação analógica do art. 77, III, do CPC [art. 130, III, do CPC/2015]. Interesse de que venham aos autos todos aqueles que estão em situação de igualdade na responsabilidade pelo pagamento da pensão da agravada. Chamamento dos avós maternos, via citação, para a lide. Agravo parcialmente provido. (TJSP, AI n. 406.109-4/2-00, rel. Des. José Luiz Gavião de Almeida, j. 16.08.2005)

Alimentos provisórios. Impossibilidade paterna. Dever subsidiário e complementar. Obrigação avoenga. Chamamento ao processo dos demais avós. Cabimento. Direito intertemporal. Controvérsia sobre a natureza do chamamento. Ausência de solidariedade. Interpretação dos arts. 397 do CC/1916, 1.698, 2.044 e 2.045 do CC/2002, além do art. 77 do CPC [art. 130 do CPC/2015]. Agravo desprovido. (TJRS, Ap. Cível n. 70.009.724.386, rel. Des. José Carlos Teixeira Giorgis, j. 10.11.2004. In: CAHALI, Francisco José. *Família e sucessões no CC de 2002*. São Paulo, RT, 2005, v. II)

Alimentos. Ação movida por menor contra o avô paterno. Pedido deste, de que sejam chamados à relação processual os avós maternos, indeferido. Cabimento, no entanto. Inteligência do art. 1.698 do CC. Chamamento, para que os avós integrem o polo passivo da relação processual na condição de litisconsortes facultativos, a pedido dos demais réus. Agravo provido, nessa parte. Agravo provido parcialmente (TJSP, AI n. 332.114.4/1-00, rel. Des. João Carlos Saletti, j. 08.06.2004. In: CAHALI, Francisco José. *Família e sucessões no CC de 2002*. São Paulo, RT, 2005, v. II). (*JTJ* 283/270)

Alimentos. O chamamento dos demais avós para que todos os avós, juntos, respondam ao pleito alimentar da neta só terá sentido quando existir propósito de exclusão de responsabilidade deles, pois, se os avós maternos já estão prestando alimentos à neta, o avô paterno – que é convocado para dar sua contribuição – não está legitimado a exigir a presença deles em processo que lhe diz respeito com exclusividade. Não provimento. (TJSP, AI n. 287.530-4/8, rel. Des. Enio Santarelli Zuliani, j. 18.03.2003)

Alimentos. Responsabilidade complementar dos avós. Não é só porque o pai deixa de adimplir a obrigação alimentar devida aos seus filhos que sobre os avós (pais do alimentante originário) deve recair a responsabilidade pelo seu cumprimento integral, na mesma quantificação da pensão devida pelo pai. Os avós podem ser instados a pagar alimentos aos netos por obrigação própria, complementar e/ou sucessiva, mas não solidária. Na hipótese de alimentos complementares, tal como no caso, a obrigação de prestá-los se dilui entre todos os avós, paternos e maternos, associada à responsabilidade primária dos pais de alimentarem os seus filhos. Recurso especial parcialmente conhecido e parcialmente provido, para reduzir a pensão em 50% do que foi arbitrado pela Corte de origem. (STJ, REsp n. 366.837/RJ, 4ª T., rel. Min. Ruy Rosado de Aguiar, j. 19.12.2002, *DJ* 22.09.2003)

Alimentos. Avós. Obrigação complementar. Os avós, tendo condições, podem ser chamados a complementar o pensionamento prestado pelo pai que não supre de modo satisfatório a necessidade dos alimentandos. Art. 397 do CC. Precedentes. Recurso conhecido e provido. (STJ, REsp n. 119.336, rel. Min. Ruy Rosado de Aguiar, j. 11.06.2002)

---

**Art. 1.699. Se, fixados os alimentos, sobrevier mudança na situação financeira de quem os supre, ou na de quem os recebe, poderá o interessado reclamar ao juiz, conforme as circunstâncias, exoneração, redução ou majoração do encargo.**

---

A sentença que decide sobre a pensão alimentícia não faz coisa julgada material, mas apenas formal, por se tratar de relação continuativa, passível de ser alterada a qualquer momento, desde que sobrevenha modificação no estado de fato ou de direito (art. 505, I, do CPC/2015; art. 471, I, do CPC/73). No caso dos alimentos, o interessado estará autorizado a reclamar judicialmente a revisão (para majorar ou reduzir) ou a exoneração da pensão definida na sentença quando ocorrer alteração na situação financeira de quem a paga ou de quem recebe a prestação alimentícia. Quer dizer, havendo modificação superveniente das circunstâncias relativas às necessidades do alimentado e aos recursos do alimentante, poderá o interessado solicitar a intervenção judicial visando à alteração da sentença que fixou a prestação alimentar. Trata-se da característica da mutabilidade da obrigação alimentar.

Na nova decisão o juiz deverá observar os princípios da proporcionalidade (necessidade/possibilidade) e da razoabilidade, podendo, por isso, definir valor em favor do requerente diverso do pretendido por ele. Para comprovar a modificação exigida pela lei, o interessado poderá requerer a expedição de ofícios à Receita Federal, às instituições financeiras com as quais a parte contrária mantém vínculo, às empresas de cartões de crédito. Contudo, não se pode confundir a situação financeira da parte com o seu patrimônio, pois deste poderá não decorrer vantagem financeira alguma.

**Jurisprudência:** Agravo de instrumento. Família. Ação de alimentos, guarda e regulamentação de visitas. Alimentos provisórios. Quatro filhos menores. Arbitramento em 35% dos rendimentos líquidos do alimentante, em caso de vínculo formal de emprego, ou

60% do salário mínimo, em caso de desemprego. Pretensão de redução. Cabimento, mas em menor extensão. Necessidade de dilação probatória. Análise do binômio alimentar. Ônus da prova. Cláusula *rebus sic stantibus*. Caráter continuativo da prestação. São presumidas as necessidades dos filhos menores, de modo que os alimentos devem ser fixados na proporção das necessidades do alimentando e dos recursos da pessoa obrigada. Autoriza-se o redimensionamento do encargo alimentar quando demonstrada prova efetiva e suficiente de alteração da possibilidade do alimentante e/ou das necessidades do alimentando. Observância ao binômio alimentar de que trata o § 1º do art. 1.694 do CC. Hipótese em que a verba alimentar foi estabelecida provisoriamente em 45% dos rendimentos líquidos do alimentante, ou 60% do salário mínimo, em caso de desemprego, a qual se mostra demasiada. Cabimento da redução do encargo, mas em menor extensão, para 35% dos rendimentos líquidos do alimentante, mantendo-se o patamar de 60% do salário mínimo para a hipótese de desemprego, notadamente porque se trata de momento processual que antecede o contraditório e a fase de instrução. As sentenças proferidas em ações de alimentos trazem ínsita a cláusula *rebus sic stantibus*, não sendo imutável o *quantum* fixado, pois, sobrevindo mudança na situação financeira de quem os supre, ou na de quem os recebe, possibilitam-se exoneração, redução ou majoração do encargo, impedindo o caráter continuativo da prestação a formação da coisa julgada material. Inteligência do art. 1.699 do CC. Precedentes do TJRS. Agravo de instrumento parcialmente provido. (TJRS, AI n. 51286177720238217000/Alvorada, 7ª Câm. Cível, rel. Carlos Eduardo Zietlow Duro, j. 12.05.2023, *DJ* 12.05.2023)

Família. Alimentos. Ação revisional ajuizada pela filha em face do pai. Sentença de procedência para elevar os alimentos para 33% dos rendimentos líquidos do réu. Irresignação do réu. Preenchimento dos requisitos do art. 1.699 do CC e do art. 15 da Lei n. 5.748/68. Ação revisional de alimentos que tem caráter dúplice. Réu que constituiu nova família e é responsável pelo sustento de mais uma filha menor nascida após a fixação dos alimentos. Circunstâncias que impactam diretamente as condições econômico-financeiras do alimentante e permite a redução dos alimentos devidos aos réus. Precedentes desta C. Câmara. Sentença reformada para reduzir os alimentos para 15% dos rendimentos líquidos do réu, verba similar também paga a outra filha. Recurso provido. (TJSP, Ap. Cível n. 1001113-33.2019.8.26.0704/SP, 1ª Câm. de Dir. Priv., rel. Alexandre Marcondes, j. 02.02.2022, publ. 02.02.2022)

Exoneração de alimentos. Ação ajuizada contra filha maior. Alteração no binômio necessidade-possibilidade comprovada. Art. 1.699 do CC. Maioridade do alimentando que não implica, automaticamente, a extinção do dever de prestar alimentos. No entanto, a alimentanda está trabalhando e não estuda. Comprovada a ausência de necessidade de receber alimentos. Sentença mantida. Honorários advocatícios majorados. Recurso não provido, com observação. (TJSP, Ap. Cível n. 1001189-42.2021.8.26.0363/SP, 5ª Câm. de Dir. Priv., rel. Fernanda Gomes Camacho, j. 17.12.2021, publ. 17.12.2021)

Apelação cível. Ação revisional de alimentos. Filho menor. Redução do encargo. Demonstração de alteração no binômio possibilidade/necessidade. A ação de revisão de alimentos, conforme o disposto no art. 1.699 do CC, tem por pressuposto o exame da alteração do binômio possibilidade/necessidade, e visa à redefinição do valor do encargo alimentar. Demonstrada, no caso, alteração na situação financeira do alimentante, com o nascimento de outros dois filhos após o acordo de alimentos, cabível a redução dos alimentos. Recurso provido. (TJRS, Ap. Cível n. 70.059.437.996, 7ª Câm. Cível, rel. Des. Liselena Schifino Robles Ribeiro, j. 28.05.2014)

Direito de família. Alimentos. Exoneração. Sentença minorando o estipêndio. Maioridade civil do filho que, por si só, não autoriza a liberação do encargo, mormente quando inconclusa sua formação educacional. Modificação, todavia, da situação financeira do alimentando, que agora aufere renda própria capaz de contribuir para seu sustento. Adequada redução do pensionamento. Inteligência do art. 1.699 do CC. Recursos principal e adesivo desprovidos. (TJSC, Ap. Cível n. 2013.028539-2, 4ª Câm. de Dir. Civil, rel. Eládio Torret Rocha, j. 20.06.2013)

**Condição financeira da alimentanda**

Apelação cível. Exoneração de alimentos. Procedência. Inconformismo da alimentanda. Não acolhimento. Comprovada alteração na situação das partes. Alimentanda que exerce atividade remunerada, com vínculo empregatício, demonstrando que possui condições de se sustentar. Prova nos autos de que a alimentanda é proprietária de um veículo. Alimentante que recebe benefício previdenciário, decorrente de aposentadoria por invalidez. Independentemente da alegada união estável da alimentanda com outra pessoa, a alteração das condições econômicas demonstradas é suficiente para a exoneração pretendida. Exegese do art. 1.699 do CC. Sentença mantida. Negado provimento ao recurso. (TJSP, Ap. n. 994080366517 (5714494300), 9ª Câm. de Dir. Priv., rel. Des. Viviani Nicolau, j. 03.08.2010)

Ação de exoneração de alimentos. Litispendência. Prejudicada. Alteração das condições da ré/alimentada. Art. 1.699 do novo CC. (TJDF, AI n. 2003.002.003.4891, rel. Hermenegildo Gonçalves, *DJU* 03.12.2003)

Alimentos. Binômio necessidade-possibilidade. Modificação na situação financeira da alimentanda. Art. 401, CC/1916. Exegese. Cargo em comissão. Provisoriedade. Irrelevância. Pensão fixada com base em fatos atuais. Coisa julgada formal. Possibilidade de nova fixação, caso demonstrada sua necessidade. Recurso provido parcialmente. Redução da pensão. I – Na linha do art. 401 do revogado CC, reproduzido quase em sua totalidade pelo art. 1.699 do CC/2002, quando sobrevier mudança na situação financeira das partes, mostra-se possível a alteração no valor da pensão alimentícia, sendo certo, ademais, que os alimentos devem ser fixados na proporção das necessidades do reclamante e dos recursos da pessoa obrigada. II – Passando o ex-cônjuge a exercer cargo remunerado, ainda que em comissão, com vencimento muito superior ao valor da pensão, recomendável a alteração no pensionamento. III – A decisão judicial de alimentos, quanto ao valor da pensão, não se sujeita ao trânsito em julgado material (cf. o REsp n. 12.047/SP, rel. Min. Athos Carneiro, *DJ* 09.03.1992), podendo, a qualquer tempo, ser revista em face da superveniente modificação da situação financeira dos interessados. IV – Desta forma, se eventualmente venha a recorrida a ser exonerada de seu cargo em comissão, poderá reclamar do recorrente uma nova pensão ou simplesmente a complementação do necessário para se manter. O que interessa, para fins de pensão, são os fatos existentes quando de sua fixação. V – Sopesando as circunstâncias dos autos, o pedido tem acolhida parcial, reduzindo-se a pensão. (STJ, REsp n. 472.728/MG, rel. Min. Sálvio de Figueiredo Teixeira, j. 20.03.2003, *DJU* 28.04.2003)

Alimentos. Exoneração. Admissibilidade. Mulher jovem e que não demonstrou impossibilidade para o trabalho. Efetiva necessidade não caracterizada. Alimentos indevidos. Sendo a mulher jovem e não tendo demonstrado impossibilidade para o trabalho ou efetiva necessidade, não são devidos alimentos, mormente se os filhos do casal encontram-se em companhia paterna e a mesma reside na casa de sua mãe. (TJSP, Ap. Cível n. 228.543-4/5-00, rel. Des. Sérgio Gomes, j. 12.03.2002)

Exoneração de alimentos. Alimentos fixados sem individualização de valores. Devem ser mantidos os alimentos no seu *quantum* em favor da ex-mulher e do filho menor, mesmo que a filha favorecida seja maior, capaz e não mais dependa do pensionamento, quando a fixação dos alimentos foi feita *intuitu familiae* e não *intuitu personae*. Apontada a necessidade dos dois alimentandos remanescentes, que são os únicos beneficiários dos alimentos, descabe promover exoneração liminar do encargo. No curso do processo deverá a parte demonstrar que a ex-mulher mantém o alegado relacionamento marital com outro homem. O alcance protetivo próprio do instituto dos alimentos recomenda prudência nas exonerações (TJRS, AI n. 70.003.023.595, 7ª Câm. Cível, rel. Des. Sérgio Fernando de Vasconcellos Chaves, j. 03.10.2001). (*RBDFam* 14/107)

Alimentos. Pensão alimentícia. Obrigação devida à ex-mulher. Pretendida diminuição do valor devido. Inadmissibilidade. Ex-cônjuge que, durante todo o tempo em que convivia com o alimentante, não exercia atividade laborativa. Alimentada que, em razão da faixa etária, encontra dificuldades para se inserir no mercado de trabalho. Diminuição da verba alimentar que recebia para sua subsistência que pode tornar impossível a manutenção de uma vida digna. (*RT* 845/312)

**Condição financeira do alimentante**

Veja no art. 1.698 o seguinte acórdão: TJSP, Ap. Cível n. 0024349-61.2010.8.26.0602, rel. Milton Carvalho, j. 19.07.2012, voto n. 3.374.

Alimentos. Exoneração. Filha que atingiu maioridade. Prova da necessidade da manutenção da pensão. Problemas psicológicos e de aprendizagem. Pai que possui renda modesta e paga alimentos a outros dois filhos. Sentença que reduziu a pensão de 30% para 15% do salário mínimo. Manutenção da decisão. Recursos desprovidos. (TJSP, Ap. Cível n. 0011392-92.2010.8.26.0322, rel. Milton Carvalho, j. 26.04.2012)

Revisional de alimentos. Alimentante que tem problemas de coluna (hérnia de disco) e realizou empréstimo bancário. Requerimento de redução dos alimentos de 1,3 salário mínimo para 50% do salário mínimo. Redução para um salário mínimo, adequando-se o valor do *quantum* alimentar. Apelo para redução. A diminuição foi realizada a contento pela r. sentença, nos termos dos arts. 1.699 e 1.694, § 1º, do CC. Não provimento. (TJSP, Ap. n. 994092841363 (6800834200), 4ª Câm. de Dir. Priv., rel. Des. Enio Zuliani, j. 13.05.2010)

Revisional de alimentos. Parcial procedência. Atendimento da regra contida no art. 1.699 do CC. Aumento dos ganhos do alimentante devidamente comprovado. Justificada a majoração de 80% para um salário mínimo. Demonstrada melhora na situação econômica do alimentante (que possui um lava-rápido, juntamente com sua atual esposa). Apelante que, à época da fixação do encargo, declarou-se desempregado. O fato de somente a esposa do recorrente constar como proprietária daquele estabelecimento não altera a conclusão da sentença, já que a prova testemunhal evidencia que o réu ostenta a condição de proprietário do negócio (e não de mero "lavador de carros"). Majoração que atendeu ao binômio legal (e, convenha-se, é pouco expressiva). Sentença mantida. Recurso improvido. (TJSP, Ap. Cível c/ Rev. n. 6.444.174.400/Tatuí, 8ª Câm. de Dir. Priv., rel. Salles Rossi, j. 05.08.2009)

Apelação cível. Ação revisional de alimentos. Alteração do binômio possibilidade/necessidade. Redução dos alimentos. Cabimento no caso concreto. A possibilidade de redução e/ou exoneração dos alimentos exige a demonstração da alteração das condições financeiras do que presta os alimentos ou da alteração das necessidades do alimentado, conforme preconiza o art. 1.699 do CCB. No caso, reduzidas as possibilidades do alimentante, possível a redução da verba alimentar que alcança a filha menor com o intuito de preservar o equilíbrio do binômio necessidade/possibilidade. Recurso desprovido (segredo de justiça). (TJRS, Ap. Cível n. 70.023.316.748, 7ª Câm. Cível, rel. Ricardo Raupp Ruschel, j. 25.06.2008, *DJ* 04.07.2008)

Nulidade. Preliminar de cerceamento de defesa suscitada pela apelante. Inocorrência. Desnecessidade de suspensão do processo para aguardar a vinda de provas produzidas em autos de ação exoneratória de alimentos. Elementos que não têm o condão de influir na decisão da presente demanda. Preliminar afastada. Aumentos. Revisão. Presença dos requisitos descritos no art. 1.699 do CC. Comprovação da alegada necessidade de se reduzir a pensão. Alimentante que aufere benefício previdenciário de aproximadamente R$ 1.440,00 e que não tem condições de arcar com a obrigação alimentar no valor equivalente a dois salários mínimos. Ausência de provas, ademais, de que ele obtenha renda de empresa, a qual, ao que consta, está inativa. Redução da pensão para 40% de seus rendimentos. Sentença de parcial procedência mantida. Recurso desprovido. (TJSP, Ap. c/ Rev. n. 542.220.4/1-00/Santos, 1ª Câm. de Dir. Priv., rel. Carlos Augusto de Santi Ribeiro, j. 06.05.2008, *DJ* 09.05.2008)

Revisional de alimentos. Necessidade de prova do alegado pelo autor da ação. Constituição de nova família, por si só, não representa causa para redução pretendida. Verba alimentar em favor dos alimentados convencionada em ação de arrolamento de bens, na qual o apelante expressamente concordou com o valor que agora pretende reduzir. Crise no setor agropecuário também não constitui óbice para a alteração pretendida, diante de seu caráter transitório. Ausência de provas de mudança das condições econômicas do autor ou dos requeridos. Necessidades presumidas dos alimentandos, em razão da menoridade. Descabida a redução pretendida. Sentença mantida. Recurso improvido. (TJSP, Ap. Cível n. 469.008-4/2-00, rel. Des. Salles Rossi, j. 08.02.2007)

Alimentos. Ação revisional. Mudança na capacidade financeira do alimentante. Lícita prerrogativa legal. Recurso improvido, maioria. Havendo modificação na capacidade financeira do alimentante, ao mesmo é lícito propor ação revisional que será procedente desde quando provada a nova situação fática comprometedora do justo equilíbrio e proporcionalidade, que há de se sobrepor na obrigação alimentar, isto é, na proporção da necessidade do alimentado e dos recursos da pessoa obrigada (TJDF, Ap. Cível n. 2001.03.1.006128-3, 1ª T., rel. Des. Eduardo de Moraes Oliveira, *DJU* 18.09.2002). (*RBDFam* 15/111)

Ação revisional. Alimentos. Sonegando o alimentante a prova documental de seus rendimentos mensais (possível de produzir, por se cuidar de motorista de táxi cooperado), está o juiz livre para definir o arbitramento razoável pelos sinais exteriores de riqueza que, no caso, recomendam manter o *quantum* em três salários mínimos (arts. 333, I, do CPC, 401 do CC e 1º, III, da CF) [art. 373, I, do CPC/2015] (TJSP, Ap. Cível n. 224.104-4/3, rel. Enio Santarelli Zuliani, j. 05.03.2002). (*RBDFam* 14/104)

Alimentos. Pretensão à sua redução. Alteração para pior da situação financeira do alimentante. Consequente redução do *quantum* alimentício. Constitui obrigação recíproca e solidária dos pais o encargo alimentar atinente aos filhos, na proporção de seus rendimentos. Ocorrendo alteração para menor, ou para maior, na situação econômica do alimentante, acolhível é o pedido de redução ou aumento da pensão alimentícia (TJMG, Ap. Cível n. 000.223.141-3/00, 4ª Câm. Cível, rel. Des. Hyparco Immesi, *DJMG* 21.02.2002). (*RBDFam* 13/126)

Alimentos. Revisão (art. 401 do CC). A concomitância de fatores econômicos inviabilizadores da preservação do *quantum* fixado obriga a um redimensionamento financeiro da verba alimentar, para atender, de forma razoável, aos interesses de todos os membros da família dependentes de uma única fonte de renda. Provimento parcial para reduzir a pensão de 30% para 15% dos rendimentos líquidos do alimentante (TJSP, Ap. Cível n. 195.104-4/9, rel. Enio Santarelli Zuliani, j. 21.08.2001). (*RBDFam* 11/124)

Ação revisional. Alimentos. Pretensão à redução da verba fixada em ação anterior. Desemprego. Ausência de prova de alteração nas condições econômicas do devedor. Pedido julgado improcedente (TJMG, Ap. Cível n. 198.633-0/00, rel. Des. José Francisco Bueno, *DJMG* 22.06.2001). (*RBDFam* 16/119)

Alimentos. Pensão alimentícia. Exoneração. Inadmissibilidade. Ausência de comprovação de alteração nas possibilidades financeiras do alimentante. Notoriedade das necessidades da alimentanda, que é pessoa idosa, com problemas de saúde, e percebe parca remuneração. Inteligência do art. 1.699 do CC. (*RT* 834/381)

Fixação. Alimentante que aufere rendimentos do trabalho informal. Fixação em meio salário mínimo. Pretendida redução. Inadmissibilidade. Recurso não provido. (*JTJ* 278/30)

**Constituição de nova família**

Revisão de alimentos. Pedido de redução. Cabimento. 1 – A constituição de nova família, marcada pelo reconhecimento de um filho, e a fixação de alimentos para outro filho de outro relacionamento, evidenciam a redução da capacidade econômica e justificam a redefinição do encargo alimentar. 2 – Os alimentos devidos pelos pais podem ser alterados a qualquer tempo, bastando que se verifique mudança substancial na capacidade econômica. Inteligência do art. 1.699 do CCB. 3 – A obrigação de prestar alimentos não constitui escravidão nem deve se constituir em castigo ou obstáculo para alguém constituir nova família. 4 – A CF veda distinção de tratamento entre filhos, sendo inaceitável privilegiar os do primeiro casamento ou união em detrimento dos demais (art. 227, § 6º, CFB). Recurso provido. (TJRS, Ap. Cível n. 70.044.035.608, 7ª Câm. Cível, rel. Sérgio Fernando de Vasconcellos Chaves, j. 27.06.2012)

Revisão de alimentos. Redução do *quantum*. Constituição de nova família e nascimento de mais um filho. Prova cabal da redução da capacidade econômica do alimentante. Os alimentos devem ser estabelecidos atentando-se para as necessidades do menor, mas sempre dentro da capacidade econômica do alimentante. Inteligência do art. 1.694, § 1º, do CC. Reputa-se alterada a capacidade econômica do alimentante, quando, mantendo o mesmo emprego, ocorre a constituição de nova família e o nascimento de mais um filho, ensejando o desequilíbrio no binômio possibilidade-necessidade, o que justifica a revisão do *quantum* alimentar. Pressupostos do art. 1.699 do CCB. Não se pode privilegiar um filho em detrimento de outro, como se o fato de ter nascido de uma relação anterior conferisse a ele mais direitos. Comprovada a diminuição das possibilidades do genitor, em razão do aumento dos seus encargos, é adequada a redução dos alimentos, mostrando-se adequada a redução de 30% para 20% dos ganhos do alimentante. Recurso parcialmente provido. (TJRS, Ap. Cível n. 70.034.965.764, 7ª Câm. Cível, rel. Des. Sérgio Fernando de Vasconcellos Chaves, j. 22.09.2010)

Apelação. Revisional de alimentos. Pai em face da filha. Pretensão de redução de um (1) salário mínimo para 11% de seus rendimentos líquidos. Nascimento de outro filho. Fato superveniente que atende os ditames do art. 1.699 do CC. Procedência parcial para reduzir a pensão para 17% sobre os rendimentos líquidos e demais verbas de cunho salarial do autor. Fixação de alimentos que atende o binômio possibilidade/necessidade, observada a isonomia entre os filhos do genitor comum. Recurso parcialmente provido. (TJSP, Ap. Cível c/ Rev. n. 6.250.574.100/Mauá, 3ª Câm. de Dir. Priv., rel. Egidio Giacoia, j. 24.11.2009)

Revisão de alimentos. Redução do *quantum*. Constituição de nova família e nascimento de mais um filho. Alteração da capacidade econômica do alimentante. 1 – Com a efetiva alteração da capacidade econômica do alimentante, ocorreu o desequilíbrio no binômio possibilidade-necessidade, justificando-se a revisão do *quantum* alimentar, estando presentes os pressupostos elencados no art. 1.699 do CCB. 2 – A constituição de nova família e o nascimento de outro filho constituem fatos relevantes a justificarem a revisão do encargo alimentar, sob pena de se privilegiar um filho em detrimento de outro, como se o fato de ter nascido de uma relação anterior conferisse a ele mais direitos. 3 – É adequada a redução dos alimentos quando comprovada a diminuição das possibilidades do genitor. Recurso desprovido (segredo de justiça). (TJRS, Ap. Cível n. 70.024.963.894, 7ª Câm. Cível, rel. Sérgio Fernando de Vasconcellos Chaves, j. 22.10.2008, *DJ* 31.10.2008)

Revisão de alimentos. Pedido de redução. Inexistência de alteração do binômio possibilidade e necessidade. 1 – Constitui pressuposto da ação de revisão de alimentos a ocorrência de alteração do binômio possibilidade e necessidade, pois ela se destina à redefinição do encargo alimentar. Inteligência do art. 1.699 do CCB. 2 – Embora o nascimento de novos filhos implique alteração na capacidade econômica do alimentante, mormente quando assalariado, e, em tese, justifique o pleito revisional, descabe estabelecer a redução no valor dos alimentos quando o valor originário não é muito elevado; o alimentante obteve a exoneração do encargo alimentar relativamente a outro filho; e a filha alimentanda é portadora de necessidades especiais. Recurso provido (segredo de justiça). (TJRS, Ap. Cível n. 70.022.358.618, 7ª Câm. Cível, rel. Sérgio Fernando de Vasconcellos Chaves, j. 12.03.2008, *DJ* 18.03.2008)

Direito civil. Revisão de alimentos. Celebração de novo casamento, com filhos. Cabimento. O advento de prole resultante da celebração de um novo casamento representa encargo superveniente que pode autorizar a diminuição do valor da prestação alimentícia antes estipulado, uma vez que, por princípio de equidade, todos os filhos comungam do mesmo direito de terem o seu sustento provido pelo genitor comum, na proporção das possibilidades deste e necessidades daqueles. Recurso especial provido, em parte. (STJ, REsp n. 244.015, 3ª T., rel. Min. Castro Filho, j. 19.04.2005, *DJ* 05.09.2005)

Pensão. Redução. Nova família. Constituição. I – O simples fato de constituir nova família não importa em redução de pensão à ex-esposa, especialmente se não houve modificação para pior na situação econômica do ex-marido. II – Recurso especial conhecido e provido. (STJ, REsp n. 475.167/RJ, rel. Min. Antônio de Pádua Ribeiro, j. 25.02.2003, *DJU* 24.03.2003)

Alimentos. Revisão. Constituição pelo autor de nova família. Superveniente modificação em sua situação financeira. Motivo suficiente a justificar a redução do pensionamento à ré. A constituição de nova família pelo alimentante, com filhos, constitui motivo a ser ponderado para a verificação da alegada mudança em sua situação financeira (art. 401 do CC). Recurso especial não conhecido. (STJ, REsp n. 109.259/SP, rel. Min. Barros Monteiro, j. 12.11.2002, *DJU* 10.03.2003)

Ação revisional. Alimentos. Confirmado que o alimentante vive situação de plena ascensão econômica, não obstante constituindo nova família com três filhos, não se justifica reduzir a pensão de um salário mínimo destinada ao filho do primeiro leito (arts. 401 do CC e 333, I, do CPC) [art. 373, I, do CPC/2015]. Improvimento (TJSP, Ap. Cível n. 228.181-4/2, 3ª Câm. de Dir. Priv., rel. Enio Santarelli Zuliani, j. 09.04.2002). (*RBDFam* 15/111)

**Exoneração**

Revisional de alimentos. Redução. Alimentante que teve perna amputada e disso advieram custos pela dificuldade de locomoção, além de medicamentos. Idade avançada. Modificação em relação às suas possibilidades de arcar com os alimentos no valor antes estabelecido. Necessidades da alimentada que não tiveram decréscimo demonstrado. Redução apenas de dois para um salário mínimo e meio. Recurso provido em parte. (TJSP, Ap. n. 0032159-70.2012.8.26.0100, 4ª Câm. de Dir. Priv., rel. Milton Carvalho, j. 17.10.2013)

Exoneração de alimentos. Título judicial que estabeleceu pensão de 10% para cada um dos filhos e para a mulher com direito de acrescer. Sentença que exonerou o dever de prestar alimentos com relação a um dos réus, mas que, ao contrário do que sustentado no apelo, assegurou referido direito de acrescer. Ausência de interesse recursal. Apelação não conhecida. Recurso adesivo. Apelação adesiva que segue a sorte da principal. Não conhecimento que se impõe. Inteligência do art. 500, III, do CPC [art. 997, *caput* e §§ 1º e 2º, do CPC/2015]. Recurso adesivo não conhecido. (TJSP, Ap. n. 0022050-47.2007.8.26.0625, 4ª Câm. de Dir. Priv., rel. Milton Carvalho, j. 17.10.2013)

Exoneração de alimentos. Acordo em audiência. Homologação. Arrependimento tardio do réu que não autoriza a alteração dos termos da transação. Falta de interesse para recorrer. Possibilidade, em tese, apenas de anulação da sentença por vício de consentimento, pelas vias próprias (art. 486 do CPC) [art. 966, § 4º, do CPC/2015]. Precedentes do STJ e desta Corte. Não conhecimento do recurso. (TJSP, Ap. Cível n. 0007937-89.2012.8.26.0568, 4ª Câm. de Dir. Priv., rel. Milton Carvalho, j. 17.10.2013)

Revisional de alimentos. Pedido de majoração. Acréscimo das necessidades da alimentada que pode ser presumido, uma vez que atingiu a adolescência. Ausência de comprovação de que os alimentos majorados pela sentença são muito onerosos ao alimentante e impediriam sua subsistência. Apelante que pode arcar com pensão alimentícia em valor superior ao que pagava até o ajuizamento da ação, uma vez que deixou de prestar alimentos a uma das filhas que atingiu a maioridade. Sentença mantida. Recurso desprovido. (TJSP, Ap. n. 0047248-82.2012.8.26.0602, 4ª Câm. de Dir. Priv., rel. Milton Carvalho, j. 17.10.2013)

Revisional de alimentos. Extinção sem julgamento do mérito. Ajuizamento de ação revisional em menos de seis meses após a sentença que fixou os alimentos. Ausência de comprovação de qualquer mudança na condição econômica do alimentando. Mesmos fatos e fundamentos arguidos na ação de alimentos. Alteração do conteúdo da sentença que deveria ser pleiteada por meio da interposição do recurso adequado. Inadequação da via eleita à satisfação da pretensão do autor. Sentença mantida. Recurso desprovido. (TJSP, Ap. n. 0705644-85.2012.8.26.0704, 4ª Câm. de Dir. Priv., rel. Milton Carvalho, j. 22.08.2013)

Alimentos. Exoneração. Filha que atingiu maioridade. Ausência de prova da necessidade da manutenção da pensão. Ensino médio concluído, sem ingresso no ensino superior. Possibilidade de exercício de atividade remunerada. Pedido julgado procedente. Manutenção do encargo, proporcionalmente reduzido, à alimentanda ainda menor de idade. Inconformismo contra a redução do valor da verba. Obrigação de natureza *intuitu personae* e não *intuitu familiae*, uma vez ausente estipulação expressa a respeito. Inexistência de previsão legal e pactual do direito de acrescer. Recurso provido. (TJSP, Ap. n. 0015020-18.2012.8.26.0032, 4ª Câm. de Dir. Priv., rel. Milton Carvalho, j. 22.08.2013)

Exoneração de alimentos. Ex-esposa. Recebimento da pensão há dezessete anos. Inexistência de incapacidade para o trabalho. Obrigação alimentar continuativa que admite exoneração por não se coadunar com a noção de perpetuidade, ainda que não demonstrada alteração na situação econômica do alimentante. Precedente do STJ. Permanência da pensão por mais um ano. Recurso provido em parte. (TJSP, Ap. n. 0008650-09.2011.8.26.0048, 4ª Câm. de Dir. Priv., rel. Milton Carvalho, j. 22.08.2013)

Agravo de instrumento. Exoneração de alimentos. Filhas que atingiram a maioridade. Tutela antecipada concedida pelo juiz da causa para suspender a obrigação alimentar. Presente a verossimilhança das alegações apta a ensejar o restabelecimento da pensão alimentícia em favor das agravantes. Maioridade civil que não desonera automaticamente o alimentante de seu compromisso. Inteligência da Súmula n. 358 do STJ. Necessidade de apuração do binômio necessidade/possibilidade, no curso do contraditório. Decisão reformada. Recurso provido. (TJSP, AI n. 0085371-78.2013.8.26.0000, 4ª Câm. de Dir. Priv., rel. Milton Carvalho, j. 08.08.2013)

Revisional de alimentos. Redução. Ausência de prova de modificação em relação às possibilidades de arcar com os alimentos no valor antes estabelecido. Filho e matrimônio anteriores à fixação de alimentos. Aumento dos rendimentos. Necessidades da infante que não tiveram decréscimo demonstrado. Recurso provido para julgar improcedente a ação. (TJSP, Ap. n. 0011089-81.2010.8.26.0127, 4ª Câm. de Dir. Priv., rel. Milton Carvalho, j. 25.07.2013)

Exoneração de alimentos. Ex-esposa. Recebimento da pensão há mais de vinte anos. Ré idosa que passou a perceber aposentadoria, aluguel de imóvel e vive nova união. Alteração das necessidades da alimentanda que importa em alteração do binômio. Fundamentos da sentença não impugnados fundamentadamente. Obrigação alimentar continuativa que admite exoneração por não se coadunar com a noção de perpetuidade. Sentença confirmada. Recurso desprovido. (TJSP, Ap. n. 0002902-93.2012.8.26.0554, 4ª Câm. de Dir. Priv., rel. Milton Carvalho, j. 25.07.2013)

Agravo de instrumento. Exoneração de alimentos. Acordo em revisional de alimentos que fixou pensão em único valor para os dois agravados. Coagravada que atingiu a maioridade. Alegação de mudança da situação financeira. Pedido em tutela antecipada para redução à metade do valor da pensão devida ao coagravado. Falta de verossimilhança da alegação. Entendimento de que a obrigação alimentar é fixada *intuitu familiae*, e não *intuitu personae*, salvo estipulação expressa, neste sentido. Necessidade de apuração do binômio necessidade/possibilidade, no curso do contraditório. Decisão mantida. Recurso desprovido. (TJSP, AI n. 0101164-57.2013.8.26.0000, 4ª Câm. de Dir. Priv., rel. Milton Carvalho, j. 25.07.2013)

Revisional de alimentos. Redução. Alegação de redução importante nos rendimentos do alimentante. Ausência de demonstração do depauperamento das condições econômicas do apelante. Doação realizada a outro filho que não justifica a mudança da pensão alimentícia. Dever do alimentante de preservar patrimônio, para assegurar sejam supridas as necessidades da ré, sua filha, portadora de necessidades especiais. Incremento das possibilidades da genitora não verificado. Necessidades da alimentada que também não foram reduzidas. Pensão que se mostra adequada. Sentença confirmada. Recurso desprovido. (TJSP, Ap. n. 0005091-64.2011.8.26.0009, 4ª Câm. de Dir. Priv., rel. Milton Carvalho, j. 18.07.2013)

Revisional de alimentos. Redução. Alegação de nova prole. Fato, em tese, caracterizador de modificação na situação financeira do autor que, contudo, deve ser comprovado. Ausência de prova de modificação em relação às suas possibilidades de arcar com os alimentos no valor antes estabelecido. Necessidades da infante que não tiveram decréscimo demonstrado. Recurso desprovido. (TJSP, Ap. n. 0000005-46.2012.8.26.0246, 4ª Câm. de Dir. Priv., rel. Milton Carvalho, j. 18.07.2013)

Revisional de alimentos. Comprovação do aumento com educação e saúde. Melhora da condição econômica do réu. Majoração. Binômio necessidade/possibilidade observado. Percentual que deverá incidir sobre rendimentos ordinários do alimentante, como 13º salário e adicionais trabalhistas. Verbas indenizatórias ou de caráter personalíssimo, como terço constitucional de férias e horas extras, que não integrarão a base de cálculo da prestação alimentar. Recurso provido em parte. (TJSP, Ap. Cível n. 0018122-04.2012.8.26.0564, 4ª Câm. de Dir. Priv., rel. Milton Carvalho, j. 06.06.2013)

Preliminar de nulidade. Princípio da identidade física do juiz. Art. 132 do CPC [sem correspondente no

CPC/2015]. Ressalva do próprio dispositivo. Juiz de primeiro grau que foi promovido a desembargador. Revisional de alimentos. Redução. Alegação de diminuição nos rendimentos do alimentante em virtude de alienação de participação em empresa e constituição de nova família. Fato, em tese, caracterizador de modificação na situação financeira do autor que, contudo, deve ser comprovado. Ausência de prova de modificação em relação às suas possibilidades de arcar com os alimentos no valor antes estabelecido. Necessidades da infante que não tiveram decréscimo demonstrado. Recurso desprovido. (TJSP, Ap. n. 0036971-19.2011.8. 26.0577, 4ª Câm. de Dir. Priv., rel. Milton Carvalho, j. 06.06.2013)

Revisional de alimentos. Extinção sem julgamento do mérito. Ajuizamento de duas ações revisionais em menos de seis meses após a sentença que fixou os alimentos. Ausência de alegação de qualquer mudança na condição econômica do alimentando. Mesmos fatos e fundamentos arguidos na ação de alimentos. Alteração do conteúdo da sentença que deveria ser pleiteada por meio da interposição do recurso adequado. Inadequação da via eleita à satisfação da pretensão do autor. Outra ação revisional de alimentos com mesma causa de pedir que já havia sido extinta sem resolução de mérito. Coisa julgada formal. Vício anterior não sanado que impede a repropositura da demanda sob o mesmo fundamento. Precedentes. Sentença mantida. Recurso desprovido. (TJSP, Ap. n. 0041342-68.2012.8.26.0196, 4ª Câm. de Dir. Priv., rel. Milton Carvalho, j. 06.06.2013)

Exoneração de alimentos. Ex-esposa que é pessoa capaz para o trabalho. Recebimento da pensão há aproximadamente sete anos. Período de tempo suficiente para que a apelante pudesse exercer atividade profissional para complementar sua renda. Obrigação alimentar continuativa que admite exoneração por não se coadunar com a noção de perpetuidade. Sentença mantida. Recurso desprovido. (TJSP, Ap. Cível n0 0021368-11.2011.8.26.0348, 4ª Câm. de Dir. Priv., rel. Milton Carvalho, j. 06.06.2013)

Exoneração de alimentos. Filha que atingiu a maioridade e atualmente frequenta curso superior em universidade particular. Prestação alimentícia necessária para o seu sustento na fase de desenvolvimento profissional. Obrigação que decorre dos princípios da equidade e da solidariedade familiar. Alimentada que pode desenvolver atividades remuneradas esporádicas, a fim de pagar parte de seus gastos. Necessidade, também, de colaboração de sua genitora, que tem emprego habitual. Pensão que tem caráter de complementariedade, e deve ser fixada em valor que se mostre suficiente para arcar com parte das despesas da ré. Manutenção da obrigação alimentar nos moldes fixados pela sentença, que a reduziu de 1/3 para 25% dos rendimentos líquidos do autor. Percentual que deverá incidir sobre rendimentos ordinários do alimentante, como 13º salário e adicionais trabalhistas. Verbas indenizatórias ou de caráter personalíssimo, como terço constitucional de férias e horas extras, que não devem integrar a base de cálculo da obrigação alimentar. Recursos parcialmente providos. (TJSP, Ap. n. 0053845-51.2011.8.26.0651, 4ª Câm. de Dir. Priv., rel. Milton Carvalho, j. 16.05.2013)

Alimentos. Exoneração. Filha que atingiu maioridade. Estudante do ensino médio. Formação de seu próprio núcleo familiar. Obrigação de assistência que agora assiste principalmente ao companheiro da ré, e não mais à família paterna. Ausência de prova da necessidade da pensão. Comprovantes de rendimentos do companheiro da apelante não juntados aos autos. Elementos que não permitem a manutenção da obrigação alimentar em favor da apelante. Recurso desprovido. (TJSP, Ap. Cível n. 0017664-09.2012.8.26.0007, 4ª Câm. de Dir. Priv., rel. Milton Carvalho, j. 18.04.2013)

Revisional de alimentos. Redução. Inovação recursal. Alimentante que requer que sua filha seja matriculada em instituição da rede pública de ensino, para que não mais seja obrigado a arcar com as mensalidades de sua escola. Pedido que não merece ser apreciado, posto que não foi formulado perante o juízo de primeiro grau. Alegação de diminuição nos rendimentos do alimentante em virtude de desemprego superveniente. Fato, em tese, caracterizador de modificação na situação financeira do autor que, contudo, deve ser comprovado. Ausência de demonstração do depauperamento das condições econômica do apelante. Inscrição junto aos cadastros de inadimplentes que não demonstra carência econômica, mas apenas má administração do patrimônio. Pensão já reduzida para o valor estritamente necessário para o sustento do apelado. Necessidades da infante que não tiveram decréscimo. Recurso desprovido. (TJSP, Ap. n. 0034191-19.2010.8.26.0100, 4ª Câm.de Dir. Priv., rel. Milton Carvalho, j. 04.04.2013)

Veja no art. 1.694 o seguinte acórdão: TJSP, Ap. n. 0010607-33.2012.8.26.0073, 4ª Câm. de Dir. Priv., rel. Milton Carvalho, j. 21.03.2013.

Revisional de alimentos. Redução. Alegação de diminuição nos rendimentos do alimentante em virtude de desemprego superveniente. Fato, em tese, caracterizador de modificação na situação financeira do autor que, contudo, deve ser comprovado. Ausência de demonstração do depauperamento das condições econômicas do apelante. Pensão já arbitrada no mínimo necessário para o sustento da apelada. Necessidades da infante que não tiveram decréscimo. Recurso desprovido. (TJSP, Ap. n. 0038234-89.2011.8.26.0576, 4ª Câm. de Dir. Priv., rel. Milton Carvalho, j. 31.01.2013)

Revisional de alimentos. Redução. Mudança da situação financeira do alimentante não comprovada, tampouco a do alimentado. Binômio alimentar que permanece o mesmo. Pai que busca diminuir alimentos pagos ao filho menor e que alega em seu favor despesas com dois filhos maiores. Princípio da isonomia entre os filhos que vai contra o pedido. Nascimento de nova filha que isoladamente não é suficiente para reduzir a obrigação alimentar. Recurso desprovido. (TJSP, Ap. n. 0068777-06.2011.8.26.0114, 4ª Câm. de Dir. Priv., rel. Milton Carvalho, j. 31.01.2013)

Agravo de instrumento. Tutela antecipada. Exoneração de alimentos. Filha maior e ex-esposa. Alegação de mudança da situação financeira e ausência de necessidade das alimentandas. Ex-cônjuge que herdou patrimônio de seu genitor. Aparente melhora de sua condição financeira. Filha que concluiu formação em curso de gastronomia e possui emprego em sua área de formação. Indícios de redução da capacidade econômica do alimentando, que deixou de exercer atividade empresária. Requisitos autorizadores da antecipação de tutela que se encontram presentes. Decisão interlocutória mantida. Recurso desprovido. (TJSP, AI n. 0101771-07.2012.8.26.0000, 4ª Câm. de Dir. Priv., rel. Milton Carvalho, j. 13.12.2012)

Revisional de alimentos. Redução. Alegação de diminuição nos rendimentos do alimentante em virtude de desemprego superveniente. Fato, em tese, caracterizador de modificação na situação financeira do autor que, contudo, deve ser comprovado. Ausência de demonstração do depauperamento das condições econômica do apelante. Filhos de outros relacionamentos que já eram nascidos à época da fixação da obrigação em favor do alimentando. Pensão já arbitrada no mínimo necessário para o sustento do apelado. Necessidades do infante que não tiveram decréscimo. Recurso desprovido. (TJSP, Ap. n. 0016841-57.2011.8.26.0011, 4ª Câm. de Dir. Priv., rel. Milton Carvalho, j. 13.12.2012)

**Maioridade e estudo**

Alimentos. Ação revisional. Pedido de redução. Filha maior e estudante. Binômio possibilidade-necessidade. Prova. A ação de revisão de alimentos tem por pressuposto a alteração do binômio possibilidade-necessidade e se destina à redefinição do encargo alimentar, que se vincula à cláusula *rebus sic stantibus*. Necessitando a filha de alimentos para garantir a frequência nos estudos, como complemento da sua educação, que é dever residual do poder familiar, está o pai obrigado a auxiliá-la. Não demonstrada a efetiva redução na capacidade econômica do alimentante, descabe alterar o *quantum* da pensão alimentícia. Inteligência do art. 1.699 do CCB. Conclusão n. 37 do CETJRGS. Recurso desprovido (segredo de justiça). (TJRS, Ap. Cível n. 70.034.579.748, 7ª Câm. Cível, rel. Des. Sérgio Fernando de Vasconcellos Chaves, j. 11.08.2010)

Alimentos. Exoneração. Obrigação de pagar pensão alimentícia vitalícia assumida por terceiro, que decorre de contrato firmado entre as partes. Natureza indenizatória. Caráter irrevogável e irretratável. Inviabilidade de sua revisão nos termos do art. 1.699 do CC. Improcedência do pedido. Recurso desprovido. (TJSP, Ap. n. 994.07.033037-4, 7ª Câm. de Dir. Priv., rel. Milton Carvalho, j. 28.07.2010)

Apelação cível. Ação revisional de alimentos. Maioridade do alimentando. Comprovação da necessidade dos alimentos. Manutenção da pensão. Mudança na situação econômica do alimentante. Não comprovação. Ônus da prova. Manutenção do valor. São devidos alimentos ao filho que, embora tenha atingido a maioridade, sendo portador de necessidades especiais, não tem como prover, por seu trabalho, a sua própria mantença, justificando o pagamento de alimentos provisórios pelo pai, mormente porque os genitores devem apoiar os filhos na busca de sua profissionalização, para que posteriormente possam se manter dignamente. Recai sobre o autor da ação revisional de alimentos o ônus de demonstrar mudança em sua situação financeira ou na de quem recebe a verba para obter a exoneração do encargo, nos termos do art. 1.699 do CC/2002. Ausente prova convincente da alegada redução da receita do alimentante de forma a impossibilitar o pagamento da pensão estabelecida, deve a verba fixada ser mantida. (TJMG, Ap. Cível n. 1.0508.06.000417-5/001(1), rel. Des. Elias Camilo, j. 25.02.2010)

Revisional de alimentos. Majoração. Alteração das necessidades. Idade escolar. Alimentos insuficientes. Possibilidade do genitor melhorar a colaboração no sustento do filho ainda que inferior ao pretendido na inicial. Inteligência do disposto no art. 1.699 do CC. Recurso do autor e do réu desprovidos. (TJSP, Ap. Cível c/ Rev. n. 5.924.644.500/Santos, 3ª Câm. de Dir. Priv., rel. Adilson de Andrade, j. 29.09.2009)

Revisional de alimentos. Art. 1.699 do CC. Necessidade imperiosa de comprovação da alteração na condição financeira do alimentante ou na dos alimentandos que justifique a majoração. Ausência de prova. Autores que não se desincumbiram do ônus que lhes é imposto pelo art. 333, I, do CPC [art. 373, I, do CPC/2015]. Apesar de não haver exoneração automática com a maioridade e de ser presumida a necessidade da filha menor, a circunstância de os alimentos se destinarem a três filhos, enquanto um deles já atingiu a maioridade e não estuda e a outra filha se mudou para São Paulo e trabalha, provendo o próprio sustento, não pode ser ignorada e apenas reforça a convicção formada para a improcedência da ação. Recurso improvido. (TJSP, Ap. Cível n. 6.519.304.100/Aparecida, 4ª Câm. de Dir. Priv., rel. Maia Cunha, j. 03.09.2009)

Alimentos. Exoneração. Admissibilidade. Atingida a maioridade cessa *ipso jure* a causa jurídica da obrigação de sustentar com base no pátrio poder, atualmente denominado poder familiar, sem que se faça necessário o ajuizamento de ação exoneratória. Não configura hipótese especial para dar continuidade ao dever alimentar, o que não impossibilita ulterior imposição com respaldo na obrigação de assistência decorrente do parentesco. Recurso provido. (TJSP, AI n. 334.018.4/8, rel. Des. Ruiter Oliva, j. 23.03.2004)

Exoneração. A obrigação do pai, de prestar alimentos aos filhos, cessa automaticamente com a maioridade, persistindo, após, somente quando demonstrada por eles a necessidade de continuar a receber a prestação. Para fazer cessar a obrigação de pagar, fixada em decisão judicial, basta simples requerimento nos autos, sendo desnecessária citação ou intimação pessoal do alimentário. (TJSP, AI n. 302.194.4/0, rel. Des. João Carlos Saletti, j. 24.09.2003)

Alimentos. Execução. Maioridade da alimentanda. Exoneração. Curso superior prestes a ser completado. 23 anos de idade e demonstração de que não necessita de alimentos. Alimentante com doença degenerativa e com despesas avultadas sem condições de prestar alimentos. Exoneração decretada. Recurso não provido. (TJSP, Ap. Cível n. 273.205.4/8-00, rel. Des. Ruiter Oliva, j. 19.08.2003)

Alimentos. Exoneração. Desnecessidade do ajuizamento de ação autônoma. Possibilidade de formulação de pedido nesse sentido nos próprios autos de ação de alimentos, assegurado o contraditório. Maioridade da alimentanda. Provável cessação da obrigação alimentar. Determinação à expedição de ofício à empregadora para que deixe de proceder ao desconto em folha da pensão. Exoneração definitiva que deverá ser examinada em primeira instância. Agravo parcialmente provido. (TJSP, AI n. 267.595.4/7-00, rel. Des. Luiz Antonio de Godoy, j. 20.05.2003)

Alimentos. Exoneração. Quando a filha destinatária de alimentos pretende prorrogar o dever de assistência para manter-se, ainda maior, na universidade, está o juiz autorizado a examinar o seu *curriculum* escolar para, verificando o elevado número de faltas às aulas e o desempenho sofrível em 80% das matérias do curso de direito, do período noturno, considerar presente o abuso do direito de pleitear alimentos do pai. Provimento para determinar a exoneração (TJSP, AI n. 259.701-4/9, 3ª Câm. de Dir. Priv., rel. Des. Enio Santarelli Zuliani, j. 05.11.2002). (*RBDFam* 16/102)

Ação revisional. Alimentos. Não comprovando a filha, com mais de 18 anos, estar frequentando "cursinhos" preparatórios ao vestibular ou matriculada em universidade (pública ou privada), perde oportunidade de majoração da pensão de R$ 453,00 destinada pelo pai (arts. 333, I, do CPC e 401 do CC) [art. 373, I, do CPC/2015]. Improvimento (TJSP, Ap. Cível n. 232.712-4/1, rel. Des. Enio Santarelli Zuliani, j. 28.05.2002). (*RBDFam* 16/118)

**Outras situações**

Revisional de alimentos. Fixação de nova obrigação alimentar em desfavor do autor, em 15% de seu salário. Destinação de 40% de seus rendimentos líquidos à criação dos filhos Grande diferença entre o valor arbitrado a título de pensão para a primeira e para o segundo filho. Ausência de necessidades especiais. Impossibilidade. Ambos os irmãos unilaterais devem receber pensões em percentuais semelhantes. Redução. Ficam excluídas da base de cálculo do desconto alimentar as verbas indenizatórias ou de caráter eventual recebidas pelo alimentante. Recurso do autor provido, improvido o da ré. (TJSP, Ap. n. 0006702-21.2011.8.26.0472, rel. Milton Carvalho, j. 16.08.2012, voto n. 3.387)

Alimentos. Pedido de redução da prestação. Sentença que observou o binômio legal. Reajuste do salário mínimo brasileiro muito acima da inflação. Circunstância que prejudica por demais o alimentante. Readequação do valor fixado em um salário mínimo e meio vigente à época da sentença. Fixação de pensão alimentícia a ser reajustada pelo INPC. Recurso desprovido com observação. (TJSP, Ap. Cível n. 0010177-73.2006.8.26.0176, rel. Milton Carvalho, j. 12.04.2012)

Direito de família. Divórcio do casal. Alimentos. Filha menor. Possibilidade. Binômio necessidade/possibilidade. Ilegitimidade da mãe para pleitear os alimentos para as filhas maiores – desnecessidade de pensionamento à varoa. FGTS. Verbas trabalhistas. Incomunicáveis. Fruto do trabalho personalíssimo. Partilha. Imóvel adquirido na constância do casamento. Possibilidade.

Com atenção ao que dispõe a norma do art. 1.699, § 1º, do CC, os alimentos fixados em 20% dos rendimentos líquidos do alimentante promovem, equilibradamente, ideal proporcionalidade entre as necessidades presumidas da alimentada, que conta atualmente 14 anos de idade, e a capacidade contributiva de seu pai. A genitora de filhas maiores é parte ilegítima para pleitear os alimentos em nome destas, eis que compete aos pais representar os filhos em juízo somente até o advento da maioridade, momento a partir do qual deverá a prole pleitear em nome próprio o direito desejado. Se a ex-esposa é aposentada, percebendo renda mensal suficiente para prover seu sustento, injustificável a fixação de pensão alimentícia em seu favor. Os valores referentes ao FGTS e à indenização trabalhista não integram o patrimônio comum do casal, são incomunicáveis, por se tratarem de frutos personalíssimos do trabalho. Considerando que as partes se casaram sob o regime da comunhão parcial de bens, deve se operar a meação sobre o imóvel adquirido na constância do casamento. (TJMG, Ap. Cível n. 1.0024.10.058255-0/003, rel. Des. Armando Freire, j. 20.03.2012)

Recurso especial. Civil. Verba alimentar. *Quantum*. Binômio necessidade-possibilidade. Revisão. Reexame do conjunto fático-probatório. Impossibilidade na via especial. Súmula n. 7, STJ. Critério de atualização monetária. Necessidade. Fixação. 1 – A revisão do julgado impugnado, com a consequente majoração do *quantum* fixado a título de pensão alimentícia, demanda reexame de todo conjunto fático-probatório delineado nos autos, providência vedada em sede especial, *ut* Súmula n. 7 desta Corte. 2 – A ação revisional, diversamente do que consignado pelo acórdão recorrido, tem como finalidade precípua a revisão do valor fixado a título de verba alimentar, quando modificada a condição econômica do alimentando ou do alimentante, não devendo ser utilizada para fins de atualização monetária do *quantum* arbitrado. 3 – Sendo a correção monetária tão somente a recomposição do valor real da verba alimentar, não restam maiores dúvidas acerca da necessidade de sua previsão, quando da fixação da pensão alimentícia. 4 – Recurso conhecido em parte (alínea *a*) e, nesta extensão, provido, para fixar o critério de correção monetária da verba alimentar. (STJ, REsp n. 611.833, rel. Min. Fernando Gonçalves, j. 18.12.2003)

**Art. 1.700. A obrigação de prestar alimentos transmite-se aos herdeiros do devedor, na forma do art. 1.694.**

Legislação correlata: art. 23, Lei n. 6.515, de 26.12.1977 (Lei do Divórcio).

Como já ressaltado em comentários ao art. 1.694, a obrigação alimentar e o dever de sustento são transmissíveis aos herdeiros daquele que os deve, o que significa que o credor poderá exigir os alimentos dos herdeiros do devedor quando este falecer, até as forças da herança (art. 1.792), já que será considerada dívida do falecido (art. 1.997). Transmite-se a própria obrigação alimentar, e não apenas as prestações vencidas e não pagas, nas forças da herança. Embora o artigo não faça qualquer referência a que a transmissibilidade deva ocorrer nos limites das forças da herança, assim deve ser interpretado, pois, não sendo, ofenderá uma das características fundamentais da obrigação alimentar que é o fato de ser personalíssima (*A transmissibilidade da obrigação alimentar é limitada às forças da herança* – Enunciado n. 343 do CJF). Logo, ao equivocadamente reportar-se ao art. 1.694 – a remissão deveria ser feita ao art. 1.997 – o dispositivo parece indicar que os herdeiros do alimentante ficam igualmente obrigados a assegurar aos alimentados "os alimentos de que necessitem para viver de modo compatível com sua condição social, inclusive para atender às necessidades de sua educação", e isto, frise-se, independentemente de verificar se as forças da herança comportam ou não tal pensionamento, o que, por evidente, não pode ocorrer, em virtude do fato de que a obrigação alimentar é personalíssima (cf. SANTOS, Luiz Felipe Brasil. *Questões controvertidas no novo Código Civil*. São Paulo, Método, 2004, p. 221-2).

Para que tenha sentido, a presente regra deverá ser aplicada quando o alimentado não for herdeiro do devedor da pensão alimentícia, uma vez que, em razão do seu grau de parentesco, estará legitimado a postular alimentos de qualquer dos herdeiros, cuja pensão será fixada segundo sua capacidade econômica, como determina o disposto no art. 1.694. Assim, a transmissibilidade de que trata o artigo é a decorrente de obrigação entre cônjuges e companheiros e, mesmo assim, quando o alimentado não for herdeiro do devedor falecido. Já o cônjuge, embora herdeiro necessário (cf. art. 1.845), pode não ter direito à herança por força da conjugação das regras constantes dos arts. 1.829, *caput* e I, 1.641, II, 1.832 e 1.837, o que autorizará neste caso a transmissão da obrigação.

O PL n. 699/2011 traz proposta para alteração do presente dispositivo no sentido ora exposto: "A obrigação de prestar alimentos decorrente do casamento e da união estável transmite-se aos herdeiros do devedor, nos limites das forças da herança, desde que o credor da pensão alimentícia não seja herdeiro do falecido". Repita-se que a obrigação de prestar alimentos que se transmite aos herdeiros do devedor sempre deve ficar limitada aos frutos da herança, não fazendo sentido que os herdeiros do falecido passem a ter obrigação de prestar alimentos ao credor deste, segundo suas próprias possibilidades.

Muito embora a lei não tenha feito nenhuma ressalva, o artigo só poderá ser invocado se o dever de prestar alimentos já foi determinado por acordo ou por sentença judicial, antes da morte do devedor (cf. VELOSO, Zeno. *Código Civil comentado* – direito de família. São Paulo, Atlas, 2003, v. XVII), pois "havendo condenação prévia do autor da herança, há obrigação de prestar alimentos e esta se transmite aos herdeiros. Inexistente a condenação, não há por que falar em transmissão do dever jurídico de alimentar, em razão do seu caráter personalíssimo e, portanto, intransmissível" (STJ, REsp n. 775.180/MT, 4ª T., rel. Min. João Otávio de Noronha, j. 15.12.2009, *DJe* 02.02.2010), ou se o credor já houvesse proposto a ação antes da morte do devedor (*v.* jurisprudência a seguir).

**Jurisprudência:** Apelação cível. Família. Execução de alimentos. Rito da expropriação patrimonial. Falecimento do devedor. Inexistência de bens. Impossibilidade de prosseguimento do feito contra os herdeiros. Sentença extintiva mantida. 1. A obrigação alimentar tem caráter personalíssimo, extinguindo-se o dever de prestar alimentos com o falecimento do alimentante. 2. Embora exista possibilidade de cobrança em face do espólio de eventuais parcelas devidas até o óbito do alimentante, já que o crédito se incorpora ao patrimônio do alimentado (transmissão, art. 1.700 do CC), isso deve dar-se no limite de suas forças (art. 1.694, *caput*, e § 1º, CC). 3. Assim, como o falecido não deixou bens em herança, não há como prosseguir o feito executivo em face dos seus herdeiros, sendo o caso de manutenção da sentença de extinção do feito. Apelação desprovida. (TJRS, Ap. n. 50002665320138210011/Cruz Alta, 8ª Câm. Cível, rel. Ricardo Moreira Lins Pastl, j. 04.07.2024, *DJ* 05.07.2024)

Execução de alimentos. Falecimento do executado no curso do processo. Sentença de extinção do feito sem a resolução do mérito por falta de interesse de agir. Descabimento. Transferência dos bens do alimentante falecido aos herdeiros. Princípio da *Saisine*. Regularidade do prosseguimento da execução mediante a intimação do espólio, art. 1.700 do CC. Precedentes jurisprudenciais. Necessidade de observância da responsabilidade somente aos alimentos preexistentes ao falecimento e nos limites da herança, art. 1.997 do aludido diploma. Sentença anulada. Recurso provido, com determinação. (TJSP, Ap. Cível n. 0008643-15.2012.8.26.0005/SP, 9ª Câm. de Dir. Priv., rel. César Peixoto, j. 21.11.2022, publ. 21.11.2022)

Apelação. Ação de alimentos. Pedido formulado em face de irmão, após o falecimento do genitor, posteriormente substituído pelo espólio. Irmão que teria ficado na administração dos bens do espólio. Pedido de pensão alimentícia em favor de herdeiras. Descabimento. No momento do falecimento do genitor dos autores, não existia a obrigação de prestar alimentos aos autores. Art. 1.700 do CC. Inexistindo condenação prévia do autor da herança, não há por que falar em transmissão do dever jurídico de prestar alimentos, em razão do seu caráter personalíssimo e, portanto, intransmissível. Eventual direito a adiantamento de legítima que deve ser perquirido nos autos sob essa rubrica, nos autos do inventário. Recurso provido para julgar improcedente a ação. (TJSP, Ap. Cível n. 1000647-07.2019.8.26.0165/SP, 6ª Câm. de Dir. Priv., rel. Costa Netto, j. 20.06.2022, publ. 20.06.2022)

Execução de alimentos. Executado falecido no curso da demanda. Determinação do juízo *a quo* de habilitação do crédito no inventário. Insurgência do exequente. Pretensão de substituição do executado no polo passivo por seu espólio e conversão do rito da execução para o da penhora. Possibilidade. Inteligência dos arts. 1.700 e 1.792 do CC. A obrigação preexistente de prestar alimentos se transmite aos herdeiros do executado. Possibilidade da conversão do rito da execução. Princípio da disponibilidade da execução que favorece as estratégias do exequente. Decisão reformada. Recurso provido. (TJSP, AI n. 2243136-97.2021.8.26.0000/SP, 2ª Câm. de Dir. Priv., rel. Fernando Marcondes, j. 14.12.2021, publ. 14.12.2021)

Agravo de instrumento. Direito de família. Investigação de paternidade *post mortem*. Impossibilidade de fixação de alimentos frente aos herdeiros. Ausência do espólio no polo passivo. 1 – A ação de investigação de paternidade *post mortem* deve ser proposta em face dos herdeiros do falecido. 2 – Em que pese a transmissibilidade da obrigação alimentar prevista no art. 1.700 do CC, é sabido que esta não se transmite aos herdeiros nem ao espólio se não tiver sido fixada anteriormente ao falecimento do genitor. 3 – Não se defere, em ação de investigação de paternidade, pedido liminar para indisponibilidade de bens deixados por suposto genitor, quando não presentes indícios suficientes da existência da paternidade, até mesmo porque o espólio não figura no polo passivo da demanda. (TJMG, AI n. 1.0000.21.030982-9/001, rel. Des. Jair Varão, j. 15.07.2021)

Alimentos. Filhos menores. Binômio necessidade/possibilidade. Observância. Transmissibilidade da obrigação alimentar. Pedido inicial pleiteado com base em frutos do espólio. Repercussão na massa patrimonial do inventário. Ação de inventário em curso. Celeridade e economia processual. Processamento do pedido de alimentos em conjunto com o inventário. 1 – A fixação da pensão alimentícia norteia-se pelo binômio necessidade do alimentado e possibilidade econômica do alimentante, nos termos do art. 1.694, § 1º, do CPC/2015. 2 – Transmite-se aos herdeiros do alimentante a obrigação de prestar alimentos, a teor do art. 1.700 do CC. 3 – Em obediência aos princípios da economia e celeridade processual, devem ser processados em conjunto, perante o Juízo do inventário, os feitos relativos aos alimentos pleiteados pelos herdeiros menores do falecido em desfavor do espólio, e o próprio inventário, na medida em que a pensão alimentícia repercutirá na massa patrimonial deixada pelo extinto. 4 – Recurso conhecido e parcialmente provido. (TJDF, Proc. n. 07197253520188070000, 8ª T. Cível, rel. Diaulas Costa Ribeiro, j. 04.07.2019, *DJe* 08.07.2019)

Agravo de instrumento. Inventário. Alvará para pagamento de verba alimentar devida pelo *de cujus*. Possibilidade. Exoneração do encargo deve ser discutida nos autos próprios. Recurso desprovido. A maioridade não autoriza o cancelamento automático da verba alimentar fixada em favor do alimentando, consoante Súmula n. 358 do STJ. O cabimento da manutenção, ou não, do encargo deve ser discutido em autos próprios, oportunizado o contraditório. Nos termos do art. 1.700 do CC, a obrigação de prestar alimentos transmite-se aos herdeiros do devedor. (TJMG, AI n. 1.0392.15.001086-7/001, rel. Des. Edilson Olímpio Fernandes, j. 26.06.2018)

Apelação cível. Ação de alimentos contra o espólio do genitor. O art. 1.700 do CCB é claro ao mencionar que a obrigação de prestar alimentos transmite-se aos herdeiros do devedor, na forma do art. 1.694 . Aludido dispositivo legal refere-se a obrigação, e não apenas a dívidas. Ademais, o art. 1.997 do CCB já torna o Espólio responsável pelo pagamento das dívidas do falecido, não havendo, portanto, necessidade de que a mesma disposição constasse em local diverso. Assim, sendo possível deduzir a pretensão alimentar contra o espólio, mesmo sem anterior estipulação de alimentos a cargo do falecido, equivocada a decisão que entendeu pela sua impossibilidade. Rejeitaram a preliminar contrarrecursal e deram provimento à apelação. Unânime. (TJRS, Ap. Cível n. 70.077.211.928, 8ª Câm. Cível, rel. Des. Luiz Felipe Brasil Santos, j. 10.05.2018)

Execução de alimentos. Alimentante que é filha dos alimentados. Óbito de sua genitora que não desobriga ao pagamento dos alimentos devidos até o falecimento, cujo montante deverá integrar o seu espólio, para posterior partilha entre os herdeiros. Interpretação analógica do art. 1.700 do CC. Determinação de pagamento que é adequada, inclusive no que se refere à pena de prisão para o caso de inadimplemento. Observação, apenas, de que o levantamento das quantias devidas à *de cujus* somente poderá ocorrer em benefício do seu espólio, depois de regularizada sua representação processual. Decisão mantida. Recurso desprovido. (TJSP, AI n. 2061820-98.2014.8.26.0000/SP, 4ª Câm. de Dir. Priv., rel. Teixeira Leite, *DJe* 10.07.2014, p. 767)

Agravo regimental. Falta de representação processual. Vício sanável. Obrigação de prestar alimentos transmite-se aos herdeiros do devedor, na forma do art. 1.694. Aplicação do art. 1.700 do CC, conforme decisão do STJ. Recurso improvido. (TJSP, Ag. Reg. n. 0159590-33.2011.8.26.0000/Indaiatuba, 3ª Câm. de Dir. Priv., rel. Adilson de Andrade, *DJe* 23.06.2014, p. 1.275)

Apelação cível. Ação de alimentos. Espólio. Transmissibilidade. Impossibilidade no caso. Necessidade não comprovada. O pedido de alimentos fundamenta-se, no caso, na transmissibilidade da obrigação alimentar, contemplada no art. 1.700 do CCB. Seu deferimento depende de prova da necessidade da requerente e da possibilidade do patrimônio deixado pelo falecido alimentante produzir frutos suficiente para suportar a verba. Não tendo a apelante comprovado a necessidade de receber alimentos, descabe a fixação, devendo aguardar o que eventualmente lhe tocar do inventário. Recurso desprovido. (TJRS, Ap. Cível n. 70.058.699.570, 7ª Câm. Cível, rel. Des. Liselena Schifino Robles Ribeiro, j. 07.05.2014)

Agravo de instrumento. Inventário. Liberação de valores a título de alimentos. Os valores que estão sendo liberados a título de alimentos já fixados para o herdeiro transmitem-se para o espólio nos termos do art. 1.700 do CC. Logo, não há impedimento ao pagamento dos alimentos com recursos que compõem o monte. Ao depois, aqui no agravo não foi demonstrado algum risco concreto de insolvência do espólio, que dispõem de vultoso patrimônio. De resto, as razões elencadas pelos demais herdeiros neste recurso sequer foram levadas ao juízo de primeiro grau, o que seria de rigor, a fim de preservar o duplo grau de jurisdição. Negado seguimento em monocrática. (TJRS, AI n. 70.055.176.804, 8ª Câm. Cível, rel. Rui Portanova, j. 25.06.2013, *DJ* 26.06.2013)

Apelação cível. Ação de execução de alimentos. Falecimento do executado. Intimação da exequente para substituição do polo passivo. Requerimento para inclusão da empregadora do *de cujus*. Extinção do feito sem resolução de mérito. Art. 267, IV, do CPC [art. 485, IV, do CPC/2015]. Exegese dos arts. 43 do CPC [art. 110 do CPC/2015] e 1.700 do CC. Transmissibilidade do dever alimentício. Substituição processual pelo espólio ou herdeiros. Ilegitimidade da empresa empregadora para integrar a lide. Recurso improvido. Diante do falecimento do alimentante, a transmissibilidade do dever alimentício incide aos sucessores, motivo pelo qual, se o óbito ocorrer no transcurso da ação de execução de alimentos, deverá ocorrer a substituição no polo passivo da demanda pelo espólio ou pelos herdeiros, *ex vi* do disposto no art. 43 do CPC [art. 110 do CPC/2015]. O desconto do *quantum* alimentar na folha de pagamento do alimentante não impõe à empresa empregadora responsabilidade pelo adimplemento da verba ao alimentando, não se afigurando parte legítima para figurar no polo passivo de ação executória em substituição ao executado falecido. (TJSC, Ap. Cível n. 2011.024831-2, 2ª Câm. de Dir. Civil, rel. João Batista Góes Ulysséa, j. 11.04.2013)

Embargos de declaração. Arts. 1.700 e 1.792 do CC. Alimentos devidos pelos sucessores, à alimentanda, que se limitam às forças da herança. São devidos a partir da citação para a ação (§ 2º do art. 13 da Lei n. 5.478/68). Embargos recebidos em parte, com caráter modificativo. (TJSP, Emb. Decl. n. 0003241-51.2001.8.26.0000, 10ª Câm. de Dir. Priv., rel. Cesar Ciampolini, j. 05.03.2013, *DJ* 08.03.2013)

Ação de alimentos. Recurso especial. Exame de matéria constitucional. Inviabilidade. Omissão. Inexistência. Ação de alimentos proposta por menor, em face do espólio de seu genitor. Inexistência de acordo ou sentença fixando alimentos por ocasião do falecimento do autor da herança. Ilegitimidade passiva do espólio. 1 – Embora seja dever de todo magistrado velar a CF, para que se evite supressão de competência do Eg. STF, não se admite apreciação, em sede de recurso especial, de matéria constitucional. 2 – Os alimentos ostentam caráter personalíssimo, por isso, no que tange à obrigação alimentar, não há falar em transmissão do dever jurídico (em abstrato) de prestá-los. 3 – Assim, embora a jurisprudência desta Corte Superior admita, nos termos dos arts. 23 da Lei do Divórcio e 1.700 do CC, que, caso exista obrigação alimentar preestabelecida por acordo ou sentença – por ocasião do falecimento do autor da herança –, possa ser ajuizada ação de alimentos em face do espólio, de modo que o alimentando não fique à mercê do encerramento do inventário para que perceba as verbas alimentares, não há cogitar em transmissão do dever jurídico de prestar alimentos, em razão do seu caráter personalíssimo e, portanto, intransmissível. Precedentes. 4 – De todo modo, em sendo o autor da herança servidor público ou militar, no que tange à verba alimentar superveniente ao óbito, o procedimento adequado para o recebimento, por seu dependente, consiste no requerimento administrativo de pensão ao órgão pagador do *de cujus*. 5 – Recurso especial não provido. (STJ, REsp n. 1.130.742/DF, 4ª T., rel. Min. Luis Felipe Salomão, j. 04.12.2012, *DJe* 17.12.2012)

Agravo de Instrumento. Inventário. Decisão agravada que indeferiu pedido liminar formulado pelos agravantes, filhos do falecido, visando ao levantamento de quantia relativa a crédito alimentar. Interpretação restritiva do art. 1.700 do CC, no sentido de somente ser aplicável quando os alimentandos não forem, eles próprios, herdeiros do alimentante. Crédito alimentar dos agravantes, herdeiros necessários do falecido, que deve ser deduzido da cota-parte a eles cabente. Existência de litígio entre os herdeiros que torna prudente a sustação dos levantamentos até ultimação do inventário. Nega-se provimento ao recurso. (TJSP, AI n. 0048646-27.2012.8.26.0000, 5ª Câm. de Dir. Priv., rel. Christine Santini, j. 19.09.2012, *DJ* 24.09.2012)

Apelação cível. Família. Ação de alimentos. Descabimento. Ajuizamento da ação após o falecimento do genitor. Art. 1.700 do CC. Precedentes. Segundo reiterado entendimento jurisprudencial, o dever de prestar alimentos somente transmite-se à sucessão quando já existente, ou, quando, no curso do processo, ocorre o falecimento do alimentante. Na hipótese, observa-se que os alimentos não foram fixados antes do falecimento do genitor, daí porque o pedido se mostra juridicamente impossível, nos exatos termos em que decidiu o juízo singular. Apelação desprovida. (TJRS, Ap. Cível n. 70.037.075.538, 7ª Câm. Cível, rel. Des. José Conrado Kurtz de Souza, j. 01.09.2010)

Agravo de instrumento. Inventário. Alimentos. Fixados alimentos provisórios em favor do menor, filho do autor da herança, que não pode ficar ao desamparo enquanto aguarda o processamento do inventário. Inteligência do art. 1.700 do CC. Negaram provimento ao agravo. (TJSP, AI n. 994080496269, 7ª Câm. de Dir. Priv., rel. Des. Gilberto de Souza Moreira, j. 25.08.2010)

Alimentos. Espólio. Extinção do processo, sem resolução do mérito. Intransmissibilidade da obrigação alimentar. Ausência de condenação prévia à prestação alimentícia. Ilegitimidade do espólio para a ação. Extinção mantida. Recurso desprovido. (TJSP, Ap. Cível n. 994.06.118374-7, rel. Milton Carvalho, 7ª Câm. de Dir. Priv., j. 25.08.2010)

Civil. Alimentos. Falecimento do obrigado a prestá-los. Extinção do processo sem exame do mérito em face da intransmissibilidade da obrigação. Inadmissibilidade da extinção. Transmissibilidade prevista no art. 1.700 do CC. Recurso provido para anular a sentença. (TJSP, Ap. Cível c/ Rev. n. 6.268.194.700, 2ª Câm. de Dir. Priv., rel. Boris Kauffmann, j. 25.08.2009)

Extinção de execução. Acolhimento dos embargos. Crédito alimentar. Contribuição de caráter personalíssimo. Morte do pai a extinguir a obrigação. Exigência de valores que extrapolam essa data. Impossibilidade. Previsão do art. 1.700 do CC, a sustentar o direito de obtenção de ajuda, caso necessária, diretamente junto aos parentes. Exigência, todavia, de ação própria. Participação em sucessão que, por si só, não justifica a transferência dos encargos para demais herdeiros. Ausência de débito anterior diante de pagamentos comprovados mediante recibos juntados. Crédito referente ao plano de saúde não demonstrado. Sentença de extinção da execução confirmada. Recurso não provido. (TJSP. Ap. Cível c/ Rev. n. 5.247.764.600, 7ª Câm. de Dir. Priv., rel. Elcio Trujillo, j. 19.08.2009)

Agravo de instrumento. Alimentos. Transmissibilidade. Art. 1.700 do CC/2002. Liminar indeferida. A obrigação de prestar alimentos que se transmite aos herdeiros do devedor, embora o equívoco constante no art. 1.700 do CC/2002 ao remeter o ponto para o art. 1.694, é aquela pré-constituída, já existente, ou que está em curso processual, quando da morte do devedor dos alimentos. Precedentes. Decisão interlocutória que indeferiu os alimentos provisórios, mantida. Agravo de instrumento desprovido. (TJRS, AI n. 70.026.038.588, 8ª Câm. Cível, rel. José Ataídes Siqueira Trindade, j. 22.10.2008, *DJ* 28.10.2008)

Alimentos. Ação de execução movida contra o espólio do alimentante. Alegação de inexigibilidade do título e ilegitimidade de parte. Inocorrência. Transmissibilidade da obrigação, conforme o disposto no art. 1.700 do CC/2002. Provimento negado, com determinação. (TJSP, AI n. 570.469.4/7-00/São Paulo, 8ª Câm. de Dir. Priv., rel. Caetano Lagrasta, j. 21.08.2008, *DJ* 01.09.2008)

Direito civil e processual civil. Execução. Alimentos. Transmissibilidade. Espólio. Transmite-se, aos herdeiros do alimentante, a obrigação de prestar alimentos, nos termos do art. 1.700 do CC/2002. O espólio tem a obrigação de continuar prestando alimentos àquele a quem o falecido devia. Isso porque o alimentado e herdeiro não pode ficar à mercê do encerramento do inventário, considerada a morosidade inerente a tal procedimento e o caráter de necessidade intrínseco aos alimentos. Recurso especial provido. (STJ, REsp n. 1.010.963, 3ª T., rel. Min. Nancy Andrighi, j. 26.06.2008, *DJ* 05.08.2008)

Apelação cível. Ação de alimentos. Óbito do alimentante. Transmissibilidade da obrigação alimentar. Inteligência do art. 1.700 do CC. Possibilidade de prosseguimento da ação em face do espólio. Sentença anulada. Recurso provido. (TJSP, Ap. Cível n. 500.631.4/0-00/Marília, 9ª Câm. de Dir. Priv., rel. Viviane Nicolau, j. 10.06.2008, *DJ* 04.07.2008)

Apelação cível. Ação de alimentos. Renúncia. Os alimentos se transmitem aos herdeiros do devedor, dentro das forças da herança, nos termos do art. 1.700 do CC/2002. Descabe pedido de alimentos quando o casal, em acordo homologado de separação judicial consensual, renuncia expressamente ao pensionamento. Precedentes jurisprudenciais. Recurso parcialmente provido. Sentença desconstituída. Ação julgada improcedente. (TJRS, Ap. Cível n. 70.020.180.147, 8ª Câm. Cível, rel. Des. Claudir Fidelis Faccenda, j. 23.08.2007)

Apelação cível. Ação de alimentos. Dispensa mútua quando da extinção da sociedade de fato. Postulação posterior por ex-companheira. Impossibilidade. Morte do requerido. Transmissibilidade da obrigação alimentar. Alimentos devidos pelo espólio à ex-companheira. Obrigação inexistente. Vigência do art. 1.700 do CC/2002. Se há dispensa mútua entre as partes no que tange à prestação alimentícia quando da extinção da sociedade de fato, não pode um dos ex-cônjuges, posteriormente, postular alimentos, dado que já definitivamente dissolvido qualquer vínculo existente entre eles. Assim, descabe, agora, a fixação de alimentos para ex-companheira que sobreviveu durante mais de 15 anos sem receber pensão do apelado. Também não comprovada nenhuma mudança ocorrida para, passado tanto tempo, ter voltado a necessitar de pensionamento. Deste modo, tendo a apelada dispensado os alimentos quando da extinção da sociedade de fato, descabida a fixação de alimentos mais de 15 anos após o pacto, sem a comprovação de que viveu, nesse tempo, com os alimentos pagos às filhas do casal. Dissolvido o vínculo conjugal expira o dever de mútua assistência e a consequente obrigação alimentar. Recurso desprovido. (TJRS, Ap. Cível n. 70.018.787.671, 7ª Câm. Cível, rel. Des. Ricardo Raupp Ruschel, j. 23.05.2007)

Apelação. Transmissibilidade da obrigação alimentar. Art. 1.700 do CC/2002. 1 – A transmissibilidade da obrigação alimentar, prevista no art. 1.700 do CC/2002, atinge aquela ainda não constituída por ocasião do óbito, já que o que se transmite não é apenas o débito, mas também a obrigação. 2 – Somente é possível condenar o espólio do avô se restar comprovado que ambos genitores não possuem condições financeiras para sustentar a prole. Negaram provimento. Unânime. (TJRS, Ap. Cível n. 70.014.239.388, 7ª Câm. Cível, rel. Des. Luiz Felipe Brasil Santos, j. 03.05.2006)

União estável. Pedido de alimentos. Morte do companheiro. 1 – Indemonstrada cabalmente a união estável, descabe o pedido de alimentos formulado. 2 – Sendo transmissível a obrigação alimentar, nos termos do art. 1.700 do CCB, maior cautela se impõe quando ocorre o óbito do companheiro no curso do processo. Recurso desprovido. (TJRS, Ap. Cível n. 70.008.353.666, 7ª Câm. Cível, rel. Des. Sérgio Fernando de Vasconcellos Chaves, j. 30.03.2005. In: CAHALI, Francisco José. *Família e sucessões no CC de 2002*. São Paulo, RT, 2005, v. II)

Transmissibilidade da obrigação alimentar. Alimentos devidos pelo espólio a herdeiro. Confusão. Inocorrência. Vigência dos arts. 1.700 e 1.707 do CC. Em matéria de alimentos devidos pelo espólio a herdeiro não ocorre confusão. Não obstante o princípio da *saisine* – segundo o qual "aberta a sucessão, a herança transmite-se desde logo aos herdeiros" – a efetiva fruição do quinhão hereditário somente será possível após ultimada a partilha. Até então, subsiste a necessidade do agravado e a obrigação do espólio, em vigor a disposição do art. 1.700 do CC. Negaram provimento. Unânime. (TJRS, Ap. Cível n. 70.010.643.922, rel. Des. Luiz Felipe Brasil Santos, j. 23.03.2005. In: CAHALI, Francisco José. *Família e sucessões no CC de 2002*. São Paulo, RT, 2005, v. II)

Transmissibilidade da obrigação alimentar. Espólio. Art. 1.700 do CC. Conforme expressa previsão legal, a obrigação alimentar transmite-se aos herdeiros do devedor, bastando que estejam presentes a necessidade do alimentando e a possibilidade do acervo hereditário. Alimentos. Fixação. Dispondo o espólio de condições para prestar alimentos, em razão de dispor de considerável patrimônio e de perceber valores a título de locativos de imóveis, e estando demonstradas as necessidades do alimentado, que enfrenta sérias dificuldades financeiras e frequenta curso superior, cabível a fixação de pensão até o encerramento do inventário. Apelo provido, em parte. (TJRS, Ap. Cível n. 70.010.198.976, 7ª Câm. Cível, rel. Des. Maria Berenice Dias, j. 23.03.2005. In: CAHALI, Francisco José. *Família e sucessões no CC de 2002*. São Paulo, RT, 2005, v. II)

Direito de família. Alimentos. Revisional. Falecimento do alimentante. Inteligência do art. 1.700 do CC. Cuidando-se de ação revisional de alimentos, na qual deve ser levada em consideração a capacidade financeira de quem presta alimentos – além da necessidade de quem os receberá, a notícia, comprovada, do falecimento do alimentante, gera o inevitável decreto de extinção do feito, na medida em que só em procedimento próprio, com partes diversas, poderá dar-se aplicação ao disposto no art. 1.700 do CC, que remete ao art. 1.694 do mesmo diploma. (TJMG, Ap. Cível n. 1.0079.02.019851-5/001, rel. Moreira Diniz, j. 10.02.2005, *DJ* 02.03.2005)

Obrigação. Prestação. Alimentos. Transmissão. Herdeiros. Art. 1.700 do novo CC. 1 – O espólio tem a obrigação de prestar alimentos àquele a quem o *de cujus* devia, mesmo vencidos após a sua morte. Enquanto não encerrado o inventário e pagas as quotas devidas aos sucessores, o autor da ação de alimentos, e presumível herdeiro, não pode ficar sem condições de subsistência no decorrer do processo. Exegese do art. 1.700 do novo CC. 2 – Recurso especial conhecido mas improvido. (STJ, REsp n. 219.199/PB, 2ª S., rel. Min. Ruy Rosado de Aguiar, j. 10.12.2003, v.u., *DJU* 03.05.2004)

Alimentos. Morte do alimentante. I – A obrigação de prestar alimentos transmite-se aos herdeiros do devedor, respondendo a herança pelo pagamento das dívidas do falecido. Lei n. 6.515, de 1977, art. 23, e CC, art. 1.796. Aplicação. II – A condição de alimentante é personalíssima e não se transmite aos herdeiros; todavia, isso não afasta a responsabilidade dos herdeiros pelo pagamento dos débitos alimentares verificados até a data do óbito. III – Falecido o alimentante após a sentença que o condenou a pagar prestação alimentar, deve o recurso de apelação ter prosseguimento, apreciando-se o *meritum causae*. IV – Recurso especial conhecido e provido. (STJ, REsp n. 64.112/SC, 3ª T., rel. Min. Antônio de Pádua Ribeiro, j. 16.05.2002, v.u., *DJU* 17.06.2002)

---

**Art. 1.701. A pessoa obrigada a suprir alimentos poderá pensionar o alimentando, ou dar-lhe hospedagem e sustento, sem prejuízo do dever de prestar o necessário à sua educação, quando menor.**

**Parágrafo único. Compete ao juiz, se as circunstâncias o exigirem, fixar a forma do cumprimento da prestação.**

---

O artigo trata das formas pelas quais é possível satisfazer a obrigação alimentar. São elas: a) *própria ou em espécie*: aquela em que o alimentante cumpre a prestação alimentícia fornecendo, em casa, hospedagem ou sustento (alimentos, roupas etc.) ao alimentando, sem prejuízo do dever de prestar o necessário à sua educação, quando menor; b) *imprópria ou em dinheiro*: aquela em que o credor paga uma pensão periódica (pecuniária) para que o alimentando possa adquirir o necessário a sua subsistência.

Esta última espécie tem sido a regra para o pagamento da prestação alimentícia. Porém, a lei autoriza ao devedor a opção por uma obrigação. Contudo, esse direito não é absoluto – pelo contrário, o juiz deverá, sempre que possível, dar preferência pelo pagamento da pensão em pecúnia –, sendo até mesmo revogável a qualquer tempo a escolha do devedor, por força do que dispõe o parágrafo único do artigo. É que tal dispositivo autoriza o juiz, diante das circunstâncias do caso concreto (por exemplo, incompatibilidade ou animosidade entre alimentante e alimentado), a fixar a forma do cumprimento da prestação, que poderá não ser aquela escolhida pelo devedor. Neste caso terá incidência, ainda, a regra do art. 25 da Lei n. 5.478/68, que impõe que a prestação não pecuniária só seja autorizada pelo juiz se a ela anuir o *alimentando capaz*.

Não há impedimento legal para que a prestação alimentícia seja ainda paga pelo devedor mediante a constituição de usufruto de bem seu em favor do credor, seja ele parente, cônjuge ou companheiro. Contudo, neste caso deverá haver concordância de ambas as partes na constituição de tal direito real. O pagamento antecipado da totalidade da pensão alimentícia também é possível, bem como a transferência de um bem de propriedade do alimentante para o alimentado, em ambos os casos desde que estejam de acordo os interessados.

Ressalte-se, por fim, que a referência ao dever de prestar o necessário para a *educação* do alimentando quando *menor*, mencionada no *caput* do artigo, merece a mesma observação constante dos comentários ao art. 1.694. Com efeito, a *obrigação alimentar decorrente do parentesco* entre pai e filho não cessa com a maioridade deste. Assim, por razões de equidade e solidariedade familiar, e comprovando o filho que, apesar da *maioridade*, não possui bens nem rendas, para suprir, por si próprio, suas necessidades, ou arcar com seus *estudos*, poderá ter direito a uma pensão a ser paga por seu genitor destinada à sua educação.

**Jurisprudência:** Agravo de instrumento. Família. Ação de guarda, visitas e alimentos. Alimentos provisórios. Recurso contra a decisão que fixou alimentos provisórios no valor correspondente a oito salários mínimos. Irresignação do agravante, alimentante, que pretende a redução da verba, pois já responde diretamente por diversas despesas do filho. Inadmissibilidade. Alimentos que devem ser pagos em pecúnia pelo agravante à genitora da criança. Litigiosidade entre as partes que impede a aplicação do art. 1.701 do CC. Genitora que deve responder diretamente por todas as despesas do filho. Valor dos alimentos que deve ser mantido, pois guarda consonância às despesas da criança. Decisão agravada mantida. Recurso desprovido. (TJSP, AI n. 20898953520238260000/Campinas, 1ª Câm. de Dir. Priv., rel. Alexandre Marcondes, j. 19.06.2023, *DJ* 19.06.2023)

Cumprimento de sentença. Alimentos provisórios. Decisão que rejeitou a justificativa do executado e determinou a sua intimação para pagamento, sob pena de prisão. Insurgência do executado. Demanda que tem natureza executiva e não se presta a discutir se valor da prestação alimentar, mas tão somente a satisfazer o crédito. Questão relativa a valores que deve ser discutida em ação de alimentos, que tem natureza cognitiva. Alimentante que alega estar pagando os alimentos parte em pecúnia e parte *in natura* ao disponibilizar imóvel para moradia da alimentanda. Art. 1.701, parágrafo único, do CC que possibilita a prestação dos alimentos *in natura* desde que seja assim fixado pelo magistrado. Alimentos que foram fixados, na fase de conhecimento, em pecúnia. Inviabilidade de compensação com alimentos prestados *in natura*. Recurso desprovido. (TJSP, AI n. 21051486320238260000/SP, 6ª Câm. de Dir. Priv., rel. Marcus Vinicius Rios Gonçalves, j. 16.05.2023, *DJ* 16.05.2023)

Família. Alimentos. Cumprimento de sentença. Recurso contra a sentença que julgou extinta a execução, acolhendo integralmente a impugnação oposta pelo alimentante. Exequente que pretende intepretação ampliativa do título judicial para impor ao executado o pagamento de alimentos *in natura* referentes às despesas com material didático. Descabimento. Título judicial que deve ter interpretação estrita, nos termos do art. 1.701, parágrafo único, do CC. Custeio de material didático que não pode ser imposto ao alimentante, considerando-se que esta despesa não foi incluída no título exequendo. Sentença de extinção da execução mantida. Recurso desprovido. (TJSP, Ap. Cível n. 00062186920228260100/SP, 1ª Câm. de Dir. Priv., rel. Alexandre Marcondes, j. 11.04.2023, *DJ* 11.04.2023)

Agravo de instrumento. Cumprimento de sentença. Insurgência contra decisão que indeferiu a compensação de alimentos. Inadmissibilidade de desconto, no valor da pensão, de prestações estranhas ao quanto fixado em sentença, ou homologado judicialmente, com exceção de previsão explícita em acordo entre credor e devedor, nos moldes do art. 1.701 do CC, inocorrente na espécie. Alimentos *in natura* que são considerados mera liberalidade daquele que os oferece. Decisão mantida. Agravo desprovido. (TJSP, AI n. 2297554-82.2021.8.26.0000/SP, 10ª Câm. de Dir. Priv., rel. Márcio Boscaro, j. 28.04.2022, publ. 28.04.2022)

Apelação. Ação de guarda e revisional de alimentos. Insurgência contra r. sentença que fixou a guarda compartilhada e manteve o pagamento dos alimentos, pelo genitor, em 40% sobre o salário mínimo. Apelante que pretende prestar alimentos *in natura*. Descabimento. Hipótese que não recomenda a aplicação do art. 1.701 do CC. Patente animosidade entre as partes. Guarda compartilhada que implica tomada de decisões conjuntas, tais como a escolha da escola a ser frequentada pela menor. Portanto, determinar que a contribuição paterna seja prestada *in natura* daria ensejo a entraves entre os genitores e um possível conflito de interesses, pois, pelas regras da experiência, sabe-se que nem sempre as melhores opções serão as mais baratas. Recorrente, ademais, que não logrou comprovar a alegada usurpação da finalidade da pensão alimentícia paga *in pecunia*. Sentença preservada. Apelo desprovido. (TJSP, Ap. Cível n. 1000731-72.2021.8.26.0218/SP, 3ª Câm. de Dir. Priv., rel. Donegá Morandini, j. 24.05.2022, publ. 24.05.2022)

Agravo interno no agravo em recurso especial. Execução de alimentos. Abatimento. Art. 1.701 do CC. prequestionamento. ausência. reexame de provas. Súmula n. 7/STJ. 1. Recurso especial interposto contra acórdão publicado na vigência do CPC de 2015 (Enunciados Administrativos ns. 2 e 3/STJ). 2. Na hipótese, rever a conclusão das instâncias ordinárias demandaria a revisão do conjunto fático-probatório dos autos, procedimento inviável nesta instância especial por força da Súmula n. 7/STJ. 3. A ausência de prequestionamento da matéria suscitada no recurso especial impede o seu conhecimento, a teor da Súmula n. 282/STF. 4. A falta de prequestionamento inviabiliza o recurso especial também pela alínea *c* do permissivo constitucional. 5. Agravo interno não provido. (STJ, AI no AREsp n. 1.871.476/SP, 3ª T., rel. Min. Ricardo Villas Bôas Cueva, j. 11.04.2022, *DJe* 05.05.2022)

Veja no art. 1.662 o seguinte acórdão: TJSP, Ap. Cível n. 0000398-61.2010.8.26.0562, 4ª Câm. de Dir. Priv., rel. Milton Carvalho, j. 21.03.2013.

Apelação cível. Oferta de alimentos *in natura*. Alteração. Fixação em espécie. Possibilidade. Art. 1.701, parágrafo único, do CC/02. Se não há consenso quanto à fixação dos alimentos *in natura*, as especificidades do caso concreto e o pedido do alimentado para conversão da obrigação para pecúnia, autoriza o julgador, com base no parágrafo único do art. 1.701 do CC/02, fixar forma de cumprimento da prestação diferente daquela ofertada pelo alimentante. (TJMG, Ap. Cível n. 1.0000.21.027113-6/001, rel. Des. Wilson Benevides, j. 27.10.2021)

Apelação cível. Ação de reconhecimento e dissolução de união estável c/c guarda e alimentos. Verba alimentar em prol da filha menor do casal. Pleito de minoração. Alimentos *in pecunia* e *in natura*. Art. 1.701 do CC. Mensalidades escolar e do plano de saúde. Caso concreto. Parcial viabilidade. Abatimento. Possibilidade. Adequação do *quantum*. Apelo parcialmente provido. O pagamento da verba alimentar decorrente do poder familiar pode ser realizado mediante pecúnia – dinheiro – ou *in natura*, com o alimentante assumindo a responsabilidade por determinadas necessidades do alimentando – escola, aluguel, plano de saúde, cursos extracurriculares, etc. Todavia, "O pedido é lícito, tem previsão legal mas nem sempre é conveniente deixar que o ex-marido pague diretamente as contas e despesas dos seus credores de alimentos, pois essa ingerência direta no controle dos gastos ou justamente na perda do controle das despesas realizadas sem criteriosa mensuração dos alimentando pode ser alvo de futuras e intermináveis dissensões processuais" (Rolf Madaleno). Constatado que o pagamento do plano de saúde, diretamente pelo alimentante será mais benéfico aos interesses da menor alimentanda, deve ser reconhecida a possibilidade da prestação dos alimentos *in natura* neste aspecto, com a readequação dos valores prestados *in pecunia*, em observância ao binômio necessidade x possibilidade. (TJSC, Ap. Cível n. 2012.025982-0, 2ª Câm. de Dir. Civil, rel. João Batista Góes Ulysséa, j. 07.02.2013)

Revisional de alimentos. Tutela parcialmente deferida para a redução da pensão, fixando-a em 1 e 1/2 salário mínimo. Ausência de comprovação da renda de R$ 600,00 auferida pelo autor, o que impossibilitaria o pagamento das verbas. Inconveniência na aplicação inaudita altera parte do art. 1.701 do CC ao caso, devendo aguardar-se o ingresso das rés nos autos. Negado provimento. (TJSP, AI n. 990101974509, 4ª Câm. de Dir. Priv., rel. Des. Enio Zuliani, j. 27.05.2010)

Alimentos. Ação movida por filho em face de pai. Sentença de parcial procedência. Apelações das partes. Autor que pleiteia aumento da pensão. Réu que pretende o afastamento da condenação ao pagamento de alimentos em espécie, ao argumento de que já os presta *in natura*. Argumentos inconsistentes. Alimentante que não comprovou gastos extraordinários. Circunstâncias do caso concreto que não recomendam o cumprimento *in natura* da obrigação. Aplicação do disposto no art. 1.701, § 1º, do CC. Sentença mantida. Apelos desprovidos. (TJSP, Ap. n. 994093329289, 4ª Câm. de Dir. Priv., rel. Des. João Carlos Garcia, j. 09.03.2010)

Revisional de alimentos. Improcedência. Adequação. Falta de prova da alteração do binômio necessidade/possibilidade. Pedido alternativo. CC/2002, art. 1.701. Fornecimento de hospedagem e sustento. Descabimento. Recurso improvido. Não há prova da modificação da situação econômica das partes, sobretudo a respeito da redução das possibilidades do devedor, tendo a assistente social afirmado que o alimentante depende de seus pais, mas trabalha e admitiu-lhe que está em condição de cumprir o acordo que celebrara em relação aos alimentos. O pedido alternativo consistente no fornecimento de hospedagem e sustento na residência do alimentante depende de autorização do juiz, diante das circunstâncias do caso concreto, e também da anuência do alimentando, considerada no caso sobretudo a questão da guarda e também dos compromissos do menor. (TJSP, Ap. c/ Rev. n. 566.856.4/9-00/Jaú, 3ª Câm. de Dir. Priv., rel. Jesus Lofrano, j. 18.11.2008, *DJ* 01.12.2008)

Apelação cível. Demanda reconvencional. Transformação da natureza da prestação. Sustento educacional. Conversão em espécie. Cabimento. O art. 1.701, do CC, ao dispor sobre a alternatividade da obrigação alimentícia, confere amplos poderes ao julgador para fixar a natureza da prestação de acordo com as peculiaridades do caso concreto. Nessa ponderação, cumpre considerar a obrigação que menos onere ao alimentante, sem olvidar da necessidade de garantir o efetivo atendimento das necessidades dos alimentados. Demonstrado que o dever de arcar com as mensalidades escolares não vem sendo integralmente cumprido, cabe a conversão da obrigação em pecúnia, com desconto em folha, sobretudo quando o acolhimento do pedido importar em verdadeira redução do valor da prestação. Hipótese em que o genitor externa a pretensão de ser exonerado da responsabilidade de acompanhar e orientar a educação de uma de suas filhas. (TJMG, Ap. Cível n. 1.0024.03.059926-0/001, rel. Heloisa Combat, j. 23.10.2007, *DJ* 18.12.2007)

Veja no art. 1.964 os seguintes acórdãos em "maioridade, estudante": TJSP, AI n. 308.063.4/7-00, rel. Des. Natan Zelinschi de Arruda, j. 13.05.2004; STJ, REsp n. 149.362/RS, 4ª T., rel. Min. Barros Monteiro, j. 03.02.2004, v.u., *DJU* 12.04.2004; e TJSP, AI n. 302.612.4/0-00, rel. Des. Ruy Camilo, j. 07.10.2003, v.u.

---

**Art. 1.702. Na separação judicial litigiosa, sendo um dos cônjuges inocente e desprovido de recursos, prestar-lhe-á o outro a pensão alimentícia que o juiz fixar, obedecidos os critérios estabelecidos no art. 1.694.**

---

Legislação correlata: art. 19, Lei n. 6.515, de 26.12.1977 (Lei do Divórcio).

***EC n. 66/2010: da extinção da culpa e suas consequências***

A regra do art. 1.572 do CC antes comentada, que trata da separação judicial litigiosa e que exige a culpa de um dos cônjuges para pôr fim à sociedade, deixou de existir, pois, extinta a separação, não há de se falar mais em culpa.

Com efeito, diante da norma constitucional que facilitou o divórcio, sem impor a existência de causas culposas, não se pode conceber a possibilidade da manutenção de uma separação só para que se possa discutir a culpa de um dos cônjuges, sabendo ser esta mecanismo de fomento de conflitos. A ideia do legislador foi ampliar a autonomia privada no direito de família, pondo fim ao casamento sem declinar os motivos nem imputar ao outro cônjuge conduta desairosa. Era evidente a gradativa perda da relevância na culpa no direito de família (*v.* com. art. 1.573). Nesse sentido, bem observou Maria Berenice Dias: "Felizmente – e em boa hora – a EC n. 66/2010 derrogou quase todo o capítulo do CC que trata da dissolução do casamento e do vínculo conjugal (arts. 1.571 a 1.582). Atendendo aos reclames da doutrina e à tendência dos tribunais, todas as referências à imputação de culpa para efeitos de obtenção da separação, por não guardarem consonância com a norma constitucional, passou a admitir a dissolução do casamento exclusivamente por meio do divórcio. Não há mais prazos nem perquirição de culpas para qualquer dos cônjuges, a qualquer tempo, buscar o divórcio. Ao menos agora há uniformidade de tratamento, uma vez que, na união estável, nunca foi exigida identificação de causas ou averiguação de culpas" (*Manual de direito das famílias*, 9. ed. São Paulo, RT). Igual é o entendimento de Rolf Madaleno, "se mostra impraticável seguir discutindo a culpa em processos de separação judicial, cuja figura jurídica considero haver sido derrogada pela EC n. 66/2010, notadamente por se tratar de norma legal que colide frontalmente com o divórcio e tenho que os dois institutos transitam pela mesma via e em flagrante rota de colisão" (*Curso de direito de família*, 5. ed. Rio de Janeiro, Forense).

Já as consequências que então eram impostas ao cônjuge responsável pela separação, relativas aos alimentos naturais e ao direito ao uso de sobrenome do outro, deverão ser resolvidas dentro do próprio processo de divórcio ou em sede própria.

Ressalte-se que tal discussão não estará adstrita aos termos da lei atual (CC, arts. 1.578, 1.702 e 1.704) – até porque ela se refere à culpa –, embora as regras nela contidas poderão servir de parâmetro para o julgamento da controvérsia.

"Com o fim da separação (EC n. 66/2010), restou definitivamente esvaziada a busca de motivos para a dissolução do casamento, que só pode ser obtida via divórcio. Dessa forma, as provisões legais (CC, 1.702 e 1.704), impondo a redução do pensionamento do cônjuge culpado, restaram derrogadas. E nada mais justifica pretender a identificação de quem deu causa à situação de necessidade, para o estabelecimento do encargo alimentar. Como não mais cabe perquirir a 'culpa pela separação', é necessário subtrair toda e qualquer referência de ordem motivacional para quantificar a obrigação alimentar, sejam os alimentos fixados em benefício de quem forem (CC, 1.694 § 2º)" (Maria Berenice Dias, in *Manual de direito das famílias*, 9. ed. São Paulo, RT). Assim, na hipótese dos alimentos, a questão deverá ser solucionada pelo princípio da solidariedade, observado o binômio necessidade-possibilidade (art. 1.694), facultada ainda a aplicação da regra contida no parágrafo único do art. 1.708, que diz respeito à indignidade, cuja tendência é usar por analogia as hipóteses de deserdação e indignidade do direito sucessório (*v.* com. art. 1.708), pois não se pode conceber a tutela de situações antiéticas, como a do marido que sevicia a esposa, não trabalha e ainda lhe pede alimentos fundados na solidariedade. Como toda obrigação tem um fundamento ético, compete ao juiz, nos casos em que a conduta de um dos cônjuges se mostre especialmente gravosa ou indigna, sopesar tal circunstância quando solicitados os alimentos.

Com a extinção da separação judicial, ao que parece, a dispensa aos alimentos virou renúncia (CC, art. 1.707), devendo os alimentos ser solicitados no momento do divórcio, já que a dispensa agora é irretratável, salvo expressa ressalva em contrário das partes (veja-se comentários a seguir).

***Comentários ao dispositivo***

A despeito da posição antes adotada – a EC extirpou a separação do nosso ordenamento jurídico –, tendo em vista a controvérsia ainda existente na doutrina acerca da recepção pela EC das disposições legais que tratam do tema, e inexistindo também um grande número de decisões de nossos tribunais sobre ao assunto, impõe-se a manutenção e comentários a todos os dispositivos deste Código que se referem ao tema, apesar de já manifestado o entendimento de que grande parte deles já teria perdido a vigência, para que se deixe ao leitor e operador do Direito a utilização da obra da forma que melhor seja conveniente até que pacificado o entendimento acerca da EC n. 66/2010.

Como já afirmado em comentários aos arts. 1.572 e 1.578, reconhecida a culpa na separação litigiosa, o cônjuge perderá o direito a alimentos, exceto os naturais, por força do que dispõem os arts. 1.694, § 2º, e 1.704, parágrafo único.

Como se vê, o código manteve a sistemática da Lei do Divórcio, condicionando o direito a alimentos do cônjuge à circunstância de ser inocente na separação (*v.* art. 1.572) e desprovido de recursos (insuficiência do que ganha com seu trabalho e ausência de bens, *v.* art. 1.695). Reconhecida a culpa, os *alimentos indenizatórios* serão fixados pelo juiz segundo os critérios do art. 1.694 (*v.* comentário) e desde que comprovadas a necessidade do alimentando e as possibilidades do alimentante, o que evidencia não se tratar de direito absoluto do primeiro.

Segundo o Enunciado n. 133 da I Jornada de Direito Civil do Centro de Estudos do CJF, "na separação judicial, sendo um dos cônjuges desprovido de recursos, prestar-lhe-á o outro pensão alimentícia que houverem acordado ou que vier a ser fixada judicialmente, obedecidos os critérios do art. 1.694". Tendo o cônjuge inocente direito aos alimentos civis, previstos no *caput* do art. 1.694, o valor da pensão alimentar deverá corresponder ao que for necessário à preservação da condição social que desfrutava durante o casamento, não se limitando, portanto, ao indispensável à sua sobrevivência. Já o reconhecimento da *culpa recíproca* dos cônjuges retira deles o direito ao recebimento de alimentos, com exceção dos naturais (art. 1.704, parágrafo único).

No caso de separação em que *não se questiona a culpa dos cônjuges* (art. 1.572, §§ 1º e 2º), os alimentos naturais serão sempre devidos, desde que comprovados os requisitos legais (necessidade e possibilidade). Já os alimentos civis poderão ser pleiteados nesta hipótese desde que o requerente comprove não ter concorrido de forma alguma para chegar à situação de necessidade em que se encontra.

A regra do presente artigo só tem aplicação aos casos de pessoa separada judicialmente, *não se estendendo à divorciada*, quer porque não autorizada pelo dispositivo, quer porque, com o divórcio, desaparece o vínculo conjugal e, portanto, o direito a pleitear alimentos (*v.* art. 1.708). Quanto à *união estável*, é igualmente inaplicável o dispositivo depois de superada a fase da dissolução da união, ocasião em que surge e se discute eventual obrigação alimentar, após a consumação do rompimento (cf. CAHALI, Francisco José. *Direito de família e o novo Código Civil*. Belo Horizonte, Del Rey, 2002). No *divórcio-conversão* prevalecerá, quanto aos alimentos, o estabelecido na separação judicial.

**Jurisprudência:** Agravo interno no agravo em recurso. Processual civil. Alimentos. Acórdão recorrido em consonância com a jurisprudência do STJ. Incidência da Súmula n. 83/STJ. Reexame do conjunto fático-probatório. Impossibilidade. Incidência da Súmula n. 7/STJ. 1. O STJ possui entendimento de que os alimentos devidos entre ex-cônjuges têm caráter excepcional e transitório, salvo quando presente a incapacidade laborativa ou a impossibilidade de inserção no mercado de trabalho, caso dos autos. 2. No caso, o Tribunal de origem após a análise fático-probatória concluiu pela fixação da pensão alimentícia ao ex-cônjuge por tempo determinado. Incidência da Súmula n. 83/STJ. 3. Ademais, entender que a ora agravada não comprovou a impossibilidade de prover sua própria subsistência e, consequentemente, concluir pela exoneração do dever de prestar alimentos, demandaria a incursão no acervo fático-probatório, o que encontra óbice na Súmula n. 7/STJ. 4. A Corte estadual fixou alimentos em favor dos filhos do agravante após a análise do trinômio: necessidade, possibilidade e razoabilidade. Assim sendo, rever as conclusões contidas no *decisum* e acolher o inconformismo recursal, seria imprescindível o revolvimento de matéria fática, providência vedada na via estreita do recurso especial, ante o óbice da Súmula n. 7/STJ. Agravo interno improvido. (STJ, Ag. Int. no AREsp. n. 2.180.301/SP, 3ª T., rel. Min. Humberto Martins, j. 23.10.2023, *DJe* 25.10.2023)

Exoneração de alimentos. Ex-cônjuge. Obrigação temporária. Sentença de parcial procedência. Irresignação do autor. Ex-cônjuge que recebe pensão apenas em caráter excepcional e por tempo determinado (art. 1.702, CC). Alimentos fixados há 25 anos. Alimentada que exerceu atividades laborativas esporádicas ao longo dos anos, em especial após a maioridade dos filhos. Capacidade laborativa que demonstra readaptação e reinserção da apelada ao mercado de trabalho. Justificativa para redução da pensão e limitação do tempo de sua fixação, por impossibilidade de pensionamento vitalício. Dever de complementar a renda da apelada que é dos filhos maiores de idade, não sendo uma responsabilidade eterna do ex-cônjuge. Cabimento de exoneração. Fixação de prazo de 4 anos para a exoneração, em razão do tempo já transcorrido de pensão prestada. Sentença reformada em parte, para fixar a pensão alimentícia devida pelo autor à ré em 1/6 dos rendimentos líquidos daquele, pelo período de 4 anos. Recurso parcialmente provido. (TJSP, Ap. Cível n. 10096430620218260009/SP, 3ª Câm. de Dir. Priv., rel. Carlos Alberto de Salles, j. 23.05.2023, *DJ* 23.05.2023)

Agravo de instrumento. Direito de família. Ação de alimentos. Alimentos provisórios. Capacidade econômico-financeira do alimentante. Demonstrada. binômio necessidade/possibilidade. Redução do *quantum*. Cabimento. Decisão reformada. 1. A fixação de alimentos provisórios deve se basear na peculiaridade de que essa verba tem a destinação de assegurar a mantença básica dos alimentandos até o provimento final no processo, pois se trata de medida concedida em juízo de cognição sumária, nos termos do art. 1.702 do CC e do art. 300 do CPC. 2. Cabível a redução dos alimentos provisórios fixados pelo d. juízo de origem, de modo a atender tanto às necessidades básicas do alimentando quanto à possibilidade financeira atual do alimentante, sobretudo em razão de possuir outro filho menor. A alteração do *quantum*, no entanto, não obsta posterior modificação após a necessária incursão probatória. 3. Agravo de instrumento conhecido e provido. (TJDF, AI n. 07353787220218070000 1401503, 1ª T., rel. Simone Lucindo, j. 16.02.2022, publ. 02.03.2022)

Agravo de instrumento. Família. Alimentos provisórios à ex-esposa. Necessidade comprovada. Redução do *quantum* estabelecido. Descabimento. Ausência de prova da incapacidade financeira de arcar com o encargo. O dever de mútua assistência, previsto no art. 1.566, III, para os cônjuges, e no art. 1.724, para os companheiros, funda-se no dever de solidariedade insculpido nos arts. 1.702 e 1.704, todos do CC. Comprovada a necessidade da ex-esposa, cuja saúde está debilitada e sempre dependeu do ex-companheiro que provia o lar, devida a fixação de alimentos provisórios. Relativamente ao *quantum* devido, definido em 70% do salário mínimo nacional pelo período de 6 meses, ausente prova da incapacidade de arcar com o montante, não há espaço para debater-se a sua redução. Agravo desprovido. Unânime. (TJRS, AI n. 50694621720218217000, 8ª Câm. Cível, rel. Des. Mauro Caum Gonçalves, j. 16.09.2021)

Processo civil e civil. Agravo de instrumento. Alimentos provisórios. Ex-cônjuge. Binômio necessidade-possibilidade. Ausência de comprovação de incapacidade para o trabalho. 1 – Estabelece o art. 1.702 do CC que, no caso de separação judicial litigiosa, o juiz fixará pensão alimentícia para o cônjuge inocente e desprovido de recursos, de modo que viabilize uma vida compatível com sua condição social. 2 – Os alimentos provisionais objetivam suprir as necessidades vitais do alimentando, motivo pelo qual são dotados de caráter emergencial e transitório, devendo ser observado o binômio necessidade-possibilidade previsto no art. 1.694, § 1º, do CC. 3 – Tratando-se de pessoa apta ao trabalho, portadora de diploma de curso superior e que possui plena capacidade de se manter sozinha, sem a ajuda do ex-companheiro, não é cabível a fixação de alimentos provisórios, pois tal obrigação pressupõe a efetiva comprovação da necessidade. 4 – Recurso parcialmente provido. (TJDF,

Proc. n. 07149628820188070000, 8ª T. Cível, rel. Mario-Zam Belmiro, j. 05.12.2018, *DJe* 22.01.2019)

Ação de indenização por danos materiais e morais. Imputação de abrupto rompimento do casamento, com a prática de infidelidade pelo réu. I – Cerceamento de defesa. Suficiência da prova documental encartada aos autos para a solução da controvérsia. Correta aplicação do permissivo contido no art. 330, I, do CPC [art. 355, I, do CPC/2015]. Nulidade não reconhecida. Afastamento da alegação. II – Curto período do casamento havido entre as partes, com a imputação de infidelidade. Prática que, se ocorrida, redunda em alimentos em favor da parte considerada inocente. Aplicação do disposto nos arts. 1.702 e 1.704 do CC. Fim do afeto entre o casal, outrossim, que não reclama indenização por danos morais. Sentença mantida. Apelo improvido. (TJSP, Ap. n. 0002913-29.2013.8.26.0024/Andradina, 3ª Câm. de Dir. Priv., rel. Donegá Morandini, *DJe* 27.11.2013, p. 1.187)

Ação de separação judicial convertida em divórcio. Determinação, pelo juiz da causa, de que os bens partilhados sejam vendidos em prazo exíguo. Ausência de pedido de qualquer uma das partes neste sentido. Sentença *extra petita*. Nulidade declarada nesse tocante. Pedido de arbitramento de alimentos em favor da autora. Ex-esposa que é pessoa capaz, saudável e que realiza atividade remunerada, auferindo mensalmente cerca de um salário mínimo. Ausência de demonstração de que os gastos domésticos eram suportados exclusivamente pelo marido. Dependência econômica que não restou comprovada. Fixação de obrigação alimentar que se mostra inadequada na hipótese. Recursos providos. (TJSP, Ap. Cível n. 0003328-56.2010.8. 26.0302, 4ª Câm. de Dir. Priv., rel. Milton Carvalho, j. 04.04.2013)

Alimentos. Pretensão da ex-cônjuge. Separação judicial consensual. Renúncia no momento sentença que homologou o acordo entre as partes. Impossibilidade da pretensão. Inexistência de qualquer relação jurídica entre as partes que justifique alimentos à ex-esposa renunciante. Autora que é proprietária de diversos bens móveis e imóveis, e encontra-se plenamente capacitada para o desempenho de atividades remuneradas. Recurso desprovido. (TJSP, Ap. n. 0003235-45.2011.8.26.0533, 4ª Câm. de Dir. Priv., rel. Milton Carvalho, j. 07.03.2013)

Exoneração de alimentos. Ex-esposa que exerce atividade remunerada e é pessoa capaz, saudável e apta para o trabalho. Lapso temporal suficiente para que a alimentada revertesse a condição desfavorável que detinha. Binômio necessidade/possibilidade observado. Obrigação alimentar continuativa que admite exoneração por não se coadunar com a noção de perpetuidade. Recurso desprovido. (TJSP, Ap. n. 0028731-17.2011.8. 26.0003, 4ª Câm. de Dir. Priv., rel. Milton Carvalho, j. 31.01.2013)

Veja no art. 1.694 os seguintes acórdãos: TJSP, Ap. Cível n. 0009132-35.2009.8.26.0562, 4ª Câm. de Dir. Priv., rel. Milton Carvalho, j. 13.12.2012; TJSP, Ap. n. 0044063-76.2011.8.26.0309, 4ª Câm. de Dir. Priv., rel. Milton Carvalho, j. 13.12.2012.

Alimentos. Exoneração. Ex-esposa. Diminuição nos rendimentos do alimentante e constituição de nova família. Ausência de provas da alteração ou piora da situação financeira do autor. Sentença reformada. Recurso provido. (TJSP, Ap. Cível n. 0012096-12.2008.8.26.0020, rel. Milton Carvalho, j. 24.05.2012)

Revisional de alimentos. Redução. Ex-esposa. Alegação de problemas de saúde e constituição de nova família. Ausência de provas da alteração ou piora da situação financeira do autor. Ex-esposa com sérios problemas de saúde já existentes à época da separação do casal e ainda presentes. Pedido desacolhido. Ausência de provas dos fatos alegados. Recurso desprovido. (TJSP, Ap. Cível n. 0000675-09.2010.8.26.0326, rel. Milton Carvalho, j. 24.05.2012)

Alimentos. Pretensão de ex-cônjuge. Renúncia no momento da separação. Separação judicial consensual convertida em divórcio. Transcurso de mais de dez anos desde a homologação do divórcio. Impossibilidade da pretensão. Inexistência de qualquer relação jurídica entre as partes que justifique alimentos à ex-esposa renunciante. Autora que desempenha atividades remuneradas e possui irmãos e filhos maiores capazes de prestar alimentos caso necessite. Recurso desprovido. (TJSP, Ap. n. 0005804-14.2008.8.26.0019, rel. Milton Carvalho, j. 02.02.2012)

Alimentos. Exoneração. Ex-esposa. União estável desta com outra pessoa, com quem teve filho. Cessação definitiva do dever de mútua assistência, ainda que não mais subsistente a união estável. Inteligência do art. 1.708 do CC. Recurso desprovido. (TJSP, Ap. Cível n. 0043807-06.2010.8.26.0007, rel. Milton Carvalho, j. 30.11.2011)

Ação de separação judicial. Procedência parcial. Recurso. Réu. Alimentos. Varão culpado pela ruptura do relacionamento. Arbitramento que atende ao binômio necessidade-disponibilidade. Adequação. Arts 1.694 e 1.702, CC. Regime da comunhão parcial de bens. Patrimônio formado com produto de herança. Incomunicabilidade. Art. 269, I, CC/1916; art. 2.039, CC/2002). Verbas de sucumbência a cargo da vencida. Adequação. Princípio da causalidade e art. 21, parágrafo único, CPC [art. 86, parágrafo único, do CPC/2015]. Recurso não provido, mantida a sentença. (TJSP, Ap. Cível c/ Rev. n. 5.185.954.000/Piracicaba, 1ª Câm. de Dir. Priv. B, rel. Cláudio Lima Bueno de Camargo, j. 28.09.2009)

Recurso ordinário. Mandado de segurança. Direito líquido e certo. Separação e divórcio. Prova inútil e que fere o direito à privacidade previsto na Constituição. Segurança concedida. 1 – O direito líquido e certo a que alude o art. 5º, LXIX, da CF deve ser entendido como aquele cuja existência e delimitação são passíveis de demonstração de imediato, aferível sem a necessidade de dilação probatória. 2 – A culpa pela separação judicial influi na fixação dos alimentos em desfavor do culpado. Na hipótese de o cônjuge apontado como culpado ser o prestador de alimentos, desnecessária a realização de provas que firam seu direito à intimidade e privacidade, porquanto a pensão não será aferida em razão da medida de sua culpabilidade (pensão não é pena), mas pela possibilidade que tem de prestar associada à necessidade de receber do alimentando. 3 – Recurso ordinário provido. (STJ, RO em MS n. 28.336/SP, rel. Min. João Otávio de Noronha, j. 24.03.2009)

Ação de alimentos. Demanda ajuizada contra o ex-marido. Necessidade da mulher é imperiosa, eis que durante o casamento criou os oito filhos do casal, sendo analfabeta sem condições de hoje inserir-se no mercado de trabalho. Possibilidade do apelante em pensionar a autora, pois é formalmente empregado. Recorrente esquiva-se de apresentar comprovante de rendimentos obrigação do réu, conforme art. 1.702 do CC. Sentença mantida. (TJSP, Ap. Cível c/ Rev. n. 6.024.214.500/São Vicente, 2ª Câm. de Dir. Priv., rel. Neves Amorim, j. 27.01.2009)

Direito de família. Separação litigiosa. Infidelidade do cônjuge varão. Dever de pensionamento ao cônjuge inocente e desprovido de recursos. Art. 1.702 do CC. Fixação. Binômio necessidade/possibilidade atendido. Recurso desprovido. "Na separação judicial litigiosa, sendo um dos cônjuges inocente e desprovido de recursos, prestar-lhe-á o outro a pensão alimentícia que o juiz fixar, obedecidos os critérios estabelecidos no art. 1.694" (art. 1.702 do CC/2002). O critério para a fixação dos alimentos se resume no binômio necessidade-possibilidade previsto no § 1º do art. 1.694 do CC/2002, uma vez que se deve levar em consideração as condições do alimentante e do alimentado. Era ônus do cônjuge culpado pela separação a comprovação de que o cônjuge inocente não necessita dos alimentos arbitrados e, do mesmo modo, a exorbitância do valor fixado em relação aos seus rendimentos, o que não se verificou no caso *sub judice*. Recurso conhecido e desprovido. (TJMG, Ap. Cível n. 1.0027.05.066208-2/001, rel. Dídimo Inocêncio de Paula, j. 13.09.2007, *DJ* 21.09.2007)

Separação litigiosa. Alimentos. Culpa. No que respeita à culpa, é entendimento pacífico deste órgão fracionário que se mostra irrelevante e um retrocesso sua imputação a um dos cônjuges. Em verdade, a contenda acerca dos alimentos deve ser analisada à luz do binômio necessidade-possibilidade. Mantida a fixação dos alimentos em favor da separanda, face à enfermidade de um dos filhos dos litigantes. Reduzindo o percentual da obrigação alimentar devida aos menores, diante do princípio da proporcionalidade. Deram parcial provimento à apelação. Unânime. (TJRS, Ap. Cível n. 70.010.807.840, rel. Des. Walda Maria Melo Pierro, j. 15.06.2005. In: CAHALI, Francisco José. *Família e sucessões no CC de 2002*. São Paulo, RT, 2005, v. II)

Alimentos. Não vigorando mais o dever de mútua assistência entre os cônjuges, em razão do divórcio das partes, o pedido de alimentos formulado pela virago é juridicamente impossível. Negaram provimento. (TJRS, Ap. Cível n. 70.010.766.905, rel. Des. Luiz Felipes Brasil Santos, j. 13.04.2005. In: CAHALI, Francisco José. *Família e sucessões no CC de 2002*. São Paulo, RT, 2005, v. II)

Alimentos. Divórcio. Cumpre ser desprovido o recurso de apelação interposto, tendo em vista mostrar-se carente de ação a apelante que, após a decretação do divórcio, reclama alimentos do ex-marido, uma vez inexistente qualquer estipulação a respeito. Apelo desprovido. (TJRS, Ap. Cível n. 70.010.163.038, rel. Des. Antônio Carlos Stangler Pereira, j. 23.12.2004. In: CAHALI, Francisco José. *Família e sucessões no CC de 2002*. São Paulo, RT, 2005, v. II)

Separação consensual. Conversão. Divórcio. Alimentos. Dispensa mútua. Postulação posterior. Ex-cônjuge. Impossibilidade. 1 – Se há dispensa mútua entre os cônjuges quanto à prestação alimentícia e na conversão da separação consensual em divórcio não se faz nenhuma ressalva quanto a essa parcela, não pode um dos ex-cônjuges, posteriormente, postular alimentos, dado que já definitivamente dissolvido qualquer vínculo existente entre eles. Precedentes iterativos desta Corte. 2 – Recurso especial não conhecido. (STJ, REsp n. 199.427/SP, 4ª T., rel. Min. Fernando Gonçalves, j. 09.03.2004, v.u., *DJU* 29.03.2004)

Alimentos. Pensionamento em favor da ex-cônjuge. Caso em que ambos os apelos não merecem provimento. É possível a fixação de alimentos em favor do ex-cônjuge mesmo que seja apenas para a manutenção do *status* social. No caso, a sentença fixou valor proporcional às necessidades da alimentada e às possibilidades do alimentante (TJRS, Ap. Cível n. 70.006.356.364, rel. Des. Rui Portanova, *DOERS* 26.11.2003). (*RBDFam* 21/70)

Alimentos provisionais. Culpa recíproca. Exoneração. O fato de ter sido decretada a separação por culpa recíproca não é causa para a exoneração dos alimentos provisionais, concedidos durante o curso da demanda, até o trânsito em julgado da sentença. Recurso conhecido e provido em parte. (STJ, REsp n. 338.192/ES, rel. Min. Ruy Rosado de Aguiar, j. 04.06.2002, *DJU* 12.08.2002)

**Art. 1.703. Para a manutenção dos filhos, os cônjuges separados judicialmente contribuirão na proporção de seus recursos.**

Legislação correlata: art. 20, Lei n. 6.515, de 26.12.1977 (Lei do Divórcio).

O pagamento de pensão alimentícia aos filhos não fica vinculado à culpa de qualquer dos cônjuges na separação litigiosa. Nenhum deles se desobrigará do encargo imposto pela lei por ter sido considerado inocente na separação. Persiste a obrigação decorrente do poder familiar (cf. art. 1.632). Neste passo, a lei ressalta a igualdade entre o homem e a mulher (Princípio Constitucional da Isonomia – art. 226, § 5º, CF) quanto ao dever de sustento de seus filhos. O binômio necessidade-possibilidade deverá ser observado na fixação da pensão.

O dispositivo também terá aplicação no caso de *divórcio* dos pais, quer por força do que dispõe o art. 1.579, para o caso de *divórcio conversão*, quer por força do princípio de que a condição jurídica dos pais não pode importar em nenhuma restrição ao dever de prestar alimentos, na hipótese de *divórcio direto*. Já na *união estável*, o art. 1.724 ordena como dever de ambos os companheiros o sustento e a educação dos filhos, não se alterando a relação entre os pais e os filhos com a dissolução (*v.* art. 1.632).

**Jurisprudência:** Ação revisional de alimentos fixados em três (3) salários mínimos para três (3) filhos menores. Sentença de improcedência. Prescindibilidade da prova consistente na quebra do sigilo bancário da genitora dos alimentados para o julgamento. Inocorrência de cerceamento de defesa. Não realização de audiência de conciliação. Inequívoca subsistência de resistência ao pedido de redução mesmo em contrarrazões à apelação. Nulidade não caracterizada diante da falta de prejuízo. Transferência dos alimentados para escola pública. Incontroversa mudança na situação financeira. Cabimento da redução, art. 1.699 do CC, mas não na forma pleiteada. Dever de ambos os genitores à prestação dos alimentos, art. 1.703 do CC. Razoabilidade da diminuição para 75% de um (1) salário mínimo para cada filho. Ausência de desfalque do necessário ao sustento do alimentante, arts. 1.694, § 1º, e 1.695 do diploma civil. Sucumbência recíproca. Recurso provido, em parte. (TJSP, Ap. Cível n. 10034101120228260606/SP, 9ª Câm. de Dir. Priv., rel. César Peixoto, j. 28.02.2023, *DJ* 01.03.2023)

Alimentos. Arbitramento (25% dos vencimentos líquidos do alimentante caso empregado ou 40% do salário mínimo nas hipóteses de desemprego) cujas necessidades são presumidas. Redução. Cabimento. Alimentante que possui outros filhos. Vencimentos recebidos que não são expressivos. Fixação em 20% dos rendimentos líquidos do alimentante, no caso de emprego formal que se mostra mais condizente com as possibilidades do alimentante. Necessidades do credor que também devem ser atendidas pela genitora, uma vez que se trata de obrigação compartilhada. Inteligência do art. 1.703 do CC. Sentença reformada para reduzir o valor da verba alimentar. Recurso provido. (TJSP, Ap. Cível n. 1015785-10.2017.8.26.0577/SP, 8ª Câm. de Dir. Priv., rel. Salles Rossi, j. 07.03.2022, publ. 07.03.2022)

Veja no art. 1.694 a seguinte decisão: TJSP, Ap. Cível n. 1006195-49.2020.8.26.0562/SP, 9ª Câm. de Dir. Priv., rel. César Peixoto, j. 24.02.2022, publ. 24.02.2022.

Agravo de instrumento. Alimentos provisórios. Uma beneficiária. Outra filha, também menor, a quem arca com alimentos no importe equivalente a 30% dos seus rendimentos líquidos. Demonstrada a impossibilidade para arcar com a verba provisória no importe fixado. Dever de sustento que incumbe a ambos os genitores. Art. 1.703 do CC. Alimentos reduzidos para 20% dos rendimentos líquidos, quando formalmente empregado, e na ausência de emprego formal os alimentos correspondam a 25% do salário mínimo nacional. Recurso provido. (TJSP, AI n. 2203340-02.2021.8.26.0000/SP, 4ª Câm. de Dir. Priv., rel. Alcides Leopoldo, j. 31.01.2022, publ. 31.01.2022)

Agravo de instrumento. Direito civil. Família. Alimentos. Dever de ambos os genitores. Majoração. Necessidade de dilação probatória. 1 – Os alimentos devem ser fixados com base no binômio necessidade-possibilidade, previsto no art. 1.694, § 1º, do CC, e no princípio da proporcionalidade, os quais visam assegurar ao alimentando meios de sobrevivência digna em observância às reais condições econômicas dos alimentantes. 2 – É dever de ambos os genitores contribuir para o sustento dos filhos, conforme dispõe o art. 1.566, IV, do CC, sendo certo que a participação de cada um deverá ser proporcional à sua capacidade financeira (art. 1.703 do CC). 3 – A presente via recursal é inadequada ao necessário aprofundamento no acervo probatório com o objetivo de dar segurança à apuração da real capacidade contributiva de cada um dos alimentantes e das necessidades do alimentando, o que somente terá sede na fase instrutória da ação principal. 4 – Agravo de instrumento desprovido. (TJDF, AI n. 07224015320188070000, 1ª T. Cível, rel. Hector Valverde, j. 12.06.2019, *DJe* 17.06.2019)

Revisional de alimentos. Procedência parcial decretada para majorar o encargo alimentar devido a filha (10% de seus rendimentos líquidos para cifra equivalente 30% dos rendimentos brutos do alimentante). Atendimento da regra contida no art. 1.669 do CC. Pretensão do alimentando de continuidade do valor originário. Descabimento. Prova dos autos que confirma a suficiência da medida quantitativa em cifra equivalente a 30% dos rendimentos brutos para alcançar seu determinado fim, sem atribuir, privar significativamente, a subsistência do provedor dos alimentos, oferecendo recursos bastantes à possibilidade de um padrão de vida compatível com a condição do devedor da obrigação alimentar. Majoração fixada pela r. sentença que não se mostra excessiva, tampouco inexpressiva, atendendo o binômio legal. Redução descabida. Obrigação alimentar que deve ser compartilhada entre o autor e genitora da criança (art. 1.703 do CC). Sentença mantida. Recurso improvido. (TJSP, Ap. n. 0012343-22.2010.8.26.0020/SP, 8ª Câm. de Dir. Priv., rel. Salles Rossi, *DJe* 30.04.2014, p. 1.593)

Agravo de instrumento. Ação revisional de alimentos. Redução liminar da pensão mensal. Ponderação das alterações das possibilidades de ambos os alimentantes e das necessidades do alimentado. Recurso provido. A redução liminar da pensão alimentícia até então paga depende da comprovação robusta nos autos, de acordo com o caso concreto, não só da diminuição das possibilidades de um alimentante, mas também da manutenção ou diminuição das necessidades do alimentado e da manutenção ou incremento das possibilidades do outro genitor. Inteligência dos arts. 1.694, § 1º, e 1.703, ambos do CC. Recurso provido. (TJMT, AI n. 107255/2013, rel. Des. João Ferreira Filho, *DJe* 14.03.2014, p. 15)

Apelação cível. Alimentos. Fixação que atendeu ao binômio possibilidade e necessidade. Alimentos fixados em três salários mínimos. Dever de sustento que incumbe a ambos os pais. Inteligência do art. 1.703, CC. Recurso desprovido. Apelação cível (01). Pleito de redução dos alimentos para dois salários mínimos. Possibilidade demonstrada nos autos. Desprovimento. Apelação cível (02). Pleito de majoração. Ausência de demonstração que o valor fixado na sentença é insuficiente, de acordo com as necessidades do autor. Desprovimento. (TJPR, Ap. Cível n. 1034391-2, 12ª Câm. Cível, rel. Des. João Domingos Kuster Puppi, *DJe* 08.11.2013, p. 169)

Apelação cível. Direito de família. Ação revisional de alimentos. Filho menor. *Quantum*. Majoração. Possibilidade. Alteração do binômio possibilidade/necessidade. Demonstrado. Sentença mantida. I – A ação de revisão de alimentos tem como pressuposto a alteração do binômio possibilidade e necessidade, destinando-se a estabelecer a redefinição do encargo alimentar. II – Para o acolhimento do pedido de majoração do encargo alimentar, é imprescindível que se constate a efetiva alteração das necessidades do alimentado, sopesando, por outro lado, as possibilidades do alimentante, em atenção ao princípio da proporcionalidade. III – Conquanto presumíveis as despesas da criança, cabível a majoração da verba alimentar, quando comprovado o aumento das despesas do alimentado ou alteração nas condições econômicas do alimentante, desde que não onere em demasia o genitor. IV – Nos termos dos arts. 1.566, IV, e 1.703, ambos do CC, é também obrigação da genitora contribuir para a mantença de seus filhos, dentro do possível, pois é dever dos pais somar esforços para suprir as necessidades básicas de seu filho. V – As decisões sobre alimentos não estão sujeitas à coisa julgada, podendo ser apreciadas sempre que houver alteração nas condições do obrigado a prestá-los, ou nas necessidades dos alimentados. (TJMG, Ap. Cível n. 1.0024.11.025401-8/001, rel. Des. Washington Ferreira, j. 25.06.2013, *DJ* 01.07.2013)

Agravo de instrumento. Ação de separação judicial consensual. Alimentos pela genitora não guardiã. Possibilidade de fixação após a homologação do acordo. Ainda que o art. 1.703 do CC estabeleça ser de ambos os genitores a manutenção dos filhos comuns, tendo aqueles decidido por acordo que o varão assumirá sozinho o sustento dos filhos, não há obrigatoriedade de serem fixados para a genitora pagar, posto que, a qualquer momento, diante de necessidade, poderá ser chamada à obrigação, visto que os alimentos são irrenunciáveis. Agravo de instrumento provido. (TJRS, AI n. 70.038.627.550, 7ª Câm. Cível, rel. Des. André Luiz Planella Villarinho, j. 09.09.2010)

Revisional de alimentos. Tutela antecipada. Deferimento. Presente a verossimilhança do alegado. Alteração na situação financeira da alimentante (comprovada pelo desemprego e problemas de saúde). Circunstância que evidencia ser caso de aplicação da norma contida no art. 1.699 do CC. Viável a redução de 30% dos rendimentos líquidos da agravada (que não mais possui, ante o desemprego noticiado) para meio salário mínimo a cada alimentando. Alegação de que referido montante é insuficiente para o custeio das mensalidades escolares (curso superior). Descabimento. Obrigação compartilhada (art. 1.703 do CC), conferindo ao genitor contribuir para o sustento dos filhos (que, ademais, são maiores, capazes e frequentam curso superior em meio período). Decisão mantida. Recurso improvido. (TJSP, AI n. 990102249123, 8ª Câm. de Dir. Priv., rel. Des. Salles Rossi, j. 30.06.2010)

Embargos infringentes. Responsabilidade civil do Estado pela morte de detento em cadeia pública. Danos materiais devidos. A ausência de comprovação da atividade econômica da vítima não retira o direito de sua filha, menor impúbere, de receber pensão mensal, correspondente aos alimentos que lhe seriam devidos pelo genitor até que adquira condições para o seu próprio sustento (arts. 1.566, IV, 1.696 e 1.703), o que presumivelmente ocorre com a maioridade. Restabelecimento da condenação fixada pela sentença, correspondente à pensão mensal de 1/3 do salário mínimo até que a autora complete 18 anos. Embargos infringentes acolhidos. (TJSP, Emb. Infring. n. 994090066685, 3ª Câm. de Dir. Públ., rel. Des. Magalhães Coelho, j. 13.04.2010)

Alimentos provisórios. Fixação em dois salários mínimos que se mostrou elevada, diante do valor dos rendimentos mensais percebidos pelo agravante. Fixação em um salário mínimo que atende às necessidades da agravada (presumidas em razão da menoridade), ao menos em sede de cognição sumária. Obrigação que, ademais, é compartilhada (art. 1.703 do CC), conferindo à genitora contribuir com o sustento da filha. Reais possibilidades do devedor que somente a dilação probatória poderá determinar, ante a ausência, neste momento processual, de elementos seguros a esse título. Decisão reformada. Recurso parcialmente provido. (TJSP, AI n. 6.053.774.500/Caraguatatuba, 8ª Câm. de Dir. Priv., rel. Salles Rossi, j. 04.03.2009)

Apelação cível. Ação de separação judicial litigiosa. Alimentos. Ambos os genitores são responsáveis pelo sustento dos filhos, na proporção de suas possibilidades e atendidas as necessidades dos alimentados. Havendo fundadas dúvidas acerca dos rendimentos do genitor, impõe-se adequar a verba alimentar fixada em sentença em valor ínfimo. Partilha. A partilha de bens dos separandos deve ser equânime, observadas as peculiaridades do caso concreto. Deram parcial provimento ao apelo da demandante. Conheceram parcialmente do apelo do demandado e deram parcial provimento à parte conhecida. (TJRS, Ap. Cível n. 70.023.650.617, 8ª Câm. Cível, rel. Alzir Felippe Schmitz, j. 18.09.2008, *DJ* 29.09.2008)

Ação de desconstituição de cláusula de acordo firmado nos autos de separação judicial. Improcedência. Inconformismo. Acolhimento. Pagamento mensal, em favor da genitora, de quantia para despesas dos filhos durante visitação materna. Posterior partilha de bens comuns dos pais. Modificação substancial das possibilidades financeiras da genitora. Obrigação alimentar mútua, nos termos do art. 1.703 do CC. Manutenção do auxílio injustificada. Fato superveniente que implica vantagem excessiva. Sentença reformada. Recurso provido, com observação. (TJSP, Ap. c/ Rev. n. 547.606.4/0-00/Presidente Prudente, 9ª Câm. de Dir. Priv., rel. Grava Brazil, j. 17.06.2008, *DJ* 08.07.2008)

Revisional de alimentos. Improcedência decretada. Sentença. Nulidade. Inocorrência. Atendimento dos requisitos exigidos pelo art. 458 do CPC [art. 489 do CPC/2015]. Mudança evidente na situação financeira do alimentante. Desemprego comprovado nos autos. Dois de seus filhos recebem atualmente estágio remunerado. Fatos objetivos que autorizam a redução da verba alimentar, mas não no patamar pretendido pelo alimentante (um salário mínimo para todos os recorridos), que sequer comprovou seus atuais rendimentos obtidos informalmente. Manutenção dos alimentos em relação a seu filho com problemas de saúde e redução no que se refere aos outros dois filhos que atualmente cursam o nível superior para o equivalente a um salário mínimo para cada um. Montante que melhor se amolda à atual situação do alimentante e reúne condições de atender às necessidades dos alimentandos, cuja genitora também é igualmente responsável. Obrigação compartilhada (art. 1.703 do CC). Sentença reformada. Recurso parcialmente provido. (TJSP, Ap. c/ Rev. n. 530.438.4/3-00/São Paulo, 8ª Câm. de Dir. Priv., rel. Salles Rossi, j. 10.04.2008, *DJ* 29.04.2008)

Agravo de instrumento. Ação de alimentos. Alimentos provisórios. Pedido de majoração ante a necessidade de cuidados especiais da menor. Análise objetiva do binômio alimentar, esculpido no art. 1.703 do CC, leva à conclusão de que o agravado tem condições de alcançar verba alimentar à filha adolescente superior à estabelecida pelo juiz de primeiro grau. Afastaram as preliminares de não conhecimento do recurso. Deram provimento em parte ao agravo. Unânime. (TJRS, Ap. Cível n. 70.013.994.975, 7ª Câm. Cível, rel. Des. Walda Maria Melo Pierro, j. 15.03.2006)

Agravo de instrumento. Ação revisional de alimentos. Liminar. Pedido de redução ante a superveniência de gravidez da alimentante. Análise objetiva do binômio alimentar, esculpido no art. 1.703 do CC/2002, leva à conclusão de que a superveniência de gravidez da alimentante enseja a readequação do *quantum* de alimentos fixados aos filhos havidos de outra relação, mormente diante de redução da renda, em se tratando de profissional liberal. No caso, redefiniu-se a verba alimentar para 30% das despesas com ensino superior, mantendo-se, no mais, as disposições do acordo em ação de divórcio. Deram provimento em parte ao agravo. Unânime. (TJRS, Ap. Cível n. 70.014.242.044, 7ª Câm. Cível, rel. Des. Walda Maria Melo Pierro, j. 15.03.2006)

---

**Art. 1.704. Se um dos cônjuges separados judicialmente vier a necessitar de alimentos, será o outro obrigado a prestá-los mediante pensão a ser fixada pelo juiz, caso não tenha sido declarado culpado na ação de separação judicial.**

**Parágrafo único. Se o cônjuge declarado culpado vier a necessitar de alimentos, e não tiver parentes em condições de prestá-los, nem aptidão para o trabalho, o outro cônjuge será obrigado a assegurá-los, fixando o juiz o valor indispensável à sobrevivência.**

---

Legislação correlata: art. 19, Lei n. 6.515, de 26.12.1977 (Lei do Divórcio).

***Ver comentário ao art. 1.702 sobre a EC n. 66/2010 e sua repercussão quanto ao presente dispositivo legal.***

O presente artigo deve ser analisado em conjunto com o art. 1.702. Com efeito, conforme afirmado em comentários ao artigo referido, só terá direito a alimentos o cônjuge inocente na separação e desprovido de recursos. Neste caso, por força do disposto neste art. 1.704, combinado com o art. 1.702, poderá o cônjuge não culpado pleitear alimentos, se deles necessitar, do reconhecidamente responsável pela separação, caso a sentença que a decretou já não os tenha estipulado. É o que dispõe o *caput* do presente artigo. A pensão será fixada observando-se os critérios do art. 1.694, § 1º. Já o disposto no *parágrafo único* do artigo estabelece uma exceção do princípio de que os alimentos são devidos apenas àquele cônjuge não culpado pela separação.

Por razões humanitárias, como o prolongamento do dever de assistência mútua (art. 1.566, III), em atenção ao princípio da solidariedade e após o preenchimento dos requisitos legais, o cônjuge não inocente poderá obter do outro alimentos naturais, necessários e indispensáveis para sua sobrevivência. São os *alimentos humanitários*.

São requisitos necessários para a concessão dos alimentos: a) que o cônjuge culpado comprove que realmente necessite deles; b) que o cônjuge inocente tenha condições de supri-los; c) que o cônjuge culpado comprove não ter aptidão para o trabalho (por causa da idade avançada, de doença, de falta de qualificação etc.) (cf. VELOSO, Zeno. *Código Civil comentado* – direito de família. São Paulo, Atlas, 2003, v. XVII); d) que o cônjuge culpado demonstre não ter parentes em condições de prestar-lhe os alimentos de que necessita (*v.* art. 1.697).

Segundo o Enunciado n. 134 da I Jornada de Direito Civil do Centro de Estudos do CJF, "se um dos cônjuges separados judicialmente vier a necessitar de alimentos e não tiver parentes em condições de prestá-los nem aptidão para o trabalho, o ex-cônjuge será obrigado a prestá-los, mediante pensão a ser fixada pelo juiz, em valor indispensável à sobrevivência". Ao cônjuge inocente, quando necessitar de alimentos, bastará cumprir apenas os dois primeiros requisitos, fazendo jus ainda aos alimentos civis. Sobre a incidência da presente regra aos casos de separação judicial sujeita a causa objetiva, em que se dispensa a culpa (art. 1.572, §§ 1º e 2º), de divórcio (conversão e direto) e de união estável, veja-se comentário ao art. 1.702.

**Jurisprudência:** Agravo de instrumento. Ação de divórcio. Manutenção dos alimentos à ex-cônjuge. Ausência de prova da incapacidade laborativa. Impossibilidade. Caso em que requer a ex-cônjuge a manutenção de pensão alimentícia a ela. A obrigação alimentar entre ex-cônjuges é proveniente do dever de solidariedade disposto no art. 1.694 do CC, bem como do dever de mútua assistência, na forma do art. 1.566, III, do mesmo diploma legal. Tal obrigação pode perdurar, após a separação do casal, mas desde que comprovada a necessidade do ex-cônjuge requerente, conforme previsto no art. 1.704 do CC. Assim, para que seja cabível a manutenção dos alimentos, é indispensável a comprovação da necessidade no que tange à assistência. *In casu,* a agravante é jovem, possui 54 anos e não demonstrou a incapacidade de retornar ao mercado de trabalho. Agravo de instrumento desprovido. (TJRS, AI n. 00050087920228217000/Nova Petrópolis, 8ª Câm. Cível, rel. Mauro Caum Gonçalves, j. 10.06.2022, publ. 17.06.2022)

Agravo de instrumento. Decisão que indefere o pedido de arbitramento de alimentos provisórios em prol de ex-convivente. Irresignação. Acolhimento. Alimentos entre conviventes que decorrem do dever de mútua assistência (art. 1.704 do CC) e pressupõe que esteja configurado o binômio necessidade/possibilidade (art. 1.694, § 1°, do CC). Postulante que permaneceu em união estável por quase duas décadas, período no qual preponderantemente se dedicou com exclusividade aos cuidados do lar e da família. Dependência financeira e necessidade configuradas. Mulher com 54 anos de idade que pontua não possuir qualificação profissional. Ausência de qualificação e experiência laboral que coloca a ex-companheira em situação de vulnerabilidade econômica. Decisão reformada. Agravo provido. (TJSP, AI n. 2104059-73.2021.8.26.0000/SP, 7ª Câm. de Dir. Priv., rel. Rômolo Russo, j. 31.01.2022, publ. 31.01.2022)

Veja no art. 1.694 a seguinte decisão: TJSP, AI n. 2191055-74.2021.8.26.0000/SP, 7ª Câm. de Dir. Priv., rel. Rômolo Russo, j. 31.01.2022, publ. 31.01.2022.

Agravo de instrumento. Divórcio. Verba alimentar arbitrada provisoriamente no valor R$ 4.000,00, em prol da ex-cônjuge (53 anos de idade). Irresignação. Acolhimento parcial. Alimentos entre cônjuges que decorre do dever de mútua assistência (art. 1.704 do CC) e pressupõe que esteja configurado o binômio necessidade/possibilidade. Razoabilidade ao arbitramento por período determinado. Casamento que perdurou por quase 25 anos. *Quantum* da pensão alimentícia. Pretensão à redução que demanda a existência de evidente desproporção entre o mínimo existencial da credora e a condição social do provedor (art. 1.694, § 1°, do CC). Eventual reinserção ao mercado de trabalho que não será imediata. Fixação provisória que se afigura exagerada à hipótese, frente à capacidade do varão. Redução plausível. Prova pré-constituída que corrobora a temática recursal, notadamente porque a quantia provisoriamente perpassa, a princípio, o atendimento das necessidades basais da ex-cônjuge. Agravo parcialmente provido. (TJSP, AI n. 2232122-19.2021.8.26.0000, 7ª Câm. de Dir. Priv., rel. Rômolo Russo, j. 27.01.2022, publ. 27.01.2022)

Embargos de declaração. Teórica omissão acerca do pedido de arbitramento de alimentos provisórios. Imperativa integração do julgado. Pedido de alimentos entre cônjuges. Dever de assistência mútua (art. 1.704 do CC) que pressupõe que esteja configurado o binômio necessidade/possibilidade. Hipótese em que a agravada é pessoa jovem (40 anos), possui qualificação profissional (advogada) e não se afastou do mercado de trabalho no período em que permaneceu casada (aprox. 4 anos). Circunstâncias fáticas que comprometem a identificação da necessidade ao pensionamento por período que lhe permita a reinserção no mercado de trabalho. Necessidade que não se verifica em exame perfunctório. Embargos acolhidos para expressamente indeferir o pedido de alimentos provisórios. (TJSP, Emb. Decl. n. 20816582220178260000, 7ª Câm. de Dir. Priv., rel. Rômolo Russo, j. 24.06.2019)

Apelação cível. Ação de exoneração de alimentos. Ex-esposa. Redimensionamento da verba alimentar. A obrigação alimentar entre cônjuges é proveniente do dever de solidariedade (art. 1.694 do CC) e de mútua assistência (art. 1.566, III, do CPC). E, embora as disposições do art. 1.704 do CC estabeleçam a possibilidade do ex-cônjuge prestar alimentos ao outro, tal não exclui a análise do binômio alimentar para sua fixação. Na hipótese, adequado o redimensionamento dos alimentos, descabida, no entanto, a exoneração pretendida. Apelação provida em parte. (TJRS, Ap. Cível n. 70.060.024.445, 7ª Câm. Cível, rel. Des. Liselena Schifino Robles Ribeiro, j. 02.07.2014)

Agravo de instrumento. Alimentos entre ex-cônjuges. Dever de mútua assistência. Binômio necessidade e possibilidade. Os alimentos entre os cônjuges têm caráter de mútua assistência (art. 1.566, III, do CC), estando fundados no dever da solidariedade entre os ex-companheiros, cuja relação é equiparada ao casamento (art. 1.694 do CC), consagrados no princípio da solidariedade familiar, com amparo nos arts. 1.702 e 1.704, *caput*, do CC. Comprovada a dependência econômica e atual incapacidade da alimentada em manter a própria subsistência, com parcimônia, hão de ser fixados alimentos em seu favor. Deram parcial provimento ao agravo. (TJRS, AI n. 70.059.551.697, 8ª Câm. Cível, rel. Des. Alzir Felippe Schmitz, j. 07.08.2014)

Apelação cível. Ação de divórcio litigioso c/c partilha de bens e alimentos. Ex-cônjuge. Alimentos. Possibilidade. Art. 1.704 do CC. Concessão por prazo razoável a reinserção no mercado de trabalho. Sentença reformada em parte. Recurso parcialmente provido. Demonstrada a efetiva necessidade da ex-esposa, deve ser fixada a pensão alimentícia em seu favor, em valor e prazo que lhe garantam o indispensável auxílio enquanto se insere no mercado de trabalho, sem sobrecarregar em demasia o ex-cônjuge e provedor. (TJMT, Ap. n. 29475/2013, rel. Des. Cleuci Terezinha Chagas, *DJe* 04.11.2013, p. 54)

Recurso especial. Ação de alimentos deduzida em face de ex-cônjuge. Ausência de pedido de fixação do encargo no divórcio litigioso. Impossibilidade jurídica e renúncia tácita reconhecidas na sentença de primeiro grau. Manutenção da extinção do feito, sem resolução do mérito (art. 267, VI, do CPC) [art. 485, VI, do CPC/2015], pelo acórdão local. Insurgência da alimentanda. 1 – Tese de violação ao art. 1.704 do CC. Acolhimento. Alimentos não pleiteados por ocasião do divórcio litigioso. Requerimento realizado posteriormente. Viabilidade. Impossibilidade jurídica afastada. Renúncia tácita não caracterizada. 2 – Não há falar-se em renúncia do direito aos alimentos ante a simples inércia de seu exercício, porquanto o ato abdicativo do direito deve ser expresso e inequívoco. 3 – Em atenção ao princípio da mútua assistência, mesmo após o divórcio, não tendo ocorrido a renúncia aos alimentos por parte do cônjuge que, em razão dos longos anos de duração do matrimônio, não exercera atividade econômica, se vier a padecer de recursos materiais, por não dispor de meios para suprir as próprias necessidades vitais (alimentos necessários), seja por incapacidade laborativa, seja por insuficiência de bens, poderá requerê-la de seu ex-consorte, desde que preenchidos os requisitos legais. 4 – Recurso especial provido, a fim de afastar a impossibilidade jurídica do pedido e determinar que o magistrado de primeiro grau dê curso ao processo. (STJ, REsp n. 1.073.052, 4ª T., rel. Min. Marco Buzzi, *DJe* 02.09.2013, p. 705)

Apelação cível. Família. Ação de exoneração de alimentos. Pensão alcançada à ex-cônjuge. Não comprovação de alteração do binômio alimentar. A obrigação alimentar entre os cônjuges decorre do dever de mútua assistência, nos termos do art. 1.566, III, do CC, e permanece após o rompimento do vínculo conjugal. E, embora as disposições do art. 1.704 do CC estabeleçam a possibilidade do ex-cônjuge prestar alimentos ao outro, tal não exclui a análise do binômio alimentar para sua fixação. Na hipótese, não comprovada a alteração no binômio alimentar, descabe a exoneração pretendida. Apelação desprovida. (TJRS, Ap. Cível n. 70.054.789.250, 7ª Câm. Cível, rel. Liselena Schifino Robles Ribeiro, j. 26.06.2013, *DJ* 28.06.2013)

Veja no art. 1.702 o seguinte acórdão: TJSP, Ap. n. 0028731-17.2011.8. 26.0003, 4ª Câm. de Dir. Priv., rel. Milton Carvalho, j. 31.01.2013.

Agravo de instrumento. Família. Ação cautelar de alimentos provisionais c/c separação de corpos e arrolamento de bens. Cônjuges. Alimentos provisórios. Fixação. Obediência ao binômio necessidade/disponibilidade entre alimentando e alimentante. Prova de rendimentos. Decisão reformada parcialmente. Como decorrência do dever de mútua assistência inserto no art. 1.704 do CC/2002, nada obsta que ex-cônjuges postulem, entre si, alimentos. Aplica-se à espécie, o disposto no § 1º do art. 1.694 do CC, o qual estabelece: "Os alimentos devem ser fixados na proporção das necessidades do reclamante e dos recursos da pessoa obrigada". (TJMG, AI n. 1.0145.12.026836-5/001, rel. Des. Geraldo Augusto, j. 28.08.2012, *DJ* 06.09.2012)

Ação de alimentos. Culpa exclusiva do cônjuge virago. Comprovação. Depoimento pessoal da autora. Relacionamentos extraconjugais. Perda do direito de receber alimentos. Art. 1.704 do CC. Tendo a própria autora confessado, quando do seu depoimento pessoal em juízo, que teve relacionamentos extraconjugais durante a constância do matrimônio, possível imputar-lhe culpa pelo término do casamento, culminando na perda do direito de reclamar alimentos em face de seu ex-marido, conforme disposto no art. 1.704 do CC/2002. Sentença confirmada. Recurso não provido. (TJMG, Ap. Cível n. 1.0024.08.270086-5/002(1), rel. Des. Armando Freire, j. 03.08.2010)

Agravo de instrumento. Ação de separação litigiosa. Atribuição de culpa. Alimentos provisórios. Bloqueio de valores. A atribuição de culpa à agravada pela falência do casamento trazida pelo agravante em suas razões, como argumento de sua exoneração da verba provisória fixada, não é questão a influir na decisão do agravo, até em razão do disposto no § 2º do art. 1.694, e parágrafo único do art. 1.704 do CC. Demonstrada a necessidade da mulher em ser pensionada, por ora, já que nos trinta anos que perdurou o casamento jamais trabalhou, não tendo renda própria, deve ser mantida a pensão alimentícia provisória fixada em seu favor. Mantém-se também o bloqueio de valores existentes nas contas do agravante por ocasião da separação, se há alegação de dissipação de bens. Agravo de instrumento desprovido. (TJRS, AI n. 70.035.051.242, 7ª Câm. Cível, rel. Des. André Luiz Planella Villarinho, j. 07.07.2010)

Apelação cível. Ação de separação judicial c/c alimentos e partilha. Varão. Culpa pela separação. Agressões físicas. Impossibilidade de receber alimentos. Partilha. Bem imóvel. Venda simulada. Ausência de comprovação. Negócio jurídico perfeito e acabado. Bem móvel adquirido na constância da união estável. Esforço comum. Partilha ao casal. Sentença mantida. O art. 1.704 do CC dispõe [...]. Restou evidenciado e comprovado ser o autor o culpado pela separação, ou seja, passou a agredir a apelada e sua filha, conforme documentação, tendo, inclusive, o MP denunciado o apelante. Desta maneira, não há que se falar em pagamento de alimentos da apelada ao apelante. A lei considera nulo o ato jurídico praticado por pessoa absolutamente incapaz, quando seu objeto for impossível ou quando não revestir forma adequada. Em outras palavras, sempre que o ato não observar as condições de validade dos atos jurídicos supra estudadas. Além desses casos, também considera nulo o ato jurídico simulado. No caso, tem-

-se que a venda do imóvel realizou-se tendo como partes os cônjuges e não há nos autos nenhum documento capaz de comprovar a simulação afirmada pelo apelante, pelo contrário, as escrituras foram todas registradas e realizadas de forma legal. Nos termos do art. 5º da Lei n. 9.278/96, os bens móveis ou imóveis adquiridos por um ou por ambos os conviventes, na constância da união estável e a título oneroso, são considerados frutos do trabalho e da colaboração comum, passando a pertencer a ambos, em condomínio e em partes iguais, salvo estipulação contrária em escrito. (TJMG, Ap. Cível n. 1.0015.07.036737-8/001(1), rel. Mauro Soares de Freitas, j. 02.07.2009)

Veja no art. 1.573 o seguinte acórdão: TJSP, Ap. Cível c/ Rev. n. 5.662.914.000/Rosana, 1ª Câm. de Dir. Priv., rel. Luiz Antônio de Godoy, j. 19.05.2009.

Veja no art. 1.702 o seguinte acórdão: STJ, RO em MS n. 28.336/SP, rel. Min. João Otávio de Noronha, j. 24.03.2009.

Civil e processual civil. Agravo de instrumento. Separação de corpos. Residência sob o mesmo teto. Possibilidade. Liminar. *Periculum in mora* e *fumus boni juris* presentes concessão. Alimentos. Ex-cônjuge. Necessidade. Não demonstração. Impossibilidade. Provimento parcial da irresignação. Inteligência do art. 1.704 do CC. Revela-se possível a separação de corpos ainda que o casal permaneça residindo sob o mesmo teto, posto que os efeitos de tal medida suplantam a separação física consubstanciada no afastamento de um dos cônjuges da morada do casal. Presentes nos elementos probatórios capaz de demonstrar a presença da plausibilidade do direito invocado e do *periculum in mora*, requisitos que autorizam a concessão liminar, no procedimento cautelar, de rigor a sua concessão. Quanto aos alimentos, é de se enfatizar que aos cônjuges cabe o dever de mútua assistência, estendendo-se esta obrigação aos ex-cônjuges, os quais, inclusive, podem requerê-la a qualquer tempo, desde que comprovada a necessidade, *ex vi*, dispositivo de direito material de regência. (TJMG, AI n. 1.0672.08.307810-1/001(1), rel. Dorival Guimarães Pereira, j. 22.01.2009)

Apelações cíveis. Ação de alimentos. Ausência de relação obrigacional pelo comportamento continuado no tempo. Criação de direito subjetivo que contraria frontalmente a regra da boa-fé objetiva. *Supressio*. Extinção material do vínculo de mútua assistência. Os atos e negócios jurídicos devem ser efetivados e interpretados conforme a boa-fé objetiva, e também encontram limitação nela, se a contrariarem. Inteligência dos arts. 113, 187 e 422 do CCB. Em atenção a boa-fé objetiva, o credor de alimentos que não recebeu nada do devedor por mais de 12 anos permitiu com sua conduta a criação de uma legítima expectativa – no devedor e na efetividade social – de que não haveria mais pagamento e cobrança. A inércia do credor em exercer seu direito subjetivo de crédito por tão longo tempo, e a consequente expectativa que esse comportamento gera no devedor, em interpretação conforme a boa-fé objetiva, leva ao desaparecimento do direito, com base no instituto da *supressio*. Precedentes doutrinários e jurisprudenciais. No caso, as partes se separaram 12 anos antes do ajuizamento da ação de alimentos, admitindo a autora que era auxiliada, nesse período, por sua irmã e seu filho. Considerando que a extinção do vínculo matrimonial pode ocorrer somente após dois anos da separação de fato – por meio do divórcio direto (art. 1.580, § 2º, do CC/2002) – a partir de uma interpretação sistemática, é de se reconhecer que após 12 anos de separação, do ponto de vista prático, o dever de mútua assistência não existe mais. Caso em que, seja pela expectativa de continuidade de um comportamento social já sedimentado, seja por que, objetivamente, o dever de mútua assistência não mais existe, não há como reconhecer uma nova obrigação alimentar entre a autora e réu. Deram provimento ao primeiro apelo e negaram provimento ao segundo apelo. (TJRS, Ap. Cível n. 70.024.263.758, 8ª Câm. Cível, rel. Rui Portanova, j. 25.09.2008, *DJ* 01.10.2008)

Alimentos. Cônjuge culpada pela separação. Fixação no mínimo necessário a sua subsistência. Entendimento do art. 1.704, parágrafo único, do CC/2002. Sentença de parcial procedência mantida. Provimento negado. (TJSP, Ap. c/ Rev. n. 572.751.4/9-00/Bauru, 8ª Câm. de Dir. Priv., rel. Caetano Lagrasta, j. 30.07.2008, *DJ* 05.08.2008)

Ação de separação judicial. Culpa caracterizada. Alimentos. Inaptidão para o trabalho ou ausência de parentes não comprovadas. Verba indeferida. Sentença mantida. Nos casos em que resta comprovada a culpa pela separação judicial, os alimentos em favor do culpado somente serão devidos se o beneficiário "não tiver parentes em condições de prestá-los, nem aptidão para o trabalho", em estrita observância ao disposto no art. 1.704, parágrafo único, do CC. Não comprovados os requisitos legais, inviável o pensionamento pretendido. (TJMG, Ap. Cível n. 1.0625.02.019629-5/001, rel. Edilson Fernandes, j. 20.05.2008, *DJ* 01.07.2008)

Direito de família. Separação litigiosa. Infidelidade do cônjuge virago. Dever de pensionamento. Prova da necessidade. Art. 1.704 do CC. Partilha. Bens adquiridos na constância de união estável anterior ao casamento. Ação própria. Por força do disposto no art. 1.704 do CC, o cônjuge culpado pela separação faz jus ao recebimento de alimentos, desde que demonstrado nos autos que não possui condições para o trabalho e nem parentes em condições de prover seu sustento. Sendo o cônjuge culpado jovem, com formação em curso superior e, portanto, apto ao trabalho, não faz jus ao recebimento de pensão. A discussão acerca da partilha de bens adquiridos antes do casamento, enquanto os ex-cônjuges viviam em união estável, deve ocorrer em ação própria. (TJMG, Ap. Cível n. 1.0024.06.056130-5/001, rel. Dídimo Inocêncio de Paula, j. 03.04.2008, *DJ* 15.05.2008)

Apelação cível. Separação judicial. Alimentos. Ex-mulher. Dever de mútua assistência e solidariedade. Durante o período de 20 anos pelo qual se estendeu o casamento das partes, o apelante foi quem proveu o sustento familiar, pertinente, portanto, a confirmação da decisão recorrida que fixou em favor da apelada alimentos no valor de um salário mínimo ao mês. Considera-se, de um lado, a possibilidade do recorrente em alcançar a pensão e, de outro, a necessidade da recorrida em recebê-la em face de suas peculiaridades pessoais, já que seu nível de escolaridade é mínimo e sua experiência laboral restrita à agricultura de âmbito familiar. Aplicação do dever de mútua assistência e solidariedade. Inteligência do art. 1.704 do CC/2002. Precedentes. Recurso desprovido (segredo de justiça). (TJRS, Ap. Cível n. 70.022.393.789, 8ª Câm. Cível, rel. José Ataídes Siqueira Trindade, j. 20.03.2008, *DJ* 28.03.2008)

Apelação cível. União estável. 1 – Imóveis da empresa. Não entram na comunhão dos companheiros os imóveis adquiridos pelas empresas da qual é sócio o réu (e a autora não tem nenhuma participação), as quais, inclusive, foram constituídas anteriormente à união estável. 2 – Alimentos. Culpa. Descabe se perquirir de culpa pela dissolução da união estável, mormente para o fim de afastar o dever de alimentos decorrente da mútua-assistência (art. 1.704, parágrafo único, CC/2002). Demonstrada a necessidade e a possibilidade, mantém-se o valor fixado na sentença, alterando-se o indexador, descabendo a fixação de alimentos em salários mínimos, se o alimentante não recebe mediante essa rubrica. Apelação parcialmente provida (segredo de justiça). (TJRS, Ap. Cível n. 70.021.452.529, 8ª Câm. Cível, rel. José Ataídes Siqueira Trindade, j. 01.11.2007, *DJ* 08.11.2007)

Alimentos. Ex-cônjuge. Imperiosa comprovação da necessidade de um e da possibilidade do outro. Art. 1.694 do CC. Inocorrência. Alimentanda que assumiu união estável com o advento de novo filho. Precedentes do STJ. Decisão acertada. Recurso improvido. (TJSP, Ap. Cível n. 495.166-4/8, rel. Des. Maia da Cunha, j. 29.03.2007)

Apelação cível. Divórcio. Alimentos. Ex-mulher. Dever de mútua assistência e solidariedade. Tendo em vista que durante período pelo qual se estendeu o casamento das partes mais de 22 anos, o apelante foi quem majoritariamente proveu o sustento familiar, embora a apelada exerça atividade profissional, pertinente a confirmação da decisão recorrida que fixou em seu favor alimentos no valor de um e meio salários mínimos ao mês. Considera-se, de um lado, a possibilidade do apelante em alcançar a pensão e, de outro, a necessidade da apelada em recebê-la em face de seus irrisórios ganhos como professora estadual. Aplicação do dever de mútua assistência e solidariedade. Inteligência do art. 1.704 do CC/2002. Precedentes. Recurso desprovido. (TJRS, Ap. Cível n. 70.014.813.570, 8ª Câm. Cível, rel. Des. José Ataídes Siqueira Trindade, j. 22.06.2006)

Alimentos. Não vigorando mais o dever de mútua assistência entre os cônjuges, em razão do divórcio das partes, o pedido de alimentos formulado pela virago é juridicamente impossível. Negaram provimento. (TJRS, Ap. Cível n. 70.010.766.905, rel. Des. Luiz Felipes Brasil Santos, j. 13.04.2005. In: CAHALI, Francisco José. *Família e sucessões no CC de 2002*. São Paulo, RT, 2005, v. II)

Alimentos. Divórcio. Cumpre ser desprovido o recurso de apelação interposto, tendo em vista mostrar-se carente de ação a apelante que, após a decretação do divórcio, reclama alimentos do ex-marido, uma vez inexistente qualquer estipulação a respeito. Apelo desprovido. (TJRS, Ap. Cível n. 70.010.163.038, rel. Des. Antônio Carlos Stangler Pereira, j. 23.12.2004. In: CAHALI, Francisco José. *Família e sucessões no CC de 2002*. São Paulo, RT, 2005, v. II)

Separação consensual. Conversão. Divórcio. Alimentos. Dispensa mútua. Postulação posterior. Ex-cônjuge. Impossibilidade. 1 – Se há dispensa mútua entre os cônjuges quanto à prestação alimentícia e na conversão da separação consensual em divórcio não se faz nenhuma ressalva quanto a essa parcela, não pode um dos ex-cônjuges, posteriormente, postular alimentos, dado que já definitivamente dissolvido qualquer vínculo existente entre eles. Precedentes iterativos desta Corte. 2 – Recurso especial não conhecido. (STJ, REsp n. 199.427/SP, 4ª T., rel. Min. Fernando Gonçalves, j. 09.03.2004, v.u., *DJU* 29.03.2004)

Alimentos. Pensionamento em favor da ex-cônjuge. Caso em que ambos os apelos não merecem provimento. É possível a fixação de alimentos em favor do ex-cônjuge mesmo que seja apenas para a manutenção do *status* social. No caso, a sentença fixou valor proporcional às necessidades da alimentada e às possibilidades do alimentante (TJRS, Ap. Cível n. 70.006.356.364, rel. Des. Rui Portanova, *DOERS* 26.11.2003). (*RBDFam* 21/70)

**Art. 1.705. Para obter alimentos, o filho havido fora do casamento pode acionar o genitor, sendo facultado ao juiz determinar, a pedido de qualquer das partes, que a ação se processe em segredo de justiça.**

O dispositivo só vem dar ênfase a um direito já constitucionalmente assegurado, decorrente do princípio da absoluta igualdade entre os filhos havidos ou não da relação do casamento, previsto no art. 227, § 6º, da CR.

A determinação legal era dispensável em razão do que já dispõem os arts. 1.694 e 1.696 comentados, que asseguram a possibilidade de o filho pleitear alimentos de seu genitor quando necessitar.

O dispositivo só era pertinente e até representava um avanço numa época recuada e definitivamente ultrapassada, em que o reconhecimento da filiação sofria freios e limitações por causa do estado civil do suposto pai (cf. VELOSO, Zeno. *Código Civil comentado* – direito de família. São Paulo, Atlas, 2003, v. XVII). Já a segunda parte do dispositivo está em consonância com o disposto no art. 189, II, do CPC/2015 (art. 155, II, do CPC/73).

**Art. 1.706. Os alimentos provisionais serão fixados pelo juiz, nos termos da lei processual.**

Os alimentos provisionais, também denominados *ad litem*, eram disciplinados pelos arts. 852 a 854 do CPC/73 e se encontravam previstos entre os procedimentos cautelares específicos. Deixaram de existir no CPC/2015 como procedimento nominado, decorrendo agora a medida cautelar do poder geral de cautela do juiz, previsto no art. 301 do CPC/2015. O procedimento a ser observado será aquele previsto nos arts. 300 a 302 e 305 a 310 do CPC/2015. Terão cabimento sempre que a parte deles necessitar na pendência do processo principal, exigindo a demonstração da probabilidade do direito e do *periculum in mora*. Servirão para o seu sustento e para suprir os gastos processuais enquanto perdurar a demanda, seja ela de anulação de casamento, de alimentos, de separação judicial, de divórcio direto, de investigação de paternidade, entre outras.

Os alimentos provisionais, que serão preparatórios ou incidentais, poderão ser concedidos liminarmente pelo juiz e não se confundem com os alimentos provisórios previstos na Lei n. 5.478/68, que são devidos quando houver prova pré-constituída do fundamento do pedido de alimentos (da obrigação), não abrangendo as despesas a que a parte tiver de suportar com a demanda. Os alimentos provisionais podem ser revogados ou modificados a qualquer tempo.

Ressalte-se que a prestação de alimentos provisionais ou provisórios também poderá vir a ser determinada quando constatada a violência doméstica ou familiar contra a mulher, sendo esta a medida de urgência a ser adotada pelo juiz contra o agressor, nos termos do disposto no art. 22, V, da Lei n. 11.340, de 07.08.2006 (que dispõe sobre os mecanismos para coibir a violência doméstica e familiar contra a mulher), cumprindo lembrar que tal medida, embora de competência cível, deverá ser conhecida e julgada pelos juízes das varas criminais, enquanto ainda não estruturados os juizados especiais estabelecidos pela lei, conforme determina o disposto no seu art. 33.

**Jurisprudência:** Agravo de instrumento. Ação de divórcio. Insurgência contra r. decisão que indeferiu o pedido de alimentos provisionais (art. 1.706 do CC). Não acolhimento. Hipótese analisada de acordo com o art. 300, do CPC, à míngua de regramento processual específico. Ex-cônjuge. Verba excepcional. Precedente do E. STJ. Agravante que tem profissão definida, nunca esteve afastada do mercado de trabalho, não é incapacitada para o labor e aufere rendimento mensal no valor de R$ 6.000,00. Não comprovação de premente necessidade a justificar a concessão dos alimentos. Decisão preservada. Agravo desprovido. (TJSP, AI n. 2056472-21.2022.8.26.0000/SP, 3ª Câm. de Dir. Priv., rel. Donegá Morandini, j. 06.05.2022, publ. 06.05.2022)

Agravo. Ação declaratória de reconhecimento e dissolução de união estável c/c pedido de guarda c/c pedido de alimentos e alimentos gravídicos. Alimentos provisionais. Adequação à necessidade dos alimentandos e à capacidade financeira do alimentante. CC, art. 1.706 e CPC, art. 852 [sem correspondente no CPC/2015]. Provimento. Os alimentos, mesmo os provisionais, devem ser fixados em consonância com a necessidade dos alimentandos e a possibilidade financeira do alimentante, alicerçadas estas no princípio da proporcionalidade. No caso em tela, havendo prova dos rendimentos mensais do agravante, é certo que o valor da verba alimentar estabelecido pela decisão agravada compromete mais de metade do seu salário, mostrando-se excessiva e demandando redução. (TJMS, AI n. 4012375-04.2013.8.12.0000, 1ª Câm. Cível, rel. Des. Divoncir Schreiner Maran, *DJe* 31.01.2014)

Veja no art. 1.602 o seguinte acórdão: TJSP, Ap. n. 0003235-45.2011.8.26.0533, 4ª Câm. de Dir. Priv., rel. Milton Carvalho, j. 07.03.2013.

Ofende o princípio da irrepetibilidade, a retroação, à data da citação, dos efeitos da sentença que fixou os alimentos definitivos em valor inferior ao dos provisórios, anteriormente estabelecidos. Precedentes. (STJ, REsp n. 905.986/RJ, 4ª T., rel. Min. Aldir Passarinho Júnior, j. 23.11.2010, *DJe* 06.12.2010)

Agravo de instrumento. Alimentos provisionais. Justiça gratuita. Para a fixação de alimentos provisionais o juízo deve avaliar os requisitos estabelecidos pela lei processual, conforme o art. 1.706 do CC, considerando-se a proporcionalidade entre a necessidade do requerente e a possibilidade de pagamento pelo requerido. (TJMG, AI n. 1.0024.09.578357-7/001(1), rel. Maria Elza, j. 11.02.2010)

Agravo de instrumento. Decisão monocrática. Dissolução de união estável. Afastamento do lar. Não é possível obrigar um dos companheiros a manter a convivência conjugal fática quando esta já é, evidentemente, insuportável. Alimentos provisórios. Comprovada a situação de desemprego da companheira, bem como a possibilidade do companheiro, devem ser fixados alimentos provisionais, ao menos provisoriamente. Agravo parcialmente provido. (TJRS, AI n. 70.025.567.058, 8ª Câm. Cível, rel. Alzir Felippe Schmitz, j. 29.07.2008, *DJ* 04.08.2008)

---

**Art. 1.707. Pode o credor não exercer, porém lhe é vedado renunciar o direito a alimentos, sendo o respectivo crédito insuscetível de cessão, compensação ou penhora.**

---

O Código estabeleceu que o direito a alimentos é *irrenunciável*, o que significa que o interessado poderá deixar de exercê-lo, mas não abrir mão do direito a alimentos futuros, por se tratar de modalidade de direito à vida, tutelado pelo Estado. Os alimentos devidos e não prestados podem ser *renunciados*, bastando que o credor não exerça a pretensão de cobrá-los. A não postulação em juízo é interpretada como falta de exercício, não significando renúncia. A lei não faz distinção quanto à incidência do *princípio da irrenunciabilidade* dos alimentos, deixando entender que ele tem aplicação às obrigações alimentares tanto entre parentes como entre cônjuges e companheiros, não diferenciando também as espécies de ações delas decorrentes.

A jurisprudência dos tribunais, inclusive do STJ (*vide* a seguir), vinha firmando o entendimento de que a renúncia dos cônjuges a alimentos, no acordo de separação, sem o direito de exigi-los posteriormente, é admissível, embora contrariasse a posição do STF, cristalizada na Súmula n. 379 ("no acordo de desquite não se admite renúncia aos alimentos, que poderão ser pleiteados ulteriormente, verificados os pressupostos legais").

A jurisprudência também afastou a aplicação do princípio das relações entre companheiros. A lei, como se vê, não atendeu aos reclamos da jurisprudência, não se justificando a impossibilidade de renúncia ao direito a alimentos, de caráter patrimonial, quando estiverem em igualdade real os cônjuges e os companheiros. Há uma proposta de alteração legislativa para que do dispositivo conste expressamente que o *princípio da irrenunciabilidade* do direito a alimentos se restrinja à obrigação decorrente da relação de parentesco.

Segundo o Enunciado n. 263 da III Jornada de Direito Civil do CJF, "o art. 1.707 do CC não impede que seja reconhecida válida e eficaz a renúncia manifestada por ocasião do divórcio (direto ou indireto) ou da dissolução da 'união estável'. A irrenunciabilidade do direito a alimentos somente é admitida enquanto subsista vínculo de Direito de Família".

Por outro lado, o STJ, por intermédio da ***Súmula n. 336***, cristalizou o entendimento segundo o qual "a mulher que renunciou aos alimentos na separação judicial tem direito à pensão previdenciária por morte do ex-marido, comprovada a necessidade econômica superveniente". O direito à pensão por morte é assegurado ao cônjuge ou companheiro do falecido por força do disposto no art. 76, §§ 1º e 2º, da Lei n. 8.213/91, desde que comprovada a dependência econômica. Decidiu o STJ que a este direito terá inclusive aquela mulher separada que, embora tenha renunciado à pensão, comprove a alteração posterior de sua situação financeira, a ponto dela necessitar. O posicionamento voltou a considerar que a dispensa ao direito à pensão é ato modificável, desde que demonstrada a ulterior necessidade econômica e fez expressa referência às Súmulas ns. 379 do STF (antes referida) e 64 do extinto TFR, cujo teor era o seguinte: "a mulher que dispensou, no acordo de desquite, a prestação de alimentos, conserva, não obstante, o direito à pensão decorrente do óbito do marido, desde que comprovada a necessidade do benefício". Muito embora os acórdãos que deram origem à súmula não tenham feito nenhuma referência ao direito da mulher divorciada, não meramente separada judicialmente, é possível concluir que ao restabelecer o entendimento sumulado do STF, trouxe à tona novamente a questão relativa à sua aplicação extensiva ao divórcio, de controvertida discussão. Compartilha-se o entendimento de que a regra não tem incidência ao divórcio, por não haver mais vínculo conjugal que a justifique e mútua assistência entre divorciados.

Com o advento da EC n. 66/2010 que extinguiu a separação judicial (veja-se comentários aos arts. 1.571 e 1.572), a dispensa aos alimentos passou a ser verdadeira renúncia, devendo os alimentos ser solicitados no momento do divórcio, já que a dispensa agora é irretratável, salvo expressa ressalva em contrário das partes. "Ou seja, se o cônjuge, que apenas dispensou provisoriamente alimentos, na ação de separação judicial, por não necessitar naquele momento, poderia depois pleiteá-los. Essa matéria perdeu o seu objeto, em face da revogação do art. 1.704 pela EC n. 66/2010. Esclareça-se, contudo, que se os alimentos foram dispensados em ação de divórcio, o ex-cônjuge não pode mais reclamá-los. É que, com o julgamento da ação de divórcio, todos os efeitos do casamento se desfazem para os divorciados" (QUEIROGA, Antônio Elias de. *Curso de direito civil – direito de família*, 2. ed. São Paulo, Renovar).

O mesmo artigo ainda veda a *cessão, compensação e a penhora* do direito a alimentos. Como afirmado em comentários ao art. 1.694, o direito a alimentos é personalíssimo por ser inseparável da pessoa do credor. Por esta razão, é *incessível* (art. 286), pois o crédito dele decorrente – prestações vincendas – não pode ser cedido a outrem. Entretanto, com relação às prestações vencidas ou pretéritas, quer porque constituem dívida comum, quer porque já integradas ao patrimônio do alimentando, uma vez que já sobreviveu sem elas, podem ser objeto de *cessão*.

O direito a alimentos é também *incompensável*, consoante dispõe o art. 373, II, do CC. Admitir-se a compensação significaria privar o alimentando dos meios de sobrevivência e tornando-se o devedor da pensão credor do alimentando, não poderá opor-lhe o crédito, quando lhe for exigida a obrigação. A compensação, todavia, poderá ser admitida quando se trate de pagamentos a maior, descontados de pagamentos futuros, considerando as diferenças a maior como adiantamento.

Por fim, o direito a alimentos é *impenhorável* (art. 813, parágrafo único), porquanto se destina a prover a manutenção do necessitado, não podendo, de forma alguma, responder pelas dívidas deste. A impenhorabilidade deste direito, em razão de sua natureza, também está prevista na lei processual (art. 833, IV, do CPC/2015; art. 649, IV, do CPC/73).

**Jurisprudência:** Apelação cível. Direito de família. Alimentos. Cumprimento de título judicial. Despesas relacionadas à educação. Compensação. Possibilidade. Precedentes STJ estabelecendo que, em circunstâncias excepcionais, a norma usual de não permitir compensação pode ser flexibilizada a fim de evitar o enriquecimento sem causa do credor de alimentos. Apelação cível desprovida. (TJRS, Ap. n. 50233252420238210010/Caxias do Sul, 1ª Câm. Esp. Cível, rel. Luis Gustavo Pedroso Lacerda, j. 24.06.2024, *DJ* 28.06.2024)

Agravo de instrumento. Ação de dissolução de união estável c/c alimentos. Fixação de alimentos provisórios em favor do filho maior e capaz. Ilegitimidade da genitora para postular alimentos em nome do filho maior e capaz. 1. Sendo o filho maior e capaz, não tem a genitora legitimidade para postular a fixação de alimentos provisórios em favor dele, cabendo ao próprio filho maior deduzir tal pretensão em ação de alimentos. 2. Segundo expressa dicção do art. 1.707 do CC, o crédito alimentar é insuscetível de cessão, compensação ou penhora, não havendo sub-rogação de crédito alimentar pela mãe em relação ao filho. Recurso provido. (TJRS, AI n. 5312496-87.2023.8.21.7000/Dom Pedrito, 7ª Câm. Cível, rel. Sérgio Fernando de Vasconcellos Chaves, j. 27.03.2024, *DJ* 28.03.2024)

Agravo de instrumento. Cumprimento de sentença. Alimentos. Compensação de créditos. Indeferimento. Manutenção. Compensação de alimentos vedada pelo art. 1.707 do CC, admitida apenas em situações excepcionais. Compensação, ademais, que se efetua entre dívidas líquidas, vencidas e de coisas fungíveis, na forma do art. 369 do CC. Ausência de prova do efetivo pagamento de valores em nome ou em benefício da credora. Recurso desprovido. (TJSP, AI n. 20973289020238260000/Jacareí, 10ª Câm. de Dir. Priv., rel. J. B. Paula Lima, j. 11.05.2023, *DJ* 11.05.2023)

Agravo de instrumento. Cumprimento de sentença em ação de alimentos. Alegação de excesso de execução, diante do pagamento de algumas despesas *in natura*. Inocorrência. Hipótese em que as despesas pagas com plano de saúde no período mencionado estavam expressamente previstas no título. Impossibilidade de compensação dos pagamentos efetuados com material escolar. Inteligência do art. 1.707 do CC. Decisão mantida. Recurso não provido. (TJSP, AI n. 2039265-09.2022.8.26.0000/SP, 10ª Câm. de Dir. Priv., rel. Márcio Boscaro, j. 29.05.2022, publ. 29.05.2022)

Agravo de instrumento. Cumprimento sentença. Alimentos. Pretensão do executado de compensar valores pagos a maior, em razão de ação revisional, dos valores sendo executados. Natureza irrepetível da verba alimentar. Impossibilidade de descontar os valores pagos da quantia executada. Art. 1.707 do CC. Precedentes desta Corte. Decisão mantida. Recurso não provido. (TJSP, AI n. 2105677-19.2022.8.26.0000/SP, 5ª Câm. de Dir. Priv., rel. Fernanda Gomes Camacho, j. 25.05.2022, publ. 25.05.2022)

Apelação cível. Ação de divórcio cumulada com guarda, visitas e alimentos. Sentença de parcial procedência, restando controvertida a questão dos alimentos. Fixação em 1/3 do salário mínimo e, em caso de emprego formal, em 30% dos rendimentos líquidos. Sentença mantida. Autor que insiste na compensação dos alimentos com o plano de saúde. Alimentos que não podem ser compensados. Inteligência do art. 1.707 do CC. Verba alimentar, ademais, que não é exorbitante, sendo o apelante empresário, não se sabendo, exatamente, qual a sua capacidade financeira. Compensação, ademais, que poderia prejudicar o menor, nascido em 2018, reduzindo o valor em pecúnia além de, eventualmente, sobrecarregar a genitora, atendendo necessidades diárias do filho que com ela reside, ainda que a guarda seja compartilhada. Recurso improvido. (TJSP, Ap. Cível n. 1003017-27.2021.8.26.0637/SP, 2ª Câm. de Dir. Priv., rel. José Joaquim dos Santos, j. 02.05.2022, publ. 02.05.2022)

Apelação. Cumprimento de sentença de alimentos. Sentença que acolheu a impugnação e extinguiu o cumprimento de sentença, reconhecendo a quitação do débito. Inconformismo da exequente. Acolhimento. Impossibilidade de compensação de alimentos *in natura*, consistentes no pagamento de mensalidades escolares pelo genitor, com o débito alimentar devido *in pecunia*, presumido como necessário para manutenção da filha menor. Inteligência do art. 1.707 do CC. Matrícula da filha, exequente, em escola particular sem a anuência da genitora e guardiã principal que acarreta liberalidade do genitor. Inteligência do art. 1.707 do CC. Ausência de circunstância excepcional de enriquecimento sem causa da alimentada, a autorizar a mitigação do princípio da incompensabilidade dos alimentos. Precedentes. Sentença anulada, com devolução dos autos à origem para retomada da execução. Recurso provido (v. 38788). (TJSP, Ap. Cível n. 1005103-17.2021.8.26.0266/SP, 3ª Câm. de Dir. Priv., rel. Viviani Nicolau, j. 29.04.2022, publ. 29.04.2022)

Ação de repetição de indébito. Pensão alimentícia. Insurgência contra a r. sentença de procedência. Acolhimento. Verba destinada à aquisição de bens de consumo para a satisfação imediata e urgente das necessidades da alimentanda, que, *in casu*, é menor de idade. Aplicação do princípio da irrepetibilidade dos alimentos (art. 1.707 do CC). Atenuação que somente é possível em caso de má-fé do credor, situação não evidenciada nos autos. Cobrança incisiva da representante da menor, em data anterior ao pagamento dúplice, com envio de mensagens alegando que executaria a verba em caso de inadimplemento, que não se traduz em coação. Propositura de cumprimento de sentença, ademais, que é mero exercício regular de direito, a afastar a ilicitude alegada (art. 188, I, do CC). Sentença reformada. Apelo provido. (TJSP, Ap. Cível n. 1002931-95.2021.8.26.0624, 3ª Câm. de Dir. Priv., rel. Donegá Morandini, j. 27.04.2022, publ. 27.04.2022)

Agravo de instrumento. Ação de alimentos. Cumprimento provisório de sentença. Insurgência contra decisão que deferiu a compensação de valores pagos a título de mensalidade escolar com o débito de pensão alimentícia existente. Inadmissibilidade. Revogação da compensação. Impertinência. Compensação vedada pelo art. 1.707 do CC, admitida apenas de forma excepcional, para abatimento de despesas pagas diretamente pelo alimentante e comprovadamente revertidas em benefício exclusivo do alimentando, a fim de obstar o enriquecimento sem causa. Excepcionalidade do caso que admite a compensação. Prova do pagamento das mensalidades escolares da alimentanda. Risco de enriquecimento indevido da genitora. Escola essencial a criança. Decisão mantida. Adoção do art. 252 do RITJ. Recurso desprovido. (TJSP, AI n. 2008800-17.2022.8.26.0000/SP, 10ª Câm. de Dir. Priv., rel. Jair de Souza, j. 06.04.2022, publ. 06.04.2022)

Apelação. Ação de execução de alimentos. Homologação de acordo, com ressalva de que a menor poderá cobrar diferença quando alcançar a maioridade. Insurgência do executado. Transação que não importou renúncia a alimentos presentes ou futuros. Crédito alimentar pretérito que admite acordo, já que irrenunciável é o direito aos alimentos. Inteligência do art. 1.707 do CC. Jurisprudência do STJ. Sentença reformada. Recurso a que se dá provimento. (TJSP, Ap. Cível n. 0004445-63.2018.8.26.0347/SP, 7ª Câm. de Dir. Priv., rel. José Rubens Queiroz Gomes, j. 02.02.2022, publ. 02.02.2022)

Cumprimento de sentença. Execução. Compensação. Descabimento. Obrigação *intuito familiae*. Redefinição do encargo alimentar. 1. Se uma das filhas alimentadas passou para a guarda paterna, que passou a prover o sustento dela *in natura*, e prosseguiu a execução em relação ao crédito alimentar da outra filha, descabe cogitar da compensação dos encargos entre os genitores, pois a obrigação alimentar não se sujeita à compensação *ex vi* do art. 1707 do CCB. 2. É devida a cobrança do crédito alimentar relativamente ao período anterior ao acordo de alteração da guarda, que ocorreu no curso do processo e nada foi ressalvado, não se cogitando obviamente de compensação de valores. Recurso desprovido. (TJRS, AI n. 70.084.929.298, 7ª Câm. Cível, rel. Des. Sérgio Fernando de Vasconcellos Chaves, j. 29.09.2021)

Processo civil. Previdenciário. Regime próprio de previdência. Servidor da união. Ex-cônjuge percebedor de alimentos à época do óbito. Meação de pensão com a viúva. Falta de prequestionamento. Súmulas ns. 211/STJ e 282/STF. Divergência jurisprudencial. Insuficiência na fundamentação. Súmula n. 284/STF. I – Na origem, trata-se de ação objetivando a reimplantação da cota de 50% da pensão vitalícia em decorrência do falecimento do ex-cônjuge da requerente. Na primeira instância, o processo foi extinto sem o julgamento do mérito, com fundamento no art. 485, V, do CPC/2015. No TRF-5ª R., a sentença foi mantida. II – No que diz respeito à afronta à Sumula n. 336 do STJ, cumpre esclarecer que o recurso especial não constitui via adequada para averiguação de eventual ofensa a enunciado sumular, por não estar este compreendido na expressão "lei federal", constante da al. a do inc. III do art. 105 da CF. III – Sobre a alegada violação do art. 1.707 do CC, verifica-se que, no acórdão recorrido, não foi analisado o conteúdo do dispositivo legal, nem foram opostos embargos de declaração para tal fim, pelo que carece o recurso do indispensável requisito do prequestionamento. Incidência dos Enunciados ns. 282 e 356 da Súmula do STF. Nesse sentido: AI no REsp n. 1.035.738/RS, rel. Min. Sérgio Kukina, 1ª T., j. 14.02.2017, *DJe* 23.02.2017, e Ag. Reg. no REsp n. 1.581.104/RS, rel. Min. Mauro Campbell Marques, 2ª T., j. 07.04.2016, *DJe* 15.04.2016. IV – No tocante à parcela recursal referente ao art. 105, III, *c*, da CF, verifica-se que a parte recorrente não efetivou o necessário cotejo analítico da divergência entre os acórdãos em confronto, o que impede o conhecimento do recurso com base nessa alínea do permissivo constitucional. V – Conforme a previsão do art. 255 do RISTJ, é de rigor a caracterização das circunstâncias que identifiquem os casos confrontados, cabendo a quem recorre demonstrar tais circunstâncias, com indicação da similitude fática e jurídica entre os julgados, apontando o dispositivo legal interpretado nos arestos em cotejo, com a transcrição dos trechos necessários para tal demonstração. Em face de tal deficiência recursal, aplica-se o constante da Súmula n. 284 do STF. Nesse sentido: REsp n. 1.656.510/SP, rel. Min. Herman Benjamin, 2ª T., j. 17.04.2017, *DJe* 08.05.2017 e AI no AREsp n. 940.174/RS, rel. Min. Francisco Falcão, 2ª T., j. 18.04.2017, *DJe* 27.04.2017. VI – Agravo interno improvido. (STJ, Ag. Int. no AI no REsp n. 1.706.861, 2ª T., rel. Min. Francisco Falcão, j. 16.05.2019, *DJe* 23.05.2019)

Apelação. Alimentos. Impugnação ao cumprimento de sentença. Compensação. Inviabilidade. Devedor de alimentos que ao invés de pagar pensão em pecúnia, quitou parcelas de mensalidades escolares, contrariando as disposições do título executivo. Descabimento. Inteligência do art. 1.707 do CC. Pagamentos efetuados em desconformidade com o título executivo devem ser considerados como mera liberalidade, diante do caráter personalíssimo dos alimentos. Cabe à guardiã a administração das despesas da alimentanda. Sentença anulada, prosseguindo-se a fase executiva. Recurso provido. (TJSP, Ap. n. 4004808-83.2013.8.26.0079/Botucatu, 2ª Câm. de Dir. Priv., rel. Rosangela Telles, j. 06.09.2018)

Civil. Processual civil. Ação de reconhecimento e dissolução de união estável cumulada com partilha de patrimônio. Juntada de documento em grau recursal. Possibilidade, desde que observado o contraditório, como na hipótese. Requalificação jurídica dos fatos. Possibilidade. Indiscutibilidade sobre a existência e modo de ocorrência dos fatos, inclusive sob a perspectiva das partes. Configuração da união estável. Presença cumulativa dos requisitos de convivência pública, continuidade, durabilidade e intenção de estabelecer família a partir de determinado lapso temporal. Data gravada nas alianças. Insuficiência. Ausência de publicidade da convivência e de prova da simbologia das alianças. Data de nascimento do filho. Insuficiência. Prova suficiente de coabitação em momento anterior, inclusive ao tempo da descoberta da gravidez, com exame endereçado à residência do casal. Divergência jurisprudencial não configurada. Dessemelhança fática. (STJ, REsp n. 1.678.437/RJ, 3ª T., rel. Min., Nancy Andrighi, j. 21.08.2019, *DJe* 24.08.2018)

Processual civil e administrativo. Recurso especial. Ausência de prequestionamento. Súmula n. 282/STF. Servidor público. Relacionamento homoafetivo. Pensão por morte. Possibilidade. União estável. Cumprimento dos requisitos. Súmula n. 7/STJ. 1 – "É inadmissível o recurso extraordinário, quando não ventilada, na decisão recorrida, a questão federal suscitada" (Súmula n. 282/STF). 2 – O STF, no julgamento da ADI n. 4.277/DF e da ADPF n. 132/RJ, realizando "interpretação conforme a Constituição" do art. 1.723 do CC, excluiu desse dispositivo qualquer significado que impeça o reconhecimento da união contínua, pública e duradoura entre pessoas do mesmo sexo como família. Consolidou, ademais, que a CF/88 não interdita a formação de família dessa natureza. 3 – À luz dessa orientação, no exame do RE n. 477.544-Ag. Reg/MG, fixou também o direito do companheiro, na união estável homoafetiva, à percepção do benefício da pensão por morte se observados os requisitos da legislação civil. Tal posição, inclusive, já era adotada por esta Corte Superior. 4 – Para afirmar-se a ausência dos requisitos legais para a configuração da união estável, seria necessária nova análise das provas e dos fatos constantes dos autos, providência vedada em recurso especial. Incidência da Súmula n. 7/STJ. 5 – Recurso especial parcialmente conhecido e, nessa extensão, não provido. (STJ, REsp n. 1.300.539/RS, 2ª T., rel. Min. Og Fernandes, j. 14.08.2018, *DJe* 20.08.2018)

Obrigação de fazer. Acordo extrajudicial em que o apelante renunciou às prestações vencidas e vincendas de alimentos fixados por sentença judicial até a sua maioridade, o que afronta o disposto no art. 1.707 do CC. Em contraprestação da renúncia, o apelado obrigou-se a transmitir ao apelante um terreno de 240 m². O apelado tem somente a posse de uma gleba de terras, sem título de domínio ou matrícula no registro imobiliário. Não há base legal que permita destacar-se o lote prometido ao apelante. Ineficaz a renúncia aos alimentos, estaria quebrado o sinalagma do acordo extrajudicial. Logo, conclui-se o negócio jurídico como nulo. Cabe ao apelante excutir o seu crédito alimentar pela via adequada. Sentença mantida. Recurso improvido. (TJSP, Ap. n. 0002132-53.2014.8.26.0450/Piracaia, 1ª Câm. de Dir. Priv., rel. Paulo Eduardo Razuk, j. 17.03.2015)

Processo civil. Direito de família. Agravo de instrumento. Execução de alimentos. Pagamento de tratamento odontológico. Compensação com o débito alimentar. Possibilidade. 1 – Segundo estabelece o art. 1.707 do CC, o valor devido a título de alimentos não pode ser compensado. Não obstante, atualmente tal entendimento vem sendo abrandado e, em casos excepcionais, admite-se a compensação de valores para evitar o enriquecimento sem causa do alimentando, principalmente se os gastos foram realizados em seu benefício e com caráter nitidamente alimentar. 2 – Na hipótese dos autos, comprovou o agravado ter efetuado despesas odontológicas com sua filha, o que é suficiente para se admitir a compensação dos valores devidos na execução de alimentos. 3 – Recurso conhecido, mas não provido. Unânime. (TJDFT, Proc. Cível n. 20140020047045 (797057), rel. Des. Fátima Rafael, *DJe* 17.07.2014, p. 107)

Agravo de instrumento. Ação de divórcio judicial consensual. Dispensa de alimentos por parte do genitor, detentor da guarda legal do menor. Possibilidade de dispensa momentânea. Inteligência do art. 1.707 do CC. Inexistência de prejuízo. Possibilidade de pleitear alimentos à mãe a qualquer tempo, eis que esse direito é irrenunciável. Assistência judiciária gratuita deferida em primeira instância. Benefício que se estende a todas as fases e instâncias, conforme o art. 9º da Lei n. 1.060/50. Recurso provido. (TJPR, AI n. 1212419-5, 11ª Câm. Cível, rel. Des. Rui Bacellar Filho, *DJe* 07.07.2014, p. 316)

Apelação cível. Execução de alimentos. Cobrança de parcelas já pagas. Excesso. Devolução de valores. Impossibilidade. Irrepetibilidade dos alimentos. Má-fé. Ausência de indícios. Art. 940 do CC. inaplicabilidade. Recurso desprovido. Os alimentos são irrepetíveis e incompensáveis, nos termos do art. 1.707 do CC, não sendo cabível a devolução ou compensação de valores pagos a esse título. O pedido de cobrança de parcelas alimentares parcialmente quitadas pelo alimentante, sem prova robusta da má-fé do alimentando, não autoriza a incidência da pena prevista no art. 940 do CC. (TJMG, Ap. Cível n. 1.0261.13.011257-4/001, 6ª Câm. Cível, rel. Edilson Fernandes, *DJe* 06.06.2014)

Apelação cível. Direito civil. Família. Execução de alimentos. Acordo firmado entre as partes. Menor absolutamente incapaz. Renúncia. Alimentos pretéritos. Possibilidade. 1 – A obrigação alimentar é irrenunciável, nos termos dos arts. 841 e 1.707 do CC. Todavia, tal vedação não abrange os alimentos pretéritos, os quais até já perderam o caráter alimentar. 2 – A renúncia ao direito de cobrar alimentos pretéritos não importa em prejuízo ao menor alimentando, que tem sua subsistência garantida pela prestação dos alimentos atuais. 3 – Recurso conhecido e improvido. (TJDFT, Ap. Cível n. 20110210027803 (794608), rel. Des. Getúlio de Moraes Oliveira, *DJe* 05.06.2014, p. 120)

Apelação cível. Direito processual civil. Execução de alimentos. Morte do alimentando. Extinção sem resolução do mérito. Razões dissociadas da sentença. Ilegitimidade recursal. Direito personalíssimo e intransmissível. Recurso não conhecido. 1 – A apelação, como recurso que desafia a sentença, deve estampar razões que infirmem os fundamentos desta, conforme preconiza o art. 514, II, do CPC [art. 1.010, II e III, do CPC/2015], sob pena de não ser conhecida por irregularidade formal. 2 – O direito à percepção de alimentos é personalíssimo e intransmissível, não podendo quem prestou assistência ao alimentado se sub-rogar no direito aos alimentos (art. 1.707 do CC), razão pela qual, com a morte do alimentando, a execução não pode prosseguir em nome da representante do menor, visto que não cabe sucessão. 3 – Falecendo o autor da execução de alimentos, o feito deve ser extinto sem resolução de mérito, ante a natureza personalíssima e intransmissível do direito. 4 – Recurso não conhecido. (TJDFT, Ap. Cível n. 20121110038459 (765748), rel. Des. Simone Lucindo, *DJe* 12.03.2014, p. 74)

Apelações cíveis. Divórcio. Partilha. Alegação do requerido de que o imóvel a ser partilhado pertence a seu pai. Ausência de provas nesse sentido. Registro de imóvel e financiamento deste apontam a titularidade do requerido e da sua ex-companheira. Partilha mantida. Alimentos em favor da menor. Possibilidade. Verba que não é suscetível à compensação em razão da guarda de cada um dos filhos estarem com pais distintos. Fixação em 50% sobre o salário mínimo. Prequestionamento sanado. Recursos conhecidos, sendo desprovido o do réu e provido o da autora. Não se pode falar em compensação de alimentos, já que tratam os alimentos de direito indisponível e personalíssimo, conforme inteligência do art. 1.707, do CC. (TJSC, Ap. Cível n. 2013.034493-3, 3ª Câm. de Dir. Civil, rel. Saul Steil, j. 09.07.2013)

Direito de família. Investigação de paternidade. Acordo firmado em audiência. Alimentos pactuados com efeitos *ex nunc*. Transação que não contempla parcelas vencidas. Inaplicabilidade em relação aos alimentos provisionais, que por sinal são irrenunciáveis, a teor do art. 1.707 do CC. Sentença cassada. 1 – Se o acordo firmado em audiência de conciliação não contempla parcelas vencidas, e estabelece obrigações com efeitos *ex nunc*, não há que se falar em perda de interesse processual superveniente, subsistindo para o credor, o direito de cobrar os alimentos provisionais fixados *in initio litis*. 2 – Além disso, não se pode olvidar que os alimentos são irrenunciáveis, conforme o art. 1.707 do CC. 3 – Recurso parcialmente provido. (TJMG, Ap. Cível n. 1.0175.10.000629-5/001, rel. Des. Raimundo Messias Júnior, j. 14.05.2013, *DJ* 27.05.2013)

Agravo de instrumento. Direito previdenciário. Execução de sentença. Precatório. Cessão de crédito. Habilitação do cessionário. Possibilidade. Não constitui óbice à cessão o disposto no art. 286, do CC que não se aplica à espécie. Tampouco se pode cogitar da incidência na espécie do art. 1.707 do CC que trata de alimentos no âmbito do direito de família, diverso do crédito ora em discussão, que se refere à condenação judicial. O CPC em seu art. 587, II [art. 1.012, §§ 1º, III, e 2º, do CPC/2015], prevê que pode promover a execução ou nela prosseguir o cessionário, quando o direito resultando do título executivo lhe foi transferido por ato entre vivos. O art. 40, § 13, da CF expressamente autoriza o credor a ceder seus créditos em precatório a terceiros, total ou parcialmente, independentemente da concordância do devedor. A escritura pública não padece de qualquer vício que a torne nula, não tendo sido arguido qualquer vício formal ou substancial de consentimento. Agravo de instrumento provido. (TJRS, AI n. 70.053.187.332, 25ª Câm. Cível, rel. Angela Maria Silveira, j. 14.05.2013, *DJ* 23.05.2013)

Agravo de instrumento. Ato judicial impugnado. Deferimento da tutela antecipada. Revogação da tutela antecipada. Possibilidade. Atendimento dos pressupostos legais. Pensão por morte. Renúncia em favor de irmã. Posterior retratação da renúncia expressa. Apresentação de prova que afasta a consistência das afirmações em que se escorou o ato judicial impugnado. Renúncia expressa da pensão proporcional em favor da agravante. Ausência de prova do alegado desequilíbrio emocional. Não comprovação das condições previstas no art. 171 do CC. Renúncia de pensão alimentar. Possibilidade. Inaplicabilidade do art. 1.707 do CC ao caso concreto. Matéria previdenciária sujeita a regras autônomas. Revogação da tutela de urgência. Reforma da decisão. Recurso provido. (TJSP, AI n. 0193461-20.2012.8.26.0000, 9ª Câm. de Dir. Públ., rel. José Maria Câmara Junior, j. 20.03.2013, *DJ* 21.03.2013)

Veja no art. 1.702 o seguinte acórdão: TJSP, 0003235-45.2011.8.26.0533, 4ª Câm. de Dir. Priv., rel. Milton Carvalho, j. 07.03.2013.

Execução de acordo homologado judicialmente. Juízo *a quo* que determinou a penhora do aluguel recebido pelo executado. Insurgência. Cabimento. Valores obtidos com o recebimento do aluguel utilizados para pagar a prestação alimentícia dos filhos do agravante. Renda que se configura impenhorável, vez que destinada ao sustento da família do devedor. No mais, valores penhorados que são créditos alimentícios dos filhos menores do agravante, sendo vedada sua penhora, nos termos do art. 1.707 do CC. Recurso provido. (TJSP, AI n. 0197237-28.2012.8.26.0000, 36ª Câm. de Dir. Priv., rel. Renato Rangel Desinano, j. 18.10.2012, *DJ* 19.10.2012)

Alimentos. Pedido de homologação de transação. Apelante que pretende a suspensão do pagamento de pensão alimentícia devida aos menores como compensação da cessão de direitos sobre imóvel do casal. Impossibilidade de se atribuir validade à transação. Termos do acordo que são prejudiciais aos alimentados. Inteligência do art. 1.707 do CC. Recurso não provido. (TJSP, Ap. Cível n. 0009273-48.2011.8.26.0606, rel. Milton Carvalho, j. 12.04.2012)

Alimentos. Exoneração. Alegação de que a alimentanda se mudou para lugar incerto e não sabido. Acordo homologado que previa pagamento de parcela dos alimentos a título de alugueres e IPTU. Mudança de endereço que não importa em renúncia. Pedido desacolhido. Princípio da irrenunciabilidade dos alimentos. Apelantes que sequer questionam mudança no binômio possibilidade/necessidade. Sentença de improcedência mantida. Recurso desprovido. (TJSP, Ap. Cível n. 0012562-03.2010.8.26.0451, rel. Milton Carvalho, j. 15.03.2012)

Alimentos. Pretensão de ex-cônjuge. Renúncia no momento da separação. Transcurso de sete anos desde a homologação da separação. Impossibilidade da pretensão. Inexistência de qualquer relação jurídica entre as partes que justifique alimentos à ex-esposa renunciante. Recurso improvido. (TJSP, Ap. Cível n. 994.09.034243-2, 7ª Câm. de Dir. Priv., rel. Milton Carvalho, j. 29.09.2010)

Apelação. Embargos à execução. Cheques. Cerceamento de defesa. Não há que se falar em cerceamento de defesa ante o julgamento antecipado da lide. Apelante que não especificou, tampouco justificou as provas que pretendia produzir, formulando simples requerimento genérico. Ao juiz, na qualidade de destinatário da prova, compete decidir quais provas são relevantes à formação de sua convicção. Sentença mantida. Compensação de dívidas. Os alimentos são insuscetíveis de compensação, por expressa disposição legal. Art. 1.707 do CC. Ademais, não se pode transacionar com direitos que não se tem. Os credores, *in casu*, são os filhos da apelante. Impossível qualquer compensação. Sentença mantida. Recurso não provido. (TJSP, Ap. n. 990101659018, 37ª Câm. de Dir. Priv., rel. Des. Tasso Duarte de Melo, j. 02.09.2010)

Agravo de instrumento. Separação judicial. Aluguel pelo uso exclusivo de imóvel comum ainda não partilhado. Descabimento. Alimentos. Compensação. Impossibilidade. Descabe a fixação de aluguéis pelo uso exclusivo do imóvel comum, quando ainda não ultimada a partilha. Estando a filha do casal que está sob a guarda paterna, e havendo alegação de que nem todo o patrimônio elencado na inicial é comum às partes, já que alguns bens foram adquiridos exclusivamente pelo varão antes do casamento, ou foram objeto de sub-rogação, descabe o arbitramento de aluguéis a serem pagos pelo requerido. Impossibilidade de compensação dos alimentos devidos pela mãe à filha, seja com aluguéis pelo uso exclusivo do bem comum, seja com qualquer outra parcela. Art. 1.707 do CC. Agravo de instrumento provido (segredo de justiça). (TJRS, AI n. 70.037.217.510, 7ª Câm. Cível, rel. Des. André Luiz Planella Villarinho, j. 25.08.2010)

Apelação cível. Execução de alimentos. Cerceamento de defesa. Ausência de fundamentação. Inocorrência. Preliminares rejeitadas. Verba alimentar prevista no acordo de separação judicial. Substituição pela fruição de aluguéis do imóvel destinado ao cônjuge virago. Disposição expressa quanto aos alimentos. Renúncia. Vedação legal. Art. 1.707 do CC. O julgamento do pedido sem apreciação do requerimento de prova testemunhal não constitui cerceamento de defesa quando as demais provas são suficientes para a formação do convencimento do juiz. Deve ser rejeitada a preliminar de nulidade por ausência de fundamentação, se a decisão lançada na sentença reflete o debate da integralidade da matéria controvertida. Não merece guarida a alegação de ajuste verbal entre a genitora da alimentada e o alimentante, no que concerne à dispensa de pagamento da verba objeto do acordo homologado em juízo em substituição à fruição de aluguéis do imóvel destinado exclusivamente ao cônjuge virago na partilha resultante da separação judicial, se aludido termo faz expressa referência ao pensionamento destinado à filha do casal, crédito insusceptível de renúncia, a teor do disposto no art. 1.707 do CC. (TJMG, Ap. Cível n. 1.0433.09.300616-4/001(1), rel. Des. Afrânio Vilela, j. 04.05.2010)

Ação de alimentos. Ex-cônjuges. Autora que expressamente renunciou aos alimentos quando da separação judicial. Mitigação do disposto no art. 1.707 do CC. Pedido que pode ser acolhido se demonstrada necessidade grave e urgente. Inexistência de prova apta a comprovar tal necessidade. Recurso improvido. A questão encerrada nos autos é controvertida e requer algumas considerações. Afinal, tendo por nó górdio o disposto no art. 1.707 do CC, ainda não é pacificado o entendimento relativo à possibilidade de renúncia a alimentos em se tratando de ex-cônjuges. Há quem estenda a estas hipóteses o caráter irrenunciável dos alimentos, mas também há forte corrente segundo a qual a renúncia homologada quando de separação ou divórcio produz normalmente seus efeitos, fazendo-se impossível um posterior pedido de alimentos. Considerados os posicionamentos diametralmente oponíveis, posso dizer-me filiado a uma corrente moderada, já que entendo cabível o pedido, desde que haja grave e urgente necessidade, inequivocamente comprovada nos autos, o que não ocorreu aqui. (TJMG, AI n. 1.0518.09.164784-3/001(1), rel. Wander Marotta, j. 18.08.2009)

Alimentos. Renúncia no divórcio. Pretensão posterior de pleiteá-los que encontra amparo no art. 1.707 do

CC. Sentença de extinção afastada. Prosseguimento da instrução determinado. Recurso provido. (TJSP, Ap. Cível c/ Rev. n. 6.462.284.600/Presidente Prudente, 8ª Câm. de Dir. Priv., rel. Caetano Lagrasta, j. 17.06.2009)

Liquidação do julgado. Pedido de substituição processual com oposição da devedora. Impossibilidade. Inteligência do art. 42, § 1º, do CPC [art. 109, § 1º, do CPC/2015], interpretado em consonância com o art. 567, II, do CPC [art. 778, § 1º, III, do CPC/2015] e art. 78 do ADCT. Os créditos de alimentos não comportam cessão, nem renúncia, segundo expressamente impõe o art. 1.707 do CC. Agravo de instrumento desprovido, prejudicado o exame do regimental. (TJSP, AI n. 8.826.735.100/São Paulo, 6ª Câm. de Dir. Públ., rel. Oliveira Santos, j. 09.03.2009)

Apelação cível. Execução de alimentos. Pagamentos a maior. Impossibilidade de compensação. Inteligência dos arts. 373, II, e 1.707 do CCB. Os alimentos são incompensáveis, sendo descabida a pretensão do executado em compensar os valores depositados a maior para a filha. Inviabilidade de restaurar execução extinta pela satisfação do crédito, a fim de "inverter" posições, passando o devedor a ser o credor exequente, até porque não teria, neste feito, título a executar. Perdendo objeto a execução, sua extinção se impunha. Eventual crédito do devedor, somente poderá ser cobrado em ação própria, uma vez que não são passíveis de repetição, ou compensação, em ação de execução de alimentos. Apelação desprovida. (TJRS, Ap. Cível n. 70.024.835.506, 7ª Câm. Cível, rel. André Luiz Planella Villarinho, j. 19.11.2008, *DJ* 27.11.2008)

Alimentos. A renúncia aos alimentos por ocasião da separação do casal não obsta a ex-cônjuge de postulá-los futuramente. Inteligência dos arts. 1.704 e 1.707 do CC. Prova suficiente de fato novo a justificar a fixação de alimentos. Enfermidade acometida (câncer). Gastos com o tratamento e medicamentos que se já eram do conhecimento da autora quando do acordo realizado na separação, continuam necessários. Autora que recebe proventos de aposentadoria em valor ínfimo e possui duas filhas maiores, estando uma delas desempregada e sem condições financeiras de auxiliá-la. Proventos do requerido também como aposentado em patamar superior e que permitem suportar o pensionamento pretendido. Recurso provido, com observação, fixando os alimentos devidos à autora em um salário mínimo, pelo prazo de 24 meses, a contar do trânsito em julgado deste acórdão. (TJSP, Ap. c/ Rev. n. 585.542.4/5-00/Guaratinguetá, 8ª Câm. de Dir. Priv., rel. Salles Rossi, j. 03.08.2008, *DJ* 18.09.2008)

Agravo de instrumento. Cessão de crédito de precatório. Honorários contratados. Crédito alimentar. Impossibilidade de cessão. Preclusão. Ineficácia os contratos de cessão de crédito alimentar perante o devedor do cedente, em razão da vedação da cessão de crédito alimentar prevista no art. 1.707 do CC/2002. Habilitação de crédito de honorários advocatícios em sede de precatório que deve ocorrer até a data da sua expedição. Preclusão da habilitação em momento extemporâneo. Precedentes jurisprudenciais. Decisão mantida. Agravo de instrumento desprovido. (TJRS, AI n. 70.024.415.531, 3ª Câm. Cível, rel. Paulo de Tarso Vieira Sanseverino, j. 03.07.2008, *DJ* 21.07.2008)

Execução de alimentos. Decisão que deferiu compensação de dívida de alimentos com outra proveniente de ação de prestação de contas relativa à locação e administração de imóveis. Inadmissibilidade da compensação da dívida de alimentos com dívida de natureza diversa. Literalidade do art. 373, II, c/c art. 1.707, 2ª parte, ambos do CPC [*sic*, CC]. Admitida exceção apenas quando da compensação entre dívidas alimentares. Agravo conhecido diretamente e provido. (TJSP, AI n. 577.591.4/4-00/São Paulo, 6ª Câm. de Dir. Priv., rel. Sebastião Carlos Garcia, j. 26.06.2008, *DJ* 04.07.2008)

Apelação cível. Divórcio. Ex-mulher. Dispensa de alimentos quando da separação consensual. Tendo em vista que a apelante dispensou os alimentos quando da separação fática, descabida a fixação de alimentos, transcorridos de lá para cá mais de 16 anos. Dissolvido o vínculo conjugal expira o dever de mútua assistência e a consequente obrigação alimentar. Precedentes. Recurso desprovido. (TJRS, Ap. Cível n. 70.024.673.915, 8ª Câm. Cível, rel. José Ataídes Siqueira Trindade, j. 23.06.2008, *DJ* 30.06.2008)

Agravo de instrumento. Execução. Penhora de créditos alimentares. Impossibilidade. Gratuidade. Coisa julgada. 1 – Embora o pedido de gratuidade da justiça não reste atingido pela coisa em julgado, o presente caso apresenta-se como exceção à regra, pois em momento anterior foi dito que fazem jus à benesse da AJG apenas os brasileiros e os estrangeiros residentes no país, devendo a norma excepcional ser interpretada de forma restritiva em relação àqueles que aqui não residem. Desta forma, resta tal questão "por se tratar justamente de uma condição extrínseca do beneficiário para o deferimento da gratuidade da Justiça" abrangida pela imutabilidade da decisão. 2 – Não se mostra possível a penhora de créditos ainda não incorporados ao patrimônio dos agravantes, pois as quantias depositadas servem apenas de garantia à satisfação do crédito objeto da execução de alimentos proposta pelos executados, ora recorrentes. Ademais, os créditos de natureza alimentar são impenhoráveis, a teor do que dispõe o art. 1.707 do CC e o art. 649, IV, CPC [art. 833, IV, do CPC/2015]. Agravo parcialmente provido (segredo de justiça). (TJRS, AI n. 70.022.819.098, 8ª Câm. Cível, rel. José Ataídes Siqueira Trindade, j. 20.03.2008, *DJ* 27.03.2008)

Alimentos. Cônjuge divorciado. Possibilidade de formular o pedido, não obstante desistência manifestada quando da homologação do divórcio. Ausência, contudo, de provas da efetiva necessidade da pensão. Apelante a desempenhar atividades que lhe propiciam ganhos, além de contar com o auxílio das filhas. Sentença de improcedência mantida, por outros fundamentos. Recurso não acolhido. (TJSP, Ap. Cível n. 502.252-4/4, rel. Des. Jacobina Rabello, j. 28.06.2007)

Alimentos. Ação promovida pela ex-convivente. Acordo homologado por ocasião do rompimento do convívio marital, com renúncia à pensão mediante o recebimento de patrimônio, na vigência da lei civil antiga. Validade da renúncia mesmo após o advento da nova lei. Improcedência. Apelo provido. (TJSP, Ap. Cível n. 460.584.4/4-00, rel. Des. Dimas Carneiro, j. 22.11.2006)

Agravo de instrumento. Alimentos provisórios para os filhos menores. Acordo firmado em audiência. Dispensa provisória. Irrenunciabilidade. Inteligência do art. 1.707 do CC/2002. Instrução do agravo com documentos necessários. A dispensa provisória de alimentos em favor do filho menor não implica renúncia, que é vedado por lei (art. 1.707 do CC/2002), podendo ser pleiteado a qualquer tempo. O agravo deve ser instruído com as peças obrigatórias previstas no inciso I do art. 525 do CPC [art. 1.017, I, do CPC/2015], além daquelas necessárias à compreensão da controvérsia posta ao exame do relator. Negado seguimento. (TJRS, AI n. 70.016.604.639, 8ª Câm. Cível, rel. Des. Claudir Fidelis Faccenda, j. 26.09.2006)

Agravo de instrumento. Alimentos provisórios. 1 – Os pais não podem dispor sobre o direito a alimentos do filho menor, que é irrenunciável conforme dicção do art. 1.707 do CC/2002. 2 – No caso, porém, o acordo estipulou uma dispensa temporária dos alimentos por parte da genitora, o que é possível, mas não inviabiliza que, a qualquer momento, a pretensão alimentar venha a ser exercida. 3 – Alimentos fixados no valor certo de R$ 200,00, dada a inconveniência da indexação ao salário mínimo, consoante este colegiado já deixou assentado no julgamento da Ap. Cível n. 70.015.627.979, j. 02.08.2006. Proveram parcialmente, por maioria. (TJRS, AI n. 70.016.057.606, 7ª Câm. Cível, rel. Des. Luiz Felipe Brasil Santos, j. 06.09.2006)

Família. Alimentos. Embargos à execução. Nulidade da sentença rejeitada. Cerceamento de defesa no julgamento antecipado da lide. Inocorrência, decisão que atende o disposto no art. 740, parágrafo único, do CPC [art. 918, parágrafo único, do CPC/2015]. Prova documental satisfatória. Pretensão de compensação de créditos, impossibilidade. Crédito de natureza alimentar insuscetível de cessão, compensação ou penhora (art. 1.707 do CC/2002). Eventuais créditos do alimentante devem ser resolvidos em ação própria. Pedido de indenização por dano moral, postulação que não pode ser objetivada mediante embargos de devedor. Inteligência do art. 741 do CPC [art. 535 do CPC/2015]. Apelação desprovida. (TJRS, Ap. Cível n. 70.014.964.332, 8ª Câm. Cível, rel. Des. Luiz Ari Azambuja Ramos, j. 06.07.2006)

Direito civil e processual civil. Família. Recurso especial. Separação judicial. Acordo homologado. Cláusula de renúncia a alimentos. Posterior ajuizamento de ação de alimentos por ex-cônjuge. Carência de ação. Ilegitimidade ativa. A cláusula de renúncia a alimentos, constante em acordo de separação devidamente homologado, é válida e eficaz, não permitindo ao ex-cônjuge que renunciou, a pretensão de ser pensionado ou voltar a pleitear o encargo. Deve ser reconhecida a carência da ação, por ilegitimidade ativa do ex-cônjuge para postular em juízo o que anteriormente renunciara expressamente. Recurso especial conhecido e provido. (STJ, REsp n. 701.902/SP, rel. Min. Nancy Andrighi, j. 15.09.2005, *DOU* 03.10.2005)

---

**Art. 1.708. Com o casamento, a união estável ou o concubinato do credor, cessa o dever de prestar alimentos.**

**Parágrafo único. Com relação ao credor cessa, também, o direito a alimentos, se tiver procedimento indigno em relação ao devedor.**

---

Legislação correlata: art. 29, Lei n. 6.515, de 26.12.1977 (Lei do Divórcio).

O artigo especifica algumas causas de cessação da obrigação alimentar. O casamento, a união estável, o concubinato e o procedimento indigno do credor geram a extinção da obrigação de prestar alimentos, que poderá ocorrer também nas hipóteses do art. 1.699 antes comentado.

A nova união amorosa do credor, seja qual for a sua natureza, importa na desoneração da obrigação alimentar. Presume-se a capacidade econômica de quem constitui nova união. A união estável e o concubinato estarão configurados quando presentes os pressupostos dos arts. 1.723 e 1.727 deste Código.

Como afirma o Enunciado n. 265 da III Jornada de Direito Civil do CJF, "na hipótese de concubinato, haverá necessidade de demonstração da assistência material prestada pelo concubino a quem o credor de alimentos se uniu". Comprovados o casamento e a união estável por documento, esta última por escritura pública, a extinção da obrigação de prestar alimentos ocorrerá de pleno direito, não sendo necessário que o devedor formule pedido judicialmente.

A perda do direito a alimentos é definitiva, não se restaurando ainda que o novo casamento do cônjuge credor venha a ser dissolvido posteriormente, ou, se anulado, ele for declarado de boa-fé, pois a ressalva do casamento putativo (*v.* art. 1.561, § 1º) aplica-se apenas ao segundo matrimônio (cf. CAHALI, Yussef Said. *Dos alimentos*. São Paulo, RT, 1999). O procedimento indigno do credor a justificar a cessação da obrigação alimentar, previsto no *parágrafo único do artigo*, não se limita às relações entre os cônjuges e companheiros, sendo extensivo às relações de parentesco. Qualquer pessoa em qualquer relação familiar – a indignidade não é exclusividade das famílias desconstituídas – pode ser identificada como credor ofensor, porque o cultivo da ofensa não é prerrogativa exclusiva das relações entre cônjuges e ex-cônjuges (HIRONAKA, Giselda Maria Fernandes Novaes. "A indignidade como causa de escusabilidade do dever de alimentar". *Revista do Advogado*, n. 98). O procedimento indigno tem de ser verificado, no caso concreto, pelo juiz.

Para incidir na pena civil, o credor de alimentos deverá ter descumprido deveres morais, éticos e jurídicos, apenas aqueles que digam respeito à pessoa do devedor ou sejam contra ela ("em relação ao devedor"), para que o último não fique fiscalizando a vida do primeiro.

As causas que determinam a exclusão da herança, previstas no art. 1.814, e aquelas que autorizam a deserdação, enumeradas nos arts. 1.962 e 1.963, aplicadas por analogia, também poderão configurar procedimento indigno para os fins dispostos neste artigo (cf. VELOSO, Zeno. *Código Civil comentado* – direito de família. São Paulo, Atlas, 2003, v. XVII). Nesse sentido, verifique-se o Enunciado n. 264 da III Jornada de Direito Civil do CJF: "Na interpretação do que seja procedimento indigno do credor, apto a fazer cessar o direito a alimentos, aplica-se, por analogia, as hipóteses dos incisos I e II do art. 1.814 do CC". Já o Enunciado n. 345 da IV Jornada assentou o entendimento de que o "procedimento indigno" do credor em relação ao devedor pode ensejar a exoneração ou apenas a redução do valor da pensão alimentícia para quantia indispensável à sobrevivência do credor.

**Jurisprudência:** Agravo interno. Alimentos à ex-esposa. União estável após o divórcio. Alteração do substrato fático. Necessidade de alimentos. Dependência econômica não mais verificada. Sentença mantida. Para o deferimento de tutela fixando alimentos em favor da ex-esposa, como decorrência do dever de mútua assistência entre os cônjuges, previsto no art. 1.566, III, do CC, ainda não dissolvido o casamento pelo divórcio, além da exigência de ruptura recente do casamento, a prova da dependência econômica deve ser inequívoca, circunstância que se insere na análise do binômio necessidade x possibilidade, para tanto exigindo-se a demonstração dos recursos do alimentante e das necessidades da alimentanda, observado o binômio alimentar de que trata o § 1º do art. 1.694 do CC. Caso em que o casamento foi dissolvido pelo divórcio há mais de 10 anos e é incontroverso nos autos que a ex-esposa encontra-se em união estável desde 2013, razão pela qual aplicável à hipótese a regra do art. 1.708 do CC. Precedentes do TJRS. Agravo interno desprovido. (TJRS, Ap. n. 50490752620218210001/Porto Alegre, 7ª Câm. Cível, rel. Carlos Eduardo Zietlow Duro, j. 26.06.2024, *DJ* 26.06.2024)

Agravo de instrumento. Ação de exoneração de alimentos. Dois filhos maiores. Cessação liminar. Impossibilidade em relação a um deles. Alteração da condição financeira não demonstrada. Outra filha que, além de atingir a maioridade, casou-se. Excepcionalidade do caso concreto que autoriza a suspensão da exigibilidade. Recurso parcialmente provido. 1. Diante da ausência de provas de que o filho, maior de idade, possui condições de prover a própria subsistência, persiste, ao menos em cognição sumária, a obrigação alimentar decorrente do vínculo de parentesco. Inteligência da Súmula n. 358 do Col. STJ. 2. É certo que apenas a maioridade civil do filho não extingue automaticamente o dever dos pais ao seu sustento. Porém, diante da comprovação do casamento da filha maior, aplica-se a regra do art. 1.708 do CC. (TJSP, AI n. 2064092-84.2022.8.26.0000/SP, 6ª Câm. de Dir. Priv., rel. Maria do Carmo Honorio, j. 09.07.2022, publ. 09.07.2022)

Apelação. Exoneração de alimentos. Insurgência contra a r. sentença de procedência. Acolhimento parcial. Filha maior de idade, emancipada desde os 16 anos e que vive em união estável desde 2019. Preliminar. Interesse de agir presente desde a data da emancipação (2019), quando cessou o poder familiar, dando azo à aplicação da Súmula n. 358, do STJ. Mérito. Dever de prestar alimentos que não mais subsiste, nos termos do art. 1.708 do CC. Efeitos da sentença exoneratória que retroagem à data da citação e não à data da distribuição, como constou na r. sentença. Observância do disposto no art. 13, § 2°, da Lei n. 5.478/68. Aplicação da Súmula n. 641 do STJ e da Súmula n. 6 deste Eg. Tribunal de Justiça. Precedente desta Relatoria. Sentença reformada. Apelo parcialmente provido. (TJSP, Ap. Cível n. 1001474-89.2020.8.26.0615/SP, 3ª Câm. de Dir. Priv., rel. Donegá Morandini, j. 24.05.2022, publ. 24.05.2022)

Exoneração de alimentos. Sentença de procedência. Recurso desprovido. Exoneração de alimentos. Insurgência contra sentença de procedência, a qual exonerou o autor de prestar alimentos ao filho maior. Recorrente não logrou comprovar a necessidade da manutenção dos alimentos. Ausentes provas de que estude ou de que sofra de problemas de saúde impossibilitadores do trabalho, que justifiquem os alimentos. Ao contrário, mantém vínculo empregatício, auferindo rendimentos superiores ao apelado, admitindo ainda viver em união estável, que por si só é causa da cessação da obrigação alimentar. Art. 1.708 do CC. Sentença mantida. Recurso desprovido. (TJSP, Ap. Cível n. 1001044-88.2021.8.26.0038/SP, 10ª Câm. de Dir. Priv., rel. J. B. Paula Lima, j. 29.04.2022, publ. 29.04.2022)

Alimentos. Ex-cônjuge. Inadmissibilidade. Infidelidade comprovada. Conduta indigna. Inteligência do parágrafo único do art. 1.708 do CC. Decisão reformada em parte. Agravo provido. (TJSP, AI n. 2024715-09.2022.8.26.0000/SP, 2ª Câm. de Dir. Priv., rel. Giffoni Ferreira, j. 19.04.2022, publ. 20.04.2022)

Civil. Processo civil. Alimentos. Necessidade do alimentado. Filha. Maior de idade. Cursando nível superior. Exoneração. Possibilidade. União estável do alimentado configurada. Art. 1.708 do CC. Sentença mantida. Recurso não provido. 1 – Da situação delineada nos autos afere-se que as necessidades dos apelantes, não sobejam incólumes, pois houve alteração nos pressupostos da concessão de prestação alimentar, quais sejam, a possibilidade de quem presta e a necessidade de quem recebe. 2 – O fato de a Apelante possuir companheiro, caracterizando assim uma unidade familiar, faz cessar o dever de prestar alimentos, nos termos do que dispõe o art. 1.708 do CC [...]. 3 – Recurso conhecido e desprovido. Sentença mantida. Unânime. (TJDF, Proc. n. 00030415320178070019, 7ª T. Cível, rel. Romeu Gonzaga Neiva, j. 09.05.2019, *DJe* 13.05.2019)

Apelação cível, exoneração de alimentos, ex-cônjuge, não demonstração de qualquer das hipóteses previstas no art. 1.708 do CC. Recurso desprovido. 1 – O art. 1.708 do CC dispõe que: com o casamento, a união estável ou o concubinato do credor, cessa o dever de prestar alimentos. 2 – A regra prevista no art. 1.708 do CC/02 alterou a sistemática até então vigente, ampliando o alcance da disposição contida no art. 29 da Lei do Divórcio, já que esta apenas previa a cessação da obrigação alimentar diante do "novo casamento do cônjuge credor da pensão". 3 – No caso dos autos, penso ser indubitável que a apelada teve um relacionamento amoroso, porém entendo ser incapaz de exonerar o autor da obrigação alimentar, por não configurar nem mesmo um concubinato, vez que este pressupõe relações não eventuais, incompatíveis com o lapso temporal citado pela prova testemunhal. 4 – O relacionamento da ex-cônjuge afigura-se como um simples namoro ou qualquer outra modalidade de relacionamento fugaz. 5 – Recurso conhecido e desprovido. (TJES, Ap. n. 0021792-52.2012.8.08.0014, rel. Des. Manoel Alves Rabelo, *DJe* 03.07.2014)

Alimentos. Pedido de ascendente em face de descendente abandono afetivo. Procedimento indigno. Binômio necessidade-possibilidade. Ausência da obrigação de prestar alimentos. Direito processual civil e de família. Alimentos. Pedido de ascendente em face do descendente. Binômio necessidade-possibilidade. 1 – A obrigação dos filhos perante os pais idosos está alicerçada nos princípios constitucionais do Direito de Família e nos demais diplomas legais, sendo que a obrigação de prestar alimentos tem como fundamento o vínculo de solidariedade humana que une os membros de um mesmo grupo familiar, os quais têm o dever recíproco de uns para com os outros de prestar assistência aos que necessitam, norteando-se, ainda, pelo binômio necessidade-capacidade (art. 1.694, § 1°, do CC). 2 – As partes não mantiveram ao longo de suas vidas estreitos laços de convivência e afeto, sendo evidente a mágoa e sentimento de rejeição cultivado pelo réu em relação a sua genitora, os quais remontam aos fatos passados, quando esta dele se afastou ainda na sua tenra infância, deixando o lar conjugal para viver em união estável com outra pessoa. 3 – O conjunto probatório carreado para os autos revela que a autora pouco ou nada sabe sobre a vida pregressa do réu, seu filho, nada referindo a respeito de fatos relacionados a sua infância ou mesmo evolução escolar, apenas destacando seu recente êxito profissional como alicerce para acolhimento de sua pretensão. 4 – Resta evidente que a autora jamais se dispôs a cuidar do réu, tendo abdicado da convivência com o filho ainda pequeno para constituir outra família, desprovendo o infante do salutar amparo afetivo materno, conduta esta que, a nosso ver, caracteriza procedimento indigno, a atrair a incidência do disposto no art. 1.708, parágrafo único, do CC, o qual desonera o devedor do encargo alimentar que, em princípio, teria em relação a sua genitora. 5 – Ademais, o fato de a aposentadoria da autora corresponder a um salário mínimo não constitui circunstância que por si só a qualifica como desvalida, na medida em que não há prova de que aquela não mais vive em união estável e que, portanto, não mais conta a assistência de sua companheira. 6 – Os medicamentos prescritos à autora nos receituários trazidos aos autos são relacionados às mazelas que geralmente acometem os anciãos, como labirintite e pressão alta, nada referindo a graves enfermidades que exijam tratamento de alto custo. 7 – As notas fiscais adunadas pela parte autora como prova de seus gastos ordinários, as quais, pela data de expedição (21.12.2010), decerto se referem à compra de produtos e iguarias destinadas à celebração de festa natalina, tais como cervejas, bacalhau do porto e castanha portuguesa, demonstram que aquela vive com qualidade e conforto que não se compatibiliza com a situação de desamparo que pretende sustentar como fundamento para o pedido de pensionamento pelo filho com o qual, repise-se, não conviveu ou construiu um mínimo de laço afetivo. 8 – Provimento do recurso. (TJRJ, Ap. n. 0000793-18.2011.8.19.0205, 5ª Câm. Cível, rel. Heleno Ribeiro Pereira Nunes, *DJe* 15.01.2014, p. 36)

Direito civil e processual civil. Apelação cível. Exoneração de alimentos. Ex-companheira. Procedimento indigno. Art. 1.708, parágrafo único, do CC. Comprovação. Insuficiência. Modificação da situação fática das partes. Art. 1.699 do CC. Ausência de demonstração. Continuidade da obrigação. 1 – A exoneração da prestação alimentícia, com fundamento no art. 1.708, parágrafo único, do CC, exige a demonstração inequívoca do procedimento indigno do credor em relação ao devedor. 1.1 – À míngua de caracterização do ato de indignidade da alimentanda, não há como acolher o pleito de exoneração de alimentos sob este pretexto. 2 – Consoante o preceptivo inscrito no art. 1.699 do CC, a exclusão da prestação alimentícia exige efetiva comprovação de alteração da situação fática adrede estabelecida, de modo a forjar a caracterização de desequilíbrio entre o binômio necessidade-possibilidade. 2.1 – A ausência de demonstração da *capitis diminutio* do alimentante e/ou da majoração da capacidade financeira da credora, converge na continuidade da prestação alimentar. 2.2 – É dizer: "(...) 1 – Não havendo comprovação de alteração na condição econômico-financeira da ré/alimentanda, e nem da capacidade contributiva do autor/alimentante, permanece a situação fática existente à época da fixação dos alimentos, que devem, portanto, ser integralmente mantidos. 2 – Recurso conhecido e não provido" (TJDFT, 5ª T. Cível, Ap. Cível n. 2012.08.1.005927-5, rel. Des. Gislene Pinheiro, *DJe* 29.08.2013, p. 148). 3 – Recurso conhecido e improvido. (TJDFT, Proc. n. 20110310353312 (728498), rel. Des. João Egmont, *DJe* 30.10.2013, p. 121)

Direito de família. Direito processual civil. Agravo de instrumento. Ação exoneratória de alimentos. Antecipação de tutela. Existência de prova inequívoca da desnecessidade dos alimentos. Ex-cônjuge, que contraiu novas núpcias. Situação que não comporta o pagamento de alimentos pelo ex-marido. Recurso desprovido. Quando, numa ação exoneratória de alimentos, se pede antecipação de tutela, essa pode ser deferida à vista de prova inequívoca de desaparecimento das causas da manutenção da obrigação. O CC, no art. 1.708, estabelece que o dever de prestar alimentos cessa com o casamento, a união estável ou o concubinato do credor. Com a referida norma, o legislador pretendeu evitar uma situação de imoralidade, em que o ex-marido fosse obrigado a pagar alimentos à ex-mulher, que está casada com outro homem. (TJMG, AI n. 1.0183.13.002700-0/001, rel. Des. Moreira Diniz, j. 20.06.2013, *DJ* 27.06.2013)

Ação declaratória de exoneração de alimentos cumulada com extinção de direito real de habitação. Companheira sobrevivente. Pedido de antecipação de tutela. Cabimento. 1 – É cabível a concessão de tutela antecipada em ação de exoneração de alimentos quando inexistem questões fáticas controvertidas, havendo prova de que a ex-companheira do *de cujus*, que é alimentada contraiu casamento civil. 2 – Nos termos do art. 1.708 do CC, o casamento da beneficiária de alimentos é causa de exoneração da obrigação alimentar. 3 – A companheira sobrevivente faz jus ao direito real de habitação, que é assegurado pela Lei n. 9.278/96, quando comprovado que conviveu com o falecido no imóvel destinado por ambos como sede do núcleo familiar. 4 – Conforme dispõe o art. 7º, parágrafo único, da Lei n. 9.278/96, o direito real de habitação é deferido ao companheiro sobrevivente independentemente da sua condição pessoal, social ou econômica, mas o exercício desse direito perdura somente "enquanto durar a viuvez". Recurso provido. (TJRS, AI n. 70.052.545.605, 7ª Câm. Cível, rel. Sérgio Fernando de Vasconcellos Chaves, j. 12.03.2013, *DJ* 15.03.2013)

Apelação cível. Ação de execução de alimentos. Acordo homologado judicialmente. Título certo, líquido e exigível. Justificativa de novo matrimônio que não tem o condão de exonerar o executado do dever alimentar em sede de execução de prestação alimentícia. Condições do art. 1.708 do CC que devem ser arguidas em ação própria de exoneração. Recurso provido. Decisão cassada. A justificativa fundamentada na impossibilidade definitiva de cumprimento do dever alimentar, em razão do matrimônio religioso da Exequente, não é possível de ser arguida em sede de execução alimentícia, motivo pelo qual deve ser proposto o pedido em ação própria. (TJSC, Ap. Cível n. 2011.009814-0, 2ª Câm. de Dir. Civil, rel. João Batista Góes Ulysséa, j. 21.02.2013)

Alimentos. Ex-esposa. Pedido de exoneração. Binômio possibilidade e necessidade. Casamento da credora. Prova. 1 – A obrigação alimentar vincula-se à clausula *rebus sic stantibus*, podendo ser revisada sempre que ocorrer substancial alteração no binômio possibilidade e necessidade, sendo possíveis os pleitos de redução, majoração ou exoneração de alimentos. 2 – Havendo prova cabal de que a credora de alimentos contraiu matrimônio com outro homem, tal fato faz cessar o dever de prestar a pensão alimentícia de parte do ex-marido *ex vi* do art. 1.708 do CCB. Recurso desprovido. (TJRS, Ap. Cível n. 70.047.347.067, 7ª Câm. Cível, rel. Sérgio Fernando de Vasconcellos Chaves, j. 13.06.2012)

Exoneração de alimentos. Filha maior que mantém união estável. Sendo incontroverso que a alimentanda mantém união estável com o pai de seu filho, tal situação, tal como ocorre com o casamento, enseja a extinção do encargo alimentar do genitor. Inteligência do art. 1.708 do CCB. Recurso provido. (TJRS, Ap. Cível n. 70.047.591.730, 7ª Câm. Cível, rel. Sérgio Fernando de Vasconcellos Chaves, j. 13.06.2012)

Alimentos. Exoneração. Ex-esposa. União estável desta com outra pessoa, com quem teve filho. Cessação definitiva do dever de mútua assistência, ainda que não mais subsistente a união estável. Inteligência do art. 1.708 do CC. Recurso desprovido. (TJSP, Ap. Cível n. 0043807-06.2010.8.26.0007, rel. Milton Carvalho, j. 30.11.2011)

Ação de alimentos. Casamento posterior do suposto credor de alimentos. Obrigação. Cessação. Inteligência do art. 1.708 do CC. Ainda que possa haver obrigação de prestar alimentos ao companheiro, mesmo após o fim da convivência havida entre eles, este dever se finda com a superveniência de casamento, união estável ou concubinato do suposto credor, segundo a inteligência do art. 1.708 do CC. (TJMG, Ap. Cível n. 1.0239.11.000379-9/001, rel. Des. Geraldo Augusto, j. 29.11.2011)

Agravo de instrumento. Ação de exoneração de alimentos. Casamento da alimentada. Cessão do dever de alimentar. Aplicabilidade do disposto no art. 1.708 do CC. Antecipação da tutela. Presença dos requisitos atinentes à espécie. Provimento. Segundo dicção do art. 1.708, do CC, com o casamento do credor, cessa o dever de prestar alimentos. (TJMG, AI n. 1.0330.11.000980-1/001, rel. Des. Barros Levenhagen, j. 01.09.2011)

Exoneração de alimentos. Procedência parcial. Inconformismo por parte da ré. Casamento da alimentada posteriormente à fixação dos alimentos constitui fato extintivo da obrigação alimentar (art. 1.708 CC). Irrelevância da fixação por prazo certo e da culpa do alimentante pela dissolução da união estável. Sucumbência recíproca (art. 21, *caput*, do CPC) [art. 86, *caput*, do CPC/2015]. Decisão parcialmente reformada. Recurso parcialmente provido. (TJSP, Ap. Cível c/ Rev. n. 6.257.594.500/São Paulo, 9ª Câm. de Dir. Priv., rel. Piva Rodrigues, j. 31.03.2009)

Exoneração de pensão alimentícia. União estável entre a alimentanda e terceira pessoa. Procedência da exoneração. Presentes provas nos autos a demonstrar que a alimentanda mantém união estável com terceiro, de onde inclusive advieram duas filhas, procedente o pedido de exoneração da prestação alimentícia, nos termos do art. 1.708 do CC. (TJMG, Ap. Cível n. 1.0137.06.002591-3/001(1), rel. Maria Elza, j. 19.02.2009)

Apelação cível. Ação de exoneração de alimentos. Ex-esposa. Possibilidade no caso concreto. Os alimentos devidos entre cônjuges se fundamentam no dever de mútua assistência e não possuem caráter indenizatório. No caso, possível a exoneração dos alimentos recebidos do apelado há 24 anos, porque comprovada a alteração das possibilidades do alimentante, que constituiu nova família e pela sobrevinda de dois filhos menores. Além disso, a apelante também possui um companheiro e aufere renda própria. Assim, eventuais problemas de saúde da apelante não são suficientes para garantir a manutenção da obrigação alimentar, sobretudo quando ambas as partes já constituíram novas famílias, nos termos do art. 1.708 do CC/2002. Recurso desprovido. (TJRS, Ap. Cível n. 70.025.216.268, 7ª Câm. Cível, rel. Ricardo Raupp Ruschel, j. 03.12.2008, *DJ* 12.12.2008)

Alimentos. Pedido de exoneração. Ex-esposa. Constituição de novo relacionamento. Recebimento de benefício. Inexistência de necessidade. Cabimento. A obrigação alimentar vincula-se a cláusula *rebus sic stantibus*, podendo ser revisada sempre que ocorrer alteração no trinômio necessidade, possibilidade e proporcionalidade, sendo possível o pleito de redução, majoração ou exoneração de alimentos. Comprovada a união estável da alimentada, incide a norma do art. 1.708 do CC, sendo incabível qualquer discussão acerca de eventual necessidade não suprida pelo novo companheiro. Apelação desprovida. (TJRS, Ap. Cível n. 70.024.934.952, 7ª Câm. Cível, rel. André Luiz Planella Villarinho, j. 05.11.2008, *DJ* 14.11.2008)

Apelação cível. Ação de exoneração de alimentos. Ex-esposa. Relação de concubinato. Cabimento da exoneração. Os alimentos devidos entre cônjuges se fundamentam no dever de mútua assistência e não possuem caráter indenizatório. Por isso, eventuais problemas de saúde da requerida não são suficientes para garantir a manutenção da obrigação alimentar, sobretudo quando a beneficiária já constituiu nova família, pois, nos termos do art. 1.708 do CC/2002, possuindo a ex-esposa união concubinária há vinte anos, não mais se justifica a manutenção do pensionamento alcançado durante 28 anos. Recurso desprovido. (TJRS, Ap. Cível n. 70.024.530.743, 7ª Câm. Cível, rel. Ricardo Raupp Ruschel, j. 12.09.2008, *DJ* 19.09.2008)

Apelação. Alimentos. Exoneração. Partes divorciadas. Imputação de convivência da alimentante em união estável com terceiro. Demonstrados os fatos, inclusive com notoriedade da relação, aquisição de patrimônio comum e manutenção de conta-corrente conjunta, de rigor a exoneração dos alimentos na forma prevista pelo art. 1.708 do CC/2002. Decisão modificada. Recurso provido. (TJSP, Ap. c/ Rev. n. 544.207.4/7-00/Araraquara, 3ª Câm. de Dir. Priv., rel. Egidio Giacoia, j. 29.07.2008, *DJ* 07.08.2008)

Família. Apelação. Exoneração e revisional de alimentos. Ex-cônjuge. União estável. Exoneração. Art. 1.708 do CC/2002. Filho. Mudança na situação econômica do alimentante. Nova família. Dificuldades financeiras. Redução da pensão. O pedido revisional de alimentos só pode ser acolhido quando comprovada pelo autor a existência de alteração na situação econômica das partes, nos termos do art. 1.699 do CC/2002. Dispõe o art. 1.708 do CC/2002 que [...]. Cediço é que a constituição de nova família, por si só, não induz à conclusão de que foi alterada sua capacidade financeira. Entretanto, tal situação fática deve ser levada em consideração, mormente quando há indícios nos autos acerca das dificuldades financeiras enfrentadas pelo alimentante no que tange à criação dos filhos provenientes da segunda união. Recurso ao qual se nega provimento. (TJMG, Ap. Cível n. 1.0245.04.046204-7/001, rel. Dídimo Inocêncio de Paula, j. 03.07.2008, *DJ* 29.07.2008)

Tutela antecipada. Alimentos para filho maior. Interpretação do art. 1.708, parágrafo único, do CC/2002. Exoneração que o pai postula, devido a descobrir que o alimentado espalha, em comunidade de relacionamentos da internet (Orkut), mensagens com conteúdos suficientes para justificar a ruptura de relacionamento civilizado e que seriam, em tese, classificáveis como atos indignos ("meu pai não paga minha pensão; eu odeio meu pai e meu pai é um filho da [...]"). Decisão que determinou o depósito das prestações em conta judicial até encerramento do litígio. Razoabilidade. Não provimento. (TJSP, AI n. 566.619-4/8-00, rel. Des. Enio Santarelli Zuliani, j. 12.06.2008)

Apelação cível. Exoneração de alimentos. Ex-mulher. Ausente a necessidade dos alimentos. Comprovada a desnecessidade da ex-mulher em perceber os alimentos, tendo em vista que exerce atividade profissional, portanto, com plenas condições de prover o próprio sustento, além de ter constituído novo relacionamento após a separação, o que fez cessar, nos termos do art. 1.708 do CC/2002, o dever do alimentante, impositiva a manutenção da sentença que exonerou o recorrido da obrigação alimentar. Precedentes. Apelação desprovida. (TJRS, Ap. Cível n. 70.019.315.399, 8ª Câm. Cível, rel. Des. José Ataídes Siqueira Trindade, j. 25.06.2007)

Exoneração de alimentos. Término do dever de mútua assistência. Demonstrado, pela prova dos autos, que a ex-esposa constituiu novo relacionamento, semelhante à união estável, incide a norma prevista no art. 1.708 do CC/2002. Apelo provido. (TJRS, AI n. 70.018.465.559, 8ª Câm. Cível, rel. Des. Claudir Fidelis Faccenda, j. 26.04.2007)

Alimentos. Modificação de cláusula de separação consensual. Desistência do exercício do direito aos alimentos. Reversão. Necessidade atual. União estável da requerente. Fator influente na hipótese. Causa extintiva do encargo alimentar. Art. 1.708 do vigente CC. Recurso desprovido. (TJRJ, Ap. Cível n. 32.882/2004, rel. Des. Antonio Eduardo F. Duarte, j. 14.02.2005. In: CAHALI, Francisco José. *Família e sucessões no CC de 2002*. São Paulo, RT, 2005, v. II)

Exoneração de alimentos. Demanda aforada pelo alimentante frente a sua ex-esposa. Ré interdita por problemas mentais que não reúne condições de sobrevivência sem o encargo alimentar. Inaplicabilidade do disposto no art. 1.708 da lei civil frente às peculiaridades que ostenta a hipótese concreta (TJSP, Ap. Cível n. 351.242-4/4, 5ª Câm. de Dir. Priv., rel. Francisco Casconi, j. 12.01.2005). (*RBDFam* 33/125)

**Art. 1.709. O novo casamento do cônjuge devedor não extingue a obrigação constante da sentença de divórcio.**

Legislação correlata: art. 30, Lei n. 6.515, de 26.12.1977 (Lei do Divórcio).

O artigo dispõe que o *novo casamento do divorciado* não porá fim à obrigação alimentar a que estiver vinculado por força de sentença que a atribuiu. Por óbvio, não estivessem impedidos pela lei da desobrigação que lhes foi imposta, buscariam os divorciados, pelo menos em sua maioria, contrair novo casamento para livrar-se do encargo assumido. A previsão legal deve ser extensiva à nova união estável constituída pelo divorciado. Embora impedido de cessar a obrigação alimentar, sobrevindo alteração na situação financeira do divorciado, em razão de circunstâncias decorrentes da nova união, ele poderá, comprovando a modificação sustentada, pleitear a redução do montante da pensão estabelecida anteriormente, com fundamento no disposto no art. 1.699.

A obrigação alimentar referida pela lei não se restringe àquela fixada em sentença proferida em ação de divórcio, mas se estende a todas as outras ações impostas judicialmente (por exemplo, ação de alimentos, ação de separação judicial, ação de reconhecimento de união estável). Em suma, o que o dispositivo pretende fazer impor é que não se extinguirá a obrigação alimentar, originária de sentença de qualquer ação que seja, diante da superveniente constituição de família, decorrente de novo casamento, seja oriunda de nova união estável, pelo obrigado a saldá-la. O PL n. 699/2011 pretende a alteração da redação do dispositivo para que fique constando que "a constituição superveniente de família pelo alimentante não extingue sua obrigação alimentar anterior".

**Jurisprudência:** Agravo de instrumento. Ação revisional de alimentos. Pedido de minoração. Tutela antecipada. Requisitos. Ausência. Recurso não provido. I – São requisitos do art. 273 do CPC [arts. 296 a 300, *caput*, § 3°, 305, parágrafo único, 311, *caput*, I, e 356 do CPC/2015] a verossimilhança das alegações e o fundado receio de dano irreparável ou de difícil reparação. II – A concessão de alimentos deve guardar relação com a capacidade econômica do alimentante e, ao mesmo tempo, atender às necessidades do alimentando, respeitando-se a diretriz da proporcionalidade; III – A obtenção de numerários em instituições bancárias não justifica a redução da pensão quando não se vislumbra possível aferir que os valores foram revertidos para o pagamento dos alimentos, o que demandaria até mesmo dilação probatória para tanto. IV – Consoante orientação jurisprudencial deste Eg. Tribunal de Justiça, "a constituição de nova família não constitui motivo legal para a redução do encargo alimentar conforme preceitua o art. 30 da Lei n. 6.515/77 e o art. 1.709 do CC, mormente quando não comprovada a mudança da situação financeira do alimentante". (TJMG, AI n. 1.0024.12.198025-4/001, rel. Des. Washington Ferreira, j. 23.04.2013, *DJ* 26.04.2013)

Revisional de alimentos. Redução. Constituição de nova família com nascimento de outro filho. Alegada dificuldade financeira. Fatos supervenientes em tese caracterizadores de modificação na situação financeira do autor. Ausência, contudo, de provas da piora da situação financeira do apelante e da impossibilidade de arcar com os alimentos no valor antes estabelecido. Pedido desacolhido para manter a pensão na forma antes fixada. Recurso desprovido. (TJSP, Ap. n. 0052770-39.2010.8.26.0577, rel. Milton Carvalho, j. 02.08.2012, voto n. 3.398)

Divórcio. Alimentos. Filha menor e cônjuge. Obrigação alimentar entre cônjuges. Ônus do cônjuge pleiteante de demonstrar sua necessidade alimentar, porque jovem, com 43 anos de idade, e capaz de exercer atividade laborativa. Dever de sustento com relação à filha que, embora prescinda de prova da necessidade não dispensa a demonstração das possibilidades. Ausência de prova da capacidade financeira do alimentante. Observância do binômio necessidade/possibilidade. Verba alimentar fixada com adequação. Pretensão da genitora de abrir mão da guarda da filha se extinto condomínio sobre imóvel. Inovação da matéria. Recurso não conhecido neste ponto. Na parte conhecida desprovido. (TJSP, Ap. n. 0006092-14.2009.8.26.0152, rel. Milton Carvalho, j. 31.05.2012)

Veja no art. 1.702 os seguintes acórdãos: TJSP, Ap. Cível n. 0012096-12.2008.8.26.0020, rel. Milton Carvalho, j. 24.05.2012; e TJSP, Ap. Cível n. 0000675-09.2010.8.26.0326, rel. Milton Carvalho, j. 24.05.2012.

Alimentos. Pensão fixada em 30% dos rendimentos líquidos do alimentante, no valor mínimo de 30% do salário mínimo federal, mesmo em caso de desemprego. Pretendida redução para 18,5% do salário mínimo. Alimentado criança com despesas modestas. Réu que já pagava pensão a outro filho. Prova de que tem de sustentar sua esposa com quem já possuía outro filho e que dele depende seu sustento. Notícia de desemprego. Redução para 20% do salário líquido ou 25% do salário mínimo no período de desemprego. Recurso provido em parte. (TJSP, Ap. Cível n. 0012798-29.2010.8.26.006, rel. Milton Carvalho, j. 15.03.2012)

Apelação cível. Direito internacional e direito civil. Ação de alimentos. Credor domiciliado no exterior. Convenção sobre prestação de alimentos no estrangeiro. Decreto n. 56.826/65. Art. 26, Lei n. 5.478/65. Alimentos entre cônjuges. Dever de assistência (obrigação de fazer) e obrigação alimentar (obrigação de dar). Sentença de divórcio. Homologação de sentença estrangeira. Novo casamento do devedor. Possibilidade/necessidade. Improvimento. 1 – O tema em debate diz respeito ao suposto direito a alimentos em favor da autora, esposa do apelante, que sempre residiu e foi domiciliada em Portugal, considerando o binômio possibilidade-necessidade. 2 – À luz do disposto no art. 26 da Lei n. 5.478/68, é competente a Justiça Federal para conhecer e julgar a ação de alimentos em que o credor é domiciliado no exterior. Nos termos do artigo I da Convenção sobre Prestação de Alimentos no Estrangeiro, promulgada pelo Decreto n. 56.826, de 02.09.1965, "a presente Convenção tem como objeto facilitar a uma pessoa, doravante designada como demandante, que se encontra no território de uma das Partes Contratantes, a obtenção de alimentos aos quais pretende ter direito por parte de outra pessoa, doravante designada como demandado, que se encontra sob jurisdição de outra Parte Contratante". 3 – De acordo com a natureza jurídica dos alimentos provisórios, não é possível sua revogação, no curso da ação de alimentos, sendo devidos até o trânsito em julgado da sentença, inclusive do recurso extraordinário porventura interposto, na forma do § 3° do art. 13 da Lei n. 5.478/68, embora o seu *quantum* possa ser modificado, se verificadas as alterações supervenientes na situação econômica das partes – se reduzida a necessidade dos alimentandos ou a possibilidade do alimentante. Tal não ocorre com os alimentos provisionais, que podem ser revogados a qualquer tempo, já que se inserem nas ditas medidas cautelares. 4 – Para que produza efeitos em território brasileiro, a homologação de sentença estrangeira é imprescindível, sendo necessária em qualquer caso, quer se trate de sentença meramente declaratória ou quer demande execução. 5 – Uma vez cessada de fato ou de direito a convivência sob o mesmo teto e uma vez extinta a comunhão do casal, sob todos os seus aspectos, a obrigação de socorro entre os cônjuges resolve-se através da prestação de alimentos. O dever de assistência, portanto, é uma prestação mais abrangente, que poderia ser classificada como "obrigação de fazer"; já os alimentos, prestação mais específica, a ser entendida como "obrigação de dar". 6 – A tese de que não houve casamento entre as partes, à evidência, não tem como ser acolhida, tanto assim o é que o próprio apelante ingressou com a ação de divórcio perante o Poder Judiciário de Portugal, em nítida postura de reconhecimento da existência e validade do casamento realizado em Portugal. Tal casamento se deveu à circunstância de haver relacionamento afetivo entre as partes no período anterior ao casamento, o que, inclusive, gerou o nascimento de filha comum do casal. O dever de assistência material sob a perspectiva do dever de socorro, impõe o amparo financeiro e econômico entre os cônjuges de modo, inclusive, a permitir a manutenção do mesmo *status* social inerente à família constituída pelo casamento. 7 – Na época da propositura da ação de alimentos no Brasil as partes estavam regular e validamente casadas, fundando uma família baseada na conjugalidade. Assim, tendo a ação de divórcio somente sido proposta em momento bem posterior ao início da ação de alimentos, obviamente que ela não interfere no pressuposto da conjugalidade quando da proposição da primeira demanda. 8 – Atualmente reconhece-se a possibilidade de, mesmo após o divórcio, ser possível a continuidade da obrigação alimentar que se baseia, obviamente, em fundamento existente no momento que ainda existia vínculo matrimonial. Assim, no caso de pessoas idosas, por exemplo, o ex-cônjuge poderá continuar como credor dos alimentos diante da continuidade dos pressupostos da necessidade/possibilidade que enseja o reconhecimento do direito a alimentos. 9 – A circunstância de o apelante haver contraído novo casamento, da mesma forma, não altera sua obrigação alimentar. Nos termos do atual art. 1.709 do CC, o novo casamento do cônjuge devedor não extingue a obrigação alimentar, tal como já previa o art. 30 da Lei n. 6.515/77 (e o sistema do CC/1916). Além de não alterar o *an debeatur*, o novo casamento não tem o condão de modificar o *quantum debeatur*. 10 – Recurso conhecido e improvido, para o fim de manter a sentença. (TRF, 2ª R., Ap. Cível n. 2001.02.010.046.495, 6ª T. Especializada, rel. Des. Guilherme Calmon Nogueira da Gama, j. 12.08.2009)

Exoneração de alimentos. Improcedência. Adequação. Alimentos devidos a ex-mulher, pessoa idosa, com problemas de saúde. Necessidade. Demonstração. Alegação de existência de novo casamento. Hipótese em que não se extingue a obrigação. CC/2002, art. 1.709. Inteligência. Recurso improvido. Além da necessidade da apelada de continuar a receber a pensão, a situação do alimentante, cuja aposentadoria é bem superior à da alimentanda, não justifica a exoneração que ele pretende, enquanto o novo casamento do devedor não extingue a obrigação constante da sentença de divórcio. (TJSP, Ap. c/ Rev. n. 562.881.4/3-00/Campinas, 3ª Câm. de Dir. Priv., rel. Jesus Lofrano, j. 18.11.2008, *DJ* 01.12.2008)

Ação de alimentos. Argumento de novo casamento como causa modificativa de não poder atender a pensão estipulada. Descabimento a teor do art. 30 da Lei n. 6.515, de 26.12.1977, ratificado pelo art. 1.709 do atual CC. (TJMG, Ap. Cível n. 1.0024.02.853467-5/001, rel. Francisco Figueiredo, j. 23.11.2004, *DJ* 23.12.2004)

Pensão. Redução. Nova família. Constituição. I – O simples fato de constituir nova família não importa em redução de pensão à ex-esposa, especialmente se não houve modificação para pior na situação econômica do ex-marido. II – Recurso especial conhecido e provido. (STJ, REsp n. 475.167/RJ, 3ª T., rel. Min. Antônio de Pádua Ribeiro, j. 25.02.2003, v.u., *DJU* 24.03.2003)

---

**Art. 1.710. As prestações alimentícias, de qualquer natureza, serão atualizadas segundo índice oficial regularmente estabelecido.**

---

Legislação correlata: art. 22, Lei n. 6.515, de 26.12.1977 (Lei do Divórcio).

O dispositivo legal determina a atualização monetária do crédito alimentar, nas épocas combinadas ou estabelecidas na lei, em face de sua possível desvalorização. A atualização monetária da pensão alimentícia é medida imperativa, diante de realidade inflacionária em que vivemos. A fórmula genérica prevista na lei – atualização segundo o índice regularmente estabelecido – tem por finalidade evitar constantes alterações dos índices legais previamente fixados, diante das frequentes modificações ocorridas na política econômica do país. A atualização da pensão incidirá sobre pensão mensal, na época estabelecida pela lei ou no acordo firmado entre as partes (de modo geral, anualmente), e também sobre as prestações vencidas e não pagas, a partir do seu vencimento.

Entretanto, por ter a presente regra natureza dispositiva, não cogente ou impositiva, será lícito ao interessado fugir da desvalorização da moeda com a previsão de outros meios ou expedientes que não unicamente os índices oficiais regularmente estabelecidos (cf. VELOSO, Zeno. *Código Civil comentado – direito de família*. São Paulo, Atlas, 2003, v. XVII), definindo o valor da pensão, por exemplo, em salários mínimos, conforme tem sido admitido por nossos tribunais superiores (STF e STJ), por guardar este relação com os ganhos do devedor e possuir a mesma natureza e identidade de fins, em que pese contrariar o disposto no art. 7º, IV, da CR.

**Jurisprudência:** Agravo interno em agravo de instrumento. 1. Possibilidade de julgamento monocrático quando em conformidade com o entendimento da câmara. 2. Direito de família. Ação de divórcio litigioso. Cumprimento de sentença de alimentos. Revogação da assistência judiciária gratuita. Cabimento no caso concreto. 2.1. O benefício da assistência judiciária gratuita visa assegurar o acesso à justiça de pessoa natural ou jurídica que enfrenta situação de insuficiência de recursos para atender as despesas do processo. 2.2. Hipótese em que os ganhos/renda informados nos autos pela parte agravante são incompatíveis com a alegada situação de hipossuficiência. 2.3. Incidência de correção monetária nas parcelas alimentares que já se encontram quitadas. Inviabilidade. 2.4. Necessidade de observância do título judicial. 3. Decisão *a quo* confirmada. 4. Agravo de instrumento desprovido. 5. Decisão da relatora chancelada. Agravo interno desprovido. (TJRS, AI n. 5033844-40.2023.8.21.7000, 7ª Câm. Cível, rel. Sandra Brisolara Medeiros, j. 29.11.2023, *DJ* 29.11.2023)

Alimentos entre ex-cônjuges. Caráter excepcional. Precedentes do STJ citados. Apelante, embora tenha 69 anos, não logrou êxito em demonstrar real necessidade (art. 373, I, do CPC), seja por incapacitação para o trabalho ou por qualquer enfermidade, advinda nesses breves cinco anos de convivência, que tenha resultado em dependência financeira. O fato de o recorrido (53 anos) ajudar com o pagamento de aluguéis e despesas da casa não serve de fundamento a embasar a pretensa obrigação alimentar que no caso reveste-se de caráter assistencial (arts. 1.694 a 1.710 do CC) sem características indenizatórias. Honorários impostos na sentença majorados em 5% (art. 85, § 11, do CPC), observada a gratuidade. Não provimento. (TJSP, Ap. Cível n. 1000047-64.2022.8.26.0008/SP, 4ª Câm. de Dir. Priv., rel. Enio Zuliani, j. 14.06.2022, publ. 14.06.2022)

Agravo de instrumento. Alimentos provisórios. Pretensão da alimentanda à majoração do encargo. Não comprovação de plano do aumento das necessidades ordinárias da requerente. Inexistência do periculum in mora diante da fixação provisória, ainda que se entenda insuficiente. Por força do art. 1.710 do CC, "as prestações alimentícias, de qualquer natureza, serão atualizadas segundo índice oficial regularmente estabelecido", no caso, o INPC, que mede a variação de preços para o consumidor na economia brasileira. Recurso desprovido. (TJSP, AI n. 2234166-45.2020.8.26.0000, 4ª Câm. de Dir. Priv., rel. Des. Alcides Leopoldo, j. 07.10.2020, *DJe* 07.10.2020)

Civil. Família. Recurso especial. Alimentos provisórios. Correção monetária. Artigos analisados. Art. 1.710 do CC. 1 – Ação de alimentos, ajuizada em 30.08.2007. Recurso especial concluso ao gabinete em 04.08.2011. 2 – Discussão relativa à incidência de correção monetária sobre o valor arbitrado a título de alimentos provisórios. 3 – Variações positivas na remuneração total do alimentante, de regra, não terão impacto no valor dos alimentos, salvo se as necessidades do alimentado, constatadas inicialmente, não tiverem sido supridas integralmente, ou ainda, quando houver superveniente alteração no elemento necessidade. 4 – Enquanto a ação revisional, de fato, tem como finalidade precípua a revisão do valor fixado a título de pensão alimentícia, quando modificada a condição econômica do alimentando ou do alimentante, devendo, para tanto, ser feita uma análise "percuciente do binômio necessidade-possibilidade", como consta do acórdão recorrido, a atualização monetária visa somente recompor o valor da moeda ao longo do tempo. 5 – Por ser a correção monetária mera recomposição do valor real da pensão alimentícia, é de rigor que conste, expressamente, da decisão concessiva de alimentos – sejam provisórios ou definitivos –, o índice de atualização monetária, conforme determina o art. 1.710 do CC. 6 – Diante do lapso temporal transcorrido, deveria ter havido incidência da correção monetária sobre o valor dos alimentos provisórios, independentemente da iminência da prolação de sentença, na qual seria novamente analisado o binômio necessidade-possibilidade para determinação do valor definitivo da pensão. 7 – Na hipótese, para a correção monetária, faz-se mais adequada a utilização do INPC, em consonância com a jurisprudência do STJ, no sentido da utilização do referido índice para correção monetária dos débitos judiciais. 8 – Recurso especial provido. (STJ, REsp n. 1.258.824, 3ª T., rel. Min. Nancy Andrighi, *DJe* 30.05.2014, p. 548)

Agravo de instrumento. Antecipação da tutela. Compromisso de compra e venda. Atraso na conclusão das obras. Correção monetária. 1 – No caso em exame havia elementos suficientes, em sede de cognição sumária, de verossimilhança das alegações do agravado e da razoabilidade do direito alegado, a justificar o deferimento da antecipação da tutela pleiteada nos termos do art. 273 do CPC [arts. 296 a 300, *caput*, § 3º, 305, parágrafo único, 311, *caput*, I, e 356 do CPC/2015]. 2 – É incontroverso o atraso na conclusão do empreendimento, confessado pela agravante, em razão das exigências da Administração Pública para expedição do "habite-se". Contudo, não se mostra razoável suspender totalmente a correção do saldo devedor do contrato, porque a correção monetária não traduz qualquer acréscimo para o credor e nada mais é do que recompor o valor da moeda. Conquanto o Auto de Conclusão de Obra "habite-se" já tenha sido expedido para o empreendimento, não há notícia nos autos da efetiva entrega do imóvel, e até que ela ocorra, o saldo devido deve ser corrigido monetariamente pelo INPC até o vencimento (art. 1.710 do CC), afastado o índice setorial INCC/FGV, indevido após o esgotamento do prazo de tolerância previsto. Recurso parcialmente provido apenas para determinar que a correção monetária do saldo devedor se faça pelo INPC, do término do prazo de tolerância até a efetiva entrega do imóvel. (TJSP, AI n. 2070119-98.2013.8.26.0000/Campinas, 10ª Câm. de Dir. Priv., rel. Carlos Alberto Garbi, *DJe* 13.03.2014, p. 1.047)

Separação. Decretação do divórcio. Julgamento conjunto com ação de alimentos. Superveniência da EC n. 66/2010. Não recepção da figura jurídica da separação judicial. Conversão em ação de divórcio. Norma constitucional que atinge as demandas em curso. Danos morais afastados. Reconvenção. Pedido de partilha. Admissibilidade. Observância do princípio da economia processual. Existindo elementos suficientes, de rigor a definição da questão patrimonial. Precedentes do STJ. Impossibilidade de partilha dos frutos e rendimentos considerando o pacto antenupcial celebrado pelo casal, estabelecendo o regime de separação total. Alimentos devidos ao filho Tomas. Majoração. Impossibilidade. Em que pese à ausência de estipulação de índice para correção monetária da obrigação, deve ela incidir nos termos do art. 1.710 do CC. Pedido de alimentos formulado por ex-esposa. Inadmissibilidade. Apelante que possui qualificação profissional e está empregada, auferindo renda. Não comprovação de sua necessidade. Ademais, se encontra atualmente convivendo em união estável. Recurso da ex-cônjuge no processo n. 0002610-87 parcialmente provido e desprovido o apelo dos autos n. 0003869-20. (TJSP, Ap. n. 0002610-87.2006.8.26.0629/Tietê, 9ª Câm. de Dir. Priv., rel. Galdino Toledo Jr., 24.04.2012)

Processo civil e direito civil. Família. Alimentos. Ação de separação judicial litigiosa. Imputação de culpa. Violação dos deveres do casamento. Presunção de perdão tácito. Alimentos transitórios. Atualização monetária. [...] Nos termos do art. 1.710 do CC/2002, a atualização monetária deve constar expressamente da decisão concessiva de alimentos, os quais podem ser fixados em número de salários mínimos. Precedentes. Recurso especial parcialmente provido. (STJ, REsp n. 1.025.769, 3ª T., rel. Min. Nancy Andrighi, j. 24.08.2010, *DJe* 01.09.2010)

Revisional de alimentos. Acordo precedido de arrependimento antes da homologação. Possibilidade por não se tratar de ato perfeito e acabado. Valor fixo que não prevê por anos correção monetária ou reajuste anual. Revisão indireta inconcebível. Afronta a legislação federal constante no CC art. 1.710. Pagamento a menor por anos, já incidindo, inclusive, prescrição do montante. Sentença mantida. Recurso improvido. (TJSP, Ap. Cível n. 4.086.374.600/São Paulo, 9ª Câm. de Dir. Priv., rel. Maria Goretti Beker Prado, j. 23.10.2009)

Agravo de instrumento. Execução de alimentos. Pagamentos parciais que não elidem o decreto prisional. Nulidade. Inocorrência. Embora concisa a decisão agravada, é contemplativa, suficiente para os fins a que se destina, não constituindo hipótese de nulidade. Preliminar desacolhida. O pagamento parcial do débito alimentar não elide o decreto prisional, mormente quando o próprio devedor admite não ter adimplido integralmente a dívida. Descabida discussão do valor da prestação alimentar em sede de execução, já que inadequada a via eleita. Adequada a incidência de correção monetária pelo IGP-M sobre o débito alimentar, acrescida de juros de 12% a.a., de forma a manter a atualização do valor da moeda. Rejeitaram a preliminar e negaram provimento ao agravo de instrumento. (TJRS, AI n. 70.026.804.245, 7ª Câm. Cível, rel. André Luiz Planella Villarinho, j. 19.11.2008, *DJ* 28.11.2008)

Alimentos. Pensão provisória. Decisão judicial que não determinou a atualização monetária das prestações. Art. 1.710 do novo CC e art. 22 da Lei do Divórcio. Verba sujeita por força de lei à correção monetária anual, sem prejuízo da correção monetária daquelas prestações não pagas no vencimento. Depósito do devedor para elidir a prisão civil. Verificação contábil da contadoria da Corte e que apurou saldo a seu favor. Levantamento autorizado. Valor remanescente a ser levantado pela agravada. Recurso provido em parte. (TJSP, AI n. 519.112.4/5-00/São Paulo, 2ª Câm. de Dir. Priv., rel. A. Santini Teodoro, j. 29.04.2008, *DJ* 05.05.2008)

Embargos de declaração. União estável. Fixação de alimentos. Valor certo. Correção monetária. IGP-M. 1 – Estipulada a verba alimentar em valor certo, haverá correção monetária anual, nos termos do art. 1.710 do CC/2002. 2 – Adota-se o IGP-M como índice de atualização, pois regularmente utilizado nos cálculos judiciais. Embargos de declaração providos em parte, à unanimidade. (TJRS, Emb. de Decl. n. 70.018.970.632, 7ª Câm. Cível, rel. Des. Luiz Felipe Brasil Santos, j. 28.03.2007)

Veja no art. 1.699 o seguinte acórdão: STJ, REsp n. 611.833, rel. Min. Fernando Gonçalves, j. 18.12.2003.

## *SUBTÍTULO IV*
## *DO BEM DE FAMÍLIA*

**Art. 1.711. Podem os cônjuges, ou a entidade familiar, mediante escritura pública ou testamento, destinar parte de seu patrimônio para instituir bem de família, desde que não ultrapasse um terço do patrimônio líquido existente ao tempo da instituição, mantidas as regras sobre a impenhorabilidade do imóvel residencial estabelecida em lei especial.**

**Parágrafo único. O terceiro poderá igualmente instituir bem de família por testamento ou doação, dependendo a eficácia do ato da aceitação expressa de ambos os cônjuges beneficiados ou da entidade familiar beneficiada.**

Legislação correlata: art. 1º, Lei n. 8.009, de 29.03.1990; art. 19, DL n. 3.200, de 19.04.1941.

Diferentemente do que ocorreu ao longo da história antiga, em que o credor poderia tornar-se senhor e possuidor da pessoa física do devedor, tornando este seu escravo, atualmente os ordenamentos jurídicos das diversas nações civilizadas adotam o princípio da responsabilidade patrimonial para a garantia das obrigações contraídas. Dessa maneira, prevê o CC brasileiro, em seu art. 391: "Pelo inadimplemento das obrigações respondem todos os bens do devedor". Contudo, há exceções previstas em lei, dos bens impenhoráveis e inalienáveis.

Na primeira categoria encontra-se o *bem de família*. A origem deste instituto encontra-se no *homestead* (*home* = lar; *stead* = local), criado em 1839, na República do Texas (antes de anexar-se aos Estados Unidos), em função da crise econômica daquela época. Muitas pessoas ficaram endividadas e perderam todos os seus bens, inclusive as próprias residências, desestruturando a base da sociedade: a família. Por essa razão, foi criada a lei do *homestead*, que proibiu a penhora do imóvel urbano ou rural e dos móveis que o guarnecessem, impedindo que o devedor e sua família ficassem ao desabrigo. A família que o *legislador protege* é aquela constituída pelo núcleo pai, mãe e filhos, com origem no casamento ou na união estável (art. 226, § 3º, da CF) ou, ainda, a família monoparental (art. 226, § 4º, da CF).

O bem de família pode ser *legal* (*involuntário*) ou *voluntário*. A primeira espécie decorre da vontade do Estado de proteger a família, base da sociedade, assegurando-lhe as mínimas condições de dignidade. O bem de família legal foi instituído em nosso ordenamento pela Lei n. 8.009/90 e tem por objeto o imóvel, rural ou urbano, que constitui a morada da família, incluindo-se todos os móveis e pertences que o guarnecem. Esses bens são, por imposição legal, *impenhoráveis*, independentemente de ato de vontade dos integrantes da família. Tome-se como exemplo o caso de um devedor inadimplente que seja proprietário tão somente do imóvel em que reside com sua família. Ele goza da proteção da *lei especial* que veda a possibilidade de aquele bem ser objeto de penhora para a garantia da dívida assumida, por ser o único de sua propriedade e o local em que a família reside. A *lei especial*, em seu art. 3º, prevê *exceções à impenhorabilidade* do único bem imóvel da família. O *bem de família legal* terá a proteção da *lei especial* mesmo que a penhora sobre tal bem tenha sido realizada antes da vigência da Lei n. 8.009/90 e desde que o bem ainda não tenha sido expropriado, consoante entendimento do STJ, cristalizado na *Súmula n. 205*. O mesmo tribunal firmou posicionamento no sentido de que "o conceito de impenhorabilidade de bem de família abrange também o imóvel pertencente a pessoas solteiras, separadas e viúvas" (**Súmula n. 364**), de modo a proteger não somente a entidade familiar, mas direito inerente à pessoa humana, qual seja, o direito à moradia. Segundo o entendimento, não faz sentido proteger quem vive em grupo e abandonar o indivíduo que sofre o mais doloroso dos sentimentos: a solidão.

O CC, por sua vez, disciplina o *bem de família voluntário*, aquele cuja destinação decorre da vontade do seu instituidor, integrante da própria família, visando à proteção do patrimônio contra dívidas. No dispositivo do CC ora comentado, o legislador abriu a possibilidade de o instituidor proteger-se e à sua família de eventuais circunstâncias econômicas desfavoráveis, que poderiam trazer desamparo e desabrigo, permitindo a destinação como bem de família de até um terço do patrimônio líquido da entidade familiar, o que, possivelmente, poderá abranger a residência da família e outros tantos bens que possam garantir seu sustento, dentro do limite imposto por lei. Com a previsão do bem de família legal, o *bem de família voluntário* terá lugar somente no caso de a entidade familiar possuir mais de um bem imóvel utilizado para sua residência e não pretender que a regra da *impenhorabilidade* recaia sobre aquele de menor valor (art. 5º, parágrafo único, da Lei n. 8.009/90). A entidade familiar deverá fazer a opção previamente.

O dispositivo do CC permite que qualquer bem seja gravado como bem de família, até mesmo aquele que seja de maior valor, desde que não ultrapasse o valor de um terço do patrimônio líquido existente no momento da afetação. Diferentemente daquele previsto na lei especial, o *bem de família voluntário* somente pode ser instituído por intermédio de escritura pública ou testamento do próprio integrante da família ou de terceiro.

Na parte final do dispositivo ora comentado, o legislador fez menção expressa a *lei especial*, referindo-se à Lei n. 8.009/90, com a intenção de deixar claro que ela subsiste e que suas disposições devem ser preservadas. Além disso, lei que cuide de impenhorabilidade do imóvel residencial próprio, válida para todas as entidades familiares, é geral, apesar do possível descuido da menção a *lei especial* no CC/2002. Prevalece, pois, a interpretação que dá efetividade à norma, sobre a que lhe retira todo o efeito.

A constituição do bem de família ocorre com o registro no Cartório de *Registro de Imóveis* (*v.* art. 1.714). Terão *legitimidade* para instituir o bem de família os cônjuges, companheiros e o chefe de família monoparental. Quando o bem pertencer ao patrimônio comum do casal, ambos os cônjuges devem consentir em sua instituição.

O dispositivo permite, em seu *parágrafo único*, a constituição de bem de família por ato de liberalidade de terceira pessoa – *doação ou testamento* –, contudo impõe a *concordância* expressa dos beneficiários. Na hipótese de o bem de família ser instituído por ato *inter vivos* (doação), o bem só poderá retornar ao patrimônio do doador por cláusula de reversão, quando ocorrer quaisquer das causas de extinção do bem de família (*v.* arts. 1.716, 1.721 e 1.722), sendo inaplicável o disposto no art. 547 deste Código. No caso de afetação de parte do patrimônio como bem de família por meio de *testamento* – do próprio instituidor ou de terceiro –, a disposição de última vontade somente terá eficácia com a morte do testador e após o pagamento de todas as dívidas do espólio deste, quando, ainda existindo patrimônio a ser partilhado, aí sim, a destinação será consolidada. As dívidas que não tocarão o bem de família serão aquelas adquiridas após a constituição deste, uma vez que não é intenção do legislador dar guarida à fraude ou à má-fé, em prejuízo do credor. E, por outro lado, se o instituidor, à época da nomeação, possuir dívidas, poderá lavrar a escritura e destinar parcela do patrimônio ao bem de família, porquanto essa gravação será *ineficaz* com relação aos débitos preexistentes.

**Jurisprudência:** Agravo de instrumento. Ação de execução por título extrajudicial. Imóvel. Penhora. Decisão agravada acolhendo a alegação de impenhorabilidade. Irresignação improcedente. 1. Farta prova documental convencendo plenamente de que os executados residem no imóvel sobre o qual recai a constrição judicial. Situação em que tem plena aplicabilidade a proteção instituída pela Lei n. 8.009/90. Sem significado, ademais, a alegação sobre serem os executados proprietários de outros imóveis. Lei n. 8.009/90 não exigindo seja o devedor, ou quem faça jus à proteção ali instituída, titular do domínio de um único imóvel (art. 1º). Precedentes. Inviável, ademais, exigir do interessado a feitura de prova de fato negativo, isto é, de que não tem outros imóveis. 2. Diferentemente ainda do que supõe o exequente, o conceito de bem de família a que se refere o CC não se confunde com o previsto na Lei n. 8.009/90. O primeiro, nos expressos termos do código, reclama ato formal de instituição e registro na matrícula do imóvel, como se vê dos arts. 1.711 e 1.714 do CC; o segundo, em que se encaixa o caso dos autos, decorre do texto expresso da lei. 3. Decisão mantida. Negaram provimento ao recurso. (TJSP, AI n. 2042004-81.2024.8.26.0000/Jacareí, 19ª Câm. de Dir. Priv., rel. Ricardo Pessoa de Mello Belli, j. 27.03.2024, *DJ* 27.03.2024)

Agravo de instrumento. Execução. Penhora. Bem imóvel pertencente ao executado. Pretensão de reconhecimento de bem de família. Ausência de prova de que o imóvel é utilizado para a residência da entidade familiar. Art. 1º da Lei n. 8.009/90. Instituição voluntária do bem de família por escritura pública (art. 1.711 do CC). Impenhorabilidade que não atinge o débito exequendo, posto anterior à sua instituição. Inteligência do art. 1.715 do CC. Decisão mantida. Recurso não provido. Prejudicado o agravo interno (incidente final 50000). (TJSP, AI n. 22540534420228260000/SP, 12ª Câm. de Dir. Priv., rel. Tasso Duarte de Melo, j. 07.03.2023, *DJ* 07.03.2023)

Agravo de instrumento. Execução de título extrajudicial. Penhora de imóvel. Impugnação. Bem de família. Comprovação. Constrição desconstituída. Decisão mantida. 1. O bem de família tem sua impenhorabilidade preservada para o fim de garantir a tutela do direito constitucional fundamental à moradia, indispensável à composição de um mínimo existencial para vida digna, em observância do princípio constitucional da dignidade da pessoa humana. 2. A jurisprudência do STJ inclina-se pela desnecessidade de o devedor comprovar, mediante certidões de cartórios de registro de imóveis, que é proprietário somente de um único bem. 3. No caso, a escritura pública demonstra tratar-se de bem de família, instituído na forma do art. 1.711 do CC. Considerando a data de ajuizamento da demanda (15.08.2019) e a data constante da referida escritura pública (25.06.1996), escorreita a desconstituição da penhora incidente sobre bem de família. 4. Agravo de instrumento conhecido e não provido. (TJDF, AI n. 07158358320218070000 1434753, 7ª T. Cível, rel. Fábio Eduardo Marques, j. 29.06.2022, publ. 26.07.2022)

Apelação cível. Reconhecimento e constituição de bem de família. Sentença de improcedência. Inconformismo do autor, insistindo na pretensão deduzida. Descabimento. Rechaçada a preliminar de nulidade, vez que, ao fundamentar o r. *decisum* na Lei n. 8.009/90, a autoridade sentenciante não nega vigência, tampouco aplicabilidade, dos arts. 1.711 a 1.722 do CC. Existência de dívidas trabalhistas e com instituições financeiras. Casal que possui um único patrimônio, o qual servirá para garantir as dívidas assumidas por ambos os cônjuges, ainda que oriundas de débito da pessoa jurídica. A alegação de que as dívidas são da empresa deve ser aventada em execução e no momento adequado. Eventual impenhorabilidade que deve ser apreciada pelo juízo competente. Sentença ratificada. Prequestionamento. Recurso não provido. (TJSP, Ap. Cível n. 1001856-87.2019.8.26.0075/SP, 8ª Câm. de Dir. Priv., rel. Clara Maria Araújo Xavier, j. 13.04.2022, publ. 13.04.2022)

Agravo de instrumento. Cumprimento de sentença. Impenhorabilidade. Bem de família. Instituição voluntária anteriormente a dívida, na forma do art. 1.711 do CC. Agravo de instrumento desprovido. Unânime. (TJRS, AI n. 70.080.688.633, 17ª Câm. Cível, rel. Paulo Sérgio Scarparo, j. 18.04.2019)

Ação de cobrança, em fase de cumprimento de sentença. Decisão que refutou a tese de impenhorabilidade integral de imóvel e determinou a averbação da constrição de dois terços sobre o aludido bem. Inconformismo. Acolhimento. A legislação especial (Lei n. 8.009/90) não estipula a necessidade de comprovação de existência de bem de família convencional (art. 1.711, *caput*, do CC), para que a proteção integral recaia sobre aquele onde reside o devedor e sua família. Não há controvérsia quanto a exclusividade do imóvel de uso residencial. Insubsistência da penhora sobre dois terços do bem. Decisão reformada. Recurso provido. (TJSP, AI n. 2036322-92.2017.8.26.0000, 8ª Câm. de Dir. Priv., rel. Grava Brazil, j. 19.06.2017)

Apelação. Honorários advocatícios. Embargos à execução. Sentença que julgou improcedentes os embargos. Alegação de excesso de execução e impenhorabilidade de bem de família. Excesso de execução caracterizado. Memória de débito abrangendo os valores das custas, despesas processuais, honorários advocatícios e periciais ocorridos no pedido de alvará e na ação de cobrança de honorários advocatícios, esta promovida pelo advogado/credor contra a cliente. Embargante beneficiária da gratuidade da justiça nas duas ações. Benesse que confere à parte a isenção do pagamento das verbas referidas, nos termos do art. 3º da Lei n. 1.060/50. Determinação para decotar do débito os valores cobrados em excesso, porquanto não comprovada, pelo embargado/apelado, a obrigatoriedade de pagamento dessas verbas, pela parte contrária, na forma do art. 12 da Lei n. 1.060/50. Impenhorabilidade com amparo no art. 1º da Lei n. 8.009/90. Embargante citada em outro endereço que não o do imóvel penhorado. Ausência de comprovação de que o bem penhorado se destina à residência da entidade familiar. Impenhorabilidade com amparo no art. 1.712 do CC. Impossibilidade. Necessidade de que a instituição de bem de família tenha sido estabelecida em escritura pública ou testamento, *ex vi* do art. 1.711, parágrafo único, do CC. Formalização dessa instituição não demonstrada. Impenhorabilidade com amparo na Súmula n. 486 do Col. STJ. Impossibilidade. Imóvel penhorado que se encontrava locado, mas o instrumento respectivo não foi juntado, sequer informado o valor do locativo. Embargante que não se desincumbiu do ônus de comprovar os gastos ordinários mensais e nem que a renda auferida com a locação se destinava à subsistência da entidade familiar. Constrição mantida. Embargos afastados no tocante ao argumento de impenhorabilidade de bem família. Sentença parcialmente reformada. Recurso parcialmente provido, estabelecida a reciprocidade da sucumbência, nos termos do art. 21, *caput*, do CPC/73, observada a gratuidade da justiça concedida à embargante. (TJSP, Ap. n. 0006473-37.2013.8.26.0619, 27ª Câm. de Dir. Priv., rel. Sergio Alfieri, j. 09.05.2017)

Agravo de instrumento. Ação de execução de título extrajudicial. Contrato de locação não residencial. Desconstituição de penhora realizada sobre imóvel. Impossibilidade. Escritura pública declarando ser o bem de família. Incidência da ressalva constante na parte final do art. 1.711 do CC. Impenhorabilidade que não pode ser acolhida quando a constrição decorre de obrigação decorrente de fiança em contrato locatício. Incidência do art. 3º, VII, da Lei n. 8.009/1990. Decisão mantida. Recurso desprovido. O art. 1.711 do CC, ao permitir a destinação de patrimônio para instituição de bem de família por meio de escritura pública, faz a ressalva de que serão mantidas as regras de impenhorabilidade do imóvel residencial estabelecida em lei especial que, no caso, é a Lei n. 8.009/90. Esta lei permite a penhora de bem de família quando a obrigação que gerou a constrição decorre de fiança prestada em contrato locatício. (TJSP, AI n. 2221220-80.2016.8.26.0000, 31ª Câm. de Dir. Priv., rel. Adilson de Araujo, j. 22.11.2016)

Agravo de instrumento. Ação de execução por quantia certa. Cheque. Penhora. Incidente sobre bem imóvel de propriedade do executado. Alegação, pelo executado, de o imóvel ter sido instituído como "bem de família", com base no art. 1.711, do CC. Instituição posterior a assunção da dívida pela empresa-executada, da qual o executado é um dos sócios. Possibilidade de a penhora recair sobre o bem imóvel. Reconhecida aplicação do art. 1.715, do CC. Recurso não provido. (TJSP, AI n. 0055591-93.2013.8.26.0000/Guararapes, 13ª Câm. de Dir. Priv., rel. Zélia Maria Antunes Alves, *DJe* 12.05.2014, p. 1.178)

Embargos à execução título judicial. Bem de família. Art. 1º da Lei n. 8.009/90. Comprovação de que o imóvel penhorado não é utilizado pela embargante como residência. Intangibilidade do bem descaracterizada. Prevalência da Lei Especial sobre as regras gerais previstas nos arts. 1.711 e seguintes do CC. Interpretação extensiva do conceito de impenhorabilidade dada pela súmula n. 364 do Col. STJ. Improcedência. Decisão mantida. Recurso improvido. (TJSP, Ap. n. 0014361-13.2009.8.26.0000/Bauru, 20ª Câm. de Dir. Priv., rel. Correia Lima, *DJe* 18.12.2013, p. 1.853)

Agravo de instrumento. Execução por título extrajudicial. Decisão de rejeição do pedido de levantamento da penhora. Impenhorabilidade do bem de família. Irresignação procedente. Prova dos autos demonstrando que o imóvel objeto da constrição serve de residência aos executados. Irrelevância na circunstância de os executados serem titulares do domínio de outros imóveis (Lei n. 8.009/90), não exigindo que seja o devedor titular de um único bem (art. 1º). Sem significado, de igual modo, no fato de a matrícula do imóvel não assentar tratar-se de bem de família, uma vez que, no caso, a impenhorabilidade decorre diretamente da Lei n. 8.009, instituto que não guarda relação com a figura prevista no art. 1.711 e seguintes do CC, esta sim reclamando ato formal de instituição e correspondente registro. Agravo a que se dá provimento. (TJSP, AI n. 0131170-47.2013.8.26.0000/José Bonifácio, 19ª Câm. de Dir. Priv., rel. Ricardo Pessoa de Mello Belli, *DJe* 31.10.2013, p. 1.252)

Agravo inominado. Decisão mantida por seus próprios fundamentos. Penhora. Bem de família. Ausência de provas. O agravante não se desincumbiu do ônus de comprovar que o bem penhorado abriga a residência familiar. Portanto, não pode ser considerado impenhorável. A parte agravante não trouxe nenhum fundamento hábil que permita a modificação da decisão monocrática desta relatoria. Recurso desprovido. (TJRJ, AI n. 0025071-48.2013.8.19.0000, 15ª Câm. Cível, rel. Des. Ricardo Rodrigues Cardozo, j. 16.07.2013)

Desafetação de bem de família. Cláusula. Cancelamento. Possibilidade. Legítimos interesses do próprio ente familiar. Nos termos do disposto no art. 1.711, do CC/2002, "podem os cônjuges ou a entidade familiar, mediante escritura pública ou testamento, destinar parte de seu patrimônio para instituir bem de família, desde que não ultrapasse um terço do patrimônio liquido existente ao tempo da instituição, mantidas as regras sobre a impenhorabilidade do imóvel residencial estabelecida em lei especial". Certo é que a cláusula – bem de família – foi instituída para possibilitar uma base econômica e financeira segura e duradoura, no entanto, a sua existência pode, por outro lado, em excepcional circunstância, ser lesiva de legítimos interesses do próprio ente familiar que ela visa proteger, podendo mesmo chegar a lhe causar danos. (TJMG, Ap. Cível n.

0008851-10.2012.8.13.0377, 4ª Câm. Cível, rel. Des. Dárcio Lopardi Mendes, j. 20.06.2013, *DJe* 27.06.2013)

Apelação cível. Direito tributário. Execução fiscal. Impenhorabilidade de imóvel residencial. Os documentos juntados com as razões de apelação dão conta de residir o agravante no imóvel penhorado. De parte isto, também os documentos constantes do apenso, da Primeira, Terceira, Quarta e Quinta Zona do Registro de Imóveis desta Comarca comprovam a mais não poder que o prédio penhorado é o único de que dispõe o agravante. Por isso, prova há de que o imóvel, sobre ser o único, é utilizado pelo casal para moradia permanente, por isso sob proteção da Lei n. 8.009/90. A impenhorabilidade do imóvel residencial vem desde o CC/1916, sob a denominação de "bem de família" (art. 70), mantida pelo Código vigente (art. 1.711). O instituto foi aperfeiçoado pela Lei n. 8.009/90 que dentre outras disposições contempla exceções à regra geral da impenhorabilidade, previstas nos incisos de seu art. 3°, para alcançar, dentre outros, o caso em que o proprietário é demandado para "cobrança de impostos, predial ou territorial, taxas e contribuições devidas em função do imóvel familiar" (lei citada – art. 3°, IV). O tema referente às exceções à regra geral da impenhorabilidade do bem de família ganhou relevante dimensão a partir da EC n. 26, de 14.02.2000, que ao dar nova redação ao art. 6° da CF incluiu a moradia como direito social. E não foi por mero capricho que o constituinte derivado elevou o direito à moradia à categoria de direito fundamental social, instrumentando constitucionalmente a impenhorabilidade do imóvel residencial. A exemplo da norma inscrita no art. 5°, XXVI, da Constituição, que impede a penhora da pequena propriedade rural, teve em mira a proteção do indivíduo e sua família, em ordem de garantir um mínimo de dignidade que significa, como sempre significou, o *domus*, o lugar, o lar, a moradia, o endereço, o espaço que vive e pode viver, tudo como expressão da cidadania; também a necessidade básica da pessoa e o sonho de todos e de cada um. E na medida em que assegura a proteção desse patrimônio mínimo, tornando-o intangível, também dá efetividade ao princípio da dignidade humana, um dos fundamentos da República (CF, art. 1°, III). Apelo provido. Unânime. (TJRS, Ap. Cível n. 70.034.131.250, 21ª Câm. Cível, rel. Des. Genaro José Baroni Borges, j. 22.09.2010)

Execução. Penhora de imóvel. Bem de família. Inteligência da Lei n. 8.009/90. Afastamento do CC. Matéria de ordem pública. Arguição a qualquer tempo. As noções de bem de família voluntário, previsto no CC, e de bem de família legal, disciplinado pela Lei n. 8.009/90, não se confundem, sendo que só aquele exige que a parte institua bem de família por meio de escritura pública ou testamento, ao passo que o bem de família legal não exige qualquer conduta por parte da entidade familiar, apenas que seja o único imóvel utilizado pelo casal ou entidade familiar, ou, no caso de haver vários imóveis, ser aquele de menor valor. Ademais, como a impenhorabilidade decorrente do bem de família é absoluta, tem-se que esta pode ser invocada a qualquer tempo ou grau de jurisdição, visto ser matéria de ordem pública. (TJMG, AI n. 0284200-70.2010.8.13.0000, rel. Des. Arnaldo Maciel, j. 17.08.2010)

Imóvel. Ação declaratória visando reconhecimento de sua condição de bem de família, com base no art. 1.711 do CC/2002, ou, alternativamente, na Lei n. 8.009/90. Impossibilidade. Interpretação do art. 1.711 do CC. Sua distinção relativamente às disposições da Lei n. 8.009/90. O valor do bem, para ser declarado como de família, não pode ultrapassar um terço do patrimônio líquido existente ao tempo da instituição. Circunstância que, no caso, confessadamente não é atendida. Lei n. 8.009/90. Impossibilidade de escriturar e registrar a impenhorabilidade do bem de família com fundamento em seus dispositivos. Circunstância que depende do caso concreto. Poder Judiciário que não serve como órgão consultivo. Apelo desprovido. (TJRS, Ap. Cível n. 70.022.839.716, 20ª Câm. Cível, rel. José Aquino Flores de Camargo, j. 14.05.2008, *DJ* 05.06.2008)

Apelação cível. Embargos à penhora. Imóvel instituído como bem de família, o qual, no caso, não se confunde com o imóvel residencial. Impenhorabilidade a teor do disposto no art. 1.711 do CC. Cabível a desconstituição da penhora. Apelação provida, por maioria, vencido o revisor que negava provimento. (TJRS, Ap. Cível n. 70.021.060.728, 6ª Câm. Cível, rel. Antônio Corrêa Palmeiro da Fontoura, j. 17.04.2008, *DJ* 09.05.2008)

Recurso. Agravo de instrumento. Preparo não efetivado. Pedido de gratuidade da justiça não apreciado pelo MM. Juiz da causa. Recurso conhecido sem o preparo. Litigância de má-fé. Multa. Alegação de nulidade de edital por não conter a data de realização da 1ª praça. Informação inverídica. Nulidade inexistente. Alteração da verdade dos fatos. Dever da parte de agir com lealdade e boa-fé. Reconhecimento da litigância de má-fé. Condenação dos agravantes a pagar multa de 1% sobre o valor da causa e a indenizar a parte contrária dos prejuízos que esta sofreu, indenização essa fixada em 5% sobre o valor da penhora. Bem de família. Lei n. 8.009/90. Comprovação nos autos de que os imóveis penhorados servem como residências dos executados. Hipótese que não exige o registro da instituição do bem de família nos termos dos arts. 1.711 e segs. do CC. Impenhorabilidade reconhecida. Determinação de levantamento da penhora. Recurso provido em parte, com aplicação de pena por litigância de má-fé. (TJSP, AI n. 127.542.7/7-00, 2ª Câm. B do I TAC, rel. Gonçalves Rostey, j. 07.04.2004, *DJ* 26.04.2004)

Bem de família. Instituição por lei. Averbação não feita no Registro de Imóveis. Impenhorabilidade não reconhecida. Execução já aparelhada quando entrou em vigor a nova lei. Agravo improvido. Declaração de voto vencedor. Inteligência da Lei n. 8.009/90 e dos arts. 70 e 73 do CC. (*RT* 691/114)

Indenização. Fundamento. Arbitramento de aluguel. Inadmissibilidade. Imóvel objeto da ação instituído "bem de família" pelas partes, nos termos do art. 70 e segs. do CC. Necessidade de anterior desconstituição do gravame. Carência da ação. Extinção do processo. Recurso provido. (*JTJ* 196/227)

Execução fiscal. Penhora. Bens que guarneciam imóvel instituído como bem de família por escritura pública. Não preenchimento dos requisitos do art. 1º da Lei n. 8.009/90 ou do art. 70 do CC. Ato, ademais, posterior a constituição dos créditos tributários executados e, até, ao ajuizamento das execuções. (*JTJ* 152/55)

Registro de imóveis. Escritura pública de constituição de bem de família voluntário. Instituição feita por coproprietários solteiros que mantêm união estável, reconhecida esta em decisão judicial específica. Art. 5º, parágrafo único, da Lei federal n. 8.009, de 1990. Registro deferido. Recurso não provido. (*JTJ* 213/346)

---

**Art. 1.712. O bem de família consistirá em prédio residencial urbano ou rural, com suas pertenças e acessórios, destinando-se em ambos os casos a domicílio familiar, e poderá abranger valores mobiliários, cuja renda será aplicada na conservação do imóvel e no sustento da família.**

---

Legislação correlata: art. 1º, parágrafo único, Lei n. 8.009, de 29.03.1990.

O legislador exige que o imóvel destinado ao bem de família apresente características físicas de um imóvel residencial, seja urbano ou rural, com construção de moradia, passível de receber uma família sob seu teto. O instituto abrange, também, os bens móveis existentes dentro da residência familiar, como móveis, eletrodomésticos etc. e *valores imobiliários* que o instituidor entender como necessários à manutenção do imóvel e à mantença de sua família. Da análise deste artigo, infere-se que os valores mobiliários (aplicações, ações, rendimentos) somente serão considerados *bem de família* desde que *vinculados ao imóvel* destinado à residência da entidade familiar. Também não poderão exceder o valor do imóvel e devem ser individualizados no ato da instituição do bem de família (*v.* art. 1.713).

**Jurisprudência:** Agravo de instrumento. Cumprimento de sentença. Decisão que deferiu a penhora de direitos sobre bem imóvel. Insurgência do executado. Alegação de bem de família. Presença dos requisitos do art. 1.712 do CC e do art. 5º da Lei n. 8.009/1990. Documentos trazidos pelo agravante que demonstram a utilização do imóvel como residência habitual. Impenhorabilidade reconhecida. Penhora sobre direitos aquisitivos de bem imóvel. Possibilidade. Contudo, nessa hipótese, só se mostra possível a efetivação da penhora quando tais direitos não se converterem em propriedade sobre o imóvel considerado bem de família. Quando o negócio jurídico entre o devedor fiduciante e o credor fiduciário se encerrar de modo anormal, a propriedade do bem se consolidará em favor do credor fiduciário e os direitos remanescentes do devedor se converterão em pecúnia, de modo que a penhora também seguirá a mesma lógica, ou seja, se converterá em dinheiro, consistente em eventual saldo em favor do fiduciante. Recurso parcialmente provido, com observação. (TJSP, AI n. 2039445-54.2024.8.26.0000/São Paulo, 37ª Câm. de Dir. Priv., rel. Afonso Celso da Silva, j. 12.04.2024, *DJ* 12.04.2024)

Agravo de instrumento. Execução. Penhora sobre direitos de bem imóvel. Decisão que rejeitou o pedido de reconhecimento de impenhorabilidade. Agravante que pugna pela reforma da r. decisão, por se tratar de bem de família. Ausência dos requisitos do art. 1.712 do CC e art. 5º da Lei n. 8.009/90. Ônus de prova do devedor. Agravante que não demonstrou ser o bem seu domicílio permanente, eis que os documentos acostados não comprovam esta situação, nem mesmo aqueles anexados em grau recursal e que não foram submetidos à análise do MM. Juízo *a quo*. Decisão mantida. Agravo improvido. (TJSP, AI n. 22897632820228260000/SP, 37ª Câm. de Dir. Priv., rel. Afonso Celso da Silva, j. 10.03.2023, *DJ* 10.03.2023)

Agravo de instrumento. Civil e processual civil. Cumprimento de sentença. Impenhorabilidade do bem de família. Art. 1.712 do CC. Art. 1º da Lei n. 8.009/90. Direito de moradia. Princípio da dignidade da pessoa humana. Súmula 486 do STJ. Imóvel locado. Rendimentos revertidos à subsistência familiar. Impossibilidade de penhora. Decisão mantida. 1 – A impenhorabilidade do bem de família decorre do direito social à moradia (art. 6°, *caput*, da CF/88) e se coaduna com o princípio da dignidade da pessoa humana, buscando a proteção ao patrimônio mínimo do devedor e impedindo o credor de levá-lo à situação de penúria extrema. 2 – Segundo o art. 1.712 do CC, "o bem de família consistirá em prédio residencial urbano ou rural, com suas pertenças e acessórios, destinando-se em ambos os casos a domicílio familiar, e poderá abranger valores mobiliários, cuja renda será aplicada na conservação do imóvel e no sustento da família". 3 – O bem de família encontra-se protegido pela Lei n. 8.009/90, que, em seu art. 1°, assegura a sua impenhorabilidade por qualquer tipo de dívida, ressalvadas as hipóteses previstas na própria lei. 4 – Segundo o entendimento desta e. Corte de Justiça, deve ser resguardada a impenhorabilidade do único imóvel do executado alugado a terceiros quando demonstrado que os rendimentos são revertidos à subsistência da família. Precedentes. 5 – Agravo de instrumento conhecido e não provido. (TJDF, AI n. 0704929-68.2020.8.07.0000, 1ª T. Cível, rel. Des. Simone Lucindo, j. 01.07.2020, PJe 10.07.2020)

Civil e processo civil. Embargos de terceiros. Coisa julgada. Não ocorrência. Ilegitimidade ativa e cerceamento de defesa. Não configuração. Penhora. Bem de família. Impossibilidade. Ônus da prova. Inteligência do art. 333, II, do CPC [art. 373, II, do CPC/2015]. Apelo improvido. Para que uma ação seja considerada idêntica à outra, é imprescindível que entre estas ações haja identidade de partes, de causa de pedir e do pedido. Tem legitimidade e interesse para opor embargos de terceiros aquele que, embora não faça parte da execução, sofre turbação ou esbulho na posse de bem de sua propriedade, com a penhora havida na execução. Com efeito, o escopo do art. 1.712 do CCB, bem como da Lei n. 8.009/90 é proteger não só a entidade familiar, como também a dignidade da pessoa humana, visto que a moradia consiste em um dos direitos sociais consagrados pela CF. É cediço que alegar e não comprovar é o mesmo que não alegar, tendo em vista que o art. 333, II, do CPC [art. 373, II, do CPC/2015] preceitua que o ônus da prova incumbe ao réu, quanto à existência de fato impeditivo, modificativo ou extintivo do direito do autor. (TJMG, Proc. n. 2.0000.00.471409-6/000, rel. Márcia de Paoli Balbino, j. 08.11.2004)

---

**Art. 1.713. Os valores mobiliários, destinados aos fins previstos no artigo antecedente, não poderão exceder o valor do prédio instituído em bem de família, à época de sua instituição.**

**§ 1º Deverão os valores mobiliários ser devidamente individualizados no instrumento de instituição do bem de família.**

**§ 2º Se se tratar de títulos nominativos, a sua instituição como bem de família deverá constar dos respectivos livros de registro.**

**§ 3º O instituidor poderá determinar que a administração dos valores mobiliários seja confiada a instituição financeira, bem como disciplinar a forma de pagamento da respectiva renda aos beneficiários, caso em que a responsabilidade dos administradores obedecerá às regras do contrato de depósito.**

---

O legislador permitiu a extensão do conceito de bem de família a valores mobiliários que sejam destinados à conservação e manutenção do imóvel e ao sustento da família, possibilitando ao instituidor e à sua família, também, salvaguardar a quantia necessária à sobrevivência. Tal estipulação é possível, desde que cumpridos alguns *requisitos*. O primeiro deles será que a quantia indicada não poderá exceder o valor do imóvel afetado como *bem de família* (**caput**), à época da instituição. Outra exigência do dispositivo é a especificação ou individualização dos valores mobiliários no próprio instrumento de instituição do bem de família (§ 1º), ou, tratando-se de títulos nominativos, há a obrigatoriedade de haver registro nos livros próprios (§ 2º). Essas providências visam a dar maior confiança ao instituto e evitar possíveis fraudes ou desvios, em detrimento dos credores da entidade familiar. Por fim, o dispositivo permite ao instituidor que a administração dos valores mobiliários seja confiada a instituição financeira, cabendo a ela a distribuição dos rendimentos aos beneficiários (§ 3º). A responsabilidade dos administradores obedecerá às normas do contrato de depósito (*v.* arts. 627 a 647). Independentemente da forma como seja o valor mobiliário instituído como bem de família, ele não representa um patrimônio separado, sendo, na verdade, acessório do imóvel familiar e somente existindo para destinar-se aos gastos necessários à manutenção daquele, conforme já salientado em comentários ao artigo antecedente.

---

**Art. 1.714. O bem de família, quer instituído pelos cônjuges ou por terceiro, constitui-se pelo registro de seu título no Registro de Imóveis.**

---

Nos termos da LRP, o registro perante o cartório de Registro de Imóveis da escritura instituidora de bem de família é formalidade essencial do ato, que dá a ele a mais ampla publicidade, a fim de evitar prejuízos a terceiros, que sejam credores do instituidor. Os arts. 167, I, 260 e segs. da LRP tratam do registro do bem de família, tendo sido revogada parcialmente a disposição contida no art. 262 que impunha ao oficial a publicação de edital na imprensa da instituição do bem de família, por não mais o exigir o presente artigo.

**Jurisprudência:** Agravo interno no agravo em recurso especial. Súmula n. 182 do STJ. Não incidência. Decisão da presidência. Reconsideração. Afronta ao art. 1.714 do CC. Falta de prequestionamento. Admissão de prequestionamento ficto. Necessidade de indicação de ofensa ao art. 1.022 do nCPC em relação à matéria. Bem de família. Comprovação. Pluralidade de imóveis. Impenhorabilidade. Possibilidade. Súmula n. 83/STJ. Agravo interno provido. Recurso Especial desprovido. 1. Esta Corte de Justiça, ao interpretar o art. 1.025 do CPC/2015, concluiu que "a admissão de prequestionamento ficto (art. 1.025 do CPC/2015), em recurso especial, exige que no mesmo recurso seja indicada violação ao art. 1.022 do CPC/2015 em relação à matéria, para que se possibilite ao órgão julgador verificar a existência do vício inquinado ao acórdão, que uma vez constatado, poderá dar ensejo à supressão de grau facultada pelo dispositivo de lei" (REsp n. 1.639.314/MG, rel. Min. Nancy Andrighi). 2. "A jurisprudência deste Tribunal é firme no sentido de que a Lei n. 8.009/90 não retira o benefício do bem de família daqueles que possuem mais de um imóvel". Precedentes. Incidência da Súmula n. 83/STJ. 3. Agravo interno provido para conhecer do agravo e negar provimento ao recurso especial. (STJ, AI no AREsp n. 2.231.458/PR, 4ª T., rel. Min. Raul Araújo, j. 08.05.2023, *DJe* 17.05.2023)

Cumprimento de sentença. Decisão que indeferiu o levantamento de penhora e cancelamento de praças por não reconhecer a impenhorabilidade do imóvel constrito. Inconformismo do executado. Não acolhimento. Escritura pública de instituição não registrada no cartório de registro imobiliário do foro de situação do imóvel. Impenhorabilidade não reconhecida. Inteligência do art. 1.714 do CC. Decisão interlocutória mantida. Recurso não provido. (TJSP, AI n. 2094829-46.2017.8.26.0000, 1ª Câm. de Dir. Priv., rel. Rui Cascaldi, j. 15.09.2017)

Agravo de instrumento. Reintegração de posse. Bem de família. Inaplicabilidade da Lei n. 8.009/90. Lesão ao princípio da boa-fé objetiva. Aquisição de bem imóvel sem registro. Caso o devedor em execução quisesse a proteção da Lei n. 8.009/90, deveria ter estabelecido o bem de família mediante escritura pública, registrada no Registro de Imóveis, na forma do art. 1.714 do CC, escolhendo-se um imóvel de maior valor para tornar-se impenhorável. Consequentemente, mais uma vez se denota o ato atentatório a execução, já que o agravante não tomou tal cautela em acordo com a proteção legal ao bem de família. Além do mais, é claro que os atos do agravante induzem até o mais desatento que visam afastar da penhora o referido bem, ampliando assim, uma situação mais onerosa, a fim de dificultar a execução e o pagamento ao credor. Em situação semelhante o Eg. STJ entendeu que é inaplicável a Lei n. 8.009/90, quando fere de morte qualquer senso de justiça e equidade, além de distorcer por completo os benefícios vislumbrados pela referida lei, quando a pretensão do devedor opta em adquirir outro bem, sem sequer registrá-lo em seu nome, onde reside com sua família e querer que também este seja alcançado pela impenhorabilidade, tal como foi julgado no REsp n. 831.811/SP, pela Min. Nancy Andrighi. Desrespeito ao princípio da boa-fé objetiva, conforme já decidiu o STJ em outro julgado na 3ª T. no REsp n. 554.622, do rel. Min. Ari Pargendler. Manutenção da sentença. Negado provimento ao agravo de instrumento. (TJRJ, AI n. 0026689-67.2009.8.19.0000, 4ª T., rel. Des. Sidney Hartung, j. 20.10.2009)

Penhora. Bem de família. Demonstrado que o agravado e a sua família residem no imóvel penhorado. Agravado que foi citado no endereço do imóvel constrito, local onde residem os seus pais. Agravado, ademais, que comprovou, documentalmente, que reside no imóvel penhorado. Irrelevante que o agravado, eventualmente, seja proprietário de outros imóveis, desde que, efetivamente, resida naquele que foi reputado como impenhorável. Precedentes do STJ. Desnecessidade da comprovação de que o agravado seja detentor apenas do imóvel em questão. Penhora. Bem de família. Impenhorabilidade. Matéria de ordem pública que pode ser reconhecida em qualquer tempo ou grau de jurisdição. Prescindível a oposição de embargos à penhora, embargos do devedor ou embargos de terceiro. Penhora. Bem de família. Registro da condição de bem de família no cartório de registro de imóveis, a que alude o art. 1.714 do atual CC. Providência que só é imprescindível nos casos de "bem de família voluntário", contemplados nos arts. 1.711 a 1.722 do CC. Hipótese diversa daquela aqui debatida, na qual se discute o "bem de família legal", protegido pela Lei n. 8.009/90. Agravo desprovido. (TJSP, AI n. 7.377.624.200/Osasco, 23ª Câm. de Dir. Priv., rel. José Marcos Marrone, j. 30.09.2009)

Agravo. Ação de obrigação de fazer. Execução de sentença. Decisão que julgou improcedente a impugnação. Inconformismo. Descabimento. Execução das astreintes. Penhora de imóvel. Insurgência da ré em relação à fixação do valor da multa diária que não merece acolhida. Deveria ter sido objeto de recurso de apelação, o que não ocorreu. Magistrado que não está adstrito à existência de postulação específica, muito menos ao valor eventualmente pleiteado, pois se cuida de medida coercitiva indireta decorrente da frustração de uma ordem judicial. Quantia fixada se mostra suficiente para o propósito que foi estipulada. Inexistência, à margem da matrícula, de registro do imóvel como de família, nos termos do art. 1.714 do CC. Acrescente-se a isso, a intenção da agravante de vender referido imóvel, conforme demonstrado nos autos. Recurso desprovido. (TJSP, AI n. 5.957.704.300/Santos, 8ª Câm. de Dir. Priv., rel. Ribeiro da Silva, j. 23.09.2009)

Penhora. Bem de família. Instituição como tal por meio de escritura pública. Art. 73 do CC. Necessidade. Imóvel que quando do advento da Lei federal n. 8.009, de 1990, já estava sob consideração judicial, consistente em execução aparelhada. Impenhorabilidade inocorrente. Recurso não provido. (*JTJ* 140/168)

Bem de família. Instituição por lei. Averbação não feita no Registro de Imóveis. Impenhorabilidade não reconhecida. Execução já aparelhada quando entrou em vigor a nova lei. Agravo improvido. Declaração de voto vencedor. Inteligência da Lei n. 8.009/90 e dos arts. 70 e 73 do CC. (*RT* 691/114)

**Art. 1.715. O bem de família é isento de execução por dívidas posteriores à sua instituição, salvo as que provierem de tributos relativos ao prédio, ou de despesas de condomínio.**

**Parágrafo único. No caso de execução pelas dívidas referidas neste artigo, o saldo existente será aplicado em outro prédio, como bem de família, ou em títulos da dívida pública, para sustento familiar, salvo se motivos relevantes aconselharem outra solução, a critério do juiz.**

Legislação correlata: arts. 1º e 3º, Lei n. 8.009, de 29.03.1990.

Este artigo indica o tempo da garantia do bem de família com relação a dívidas do instituidor, esclarecendo que aquelas adquiridas após a instituição dele não o atingirão. Nessa linha de raciocínio, e consoante já acentuado no art. 1.711 (*v.* comentário), a existência de dívidas não impede a instituição do bem de família, porquanto os benefícios da gravação não gerarão efeitos com relação aos débitos preexistentes. De outra sorte, a lei ressalva que, no caso de serem gerados débitos tributários e/ou despesas condominiais, o bem gravado será garantidor do pagamento dos mesmos (a despesa de condomínio é obrigação de natureza *propter rem*). Essa ressalva expressa da lei evidencia a intenção do legislador de não acobertar uma eventual situação de inadimplência abusiva, por parte dos maus pagadores, que teria reflexos na entidade estatal ou na condominial, afetando diretamente a sociedade e terceiros. A exceção contida neste texto – cobrança de dívidas tributárias ou condominiais – é amenizada com a permissão legal de que o saldo, porventura existente, será colocado à disposição do instituidor, com as mesmas garantias legais do bem de família, desde que esta solução seja a melhor a ser aplicada ao caso e corresponda à verdadeira defesa da família, segundo critério judicial (*parágrafo único*).

**Jurisprudência:** Agravo de instrumento. Ação de busca e apreensão convertida em execução de título extrajudicial. Revogação da determinação de penhora do imóvel sob matrícula n. 51.945. Insurgência do exequente. Bem de família voluntário ou convencional. Averbação na matrícula do imóvel. Finalidade é a garantia de moradia e proteção à unidade familiar. Imóvel que não está servindo como residência dos executados sendo locado a terceiros. Frutos destinados ao sustento da família (Súmula n. 486 do STJ). Possibilidade. Débitos que são posteriores à instituição do imóvel como bem de família. Inaplicabilidade do art. 1.715 do CC. Revogação mantida. Recurso improvido. (TJSP, AI n. 2065082-07.2024.8.26.0000/SP, 32ª Câm. de Dir. Priv., rel. José Augusto Genofre Martins, j. 24.03.2024, *DJ* 24.03.2024)

Agravo de instrumento. Civil e processual civil. Execução de título extrajudicial. Taxas condominiais. Imóvel. Contrato de promessa de compra e venda não registrado. Ação proposta contra o promitente comprador. Possibilidade de penhora do bem gerador dos débitos independentemente de o proprietário figurar como parte na execução. Obrigação *propter rem*. Prévia intimação. Recurso conhecido e provido. 1. Trata-se de execução de título extrajudicial (taxas condominiais) ajuizada contra o promitente comprador do imóvel gerador dos débitos, ora agravado. O contrato de promessa de compra e venda do bem não foi levado a registro, permanecendo o alienante como proprietário na matrícula do imóvel. Ausentes outros bens penhoráveis em nome da parte executada, ora agravada, o exequente, ora agravante, com fulcro no art. 835, XII, do CPC, requereu a penhora do imóvel ou dos direitos aquisitivos que eventualmente recaiam sobre ele, pleito indeferido pelo Juízo *a quo* sob o argumento de que o bem não pertenceria à esfera patrimonial do executado/agravado. 2. Pela expressa dicção do art. 1.245, § 1º, do CC, enquanto não for registrado o título translativo no Registro de Imóveis competente, o alienante continua a ser havido como dono do imóvel. Aludido registro constitui ato obrigatório, por força do art. 169, *caput*, da Lei n. 6.015/73, que dispõe sobre os registros públicos e dá outras providências. 3. A ausência de registro do título translativo no Registro de Imóveis não pode configurar empecilho para que o credor/exequente, ora agravante, tenha acesso ao bem para garantia do débito condominial, sob pena de se atribuir ao imóvel gerador da obrigação condominial uma proteção intransponível, seja porque o seu formal proprietário não figura como parte no processo de origem, seja porque não integra efetivamente o patrimônio do possuidor, ora executado/agravado, subvertendo as próprias disposições legais que afastam a impenhorabilidade do bem no caso de cobrança de débitos condominiais (art. 3º, IV, da Lei n. 8.009/90, e art. 1.715, *caput*, do CC). 4. A obrigação de contribuir com o rateio das despesas condominiais reveste-se de natureza *propter rem*, acompanhando o imóvel que origina o débito. A par disso, tem-se que o referido bem deve ser considerado como garantia para o pagamento da dívida, podendo ser penhorado para tal finalidade, independentemente de o proprietário figurar como parte no processo judicial para cobrança ou execução das taxas de condomínio, conforme elucida o claro precedente do Col. STJ (REsp n. 1.829.663/SP, rel. Min. Nancy Andrighi, 3ª T., j. 05.11.2019, *DJe* 07.11.2019). 5. Não se descuida da necessidade de que o processo seja norteado pelos princípios da legalidade (art. 8º do CPC) e que às partes sejam garantidos os direitos à ampla defesa e ao contraditório (art. 7º do CPC). Nesse mister, dadas as peculiaridades do feito, afigura-se imprescindível, antes de se proceder à penhora e eventual hasta pública do imóvel gerador das despesas condominiais, que se intime o proprietário do bem que consta na matrícula do imóvel, oportunizando a sua manifestação sobre o que entender de direito, a fim de se evitar alegação futura de nulidade. 6. Recurso conhecido e provido. (TJDF, AI n. 0719868-19.2021.8.07.0000, 2ª T. Cível, rel. Sandra Reves, j. 15.12.2021, *DJe* 21.01.2022)

Execução de título extrajudicial. Homologação judicial de dois acordos. Descumprimento. Ausência de advogado. Direito patrimonial disponível. Penhorabilidade do imóvel devedor do condomínio. 1 – Executados que entenderam por bem firmar acordo e não apresentar defesa, de modo que ocorreu preclusão lógica, não podendo se insurgir contra a execução, apresentando defesa de mérito, apenas depois de descumprir os DOIS acordos por eles firmados, acordos estes que tratavam de direito patrimonial disponível. Para a formalização do acordo, não era necessária a presença de advogado, tratando-se de partes maiores e capazes que livremente afirmaram estar em débito com relação às cotas condominiais, não sendo requisito legal para formulação de acordos a presença de advogado. Ausência de nulidade dos acordos, homologados judicialmente há anos. 2 – "Art. 1.715 do CC: [...]". Possibilidade de constrição de imóvel supostamente protegido pela impenhorabilidade do bem de família se o credor é justamente o condomínio credor de obrigação *propter rem* para manutenção do próprio imóvel. Recurso improvido. (TJSP, Ap. Cível n. 10044092920198260004/SP, 30ª Câm. de Dir. Priv., rel. Maria Lúcia Pizzotti, j. 18.09.2019, *DJe* 19.09.2019)

Ação de cobrança de cotas condominiais. Cumprimento de sentença. Arrematação do bem de família. Saldo do produto. Sub-rogação. Inteligência do art. 1.715 do CC. Manifestação do terceiro interessado em contraminuta informando que executa na 23ª Vara Cível do Foro Central contrato de locação em que o agravante figurou como fiador. Afastamento da impenhorabilidade. Inteligência do art. 3º, VII, da Lei n. 8.009/90. Súmula n. 549 do STJ. Manutenção da decisão recorrida apenas no que toca à penhora no rosto dos autos emanada do referido juízo, ressalvada a possibilidade dessa questão ser discutida naquele feito. Recurso provido em parte. (TJSP, AI n. 2086479-69.2017.8.26.0000, 25ª Câm. de Dir. Priv., rel. Edgard Rosa, j. 20.07.2017)

Agravo de instrumento. Ação de execução por quantia certa. Cheque. Penhora. Incidente sobre bem imóvel de propriedade do executado. Alegação, pelo executado, de o imóvel ter sido instituído como "bem de família", com base no art. 1.711 do CC. Instituição posterior a assunção da dívida pela empresa-executada, da qual o executado é um dos sócios. Possibilidade de a penhora recair sobre o bem imóvel reconhecida. Aplicação do art. 1.715 do CC. Recurso não provido. (TJSP, AI n. 0055591-93.2013.8.26.0000/Guararapes, 13ª Câm. de Dir. Priv., rel. Zélia Maria Antunes Alves, *DJe* 12.05.2014, p. 1.178)

Recurso. Agravo de instrumento. Despesas de condomínio. Cumprimento de sentença. Penhora da unidade condominial. Bem de família. Irrelevância. Possibilidade da constrição. Dívida *propter rem*. Incidência dos arts. 3º, IV, da Lei n. 8.009/90 e 1.715 do CC. Decisão mantida. Recurso de agravo não provido. (TJSP, AI n. 0077116-34.2013.8.26.0000, São Paulo, 25ª Câm. de Dir. Priv., rel. Marcondes D'angelo, *DJe* 21.08.2013, p. 1.561)

Agravo de instrumento. Execução de título extrajudicial. Decisão que determinou a penhora no rosto dos autos da ação de cobrança de despesas condominiais movida contra os executados, de parte do valor remanescente obtido com a arrematação do imóvel. Alegação de que o valor remanescente será usado para aquisição de outro bem de família que não deve prosperar admissibilidade. Incidência da regra prevista no art. 1.715, parágrafo único, do CC. Simples assertiva do exequente de serem os executados proprietários de outro imóvel não afasta a incidência deste benefício legal, atento ao disposto no art. 5°, *caput*, da Lei n. 8.009/90, bem que, ademais, também foi penhorado em outra execução que promove constrição determinada que deve ser afastada. Recurso provido para tanto. (TJSP, AI n. 0066298-23.2013.8.26.0000/Santo André, 14ª Câm. de Dir. Priv., rel. Thiago de Siqueira, *DJe* 19.08.2013, p. 1.263)

Execução. Embargos. Legítima a penhora de bens móveis que guarnecem a residência da família do devedor para assegurar pagamento de dívida oriunda de despesas condominiais do próprio bem. Art. 3°, IV, da Lei n. 8.009/90 e art. 1.715 do CC. Excesso de execução. Sucessivas impugnações genéricas aos cálculos efetuados pela contadoria judicial, sem apontar o valor que entende correto. Cabível a multa de 20% sobre o total inadimplido até a entrada em vigor do CC/2002. Interposição de incidentes manifestamente infundados, com caráter protelatório. Litigância de má-fé caracterizada. Recurso improvido. (TJSP, Ap. Cível s/ Rev. n. 1.064.021.001/Santo André, 31ª Câm. de Dir. Priv., rel. Francisco Casconi, j. 04.08.2009)

Locação. Agravo regimental em agravo de instrumento. Penhora do imóvel do fiador em contrato de locação. Dívidas anteriores à instituição do imóvel como bem de família. Art. 1.715 do CC/2002. Impenhorabilidade afastada. Agravo regimental desprovido. 1 – O Eg. Tribunal *a quo* assentou ser inaplicável ao fiador do contrato de locação a impenhorabilidade de que trata o art. 3° da Lei n. 8.009/90, mesmo após a instituição do imóvel como bem de família, uma vez que a obrigação do fiador fora contraída anteriormente à referida instituição, estando, ainda, no curso do contrato. 2 – Tal entendimento coaduna-se com a letra do art. 1.715 do CC/2002, segundo o qual o bem de família é isento de execução por dívidas posteriores à sua instituição, salvo as que provierem de tributos relativos ao prédio, ou de despesas de condomínio. Assim, não há como se isentar as dívidas postuladas pelo ora agravado, como pretendido, haja vista que tais débitos são anteriores à instituição do imóvel como bem de família, o que afasta a alegada impenhorabilidade. 3 – A desconstituição da assertiva lançada pelo juízo ordinário referente à anterioridade da dívida em relação à instituição do imóvel como bem de família esbarraria na Súmula n. 7 do STJ, por demandar o vedado revolvimento do suporte fático-probatório. 4 – As demais questões ora suscitadas pelos agravantes, atinentes à existência de outros bens a serem penhorados ou à ocorrência de novação, não podem ser examinadas em recurso especial, pois, além de não prequestionadas, demandam reexame de prova (Súmulas ns. 7/STJ e 282 e 356/STF). 5 – Agravo regimental desprovido. (STJ, Ag. Reg. no AI n. 1.074.247, 5ª T., rel. Min. Napoleão Nunes Maia Filho, j. 19.02.2009)

Hipoteca judicial. Loteamento. Sentença condenatória contra não associado, por despesas de conservação e manutenção de serviços comuns a todos os proprietários. Inscrição de hipoteca legal. Alegação, por parte do réu, de impossibilidade da inscrição por impenhorabilidade de bem de família. Viabilidade da constrição, por se tratar de despesa gerada pela própria coisa (*propter rem*). Suscetibilidade do bem de família à hipoteca judiciária (art. 1.715 do CC e art. 3°, V, da Lei n. 8.009/90). Decisão mantida. Agravo não provido. (TJSP, AI n. 6.067.514.600/Carapicuíba, 10ª Câm. de Dir. Priv., rel. João Carlos Saletti, j. 16.12.2008)

[...] específica e justificada do cálculo de atualização. Multa de 20% mantida, dado o trânsito em julgado da decisão no processo de conhecimento. Unidade autônoma penhorada. Bem que não é imune à constrição, dado o seu regime condominial e pelo fato de o débito decorrer das despesas para conservação da coisa comum. Inteligência do art. 1.715 do novo CC. Apelação desprovida. (TJSP, Ap. s/ Rev. n. 1.107.486.200, 25ª Câm. do D. Terceiro Grupo (extinto II TAC), rel. Sebastião Flávio da Silva Filho, j. 24.07.2007)

Despesas de condomínio. Embargos à execução. Bem de família. Contribuições do próprio bem. Inaplicabilidade. Art. 1.715, CC. Direito de moradia. EC n. 26/2000. Norma programática. Regulamentação. Ausência. O direito constitucional de moradia, previsto no art. 6° da CF, possui natureza programática que carece de regulamentação, de modo que a penhorabilidade do imóvel do qual se cobra despesas de condomínio fica mantida, de acordo com o disposto no art. 1.715 do CC, por se tratar de contribuições devidas em função do próprio imóvel. Recurso improvido. (TJSP, Ap. s/ Rev. n. 992.060.742.541 (1068553500), 27ª Câm. do D. Quarto Grupo (extinto II TAC), rel. Carlos Giarusso Santos, j. 06.02.2007)

Execução. Bem nomeado à penhora pelo próprio devedor. Renúncia. Impenhorabilidade. Art. 649 do CPC [art. 824 do CPC/2015]. I – Os bens inalienáveis são absolutamente impenhoráveis e não podem ser nomeados à penhora pelo devedor, pelo fato de se encontrarem fora do comércio e, portanto, serem indisponíveis. Nas demais hipóteses do art. 649 do CPC [art. 824 do CPC/2015], o devedor perde o benefício se nomeou o bem à penhora ou deixou de alegar a impenhorabilidade na primeira oportunidade que teve para falar nos autos, ou nos embargos à execução, em razão do poder de dispor de seu patrimônio. II – A exegese, todavia, não se aplica ao caso de penhora de bem de família (arts. 70 do CC anterior e 1.715 do atual, e Lei n. 8.009/90), pois, na hipótese, a proteção legal não tem por alvo o devedor, mas a entidade familiar, que goza de amparo especial da Carta Magna. (STJ, REsp n. 351.932/SP, 3ª T., rel. Min. Nancy Andrighi, j. 14.10.2003, *DJU* 19.12.2003)

Execução fiscal. Penhora. Bens que guarneciam imóvel instituído como bem de família por escritura pública. Não preenchimento dos requisitos do art. 1º da Lei n. 8.009/90 ou do art. 70 do CC. Ato, ademais, posterior a constituição dos créditos tributários executados e, até, ao ajuizamento das execuções. (*JTJ* 152/55)

**Art. 1.716. A isenção de que trata o artigo antecedente durará enquanto viver um dos cônjuges, ou, na falta destes, até que os filhos completem a maioridade.**

O dispositivo ora analisado refere-se à duração do instituto do bem de família. Ele subsistirá enquanto o casal instituidor (ou apenas um dos cônjuges ou companheiros, ou o responsável pela família monoparental) ou a pessoa beneficiada – no caso de instituição por terceiro – viver e durante o tempo em que os respectivos filhos forem menores de idade (não emancipados), não possuindo, portanto, caráter perene. Como a instituição do bem de família tem por finalidade assegurar um lar para cada família, perdurará enquanto esta não se dissolver. Ainda sobre a extinção do bem de família, veja-se comentário ao art. 1.721 a seguir.

**Art. 1.717. O prédio e os valores mobiliários, constituídos como bem da família, não podem ter destino diverso do previsto no art. 1.712 ou serem alienados sem o consentimento dos interessados e seus representantes legais, ouvido o Ministério Público.**

Consoante já explanado nos arts. 1.711 e 1.712, supra, a instituição de bem de família visa à proteção da família, garantindo seu abrigo e as condições necessárias ao seu sustento. O dispositivo ora comentado, por sua vez, evidencia o espírito do legislador em preservar o instituto e evitar que sua destinação seja desvirtuada, seja por meio da utilização diversa, seja por intermédio da alienação. Especialmente com relação a esse ato jurídico, a lei impõe a necessidade de consentimento de todos os membros da família (instituidor, cônjuge, companheiro, filhos menores por meio de seu curador especial), com a oitiva do Ministério Público. Essa referência da lei à manifestação do Ministério Público, interpretada conjuntamente com o disposto no art. 1.719 (*v.* comentário) leva à conclusão da necessidade de procedimento judicial para a modificação da destinação ou para a alienação do bem de família, embora não haja previsão expressa nesse sentido. Há proposta de alteração do dispositivo, no PL n. 699/2011, no sentido de que seja suprimida a segunda parte do artigo, aplicando-se quanto à alienação do bem de família o disposto no art. 1.719, em que esta figura passaria a estar incluída. Nessa linha de entendimento, Maria Helena Diniz leciona que "a cláusula somente poderá ser levantada por mandado do juiz se for requerido pelo instituidor que o justifique por motivo relevante e comprovado, ou por qualquer interessado que prove desvio em sua destinação" (DINIZ, Maria Helena. *Código Civil anotado*. São Paulo, Saraiva, 2002).

**Art. 1.718. Qualquer forma de liquidação da entidade administradora, a que se refere o § 3º do art. 1.713, não atingirá os valores a ela confiados, ordenando o juiz a sua transferência para outra instituição semelhante, obedecendo-se, no caso de falência, ao disposto sobre pedido de restituição.**

O presente dispositivo prevê a proteção dos valores mobiliários destinados como bem de família (*v.* art. 1.713) que estejam sob a administração de entidade financeira que sofreu liquidação ou falência. Neste caso, o juiz determinará o levantamento das referidas quantias e seu depósito perante outra instituição que exerça a mesma função e de idoneidade comprovada. Pretende o legislador preservar integralmente os valores afetados pelo instituidor, determinando que se observe, no caso de falência, o procedimento de restituição previsto na lei falimentar.

**Art. 1.719. Comprovada a impossibilidade da manutenção do bem de família nas condições em que foi instituído, poderá o juiz, a requerimento dos interessados, extingui-lo ou autorizar a sub-rogação dos bens que o constituem em outros, ouvidos o instituidor e o Ministério Público.**

A instituição do bem de família, consoante já exposto, não é perpétua; contudo, poderá ter uma longa duração até a ocorrência da condição resolutiva – morte dos cônjuges ou companheiros, maioridade dos filhos. Por essa razão, ao longo dos anos, a situação que se figurava na época da instituição pode ter sido modificada de tal maneira que a afetação do bem traga grandes dificuldades e entraves ao instituidor e à sua família, necessitando, pois, sua extinção. Tome-se como exemplo o instituidor desempregado que não tenha condição financeira suficiente para a manutenção do imóvel de alto luxo; ou, ainda, a degradação da vizinhança em que o imóvel está situado, impossibilitando a utilização do bem como moradia, entre outras situações. Nesses casos, os interessados poderão pleitear judicialmente a extinção ou a sub-rogação da afetação. Após a oitiva do terceiro instituidor e do representante do Ministério Público, o juiz analisará as razões do pedido e poderá acolhê-lo, determinando o levantamento da gravação perante o cartório de Registro de Imóveis, ou a sub-rogação da afetação em outros bens (imóvel e valores mobiliários). Alexandre Guedes Alcoforado Assunção resume os requisitos exigidos pela lei para que seja extinto o bem de família ou haja sua sub-rogação. São eles: "a) comprovação da impossibilidade da manutenção do bem de família nas condições em que foi instituído; b) requerimento dos interessados; e c) oitiva do instituidor e do Ministério Público" (*Novo Código Civil comentado*. São Paulo, Saraiva, 2002). Há projeto de lei em trâmite (PL n. 699/2011) buscando a alteração do dispositivo para que ele preveja a necessidade de autorização judicial também para a alienação do bem de família, em consonância com o disposto no art. 1.717 anteriormente comentado.

**Jurisprudência:** Jurisdição voluntária. Bem de família. Instituição. Sub-rogação. Vigência. A sub-rogação em outro imóvel (art. 1.719 do CC), de bem de família instituído por escritura pública, não retroage sua vigência à data em que houve a instituição sobre o imóvel anterior, mas somente passa a produzir efeitos depois que o gravame for registrado. (TJMG, Proc. n. 1.0024.07.775606-2/001(1), rel. Guilherme Luciano Baeta Nunes, j. 19.08.2008)

**Art. 1.720. Salvo disposição em contrário do ato de instituição, a administração do bem de família compete a ambos os cônjuges, resolvendo o juiz em caso de divergência.**

**Parágrafo único. Com o falecimento de ambos os cônjuges, a administração passará ao filho mais velho, se for maior, e, do contrário, a seu tutor.**

O legislador, em consonância com o princípio da isonomia (art. 226, § 5º, da CF e art. 1.567 do CC), atribuiu a administração do bem de família a ambos os cônjuges (ou companheiros), observando que qualquer divergência deverá ser solucionada pelo juiz. Entretanto, abre a possibilidade de ser nomeado um administrador na própria escritura de instituição do bem de família que poderá ser um dos cônjuges ou companheiros, ou terceira pessoa. Neste último caso, vislumbra-se a referência às instituições financeiras para a administração dos valores mobiliários. Já para a hipótese de falecimento de ambos os cônjuges, companheiros ou responsável pela família monoparental, o *parágrafo único* do artigo estabelece que a administração competirá ao filho mais velho, desde que seja maior, ao tutor dos filhos menores ou, ainda, ao curador do filho interdito, não se extinguindo, assim, o bem de família.

**Jurisprudência:** Embargos de declaração no recurso especial. Violação do art. 535 do CPC [art. 1.022 do CPC/2015]. Omissão, contradição e obscuridade não verificadas. Recurso especial. Direito de família. Alimentos. Pedido de exoneração. Pendência de partilha obstada pelo recorrido. Princípios da proporcionalidade e da dignidade da pessoa humana. Patrimônio comum do casal sob a exclusiva posse e administração do alimentante. Peculiaridade. Necessidade de restabelecimento da obrigação alimentar. Situação peculiar. *Periculum in mora* inverso. 1 – Ausentes quaisquer dos vícios catalogados no art. 535 do CPC [art. 1.022 do CPC/2015], afigura-se patente o intuito infringente dos embargos, que não objetivam suprimir omissão, afastar obscuridade ou eliminar contradição, mas, sim, reformar o julgado por via inadequada. 2 – A obrigação alimentícia deve ser mantida enquanto pendente a partilha do patrimônio comum do ex-casal, manifestamente procrastinada pelo ex-cônjuge recalcitrante, que se encontra na exclusiva posse e administração dos bens e não coopera para que a controvérsia seja dirimida judicialmente. 3 – A administração do patrimônio comum da família compete a ambos os cônjuges (arts. 1.663 e 1.720 do CC), presumindo a lei ter sido adquirido pelo esforço comum do casal, sendo certo que o administrador dos bens em estado de mancomunhão tem a obrigação de prestar contas ao outro cônjuge alijado do direito de propriedade. 4 – O Judiciário não é órgão de consulta. 5 – Embargos de declaração rejeitados, com aplicação de multa de 1% sobre o valor da causa. (STJ, Emb. Decl.-REsp n. 1.287.579, 3ª T., rel. Min. Ricardo Villas Bôas Cueva, *DJe* 24.02.2014, p. 529)

Veja no art. 1.663 o seguinte acórdão: STJ, REsp n. 1.287.579, 3ª T., rel. Min. Ricardo Villas Bôas Cueva, *DJe* 02.08.2013, p. 1.211.

**Art. 1.721. A dissolução da sociedade conjugal não extingue o bem de família.**

**Parágrafo único. Dissolvida a sociedade conjugal pela morte de um dos cônjuges, o sobrevivente poderá pedir a extinção do bem de família, se for o único bem do casal.**

O dispositivo em exame é consectário lógico do art. 1.716 anteriormente comentado (*v.* comentário). A morte de um dos cônjuges (ou companheiro) (*v.* art. 1.722) e a separação judicial do casal não têm o condão de extinguir automaticamente a instituição do bem de família, porquanto subsiste o motivo que ensejou a afetação: a proteção da entidade familiar. O *parágrafo único*, por sua vez, estabelece uma exceção, permitindo a extinção da gravação do bem de família no caso do falecimento de um dos cônjuges e sendo este o único bem existente. A ressalva não fez referência à eventualidade de existirem filhos menores do casal, embora a lei resguarde os direitos destes, consoante dispõe o art. 1.716, antes comentado (*v.* comentário). Contudo, esse fato deverá ser levado em consideração, uma vez que cabe ao juiz, após a oitiva dos interessados e do Ministério Público, apreciar os motivos e as condições de cada caso para julgar e acolher ou não o pedido de extinção do gravame. Como o dispositivo não inclui expressamente o companheiro nem faz menção à união estável, há proposta de alteração da norma nesse sentido (PL n. 699/2011), visando a adequá-la ao contexto do Código.

**Jurisprudência:** Agravo de instrumento. Ação de cancelamento de instituição de bem de família convencional. Instituição promovida pelo casal. Dispensa de oitiva da ex-esposa acerca da pretensão. Na peculiaridade do caso, a regra do art. 1.721 do CC, não impõe que seja necessário ouvir a mulher a respeito da extinção da instituição do bem de família. É que não há interesse da mulher que autorize sua intimação para manifestação em relação à extinção do bem de família, em relação a um bem que, incontroversamente, não lhe pertence e sequer está sob sua administração ou posse, há mais de 20 anos. Por maioria, deram provimento, vencido o Des. relator. (TJRS, AI n. 70.058.040.445, 8ª Câm. Cível, rel. Des. Ricardo Moreira Lins Pastl, j. 24.04.2014)

**Art. 1.722. Extingue-se, igualmente, o bem de família com a morte de ambos os cônjuges e a maioridade dos filhos, desde que não sujeitos a curatela.**

Este último artigo repete o quanto já enunciado no art. 1.716 (*v.* comentários), acrescentando somente a proteção legal ao filho que, embora maior, seja interdito e sujeito à curatela. Nesse caso, a afetação do bem de família permanecerá até o falecimento do filho interditado, protegendo-se, mais uma vez, a entidade familiar. Maria Helena Diniz ensina que o prédio entrará em inventário para ser partilhado somente quando a cláusula for eliminada (*Curso de direito civil brasileiro* – direito de família. São Paulo, Saraiva, 2002, v. V), ou seja, desde que falecidos os cônjuges (ou companheiros) e que os filhos tenham atingido a maioridade e a plena capacidade, circunstâncias que autorizarão a extinção do gravame automaticamente. Como o dispositivo não inclui expressamente os companheiros, também há proposta de alteração da norma nesse sentido, visando a adequá-la ao contexto do Código (PL n. 699/2011).

**Jurisprudência:** Agravo de instrumento. Ação de execução por quantia certa contra devedor solvente. Decisão interlocutória que reconheceu a impenhorabilidade de bem de família. Irresignação da instituição financeira. Pretensão de afastamento da declaração de impenhorabilidade do imóvel *sub judice*. Não acolhimento. Bem que comprovadamente abriga o tio do executado (idoso), usufrutuário vitalício. Precedentes desta corte e do STJ. Hipótese do art. 1º da Lei n. 8.009/90 configurada. Alegada ausência de comprovação da titularidade do domínio de um único imóvel pelo devedor. Rejeição do argumento. Certidões emitidas pelos cartórios de registro imobiliário que atestam a inexistência de outros bens de propriedade do agravado. Ademais, art. 5º da Lei n. 8.009/90 que não exige que o devedor seja proprietário de apenas um imóvel. Dispositivo legal que prevê que a proteção legal de "bem de família" abarque, unicamente, aquele que sirva de moradia. Impositiva manutenção da decisão guerreada. "No direito brasileiro há duas espécies de bem de família, aquele denominado convencional ou voluntário – previsto nos arts. 1.711 a 1.722 do CC – e o bem de família legal – regulado pela Lei n. 8.009/90. Quanto à segunda hipótese, a qual importa para a questão em análise, o imóvel residencial da entidade familiar é considerado, em regra, impenhorável e não responderá por qualquer espécie de dívida civil, comercial, fiscal, previdenciária, trabalhista ou de outra natureza, à exceção das possibilidades previstas no art. 3º da mencionada norma. Conquanto o art. 5º da Lei n. 8.009/90 disponha: 'para os efeitos de impenhorabilidade, de que trata esta lei, considera-se residência um único imóvel utilizado pelo casal ou pela entidade familiar para moradia permanente', inexiste exigência de o devedor possuir apenas um imóvel, prevendo a norma tão somente que a proteção legal de 'bem de família' recairá, exclusivamente, sobre aquele residencial, sendo inviável amparar outras interpretações" (AI n. 0139359-34.2014.8.24.0000, rel. Des. Robson Luz Varella, j. 21.03.2017). Recurso conhecido e desprovido. (TJSC, Proc. n. 40169426920188240000, 2ª Câm. de Dir. Com., rel. Rejane Andersen, j. 20.08.2019)

Apelação. Embargos de terceiro. Pais dos embargantes que eram sócios de empresa contra a qual foi proposta a execução. Embargantes que não demonstraram de forma cabal que residem com os pais no imóvel objeto da penhora. E mesmo que tivessem provado tal fato, não poderiam se beneficiar do instituto de bem de família a teor do art. 1.722 do CC. Ilegitimidade de parte reconhecida. Negaram provimento ao recurso. (TJSP, Ap. Cível c/ Rev. n. 8.575.755.600/São Paulo, 18ª Câm. de Dir. Públ., rel. Osvaldo Capraro, j. 21.05.2009)

## TÍTULO III
## DA UNIÃO ESTÁVEL

**Art. 1.723. É reconhecida como entidade familiar a união estável entre o homem e a mulher, configurada na convivência pública, contínua e duradoura e estabelecida com o objetivo de constituição de família.**

**§ 1º A união estável não se constituirá se ocorrerem os impedimentos do art. 1.521; não se aplicando a incidência do inciso VI no caso de a pessoa casada se achar separada de fato ou judicialmente.**

**§ 2º As causas suspensivas do art. 1.523 não impedirão a caracterização da união estável.**

Legislação correlata: art. 226, § 3º, CF; art. 1º, Lei n. 9.278, de 10.05.1996.

Buscando reconhecer e dar amparo jurídico à união havida entre casais sem a formalidade do matrimônio, realidade vivida já há muito tempo pela sociedade brasileira e admitida pela jurisprudência de nossos tribunais, o art. 226, § 3º, da CR impôs que, "para efeito de proteção do Estado, é reconhecida a união estável entre o homem e a mulher como entidade familiar, devendo a lei facilitar sua conversão em casamento".

Visando à regulamentação do dispositivo constitucional, após o reconhecimento da união estável como entidade familiar, sobrevieram a Lei n. 8.971/94, que num primeiro momento somente disciplinou os direitos dos companheiros a alimentos e à sucessão, e a Lei n. 9.278/96, que expressamente quis regular o § 3º antes referido. Por não regulamentar todas as matérias de que a outra tratava, a lei posterior não revogou totalmente a lei anterior.

O CC/2002, contudo, encampou todas as questões disciplinadas nas leis referidas, que deixaram de existir, com a exceção do *direito real de habitação* assegurado no parágrafo único do art. 7º da Lei n. 9.278/96. Com efeito, muito embora o Código tenha garantido ao cônjuge sobrevivente o direito real de habitação (*v.* art. 1.831), não o estendeu ao companheiro, em flagrante afronta à CR, já que ambos foram partícipes de relação afetiva prestigiada pela lei maior. Assim, forçoso é reconhecer que subsiste o direito de habitação, seja por não ter sido revogada expressamente a previsão da Lei n. 9.278/96, seja em razão da interpretação analógica do art. 1.831, informado pelo disposto no art. 6º, *caput*, da CR.

A união estável é tema tratado no livro do direito de família exatamente por força do § 3º do art. 226 da Constituição. O artigo ora comentado define união estável, repetindo disposição contida no art. 1º da Lei n. 9.278/96. E, desta definição, extraem-se seus elementos constitutivos. Ao dispor o artigo – e o texto Constitucional – que a união estável será reconhecida como entidade familiar quando entre homem e mulher, foi excluída a possibilidade de aplicarem-se as regras da união estável à *união homossexual* ou às *parcerias homoafetivas*, embora seja certo que algumas disposições previstas para a união estável possam aplicar-se analogicamente às uniões homossexuais (*v.* jurisprudência a seguir). "No julgamento da ADPF n. 132/RJ e da ADI n. 4.277 (rel. Min. Carlos Ayres Brito, j. 05.05.2011), o STF deu interpretação conforme o CC 1.723 para admitir a possibilidade de existir união estável entre pessoas do mesmo sexo. O STF reescreveu a Constituição e nela inseriu a união homoafetiva como uma nova forma de entidade familiar, não prevista expressamente pela CF 226, criação essa baseada em interpretação sistemática da CF, principalmente na dignidade da pessoa humana, na igualdade, na liberdade e na não discriminação" (cf. Nelson Nery Jr. e Rosa Maria Andrade Nery, *Código Civil comentado*, 8. ed., p. 1.245). Nessa linha o Enunciado n. 524 da V Jornada de Direito Civil do CJF assentou o entendimento de que as demandas envolvendo união estável entre pessoas do mesmo sexo constituem matéria de direito de família.

São os seguintes os requisitos da união estável: a) *convivência pública*: a publicidade exigida pela lei é a que significa notoriedade da relação, ou seja, que a união seja reconhecida no meio social em que vivem os companheiros, não podendo ser, portanto, secreta ou clandestina; b) *duradoura e contínua*: a união do homem e da mulher deve ser durável, e não passageira, breve, circunstancial ou momentânea, para que seja considerada estável. Ainda que o legislador não tenha estabelecido o *prazo* mínimo para seu reconhecimento – que poderia ser de dois anos, segundo Regina Beatriz Tavares da Silva, em *Novo Código Civil comentado* (São Paulo, Saraiva, 2002) –, exigiu que se considerem a consistência e a efetividade da união. O *prazo* necessário será estabelecido pelo juiz em cada caso concreto, diante de suas circunstâncias, como, por exemplo, "a vida em comum sob o mesmo teto, ou não; existência de filhos; notoriedade da convivência; casamento religioso; contrato escrito reconhecendo a união; atos e negócios jurídicos que se referem à união (nomeação da companheira como procuradora, segurada ou dependente, contrato de locação, contas conjuntas, cartão de crédito comum etc.), sem esquecer o elemento subjetivo, muito esclarecedor: numa verdadeira união estável, os conviventes têm o *animus* de constituir família, assumem, perante a sociedade, um *status* em tudo semelhante ao de pessoas casadas, concedendo-se mutuamente o tratamento, a consideração, o respeito que se dispensam, reciprocamente, os esposos" (cf. VELOSO, Zeno. *Código Civil comentado* – direito de família. São Paulo, Atlas, 2003, v. XVII). A *continuidade* da relação é indispensável para a estabilidade da união. Relações que se suspendem e se interrompem com frequência não são compatíveis com o propósito de constituir família. O intérprete, contudo, deve agir dentro da razoabilidade, porquanto caso o desentendimento, a briga ou a pequena separação sejam rapidamente superados, retomando-se o relacionamento, não há razão para deixar de reconhecer a continuidade. Assim, como no requisito antes referido, as rupturas e pequenas separações deverão ser analisadas pelo juiz em cada caso concreto, que concluirá ou não pela estabilidade da união; c) *objetivo de constituição de família*: não é qualquer relação amorosa que caracteriza a união estável. Mesmo que celebrada em contrato escrito, pública e duradoura, com relações sexuais, com prole, e, até mesmo, com certo compartilhamento de teto, pode não estar presente o elemento fundamental consistente em desejar constituir família. Assim, o namoro aberto, a "amizade colorida", o noivado não constituem união estável. É indispensável esse *elemento subjetivo* para a configuração da união estável. Para Zeno Veloso (op. cit.) é absolutamente necessário que entre os conviventes, emoldurando sua relação de afeto, haja esse elemento espiritual, essa *affectio maritalis*, a deliberação, a vontade, a determinação, o propósito, enfim, o compromisso pessoal e mútuo de constituir uma família. A presença ou não deste elemento subjetivo será definida pelo juiz, diante das circunstâncias peculiares de cada caso concreto.

Embora tenha o legislador imposto como elemento caracterizador da união estável a *mera intenção de constituir família*, o certo é que ela só será reconhecida como tal quando, além de os requisitos a) e b) anteriores forem atendidos, *a família vier a ser efetivamente constituída* – não mediante celebração solene, como se faz no casamento, ou diante do mero objetivo de constituição de família, pois, neste último caso, até mesmo o noivado poderia se enquadrar.

Dúvida há sobre a ***coabitação***, se ela constitui ou não requisito para o reconhecimento da união estável ou mesmo dever dos companheiros. Regina Beatriz Tavares da Silva (op. cit.) considera que a lei em vigor não exige a convivência sob o mesmo teto e que, mesmo com domicílios diversos, pode-se estabelecer união estável entre um homem e uma mulher, como reflexo da evolução social. Para Zeno Veloso (op. cit.), o dever de coabitação é imperativo lógico, estando implícito na união estável, só sendo assim possível a separação de corpos de que trata o disposto no art. 1.562 do CC (*v.* comentário). Aduz que não se pode dar à Súmula n. 382 do STF sua aparente extensão, pois ela foi editada em outro contexto social e legislativo. Compartilha-se o entendimento deste último doutrinador, no sentido de que a coabitação é da natureza da união estável e que constitui demonstração de sua existência. Contudo, como bem observado por ele, é preciso que se reconheça a evolução social no sentido de que algumas uniões, inclusive formais, admitem a intenção de constituir família, mesmo se os cônjuges ou companheiros morem em casas separadas, exigindo-se neste caso prova mais robusta e segura da união estável. A incompatibilidade de relacionamento do companheiro com os filhos do primeiro casamento da companheira, por exemplo, pode importar na impossibilidade de coabitação do casal, a fim de evitar traumas aos filhos, o que, nem por isso, descaracterizaria a união estável. Assim, será diante das circunstâncias de cada caso concreto que se poderá reconhecer a união estável mesmo sem a coabitação do casal, estando presentes, entretanto, outros elementos que a configurem. Nesta hipótese, ter-se-ia o pedido judicial de separação de corpos de que trata o art. 1.562 como marco inicial do rompimento da relação, até mesmo para fins patrimoniais. O STJ já firmou entendimento no sentido de que a coabitação não é elemento indispensável à caracterização da união estável, sendo dado relevante – ou mesmo um dos fundamentos a demonstrar a relação comum – para se determinar a intenção de construir uma família, devendo a análise centrar-se na conjunção de fatores presentes em cada hipótese como a *affectio societatis* familiar, a participação de esforços, a posse do estado de casado, a fidelidade, a continuidade da união, entre outros, nos quais a habitação comum se inclui (*v.* jurisprudência a seguir).

O **§ 1º** do presente artigo dispõe que a união estável não se constituirá se ocorrerem os impedimentos previstos no art. 1.521 (*v.* comentário), ressalvada a hipótese da pessoa casada, desde que separada judicialmente ou de fato. As hipóteses do art. 1.521 são de impedimento ao casamento – decorrentes do parentesco e da afinidade, de vínculo conjugal e referente ao crime – e acarretam a invalidade dele, de acordo com o disposto no art. 1.548 (*v.* comentário).

As pessoas impedidas de casar não podem constituir união estável, porque a vedação resulta do interesse público protegido pela norma. Os princípios éticos que regem o casamento também devem ser aplicados à união estável, pois também ela constitui entidade familiar digna e merecedora de proteção do Estado. Dessa forma, estando a pessoa casada impedida de casar-se novamente, assim também estará aquele que pretende constituir outra união estável. Na verdade, pretendeu o legislador não conferir ao casal que não podia casar-se a mesma proteção dada à família, porquanto não se justificaria beneficiar por via oblíqua quem esteja impedido de pretender o benefício pela via direta do casamento. Assim, não será considerada estável, para os efeitos próprios, a união entre ascendente e descendente, entre afins em linha reta, entre o adotante e quem foi cônjuge do adotado ou entre o adotado e quem foi cônjuge do adotante, entre irmãos e demais colaterais, até o terceiro grau inclusive (tio e sobrinha, ou tia e sobrinho), entre pessoas casadas e entre o cônjuge sobrevivente e o condenado por homicídio ou tentativa de homicídio contra o seu consorte (cf. MOREIRA, José Carlos Barbosa. *Revista de Direito Privado*. São Paulo, RT, v. XIII). A relação não eventual entre homem e mulher impedidos de casar constituirá o concubinato definido no art. 1.727 (*v.* comentário).

Na **segunda parte do § 1º** tem-se a ressalva referida anteriormente. A pessoa casada que estiver separada de fato ou judicialmente – embora não divorciada – poderá constituir união estável, mas não se casar novamente, porque, nesta hipótese, não estará presente o dever de fidelidade que impediria a nova união. O vínculo formal que se estabelece entre as partes não se sustenta de modo fundamental, em decorrência da evidente inexistência do afeto, marco característico das relações entre homens e mulheres com o propósito de constituir família. A união estável constituída neste período autoriza o pedido de alimentos e a partilha do patrimônio formado.

O § 2º do artigo dispõe que as causas suspensivas previstas no art. 1.523 não impedirão o reconhecimento da união estável se presentes os requisitos legais antes referidos, porquanto tais causas dizem respeito, exclusivamente, às formalidades relativas à celebração do casamento, inaplicáveis, portanto, à união estável.

**Jurisprudência:** Súmula n. 382, STF: A vida em comum sob o mesmo teto, *more uxorio*, não é indispensável à caracterização do concubinato.

Civil e processual civil. Agravo interno no agravo em recurso especial. Violação dos arts. 489 e 1.022, II, do CPC. Não ocorrência. União estável *post mortem*. Improcedência reconhecida nas instâncias de origem. Ausência de requisito legal. Súmula 7 do STJ. Agravo interno desprovido. 1. Inexiste ofensa aos arts. 489 e 1.022 do CPC quando o Tribunal local examina e decide, de modo claro e objetivo, as questões que delimitam a controvérsia, não ocorrendo nenhum vício que possa nulificar o acórdão recorrido. 2. A jurisprudência desta Corte Superior afirma que, "para que se configure a união estável, é imprescindível, na forma do art. 1.723, *caput* e § 1º, do CC/2002, que haja convivência pública, contínua e estabelecida com o objetivo de constituição de família, bem como que não estejam presentes os impedimentos ao casamento elencados no art. 1.521 do CC/2002" (REsp. n. 1.974.218/AL, rel. Min. Nancy Andrighi, 3ª T., j. 08.11.2022, *DJe* 11.11.2022). 3. No caso, a Corte de origem consignou inexistirem provas de convivência duradoura, pública e contínua, estabelecida com objetivo de constituição de família, tendo a recorrente firmado relação apenas de namoro com o *de cujus*. Incide, portanto, à hipótese vertente o óbice da Súmula n. 7 do STJ. 4. Agravo interno desprovido. (STJ, Ag. Int. no AREsp. n. 2434278/DF, 4ª T., rel. Min. Raul Araújo, j. 22.04.2024, *DJe* 02.05.2024)

Agravo interno. Apelação cível. Família. Ação de reconhecimento e dissolução de união estável c/c partilha de bens. Requisitos do art. 1.723 do CC não comprovados. Mero namoro. Improcedência da ação. Para o reconhecimento de união estável como entidade familiar, há necessidade de convivência pública, contínua e duradoura e estabelecida com o objetivo de constituição de família, nos exatos termos do art. 1.723 do CC. Hipótese em que a prova documental e testemunhal produzida não demonstrou a existência de união estável vivida entre o demandado/apelado e a autora/apelante, tratando-se de relação com contornos de simples namoro. Precedentes do TJRS. Agravo interno desprovido. (TJRS, Ap. n. 5025107-03.2022.8.21.0010/Caxias do Sul, 7ª Câm. Cível, rel. Carlos Eduardo Zietlow Duro, j. 29.11.2023, *DJ* 29.11.2023)

Apelação cível. Direito de família. Ação de reconhecimento e dissolução de união estável c/c partilha de bens. Não comprovada efetiva união estável. Requisitos do art. 1.723 do CC. Sentença de improcedência mantida. Nos termos do art. 1.723 do CC, é reconhecida como entidade familiar a união estável entre o homem e a mulher, configurada na convivência pública, contínua e duradoura e estabelecida com o objetivo de constituição de família. Portanto, necessária a comprovação inequívoca de convivência pública e contínua, com assistência mútua e com a evidente intenção dos envolvidos de constituir família, a fim da distinção da relação existente, do namoro. No caso dos autos, não existem elementos bastantes para configurar a relação como convivencial, de forma duradoura e contínua, com *animus* de constituir família, e com aparência para a sociedade como se casados fossem, não cabendo, igualmente, a partilha de bens pretendida. Recurso de apelação desprovido. (TJRS, Ap. n. 5121792-70.2020.8.21.0001/Porto Alegre, 1ª Câm. Esp. Cível, rel. Jane Maria Köhler Vidal, j. 16.10.2023, *DJ* 20.10.2023)

Apelação cível. Família. Ação de reconhecimento de união estável *post mortem*. *Affectio maritalis* não demonstrada. Embora possa ter havido relacionamento amoroso, os elementos carreados aos autos não comprovam a intenção da autora e o *de cujus* de constituir família, em convívio permanente e duradouro. Não preenchidos os requisitos elencados pelo art. 1.723 do CC, a improcedência do pedido de reconhecimento da união se impõe. Apelação cível desprovida. (TJRS, Ap. n. 5002491-52.2022.8.21.0004/Bagé, 1ª Câm. Esp. Cível, rel. Luis Gustavo Pedroso Lacerda, j. 16.10.2023, *DJ* 20.10.2023)

Ação de reconhecimento e dissolução de união estável, partilha de bens e alimentos. Sentença de improcedência. Insurgência da autora. Descabimento. Conjunto probatório, que demonstra a existência de um namoro qualificado no período, não preenchidos os requisitos para o reconhecimento de união estável, sem demonstração de objetivo de constituir família, o que afasta, por consequência, a pretensão de partilha de bens. Sentença mantida. Recurso da autora desprovido. (TJSP, Ap. Cível n. 10377227920228260002, 7ª Câm. de Dir. Priv., rel. Miguel Brandi, j. 21.06.2023, *DJ* 22.06.2023)

Veja no art. 1.521 a seguinte decisão: TJSP, Ap. Cível n. 1003965-35.2020.8.26.0400/SP, 8ª Câm. de Dir. Priv., rel. Benedito Antonio Okuno, j. 06.07.2022, publ. 06.07.2022.

Reconhecimento de união estável. Procedência. União estável. Convivência que pressupõe vida comum. Caracterização que exige certos requisitos, bem delineados pela doutrina. Necessidade da existência da posse de estado de casado, consistente de relacionamento público, notório, duradouro, que configure um núcleo familiar. Art. 1.723 do novo CC. Exigência de vida em comum, *more uxorio*, não necessariamente sob o mesmo teto, mas com sinais claros e induvidosos de que aquele relacionamento é uma família, cercada de afeto e de uso comum do patrimônio. Existência de prova nos autos nesse sentido em relação ao período alegado pelo autor. Sentença mantida. Recurso desprovido. (TJSP, Ap. Cível n. 1001242-87.2018.8.26.0699/SP, 5ª Câm. de Dir. Priv., rel. Moreira Viegas, j. 01.06.2022, publ. 01.06.2022)

União estável. Reconhecimento *post mortem*. Procedência. Apelo das rés. Não acolhimento. Preenchidos os requisitos do art. 1.723 do CC. Autora apresentou conjunto probatório suficiente a demonstrar os fatos constitutivos do seu direito. Documentos, fotografias e testemunhas indicam a existência de relação *more uxorio* pelo período alegado na inicial. Entidade familiar bem reconhecida. Sentença mantida. Recurso desprovido. (TJSP, Ap. Cível n. 1006996-50.2020.8.26.0566/SP, 6ª Câm. de Dir. Priv., rel. Paulo Alcides, j. 04.11.2021, publ. 11.02.2022)

Agravo de instrumento. Família. Ação declaratória de união estável *post mortem*. Reconhecimento da existência de uniões estáveis simultâneas ou de união estável simultânea ao casamento. Impossibilidade. Tese de repercussão geral fixada pelo STF no julgamento do RE n. 1.045.273. O STF, por maioria de votos, quando do julgamento do RE n. 1.045.273, com repercussão geral reconhecida, realizado em 21.12.2020, apreciando o Tema 529 da repercussão geral, considerou ilegítima a existência paralela de duas uniões estáveis, ou de um casamento e uma união estável, inclusive para efeitos previdenciários, fixando a seguinte tese: A preexistência de casamento ou de união estável de um dos conviventes, ressalvada a exceção do art. 1.723, § 1º, do CC, impede o reconhecimento de novo vínculo referente ao mesmo período, inclusive para fins previdenciários, em virtude da consagração do dever de fidelidade e da monogamia pelo ordenamento jurídico-constitucional brasileiro. Sendo de todo inviável o reconhecimento da existência de uniões estáveis simultâneas ou de união estável simultânea ao casamento, caso dos autos, inclusive para o fim de concessão de pensão por morte, a reforma da decisão de deferimento dos pedidos de tutela de urgência é medida que se impõe. Precedentes do TJRS e STJ. Agravo de instrumento provido. (TJRS, AI n. 52462256720218217000/RS, 7ª Câm. Cível, rel. Carlos Eduardo Zietlow Duro, j. 13.12.2021, publ. 13.12.2021)

União estável. O reconhecimento da união estável *post mortem* depende de comprovação da convivência duradoura, pública e contínua, estabelecida com o objetivo de constituição familiar (art. 1.723 do CC). Sentença de procedência. Inconformismo das partes. Gratuidade judiciária concedida à autora mantida. Hipossuficiência econômica demonstrada. União estável. Regime patrimonial. Autora, convivente, que contava com 51 anos de idade à época do início da união estável, quando ainda vigente o CC anterior. Sujeição ao regime da separação obrigatória de bens (art. 258, parágrafo único, do CC/1916). Dispositivo legal de natureza cogente. Comando protetivo que visa resguardar interesse público (proteção da pessoa idosa). Irrelevância da alteração do limite de idade para 70 anos (Lei n. 12.344/2010). Ampliação da faixa etária que não tem eficácia retroativa. Autora que tem direito à metade dos bens adquiridos durante a união estável. Aplicação da Súmula n. 377 do STF. Inexigibilidade de prova do esforço comum para fins de partilha. Presunção de colaboração de ambos os conviventes para a aquisição do patrimônio comum. Sentença modificada em parte. Recurso da autora parcialmente provido e do réu desprovido. (TJSP, Ap. Cível n. 1002938-44.2020.8.26.0100, 7ª Câm. de Dir. Priv., rel. Des. Rômolo Russo, j. 10.09.2021)

Direito civil e processual civil. Recurso especial. Ação de retificação de registro. Certidão de óbito. União estável. Reconhecimento. Pedido juridicamente possível. Interesse de agir. 1 – Ação de retificação de registro civil (certidão de óbito) ajuizada em 11.09.2009, de que foi extraído o presente recurso especial, interposto em 12.12.2013 e concluso ao Gabinete em 25.08.2016. Julgamento pelo CPC/73. 2 – O propósito recursal é decidir sobre o pedido de retificação de certidão de óbito para que nela se faça constar que a falecida, filha da recorrida, convivia em união estável com o recorrente. 3 – A ausência de específica previsão legal, por si só, não torna o pedido juridicamente impossível se a pretensão deduzida não é expressamente vedada ou incompatível com o ordenamento pátrio. 4 – Se na esfera administrativa o Poder Judiciário impõe aos serviços notariais e de registro a observância ao Provimento n. 37 da Corregedoria Nacional de Justiça, não pode esse mesmo Poder Judiciário, no exercício da atividade jurisdicional, negar-lhe a validade, considerando juridicamente impossível o pedido daquele que pretende o registro, averbação ou anotação da união estável. 5 – A união estável, assim como o casamento, produz efeitos jurídicos típicos de uma entidade familiar: efeitos pessoais entre os companheiros, dentre os quais se inclui o estabelecimento de vínculo de parentesco por afinidade, e efeitos patrimoniais que interessam não só aos conviventes, mas aos seus herdeiros e a terceiros com os quais mantenham relação jurídica. 6 – A pretensão deduzida na ação de retificação de registro mostra-se necessária, porque a ausência de expresso amparo na lei representa um entrave à satisfação voluntária da obrigação de fazer. Igualmente, o provimento jurisdicional revela-se útil, porque apto a propiciar o resultado favorável pretendido, qual seja, adequar o documento (certidão de óbito) à situação de fato reconhecida judicialmente (união estável), a fim de que surta os efeitos pessoais e patrimoniais dela decorrentes. 7 – Afora o debate sobre a caracterização de um novo estado civil pela união estável, a interpretação das normas que tratam da questão aqui debatida – em especial a Lei de Registros Públicos – deve caminhar para o incentivo à formalidade, pois o ideal é que à verdade dos fatos corresponda, sempre, a informação dos documentos, especialmente no que tange ao estado da pessoa natural. 7 [*sic*] – Sob esse aspecto, uma vez declarada a união estável, por meio de sentença judicial transitada em julgado, como na hipótese, há de ser acolhida a pretensão de inscrição deste fato jurídico no Registro Civil de Pessoas Naturais, com as devidas remissões recíprocas aos atos notariais anteriores relacionados aos companheiros. 8 – Recurso especial desprovido, ressalvando a necessidade de se acrescentar no campo "observações/averbações" o período de duração da união estável. (STJ, REsp n. 1.516.599/PR, 3ª T., rel. Min. Nancy Andrighi, j. 21.09.2017, *DJe* 02.10.2017)

União estável: reconhecimento e dissolução. Exegese do art. 1.723 do CC. União estável caracterizada, provados os requisitos essenciais à sua configuração (publicidade, durabilidade, continuidade e objetivo de constituir família). Provas testemunhais que tornam evidente a configuração da entidade familiar. Exclusivos, sendo insuficiente a mera alegação. Precedentes. Sentença mantida. Honorários advocatícios majorados para R$ 1.200,00 (art. 85, § 11, CPC). Recurso desprovido, com majoração dos honorários fixados em primeiro grau. (TJSP, Ap. n. 1006464-68.2016.8.26.0032, 3ª Câm. de Dir. Priv., rel. Beretta da Silveira, j. 04.09.2017)

Reivindicatória. Petição de herança. União estável. Direito de habitação da companheira. Redução das disposições testamentárias. Sentença de improcedência do pedido reivindicatório dos autores e de parcial procedência do pedido reconvencional de reconhecimento de união estável, declarando direito real de habitação em favor da companheira do falecido, reconhecendo a condição de herdeira dela e reduzindo as disposições testamentárias, para a partilha dos bens em iguais condições entre a companheira e os herdeiros testamentários. Irresignação do espólio e da inventariante autores. 1 – Preliminar. Julgamento *extra petita*. Não configuração. Sentença que julgou em conjunto os pedidos de reconhecimento e dissolução da união estável e reivindicatório. Reconhecimento do direito real de habitação da ré-reconvinte apelada que leva à improcedência do pedido reivindicatório. Improcedência que não configura julgamento além do pedido (arts. 141 e 492, CPC). 2 – Preliminar. Julgamento conjunto dos processos conexos. Julgamento realizado em conjunto. Ausência de violação ao art. 105 do CPC/1973. Sentença prolatada em conjunto e com determinação para ser trasladada para os autos em apenso. Alegação de nulidade afastada. 3 – União estável. Caracterização (art. 1.723, CC). Convivência pública, contínua e duradoura, para constituição de família. Regime da comunhão parcial de bens (art. 1.725, CC, e art. 5º, Lei n. 9.278/96). Inocorrência das hipóteses do art. 1.641, II, do CC, na redação anterior à Lei n. 12.344/2010, ou do art. 258, parágrafo único, do CC/1916. 4 – Sucessão. Sucessão do companheiro na mesma forma da sucessão do cônjuge. Inconstitucionalidade do art. 1.790 do CC. Tese firmada em recurso com repercussão geral (Tema n. 498, STF). Companheira como herdeira legítima (art. 1.829, III, CC). Limitação do poder de testar (arts. 1.845 e 1.846, CC). Redução das disposições testamentárias, para adequação à legítima (arts. 1.857, § 1º, e 1.967, CC). 5 – Reivindicatória e direito real de habitação. Companheiro sobrevivente que possui direito real de habitação (art. 7º, parágrafo único, Lei n. 9.278/96, e art. 1.831, CC). Posse justa da companheira, pelo direito de habitação, o que afasta a procedência da reivindicatória (arts. 1.200 e 1.228, CC). Fato novo que não restou suficientemente comprovado (arts. 373, I, e 493, CPC). Sentença mantida. Sucumbência mantida, afastada a sucumbência recursal (Enunciado Administrativo n. 7, STJ). Recurso desprovido. (TJSP, Ap. n. 4001933-11.2013.8.26.0510, 3ª Câm. de Dir. Priv., rel. Carlos Alberto de Salles, j. 08.08.2017)

Recurso especial. Civil. Seguro de vida. Morte do segurado. Ausência de indicação de beneficiário. Pagamento administrativo à companheira e aos herdeiros. Pretensão judicial da ex-esposa. Separação de fato. Configuração. Art. 792 do CC. Interpretação sistemática e teleológica. Divisão igualitária entre o cônjuge não separado judicialmente e o convivente estável. Multa do art. 557, § 2º, do CPC. Afastamento. Exaurimento da instância ordinária. Necessidade. Intuito protelatório. Não configuração. REsp n. 1.198.108/RJ (representativo de controvérsia). (STJ, REsp n. 1.401.538/RJ, 3ª T., rel. Min. Ricardo Villas Bôas Cueva, j. 04.08.2015, *DJe* 12.08.2015)

Pensão por morte. União estável. Pretensão da autora de estabelecimento de sua condição como beneficiária de pensão por morte deixada pelo companheiro, policial militar aposentado. Desnecessidade de declaração judicial de reconhecimento da união estável ou de separação judicial. Comando legal que não se mostra em consonância com a atual disciplina constitucional acerca da matéria. Reconhecimento da união estável como entidade familiar pela CF (art. 226, § 3º), e também pelo art. 1.723 do CC. Separação de fato que não impede a configuração do laço puro da união estável (§ 1º do art. 1.723 do CC). Existência de dependência econômica Sentença de procedência parcial confirmada. Recurso desprovido. (TJSP, Ap. n. 0111488-88.2006.8.26.0053/São Paulo, 11ª Câm. de Dir. Públ., rel. Oscild de Lima Júnior, j. 03.03.2015)

Reconhecimento e dissolução de união estável. Provas suficientes para a caracterização da união estável. Prescindibilidade de comprovação da coabitação, que é apenas uma das marcas da entidade familiar. Possibilidade de união estável quando havida a separação de fato de uma das partes, ainda que seja casada com outrem. Art. 1.723, § 1º, do CC. Bens adquiridos na constância da união que devem ser partilhados. Presunção de colaboração das partes na constituição de patrimônio. Litigância de má-fé caracterizada frente à tentativa do apelante de induzir o juiz em erro, alterando a verdade dos fatos. Sentença mantida. Recurso desprovido, com observação. (TJSP, Ap. n. 0066380-82.2012.8.26.0002/ São Paulo, 6ª Câm. de Dir. Priv., rel. Ana Lucia Romanhole Martucci, j. 04.12.2014)

Apelação cível. Agravo retido. Indeferimento de perícia psicológica no menor, filho do falecido. União estável. Relacionamento entre pessoas do mesmo sexo. Ausência de prova dos requisitos legais da união estável. 1 – Agravo retido. Correto o indeferimento de perícia psicológica no menor filho do *de cujus*, por alegação de alienação parental, pois é questão que traz em si prejudicialidade em relação ao reconhecimento da alegada união estável. Além da possibilidade de se revelar prova inútil, a produção de provas desta natureza deve ser avaliada com cautela, pois pode fragilizar ainda mais a criança, já sensibilizada pela morte do pai. 2 – União estável. Não mais se discute a possibilidade, em tese, de declaração judicial de existência de união estável entre pessoas do mesmo sexo. Por certo, o apelante e o falecido tiveram uma relação de amizade, um envolvimento mais íntimo ou um namoro. Mas a pretensão de reconhecimento da união estável esbarra na insuficiência probatória, pois não foi demonstrado que havia entre eles convivência pública, contínua, duradoura e estabelecida com o objetivo de constituição de família, como prevê o art. 1.723 do CCB. Note-se que até mesmo entre as testemunhas do recorrente há ressalvas quanto à natureza do relacionamento e acerca da publicidade da relação. E mesmo que se considere que em relações entre pessoas do mesmo sexo a convivência possa estar revestida de menor publicidade, ainda assim poderiam alguns atos do cotidiano delinear os contornos do relacionamento, como, exemplificativamente, a própria coabitação, que nunca houve no caso, a existência de conta bancária ou de cartão de crédito em conjunto, ou ainda a relação de dependência em plano de saúde, cuja contratação não se confirmou ao longo da instrução. 3 – Consequentemente, impossível se mostra o acolhimento de pedido para que a guarda do filho do falecido, que vive com a mãe, seja outorgada ao apelante, nem sequer estando demonstrada eventual parentalidade socioafetiva. Negaram provimento ao agravo retido e à apelação. Unânime. (TJRS, Ap. Cível n. 70.058.700.402, 8ª Câm. Cível, rel. Des. Luiz Felipe Brasil Santos, j. 08.05.2014)

Veja no art. 1.662 os seguintes acórdãos: TJSP, Ap. Cível n. 0016883-58.2011.8.26.0609, 4ª Câm. de Dir. Priv., rel. Milton Carvalho, j. 17.10.2013; TJSP, Ap. Cível n. 0010524-10.2011.8.26.0604, 4ª Câm. de Dir. Priv., rel. Milton Carvalho, j. 19.09.2013; TJSP, Ap. Cível n. 0009393-41.2012.8.26.0482, 4ª Câm. de Dir. Priv., rel. Milton Carvalho, j. 22.08.2013; TJSP, Ap. Cível n. 0002230-13.2009.8.26.0224, 4ª Câm. de Dir. Priv., rel. Milton Carvalho, j. 25.07.2013; TJSP, Ap. Cível n. 0000398-61.2010.8.26.0562, 4ª Câm. de Dir. Priv., rel. Milton Carvalho, j. 21.03.2013.

Apelação cível. Ação de reconhecimento de união estável *post mortem*. Sentença de improcedência. Inexistência de comprovação das condições previstas no art. 1.723 do CC, ou seja, da existência de relacionamento público, contínuo e duradouro com o objetivo de constituir família. A relação não eventual entre o homem e a mulher, mantida paralelamente ao casamento, sem que haja separação de fato, não constitui união estável, mas mero "concubinato impuro". Quando um dos supostos convivente é casado e não se afasta de seu lar conjugal, mantém-se íntegro o vínculo matrimonial. A autora não comprovou a separação de fato do *de cujus* com a sua esposa. Assim, sua relação com o mesmo caracteriza-se "concubinato impuro" e não união estável. Mantida a sentença. Recurso desprovido. (TJRJ, Ap. n. 0244806-85.2010.8.19.0001, 11ª Câm. Cível, rel. Des. Claudio de Mello Tavares, j. 17.07.2013)

Apelação cível. Ação declaratória de união estável *post mortem*. Demonstração dos requisitos do art. 1.723 do CC. Manutenção da sentença. Demonstrados os elementos caracterizadores essenciais da alegada união estável entre a autora e o *de cujus*, quais sejam, publicidade, continuidade, estabilidade e objetivo de constituição de família (art. 1.723 do CC), e havendo indicativos seguros de que o extinto estava de fato separado de sua esposa, correto o reconhecimento havido na origem. Apelação desprovida. (TJRS, Ap. Cível n. 70.053.799.177, 8ª Câm. Cível, rel. Ricardo Moreira Lins Pastl, j. 27.06.2013, *DJ* 01.07.2013)

Apelação cível. Direito de família. Ação de reconhecimento e dissolução de união estável. Entidade familiar. Requisitos do art. 1.723 do CC demonstrados. Convivência pública e notória. Intenção de constituir família. Dependência econômica. Sentença mantida. I – A união estável deve ser comprovada com a exteriorização da *affectio maritalis* do casal (a convivência pública, notória, pautada na afetividade mútua e na intenção de constituir família). II – O requisito do "objetivo de constituição de família" deve ser analisado em cada caso concreto. A união estável tem início com o elemento afetividade e se perpetua com a mútua assistência, sendo o casal conhecido no meio social em que vive como um par, como se marido e mulher fossem. III – Demonstrados pelas provas documentais e testemunhais, a conotação de notoriedade, continuidade e durabilidade da relação, com o propósito do casal de constituir família, engendrando esforços comuns e indicativos dessa finalidade, indo muito além de um estágio de namoro, deve-se reconhecer a união estável. (TJMG, Ap. Cível n. 1.0105.10.014670-0/002, rel. Des. Washington Ferreira, j. 25.06.2013, *DJ* 01.07.2013)

Reconhecimento e dissolução de união estável. A união estável se caracteriza pela convivência pública, contínua, duradoura e estabelecida com o objetivo de constituição de família (CC, art. 1.723). A ausência do propósito de constituir família impede o reconhecimento da entidade familiar e configura o relacionamento como mero namoro, que se distingue da união estável pelo grau de comprometimento dos envolvidos. Entidade familiar que existiu por poucos meses, quando as partes passaram a coabitar. Ausência de provas de que a autora contribuiu para a construção de acessão em imóvel de propriedade da genitora do réu que inviabiliza a partilha da edificação. Recurso desprovido. (TJSP, Ap. Cível n. 0001188-92.2010.8.26.0417, 4ª Câm. de Dir. Priv., rel. Milton Carvalho, j. 28.05.2013)

Reconhecimento de união estável *post mortem*. A união estável se caracteriza pela convivência pública, contínua, duradoura e estabelecida com o objetivo de constituição de família (CC, art. 1.723). Requisitos presentes. Prova oral no sentido de que a autora e o falecido mantiveram união estável, que se estabeleceu antes mesmo da enfermidade que o levou ao óbito. Legislação vigente não prevê prazo mínimo para a caracterização do instituto. Possibilidade de configuração com cerca de seis meses de coabitação. Recurso desprovido. (TJSP, Ap. Cível n. 0000890-74.2011.8.26.0382, 4ª Câm. de Dir. Priv., rel. Milton Carvalho, j. 09.05.2013)

Ação de reconhecimento e dissolução de união estável cumulada com pedido de fixação de alimentos. Concubinato impuro. Ausência de separação de fato ou judicial do *de cujus*. Inteligência do art. 1.723, § 1º, do CC. Comprovada a ocorrência do concubinato impuro ou adulterino, sendo que um dos conviventes não se encontrava separado de fato ou judicialmente, não há como reconhecer a existência de união estável. Sentença de improcedência mantida, por seus próprios fundamentos. Aplicação do art. 252 do RITJ. Apelação da autora não provida. (TJSP, Ap. n. 0016498-72.2002.8.26.0562, 10ª Câm. de Dir. Priv., rel. Roberto Maia, j. 26.03.2013, *DJ* 03.04.2013)

Reconhecimento de união estável. Recurso tempestivo. De acordo com os §§ 3º e 4º do art. 4º da Lei n. 11.419/2006, considera-se publicada a decisão no primeiro dia útil após a disponibilização da decisão em meio eletrônico. Preliminar afastada. A união estável se caracteriza pela convivência pública, contínua, duradoura e estabelecida com o objetivo de constituição de família (CC, art. 1.723). Prova oral conflitante. Versão da autora que não restou comprovada. Inteligência do art. 333, I, CPC [art. 373, I, do CPC/2015]. A ausência do propósito de constituir família impede o reconhecimento da entidade familiar e configura o relacionamento como mero namoro, que se distingue da união estável pelo grau de comprometimento dos envolvidos. Recurso desprovido. (TJSP, Ap. n. 0056801-44.2011.8.26.0100, 4ª Câm. de Dir. Priv., rel. Milton Carvalho, j. 07.03.2013)

Reconhecimento de união estável. A união estável se caracteriza pela convivência pública, contínua, duradoura e estabelecida com o objetivo de constituição de família (CC, art. 1.723). Prova oral conflitante. Versão da autora que não restou comprovada. Inteligência do art. 333, I, CPC [art. 373, I, do CPC/2015]. A ausência do propósito de constituir família impede o reconhecimento da entidade familiar e configura o relacionamento como mero namoro, que se distingue da união estável pelo grau de comprometimento dos envolvidos. Sentença reformada. Recurso provido (TJSP, Ap. n. 0003438-78.2009.8.26.0629, 4ª Câm. de Dir. Priv., rel. Milton Carvalho, j. 07.03.2013)

União estável homoafetiva. Ação de reconhecimento e dissolução de união estável. Possibilidade de reconhecimento da união estável homoafetiva incontroversa nos autos. Provas que permitem a conclusão pela existência de vida comum. Requisitos bem delineados pela doutrina. Existência da posse de estado de casado, consistente em relacionamento público, notório, duradouro, que configure um núcleo familiar. Art. 1.723 do novo CC. Conjunto probatório contundente neste sentido. Manutenção integral da r. sentença de procedência. Recurso desprovido. (TSJP, Ap. n. 0060162-67.2009.8.26.0576, 5ª Câm. de Dir. Priv., rel. Moreira Viegas, j. 20.02.2013, *DJ* 22.02.2013)

Veja no art. 1.566 o seguinte acórdão: TJSP, AI n. 0117193-22.2012.8.26.0000, 4ª Câm. de Dir. Priv., rel. Milton Carvalho, j. 13.12.2012.

Sociedade de fato e partilha de bens. Aquisição de bens na constância de namoro. Ausência de provas no sentido de que a autora contribuiu com a compra do imóvel de propriedade do réu ou de materiais de construção utilizados na edificação feita no terreno. Os valores que a autora comprovadamente despendeu para o pagamento de despesas do imóvel (IPTU e luz) e que ela depositou na conta bancária do réu devem ser devolvidos, sob pena de se gerar enriquecimento sem causa para ele. Sentença mantida. Recurso desprovido. (TJSP, Ap. n. 0012322-73.2011.8.26.0032, 4ª Câm. de Dir. Priv., rel. Milton Carvalho, j. 29.11.2012)

Agravo regimental no recurso extraordinário. Benefício de pensão por morte. União homoafetiva. Legitimidade constitucional do reconhecimento e qualificação da união civil entre pessoas do mesmo sexo como entidade familiar. Possibilidade. Aplicação das regras e consequências jurídicas válidas para a união estável heteroafetiva. Desprovimento do recurso. 1 – O Pleno do Supremo Tribunal Federal, no julgamento da ADI n. 4.277 e da ADPF n. 132, ambas da Relatoria do Ministro Ayres Britto, Sessão de 05.05.2011, consolidou o entendimento segundo o qual a união entre pessoas do mesmo sexo merece ter a aplicação das mesmas regras e consequências válidas para a união heteroafetiva. 2 – Esse entendimento foi formado utilizando-se a técnica de interpretação conforme a Constituição para excluir qualquer significado que impeça o reconhecimento da união contínua, pública e duradoura entre pessoas do mesmo sexo como entidade familiar, entendida esta como sinônimo perfeito de família. Reconhecimento que deve ser feito segundo as mesmas regras e com idênticas consequências da união estável heteroafetiva. 3 – O direito do companheiro, na união estável homoafetiva, à percepção do benefício da pensão por morte de seu parceiro restou decidida. No julgamento do RE n. 477.554/Ag. Reg., da Relatoria do Ministro Celso de Mello, *DJe* de 26.08.2011, a Segunda Turma desta Corte, enfatizou que "ninguém, absolutamente ninguém, pode ser privado de direitos nem sofrer quaisquer restrições de ordem jurídica por motivo de sua orientação sexual. Os homossexuais, por tal razão, têm direito de receber a igual proteção tanto das leis quanto do sistema político-jurídico instituído pela Constituição da República, mostrando-se arbitrário e inaceitável qualquer estatuto que puna, que exclua, que discrimine, que fomente a intolerância, que estimule o desrespeito e que desiguale as pessoas em razão de sua orientação sexual. [...] A família resultante da união homoafetiva não pode sofrer discriminação, cabendo-lhe os mesmos direitos, prerrogativas, benefícios e obrigações que se mostrem acessíveis a parceiros de sexo distinto que integrem uniões heteroafetivas". (Precedentes: RE n. 552.802, rel. Min. Dias Toffoli, *DJe* 24.10.2011; RE n. 643.229, rel. Min. Luiz Fux, *DJe* 08.09.2011; RE n. 607.182, rel. Min. Ricardo Lewandowski, *DJe* 15.08.2011; RE n. 590.989, rel. Min. Cármen Lúcia, *DJe* 24.06.2011; RE n. 437.100, rel. Min. Gilmar Mendes, *DJe* 26.05.2011, entre outros). 4 – Agravo regimental a que se nega provimento. (STF, Ag. Reg. no RE n. 687.432/MG, 1ª T., rel. Min. Luiz Fux, j. 18.09.2012, *DJe* 01.10.2012)

Reconhecimento de união estável *post mortem*. A união estável se caracteriza pela convivência pública, contínua, duradoura e estabelecida com o objetivo de constituição de família (CC, art. 1.723). Requisitos presentes. Prova oral no sentido de que a autora e o falecido mantiveram união estável por período superior a dez anos. Entrega de correspondências na residência dos familiares do *de cujus*. Impossibilidade de a autora recebê-las, em virtude de sua grave deficiência visual. O fato de o falecido pernoitar, durante a semana, na casa de seu irmão, que necessitava de cuidados médicos, não descaracteriza o vínculo estabelecido entre o casal. Sentença mantida. Recurso desprovido. (TJSP, Ap. n. 0027303-26.2009.8.26.0114, rel. Milton Carvalho, j. 02.08.2012)

União estável. Ação de reconhecimento e dissolução *post mortem*. Extinção sem resolução do mérito. Apelo dos genitores do falecido. União estável incontroversa, embora por período menor que o afirmado na inicial. Possibilidade de ação declaratória de existência de união estável pura e simples, ainda que do relacionamento não tenha advindo prole e mesmo não tendo patrimônio comum. Efeitos pessoais que merecem reconhecimento e proteção do Estado. Reconhecimento parcial do pedido pelos réus e sucumbência parcial da autora que enseja o rateio das verbas sucumbenciais. Recurso parcialmente provido. (TJSP, Ap. n. 0011779-16.2010.8.26.0320, rel. Milton Carvalho, j. 19.07.2012)

Apelação cível. Ação declaratória de união estável *post mortem*. Ausência dos requisitos estampados no art. 1.723 do CC. Relacionamento paralelo ao casamento. 1 – Para o reconhecimento de união estável é necessária a demonstração robusta de seus elementos caracterizadores essenciais, quais sejam, a publicidade, a continuidade, a estabilidade e o objetivo de constituição de família (art. 1.723 do CC). 2 – Caso em que o conjunto probatório revelou que a convivência entretida entre a autora e o falecido não foi pública, com a nota característica da *affectio maritalis*, mas, isso sim, que não ultrapassou a clandestinidade, em razão da higidez do vínculo matrimonial mantido pelo falecido com sua esposa até a data do óbito, o que era de conhecimento da autora, situação que inviabiliza o reconhecimento da união estável pretendido (art. 1.723, § 1º, do CC). Apelação desprovida. (TJRS, Ap. Cível n. 70.048.164.511, 8ª Câm. Cível, rel. Ricardo Moreira Lins Pastl, j. 12.07.2012)

No mesmo sentido: TJRS, Ap. Cível n. 70.047.477.062, 8ª Câm. Cível, rel. Ricardo Moreira Lins Pastl, j. 28.06.2012.

Reconhecimento de união estável *post mortem*. Sentença que declara a existência de união estável entre a autora e o *de cujus* e institui em favor dela direito real de habitação. Insurgência dos filhos do falecido descabida. Presença dos requisitos legais para a caracterização da convivência estável. Direito real de habitação que é consectário do reconhecimento da união estável. Art. 7º da Lei n. 9.278/96 não revogado pelo CC. CF que equipara a união estável ao casamento, aplicando-se ao convivente viúvo, portanto, o art. 1.831 do CC. Recursos desprovidos. (TJSP, Ap. Cível n. 0016012-05.2007.8.26.0565, rel. Milton Carvalho, j. 31.05.2012)

Veja no art. 1.639 o seguinte acórdão: TJSP, Ap. Cível n. 0001743-75.2010.8.26.0008, rel. Milton Carvalho, j. 10.05.2012.

Agravo de instrumento. Partilha de bens em ação de reconhecimento de união estável. Decisão que determinou a desocupação do imóvel que serve de moradia para a agravante e sua filha de apenas 3 anos de idade. A partilha não tem por consequência a reintegração de posse, que deve ser postulada em ação autônoma. Ausência, ademais, de pedido explícito do agravado na inicial neste sentido. Situação piorada pela necessidade de se resguardarem os interesses da infante. Exercício da guarda que legitima a posse do imóvel pela agravante. Decisão anulada. Recurso provido. (TJSP, AI n. 0025345-51.2012.8.26.0000, rel. Milton Carvalho, j. 26.04.2012)

Veja no art. 1.658 o seguinte acórdão: TJSP, Ap. Cível n. 0037687-56.2009.8.26.0564, rel. Milton Carvalho, j. 15.12.2011.

Reconhecimento de união estável *post mortem*. A união estável se caracteriza pela convivência pública, contínua, duradoura e estabelecida com o objetivo de constituição de família (CC, art. 1.723). A ausência do propósito de constituir família impede o seu reconhecimento e configura o relacionamento como mero namoro. Escritura de reconhecimento de união estável lavrada pela autora e pelo *de cujus* que, no caso, não goza de valor probatório, por ter sido elaborada com o intuito de fraudar a lei. Prova oral robusta no sentido de que a autora e o falecido não mantiveram mais que um namoro. Recurso desprovido (TJSP, Ap. Cível n. 0128129-05.2009.8.26.0003, rel. Milton Carvalho, j. 10.11.2011)

Reconhecimento de união estável *post mortem*. O CC vigente não prevê prazo para a caracterização da união estável. Impossibilidade de se adotar prazo de cinco anos, fixado pela legislação anterior como parâmetro. Recurso parcialmente provido. (TJSP, Ap. Cível c/ Rev. n. 9247187-91.2005.8.26.0000, rel. Milton Carvalho, j. 31.08.2011)

União civil entre pessoas do mesmo sexo. Alta relevância social e jurídico-constitucional da questão pertinente às uniões homoafetivas. Legitimidade constitucional do reconhecimento e qualificação da união estável homoafetiva como entidade familiar: posição consagrada na jurisprudência do STF (ADPF n. 132/RJ e ADI n. 4.277/DF). O afeto como valor jurídico impregnado de natureza constitucional: a valorização desse novo paradigma como núcleo conformador do conceito de família. O direito à busca da felicidade, verdadeiro postulado constitucional implícito e expressão de uma ideia-força que deriva do princípio da essencial dignidade da pessoa humana. Alguns precedentes do STF e da Suprema Corte americana sobre o direito fundamental à busca da felicidade. Princípios de Yogyakarta (2006): direito de qualquer pessoa de constituir família, independentemente de sua orientação sexual ou identidade de gênero. Direito do companheiro, na união estável homoafetiva, à percepção do benefício da pensão por morte de seu parceiro, desde que observados os requisitos do art. 1.723 do CC. O art. 226, § 3º, da lei fundamental constitui típica norma de inclusão. A função contramajoritária do STF no estado democrático de direito. A proteção das minorias analisada na perspectiva de uma concepção material de democracia constitucional. O dever constitucional do estado de impedir (e, até mesmo, de punir) "qualquer discriminação atentatória dos direitos e liberdades fundamentais" (CF, art. 5º, XLI). A força normativa dos princípios constitucionais e o fortalecimento da jurisdição constitucional: elementos que compõem o marco doutrinário que confere suporte teórico ao neoconstitucionalismo. Recurso de agravo improvido. Ninguém pode ser privado de seus direitos em razão de sua orientação sexual. Ninguém, absolutamente ninguém, pode ser privado de direitos nem sofrer quaisquer restrições de ordem jurídica por motivo de sua orientação sexual. Os homossexuais, por tal razão, têm direito de receber a igual proteção tanto das leis quanto do sistema político-jurídico instituído pela CR, mostrando-se arbitrário e inaceitável qualquer estatuto que puna, que exclua, que discrimine, que fomente a intolerância, que estimule o desrespeito e que desiguale as pessoas em razão de sua orientação sexual. **Reconhecimento e qualificação da união homoafetiva como entidade familiar.** O STF – apoiando-se em valiosa hermenêutica construtiva e invocando princípios essenciais (como os da dignidade da pessoa humana, da liberdade, da autodeterminação, da igualdade, do pluralismo, da intimidade, da não discriminação e da busca da felicidade) – reconhece assistir, a qualquer pessoa, o direito fundamental à orientação sexual, havendo proclamado, por isso mesmo, a plena legitimidade ético-jurídica da união homoafetiva como entidade familiar, atribuindo-lhe, em consequência, verdadeiro estatuto de cidadania, em ordem a permitir que se extraiam, em favor de parceiros homossexuais, relevantes consequências no plano do Direito, notadamente no campo previdenciário, e, também, na esfera das relações sociais e familiares. A extensão, às uniões homoafetivas, do mesmo regime jurídico aplicável à união estável entre pessoas de gênero distinto justifica-se e legitima-se pela direta incidência, dentre outros, dos princípios constitucionais da igualdade, da liberdade, da dignidade, da segurança jurídica e do postulado constitucional implícito que consagra o direito à busca da felicidade, os quais configuram, numa estrita dimensão que privilegia o sentido de inclusão decorrente da própria CR (art. 1º, III, e art. 3º, IV), fundamentos autônomos e suficientes aptos a conferir suporte legitimador à qualificação das conjugalidades entre pessoas do mesmo sexo como espécie do gênero entidade familiar. Toda pessoa tem o direito fundamental de constituir família, independentemente de sua orientação sexual ou de identidade de gênero. A família resultante da união homoafetiva não pode sofrer discriminação, cabendo-lhe os mesmos direitos, prerrogativas, benefícios e obrigações que se mostrem acessíveis a parceiros de sexo distinto que integrem uniões heteroafetivas. **A dimensão constitucional do afeto como um dos fundamentos da família moderna.** O reconhecimento do afeto como valor jurídico impregnado de natureza constitucional: um novo paradigma que informa e inspira a formulação do próprio conceito de família. Doutrina. **Dignidade da pessoa humana e busca da felicidade.** O postulado da dignidade da pessoa humana, que representa – considerada a centralidade desse princípio essencial (CF, art. 1º, III) – significativo vetor interpretativo, verdadeiro valor-fonte que conforma e inspira todo o ordenamento constitucional vigente em nosso País, traduz, de modo expressivo, um dos fundamentos em que se assenta, entre nós, a ordem republicana e democrática consagrada pelo sistema de direito constitucional positivo. Doutrina. O princípio constitucional da busca da felicidade, que decorre, por implicitude, do núcleo de que se irradia o postulado da dignidade da pessoa humana, assume papel de extremo relevo no processo de afirmação, gozo e expansão dos direitos fundamentais, qualificando-se, em função de sua própria teleologia, como fator de neutralização de práticas ou de omissões lesivas cuja ocorrência possa comprometer, afetar ou, até mesmo, esterilizar direitos e franquias individuais. Assiste, por isso mesmo, a todos, sem qualquer exclusão, o direito à busca da felicidade, verdadeiro postulado constitucional implícito, que se qualifica como expressão de uma ideia-força que deriva do princípio da essencial dignidade da pessoa humana. Precedentes do STF e da Suprema Corte americana. Positivação desse princípio no plano do direito comparado. **A função contramajoritária do STF e a proteção das minorias.** A proteção das minorias e dos grupos vulneráveis qualifica-se como fundamento imprescindível à plena legitimação material do estado democrático de direito. Incumbe, por isso mesmo, ao STF, em sua condição institucional de guarda da Constituição (o que lhe confere "o monopólio da última palavra" em matéria de interpretação constitucional), desempenhar função contramajoritária, em ordem a dispensar efetiva proteção às minorias contra eventuais excessos (ou omissões) da maioria, eis que ninguém se sobrepõe, nem mesmo os grupos majoritários, à autoridade hierárquico-normativa e aos princípios superiores consagrados na Lei Fundamental do Estado. Precedentes. Doutrina. (STF, Ag. Reg. no RE n. 477.554, 2ª T., rel. Min. Celso de Mello, j. 16.08.2011)

Veja no art. 1.659 o seguinte acórdão: STJ, REsp n. 1.096.324, 4ª T., rel. Des. Honildo Amaral de Mello Castro, j. 02.03.2010, *DJe* 10.05.2010.

União estável. Reconhecimento. Provas da existência. Separação de fato. Ausência de impedimento. Art. 1.723, § 1º, do CC. Possibilidade. A união estável deve ser reconhecida se a requerente comprova nos autos o preenchimento de todos os requisitos para sua configuração, entre eles: convivência, ausência de formalismo, diversidade de sexos, unicidade de vínculo, estabilidade, continuidade, publicidade, objetivo de constituição de família e inexistência de impedimentos matrimoniais. A separação de fato não impede a caracterização da união estável, segundo a regra do art. 1.723, § 1º, do CC, pois o casamento e as relações estáveis não se respaldam no registro cartorial, mas sim no afeto e no intuito de constituir família. (TJMG, Proc. n. 1.0024.06.222204-7/001(1), rel. Dárcio Lopardi Mendes, j. 13.11.2008)

União estável. Convivência que pressupõe vida comum. Caracterização que exige certos requisitos, bem delineados pela doutrina. Necessidade da existência da posse de estado de casado, consistente de relacionamento público, notório, duradouro, que configure um núcleo familiar. Art. 1.723 do novo CC. Exigência de vida em comum, *more uxorio*, não necessariamente sob o mesmo teto, mas com sinais claros e induvidosos de que aquele relacionamento é uma família, cercada de afeto e de uso comum do patrimônio. Inexistência de prova nos autos nesse sentido. Ausência de prova do intuito comum de constituir família. Situação que se aproxima de namoro qualificado, de homem septuagenário com moça de vinte anos, sem o propósito de constituir família. Ação improcedente. Recurso não provido. (TJSP, Ap. Cível n. 5.881.894.500/São José do Rio Preto, 4ª Câm. de Dir. Priv., rel. Francisco Loureiro, j. 09.10.2008)

Família. Apelação. Ação de reconhecimento e dissolução de união estável. Companheiro casado. Separação de fato. Caracterização. Art. 1.723, § 1º, do CC/2002. Partilha de bens. Aplicação do *caput* do art. 5º da Lei n. 9.278/96. De acordo com o disposto no § 1º do art. 1.723 do CC/2002, se um ou ambos conviventes forem casados, mas se encontrarem separados de fato, a união estável poderá se caracterizar se presentes os demais requisitos. Os bens adquiridos pelos companheiros na constância da união estável presumem-se amealhados por ambos, se não comprovada a aquisição de algum deles mediante o produto de bem exclusivo de um dos companheiros. (TJMG, Proc. n. 1.0024.07.493444-9/001(1), rel. Dídimo Inocêncio de Paula, j. 02.10.2008)

Convivência estável. Requisitos. Companheira. Alimentos. Direito reconhecido. O novo CC, derrogando a legislação anterior sobre o tema, veio a dispor no art. 1.723 que é reconhecida como entidade familiar a união estável entre o homem e a mulher, configurada na convivência pública, contínua e duradoura e estabelecida com o objetivo de constituição de família. A existência de filho não é requisito obrigatório, cabendo o mesmo direito se não houver prole, desde que a convivência seja configurada como estável, o que requer um determinado tempo de estabilização. O período de cinco anos não é mais exigido, mas pode servir de parâmetro, de acordo com o caso concreto, para configurar a estabilidade da relação. O elemento subjetivo pode ser apurado com elementos objetivos de convicção que denotem a intenção de constituição de família. (TJMG, Proc. n. 1.0672.04.148860-8/001(1), rel. Vanessa Verdolim Hudson Andrade, j. 29.01.2008)

União estável. Impossibilidade de reconhecimento. Concubinato impuro ou adulterino. Ausência de separação de fato ou judicial de um dos conviventes. A teor do art. 1.723, § 1º, do CC, restando comprovada pelo conjunto probatório a ocorrência do concubinato impuro ou adulterino, sendo que um dos conviventes não se encontrava separado de fato ou judicialmente, não há como reconhecer a existência de união estável. Entender o contrário seria vulgarizar e distorcer o conceito de união estável, instituto jurídico que foi consagrado pela CF/88 com a finalidade de proteger relacionamentos constituídos com fito familiar e, ainda, viabilizar a bigamia, já que é possível a conversão da união estável em casamento. (TJMG, Proc. n. 1.0024.05.827936-5/001(1), rel. Maria Elza, j. 06.09.2007)

**Sobre união homossexual**

*RT* 813/64, 812/220, 807/82, 791/354, 742/39 e 732/54; *JTJ* 198/121; *Juris. Brasileira, Juruá* 176/95-107; *RT* 615/47 e 572/189.

Direito civil. Previdência privada. Embargos de declaração no recurso especial. Benefícios. Complementação. Pensão *post mortem*. União entre pessoas do mesmo sexo. Princípios fundamentais. Emprego de analogia para suprir lacuna legislativa. Necessidade de demonstração inequívoca da presença dos elementos essenciais à caracterização da união estável, com a evidente exceção da diversidade de sexos. Igualdade de condições entre beneficiários. (STJ, Emb. Decl. no REsp n. 1.026.981, 3ª T., rel. Min. Nancy Andrighi, j. 22.06.2010, *DJe* 04.08.2010)

Ação de reconhecimento e dissolução de união homossexual. Pedido juridicamente impossível. Inexistência no ordenamento jurídico de união homossexual com o caráter de estabilidade. Preceito constitucional específico que protege e reconhece, em tese, união estável entre o homem e a mulher – art. 226, § 3º, da CF. Partilha de bens. Possibilidade, em tese, de ação visando partilha de bens amealhados com esforço comum. Súmula n. 380 do STF. Princípio que veda enriquecimento ilícito e assume contornos econômicos com fundamento no direito obrigacional. Afastamento da extinção do processo, sem julgamento do mérito. Competência. Incompetência absoluta do Juízo de Vara de Família e Sucessões para conhecimento e julgamento do pedido. Remessa dos autos a uma das Varas Cíveis da Comarca da Capital. Recurso provido em parte. (TJSP, Ap. n. 994081193170, 5ª Câm. de Dir. Priv., rel. Des. Silvério Ribeiro, j. 10.02.2010)

Ação declaratória de existência de união estável. Relação homoafetiva. Sentença de procedência. Impossibilidade. Normas constitucionais e infraconstitucionais que não albergam o reconhecimento jurídico da união homossexual. Legislação pátria que prevê união estável somente entre homem e mulher. Inteligência do art. 1.723 do CC, art. 226, § 3º, da CF, e art. 1º da Lei n. 9.278/96. Sentença reformada. Inversão dos ônus da sucumbência. Recurso provido. (TJSP, Ap. Cível n. 994.093.422.625/Americana, 7ª Câm. de Dir. Priv., rel. Luiz Antônio Costa, j. 16.12.2009)

Inventário. Inventariante. Sociedade de fato entre casal homossexual reconhecida por sentença transitada em julgado. Negativa, todavia, de reconhecimento da condição de herdeiro ao companheiro sobrevivo. Arts. 226, § 3º, CF, e 1.723, CC. Ainda que não se denomine a união homoafetiva de união estável, por obstáculo da lei, há que se lhe reconhecer os mesmos direitos. Princípios da igualdade, liberdade e proteção da dignidade da pessoa humana. Arts. 1º, III, e 5º, CF. Vedação da discriminação em razão da orientação sexual do indivíduo. Casal que manteve convivência pública, contínua e duradoura por 20 anos, extinta apenas com a morte de um deles. Ausência de parentes sucessíveis. Direito de herdeiro que se reconhece ao companheiro sobrevivo, nomeando-se-o inventariante e prosseguindo-se no inventário. Recurso provido. (TJSP, AI n. 6.337.424.100/São Paulo, 4ª Câm. de Dir. Priv., rel. Teixeira Leite, j. 25.06.2009)

União estável. Ação de reconhecimento de união homoafetiva. Descabimento. Entidade familiar. Não caracterização. Inteligência dos arts. 226, § 3º, da CF e 1.723 do CC. Existência de sociedade de fato. Partilha dos bens comprovadamente adquiridos no período. Apelação provida, em parte, por maioria (TJRS, Ap. Cível n. 70.026.584.698, 7ª Câm. Cível, rel. José Conrado de Souza Júnior, *DO* 05.06.2009, p. 48). (*RBDFS* 10/167)

Apelação. União homossexual. Competência. Reconhecimento de união estável. A competência para processar e julgar as ações relativas aos relacionamentos afetivos homossexuais. A união homossexual merece proteção jurídica, porquanto traz em sua essência o afeto entre dois seres humanos com o intuito relacional. Uma vez presentes os pressupostos constitutivos, é de rigor o reconhecimento da união estável homossexual, em face dos princípios constitucionais vigentes, centrados na valorização do ser humano. Via de consequência, as repercussões jurídicas, verificadas na união homossexual, em face do princípio da isonomia, são as mesmas que decorrem da união heterossexual. Negaram provimento. (TJRS, Ap. Cível n. 70.023.812.423, 8ª Câm. Cível, rel. Rui Portanova, j. 02.10.2008)

Plano de saúde. Companheiro. "A relação homoafetiva gera direitos e, analogicamente à união estável, permite a inclusão do companheiro dependente em plano de assistência médica" (REsp n. 238.715/RS, rel. Min. Humberto Gomes de Barros, *DJ* 02.10.2006). Agravo regimental não provido. (STJ, Ag. Reg. no Ag. n. 971.466/SP, 3ª T., rel. Min. Ari Pargendler, j. 02.09.2008)

Processo civil. Ação declaratória de união homoafetiva. Princípio da identidade física do juiz. Ofensa não caracterizada ao art. 132, do CPC [sem correspondente no CPC/2015]. Possibilidade jurídica do pedido. Arts. 1º da Lei n. 9.278/96 e 1.723 e 1.724 do CC. Alegação de lacuna legislativa. Possibilidade de emprego da analogia como método integrativo. 1 – Não há ofensa ao princípio da identidade física do juiz, se a magistrada que presidiu a colheita antecipada das provas estava em gozo de férias, quando da prolação da sentença, máxime porque diferentes os pedidos contidos nas ações principal e cautelar. 2 – O entendimento assente nesta Corte, quanto a possibilidade jurídica do pedido, corresponde à inexistência de vedação explícita no ordenamento jurídico para o ajuizamento da demanda proposta. 3 – A despeito da controvérsia em relação à matéria de fundo, o fato é que, para a hipótese em apreço, onde se pretende a declaração de união homoafetiva, não existe vedação legal para o prosseguimento do feito. 4 – Os dispositivos legais limitam-se a estabelecer a possibilidade de união estável entre homem e mulher, desde que preencham as condições impostas pela lei, quais sejam, convivência pública, duradoura e contínua, sem, contudo, proibir a união entre dois homens ou duas mulheres. Poderia o legislador, caso desejasse, utilizar expressão restritiva, de modo a impedir que a união entre pessoas de idêntico sexo ficasse definitivamente excluída da abrangência legal. Contudo, assim não procedeu. 5 – É possível, portanto, que o magistrado de primeiro grau entenda existir lacuna legislativa, uma vez que a matéria, conquanto derive de situação fática conhecida de todos, ainda não foi expressamente regulada. 6 – Ao julgador é vedado eximir-se de prestar jurisdição sob o argumento de ausência de previsão legal. Admite-se, se for o caso, a integração mediante o uso da analogia, a fim de alcançar casos não expressamente contemplados, mas cuja essência coincida com outros tratados pelo legislador. 5 – *[sic]* Recurso especial conhecido e provido. (STJ, REsp n. 820.475/RJ, 4ª T., rel. Min. Antônio de Pádua Ribeiro, rel. p/ ac. Min. Luis Felipe Salomão, j. 02.09.2008)

Apelação cível. União homoafetiva. Reconhecimento e dissolução de união estável. Partilha de bens e alimentos. Competência das varas de família. Inicial nominada erroneamente de sociedade de fato. Nulidade inocorrente. Preliminar rejeitada. Não é nulo o processo e a sentença quando se constata ter havido apenas mero equívoco terminológico no nome dado à ação, sendo clara a intenção do autor de buscar o reconhecimento de uma "união estável", e não mera "sociedade de fato". Versando a controvérsia sobre direito de família, a competência funcional é das Varas de Famílias. Reconhecimento e dissolução de união estável. A união homoafetiva é fato social que se perpetua no tempo, não se podendo admitir a exclusão do abrigamento legal, impondo prevalecer a relação de afeto exteriorizada ao efeito de efetiva constituição de família, sob pena de afronta ao direito pessoal individual à vida, com violação dos princípios da igualdade e da dignidade da pessoa humana. Diante da prova contida nos autos, mantém-se o reconhecimento proferido na sentença da união estável entre as partes, já que entre os litigantes existiu por mais de dez anos forte relação de afeto com sentimentos e envolvimentos emocionais, numa convivência *more uxoria*, pública e notória, com comunhão de vida e mútua assistência econômica, sendo a partilha dos bens mera consequência. Alimentos. Descabimento. Revelando-se o requerente pessoa jovem e sem qualquer impedimento ao trabalho, é de se indeferir o pensionamento, impondo-se a efetiva reinserção no mercado de trabalho, como, aliás, indicado nos autos. Preliminar rejeitada e recurso do requerido provido em parte, por maioria, e recurso do autor não conhecido, a unanimidade (segredo de justiça). (TJRS, Ap. Cível n. 70.021.908.587, 7ª Câm. Cível, rel. Ricardo Raupp Ruschel, j. 05.12.2007)

União civil homossexual. O princípio da dignidade humana (art. 1º, III, da CF) deve inspirar o juiz, diante da lacuna da lei sobre relações homoafetivas, na construção de sentença que garanta os efeitos patrimoniais de um relacionamento levado a sério por mulheres resolvidas, porque, somente assim, o Judiciário impede que o falso moralismo bloqueie práticas afirmativas de inclusão dos parceiros ao regime dos benefícios das relações heterossexuais, como os proventos de aposentadoria que são estendidos ao dependente de 26 anos de convivência. Precedente do STJ. Não provimento. (TJSP, Ap. Cível n. 478.576-4/4, rel. Des. Enio Santarelli Zuliani, j. 01.02.2007)

No mesmo sentido: STJ, REsp n. 395.904/RS, rel. Min. Hélio Quaglia Barbosa, j. 13.12.2005, *DJ* 06.02.2006.

Veja no art. 1.658 o seguinte acórdão: TJRS, Ap. Cível n. 70.005.488.812, rel. Des. José Carlos Teixeira Giorgis, j. 25.06.2003). (*RBDFam* 31/92)

Sociedade de fato. Dissolução. União civil entre pessoas do mesmo sexo. Partilha de bens. Admissibilidade, se demonstrada a aquisição do patrimônio pelo esforço comum. (*RT* 849/379)

**Coabitação**

Coabitação. Ânimo de constituir família. Publicidade. Prova. Inexistência. Improcedência. Para a configuração da união estável não é imprescindível coabitação do casal, mas não se dispensa a convivência com o ânimo de constituir uma família, devendo a convivência com tal ânimo, ainda, ser pública, contínua e duradoura, mesmo que a publicidade atinja um limitado círculo de pessoas. (TJMG, Ap. Cível n. 1.0372.06.019186-6/001(1), rel. Des. Antônio Sérvulo, j. 11.05.2010)

Reconhecimento de sociedade de fato. Improcedência. Ausência de elementos a configurar a união estável. A declaração de existência de união estável pressupõe prova irrefutável de convivência revestida de caráter duradouro, contínuo, e com o objetivo de constituir família (art. 1.723 do CC). Ônus da prova que incumbe ao autor da pretensão. Circunstâncias de permanência do apelado na residência paterna da apelante incompatível com os deveres de coabitação. Ausência da demonstração inequívoca do *affectio maritalis*. Inexistência de dependência econômica a respaldar o pedido de alimentos. Contribuição na aquisição de imóvel não comprovada convenientemente. Recurso a que se nega provimento. (TJSP, Ap. Cível c/ Rev. n. 4.709.704.400/Cravinhos, 6ª Câm. de Dir. Priv., rel. Percival Nogueira, j. 17.09.2009)

Apelação cível. Ação de reconhecimento de união estável. Pensão por morte percebida pela esposa do *de cujus*. Comprovação de que o falecido não se ausentou do convívio da esposa e da família. Ausência, portanto, de coabitação com a requerente e do intuito de com ela constituir família. Falta de requisitos caracterizadores da união estável. Recurso provido. (TJRS, Ap. Cível n. 70.025.861.600, 7ª Câm. Cível, rel. Ricardo Raupp Ruschel, j. 03.12.2008)

Direito de família. União estável. Configuração. Coabitação. Elemento não essencial. O art. 1º da Lei n. 9.278/96 não enumera a coabitação como elemento indispensável à caracterização da união estável. Ainda que seja dado relevante para se determinar a intenção de construir uma família, não se trata de requisito essencial, devendo a análise centrar-se na conjunção de fatores presentes em cada hipótese como a *affectio societatis* familiar, a participação de esforços, a posse do estado de casado, a fidelidade, a continuidade da união, entre outros, nos quais se inclui a habitação comum. (STJ, REsp n. 275.839/SP, rel. Min. Ari Pargendler, *DJ* 23.10.2008)

União estável. Caso concreto. Ausência de coabitação no período assinalado pela autora. Impossibilidade de acolhimento baseado em um único testemunho. Prova frágil, que não encontra respaldo nos demais elementos de convicção. Convivência *more uxoria* sem coabitação. Necessidade de prova contundente da relação como marido e mulher capaz de superar os lindes do mero namoro. Sentença de procedência em parte. Recurso provido em parte para pontificar a união estável a partir da efetiva prova de coabitação. (TJSP, Ap. Cível n. 545.833-4/0, rel. Des. Oscarlino Moeller, j. 30.01.2008)

Previdenciário. Reconhecimento de união estável para fins previdenciários. Competência. Requisitos. 1 – A Justiça federal é competente para o julgamento de ação objetivando o reconhecimento de união estável para fins previdenciários. Voto vencido reconhecendo a competência da Justiça estadual. 2 – Para o reconhecimento da união estável, essencial que haja aparência de casamento, não sendo a coabitação, entretanto, requisito indispensável. Precedente do STJ. 3 – No que pertine à qualidade de companheira, a CF/88 estendeu a proteção dada pelo Estado à família para as entidades familiares constituídas a partir da união estável entre homem e mulher, nos termos do disposto no art. 226, § 3º. 4 – Apenas a prova testemunhal já seria suficiente para demonstrar a união estável, porquanto a comprovação de dita relação dispensa o oferecimento de início de prova material, o qual, de regra, é exigido nos casos de reconhecimento de tempo de serviço. 5 – *In casu*, restou evidenciada, por meio de provas documental e testemunhal, a existência da união estável entre a autora e o *de cujus* para fins previdenciários. (TRF, 4ª R., Ap. Cível n. 2003.040.103.77932, 5ª T., rel. Des. Jorge Antonio Maurique, *DJ* 14.02.2007)

União estável. Não exige a lei específica (Lei n. 9.278/96) a coabitação como requisito essencial para caracterizar a união estável. Na realidade, a convivência sob o mesmo teto pode ser um dos fundamentos a demonstrar a relação comum, mas a sua ausência, não afasta, de imediato, a existência da união estável. (STJ, REsp n. 474.962/SP, rel. Min. Sálvio de Figueiredo Teixeira, *DJ* 01.03.2004)

União estável. Comprovação nas instâncias ordinárias. Súmula n. 7 da Corte. 1 – Comprovada exaustivamente nas instâncias ordinárias que a autora e seu falecido companheiro mantiveram uma união pública, contínua e duradoura por trinta e dois anos, não se pode afastar a configuração da existência de verdadeira união estável, não relevando, nas circunstâncias dos autos, o fato de não morarem sob o mesmo teto. 2 – Recurso especial não conhecido. (STJ, REsp n. 474.581/MG, 3ª T., rel. Min. Carlos Alberto Menezes Direito, j. 12.08.2003, v.u., *DJU* 29.09.2003)

União estável. Declaratória. Prova. Coabitação. Requisitos não comprovados. Embora não se constitua requisito obrigatório, a coabitação representa forte indício da união estável. Não restando comprovado, nem justificado o afastamento dos amantes, a improcedência da demanda se impõe. Apelo desprovido. (TJRS, Ap. Cível n. 70.004.756.227, rel. Des. José Carlos Teixeira Giorgis, j. 18.12.2002)

**Namoro**

Apelação cível. Reconhecimento de união estável. Ausente o objetivo de constituir família. Inexistência de prova da comunhão de vidas. Improcedência. A união estável se caracteriza pela convivência pública, contínua e duradoura entre um casal com o objetivo de constituir uma família. Ao contrário do que ocorre no namoro, os conviventes se apresentam perante a sociedade como se casados fossem, e assumem para si ânimo próprio dos casados, de se constituírem enquanto entidade familiar. Inexistindo indícios suficientes a demonstrar que a natureza do relacionamento se estendia para além de um namoro, por não haver provas da existência de vida em comum de reconhecimento público, assemelhada a um casamento, descabe a declaração da sociedade da união estável. Recurso improvido. (TJMG, Ap. Cível n. 1.0720.07.042933-0/001(1), rel. Des. Heloisa Combat, j. 10.06.2010)

Pensão. Presidente Venceslau. Ipreven. LCM n. 23/2001. Companheiro. União estável. Pensão concedida a filha. 1 – União estável. A LF n. 9.278/96, que regulamentou o § 3º do art. 226 da CF, conceitua a união estável como a convivência pública, contínua e duradoura, com o objetivo de constituição de uma família. É a definição constante do art. 1.723 do CC e do art. 11, § 3º, da LCM n. 23/01. Ainda que se afaste a exigência dos cinco anos, a união, para ser duradoura, precisa perdurar por um tempo pelo menos razoável; e deve ser estável e pública. 2 – Pensão. Ainda que se afaste o requisito temporal, não se configura a união estável se a convivência foi de apenas 23 meses, era rompida com frequência, era considerada um namoro pelas vizinhas e não se demonstrou que ambos visassem à constituição de uma família, nem que a autora fosse dele dependente. Procedência. Recurso dos réus provido para julgar a ação improcedente. (TJSP, Ap. Cível c/ Rev. n. 7.731.695.100/ Presidente Venceslau, 10ª Câm. de Dir. Públ., rel. Torres de Carvalho, j. 14.09.2009)

União estável. Art. 1.723 do CC. Hipótese em que a prova é segura na confirmação de que houve mero namoro entre a autora e o falecido filho dos réus quando residiam em Miami. Ausência dos requisitos da união estável que se configura na convivência pública, contínua e duradoura e estabelecida com o objetivo de constituição de família. Namoro que se estreitou após doença do jovem e até o seu falecimento um ano depois, o que se deu com a anuência da família em virtude da dedicação e do carinho da namorada, circunstância que não permite a transformação do namoro em união estável. O reconhecimento da rica família do jovem falecido se deu pela doação espontânea de substancial quantia em dinheiro e de apartamento em bairro nobre, num total de R$ 1.800.000,00, em 2002, após a morte do filho. Prova que é segura quanto à inexistência de união estável. Improcedência acertada. Recurso da autora improvido. Honorários advocatícios. Recurso dos réus visando à elevação do valor que hoje equivale a aproximadamente R$ 9.000,00. Art. 20, § 4º, do CPC [art. 85, §§ 3º e 8º, do CPC/2015]. Os honorários devem ser fixados de modo a garantir, minimamente, a remuneração digna do patrono do réu apelante em ação de reconhecimento de união estável cuja partilha em caso de procedência envolvia o vultoso patrimônio do herdeiro [...]. O elevado grau de zelo exigido neste processo pleno de incidentes, recurso, colheita de provas documentais e testemunhais, a natureza e a importância da causa e o trabalho e tempo dedicados, tudo conduz à necessidade de elevação dos honorários advocatícios para R$ 25.000,00. Recurso do réu apelante provido (TJSP, Ap. Cível n. 651.376-4/2-00, 4ª Câm. de Dir. Públ., rel. Maia Cunha, j. 30.07.2009). (*RBDFS* 11/168)

Apelação cível. Reconhecimento de união estável. Apesar de o casal ter tido um filho, a análise da prova faz concluir que a relação havida pelas partes não foi pública, duradoura e com ânimo de constituição de família. Sequer as testemunhas mais próximas do dia a dia da autora – porteiro do prédio, vizinho e colega de trabalho – deram segurança sobre a natureza da relação. Caso em que, a partir do contexto probatório, também o fato de o casal ter residido em casas separadas, corrobora para o entendimento de que a relação afetiva foi um namoro. Inexistência de justificativa para reformar a sentença que não reconheceu a entidade familiar, pois ausentes os pressupostos para reconhecimento da união estável. Negaram provimento. (TJRS, Ap. Cível n. 70.025.845.645, 8ª Câm. Cível, rel. Rui Portanova, j. 11.12.2008)

Apelação cível. Ação de reconhecimento de união estável. Para a caracterização da união estável é imprescindível a existência de convivência pública, contínua, duradoura e estabelecida com objetivo de constituir família. No caso dos autos, o relacionamento no curto período de quatro meses ostentou contornos de um namoro, inexistindo, portanto, o objetivo de constituição de família. Recurso não provido. (TJRS, Ap. Cível n.

70.027.376.201, 8ª Câm. Cível, rel. Claudir Fidelis Faccenda, j. 04.12.2008)

Reconhecimento de união estável. Para que seja reconhecida como entidade familiar, a união estável deve possuir configuração de convivência pública, contínua, duradoura e que tenha como objetivo a constituição de uma família. Já o denominado "namoro", a despeito de se constituir em uma relação pública, contínua, duradoura (característica essa mutável considerando o casal que vem a ser analisado), diferencia-se da união estável no tópico relativo à finalidade. Enquanto a união estável traz em seu bojo a ideia de constituição de núcleo familiar; o namoro, não. No caso dos autos, a prova produzida dá conta de que houve um longo namoro entre os litigantes, não havendo entre eles a intenção de constituírem um núcleo familiar. Apelo improvido. (TJRS, Ap. Cível n. 70.005.730.288, rel. Des. Marta Borges Ortiz, j. 19.09.2003)

União estável. Convivência que caracteriza um namoro qualificado. O relacionamento do homem e da mulher, para merecer a proteção do Estado e ser reconhecido como uma entidade familiar, há de ter o propósito de um casamento, e não de um namoro qualificado que, ocorrida a primeira desavença, serve esta de motivo para a separação dos conviventes. A prova documental e a prova testemunhal se mostraram insuficientes para o reconhecimento e decretação de uma união estável, nos moldes preconizados pelo § 3º do art. 226 da CF/88, Lei n. 8.971/94 e Lei n. 9.278/96, mais o art. 1.723 do CC/2002. (TJRS, Ap. Cível n. 70.002.534.212, rel. Des. Antonio Carlos Stangler Pereira, j. 18.09.2003)

**Namoro e coabitação**

Apelação cível. Reconhecimento de união estável. Autora que declara ter mantido união estável com o *de cujus* pelo período de 2 anos evidencia-se dos autos que a autora e o *de cujus* efetivamente mantiveram relacionamento amoroso, todavia, percebe tratar-se de mero namoro. Autora ainda era casada no início do relacionamento das partes, o que importa no adiamento do prazo inicial da alegada convivência. Também não restou comprovado qualquer período de coabitação do casal no decorrer do período indicado pela apelante como sendo de união estável. Não provados quaisquer dos requisitos indispensáveis à caracterização da união estável. Manutenção da sentença que se impõe. Desprovimento do recurso. Sentença mantida. (TJRJ, Ap. Cível n. 0015215-03.2006.8.19.0066, 12ª Câm. Cível, rel. Des. Binato De Castro, j. 01.12.2009)

União estável. Convivência que pressupõe vida comum. Caracterização que exige certos requisitos, bem delineados pela doutrina. Necessidade da existência da posse de estado de casado, consistente de relacionamento público, notório, duradouro, que configure um núcleo familiar. Art. 1.723 do novo CC. Exigência de vida em comum, *more uxorio*, não necessariamente sob o mesmo teto, mas com sinais claros e induvidosos de que aquele relacionamento é uma família, cercada de afeto e de uso comum do patrimônio. Existência de pacto concubinário, onde as partes declararam expressamente não ter intenção de estabelecer uma entidade familiar. Inexistência de provas concludentes que infirmem tal declaração, ou indicativas de vício de consentimento. Situação que se aproxima de namoro qualificado, sem o propósito de constituir família. Ação improcedente. Recurso não provido. (TJSP, Ap. Cível n. 6.377.384.200/São Paulo, 4ª Câm. de Dir. Priv., rel. Francisco Loureiro, j. 30.04.2009)

União estável. Pressupostos. *Affectio maritalis*. Coabitação. Publicidade da relação. Prova. 1 – Não constitui união estável o relacionamento entretido sem a intenção clara de constituir um núcleo familiar. 2 – A união estável assemelha-se a um casamento de fato e deve indicar uma comunhão de vida e de interesses, reclamando não apenas publicidade e estabilidade, mas, sobretudo, um nítido caráter familiar, evidenciado pela *affectio maritalis*, que no caso inexistiu, tanto que, quando a virago engravidou o relacionamento findou. 3 – Ficando comprovado que a publicidade do relacionamento era de namoro, ainda que com intimidade, pois viajavam juntos e, por vezes, um pernoitava na casa do outro, mas ausente prova cabal da residência sob o mesmo teto e da intenção de constituir família, a improcedência da ação se impõe. Recurso desprovido (segredo de justiça). (TJRS, Ap. Cível n. 70.022.408.603, 7ª Câm. Cível, rel. Sérgio Fernando de Vasconcellos Chaves, j. 20.02.2008)

União estável. Ausência de *affectio maritalis* e de coabitação. Inocorrência. Namoro prolongado não se confunde com união estável, pois esta é entidade familiar. Trata-se do namoro havido entre um ancião rico e uma mulher bem mais jovem com situação econômica bem inferior. Ainda que tal relacionamento tenha perdurado no tempo, não configurou união estável, cuja característica é a de assemelhar-se ao casamento, indicando uma comunhão de vida e de interesses. Não há *affectio maritalis* quando o casal jamais coabitou e jamais teve o propósito de edificar uma família. Do mero relacionamento afetivo e sexual, sem vida comum, não se retira qualquer sequela patrimonial, já tendo a autora sido amplamente beneficiada com o sustento e o auxílio econômico frequente, além de carro, reformas na sua casa, sendo contemplada em testamento com 12,5% da parte disponível do patrimônio deixado pelo falecido (TJRS, Emb. Infring. n. 70.003.119.187, 4° Grupo de Câm. Cíveis, rel. Des. Sérgio Fernando de Vasconcellos Chaves, j. 12.04.2002). (*RBDFam* 16/137)

**Separação de fato**

Apelação cível. União estável. Reconhecimento. Possibilidade. Provas da existência. Demonstração. Separação de fato. Ausência de impedimento. Art. 1.723, § 1°, do CC. A união estável deve ser reconhecida se a requerente comprova nos autos o preenchimento de todos os requisitos para sua configuração, entre eles: convivência, ausência de formalismo, diversidade de sexos, unicidade de vínculo, estabilidade, continuidade, publicidade, objetivo de constituição de família e inexistência de impedimentos matrimoniais. A separação de fato não impede a caracterização da união estável, segundo a regra do art. 1.723, § 1°, do CC, pois o casamento e as relações estáveis não se respaldam no registro cartorial, mas sim no afeto e no intuito de constituir família. (TJMG, Ap. Cível n. 1.0713.08.085625-3/001(1), rel. Des. Dárcio Lopardi Mendes, j. 27.05.2010)

União estável. Comprovada separação de fato. Reconhecimento da união estável desde 1994. Relação que não se mostrou clandestina ou esporádica. Requisitos do art. 1.723 do CC verificados. Recurso provido. (TJSP, Ap. Cível c/ Rev. n. 5.651.774.200/Sumaré, 1ª Câm. de Dir. Priv., rel. Luiz Antônio de Godoy, j. 19.05.2009)

União estável. Reconhecimento. Separação de fato do companheiro. Sobrestamento do feito. 1 – É descabido o sobrestamento do feito até a prolação de sentença de separação judicial ou divórcio da parte, pois tais decretos não são necessários à procedência da ação. 2 – Para o reconhecimento da união estável não é necessário que as partes estejam divorciadas ou separadas judicialmente, bastando que estejam separadas de fato. Inteligência do art. 1.723, § 1°, do CCB. Recurso provido (segredo de justiça). (TJRS, AI n. 70.023.112.337, 7ª Câm. Cível, rel. Sérgio Fernando de Vasconcellos Chaves, j. 25.06.2008)

Civil. União estável. Alimentos. Companheiro casado. No caso de pessoa casada a caracterização da união estável está condicionada à prova da separação de fato. Agravo regimental não provido. (STJ, Ag. Reg. no Ag. n. 670.502/RJ, 3ª T., rel. Min. Ari Pargendler, j. 19.06.2008)

Agravo de instrumento. Alegação de carência de ação que se confunde com o mérito. Impossibilidade de acolhimento liminar. O art. 1.723, § 1°, do novo CC entende possível reconhecer a união estável na hipótese de pessoa casada (no papel) mas separada de fato. Logo, não há falar liminarmente em acolhimento da alegação de carência de ação, se no mérito há fatos a serem investigados. Recurso desprovido. (TJRS, AI n. 70.006.904.114, 8ª Câm. Cível, rel. Des. Rui Portanova, j. 19.08.2003)

Sociedade de fato. Reconhecimento de que havia entre o recorrente e a recorrida uma união estável. Existência de amparo legal de união entre pessoas casadas, mas separadas de fato, uma vez comprovada a convivência duradoura, pública e contínua do casal. Partilha de bens justificada. Aplicação das Leis ns. 8.971/94 e 9.278/96, e do art. 226, § 3°, da CF. Ação parcialmente procedente. Recurso improvido. (TJSP, Ap. Cível n. 178.958-4, rel. Des. Armindo Freire Mármora, j. 24.10.2002)

União estável. Reconhecimento. Companheiros casados, mas separados de fato. Admissibilidade. Afigura-se admissível a existência de união estável quando um ou ambos os companheiros são casados, mas separados de fato, sendo vedada apenas a configuração da união em se tratando de relação adulterina, concomitante ao casamento civil. (TJMG, Ap. Cível n. 1.0000.00.231.199-1/000, 4ª Câm. Cível, rel. Des. Carreira Machado, j. 25.10.2001, *DJMG* 26.06.2002)

**Relacionamento longo com diversas interrupções**

Apelação cível. União estável. Reconhecimento e partilha de bens. Para a caracterização da união estável é imprescindível a existência de convivência pública, contínua, duradoura e estabelecida com objetivo de constituir família. No caso dos autos, o relacionamento ostentou contornos de um namoro, marcado por sucessivas separações, onde imperam as ofensas em detrimento do afeto, inexistindo, assim, o objetivo de constituição de família. Recurso improvido. (TJRS, Ap. Cível n. 70.024.526.071, 8ª Câm. Cível, rel. Claudir Fidelis Faccenda, j. 21.08.2008)

Reconhecimento de união estável cumulada com alimentos. União estável, ou seja, convivência comum, contínua, com ânimo de constituir família, não comprovada. Relacionamento longo, com diversas interrupções, que não caracteriza união estável. Aplicação do art. 226, § 3°, da CF, e do art. 1° da Lei n. 9.278/96. Pretensão de alimentos rejeitada. Ação julgada procedente, em parte. Recurso do réu provido. Recurso da autora prejudicado. (TJSP, Ap. Cível n. 168.719-4, rel. Des. Zélia Maria Antunes Alves, j. 28.03.2001)

**Relacionamento esporádico**

Voto n. 12.440. Reconhecimento de união estável. Autora não comprovou convivência efetiva. Pretenso convivente se casara com outra mulher no alegado período de vida em comum. Prova oral se limitou a mencionar relacionamento esporádico. Requisitos da união estável ausentes. Situação fática não está caracterizada por publicidade, continuidade e notoriedade que demonstrassem constituição de família. Questão previdenciária não fora objeto do pedido. Apelo desprovido. (TJSP, Ap. n. 994080290881, 4ª Câm. de Dir. Priv., rel. Natan Zelinschi de Arruda, j. 25.02.2010)

Direito de família. Apelação. Ação declaratória de reconhecimento de união estável. Convivência pública, contínua e duradoura. Objetivo de constituir família. Ausência de prova. Recurso desprovido. Não há como reconhecer a existência de união estável, ante a ausência de prova de que o casal tenha mantido convivência pública, contínua e duradoura, com o objetivo de constituir família, e não simples namoro ou relacionamento passageiro e esporádico. (TJMG, Ap. Cível n. 1.0287.05.022362-0/001(1), rel. Moreira Diniz, j. 04.06.2009)

União estável. Ação de reconhecimento de união estável combinada com meação. União estável, ou seja, convivência comum, contínua, com ânimo de constituir família, não comprovada. Relacionamento esporádico, que não caracteriza união estável. Aplicação do art. 226, § 3º, da CF. Pretensão de partilha de bens rejeitada. Ação julgada procedente, em parte. Recurso provido. (TJSP, Ap. Cível n. 118.321-4, rel. Des. Zélia Maria Antunes Alves, j. 17.12.2001)

**União estável, configuração**

Direito civil. Família. Paralelismo de uniões afetivas. Recurso especial. Ação de reconhecimento de união estável *post mortem* e sua consequente dissolução. Concomitância de casamento válido. Peculiaridades. Ainda que a coabitação não constitua requisito essencial para o reconhecimento de união estável, sua configuração representa dado relevante para se determinar a intenção de construir uma família, devendo a análise, em processos dessa natureza, centrar-se na conjunção de fatores presente em cada hipótese, como a *affectio societatis* familiar, a participação de esforços, a posse do estado de casado, a fidelidade, a continuidade da união, entre outros, nos quais se inclui a habitação comum. Nos termos do art. 1.571, § 1º, do CC/2002, que referendou a doutrina e a jurisprudência existentes sob a vigência da legislação civil anterior, o casamento válido não se dissolve pela separação judicial; apenas pela morte de um dos cônjuges ou pelo divórcio. Por isso mesmo, na hipótese de separação judicial, basta que os cônjuges formulem pedido para retornar ao *status* de casados. Já, quando divorciados, para retornarem ao *status quo ante*, deverão contrair novas núpcias. A ausência de comprovação da posse do estado de casados, vale dizer, na dicção do acórdão recorrido, a ausência de prova da intenção do falecido de com a recorrente constituir uma família, com aparência de casamento, está intimamente atrelada ao fato de que, muito embora separados judicialmente, houve a continuidade da relação marital entre o falecido e sua primeira mulher, que perdurou por mais de cinquenta anos e teve seu término apenas com a morte do cônjuge varão, o que vem referendar a questão de que não houve dissolução do casamento válido. Considerada a imutabilidade, na via especial, da base fática tal como estabelecida no acórdão recorrido, constando expressamente que muito embora tenha o falecido se relacionado com a recorrente por longo período – 30 anos – com prole comum, em nenhum momento o cônjuge varão deixou a mulher, ainda que separados judicialmente – mas não de fato –, o que confirma o paralelismo das relações afetivas mantidas pelo falecido, deve ser confirmado o quanto decidido pelo TJPR, que, rente aos fatos, rente à vida, verificou a ausência de comprovação de requisitos para a configuração da união estável, em especial, a posse do estado de casados. Os arranjos familiares, concernentes à intimidade e à vida privada do casal, não devem ser esquadrinhados pelo Direito, em hipóteses não contempladas pelas exceções legais, o que violaria direitos fundamentais enfeixados no art. 5º, X, da CF/88 – o direito à reserva da intimidade assim como o da vida privada –, no intuito de impedir que se torne de conhecimento geral a esfera mais interna, de âmbito intangível da liberdade humana, nesta delicada área de manifestação existencial do ser humano. Deve o juiz, ao analisar as lides de família que apresentam paralelismo afetivo, de acordo com as peculiaridades multifacetadas apresentadas em cada caso, decidir com base na dignidade da pessoa humana, na solidariedade, na afetividade, na busca da felicidade, na liberdade, na igualdade, bem assim, com redobrada atenção ao primado da monogamia, com os pés fincados no princípio da eticidade. Recurso especial não provido. (STJ, REsp n. 1.107.192/PR, 3ª T., rel. Min. Massami Uyeda, j. 20.04.2010, *DJe* 27.05.2010)

Apelação cível. Ação de dissolução de união estável. Sentença de procedência do pedido. Partilha do bem adquirido na constância da união estável. Reserva da meação da companheira. É cediço que para o estabelecimento de união estável devem ser demonstrados a convivência pública, contínua e duradoura estabelecida com o fim de constituir família, além da prova da inexistência dos impedimentos do art. 1.521 do CC, os quais, todavia, são excepcionados, quanto às pessoas casadas, se separadas de fato ou judicialmente. A prova dos autos não deixa dúvidas da configuração de relação contínua e pública, pois evidencia que a apelada residiu no imóvel em companhia do apelante, com o qual, inclusive, teve filhos. Enfim, o apelante fez parecer que seu intuito era o de formar união estável com a autora, em detrimento do matrimônio anterior. Por outro lado, não há prova nos autos de que o apelante não estivesse separado de fato de sua mulher no período de vigência da união estável. Sendo assim, é perfeitamente possível concluir pelo estabelecimento da convivência entre o casal. Desprovimento do recurso. (TJRJ, Ap. Cível n. 0003290-79.2000.8.19.0014, 8ª Câm. Cível, rel. Des. Luiz Felipe Francisco, j. 31.08.2010)

Acidente de trânsito. Ação de reparação de danos morais. Atropelamento em calçada, que resultou em morte de pedestre. A dinâmica do acidente, bem como a culpa do réu e o nexo causal estão bem caracterizados, e esses fatos não foram controvertidos em contestação, e assim, de acordo com o princípio da impugnação específica, não dependem de prova (CPC, arts. 302, *caput*, e 334, III) [arts. 341, *caput*, e 374, III, do CPC/2015]. O fato de alguém ser casado à época da sua morte não impede a configuração da união estável, desde que estivesse separado de fato do cônjuge (CC, art. 1.723, § 1º), e convivesse publicamente com a companheira de forma contínua e duradoura, com objetivo de constituição de família (CC, art. 1.723, *caput*). A lei de regência não exige que os companheiros vivam sob o mesmo teto, nem mesmo período mínimo de convivência. Da morte do companheiro resulta normalmente dano moral, por corresponder ao que, em regra, acontece de acordo com a simples observação daquilo que ordinariamente acontece em meio à realidade empírica da vida (CPC, art. 335) [art. 375 do CPC/2015]. Recurso não provido. (TJSP, Ap. Cível n. 992.070.250.188/Itapetininga, 25ª Câm. de Dir. Priv., rel. Antônio Benedito Ribeiro Pinto, j. 01.10.2009)

União estável. *Affectio maritalis*. Notoriedade e publicidade do relacionamento. Prova documental e testemunhal. Se o relacionamento entretido entre a autora e o *de cujus* assemelhou-se a um casamento de fato, indicando uma comunhão de vida e de interesses, com notoriedade, publicidade e *affectio maritalis*, imperioso é o reconhecimento da união estável. Recurso provido em parte (segredo de justiça). (TJRS, Ap. Cível n. 70.024.280.638, 7ª Câm. Cível, rel. Sérgio Fernando de Vasconcellos Chaves, j. 22.10.2008)

União estável. *Affectio maritalis* e coabitação. Entidade familiar. O relacionamento entretido pelos litigantes configurou união estável, cuja característica é a de assemelhar-se ao casamento, indicando uma comunhão de vida e de interesses, ficando evidenciada a *affectio maritalis* e sendo apta para produzir sequelas de ordem patrimonial albergadas pela Lei n. 8.971/94 e Lei n. 9.278/96 (TJRS, Ap. Cível n. 70.005.876.354, rel. Des. Sérgio Fernando de Vasconcellos Chaves, *DOERS* 12.05.2004). (*RBDFam* 25/120)

Recurso especial. Administrativo. Pensão. União estável. Companheira casada, mas separada de fato. Possibilidade. 1 – A CF e a lei ordinária que regulamentou a união livre não fazem qualquer distinção entre o estado civil dos companheiros, apenas exigindo, para a sua caracterização, a união duradoura e estável entre homem e mulher, com objetivo de constituir uma família. 2 – Inexiste óbice ao reconhecimento da união estável quando um dos conviventes, embora casado, encontra-se separado de fato. 3 – Recurso provido. (STJ, REsp n. 406.886, rel. Min. Vicente Leal, j. 17.02.2004)

**União estável, não configuração**

Direito de família. Apelação. Ação de reconhecimento de união estável entre ex-marido e ex-mulher. Período em que o casal estava separado judicialmente, sem se divorciar. Impossibilidade. Período posterior ao divórcio. Convivência pública, contínua e duradoura. Objetivo de constituir família. Ausência de prova. Recurso desprovido. Durante o período em que o casal está apenas separado judicialmente, não é possível a configuração de união estável entre si, porque o casamento ainda não foi dissolvido e a reconciliação pode ensejar o restabelecimento da sociedade conjugal, nos termos do art. 1.577 do CC. Ainda que assim não fosse, se as próprias partes da relação, consensualmente, manifestaram o desinteresse em manter qualquer tipo de vínculo e pleitearam a conversão da separação em divórcio, afirmando a impossibilidade de restabelecimento da vida conjugal, não há como sustentar a configuração de união estável no período entre a separação e o divórcio, porque falta o requisito da intenção de constituir família. Ante a ausência de prova de que o casal tenha mantido convivência pública, contínua e duradoura, com o objetivo de constituir família, após o divórcio, não há como reconhecer a existência de união estável. (TJMG, Ap. n. 1.0702.08.479900-7/001(1), rel. Des. Moreira Diniz, 26.08.2010)

Civil. Família. União estável. Reconhecimento. Ausência de coabitação das partes. Desnecessidade. Violação ao art. 1.723 do CC não configurada. Partilha. Imóvel adquirido com recursos provenientes do salário do varão. Sub-rogação. Violação ao art. 1.659, II, do CC. É pacífico o entendimento de que a ausência de coabitação entre as partes não descaracteriza a união estável. Incidência da Súmula n. 382/STF. Viola o inciso II do art. 1.659 do CC a determinação de partilhar imóvel adquirido com recursos provenientes de diferenças salariais havidas pelo convivente varão em razão de sua atividade profissional, portanto de natureza personalíssima. Recurso especial parcialmente conhecido e, nessa extensão, provido. (STJ, REsp n. 1.096.324, 4ª T., rel. Des. Honildo Amaral de Mello Castro, j. 02.03.2010, *DJe* 10.05.2010)

União estável. Não configuração. Falta de preenchimento dos requisitos indicados no art. 1º da Lei n. 9.278/96, bem como no art. 1.723 do CC. Inexistência de harmonia na convivência, a ponto de existir agressões entre o casal. Requerente que demonstrou seu desejo de que o requerido deixasse a casa. Impossibilidade de identificação de intuito de formação de entidade familiar constatada. Presença dos requisitos da estabilidade e continuidade da relação de que não se cogita. Inexistência, ademais, de demonstrações públicas de intimidade, afeto e carinho entre as partes constatada. Prova colhida (documental e testemunhal) que não se prestou a demonstrar cabalmente os fatos alegados na petição inicial. Ônus da sucumbência atribuídos à requerente. Recurso provido. (TJSP, Ap. Cível c/ Rev. n. 6.218.034.800/Lorena, 1ª Câm. de Dir. Priv., rel. Luiz Antônio de Godoy, j. 02.06.2009)

Veja no art. 1.595 o seguinte acórdão: TJMG, Ap. Cível n. 1.0024.06.215824-1/001, rel. Heloisa Combat, j. 07.04.2009.

União estável. Pressupostos. *Affectio maritalis*. Coabitação. Publicidade da relação. Prova. Gratuidade da justiça. 1 – Deve ser deferida a assistência judiciária gratuita quando o pleito é requerido no momento próprio e foi juntada a declaração de pobreza, sendo que as condições profissionais e socioeconômicas evidenciadas no processo não desmentem a alegação de necessidade. 2 – Não constitui união estável o relacionamento entretido sem a intenção clara de constituir um núcleo familiar. 3 – A união estável assemelha-se a um casamento de fato e indica uma comunhão de vida e de interesses, reclamando não apenas publicidade e estabilidade, mas, sobretudo, um nítido caráter familiar, evidenciado pela *affectio maritalis*. 4 – Não ficando comprovada a publicidade do relacionamento, e ausente prova cabal da coabitação e da intenção de constituir família, a improcedência da ação se impõe. Recurso provido em parte (segredo de justiça). (TJRS, Ap. Cível n. 70.024.965.261, 7ª Câm. Cível, rel. Sérgio Fernando de Vasconcellos Chaves, j. 22.10.2008)

Ação de reconhecimento de união estável. Casamento e concubinato simultâneos. Improcedência do pedido. A união estável pressupõe a ausência de impedimentos para o casamento, ou, pelo menos, que esteja o companheiro separado de fato, enquanto a figura do concubinato repousa sobre pessoas impedidas de casar. Se os elementos probatórios atestam a simultaneidade das relações conjugal e de concubinato, impõe-se a prevalência dos interesses da mulher casada, cujo matrimônio não foi dissolvido, aos alegados direitos subjetivos pretendidos pela concubina, pois não há, sob o prisma do Direito de Família, prerrogativa desta à partilha dos bens deixados pelo concubino. Não há, portanto, como ser conferido *status* de união estável a relação concubinária concomitante a casamento válido. (STJ, REsp n. 931.155/RS, rel. Min. Nancy Andrighi, *DJ* 20.08.2007)

Ação de reconhecimento de união estável. Improcedência. Ausência de requisito subjetivo consistente na intenção de constituir família. Exigência do art. 1.723, *caput*, do CC. Sentença mantida. (TJSP, Ap. Cível n. 497.725.4/4-00, Des. Paulo Alcides Amaral Salles, j. 21.08.2007)

Constitucional. Militar. Pensão por morte. União estável. Reconhecimento. Aplicação da Lei n. 9.278/96, art. 1º. Existência de impedimento matrimonial. Art. 1.723, § 1º, do CC/2002. Falta de provas. 1 – O presente feito trata de pedido de reconhecimento de união estável com servidor inativo da Marinha, bem como a concessão de pensão por morte e os respectivos atrasados. 2 – A Lei n. 9.278/96, que regulamenta o § 3º do art. 226 da CF/88, fixa, em seu art. 1º, o entendimento de que se reconhece "... como entidade familiar a convivência duradoura, pública e contínua, de um homem e uma mulher, estabelecida com objetivo de constituição de família". 3 – Segundo preceitua o § 1º do art. 1.723 do CC/2002, para que se constitua união estável mister que não se configure qualquer dos impedimentos previstos no art. 1.521 do mesmo diploma legal. 4 – Incabível o pedido de reconhecimento da relação *more uxorio*, vez que se constatou, pelos documentos trazidos aos autos, que o instituidor da pensão era casado, não havendo qualquer prova cabal de que o *de cujus* estava separado de fato de sua mulher, e tão pouco, de que mantinha com a autora uma convivência duradoura, pública e contínua, estabelecida com o intuito de constituir família. 5 – Negado provimento à apelação. (TRF, 2ª R., Ap. Cível n. 2002.510.102.24768, 8ª T. Especial, rel. Des. Juiz Raldênio Bonifácio Costa, *DJ* 13.03.2006)

União estável. Reconhecimento de duas uniões concomitantes. Equiparação ao casamento putativo. Lei n. 9.728/96. 1 – Mantendo o autor da herança união estável com uma mulher, o posterior relacionamento com outra, sem que se haja desvinculado da primeira, com quem continuou a viver como se fossem marido e mulher, não há como configurar união estável concomitante, incabível a equiparação ao casamento putativo. 2 – Recurso especial conhecido e provido. (STJ, REsp n. 789.293, rel. Min. Carlos Alberto Menezes Direito, j. 16.02.2006)

Civil. Família. Reconhecimento de união estável entre mulher e homem casado, mas não separado de fato. Impossibilidade. Ofensa ao art. 226, § 3º, da Magna Carta. Matéria afeta ao STF. Alegação de violação às Leis ns. 8.971/94 e 9.278/96. Súmula n. 284, STF. Infringência aos dispositivos da Lei n. 10.406/2002. Fatos ocorridos na vigência de legislação anterior. Incidência desta. Dissídio jurisprudencial. Comprovação. 1 – Esta Corte de Uniformização não se presta à análise de matéria constitucional (art. 226, § 3º, da CF), cabendo-lhe, somente, a infraconstitucional. 2 – A falta de indicação do dispositivo de determinado diploma legal supostamente violado, impede o conhecimento da matéria, tendo em vista o óbice da Súmula n. 284, STF. 3 – *In casu*, os fatos relacionados ao presente recurso ocorreram na vigência do CC/1916, o que afasta a incidência, no caso, dos dispositivos da Lei n. 10.406/2002 (novo CC). 4 – A teor da jurisprudência desta Corte, a existência de impedimento para se casar por parte de um dos companheiros, como, por exemplo, na hipótese de a pessoa ser casada, mas não separada de fato ou judicialmente, obsta a constituição de união estável. 5 – Recurso conhecido parcialmente e, nessa parte, provido para, cassando o acórdão proferido pelo tribunal *a quo*, afastar o reconhecimento da união estável, no caso. (STJ, REsp n. 684.407, rel. Min. Jorge Scartezzini, j. 03.05.2005)

Família. Reconhecimento de união estável. Requisitos. Pessoas casadas. § 1º do art. 1.723 do CC. 1 – São requisitos da união estável a convivência duradoura, pública, contínua e com o objetivo de constituir família. 2 – Nos termos do § 1º do art. 1.723 do novo CC somente se reconhecerá a união estável de pessoas casadas no de se encontrarem separadas de fato ou judicialmente. (TJMG, Ap. Cível n. 1.0024.03.100818-8/001(1), rel. Des. Duarte de Paula, j. 28.10.2004. In: CAHALI, Francisco José. *Família e sucessões no CC de 2002*. São Paulo, RT, 2005, v. II)

União estável. Prova. Caracterização. Medida cautelar inominada. 1 – Uma relação amorosa, para configurar uma união estável, reclama a convivência duradoura, pública e contínua de um homem e uma mulher, estabelecida com objetivo de constituição de família. Se a relação foi de trabalho e não existiu a *affectio maritalis*, não se cogita de união estável. 2 – Se inexistiu a união estável, a providência cautelar de restrição ao uso de bens era absolutamente descabida. Recurso da autora desprovido e provido o da sucessão (TJRS, Ap. Cível n. 70.006.941.819, rel. Des. Sérgio Fernando de Vasconcellos Chaves, j. 03.12.2003). (*RBDFam* 24/135)

**Fidelidade recíproca, ausência**

Veja no art. 1.659 os seguintes acórdãos: TJSP, AI n. 990100969498, 20ª Câm. de Dir. Priv., rel. Des. Correia Lima, j. 30.08.2010; TJMG, Ap. Cível n. 1.0686.08.222002-7/001(1), rel. Des. Manuel Saramago, j. 12.08.2010; TJMG, Ap. Cível n. 1.0024.07.778931-1/001(1), rel. Des. Vieira de Brito, j. 15.07.2010; e TJRS, Ap. Cível n. 70.033.332.271, 7ª Câm. Cível, rel. Des. André Luiz Planella Villarinho, j. 07.07.2010; TJMG, Ap. Cível n. 1.0701.09.250050-6/001(1), rel. Des. Edivaldo George dos Santos, j. 27.04.2010; e TJSP, Ap. n. 992050894063 (981421300), 33ª Câm. de Dir. Priv., rel. Des. Luiz Eurico, j. 12.04.2010.

Direito civil. Família. Paralelismo de uniões afetivas. Recurso especial. Ações de reconhecimento de uniões estáveis concomitantes. Casamento válido dissolvido. Peculiaridades. [...] As uniões afetivas plúrimas, múltiplas, simultâneas e paralelas têm ornado o cenário fático dos processos de família, com os mais inusitados arranjos, entre eles, aqueles em que um sujeito direciona seu afeto para um, dois, ou mais outros sujeitos, formando núcleos distintos e concomitantes, muitas vezes colidentes em seus interesses. Ao analisar as lides que apresentam paralelismo afetivo, deve o juiz, atento às peculiaridades multifacetadas apresentadas em cada caso, decidir com base na dignidade da pessoa humana, na solidariedade, na afetividade, na busca da felicidade, na liberdade, na igualdade, bem assim, com redobrada atenção ao primado da monogamia, com os pés fincados no princípio da eticidade. Emprestar aos novos arranjos familiares, de uma forma linear, os efeitos jurídicos inerentes à união estável, implicaria julgar contra o que dispõe a lei; isso porque o art. 1.727 do CC/2002 regulou, em sua esfera de abrangência, as relações afetivas não eventuais em que se fazem presentes impedimentos para casar, de forma que só podem constituir concubinato os relacionamentos paralelos a casamento ou união estável pré e coexistente. Recurso especial provido. (STJ, REsp n. 1.157.273/RN, 3ª T., rel. Min. Nancy Andrighi, *DJe* 07.06.2010)

Apelação. Reconhecimento de união estável. Companheiro separado de fato. Filhos fora do relacionamento. Provas cabais dos requisitos configuradores. A fidelidade, tanto na união estável como no próprio casamento, é presumida, ou seja, o descumprimento unilateral desse dever não implica, por si só, a ruptura do caráter conjugal estável. Comprovada a coabitação, a convivência pública, duradoura e com aparência de constituição de família, é forçoso o reconhecimento da união estável. Recurso conhecido e provido. (TJMG, Ap. Cível n. 1.0474.06.022800-1/001(1), rel. Albergaria Costa, j. 16.04.2009)

Dissolução de sociedade de fato c/c partilha de bens. Reconhecimento e dissolução de união estável c/c pedido de meação de pensão. Não obstante a longa duração em relacionamento amoroso, a união se resumiu à convivência *more uxorio*. Varão que dividia residências, vez que não morava seguidamente com a ré. Impossibilidade de reconhecimento da existência de união estável sem que exista a fidelidade recíproca e o *animus* de formação familiar. Inexistência de prova quanto à conjugação de esforços para fins de formação de patrimônio comum. Pedidos em cumulação sucessiva, de modo que o desatendimento do primeiro importe em prejuízo do segundo, que, *per viam consequentiae*, fica indeferido. (TJRJ, Ap. Cível n. 14.383/01, 4ª Câm. Cível, rel. Reinaldo Pinto Alberto Filho, j. 15.01.2002, *DORJ* 21.03.2002)

Sobre concubinato impuro, *v.* jurisprudência do art. 1.727.

**Art. 1.724. As relações pessoais entre os companheiros obedecerão aos deveres de lealdade, respeito e assistência, e de guarda, sustento e educação dos filhos.**

Legislação correlata: art. 2°, Lei n. 9.278, de 10.05.1996.

Como já afirmado no artigo antecedente, para que esteja caracterizada a união estável, o casal deve transmitir a todos a aparência de um casamento, pois existe entre os companheiros uma convivência *more uxorio*, notória, dotada de estabilidade, permanente, imbuída do propósito de constituir família. Assim é, tanto que os deveres dos companheiros na união estável, relacionados neste artigo, guardam íntima semelhança com os dos cônjuges no casamento, enumerados no art. 1.566 já comentado. Confrontados os dispositivos, verifica-se a ausência, entre os deveres dos companheiros, os da fidelidade recíproca e da vida em comum no domicílio conjugal, conferidos aos cônjuges. Com relação a este último, *coabitação*, remete-se o leitor ao comentário do artigo antecedente.

Os deveres de *lealdade, respeito e assistência* constituem conceitos jurídicos indeterminados. A lei não prevê consequências para o descumprimento dos presentes deveres, como fez para o casamento (cf. art. 1.572, *caput*). O *rompimento da relação* poderá ser uma saída para o companheiro que não aceitar o comportamento do outro, sendo que tal medida independerá de *autorização judicial*. Contudo, quando os companheiros estiverem de acordo com a dissolução da união estável, poderão solicitar a homologação judicial, independentemente de esta ter previsão legal, ter sido realizada por instrumento particular ou não ter sido inicialmente formalizada em juízo.

Deveres: a) *lealdade*: o artigo trocou a expressão "fidelidade recíproca" contida no art. 1.566 para o termo "lealdade". Não houve, na verdade, intenção de conferir outro significado ao termo, que continua a representar a fidelidade (espécie do gênero lealdade) de que trata o disposto no art. 1.566, I (*v.* comentário). A fidelidade é requisito natural, indispensável numa relação afetiva entre homem e mulher, que, por visar à constituição de uma família, deve ser monogâmica. O dever de lealdade significa sinceridade, franqueza, consideração ao companheiro e intenção de preservação da relação marital. Portanto, não será possível, em regra, a constituição de mais de uma união estável simultaneamente. No entanto, a boa-fé dos companheiros que desconheciam a união anterior deve ser ressalvada, reconhecendo-se a união e até mesmo partilhando-se o patrimônio entre eles; b) *respeito*: nesta expressão está implícito o dever de fidelidade recíproca. Respeito é um dever moral, ínsito a uma relação de intimidade. Significa não violar os direitos à vida, à integridade, à liberdade, à honra, à imagem, à privacidade da pessoa com quem se convive com o ânimo de constituir uma entidade familiar. Palavras ofensivas, gestos indecorosos ou com deslealdade e agressões são exemplos de descumprimento desse dever; c) *assistência*: o dever de assistência recíproca entre os companheiros envolve tanto o aspecto moral ou imaterial, que abrange a solidariedade entre os companheiros em todos os momentos, os cuidados, o afeto e a compreensão, como o aspecto material ou econômico, em que se incluem os alimentos (naturais e civis, *v.* art. 1.694), o conforto, o bem-estar, a habitação, o vestuário e outras necessidades materiais; d) os *deveres de guarda, sustento e educação dos filhos*, de ambos os companheiros e de cada um deles para com os filhos comuns, referem-se às relações entre os companheiros e os filhos, quando houver, e não propriamente às relações entre os primeiros. Contudo, a ofensa desses deveres pode gerar o rompimento da união entre os companheiros. Sobre a obrigação dos companheiros em relação aos filhos, que se equipara à dos cônjuges, veja-se comentário ao art. 1.566, IV.

Além dos deveres recíprocos relacionados neste artigo, há outros implícitos – *teoria dos deveres implí-*

*citos* – que devem ser respeitados pelos companheiros, como o de respeito pela dignidade da família, o de não expor o outro convivente a companhias degradantes, o de não conduzir a companheira a ambientes de baixa moral (PEREIRA, Caio Mário da Silva. *Instituições de direito civil*. Rio de Janeiro, Forense, 2001, v. V).

Ainda envolvendo as relações pessoais entre os companheiros, Zeno Veloso (*Código Civil comentado* - direito de família. São Paulo, Atlas, 2003, v. XVII) afirma ser possível a companheira acrescentar aos seus o sobrenome do companheiro, desde que, uma vez configurada a união estável com a presença de todos os seus requisitos, ela o tenha adotado, na prática, sendo por ele conhecida e reconhecida. O uso do sobrenome será oficializado pelo juiz, com expedição de mandado para averbação no registro civil e alteração nos documentos de identidade. O mesmo direito é conferido ao companheiro, por analogia ao disposto no art. 1.565, § 1º, e em atendimento ao princípio da isonomia.

**Jurisprudência:** Apelação. Extinção de condomínio c/c fixação de alugueres. Usucapião familiar. Art. 1240-A do CC, que, apesar de figurar entre os dispositivos vinculados ao tema da propriedade, deve ser compreendido sob às luzes dos princípios orientadores do direito de família. Alegado abandono do lar pela apelada. Inocorrência. Caso concreto em que se verifica somente a separação de fato dos companheiros, situação que não acarreta a usucapião almejada nos autos. Recorrida que não abandonou nem o imóvel, nem tampouco a família, afastando-se do lar da convivência levando consigo o filho comum das partes. Saída do lar promovida pela apelada que teve como móvel o descumprimento por parte do apelante do dever de lealdade e respeito constantes do art. 1.724 do CC. Ausente o requisito do abandono, desnecessário discorrer sobre quaisquer outros pontos levantados no apelo. Recurso desprovido. (TJSP, Ap. n. 10265820320228260405/Osasco, 5ª Câm. de Dir. Priv., rel. João Batista Vilhena, j. 22.08.2024, *DJ* 22.08.2024)

Apelação cível. Alimentos. União estável. Impossibilidade jurídica do pedido. Inexistência de declaração judicial de união estável. Escritura pública declaratória que não tem força constitutiva. Precedente STJ. A apelante ajuizou ação de alimentos afirmando existir união estável com o demandado, nos termos de escritura pública de declaração de união estável. Dispõe o art. 1.724 do CCB que, reconhecida a união estável, as relações pessoais entre os companheiros obedecerão aos deveres de lealdade, respeito e assistência, e de guarda, sustento e educação dos filhos. E o art. 1.694 dispõe que podem os parentes, os cônjuges ou companheiros pedir uns aos outros os alimentos. Vê-se que o reconhecimento da convivência aos moldes de uma união estável é requisito jurídico prévio ao dever alimentar entre os companheiros. No caso, porém, não houve anterior reconhecimento judicial da alegada união estável e tampouco faz a apelante pedido na presente ação – que versa única e exclusivamente acerca de pedido de alimentos, regulamentação de visitas ao alegado companheiro, curatelado, e obrigação de fazer (reativação de plano de saúde em benefício dela). Quanto à assertiva da autora de existir a união estável em razão da escritura pública declaratória, dita declaração não tem, por si só, plena eficácia para constituir o estado pessoal dos declarantes como companheiros, para todos os fins e direitos, servindo apenas como meio de prova que goza de relativa presunção de veracidade. Não se pode decidir acerca de obrigação alimentar sem o ajuizamento, e procedência, de pedido de reconhecimento de união estável, que não existe, estando configurada impossibilidade jurídica do pedido. Negaram provimento. Unânime. (TJRS, Ap. Cível n. 0164544-34.2019.8.21.7000, 8ª Câm. Cível, rel. Des. Luiz Felipe Brasil Santos, j. 28.11.2019, *DJe* 04.12.2019)

Apelação cível. Ação de indenização por danos morais. Alegação de infidelidade. União estável. Violação dos deveres previstos no art. 1.724 do CC. Dano moral. Não configurado. A violação dos deveres impostos por lei na união estável, previstos no art. 1.724 do CC, não constituem, por si só, ofensa aos direitos da personalidade, capaz de ensejar a obrigação de indenizar. (TGMG, Ap. Cível n. 10607170059200001, rel. Luciano Pinto, j. 04.07.2019, *DJe* 16.07.2019)

Agravo de instrumento. Dissolução de união estável. O pedido de alimentos provisórios tem aqui como pressuposto a existência de convivência em união estável e como fundamento o dever de mútua assistência entre os companheiros (arts. 1.694 e 1.724 do CCB). Desta forma, para a fixação da verba, é necessária prova inequívoca. Entendida como aquela que não admite dúvida razoável: (a) da convivência em união estável; (b) da necessidade da agravante; e (c) da possibilidade do agravado. Ausente prova inequívoca da necessidade, bem como da possibilidade do agravado. Negaram provimento. Unânime. (TJRS, AI n. 70.059.342.659, 8ª Câm. Cível, rel. Des. Luiz Felipe Brasil Santos, j. 22.05.2014)

Direito civil. Direito de família. Direito processual civil. Ação de reconhecimento de união estável *post mortem*. 1 – Sob a tônica dos arts. 1.723 e 1.724 do CC, a configuração da união estável como entidade familiar demanda a presença dos seguintes requisitos na relação afetiva: (I) publicidade; (II) continuidade; (III) durabilidade; (IV) objetivo de constituição de família; (V) ausência de impedimentos para o casamento, ressalvadas as hipóteses de separação de fato ou judicial; e (VI) observância dos deveres de lealdade, respeito e assistência, bem como de guarda, sustento e educação dos filhos. 2 – A ação de reconhecimento de união estável é ação de estado, ou seja, visa a alterar a situação jurídica dos conviventes, gerando implicações jurídicas, inclusive, no regime patrimonial do casal (art. 1.725 do CC). "Necessita, assim, de prova cabal que convença o julgador, de forma indene de dúvidas, acerca da situação fática e jurídica alegada, o que não ocorre no caso em questão" (acórdão n. 709066, 20120110834416 APC, rel. João Egmont, rev. Luciano Moreira Vasconcellos, 5ª T. Cível, 28.08.2013, *DJe* 09.09.2013, p. 184). 3 – Recurso conhecido e não provido. (TJDFT, Proc. n. 20110710080077 (788585), rel. Des. Waldir Leôncio Lopes Júnior, *DJe* 15.05.2014, p. 145)

Dano moral. Responsabilidade civil. Revelia. Presunção relativa de veracidade dos fatos alegados na inicial. A não apresentação de contestação ou o seu oferecimento de forma intempestiva não obriga o juiz a decidir conforme pretendido pelo autor, se de maneira diversa resultar sua convicção. Rompimento de relacionamento amoroso sob a alegação de a requerida possuir outro namorado concomitante e trabalhar em "casa de massagem". Pretensão que seja declarada a relação emocional havida entre as partes, com a condenação da ré a compensar pelo dano moral. Há dever de fidelidade nas relações regidas pelo casamento (art. 1.566, I, CC) e na união estável, por ser inerente aos deveres de lealdade e respeito (art. 1.724 do CC), mas não nos namoros, nos relacionamentos esporádicos, naqueles que não visam à constituição de família, por importarem em mera união de fato, inexistindo relação jurídica que possa ser declarada (art. 4º, I, CPC) [art. 19, I, do CPC/2015]. A frustração de um breve relacionamento amoroso, por erro essencial quanto à pessoa, por exercício de uma segunda atividade profissional, que para o juízo do autor consiste em "prática imoral" ou "vida irregular", e não contar com o seu assentimento, pode resultar em desgosto, mágoa, aborrecimento, decepção e até em tristeza, mas não em dano moral, que importa em violação a direito da personalidade. Recurso desprovido. (TJSP, Ap. n. 0030583-22.2010.8.26.0000/São Paulo, 1ª Câm. de Dir. Priv., rel. Alcides Leopoldo e Silva Júnior, *DJe* 05.03.2014, p. 1.739)

Veja no art. 1.566 o seguinte acórdão: TJSP, Ap. Cível n. 0003533-96.2010.8.26.0072, 4ª Câm. de Dir. Priv., rel. Milton Carvalho, j. 18.07.2013.

Veja no art. 1.662 o seguinte acórdão: TJSP, Ap. Cível n. 0002230-13.2009.8.26.0224, 4ª Câm. de Dir. Priv., rel. Milton Carvalho, j. 25.07.2013.

Veja no art. 1.694 o seguinte acórdão: TJSP, Ap. Cível n. 0006160-18.2011.8.26.0079, 4ª Câm. de Dir. Priv., rel. Milton Carvalho, j. 06.06.2013.

Agravo de instrumento. União estável. Alimentos. Decisão que fixou os alimentos provisórios em 1/3 do salário mínimo. Acordo de renúncia homologado judicialmente. Descabimento. Princípio da solidariedade que impõe obrigação alimentar mesmo após o rompimento do convívio. Mútua assistência. Art. 1.724, CC. Recurso que se limita a alegar ocorrência de coisa julgada. Necessidade da agravada e possibilidade do agravante que não foram tratados no recurso. Elementos que autorizam, em sede de cognição sumária, a manutenção da pensão. Agravo desprovido. (TJSP, AI n. 0075243-96.2013.8.26.0000, 4ª Câm. de Dir. Priv., rel. Milton Carvalho, j. 06.06.2013)

Agravo de instrumento. Ação cautelar de arrolamento de bens c/c fixação de alimentos provisórios. Pleito acautelatório indeferido. Arrolamento de bens. Dilapidação do patrimônio. Requisito não comprovado. Art. 855 do CPC [sem correspondente no CPC/2015]. Decisão mantida. O arrolamento de bens, nos moldes do art. 855 do CPC [sem correspondente no CPC/2015], apenas é cabível quando demonstrada, inequivocamente, a iminência do extravio ou dissipação de patrimônio. União estável. Art. 226, § 3º, da CF e art. 1.723 do CC. Alimentos em favor da ex-companheira. Exegese dos arts. 1.694 e 1.724 do CC. Carência de provas acerca da existência da relação estável. Necessidade de dilação probatória. Dever alimentar ausente. Não comprovada, por meio de indícios probatórios seguros, a existência de união estável entre as partes, não devem ser fixados alimentos provisórios em prol da possível companheira, devendo tal questão ser melhor dirimida por ocasião da instrução probatória perante o juízo a quo. Recurso improvido. (TJSC, AI n. 2011.051627-7, 2ª Câm. de Dir. Civil, rel. João Batista Góes Ulysséa, j. 13.09.2012)

Veja no art. 1.658 o seguinte acórdão: TJSP, Ap. n. 0015623-44.2007.8.26.0363, rel. Milton Carvalho, j. 10.05.2012.

Veja no art. 1.723 o seguinte acórdão: TJSP, AI n. 0025345-51.2012.8.26.0000, rel. Milton Carvalho, j. 26.04.2012.

Indenização. Danos morais. União estável. Infidelidade, ofensas verbais e abandonado na enfermidade. Pedido do autor desacolhido. Reconvenção fundada em agressões verbais e físicas procedente. Apelante-autor que não se desincumbiu do ônus da prova, nos termos do art. 333, I, do CPC [art. 373, I, do CPC/2015]. Dano moral causado à ré-reconvinte configurado ante os elementos colhidos dos autos. Conjunto probatório bem apreciado pelo juiz da causa. Observância do princípio da imediação. Sentença mantida. Apelo desprovido. (TJSP, Ap. Cível n. 0020804-51.2008.8.26.0602, rel. Milton Carvalho, j. 15.12.2011)

Cobrança. Honorários de profissional liberal. Serviços prestados à companheira na constância da união estável. Inexistência de contrato escrito. Presunção de que foram realizados tendo em vista o dever de mútua assistência. Sentença reformada. Recurso provido. Presume-se que os serviços prestados reciprocamente pelos companheiros são realizados em atendimento ao dever de assistência mútua inerente a qualquer relação conjugal (art. 1.566 c/c 1.724 do CC cujo ônus de afastar cumpre ao convivente interessado, mediante a formalização do competente contrato de prestação de serviços). (TJSP, Ap. n. 992060146264, 27ª Câm. de Dir. Priv., rel. Des. Antonio Maria, j. 09.03.2010)

Ação declaratória de reconhecimento e dissolução de sociedade conjugal. Direito real de habitação em relação ao imóvel que servia de residência aos conviventes. Não reconhecimento. Imóvel que não pertencia ao finado companheiro da recorrente. Condição de usufrutuário do bem, que desapareceu com a sua morte (art. 1.410, I, do CC). Indenização por serviços prestados. Pretensão afastada. Dever da apelante em prestar assistência ao companheiro. Incidência do disposto no art. 1.724 do CC. Verba indevida. Sentença confirmada. Apelo improvido. (TJSP, Ap. c/ Rev. n. 4.861.494.000, 3ª Câm. de Dir. Priv., rel. Donegá Morandini, j. 12.02.2008)

**Direito a alimentos**

Ação de reconhecimento e dissolução de união estável c/c partilha de bens e alimentos. Caracterizada a sociedade de fato e sua dissolução, com condenação do varão ao pagamento de pensão alimentícia à ex-companheira. Inconformismo quanto ao valor fixado. Pedido de majoração do encargo alimentar. Recurso parcialmente provido. (TJSP, Ap. Cível n. 994.093.363.094/São Paulo, 7ª Câm. de Dir. Priv., rel. Luiz Antônio Costa, j. 16.12.2009)

Alimentos. União estável. Mulher com idade avançada. Dever de assistência. Cabimento da obrigação alimentar. Dever de mútua assistência em razão da comprovada união estável. São devidos alimentos à ex-companheira, mormente quando esta não tem renda fixa e começa a sofrer limitação da capacidade laborativa em função da idade, somado ao fato de que não exercia atividade remunerada durante a união com o varão. Binômio possibilidade/necessidade devidamente demonstrado nos autos. Apelação desprovida. (TJRS, Ap. Cível n. 70.026.089.896, 7ª Câm. Cível, rel. André Luiz Planella Villarinho, j. 03.12.2008)

Apelação cível e agravo retido. Declaratória de união estável. Partilha de bens. Alimentos. O fato de os companheiros residirem em residências distintas e buscarem se afastar dos aborrecimentos provocados pelo convívio com os familiares do outro, por si só, não importa em ausência do ânimo de constituição de família. Estando presentes os pressupostos de existência da união estável é de se reconhecer a entidade familiar. A presunção do esforço comum decorrente do regime de bens da união estável (partilha parcial de bens – 1.725 do CC), é uma presunção *juris tantum*. Ou seja, é lícita sua relativização em caso de prova que a contrarie. No caso dos autos, ficou demonstrado que os patrimônios dos companheiros eram distintos. Verificada a existência do vínculo familiar decorrente da união estável, possível a concessão de alimentos entre os companheiros, caso demonstrada a dependência econômica da companheira (necessidades) e a possibilidade financeira do alimentante. Negaram provimento ao agravo retido e deram parcial provimento à apelação. (TJRS, Ap. Cível n. 70.024.940.553, 8ª Câm. Cível, rel. Rui Portanova, j. 02.10.2008)

Alimentos. Exoneração. Ausência de provas de que existiu concubinato entre a recorrida e terceiro. Simples namoro que não afasta o pensionamento. Recurso improvido. (TJSP, Ap. Cível n. 490.911-4/2-00, rel. Des. José Luiz Gavião de Almeida, j. 31.07.2007)

Apelação cível. Alimentos. A obrigação alimentar do apelante para com a apelada encontra respaldo no art. 1.724 do CC/2002, que estipula o dever de assistência entre os companheiros, já que a união estável é incontroversa. Entretanto, a fixação de alimentos depende de prova da necessidade de quem os pleiteia e da possibilidade da parte contrária, nos termos do art. 1.694, § 1º, do CC/2002. Necessidade essa entendida como a falta de condições de prover a própria mantença, por insuficiência de bens ou incapacidade laboral, conforme inteligência do art. 1.695 do CC/2002. Ante a comprovação de que a apelada necessita de alimentos e não demonstrada a impossibilidade de pagamento, adequada a sentença que fixou a pensão em 15% dos rendimentos líquidos do apelante. Negaram provimento. Unânime. (TJRS, Ap. Cível n. 70.016.328.338, 7ª Câm. Cível, rel. Des. Luiz Felipe Brasil Santos, j. 29.11.2006)

Relacionamento homossexual. Inexistência de união estável. Pedido de alimentos. 1 – A união estável para ser reconhecida como entidade familiar exige a convivência duradoura, pública e contínua de um homem e uma mulher, estabelecida com objetivo de constituição de família e com possibilidade de sua conversão em casamento. 2 – Não se verificando situação fática assemelhada à união estável, sem que o par sequer tenha morado sob o mesmo teto, não há como ser deferido o pedido de alimentos nem de "ajuda financeira". Recurso desprovido, por maioria. (TJRS, Ap. Cível n. 70.009.791.351, rel. Des. Sérgio Fernando de Vasconcellos Chaves, j. 07.11.2004. In: CAHALI, Francisco José. *Família e sucessões no CC de 2002*. São Paulo, RT, 2005, v. II)

Alimentos à ex-companheira. Necessidade. Dependência econômica. Cabimento. Mantêm-se os alimentos fixados na sentença quando comprovada a dependência econômica da mulher por mais de 40 anos (TJRS, Ap. Cível n. 70.006.966.535, rel. Des. José Carlos Teixeira Giorgis, j. 24.03.2004). (*RBDFam* 24/135)

Veja no art. 1.694 o seguinte acórdão em "alimentos entre companheiros": TJRS, Ap. Cível n. 70.006.442.735, rel. Des. José S. Trindade, j. 14.08.2003.

Alimentos. União estável reconhecida por escritura pública. Separação. Dependência econômica. Requerimento. Amparo legal do pedido. (TJSP, AI n. 290.789-4/6-00, rel. Des. Olavo Silveira, *DJ* 16.06.2003)

Concubinato. Indenização. Verba pleiteada pela companheira a título de serviços domésticos prestados. Inadmissibilidade. Relação concubinária que, com o advento da CF/88, foi equiparada ao casamento. Concubina que tem o direito de pleitear alimentos, se deles necessitar, bem como, eventualmente, o direito à metade dos bens móveis ou imóveis adquiridos na constância da convivência a título oneroso. Inteligência das Leis ns. 8.971/94 e 9.278/96 (TJSP, Ap. n. 107.918.4/4, rel. Des. Rodrigues de Carvalho, j. 21.06.2001). (*RBDFam* 13/138)

**Alimentos, responsabilidade dos avós**

Apelação cível. Família. Ação de dissolução de união estável. Guarda e alimentos. Preliminar de não conhecimento de documentos juntados com as razões de recurso. Acolhimento. Preliminar de sentença *extra petita*. Não ocorrência. Partilha de bens. Possibilidade. Alteração da guarda que restou compartilhada entre o pai e a avó materna. Descabimento. Situação fática que deve ser mantida. Não podem ser conhecidos neste grau de jurisdição documentos que acompanham as razões de apelação se não se destinam a provar fatos novos, sob pena de violação do princípio do duplo grau de jurisdição e do contraditório. Não é *extra petita* a sentença que determina seja partilhado bem que não foi referido nos pedidos da inicial da ação, pois que, em se tratando de ação proposta para decidir sobre a dissolução da união estável havida entre o casal, não há óbice que a outra parte venha na contestação informar a existência de bem adquirido na constância da união. Em restando comprovada a participação de ambos os companheiros na construção de bem imóvel, mesmo em sendo sobre terreno de terceiro, necessária seja realizada a partilha deste bem, excluído, por lógico, o imóvel em si. Caso em que a filha do casal está, desde dezembro de 2007, sob a guarda da avó materna e do pai, sobrelevando-se notar que a sentença apenas legalizou a situação fática já encontrada. Para que seja alterada a guarda da filha, com a concessão desta para a mãe, necessária a realização de estudo social junto a genitora, de molde que haja a verificação de sua capacidade e possibilidade, o que não pode ser realizado no presente feito. Em não tendo sido alterada a guarda da menina, resta prejudicado o pedido de alimentos pleiteados pela mãe. Apelação desprovida (segredo de justiça). (TJRS, Ap. Cível n. 70.033.837.402, 7ª Câm. Cível, rel. Des. José Conrado Kurtz de Souza, j. 26.05.2010)

União estável. Pedido de dissolução com partilha de bens. Alimentos. 1 – Os sogros da recorrente (friso que o nCC admite o parentesco por afinidade na união estável, consoante prevê o art. 1.595) não são parte legítima para figurar no polo passivo da ação, cujo propósito, destaco, é definir as sequelas decorrentes das relações pessoais e econômicas entre o casal e a prole, em razão da ruptura da relação marital havida. 2 – A responsabilidade alimentária dos avós é excepcional e tem lugar apenas quando verificada a impossibilidade dos genitores de atenderem o sustento da prole. 3 – Diante da natureza da ação, nem a neta figura no polo ativo, nem os avós podem figurar no polo passivo. Recurso provido (TJRS, AI n. 70.007.294.424, 7ª Câm. Cível, rel. Des. Sérgio Fernando de Vasconcellos Chaves, j. 03.12.2003, *DOERS* 10.12.2003). (*RBDFam* 24/122)

**Guarda**

Agravo de instrumento. Ação de alimentos e guarda. Pedido de majoração. Capacidade financeira do alimentante demonstrada. Necessidades do alimentando evidenciadas. Majoração devida. Indeferimento do pedido de fixação da guarda provisória no juízo *a quo*. Guarda de fato. Necessidade de fixação judicial. Presentes requisitos para a concessão da tutela antecipada. Deferimento da guarda provisória à mãe. Evidenciada nos autos a capacidade financeira do alimentante de suportar obrigação alimentar superior à fixada provisoriamente no juízo monocrático e considerando as necessidades do alimentando, é admissível a reforma da decisão agravada para majorar os alimentos provisórios, até que a controvérsia seja definitivamente solucionada, após a regular instrução do processo. "A ruptura da união estável impede que a criança coabite com ambos os pais, o que exige a regulamentação da guarda por acordo ou decisão judicial". São necessários, para a concessão da tutela antecipada, além dos requisitos inerentes à medida cautelar, também o convencimento do julgador acerca da verossimilhança da alegação e o fundado receio de dano irreparável ou de difícil reparação. Restando demonstrado, *prima facie*, que a mãe reúne condições de cuidar do filho, a guarda deve ser deferida em favor da genitora, mormente quando não se tem notícia se o agravado tem interesse na guarda do filho. (TJMG, AI n. 0218777-66.2010.8.13.0000, rel. Des. Armando Freire, j. 14.09.2010)

Dissolução de união estável e guarda de menores. Inexistência de prova de culpa exclusiva pela dissolução. Atribuição da guarda a genitora é medida que está em consonância com a prova dos autos, na medida em que melhor atende aos interesses das crianças. Recurso desprovido. (TJSP, Ap. n. 994092722631, 9ª Câm. de Dir. Priv., rel. Des. Piva Rodrigues, j. 10.08.2010)

União estável. Ação de reconhecimento e dissolução, ajuizada pela mulher, com reconvenção do réu. Procedência parcial da ação e integral da reconvenção. Insurgência da autora limitada à guarda do filho, que a sentença atribuiu ao pai. Dados objetivos colhidos nos relatórios da psicóloga e assistente social forenses que não justificam a alteração da guarda. Estabelecimento de amplo regime de visitas ao pai. Recurso provido. (TJSP, Ap. Cível c/ Rev. n. 5.992.874.800/Araçatuba, 2ª Câm. de Dir. Priv., rel. Morato de Andrade, j. 01.12.2009)

União estável. Lei n. 9.278/96. Presunção de condomínio. Guarda de filho menor. Alteração. I – Não comprovada a origem exclusiva do dinheiro apto à aquisição dos bens oriundos da união estável, há que prevalecer o disposto no art. 5°, *caput*, da Lei n. 9.278/96. II – Não havendo fato relevante que determine a alteração da guarda do filho do casal, este deverá permanecer com a sua genitora (TJDF, Ap. Cível n. 2001.01.1.086535-5, rel. Des. Waldir Leôncio Jr., *DJU* 15.05.2004). (*RBDFam* 25/120)

União estável. Conquanto demonstrada convivência superior a três anos, inexistente qualquer prova, mesmo que indiciária, de que a autora houvesse contribuído, de alguma forma, para os bens pretendidos à petição inicial. Sendo a autora jovem e válida para o labor, inaceitável a pretensão de recebimento de alimentos do ex-companheiro. Conveniência de alteração de guarda do filho em poder do genitor, para substituição de sua convivência com pessoas septuagenárias com os irmãos sob guarda da mãe. Visitas que não devem ser restringidas. Recurso não provido. (TJSP, Ap. Cível n. 202.792-4/0, rel. Des. Alfredo Migliore, j. 04.09.2001)

**Adoção de patronímico do companheiro**

Apelação cível. Registro civil. União estável. Inclusão de sobrenome. Requisitos. Comprovação. Após as alterações promovidas no CC em 2002, a norma do art. 57, § 3°, da LRP, deve ser interpretada em consonância com o art. 1.723, daquele diploma legal, prescindindo-se de transcurso temporal para a inclusão de sobrenome do companheiro, quando comprovada a união estável e a anuência deste. (TJMG, Ap. Cível n. 1.0024.09.728447-5/001(1), rel. Des. Antônio Sérvulo, j. 17.08.2010)

União estável. Acréscimo do patronímico do convivente ao nome da companheira. Inexistência de impedimento legal. Falta de previsão legal. Sendo o varão viúvo e a mulher solteira, verifica-se que não há impedimento legal para o casamento decorrente do estado civil, esbarrando, desta forma, o pedido de inclusão do patronímico do companheiro no nome da convivente, no art. 57, § 2°, da LRP. Ou seja, é necessária para alteração, além do motivo ponderável, a existência de impedimento para o matrimônio. Recurso desprovido, por maioria. (TJRS, Ap. Cível n. 70.010.383.099, rel. Des. Rui Portanova, revisor e redator para o acórdão Des. José S. Trindade, j. 03.03.2005. In: CAHALI, Francisco José. *Família e sucessões no CC de 2002*. São Paulo, RT, 2005, v. II)

União estável. Adoção do patronímico do companheiro já falecido. Compatibilização com o nome de filho fruto dessa união. Não cabimento. Ausência de impedimento legal ao casamento. Expressa concordância do companheiro, ademais, já não mais possível. Recurso não provido. (*JTJ* 240/129)

---

**Art. 1.725. Na união estável, salvo contrato escrito entre os companheiros, aplica-se às relações patrimoniais, no que couber, o regime da comunhão parcial de bens.**

---

Legislação correlata: art. 5°, Lei n. 9.278, de 10.05.1996.

O artigo dispõe sobre as relações patrimoniais entre os companheiros. Determina o dispositivo que se aplicará a elas o regime da comunhão parcial de bens, na ausência de convenção em contrário, que, no caso, é o contrato escrito (art. 1.640). Esse regime tem como principal característica a comunicação dos bens que sobrevierem ao casal na constância do casamento. Ter-se-á a presunção de que os bens onerosamente adquiridos durante a união estável são comuns, só podendo ser afastada por contrato escrito, não se admitindo nenhuma prova em contrário. Não há, pois, brechas para a alegação de que não houve esforço comum.

Aplicam-se à união estável as regras dos arts. 1.659, 1.660 e 1.661 (*v.* comentários), que dispõem sobre os bens, direitos e obrigações do companheiro que não se comunicam ao outro, e sobre os bens, benfeitorias e frutos que se comunicam. Na disputa da meação desses bens, poderá, no entanto, existir dificuldade em se estabelecer a data do início e do fim da união e da aquisição do bem, e até mesmo a partir de que momento passou a existir realmente – com os requisitos do art. 1.723 – a união estável entre os companheiros. A tarefa competirá ao juiz, que analisará as circunstâncias peculiares de cada caso concreto.

Quanto à aquisição de *bens móveis* na constância da união, terá incidência a regra do art. 1.662. À união estável também se aplica a disposição contida no art. 1.663, referente à administração dos bens.

Quanto aos bens imóveis, uma vez que foram adquiridos a título oneroso na constância da união estável, sendo, pois, de propriedade de ambos os companheiros, mesmo que estejam em nome de apenas um deles, e até por analogia, também tem aplicação à união estável o disposto no art. 1.647, I, que exige a *autorização do outro companheiro* para que possam ser alienados ou gravados de ônus real. Somente a existência de contrato escrito celebrado entre os companheiros, em que estabelecem outro regime para suas relações patrimoniais, pode dispensar o assentimento do outro companheiro. A alienação realizada sem a anuência do outro companheiro gera, ao contrário do que ocorre no casamento, que implica anulação do ato, com restabelecimento da situação anterior e direito de indenização ao terceiro (*v.* art. 1.649), apenas o direito do companheiro prejudicado de pleitear indenização pelas perdas e danos sofridos, não podendo de nenhuma maneira atingir o terceiro adquirente que, de boa-fé, desconhecia a existência da união estável e que, inclusive, poderá se valer da teoria da aparência para eximir-se de eventual alegação de negligência na contratação. Álvaro Villaça Azevedo (*Estatuto da família de fato*. São Paulo, Atlas, 2002) recomenda a quem negociar com pessoas que não se declarem companheiros e conviventes a providência de exigir, expressamente, do contratante alienante, a menção, no documento de alienação, de seu estado familiar, sob pena de cometimento de ilícito penal, por falsas declarações ou por afirmações que não correspondem à verdade, além da responsabilidade civil pelos prejuízos decorrentes dessa ilicitude.

Como já salientado, o dispositivo ora comentado autoriza os companheiros a conferir às relações patrimoniais outra disciplina ou regime (comunhão total e separação total de bens), desde que o façam *por escrito*, sendo somente esta a exigência legal para sua formalização. Se for de conveniência das partes, o *contrato* pode ser celebrado por instrumento particular ou público mediante escritura lavrada no Tabelião de Notas. Nele se convencionará sobre a partilha de bens e outras cláusulas, desde que não sejam contrárias à expressa disposição legal, aos direitos indisponíveis e à ordem pública. A Corregedoria Nacional de Justiça publicou a Resolução n. 37, de 11.07.2014, que dispõe sobre o registro do contrato de união estável no Livro E do Registro Civil das Pessoas Naturais. A mencionada inscrição tem caráter facultativo e abrange as escrituras de união estável de relações hétero e homoafetivas que foram lavradas em cartório e, também, as sentenças de reconhecimento e/ou dissolução de união estável.

Dispõe a Resolução que o registro será realizado no cartório de Registro Civil de Pessoas Naturais em que os conviventes têm ou tiveram seu último domicílio e conterá a data do registro; o prenome e o sobrenome, a data de nascimento, a profissão, a indicação da numeração da Cédula de Identidade, o domicílio e residência de cada companheiro, e o CPF se houver; prenomes e sobrenomes dos pais; a indicação das datas e dos Ofícios de Registro Civil das Pessoas Naturais em que foram registrados os nascimentos das partes, os seus casamentos ou uniões estáveis anteriores, assim como os óbitos de seus anteriores cônjuges ou companheiros, quando houver, ou os respectivos divórcios ou separações judiciais ou extrajudiciais se foram anteriormente casados; data do trânsito em julgado da sentença ou do acórdão, número do processo, Juízo e nome do Juiz que a proferiu ou do desembargador que o relatou, quando o caso; data da escritura pública, mencionando-se no último caso, o livro, a página e o Tabelionato onde foi lavrado o ato; regime de bens dos companheiros, ou consignação de que não especificado na respectiva escritura pública ou sentença declaratória. A mencionada inscrição no Livro E terá efeitos de caráter patrimonial, a partir daquela data (*ex nunc*), preservando os interesses de terceiros.

O contrato escrito firmado entre os companheiros pode ser elaborado antes ou durante a união estável. Seu conteúdo poderá ter efeitos sobre bens já adquiridos pelos conviventes ou que venham a adquirir e atos futuros ou pretéritos, portanto, não há qualquer impedimento para se conferir retroatividade ao ***contrato de convivência*** (cf. CAHALI, Francisco José. *Contrato de convivência na união estável*. São Paulo, Saraiva, 2002). Contudo, os bens anteriores à existência da união não poderão ser objeto do contrato de convivência. Isso porque tal convenção não se equipara ao pacto antenupcial. Para que exista a comunhão do patrimônio anterior ao relacionamento, impõe-se a outorga de escritura de doação entre os companheiros. Pela informalidade que reveste o contrato de convivência, e mesmo que esteja registrado no Livro E do Registro Civil de Pessoas Naturais, os companheiros poderão, a qualquer momento, alterar as disposições da convenção, uma vez que não há impedimento legal expresso nesse sentido. As alterações terão efeitos *ex nunc* e consectário lógico a preservação dos direitos de terceiros.

Não havendo convenção por escrito, o regime de bens incidente sobre as relações patrimoniais dos companheiros será, *no que couber*, o da comunhão parcial de bens. O regime de bens afigura-se tipicamente vinculado ao ato-condição solene que deflagra sua validade e eficácia: o casamento. Daí ter o codificador civil determinado a aplicação do regime de comunhão parcial de bens às uniões estáveis, no que couber, segundo ensina Gustavo Tepedino (*Revista do Advogado*, n. 98).

A questão que se apresenta é se a norma restritiva do art. 1.641, que trata da obrigatoriedade do regime da separação de bens, aplica-se ou não à união estável. Há entendimento no sentido de que tendo a união estável por característica essencial a informalidade, permite-se às partes criarem as regras que sejam mais adequadas à sua vontade para reger as relações patrimoniais, ou aceitarem, *no que couber*, o regime legal. O art. 1.641 também se refere expressamente ao instituto do casamento e, por ter conteúdo restritivo de direitos, não comporta interpretação extensiva, não tendo aplicação à união estável. O inciso I do art. 1.641 impõe o regime da separação obrigatória de bens às pessoas que contraírem casamento sob as causas suspensivas da celebração, que estão elencadas no art. 1.523. No entanto, a ocorrência de qualquer das hipóteses do artigo referido (art. 1.523) não constitui impedimento à caracterização da união estável, nos termos do § 2º do art. 1.723 do CC. Por consequência, a regra do inciso I não se aplica à união estável e ao regime que será adotado pelos conviventes (*v.* comentário ao § 2º do art. 1.723). O inciso II do art. 1.641 prevê a obrigatoriedade do regime da separação de bens às pessoas com 70 anos ou mais que contraírem matrimônio. O art. 1.723 não faz referência à idade dos companheiros nem, tampouco, o artigo ora comentado, ou qualquer outro dispositivo legal, estabelece limite máximo de idade para a adoção do regime de bens pelos companheiros. Portanto, este inciso também não tem aplicação à união estável. O inciso III do art. 1.641 refere-se às pessoas que necessitem de suprimento judicial para o casamento – arts. 1.517 e 1.537 do CC – que dizem respeito, exclusivamente, às formalidades relativas à celebração do casamento, logo, não se aplicam à união estável.

Em sentido diverso, entendendo que não cabe à união estável tratamento diferenciado ao conferido pela lei ao casamento, tendo incidência àquela as disposições do art. 1.641, I e II, deste Código, por lógica, necessidade e similitude de situações, ensina Zeno Veloso (*Código Civil comentado: direito de família*. São Paulo, Atlas, 2003, v. XVII), justificando não haver razão plausível para a distinção.

Observe-se ainda nesta última linha de pensamento que o caráter protetivo do legislador, ao tratar do casamento de pessoa maior de 70 anos, estende-se à união estável com o intuito de evitar a existência de um relacionamento exclusivamente interesseiro ou o chamado "golpe do baú". Contudo, a jurisprudência e a doutrina observam que o referido dispositivo (art. 1.641, II) fere os princípios constitucionais da dignidade da pessoa humana e da igualdade jurídica e da intimidade, bem como a garantia do justo processo da lei, esse tomado na acepção substantiva, firmando entendimento no sentido de que a norma contida no artigo em exame, que repete aquela contida no art. 258, parágrafo único, II, do CC anterior, não foi recepcionada pela CR. Isso porque o nubente ou o companheiro com 70 anos ou mais é plenamente capaz para o exercício de todos os atos da vida civil e para a livre disposição de seus bens. Não há justificativa a amparar o intuito da disposição legal de reduzir a autonomia do cônjuge ou do companheiro, em evidente contrariedade à Lei Maior (veja-se a propósito o brilhante acórdão proferido nos autos da Ap. Cível n. 007.512-4/2-00, da 2ª Câm. do TJSP, em que foi relator o atual Ministro do STF Cezar Peluso, então desembargador daquele egrégio tribunal). No entanto, a norma do art. 1.641, II, do CC é de ordem pública, devendo ser aplicada, caso não reconhecida a sua inconstitucionalidade pelas razões antes expostas. Na hipótese específica da união estável iniciada antes que um dos companheiros tenha completado 70 anos, portanto, sob o regime de comunhão parcial, entende-se não aplicável a regra (art. 1.641, II), pois não se pode privar os nubentes dos bens que adquiriram juntos em união estável, por sobrevir casamento sexagenário. Nesse sentido o Enunciado n. 261 da III Jornada de Direito Civil do Centro de Estudos Judiciários do Conselho de Justiça

Federal: "a obrigatoriedade do regime da separação de bens não se aplica a pessoa maior de sessenta anos [hoje, 70], quando o casamento for precedido de união estável iniciada antes dessa idade". Veja-se, ainda, comentário ao art. 1.641, II, deste Código.

**Jurisprudência:** Apelação cível. Negócios jurídicos bancários. Embargos de terceiro. Reserva de meação. Inviabilidade. Na união estável, salvo contrato escrito entre os companheiros, aplica-se às relações patrimoniais, no que couber, o regime da comunhão parcial de bens, no qual se exclui os bens que cada companheiro já possuía no momento da união (art. 1.725 c/c art. 1.659, I, do CC). Na espécie, a prova dos autos demonstra que os imóveis penhorados foram adquiridos pelo devedor antes do estabelecimento da união estável com a embargante, motivo pelo qual não se comunicam ao patrimônio da companheira para fins de reserva de meação. Mantida a sentença de improcedência. Negaram provimento ao recurso. Unânime. (TJRS, Ap. n. 5004078-74.2016.8.21.0019/Novo Hamburgo, 18ª Câm. Cível, rel. Ketlin Carla Pasa Casagrande, j. 22.02.2024, *DJ* 23.02.2024)

Apelação cível. Família. Reconhecimento e dissolução de união estável. Partilha de bens. Sentença mantida. Dissolvida a união estável, aplica-se às relações patrimoniais, no que couber, o regime de comunhão parcial de bens, consoante o art. 1.725 do CC, de modo que os bens adquiridos na constância da vida em comum devem ser partilhados igualitariamente, pouco importando quem deu causa à separação e qual a colaboração prestada individualmente pelos conviventes para a consecução do resultado patrimonial. Apelação desprovida. (TJRS, Ap. n. 5004807-02.2017.8.21.0008/Canoas, 1ª Câm. Esp. Cível, rel. Luis Gustavo Pedroso Lacerda, j. 16.10.2023, *DJ* 20.10.2023)

Veja a seguinte decisão no art. 1.521: TJRJ, Ap. n. 00025753520108190063, 14ª Câm. Cível, rel. Des. Gilberto Campista Guarino, j. 17.02.2022, publ. 18.02.2022.

União estável. Reconhecimento e dissolução. União estável incontroversa. Partilha. Incidência do art. 1.725 do CC. Desnecessidade de prova de esforço comum. Na união estável o esforço comum não pode ser concebido unicamente como material, deve-se levar em conta os aspectos imateriais da entidade familiar, que fazem na verdade surgir o direito à meação. Ausência de comprovação da aquisição de veículo com recursos advindos de doação. Partilha determinada. Honorários advocatícios corretamente fixados por equidade. Recurso desprovido. (TJSP, Ap. Cível n. 1036684-74.2018.8.26.0001/SP, 5ª Câm. de Dir. Priv., rel. Moreira Viegas, j. 14.02.2022, publ. 14.02.2022)

Veja no art. 1.576 a seguinte decisão: TJDF, Proc. n. 0731519-34.2020.8.07.0016, 4ª T. Cível, rel. James Eduardo Oliveira, j. 03.02.2022, *DJe* 22.02.2022, segredo de justiça.

Ação de reconhecimento e dissolução de união estável. Apelo no que se refere ao reconhecimento da união estável e divisão de valores. Prova dos autos no sentido de que as partes mantiveram convivência pública, contínua e duradoura, estabelecida com o objetivo de constituição de família, no período de 1997 a 2015. União estável corretamente reconhecida pela r. sentença. Na ausência de pacto em sentido contrário, o instituto da união estável rege-se pelo regime da comunhão parcial de bens (art. 1.725 do CC). O esforço comum das partes durante a união estável é presumido. Bens adquiridos na constância da união estável deverão ser partilhados na proporção de 50% para cada convivente, salvo se comprovado que em sucessão a bem anterior à união. Sentença mantida. Recurso improvido. (TJSP, Ap. Cível n. 1006530-88.2015.8.26.0127, 6ª Câm. de Dir. Priv., rel. Ademir Modesto de Souza, j. 17.12.2021, publ. 17.12.2021)

Dissolução de união estável. Partilha de bens. Parcial procedência da ação e da reconvenção. Insurgência da ré-reconvinte. Alegação de que os bens móveis já foram partilhados amigavelmente por conta da separação e que o imóvel não pode ser dividido igualmente. Descabimento na parte conhecida. A regra geral é que os bens adquiridos durante a união estável devem ser partilhados (art. 1.725 do CC) e no caso não houve prova de que os móveis que guarnecem a casa foram divididos amigavelmente. Partilha não igualitária do imóvel que já foi reconhecida pela sentença. Não conhecimento da insurgência neste ponto. Recurso improvido na parte conhecida. (TJSP, Ap. Cível n. 1012406-98.2021.8.26.0196, 7ª Câm. de Dir. Priv., rel. Miguel Brandi, j. 17.12.2021, publ. 17.12.2021)

Recurso especial. Ação de reconhecimento e dissolução de união estável. Escritura pública de união estável elegendo o regime de separação de bens. Manifestação de vontade expressa das partes que deve prevalecer. Partilha do imóvel de titularidade exclusiva da recorrente. Impossibilidade. Insurgência da demandada. Recurso especial provido. Hipótese: Cinge-se a controvérsia a definir se o companheiro tem direito a partilha de bem imóvel adquirido durante a união estável pelo outro, diante da expressa manifestação de vontade dos conviventes optando pelo regime de separação de bens, realizada por meio de escritura pública. 1 – No tocante aos direitos patrimoniais decorrentes da união estável, aplica-se como regra geral o regime da comunhão parcial de bens, ressalvando os casos em que houver disposição expressa em contrário. 2 – Na hipótese dos autos, os conviventes firmaram escritura pública elegendo o regime da separação absoluta de bens, a fim de regulamentar a relação patrimonial do casal na constância da união. 2.1 – A referida manifestação de vontade deve prevalecer à regra geral, em atendimento ao que dispõem os arts. 1.725 do CC e 5º da Lei n. 9.278/96. 2.2 – O pacto realizado entre as partes, adotando o regime da separação de bens, possui efeito imediato aos negócios jurídicos a ele posteriores, havidos na relação patrimonial entre os conviventes, tal qual a aquisição do imóvel objeto do litígio, razão pela qual este não deve integrar a partilha. 3 – Inaplicabilidade, *in casu*, da Súmula n. 377 do STF, pois esta se refere à comunicabilidade dos bens no regime de separação legal de bens (prevista no art. 1.641 do CC), que não é caso dos autos. 3.1 – O aludido verbete sumular não tem aplicação quando as partes livremente convencionam a separação absoluta dos bens, por meio de contrato antenupcial. Precedente. 4 – Recurso especial provido para afastar a partilha do bem imóvel adquirido exclusivamente pela recorrente na constância da união estável. (STJ, REsp n. 1.481.888/SP, 4ª T., rel. Min. Marco Buzzi, j. 10.04.2018, *DJe* 17.04.2018)

Processo redistribuído em cumprimento à Resolução n. 737/2016 e à Portaria n. 1/2016. União estável. Reconhecimento *post mortem*. Preliminares rejeitadas. Mérito. Apelante que subscreveu, juntamente com o falecido companheiro, petição inicial de ação de reconhecimento de união estável, a qual seria levada à homologação judicial. Sem que fossem esclarecidos os motivos, referida demanda não foi distribuída. Elementos dos autos, contudo, que permitem afirmar que referida petição retratava a verdadeira intenção das partes, razão pela qual deve ser equiparada a um contrato de convivência. Art. 1.725 do CC que não exige forma específica para o documento. Comunhão parcial de bens, portanto, que vigorou até 05.08.2004, sendo que, a partir de então, passou a incidir o regime da separação de bens. Litigância de má-fé. Penalidades que devem ser mantidas, eis que a apelante alterou a verdade dos fatos, provocou incidente infundado e opôs resistência injustificada ao andamento do processo. Art. 17, II, IV e VI, do CPC/73. Honorários advocatícios. Fixação em R$ 1.500,00 que bem atende aos requisitos do art. 20, § 3º do CPC/73 e, por isso, não comportam majoração. Sentença mantida. Recurso desprovido. (TJSP, Ap. n. 0004501-56.2010.8.26.0451, 28ª Câm. Extraord. de Dir. Priv., rel. Teixeira Leite, j. 25.10.2017)

Veja no art. 1.641 a seguinte decisão: STJ, REsp n. 1.383.624/MG, 3ª T., rel. Min. Moura Ribeiro, j. 02.06.2015, *DJe* 12.06.2015.

Ação de partilha de bens. União estável. Sentença que julgou parcialmente procedente o pedido para excluir da partilha imóvel adquirido na constância da união estável. Cerceamento de defesa não caracterizado. Escritura de declaração de união estável que instituiu o regime da separação de bens. Imóvel adquirido em período anterior à lavratura da escritura. Impossibilidade de concessão de efeito retroativo à declaração de incomunicabilidade de bens. Aplicação do regime da comunhão parcial. Imóvel adquirido com recursos próprios da ré. Aplicação do art. 1.659, I e II, do CC. O julgamento antecipado é faculdade do Magistrado, segundo o princípio do livre convencimento e da motivada apreciação da prova, sem que isso importe em qualquer nulidade, sobretudo nos casos como o dos autos, em que a produção de outras provas revelava-se desnecessária para o desate do litígio. Com efeito, dispõe o art. 1.725 do CC: "Na união estável, salvo contrato escrito entre os companheiros, aplica-se às relações patrimoniais, no que couber, o regime da comunhão parcial de bens". Assim, presume-se que os bens adquiridos pelo casal na constância da união estável foram adquiridos pelo esforço comum. Contudo, admite-se a celebração do contrato escrito de vida em comum pelos companheiros para regular os seus direitos e deveres, bem como as questões patrimoniais. Na hipótese dos autos, as partes através de escritura pública de declaração de união estável, lavrada em 08.09.2004, declararam que viveram em união estável desde setembro de 2000 e adotaram o regime da separação de bens. Não é possível aplicar efeito retroativo à declaração de união estável firmada pelas partes, de modo que, adquirido o bem imóvel em data anterior à declaração, mas ainda na vigência da união estável do casal, deve prevalecer o regime da comunhão parcial de bens. Contudo, há uma peculiaridade na hipótese dos autos. O imóvel, objeto da partilha, foi adquirido com recursos próprios da ré, o que afasta a pretensão à partilha do bem sustentada pelo apelante, por expressa determinação do disposto no art. 1.659, I e II, do CC: "Excluem-se da comunhão: I – os bens que cada cônjuge possuir ao casar, e os que lhe sobrevierem, na constância do casamento, por doação ou sucessão, e os sub-rogados em seu lugar; II – os bens adquiridos com valores exclusivamente pertencentes a um dos cônjuges em sub-rogação dos bens particulares". Sentença de improcedência mantida. Recurso não provido com observação. (TJSP, Ap. n. 0631342-93.2008.8.26.0100/São Paulo, 10ª Câm. de Dir. Priv., rel. Carlos Alberto Garbi, j. 12.08.2014)

Direito civil. Família. Reconhecimento e dissolução de união estável. Bens e valores adquiridos antes do período de convivência. Partilha. Sentença mantida. 1 – Demonstrada de forma inequívoca a união estável das partes, a partilha dos bens adquiridos na constância do período de convivência deve ser realizada conforme o que estabelece o art. 1.725 do CC. 2 – Nos termos dos arts. 1.658 e seguintes do CC, são excluídos da partilha os bens e valores que cada cônjuge já possuía antes da união e os sub-rogados em seu lugar. 3 – Recurso desprovido. (TJDFT, Proc. n. 20120610042436 (805710), rel. Des. Antoninho Lopes, *DJe* 04.08.2014, p. 238)

Reconhecimento de união estável. Partilha de bens. Regime da comunhão parcial. Regras do instituto. Aplicação ao caso concreto. Recursos desprovidos. Na ausência de contrato de convivência, o regime de bens na união estável é o da comunhão parcial, na forma do art. 1.725 do CC, comunicando-se os bens que sobrevieram ao casal, na constância do relacionamento, por força do art. 1.658 do CC, independentemente da prova de contribuição efetiva do outro convivente. Não provada, de maneira inconcussa, a alegada aquisição com valores exclusivamente pertencentes a um dos cônjuges, em sub-rogação de bens particulares, na forma do art. 1.659, II, CC, prevalece a regra geral da comunicabilidade. Recursos desprovidos. (TJMG, Ap. Cível n. 1.0024.10.271784-0/001, 1ª Câm. Cível, rel. Eduardo Andrade, *DJe* 05.06.2014)

Apelação cível. Dissolução de união estável. Partilha de bens. Sub-rogação. Necessidade de prova cabal. Limite objetivo da lide. I – Na união estável, salvo contrato escrito entre os companheiros, aplica-se às relações patrimoniais, no que couber, o regime da comunhão parcial de bens, forte no art. 1.725 do CC. II – A sub-rogação de bens constitui exceção à regra da comunicabilidade e, para ser acolhida, deve estar cabalmente comprovada nos autos. III – O pedido inicial determina e condiciona o objeto do processo, estabelecendo os limites objetivos da lide, sendo imprescindível haver congruência entre a decisão e a pretensão expressa pela parte (arts. 128 e 460 do CPC) [arts. 141 e 492 do CPC/2015]. IV – Apelo conhecido e desprovido. Sentença mantida. (TJGO, Ap. Cível, 201292448563, 3ª Câm. Cível, rel. Des. Beatriz Figueiredo Franco, *DJe* 18.02.2014, p. 201)

Apelação cível. União estável. Partilha de bens judicializada. Heterocomposição. Aquisição onerosa. Divisão patrimonial. Equidade. Recurso parcialmente provido. 1 – Judicializada a partilha dos bens amealhados pelos conviventes, porque as tratativas preliminares de distribuição patrimonial não se concretizaram extrajudicialmente, o Estado-juiz assume sua função constitucional de heterocomposição dos litígios. Daí porque a distribuição patrimonial muitas vezes não espelha a diretriz idealizada pelas partes. 2 – Consoante orientação do Col. STJ, "Na união estável, vigente o regime da comunhão parcial, há presunção absoluta de que os bens adquiridos onerosamente na constância da união são resultado do esforço comum dos conviventes. Desnecessidade de comprovação da participação financeira de ambos os conviventes na aquisição de bens, considerando que o suporte emocional e o apoio afetivo também configuram elemento imprescindível para a construção do patrimônio comum". Precedente: REsp n. 1.295.991/MG, rel. Min. Paulo de Tarso Sanseverino, 3ª T., *DJ* 17.04.2013. 3 – Demonstrado que houve convivência duradoura, pública e contínua entre apelante e apelada, devem ser partilhados os bens e direitos adquiridos onerosamente durante o período de união estável à razão de 50% para cada um dos ex-conviventes, na forma do art. 1.725 do CC, c/c art. 5°, *caput*, da Lei n. 9.278 de 10.05.1996, assim como devem ser divididas na mesma proporção as obrigações contraídas. Se durante a união estável há considerável acréscimo em imóvel particular de um dos ex-conviventes, a partilha desse bem pode, por questão de equidade, ser estabelecida em proporções diferentes. 4 – Recurso parcialmente provido. (TJES, Ap. n. 0015830-24.2008.8.08.0035, rel. Des. Dair José Bregunce de Oliveira, *DJe* 14.02.2014)

Veja no art. 1.662 os seguintes acórdãos: TJSP, Ap. Cível n. 0002230-13.2009.8.26.0224, 4ª Câm. de Dir. Priv., rel. Milton Carvalho, j. 25.07.2013; TJSP, Ap. Cível n. 0005038-20.2011.8.26.0224, 4ª Câm. de Dir. Priv., rel. Milton Carvalho, j. 18.07.2013; TJSP, Ap. Cível n. 0040626-55.2010.8.26.0602, 4ª Câm. de Dir. Priv., rel. Milton Carvalho, j. 16.05.2013.

Veja no art. 1.661 o seguinte acórdão: TJSP, Ap. n. 0008338-61.2009.8.26.0320, 4ª Câm. de Dir. Priv., rel. Milton Carvalho, j. 13.12.2012.

Veja no art. 1.659 o seguinte acórdão: TJSP, Ap. n. 0002837-24.2009.8.26.0257, 4ª Câm. de Dir. Priv., rel. Milton Carvalho, j. 29.11.2012.

Apelação. Litigantes casados por 21 anos pelo regime da comunhão universal de bens, que se divorciam e decidem contrair novas núpcias, adotando o regime da separação de bens. Julgamento conjunto das ações de separação judicial litigiosa, das cautelares de separação de corpos e alimentos provisionais e da ação de reconhecimento de união estável com partilha de aquestos e anulação de pacto antenupcial por vício de consentimento. Sentença que desacolhe o pedido de reconhecimento de união estável e anulação do pacto, julgando parcialmente procedente as ações de separação e a cautelar de alimentos, fixando-os em R$ 25.000,00. Agravo retido interposto da decisão que limitou o número de testemunhas arroladas pela mulher. Possibilidade do julgador, de modo a garantir a celeridade do julgamento do processo. Ausência de cerceamento de defesa. Agravo não provido. Demonstração documental da convivência das partes em união estável antes da celebração do segundo casamento. Aplicação do art. 1.725 do CC, com a meação dos bens adquiridos até a data do pacto antenupcial que fixou o regime da separação total de bens, que deverão ser apurados na fase de liquidação. Ausência de prova do alegado vício de consentimento a justificar a anulação do pacto antenupcial. Manutenção do decreto da separação do casal, sem culpa, diante da responsabilidade recíproca pela falência da vida familiar. Ausência de dano moral indenizável, porquanto o sentimento de tristeza e mágoa é inerente a qualquer separação. Possibilidade de majoração da pensão alimentícia para R$ 35.000,00 por mês, atendendo ao binômio possibilidade/necessidade. Apelo parcialmente provido, com determinação. (TJSP, Ap. n. 0000457-81.2007.8.26.0068/ Barueri, 4ª Câm. de Dir. Priv., rel. Des. Enio Zuliani, j. 26.04.2012)

Veja no art. 1.658 o seguinte acórdão: TJSP, Ap. Cível n. 0037687-56.2009.8.26.0564, rel. Milton Carvalho, j. 15.12.2011.

Veja no art. 1.663 o seguinte acórdão: TJSP, Ap. Cível n. 0029691-37.2009.8.26.0554, rel. Milton Carvalho, j. 19.10.2011.

União estável. Partilha de bens. Inteligência do art. 1.725 do CC. Comunhão parcial de bens. Imóvel adquirido a título oneroso, porém com numerário doado pela mãe da convivente adquirente. Imóvel que se apresenta como produto de sub-rogação de bem recebido por doação. Bem excluído da partilha, nos termos do art. 1.659, I, do CC. Sentença mantida. Agravo retido e recurso de apelação improvidos. (TJSP, Ap. Cível 5.733.614.600/ Piracicaba, 4ª Câm. de Dir. Priv., rel. Francisco Loureiro, j. 04.09.2008)

Direito de família. Apelação. Dissolução de união estável. Partilha. Regime da comunhão parcial de bens. Entram na comunhão os bens adquiridos na constância da união, a título oneroso. Recurso desprovido. Na união estável, de acordo com o art. 1.725 do CC, salvo convenção válida entre os companheiros, aplica-se às relações patrimoniais, no que couber, o regime da comunhão parcial de bens, e, assim, entram na comunhão os bens adquiridos na constância da união, a título oneroso. (TJMG, Proc. n. 1.0145.06.325293-9/001(1), rel. Moreira Diniz, j. 12.06.2008)

**Partilha de bens**

Apelação. Direito civil. Família. Ação de reconhecimento e dissolução de união estável. Partilha. Bens móveis. Aplica-se à união estável o regime de comunhão parcial de bens, devendo ser partilhados, na proporção de 50%, os bens adquiridos durante a união, porquanto se presume tenham sido adquiridos com o esforço comum, nos termos do art. 1.725 do CC, inclusive os bens móveis que guarnecem a casa. Recurso desprovido. (TJRS, Ap. Cível n. 70.054.624.622, 7ª Câm. Cível, rel. Liselena Schifino Robles Ribeiro, j. 26.06.2013, *DJ* 01.07.2013)

Apelação cível. União estável. Regime de comunhão parcial dos bens. Imóvel da família do requerido. Descabimento de partilha. Ausência de provas da permuta formal com o imóvel do casal. Apelo desprovido. Na união estável, de acordo com o art. 1.725 do CC, o regime de bens aplicável é o da comunhão parcial, sendo considerados aquestos os bens adquiridos durante a convivência. Nestes termos, não há que se cogitar da partilha de bem adquirido pelo companheiro antes da vigência da união estável, nos termos do art. 1.659, I, do CC. No caso em tela, não há comprovação alguma de que houve a permuta formal do imóvel adquirido conjuntamente pelo casal por aquele que era da família do apelado, razão pela qual não pode ser este objeto de partilha. (TJMG, Ap. Cível n. 1.0568.11.000725-5/001, rel. Des. Versiani Penna, j. 20.06.2013, *DJ* 28.06.2013)

Apelação. Ação anulatória. Alegada fraude. Imóvel em nome do Réu que lhe pertencia antes mesmo da propalada união estável. Entre os companheiros vigora o regime de comunhão parcial de bens, nos termos do art. 1.725 do CC. Sentença que extinguiu a execução, tirada de alienação judicial de coisa comum, nos termos do art. 794, I, do CPC [art. 924, II, do CPC/2015]. Sentença não tida por homologatória. Falta de interesse de agir verificada (art. 267, VI, do CPC) [art. 485, VI, do CPC/2015]. Sentença de extinção mantida. Indeferimento da gratuidade processual afastada, por não verificada circunstância que afastasse de forma induvidosa a afirmação de hipossuficiência. Recurso provido em parte. (TJSP, Ap. n. 0019872-49.2010.8.26.0002, 3ª Câm. de Dir. Priv., rel. João Pazine Neto, j. 28.05.2013, *DJ* 29.05.2013)

Ação de reconhecimento e dissolução de sociedade de fato, cumulada com pedido de partilha de bens. Em primeiro grau, sentença de parcial procedência. Alegação de existência de apenas relação comercial entre as partes. Prova oral apta a ensejar o reconhecimento da união estável. Aplicação do regime de comunhão parcial de bens, de conformidade com o art. 1.725 do CC. Ausência de provas a desconstituir a presunção de conjugação de esforços. Partilha cabível. Sentença devidamente fundamentada. Motivação da sentença adotada como fundamentação do julgamento em segundo grau. Inteligência do art. 252 do RITJ. Recurso não provido. (TJSP, Ap. n. 0005735-02.2008.8.26.0368, 5ª Câm. de Dir. Priv., rel. Edson Luiz de Queiroz, j. 22.05.2013, *DJ* 22.05.2013)

Ação de anulação de doação feita pela mãe às filhas. Ação movida pelo pai e ex-companheiro, em cujo nome o imóvel não estava titulado. Bem todavia comprado na constância de união estável. Art. 1.725 do CC. Presume-se seja o bem, adquirido a título oneroso, aquesto comum aos companheiros. Sentença de procedência que se confirma (RITJSP, art. 252). Apelo desprovido. (TJSP, Ap. n. 0023032-92.2004.8.26.0002, 10ª Câm. de Dir. Priv, rel. Cesar Ciampolini, j. 26.02.2013, *DJ* 27.02.2013)

Apelação cível. Direito de família. Reconhecimento e dissolução de união estável. Partilha. Incidência do CC, art. 1.725 e da Lei n. 9.278/96. Regime de bens. Comunhão parcial. Debate envolvendo a exclusão dos bens adquiridos por doação e dos que já se encontravam no patrimônio do varão, antes do início do período de convivência. Contexto fático probatório que evidencia ser a liberalidade promovida pelos pais do demandado fora destinada ao casal, haja vista a ausência de qualquer ressalva em sentido contrário. Portanto, contemporâneas à união estável. Logo, à luz do art. 2º da Lei n. 9.278/96, se esvai a tese defensiva consistente na necessidade de prova de contribuição financeira para a aquisição do direito à meação diante da presunção legal de esforço comum para a formação dos aquestos, ainda que esta tenha se operacionalizado por meio de colaboração diversa da financeira. Precedentes. Sentença de procedência do pedido que merece ser confirmada *in totum*. Recurso a que se nega provimento. (TJRJ, Ap. n. 0026154-93.2009.8.19.0209, 20ª Câm. Cível, rel. Des. Myriam Medeiros, j. 27.06.2012)

Apelação cível. Rito ordinário. Reconhecimento e dissolução de união estável. Pleito da autora à meação do bem imóvel arrolado para fins de partilha na dissolução da união estável. Narrativa da autora que se coaduna com as provas acostadas nos autos. Existência de contrato de união estável, no qual se reconhece o direito da autora à metade do imóvel, e que este imóvel é fruto do trabalho e da colaboração comum de ambos os conviventes, pertencendo aos dois, em partes iguais. Reforma da sentença para a homologação do acordo e inversão da verba sucumbencial. Provimento parcial do recurso da autora e improvimento do recurso do réu. (TJRJ, Ap. Cível n. 0016335-69.2008.8.19.0209, 10ª Câm. Cível, rel. Des. Pedro Saraiva Andrade Lemos, j. 29.09.2010)

Veja no art. 1.647 o seguinte acórdão: TJRS, Ap. Cível n. 70.036.490.654, 16ª Câm. Cível, Paulo Sérgio Scarparo, j. 12.08.2010.

Apelação cível. Ação declaratória. União estável. Partilha de bens. Exame de esforço comum na aquisição de bens durante a convivência. Desnecessidade. Imóvel. Bem particular. Exclusão. Veículo vendido após cessada a união. Partilha devida. Recurso parcialmente provido. Comprovada a existência de união estável, a partilha dos bens deve ser feita em igual proporção, desde que comprovada a aquisição onerosa durante a constância da união, independentemente de esforço comum. Deve ser excluído da partilha de imóvel comum o valor empregado para sua aquisição e decorrente da venda de bem particular. O veículo adquirido durante a união estável e vendido após o seu término deve ser partilhado. O veículo adquirido e vendido na constância da união estável não deve ser partilhado. Deve ser presumido que o produto da venda foi revertido em benefício do casal. Apelação cível conhecida e parcialmente provida para modificar a partilha dos bens do casal. (TJMG, Ap. Cível n. 1.0074.06.030925-4/001(1), rel. Des. Caetano Levi Lopes, j. 02.03.2010)

Direito de família. Apelação cível. Reconhecimento e dissolução de união estável. Partilha de bens. Art. 1.725 do CC. Regime da comunhão parcial. Aquisição dos bens com recursos exclusivos de um dos cônjuges não demonstrada. Direito real de habitação. Dissolução da união por vontade das partes. Impossibilidade. Inexistindo prova concreta de que a aquisição dos bens se deu com recursos exclusivos de um dos companheiros, decretada a dissolução da união estável, mostra-se correta a determinação da partilha dos bens adquiridos pelas partes na sua constância, sob o regime de comunhão parcial de bens, nos termos do art. 1.725 do CC/2002. Sendo o direito real de habitação um instituto de direito sucessório, concedido ao cônjuge ou companheiro, em caso de falecimento do outro, que lhe garante o direito de permanecer morando no imóvel usado como residência do casal, ou da família, independentemente do regime de bens do casamento ou união estável, dando-se a dissolução da união por simples vontade das partes, não há que se falar em direito de habitação de um dos conviventes. (TJMG, Ap. Cível n. 1.0702.06.334355-3/001(1), rel. Elias Camilo, j. 08.10.2009)

Ação de reconhecimento e dissolução de união estável c/c partilha de bens. Reconhecida a união estável e não havendo notícia e prova de contrato escrito entre as partes, deve-se aplicar às relações patrimoniais, no que couber, o regime de comunhão parcial de bens, conforme preceitua o art. 1.725 do CC. No regime de comunhão parcial, comunicam-se os bens e as dívidas que sobrevierem ao casal, na constância do casamento, com as exceções expressas no CC, em especial, as estabelecidas no art. 1.659 (TJDF, Ap. Cível n. 2007.01.1.036479-7, 2ª T. Cível, rel. Waldir Leôncio C. Lopes Júnior, *DJ* 28.05.2009, p.99). (*RBDFS* 10/166)

Direito civil. Família. Sucessão. Comunhão universal de bens. Inclusão da esposa de herdeiro, nos autos de inventário, na defesa de sua meação. Sucessão aberta quando havia separação de fato. Impossibilidade de comunicação dos bens adquiridos após a ruptura da vida conjugal. Recurso especial provido. 1 – Em regra, o recurso especial originário de decisão interlocutória proferida em inventário não pode ficar retido nos autos, uma vez que o procedimento se encerra sem que haja, propriamente, decisão final de mérito, o que impossibilitaria a reiteração futura das razões recursais. 2 – Não faz jus à meação dos bens havidos pelo marido na qualidade de herdeiro do irmão, o cônjuge que se encontrava separado de fato quando transmitida a herança. 3 – Tal fato ocasionaria enriquecimento sem causa, porquanto o patrimônio foi adquirido individualmente, sem qualquer colaboração do cônjuge. 4 – A preservação do condomínio patrimonial entre cônjuges após a separação de fato é incompatível com orientação do nCC, que reconhece a união estável estabelecida nesse período, regulada pelo regime da comunhão parcial de bens (CC, 1.725). 5 – Assim, em regime de comunhão universal, a comunicação de bens e dívidas deve cessar com a ruptura da vida comum, respeitado o direito de meação do patrimônio adquirido na constância da vida conjugal. 6 – Recurso especial provido. (STJ, REsp n. 555.771, 4ª T., rel. Min. Luis Felipe Salomão, j. 05.05.2009)

Apelação cível. Ação de dissolução de união estável com pedido de alimentos. A união estável é relação fática, de forma que somente pode produzir efeitos jurídicos com a comprovação, em juízo, dos requisitos necessários para a sua caracterização. Comprovada a *affectio maritalis*, decorrente da existência de convivência pública, contínua, duradoura estabelecida com objetivo de constituir família, é de ser reconhecida a união estável. Os bens adquiridos com valores exclusivamente pertencentes a um dos companheiros, em sub-rogação dos bens particulares, não se comunicam. Aplicação do inciso II, do art. 1.659 do CC. Todavia, para que se aplique este dispositivo, é necessário que o companheiro ressalve essa sub-rogação no título aquisitivo e prove que de fato um bem substitui outro. Na união estável, salvo disposição em contrário, vigora o regime da comunhão parcial de bens (art. 1.725 do CC), de modo que, quando da dissolução, os bens adquiridos onerosamente durante a convivência deverão ser partilhados igualitariamente pelos companheiros, presumindo-se que adquiridos pelo esforço comum. Descabe o pedido de alimentos entre os litigantes se estes possuem ganhos próprios e vida financeira independente. Apelo do demandante não provido, à unanimidade. Apelo da demandada parcialmente provido, por maioria. (TJRS, Ap. Cível n. 70.025.778.242, 8ª Câm. Cível, rel. Claudir Fidelis Faccenda, j. 11.12.2008)

União estável. Discussão sobre os efeitos patrimoniais. Partilha de imóvel. Imóvel adquirido sob a vigência da Lei n. 8.971/94, que manteve a orientação da Súmula n. 380 do STF no sentido de que a comunicação dos bens entre os companheiros exigia prova do esforço comum para sua aquisição, ainda que indireto. Peculiaridades do caso concreto que evidenciam que a companheira adquiriu o bem imóvel com sub-rogação de seus bens particulares. Companheiro que não produz provas de que teria recursos financeiros para investir na aquisição do bem imóvel. Ausência de provas da contribuição na aquisição dos bens móveis que guarneciam a residência do casal. Improcedência do pedido de partilha dos bens comuns. Pedido de reintegração de posse infundado. Manutenção da sentença. Recurso não provido. (TJSP, Ap. Cível n. 534.452.4/6-00, rel. Des. Francisco Loureiro, j. 04.12.2008)

Agravo regimental no agravo de instrumento. Civil. Direito de família. União estável. Reconhecimento e dissolução. Partilha de bens. Negativa de prestação jurisdicional. Não ocorrência. Ofensa aos arts. 5º e 10 da Lei n. 9.278/96 não verificada. Ausência de prequestionamento. Recurso improvido. 1 – Não foi trazido qualquer subsídio com capacidade de possibilitar a alteração dos fundamentos da decisão agravada. 2 – Não ocorre a negativa de prestação jurisdicional alegada. 3 – A meação incidirá sobre os bens adquiridos, a título oneroso, pelo casal durante a vigência da união estável. 4 – Os demais artigos de lei tidos por violados não foram prequestionados. 5 – Agravo regimental improvido. (STJ, Ag. Reg. no Ag. n. 1.039.105/MG, 3ª T., rel. Min. Massami Uyeda, j. 04.11.2008)

Direito civil. Dissolução da união estável. Partilha de bens. Verbas indenizatórias. Expectativa de direito em ações judiciais. Acidente de trabalho. Indenização. 1 – Na dissolução da união estável, a partilha de bens refere-se ao patrimônio comum formado pelo casal, não se computando indenizações percebidas a título personalíssimo por quaisquer dos ex-companheiros, tal qual a recebida em razão de acidentes de trabalho, pois certo que a reparação deve ser feita àquele que sofreu o dano e que carrega consigo a deficiência adquirida. 2 – A indenização recebida em razão do pagamento de seguro de pessoa cujo risco previsto era a invalidez temporária ou permanente não constitui frutos ou rendimentos do trabalho que possam ajustar-se às disposições do inciso VI do art. 271 do CC/1916. 3 – Recurso especial não conhecido. (STJ, REsp n. 848.998/RS, 4ª T., rel. Min. João Otávio de Noronha, j. 28.10.2008)

Reconhecimento e dissolução de união estável. Partilha. Relação patrimonial. Inexistência de contrato escrito. Sujeição aos efeitos do regime da comunhão parcial de bens. Lote de terreno doado ao companheiro. Exclusão da comunhão. Construção (casa) realizada durante a convivência. Esforço comum. Presunção. Meação que se impõe, quanto à edificação. Recurso provido, em parte. Na ausência de prévio contrato escrito, vigora entre os companheiros, quanto às relações patrimoniais, no que couber, o regime da comunhão parcial de bens, impondo-se a meação dos aquestos, cujo acervo presume-se formado com esforço comum, razão por que é devida a partilha da edificação (casa) construída no terreno doado ao companheiro, durante a convivência. Inteligência do art. 226, § 3°, da CF; do art. 5°, *caput*, da Lei n. 9.278/96; e do art. 1.725 do CC. (TJMG, Ap. Cível n. 1.0105.06.181503-8/001, rel. Des. Nepomuceno Silva, j. 14.02.2008)

Penhora. Bem dado em hipoteca. Devedor que vivia em união estável. Desconhecimento do credor. Validade da hipoteca. 1 – Os efeitos patrimoniais da união estável são semelhantes aos do casamento em comunhão parcial de bens (art. 1.725 do CC/2002). 2 – Não deve ser preservada a meação da companheira do devedor que agiu de má-fé, omitindo viver em união estável para oferecer bem do casal em hipoteca, sob pena de sacrifício da segurança jurídica e prejuízo do credor. (STJ, REsp n. 952.141/RS, 3ª T., rel. Min. Humberto Gomes de Barros, j. 28.06.2007, *DJ* 01.08.2007)

Apelação. Ação de dissolução de união estável. Partilha de bens. Imóvel adquirido na constância da união. Na união estável, em relação aos direitos patrimoniais, no que couber, aplica-se o regime da comunhão parcial de bens (art. 1.725 do CC/2002), comunicando-se os bens adquiridos na constância do casamento (art. 1.658 do CC/2002), salvo exceções expressas. Assim, o apartamento adquirido durante o relacionamento deve ser partilhado, pois a companheiro não comprovou a sub-rogação, doação ou sucessão. Recurso improvido. (TJRS, Ap. Cível n. 70.019.475.854, 8ª Câm. Cível, rel. Des. Claudir Fidelis Faccenda, j. 14.06.2007)

Veja no art. 1.660 o seguinte acórdão: TJSP, Ap. Cível n. 489.404-4/6-00, rel. Des. Morato de Andrade, j. 17.04.2007.

União estável. Dissolução. Partilha do patrimônio. Regime da separação obrigatória. Súmula n. 377 do STF. Precedentes da Corte. 1 – Não há violação do art. 535 do CPC [art. 1.022 do CPC/2015] quando o Tribunal local, expressamente, em duas oportunidades, no acórdão da apelação e no dos declaratórios, afirma que o autor não comprovou a existência de bens da mulher a partilhar. 2 – As Turmas que compõem a Seção de Direito Privado desta Corte assentaram que para os efeitos da Súmula n. 377 do STF não se exige a prova do esforço comum para partilhar o patrimônio adquirido na constância da união. Na verdade, para a evolução jurisprudencial e legal, já agora com o art. 1.725 do CC/2002, o que vale é a vida em comum, não sendo significativo avaliar a contribuição financeira, mas, sim, a participação direta e indireta representada pela solidariedade que deve unir o casal, medida pela comunhão da vida, na presença em todos os momentos da convivência, base da família, fonte do êxito pessoal e profissional de seus membros. 3 – Não sendo comprovada a existência de bens em nome da mulher, examinada no acórdão, não há como deferir a partilha, coberta a matéria da prova pela Súmula n. 7 da Corte. 4 – Recurso especial não conhecido. (STJ, REsp n. 736.627, 3ª T., rel. Min. Carlos Alberto Menezes Direito, j. 11.04.2006, *DJ* 01.08.2006)

Processual civil. Recurso especial. Ação de reconhecimento e dissolução de sociedade de fato. Partilha de bens. Concubinato. Casamento. Pré e coexistência. Impedimento matrimonial. Prevalência. Reexame de prova. Os efeitos decorrentes do concubinato alicerçado em impedimento matrimonial não podem prevalecer frente aos do casamento pré e coexistente. A pretensão de reexame de prova não enseja recurso especial. Recurso especial não conhecido. (STJ, REsp n. 631.465, rel. Min. Nancy Andrighi, j. 05.08.2004)

Partilha de bens. União estável. Devem ser partilhados os bens adquiridos na constância da união estável, todavia aqueles adquiridos em período de separação intercorrente do casal e sem a comprovação da ajuda mútua dos companheiros para tanto não entram na meação (TJDF, Ap. Cível n. 2001.04.1.010239-4, rel. Des. Hermenegildo Gonçalves, *DJU* 01.07.2004). (*RBDFam* 25/119)

União estável. Partilha de bens adquiridos durante a convivência. Separação de fato. Precedentes da corte. 1 – O reconhecimento da separação de fato é suficiente para deferir a partilha dos bens adquiridos pelo esforço comum, reconhecida nas instâncias ordinárias a união estável, pouco relevando que o vínculo matrimonial não tenha sido formalmente rompido. (STJ, REsp n. 466.729/SP, rel. Min. Carlos Alberto Menezes Direito, j. 17.06.2003, *DJU* 01.09.2003)

Civil. Concubinato. Partilha de bens. Desfeito o concubinato, a partilha de bens supõe prova de que o patrimônio foi constituído pelo esforço comum. Recurso especial conhecido e provido. (STJ, REsp n. 214.819, rel. Min. Castro Filho, j. 18.03.2003)

União estável. Sociedade de fato. Reconhecimento, todavia, limitado a tempo posterior à ruptura do vínculo matrimonial do varão e da consequente partilha de bens com a ex-esposa. Colaboração da companheira detectada, a partir de então, trabalhando com o varão, em estabelecimento comercial e no próprio lar. Apuração, todavia, não concretizada do patrimônio acrescido, nessa época, o que ficará para liquidação de artigos. Exclusão ressalvada de bens e direitos preteritamente adquiridos e que já haviam sido partilhados, ao cabo do processo de separação, bem como dos que já houvera por sucessão hereditária. Acolhimento parcial dos apelos, inclusive da assistente admitida, tendo em conta que as pretensões recursais envolviam período bem maior, como de fastígio da alegada união estável entre os conviventes. Preliminares rejeitadas e recursos providos em parte. (TJSP, Ap. Cível n. 136.568-4/3, rel. Des. Hélio Quaglia Barbosa, j. 18.02.2003)

**Pacto sobre os bens**

Ação anulatória de doação. União estável. Autor que conviveu cerca de 25 anos com a ré e, no ano de 1991, o casal resolveu partilhar todo o patrimônio amealhado no curso do relacionamento, cabendo ao demandante todos os imóveis, e à ré o equivalente, em dinheiro, à sua meação. Demandada que, 13 anos após, vem a doar a seus filhos parte de um apartamento que caberia apenas ao autor. Pacto celebrado pelas partes e que se reputa válido. Elementos que demonstram que apenas o imóvel objeto destes autos não tinha sido colocado, exclusivamente, em nome do autor, donde se conclui que a partir de tal avença os patrimônios dos companheiros foram efetivamente separados. Prova de que o demandante pagou com recursos próprios o imóvel. Doação anulada. Sentença mantida. Agravos retidos e apelação improvida. (TJSP, Ap. Cível c/ Rev. n. 5.075.534.400/São Paulo, 5ª Câm. de Dir. Priv., rel. A. C. Mathias Coltro, j. 18.11.2009)

Apelação cível. Ação de dissolução de união estável cumulada com partilha de bens. Acordo extrajudicial realizado entre as partes. Partilha de bens. Validade. O acordo extrajudicial de dissolução de união estável e partilha de bens realizados entre as partes possui validade e eficácia, ainda mais quando não comprovado o alegado vício de consentimento capaz de retirar-lhe a higidez. Em verdade, a pretensão posta apresenta-se como mero arrependimento quanto aos termos antes ajustados, hipótese que não autoriza a rediscussão da partilha disposta no pacto. Apelo desprovido. (TJRS, Ap. Cível n. 70.024.713.216, 8ª Câm. Cível, rel. José Ataídes Siqueira Trindade, j. 10.07.2008)

Apelação cível. Dissolução de união estável. Partilha. Pacto com separação de bens. Realizado pacto de convivência entre os companheiros, a partilha por ocasião da dissolução da união estável deve obedecer ao que foi estipulado. Negaram provimento (segredo de justiça). (TJRS, Ap. Cível n. 70.019.890.292, 8ª Câm. Cível, rel. Rui Portanova, j. 11.10.2007)

União estável. Meação. Pacto anteconcubinário. Sentença. Cerceamento de defesa. Caso em que se desconstitui a sentença que deixa em omissão o pedido de declaração de união estável, julgando de plano pela improcedência do direito de meação em face dos termos de pacto anteconcubinário, deixando, assim, de viabilizar produção de prova a respeito de eventual sociedade de fato nos termos da Súmula n. 380 do STF (TJRS, Ap. Cível n. 70.003.084.068, rel. Des. Rui Portanova, *DOERS* 17.12.2001). (*RBDFam* 13/139)

União estável. Companheiros, conviventes como se casados fossem por longo período, que formalizaram contrato particular escrito, disciplinando os direitos e deveres da união, em razão da impossibilidade de o companheiro contrair novas núpcias, pelo fato de não estar em vigor a Lei do Divórcio à época do estabelecimento da sociedade conjugal. Cláusula contratual que prevê a comunhão de bem aquesto. Eficácia, ainda que se trate de imóvel adquirido antes da convivência *more uxorio*. (*RT* 776/320)

**Indenização**

Ilegitimidade passiva. Preliminar de carência da ação por ilegitimidade passiva. Alegação de que os serviços prestados ao pai do recorrente deveriam ser cobrados do seu genitor, e não do ex-companheiro, aqui recorrente. Rejeição. Hipótese em que o pedido da recorrida veio fundamentado na existência de um dever que decorreria da união estável havida entre as partes. Preliminar rejeitada. União estável. Indenização. Pretensão de reforma da sentença que julgou procedente pedido de indenização por serviços prestados. Cabimento. Hipótese em que a dissolução de união estável dá ensejo à partilha do patrimônio comum, adquirido enquanto existente a entidade familiar. Ausência de bens comuns que não enseja o reclamado direito a uma indenização por serviços prestados. Recurso provido. (TJSP, Ap. n. 994031085480, 10ª Câm. de Dir. Priv., rel. Des. Ana de Lourdes Coutinho Silva, j. 03.08.2010)

Apelação cível. União estável. Partilha. Controvérsia sobre o bem imóvel partilhável. Ausência de prova documental. Escritura pública do imóvel. Remessa às vias ordinárias. União estável. Indenização. Serviços domésticos. Impossibilidade. Existindo divergência entre as partes acerca da partilha de bem imóvel e diante da inconsistência das provas produzidas nos autos, deve ser a discussão remetida à via própria. Conforme precedentes deste Tribunal de Justiça de Minas Gerais, o reconhecimento da união estável e a sua posterior dissolução não conferem à companheira o direito de perceber indenização por serviços domésticos. (TJMG, Ap. Cível n. 1.0079.08.393136-4/001(1), rel. Des. Armando Freire, j. 29.06.2010)

Declaratória de união estável. Reconhecimento. Prestação de serviço. Indenização. Impossibilidade. A união estável deve ser reconhecida se a requerente comprova nos autos o preenchimento de todos os requisitos para sua configuração, entre eles: convivência, ausência de formalismo, diversidade de sexos, unicidade de vínculo, estabilidade, continuidade, publicidade, objetivo de constituição de família e inexistência de impedimentos matrimoniais. A indenização por serviços domésticos prestados pleiteada pela concubina não se sustenta em face do dever de mútuo auxílio, além de que é inadmissível a prestação, pela mulher, de serviços domésticos normais e corriqueiros para uma dona de casa, durante o período de relação concubinária, não justificando o pagamento, pelo companheiro, de qualquer indenização. (TJMG, Ap. Cível n. 1.0040.01.006377-0/001(1), rel. Dárcio Lopardi Mendes, j. 26.11.2009)

Civil. Família. União estável. Indenização. Serviços domésticos. Impossibilidade. O reconhecimento da união estável e a sua posterior dissolução não conferem ao companheiro o direito de perceber indenização por serviços domésticos. O companheirismo, o afeto e o amparo devidos mutuamente entre aqueles que formaram uma união estável não caracteriza enriquecimento indevido. (TJMG, Ap. Cível n. 1.0702.06.265216-0/001(1), rel. Alberto Vilas Boas, j. 29.09.2009)

Apelação cível. Ação de indenização por serviços domésticos prestados. Concubinato. Improcedência da ação. Não havendo impedimento algum para o casamento e a união estável entre as partes, não há falar em concubinato. E, ainda que tivesse ocorrido o concubinato, se não comprovada a efetiva contribuição a ensejar a constituição de patrimônio comum, o que viria a caracterizar o enriquecimento sem causa do concubino em detrimento do esforço da concubina, não há como se reconhecer o direito à indenização por serviços prestados no seu sentido genérico. No caso, além de não alegada, também não comprovado que ocorreu união estável entre as partes. Sem contar que na união estável descabe indenização por serviços domésticos prestados. Recurso desprovido. (TJRS, Ap. Cível n. 70.024.804.833, 7ª Câm. Cível, rel. Ricardo Raupp Ruschel, j. 19.11.2008)

Apelação cível. Reconhecimento e dissolução de concubinato impuro. Partilha de bens. Ausência de prova de contribuição para aquisição do patrimônio. Alimentos. Dependência econômica da concubina demonstrada. Indenização por serviços prestados. Impossibilidade. Mesmo na relação de concubinato (art. 1.727, CC), faz jus à alimentos a mulher que, por mais de quarenta anos, foi sustentada pelo homem, tendo abdicado de sua profissão em razão do relacionamento. No concubinato ocorrem os efeitos patrimoniais de uma sociedade de fato, sendo imprescindível, para que haja partilha, a prova do esforço comum na aquisição do patrimônio. Em uma relação afetiva não há como se vislumbrar um caráter econômico, mensurando-se monetariamente os cuidados e dedicação que um destina ao outro, equiparando-os a "serviços prestados". Não se trata de "serviços", mas de troca de afeto, amor, dedicação, companheirismo. Recurso do réu improvido. Unânime. Recurso da autora parcialmente provido, por maioria. (TJRS, Ap. Cível n. 70.026.301.937, 8ª Câm. Cível, rel. Claudir Fidelis Faccenda, j. 16.10.2008)

**Partilha de bens, concubinato duplo**

União estável. Partilha. Concubinato. Duplo ou simultâneo. Questão a ser solucionada de forma a partilhar os bens entre as duas companheiras. Se o réu viveu em duplo concubinato, ou concubinato simultâneo, no mesmo período, a questão da meação será solucionada de forma a efetivar a partilha entre as duas companheiras (TJSP, Ap. Cível n. 127.880-4/6, rel. Des. José Geraldo de Jacobina Rabello, j. 14.11.2002). (*RBDFam* 25/119)

**Direitos sucessórios**

União estável. Herança. Falecimento de companheiro sem ascendente ou descendente. Direito da companheira. Lei n. 8.971, de 1994. União estável. Direito de herança da companheira. Companheiro solteiro, sem descendentes e ascendentes vivos. União estável reconhecida no período de 1990 a 1997, quando faleceu o autor da herança. A capacidade para suceder é a do tempo da abertura da sucessão, que se regulará de acordo com a lei então em vigor (art. 1.577 do CC/1916 e art. 1.787 do CC/2002). Direito do companheiro sobrevivente à totalidade da herança, na falta de descendentes e de ascendentes, na dicção do art. 2º, III, da Lei n. 8.971/94. Reforma da decisão agravada que aplicou a norma do art. 1.790, III, do CC/2002, decretando a concorrência da companheira do *de cujus* com os herdeiros colaterais. Indiferente que o companheiro já tivesse mais de 60 anos quando do início da união estável, eis que se trata de direito sucessório. Provimento do recurso. (TJRJ, AI n. 0031327-12.2010.8.19.0000, 18ª Câm. Cível, rel. Des. Leila Albuquerque, j. 10.08.2010)

Direito sucessório. Bens adquiridos onerosamente durante a união estável. Concorrência da companheira com filhos comuns e exclusivo do autor da herança. Omissão legislativa nessa hipótese. Irrelevância. Impossibilidade de se conferir à companheira mais do que teria se casada fosse. Proteção constitucional a amparar ambas as entidades familiares. Inaplicabilidade do art. 1.790 do CC. Reconhecido direito de meação da companheira, afastado o direito de concorrência com os descendentes. Aplicação da regra do art. 1.829, I, do CC. Sentença mantida. Recurso não provido. (TJSP, Ap. n. 994080612438, 7ª Câm. de Dir. Priv., rel. Des. Elcio Trujillo, j. 07.04.2010)

Veja no art. 1.659 o seguinte acórdão: TJSP, AI n. 6.525.054.000/São Paulo, 5ª Câm. de Dir. Priv., rel. Roberto Mac Cracken, j. 09.09.2009.

Agravo de instrumento. Sucessões. Inventário. Meação. Art. 1.790 do CC. Participação de companheira na sucessão, somente quanto aos bens adquiridos onerosamente na vigência da união estável. Imóvel que fora adquirido anteriormente, devendo ser partilhado entre os herdeiros do *de cujus*. Agravo de instrumento provido. (TJRS, AI n. 70.025.769.936, 7ª Câm. Cível, rel. Vasco Della Giustina, j. 03.12.2008)

Apelação cível. Ação reivindicatória. Requisitos. Título hábil a demonstrar o domínio e posse injusta do réu. Direito real de habitação da companheira. Declaração de voto. Ainda que exibido o título de domínio pela A., por força do exercício do direito sucessório, não restou caracterizada a posse injusta da R., que permaneceu residindo no imóvel em face da união estável mantida com o genitor da A., questão incontroversa nos autos. Incide, no caso, o parágrafo único do art. 7º da Lei n. 9.278/96, que garante o direito real de habitação ao companheiro sobrevivente, enquanto não constituída nova união ou casamento. Negado provimento à apelação. Unânime. (TJRS, Ap. Cível n. 70.021.146.980, 18ª Câm. Cível, rel. Nara Leonor Castro Garcia, j. 20.11.2008)

Apelação cível. Família. União estável. Direito ao ressarcimento das despesas com funeral. Prova da qual se desincumbiu o autor. Direito real de habitação do ex-companheiro. Demonstrada a existência de união estável que durou até o falecimento da companheira do autor, tem este direito de ver reconhecido o seu direito real de habitação, nos termos do art. 7º, parágrafo único, da Lei n. 9.278/96. Honorários advocatícios fixados com moderação. Apelação desprovida. (TJRS, Ap. Cível n. 70.022.782.916, 7ª Câm. Cível, rel. Vasco Della Giustina, j. 22.10.2008)

Embargos de divergência. União estável. Efeitos sucessórios. 1 – Para partilha dos bens adquiridos na constância da união estável (união entre o homem e a mulher como entidade familiar), por ser presumido, há dispensa da prova do esforço comum, diz o acórdão embargado. 2 – Os acórdãos apontados como paradigmas, por outro lado, versam essencialmente hipóteses de casamento (modo tradicional, solene, formal e jurídico de constituir família), conduzindo ao não conhecimento dos embargos, dado que as situações versadas são diversas. 3 – A união estável não produz, como pacífico entendimento, efeitos sucessórios e nem equipara a companheira à esposa. Com o matrimônio conhece-se quais os legitimados à sucessão dos cônjuges. Na união estável há regras próprias para a sucessão hereditária. 4 – Sob diversos e relevantes ângulos, há grandes e destacadas diferenças conceituais e jurídicas, de ordem teórica e de ordem prática, entre o casamento e a união estável. 5 – Embargos de divergência não conhecidos. (STJ, EREsp n. 736.627/PR, 2ª S., rel. Fernando Gonçalves, j. 25.06.2008)

União estável. Inocorrência. Relação longa, duradoura e de mútuos favores. Hipótese de mera amizade. Necessidade de se comprovar convivência com finalidade de constituição de uma família, independentemente de tetos comuns, para a configuração da união. Autora que não faz jus ao patrimônio deixado pelo *de cujus*. (*RT* 846/356)

União estável. Dissolução. Morte do companheiro. Partilha dos bens adquiridos pelo esforço comum do casal durante a coabitação. Admissibilidade. Bens doados em vida pelo *de cujus* à companheira, que devem integrar o quinhão a ser partilhado, cabendo à mulher a metade ideal do patrimônio comum. "Provada a união estável, inclusive por declaração de um dos conviventes perante o órgão previdenciário, todos os bens havidos durante a coabitação, até mesmo os que foram doados pelo falecido companheiro à mulher, devem ser partilhados, cabendo a esta metade do patrimônio comum do casal". (*RT* 844/291)

União estável. Comunhão de bens. Inadmissibilidade. Reconhecimento pela CF da sociedade de fato como entidade familiar, que não implica, desde logo, o reconhecimento de comunhão de bens, de maneira que a morte de um deles importe no recolhimento automático de meação pelo sobrevivente. Inexistência de legislação específica a respeito. Admissibilidade, apenas, da dissolução judicial com a partilha, quando o patrimônio formado pelos concubinos tiver sido adquirido com o esforço comum. Inteligência da Súmula n. 380 do STF. (STF, *RT* 803/145)

União estável. Morte do companheiro. *De cujus* que não deixou descendentes ou ascendentes. Hipótese em que a companheira supérstite herdará todo o patrimônio. Inteligência da Lei n. 9.278/96. Voto vencido. (*RT* 795/353)

União estável. Falecimento do companheiro antes da edição da Lei n. 8.971/94. Pretensão da companheira a receber a totalidade da herança por ter o *de cujus* deixado apenas herdeiros colaterais. Inadmissibilidade. Capacidade de suceder disciplinada pela lei vigente à data do óbito (art. 1.577 do CC/1916 e art. 1.787 do CC em vigor). Recurso da autora desprovido. (*JTJ* 273/26)

União estável. Sociedade de fato. Pedido de reconhecimento cumulado com petição de herança. Autor que, casado mas separado de fato, conviveu durante longo tempo com a falecida. Casamento que ainda perdura. União espúria que impede o reconhecimento da união fora do casamento. Bem reclamado, ademais, que é único e foi havido pela *de cujus* através de herança. Impossibilidade de pleitear direito que não lhe seria conferido mesmo na situação de casado pelo regime da comunhão parcial de bens. Recurso provido. (*JTJ* 267/260)

**Direitos sucessórios, direito à habitação**

Apelação cível. Ação de declaração de existência de união estável. Parcial procedência do pedido em consonância com a prova produzida nos autos. Direito real de habitação conferido à autora pela sentença. Inconformismo dos herdeiros do *de cujus*. O inconformismo dos apelantes diz respeito tão somente ao direito real de habitação conferido à autora pela sentença, não restando qualquer controvérsia, portanto, acerca da existência da união estável pelo período reconhecido pela sentença. Neste ponto, cumpre salientar que uma vez reconhecida a existência de união estável até 08.11.1997, data do óbito do companheiro, revela-se impositiva a aplicação do disposto no parágrafo único do art. 7º da Lei n. 9.278/96, que confere o direito real de habitação sobre o imóvel familiar ao convivente sobrevivente enquanto viver ou não constituir nova união ou casamento. Desprovimento do recurso. (TJRJ, Ap. n. 0007532-07.2003.8.19.0037, 19ª Câm. Cível, rel. Des. Marcos Alcino A. Torres, j. 27.07.2010)

Reintegração de posse. Ação dirigida pela filha do falecido em face de pessoa que alega ser sua companheira. Ação de reconhecimento de união estável movida pela companheira, julgada procedente, reconhecendo o direito de habitação à mesma sobre o imóvel onde o casal vivia. Ocupação, portanto, legítima e justificada. Esbulho não caracterizado. Improcedência corretamente decretada. Recurso desprovido. (TJSP, Ap. Cível c/ Rev. n. 3.024.974.300/São Paulo, 8ª Câm. de Dir. Priv., rel. Salles Rossi, j. 09.12.2009)

Imissão na posse. Imóvel alienado aos autores com cláusula de usufruto vitalício em favor do pai. Falecimento do usufrutuário. Companheira. União estável. Direito de habitação. Irrazoabilidade. Meação em outro imóvel deixado por seu primeiro companheiro, do qual é possuidora juntamente com seus três filhos decorrentes deste relacionamento, e que moram no local. Extinção do usufruto que é de rigor. Recurso improvido. (TJSP, Ap. Cível n. 7.062.739.900/Jaboticabal, 14ª Câm. de Dir. Priv., rel. Ligia Araújo Bisogni, j. 23.09.2009)

Concubinato. Sociedade de fato. Direito real de habitação. Reconhecimento. Inadmissibilidade. Companheiro falecido antes do advento da Lei federal n. 9.278/96. Aplicação retroativa da norma. Admissibilidade. Recurso não provido. (*JTJ* 274/34)

União estável. Morte do companheiro. Direito à meação dos imóveis e móveis. Inadmissibilidade. Bens não adquiridos na constância da união. Subsistência, porém, do direito real de habitação no imóvel que serviu de moradia ao casal. Arts. 5º e 7º da Lei federal n. 9.278/96. Recurso não provido. (*JTJ* 248/346)

No mesmo sentido: *JTJ* 262/258.

**Previdência social**

Apelação cível. Reexame necessário. Sentença ilíquida. Ação declaratória. Pensão por morte. IPSEMG. Cônjuge. Pensão integral. Companheira – união estável não comprovada. Inclusão como dependente indevida. Segundo orientação do STJ, tratando-se de sentença ilíquida, o cabimento ou não do reexame necessário deve ser aferido pelo valor da causa, devidamente atualizado.

A teor do art. 201, V, da CF/88, a previdência social será organizada sob a forma de regime geral, de caráter contributivo e de filiação obrigatória, observados os critérios que preservem o equilíbrio financeiro e atuarial, e atenderá, nos termos da lei, a pensão por morte do segurado, homem ou mulher, ao cônjuge ou companheiro e dependentes. A inclusão de companheira como beneficiária da pensão por morte prescinde da comprovação da existência de união estável com o ex-segurado. (TJMG, Ap. Cível n. 1.0024.06.993462-8/002(1), rel. Des. Teresa Cristina da Cunha Peixoto, j. 14.01.2010)

Previdência social. Pensão por morte. União estável. Constatação. Cabimento. Demonstrada a existência de união estável entre a servidora falecida e o autor, cabível o reconhecimento da condição de beneficiário. A CF/88 assegura a igualdade de direitos entre homens e mulheres, inclusive, para fins previdenciários, bem como a proteção da união estável (arts. 201, V, e 226, § 3º). Recurso desprovido. (TJSP, Ap. Cível c/ Rev. n. 9.464.915.600/São Paulo, 3ª Câm. de Dir. Públ., rel. Marrey Uint, j. 29.09.2009)

Apelação cível. Ipergs. Ação objetivando o recebimento de pensão por morte. União estável. Juros moratórios. Honorários advocatícios. I – Uma vez comprovada a união estável, a companheira tem o direito de ser incluída como beneficiária junto ao Instituto de Previdência do Estado para fim de percebimento de pensão por morte. II – É de 6% a.a. o percentual dos juros de mora nas condenações impostas à Fazenda Pública para pagamento de verbas remuneratórias, incluídos no conceito de remuneração os benefícios previdenciários. Inteligência do art. 1º-F da MP n. 2180-35/2001. Precedentes do STJ. III – Consoante o entendimento deste Tribunal, nas ações de pensão por morte propostas contra o IPERGS, os honorários devem ser fixados em 5% sobre o valor da condenação, em observância ao art. 20, § 4º, do CPC [art. 85, §§ 3º e 8º, do CPC/2015], e à Súmula n. 111 do STJ. Apelação parcialmente provida. (TJRS, Ap. Cível n. 70.025.967.472, 21ª Câm. Cível, rel. Marco Aurélio Heinz, j. 05.11.2008)

Apelação cível. Previdência pública. União estável. Dependência. Separação de fato. I – Comprovada a existência de união estável entre a autora e o servidor falecido, bem como a dependência econômica, impõe-se a inclusão da companheira como pensionista para fins de percepção de pensão mensal. Precedentes desta Corte e do STJ. II – Estando a companheira separada de fato, não há óbice para o reconhecimento da união estável. Apelação improvida. (TJRS, Ap. Cível n. 70.025.404.302, 1ª Câm. Cível, rel. Luiz Felipe Silveira Difini, j. 24.09.2008)

Sucessões. Inventário. Sucessão do companheiro. Diferença de trato legislativo entre união estável e casamento. Inexistência de violação a preceitos ou princípios constitucionais. 1 – A capacidade sucessória é estabelecida pela lei vigente no momento da abertura da sucessão. Inteligência do art. 1.787 do CC. 2 – O art. 226 da CF não equiparou a união estável ao casamento civil, apenas admitiu-lhe a dignidade de constituir entidade familiar, para o fim de merecer especial proteção do Estado, mas com a expressa recomendação de que seja facilitada a sua conversão em casamento. 3 – Tratando-se de institutos jurídicos distintos, é juridicamente cabível que a união estável tenha disciplina sucessória distinta do casamento e, aliás, é isso o que ocorre, também, com o próprio casamento, considerando-se que as diversas possibilidades de escolha do regime matrimonial de bens também ensejam sequelas jurídicas distintas. 4 – O legislador civil tratou de acatar a liberdade de escolha das pessoas, cada qual podendo escolher o rumo da sua própria vida, isto é, podendo ficar solteira ou constituir família, e, pretendendo constituir uma família, a pessoa pode manter uma união estável ou casar, e, casando ou mantendo união estável, a pessoa pode escolher o regime de bens que melhor lhe aprouver. Mas cada escolha evidentemente gera suas próprias sequelas jurídicas, produzindo efeitos, também, no plano sucessório, pois pode se submeter à sucessão legal ou optar por fazer uma deixa testamentária. 5 – É possível questionar que a regulamentação do direito sucessório no CC vigente talvez não seja a melhor, ou que a regulamentação posta na Lei n. 9.278/96 talvez fosse a mais adequada, mas são discussões relevantes apenas no plano acadêmico ou doutrinário, pois existe uma lei regulando a matéria, e essa lei não padece de qualquer vício, tendo sido submetida a regular processo legislativo, sendo devidamente aprovada, e, como existe lei regulando a questão, ela deve ser cumprida, já que se vive num Estado democrático de direito. Recurso provido, por maioria, vencido o Relator. (TJRS, AI n. 70.024.063.547, 7ª Câm. Cível, rel. Sérgio Fernando de Vasconcellos Chaves, j. 27.08.2008)

Direito administrativo. Processual civil. Recurso especial. Ofensa aos arts. 165, 458, II, e 535, II, do CPC [arts. 11, 489, II, e 1.022, II, do CPC/2015]. Não ocorrência. Nulidades processuais. Aferição. Exame de matéria fático-probatória. Impossibilidade. Súmula n. 7/STJ. Militar. Pensão por morte. União estável. Caracterização. Atrasados. Pagamento. Termo inicial. Dispositivo de lei federal violado. Indicação. Ausência. Deficiência de fundamentação. Súmula n. 284/STF. Recurso especial conhecido e improvido. 1 – Os embargos de declaração têm como objetivo sanar eventual obscuridade, contradição ou omissão existentes na decisão recorrida. Não há falar em afronta ao art. 535, II, do CPC [art. 1.022, II, do CPC/2015], quando o Tribunal de origem pronuncia-se de forma clara e precisa sobre a questão posta nos autos, assentando-se em fundamentos suficientes para embasar a decisão, como ocorrido na hipótese dos autos. 2 – Tendo o Tribunal de origem firmado o entendimento de que não haveria nos autos elementos capazes de atestar que a litisconsorte passiva fosse mentalmente incapaz, a exigir a nomeação de curadora especial e a manifestação do MP Federal, rever tal entendimento demandaria o reexame de matéria fático-probatória, o que atrai o óbice da Súmula n. 7/STJ. 3 – A CF e a legislação infraconstitucional erigiram à condição de entidade familiar a união estável, inclusive facilitando a sua conversão em casamento. Com base nesse entendimento, o STJ posicionou-se no sentido de que também a companheira do militar falecido faz jus ao recebimento de pensão, ainda que fosse casado, se comprovado que era ele separado de fato de sua esposa. 4 – A não indicação do dispositivo de lei tido por violado no acórdão recorrido implica deficiência de fundamentação. Incidência da Súmula n. 284/STF. 5 – Recurso especial conhecido e improvido. (STJ, REsp n. 820.067/PE, 5ª T., rel. Min. Arnaldo Esteves Lima, j. 24.04.2008)

Processual civil. Administrativo. Violação ao art. 515 do CPC [art. 1.013 do CPC/2015]. Não ocorrência. Recurso de apelação apreciado nos limites da impugnação. Pensão por morte de servidor público. Companheira. Benefício devido. União comprovada. Desnecessidade de designação prévia. Análise acerca da efetiva dependência econômica. Matéria fático-probatória. Habilitação tardia. Termo inicial da pensão. Citação. Recurso especial conhecido e parcialmente provido. 1 – Inexiste violação ao art. 515 do CPC [art. 1.013 do CPC/2015] quando o Tribunal, ao examinar recurso de apelação, se restringe aos limites da impugnação. 2 – A CF/88, em seu art. 226, § 3º, passou a reconhecer e proteger, para todos os efeitos, a união estável entre homem e mulher. 3 – O STJ possui entendimento firmado no sentido de que, nos casos em que estiver devidamente comprovada a união estável, como ocorrido na hipótese, a ausência de designação prévia de companheira como beneficiária não constitui óbice à concessão da pensão vitalícia. Precedentes. 4 – A apreciação da condição de companheira e de sua dependência econômica ensejaria o reexame de matéria fático-probatória. Incidência da Súmula n. 7/STJ. 5 – Nos termos do art. 219, parágrafo único, da Lei n. 8.112/90, uma vez concedida integralmente a pensão por morte de servidor público a outros beneficiários já habilitados, a posterior habilitação que incluir novo dependente só produz efeitos a partir de seu requerimento, não sendo reconhecido o direito a parcelas atrasadas. Hipótese em que inexistiu pedido administrativo de habilitação, motivo pelo qual a pensão será devida a partir da citação. 6 – Recurso especial conhecido e parcialmente provido. (STJ, REsp n. 803.657/PE, 5ª T., rel. Min. Arnaldo Esteves Lima, j. 25.10.2007, *DJ* 17.12.2007, p. 294)

Previdência social. Pensão por morte. União estável. Benefício concedido ao companheiro, pela morte de companheira e ex-servidora pública. Inteligência dos arts. 201, V, e 40, § 12, da CF. (*RT* 814/204)

Previdência social. Pensão por morte do companheiro. Pedido formulado pela companheira. Necessidade de comprovação da união estável. (*RT* 805/414)

Previdência social. União estável. Comprovação de estabilidade no concubinato e de dependência econômica da concubina com ex-segurado. Possibilidade de inscrição daquela como dependente, no órgão previdenciário. (*RT* 805/374)

**Seguro de vida**

Veja no art. 1.694 o seguinte acórdão: TJRS, Ap. Cível n. 70.034.926.089, 8ª Câm. Cível, rel. Des. Claudir Fidelis Faccenda, j. 19.08.2010.

Veja no art. 1.647 o seguinte acórdão: TJSP, Ap. n. 992060547285 (1038145400), 28ª Câm. de Dir. Priv., rel. Des. Júlio Vidal, j. 10.08.2010.

Ação declaratória incidental. Seguro de vida. Alegação de ilegitimidade passiva. Descabimento. Apelante que agiu como se fosse a responsável pelo pagamento da indenização, não podendo ser considerada mera estipulante. Aplicação da Teoria da Aparência. Proposta de seguro que, no campo do beneficiário, contém somente a expressão "esposa". Prova dos autos que atesta que o falecido segurado já estava divorciado da corré Rosa quando da celebração do contrato. Fato, ademais, que foi reconhecido pela própria corré, que abdicou de eventual direito à indenização. Escritura pública que atesta que o segurado vivia em união estável com a autora, ora apelada, a qual deve ser reconhecida como a única beneficiária, mormente porque a lei equipara a união estável ao casamento. Exegese do art. 1.725 do CC atual, aplicável à espécie, dado que o sinistro ocorreu quando da sua vigência. Recurso improvido, rejeitada a preliminar. (TJMG, Ap. n. 990092551094, 34ª Câm. de Dir. Priv., rel. Des. Gomes Varjão, j. 17.05.2010)

Seguro de vida e acidentes pessoais. Cobrança. Indenização devida. União estável comprovada. Não demonstração de fato extintivo, modificativo ou impeditivo do direito da autora. Recurso provido. (TJSP, Ap. Cível n. 992.070.148.243/São Paulo, 35ª Câm. de Dir. Priv., rel. Melo Bueno, j. 30.11.2009)

Contrato de seguro de vida. Cobrança. Morte do segurado. Beneficiários não indicados. União estável. Inteligência do art. 1.829 do CC/2002. Meação devida à companheira. Comprovada nos autos a existência da união estável do segurado, deverá a indenização devida pela seguradora ser dividida entre os pais e a companheira, nos termos do art. 1.829, II, do CC/2002. (TJMG, Ap. Cível n. 1.0024.08.967180-4/001(1), rel. Valdez Leite Machado, j. 12.11.2009)

Seguro de vida. Morte do segurado. Pagamento da indenização. Divisão entre a companheira e os filhos. União estável demonstrada. Cabimento. Estando demonstrada pelo acervo probatório a convivência em regime de união estável entre o segurado e sua companheira, resta evidente o direito dela, em tal condição, ao recebimento de metade da indenização securitária devida, nos termos da cláusula 10.3 das condições especiais do seguro de vida em grupo. Apelação desprovida. (TJRS, Ap. Cível n. 70.017.656.000, 5ª Câm. Cível, rel. José Francisco Pellegrini, j. 29.10.2007)

União estável. Companheiro casado que não separou faticamente de forma definitiva da esposa. Possibilidade de reconhecimento da união estável. Seguro de vida em grupo. Ausência de beneficiário. Divisão da indenização dos valores do seguro entre companheira e esposa. Se um homem casado mantém há mais de duas décadas uma convivência *more uxorio* com outra mulher, vivendo, inclusive, sob o mesmo teto e aparecendo perante a sociedade como se casados fossem, deve-se reconhecer a união estável entre esses companheiros ainda que não tenha ele separado faticamente de forma definitiva da esposa, visitando-a ocasionalmente. Se o homem deixou um seguro em grupo, sem identificação de beneficiário, a solução mais justa e salomônica é conceder a indenização proveniente desse seguro para ambas as mulheres, metade para companheira e outra metade para a esposa. Não reconhecer uma união estável que preenche todos os requisitos simplesmente porque o homem não rompeu definitivamente com a esposa é rebaixar a companheira à condição de amante, como se fosse um simples caso extraconjugal às escondidas. Não é tão incomum um homem casado que não se separou faticamente de forma definitiva da esposa ter outra família, e se isso acontece, a união estável deve ser reconhecida com os efeitos jurídicos advindos (TJPR, Ap. Cível n. 115.277-6, rel. José Wanderlei Resende, j. 03.04.2002). (*RBDFam* 14/124)

União estável. Reconhecimento. Companheira que dependia financeiramente do convivente. Direito daquela de ser dependente do companheiro segurado. Hipótese em que, confirmada a união, insofismável a afirmação da existência de direitos e deveres entre os companheiros. (*RT* 811/321).

**Art. 1.726. A união estável poderá converter-se em casamento, mediante pedido dos companheiros ao juiz e assento no Registro Civil.**

Legislação correlata: art. 8º, Lei n. 9.278, de 10.05.1996.

A norma procurou regulamentar a disposição contida no art. 226, § 3º, da CR que determina que a lei deverá facilitar a conversão da união estável em casamento. Segundo o Enunciado n. 526 da V Jornada de Direito Civil do CJF também é possível a conversão de união estável entre pessoas do mesmo sexo em casamento, observados os requisitos exigidos para a respectiva habilitação. Tal entendimento foi sedimentado pelo CNJ com a publicação da Resolução n. 175 do CNJ, de 15.05.2013, que dispõe sobre a habilitação, celebração de casamento civil, ou de conversão de união estável em casamento, entre pessoas de mesmo sexo, após posição adotada pelo STF nos acórdãos prolatados em julgamento da ADPF n. 132/RJ e da ADI n. 4.277/DF, em que se reconheceu a inconstitucionalidade de distinção de tratamento legal às uniões estáveis constituídas por pessoas de mesmo sexo, e o entendimento do STJ, em julgamento do REsp n. 1.183.378/RS, no sentido de inexistir óbices legais à celebração de casamento entre tais pessoas.

Segundo Rodrigo da Cunha Pereira (*Direito de família e o novo Código Civil*. Belo Horizonte, Del Rey/IBDFam, 2002), o sentido prático e facilitador da conversão em casamento seria, principalmente, o de estabelecer regras patrimoniais retroativas ao termo inicial da união estável. O dispositivo, na verdade, não facilita a conversão, porque, além de não estabelecer os requisitos necessários para ela, determina a instauração de procedimento judicial, que evidentemente dificulta a conversão. Os companheiros deverão formular requerimento conjunto, distribuí-lo perante o juiz competente, submeter-se ao processo de habilitação, aguardar uma decisão judicial, para só depois conseguir o registro de casamento. Já os trâmites normais do processo da habilitação para casamento são mais simples e céleres. Assim, caso os companheiros não optem desde logo por casar-se, poderão desistir da conversão, o que contrariaria o objetivo do dispositivo constitucional. Melhor seria que a norma tivesse estabelecido que o requerimento de ambos os companheiros fosse dirigido diretamente ao oficial do registro civil, a partir do qual teria início o processo de habilitação para casamento, e, após decorrido o prazo legal do edital, fosse lavrado o assento da conversão, independentemente de qualquer solenidade ou da celebração do matrimônio e, portanto, de intervenção judicial, como, aliás, determinam as normas de serviço da Corregedoria Geral da Justiça do Estado de São Paulo (Capítulo XVII, Subseção IV, item 87, t. II), que já obteve sucesso na prática.

**Jurisprudência:** Apelação. Civil. Família. Ação de conversão de união estável em casamento. Adequação da via eleita. Interesse de agir. Art. 1.726 do CC. Extinção do feito sem julgamento do mérito, com base no arts. 330, III, e 485, VI, do CPC. Erro de procedimento. Aplicação do art. 1.013, § 3º, I, do CPC. Conversão com efeitos *ex nunc*. Institutos jurídicos distintos com regimes jurídicos próprios. Recurso conhecido e parcialmente provido. Sentença cassada. 1 – Configura *error in procedendo* a decisão judicial que julga extinta a ação de conversão de união estável em casamento, com base no art. 485, VI c/c art. 330, III, ambos do CPC, por falta de interesse processual, ao entendimento de que o pleito deveria ser formulado obrigatória e diretamente em cartório extrajudicial. O art. 8º da Lei n. 9.278/96 dispõe sobre a possibilidade de conversão na via administrativa, porém, preconiza o art. 1.726 do CC que a pretendida mudança pode ser deduzida em juízo. Precedente do STJ. Sentença cassada. 2 – Comprovada a união estável mediante declaração em escritura pública e corroborada por elementos constantes nos autos, tais como registros fotográficos, certidão de nascimento de filho e comprovação de residência em comum, inclusive com manifestação favorável do MP, deve ser julgado procedente o pedido de sua conversão em casamento, mas com efeitos *ex nunc*, e não retroativos. 3 – À míngua de norma legal específica sobre o marco inicial para os efeitos da conversão da união estável em casamento, aplica-se, por analogia (art. 4º da LINDB), o art. 1.639, § 2º, do CC, que trata da alteração do regime de bens entre cônjuges. Assim, a aludida comutação deve operar com efeitos *ex nunc*, prospectivos, pois, instaurando-se nova realidade jurídica, deve-se resguardar o ato jurídico perfeito e o direito de terceiros. 4 – Recurso conhecido e parcialmente provido. Sentença cassada. Prosseguindo no julgamento, nos termos do art. 1.013, § 3º, I, do CPC, julga-se parcialmente procedentes os pedidos deduzidos na petição inicial. (TJDF, Proc. n. 07161157220178070007, 2ª T. Cível, rel. Sandra Reves, j. 12.06.2019, *DJe* 25.06.2019)

Processual civil e civil. Família. Ação de conversão de união estável em casamento. Obrigatoriedade de formulação exclusivamente pela via administrativa. Inexistência. Conversão pela via judicial. Possibilidade. O propósito recursal é reconhecer a existência de interesse de agir para a propositura de ação de conversão de união estável em casamento, considerando a possibilidade de tal procedimento ser efetuado extrajudicialmente. Os arts. 1.726, do CC e 8º, da Lei n. 9.278/96 não impõem a obrigatoriedade de que se formule pedido de conversão de união estável em casamento exclusivamente pela via administrativa. A interpretação sistemática dos dispositivos à luz do art. 226 § 3º, da CF confere a possibilidade de que as partes elejam a via mais conveniente para o pedido de conversão de união estável em casamento. Recurso especial conhecido e provido. (STJ, REsp n. 1.685.937/RJ, 3ª T., rel. Min. Nancy Andrighi, j. 17.08.2017, *DJe* 22.08.2017)

Recurso especial e recurso especial adesivo. Ação de reconhecimento e dissolução de união estável, alegadamente compreendida nos dois anos anteriores ao casamento, c/c partilha do imóvel adquirido nesse período. 1 – Alegação de não comprovação do fato constitutivo do direito da autora. Prequestionamento. Ausência. 2 – União estável. Não configuração. Namorados que, em virtude de contingências e interesses particulares (trabalho e estudo) no exterior, passaram a coabitar. Estreitamento do relacionamento, culminando em noivado e, posteriormente, em casamento. 3 – Namoro qualificado. Verificação. Repercussão patrimonial. Inexistência. 4 – Celebração de casamento, com eleição do regime da comunhão parcial de bens. Termo a partir do qual os então namorados/noivos, maduros que eram, entenderam por bem consolidar, consciente e voluntariamente, a relação amorosa vivenciada, para constituir, efetivamente, um núcleo familiar, bem como comunicar o patrimônio haurido. Observância. Necessidade. 5 – Recurso especial provido, na parte conhecida; e recurso adesivo prejudicado. (STJ, REsp n. 1.454.643/RJ, 3ª T., rel. Min. Marco Aurélio Bellizze, j. 03.03.2015, *DJe* 10.03.2015)

Direito civil e processual civil. Ação de conversão de união estável em casamento. Sentença de natureza constitutiva. Projeção para o futuro. Eficácia *ex nunc*. I – Estimulada pelo art. 226, § 3º, da CF, e prevista no art. 1.726 do CC, a conversão da união estável em casamento traz em si o gérmen da distinção entre esses dois institutos jurídicos. II – A simples ideia da conversão tem como pressuposto básico a individualidade dos institutos jurídicos do casamento e da união estável. III – A conversão da união estável em casamento não pode operar efeitos retroativos, tendo em vista que ocasiona o fim da união estável e dá início ao vínculo matrimonial. IV – A sentença que converte a união estável em casamento tem natureza constitutiva, exatamente porque estabelece uma nova realidade jurídica com projeção para o futuro e, portanto, com eficácia *ex nunc*. V – Recurso conhecido e desprovido. (TJDFT, Proc. n. 20120111497439 (776298), rel. Des. James Eduardo Oliveira, *DJe* 09.04.2014, p. 313)

Apelação. Direito civil. Família. Ação de reconhecimento e dissolução de união estável. Partilha. Alimentos. 1 – Reconhecida a união estável, e, não existindo pacto escrito em sentido diverso, incidem na hipótese as regras do regime da comunhão parcial de bens (art. 1.725 do CC) e, sob esse prisma, há presunção de que os bens adquiridos na constância da relação e a título oneroso são frutos do trabalho e da colaboração comum, pertencendo, assim, a ambos, em condomínio e em partes iguais. 2 – Também não procede, no caso, o pedido de conversão da união estável em casamento, que depende de requerimento dos companheiros, nos termos do art. 1.726 do CC. 3 – No âmbito do direito de família, não há a possibilidade de averiguação de responsabilidades patrimoniais pelo fim das relações familiares. 4 – O dever de prestar alimentos é devido porque calcado na assistência mútua existente entre os cônjuges, mas sobretudo quando patente o binômio necessidade--possibilidade. No caso, persiste a necessidade da autora, não tendo o demandado comprovado a sua impossibilidade fazendária. Recursos desprovidos. (TJRS, Ap. Cível, 70.058.082.751, 7ª Câm. Cível, rel. Des. Liselena Schifino Robles Ribeiro, j. 26.02.2014)

Direito de família. Apelação. Conversão de união estável em casamento. Impugnação. Requerimento formulado junto ao oficial do registro civil. Impossibilidade. Art. 1.726 do CC. Necessidade de reconhecimento judicial da união estável. Recurso provido. Nos termos do art. 1.726 do CC, o requerimento de conversão de união estável em casamento deve ser formulado ao Juiz de Direito, sendo certo que, se ainda não reconhecida judicialmente tal união, é impossível ocorrer a conversão. (TJMG, Ap. Cível n. 1.0708.10.004534-1/001, rel. Des. Moreira Diniz, j. 25.08.2011)

Família. Conversão de união estável em casamento. Requerimento dirigido ao oficial do registro civil. Possibilidade, desde que não seja aproveitado o período de união estável anterior. Procedimento regulamentado pelo art. 4º do Prov. n. 190/2009, da CGJ/MG. Ausência de violação ao art. 1.726 do CC. Reserva de jurisdição assegurada para a hipótese de conversão em casamento com reconhecimento da união estável anterior (art. 5º do Prov. n. 190/CGJ/2009). Impugnação ao pedido de habilitação ao casamento. Rejeição. Em face da lacuna legal quanto à forma de operacionalização prática da conversão da união estável em casamento (art. 1.726 do CCB), a Corregedoria-Geral de Justiça do Estado de Minas editou o Prov. n. 190/2009, que, ao regulamentar o referido procedimento, abriu duas vias possíveis aos interessados: uma, com efeitos mais restritos, atendendo ao escopo constitucional de facilitação da conversão e sem afrontar o comando legal, e outra, mais burocrática, respeitando a literalidade da lei civil, atribuindo-lhe, todavia, efeitos mais amplos. Na primeira hipótese, que permite o processamento do pedido de conversão de união estável em casamento perante o Cartório do Registro Civil, em que pese não tenha sido observada a reserva de jurisdição, como determina o art. 1.726 do CC, também não foi, por outro lado, reconhecido efeito retroativo às regras do matrimônio, operando-se, na prática, um procedimento semelhante ao do casamento civil simples, que é realizado perante o Cartório do Registro Civil, não havendo, portanto, qualquer ilegalidade no Provimento da CGJ, nesse particular. (TJMG, Ap. Cível n. 1.0708.10.004535-8/001, rel. Des. Eduardo Andrade, j. 09.08.2011)

Ação de conversão de união estável em casamento. Recurso tempestivo. Ilegitimidade recursal. Inocorrência. Presença dos requisitos para a conversão. Sentença escorreita. Apelo desprovido. Ainda que rejeitados os embargos de declaração, tempestivamente manejados, ressai suspenso o prazo de interposição de eventual recurso, *ex vi* do art. 538 do CPC [art. 1.026 do CPC/2015]. É a apelante parte legítima para recorrer, vez que preenche os requisitos necessários para figurar no processo como 3ª prejudicada, porquanto, embora não tenha relação processual direta com a parte, é genitora do falecido, tendo sido, inclusive, nomeada inventariante de seu espólio. Conquanto não haja procedimento específico traçado na legislação processual, é perfeitamente a conversão de união estável em casamento, *ex vi*, do art. 1.726 do CC/2002. (TJMG, Ap. Cível n. 1.0024.08.288108-7/001(1), rel. Des. Nepomuceno Silva, j. 08.07.2010)

Reconhecimento de união estável. Mulher separada judicialmente. Possibilidade. Conversão em casamento. Impedimento legal. Direito a meação. Apelação cível. Ação de reconhecimento de união estável e partilha de bens. O conjunto probatório dos autos confirma que as partes, no período de 1992 a 2007, viveram como "marido e mulher", restando, portanto, comprovada a união estável alegada na inicial. O fato de a autora/apelada ser separada judicialmente impede, apenas, a conversão da união estável mantida com o réu/apelante em casamento, mas não o reconhecimento de tal união. A conversão da união estável em casamento é uma faculdade prevista na CF, que não descaracteriza a união estável pelo fato de haver impedimento de conversão desta ao casamento, em face de uma ou de ambas as partes ser(em) separada(s) judicialmente ou de fato, conforme se depreende do próprio texto do § 3º do art. 226 da CF/88. A meação dos bens adquiridos na constância da união estável é um direito legal, aplicando-se, no que couber, as regras do casamento sob o regime de comunhão parcial de bens (art. 1.725 do CC), salvo se houver estipulação em contrário. Recurso improvido. (TJRJ, Ap. n. 0004227-33.2007.8.19.0212 (2009.001.64412), 11ª Câm. Cível, rel. Des. Claudio de Mello Tavares, j. 16.12.2009)

Reconhecimento. União. Estável. Amigável. Interesse. Agir. Presença. Conversão. Casamento. Obrigação. Inexistência. Segundo previsto no art. 4º, I, CPC [art. 19, I, do CPC/2015], o interesse do autor pode limitar-se à declaração "da existência ou inexistência de relação jurídica". Por outro lado, conforme previsto constitucionalmente, ninguém pode ser obrigado a fazer ou deixar de fazer alguma coisa, senão em virtude de lei. Dessa forma, se os autores não desejam a conversão prevista no art. 1.726, CC/2002, não é possível que se os obrigue a tanto, pois não existe lei que disponha nesse sentido, sendo perfeitamente possível que se processe a ação onde estes buscam o reconhecimento de que vivem em união estável durante o lapso temporal apontado. Se vivem ou não, é questão afeta ao mérito, a qual somente poderá ser decidida oportunamente, depois de colhidas as provas necessárias a tanto. (TJMG, Ap. Cível n. 1.0024.09.482745-8/001(1), rel. Des. Edivaldo George dos Santos, j. 24.11.2009)

Veja no art. 1.521 o seguinte acórdão: TJRS, Ap. Cível n. 70.026.514.745, 8ª Câm. Cível, rel. Alzir Felippe Schmitz, j. 30.10.2008.

Direito de família. Conversão de união estável em casamento. Possibilidade. Art. 226, § 3º, CF/88 e art. 1.726, CCB/2002. Recurso desprovido. Não há falar em impossibilidade jurídica do pedido de conversão de união estável em casamento, porquanto tal pleito encontra fundamento nos arts. 226, § 3º, da CF/88 e 1.726 do CC/2002. Recurso ao qual se nega provimento. (TJMG, Proc. n. 1.0024.06.271693-1/001(1), rel. Dídimo Inocêncio de Paula, j. 12.06.2008)

Agravo de instrumento. Ação declaratória de reconhecimento de união estável para fins de conversão em casamento. Registro público. Imprescindível o estabelecimento da data do início da união estável. O assentamento da conversão da união estável em casamento, perante o Registro Público, não pode prescindir da determinação exata da data do início da união estável, tendo em vista que os assentamentos de registros civis, dotados que são de fé pública, deverão retratar fielmente e com veracidade o teor das informações deles constantes, para que não ocorram lesões a interesses de terceiros. (TJMG, Proc. n. 1.0355.06.007760-7/001(1), rel. Armando Freire, j. 09.10.2007)

Família. Conversão de união estável em casamento. Curador e curatelado. Prejuízo aos herdeiros. Impossibilidade. Recurso a que se nega provimento. Para que se autorize a conversão de união estável em casamento quando tratar-se de curador e curatelado, necessária se faz a prova de inexistir prejuízo aos herdeiros existentes. (TJMG, Proc. n. 1.0134.02.032591-3/001(1), rel. Maria Elza, j. 11.08.2005)

**Art. 1.727. As relações não eventuais entre o homem e a mulher, impedidos de casar, constituem concubinato.**

Este artigo define concubinato e tem por finalidade deixar clara a diferença entre ele e a união estável. O concubinato definido no artigo corresponde ao *concubinato impuro ou adulterino* (o *puro é a união estável*), que se caracteriza pela clandestinidade e deslealdade do relacionamento, não eventual, daquelas pessoas de sexos diferentes que estão impedidas de se casar e, portanto, de constituir família. Da conjugação do texto deste artigo com aquele do art. 1.523, § 1º, pode-se concluir que estas pessoas impedidas de se casar são, na verdade, as já casadas, pois, assim não fosse, aquelas separadas de fato ou separadas judicialmente, que ainda não podem casar-se novamente, porque dependentes do divórcio, não estariam autorizadas a manter outra relação não eventual – união estável –, praticando o concubinato tratado no dispositivo. O STJ já decidiu que não há como ser conferido *status* de união estável a relação concubinária concomitante a casamento válido (*vide* jurisprudência ao art. 1.723). O concubinato não gera os direitos e deveres nem produz os efeitos da união estável. Poderá, todavia, produzir outros efeitos. O *concubino não tem direito a alimentos* – o art. 1.694 limita esse direito aos parentes, cônjuges e companheiros –, mas poderá pleitear em juízo direito ao patrimônio adquirido com esforço comum (*v.* art. 1.642, V), além de indenização pelos serviços domésticos prestados, como já admitiu o STJ (*v.* jurisprudência a seguir). Segundo Rodrigo Toscano de Brito, existem duas teses a respeito da disputa patrimonial em casos de relacionamentos coexistentes decorrentes de um casamento e uma relação concubinária paralela. A primeira sustenta que devam ser aplicadas as regras pertinentes ao regime de bens do casamento para a união oficial, que é decorrente do direito de família, aplicando-se as normas relativas à sociedade de fato, do direito das obrigações, à relação dita concubinária. A outra corrente dispõe que também o relacionamento paralelo – concubinato – deva ser considerado entidade familiar e, portanto, estar protegido pelas regras do direito de família, com fundamento nos princípios que atualmente o orientam: da dignidade da pessoa humana, da afetividade, da pluralidade das formas de família, eudemonista e, ainda, da boa-fé objetiva. Dentro desta mesma linha, há quem entenda reconhecer iguais direitos ao cônjuge e ao concubino, analisando-se se houve afronta à boa-fé e à dignidade da pessoa humana, a partir da existência ou não de deslealdade entre os cônjuges.

Neste Código, há referência ao concubinato nos arts. 1.642, V, 1.708, 1.801, III, e 1.803.

**Jurisprudência:** Apelação. Indenização por dano moral pela utilização da expressão concubina no âmbito do processo trabalhista. Ainda que aplicada de forma pouco técnica, à luz do estabelecido no art. 1.727 do CC, a expressão, de acordo com o dicionário de língua portuguesa, define a mulher que vive com um homem, sem estar casada com ele. Dano moral não configurado. Sentença mantida. Recurso a que se nega provimento. (TJSP, Ap. Cível n. 1010568-44.2020.8.26.0071/SP, 7ª Câm. de Dir. Priv., rel. Luis Mario Galbetti, j. 20.04.2022, publ. 27.04.2022)

Apelação. Ação declaratória de reconhecimento e dissolução de união estável e partilha. Sentença de parcial procedência da ação e improcedência da reconvenção. Inconformismo da ré. Cabimento. Autor que era casado durante o período de relacionamento amoroso com a autora. Impedimento à união estável (art. 1.727, § 1º, do CC). Ausência de prova da separação de fato entre o autor e sua esposa, ônus que incumbia ao autor. Concubinato caracterizado entre autor e ré (art. 1.727 do CC). Partilha de bens afastada. Improcedência da ação. Condenação do autor nas verbas de sucumbência. Recurso provido. (TJSP, Ap. Cível n. 1002873-95.2018.8.26.0366/SP, 8ª Câm. de Dir. Priv., rel. Pedro de Alcântara da Silva Leme Filho, j. 23.03.2022, publ. 23.03.2022)

União estável. Ação de reconhecimento *post mortem* de união estável. Suposta convivência pelo período de 22 anos. Durante todo o período o falecido também viveu com a esposa, de quem jamais se separou nem de fato nem de direito. Provas produzidas nos autos de que o requerido nunca desfez a sociedade conjugal, sendo a esposa única conhecida em seu meio social. Configuração de concubinato adulterino, nos termos do art. 1.727 do CC. Período de concubinato impuro imprestável para configuração de união estável. Relação afetiva da autora se caracteriza como concubinato adulterino. Não reconhecimento dos efeitos jurídicos de famílias paralelas, consoante precedente do STF em repercussão geral. Sentença de improcedência mantida Recurso improvido. (TJSP, Ap. Cível n. 1048967-58.2020.8.26.0002, 1ª Câm. de Dir. Priv., rel. Des. Francisco Loureiro, j. 09.06.2021)

União estável. Pressupostos. *Affectio maritalis*. Coabitação. Publicidade da relação. Prova. Princípio da monogamia. 1 – Não constitui união estável o relacionamento entretido sem a intenção clara de constituir um núcleo familiar. 2 – A união estável assemelha-se a um casamento de fato e indica uma comunhão de vida e de interesses, reclamando não apenas publicidade e estabilidade, mas, sobretudo, um nítido caráter familiar, evidenciado pela *affectio maritalis*. 3 – Não é permitida, no nosso ordenamento jurídico, a coexistência de dois casamentos ou de uma união estável paralela ao casamento ou de duas uniões estáveis paralelas. 4 – Constituiu concubinato adulterino a relação entretida pela autora e o *de cujus*, pois ela tinha plena ciência de que o casamento dele se mantinha hígido. Inteligência do art. 1.727 do CC. 5 – Não logrou a autora comprovar que, após a morte da esposa, o falecido tenha passado a conviver em união estável com ela, e, não comprovada a entidade familiar, nem que a autora tenha concorrido para aquisição de qualquer bem, improcede a ação. Recurso desprovido. (TJRS, Ap. Cível n. 70.079.805.461, 7ª Câm. Cível, rel. Sérgio Fernando de Vasconcellos Chaves, j. 29.05.2019, *DJe* 31.05.2019)

Recurso especial. Direito de família. Casamento e concubinato impuro simultâneos. Competência. Art. 1.727 do CC/2002. Art. 9º da Lei n. 9.278/96. Juízo de família. Separação de fato ou de direito. Inexistência. Casamento concomitante. Partilha. Prova. Ausência. Súmulas ns. 380/STF e 7/STJ. 1 – Recurso especial interposto contra acórdão publicado na vigência do CPC/73 (Enunciados Administrativos ns. 2 e 3/STJ). 2 – A relação concubinária mantida simultaneamente ao matrimônio não pode ser reconhecida como união estável quando ausente separação de fato ou de direito do cônjuge. 3 – A Vara de Família não está impedida de analisar o concubinato impuro e seus eventuais reflexos jurídicos no âmbito familiar, nos termos dos arts. 1.727 do CC/2002 e 9º da Lei n. 9.278/96. 4 – Não há falar em nulidade absoluta por incompetência da Vara de Família para julgar a causa, como devidamente decidido pelo Tribunal local, especialmente quando se deve considerar que as relações de afeto não se coadunam ao direito obrigacional, principalmente após o advento da CF/88. 5 – Nas hipóteses em que o concubinato impuro repercute no patrimônio da sociedade de fato, aplica-se o Direito das obrigações. 6 – A partilha decorrente de sociedade de fato entre pessoas impõe a prova do esforço comum na construção patrimonial (Súmula n. 380/STF). 7 – O recorrente não se desincumbiu de demonstrar que o patrimônio adquirido pela recorrida teria decorrido do esforço comum de ambas as partes, circunstância que não pode ser reanalisada neste momento processual ante o óbice da Súmula n. 7/STJ. 8 – Recurso especial não provido. (STJ, REsp n. 1.628.701/BA, 3ª T., rel. Min. Ricardo Villas Bôas Cueva, j. 07.11.2017, *DJe* 17.11.2017)

Veja no art. 1.582 a seguinte decisão: STJ, Ag. Reg. no AREsp n. 664.969/RS, 2ª T., rel. Min. Og Fernandes, j. 18.08.2015, *DJe* 27.08.2015.

Veja no art. 1.723 a seguinte decisão: STJ, REsp n. 1.401.538/RJ, 3ª T., rel. Min. Ricardo Villas Bôas Cueva, j. 04.08.2015, *DJe* 12.08.2015.

União estável. Pressupostos. *Affectio maritalis*. Coabitação. Publicidade da relação. Prova. Princípio da monogamia. 1 – Não constitui união estável o relacionamento entretido sem a intenção clara de constituir um núcleo familiar. 2 – A união estável assemelha-se a um casamento de fato e indica uma comunhão de vida e de interesses, reclamando não apenas publicidade e estabilidade, mas, sobretudo, um nítido caráter familiar, evidenciado pela *affectio maritalis*. 3 – Não é permitido, no nosso ordenamento jurídico, a coexistência de dois casamentos ou de uma união estável paralela ao casamento ou de duas uniões estáveis paralelas. 4 – Constituiu concubinato adulterino a relação entretida pela autora e o réu, pois ela própria reconheceu que o casamento dele com a esposa se manteve hígido no período que alega terem vivido em união estável. Inteligência do art. 1.727 do CC. 5 – Não comprovada a entidade familiar, nem que a autora tenha concorrido para aquisição de qualquer bem, é improcedente a ação. Recurso desprovido. (TJRS, Ap. Cível n. 70.065.432.593, 7ª Câm. Cível, rel. Sérgio Fernando de Vasconcellos Chaves, j. 29.07.2015)

Processual civil. Agravo regimental no agravo em recurso especial. Violação do art. 535 do CPC. Alegação genérica. Súmula n. 284/STF. Dispositivos tidos por violados. Ausência de prequestionamento. Súmula n. 211/STJ. 1 – Não se conhece do recurso especial em relação à ofensa ao art. 535 do CPC quando a parte não aponta, de forma clara, o vício em que teria incorrido o acórdão impugnado. Aplicação, por analogia, da Súmula n. 284/STF. 2 – O entendimento desta Corte é no sentido de admitir o reconhecimento da união estável mesmo que ainda vigente o casamento, desde que haja comprovação da separação de fato dos casados havendo, assim, distinção entre concubinato e união estável, tal como reconhecido no caso dos autos. 3 – Relativamente aos arts. 1.582 e 1.727 do CC, impõe-se o não conhecimento do recurso especial por ausência de prequestionamento, incidindo no caso a Súmula n. 211 do STJ. 4 – Agravo regimental a que se nega provimento. (STJ, Ag. Reg. no AREsp n. 664.969/RS, 2ª T., rel. Min. Og Fernandes, j. 18.08.2015, *DJe* 27.08.2015)

Ação declaratória de união estável *post mortem*. Concomitância de casamento válido. Princípio da monogamia (art. 1.727 do CC). Natureza concubinária da segunda relação. Pedido improcedente. Recurso desprovido. Se o suposto convivente era oficialmente casado com outra mulher até a data do seu falecimento e se não se cogita, sequer, da separação de fato do referido casal, o pedido de reconhecimento de união estável formulado pela autora revela-se inviável, diante do princípio da monogamia, estampado no art. 1.727 do CC, sendo inafastável, nessa hipótese de concomitância de relacionamentos afetivos, a natureza concubinária da segunda relação, da qual não se originam direitos sucessórios ou previdenciários, como se casamento fosse. Precedentes dos Tribunais Superiores. Recurso desprovido. (TJMG, Ap. Cível n. 1.0643.12.000266-9/002, 1ª Câm. Cível, rel. Eduardo Andrade, *DJe* 30.07.2014)

Civil. Processual civil. Ação de reconhecimento e dissolução de união estável. Ausência de impedimentos para o casamento. Companheiro casado. Separação de fato. Fato constitutivo do direito. Ônus da prova. A legislação aplicada à matéria trouxe alguns requisitos que devem nortear a comprovação da comunhão de vidas, a saber, que reste configurada a convivência duradoura, pública e contínua entre um homem e uma mulher com o objetivo de constituição de família e a ausência de impedimentos para casar. Dentre as pessoas impedidas de casar estão aquelas que já sejam casadas, nos termos do art. 1.521, VI, do CC. Em seu art. 1.727, o CC veda o reconhecimento de união estável entre homens e mulheres impedidos de casar, pois considera tal relação mero concubinato. E, ainda, o art. 1.723, § 1º, do CC obsta a constituição da união estável em tal caso. De maneira que as pessoas casadas não podem constituir união estável. A ausência de impedimentos para casar é um dos requisitos para que seja reconhecida a união estável, nos termos do art. 1.723 do CC, portanto, é fato constitutivo do direito da autora. Logo, sendo a ausência de impedimentos para o casamento fato constitutivo de seu direito, não é outra a conclusão senão a de que a suposta companheira deveria ter provado que o suposto companheiro era separado de fato. Recurso conhecido e improvido. (TJDFT, Proc. n. 20130310096163 (766858), rel. Des. Ana Cantarino, *DJe* 18.03.2014, p. 245)

União estável. Pressupostos. *Affectio maritalis*. Coabitação. Publicidade da relação. Prova. Princípio da monogamia. 1 – Não constitui união estável o relacionamento entretido sem a intenção clara de constituir um núcleo familiar. 2 – A união estável assemelha-se a um casamento de fato e indica uma comunhão de vida e de interesses, reclamando não apenas publicidade e estabilidade, mas, sobretudo, um nítido caráter familiar, evidenciado pela *affectio maritalis*. 3 – Não é permitido, no nosso ordenamento jurídico, a coexistência de dois casamentos ou de uma união estável paralela ao casamento ou de duas uniões estáveis paralelas. 4 – Constitui concubinato adulterino a relação entretida pelo falecido com a autora, pois ele estava casado com outra mulher, com quem convivia. Inteligência do art. 1.727 do CC. 5 – Não comprovada a entidade familiar, nem que a autora tenha concorrido para aquisição de qualquer bem, a improcedência da ação se impõe. Recurso desprovido. (TJRS, Ap. Cível n. 70.057.311.425, 7ª Câm. Cível, rel. Des. Sérgio Fernando de Vasconcellos Chaves, j. 26.02.2014)

Reconhecimento de união estável *post mortem*. *De cujus* era casado, não se encontrando separado de fato de sua esposa, durante o período em que manteve relacionamento com a autora. Provas documentais e testemunhais que evidenciam a convivência simultânea. Configuração do concubinato. Inteligência do art. 1.727 do CC. Recurso desprovido. (TJSP, Ap. Cível n. 0032861-16.2011.8.26.0564, 4ª Câm. de Dir. Priv., rel. Milton Carvalho, j. 25.07.2013)

Ação declaratória de união estável. Relacionamento paralelo ao casamento. Descabimento. 1 – A monogamia constitui princípio que informa o direito matrimonial, não se podendo reconhecer a constituição de uma união estável quando a pessoa for casada e mantiver vida conjugal com a esposa. 2 – Constituiu concubinato adulterino a relação entretida pelo falecido e pela autora, pois ele não apenas era casado, mas mantinha vida conjugal com a esposa. Inteligência do art. 1.727 do CC. 3 – A união estável assemelha-se a um casamento de fato e indica uma comunhão de vida e de interesses, reclamando não apenas publicidade e estabilidade, mas, sobretudo, um nítido caráter familiar, evidenciado pela *affectio maritalis*. 4 – Indemonstrada a existência de uma união estável, inexiste título capaz de albergar o pleito alimentar. Recurso desprovido. (TJRS, Ap. Cível n. 70.053.525.150, 7ª Câm. Cível, rel. Sérgio Fernando de Vasconcellos Chaves, j. 24.04.2013, *DJ* 29.04.2013)

Ação declaratória. Reconhecimento *post mortem* de união estável c/c petição de herança. Concomitância de casamento válido. Hipótese de manutenção de famílias simultâneas. Reconhecimento de "união estável putativa". Descabimento. Princípio da monogamia. Art. 1.727 do CC. Natureza concubinária da segunda relação. Participação no benefício da pensão por morte. Impossibilidade. Recurso desprovido. Se o convivente era casado com outra mulher até a data do seu falecimento e se a prova dos autos evidencia que dela não se encontrava separado de fato – mas, pelo contrário, a própria autora cuida da hipótese de "concubinato consentido", com formação de "famílias paralelas" –, o pedido de reconhecimento de união estável formulado pela autora revela-se inviável, diante do Princípio da Monogamia, estampado no art. 1.727 do CC, sendo inafastável, nessa hipótese de concomitância de relacionamentos afetivos, a natureza concubinária da segunda relação, da qual não se originam direitos previdenciários, como se casamento fosse. Precedentes dos Tribunais Superiores. Recurso desprovido. (TJMG, Ap. Cível n. 1.0518.10.015356-9/002, rel. Des. Eduardo Andrade, j. 09.10.2012, *DJ* 19.10.2012)

Apelação cível. Família. Ação de reconhecimento e dissolução de união estável cumulada com partilha de bens. Impossibilidade de reconhecimento da união estável. Casamento existente. Ausência de separação de fato que afasta a ressalva do § 2º do art. 1.723 do CC. Partilha de bens. Descabimento em face da inexistência da união estável. Em existindo casamento de uma das partes, impossível reconhecer-se a existência de união estável, salvo prova cabal de separação judicial ou de fato, porquanto defeso, no direito brasileiro, o concubinato. Tanto o casamento, quanto a união estável, têm base no princípio da monogamia. Hipótese regida pelo § 2º dos arts. 1.723 e 1.727, ambos do CC. Apelação desprovida. (TJRS, Ap. Cível n. 70.035.591.858, 7ª Câm. Cível, rel. Des. José Conrado Kurtz de Souza, j. 01.09.2010)

Agravo regimental. Agravo de instrumento. Civil. Direito de família. Uniões estáveis simultâneas. Impossibilidade. Requisitos legais. Equiparação a casamento. Primazia da monogamia. Relações afetivas diversas. Qualificação máxima de concubinato. Recurso desprovido. O Pretório Excelso já se manifestou pela constitucionalidade da convocação de magistrado de instância inferior para, atuando como substituto, compor colegiado de instância superior, inexistindo, na hipótese, qualquer ofensa ao princípio do juiz natural. A via do agravo regimental, na instância especial, não se presta para prequestionamento de dispositivos constitucionais. Não há falar em negativa de prestação jurisdicional nos embargos de declaração, se o Tribunal de origem enfrenta a matéria posta em debate na medida necessária para o deslinde da controvérsia, ainda que sucintamente. A motivação contrária ao interesse da parte não se traduz em maltrato aos arts. 165, 458 e 535 do CPC [arts. 11, 489, II, e 1.022, II, do CPC/2015]. Este Tribunal Superior consagrou o entendimento de ser inadmissível o reconhecimento de uniões estáveis paralelas. Assim, se uma relação afetiva de convivência for caracterizada como união estável, as outras concomitantes, quando muito, poderão ser enquadradas como concubinato (ou sociedade de fato). Agravo regimental a que se nega provimento. (STJ, Ag. Reg. no AI n. 1.130.816, 3ª T., rel. Des. Vasco Della Giustina, j. 19.08.2010, *DJe* 27.08.2010)

Veja no art. 1.723 o seguinte acórdão: STJ, REsp n. 1.157.273, 3ª T., rel. Min. Nancy Andrighi, j. 18.05.2010, *DJe* 07.06.2010.

Direito de família. União estável. Presença de impedimento. Concubinato impuro. Ausência da unicidade de vínculo e do respeito mútuo. Reconhecimento. Impossibilidade. A união estável deve ser reconhecida se a requerente comprova nos autos o preenchimento de todos os requisitos para sua configuração, entre eles: convivência, ausência de formalismo, diversidade de sexos, unicidade de vínculo, estabilidade, continuidade, publicidade, objetivo de constituição de família e inexistência de impedimentos matrimoniais. Constitui causa impeditiva para o reconhecimento da união estável o casamento ou a existência de uma outra união estável reconhecida judicialmente, durante o mesmo período pleiteado pela autora. Sendo a relação adulterina não há como, pelo menos no campo do direito de família, se reconhecer de qualquer direito advindo dessa relação, tendo em vista a necessidade de coerência no ordenamento jurídico, que não pode dar validade a duas instituições familiares durante o mesmo período. (TJMG, Ap. Cível n. 1.0319.04.017621-0/001(1), rel. Des. Dárcio Lopardi Mendes, j. 22.04.2010)

União estável. Ação de reconhecimento de união e dissolução de sociedade de fato, para fins de partilha dos bens deixados pelo *de cujus*, de quem a autora alega ter sido companheira. Convivência iniciada em 1993 e encerrada em 2006, em razão da morte do convivente. Durante todo o período o falecido também viveu com a esposa legítima, de quem jamais se separou nem de fato e nem de direito. Provas de que os cônjuges legítimos nunca se separaram de fato. Configuração de concubinato adulterino, art. 1.727 do CC. Período de concubinato impuro imprestável para cômputo de união estável. Ausência de prova de contribuição direta da autora para constituição de sociedade de fato. Ação improcedente. Recurso improvido. (TJSP, Ap. n. 994092823956, 4ª Câm. de Dir. Priv., rel. Des. Francisco Loureiro, j. 25.03.2010)

Direito civil. Concubinato. Indenização decorrente de serviços domésticos. Impossibilidade. Inteligência do art. 1.727 do CC/2002. Incoerência com a lógica jurídica adotada pelo Código e pela CF/88, que não reconhecem direito análogo no casamento ou união estável. Recurso especial conhecido e provido. A união estável pressupõe ou ausência de impedimentos para o casamento ou, ao menos, separação de fato, para que assim ocorram os efeitos análogos aos do casamento, o que permite aos companheiros a salvaguarda de direitos patrimoniais, conforme definido em lei. Inviável a concessão de indenização à concubina, que mantivera relacionamento com homem casado, uma vez que tal providência eleva o concubinato a nível de proteção mais sofisticado que o existente no casamento e na união estável, tendo em vista que nessas uniões não se há de falar em indenização por serviços domésticos prestados, porque, verdadeiramente, de serviços domésticos não se cogita, senão de uma contribuição mútua para o bom funcionamento do lar, cujos benefícios ambos experimentam ainda na constância da união. Na verdade, conceder a indigitada indenização consubstanciaria um atalho para se atingir os bens da família legítima, providência rechaçada por doutrina e jurisprudência. Com efeito, por qualquer ângulo que se analise a questão, a concessão de indenizações nessas hipóteses testilha com a própria lógica jurídica adotada pelo CC/2002, protetiva do patrimônio familiar, dado que a família é a base da sociedade e recebe especial proteção do Estado (art. 226 da CF/88), não podendo o Direito conter o germe da destruição da própria família. Recurso especial conhecido e provido. (STJ, REsp n. 988.090, 4ª T., rel. Min. Luis Felipe Salomão, j. 02.02.2010, *DJe* 22.02.2010) (*RBDFS* 16/133)

Direito civil. Família. Recurso especial. Concubinato. Casamento simultâneo. Ação de indenização. Serviços domésticos prestados. Se com o término do casamento não há possibilidade de se pleitear indenização por serviços domésticos prestados, tampouco quando se finda a união estável, muito menos com o cessar do concubinato haverá qualquer viabilidade de se postular tal direito, sob pena de se cometer grave discriminação frente ao casamento, que tem primazia constitucional de tratamento; ora, se o cônjuge no casamento nem o companheiro na união estável fazem jus à indenização, muito menos o concubino pode ser contemplado com tal direito, pois teria mais do que se casado fosse. A concessão da indenização por serviços domésticos prestados à concubina situaria o concubinato em posição jurídica mais vantajosa que o próprio casamento, o que é incompatível com as diretrizes constitucionais fixadas pelo art. 226 da CF/88 e com o direito de família, tal como concebido. A relação de cumplicidade, consistente na troca afetiva e na mútua assistência havida entre os concubinos, ao longo do concubinato, em que auferem proveito de forma recíproca, cada qual a seu modo, seja por meio de auxílio moral, seja por meio de auxílio material, não admite que após o rompimento da relação, ou ainda, com a morte de um deles, a outra parte cogite pleitear indenização por serviços domésticos prestados, o que certamente caracterizaria locupletação ilícita. Não se pode mensurar o afeto, a intensidade do próprio sentimento, o desprendimento e a solidariedade na dedicação mútua que se visualiza entre casais. O amor não tem preço. Não há valor econômico em uma relação afetiva. Acaso houver necessidade de dimensionar-se a questão em termos econômicos, poder-se-á incorrer na conivência e até mesmo estímulo àquela conduta reprovável em que uma das partes serve-se sexualmente da outra e, portanto, recompensa-a com favores. Inviável o debate acerca dos efeitos patrimoniais do concubinato quando em choque com os do casamento pré e coexistente, porque definido aquele, expressamente, no art. 1.727 do CC/2002, como relação não eventual entre o homem e a mulher, impedidos de casar; a disposição legal tem o único objetivo de colocar a salvo o casamento, instituto que deve ter primazia, ao lado da união estável, para fins de tutela do Direito. Recurso especial do espólio provido. Recurso especial da concubina julgado prejudicado. (STJ, REsp n. 872.659, 3ª T., rel. Min. Nancy Andrighi, j. 25.08.2009)

Concubinato. Arts. 1.727 do CC. Inadmissibilidade de conceder benefícios da união estável para situações de concubinato. Precedente do STF [RE n. 397.762-8/BA, *DJ* 12.09.2008]. Não provimento. (TJSP, Ap. Cível n. 5.386.994.100/Barueri, 4ª Câm. de Dir. Priv., rel. Enio Zuliani, j. 16.04.2009)

União estável. Ação de reconhecimento de união e dissolução de sociedade de fato, para fins de recebimento de pensão por morte. Convivência iniciada em 1974 e encerrada em 1995, em razão da morte do convivente. Durante todo o período o réu viveu com a esposa legítima, de quem jamais se separou nem de fato e nem de direito. Provas de que os cônjuges legítimos nunca se separaram de fato. Configuração de concubinato adulterino, art. 1.727 do CC. Período de concubinato impuro imprestável para cômputo de união estável. Ação parcialmente procedente. Recurso improvido. (TJSP, Ap. Cível n. 6.179.904.500/Campinas, 4ª Câm. de Dir. Priv., rel. Francisco Loureiro, j. 19.02.2009)

Apelações. Ação de alimentos. Concubinato e casamento. Duplicidade de união afetiva. Longa relação fática entre a autora e o réu. Constituição de dever alimentar. Cabimento. Caso onde a comprovação da longa relação com intuito familiar entre a demandante e o demandado, inclusive com a geração de duas filhas, acarreta na obrigação do varão em prestar alimentos à concubina. Já em relação à filha maior de idade, em virtude de sua incapacidade laboral comprovada por laudo pericial, também são devidos os alimentos. Não obstante, ao sopesar os elementos constantes do binômio alimentar, andou bem o juízo singular ao fixar a verba alimentar em R$ 3.000,00 para cada demandante. Negaram provimento aos agravos retidos e a ambos os apelos. (TJRS, Ap. Cível n. 70.023.734.122, 8ª Câm. Cível, rel. Rui Portanova, j. 04.12.2008)

Apelação. Ação de alimentos. Concubinato e casamento. União dúplice. Necessidade de comprovação para a geração de efeitos. Não ocorrência. Esta Corte já vem reconhecendo efeitos às "uniões dúplices" quando, mesmo casado, o cônjuge forma outra relação pública e notória, com ânimo de constituir família. Entretanto, é necessária a prova convincente do relacionamento com a "suposta companheira". Além do varão ter mantido seu casamento hígido por todo o tempo da alegada relação, não há evidência concreta de que o outro relacionamento reflita qualquer hipótese de companheirismo entre as partes. Ademais, no que diz com o pedido de alimentos, não há também qualquer comprovação de necessidade da demandante em perceber alimentos. Negaram provimento. (TJRS, Ap. Cível n. 70.026.206.664, 8ª Câm. Cível, rel. Rui Portanova, j. 27.11.2008)

Concubinato. Reconhecimento. Partilha de bens. Prova de patrimônio comum inexistente. Pensão previdenciária. Assistência judiciária gratuita. Honorários advocatícios. 1 – O relacionamento adulterino não tem o condão de constituir uma entidade familiar, tal como ocorre na união estável, nem produz as mesmas sequelas patrimoniais da união estável. 2 – Para que haja divisão de patrimônio, é indispensável a comprovação da contribuição da concubina para a aquisição de bens. 3 – Descabe o pleito de pensão previdenciária quando o IPE não é parte integrante do processo, devendo tal pretensão ser deduzida na via administrativa ou em ação própria. 4 – A gratuidade constitui exceção dentro do sistema judiciário pátrio e o benefício deve ser deferido àqueles que são necessitados, na acepção legal. 5 – Não procede a impugnação ao benefício da assistência judiciária gratuita quando a parte não demonstra, de forma segura, as efetivas condições econômicas das beneficiárias de forma a afastar a alegada condição de necessitada. 6 – A verba honorária deve ser fixada dentro dos parâmetros do art. 20, § 3°, do CPC [art. 85, § 2°, do CPC/2015], considerados o grau de zelo dispensado pelo profissional, o trabalho desenvolvido, o tempo exigido para o labor, bem como a natureza, as dificuldades e a importância da causa. Recurso desprovido (segredo de justiça). (TJRS, Ap. Cível n. 70.024.545.972, 7ª Câm. Cível, rel. Sérgio Fernando de Vasconcellos Chaves, j. 22.10.2008)

Apelação cível. Ação de reconhecimento de sociedade por união estável c/c partilha de bens. Concubinato impuro. Inviabilidade de divisão de bens. Tratando-se de concubinato adulterino, pois o autor é casado e manteve caso clandestino com a demandada, inviável a divisão do patrimônio da amásia, quiçá na falta de provas da contribuição financeira do requerente com tal ânimo. Apelo não provido. (TJRS, Ap. Cível n. 70.023.890.601, 8ª Câm. Cível, rel. Alzir Felippe Schmitz, j. 25.09.2008)

Processual civil e civil. Recurso especial. Concubinato. Reconhecimento e dissolução. Art. 6°, § 1°, da LICC. Ausência de prequestionamento. Súmula n. 7 do STJ. Inaplicabilidade. Partilha de bens. Contribuição indireta. Lei n. 9.278/96. Não incidência. Percentual compatível. Princípios da razoabilidade e proporcionalidade. Precedentes do STJ. 1 – É inviável o conhecimento de suposta ofensa a norma infraconstitucional se não houve prequestionamento nem a oposição de embargos declaratórios para provocar o seu exame pelo Tribunal de origem. 2 – Afasta-se o óbice da Súmula n. 7 do STJ quando não se está a perquirir as circunstâncias fáticas do feito, mas tão somente saber se a maternidade, criação e formação dos filhos pela concubina, bem como a dedicação por ela proporcionada ao réu para o exercício de suas atividades – como reconhecidamente albergado no aresto de origem –, mostram-se aptas, bastantes por si sós, para embasar a meação dos bens arrolados na peça preambular. 3 – Demonstrado no acórdão recorrido, de forma inconteste, que a contribuição da concubina-autora para formação do patrimônio comum dos conviventes ocorreu de forma indireta, impõe-se o afastamento da meação, por sucumbir frente à prevalência da partilha dos bens que, a par das circunstâncias dos autos, não há que ser em partes iguais. 4 – Inaplicabilidade, ainda que por analogia, das disposições prescritas na Lei n. 9.278/96. 5 – Incidência de normas legais e orientações jurisprudenciais que versam sobre concubinato, especialmente a Lei n. 8.971/94 e a Súmula n. 380 do STF, delimitando que a atribuição à companheira ou ao companheiro de metade do patrimônio vincula-se diretamente ao esforço comum, consagrado na contribuição direta para o acréscimo ou a aquisição de bens mediante o aporte de recursos ou força de trabalho. 6 – Levando-se em conta a moderação e o bom-senso recomendados para a hipótese em apreço, o arbitramento, no percentual de 40% sobre o valor dos bens adquiridos na constância do concubinato e apurados na instância ordinária, apresenta-se compatível com o caso em apreço, por encontrar amparo nos sempre requeridos critérios de razoabilidade e proporcionalidade. 7 – Recurso especial conhecido e parcialmente provido. (STJ, REsp n. 914.811/SP, 2ª S., rel. Min. Nancy Andrighi, rel. para o acórdão Min. João Otávio de Noronha, j. 27.08.2008)

Ação de dissolução de sociedade de fato. União estável. Requisitos indispensáveis à sua configuração. Falta de comprovação. Não havendo prova suficiente da existência de união estável entre os contendores, nos termos previstos no art. 1.723 do CC, no § 3°, art. 226, da CR/88 e no art. 1° da Lei n. 9.278, de 10.05.1996, que regulamentou o dispositivo constitucional, os bens adquiridos no período de provável concubinato (art. 1.727, CC) não se comunicam, pertencem unicamente ao seu proprietário e não serão partilhados. (TJMG, Proc. n. 1.0384.05.037032-7/001(1), rel. Vanessa Verdolim Hudson Andrade, j. 05.08.2008)

Apelação cível. Concubinato. Indenização por serviços prestados. Descabimento. O que permeia a relação não eventual denominada pelo legislador – no art. 1.727 do CC/2002 – de concubinato, a exemplo da união estável, também é o afeto, seja ele baseado no amor, carinho, cumplicidade ou sexo. E não se pode vislumbrar numa relação afetiva, sentimental, entre um homem ou uma mulher, uma feição econômica, monetária, no tocante aos cuidados e dedicação que um destina ao outro, os quais não podem ser considerados serviços prestados, porque de serviços não se trata, mas sim, de troca de afeto. Não se tratando de pedido de indenização com base em sociedade de fato a qual, de resto, não restou demonstrada, mantém-se a improcedência da ação. Apelação desprovida. (TJRS, Ap. Cível n. 70.020.541.405, 8ª Câm. Cível, rel. Des. José Ataídes Siqueira Trindade, j. 09.08.2007)

União estável. Requisitos. Prova. Convivente falecido que sempre morou com a esposa e as filhas. Concubinato adulterino. 1 – A monogamia constitui princípio que informa o direito matrimonial, não sendo possível reconhecer um concubinato adulterino como sendo união estável. 2 – A união estável pressupõe a existência de uma relação afetiva pública e notória, com manifesta intenção de constituir um núcleo familiar. 3 – Se o *de cujus* era casado e sempre manteve vida conjugal com a esposa, sem dela se afastar jamais, a relação entretida com a autora foi de mero concubinato adulterino. Inteligência do art. 1.727 do CC/2002. Recurso desprovido. (TJRS, Ap. Cível n. 70.017.561.234, 7ª Câm. Cível, rel. Des. Sérgio Fernando de Vasconcellos Chaves, j. 28.02.2007)

Direito civil e processual civil. Recurso especial. Dissolução de sociedade de fato. Concubinato. União estável. Partilha de bens. Alimentos. Fato novo. Justiça gratuita. Ônus sucumbenciais. Direito obrigacional. Matéria não apreciada. Se no concubinato simultâneo a casamento preexistente, posteriormente convertido em união estável em virtude da dissolução da sociedade conjugal, o tribunal de origem atesta que os bens cuja partilha se requer foram adquiridos na constância da relação concubinária e não da união estável, não há, sob o prisma do direito de família, prerrogativa à partilha desses bens. Se ficou demonstrado pelo acórdão recorrido que não houve comprovação da necessidade da recorrente no tocante aos alimentos, inapreciável tal questão no especial. Fato novo é aquele que teria o condão de influir no julgamento da lide. A concessão do benefício da justiça gratuita não isenta da condenação nos ônus sucumbenciais, apenas suspende a exigibilidade do pagamento pelo prazo máximo de cinco anos (art. 12 da Lei n. 1.060/50). Precedentes. Inviável a análise da matéria controvertida sob o prisma do direito obrigacional por não ser este o enfoque dado pelo acórdão recorrido, jungido a fundamentos outros, suficientes ao desenlace da controvérsia. Recurso especial não conhecido. (STJ, REsp n. 605.338, rel. Min. Nancy Andrighi, j. 06.09.2005)

União estável. Matrimônio hígido. Concubinato. Relacionamento simultâneo. Embora a relação amorosa, é vasta prova de que o varão não se desvinculou do lar matrimonial, permanecendo na companhia da esposa e familiares. Sendo o sistema monogâmico e não caracterizada a união putativa, o relacionamento lateral não gera qualquer tipo de direito. Apelação provida, por maioria, vencida a relatora. (TJRS, Ap. Cível n. 70.010.075.695, rel. Des. Maria Berenice Dias, revisor e redator para o acórdão Des. Carlos Teixeira Giorgis, j. 27.03.2005. In: CAHALI, Francisco José. *Família e sucessões no CC de 2002*. São Paulo, RT, 2005, v. II)

Processual civil. Recurso especial. Ação de reconhecimento e dissolução de sociedade de fato. Partilha de bens. Concubinato. Casamento. Pré e coexistência. Impedimento matrimonial. Prevalência. Reexame de prova. Os efeitos decorrentes do concubinato alicerçado em impedimento matrimonial não podem prevalecer frente aos do casamento pré e coexistente. A pretensão de reexame de prova não enseja recurso especial. Recurso especial não conhecido. (STJ, REsp n. 631.465, rel. Min. Nancy Andrighi, j. 05.08.2004)

Dissolução de sociedade de fato. Relação não eventual entre homem e mulher. Concubinato. Efeitos obrigacionais. O estatuto material vigente não protege, como união estável, a relação entre homem casado, que ainda está vinculado à família matrimonializada, e mulher desimpedida. Cuida-se de concubinato, cujos efeitos são avessos ao direito de família, mas ao campo obrigacional e que, anteriormente, por sua ação clandestina, era tido como "concubinato adulterino ou impuro". Apelação desprovida, por maioria, vencida a relatora. (TJRS, Ap. Cível n. 70.005.330.196, rel. Des. Maria Berenice Dias, j. 07.05.2003)

Concubinato e casamento. Duplicidade de união afetiva. Efeitos. Caso em que se reconhece que o *de cujus* vivia concomitantemente em estado de união com a apelante (inclusive com filiação) e casamento com a apelada. Caso concreto em que, em face da realidade das vidas, se reconhece direito à concubina a 25% dos bens adquiridos na constância do concubinato (TJRS, Ap. Cível n. 70.004.306.197, rel. Des. Rui Portanova, j. 07.05.2003). (*RBDFam* 19/106)

Admitindo indenização pelos serviços domésticos prestados pela concubina. (STJ, REsp n. 303.604, rel. Min. Aldir Passarinho, j. 20.03.2003)

## TÍTULO IV
## DA TUTELA, DA CURATELA E DA TOMADA DE DECISÃO APOIADA

Título com denominação dada pela Lei n. 13.146, de 06.07.2015.

### CAPÍTULO I
### DA TUTELA

#### *Seção I*
#### *Dos Tutores*

---

**Art. 1.728. Os filhos menores são postos em tutela:**

**I – com o falecimento dos pais, ou sendo estes julgados ausentes;**

**II – em caso de os pais decaírem do poder familiar.**

---

A tutela é o conjunto de poderes e encargos conferidos pela lei a um terceiro, para proteger ou zelar pela pessoa de um menor (não incapaz) que se encontra fora do poder familiar, e lhe administre os bens. É um múnus imposto pelo Estado com caráter assistencial, pois visa a substituir o poder familiar em face de pessoas cujos pais faleceram, foram suspensos ou destituídos do poder familiar (cf. RODRIGUES, Silvio. *Direito civil* – direito de família. São Paulo, Saraiva, 1988, v. VI).

O artigo enumera as situações nas quais o menor será posto sob tutela: a) quando falecerem ambos os pais (art. 1.635, I); b) na ausência dos pais (arts. 22 e segs.); c) quando os pais decaírem do poder familiar (art. 1.638). A tutela é forma de colocação do menor em família substituta, assegurada pelo disposto no art. 28 do ECA (Lei n. 8.069/90), estando ainda disciplinada no mesmo diploma legal nos arts. 36 a 38 e 165 a 170.

Quem exerce a tutela e deverá representar o menor ou dar-lhe assistência nos atos da vida civil (art. 1.747, I) é o tutor, que prestará compromisso na forma dos arts. 32 e 170 do ECA. Sua nomeação sempre deverá ser levada à chancela judicial, mesmo não tendo sido efetivada pelo juiz. São espécies de tutela: a) testamentária (art. 1.729), quando o pai ou a mãe indica, por disposição de última vontade, quem haja de servir para tutor dos filhos menores quando falecerem; esta nomeação é reservada aos pais em conjunto e não mais aos avós, como previa a lei anterior; b) legítima ou legal (art. 1.731), ocorrerá na falta da testamentária e, inexistindo tutor nomeado pelos pais, incumbirá aos parentes consanguíneos do menor, com preferência a ascendentes e colaterais mais próximos; c) dativa (art. 1.732), deriva de sentença judicial, conferida, portanto, pelo juiz.

O pedido de tutela processar-se-á perante o Juiz da Infância e da Juventude quando os menores se encontrarem em uma das situações enumeradas no art. 98 do ECA. O pedido competirá ao juízo cível ou às varas especializadas de família e sucessões onde houver, nas demais hipóteses não abrangidas pelo Estatuto Menorista. O procedimento para concessão da tutela requerida com fundamento no art. 36 do ECA será remetido à lei civil, por força do disposto no art. 5º deste Código.

**Jurisprudência:** Apelação cível. Ação de emancipação. Pretensão de reforma da decisão que julgou extinto o feito sem resolução do mérito por ilegitimidade ativa. Inviabilidade. Ausência dos requisitos estampados no art. 1.728 do CC. Não há relatos de destituição do poder familiar e os pais não estão falecidos, nem foram julgados ausentes. Sentença mantida. Recurso desprovido. (TJRS, Ap. n. 50046617420238210064, 8ª Câm. Cível, rel. Roberto Arriada Lorea, j. 04.04.2024, *DJ* 04.04.2024)

Voto do relator. Ementa. Guarda de menor. Prevenção desta Turma Julgadora gerada por anterior recurso extraído dos mesmos autos. Decisão que, a despeito da concessão da guarda provisória da sobrinha à agravante, determinou a emenda da inicial para que o feito passe a tramitar como ação de tutela. Inconformismo. Não acolhimento. Genitores da menor falecidos, assim como a avó que exercia a guarda da adolescente. Tutela que se mostra a via eleita adequada. Inteligência do art. 1.728, I, do CC e que, ademais, também abrange os deveres inerentes à guarda (art. 36 do ECA). Decisão mantida. Recurso. (TJSP, AI n. 2060524-60.2022.8.26.0000/SP, 8ª Câm. de Dir. Priv., rel. Salles Rossi, j. 20.06.2022, publ. 20.06.2022)

Apelação. Direito de família. Conexão. Ocorrência. Ajuizamento de ações distintas pelas apelantes, distribuídas, inicialmente, em juízos diferentes da mesma comarca, disputando-se a tutela do neto comum em uma das lides e, na outra, a guarda e direito de visitas da mesma criança. Reunião dos feitos para julgamento em conjunto. Inteligência do art. 105 do CPC/73. Cerceamento de defesa. Inocorrência. Hipótese que depende de prova essencialmente técnica. Preliminar rejeitada. Coisa julgada material. Inocorrência. Lide que versa sobre poder familiar. Possibilidade de rediscussão, desde que existentes novos elementos e motivos suficientes para justificar a alteração pretendida. Decreto de extinção afastado. Causa que se encontra madura para julgamento, nos termos do art. 515, § 3º, do CPC/73. Tutela. Falecimento dos genitores da criança, em acidente automobilístico. Tutela requerida com fundamento no art. 1.728, I, do CC/2002. Cabimento. Conjunto probatório que indica o lar da avó paterna como sendo o ambiente familiar mais adequado para o desenvolvimento do infante. Relevância da prova técnica realizada, que deve ser observada (prova emprestada). Procedência do pedido de tutela reconhecido. Ônus da sucumbência invertido. Guarda unilateral. O deferimento da tutela implica necessariamente o dever de guarda (art. 36, parágrafo único, ECA). Logo, não merece qualquer reparo na r. sentença que estabeleceu a guarda unilateral em favor da avó paterna, porquanto esta passou a ostentar a qualidade de tutora do menor. Direito de visitas. Manutenção do regime de visitas fixado em primeira instância, uma vez que atende ao princípio do melhor interesse da criança, garantindo o seu direito de convivência com a avó materna. Recurso da avó paterna provido e recurso da avó materna não provido. (TJSP, Ap. n. 0014023-75.2014.8.26.0481, 2ª Câm. de Dir. Priv., rel. Rosangela Telles, j. 04.04.2017)

Apelação cível. Família. Ação de guarda. Extinção, na origem, por ilegitimidade passiva da genitora do infante. Ratificação do termo de consentimento para adoção ocorrido após o ingresso da presente demanda. Sentença cassada para substituir a parte requerida, alterando o nome da ação e pedido para tutela. Exegese do art. 1.728 do CC. Recurso provido. (TJSC, Ap. Cível n. 2012.083051-0, Câm. Especial Regional de Chapecó, rel. Eduardo Mattos Gallo Júnior, j. 30.01.2013)

Veja no art. 1.637 o seguinte acórdão: TJMG, Ap. Cível n. 1.0024.04.287151-7/001(1), rel. Des. Heloisa Combat, j. 01.07.2010.

Tutela. Menor. Requisitos. Destituição do poder familiar dos pais ou morte/ausência destes. Guarda. Situações especiais. Possibilidade de concessão. Destina-se o instituto da tutela aos filhos menores apenas quando os pais houverem sido destituídos do poder familiar ou em caso de morte ou ausência dos pais, nos termos do art. 1.728 do CC. Nos termos do art. 33 da Lei n. 8.069/90, é possível o deferimento de guarda, fora dos procedimentos de tutela e adoção, a fim de atender a situações peculiares, regularizar guarda de fato ou suprir a falta eventual dos pais ou responsável. (TJMG. Proc. n. 1.0351.02.013677-3/001(1), rel. Duarte de Paula, j. 24.10.2005)

Apelação cível. Destituição do poder familiar. Abandono afetivo e material. Alimentos. Tutela provisória. Inviável a condenação alimentar imposta à apelante que, estando em lugar incerto e não sabido configurado o completo abandono afetivo e material quanto à filha, foi destituída do poder familiar nos termos do art. 1.638, II, do CC/2002. Ademais, não houve sequer investigação a respeito do binômio alimentar. Outrossim, conforme o art. 227 da CF/88 e os arts. 98, II, e 101, IV, ambos do ECA, incumbe ao Poder Público providenciar na proteção e suprimento das necessidades da menor. De ofício, fulcro no art. 1.728, II, do CC/2002, determina-se a nomeação de tutor provisório a fim de resguardar os interesses e direitos da infante. Recurso provido. Nomeação de tutor provisório, de ofício. (TJRS, Ap. Cível n. 70.012.207.163, 8ª Câm. Cível, rel. Des. José Ataídes Siqueira Trindade, j. 11.08.2005)

Apelação cível. Guarda. Desinstitucionalização da menor recolhida em casa de abrigo. O prosseguimento do pedido de guarda por parte dos padrinhos poderá prosseguir como pedido de tutela, em face do disposto no inciso II do art. 1.728 do CC/2002, uma vez considerando o ajuizamento por parte do MP de uma ação de destituição do poder familiar. Como a criança, de meses de idade, se encontra institucionalizada, o novo dirigente da entidade de abrigo não mais é equiparado ao guardião, pois havendo a destituição do poder familiar nomeia-se um tutor, em respeito ao melhor interesse da criança, que institucionalizada vai ser colocada em lista de adoção (art. 50 do ECA), quando possui pais biológicos, que simplesmente firmaram um acordo com os padrinhos no sentido de delegar a estes a guarda da filha, nos termos do art. 33 do Estatuto. Agora, com o ajuizamento da ação de destituição do poder familiar, substitui-se a guarda pela tutela. Desinstitucionalização da menor para que retorne ao seio de sua família biológica, com a realização de um amplo estudo da situação por parte de técnicos da área da infância e da juventude. Apelo provido em parte. (TJRS, Ap. Cível n. 70.011.341.849, 8ª Câm. Cível, rel. Des. Antônio Carlos Stangler Pereira, j. 12.05.2005)

Tutela. Pretendida nomeação da avó materna como tutora de menor, concomitantemente com o poder familiar exercido pelo seu pai. Inadmissibilidade. Necessidade de prévia suspensão ou extinção desse poder familiar. Inteligência do art. 36, parágrafo único, do ECA e do art. 1.728 do CC. (TJSP, Ap. Cível n 285.911-4/2, rel. Des. Sebastião Carlos Garcia, j. 11.09.2003)

Tutela. Pedido formulado pela mãe em favor dos avós maternos, estando o pai preso. Descabimento da tutela, que pressupõe a extinção do poder familiar pelo falecimento dos genitores ou a destituição do poder familiar. Guarda como medida cabível. (TJSP, AI n. 280.427.4/7, rel. Des. Rebello Pinho, j. 05.06.2003)

Tutela. Tutela requerida por avó de menor, detentor da guarda. Suspensão do pátrio poder. Concordância da mãe com o pedido de tutela. Impossibilidade. Mãe presente. Exercício do pátrio poder irrenunciável. Pedido para fins previdenciários. Ausência de amparo legal para o deferimento de tutela (art. 406 do CC). Despro vimento do recurso. (TJRS, Ap. Cível n. 117.742.600, rel. Des. Denise Arruda, j. 22.04.2002)

Guarda definitiva de menor. Pretensão da avó paterna. Irmãos gêmeos. Residência dos pais dos menores no pavimento superior do imóvel com o filho e da avó no inferior, em companhia da neta, cuja guarda diz deter desde que nasceu. Os próprios interessados informaram que o objetivo da guarda pleiteada é garantir benefícios previdenciários para a menor. Pais da menor detêm regularmente o pátrio poder – ausentes condições do art. 33 do ECA, nem do art. 406 do CC, que autorizam a tutela. Incabível a concessão da guarda somente com objetivo previdenciário. Nada impede que a avó paterna continue a colaborar no sustento da menor sem que, com isso, assuma a guarda definitiva, obrigação dos pais (TJRJ, Ap. Cível n. 200.000.122.772, 9ª Câm., rel. Des. Wany Couto, *DORJ* 08.11.2001). (*RBDFam* 12/137)

Menor. Tutela. Avós. Pais vivos no gozo do pátrio poder. O deferimento de tutela de menor pressupõe a morte dos pais, sua declaração de ausência ou o decaimento do pátrio poder, circunstâncias inexistentes no caso concreto. (STJ, REsp n. 249.823/PR, rel. Min. Eduardo Ribeiro, j. 27.04.2000, *DJU* 26.06.2000)

No mesmo sentido: TJSP, Ap. Cível n. 239.237-4/4, rel. Des. Enio Santarelli Zuliani, j. 15.10.2002. (*RBDFam* 16/127)

Tutela. Instituto que atende aos casos expressamente previstos no art. 406 do CC e que pressupõe a perda ou suspensão do pátrio poder. Cabimento, *in casu*, do pedido de guarda, que confere à menor a condição de dependente para todos os fins e efeitos de direito. Recurso improvido. (TJSP, Ap. Cível n. 140.299-4/0, rel. Des. Salles de Toledo, j. 17.05.2000)

No mesmo sentido: *JTJ* 170/167.

Ação de nomeação de tutor. Pedido deduzido por avô paterno, em razão do falecimento do pai do menor. Pátrio poder exercido pela mãe. Impossibilidade de concessão da tutela. Aplicação do art. 406, I e II, do CC. Ação julgada extinta. Recurso não provido. (*JTJ* 254/223)

Pátrio poder. Destituição. Cumulação com pedido de tutela. Pretensão formulada por tios do menor. Deferimento. Cerceamento de defesa alegado pela mãe. Inadmissibilidade. Solução mais adequada aos interesses do menor, tendo em vista o conjunto probatório. Recurso não provido. (*JTJ* 195/132)

Tutela. Pai falecido e mãe em lugar incerto e não sabido. Criança criada com a avó paterna desde tenra idade. Decisão ditada em benefício do menor. Hipótese, ademais, em que a suspensão do pátrio poder da genitora e a concessão da tutela à requerente não fazem coisa julgada. Recurso não provido. (*JTJ* 136/297)

---

**Art. 1.729. O direito de nomear tutor compete aos pais, em conjunto.**

**Parágrafo único. A nomeação deve constar de testamento ou de qualquer outro documento autêntico.**

---

O artigo trata da tutela testamentária antes referida (*v.* comentário ao art. 1.728). Determina que a nomeação do tutor deva ficar a cargo dos pais dos menores, com exclusividade, pois somente eles detêm o poder familiar. O tutor, contudo, poderá ser nomeado por apenas um dos genitores se o outro tiver decaído do poder familiar, seja por morte ou outra causa qualquer de extinção ou suspensão. De outra parte, ter-se-á por ineficaz a nomeação feita por um dos pais, falecido posteriormente, se vivo o remanescente. Excepcionalmente, admitir-se-á a nomeação feita exclusivamente por um dos pais quando o outro, por qualquer motivo, esteja impossibilitado ou se negue, sem justa razão, a fazê-lo.

Há proposta de acréscimo nesse sentido no PL n. 699/2011. Nesses casos, e quando com a indicação feita por um dos pais não concordar o outro, decidirá o juiz, atendendo sempre o que for mais conveniente e melhor para os interesses do menor. Os pais poderão indicar vários tutores, em ordem de preferência ou não, um na falta dos outros, pois havendo morte, incapacidade, escusa ou qualquer outro impedimento, poderá ser nomeado outro sem ferir disposição de vontade dos pais (*v.* comentário ao art. 1.733). Poderão, ainda, excluir expressamente pessoa sobre a qual não pretendam que recaia o múnus público, por ser, entre outras razões, inimiga sua ou de seus filhos (*v.* comentário ao art. 1.735, III).

A nomeação do tutor é negócio jurídico unilateral e deve obedecer a uma forma especial, sob pena de nulidade (arts. 107 e 166, IV) (cf. VELOSO, Zeno. *Código Civil comentado* – direito de família. São Paulo, Atlas, v. XVII, 2003), dependendo ainda, como já salientado (*v.* comentário ao art. 1.728), da chancela judicial. Quando a nomeação for feita em testamento, deverá observar qualquer das formas dos arts. 1.862 e 1.886. E, nesse caso, embora a lei afirme que o direito de nomear tutor compete aos pais, em conjunto, cada um deles deverá dispor sobre a nomeação em seu próprio testamento, pois a lei veda o testamento conjuntivo (art. 1.863). O documento autêntico referido no artigo não se restringe à escritura pública, mas é extensivo a todo e qualquer documento público ou particular (codicilo, testamento, escritura pública, escritos particulares, subscritos ou não por testemunhas), no qual se mostre evidente, estreme de dúvida, a real vontade dos pais quanto à nomeação e induvidosa a identificação da pessoa indicada, porquanto, como dito, a nomeação estará sempre sujeita ao crivo judicial, que atentará para os interesses do menor. Segundo o Enunciado n. 528 da V Jornada de Direito Civil do CJF é válida a declaração de vontade expressa em documento autêntico, também chamado "testamento vital", em que a pessoa estabelece disposições sobre o tipo de tratamento de saúde, ou não tratamento, que deseja no caso de se encontrar sem condições de manifestar a sua vontade.

---

**Art. 1.730. É nula a nomeação de tutor pelo pai ou pela mãe que, ao tempo de sua morte, não tinha o poder familiar.**

---

A lei estabelece como requisito para nomeação de tutor os pais estarem no gozo pleno do poder familiar. Ter-se-á como nula a nomeação na tutela testamentária quando ausente essa qualidade dos pais. A nomeação não terá validade quando ao tempo em que efetivada não se encontrava o pai ou a mãe no exercício do poder familiar. Contudo, se veio a recuperá-lo antes de falecer, considerar-se-á válida a nomeação. Também será considerada inválida a nomeação do tutor testamentário feita pelo genitor que ao tempo de sua morte não mais estava investido do poder familiar, ainda que tenha sido realizada no gozo deste. Declarada nula a nomeação do tutor testamentário, cabe ao juiz a nova designação, observado o disposto nos arts. 1.731 e 1.732.

---

**Art. 1.731. Em falta de tutor nomeado pelos pais incumbe a tutela aos parentes consanguíneos do menor, por esta ordem:**

**I – aos ascendentes, preferindo o de grau mais próximo ao mais remoto;**

**II – aos colaterais até o terceiro grau, preferindo os mais próximos aos mais remotos, e, no mesmo grau, os mais velhos aos mais moços; em qualquer dos casos, o juiz escolherá entre eles o mais apto a exercer a tutela em benefício do menor.**

---

O presente artigo trata da ordem legal de escolha de tutor quando não houver tutor testamentário, denominada tutela legítima ou legal. O juiz nomeará tutor ao menor observando a ordem indicada pela lei, sendo-lhe assegurado alterá-la – tanto a ordem do inciso I como do inciso II – sempre que houver inaptidão, verificar-se inidoneidade do indicado legalmente, e o exigir bem-estar e interesses do menor (parte final do inciso II).

A preferência determinada pela lei civil está em consonância com a estabelecida pela lei menorista (ECA, art. 28, § 2º). Contudo, não se poderá proibir o juiz, apesar de presentes os requisitos exigidos pela lei (relação de parentesco, afinidade, afetividade e compatibilidade com a natureza da medida), de determinar que a tutela recaia sobre terceira pessoa estranha à ordem legal de preferência; quando circunstâncias especiais do caso concreto justifiquem, e o interesse do menor recomende, e desde que o faça por decisão devidamente fundamentada. Por essa razão, há proposta de alteração do dispositivo no PL n. 699/2011 para constar expressamente esta faculdade concedida ao juiz.

Pela lei, a ordem de preferência pode ser assim resumida: ascendentes (avós, bisavós, trisavós etc.), por proximidade; colaterais até terceiro grau (irmãos, tios, sobrinhos), por proximidade; no mesmo grau, os mais velhos.

**Jurisprudência:** Veja no art. 1.521 a seguinte decisão: TJSP, Ap. Cível n. 1094645-35.2016.8.26.0100/SP, 9ª Câm. de Dir. Priv., rel. César Peixoto, j. 29.03.2022, publ. 30.03.2022.

Apelação. Tutela. Menor. Falecimento dos pais. Ação ajuizada pela tia-avó e seu marido. Sentença procedente. Nomeação somente da tia-avó. Pretensão de nomeação em conjunto com seu marido. Incabível. Art. 1.731 do CC prevê a nomeação de parentes consanguíneos. Prudente a manutenção somente da coautora como tutora da menor. Sentença mantida. Negado provimento ao recurso. (TJSP, Ap. Cível n. 1006636-35.2018.8.26.0001/SP, 8ª Câm. de Dir. Priv., rel. Silvério da Silva, j. 25.03.2022, publ. 25.03.2022)

Apelação cível. Ação de tutela. Ação manejada por pessoa não descrita no rol do art. 1.731 do CC. Possibilidade. O art. 1.732 do CC preconiza que em caso de inexistência ou impossibilidade de se nomear parente consanguíneo como tutor, o encargo deve ser atribuído a pessoa idônea, sendo que a presente ação foi ajuizada com base nessa premissa. Deram provimento ao apelo para desconstituir a sentença. (TJRS, Ap. Cível n. 70.062.822.044, 8ª Câm. Cível, rel. Alzir Felippe Schmitz, j. 23.04.2015)

Interdição parcial. Curatela. Decretação. Limites. Finalidade. Nomeação da filha. Possibilidade. Prestação de garantia. Desnecessidade. Interdição. Termo inicial. Decisão mantida. 1 – Correta a decisão que decreta a interdição parcial, quando laudo médico consta que o interditando, que tem 97 anos, consegue fisicamente realizar tarefas cotidianas, cuidando sozinho da própria higiene, apenas necessitando de apoio para caminhar, tendo condições de discernimento e condições de administrar seus proventos, mas não de morar sozinho, e sugere que deverá ser ele assessorado para os atos complexos da vida civil, tais como venda, locação, doação, empréstimos, para que não sofra interferência de outrem. 2 – A finalidade da interdição é o resguardo e a proteção dos bens e interesses do curatelado. 3 – Levando-se em consideração as transações realizadas pelo idoso, bem com redução patrimonial nos últimos anos durante a convivência com a companheira 60 anos mais jovem, por prudência, deverá a curatela ser entregue à sua filha. 4 – As regras impostas à tutela se estendem à curatela, como quer o art. 1.774 do CCB. 5 – A lista do art. 1.731 do CCB não tem caráter obrigatório. 6 – Necessário não se faz exigir a prestação de garantia, por ser a curadora pessoa idônea, como autoriza o art. 1.190 do CPC [sem correspondente no CPC/2015]. 7 – Não há que se falar em autorização da curadora para ato de casamento civil do interditando, realizado em data anterior à publicação da sentença, pois somente a partir desta é que a interdição produz os seus efeitos, de acordo com o art. 1.773 do CC. 8 – Recursos conhecidos e não providos. (TJDFT, Proc. n. 20120111761923 (808088), rel. Des. Luciano Moreira Vasconcellos, *DJe* 04.08.2014, p. 267)

Direito da criança e do adolescente. Apelação cível. Tutela de menor órfão. Preliminar de ilegitimidade ativa. Transferência para o mérito. Disputa entre parentes materno e paterno. Preferência estabelecida no art. 1.731 do CC meramente exemplificativa. Prevalência do princípio do melhor interesse do tutelado. Lastro probatório que indica condições de ambos os parentes para assumir a tutela da menor. Adolescente que declara o desejo de residir e ser educada pela tia paterna. Sentença que mantém a escolha da tutelada. Prevalência da proteção dos interesses da menor. Sentença mantida. Apelo conhecido e desprovido. (TJRN, Ap. Cível n. 2013.007838-8, 1ª Câm. Cível, rel. Des. Expedito Ferreira, *DJe* 17.03.2014, p. 15)

Agravo de instrumento. Família. Tutela. Guarda compartilhada: descabimento. Melhor interesse da criança. 1 – O rol estabelecido no art. 1.731 do CC/2002 para a escolha de tutores é relativo, privilegiando sempre o melhor interesse do menor. 2 – Presentes nos autos elementos que denotam, de um lado, a disponibilidade exclusiva da candidata à tutela, enquanto autora da ação, e de outro a concordância dos demais parentes elegíveis, não se justifica a fixação de guarda provisória compartilhada com terceira pessoa estranha à relação processual que sequer nela interveio, opondo-se a tempo e modo. (TJMG, AI n. 1005610010075l001, Câms. Cíveis, rel. Oliveira Firmo, j. 27.08.2013, *DJe* 30.08.2013)

Apelação cível. Pedido de tutela. Nomeação de dois tutores. Possibilidade. Melhor interesse do menor. Recurso conhecido e provido. É possível a nomeação de duas pessoas para o desempenho do encargo de tutor, mormente quando a medida visa atender ao melhor interesse do tutelado. (TJMG, Ap. Cível n. 1.0079.07.384112-8/001(1), rel. Des. Bitencourt Marcondes, j. 22.04.2010)

Civil. Recurso especial. Ordem de nomeação de tutor. Art. 409 do CC/1916. Art. 1.731 do CC/2002. Tutela em benefício do menor. A ordem de nomeação de tutor, prevista no art. 409 do CC/1916 (art. 1.731 do CC/2002), não inflexível, podendo ser alterada no interesse do menor. Na falta de tutor nomeado pelos pais, podem os tios serem nomeados tutores do menor, se forem os mais aptos a exercer a tutela em benefício desse. Recurso especial não conhecido. (STJ, REsp n. 710.204, 3ª T., rel. Min. Nancy Andrighi, j. 17.08.2006, *DJ* 04.09.2006)

Civil. Família. Menor. Falecimento dos genitores. Tutela pretendida por parente consanguíneo. Possibilidade. Inteligência dos arts. 1.728 e 1.731 do CC. Realização de estudo psicossocial. Imprescindibilidade. Recurso provido. Nos termos do art. 1.728 do nCC, serão colocados em tutela os filhos menores com o falecimento dos pais ou sendo estes julgados ausentes, cuja prioridade para o seu exercício deve ser conferida a eventuais parentes consanguíneos. (TJMG, Proc. n. 1.0352.03.011713-4/001(1), rel. Edilson Fernandes, j. 18.10.2005)

Pátrio poder. Suspensão. Certidão criminal e cálculo de liquidação das penas que demonstram ter sido o genitor condenado a penas privativas de liberdade superiores a dois anos, estando o término do cumprimento de suas penas previsto para 12.10.2009. Tutela. Prova que demonstrou atender aos superiores interesses da menor o deferimento aos progenitores maternos. Ordem legal dos parentes consanguíneos para fins de tutela prevista pelo art. 409 do CC não é absoluta. Impondo-se a observância do princípio da proteção integral. Matéria preliminar rejeitada. Recurso não provido. (TJSP, Ap. Cível n. 72.817-0/0-00, rel. Des. Nuevo Campos, j. 07.08.2000)

Tutela. Colocação em família substituta. Obediência à ordem legal de precedência prevista no art. 409 do CC. Desnecessidade, se o interesse do infante assim recomendar. Inteligência dos arts. 28 e 36 da Lei n. 8.069/90 (atenção ao princípio da proteção integral). (STJ, *RT* 747/228)

**Art. 1.732. O juiz nomeará tutor idôneo e residente no domicílio do menor:**

**I – na falta de tutor testamentário ou legítimo;**

**II – quando estes forem excluídos ou escusados da tutela;**

**III – quando removidos por não idôneos o tutor legítimo e o testamentário.**

Cuida o dispositivo da tutela dativa, que terá lugar quando ausentes as tutelas testamentária e legítima. A referida no artigo é subsidiária em relação às outras duas. Não ocorrendo nomeação de tutor testamentário (art. 1.729) nem tutor legítimo (art. 1.731), ou tendo sido o tutor excluído por alguns dos motivos enumerados no art. 1.735 (*v.* comentário) ou escusado da tutela, com fundamento no art. 1.736, ou, por fim, removido por inidoneidade ou razões constantes do art. 1.766 (*v.* comentário), ficará a cargo do juiz nomear tutor dativo. A pessoa escolhida deve ser idônea e gozar de capacidade para ocupar o múnus que lhe será atribuído pelo juiz. O tutor deverá residir no domicílio do menor, tanto para o juiz poder melhor analisar seus qualificativos no momento da escolha como para fiscalizar os atos relativos à tutela a ser exercida, principalmente por se presumir os pais falecidos do menor terem tido seus bens no local em que residiam por ocasião de sua morte.

O tutor dativo poderá ser removido a qualquer tempo pelo juiz que o nomeou pelos motivos enumerados no art. 1.766, ou quando o recomendarem os interesses do menor tutelado.

**Jurisprudência:** Apelação cível. Ação de tutela. Ação manejada por pessoa não descrita no rol do art. 1.731 do CC. Possibilidade. O art. 1.732 do CC preconiza que, em caso de inexistência ou impossibilidade de se nomear parente consanguíneo como tutor, o encargo deve ser atribuído a pessoa idônea, sendo que a presente ação foi ajuizada com base nessa premissa. Deram provimento ao apelo para desconstituir a sentença. (TJRS, Ap. Cível n. 70.062.822.044, 8ª Câm. Cível, rel. Alzir Felippe Schmitz, j. 23.04.2015, *DJe* 27.04.2015)

Cível. Ação de interdição com pedido liminar. Sentença de procedência parcial com nomeação de curador diverso do requerente. Inconformismo do autor. Apelação. Preliminar de nulidade de sentença. Rejeição. Inexistência prova ilícita. Documentos apresentados pelo próprio recorrente em outro feito, servindo como prova emprestada diante da coincidência de partes. Desnecessária a conversão do feito em diligência. Decisão nos autos remetendo a análise das prestações de contas do curador, para momento posterior. Ausência de prova de qualquer conduta ruinosa ou de dilapidação patrimonial por atos do curador nomeado. Alegação de incapacidade e idoneidade do curador nomeado. Desnecessidade de residência do curador no mesmo domicílio do curatelado. Art. 1.732 que se aplica aos casos de tutor dativo. Inexistência de comprovação de fatos que impeçam o exercício da curatela pelo apelado. Pretensão de nomeação de empresa para administração dos bens da interditada que se revela geradora e ônus desnecessário para a mesma diante da existência de parentes aptos para o exercício deste múnus. Improvimento do recurso e manutenção da sentença. (TJRJ, Ap. n. 0098137-68.2007.8.19.0001, 18ª Câm. Cível, rel. Des. Pedro Freire Raguenet, j. 09.02.2010)

Tutela. Nomeação. Interesse do incapaz. Juiz é livre para nomear o tutor, quando necessário, ao incapaz, observando os critérios de oportunidade e conveniência, apenas discutindo sobre a capacidade do nomeado, se houver oposição séria apresentada por interessado. (TJMG, Proc. n. 1.0024.03.010753-6/001(1), rel. Ernane Fidelis, j. 04.10.2005)

---

**Art. 1.733. Aos irmãos órfãos dar-se-á um só tutor.**

**§ 1º No caso de ser nomeado mais de um tutor por disposição testamentária sem indicação de precedência, entende-se que a tutela foi cometida ao primeiro, e que os outros lhe sucederão pela ordem de nomeação, se ocorrer morte, incapacidade, escusa ou qualquer outro impedimento.**

**§ 2º Quem institui um menor herdeiro, ou legatário seu, poderá nomear-lhe curador especial para os bens deixados, ainda que o beneficiário se encontre sob o poder familiar, ou tutela.**

---

Determina o dispositivo nomear-se um único tutor aos irmãos órfãos. A medida tem por finalidade facilitar o desempenho do encargo imposto ao tutor de zelar pela pessoa dos menores e administrar seus bens. A unicidade e a indivisibilidade da tutela também têm por fim manter a união familiar, pois o tutor nomeado conferirá aos irmãos, sob a mesma autoridade e residindo no mesmo imóvel, igual tratamento moral, intelectual e social. A fiscalização do múnus imposto ao tutor também será facilitada. Excepcionalmente, diante de circunstâncias especiais do caso concreto, poderá ser nomeado um tutor para cada filho, se o recomendarem conveniência ou preferência familiar e interesses dos menores.

No § 1º do artigo, o legislador estabelece o critério a ser observado quando, por disposição testamentária, o genitor indicar mais de um tutor para os menores, sem estabelecer a precedência. No caso, será nomeado tutor a primeira pessoa indicada no testamento ou documento autêntico e os outros a sucederão por ordem de nomeação, se ocorrer morte, incapacidade, escusa ou qualquer outro impedimento. Não se olvide de que a ordem prevista no art. 1.731 só deverá ser respeitada quando não houver tutor testamentário, como no caso referido neste artigo.

Já o § 2º do artigo trata de hipótese que não guarda nenhuma relação com o *caput* do dispositivo. Seria, talvez, mais oportuno que se encontrasse no Capítulo "Das Disposições Testamentárias", disciplinadas neste Código.

Os exemplos a seguir retratam a hipótese contida no dispositivo, conferindo maior clareza a ele. No primeiro exemplo, A, afortunada, não pretende deixar parte de seus bens para seu filho B, toxicômano, mas para seu neto ainda menor, C, filho dele. Como B ficaria encarregado de gerir os bens do filho em sua menoridade, a fim de que isso não ocorra, A, por disposição de última vontade, indica pessoa para servir de curador especial para os bens deixados a C. Nesse caso, como se vê, o beneficiário ainda se encontra sob o poder familiar. No segundo exemplo, A, pretendendo deixar o controle acionário de uma de suas empresas para o seu sobrinho B, menor tutelado por seu tio C, nomeia curador especial D, atual funcionário graduado da empresa, para administrar o legado deixado a B. Nessa hipótese, o beneficiário B se encontra sob a tutela de alguém (C).

Como se pode notar dos exemplos citados, o legislador procurou fazer prevalecer o ato de última vontade do testador ao permitir que bens determinados, deixados por herança ou legado, fossem geridos por pessoa de confiança sua, encarregada de zelar pelo interesse econômico do destinatário menor até que esse atinja a maioridade. Não se trata de partição do poder familiar ou divisão da tutela, pois a atuação do curador especial, por determinação do testador, é limitada aos bens adquiridos pelo menor como herdeiro ou legatário do autor da herança. A curadoria especial, restrita àqueles bens, convive com o poder familiar ou a tutela (cf. VELOSO, Zeno. *Código Civil comentado* – direito de família. São Paulo, Atlas, 2003, v. XVII).

**Jurisprudência:** Curatela. Compartilhamento. Impossibilidade. O exercício da curatela, tal como o da tutela, não pode ser compartilhado, já que a lei (art. 1.733 do nCC) atribui tal encargo a apenas uma pessoa. Trata-se, pois, de múnus indivisível. (TJDF, Ap. Cível n. 2.002.01.1.035.984-0, rel. Des. Sérgio Bittencourt, j. 23.06.2003)

**Art. 1.734. As crianças e os adolescentes cujos pais forem desconhecidos, falecidos ou que tiverem sido suspensos ou destituídos do poder familiar terão tutores nomeados pelo Juiz ou serão incluídos em programa de colocação familiar, na forma prevista pela Lei n. 8.069, de 13 de julho de 1990 – Estatuto da Criança e do Adolescente.**

Artigo com redação dada pela Lei n. 12.010, de 03.08.2009.

Os menores de dezoito anos que estiverem enquadrados em alguma das situações apontadas no art. 1.728, ou cujos pais foram julgados ausentes ou suspensos do poder familiar, terão tutores nomeados pelo juiz (hipótese de *tutela dativa*) ou serão incluídos em programa de *colocação familiar*, priorizado pelas novas regras do ECA. A intervenção estatal, nessa hipótese, em observância ao disposto no *caput* do art. 226 da CR, será prioritariamente voltada à orientação, apoio e promoção social da família natural, junto à qual a criança e o adolescente devem permanecer.

A nova redação do artigo, dada pela Lei n. 12.010/2009, assegura que para os casos de tutela amparados por este Código deverá ser observada a mesma orientação estabelecida pela nova lei aos menores em situação encampada pelo ECA, que, ao criar os programas de *acolhimento familiar* e *institucional*, deu preferência ao primeiro, observado, em qualquer caso, o caráter temporário e excepcional da medida, nos termos da lei (arts. 19, § 1º, e 34, § 1º, do ECA).

O *acolhimento familiar*, e mesmo o *institucional*, poderá ser prestado por entidades de atendimento que preencham os requisitos exigidos pelo ECA (arts. 90 e segs.), e serão fiscalizadas pelo Poder Judiciário, pelo Ministério Público e pelos Conselhos Tutelares. Terão como um dos princípios norteadores a preservação dos vínculos familiares e promoção da reintegração familiar (art. 92, I, do ECA), cumprindo ressaltar que a permanência da criança e do adolescente em programa de *acolhimento institucional* não se prolongará por mais de 18 meses, salvo comprovada necessidade que atenda ao seu superior interesse, devidamente fundamentada pela autoridade judiciária (art. 19, § 2º, do ECA).

Carente ainda o Poder Público de estabelecimento adequado, os menores referidos no artigo ficarão sob tutela de voluntários que, gratuitamente – em razão dos recursos exíguos do menor –, encarregarem-se de sua criação.

**Jurisprudência:** Interdição. Pessoa menor e relativamente incapaz, portador de transtorno do espectro autista com transtorno do desenvolvimento intelectual e com leve comprometimento da linguagem funcional. Possibilidade jurídica do pedido. Considerando que a interdição é ação com finalidade protetiva destinada a retirar ou limitar a capacidade civil de alguém para reger sua pessoa e administrar os seus bens, mostra-se cabível o pedido da autora por se tratar de adolescente relativamente incapaz, e que, em tese, já seria capaz para a prática de determinados atos da vida civil, pois é portador de doença que produz limitações para alguns atos da vida civil, sendo flagrante o interesse processual da genitora em propor a ação de interdição. Recurso provido. (TJRS, Ap. n. 50046719620238210039, 7ª Câm. Cível, rel. Sérgio Fernando de Vasconcellos Chaves, j. 24.04.2024, *DJ* 24.04.2024)

## *Seção II*
## *Dos Incapazes de Exercer a Tutela*

**Art. 1.735. Não podem ser tutores e serão exonerados da tutela, caso a exerçam:**

**I – aqueles que não tiverem a livre administração de seus bens;**

**II – aqueles que, no momento de lhes ser deferida a tutela, se acharem constituídos em obrigação para com o menor, ou tiverem que fazer valer direitos contra este, e aqueles cujos pais, filhos ou cônjuges tiverem demanda contra o menor;**

**III – os inimigos do menor, ou de seus pais, ou que tiverem sido por estes expressamente excluídos da tutela;**

**IV – os condenados por crime de furto, roubo, estelionato, falsidade, contra a família ou os costumes, tenham ou não cumprido pena;**

**V – as pessoas de mau procedimento, ou falhas em probidade, e as culpadas de abuso em tutorias anteriores;**

**VI – aqueles que exercerem função pública incompatível com a boa administração da tutela.**

---

O artigo enumera as pessoas que não têm legitimidade, e, portanto, estarão impedidas absolutamente de exercer o encargo da tutela. O rol é exemplificativo, porquanto circunstâncias especiais do caso concreto poderão autorizar que outras pessoas não estejam legitimadas para exercício deste múnus público, à vista, sempre, dos interesses do menor, bem como em razão da cláusula geral prevista no inciso V deste artigo. O insolvente civil, o falido, os incapazes, os ausentes, os pródigos, assim reconhecidos judicialmente, mencionados no **inciso I**, não podem ser tutores, porque, se não ostentam capacidade para gerir os próprios bens, não podem administrar os de outrem.

Aqueles que tiverem interesses que colidam com os dos menores também não podem ser tutores, por força do disposto no **inciso II** do artigo, autorizado o tutor a mover ação de cobrança contra o tutelado apenas na hipótese do art. 1.751 (*v.* comentário). Sendo o tutor inimigo do menor ou de seus pais, ou tendo sido excluído por estes expressamente da tutela (*v.* comentário ao art. 1.729) poderá pôr em risco o patrimônio do tutelado, motivo pelo qual é vedada sua nomeação em tais casos.

As pessoas que tenham sido condenadas – portanto, por sentença – por crime de furto, roubo, estelionato, falsidade, contra a família ou os costumes, tenham ou não cumprido pena, também não podem exercer tutela, por lhes faltar idoneidade moral e confiabilidade para administrar o patrimônio alheio (**inciso IV**). O CP (art. 92, II) também estabelece como efeito da condenação, a ser declarado na sentença, a incapacidade do condenado para o exercício da tutela se um desses crimes for cometido contra o tutelado.

As pessoas de mau procedimento, ou falhas em probidade, e as culpadas de abuso em tutorias anteriores igualmente não poderão exercer a tutela, por também lhes faltar idoneidade. A pessoa de mau-caráter ou desonesta, além de colocar em risco os bens dos menores, transmite péssima influência para a formação deles. A cláusula geral contida neste **inciso V** permite ao aplicador do direito definir, em cada caso, o real significado dos termos "mau procedimento" e "falhas em probidade".

Por fim, estabelece o **inciso VI** não poderem ser tutores os que exercerem função pública incompatível com a boa administração da tutela, tais como as de juiz, escrivão, oficiais de justiça, promotores de justiça, deputados federais, senadores, militares, diplomatas que atuam no estrangeiro, porquanto o cargo que ocupam poderá deixar o menor sem eficiente assistência ou embaraçar o serviço público. Far-se-á exceção se o magistrado incumbido do caso considerar não haver nenhum inconveniente para os interesses do menor tal indicação (cf. DINIZ, Maria Helena. *Código Civil anotado*. São Paulo, Saraiva, 1995), o que dependerá, portanto, das circunstâncias especiais de cada caso.

**Jurisprudência:** Agravo de instrumento. Irresignação em face da decisão que indeferiu o pedido liminar de curatela provisória. Descabimento. O agravante não pode ser nomeado curador de seu filho, por haver notado conflito de interesses (pai litiga contra o filho), além de impedimento legal. Inteligência dos art. 1.735 e 1.774, ambos do CC. Recurso improvido. (TJSP, AI n. 2081033-46.2021.8.26.0000/SP, 5ª Câm. de Dir. Priv., rel. James Siano, j. 18.03.2022, publ. 18.03.2022)

Agravo de instrumento. Curatela provisória. Antecedentes criminais. Curador. Impedimento. Mitigação. Interesse do interditando. A curatela tem cunho eminentemente protetivo da pessoa do incapaz, estando sujeitos à curatela aqueles que, por causa transitória ou permanente, não puderem exprimir sua vontade, nos termos do art. 1767 do CC. Apesar de o art. 1.735, IV, do CC dispor que são impedidos do exercício da tutela os condenados por crime de furto, roubo, estelionato, falsidade, contra a família ou os costumes, deve haver interpretação mitigatória do dispositivo proibitivo do exercício de curatela por conta dos antecedentes, se existirem provas suficientes a justificar o exercício da curatela pelo irmão da interditanda. (TJMG, AI n. 1.0000.21.064258-3/001, rel. Des. Renato Dresch, j. 22.07.2021)

Agravo interno. Ação de interdição. Exigência de apresentação da certidão negativa criminal da pretensa curadora, nos termos do art. 1.735, IV, do CC, afastada. Recurso desprovido. (TJRS, Ag n. 70.062.327.663, 7ª Câm. Cível, rel. Liselena Schifino Robles Ribeiro, j. 29.10.2014)

Agravo de instrumento. Curatela. Interdição. Interdição provisória deferida. Necessidade de apresentação de certidão negativa criminal. Observância às formalidades do procedimento legal da interdição. 1 – É indispensável a apresentação de certidão negativa criminal por aquele que pretende exercer a curatela, considerando a vedação de nomeação para o exercício do encargo dos "condenados por crime de furto, roubo, estelionato, falsidade, contra a família ou os costumes, tenham ou não cumprido pena", conforme previsto no art. 1.735, IV, do CC, dispositivo aplicável à curatela por força do art. 1.774 do mesmo diploma legal. 2 – A circunstância de ser o genitor do interditando pretendente ao exercício da curatela não possui o condão de suprimir a necessidade de apresentação de certidão negativa criminal, tendo em vista que o parentesco existente não afasta o possível cometimento de crimes elencados no art. 1.735, IV, do CC, devendo ser rigorosamente observada tal formalidade, especialmente em atenção ao necessário resguardo dos interesses da pessoa incapaz, que deve contar com um curador comprovadamente idôneo e legalmente apto para o exercício do encargo. Deram provimento. Unânime. (TJRS, AI n. 70.060.120.862, 8ª Câm. Cível, rel. Luiz Felipe Brasil Santos, j. 25.09.2014)

## *Seção III*
## *Da Escusa dos Tutores*

**Art. 1.736. Podem escusar-se da tutela:**

**I – mulheres casadas;**

**II – maiores de sessenta anos;**

**III – aqueles que tiverem sob sua autoridade mais de três filhos;**

**IV – os impossibilitados por enfermidade;**

**V – aqueles que habitarem longe do lugar onde se haja de exercer a tutela;**

**VI – aqueles que já exercerem tutela ou curatela;**

**VII – militares em serviço.**

Como se disse, a tutela é um encargo público, imposto pela lei, e com caráter obrigatório. Escolhido o tutor, ele não poderá escusar-se do múnus a que estará encarregado se preencher os requisitos exigidos pela lei. Todavia, o legislador admitiu, em situações excepcionais, recusa à nomeação. Estão elas enumeradas na lei, de forma taxativa, sendo aplicadas às tutelas testamentária, legítima e dativa. As pessoas encontradas nas situações previstas na lei – por possibilidade de complicar o desenvolvimento do múnus – estão autorizadas a não exercer a tutela. Por tratar-se de faculdade do tutor, são denominadas voluntárias as escusas ora comentadas. O **inciso I** autoriza a mulher casada a escusar-se do exercício da tutela.

A condição de casada, por si só, não justifica recusa da mulher ao encargo imposto pela lei, em face da igualdade de direitos e obrigações existente entre ela e o marido (art. 226, § 5º, da CF), ou entre mulheres e homens (art. 5º, I, da CF), principalmente levando-se em conta que afazeres domésticos e dedicação à educação dos filhos têm sido cada vez mais compartilhados entre os cônjuges, em razão de a mulher exercer trabalho externo remunerado. Portanto, estende-se a faculdade da escusa ao homem casado ou se exclui a concedida exclusivamente à mulher casada. Por essa razão, há proposta de alteração do dispositivo no PL n. 699/2011.

Os maiores de 60 anos também estão autorizados a não exercer a tutela, em razão da idade (**inciso II**). A autorização legal eventualmente se justificará em razão do momento da vida no qual se encontra a pessoa nomeada, com um padrão de vida já consolidado, a impedir que novos encargos sejam assumidos, bem como em face de eventual falta de resistência física para desenvolvimento de novas atividades.

Também aquele que tiver sob sua autoridade mais de três filhos estará autorizado a escusar-se da tutela (**inciso III**), por considerar o legislador que o exercício da tutoria, nesse caso, poderia, eventualmente, prejudicar o menor, em razão da dificuldade do tutor de manter e educar a todos, especialmente quando desprovido de recursos e bens.

A lei autoriza, ainda, os impossibilitados por enfermidade a não exercerem a tutela (**inciso IV**). A escusa tem em vista eventual impossibilidade de conciliação entre o exercício das funções exigido pelo múnus legal e a doença a que se vê acometido o tutor, por faltar-lhe condições físicas. Referida enfermidade deverá, contudo, estar devidamente comprovada por escrito.

Como afirmado em comentário ao art. 1.732, o tutor deve residir no domicílio do menor, por razões já ali expostas. A escusa constante do **inciso V** deste dispositivo só vem dar respaldo à exigência anteriormente imposta pela lei, sendo evidente a possibilidade de comprometimento do exercício do encargo público o fato do tutor não habitar próximo ao lugar onde haja de exercê-lo.

Para não sobrecarregar de responsabilidade a pessoa que já exerce uma curatela, a lei, em seu **inciso VI**, autoriza sua dispensa quando ela tiver sido escolhida para exercer, agora, tutela de menor. O encargo público deve ser distribuído para toda a comunidade.

Por fim, a lei permite ao militar, em serviço, escusar-se de exercer a tutela (**inciso VII**). A autorização legal tem como fundamento a natureza do trabalho exercido pelo militar, que poderá ser removido de seu posto de trabalho com frequência, exercendo sua atividade e residindo em local diverso do domicílio do menor.

Como salientado, o não exercício da tutela por uma das razões enumeradas neste artigo é faculdade da pessoa nomeada. Contudo, não bastará a ela comprovar que incide, objetivamente, em alguma das situações previstas na lei para ter como certa a exclusão do encargo. Poderá o juiz, diante de circunstâncias peculiares do caso concreto e tendo sempre em vista os interesses do menor, decidir pela não escusa quando for possível conciliar o exercício do múnus público com qualquer das causas elencadas no dispositivo.

**Jurisprudência:** Agravo interno no agravo em recurso especial. Direito processual civil. Omissão. Art. 1.022 do CPC. Não configurada. Direito civil. Ação de interdição. Curatela compartilhada. Hipóteses legais. Dispensa. Falta de tempo e de laços afetivos. Sem previsão legal. Súmula n. 7 do STJ. Agravo interno não provido. 1. Não incorre em negativa de prestação jurisdicional o acórdão que, mesmo sem ter examinado individualmente cada um dos argumentos trazidos pelo vencido, adota fundamentação suficiente para decidir de modo integral a controvérsia, apenas não acatando a tese defendida pela recorrente. 2. O CPC/2015 e o CC estabelecem uma ordem de gradação legal ao exercício da curatela, devendo ser sempre escolhida pelo magistrado, em qualquer caso, aquela pessoa que melhor atenda aos interesses do incapaz, sendo esta a finalidade precípua do processo de interdição. Precedentes. 3. Excetuando-se os casos de dispensa ou escusa, bem como o previsto no art. 1.737, a tutela configura-se como uma obrigação imposta legalmente, um encargo público, que deve ser aceito pelo nomeado, se tiver todas as condições para sua investidura. 4. Motivos alegados como a "falta de tempo" ou a "ausência de afinidade ou afetividade" não são motivos dispostos na lei como possíveis de eximir o curador do encargo. 5. Concluir em sentido diverso, no sentido de verificar se haveria outras possibilidades para que terceiros exercessem a curatela compartilhada, ou se esta efetivamente não seria a melhor situação para o caso em concreto, ou ainda se haveria hipóteses previstas no art. 1.736 do CC – quando o próprio Tribunal de origem nem sequer o mencionou –, demandaria reexame de matéria fático-probatória, o que é vedado em sede de recurso especial, a teor da Súmula n. 7 do STJ. 6. Agravo interno a que se nega provimento. (STJ, Ag. Int. no AREsp n. 2.316.769/DF, 4ª T., rel. Min. Maria Isabel Gallotti, j. 20.11.2023, *DJe* 24.11.2023)

Apelação cível. Ação de substituição de curadoria. Desinteresse permanecer no encargo, ante temperamento difícil do curatelado. Sentença de improcedência. Ausência de prova da impossibilidade da continuidade ao exercício do *munus* público. Prevalência do melhor interesse do interditando. Curatela mantida. Motivação do decisório adotado como julgamento em segundo grau. Inteligência do art. 252 do RITJ. Honorários recursais. Aplicação da regra do art. 85, § 11, CPC. Recurso não provido. (TJSP, Ap. Cível n. 10020773220218260453/Pirajuí, 9ª Câm. de Dir. Priv., rel. Edson Luiz de Queiróz, j. 28.06.2023, *DJ* 28.06.2023)

Agravo de instrumento. Curatela. Decisão que revogou curatela provisória concedida de forma compartilhada a dois dos cinco filhos do interditando e nomeou apenas uma de suas filhas curadora provisória. Insurgência desta aos argumentos de que já auxilia a genitora e possui dificuldades no convívio com o pai, reunindo o irmão melhores condições de atendê-lo, até porque aposentado. Notória litigiosidade entre os filhos que não autoriza o compartilhamento da curatela. Ausência de configuração de qualquer hipótese de escusa legal. Arts. 1.736, 1.774 e 1.781 do CC. Sucessivas alterações na curatela provisória que são prejudiciais aos interesses do interditando. Decisão mantida. Recurso desprovido. (TJSP, AI n. 2004649-08.2022.8.26.0000/SP, 1ª Câm. de Dir. Priv., rel. Claudio Godoy, j. 05.04.2022, publ. 05.04.2022)

Interdição. Curatela. Decisão de nomeação de curador provisório. Agravo interposto por filho da interditanda, que já teve recurso contra a própria declinação apreciado, e por irmã da interditanda não referida na decisão agravada. Falta de interesse recursal quanto a ambos. Agravo não conhecido relativamente a tais pessoas. Interdição. Curatela. Escusa apresentada por irmã da interditanda, pretextando união estável, cuidados com a filha recém-nascida e problemas de saúde. Agravante que além do mais tem sob sua responsabilidade uma filha da própria interditanda. Acolhimento. União estável equiparada a casamento, na *ratio legis* do art. 1.736, I, do CC. Decisão reformada, limitada a modificação contudo ao ato de nomeação, não à nomeação desde logo de outro curador em substituição. Agravo parcialmente conhecido e, nessa parte, parcialmente provido. (TJSP, AI n. 0112737-63.2011.8.26.0000/SP, 2ª Câm. de Dir. Priv., rel. Fabio Tabosa, j. 22.11.2011)

Interdição. Curatela. Declinação por parte de filho maior, com 19 anos, único habilitado dentre as pessoas referidas no art. 1.775 e parágrafos do CC. Notícia de maus-tratos constantes sofridos durante a infância e adolescência, provenientes da interditanda, sua genitora.

Justificativa que se tem por relevante, dadas as implicações desses fatos no aspecto emocional. Rol do art. 1.736 do CC em matéria de escusas não taxativo. Declinação acolhida. Ausência de razão, contudo, para a nomeação de curador dativo no âmbito deste recurso. Necessidade de verificação, pelo próprio Juízo *a quo*, da existência de outros familiares cuja nomeação se mostre possível e conveniente. Decisão reformada apenas para afastar a nomeação do agravante. Agravo parcialmente acolhido para tal fim. (TJSP, AI n. 87448312011826000, 2ª Câm. de Dir. Priv., rel. Fabio Tabosa, j. 23.08.2011)

Civil e processo civil. Interdição. Incapacidade comprovada do interditando. Procedência do pedido. Definição e nomeação do curador. O decreto da interdição de pessoa não está vinculado à possibilidade do requerente ser nomeado curador, mas à constatação de uma das causas de incapacidade previstas no art. 1.767 do CC. A idade superior a 60 anos e a enfermidade constituem razões de escusa ao exercício da curatela (CC – art. 1.736, II e IV, c/c 1.774), mas não causas impeditivas da nomeação prevista no parágrafo único do art. 1.183 do CPC [sem correspondente no CPC/2015]. Inexistente qualquer das causas incapacitantes ao exercício da curatela, previstas no art. 1.735 c/c o art. 1.774 do CC, defere-se o encargo à parte requerente da interdição, quando se tratar de pessoa idônea, que se dedica e que sempre se dedicou aos cuidados e aos interesses do interdito. Dá-se provimento ao recurso. (TJMG, Proc. n. 1.0024.05.779905-8/001(1), rel. Almeida Melo, j. 09.11.2006)

**Art. 1.737. Quem não for parente do menor não poderá ser obrigado a aceitar a tutela, se houver no lugar parente idôneo, consanguíneo ou afim, em condições de exercê-la.**

O artigo trata da hipótese da tutela recair sobre pessoa que não é parente do menor. Esta pessoa estranha poderá pedir dispensa do encargo público quando houver parente idôneo, consanguíneo ou afim, em condições de exercer a tutela; pois, nesse caso, não estará obrigada a aceitá-lo. A intenção do legislador foi manter a convivência familiar ou fazer valer o espírito de solidariedade familiar. Trata-se, como se vê, de outra situação na qual se justifica escusa da tutela pela pessoa nomeada.

O parente do menor, quando existente, deverá preencher os requisitos do art. 1.732: ser idôneo e residir no domicílio do menor. Na linha colateral, o encargo poderá ser estendido até o terceiro grau, por força do que dispõe o art. 1.731, II.

É injusta a inclusão de afins no dispositivo, pois se não têm direito de pleitear alimentos e nem estão arrolados na ordem de vocação hereditária, não deveriam ter de suportar tal encargo público.

**Art. 1.738. A escusa apresentar-se-á nos dez dias subsequentes à designação, sob pena de entender-se renunciado o direito de alegá-la; se o motivo escusatório ocorrer depois de aceita a tutela, os dez dias contar-se-ão do em que ele sobrevier.**

A lei estabelece prazo decadencial de dez dias para a pessoa designada pelo juiz pedir dispensa da tutela. Pretendendo o designado escusar-se do encargo legal, por qualquer dos motivos enumerados nos arts. 1.736 e 1.737, deverá fazê-lo no prazo fixado pela lei, sob pena de ser presumido tê-lo aceitado, não mais podendo dele desvincular-se. Contudo, se o motivo da escusa se der após aceita a tutoria, portanto, superveniente a ela (por exemplo, tutor completar 60 anos; nascimento de um quarto filho seu; ser acometido por doença grave – cf. VELOSO, Zeno. *Código Civil comentado* – direito de família. São Paulo, Atlas, 2003, v. XVII), permite a lei a dispensa ser requerida nos dez dias seguintes da ocorrência.

Na contagem dos prazos previstos neste artigo observar-se-á o disposto no art. 760 do CPC/2015.

**Art. 1.739. Se o juiz não admitir a escusa, exercerá o nomeado a tutela, enquanto o recurso interposto não tiver provimento, e responderá desde logo pelas perdas e danos que o menor venha a sofrer.**

O pedido de liberação da tutela será apreciado imediatamente pelo juiz. Aceita a escusa do designado, estará ele liberado do encargo legal. Na hipótese de não ser acolhido o pedido de escusa, determina a lei – atenta ao interesse do menor que não poderá ficar sem representação – que o designado continue exercendo a tutela enquanto não examinado seu recurso perante o órgão superior competente; significando que este recurso não terá efeito suspensivo, mas apenas devolutivo. Além de arcar com múnus público nesse período, o nomeado responderá, também, por perdas e danos que o menor sofrer em razão de sua conduta omissiva, tenha agido com dolo ou culpa. Se, eventualmente, for reformada a decisão e acolhida a escusa do nomeado, ficará ele exonerado do encargo e liberado da indenização a que estava sujeito. Os atos praticados nesse período serão considerados válidos.

O disposto neste artigo está em perfeita consonância com a norma processual prevista no art. art. 760, § 2º, do CPC/2015.

## *Seção IV*
## *Do Exercício da Tutela*

**Art. 1.740. Incumbe ao tutor, quanto à pessoa do menor:**

**I – dirigir-lhe a educação, defendê-lo e prestar-lhe alimentos, conforme os seus haveres e condição;**

**II – reclamar do juiz que providencie, como houver por bem, quando o menor haja mister correção;**

**III – adimplir os demais deveres que normalmente cabem aos pais, ouvida a opinião do menor, se este já contar doze anos de idade.**

O artigo enumera obrigações do tutor quanto à pessoa do tutelado. As incumbências do tutor são as mesmas atribuídas aos pais no exercício do poder familiar. Compete ao tutor, velando pela pessoa do menor, dirigir-lhe sua educação, defendê-lo e prestar-lhe alimentos necessários para seu sustento, conforme determina o **inciso I**. A obrigação de prestar alimentos ao tutelado somente recairá sobre o tutor quando o menor não possuir parentes que tenham obrigação de assumi-la (*v.* comentários aos arts. 1.694 a 1.697), hipótese na qual o tutor solicitará autorização do juiz para obter os alimentos, amigável ou judicialmente. Os parentes, por sua vez, só terão essa responsabilidade se o menor não possuir bens (cf. art. 1.746). Os alimentos, se prestados pelo tutor, terão em vista suas posses, seus rendimentos e sua condição social, observado o princípio da proporcionalidade entre necessidades do menor e possibilidades do tutor.

Quanto à educação e criação do tutelado, o **inciso II** do artigo proíbe ao tutor impor castigos físicos ao menor, devendo restringir-se a orientá-lo, aconselhá-lo, corrigi-lo, dar-lhe atenção e carinho. A punição pelo tutor, portanto, somente poderá ser moral. Quando for grande o grau de indisciplina do menor e incontrolável e insuportável a irregularidade de sua conduta, o tutor solicitará intervenção do juiz, que determinará as providências necessárias visando a sua correção. O internamento em estabelecimento próprio é uma das medidas que podem ser adotadas pelo juiz.

O **inciso III** determina que outras obrigações ainda sejam cumpridas pelo tutor, além das previstas nos incisos anteriores, após ouvida opinião do menor se este já contar com doze anos de idade. Tais obrigações são as decorrentes do poder familiar e seu cumprimento não está sujeito à concordância do menor, apesar da autorização legal de sua oitiva, fundamentada no disposto no art. 28, § 1º, do ECA.

O descumprimento pelo tutor de qualquer dos deveres relacionados neste artigo relativos à pessoa do menor pode causar sua remoção ou destituição (*v.* comentário ao art. 1.766).

**Jurisprudência:** Apelação cível. Ação indenizatória. Internação involuntária em estabelecimento psiquiátrico. Dever de zelo da curadora em relação ao curatelado. Não observado. Aquiescência com internação ilícita. Desrespeito à Lei n. 10.216/2001. Dano extrapatrimonial. Caracterização. Cerceamento indevido de direito fundamental da liberdade. Precedente. Valor compensatório pretendido de R$ 40.000,00. Irrazoável. Quantia fixada em R$ 3.500,00, tendo em vista as especificidades do caso concreto. Dano reflexo ou em ricochete em relação à cônjuge do internado. Não configurado. Violação à sua dignidade. Não evidenciada. Jurisprudência. Recurso parcialmente provido. 1. O curador, ainda que provisório, deve zelar pela proteção do curatelado, como se depreende da análise conjunta dos arts. 1.740 e 1.781 do CC, sobretudo quando tem ciência da aplicação de medida extrema limitadora do direito constitucional de locomoção da pessoa submetida à curatela, como a internação involuntária. 2. Comete ato ilícito quem age em desacordo com o padrão de conduta imposta pelo ordenamento jurídico a uma pessoa na condição de curadora provisória de outra. 3. Quem comete ato ilícito que ofende direito fundamental da vítima deve indenizá-la. 4. As circunstâncias específicas de cada caso concreto são importantes para que o valor de indenização por dano extrapatrimonial seja fixado adequadamente. Diante disso, no caso sob julgamento, a quantia fixada é muito inferior ao almejado pela parte autora para que seja observado o princípio da proporcionalidade. 5. O sofrimento alheio que pode causar dano reflexo é aquele de ampla gravidade, que leva a pessoa próxima à morte, a invalidez permanente ou qualquer catástrofe, segundo entendimento jurisprudencial. Não é esse, entretanto, o caso dos autos. (TJSP, Ap. Cível n. 1000932-56.2019.8.26.0114/SP, 6ª Câm. de Dir. Priv., rel. Maria do Carmo Honorio, j. 29.04.2022, publ. 29.04.2022)

Processo civil. Civil. Ação de alimentos. Responsabilidade. Tutor sem parentesco com alimentando. Maioridade. Cessa o dever de prestar alimentos. É certo que incumbe ao tutor, quanto à pessoa do menor, adimplir os demais deveres que normalmente cabem aos pais, incluindo o dever de prestar-lhe alimentos, nos termos do art. 1.740, I, do CC. Todavia, com o advento da maioridade cessam as responsabilidades decorrentes da tutela e, tendo em vista a ausência de parentesco entre o apelante e o apelado, escorreito foi o julgamento monocrático que extinguiu o processo sem julgamento do mérito por carência de ação, ante a ilegitimidade passiva do apelado/réu. Conforme o art. 1.694 do CC, podem pedir alimentos uns aos outros os cônjuges, companheiros e parentes, o que não retrata o caso dos autos, uma vez que o apelante não é parente do apelado. Seu dever de prestar alimentos decorria única e exclusivamente do poder de tutela que este detinha sobre aquele, o qual foi cessado com a maioridade do apelante. Recurso conhecido e desprovido. (TJDF, Ap. Cível n. 20121110017382, 6ª T. Cível, rel. Hector Valverde Santanna, j. 13.05.2015, *DJe* 19.05.2015)

Apelação cível. Ação de remoção de curador. Configuração de abandono material. Existindo prova nos autos acerca da condução negativa dos interesses do curatelado, elencados nos arts. 1.740 e seguintes do CC, deve ser decretada a sua remoção. Recurso conhecido mas não provido. (TJMG, Ap. Cível n. 1.0382.11.001397-8/001, rel. Des. Albergaria Costa, j. 04.10.2012, *DJ* 17.10.2012)

**Art. 1.741. Incumbe ao tutor, sob a inspeção do juiz, administrar os bens do tutelado, em proveito deste, cumprindo seus deveres com zelo e boa-fé.**

A tutela, como se disse, tem por finalidade substituir o poder familiar em face de pessoas cujos pais faleceram, foram suspensos ou destituídos do poder familiar. Contudo, os atos praticados pelo tutor, destinados a administração dos bens do tutelado e zelo por sua criação e educação, sofrem limitações, pois, ao contrário do poder familiar, estão sujeitos ao controle judicial. O juiz supervisionará as atividades do tutor, mesmo as que não necessitem de sua autorização. As contas devem ser regularmente prestadas pelo tutor e analisadas pelo juiz. Na administração dos bens do tutelado (o presente artigo trata das obrigações do tutor quanto ao patrimônio do menor; e o anterior, das relativas a sua pessoa), deve o tutor empenhar-se por sua conservação, fazer que rendam frutos e protegê-los ou defendê-los de terceiros (*v.* comentário ao art. 1.747, III). Zelo e boa-fé, mencionados no artigo, sinônimos de dedicação e proteção, seriedade e dignidade, são requisitos para o tutor desenvolver seu múnus público da mesma forma como um pai exerce seu poder familiar.

O descumprimento pelo tutor de qualquer dos deveres relacionados neste artigo relativos ao patrimônio do menor pode causar sua remoção ou destituição (*v.* comentário ao art. 1.766).

**Jurisprudência:** Processo civil. Agravo de instrumento. Curatela. Curadora casada no regime de comunhão universal com o curatelado. Prestação de contas que, embora de forma excepcional, é expressamente admitida pelo ordenamento jurídico. Fundamento fático relevante apontado pela Defensoria Pública e Ministério Público. 1. O regime de comunhão universal de bens, embora tenha sido previsto pelo legislador como fundamento para maior amplitude dos poderes conferidos ao cônjuge nomeado para o exercício da curatela de incapaz, nem por isso lhe subtrai o dever de administração dos bens com zelo e boa-fé (art. 1.741, c/c art. 1.781, ambos do CC), de modo que, havendo fundamento relevante, pode o magistrado determinar prestação de contas (art. 1.783, CC, parte final). 3. Recurso improvido. (TJSP, AI n. 2143232-36.2023.8.26.0000/Piracicaba, 6ª Câm. de Dir. Priv., rel. Ademir Modesto de Souza, j. 12.04.2024, *DJ* 12.04.2024)

Apelação cível. Direito previdenciário. Inclusão de dependente no plano ipe-saúde. Sobrinho sob curatela da segurada. Possibilidade. Honorários de sucumbência. Custas. 1 – Considerando-se que a legislação estadual prevê a possibilidade de inclusão do tutelado como dependente do plano de saúde (art. 5º, V, da LC n. 12.134/2004) e a legislação federal equivale o instituto da tutela ao da curatela (arts. 1.740, 1.774 e 1781 do CC), nada obsta a inclusão, como dependente de segurada do IPE-Saúde, de sobrinho sob curatela. Precedentes jurisprudenciais. 2 – Os documentos dos autos evidenciam a existência de dependência econômica, sendo correta a determinação de inclusão do curatelado como dependente da servidora pública segurada. 3 – Os honorários de sucumbência foram fixados de acordo com o disposto nos arts. 20, parágrafos, 3º e 4º do CPC [respectivamente, arts. 85, 17 e 19 do CPC/2015], não havendo que se falar em redução. 4 – Em razão dos efeitos da ADI n. 70.038.755.864, permanece a isenção do Estado de pagar custas, devendo esse arcar apenas com as despesas, excluindo-se as de Oficial de Justiça. Recurso de apelação parcialmente provido. (TJRS, Ap. Cível n. 70.065.438.467, 2ª Câm. Cível, rel. João Barcelos de Souza Junior, j. 16.07.2015)

Agravo de instrumento. Inventário. Nomeação de novo inventariante que é curador do antigo. Pendência de ação de prestação de contas. Possibilidade de conflitos de interesses configurada. 1 – Conforme art. 991, II, do CPC [art. 618, II, do CPC/2015], compete ao inventariante administrar o espólio, velando dos bens como se seus fossem. Diante do art. 1.783 c/c 1.741 do CC, dever semelhante cabe ao curador, a quem compete igualmente prestar contas de sua gestão a bem do representado (art. 1.755 ). 2 – Nesse contexto, a nomeação de novo inventariante que também ostente a condição de curador de seu sucedido, agora interdito contra um herdeiro move ação de prestação de contas por suspeita de malversação do espólio, traduz um latente conflito de interesses, que impõe seu afastamento daquele encargo. 3 – Recurso provido. (TJMG, AI n. 1.0433.02.063738-8/008, 3ª Câm. Cível, rel. Jair Varão, *DJe* 07.07.2014)

Apelação cível. Ação de remoção de curador. Deveres. Art. 1.741 do CC. Descumprimento. Negligência. Destituição. Arts. 1.774, 1.781, 1.198 do CC. Cabimento. Comprovada a negligência do curador quanto ao cumprimento dos deveres previstos no art. 1.741 do CC, cabível a destituição, por força do disposto nos arts. 1.774, 1.781, 1.198, todos do mesmo diploma legal. (TJMG, Ap. Cível n. 1.0023.10.002760-8/001, rel. Des. Washington Ferreira, j. 12.03.2013, *DJ* 15.03.2013)

Apelação cível. Pedido de alvará judicial. Levantamento de quantia existente em conta bancária de titularidade da falecida genitora de ambas as requerentes, portadoras de doença mental. Sentença de procedência, com a ressalva de que o levantamento de qualquer valor deverá contar com prévia autorização judicial. Necessidade de resguardo da subsistência das interditadas. Impossibilidade de sobreposição dos termos da curatela a texto legal. Incidência dos arts. 1.741 e 1.754 do CC. Sentença mantida. Recurso a que se nega seguimento, na forma do art. 557, *caput*, do CPC [arts. 932, IV, *a* e *b*, e 1.011, I, do CPC/2015]. (TJRJ, Ap. n. 0056936-65.2010.8.19.0042, 6ª Câm. Cível, rel. Wagner Cinelli, j. 24.07.2012)

Apelação cível. Família. Tutela e curatela. Pedido de indenização pela administração de bens de menor de idade. Impossibilidade. Decretação da pena de revelia à apelada. Inteligência dos arts. 319 e 322, parágrafo único, ambos do CPC [arts. 344 e 346, parágrafo único, do CPC/2015]. Necessidade de reforma da sentença na parte em que condenou o apelante nos ônus sucumbenciais, porquanto beneficiário da AJG. Na hipótese merece guarida a insurgência do apelante quanto à impossibilidade de sua condenação ao pagamento dos ônus sucumbenciais, pois evidenciado que litiga sob o manto da AJG. No que pertine à alegação de inobservância da revelia pelo juízo singular, melhor sorte não assiste ao apelante, pois evidenciado que o magistrado não só decretou a revelia como considerou todas as consequências previstas na legislação processual para a hipótese de sua decretação. Ademais, não prospera o pedido de indenização pela administração dos bens da filha da falecida companheira do apelante. É dever do tutor zelar pela conservação e melhora do patrimônio da tutelada, segundo dispõem os arts. 1.741 e 1.747, III, ambos do CC. Apelação provida, em parte (segredo de justiça). (TJRS, Ap. Cível n. 70.033.666.710, 7ª Câm. Cível, rel. Des. José Conrado Kurtz de Souza, j. 09.06.2010)

Apelação cível. Ação de prestação de contas. Sentença de procedência. Pedido de assistência judiciária gratuita não apreciado porque implicitamente concedido na sentença. Cerceamento de defesa. Inocorrência. Elementos presentes nos autos permitiam o julgamento sem a oitiva de testemunhas. Determinada a prestação de contas. Admissibilidade. Demonstrado o exercício pelo apelante do cargo de tutor das apeladas enquanto menores. Alegação de que terceiros exerciam a guarda de fato. Irrelevância. Tutor é o responsável pelos bens das tuteladas e está obrigado legalmente a prestar contas. Sucumbência mantida. Preliminares rejeitadas. Recurso improvido. (TJSP, Ap. c/ Rev. n. 1.891.214.700, 5ª Câm. de Dir. Priv., rel. Oldemar Azevedo, j. 21.05.2008)

---

**Art. 1.742. Para fiscalização dos atos do tutor, pode o juiz nomear um protutor.**

---

O presente dispositivo cria a figura do protutor, não prevista até então em nosso ordenamento jurídico. O protutor terá como função precípua fiscalizar os atos praticados pelo tutor, fornecendo ao menor e a seus bens mais garantias e proteção. Esse trabalho será exercido em conjunto com o de supervisão do próprio juiz. A nomeação do protutor ocorrerá a critério do juiz, quando convier aos interesses maiores do menor, sendo, destarte, facultativa.

Embora a lei não faça restrições à atuação do protutor, dando-lhe amplos poderes de fiscalização, ela se limita à inspeção do trabalho desenvolvido pelo tutor, não lhe autorizando a auxiliá-lo no desempenho do múnus público atribuído com exclusividade a este último.

O protutor deverá ser escolhido da mesma maneira como é selecionado o tutor e poderá receber remuneração por seu trabalho, na forma disposta no art. 1.752, § 1º.

O juiz não deve, desde logo, nomear protutor, mas apenas quando considerar não lhe ser possível inspecionar, em decorrência de circunstâncias do caso concreto, de forma que convém aos interesses do menor e amplamente, o trabalho desenvolvido pelo tutor. A mera desconfiança quanto a idoneidade do tutor, sua dedicação e capacidade no desempenho do encargo não justifica nomeação de protutor, mas autoriza, por si só, destituição do tutor, por colocar em risco os interesses maiores do tutelado.

**Jurisprudência:** Agravo de instrumento. Ação de interdição. Prestação de contas. A prestação de contas em processo de interdição insuficiente para eximir a curadora do encargo. Desnecessidade de nomear-se protutor. Deram parcial provimento. (TJRS, AI n. 70.021.797.188, 8ª Câm. Cível, rel. Rui Portanova, j. 13.12.2007)

**Art. 1.743. Se os bens e interesses administrativos exigirem conhecimentos técnicos, forem complexos, ou realizados em lugares distantes do domicílio do tutor, poderá este, mediante aprovação judicial, delegar a outras pessoas físicas ou jurídicas o exercício parcial da tutela.**

O dispositivo constitui exceção ao princípio da unipessoalidade e indivisibilidade da tutela, pois autoriza, diante das circunstâncias que descreve, uma parcial delegação da tutela a terceiro, que poderá ser pessoa física ou jurídica. A delegação, que necessita de prévia autorização judicial, somente será possível quando bens e interesses administrativos do menor exigirem conhecimentos técnicos, forem complexos, ou realizados em lugares distantes do domicílio do tutor (por exemplo: administração da produção de gado em uma fazenda, gerência de uma fábrica, organização contábil das contas, acompanhamento de aplicações financeiras – cf. RIZZARDO, Arnaldo. *Direito de família*. Rio de Janeiro, Forense, 2004). Basta para a autorização da delegação a ocorrência de qualquer uma dessas situações.

A delegação permitida pela lei é apenas parcial, por ser restrita a bens e interesses administrativos do tutelado que se encontrem nas situações descritas no artigo, não se estendendo às obrigações do tutor relativas à pessoa do menor. Como cotutor, o terceiro a quem foi delegada parcialmente a tutela, responderá por danos e prejuízos que causar ao menor no exercício da atividade.

**Jurisprudência:** Interdição. Pretensão, do curador da interdita, de delegar suas funções a terceiros, mediante outorga de procuração para a prática de atos de administração, notadamente assinaturas de créditos de cédulas de crédito rural. Alegação de que as cooperativas de produtos estariam exigindo alvará judicial para cada operação. Impossibilidade de delegação, nos moldes amplos pretendidos. Possibilidade, tão somente, de se valer da prerrogativa do art. 1.743 do CC, aplicável à curatela por força do art. 1.781, subsequente agravo parcialmente provido, apenas para esse fim, devendo o juízo estabelecer os limites dos poderes de representação. (TJSP, AI n. 2029342-71.2013.8.26.0000/Bebedouro, 8ª Câm. de Dir. Priv., rel. Luiz Ambra, *DJe* 28.04.2014, p. 1.462)

Ação de anulação de deserção. Deserção das autoras operada em testamento lavrado pelo pai das mesmas em 2001. Aplicação, na espécie, do CC/16. Legitimidade das autoras que deriva do disposto no art. 1.596 do CC. Ônus de provar a veracidade da causa para a exclusão que toca aos réus, ora apelados. Aplicação do disposto no art. 1.743 do CC. Necessidade da designação de audiência de instrução e julgamento, promovendo-se, com antecedência, a intervenção do MP nos autos à vista da presença de interdita no polo passivo da demanda (art. 82, I, do CPC). Feito anulado a partir da r. sentença, inclusive. (TJSP, Ap. Cível n. 990101280116, 3ª Câm. de Dir. Priv., rel. Donegá Morandini, j. 19.10.2010, *DJe* 03.11.2010)

Curatela. Pretensão de nomeação de procurador, com poderes para efetuar operações financeiras, de forma a auxiliar a curadora a administrar as três fazendas de propriedade da curatelada em estados distantes do seu domicílio. Cabimento. Art. 1.743 do CC que expressamente prevê tal possibilidade. Decisão reformada. Recurso provido. (TJSP, AI n. 994092877456 (6766744500), 1ª Câm. de Dir. Priv., rel. Des. Rui Cascaldi, j. 30.03.2010)

**Art. 1.744. A responsabilidade do juiz será:**

**I – direta e pessoal, quando não tiver nomeado o tutor, ou não o houver feito oportunamente;**

**II – subsidiária, quando não tiver exigido garantia legal do tutor, nem o removido, tanto que se tornou suspeito.**

O artigo trata da responsabilidade do juiz quando, por omissão sua, houver dado causa a prejuízos sofridos pelo menor tutelado. O **inciso I** do artigo estabelece que a responsabilidade do magistrado será pessoal e direta, quando deixar de nomear tutor ao menor, ou retardar a nomeação, apesar de necessidade e urgência da medida para que o pupilo não sofra prejuízos. Nesse caso, o juiz arcará, pessoal e plenamente – ante a ausência de outro corresponsável –, com o pagamento da indenização por perdas e danos ocasionados ao menor, em razão de sua conduta.

Já o **inciso II** do artigo determina a responsabilidade do juiz ser apenas subsidiária quando, havendo tutor nomeado, tiver deixado de exigir garantia legal dele (art. 1.745, parágrafo único) e de tê-lo removido (art. 1.764, III) apesar de o exigirem as circunstâncias do caso. Nessa hipótese, a responsabilidade primeira será do tutor nomeado que, diretamente, causou os prejuízos ao menor, e somente recairá sobre o magistrado quando o tutor não puder arcar sozinho com o pagamento da indenização devida ao tutelado, tanto por lhe faltar recursos, como por insuficiência deles.

**Jurisprudência:** Interdição. Apelação cível. Prestação de caução ao exercício da curatela. Exigência cabível e recomendável. A imposição de caução ao exercício da curatela é legalmente válida, a fim de bem resguardar o patrimônio do interdito. A idoneidade do curador não dever ser apenas moral, mas também financeira para a dispensa de que tratam os arts. 1.745, parágrafo único, do CC/2002, e 1.190 do CPC [sem correspondente no CPC/2015]. Por não ser sequer parente do interdito e haver indícios de confusão patrimonial, mantém-se a caução ao curador. Omissão que gera responsabilidade do juiz (art. 1.744 do CC/2002). Negado provimento. (TJRS, Ap. Cível n. 70.014.589.774, 7ª Câm. Cível, rel. Des. Maria Berenice Dias, j. 10.05.2006)

---

**Art. 1.745. Os bens do menor serão entregues ao tutor mediante termo especificado deles e seus valores, ainda que os pais o tenham dispensado.**

**Parágrafo único. Se o patrimônio do menor for de valor considerável, poderá o juiz condicionar o exercício da tutela à prestação de caução bastante, podendo dispensá-la se o tutor for de reconhecida idoneidade.**

---

Os bens do menor só serão entregues ao tutor para que possa administrá-los depois de ser feito inventário pormenorizado deles, do qual deverão constar também seus valores. A medida tem por finalidade dar maior garantia ao menor em relação aos bens cuja administração foi entregue ao tutor, pois saberá sobre quais bens deverá ele prestar contas e quais deverão ser devolvidos por ele após encerramento da tutela. Lavrar-se-á auto de inventário, que deverá ser assinado pelo juiz, pelo tutor e pelo representante do Ministério Público, e do qual se extrairá cópia que deverá ser entregue ao tutor, permanecendo o original juntado aos autos. Esse procedimento não será dispensado nem mesmo na hipótese de terem os pais do menor, por testamento ou documento autêntico, aberto mão de tal exigência.

Quando for considerável ou alto o valor do patrimônio do menor, poderá o juiz, por força do disposto no parágrafo único deste artigo, determinar que o tutor preste caução – real (incide sobre bens) ou fidejussória (apresentação de fiador idôneo) – antes de iniciar o exercício da tutela, visando a assegurar, como já se disse, a boa administração dos bens e a devolução de renda e bens após término do encargo público. A reconhecida idoneidade do tutor autoriza o juiz a dispensar a prestação de caução. Portanto, a dispensa ocorrerá quando o tutor tiver idoneidade notória, reputação ilibada, honestidade conhecida e manifesta, enfim, algo mais que a simples idoneidade mencionada no art. 1.732 (cf. VELOSO, Zeno. *Código Civil comentado* – direito de família. São Paulo, Atlas, v. XVII, 2003). Não mais se exige a especialização da hipoteca legal, determinada pelo art. 418 do CC/1916, ficando também revogada, por força deste artigo, a disposição contida no art. 37 do ECA. A hipoteca legal dos bens do tutor ou curador, inscrita em conformidade com o inciso IV do art. 827 do CC/1916, antes, portanto, da vigência desta lei, poderá, à vista do disposto neste artigo, ser cancelada, desde que atendidos os requisitos do parágrafo único ora comentado (*v.* comentário ao art. 2.040).

**Jurisprudência:** Apelação cível. Ação de interdição. Obrigação de prestar contas anualmente. Significativa renda mensal. Alegação de desnecessidade. Sentença mantida. A prestação de contas pelo curador é a regra, conforme disposição legal, nos termos dos arts. 1.745, § único, e 1.757 c/c o art. 1.781, do CC, e art. 84, § 4º, da Lei n. 13.146/2015. A administração de bens e valores de terceiros resulta no dever lógico e natural de dar satisfação de seus atos de gestão, apresentando-os de forma apta à conferência e verificação regular, especialmente quando se trata de pessoa incapaz. Hipótese em que a significativa renda mensal da interditanda justifica a manutenção da obrigação estabelecida em sentença de prestação de contas na periodicidade anual. Apelação desprovida. (TJRS, Ap. Cível n. 50035510620218210001, 7ª Câm. Cível, rel. Des. Carlos Eduardo Zietlow Duro, j. 01.10.2021)

Agravo de instrumento. Interdição. Curador provisório que requereu a expedição de alvará para movimentação da conta bancária do interditando, bem como seja este último intimado, por seu advogado, para indicar o atual endereço, viabilizando o cumprimento da internação compulsória já deferida nos autos. Indeferimento em primeiro grau. Insurgência do curador. Indicação do atual endereço do interditando que não pode ser objeto de AI, posto não se enquadrar em nenhuma das hipóteses previstas no art. 1.015 do CPC. Recurso não conhecido neste ponto. Pretensão de expedição de alvará para movimentação financeira, contudo, que deve ser acolhida. Curador que, em uma interdição, tem por função a gestão do patrimônio do interditando, o que se sujeita a rigoroso regime judicial de prestação de contas. Arts. 1.741 e 1.774 do CC. Caso concreto em que deferida a tutela antecipada recursal determinando-se não apenas a prestação de contas, mas também a apresentação de caução idônea pelo curador, o que é suficiente a assegurar os interesses do interditando e a preservação do seu patrimônio. Art. 1.745 do CC. Interditando que, em contraminuta, não se opôs à medida, comprometendo-se a apresentar relação de despesas nos autos de origem. Decisão reformada. Recurso conhecido em parte e, na parte conhecida, provido. (TJSP, AI n. 20056832320198260000, 6ª Câm. de Dir. Priv., rel. Rodolfo Pellizari, j. 04.04.2019, *DJe* 05.04.2019)

Apelação cível. Ação de interdição. Hipoteca legal. Art. 1.745, parágrafo único, do CC. Dispensa. Cabimento, no caso. 1 – Possível a dispensa da prestação de garantia, nos termos do art. 1.745, parágrafo único, do CC (aplicável ao caso por força do seu art. 1.774), porquanto inexiste qualquer indício de má administração do patrimônio da interditada e porque a curadora vem exercendo o encargo desde agosto de 2013, contando com a aprovação dos demais irmãos, ora apelantes, o que revela que se trata de pessoa idônea. 2 – Além disso, eventual alienação deverá ser obrigatoriamente precedida de autorização judicial (arts. 1.774 e 1.750 do CC), estando o curador legalmente obrigado à prestação de contas acerca de sua administração (art. 1.755 do CC). Apelação provida. (TJRS, Ap. Cível n. 70.062.709.654, 8ª Câm. Cível, rel. Ricardo Moreira Lins Pastl, j. 05.03.2015)

Apelação cível. Interdição. Definição do curador. Sentença que decreta a interdição parcial e define a curadoria na pendência da realização de estudo social atualizado. Jurisdição voluntária. Desnecessidade de observância à legalidade estrita. O exercício da curatela, por se tratar de uma relação continuativa – tal como a guarda de menores – pode ser a qualquer momento contestada e novamente analisada pelo juízo a quem deve caber o encargo, em vista do melhor interesse do interdito. Sendo assim, para que não haja supressão de grau de jurisdição e tendo em conta que não há flagrante perigo de dano ao interdito, na manutenção dos curadores, adequado negar provimento à apelação para manter a sentença e determinar que o estudo social pendente seja feito pelo juízo de origem e depois proferida nova decisão, com base neste laudo a ser realizado. Tocante ao pedido alternativo de prestação de caução pelos curadores, também vai indeferido, pois não há motivos para duvidar da idoneidade dos curadores nomeados, conforme última parte do parágrafo único do art. 1.745 do CC. Negado seguimento. Em monocrática. (TJRS, Ap. Cível n. 70.049.435.787, 8ª Câm. Cível, rel. Rui Portanova, j. 10.07.2012).

Interdição. Irresignação da curadora quanto à necessidade de especialização de hipoteca legal determinada pela sentença. Cabimento. Exigência não mais prevista em lei. Garantia, ademais, que pode ser dispensada em caso de reconhecida idoneidade do curador (art. 1.745, parágrafo único, do CC). Futuro patrimônio do interdito que, ademais, será constituído em sua maior parte por bens imóveis, cuja alienação dependerá de autorização judicial. Recurso provido. (TJSP, Ap. n. 994071013577, 10ª Câm. de Dir. Priv., rel. Des. Galdino Toledo Júnior, j. 16.08.2010)

Agravo de instrumento. Ação de interdição. Sentença transitada em julgado. Decisão posterior alterando a determinação de prestação de contas. Possibilidade. Curadora nomeada na pessoa da mãe. Interdito sem bens nem rendas. Dispensa da prestação de contas. Preliminar. Admissível a alteração pelo juiz prolator de sentença de interdição, por meio de decisão posterior, para liberar a curadora da caução e da prestação de contas antes determinada, porquanto, na interdição, a decisão não faz coisa julgada material, tão pouco detém eficácia para alcançar atos anteriores praticados pelo interdito, cuja invalidade reclama comprovação, podendo ser modificada a qualquer tempo, desde que demonstrada alteração na situação da parte. Preliminar de nulidade rejeitada. Mérito. O dever de prestar contas decorre de expressa disposição legal e é inerente ao exercício da administração dos bens e rendimentos alheios. A circunstância de a mãe do interditando ter sido nomeada curadora provisória, por si só, não elide a obrigação de prestar contas, tampouco de prestar caução. Todavia, no caso, a curadora comprovou a inexistência de bens e rendas que justificassem a prestação de contas antes determinada, a se somar que se trata de pessoa idônea para exercer o múnus, conforme termos do art. 1.774 e parágrafo único do art. 1.745, ambos do CC/2002. Desacolheram a preliminar e negaram provimento a apelação. (TJRS, AI n. 70.033.941.899, 7ª Câm. Cível, rel. Des. André Luiz Planella Villarinho, j. 24.03.2010)

Ação de interdição. Inconformismo quanto à hipoteca legal. Necessidade injustificada. Dispensa da garantia por conta de presumida idoneidade da filha única da interditada. Inteligência do parágrafo único do art. 1.781 [1.745] do CC. Hipoteca legal que deixou de estabelecer garantia sobre os bens dos tutores ou curadores. Inteligência dos arts. 1.745, parágrafo único, 1.781 e 1.750 do CC/2002 e 1.190. Recurso provido. (TJSP, Ap. n. 994092828793, 7ª Câm. de Dir. Priv., rel. Des. Luiz Antonio Costa, j. 24.02.2010)

Interdição. Curatela. Irresignação do curador quanto à necessidade de caução determinada pelo juízo. Cabimento. Encargo recentemente assumido não havendo dúvida a respeito da idoneidade do curador. Existência, ademais, de poucos bens em nome da curatelada. Aplicação do art. 1.190 do CPC [sem correspondente no CPC/2015] e do art. 37, parágrafo único, do ECA, por analogia, e do art. 1.745 c/c art. 1.774, ambos do CC. Regime da separação de bens e responsabilidade do magistrado insubsistentes para impor a exigência de caução. Bloqueio e limitação da movimentação da conta da interditanda que se mostram pertinentes ante a ausência de demonstração das necessidades da curatelada. Periodicidade da prestação de contas reduzida, dadas as dificuldades práticas para realizá-la. Agravo parcialmente provido. (TJSP, AI n. 6.069.214.600/São Paulo, 6ª Câm. de Dir. Priv., rel. Percival Nogueira, j. 05.03.2009)

Curadoria. Idoneidade da curadora reconhecida, todavia, litigiosidade latente a aconselhar prudência objetivada na exigência de caução (CC, art. 1.745, parágrafo único). Recurso de apelação não provido. (TJSP, Ap. Cível n. 507.542-4/4-00, rel. Des. Piva Rodrigues, j. 16.10.2007)

Interdição. Agravo de instrumento. Idoneidade do curador. Dispensa da prestação de caução ao exercício do encargo. A imposição de caução ao exercício da curatela é legalmente válida, a fim de bem resguardar o patrimônio do interdito. Caso em que há motivos suficientes a autorizar a dispensa da exigência (arts. 1.745, parágrafo único, do CC/2002, e 1.190 do CPC) [sem correspondente no CPC/2015]. Curador goza de reconhecida idoneidade e é irmão do interdito. Dinheiro depositado deve ser remetido para conta bancária em nome do curatelado, sob controle do Judiciário. Curador fica dispensado da caução, sem prejuízo da prestação de contas anual dos rendimentos e das despesas do incapaz. Parcialmente provido. (TJRS, Ap. Cível n. 70.017.212.937, 7ª Câm. Cível, rel. Des. Maria Berenice Dias, j. 06.12.2006)

Tutela. Dispensa de especialização de hipoteca legal, a despeito de o menor possuir quinhão hereditário. Exigência que não mais existe no nCC. Faculdade do juiz. Art. 1.745 do vigente CC. Menor que não apresenta patrimônio considerável. Tutora idônea, irmã do tutelado. Desprovimento do recurso. (TJRJ, Ap. Cível n. 2004.001.19314, rel. Des. Odete Knaack de Souza, j. 28.09.2004. In: *Família e sucessões no CC de 2002 – II*, Francisco José Cahali, RT, 2005)

Curatela. Hipoteca legal. Especialização. Dispensa. Cabimento. É razoável eximir a curadora nomeada de efetivar a especialização de bem por hipoteca legal, quando de reconhecida idoneidade, por aplicação simétrica das regras da tutela. Inteligência dos arts. 1.745 e 1.774 do CC/2002. Recurso provido. (TJRS, Ap. Cível n. 70.005.862.230, rel. Des. José Carlos Teixeira Giorgis, j. 18.06.2003)

Interdição. Nomeação de irmã da interditada como sua curadora, que requereu o encargo diante da necessidade de pleitear benefício perante a Previdência Social. Irresignação quanto à necessidade de especialização da hipoteca legal determinada pela sentença. Cabimento. Inexistência de bens a serem administrados e benefícios da Previdência Social que serão destinados à sobrevivência da própria interditanda. Dispensa. Aplicabilidade do art. 1.190 do CPC [sem correspondente no CPC/2015] e do ECA, art. 37, parágrafo único, por analogia. Inteligência do art. 454 do CC. Recurso provido. (TJSP, Ap. Cível n. 186.040-4/5, rel. Des. Guimarães e Souza, j. 08.05.2001)

Interdição. Curatela. Hipoteca legal. Desobrigatoriedade. Necessidade, no entanto, da prestação de caução por parte do curador. Inteligência dos arts. 1.489, 1.744, II, 1.745, parágrafo único, e 2.040 do CC/2002. "Apelo quanto à obrigatoriedade de especializar em hipoteca legal. Atual CC que desobriga a hipoteca legal (arts. 1.489 e 2.040), mas prevê a prestação de caução bastante, caso necessário (art. 1.745, parágrafo único). Hipótese em que a interditanda tem a receber a cota-parte da herança da genitora. Curador-pai da interditanda que não aponta bens destinados à caução – recebendo de aposentadoria – f. – R$ 200,00. Interditanda que é beneficiária da Previdência Social. Amparo assistencial a pessoa portadora de deficiência. Responsabilidade do julgador constante do art. 1.744, II, do CC/2002. Voto no sentido de conhecer do recurso e provê-lo em parte para no caso em tela determinar que seja prestada caução dos bens a que se refere o curador na exordial (direitos hereditários). (*RT* 852/345)

**Art. 1.746. Se o menor possuir bens, será sustentado e educado a expensas deles, arbitrando o juiz para tal fim as quantias que lhe pareçam necessárias, considerado o rendimento da fortuna do pupilo quando o pai ou a mãe não as houver fixado.**

Como já se afirmou em comentário ao art. 1.740, I, a responsabilidade do tutor por sustento e educação do menor é subsidiária, porquanto esse encargo só recairá sobre ele se as pessoas obrigadas a tanto, os parentes (*v.* comentários aos arts. 1.694 a 1.697), não o fizerem, ou o tutelado não possuir bens. É o que determina o artigo ora comentado. Possuindo o menor rendimento de bens de sua propriedade, poderá arcar com as despesas necessárias para sua manutenção e educação. Estando esse valor previamente fixado pelos pais, em testamento ou documento autêntico, ficará o juiz dispensado de estabelecê-lo. Contudo, caso não tenha sido feito pelos pais, o juiz, considerando o rendimento da fortuna do tutelado, arbitrará o valor que considerar justo para suprir essas necessidades do menor. Poderá, também, o magistrado, à vista das circunstâncias especiais do caso concreto e sempre considerando o maior interesse do menor, estabelecer novo valor suficiente para suprir suas necessidades, ainda que os pais o tenham fixado previamente.

**Jurisprudência:** Agravo de instrumento. Alienação de bem do interdito. Reembolso. Gastos com educação e sustento. Possibilidade. A obrigação do curador de sustento e educação do interdito é subsidiária, de forma que o curatelado que possui bens é sustentado e educado às expensas deles. Art. 1.746 c/c o art. 1.774 do CC/2002. Recurso provido. (TJSP, AI n. 500.658.4/2-00, rel. Des. Carlos Giarusso Santos, j. 03.10.2007)

---

**Art. 1.747. Compete mais ao tutor:**

**I – representar o menor, até os dezesseis anos, nos atos da vida civil, e assisti-lo, após essa idade, nos atos em que for parte;**

**II – receber as rendas e pensões do menor, e as quantias a ele devidas;**

**III – fazer-lhe as despesas de subsistência e educação, bem como as de administração, conservação e melhoramentos de seus bens;**

**IV – alienar os bens do menor destinados a venda;**

**V – promover-lhe, mediante preço conveniente, o arrendamento de bens de raiz.**

---

O presente dispositivo enumera as atribuições do tutor no exercício da tutela. Por se referirem à administração (ordinária) de bens do menor e a sua subsistência e educação, prescindem da autorização do juiz, embora sejam supervisionados por ele. O tutor tem, em relação a esses atos, plena autonomia para agir. Nos termos do **inciso I** do artigo, o tutor deverá representar o menor, até os dezesseis anos, nos atos da vida civil, e assisti-lo, entre os dezesseis e dezoito, nos atos em que for parte – como determinado pela lei aos pais (*v.* comentário ao art. 1.634, V) –, suprindo-lhe o consentimento para os atos que dele necessitem (art. 142 do ECA). Sobre a responsabilidade civil dos tutores veja comentários aos arts. 928, 932 e 933 deste Código.

Estabelece o **inciso II** o tutor ter também como incumbência receber rendas e pensões do menor, e quantias a ele devidas, enquadrando-se essa atribuição entre as relativas à administração de bens do tutelado. Poderá, ainda, o tutor fazer despesas de subsistência e educação do menor, e as decorrentes de administração, conservação e melhoramentos de seu patrimônio (**inciso III**), agindo sempre com zelo, dedicação e dignidade, como determina o disposto no art. 1.741.

O tutor deverá alienar os bens do menor que forem destinados a venda (**inciso IV**), que não sejam aqueles dos quais o tutelado retira o necessário para sua subsistência e que não sejam imóveis – sobre estes há disciplina expressa (art. 1.750) – por exemplo, os produtos agrícolas (colheitas).

Por fim, o tutor está autorizado a promover arrendamento de bens de raiz (**inciso V**) pertencentes ao menor, por preço justo e vantajoso para o tutelado, cujos interesses devem sempre prevalecer. Para arrendamento do bem, o tutor não necessitará da autorização do juiz, nem que seja realizado mediante praça pública, como impunha o art. 427, V, do CC/1916, em evidente demonstração de o legislador ter conferido mais autonomia ao tutor, tornando mais rápida e simples sua atuação nesta situação.

**Jurisprudência:** Embargos de declaração. Necessidade de aclaramento de questão relevante envolvida na lide, porém, não nos moldes pretendidos pelo embargante. Agravo de Instrumento. Inventário. Viúva herdeira interditada. Necessidade de autorização judicial para alienação de bens imóveis de sociedades empresárias integrantes do acervo patrimonial do espólio. Adequação. Inteligência dos arts. 1.747, IV, 1.748, IV, e 1.750, do CC. Empresas descritas nos autos que teriam incluídas em seu objeto social as atividades de compra e venda de imóveis do casal. Situação que não altera a necessidade de autorização judicial para alienação de bens. Falecimento do sócio e interdição da viúva que afetam o prosseguimento de aludidas empresas, demandando a respectiva liquidação. Curadora da viúva, outrossim, que deverá comprovar nos autos do inventário autorização judicial para aceitação da herança, na forma do inciso II, do art. 1.748, do CC, comprovação esta a ser feita em primeiro grau. Acolhimento parcial dos embargos. (TJSP, Emb. Decl. Cível n. 2101000920238260000/São José dos Campos, 5ª Câm. de Dir. Priv., rel. João Batista Vilhena, j. 15.09.2023, *DJ* 15.09.2023)

Locação. Ação de despejo por falta de pagamento. Sentença de procedência. Interposição de apelação pela Promotoria de Justiça. Interdição do réu C. E. M. Nomeação do irmão, ora réu J. L. M., como curador do interdito. A condição de interdito do locatário, ora réu C. E. M., não tem o condão de afastar a validade do contrato de locação, visto que o aludido contratante foi representado pelo seu curador, ao qual competia praticar em seu nome atos da vida civil, independentemente de autorização judicial, de modo a suprir a incapacidade do curatelado, consoante inteligência dos arts. 104, I, 1.747, I, e 1.781, todos do CC. Término do prazo estipulado no contrato celebrado entre as partes não impede a propositura da presente demanda. Locação prorrogada por prazo indeterminado nas mesmas condições ajustadas, inclusive em relação ao réu C. E. M., conforme o art. 56, parágrafo único, da Lei n. 8.245/91. Ausência de provas aptas a demonstrar que a locação tenha sido celebrada em benefício de terceiro diverso do interdito. Má-fé do curador não pode ser presumida. Revelia. Presunção de veracidade da alegação de falta de pagamento de aluguéis e encargos. Inteligência do art. 341 do CPC/2015. Rescisão do contrato de locação e a decretação de despejo dos locatários, ora réus, eram mesmo cabíveis, conforme os arts. 9º, III, e 62 da Lei n. 8.245/91. Procedência desta ação era mesmo medida imperiosa. Manutenção da r. sentença. Apelação não provida. (TJSP, Ap. Cível n. 1027824-87.2019.8.26.0506/SP, 26ª Câm. de Dir. Priv., rel. Carlos Dias Motta, j. 16.12.2021, publ. 16.12.2021)

Interdição. Curador que pretende a autorização para a contratação de empréstimo em nome do curatelado para a ampliação de imóvel de sua titularidade para melhor acomodar o curatelado. Ao curador somente compete realizar as despesas necessárias à subsistência do curatelado, bem como administrar seu patrimônio (art. 1.747, III, c/c art. 1.781 do CC). A pretendida ampliação do imóvel mediante o endividamento do curatelado traduz-se em verdadeira aquisição de bens pelo curador mediante a redução patrimonial do interdito, na medida em que as benfeitorias ingressarão na esfera patrimonial do titular do imóvel (curador). Por conseguinte, a autorização pretendida é incompatível com a exegese do art. 1.749, I, do CC, o qual veda a transferência de patrimônio do curatelado para o curador. Agravo desprovido. (TJSP, Proc. n. 22067138020178260000, 7ª Câm. de Dir. Priv., rel. Rômolo Russo, j. 12.07.2018)

Interdição. Curatela do filho acometido de esquizofrenia e usuário de drogas. Pedido de reforma da decisão que revogou em parte a decisão anterior, que nomeara a mãe curadora provisória e a habilitava a sacar o benefício previdenciário de auxílio-doença, mediante prestação de contas a ser apresentada mensalmente. Decisão impugnada que condiciona o levantamento dos benefícios depositados pelo INSS em conta bancária em favor do interditando à prévia expedição de alvarás judiciais. Situação que cria desnecessária burocracia e dificuldades à curadora. Exigência de prestação de contas que se mostra medida suficiente para comprovação do destino dos valores sacados da conta do interditando. CC/2002, arts. 1.747, II, e 1.774. Recurso provido. (TJSC, AI n. 2011.033682-0/Guaramirim, 2ª Câm. de Dir. Civil, rel. Nelson Schaefer Martins, j. 10.01.2012)

Apelação. Interdição requerida pela irmã dos interditantos que, por ocasião do divórcio dos pais, ficaram sob a guarda do genitor, agora falecido. Pretensão da recorrente (mãe dos interditandos) em manter os termos ajustados quando do divórcio que, na ausência do pai, asseguravam-lhe a guarda dos filhos menores. Inviabilidade ante a extinção do poder familiar pelo advento da maioridade, passando a representação dos interditandos a ser exercida pelo curador. Inteligência dos arts. 1.630 c/c 1.747, I, e 1.781 do CC. Nomeação da irmã dos interditandos como sua curadora. Possibilidade. Havendo nos autos elementos que comprovam que a primeira dispensa aos últimos os cuidados necessários, possível a atribuição a ela do encargo da curadoria. Decisão mantida. Recurso improvido. (TJSP, Ap. Cível c/ Rev. n. 5.744.804.600/Santos, 3ª Câm. de Dir. Priv., rel. Egidio Giacoia, j. 12.05.2009)

Agravo de instrumento. Interdição. Interesse recursal. Presença apenas de interesse econômico. Insuficiente para ingresso no recurso. Aplicação do disposto no art. 499 do CPC [art. 996 do CPC/2015]. Intervenção afastada. Curador dativo. Contrato de locação firmado no curso da administração dos bens do interditando. Prática que não dependia de prévia autorização ou posterior ratificação judicial. Incidência do disposto no art. 1.747, V, do CC. Ineficácia do ato por suposto prejuízo financeiro imposto ao interditando. Circunstância que, per si, não invalida o ato praticado pelo curador dativo. Nulidade ou anulação do negócio jurídico atrelado às condições previstas nos arts. 166 e 171 do CC. Eventual falta de diligência do curador dativo. Sujeição apenas ao dever de indenizar o curatelado (art. 1.752, CC), sem o condão de invalidar a avença. Novo contrato firmado pelo curador dativo nomeado em substituição. Irrelevância. Pactuação firmada na vigência do contrato firmado com a recorrente. Ineficácia do contrato afastada. Decisão reformada. Agravo provido. (TJSP, AI n. 5.428.704.700/São Paulo, 3ª Câm. de Dir. Priv., rel. Donegá Morandini, j. 11.03.2008)

---

**Art. 1.748. Compete também ao tutor, com autorização do juiz:**

**I – pagar as dívidas do menor;**

**II – aceitar por ele heranças, legados ou doações, ainda que com encargos;**

**III – transigir;**

**IV – vender-lhe os bens móveis, cuja conservação não convier, e os imóveis nos casos em que for permitido;**

**V – propor em juízo as ações, ou nelas assistir o menor, e promover todas as diligências a bem deste, assim como defendê-lo nos pleitos contra ele movidos.**

**Parágrafo único. No caso de falta de autorização, a eficácia de ato do tutor depende da aprovação ulterior do juiz.**

---

Este artigo estabelece algumas atribuições do tutor que, por terem influência no patrimônio do menor, necessitam de autorização judicial; devendo, para tanto, o tutor ingressar em juízo representando ou assistindo o menor na forma da lei (art. 1.747, I). As dívidas do menor (**inciso I**) deverão ser pagas pelo tutor, autorizado pelo juiz, após comprovação de sua real existência. O recebimento de herança – ou a renúncia a ela –, legados ou doações, ainda que com encargos, pelo tutor (**inciso II**), também exige outorga judicial, pois repercutirá em alteração do patrimônio do menor, sendo, pois, conveniente o consentimento do magistrado. O tutor ainda poderá transigir em nome do tutelado (**inciso III**) em relação às obrigações a ele afetas.

Sobre a conveniência de vender-se os bens imóveis do tutelado (**inciso IV**), disciplina o art. 1.750 seus requisitos legais (*v.* comentário). Quanto aos móveis, deverá o tutor solicitar autorização judicial para aliená-los quando sua conservação não mais interessar economicamente ao menor, devendo, para tanto, ser previamente avaliados.

A autorização do juiz também será necessária quando o tutor precisar propor ações em juízo (**inciso V**), de interesse do menor, ou nelas assisti-lo, ou para defendê-lo naquelas em que figurar como réu (por exemplo, a ação de que trata o art. 580).

O artigo ora comentado traz como novidade o disposto no parágrafo único, ao permitir que a autorização judicial reclamada no *caput*, para eficácia dos atos praticados pelo tutor, não seja necessariamente prévia, podendo ser eles convalidados pelo juiz posteriormente. Portanto, o ato praticado sem a autorização judicial não será nulo, mas anulável. É conveniente, contudo, a falta de prévio consentimento judicial se restringir aos casos urgentes que ponham em risco o patrimônio do menor.

**Jurisprudência:** Apelação cível. Alvará judicial para alienação de veículo pertencente à pessoa interditada. Pretensão da curadora de liberação da prestação de contas e do depósito do valor oriundo da venda do bem em favor do curatelado. Descabimento. Sentença mantida. De acordo com o previsto no art. 1.748, aplicável ao caso por força dos dispostos nos arts. 1.774 e 1.781, ambos do CC, a venda de bens do curatelado depende de prévia autorização judicial e o produto oriundo do negócio, deve reverter em favor do interditado. Caso em que a curadora afirmou de forma expressa que se utilizou do nome do curatelado para obter isenção tributária, pois teria adquirido o bem com recursos próprios. contudo, a isenção tributária prevista na Lei n. 8.989/95 é em benefício da pessoa com deficiência, e não de seu representante legal. Veículo registrado em nome do interditado, de modo que deve integrar o seu patrimônio. Vedação de comportamento contraditório. Prestação de contas no prazo de 60 dias e depósito do produto da venda do bem em conta de titularidade do curatelado. Sentença mantida. Recurso de apelação desprovido. (TJRS, Ap. n. 5009072-62.2022.8.21.0011/Cruz Alta, 1ª Câm. Esp. Cível, rel. Jane Maria Köhler Vidal, j. 16.10.2023, *DJ* 20.10.2023)

Agravo de instrumento. Ação de interdição. I. Contrato particular de prestação de serviços advocatícios pactuados em favor do interditado para promoção da demanda de interdição e outras ações. Pretenso levantamento de honorária pactuada. Indeferimento na origem. Irresignação. Não acolhimento. II. Ineficácia das avenças, ante a falta de autorização prévia do juízo. Possibilidade, todavia, de ulterior ratificação judicial. Inteligência do art. 1.748, V, e § 1º, do CC. Magistério doutrinário. III. Caso concreto. Pretensão de incidência dos honorários advocatícios no percentual de 10% sobre os depósitos realizados nos autos. Inviabilidade. Ação de interdição que não possui proveito econômico. Questão que deve ser remetida às vias ordinárias. Prevalência do caráter protetivo da curatela e da indisponibilidade do patrimônio do incapaz. Decisão mantida. Agravo desprovido. (TJSP, AI n. 2022511-89.2022.8.26.0000/SP, 3ª Câm. de Dir. Priv., rel. Donegá Morandini, j. 29.04.2022, publ. 29.04.2022)

Curatela. Decisão que indeferiu revogação de liminar que nomeou a agravada (sobrinha) como curadora provisória da interditada. Recurso da filha da curatelada (tia da autora). Não cabimento do inconformismo. Divergem as partes sobre quem deverá recair o ônus da curatela. Os limites da curatela estão previstos na lei, especificamente nos arts. 1.748, 1.749 e 1.774 do CC, que estabelecem os atos do curador que dependem de autorização do juiz. Não há indícios de que a autora não esteja zelando pelos interesses da curatelada. Análise do mérito dependerá de instrução probatória. Qualquer incursão no patrimônio da requerida necessitará da competente autorização judicial. Decisão mantida. Recurso não provido. (TJSP, AI n. 2018546-06.2022.8.26.0000/SP, 5ª Câm. de Dir. Priv., rel. Fernanda Gomes Camacho, j. 18.04.2022, publ. 18.04.2022)

Agravo de instrumento. Ação de interdição. Insurgência de terceira interessada contra decisão que não homologou transação realizada perante o Juizado Especial Criminal. Gratuidade de justiça deferida à agravante. Interditanda e terceira interessada se envolveram em acidente de trânsito que ocasionou atual estado de incapacidade civil da primeira. Filho nomeado curador provisório. Transação realizada entre curador provisório e terceira interessada não foi homologada pelo juízo da interdição, sob o fundamento de ser precipitada. Medida reveste-se de caráter protetivo, essencial ao caso. Observância do art. 1.748 do CC. Pendente realização de perícia judicial no domicílio da interditanda. Necessidade de maior análise da situação em que se encontra. Agravo não provido. (TJSP, AI n. 22681360720188260000, 9ª Câm. de Dir. Priv., rel. Edson Luiz de Queiróz, j. 15.03.2012, *DJe* 11.06.2019)

Agravo de instrumento. Ação de inventário. Alvará judicial. Curatela. Necessidade de autorização judicial. A atividade do curador sobre os bens e valores do interdito deve ser realizada mediante autorização judicial, na forma prevista nos arts. 1.748, II e V, e 1.781 do CC. Agravo de instrumento provido. (TJRS, AI n. 70.064.252.570, 7ª Câm. Cível, rel. Jorge Luís Dall'Agnol, j. 24.06.2015)

Negócio jurídico. Nulidade. Contrato de mútuo bancário. Celebração com pessoa então judicialmente declarada interditada. Nulidade do ato, praticado pela curadora sem autorização judicial. Inteligência do disposto nos arts. 1.741 e 1.748 do CC. Caso, ademais, em que não há prova de que o então curatelado se tenha beneficiado. Sentença que julgou improcedentes os embargos à execução reformada. Apelação provida. (TJSP, Ap. n. 0004393-82.2011.8.26.0001, 37ª Câm. de Dir. Priv., rel. José Tarciso Beraldo, j. 05.02.2013, *DJ* 06.02.2013)

Recurso de agravo de instrumento. Ação de procedimento ordinário. Gratuidade da justiça. Pedido não apreciado em primeira instância. Concessão do benefício apenas para o processamento do recurso. Representação processual. Autores curatelados. Autorização judicial. Necessidade. Providência, contudo, que não consiste em pressuposto de admissibilidade do processo. 1 – Não tendo o magistrado de primeiro grau apreciado o pedido de gratuidade, inviável examiná-lo neste recurso, sob pena de supressão de instância. 2 – Necessário, contudo, diante da apresentação das declarações de pobreza, conceder o benefício aos recorrentes apenas para o processamento do agravo, a fim de possibilitar o exame da outra questão abordada. 3 – Imprescindibilidade de autorização judicial específica para o ajuizamento da ação. 4 – Possibilidade, contudo, de posterior ratificação da propositura, com a juntada da respectiva autorização judicial específica. 5 – Inteligência dos arts. 1.748, V, parágrafo único, e 1.774, todos os dispositivos legais do novo CC Brasileiro. 6 – Fixação de prazo extenso ante a possível dificuldade na obtenção da autorização. 7 – Precedentes deste Eg. Tribunal de Justiça. 8 – Decisão parcialmente mantida. 9 – Recurso de agravo de instrumento parcialmente provido, com observação. (TJSP, Rec. de AI n. 0124024-86.2012.8.26.0000, 5ª Câm. de Dir. Públ., rel. Francisco Bianco, j. 01.10.2012, *DJ* 09.10.2012)

Apelação. Ação de indenização. Extinção da ação por falta de pressuposto de constituição e desenvolvimento válido do processo. Exegese do art. 1.748, parágrafo único, do CC. Diz o art. 1.774, do CC que as disposições concernentes à tutela são aplicáveis à curatela, observando-se para tanto as modificações contidas nos artigos seguintes. O art. 1.748, do mesmo Codex, ao tratar do exercício da tutela e ser plenamente aplicável ao exercício da curatela, exige em seu inciso V que tanto o tutor quanto o curador obtenha autorização judicial para "propor em juízo ações, ou nelas assistir o menor, e promover todas as diligências a bem deste, assim como defendê-lo nos pleitos contra ele movidos". A eficácia dos atos praticados pelo curador sem a autorização está condicionada à posterior aprovação do juiz, nos termos do parágrafo único do art. 1.748, do CC, o que implica reconhecer que a falta de autorização judicial não pode ser considerada como um pressuposto do ajuizamento da ação, tratando-se de lide envolvendo curatelado, como é o caso dos autos. Sentença anulada. Recurso provido. (TJSP, Ap. n. 0186473-76.2009.8.26.0100, rel. Eduardo Siqueira, j. 08.08.2012, *DJ* 14.08.2012)

Curatela. Certidão de interdição. Ação proposta por pensionista de ex-ferroviário da extinta Fepasa, que visa o pagamento das diferenças de reajuste de complementação de aposentadoria e pensão. Decisão determinativa de apresentação de autorização judicial da curatelada, nos termos dos arts. 1.774 c/c o 1.748, V, do CC, fixado o prazo de 40 dias. Cabimento. (TJSP, AI n. 0093412-68.2012.8.26.0000/SP, 11ª Câm. de Dir. Públ., rel. Luis Ganzerla, j. 28.05.2012)

Interdição. Curatela. Decisão que deferiu apenas parcialmente pleito de levantamento de valores depositados em favor da interdita, para pagamento de dívida previdenciária e de empréstimo bancário contraído conforme alvará judicial outrora expedido. Ressarcimento de despesas anteriores ao efetivo exercício da curatela provisória. Descabimento. Inexistência de vínculo obrigacional à época. Levantamento de numerário para reembolso de dívidas contraídas por gastos não autorizados pelo juízo. Embora não necessariamente devida a autorização prévia do juiz, podendo haver aprovação posterior, é imprescindível a prestação de contas para possibilitar o reembolso, viabilizando-se a fiscalização pelo juízo da administração dos bens. Inteligência do art. 1.748 do CC. Intensa litigiosidade entre as partes recomenda cautela na liberação do patrimônio da interdita. Cabível, no entanto, o levantamento de montante equivalente a 50% da dívida de IPTU de imóvel que a interdita e seu ex-marido titularizam em condomínio, apesar de ainda estar pendente a partilha de bens. Despesa comprovadamente revertida em benefício da curatelada, que reside no local. Recurso parcialmente provido. (TJSP, AI n. 0112804-28.2011.8.26.0000/SP, 1ª Câm. de Dir. Priv., rel. Rui Cascaldi, j. 14.02.2012)

Agravo de instrumento. Complementação de pensões. Ferroviários (Fepasa). Curatela. Representação processual. Determinação de juntada de autorização judicial para propositura da ação. Providência imprescindível, mas que não é pressuposto de admissibilidade do processo (art. 1.748, V e parágrafo único, c/c art. 1.774, ambos do CC). Prosseguimento do processo, deferindo-se prazo de 180 dias para a juntada da autorização. Possibilidade. Decisão agravada parcialmente reformada. Recurso parcialmente provido. (TJSP, AI n. 0174898-12.2011.8.26.0000/SP, 10ª Câm. de Dir. Priv., rel. Paulo Galizia, j. 07.11.2011)

Agravo de instrumento. Curador. Fixado prazo de 10 dias para apresentação da autorização de que trata o art. 1.748, V, do CC, sob pena de extinção. Prazo por demais exíguo. Autora e curadora idosas e hipossuficientes. Possibilidade de que o processo siga e depois se submeta a opção do curador à aprovação judicial, ou ainda, traga a agravante, no curso da demanda, a referida autorização. Recurso parcialmente provido. (TJSP, AI n. 994093702275 (9329815500), 12ª Câm. de Dir. Públ., rel. Des. J. M. Ribeiro de Paula, j. 22.09.2010)

Agravo de instrumento. Inventário. Contrato de honorários advocatícios. Contrato particular pactuado entre o curador do herdeiro incapaz e a advogada. Ausência de autorização judicial. Art. 1.748 do CC. Defesa dos interesses do interditado. O contrato de honorários firmado entre o curador do herdeiro incapaz e a advogada que o representou nos autos do inventário depende de prévia ou posterior outorga judicial, nos termos do art. 1.748, parágrafo único, do CC. Ausente autorização judicial, o contrato é ineficaz, descabendo a liberação dos valores contratados mediante alvará, mormente em se tratando de contratação honorária desproporcional ao trabalho realizado pelo profissional, cuja liberação viria em prejuízo ao interdito. Agravo de instrumento desprovido. (TJRS, AI n. 70.037.048.931, 7ª Câm. Cível, rel. André Luiz Planella Villarinho, j. 22.09.2010)

Processual civil. Recurso interposto contra determinação do juízo que atendendo cota da representante do MP determinou fosse apresentada pela curadora, autorização judicial para propor ação em nome de pessoa interditada. Exigência prevista em lei, com amparo dos arts. 1.748, V, e 1.774, do CC. Agravo desprovido. (TJSP, AI n. 990103734041, 6ª Câm. de Dir. Públ., rel. Des. Oliveira Santos, j. 13.09.2010)

Curador. Determinação de juntada da autorização para propositura da ação. Desnecessidade. A eficácia do ato praticado pelo curador dependerá da ulterior aprovação do juiz. Entendimento do parágrafo único do art. 1.748 do CCB. Recurso provido. (TJSP, AI n. 990102336794, 18ª Câm. de Dir. Priv., rel. Des. Carlos Lopes, j. 17.08.2010)

Curatela. Autorização do juízo da interdição para que o curador possa demandar em nome do curatelado. Arts. 1.748, V, e 1.774 do CC. Ação de revisão de complementação de proventos de aposentadoria em que o curatelado ficou vencedor. Demanda ajuizada erroneamente em nome da própria curadora. Correção pleiteada apenas ao se iniciar a execução da obrigação de fazer. Decisão agravada que determinou a juntada da autorização judicial no prazo de 90 dias. Providência que se, diante das circunstâncias do caso concreto, não pode ser simplesmente dispensada, tampouco deve condicionar o início da execução da obrigação de fazer. Agravo provido em parte para, deferido o início da execução com a necessária correção do polo ativo, ampliar para 6 meses o prazo para a juntada da autorização, à qual ficará condicionado o futuro início da execução por quantia certa. Trata-se de agravo de instrumento interposto contra decisão que, nos autos de ação de revisão de complementação de proventos que o primeiro agravante, interdito, e outros ferroviários inativos ajuizaram em face da Fazenda do Estado, ora em fase de execução, determinou a juntada de autorização do juízo da interdição para que a segunda agravante, sua esposa e curadora, possa litigar em seu nome. Alegam os agravantes que são pessoas idosas e que a providência determinada pela decisão agravada demandará tempo e despesas desnecessárias, acarretando apenas prejuízos ao curatelado. (TJSP, AI n. 9.045.335.100/São Paulo, 10ª Câm. de Dir. Públ., rel. Antônio Carlos Villen, j. 14.09.2009)

Agravo de instrumento contra decisão que determinou o prosseguimento de pedido de alvará judicial, requerido por menor tutelado, sem autorização judicial para tal fim. Insurgência recursal no sentido de que o tutelado somente pode estar em juízo mediante autorização judicial específica. Exigência que não se afigura razoável o seu cumprimento *in casu*, na medida em que se trata de procedimento de jurisdição voluntária, em que não há risco de condenação dos menores ao pagamento de ônus sucumbenciais, ou por litigância de má-fé, bem como porque o juízo *a quo* deixou claro na decisão vergastada que o numerário que vier ser levantado será colocado à disposição do juízo responsável pelo deferimento da tutela das crianças. Assim, nos termos do parágrafo único do art. 1.748 do CC, o juízo competente avaliará as circunstâncias e deliberará sobre o levantamento do dinheiro sem sua autorização. Recurso a que se nega seguimento. (TJRJ, AI n. 0018530-38.2009.8.19.0000 (2009.002.00430), 16ª Câm. Cível, rel. Des. Carlos José Martins Gomes, j. 29.04.2009)

Embargos à execução fundada em título celebrado por curadora de incapaz sem autorização judicial. Ofensa ao art. 1.748, III, do CC. Provimento para acolher os embargos. (TJSP, Ap. Cível n. 5.474.704.800/Lins, 4ª Câm. de Dir. Priv., rel. Enio Zuliani, j. 02.04.2009)

Honorários advocatícios. Interdição. Contrato particular pactuado entre o causídico e a curadora. Ausência de autorização judicial. Art. 1.748, parágrafo único, do CCB. Nos termos do art. 1.748, parágrafo único, do CCB, não é necessário que o ato do curador seja previamente autorizado, mas, para sua eficácia, depende da aprovação do juiz, o que não ocorreu no caso em tela. Portanto, considerando a ausência de tal providência, o julgador pode deixar de aprovar o percentual de honorários advocatícios, ajustado entre o causídico e a curadora, e redimensioná-lo ao seu prudente arbítrio. Mantido o percentual fixado, pois o julgador levou em consideração os critérios do art. 20, § 3º, letras *a*, *b* e *c*, do CPC [art. 85, § 2º, I a IV, do CPC/2015] e a tabela de honorários da OAB. Agravo desprovido. (TJRS, AI n. 70.023.972.011, 16ª Câm. Cível, rel. Marco Aurélio dos Santos Caminha, j. 30.10.2008)

Agravo de instrumento. Seguro Obrigatório (DPVAT). Cobrança de diferença. Honorários da sucumbência. Levantamento pelo advogado. Possibilidade. Honorários contratados com tutora de incapaz. Exame da eficácia do ato pelo juiz. Necessidade. Recurso parcialmente provido. 1 – Na dicção do art. 23 da Lei n. 8.906/94, os honorários incluídos na condenação em decorrência da sucumbência pertencem ao Advogado, que tem direito autônomo à execução e levantamento do valor depositado. 2 – Não podendo se obrigar e nem mesmo transigir sem autorização judicial, na ausência desta a eficácia de ato do tutor depende da aprovação ulterior do Juiz (CC, art. 1.748, parágrafo único). (TJSP, AI n. 1.050.672.800/Cabreúva, rel. Egidio Giacoia, j. 25.09.2006)

Agravo de instrumento. Autorização para ajuizar ação em favor de interdita. Tendo sido negado o enfrentamento do pedido feito pela curadora no juízo singular, defere-se a autorização para ajuizar ação de revisão do benefício previdenciário em favor da interdita (art. 1.748, V, do CC/2002). Agravo de instrumento provido. (TJRS, AI n. 70.014.286.959, 8ª Câm. Cível, rel. Des. José Ataídes Siqueira Trindade, j. 30.03.2006)

Arbitramento de honorários advocatícios. Determinação do depósito em conta judicial de quantia paga à tutelada, alvo de depósito em conta-poupança, oriunda de transação assistida pelo tutor e submetida à homologação judicial. Ausência de prova inconcussa no sentido da assistência do tutor à tutelada decorrer de autorização judicial, tal qual a transação ou seus efeitos contarem com a aprovação do juiz. Inteligência do art. 1.748, III e V, parágrafo único, do CC/2002). Circunstâncias que militam pela manutenção do ato processual agravado. Recurso desprovido. (TJSP, AI n. 950.480.900/Cabreúva, rel. Júlio Vidal, j. 14.03.2006)

Ação de cobrança. Seguro. Menores. Contrato de prestação de serviços advocatícios. Autorização judicial. Inexistência. Os honorários contratados pela parte que litiga sob o manto da assistência judiciária gratuita com seu advogado particular não são atingidos pela suspensão prevista no art. 12 da Lei n. 1.060/50. Da exegese das normas dos arts. 1.741 e 1.748 do CC/2002 (arts. 422 e 427 do CC/1916) extrai-se que ao tutor não se permite contratar honorários advocatícios para defesa dos interesses dos tutelados sem prévia autorização judicial. (TJMG, Proc. n. 2.0000.00.516699-4/000(1), rel. Alvimar de Ávila, j. 16.11.2005)

Usucapião extraordinária. Inicial, documentos. Certidões imobiliárias. Desnecessidade para o ajuizamento. Possibilidade, de qualquer sorte, de requisição pelo juiz *a quo*. Interdito autor. Autorização judicial posterior. Inteligência do art. 1.748, parágrafo único, do CC/2002. Recurso provido por decisão monocrática. (TJRS, AI n. 70.008.049.991, 18ª Câm. Cível, rel. Des. Pedro Luiz Pozza, j. 09.02.2004)

Ação de rito comum (ordinário). Autor incapaz. Curador. Autorização judicial. Art. 427, VII, do CC. Dispensabilidade. 1 – Exercida a curatela pelo cônjuge do autor, em seu próprio benefício e não cominando o direito civil nulidade expressa, dispensa-se a autorização judicial do art. 427, VII, do CC, conferindo ao curador capacidade para estar em juízo, notadamente se constatado já tramitar o processo por longos 17 anos, o que avilta o senso comum e jurídico restabelecer a decisão do juízo monocrático, onde extinto o processo sem julgamento de mérito (art. 267, IV, do CPC) [art. 485, IV, do CPC/2015], remetendo o autor (recorrido) ao percalço de uma nova demanda. 2 – Recurso especial não conhecido. (STJ, REsp n. 258.087/RJ, rel. Min. Fernando Gonçalves, j. 26.03.2002, *DJU* 22.04.2002)

**Art. 1.749. Ainda com a autorização judicial, não pode o tutor, sob pena de nulidade:**

**I – adquirir por si, ou por interposta pessoa, mediante contrato particular, bens móveis ou imóveis pertencentes ao menor;**

**II – dispor dos bens do menor a título gratuito;**

**III – constituir-se cessionário de crédito ou de direito, contra o menor.**

O dispositivo enumera atos que o tutor se encontra proibido de praticar, com ou sem autorização do juiz. A proibição é absoluta e insuperável, sendo considerados nulos os atos descritos por ele realizados (*v.* comentários aos arts. 166 a 169). Os atos relacionados no artigo colocam em risco o patrimônio do menor, pois evidenciam conflito entre interesses dele e do tutor, gerando suspeita de desonestidade do tutor.

Aquisição de bens do patrimônio do tutelado (**inciso I**), seja de que forma for, é inválida, conforme, aliás, já ressaltado em comentário ao art. 497, I, deste Código, por gerar suspeita de o tutor estar locupletando-se com o encargo público a ele atribuído. Fazer liberalidades com bens alheios (**inciso II**) é outra proibição imposta por lei ao tutor, pois implicará desfalque ao patrimônio do administrado, configurando inidoneidade do primeiro. Da mesma forma, ao constituir-se o tutor cessionário de crédito ou de direito do tutelado (**inciso III**), estará ele fazendo com que interesses seus se sobreponham aos do menor, contrariando a finalidade precípua do instituto; sendo, por tal razão, vedado por lei.

**Jurisprudência:** Arrolamento sumário. Pretensão de doação da meação com reserva de usufruto. Nulidade da disposição gratuita de bens de curatelado. Decisão que determinou a retificação do plano de partilha para afastar a doação da meação do viúvo-meeiro com instituição de usufruto vitalício. Agravantes que defendem a possibilidade de homologação do negócio jurídico por termo nos autos, sem necessidade de escrituras públicas. Desacolhimento. Viúvo-meeiro sujeito à curatela, exercida por uma das herdeiras filhas. Proibição legal expressa da cessão gratuita de bens do curatelado. Inteligência do art. 1.749, II, do CC (aplicável à curatela por força do art. 1.774 do Código). Doação com reserva de usufruto que constitui negócio gratuito, pois há a transferência do domínio do bem. Irrelevância da suposta concordância do curatelado, pois a incapacidade civil implica a falta de discernimento para consentir com o referido negócio jurídico. Orientação jurisprudencial consolidada deste Eg. TJSP. Decisão mantida. Recurso desprovido. (TJSP, AI n. 2230823-36.2023.8.26.0000/Votuporanga, 10ª Câm. de Dir. Priv., rel. Angela Moreno Pacheco de Rezende Lopes, j. 27.10.2023, *DJ* 27.10.2023)

Apelação cível. Alvará judicial. Pedido de cessão de direitos hereditários da curatelada à sua irmã, em decorrência do falecimento de sua genitora. Sentença de improcedência. Insurgência. Não acolhimento. Cessão de direitos hereditários que, do que se verifica dos autos, seria realizada a título gratuito, sob o argumento, não comprovado, de que foi a irmã quem quitou o financiamento imobiliário do bem. Disposição do patrimônio de incapaz a título gratuito que é vedada pelo ordenamento jurídico. Inteligência dos arts. 1.749, II, c/c art. 1.774, todos do CC. Precedentes. Benefício à incapaz que, ademais, não foi demonstrado. Sentença preservada. Negado provimento ao recurso" (v. 39459). (TJSP, Ap. Cível n. 1011436-47.2021.8.26.0019/SP, 3ª Câm. de Dir. Priv., rel. Viviani Nicolau, j. 23.06.2022, publ. 23.06.2022)

Apelação. Usufruto vitalício. Usufrutuária interditada. Pretensão de extinção pelo não uso, por parte dos nu-proprietários, com aval da curadora. Inadmissibilidade. Hipótese em que a pretendida extinção representaria punição à curatelada. Curadora que possui o dever de administração, conservação e melhoramento dos bens do interdito. Inteligência do art. 1.747, III, do CC. Ademais, pretensão que não atende ao melhor interesse e segurança da curatelada, encontrando óbice legal (art. 1.749, II, do CC), que veda a disposição gratuita de bens de curatelado. Pedido improcedente. Sentença mantida. Recurso não provido. (TJSP, Ap. Cível n. 1013089-87.2020.8.26.0482/SP, 10ª Câm. de Dir. Priv., rel. Márcio Boscaro, j. 05.03.2022, publ. 05.03.2022)

Agravo de instrumento. Alvará. Alienação de fração ideal de imóvel do curatelado à curadora. Indeferimento. Arts. 497, I, e 1.749, I, do CC que visam proteger indivíduos incapazes de zelar por seus próprios interesses econômicos, mesmo que momentaneamente, e ao mesmo tempo impedir que tutores, curadores e afins locupletem-se ilicitamente às custas daqueles. Vedação trazida pelos dispositivos que não é absoluta, podendo ser casuisticamente afastada pelo Poder Judiciário, desde que se verifique que o negócio é necessário e não trará qualquer prejuízo ao incapaz. Requisitos preenchidos no caso concreto. Boa-fé do tutor/curador presumida. Alienação autorizada, desde que ocorra pelo valor de avaliação judicial do imóvel e que o produto da venda seja depositado nos autos. Decisão reformada. Recurso provido, com observação. (TJSP, AI n. 2261582-51.2021.8.26.0000/SP, 1ª Câm. de Dir. Priv., rel. Alexandre Marcondes, j. 12.01.2022, publ. 12.01.2022)

Expedição de alvará para que menor impúbere doe fração ideal de veículo para genitor. Inadmissibilidade. Ordenamento jurídico vigente veda expressamente a pretensão. Aplicação do art. 1.749, I, do CC. Sentença que se apresenta adequada. Apelo desprovido. (TJSP, Ap. Cível n. 1001960-52.2021.8.26.0320/SP, 4ª Câm. de Dir. Priv., rel. Natan Zelinschi de Arruda, j. 17.12.2021, publ. 17.12.2021)

Apelação. Alvará judicial. Requerimento de autorização judicial para doação de imóvel de interditado, com reserva de usufruto e promessa dos donatários (filhos) de arcar com todas as despesas do doador. Inadmissibilidade. Vedação legal à doação de bem do incapaz, ainda que com autorização judicial (art. 1.749, II, c/c art. 1.781 do CC). Além da impossibilidade legal, inexistência de utilidade ao incapaz na realização do negócio. Recurso improvido. (TJSP, Ap. Cível n. 10044724920168260072, 1ª Câm. de Dir. Priv., rel. Enéas Costa Garcia, j. 07.10.2019, *DJe* 07.10.2019)

Pedido de autorização judicial para doação de bem imóvel indeferido. Insurgência. Decisão que merece ser mantida como proferida. Parecer da Procuradoria Geral de Justiça pelo improvimento do recurso. Inexistência de vantagem para a interdita, mas apenas e tão somente para seus herdeiros. Existência de óbice legal. Arts. 1.749 e 1.781 do CC. Recurso improvido. (TJSP, AI n. 2214695-53.2014.8.26.0000/Paraguaçu Paulista, 4ª Câm. de Dir. Priv., rel. Fábio Quadros, j. 26.02.2015)

Interdição. Curatela. Alvará. Doação. Impedimento legal. A doação de bem de interditado, mesmo que com cláusula de usufruto permanente, encontra óbice legal nos arts. 1.781 e 1.749, ambos do CC, por se tratar de disposição de bem a título gratuito. Recurso desprovido. (TJSP, AI n. 0016442-90.2013.8.26.0000, 4ª Câm. de Dir. Priv., rel. Teixeira Leite, j. 16.05.2013, *DJ* 21.05.2013)

Agravo de instrumento. Ação de interdição e curatela. Doação de bem do interditado. Anuência dos herdeiros. Vedação legal. Tutela recursal. Urgência não caracterizada. Interesse do incapaz. Preservação. Em sede de agravo, prevalece o óbice legal à disposição dos bens do interditado a título gratuito, ainda que com autorização judicial, consoante disposição do art. 1.781 c/c art. 1.749, II, do CC. Ausente a urgência necessária à concessão da medida, em antecipação de tutela, uma vez que o interesse patrimonial não deve sobrepor-se ao interesse do incapaz, curatelada, face ao delicado estado de saúde que a aflige, sendo, por ora, desnecessária a transferência da propriedade do imóvel. A permanência do bem no acervo patrimonial da curatelada e de seu esposo em nada prejudicará os filhos, sendo certo que para o fim colimado, qual seja manter a filha em residência próxima à de sua genitora, desnecessária a transferência da propriedade. Recurso não provido. (TJMG, AI n. 1.0024.08.168916-8/001, rel. Des. Heloisa Combat, j. 10.01.2013, *DJ* 15.01.2013)

Apelação cível. Alvará judicial. Alienação a título gratuito de bem imóvel de propriedade do doador interditado. Impossibilidade. Exegese dos arts. 1.749, II, c/c o art. 1.774, ambos do CC. Inexistência, outrossim, de qualquer vantagem ao interditado com a doação do imóvel para seu curador. Circunstância do bem ser gravado com usufruto vitalício ou cláusula de inalienabilidade que não modifica o caráter do instituto. Sentença mantida. Recurso desprovido. (TJSC, Ap. Cível n. 2012.041186-0, Câm. Esp. Reg. de Chapecó, rel. Eduardo Mattos Gallo Júnior, j. 04.09.2012)

Imóvel interditado. Doação. Curatelado. Impossibilidade. Benefícios. Inexistência. Nos termos da norma do art. 1.749, II, c/c 1.781, ambos do CC, é defeso ao tutor dispor dos bens do tutelado a título gratuito. A circunstância de a doação ser gravada com usufruto não desnatura o caráter não oneroso do instituto. Ainda que mitigada a referida proibição legal, o alvará autorizador da doação deve ser indeferido quando esta não trouxer qualquer benefício ao tutelado (TJMG, Ap. Cível n. 1.0223.08.247429-5/001, 6ª Câm. Cível, rel. Antônio Sérvulo, *DJ* 30.01.2009). (*RBDFS* 11/163)

Alvará. Doação de imóvel de propriedade de interdito. Benefício não demonstrado. Pretensão que, ademais, encontra vedação legal. Art. 1.749, II, c/c art. 1.774 do CC. Pedido improcedente. Recurso improvido. Não se autoriza a doação de imóvel de interdito se dela não decorrerá benefício algum para o incapaz. (TJSP, Ap. Cível c/ Rev. n. 5.676.784.300/Araraquara, 1ª Câm. de Dir. Priv., rel. Elliot Akel, j. 10.03.2009)

Alvará. Doação de patrimônio de requerente e de sua esposa interdita aos filhos do casal, mediante constituição de sociedade. Inadmissibilidade. Art. 1.749 do CC. Recurso improvido. (TJSP, Ap. c/ Rev. n. 5.393.584.300/Matão, 1ª Câm. de Dir. Priv., rel. Elliot Akel, j. 09.09.2008)

Alvará judicial para doação de bens da interditada aos filhos. Inviabilidade. A par da vedação legal de dispor dos bens do interditado a título gratuito (arts. 1.749 c/c 1.774 do CC), a doação aos filhos, mesmo com cláusula de usufruto vitalício, não traz nenhuma vantagem à incapaz em relação à situação atual, pessoa portadora de doença degenerativa. Recurso improvido. (TJRS, Ap. Cível n. 70.020.325.387, 8ª Câm. Cível, rel. Claudir Fidelis Faccenda, j. 04.10.2007)

Autorização para venda e doação de bens de curatelado. Ausência de manifesta vantagem exigida pelo art. 1.750 c/c art. 1.781 do CC, desautorizando a venda requerida. Doação em prol das sobrinhas do curatelado com reserva de usufruto. Pedido juridicamente impossível. Inteligência do art. 1.749, II, c/c art. 1.781, também do nCC. Sentença mantida. Apelo desprovido. (TJRS, Ap. Cível n. 70.006.752.950, rel. Des. Ana Lúcia Carvalho Pinto Vieira, j. 23.10.2003)

**Art. 1.750. Os imóveis pertencentes aos menores sob tutela somente podem ser vendidos quando houver manifesta vantagem, mediante prévia avaliação judicial e aprovação do juiz.**

O legislador autorizou o tutor a vender os imóveis do tutelado mediante preenchimento de determinados requisitos (sobre alienação de imóveis de menores por seus pais, *v.* comentário ao art. 1.691). A alienação de tais bens – incluindo também a permuta (*v.* comentário ao art. 533) – somente se dará mediante: a) autorização judicial e após o tutor comprovar, com b) prévia avaliação judicial – visa a apurar o justo preço – que haverá c) vantagem econômica para o menor, cujo interesse deve sempre prevalecer. O imóvel não necessitará mais ser vendido mediante hasta pública, pois as exigências legais ora referidas, além de reduzirem gastos do procedimento, já são suficientes para resguardar os interesses do tutelado.

**Jurisprudência:** Alvará judicial. Alienação de imóvel de incapaz. Possibilidade. Sentença que extinguiu o processo sem exame do mérito, por incapacidade da parte e necessidade de inventário judicial. Irresignação da autora. Inventário extrajudicial já realizado, em data anterior à interdição. Ausência de invalidade do inventário (art. 610, § 1º, CPC). Cabimento, em tese, de pedido do alvará judicial. Necessidade de prévia avaliação judicial do imóvel, para autorização judicial de venda do bem. Inteligência do art. 1.750 do CC. Necessidade de produção de prova pericial. Sentença reformada, afastada a extinção do processo sem exame do mérito (art. 485, VI, CPC), e determinando-se o prosseguimento do processo, para avaliação judicial conforme exigido pelo art. 1.750 do CC. Recurso parcialmente provido. (TJSP, Ap. n. 1003495-57.2022.8.26.0101/Caçapava, 3ª Câm. de Dir. Priv., rel. Carlos Alberto de Salles, j. 28.05.2024, *DJ* 28.05.2024)

Apelação cível. Pedido de alvará para alienação de propriedade imóvel de pessoa incapaz. Inteligência do art. 1.750 do CCB. Indeferimento. Manifesta vantagem do negócio não demonstrada nos autos. Diferença substancial entre o valor da avaliação judicial e o preço da venda. Sentença de improcedência ratificada em preservação dos interesses da interditada. Apelo desprovido. (TJRS, Ap. n. 50006898120218210124/Santo Cristo, 7ª Câm. Cível, rel. Sandra Brisolara Medeiros, j. 13.03.2023, *DJ* 13.03.2023)

Apelação. Ação de alvará judicial. Pretensão da interditanda de doação dos bens aos filhos maiores, com usufruto da autora, a fim de evitar futuro inventário. Sentença de improcedência. Inconformismo da autora. Ausência de demonstração de manifesta vantagem, nos termos do art. 1.750 do CC. Recurso desprovido. (TJSP, Ap. Cível n. 10031089120228260408/SP, 10ª Câm. de Dir. Priv., rel. José Aparício Coelho Prado Neto, j. 07.03.2023, *DJ* 08.03.2023)

Cessão de direitos hereditários. Pedido de alvará envolvendo bens imóveis. Reclamada alienação de imóvel rural de copropriedade do curatelado. Titularidade, a princípio, obtida por força da sucessão hereditária. Indeferimento da petição inicial, com o decreto de extinção do processo sem resolução de mérito. Preservação. Inexistente demonstração de que a venda antecipada, enquanto ainda não realizado o inventário dos antecessores da pessoa incapaz, encontra manifesta vantagem ao curatelado. Emprego do art. 1.750 do CC. Dedução de pedido de alvará judicial, ainda, que implica em cisão do espólio. Inventário não realizado e, ainda, sem indicativos de realização, pese o extenso lapso dos óbitos. Medida buscada pelo autor que não se ajusta à previsão legal. Alvará incompatível com a desconhecida dimensão patrimonial deixada pelos antecessores do autor. Precedentes. Deferimento do alvará, ainda, que retira o bem do espólio e, por consequência, impede o recolhimento do imposto sobre a transmissão patrimonial (ITCMD). Apelo desprovido. (TJSP, Ap. Cível n. 1005225-38.2021.8.26.0037/SP, 3ª Câm. de Dir. Priv., rel. Donegá Morandini, j. 05.07.2022, publ. 05.07.2022)

Interdição. Doação de imóvel. Necessidade de autorização judicial e de manifesta vantagem ao interdito. Decisão que deferiu pedido de expedição de alvará, para doação de quatro imóveis da interdita aos filhos, mediante pagamento de pensão mensal vitalícia àquela, de R$ 9.000,00, com prestação de contas mensais, além de registro de caução na matrícula do imóvel caucionado. Irresignação do Ministério Público. Não demonstração de manifesta vantagem à interdita, para a alienação dos bens. Necessidade de observância do art. 1.750 do CC para prévia alienação do imóvel. Decisão reformada. Recurso provido. (TJSP, AI n. 2266929-65.2021.8.26.0000, 3ª Câm. de Dir. Priv., rel. Carlos Alberto de Salles, j. 24.05.2022, publ. 24.05.2022)

Agravo de instrumento. Ação de interdição alvará judicial. Curador provisório. Incapaz. Autorização para venda de imóvel da curatelada. Manifesta vantagem não comprovada. Prévia avaliação judicial. Necessidade. Provimento. A autorização judicial para alienação de bem pertencente ao interdito pauta-se pelo melhor interesse do curatelado, sob a perspectiva econômico-financeira e somente deve ser concedida em situação de excepcional necessidade. Não basta a ausência de prejuízo, mas a presença de manifesta vantagem, consoante a dicção do art. 1.750, do CC. O ordenamento jurídico vigente erigiu a avaliação judicial e aprovação prévias do juiz como requisito de validade para a venda de bem de incapaz. No caso concreto, além de não ter restado satisfatoriamente comprovado que a alienação dos imóveis em questão, que contempla 10 lotes, proporcionará manifesta vantagem à curatelada, a autorização não foi precedida de avaliação judicial, conforme exige a lei. (TJMG, AI n. 1.0000.20.029660-6/001, rel. Des. Carlos Levenhagen, j. 10.06.2021)

Civil. Apelação cível. Compra e venda de imóvel. Ausência de prova de quitação do preço do imóvel. Ausência de prova do direito material do recorrente. Nulidade do contrato. Existência de herdeiro incapaz. Inteligência do art. 1.750 do CC. Recurso conhecido e desprovido. 1 – Não foi juntado pelo recorrente comprovante de pagamento do lote, ou qualquer documento que indique que o preço acordado no contrato de promessa de compra e venda tenha sido, de fato, pago. Assim, não há como afirmar que possui direito o recorrente de ter escritura pública de tal terreno lavrada em seu nome, haja vista que, aparentemente, não adimpliu com a sua parte do negócio jurídico. 2 – Ademais, no documento de compra e venda de imóvel juntado nestes autos não foi observado pelo adquirente (autor) a figura de um herdeiro incapaz, sendo que a ausência de autorização judicial para a venda de quinhão hereditário de incapaz é ato revestido de nulidade absoluta, nos moldes do art. 1.750 do CC. 3 – Recurso conhecido e desprovido. (TJES, Ap. Cível n. 00039912120138080069, 2ª Câm. Cível, rel. Fernando Estevam Bravin Ruy, j. 28.03.2017, *DJe* 05.04.2017)

Apelação cível. Expedição de alvará judicial. Autorização para alienação e registro de imóvel. Área inferior a 125 m². Bem pertencente a pessoa incapaz. Art. 1.750 do CC/2002. Prévia avaliação judicial. Necessidade. Interesse do incapaz. Ausência de demonstração. Sentença mantida. A alienação de bem pertencente a pessoa incapaz perpassa por um controle judicial, sendo imprescindível a demonstração do binômio necessidade/vantagem, a fim de se resguardar os direitos daquela. Ademais, conforme dispõe o art. 1.750 do CC, dispositivo aplicável à curatela por força do art. 1.781 do mesmo diploma [...]. No caso em tela, pela simples leitura da petição inicial, constata-se que em nenhum momento foi especificada a incapacidade de um dos proprietários do imóvel, a necessidade de prévia avaliação judicial do imóvel a ser alienado e, muito menos, os benefícios que a compra e venda acarretaria ao incapaz. Justifica-se, assim, a manutenção da sentença. (TJMG, 0011827-64.2016.8.13.0016, 1ª Câm. Cível, rel. Des. Geraldo Augusto, j. 22.11.2016, *DJe* 30.11.2016)

Agravo de instrumento. Interdição. Alvará para realização de permuta de imóvel pertencente à interdita. Permuta realizada durante o processo de interdição sem autorização judicial. Necessária prévia avaliação dos imóveis e aprovação judicial (art. 1.750 do CC). Recurso desprovido. (TJSP, AI n. 2093738-23.2014.8.26.0000/São Paulo, 8ª Câm. de Dir. Priv., rel. Cesar Luiz de Almeida, j. 22.10.2014)

Alvará judicial. Autorização para alienação de fração ideal de imóvel de incapaz. Possibilidade via eleita que propicia dilação probatória específica, no caso a avaliação do bem cuja alienação se requer, até para que se possa cumprir o quanto determina o art. 1.750 do CC. Recurso provido. Sentença anulada. (TJSP, Ap. n. 3001523-32.2013.8.26.0263/Itaí, 10ª Câm. de Dir. Priv., rel. João Batista Vilhena, *DJe* 15.05.2014, p. 1.525)

Cessão de direitos hereditários. Ação de anulação. Inadmissibilidade em relação à autora. Inocorrência de qualquer das hipóteses previstas no art. 166 do CC. Contrato devidamente subscrito pela cedente, que tinha discernimento para entender suas cláusulas, inclusive no que se refere ao preço nele estabelecido e forma de pagamento avençada. Inexistência de prova de que o valor estabelecido era inferior ao praticado no mercado, que o espólio não era devedor dos réus e que os tributos municipais estavam quitados. Parte do preço que foi pago mediante compensação de crédito devidamente habilitado no inventário. Nulidade parcial do negócio, porém, no que se refere à parte ideal pertencente ao autor interdito, por falta de observância da forma prescrita em lei (art. 1.750, c/c art. 1.774 do CC). Ação julgada parcialmente procedente. Recurso provido em parte. (TJSP, Ap. n. 9061297-40.2009.8.26.0000, 1ª Câm. de Dir. Priv., rel. Elliot Akel, j. 25.06.2013, *DJ* 25.06.2013)

Apelação cível. Alvará judicial. Autorização para venda de imóvel pertencentes a menores. Pretensão de permuta com imóvel não registrado no álbum imobiliário. Pretensão temerária. Ausência de comprovação da real vantagem, pois não se pode afastar a possibilidade do bem pertencer a terceiros. Sentença de improcedência mantida. Recurso conhecido e desprovido. Ainda que o imóvel que os requerentes pretendem receber em troca seja de maior valor ou apresente melhores condições de uso do que aquele que possuem, fato é que o bem não possui registro no álbum imobiliário. Assim, autorizada a troca, não restaria assegurada a propriedade do novo imóvel em favor das menores, o que afasta a manifesta vantagem a que se refere o art. 1.750 do CC. (TJSC, Ap. Cível n. 2011.074439-5, 4ª Câm. de Dir. Civil, rel. Jorge Luis Costa Beber, j. 27.09.2012)

Apelação cível. Interdição. Venda de imóvel do interdito. Necessidade e vantagem na alienação. Demonstrada nos autos a necessidade de alienação de imóvel pertencente ao interdito, visando custear seu tratamento e atendimento às suas necessidades decorrentes da enfermidade grave que ensejou sua interdição, impõe-se o deferimento de alvará de venda, mormente havendo concordância dos demais filhos do incapaz, o qual recebe renda insuficiente para custear suas despesas de manutenção. Aplicação do art. 1.750 c/c art. 1.774 do CC/2002. Apelação provida. (TJRS, Ap. Cível n. 70.035.483.239, 7ª Câm. Cível, rel. Des. André Luiz Planella Villarinho, j. 20.10.2010)

Alienação judicial. Coisa comum. Bem advindo de herança. Herdeira interdita que reside no imóvel. Incapacidade que não gera privilégio, mas sim restrições judiciais. Direito de propriedade da irmã capaz prejudicado. Afronta ao disposto no art. 1.750 do CC. Não configuração. Possibilidade de alienação. Ação procedente. Recurso provido. (TJSP, Ap. Cível c/ Rev. n. 3.897.574.700/Garça, 2ª Câm. de Dir. Priv., rel. Neves Amorim, j. 17.11.2009)

Agravo de instrumento. Inventário. Não houve homologação do acordo entabulado entre as partes ante a existência de herdeira interdita, havendo necessidade de perícia para avaliação dos bens. Decisão mantida. O direito relativo a incapazes é indisponível. O negócio jurídico não pode se realizar quando houver prejuízo de incapaz. Tem que haver a proteção de incapaz. Aplicação do art. 1.750 combinado com o art. 1.774 do CC. Agravo desprovido (voto 17.273). Trata-se de agravo de instrumento com pedido de efeito suspensivo, tirado contra r. decisão [...] que, editada em ação de inventário, deixou de homologar o acordo celebrado entre as partes, diante da existência de herdeira interdita, sendo necessária a avaliação dos bens. (TJSP, AI n. 6.597.784.500/São Paulo, 8ª Câm. de Dir. Priv., rel. Ribeiro da Silva, j. 11.11.2009)

Veja no art. 1.749 o seguinte acórdão: TJRS, Ap. Cível n. 70.006.752.950, rel. Des. Ana Lúcia Carvalho Pinto Vieira, j. 23.10.2003.

**Art. 1.751. Antes de assumir a tutela, o tutor declarará tudo o que o menor lhe deva, sob pena de não lhe poder cobrar, enquanto exerça a tutoria, salvo provando que não conhecia o débito quando a assumiu.**

Consoante afirmado em comentário ao art. 1.745, antes que os bens do menor sejam entregues ao tutor para administração, deverá ser elaborado inventário pormenorizado no qual serão descritos e valorados os pertences do tutelado. A medida tem por fim resguardar o patrimônio do menor. Determina o disposto no artigo ora comentado o tutor ficar obrigado a declarar na mesma ocasião os créditos que tenha com o menor, especificando-os e comprovando-os devidamente no inventário, do qual figurarão como passivo do tutelado. A medida tem por fim, desta vez, assegurar o direito do tutor a tal crédito, e eximi-lo de eventual desconfiança sobre sua idoneidade e de ter agido com fraude contra o tutelado, durante exercício do múnus a ele conferido.

E assim é, tanto que a lei exige a providência ser tomada previamente, sob pena de não ser mais possível ao tutor cobrar a dívida enquanto exercer a tutoria, ressalvando a ele apenas a prova de que desconhecia o débito quando assumiu a tutela e, por isso, não o declarou no momento determinado pela lei. Ressalte-se que o tutor não perderá, por esse motivo, o direito de reclamar seu crédito, apenas não o poderá fazer no curso do exercício da tutoria. Somente no caso de cobrança de crédito, os interesses do tutor poderão colidir com os do tutelado, conforme já observado em comentário ao inciso II do art. 1.735.

**Jurisprudência:** Apelação. Ação declaratória de nulidade de negócio jurídico. Desrespeito ao art. 1.751 do CC. Venda realizada por curatelada sem prévia avaliação ou autorização do juiz. De qualquer forma, circunstâncias do negócio que implicam lesão (art. 157 do CC). Patente má-fé do apelante quando da incorporação de benfeitorias. Apelante que, além de se recusar a devolver o imóvel e receber a devolução dos valores pagos, passou inclusive a se dirigir à casa das apeladas para desferir-lhes agressões verbais quando essas pediram o desfazimento. Benfeitorias apuradas pelo perito que são úteis, e não necessárias, não sendo indenizáveis ao possuidor de má-fé (art. 1.220 do CC). Sentença mantida. Recurso desprovido. (TJSP, Ap. Cível n. 1005644-14.2019.8.26.0624, 6ª Câm. de Dir. Priv., rel. Costa Netto, j. 08.06.2022, publ. 08.06.2022)

---

**Art. 1.752. O tutor responde pelos prejuízos que, por culpa, ou dolo, causar ao tutelado; mas tem direito a ser pago pelo que realmente despender no exercício da tutela, salvo no caso do art. 1.734, e a perceber remuneração proporcional à importância dos bens administrados.**

**§ 1º Ao protutor será arbitrada uma gratificação módica pela fiscalização efetuada.**

**§ 2º São solidariamente responsáveis pelos prejuízos as pessoas às quais competia fiscalizar a atividade do tutor, e as que concorreram para o dano.**

---

A responsabilidade do tutor por ato de seu tutelado é objetiva, consoante assegura o disposto no art. 933 deste Código. Já a responsabilidade do tutor pelos danos causados ao menor, em razão de seus atos no exercício da tutela, é subjetiva, pois exige ocorrência de culpa ou dolo seu, nos termos do disposto no art. 927 deste Livro. Assim, comprovado culpa ou dolo do tutor, deverá ele responder por danos que causar ao menor. Basta uma leve culpa para ensejar indenização, como falta de vigilância em um bem do menor; ou elaboração falha de um contrato de locação, colocando o prazo de duração excessivamente longo, provocando depreciaçao dos aluguéis; ou empréstimo de um veículo que sofra acidente depois (cf. RIZZARDO, Arnaldo. *Direito de família*. Rio de Janeiro, Forense, 2004).

A responsabilidade por danos causados ao tutelado não se limitará à pessoa do tutor, sendo extensiva às pessoas do protutor e, até mesmo, do juiz, a quem competia fiscalizar a atividade do primeiro. Essa solidariedade é imposta pela lei, § 2º do artigo (*v.* comentários aos arts. 264, 265 e 275 a 285) e atingirá também aqueles que concorreram para a ocorrência de dano ao menor.

Determina, ainda, o dispositivo, na segunda parte do *caput*, que o tutor terá direito de ser reembolsado por importância efetivamente gasta – sempre em benefício do menor (*v.* comentário ao art. 1.760) – para desempenhar o encargo público a ele conferido, devidamente comprovada em sua prestação de contas (*v.* comentário ao art. 1.760).

Permite também a lei o tutor ser remunerado pelos serviços prestados, devendo a remuneração ser calculada pelo juiz em valor proporcional à importância dos bens do menor. A importância devida deverá ser fixada, equitativamente, pelo magistrado, que atentará para as circunstâncias de cada caso concreto (por exemplo, natureza do patrimônio administrado e extensão do envolvimento) e observará os princípios de proporcionalidade e razoabilidade. O tutor, de outra parte, só fará jus a reembolso de seus gastos e remuneração por seu trabalho quando os tutelados não forem abandonados ou pobres (*v.* comentário ao art. 1.734).

O protutor também terá direito à remuneração pelo trabalho de fiscalização dos atos do tutor (§ 1º do artigo). A importância será moderada, modesta, e deverá ser estabelecida pelo juiz, que levará em consideração, entre outras circunstâncias, grau de empenho e dificuldade do trabalho desenvolvido pelo protutor. O valor pode ser um percentual da remuneração paga ao tutor.

**Jurisprudência:** Agravo de instrumento. Curatela. Ação de arbitramento de remuneração de curador. Decisão que indeferiu o pedido de arbitramento de remuneração mensal à curadora provisória. Insurgência da autora, sob o argumento de que, apesar de estar a curatelada em instituição de longa permanência para idosos, a apelante é quem administra seu patrimônio, tendo abdicado de sua carreira desde o ano de 2022 para se dedicar à gestação do patrimônio do genitor. Argumenta que é responsável pela gerência das contas bancárias, pagamento de suas despesas ordinárias, recolhimento de tributos, administração de imóvel, comparecimento a órgãos públicos para regularização de débitos, aquisição de medicamentos e demais mantimentos, pagamento da clínica de repouso e contratação profissionais para prestação de contas nos autos. Requer o arbitramento de uma remuneração de dois salários mínimos. Parecer da Douta PGJ pelo desprovimento do recurso. Julgamento. A possibilidade de remuneração do curador está compreendida na análise dos arts. 1.752, *caput*, e 1.781, ambos do CC. As atividades de gerenciamento de contas bancárias e pagamento de despesas e tributos não representam uma tomada de tempo demasiada da curadora, que pode se valer do *internet banking*, sem necessidade de deslocamento. Outras atividades como a regularização de tributos perante órgãos competentes, a administração do imóvel e a contratação de profissionais para prestar contas nos autos são pontuais e tampouco representam um dispêndio considerável do tempo da curadora. Não há indicativo de que houve necessidade de abdicação da carreira da requerente por conta das atividades enquanto curadora. Curatelado que se encontra internado em tempo integral. Ausência de justificativa para o arbitramento de remuneração à curadora. Decisão mantida. Recurso desprovido. (TJSP, AI n. 21460537620248260000/Avaré, 7ª Câm. de Dir. Priv., rel. Pastorelo Kfouri, j. 24.03.2014, *DJ* 18.08.2024)

Apelação cível. Pedido de curatela. Fixação de remuneração. Múnus público essencialmente gratuito. Art. 1.752 do CC. Remuneração *in natura*. Ausência de prova da necessidade de existência de bens e de percepção de rendimentos pela curatelada. Impossibilidade de fixação de remuneração. Sentença mantida. Recurso desprovido. 1. A interdição, que desafia a nomeação de curador, possui caráter notadamente protetivo da pessoa do interditando e de seus bens, de maneira que o múnus deve ser exercido de acordo com os critérios fixados pela lei, por pessoa que possa oferecer a melhor proteção do incapaz e de seus bens. 2. De acordo com o art. 1.752 do CC, o curador pode perceber remuneração proporcional à importância dos bens administrados, a depender do caso concreto. 3. Não deve ser fixada remuneração mensal ao curador pelo exercício do encargo, quando os recursos financeiros do curatelado são insuficientes para absorvê-la, ou quando se constata que a curadora se beneficiou do patrimônio e proventos da pessoa curatelada, por meio de remuneração *in natura*. 4. A curatela é um múnus público essencialmente gratuito, o qual tem por principal escopo a proteção do curatelado, e pode o curador ser remunerado, desde que demonstre que consumiu boa parte de seu tempo para administrar os bens do curatelado, em prejuízo de sua própria atividade laborativa e de seu sustento, o que não ocorreu no presente caso. 5. Recurso improvido. (TJMG, Ap. Cível n. 1.0024.12.266267-9/001, rel. Des. Rinaldo Kennedy Silva, j. 11.02.2020)

Direito processual civil e civil. Prestação de contas. Segunda fase. Tutela. Ausência de documentos comprobatórios das despesas. Pessoa simples e de parcos recursos. Validade das alegações. Remuneração do tutor. Inexistência de crédito em favor da autora. Sentença reformada. 1 – Tutela é o encargo conferido por lei, a uma pessoa capaz, para cuidar da pessoa do menor e administrar seus bens. Destina-se a suprir a falta do poder familiar e tem nítido caráter assistencial (Carlos Roberto Gonçalves). 2 – A ré passou sete anos sem qualquer contribuição de quem quer que fosse para sustentar a autora e o seu irmão. O próprio art. 1.752 do CC prevê remuneração ao tutor, pelo que despender no exercício da tutela. 3 – A ré é pessoa simples e não tinha real e completo conhecimento das obrigações atinentes à prestação de contas, o que efetivamente implicou em prejuízo da produção de provas nos autos. Assim, válida a alegação de que o valor de R$ 33.571,59 (trinta e três mil, quinhentos e setenta e um reais e cinquenta e nove centavos) foi utilizado para sustentar a autora e o seu irmão durante o período em que a ré não teve qualquer ajuda financeira (sete anos), sendo esta pessoa de parcos recursos como se depreende dos extratos juntados aos autos. 4 – Recurso conhecido e provido. (TJDFT, Proc. n. 20130111005427 (728941), rel. Des. Sebastião Coelho, *DJe* 04.11.2013, p. 154)

Prestação de contas. Curatela. Pedido de fixação de remuneração em favor da curadora. Remuneração que constitui direito do curador. Inteligência dos arts. 1.752 e 1.774 do CC. Precedentes do STJ e deste Tribunal de Justiça. Importância que deve ser fixada em valor proporcional aos bens administrados. Remuneração fixada em R$ 2.000,00. Recurso provido. (TJSP, Ap. Cível n. 0001285-39.2011.8.26.0100, 4ª Câm. de Dir. Priv., rel. Milton Carvalho, j. 17.10.2013)

Recurso de apelação. Família. Procedimento de jurisdição voluntária. Interdição. Incapacidade comprovada. Nomeação de curador. Remuneração devida pelo exercício da curatela. Art. 1.752 do CC. Verba que não se confunde com o reembolso das despesas destinadas à mantença do incapaz. Razoabilidade do montante. Provimento do recurso. 1 – A teor do disposto no art. 1.752 do CC, o fato de se encontrar o incapaz internado em instituição na qual lhe são destinados os cuidados necessários à situação de incapacidade ostentada não afasta a obrigatoriedade de arbitramento de verba a ser fixada em contraprestação ao exercício da curatela. 2 – Por se mostrar consentâneo com a razoabilidade e a parcimônia que hão de nortear a fixação do montante devido, nenhum óbice há ao estabelecimento da remuneração do curador no equivalente a 5% dos proventos líquidos auferidos pela interditada. 3 – Recurso provido. (TJMG, Ap. Cível n. 10024120944814001, 6ª Câm. Cível, rel. Corrêa Junior, j. 10.09.2013, *DJe* 20.09.2013)

Interdição. Curador especial. Nomeação nos moldes do art. 1.775, § 3º, do CC e art. 9º, I, do CPC [art. 72, I, do CPC/2015]. Cabimento da remuneração na forma do art. 1.774 c/c art. 1.752 do CC/2002. Curador que atuou com zelo e presteza no desempenho de sua função. Curadoria que se limitou, contudo, à fiscalização do patrimônio, sem gestão financeira. Remuneração que deve ser arbitrada de modo razoável, observando-se o exercício do cargo e o patrimônio da interditada. Sentença reformada para fixar a remuneração do curador. Recurso provido. (TJSP, Ap. n. 0970690-61.1979.8.26.0100, 5ª Câm. de Dir. Priv., rel. Moreira Viegas, j. 15.05.2013, *DJ* 16.05.2013)

Agravo de instrumento. Interdição. Remuneração do curador. Possibilidade. Aquisição de artigo de luxo. Conveniência da interdita. Nos termos do art. 1.752, do CC, existindo patrimônio para comportar a despesa, a qual faz jus o curador que, embora filho, não é o único. Ademais, o curador tem se desincumbido satisfatoriamente de seu encargo, aumentando o patrimônio da curatelada e se ocupado, com exclusividade, dos cuidados com a mãe-interdita. Deste modo, conveniente fixar remuneração em valor equivalente a 1 (um) salário mínimo. A interdita, que goza de situação financeira privilegiada, tem o direito de ser mantida em seu meio social, com autoestima preservada em face da boa apresentação e com o patrimônio gasto em seu favor. Logo, mostra-se razoável a excepcional aquisição, por preço de venda à lojista, de casaco de luxo. Agravo provido. (TJRS, AI n. 70.052.228.814, 8ª Câm. Cível, rel. Alzir Felippe Schmitz, j. 07.02.2013, *DJ* 15.02.2013)

Interdição. Remuneração do curador nomeado. Art. 1.752 c/c 1.774 CC/2002. Peculiaridade do caso concreto. Curador substituído, que é filho do curatelado. Confusão de interesses. Ausência de pedido de remuneração no início ou curso da curatela. Pedido formulado apenas depois, quando substituído por curador dativo, de confiança do Juízo e estranho aos autos, em razão de desentendimentos entre o curador nomeado e sua irmã. Recurso desprovido. (TJSP, AI n. 0385148-57.2010.8.26.0000/Ipuã, 4ª Câm. de Dir. Priv., rel. Teixeira Leite, j. 04.08.2011)

Interdição. Curador. Remuneração. Direito à gratificação reconhecido. Inteligência dos arts. 1.774 e 1.752 do CC. Incumbência que é de grande responsabilidade e exige habilidade e dedicação na administração dos bens e tempo para atender às necessidades da interdita. Embora múnus público, o exercício da curatela não será gratuito se assim permitir o patrimônio administrado. Entendimento doutrinário e jurisprudencial a respeito. *Quantum* a ser fixado pelo d. Juízo *a quo*, observados os parâmetros citados no acórdão. Recurso provido. (TJSP, Ap. n. 990101339277, 6ª Câm. de Dir. Priv., rel. Des. Paulo Alcides, j. 10.06.2010)

Interdição. Levantamento de numerário requerido pela curadora do interdito a título de reembolso. Indeferimento do pedido. Valor incluído na prestação de contas apresentada pela curadora. Contas julgadas boas. Ausência de motivo para o indeferimento do pedido. Inteligência dos arts. 1.752 e 1.774, ambos do CC. Decisão reformada. Recurso provido. (TJSP, AI n. 6.631.554.700/São Paulo, 5ª Câm. de Dir. Priv., rel. José Luiz Mônaco da Silva, j. 11.11.2009)

Agravo de instrumento. Curatela. Despesas decorrentes do exercício do encargo. Ressarcimento devido. Segundo determinam os arts. 1.752 c/c 1.774 do CC, o curador tem direito ao ressarcimento dos valores gastos em decorrência do exercício da curatela. O registro de hipoteca dada em caução ao exercício da curatela é medida que visa resguardar o patrimônio do curatelado, pelo que se faz devido seu ressarcimento ao curador. A curatela visa à proteção do patrimônio dos adultos incapazes, sendo estes os beneficiados pelo instituto. Recurso provido. (TJMG, AI n. 1.0701.05.109375-8/001(1), rel. Heloisa Combat, j. 06.03.2009)

Embora o nCC preveja no art. 1.752 o arbitramento de recompensa ao tutor pelos serviços prestados, tal verba só será fixada, na curatela, conforme entender cabível o juiz, se não colidir com sua essência e seus fins, já que o encargo da curatela envolve, smj, e com exceções, trato inerente ao próprio núcleo familiar, apenas regulamentado com o ajuizamento da ação. Entretanto, à vista do comando contido no art. 1.752 do CC, que não distingue a situação pessoal do curador – se parente ou não – e à vista da declarada impossibilidade de exercício, pela curadora, de atividade remunerada, e não obstante a assistência pessoal, espiritual, moral e financeira que deve existir entre os membros de uma família, entendo lícita a fixação da remuneração no valor postulado no apelo. Apelo conhecido e provido. (TJMG, Proc. n. 1.0261.02.011560-4/002(1), rel. Cláudio Costa, j. 08.03.2007)

Curatela. Remuneração. Proporcionalidade sobre a importância dos bens administrados. O art. 1.752 do CC/2002, prevê o pagamento de remuneração proporcional à importância dos bens administrados pelo tutor, que deve ser fixada pelo juiz, e não o pagamento de "prêmio" pelo exercício do *munus* público. Assim, se a curadora deixou de requerer a remuneração a que faz jus à época da sua nomeação como curadora, não pode pretender o pagamento retroativo dos valores, sob pena de privar a curatelada das suas necessidades reais básicas. Recurso desprovido. (TJMG, Proc. n. 1.0024.03.054667-5/001(1), rel. Eduardo Andrade, j. 24.08.2004)

Civil. Curatela. Curador. Gratificação. CC, art. 431. Interpretação. I – É devida a gratificação pelo exercício da curatela, dativa ou não, porquanto o art. 431 do CC não as distingue. II – Aplicação do direito à espécie (RISTJ, art. 257). Gratificação fixada em 6% da renda líquida dos bens administrados pelo curador. III – Recurso especial conhecido e provido. (STJ, REsp n. 486.223, rel. Min. Antônio de Pádua Ribeiro, j. 06.05.2004)

### *Seção V*
### *Dos Bens do Tutelado*

**Art. 1.753. Os tutores não podem conservar em seu poder dinheiro dos tutelados, além do necessário para as despesas ordinárias com o seu sustento, a sua educação e a administração de seus bens.**

**§ 1º Se houver necessidade, os objetos de ouro e prata, pedras preciosas e móveis serão avaliados por pessoa idônea e, após autorização judicial, alienados, e o seu produto convertido em títulos, obrigações e letras de responsabilidade direta ou indireta da União ou dos Estados, atendendo-se preferentemente à rentabilidade, e recolhidos ao estabelecimento bancário oficial ou aplicado na aquisição de imóveis, conforme for determinado pelo juiz.**

**§ 2º O mesmo destino previsto no parágrafo antecedente terá o dinheiro proveniente de qualquer outra procedência.**

**§ 3º Os tutores respondem pela demora na aplicação dos valores acima referidos, pagando os juros legais desde o dia em que deveriam dar esse destino, o que não os exime da obrigação, que o juiz fará efetiva, da referida aplicação.**

Preocupado em conservar o patrimônio do tutelado, neste artigo o legislador impõe ao tutor proibição de permanecer com dinheiro do menor mais que necessitar para manutenção, educação e administração dos bens dele. São as denominadas despesas ordinárias, previstas nos arts. 1.746, 1.747, III, e 1.754, I, deste Código. Grandes quantias, remanescentes destas despesas, deverão ser depositadas em estabelecimento bancário definido pelo juiz, porquanto poderão correr risco de desvalorizar, ser subtraídas ou extraviadas. Poderão ser levantadas pelo tutor, mediante autorização judicial, nas hipóteses enumeradas no art. 1.754.

Determina o § 1º do artigo que, existindo bens móveis de valor – incluídos objetos de ouro e prata e pedras preciosas – no patrimônio do menor, não destinados a suas despesas ordinárias, poderão ser alienados, quando houver fundada e comprovada necessidade, seja por manifesta dificuldade para manutenção, guarda e segurança, seja por não convir economicamente – houver desvantagem financeira – sua conservação. Nesses casos, a venda será realizada mediante autorização judicial e após avaliação de tais bens por pessoa idônea, prescindindo de hasta pública. A importância arrecadada deverá ser aplicada no que for mais vantajoso e rentável para o menor (títulos, obrigações e letras de responsabilidade direta ou indireta da União ou dos estados ou aquisição de imóveis), a critério do tutor, após permissão do juiz. O dinheiro depositado ou aplicado só poderá ser levantado pelo tutor quando o autorizar o juiz nos casos do art. 1.754.

O mesmo se dará em relação a outras importâncias do menor que forem recebidas pelo tutor e tiveram origem diversa das referentes aos bens móveis de valor, antes referidos (§ 2º do artigo). Como está em jogo o patrimônio do menor, determina a lei (§ 3º do artigo) que o tutor proceda com rapidez e eficiência quanto ao destino dos valores recebidos em nome do tutelado, sob pena de arcar com os prejuízos que ele sofrer. Pagará os juros legais pela demora na aplicação, desde o dia em que deveriam ser aplicados, sem prejuízo de cumprir a obrigação de aplicar o dinheiro, que será exigida pelo juiz.

**Jurisprudência:** Agravo de instrumento. Curatela. Pretensão de administração de maior parte do patrimônio da curatelada. Situação peculiar. Descabimento. Decisão mantida. De acordo com o previsto no art. 1.753 do CC, aplicável à curatela por força do disposto no art. 1.774 do mesmo diploma legal, o curador não pode conservar em seu poder dinheiro do curatelado, além do necessário para as despesas ordinárias com o seu sustento, a sua educação e a administração de seus bens. Caso em que a curadora pretende a ampliação do patrimônio por ela administrado. Contudo, considerando as peculiaridades do caso, deve ser mantida a decisão agravada que liberou somente parte dos valores auferidos mensalmente pela curatelada, a fim de melhor garantir seus interesses. Agravo de instrumento desprovido. (TJRS, AI n. 5359372-03.2023.8.21.7000, 1ª Câm. Esp. Cível, rel. Jane Maria Köhler Vidal, j. 26.11.2023, *DJ* 26.11.2023)

Agravo de instrumento. Interdição. Curador. Decisão que determinou o depósito em juízo dos valores pertencentes ao interditando. Inconformismo da curadora. Rejeição. Arts. 1.753 e 1.774 do CC. Impossibilidade de disposição do patrimônio do incapaz para além das despesas ordinárias. Necessidade de autorização judicial que justifique a movimentação dos valores depositados em benefício do interditando. Proteção dos interesses do incapaz. Decisão mantida. Negaram provimento ao recurso. (TJSP, AI n. 2077492-68.2022.8.26.0000/SP, 8ª Câm. de Dir. Priv., rel. Alexandre Coelho, j. 22.06.2022, publ. 22.06.2022)

Agravo de Instrumento. Ação de Interdição. Cumprimento de sentença. Pleito que busca a movimentação de conta bancária judicial da interditada. Impossibilidade. Agravante curadora que não demonstrou a necessidade da medida. Valores em estabelecimentos bancários, pertencentes aos interditados, que só podem ser retirados mediante ordem do Juiz em hipóteses determinadas. Art. 1.754 do CC. Tutores e curadores não podem conservar em seu poder dinheiro dos curatelados, além do necessário para as despesas ordinárias com o seu sustento e administração de seus bens. Art. 1.753 do CC. Precedentes desta Eg. Corte. Determinação de liberação de movimentação através de alvará de levantamento mensal no valor de um salário mínimo, o que por certo facilitará atos de administração da curadora em favor da curatelada. Decisão reformada em parte. Recurso provido em parte. (TJSP, AI n. 2019232-95.2022.8.26.0000/SP, 7ª Câm. de Dir. Priv., rel. Luiz Antonio Costa, j. 09.05.2022, publ. 09.05.2022)

Agravo de instrumento. Interdição. Decisão que determinou transferência de valores depositados em estabelecimento bancário para depósito judicial. Manutenção. Restrição à livre disponibilidade de valores pelo curador, nos termos dos arts. 1.753 e 1.754 do CC. Possibilidade de o curador requerer ao juízo liberação de valor mensal para complementar a renda da interditanda, se necessário, o que não autoriza plena liberação de movimentação das contas correntes. Recurso desprovido. (TJSP, AI n. 2162185-19.2021.8.26.0000/SP, 1ª Câm. de Dir. Priv., rel. Enéas Costa Garcia, j. 13.12.2021, publ. 13.12.2021)

Apelação. Direito de família. Pedido de expedição de alvará judicial para saque de valores do curatelado, em conta judicial. Indeferimento. Incide à hipótese a disciplina do art. 1.753 do CC, que preconiza que os tutores não podem conservar em seu poder dinheiro dos tutelados, além do necessário para as despesas ordinárias com o seu sustento, a sua educação e a administração de seus bens, que é aplicável à curatela por força do disposto no art. 1.774 do Diploma Material. Ao que parece, todas as necessidades básicas e cotidianas do curatelado já vêm sendo atendidas, de modo que inexiste justa causa para a disponibilidade imediata deste valor. Até porque prejuízo algum existe com o depósito judicial; ao contrário, há a certeza da conservação do patrimônio. E para arrematar, o próprio fiscal da curatela, o Ministério Público desta Instância, manifestou-se pela negativa. Apelo improvido. Unânime. (TJRS, Ap. Cível n. 70.069.185.007, 8ª Câm. Cível, rel. Des. Ivan Leomar Bruxel, j. 09.11.2017)

Agravo de instrumento. Execução por quantia certa. Curatela. Dever de prestar contas. Quantia levantada pelo curador sem qualquer formalidade. Requerimento do Ministério Público para que a quantia seja depositada em juízo. Razoável. A prestação de contas visa resguardar não só os interesses do curatelado, mas, principalmente, do próprio curador, evitando-se que pairem dúvidas a respeito de sua lisura com a administração de bens alheios, ainda que o curatelado não possua bens imóveis ou grandes valores. A obrigação de prestar contas é inerente ao exercício da função de curador, sendo irrelevante o fato de a curadora nomeada ser a própria mãe da curatelada, visto que, como se extrai do art. 1.755 do CC, a vontade dos pais é irrelevante perante o dever de prestar contas legalmente imposto. Deve ser mantida a decisão que, em atenção a requerimento formulado pelo Ministério Público, determina o depósito em juízo da quantia levantada pelo curador sem quaisquer formalidades legais, sobretudo quando tal quantia, devido a sua vultuosidade, não pode ser considerada verba alimentar destinada à manutenção, subsistência e educação do curatelado, em atenção ao disposto no art. 1.753 do CC. Recurso não provido. (TJMG, AI n. 1.0024.11.042396-9/001, rel. Des. Nilo Lacerda, j. 17.04.2013, *DJ* 26.04.2013)

Agravo de instrumento. Ação de cobrança. Seguro obrigatório (DPVAT). Curatela. Indenização depositada judicialmente. Liberação parcial das quantias à medida em que comprovada a necessidade. Admissibilidade. Medida que visa à preservação dos interesses do incapaz. Observância dos arts. 1.753, 1.754, 1.755 e 1.774 do CC. Recurso desprovido. (TJSP, AI n. 0105638-42.2011.8.26.0000/Campinas, 29ª Câm. de Dir. Priv., rel. Reinaldo Caldas, j. 28.09.2011)

Seguro de vida e acidentes pessoais. Ação de consignação em pagamento. Pedido da segurada, por intermédio de sua filha e curadora, de levantamento da quantia depositada pela seguradora. Admissibilidade. Curadora da segurada (interditada), que detém o poder de administrar seus bens e zelar por sua saúde. Valor depositado pela seguradora a título de indenização que não se mostra superior ao necessário para as despesas ordinárias com o seu sustento e a administração de seus bens, tal como previsto nos arts. 1.753 e 1.754 do CC. Recurso provido. Tem a segurada inválida, que se encontra interditada, direito de receber o montante da indenização de seguro de vida e acidentes pessoais, por intermédio de sua filha e curadora, pois não se pode admitir que a quantia contratada fique *ad aeternum* depositada em juízo em razão de sua incapacidade. É da curadora, em favor da curatelada, a disposição sobre o numerário a ser recebido. (TJSP, AI n. 990093183625, 29ª Câm. de Dir. Priv., rel. Des. Luís de Carvalho, j. 07.07.2010)

Inventário. Transferência de valores de conta vinculada para fundos de investimentos. Impossibilidade. A importância arrecadada deverá permanecer sob custódia de estabelecimento bancário oficial. Aplicação do §

2º do art. 1.753 do CC. Ademais, nada impede que a inventariante pleiteie o levantamento dos valores, desde que observadas as hipóteses do art. 1.754 do estatuto civil. Decisão mantida. Agravo não provido. (TJSP, AI n. 6.170.444.900/São Paulo, 7ª Câm. de Dir. Priv., rel. Elcio Trujillo, j. 30.09.2009)

Alvará judicial. Pedido dos menores, por intermédio de sua mãe, de levantamento da quantia depositada para fazer frente às suas despesas básicas. Admissibilidade. Mãe dos menores, que detém o poder familiar sobre eles, tendo o dever de sustento e de educação. Valor recebido a título de indenização de DPVAT que não se mostra superior ao necessário para as despesas ordinárias com o seu sustento, a sua educação e a administração de seus bens, tal como previsto nos arts. 1.753 e 1.754 do CC. Recurso provido. Esperar que os menores atinjam a maioridade para que se defira o levantamento do dinheiro recebido por indenização de DPVAT é desprestigiar-se o bem-estar daqueles em prol da presunção – equivocada – de que a mãe não tem poderes o bastante para zelar pelo patrimônio dos filhos e fazer dele o uso que entender mais conveniente, no interesse de sua prole. (TJSP, AI n. 1.214.047.002/Palmital, 29ª Câm. de Dir. Priv., rel. Luís de Carvalho, j. 18.03.2009)

Interdição. Pedido de levantamento de valores depositados em nome da interditanda. Curador que não demonstrou a necessidade da providência. Inteligência dos arts. 1.753, § 1º, e 1.754, II, do CC. Indeferimento bem acertado. Recurso improvido. (TJSP, AI n. 6.215.304.100/SP, 4ª Câm. de Dir. Priv., rel. Maia da Cunha, j. 29.01.2009)

Agravo de instrumento. Ação de indenização por danos morais e materiais. Fase de cumprimento de sentença. Valor depositado pelo executado. Juros de mora com base apenas no CC/1916. Cálculo que deve ser feito com base naquele, até a entrada em vigor do CC/2002, momento em que passará a ser aplicado o disposto no art. 406. Direito adquirido. Afastamento. Pretensão de aplicação da multa do art. 475-J do CPC [arts. 523 a 525 do CPC/2015] sobre a diferença apontada pelo acréscimo de juros. Questão controvertida, apenas dirimida neste recurso. Obrigação de ser efetuado o depósito após intimação sobre o desfecho deste agravo, nos moldes do dispositivo processual acima explicitado, se tratando de cumprimento de sentença também. Honorários periciais. Retenção do depósito a esse título. Não cabimento. Justiça gratuita concedida aos exequentes que abrange esse ônus. Incidência do art. 3º, V, da Lei n. 1.060/50. Levantamento do valor correspondente à parte do menor incapaz. Indisponibilidade diante do art. 1.753 do CC. Agravo provido em parte. (TJSP, AI n. 1.167.711.002/São Paulo, 30ª Câm. de Dir. Priv., rel. Luiz Felipe Nogueira, j. 20.08.2008)

Interdição. Depósito de numerário pertencente ao interdito. Determinação que se proceda em banco oficial do Estado. Admissibilidade. Aplicação do art. 1.753, §§ 1º e 2º, do CC/2002, c/c art. 666, I, do CPC [art. 840, I, do CPC/2015]. Recurso parcialmente provido. (*JTJ* 288/187)

---

**Art. 1.754. Os valores que existirem em estabelecimento bancário oficial, na forma do artigo antecedente, não se poderão retirar, senão mediante ordem do juiz, e somente:**

**I – para as despesas com o sustento e educação do tutelado, ou a administração de seus bens;**

**II – para se comprarem bens imóveis e títulos, obrigações ou letras, nas condições previstas no § 1º do artigo antecedente;**

**III – para se empregarem em conformidade com o disposto por quem os houver doado, ou deixado;**

**IV – para se entregarem aos órfãos, quando emancipados, ou maiores, ou, mortos eles, aos seus herdeiros.**

---

Como já comentado no artigo antecedente, os valores que compõem o patrimônio do tutelado depositados ou aplicados em estabelecimento bancário só poderão ser levantados a requerimento do tutor nas hipóteses enumeradas neste artigo devidamente comprovadas pelo encarregado do múnus público. O rol do artigo é taxativo e o juiz ficará responsável, subsidiariamente, por eventual prejuízo causado ao menor, no caso de autorizar o levantamento em hipótese não prevista na lei.

O **inciso I** autoriza a utilização do dinheiro para as despesas ordinárias do tutelado (*v.* comentário ao art. 1.753) pela mais elementar razão: inviabilidade do desempenho normal do encargo público. Ressalte-se as expressões *sustento* e *educação* previstas no inciso serem abrangentes, compreendendo, por exemplo, saúde e vestuário, e recreação e instrução, respectivamente.

O **inciso II** faz referência ao disposto no § 1º do art. 1.753, por, como ali se comentou, ser a aquisição de imóveis uma das formas mais vantajosas e rentáveis para se aplicar o dinheiro do menor. Os valores depositados também poderão ser retirados quando se destinarem ao atendimento de encargo imposto por quem os houver doado ou deixado por ato de última vontade (**inciso III**).

Quando maiores ou emancipados os tutelados – qualquer um, não só os órfãos – poderão solicitar, porque não mais subsistente a tutela (*v.* comentário ao art. 1.763, I), levantamento das importâncias depositadas em seu favor (**inciso IV**); o que deverá ser autorizado pelo juiz, incontinente, após análise da prova documental que instruir requerimento e oitiva do representante do Ministério Público. Caso os tutelados já tenham falecido, o dinheiro depositado poderá ser levantado por seus herdeiros.

**Jurisprudência:** Agravo de instrumento. Ação de interdição. Curatela. Decisão que indeferiu o pedido da curadora para levantamento de valores depositados nos autos. Recurso da demandante. Pretensão de que seja reformada a decisão agravada. Alegação de que a família passa por dificuldade financeira e necessita do importe depositado. Não acolhimento. Ausente os requisitos do art. 1.754, do CC. Necessária comprovação de utilização do dinheiro para as demandas do incapaz. Decisão que atende ao melhor interesse do interditando. Adotado parecer da PGJ. Decisão mantida. Recurso não provido. (TJSP, AI n. 2248491-20.2023.8.26.0000/Guarulhos, 5ª Câm. de Dir. Priv., rel. Emerson Sumariva Júnior, j. 21.11.2023)

Apelação. Administração de herança. Autorização para levantamento do valor de sua cota-parte. Incapaz. Curador poderá conservar em seu poder e sacar quantias depositadas em estabelecimento bancário apenas o necessário para as despesas ordinárias com o sustento, educação e administração dos bens, com fulcro no art. 1.753, *s*, art. 1.754, c/c. art. 1.774, todos do CC. Recurso parcialmente provido. (TJSP, AI n. 20251114920238260000/Jundiaí, 7ª Câm. de Dir. Priv., rel. Lia Porto, j. 25.07.2023, *DJ* 25.07.2023)

Recurso especial. Direito sucessório. Alvará judicial. Depósito. Lei n. 6.858/80. Caderneta de poupança. Valores residuais. Levantamento. Herdeiros menores. Possibilidade. Subsistência. Educação. Melhor interesse dos menores. Razoabilidade. Art. 1.754 do CC. Incidência. 1. A controvérsia dos autos está em verificar a possibilidade de levantamento de valores depositados judicialmente em conta-poupança com o intuito de beneficiar herdeiros menores. 2. Os pais são administradores e usufrutuários dos bens dos filhos menores e, salvo justo motivo, têm legitimidade para levantar valores depositados em prol desses filhos. 3. No caso concreto, a liberação dos valores objeto do presente recurso configura melhor investimento social do que a sua mera manutenção em caderneta de poupança. 4. Recurso especial provido. (STJ, REsp n. 1.828.125/MG, 3ª T., rel. Min. Ricardo Villas Bôas Cueva, j. 16.05.2023, *DJe* 19.05.2023)

Seguro de vida. Indenização. Cumprimento de acordo homologado por sentença. Depósito da parte cabente à filha interdita. Pronto levantamento integral daquele numerário. Descabimento. Levantamento que havia de observar a imediata necessidade comprovada. Arts. 1.754 e 1.774 do CC. Hipótese não verificada na espécie. Recurso improvido. (TJSP, AI n. 2053441-90.2022.8.26.0000/SP, 36ª Câm. de Dir. Priv., rel. Arantes Theodoro, j. 31.05.2022, publ. 31.05.2022)

Veja no art. 1.753 as seguintes decisões: TJSP, AI n. 2019232-95.2022.8.26.0000/SP, 7ª Câm. de Dir. Priv., rel. Luiz Antonio Costa, j. 09.05.2022, publ. 09.05.2022; TJSP, AI n. 2162185-19.2021.8.26.0000/SP, 1ª Câm. de Dir. Priv., rel. Enéas Costa Garcia, j. 13.12.2021, publ. 13.12.2021.

Agravo de instrumento. Ação de interdição. Pedido de levantamento de valores para pagamento de honorários advocatícios. Decisão que indeferiu o requerimento. Insurgência do curador. Descabimento. Inexistência de contrato de prestação de serviços, tampouco do valor devido a título de honorários. Inteligência do art. 1.754 do CC. Cobrança dos honorários que poderá ser realizada através de ação autônoma. Decisão mantida. Agravo desprovido. (TJSP, AI n. 20952653420198260000, 7ª Câm. de Dir. Priv., rel. Miguel Brandi, j. 03.07.2019, *DJe* 03.07.2019)

Apelação cível. Pedido de alvará para levantamento de depósito em conta judicial. Curatela. Não demonstração cabal da necessidade do curatelado. Recurso improvido. O curador deve atender ao interesse do interdito, satisfazendo suas necessidades afetivas, sociais e de saúde, e tem a obrigação de zelar por seu patrimônio, administrando-o de forma responsável e com boa-fé, nunca em benefício próprio. Nos termos do art. 1.754 do CC, somente é possível o levantamento de valores depositados em conta judicial, em benefício do curatelado, se houver prova inequívoca da necessidade da medida para satisfazer os interesses dele. (TJMG, Ap. Cível n. 1.0319.17.003777-8/001, rel. Des. Wilson Benevides, j. 14.08.2018)

Interdição. Pedido de levantamento de valores depositados em conta judicial em favor do interdito. Descabimento. Necessidade ou conveniência da medida não demonstrada. Hipóteses do art. 1.754, CC, não evidenciadas. Ausência de comprovação de que o interdito efetivamente careça desses recursos para sua manutenção. Incapaz que, ademais, é pessoa de poucas posses, o que recomenda a manutenção do depósito para eventuais urgências. Recurso desprovido. (TJSP, AI n. 2192613-

57.2016.8.26.0000, 9ª Câm. de Dir. Priv., rel. Galdino Toledo Júnior, j. 26.09.2017)

Agravo de instrumento. Transferência de depósito judicial (de titularidade de incapazes) para fundo de previdência privada. Decisão agravada não autorizou a transferência. Possibilidade de dano. Solidez atual do administrador do fundo não garante, por si, o futuro recebimento do valor aplicado (e rendimento). Transferência não prevista no art. 1.754 do CC. Recurso dos autores improvido. (TJSP, AI n. 0261619-30.2012.8.26.0000, 2ª Câm. de Dir. Priv., rel. Flavio Abramovici, j. 02.04.2013, *DJ* 03.04.2013)

Alvará judicial. Pretendido levantamento de valores depositados em juízo por tutora dos sucessores da falecida titular desses saldos. Inadmissibilidade. Ausência de prova de qualquer das situações legais previstas nos incisos do art. 1.754 do CC. Requerimento fundado em motivo genérico, sem relação com as hipóteses legais. Improcedência da decisão mantida. Recurso improvido. (TJSP, Ap. n. 990101093243, 6ª Câm. de Dir. Priv., rel. Des. Vito Guglielmi, j. 19.08.2010)

Agravo de instrumento. Execução de sentença. Pensionista interditada. Levantamento do crédito. Havendo interesse de curatelado – a exequente é pensionista interditada, pelo que informa –, deve o crédito permanecer depositado em conta judicial, até que a sua destinação seja definida pelo juízo competente da interdição, à inteligência do art. 1.754 do CC. Recurso desprovido. (TJRS, AI n. 70.032.224.115, 3ª Câm. Especial Cível, rel. Des. Almir Porto da Rocha Filho, j. 19.01.2010)

Interdição. Somente o juízo da interdição poderá autorizar o levantamento do valor da condenação que favorece o interdito [arts. 1.754 e 1.774 do CC]. Decisão consentânea com essas regras, o que anima confirmação pelo Tribunal, em virtude de envolver quantia superior a um milhão e duzentos mil reais. Não provimento. (TJSP, AI n. 6.376.704.100/São Paulo, 4ª Câm. de Dir. Priv., rel. Enio Zuliani, j. 25.06.2009)

Voto n. 4.080. Agravo de instrumento. Seguro. Consignação em pagamento fundada em incapacidade do credor. Pretendido levantamento de valores incontroversos pelo credor, ora representado por curador provisório nomeado em processo de interdição. Inadmissibilidade. Necessidade de alvará expedido pelo juízo da interdição ou, por outra, de requisição daquele juízo para alteração da unidade a cuja disposição está o depósito judicial (CC, art. 1.754 c/c art. 1.781). Agravo a que se nega provimento. (TJSP, AI n. 1.156.507.005/Indaiatuba, 25ª Câm. de Dir. Priv., rel. Ricardo Pessoa de Mello Belli, j. 19.02.2008)

## *Seção VI*
## *Da Prestação de Contas*

**Art. 1.755. Os tutores, embora o contrário tivessem disposto os pais dos tutelados, são obrigados a prestar contas da sua administração.**

O tutor é obrigado a prestar contas porque administra bens alheios. A obrigação tem por finalidade proteger interesses econômicos do menor, ao mesmo tempo em que visa a demonstrar correção e regularidade da administração do tutor, que será responsabilizado por eventuais prejuízos causados por ele ao patrimônio do tutelado. O tutor não poderá se eximir da obrigação de prestar contas, que deriva de norma cogente e absoluta, sendo, destarte, indisponível, pessoal, irrenunciável e periódica (*v.* comentário ao art. 1.757). Por isso, nem o juiz e os pais do tutelado poderão dispensar o tutor dessa obrigação, sendo ineficaz disposição testamentária nesse sentido. Impõe a lei (art. 1.620 do CC e art. 44 do ECA) o tutor não poder adotar o tutelado enquanto não der contas de sua administração e não saldar o débito.

**Jurisprudência:** Apelação cível. Ação de prestação de contas. Primeira fase. Exercício da curatela. Extinção do feito por ilegitimidade ativa. Sentença desconstituída. A autora, na condição de filha da curatelada, tem o direito de exigir contas da demandada, nomeada curadora, dado o noticiado incremento no patrimônio da incapaz. Por outro lado, a obrigação de prestar contas decorre de lei, como previstos nos arts. 550 e segs. do CPC e art. 1.755, c/c art. 1.774 do CC. Assim, é de ser desconstituída a sentença que extinguiu o feito por ilegitimidade ativa, impondo-se o seu prosseguimento, como cabível. Deram provimento. Unânime. (TJRS, Ap. n. 5001677-08.2021.8.21.0026, 8ª Câm. Cível, rel. Luiz Felipe Brasil Santos, j. 22.02.2024, *DJ* 23.02.2024)

Apelação cível. Curatela. Alcance. Prestação de contas. Sucumbência. 1. De acordo com o art. 85 da Lei n. 13.146/2015, que institui a lei brasileira de inclusão da pessoa com deficiência (Estatuto da Pessoa com Deficiência), "a curatela afetará tão somente os atos relacionados aos direitos de natureza patrimonial e negocial", sendo descabida, portanto, a extensão da curatela aos demais atos da vida civil. Logo, mostra-se descabida a pretendida ampliação do decreto de curatela, como quer a apelante, de modo a alcançar todos os atos da vida civil, relacionados a direitos políticos, matrimônio, testamento, sexualidade, condução de veículo automotor, entre outros, diante da restrição/ressalva da própria lei. 2. Prestação de contas pelo curador nomeado. O CC, em seu art. 1.755, aplicável à curatela por força do disposto no art. 1.774, prevê expressamente que os tutores/curadores são obrigados a prestar contas da administração do patrimônio do curatelado. Nesse mesmo sentido, tem-se o art. 84, § 4°, do Estatuto da Pessoa com Deficiência. É bem verdade que há entendimento jurisprudencial no sentido de, excepcionalmente, relativizar essa regra, na hipótese de o curatelado não ter patrimônio e auferir baixa renda. No caso, porém, há informação de que a curatelada, além de receber benefício previdenciário do INSS, recebe locativos de imóveis de sua propriedade, o que recomenda a prestação de contas anual pelo curador nomeada, a fim de proteger os interesses da idosa e seus ganhos, os quais se destinam à sua assistência. Prestação de consta essa que deve ser prestada nos autos da presente ação. 3. A pretensão da autora/apelante, devidamente contestada, foi acolhida, ao menos em parte, sendo decretada a interdição da demandada. Assim, em face do princípio da causalidade, bem como tendo em vista a pretensão resistida, a parte demandada deve ser condenada ao pagamento das custas, de forma integral, diante do decaimento mínimo da autora. Pela mesma razão, sendo a autora vencedora, a parte demandada, como vencida, nos termos do art. 85 do CPC, pagará honorários advocatícios em favor do patrono daquela. Contudo, não no valor pleiteado, de no mínimo de R$ 13.399,76, mas, considerando os parâmetros do art. 85, § 2°, do CPC, em 20% do valor atualizado da causa. Deram parcial provimento. unânime. (TJRS, Ap. n. 5001141-67.2021.8.21.0035, 8ª Câm. Cível, rel. Luiz Felipe Brasil Santos, j. 09.11.2023, *DJ* 10.11.2023)

Agravo de instrumento. Interdição. Curatela. Levantamento de valores. Decisão recorrida que indeferiu o pedido de levantamento de valores depositados em conta judicial da interdita. Inconformismo. Rejeição. Impossibilidade de disposição do patrimônio do incapaz para além das despesas ordinárias. Necessidade de prova de situação extraordinária e excepcional que justifique o atingimento em maior extensão do patrimônio da interdita. Proteção dos interesses da incapaz. Manutenção de tais valores para evento futuro, repentino e emergencial que venha a surgir. A prestação de contas por parte do curador de pessoa com deficiência é exigência legal. Art. 84, § 4°, do Estatuto da Pessoa com Deficiência e art. 1.755 do CC. Obrigação de prestar contas prevista nos arts. 1.756 e 1.757 combinados com art. 1.774 do CC. Necessidade de cautela na liberação do ônus da prestação de contas da curadora com relação aos bens ou rendimentos do curatelado, sob pena de ocorrência de irresponsabilidades na citada administração. Necessidade da medida, corretamente determinada na decisão. Decisão mantida. Negaram provimento ao recurso. (TJSP, AI n. 2119954-40.2022.8.26.0000/SP, 8ª Câm. de Dir. Priv., rel. Alexandre Coelho, j. 25.07.2022, publ. 25.07.2022)

Interdição. Improcedência da ação, com a condenação do autor à prestação de contas. Insurgência do requerente, pugnando pela extinção da ação, em razão da falta de interesse de agir. Descabimento. Laudo pericial que concluiu ser a ré portadora de transtorno afetivo bipolar, em remissão com tratamento, e capaz de realizar os atos da vida civil. Impossibilidade de extinção do processo. Obrigatoriedade do curador em prestar contas decorre da lei (arts. 1.755 e 1.774 do CC). Inaplicabilidade do disposto no art. 1.783 do CC, eis que as partes são casadas pelo regime da comunhão parcial de bens. Decisão mantida. Recurso desprovido. (TJSP, Ap. Cível n. 1010916-38.2021.8.26.0100/SP, 7ª Câm. de Dir. Priv., rel. Miguel Brandi, j. 30.06.2022, publ. 30.06.2022)

Agravo de instrumento. Ação de interdição. Decisão determinou a comprovação documental das despesas havidas com o interditando. Curador pretende expedição de alvará judicial. Alegação de que estão comprovadas nos autos as despesas do incapaz. Interdição é instituto jurídico protetivo do curatelado. Nomeado curador, incumbe a ele a comprovação das despesas e pagamentos realizados. Imprescindível a comprovação de necessidade, previamente ao levantamento de valores. Curador que só pode manter em seu poder quantia suficiente para custeio das despesas ordinárias do incapaz. Aplicação do art. 1.755 do CC. Agravo não provido. (TJSP, AI n. 2092861-05.2022.8.26.0000/SP, 9ª Câm. de Dir. Priv., rel. Edson Luiz de Queiróz, j. 23.06.2022, publ. 23.06.2022)

Agravo de instrumento. Interdição. Irresignação em face da decisão que determinou a realização de perícia a aferir a correção dos cálculos e documentos apresentados. Prestação de contas, por parte do curador de pessoa com deficiência, deflui de exigência legal, na linha do que disciplina o art. 84, § 4°, do Estatuto da Pessoa com Deficiência, além dos arts. 1.755 e segs. do CC. Fundada dúvida, em razão do excessivo número de informes que deve, mesmo, ser dirimida por força de perícia. Existência de patrimônio, rendimentos e gastos vultosos. Acerto da bem fundamentada decisão, a ser, pois, mantida. Recurso a que se nega provimento. (TJSP, AI n. 2082875-61.2021.8.26.0000/SP, 10ª Câm. de Dir. Priv., rel. Wilson Lisboa Ribeiro, j. 18.05.2022, publ. 18.05.2022)

Agravo de instrumento. Ação de interdição. Decisão indeferiu pedido de levantamento de valores depositados em conta judicial de incapaz, para reforma de imóvel, onde reside com sua genitora. Cabimento, na espécie, em razão da comprovada situação precária do imóvel. Medida que proporcionará maior segurança e conforto ao interditando. Observância ao disposto no art. 1.755 do CC. Agravo provido. (TJSP, AI n. 2164578-19.2018.8.26.0000/SP, 9ª Câm. de Dir. Priv., rel. Edson Luiz de Queiróz, j. 05.09.2018)

Apelação cível. Prestação de contas. Primeira fase. Dever do curador quanto à administração de bens e valores do curatelado. Art. 1.755 do CC c/c art. 1.781. Na primeira fase da prestação de contas há de se averiguar se há, pela parte demandada, o dever de prestação de contas. No caso, ação foi ajuizada pelo MP em relação à administração pela curadora, apelante, de valores auferidos pelo curatelado. Não lhe amparam os argumentos de desconhecimento da obrigação de documentar a destinação do dinheiro, tampouco a assertiva de que se trata de parca renda mensal, uma vez que em audiência na Promotoria da Justiça foi esclarecida que deveria colher recibos das quantias entregues e notas fiscais das despesas efetuadas. Além disto, está informado o levantamento bancário por ela de quantia próxima de R$ 10.000,00 em meados de 2014. Justifica-se, assim, a determinação posta na sentença de prestar contas. Negaram provimento. Unânime. (TJRS, Ap. Cível n. 70.073.564.593, 8ª Câm. Cível, rel. Luiz Felipe Brasil Santos, j. 17.08.2017, *DJe* 23.08.2017)

Veja no art. 1.589 o seguinte acórdão: TJSP, Ap. Cível n. 0000198-35.2013.8.26.0114, 4ª Câm. de Dir. Priv., rel. Milton Carvalho, j. 17.10.2013.

Agravo de instrumento. Execução por quantia certa. Curatela. Dever de prestar contas. Quantia levantada pelo curador sem qualquer formalidade. Requerimento do Ministério Público para que a quantia seja depositada em juízo. Razoável. A prestação de contas visa resguardar não só os interesses do curatelado, mas, principalmente, do próprio curador, evitando-se que pairem dúvidas a respeito de sua lisura com a administração de bens alheios, ainda que o curatelado não possua bens imóveis ou grandes valores. A obrigação de prestar contas é inerente ao exercício da função de curador, sendo irrelevante o fato de a curadora nomeada ser a própria mãe da curatelada, visto que, como se extrai do art. 1.755 do CC, a vontade dos pais é irrelevante perante o dever de prestar contas legalmente imposto. Deve ser mantida a decisão que, em atenção a requerimento formulado pelo Ministério Público, determina o depósito em juízo da quantia levantada pelo curador sem quaisquer formalidades legais, sobretudo quando tal quantia, devido a sua vultuosidade, não pode ser considerada verba alimentar destinada à manutenção, subsistência e educação do curatelado, em atenção ao disposto no art. 1.753 do CC. Recurso não provido. (TJMG, AI n. 1.0024.11.042396-9/001, rel. Nilo Lacerda, j. 17.04.2013, *DJ* 26.04.2013)

Ação de prestação de contas. Tutela. Ao tutor compete prestar contas da sua administração, a cada dois anos e quando exigidas (arts. 1.755 e segs. do CC), não havendo exigência de qualquer justificativa além da administração dos bens do tutelado. Na ação de prestação de contas, quando recusada ou contestada a obrigação de prestá-las, na primeira fase, discute-se apenas a existência do encargo, e havendo condenação, com a cominação prevista na segunda parte do § 2º do art. 914, é na segunda fase que, se necessário, serão produzidas provas destinadas à apuração do eventual valor devido (art. 914, § 3º, do CPC) [sem correspondente no CPC/2015]. Contudo, no presente caso, a requerida, não obstante a defesa contra o mérito indireta arguida de prescrição (exceção substancial), apresentou as contas, ainda que não em forma mercantil, e de forma incompleta, por alegar necessitar da requisição de informações, de maneira que, tal reconhecimento, abreviou o procedimento, e caberia ao Magistrado julgar desde logo as contas, ou determinar a produção das provas que entendesse cabíveis, e não condenar a prestar contas. Sentença anulada. (TJSP, Ap. n. 9177300-78.2009.8.26.0000, 1ª Câm. de Dir. Priv., rel. Alcides Leopoldo e Silva Júnior, j. 16.04.2013, *DJ* 16.04.2013)

Apelação cível. Interdição. Prestação de contas. Desnecessidade. Ausência de patrimônio. Ganhos módicos. Consideradas as particularidades do caso em concreto, recebendo a interditada benefício do INSS em valor que não supera um salário mínimo, e não apresentando patrimônio, mostra-se desarrazoada a determinação de prestação de contas prevista nos arts. 1.755 e 1.774, ambos do CC. Apelo provido. (TJRS, Ap. Cível n. 70.050.438.837, 8ª Câm. Cível, rel. Ricardo Moreira Lins Pastl, j. 13.09.2012, *DJ* 17.09.2012)

Prestação de contas. Curatela. Ainda que com a morte do interditando, perca objeto a ação de interdição, devendo ser extinta, por ser intransmissível (art. 267, IX, CPC) [art. 485, IX, do CPC/2015], subsiste o dever do curador nomeado, de prestar contas de sua gestão, em conformidade com o art. 1.781 c/c arts. 1.755 e segs. do CC, nos próprios autos, sem prejuízo da ação de prestação de contas, com fundamento no art. 914 do CPC [sem correspondente no CPC/2015], por parte de qualquer interessado. Como se extrai do art. 1.758 do CC, aplicável à curatela, a responsabilidade do curador, ainda que extinta a curatela, se protrai até a aprovação das contas. O MP na sua atuação como fiscal da lei pode requerer a extração de peças para apuração de eventual infração e medidas urgentes, no âmbito de seu dever funcional. Recurso desprovido. (TJSP, AI n. 0023545-85.2012.8.26.0000/Suzano, 1ª Câm. de Dir. Priv., rel. Alcides Leopoldo e Silva Jr., j. 05.06.2012)

Curatela. Arbitramento de honorários profissionais. Preliminares rejeitadas. Advogado contratado para que o curador preste contas. Incidência dos arts. 1.755 e 1.781 do CC. Pagamento que não deve ser arcado pelo incapaz. Revogação da decisão. Recurso provido. (TJSP, AI n. 0125866-72.2010.8.26.0000/Taubaté, 8ª Câm. de Dir. Priv., rel. Des. Fortes Barbosa, j. 05.10.2011)

Interdição. Curatela. Declinação por parte de filho maior, com 19 anos, único habilitado dentre as pessoas referidas no art. 1.775 e parágrafos do CC. Notícia de maus-tratos constantes sofridos durante a infância e adolescência, provenientes da interditanda, sua genitora. Justificativa que se tem por relevante, dadas as implicações desses fatos no aspecto emocional. Rol do art. 1.736 do CC em matéria de escusas não taxativo. Declinação acolhida. Ausência de razão, contudo, para a nomeação de curador dativo no âmbito deste recurso. Necessidade de verificação, pelo próprio Juízo *a quo*, da existência de outros familiares cuja nomeação se mostre possível e conveniente. Decisão reformada apenas para afastar a nomeação do agravante. Agravo parcialmente acolhido para tal fim. (TJSP, AI n. 0087448-31.2011.8.26.0000/SP, 2ª Câm. de Dir. Priv., rel. Fabio Tabosa, j. 23.08.2011)

Apelação cível. Ação de prestação de contas. Proposta pela curadora que é mãe do interdito. Prosseguimento da ação. O dever de prestar contas é inerente ao exercício da administração dos bens e rendimentos alheios, sendo inequívoca a obrigação de prestar contas, o que decorre de disposição legal expressa. Circunstância de a curadora ser mãe do interdito não elide a obrigação, por se ater aos interesses e cuidados ao incapaz, mormente inexistindo pleito ou alegação de desnecessidade da prestação de contas. Art. 1.755 c/c art. 1.781 do CC. Desconstituída a sentença de extinção da ação, para prosseguimento do feito. Apelação provida. (TJRS, Ap. Cível n. 70.032.663.106, 7ª Câm. Cível, rel. Des. André Luiz Planella Villarinho, j. 07.07.2010)

Tutela. Prestação de contas. O apelante foi tutor do apelado até a sua maioridade civil. Como tutor, o apelante percebeu o benefício previdenciário devido ao apelante, enquanto menor, e recebeu indenização trabalhista deixada pelo seu finado genitor. O tutor é obrigado a prestar contas da sua administração, segundo o art. 1.755 do CC. A sentença que concedeu a tutela não dispensou o apelante do dever de prestar contas. As contas deverão ser prestadas em forma mercantil, na forma do art. 917 do CPC [art. 551, *caput* e § 2º do CPC/2015]. Recurso improvido. (TJSP, Ap. n. 994092995589 (6981474100), 1ª Câm. de Dir. Priv., rel. Des. Paulo Eduardo Razuk, j. 16.03.2010)

Interdição. Depósito judicial feito em ação consignatória por seguradora, cuja beneficiária é a interditada. Procedimento de jurisdição voluntária em que não ocorre a coisa julga material. Levantamento parcelado, condicionado à prestação de contas que visa preservar o interesse da interditada. Inteligência do art. 1.755 do CC. Recurso improvido, com observação. (TJSP, AI n. 6.361.244.300/Guarujá, 4ª Câm. de Dir. Priv., rel. Fábio Quadros, j. 14.05.2009)

Apelação cível. Interdição. Prestação de contas. Obrigatoriedade. Proteção do patrimônio do interditado. Exegese do art. 1.755 do CC. Recurso provido. Sentença reformada em parte. Conforme disposto no CC, os tutores e curadores são obrigados a prestar contas da sua administração. Constitui dever do curador administrar os bens do curatelado, devendo este ônus ser cumprido com zelo e boa-fé (art. 1.741 c/c art. 1.781 do CC), a fim de resguardar os direitos pertencentes ao interditado. (TJMG, Ap. Cível n. 1.0024.07.403387-9/001(1), rel. Mauro Soares de Freitas, j. 12.02.2009)

Veja no art. 1.631 o seguinte acórdão: TJSP, AI n. 1.164.320.002/Franca, 26ª Câm. de Dir. Priv., rel. Felipe Ferreira, j. 09.06.2008.

Curatela. Prestação de contas. I – Curadora que desatende a obrigação legal a ela imposta pelo exercício do cargo que lhe foi conferido em regular processo de interdição. II – Prestar contas é dever inarredável de quem exerce a curatela, ainda que o curatelado seja filho da curadora (art. 1.755 c/c art. 1.774). Não atendida a obrigação de explicar todas as atividades e receitas, tampouco a de discriminar as despesas e justificar o passivo, com a apresentação de documentos comprobatórios, lícito é ao magistrado indeferir pedido, formulado por quem exerce a curatela, de levantamento de qualquer quantia, enquanto não estiver concluída perícia indispensável ao batimento das contas. III – A prestação de contas possibilita o acompanhamento da administração do curador, constituindo, assim, norma de garantia de proteção dos bens do curatelado, daí porque inafastável. IV – Risco de lesão grave alegado pela negativa de levantamento de valores pertencentes ao curatelado, que deles necessitaria. Possibilidade de perigo que não se sobrepõe ao receio de má preservação do patrimônio do interdito por quem fora constituído administrador para boa aplicação dos recursos de quem não pode reger seus bens. Necessidade de dilação probatória para comprovação da regularidade das contas. V – Decisão agravada mantida por seus próprios e jurídicos fundamentos. Recurso conhecido e improvido (TJDF, AI n. 2007.00.2.011099-3, 6ª T. Cível, rel. Diva Lucy Ibiapina, *DJU* 02.04.2008). (*RBDFS* 11/163)

Apelação cível. Família. Interdição. Ação de prestação de contas. Em que pese a obrigatoriedade, em tese, do curador prestar contas, de acordo com o disposto no art. 1.755 do CCB c/c art. 914 do CPC [sem correspondente no CPC/2015], no caso em exame, em face do módico valor da pensão recebida pelos curatelados, de 1,5 salário mínimo para ambos, não é razoável exigi-las, pois é certo esse montante foi revertido em favor dos incapazes, que possuíam despesas com locação de imóvel e outras normais de subsistência, como compravam os documentos juntados. Proveram. Unânime. (TJRS, Ap. Cível n. 70.020.711.339, 7ª Câm. Cível, rel. Luiz Felipe Brasil Santos, j. 19.12.2007)

Alvará judicial. Interdição. Pretendida movimentação de conta bancária pela curadora nomeada. Decisão que condicionou a expedição de autorização à prestação de contas. Manutenção. Ônus que deriva de norma cogente e absoluta, sendo, destarte, indisponível, pessoal, irrenunciável e periódica. Recorrente que não é filha única. Inteligência dos arts. 1.755 e 1.774 do CC/2002. Recurso não provido. (TJSP, AI. n. 510.346.4/7-00, rel. Francisco Loureiro, j. 13.09.2007)

Agravo de instrumento. Ação de prestação de contas. Legitimidade passiva somente do tutor. Tratando-se do instituto da tutela, é cediço que a prestação de contas é uma obrigação direcionada somente ao tutor junto ao seu tutelado. (TJMG, Proc. n. 1.0443.02.009147-8/002(1), rel. Silas Vieira, j. 15.03.2007)

Agravo de instrumento. Interdição. Morte do interdito. Extinção da ação por perda do objeto. Prestação de contas na ação de interdição. Descabimento. O curador possui dever legal de prestar contas (art. 1.755 c/c 1.781, CC/2002). No entanto, no caso, em face da morte do interdito, o processo de interdição perdeu seu objeto e foi extinto. Em vista disso, descabe discutir a prestação de contas acerca da destinação dos bens do interdito em demanda já extinta e arquivada, principalmente, quando o curador, ora agravante, é o próprio filho do interdito e único herdeiro legítimo. Assim, eventual direito do espólio que se diz credor do interdito deve ser buscado em ação própria. Preliminar rejeitada, e recurso provido. (TJRS, AI n. 70.015.387.095, 7ª Câm. Cível, rel. Des. Ricardo Raupp Ruschel, j. 06.09.2006)

Direito civil. Interdição. Prestação de contas. Obrigatoriedade. Proteção do patrimônio da interditada. Exegese do art. 1.755 do CC. (TJMG, Proc. n. 1.0024.04.374187-5/001(1), rel. Audebert Delage, j. 02.02.2006)

---

**Art. 1.756. No fim de cada ano de administração, os tutores submeterão ao juiz o balanço respectivo, que, depois de aprovado, se anexará aos autos do inventário.**

---

O tutor deverá apresentar, ao final de cada ano, um balanço de sua administração. Referido balanço não se confunde com as contas que deverão ser prestadas por ele a cada dois anos (art. 1.757). Nele deverá constar resumo simplificado de receita e despesa, que, depois de aprovado pelo juiz, será anexado aos autos do processo no qual tenha sido nomeado o tutor. A medida tem por finalidade demonstrar ao juiz como anda a gestão dos bens do tutelado, configurando verdadeiro procedimento preparatório da futura prestação de contas.

**Jurisprudência:** Processual civil. Recurso especial. Ação de exigir contas. Fundo 157. Negativa de prestação jurisdicional. Ausência. Interesse de agir. Recusa ou mora em prestar as contas, não aprovação das contas prestadas ou divergência quanto à existência ou o montante do saldo credor ou devedor. Inexistência. 1. Ação de exigir contas ajuizada em 19.08.2020, da qual foi extraído o presente recurso especial interposto em 13.04.2020 e concluso ao gabinete em 18.01.2022. 2. O propósito recursal consiste em definir se houve negativa de prestação jurisdicional e se, para a configuração do interesse jurídico de exigir a prestação de contas relacionadas ao Fundo 157, é necessário prévio requerimento administrativo. 3. Na hipótese em exame, é de ser afastada a existência de omissões no acórdão recorrido, pois as matérias impugnadas foram enfrentadas de forma objetiva e fundamentada no julgamento do recurso, naquilo que o Tribunal *a quo* entendeu pertinente à solução da controvérsia. 4. A ação de exigir contas é prevista para se desenvolver em duas fases. Na primeira, verifica-se se há o direito de exigir as contas. Na segunda, analisa-se a adequação das contas prestadas, determinando-se a existência ou não de saldo credor ou devedor. Constatada a existência de saldo, passa-se à fase de cumprimento de sentença, oportunidade em que é revelada a natureza dúplice, já que o polo ativo será assumido por quem a sentença reconhecer como credor. 5. O interesse de agir é condição da ação caracterizada pelo binômio necessidade-adequação. Necessidade concreta da atividade jurisdicional e adequação de provimento e procedimento desejados. O interesse processual pressupõe a alegação de lesão a interesse. Afinal, se inexistente pretensão resistida, não há lugar à invocação da atividade jurisdicional. 6. Com exceção das hipóteses em que a lei exige que a prestação de contas se dê em juízo (*v.g.*, arts. 1.756, 1.757 e parágrafo único e 1.774 do CC/2002), as contas serão prestadas na via extrajudicial. Nessa linha, a doutrina processualista e a jurisprudência do STJ asseveram que o interesse processual na ação de exigir contas pressupõe a existência de controvérsia entre as partes da relação jurídica, cuja caracterização depende da presença de alguma das seguintes hipóteses: a) recusa ou mora em prestar as contas; b) não aprovação das contas prestadas ou c) divergência quanto à existência ou o montante do saldo credor ou devedor. Do contrário, não existirá lide a ser solucionada pelo Poder Judiciário. 7. A recusa na prestação das contas pode ser comprovada mediante prévio requerimento administrativo não atendido em prazo razoável. Essa é, no entanto, apenas uma das formas de demonstrar o interesse de agir na ação de exigir contas, não sendo requisito indispensável para a sua configuração. 8. Conforme alegado na petição inicial, durante o período compreendido entre 1967 e 1983, o recorrente aplicou suas economias no fundo de investimentos regido pelo DL n. 157/67 (Fundo 157). Por meio da presente ação, o recorrente busca saber quais investimentos foram realizados com seu dinheiro, não havendo alegação de violação a interesse. De acordo com a Corte de origem, não houve prévio requerimento administrativo, sendo que, para alterar esse entendimento, seria necessário o reexame das provas, o que é vedado pela Súmula n. 7/STJ. Ou seja, não houve recusa na prestação de contas ou rejeição das contas apresentadas, tampouco há divergência sobre eventual saldo credor ou devedor. Ante a inexistência de lide, não está presente a necessidade de intervenção do Poder Judiciário, carecendo o recorrente de interesse de agir. 9. Recurso especial parcialmente conhecido e, nessa parte, não provido. (STJ, REsp n. 2.000.936/RS, 3ª T., rel. Min. Nancy Andrighi, j. 21.06.2022, *DJe* 23.06.2022)

Agravo de instrumento. Ação de interdição. Decisão agravada que indeferiu pedido formulado pelo genitor do interditado, para que sejam prestadas contas pela genitora acerca da prestação alimentícia paga e manteve a dispensa dos curadores da prestação anual de contas. Insurgência. Parcial conhecimento. Insurgência acerca da delimitação da responsabilidade de cada curador ou mesmo de modificação da forma de pagamento da prestação alimentícia. Não conhecimento, sob pena de supressão de instância. Determinação para que ocorra a prestação de contas anual em juízo pelos curadores. Acolhimento, nos termos do disposto nos arts. 1.755, 1.756 e 1.757 c/c 1.774 do CC e art. 84, § 4º, da Lei n. 13.146/2015. Recurso conhecido em parte e provido na parte conhecida. (TJSP, AI n. 2095953-88.2022.8.26.0000/SP, 3ª Câm. de Dir. Priv., rel. João Pazine Neto, j. 31.05.2022, publ. 31.05.2022)

---

**Art. 1.757. Os tutores prestarão contas de dois em dois anos, e também quando, por qualquer motivo, deixarem o exercício da tutela ou toda vez que o juiz achar conveniente.**

**Parágrafo único. As contas serão prestadas em juízo, e julgadas depois da audiência dos interessados, recolhendo o tutor imediatamente a estabelecimento bancário oficial os saldos, ou adquirindo bens imóveis, ou títulos, obrigações ou letras, na forma do § 1º do art. 1.753.**

---

O artigo estabelece a periodicidade em que as contas devam ser prestadas pelo responsável. O tutor deverá prestá-las a cada dois anos – independentemente da apresentação do balanço do qual trata o artigo antecedente –, quando entender conveniente o juiz (interesse na preservação do patrimônio do tutelado) ou, ainda, quando os tutores deixarem, por qualquer razão, de exercer a tutela. As contas deverão ser prestadas em forma mercantil (art. 551, *caput* e § 2º, do CPC/2015; art. 917 do CPC/73) e, segundo o parágrafo único do artigo, serão aprovadas ou rejeitadas após manifestação dos interessados e do representante do Ministério Público. O tutor deverá discriminar o ativo, sem omissão alguma, e o passivo, apresentando todos os documentos necessários a sua comprovação, dispensada a exibição de recibos referentes às despesas pequenas. As contas do tutor serão prestadas em apenso aos autos do processo no qual foi nomeado (art. 553, parágrafo único, do CPC/2015; art. 919 do CPC/73). Sendo as contas aprovadas pelo juiz, o saldo deverá ser recolhido em estabelecimento bancário oficial, ou, atendendo às conveniências do menor, revertido em títulos, obrigações ou letras, ou utilizado na compra de imóveis, na forma disposta no § 1º do art. 1.753.

A parte final do dispositivo processual (art. 919) prevê sanção para a hipótese do tutor não pagar o saldo a que foi condenado: destituição do encargo, sequestro dos bens sob sua guarda e glosa da remuneração a que teria direito.

**Jurisprudência:** Veja no art. 1.756 as seguintes decisões: STJ, REsp n. 2.000.936/RS, 3ª T., rel. Min. Nancy

Andrighi, j. 21.06.2022, *DJe* 23.06.2022; TJSP, AI n. 2095953-88.2022.8.26.0000/SP, 3ª Câm. de Dir. Priv., rel. João Pazine Neto, j. 31.05.2022, publ. 31.05.2022.

Curatela. Interdição. Ação de prestação de contas. Recurso contra a sentença que julgou boas as contas apresentadas pela curadora. Justiça gratuita concedida ao apelante. Impugnação à justiça gratuita que não merece acolhimento. Comprovação da hipossuficiência financeira em precedente ação. Insurgência do apelante que se volta essencialmente para despesas de pequeno valor. Aplicação dos arts. 1.757 e 1.774 do CC. Despesas corriqueiras – refeição, remédio, supermercado – que pelo valor reduzido despendido afastam a apresentação rigorosa de comprovantes de pagamento. Documentos apresentados pela curadora que se mostraram suficientes à comprovação dessas despesas. Benefícios previdenciários recebidos pela curatelada adequadamente comprovados. Litigância de má-fé do recorrente não caracterizada. Sentença mantida. Recurso desprovido. (TJSP, Ap. Cível n. 1022654-91.2019.8.26.0100/SP, 1ª Câm. de Dir. Priv., rel. Alexandre Marcondes, j. 17.02.2022, publ. 17.02.2022)

Apelação cível. Ação de curatela. Obrigação de prestar contas anualmente. Pretensão de dispensa do dever de prestar contas. Descabimento. Existência de patrimônio em nome da parte interditada/curatelada. Sentença mantida. A prestação de contas pelo curador é regra geral, conforme disposição legal, nos termos dos art. 1.757 c/c o art. 1.781, ambos do CC, e do art. 84, § 4º, da Lei n. 13.146/2015, sendo esta obrigação dispensada somente diante de casos excepcionais. A administração de bens e valores de terceiros resulta no dever lógico e natural de dar satisfação de seus atos de gestão, apresentando-os de forma apta à conferência e verificação regular, especialmente quando se trata de pessoa incapaz. Hipótese em que a parte interditanda, além de auferir benefício previdenciário, possui patrimônio em seu nome, consistente em fração de terras, o que justifica a manutenção da obrigação estabelecida em sentença, de prestação de contas em periodicidade anual. Precedentes do TJRS. Apelação desprovida. (TJRS, Ap. Cível n. 50011108920198210076/RS, 7ª Câm. Cível, rel. Carlos Eduardo Zietlow Duro, j. 27.01.2022, publ. 27.01.2022)

Ilegitimidade ativa. Alegação de que apenas os familiares do *de cujus* têm legitimidade para requerer a prestação de contas. Desacolhimento. Obrigação de prestação de contas que prescinde da relação de parentesco entre as partes. Inteligência do art. 914, I, do CPC. Preliminar rejeitada. Interesse processual. Alegação de inexistência de relação jurídica entre o espólio e a curadora da interdita. Inadmissibilidade. Possibilidade de atuação do espólio na defesa dos interesses dos bens da falecida até a efetivação da partilha nos autos do inventário. Preliminar afastada. Prestação de contas. Ação ajuizada pelo espólio em face da curadora nomeada em ação de interdição. Procedência do pedido. Inconformismo. Desacolhimento. Prestação de contas que, de fato, deve ser efetivada em apenso aos autos da interdição. Peculiaridade do caso que justifica o ajuizamento da ação de prestação de contas em Juízo diverso. Responsabilidade da curadora que não se extingue com o óbito da interditanda. Inteligência do art. 1.758 do CC. Prestação de contas que deve abranger todo o período em que a curadora esteve na administração dos bens da interditanda. Sentença mantida. Preliminares rejeitadas e recurso desprovido. (TJSP, Ap. Cível n. 00009663520118260597, 5ª Câm. de Dir. Priv., rel. J. L. Mônaco da Silva, j. 22.01.2014, *DJe* 01.02.2014)

Curatela. Prestação de contas. Devido processo legal. Necessidade de oitiva dos interessados a respeito das contas apresentadas pela curadora do interdito, conforme determina o art. 1.757, parágrafo único, do CC. Sentença anulada. Recurso provido, com determinação. (TJSP, Ap. n. 0830063-29.2010.8.26.0000, 1ª Câm. de Dir. Priv., rel. Rui Cascaldi, j. 11.06.2013, *DJ* 13.06.2013)

Ação de substituição de curador cumulada com prestação de contas. Procedência do pedido de substituição. Ausência de análise do pedido de prestação de contas em primeiro grau, tido por inexistente em sede de decisão de embargos de declaração. Impertinência da pretensão de remessa dos autos ao primeiro grau para a referida análise, pois importaria descabida nulidade da sentença. Magistrada que não estava obrigada a apreciar pedido não deduzido adequadamente. Inexistência, ademais, de prejuízo na ausência da análise do pedido de prestação de contas, eis que se trata de matéria não preclusiva, cuja determinação para que corra em apenso ainda pode ocorrer. Inteligência do art. 919 do CPC [art. 553 do CPC/2015] c/c arts. 1.757, 1.774 e 1.783 do CC. Recurso desprovido, com observação. Agravo retido. Indeferimento do pedido de carga dos autos pelo autor. Cabimento. Prazo comum. Inteligência do § 2º do art. 40 do CPC [art. 107, §§ 2º e 3º, do CPC/2015]. Agravo retido improvido. (TJSP, Ap. Cível c/ Rev. n. 6.389.074.100/Birigui, 6ª Câm. de Dir. Priv., rel. Sebastião Carlos Garcia, j. 17.09.2009)

Curatela. Prestação de contas. É impositivo seja dada vista aos interessados das contas apresentadas pela curadora da interdita, conforme determina o art. 1.757 (c/c o art. 1.774) do CC/2002. Apelo provido monocraticamente. (TJRS, Ap. Cível n. 70.008.684.466, 7ª Câm. Cível, rel. Des. Maria Berenice Dias, j. 14.05.2004)

Prestação de contas. Tutela. Ônus da prova de quitação que incumbe à ré. Obrigação legal da tutora de prestar contas de sua administração. (TJSP, Ap. Cível n. 095.889-4/0-00, rel. Des. Carlos Stroppa, j. 11.04.2000)

Menor. Tutela. Prestação de contas na forma mercantil. Inexigibilidade. Contas dadas como boas e bem prestadas pela mãe da tutelada. Inexistência, ademais, de impugnação da interessada após ter atingido a maioridade no curso do processo. (*RT* 688/144)

**Art. 1.758. Finda a tutela pela emancipação ou maioridade, a quitação do menor não produzirá efeito antes de aprovadas as contas pelo juiz, subsistindo inteira, até então, a responsabilidade do tutor.**

Como determina o disposto no art. 1.763, I, adiante comentado, a tutela se extingue quando o tutelado atingir a maioridade, ou seja, completar dezoito anos (cf. art. 5º, *caput*), ou for emancipado (cf. art. 5º, parágrafo único). Contudo, assegura o disposto no presente artigo que, apesar de ocorrente qualquer das causas de extinção mencionadas, persistirá a responsabilidade do tutor até que sejam aprovadas suas contas pelo juiz. É que, apesar de gozar de plena capacidade para os atos da vida civil, o tutelado, agora maior, não terá condições, por inexperiência, desconhecimento, ou até mesmo temor ao antigo tutor, de dar quitação das contas prestadas. Elas devem, por tal motivo, ser examinadas e consideradas boas e valiosas pelo juiz, para que não sofra o tutelado qualquer desfalque em seu patrimônio. A quitação dada pelo menor, sem a aprovação do magistrado, é ineficaz.

**Jurisprudência:** Prestação de contas. Curatela. Ainda que com a morte do interditando, perca objeto a ação de interdição, devendo ser extinta, por ser intransmissível (art. 267, IX, CPC) [art. 485, IX, do CPC/2015], subsiste o dever do curador nomeado, de prestar contas de sua gestão, em conformidade com o art. 1.781 c/c art. 1.755 e segs. do CC, nos próprios autos, sem prejuízo da ação de prestação de contas, com fundamento no art. 914 do CPC [sem correspondente no CPC/2015], por parte de qualquer interessado. Como se extrai do art. 1.758 do CC, aplicável à curatela, a responsabilidade do curador, ainda que extinta a curatela, se protrai até a aprovação das contas. O MP na sua atuação como fiscal da lei pode requerer a extração de peças para apuração de eventual infração e medidas urgentes, no âmbito de seu dever funcional. Recurso desprovido. (TJSP, AI n. 0023545-85.2012.8.26.0000/Suzano, 1ª Câm. de Dir. Priv., rel. Alcides Leopoldo e Silva Jr., j. 05.06.2012)

Prestação de contas. Primeira fase. Na primeira fase do procedimento de apuração de contas, a cognição judicial limita-se ao reconhecimento do direito de exigi-las, não se apurando a existência de débito ou saldo. É incontroverso o dever do tutor de prestar contas da sua administração. Inteligência do art. 1.755 do CC/2002. Maioridade civil do tutelado. A declaração firmada pelo ex-tutelado, após o implemento da maioridade civil, no sentido de que os valores decorrentes da ação de indenização foram devidamente empregados pela tutora, não tem o condão de obstar o dever de prestar contas, conforme expressa previsão legal (art. 1.758 do CC/2002). Negado provimento. (TJRS, Ap. Cível n. 70.009.486.861, 7ª Câm. Cível, rel. Des. Maria Berenice Dias, j. 24.08.2005)

**Art. 1.759. Nos casos de morte, ausência, ou interdição do tutor, as contas serão prestadas por seus herdeiros ou representantes.**

Extinta a tutela por morte do tutor, embora não herdem por sucessão o múnus público atribuído a ele, os herdeiros ficarão encarregados de prestar as contas a que estava obrigado o falecido em razão da tutela assumida, bem como deverão restituir todos os bens que se encontravam sob sua administração. Os representantes do tutor ausente ou interditado, assim reconhecidos por sentença, também ficam obrigados a prestar as contas que competiam ao seu representado. Representantes e herdeiros ficarão responsáveis por eventual saldo devedor, suportando seu patrimônio até o montante que comportar (cf. art. 928) ou até os limites da herança recebida (cf. art. 1.997), respectivamente.

**Jurisprudência:** Agravo de instrumento. Ação de exigir contas. Primeira fase. Exercício da curatela. Óbito da genitora/curadora. Art. 1.759 do CC. Inexigibilidade, no caso, da obrigação de prestar contas por parte do genitor/demandado. Com o falecimento da curadora, o dever de prestar contas pelo exercício da curatela é transmitido ao representante do espólio, consoante previsto no art. 1.759 do CC. Contudo, não é razoável condenar o demandado/apelante (marido da curadora falecida) a prestar contas do exercício da curatela da própria filha, que mantinha em sua companhia e cuja única renda era proveniente do benefício previdenciário de apenas um salário mínimo, valor obviamente destinado à cobertura das despesas básicas da curatelada. Além do que, ao que consta, inexiste patrimônio em nome da curatelada. Diante desse cenário e na especificidade do caso, é de ser reformada a decisão que condenou o réu (pai da interditada) a prestar contas do período de maio de 2016 até o óbito da curadora/genitora, em julho de 2020. Deram provimento. Unânime. (TJRS, AI n. 50337603920238217000/Santa Maria, 8ª Câm. Cível, rel. Luiz Felipe Brasil Santos, j. 20.07.2023, *DJ* 20.07.2023)

Apelação cível. Prestação de contas. Ação ajuizada pelo filho contra a irmã, curadora do genitor a eles comum. Alegação de má gestão do patrimônio do interditado. Requerida acometida de demência (CID10 – F00) durante a tramitação do feito, sendo-lhe nomeada curadora pela via a tanto adequada. Extinção da ação, sem resolução do mérito, com fundamento, por analogia, no art. 485, IX, do CPC. Impossibilidade. Obrigação legal de prestar contas que subsiste em relação à representante legal da então curadora, cuja prestação de contas se pretende. Inteligência dos arts. 1.759 e 1.781, ambos do CC. Precedentes desta Corte e do Eg. STJ. Sentença anulada, determinando-se o prosseguimento do feito e a oportuna análise do mérito. Recurso provido, em parte. (TJSP, Ap. Cível n. 0018018-57.2008.8.26.0077/SP, 10ª Câm. de Dir. Priv., rel. Márcio Boscaro, j. 31.05.2022, publ. 31.05.2022)

Agravo de instrumento. Ação de prestação de contas. Insurgência contra decisão que deferiu a habilitação dos herdeiros do curador falecido, para substituí-lo no polo passivo da demanda de prestação de contas. Herdeiros que são parte legítima para figurar no polo passivo da prestação de contas, a teor do disposto no art. 1.759 do CC. Ação de prestação de contas que não se extingue com a morte do curador, cabendo a seus sucessores prestar as contas e responder, nos limites das forças da herança e na proporção de seus quinhões, por eventuais prejuízos causados pelo curador à curatelada. Decisão mantida. Recurso a que se nega provimento. (TJSP, AI n. 2261082-82.2021.8.26.0000/SP, 7ª Câm. de Dir. Priv., rel. José Rubens Queiroz Gomes, j. 27.04.2022, publ. 27.04.2022)

Apelação cível. Ação de exigência de contas. Cerceamento de defesa inocorrente. Curador falecido. Prestação de contas. Obrigação dos herdeiros. Inteligência do art. 1.759 do CC/2002. Recurso não provido. 1. O cerceamento de defesa ocorre quando a parte tem o legítimo interesse em produzir um ato ou uma prova e fica impedida pelo órgão judicial ou administrativo. Evidenciada a desnecessidade de produção da prova em determinada fase do procedimento, inocorre o referido vício processual. 2. O art. 1.759 do CC/2002 estabelece que, nos casos de morte, ausência, ou interdição do tutor, as contas serão prestadas por seus herdeiros ou representantes. 3. Assim, com o falecimento do curador, subsiste para os seus herdeiros a obrigação de prestar contas da administração dos bens da curatelada uma vez que a prestação está relacionada a direitos e deveres de caráter patrimonial. 4. Apelação cível conhecida e não provida, mantida a sentença que acolheu a pretensão inicial, rejeitada uma preliminar. (TJMG, Ap. Cível n. 1.0000.21.042741-5/001, rel. Des. Caetano Levi Lopes, j. 28.09.2021)

Apelação cível. Prestação de contas. Ilegitimidade passiva. Herdeiros. Obrigação personalíssima. 1 – O apelante, em razão da morte de sua genitora, teve a guarda concedida aos avós maternos, homologada em acordo judicial entre eles e genitor. Falecida a avó materna, posteriormente o avô materno e tendo atingido a maioridade, demandou contra o Espólio do avô e herdeiros a prestação de contas dos valores de pensão alimentícia prestada pelo pai e pensão por morte da mãe. 2 – Deve ser mantida a sentença que extinguiu o feito sem julgamento de mérito por ilegitimidade passiva, uma vez que não incide ao caso o art. art. 1.759 do CCB (nos casos de morte, ausência, ou interdição do tutor, as contas serão prestadas por seus herdeiros ou representantes), não se confundindo exercício de guarda, que mantém para outrem o poder familiar, com tutela, que se aplica nos casos de perda de poder familiar. 3 – Além disto, conforme destaca precedente do STJ a prestação de contas comporta obrigação personalíssima, sendo que somente a própria pessoa pode dizer acerca de como, quando e por que fez despesas – a isto não se podendo obrigar os herdeiros, que não praticaram atos de gestão. Negaram provimento. Unânime. (TJRS, Ap. Cível n. 70.073.437.170, 8ª Câm. Cível, rel. Juiz Luiz Felipe Brasil Santos, j. 13.07.2017)

Apelação cível. Prestação de contas. Curatela. Morte da curadora. A sentença extinguiu a ação de prestação de contas em razão da morte da curadora demandada, ante o entendimento de que tal ação é de cunho personalíssimo. Contudo, tal entendimento não se aplica aos casos em que a ação de prestação de contas refere-se ao exercício da curatela. O art. 1.759 do CC prevê expressamente a sucessão processual na ação de prestação de contas do exercício da tutela, em caso de morte do tutor, regra essa aplicável também à curatela, por força do art. 1.791 do mesmo diploma legal. Deram provimento ao apelo para desconstituir a sentença. (TJRS, Ap. Cível n. 70.060.284.098, 8ª Câm. Cível, rel. Alzir Felippe Schmitz, j. 02.10.2014, *DJe* 07.10.2014)

**Art. 1.760. Serão levadas a crédito do tutor todas as despesas justificadas e reconhecidamente proveitosas ao menor.**

Consoante já afirmado em comentário ao art. 1.752, o tutor terá direito de ser reembolsado pelo realmente despendido no exercício da tutela, que, obviamente, o foi em proveito do tutelado, esteja ou não autorizado judicialmente. Comprovados, por ocasião da prestação de contas, efetivos gastos e benefício trazido ao menor – basta referirem-se a sustento, educação e administração dos bens dele –, terá o tutor direito de reaver a importância despendida. Quando o menor possuir bens dos quais retira seu sustento e educação, não terá o tutor direito a ressarcimento algum, ressalvada a hipótese de gasto necessário, superior à importância advinda dos bens do tutelado.

**Jurisprudência:** Agravo de instrumento. Tutela. Ordem de prestar contas. Agravantes que buscam afastar o dever de prestar contas sob o fundamento de que a sobrinha, então tutelada, fora mantida às suas exclusivas expensas no período entre 31.12.2003 e 15.12.2010. Todavia, o auxílio prestado para o sustento da sobrinha não é juridicamente elidente do dever de prestar contas. As despesas realizadas pelos tutores em proveito do tutelado não impedem que as contas sejam exigidas, mas podem ser apontadas e levadas a crédito do tutor se justificadas e reconhecido o aproveitamento pelo tutelado, consoante exegese do art. 1.760 do CC. Recurso desprovido. (TJSP, Proc. n. 21669247420178260000, 7ª Câm. de Dir. Priv., rel. Rômolo Russo, j. 06.12.2017)

**Art. 1.761. As despesas com a prestação das contas serão pagas pelo tutelado.**

Como salientado em comentário ao art. 1.755, a finalidade da prestação de contas pelo tutor é proteger os interesses econômicos do menor; e, por essa razão, não teria sentido o tutor arcar com as despesas que suportou para prestá-las. As despesas serão pagas com produto ou rendimento dos bens do tutelado, devendo ser incluídas no passivo do menor por ocasião da prestação de contas. O tutelado abandonado ou desprovido de recursos ou bens fica desobrigado do pagamento dessas despesas.

**Jurisprudência:** Agravo de instrumento. Interdição. Prestação de contas. Prova pericial. Custeio. Curadora removida de seu múnus. Determinação de produção de prova pericial contábil a pedido do MP. Custeio carreado à antiga curadora. Insurgência com pretensão de carrear à curatelada tal ônus, suscitando-se o art. 1.761, do CC, e o art. 91, do CPC. Deliberação sobre quem deverá custear os honorários periciais que ocorreu anteriormente à decisão agravada, havendo por esta sido apenas reproduzida. Ausência de recurso oportuno. Não conhecimento, a teor do disposto no art. 507, do CPC. De todo modo, apenas por amor ao argumento, não aproveitaria à agravante o teor do art. 1.761, do CC, uma vez que esse último cuida de despesas despendidas para produzir as contas apresentadas ao Juízo, enquanto aqui se trata de despesa processual relativa ao custeio da prova pericial. Inaplicabilidade, outrossim, do art. 91, do CPC, na medida em que tal regra se aplica à hipótese em que o MP seja parte na demanda, o que não ocorre nos autos de origem, em que atua nos termos do inc. II, do art. 178, do CPC. Agravo não conhecido. (TJSP, AI n. 2072190-87.2024.8.26.0000/São José dos Campos, 5ª Câm. de Dir. Priv., rel. João Batista Vilhena, j. 18.06.2024, *DJ* 18.06.2024)

**Art. 1.762. O alcance do tutor, bem como o saldo contra o tutelado, são dívidas de valor e vencem juros desde o julgamento definitivo das contas.**

O presente dispositivo tem por fim definir a natureza das dívidas do tutor e do tutelado. Confere o legislador tratamento igualitário a ambos. Do alcance (desvio de dinheiro ou valores verificado na prestação de contas; desfalque) do tutor decorre sua dívida em favor do tutelado (art. 919 do CPC/73; art. 553 do CPC/2015). Do saldo contra o tutelado nasce o crédito do tutor (cf. art. 1.760). Ambas as dívidas são consideradas de valor – o dinheiro como medida de um valor patrimonial que ele representa –, cujos juros moratórios incidirão a partir do julgamento definitivo das contas e serão fixados segundo a taxa em vigor para a mora do pagamento de impostos devidos à Fazenda Nacional (cf. art. 406).

**Jurisprudência:** Prestação de contas. Procedência parcial. Saldo credor em favor da autora. Levante do réu buscando inclusão de valores não considerados e diferença entre despesas e receitas. Valores que não podem ser considerados, não descriminado o imóvel em que teriam as despesas realizadas. Constatada diferença entre despesa e receita não analisada na decisão, resultando crédito ao réu. Juros que devem incidir a partir da decisão e não da citação. Inteligência do art. 441, CC/1916, atual art. 1.762 do CC/2002. Pretensão da autora na inclusão de valores insubsistente. Recurso principal provido em parte, improvido o adesivo. (TJSP, Ap. Cível n. 2.222.854.300/Tupi Paulista, 4ª Câm. de Dir. Priv., rel. Fábio Quadros, j. 10.07.2008)

## *Seção VII*
## *Da Cessação da Tutela*

**Art. 1.763. Cessa a condição de tutelado:**

**I – com a maioridade ou a emancipação do menor;**

**II – ao cair o menor sob o poder familiar, no caso de reconhecimento ou adoção.**

O presente artigo disciplina a cessação da tutela. Extinguir-se-á a tutela quando não mais subsistirem as situações que a autorizaram; nos termos do disposto no art. 1.728, ela decorrerá da menoridade do tutelado cujos pais faleceram, foram julgados ausentes ou decaíram do poder familiar. Assim, cessada a menoridade ou caindo o menor sob o poder familiar, não mais subsistirá razão para manutenção da tutela, devendo ela ser extinta. Cessar-se-á a tutela quando o tutelado atingir a maioridade – adquirir plena capacidade civil –, ou seja, completar 18 anos (cf. art. 5º, *caput*), ou for emancipado (cf. art. 5º, parágrafo único, e **inciso I** deste artigo).

Se o menor for reconhecido, estabelecendo-se paternidade ou maternidade, ou for adotado, caindo, em qualquer das hipóteses, sob o poder familiar, também estará cessada a tutela (**inciso II**). Além desses casos, poderá ser extinta a tutela também quando os genitores do menor forem descobertos ou reaparecerem e readquirirem judicialmente o poder familiar. Ocorrendo uma dessas situações, desaparecerá, automaticamente, a condição de tutelado, independentemente da intervenção judicial.

**Jurisprudência:** Apelação. Ação de obrigação de fazer c/c pretensão de cobrança. Pleito de inclusão da autora no rol de beneficiários da entidade fechada de previdência complementar a partir da data de falecimento do instituidor, com o ressarcimento das parcelas não pagas no período. Impossibilidade. Autora que nunca esteve inscrita como dependente no contrato de previdência privada e atingiu a maioridade muito antes do falecimento do instituidor. Existência prévia de guarda ou tutela que cessou, automaticamente, quando a apelante alcançou a maioridade – art. 1.763, I, do CC –, tornando-se plenamente capaz de gerir os atos de sua vida civil e, como corolário óbvio, obrigada a arcar com o custeio de suas próprias necessidades existenciais. Ausência de comprovação cabal da alegada dependência econômica, bem como de qualquer óbice para que a requerente custeie seus próprios gastos. Pretensão que implica verdadeira ofensa ao princípio do mutualismo, assim como a toda uma comunidade, penalizando-a pela conduta de uma não beneficiária que busca impingir a todos, a contrário dos estatutos, que arquem com uma dependência que nunca teve qualquer fonte de custeio para tal finalidade. Acerto da sentença. Recurso não provido. (TJRJ, Ap. Cível n. 00096985120148190061, 18ª Câm. Cível, rel. Cláudio Luiz Braga Dell'Orto, j. 16.05.2018, *DJe* 17.05.2018)

Ação de remoção de tutor. Maioridade. Cessada a condição de tutelado. Inteligência do art. 1.763, I, do CC. Recurso prejudicado. (TJSP, Ap. Cível c/ Rev. n. 1.757.394.000/São Paulo, 7ª Câm. de Dir. Priv., rel. Luiz Antônio Costa, j. 01.04.2009)

Condenatória. Maioridade alcançada pelo tutelado. Cessação da tutela. Art. 1.763, I, do CC. Ausência de uma das condições da ação. Não há preclusão em matéria de condições da ação e pressupostos processuais enquanto a causa estiver em curso. Sentença mantida. Recurso não provido. (TJSP, Ap. c/ Rev. n. 6.998.555.300/Bauru, 13ª Câm. de Dir. Públ., rel. Peiretti de Godoy, j. 10.09.2008)

Tutela. Agravo retido. Apensamento de autos. Perda de interesse processual. Maioridade. Extinção pleno *iure*. Desnecessidade de tutela jurisdicional. Art. 1.763, CC. Sentença mantida. 1 – O critério finalístico e a abrangência do conteúdo da apelação impõem ao agravo retido a carência recursal por falta de interesse superveniente, porque perde o objeto o agravo retido que contém matéria veiculada na apelação. 2 – A extinção da tutela cessa, automaticamente, com a maioridade, nos casos em que esta foi a causa que a ensejou, alcançando a pessoa a capacidade para os atos da vida civil, razão por que desnecessária, desde logo, a figura do tutor, prescindindo-se, pois, da chancela jurisdicional. (TJMG, Proc. n. 1.0607.06.032772-5/001(1), rel. Nepomuceno Silva, j. 27.03.2008)

Prestação de contas. MP. Ilegitimidade de parte. Ocorrência. Tutelada que atingiu a maioridade, com família constituída, estando legitimada para atos da vida civil. Recurso prejudicado com observação. (TJSP, Ap. Cível n. 142.204.4/2, rel. Des. Munhoz Soares, j. 18.12.2003)

Tutela. Remoção do tutor. Processo extinto sem exame de mérito. Apelação não recebida. Posterior atingimento da maioridade pela tutelada. Agravo que perdeu o objeto. Recurso prejudicado. (TJSP, AI n. 279.642-4/5, rel. Des. Alexandre Germano, j. 29.04.2003)

**Art. 1.764. Cessam as funções do tutor:**

**I – ao expirar o termo, em que era obrigado a servir;**

**II – ao sobrevir escusa legítima;**

**III – ao ser removido.**

A função do tutor estará cessada quando se esgotar o prazo de dois anos (art. 1.765) a que estava obrigado ao exercício da tutela (**inciso I**). Também estarão encerradas suas funções quando surgir uma causa legal, superveniente, portanto, impedindo-o de desempenhar o encargo público. Essa escusa será considerada legítima e está autorizada por lei, no art. 1.738, segunda parte (**inciso II**). Quando o tutor for removido também não mais exercerá esta função (**inciso III**). Os casos de remoção do tutor estão previstos nos arts. 1.735 e 1.766.

O procedimento de remoção e dispensa do tutor está previsto nos arts. 761 a 763 do CPC/2015 (arts. 1.194 a 1.198 do CPC/73), que autoriza, inclusive, suspensão imediata do exercício da função pelo tutor. Não se olvide de que, embora cessada por algum desses motivos as funções do tutor, sua responsabilidade perdurará até serem aprovadas suas contas, na forma disposta no art. 1.758.

---

**Art. 1.765. O tutor é obrigado a servir por espaço de dois anos.**

**Parágrafo único. Pode o tutor continuar no exercício da tutela, além do prazo previsto neste artigo, se o quiser e o juiz julgar conveniente ao menor.**

---

Embora a tutela não tenha prazo determinado de duração, o tutor fica obrigado a exercer o encargo para o qual foi designado pelo prazo mínimo de dois anos; demonstrando o encargo não ser perpétuo, mas transitório.

Decorrido esse prazo, cessa função e obrigação do tutor, devendo ele requerer ao juiz exoneração do múnus no prazo de dez dias, previsto no art. 763, § 1º, do CPC/2015. Preferindo, contudo, o tutor continuar no encargo, poderá permanecer, desde que o juiz julgue conveniente, por atender os interesses do menor. Para tanto, bastará que deixe transcorrer sem manifestação o prazo processual antes referido, quando será considerado reconduzido no encargo. Nessa hipótese, a permanência do tutor no exercício da tutela perdurará por mais dois anos, e não indefinidamente, pois, além de transitório o encargo, considerar-se-á prorrogado apenas pelo mesmo prazo para o qual inicialmente o tutor foi nomeado, além de sua manutenção sempre depender da aquiescência do juiz.

---

**Art. 1.766. Será destituído o tutor, quando negligente, prevaricador ou incurso em incapacidade.**

---

O artigo dispõe sobre remoção ou destituição do tutor. Os motivos que autorizam essa providência judicial não foram esgotados pelo legislador, sendo, portanto, exemplificativo o rol ofertado. Ocorrerá destituição quando o tutor for desinteressado, relapso, descuidado, se lhe faltam zelo e diligência; enfim, se é negligente e, com maior razão, age com má-fé, é desonesto, ímprobo, prevaricador (cf. VELOSO, Zeno. *Código Civil comentado* – direito de família. São Paulo, Atlas, 2003, v. XVII). O descumprimento pelo tutor dos deveres a ele afetos, relativos à pessoa do tutelado (*v.* comentário ao art. 1.740) ou referentes aos bens deste (*v.* comentário ao art. 1.741), também é motivo para sua destituição.

Consoante já afirmado em comentário ao art. 1.764, o tutor ainda será removido quando incorrer em alguma das situações enumeradas no art. 1.735, relativas aos impedimentos para o exercício da tutela, na hipótese de já estar exercendo o encargo. A incapacidade do tutor por ter sido interditado, já mencionada no art. 1.759, autoriza também sua remoção. Outras causas, como já dito, poderão gerar a destituição do tutor, por exemplo as previstas para a destituição do poder familiar, do qual a tutela é sucedânea, enumeradas no art. 1.638, embora algumas delas possam estar subentendidas naquelas relativas aos deveres do tutor apontadas nos arts. 1.740 e 1.741.

O procedimento de remoção e dispensa do tutor, como já mencionado no art. 1.764, está previsto nos arts. 761 a 763 do CPC/2015, e nele estão autorizadas a destituição de ofício pelo magistrado (pode também ser requerida pelo representante do Ministério Público ou pelo interessado – art. 761 do CPC/2015) e a autorização para a suspensão imediata do exercício da função pelo tutor (art. 762 do CPC/2015). Independente da apresentação das contas pelo tutor destituído, poderá o juiz nomear, imediatamente, um substituto. A destituição da tutela também está prevista no ECA nos arts. 22, 24, 38 e 164.

**Jurisprudência:** Apelação. Ação de remoção de curador. Autores são filhos do interditado e requerem a remoção da requerida, que assumiu o encargo de curadora por ser cônjuge do curatelado. Remoção do curador depende da demonstração de motivos de extrema gravidade (art. 762 do CPC), se o curador for negligente, prevaricar ou incurso em incapacidade (art. 1.766 do CC). Alegação de ocultação de bens e dilapidação patrimonial não demonstrada. Ainda que algum imóvel não tivesse sido declarado no processo de interdição, eventual pretensão de alienação dependeria de autorização do Juízo (art. 1.748, IV, do CC), não podendo ser caracterizado como risco de dilapidação patrimonial o fato de existir avaliação do valor de mercado de fazenda de propriedade do interdito. Despesas mensais do casal, bem como a administração dos bens, incluindo a movimentação bancária e o recebimento de alugueres, comportam análise em sede de prestação de contas, se o caso, a ser distribuída por dependência nos autos da interdição, não havendo que se falar em remoção da curadora antes da averiguação da alegação de que houve má gestão. Sentença de improcedência mantida. Recurso desprovido. (TJSP, Ap. n. 10179363120228260008/São Paulo, 1ª Câm. de Dir. Priv., rel. Enéas Costa Garcia, j. 29.08.2024, *DJ* 29.08.2024)

Apelação cível. Ação de remoção de curatela. Alegação de maus-tratos, negligência e dilapidação de patrimônio. Vínculo emocional estabelecido entre curatelada e curador. Ausência de maus-tratos. Dilapidação de patrimônio. Ausência de pedido de prestação de contas. Manutenção do encargo de curador. 1. Nos termos do disposto na Lei Civil (art. 1.766) o tutor será destituído quando for negligente, prevaricador ou incapaz. 2. Conforme o disposto no art. 553 do CPC, a destituição do curador será precedida, ainda, de prestação de contas, de apuração de eventual saldo devedor e, neste caso, ela só ocorrerá quando o curador, tendo oportunidade, não efetua a quitação. (TJMG, Ap. Cível n. 1.0000.20.444389-9/001, rel. Des. Wagner Wilson, j. 21.01.2021)

Agravo de instrumento. Remoção de curatela. Tutela indeferida. Ausência de comprovação que carreie para a verossimilhança do alegado. Não comprovação de ato atentatório a dignidade da curatelada. Recurso desprovido. 1 – Inexistente a prova inequívoca que conduza a verossimilhança acerca da ocorrência de ato atentatório da dignidade da curatelada por sua curadora (art. 1.766 do CC), o indeferimento da liminar para substituição da curadora é medida que se impõe. 2 – Por mais louvável que seja a atitude da agravante de preservar a saúde da curatelada, sua genitora, inclusive a trazendo para que possa receber os cuidados em sua residência, tem-se que, a par de maiores elementos de convicção, a mera possibilidade de existir algum fim egoístico travestido da presente pretensão em detrimento do objetivo maior de preservação da curatelada é motivo suficiente para manter o atual estado das coisas, conclusão que pode ser alterada no decorrer do processo. 3 – Recurso desprovido. (TJMS, AI n. 14122894820158120000, 5ª Câm. Cível, rel. Vladimir Abreu da Silva, j. 01.12.2015, *DJe* 07.12.2015)

Curatela. Remoção. Pedido de suposta companheira do interdito em relação à irmã dele. União estável não demonstrada nem reconhecida em ação própria. Falta de prova de violação de deveres legais pela curadora atual. Apenas a suposta condição de companheira não autoriza a remoção, tendo em vista as regras dos arts. 1.766 e 1.781 do CC, porque inexistente negligência, prevaricação ou incapacidade. Improcedência reconhecida. Sentença reformada. Apelação provida. (TJSP, Ap. n. 0013243-88.2012.8.26.0196, 2ª Câm. de Dir. Priv., rel. Guilherme Santini Teodoro, j. 14.05.2013, *DJ* 14.05.2013)

Apelação cível. Remoção de encargo de curador de interditado. CC/2002, art. 1.766. Improvimento do recurso. (TJMG, Proc. n. 1.0480.02.036873-8/001(1), rel. Roney Oliveira, j. 26.08.2008)

## CAPÍTULO II
## DA CURATELA

### *Seção I*
### *Dos Interditos*

**Art. 1.767. Estão sujeitos a curatela:**

**I – aqueles que, por causa transitória ou permanente, não puderem exprimir sua vontade;**

Inciso com redação dada pela Lei n. 13.146, de 06.07.2015.

**II – (*Revogado pela Lei n. 13.146, de 06.07.2015.*)**

**III – os ébrios habituais e os viciados em tóxico;**

Inciso com redação dada pela Lei n. 13.146, de 06.07.2015.

**IV – (*Revogado pela Lei n. 13.146, de 06.07.2015.*)**

**V – os pródigos.**

A curatela é o encargo deferido por lei a alguém para reger a pessoa e administrar os bens de outrem, que não pode fazê-lo por si mesmo (MONTEIRO, Washington de Barros. *Curso de direito civil – direito de família*. São Paulo, Saraiva, 1994, v. II).

O instituto sofreu alteração substancial com a vigência do Estatuto da Pessoa com Deficiência (Lei n. 13.146/2015), em que se passou a impor, como adiante se verá, que não deve mais a pessoa ser interditada como clinicamente portadora de uma deficiência ou enfermidade mental, mas curatelada pelo fato de objetivamente não exprimir a sua vontade de forma ponderada.

A pessoa com deficiência tem assegurado pelo novo estatuto o direito ao exercício de sua capacidade legal em igualdade de condições com as demais pessoas. A garantia de igualdade reconhece uma presunção geral de plena capacidade a favor das pessoas com deficiência. A deficiência é um impedimento duradouro físico, mental ou sensorial que não induz, em princípio, a qualquer forma de incapacidade, apenas a uma vulnerabilidade, pois a garantia de igualdade reconhece uma presunção geral de plena capacidade a favor das pessoas com deficiência. Com isso, a incapacidade surgirá excepcionalmente e amplamente justificada.

O estatuto não aniquilou a teoria das incapacidades do CC, mas a mitigou, adequando-a à Constituição da República e à Convenção sobre os Direitos das Pessoas com Deficiência. As pessoas deficientes submetidas à curatela são removidas do rol dos absolutamente incapazes do CC e enviadas para o catálogo dos relativamente incapazes, com uma renovada terminologia. O objetivo do legislador ao alterar as normas contidas nos arts. 3º e 4º deste Código foi o de suprimir a incapacidade absoluta do regramento jurídico da pessoa com deficiência psíquica ou intelectual, já que fere a regra da proporcionalidade. É que, diante da infinidade de hipóteses configuradoras de transtornos mentais ou déficits intelectuais, seja pela origem, graduação do transtorno ou pela extensão dos efeitos, tornou-se insustentável a tentativa do direito privado do século atual de persistir na homogeneização da amplíssima gama de deficiências psíquicas, ao binômio incapacidade absoluta ou relativa, segundo a pessoa se encontre em uma situação de ausência ou de redução de discernimento.

Como salientado, embora a lei submeta a pessoa com deficiência ao regime jurídico da curatela, não a associa à incapacidade absoluta. O Estatuto impõe dois modelos jurídicos de deficiência, a primeira sem curatela e a segunda qualificada pela curatela. A deficiência como gênero engloba todas as pessoas que possuam uma menos-valia na capacidade física, psíquica ou sensorial, independente de sua graduação, sendo bastante uma especial dificuldade para satisfazer as necessidades normais. O deficiente desfruta plenamente dos direitos civis, patrimoniais e existenciais. Contudo, se a deficiência se qualifica pelo fato de a pessoa não conseguir se autodeterminar, o ordenamento lhe conferirá proteção ainda mais densa que aquela deferida a um deficiente capaz, demandando o devido processo legal de curatela. Já quando a pessoa deficiente possui limitações no exercício do autogoverno, mas prescreve de forma precária a aptidão de se expressar e de se fazer compreender, o caminho não será o binômio incapacidade relativa/curatela, mas o procedimento criado pelo Estatuto da Tomada de Decisão Apoiada, em que pessoas com deficiência buscam sua capacidade de exercício em condição de igualdade com os demais (*v.* a seguir comentário ao art. 1.783-A).

O Estatuto da Pessoa com Deficiência (Lei n. 13.416/2015), com o espírito de consideração permanente da condição de pessoa humana daquele que não pode exercer por si os atos jurídicos e com a necessidade de respeitar o exercício de seu direito de ser ouvido e de participar na tomada de decisões, conferiu ao modelo jurídico da curatela o caráter excepcional, determinando, por isso, que a sentença exponha as razões e motivações de sua definição no caso concreto, preservados os interesses do curatelado (art. 85, § 2º). A sentença prefixará a medida da incapacidade para a prática de determinados atos jurídicos, com alteração do *status personae*. A curatela afetará tão somente os atos relacionados aos direitos de natureza patrimonial e negocial (art. 85, *caput*) e não alcança o direito ao próprio corpo, à sexualidade, ao matrimônio, à privacidade, à educação, à saúde, ao trabalho e ao voto (art. 85, § 1º), pois a finalidade da lei é de preservar, na medida do possível, a autodeterminação para a condição das situações existenciais. A medida protetiva da curatela será extraordinária, proporcional às necessidades e às circunstâncias de cada caso, e durará o menor tempo possível (art. 84, § 3º). Estando a pessoa em situação de institucionalização, o juiz deverá nomear-lhe curador, cujo encargo deverá recair, de preferência, sobre a pessoa que tenha vínculo familiar, afetivo ou comunitário com o curatelado. Esse curador poderá ser nomeado em caráter provisório, em caso de relevância e urgência e a fim de proteger os interesses da pessoa com deficiência em situação de curatela. Os curadores serão obrigados a prestar, anualmente, contas de sua administração ao juiz, apresentando o balanço do respectivo ano. Ressalte-se que a incapacidade relativa será materializada alternativamente pelas técnicas da representação e assistência, de modo que o curador poderá ser representante para todos os atos, para alguns, e assistente para outros ou exclusivamente assistente, de acordo com as circunstâncias do caso, em face da perfeita possibilidade de migração da incapacidade absoluta para a relativa. A pessoa deficiente curatelada não consumará isoladamente atos patrimoniais, pois a prática de negócios jurídicos exigirá a atuação substitutiva ou integrativa do curador, sob pena de anulabilidade (CC, art. 171).

O procedimento da curatela obedecerá às regras estabelecidas pelos arts. 747 a 763 do CPC/2015. O processo deve observar a vocação promocional da curatela especial concebida pelo Estatuto, não devendo a pessoa, frise-se, ser interditada como clinicamente portadora de uma deficiência ou enfermidade mental, mas curatelada pelo fato de objetivamente não exprimir a sua vontade de forma ponderada.

Nessa linha de raciocínio, alterou o estatuto a fórmula contida nos incisos I, II e IV deste artigo – os dois últimos revogados – de "ausência ou redução de discernimento" pela impossibilidade de expressão da vontade como fato gerador de incapacidade, impondo a conclusão de que deverá ser curatelado todo aquele relativamente incapaz que por uma causa duradoura seja privado de exprimir a sua vontade de forma a se autodeterminar.

Como se vê, o Estatuto da Pessoa com Deficiência associou a curatela a um impedimento de longo prazo que prive a pessoa de exprimir sua vontade até mesmo pelo elementar motivo de que a instituição da curatela não resulta inexoravelmente de um transtorno psíquico ou intelectual, sendo suficiente que, por qualquer outra razão, a pessoa perca a aptidão de querer e de entender em seu cotidiano.

A lei refere a expressão "causa permanente" devendo ser entendida como impedimento psíquico de longo prazo, pois o impedimento da pessoa que remete à curatela não exige o atributo da definitividade. Já as pessoas que sofrem de restrições na autodeterminação, mas ainda são aptas a se fazer compreender, não podem ser submetidas à curatela, configurando verdadeiro equívoco a sua ampliação para as hipóteses de comprometimento mental transitório. Trata-se de modelo jurídico incompatível com restrições episódicas ao autogoverno, afigurando-se desproporcional a transferência compulsória de poderes de representação para um curador, quando a justificativa se limite a uma carência eventual de idoneidade para agir. Nesses casos, a medida razoável de proteção da pessoa é a da invalidação dos atos jurídicos prejudiciais que foram praticados no período de impossibilidade de compreensão das situações correntes da vida.

Igualmente terão de ser submetidos à curatela os ébrios habituais e os toxicômanos (inciso III). Com efeito, o álcool e as substâncias entorpecentes podem reduzir o entendimento por afetar o cérebro, tornando o indivíduo relativamente incapaz, sujeitando-o à curatela relativa. Entretanto, se a gravidade for tal que o iniba completamente de entender, a incapacidade será absoluta. Por fim, aos pródigos (inciso V) será também conferida curatela. Considera-se pródigo o relativamente incapaz que desordenadamente desbarata sua fortuna, com risco de reduzir-se à miséria. A prodigalidade pressupõe habitualidade nas dissipações, vida desregrada, gastos imoderados, pendor irresistível para consumir o que possui. A prodigalidade só deve ser decretada em casos muito excepcionais. Os pedidos de interdição, nela fundados, escondem algumas vezes intuitos egoísticos e ambiciosos, tendo em mira coibir perda de um patrimônio cuja posse se espera, baseada na qualidade de herdeiro (MONTEIRO, Washington de Barros. *Curso de direito civil – direito de família*. São Paulo, Saraiva, 1994). A interdição por prodigalidade tem, destarte, além de sua finalidade precípua de proteger interesses do incapaz e mesmo da sociedade, natureza patrimonial, quando visa a preservar interesses materiais da família do pródigo, quando esse a possui (cônjuge, companheiro, pais, filhos, herdeiros).

**Jurisprudência:** Agravo de instrumento. Ação de interdição. Curatela provisória. Decisão que indeferiu a tutela de urgência, que visava à nomeação da agravante como curadora provisória do filho. Requisitos previstos no art. 300 do CPC devidamente preenchidos. Aplicação dos arts. 1.767 e 1.775 do CC. Documentos médicos que comprovam o diagnóstico do requerido, a gravidade do seu quadro de saúde físico e psíquico, bem como a persistência do uso abusivo de substâncias entorpecentes. Avaliação psiquiátrica realizada em processo criminal que confirma as alegações iniciais. Perigo de dano patente. Concessão da curatela provisória à genitora do interditando. Recurso provido. (TJSP, AI n. 2032296-07.2024.8.26.0000/São Paulo, 9ª Câm. de Dir. Priv., rel. Daniela Cilento Morsello, j. 27.03.2024, *DJ* 27.03.2024)

Apelação cível e remessa oficial. Direito civil e processual civil. Preliminar. Cerceamento de defesa. Dilação probatória. Rejeição. Interdição. Curatela. Pessoa portadora de Alzheimer avançado. Incapacidade demonstrada. Sentença mantida. 1. Se os laudos juntados aos autos mostram-se detalhados e conclusivos, tendo sido devidamente elaborados, por médico especialista, atestando a incapacidade mental e física do interditando, com idade senil e diagnosticado com Alzheimer avançado, e corroborados pelas certidões do oficial de justiça, considerando-se que o mesmo se reveste de imparcialidade, dispõe, pois, de elementos suficientes ao convencimento do julgador, não havendo que se falar em cerceamento de defesa, ante a não realização de prova pericial. Inteligência do art. 370 do CPC. Preliminar rejeitada. 2. Segundo o art. 1.767, I, do CC, estão sujeitos à curatela aqueles que, por causa transitória ou permanente, não puderem exprimir sua vontade. Ademais, o art. 84, §§ 1º e 3º, da Lei n. 13.146/2015 estabelece que a submissão de pessoa com deficiência à curatela constitui medida protetiva excepcional, proporcional às necessidades e às circunstâncias de cada caso, com duração do menor tempo possível. 3. Nas ações judiciais que envolvam curatela deve-se ter como objeto precípuo o melhor interesse do incapaz, salvaguardando o familiar que se encontra impossibilitado de praticar os atos da vida civil. 4. Restando devidamente demonstrada a incapacidade de gerir hábitos ordinários e atos da vida civil, por meio de laudos médicos que atestam a patologia do interditando – portador de Alzheimer em estágio avançado –, tendo em conta, ainda, que a curatela tem caráter estritamente protetivo, com o fito de possibilitar melhores condições de vida e saúde ao curatelado, impõe-se a manutenção da sentença interditória. 5. Apelo e remessa oficial não providos. (TJDF, Ap. Cível n. 0707280-02.2020.8.07.0004/DF, 4ª T. Cível, rel. Arnoldo Camanho, j. 03.02.2022, *DJe* 14.02.2022)

Apelação cível. Interdição. Incapacidade absoluta para a prática dos atos da vida civil. Alteração legislativa. Efeitos da curatela. Caso concreto. Possibilidade de extensão. A teor do art. 1.767 do CC, estão sujeitos a curatela aqueles que, por enfermidade ou deficiência mental, não tiverem o necessário discernimento para os atos da vida civil. A Lei n. 13.146/2015 (Estatuto da Pessoa com Deficiência) alterou dispositivos do CC e restringiu o rol dos absolutamente incapazes aos menores de 16 anos, passando as pessoas que, por causa transitória ou permanente, não puderem exprimir sua vontade, a figurar como relativamente incapazes (art. 4º, III, CC). Dispõe o art. 755 do NCPC que, ao proferir a sentença que decreta a interdição, o juiz fixará os limites da curatela, segundo o estado e o desenvolvimento mental do interdito, considerando as características pessoais do interdito, suas potencialidades, habilidades, vontades e preferências, não havendo, portanto, vedação legal para a concessão dos poderes de representação em conformidade com as peculiaridades do caso concreto. (TJMG, Ap. Cível n. 1.0000.21.196339-2/001, rel. Des. Alexandre Santiago, j. 28.10.2021, *DJe* 11.11.2021)

Apelação cível. Interdição. Curatela. Incapacidade para o exercício dos atos da vida civil. Demência de Alzheimer. Relatório médico e audiência de entrevista da curatelada. Comprovação da incapacidade para atos simples da vida civil. Prova pericial judicial. Dispensabilidade. Especificidade do caso. Comprovação. Art. 1.767, I, do CC e arts. 84 e 85 da Lei federal n. 13.146/2015. Procedência do pedido inicial. Sentença mantida. Recursos desprovidos. 1 – Constatado pela instância ordinária que a interditada, por absoluta incapacidade, não tem condições de gerir sua vida civil, com amparo em laudo médico extrajudicial e demais elementos de prova, inclusive com realização de audiência de entrevista da interditada, a falta de perícia médica judicial em juízo, por si só, não acarreta, de forma automática, a nulidade processual. 2 – E, restando comprovado pelas provas produzidas que a interditada não possui capacidade para os atos da vida civil, a procedência do pedido inicial de interdição/curatela se impõe nos termos do disposto no art. 1.767, I, do CC c/c arts. 84 e 85 da Lei federal n. 13.146/2015. Desprovido o recurso. (TJMG, Ap. Cível n. 1.0000.18.011169-2/001, rel. Des. Hilda Teixeira da Costa, j. 07.08.2018)

Apelação cível. Ação de interdição. Adolescente relativamente incapaz e portadora de retardo mental moderado. Interesse processual da autora/irmã. Embora o instituto da interdição não se destine a menores de 18 anos de idade, pois estão sujeitos ao poder familiar (art. 1.630 do CC), a requerida, irmã da autora, apresenta retardo mental moderado, o que compromete seu comportamento e requer atenção e tratamento, conforme consignado no atestado médico juntado aos autos. Nesse contexto, há interesse processual da autora/recorrente em buscar a interdição da irmã, pois, além das limitações de natureza mental, a requerida irá implementar a maioridade civil no início do próximo ano (01.03.2018), quando então poderá praticar os atos da vida civil, que poderão vir em seu prejuízo. Logo, merecendo proteção jurídica, caso comprovada sua incapacidade, como previsto no art. 1.767, I, do CC. Ausência de interesse haveria caso se tratasse de menor absolutamente incapaz, como já se decidiu, dentre outros precedentes, na AC n. 70.052.770.294. Não é o caso aqui, porém, pois a jovem se situa na faixa etária de incapacidade relativa. Sentença que indeferiu a inicial, extinguindo o feito por falta de interesse processual, desconstituída, determinando-se o prosseguimento do feito como cabível. Deram provimento. Unânime. (TJRS, Ap. Cível n. 70.073.130.148, 8ª Câm. Cível, rel. Luiz Felipe Brasil Santos, j. 27.04.2017)

Interdição. Ação julgada procedente. Acerto. Alegação de nulidade da sentença por violação ao disposto no art. 433 do CPC/73 não merece prosperar. Inexistência de efetivo prejuízo às partes em virtude da inobservância de regra legal de procedimento. Contraditório e ampla defesa preservados no caso concreto. Sentença de procedência proferida com base em prova técnica impugnada pela apelante. Perícia oficial, contudo, apenas corroborou provas documentais e interrogatório judicial indicativos de que a ré não possui plena capacidade para a prática dos atos da vida civil, pois padece de demência por multi-infartos, permanente e progressiva. Curatela corretamente instituída em favor da requerida, nos termos do CC e do Estatuto da Pessoa com Deficiência. Recurso não provido. (TJSP, Ap. n. 0307037-84.2009.8.26.0100/São Paulo, rel. Francisco Loureiro)

Ação de interdição. Sentença que julgou procedente a ação para o fim de decretar a interdição do réu, declarando-o relativamente incapaz e fixando atos que podem ou não ser praticados sem a curadora. Insurgência recursal do Ministério Público e da autora visando a declaração de que o interdito não tem condições de praticar qualquer ato da vida civil. Recursos que devem ser providos. Laudo pericial que atesta ser o interdito portador de "Retardo Mental Grave ", sendo incapaz de gerir sua vida e administrar seus bens de modo consciente e voluntário. Antecedentes psicopatológicos que indicam que o retardamento atinge por completo a capacidade de manipular dinheiro, transitar pelas ruas e estabelecer comunicação objetiva. Alterações introduzidas no CC pelo Estatuto da Pessoa com Deficiência (Lei n. 13.146/15) que devem ser interpretadas de modo a ampliar o sistema de proteção que nossa legislação sempre garantiu ao incapaz. Interdito que, no caso, não tem condições de exercer nenhum ato da vida civil sem sua curadora. Dá-se provimento aos recursos de apelação e adesivo. (TJSP, Ap. n. 10111641-81.2015.8.26.0344/Marília, 1ª Câm. de Dir. Priv., rel. Christine Santini)

**Referente à redação anterior do artigo:** Agravo de instrumento. Obrigação de fazer. Liminar. Internação involuntária de dependente químico maior, a pedido da mãe. Decisão agravada que condicionou a internação à apresentação da ação de interdição. Ações independentes que não possuem relação de subsidiariedade. Internação compulsória que independe da efetivação da interdição. Previsão no inciso III, do art. 1.767 do CC de que os portadores de necessidades especiais, os ébrios habituais e os viciados em tóxicos estão sujeitos a curatela. Legitimidade ativa da mãe caracterizada nos termos do art. 6º, II, da Lei n. 10.216/2001. Obrigação dos agravantes oriunda do art. 3º da Lei n. 10.216/2.001 que expressamente prevê ser responsabilidade do Estado, além do desenvolvimento da política de saúde mental, a assistência e a promoção de ações de saúde aos portadores de transtornos mentais (art. 1.777 do CC: "Os interditos referidos nos incisos I, III e IV do art. 1.767 serão recolhidos em estabelecimentos adequados, quando não se adaptarem ao convívio doméstico"). Laudo médico concludente no sentido de que o internando é psicótico, traqueostomizado, usa *crack* compulsivamente e é agressivo. Decisão reformada. Recurso provido. (TJSP, AI n. 2068322-87.2013.8.26.0000/Araraquara, 9ª Câm. de Dir. Públ., rel. Oswaldo Luiz Palu, *DJe* 23.06.2014, p. 1.669)

Ação de interdição. Cegueira bilateral. Alegação de incapacidade para a assinatura de documentos e movimentação de conta bancária. Deficiência visual que não torna a requerida incapaz para a prática dos atos de sua vida. Laudo pericial que concluiu pela ausência de alteração de cognição e volição dos atos da requerida. Requisitos contidos no art. 1.767 do CC que não foram preenchidos para a procedência do pedido. Sentença mantida. Recurso não provido. (TJSP, Ap. n. 0037511-13.2009.8.26.0068, Barueri, 10ª Câm. de Dir. Priv., rel. Marcia Dalla Déa Baron, *DJe* 24.07.2014, p. 1.288)

Apelação cível. Ação de interdição. Incapacidade do interditando não constatada. Descaracterizadas as hipóteses legais para a interdição integral ou parcial. Recurso não provido. Nos termos do art. 1.767 do CC, somente é cabível a decretação de interdição da pessoa comprovadamente portadora de transtorno que a incapacite, de forma integral ou parcial, para os atos da vida civil. Recurso não provido. (TJMG, Ap. Cível, 1.0476.12.000737-4/001, 5ª Câm. Cível, rel. Luís Carlos Gambogi, *DJe* 16.06.2014)

Apelação cível. Ação declaratória de nulidade absoluta de ato cumulada com inexistência de obrigação de pagamento. Contrato de financiamento de veículo. Termo de entrega amigável. Pretendida nulidade sob o fundamento de tratar-se de pessoa relativamente incapaz. Situação não reconhecida na sentença que julgou improcedente o pedido. Cláusula expressa de responsabilidade do devedor pelo eventual saldo devedor. Sentença mantida. Recurso desprovido. Se da análise do Termo de Entrega Amigável firmado entre as partes, do veículo objeto de financiamento, não se visualiza nenhuma irregularidade formal no pacto, bem como se não comprovada a alegada incapacidade para a prática do ato, os efeitos do instrumento devem ser observados pelos contraentes. Presumida a capacidade mental, para a decretação de nulidade de ato jurídico, mostra-se necessária a prova cabal de insanidade mental do agente ao tempo da prática do termo, o que não se visualiza no caso em exame. Para que se reconheça a alegada incapacidade relativa, mostra-se necessário processo judicial com interdição da pessoa tida por incapaz (arts. 1.767 e seguintes do CC), cujas eventuais e parciais deficiências na fala e audição não se mostram suficientes para declarar nulo o pacto ajustado entre as partes. (TJMT, Ap. n. 35678/2013, rel. Des. Guiomar Teodoro Borges, *DJe* 23.08.2013, p. 39)

Interdição. Idoso. Prodigalidade. Dissipação de patrimônio. Sentença de improcedência. Preliminar de inépcia afastada. Prova pericial que confirma a capacidade do réu para os atos da vida civil. Art. 1.767 do CC. Hipóteses não configuradas. Apelação desprovida. (TJSP, Ap. n. 0000946-43.2011.8.26.0274, 4ª Câm. de Dir. Priv., rel. Carlos Henrique Miguel Trevisan, j. 20.06.2013, *DJ* 26.06.2013)

Agravo de instrumento. Obrigação de fazer. Antecipação da tutela. Internação involuntária de dependente químico maior, a pedido da mãe. Legitimidade ativa caracterizada, nos termos do art. 6º, II, da Lei n. 10.216/2001. Obrigação do Município decorrente do art. 3º da Lei n. 10.216/2001, expressamente prevê ser responsabilidade do Estado, além do desenvolvimento da política de saúde mental, a assistência e a promoção de ações de saúde aos portadores de transtornos mentais. Internação cabível, mesmo diante da ausência de laudo médico prévio, diante da inviabilidade de se consegui-lo em tempo oportuno, dada a condição de agressividade e crises que apresenta o filho da autora, inclusive com risco à segurança desta. Previsão no inciso III do art. 1.767 do CC de que os deficientes mentais, os ébrios habituais e os viciados em tóxicos estão sujeitos a curatela. Determinada a intervenção do Ministério Público no processo, o que supre de momento a necessidade de proteção dos direitos do dependente químico, isso porque imprescindível o devido contraditório. Multa cominatória corretamente fixada em R$ 1.500,00 por dia de descumprimento da antecipação da tutela, devendo ser mantida. Recurso não provido. (TJSP, AI n. 0095856-40.2013.8.26.0000, 9ª Câm. de Dir. Priv., rel. Oswaldo Luiz Palu, j. 12.06.2013, *DJ* 13.06.2013)

Ação de interdição. Inocorrência de qualquer das hipóteses que autorizem a curatela, *ex vi* do art. 1.767 do CC. Inexistência de prova da incapacidade para gerência dos atos da vida civil. Improcedência do pedido. Sentença mantida. I – Sopesando-se a excepcionalidade da curatela e o escopo do instituto, que consiste na proteção do curatelado, não se pode olvidar que sua decretação deve ser feita com acuidade, mediante prova cabal da incapacidade, de forma a não ceifar de um indivíduo efetivamente capaz a autonomia sobre sua própria vida. II – O fato de padecer o interditando de patologias psiquiátricas, apresentando, por vezes, comportamento instável e agressivo, não se figura relevante para o deslinde do presente feito, já que o que interessa à curatela é a incapacidade da gestão independente da própria vida e dos bens patrimoniais, e não eventuais desvios psicológicos do indivíduo que mantenham íntegra tal autonomia. III – Se a perícia médica consigna não haver indicação técnica para a interdição, apontando de forma segura a capacidade do interditando e a preservação de seu discernimento crítico sobre os atos que pratica, a improcedência do pedido é medida que se impõe. (TJMG, Ap. Cível n. 1.0145.09.562762-9/001, rel. Des. Peixoto Henriques, j. 21.05.2013, *DJ* 24.05.2013)

Apelação cível. Ação de interdição. Ébrio habitual. Art. 1.767, III, do CC. Provas coligidas que apontam a lucidez e o discernimento do interditando. Capacidade civil atestada. Interdição afastada. Sentença mantida. Recurso improvido. Para a decretação da interdição é requisito essencial a certeza absoluta da incapacidade civil da pessoa. A interdição do ébrio habitual deve ser decretada em razão do alcoolismo crônico e permanente, ou seja, quando comprovada a ausência do seu estado normal e a existência de enfermidade mental a ponto de influenciar na prática dos atos da sua vida civil. Aquele que mesmo que comprovadamente seja ébrio habitual mas esteja em avançado tratamento, com excelente perspectiva de cura, inclusive com claras provas de que possui pleno discernimento de seus atos, não deve ter decretada a sua interdição. (TJSC, Ap. Cível n. 2010.045468-2, 2ª Câm. de Dir. Civil, rel. João Batista Góes Ulysséa, j. 22.11.2012)

Interdição. Alegação de nulidade da sentença por ausência de segunda perícia. Preliminar afastada. Preclusão operada, uma vez que não formulado requerimento pela autora ao se manifestar sobre o laudo pericial. Realização de segunda perícia que pode ser determinada quando, ao juiz, os fatos não parecerem suficientemente esclarecidos. Ausência de contradição entre o laudo técnico e as demais provas presentes nos autos. Documentos que instruem a inicial atestam que o réu é incapaz para o trabalho, mas a incapacidade laborativa não se confunde com a civil. Interdição depende da comprovação, por perícia médica, da incapacidade do interditando para, por si, reger sua pessoa e administrar seus bens. Constatação no exame psiquiátrico de ser o réu capaz para os atos da vida civil. Sentença mantida. Recurso desprovido. (TJSP, Ap. Cível c/ Rev. n. 0003152-35.2010.8.26.0025, rel. Milton Carvalho, j. 13.09.2012)

Interdição. Alegação de incapacidade civil e prodigalidade. Não comprovação. Hipótese em que a requerida é plenamente capaz para os atos da vida civil. Ausência das situações previstas no art. 1.767 do CC. Prova produzida nos autos suficientemente sopesada pelo juízo *a quo*. Ação improcedente. Preliminar rejeitada. Recurso não provido. (TJSP, Ap. n. 0008602-53.2011.8.26.0047, 5ª Câm. de Dir. Priv., rel. Moreira Viegas, j. 01.08.2012, *DJ* 04.08.2012)

Processual civil e civil. Interdição. CC/2002, art. 1.767. O destinatário da prova é o juiz. A ele – e só a ele – compete, por conseguinte, autorizar diligências, técnicas ou não, que possam vir a influenciar o julgamento da demanda. Rejeição da preliminar de cerceio de defesa. Perícias conclusivas no sentido de atestar que a interditanda encontra-se acometida da doença de "Alzheimer", transtorno permanente, não passível de cura ou melhora, não estando apta a gerir os atos da vida civil. Sentença decretando a interdição e nomeando o filho Cilano como curador e como protutor o requerente, com atração das provas dos autos a revelar que aquele possui melhores condições de acompanhar a mãe. Desprovimento do recurso do Rte, que perseguia a reversão, entendendo ser ele apto a exercer a função de curador, unânime. (TJRJ, Ap. n. 0100346-10.2007.8.19.0001, 10ª Câm. Cível, rel. Des. Marilia de Castro Neves, j. 01.09.2010)

Interdição. Varão portador de diminuição importante da acuidade auditiva e visual. Capacidade mental preservada. Conclusão do juízo, aferida em audiência quando do interrogatório do interditando, pela sua capacitação para os atos da vida civil. Inexistência das hipóteses do art. 1.767 do CCB/2002. Sentença confirmada. Apelação desprovida. (TJRS, Ap. Cível n. 70.037.154.200, 8ª Câm. Cível, rel. Des. Luiz Ari Azambuja Ramos, j. 05.08.2010)

Medida cautelar. Internação compulsória de toxicômano. Caracterização como satisfativa apenas nos casos de surto isolado, com previsão de retorno da paciente, após o período de internação, à plena capacidade de reger a sua pessoa. Caso dos autos, entretanto, em que têm ocorrido reiteradas internações, impondo-se assim o ajuizamento de ação de interdição, com a nomeação de Curador para cuidar de forma permanente da pessoa da requerida (art. 1.767, III, do CC). Decisão que condicionou a eficácia de nova eventual internação ao cumprimento da regra do art. 806 do CPC [art. 308 do CPC/2015]. Decisão mantida. Recurso desprovido. (TJSP, AI n. 990100076027, 2ª Câm. de Dir. Priv., rel. Des. Morato de Andrade, j. 29.06.2010)

Interdição. Constatações dos laudos periciais que se enquadram àqueles que, por enfermidade, não têm o necessário discernimento para os atos da vida civil. Art. 1.767, I, do CC. Interditandos que não são pródigos nem deficientes mentais, ébrios habituais, viciados em tóxicos ou excepcionais sem completo desenvolvimento mental, de sorte a autorizar a imposição dos limites da curatela previstos no art. 1.782 do CC. Interdição total dos requeridos, sem qualquer limite à curatela. Recurso provido. (TJSP, Ap. n. 994093199893, 1ª Câm. de Dir. Priv., rel. Des. De Santi Ribeiro, j. 25.05.2010)

Interdição. Curatela. Carência de provas acerca da incapacidade mental do interditando não comprovada. Deficiente físico. Pessoa capaz aos atos da vida civil. Não se impõe restrição ao exercício dos direitos inerentes à personalidade, se não houver comprovação cabal da falta de capacidade do interditando para administrar sua pessoa e bens. A condição de incapacitado ao trabalho, ensejando a percepção de benefício assistencial do INSS, por si só, não enseja interdição se o beneficiário não está, segundo a prova técnica, incapacitado mentalmente. Apelação desprovida (TJRS, Ap. Cível n. 70.031.707.201, 7ª Câm. Cível, rel. André Luiz Planella Villarinho, *DJ* 13.10.2009). (*RBDFS* 12/160)

Agravo de instrumento. Curatela provisória. Cabimento. Laudo médico atestando incapacidade do interditando para gerir atos da vida civil. Aplicação do inciso I do artigo 1.767 do CC. A curatela é instituto legal que tem como finalidade conceder proteção aos incapazes de direito no que tange seus interesses, tanto pessoais quanto patrimoniais, a fim de que sejam preservados seus negócios, bem como seja lhes dada assistência necessária em seu dia a dia. Nos termos do inciso I do art. 1.767 do CC, estão sujeitos a curatela aqueles que, por enfermidade ou deficiência mental, não têm o necessário discernimento para gerir os atos da vida civil. (TJMG, AI n. 1.0024.08.227870-6/001(1), rel. Dárcio Lopardi Mendes, j. 26.02.2009)

Interdição. Art. 1.767 do CC. Enfermidade que retira capacidade para atos da vida civil. Ainda que não seja caso de deficiência mental da interditanda, é de rigor a interdição, pois se trata de enfermidade que retira a capacidade para a prática de atos da vida civil da interditanda. Interpretação do inciso I do art. 1.767 do CC, que contempla hipóteses de enfermidade do indivíduo, capazes de lhe retirar o discernimento para os atos da vida civil ou a possibilidade de exprimirem a sua vontade, autorizando a submissão à curatela. Provimento em monocrática. (TJRS, Ap. Cível n. 70.023.986.078, 8ª Câm. Cível, rel. Rui Portanova, j. 03.07.2008)

Interdição. Octogenária portadora de demência senil. Incapacidade absoluta reconhecida. Nulidade inexistente. Preliminar rejeitada e apelo desprovido. (TJSP, Ap. Cível n. 478.896.4/4-00, rel. Des. Guilherme Santrini Teodoro, j. 12.09.2007)

Ação de interdição. Interditanda portadora de deficiência física. Diabetes. Cegueira completa. Modalidade especial de curatela. Impossibilidade de gestão dos atos da vida civil. Sendo a interditanda portadora de deficiência física, diabetes, cegueira completa e analfabeta, é o caso de aplicação da curatela prevista no inciso I do art. 1.767 do CC/2002. Apelo provido. (TJRS, Ap. Cível n. 70.017.766.957, 8ª Câm. Cível, rel. Des. Claudir Fidelis Faccenda, j. 18.01.2007)

Ação de interdição. Inocorrência de qualquer dos motivos que justifiquem a curatela, *ex vi* do art. 1.767 do CC. Inexistência de prova para acolhimento do pedido com base no art. 1.780. Improcedência do pedido. A interdição é medida extrema, que retira do indivíduo a administração e a livre disposição de seus bens, sendo imprescindível a certeza da incapacidade, demonstrada por prova inequívoca nos autos. Não ocorrendo qualquer dos motivos previstos no art. 1.767 do CC que justifiquem a interdição, e, ante a ausência de prova de que a apelada esteja impedida de reger sua própria vida ou de administrar seus bens, impõe-se a negativa de provimento ao recurso. (TJMG, Proc. n. 1.0377.05.001210-5/001(1), rel. Silas Vieira, j. 31.08.2006)

Civil. Curatela. Interdição decretada com fundamento no inciso I do art. 1.767 do CC. Não comprovação de doença mental no paciente pela perícia médica realizada. Pedido ministerial para a fundamentação jurídica obedecer o inciso II do art. 1.767 do CCB. Possibilidade. Arguição de cerceamento de defesa. Inocorrência. Recurso parcialmente provido. (TJMG, Proc. n. 1.0694.03.012180-0/001(1), rel. Isalino Lisboa, j. 19.01.2006)

Interdição. Debilidade mental. Falta de discernimento. Interdição. Consoante art. 1.767, I, do CC/2002, o portador de enfermidade ou deficiência mental que não tiver o necessário discernimento para os atos da vida civil estará sujeito à interdição e curatela, ainda que possa ser reabilitado posteriormente através de tratamento psiquiátrico. (TJMG, Proc. n. 1.0261.04.025035-7/001(1), rel. Silas Vieira, j. 01.12.2005)

Apelação cível. Interdição de paciente alcoolista contumaz cujo discernimento sofre períodos de redução, levando-o à interrupção do tratamento indicado. Aplicação dos arts. 4º, II, 1.767, III, e 1.782, todos do CC/2002. Apelo provido em parte. Unânime. (TJRS, Ap. Cível n. 70.009.160.789, 8ª Câm. Cível, rel. Des. Walda Maria Melo Pierro, j. 12.08.2004)

Interdição. Doença epilética. Incapacidade do interditando para a prática dos atos da vida civil. Procedência do pedido. (TJMG, Ap. Cível n. 000.267.859-7/00, rel. Des. Maria Elza, j. 05.09.2002)

**Arts. 1.768 a 1.773.** ***(Revogados pela Lei n. 13.105, de 16.03.2015.)***

**Art. 1.774. Aplicam-se à curatela as disposições concernentes à tutela, com as modificações dos artigos seguintes.**

Tanto a tutela como a curatela têm como finalidade proteger interesses das pessoas que não têm capacidade de gerir sozinhas os atos de sua vida civil. Por isso, e em razão de economia legislativa, a lei impôs que as disposições relativas à tutela, inseridas no Livro IV, Capítulo I do Título IV da Parte Especial deste Código, fossem aplicadas também ao instituto da curatela, desde que com ele compatíveis. O CPC/2015 já dispõe sobre as normas comuns aplicáveis a ambos os institutos nos arts. 759 a 763. Os arts. 1.775 a 1.778 trazem peculiaridades aplicáveis à curatela, por isso ressalvou o legislador a aplicação das disposições concernentes à tutela àquelas exclusivas da curatela, previstas nos referidos artigos.

Assim, por força da presente norma, os dispositivos relativos à tutela (arts. 1.735 a 1.739, 1.745 a 1.750, 1.752 a 1.762 e 1.765 e 1.766 – *v.* comentários), tais como os referentes à capacidade dos que podem exercer a tutela, aos casos de escusas autorizadas aos tutores, à necessidade de especificação de bens entregues ao tutor, à representação e administração dos bens do tutelado, à necessidade de prestação de contas pelo tutor, entre outros, deverão ser aplicados ao instituto da curatela.

É relevante salientar apenas a existência de aspecto peculiar na curatela: quando o curador for o cônjuge e o casamento for celebrado sob o regime da comunhão universal de bens, por força do disposto no art. 1.783, estará o curador desobrigado de prestar contas, salvo se houver determinação judicial.

**Jurisprudência:** Apelação. IAMSPE. Ação visando à garantia do direito da autora, servidora estadual, de incluir seu irmão, na qualidade de seu curatelado, como dependente no convênio médico. Possibilidade. DL n. 257/70 que prevê apenas os tutelados como beneficiários. Equiparação dos institutos da tutela e curatela (arts. 1.774 e 1.781 do CC). Ratificação da sentença de procedência (art. 252 do Regimento Interno/2009), com acréscimo. Recurso não provido. (TJSP, Ap. Cível n. 1003053-62.2020.8.26.0101/SP, 9ª Câm. de Dir. Públ., rel. Ponte Neto, j. 25.01.2022, publ. 25.01.2022)

Prestação de contas. Curatela. Receitas e despesas. Divergências. Saldo apurado em favor do curatelado. 1 – Os curadores são obrigados a prestar contas de sua administração, nos termos dos arts. 1.755 a 1.757 c/c art. 1.774 do CC. 2 – Ante a evidente divergência entre as receitas e as despesas do curatelado, apurada no parecer técnico elaborado pelo MP, que não foi impugnado, resta inviável reconhecer a correção das contas apresentadas pela curadora. 3 – Recurso conhecido e desprovido. (TJDF, Proc. n. 20170110328614, 8ª T. Cível, rel. Diaulas Costa Ribeiro, j. 07.02.2019, *DJe* 11.02.2019)

Adjudicação compulsória. Decisão que anulou parte do processo, tornando sem efeito as cartas de adjudicação e as averbações levadas a efeito perante o oficial de registro de imóveis, para que sejam sanadas as irregularidades. Possibilidade. Requerente interdita. Curadora que outorgou procuração em nome próprio, e não na condição de representante da incapaz. Ausência de autorização judicial para o ajuizamento da demanda (CC, arts. 1.774 e 1.748, V). Necessidade de emenda da petição inicial. Decisão mantida. Agravo desprovido. (TJSP, AI n. 2033239-68.2017.8.26.0000, 8ª Câm. de Dir. Priv., rel. Theodureto Camargo, j. 23.08.2017)

Apelação. Mandado de segurança. Inscrição de curatelada junto ao Instituto de Assistência ao Servidor Público do Estado de São Paulo – Iamspe. Pretensão de inscrição de irmã, curatelada, como dependente junto ao Iamspe. Sentença concessiva da segurança. Pleito de reforma da sentença. Não cabimento. Previsão no art. 7º do DL Estadual n. 257, de 29.05.1970, com redação dada pela Lei Estadual n. 11.125, de 11.04.2002, de que apenas os tutelados podem ser beneficiários (sem incluir os curatelados). Incoerência. À luz dos arts. 1.774 e 1.781 do CC, não existe diferença entre tutela e curatela. Proteção à saúde e a dignidade da pessoa humana assegurada pela CF. Possibilidade de inscrição de beneficiário, em caráter excepcional, após o prazo estabelecido pelo DL Estadual n. 257, de 29.05.1970, quando verificada a necessidade e desde que o futuro beneficiário não tenha, anteriormente, sido inscrito no quadro do Iamspe ou dele desistido, conforme dispõe o art. 1º, parágrafo único, da Lei Estadual n. 12.291, de 02.03.2006. Sentença mantida. Apelação não provida. (TJSP, Ap. n. 1036455-26.2016.8.26.0053, 3ª Câm. de Dir. Públ., rel. Kleber Leyser de Aquino, j. 25.07.2017)

Agravo de instrumento. Curatela. Levantamento de valores. Necessidade de comprovação de necessidade dos valores em questão para fazer frente a despesas do curatelado. Ato dependente de controle judicial. Inteligência dos arts. 1.774, 1.753 e 1.754 do CC. Decisão mantida. Recurso desprovido. (TJSP, AI n. 2161000-19.2016.8.26.0000, 1ª Câm. de Dir. Priv., rel. Augusto Rezende, j. 19.12.2016)

Plano de saúde. Recusa da seguradora em inscrever curatelada como dependente de titular no plano. Abusividade. Instrução normativa e contrato que autorizam a inscrição de tutelado inválido, portanto com o mesmo viés protetivo, já que tanto os tutelados como os curatelados inválidos são aqueles que, embora tenham atingido a maioridade, não são capazes para os atos da vida civil e por isso necessitam da assistência de seus representantes legais. Ademais, art. 1.774 do CC que equipara os institutos da tutela e curatela. Recurso provido. (TJSP, Ap. n. 0124599-85.2012.8.26.0100, 4ª Câm. de Dir. Priv., rel. Teixeira Leite, j. 29.01.2015)

Agravo de instrumento. Interdição. Curatela. Movimentação irrestrita das contas bancárias titularizadas pela interditanda. Impossibilidade. Prestação de contas bienal de contas pela curadora. Inteligência dos arts. 1.755 e 1.774 do CC. Recurso desprovido. (TJSP, AI n. 2026506-28.2013.8.26.0000/Santos, 6ª Câm. de Dir. Priv., rel. Ana Lucia Romanhole Martucci, *DJe* 15.07.2014, p. 1.175)

Execução de sentença. Ação de restituição de indébito tributário. Pagamento de férias e licença-prêmio indenizadas. Retenção indevida de imposto de renda e contribuição previdenciária. Procedência da ação. Decisão que, na fase de execução do julgado, autorizou o pedido de levantamento dos valores depositados, porém, com a retenção de imposto de renda, contribuição previdenciária e contribuição oficial hospitalar. Impossibilidade. Em face da natureza indenizatória que se pretende restituir, não incidem os tributos consignados na r. decisão agravada. Incidência das Súmulas ns. 125 e 136 do Col. STJ. Levantamento dos valores cabíveis ao sucessor interditado, a decisão de primeiro grau merece subsistir, de vez que proferida em observância ao disposto nos arts. 1.754 e 1.774 do CC em vigor. Recurso parcialmente provido. (TJSP, AI n. 2053724-31.2013.8.26.0000/SP, 8ª Câm. de Dir. Públ., rel. Jarbas Gomes, *DJe* 27.05.2014, p. 1.534)

Veja no art. 1.752 o seguinte acórdão: TJSP, Ap. Cível n. 0001285-39.2011.8.26.0100, 4ª Câm. de Dir. Priv., rel. Milton Carvalho, j. 17.10.2013.

Agravo de instrumento. Prestação de contas. Curatela. Disparidade de valores. Bloqueio de percentual de rendimentos da curatelada. Possibilidade. Manutenção da decisão recorrida. Consoante disposto nos arts. 1.755 e 1.774, ambos do CC, é dever do curador prestar contas, bem como gerir com eficiência e regularidade os negócios do curatelado. Dessa forma, havendo significativa disparidade entre as contas exibidas pela perícia técnica do Ministério Público e aquelas apresentadas pelo curador, tem-se por correta a medida judicial que determina o bloqueio de trinta por cento dos rendimentos do curatelado, a fim de preservar seu patrimônio, até que se afira a regularidade da administração patrimonial realizada pelo curador. Recurso não provido. Unânime. (TJDFT, AI n. 20130020047883 (708140), rel. Des. Otávio Augusto, *DJe* 04.09.2013, p. 131)

Apelação. Previdenciário. Inclusão de dependentes no plano IPE-Saúde. Sobrinho sob curatela das seguradas. Possibilidade. Nos termos dos arts. 1.774 e 1.781 do CC aplicam-se à curatela as disposições concernentes à tutela. Prevendo a Lei Complementar Estadual n. 12.134/2004 a possibilidade de inclusão dos tutelados no Plano IPE-Saúde, há de se reconhecer o mesmo direito aos curatelados, nos termos do disposto no CC, sob pena de desvirtuamento das normas de ordem pública que regulam a forma e os limites de exercício dos direitos e deveres no âmbito da vida civil, observado o estado civil das pessoas. Dependência econômica comprovada por meio dos fundamentos da decisão que decretou a interdição das partes. Precedentes. Apelo a que se nega seguimento. (TJRS, Ap. Cível n. 70.052.609.757, 22ª Câm. Cível, rel. Eduardo Kraemer, j. 13.01.2013, *DJ* 29.01.2013)

Agravo de Instrumento. Ação de interdição. Curatela. Decisão agravada que entendeu desnecessária a concessão de autorização judicial para que o curador promova as ações cabíveis à preservação dos interesses da interditanda. Eficácia dos atos praticados pelo curador que dependem da autorização do Juízo da interdição. Exegese do disposto nos arts. 1.748, V e parágrafo único, e 1.774, ambos do CC. Recurso provido para concessão da autorização postulada. Dá-se provimento ao recurso. (TJSP, AI n. 0042232-13.2012.8.26.0000, 5ª Câm. de Dir. Priv., rel. Christine Santini, j. 19.09.2012, *DJ* 24.09.2012)

Veja no art. 1.748 o seguinte acórdão: TJSP, Ap. n. 0186473-76.2009.8.26.0100, rel. Eduardo Siqueira, j. 08.08.2012, *DJ* 14.08.2012.

Interdição. Determinação para que a curadora restitua aos autos valor levantado. Manutenção. Quantia disponibilizada para tratamento odontológico da interditada. Utilização para a compra de bens móveis e pagamento de contas. Inadmissibilidade. Encargos da curatela que decorrem da lei. Inteligência dos arts. 1.755 e 1.774 do CC. Curadora que não pode dispor livremente das importâncias retiradas em nome da curatelada, que é aposentada, devendo suas despesas ordinárias serem, em princípio, suportadas pelo benefício previdenciário. Agravo improvido. (TJSP, AI n. 994093356051, 10ª Câm. de Dir. Priv., rel. Des. Testa Marchi, j. 29.07.2010)

Agravo de instrumento. Ação de curatela provisória. Alegação de má-fé e desnecessidade da interdição. Ausência de prova. Uma vez não demonstrada qualquer infringência aos deveres inerentes ao exercício da curatela (arts. 1.740 a 1.752 do CCB), não há fundamento para conceder a medida antecipatória de curatela. Negaram provimento ao recurso. (TJRS, AI n. 70.024.817.702, 8ª Câm. Cível, rel. Alzir Felippe Schmitz, j. 21.08.2008)

Veja no art. 1.755 os seguintes acórdãos: TJDF, AI n. 2007.00.2.011099-3, 6ª T. Cível, rel. Diva Lucy Ibiapina, *DJU* 02.04.2008, *RBDFS* 11/163; e TJSP, AI. n. 510.346.4/7-00, rel. Francisco Loureiro, j. 13.09.2007.

Veja no art. 1.746 o seguinte acórdão: TJSP, AI n. 500.658.4/2-00, rel. Des. Carlos Giarusso Santos, j. 03.10.2007.

Agravo de instrumento. Ação de interdição. Curatela. Conflito de interesses. Não pode ser curadora provisória do interditando a filha que contra ele litiga em ação de execução. Arts. 1.774 e 1.735, II, do CC/2002. Agravo de instrumento provido. (TJRS, AI n. 70.015.771.645, 8ª Câm. Cível, rel. Des. José Ataídes Siqueira Trindade, j. 03.08.2006)

Veja no art. 1.733 o seguinte acórdão: STJ, REsp n. 486.223/SP, 3ª T., rel. Min. Antônio de Pádua Ribeiro, j. 06.05.2004, v.u., *DJU* 07.06.2004.

Veja no art. 1.745 o seguinte acórdão: TJDF, Ap. Cível n. 2.002.01.1.035.984-0, rel. Des. Sérgio Bittencourt, j. 23.06.2003.

Curatela. Hipoteca legal. Especialização. Dispensa. Cabimento. É razoável eximir a curadora nomeada de efetivar a especialização de bem por hipoteca legal, quando de reconhecida idoneidade, por aplicação simétrica das regras da tutela. Inteligência dos arts. 1.745 e 1.774 do CC/2002. Recurso provido. (TJRS, Ap. Cível n. 70.005.862.230, rel. Des. José Carlos Teixeira Giorgis, j. 18.06.2003)

Prestação de contas. Não apenas o curador nomeado judicialmente, mas também quem assume a administração direta de bens e valores do interditando, está obrigado à prestação de contas. Curadora provisória de interdito pode exigi-las em nome deste e seu próprio, se casada com aquele. Recurso provido. (TJSP, Ap. Cível n. 246.469-4/9-00, rel. Des. Alfredo Migliore, j. 13.05.2003)

---

**Art. 1.775. O cônjuge ou companheiro, não separado judicialmente ou de fato, é, de direito, curador do outro, quando interdito.**

**§ 1º Na falta do cônjuge ou companheiro, é curador legítimo o pai ou a mãe; na falta destes, o descendente que se demonstrar mais apto.**

**§ 2º Entre os descendentes, os mais próximos precedem aos mais remotos.**

**§ 3º Na falta das pessoas mencionadas neste artigo, compete ao juiz a escolha do curador.**

---

Decretada a interdição, o juiz deverá nomear na sentença um curador ao interditado (art. 755, I, do CPC/2015). O presente dispositivo estabelece a ordem de preferência de nomeação a ser observada pelo magistrado que, no entanto, não tem caráter absoluto. Circunstâncias especiais do caso concreto, como submeter o interdito à curatela de pessoa que não lhe inspirava confiança quando estava no pleno gozo de seu discernimento, podem justificar e o interesse do incapaz recomendar que a curadoria recaia sobre pessoa estranha à ordem legal de preferência. Daí porque o § 1º do art. 755 do CPC/2015 dispõe que a curatela deve ser atribuída a quem melhor possa atender aos interesses do curatelado.

Na ordem estabelecida pela lei, tem-se em primeiro lugar o cônjuge e o companheiro (*caput*) como curadores legítimos ou de direito do outro cônjuge ou companheiro. Como ensina Álvaro Villaça Azevedo, a lei dá antes importância à família, pois aos membros dela, primeiramente os cônjuges ou conviventes, incumbe cuidar dessa célula (*Comentários ao Código Civil*. São Paulo, Saraiva, 2003, v. XIX). A lei exige o cônjuge não estar separado judicialmente ou de fato, pois não teria sentido a curadoria recair sobre a pessoa do esposo ou da esposa quando estes não mais mantêm a convivência. Em relação ao companheiro, não há união estável quando não há mais convivência. O cônjuge e o companheiro poderão escusar-se do exercício da curatela, justificadamente e com autorização judicial, pois não estão proibidos de fazê-lo por lei.

A curatela legítima passará a pertencer a pai ou mãe do interditado, quando faltarem o cônjuge ou o companheiro (**§ 1º, 1ª parte**). Na ausência dos primeiros, a curatela legítima poderá recair sobre os descendentes (**§ 1º, 2ª parte**), precedendo, coerentemente, os mais próximos aos mais remotos (§ 2º) (filhos, netos, bisnetos etc.).

O **§ 3º** dispõe sobre a curatela dativa ao estabelecer que, na falta das pessoas relacionadas no artigo, competirá ao juiz a escolha de curador ao interditado. Assim como ocorre na tutela dativa (art. 1.732), a pessoa escolhida deve ser idônea e gozar de capacidade para ocupar o múnus que lhe será atribuído pelo juiz. O curador deverá residir no domicílio do interditado, tanto para o juiz poder melhor analisar seus qualificativos no momento da escolha, como para fiscalizar atos relativos à curatela a ser exercida. O curador dativo poderá ser removido a qualquer tempo pelo juiz que o nomeou pelos motivos enumerados no art. 1.766 – aplicável por força do disposto no art. 1.774 – ou quando o recomendarem os interesses do interditado.

Clóvis Bevilaqua ensina ser possível ao ascendente indicar alguém que, depois de sua morte, cuide da pessoa e dos bens do curatelado. O juiz tomará em consideração o pedido, sem prejuízo dos designados por lei como curadores legítimos. Ter-se-ia, nessa hipótese, à semelhança da tutela, uma curatela testamentária.

**Jurisprudência:** Agravo de instrumento. Curatela. Ação de curatela. Atos praticados por curador dativo. Alegação de nulidade. Ausência de prejuízo. Decisão mantida. Na ausência de curador apto para o encargo, a nomeação do curador competirá ao juiz. Exegese do § 3º do art. 1.775 do CC. Outrossim, o curador provisório pode praticar determinados atos, conforme preceitua o parágrafo único do art. 749 do CPC. No caso, a nomeação do curador provisório ocorreu com base na incapacidade da recorrente, atestada mediante laudo médico, e na ausência de familiar para o encargo de curador. Ausente prejuízo à agravante, visto que os atos praticados pelo curador dativo se deram em estrito cumprimento às determinações do juízo *a quo*. Agravo de instrumento desprovido. (TJRS, AI n. 5359609-37.2023.8.21.7000/Porto Alegre, 1ª Câm. Esp. Cível, rel. Jane Maria Köhler Vidal, j. 08.02.2024, *DJ* 08.02.2024)

Apelação cível. Curatela. Ação de interdição ajuizada por terceiro, que não se enquadra no rol previsto no art. 747 do CPC. Ilegitimidade ativa reconhecida. Sentença mantida. No caso dos autos, a ação de interdição foi ajuizada pelo ex-mandatário da requerida, pessoa próxima da idosa, mas que ao longo do processo, constatou-se a existência de desavenças, envolvendo questões patrimoniais. Assim, não se enquadrando a parte autora entre os legitimados do art. 1.775 do CC e art. 747 do CPC, impositiva a manutenção da sentença que julgou extinto o feito pela ilegitimidade ativa do recorrente. Apelação desprovida. (TJRS, Ap. n. 5001497-94.2021.8.21.0089, 1ª Câm. Esp. Cível, rel. Jane Maria Köhler Vidal, j. 31.01.2024, *DJ* 01.02.2024)

Interdição. Substituição de curador. Ordem de preferência prevista no art. 1.775 do CC não é absoluta. Ausência de interesse da apelante para atuar em defesa da curatelada expressamente reconhecida pelo Eg. STJ, que determinou recentemente a nomeação de curador definitivo. Atendimento aos interesses da curatelada. Extinção do processo sem julgamento do mérito mantida. Fixação de honorários de sucumbência. Curador que atuou também como advogado da interditanda neste incidente. Apelante que não faz jus aos benefícios da gratuidade processual. Recurso principal desprovido. Recurso adesivo provido. (TJSP, Ap. Cível n. 00013131720218260048/Atibaia, 5ª Câm. de Dir. Priv., rel. Moreira Viegas, j. 12.05.2023, *DJ* 12.05.2023)

Agravo de instrumento. Ação de interdição. Morte da curadora. Pedido de substituição formulado pela irmã e pelo padrasto da curatelada. Juízo *a quo* nomeou o padrasto. Irresignação da irmã. Descabimento. Elementos indicam que a nomeação do padrasto se mostra em linha com os interesses da interdita. Padrasto que reside na mesma casa que a enteada e, antes do falecimento da curadora, a auxiliava no cuidado da incapaz. Irmã que reside em outra cidade. Os outros irmãos da interdita se manifestaram favoravelmente à nomeação do padrasto. Ordem prevista no art. 1.775 do CC que não é absoluta, devendo-se dar primazia aos interesses do curatelado. Decisão mantida. Recurso desprovido. (TJSP, AI n. 22682803920228260000, 7ª Câm. de Dir. Priv., rel. Fernando Reverendo Vidal Akaoui, j. 13.04.2023, *DJ* 13.04.2023)

Apelação cível. Interdição. Curatela compartilhada. Inviabilidade. Intensa animosidade entre esposa e filho do interdito. Cônjuge que possui preferência legal para exercício do encargo. Ordem não absoluta. Caso concreto que evidenciou que o filho é melhor preparado e está mais atento às necessidades do interdito. Esposa que não agiu com zelo na administração do patrimônio e nos cuidados do curatelado. Recurso da autora não provido e dos réus provido. 1. Não é recomendada a adoção da curatela compartilhada nos casos em que há intensa litigiosidade entre os pretensos curadores. 2. Embora o art. 1.775 do CC estabeleça que o cônjuge tem preferência no exercício da curatela, essa ordem não é absoluta e pode ser alterada a depender das peculiaridades do caso concreto. 3. Evidenciado que a esposa não tem agido com zelo na administração dos bens e no cuidado do interdito, de rigor a nomeação do filho para o encargo, diante da prova de que ele está atento ao melhor interesse do pai. (TJSP, Ap. Cível n. 1001454-41.2019.8.26.0322/SP, 6ª Câm. de Dir. Priv., rel. Maria do Carmo Honorio, j. 09.06.2022, publ. 09.06.2022)

Interdição. Recurso tirado contra o capítulo da sentença que, para gestão de negócios dos bens do interdito, nomeou curador dativo. O antagonismo entre a companheira de mais de 30 anos do interdito e filhos do casamento anterior não produziram atos prejudiciais, e somente a nocividade da beligerância poderá justificar a excepcional medida prevista no art. 1.775, § 3º, do CC. Considerando que nada desabona a candidata prioritária, deve ser atribuída à companheira a curadoria (art. 1.775, *caput*, do CC), criando-se a modalidade compartilhada para negócios de alienação de bens, garantias reais e fidejussórias e transações, a exemplo do que sucede com mandato com poderes gerais e especiais (art. 661 do CC). Provimento para esse fim, modulado os termos de votação entre a companheira e filhos. (TJSP, Ap. Cível n. 1010553-55.2018.8.26.0068/SP, 4ª Câm. de Dir. Priv., rel. Enio Zuliani, j. 19.05.2022, publ. 24.05.2022)

Apelação cível. Curatela. Prestação de contas. Rejeição. Remoção do curador e nomeação de curador dativo. Insurgência do até então curador que não merece respaldo. Hipótese em que restou evidente seu comportamento desidioso, em especial diante da ausência do controle de gastos, o que reforça a sua inaptidão para o exercício do múnus público com o qual havia se comprometido. Correta conclusão de nomeação de curador dativo que não da família. Ausência de ofensa ao art. 1.775 do CC. *Decisum* mantido por seus próprios fundamentos. Recurso não provido. (TJSP, Ap. Cível n. 1019820-18.2019.8.26.0100/SP, 2ª Câm. de Dir. Priv., rel. José Carlos Ferreira Alves, j. 16.12.2021, publ. 16.12.2021)

Agravo de instrumento. Ação de interdição. Curatelado portador de doença de Alzheimer. Curatela provisória. Medida adequada. Encargo exercido pela filha do interditando. Alteração do encargo. Necessidade de dilação probatória. Ordem preferencial. Art.1.775 do CC. Flexibilização. Possibilidade. 1. Em sendo a curatela provisória medida adequada à tutela dos interesses patrimoniais do curatelado, portador de doença de Alzheimer, deve ser mantida a decisão que conferiu o encargo à requerente, filha do interditando. 2. Conforme entendimento doutrinário e jurisprudencial, a ordem do art. 1.775 do CC não é absoluta e pode ser relativizada em prol do bem-estar do curatelado. 3. Hipótese na qual eventual alteração do encargo deve ser precedida da devida instrução probatória, e em que o atual exercício da curatela vem sendo exercido de maneira satisfatória, sem notícias de qualquer circunstância que desabone a conduta da curadora provisória. (TJMG, AI n. 1.0000.20.543058-0/001, rel. Des. Áurea Brasil, j. 22.04.2021, *DJe* 23.04.2021)

Interdição. Curatela compartilhada. Interditanda portadora de paralisia cerebral e epilepsia sintomática, considerada incapaz para o exercício dos atos da vida civil, conforme laudo médico Requerimento de exercício da curatela por ambos os pais. Inobstante a redação do art. 1.775, § 1º, do CC, possível o exercício compartilhado do encargo, desde que tal medida se revele de acordo com o melhor interesse do incapaz. No caso, os pais já se encarregam de cuidar da filha, vindo o deferimento da curatela nos moldes da inicial apenas ratificar a situação fática existente. Feito satisfatoriamente instruído por laudo médico particular idôneo a atestar a incapacidade do interditando. Possível o deferimento da curatela compartilhada desde já. Recurso provido. (TJSP, AI n. 2180578-36.2014.8.26.0000/São Bernardo do Campo, 1ª Câm. de Dir. Priv., rel. Rui Cascaldi, j. 28.04.2015)

Recurso de apelação. Ação de tutela/curatela. Art. 1.775 do CC/02. Ordem de preferência. Não taxativa. Melhor interesse do interditando. 1 – Certo é que o art. 1.775, do CC/02, ao instituir uma ordem de preferência na nomeação do representante legal da pessoa interditada, não o faz de forma taxativa/absoluta. 2 – A doutrina e a jurisprudência não discrepam quanto à possibilidade de alterar essa gradação em virtude da conveniência do interdito, visando-se sempre resguardar seu interesse. (TJMG, Ap. Cível, 1.0028.11.004477-4/001, 8ª Câm. Cível, rel. Rogério Coutinho, *DJe* 09.06.2014)

Apelação. Interdição. Sentença de procedência. Curador. Art. 1.775 do CC. Ordem relativa. Recurso conhecido e desprovido. 1 – A nomeação de curador, estabelecida no art. 1.775 do CC, não é absoluta, podendo o magistrado deixar de observá-la, desde que o faça de forma fundamentada e atenda aos interesses do interditando. 2 – Recurso conhecido e improvido. (TJES, Ap. n. 0001261-13.2011.8.08.0035, rel. Janete Vargas Simões, *DJe* 02.10.2013)

Apelação cível. Ação de interdição. Pessoa maior incapaz. Portador de doença psíquica. Usuário de drogas ilícitas. Incapacidade para gerir os atos da vida civil. Nomeação da tia como curadora em detrimento da mãe do interditando. Decisão judicial. Melhor interesse do interditando. Pessoa com maior aptidão ao desempenho do encargo. Inteligência do art. 1.775, § 1º, do CC. Provimento do recurso. A mãe, como ascendente do maior interditando, não pode ser preterida da ordem de preferência da nomeação de curador do incapaz, desde que demonstre maior aptidão para o encargo (art. 1.775, § 1º, do CC). O simples fato de a mãe residir em outro país não pode ser motivo impeditivo de sua nomeação como curadora do próprio filho maior, portador de esquizofrenia, uma vez que há nos autos demonstração de que o melhor interesse do interditando não condiz com a nomeação de sua tia para o encargo. (TJPB, Ap. Cível, 0124645-03.2012.815.2001, rel. Des. Marcos Cavalcanti de Albuquerque, *DJe* 20.11.2013, p. 9)

Agravo de instrumento. Tutela antecipada. Substituição de curador. Inexistência de elementos que demonstrem a verossimilhança das alegações do agravante ou a existência de risco de dano para a interdita. Ausência dos requisitos do art. 273 do CPC [arts. 296 a 300, *caput* e § 3º, 305, parágrafo único, 311, *caput* e I, e 356 do CPC/2015]. Necessidade de dilação probatória. Recurso desprovido (TJSP, AI n. 0173912-87.2013.8.26.0000, 4ª Câm. de Dir. Priv., rel. Milton Carvalho, j. 19.09.2013)

Agravo de instrumento. Tutela antecipada. Substituição de curatela. Genitora da agravada que foi por muitos anos sua representante e que se encontra enferma, em fase de recuperação cirúrgica. Impossibilidade de dispensar ao incapaz os cuidados de que necessita. Risco à sua integridade evidenciado. Genitor que se mostra apto para a curatela provisória, ao menos até que a mãe se recupere, ou que sejam realizados estudos social e psicológico a fim de demonstrar quem reúne melhores condições para cuidar da agravada. Presença dos requisitos que autorizam a antecipação de tutela. Recurso desprovido. (TJSP, AI n. 0049209-84.2013.8.26.0000, 4ª Câm. de Dir. Priv., rel. Milton Carvalho, j. 22.08.2013)

Agravo de instrumento. Interdição. Decisão que nomeou sobrinha do interditando como curadora provisória. Agravo interposto pelo único filho do interditando, que pretende exercer a curatela. Elementos de prova que não autorizam, neste momento, a reforma da decisão agravada. Recurso desprovido. (TJSP, AI n. 0146571-86.2013.8.26.0000, 4ª Câm. de Dir. Priv., rel. Milton Carvalho, j. 22.08.2013)

Interdição. Pedido de renomeação ao encargo de curador provisório indeferido. Elementos constantes dos autos que demonstram ser prematura a nomeação do agravante. Quadro probatório incompleto, que não recomendava o deferimento da medida. Incapacidade para os atos da vida civil do agravado não totalmente provada e situação financeira precária do agravante que responde a vários processos judiciais e efetuou saque indevidamente da conta-corrente do agravado enquanto curador provisório nomeado. Necessidade de instrução do feito, com elaboração de estudo social. Decisão mantida. Recurso desprovido. (TJSP, AI n. 0018815-94.2013.8.26.0000, 4ª Câm. de Dir. Priv., rel. Milton Carvalho, j. 25.07.2013)

Interdição. Curador especial. Nomeação nos moldes do art. 1.775, § 3º, do CC e art. 9º, I, do CPC [art. 72, I, do CPC/2015]. Cabimento da remuneração na forma do art. 1.774 c/c art. 1.752 do CC/2002. Curador que atuou com zelo e presteza no desempenho de sua função. Curadoria que se limitou, contudo, à fiscalização do patrimônio, sem gestão financeira. Remuneração que deve ser arbitrada de modo razoável, observando-se o exercício do cargo e o patrimônio da interditada. Sentença reformada para fixar a remuneração do curador. Recurso provido. (TJSP, Ap. n. 0970690-61.1979.8.26.0100, 5ª Câm. de Dir. Priv., rel. Moreira Viegas, j. 15.05.2013, *DJ* 16.05.2013)

Interdição. I – Cerceamento de defesa. Prova técnica suficiente ao equacionamento da querela. Inexistência de prova, de igual quilate, a contrastar as conclusões periciais existentes nos autos. Descumprimento ao disposto no art. 1.776 do CC. Recuperação do interditado que é futura e incerta. Inexigibilidade de abordagem da possibilidade pela sentença. Nulidades afastadas. II – Nomeação da ex-companheira do interditado para o exercício da Curatela. Situação já apreciada e confirmada por esta Câmara em sede de agravo de instrumento. Inexistência de justificativa a ensejar a sua substituição. Observância, na espécie, do disposto no art. 1.775, § 3º, do CC, à vista de que as filhas do interditado abriram mão da curatela em favor da genitora. III – Prestação de contas por parte da curadora nomeada. Providência que deve ser equacionada na via própria. Condições atuais da internação do interditado. Fato superveniente, que é alvo, inclusive, de averiguação pelo Ministério Público. Sentença mantida. Apelo improvido. (TJSP, Ap. n. 0003482-06.2006.8.26.0564, 3ª Câm. de Dir. Priv., rel. Donegá Morandini, j. 14.05.2013, *DJ* 15.05.2013)

Apelação cível. Ação de interdição. Nomeação da esposa ao encargo de curadora. Insurgência da mãe do interdito. Divórcio decretado. Remoção de curadora. Possibilidade. Preferência legal. Exegese do art. 1.775, § 1º, do CC. Sentença reformada. Recurso conhecido e provido. A lei exige que o cônjuge não esteja separado judicialmente ou de fato para que o encargo da curatela possa lhe ser concedido, "pois não teria sentido a curadoria recair sobre a pessoa do esposo ou esposa quando estes não mais mantêm a convivência" (PELUSO, Cezar (coord.). *Código Civil comentado*. 3. ed. rev. e atual. Barueri, Manole, 2011. p. 2.144). (TJSC, Ap. Cível n. 2010.067264-4, 5ª Câm. de Dir. Civil, rel. Jairo Fernandes Gonçalves, j. 02.05.2013)

Apelação em ação de interdição. Incapacidade definitiva para o exercício dos atos da vida civil. Nomeação da esposa como curadora. Art. 1.775 do CC. Interesses do interditando. Observância. Dilapidação do patrimônio por parte da curadora nomeada. Inidoneidade. Ausência de provas. Recurso desprovido. Se a nomeação da esposa do interditando como sua curadora atende aos seus interesses patrimoniais, preservando, ainda, o seu bem-estar físico e mental, não há razões para se acolher a pretensão dos apelantes de nomear outro curador ao interditado, em detrimento da ordem legal estabelecida no art. 1.775 do CC. (TJMG, Ap. Cível n. 1.0702.08.520743-0/002, rel. Des. Armando Freire, j. 02.04.2013, *DJ* 11.04.2013)

Interdição. Substituição de curador. Falecimento da genitora do interdito. Tia e padrasto que pleiteiam o exercício de sua curatela. Apelante que possui severas restrições físicas, que podem impedi-lo de cumprir com os encargos da representação do incapaz, ou torná-la desnecessariamente árdua. Apelada que reúne melhores condições para cuidar do interdito e que, por isso, deve ser nomeada curadora. Opinião do incapaz que não deve prevalecer sobre outros elementos fáticos na averiguação de quem está mais apto ao exercício da curatela. Sentença confirmada. Recurso desprovido. (TJSP, Ap. n. 0012507-21.2010.8.26.0526, 4ª Câm. de Dir. Priv., rel. Milton Carvalho, j. 21.03.2013)

Agravo de instrumento. Ação de substituição de curatela. Ilegitimidade passiva. Pedido de apreensão do passaporte da companheira quando das visitas ao interditado indeferido por ausência de fundamento. O reconhecimento da união estável legitima a companheira a pleitear a curatela do companheiro-incapaz. Inteligência do art. 1.775 do CC. Os "indícios" de que a agravada planeja fugir com o interdito para o exterior são insuficientes e não têm verossimilhança, de sorte que não há razões para determinar que a parte entregue seu passaporte à Polícia Federal. Inútil e desnecessário oficiar o Órgão para proibir o interdito de sair do país porque ele não tem passaporte válido. Negaram provimento ao agravo de instrumento. (TJRS, AI n. 70.051.425.346, 8ª Câm. Cível, rel. Alzir Felippe Schmitz, j. 13.12.2012, *DJ* 18.12.2012)

Agravo de instrumento. Interdição. Nomeação de curadora. 1 – A decisão agravada manteve uma filha, correquerente de interdição da mãe, como sua curadora, somente modificando a qualidade de definitiva para provisória. 2 – As razões que justificaram a nomeação encontram-se na sentença demonstrando que atende os requisitos do art. 1.775, § 1º, do CC, ou seja, a escolha foi feita entre os descendentes optando pelo que demonstrou ser mais apto. 3 – Questões de natureza patrimonial que não justificam a substituição pretendida pelos recorrentes. 4 – Agravo de instrumento não provido. (TJSP, AI n. 0025129-90.2012.8.26.0000, 6ª Câm. de Dir. Priv., rel. Alexandre Lazzarini, j. 27.09.2012, *DJ* 28.09.2012)

Agravo de instrumento. Ação de interdição de idoso. Curatela provisória. Pedido formulado por terceiro. Indeferimento. Súmula n. 58 deste Eg. TJ. Agravo de instrumento ofertado contra decisão que, nos autos de ação de interdição proposta pelo MP, indeferiu o pedido de curatela provisória formulado pelo agravante. Legitimidade do agravante para interpor o presente recurso. Terceiros podem ser nomeados para exercer a função de curador, por escolha do juiz, na falta de cônjuge ou companheiro, pai, mãe ou ascendentes (art. 1.775, § 3º, do CC), como no caso dos autos, pois a Sra. Oscarina não possui parentes conhecidos. Apesar da alegação de possuir vínculo afetivo com a curatelada, certo é que numa situação como a presente, há de ser prestigiada a decisão do Juízo *a quo*, eis que fundamentada com base nos elementos probatórios constantes nos autos. Somente se admite a reforma de decisão que indefere liminar se teratológica, contrária à lei ou à evidente prova dos autos. Súmula n. 58 deste Eg. TJ. Decisão agravada mantida. Aplicação do *caput* do art. 557 do CPC [arts. 932, IV, *a* e *b*, e 1.011, I, do CPC/2015]. Recurso a que liminarmente se nega seguimento. (TJRJ, AI n. 0009856-66.2012.8.19.0000, 7ª Câm. Cível, rel. Des. Caetano Fonseca Costa, j. 28.06.2012)

Agravo de instrumento. Interdição. Ação movida pelo MP. Nomeação da genitora do interditando para o cargo de curadora provisória. Documentos que comprovam ser o interditando viciado em drogas e usuário de bebidas alcoólicas, apresentando alterações comportamentais e falta de discernimento que criam riscos à sociedade e à sua própria integridade física. Presença dos requisitos que autorizam a concessão da curatela provisória. Recurso desprovido. (TJSP, AI n. 0027522-85.2012.8.26.0000, rel. Milton Carvalho, j. 28.06.2012, voto n. 3.259)

Interdição. Idosa portadora do Mal de Alzheimer. Curatela provisória. Situação de intensa litigiosidade entre as duas filhas da interditanda, com demonstrações de animosidade e acusações recíprocas quanto à idoneidade moral e dedicação à enferma. Possibilidade em tais casos, à míngua de outra solução, de nomeação pelo Juízo de curador dativo, estranho às relações familiares. Inteligência do art. 1.775, §§ 1º e 3º, do CC. Substituição da curadora originária que se mantém. Decisão confirmada. Agravo da curadora destituída desprovido. (TJSP, AI n. 0007985-06.2012.8.26.0000/SP, 2ª Câm. de Dir. Priv., rel. Fabio Tabosa, j. 26.06.2012)

Ação de interdição. Extinção sem exame do mérito. Ilegitimidade ativa. Inconformismo. Desacolhimento. Ação ajuizada pela companheira. Casal que se separou no curso do feito. Perda da legitimidade por fato superveniente. Impossibilidade de exercício da curatela. Inteligência do art. 1.775, do CC. Sentença mantida. Recurso desprovido. (TJSP, Ap. n. 0000804-03.2008.8.26.0417/Paraguaçu Paulista, 9ª Câm. de Dir. Priv., rel. Grava Brazil, j. 08.11.2011)

Interdição. Sentença que declarou o interditando absolutamente incapaz, nomeando sua genitora para o encargo de curadora definitiva. Apelo para que o exercício da curatela seja atribuído a uma de suas filhas. Inadmissibilidade em razão das circunstâncias. Julgado monocrático que levou em conta as peculiaridades do caso e bem observou a ordem legal de preferência estabelecida no art. 1.775, § 1º, do CC. Possibilidade, contudo, em apreço ao relacionamento do interditando com seus filhos, de se estabelecer cauteloso regime de visitação, com direta supervisão pelo D. Juízo. Apelo parcialmente provido com determinação. (TJSP, Ap. n. 990102810895, 6ª Câm. de Dir. Priv., rel. Des. Roberto Solimene, j. 21.10.2010)

Interdição. Pedido formulado pela companheira. Legitimidade ativa. Se a recorrente foi reconhecida, através de escritura pública de união estável, como sendo companheira do interditando, esta é parte legítima para figurar no polo ativo da presente ação de interdição. Considerando que o interditando apresenta sequela neurológica grave e incapacitante, vive em união estável e está sob os cuidados de sua companheira, esta tem legitimidade para propor a ação de interdição. Inteligência do art. 1.775 do CCB. Recurso provido. (TJRS, AI n. 70035614239, 7ª Câm. Cível, rel. Des. Sérgio Fernando de Vasconcellos Chaves, j. 23.06.2010)

Interdição. Curador provisório. A nomeação de curador deve recair na pessoa que se demonstrar mais apta para a função (art. 1.775 do CC). Interditanda acometida de doença grave, internada em clínica. Nomeação do neto da interditanda como curador provisório, que ficou responsável pelos cuidados dela após o falecimento do pai dele. Nada há de alegado ou provado que desabone tal nomeação. Após a realização dos demais atos processuais, o juiz da causa poderá substituir o curador provisório, caso verifique ser outra pessoa mais apta ao exercício do mister. Agravo de instrumento improvido. (TJSP, AI n. 990100105590, 1ª Câm. de Dir. Priv., rel. Des. Paulo Eduardo Razuk, j. 17.06.2010)

Interdição. Decisão que reconhece a incapacidade absoluta do interditando, nomeando a esposa como curadora provisória. Inconformismo da autora, filha do interditando. Desacolhimento. Proximidade da audiência de instrução e julgamento. Suposta dilapidação do patrimônio do interdito pela curadora provisória. Não comprovação. Observância da ordem legal das pessoas aptas a exercer a curatela (art. 1.775 do CC). Decisão mantida. Recurso desprovido. (TJSP, AI n. 990102148602, 9ª Câm. de Dir. Priv., rel. Des. Grava Brazil, j. 15.06.2010)

Processual civil e previdenciário. Ausência de capacidade processual da parte autora. Extinção sem resolução do mérito. Art. 267, IV, do CPC [art. 485, IV, do CPC/2015]. Apelação não provida. A hipótese é de recurso contra a sentença que julgou extinto o feito sem resolução do mérito devido a não estar o autor, portador de distúrbio mental, representado por seu curador nos autos, o que resulta na ausência de pressuposto para desenvolvimento válido e regular do processo, conforme art. 267, IV, do CPC [art. 485, IV, do CPC/2015].

O mentalmente enfermo necessita estar representado nos autos por seu curador, o que não ocorre no processo em questão, resultando na incapacidade processual da parte. O apelante é maior de 18 anos, portador de distúrbios mentais e ingressou na presente ação representado pela sua mãe. Ocorre que a procuração de fls. 10, onde consta a mãe do apelante como sua outorgante, não é suficiente para regularizar a representação, uma vez que a ação de interdição ainda não foi julgada e a outorgante ainda não foi nomeada curadora do apelante, conforme requer o art. 1.775 do CC/2002. Apelação não provida. (TRF, 5ª R., Ap. n. 487209, 1ª T., rel. Des. Fed. Rogério Fialho Moreira, j. 28.01.2010, *DJe* 11.02.2010)

Interdição. Estudo psicológico e social. Desnecessidade. Decisão mantida. Recurso improvido. "Em princípio, mostra-se desnecessária a verificação da idoneidade psicológica e social do pai que já cuida da filha interditanda, com participação e anuência da mãe, que é no caso seu próprio curador de direito (art. 1.775 do CC)". (TJSP, AI n. 6.077.234.000/Fernandópolis, 10ª Câm. de Dir. Priv., rel. Octavio Helene, j. 27.10.2009)

Interdição. Curatela provisória. Deferimento ao filho do interditando. Afastamento. Incidência do disposto no art. 1.775 do CC, devendo o encargo ser deferido à mulher. Recurso provido para esse fim. (TJSP, AI n. 6.425.214.400/Vinhedo, 5ª Câm. de Dir. Priv., rel. Silvério Ribeiro, j. 12.08.2009)

Interdição. Disputa entre filhos pela curadoria. Escolha daquele que se demonstrar mais apto, segundo o art. 1.775, § 1º, do CC. Inexistência de razões ou causas concretas que justifiquem excluir o filho nomeado pela juíza do encargo. Não provimento. (TJSP, Ap. Cível n. 5.931.964.900/Atibaia, 4ª Câm. de Dir. Priv., rel. Enio Zuliani, j. 04.06.2009)

Agravo de instrumento. Remoção de curadora. Interdito. Ainda que a agravante tenha preferência para o exercício da curatela do marido, conforme dispõe o art. 1.775 do CC/2002, descabe a remoção liminar da Curadora (mãe do interdito), que exerce o encargo há 20 anos (até então com a concordância da recorrente), se não há prova, por ora, de que não esteja cumprindo o *munus* a contento. Agravo de instrumento desprovido. (TJRS, AI n. 70.025.520.537, 8ª Câm. Cível, rel. José Ataídes Siqueira Trindade, j. 22.10.2008)

Legitimidade ativa. Interdição. Arts. 226, § 3º, da CF e 1.775 do CC. Companheira é legitimada para ajuizar ação. Prova inequívoca de que as partes, após o decreto judicial, passaram a conviver em união estável. Extinção afastada. Recurso provido. (TJSP, Ap. c/ Rev. n. 5.787.324.600/Monte Alto, 1ª Câm. de Dir. Priv., rel. Carlos Augusto de Santi Ribeiro, j. 21.10.2008)

Interdição. Remoção de curador. Nomeação de dativo. Arts. 1.195, CPC [art. 761, parágrafo único, do CPC/2015], e 1.775 § 3º, CC. Alegação de desobediência ao devido processo legal. Inocorrência. Procedimento de jurisdição voluntária. Poder discricionário atribuído pela lei ao juiz, para decidir por equidade. Art. 1.109, CPC [art. 723 do CPC/2015]. Intimação e manifestação do curador que atende à finalidade da lei de garantir o exercício do direito ao contraditório e à ampla defesa. Animosidade entre os irmãos que justifica e recomenda a nomeação de curador dativo. Recurso improvido. (TJSP, AI n. 5.613.894.000/Ipuã, 4ª Câm. de Dir. Priv., rel. Teixeira Leite, j. 24.07.2008)

Ação de substituição de curador. Preliminar. Cerceamento de defesa. Inocorrência. Mérito. Curatelado que contrai matrimônio. Esposa. Preferência sobre o parente colateral (irmã). Art. 1.775 do CC. Interesses do curatelado. Observância. Recurso desprovido. Deve ser observada a ordem de preferência estabelecida no art. 1.775 do CC, para se nomear o cônjuge como curador, se a nomeação atende aos interesses do curatelado, preservando, ainda, o seu bem-estar físico e mental. (TJMG, Proc. n. 1.0701.05.108105-0/001(1), rel. Armando Freire, j. 15.04.2008)

Ação de interdição. Curador. Ordem de preferência. Dispõe o art. 1.775 do CC/2002, que, de direito, é o cônjuge, desde que não esteja separado, a preferência para ser nomeado curador do consorte quando interdito. O comando esculpido no art. 1.768 do citado diploma legal tem aplicação no caso de inexistir cônjuge para o exercício do encargo. Recurso desprovido. (TJRS, AI n. 70.010.985.505, 8ª Câm. Cível, rel. Des. José Ataídes Siqueira Trindade, j. 11.04.2005)

Interdição. Curatela. Deferimento provisório da curatela a terceiro. Não reunindo a esposa condições físicas para a nomeação no momento, nenhum inconveniente há por ora na atribuição do encargo a sobrinho por afinidade, que tem cuidado do suposto incapaz, despojado este de ascendentes ou descendentes. (TJMG, AI n. 241.260-9, rel. Des. Abreu Leite, *DJMG* 08.02.2002)

---

**Art. 1.775-A. Na nomeação de curador para a pessoa com deficiência, o juiz poderá estabelecer curatela compartilhada a mais de uma pessoa.**

Artigo acrescentado pela Lei n. 13.146, de 06.07.2015.

---

O presente dispositivo foi acrescido pelo Estatuto da Pessoa com Deficiência (Lei n. 13.146/2015) e institui a curatela compartilhada, que gera a responsabilização conjunta para o exercício da totalidade de direitos e deveres relativos ao cuidado com a pessoa sob curatela, na medida em que mais de um curador atua em prol da pessoa e seu patrimônio sem distinção de funções ou periodicidade. A curatela compartilhada concretiza direito fundamental à convivência da pessoa interdita com ambos os pais, uma vez que a decretação da supressão da capacidade não pode representar um corte na relação entre o sujeito e um deles, o que geralmente ocorre quando o dever de cuidado é atribuído a apenas um dos genitores. Com efeito, possuindo ambos condições físicas e psíquicas para o exercício da curatela, visando à efetivação do direito material, deverá haver prioritariamente a nomeação de ambos pelo juiz para asseguração dos interesses existenciais do curatelado.

A curatela compartilhada poderá alcançar ainda outros sujeitos segundo aponte a concretude do caso e sempre tendo em vista os interesses do curatelado. A responsabilização conjunta pode recair, portanto, na pessoa de um genitor e de um irmão, ou mesmo de um filho da pessoa interditada. De dois avós do curatelado, ou um padrasto e um tio.

A curatela conjunta poderá também ser fracionada, entendida esta como a possibilidade de divisão das funções entre os curadores, cada qual empenhado nas atividades para as quais se dirijam as suas afinidades e talentos. Embora o novo dispositivo legal tenha previsto somente a curatela compartilhada a mais de uma pessoa, nada impede que as peculiaridades do caso indiquem preferencialmente a cisão de responsabilidades entre duas pessoas.

**Jurisprudência:** Agravo de instrumento. Família. Interdição. Curatela compartilhada. Melhor interesse do curatelado. Recurso parcialmente provido. O art. 747 CPC prevê os legitimados para promover a Ação de Interdição. Na nomeação de curador para a pessoa com deficiência, o juiz poderá estabelecer curatela compartilhada a mais de uma pessoa (art. 1.775-A do CC). Diante das peculiaridades do caso concreto, a curatela compartilhada é a medida que, por ora, preserva os interesses do filho menor do curatelado, bem como do próprio interditando. Recurso parcialmente provido. (TJMG, AI n. 1.0000.20.486363-3/001, rel. Des. Leite Praça, j. 19.11.2020, *DJe* 24.11.2020)

Agravo de instrumento. Ação de interdição preliminar. Não conhecimento parcial do recurso. Decisão que indefere pedido de curatela provisória compartilhada. Recorribilidade. 1. É agravável a decisão que indefere o pedido de curatela provisória compartilhada, requerida a título de antecipação dos efeitos da tutela, subsumindo-se à hipótese prevista no art. 1.015, I, do CPC. 2. Preliminar de não conhecimento parcial do recurso rejeitada. Mérito. Curatela provisória compartilhada. Desnecessidade. Intervenção de terceiro. Ausência de interesse jurídico legítimo. Princípios da economia processual e razoável duração do processo. Observância. Melhor interesse do incapaz já resguardado no feito. 1. Nos termos do art. 1.775-A do CC, o juiz pode estabelecer curatela compartilhada a mais de uma pessoa. Todavia, a repartição do encargo será admitida se efetivamente imprescindível à preservação dos direitos do interditando. 2. É desnecessária a curatela compartilhada, quando a curadora provisória nomeada pelo Juízo tem se responsabilizado suficientemente pela gestão dos interesses do interditando. 3. A intervenção de terceiro no processo exige a demonstração do interesse jurídico, que não se concretiza na simples existência de vínculo familiar e afetivo com uma das partes. 4. Verificando-se que os interesses do curatelado e a higidez do procedimento de interdição já estão sendo acompanhados pela Defensoria Pública, na condição de curadora especial, pelo MP, como fiscal da ordem jurídica e por sua companheira, na condição de assistente simples, revela-se impertinente e contrário aos princípios da economia processual e da razoável duração do processo o ingresso de mais um terceiro no feito. 5. Recurso não provido. (TJMG, AI n. 1.0000.20.060946-9/001, rel. Des. Áurea Brasil, j. 05.11.2020, DJe 05.11.2020)

Agravo de instrumento. Interdição. Encefalopatia crônica. Nomeação da mãe como curadora. Compartilhamento com o pai. Conflito de interesses ocorrente. Impossibilidade. 1 – Considerando que o interditando vem sendo cuidado pela mãe há mais de 15 anos, não há como questionar, sem provas bastantes, que não seria a pessoa mais indicada para exercer a curatela do filho. 2 – Dos elementos até então carreados aos autos não se pode concluir que a pretendida curatela compartilhada representará vantagens ao interditando. 3 – A existência de divergências e dificuldades de relacionamento entre os genitores, até então observada, inviabiliza a aplicação do art. 1.775-A do CC. 3 – [*sic*] Recurso não provido. (TJMG, AI n. 1.0000.17.068804-8/001, rel. Des. Audebert Delage, j. 24.04.2018)

**Art. 1.776.** (***Revogado pela Lei n. 13.146, de 06.07.2015.***)

**Art. 1.777. As pessoas referidas no inciso I do art. 1.767 receberão todo o apoio necessário para ter preservado o direito à convivência familiar e comu-**

**nitária, sendo evitado o seu recolhimento em estabelecimento que os afaste desse convívio.**

Artigo com redação dada pela Lei n. 13.146, de 06.07.2015.

---

O dispositivo legal foi alterado pelo Estatuto da Pessoa com Deficiência por considerar que a conquista da autonomia por parte daquele que não pode afirmar a subjetividade será facilitada se não houver o rompimento dos laços familiares, devendo ser considerada medida excepcional seu recolhimento em estabelecimentos como casas de repouso ou de saúde, hospitais psiquiátricos, clínicas de recuperação.

**Jurisprudência:** Remessa necessária. Internação compulsória. Dependente químico. Possibilidade. Prova documental produzida que confirma a necessidade da medida extrema. Incidência dos arts. 196 da CF, 6º da Lei n. 10.216/2001 e 1.777 do CC. Sentença mantida. Remessa necessária não acolhida. (TJSP, Remessa Necessária Cível n. 1002092-74.2019.8.26.0128/SP, 10ª Câm. de Dir. Públ., rel. José Eduardo Marcondes Machado, j. 14.07.2022, publ. 14.07.2022)

Ação ordinária. Internação compulsória de dependente de drogas. Possibilidade. Arts. 196 e segs. da CF/88, Lei n. 10.216/2001 e art. 1.777 do CC. Documentos nos autos que confirmam a necessidade da medida extrema. Sentença mantida. Reexame necessário não provido. (TJSP, Proc. n. 1000546-97.2018.8.26.0619, rel. Luís Francisco Aguilar Cortez, j. 07.02.2019)

*Habeas corpus*. Ação civil de interdição cumulada com internação compulsória. Possibilidade. Necessidade de parecer médico e fundamentação na Lei n. 10.216/2001. Existência na espécie. Exigência de submeter o paciente a recursos extra-hospitalares antes da medida de internação. Dispensa em hipóteses excepcionais. 1 – A internação compulsória deve ser evitada, quando possível, e somente adotada como última opção, em defesa do internado e, secundariamente, da própria sociedade. É claro, portanto, o seu caráter excepcional, exigindo-se, para sua imposição, laudo médico circunstanciado que comprove a necessidade de tal medida. 2 – A interdição civil com internação compulsória, tal como determinada pelas instâncias inferiores, encontra fundamento jurídico tanto na Lei n. 10.216/2001 quanto no art. 1.777 do CC. No caso, foi cumprido o requisito legal para a imposição da medida de internação compulsória, tendo em vista que a internação do paciente está lastreada em laudos médicos. 3 – Diante do quadro até então apresentado pelos laudos já apreciados pelas instâncias inferiores, entender de modo diverso, no caso concreto, seria pretender que o Poder Público se portasse como mero espectador, fazendo prevalecer o direito de ir e vir do paciente, em prejuízo de seu próprio direito à vida. 4 – O art. 4º da Lei n. 10.216/2001 dispõe: "A internação, em qualquer de suas modalidades, só será iniciada quando os recursos extra-hospitalares se mostrarem insuficientes." Tal dispositivo contém ressalva em sua parte final, dispensando a aplicação dos recursos extra-hospitalares se houver demonstração efetiva da insuficiência de tais medidas. Essa é exatamente a situação dos autos, haja vista ser notória a insuficiência de medidas extra-hospitalares, conforme se extrai dos laudos invocados no acórdão impugnado. 5 – É cediço não caber na angusta via do *habeas corpus*, em razão de seu rito célere e desprovido de dilação probatória, exame aprofundado de prova no intuito de reanalisar as razões e motivos pelos quais as instâncias inferiores formaram sua convicção. 6 – O documento novo consistente em relatório do Subcomitê de Prevenção da Tortura e outros Tratamentos ou Penas Cruéis, Desumanos ou Degradantes (SPT) da Organização das Nações Unidas (ONU) não pode ser apreciado por esta Corte sob pena de supressão de instância. 7 – A internação compulsória em sede de ação de interdição, como é o caso dos autos, não tem caráter penal, não devendo ser comparada à medida de segurança ou à medida socioeducativa a que esteve submetido no passado o paciente em face do cometimento de atos infracionais análogos a homicídio e estupro. Não se ambiciona nos presentes autos aplicar sanção ao ora paciente, seja na espécie de pena, seja na forma de medida de segurança. Por meio da interdição civil com internação compulsória, resguarda-se a vida do próprio interditando e, secundariamente, a segurança da sociedade. 8 – Não foi apreciada pela Corte de origem suspeição ou impedimento em relação à perícia, questionamento a respeito da periodicidade das avaliações periciais, bem como o pedido de inserção do paciente no programa federal De Volta Para Casa. A jurisprudência do STJ consolidou o entendimento de que não se conhece de *habeas corpus* cuja matéria não foi objeto de decisão pela Corte de Justiça estadual, sob pena de indevida supressão de instância (*HC* n. 165.236/SP, rel. Min. Moura Ribeiro, 5ª T., j. 05.11.2013, *DJe* 11.11.2013; *HC* n. 228.848/SP, rel. Min. Maria Thereza de Assis Moura, 6ª T., j. 24.10.2013, *DJe* 04.11.2013). 9 – Ordem denegada. (STJ, *HC* n. 169.172, 4ª T., rel. Min. Luis Felipe Salomão, *DJe* 04.02.2014, p. 1.724)

Agravo de instrumento. Ação de busca e apreensão e tratamento para dependência química proposta pelo Ministério Público. Legitimidade ativa reconhecida. Antecipação de tutela deferida pelo juízo de 1º grau. Possibilidade nos arts. 196 e seguintes da CF/88, Lei n. 10.216/2001 e art. 1.777 do CC. Contexto dos autos indicativo da necessidade da medida extrema. Decisão mantida. Recurso não provido. (TJSP, AI n. 2028082-22.2014.8.26.0000/Praia Grande, 1ª Câm. de Dir. Públ., rel. Luís Francisco Aguilar Cortez, *DJe* 28.07.2014, p. 1.356)

Agravo de instrumento. Portador de autismo. Custeio de atendimento especializado em estabelecimento particular indicado. Prestações de saúde e de assistência social que a princípio devem ser satisfeitas no âmbito do sistema de seguridade social. Risco de proibida transferência de recursos públicos para o setor privado. Inexistência de prova da adequação e da exclusividade do atendimento indicado. Inexistência de prova da necessidade do acolhimento e da privação do convívio familiar nos termos do art. 1.777 do CC. Verossimilhança do direito alegado sem grau de suficiência. Tutela antecipada que não se justifica. Recurso provido. (TJSP, AI n. 2054351-35.2013.8.26.0000/Pirassununga, 4ª Câm. de Dir. Públ., rel. Luis Fernando Camargo de Barros Vidal, *DJe* 16.04.2014, p. 1.554)

Pedido de internação compulsória de alcoolista. Resistência passiva do requerido. Hipótese de internação involuntária nos termos da Lei n. 10.216/2001. Inexistência de interesse de agir reconhecida. Gestão e execução de política de saúde mental que compete ao administrador público e aos técnicos da saúde mental. Função jurisdicional de controle da legalidade que não se faz necessária na espécie e se esgotou na extinção do feito, cessando-se a coerção jurídica sobre a liberdade do suposto doente. Inadaptação ao convívio familiar que deve ser solucionada, se o caso, nos termos do art. 1.777 do CC. Laudo médico circunstanciado, ainda, inexistente. Sentença de extinção do feito nos termos do art. 267, IV, do CPC [art. 485, IV, do CPC/2015], mantida nos termos do art. 252 do RITJSP. Recurso improvido. (TJSP, Ap. n. 0001571-91.2012.8.26.0646, Urânia, 4ª Câm. de Dir. Públ., rel. Luis Fernando Camargo de Barros Vidal, DJe 18.03.2014, p. 1.791)

**Art. 1.778. A autoridade do curador estende-se à pessoa e aos bens dos filhos do curatelado, observado o art. 5º.**

Este artigo dispõe sobre a extensão da autoridade do curador. Determina a lei a curatela ser estendida a pessoa e bens dos filhos menores (art. 5º) ou nascituros (art. 1.779) do curatelado. A disposição legal tem por finalidade a observância rigorosa do princípio da unidade do comando familiar e da curatela (indivisibilidade da proteção das pessoas e administração dos bens dos incapazes), "evitando confusão na direção da família com a nomeação de tutor para os menores", como ensina Maria Helena Diniz (*Código Civil anotado*. São Paulo, Saraiva, 1995). A curatela prorrogada por força da lei às pessoas dos filhos menores do curatelado é, a bem da verdade, simples tutela, que cessará quando tiver fim a incapacidade do menor por alguma das causas previstas no art. 5º e seu parágrafo único. Se o filho do curatelado for maior e interditado, seu curador permanecerá aquele nomeado por ocasião de sua interdição; se for menor e interditado, ser-lhe-á nomeado o mesmo do pai ou mãe curatelado.

Observe-se, contudo, haver incompatibilidade da norma contida neste dispositivo com aquela do art. 85, *caput* e § 1º, do Estatuto da Pessoa com Deficiência ("A curatela afetará tão somente os atos relacionados aos direitos de natureza patrimonial e negocial. § 1º A definição da curatela não alcança o direito ao próprio corpo, à sexualidade, ao matrimônio, à privacidade, à educação, à saúde, ao trabalho e ao voto"), pois se a pessoa deficiente interditada possuir autodeterminação residual para exercer a autoridade parental, não poderá invadir o curador o espaço reservado à privacidade familiar. Assim, acertadamente o art. 757 do CPC/2015 limitou a extensão da autoridade do curador, ao dispor que caberá ao juiz considerar outra solução como mais conveniente aos interesses do incapaz, reservando-se a curatela extensiva para situações em que evidentemente os filhos se encontram em situação de risco diante de pais disfuncionais, pelo fato da enfermidade ou deficiência influir negativamente na parentalidade.

**Jurisprudência:** Apelação. Cobrança de prestação de serviços de ensino. Legitimidade passiva *ad causam*. Aplicação da Teoria da Asserção. Pertinência subjetiva para que a curadora responda à ação nos termos da petição inicial. Tese que se confunde com mérito. Curadora que tem responsabilidade pela pessoa dos filhos da curatelada, nos termos do art. 1.778 do CC, além de responder de forma solidária e objetiva, conforme os arts. 932, II, 933 e 942, parágrafo único, do mesmo Código. Ausência de comprovação de que os serviços não foram prestados. Cobrança que se refere a período tanto anterior quanto posterior à suspensão da discente, por sua própria culpa (indisciplina), medida que logo fora revertida em outra ação. Parte ré que não se desincumbiu do ônus do art. 373, II, do CPC. Sentença mantida. Recurso desprovido. (TJSP, Ap. n. 10075106920228260004/São Paulo, 36ª Câm. de Dir. Priv., rel. Walter Exner, j. 28.06.2024, *DJ* 28.06.2024)

Agravo de instrumento. Interdição. Arts. 1.775 e 1.778 do CPC [*sic*, CC]. Sendo do cônjuge ou companheiro a atribuição da curadoria, pelo menos em princípio, e estando ausente a prova da desídia do marido da interdita, deve ser mantida, por ora, a decisão que afastou os pleitos liminares do filho agravante. Negaram provimento ao recurso. (TJRS, AI n. 70.034.467.324, 8ª Câm. Cível, rel. Des. Alzir Felippe Schmitz, j. 11.03.2010)

Família. Interdição. Alvará judicial para levantamento de indenização de seguro que se encontra em nome do interditado. Curatelado e curadora casados entre si pelo regime de comunhão parcial de bens. O instituto da curatela, além de abarcar a finalidade de representar e assistir o curatelado, compreende a administração dos bens do interdito (art. 1.778 do CC/2002). Sendo a curadora esposa do interdito, somente nas hipóteses dos atos previstos no art. 1.647 do CC/2002 se faz necessário o suprimento judicial. Apelação provida. (TJRS, Ap. Cível n. 70.015.555.295, 8ª Câm. Cível, rel. Des. Luiz Ari Azambuja Ramos, j. 17.08.2006)

## *Seção II*
## *Da Curatela do Nascituro e do Enfermo ou Portador de Deficiência Física*

**Art. 1.779. Dar-se-á curador ao nascituro, se o pai falecer estando grávida a mulher, e não tendo o poder familiar.**

**Parágrafo único. Se a mulher estiver interdita, seu curador será o do nascituro.**

O presente artigo trata da curatela do nascituro. O legislador buscou proteger todos os direitos do nascituro, desde sua concepção, como, aliás, determina o disposto no art. 2º deste Código, ao impor a nomeação de curador a ele quando o pai vem a falecer, estando a mulher grávida e sem poder familiar. Isso poderá ocorrer quando a mãe foi destituída do encargo relativamente a filhos já nascidos, pois a perda quanto a um filho estende-se aos demais, e estiver interdita. A falta do pai poderá ocorrer, também, quando este for desconhecido, estiver ausente ou for incapaz.

O curador nomeado, além de cuidar dos direitos patrimoniais do nascituro, tem como função zelar para que nasça com vida, impedindo que a gravidez seja interrompida. Trata-se de curatela sem interdição. No parágrafo único, a lei estende a autoridade do curador nomeado à genitora interdita ao nascituro, para que seja mantida a unidade da curatela.

**Art. 1.780. (*Revogado pela Lei n. 13.146, de 06.07.2015.*)**

## *Seção III*
## *Do Exercício da Curatela*

**Art. 1.781. As regras a respeito do exercício da tutela aplicam-se ao da curatela, com a restrição do art. 1.772 e as desta Seção.**

O presente artigo, na verdade, apenas dá maior ênfase ao disposto no art. 1.774, antes comentado e para o qual se remete o leitor. As regras referentes à tutela, previstas nos arts. 1.740 a 1.752, aplicam-se à curatela, com exceção da que autoriza o juiz a estabelecer os limites da curatela em determinadas hipóteses (art. 1.772) e das previstas nesta seção, referentes especificamente ao exercício da curatela. A exceção legal deixou, entretanto, de existir em face da revogação integral do art. 1.772 pelo art. 1.072 do CPC/2015 (Lei n. 13.105/2015).

**Jurisprudência:** Agravo de instrumento. Curatela. Alvará para levantamento de expressiva quantia pertencente a pessoa submetida à curatela. Decisão em que o juízo de origem assinala ser necessária comprovação da destinação do valor para que seja autorizado o saque. O art. 1.753 do CC, aplicável à curatela por força do art. 1.781, estabelece que os curadores não podem conservar em seu poder dinheiro dos curatelados além do necessário para as despesas ordinárias com o seu sustento. Portanto, não merece reparos a decisão agravada, na qual o juízo de origem assinalou que, para que seja autorizado o saque de expressiva quantia pertencente ao curatelado, depositada judicialmente, é imprescindível que a curadora aponte a destinação do valor, permitindo ponderar o necessário resguardar dos interesses da pessoa submetida à curatela. Negaram provimento. Unânime. (TJRS, AI n. 5328606-64.2023.8.21.7000, 8ª Câm. Cível, rel. Luiz Felipe Brasil Santos, j. 09.11.2023, *DJ* 10.11.2023)

Agravo de instrumento. Ação de interdição e curatela. Insurgência contra decisão que indeferiu à curadora a expedição de alvará judicial, para realização de transferências de valores encontrados em conta bancária de titularidade do curatelado, além do levantamento de proventos atrasados de aposentadoria, depositados em Juízo, decorrentes de ação previdenciária. Pretensão ao reembolso de despesas que alegou ter tido com o curatelado. Não acolhimento. Medida excepcional não justificada. Exegese dos arts. 1.741 e 1.781 do CC. Falta de especificação das despesas efetivas. Proventos de aposentadoria recebidos mensalmente que, por ora, se revelam suficientes para garantir a subsistência digna do curatelado, sem prejuízo de seu padrão de vida. Necessidade não preferencial à preservação do patrimônio. Recurso não provido. (TJSP, AI n. 20674237920198260000, 6ª Câm. de Dir. Priv., rel. Rodolfo Pellizari, j. 16.05.2019, *DJe* 16.05.2019)

Veja no art. 1.749 a seguinte decisão: TJSP, AI n. 2214695-53.2014.8.26.0000/Paraguaçu Paulista, 4ª Câm. de Dir. Priv., rel. Fábio Quadros, j. 26.02.2015.

Alvará judicial para alienação de bem imóvel pertencente a maior incapaz. Arts. 1.750 c/c 1.781 ambos do CC. Indeferimento. Nos termos do art. 1.750 do CC, "os imóveis pertencentes aos menores sob tutela somente podem ser vendidos quando houver manifesta vantagem, mediante prévia avaliação judicial e aprovação do juiz", sendo que as regras quanto ao exercício da tutela são aplicadas em relação ao exercício da curatela (art. 1.781 do CC). Deve o interditado, representado por seu curador, comprovar de maneira segura a existência de manifesta vantagem financeira na alienação ou de suficiente necessidade; não basta, para tanto, a simples alegação. Provimento negado. (TJSC, Ap. Cível n. 2014.075018-4/Balneário Camboriú, rel. Des. Gilberto Gomes de Oliveira, j. 23.04.2015)

Agravo interno. Prestação de contas. Primeira fase. Obrigação da curadora de prestar contas. Cabível o julgamento na forma do art. 557 do CPC [arts. 932, IV, *a* e *b*, e V, *a*, 1.011, I, 1.021, §§ 2º, 4º e 5º, do CPC/2015], em face do entendimento da câmara sobre a matéria. 1 – A ação de prestação de contas visa a apurar a existência de crédito ou débito, e pode sempre ser exigida de quem administra bem de outra pessoa, como é o caso de quem exerce a curatela de pessoa interditada. Incidência do art. 914 do CPC [sem correspondente no CPC/2015]. 2 – Se a parte exerce a curatela de seu marido, e recebe os valores previdenciários e verbas trabalhistas que a ele pertencem, é inequívoca a sua obrigação de prestar as contas reclamadas pelo órgão ministerial. 3 – Mesmo que o curador seja o cônjuge e o regime de bens do casamento seja o da comunhão universal de bens, bem como que haja dispensa da prestação de contas periódicas, o curador está obrigado a prestar contas sempre houver expressa determinação judicial. Inteligência dos arts. 1.755, 1.781 e 1.783 do CC. Recurso desprovido. (TJRS, Ag. Int. n. 70.060.324.126, 7ª Câm. Cível, rel. Des. Liselena Schifino Robles Ribeiro, j. 02.07.2014)

Agravo de instrumento. Ação de inventário. Decisão que homologou renúncia de bens de herdeira incapaz (interditada) em favor da inventariante. Descumprimento do art. 1.042, II, do CPC [art. 671, II, do CPC/2015]. Curador especial não nomeado. Curadora não pode dispor de bens da interdita a título gratuito, nos termos do arts. 1.749 e 1.781 do CC. Decisão reformada. Recurso provido. (TJSP. AI n. 2034536-52.2013.8.26.0000/Mogi Guaçu, 2ª Câm. de Dir. Priv., rel. Giffoni Ferreira, *DJe* 17.03.2014, p. 1.495)

Interdição. Curatela. Pedido de alvará judicial para que possa ser doado bem do interdito ao curador. Impedimento legal. A doação de bem de interditado, mesmo que com cláusula de usufruto permanente, encontra óbice legal nos arts. 1.781 e 1.749, ambos do CC, por se tratar de disposição de bem a título gratuito. Sentença mantida. Recurso improvido. (TJSP, Ap. n. 0016912-61.2013.8.26.0602/Sorocaba, 2ª Câm. de Dir. Priv., rel. Neves Amorim, *DJe* 10.03.2014, p. 1.056)

Curatela. Curatelado. Falecimento. Processo de interdição. Extinção. Prestação de contas. Necessidade. "Agravo de instrumento. Curatela. Curatelado. Falecimento. Prestação de contas. Dever do curador. 1 – A morte do curatelado faz extinguir o processo de interdição, mas não desobriga o curador do dever de prestar contas de sua gestão, em conformidade com o que dispõe o art. 1.781 em c/c o art. 1.755 do CC. 2 – Agravo desprovido." (TJDFT, AI n. 20120020084446 (710052), rel. Des. Antoninho Lopes, *DJe* 20.09.2013)

Interdição. Curatela. Alvará. Doação. Impedimento legal. A doação de bem de interditado, mesmo que com cláusula de usufruto permanente, encontra óbice legal nos arts. 1.781 e 1.749, ambos do CC, por se tratar de disposição de bem a título gratuito. Recurso desprovido. (TJSP, AI n. 0016442-90.2013.8.26.0000, 4ª Câm. de Dir. Priv., rel. Teixeira Leite, j. 16.05.2013, *DJ* 21.05.2013)

Curatela. Remoção. Pedido de suposta companheira do interdito em relação à irmã dele. União estável não demonstrada nem reconhecida em ação própria. Falta de prova de violação de deveres legais pela curadora atual. Apenas a suposta condição de companheira não autoriza a remoção, tendo em vista as regras dos arts. 1.766 e 1.781 do CC, porque inexistente negligência, prevaricação ou incapacidade. Improcedência reconhecida. Sentença reformada. Apelação provida. (TJSP, Ap. n. 0013243-88.2012.8.26.0196, 2ª Câm. de Dir. Priv., rel. Guilherme Santini Teodoro, j. 14.05.2013, *DJ* 14.05.2013)

Veja no art. 1.755 o seguinte acórdão: TJSP, AI n. 0023545-85.2012.8.26.0000/Suzano, 1ª Câm. de Dir. Priv., rel. Alcides Leopoldo e Silva Jr., j. 05.06.2012.

Apelação cível. Ação de destituição/substituição de curador. Prestação de contas. Obrigatoriedade. Ordem contida nos arts. 1.775, 1.774 e 1.781 do CC. Os curadores são obrigados a prestar contas de sua administração. Dicção dos arts. 1.755, 1.774 e 1.781 do CC. Recurso não provido. (TJMG, Ap. Cível n. 1.0024.08.216778-4/001(1), rel. Des. Heloisa Combat, j. 12.08.2010)

Embargos infringentes. Previdência pública. Habilitação de pensão. Curatelado que vivia sob responsabilidade de segurado. Possibilidade no caso concreto. Comprovação da dependência econômica e de sua continuidade mesmo após o falecimento do segurado. Observância do disposto no ECA e no CC. Precedentes deste tribunal. Demonstrada a dependência econômica do curatelado, inicialmente, do segurado e, com sua morte, de sua viúva e pensionista, bem como a continuidade desta dependência financeira de seus protetores, tem este direito ao recebimento da pensão, ainda que não pleiteada logo após a morte do segurado. Ademais, solução do caso concreto deve ser buscada no ordenamento jurídico, pois o direito não se esgota, tampouco se resume à lei. Nessa linha de raciocínio, não é, efetivamente, possível que prevaleça o argumento da Autarquia no sentido de que inexiste amparo legal para o pleito do autor, mormente se observado o disposto no art. 33, § 3º, do ECA combinado com o art. 1.781 do CC/2002, que equipara a curatela à tutela. Desse modo, enquadra-se o embargado no art. 9º, III, da Lei Estadual n. 7.672/82, como curatelado, independente da validade, ou não, do art. 3º do Decreto Estadual n. 41.989/2002, uma vez que o CC/2002 determina a aplicação das regras pertinentes à tutela à curatela, consoante o art. 1.781, tendo-se em conta, inclusive, o art. 1.740, do mesmo Código. Embargos infringentes desacolhidos, por maioria. (TJRS, Emb. Infring. n. 70.029.842.796, 1º Grupo de Câmaras Cíveis, rel. Des. Arno Werlang, j. 12.03.2010)

Família. Curatela. Remoção de curadora. Interditada idosa e doente mental. Negligência evidenciada. Mostra-se necessária a remoção da curadora se, comprovadamente, não exerceu o encargo público de zelar pela pessoa da interditada, idosa com 77 anos de idade, deixando de cuidar de sua saúde e bem-estar ao mantê-la confinada em local impróprio, sem as mínimas condições de higiene e em situação de risco, porquanto sofria constantes surtos psicóticos. Não basta administrar o auxílio previdenciário percebido pela interditada sem prestar as devidas contas e sem atender as necessidades básicas da mãe, ainda que dentro de suas limitadas possibilidades. Apelação desprovida (TJRS, Ap. Cível n. 70.030.348.809, 7ª Câm. Cível, rel. José Conrado de Souza Júnior, *DJ* 29.09.2009). (*RBDFS* 12/160)

Apelação cível. Ação de substituição de curadora. Sentença que julgou a ação improcedente. Inconformismo. Apelante pretende ser curadora de seu companheiro interditado para regularizar uma situação de fato, removendo-se a curatela atualmente exercida pela irmã do incapaz. Desacolhimento. Inocorrência de qualquer das hipóteses legais a autorizar a remoção e substituição pretendidas. Inteligência dos arts. 1.767 e 1.781 CC. Sentença mantida. Negado provimento ao recurso. (TJSP, Ap. Cível c/ Rev. n. 6.028.434.000/Buritama, 9ª Câm. de Dir. Priv., rel. Viviani Nicolau, j. 12.05.2009)

Veja no art. 1.749 os seguintes acórdãos: TJMG, Ap. Cível n. 1.0223.08.247429-5/001, 6ª Câm. Cível, rel. Antônio Sérvulo, *DJ* 30.01.2009, *RBDFS* 11/163; e TJRS, Ap. Cível n. 70.006.752.950, rel. Des. Ana Lúcia Carvalho Pinto Vieira, j. 23.10.2003.

Apelação cível. Família. Interdição. Ação de destituição de curador. Preliminar de desconstituição da sentença por cerceamento de defesa rejeitada. Exercício de curatela insatisfatório à manutenção de vida digna do curatelado. Não apontando a recorrente qual prova foi impedida de produzir e não constituindo suas razões motivo para desconsiderar toda a prova carreada aos autos, que demonstram que a curadora não exerceu o encargo com zelo e de forma satisfatória, desacolhe-se a preliminar. Demonstrado nos autos que a apelante não exerceu de maneira satisfatória a curatela do irmão, que vive em estado de miserabilidade e falta de higiene, recebendo tão somente alimentos remetidos pela curadora uma vez por mês, impõe-se a destituição da apelante do encargo de curadora. Apelo não provido. (TJRS, Ap. Cível n. 70.024.288.318, 8ª Câm. Cível, rel. Alzir Felippe Schmitz, j. 28.08.2008)

Apelação cível. Interdição. Exercício da curatela. Mantém-se a filha do interditando como curadora dele, ainda que ele resida e esteja sob os cuidados diários da sedizente companheira, se essa é a situação que melhor atende aos interesses do incapaz, conforme demonstrado nos autos. Apelação desprovida. (TJRS, Ap. Cível n. 70.024.273.401, 8ª Câm. Cível, rel. José Ataídes Siqueira Trindade, j. 31.07.2008)

Veja no art. 1.754 o seguinte acórdão: TJSP, AI n. 1.156.507.005/Indaiatuba, 25ª Câm. de Dir. Priv., rel. Ricardo Pessoa de Mello Belli, j. 19.02.2008.

Agravo de instrumento. Previdenciário. Ipergs. Ação de revisão de pensão. Beneficiário curatelado. A propositura de ação pelo curador depende de autorização prévia do juiz, conforme dispõem os arts. 1.748, V, e 1.781

ambos do CC/2002. Agravo desprovido. (TJRS, AI n. 70.007.797.335, 21ª Câm. Cível, rel. Des. Marco Aurélio Heinz, j. 10.11.2004)

Veja no art. 1.733 o seguinte acórdão: TJDF, Ap. Cível n. 2.002.01.1.035.984-0, rel. Des. Sérgio Bittencourt, j. 23.06.2003.

Veja no art. 1.774 o seguinte acórdão: TJSP, Ap. Cível n. 246.469-4/9-00, rel. Des. Alfredo Migliore, j. 13.05.2003.

Veja no art. 1.748 os seguintes acórdãos: STJ, REsp n. 258.087/RJ, rel. Min. Fernando Gonçalves, j. 26.03.2002, *DJU* 22.04.2002; e *JTJ* 174/32.

**Art. 1.782. A interdição do pródigo só o privará de, sem curador, emprestar, transigir, dar quitação, alienar, hipotecar, demandar ou ser demandado, e praticar, em geral, os atos que não sejam de mera administração.**

Como já ressaltado em comentários aos arts. 4º, IV, e 1.767, V, deste Código, considera-se pródigo o relativamente incapaz que de forma desordenada desbarata sua fortuna, com risco de reduzir-se à miséria. A prodigalidade pressupõe habitualidade nas dissipações, vida desregrada, gastos imoderados, pendor irresistível para consumir o que possui. A prodigalidade só deve ser decretada em casos muito excepcionais. Os pedidos de interdição, nela fundados, escondem, algumas vezes, intuitos egoísticos e ambiciosos, tendo em mira coibir a perda de um patrimônio, cuja posse se espera, baseada na qualidade de herdeiro (MONTEIRO, Washington de Barros. *Curso de direito civil* – direito de família. São Paulo, Saraiva, 1994, v. II).

A interdição por prodigalidade tem, destarte, além de sua finalidade precípua de proteger os interesses do incapaz e mesmo da sociedade, natureza patrimonial, quando visa a preservar interesses materiais da família do pródigo, quando este a possui (cônjuge, companheiro, pais, filhos, herdeiros). Exatamente por essa razão, o legislador proibiu ao pródigo praticar sozinho atos possíveis de gerar consequências de ordem patrimonial, pois fora da esfera patrimonial, o pródigo não detém qualquer incapacidade de discernimento e incompreensão para a prática dos atos da vida civil. O pródigo não poderá, portanto, sem a companhia do curador, emprestar, transigir, dar quitação, alienar, hipotecar, demandar ou ser demandado, além de não poder praticar outros atos que não sejam de mera administração.

Serão considerados anuláveis os negócios jurídicos ou atos praticados pelo pródigo sem assistência do curador, quando a lei expressamente exigir participação deste. O ato praticado pessoal e isoladamente pelo pródigo poderá ser convalidado ou ratificado posteriormente por seu curador. Já o contrato celebrado pelo incapaz antes da interdição importa nulidade relativa.

**Jurisprudência:** Apelação cível. Ação de interdição e curatela. Deficiência mental. Incapacidade parcial. Curatela parcial. Em atenção ao princípio da dignidade da pessoa humana e dos diferentes graus de discernimento e inaptidão mental, a curatela admite graduações gerando efeitos distintos a depender do nível de consciência do interditando, consoante dispõe a parte final do art. 1.780 do CC. Demonstrado nos autos que a incapacidade do curatelado se restringe à prática de atos patrimoniais, deve ser deferida a curatela provisória, sem interdição, com as mesmas restrições previstas para os pródigos (art. 1.782 do CC). (TJMG, Ap. Cível n. 10569130022027001, 6ª Câm. Cível, rel. Yeda Athias, j. 30.06.2015, *DJe* 10.07.2015)

Agravo de instrumento. Interdição. Liminar deferida pelo juízo de origem que nomeou curador provisório, ficando vedadas, sem autorização judicial, a prática dos atos previstos nos arts. 1.772 e 1.782 do CC. A medida visa tão somente a proteção do próprio agravante interditado, em decorrência de seu suposto estado de saúde. Decisão que poderá ser afastada após a realização da perícia e interrogatório. Agravo desprovido. (TJSP, AI n. 2037032-54.2013.8.26.0000/Mogi-Mirim, 8ª Câm. de Dir. Priv., rel. Silvério da Silva, j. 30.09.2014)

Interdição. Antecipação de tutela. Curatela deferida exclusivamente para os atos de disposição de patrimônio. Insurgência. Pretensão de que seja a curatela ampliada nos termos do art. 1.782 do CC. Decisão acertada que merece ser mantida, no momento, e que poderá ser alterada com a vinda do laudo pericial. Recurso improvido. (TJSP, AI n. 0158126-03.2013.8.26.0000/São Joaquim da Barra, 4ª Câm. de Dir. Priv., rel. Fábio Quadros, *DJe* 01.11.2013, p. 1.152)

Interdição. Ação ajuizada pela genitora em face de sua filha. Perícia médica conclusiva no sentido de ser a ré portadora de retardo mental moderado. Ação julgada procedente. Declaração de incapacidade parcial da ré de exercer pessoalmente os atos da vida civil. Nomeação da requerente como curadora. Necessidade de estabelecer os limites da curatela que compete ao Juiz, observado o disposto no art. 1.782 do CC. Apelo provido para esse fim. (TJSP, Ap. 0120273-04.2006.8.26.0000/Piracicaba, 2ª Câm. de Dir. Priv., rel. José Carlos Ferreira Alves, j. 22.11.2011)

Apelação cível. Interdição. Sentença de procedência parcial. Conclusão da perícia judicial foi que diante do estado psicopatológico, o interditando é parcial e temporariamente incapaz de gerir sua vida e administrar seus bens, bem como sugeriu a psicoterapia associada ao tratamento farmacológico e reavaliação com 18 meses. Presença de forte indicativo de que o interditando padece de incapacidade parcial para gerir o seu patrimônio, encontrando dificuldade para cuidar adequadamente de seus bens. Medida protetiva, nos limites impostos, ostenta-se adequada e recomendável. Prova induvidosa da parcial capacidade do interditando o qual deverá suportar as restrições a que alude o art. 1.782 do CC, para a prática sem a presença de curador, ficando confirmada para o exercício da curatela, para tais atos, a esposa, já nomeada provisoriamente e compromissada. Recurso improvido. (TJSP, Ap. Cível c/ Rev. n. 5.123.134.100/São José do Rio Preto, 5ª Câm. de Dir. Priv., rel. Oldemar Azevedo, j. 20.05.2009)

Interdição. Agravo de instrumento. Decisão que limitou a curatela provisória anteriormente deferida (art. 1.782, CC), autorizando aos interditandos a gestão de seus vencimentos. Adequação da medida. Ausência de risco de comprometimento patrimonial. Recurso desprovido. (TJSP, AI n. 5.514.554.400/São Paulo, 9ª Câm. de Dir. Priv., rel. Piva Rodrigues, j. 03.02.2009)

Agravo de instrumento. Interdição. Verossimilhança das alegações que autoriza decreto de interdição provisória. Prodigalidade aferível pelo descontrole financeiro da interditanda. A situação financeira a que chegou a interditanda, com dívidas na rede bancária, nome inscrito em órgão de proteção ao crédito, a despeito dos expressivos rendimentos mensais que aufere, somada à própria concordância com a interdição, autoriza o decreto de interdição provisória, limitada a atos de disposição patrimonial. Deram provimento. Unânime. (TJRS, AI n. 70.020.733.218, 7ª Câm. Cível, rel. Luiz Felipe Brasil Santos, j. 12.09.2007)

Família e processual civil. Cautelar Inominada. Interdição, deferimento provisório. Prodigalidade, restrição de indisponibilização restrita aos bens imóveis (CC/2002, art. 1.782). Pretensão de restabelecer, com a cautelar, a extensão dada na decisão liminar proferida em agravo de instrumento. Modificação pela Câmara, por via transversa, de sua própria decisão. Pedido juridicamente impossível, falta de condições da ação. Inicial indeferida, decisão mantida. Agravo regimental desprovido. (TJRS, Ag. Reg. n. 70.019.417.229, 8ª Câm. Cível, rel. Des. Luiz Ari Azambuja Ramos, j. 03.05.2007)

Família. Processo de interdição. Tutela antecipada, interdição provisória. Alcance da medida restritiva, não incidência sobre todos os atos da vida civil. Prodigalidade, restrições em proteção à pessoa e aos bens do interditando. Limitação dentro do alcance do art. 1.782 do CC/2002. Vedação de o interditando, sem curador, praticar atos que comprometam a higidez de seu patrimônio, exceto os de mera administração de seus bens. Agravo parcialmente provido. (TJRS, Ag. Reg. n. 70.018.193.474, 8ª Câm. Cível, rel. Des. Luiz Ari Azambuja Ramos, j. 29.03.2007)

Agravo de instrumento e regimental. Efeito suspensivo. Não conhecimento. Interdição provisória. Acautelamento justificado. Não cabe agravo regimental contra provimento que concede ou nega efeito suspensivo ao agravo. Possível, na suspeita de prodigalidade, a interdição provisória, com o objetivo de o requerido ser assistido em seus negócios, até o final do procedimento, quando se apresenta risco de, no correr do feito, haver prática de ato de dilapidamento patrimonial. (TJMG, Proc. n. 1.0137.03.900004-7/001(1), rel. Ernane Fidelis, j. 09.03.2004)

---

**Art. 1.783. Quando o curador for o cônjuge e o regime de bens do casamento for de comunhão universal, não será obrigado à prestação de contas, salvo determinação judicial.**

---

Por força do disposto nos arts. 1.774 e 1.781, já comentados, tem o curador a obrigação de prestar contas do exercício de sua curatela, assim como o faz o tutor (*v.* comentários aos arts. 1.755 e 1.757). O legislador autorizou, no caso de ser o cônjuge curador do outro e tendo o casamento sido realizado sob o regime da comunhão universal de bens, ficar desobrigado de prestar contas relativas ao encargo assumido. A permissão, restrita a esse regime, decorre, inicialmente, do fato de se estar diante de uma curatela legítima ou de direito (*v.* comentário ao art. 1.775), na qual se presume confiabilidade e amor familiar; e, depois, exatamente em razão do regime adotado pelos cônjuges, por haver um interesse comum de que o patrimônio comunicado, presente e futuro, seja preservado.

Não há motivo plausível que justifique a não aplicação do presente dispositivo legal à união estável, quando os companheiros, autorizados pelo disposto no art. 1.725 (*v.* comentário), adotarem, por contrato escrito, o regime da comunhão universal de bens em suas relações patrimoniais. O mesmo tratamento deve, pois, ser conferido ao companheiro quando este for curador do outro, por razão de isonomia. A lei põe a salvo a possibilidade de determinar o juiz prestação de contas pelo curador mesmo nesta hipótese específica em que autoriza sua dispensa, desde que os interesses do interdito e da sociedade exigirem.

**Jurisprudência:** Agravo de instrumento. Curatela. Decisão que indeferiu o levantamento da totalidade do produto da venda do imóvel. Inconformismo. Rejeição. Possibilidade de levantamento pontual de valores com a devida justificação. Proteção dos interesses patrimoniais indisponíveis do interditando. Inteligência dos arts. 1.753, 1.781 e 1783, todos do CC. Decisão mantida. Negaram provimento ao recurso. (TJSP, AI n. 2028634-35.2024.8.26.0000/Taubaté, 8ª Câm. de Dir. Priv., rel. Alexandre Coelho, j. 29.05.2024, *DJ* 29.05.2024)

Curatela. Insurgência contra a ordem de prestação de contas por parte da curadora. Afastamento. Necessidade. Nomeada que é cônjuge do curatelado desde o ano de 1971, cujo casamento foi celebrado sob o regime de comunhão universal de bens. Regra do encargo de prestar contas que se encontra na exceção do art. 1.783 do CC, estando ausente situação que justifique a exigência. Recurso provido. (TJSP, AI n. 20295795620238260000/Jundiaí, 2ª Câm. de Dir. Priv., rel. Alvaro Passos, j. 31.05.2023, *DJ* 31.05.2023)

Apelação cível. Procedimento de curatela. Obrigação de prestação de contas. Curadora casada com o curatelado sob o regime da comunhão universal de bens. Art. 1.783 do CC. Dispensa da prestação de contas. Recurso provido. Sentença parcialmente reformada. Considerando que a curadora é casada com o curatelado sob o regime da comunhão universal de bens, e, não havendo indícios de desvio do patrimônio administrado, deve a curadora ser dispensada da obrigação de prestação de contas, conforme determina o art. 1.783 do CC. (TJMG, Ap. Cível n. 1.0000.20.058891-1/001, rel. Des. Yeda Athias, j. 01.09.2020, *DJe* 09.09.2020)

Apelação cível. Ação de interdição. Curatela. Dispensa de prestação de contas. Regime de comunhão universal de bens. Possibilidade. Inteligência do art. 1.783 do CC. Recurso provido. A prestação de contas visa apurar a existência de crédito ou débito e pode sempre ser exigida de quem administra bem de outra pessoa, como é o caso de quem exerce a curatela de pessoa interditada. Nos termos do art. 1.783 do CC, é possível deferir a dispensa da prestação de contas periódica quando o curador é casado com a pessoa interditada e o regime do casamento é o da comunhão universal de bens. Recurso provido. (TJMG, Ap. Cível n. 10000190676650001, rel. Ângela de Lourdes Rodrigues, j. 24.09.2019, *DJe* 02.10.2019)

Recurso especial. Curatela. Cônjuge. Regime da comunhão absoluta de bens. Ausência do dever de prestar contas, salvo em havendo indícios de malversação ou em se tratando de bens incomunicáveis. 1. A curatela é o encargo imposto a alguém para reger e proteger a pessoa que, por causa transitória ou permanente, não possa exprimir a sua vontade, administrando os seus bens. O curador deverá ter sempre em conta a natureza assistencial e o viés de inclusão da pessoa curatelada, permitindo que ela tenha certa autonomia e liberdade, mantendo seu direito à convivência familiar e comunitária, sem jamais deixá-la às margens da sociedade. 2. Escolhido o curador ("a curatela deve ser atribuída a quem melhor possa atender aos interesses do curatelado" – CPC/15, art. 755, § 1º), assim como na tutela, deverá haver a prestação de contas de sua administração, haja vista estar ele na posse de bens do incapaz (CC, arts. 1.755, 1.774 e 1.781). 3. No entanto, o próprio CC previu uma exceção ao estabelecer que o curador não será obrigado à prestação de contas quando for o cônjuge e o regime de bens do casamento for de comunhão universal, salvo se houver determinação judicial (art. 1.783). 4. O magistrado poderá (deverá) decretar a prestação de contas pelo cônjuge curador, resguardando o interesse prevalente do curatelado e a proteção especial do interdito quando: a) houver qualquer indício ou dúvida de malversação dos bens do incapaz, com a periclitação de prejuízo ou desvio de seu patrimônio, no caso de bens comuns; e b) se tratar de bens incomunicáveis, excluídos da comunhão, ressalvadas situações excepcionais. 5. Recurso especial não provido. (STJ, REsp n. 1.515.701/RS, 4ª T., rel. Min. Luis Felipe Salomão, j. 02.10.2018, *DJe* 30.10.2018)

Agravo de instrumento. Interdição. Curatela. Cônjuge casado pelo regime de comunhão universal de bens há 38 anos. Movimentação livre das contas bancárias do interditando. Possibilidade, independentemente da prestação de contas. Inteligência do art. 1.783 CC. Recurso provido. (TJSP, AI n. 21883375120148260000/SP, 4ª Câm. de Dir. Priv., rel. Milton Carvalho, j. 29.01.2015, *DJ* 04.02.2015)

Interdição. Esposa nomeada curadora. Partes casadas em regime de comunhão universal de bens. Insurgência, nos limites do apelo, quanto à exigência de prestação de contas anual. Incidência do art. 1.783 do CC.

Ausência de motivo a justificar a necessidade da obrigação imposta à curadora. Sentença parcialmente reformada. Recurso provido. (TJSP, Ap. n. 0002488-45.2012.8.26.0506/Ribeirão Preto, 10ª Câm. de Dir. Priv., rel. Elcio Trujillo, *DJe* 17.07.2014, p. 1.456)

Veja no art. 1.781 a seguinte decisão: TJRS, Ag. Int. n. 70.060.324.126, 7ª Câm. Cível, rel. Des. Liselena Schifino Robles Ribeiro, j. 02.07.2014.

Curatela de interdita por seu marido, com quem é casada sob o regime da comunhão universal de bens há 36 anos. Curador a respeito de cuja idoneidade nada se alega. Necessidade de recursos para tratamento da esposa interdita. Desnecessidade de prestação de contas (CC, art. 1.783). Decisão, que determinou o depósito da metade do produto de venda de bens, reformada. Agravo de instrumento provido. (TJSP, AI n. 0253274-75.2012.8.26.0000/São Paulo, 10ª Câm. de Dir. Priv., rel. Cesar Ciampolini, *DJe* 18.12.2013, p. 1.753)

Apelação cível. Interdição e curatela. Dispensa de prestação de contas pelo curador. Art. 1.783 do CC. Sendo o curador da interditanda casado, sob regime da comunhão universal de bens, a imposição de prestação de contas anual da curatela é medida excepcional, que deve ser fundamentada. Inteligência do art. 1.783 do CC. Caso em que não se justifica a imposição de prestação de contas pelo curador. Deram provimento. (TJRS, Ap. Cível n. 70.054.269.154, 8ª Câm. Cível, rel. Rui Portanova, j. 27.06.2013, *DJ* 01.07.2013)

Inventário. Herdeiro interditado representado por sua esposa e curadora. Casamento sob o regime da comunhão universal de bens. Prestação de contas. Desnecessidade. Aplicação do art. 1.783 do CC vigente. Decisão reformada. Recurso provido. (TJSP, AI n. 0064316-08.2012.8.26.0000, 6ª Câm. de Dir. Priv., rel. Fortes Barbosa, j. 04.10.2012, *DJ* 06.10.2012)

Agravo de instrumento. Interdição. Curatela. Regime de comunhão universal de bens. Movimentação livre das contas bancárias do interditando. Possibilidade. Aplicação da regra do art. 1.783 do CC. Decisão reformada. Recurso provido. (TJSP, AI n. 0110274-17.2012.8.26.0000, 4ª Câm. de Dir. Priv., rel. Milton Carvalho, j. 16.08.2012, *DJ* 23.08.2012)

Apelação cível. Interdição. Alcoolismo. Incapacidade total. Prestação de contas. Esposa casada sob regime de comunhão universal de bens. Desnecessidade. A desnecessidade de prestação de contas encontra esteio no art. 1.783 do CC [...]. Tratando-se de pessoa cuja capacidade mental encontra-se comprometida em razão do alcoolismo que, conforme demonstra a prova dos autos, não encontra condições de reger, não só o patrimônio, mas a própria pessoa, imperiosa a interdição total. Afinal, o instituto da interdição tem caráter protetivo da pessoa, não só do patrimônio. Primeiro apelo não provido e segundo apelo provido. (TJRS, Ap. Cível n. 70.033.020.793, 8ª Câm. Cível, rel. Des. Alzir Felippe Schmitz, j. 11.03.2010)

Interdição. Prestação de contas. Dispensa. Esposa nomeada curadora. Casamento pelo regime da comunhão universal de bens (art. 1.783, CC). Inexistência de justificativa contrária. Neto que postulava curatela do avô. Sucumbência recíproca. Recurso do requerente desprovido, na parte não prejudicada, provido o da curadora. (TJSP, Ap. Cível c/ Rev. n. 5.370.554.600/São Paulo, 1ª Câm. de Dir. Priv., rel. Vicentini Barroso, j. 13.10.2009)

Interdição. Dispensa da prestação de contas. Partes casadas, pelo regime da comunhão universal de bens, desde 1945. Marido nomeado curador. Circunstância que lhe confere notória idoneidade, dispensando-o de caução (art. 1.745, parágrafo único, do CC), mesmo porque são comuns todos os bens do patrimônio do casal. Também não deve o marido ser obrigado à prestação de contas, pelo mesmo motivo do regime da comunhão universal (art. 1.783 do CC). Recurso provido. (TJSP, Ap. Cível c/ Rev. n. 6.430.634.000/São Paulo, rel. Paulo Eduardo Razuk, 1ª Câm. de Dir. Priv., rel. Paulo Eduardo Razuk, j. 16.06.2009)

Agravo de instrumento. Interdição. Prestação de contas. Curatela. Regime de comunhão universal de bens. Especialização de hipoteca legal. Dispensa. O cônjuge-curador, casado pelo regime da comunhão universal de bens, não será obrigado ao múnus de prestar as contas, estas somente serão necessárias se houver razão que faça pressupor atos de desvio do patrimônio do casal. Nos termos do art. 1.190, a hipoteca legal pode ser dispensada, se o curador for de reconhecida idoneidade. (TJMG, Proc. n. 1.0395.07.017087-7/001(1), rel. Dárcio Lopardi Mendes, j. 13.03.2008)

Direito de família. Direito processual civil. Interdição. Prestação de contas. Curadora. Comunhão universal de bens. Ausência de obrigatoriedade. Determinação de hipoteca legal. Presunção de idoneidade da curadora nomeada. Possibilidade de dispensa. A prestação de contas feita por cônjuge-curador casado sob regime de comunhão universal só é necessária quando houver razão que faça pressupor atos de desvio de bens do patrimônio do casal, o que não se verifica nos autos. A hipoteca legal pode ser dispensada pelo juiz, se o curador for de reconhecida idoneidade. (TJMG, Proc. n. 1.0024.04.357630-5/001(1), rel. Moreira Diniz, j. 28.09.2006)

Interdição. Curatela provisória. Hipoteca legal. É de dispensar-se a especialização em hipoteca legal quando a curadora provisória é esposa do interditando há mais de 40 anos pelo regime da comunhão universal de bens e nada há a comprometer a sua idoneidade moral. Agravo provido. (TJRS, AI n. 70.008.995.334, 7ª Câm. Cível, rel. Maria Berenice Dias, j. 18.08.2004)

## CAPÍTULO III
## DA TOMADA DE DECISÃO APOIADA

Capítulo acrescentado pela Lei n. 13.146, de 06.07.2015.

**Art. 1.783-A. A tomada de decisão apoiada é o processo pelo qual a pessoa com deficiência elege pelo menos 2 (duas) pessoas idôneas, com as quais mantenha vínculos e que gozem de sua confiança, para prestar-lhe apoio na tomada de decisão sobre atos da vida civil, fornecendo-lhes os elementos e informações necessários para que possa exercer sua capacidade.**

Artigo acrescentado pela Lei n. 13.146, de 06.07.2015.

**§ 1º Para formular pedido de tomada de decisão apoiada, a pessoa com deficiência e os apoiadores devem apresentar termo em que constem os limites do apoio a ser oferecido e os compromissos dos apoiadores, inclusive o prazo de vigência do acordo e o respeito à vontade, aos direitos e aos interesses da pessoa que devem apoiar.**

**§ 2º O pedido de tomada de decisão apoiada será requerido pela pessoa a ser apoiada, com indicação expressa das pessoas aptas a prestarem o apoio previsto no *caput* deste artigo.**

**§ 3º Antes de se pronunciar sobre o pedido de tomada de decisão apoiada, o juiz, assistido por equipe multidisciplinar, após oitiva do Ministério Público, ouvirá pessoalmente o requerente e as pessoas que lhe prestarão apoio.**

**§ 4º A decisão tomada por pessoa apoiada terá validade e efeitos sobre terceiros, sem restrições, desde que esteja inserida nos limites do apoio acordado.**

**§ 5º Terceiro com quem a pessoa apoiada mantenha relação negocial pode solicitar que os apoiadores contra-assinem o contrato ou acordo, especificando, por escrito, sua função em relação ao apoiado.**

**§ 6º Em caso de negócio jurídico que possa trazer risco ou prejuízo relevante, havendo divergência de opiniões entre a pessoa apoiada e um dos apoiadores, deverá o juiz, ouvido o Ministério Público, decidir sobre a questão.**

**§ 7º Se o apoiador agir com negligência, exercer pressão indevida ou não adimplir as obrigações assumidas, poderá a pessoa apoiada ou qualquer pessoa apresentar denúncia ao Ministério Público ou ao juiz.**

**§ 8º Se procedente a denúncia, o juiz destituirá o apoiador e nomeará, ouvida a pessoa apoiada e se for de seu interesse, outra pessoa para prestação de apoio.**

**§ 9º A pessoa apoiada pode, a qualquer tempo, solicitar o término de acordo firmado em processo de tomada de decisão apoiada.**

**§ 10. O apoiador pode solicitar ao juiz a exclusão de sua participação do processo de tomada de decisão apoiada, sendo seu desligamento condicionado à manifestação do juiz sobre a matéria.**

**§ 11. Aplicam-se à tomada de decisão apoiada, no que couber, as disposições referentes à prestação de contas na curatela.**

Como já salientado, o Estatuto da Pessoa com Deficiência (Lei n. 13.146/2015) alterou sobremaneira o CC. Entre outras disposições, acrescentou o art. 1.783-A que cria um novo modelo jurídico denominado tomada de decisão apoiada. Trata-se de um procedimento judicial, em que o deficiente elege duas pessoas idôneas e de sua confiança, reduzindo a termo os limites do apoio a ser oferecido e os compromissos dos apoiadores, além do prazo de vigência da nomeação e o respeito à vontade, aos direitos e aos interesses do apoiado. Coexistente e concorrente à curatela, que é vinculada ao campo patrimonial, o novo instituto permitirá que a pessoa com deficiência mantenha a autonomia para atuar, sem restrição de sua capacidade de fato, contando com o auxílio dos apoiadores, legitimados judicialmente a apoiá-la. Ainda que não seja substituta da curatela, é provável que a tomada de decisão apoiada, aos poucos, seja mais aplicada que aquela para permitir ao deficiente que retome sua capacidade de fato, agindo com o auxílio dos dois apoiadores. A tomada de decisão apoiada foi criada em prol da pessoa com deficiência que possua limitações no exercício do autogoverno, mas mantenha de forma precária a aptidão de se expressar e de se fazer compreender. Dessa maneira, sua capacidade civil é preservada. Este instituto é indicado para o deficiente que está na posição intermediária entre as pessoas normais – nos aspectos físico, sensorial e psíquico – e aquelas pessoas com deficiência qualificada pela impossibilidade de expressão, que serão submetidas à curatela e consideradas relativamente incapazes. A curatela, por sua vez, como já afirmado em comentário ao art. 1.767, é medida protetiva da pessoa e dos bens daqueles que, pela falta de autodeterminação, apresentam carência de discernimento para o exercício de direitos e obrigações. É uma medida ligada ao campo patrimonial e aplicada às situações em que o deficiente tem limitação em sua capacidade de agir e decidir. A "administração apoiada" é uma figura mais flexível que a curatela, pois preserva a capacidade do deficiente, que permanece como protagonista da ação, sem restrição aos seus anseios. Tem por objetivo resguardar a liberdade e a dignidade da pessoa com deficiência, fornecendo qualidade de vida ao apoiado que, via de consequência, conservará sua autodeterminação nos atos cotidianos que não estejam relacionados no termo. Os apoiadores, por seu turno, deverão seguir fielmente o termo lavrado em juízo, dando suporte ao deficiente visando suas reais e concretas necessidades e aspirações. Na Itália, a introdução no Código Civil em 2004 do administrador de apoio representou uma revolução institucional, e sua aplicação teve um excelente resultado, relegando a curatela a um espaço residual. A tomada de decisão apoiada suprirá a lacuna existente entre as pessoas com plena capacidade de autodeterminação e aquelas com impossibilidade de autogoverno. O novo instituto terá lugar nas inúmeras situações em que indivíduos que apresentem alguma deficiência (sensorial, física ou psíquica) ainda preservem a disposição de manifestar sua vontade, mesmo que de forma precária. O Estatuto da Pessoa com Deficiência traz esta importante inovação ao ordenamento jurídico brasileiro, consolidando a Convenção das Nações Unidas sobre os Direitos das Pessoas com Deficiência. Repise-se que a experiência demonstrará que, aos poucos, será mais aplicada que a curatela, em razão de seu caráter protetivo, e, simultaneamente, preservador da capacidade de fato da pessoa portadora de deficiência que, agindo por meio de auxiliares (apoiadores), terá mantido seu lugar na sociedade, sem qualquer estigma.

O § 1º do dispositivo estabelece os requisitos do termo a ser assinado pelo deficiente e seus apoiadores, definindo limites, prazo de vigência do acordo e o respeito à vontade, direitos e interesses do apoiado. Os apoiadores deverão cumprir fielmente o encargo que lhes foi confiado, nos termos do documento homologado judicialmente. Este escrito poderá ser apresentado em juízo por instrumento público ou particular.

A lei prevê (§ 2º) a legitimidade da pessoa com deficiência para formular o pedido de tomada de decisão apoiada e iniciar o processo, respeitando a capacidade de agir da pessoa vulnerável. De outra sorte, no caso de a pessoa a ser apoiada ser interditada, o curador, ou um familiar daquele ou, até mesmo, o Ministério Público, poderão assinar o requerimento.

O novo instituto requer um processo judicial célere, observando-se as determinações do § 3º do art. 1.783-A. Assim, caberá ao juiz ouvir o promotor de justiça e a pessoa que pleiteia o apoio, verificando se o termo apresentado se coaduna com os seus reais interesses e necessidades. Equipe multidisciplinar dará o suporte técnico adequado ao magistrado que verificará a idoneidade dos apoiadores e poderá limitar ou estender os efeitos do termo da tomada de decisão apoiada, visando à proteção dos interesses da pessoa com deficiência.

Segundo dispõe o § 4º, a decisão tomada por pessoa apoiada terá validade e efeitos sobre terceiros, sem restrições, desde que esteja inserida nos limites do apoio acordado. Os apoiadores poderão pleitear a invalidação dos atos praticados pelo apoiado, em desobediência às disposições contidas no termo homologado com os limites do apoio e que causaram algum prejuízo à pessoa da pessoa com deficiência.

O legislador ainda pretendeu dar segurança jurídica aos terceiros que manterão relações com a pessoa deficiente apoiada, podendo solicitar que os apoiadores contra-assinem o contrato ou acordo (§ 5º). Contudo, omitiu a necessidade de averbação da tomada de decisão apoiada no Registro Civil de Pessoas Naturais, providência que se impõe para a devida publicidade do ato, preservando o interesse do apoiado e de terceiros.

O apoiador com boa-fé atuará para dar proteção, cooperação e informação ao apoiado. No caso de divergência de opiniões entre ele e o beneficiário do apoio, caberá ao magistrado, após ouvir o Ministério Público, decidir sobre a questão, na forma do disposto no § 6º do artigo.

Os apoiadores, consoante já afirmado, deverão agir dentro dos limites estritos do termo homologado judicialmente, visando, sempre, a proteção e informação à pessoa deficiente. Caso seja observada atitude dissociada da natureza do instituto, em prejuízo ao beneficiário do apoio, os atos praticados serão invalidados pelo juiz, após a oitiva do Ministério Público (§ 7º).

A denúncia de conduta reprovável do apoiador feita ao Judiciário pelo próprio apoiado ou por qualquer outra pessoa, sendo comprovada e julgada procedente pelo magistrado, levará à destituição do encargo de apoiador. Nesse caso, o juiz nomeará outro apoiador, após ouvir a pessoa apoiada e verificar a idoneidade do novo indicado (§ 8º).

Ainda em respeito à ideia de que a pessoa deficiente mantém sua capacidade de fato, o legislador autoriza (§ 9º) o apoiado a requerer ao juiz, a qualquer tempo, o fim do acordo de tomada de decisão apoiada. O apoiador, por seu turno, pode requerer ao juiz sua exclusão do encargo, que verificará o caso para pronunciar-se acerca do desligamento, segundo determina o disposto no § 10 do artigo.

Por fim, reporta-se o legislador às disposições referentes à prestação de contas na curatela, para aplicá-las, no que couber, à tomada de decisão apoiada (§ 11).

**Jurisprudência:** Agravo de instrumento. Pedido de homologação de termo de decisão apoiada interposto pelo agravante. Decisão que determinou a emenda da petição inicial, para formulação de pedido de declaração da incapacidade relativa e da constituição das apoiadoras como curadoras do autor. Insurgência do requerente. Cabimento, na parte conhecida. Tutela de urgência pretendida na inicial que não foi apreciada. Recurso não conhecido nesse ponto. Laudo pericial emitido na ação previdenciária que concluiu pela incapacidade intermediária, compatível com o disposto no art. 1.783-A, do CC. Possibilidade de prosseguimento da ação, sem a necessidade de aditamento da petição inicial. Agravo parcialmente conhecido e, na parte conhecida, provido. (TJSP, AI n. 21730457420248260000/Franca, 7ª Câm. de Dir. Priv., rel. Miguel Brandi, j. 11.09.2024, *DJ* 11.09.2024)

Apelação. Família. Ação de curatela. Nulidade da sentença. Recursos da autora e do Ministério Público. 1. "A concessão de providência jurisdicional diversa da requerida inicialmente, em afronta aos limites objetivos da pretensão, caracteriza o julgamento *extra petita*" (STJ, REsp n. 2.093.810/MT, 4ª T., rel. Min, João Otávio de Noronha, j. 17.10.2023, *DJe* 19.10.2023). Sentença proferida fora dos limites da postulação deduzida na petição inicial, porquanto não se formulou pedido de tomada de decisão apoiada, tampouco houve alteração do rito para atender ao disposto no art. 1.783-A do CC. 2. Distinção entre curatela e tomada de decisão apoiada (arts. 84 da Lei n. 13.146/2015 – Estatuto da Pessoa com Deficiência – e 1.783-A do CC), que tem pressupostos e requisitos específicos, inclusive quanto ao procedimento. Doutrina. 3. Impróprio o imediato julgamento da causa com fundamento no art. 1.013, § 3º, do CPC. Ausência de nomeação de curador especial à interditanda após o decurso do prazo para impugnação (art. 752, § 2º, do CPC). Situação de prejuízo e de nulidade, com ofensa ao devido processo legal, ao contraditório e à ampla defesa (art. 5º, LIV e LV, da CF/88). Recursos parcialmente providos. Sentença desconstituída. (TJRS, Ap. n. 5002607-91.2022.8.21.0090, 1ª Câm. Esp. Cível, rel. Leandro Figueira Martins, j. 31.01.2024, *DJ* 01.02.2024)

Interdição. Conversão para a fórmula de "decisão apoiada" prevista no art. 1.783-A, do CC. As condições da pessoa interessada obrigam percorrer esse caminho que homenageia os princípios fundamentais do Estatuto da Pessoa com Deficiência, sendo que os estudos psicossociais estão em preparação. Não provimento. (TJSP, AI n. 22586886820228260000/SP, 4ª Câm. de Dir. Priv., rel. Enio Zuliani, j. 07.03.2023, *DJ* 07.03.2023)

Agravo de instrumento. Antecipação dos efeitos da tutela. Tomada de decisão apoiada. Ausência dos requisitos para seu deferimento. Recurso negado. Para que seja deferido o pedido de Tomada de Decisão Apoiada, todos os requisitos estabelecidos no art. 1.783-A do CC devem ser preenchidos, o que não ocorreu no caso em questão. (TJMG, AI n. 1.0000.21.077015-2/000, rel. Des. Leite Praça, j. 20.08.2021)

Apelação cível. Curatela especial. Impedimento físico. Incapacidade relativa demonstrada. Tomada de decisão apoiada. Possibilidade. 1 – O portador de impedimento físico é considerado pessoa com deficiência pela Lei n. 13.146/2015, sendo-lhe garantida proteção através do instituto da curatela da tomada de decisão apoiada. 2 – Reconhecido o impedimento físico, capaz de dificultar o exercício pleno das faculdades civis, preservada a capacidade mental e intelectual do requerente, em igualdade de condições com as demais pessoas, está presente hipótese para o deferimento da tomada de decisão apoiada, regulamentada pelo art. 1.783-A do CC. (TJMG, Ap. Cível n. 10459120024466002, rel. Renato Dresch, j. 28.02.2019, *DJe* 12.03.2019)

Tomada de decisão apoiada. Decisão que deferiu, liminarmente, curatela provisória ao requerente. Inconformismo deste. Alegação de que suas restrições limitam-se a aspectos físicos causados por males associados à diabete, não sendo ele um incapaz, de forma que a curatela lhe é medida desproporcional. Acolhimento. Atestado médico trazido pelo requerente aos autos e estudo psicossocial realizado pelos setores técnicos. Auxiliares do juízo indicam estar o requerente com suas faculdades cognitivas integralmente preservadas, sofrendo apenas de limitação de locomoção e de visão, além de restrições decorrentes do analfabetismo. Quadro do requerente que se afasta da incapacidade civil que enseja a interdição. Deficiência que importa apenas em limitações no exercício do autogoverno. Constatada, ademais, existência de relação de afeto e mútua confiança entre o requerente e as duas pessoas indicadas como apoiadoras, sua companheira e sua filha. Evidenciada a probabilidade do direito invocado, de forma a afastar a curatela provisória e permitir a nomeação das indicadas como apoiadoras provisoriamente, até o desfecho da demanda, nos termos do art. 300 do CPC. Contexto fático que, a princípio, compatibiliza-se com as previsões do art. 1.783-A do CC. Recurso provido. (TJSP, AI n. 2049735-75.2017.8.26.0000, 1ª Câm. de Dir. Priv., rel. Rui Cascaldi, j. 18.09.2017)

# LIVRO V
# DO DIREITO DAS SUCESSÕES

## TÍTULO I
## DA SUCESSÃO EM GERAL

### CAPÍTULO I
### DISPOSIÇÕES GERAIS

**Art. 1.784. Aberta a sucessão, a herança transmite-se, desde logo, aos herdeiros legítimos e testamentários.**

*Sucessão* significa, em sentido amplo, a transmissão de uma relação jurídica de uma pessoa a outra. Pode ser de direitos e obrigações, ter conteúdo obrigacional ou real. Há relações jurídicas intransmissíveis, não sujeitas a sucessão, como ocorre com os direitos da personalidade que, salvo nas exceções legais, são, em regra, intransmissíveis, por expressa previsão do art. 11. Em sentido estrito, sucessão se subdivide em *inter vivos* ou *causa mortis*. A *inter vivos* opera, por exemplo, por meio de negócio jurídico, tal como na compra e venda (o comprador sucede o vendedor na propriedade da coisa adquirida), na sub-rogação, na cessão de crédito etc. A sucessão de que trata o presente livro do CC é exclusivamente a *causa mortis*: a transmissão do patrimônio de uma pessoa por ocasião de sua morte.

A *abertura* da sucessão *causa mortis*, de que cuida este artigo, ocorre no instante da morte. A morte pode ser *natural* ou *presumida*. A presumida se dá nos casos de *ausência* em que a lei autoriza a abertura da sucessão definitiva (cf. arts. 6º e 22 a 39), tal como ocorria no CC anterior e, também, nos casos de morte presumida sem declaração de ausência, novidade do atual Código (cf. art. 7º).

*Herança* é o conjunto do patrimônio do *de cujus* (abreviatura da expressão *aquele de cuja sucessão se trata*), incluindo o ativo e o passivo por ele deixados. Com a ressalva de que os herdeiros só respondem pelo passivo nos limites das forças da herança (cf. art. 1.792).

Aberta a sucessão, a herança se transmite, desde logo, aos herdeiros legítimos ou testamentários. A expressão *desde logo* significa que a transmissão da herança aos herdeiros acontece no instante da morte. O intuito é que o patrimônio não fique sem titular sequer por um momento. A transmissão da herança ocorre de *pleno direito*, ainda que o herdeiro desconheça a morte do autor da herança. Dessa disposição legal derivam relevantes consequências: se o herdeiro sobreviver ao *de cujus*, ainda que por um instante, mesmo insciente da morte do outro, herda o patrimônio deste e o transmite a seus próprios herdeiros; no caso de comoriência (em que dois indivíduos morrem na mesma ocasião, sem que se possa apurar qual a morte precedente, presumindo-se simultaneamente mortos, como estabelece o art. 8º), não há transmissão da herança de um a outro, caso haja entre eles potencial relação sucessória (suponha-se pai e filho, um herdeiro potencial do outro, presumidamente mortos no mesmo instante: o filho não herdará os bens do pai, nem este os daquele); a lei que rege a sucessão e a capacidade para suceder é a do tempo da morte, pois é no momento em que ocorre que se consuma a sucessão (cf. art. 1.787).

A única diferença para o artigo correspondente do CC/1916 é que no atual há menção à transmissão da herança, simplesmente, ao passo que no anterior a expressão empregada era "transmissão do domínio e posse da herança". A alteração é exclusivamente terminológica, de maior apuro técnico, pois o domínio e a posse são relações jurídicas já englobadas na expressão herança. Confira-se no tópico jurisprudência, à frente, julgado do STJ no qual admitida a partilha de direitos possessórios.

Não só o domínio, como se vê, mas também a posse se transmite aos herdeiros no exato instante da morte, ainda que não saibam da morte e não detenham nenhum bem da herança. Tal afirmação não justifica perplexidade, porque, para fins práticos, a lei institui a ficção jurídica de que, no instante da morte, a mesma posse que era exercida pelo *de cujus* se transmite aos sucessores, com a mesma natureza (cf. o art. 1.206), ficção vantajosa, a permitir que qualquer herdeiro possa desde logo agir como possuidor e defender a posse dos bens da herança. Essa ficção jurídica constitui o chamado *droit de saisine*. Nas relações externas do espólio enquanto universalidade (cf. art. 1.791), perante terceiros, todos os sucessores são considerados compossuidores, todos exercendo idêntica posse sobre os bens da herança (direta ou indireta, justa ou injusta, de boa ou má-fé, apta ou não à usucapião, conforme a posse que era exercida pelo falecido). Nas relações internas entre os sucessores, ao contrário, faz-se diferenciação entre eles, pois alguns podem estar com os bens da herança sob seu poder direto, outros não, o que acarreta consequências: o que estiver no poder direto, por exemplo, pode ser nomeado administrador provisório ou inventariante (CC, art. 1.797; CPC, art. 617); deve trazer ao acervo os frutos da coisa sob seu poder e pode exigir ressarcimento das despesas feitas para sua conservação (art. 2.020); e responde perante os demais por danos causados à coisa, por dolo ou culpa (art. 2.020). Nessas relações internas, o sucessor pode estar em posição equivalente à de possuidor direto ou indireto, conforme esteja com os bens sob seu poder direto ou não, com as consequências inerentes a essa distinção (cf. art. 1.197 sobre posse direta e indireta).

A transmissão da posse ocorre em favor dos herdeiros, sucessores a título universal. Os legatários, por outro lado, são sucessores a título particular, que recebem não o todo ou uma fração do todo, mas um bem singularmente considerado. Os legatários não são mencionados neste art. 1.784, pois a sucessão deles é regida pelo art. 1.923, segundo o qual os legatários recebem na abertura da sucessão o domínio da coisa certa existente no patrimônio do falecido, objeto do legado, mas a posse só lhes é deferida posteriormente, quando confirmada a solvência do espólio. Na verdade, parece que a melhor interpretação é a de que os legatários não recebem no instante da morte a posse direta, mas recebem a posse indireta, pois, sendo os maiores interessados na preservação do bem legado, convém lhes conferir, desde logo, direito ao ajuizamento de ações possessórias para, por exemplo, repelir esbulho ou turbação cometidos por terceiro. A posse direta é que lhes é transmitida posteriormente (cf. MIRANDA, Pontes de. *Tratado de direito privado, Parte Especial, Direito das Sucessões*: Sucessão testamentária. Disposições testamentárias. Herança e legados, t. LVII, 2. ed. Rio de Janeiro, Borsoi, 1969, p. 230-3).

O princípio da *saisine* não se aplica no caso de herança jacente (cf. arts. 1.819 a 1.823), pois os bens que a compõem só passam ao domínio do Poder Público após a declaração de vacância e decorridos cinco anos da abertura da sucessão. Esse entendimento foi pacificado no STJ, consoante acórdão citado no comentário ao art. 1.822. A questão tem repercussão prática relevante, pois a Lei n. 8.049/90 alterou o CC/1916, estabelecendo que os bens da herança vacante passariam a se incorporar ao patrimônio dos municípios, não mais ao dos estados. Diante disso, o marco para saber quem é o beneficiário, municípios ou estados, não é a data do óbito, mas a da incorporação ao patrimônio público (com a declaração de vacância, decorridos cinco anos do óbito). No caso de herança jacente, portanto, há a possibilidade do patrimônio permanecer sem titular por período relativamente longo, brecha que pode acarretar problemas em questões relativas ao direito das coisas, quanto à responsabilidade civil pela guarda da coisa etc.

**Jurisprudência:** Súmula n. 112, STF: O Imposto de Transmissão *causa mortis* é devido pela alíquota vigente ao tempo da abertura da sucessão.

Apelação. Ação de reintegração de posse. Sentença de procedência. Recurso dos requeridos. Autor, pai dos requeridos, que pretende a retirada de seus filhos da edícula que ocupam no imóvel. Alega que a propriedade lhe pertence e que seus filhos se negam a deixá-lo. Réus, por sua vez, que defendem haver coisa julgada, já tendo sido proferida sentença de improcedência do pedido reintegração em 2013, em processo envolvendo as mesmas partes e o mesmo imbróglio. Pretensão dos requeridos à reforma da r. sentença, com a improcedência da demanda. Acolhimento. Conforme narra o autor, o imóvel foi adquirido em 1982 e na constância do casamento com a mãe dos requeridos. Com o falecimento desta e a abertura da sucessão, transmite-se desde logo a herança aos herdeiros legítimos e testamentários. Inteligência do art. 1.784 do CC. Princípio da *saisine*. Processo de inventário e partilha ainda em curso. Conforme bem apontado na r. sentença proferida em 2013, há situação de condomínio e composse, não cabendo ao autor pretender a retirada dos réus do imóvel. Existência de coisa julgada reconhecida, dado o estado de fato e a situação jurídica ainda presentes. Necessidade de se aguardar o resultado da ação de inventário e partilha. Impossibilidade de acolhimento da pretensão do autor de reintegração de posse. Sentença reformada. Recurso provido. (TJSP, Ap. n. 1502015-85.2023.8.26.0348, rel. Afonso Celso da Silva, j. 26.11.2024)

Apelação cível. Ação de arbitramento de aluguel e de reparação por suposto dano. Sentença que julgou procedente o pedido de fixação de alugueres, não se pronunciando sobre o pedido cumulado. De reparação por suposto dano. Apelo dos requeridos em que renovam a temática acerca da ilegitimidade ativa, alegando, outrossim, que em não havendo partilha dos bens na ação de inventário, não há a possibilidade jurídico-legal de se exigir o pagamento de alugueres entre os sucessores. Princípio da *saisine*. Art.1.784 do CC. Patrimônio que, com a abertura da herança, é de ser juridicamente considerado como um todo, assim permanecendo até que se homologue a partilha, individualizando-se os quinhões em face dos sucessores. Inexistindo, pois, partilha, não há direito subjetivo que possa legitimar a cobrança de alugueres entre os sucessores. Sentença reformada. Recurso de apelação provido com a declaração de improcedência aos pedidos. Inversão dos encargos de sucumbência, sem a majoração dos honorários de advogado. (TJSP, Ap. n. 1024976-45.2018.8.26.0577, rel. Valentino Aparecido de Andrade, j. 23.01.2024)

Arbitramento e cobrança de aluguéis. Impugnação à Justiça gratuita deferida à autora não acolhida. Herança. Imóveis ainda não partilhados. Irrelevância. Incidência do art. 1.784 do CC. Ainda que inexista partilha, que é meramente declaratória e, tampouco, escrituração, nesse particular, porque a existência de direito sobre os bens (possessórios e de aquisição) são incontroversos, não afastam o direito ao arbitramento de alugueres pelo uso e fruição exclusiva dos imóveis pelos demais condôminos. Quinhão da autora fixado em 10% que é decorrência da partilha realizada no inventário. Sentença de parcial procedência mantida, assim como a honorária fixada. Recursos não providos. (TJSP, APR n. 10090089120228260008, rel. João Pazine Neto, j. 31.10.2023)

Imissão na posse. Herdeiros que exercem direito decorrente do *druit de saisine* previsto no art. 1.784 do CC, pretendendo entrada na posse de imóvel da herança. A requerida ocupa o imóvel porque era a cuidadora da dona e ingressou com usucapião alegando posse *ad usucapionem* a partir do dia seguinte ao do óbito. Confronta de tais posições e de julgados do STJ que consideram não existir prejudicialidade externa entre possessória e usucapião. Possibilidade de ser julgada e acolhida a imissão na posse devido a preponderância do direito dos autores. Não provimento. (TJSP, AC n. 10591444720218260002/São Paulo, rel. Enio Zuliani, j. 21.08.2023, 4ª Câm. de Dir. Priv., publ. 21.08.2023)

[...] 2 – O propósito recursal é definir se é admissível, em ação de inventário, a partilha de direitos possessórios sobre bens imóveis alegadamente pertencentes ao falecido e que não se encontram devidamente escriturados. 3 – Não apenas de propriedades formalmente constituídas é composto o acervo partilhável em razão do falecimento do autor da herança, na medida em que existem bens e direitos com indiscutível expressão econômica que, por vícios de diferentes naturezas, não se encontram legalmente regularizados ou formalmente constituídos sob a titularidade do falecido. 4 – Diante da autonomia existente entre o direito de propriedade e o direito possessório, a existência de expressão econômica do direito possessório como objeto de partilha e a existência de parcela significativa de bens que se encontram em situação de irregularidade por motivo distinto da má-fé dos possuidores, é possível a partilha de direitos possessórios sobre bens imóveis não escriturados. 5 – A partilha imediata dos direitos possessórios permite resolver, em caráter particular, a questão que decorre da sucessão hereditária, relegando-se a um segundo momento a discussão acerca da regularidade e da formalização da propriedade sobre os bens inventariados. Precedente. 6 – Na hipótese, dado que a exclusão da partilha dos direitos sobre as terras se deu apenas ao fundamento de que seria impossível a partilha de áreas não escrituradas, impõe-se que, afastado esse óbice, seja determinado o regular prosseguimento da ação de inventário a fim de que seja apurada a existência dos direitos possessórios e a qualidade da posse alegadamente exercida, dentre outras questões relevantes para o reconhecimento do eventual direito a ser partilhado [...]. (STJ, REsp n. 1.984.847/MG, 3ª T., rel. Min. Nancy Andrighi, j. 21.06.2022, *DJe* 24.06.2022.)

Imposto sobre transmissão *causa mortis* e doação. Decadência. Termo inicial. Homologação dos cálculos. 2 – Na sistemática de apuração do ITCMD, há que observar, inicialmente, o disposto no art. 35, parágrafo único, do CTN, segundo o qual, nas transmissões *causa mortis*, ocorrem tantos fatos geradores distintos quantos sejam os herdeiros ou legatários. 3 – Embora a herança seja transmitida, desde logo, com a abertura da sucessão (art. 1.784 do CC), a exigibilidade do imposto sucessório fica na dependência da precisa identificação do patrimônio transferido e dos herdeiros ou legatários, para que sejam apurados os "tantos fatos geradores distintos" a que alude o citado parágrafo único do art. 35, sendo essa a lógica que inspirou a edição das Súmulas ns. 112, 113 e 114 do STF. 4 – O regime do ITCMD revela, portanto, que apenas com a prolação da sentença de homologação da partilha é possível identificar perfeitamente os aspectos material, pessoal e quantitativo da hipótese normativa, tornando possível a realização do lançamento (cf. REsp n. 752.808/RJ, rel. Min. Teori Albino Zavascki, 1ª T., j. 17.05.2007, *DJ* 04.06.2007, p. 306; Ag. Reg. no REsp n. 1.257.451/SP, rel. Min. Humberto Martins, 2ª T., j. 06.09.2011, *DJe* 13.09.2011). 5 – Pelas características da transmissão *causa mortis*, não há como exigir o imposto antes do reconhecimento judicial do direito dos sucessores, seja mediante arrolamento sumário, seja na forma de inventário, procedimento mais complexo. 6 – Recurso especial não provido. (STJ, REsp n. 1.660.491, rel. Min. Herman Benjamin, j. 16.05.2017)

1 – A ação reivindicatória, de natureza real e fundada no direito de sequela, é a ação própria à disposição do titular do domínio para requerer a restituição da coisa de quem injustamente a possua ou detenha (CC/1916, art. 524; CC/2002, art. 1.228). Portanto, só o proprietário pode reivindicar. 2 – O direito hereditário é forma de aquisição da propriedade imóvel (direito de *Saisine*). Aberta a sucessão, o domínio e a posse da herança transmitem-se incontinenti aos herdeiros, podendo qualquer um dos coerdeiros reclamar bem, integrante do acervo hereditário, de terceiro que indevidamente o possua (CC/1916, arts. 530, IV, 1.572 e 1.580, parágrafo único; CC/2002, arts. 1.784 e 1.791, parágrafo único). Legitimidade ativa de herdeiro na ação reivindicatória reconhecida. 3 – Recurso especial provido. (STJ, REsp n. 1.117.018, rel. Min. Raul Araújo, j. 18.05.2017)

Apelação. Alvará judicial para levantamento de benefício previdenciário. Indeferimento. Inconformismo. Alegação de valor ínfimo e inexistência de bem imóvel. Consta da certidão de óbito que a *de cujus* deixou bens a inventariar. Direito possessório sobre bem imóvel adquirido pelo *de cujus* transmite-se aos herdeiros com a abertura da sucessão, mostrando-se cabível a partilha nos autos de inventário (arts. 993, IV, *g*, do CPC e arts. 1.206 e 1.784, ambos do CC). Recurso desprovido. (TJSP, Ap. n. 0001192-76.2013.8.26.0142, rel. Cesar Luiz de Almeida, j. 15.04.2015)

Tese de legitimidade do espólio para demandar em ação de reintegração de posse. Procedência. Posse indireta caracterizada. Aplicação do art. 1.784 do CC. Princípio de *saisine*. Presença dos requisitos do art. 927 do CPC. Ação adequada. Recurso conhecido e provido. (TJPR, Ap. Cível n. 1132010-6, rel. Rui Bacellar Filho, *DJe* 22.04.2014)

Ação de reintegração de posse, entre condôminos irmãos. Decisão de procedência, em primeiro grau. Aquisição da posse e propriedade que ocorreu a partir do óbito da mãe da autora, aplicando-se o princípio de *saisine*, conforme disposto no art. 1.784 do CC. Autora que é possuidora do imóvel e tem direito à sua ocupação. Inteligência do art. 1.314 do CC. Sentença devidamente fundamentada. Motivação do decisório adotada como julgamento em segundo grau. Inteligência do art. 252 do RITJ. Recurso não provido. (TJSP, Ap. n. 0322927-72.2009.8.26.0000, rel. Edson Luiz de Queiroz, j. 26.06.2013)

Despesas condominiais. Cobrança. Ação julgada procedente. Multipropriedade ou *time-sharing*. Instituto que constitui uma variação do condomínio tradicional. Morte dos titulares do domínio. Transmissão automática da propriedade aos herdeiros. Legitimidade passiva. Responsabilidade dos herdeiros pelo adimplemento do débito condominial. Reconhecimento. Exegese do art. 1.784 do CC vigente. Débito incontroverso. Ausência de impugnação específica quanto ao valor cobrado. Sentença mantida. Recursos improvidos. A abertura da sucessão transmite, desde logo, os direitos do imóvel para os sucessores (art. 1.572 do CC/1916, atual art. 1.784 do CC/2002). Bem por isso, são os herdeiros ou sucessores responsáveis pelo adimplemento das despesas condominiais que incidem sobre o imóvel, pouco importando que tenham ou não conhecimento de sua existência. Estando o débito condominial discriminado na memória de cálculo que acompanha a inicial, e não tendo sido impugnado especificamente na contestação, de modo a demonstrar eventual excesso, é de ser mantida a sentença de procedência da ação. (TJSP, Ap. n. 0017273-18.2007.8.26.0302, rel. Kioitsi Chicuta, j. 16.05.2013)

[...] Por força da *saisine*, conforme disposto no art. 1.784 do CC, aberta a sucessão, a propriedade e posse se transfere aos herdeiros, como um todo indivisível, até a partilha, exercendo os herdeiros a composse dos bens deixados pelo *de cujus*. Assim, a posse de alguns dos herdeiros não exclui o direito dos demais de igualmente entrarem na posse direta de imóvel integrante do acervo hereditário, sendo de direito a imissão na posse de parcela do bem. Contudo, pela mesma razão, o exercício do direito pela herdeira imitida na posse não pode suprimir os direitos dos demais, razão pela qual não pode ela realizar o levantamento de cerca na parte do imóvel ocupada, pois não exerce a posse com exclusividade, mas em conjunto com os demais herdeiros (composse). (TJMG, Ap. n. 1.0686.10.005630-4/001, rel. Estevão Lucchesi, j. 07.02.2013)

Tutela antecipada. Indeferimento. Inventariante e herdeiro recebem, por força legal, posse indireta. A direta continua com quem estiver, até que se demonstre que é ela ilegal ou que seja devolvida. Recurso improvido. (TJSP, AI n. 0369482-50.2009.8.26.0000, rel. José Luiz Gavião de Almeida, j. 16.03.2010)

Herança. Isenção. IR. Cinge-se a controvérsia à legitimidade, ou não, da aplicação do art. 23 da Lei n. 9.532/97 para fins de incidência do imposto de renda sobre o ganho de capital decorrente da transferência de bens e direitos por herança no caso de a data de abertura da sucessão ter ocorrido em 09.02.1997. Destacou-se que, apesar de a citada lei só haver sido publicada em dezembro de 1997, a IN-SRF n. 53/1998 pretende fazê-la incidir também sobre as transmissões *causa mortis* anteriores a 01.01.1998, data de sua vigência. Ressalta a Min. relatora que o fato gerador do imposto em questão aconteceu no momento da abertura da sucessão, que é o momento do falecimento. Estabelecido o fato gerador, a lei aplicável é a do momento da transmissão *causa mortis* do bem, que era a Lei n. 7.713/88, a qual, no art. 22, III, isentava do imposto de renda o ganho de capital daí decorrente. Pelo princípio da irretroatividade da lei tributária, não se poderia aplicar à espécie a Lei n. 9.532/97, que revogou a isenção então existente e instituiu novo tributo. Por outro lado, o art. 1.572 do CC/1916, que encontra correspondência no art. 1.784 do CC/2002, afirma que a herança transmite-se desde logo aos herdeiros legítimos e testamentários no tempo do falecimento do autor da herança. Assim, a sentença de partilha tem caráter meramente declaratório. Por isso, pouco importa se o inventário foi concluído ou não no tempo da vigência da Lei n. 9.532/97. Com esses fundamentos, a Turma negou provimento ao recurso da Fazenda Nacional. (STJ, REsp n. 805.806, rel. Min. Denise Arruda, j. 13.11.2007)

**Art. 1.785. A sucessão abre-se no lugar do último domicílio do falecido.**

A definição do lugar da abertura da sucessão tem relevância para que se estabeleça a competência para o inventário. Conservou-se, no atual Código, a regra de que a abertura da sucessão ocorre no lugar do último domicílio do *de cujus* (sobre o conceito e definição do domicílio, cf. arts. 70 e segs.), onde mantinha seu centro de atividades, não no lugar da morte ou da situação dos bens.

A norma é complementada pela disposição do art. 48 do CPC, que trata da hipótese de domicílio incerto, estabelecendo-se que, nesse caso, será competente para o inventário o foro da situação dos bens e, se houver bens em foros diversos, o do lugar da morte. Há possibilidade, também, de a pessoa ter vários domicílios, como prevê o art. 71, sendo competente, nessa hipótese, o foro de cada um deles, resolvendo-se o conflito de competência por meio das regras relativas à prevenção (arts. 58, 240, §§ 1º e 2º, 241, 487, parágrafo único, e 802, parágrafo único, do CPC). O lugar do último domicílio do *de cujus* também rege a competência de outras ações relativas à herança, inclusive, segundo o *caput* do art. 48 do CPC, todas as em que o espólio for réu, mesmo que o óbito tenha ocorrido no estrangeiro. A disposição de que a competência será a mesma do inventário para todas as ações em que o espólio for réu não tem esse caráter absoluto, porque é sobrepujada por outras regras de competência (cf. algumas exceções nos acórdãos a seguir mencionados). Além disso, a jurisprudência dominante considera que a competência do juízo do inventário é relativa e não absoluta (nesse sentido, a Súmula n. 58 do extinto TFR), de modo que não pode ser pronunciada de ofício, prorrogando-se à falta de exceção declinatória de foro (Súmula n. 33 do STJ).

Quanto às normas de direito internacional privado, relacionadas com a sucessão *causa mortis*, que podem interferir na competência do inventário e excluir a aplicação do artigo em questão, vale mencionar que há jurisdição exclusiva da justiça brasileira para o inventário de bens situados no Brasil, ainda que o autor da herança seja estrangeiro e tenha residido fora do território nacional (art. 23, II, do CPC). Em contraposição, a justiça brasileira não tem jurisdição para decidir sobre imóveis estrangeiros. Do que decorre a possibilidade, havendo bens no Brasil e no exterior, de pluralidade de juízos sucessórios.

Interessante observar que, em relação a bens situados no Brasil, a Justiça brasileira aplica a lei sucessória estrangeira se o *de cujus* tinha domicílio no exterior, como estatui o art. 10 da Lindb. Com a ressalva do § 1º desse artigo (reafirmada no art. 5º, XXXI, da CF), no sentido de que, em favor do cônjuge ou dos filhos brasileiros, aplica-se a lei brasileira na sucessão de bens situados no Brasil, a não ser que lhes seja mais favorável a lei pessoal do estrangeiro autor da herança. Essa espécie de sucessão, prevista na Lindb e na Constituição, é denominada *anômala*.

Em contrapartida, aplica-se a lei sucessória brasileira, para os bens aqui situados, se o último domicílio do autor da herança situava-se no Brasil, mesmo sendo ele estrangeiro. A capacidade para ser sucessor, porém, rege-se pela lei de seu domicílio, como estatui o art. 7º da Lindb, de modo que se pode cogitar a possibilidade de aplicação da ordem de vocação hereditária brasileira, por ter o estrangeiro domicílio no Brasil, e normas estrangeiras sobre a capacidade para ser herdeiro, se este é domiciliado no exterior.

**Jurisprudência:** Decisão que fixa a competência do Foro de Santos para processar e julgar o inventário. Manutenção. Para fins de fixação da competência do processo de inventário, basta saber o local onde era domiciliado o autor da herança. Inteligência do art. 1.785 do CC. No caso concreto, tudo indica que a falecida possuía pluralidade de domicílios: em Santos/SP e Caldas Novas/GO. Pluralidade de domicílios expressamente admitida pelo art. 71 do CC. Em caso de pluralidade de domicílios, qualquer deles é competente para processar o inventário. Em razão do passamento da genitora do agravante, dois inventários distribuídos: o primeiro em Santos, na data da abertura da sucessão, e o segundo em Caldas Novas 15 dias após a data do óbito. Como a pluralidade de domicílios possibilita que o inventário seja processado em qualquer deles, adota-se a distribuição como critério de prevenção do Juízo, a teor do art. 59 do CPC. À míngua de elementos aptos a afastar a competência do Juízo *a quo*, correta a decisão que reconhece a competência do Juízo da Comarca de Santos, sem prejuízo de que a questão seja dirimida oportunamente caso o Juízo da Comarca de Caldas Novas também reconheça sua competência, hipótese em que restará caracterizado conflito positivo de competência. Recurso desprovido. (TJSP, AI 2032612-93.2019.8.26.0000, rel. Francisco Loureiro, j. 25.03.2019)

Decisão que determinou, *ex officio*, a remessa dos autos a uma das Varas da Família e das Sucessões da Comarca de Curitiba, considerado como foro do último domicílio do *de cujus*. Irresignação. Cabimento. Competência relativa, que se prorroga, à falta de impugnação. Matéria que não admite apreciação de ofício. Inteligência do CPC c/c art. 1.785 do CC, bem como da Súmula n. 33 do STJ. Decisão reformada para se determinar o prosseguimento do feito na origem. Recurso provido. (TJSP, AI n. 2020896-45.2014.8.26.0000, rel. Walter Barone, *DJe* 23.04.2014)

[...] 1 – Nos termos do art. 96 do CPC e do art. 1.785 do CC, é competente para processar o inventário o foro do último domicílio do autor da herança. 2 – Diante da prova de duplicidade de domicílios, a competência para processar o inventário é fixada pela prevenção. 3 – Recurso conhecido e provido. (TJMG, AI n. 1.0382.09.109526-7/001, rel. Raimundo Messias Júnior, *DJe* 11.04.2014)

Competência. Inventário ajuizado em São Vicente. Certidão de óbito constando como o último domicílio do *de cujus* o foro da Comarca de Cubatão. Competência de natureza relativa, sendo descabida a suscitação *ex officio*. Existência, ademais, de duplicidade de domicílios. Agravo conhecido diretamente e provido. (TJSP, AI n. 990.10.510823-7, rel. Sebastião Carlos Garcia, j. 25.11.2010)

Inventário. Abertura. Lugar onde o falecido teve seu último domicílio. Aplicação da regra do art. 1.785 do CC c/c art. 96 do CPC. Competência territorial e, portanto, relativa. Impossibilidade de declínio de ofício pelo juiz. Precedentes jurisprudenciais. Provimento do recurso, *ex vi*, art. 557, § 1º-A, do CPC. (TJRJ, AI n. 0037971-68.2010.8.19.000, rel. Roberto de Abreu e Silva, j. 13.08.2010)

Conflito negativo de competência. Ação de inventário na forma de arrolamento sumário. Distribuição em foro diferente do último domicílio do autor da herança. Impossibilidade de declaração de ofício de incompetência relativa. Aplicação da Súmula n. 33 do STJ. Precedentes desta Eg. Câmara Especial. (TJSP, CC n. 165.218-0/0-00, rel. Eduardo Gouvêa, j. 22.09.2008)

Homologação de sentença estrangeira. Requisitos desatendidos. Inventário e partilha. Reconhecimento de herdeira. Competência exclusiva da autoridade brasileira. Precedente desta Corte. Homologação indeferida. 1 – Não providenciou a requerente a anuência dos demais interessados, tampouco indicou o responsável pelas custas da carta rogatória de citação. 2 – Ainda que assim não fosse, estando a homologação arrimada em ato relacionado a inventário e partilha de bens situados no Brasil, a competência para tal é da autoridade judiciária brasileira, consoante art. 89, II, do CPC. 3 – Pedido de homologação indeferido. (STJ, SEC n. 1.032, rel. Min. Arnaldo Esteves Lima, j. 19.12.2007)

Prevalência do foro de eleição sobre o do inventário: STJ, REsp n. 420.394, rel. Min. Nancy Andrighi, j. 19.09.2002.

Competência relativa no inventário: STJ, CC n. 19.334, rel. Min. Sálvio de Figueiredo Teixeira, j. 28.11.2001.

Inexistência de conexão entre o inventário e ação declaratória de união estável: STJ, CC n. 31.933, rel. Min. César Asfor Rocha, j. 10.10.2001.

Conexão entre inventário e ação de investigação de paternidade com petição de herança: STJ, CC n. 28.535, rel. Min. Carlos Alberto Menezes Direito, j. 08.11.2000. Em sentido contrário, *JTJ* 182/162, aparentemente com razão, pois o art. 96 do CPC faz referência a ações contra o espólio, e a investigação de paternidade *post mortem* deve ser ajuizada contra os herdeiros, não contra o espólio.

Competência definida por prevenção em caso de duplo domicílio do *de cujus*: STJ, CC n. 23.773, rel. Min. Carlos Alberto Menezes Direito, j. 10.02.1999.

Ausência de jurisdição brasileira em face de imóveis no exterior: STJ, REsp n. 37.356, rel. Min. Barros Monteiro, j. 22.09.1997.

Prevalência do foro da situação do imóvel sobre o do inventário no usucapião: STJ, CC n. 5.579, rel. Min. Peçanha Martins, j. 23.11.1993.

Indeferimento de homologação de sentença estrangeira que dispôs, em processo relativo a sucessão *causa mortis*, sobre bem situado no Brasil: STF, SE n. 3.780, rel. Min. Francisco Rezek, j. 06.05.1987.

Prevalência da competência do foro do domicílio do autor em ações de responsabilidade civil, estabelecida no art. 100, parágrafo único, do CPC, em relação à competência do juízo do inventário: I TACSP, rel. Juiz José Bedran. (*JTA-RT* 127/121)

**Art. 1.786. A sucessão dá-se por lei ou por disposição de última vontade.**

Houve pequena mudança na redação em face do art. 1.573 do CC/1916, sem nenhuma alteração na substância. Distinguem-se a sucessão legítima e a testamentária. Na primeira, os herdeiros são designados segundo previsão legal, pela ordem de vocação hereditária, sem concurso de manifestação de vontade do autor da herança. Na segunda, os sucessores são indicados em expressa disposição de vontade do *de cujus*, manifestada por testamento.

A sucessão pode ser legítima ou testamentária, ou ainda, legítima e, ao mesmo tempo, testamentária. Será legítima, exclusivamente, se não houver testamento, ou se for declarado nulo ou anulado, ou, ainda, se caducar (cf. art. 1.788). Será testamentária, unicamente, quando o autor da herança dispuser de todo seu patrimônio por testamento e não tiver herdeiros necessários (aos quais a lei resguarda, necessariamente, metade da herança). Será legítima e também testamentária quando o testamento não contempla todo o patrimônio. Haverá a concomitância dos dois tipos de sucessão, igualmente, quando, embora disponha de todo o patrimônio por testamento, tenha herdeiros necessários (descendentes, ascendentes e, novidade do atual Código, o cônjuge sobrevivente), pois a estes a lei resguarda metade da herança, a chamada legítima, impondo a redução das disposições testamentárias (cf. arts. 1.966 a 1.968).

**Art. 1.787. Regula a sucessão e a legitimação para suceder a lei vigente ao tempo da abertura daquela.**

A redação do dispositivo foi um pouco alterada em relação à do art. 1.577 do CC/1916, mas sem modificação no conteúdo. Emprega-se, no atual CC, o termo legitimação, em vez de capacidade. Embora doutrinariamente se faça distinção entre um e outro, o legislador, como no Código anterior, quis se referir à aptidão para ser sucessor.

A sucessão é regida pela lei vigente ao tempo de sua abertura, pois é nessa ocasião que ocorre a transmissão da herança, a sucessão (cf. art. 1.784), pela qual o direito sucessório se incorpora ao patrimônio dos sucessores. Estes passam a ter, então, direito adquirido, imune à retroatividade de lei posterior. A regra tem especial relevância na transição para o atual CC, pois os óbitos anteriores a sua vigência continuam regidos pelo CC/1916, a lei vigente ao tempo da abertura da sucessão.

Confira, a seguir, acórdãos dando aplicação à norma deste artigo, excluindo a sucessão entre companheiros, em face de óbitos ocorridos antes da Lei n. 8.971/94, que incluiu o companheiro sobrevivente na ordem de vocação hereditária.

Na sucessão testamentária, a legitimação para suceder também é regida pela lei do tempo da abertura da sucessão, com as ressalvas, importantes, de que a capacidade para testar é a do tempo em que é realizado o testamento, assim como os requisitos formais do testamento são os da lei vigente quando elaborado (confira-se o comentário ao art. 1.858 com notícia de orientação de doutrina minoritária, segundo a qual vale o testamento se observadas as regras formais mais brandas da legislação superveniente à elaboração dele).

**Jurisprudência:** Alegação de que é desnecessária a apresentação de declaração de ITCMD para o acolhimento do pedido de isenção do recolhimento do tributo. Pedido formulado com base no disposto no art. 6º, I, *a*, da Lei Estadual n. 10.705/2000. Sucessões abertas na vigência da Lei Estadual n. 9.591/66. Tributação que é regida pelas normas vigentes ao tempo da abertura da sucessão (art. 1.787 do CC). Inaplicabilidade da legislação posterior. Impossibilidade de se apurar neste instrumento se o imóvel inventariado se adéqua aos parâmetros que autorizavam a isenção tributária na Lei n. 9.591/66 (art. 5º, VI). Recurso desprovido. (TJSP, AI n. 2027006-94.2013.8.26.0000, rel. Milton Carvalho, *DJe* 28.11.2013)

Apelação cível. Inventário. Apela a companheira do finado querendo a reforma da sentença de partilha para que, além dos 50% de sua meação, receba mais metade da parte que cabe ao descendente. Aberta a sucessão, o domínio e a posse da herança transmitem-se desde logo aos herdeiros (art. 1.784 do CC/2002 e art. 1.572 do CC/1916). É aplicável a lei do momento do óbito (09.10.2000). Aplicável o CC/1916. A apelante tem direito apenas à metade dos bens. O óbito ocorreu sob a égide desta lei, e não há interferência de regramento posterior, sob pena de ofensa ao art. 6º da LICC [atual Lindb]. Apelo improvido. (TJSP, Ap. n. 9196204-20.2007.8.26.0000, rel. Ribeiro da Silva, j. 06.04.2011)

Sucessão aberta sob a égide do CC/1916. Direito real de habitação. Casamento sob o regime da separação total. Inviabilidade. Direito que, nos termos da legislação vigente ao tempo do falecimento do *de cujus* só assistia ao cônjuge casado sob o regime da comunhão universal. Art. 1.611, § 2º, do CC/1916. Inaplicabilidade, ao caso, do art. 1.831 do atual CC. Inteligência da regra de transição prevista no art. 2.041 do atual CC. Decisão mantida. Recurso improvido. (TJSP, AI n. 0215014-94.2010.8.26.0000, rel. Neves Amorim, j. 17.08.2010)

A sucessão e a legitimação para suceder devem ser reguladas pela lei vigente à época da abertura da sucessão, na forma do art. 1.577 do CC/1916 e dos arts. 1.787 e 2.041 do novo CC. Abertura da sucessão em 12.09.2002, quando ainda em vigor o antigo Código. Pretensão deduzida pela companheira do falecido de reconhecimento de seu direito ao usufruto da quarta parte dos bens do falecido. Benefício previsto no art. 1.611, § 1º, do CC/1916, e na Lei n. 8.971/94. Decisão reformada. Dá-se provimento ao recurso. (TJSP, AI n. 6.031.574.700, rel. Christine Santini, j. 04.03.2009)

1 – Tendo o óbito do companheiro da recorrida ocorrido antes da vigência do atual CC, a capacidade sucessória é regida pelas Leis n. 8.971/94 e n. 9.278/96, que disciplinavam a capacidade sucessória decorrente da união estável *ex vi* do art. 1.577 do CCB/1916, cuja regra foi reprisada no art. 1.787 do novo CC. 2 – Em razão disso, a companheira ocupa o terceiro lugar na ordem de vocação hereditária, quando o *de cujus* não deixar descendentes ou ascendentes, o que não é o caso dos autos. 2 [*sic*] – Existindo descendentes, a companheira do *de cujus* não ostenta a condição de herdeira, mas poderá ter interesse juridicamente protegido na sucessão, sendo cabível a sua citação. Recurso desprovido. (TJRS, AI n. 70.022.803.753, rel. Sérgio Fernando de Vasconcellos Chaves, j. 28.05.2008)

Imposto de Transmissão *Causa Mortis*. Decisão sucinta não é imotivada. Pretensa aplicação da isenção prevista na Lei estadual n. 10.705/2000. Inadmissibilidade. Óbito ocorrido anteriormente à sua vigência. Aplicação da lei vigente ao tempo da abertura da sucessão. Inteligência do art. 144 do CTN e da Súmula n. 112 do STF. Precedentes da Câmara. Decisão mantida. Agravo desprovido. (TJSP, AI n. 528.619-4/0-00, rel. Percival Nogueira, j. 20.12.2007)

Direito civil. Sucessão. Companheira. Sobrinhos do *de cujus*. Lei aplicável. I – No direito das sucessões aplica-se a lei vigente ao tempo da abertura da sucessão. Antes da Lei n. 8.971, de 29.12.1994, a companheira não podia se habilitar como herdeira em detrimento de sobrinhos do *de cujus*. II – Recurso especial não conhecido. (STJ, REsp n. 205.517, rel. Min. Antônio de Pádua Ribeiro, j. 01.04.2003)

União estável. Sucessão. Lei vigente. Antes da edição da Lei n. 8.971/94, o colateral do *de cujus* recebia a herança, à falta de descendente, ascendente ou cônjuge sobrevivente (art. 1.603 do CC). Recurso conhecido e improvido. (STJ, REsp n. 153.028, rel. Min. Ruy Rosado de Aguiar, j. 02.12.1997)

Em sentido contrário ao acórdão acima mencionado, outros julgados do STJ decidiram que, mesmo antes da Lei n. 8.971/94, a Constituição já havia promovido equiparação entre companheiro e cônjuge em matéria sucessória (REsp n. 4.599, rel. Min. Eduardo Ribeiro, j. 09.04.1991, v.m.; e REsp n. 74.467, rel. Min. Carlos Alberto Menezes Direito, j. 20.05.1997).

**Art. 1.788. Morrendo a pessoa sem testamento, transmite a herança aos herdeiros legítimos; o mesmo ocorrerá quanto aos bens que não forem compreendidos no testamento; e subsiste a sucessão legítima se o testamento caducar, ou for julgado nulo.**

Aparentemente houve equívoco na redação, na expressão *transmite a herança*, uma vez que o correto parece ser transmite-se, como constava do art. 1.574 do CC/1916, visto que o autor da herança, morrendo sem testamento, não transmite por ato próprio a herança aos herdeiros legítimos. A herança é transmitida por disposição legal. Afora essa particularidade, condensaram-se em um artigo as disposições dos arts. 1.574 e 1.575 do CC/1916.

O art. 1.788 complementa o art. 1.786, esmiuçando as hipóteses em que se verifica a sucessão legítima. Ocorre quando não há testamento (sucessão intestada) ou o testamento não compreende todos os bens (hipótese analisada no comentário ao art. 1.786, em que há sucessão legítima e, ao mesmo tempo, testamentária). Será legítima, ainda, se o testamento caducar ou for nulo. Há caducidade quando, por fato posterior a sua realização, o testamento perde sua eficácia, como ocorre, por exemplo, na morte do herdeiro instituído antes da abertura da sucessão ou pela ausência de patrimônio remanescente quando da morte do testador. Critica-se, no artigo em questão, a menção exclusiva a testamento nulo, pois, se anulável e vier a ser anulado, a sucessão também será legítima.

**Art. 1.789. Havendo herdeiros necessários, o testador só poderá dispor da metade da herança.**

O dispositivo, de idêntica redação à do art. 1.576 do CC/1916, limita a liberdade de testar, dela resguardando determinadas classes de herdeiros, às quais se assegura metade da herança, norma que visa a proteger a família, tendo, portanto, clara função social, limitativa do direito de propriedade.

Coerente com esse mesmo intuito social, o art. 549 do atual CC mantém a previsão do art. 1.176 do CC/1916, cominando de nulidade a doação de mais do que o doador poderia dispor, no momento da liberalidade, por testamento. A previsão legal evita que, por meio de doações, seja esvaziada a proteção conferida aos herdeiros necessários.

Vale adiantar, pela sua importância, que o atual Código inovou ao guindar o cônjuge sobrevivente a herdeiro necessário (cf. o art. 1.845), conferindo-lhe a mesma primazia que era exclusiva de descendentes e ascendentes. Confira-se ainda, nos comentários aos arts. 1.790 e 1.845, a discussão sobre a inclusão ou não do companheiro sobrevivente como herdeiro necessário.

**Jurisprudência:** Ação de anulação de testamento. Improcedência. Inconformismo. Acolhimento em parte. Testamento que excedeu a legítima. Hipótese em que caberia pedido de redução de disposições testamentárias e não de anulação. Aplicação do princípio da economia processual, tendo em vista a idade da viúva e a paralisação do inventário por longo período. Procedência parcial do pedido. Observância da vontade do testador, que pretendeu deixar a viúva como única proprietária do imóvel onde reside. Redução do excesso cometido no testamento que deve recair sobre os demais bens. Sentença reformada para essa finalidade. Recurso provido em parte. (TJSP, Ap. n. 9124470-72.2008.8.26.0000, rel. Grava Brazil, j. 11.05.2010)

Doação inoficiosa. Art. 549 do CC. Doação de apenas um bem à coerdeira, preservando-se o de maior valor e, em consequência, a legítima dos outros filhos. Doadora que se valeu da autorização que lhe é dada pelo art. 1.789 do CC. Circunstância de a donatária receber valor maior que o de seus irmãos que não basta para caracterizar a doação inoficiosa. Decisão acertada. Recurso improvido. (TJSP, Ap. Cível n. 6.502.424.400, rel. Maia da Cunha, j. 25.06.2009)

Pedido de anulação de testamento. Herdeiros necessários. Parte disponível. Inconstitucionalidade do art. 1.789 do CC. Inocorrência. Não se cogita de nulidade de testamento ou inconstitucionalidade do art. 1.789 do CC, se a disponibilidade não ultrapassou a parte disponível dos bens do testador, respeitando a legítima dos demais herdeiros necessários. Recurso improvido. (TJRS, Ap. Cível n. 70.018.303.289, rel. Claudir Fidelis Faccenda, j. 29.03.2007)

---

**Art. 1.790. A companheira ou o companheiro participará da sucessão do outro, quanto aos bens adquiridos onerosamente na vigência da união estável, nas condições seguintes:**

**I – se concorrer com filhos comuns, terá direito a uma quota equivalente à que por lei for atribuída ao filho;**

**II – se concorrer com descendentes só do autor da herança, tocar-lhe-á a metade do que couber a cada um daqueles;**

**III – se concorrer com outros parentes sucessíveis, terá direito a um terço da herança;**

**IV – não havendo parentes sucessíveis, terá direito à totalidade da herança.**

---

Legislação correlata: art. 2º, Lei n. 8.971, de 29.12.1994.

**Inconstitucionalidade declarada pelo STF:** na doutrina e na jurisprudência, este art. 1.790 era dos mais polêmicos do CC/2002, pois havia importante debate sobre sua constitucionalidade, ao diferenciar os direitos sucessórios entre companheiro e cônjuge sobreviventes. A polêmica finalmente se encerrou com a declaração de sua inconstitucionalidade pelo Plenário do STF (RE n. 646.721 e RE n. 878.694, rel. Min. Roberto Barroso, j. 10.05.2017, ementas no tópico a seguir, jurisprudência). O STF considerou inconstitucional a diferenciação de tratamento sucessório entre união estável e casamento e assentou ser aplicável ao companheiro o mesmo regime sucessório do cônjuge, dos arts. 1.829 e seguintes do CC. Por segurança jurídica, promovendo a modulação permitida pelo art. 27 da Lei n. 9.868/99, o STF excluiu dos efeitos da declaração de inconstitucionalidade as partilhas judiciais com trânsito em julgado anterior a 10.05.2017, data do julgamento pelo STF, nas quais tenha sido aplicado o regime diferenciado do art. 1.790. O STF também preservou partilhas extrajudiciais baseadas no art. 1.790, por escrituras públicas anteriores a 10.05.2017.

**Evolução da tutela sucessória do companheiro sobrevivente até o CC/2002:** para melhor compreender a polêmica então existente e os motivos da declaração de inconstitucionalidade pelo STF, convém recapitular brevemente a evolução da proteção sucessória do companheiro sobrevivente. A CF/88 rompeu com o sistema do CC/1916, pelo qual só se conferia proteção jurídica às famílias constituídas pelo casamento, dispondo que outras formas familiares também merecem tutela jurídica do Estado, entre elas fazendo referência expressa à união estável (art. 226, § 3º). Esse comando constitucional foi regulamentado pelas Leis ns. 8.971/94 e 9.278/96. A primeira delas inseriu o companheiro na ordem da vocação hereditária, passando a figurar na primeira posição, concorrendo em usufruto vidual de um quarto da herança com descendentes; na segunda posição, concorrendo em usufruto vidual de metade da herança com ascendentes; e na terceira posição, ao lado do cônjuge, recolhendo a integralidade da herança à falta de descendentes e ascendentes, com preferência sobre os colaterais até o quarto grau. A segunda lei contemplou o companheiro sobrevivente com direito real de habitação no imóvel residencial da família, limitado à duração da viuvez.

A coexistência das Leis ns. 8.971 e 9.278, defendida por boa parte da doutrina, fez com que o companheiro sobrevivente pudesse ser contemplado cumulativamente com usufruto vidual e com direito real de habitação, em posição mais favorável do que a do cônjuge, pois este ou tinha direito ao usufruto, se casado por regime diverso da comunhão universal, ou ao direito real de habitação, se casado por comunhão universal (CC/1916, art. 1.611, §§ 1º e 2º, introduzidos pelo Estatuto da Mulher Casada – Lei n. 4.121/62).

Essa incongruência, de dar tratamento legal mais favorecido ao companheiro, fez surgirem várias correntes doutrinárias e jurisprudenciais. A mais avançada, para harmonizar o sistema, preconizava considerar estendida ao cônjuge, mesmo sem alteração legislativa, o direito à cumulação dos benefícios, do usufruto vidual e do direito real de habitação (sobre as várias correntes: NEVARES, Ana Luiza Maia. *A tutela sucessória do cônjuge e do companheiro na legalidade constitucional.* Rio de Janeiro, Renovar, 2004). Assim, após as referidas leis e até a entrada em vigor do CC/2002, havia equiparação entre as tutelas sucessórias do cônjuge e do companheiro sobreviventes. Essa equiparação era total ou praticamente total, a depender da corrente doutrinária que se adotasse.

**A disciplina pelo CC/2002:** sobrevindo o CC/2002, os direitos sucessórios do companheiro foram tratados exclusivamente neste art. 1.790, revogando as Leis ns. 8.971 e 9.278. Não houve previsão de direito real de habitação para o companheiro, somente para o cônjuge (art. 1.831), mas defendia-se sua subsistência em favor do companheiro, seja pela interpretação de que não poderia ser discriminado em relação ao cônjuge quanto a esse direito; seja pela interpretação, de parte da doutrina, de que o CC/2002 teria revogado a Lei n. 9.278, com exceção de seu art. 7º, que era o que conferia ao companheiro o direito real de habitação. Esse entendimento doutrinário, de manutenção do direito real de habitação em favor do companheiro, foi o que prevaleceu na jurisprudência do STJ (cf. os acórdãos citados no art. 1.831). O usufruto vidual, por sua vez, não foi reproduzido no CC/2002, nem em relação ao companheiro, nem ao cônjuge, porque, respectivamente, nos arts. 1.790 e 1.829, foi substituído pela concorrência do companheiro e do cônjuge, com descendentes e ascendentes, em propriedade plena, não mais em usufruto. Houve equívoco, sem repercussão prática, na colocação do art. 1.790 como disposição geral dentro do Título "Da Sucessão em Geral", porque cuidava, na verdade, de ordem de vocação hereditária, tema do Título "Da Sucessão Legítima".

O que chamou atenção de grande parte da doutrina foi a ruptura com o sistema até então vigente, mencionado anteriormente, de equiparação da tutela sucessória entre cônjuge e companheiro sobreviventes. Pois o art. 1.790 promovia gritante diferenciação entre os regimes sucessórios de cônjuge e companheiro. Pior, ainda, estabelecia contradições insanáveis no sistema, uma vez que, em determinadas situações, acarretava absurdo tratamento legal mais favorecido ao companheiro do que ao cônjuge. A principal diferença e incongruência era a de que o art. 1.790 estabelecia que o companheiro, na concorrência com outros sucessíveis, somente teria cota hereditária sobre os bens adquiridos onerosamente na vigência da união estável, isto é, sobre os chamados aquestos. Como o regime legal da união estável, salvo pacto escrito em contrário, é o da comunhão parcial de bens (art. 1.725), nessa situação, a mais comum, o companheiro tem meação sobre os aquestos e teria, ainda, cota hereditária sobre a outra metade dos aquestos, deixada pelo *de cujus*. Em relação aos aquestos, teria meação mais herança. Nos bens particulares, exclusivos do *de cujus*, não teria meação nem herança. Caso o *de cujus* deixasse somente bens particulares ou quantidade expressiva deles e poucos bens comuns, o companheiro poderia ficar sem meação e herança, ou com meação e herança muito reduzidas, insuficientes para lhe assegurar vida digna.

A regra deste art. 1.790 era invertida em relação ao regime do cônjuge, pois este, na concorrência com descendentes (art. 1.829, I), tem meação nos bens comuns, cota hereditária nos particulares. Nos bens comuns, a lei considerou suficiente ao cônjuge a proteção patrimonial derivada da meação, do regime de bens do casamento. A regra do art. 1.790 era mais favorável ao companheiro quanto aos bens comuns, conferindo-lhe meação mais herança. Na concorrência com os ascendentes (art. 1.829, II), o cônjuge tem participação sucessória sobre tudo, sobre bens comuns e particulares, ou seja, nos comuns recebe meação mais cota hereditária, e nos particulares, cota hereditária. Pelo art. 1.790, concorrendo com ascendentes, o companheiro teria meação e cota hereditária nos bens comuns, nada recebendo dos bens particulares. Por fim, o art. 1.790 colocou o companheiro em pé de igualdade com colaterais até o quarto grau, concedendo ao companheiro um terço da herança, dois terços aos colaterais. Mas essa concorrência se dava nos termos do *caput* do artigo, isto é, sobre os aquestos, de modo que, nos bens comuns, o companheiro teria meação e mais um terço da outra metade deixada pelo *de cujus*. Os bens particulares ficariam para os colaterais, sem participação do companheiro. Seria possível, assim, que, após décadas de união estável, havendo somente bens particulares, nada restasse ao companheiro sobrevivente, com todo o patrimônio do *de cujus* atribuído a um colateral de quarto grau que ele talvez nem conhecesse ou com o qual não tinha nenhum laço afetivo mais significativo. Essa possibilidade de concorrência com colaterais era dos aspectos mais expressivos do retrocesso que o art. 1.790 promovia na posição sucessória do companheiro.

**A origem do art. 1.790:** a explicação histórica sobre a origem do art. 1.790 está na tramitação do projeto do CC/2002, pois em sua forma original, de 1975, não tratava da união estável no direito de família, nem no das sucessões. Como recorda Zeno Veloso ("Do direito sucessório dos companheiros". In: DIAS, Maria Berenice e PEREIRA, Rodrigo da Cunha. *Direito de família e o novo Código Civil*, 2. ed. Belo Horizonte, Del Rey, 2002, p. 248), na tramitação no Senado é que foi apresentada emenda incluindo direito sucessório em favor do companheiro, inspirada no Projeto de CC de Orlando Gomes. Essa emenda foi feita antes da CF/88, o que explica o avanço tímido, mantendo a união estável em nível inferior ao do casamento em alguns aspectos, em outros acarretando a incongruência de tratá-la melhor do que o casamento.

A polêmica sobre a constitucionalidade: a partir da entrada em vigor do CC/2002, corrente doutrinária e jurisprudencial defendia a constitucionalidade do art. 1.790, argumentando que a Constituição reconheceu a união estável como entidade familiar, mas não a teria equiparado à família constituída pelo casamento, tanto que o § 3º do art. 226 da CF prevê que a lei deve facilitar a conversão da união estável em casamento, o que revelaria preferência pela família oriunda deste. Em sentido oposto, pela inconstitucionalidade, argumentava-se que famílias assentadas na união estável ou no casamento são idênticas nos vínculos de afeto, solidariedade e respeito. A diferenciação entre elas se dá pelo modo de sua formação. A Constituição prefere o casamento porque o modo de sua formação confere maior segurança jurídica aos nubentes, em termos de prova do enlace, do regime de bens, da data de sua constituição, da data de sua dissolução etc., o que não significa que a lei possa aviltar a família constituída pela união estável para forçar companheiros a se casarem. Por esse motivo, pela inegável vantagem do casamento em termos de segurança jurídica, é que a CF determina que a lei deve facilitar a conversão de união estável em casamento. Nos aspectos nos quais as famílias, oriundas do casamento ou da união estável, são semelhantes, como é o caso das relações afetivas que geram, não pode haver tratamento legal diferenciado. O vínculo familiar, de afeto, solidariedade e respeito, é o norte do legislador infraconstitucional na disciplina da ordem de vocação hereditária. Nesse sentido, o aprofundado trabalho de Ana Luiza Maia Nevares (op. cit., p. 185 e segs.). Essa segunda posição também nos parecia a mais adequada, pois, efetivamente, não há distinção, em termos de afeto e dignidade, entre as famílias constituídas pelo casamento ou pela união estável. Sem diferenciação entre elas quanto a esse aspecto, parece inaceitável distingui-las quanto à questão sucessória. Além disso, o art. 1.790 não representava opção legislativa consciente por regime sucessório inferior ao companheiro, mas claro equívoco ao instituir sistema invertido em relação ao cônjuge, atribuindo ao companheiro, na concorrência com descendentes, a situação mais usual de todas, cota hereditária sobre bens comuns, o que não era previsto para o cônjuge, causando gravíssima distorção no sistema. Na situação mais comum de todas, de uniões e casamentos que duram muitos anos, resultando prole, havendo quase que somente bens comuns na abertura da sucessão, ou grande preponderância deles, o sistema do art. 1.790 favorecia o companheiro em relação ao cônjuge, o que, em nossa opinião, revela ter ocorrido claro equívoco na introdução dessa regra, sem que se atentasse na ocasião para a grave incoerência sistemática que representava. Em defesa dessa segunda posição, pela inconstitucionalidade, recordávamos em edições anteriores desta obra que, após a CF/88, mas antes da Lei n. 8.971, quando ainda não havia regulamentação infraconstitucional dos direitos derivados da união estável, houve manifestações do STJ – não unânimes nem sempre vitoriosas –, reconhecendo direitos sucessórios ao companheiro pela aplicação direta da CF, equiparando-o ao cônjuge sem necessidade de lei regulamentadora (REsp n. 4.599, rel. Min. Eduardo Ribeiro, j. 09.04.1991, m.v.; e REsp n. 74.467, rel. Min. Carlos Alberto Menezes Direito, j. 20.05.1997, m.v.). No mesmo rumo, antes da Lei n. 8.971, a erudita argumentação do então Desembargador Antonio Cezar Peluso, do TJSP, Ministro do STF, afirmando devido a companheiros tratamento jurídico equiparado ao dos cônjuges, quanto a regime de bens e alimentos, pela aplicação direta da CF (conferência reproduzida na *Revista do Advogado*, da AASP, v. 41, set./1993, p. 28-39).

A polêmica doutrinária repercutiu na jurisprudência. O primeiro precedente do STJ sobre o tema se inclinou pela constitucionalidade do art. 1.790 (REsp n. 1.117.563/SP, rel. Min. Nancy Andrighi, j. 17.12.2009). Nos Tribunais de Justiça, decisões sobre constitucionalidade são apreciadas por seus órgãos especiais (CF, art. 97). O de São Paulo declarou constitucional o art. 1.790 (17 votos a 7, j. 14.09.2011), assim como o do Rio Grande do Sul. O de Minas Gerais considerou o inciso III do art. 1.790 constitucional e o do Paraná, inconstitucional esse mesmo inciso.

**Julgamento pelo STF:** toda essa polêmica se encerrou com a declaração de inconstitucionalidade pelo STF. Trata-se de decisão vinculante, constituindo precedente obrigatório, de observância obrigatória por todos os tribunais e juízes brasileiros (CPC, art. 927, V). Foram julgados na mesma data, 10.05.2017, dois Recursos Extraordinários, ns. 646.721 e 878.694, sobre o tema. A inconstitucionalidade foi declarada por sete votos a três.

O Min. Marco Aurélio, relator original do RE n. 646.721, votou pela constitucionalidade do art. 1.790, sob o fundamento acima referido, de que o art. 226, § 3º, da CF, promove diferenciação entre as entidades familiares, ao dispor que a lei deve facilitar a conversão da união estável em casamento, o que autorizaria a lei infraconstitucional a diferenciá-las em relação a seus regimes patrimoniais, inclusive sucessórios. O tratamento legal diferenciado estaria no âmbito da discricionariedade que a Constituição confere à lei. A escolha por um ou outro regime sucessório, do casamento ou da união estável, seria opção dos nubentes no exercício de sua autonomia privada, na escolha por um desses modelos de família.

Prevaleceu por maioria, no entanto, o entendimento pela inconstitucionalidade, conforme o voto do Min. Roberto Barroso, relator para o acórdão.

O Min. Barroso iniciou o voto observando que o regime sucessório brasileiro envolve a ideia de proteção em dois graus de intensidade, um grau que ele denomina de fraco, correspondente à parte disponível por testamento; e um grau forte, relativo à porção indisponível, à legítima dos herdeiros necessários, este justificado "[...] pela necessidade de assegurar aos familiares mais próximos do sucedido um patamar de recursos que permita que preservem, na medida do possível, o mesmo padrão existencial até então desfrutado". O que demonstra, em seu entender, o vínculo entre o regime sucessório e o conceito de família.

Discorreu, em seguida, sobre o conceito de família, recordando que Constituições anteriores à de 1988 dispunham que a família era constituída pelo casamento, assim como fazia o CC/1916 em seu art. 229. A família era tida como ente autônomo, não como ambiente para desenvolvimento pessoal, e deveria ser tutelada pelo Estado ainda que contra a vontade de seus integrantes. Mas houve evolução nesse conceito a partir da segunda metade do século XX, em razão das múltiplas formas familiares existentes na sociedade, mas sem o correspondente reconhecimento pelo ordenamento jurídico, o que só veio a ocorrer com a CF/88. Salientou o Ministro que o princípio da dignidade da pessoa humana, colocando a pessoa humana no centro das preocupações do Direito, foi o vetor para essa virada na concepção de família, que passa a ser tratada de forma funcionalizada, como instrumento para o desenvolvimento dos indivíduos e para a realização de seus projetos existenciais. O Estado, de seu lado, tem dever de tutelar todas as formas familiares, na justa medida, assegurando ambiente propício para que os integrantes da família possam perseguir suas concepções de uma vida boa, sem limitação da liberdade individual.

Na sequência do voto, o Ministro narrou a evolução dos direitos sucessórios derivados da união estável, concluindo que, pelo regime das Leis ns. 8.971 e 9.278, houve substancial equiparação entre o regime sucessório decorrente do casamento e o da união estável, até que sobreveio o art. 1.790 do CC/2002, promovendo diferenciação entre eles. Mas salientou que a CF não permite hierarquia constitucional entre formas de constituição de família, que autorize instituição entre elas de diversos regimes sucessórios. Fez tal afirmação com base em quatro elementos interpretativos: a) interpretação semântica, uma vez que o art. 226, *caput* e seu § 3º, não diferencia casamento e união estável para fins de proteção estatal; b) interpretação teleológica, pois, se a finalidade da Constituição é de proteger as famílias e seus membros, o dever estatal de proteção não pode se limitar às constituídas pelo casamento, não sendo admissível discriminação entre indivíduos como resultado do tipo familiar que formam; c) interpretação histórica, pois a inspiração do art. 226 foi inclusiva, não de segregar, não se procurou hierarquizar, criando famílias de primeira e de segunda classe; d) interpretação sistemática, porque a menção de que a lei deve facilitar a conversão da união estável em casamento significa que são figuras social e juridicamente distintas, mas a diferenciação legal que se estabelecer entre elas deve estar pautada nas peculiaridades de cada uma, sem que se possa, a esse pretexto, desigualar o nível de proteção estatal conferido aos indivíduos. Acrescentou que a facilitação da conversão em casamento não significa que a família por este constituída seja hierarquicamente superior à resultante de união estável. Essa facilitação tem por razão de ser a segurança jurídica muito mais efetiva derivada do casamento, mas em ambas as famílias, do casamento e da união estável, seus integrantes devem ser tratados com igual respeito e dignidade. Considerou que o art. 1.790 estabelece hierarquia entre os tipos familiares, o que contraria a CF.

Adiante em seu voto, concluiu pela inconstitucionalidade, ainda, pelos seguintes fundamentos: a) violação do princípio da dignidade da pessoa humana, a proibir discriminações ilegítimas, inclusive pelo tipo familiar escolhido pela pessoa. Também pela violação da dignidade da pessoa humana como autonomia privada, ao estabelecer proteção sucessória inferior à união estável, induzindo pessoas que preferem união estável a se valerem do modelo do casamento. Rejeitou o argumento de que a diferença de regimes sucessórios decorreria da própria autonomia privada, argumentando que a autonomia protege a opção entre tipos familiares, não entre regimes sucessórios; b) violação do princípio da vedação do retrocesso, observando que tal princípio não significa proibição de recuo na proteção de direitos, mas vedação de involução desproporcional ou que atinja o núcleo essencial do direito. E conclui ter havido, pelo art. 1.790, retrocesso desproporcional nos direitos sucessórios na união estável.

Pela importância histórica do debate, recomenda-se a leitura dos votos então proferidos, incluindo-se especialmente o voto acima resumido, do Min. Roberto Barroso, e o voto vencedor, com substanciosas considerações, do Min. Edson Fachin.

**Exceções à declaração de inconstitucionalidade pelo STF:** como acima mencionado, ao declarar o art. 1.790 inconstitucional, o STF promoveu a modulação permitida pelo art. 27 da Lei n. 9.868/99, ou seja, o STF, com quórum de dois terços de seus membros, por razões de segurança jurídica ou excepcional interesse social, pode restringir os efeitos da declaração de inconstitucionalidade ou decidir que só tenha eficácia a partir de seu trânsito em julgado ou outro momento que venha a ser fixado. No exercício dessa modulação, o STF preservou as partilhas judiciais, com trânsito em julgado anterior a 10.05.2017, data do julgamento pelo STF, que tenham aplicado o regime do art. 1.790. Também preservou partilhas por escritura pública lavradas até essa mesma data.

Confira-se, no tópico jurisprudência, julgado do STJ no qual, interpretando-se essa modulação, foi decidido que, em inventário no qual havia decisão interlocutória aplicando o art. 1.790, mas sem trânsito em julgado de sentença anterior a 10.05.2017, deveria ser revista a questão, aplicando-se a inconstitucionalidade declarada pelo STF, aplicando-se o art. 1.829, afastando-se a incidência do art. 1.790.

**Regime sucessório do companheiro a partir do julgamento do STF. A ordem da vocação hereditária:** diante do resultado desse julgamento pelo STF, a tutela sucessória do companheiro se tornou, definitivamente, equiparada à do cônjuge.

O que significa, em primeiro lugar, que, na ordem da vocação hereditária (art. 1.829), assim como o cônjuge, na primeira posição (inciso I) concorre com descendentes nos bens particulares, não nos comuns nos quais já protegido pela meação derivada do regime de bens da união estável (cf. os comentários ao art. 1.829 sobre essa regra, de meação nos bens comuns, cota hereditária nos particulares). Tem direito a cota hereditária em propriedade plena sobre os bens particulares, na proporção prevista no art. 1.832. Ainda na concorrência com os descendentes, o companheiro passa a se sujeitar às mesmas limitações do cônjuge casado pelo regime de separação obrigatória de bens (art. 1.829, I), na hipótese de a constituição da união estável ter ocorrido em situação tal que, se houvesse casamento, o regime de separação seria obrigatório. Pois, segundo o inciso I do art. 1.829, se era casamento por separação obrigatória de bens, o cônjuge não concorre com descendentes. Se o companheiro pudesse concorrer nas mesmas circunstâncias, teria tratamento mais favorável do que o cônjuge, o que parece inadmissível (sobre essa vedação de concorrência do cônjuge com descendentes, se o regime é da separação, confiram-se os comentários respectivos no art. 1.829, com sugestão de temperamento na interpretação dessa regra).

Na segunda posição da ordem da vocação hereditária (inciso II do art. 1.829), o companheiro concorre em propriedade plena com ascendentes, sobre bens comuns e particulares, indistintamente, de modo que, nos comuns, tem meação e mais cota hereditária concorrente na outra metade deixada pelo *de cujus*. Observam-se, nesse caso, as proporções de concorrência previstas no art. 1.837.

Na terceira posição (inciso III), o companheiro está ao lado do cônjuge, com preferência sobre os colaterais, recolhendo a integralidade da herança à falta de descendentes e ascendentes, não importando o regime de bens da união estável.

**Direito real de habitação:** pela equiparação promovida pelo STF, consolida-se definitivamente a orientação anterior a esse julgamento, de que o direito real de habitação, assegurado ao cônjuge pelo art. 1.831, qualquer que seja o regime de bens do casamento, estende-se ao companheiro, nas mesmas condições (sobre as nuances do direito real de habitação, confiram-se os comentários ao art. 1.831).

**Herdeiro necessário:** em tese, pelo resultado do julgamento do STF, seria o caso de afirmar que também estaria encerrada outra polêmica doutrinária, sobre a posição do companheiro como herdeiro necessário por equiparação ao cônjuge. Havia argumentos doutrinários a favor e contra (cf. os comentários ao art. 1.845). Se o STF proibiu distinções derivadas da forma familiar escolhida pelo indivíduo, porque não há cidadãos ou famílias de primeira ou segunda classe, seria o caso de afirmar que o companheiro é herdeiro necessário por equiparação ao cônjuge. Essa a posição que defendíamos no comentário ao art. 1.845 e que consideramos reforçada pelo referido julgamento pelo STF.

Ocorre que, em seu voto no julgamento de inconstitucionalidade do art. 1.790, o Min. Edson Fachin tratou de argumento dos defensores da constitucionalidade, de que a união estável difere do casamento pelo elemento subjetivo, ou seja, de que pessoas que optam por união estável visam maior liberdade. O Min. Fachin rechaçou o argumento, afirmando que união estável não é união livre, não sendo esse elemento subjetivo apto a justificar menor proteção legal a companheiros do que a cônjuges. Acrescentou que, se assim fosse, se esse elemento subjetivo de maior liberdade autorizasse proteção sucessória inferior ao casamento, seria o caso de afastar, igualmente, a proteção legal que impõe a comunhão parcial de bens na união estável à falta de contrato escrito. Em seguida – e esse é o ponto crucial –, como reforço dessa argumentação, o Min. Fachin afirmou que a liberdade patrimonial dos conviventes já é assegurada com o não reconhecimento do companheiro como herdeiro necessário, de modo que poderia ser afastado da sucessão por testamento. O Ministro deixou claro, assim, seu entendimento de que a equiparação reconhecida no julgamento do Plenário não é completa, pois o companheiro seria herdeiro legítimo facultativo, não necessário, ao contrário do cônjuge.

Sobre essa afirmação do Ministro, é de se observar, em primeiro lugar, que se tratou de mero argumento de reforço. Não foi objeto de consideração pelos demais Ministros. Na teoria de precedentes obrigatórios instituída pelo CPC/2015, esse argumento do Min. Fachin não constituiu parte da chamada razão de decidir (*ratio decidendi*), dos argumentos que delimitam o alcance do que se tornou de observância obrigatória para todos os tribunais e juízes. Trata-se, ao contrário, do que a doutrina denomina de *obiter dictum*, ou seja, dito de passagem, sem integrar a razão de decidir e, por conseguinte, sem caráter vinculante.

Em segundo lugar, não nos parece correta essa afirmação, pois, em nosso entender, todos os demais argumentos invocados pela corrente do STF vitoriosa nesse julgamento, incluindo as demais ponderações feitas pelo próprio Min. Fachin, impedem tratamento diferenciado entre cônjuge e companheiro, inclusive, portanto, sobre o tema da sucessão necessária, motivo pelo qual nos parece que se impõe a conclusão de que o companheiro é herdeiro necessário assim como o cônjuge (para aprofundamento dessa questão, cf. o comentário ao art. 1.845).

Não obstante, parece-nos que, subjacente a essa afirmação do Min. Fachin, há preocupação legítima de assegurar por via interpretativa espaço de maior liberdade de escolha sobre o grau de tutela sucessória na união estável, permitindo-se que, em determinadas situações específicas, os companheiros possam, por conveniência de ambos, afastar a proteção legal imperativa. A proteção legal imperativa em todas as circunstâncias da vida parece tolher em demasia a autonomia privada dos conviventes. Suponha-se pessoas que já se casaram anteriormente ou mantiveram uniões estáveis, com filhos anteriores, ambos bem estabelecidos, com patrimônio e rendas próprias, que pretendam se unir, não desejando nenhuma comunicação patrimonial, nem mesmo por sucessão hereditária, para evitar futuro condomínio indesejado, entre o companheiro sobrevivente e filhos de uniões anteriores etc. Nessas circunstâncias, o casal pode optar por pacto escrito de separação total de bens, evitando-se a comunicação patrimonial durante a união estável. Mas, se o companheiro sobrevivente for herdeiro necessário, haverá comunicação patrimonial necessariamente por sucessão *causa mortis*. Caso não haja uma brecha no sistema, uma válvula de escape, o casal pode desistir de formar união estável, de constituir família, base da sociedade, para evitar esse efeito indesejado. Uma norma infraconstitucional que, aplicada incondicionalmente, leva ao extremo de desestimular a formação de novas famílias, parece que deve sofrer temperamento interpretativo à luz da Constituição. A solução que propomos não é a de diferenciar companheiro e cônjuge, considerando aquele como herdeiro facultativo, este como necessário, pois isso acarretaria a diferenciação arbitrária entre formas familiares que o STF afastou no referido julgamento. Parece-nos que a solução mais adequada seria a sugerida no comentário ao art. 1.829, quando tratamos do regime de separação convencional total de bens no casamento, ou seja, se os cônjuges optaram pela separação total de bens, não desejando nenhuma comunicação patrimonial em vida, deve-lhes ser assegurado que também possam, caso queiram, excluir toda comunicação patrimonial por sucessão *causa mortis*. Em nosso entender, poderiam fazer essa opção, admissível no âmbito da autonomia privada, no pacto antenupcial, ou posteriormente por alteração do regime de bens (art. 1.639, § 2º), com renúncia antecipada à herança um do outro (cf. o respectivo comentário ao art. 1.829, no tópico "separação convencional"). Sugerimos que esse mesmo entendimento seja aplicado à união estável, isto é, se os conviventes pactuarem regime de separação total de bens, podem, em acréscimo, visando evitar comunicação patrimonial por sucessão *causa mortis*, renunciar antecipadamente à herança um do outro. Essa é a interpretação que reputamos mais adequada, pois, além de resolver o referido problema no sistema, mantém tratamento igualitário entre casamento e união estável nesse aspecto em que não há razão para diferenciá-los. É *muito importante* observar, no entanto, que por ora está prevalecendo no STJ o entendimento de que a concorrência do cônjuge com descendentes, no regime de separação total, é necessária, inafastável pela vontade dos nubentes, ou seja, orientação oposta à acima defendida, de relativização da proteção sucessória imperativa quando o regime de bens for o da separação total (cf., no art. 1.829, o comentário a respeito e as ementas desses julgados do STJ).

**União homoafetiva:** por último, tudo o que foi exposto sobre tutela sucessória na união estável se aplica à união homoafetiva, diante da equiparação assegurada pelo STF, na ADI n. 4.277 e na ADPF n. 132, ambas de relatoria do Min. Ayres Britto e julgadas em 05.05.2011.

**Jurisprudência:** Agravo de instrumento. Inventário. Regime sucessório dos companheiros em união estável. Insurgência em face da r. decisão que aduziu o respeito à coisa julgada material, devendo o inventariante/companheiro apresentar últimas declarações com plano de partilha. Alegações de que não há plano de partilha apresentado ou homologado, e não havendo trânsito em julgado da sentença de partilha até o momento, incide o RE n. 878.694 à espécie. Cabimento em parte. Incidência da modulação de efeitos disposta no RE n. 878.694 (Tema n. 809 do Col. STF), que declarou a inconstitucionalidade do art. 1.790 do CC, equiparando os companheiros aos cônjuges, além da harmonização jurisprudencial decorrente do entendimento firmado pelo STJ a respeito (RE n. 1.904.374), incidindo a tese, ainda que tenha sido proferida alguma decisão preclusa. Aplicabilidade às ações de inventário em que ainda não foi proferida a sentença de partilha, marco temporal eleito pelo STF para modular os efeitos da tese fixada no julgamento do Tema n. 809. Necessidade de aplicação do tema ao caso em voga, vez que ainda não prolatada a referida sentença. Decisão reformada. Recurso parcialmente provido para determinar as adequações do acervo hereditário nos termos da fundamentação. (TJSP, AI n. 21822771320248260000, rel. Jair de Souza, 10ª Câm. de Dir. Priv., j. 09.10.2024)

[...] 2 – Os propósitos recursais consistem em definir: (i) se o acórdão recorrido teria deixado de observar precedente vinculante firmado pelo STF por ocasião do julgamento do Tema n. 809 da repercussão geral, especialmente no que se refere à modulação de efeitos; (ii) se a homologação judicial seria condição de validade ou eficácia do acordo firmado entre as partes; (iii) se seria admissível a condenação por litigância de má-fé; (iv) se seria admissível a condenação em honorários de sucumbência recursais na hipótese em que não houve o arbitramento da verba em 1º grau de jurisdição. 3 – Ao declarar a inconstitucionalidade do art. 1.790 do CC/2002 (Tema n. 809), o STF modulou temporalmente a aplicação da tese para apenas "os processos judiciais em que ainda não tenha havido trânsito em julgado da sentença de partilha", de modo a tutelar a confiança e a conferir previsibilidade às relações finalizadas sob as regras antigas (ou seja, às ações de inventário concluídas nas quais foi aplicado o art. 1.790 do CC/2002). 4 – Embora as interpretações subsequentes da modulação de efeitos não devam acrescer conteúdo aquilo que o intérprete autêntico pretendeu, em caráter excepcional, proteger e salvaguardar, não se pode olvidar que determinadas hipóteses podem não ter sido contempladas pela modulação ou podem não se amoldar adequadamente à modulação. 5 – Examinando-se a *ratio decidendi* do precedente firmado no julgamento do Tema n. 809/STF, verifica-se que a modulação tem por finalidade preservar as relações finalizadas sobre as regras antigas (art. 1.790 do CC/2002), de modo que a eleição do marco temporal do trânsito em julgado da sentença de partilha dialoga perfeitamente com as hipóteses em que haverá solução heterocompositiva do litígio entre os herdeiros, pois esse será o momento em que, por decisão judicial meritória da qual não houve ou não cabe mais recurso, o litígio cessará em definitivo. 6 – Para as hipóteses de solução autocompositiva, contudo, o momento da cessação definitiva do litígio entre os herdeiros, da finalização e da conclusão do inventário e da relação jurídica havida entre eles pode não ser o trânsito em julgado da sentença homologatória do acordo de partilha, especialmente quando as partes, capazes e concordes, transacionam sobre o direito disponível conferindo eficácia e executoriedade imediata ao negócio jurídico celebrado. 7 – De outro lado, os arts. 659 do CPC/2015 e 2.015 do CC/2002 não condicionam a produção de efeitos do acordo à prévia homologação judicial, não se inserindo essa hipótese no escopo da modulação de efeitos realizada no julgamento do Tema n. 809/STF, uma vez que: (i) em se tratando de solução autocompositiva do litígio, vigora o princípio do autorregramento da vontade, de modo que é lícito às partes conferir executoriedade imediata ao acordo; (ii) ainda que ausente regra convencional expressa, o acordo sobre direito disponível produz efeitos interpartes imediatamente, vinculando-as independentemente prolação de sentença homologatória, que vinculará o juiz após o exame dos requisitos formais e que tem por finalidade conferir publicidade e eficácia em relação a terceiros; (iii) se partes capazes e concordes podem entabular acordo de partilha de bens mediante escritura pública, por igual razão o acordo de partilha de bens celebrado por partes capazes e concordes no curso de ação de inventário não depende de homologação judicial para ser reputado como válido ou eficaz. 8 – É igualmente importante destacar que a modulação de efeitos realizada pelo STF por ocasião do julgamento do Tema n. 809 tem como base a tutela de valores caros ao ordenamento jurídico, como a segurança jurídica, a confiança e a previsibilidade das relações, mas não para tutelar as posturas contraditórias, o *venire contra factum proprium* e as condutas despidas de boa-fé, como na hipótese em uma das partes celebra acordo com cláusula em que assume o compromisso de não se insurgir contra a avença, mas, diante da superveniente declaração de inconstitucionalidade do art. 1.790 do CC/2002, insurge-se contra o acordo validamente celebrado. 9 – A tese firmada no julgamento do Tema n. 809/STF declarou a inconstitucionalidade do art. 1.790 do CC/2002 para conceder aos conviventes os mesmos direitos sucessórios que o art. 1.829 do CC/2002 concedia aos cônjuges, mas não proibiu que os herdeiros capazes e concordes livremente disponham sobre o acervo hereditário da forma que melhor lhes convier, inclusive de modo a retratar fielmente a regra declarada inconstitucional, sem que haja nenhum vício quanto ao objeto da avença [...]. (STJ, REsp n. 2.003.759/RJ, rel. Min. Nancy Andrighi, j. 06.09.2022)

Inventário. Partilha. Imóvel adquirido pelo *de cujus* antes de união estável. Autora que expressamente abriu mão do direito sucessório sobre o bem. Plano apresentado conforme suas manifestações e contra o qual não oposta qualquer resistência. Insurgência somente após a homologação da partilha por sentença, invocando-se a inconstitucionalidade do art. 1.790 do CC. Inovação. Inadmissibilidade. Princípio da boa-fé e da segurança jurídica. Recurso improvido. (TJSP, 1004026-26.2018.8.26.0347, rel. Augusto Rezende, j. 13.05.2022)

[...] 4 – Considerando que a lei incompatível com o texto constitucional padece do vício de nulidade, a declaração de sua inconstitucionalidade, de regra, produz efeito *ex tunc*, ressalvadas as hipóteses em que, no julgamento pelo STF, houver a modulação temporal dos efeitos, que é excepcional. 5 – Da excepcionalidade da modulação decorre a necessidade de que o intérprete seja restritivo, a fim de evitar inadequado acréscimo de conteúdo sobre aquilo que o intérprete autêntico pretendeu proteger e salvaguardar. 6 – Ao declarar a inconstitucionalidade do art. 1.790 do CC/2002 (Tema n. 809), o STF modulou temporalmente a aplicação da tese para apenas "os processos judiciais em que ainda não tenha havido trânsito em julgado da sentença de partilha", de modo a tutelar a confiança e a conferir previsibilidade às relações finalizadas sob as regras antigas (ou seja, às ações de inventário concluídas nas quais foi aplicado o art. 1.790 do CC/2002). 7 – Aplica-se a tese fixada no Tema n. 809/STF às ações de inventário em que ainda não foi proferida a sentença de partilha, ainda que tenha havido, no curso do processo, a prolação de decisão que, aplicando o art. 1.790 do CC/2002, excluiu herdeiro da sucessão e que a ela deverá retornar após a declaração de inconstitucionalidade e a consequente aplicação do art. 1.829 do CC/2002. 8 – Não são equiparáveis, para os fins da aplicação do Tema n. 809/STF, as sentenças de partilha transitadas em julgado e as decisões que, incidentalmente, versam sobre bens pertencentes ao espólio, uma vez que a inconstitucionalidade de lei, enquanto questão de ordem pública, é matéria suscetível de arguição em impugnação ao cumprimento de sentença e que, com muito mais razão, pode ser examinada na fase de conhecimento. 9 – Recurso especial conhecido e desprovido. (STJ, REsp n. 1.904.374/DF, 3ª T., rel. Min. Nancy Andrighi, j. 13.04.2021, *DJe* 15.04.2021)

[...] 4 – O juízo do inventário, após a prolação de sentença homologatória de acordo de partilha irrecorrida e antes da expedição do respectivo formal, reconhecer a existência de vício grave consistente na ausência de citação de litisconsorte necessário e, assim, a inexistência jurídica da sentença por ele proferida, que não transita em julgado e tampouco forma coisa julgada material. 5 – A inexistência jurídica da sentença pode ser declarada em ação autônoma (*querela nullitatis insanabilis*) e também no próprio processo em que proferida, na fase de cumprimento de sentença ou até antes dela, se possível, especialmente na hipótese em que a matéria foi previamente submetida ao crivo do contraditório e não havia a necessidade de dilação probatória. 6 – Em virtude dos limites subjetivos da coisa julgada, o formal de partilha será título executivo judicial apenas em relação ao inventariante, aos herdeiros e aos sucessores a título singular ou universal, não alcançando, contudo, terceiros, como o litisconsorte necessário não citado para o inventário. 7 – Declarada a inexistência jurídica da sentença na própria ação de inventário, deve ser aplicada a tese firmada pelo STF no julgamento do Tema n. 809, por meio da qual foi declarada a inconstitucionalidade do art. 1.790 do CC/2002 [...]. (STJ, REsp n. 1.857.852/SP, 3ª T., rel. Min. Nancy Andrighi, j. 16.03.2021, *DJe* 22.03.2021)

Declaração de inconstitucionalidade pelo STF. *Ementa*: Direito constitucional e civil. Recurso extraordinário. Repercussão geral. Inconstitucionalidade da distinção de regime sucessório entre cônjuges e companheiros. 1 – A Constituição brasileira contempla diferentes formas de família legítima, além da que resulta do casamento. Nesse rol incluem-se as famílias formadas mediante união estável. 2 – Não é legítimo desequiparar, para fins sucessórios, os cônjuges e os companheiros, isto é, a família formada pelo casamento e a formada por união estável. Tal hierarquização entre entidades familiares é incompatível com a Constituição de 1988. 3 – Assim sendo, o art. 1.790 do CC, ao revogar as Leis ns. 8.971/94 e 9.278/96 e discriminar a companheira (ou o companheiro), dando-lhe direitos sucessórios bem inferiores aos conferidos à esposa (ou ao marido), entra em contraste com os princípios da igualdade, da dignidade humana, da proporcionalidade como vedação à proteção deficiente, e da vedação do retrocesso. 4 – Com a finalidade de preservar a segurança jurídica, o entendimento ora firmado é aplicável apenas aos inventários judiciais em que não tenha havido trânsito em julgado da sentença de partilha, e às partilhas extrajudiciais em que ainda não haja escritura pública. 5 – Provimento do recurso extraordinário. Afirmação, em repercussão geral, da seguinte tese: "No sistema constitucional vigente, é inconstitucional a distinção de regimes sucessórios entre cônjuges e companheiros, devendo ser aplicado, em ambos os casos, o regime estabelecido no art. 1.829 do CC/2002". (STF, RE n. 878.694, rel. Min. Roberto Barroso, Tribunal Pleno, j. 10.05.2017)

Direito constitucional e civil. Recurso extraordinário. Repercussão geral. Aplicação do art. 1.790 do CC à sucessão em união estável homoafetiva. Inconstitucionalidade da distinção de regime sucessório entre cônjuges e companheiros. 1 – A Constituição brasileira contempla diferentes formas de família legítima, além da que resulta do casamento. Nesse rol incluem-se as famílias formadas mediante união estável, hétero ou homoafetivas. O STF já reconheceu a "inexistência de hierarquia ou diferença de qualidade jurídica entre as duas formas de constituição de um novo e autonomizado núcleo doméstico", aplicando-se a união estável entre pessoas do mesmo sexo as mesmas regras e mesas consequências da união estável heteroafetiva (ADI n. 4.277 e ADPF n. 132, rel. Min. Ayres Britto, j. 05.05.2011). 2 – Não é legítimo desequiparar, para fins sucessórios, os cônjuges e os companheiros, isto é, a família formada pelo casamento e a formada por união estável. Tal hierarquização entre entidades familiares é incompatível com a Constituição de 1988. Assim sendo, o art. 1790 do CC, ao revogar as Leis n. 8.971/94 e n. 9.278/96 e discriminar a companheira (ou o companheiro), dando-lhe direitos sucessórios bem inferiores aos conferidos à esposa (ou ao marido), entra em contraste com os princípios da igualdade, da dignidade humana, da proporcionalidade como vedação à proteção deficiente e da vedação do retrocesso. 3 – Com a finalidade de preservar a segurança jurídica, o entendimento ora firmado é aplicável apenas aos inventários judiciais em que não tenha havido trânsito em julgado da sentença de partilha e às partilhas extrajudiciais em que ainda não haja escritura pública. 4 – Provimento do recurso extraordinário. Afirmação, em repercussão geral, da seguinte tese: "No sistema constitucional vigente, é inconstitucional a distinção de regimes sucessórios entre cônjuges e companheiros, devendo ser aplicado, em ambos os casos, o regime estabelecido no art. 1.829 do CC/2002". (STF, RE n. 646.721, Tribunal Pleno, rel. p/ ac. Min. Roberto Barroso, j. 10.05.2017)

Recurso especial. Direito civil. Ação de anulação de adoção. Ilegitimidade ativa. Sucessão. Casamento e união estável. Regimes jurídicos diferentes. Art. 1.790, CC/2002. Inconstitucionalidade declarada pelo STF. Equiparação. CF/1988. Nova fase do direito de família. Variedade de tipos interpessoais de constituição de família. Art. 1.829, CC/2002. Incidência ao casamento e à união estável. Marco temporal. Sentença com trânsito em julgado. 1 – A diferenciação entre os regimes sucessórios do casamento e da união estável, promovida pelo art. 1.790 do CC/2002 é inconstitucional, por violar o princípio da dignidade da pessoa humana, tanto na dimensão do valor intrínseco, quanto na dimensão da autonomia. Ao outorgar ao companheiro direitos sucessórios distintos daqueles conferidos ao cônjuge pelo art. 1.829, CC/2002, produz-se lesão ao princípio da proporcionalidade como proibição de proteção deficiente. Decisão proferida pelo Plenário do STF, em julgamento havido em 10.05.2017, nos RE n. 878.694/MG e RE n. 646.721/RS. 2 – Na hipótese dos autos, o art. 1.790, III, do CC/2002 foi invocado para fundamentar o direito de sucessão afirmado pelos recorridos (irmãos e sobrinhos do falecido) e consequente legitimidade ativa em ação de anulação de adoção. É que, declarada a nulidade da adoção, não subsistiria a descendência, pois a filha adotiva perderia esse título, deixando de ser herdeira, e, diante da inexistência de ascendentes, os irmãos e sobrinhos seriam chamados a suceder, em posição anterior à companheira sobrevivente. 3 – A partir da metade da década de 80, o novo perfil da sociedade se tornou tão evidente, que impôs a realidade à ficção jurídica, fazendo-se necessária uma revolução normativa, com reconhecimento expresso de outros arranjos familiares, rompendo-se, assim, com uma tradição secular de se considerar o casamento, civil ou religioso, com exclusividade, o instrumento por excelência vocacionado à formação de uma família. 4 – Com a CF/88, uma nova fase do direito de família e, consequentemente, do casamento, surgiu, baseada num explícito poliformismo familiar, cujos arranjos multifacetados foram reconhecidos como aptos a constituir esse núcleo doméstico chamado família, dignos da especial proteção do Estado, antes conferida unicamente àquela edificada a partir do casamento. 5 – Na medida em que a própria Carta Magna abandona a fórmula vinculativa da família ao casamento e passa a reconhecer, exemplificadamente, vários tipos interpessoais aptos à constituição da família, emerge, como corolário, que, se os laços que unem seus membros são oficiais ou afetivos, torna-se secundário o interesse na forma pela qual essas famílias são constituídas. 6 – Nessa linha, considerando que não há espaço legítimo para o estabelecimento de regimes sucessórios distintos entre cônjuges e companheiros, a lacuna criada com a declaração de inconstitucionalidade do art. 1.790 do CC/2002 deve ser preenchida com a aplicação do regramento previsto no art. 1.829 do CC/2002. Logo, tanto a sucessão de cônjuges como a sucessão de companheiros devem seguir, a partir da decisão desta Corte, o regime atualmente traçado no art. 1.829 do CC/2002 (RE n. 878.694/MG, rel. Min. Luís Roberto Barroso). 7 – A partir do reconhecimento de inconstitucionalidade, as regras a serem observadas, postas pelo STF, são as seguintes: a) em primeiro lugar, ressalte-se que, para que o estatuto sucessório do casamento valha para a união estável, impõe-se o respeito à regra de transição prevista no art. 2.041 do CC/2002, valendo o regramento desde que a sucessão tenha sido aberta a partir de 11.01.2003; b) tendo sido aberta a sucessão a partir de 11.01.2003, aplicar-se-ão as normas do art. 1.829 do CC/2002 para os casos de união estável, mas aos processos judiciais em que ainda não tenha havido trânsito em julgado da sentença de partilha, assim como às partilhas extrajudiciais em que ainda não tenha sido lavrada escritura pública, na data de publicação do julgamento do RE n. 878.694/MG; c) aos processos judiciais com sentença transitada em julgado, assim como às partilhas extrajudiciais em que tenha sido lavrada escritura pública, na data daquela publicação, valerão as regras dispostas no art. 1.790 do CC/2002. 8 – Recurso especial provido. (STJ, REsp n. 1.337.420, rel. Min. Luis Felipe Salomão, j. 22.08.2017)

Recurso especial. Civil. Processual civil. Direito de família e das sucessões. Distinção de regime sucessório entre cônjuges e companheiros. Impossibilidade. Art. 1.790 do CC/2002. Inconstitucionalidade. STF. Repercussão geral reconhecida. Art. 1.829 do CC/2002. Princípios da igualdade, dignidade humana, proporcionalidade e da razoabilidade. Incidência. Vedação ao retrocesso. Aplicabilidade. 1 – No sistema constitucional vigente é inconstitucional a distinção de regimes sucessórios entre cônjuges e companheiros, devendo ser aplicado em ambos os casos o regime estabelecido no art. 1.829 do CC/2002, conforme tese estabelecida pelo STF em julgamento sob o rito da repercussão geral (Recursos Extraordinários ns. 646.721 e 878.694). 2 – O tratamento diferenciado acerca da participação na herança do companheiro ou cônjuge falecido conferido pelo art. 1.790 do CC/2002 ofende frontalmente os princípios da igualdade, da dignidade humana, da proporcionalidade e da vedação ao retrocesso. 3 – Ausência de razoabilidade do discrímen à falta de justo motivo no plano sucessório. 4 – Recurso especial provido. (STJ, REsp n. 1.332.773, rel. Min. Ricardo Villas Bôas Cueva, j. 27.06.2017)

## CAPÍTULO II
## DA HERANÇA E DE SUA ADMINISTRAÇÃO

**Art. 1.791. A herança defere-se como um todo unitário, ainda que vários sejam os herdeiros.**

**Parágrafo único. Até a partilha, o direito dos coerdeiros, quanto à propriedade e posse da herança, será indivisível, e regular-se-á pelas normas relativas ao condomínio.**

Sendo a herança uma universalidade, sobre ela os herdeiros têm partes ideais, não individualizadas em face de determinados bens. Por isso é considerada, até a partilha, como um todo unitário. A lei equipara a situação dos herdeiros à do condômino. Por força dessa equiparação, como decorrência do que estatui o art. 1.314, o herdeiro, ainda que não exerça posse direta sobre bens da herança, pode defendê-los em face de terceiros, inclusive mediante interditos possessórios, sem necessidade de agir em litisconsórcio com os demais herdeiros. O CC/1916, no art. 1.580, parágrafo único, estabelecia expressamente que o terceiro não pode opor ao herdeiro o caráter parcial do direito deste nos bens da sucessão. Tal menção foi suprimida por ser desnecessária ante a expressa afirmação de se aplicarem as regras do condomínio, inclusive a do art. 1.314 citado, que autoriza ao condômino, agindo isoladamente, defender a posse do bem comum.

**Jurisprudência:** Agravo de instrumento. Ação de imissão na posse. Determinação da emenda da inicial para inclusão dos demais proprietários do imóvel no polo ativo da demanda. Litisconsórcio ativo necessário. Inexistência. O direito hereditário é forma de aquisição da propriedade imóvel (princípio da *saisine*), assim, aberta a sucessão, o domínio e a posse da herança transmitem-se incontinenti aos herdeiros, e o patrimônio comum, por força do princípio da universalidade, deve ser regido pelas normas que dispõem sobre o condomínio, garantindo, assim, a qualquer um dos herdeiros/sucessores legitimidade para reclamar o bem, integrante do acervo hereditário, de terceiro que indevidamente o possua, além de propor ações conexas. Desnecessidade de inclusão dos demais condôminos no polo ativo da demanda. Recurso provido. (TJSP, AI n. 2344430-27.2023.8.26.0000, rel. Alcides Leopoldo, 4ª Câm. de Dir. Priv., j. 05.02.2024)

Agravo de instrumento. Ação de inventário. Insurgência contra decisão que determinou que o inventariante deverá se abster de utilizar o imóvel para sua moradia, diante da discordância dos demais herdeiros. Bem objeto de inventário. Ocupante do imóvel que também é herdeiro. Até que se faça a partilha do acervo hereditário, o direito das partes, quanto à propriedade e posse da herança, é indivisível e regula-se pelas normas referentes ao condomínio. Inteligência do art. 1.791, parágrafo único, do CC – cabível eventual ajuizamento de ação autônoma para fixação de aluguel pelo uso exclusivo do bem imóvel comum. Recurso provido. (TJSP, AI n. 2299303-66.2023.8.26.0000, rel. Moreira Viegas, 5ª Câm. de Dir. Priv., j. 24.01.2024)

Apelação. Reintegração de posse. Demanda proposta pelo genitor contra a filha. Imóvel adquirido pelo autor e sua esposa, casados sob o regime de comunhão universal de bens. Falecimento da mulher. Direitos de posse sobre o bem transmitido automaticamente aos herdeiros, dentre os quais à ré (princípio de *saisine*), independentemente de inventário. Posse dos herdeiros tem natureza indivisível/condomínio (art. 1.791, CC/2002). Falta de interesse de agir para a ação possessória reconhecida, pois se trata de bem comum. Sentença reformada. Recurso provido. (TJSP, AC n. 1001140-71.2019.8.26.0233/SP, rel. Paulo Alcides, 21ª Câm. de Dir. Priv., j. 02.02.2023, publ. 02.02.2023)

Agravo de instrumento. Ação de inventário. Decisão que determinou o depósito em juízo de valores percebidos a título de alugueres. Insurgência da companheira do falecido. Não acolhimento. Aluguéis que se agregam à herança, sendo indivisíveis até a partilha, nos termos do art. 1.791, parágrafo único, do CCB. Recurso não provido. (TJSP, AI n. 2179888-60.2021.8.26.0000, rel. Maria de Lourdes Lopez Gil, j. 31.03.2022)

Apelação. Ação de arbitramento de aluguel c/c desocupação. Sentença de improcedência. Inconformismo da parte autora. Quando o bem é utilizado por herdeiro, podem os demais ou um deles manusear ação de arbitramento de aluguel com o fito em obrigar aquele a utiliza a pagar aluguel, conforme dispõe os arts. 1.791, parágrafo único, e 1.319, ambos do CC. Possibilidade de cobrança de aluguéis pelo uso exclusivo do bem por um dos herdeiros, no caso filho de um deles, a partir da notificação extrajudicial. Sentença reformada. Recurso a que se dá provimento. (TJSP, Ap. n. 1002182-64.2020.8.26.0543, rel. José Rubens Queiroz Gomes, j. 10.12.2021)

1 – A parte agravante insurge-se contra decisão que determinou a habilitação do cônjuge e dos filhos do falecido (autor da ação de usucapião) afirmando a necessidade da abertura de inventário. 2 – O CPC/73, em vigor quando do óbito do autor da ação, prescrevia, no art. 1.060, I: "Proceder-se-á à habilitação nos autos da causa principal e independentemente de sentença quando: I – promovida pelo cônjuge e herdeiros necessários, desde que provem por documento o óbito do falecido e a sua qualidade". 3 – A jurisprudência do STJ orienta-se no sentido de que os herdeiros são legitimados para pleitear direitos transmitidos pelo falecido, não se mostrando imprescindível a abertura do inventário. Nesse sentido: Ag. Int. no AREsp n. 1.073.844, 1ª T., rel. Min. Napoleão Nunes Maia Filho, *DJe* 01.10.2018; AgInt no REsp n. 1.600.735, 1ª T., rel. Min. Regina Helena Costa, *DJe* 05.09.2016; Ag. Reg. no AREsp n. 669.686, 1ª T., rel. Min. Sérgio Kukina, *DJe* 01.06.2015. 4 – Agravo interno não provido. (STJ, Ag. Int. na Pet. no REsp n. 1.667.288, rel. Min. Herman Benjamin, j. 14.05.2019)

Recurso especial. Civil. Ação de inventário. Despesas de IPTU e taxa condominial de imóvel, objeto da herança, referentes a período posterior à abertura da sucessão. Utilização do bem de forma exclusiva pela inventariante (viúva) e sem qualquer contrapartida financeira aos demais herdeiros. Necessidade de abatimento dos respectivos valores de seu quinhão, sob pena de enriquecimento sem causa. Manutenção do acórdão recorrido. Recurso especial desprovido. (STJ, REsp n. 1.704.528/SP, rel. Min. Marco Aurélio Bellizze, j. 14.08.2018)

1 – É válida a decisão interlocutória solidamente fundamentada. 2 – O parágrafo único, do art. 1.791, do CC/2002, estabelece a indivisibilidade da herança até a partilha, aplicando-se as regras relativas ao condomínio. 3 – A fim de evitar prejuízo ao espólio e não operada a partilha dos bens, a posse deve permanecer com os herdeiros que arcam com as despesas da manutenção do imóvel. 4 – Agravo de instrumento conhecido e provido para revogar a imissão na posse determinada na decisão agravada, rejeitada uma preliminar. (TMG, AI n. 0020838-34.2017.8.13.0000, rel. Caetano Levi Lopes, j. 25.07.2017)

Apelação cível. Condomínio. Ação de arbitramento de aluguéis. Imóvel em condomínio entre coerdeiros. Uso exclusivo do bem por alguns herdeiros. Cabimento da fixação de aluguel em favor do herdeiro que não faz uso do imóvel. Inteligência do art. 1.791 do CC. Sentença mantida. Apelo desprovido. (TJRS, Ap. n. 70.072.667.512, rel. Marta Borges Ortiz, j. 29.06.2017)

Arbitramento de aluguel. Copropriedade do bem. Uso exclusivo por um dos herdeiros. Inteligência dos arts. 1.319, 1.784 e 1.791, parágrafo único, todos do CC. Os frutos decorrentes do imóvel devem ser rateados entre os proprietários, na proporção de seus quinhões. A alegação de que a inventariante autorizou o réu a utilizar o imóvel com exclusividade não prospera. Necessidade de anuência de todos os outros herdeiros [...]. (TJSP, Ap. n. 1008674-59.2014.8.26.0292, rel. Ênio Zuliani, j. 25.08.2015)

Reintegração de posse c/c perdas e danos. Imóvel objeto de procedimento de inventário ainda em tramitação. Autora e ré que, como coerdeiras, ostentam a condição de proprietárias e possuidoras do imóvel. Parágrafo único do art. 1.791 do CC. Ré que ocupa o imóvel desde antes do falecimento da antiga proprietária. Manutenção provisória daquele que detém a posse do bem. Art. 1.211 do CC. Inocorrência de esbulho possessório. Indenização que deve ser pleiteada em ação própria. Sentença mantida. Recurso desprovido. (TJSP, Ap. n. 0017165-29.2011.8.26.0114, rel. Afonso Bráz, j. 22.05.2015)

Agravo de instrumento. Ação anulatória. Compra e venda de imóvel celebrada pelo pai da agravante quando em vida. Pedidos e causa de pedir fundados na incapacidade do vendedor e no instituto da lesão. Estado de saúde frágil em decorrência do estágio avançado de doença (câncer), além de transtorno bipolar. Valor de venda desproporcional ao de mercado. Eventual conluio que caracteriza a lesão. Legitimidade da autora para o ajuizamento da ação anulatória sem a interveniência dos demais herdeiros. Ao coerdeiro é dada a legitimidade *ad causam* para reivindicar, independentemente da formação de litisconsórcio com os demais coerdeiros, a coisa comum que esteja indevidamente em poder de terceiro. Interpretação extensiva do art. 1.791 do CC. Direito dos coerdeiros quanto à posse e propriedade da herança que é indivisível e que se regula pelas normas relativas ao condomínio (CC, art. 1.314). Precedentes do Col. STJ e deste Eg. Tribunal. Decisão mantida na parte que indeferiu a formação do litisconsórcio ativo e modificada com relação à determinação de emenda da petição inicial. Recurso provido em parte. (TJSP, AI n. 2055205-92.2014.8.26.0000, rel. Egidio Giacoia, j. 10.06.2014)

1 – Conforme disciplina do art. 1.791, parágrafo único, do CC, com a abertura da sucessão, até a partilha, os herdeiros passam a ser cotitulares do patrimônio deixado pelo falecido, devendo ser observadas, a esse respeito, as normas relativas ao condomínio, equiparando-se, portanto, a situação dos herdeiros à dos condôminos. 2 – No que se refere à administração do condomínio, o art. 1.326 do CC estabelece que, "os frutos da coisa comum, não havendo em contrário estipulação ou disposição de última vontade, serão partilhados na proporção dos quinhões". Desse modo, o coerdeiro que permanece no imóvel, com oposição dos demais, deverá retribuir-lhes financeiramente, com o pagamento de aluguel, na proporção de cada quinhão. 3 – O entendimento predominante do Col. STJ é no sentido de que a cobrança do aluguel só pode ser efetivada a partir da citação, ou de eventual notificação extrajudicial, momento a partir do qual os proprietários de parte do imóvel se manifestam no sentido de não mais anuírem com o usufruto exclusivo do coerdeiro ocupante. 4 – Apelação parcialmente provida. (TJDF, Ap. Cível n. 20120710020125, rel. Cruz Macedo, *DJe* 13.01.2014)

Agravo de instrumento. Ação de inventário. Alvará judicial para alienação de bem. Herdeira dissidente. Impossibilidade da autorização judicial. Recurso não provido. 1 – O parágrafo único, do art. 1.791, do CC/2002, estabelece a indivisibilidade da herança até a partilha, aplicando-se as regras relativas ao condomínio. 2 – Diante da discordância de herdeira quanto à alienação de bem individualizado pertencente ao acervo hereditário, o negócio jurídico resta inviabilizado. 3 – Agravo de instrumento conhecido e não provido, mantido o indeferimento de autorização para alienar bem do acervo hereditário. (TJMG, AI n. 1.0194.10.002703-7/001, rel. Caetano Levi Lopes, j. 28.05.2013)

Civil e processual civil. Embargos de terceiro opostos por herdeiros que temem a perda da posse do imóvel deixado pelo *de cujus*, tendo em vista o embargado ter ajuizado o respectivo inventário. Sentença de extinção sem resolução do mérito (arts. 267, I, e 284, parágrafo único, do CPC) [arts. 485, I, e 321, parágrafo único, do CPC/2015]. Apelação. Os embargos de terceiro não têm por escopo tutelar o direito dos herdeiros legítimos contra aquele que se intitula fraudulentamente como tal. Procedimento previsto em lei para defesa da posse e/ou propriedade sobre bem por aquele que não é parte na ação principal (art. 1.046, do CC). Herdeiros que podem espontaneamente se habilitar no inventário ou ajuizar petição de herança (arts. 1.784, 1.824, 1.829 e 1.845 do CC). Ausência de perigo de turbação ou esbulho já que a herança defere-se como um todo unitário (art. 1.791 do CC). Inadequação da via eleita. Caracterização da falta de interesse de agir na modalidade interesse-adequação. Precedentes do TJRJ. Desprovimento do apelo. (TJRJ, Ap. n. 65.750/09, rel. Luiz Fernando Ribeiro de Carvalho, j. 09.12.2010)

Recurso especial. Ação reivindicatória. Tutela de bem deixado pelo *de cujus*. Partilha ainda não verificada. Coerdeiro. Legitimidade ativa reconhecida. Recurso especial provido. 1 – Sendo a herança uma universalidade, é de rigor reconhecer-se que sobre ela os herdeiros detêm frações ideais não individualizadas, pois, até a partilha. 2 – Aberta a sucessão, cria-se um condomínio *pro indiviso* sobre o acervo hereditário, regendo-se o direito dos coerdeiros, quanto à propriedade e posse da herança, pelas normas relativas ao condomínio (art. 1.791, parágrafo único, do CC). 3 – Tal como ocorre em relação a um condômino, ao coerdeiro é dada a legitimidade *ad causam* para reivindicar, independentemente da formação de litisconsórcio com os demais coerdeiros, a coisa comum que esteja indevidamente em poder de terceiro, nos moldes do art. 1.314 da lei civil. 4 – O disposto no art. 12, V, do CPC [art. 75, VII, do CPC/2015] não exclui, nas hipóteses em que ainda não se verificou a partilha, a legitimidade de cada herdeiro vindicar em juízo os bens recebidos a título de herança, porquanto, *in casu*, trata-se de legitimação concorrente. 5 – Recurso especial provido. (STJ, REsp n. 1.192.027, rel. Min. Massami Uyeda, j. 19.08.2010)

Caderneta de poupança. Ação de cobrança. Decisão de primeiro grau que concedeu prazo para que a agravante regularizasse o polo ativo da ação, tendo em vista que é uma das quatro herdeiras da titular da caderneta de poupança, já falecida. Alegação de que a herança é um todo indivisível, podendo qualquer dos herdeiros demandar em prol da mesma, respeitado o quinhão de cada um com o resultado alcançado. Possibilidade, ante o princípio da *saisine*, pelo qual a herança se transmite aos herdeiros a partir do falecimento do *de cujus*. Qualquer dos herdeiros tem legitimidade para propor a presente ação em nome dos demais, aplicando-se o art. 1.791, do novo CC. Recurso provido, reformando-se a r. decisão guerreada. (TJSP, AI n. 0370992-98.2009.8.26.0000, rel. Carlos Nunes, j. 22.03.2010)

Execução de sentença. Precatório expedido pelo valor total. Espólio. Requisição de ofícios requisitórios individualizados. Inadmissibilidade. Inteligência do art. 1.791 do CC. Agravo de instrumento improvido. (TJSP, AI n. 8.518.965.700, rel. Ferreira Rodrigues, j. 21.09.2009)

Herança. Condomínio *pro indiviso*. Atos possessórios. Direito de todos os herdeiros. A herança, com a morte do seu autor, forma um todo indivisível e enseja a formação de condomínio *pro indiviso* entre os herdeiros (CC, 1.791, parágrafo único). Todos têm tudo da herança, de modo que nenhum deles pode exercer atos possessórios, que excluam direitos dos demais. Todos exercem posse sobre toda a herança. Agravo de instrumento improvido. (TJMG, AI n. 1.0378.07.023944-7/001, rel. Nilson Reis, j. 19.02.2008)

Direito civil. Recurso especial. Cobrança de aluguel. Herdeiros. Utilização exclusiva do imóvel. Oposição necessária. Termo inicial. Aquele que ocupa exclusivamente imóvel deixado pelo falecido deverá pagar aos demais herdeiros valores a título de aluguel proporcional, quando demonstrada oposição à sua ocupação exclusiva. Nesta hipótese, o termo inicial para o pagamento dos valores deve coincidir com a efetiva oposição, judicial ou extrajudicial, dos demais herdeiros. Recurso especial parcialmente conhecido e provido. (STJ, REsp n. 570.723, rel. Min. Nancy Andrighi, j. 27.03.2007)

Legitimação ativa do herdeiro para demandar, em nome próprio, indenização pelo uso de bem do espólio. Incidência das normas relativas ao condomínio. Art. 1.791 c/c art. 1.314, CCB/2002. Princípio da universalidade da herança. Direitos dos coerdeiros que se regulam pelas normas relativas ao condomínio. Art. 1.791, parágrafo único, do CC/2002. (TJRS, Ap. n. 70.016.551.970, rel. Carlos Rafael dos Santos Júnior, j. 27.02.2007)

Agravo de instrumento. Ação de inventário. Partilha de bens não julgada. Arrendamento dos bens da herança. Depósito dos rendimentos em conta particular de herdeiro na proporção de seu quinhão. Descabimento. Parágrafo único do art. 1.791 do CC e art. 2.023 do CC. Enquanto não partilhados os bens da herança, o direito dos coerdeiros será indivisível, sendo do espólio os rendimentos auferidos dos bens da herança. (TJRS, AI n. 70.013.641.808, rel. Ricardo Raupp Ruschel, j. 11.01.2006)

---

**Art. 1.792. O herdeiro não responde por encargos superiores às forças da herança; incumbe-lhe, porém, a prova do excesso, salvo se houver inventário que a escuse, demonstrando o valor dos bens herdados.**

---

Como visto no comentário ao art. 1.784, a sucessão acarreta a transferência do patrimônio deixado pelo autor da herança, incluindo-se o ativo e o passivo. O art. 1.792 estabelece que o herdeiro responde pelo passivo nos limites das forças da herança, ou seja, não responde com seu próprio patrimônio. Se o passivo deixado pelo *de cujus* for superior ao ativo, há insolvência do espólio. O artigo ressalva que, não havendo inventário pelo qual se possa avaliar o ativo, para apurar quais seriam os limites da herança, atribui-se ao herdeiro, perante o credor do espólio, o ônus da prova de que há excesso, ou seja, que a cobrança recai sobre seu próprio patrimônio, não em bens do espólio ou sub-rogados com o produto de bens deste. Se houver inventário, o valor dos bens herdados nele estará comprovado e, portanto, não há necessidade de se recorrer a regras de ônus da prova para dirimir a questão.

**Jurisprudência:** Agravo de instrumento. Execução. Falecimento do único sócio da empresa executada no curso da ação. Inclusão dos herdeiros no polo passivo da lide, na qualidade de novos sócios da empresa devedora. Arrolamento extrajudicial finalizado, cujas quotas sociais foram devidamente divididas entre herdeiros, nas respectivas proporções dos quinhões que pertencia a cada um deles. Direito assegurado ao credor de pleitear o pagamento de débitos dos herdeiros, na qualidade de novos componentes do quadro societário da empresa executada, no limite das forças da herança. Inteligência dos arts. 1.792, 1.821 e 1.997, todos do CC. Decisão parcialmente reformada. Recurso parcialmente provido. (TJSP, AI n. 22501477520248260000/Americana, rel. Afonso Bráz, 17ª Câm. de Dir. Priv., j. 26.09.2024)

Execução extrajudicial. Cédula de crédito bancário. Executado falecido. Ação proposta em face do espólio. Ausência de inventário. Determinação para inclusão dos herdeiros. Exceção de pré-executividade com alegação de ilegitimidade para figurar no polo passivo da execução rejeitada. Pretensão de reforma. Inadmissibilidade. Inteligência dos arts. 779, II, e 313, § 2°, I do CPC, observado que os herdeiros respondem pelas dívidas do falecido, respeitado o limite do art. 1.792 do CC. Precedentes. Recurso desprovido. (TJSP, AI n. 22826900520228260000/Pacaembu, 38ª Câm. de Dir. Priv., rel. Anna Paula Dias da Costa, j. 25.05.2023, publ. 25.05.2023)

Ação monitória. Contrato bancário de desconto de títulos. Devedor original falecido. Título judicial constituído. Herdeiras que requerem a extinção da ação por ausência de herança que possa responder pela dívida, porém sem apresentação de elementos concretos. Inexistência de inventário ou arrolamento de bens não significa ausência de bens. Se os sucessores respondem pela dívida nos limites da herança, nos termos do disposto no art. 1.792 do CC, é preciso prova hábil da inexistência de herança ou dos limites desta. Pendente de esclarecimento essa questão, não é possível qualquer ato de constrição sobre o patrimônio particular das herdeiras, visto que este patrimônio particular, como dito, em princípio não responde pelas dívidas do *de cujus*. Recurso não provido com observação. (TJSP, Proc. n. 0056304-18.2007.8.26.0602, rel. Gilberto dos Santos, j. 18.02.2022)

Agravo de instrumento. Ação de cobrança em fase de cumprimento de sentença. Desconsideração da personalidade jurídica da devedora. Inclusão dos sucessores do sócio falecido no polo passivo da demanda, para responder até o limite da herança. Legitimidade reconhecida por decisão irrecorrida. Penhora sobre os ativos financeiros dos herdeiros que se justifica, uma vez que o inventário foi arquivado por desídia da própria inventariante, que deixou de apresentar as primeiras declarações e, consequentemente, de demonstrar o valor dos bens inventariados. Agravantes que não se desincumbiram do ônus de provar que o numerário penhorado supera as forças da herança, nos termos do art. 1.792 do CC. Constrição mantida. Recurso improvido. (TJSP, AI n. 0056368-78.2013.8.26.0000, rel. Ruy Coppola, j. 06.06.2013)

Apelação cível. Embargos à execução [...]. Recurso da parte embargante. Requerida exclusão dos herdeiros do polo ativo. Falecimento de um dos embargantes ocorrido no decorrer do trâmite processual. Procedimento de inventário não iniciado. Legitimidade dos sucessores, por força do art. 1.784 do CC, o qual consubstancia o princípio da *saisine*. Ônus, ademais, dos herdeiros de comprovar que a execução extrapola as forças da herança, consoante art. 1.792 do diploma civil. Apelo da instituição financeira não conhecido. Recurso dos embargantes, em parte, conhecido e desprovido. (TJSC, Ap. n. 2011.085138-4, rel. Tulio Pinheiro, j. 14.03.2013)

Herdeiros. Substituição de parte. Impossibilidade de condená-los ao pagamento das custas. Inteligência do art. 1.792 do CC. (TJSP, Ap. n. 517.956.4/1-00, rel. Luiz Antonio Costa, j. 29.08.2007)

As contribuições para o FGTS, por constituírem direito social do trabalhador, não têm natureza tributária. Com efeito, a sua cobrança não se sujeita às normas do CTN, aplicando-se, *in casu*, as disposições do CC, segundo o qual a responsabilidade dos sucessores limita-se ao quinhão recebido por herança (art. 1.792). Com efeito, inexistindo prova da existência de bens deixados pelo devedor, não há falar em responsabilidade dos sucessores. (TRF, 4ª R., Ap. n. 2000.04.010.065.192, rel. Vivian Josete Pantaleão Caminha, j. 11.04.2007)

Promessa de compra e venda. Resolução promovida pelos herdeiros do promitente-comprador. Impossibilidade de cumprimento da obrigação. Dívida superior às forças da herança. Justa causa. Conforme o disposto no art. 1.792, o herdeiro não responde por encargos superiores às forças da herança. Provado que o *de cujus* não deixou bens, resta configurada justa causa para a resolução do negócio pela sucessão. Apelo provido para julgar procedente a ação, a fim de declarar resolvido o contrato, devendo a posse do imóvel ser restituída ao réu mediante a devolução dos valores adimplidos pelo comprador a serem apurados em liquidação de sentença. Apelo conhecido e provido. Maioria. (TJRS, Ap. n. 70.014.234.553, rel. Cláudio Augusto Rosa Lopes Nunes, j. 23.03.2006)

**Art. 1.793. O direito à sucessão aberta, bem como o quinhão de que disponha o coerdeiro, pode ser objeto de cessão por escritura pública.**

**§ 1º Os direitos, conferidos ao herdeiro em consequência de substituição ou de direito de acrescer, presumem-se não abrangidos pela cessão feita anteriormente.**

**§ 2º É ineficaz a cessão, pelo coerdeiro, de seu direito hereditário sobre qualquer bem da herança considerado singularmente.**

**§ 3º Ineficaz é a disposição, sem prévia autorização do juiz da sucessão, por qualquer herdeiro, de bem componente do acervo hereditário, pendente a indivisibilidade.**

O artigo, sem correspondência no CC/1916, trata da cessão de direitos hereditários, que era inferida, na vigência do código anterior, das regras relativas à cessão de crédito. Sendo a sucessão aberta equiparada a bem imóvel (cf. art. 80, II), a cessão dos direitos hereditários deve ser feita por escritura pública. Não obstante a redação literal do artigo, impondo como forma da cessão a escritura pública, parece ainda ser possível, na vigência do atual Código, tal como ocorria perante o CC/1916, a cessão por termo nos autos, pois, tendo tal termo caráter público, equipara-se à escritura; e, além disso, para a renúncia à herança, ato que exige a mesma solenidade, permite o art. 1.806, expressamente, que se faça por termo judicial (nesse sentido, AMORIM, Sebastião e OLIVEIRA, Euclides de. *Inventários e partilhas*, 15. ed. São Paulo, Leud, 2003, p. 63). No entanto, confira-se, na jurisprudência a seguir mencionada, entendimento divergente mesmo na vigência do Código revogado, exigindo sempre a escritura pública. Confira-se, também, julgado do TJSP em que, em linha oposta, e ao que parece em afronta a este art. 1.793, reconheceu-se a validade de cessão de direitos hereditários firmada por instrumento particular.

Sem ressalva, o cessionário adquire o direito hereditário do herdeiro cedente em sua integralidade, incluindo o passivo deixado pelo *de cujus*. Nessa hipótese, as dívidas podem suplantar o ativo recebido pelo cessionário. Por conta dessa possibilidade, considera-se a cessão como negócio aleatório, não respondendo o cedente pela solvência do espólio, nem pela evicção. Situação diversa ocorrerá se, na cessão, o cedente resguardar o cessionário do passivo, pois, nesse caso, se o espólio for insolvente, o cessionário poderá reclamar perdas e danos. A cessão é negócio *inter vivos*, sujeito aos mesmos requisitos de qualquer outro envolvendo imóveis, tais como a necessidade de autorização marital ou outorga uxória. O cessionário, embora adquira o ativo e o passivo correspondentes ao herdeiro, não se torna herdeiro. A cessão é possível da abertura da sucessão até a partilha. A partir desta, o que se admite é a venda de bem próprio do sucessor. A cessão pode ser onerosa ou gratuita. No segundo caso, não há o direito de preferência que os dois artigos seguintes asseguram aos coerdeiros.

A disposição do § 1º é de inteira lógica; recebendo o herdeiro, após a cessão, novos direitos, nos casos de substituição ou por direito de acrescer, não podem ser considerados como integrantes da cessão, pois, à época em que celebrada, não compunham o patrimônio do cedente.

O § 2º é decorrência lógica do art. 1.791, segundo o qual a herança defere-se como um todo unitário e indivisível até a partilha. Sendo a herança uma universalidade, sem que se possa, antes da partilha, individualizar o direito de cada herdeiro sobre cada um dos bens que a compõem, não se pode cogitar do herdeiro alienar determinado bem, singularmente considerado, pois não se sabe se a ele pertencerá por ocasião da partilha. Essa impossibilidade não tem, no entanto, caráter absoluto, como deixa claro o § 3º, ao estabelecer que, havendo prévio consentimento do juiz do inventário, é possível a alienação, por qualquer herdeiro, de bem da herança, mesmo pendente a indivisibilidade. Não se trata de autorização judicial para venda de determinado bem, para que o valor obtido seja incorporado ao espólio, mas venda de bem pelo herdeiro, antecipando-se a partilha.

Observe-se que o § 3º não comina de nulidade tal disposição sem prévia autorização judicial. Prevê simplesmente que é ineficaz. A alienação se tornará eficaz se houver autorização judicial posterior, convalidando-a; ou, ainda, se, consumada a partilha, o bem alienado vier a compor o quinhão do alienante.

**Jurisprudência:** Civil. Recurso especial. Sucessões. Inventário. Cessão de direitos hereditários. Negativa de prestação jurisdicional. Inocorrência. Menção meramente exemplificativa dos bens pertencentes a quota-parte do cedente não se confunde com a vedação contida no § 2º do art. 1.793 de CC/2002. Recurso especial parcialmente provido. 1. Não há que se falar em negativa de prestação jurisdicional, quando a fundamentação adotada pelo Tribunal distrital é apta, clara e suficiente para dirimir a controvérsia que lhe foi apresentada.

2. O § 2º do art. 1.793 do CC/2002 tem como ineficaz a cessão de direitos hereditários relativa a bem singular do monte-mor, mas não veda a referência feita de forma meramente exemplificativa de bem pertencente a quota-parte do direito que o cedente pode vir a receber sobre a sua participação no inventário. 3. Enquanto não ultimada a partilha, o herdeiro não poderá ceder um bem específico do monte, porque ele ainda faz parte da universalidade. 4. Viável, contudo, a cessão universal ou parcial de direitos hereditários, cientificados os demais herdeiros, e havendo autorização judicial. 5. Recurso especial parcialmente provido. (STJ, REsp n. 2.042.491/DF, 3ª T., rel. Moura Ribeiro, j. 16.05.2023, *DJe* 25.05.2023)

Obrigação de fazer. Negócio jurídico. Cessão de direitos hereditários sobre bem considerado singularmente. Inobservância da forma prescrita em lei (escritura pública). Art. 1.793 do CC. Ineficácia. Sentença de improcedência mantida, por fundamento diverso. Recurso desprovido, com observação. (TJSP, AC n. 1004137-97.2018.8.26.0609/SP, 5ª Câm. de Dir. Priv., rel. Moreira Viegas, j. 27.01.2023, publ. 27.01.2023)

Agravo de instrumento. Inventário. Pretensão de retificação do plano de partilha para que conste cessão de direito hereditário. Negócio jurídico realizado em afronta ao art. 1.793 do CC, tendo em vista que teve por objeto bens singulares. Cessão ineficaz. Decisão mantida. Recurso improvido (TJSP, AI n. 2147666-05.2022.8.26.0000/SP, 4ª Câm. de Dir. Priv., rel. Maurício Campos da Silva Velho, j. 16.01.2023, publ. 16.01.2023)

Agravo de instrumento. Inventário. Cessão de direitos hereditários por termo nos autos. Possibilidade. Gratuidade judiciária. Cabimento. Reforma da decisão agravada. Embora o art. 1.793 do CC exija que a cessão de direitos hereditários seja realizada mediante escritura pública, é assente nesta corte o entendimento de que ela pode operar-se por termo nos autos, relativizando-se tal exigência legal, forte no art. 1.806, também do diploma civil. [...] (TJRS, AI n. 50987394420228217000, rel. Rui Portanova, j. 01.06.2022)

Obrigação de fazer. Cessão de direitos hereditários por instrumento particular. Pretensão dos autores de compelirem os herdeiros ao cumprimento da obrigação estabelecida no contrato de cessão. Exigência de escritura pública, nos termos do art. 1.793, *caput*, do CC. Ademais, ineficácia da cessão sem a prévia autorização do juízo da sucessão, enquanto pendente a indivisibilidade. Art. 1.793, § 3º, do CC. Nulidade do ato jurídico decretado. Art. 166, IV, do CC. O negócio jurídico nulo não convalesce pelo decurso do tempo. Art. 169 do CC. Improcedência da ação. Sentença confirmada. Verba honorária majorada, em atendimento ao art. 85, § 11, do CPC. Recurso não provido. (TJSP, Proc. n. 1001474-67.2020.8.26.0396, rel. Elcio Trujillo, j. 19.05.2022)

Apelação cível. Adjudicação compulsória. Imóvel adquirido por cessão realizada pelos herdeiros. Inventário e partilha pendentes. Cessão, em princípio, válida, mas sujeita a condição suspensiva consistente na efetiva atribuição dos quinhões aos herdeiros cedentes. Precedente do Col. STJ. Pedido que deve ser formulado nos autos do inventário. Inteligência dos §§ 1º e 2º, do art. 1.793, do CC. Postulação que deve ser formulada no inventário pendente. Recurso desprovido. (TJSP, Ap. Cível n. 1001107-19.2021.8.26.0619, rel. Marcus Vinicius Rios Gonçalves, j. 17.05.2022)

Cessão de direitos hereditários. Outorga de escritura c/c indenização por danos morais. Demanda que tem como objeto instrumento de cessão de direitos hereditários de bem imóvel firmado entre os autores e a herdeira. Improcedência decretada. Inconformismo. Não acolhimento. Negócio firmado entre as partes que não se reveste da formalidade solene de que trata o art. 1.793 do CC e, portanto, nulo, não se prestando ao fim pretendido pelo polo ativo. Decurso do tempo (negócio celebrado em 2007) ou tese acerca da validade de contrato preliminar. Descabimento, sob pena de burla à regra legal referida. Impossibilidade de outorga da escritura fundada em instrumento particular de cessão de direitos considerado singularmente. Precedentes. Verificada, ademais, a incapacidade mental da herdeira/requerida e, embora não se tenha notícias de sua interdição (que, ademais, possuiria efeitos *ex nunc*), também coloca em dúvida a validade do negócio, o que reafirma a impossibilidade dos efeitos pretendidos pelos recorrentes. Sentença mantida. Recurso desprovido. (TJSP, Proc. n. 1026419-92.2018.8.26.0007, rel. Salles Rossi, j. 16.02.2022)

[...] 2. Embargos de terceiro opostos por adquirente de direitos hereditários sobre imóvel pertencente a espólio, cedidos a terceiros antes de ultimada a partilha com a anuência daquelas que se apresentavam como únicas herdeiras, a despeito do reconhecimento de outros dois sucessores por sentença proferida em ação de investigação de paternidade cumulada com petição de herança. 3. O juízo de procedência dos embargos de terceiro está condicionado à comprovação da posse ou do domínio sobre o imóvel objeto de penhora. [*sic*] 5. A cessão de direitos hereditários sobre bem singular, desde que celebrada por escritura pública e não envolva o direito de incapazes, não é negócio jurídico nulo, tampouco inválido, ficando apenas a sua eficácia condicionada a evento futuro e incerto, consubstanciado na efetiva atribuição do bem ao herdeiro cedente por ocasião da partilha. 6. Se o negócio não é nulo, mas tem apenas a sua eficácia suspensa, a cessão de direitos hereditários sobre bem singular viabiliza a transmissão da posse, que pode ser objeto de tutela específica na via dos embargos de terceiro. 7. Admite-se a oposição de embargos de terceiro fundados em alegação de posse advinda do compromisso de compra e venda de imóvel, mesmo que desprovido do registro, entendimento que também deve ser aplicado na hipótese em que a posse é defendida com base em instrumento público de cessão de direitos hereditários. Súmula n. 84/STJ. 8. Peculiaridades da causa que recomendam a manutenção da posse do imóvel em favor da embargante/cessionária. 9. Recurso especial não provido. (STJ, REsp n. 1.809.548/SP, rel. Min. Ricardo Villas Bôas Cueva, j. 19.05.2020)

[...] 2 – A cessão de direitos hereditários deve ser formalizada por escritura pública. Precedentes. [...] (STJ, Ag. Int. nos Emb. Decl. no AREsp n. 947.708/PR, rel. Min. Ricardo Villas Bôas Cueva, j. 21.08.2018)

[...] 2 – O termo inicial do prazo decadencial para terceiro/credor ajuizar ação objetivando a anulação de cessão de direitos hereditários deve coincidir com o momento em que este teve ou podia ter ciência inequívoca da existência de contrato a ser invalidado. Precedentes. 3 – O acolhimento da pretensão recursal demandaria a alteração das premissas fático-probatórias estabelecidas pelo acórdão recorrido, com o revolvimento das provas carreadas aos autos, o que é vedado em sede de recurso especial. Incidência da Súmula n. 7 do STJ. 4 – Agravo interno não provido. (STJ, Ag. Int. nos Emb. Decl. no AREsp n. 1.190.491/PR, rel. Min. Luís Felipe Salomão, j. 15.03.2018)

Agravo de instrumento. Ação de inventário. Cessão de direitos hereditários. Citação dos herdeiros cedentes. Desnecessidade. Nos termos do CC, art. 1.793. O direito à sucessão aberta, bem como o quinhão de que disponha o coerdeiro, pode ser objeto de cessão por escritura pública. Demonstrado que os herdeiros do *de cujus* cederam todos os direitos de herança ao inventariante por meio de escritura pública, de modo que este passou a ocupar a posição de único herdeiro. Desnecessária a citação dos herdeiros ou a apresentação dos instrumentos de procuração dos cedentes, porquanto o cessionário se sub-roga integralmente nos direitos dos cedentes, sobretudo por ter sido realizada a cessão dos direitos de herança por instrumento público, razão pela qual a reforma da decisão agravada é medida que se impõe. (TJMG, AI n. 0312594-43.2017.8.13.0000, rel. Yeda Athias, j. 20.06.2017)

Apelação cível. Adjudicação compulsória. Pleito fundado em instrumento particular de cessão de direitos hereditários. Extinção do processo sem aferição do mérito, por impossibilidade jurídica do pedido, eis que não se efetuou, de forma definitiva, a partilha dos bens deixados pelo autor da herança. Inconformismo dos autores. Superveniência da averbação do formal de partilha na matrícula imobiliária. Fato que deve ser levado em consideração pelo julgador, nos termos do art. 462 do CPC. Manutenção da extinção do processo sem resolução do mérito, por carência da ação, porém, por fundamentação diversa da lançada na sentença. Cessão de direitos hereditários que exige, para sua validade, a forma de instrumento público, nos termos do art. 1.793 do CC em vigor. Documento que ampara a pretensão dos autores que se consubstancia em instrumento particular. Configuração de falta de interesse processual. Precedente deste Eg. Tribunal de Justiça neste sentido. Negado provimento ao recurso. (TJSP, Ap. Cível n. 0002843-06.2012.8.26.0102, rel. Viviani Nicolau, j. 24.06.2015)

1 – Conforme o teor do art. 1.791 do CC, até que efetivada a partilha, a herança permanece em seu estado uno e indivisível, de modo que não é dado a nenhum herdeiro dispor ou alienar qualquer dos bens que integrem o patrimônio do falecido, providência que incumbe exclusivamente ao inventariante, quando for o caso, devendo ser ouvidos os interessados e haver expressa autorização judicial para tanto, nos termos do art. 992, I, do CPC [art. 619, I, do CPC/2015]. 2 – Desse modo, descabe expedir alvará para outorga de escritura pública de compra e venda de bem objeto do inventário, quando a promessa de compra e venda foi firmada individualmente por um dos herdeiros, sem prévia autorização judicial. (TJRS, AI n. 70.057.767.071, rel. Luiz Felipe Brasil Santos, j. 20.03.2014)

1 – Discussão relativa à necessidade de lavratura de escritura pública para prática de ato de disposição da meação da viúva em favor dos herdeiros. 2 – O ato para dispor da meação não se equipara à cessão de direitos hereditários, prevista no art. 1.793 do CC, porque esta pressupõe a condição de herdeiro para que possa ser efetivada. 3 – Embora o art. 1.806 do CC admita que a renúncia à herança possa ser efetivada por instrumento público ou termo judicial, a meação não se confunde com a herança. 4 – A renúncia da herança pressupõe a abertura da sucessão e só pode ser realizada por aqueles que ostentam a condição de herdeiro. 5 – O ato de disposição patrimonial representado pela cessão gra-

tuita da meação em favor dos herdeiros configura uma verdadeira doação, a qual, nos termos do art. 541 do CC, far-se-á por escritura pública ou instrumento particular, sendo que, na hipótese, deve ser adotado o instrumento público, por conta do disposto no art. 108 do CC. 6 – Recurso especial desprovido. (STJ, REsp n. 1.196.992, rel. Min. Nancy Andrighi, j. 06.08.2013)

1 – Tratando-se de matéria a cujo respeito há jurisprudência dominante, o relator está autorizado a negar seguimento a recurso. 2 – Embora a cessão ora questionada tenha sido formalizada através de escritura pública, obedecendo à forma prescrita no art. 1.793, *caput*, do CC, é ineficaz, pois dispõe de bem singularmente considerado, quando ainda não há individualização dos quinhões de cada herdeiro. Recurso desprovido. (TJRS, Ag. Reg. n. 70.054.952.239, rel. Liselena Schifino Robles Ribeiro, j. 26.06.2013)

Decisão que indeferiu o pedido de invalidação do instrumento particular de cessão de direitos, determinando o prosseguimento do feito a partir do esboço de partilha. Hipótese em que a agravante, em ato de autônoma vontade, cedeu seus direitos hereditários aos agravados, forma trasladativa de renúncia aos bens deixados por seu falecido marido em contrato oneroso. Possibilidade da cessão de direitos ser feita através de instrumento particular. Ausência de nulidade ou de qualquer vício de consentimento. Aplicação do art. 984, 1ª parte, do CPC [art. 612 do CPC/2015]. Agravo não provido. (TJSP, AI n. 252526-14.2010.8.26.0000, rel. Sebastião Carlos Garcia, j. 02.12.2010)

[...] Pedido de reconhecimento de eficácia de cessão de direitos sobre bem singular do monte partível. Inviabilidade. Ineficácia declarada pelo art. 1.793, § 2º, do CC. Sendo a herança uma universalidade, compondo um todo unitário e indivisível até a partilha, não se pode cogitar de herdeiro alienar determinado bem, singularmente considerado. Recurso improvido, na parte conhecida. (TJSP, AI n. 0297794-91.2010.8.26.0000, rel. Paulo Eduardo Razuk, j. 24.08.2010)

Inventário. Compromisso de compra e venda de imóvel determinado do espólio, celebrado por apenas duas das herdeiras. Herdeiros que podem ceder seus direitos hereditários, mas não bem certo do espólio. Ineficácia da cessão frente aos demais herdeiros. Decisão que reconheceu a nulidade do negócio apenas alterada para ineficácia. Recurso não provido. (TJSP, AI n. 0021914-77.2010.8.26.0000, rel. Francisco Loureiro, j. 24.06.2010)

Agravo de instrumento. Inventário. Arrolamento. Herdeiros maiores e capazes. Alienação de bem imóvel, mediante expedição de alvará. Admissibilidade. Consenso entre todos os sucessores. Interpretação dos §§ 2º e 3º do art. 1.793 do CC. Recurso provido. (TJSP, AI n. 6.769.504.500, rel. Erickson Gavazza Marques, j. 21.10.2009)

1 – A cessão de direitos hereditários deve ser formalizada por escritura pública, consoante determina o art. 1.793 do CC/2002. 2 – Não há identidade fática entre os arestos apontados como paradigma e a hipótese tratada nos autos. 3 – Recurso especial não conhecido. (STJ, REsp n. 1.027.884, rel. Min. Fernando Gonçalves, j. 06.08.2009)

Inventário. Cessão de direitos hereditários sobre bem individualizado do espólio. Negócio jurídico vedado pelo novo CC (art. 1.793, §§ 2º e 3º). Recurso provido para reformar a decisão que adjudicou o bem ao cessionário antes da fase de partilha. (TJSP, AI n. 6.242.574.700, rel. Morato de Andrade, j. 04.08.2009)

Arrolamento. Disposição de bem componente do acervo hereditário, pendente a indivisibilidade. Art. 1.793 § 3º, CC. Ineficácia do ato, em se tratando de disposição por um único herdeiro, havendo outros, sem autorização judicial. Hipótese dos autos diversa. Disposição em conjunto de todos os herdeiros e do viúvo meeiro, por meio de escritura pública, do único bem imóvel componente do acervo. Eficácia. A autorização judicial superada. Segurança jurídica e manutenção da vontade livre e comum das partes. Adjudicação possível. Recurso provido. (TJSP, AI n. 602.884-4/7-00, rel. Teixeira Leite, j. 30.10.2008)

Embargos infringentes. Revocatória de doação. Cessão de direitos hereditários ou de meação a título gratuito ostenta a natureza de doação, autorizando o pedido de revogação segundo as hipóteses contempladas no art. 1.183 do CC/1916, aplicável à espécie. (TJSP, Emb. Infring. n. 436.481-4/5-01, rel. Oscarlino Moeller, j. 07.11.2007)

Aberta a sucessão, o domínio é transmitido de imediato aos herdeiros e os direitos são indivisíveis, até a partilha, de sorte que é vedado ao viúvo-meeiro, da mesma forma que em vida não poderia fazê-lo sem a outorga uxória, gravar imóvel objeto do inventário já aberto com ônus hipotecário, resultando, ao depois, na execução e penhora do bem ainda comum a todos, posto que o ato é viciado em sua origem [...]. Recurso especial conhecido parcialmente e provido, com a procedência dos embargos de terceiro opostos pelo espólio. (STJ, REsp n. 304.800, rel. Min. Aldir Passarinho Júnior, j. 19.04.2007)

Partilha em arrolamento. Pagamento da meação da viúva mediante instituição de usufruto vitalício, com atribuição de nua-propriedade integral em favor dos filhos e herdeiros. Avanço sobre a meação da viúva. Cessão de direitos hereditários configurada. Negócio jurídico com forma especial exigida por lei. Escritura pública imprescindível. Inteligência dos arts. 108 e 1.793 do CC. (TJSP, AI n. 482.567-4/8-00, rel. José Carlos Ferreira Alves, j. 07.03.2007)

A ausência de outorga uxória na cessão de direitos hereditários de bem imóvel inventariado acarreta a invalidade do ato em relação à alienação da parte dos esposos e a ineficácia quanto à meação de suas esposas, casadas pelo regime da comunhão universal [...]. Vício, contudo, que não atinge a mesma cessão feita pela viúva meeira, cujo patrimônio é apartado dos demais herdeiros. (STJ, REsp n. 274.432, rel. Min. Aldir Passarinho Júnior, j. 07.12.2006)

Agravo de instrumento. Arrolamento. Cessão de direitos hereditários. Termo nos autos. Possibilidade. É certo que a lei determina que a cessão de direitos hereditários deve ser feita através de escritura pública (CCB, art. 1.793). No entanto, em atenção à economia, à celeridade e à instrumentalidade processuais, convém, atento às peculiaridades de cada caso concreto, mitigar o rigor formal e permitir que seja a cessão feita por termo nos autos. Agravo provido. Em monocrática. (TJRS, AI n. 70.016.386.385, rel. Rui Portanova, j. 08.08.2006)

Termo judicial, como sucedâneo da escritura, para fins de cessão de direitos hereditários. Admissibilidade. Art. 1.806 do CC. Recurso provido. (TJSP, AI n. 342.603.4/1/SP, rel. De Santi Ribeiro, j. 28.04.2004, v.u.)

A cessão de direitos hereditários, sem outorga uxória, pelo marido casado em regime de comunhão de bens, é ineficaz em relação à metade da mulher. (STJ, REsp n. 60.820, rel. Min. Ruy Rosado de Aguiar, j. 21.06.1995)

---

**Art. 1.794. O coerdeiro não poderá ceder a sua quota hereditária a pessoa estranha à sucessão, se outro coerdeiro a quiser, tanto por tanto.**

---

Na vigência do CC/1916, à falta de norma específica, havia grande controvérsia sobre a aplicação das regras relativas ao direito de preferência, do art. 1.139 do Código anterior, à cessão de direitos hereditários. O atual Código acaba com a divergência, ao prever expressamente o direito de preferência entre os coerdeiros, na cessão de direitos hereditários. Assim, se terceiro pretender adquirir direitos hereditários, os coerdeiros terão preferência se a quiserem pelo mesmo preço. Ao se referir a tanto por tanto, o artigo trata exclusivamente da cessão onerosa. Não se aplica, assim, à cessão gratuita de direitos hereditários. Com efeito, seria inviável o exercício da preferência, nas mesmas condições, cuidando-se de liberalidade. Confira-se o acórdão a seguir, do TJRS, no qual assentado que o cessionário de direitos hereditários não adquire a qualidade de herdeiro e por isso não tem direito de preferência na aquisição da quota hereditária de outro coerdeiro.

**Jurisprudência:** Agravo de instrumento. Inventário. Insurgência com a decisão que autorizou a venda de imóveis. Acolhimento. Violação ao direito de preferência. Reforma da decisão. Caso em que a requerente não foi cientificada do preço e condições para venda de imóvel que também lhe pertence, ensejando na violação às regras legais. A herança é um todo unitário e regula-se pelas regras do condomínio, devendo ser observado o disposto no art. 1.794 do CC que assim dispõe: o coerdeiro não poderá ceder a sua quota hereditária a pessoa estranha à sucessão, se outro coerdeiro a quiser, tanto por tanto. Recurso provido. (TJRS, AI n. 52074351420218217000, rel. José Antônio Daltoe Cezar, j. 10.03.2022)

Nos termos do art. 1.794 do CC, o coerdeiro não poderá ceder a sua quota hereditária a pessoa estranha à sucessão, se outro coerdeiro a quiser, tanto por tanto. Caso concreto em que demonstrada a ausência de notificação dos autores para fins de exercício de direito de preferência, sendo viável a manutenção da sentença, já que os ora apelados, tomando conhecimento da cessão, efetuaram depósito do preço, nos termos do art. 1.795 do CC. (TJRS, Ap. n. 70.080.411.390, rel. Des. Dilso Domingos Pereira, j. 27.02.2019)

Apelação cível. Propriedade e direitos reais sobre coisas alheias. Ação de preferência. Não tendo sido comprovada a copropriedade entre os herdeiros, ônus que incumbia ao autor, nos termos do art. 333, I, do CPC [art. 373, I, do CPC/2015], não há falar em direito de preferência. Ademais, não se aplica ao caso o art. 1.794 do CC. Isso porque a cessão de direitos hereditários não tem o condão de transmitir a qualidade de herdeiro ao cessionário. Precedente desta Corte. Negaram provimento à apelação. Unânime. (TJRS, Ap. n. 70.052.166.659, rel. Walda Maria Melo Pierro, j. 08.05.2013)

---

**Art. 1.795. O coerdeiro, a quem não se der conhecimento da cessão, poderá, depositado o preço, haver para si a quota cedida a estranho, se o requerer até cento e oitenta dias após a transmissão.**

**Parágrafo único. Sendo vários os coerdeiros a exercer a preferência, entre eles se distribuirá o quinhão cedido, na proporção das respectivas quotas hereditárias.**

---

O artigo complementa o anterior, esmiuçando como se exerce o direito de preferência e em qual prazo. Desrespeitada a preferência dos coerdeiros, aquele que se sentir prejudicado poderá depositar o preço, o mesmo pago na cessão, havendo para si a quota cedida ao estranho. Se forem vários os herdeiros que quiserem exercer a preferência, o quinhão cedido será repartido entre eles, na proporção das respectivas quotas hereditárias.

O artigo ainda estabelece o prazo decadencial de 180 dias para o exercício desse direito. Apesar da redação literal, dispondo que o termo inicial do prazo é a data da cessão, a interpretação adequada é a de que o prazo não inicia enquanto os coerdeiros não tomarem ciência dela. Ainda que feita por escritura pública, os coerdeiros podem desconhecê-la. Por essa razão se entende, apesar da redação literal, por questão de lógica, o prazo só se iniciar quando for inequívoco que os coerdeiros tomaram ciência da cessão. A ciência, normalmente, ocorrerá no momento em que o cessionário intervier no inventário, reclamando seu quinhão (nesse sentido: ALMEIDA, José Luiz Gavião de. *Código Civil comentado*. São Paulo, Atlas, 2003, v. XVIII, p. 91).

Como reforço, confira-se a seguir acórdão no qual se assentou que o prazo decadencial para ajuizamento da ação pauliana é a data do registro da escritura, apesar da redação literal de que seria do contrato ou do negócio jurídico (art. 178, § 9º, V, *b*, do CC/1916, e art. 178, II, do atual CC); e também julgado em que se definiu que o prazo para ajuizamento da ação para fazer valer direito de preferência também se conta do registro imobiliário. É o reconhecimento de que o prazo não pode iniciar em face de terceiro não contratante enquanto não houver a publicidade do registro imobiliário. No caso da cessão de direitos hereditários, que não é objeto de registro imobiliário, o prazo se inicia com a ciência inequívoca dos coerdeiros, no mais das vezes no curso do inventário, quando o cessionário nele intervém.

**Jurisprudência:** Apelação cível. Coisa comum. Ação anulatória de compra e venda de bem imóvel. Alegação dos autores de que não foram comunicados pelo corréu da locação e posterior venda de imóvel comum. Sentença de improcedência. Preparo recursal. Insurgência contra o valor recolhido. Afastamento. Preparo do recurso devidamente recolhido. Mérito. Posse do imóvel transmitida às partes. Falecimento do genitor no ano de 2015. Partilha de bens não realizada. Indivisibilidade da herança. Instituição de condomínio entre os herdeiros. Propriedade e posse da herança indivisível. Aplicação do art. 1.791, parágrafo único, do CC. Falta de consenso dos demais condôminos na realização do negócio jurídico impugnado. Proibição prevista no art. 1.314, parágrafo único, do CC. Negócio jurídico que deveria ter sido realizado por escritura pública, conforme regra do art. 1.793, *caput*, do CC. Cessão dos direitos possessórios do bem não obedeceu à forma prescrita em lei (art. 104, III, do CC). Direito de preferência dos demais condôminos não garantido. Decadência de 180 dias prevista no art. 504 do CC que se inicia com o registro da compra e venda perante o Cartório de Imóveis. Negócio jurídico formalizado por instrumento particular. Decadência não caracterizada. Nulidade do contrato de cessão de direitos possessórios firmado entre os réus reconhecida. Sentença reformada para julgar a ação procedente. Litigância de má-fé. Pedido de aplicação das penalidades aos autores. Inviabilidade ante o acolhimento da pretensão inicial. Sucumbência invertida. Resultado. Recurso provido (TJSP, Ap. n. 1024016-20.2022.8.26.0005, rel. Edson Luiz de Queiróz, 9ª Câm. de Dir. Priv., j. 14.03.2024)

1. É permitido ao herdeiro capaz ceder a terceiro, no todo ou em parte, os direitos que lhe assistem em sucessão aberta. 2. A alienação de direitos hereditários a pessoa estranha à sucessão exige, por força do que dispõem os arts. 1.794 e 1.795 do CC, que o herdeiro cedente tenha oferecido aos coerdeiros sua quota-parte, possibilitando a qualquer um deles o exercício do direito de preferência na aquisição, "tanto por tanto", ou seja, por valor idêntico e pelas mesmas condições de pagamento concedidas ao eventual terceiro estranho interessado na cessão. 3. À luz do que dispõe o art. 1.795 do CC e em atenção ao princípio da boa-fé objetiva, o coerdeiro, a quem não se der conhecimento da cessão, poderá, depositado o preço, haver para si a quota cedida a estranho, se o requerer até 180 (cento e oitenta) dias após ter sido cientificado da transmissão. 4. No caso, apesar de o recorrente ter sido chamado a se manifestar a respeito de eventual interesse na aquisição da quota hereditária de seu irmão, não foi naquele ato cientificado a respeito do preço e das condições de pagamento que foram avençadas entre este e terceiro estranho à sucessão, situação que revela a deficiência de sua notificação por obstar o exercício do direito de preferência do coerdeiro na aquisição, tanto por tanto, do objeto da cessão. 5. Recurso especial provido. (STJ, REsp n. 1.620.705/RS, rel. Min. Ricardo Villas Bôas Cueva, 3ª T., j. 21.11.2017)

Ação de nulidade de cessão de direitos hereditários. Direito de preferência. Imóvel em condomínio. Decadência [...]. 4 – Considerando que o prazo decadencial de 180 dias inicia com a ciência inequívoca da cessão de direitos, correta a sentença que reconheceu o direito de preferência dos autores. Inteligência dos arts. 504 e 1.795 do CCB. Recurso desprovido. (TJRS, Ap. Cível n. 70.047.919.659, rel. Sérgio Fernando de Vasconcellos Chaves, j. 02.07.2014)

A cessão de direitos hereditários, sem a observância do direito de preferência dos demais herdeiros, encontra óbice no art. 1.795 do CC/2002, que prescreve que "o coerdeiro, a quem não se der conhecimento da cessão, poderá, depositado o preço, haver para si a quota cedida a estranho, se o requerer até 180 (cento e oitenta) dias após a transmissão". O prazo decadencial imposto ao coerdeiro prejudicado conta-se a partir da transmissão, contudo, será contado apenas da sua ciência acerca do negócio jurídico quando não é seguida a formalidade legal imposta pelo art. 1.793 do CC e a transmissão não se dá por escritura pública. (TJMG, Ap. Cível n. 1.0251.07.021397-9/001(1), rel. Fernando Caldeira Brant, j. 08.07.2009)

A par da divergência doutrinária acerca da natureza jurídica do prazo quadrienal previsto no art. 178, § 9º, V, *b*, CC, se prescricional ou decadencial, impõe-se considerar como termo inicial de sua fluência, em se tratando de invalidação de bem imóvel postulada com base em alegação de fraude, a data do registro do título aquisitivo respectivo no assento imobiliário. (STJ, REsp n. 36.065, rel. Min. Sálvio de Figueiredo Teixeira, j. 16.08.1994)

---

**Art. 1.796. No prazo de trinta dias, a contar da abertura da sucessão, instaurar-se-á inventário do patrimônio hereditário, perante o juízo competente no lugar da sucessão, para fins de liquidação e, quando for o caso, de partilha da herança.**

---

O artigo estabelece que o inventário deve ser ajuizado até trinta dias após a abertura da sucessão. A Lei n. 11.441/2007 havia alterado a redação do art. 983 do CPC/73, dilatando esse prazo para sessenta dias. No CPC/2015, art. 611, o prazo foi alterado para dois meses, não mais sessenta dias. O descumprimento do prazo não impede a propositura tardia do inventário, mas acarreta sanções segundo dispuser a legislação de cada estado.

No Estado de São Paulo, por exemplo, se o ajuizamento ocorrer após sessenta dias do óbito, há incidência de multa de 10% sobre o imposto *causa mortis*; se o atraso exceder 180 dias, a multa é elevada a 20% (Lei estadual n. 10.705/2000, art. 21, I). O art. 611 do CPC complementa a matéria, dispondo que o inventário deve se encerrar em doze meses, prazo final que pode ser dilatado pelo juiz se houver motivo justo.

**Jurisprudência:** Súmula n. 542, STF: Não é inconstitucional a multa instituída pelo Estado-membro, como sanção pelo retardamento do início ou da ultimação do inventário.

---

**Art. 1.797. Até o compromisso do inventariante, a administração da herança caberá, sucessivamente:**

**I – ao cônjuge ou companheiro, se com o outro convivia ao tempo da abertura da sucessão;**

**II – ao herdeiro que estiver na posse e administração dos bens, e, se houver mais de um nessas condições, ao mais velho;**

**III – ao testamenteiro;**

**IV – a pessoa de confiança do juiz, na falta ou escusa das indicadas nos incisos antecedentes, ou quando tiverem de ser afastadas por motivo grave levado ao conhecimento do juiz.**

---

O artigo cuida do *administrador provisório*, figura não prevista no CC/1916, mas que era tratada nos arts. 985 e 986 do CPC/73 (arts. 613 e 614 do CPC/2015). É a pessoa que, até a nomeação e compromisso do inventariante, representa o espólio ativa e passivamente, a quem cabe administrar os bens do espólio, obrigada a trazer ao acervo os frutos percebidos desde a abertura da sucessão, com direito ao reembolso das despesas necessárias e úteis que fizer, respondendo pelos danos aos quais der causa, por dolo ou culpa. O CPC/73 não estabelecia quem devia ser o administrador provisório, razão pela qual se aplicava, por extensão, o rol dos que deveriam ser inventariantes, do art. 990 do mesmo Código. O atual CC supre a lacuna com o rol do art. 1.797. A preferência legal recai sobre o cônjuge ou companheiro sobrevivente que ao tempo da morte vivia com o autor da herança. Relembre que, no atual Código, é possível união estável entre pessoas separadas de fato (art. 1.723, § 1º), razão pela qual, havendo cônjuge separado de fato e companheiro, este último será o administrador provisório. Há opção pelo cônjuge ou companheiro por normalmente dividirem a administração dos bens comuns com o *de cujus*. À falta deles, o administrador provisório será o herdeiro que estiver na posse direta dos bens do espólio. Se houver mais de um herdeiro possuidor, a administração recairá sobre o mais velho, presumindo o legislador que tem maior experiência. O terceiro da ordem preferencial é o testamenteiro, pessoa designada pelo autor da herança, de sua confiança, a quem cabe velar pelas disposições testamentárias. Por fim, na falta, escusa ou motivo grave imputado aos antecedentes, o juiz nomeia pessoa estranha de sua confiança. É importante recordar que a jurisprudência, em relação ao rol do art. 617 do CPC, assentou que, se houver fundadas razões, o juiz não precisará seguir a ordem preferencial dessa norma, se mais conveniente para o inventário. Essa flexibilidade em relação ao inventariante naturalmente se estende ao administrador provisório.

**Jurisprudência:** Agravo de instrumento. Direito tributário. Execução fiscal. Óbito do executado. Redirecionamento em face do espólio. Ausência de abertura do processo de inventário. Citação do administrador provisório. Possibilidade. A inexistência de inventário aberto em relação ao *de cujus* viabiliza que a massa de bens denominada de herança passe automaticamente para o administrador provisório, a quem caberá a representação judicial e extrajudicial do espólio, nos termos do que se depreende dos art. 990, I a IV, do CPC c/c o art. 1.797 do CC. Precedentes. Agravo de instrumento provido. (TJRS, AI n. 5312641-46.2023.8.21.7000, rel. Newton Luís Medeiros Fabrício, 1ª Câm. Cível, j. 04.12.2023)

Agravo de instrumento. Inventário. Decisão que nomeou inventariante dativa e fixou seus honorários em 5% sobre o valor do montante líquido partilhável. Inconformismo das herdeiras. Julgamento conjunto (AI ns. 2058099-60.2022.8.26.0000 e 2060599-02.2022.8.26.0000). Pedido de redução dos honorários arbitrados em favor da inventariante dativa. Remuneraçao do inventariante dativo que deve observar, por analogia, os parâmetros dispostos no art. 1.987 do CC, ante a inexistência de previsão legal. Inventário que é composto por vasto acervo patrimonial, apesar de ainda não constar o cálculo exato do montante líquido partilhável. Inventariante anterior que não deu o devido andamento aos autos, além de lhe estar sendo imputadas diversas irregularidades, além de acusação de prática criminosa. Existência de litigiosidade entre os herdeiros. Questões que justificam o valor arbitrado a título de honorários a inventariante dativa. Percentual, ademais que está dentro dos parâmetros usualmente adotados. Precedentes deste Eg. Tribunal de Justiça. Decisão mantida. Recursos não providos. (TJSP, AI n. 2058099-60.2022.8.26.0000, rel. Ana Maria Baldy, j. 30.06.2022)

1 – Cuida-se de Agravo de Instrumento interposto pelos sucessores de Luiz Antônio Minas dos Santos contra decisão em Ação Ordinária (em fase de execução), a qual determinou que para a habilitação de herdeiros é necessária a comprovação da abertura do inventário. 2 – No presente caso, trata-se de situação peculiar, pois, havendo valores a inventariar, há necessidade de abertura do inventário, com nomeação do inventariante, procedendo-se a habilitação na pessoa deste. 3 – A jurisprudência do STJ é no sentido de que, nos termos do art. 110 do CPC, sucedendo a morte de qualquer das partes, dar-se-á a substituição dela pelo seu espólio ou sucessores. Precedentes: Emb. Decl. nos Emb. Decl. no Ag. Reg. no REsp n. 1.179.851, rel. Min. Antônio Carlos Ferreira, *DJe* 29.04.2013; Ag. Reg. no AREsp n. 15.297, rel. Min. Benedito Gonçalves, *DJe* 14.05.2012; Ag. Reg. no Ag. n. 1.331.358, rel. Min. Laurita Vaz, *DJe* 12.09.2011. 4 – Apesar de o dispositivo referir que a substituição pode ocorrer alternativamente "pelo espólio ou pelos seus sucessores", entende-se que será dada preferência à substituição pelo espólio, havendo a habilitação dos herdeiros em caso de inexistência de patrimônio sujeito à abertura de inventário. 5 – Agravo Interno não provido. (STJ, AI no AREsp n. 1.455.705, rel. Min. Herman Benjamin, j. 20.08.2019)

Locação. Embargos à execução. Título executivo judicial. Ação de despejo por falta de pagamento c/c cobrança, cuja execução foi iniciada antes das alterações processuais introduzidas pela Lei n. 11.232/2005. Falecimento do fiador no curso dos embargos à execução. Desnecessidade de habilitação dos herdeiros. Espólio representado pela filha que estava na posse e administração do único bem imóvel deixado pelo *de cujus*, na condição de administradora provisória. Inteligência dos arts. 43, 985 e 986 do CPC, c/c art. 1.797, II, do CC. Precedentes deste Eg. Tribunal de Justiça. Citação do fiador ocorrida na pessoa do locatário, uma vez que o contrato de locação continha cláusula pela qual, fiador e locatário, reciprocamente, se nomeavam como mandatários. Nulidade da citação. Comprovado nos autos que o fiador, quando da assinatura do contrato, estava acometido de doença orgânico psiquiátrica que retirava seu discernimento para os atos da vida civil. Recurso provido. (TJSP, Emb. à Execução n. 0015550-25.2006.8.26.0099, rel. Caio Marcelo Mendes de Oliveira, j. 25.06.2015)

Com o falecimento do titular do eventual crédito, o direito à sua percepção passa a ser exercitável pelo espólio respectivo, cuja representação deve ser desempenhada, não tendo sido aberto o inventário, pelo herdeiro que se encontra na posse dos bens. Até o compromisso do inventariante, o cônjuge supérstite detém a preferência na administração da herança, segundo a inteligência da norma do art. 1.797, I, do CC. Portanto, é inegável a sua qualidade de representante do espólio. Daí o reconhecimento de sua legitimidade ativa *ad causam* e, por consequência, do afastamento da extinção do processo, com o retorno dos autos ao Juízo de origem, onde haverá de ser colhida a prova. (TJSP, Emb. de Decl. n. 0004041-40.2011.8.26.0223, rel. Antonio Rigolin, j. 03.03.2015)

Cumprimento de sentença. Falecimento de um dos corréus. Ausência de abertura de inventário. Nomeação de administradora provisória. Cônjuge supérstite. Arts. 985 e 1.791, I, do CC. Desnecessidade de citação dos demais herdeiros. Representação do espólio que deve ser realizada exclusivamente pela administradora provisória. Art. 986 do CC. Inaplicabilidade da regra prevista no art. 12, § 1º, do CPC. Hipótese destinada exclusivamente ao inventariante dativo. Recurso provido. (TJSP, AI n. 0057165-54.2013.8.26.0000, rel. Hamid Bdine, j. 24.06.2013)

Agravo de instrumento. Execução fundada em título extrajudicial. Falecimento de um dos executados. Habilitação de todos os herdeiros nos autos. Desnecessidade. Possibilidade de representação do espólio, ainda que não tenha sido aberto o inventário, pelo administrador provisório. Arts. 986 e 43, ambos do CPC. Observância do art. 1.797 do CC. Precedentes do STJ e do TJSP. Recurso provido. (TJSP, AI n. 0085539-80.2013.8.26.0000, rel. Plínio Novaes de Andrade Júnior, j. 06.06.2013)

Ação de cobrança. Informação de que a ré faleceu antes da propositura da demanda. Regularização do polo passivo do processo. Determinação do juízo para que a autora providencie a intimação dos herdeiros, individualmente considerados. Descabimento. Legitimidade do espólio para figurar no polo passivo. Herança que responde pelas obrigações patrimoniais do *de cujus*. Inventário ainda não aberto. Necessidade de intimação do administrador provisório. Arts. 985 e 986 do CPC. Observância da ordem prevista no art. 1.797 do CC. Possibilidade ainda de a empresa credora requerer a abertura do inventário, nos termos do art. 988, VI, do CPC, para que não seja prejudicada pela inércia dos sucessores. Recurso provido. (TJSP, AI n. 0048281-36.2013.8.26.0000, rel. Paulo Alcides, j. 25.04.2013)

Herdeiro proprietário de 50% do imóvel a ser partilhado que deseja exercer o encargo da inventariança. Administração da herança cabe, preferencialmente, na falta do cônjuge sobrevivente, àquele que exerça a posse direta dos bens do espólio. Inteligência do art. 990, II, do CPC e do art. 1.797 do CC. Herdeiro agravante possui tão somente a posse indireta. Não enquadramento do fato concreto à previsão normativa. Ademais, estando o inventário em questão tramitando conjuntamente com o inventário da viúva do *de cujus*, a fim de se evitar tumulto processual, melhor que o encargo, nos dois feitos, seja exercido pela mesma pessoa (no caso, a herdeira Leny, irmã do agravante). Decisão mantida. Recurso desprovido. (TJSP, AI n. 0245030-94.2011.8.26.0000, rel. Rui Cascaldi, j. 10.01.2012)

Iniciada a ação de cobrança de despesas condominiais depois do falecimento da proprietária do apartamento, necessária a regularização processual do polo passivo da demanda. Não aberto inventário e desconhecido administrador provisório do espólio, correta a decisão que ordenou tal regularização com a faculdade do credor iniciar o processo de inventário, a teor do disposto no art. 988, VI, parte final, do CPC. Enquanto não regularizada, o processo permanecerá suspenso, nos termos do art. 265, I, do CPC. (TJSP, AI n. 0271029-83.2010.8.26.0000, rel. Adilson de Araujo, j. 06.07.2010)

Caderneta de poupança. Expurgos inflacionários. Titular da conta poupança falecido. Ausência de inventário. Administrador provisório. Legitimidade ativa. O ordenamento jurídico pátrio prevê, nos arts. 985 e 986 do CPC e 1.797 do CC em vigor, a figura do administrador provisório, a quem competirá representar ativa e passivamente o espólio, seus bens e trazer ao acervo os frutos percebidos desde a abertura da sucessão, até que o inventariante preste seu compromisso. (TJSP, Ap. Cível n. 992.090.653.423, rel. Mendes Gomes, j. 09.11.2009)

Ação proposta contra o espólio. Ausência de inventário. Irrelevância. Ação que pode ser proposta contra o espólio, representado por seu administrador provisório, nos termos dos arts. 12, V, c/c 986 do CPC. Desnecessidade de propositura da ação contra todos os herdeiros individualmente. (TJSP, AI n. 728.150-6/6-/00, rel. Soares Levada, j. 28.08.2008)

A ordem de nomeação insculpida no art. 990 do CPC deve ser rigorosamente observada. Contudo não é absoluta, podendo ser designado um inventariante dativo se as circunstâncias do caso assim aconselharem, visando evitar maiores conflitos e a proteção do próprio acervo de bens do espólio. (STJ, REsp n. 283.994/SP, rel. Min. Cesar Asfor Rocha, j. 06.03.2001)

## CAPÍTULO III
## DA VOCAÇÃO HEREDITÁRIA

**Art. 1.798. Legitimam-se a suceder as pessoas nascidas ou já concebidas no momento da abertura da sucessão.**

O CC/1916 não tinha dispositivo genérico similar. Só ao tratar da capacidade testamentária passiva previa-se que era restrita às pessoas existentes (art. 1.717) ou concebidas ao tempo da morte do testador, salvo designação em favor da prole eventual de alguém (art. 1.718). Não obstante, era pacífico o entendimento de que a mesma disciplina legal se estendia à sucessão legítima. O atual CC tornou explícito esse princípio.

Ao estabelecer genericamente a legitimidade sucessória passiva às pessoas nascidas ou concebidas ao tempo da abertura da sucessão, a norma em questão se aplica tanto à sucessão legítima como à testamentária. Esgota as possibilidades na sucessão legítima. A capacidade para adquirir por testamento é complementada pelo artigo seguinte, 1.799. A atribuição de capacidade sucessória ao nascituro é disposição que dá concreção, no âmbito do direito das sucessões, ao art. 2º, pelo qual, embora a personalidade civil comece com o nascimento com vida, a lei protege desde a concepção os direitos do nascituro. Como o nascituro não tem personalidade jurídica, sua legitimação sucessória está sujeita à condição de nascer com vida.

A referência a pessoas exclui a possibilidade de se deixar bens, por testamento, a animais, entidades espirituais etc.

Ao dispor que têm legitimidade para suceder as pessoas nascidas ou concebidas no momento da abertura da sucessão, o legislador não cuidou das hipóteses de filiação por reprodução assistida, o que suscita algumas questões relevantes.

**Embrião *in vitro*:** segundo a doutrina de Fábio Ulhoa Coelho (*Curso de direito civil*. São Paulo, Saraiva, 2003, v. I, p. 148-52), o embrião *in vitro* pode ou não ser destinado ao ciclo biológico do ser humano; só passará a ser sujeito de direito (ou ter existência jurídica, sem ser sujeito de direito, conforme a concepção que se adotar em relação ao nascituro) no momento em que for implantado no útero, iniciando o processo que o tornará apto a se tornar um ser biologicamente independente; e, iniciado esse processo, tem seus direitos resguardados desde a fertilização. Diante dessa retroação de seus direitos à data da fertilização, a solução mais justa parece ser a que reconhece direito sucessório ao filho advindo desse embrião, ainda que nasça depois da morte de seu pai.

Nesse sentido, manifestam-se Eduardo de Oliveira Leite (*Comentários ao novo Código Civil*, 3. ed. Rio de Janeiro, Forense, 2003, p. 110), José Luiz Gavião de Almeida (*Código Civil comentado*. São Paulo, Atlas, 2003, v. XVIII p. 103-4) e Luís A. Carvalho Fernandes (*Lições de direito das sucessões*, 2. ed. Lisboa, Quid Juris, 2001, p. 160).

Destaca-se opinião em contrário de José de Oliveira Ascensão (*Direito civil, sucessões*, 5. ed. Coimbra, Coimbra, 2000, p. 128), sob o argumento de que toda a dinâmica da sucessão está arquitetada tendo em vista um desenlace da situação em curto prazo. A solução para esse inconveniente, da insegurança jurídica por longo prazo, talvez seja a de aplicar o prazo de prescrição da ação de petição de herança (dez anos no atual CC, nos termos do art. 205), contado da abertura da sucessão. Nesse prazo, sempre há a possibilidade de instabilidade na relação sucessória, como, por exemplo, pela descoberta de novo filho em ação de investigação de paternidade. Além disso, excluir o direito sucessório do filho nascido de embrião *in vitro* implicaria discriminação em face dos demais filhos, em violação do art. 227, § 6º, da Constituição, que assegura tratamento isonômico aos filhos, qualquer que seja sua origem.

No sentido do exposto, o seguinte Enunciado n. 267 aprovado na III Jornada de Direito Civil, promovida pelo CEJ do CJF, em dezembro de 2004: "A regra do art. 1.798 do CC deve ser estendida aos embriões formados mediante o uso de técnicas de reprodução assistida, abrangendo, assim, a vocação hereditária da pessoa humana a nascer cujos efeitos patrimoniais se submetem às regras previstas para a petição da herança" (Gustavo Tepedino, Heloisa Helena Barboza, Renato Luís Benucci e Guilherme Calmon Nogueira da Gama).

**Paternidade e inseminação artificial heteróloga:** segundo o art. 1.597, V, presumem-se concebidos na constância do casamento os filhos havidos por inseminação artificial heteróloga (inseminação do óvulo da esposa com espermatozoide de terceiro), desde que haja prévia autorização do marido. Não se trata, propriamente, de presunção de paternidade, porque não há paternidade biológica. Cuida-se, isso sim, de paternidade estabelecida pela autorização do marido, não podendo ser por ele questionada após a fecundação consentida. A criança resultante desse tipo de inseminação, por força dessa norma legal, por presunção absoluta, é filho do marido; e, como tal, estabelece-se potencial relação sucessória entre eles. É a solução que se harmoniza com o art. 227, § 6º, da Constituição, preconizada por José Luiz Gavião de Almeida (op. cit., p. 104).

**Inseminação *post mortem*:** há possibilidade, inclusive, de inseminação *post mortem*, na qual o filho resultante não terá sido concebido até a abertura da sucessão. Não seria herdeiro, aplicado literalmente o presente artigo.

Segundo a opinião de Eduardo de Oliveira Leite, ao limitar a legitimação sucessória às pessoas concebidas até a abertura da sucessão, o artigo exclui, realmente, as resultantes de inseminação artificial *post mortem*, argumentando que só com alteração legislativa essa situação poderia ser modificada (op. cit., p. 110).

No mesmo sentido, afirmando que o filho resultante de inseminação *post mortem* não tem direito sucessório, a opinião de Guilherme Calmon Nogueira da Gama ("A reprodução assistida heteróloga sob a ótica do novo Código". In: *RT*, nov./2003, v. 817, p. 19-20).

Parece possível sustentar, no entanto, que, se o marido ou companheiro tiver deixado anuência expressa, consentindo na inseminação *post mortem*, estabelece-se o vínculo de paternidade e, por extensão, o direito sucessório. Tal hipótese não conflita com o artigo ora comentado, por não se cogitar na vigência do CC/1916, nem na elaboração do Código atual, da reprodução assistida mediante inseminação *post mortem*. O art. 1.798 tem por finalidade, por conseguinte, em sua concepção original, resguardar o direito do nascituro, não excluir filhos concebidos após a abertura da sucessão. Quanto ao óbice de tal possibilidade gerar insegurança jurídica por tempo indefinido, é de se estabelecer como limite, para petição de herança, o prazo de dez anos da abertura da sucessão.

**Adoção:** embora o vínculo da adoção se constitua com a sentença, ela terá efeito retroativo à data do óbito caso um dos adotantes morra no curso do processo, de modo que o adotado terá legitimação sucessória em face do adotante (ECA, arts. 42, § 6º, e 47, § 7º).

Essas normas se referem à morte do adotante no curso do processo, mas o STJ lhes deu interpretação ampliativa, assentando que, mesmo não ajuizado o processo de adoção, se há provas de que havia intenção de obter a adoção, de ajuizar a ação, isso já basta para que, em ação de adoção póstuma, seja reconhecido o vínculo de paternidade e, por extensão, a relação sucessória entre adotante e adotado. Confiram-se as ementas no tópico a seguir, jurisprudência.

**Adoção simples:** antes do atual CC, admitia-se a chamada adoção simples, por escritura pública. A partir do ECA, que passou a disciplinar a adoção de crianças e adolescentes, e que só prevê a chamada adoção plena, passou-se a entender que a simples permaneceu cabível exclusivamente para a adoção de adultos. O CC/2002 extinguiu a adoção simples. Atualmente só se admite a adoção antes denominada de plena. O regime sucessório da adoção simples era diferenciado, pois se o adotante tivesse filhos ditos legítimos, legitimados ou reconhecidos, a relação de adoção não envolvia sucessão hereditária (CC/1916, art. 377); o adotado permanecia vinculado ao parentesco natural, importando a adoção somente a transferência do pátrio poder (idem, art. 378); o filho adotivo, se concorresse com legítimos supervenientes à adoção, teria direito à metade cabível a cada um destes (idem, § 2º do art. 1.605); e não se estabelecia direito de sucessão entre o adotado e parentes do adotante (idem, art. 1.618). A partir da CF/88, que proibiu discriminação entre filhos, inclusive os adotivos, no § 6º do art. 227, surgiu divergência na jurisprudência sobre o direito sucessório derivado da adoção simples. Uma corrente defende ser aplicável a disciplina vigente ao tempo da adoção simples e, portanto, o regramento do CC/1916 mencionado anteriormente. A outra sustenta ser aplicável a lei vigente ao tempo da abertura da sucessão, motivo pelo qual a adoção simples deve ser equiparada à plena. Prevaleceu no STF a primeira corrente, mantendo na adoção simples o tratamento sucessório diferenciado que era previsto no CC/1916, sob o fundamento de que, pelas particularidades do regime da adoção simples, a manutenção da disciplina hereditária do CC/1916 não viola o art. 227, § 6º, da CF, ao dispor sobre a isonomia entre os filhos.

**Jurisprudência:** Agravo interno em recurso extraordinário com agravo. Adoção simples. CC/1916. Sucessão. Parentes do adotante. Impossibilidade. 1 – O STF, ao julgar o RE n. 96.434, rel. Min. Néri da Silveira, fixou entendimento no sentido de que a adoção simples, realizada nos termos do CC/1916, não gera direitos sucessórios entre o adotado adulto e os parentes do adotante. 2 – Agravo interno a que se nega provimento. (STF, ARE n. 810.822-Ag. Reg., rel. Min. Roberto Barroso, j. 31.08.2018)

1 – Em que pese o art. 42, § 6º, do ECA estabelecer ser possível a adoção ao adotante que, após inequívoca manifestação de vontade, vier a falecer no curso do procedimento de adoção, a jurisprudência evoluiu progressivamente para, em situações excepcionais, reconhecer a possibilidade jurídica do pedido de adoção póstuma, quando, embora não tenha ajuizado a ação em vida, ficar demonstrado, de forma inequívoca, que, diante de longa relação de afetividade, o falecido pretendia realizar o procedimento. 2 – Segundo os precedentes desta Corte, a comprovação da inequívoca vontade do falecido em adotar segue as mesmas regras que comprovam a filiação socioafetiva: o tratamento do adotando como se filho fosse e o conhecimento público dessa condição. Nesse sentido: REsp n. 1.663.137/MG, rel. Min. Nancy Andrighi, 3ª T., j. 15.08.2017, *DJe* 22.08.2017; REsp n. 1.500.999/RJ, rel. Min. Ricardo Villas Bôas Cueva, 3ª T., j. 12.04.2016, *DJe* 19.04.2016. 3 – A posse do estado de filho, que consiste no desfru-

te público e contínuo da condição de filho legítimo, foi atestada pelo Tribunal de origem diante das inúmeras fotos de família e eventos sociais, boletins escolares, convites de formatura e casamento, além da robusta prova testemunhal, cujos relatos foram uníssonos em demonstrar que os adotandos eram reconhecidos como filhos, tanto no tratamento como no sobrenome que ostentavam, e assim eram apresentados ao meio social. 4 – Afastada a impossibilidade jurídica do pedido, na situação concreta o pedido de adoção *post mortem* deve ser apreciado, mesmo na ausência de expresso início de formalização do processo em vida, já que é possível extrair dos autos, dentro do contexto de uma sólida relação socioafetiva construída, que a real intenção do *de cujus* era assumir os adotandos como filhos. 5 – Agravo interno provido para dar provimento ao recurso especial. (STJ, Ag. Int. no REsp n. 1.520.454/RS, rel. Min. Lázaro Guimarães, j. 22.03.2018)

Constitucional e civil. Paternidade *socioafetiva pós mortem*. Interesse de ingresso na vocação hereditária. Suprimento da vontade por decisão judicial. Inviabilidade. Não deve ser reconhecido o estado de filho quando não se tem certeza acerca da real vontade de todos os interessados. A decisão judicial não deve ter como parâmetro a presunção, principalmente quando a declaração tem como objetivo o ingresso na vocação hereditária. (TJMG, Proc. n. 0731164-16.2008.8.13.0521, rel. Antônio Sérvulo, j. 14.06.2011)

Civil. Sucessão. Ação de adotado visando anular partilha no inventário dos bens deixados pelo adotante, com o reconhecimento do seu direito à herança em igualdade de condições com filha legítima existente quando da adoção. Falecimento do autor da herança antes da CF/88. Interpretação do art. 1.605 do revogado CC, na redação vigente por ocasião da morte do autor da herança. Indeferimento da petição inicial mantido. Recurso desprovido. (TJSP, Ap. n. 9075680-91.2007.8.26.0000, rel. Boris Kauffmann, j. 30.03.2010)

Inventário. Herdeiros. Inclusão de filha, adotada na vigência da Lei n. 6.697/79, pelo regime de adoção simples, como sucessora. Admissibilidade. Inteligência dos arts. 227, § 6°, da CF/88 e 1.787 do CC, que estabelecem, respectivamente, proibição de qualquer discriminação entre filhos havidos ou não da relação do casamento, ou por adoção, e que a sucessão, bem como a legitimidade para suceder, é regulada pela lei vigente ao tempo de sua abertura. Determinação para recolhimento do ITCMD, cujo pagamento independe da solução dada em relação à herdeira. Recurso improvido. (TJSP, AI n. 0324640-82.2009.8.26.0000, rel. Álvaro Passos, j. 03.03.2010)

Vocação hereditária e adoção. Decisão agravada que reconheceu como herdeira filha biológica do *de cujus* adotada por outra família. Adoção simples, na vigência do CC/1916, que não implicou a ruptura dos vínculos com os pais biológicos, inclusive para fins biológicos. Aplicação da lei vigente no momento da adoção. Decisão mantida. Recurso improvido. (TJSP, AI n. 0345052-34.2009.8.26.0000, rel. Elliot Akel, j. 25.08.2009)

Apelantes pleiteiam reconhecimento de seus direitos hereditários em decorrência da declaração de indignidade de seu pai. Impossibilidade. Autores que sequer eram nascidos quando do óbito dos avós. Recurso improvido. (TJSP, Ap. n. 189.423-4/5-00, rel. A. C. Mathias Coltro, j. 22.11.2006)

Na hipótese de adoção simples, por escritura pública, ocorrida em 09.11.1964, com o falecimento da adotante e, em seguida, do adotado, serão chamados à sucessão os irmãos consanguíneos deste último, aplicando-se o disposto no art. 1.618 do CCB (Lei n. 3.071/1916). Inexistência de violação constitucional (CF, art. 227, § 6°). Recurso extraordinário a que não se conhece. (STF, RE n. 196.434, rel. Min. Néri da Silveira, j. 11.12.2002, m.v.)

**Art. 1.799. Na sucessão testamentária podem ainda ser chamados a suceder:**

**I – os filhos, ainda não concebidos, de pessoas indicadas pelo testador, desde que vivas estas ao abrir-se a sucessão;**

**II – as pessoas jurídicas;**

**III – as pessoas jurídicas, cuja organização for determinada pelo testador sob a forma de fundação.**

O artigo complementa a vocação hereditária na sucessão testamentária. Estabelece que, por testamento, é possível contemplar a prole eventual de pessoas determinadas, desde que essas pessoas estejam vivas na abertura da sucessão. Significa que, se tiverem morrido antes do testador, a disposição testamentária caduca.

Giselda Maria Fernandes Novaes Hironaka faz interessante observação sobre a expressão *pessoas indicadas pelo testador*, utilizada no inciso I, esclarecendo que é válida a indicação da prole eventual de determinado homem com determinada mulher, mas também é possível que seja indicada somente a prole de um homem ou de uma mulher, independente do parceiro; explicando, também, não ter cabimento disposições discriminatórias, tais como a de que o beneficiário deverá ser menino, porque tal discriminação seria inconstitucional (*Comentários ao Código Civil*. São Paulo, Saraiva, 2003, v. XX, p. 94). Maior detalhamento sobre a deixa testamentária para a prole eventual é apresentado no comentário do próximo artigo.

Também podem ser beneficiadas por testamento pessoas jurídicas já constituídas ou a constituir, mas, na segunda hipótese, exclusivamente sob a forma de fundação. Há divergências sobre o que é compreendido por pessoas jurídicas já constituídas: são somente as que adquirem personalidade jurídica própria com o ato do registro ou também podem ser beneficiadas as sociedades não personificadas (arts. 986 e segs.). O mais razoável parece ser permitir que as sociedades não personificadas também possam ser beneficiárias, visto que têm reconhecimento e disciplina legais.

---

**Art. 1.800. No caso do inciso I do artigo antecedente, os bens da herança serão confiados, após a liquidação ou partilha, a curador nomeado pelo juiz.**

**§ 1º Salvo disposição testamentária em contrário, a curatela caberá à pessoa cujo filho o testador esperava ter por herdeiro, e, sucessivamente, às pessoas indicadas no art. 1.775.**

**§ 2º Os poderes, deveres e responsabilidades do curador, assim nomeado, regem-se pelas disposições concernentes à curatela dos incapazes, no que couber.**

**§ 3º Nascendo com vida o herdeiro esperado, ser-lhe-á deferida a sucessão, com os frutos e rendimentos relativos à deixa, a partir da morte do testador.**

**§ 4º Se, decorridos dois anos após a abertura da sucessão, não for concebido o herdeiro esperado, os bens reservados, salvo disposição em contrário do testador, caberão aos herdeiros legítimos.**

---

O artigo disciplina em detalhes a disposição testamentária em favor da prole eventual de alguém, prevista no inciso I do art. 1.799. Se os filhos da pessoa designada não tiverem nascido ao tempo da abertura da sucessão, os bens da herança serão confiados, após a partilha, a curador nomeado pelo juiz. Pressuposto para a nomeação do curador, portanto, é a prévia partilha. Não haverá problemas para sua efetivação tratando-se de legado, ou seja, de bem singularmente considerado, atribuído à prole eventual. O artigo não apresenta solução, no entanto, para a hipótese de haver, além da prole eventual, indicada como herdeira, coerdeiros legítimos ou testamentários. Não se sabe se as pessoas indicadas pelo testador terão ou não filhos no prazo de dois anos da abertura da sucessão, nem quantos serão.

Como noticia Eduardo de Oliveira Leite, a doutrina propõe três soluções para o problema: é mantida a indivisão temporária até a certeza de haver ou não prole (solução incompatível com o atual CC, pois, como visto, exige a partilha para que os bens da herança sejam confiados ao curador); é feita uma partilha aproximada, cabendo ao juiz estimar a probabilidade da prole eventual e o número provável de filhos; faz-se a partilha entre os herdeiros existentes, com condição resolutiva caso sobrevenha a prole eventual, solução considerada mais adequada por esse jurista, inclusive por evitar o inconveniente de se deixar patrimônio sem titular por algum tempo (*Comentários ao novo Código Civil*, 3. ed. Rio de Janeiro, Forense, 2003, p. 107-8).

A última solução, porém, parece inconciliável com a previsão legal da nomeação de curador, desnecessária se os bens da herança coubessem aos herdeiros existentes quando da partilha, subordinada a propriedade desses bens à condição resolutiva, ao nascimento da prole eventual. A solução viável, portanto, parece ser a partilha provisória e aproximada, segundo o número provável de filhos que poderão eventualmente nascer, fazendo-se as correções necessárias caso sobrevenha número maior do que o esperado. A curatela recairá sobre a pessoa designada, pai ou mãe do herdeiro esperado, ou às pessoas designadas no art. 1.775, no rol da ordem preferencial daqueles a serem nomeados curadores dos interditos. Aplicam-se ao curador dos bens da herança que couberem à prole eventual a mesma disciplina, quanto aos poderes, deveres e responsabilidades, do curador dos interditos (arts. 1.781 e 1.740 e segs.). Sobrevindo o filho da pessoa indicada no testamento, recebe os frutos e rendimentos dos bens que lhe couberem, desde a abertura da sucessão.

Novidade do atual Código é a limitação de dois anos, contados da abertura da sucessão, para que seja concebido o herdeiro esperado. Essa limitação é conveniente para evitar espera indefinida para a partilha definitiva. Sílvio de Salvo Venosa (*Direito civil*, 3. ed. São Paulo, Atlas, 2003, v. VII, p. 152) e Carlos Roberto Barbosa Moreira, atualizador da obra de Caio Mário da Silva Pereira (*Instituições de direito civil*, 15. ed. Rio de Janeiro, Forense, 2004, v. VI, p. 32), sustentam ser possível ao testador fixar prazo diverso, até mesmo mais dilatado, considerando a disposição legal supletiva da vontade do testador, posição esta afirmada na primeira edição desta obra. A maioria da doutrina, no entanto, como observado pelo professor André Menezes Delfino por meio de correspondência enviada a este autor, considera o prazo cogente, facultado ao testador reduzi-lo, não o ampliar, para evitar o inconveniente da permanência de patrimônio sem titular por prazo prolongado. A expressão "salvo disposição em contrário do testador", constante deste § 4º, não se refere ao prazo de dois anos e sim à possibilidade do testador, decorridos os dois anos sem a concepção do herdeiro esperado, indicar substituto, herdeiro testamentário, como beneficiário, evitando a sucessão legítima. Reapreciando a questão, considero corretas as ponderações do referido professor, pois presente interesse público a justificar a limitação do prazo de permanência do patrimônio sem titular, fixado em norma cogente, improrrogável pela vontade do testador.

Ao se referir à concepção do herdeiro esperado, o artigo parece contemplar exclusivamente os filhos naturais. Para compatibilizá-lo, porém, com o art. 227, § 6º, da Constituição, que proíbe discriminação legal entre filhos, incluem-se os adotivos. Não parece ser possível, nem mesmo com expressa previsão do testador, que só filhos naturais possam se beneficiar, pois seria disposição discriminatória. A vedação de discriminação, do art. 227, § 6º, deve ser compreendida como dirigida não só ao legislador, mas também aos particulares. Não sobrevindo a prole eventual nos dois anos, ou no prazo diverso previsto pelo testador, a disposição testamentária caduca e os herdeiros legítimos recebem a herança, salvo disposição diversa do testador.

---

**Art. 1.801. Não podem ser nomeados herdeiros nem legatários:**

**I – a pessoa que, a rogo, escreveu o testamento, nem o seu cônjuge ou companheiro, ou os seus ascendentes e irmãos;**

**II – as testemunhas do testamento;**

**III – o concubino do testador casado, salvo se este, sem culpa sua, estiver separado de fato do cônjuge há mais de cinco anos;**

**IV – o tabelião, civil ou militar, ou o comandante ou escrivão, perante quem se fizer, assim como o que fizer ou aprovar o testamento.**

---

O artigo estabelece hipóteses de ilegitimidade para ser herdeiro ou legatário na sucessão testamentária, em relação a determinado testamento ou testador, sob pena de nulidade (art. 1.900, V).

O herdeiro, legítimo ou testamentário, é o que herda a título universal, ou a totalidade da herança ou parte ideal dela, sem individualização dos bens que lhe cabem. O legatário é o que herda, a título singular, um ou mais bens singularmente considerados. Só há legatário na sucessão testamentária.

O inciso I veda que se beneficie por testamento a pessoa que o escreveu a pedido do testador, restrição que se estende a seu cônjuge ou companheiro, ascendentes e irmãos. Na comparação com o art. 1.719 do CC/1916, não houve menção, no Código atual, aos descendentes da pessoa que escreveu o testamento a pedido do testador, mas a mesma restrição em relação aos descendentes consta do artigo seguinte, 1.802, de modo que, na verdade, não houve nenhuma alteração em substância. A proibição tem por fim assegurar que a pessoa que escreve o testamento a rogo aja com a isenção dela esperada, sem alterar a vontade do testador, em proveito próprio ou de pessoas que com ela mantenham vínculos de parentesco ou conjugais.

A mesma razão impõe a proibição das testemunhas do testamento serem nomeadas herdeiras ou legatárias (sobre o tema, confira-se, ainda, o tópico "testemunhas testamentárias", no comentário ao art. 1.864).

No inciso III, há proibição de ser beneficiado o concubino do testador casado, salvo se este, sem culpa sua, estiver separado do cônjuge há mais de cinco anos. Este inciso contém grave incoerência com a disciplina da união estável e do concubinato no atual Código, pois a união estável pode ser constituída pelo cônjuge, independentemente do lapso de tempo de separação de fato, sem questionamento sobre culpa (art. 1.723, § 1º); e o concubinato é conceituado como relações não eventuais entre o homem e a mulher, impedidos de casar (art. 1.727). Conclui-se que, havendo separação de fato, não há concubinato. A solução parece ser a de manter a vedação exclusivamente para a situação definida pelo Código como concubinato, ou seja, de relações não eventuais mantidas por pessoa casada, sem estar separada de fato do cônjuge. Se houver separação de fato, não há que se falar mais em concubinato, devendo ser considerada inócua a segunda parte do inciso. Nesse sentido, o Enunciado n. 269 aprovado na III Jornada de Direito Civil, promovida pelo CEJ do CJF, em dezembro de 2004: "A vedação do art. 1.801, inciso III, do CC não se aplica à união estável, independente do período de separação de fato (art. 1.723, § 1º)" (Guilherme Calmon Nogueira da Gama).

O PL n. 699/2011 (reapresentação do PL n. 6.960/2002 e do PL n. 276/2007) pretendia corrigir o equívoco, com proposta de supressão do prazo de cinco anos. No entanto, a correção, se prevalecer como está no projeto, será feita pela metade, pois manterá a exigência de o testador não ter dado causa à separação de fato por culpa; ao passo que, no Livro do Direito de Família, não se cogita de culpa para que possa ser constituída a união estável.

Por último, proíbe-se que sejam beneficiários o tabelião, civil ou militar, ou o comandante ou escrivão, perante quem se fizer, assim como o que fizer ou aprovar o testamento. O intuito é o mesmo do inciso I, antes tratado.

**Jurisprudência:** Não se verifica o propalado cerceamento de defesa, pois a prova testemunhal pretendida não teria o condão de conferir validade ao testamento, que beneficia as próprias testemunhas do ato, o que invalida a disposição de vontade, já que, nos termos do art. 1.801, II, do CC, não podem ser nomeados herdeiros nem legatários as testemunhas do testamento. Negaram provimento. Unânime. (TJRS, Ap. n. 70.050.870.765, rel. Luiz Felipe Brasil Santos, j. 29.11.2012)

Testamento. Particular. Registro. Através do referido testamento, a falecida deixou para seu neto a sua metade disponível. Na hipótese, o testamento foi redigido pela advogada, que representa a testamenteira e o beneficiário. É fato incontroverso, que a redatora do testamento é companheira do favorecido. Manifesta nulidade do ato, por força do art. 1.801, I, c/c art. 1.900, V, do CC/2002). Sentença mantida. Recurso improvido. (TJSP, Ap. n. 498.754-4/3-00, rel. Paulo Razuk, j. 21.10.2008)

A jurisprudência vigente fazia já uma leitura teleológica e instrumental da vedação contida no diploma material que obstava a inclusão da concubina como legatária, entendimento que se ancorava na nova ordem constitucional, na mutação dos costumes e padrões de condutas sociais aceitos, que modificaram os ditames familiares, prestigiando o convívio prolongado entre o testador e a legatária. A lei deve ser interpretada ao nível de seu tempo, vestida com a realidade do presente, não se acorrentando ao passado, sem que isto signifique menos valia para o casamento ou risco à instituição da família. A proibição do art. 1.719, III, CC/1916 (agora art. 1.801, III, CC) não atinge a companheira de homem casado, mas separado de fato, em convívio público, notório e duradouro, como que se casados fossem, em união estável. No mesmo espírito, os tribunais têm abrandado o rigor formal do testamento, notadamente quanto à severidade de alguns aspectos, em vassalagem à vontade do testador e apoteose do princípio da instrumentalidade. Apelação desprovida. (TJRS, Ap. n. 70.005.821.178, rel. José Carlos Teixeira Giorgis, j. 26.03.2003)

I – A concubina se distingue da companheira, pois esta última tem com o homem união estável, em caráter duradouro, convivendo com o mesmo como se casados fossem. II – A proibição inserta no art. 1.719, III, do CC não se estende à companheira de homem casado, mas separado de fato. (STJ, REsp n. 192.976, rel. Min. César Asfor Rocha, j. 26.09.2000, v.u.)

Testamento particular. Formalidades. Testemunha sócia de entidade legatária. A regra referente à proibição de ser o legatário testemunha no testamento é de interpretação estrita, não atingindo a sócia de entidade beneficiária da liberalidade. (STJ, REsp n. 19.764, rel. Min. Dias Trindade, j. 30.11.1992)

---

**Art. 1.802. São nulas as disposições testamentárias em favor de pessoas não legitimadas a suceder, ainda quando simuladas sob a forma de contrato oneroso, ou feitas mediante interposta pessoa.**

**Parágrafo único. Presumem-se pessoas interpostas os ascendentes, os descendentes, os irmãos e o cônjuge ou companheiro do não legitimado a suceder.**

---

Comina-se com nulidade as disposições testamentárias a pessoas não legitimadas a suceder, relacionadas no art. 1.801. A fim de evitar fraude, a nulidade se estende a atos simulados para favorecê-las, tais como por meio de contrato oneroso que, na verdade, é doação a pessoa não legitimada (como ocorreria pela doação à concubina de homem casado, por meio de simulada compra e venda). Recorde-se que a simulação, no atual Código, tornou-se causa de nulidade do negócio jurídico. Não é mais ato meramente anulável como ocorria no Código anterior. Também se entende que há simulação quando a disposição testamentária visa a beneficiar o não legitimado por meio de interposta pessoa. O parágrafo único presume que são interpostas pessoas os ascendentes, descendentes, irmãos e o cônjuge ou companheiro do não legitimado a suceder. A presunção de simulação é absoluta, não admitindo prova em contrário.

Afora essas pessoas expressamente designadas, é possível obter a nulidade da disposição testamentária de outras pessoas sem esses vínculos com o não legitimado, mas, nesse caso, cabe ao interessado provar que houve simulação. Sendo hipóteses de nulidade, podem ser arguidas por qualquer interessado ou pelo Ministério Público quando lhe couber intervir; e cabe ao juiz pronunciá-las de ofício quando delas tomar conhecimento, não podendo supri-las a requerimento das partes (art. 168).

---

**Art. 1.803. É lícita a deixa ao filho do concubino, quando também o for do testador.**

---

O artigo complementa o anterior, excluindo dos casos de nulidade a disposição testamentária em favor do filho do concubino se também o for do testador.

Na vigência do Código anterior chegou a existir polêmica a respeito da matéria, que foi pacificada pela jurisprudência, na Súmula n. 447 do STF ("É válida a disposição testamentária em favor de filho adulterino do testador com sua concubina"). A razão dessa orientação jurisprudencial decorre da incongruência de se considerar o filho do testador, que é herdeiro legítimo e necessário, como interposta pessoa.

## CAPÍTULO IV
## DA ACEITAÇÃO E RENÚNCIA DA HERANÇA

**Art. 1.804. Aceita a herança, torna-se definitiva a sua transmissão ao herdeiro, desde a abertura da sucessão.**

**Parágrafo único. A transmissão tem-se por não verificada quando o herdeiro renuncia à herança.**

Embora o artigo seja novidade do Código atual, trata de noções que se entendiam implícitas no Código anterior. Aceitação da herança é o ato unilateral pelo qual o herdeiro expressa sua concordância em recebê-la. É ato posterior à abertura da sucessão. Com a morte do autor, a herança se transmite de imediato a seus herdeiros (art. 1.784). A aceitação é a confirmação dessa transmissão, com efeito retroativo ao momento da abertura da sucessão.

A aceitação tinha relevância no sistema anterior ao CC/1916, no qual o herdeiro respondia com seu próprio patrimônio pelo passivo deixado pelo *de cujus*. Deixou de ter interesse prático no Código anterior, pois o herdeiro passou a responder pelo passivo nos limites das forças da herança (art. 1.587, do CC/1916; art. 1.792, do atual). Volta a ter alguma importância no Código atual, por se tornar irrevogável (art. 1.812), ao passo que no de 1916 era retratável (art. 1.590). Em oposição, considera-se como não verificada a transmissão se o herdeiro, após a morte do *de cujus*, renuncia à herança.

A renúncia é o ato solene pelo qual um herdeiro declara que não aceita a herança. Como estabelece o art. 1.808, § 1º, há também aceitação e renúncia de legados.

**Jurisprudência:** Registro de imóveis. Dúvida. Partilha *causa mortis*. Escritura pública. Renúncia por herdeiro contra o qual pesava indisponibilidade decorrente de ordem jurisdicional. Efeitos da renúncia ao direito hereditário que retroagem à data da abertura da sucessão. Inteligência do parágrafo único, do art. 1.804, do CC. Imóvel que não ingressou no patrimônio do herdeiro renunciante e não foi atingido pela ordem de indisponibilidade. Apelação a que se dá provimento para, afastado o óbice e reformada a r. sentença, permitir o registro almejado. (TJSP, Ap. n. 1011505-05.2020.8.26.0637, rel. Fernando Torres Garcia, j. 23.05.2022, Conselho Superior de Magistratura)

Renúncia à herança pelos 2 (dois) filhos do *de cujus*. Adjudicação à viúva-meeira da integralidade dos bens. Sentença homologatória da partilha apresentada. Apelação da Fazenda do Estado. Pretensão envolvendo o recolhimento do imposto sobre transmissão *inter vivos*. Renúncia que não se caracteriza como translativa (em favor de pessoa certa e determinada), mas abdicativa (feita indistintamente aos demais herdeiros da linha sucessória). Doação não caracterizada. Imposto sobre doação indevido. (TJSP, Ap. n. 0396378-48.2009.8.26.0577, rel. Carlos Henrique Miguel Trevisan, j. 13.12.2012)

A renúncia, como é cediço, é ato solene, voluntário e incondicional, de repúdio à herança, por meio do qual se abre mão dos bens e direitos já transferidos ao beneficiário, pelo que é só é possível a partir da abertura da sucessão. Nesta modalidade de renúncia os efeitos retroagem à data da abertura da sucessão (art. 1.804, parágrafo único, CC/2002), não sendo o renunciante beneficiário do direito sucessório, pelo que não há que falar em responsabilidade do mesmo pelo recolhimento do imposto sobre transmissão *causa mortis* e doação – ITCD – incidente sobre o objeto da herança. (TJMG, AI n. 1.0024.10.187801-5/001, rel. Eduardo Andrade, j. 03.07.2012)

Agravo de instrumento assentado contra a decisão que reconheceu a natureza abdicativa das renúncias manifestadas em sede de inventário, indeferindo, assim, o pleito de recolhimento do ITD, formulado pelo agravante. Como ressaltado pelo recorrente, os dois herdeiros, antes de manifestarem a intenção de renunciar, praticaram atos inequívocos de aceitação da herança. Ingressaram nos autos, através do patrocínio da Defensoria Pública, concordando com as declarações prestadas pela inventariante e pugnando pelo prosseguimento do feito, com a ultimação da partilha. Fosse intenção sua renunciar em favor do monte, deveriam tê-lo feito naquela oportunidade. Poderiam, inclusive, enquanto vigente o CC/1916, ter externado a vontade de retratar a aceitação, de acordo com o permissivo contido no art. 1.590 daquele compêndio. No entanto, continuaram na busca do quinhão hereditário. Nessa ordem, a renúncia, manifestada em novembro de 2009, não pode ser considerada pura ou abdicativa, mas sim translativa. Ante a ocorrência do fato gerador, o recolhimento do tributo é devido. Recurso provido, nos termos deste voto. (TJRJ, AI n. 0015634-17.2012.8.19.0000, rel. Ricardo Rodrigues Cardozo, j. 26.06.2012)

Agravo de instrumento. Renúncia à herança. Adjudicação em favor do viúvo-meeiro que se configura como renúncia translativa. Renunciante filho único, possuindo, no entanto, uma filha que passaria à ser herdeira, caso a renúncia fosse abdicativa. Incidência do imposto tanto sobre a transmissão *causa mortis* como sobre a doação (ITCMD). (TJSP, AI n. 0288452-90.2009.8.26.0000, rel. Erickson Gavazza Marques, j. 01.09.2010)

Insurgência contra a decisão que autorizou menor, representado legalmente por seus pais, a renunciar à herança recebida em virtude de anterior renúncia dos descendentes diretos do *de cujus*. Impossibilidade de os representantes legais do incapaz, com meros poderes de usufruto legal e administração, renunciarem à herança (TJSP, AI n. 0280444-27.2009.8.26.0000, rel. Francisco Loureiro, j. 08.04.2010)

Agravo de instrumento. Inventário. Aceitação tácita. Retratação. Renúncia abdicativa. Não incidência de Imposto sobre Doações (ITD). Recurso dirigido contra decisão que indeferiu pedido de abstenção do pagamento do ITD em razão da renúncia manifestada por um dos herdeiros em favor do monte, por entender configurada a renúncia translatícia. Embora o decurso de mais de quatro anos do pedido de abertura de inventário e apresentação das primeiras declarações configure aceitação tácita da herança, irretratável pelo art. 1.812 do CC/2002, a lei vigente, tanto à época da abertura da sucessão (CC/1916) como da aceitação, permitia no art. 1.590, segunda parte, a retratação da aceitação, de forma que, durante o procedimento do inventário, enquanto não homologada a partilha, poderia o aceitante se arrepender, com efeitos *ex tunc*, como se nunca tivesse sido chamado a suceder. Hipótese em que ocorreu a renúncia abdicativa, posto que em favor do monte, não incidindo o Imposto sobre Doações. Orientação do Col. STJ e do STF, no sentido de que a renúncia translativa deve implicar, a um só tempo, aceitação tácita da herança e a subsequente destinação desta a beneficiário certo, o que não ocorre quando há abdicação em favor do monte partível, sem a intenção de ceder os direitos hereditários, como se doação fosse, a herdeiro determinado. Conhecimento e provimento do agravo. (TJRJ, AI n. 43.047/09, rel. Mario Robert Mannheimer, j. 25.05.2010)

---

**Art. 1.805. A aceitação da herança, quando expressa, faz-se por declaração escrita; quando tácita, há de resultar tão somente de atos próprios da qualidade de herdeiro.**

**§ 1º Não exprimem aceitação de herança os atos oficiosos, como o funeral do finado, os meramente conservatórios, ou os de administração e guarda provisória.**

**§ 2º Não importa igualmente aceitação a cessão gratuita, pura e simples, da herança, aos demais coerdeiros.**

---

O artigo dispõe que a aceitação da herança pode ser expressa ou tácita. A expressa demanda declaração escrita, sem exigência de que se faça por instrumento público ou por termo nos autos do inventário, de modo que pode ser consumada em escrito particular. A tácita resulta de atos próprios de quem é herdeiro, como, por exemplo, a intervenção no processo de inventário reclamando sua parte na herança, a cessão de direitos hereditários etc. O § 1º deixa claro que não se consideram atos próprios de herdeiro, que implicam aceitação tácita, os denominados oficiosos, tais como o funeral do finado e os atos de conservação, administração e guarda provisória dos bens da herança. O § 2º estabelece que a cessão gratuita, pura e simples, da herança aos demais coerdeiros também não importa aceitação. A razão disso é que tal cessão equivale à renúncia da herança. Situação diversa ocorrerá se a cessão gratuita, pura e simples, não se fizer aos demais coerdeiros, mas somente a algum ou alguns dos coerdeiros, ou, ainda, a outra pessoa qualquer. Nesse caso, terá havido aceitação e posterior transmissão, designada renúncia translativa, que nada mais é do que cessão de direitos hereditários.

**Jurisprudência:** Agravo de instrumento. Inventário. Decisão que indeferiu o pedido de exclusão do herdeiro L. A. R. D. do cadastro do inventário, porquanto houve aceitação tácita da herança. Renunciante que é advogado em causa própria, constou como herdeiro na abertura do inventário e no primeiro plano de partilha apresentado. Atos compatíveis à condição de herdeiro. Aceitação tácita da herança. Irrevogabilidade do ato. Impossibilidade de renúncia. Inteligência do disposto nos art. 1.805 e 1.812 do CC. Decisão mantida. Recurso improvido. (TJSP, AI n. 21579495320238260000/Catanduva, rel. Ademir Modesto de Souza, j. 28.06.2023, publ. 28.06.2023)

Inventário. Renúncia à herança. Inadmissibilidade na hipótese. Prática de atos próprios da qualidade de herdeiro anteriores à escritura de renúncia, sobretudo a abertura de inventário pelo agravado. Aceitação tácita e irrevogável, em que pese o comportamento contraditório. Arts. 1.805, *caput*, e 1.812, do CC. Agravo desprovido. (TJSP, AI n. 2036510-90.2014.8.26.0000, rel. Luiz Antonio de Godoy, j. 10.06.2014)

Inventário. Herança. Renúncia. Descabimento. Herança aceita inequivocamente pela agravante, que ajuizou o inventário declarando-se herdeira universal. Aceita a herança, tácita ou expressamente, não pode mais haver renúncia a ela. Arts. 1.805 e 1.812 do CC. Decisão mantida. Recurso desprovido. (TJSP, AI n. 0133704-61.2013.8.26.0000, rel. Rui Cascaldi, j. 06.08.2013)

Renúncia em favor do único herdeiro da mesma classe que restou. Hipótese que se amolda à figura do art. 1.805, § 2º, do CC. Não ocorrência de aceitação e, por isso, não há transmissão do bem de um herdeiro para outro, mas do falecido para o herdeiro que não renunciou. Imposto *inter vivos* não devido. (TJSP, AI n. 530.089-4/0-00, rel. José Luiz Gavião de Almeida, j. 02.10.2007)

Inventário. Herdeiros que simplesmente renunciaram à herança. Hipótese de renúncia abdicativa e não translativa. Irrelevância de ter constado do termo que o faziam em favor da viúva-meeira, casada sob o regime da comunhão parcial de bens e que se tornou a única herdeira, dado o antecedente óbito dos ascendentes. Aplicação do art. 5º da Lei n. 10.705/2000. Não incidência do ITCMD. (TJSP, AI n. 483.872-4/7, rel. Des. Waldemar Nogueira Filho, j. 15.03.2007)

**Art. 1.806. A renúncia da herança deve constar expressamente de instrumento público ou termo judicial.**

A renúncia deve ser manifestada por instrumento público ou termo judicial e, portanto, é ato solene. Não admite outra forma e não pode ser tácita. Pode ser firmada por mandatário com poderes expressos (o STJ, nos julgados à frente, assentou ser necessária procuração por instrumento público, insuficiente por instrumento particular, podendo ser conferido mandato, ainda, por termo nos autos). É imprescindível que a renúncia seja manifestada antes da aceitação. Se houver aceitação tácita prévia, não se poderá mais cogitar de renúncia, pois a aceitação é irrevogável. A afirmação tem interesse prático: o herdeiro renunciante, em face da herança renunciada, é considerado inexistente, o que acarreta consequências como, por exemplo, seus filhos não herdarem por direito de representação e ele não arcar com o imposto *causa mortis*.

Diverge-se sobre a necessidade de outorga uxória ou autorização marital para a renúncia. Os que entendem desnecessária tal providência argumentam tratar-se de ato unilateral, por quem não se tornou titular de direito e, portanto, não há disposição patrimonial. A corrente contrária sustenta que o direito à sucessão aberta é bem imóvel por equiparação e, por essa razão, ao abdicar da herança por meio da renúncia, o herdeiro está dispondo de patrimônio.

O sucessor menor pode, em tese, renunciar, com autorização judicial obtida por seus representantes legais, nomeado curador especial ao menor, mas, em princípio, na maioria das situações, a renúncia lhe é desvantajosa e não deve ser deferida, pois o sucessor não responde por dívidas do espólio além das forças da herança (art. 1.792). É possível, no entanto, imaginar situações excepcionais nas quais a renúncia por menor poderia ser autorizada, tida como vantajosa, como no caso de recebimento de imóvel sem valor comercial, de difícil alienação e locação, e que gera muitas despesas de manutenção.

**Jurisprudência:** Arrolamento sumário. Insurgência contra r. decisão que indeferiu o pedido de doação da meação, com reserva de usufruto aos filhos da doadora e herdeiros do *de cujus*, por meio de termo lavrado nos autos. Exigência de escritura pública. Descabimento. Ausência de óbice legal ao acolhimento do pleito, diante do caráter público inerente à partilha judicialmente homologada. Procedimento que se assemelha ao de renúncia translativa da herança, com eficácia condicionada ao recolhimento de tributo, se o caso. Inteligência dos arts. 1.806 e 2.015 do CC. Precedentes deste Eg. Tribunal, inclusive, desta Col. Câmara. Recurso provido. (TJSP, AI n. 2115547-20.2024.8.26.0000, rel. Wilson Lisboa Ribeiro, 9ª Câm. de Dir. Priv., j. 08.05.2024)

Agravo de instrumento. Arrolamento sumário. Decisão que indeferiu fosse a doação, a ser feita pela viúva meeira de sua parte na herança, por termo nos autos, determinando fosse realizada por escritura pública de doaçao. Inconformismo. Ato que pode ser formalizado mediante a lavratura de termo nos próprios autos do arrolamento. Da leitura conjunta dos arts. 1.806 e 2.015 do CC, conclui-se pela aplicação, por analogia, do disposto à renúncia ao direito de herança à pretendida doação, que nada mais é que uma cessão de seus direitos à herança. Decisão reformada. Recurso a que se dá provimento. (TJSP, AI n. 2327538-43.2023.8.26.0000, rel. José Rubens Queiroz Gomes, j. 03.04.2024)

Agravo de instrumento. Ação de inventário. Decisão interlocutória que indeferiu a renúncia translativa nos próprios autos remetendo ao disposto no art. 1.793 do CC, ou seja, por meio de escritura pública. Renúncia translativa que pode ser formalizada por Termo Judicial consoante art. 1.806 do CC, nos autos do inventário, o que, por óbvio, não isenta as partes quanto ao recolhimento dos impostos respectivos. Decisão reformada. Recurso provido. (TJSP, AI n. 20208720220238260000/

Santos, rel. Benedito Antonio Okuno, j. 20.04.2023, publ. 20.04.2023)

1. A renúncia da herança é ato solene, exigindo o art. 1.806 do CC, para o seu reconhecimento, que conste "expressamente de instrumento público ou termo judicial", sob pena de nulidade (CC, art. 166, IV), não produzindo nenhum efeito, sendo que "a constituição de mandatário para a renúncia à herança deve obedecer à mesma forma, não tendo validade a outorga por instrumento particular" (REsp n. 1.236.671/SP, 3ª T., rel. p/ ac. Min. Sidnei Beneti, j. 09.10.2012, *DJe* 04.03.2013). 2. Na hipótese, o Tribunal de origem não considerou válida a constituição de mandatário por instrumento particular pela viúva-meeira do falecido para o fim de renúncia translativa à sua parte da herança. Incidência da Súmula 83/STJ. 3. Agravo interno a que se nega provimento. (STJ, Ag. Int. no REsp n. 1.420.785/PR, rel. Min. Raul Araújo, j. 11.04.2022)

Agravo de instrumento. Decisão interlocutória que, nos autos de inventário, indeferiu a doação de imóvel pela viúva meeira em favor dos herdeiros no plano de partilha, exigindo que o ato seja realizado por escritura pública. Descabimento da medida. Possibilidade da viúva meeira promover a renúncia à meação, por termo nos próprios autos, em favor dos filhos herdeiros. Aplicação analógica do art. 1.806 do CC. Precedentes da instância especial e deste Tribunal de Justiça. Ressalvada a necessidade de ser promovido o devido recolhimento do tributo de transmissão. Decisão reformada. Recurso provido. (TJSP, AI n. 2288181-27.2021.8.26.0000, rel. César Peixoto, j. 08.03.2022)

Agravo de instrumento. Decisão interlocutória que indeferiu o pedido de homologação de renúncia à herança formulado por herdeiro menor de idade. Inconformismo. Desacolhimento. A renúncia em nada aproveita ao agravante. Os herdeiros não respondem por encargos superiores à força da herança, não havendo que se falar em potencial prejuízo por conta de dívidas fiscais do veículo automotor integrante do monte partível. Exegese do art. 1.792 do CC. Ademais, a manifestação de vontade, com representação pela genitora, extrapola os poderes inerentes ao poder familiar de usufruto e de administração de bens dos filhos menores, nos termos do art. 1.689, I e II, do CC. Precedentes. Decisão mantida. Agravo desprovido. (TJSP, AI n. 2248221-64.2021.8.26.0000, rel. Rômolo Russo, j. 31.01.2022)

Inventário. Renúncia translativa/cessão de direitos hereditários. Herdeiros maiores e capazes. Possibilidade mediante termo judicial. Aplicação do art. 1.806 do CC. Precedentes. Medida que não dispensa o recolhimento do imposto devido. Recurso provido, com observação. (TJSP, 2210996-10.2021.8.26.0000, rel. Luis Mario Galbetti, j. 03.12.2021)

1 – Nos termos do art. 1.806 do CC, "a renúncia da herança deve constar expressamente de instrumento público ou termo judicial". 2 – A renúncia realizada por intermédio de procurador, por termo nos autos, necessita da outorga de poderes especiais e expressos para tanto, não exigindo a lei, porém, que ela seja feita por meio de instrumento público. 3 – Apelação cível conhecida e não provida. (TJPR, Ap. n. 1425199-7, rel. Dalla Vecchia, j. 24.02.2016)

Nos termos do art. 1.806, do CC/2002, "a renúncia da herança deve constar expressamente de instrumento público ou termo judicial". Assim, para que a renúncia seja feita através de mandatário, seja ela translativa ou abdicativa, devem ser conferidos ao procurador poderes especiais e expressos em instrumento público. (TJMG, 1.0043.15.002482-6/001, rel. Maurício Soares, j. 17.11.2015)

O ato de renúncia à herança deve constar expressamente de instrumento público ou de termo nos autos, sob pena de invalidade. Logo a constituição de mandatário para renúncia da herança deve obedecer à mesma forma, não tendo validade a outorga por instrumento particular. (TJMG, 1.0518.02.009301-0/001, rel. Marcelo Rodrigues, j. 04.08.2015)

Agravo de instrumento. Ação de petição de herança. Indeferimento de antecipação dos efeitos da tutela para o fim de suspender a partilha. Renúncia feita por documento particular, sem testemunhas. Desobediência ao art. 1.806 do CC. Formalidade não atendida. Necessidade de documento público ou termo judicial. Documento particular que não serve para renunciar a herança. Recurso provido. (TJSP, AI n. 0150380-84.2013.8.26.0000, rel. Silvério da Silva, j. 27.11.2013)

Sobrepartilha. Indeferimento em razão de renúncia da herança deixada pelo pai e sogro dos agravantes. Alegação de nulidade do ato. Renúncia realizada por procurador com poderes específicos para prática do ato, tomada por termo nos autos do arrolamento. Admissibilidade (art. 1.806 do CC). Ato que pode ser realizado por mandatário, desde que munido de poderes especiais e expressos, porque exorbitam do poder geral da administração (arts. 38 do CPC e 661, § 1º, do CC) [art. 105 do CPC/2015]. (TJSP, AI n. 0140871-32.2013.8.26.0000, rel. Silvério da Silva, j. 04.09.2013)

1 – Discussão relativa à necessidade de lavratura de escritura pública para prática de ato de disposição da meação da viúva em favor dos herdeiros. 2 – O ato para dispor da meação não se equipara à cessão de direitos hereditários, prevista no art. 1.793 do CC, porque esta pressupõe a condição de herdeiro para que possa ser efetivada. 3 – Embora o art. 1.806 do CC admita que a renúncia à herança possa ser efetivada por instrumento público ou termo judicial, a meação não se confunde com a herança. 4 – A renúncia da herança pressupõe a abertura da sucessão e só pode ser realizada por aqueles que ostentam a condição de herdeiro. 5 – O ato de disposição patrimonial representado pela cessão gratuita da meação em favor dos herdeiros configura uma verdadeira doação, a qual, nos termos do art. 541 do CC, far-se-á por escritura pública ou instrumento particular, sendo que, na hipótese, deve ser adotado o instrumento público, por conta do disposto no art. 108 do CC. (STJ, REsp n. 1.196.992, rel. Min. Nancy Andrighi, j. 06.08.2013)

Em se tratando de renúncia de herança, a forma prescrita em lei não foi observada, pois a renúncia teria sido implementada através de suposto "poder de desistir" conferido ao advogado à margem inferior do instrumento particular de mandato, sem qualquer formalidade essencial para o ato (art. 1.581 do CC/1916 ou art. 1.806 CC atual). Caso em que é de rigor a manutenção da sentença que reconheceu a nulidade do suposto negócio jurídico de renúncia de direito hereditário e da partilha. Negaram provimento. (TJRS, Ap. n. 70.050.368.265, rel. Rui Portanova, j. 28.02.2013)

1 – O ato de renúncia à herança deve constar expressamente de instrumento público ou de termo nos autos, sob pena de invalidade. Daí se segue que a constituição de mandatário para a renúncia à herança deve obedecer à mesma forma, não tendo a validade a outorga por instrumento particular. 2 – Recurso especial provido. (STJ, REsp n. 1.236.671, rel. Min. Sidnei Beneti, j. 09.10.2012)

Procedimento de jurisdição voluntária. Requerimento de alvará judicial. Levantamento de valores referentes a benefício previdenciário, deixados pela falecida genitora da autora. Petição de renúncia da herança subscrita pelos demais herdeiros, irmãos da autora. Ausência de termo judicial. Forma prescrita em lei. Invalidade da renúncia. Exegese do art. 1.806 do CC. Precedente do STJ. Recurso provido em parte. (TJRJ, Ap. n. 0000421-55.2008.8.19.0082, rel. Carlos Eduardo Passos, j. 04.03.2011)

Inventário. Renúncia à herança. Herdeiros que outorgaram poderes ao advogado para essa manifestação de vontade, sendo desnecessária a presença pessoal deles para a assinatura do termo respectivo nos autos. Recurso provido. (TJSP, AI n. 0307727-88.2010.8.26.0000, rel. Morato de Andrade, j. 27.07.2010)

Renúncia à herança tomada por termo judicial. Validade. Renunciantes representados por advogado constituído mediante instrumento particular, com poderes específicos para o ato. Desnecessidade que o mandato seja outorgado mediante instrumento público, sendo suficiente a forma particular. Inteligência dos arts. 661, § 1º, e 1.806 do CC e 38 do CPC [art. 105 do CPC/2015]. Vícios de consentimento que deverão ser comprovados e postulados em ação própria. Decisão reformada. Recurso provido. (TJSP, AI n. 0278493-95.2009.8.26.0000, rel. Salles Rossi, j. 24.02.2010)

Renúncia à herança por meio de procurador. Possibilidade. Mãe que, acompanhada de poderes especiais outorgados em procuração por seus filhos, todos maiores, renuncia, por termo nos autos, à herança deixada por seus genitores. Exegese do art. 1.806, CC. Agravo provido. (TJSP, AI n. 994.093.214.351, rel. João Carlos Garcia, j. 24.11.2009)

Renúncia da herança deixada pelo pai da agravante. Termo nos autos, por procuração. Admissibilidade. Art. 1.806 do CC. Ato que pode ser realizado por mandatário, desde que munido de poderes especiais e expressos, porque exorbitam do poder geral da administração. Desnecessidade da procuração ter a forma pública, se a renúncia é tomada por termo nos autos. Inteligência do art. 661, § 1º, do CC. Recurso provido. (TJSP, Emb. Decl. n. 519.331-4/4-00, rel. Francisco Loureiro, j. 08.11.2007)

A renúncia à herança depende de ato solene, a saber, escritura pública ou termo nos autos de inventário; petição manifestando a renúncia, com a promessa de assinatura do termo judicial, não produz efeitos sem que essa formalidade seja ultimada. (STJ, REsp n. 431.695, rel. Min. Ari Pargendler, j. 21.05.2002)

A renúncia de todos os herdeiros da mesma classe, em favor do monte, não impede seus filhos de sucederem por direito próprio ou por cabeça. Homologada a renúncia, a herança não passa à viúva, e sim aos herdeiros remanescentes. Esta renúncia não configura doação ou alienação à viúva, não caracterizando o fato gerador do ITBI, que é a transmissão da propriedade ou do domínio útil de bens imóveis. (STJ, REsp n. 36.076, rel. Min. Garcia Vieira, j. 03.12.1998)

Herança. Renúncia pelo marido. Outorga uxória. Necessidade. Ausência na espécie. Ineficácia consequente do negócio jurídico dispositivo. Aplicação dos arts. 44, III, e 235, I, do CC. Qualquer que seja o regime de bens, não pode o cônjuge renunciar a herança, sem consentimento do consorte. (TJSP, Ap. Cível n. 249.828-1, rel. Cezar Peluso, j. 27.08.1996, v.u.)

Outorga uxória. Desnecessidade na espécie. Renúncia de herança pelo marido. Rescisória improcedente. Votos vencedores e vencido declarados. Aplicação do art. 235, do CC. (*RT* 538/92)

**Art. 1.807. O interessado em que o herdeiro declare se aceita, ou não, a herança, poderá, vinte dias após aberta a sucessão, requerer ao juiz prazo razoável, não maior de trinta dias, para, nele, se pronunciar o herdeiro, sob pena de se haver a herança por aceita.**

O artigo trata da aceitação presumida. O interessado na aceitação, passados vinte dias da abertura da sucessão, pode solicitar ao juiz que estabeleça prazo, não superior a trinta dias, para que o herdeiro aceite ou renuncie à herança. No silêncio do herdeiro, presume-se a aceitação. Interessados na aceitação podem ser, por exemplo, coerdeiros ou credores do herdeiro cuja aceitação é reclamada.

**Jurisprudência:** Agravo de instrumento. Herança. Renúncia. Prazo previsto no art. 1.807 do CC. O prazo previsto no art. 1.807 do CC é assinado ao interessado em provocar o herdeiro vacilante, para que decida se aceita ou não a herança. Não se trata de prazo para que o herdeiro possa renunciar à herança. (TJMG, AI n. 1.0342.06.075272-8/001(1), rel. Jarbas Ladeira, j. 16.10.2007)

**Art. 1.808. Não se pode aceitar ou renunciar a herança em parte, sob condição ou a termo.**

**§ 1º O herdeiro, a quem se testarem legados, pode aceitá-los, renunciando a herança; ou, aceitando-a, repudiá-los.**

**§ 2º O herdeiro, chamado, na mesma sucessão, a mais de um quinhão hereditário, sob títulos sucessórios diversos, pode livremente deliberar quanto aos quinhões que aceita e aos que renuncia.**

O artigo principia por estabelecer não ser possível parcial aceitação ou renúncia à herança. Do contrário, o herdeiro só aceitaria o ativo ou, então, renunciaria ao passivo, subvertendo o princípio de que herda o patrimônio do *de cujus*, incluindo o ativo e o passivo. Em seguida, veda a aceitação e renúncia condicionais ou a termo, ou seja, subordinadas a evento futuro e incerto ou futuro e certo. O intuito é impedir que a aquisição do patrimônio permaneça por longo período sem definição, a depender de termo ou condição.

Caso alguém acumule a qualidade de herdeiro e legatário, a herança e o legado serão considerados separadamente, para fins de aceitação e renúncia, de modo que poderá renunciar à herança e aceitar o legado, ou vice-versa. O § 2º representa novidade em relação ao CC/1916, resolvendo polêmica então existente. Os quinhões recebidos a títulos sucessórios diversos são considerados distintos para aceitação e renúncia. Suponha-se um herdeiro legítimo e também testamentário: poderá renunciar à deixa testamentária e aceitar a decorrente da lei; e, também, o inverso.

**Jurisprudência:** Agravo de instrumento. Sobrepartilha. Insurgência quanto à determinação para que as herdeiras que renunciaram à herança participem da sobrepartilha dos valores localizados posteriormente ao inventário ou promovam a lavratura de nova escritura de renúncia ou termo de renúncia no processo. Acolhimento, ante a regra legal específica que veda a renúncia/aceitação parcial da herança. Aplicação do art. 1.808 do CC. Insurgência quanto à determinação para que todos os valores localizados, que eram de titularidade do *de cujus*, sejam objeto de sobrepartilha, que, no entanto, não prospera. Valores localizados que decorrem da atividade exercida pelo falecido, enquanto pessoa física, de modo que devem ser sobrepartilhados. Recurso parcialmente provido. (TJSP, AI n. 22185534320248260000, rel. João Pazine Neto, 3ª Câm. de Dir. Priv., j. 25.09.2024, publ. 25.09.2024)

Funcionalismo. Agravo de instrumento. Cumprimento de sentença. Recebimento de diferenças salariais. Via executiva iniciada pela única descendente do servidor, falecido no curso do processo. Reconhecimento judicial *post mortem* de entidade familiar. Pedido de habilitação processual de companheira supérstite. Inadmissibilidade. Verbas devidas anteriormente à abertura de sucessão e que se transmitem via herança e não por meação (art. 1.784 do CC). Ex-cônjuge virago que renunciou expressamente aos direitos sucessórios por intermédio de escritura pública. Impossibilidade de fracionar ou conferir seletividade ao ato de disposição do direito hereditário. Inteligência do art. 1.808 do CC. Respeito ao princípio da boa-fé objetiva, que veda a adoção do comportamento contraditório como forma de proteção da confiança nas relações jurídicas. Habilitação indevida. Decisão mantida. Recurso desprovido. (TJSP, AI n. 2285289-77.2023.8.26.0000, rel. Souza Meirelles, 12ª Câm. de Dir. Públ., j. 18.12.2023)

Inventário. Homologação de acordo entre herdeiros e legatário. Admissibilidade. Acordo que tem por finalidade renúncia ao legado, ajustar a divisão de rendimentos dos imóveis e questões do procedimento, de modo a simplificar o processo. Peticionantes maiores e capazes. Negócio processual que passou a ser permitido pelo Novo CPC. Impossibilidade de o juiz recusar a sua aplicação. Hipóteses previstas no art. 190, parágrafo único, do CPC, não verificadas. Modificação acordada que produz efeitos imediatos. Art. 200 do CPC. Transação que já se encontra perfeita pelo só requerimento conjunto das partes e, no caso da questão material, a homologação apenas tem o efeito formar um título judicial. Transação de direitos disponíveis. Renúncia ao legado. Inexistência do óbice do art. 1.808 do CC. Espólio legatário que não tem direito à herança. Possibilidade de realização por termo nos autos, suprindo a forma pública exigida pelo art. 1.793 do CC, desde que recolhidos os tributos devidos, diante da ausência de prejuízo às partes, terceiros, ou interesse público. Recurso provido. (TJSP, 2077405-15.2022.8.26.0000, rel. Rui Cascaldi, j. 13.06.2022)

Agravo de instrumento. Inventário. Renúncia à herança. Instrumento público. Ato irrevogável. Desistência. Impossibilidade. Alegação de indução a erro. Demais herdeiros que não pretendem cumprir o acordo de partilha amigável extrajudicial realizado anteriormente. Ausência de comprovação do vício de consentimento. Ato válido. Renúncia que independe da forma como será realizada a partilha entre os herdeiros que aceitaram a herança. Inadmissibilidade de imposição de condição ou termo. Inteligência dos arts. 1.808 e 1.812 do CC. Recurso não provido. (TJSP, AI n. 2161376-29.2021.8.26.0000, rel. Maria do Carmo Honorio, j. 18.12.2021)

Ação de anulação de renúncia à herança. Improcedência. Inconformismo. Desacolhimento. Ato irrevogável e que não se sujeita a condição. Inteligência dos arts. 1.808 e 1.812 do CC. Ausência de dolo no fato de que os herdeiros que receberam o imóvel objeto da herança prometeram que não o reformariam, mas não cumpriram a promessa. Não verificada a presença do alegado vício de vontade. Sentença mantida. Recurso desprovido. (TJSP, Ap. n. 0003161-19.2011.8.26.0653, rel. Grava Brazil, j. 11.07.2014)

Arrolamento sumário. Renúncia parcial de herança. Doação. Incidência do ITCMD. Momento de pagamento. 1 – Em arrolamento sumário foi considerado que as renúncias feitas pelos herdeiros são parciais, portanto inválidas (CC, art. 1.808), razão pela qual considerada renúncia translativa (doação), sujeita ao recolhimento de ITCMD. 2 – Doação caracterizada. 3 – Incidência de ITCMD. No arrolamento sumário, porém, as obrigações acessórias tributárias (ou "deveres instrumentais tributários") não são necessários antes da homologação da partilha, porém o são para a expedição do formal de partilha ou de alvarás. 4 – Agravo de instrumento parcialmente provido. (TJSP, AI n. 2011571-46.2014.8.26.0000, rel. Alexandre Lazzarini, j. 27.05.2014)

Sucessório. Pretensão à retificação das primeiras declarações no inventário, para inclusão do valor referente à metade do imóvel. Impossibilidade, haja vista que a herança se defere como um todo, consoante art. 1.791 do CC. Homologação de renúncia de parte de um bem constante do acervo hereditário. Impossibilidade, à luz do art. 1.808 do CC. Recurso a que se nega provimento. (TJRJ, AI n. 0013212-06.2011.8.19.0000, rel. Custódio Tostes, j. 08.06.2011)

Agravo de instrumento. Inventário. Renúncia parcial à herança. Impossibilidade. Art. 1.808 do CC. O art. 1.808 veda a renúncia parcial, ou seja, aquela relacionada a apenas uma fração da herança deixada. Tanto a aceitação como a renúncia não podem ser submetidas a condição ou a termo, devendo sempre ser incondicionadas e imediatas. (TJMG, AI n. 1.0024.04.288515-2/001(1), rel. Heloisa Combat, j. 27.02.2007)

---

**Art. 1.809. Falecendo o herdeiro antes de declarar se aceita a herança, o poder de aceitar passa-lhe aos herdeiros, a menos que se trate de vocação adstrita a uma condição suspensiva, ainda não verificada.**

**Parágrafo único. Os chamados à sucessão do herdeiro falecido antes da aceitação, desde que concordem em receber a segunda herança, poderão aceitar ou renunciar a primeira.**

---

O *caput* contém disposição idêntica, no conteúdo, à do art. 1.585 do CC/1916. O herdeiro que falece antes de aceitar transmite a seus próprios herdeiros o direito à aceitação.

A ressalva da parte final do *caput* decorre de motivo óbvio: se há disposição testamentária subordinada a condição suspensiva, o herdeiro falecido só receberia a herança caso sobreviesse a condição. Morrendo antes dela se verificar, a disposição testamentária caduca, torna-se ineficaz.

O parágrafo único é novidade do Código atual. Estabelece que a transmissão do poder de aceitar a herança, prevista no *caput*, só ocorrerá se os herdeiros do herdeiro falecido aceitarem a herança deste. A regra também é lógica, pois a transmissão do poder de aceitar é uma das relações jurídicas que compõem o patrimônio transmitido pelo falecido herdeiro. Se os herdeiros deste repudiam sua herança, não recebem o poder para aceitar a primeira herança.

Por fim, uma vez aceita a segunda herança, os herdeiros do herdeiro falecido poderão aceitar ou renunciar a primeira herança. O que também tem sua lógica, pois se a aceitação não é obrigatória para o herdeiro primitivo, também não poderia ser para seus próprios herdeiros.

**Art. 1.810. Na sucessão legítima, a parte do renunciante acresce à dos outros herdeiros da mesma classe e, sendo ele o único desta, devolve-se aos da subsequente.**

O artigo trata do efeito da renúncia na sucessão legítima, não na testamentária. Considera-se o renunciante como não chamado à sucessão, como se, frente àquela herança, nunca tivesse existido. É certo que, como será visto adiante, o renunciante não se furta de trazer bens à colação, nem poderá renunciar para prejudicar credores. Por se considerar o renunciante inexistente, sua parte acresce à dos outros herdeiros da mesma classe e, se for ele o único da classe, a herança devolve-se aos herdeiros da classe seguinte. Na verdade, embora o artigo se refira à classe, a disposição vale também para os diversos graus dentro da mesma classe (ALMEIDA, José Luiz Gavião de. *Código Civil comentado*. São Paulo, Atlas, 2003, v. XVIII, p. 141).

Confira o seguinte exemplo: se um dos vários filhos do *de cujus* renuncia, sua parte acresce à de seus irmãos. Se o autor da herança, porém, deixa só um filho, que renuncia, ou vários filhos, todos renunciantes, não sobram herdeiros do mesmo grau de descendência e são chamados à sucessão, por cabeça, não por representação, os do grau subsequente, os netos nesse exemplo.

**Concorrência do cônjuge:** a redação do art. 1.810 é idêntica à do art. 1.589 do CC/1916, mas o legislador aparentemente não se lembrou, ao reproduzir a norma, que no atual Código há a possibilidade, inexistente no sistema anterior, da concorrência do cônjuge com descendentes e ascendentes (art. 1.829), ou seja, concurso à herança de herdeiros de classes distintas. Quando houver concorrência e diante do esquecimento do legislador, duas serão as soluções interpretativas possíveis: pela primeira, será possível defender que a parte do herdeiro renunciante, um filho por exemplo, acresce à dos outros filhos, não à do cônjuge, pois o cônjuge concorre com os descendentes, mas é herdeiro de classe distinta, e o dispositivo afirma que a parte do renunciante acresce à dos outros herdeiros da mesma classe; pela segunda, será possível sustentar que a parte do renunciante acresce ao quinhão dos outros filhos, no exemplo adotado, e também ao do cônjuge.

A primeira solução seria a correta em interpretação literal e isolada do artigo. No entanto, não parece ser a melhor, pois, nos termos do parágrafo único do art. 1.804, no caso de renúncia, considera-se não operada a transmissão da herança ao renunciante. É como se, em face daquela herança, o filho renunciante nunca tivesse existido. Se nunca existiu, sua parte acresce ao monte que será repartido entre filhos e cônjuge, nas mesmas proporções do art. 1.832. Aparentemente, portanto, ao se referir a herdeiros da mesma classe, o legislador simplesmente se esqueceu da possibilidade, no atual Código, da concorrência de herdeiros de classes diferentes. Não houve premeditação de estabelecer que o acréscimo do renunciante seja feito somente em favor dos herdeiros da mesma classe, com exclusão do cônjuge concorrente.

Finalmente, havendo renúncia de todos os descendentes, o cônjuge não recolhe toda a herança. Nesse caso, considera-se não haver descendente, e, portanto, a herança é devolvida aos ascendentes. Entendimento contrário levaria à conclusão ilógica de que, renunciando todos os descendentes e havendo cônjuge, os ascendentes nunca herdariam. Nessa hipótese, o cônjuge passaria ao segundo lugar na ordem de vocação hereditária, quando, ao contrário disso, está situado em terceiro, atrás dos ascendentes (art. 1.829, II e III). Somente se também não houver ascendentes é que o cônjuge, na terceira posição, recolhe toda a herança.

**Jurisprudência:** Agravo de instrumento. Improbidade administrativa. Ilegitimidade de parte. Herdeira renunciante que foi incluída no polo passivo de ação de improbidade administrativa. Impossibilidade. Renúncia expressa feita por instrumento público lavrado perante o Tabelionato de Notas (art. 1.806 CC). Inaplicável o dispositivo sobre a reparação do dano no limite do valor da herança ou patrimônio transferido (art. 8º, da Lei n. 8.429/92). Ausência de direitos transferidos a título de herança. Irrelevância de o ato ter sido praticado alguns anos após o falecimento do instituidor da herança. Inexistência de inventário ou ato de aceitação prévia. Renúncia indivisível, que não se sujeita à condição ou termo (art. 1.808, CC). Herdeira renunciante considerada como se nunca tivesse existido. Ilegitimidade passiva reconhecida. Decisão reformada. Recurso provido. (TJSP, AI n. 2275232-97.2023.8.26.0000, rel. Maria Fernanda de Toledo Rodovalho, 2ª Câm. de Dir. Públ., j. 06.02.2024)

A renúncia da herança realizada pelos únicos descendentes do falecido acarretou o retorno do quinhão ao monte, e em virtude da existência de ascendente viva no momento da abertura da sucessão, há que se reconhecer Maria Luiza S.C. como herdeira de seu filho, garantindo-lhe o direito de suceder, tendo em vista que na regra vigente à época do óbito, a ascendente precedia ao cônjuge do *de cujus*. Na sistemática do CC/1916 o cônjuge não era herdeiro quando houvesse descendentes ou ascendentes com capacidade para suceder o falecido, de modo que resta evidente a necessidade de habilitação do espólio de Maria Luiza nos autos do inventário de seu filho, afigurando-se correta a decisão recorrida. Matéria de ordem pública não sujeita à preclusão, em que cabe decisão de ofício pelo Juiz. Desprovimento do recurso. (TJRJ, AI n. 0058977-34.2010.8.19.0000, rel. Maria Augusta Vaz, j. 12.04.2011)

**Art. 1.811. Ninguém pode suceder, representando herdeiro renunciante. Se, porém, ele for o único legítimo da sua classe, ou se todos os outros da mesma classe renunciarem a herança, poderão os filhos vir à sucessão, por direito próprio, e por cabeça.**

O artigo é complemento do anterior, 1.810. O renunciante é considerado inexistente e sua parte acresce à dos demais herdeiros do mesmo grau dentro da mesma classe. Sendo assim, os descendentes do renunciante não herdam por direito de representação, como estabelece o art. 1.811. O direito de representação é conferido aos descendentes de herdeiro premorto. Herdam, por estirpe, a parte que caberia ao herdeiro premorto. Na renúncia, ao contrário, como dispõe o art. 1.810, a parte do renunciante acresce à dos coerdeiros da mesma classe e do mesmo grau.

Assim, se o autor da herança tinha quatro filhos, um deles premorto, e este por sua vez havia deixado dois filhos, netos do *de cujus*, a herança será repartida em quatro, cabendo aos dois netos uma quarta parte da herança, que caberia ao pai deles se estivesse vivo. Se o pai deles, no entanto, está vivo na abertura da sucessão do *de cujus*, mas renuncia, considera-se que nunca existiu, como se o autor da herança tivesse deixado somente três filhos, dentre os quais a herança é repartida. Os netos, nessa segunda hipótese, nada recebem.

A ressalva da parte final do art. 1.811 também é desdobramento do artigo anterior. Se o renunciante é o único de determinado grau ou se todos do mesmo grau renunciarem, serão chamados a suceder os do grau seguinte, por direito próprio, por cabeça, não por representação. No exemplo, se renunciam os quatros filhos do *de cujus*, são chamados a suceder, por direito próprio, por cabeça, não por representação, todos os netos.

**Jurisprudência:** Inventário. Falecida sem descendentes. Única ascendente que renunciou à herança. Improcedência da ação visando à nulidade desta renúncia. Herdeira renunciante que não pode ser representada e deve ser considerada inexistente, sob o aspecto sucessório. Parte da renunciante que acresce à de outros herdeiros da mesma classe ou devolve-se aos sucessores da classe seguinte. Inteligência dos arts. 1.810 e 1.811, ambos do CC. Se autorizada a substituição da herdeira renunciante pelos descendentes desta os herdeiros colaterais terão direito à herança. Ofensa à ordem de vocação hereditária. Inexistindo descendentes e ascendentes terá direito à herança o companheiro. Interpretação do art. 1.810 do CC que melhor se coaduna com o sistema legal aplicável à sucessão. Indeferimento do pedido de inclusão dos descendentes da herdeira renunciante mantido. Recurso desprovido. (TJSP, 2231811-62.2020.8.26.0000, rel. Galdino Toledo Júnior, j. 09.02.2022)

Inventário. Legado testamentário. Renúncia. Determinação de que o legatário informasse sobre a existência de filhos. CC, art. 1.811. Providência indispensável à prossecução do feito. Recurso não provido. (TJSP, AI n. 520.165-4/9-00, rel. Munhoz Soares, j. 23.10.2007)

Anulação de partilha. Exclusão de herdeiro necessário. Efeito da renúncia. Renunciante filho único. 1 – A neta, filha de filho único, que renunciou à herança do genitor, tem legitimidade para postular a anulação da partilha, pois é herdeira necessária e foi preterida. 2 – Quando o renunciante é filho único ou o único herdeiro de sua classe, os seus descendentes de primeiro grau o sucedem como se ele houvesse pré-falecido. Inteligência dos art. 1.588, CCB/1916 e art. 1.811 do CCB/2002. Recurso provido. (TJRS, Ap. n. 70.014.390.934, rel. Des. Sérgio Fernando de Vasconcellos Chaves, j. 10.05.2006)

**Art. 1.812. São irrevogáveis os atos de aceitação ou de renúncia da herança.**

O art. 1.590 do CC/1916 dispunha que a renúncia seria retratável quando proveniente de violência, erro ou dolo, ouvidos os interessados; e a aceitação também poderia ser retratada, se não prejudicasse credores. O art. 1.812 mudou substancialmente o tratamento da matéria em relação à aceitação, ao estabelecer que é irrevogável. Tal modificação torna necessário maior cuidado na aceitação, especialmente nos atos que podem ser considerados como de aceitação tácita (art. 1.805).

Quanto à renúncia, apesar da alteração radical na redação, nada foi mudado na substância. No regime anterior, a hipótese prevista como de retratação não tinha, na verdade, essa natureza jurídica. A previsão legal era de anulação por um dos defeitos dos atos jurídicos mencionados. A renúncia, portanto, não era retratável, mas anulável. No Código atual, permanece anulável, sem dúvida, nas mesmas hipóteses e nas demais de anulação ou nulidade dos negócios jurídicos, previstas na Parte Geral.

**Jurisprudência:** Nulidade processual. Ocorrência de preclusão. Descabimento. Magistrado que pode reconsiderar decisões anteriores por entender que não estão corretas. Inexistência de preclusão pro judicato. Preliminar rejeitada. Inventário. Decisão que reconsiderou pronunciamento judicial anterior, indeferindo os pedidos de renúncia de Alessandra e Luciana. Inconformismo. Desacolhimento. Herdeiras originárias Wilma e Wanda que expressaram o inequívoco aceite ao recebimento dos bens deixados por seus pais e faleceram no curso do inventário. Ato de aceitação que é irrevogável, nos termos do art. 1.812 do CC. Renúncia das filhas das herdeiras originárias que não se mostra cabível. Decisão mantida. Recurso desprovido. (TJSP, AI n. 21327291920248260000, rel. J.L. Mônaco da Silva, 5ª Câm. de Dir. Priv., j. 17.07.2024)

Agravo de instrumento. Inventário. Renúncia à herança após a homologação da partilha. Inadmissibilidade. Ato inequívoco de aceitação tácita da herança pela abertura do processo de inventário, com a habilitação dos herdeiros. Irrevogabilidade da aceitação da herança. Inteligência do art. 1.812 do CC. Recurso desprovido. (TJSP, AI n. 2207848-30.2017.8.26.0000, rel. Alcides Leopoldo, j. 19.07.2018)

Agravo de instrumento. Inventário judicial. Decisão que decretou a nulidade da renúncia à herança efetuada por coerdeiro. Possibilidade. Prática de atos compatíveis com a aceitação da herança. Irrevogabilidade do ato de aceitação. Inteligência do art. 1.812 do CC. Recurso não provido. (TJSP, AI n. 0073822-08.2012.8.26.0000, rel. Des. Luís Francisco Aguilar Cortez, j. 27.11.2012)

Anulatória de sentença homologatória de renúncia de herança. Sentença que acolheu prescrição. Inconformismo. Manutenção da sentença consoante o art. 252 do Regimento Interno do Tribunal de Justiça. Intervenção ministerial desnecessária porque não há incapacidade física ou psíquica comprovada. Mero arrependimento não se confunde com qualquer nulidade da renúncia da herança feita em favor do pai. Aplicação do art. 1.812 do CC. Irrevogabilidade dos atos de renúncia da herança por questão de segurança das relações jurídicas. Recurso desprovido. (TJSP, Ap. n. 9133348-83.2008.8.26.0000, rel. Des. Ribeiro da Silva, j. 09.05.2012)

Agravo regimental. Inconformismo contra a decisão que negou provimento ao agravo de instrumento, cuja decisão reputou indevida a renúncia à herança de herdeiro (representado por seu filho e único herdeiro) que, antes de falecer, aceitou a herança de sua filha. Herdeiros ingressaram com ação de arrolamento e constituíram patrono. Hipótese de aceitação tácita. Irrevogabilidade da aceitação da herança. Inteligência do art. 1.812, CC. Mantido o indeferimento. Recurso improvido. (TJSP, Ag. Reg. n. 0092771-17.2011.8.26.0000, rel. Des. James Siano, j. 14.09.2011)

Arrolamento de bens. Renúncia da herança pelas apelantes, reduzida a termo nos autos. Pretensão de anulação da renúncia, sob o argumento da existência de vícios a envolvê-la. Irrevogabilidade da renúncia no âmbito do arrolamento. Aplicação do disposto no art. 1.812 do CC. Discussão sobre eventuais vícios envolvendo a renúncia deve ser travada em demanda apartada. Homologação da partilha mantida. Apelo improvido. (TJSP, Ap. n. 0008000-78.2009.8.26.0032, rel. Des. Donegá Morandini, j. 26.10.2010)

Agravo. Inventário. Renúncia tomada por termo nos autos. Irrevogabilidade, nos termos do art. 1.812 do CCB. Demonstração de erro substancial inexistente. Recurso desprovido. (TJRS, AI n. 70.030.269.930, rel. Des. Ricardo Raupp Ruschel, j. 10.06.2009)

A concordância com os termos das primeiras declarações apresentadas pela inventariante, bem como a juntada aos autos de instrumento de procuração, constituem formas de aceitação tácita da herança, que, nos termos do art. 1.812 do CC/2002, é irrevogável. (TJMG, AI n. 1.0223.07.217289-1/001(1), rel. Des. Fernando Botelho, j. 04.06.2009)

Ação de anulação de adjudicação de herança cumulada com sonegados. Renúncia de herança levada a efeito pela autora. Alegação de que fora induzida em erro, porquanto omitida pelo herdeiro réu a existência de vasto patrimônio em nome do *de cujus*. Sentença que julgou extinto o feito em face da prescrição. Prescrição verificada na espécie. Caso em que a renúncia de herança é questão prejudicial a todas as demais alegações, razão por que o prazo prescricional (decadencial, pelo novo Código) deve ser aquele previsto para a anulação dos negócios jurídicos com base na ocorrência de um dos vícios de consentimento, sendo, portanto, de quatro anos, nos termos do art. 178, § 9º, V, *b*, do CC/1916, contados da data da celebração do negócio. Prescrição (decadência) que pode ser declarada de ofício pelo juiz. Recurso desprovido. (TJRS, Ap. n. 70.025.466.947, rel. Des. Ricardo Raupp Ruschel, j. 05.11.2008)

Inventário. Renúncia à herança. Indeferimento. Acerto. Prática de atos compatíveis com aceitação e incompatíveis com renúncia. Irrevogabilidade do ato de aceitação. Art. 1.812 do CC. Recurso não provido. (TJSP, AI n. 579.000-4/3-00, rel. Des. Sousa Lima, j. 06.08.2008)

Agravo de instrumento. Renúncia à herança. Retratação da aceitação. Descabimento. Penhora nos autos por crédito trabalhista. Tendo o agravante realizado atos próprios da qualidade de herdeiro, é irrevogável a aceitação da herança (art. 1.812 do CC), sendo nula a renúncia posterior, mesmo que homologada judicialmente, mormente se resulta prejuízo a credores. (TJRS, AI n. 70.006.881.312, rel. Des. José Ataídes Siqueira Trindade, j. 04.12.2003)

---

**Art. 1.813. Quando o herdeiro prejudicar os seus credores, renunciando à herança, poderão eles, com autorização do juiz, aceitá-la em nome do renunciante.**

**§ 1º A habilitação dos credores se fará no prazo de trinta dias seguintes ao conhecimento do fato.**

**§ 2º Pagas as dívidas do renunciante, prevalece a renúncia quanto ao remanescente, que será devolvido aos demais herdeiros.**

---

A renúncia à herança será ineficaz em face dos credores do renunciante, caso eles, trinta dias após tomarem conhecimento da renúncia, habilitem seus créditos perante o juízo do inventário, solicitando autorização judicial para aceitar a herança em nome do renunciante. A autorização será concedida se ficar evidente que a renúncia efetivamente prejudicou os credores, por não subsistirem outros bens no patrimônio do herdeiro renunciante suficientes para garantir o pagamento da dívida. Não há necessidade de prova de intuito fraudulento, bastando a da necessidade do quinhão hereditário para assegurar o pagamento das dívidas. O herdeiro renunciante, ou os coerdeiros que se beneficiariam com a renúncia, podem se opor à habilitação, provando que o renunciante remanescerá com patrimônio suficiente para pagar a dívida.

Na vigência do CC/1916, havia discussão doutrinária sobre a necessidade, além da autorização do juízo do inventário, de prévia ação revocatória, pauliana. O § 1º do art. 1.813 é novidade do atual CC e permite a conclusão de que basta a habilitação no juízo do inventário, dispensada a ação pauliana.

O prazo de trinta dias para habilitação é decadencial e inicia na data em que os credores tomarem conhecimento da renúncia. Não corresponde à data da publicidade da renúncia nos autos do inventário, pois os credores não tomam, necessariamente, ciência dos atos praticados em processo de que não são parte. Além disso, se o termo inicial do prazo fosse a publicidade da renúncia nos autos do inventário, bastaria o artigo dizer isso com todas as letras. Por conseguinte, o prazo se inicia somente quando houver ato inequívoco pelo qual o credor tome conhecimento da renúncia. A solução deve ser mais favorável ao credor, prevalecendo seu interesse de evitar um prejuízo sobre o direito conferido ao herdeiro de dispor do patrimônio recebido por herança.

Suplantado o prazo decadencial de trinta dias, o credor estará impedido de aceitar em lugar do devedor renunciante, mediante simples pedido de habilitação no juízo do inventário. No entanto, estará proibido de adotar outras medidas para reverter a renúncia? José Luiz Gavião de Almeida (*Código Civil comentado*. São Paulo, Atlas, 2003, v. XVIII, p. 153) sustenta que o credor poderá tentar reverter a renúncia que o prejudicou mediante ação anulatória da partilha amigável, alegando dolo, ou por meio de ação rescisória da partilha judicial, ou, ainda, por meio de ação de nulidade por simulação do ato de renúncia. Giselda Maria Fernandes Novaes Hironaka (*Comentários ao Código Civil*. São Paulo, Saraiva, 2003, v. XX, p. 140) entende possível, após os trinta dias, o ajuizamento de ação revocatória. Confiram-se, ainda, no tópico jurisprudência, acórdãos do STJ e do TJSP nos quais reconhecida fraude à execução na renúncia à herança por herdeiro após sua citação em processo de conhecimento. E, ainda, julgado do STJ (REsp n. 754.468) no qual afirmado que, verificada a partilha, não é mais possível pedido de aceitação da herança pelo credor do renunciante, porque os bens se transferem ao patrimônio dos demais herdeiros (o que não impede, no entanto, segundo parece, o reconhecimento da ineficácia derivada da fraude à execução e as demais medidas apontadas anteriormente).

Pagas as dívidas dos credores que se habilitarem, a renúncia subsiste em relação à sobra, pois a aceitação pelos credores produz o efeito de tornar ineficaz a renúncia até o limite de seus créditos, sem invalidá-la totalmente.

Giselda Maria Fernandes Novaes Hironaka (op. cit., p. 141), respaldada na opinião de Washington de Barros Monteiro, sustenta que a disciplina do art. 1.813 não é aplicável aos legatários, de modo que os credores do legatário renunciante não poderiam aceitar o legado em nome dele. Em sentido contrário, e com razão, José Luiz Gavião de Almeida (op. cit., p.

151) sustenta que não há razão jurídica para distinguir, quanto a esse tema, herdeiros e legatários, pois a opinião dos que excluem os legatários está fundada, principalmente, no fato de o artigo em questão só fazer menção a herdeiros.

No tema da aceitação e renúncia, porém, o legislador não teve todo esse rigor técnico, pois, embora faça menção em vários dispositivos somente a herdeiros como aceitantes da herança (arts. 1.804, 1.805 e 1.807), o § 1º do art. 1.808 deixa claro que as normas sobre a aceitação e renúncia se estendem aos legatários. Ressalve-se que o direito de aceitação conferido aos credores não se aplica aos herdeiros testamentários ou legatários a quem o testador tiver atribuído encargos, como contrapartida pela deixa. Nesse caso, a renúncia não constitui mera disposição de patrimônio, mas também do encargo, cuja aceitação não pode ser imposta ao herdeiro ou legatário.

**Jurisprudência:** Agravo de instrumento. Levantamento de penhora. Penhora no rosto dos autos da ação arrolamento de bens do falecido pai do executado. Agravante que renunciou à herança que lhe cabia. Art. 1.813 do CC permite, em caso do herdeiro prejudicar credor, renunciando à herança, que, com autorização do juiz, possa o credor aceitá-la em nome do renunciante. Constrição reconhecida em sentença na ação de arrolamento de bens. Recurso não provido. (TJSP, AI n. 21637764520238260000/ Cândido Mota, 13ª Câm. de Dir. Priv., rel. Heraldo de Oliveira, j. 22.09.2023, publ. 22.09.2023)

Processo civil. Agravo de instrumento. Renúncia de herdeiro necessário ao acervo transmitido por testamento. Aceitação pelos credores. Possibilidade. Art. 1.813, CC. 1. A herança compreende os herdeiros legítimos e testamentários (art. 1.784, CC), de modo que a renúncia à herança pode ser questionada pelo credor do renunciante, na forma do art. 1.813, CC, quando o ato de liberalidade se limite ao acervo atribuído por testamento a um herdeiro necessário, decorrência faculdade do art. 1.808, § 1º, CC. 2. Nesse caso, responde o acervo testamentário até o limite do crédito devido pelo renunciante, restituindo-se ao monte-mor eventual remanescente, salvo deliberação diversa no testamento para a hipótese de renúncia ou, caso o proveito renunciado seja insuficiente para extinção, mediante reserva de bens da quota-parte que couber ao devedor em razão da herança remanescente não renunciada. 3. Recurso improvido. (TJSP, AI n. 20983378720238260000/Olímpia, 6ª Câm. de Dir. Priv., rel. Ademir Modesto de Souza, j. 28.04.2023, publ. 28.04.2023)

Habilitação de crédito contra herdeiro. Inventário. Possibilidade em caso de renúncia à herança pelo devedor. Insurgência da autora credora contra sentença de extinção do processo de habilitação de crédito. Cabimento do recurso de apelação. Mérito. Possibilidade de habilitação de crédito contra o herdeiro devedor, que renunciou a herança em inventário judicial. Possibilidade expressamente autorizada pelo art. 1.813 do CC, sendo descabida a alegação de simultaneidade de ações contra o devedor. Inexistência de decadência do direito da autora. Habilitação que implica a aceitação da herança do devedor e ineficácia da renúncia, no limite dos créditos da autora. Desnecessidade de citação do herdeiro, sendo suficiente a intimação do advogado do espólio, representado pela inventariante. Sucumbência dos réus. Sentença reformada. Recurso provido. (TJSP, 0008483-25.2021.8.26.0344, rel. Carlos Alberto de Salles, j. 13.06.2022)

Ação monitória em fase de cumprimento de sentença. Ação cautelar incidental de arresto. Renúncia do devedor à herança deixada por falecimento de seu ascendente. Ineficácia. Prejuízo manifesto ao credor. O conjunto probatório demonstra que o réu não se encontra em condições de renunciar aos bens deixados pelo autor da herança, sem prejuízo de seus credores. Sequer se perquire a respeito de má-fé. Basta que, com o ato da renúncia, venha o herdeiro a prejudicar credores. É o que dispõe o art. 1.813 do CC. Embora não se possa presumir a má-fé do renunciante, não há como permitir o enriquecimento daquele que recebeu gratuitamente os bens do quinhão hereditário que cabiam a ele (renunciante/executado), em detrimento do lídimo interesse do credor e da atividade jurisdicional da execução. Afinal, os bens presentes e futuros – à exceção daqueles impenhoráveis – respondem pelo inadimplemento da obrigação (CPC/73, art. 591, e CC, art. 391). Apelação não provida. (TJSP, 0006580-51.2013.8.26.0338, rel. Sandra Galhardo Esteves, j. 26.07.2016)

Embargos de terceiro. Transferência de parte de imóvel entre irmãos nos autos de processo de inventário. Ação em andamento proposta pela embargada. Possibilidade de reduzir à insolvência o alienante. Penhora no rosto dos autos do inventário. Embargos de terceiro opostos pelo adquirente da cota-parte penhorada. Sentença de improcedência. Hipótese de renúncia à herança com intuito de prejudicar credores. Inteligência dos arts. 593 do CPC [art. 792 do CPC/2015] e 1.813 do CC. Penhora legítima. Apelação desprovida. (TJSP, Ap. n. 0008735-23.2012.8.26.0577, rel. Carlos Henrique Miguel Trevisan, j. 31.10.2013)

Os credores de prestações alimentícias podem aceitar a herança deixada ao devedor de alimentos e à qual ele renunciou (art. 1.813 do CC). (STJ, RHC n. 31.942, rel. Min. João Otávio de Noronha, j. 28.05.2013)

Fraude de execução. Devedor citado em ação que precede à renúncia da herança, tornando-se insolvente. Ato atentatório à dignidade da justiça, caracterizando fraude à execução. Ineficácia perante o exequente. Pronunciamento incidental reconhecendo a fraude, de ofício ou a requerimento do exequente prejudicado, nos autos da execução ou do processo de conhecimento. Possibilidade. Renúncia translativa. Ato gratuito. Desnecessidade de demonstração da má-fé do beneficiado. Imposição de multa pela fraude, que prejudica a atividade jurisdicional e a efetividade do processo. Cabimento. (STJ, REsp n. 1.252.353, rel. Min. Luis Felipe Salomão, j. 21.05.2013)

Fraude de execução. Processo de conhecimento iniciado em 09.02.1995 e citação ocorrida em 16.03.1995. Condenação do réu em segunda fase da ação de prestação de contas a pagar diferença histórica de R$ 15.000,00. Não localização de bens para garantir o cumprimento da sentença. Apuração de que, no curso do processo de conhecimento, antes da sentença, mas depois da citação, o devedor renunciou à herança dos bens deixados por falecimento de seu pai. Ato que se enquadra na regra do art. 593, II, do CPC [art. 792, IV, do CPC/2015]. Exigência de dois pressupostos: a) ação em curso, com citação válida; b) demonstração de insolvência do devedor por força do ato de disposição de bens. Desnecessidade de publicidade por se cuidar de ato unilateral. Fraude de execução corretamente reconhecida. Recurso improvido. Em se cuidando de renúncia da herança efetivada depois da citação no processo de conhecimento, o qual, depois de superadas todas as fases, restou julgado procedente para condenar o réu ao pagamento de valor histórico de R$ 15.000,00, presume-se a fraude de execuçao quando a parte, na fase de cumprimento de sentença, não tem qualquer patrimônio, estando reduzida à insolvência. (TJSP, AI n. 0390587-49.2010.8.26.0000, rel. Kioitsi Chicuta, j. 14.10.2010)

[...] 3 – O pedido de aceitação da herança realizado pelo credor do executado/renunciante, nos autos do arrolamento de bens do falecido pai deste, somente pode ser formulado até o momento imediatamente anterior ao da sentença de homologação da partilha. Após a divisão do patrimônio do *de cujus*, acolhida a renúncia por parte do executado, os bens passaram a integrar o patrimônio dos demais herdeiros. 4 – Inexistindo recurso de terceiro prejudicado e transitada em julgado a sentença que homologou a partilha, resta ao credor, se for o caso e se preenchidos os demais requisitos legais, arguir, em ação própria, a anulação da partilha homologada. (STJ, REsp n. 754.468, rel. Min. Luis Felipe Salomão, j. 27.10.2009)

1 – Dispõe o art. 1.813, § 1º, do CC, que o prazo de habilitação de credores para aceitação de herança em nome do renunciante é de 30 dias contados da data em que estes tomaram conhecimento do fato e não da data do termo de renúncia. 2 – Quando o herdeiro prejudicar seus credores, renunciando à herança, poderão eles, com autorização do juiz, aceitá-la em nome do renunciante. 3 – Não é preciso que o herdeiro renuncie de má-fé, com intenção de fraudar; basta que a renúncia cause prejuízo aos seus credores. 4 – Dá-se provimento ao recurso. (TJMG, AI n. 1.0620.03.002967-7/001(1), rel. Des. Célio César Paduani, j. 25.09.2008)

Ação rescisória. Anulação de partilha em arrolamento. Herdeiro que renunciou à herança em favor do monte. Abdicação que foi aceita pelos demais, para fraudar credor. Cessão gratuita, pura e simples da herança aos demais herdeiros. Renúncia e aceitação com o intuito de excluir bem da execução. Caracterização de dolo suficiente a justificar a desconstituição da partilha, para que outra seja efetivada com a inclusão dos renunciantes. Ação procedente. (TJSP, Ação Resc. n. 481.558-4/0-00, rel. Des. Testa Marchi, j. 18.12.2007)

Nulidade de renúncia oferecida por herdeiro e sua esposa. Possibilidade de reconhecimento nos próprios autos. Anterior remessa da questão às vias ordinárias. Irrelevância. Ausência de coisa julgada. Apresentação de novas provas que comprovaram a alegação [...]. (TJSP, AI n. 533.429-4/4-00, rel. Des. Galdino Toledo Júnior, j. 04.12.2007)

O art. 1.813 do CC pretende coibir renúncia lesiva aos credores. Se há prejuízo com a renúncia, podem estes aceitar a herança, em nome dos renunciantes, independentemente da verificação do *consilium fraudis*. Basta que, com o ato da renúncia, venha o herdeiro a prejudicar credores. A aceitação independe da propositura de ação revocatória ou pauliana, sendo suficiente que o credor a requeira ao juiz do inventário e que este autorize o ato. Mas o avalista, que ainda não pagou a dívida, não pode se sub-rogar antecipadamente nos direitos do credor originário. No entanto, já estando penhorado bem da propriedade do agravado, existe o iminente perigo de prejuízo, pelo que é razoável, em atenção aos princípios da celeridade e economia processual, reservar-se o quinhão que caberia aos herdeiros renunciantes até que transite em julgado a decisão de mérito dos embargos à execução por ele apresentados. Recurso a que se dá parcial provimento. (TJMG, AI

n. 1.0074.06.031733-1/001(1), rel. Des. Heloisa Combat, j. 04.09.2007)

Inventário. Habilitação de crédito e aceitação de herança em nome de herdeiro renunciante. Ausência de concordância dos demais herdeiros. Remessa do pedido às vias ordinárias. Regra expressa do art. 1.018, CPC [art. 643 do CPC/2015]. Reserva de bens em nome do credor. Cabimento. Crédito documentalmente demonstrado. Quitação não alegada. Recurso parcialmente provido. (TJSP, AI n. 497.388-4/5, rel. Des. Galdino Toledo Júnior, j. 10.04.2007)

Inventário. Partilha. Sentença homologatória. Recurso de terceiro prejudicado. Credor quirografário do herdeiro. Alegação de que a instituição de usufruto equivale a renúncia à herança e prejuízo ao recebimento do crédito quirografário. Distinção entre meação e herança. Inexistência de renúncia à herança ou alienação gratuita do patrimônio. Possibilidade de instituição de usufruto em favor do viúvo meeiro. Precedentes do STJ. Aceitação da herança caracterizada. Preservado o direito do credor quirografário. Possibilidade de penhora da nua propriedade, respeitado o gravame pelo arrematante. (TJSP, Ap. n. 168.297-4/5-00, rel. Des. Ariovaldo Santini Teodoro, j. 13.02.2007)

## CAPÍTULO V
## DOS EXCLUÍDOS DA SUCESSÃO

**Art. 1.814. São excluídos da sucessão os herdeiros ou legatários:**

**I – que houverem sido autores, coautores ou partícipes de homicídio doloso, ou tentativa deste, contra a pessoa de cuja sucessão se tratar, seu cônjuge, companheiro, ascendente ou descendente;**

**II – que houverem acusado caluniosamente em juízo o autor da herança ou incorrerem em crime contra a sua honra, ou de seu cônjuge ou companheiro;**

**III – que, por violência ou meios fraudulentos, inibirem ou obstarem o autor da herança de dispor livremente de seus bens por ato de última vontade.**

**Conceito e distinção da deserdação:** sob o título "Dos Excluídos da Sucessão", o capítulo trata das hipóteses e efeitos da indignidade. A indignidade é ato ilícito cometido pelo sucessor, a que se comina sanção de exclusão da sucessão em face de determinada herança. Justifica-se a sanção em casos nos quais a lei considera que houve, por parte do sucessor, ingratidão incompatível com a sucessão, em face do autor da herança ou familiares próximos dele. A indignidade se aplica a todos os tipos de sucessores: herdeiros legítimos e testamentários, e legatários. Difere da deserdação, porque esta, embora também seja hipótese de exclusão da sucessão, só tem aplicação a herdeiros necessários e, além disso, não decorre diretamente da lei, mas da vontade do autor da herança, manifestada em testamento. A exclusão abrange, inclusive, o direito real de habitação do cônjuge sobrevivente (art. 1.831).

Na vigência do CC/1916, quando havia, a par do direito real de habitação, o usufruto vidual para o cônjuge sobrevivente não casado pela comunhão universal de bens (art. 1.611, § 1º), esse usufruto correspondia à sucessão a título universal, sendo possível a exclusão quanto ao usufruto (nesse sentido: NEVARES, Ana Luiza Maia. *A tutela sucessória do cônjuge e do companheiro na legalidade constitucional*. Rio de Janeiro, Renovar, 2004, p. 105).

Estende-se a indignidade, também, à cota hereditária que o cônjuge vier a receber em concorrência com descendentes ou ascendentes (art. 1.829, I e II). Não se aplica, porém, por falta de previsão legal, à meação do cônjuge sobrevivente, pois a meação preexiste à sucessão e decorre do regime de bens do casamento (cf. MAXIMILIANO, Carlos. *Direito das sucessões*, 5. ed. Rio de Janeiro, Freitas Bastos, 1964, v. I, p. 116). Se o cônjuge do herdeiro ou legatário se beneficia com a herança ou legado, como ocorre, por exemplo, na comunhão universal de bens, ao cônjuge se aplica a exclusão por indignidade (cf. o julgado a seguir em jurisprudência).

**Hipóteses – inciso I:** o primeiro caso de indignidade é o do sucessor que tiver sido autor, coautor ou partícipe de homicídio doloso, consumado ou tentado, contra o autor da herança, seu cônjuge, companheiro, ascendente ou descendente. Não importa se matou visando à herança. O atual Código traz como novidade a inclusão desses familiares próximos do autor da herança, pois o de 1916 só fazia menção ao *de cujus*. Ao se referir a homicídio doloso, a lei exclui propositalmente o culposo, pois o repúdio da lei é ao atentado intencional contra a vida do autor da herança. Pela mesma razão deve ser excluído o homicídio preterdoloso, em que o resultado morte advém de culpa, não de dolo. Dispensa-se condenação criminal, consoante entendimento tranquilo. Nem se suspende o processo civil, que visa à declaração de indignidade, para aguardar solução do processo crime. A absolvição criminal pode influenciar a decisão no juízo cível, por exemplo, se tem por fundamento a inexistência de crime. Para a exclusão, basta que o sucessor seja partícipe. A legítima defesa e o estado de necessidade excluem o crime e, portanto, a indignidade. Também não é justificada a aplicação da indignidade nos casos de erro de execução, quando atingida a pessoa que não se visava a matar; sendo considerado, para fins penais, como se houvesse sido assassinada a pessoa visada (arts. 20, § 3º, e 73, do CP).

Em relação aos penalmente inimputáveis, Orlando Gomes afirma que não estão sujeitos à pena por indignidade (*Sucessões*, 12. ed. Rio de Janeiro, Forense, 2004, p. 34). No entanto, Sílvio de Salvo Venosa sustenta que o sentido ético da exclusão por indignidade se sobrepõe ao conceito legal de inimputabilidade, não sendo moralmente defensável o recebimento da herança pelo adolescente que comete ato infracional consistente, por exemplo, em homicídio doloso do *de cujus* (*Direito civil*, 3. ed. São Paulo, Atlas, 2003, v. VII, p. 82). Uma vez que há crime, mas o agente não está sujeito a sanção penal, talvez a melhor solução seja considerar subsistente a sanção civil, que é um *minus*, quando remanesce algum grau de discernimento, fazendo-se avaliação caso a caso, orientação que parece mais adequada à disciplina do Estatuto da Pessoa com Deficiência, Lei n. 13.146/2015. Sobre o tema, confira-se à frente, no tópico jurisprudência, julgado do STJ no qual foi adotada essa segunda posição, dando interpretação teleológica ao inc. I deste art. 1.814, excluindo da sucessão, por indignidade, o adolescente que matou dolosamente seus pais, praticando ato infracional.

**Inciso II – denunciação caluniosa em juízo:** a segunda hipótese é a dos que tiverem acusado caluniosamente o autor da herança em juízo, ou incorrerem em crime contra sua honra, ou de seu cônjuge ou companheiro. A denunciação caluniosa é crime tipificado pela conduta de dar causa a instauração de investigação policial ou de processo judicial, contra alguém, imputando-lhe crime de que o sabe inocente (art. 339 do CP). O CC considera causa de indignidade somente a *denunciação caluniosa em juízo*, excluindo, assim, a falsa acusação que dá início somente a inquérito policial, sendo este arquivado. A falsa acusação que acarreta o início de inquérito, porém, poderá se enquadrar na segunda parte do inciso II, pois basta que o sucessor tenha praticado crime contra a honra (e, portanto, inclusive calúnia) do autor da herança, seu cônjuge ou companheiro. O juízo a que se refere o inciso II é exclusivamente o criminal, pois é a ele que se refere o art. 339 do CP.

Pela redação literal do inciso II, somente a denunciação caluniosa contra o autor da herança é causa de indignidade, ao passo que, em relação aos crimes contra a honra, a vítima pode ser o *de cujus*, seu cônjuge ou companheiro. Aparentemente se trata de mero defeito de redação, pois não há sentido na exclusão da denunciação caluniosa contra o cônjuge ou companheiro se a simples calúnia, que não gerou processo criminal contra eles, é suficiente para caracterizar indignidade.

**Falso testemunho:** parte da doutrina, com base no caráter taxativo das hipóteses de indignidade, sustenta que o falso testemunho não autoriza exclusão da sucessão, porque não previsto nesse inciso II. Parece mais razoável, no entanto, a posição dos que entendem que o crime de falso testemunho em juízo criminal, agravando a falsa imputação feita por outrem, é conduta similar à da denunciação caluniosa e, portanto, também deve ser considerado causa de indignidade (nesse sentido: SANTOS, J. M. Carvalho. *Código Civil brasileiro interpretado*, 7. ed. Rio de Janeiro, Freitas Bastos, 1962, v. XXIII, p. 217; citando doutrinadores que defendem a posição oposta).

**Crimes contra a honra:** em relação aos crimes contra a honra (calúnia, difamação e injúria), há doutrinadores que entendem que da expressão *incorrerem* se deve inferir a necessidade de condenação criminal. Outros defendem a posição contrária, sob o argumento de a mencionada expressão significar mera prática do crime, sem exigência da condenação criminal. Do expresso texto do dispositivo é difícil, realmente, extrair a inequívoca exigência de condenação criminal. Parece contraditório exigir condenação nos crimes contra a honra e não no homicídio doloso, hipótese do inciso I. Há nos crimes contra a honra, porém, particularidade que justifica a exigência da condenação criminal. É que a ação penal nesses crimes é privada como regra e pública quando condicionada à representação em algumas poucas hipóteses.

Há necessidade, portanto, em todos os casos, de expressa manifestação do ofendido, por meio de queixa ou representação, de querer que o ofensor seja processado e condenado criminalmente. Caso o ofendido morra no prazo de decadência para oferecimento da queixa ou representação, poderá ser apresentada por seu cônjuge, ascendente, descendente ou irmão (art. 100, § 4º, do CP; art. 31 do CPP). Sendo a ação penal, nesses casos, disponível, é indispensável ser instaurada e, portanto, haver condenação, para que se possa afirmar ter havido crime contra a honra. Por essa peculiaridade, parece correta a posição da primeira corrente doutrinária citada.

**Crime contra a memória do morto:** quanto à calúnia, é punível a praticada contra os mortos (art. 138, § 2º, do CP), razão pela qual é possível a indignidade pela falsa imputação de crime ao autor da herança, após a abertura da sucessão.

**Inciso III:** a última hipótese é a dos que, por violência ou fraude, impedirem o autor da herança de externar disposição de última vontade. A doutrina tem considerado conduta equiparada à do inciso III, a justificar a sanção de indignidade, a do sucessor que, em vez de impedir, com violência ou fraude, o autor da herança de testar, alcança o mesmo intento ocultando ou destruindo o testamento particular ou cerrado. Washington de Barros Monteiro dá notícia de dois julgados em que essas situações foram equiparadas, por analogia, à do inciso III do art. 1.814, em sua versão idêntica do CC/1916 (*Curso de direito* civil, 35. ed. São Paulo, Saraiva, 2003, p. 66).

**Cabimento de analogia limitada nos casos de indignidade:** a doutrina, de modo geral, afirma que essas hipóteses são taxativas. Parece mais adequado, porém, o critério defendido por José de Oliveira Ascensão, de os casos de indignidade consagrarem uma tipicidade delimitativa, que comporta analogia limitada (*Sucessões*, 5. ed. Coimbra, Coimbra, 2000, p. 139). Isso significa ser preciso verificar os valores que se pretendeu defender na tipicidade legal, permitindo que, para situações nas quais esses mesmos valores estejam em jogo, possa ser aplicada idêntica solução legal.

Alguns exemplos servem para demonstrar a necessidade dessa analogia. O inciso I faz menção exclusiva a homicídio doloso. Em termos técnico-jurídicos, não se confunde homicídio doloso com induzimento e instigação ao suicídio, com latrocínio ou com extorsão mediante sequestro qualificada pela morte. Nesses três outros crimes, porém, o mesmo valor que a norma visa a preservar foi atingido. Há, da mesma forma como no homicídio doloso, atentado à vida do autor da herança (com mais gravidade até, no caso do latrocínio ou da extorsão, se comparados, por exemplo, ao homicídio simples). Seria de absurda incoerência não estender a esses exemplos a mesma sanção civil.

Outras hipóteses também poderão justificar essa solução sempre quando violado o valor que se pretende preservar (o herdeiro não atentar contra a vida do autor da herança). Por isso Caio Mário da Silva Pereira defende a extensão da pena de indignidade para os casos de induzimento ou instigação ao suicídio (*Instituições de direito civil*, 15. ed. Rio de Janeiro, Forense, 2004, v. VI, p. 38). Essa é a razão, também, do acórdão a seguir mencionado, do STJ, no qual, em última análise, aplicou-se a sanção de indignidade, por analogia, a caso de maus-tratos e abandono material que redundaram na morte do autor da herança (embora haja, pelo que se entrevê da ementa, aparente confusão no julgado *a quo* entre previsibilidade do resultado morte e intenção de matar, sendo cabível a aplicação da indignidade só neste último caso, pois no outro a morte decorre de culpa, não de dolo). De certa maneira, Carlos Maximiliano endossa esse entendimento ao advertir que, apesar de serem taxativas as hipóteses legais, não se justifica a interpretação puramente filológica ou gramatical, devendo-se observar não só a letra da disposição legal, mas seu espírito (op. cit., v. III, p. 142).

**Eutanásia:** reconhecendo-se, assim, que a aplicação da sanção civil deve ter por norte o valor maior que a norma visa a preservar, parece mais acertada a orientação dos que entendem não haver indignidade na eutanásia, respeitadas as opiniões em contrário. Nesse caso, embora haja crime doloso contra a vida, se ficar claramente evidenciado intuito piedoso, não se revela a ingratidão, que é o fundamento valorativo a justificar a sanção por indignidade. Nesse sentido, Carlos Maximiliano (op. cit., v. I, p. 91) e Dolor Barreira (*Sucessão legítima*. Rio de Janeiro, Borsoi, 1970, p. 96). No sentido oposto, Sílvio de Salvo Venosa (op. cit., p. 82).

**Jurisprudência:** Ver no art. 1.812 a seguinte decisão: TJSP, AI n. 21327291920248260000, rel. J.L. Mônaco da Silva, 5ª Câm. de Dir. Priv., j. 17.07.2024)

Apelação. Direito das sucessões. Ação de indignidade de herdeiro fundada no art. 1.814, I, do CC. Julgamento de procedência. Manutenção. Requerido participou de crime de latrocínio contra a genitora. Irrelevância de, tecnicamente, não se tratar de crime contra a vida, pois no latrocínio também se atenta contra a vida do autor da herança, bem jurídico protegido pelo instituto da indignidade. Socorro à analogia admitido pela doutrina. Sentença condenatória pelo crime de latrocínio que já transitou em julgado. Recurso improvido. (TJSP, Ap. n. 1035181-50.2021.8.26.0506, rel. Ademir Modesto de Souza. j. 14.09.2023)

Família. Indignidade. Ação de exclusão de herdeiro. Alegação de os irmãos terem coagido os genitores, de forma violenta, a assinarem testamento particular em benefício de todos. Ação julgada improcedente. Reconvenção julgada procedente, com declaração de indignidade do autor. Irresignação do autor-reconvindo. Preliminar. Cerceamento de defesa. Inocorrência. Mérito. Autor-reconvindo que simulou venda do único imóvel dos pais à sua companheira. Uso indevido de procuração recebida. Negócio que impediu a manifestação de ato de última vontade dos genitores, por meio de testamento ou doação da parte disponível em benefício da neta. Hipótese do art. 1.814, III, do CC. Conduta dos réus-reconvintes não tipificadas no dispositivo. Inexistência, nos autos, de minuta de testamento em benefício da neta e de terem os réus obstado a vontade dos genitores. Rol taxativo do art. 1.814 do CC, por importar restrição de direitos. Litigância de má-fé por parte do autor-reconvindo. Não configuração. Conduta que não violou o princípio da lealdade processual. Sentença mantida. Recurso desprovido. (TJSP n. 10010371420228260248/Indaiatuba, 1ª Câm. de Dir. Priv., rel Alexandre Marcondes, j. 07.07.2023, publ. 07.07.2023)

Civil. Direito processual civil. Direito das sucessões. Ação declaratória de reconhecimento de indignidade. Questões autônomas decididas no acórdão. Impugnação parcial. Possibilidade. Inaplicabilidade da Súmula n. 283/STF. Indignidade por ofensa à honra do autor da herança. Prévia condenação no juízo criminal. Imprescindibilidade. Expressa disposição legal (art. 1.814, II, 2ª figura, do CC/2002). Contexto familiar em que desavenças e eventuais ofensas podem ser proferidas. Necessidade, contudo, de que a ofensa seja grave a ponto de estimular ação penal privada do ofendido e condenação e decisão condenatória pelo juízo criminal. Interpretação finalística ou teleológica inaplicável na hipótese. 1. Ação ajuizada em 29.06.2020. Recurso especial interposto em 10.06.2022 e atribuído à Relatora em 05.09.2022. 2. O propósito recursal consiste em definir se, na ação de indignidade, a configuração de ofensa à honra do autor da herança (art. 1.814, II, 2ª figura, do CC/2002) necessariamente depende de prévia condenação no juízo criminal. 3. Se há duas causas de pedir, absolutamente autônomas entre si, lastreadas em fatos distintos e que foram objeto de capítulos decisórios igualmente dissociáveis, é lícito à parte impugnar apenas parcialmente o acórdão local (art. 1.002 do CPC/2015), não se aplicando à hipótese a Súmula n. 283/STF. 4. Para que seja declarada a indignidade com base no art. 1.814, II, 2ª figura, do CC/2002, é imprescindível, por expressa disposição legal, que o herdeiro ou legatário tenha sido condenado pela prática de crime contra a honra do autor da herança. 5. A imprescindibilidade da prévia condenação criminal também decorre do fato de que, nas relações familiares, é razoavelmente comum a existência de desavenças e de desentendimentos que, por vezes, infelizmente desbordam para palavras mais ríspidas, inadequadas e até mesmo ofensivas. 6. Em razão disso, para que haja a declaração de indignidade e consequente exclusão da sucessão, a ofensa à honra desferida pelo herdeiro deve ser tão grave a ponto de estimular o autor da herança a propor uma ação penal privada em face dele e gerar a prolação de decisão condenatória pelo juízo criminal reconhecendo que a presença de todos os elementos configuradores da infração penal. 7. A interpretação finalística ou teleológica das hipóteses de exclusão da sucessão listadas no art. 1.814 do CC/2002 é admissível, mas não obrigatória, razão pela qual, se o ofendido não pretendeu buscar a sanção penal em vida (ou, se pretendeu, não a obteve), não faz sentido que se apure o eventual ilícito, após a sua morte e apenas incidentalmente no juízo cível, com o propósito de excluir o suposto ofensor da sucessão. 8. Recurso especial conhecido e não provido, com majoração de honorários (STJ, REsp n. 2.023.098/DF, 3ª T., rel. Min. Nancy Andrighi, j. 07.03.2023, *DJe* 10.03.2023)

Sucessão. Indignidade. Afastamento prolongado do filho do convívio da mãe ou da família que não é conduta (ato ilícito) incompatível com a sucessão. Inteligência do art. 1.814, CC. Pedido improcedente. Sentença mantida. Recurso improvido. (TJSP, Ap. n. 1052542-37.2021.8.26.0100, rel. Luiz Antonio de Godoy, j. 03.10.2022)

Apelação cível. Ação declaratória de indignidade. Homicídio praticado pela ré contra seu cônjuge. Sentença de improcedência. Apelo da autora (filha do falecido). Mérito. Indignidade. Viúva-meeira. Regime da comunhão universal de bens. Considerando que o falecido e a ré eram casados sob regime da comunhão universal de bens, não há como superar o fato de que ela não pode ser excluída da sucessão, pois dela não participa. Inteligência do art. 1.829, I, do CC. Sendo meeira, metade do patrimônio já lhe pertence por direito, independente da morte do ex-marido, de forma que, não se trata de herdeira. Inteligência do art. 1.814, I, do CC. Improcedência mantida. Motivação do decisório adotado como julgamento em segundo grau. Inteligência do art. 252 do RITJ. Honorários recursais. Aplicação da regra do art. 85, § 11, CPC/2015. Resultado. Recurso não provido. (TJSP, Ap. n. 1002633-18.2021.8.26.0038, rel. Edson Luiz de Queiróz, j. 19.08.2022)

Apelação. Ação declaratória. Indignidade e exclusão de herdeiro. Homicídio contra os genitores. Sentença de procedência. Insurgência do réu. Não acolhimento. Dependência química que não justifica homicídio doloso dos pais. Norma civil que busca excluir da sucessão qualquer herdeiro que atente contra a vida dos pais, independentemente de ter o autor do ato plena capacidade para os atos da vida civil. Sentença mantida. Recurso desprovido. (TJSP, Ap. n. 1000417-12.2021.8.26.0547, rel. Costa Netto, j. 19.05.2022)

[...] 2 – O propósito recursal é definir se o ato infracional análogo ao homicídio, doloso e consumado, praticado contra os pais, está abrangido pela regra do art. 1.814, I, do CC/2002, segundo a qual será excluído da sucessão o herdeiro que seja autor, coautor ou partícipe de homicídio doloso, consumado ou tentado, contra os ascendentes de cuja sucessão se trata. 3 – Na esteira da majoritária doutrina, o rol do art. 1.814 do CC/2002, que prevê as hipóteses autorizadoras de exclusão de herdeiros ou legatários da sucessão, é taxativo, razão pela qual se conclui não ser admissível a criação de hipóteses não previstas no dispositivo legal por intermédio da analogia ou da interpretação extensiva. 4 – O fato de o rol do art. 1.814 do CC/2002 ser taxativo não induz à necessidade de interpretação literal de seu conteúdo e alcance, uma vez que a taxatividade do rol é compatível com as interpretações lógica, histórico-evolutiva, sistemática, teleológica e sociológica das hipóteses taxativamente listadas. 5 – A diferenciação entre o texto de lei, enquanto proposição física, textual e escrita de um dispositivo emanado do Poder Legislativo, e a norma jurídica, enquanto produto da indispensável atividade interpretativa por meio da qual se atribui significado ao texto, conduz à conclusão de que a interpretação literal é uma das formas, mas não a única forma, de obtenção da norma jurídica que se encontra descrita no art. 1.814, I, do CC/2002. 6 – A regra do art. 1.814, I, do CC/2002, se interpretada literalmente, *prima facie*, de forma irreflexiva, não contextual e adstrita ao aspecto semântico ou sintático da língua, induziria ao resultado de que o uso da palavra homicídio possuiria um sentido único, técnico e importado diretamente da legislação penal para a civil, razão pela qual o ato infracional análogo ao homicídio praticado pelo filho contra os pais não poderia acarretar a exclusão da sucessão, pois, tecnicamente, homicídio não houve. 7 – A exclusão do herdeiro que atenta contra a vida dos pais, cláusula geral com raiz ética, moral e jurídica existente desde o direito romano, está presente na maioria dos ordenamentos jurídicos contemporâneos e, no Brasil, possui, como núcleo essencial, a exigência de que a conduta ilícita do herdeiro seja dolosa, ainda que meramente tentada, sendo irrelevante investigar se a motivação foi ou não o recolhimento da herança. 8 – A finalidade da regra que exclui da sucessão o herdeiro que atenta contra a vida dos pais é, a um só tempo, prevenir a ocorrência do ato ilícito, tutelando bem jurídico mais valioso do ordenamento jurídico, e reprimir o ato ilícito porventura praticado, estabelecendo sanção civil consubstanciado na perda do quinhão por quem praticá-lo. 9 – Se o enunciado normativo do art. 1.814, I, do CC/2002, na perspectiva teleológica-finalística, é de que não terá direito à herança quem atentar, propositalmente, contra a vida de seus pais, ainda que a conduta não se consume, independentemente do motivo, a diferença técnico-jurídica entre o homicídio doloso e o ato análogo ao homicídio doloso, conquanto relevante para o âmbito penal diante das substanciais diferenças nas consequências e nas repercussões jurídicas do ato ilícito, não se reveste da mesma relevância no âmbito civil, sob pena de ofensa aos valores e às finalidades que nortearam a criação da norma e de completo esvaziamento de seu conteúdo. 10 – Hipótese em que é incontroverso o fato de que o recorrente, que à época dos fatos possuía 17 anos e 6 meses, ceifou propositalmente a vida de seu pai e de sua mãe, motivo pelo qual é correta a interpretação segundo a qual a regra do art. 1.814, I, do CC/2002, contempla também o ato análogo ao homicídio, devendo ser mantida a exclusão do recorrente da sucessão de seus pais [...]. (STJ, REsp n. 1.943.848/PR, 3ª T., rel. Min. Nancy Andrighi, j. 15.02.2022, *DJe* 18.02.2022)

Sucessão. Indignidade. Prática de homicídio em face dos hereditandos. Autor das mortes absolutamente inimputável ao tempo do ato. Absolvição imprópria na esfera penal. Afastamento da pena civil. Sentença mantida. Recurso improvido. (TJSP, Ap. n. 1007848-56.2019.8.26.0066, rel. Ronnie Herbert Barros Soares, j. 03.09.2021)

Agravo de instrumento. Inventário. Ordem de vocação hereditária. Recurso interposto em face de decisão que afastou ao agravante o direito ao recebimento de herança, por representação. Hipótese em que uma das falecidas foi casada com o tio premorto do agravante. Morte simultânea das duas irmãs e da filha de uma delas (prima do agravante), em triplo assassinato cometido pelo único herdeiro, falecido pouco tempo depois, deixando uma filha menor, herdeira por representação do espólio. Eventual direito do parente transversal afastado. Existência de herdeiros de uma classe exclui do chamamento à sucessão herdeiros da classe seguinte. Efeitos da exclusão por indignidade. Pena que não atinge os sucessores do indigno. Princípio da intranscendência ou da personalidade da pena. Decisão mantida pelos próprios fundamentos. Recurso improvido. (TJSP, AI 2088149-40.2020.8.26.0000, rel. Pedro de Alcântara da Silva Leme Filho, j. 24.05.2021)

Exclusão de herdeiro por indignidade. Companheira condenada, por sentença penal transitada em julgado, pelo crime de tortura e absolvida sumariamente da acusação de crime de instigação ao suicídio. Crime de tortura não previsto no rol do art. 1.814 do CC. Norma restritiva de direitos. Hipóteses taxativamente previstas. Impossibilidade de interpretação extensiva. Conduta da ré, ademais, que não violou qualquer dos valores resguardados em referidos incisos. Absolvição da acusação de instigação ao suicídio fundada no art. 415, II, do CPP. Não comprovado o suicídio e a existência de conduta da ré capaz de sugerir na vítima intenção de eliminar a própria vida. Hipóteses legais de indignidade não configuradas. Sentença de improcedência mantida. Negaram provimento ao recurso. (TJSP, Ap. n. 1009129-03.2018.8.26.0286, rel. Alexandre Coelho, j. 30.09.2020)

Apelação. Ação de indignidade. Deserdação de descendentes. Feito ajuizado pela companheira do falecido contra os filhos deste, a pretexto do suposto cometimento de crime contra a sua honra. Inocorrência. Inteligência do art. 1814, II, *in fine*, do CC. Necessidade, *in casu*, de prévia condenação criminal. Hipótese não verificada e que autoriza a manutenção do entendimento monocrático. Sentença mantida. Adoção do art. 252 do RITJ. Recurso desprovido. (TJSP, Ap. n. 1030175-72.2015.8.26.0506, rel. Jair de Souza, j. 10.12.2019)

Sucessão. Exclusão. Indignidade. Inocorrência. Casos de indignidade previstos no art. 1.814 do CC que consagram tipicidade delimitativa, que comporta analogia limitada. Conduta, entretanto, do réu que não violou qualquer dos valores que os incisos de mencionado dispositivo pretenderam preservar. Manutenção do réu na linha sucessória do falecido. Deserdação, também, não verificada, pois aplica-se somente a herdeiros necessários e decorre de manifestação de vontade do autor da herança, por meio de testamento (art. 1.964 do CC). Sentença mantida. Recurso desprovido. (TJSP, AC n. 1004640-02.2018.8.26.0001, rel. Luiz Antonio de Godoy, j. 07.10.2019)

Direito das sucessões. Ação declaratória de indignidade. Autor que se alega ser companheiro do *de cujus* e que imputa ao réu abandono material e afetivo. Hipóteses que não se enquadram no rol do art. 1.815 do CC. Taxatividade das hipóteses legais. Inviabilidade de ampliação dos casos típicos previstos em lei. Produção de provas desnecessária. Cerceamento de defesa não caracterizado. Recurso desprovido. (TJSP, Proc. n. 1000250-68.2016.8.26.0547, rel. Marcus Vinicius Rios Gonçalves, j. 06.12.2018)

Ação de indignidade. Deserdação de ascendente. Pedido de exclusão da sucessão da genitora do falecido. *De cujus* que era interditado, tendo como curador, seu irmão. Destituição do poder familiar da genitora averbada na certidão de nascimento. Genitora que não cumpriu seu dever de amparo, sustento, não somente financeiro, mas psicológico, afetivo e físico. Desamparo do filho ou neto com deficiência mental ou grave enfermidade. Aplicação dos arts. 1.814, 1.815 e 1.963, IV, do CC. Hipótese de declaração de indignidade. Ausência de deserdação por testamento. Autor da herança civilmente incapaz que não poderia dispor através de testamento sobre seus bens. Hipótese afeta à causa de indignidade. Exclusão de sucessão da herança por sentença judicial. Sentença mantida. Recurso desprovido. (TJSP, Proc. n. 1000127-70.2014.8.26.0602, rel. Maria Salete Corrêa Dias, j. 12.09.2018)

Exclusão de herdeiro por indignidade. Homicídio praticado pelo réu contra sua cônjuge, genitora da autora. Réu que é meeiro e não herdeiro do bem a ser partilhado. Sanção civil do art. 1.814, I, do CC não se aplica por analogia para atingir a meação. Ordenamento que não prevê perda de propriedade em razão de homicídio. Exclusão da meação por analogia apenas poderia ser cogitado em caso de casamento pela comunhão universal e em relação a bem adquirido exclusivamente pela vítima antes do casamento. Sentença de extinção por falta de interesse de agir mantida. Recurso não provido. (TJSP, Proc. n. 1024366-12.2016.8.26.0007, rel. Mary Grün, j. 14.03.2018)

Apelação cível. Ação ordinária. Pretensão do autor à exclusão de herdeiro por alegada indignidade. Sentença que indeferiu a inicial, nos termos do art. 295, IV, do CPC, e extinguiu o processo, sem resolução do mérito, com base no art. 267, I, do CPC. Narrativa contida na inicial que não se subsume a qualquer das hipóteses previstas no art. 1.814 do CC. Caso, ademais, em que ajuizada a ação fora do prazo previsto no art. 1.815, parágrafo único, do CPC. Manutenção da r. sentença. Nega-se provimento ao recurso de apelação. (TJSP, Ap. n. 1005778-27.2015.8.26.0577, rel. Christine Santini, j. 26.01.2016)

Direito das sucessões. Ação declaratória de indignidade. Demanda intentada com fundamento na hipótese do art. 1.814, I, do CC. Réu, autor de crime de homicídio contra a esposa e as duas filhas, absolvido na esfera criminal, ante o reconhecimento de inimputabilidade por doença mental. Sentença de procedência, que declara a indignidade. Inconformismo. Não acolhimento. A possibilidade de inclusão do agente que cometeu o crime de homicídio na sucessão das vítimas avilta o fundamento ético da indignidade. Irrelevância do reconhecimento da inimputabilidade, no âmbito criminal. Exclusão bem determinada. Sentença mantida. Negado provimento ao recurso. (TJSP, Ap. n. 4009140-57.2013.8.26.0576, rel. Viviani Nicolau, j. 16.09.2015)

Indignidade. A exclusão da sucessão hereditária por atos de indignidade, consistentes em crime contra a honra do autor da herança, depende de condenação criminal. Improcedência. Recurso desprovido. (TJSP, Ap. n. 0005689-26.2011.8.26.0168, rel. Alcides Leopoldo e Silva Júnior, j. 15.09.2015)

Herança. Ação buscando exclusão do companheiro da *de cujus* por indignidade. Homicídio. Art. 1.814, I, CC. Sentença de procedência. A lei civil não exige prévio procedimento criminal. Alegação de que o disparo ocorreu quando o apelante limpava a arma. Perícia criminal. Força aplicada no gatilho não é compatível com o ato de limpar arma de fogo. Apelo improvido. (TJSP, Ap.

n. 0118564-61.2007.8.26.0011, rel. Luiz Ambra, j. 30.07.2014)

Sucessões. Exclusão de herdeira por indignidade. Homicídio doloso praticado contra o cônjuge. Pretendida exclusão sobre a meação. Procedência em parte dos pedidos. Insurgência recursal quanto à manutenção ao direito de meação. Impossibilidade. Hipótese não contemplada na legislação civil. Rol taxativo do art. 1.814 do CC/2002 que impede a aplicação da analogia. Meação que é direito próprio do cônjuge. Sentença mantida. Recurso desprovido. (TJSP, Ap. n. 0039709-38.2007.8.26.0506, rel. Des. Moreira Viegas, j. 19.12.2012)

Exclusão de herdeiro. Indignidade. Art. 1.814, III, do CC. Ausência de comprovação. Impossibilidade da exclusão. Estando ausente comprovação de que o herdeiro, filho da falecida, a inibiu ou obstou de dispor de seus bens por ato de última vontade, não se pode impedi-lo de concorrer na herança de sua mãe. Demonstrado nos autos que todas as desavenças havidas se restringem ao pai e filho, geradas por disputas de ordem econômica e religiosa, não se vê autorizada a declaração de indignidade e consequente exclusão do herdeiro. Apelação desprovida. (TJRS, Ap. Cível n. 70.031.318.652, rel. Des. José Conrado de Souza Júnior, j. 14.10.2009)

Ação ordinária. Exclusão de herdeiro por indignidade. Art. 1.595, I, do CC/1916. Absolvição do réu pelo Tribunal do Júri. Sentença absolutória que não impede o prosseguimento da ação cível e não gera efeitos sobre esta, uma vez que não é fundamentada e se baseia somente na livre e íntima convicção dos jurados. Indignidade do herdeiro que depende de sentença declaratória, a ser proferida em ação proposta por qualquer dos interessados na sucessão, observado o prazo prescricional de quatro anos, a contar da abertura da sucessão. Prova dos autos que revela indícios bastantes de que o réu-apelante tenha sido o autor do crime, justificando sua exclusão. Desprovimento do recurso. (TJRJ, Ap. n. 2006.001.03903, rel. Des. João Batista Oliveira Lacerda, j. 09.05.2006)

Inventário. Requerimento pelo irmão da falecida, nomeado inventariante. Plano de partilha por ele apresentado, dela excluindo o viúvo por ter sido autor da morte da inventariada. Decisão determinativa do oferecimento de novo plano à consideração da inexistência, no caso, de herança, mas de legítimo direito de meação. (TJMG, AI n. 1.0024.90.662.819-3/001, rel. Des. Maciel Pereira, j. 17.06.2004)

Tendo o genro assassinado o sogro, não faz jus ao acervo patrimonial decorrente da abertura da sucessão. Mesmo quando do divórcio, e ainda que o regime do casamento seja o da comunhão de bens, não pode o varão receber a meação constituída dos bens percebidos por herança. (TJRS, Ap. Cível n. 70.005.798.004, rel. Des. Luiz Felipe Brasil Santos, j. 09.04.2003, v.m.)

Apesar de o recurso não ser conhecido pela Turma, o Tribunal *a quo* entendeu que, embora o efeito da coisa julgada em relação às três prestações jurisdicionais citadas reste adstrito ao art. 468 do CPC [art. 503 do CPC/2015], os fundamentos contidos naquelas decisões, trazidos como prova documental, comprovam as ações e omissões da prática de maus tratos ao falecido enquanto durou o casamento, daí a previsibilidade do resultado morte. Ressaltou, ainda, que, apesar de o instituto da indignidade não comportar interpretação extensiva, o desamparo à pessoa alienada mentalmente ou com grave enfermidade comprovada (arts. 1.744, V, e 1.745, IV, ambos do CC) redunda em atentado à vida a evidenciar flagrante indignidade, o que leva à exclusão da mulher da sucessão testamentária. (STJ, REsp n. 334.773/RJ, rel. Min. Cesar Asfor Rocha, j. 21.05.2002)

Inexigível prévia condenação criminal para o ajuizamento da ação de indignidade, despicienda a suspensão desta enquanto pende de julgamento o feito criminal. (TJRS, AI n. 70.002.423.044, rel. Des. Maria Berenice Dias, j. 30.05.2001)

---

**Art. 1.815. A exclusão do herdeiro ou legatário, em qualquer desses casos de indignidade, será declarada por sentença.**

**§ 1º O direito de demandar a exclusão do herdeiro ou legatário extingue-se em quatro anos, contados da abertura da sucessão.**

Antigo parágrafo único renumerado pela Lei n. 13.532, de 07.12.2017.

**§ 2º Na hipótese do inciso I do art. 1.814, o Ministério Público tem legitimidade para demandar a exclusão do herdeiro ou legatário.**

Parágrafo acrescentado pela Lei n. 13.532, de 07.12.2017.

---

**A ação própria para reconhecimento da indignidade e a mudança sistemática promovida pela Lei n. 14.661/2023:** pela concepção original do CC/2002, que manteve a disciplina correspondente do CC/1916, em qualquer das hipóteses típicas de indignidade, relacionadas no art. 1.814, para exclusão do indigno era necessária ação de indignidade. Não bastava, por exemplo, apresentar no inventário comprovação da condenação do indigno, em ação penal, com trânsito em julgado, pelo homicídio do autor da herança (em sentido contrário, em posição aparentemente minoritária, defendendo a possibilidade de decisão do juízo da sucessão no próprio inventário, nessa hipótese, a opinião de José Luiz Gavião de Almeida, *Código Civil comentado*. São Paulo, Atlas, 2003, v. XVIII, p. 163). Não bastava, portanto, a condenação do indigno, no juízo criminal, por fato configurador da indignidade, para resultar na sanção civil respectiva, de exclusão da sucessão. Ainda que houvesse tal condenação, a pena civil só poderia ser aplicada em subsequente ação cível, ação de indignidade. Como examinado no comentário ao art. 1.814, nos casos de homicídio doloso tentado ou consumado, ou de denunciação caluniosa, não era necessário aguardar o juízo criminal. Era possível desde logo o ajuizamento da ação de indignidade. Nos crimes contra a honra, do autor da herança, de seu cônjuge ou companheiro, ponderável parcela da doutrina, que acompanhamos, como visto no comentário ao art. 1.814, entendia necessária prévia condenação penal para justificar, em seguida, a ação de indignidade, pois, pela interpretação do inciso II desse art. 1.814, a causa da indignidade nos crimes contra a honra era a condenação criminal. No caso do inciso III do art. 1.814, de violência ou fraude para impedir o autor da herança de dispor por testamento, o fato poderia nem sequer configurar tipo penal, motivo pelo qual a ação de indignidade não pressupunha prévia ação e condenação penal.

Esse tradicional sistema do direito brasileiro foi parcialmente alterado pela Lei n. 14.661/2023, pela qual foi introduzido ao CC o art. 1.815-A, dispondo que a exclusão da sucessão, essa sanção civil, passa a se verificar como efeito direto e imediato do trânsito em julgado da sentença penal condenatória, da condenação criminal do indigno por fato que, nos termos do art. 1.814 do CC, esteja tipificado como hipótese de indignidade, dispensando-se, nesse caso, a ação de indignidade.

Por meio dessa alteração legal, não foi suprimida a ação de indignidade, tanto que continua prevista neste art. 1.815. Passou a haver, portanto, dois meios de aplicação da sanção civil: ou pela ação de indignidade; ou como efeito extrapenal, de natureza civil, do trânsito em julgado da sentença penal condenatória.

Essa alteração sistemática suscita questionamentos na disciplina da indignidade.

O primeiro deles diz respeito à inter-relação entre as esferas cível e penal. Suponha-se que um dos legitimados ativos ajuíze, pouco depois da abertura da sucessão, ação de indignidade, imputando ao sucessor indigno a autoria de homicídio doloso consumado contra o autor da herança, resultando em sentença de improcedência, sob o fundamento de ausência de provas suficientes de que o réu foi o autor, coautor ou partícipe do homicídio, ou de que tenha agido dolosamente, operando-se o trânsito em julgado. E que, paralelamente, esteja em curso ação penal, de andamento mais moroso, inclusive pela necessidade de realização do julgamento pelo tribunal do júri, terminando a ação penal após o trânsito em julgado da sentença cível, resultando em condenação criminal pelo homicídio doloso, ocorrendo o trânsito em julgado. Nessa hipótese, haveria contradição entre os julgados, cível e penal. Qual deles deveria prevalecer?

Um caminho interpretativo pode ser extraído do debate doutrinário sobre o alcance do art. 935 do CC, pelo qual se dispõe que a responsabilidade civil é independente da criminal, com a ressalva de que não se pode mais discutir sobre a existência do fato ou sobre quem seja o seu autor, quando estas questões se acharem decididas no juízo criminal. No comentário a esse art. 935, nesta obra, ao qual remetemos o leitor, Claudio Luiz Bueno de Godoy observa haver divergência doutrinária para a hipótese de improcedência de ação indenizatória cível, com trânsito em julgado, sobrevindo sentença penal condenatória, que tem como um de seus efeitos extrapenais constituir título executivo cível, a impor o dever de indenizar (CP, art. 91, I; e CPP, art. 63). Há doutrina de Humberto Theodoro Júnior, pela qual, constituindo-se título autônomo pela sentença penal, poderia dar margem à liquidação de sentença no cível e subsequente execução, independentemente da anterior sentença cível de improcedência. Outra corrente, defendida, por exemplo, por Carlos Roberto Gonçalves, sustenta que, operando-se o trânsito em julgado no cível, com coisa julgada material, não poderia ser desfeita pela subsequente condenação criminal. Claudio Godoy reputa mais adequada, no âmbito da responsabilidade civil, essa segunda corrente, sob o fundamento de que, embora relativa, a regra é a independência entre as instâncias, cível e criminal. Acrescenta, em reforço, que, aplicada a orientação oposta, de prevalência da sentença penal sobre a coisa julgada material formada no cível, seria impositivo, por coerência, em caso de procedência da ação indenizatória e subsequente absolvição penal, pela inexistência do fato ou certeza de não autoria do crime, impor ao autor da ação cível a repetição da indenização recebida, situação que seria inusitada.

Parece possível antever, no âmbito da indignidade, o surgimento da mesma divergência doutrinária existente em relação ao alcance do art. 935. Uma corrente a sustentar que, ocorrendo o trânsito em julgado da sentença na ação de indignidade, não pode mais ser afetada a coisa julgada material assim constituída por subsequente julgado criminal; e outra, no sentido oposto, que, apesar de eventual improcedência do pedido na ação cível, a exclusão da sucessão por indignidade ainda seria possível, sobrevindo condenação penal com trânsito em julgado.

Elemento diferencial no caso da indignidade, em comparação com o art. 935, que pode eventualmente ser invocado para solução dessa controvérsia, é o fato de que, pela redação literal do art. 1.815-A, a exclusão do indigno, em qualquer dos casos de indignidade do art. 1.814, ocorre como efeito imediato do trânsito em julgado da sentença penal, "independentemente da sentença prevista no *caput* do art. 1.815 deste Código". Essa independência referida pelo art. 1.815-A pretende tornar evidente, reforçar, que a exclusão derivada automaticamente do trânsito em julgado da sentença penal condenatória dispensa a ação de indignidade. Essa é a interpretação mais evidente. Mas pode ser que seja dada a tal expressão interpretação ainda mais extensa, qual seja, de que, independentemente de eventual sentença já proferida e transitada em julgado, mesmo de improcedência, na ação de indignidade, a ela se sobrepõe a posterior condenação criminal transitada em julgado.

Talvez essa segunda interpretação esteja mais afinada com a intenção do legislador, que parece ser evidente, de impedir que o sucessor condenado criminalmente por fato que tipifica indignidade possa escapar da sanção civil de exclusão da sucessão, mesmo que os legitimados ativos para a ação de indignidade permaneçam inertes; ou, indo além, mesmo que, tendo ajuizado ação de indignidade, venham a deixar, por desídia ou não, de se desincumbir adequadamente do ônus da prova do fato constitutivo do direito.

Ao contrário do que ocorre no caso do art. 935, relativo à responsabilidade civil, em que os interesses em jogo são disponíveis, são particulares, nos casos de indignidade, especialmente de atentado contra a vida do autor da herança ou de familiares próximos dele, como será visto adiante, há interesse público em jogo, interesse social, de impedir que o autor de homicídio doloso possa se locupletar com a herança da vítima, tanto que se confere ao Ministério Público, conforme disposto adiante, legitimidade ativa para a ação de indignidade, específica para essa hipótese. Por esses fundamentos, reputa-se que, havendo contradição entre a sentença cível e a penal, sendo esta última condenatória, com trânsito em julgado, sobrepõe-se a eventual coisa julgada material derivada de improcedência do pedido na ação de indignidade.

Por coerência, deve ser assegurada a mesma solução no caso inverso, de exclusão por indignidade na ação cível, sobrevindo sentença penal absolutória nas hipóteses em que a absolvição exclui a existência de crime, em que declara que o réu não o cometeu, ou que reconheça excludentes de antijuridicidade (legítima defesa etc.), previstas no CPP, no art. 386, I, III, IV e VI, este último em sua primeira parte. Nas demais hipóteses desse art. 386, de falta de provas, dos incisos II, V e VII, e nos casos de mera isenção de pena, do inciso VI, segunda parte, a sentença penal não teria o condão de desfazer eventual procedência do pedido da anterior ação de indignidade, pois a possibilidade do crime e de sua autoria, nessas hipóteses, não é descartada pela sentença penal, a impor a prevalência, nesses casos, da independência da instância cível.

Observe-se que, por cautela, embora não de imposição obrigatória, o juízo cível pode determinar a suspensão do processo por até um ano, aguardando a solução pelo juízo criminal, como faculta o art. 315 e seus parágrafos, do CPC. Essa suspensão será sopesada caso a caso, recomendável, especialmente, quando houver controvérsia relevante sobre a existência ou a autoria do crime, ou se houver indícios relevantes de eventual excludente de antijuridicidade, minorando-se, com a suspensão, o risco de decisões contraditórias, no cível e no criminal.

O segundo questionamento que se antevê, suscitado pela introdução do art. 1.815-A, diz respeito ao prazo decadencial para ajuizamento da ação de indignidade, examinado adiante, prazo esse que não foi suprimido pela Lei n. 14.661/2023, ao acrescentar ao CC essa nova norma. Em tese, portanto, subsiste o prazo decadencial para a ação de indignidade, mas é possível que, mesmo consumado esse prazo, a exclusão da sucessão por indignidade venha a resultar do trânsito em julgado da sentença penal condenatória, visto que a decadência prevista no § 1º do art. 1.815 diz respeito exclusivamente à ação cível, não à ação penal.

Ainda sobre esse tema, talvez fosse conveniente incluir no CC a previsão de que, inclusive em relação à decadência prevista nesse art. 1.815, § 1º, seria aplicável a regra do art. 200 do CC, suspendendo-se, durante a ação penal, o transcurso do prazo decadencial, o que serviria para minorar o risco de decisões conflitantes, no cível e no criminal, evitando-se, ainda, que os legitimados ativos para ação de indignidade, para não correr o risco da decadência, tivessem de ajuizar ação cível antes do desfecho da ação penal. Pela redação atual do art. 200, não corre prescrição quando houver apuração do mesmo fato no juízo criminal, norma restrita à prescrição, sem extensão à decadência. Seria o caso, talvez, de alteração do art. 208, pelo qual há previsão de extensão de algumas normas, sobre prescrição, ao regime da decadência, para acrescentar que não corre decadência antes da sentença definitiva do juízo criminal, em se tratando da ação de indignidade.

O terceiro questionamento que o advento do art. 1.815-A pode suscitar é de eventual conflito que possa haver entre o trânsito em julgado da sentença penal condenatória e o perdão do indigno, sua reabilitação, facultado pelo art. 1.818. Quanto ao tema, parece que o caráter impositivo da exclusão, derivado da redação do art. 1.815-A, não pretendeu revogar a possibilidade desse perdão, tanto que a previsão do art. 1.818 foi preservada, sem alterações. Assim, apesar da redação literal do art. 1.815-A, o trânsito em julgado da ação penal condenatória não acarretará o efeito de excluir o condenado da sucessão em caso de perdão pelo autor da herança, preenchidos os requisitos do art. 1.818.

O quarto e último questionamento que se pode antever é qual a consequência de, no curso de ação de indignidade, antes de seu término, sobrevir o trânsito em julgado de sentença penal condenatória. Parece que a solução mais adequada é de considerar que, por força desse fato superveniente, acarretando a imediata exclusão da sucessão, a ação de indignidade perde seu objeto, deixando de haver interesse de agir, a impor a extinção do processo sem resolução do mérito, com fundamento no art. 485, VI, do CPC.

Concluído, assim, o exame dos principais impactos resultantes da introdução do art. 1.815-A, vejamos a seguir os demais aspectos da ação de indignidade.

**Legitimidade ativa:** o Código anterior estabelecia que a legitimidade para a ação de indignidade era dos que tivessem interesse na sucessão. O atual Código não contém referência a respeito, desnecessária por ser condição de qualquer ação (art. 17 do CPC).

O atual Código não contém referência a respeito, desnecessária por ser condição de qualquer ação (art. 17 do CPC). Apesar disso, há divergência na doutrina sobre quem seriam os legitimados a propor essa ação: alguns sustentam que só os herdeiros economicamente beneficiados com a exclusão do indigno têm legitimidade ativa, ou seja, os que, procedente o pedido, recolherão o que caberia ao réu; outros entendem que o rol deve ser ampliado, incluindo todos os que tiverem interesse moral na sucessão, inclusive pessoas de classes ou graus não beneficiados com a exclusão; há, inclusive, os que defendem a legitimidade de credores dos que podem vir a ser beneficiados com a exclusão do indigno.

A posição mais adequada parece ser a intermediária. Ao tratar dos direitos da personalidade, o Código assegura tutela inibitória e reparatória de lesões a direitos da personalidade do morto (com expressa menção à indenização por perdas e danos e outras sanções previstas em lei), atribuindo legitimidade para a ação respectiva ao cônjuge sobrevivente, ou qualquer parente em linha reta, ou colateral até o quarto grau (art. 12 e parágrafo único). Concede-se a essas pessoas, assim, legitimidade para a defesa da dignidade do morto, um dos valores que se procura preservar na exclusão do sucessor indigno. O que justifica a exclusão por indignidade, nesse caso, não é o interesse econômico dos sucessores concorrentes, mas impedir que os que foram ingratos em relação ao *de cujus* possam sucedê-lo.

Há interesse do morto em jogo, tal como no parágrafo único do art. 12, razão pela qual parece ser a melhor solução aplicar o mesmo rol de legitimados ativos desse parágrafo à ação declaratória de indignidade. Também deve ser conferida legitimidade ativa aos que tiverem interesse econômico direto, os que poderão receber a herança ou parte dela atribuível ao indigno; inclusive, portanto, nesse caso, o Poder Público, se a herança se tornar jacente com a exclusão por indignidade.

Parece exagerado, porém, conferir legitimidade a credores de sucessor que seria beneficiado com a exclusão por indignidade, pois esses credores têm interesse econômico mediato. Permitindo legitimidade desse modo ampliada, seria de se autorizar, também, que um credor possa ajuizar ação de indenização em nome de seu devedor para se pagar com a possível indenização, o que evidencia o exagero da situação (exemplo de: CAHALI, Francisco José. *Curso avançado de direito civil*, 2. ed. São Paulo, RT, 2003, v. VI, p. 141).

Os que defendem a legitimidade dos credores salientam a situação ser similar à dos credores que podem se opor à renúncia da herança manifestada por devedor deles (art. 1.813). Essa legitimação, porém, conferida aos credores para aceitar a herança em nome do devedor renunciante, é excepcional, cabível pela expressa previsão legal, sem possibilidade de interpretação extensiva, sob pena de gerar o inconveniente salientado.

**Indivisibilidade da exclusão por indignidade:** consequência lógica do que foi antes sustentado quanto à legitimidade ativa para a ação declaratória de indignidade é a de sempre ocorrer a exclusão do indigno em relação à herança em questão, ainda que o autor da ação seja, por exemplo, somente um dos beneficiados economicamente com a exclusão. Nesse sentido, Sílvio de Salvo Venosa (*Direito civil*, 3. ed. São Paulo, Atlas, 2003, v. VII, p. 79). Em sentido contrário, afirmando a divisibilidade da exclusão, somente na parte que cabe ao autor da ação, herdando o excluído o restante não impugnado, a opinião de Carlos Maximiliano (*Direito das sucessões*, 5. ed. Rio de Janeiro, Freitas Bastos, 1964, v. I, p. 103).

**Ministério Público:** o § 2º deste art. 1.815, introduzido pela Lei n. 13.532/2017, confere ao Ministério Público legitimidade ativa para postular a aplicação da pena de indignidade nos casos do inciso I do art. 1.814. Havia até então divergência doutrinária sobre o tema. O Enunciado n. 116 da Jornada de Direito Civil promovida pelo Conselho da Justiça Federal em setembro de 2002, reconhecia legitimidade ao Ministério Público. Em sentido contrário, a posição de Washington de Barros Monteiro (*Curso de direito civil*, 35. ed. São Paulo, Saraiva, 2003, v. VI, p. 67). Em edições anteriores desta obra, defendíamos a legitimidade ao Ministério Público, concorrente com a dos legitimados do parágrafo único do art. 12, porque não parecia razoável permitir, por falta de iniciativa de parentes próximos, prevalecer a solução moralmente abjeta de o indigno se locupletar com a indignidade praticada, havendo interesse público incontestável em desestimular a prática de homicídio contra o autor da herança, visando a herança. A questão agora está pacificada pelo acréscimo desse § 2º.

**Prosseguimento da ação apesar da morte do indigno:** discute-se o interesse de agir para ajuizar ou prosseguir na ação de exclusão por indignidade se o réu morreu após a abertura da sucessão. A resposta afirmativa é mais adequada, pois há questões que, apesar da morte do indigno, podem ser influenciadas pela declaração de indignidade. Exemplo interessante apresentado por José Luiz Gavião de Almeida é o do herdeiro testamentário excluído por indignidade. Como não há direito de representação na sucessão testamentária, a parte do indigno é atribuída aos herdeiros legítimos, ao passo que, se não se admitisse o prosseguimento da ação, seria transmitida aos sucessores do indigno (op. cit., p. 165).

**Decadência:** por fim, o prazo de quatro anos do parágrafo único é decadencial, contado da abertura da sucessão, desde que o fato e a autoria sejam conhecidos. Se o prazo iniciasse sempre na abertura da sucessão, mesmo sem autoria conhecida, seria premiado, por exemplo, o homicida astucioso que conseguisse passar esse prazo sem ser descoberto. Outra situação é a do inciso II do art. 1.814, segunda parte, de exclusão por indignidade dos que incorrerem em crime contra a honra do autor da herança, de seu cônjuge ou companheiro. Como visto no comentário respectivo, ponderável parcela da doutrina – com razão, em nosso entender – exige, para esse caso, prévia condenação em ação penal privada ou pública condicionada à representação, de modo que, para essa hipótese, antes do art. 1.815-A, introduzido pela Lei n. 14.661/2023, o prazo decadencial só poderia correr do trânsito em julgado da sentença penal condenatória, caso ocorresse após a abertura da sucessão. Após o art. 1.815-A, a exclusão deriva diretamente do trânsito em julgado da sentença penal condenatória, razão pela qual, para essa hipótese específica, não haverá necessidade, cabimento, da ação civil de indignidade. O PL n. 699/2011 (reapresentação do PL n. 6.960/2002 e do PL n. 276/2007) propõe a redução do prazo para dois anos.

**Jurisprudência:** Arrolamento. Exclusão da sucessão por homicídio contra os autores da herança. Inocorrência de decadência do direito de pleitear a indignidade. Requerente que pretende a adjudicação dos bens de seus genitores. Sentença de reconhecimento de indignidade devido à condenação por homicídio em face dos *de cujus*. Recurso do requerente. Falecimento que ocorreu em 09.08.2003, com sentença criminal transitada em julgado em 2010. Não consumação da decadência do direito de pleitear a exclusão da sucessão do requerente. Inexistência de outros sujeitos aptos a propor a ação de indignidade à época da abertura da sucessão que impede o decurso do prazo decadencial. Fundamento na proibição de aproveitamento da própria torpeza por parte do autor do homicídio, que sabia sobre a ausência de outros interessados na sucessão. Ministério Público que só passou a ter legitimidade para promover a ação de indignidade em 2017, com a superveniência da Lei n. 13.532/2017. Inadequação de considerar a vigência de tal lei como marco inicial da decadência. Aplicação da teoria da *actio nata* em vertente subjetiva, já que o *Parquet* não tinha meios de tomar ciência do homicídio ocorrido anteriormente. Inexistência de aplicação retroativa da Lei n. 14.661/2023 na hipótese dos autos, havendo apenas análise do prazo decadencial. Sentença mantida. Recurso desprovido. (TJSP, Ap. n. 10034361220238260529, rel. Angela Moreno Pacheco de Rezende Lopes, 10ª Câm. de Dir. Priv., j. 27.08.2024)

Exclusão de legatários por indignidade. Decreto de extinção liminar. Decadência configurada. Prazo quadrienal (art. 1.815, § 1º, CC e 178, IV, § 9º, CC/1916) contado da data da abertura da sucessão. Demanda ajuizada 27 anos após referida data. Ainda que se entenda pela aplicação da teoria da *actio nata*, a autora figurou como parte em duas ações de anulação de testamento (ajuizadas nos anos de 1992 e 2000), de onde se depreende que desde àquela época já tinha conhecimento dos fatos geradores da apontada indignidade (além do ajuizamento de ação e interdição, pelos apelados, em face da testadora, no ano de 1991). Ausência de justificativa para o ajuizamento da presente quando decorridos quase trinta anos (seja do óbito da testadora, seja dos fatos que implicariam a apontada indignidade). Extinção corretamente decretada. Sentença mantida. Recurso improvido. (TJSP, Ap. n. 1001171-44.2019.8.26.0281, rel. Salles Rossi, j. 17.11.2020)

Apelação. Ação de indignidade. Prazo decadencial. Impossibilidade de contagem de prazo da morte da autora da herança, se naquela oportunidade não havia plena evidência de uma das hipóteses elencadas no art. 1.814 do CC, circunstância caracterizada apenas no âmbito da ação declaratória ajuizada dentro do prazo em face do apelado. Prazo que deve fluir do trânsito em julgado daquela decisão. Aplicação da teoria da *actio nata*. Causa madura para julgamento. Ausência de necessidade de produção de novas provas porque a conduta dolosa do réu restou evidenciada. Sentença reformada. Recurso provido para afastar a decadência e declarar a exclusão do réu por indignidade. (TJSP, Ap. n. 1017288-07.2018.8.26.0068, rel. Luis Mario Galbetti, j. 20.01.2020)

Indignidade de herdeiro necessário. Homicídio do autor da herança. Ação declaratória. Legitimidade ativa do Ministério Público. Inteligência do art. 1.815 do CC/2002. Coerdeiros, ademais, que são menores. Preservação de seus interesses, indisponíveis. Sentença mantida. Recurso desprovido. (TJSP, Ap. n. 0000078-83.2005.8.26.0627, rel. Des. Claudio Godoy, j. 25.10.2011)

Agravo de instrumento. Declaratória de exclusão de herdeiro por indignidade. Decreto de suspensão do processo de conhecimento. Independência de jurisdição restrita à consequência da responsabilidade civil e criminal. Necessidade indispensável à apuração da autoria do disparo mortal (homicídio x suicídio). Aplicação do princípio da segurança jurídica. Primazia de pronunciamento de único órgão do Poder Judiciário. Justificável cautela para evitar soluções conflitantes sobre a análise de mesmo fato e provas. Reconhecimento de paralisação até julgamento da ação penal. Decisão interlocutória mantida. Recurso desprovido. (TJSP, AI n. 0181258-60.2011.8.26.0000, rel. Des. Salles Rossi, j. 13.10.2011)

Ação de indignidade promovida contra viúva, única herdeira e inventariante. Determinação de depósito judicial das verbas rescisórias do falecido. Presença do *fumus boni iuris* e do *periculum in mora*. Valor que pode ser dilapidado ao longo do tempo. Vedação ao levantamento por quaisquer das partes até final solução da lide. Decisão mantida. Recurso improvido. (TJSP, AI n. 0032160-35.2010.8.26.0000, rel. Des. Neves Amorim, j. 04.10.2011)

Sucessão. Indignidade. Cônjuge sobrevivente beneficiário do usufruto previsto no § 1º do art. 1.611 do CC. Declaração *incidenter tantum*. Inadmissibilidade. Necessidade de decisão judicial. Recurso não provido. (*JTJ* 128/188)

---

**Art. 1.815-A. Em qualquer dos casos de indignidade previstos no art. 1.814, o trânsito em julgado da sentença penal condenatória acarretará a imediata exclusão do herdeiro ou legatário indigno, independentemente da sentença prevista no *caput* do art. 1.815 deste Código.**

Artigo acrescentado pela Lei n. 14.661, de 23.08.2023.

---

**Dispensa de ação de indignidade nos casos de condenação criminal**: este art. 1.815-A, introduzido pela Lei n. 14.661/2023, promove relevante alteração na disciplina da indignidade, facilitando seu reconhecimento. Pelo sistema anterior, segundo o entendimento majoritário, a despeito de eventual condenação criminal transitada em julgado, era necessária a ação cível de indignidade para que se consumasse a exclusão do indigno da sucessão. A partir do art. 1.815-A, o sistema se altera, tornando-se possível a exclusão da sucessão tanto pela ação cível de indignidade, que ainda subsiste, quanto, a partir do art. 1.815-A, dispensando-se a ação de indignidade, como efeito imediato do trânsito em julgado da sentença penal condenatória por fato tipificado em qualquer das hipóteses do art. 1.814. Ante a importante inter-relação dessa alteração sistemática com o regime da ação de indignidade, a disciplina e os questionamentos suscitados pelo presente art. 1.815-A foram tratados, com maior minúcia, no comentário ao art. 1.815, ao qual remetemos o leitor.

**Procedimento perante o inventário**: havendo sentença penal condenatória, com trânsito em julgado, por fato típico penal que também se subsome a um dos tipos de indignidade, do art. 1.814, basta aos interessados apresentarem a prova documental respectiva ao juízo do inventário, para reconhecimento da consumação da exclusão do indigno daquela sucessão. Ou apresentarem a mesma prova documental ao tabelião, se forem cabíveis o inventário e a partilha extrajudiciais.

**Art. 1.816. São pessoais os efeitos da exclusão; os descendentes do herdeiro excluído sucedem, como se ele morto fosse antes da abertura da sucessão.**

**Parágrafo único. O excluído da sucessão não terá direito ao usufruto ou à administração dos bens que a seus sucessores couberem na herança, nem à sucessão eventual desses bens.**

Sendo a indignidade uma pena, ainda que de natureza civil, seus efeitos não passam da pessoa do apenado, do indigno. É a principal diferença, quanto aos efeitos, entre a renúncia à herança e a exclusão do herdeiro por indignidade. O renunciante é considerado não existente em face da herança renunciada, de modo que seus descendentes não herdam por direito de representação, nas hipóteses em que a lei prevê esse direito. Na indignidade, o indigno é considerado herdeiro premorto, como se tivesse morrido antes do autor da herança e, portanto, nos casos previstos em lei, os herdeiros do indigno herdam não por direito próprio, mas por representação. Confira-se na jurisprudência relativa ao art. 1.798 interessante julgado em que foi afastado o direito de representação dos filhos do indigno, porque só foram concebidos após a abertura da sucessão dos autores da herança.

Embora a redação do artigo não seja clara, é tranquilo o entendimento de que a expressão *os descendentes do herdeiro excluído sucedem* se refere, exclusivamente, aos casos nos quais há direito de representação. Conforme os arts. 1.852 e 1.853, há direito de representação no caso de descendentes na linha reta e, na colateral, somente entre filhos de irmãos do falecido, quando os sucessores são os irmãos do *de cujus*.

O parágrafo único contém regra impedindo o indigno de se beneficiar, por via transversa, dos bens da herança da qual foi excluído: não terá o usufruto ou administração dos bens que couberem, por direito de representação, a seus descendentes. Em relação a esses bens, exclusivamente, subtrai-se do indigno o direito que assiste aos pais, de usufruto e administração dos bens dos filhos menores (art. 1.689). Pelo usufruto, principalmente, o indigno poderia se beneficiar dos bens da herança da qual foi excluído, pois os pais percebem em nome próprio, não dos filhos, os frutos dos bens destes. O indigno, por fim, não tem direito à sucessão desses bens, no caso da morte de seus filhos.

**Jurisprudência:** Inventário. Decisão que indeferiu pedido de habilitação deduzido pelos agravantes. Inconformismo que não comporta acolhida. Genitor destes excluído da herança da cônjuge falecida, por indignidade. Embora pessoais os efeitos dessa exclusão (art. 1.816 do CC), os recorrentes não são herdeiros da autora da herança, não possuindo com a mesma qualquer vínculo parental. São, por conta disso, estranhos à sucessão. Precedentes. Decisão mantida. Recurso improvido. (TJSP, AI n. 2276733-28.2019.8.26.0000, rel. Salles Rossi, j. 14.02.2020)

[...] 8 – Aquele que atenta contra os princípios basilares de justiça e da moral, nas hipóteses taxativamente previstas em lei, fica impedido de receber determinado acervo patrimonial por herança. 9 – A indignidade deve ser objeto de ação autônoma e seus efeitos se restringem aos aspectos pessoais, não atingindo os descendentes do herdeiro excluído (arts. 1.814 e 1.816 do CC/2002). 10 – Recurso especial não provido. (STJ, REsp n. 1.704.972/CE, rel. Min. Ricardo Villas Bôas Cueva, j. 09.10.2018)

Sucessão. Exclusão. Ação declaratória de indignidade. Demanda movida em face dos herdeiros de suposto autor de homicídio contra o irmão da autora, que era seu pai adotivo. Extinção do feito sem resolução do mérito. Inconformismo da autora. Descabimento. Notória falta de interesse processual. Suposto indigno que também já faleceu. Impossibilidade de extensão dos efeitos da dignidade aos sucessores deste. Exclusão pretendida que tem caráter pessoal. Inteligência do art. 1816 do CC (art. 1.599 do CC/1916). Sentença mantida. Recurso desprovido. (TJSP, Ap. n. 0009465-79.2013.8.26.0001, rel. Rui Cascaldi, j. 01.09.2015)

Agravo de instrumento. Inventário. Decisão que determinou à inventariante apresentação de plano de partilha, levando em conta que somente a parte disponível dos bens da falecida pode ser objeto do testamento e os efeitos da deserdação não afetam o filho do herdeiro excluído. Cabimento. Os descendentes do herdeiro excluído sucedem, como se ele morto fosse antes da abertura da sucessão. São pessoais os efeitos da pena de deserdação. Inteligência do art. 1.816 do CC. Adequada a inclusão do descendente do herdeiro deserdado na herança, que sucederá por representação seu genitor. Decisão mantida. Recurso desprovido. (TJSP, AI n. 0086580-82.2013.8.26.0000, rel. Salles Rossi, j. 07.08.2013)

Agravo de instrumento. Inventário. Revogação da adoção por ingratidão de um dos herdeiros do *de cujus* que não ultrapassa a pessoa do indigno/ingrato. Efeitos da revogação da adoção interpretados à luz dos dispositivos constitucionais e em simetria com o CC/2002. Doutrina. Recurso desprovido. (TJSP, AI n. 6.226.444.900, rel. Des. Guimarães e Souza, j. 11.08.2009)

---

**Art. 1.817. São válidas as alienações onerosas de bens hereditários a terceiros de boa-fé, e os atos de administração legalmente praticados pelo herdeiro, antes da sentença de exclusão; mas aos herdeiros subsiste, quando prejudicados, o direito de demandar-lhe perdas e danos.**

**Parágrafo único. O excluído da sucessão é obrigado a restituir os frutos e rendimentos que dos bens da herança houver percebido, mas tem direito a ser indenizado das despesas com a conservação deles.**

---

A indignidade pode ser declarada por sentença, em ação própria, como estabelece o art. 1.815, ou pode decorrer do mero trânsito em julgado de ação penal condenatória, como prevê o art. 1.815-A. É possível que tal sentença cível ou condenação criminal definitiva ocorra após a partilha. As alienações onerosas de bens hereditários que o indigno fizer nesse meio-tempo, a terceiros de boa-fé, são válidas, para segurança das relações jurídicas. Subsistentes essas alienações, aos herdeiros prejudicados é assegurado o direito de reclamar perdas e danos. Em interpretação *a contrario sensu*, as alienações gratuitas, as liberalidades, são inválidas, preservando-se, nesse caso, o interesse de quem visa a evitar um prejuízo, que são os coerdeiros do indigno, em face de quem recebeu a liberalidade e, portanto, pretende exclusivamente um lucro. Também por esse meio de interpretação, são inválidas, passíveis de anulação, as alienações onerosas feitas a terceiro de má-fé.

O excluído da sucessão é obrigado à restituição dos frutos e rendimentos dos bens da herança que houver recebido, mais um meio, à semelhança do previsto no parágrafo único do art. 1.816, para evitar que, de alguma forma, se locuplete com os bens da herança. Em contrapartida, terá direito à indenização pelas despesas de conservação desses bens, uma vez que, nesse caso, se tal direito não lhe fosse assegurado, os coerdeiros obteriam enriquecimento ilícito.

---

**Art. 1.818. Aquele que incorreu em atos que determinem a exclusão da herança será admitido a suceder, se o ofendido o tiver expressamente reabilitado em testamento, ou em outro ato autêntico.**

**Parágrafo único. Não havendo reabilitação expressa, o indigno, contemplado em testamento do ofendido, quando o testador, ao testar, já conhecia a causa da indignidade, pode suceder no limite da disposição testamentária.**

---

O artigo contempla a possibilidade do perdão do ofendido. Havendo perdão, o herdeiro não será mais passível de exclusão por indignidade. A lei emprega o termo reabilitação. O ofendido referido no artigo é exclusivamente o autor da herança. Essa ressalva é relevante, pois, no CC/1916, os casos de indignidade do art. 1.595 se referiam a ofensas praticadas exclusivamente contra o autor da herança. O art. 1.814 do atual Código incluiu atos praticados contra pessoas próximas do *de cujus*. Ainda que a ofensa tenha se dirigido contra uma dessas pessoas, não cabe a elas a reabilitação do indigno, somente ao autor da herança, pois a inclusão dessas pessoas no art. 1.814 foi feita tendo em consideração o sofrimento que as ofensas, em face delas, causam ao *de cujus*. Não é possível, assim, que, por exemplo, o cônjuge, vítima de tentativa de homicídio, reabilite o sucessor do autor da herança.

A reabilitação só pode ser expressa por testamento ou outro ato autêntico. Como ato autêntico deve ser compreendida qualquer manifestação expressa de vontade, cuja autenticidade possa ser aferida, o que significa poder ser produzida por instrumento público ou mesmo particular (CAHALI, Francisco José. *Curso avançado de direito civil*, 2. ed. São Paulo, RT, 2003, v. VI, p. 146), embora parte da doutrina entenda que só se admite por instrumento público.

Parece correto permitir exteriorizar a reabilitação por instrumento particular, pois o testamento não é realizado unicamente por instrumento público. Quanto à reabilitação por testamento, Sílvio de Salvo Venosa observa que, sendo disposição de última vontade não patrimonial, subsiste mesmo que o testamento caduque; ou mesmo que seja declarado nulo por falhas formais, bastando que não haja defeito na manifestação da vontade ao reabilitar o indigno (*Direito civil*, 3. ed. São Paulo, Atlas, 2003, v. VII, p. 80).

Tanto a reabilitação só pode ser expressa que o parágrafo único prevê, à falta dela, se o autor da herança testar, conhecendo o ato da indignidade, e no testamento favorecer o indigno, este só será favorecido com a disposição testamentária. Se, além de herdeiro testamentário, também for legítimo e, por esta condição, tiver direito a mais alguma parte da herança, não a recebe, à falta de reabilitação expressa. Essa previsão do parágrafo único é novidade do atual Código. No de 1916, à falta de previsão similar, era possível concluir que, beneficiado o indigno de alguma forma por testamento, ciente o testador do ato de indignidade, teria ocorrido perdão tácito. No atual Código, como visto, não há mais essa possibilidade e o perdão só se admite se for expresso.

Por fim, houve importante alteração na disciplina da indignidade pela introdução do art. 1.815-A ao

CC pela Lei n. 14.661/2023. Essa norma dispõe que a exclusão da sucessão, por indignidade, passa a constituir efeito imediato do trânsito em julgado da sentença penal condenatória por crime que também configure hipótese legal de indignidade. Como examinamos no comentário ao art. 1.815, entendemos que o art. 1.815-A não é incompatível com o perdão do indigno, tratado no presente art. 1.818. Em consequência, o art. 1.815-A sofre esse temperamento, isto é, o trânsito em julgado da sentença penal condenatória acarreta o efeito de exclusão da sucessão, salvo se houver perdão do ofendido.

**Jurisprudência:** Agravo de instrumento. Sucessão. Inventário. Testamento. Vacância. 1. Sucessão testamentária em que se fez cumprir a vontade da testadora, de transmissão de 50% dos bens a sua filha única herdeira necessária e de 50% aos herdeiros indicados na cédula. 2. A cláusula segundo a qual todos os bens caberiam aos herdeiros testamentários se a filha não estivesse mais viva não admite interpretação no sentido de que, mesmo viva a filha quando da abertura da sucessão da testadora, seu óbito posterior faz com que os bens herdados pela filha sejam transferidos aos herdeiros testamentários da genitora. 3. Decisão que afasta da inventariança dos bens da filha os herdeiros testamentários da genitora e manda chamar o Município com relação ao procedimento de vacância, nos termos do art. 1.819, do CC, pois a filha morreu sem deixar herdeiros. Decisão mantida. Negaram provimento ao recurso. (TJSP, AI n. 2177088-88.2023.8.26.0000, rel. Alexandre Coelho, j. 30.11.2023)

Deserdação. Testamento com deserdação por injúria grave (art. 1.962, II, do CC). Injúria grave comprovada. Sentença de improcedência por reconhecimento de perdão que tornou ineficaz a deserdação, em razão de reaproximação entre o testador e o herdeiro deserdado. Perdão na deserção. Aplicação do art. 1.818 do CC, relativo à reabilitação do excluído da sucessão por indignidade. Reabilitação pode ser tácita, quando o indigno é contemplado em testamento do ofendido, ou expressa, por testamento ou outro ato autêntico. Expressão "ato autêntico" que corresponde à necessidade de escritura pública. Doutrina e jurisprudência. Ainda que não fosse exigida escritura pública, não foi comprovado cabalmente o perdão, não sendo suficiente para tanto a convivência entre testador e herdeiro deserdado. Prova do perdão, que é fato impeditivo (art. 373, II, do CPC), incumbe ao réu. Ação procedente para declarar a deserdação. Recurso provido. (TJSP, Ap. n. 1006371-46.2018.8.26.0320, rel. Mary Grün, j. 09.09.2020)

## CAPÍTULO VI
## DA HERANÇA JACENTE

**Art. 1.819. Falecendo alguém sem deixar testamento nem herdeiro legítimo notoriamente conhecido, os bens da herança, depois de arrecadados, ficarão sob a guarda e administração de um curador, até a sua entrega ao sucessor devidamente habilitado ou à declaração de sua vacância.**

O artigo conceitua a herança jacente como a do *de cujus* que morre sem disposição de última vontade e não deixa herdeiros legítimos notoriamente conhecidos. Na verdade, poderá ser jacente mesmo se houver testamento, caso este seja nulo ou tenha caducado. Sendo jacente, não há quem administre os bens da herança. Para preservá-los, são arrecadados e confiados à guarda e administração de curador nomeado pelo juiz. Caso apareçam herdeiros, deixa de ser herança jacente. Do contrário, esgotados os prazos para habilitação de herdeiros, a herança é declarada vacante.

A herança jacente, portanto, é sempre transitória, até a localização de herdeiros antes desconhecidos ou a declaração de vacância. Como visto nos comentários ao art. 1.784, não se aplica à herança jacente declarada vacante o princípio da *saisine*. Confira-se a respeito, também, o comentário ao art. 1.822. O processo de arrecadação da herança jacente e declaração de vacância, com maior detalhamento das funções do curador, é objeto dos arts. 738 e segs. do CPC.

**Jurisprudência:** Apelação. Ação declaratória de nulidade de ato administrativo. Desmembramento de terrenos. Pedido de nulidade do desmembramento de terrenos realizado no Processo Administrativo n. 26.895/2007. Imóvel objeto de procedimento administrativo que, aparentemente, trata-se de herança jacente. Necessidade de nomeação de curador e participação deste no curso processual, sob pena de nulidade. Aplicação do disposto nos arts. 75, VI, e 739, § 1º, I, do CPC. Procedimento previsto no art. 1.819 e seg. do CC. Nulidade reconhecida de ofício. Recurso prejudicado. (TJSP, 10067238220178260079/Botucatu, rel. Maurício Fiorito, 4ª Câm. de Dir. Públ., j. 25.10.2023)

Recurso especial. Ação popular. Anulação de testamento. Inadequação da via eleita. Afastamento da multa imposta. Súmula n. 98 [...]. 3 – No caso, pretende-se a anulação de testamento por suposta fraude, sendo que, alegadamente, a herança tornar-se-ia jacente. Daí não decorre, todavia, nem mesmo em tese, uma lesão aos interesses diretos da Administração. Isso porque, ainda que se prosperasse a alegação de fraude na lavratura do testamento, não se teria, por si só, uma lesão ao patrimônio público, porquanto tal provimento apenas teria o condão de propiciar a arrecadação dos bens do falecido, com subsequente procedimento de publicações de editais. 4 – A jacência, ao reverso do que pretende demonstrar o recorrente, pressupõe a incerteza de herdeiros, não percorrendo, necessariamente, o caminho rumo à vacância, tendo em vista que, após publicados os editais de convocação, podem eventuais herdeiros se apresentarem, dando-se início ao inventário, nos termos dos arts. 1.819 a 1.823 do CC. (STJ, REsp n. 445.653, rel. Min. Luis Felipe Salomão, j. 15.10.2009)

Apelação. Ação de prestação de contas. Curador de herança jacente. 1ª fase. [...] Réu nomeado curador de herança jacente. Função que demanda a administração de bens alheios. Dever de prestar contas reconhecido (CPC, art. 1.144, V) [art. 739, § 1º, V, do CPC/2015]. (TJSP, Ap. n. 390.400-4/1-00, rel. Des. A. Santini Teodoro, j. 30.09.2008)

Indenização. Negligência comprovada do curador à herança jacente na administração do espólio, ocasionando prejuízo que deve ser indenizado a Municipalidade. Prova segura para a procedência da ação. As circunstâncias que envolveram o acordo na monitoria, como a inexistência de advogado do suposto credor, a quem o apelante teria pago o levantamento feito em dinheiro, mais a falta de arrecadação do mesmo bem, conduzem à negligência culposa e acarretam o dever de indenizar. Culpa na falta de zelo na administração da locação de imóvel do espólio. Procedência acertada. Apelo improvido. (TJSP, Ap. n. 529.702-4/6-00, rel. Des. Maia da Cunha, j. 13.12.2007)

Direito do espólio de exigir contas ao curador de herança jacente durante sua gestão. Obrigação deste último que decorre da previsão legal contida no art. 1.144, V, do CPC [art. 739, § 1º, V, do CPC/2015]. (TJSP, Ap. n. 458.272.4/0-00, rel. Des. Salles Rossi, j. 10.05.2007)

---

**Art. 1.820. Praticadas as diligências de arrecadação e ultimado o inventário, serão expedidos editais na forma da lei processual, e, decorrido um ano de sua primeira publicação, sem que haja herdeiro habilitado, ou penda habilitação, será a herança declarada vacante.**

---

As diligências de arrecadação, referidas no artigo, estão esmiuçadas no CPC, art. 740, §§ 1º a 6º. Será feita pelo juiz pessoalmente, acompanhado do escrivão, dirigindo-se à residência do morto, sendo facultativo o comparecimento dos representantes do MP e da Fazenda Pública interessada. Não podendo o juiz realizá-la pessoalmente, por motivo justo, poderá requisitar que a autoridade policial a faça. Será lavrado, então, auto de arrecadação.

Durante a diligência, o juiz inquirirá os moradores da casa e da vizinhança sobre o paradeiro dos sucessores e de outros bens, lavrando auto de inquirição e informação. Os bens assim arrecadados são, então, confiados a guarda e administração do curador.

Concluída a arrecadação e não apurada a existência de herdeiros, publicam-se editais (o CPC, no art. 741, prevê preferencial publicação de editais no sítio da internet do Tribunal ao qual vinculado o juízo e na plataforma de editais do CNJ e, não havendo esses meios, os editais são publicados na imprensa oficial e local). Da primeira publicação do edital, inicia o prazo de um ano, depois do qual a herança será declarada vacante.

Disposição similar à do art. 1.820 consta do art. 743 do CPC: o pressuposto óbvio da declaração de vacância é, no período de um ano, não ter ocorrido habilitações de herdeiros, pois, nesse caso, comprovada a qualidade de herdeiro, não se cuidará mais de herança jacente.

Complementando o CC, o art. 743, § 2º, do CPC, prevê que, transitada em julgado a sentença de declaração de vacância, os herdeiros só poderão reclamar seu direito por ação direta.

**Jurisprudência:** Sucessão hereditária. Declaração de vacância da herança, nos termos do art. 1.157, CPC [art. 743 do CPC/2015] c/c art. 1.820 do CC/2002. Substituição de antiga curadora da herança jacente por novo curador, que se mostra desnecessária, tendo em vista que com a declaração de vacância cessa o exercício da curatela dos bens deixados pelo *de cujus*. Herança vacante que passa ao domínio do Poder Público, submetendo-se à sua guarda e administração. (TJSP, Ap. Cível n. 5.781.554.200, rel. Des. Francisco Loureiro, j. 18.06.2009)

---

**Art. 1.821. É assegurado aos credores o direito de pedir o pagamento das dívidas reconhecidas, nos limites das forças da herança.**

---

Embora não houvesse artigo correspondente no CC/1916 específico para a herança jacente, a disposição era inferida da regra geral de que os bens da herança respondem pelo passivo deixado pelo *de cujus*. A redação do art. 1.821 contém incorreção, pois, se a herança é jacente, sem herdeiros conhecidos, não há patrimônio de sucessores que possa responder além das forças da herança. Esse pedido dos credores, nos termos do art. 1.154 do CPC/73 (art. 741, § 4º, do CPC/2015), pode ser deduzido mediante habilitação no inventário ou mediante ação de cobrança.

**Jurisprudência:** Apelação. Cobrança de despesas condominiais. Herança vacante. Adjudicação do imóvel pelo município. Ação julgada procedente em parte para condenar o requerido ao pagamento das despesas condominiais vencidas a partir de 10.09.2008. Inconformismo do Município requerido. Falta de interesse de agir. Inocorrência. Autor que buscou pela via adequada a preservação de interesse juridicamente protegido. Habilitação no inventário que é faculdade do credor, nos termos do art. 741, § 4º, do CPC. Prescrição não verificada. Ação ajuizada no prazo quinquenal previsto. Município que sucedeu os proprietários falecidos. Débitos condominiais. Obrigação *propter rem.* Inteligência dos arts. 1.336, I, e 1.345 do CC. Obrigação de pagamento das despesas condominiais cobradas bem reconhecida na sentença. Convenção condominial que apesar de não ter sido registrada conserva a sua eficácia em relação aos condôminos. Súmula n. 260 do Col. STJ. Dever de pagamento das despesas cobradas até a adjudicação que se limita ao valor do imóvel, consoante o art. 1.821 do CC. Sentença parcialmente reformada. Recurso provido em parte. (TJSP, Ap. n. 00175407120128260477, rel. José Augusto Genofre Martins, j. 11.09.2023)

Condomínio. Embargos opostos em face de execução que visa a cobrança da municipalidade referente a despesas condominiais. Falecimento do antigo proprietário. Herança declarada vacante, com adjudicação do bem pelo município. Sentença de parcial procedência dos embargos, com condenação da municipalidade ao pagamento dos débitos condominiais durante todo o prazo indicado na inicial (2013 a 2017). Recurso interposto pela ré. 1. Pretensão de reconhecimento de responsabilidade dos débitos condominiais somente a partir da adjudicação (ocorrida em 2016). Descabimento. Obrigação *propter rem*. Proprietário que responde pelos débitos mesmo anteriores à aquisição do imóvel. Inteligência do art. 1.345 do CC. 2. Pretensão do apelante de reforma da r. sentença quanto à multa. Pretensão de redução de 10% para 2%. Pedido não conhecido. Ausência de interesse recursal. Sentença que acolheu o valor apontado pela planilha do contador judicial. Valor calculado com base em multa no patamar de 2%. Sentença mantida. Recurso, em parte, não conhecido, e, na parte conhecida, improvido. (TJSP, Ap. n. 1054464-31.2019.8.26.0053, rel. Cristina Zucchi, j. 28.08.2023)

Processual. Condomínio. Crédito relativo a despesas comuns. Execução por quantia certa. Devedora falecida. Inclusão do espólio no polo passivo, representado por inventariante dativa. Alegação dessa última de necessidade de aguardar a localização de herdeiros, de modo a permitir a intimação daqueles para o fim do art. 75, § 1º, do CPC. Descabimento. Herdeiros não conhecidos. Representação do espólio que cabe em tais condições ao inventariante dativo, independentemente da presença dos herdeiros em nome próprio na relação processual. Desnecessidade igualmente de suspensão das ações em face do espólio até que se delibere pela eventual arrecadação de herança jacente. Credores que podem pedir ao juízo do inventário a satisfação de seus créditos, mesmo em caso de herança jacente (art. 1.821 do CC) e que podem, por isso, do mesmo modo conduzir demandas individuais. Decisão agravada, que rejeitou exceção de pré-executividade de iniciativa do espólio-executado, mantida. Agravo de instrumento do executado desprovido. (TJSP, Proc. n. 2136274-10.2018.8.26.0000, rel. Fabio Tabosa, j. 29.08.2018)

Apelação cível. Sucessões. Inventário. Pedido de abertura por quem entende ser credor da falecida. Art. 1.821 do CC. Existência de bens a inventariar quando da propositura da demanda. Possibilidade jurídica do pedido e legitimidade ativa *ad causam* presentes. Sentença desconstituída. Apelação provida. (TJRS, Ap. Cível n. 70.026.167.247, rel. Des. Vasco Della Giustina, j. 08.10.2008)

---

**Art. 1.822. A declaração de vacância da herança não prejudicará os herdeiros que legalmente se habilitarem; mas, decorridos cinco anos da abertura da sucessão, os bens arrecadados passarão ao domínio do Município ou do Distrito Federal, se localizados nas respectivas circunscrições, incorporando-se ao domínio da União quando situados em território federal.**

**Parágrafo único. Não se habilitando até a declaração de vacância, os colaterais ficarão excluídos da sucessão.**

---

**Efeitos da vacância, posição do STJ e da doutrina dominante:** a declaração de vacância produz como efeitos a transferência da guarda e da administração dos bens arrecadados ao Poder Público e, passados 5 anos, esses bens passam a seu domínio. Mas a interpretação que vem sendo dada a esse artigo pelo STJ é a de que, com o trânsito em julgado da sentença de vacância, o Poder Público não recebe somente a guarda e a administração, mas a propriedade dos bens. Mas, se os bens se transferem com o trânsito em julgado da sentença de vacância, qual seria então a função do prazo de 5 anos, referido no art. 1.822, no qual o domínio passaria ao Poder Público? A explicação da doutrina, para compatibilizar a posição do STJ com esse art. 1.822 é a seguinte: com o trânsito em julgado, o Poder Público receberia a propriedade resolúvel dos bens arrecadados, pois, em até 5 anos da abertura da sucessão, algum herdeiro ou cônjuge ou companheiro pode aparecer e reclamar os bens. Após tal prazo de 5 anos, não aparecendo sucessores, a propriedade resolúvel do Poder Público passaria a ser plena, sem possibilidade de petição de herança por algum sucessor.

**Interpretação divergente:** essa orientação dominante, com o devido respeito, parece não estar correta, acarretando, em nosso entender, grave incoerência no sistema. Pois, como visto, implicaria afirmar que, no caso de herança vacante, o prazo prescricional para ação de petição de herança seria de 5 anos. Ocorre que esse prazo, em todos os demais casos, é de 10 anos. Parece ser de absurda incoerência fixar prazo menor, de 5 e não 10 anos, em favor do Poder Público, que figura na última posição sucessória, atrás de todos os demais sucessores da ordem da vocação hereditária. Como admitir que um filho não reconhecido, vitorioso em ação de investigação de paternidade póstuma, possa requerer petição de herança contra seus irmãos no prazo de 10 anos e não possa fazê-lo contra o Poder Público no mesmo prazo, mas somente em 5 anos? A única solução interpretativa para evitar essa grave incoerência é reconhecer que, mesmo em face da herança vacante, o prazo prescricional é de 10 anos, como em todas as demais hipóteses de petição de herança. O correto, além disso, em nosso entender, parece ser aplicar o que está expresso no art. 1.822, de que a transmissão do domínio ao Poder Público só ocorre passados 5 anos da abertura da sucessão. O que se verifica com o trânsito em julgado da sentença de vacância é somente a transferência da guarda e da administração ao Poder Público. Mas, caso seja mantida a orientação do STJ, de que a transmissão da propriedade ocorre com o trânsito em julgado da sentença de vacância, que normalmente se dá antes dos 5 anos, é necessária, segundo nos parece, interpretação coerente, estabelecendo o prazo de 10 anos para petição de herança, desconsiderando-se o prazo de 5 anos referido neste art. 1.822, porque, pela posição do STJ, teria se tornado inútil.

**Grave equívoco na referência à exclusão dos colaterais:** o parágrafo único deste art. 1.822 prevê que, não aparecendo sucessores colaterais até a sentença de vacância, ficariam definitivamente excluídos da sucessão. Mas, como observa Luiz Paulo Vieira de Carvalho (*Direito das sucessões*, 3. ed. São Paulo: Atlas, 2017, p. 272-273), essa norma parece inaplicável, por dois fundamentos: 1) o § 2º do art. 743 do CPC, norma posterior ao CC, trata da mesma matéria, dispondo que, após a sentença de vacância, os "herdeiros" em geral, sem ressalvas, só podem postular seus direitos por meio de ação direta, sem excluir os colaterais, ou seja, essa norma posterior do CPC teria revogado a restrição aos colaterais do parágrafo único do art. 1.822 do CC; 2) caso não se considere revogado o parágrafo único do art. 1.822, deve ser tido como inconstitucional, pois a restrição da petição de herança a um ano aos colaterais seria excessiva e desproporcional restrição do direito de herança, que é considerado direito fundamental pela Constituição (art. 5º, XXX). Em nosso entender, é possível acrescentar um terceiro fundamento: a previsão de exclusão dos colaterais da sucessão no exíguo prazo de um ano representa anomalia no sistema, acarretando contradições absurdas, a impor a interpretação de que houve grave equívoco do legislador e que se desconsidere essa previsão legal, para restabelecimento da unidade e coerência do sistema. Pois, se aplicada essa norma literalmente, significaria dizer, em outras palavras, que o prazo prescricional para petição de herança dos colaterais frente ao Poder Público seria exíguo, até a prolação da sentença de vacância. Mas os colaterais, em face de outros sucessores, submetem-se ao prazo prescricional de 10 anos para petição de herança. Perceba-se o absurdo: se a herança é atribuída a sobrinhos do *de cujus*, colaterais de terceiro grau, e depois se descobre que um irmão, colateral de segundo grau, que era dado como morto está vivo, esse irmão pode ajuizar ação de petição de herança em 10 anos, obtendo para si a herança que havia sido partilhada entre os sobrinhos. Mas, se prevalecesse o parágrafo único do art. 1.822, esse irmão teria prazo de um ano da publicação do primeiro edital para ajuizar petição de herança contra o Poder Público. Não há nenhuma lógica nessa possibilidade, de favorecimento do Poder Público com prazo exíguo de petição de herança. Não há nenhuma razão jurídica razoável a justificar tal benefício ao Poder Público. Não há nenhum sentido em favorecê-lo na sucessão legítima, estando em último lugar na ordem de vocação hereditária. A unidade e coerência do sistema impõem a consideração de que houve erro manifesto do legislador, a justificar a desconsideração dessa norma, para preservação da coerência do sistema.

**Beneficiados pela herança vacante:** são os municípios, o Distrito Federal (no exercício de competência cumulativa municipal) e a União, quando os bens estiverem situados em Municípios de território federal. Como salientado nos comentários ao art. 1.784, na vigência do CC/1916, os beneficiados eram os Estados, o Distrito Federal (no exercício de competência cumulativa estadual) e a União quanto aos bens situados nos territórios. Essa previsão foi alterada pela Lei n. 8.049/90, que alterou o CC/1916, passando a beneficiar os Municípios, com disciplina idêntica à do atual CC. A alteração do Código anterior trouxe um problema prático relevante: saber qual a data da transmissão da herança ao Poder Público, pois, em muitos casos, a abertura da sucessão ocorreu antes da Lei n. 8.049/90 e a declaração de vacância após. O STJ firmou o entendimento (cf. acórdão citado nos comentários ao art. 1.784) de que a transferência dos bens ocorre com a declaração de vacância e passados cinco anos da abertura da sucessão, de modo que, mesmo nas mortes ocorridas antes da Lei n. 8.049/90, se os cinco anos da abertura da sucessão, com prévia declaração de vacância, consumaram-se após, os beneficiados são os Municípios.

**Jurisprudência:** Usucapião. Herança jacente. Declaração de vacância. Inocorrência direito de *saisine*. Inaplicabilidade em favor do ente político civil. Ação de usucapião. Pretensão de declaração de domínio de bem imóvel. Magistrado que entende pela natureza pública do bem vindicado, e julga improcedente o pedido inicial. Apelação. Conjunto probatório que denota a posse mansa e pacífica exercida pela parte autora, e que restou sucedida por sua filha, aqui recorrente, por período superior a vinte anos, com *animus domini*, e sem impugnação de terceiros. Preenchimento dos requisitos para o reconhecimento da prescrição aquisitiva que restou demonstrado e reconhecido na sentença recorrida. Ausência de elementos objetivos aptos a desconstituir esse entendimento. Inobservância do disposto no art. 333, II, do CPC [art. 373, II, do CPC/2015]. Imóvel perseguido que ostenta natureza de herança jacente, nos termos do art. 1.819 do CC vigente e do art. 1.591 do CC/1916. Incorporação daquele ao patrimônio público que ocorre, contudo, somente após a declaração de vacância, na forma do art. 1.142 do CPC [art. 738 do CPC/2015]. Inaplicabilidade do princípio de *saisine* em favor do ente político. Precedente do Eg. STJ. Pedido de arrecadação apresentado pela UERJ somente depois de completado o prazo de prescrição aquisitiva em favor da parte autora. Imóvel que não se revela como de domínio público. Possibilidade de usucapião do mesmo que se reconhece, segundo a jurisprudência consolidada do Eg. STJ acerca do tema. Procedência do pedido inicial que se impõe à luz da documental que instrui os autos. Inteligência do art. 183 da CF/88. Reforma da sentença e inversão das verbas de sucumbência. Honorários advocatícios que restam mantidos, eis que alinho ao princípio da razoabilidade e às particularidades do caso, nos termos do art. 20, § 4º, do CPC [art. 85, §§ 3º e 8º, do CPC/2015]. Isenção da UERJ ao pagamento das custas processuais e da taxa judiciária, que se reconhece, nos termos do art. 17, IX, da Lei n. 3.350/99 e da Súmula n. 76 desta Eg. Corte. Provimento do recurso. (TJRJ, Ap. n. 0142061-08.2002.8.19.0001, rel. Pedro Freire Raguenet, *DJe* 14.05.2014)

Usucapião. Extraordinária. Imóvel de titularidade de dois coproprietários. Falecimento de um deles sem deixar herdeiros. Herança que realmente passou ao domínio do Poder Público, mas só após a declaração de vacância. Possibilidade de usucapião no período compreendido entre o início da posse, pelos autores, e tal declaração. Requisito temporal, todavia, não preenchido. Coproprietária que, por sua vez, teve a ausência decretada, com instauração de sucessão provisória e arrecadação dos bens por ela deixados. Posse que, a partir daí, não mais enseja usucapião. Requisito temporal também não preenchido. Sentença de improcedência mantida. Recurso desprovido. (TJSP, Ap. n. 0121683-97.2006.8.26.0000, rel. Des. De Santi Ribeiro, j. 23.11.2010)

Usucapião. Posse vintenária com intuito de dono devidamente comprovada. Herança jacente. Se a sentença de declaração de vacância foi proferida depois de completado o prazo da prescrição aquisitiva em favor do autor da ação de usucapião, não procede a alegação de que o bem não poderia ser usucapido porque do domínio público, uma vez que deste somente se poderia cogitar depois da sentença que declarou vagos os bens jacentes. (TJSP, Ap. n. 479.823-4/0, rel. Des. Maia da Cunha, j. 15.02.2007)

Até a declaração de vacância a favor do Estado, corre o prazo para que o imóvel possa ser usucapido pelo particular que o detém. (STJ, REsp n. 170.666/SP, rel. Min. Aldir Passarinho Júnior, j. 14.02.2006)

1 – É direito potestativo do condômino de bem imóvel indivisível promover a extinção do condomínio mediante alienação judicial da coisa (CC/1916, art. 632; CC/2002, art. 1.322; CPC, art. 1.117, II) [sem correspondente no CPC/2015]. Tal direito não fica comprometido com a aquisição, por arrecadação de herança jacente, de parte ideal do imóvel por pessoa jurídica de direito público. 2 – Os bens públicos dominicais podem ser alienados "nos casos e na forma que a lei prescrever" (CC/1916, arts. 66, III, e 67; CC/2002, art. 101). Mesmo sendo pessoa jurídica de direito público a proprietária de fração ideal do bem imóvel indivisível, é legítima a sua alienação pela forma da extinção de condomínio, por provocação de outro condômino. Nesse caso, a autorização legislativa para a alienação da fra-

ção ideal pertencente ao domínio público é dispensável, porque inerente ao regime da propriedade condominial. (STJ, REsp n. 655.787, rel. Min. Teori Albino Zavascki, j. 09.08.2005)

Ao ente público não se aplica o princípio da *saisine*. Segundo entendimento firmado pela Constituição, Segunda Seção, a declaração de vacância é o momento em que o domínio dos bens jacentes se transfere ao patrimônio público. Ocorrida a declaração de vacância após a vigência da Lei n. 8.049, de 20.06.1990, legitimidade cabe ao Município para recolher os bens jacentes. (STJ, REsp n. 100.290, rel. Min. Barros Monteiro, j. 14.05.2002)

Se a sentença de declaração de vacância foi proferida depois de completado o prazo da prescrição aquisitiva em favor das autoras da ação de usucapião, não procede a alegação de que o bem não poderia ser usucapido porque do domínio público, uma vez que deste somente se poderia cogitar depois da sentença que declarou vagos os bens jacentes (arts. 1.593 e 1.594 do CC). A arrecadação dos bens (art. 1.591 do CC) não interrompe, só por si, a posse que as autoras exerciam e continuaram exercendo sobre o imóvel. (STJ, REsp n. 209.967, rel. Min. Ruy Rosado de Aguiar, j. 06.12.1999)

O Estado não pode ser considerado herdeiro de herança jacente, ainda que se reconheça de que integra a enumeração do art. 1.603 do CC, porque não herda, mas apenas recolhe a herança, que, na ausência de herdeiros, só confirmada com a declaração de vacância, é considerada devolvida ao Estado. Assim, sua titularidade não pode retroagir à data da abertura da sucessão, sendo o bem, portanto, suscetível de usucapião (TJSP, Emb. Infring. n. 79.485-1, rel. Des. Olavo Silveira, j. 09.02.1989). (*RT* 641/119)

**Art. 1.823. Quando todos os chamados a suceder renunciarem à herança, será esta desde logo declarada vacante.**

Os que renunciam são considerados não existentes em face da herança renunciada. Se todos os herdeiros, das várias classes e graus de sucessores, são conhecidos e se todos eles renunciam, há certeza de se tratar de herança vacante, a dispensar a fase transitória da herança jacente. Nesse caso, a declaração de vacância é feita desde logo, ou seja, a partir do momento em que confirmadas as renúncias de todos os sucessores. Os credores poderão reclamar seus créditos nos cinco anos seguintes à abertura da sucessão. A partir daí, os bens são definitivamente incorporados ao patrimônio público.

## CAPÍTULO VII
## DA PETIÇÃO DE HERANÇA

**Art. 1.824. O herdeiro pode, em ação de petição de herança, demandar o reconhecimento de seu direito sucessório, para obter a restituição da herança, ou de parte dela, contra quem, na qualidade de herdeiro, ou mesmo sem título, a possua.**

O atual CC inova ao tratar em capítulo à parte da petição de herança. No Código anterior, inferia-se o cabimento dessa ação do teor do parágrafo único do art. 1.580. A petição de herança é ação que tem por finalidade, em primeiro lugar, o reconhecimento do direito sucessório do herdeiro, a declaração de sua qualidade de herdeiro. Em segundo lugar, pelo mesmo provimento, a restituição da herança como universalidade. Essa dupla pretensão deve ser deduzida contra quem, na qualidade de herdeiro, ou mesmo sem título, esteja exercendo a posse direta sobre a herança.

A situação mais corrente é a da investigação de paternidade *post mortem* cumulada com petição de herança: pretende-se a declaração da paternidade e, como consequência, a restituição da parte que cabe ao filho demandante na herança de seu pai, em face, por exemplo, de seus irmãos. Outro exemplo é o da herança deferida a ascendentes do *de cujus*, apurando-se posteriormente que havia deixado um descendente. Nessa hipótese, os ascendentes, que eram herdeiros aparentes, restituem a herança ao descendente.

É possível, também, que a herança esteja sob a posse de terceiro, que não tenha nenhum título em face dela. O herdeiro, por força da *saisine*, torna-se possuidor indireto de toda a herança (ainda que sejam vários os herdeiros, pois a herança é uma universalidade) e pode reclamá-la de quem injustamente a possua (art. 1.791 e seu parágrafo único). Se o terceiro estiver exercendo posse direta sobre o bem a algum título, a ação cabível não será de petição de herança. Se for locatário, por exemplo, a ação apropriada será de despejo. A ação de petição de herança está sujeita a prescrição (de vinte anos no CC/1916, reduzida para dez anos no atual Código, art. 205), como assentou a Súmula n. 149 do STF: "É imprescritível a ação de investigação de paternidade, mas não o é a de petição de herança".

Questão fundamental a respeito da prescrição é a de seu termo inicial. Em julgados recentes, o STJ vinha decidindo que, em casos de investigação de paternidade, o termo inicial da ação de petição de herança seria a data do trânsito em julgado da sentença ou do acórdão de procedência da ação de investigação.

Nesse sentido, confira-se, por exemplo: Ag. Int. no REsp n. 1.986.589/MG, rel. Min. Moura Ribeiro, j. 30.05.2022. Como a ação de investigação é imprescritível, tal solução, que vinha sendo adotada pelo STJ, acarretava insegurança jurídica, pois era possível que a ação de investigação fosse ajuizada décadas após o óbito e, a partir do trânsito em julgado, ainda correriam mais dez anos da prescrição da petição de herança. A questão sucessória ficaria, assim, sujeita a eventual desfazimento por várias décadas, gerando efetiva insegurança jurídica por período muito prolongado. Ocorre que essa questão gerou embargos de divergência, para pacificação da matéria, tendo a 2ª Seção do STJ, a que congrega a 3ª e a 4ª Turmas, as duas às quais cabe julgar questões de direito das sucessões, definido tese oposta, de que o termo inicial da ação de petição de herança é a data da abertura da sucessão, do óbito do *de cujus*, de modo que, se a ação de investigação de paternidade for ajuizada depois de dez anos do óbito, a paternidade pode vir a ser reconhecida, mas o direito à petição de herança estará prescrito pela incidência do prazo decenal do art. 205 do CC (EAREsp n. 1.260.418/MG, rel. Min. Antonio Carlos Ferreira, 2ª S., j. 26.10.2022, ementa transcrita no tópico Jurisprudência, a seguir). Sendo julgado da 2ª Seção, em matéria que é de sua competência exclusiva, a Seção faz as vezes do Plenário do STJ e, assim, tal decisão constitui precedente obrigatório, de observância obrigatória por todos os tribunais e juízes brasileiros, nos termos do inc. V do art. 927 do CPC. Em novo julgamento de incidente de recursos repetitivos, Tema Repetitivo n. 1.200, mais recente, a Segunda Seção do STJ reafirmou esse mesmo entendimento, isto é, o termo inicial da prescrição para a ação de petição de herança é a data da abertura da sucessão, estabelecendo a seguinte tese repetitiva: "O prazo prescricional para propor ação de petição de herança conta-se da abertura da sucessão, cuja fluência não é impedida, suspensa ou interrompida pelo ajuizamento de ação de reconhecimento de filiação, independentemente do seu trânsito em julgado" (REsp n. 2.029.809, rel. Min. Marco Aurélio Bellizze, 2ª S., j. 22.05.2024).

**Jurisprudência:** [...] 3. Tese Repetitiva: O prazo prescricional para propor ação de petição de herança conta-se da abertura da sucessão, cuja fluência não é impedida, suspensa ou interrompida pelo ajuizamento de ação de reconhecimento de filiação, independentemente do seu trânsito em julgado. 4. Recurso especial improvido. (STJ, REsp n. 2.029.809/MG, rel. Min. Marco Aurélio Bellizze, 2ª S., j. 22.05.2024, *DJe* 28.05.2024)

Recurso especial. Rito dos recursos especiais repetitivos. Discussão consistente em definir o termo inicial do prazo prescricional da petição de herança, proposta por pretenso filho em cumulação com pedido de reconhecimento de paternidade *post mortem*. Data da abertura da sucessão. Recurso especial improvido. 1. A controvérsia posta no presente recurso especial repetitivo centra-se em definir o termo inicial do prazo prescricional da ação de petição de herança, promovida por pretenso filho, c/c ação de reconhecimento de paternidade *post mortem* – se seria a partir da abertura da sucessão ou se seria após o trânsito em julgado da ação relativa ao estado de filiação. 2 – A Segunda Seção do STJ, por ocasião do julgamento dos EAREsp n. 1.260.418/MG (rel. Min. Antônio Carlos Ferreira, j. 26.10.2022, *DJe* 24.11.2022), dissipou a intensa divergência então existente entre as suas Turmas de Direito Privado, para compreender que o prazo prescricional para propor ação de petição de herança conta-se da abertura da sucessão, aplicada a vertente objetiva do princípio da *actio nata*, adotada como regra no ordenamento jurídico nacional (arts. 177 do CC/1916 e 189 do CC/2002). 2.1 A teoria da *actio nata* em sua vertente subjetiva tem aplicação em situações absolutamente excepcionais, apresentando-se, pois, descabida sua adoção no caso da pretensão de petição de herança, em atenção, notadamente, às regras sucessórias postas. 2.2 De acordo com o art. 1.784 do CC, que internaliza o princípio da *saisine*, "aberta a sucessão, a herança transmite-se, desde logo, aos herdeiros legítimos e testamentários". Por sua vez, o art. 1.798 do CC preceitua que: "legitimam-se a suceder as pessoas nascidas ou já concebidas no momento da abertura da sucessão". 2.3 Dessa maneira, conforme consignado no voto condutor, o pretenso herdeiro poderá, desde logo e independentemente do reconhecimento oficial desta condição (a de herdeiro), postular seus direitos hereditários, nos seguintes moldes: "i) propor ação de investigação de paternidade c/c petição de herança; ii) propor concomitantemente, mas em processos distintos, ação de investigação de paternidade e ação de petição de herança, caso em que ambas poderão tramitar simultaneamente, ou se poderá suspender a petição de herança até o julgamento da investigatória; e iii) propor ação de petição de herança, na qual deverão ser discutidas, na esfera das causas de pedir, a efetiva paternidade do falecido e a violação do direito hereditário". 2.4 Reputou-se, assim, absolutamente insubsistente a alegação de que a pretensão de reivindicar os direitos sucessórios apenas surgiria a partir da decisão judicial que reconhece a qualidade de herdeiro. 2.5 A imprescritibilidade da pretensão atinente ao reconhecimento do estado de filiação – concebida como uma ação declaratória (pura), na qual se pretende, tão somente, a obtenção de uma certeza jurídica, atribuindo-se a ela, em verdade, o caráter de perpetuidade, já que não relacionada nem à reparação/proteção de um direito subjetivo violado, nem ao exercício de um direito potestativo – não poderia conferir ao pretenso filho/herdeiro a prerrogativa de escolher, ao seu exclusivo alvedrio, o momento em que postularia, em juízo, a pretensão da petição de herança, a redundar, indevidamente (considerada a sua natureza ressarcitória), também na imprescritibilidade desta, o que não se pode conceber. 2.6 Esta linha interpretativa vai na direção da segurança jurídica e da almejada estabilização das relações jurídicas em lapso temporal condizente com a dinâmica natural das situações jurídicas daí decorrentes. 3. Tese Repetitiva: O prazo prescricional para propor ação de petição de herança conta-se da abertura da sucessão, cuja fluência não é impedida, suspensa ou interrompida pelo ajuizamento de ação de reconhecimento de filiação, independentemente do seu trânsito em julgado. 4. Recurso especial improvido. (STJ, REsp n. 2.034.650, rel. Min. Marco Aurélio Bellizze, 2ª S., j. 22.05.2024)

Agravo de instrumento. Direito sucessório. Arrolamento. Terceiro que postula reconhecimento da qualidade de herdeiro e que pretende a indisponibilidade de bens da herança, para evitar lesão de difícil reparação. Indeferimento pelo Juízo de origem. Recente prolação de sentença declarando a paternidade socioafetiva do *de cujus* em relação ao postulante, ora agravante. Embora ainda ineficaz a sentença, sem trânsito em julgado, convém tomar-se medida protetiva, para evitar-se a alienação dos bens já adjudicados ao herdeiro que apresentava-se então como único e com direito à totalidade da herança. Indisponibilidade que se decreta. Recurso provido nesse sentido. Decisão reformada. (TJSP, AI n. 2304074-24.2022.8.26.0000, rel. Carlos Castilho Aguiar França, 4ª Câm. de Dir. Priv., j. 29.01.2024)

Apelação cível. Ação de petição de herança. Autora filha de herdeiro premorto. Sucessão por direito de representação. Sentença de procedência. Irresignação da ré. Mérito. Autora excluída do plano de partilha. Reconhecimento ao direito sucessório. A falta de menção da autora em certidão de óbito, não exclui seu direito à sucessão hereditária, vez que provada a filiação. Decisão mantida. Motivação do decisório adotado como julgamento em segundo grau. Inteligência do art. 252 do RITJ. Honorários recursais. Aplicação da regra do art. 85, § 11, CPC. Readequação ao Tema n. 1.076 do recurso repetitivo do STJ. Resultado: Recurso não provido. (TJSP, Ap. n. 1006299-35.2021.8.26.0100, rel. Edson Luiz de Queiróz, j. 19.12.2023)

Apelação cível. Ação de petição de herança, c/c pedido de anulação de partilha de bens por falecimento. Sentença que reconheceu a prescrição e decretou a improcedência das pretensões iniciais. Inconformismo da autora que insiste que no caso a prescrição deve correr a partir do trânsito em julgado da sentença que declarou o parentesco entre a autora e o falecido pai. Argumento que não vinga, devendo ser aplicado o recente entendimento pacificado na 2ª Seção do STJ. Prazo prescricional que passa a corre a partir da abertura da sucessão. Passados mais de 30 anos entre o falecimento e o ajuizamento da presente medida judicial. Sentença mantida. Recurso desprovido. (TJSP, Ap. n. 1002374-54.2018.8.26.0191, rel. José Carlos Ferreira Alves, j. 30.11.2023)

Indenização por perdas e danos. Petição de herança. Ação de indenização por preterição de herdeira à partilha anterior, haja vista a superveniente decisão que reconheceu sua condição de filha do autor da herança. Procedência. Recurso da requerida. Alegação de ocorrência da prescrição. Cabimento. Súmula n. 149 do STF: "É imprescritível a ação de investigação de paternidade, mas não o é a de petição de herança". Termo inicial do prazo prescricional para exigir a herança na hipótese de reconhecimento de paternidade *post mortem*, que se dá com a abertura da sucessão. Precedentes desta Câmara e do Col. STJ. No caso, o falecimento do genitor ocorreu em 02.01.1989, vindo a autora ingressar com a presente ação somente em 26.01.2023. Vale anotar que quando da abertura da sucessão, a autora já era maior e capaz (nascimento em 09.10.1967), de modo que não se cogita de eventual suspensão do prazo prescricional. Demanda proposta há mais de 20 anos após o óbito do genitor, ou seja, quando decorrido o prazo prescricional. Sentença reformada para julgar improcedente a ação (art. 487, II, do CPC), invertidas as verbas de sucumbência. Recurso provido. (TJSP, Ap. n. 1000479-48.2023.8.26.0073, rel. Salles Rossi, j. 28.11.2023)

Inventário. Abertura requerida pelos netos do autor da herança após reconhecimento *post mortem* da filiação do pai em relação ao *de cujus*. Sentença de improcedência, com fundamento na prescrição da pretensão de petição de herança que merece reforma. Demonstração de existência de bem e aplicações de titularidade do autor da herança e existência de inventário anterior julgado extinto por ilegitimidade e ausência de interesse de agir, em decisão que não resolveu o mérito. Filiação reconhecida judicialmente da qual decorre a legitimidade e o interesse na ação, que também exsurge da inexistência de partilha. Pretensão exclusivamente de abertura do inventário e partilha dos bens, os quais se encontram em condomínio desde a abertura da sucessão em 13.08.1986, a qual não se sujeita à prescrição, por sua natureza declaratória. Sentença anulada. Recurso provido. (TJSP, Ap. n. 1071900-85.2021.8.26.0100, rel. Ademir Modesto de Souza, j. 23.11.2023)

[...] 2. O prazo prescricional para propor ação de petição de herança conta-se da abertura da sucessão, aplicada a corrente objetiva acerca do princípio da *actio nata* (arts. 177 do CC/1916 e 189 do CC/2002). 3. A ausência de prévia propositura de ação de investigação de paternidade, imprescritível, e de seu julgamento definitivo não constitui óbice para o ajuizamento de ação de petição de herança e para o início da contagem do prazo prescricional. A definição da paternidade e da afronta ao direito hereditário, na verdade, apenas interfere na procedência da ação de petição de herança. 4. Embargos de divergência parcialmente conhecidos e, nessa parte, providos, declarada a prescrição vintenária quanto à petição de herança. (STJ, EAREsp n. 1.260.418/MG, 2ª S., rel. Min. Antonio Carlos Ferreira, j. 26.10.2022, *DJe* 24.11.2022)

Apesar de o autor ter nomeado a ação como de "indenização", se, pelo pedido e pela causa de pedir, pode-se aferir que a providência jurisdicional requerida nada mais é do que pedido de recebimento do quinhão supostamente devido a herdeiros que foram preteridos no processo de arrolamento, é possível o recebimento da ação como de petição de herança, na forma do art. 1.824, do CC/2002, mormente porque o procedimento utilizado para a última também é o ordinário. Descabimento, no caso dos autos, da exigência de manejo da ação rescisória, porque, não tendo participado do processo de arrolamento, os herdeiros preteridos não estão sujeitos à eficácia da coisa julgada. Descabimento da extinção do feito sem resolução do mérito. Possibilidade do aproveitamento do pedido, na forma de ação ordinária de petição de herança. Sentença anulada. (TJMG, Ap. n. 1.0026.08.034550-2/001, rel. Des. Sandra Fonseca, j. 18.06.2013)

1 – A ação rescisória não é o remédio processual adequado a ser manejado pelos herdeiros que não participaram do processo de inventário, buscando atacar a partilha homologada em procedimento sem contencioso. 2 – Inteligência das regras dos arts. 1.824 e 1.825 do CC/2002. 3 – Doutrina e jurisprudência acerca do tema. 4 – Recurso especial desprovido. (STJ, REsp n. 940.455, rel. Min. Paulo de Tarso Sanseverino, j. 17.05.2011)

Nulidade de partilha cumulada com petição de herança. Herdeiros testamentários que não foram parte no inventário e nem foram contemplados na partilha. Homologação da partilha em desrespeito à disposição testamentária firmada pelo *de cujus*, o que não implica, de modo algum, caducidade do ato jurídico. Possibilidade de revogação do testamento apenas por outro testamento, embora elaborado não necessariamente da mesma forma. Herdeiro legítimo que assume comportamento contraditório (*venire contra factum proprium*) ao reconhecer a necessidade de retificação do formal de partilha, e posteriormente se opor ao pedido de anulação. Ação procedente. Recurso improvido. (TJSP, Ap. n. 584.506-4/4-00, rel. Des. Francisco Loureiro, j. 25.09.2008)

Petição de herança. Anulação de partilha. Admissibilidade. Acolhimento da petição de herança implica no desfazimento da partilha, para que seja refeita, incluindo o herdeiro excluído. Agravo retido provido e apelação parcialmente provida. (TJSP, Ap. n. 371.015-4/5-00, rel. Des. José Luiz Gavião de Almeida, j. 03.07.2007)

**Art. 1.825. A ação de petição de herança, ainda que exercida por um só dos herdeiros, poderá compreender todos os bens hereditários.**

A disposição enfatiza normas já tratadas. Repisa o princípio de ser a herança, até a partilha, uma universalidade, um todo unitário; e o direito dos coerdeiros, quanto à propriedade e à herança, é indivisível e regido por normas relativas ao condomínio (art. 1.791 e seu parágrafo único), de modo que, aplicado o art. 1.314, que trata do condomínio, qualquer coerdeiro, agindo isoladamente, pode reivindicar ou defender a posse dos bens comuns. Aplicada essa regra geral à petição de herança, o coerdeiro que ajuizar essa ação pode reclamar todos os bens hereditários sem título em posse de terceiro.

**Jurisprudência:** Sucessão. Petição de herança. Determinação para que outros herdeiros, irmãos do autor, fossem incluídos no polo ativo da demanda. Inexigibilidade. Ausência de disposição legal, facultando a lei civil ao herdeiro interessado demandar para ver reconhecido o seu direito sucessório. Inteligência do art. 1.825 do CC/2002. Recurso provido. (TJSP, AI n. 614.193-4/6-00, rel. Des. Álvaro Passos, j. 03.12.2008)

**Art. 1.826. O possuidor da herança está obrigado à restituição dos bens do acervo, fixando-se-lhe a responsabilidade segundo a sua posse, observado o disposto nos arts. 1.214 a 1.222.**

**Parágrafo único. A partir da citação, a responsabilidade do possuidor se há de aferir pelas regras concernentes à posse de má-fé e à mora.**

O réu da ação de petição de herança (que pode ser possuidor sem título, herdeiro aparente ou coerdeiro) deverá restituir ao herdeiro vencedor da demanda os bens do acervo hereditário. As normas que tratam da posse de boa ou má-fé (arts. 1.214 a 1.222) regem sua responsabilidade pelos bens, a obrigação de restituir ou não os frutos colhidos e o direito de indenização ou retenção quanto a benfeitorias. O possuidor de boa-fé, por exemplo, tem direito aos frutos percebidos, o que não ocorre se estiver de má-fé. O possuidor de má-fé pode responder, inclusive, pelo perecimento acidental da coisa, nas circunstâncias do art. 1.218. Para maiores detalhes, confiram-se os comentários aos arts. 1.214 a 1.222. Caso seja possuidor de boa-fé, passa a responder como de má-fé a partir do momento no qual é citado para ação de petição de herança. Submete-se, desde então, à disciplina da posse de má-fé e também à da mora (arts. 394 a 401).

**Jurisprudência:** Apelação. Petição de herança. Sentença de procedência. Recurso da ré. Preliminar. Interesse de agir. Configurado. Ré levantou a quota-parte pertencente a seu irmão premorto em ação judicial, não repassando o que pertencia aos sobrinhos. Incidência do art. 1.824 do CC. Pedido que não guarda relação com eventual saldo a ser levantado. Ré não pode se escusar de cumprir a lei sob argumento que a desconhece. Inteligência do art. 3º da LINDB. Manutenção da pretensão resistida evidencia o binômio necessidade--utilidade. Mérito. Juros. Termo inicial. Citação. Inteligência conjunta dos arts. 405, 407 e 1.826, parágrafo único, do CC. Precedentes jurisprudenciais. Sentença reformada em parte. Recurso parcialmente provido. (TJSP, Ap. n. 10009001420228260060 Auriflama, 9ª Câm. de Dir. Priv., rel. Jane Franco Martins, j. 11.09.2024)

---

**Art. 1.827. O herdeiro pode demandar os bens da herança, mesmo em poder de terceiros, sem prejuízo da responsabilidade do possuidor originário pelo valor dos bens alienados.**

**Parágrafo único. São eficazes as alienações feitas, a título oneroso, pelo herdeiro aparente a terceiro de boa-fé.**

---

Herdeiro aparente é o que ostenta, perante todos, a situação de herdeiro, embora não o seja. É o que ocorre, por exemplo, quando os pais do *de cujus* recebem a herança e, depois, surge um filho deste (vitorioso, por exemplo, em ação de investigação de paternidade), com preferência na ordem de vocação hereditária. Os pais, nesse exemplo, eram herdeiros aparentes. Se haviam alienado bens da herança, preservam-se as alienações onerosas a adquirente de boa-fé, como meio de conferir segurança às relações jurídicas. Do contrário, isto é, se são alienações gratuitas ou a adquirente de má-fé, justifica-se a ineficácia delas, pois o que recebeu os bens por doação ou outra liberalidade não terá prejuízo com o reconhecimento da ineficácia, só ficará privado de uma vantagem.

Quanto ao adquirente de má-fé, não subsiste a alienação porque sabia estar adquirindo bem não pertencente ao alienante. Tendo por norte essas premissas, extraídas do parágrafo único, compreende-se a disposição do *caput*. Nos casos de ineficácia da alienação efetuada pelo herdeiro aparente, o verdadeiro herdeiro poderá reclamar os bens da herança do terceiro que os detiver. Terceiro que, necessariamente, será adquirente a título gratuito ou de má-fé. Se este tiver feito nova alienação do bem hereditário, a segunda alienação deverá ser analisada segundo os critérios do parágrafo único, preservando-a, portanto, se onerosa a terceiro subadquirente de boa-fé; considerada igualmente ineficaz se houve liberalidade ou feita a pessoa de má-fé.

Por fim, se a alienação feita pelo herdeiro aparente for preservada, ele responderá com o valor do bem alienado perante o verdadeiro herdeiro.

**Jurisprudência:** Apelação. Ação de reintegração de posse. Sentença de improcedência do pedido principal e procedência do pleito formulado na reconvenção. Irresignação da autora. Rejeição das preliminares de ilegitimidade, falta de interesse de agir dos reconvintes e incompetência do juízo. Proteção possessória. Autora que adquiriu a posse do imóvel, onerosamente e com presumível boa-fé, mediante contrato de cessão celebrado com quem aparentava deter o poder fático exclusivo do imóvel. A princípio, sendo eficazes as alienações feitas, a título oneroso, pelo herdeiro aparente a terceiro de boa-fé (art. 1.827, parágrafo único, do CC), tem--se que a posse do cedente à apelante deve se sobrepor àquela externada pelos herdeiros, que invadiram o bem na tentativa de recuperá-lo. Réus que não tinham a posse do imóvel e só adentraram nele quando tomaram conhecimento da transferência à autora. Esbulho caracterizado. Reintegração de posse concedida. Improcedência do pedido reconvencional de nulidade do contrato de cessão. Discussão acerca de eventual preterimento de direitos sucessórios que deve ser objeto de ação própria. Precedentes deste Eg. Tribunal. Recurso parcialmente provido. (TJSP, Ap. n. 10450357220148260002, rel. Afonso Celso da Silva, 37ª Câm. de Dir. Priv., j. 07.11.2023)

Apelação cível. Sucessões. Ação declaratória de ineficácia de formal de partilha e contrato de compra e venda. Decadência afastada. Nulidade do negócio jurídico entabulado. Eficácia da alienação de bens feita, a título oneroso, por herdeiros aparentes a terceiros de boa-fé. Inteligência do art. 1.827, parágrafo único, do CCB. Com a declaração de nulidade da partilha, os bens integrantes do acervo hereditário voltam à condição de indivisibilidade da herança, como se nunca houvesse sido procedida a partilha, uma vez que a nulidade sabidamente produz efeitos *ex tunc*. Entretanto, por força do art. 1.827 do CC, as alienações feitas, a título oneroso, por herdeiros aparentes a terceiros de boa-fé são eficazes, isto é, não são passíveis de declaração de nulidade. Precedente do STJ (Ag. Reg. na MC n. 17.349). 2 – O terceiro adquirente de boa-fé, no momento da alienação, à vista da matrícula do imóvel – a qual indicava ser o bem de propriedade de herdeiros aparentes –, não teria qualquer motivo para supor que a partilha realizada era nula, devendo ser preservado o negócio jurídico realizado, até mesmo em razão do princípio da aparência. Devem, contudo, os alienantes responder pela recomposição do valor dos bens alienados. Recurso parcialmente provido. (TJRS, Ap. n. 70.075.326.355, rel. Liselena Schifino Robles Ribeiro, j. 22.11.2017)

Petição de herança. Legitimidade *ad causam*. Inclusão no polo passivo dos herdeiros e da construtora que adquiriu o bem partilhado. Determinação de emenda da petição inicial para excluir a construtora da ação. Cabimento, em razão da inexistência de indícios ou de alegação de má-fé na alienação, que, inclusive, se deu a título oneroso. Aplicação do art. 1.827, parágrafo único, do CC. Recurso improvido. (TJSP, AI n. 0216912-74.2012.8.26.0000, rel. Des. Luís Mario Galbetti, j. 15.05.2013)

1 – Com a declaração de nulidade da partilha, os bens integrantes do acervo hereditário voltam à condição de indivisibilidade da herança, como se nunca houvesse sido procedida à partilha, uma vez que a nulidade sabidamente produz efeitos *ex tunc*. Entretanto, por força do art. 1.827 do CC, as alienações feitas, a título oneroso, por herdeiros aparentes a terceiros de boa-fé são eficazes, isto é, não são passíveis de declaração de nulidade. Precedente do STJ (Ag. Reg. na MC n. 17.349/RJ). 2 – O terceiro adquirente de boa-fé, no momento da alienação, à vista da matrícula do imóvel – a qual indicava ser o bem de propriedade de herdeiros aparentes –, não teria qualquer motivo para supor que a partilha realizada era nula, devendo ser preservado o negócio jurídico realizado, até mesmo em razão do princípio da aparência. Devem, contudo, os alienantes responder pela recomposição do valor dos bens alienados. Negaram provimento. Unânime. (TJRS, Ap. n. 70.053.171.690, rel. Des. Luiz Felipe Brasil Santos, j. 18.04.2013)

Inventário. Herdeira reconhecida em investigação de paternidade cumulada com petição de herança. Decisão, nos autos do inventário, que determinou o cancelamento da adjudicação feita à herdeira aparente (genitora do *de cujus*). Pedido de restituição de benfeitorias e outras despesas. Questão não examinada pelo juízo *a quo* e que não pode ser nesta sede resolvida. Ação de investigação de paternidade c/c petição de herança julgada procedente resulta automaticamente na nulidade da partilha. De rigor o cancelamento da adjudicação, contudo, excluindo-se os bens imóveis alienados, através de alvará judicial, pela herdeira aparente (genitora). A herdeira aparente encontrava-se a justo título na posse dos imóveis inventariados. As alienações feitas a terceiro de boa-fé são eficazes (art. 1.827 do CC). Preservação do princípio da segurança das relações jurídicas. Recurso parcialmente provido. (TJSP, AI n. 0092737-76.2010.8.26.0000, rel. Des. Octavio Helene, j. 19.10.2010)

---

**Art. 1.828. O herdeiro aparente, que de boa-fé houver pago um legado, não está obrigado a prestar o equivalente ao verdadeiro sucessor, ressalvado a este o direito de proceder contra quem o recebeu.**

---

O herdeiro aparente que paga um legado não tem de indenizar o verdadeiro sucessor pelo valor equivalente, pois, se devido o legado, só cumpriu obrigação que incumbiria, de qualquer forma, ao verdadeiro herdeiro e este nada tem a reclamar. Se o herdeiro aparente, de boa-fé, paga um legado indevido (porque, por exemplo, o testamento foi declarado nulo), ao verdadeiro sucessor cabe demandar contra o legatário a restituição do legado. Justifica-se a solução porque o legatário recebeu liberalidade e, sendo indevida, a restituição não lhe acarretará prejuízo, só não terá a vantagem correspondente ao legado.

## TÍTULO II
## DA SUCESSÃO LEGÍTIMA

### CAPÍTULO I
### DA ORDEM DA VOCAÇÃO HEREDITÁRIA

---

**Art. 1.829. A sucessão legítima defere-se na ordem seguinte:**

**I – aos descendentes, em concorrência com o cônjuge sobrevivente, salvo se casado este com o falecido no regime da comunhão universal, ou no da separação obrigatória de bens (art. 1.640, parágrafo único); ou se, no regime da comunhão parcial, o autor da herança não houver deixado bens particulares;**

**II – aos ascendentes, em concorrência com o cônjuge;**
**III – ao cônjuge sobrevivente;**
**IV – aos colaterais.**

---

**Sucessão legítima:** a sucessão legítima é aquela na qual os herdeiros são designados diretamente pela lei, sem concurso da manifestação de vontade do autor da herança. Contrapõe-se à sucessão testamentária, na qual são designados pelo autor da herança, em testamento ou codicilo. Para maiores detalhes sobre essa distinção e para as hipóteses em que pode haver concomitância, confiram-se os comentários aos arts. 1.786 e 1.788.

**Ordem de vocação hereditária:** a sucessão legítima é estabelecida segundo uma ordem preferencial de classes de herdeiros, instituindo-se, dentro de cada classe, nova preferência entre graus de proximidade com o autor da herança. É a denominada ordem de vocação hereditária. Estabelece o atual Código, por exemplo, que a primeira classe preferencial é a dos descendentes. Assim, se o autor da herança deixou descendentes, são chamados à sucessão, excluindo-se as classes seguintes, dos ascendentes, cônjuge (com a ressalva de que este, no atual Código, dependendo do regime de bens do casamento, pode concorrer com os descendentes) e colaterais. Dentro da classe dos descendentes, os de grau mais próximo excluem os mais remotos, salvo no caso do direito de representação, de modo que, por exemplo, havendo filhos, recebem a herança com exclusão dos netos.

**A maior proteção do cônjuge sobrevivente:** o grande diferencial da ordem de vocação hereditária no atual CC é a considerável melhoria da posição do cônjuge sobrevivente. Embora permaneça na terceira classe de preferência como ocorria no CC/1916, atrás dos descendentes e ascendentes, pode concorrer, em propriedade plena, com os descendentes dependendo do regime de bens, e concorrerá sempre com os ascendentes (no CC/1916, a partir do Estatuto da Mulher Casada, Lei n. 4.121/62, a introduzir o § 1º ao art. 1.611, havia essa possibilidade de concorrência, com descendentes e ascendentes, mas em usufruto vidual, e não em propriedade plena). Além disso, a revelar o claro intuito de proteção muito mais efetiva do cônjuge, o atual Código elevou-o no art. 1.845 a herdeiro necessário em propriedade plena, assegurando-lhe, portanto, metade da herança, que não pode ser objeto de disposição testamentária, benesse que só era concedida, no CC/1916, aos descendentes e ascendentes (no CC/1916, desde o Estatuto da Mulher Casada, havia entendimento doutrinário, não unânime, de que o cônjuge havia se tornado herdeiro necessário em usufruto vidual).

Outra melhoria em sua posição é a extensão do direito real de habitação no único imóvel residencial a todos os regimes de bens do casamento (art. 1.831), pois no Código anterior era conferido somente aos casados pela comunhão universal. O atual Código não prevê mais o usufruto vidual da quarta parte ou da metade da herança, que, no CC/1916 (§ 1º do art. 1.611), era concedido ao cônjuge casado por regime diverso da comunhão universal. O usufruto vidual foi substituído, no atual Código, pela concorrência em propriedade plena com descendentes e ascendentes.

**Polêmicas na concorrência entre descendentes e cônjuge:** em relação à ordem de vocação hereditária, a questão que tem suscitado as maiores dificuldades interpretativas, sem dúvida, é a da concorrência do cônjuge com os descendentes, na dependência da modalidade de regime de bens do casamento. As dificuldades residem no fato de que o inciso I não contempla todas as possibilidades e não revela, à primeira vista, claro critério norteador. O inciso principia por estabelecer a concorrência entre descendentes e cônjuge sobrevivente (cf. art. 1.832 sobre a proporção dessa concorrência), para, em seguida, prever três exceções ao concurso. Da análise de duas dessas exceções é possível extrair o critério que parece ter guiado o legislador.

O cônjuge não concorre com os descendentes se casado no regime da comunhão universal de bens. Não concorre, nesse caso, porque, pela comunhão universal, tem meação de todo o patrimônio. Recorde-se que a meação não é direito hereditário, mas próprio do cônjuge, preexistente à abertura da sucessão, que decorre não da morte do *de cujus*, mas da comunhão resultante do regime de bens do casamento, matéria do direito de família. Protegido o cônjuge pela meação, a outra metade é que compõe a herança, deferida, nesse caso, aos descendentes sem concorrência do cônjuge.

A segunda exceção do inciso I, explicando o critério que orientou o legislador, é a de não concorrer com os descendentes o cônjuge casado pela comunhão parcial se não há bens particulares do *de cujus*. Se não há bens particulares, todos são comuns e, portanto, o cônjuge tem meação em face de todos eles. Como está protegido pela meação em todos os bens, o cônjuge não necessita ser duplamente beneficiado, com meação e herança.

Dessas duas exceções, extrai-se a regra que inspirou o legislador: o cônjuge sobrevivente concorre com os descendentes nos bens particulares, não nos comuns. Em outras palavras, herda quando não tem meação. Seria de grande conveniência a alteração deste artigo, fixando-se essa regra com clareza e simplicidade, o que evitaria graves dissensos interpretativos, como adiante se verá.

**Concorrência com os descendentes e comunhão parcial:** a primeira controvérsia relevante diz respeito ao casado pelo regime da comunhão parcial quando o autor da herança houver deixado bens particulares. Se deixou bens particulares, não está presente a exceção da parte final do inciso I e, portanto, o cônjuge concorre à herança. No entanto, em que medida? Há quem sustente que, nessa hipótese, o cônjuge concorre em face dos bens particulares e comuns, pois a norma não faz distinção (posição de DINIZ, Maria Helena. *Curso de direito civil brasileiro*, v. VI: "Direito das sucessões", 21. ed. São Paulo, Saraiva, 2007, p. 122; e de CARVALHO NETO, Inácio de. *Direito sucessório do cônjuge e do companheiro*. São Paulo, Método, 2007, p. 130-1).

Esse entendimento, porém, apegado à redação literal, acarreta grave contradição sistemática, pois, como visto, no regime da comunhão universal, o cônjuge não concorre, porque todos os bens são comuns. A se adotar esse entendimento, basta que, na comunhão parcial, haja um bem particular para o cônjuge concorrer em relação aos bens comuns inclusive, o que é de absurda incoerência, pois seria tratado mais favoravelmente do que o casado pela comunhão universal.

Tome-se o seguinte exemplo: o sujeito era proprietário de um veículo de valor irrisório e de dez imóveis valiosos, aquele adquirido antes do casamento, estes após. Se era casado pela comunhão universal, a viúva tem meação sobre todos os bens, sem concorrer à herança. A se adotar a orientação ora questionada, se eram casados pela comunhão parcial, a viúva teria a meação e mais uma cota hereditária sobre todos os imóveis, além da cota sobre o veículo. Para realçar ainda mais a incoerência, destaque-se que só terá a cota hereditária adicional sobre os dez imóveis por causa do veículo. Se este não existisse, todos os bens seriam comuns e a viúva passaria a se enquadrar na exceção da parte final do inciso I.

É ilógico que a existência ou não de bens particulares, circunstância aleatória, possa ser o critério jurídico a diferenciar o tratamento em relação aos bens comuns. Essa solução teratológica só pode ser superada mediante análise sistemática, que mantenha a coerência entre as duas exceções, do casado pela comunhão universal e parcial. A coerência é preservada mediante aplicação da regra clara que se intui da norma: o cônjuge concorre nos bens particulares, não nos comuns. No regime da comunhão parcial, portanto, havendo bens particulares, a solução é a de se estabelecer a concorrência do cônjuge com os descendentes nos bens particulares exclusivamente, não nos bens comuns, porque em relação a estes o cônjuge já está protegido pela meação.

Nesse sentido, cf. ALMEIDA, José Luiz Gavião de. *Código Civil comentado*. São Paulo, Atlas, 2003, v. XVIII, p. 226-7; HIRONAKA, Giselda Maria Fernandes Novaes. "Ordem de vocação hereditária". In: *Direito das sucessões e o novo Código Civil*, coords. Giselda Maria Fernandes Novaes Hironaka e Rodrigo da Cunha Pereira. Belo Horizonte, Del Rey, 2004, p. 95; e OLIVEIRA, Euclides de. *Direito de herança*. São Paulo, Saraiva, 2005, p. 108-9. Confira-se, também, na jurisprudência a seguir, transcrição de parte de erudito acórdão do TJSP, relator Des. Francisco Loureiro, coautor desta obra, no qual explica a lógica do sistema de conferir proteção exclusivamente em face dos bens particulares e recorda ser tradicional a interpretação jurisprudencial, do STF e do STJ, de o direito hereditário concorrente do cônjuge com os descendentes – na vigência do CC/1916 representado pelo usufruto vidual do § 1º do art. 1.611 – não se aplicar aos aquestos, aos bens em relação aos quais o cônjuge já está protegido pela meação.

**Concorrência com descendentes, comunhão parcial e a posição assentada pelo STJ:** o STJ, a quem incumbe pacificar a interpretação da lei federal, vinha apresentando julgados discrepantes sobre o tema. Por exemplo, no REsp n. 992.749 (rel. Min. Nancy Andrighi, j. 01.12.2009), sustentou-se que, na comunhão parcial, o cônjuge herdaria em concorrência com os descendentes nos bens comuns, não nos particulares, situação que é o oposto do que foi acima defendido. No REsp n. 974.241 (rel. Min. Honildo Amaral de Mello Castro, j. 07.06.2011), foi adotada posição contrária, assentando-se não concorrer o cônjuge com descendentes nos bens comuns, somente nos particulares.

Essa divergência de orientações permaneceu em outros julgados subsequentes, até que sobreveio julgado uniformizador, pela 2ª Seção, que é a Seção que reúne a 3ª e a 4ª Turmas, as duas com competência para julgar causas relativas ao direito das sucessões. Trata-se do REsp n. 1.368.123, relator para o acórdão Ministro Raul Araújo, j. 22.04.2015 (cf. a ementa à frente, no tópico jurisprudência), tendo prevalecido por maioria (8 votos contra 1) o entendimento de que, no regime de comunhão parcial, na concorrência com descendentes, o cônjuge não concorre nos bens em face dos quais já está protegido pela meação, nos bens comuns, concorrendo somente nos bens particulares, de modo que, havendo bens comuns e particulares, separam-se uns e outros na operação da partilha, resguardando-se ao cônjuge meação nos bens comuns, partilhando-se a outra metade dos bens comuns exclusivamente entre os descendentes; recebendo o cônjuge, no acervo de bens particulares, cota hereditária concorrente com os descendentes. Por conseguinte, salvo eventual superação desse precedente do STJ, em princípio está pacificada no direito brasileiro essa posição interpretativa sobre o alcance do tópico final do inciso I do art. 1.829 do CC.

**Comunhão universal em que há bens particulares:** um segundo problema relevante é a possibilidade de bens particulares na comunhão universal. São os excluídos da comunhão nas hipóteses do art. 1.668. Por interpretação literal, não seria caso de concorrência, pois dela está excluído o casado pela comunhão universal. No entanto, como visto, na comunhão parcial em que há bens particulares, o cônjuge tem meação nos bens comuns e cota hereditária nos particulares. É preciso adotar o mesmo princípio para a comunhão universal, assegurando-se cota hereditária nos bens particulares, preservando-se a coerência do sistema nas duas situações. Pois não se pode tratar pior o casado pela comunhão universal do que o pela parcial. O casamento pela comunhão universal revela intuito mais acentuado de completa integração patrimonial entre os cônjuges. Seria absurdo, no momento da sucessão, tratar pior o que optou por esse regime do que o cônjuge casado pela comunhão parcial.

Como salientado, o intuito do atual Código foi conferir proteção muito mais efetiva ao viúvo, razão pela qual não se pode interpretar a norma de modo a deixar flanco que possa dar margem à falta de proteção do cônjuge. É o que poderia ocorrer, por exemplo, se o *de cujus*, casado pela comunhão universal, deixasse somente bens excluídos da comunhão. O cônjuge ficaria desprotegido, situação que o atual Código procurou evitar. Nesse sentido, da concorrência do casado por comunhão universal em relação aos bens particulares, as opiniões de Wilson J. Comel, no artigo "Cônjuge sobrevivente, herdeiro concorrente" (*RT*, fev./2004, v. 820, p. 59-60), José Luiz Gavião de Almeida (op. cit., p. 224) e Euclides de Oliveira (op. cit., p. 109).

**Concorrência e participação final nos aquestos:** o inciso I não se refere ao regime de participação final nos aquestos criado pelo atual Código. Pelo silêncio, seria o caso, a princípio, de entender que, casado por esse regime, o cônjuge sobrevivente concorre com os descendentes em relação a todos os bens. Não pode ser essa a solução, porém, diante das peculiaridades desse regime.

Segundo o art. 1.672, durante o casamento, valem as regras da separação total de bens, mas, na dissolução da sociedade conjugal, inclusive pela morte (art. 1.685), há direito de meação nos bens adquiridos onerosamente durante o casamento. Na sucessão, portanto, a situação é a mesma da comunhão parcial. Ante essa identidade de situações, impõe-se a mesma solução legal: em relação aos bens comuns, em face dos quais tem meação e está protegido, o cônjuge não concorre com os descendentes, concorrendo somente em face dos bens particulares (cf. a opinião, por exemplo, de Euclides de Oliveira, op. cit., p. 110). O legislador não omitiu intencionalmente o regime da participação final nos aquestos, simplesmente se esqueceu de mencioná-lo.

**Separação convencional:** uma vez que o inciso I exclui a concorrência no regime da separação obrigatória de bens, sem mencionar a separação convencional, passou-se a entender na doutrina que, sendo convencional, o cônjuge concorre à herança em todos os bens. Mantém-se, assim, a coerência com a regra geral enunciada: na separação convencional todos os bens são particulares, de modo que o viúvo não tem meação a resguardá-lo, devendo ser deferida cota hereditária para protegê-lo.

Ante a consagrada dicotomia entre separação obrigatória e convencional, aquela imposta pela lei a determinadas situações, esta resultante da opção dos nubentes em pacto antenupcial, a doutrina majoritária aponta equívoco na remissão, do inciso I do art. 1.829, ao art. 1.640, parágrafo único, pois a separação obrigatória está contemplada no art. 1.641 e o art. 1.640, parágrafo único, não diz respeito à separação obrigatória ou convencional. Diante desse equívoco que, à primeira vista, parecia evidente, o PL n. 699/2011 (reapresentação do PL n. 6.960/2002 e do PL n. 276/2007) propõe corrigir a remissão, passando a constar no art. 1.641.

Essas conclusões que pareciam tranquilas foram refutadas pelo professor Miguel Reale, em artigo publicado no jornal *O Estado de S.Paulo*, de 12 de abril de 2003, no qual afirmou que a menção à separação obrigatória visa a abranger tanto a separação imposta por lei como a convencional. Argumenta o professor que, prevalecendo a concorrência na separação convencional, seria esvaziado o art. 1.687, que disciplina o regime de separação de bens, no momento crucial da morte de um dos cônjuges.

Respeitados o saber e a autoridade do ilustre professor, não é possível considerar incluída a separação convencional na expressão *separação obrigatória*. Em primeiro lugar, por ser, como se disse, consagrada em doutrina e jurisprudência a dicotomia entre as expressões "separação obrigatória", imposta por lei, e "separação convencional", sem se confundi-las. Assim sendo, não é possível, por maior que seja a autoridade da fonte histórica, adotar interpretação contrária ao texto expresso da lei. Por isso o professor propugnava que, não prevalecendo a posição por ele defendida, fosse alterado o inciso I, para excluir a expressão *obrigatória* (em razão da crítica por ele formulada, foi apresentado o PL n. 1.792/2007 para promover tal alteração, incluindo a separação convencional nas exceções à concorrência de cônjuge e descendentes, projeto esse que veio a ser arquivado).

Em segundo lugar, por não parecer verdade que a concorrência com os descendentes, no caso da separação convencional, esvazia o art. 1.687, que disciplina tal regime de bens. A separação convencional não acarretava, no regime do CC/1916, nem no atual, vedação a direito sucessório do cônjuge sobrevivente. Pelo contrário, o cônjuge figurava no Código anterior, e ainda figura no atual, na terceira classe da ordem de vocação hereditária e recolhe toda a herança à falta de descendentes e ascendentes, qualquer que seja o regime de bens. Além disso, no atual Código, como adiante será visto em detalhes, o cônjuge sempre concorre com ascendentes, qualquer que seja o regime de bens. No CC/1916 (art. 1.611, § 1º), o casado pela separação convencional tinha direito ao usufruto vidual; no Código atual, é assegurado a ele o direito real de habitação. Como se percebe nessas situações, não há incompatibilidade entre proteção patrimonial sucessória ao cônjuge sobrevivente e o regime de separação convencional. Diante disso, a ampliação dessa proteção, estendendo-lhe o direito à concorrência com os descendentes, não acarreta conflito com o art. 1.687.

Em terceiro e último lugar, é de se repisar o atual Código ter visado à proteção muito mais ampla do que a do sistema anterior ao cônjuge sobrevivente. Procurou, ainda, deferir-lhe cota hereditária, em concorrência com os descendentes, nos bens particulares, para que não fique desprotegido na viuvez. A concorrência na separação convencional está afinada com esses princípios. Seria incoerente assegurar ao casado pela comunhão parcial cota na herança dos bens particulares, ainda que sejam os únicos deixados pelo *de cujus*, e não conferir o mesmo direito ao casado pela separação convencional. Quando se casaram pela comunhão parcial, o intuito foi evitar a comunicação dos bens anteriores ao casamento. Apesar dessa opção dos nubentes, na sucessão, o viúvo terá participação hereditária nesses bens. Pela mesma razão deve ser assegurada cota na herança dos bens particulares quando se trata de separação convencional.

Esse debate, sobre a concorrência ou não do cônjuge com os descendentes na separação convencional, repercutiu na jurisprudência. Houve um primeiro precedente do STJ, acolhendo os argumentos do professor Miguel Reale, negando a concorrência do cônjuge com descendentes no caso de separação convencional (REsp n. 992.749, rel. Min. Nancy Andrighi, 3ª T., j. 01.12.2009). Mas julgados posteriores do STJ passaram a adotar posição oposta, até que sobreveio julgamento em embargos de divergência, pela 2ª Seção, a que congrega a 3ª e a 4ª Turmas, as duas às quais incumbe julgar causas relativas a direito das sucessões, pacificando a questão (Ag. Reg. nos EREsp n. 1.472.945, rel. Min. Antônio Carlos Ferreira, 2ª S., j. 24.06.2015, v.u.). Nesse julgado, o STJ decidiu pela concorrência do cônjuge com descendentes no regime da separação convencional e, ainda, que essa concorrência configura hipótese de sucessão necessária, ou seja, não pode ser afastada pela vontade dos nubentes, antes da abertura da sucessão, nem por testamento.

Essa posição consolidada pelo STJ, no entanto, traz ao sistema um problema grave, que provavelmente foi a fonte de preocupação do professor Miguel Reale e da Min. Nancy Andrighi no precedente acima citado.

O problema, inexistente no sistema anterior, é que muitas vezes optam pela separação convencional pessoas maduras, que já têm patrimônios e renda próprios bastantes a seu sustento, frequentemente após casamentos ou uniões estáveis anteriores, com filhos exclusivos, não desejando de forma nenhuma comunicação patrimonial em propriedade plena, mesmo por sucessão hereditária. Operando-se essa concorrência necessariamente, é possível que o patrimônio do *de cujus*, passando em parte para o da viúva por exemplo, possa ser objeto de nova sucessão quando da morte desta, transmitindo-se a novo cônjuge dela, ou a seus filhos exclusivos. Esse risco de sucessivas transmissões hereditárias pode levar essas pessoas a desistirem do casamento, a desistirem da formação de nova família, efeito que essa hipótese de sucessão necessária pode causar. Esse risco não existia no sistema anterior, de concorrência do cônjuge com descendentes em usufruto vidual (CC/1916, art. 1.611, § 1º), pois, ocorrendo novo casamento do cônjuge sobrevivente, ou com sua morte, o usufruto extinguia-se e a propriedade plena consolidava-se em mãos de filhos do *de cujus*, sem possibilidade de transmissão a filhos exclusivos do cônjuge sobrevivente ou a novo cônjuge ou companheiro dele.

Para remediar o inconveniente da concorrência em propriedade plena no atual CC, talvez a solução mais adequada seja admitir que, no pacto antenupcial, ou por sua posterior alteração, os cônjuges possam, nesse caso específico de separação convencional, renunciar antecipadamente à herança do outro.

A questão ficaria, assim, relegada à opção dos nubentes. Deixaria de se tratar de hipótese de sucessão necessária.

Parece possível sustentar que não seria hipótese de contrato sobre herança de pessoa viva, peremptoriamente proibido pelo art. 426 do CC. Pois essa proibição tem por fim evitar o estímulo abjeto ao beneficiário de desejar a morte do autor da herança. Mas isso não ocorre no caso de renúncia antecipada. Como salientado pelo jurista português Inocêncio Galvão Telles, a renúncia antecipada à herança é vedada por motivos bem mais brandos, isto é, para conservar a liberdade de aceitar ou renunciar até a abertura da sucessão, quando é possível ao renunciante melhor aquilatar o patrimônio objeto da renúncia; e para lhe permitir escolha mais livre, evitando eventual pressão do *de cujus* ou o receio de lhe desagradar (*Direito das sucessões, noções fundamentais.* 6. ed., Coimbra, Coimbra, 1996, p. 128). Se a concorrência necessária na separação convencional pode levar pessoas a desistirem do casamento, desistirem de formar nova família, esses inconvenientes à renúncia antecipada assumem aspecto de menor relevância, justificando-se solução que admita tal renúncia. Em juízo de ponderação, deve prevalecer o valor que a CF reputa mais relevante, de prestígio à formação de nova família. Pois a Constituição expressamente afirma, em seu art. 226, *caput*, que a família é a base da sociedade. Disposição infraconstitucional que acarreta o efeito de dificultar a formação de nova família deve ser reinterpretada à luz desse princípio maior da Constituição, a permitir, na situação concreta, que possa ser afastado, por vontade dos cônjuges, o caráter de sucessão necessária da concorrência hereditária com descendentes no regime de separação convencional. Em razão desse argumento de ordem constitucional, aspecto não abordado no referido julgado da 2ª Seção do STJ, parece ser possível invocá-lo para fins de distinção em relação a esse precedente. Pois, repita-se, a manter-se o entendimento de que a concorrência do cônjuge com descendentes na separação convencional é hipótese de sucessão necessária, não haverá válvula de escape no sistema e novas famílias podem deixar de se formar em razão desse empecilho legal.

Parece incongruente admitir que a lei reconheça aos nubentes o direito de optar por regime de separação total de bens, sem nenhuma comunicação patrimonial na vigência do casamento, mas, ao mesmo tempo, imponha-lhes, mesmo contra a vontade, comunicação patrimonial por sucessão *causa mortis*, sem permitir brecha para situações em que eles não querem, não toleram, a possibilidade dessa comunicação. Parece que, nessa situação particular, da separação convencional, a tutela jurídica do Estado se afigura excessiva. Tolhe em demasia a autonomia privada dos nubentes, além da justa medida.

Seria possível argumentar que a tutela sucessória imperativa nos casos de separação convencional tem por finalidade assegurar ao cônjuge sobrevivente um mínimo de participação na herança, para lhe garantir subsistência digna, quase que em caráter alimentar. Para tal hipótese, a solução adequada, a nosso ver, seria a aplicação do art. 1.700 do CC, ou seja, se o sobrevivente não tem renda própria nem bens para sua subsistência, se era dependente financeiramente do *de cujus*, poderia postular o recebimento de alimentos, em caráter excepcional, calculados proporcionalmente às forças da herança. Como tivemos oportunidade de sustentar em dissertação de mestrado, defendida na Universidade de São Paulo em 2013, sob o título Sucessão necessária, orientação do professor Claudio Luiz Bueno de Godoy, esse art. 1.700, embora situado no livro do direito de família, cuida de instituto diretamente relacionado ao direito das sucessões, hipótese de legado legal de alimentos, em similitude ao legado testamentário de alimentos do art. 1.920, e seria importante válvula de escape do sistema, de aplicação excepcional e subsidiária, para atendimento de determinadas situações como a acima mencionada. Ocorre que o STJ, no REsp n. 1.354.693, j. 26.11.2014, por maioria de votos, em julgamento de sua 2ª Seção, contrariando posição doutrinária e jurisprudencial dominantes até então, acolheu a interpretação mais restritiva existente sobre o alcance desse art. 1.700, restringindo sua aplicação a alimentos vencidos e não pagos até a abertura da sucessão, o que significou, em termos práticos, a inutilização da norma, tornando-a inaplicável em diversas situações-limite, abrindo flancos no sistema, causando risco de deixar totalmente desprotegidas pessoas vulneráveis que eram sustentadas pelo *de cujus*. É o caso do sujeito abastado, com vários imóveis e que destina um dos diversos aluguéis para o sustento de um irmão inválido, sem bens e sem renda. Morrendo o alimentante, seus bens são herdados por seus filhos, os quais não são obrigados a prestar alimentos ao tio inválido, ainda que haja sobra suficiente na herança, porque não há obrigação alimentar além do segundo grau de parentesco (art. 1.697) e o tio é parente de terceiro grau. Seria o caso, ainda, ora abordado, do cônjuge sobrevivente casado por separação total, ao qual não restou renda nem bens, e que era sustentado pelo *de cujus*.

É importante ressalvar que, pela posição consolidada pelo STJ no referido julgado, afirmando que o casado por separação total concorre necessariamente com descendentes, e salvo se a questão vier a ser reexaminada pelo viés constitucional acima defendido, há grande probabilidade de que eventual pacto antenupcial com renúncia à concorrência com descendentes na separação convencional venha a ser considerado inválido pelo Judiciário, nesse particular aspecto.

**Separação obrigatória:** nas hipóteses que enuncia, o art. 1.641 impõe o regime de separação de bens no casamento. Essas hipóteses são as seguintes: das pessoas que se casam com violação das causas suspensivas do art. 1.523 (similares aos impedimentos impedientes do CC/1916), a do maior de 70 anos (inciso II do art. 1.641, com a redação que lhe deu a Lei n. 12.344/2010) e a de todos que dependerem para casar de suprimento judicial. Nesse regime, pela interpretação literal do inciso I do art. 1.829, o cônjuge sobrevivente não concorre à herança com os descendentes. A explicação na doutrina para essa exceção é: se o legislador impôs o regime de separação obrigatória no casamento, abriria brecha caso permitisse a comunicação de patrimônios particulares na sucessão *causa mortis*. Parece realmente esse o intuito da disposição legal.

Essa solução, no entanto, não é coerente, pois o cônjuge concorre com ascendentes sempre, qualquer que seja o regime de bens, mesmo na separação obrigatória. Recolhe toda a herança, mesmo casado pela separação obrigatória, se não houver descendentes e ascendentes. É herdeiro necessário e tem direito real de habitação independentemente do regime de bens. Não há nenhuma incompatibilidade, como se vê, entre o regime de separação obrigatória e o direito sucessório do cônjuge supérstite.

Trata-se da única exceção à regra geral mencionada, do cônjuge concorrer com os descendentes nos bens particulares, não nos comuns: na separação obrigatória, não concorre, em tese, nos particulares. Essa disposição legal, se interpretada literalmente, acarreta graves problemas e incoerências, pois a separação obrigatória é imposta para proteção de um ou de ambos os nubentes e a exceção no direito sucessório pode prejudicar justamente aquele a quem o regime de bens visa a proteger. Tome-se o exemplo da adolescente que, aos 14 anos, casa-se com suprimento judicial de idade, por causa de gravidez. O casamento será realizado pelo regime da separação obrigatória de bens para protegê-la, em sua imaturidade, do marido talvez interessado unicamente em seu patrimônio. No entanto, se ela ficar viúva não concorrerá à herança com seus descendentes. A adolescente receberá, nesse caso, tratamento pior do que pessoas maduras que se casam fazendo opção pela separação total de bens (pois, na separação convencional, como visto, o viúvo herda parte dos bens particulares).

Outro exemplo é o do septuagenário, a quem a lei impõe separação obrigatória, para protegê-lo do cônjuge mais novo, que pode estar interessado unicamente no patrimônio dele. Se o mais jovem morre primeiro, o idoso não herdará em concorrência com os descendentes. É inadmissível que a lei feita para proteger alguém possa ser aplicada de modo a prejudicá-lo.

Para reparar esse absurdo, é preciso concluir que, na separação obrigatória, o cônjuge que se visa a proteger com esse regime concorre nos bens particulares. Essa é a solução apontada para o problema pelo coautor desta obra, Hamid Charaf Bdine Júnior. Não há incoerência em estabelecer que um dos cônjuges (o que a lei visa a proteger) tem direito sucessório e o outro não, pois é isso o que acontece, por exemplo, no casamento putativo, quando um cônjuge está de boa-fé e o outro não (art. 1.561, § 1º). É possível vislumbrar a possibilidade, inclusive, de situação na qual os dois cônjuges incidem em hipóteses de separação obrigatória, por exemplo, se os dois casarem com suprimento de idade ou consentimento, ou se ambos se casaram com mais de 70 anos de idade. Nesses casos, a vedação à concorrência com os descendentes não poderá ser aplicada em relação a nenhum deles.

É importante realçar, pela pertinência ao tema em questão, salvo a hipótese dos maiores de 70 anos, nos casos de separação obrigatória, ser possível, uma vez superado o óbice que tornou obrigatória a separação, não querendo os cônjuges se manter submetidos a esse regime mais restritivo em termos sucessórios, solicitar a alteração do regime de bens, como faculta o § 2º do art. 1.639. Em relação aos maiores de 70 anos, é possível tentar suplantar a imposição legal mediante arguição de inconstitucionalidade da exigência, como já proclamou o TJSP, em acórdão de que foi relator o então Des. Cezar Peluso (Ap. n. 007.512-4/2-00, j. 18.08.1998, v.u.).

Outro problema é o referente à permanência da Súmula n. 377 do STF, editada na vigência do CC/1916 ("No regime de separação legal de bens, comunicam-se os adquiridos na constância do casamento"). A razão de ser da súmula era o art. 259 do CC/1916, segundo o qual, no silêncio do pacto antenupcial, havia comunicação dos aquestos. Assim, ainda que se fizesse opção pela separação total de bens, havia necessidade de acrescentar que seria separação sem comunicação de aquestos. Sem essa ressalva, os cônjuges caíam em verdadeira armadilha, pois, apesar da opção pela separação de bens, haveria comunhão de aquestos. A jurisprudência estendeu, por equidade, o mesmo tratamento à separação obrigatória, também estabelecendo para esse regime a comunhão de aquestos. Ocorre que o atual Código não tem norma similar ao antigo art. 259, permitindo parte da doutrina entender não subsistir mais o fundamento da súmula.

Em contrapartida, o art. 1.641, em sua redação original no anteprojeto, acrescentava que, nas hipóteses ali enumeradas, o casamento seria celebrado pelo regime de separação obrigatória "sem comunhão de aquestos". Como a expressão entre aspas foi suprimida na aprovação do projeto, parte da doutrina entende que foi intuito do legislador preservar a comunhão de aquestos na separação obrigatória. A prevalecer a primeira corrente, segundo a qual não mais subsiste a súmula, o casamento por separação obrigatória será de segunda classe em termos patrimoniais, pois não haverá bens comuns e o cônjuge não concorrerá à herança. Será protegido somente com direito real de habitação (art. 1.831), na hipótese de haver algum imóvel residencial. Do contrário, ficará totalmente desprotegido, contrariando o intuito e a tendência do Código atual de conferir ao cônjuge maior proteção no direito das sucessões.

**Enunciado da III Jornada de Direito Civil:** em consonância com algumas das teses defendidas, foi aprovado, na III Jornada de Direito Civil, promovido pelo CEJ do CJF, em dezembro de 2004, o Enunciado n. 270 com o seguinte teor: "O art. 1.829, inciso I, só assegura ao cônjuge sobrevivente o direito de concorrência com os descendentes do autor da herança quando casados no regime da separação convencional de bens ou, se casados nos regimes da comunhão parcial ou participação final nos aquestos, o falecido possuísse bens particulares, hipóteses em que a concorrência restringe-se a tais bens, devendo os bens comuns (meação) ser partilhados exclusivamente entre os descendentes" (Mário Luiz Delgado Régis e Nilza Maria Costa dos Reis).

**Concorrência do cônjuge e ascendentes:** na concorrência dos ascendentes e cônjuge, o inciso II não faz nenhuma ressalva quanto ao regime de bens, ao contrário do que ocorre no inciso I, levando a concluir que o cônjuge concorre com os ascendentes em qualquer regime de bens, sobre todos os bens, comuns ou particulares. Sobre determinados bens, portanto, poderá ter meação e mais uma cota hereditária, observada a proporção prevista no art. 1.837.

**Concorrência do cônjuge e renúncia de descendentes e ascendentes:** sobre os efeitos da renúncia de descendentes e ascendentes em face da cota do cônjuge, confiram-se os comentários ao art. 1.810.

**Cônjuge sobrevivente (inciso III):** não havendo descendentes e ascendentes, o cônjuge sobrevivente recolhe toda a herança, tal como ocorria no CC/1916, com as ressalvas do art. 1.830, qualquer que seja o regime de bens, pois o inciso III não faz nenhuma ressalva.

**Colaterais:** por fim, não havendo nem mesmo cônjuge, são chamados a concorrer os colaterais até o quarto grau, os de grau mais próximo, excluindo os mais remotos. Entre os colaterais, só há direito de representação entre irmãos do *de cujus* e filhos de irmão premorto (art. 1.853). Entre tios e sobrinhos, ambos colaterais de terceiro grau, estes preferem àqueles (art. 1.843, *caput*).

**Companheiro sobrevivente:** no RE n. 646.721 e no RE n. 878.694, rel. Min. Roberto Barroso, j. 10.05.2017, o STF declarou inconstitucional o tratamento sucessório diferenciado que o art. 1.790 estabelecia em relação ao companheiro sobrevivente e determinou a aplicação a ele do mesmo regime legal do cônjuge, deste art. 1.829 e seguintes. Por conseguinte, as observações feitas em relação ao cônjuge se aplicam integralmente ao companheiro sobrevivente. Para maiores detalhes, confira-se o comentário ao art. 1.790.

**União homoafetiva:** o STF, na ADI n. 4.277 e na ADPF n. 132, ambas de relatoria do Min. Ayres Britto e julgadas em 05.05.2011, reconheceu, com caráter vinculante, que as mesmas regras e consequências da união estável heteroafetiva se aplicam às uniões homoafetivas, inclusive, portanto, as relativas ao direito das sucessões. Na esteira dos argumentos adotados pelo STF nesses julgados, o STJ, no REsp n. 1.138.378, rel. Min. Luis Felipe Salomão, j. 25.10.2011, reconheceu o direito de habilitação de casamento por pessoas do mesmo sexo, casamento ao qual, naturalmente, aplicam-se todas as disposições legais relativas à sucessão do cônjuge sobrevivente.

**Multiparentalidade:** no RE n. 898.060, rel. Min. Luiz Fux, j. 21.09.2016, o Tribunal Pleno do STF reconheceu a possibilidade de multiparentalidade, ou seja, o reconhecimento concomitante de paternidade ou maternidade biológicas e socioafetivas. Sendo decisão do plenário do STF, constitui precedente obrigatório, de observância obrigatória por todos os tribunais e juízes brasileiros (CPC, art. 927, V). Torna-se possível, por exemplo, pessoa no registro civil com dois pais e uma mãe, ou vice-versa. Essa possibilidade repercute no direito das sucessões, pois o filho com dupla maternidade ou paternidade tem potencial direito hereditário em relação a ambas as mães ou pais. Ao tratar do tema, Christiano Cassetari ressalva seu entendimento de que a existência desse potencial direito sucessório não é automática, indiscutível, como no exemplo por ele citado de pedido de investigação de paternidade *post mortem*, quando o autor nunca conviveu com o pai biológico, já tendo recebido herança do pai socioafetivo. Entende ser caso de aplicar nessa situação a tese da socioafetividade às avessas, ou seja, para perda do direito. Argumenta que, se fosse sociopaternidade, a falta de convivência impediria o reconhecimento do vínculo de filiação e o consequente direito sucessório, razão pela qual pondera que a mesma solução deve ser aplicada no caso de paternidade biológica sem nenhum vínculo afetivo que justifique a petição de herança (*Multiparentalidade e parentalidade socioafetiva:* efeitos jurídicos, 3. ed. São Paulo, Atlas, 2017, p. 136-7). No mesmo rumo, a preocupação manifestada por Cristiano Chaves de Farias e Nelson Rosenvald, admitindo com cautelas o reconhecimento de direito hereditário em face de ambos os pais, restrita aos casos de preexistência da duplicidade paterna, evitando-se casos de busca por reconhecimento de paternidade biológica *post mortem*, concomitante com paternidade socioafetiva, somente para obtenção de vantagem patrimonial (*Curso de direito civil*, v. 7, 2. ed. Salvador, JusPodivm, 2016, p. 285-7).

**Exceções à ordem de vocação hereditária do CC:** recorde-se haver situações especiais nas quais a sucessão legítima não é regida segundo a disciplina do CC. É o caso, por exemplo, da chamada sucessão anômala prevista no art. 5º, XXXI, da Constituição, segundo o qual, na sucessão de bens de estrangeiros situados no País, aplica-se a lei brasileira em benefício do cônjuge ou dos filhos brasileiros, a não ser que lhes seja mais favorável a lei pessoal do *de cujus*, hipótese, portanto, em que a sucessão poderá ser regida por legislação estrangeira. Critério diverso do CC também é aplicado nas hipóteses previstas na Lei n. 6.858/80 (referentes a saldos de salários, vencimentos, FGTS e PIS-Pasep, restituições de imposto de renda e outros tributos, e, desde que não haja outros bens a inventariar, a saldos bancários, de contas de poupança e de fundos de investimento de até 500 ORTNs), contemplando com tais valores, em cotas iguais, os dependentes habilitados perante a Previdência Social ou na forma da legislação específica dos servidores civis e militares. Somente se aplica a ordem de vocação hereditária do CC se não houver dependentes habilitados. A mesma disciplina da Lei n. 6.858/80 se aplica aos saldos devidos a segurado do INSS, como dispõe o art. 112 da Lei n. 8.213/91. Confira-se, a seguir, julgado em que foi afastada alegação de revogação da Lei n. 6.858/80 pelo CC/2002, sob o fundamento de que não há incompatibilidade entre ambos. Relembre-se, ainda, da disposição do parágrafo único do art. 551 do CC (cf. o respectivo comentário), pela qual na doação feita em favor de marido e mulher, a doação subsiste na totalidade em favor do cônjuge sobrevivo, critério diverso do deste art. 1.829.

**Jurisprudência:** Inventário. Decisão que afastou a viúva da sucessão dos bens particulares do falecido. Recorrente casada sob o regime da separação obrigatória de bens. Situação que impede a viúva de concorrer com os demais descendentes na sucessão da herança. Inteligência do art. 1.829, I do CC. Possibilidade de reconhecimento da meação dos bens adquiridos na constância da relação se comprovado esforço comum. Inteligência da Súmula n. 377 do STF e jurisprudência do Col. STJ. Considerando que o imóvel foi adquirido em condomínio com a primeira esposa, sem qualquer contribuição da viúva, conclui-se pelo acerto da decisão. Recurso desprovido. (TJSP, AI n. 2327270-86.2023.8.26.0000/Votorantim, rel. Theodureto Camargo, 8ª Câm. de Dir. Priv., j. 22.02.2024)

Agravo de instrumento. Inventário c/c reconhecimento de união estável. Decisão que consignou que a companheira concorre com as herdeiras nos bens particulares do *de cujus*, conforme estabelece o art. 1.829, I, do CC. Irresignação. Não acolhimento. Direitos sucessórios de companheira sobrevivente. Declaração de inconstitucionalidade do art. 1.790 do CC pelo Eg. STF. Reconhecimento da qualidade de herdeira necessária da companheira sobrevivente. Aplicação ao caso da disposição expressa no art. 1.829 do CC. Precedentes. Decisão mantida. Recurso desprovido. (TJSP, AI n. 2251254-62.2021.8.26.0000, rel. Rodolfo Pellizari, 6ª Câm. de Dir. Priv., j. 01.02.2024)

Inventário. Falecido que deixou descendentes e cônjuge sobrevivente. Decisão recorrida a determinar a intimação da inventariante para retificação das primeiras declarações. Não cabimento. Viúva que concorre com os descendentes do falecido somente quanto aos bens particulares, não concorrendo quanto aos bens comuns, à luz do art. 1.829, I, do CC/2002. Caso dos autos a indicar que o bem imóvel deixado pelo falecido foi adquirido na constância do casamento, não se tratando de bem particular. Decisão reformada. Agravo provido. (TJSP, AI n. 2308893-67.2023.8.26.0000/Pirajuí, rel. Elcio Trujillo, 10ª Câm. de Dir. Priv., j. 19.01.2024)

Civil. Sucessões. Inventário. Ordem de vocação hereditária. Cônjuge supérstite casada sob o regime da comunhão parcial de bens. Bem particular herdado pelo *de cujus* com cláusula de incomunicabilidade. Irrelevância. 1. Tratando da ordem de vocação hereditária, dispõe o art. 1.829, I, do CC que a sucessão legítima defere-se, primeiramente, aos descendentes, em concorrência com o cônjuge sobrevivente, salvo se casado este com o falecido no regime da comunhão universal, ou no da separação obrigatória de bens (art. 1.640, parágrafo único); ou se, no regime da comunhão parcial, o autor da herança não houver deixado bens particulares. 2. O instituto da meação não se confunde com o da herança, razão pela qual a cláusula de incomunicabilidade imposta a um bem não se relaciona com a vocação hereditária. Assim, se o indivíduo recebeu por doação ou testamento bem imóvel com a referida cláusula, sua morte não impede que seu herdeiro receba o mesmo bem. Precedentes do Col. STJ e deste Eg. TJSP. 3. Agravada que, enquanto cônjuge supérstite do autor da herança, deve concorrer com os agravantes na sucessão hereditária relativa ao imóvel discutido. 4. Cláusula de incomunicabilidade, ademais, instituída com a finalidade expressa de evitar redução patrimonial dos herdeiros em razão do divórcio, cenário distinto do apresentado nos autos. 5. Decisão mantida. Recurso desprovido. (TJSP, AI n. 2006315-10.2023.8.26.0000, rel. Clara Maria Araújo Xavier, j. 21.09.2023)

Apelação cível. Anulação de doação de bem imóvel. Regime de bens aplicável no casamento e na união estável de maiores de setenta anos. Aplicação da norma do art. 1.641, II, do CC às uniões estáveis. Improcedência da ação. Manutenção. Precedentes do STJ. Alegação da autora de que a doação realizada por seu companheiro aos filhos padece de nulidade, tendo em vista a incapacidade civil do doador à época do ato ("Mal de Alzheimer"), bem como a inobservância da parte que lhe cabia na condição de meeira/herdeira. Sentença de improcedência. Irresignação da autora. Preliminares. Preliminar de nulidade da sentença por ausência de fundamentação e cerceamento defensório em virtude do indeferimento da produção de prova testemunhal. Afastamento. Elementos presentes nos autos que são suficientes para o deslinde da causa, aplicando-se a teoria da causa madura. Fatos já devidamente corroborados pela produção de provas documentais. Mérito. Regime de bens. Inobstante o contrato de união estável, datado de 2008, ter previsto o regime da comunhão parcial de bens, o companheiro já era maior de 70 anos de idade à época, o que atrai o regime da separação obrigatória de bens, nos termos do art. 1.641, II, do CC. Por outro lado, a teor da Súmula n. 377 do STF, a autora não logrou comprovar que o bem imóvel foi adquirido mediante esforço comum. Ausente direito à meação. De igual forma, não cabe à autora qualquer fração do imóvel na condição de herdeira, tendo em vista que não há concorrência entre a companheira e os descendentes no regime da separação obrigatória de bens, para fins de sucessão legítima (art. 1.829, I, do CC). Incapacidade civil do doador. Laudo médico que diagnosticou "Mal de Alzheimer" do companheiro que é datado de 2017, após a doação. Ação de interdição em razão da doença, ademais, que também foi ajuizada em 2017. Ausente notícia de incapacidade anterior. Elementos concretos dos autos que apontam que o requerido estava apto a exercer os atos da vida civil quando doou o imóvel objeto dos autos. Improcedência do pedido que é de rigor. Sentença preservada. Honorários majorados. Negado provimento ao recurso. (TJSP, Ap. n. 1002464-24.2018.8.26.0236, rel. Viviani Nicolau, j. 08.08.2023)

Agravo de instrumento. Inventário e partilha. Decisão que determinou a inclusão da viúva como herdeira necessária. Casamento, com o falecido, pelo regime da separação obrigatória de bens. Exclusão do cônjuge da ordem de sucessão hereditária. Existência de descendentes. Inteligência do art. 1.829, I, do CC. O cônjuge sobrevivente não concorre com os descendentes quando o casamento é pelo regime da separação obrigatória de bens. Precedentes. Provimento do agravo para afastar a ordem de inclusão da viúva no plano de partilha. (TJSP, AI 2286227-09.2022.8.26.0000, rel. Enio Zuliani, j. 22.03.2023)

Direito das sucessões. Ação de inventário e partilha. Alteração de anterior decisão baseada no art. 1.829 do CC. Exclusão do cônjuge supérstite da concorrência com os herdeiros em relação aos bens particulares do *de cujus*. Concorrência entre o cônjuge supérstite e os descendentes que se restringe aos bens particulares, reservando-se à primeira, quanto aos bens comuns, apenas o direito à meação. Entendimento consolidado do STJ (REsp n. 1.368.123/SP), que não se viu alterado pelo Tema n. 809 da Repercussão Geral (RE n. 878.694/MG). Recurso parcialmente provido para incluir o cônjuge sobrevivente na partilha dos bens adquiridos pelo *de cujus* na constância da união conjugal. (TJSP, AI n. 2290318-79.2021.8.26.0000, rel. Christiano Jorge, j. 23.11.2022)

Apelação. Inventário. Homologação do plano de partilha apresentado pela inventariante. Reconhecimento de união estável nos próprios autos rejeitado. Ação própria. Nulidade. Norma cogente. Separação obrigatória de bens. Recurso em face da sentença que homologou plano de partilha apresentado pela inventariante, o qual previa sua meação e sucessão da herdeira neta quanto à metade do acervo, contudo, rejeitando pretensão ao reconhecimento incidental de união estável, relegando às vias ordinárias. Insurgência recursal que se desacolhe, considerando a insuficiência de documentos para o fim pretendido, assim como a necessidade de propositura de ação própria, por conta da nulidade da partilha homologada, onde poderá a interessada promover a dilação probatória necessária. Alegação da inventariante que teria iniciado união estável com o falecido no ano de 1985, quando tal já alcançava idade superior a sessenta anos, impõe-se reconhecer o regime de separação obrigatória de bens, conforme leis vigentes, o que impede a sucessão da alegada companheira como herdeira, sem prejuízo da comprovação de existência do esforço comum para fins de comunicação dos bens adquiridos na constância do relacionamento, a abarcar vindicada meação, conforme entendimento pacificado junto ao STJ acerca de norma cogente. Recurso desprovido, com anulação, de ofício, da sentença. (TJSP, Ap. n. 0103079-50.2004.8.26.0100, rel. Costa Netto, j. 18.11.2022)

Agravo de instrumento. Inventário. *De cujus* que não deixou descendentes nem ascendentes. Decisão interlocutória que, ante o regime de separação convencional de bens, entendeu que a viúva não seria herdeira legítima. Irresignação da viúva. Cabimento. Aplicação da regra do art. 1.845 do CC. Cônjuge que, malgrado o regime de bens adotado, permanece na qualidade de herdeiro necessário. Art. 1.829, I, do CC enquanto regra de concorrência. Pacto antenupcial que não produz efeitos após a morte. Precedentes do STJ e do TJSP. Eventual registro e homologação do testamento, que em nada interfere no direito da agravante. Testador, ademais, que não poderá dispor de mais da metade da herança, de modo que o que exceder a parte disponível deverá ser tido como ineficaz. Observância ao art. 1.789, do CC. Recurso provido. (TJSP, AI n. 2065043-78.2022.8.26.0000, rel. Moreira Viegas, j. 12.05.2022)

Agravo de instrumento. Inventário. I. Regime de separação obrigatória de bens. Sentença transitada em julgado que reconheceu a união estável entre a viúva/recorrente e o falecido autor da herança entre 20 de setembro de 2002 e o óbito, em 04.01.2014. Deliberado por esta Câmara (AI n. 2094514-81.2018.8.26.0000) que o *de cujus*, à época da constituição da união, contava com mais de setenta anos de idade, de modo que o regime de bens é o da separação obrigatória. Definido, ainda, que a recorrente tem direito à metade dos bens adquiridos durante a união, por força da Súmula n. 377 do STF. Observando tais parâmetros, decisão agravada já reconheceu a meação dos bens adquiridos na constância da união e existentes na data do falecimento do autor da herança. Determinada a retificação da partilha, para que sejam reduzidas as disposições testamentárias no que tange aos semoventes e maquinaria adquirida durante a união do casal, para pagamento da meação da recorrente, assim como incluídos semoventes, máquinas agrícolas e demais bens móveis adquiridos no período da união estável. II. Bens particulares do *de cujus*. Tratando-se de união sob o regime da separação obrigatória de bens, a viúva não concorre com os herdeiros. Art. 1.829, I, do CC. Precedentes da Corte. III. Frutos civis dos bens particulares, que são incomunicáveis. Precedente deste Tribunal. Decisão preservada. Agravo desprovido. (TJSP, AI n. 2012975-54.2022.8.26.0000, rel. Donegá Morandini, j. 19.04.2022)

1. O pacto antenupcial e o contrato de convivência definem as regras econômicas que irão reger o patrimônio daquela unidade familiar, formando o estatuto patrimonial – regime de bens – do casamento ou da união estável, cuja regência se iniciará, sucessivamente, na data da celebração do matrimônio ou no momento da demonstração empírica do preenchimento dos requisitos da união estável (CC, art. 1.723). 2. O CC, em exceção à autonomia privada, também restringe a liberdade de escolha do regime patrimonial aos nubentes em certas circunstâncias, reputadas pelo legislador como essenciais à proteção de determinadas pessoas ou situações e que foram dispostas no art. 1.641 do CC, como sói ser o regime da separação obrigatória da pessoa maior de 70 anos (inc. II). 3. "A *ratio legis* foi a de proteger o idoso e seus herdeiros necessários dos casamentos realizados por interesse estritamente econômico, evitando que este seja o principal fator a mover o consorte para o enlace" (REsp n. 1.689.152/SC, rel. Min. Luis Felipe Salomão, 4ª T., j. 24.10.2017, *DJe* 22.11.2017). 4. Firmou o STJ o entendimento de que, "por força do art. 258, parágrafo único, II, do CC/1916 (equivalente, em parte, ao art. 1.641, II, do CC/2002), ao casamento de sexagenário, se homem, ou cinquentenária, se mulher, é imposto o regime de separação obrigatória de bens. Por esse motivo, às uniões estáveis é aplicável a mesma regra, impondo-se seja observado o regime de separação obrigatória, sendo o homem maior de 60 anos ou mulher maior de 50" (REsp n. 646.259/RS, rel. Min. Luis Felipe Salomão, 4ª T., j. 22.06.2010, *DJe* 24.08.2010). 5. A 2ª Seção do STJ, em releitura da antiga Súmula n. 377/STF, decidiu que, "no regime de separação legal de bens, comunicam-se os adquiridos na constância do casamento, desde que comprovado o esforço comum para sua aquisição" (EREsp n. 1.623.858/MG, rel. Min. Lázaro Guimarães (des. Conv. do TRF 5ª Região), 2ª S., j. 23.05.2018, *DJe* 30.05.2018), ratificando anterior entendimento da Seção com relação à união estável (EREsp n. 1.171.820/PR, rel. Min. Raul Araújo, 2ª S., j. 26.08.2015, *DJe* 21.09.2015). 6. No casamento ou na união estável regidos pelo regime da separação obrigatória de bens, é possível que os nubentes/companheiros, em exercício da autonomia privada, estipulando o que melhor lhes aprouver em relação aos bens futuros, pactuem cláusula mais protetiva ao regime legal, com o afastamento da Súmula n. 377 do STF, impedindo a comunhão dos aquestos. 7. A *mens legis* do art. 1.641, II, do CC é justamente conferir proteção ao patrimônio do idoso que está casando-se e aos interesses de sua prole, impedindo a comunicação dos aques-

tos. Por uma interpretação teleológica da norma, é possível que o pacto antenupcial venha a estabelecer cláusula ainda mais protetiva aos bens do nubente septuagenário, preservando o espírito do CC de impedir a comunhão dos bens do ancião. O que não se mostra possível é a vulneração dos ditames do regime restritivo e protetivo, seja afastando a incidência do regime da separação obrigatória, seja adotando pacto que o torne regime mais ampliativo e comunitário em relação aos bens. 8. Na hipótese, o *de cujus* e a sua companheira celebraram escritura pública de união estável quando o primeiro contava com 77 anos de idade – com observância, portanto, do regime da separação obrigatória de bens –, oportunidade em que as partes, de livre e espontânea vontade, realizaram pacto antenupcial estipulando termos ainda mais protetivos ao enlace, demonstrando o claro intento de não terem os seus bens comunicados, com o afastamento da incidência da Súmula n. 377 do STF. Portanto, não há falar em meação de bens nem em sucessão da companheira (CC, art. 1.829, I). 9. Recurso especial da filha do *de cujus* a que se dá provimento. Recurso da ex-companheira desprovido. (STJ, REsp n. 1.922.347/PR, rel. Min. Luis Felipe Salomão, j. 07.12.2021)

Declaratória. Propositura pelos herdeiros do falecido, que era casado com a ré pelo regime de separação obrigatória de bens. Verificada a aquisição de dois imóveis durante o matrimônio, constando um deles somente em nome da mulher. Autores alegam que tais bens foram adquiridos com recursos exclusivos do varão, motivo pelo qual devem integrar o acervo hereditário do autor da herança, com a consequente partilha em prol dos sucessores, pois, em razão do regime de bens, a ré não pode ser considerada herdeira, tampouco meeira. Parcial acolhimento. Inexistência de direito de herança, em concorrência aos descendentes do *de cujus*. Inteligência do art. 1.829, I, do CC. A viúva não é herdeira, não lhe podendo ser atribuído o direito sucessório, mas faz jus à meação, por força da Súmula n. 377 do Col. STF. Segundo interpretação mais recente do Col. STJ acerca da matéria, no regime da separação legal de bens, comunicam-se os bens adquiridos na constância do casamento, desde que comprovado o esforço comum na aquisição. Demonstrada a colaboração financeira do cônjuge falecido para obtenção dos bens. À ré será reservada a meação atinente ao casamento e não decorrente do falecimento do cônjuge. Portanto, diante comprovação do esforço comum na aquisição dos imóveis, especialmente o matriculado sob n. 17.555, aplica-se, ao caso, a Súmula n. 377 do Col. STF, segundo sua recente interpretação, a impor a reforma da r. sentença, a fim de que sejam considerados tais limites para fins sucessórios. Sentença reformada. Recurso parcialmente provido. (TJSP, 1005357-03.2020.8.26.0079, rel. Elcio Trujillo, j. 09.12.2021)

[...] 2 – "A Lei n. 6.858/80, ao pretender simplificar o procedimento de levantamento de pequenos valores não recebidos em vida pelo titular do direito, aplica-se estritamente a hipóteses em que atendidos dois pressupostos: a) condição de dependente inscrito junto à previdência; b) inexistência de outros bens a serem inventariados" (REsp n. 1.537.010, rel. Min. Paulo de Tarso Sanseverino, 3ª T., j. 15.12.2016, *DJe* 07.02.2017). 3 – Agravo interno a que se nega provimento. (STJ, Ag. Int. no REsp n. 1.625.836, rel. Min. Maria Isabel Gallotti, j. 10.10.2019)

Inventário e partilha. Ação proposta pelos irmãos da falecida. Nomeação de inventariante e concessão de alvará para levantamento dos valores existentes em contas bancárias e aplicações financeiras em nome da falecida. Superveniência da notícia da existência de companheiro sobrevivente (Vanderlei), assim reconhecido em ação de reconhecimento e dissolução de união estável *post mortem*. Adjudicação da integralidade dos bens ao companheiro sobreviventes. Sentença de procedência. Apelam os autores (irmãos), buscando a partilha do imóvel adquirido em novembro/1984, portanto antes da vigência da união estável, bem como o reconhecimento da ausência de obrigatoriedade de devolução do valor objeto de levantamento bancário ao companheiro da falecida. Descabimento. Vocação hereditária. Ordem sucessória. Reconhecimento, em sede de recurso repetitivo (REsp ns. 646.721/RS e 878.694/MG), da inconstitucionalidade do art. 1.790, CC, bem como da inexistência de distinção entre companheiro e cônjuge. Reconhecimento judicial da união estável havida entre Vanderlei e a falecida. Manutenção da adjudicação integral dos bens ao companheiro sobrevivente. Inteligência dos arts. 1.829, III, e 1.838, CC. Descabimento da partilha entre os colaterais do imóvel adquirido antes da vigência da união estável. Mantida também a determinação de prestação de contas dos valores levantados, na medida em que corresponde a dinheiro que não pertencia aos autores, descabendo a devolução dos valores efetivamente empregados nas custas e despesas processuais, bem como no pagamento de obrigações da falecida. Recurso improvido. (TJSP, Proc. n. 1010587-59.2016.8.26.0566, rel. James Siano, j. 14.09.2018)

Inventário. Sucessão da companheira. Existência de irmãos do falecido. Pretendido o reconhecimento, em favor da companheira, de 1/3 dos bens deixados pelo falecido, concorrendo com parentes sucessíveis. Impossibilidade. Declarada a inconstitucionalidade do art. 1.790 do CC/2002, que previa diferenciação dos direitos de cônjuges e companheiros para fins sucessórios. Orientação decorrente de tese firmada na Corte Suprema, por ocasião da análise de recursos (RE ns. 646.721 e 878.694), julgados em regime de repercussão geral. Incidência da regra prevista no art. 1.829, III, do CC/2002. Afastada a sucessão dos parentes colaterais. Decisão mantida. Agravo não provido. 1 – Hipótese em que o cônjuge sobrevivente, casado sob o regime de separação convencional de bens, foi preterido no inventário dos bens deixados por sua esposa, o qual foi aberto pela irmã da falecida, tendo sido adjudicada a ela a totalidade dos bens deixados pela autora da herança, em prejuízo do viúvo e em desrespeito à ordem de vocação hereditária. 2 – No julgamento do REsp n. 1.382.170/SP, rel. p/ ac. Min. João Otávio de Noronha, *DJe* 26.05.2015, prevaleceu na 2ª Seção o entendimento de que o cônjuge sobrevivente será sempre herdeiro necessário, independentemente do regime de bens adotado pelo casal. 3 – A norma contida no art. 1.829, I, do CC/2002 não altera essa realidade. O que ali está definido são as situações em que o herdeiro necessário cônjuge concorre com o herdeiro necessário descendente. Nesse caso, a lei estabelece que, a depender do regime de bens adotado, tais herdeiros necessários concorrem ou não entre si aos bens da herança. 4 – Nesse contexto, o art. 1.829 do CC/2002, ao disciplinar a ordem de vocação hereditária, elege a pessoa do cônjuge sobrevivente em posição anterior aos colaterais para o recebimento de direitos sucessórios. Desse modo, na ausência de descendentes e ascendentes (caso dos autos), ao cônjuge viúvo cabe a totalidade da herança, independentemente do regime de bens adotado no casamento. (STJ, Ag. Int. no REsp n. 1.354.742, rel. Raul Araújo, j. 16.02.2017)

Agravo de instrumento. Arrolamento. Insurgência contra determinação de retificação das primeiras declarações para inclusão da cônjuge supérstite como herdeira dos bens particulares. Decisão mantida. Cônjuge casada sob o regime da comunhão parcial de bens. Bens particulares. Inteligência do art. 1.829, I, do CC. Recurso desprovido. (TJSP, AI n. 2198528-87.2016.8.26.0000, rel. José Roberto Furquim Cabella, j. 02.02.2017)

Agravo de instrumento. Sucessão. Cônjuge supérstite em concorrência com ascendente. As exceções quanto ao regime de casamento e à existência ou não de bens particulares são aplicáveis tão somente à hipótese de sucessão entre o cônjuge em concorrência com descendentes (art. 1.829, I, do CC). Recurso desprovido. (TJSP, AI n. 2116320-46.2016.8.26.0000, rel. Alcides Leopoldo e Silva Júnior, j. 22.11.2016)

Agravo de instrumento. Inventário e partilha. Insurgência contra decisão que não homologou partilha de bens, estipulando que cabe ao filho do Sr. José 50% do imóvel. Imóvel comum adquirido por ambos os cônjuges na constância do casamento. Inteligência ao art. 1.829, I, do CC. Cônjuge sobrevivente casado sob o regime da comunhão parcial de bens concorre com o descendente do cônjuge falecido apenas quanto aos bens particulares constantes do acervo hereditário deste. Inexistência de concorrência sucessória, na hipótese. Entendimento do Eg. STJ. Decisão mantida. Recurso improvido. (TJSP, AI n. 2247709-91.2015.8.26.0000, rel. Luiz Antonio Costa, j. 07.11.2016)

Direitos sucessórios do cônjuge supérstite. Casamento regulado pelo regime de separação convencional de bens. Incidência do art. 1.829, I, do CC. Interpretação que confere direito hereditário ao cônjuge sobre os bens particulares, ainda que excluída a meação. Concorrência da viúva com os descendentes reconhecida, nos termos das primeiras declarações apresentadas. Precedentes desta Corte e do STJ. Decisão reformada. Agravo provido. (TJSP, AI n. 2084307-91.2016.8.26.0000, rel. Donegá Morandini, j. 19.08.2016)

Agravo de instrumento. Inventário e partilha. Inventariante que busca concorrer com as filhas quanto aos bens comuns integrantes do espólio. Exegese do art. 1.829, I, do CC/2002 no sentido de que o cônjuge sobrevivente, casado no regime de comunhão parcial de bens, concorrerá com os descendentes do cônjuge falecido somente quanto aos bens particulares constantes do acervo hereditário do *de cujus*. Recurso desprovido. (TJSP, AI n. 2004814-02.2015.8.26.0000, rel. Rômolo Russo, j. 17.02.2016).

1 – Cinge-se a controvérsia a saber se o regime de separação total dos bens, estabelecido em pacto antenupcial, retira do cônjuge sobrevivente a condição de herdeiro necessário, prevista nos arts. 1.829, III, 1.838 e 1.845 do CC, ou seja, quando não há concorrência com descendentes ou ascendentes do autor da herança. 2 – Na hipótese do art. 1.829, III, do CC/2002, o cônjuge sobrevivente é considerado herdeiro necessário independentemente do regime de bens de seu casamento com o falecido. 3 – O cônjuge herdeiro necessário é aquele que, quando da morte do autor da herança, mantinha o vínculo de casamento, não estava separado judicialmente ou não estava separado de fato há mais de 2 (dois) anos, salvo, nesta última hipótese, se comprovar que a separação de fato se deu por impossibilidade de convivência, sem culpa do cônjuge sobrevivente. 4 – O pacto antenupcial que estabelece o regime de separação total somente dispõe acerca da incomunicabilidade de bens e o seu modo de administração no curso do casamento, não produzindo efeitos após

a morte por inexistir no ordenamento pátrio previsão de ultratividade do regime patrimonial apta a emprestar eficácia póstuma ao regime matrimonial. 5 – O fato gerador no direito sucessório é a morte de um dos cônjuges e não, como cediço no direito de família, a vida em comum. As situações, porquanto distintas, não comportam tratamento homogêneo, à luz do princípio da especificidade, motivo pelo qual a intransmissibilidade patrimonial não se perpetua *post mortem*. 6 – Recurso especial parcialmente conhecido e não provido (STJ, REsp n. 1.294.404, rel. Min. Ricardo Villas Bôas Cueva, 3ª T., j. 20.10.2015)

1 – A atual jurisprudência desta Corte está sedimentada no sentido de que o cônjuge sobrevivente casado sob o regime de separação convencional de bens ostenta a condição de herdeiro necessário e concorre com os descendentes do falecido, a teor do que dispõe o art. 1.829, I, do CC/2002, e de que a exceção recai somente na hipótese de separação legal de bens fundada no art. 1.641 do CC/2002. 2 – Tal circunstância atrai, no caso concreto, a incidência do Enunciado n. 168 da Súmula do STJ. 3 – Agravo regimental desprovido (STJ, Ag. Reg. nos EREsp n. 1.472.945, 2ª S., rel. Min. Antônio Carlos Ferreira, j. 24.06.2015)

[...] 2 – Nos termos do art. 1.829, I, do CC/2002, o cônjuge sobrevivente, casado no regime de comunhão parcial de bens, concorrerá com os descendentes do cônjuge falecido somente quando este tiver deixado bens particulares. 3 – A referida concorrência dar-se-á exclusivamente quanto aos bens particulares constantes do acervo hereditário do *de cujus*. 4 – Recurso especial provido (STJ, REsp n. 1.368.123, 2ª S., rel. p/ ac. Min. Raul Araújo, j. 22.04.2015)

Tratando-se de sucessão legítima, a ordem de vocação hereditária estabelece a concorrência entre ascendentes e cônjuge sobrevivente, nos termos da norma do art. 1.829, II, do CCB, dispositivo que não faz qualquer ressalva quanto ao regime de bens do casamento do falecido. Quanto à proporção da referida concorrência, aplica-se a norma do art. 1.837 do CC. (TJMG, Ap. n. 1.0024.04.336630-1/002, rel. Des. Antônio Sérvulo, j. 02.10.2012)

A viúva, casada sob o regime da comunhão universal de bens, é somente meeira; não herdeira do marido autor da herança, consoante se tem do art. 1.829, I, do CC [...]. (TJSC, AI n. 2012.015794-2, rel. Des. Luiz Carlos Freyesleben, j. 18.07.2012)

Tendo o casamento sido celebrado no regime da comunhão parcial de bens, o cônjuge supérstite será meeiro em relação aos bens comuns e herdeiro apenas em relação aos bens particulares, evitando-se, dessa forma, a ocorrência de *bis in idem*. Entender de maneira diversa, consistirá em privilegiar aquele que fora casado pelo regime da comunhão parcial de bens, em relação àquele que fora casado pelo regime da comunhão universal, o que, *data venia*, não se mostra acertado. (TJMG, AI n. 1.0024.10.199410-1/001, rel. Des. Eduardo Andrade, j. 26.06.2012)

Agravo de instrumento. Sucessão do cônjuge. Art. 1.829, I, do CC. Casamento sob o regime da comunhão parcial de bens. Meação sobre os aquestos e direitos hereditários apenas sobre os bens particulares. Quando casados sob o regime da comunhão parcial de bens, a sucessão do cônjuge defere-se ao sobrevivente em concorrência com os descendentes apenas em relação aos bens particulares, uma vez que sobre os bens comuns, já lhe tocará a meação. Negaram provimento. Unânime. (TJRS, AI n. 70.045.853.652, rel. Des. Liselena Schifino Robles Ribeiro, j. 28.03.2012)

Quando casados sob o regime da comunhão parcial de bens, a sucessão do cônjuge defere-se ao sobrevivente em concorrência com os descendentes apenas em relação aos bens particulares, uma vez que sobre os bens comuns, já lhe tocará a meação. Negaram provimento. Unânime. (TJRS, AI n. 70.046.234.498, rel. Des. Luiz Felipe Brasil Santos, j. 26.01.2012).

Recurso especial. Sucessão. Cônjuge supérstite. Concorrência com ascendente, independente o regime de bens adotado no casamento. Pacto antenupcial. Exclusão do sobrevivente na sucessão do *de cujus*. Nulidade da cláusula. Recurso improvido. 1 – O CC/2002 trouxe importante inovação, erigindo o cônjuge como concorrente dos descendentes e dos ascendentes na sucessão legítima. Com isso, passou-se a privilegiar as pessoas que, apesar de não terem qualquer grau de parentesco, são o eixo central da família. 2 – Em nenhum momento o legislador condicionou a concorrência entre ascendentes e cônjuge supérstite ao regime de bens adotado no casamento. 3 – Com a dissolução da sociedade conjugal operada pela morte de um dos cônjuges, o sobrevivente terá direito, além do seu quinhão na herança do *de cujus*, conforme o caso, à sua meação, agora sim regulado pelo regime de bens adotado no casamento. 4 – O art. 1.655 do CC impõe a nulidade da convenção ou cláusula do pacto antenupcial que contravenha disposição absoluta de lei. 5 – Recurso improvido. (STJ, REsp n. 954.567, rel. Min. Massami Uyeda, j. 10.05.2011)

O art. 1.829, I, segunda parte, estabelece uma regra geral, qual seja, a de concorrência do cônjuge sobrevivente com os descendentes na delação da herança, seguida de diversas exceções, baseadas nos regimes de bens do casamento. O preceito confirma a já conhecida conexão entre direitos sucessórios e relações patrimoniais entre os cônjuges (Luigi Carraro, *La vocazione legittima alla successioni*, Padova, Cedam, 1979, p. 93). O regime de bens de casamento assume uma função supletiva de garantia do viúvo e, portanto, tem direta relação com a sua participação na herança. Pode-se afirmar, em linha geral, que o que procurou o legislador foi conferir ao cônjuge sobrevivente a posição de herdeiro concorrente com a primeira classe, no que se refere aos bens próprios, ou particulares do falecido, vale dizer, aqueles em que o viúvo não figura como meeiro, com o objetivo de garantia de seu bem-estar.

Pode-se traçar o princípio de que, quanto mais garantido estiver o cônjuge pelo regime de bens do casamento, menor será a sua participação na herança. Essa, aliás, a lição de Miguel Reale, para quem quando o regime legal de bens do casamento era o da comunhão universal, tendo o cônjuge já metade do patrimônio, ficava excluída a ideia de herança. Alterado o regime legal de bens do casamento, a questão mudou de figura, havendo necessidade da criação de mecanismos, no direito sucessório, de garantia ao sobrevivente, mediante a inovação do sistema de classes concorrentes (Miguel Reale, *O projeto do novo Código Civil*, São Paulo, Saraiva, 1999, p. 18).

Uma exceção, consoante a parte final do inciso I do art. 1.829, ocorre "se, no regime da comunhão parcial, o autor da herança não houver deixado bens particulares". Diz a regra que se o regime de bens do casamento for o da comunhão parcial, o cônjuge sobrevivente só concorrerá com os descendentes, se o falecido houver deixado bens particulares.

Logo, sobre os aquestos não há sucessão do cônjuge. Meeiro deles – ninguém herda o que já é seu – a meação do falecido caberá por inteiro, aos descendentes.

Note-se que contém o preceito certa imprecisão, ao dispor, em sua parte final, que os descendentes herdarão sem concorrência, se o autor da herança "não houver deixado bens particulares".

Uma leitura ligeira pode causar a falsa impressão de que havendo um só bem particular, o viúvo concorre à totalidade da herança. Pode ocorrer do autor da herança ter deixado patrimônio composto em parte por bens comuns e em parte por bens particulares, ou próprios. Basta imaginar a hipótese de alguém que tenha um patrimônio de 1.000, sendo que 500 compostos de bens particulares e 500 de bens comuns. Embora não diga a lei expressamente, em tal caso o cônjuge sobrevivente apenas concorre com os descendentes na parcela dos bens particulares, ou próprios, excluídos da comunhão. Em relação aos bens comuns, nada herda, porque já é meeiro.

A interpretação acima segue tendência de nossos tribunais, ao julgarem preceito parelho. Na vigência do CC/1916, há entendimento jurisprudencial acerca do § 1º do art. 1.611, excluindo o usufruto vidual dos casados sob regime da comunhão parcial sobre os aquestos. O STJ assentou que "reconhecida a comunhão dos aquestos, não tem a viúva meeira, ainda que casada sob regime diverso da comunhão universal de bens, direito ao usufruto vidual previsto no art. 1.611, § 1º, do CC" (*RT* v. 710/178, rel. Min. Barros Monteiro; no mesmo sentido, cf. *JTJ* 157/249: "Sucessão. Cônjuge supérstite. Usufruto da quarta parte dos bens. Direito à meação dos aquestos que afasta o direito ao usufruto legal do art. 1.611, § 1º, do CC. Embargos recebidos para esse fim").

Fundamentou o aresto em precedente do STF (*Revista Trimestral de Jurisprudência*, v. 110/808, rel. Min. Rafael Mayer), sob o argumento de que "não se justifica realmente a proteção legal a quem, embora casado, como o caso, sob o regime de comunhão parcial, em decorrência do fato jurídico da comunhão dos aquestos, fique em situação prática de desnecessidade". Isso porque se "a viúva, pelo reconhecimento de sua participação na metade dos aquestos, já tem situação correspondente à que se lograra se o regime fosse o da comunhão universal, não há razão alguma de se lhe atribuir, ademais, o usufruto em parte dos bens que excedem dessa metade. O usufruto é compensação pelo que não teria recebido". (TJSP, AI n. 537.251-4/0-00, rel. Francisco Loureiro, j. 08.11.2007)

[...] 2 – Se o *de cujus* não deixou nem descendentes, nem ascendentes, o cônjuge é chamado a suceder, pois ocupa o terceiro lugar na ordem de vocação hereditária, sendo, nesse caso, absolutamente irrelevante o regime de bens do casamento. Inteligência dos art. 1.829, III, e art. 1.838 do CCB. 3 – Ocupando a viúva o terceiro lugar na ordem de vocação hereditária, resta afastada a legitimidade dos colaterais (irmãos) do *de cujus* para propor o inventário [...]. (TJRS, Ap. Cível n. 70.058.274.648, rel. Sérgio Fernando de Vasconcellos Chaves, j. 26.02.2014)

Agravo. Inventário. Decisão no sentido de que a agravante somente deverá concorrer com as descendentes em relação aos bens particulares do falecido, excluindo-a da partilha dos bens adquiridos na constância do casamento, ante a adoção do regime da comunhão parcial de bens, quando da realização do matrimônio. Inconformismo. Pretensão de concorrer com as descendentes do falecido em todo o acervo hereditário. Decisão mantida. O cônjuge sobrevivente concorre com os descendentes nos bens particulares, não nos comuns. Negado provimento ao recurso. (TJSP, AI n. 479.172-4/8-00, rel. Des. Viviani Nicolau, j. 03.04.2007)

Inventário. Saldos salariais não recebidos em vida pelo *de cujus*. Determinação de pagamento aos dependentes previdenciários e não a todos os herdeiros. Decisão mantida. Aplicação da Lei n. 6.868/80 que não foi revogada pelo novo CC. (TJSP, AI n. 481.488-4/0-00, rel. Des. Morato de Andrade, j. 27.02.2007)

---

**Art. 1.830. Somente é reconhecido direito sucessório ao cônjuge sobrevivente se, ao tempo da morte do outro, não estavam separados judicialmente, nem separados de fato há mais de dois anos, salvo prova, neste caso, de que essa convivência se tornara impossível sem culpa do sobrevivente.**

---

O artigo contempla três hipóteses nas quais o cônjuge deixa de ter direito à sucessão do outro.

**Separação, divórcio, nulidade ou anulação de casamento:** em primeiro lugar, dissolvida a sociedade ou o vínculo conjugal, respectivamente, por separação judicial ou divórcio, não há mais casamento e, portanto, morrendo um dos ex-cônjuges, o outro não participará de sua sucessão. No caso de processos de separação ou divórcio, ambos de caráter litigioso, o direito sucessório cessa com o trânsito em julgado da respectiva sentença, apesar da existência de opinião de que bastaria a sentença, sem trânsito. A solução dominante parece a mais adequada, pois, ocorrendo a morte antes do trânsito, não é sabido se a sentença subsistiria; e, com a morte, o processo é extinto sem julgamento do mérito, por se referir a direito personalíssimo intransmissível (art. 485, IX, do CPC).

No caso de separação ou divórcio consensual, o entendimento aparentemente mais correto é que o direito sucessório cessa com a ratificação do acordo em juízo, a partir da qual se torna irretratável, nos termos da Súmula n. 305 do STF ("Acordo de desquite ratificado por ambos os cônjuges não é retratável unilateralmente"), de modo que não há necessidade de se aguardar o trânsito em julgado. Na separação e no divórcio consensuais extrajudiciais, a cessação do direito sucessório ocorre, naturalmente, na data da lavratura da escritura, quando se consumam a separação e o divórcio. Recorde-se haver polêmica sobre a subsistência da separação judicial após a EC n. 66/2010 (cf. os comentários que antecedem o art. 1.571).

Confira-se a seguir, no tópico jurisprudência, acórdão do STJ segundo o qual o direito sucessório cessa a partir da medida cautelar de separação de corpos, desde que depois decretada a separação judicial ou divórcio, pois os efeitos da separação ou divórcio retroagem à data na qual deferida a separação de corpos.

Quanto à nulidade ou anulação do casamento, a questão se resolve com a análise da boa ou má-fé no casamento putativo. O cônjuge de boa-fé tem direito à sucessão do outro; o de má-fé não (art. 1.561).

**Separação de fato por dois anos:** em segundo lugar, cessa o direito sucessório do cônjuge, também, se, ao tempo da abertura da sucessão do outro, estavam separados de fato há dois anos. Assim, *a contrario sensu*, nesses dois anos subsiste o direito do cônjuge sobrevivente.

Há incoerência na fixação do prazo de dois anos, pois, no regime anterior à EC n. 66/2010, o decurso do prazo de um ano de separação de fato era suficiente para se postular separação judicial litigiosa, sem perquirição de culpa, no pressuposto de que, transcorrido esse prazo, não havia mais a comunhão plena de vida, efeito do casamento (art. 1.511). A incongruência se acentua a partir da EC n. 66/2010, ante a interpretação de que o divórcio se tornou admissível sem necessidade de transcurso de prazo mínimo e sem discussão de culpa, podendo ser postulado, por exemplo, no dia seguinte ao casamento. Também há contradição entre a fixação de dois anos de separação de fato para perda do direito sucessório quando a lei autoriza que o cônjuge separado de fato possa, logo após a separação de fato, constituir união estável (art. 1.723, § 1º).

A prevalecer a interpretação literal do art. 1.830, será possível a subsistência do direito sucessório do cônjuge durante dois anos e, antes de findo esse prazo, estar caracterizada união estável do autor da herança, o que resultará na concorrência à sucessão entre cônjuge e companheiro sobrevivente.

Suponha-se, por exemplo, o autor da herança, casado pela comunhão universal, proprietário de imóvel antes da separação de fato. Constitui união estável antes de dois anos e adquire mais um imóvel. Em relação ao imóvel anterior à separação de fato, a esposa terá meação. A outra metade constituirá a herança, que será deferida integralmente aos filhos, sem concorrência da esposa, por já ter meação. Quanto ao segundo imóvel, a companheira é que tem meação, pois, na união estável, salvo pacto escrito em contrário, valem as regras da comunhão parcial de bens (art. 1.725). A outra metade comporá a herança. Essa metade do segundo imóvel, que compõe a herança, em face da esposa, será considerada como bem particular, a prevalecer o entendimento de que os bens adquiridos durante a separação de fato não se comunicam. Em tese, portanto, a esposa teria uma cota hereditária, em concorrência com os filhos, em face dessa parte da herança. Cônjuge e companheira poderão, nesse exemplo, tornar-se condôminas do mesmo imóvel.

Para evitar essa situação absurda, a interpretação possível, a harmonizar o art. 1.830 com o art. 1.723, § 1º, é a de permanecer o direito sucessório do cônjuge por dois anos se nesse prazo não houver o autor da herança constituído união estável. Se houver união estável, cessa o direito do cônjuge antes dos dois anos, por rompido o vínculo afetivo, que é o valor fundador do direito familiar e, por extensão, do direito sucessório. A formação de união estável é a demonstração inequívoca da ruptura dos laços afetivos com o cônjuge. Surgindo direito sucessório do companheiro, é incompatível com a subsistência do direito do cônjuge.

**Separação de fato além de dois anos, desde que sem culpa do sobrevivente:** a parte final do art. 1.830 contém disposição muito criticada pela doutrina. O cônjuge sobrevivente remanesce com direito hereditário mesmo separado de fato há mais de dois anos se provar que não contribuiu com culpa para a separação de fato. Havia grave contradição com a disposição que estipulava o prazo de dois anos para o divórcio litigioso, sem discussão de culpa. A contradição se tornou mais acentuada a partir da EC n. 66/2010, pelas circunstâncias mencionadas no tópico anterior. Assim, apesar da possibilidade, a partir da EC n. 66/2010, de se requerer o divórcio direto litigioso sem requisito de prazo do casamento, o sobrevivente poderá ajuizar ação contra os herdeiros (seus filhos, por exemplo), alegando que não teve culpa para a separação de fato. Cuidando-se de fato negativo, caberá aos herdeiros, os filhos do casal no exemplo invocado, apresentar defesa dizendo qual teria sido a culpa do sobrevivente (adultério, sevícias etc.) e fazer prova disso. O estímulo a esse conflito familiar, no mais das vezes entre cônjuge e filhos, é repugnante e altamente retrógrado.

Não bastasse esse inconveniente, a disposição estimula discussão sobre a culpa, contrariando, assim, o espírito da reforma imposta pela EC n. 66/2010, que aboliu a discussão da culpa na questão da falência do casamento. Parece possível defender, diante disso, a inconstitucionalidade, ao menos da parte final deste art. 1.830, ao possibilitar a subsistência de direito sucessório além de dois anos, fundada em alegação de culpa do *de cujus* pela separação de fato. É incongruente admitir discussão sobre culpa a respeito desse aspecto secundário do casamento, que é a subsistência de vínculo sucessório, quando não é mais admitida em relação ao principal, que é a manutenção do próprio vínculo do casamento.

Ressalve-se que, pelas mesmas razões já expendidas, se o autor da herança tiver constituído união estável, cessa o direito sucessório do cônjuge, harmonizando-se, dessa forma, o art. 1.830 com o art. 1.723, § 1º.

Anote-se, por fim, que o PL n. 508/2007 propõe alteração a este art. 1.830, estabelecendo cessar o direito sucessório a partir de mera separação de fato, excluindo o que mais consta da atual redação.

**Jurisprudência:** Direito civil. Agravo de instrumento. Direito sucessório. Recurso desprovido. I. Caso em exame agravo de instrumento interposto contra decisão que rejeitou pedido de reconhecimento de direito real de habitação em favor da ré, que alega ter mantido união estável com o falecido e, por isso, é titular de direito sobre o imóvel. II. Questão em discussão. 2. A questão em discussão consiste em determinar se a ré, ex-convivente do falecido, tem direito real de habitação sobre o imóvel, considerando a separação de fato ocorrida antes do falecimento. III. Razões de decidir. 3. O direito real de habitação é garantido ao cônjuge sobrevivente, independentemente do regime de bens, desde que o imóvel tenha sido utilizado como residência familiar, o que não foi comprovado no caso. 4. A separação de fato, ocorrida mais de dois anos antes do falecimento, impede o reconhecimento do direito real de habitação, aplicando-se por analogia o prazo do art. 1.830 do CC. IV. Dispositivo e Tese. 5. Recurso desprovido. Tese de julgamento: 1. O direito real de habitação não se aplica quando há separação de fato anterior ao falecimento. 2. A comprovação do uso do imóvel como residência familiar é essencial para o reconhecimento do direito. Legislação citada: CF/88, art. 1º, III e IV; CC, arts. 1.830, 1.831, 1.240-A. (TJSP, AI n. 2375898-72.2024.8.26.0000, rel. Carlos Castilho Aguiar França, j. 10.12.2024)

1. A alegação de que o *de cujus* havia se separado de fato da requerida em período que excede o biênio de que cuida o art. 1.830 do CC restou isolada do conjunto probatório amealhado, o que remete a improcedência dos pedidos, em razão de descumprimento do ônus processual de que cuida o art. 373, I, CPC. 2. Recurso improvido. (TJSP, Proc. n. 1116345-28.2020.8.26.0100, rel. Ademir Modesto de Souza, j. 29.07.2022)

Apelação. Ação declaratória de reconhecimento de separação de fato c/c pedido de suspensão de direitos sucessórios, promovida pela genitora do falecido. Sentença que julgou improcedente os pleitos formulados. Irresignação da autora. Pedido para que seja declarada a separação de fato do filho da apelante em relação à apelada. Desacolhimento. Ação de divórcio é personalíssima e portanto, intransmissível. Morte do cônjuge que colocou fim ao matrimônio, nos termos do art. 1.571, do CC. Direitos sucessórios da apelada preservados e que não podem ser discutidos na ação em lume. Inteligência do art. 1.830, do CC. Sentença mantida. Recurso desprovido. (TJSP, Proc. n. 1000035-25.2021.8.26.0060, rel. Ana Zomer, j. 25.05.2022)

Separação. Pretensão da autora de que seja declarada a separação de fato de seu falecido filho e da ré mais de dois anos antes do óbito para aplicação do art. 1.830 do CC. Sentença de improcedência. Irresignação da autora. Revelia da ré. Presunção relativa da veracidade das alegações de fato que pode ser afastada se elas forem inverossímeis ou estiverem em contradição com a prova constante dos autos (art. 344 c/c 345, IV, do CPC). Autora que demonstrou que a ré reconheceu diversas vezes a separação do casal, afirmando em certa ocasião que a separação havia ocorrido há um ano e meio. Versão da autora verossímil e que está em sintonia com a prova constante nos autos. Possibilidade de aplicação dos efeitos da revelia. Inversão da sucumbência. Sentença reformada para julgar procedente a ação. Recurso provido. (TJSP, Proc. n. 1008582-98.2018.8.26.0047, rel. Alexandre Marcondes, j. 31.03.2022)

Inventário. Suspensão. Matéria de alta indagação. Questões controvertidas que dependem de dilação probatória e de outros elementos de convicção. Art. 984 do CPC [art. 612 do CPC/2015]. Necessidade de definição da qualidade de herdeiro do cônjuge sobrevivente, à luz do art. 1.830 do CC, bem como a data da ruptura da convivência de fato, para apuração de sua meação. Remessa das partes às vias ordinárias para acertamento de seu direito. Correta decisão de sobrestamento do inventário. Recurso desprovido. (TJSP, AI n. 0411222-51.2010.8.26.0000, rel. Des. Paulo Alcides, j. 25.11.2010)

1 – O cônjuge que se encontra separado de fato não faz jus ao recebimento de quaisquer bens havidos pelo outro por herança transmitida após decisão liminar de separação de corpos. 2 – Na data em que se concede a separação de corpos, desfazem-se os deveres conjugais, bem como o regime matrimonial de bens; e a essa data retroagem os efeitos da sentença de separação judicial ou divórcio. 3 – Recurso especial não conhecido. (STJ, REsp n. 1.065.209, rel. Min. João Otávio de Noronha, j. 08.06.2010)

Exclusão de herdeiro. Ônus da prova. Art. 1.830 do CC. Encargo de demonstrar que a ruptura da vida conjugal se deu por culpa do cônjuge sobrevivente dos autores. Testemunhas dos autores que não foram unissonas. Declarações não corroboradas na fase judicial. Embargos rejeitados. (TJSP, Emb. Infring. n. 9094995-08.2007.8.26.0000, rel. Des. De Santi Ribeiro, j. 11.05.2010)

Direitos hereditários. Exclusão de herdeira. Casamento pelo regime da separação total de bens. Morte de cônjuge, sem ascendentes ou descendentes, não havendo deixado testamento. Sucessão legítima deferida ao cônjuge sobrevivente (CC/2002, art. 1.829, III). Da interpretação do art. 1.830 do mesmo diploma legal, o direito sucessório do cônjuge sobrevivente só é reconhecido para os separados de fato há menos de dois anos, ou para os separados de fato há mais de dois anos, desde que não provada a culpa do cônjuge sobrevivente. Ônus da prova da culpa é dos terceiros interessados, na espécie os colaterais, irmãos do falecido, em ação própria. Casal separado há mais de dois anos quando o varão faleceu. Prova dos autos conflitante e inconclusiva, no sentido de demonstrar que a apelante fosse culpada da separação de fato do casal. Assim, os apelados não demonstraram o fato constitutivo de seu direito. Reforma da sentença, para julgar improcedente a ação, com inversão do ônus da sucumbência. Recurso provido. (TJSP, Ap. Cível n. 5.437.004.000, rel. Des. Paulo Eduardo Razuk, j. 03.02.2009)

Inventário. Partilha. Determinação de retificação das primeiras declarações para inclusão da cônjuge, casada sob regime de comunhão universal, na condição de meeira. Alegação, por parte da inventariante, de que os consortes estavam separados de fato há muito tempo, de sorte a não fazer jus à meação (art. 1.830 do CC). Inaplicabilidade da regra invocada. Viúva residente no exterior, com afirmação de busca de nova fonte de renda para a família. Separação de fato insuficientemente comprovada. Direito da mulher à meação, em princípio. Direito dos herdeiros, se for o caso, de buscar, alhures, a declaração de que ocorreu a separação de fato e de que, em virtude dela, a mulher não contribuiu para a formação do patrimônio comum do casal. Decisão que manda retificar as primeiras declarações para a inclusão da mulher, mantida. Ressalva de que, se formulado o pedido declaratório, seja procedida reserva da meação nos autos do inventário Agravo não provido. (TJSP, AI n. 545.377-4/9-00, rel. Des. João Carlos Saletti, j. 02.09.2008)

Reconhecimento de direito de meação do cônjuge sobrevivente sobre imóvel adquirido somente pela falecida, que se declarou como separada de fato naquela ocasião. Matéria de alta indagação que deve ser objeto pelas vias próprias. Prova documental trazida aos autos que confirma a separação de fato do casal. Imóvel adquirido exclusivamente em nome da *de cujus* há mais de dois anos do óbito. Inteligência do art. 1.830 do CC, que afasta o direito de meação do cônjuge supérstite nessa hipótese. (TJSP, Ap. n. 514.618.4/8-00, rel. Des. Salles Rossi, j. 08.11.2007)

**Art. 1.831. Ao cônjuge sobrevivente, qualquer que seja o regime de bens, será assegurado, sem prejuízo da participação que lhe caiba na herança, o direito real de habitação relativamente ao imóvel destinado à residência da família, desde que seja o único daquela natureza a inventariar.**

**Direito real de habitação no sistema anterior ao CC de 2002:** no CC/1916, o cônjuge sobrevivente, além de figurar na terceira classe da ordem de vocação hereditária, passou a contar, desde o Estatuto da Mulher Casada (Lei n. 4.121/62), com a proteção complementar do usufruto vidual ou do direito real de habitação, na concorrência com descendentes ou ascendentes (art. 1.611, §§ 1º e 2º, do CC/1916). O direito real de habitação era assegurado ao cônjuge casado pela comunhão universal de bens, em caráter vitalício e enquanto permanecesse viúvo, tendo por objeto o imóvel residencial da família, desde que o único dessa natureza. O usufruto vidual era conferido aos cônjuges casados por outros regimes de bens, que não o da comunhão universal, correspondendo ao usufruto da quarta parte dos bens deixados pelo *de cujus*, se houvesse filhos, e metade, no caso de herdeiros ascendentes.

**Extensão a todos os regimes de bens:** o atual Código substituiu o usufruto vidual pela concorrência do cônjuge com descendentes e ascendentes em propriedade plena (art. 1.829, I e II) e estendeu o direito real de habitação a todos os regimes de bens.

**Duração limitada ou não à permanência da viuvez. Controvérsia jurisprudencial:** ante a redação literal deste art. 1.831, em tese não haveria mais a limitação desse direito à permanência da viuvez, como acontecia no regime do CC/1916. Aparentemente, houve cochilo ao não se incluir limitação à duração da viuvez, tanto que o PL n. 699/2011 (reapresentação do PL n. 6.960/2002 e do PL n. 276/2007) propõe restabelecê-la.

Sobre essa questão, em precedente do TJSP citado a seguir, o relator Des. Francisco Loureiro, por meio de interpretação funcional e sistemática, e não meramente literal ou gramatical, defende que não há sentido em manter o direito real de habitação quando o cônjuge beneficiário vem a se casar novamente, constituindo nova família. Argumenta que o direito real de habitação constitui projeção para depois da morte de vínculo decorrente da família então existente, entre o *de cujus* e o cônjuge sobrevivo. Se este forma nova família, deixa de existir o fundamento que justificava o direito real de habitação. Reputa-se que essa solução do julgado do TJSP é a que confere solução mais adequada à matéria. Por identidade de razão, estende-se aos casos nos quais o cônjuge sobrevivente, em vez de se casar, constitui união estável, pois forma, igualmente, nova família.

Não obstante, sobreveio julgado do STJ, citado no tópico Jurisprudência à frente, em sentido contrário, ou seja, pela aplicação literal da norma, de modo que foi reconhecida a manutenção do direito real de habitação apesar do novo casamento do viúvo beneficiário.

Como se refere a julgamento por uma das duas turmas do STJ que tratam de direito das sucessões, não há ainda posição pacificada pelo STJ sobre o tema, permanecendo, por ora, controvérsia jurisprudencial a respeito.

**Características:** sobre as características do direito real de habitação, confiram-se os arts. 1.414 a 1.416.

**Único imóvel residencial a inventariar:** como observa José Luiz Gavião de Almeida, a parte final do artigo não pode ser aplicada literalmente. Estabelece que haverá o direito real de habitação no imóvel residencial se for o único dessa natureza a inventariar. A limitação ao único imóvel a inventariar é resquício do Código anterior, pois o direito real de habitação era conferido exclusivamente ao casado pela comunhão universal. Casado por esse regime, o viúvo tem meação sobre todos os bens. Havendo mais de um imóvel, é praticamente certo que ficará com um deles, em pagamento de sua meação, o que lhe assegura moradia. Nessa hipótese, não tem necessidade do direito real de habitação. No atual Código, porém, estendido esse direito a todos os regimes de bens, não há sentido, por exemplo, em negar o direito real de habitação ao casado pela separação de bens, se houver mais de um imóvel residencial a inventariar. Com mais razão deve lhe ser assegurada tal proteção se houver mais de um imóvel. Como também observa esse jurista, com inteira razão, o viúvo, na hipótese de vários imóveis, não poderá escolher sobre qual pretende fazer recair o direito real, embora possa exigir um que seja de conforto similar àquele em que morava (*Código Civil comentado*. São Paulo, Atlas, 2003, v. XVIII, p. 219-20).

**Inexistência de direito real de habitação em imóvel em condomínio:** em embargos de divergência, a Segunda Seção do STJ assentou não ser possível reconhecer direito real de habitação quando o imóvel pertencia ao autor da herança em condomínio com terceiros (EREsp n. 1.520.294/SP, j. 26.08.2020, com ementa transcrita à frente, no tópico jurisprudência). Sendo julgado da 2ª Seção, que congrega a 3ª e a 4ª

Turmas, as duas com competência para decidir sobre direito das sucessões, equipara-se a julgamento do Plenário do STJ e, por isso, constitui precedente obrigatório, de observância obrigatória por todos os tribunais e juízes brasileiros, nos termos do art. 927, V, do CPC.

**Irrelevância de serem afetados filhos comuns ou exclusivos:** deve ser observado, também, julgado do STJ, relator para o acórdão o Min. Sidnei Beneti, citado a seguir, no qual reconhecido direito real de habitação independentemente da qualificação dos descendentes, não importando se comuns ou exclusivos do *de cujus*. Mas é de se atentar, quanto a esse tema, ao voto vencido da Min. Nancy Andrighi, pela exclusão do direito real de habitação quando afeta a propriedade de filhos exclusivos (REsp n. 1.134.387). Essa tese da Ministra foi derrotada e, respeitados seus argumentos, parece melhor a posição majoritária, pois o direito real de habitação constitui hipótese de sucessão necessária do cônjuge, legado *ex lege*, de caráter assistencial, para assegurar sua moradia, projeção para depois da morte do dever de solidariedade e assistência entre os cônjuges, tutela sucessória imperativa a ser assegurada independentemente da qualificação dos sucessores que recebem a nua propriedade do imóvel residencial.

**Aplicação a imóvel comum ou mesmo particular do *de cujus*:** relevante, também, julgado do STJ citado a seguir (REsp n. 1.273.222, rel. Min. Paulo de Tarso Sanseverino), no qual explicitado que o direito real de habitação se aplica a imóvel comum ou mesmo particular do *de cujus*.

**Relativização do direito real de habitação:** conforme julgado do STJ citado a seguir (REsp n. 2.151.939, rel. Min. Nancy Andrighi, j. 24.09.2024), seria possível a relativização do direito real de habitação, negando-o ao cônjuge ou ao companheiro, em situações excepcionais, de acordo com exame caso a caso, sopesados os interesses do cônjuge ou companheiro, de um lado, e o dos demais sucessores, de outro.

**Direito real de habitação como hipótese de sucessão necessária. Cônjuge como legatário necessário. Consequências:** como decorrência da afirmação de que o direito real de habitação constitui hipótese de legado *ex lege*, de sucessão necessária, imperativa do cônjuge, qualifica-se o cônjuge, nessa hipótese, como legatário necessário (sobre a introdução, no Direito brasileiro, de hipóteses de legatários necessários, confira-se o comentário ao art. 1.845). Como consequência, o autor da herança não poderá dispor do imóvel residencial por testamento sem observar a limitação decorrente do direito real de habitação.

Suponha-se que seja casado por comunhão parcial de bens e deixe por testamento a terceiro, como legado, o imóvel residencial do casal, bem particular do testador, adquirido antes do casamento. Segundo a tese que ora se defende, essa disposição testamentária poderá ser reduzida a pedido do cônjuge sobrevivo, resguardando-se seu direito real de habitação, mantendo-se a disposição testamentária somente em relação à transmissão da nua propriedade. Quando futuramente se extinguir o direito real de habitação (pela morte do beneficiário, novo casamento etc.), consolida-se a propriedade plena em favor do legatário testamentário.

Recorde-se que, nos comentários ao art. 1.829, no tópico "separação convencional", foi defendida como solução mais adequada, para os casados por esse regime de bens, a de permitir possam renunciar antecipadamente à concorrência do cônjuge sobrevivente com descendentes, na hipótese do inciso I deste art. 1.829, no pacto antenupcial, ou mediante posterior alteração do regime de bens. Defende-se essa solução pelos inconvenientes ali esmiuçados: a impossibilidade de renúncia antecipada e a concorrência necessária com descendentes podem levar pessoas maduras, com patrimônios próprios, filhos de uniões anteriores, a desistirem de se casar, de formar nova família. Examinando essa mesma questão sob o ponto de vista do direito real de habitação, e reconsiderando posição adotada em edição anterior desta obra, não há esses mesmos inconvenientes no caso do direito real de habitação, pois cessa com a morte do beneficiário ou, como se defendeu acima, em caso de novo casamento ou união estável. Com a cessação do direito real de habitação, a propriedade plena se consolida em mãos dos até então titulares da nua propriedade, os filhos exclusivos ou comuns do *de cujus*, sem risco de transmissão sucessiva, com a morte do cônjuge sobrevivente, a filhos exclusivos ou a novo cônjuge dele. Por conseguinte, consideramos ser o direito real de habitação irrenunciável e, portanto, hipótese de sucessão necessária, qualquer que seja o regime de bens do casamento.

Ainda como corolário do acima exposto, a mesma limitação quanto à disposição testamentária deve ser estendida à doação do imóvel residencial, pois, do contrário, seria possível burlar por ato *inter vivos* o que é vedado por sucessão *causa mortis*. Tome-se o exemplo do casado por comunhão parcial de bens que doa aos filhos o imóvel que adquiriu antes do casamento, no qual mantém a residência conjugal, reservando para si o usufruto vitalício, visando burlar o direito real de habitação que caberia a seu cônjuge. Pois, quando de sua morte, extinguindo-se o usufruto, consolida-se a propriedade plena em favor dos filhos e o imóvel não é objeto de sucessão hereditária. Seria possível ao cônjuge, nesse caso, conforme a posição ora defendida, postular a redução da doação, na parte em que atingiu seu legado *ex lege*, representado pelo direito real de habitação.

**Extensão ao companheiro sobrevivente:** relembre-se da orientação doutrinária no sentido de que, na vigência do atual Código, permanece o direito real de habitação do companheiro sobrevivente (cf. comentário ao art. 1.790). O PL n. 508/2007 pretende incluir o companheiro neste art. 1.831 e acrescentar parágrafo único para vedar direito real de habitação sobre a legítima de descendentes menores ou incapazes. Os primeiros julgados do STJ sobre o tema estendem o direito real de habitação ao companheiro sobrevivente (cf. o tópico jurisprudência). Esse entendimento foi sedimentado pela decisão do STF que declarou inconstitucional o art. 1.790 e determinou aplicação ao companheiro do mesmo regime sucessório do cônjuge (RE n. 646.721 e RE n. 878.694, j. 10.05.2017), o que inclui, segundo nos parece, o direito real de habitação. Confiram-se na sequência julgados pelos quais rejeitado direito real de habitação da companheira sobrevivente em face de imóvel com meação da ex-esposa do *de cujus*.

**Omissão quanto ao filho portador de deficiência:** por fim, o CC/1916 havia sido alterado pela Lei n. 10.050/2000, com inclusão do § 3º ao art. 1.611, que estabelecia, na falta do pai ou da mãe, o direito real de habitação ser extensivo ao filho portador de deficiência que o impossibilite para o trabalho. Sendo inovação recente do Código anterior, esqueceu-se de transplantá-la para o atual Código. Uma vez que se trata de disposição de inegável alcance social, o PL n. 699/2011 (reapresentação do PL n. 6.960/2002 e do PL n. 276/2007) propõe restabelecê-lo, como parágrafo único ao art. 1.835.

**Jurisprudência:** Apelação. Ação de extinção de condomínio c/c pedido de cobrança de aluguéis. Improcedência. Insurgência do autor. Alegação de que o direito real de habitação da ré, viúva do autor da herança, deve ser extinto em razão de novas núpcias contraídas pela ré. Imóvel que foi devidamente partilhado em sede de inventário. Extinção do direito real de habitação. Interpretação funcional e sistemática do art. 1.831 do CC e do art. 7º da Lei n. 9.278/96, que asseguram o direito real de habitação ao cônjuge sobrevivente, desde que não haja nova união ou casamento. Precedentes desta Corte. Extinção do condomínio é medida que se impõe, com arbitramento de aluguel até a efetiva desocupação do imóvel pelas rés. Inversão do ônus sucumbencial. Sentença reformada. Recurso provido. (TJSP, Ap. n. 1006568-47.2023.8.26.0248, rel. Mônica de Carvalho, j. 18.12.2024)

Apelação. Ação de arbitramento de aluguéis. Sentença de procedência. Inconformismo da ré. Direito real de habitação. Companheira supérstite. Imóvel objeto de herança utilizado exclusivamente pela companheira supérstite. Direito real de habitação reconhecido. Direito vitalício, personalíssimo e gratuito, destinado a garantir moradia digna ao cônjuge ou companheiro sobrevivente. Incompatibilidade com a cobrança de aluguéis pelos demais herdeiros. Jurisprudência do STJ. Arbitramento de aluguéis que configuraria afronta ao caráter protetivo do direito real de habitação. Sentença reformada. Recurso da ré a que se dá provimento. (TJSP, Ap. n. 1010462-67.2022.8.26.0506, rel. Fatima Cristina Ruppert Mazzo, j. 17.12.2024)

[...] 4. A normativa que confere o direito real de habitação ao convivente supérstite (art. 1.831 do CC) possui caráter eminentemente protetivo, resguardando tanto o seu direito constitucional à moradia, quanto a preservação dos momentos de afetividade vivenciados no lar que compartilhava com a pessoa falecida. Isto é, "o objetivo da lei é permitir que o cônjuge/companheiro sobrevivente permaneça no mesmo imóvel familiar que residia ao tempo da abertura da sucessão como forma, não apenas de concretizar o direito constitucional à moradia, mas também por razões de ordem humanitária e social, já que não se pode negar a existência de vínculo afetivo e psicológico estabelecido pelos cônjuges/companheiros com o imóvel em que, no transcurso de sua convivência, constituíram não somente residência, mas um lar" (REsp n. 1.582.178/RJ, 3ª T., *DJe* 14.09.2018). 5. Inobstante a sua notável envergadura no cenário nacional, o direito real de habitação não é absoluto e, em hipóteses específicas e excepcionais, quando não atender a finalidade social a que se propõe, poderá sofrer mitigação. Eventual relativização do direito real de habitação, somente excepcionalmente admitida, deverá ser examinada de modo casuístico, confrontando-se concretamente a necessidade de prevalência do direito dos herdeiros em face do direito do consorte. 6. O art. 1.831 do CC deve ser interpretado da seguinte maneira: (I) como regra geral, preenchidos os requisitos legais, é assegurado ao cônjuge ou companheiro supérstite o direito real de habitação relativamente ao imóvel destinado à residência da família; e (II) é possível relativizar o direito real de habitação em situações excepcionais, nas quais devidamente comprovado que a sua manutenção não apenas acarreta prejuízos insustentáveis aos herdeiros/proprietários do imóvel, mas também não se justifica em relação às qualidades e necessidades pessoais do convivente supérstite. 7. No recurso sob julgamento, o Tribunal de origem manteve o direito real de habitação da convivente supérstite sobre o único imóvel a inventariar em razão do falecimento do *de cujus*, sendo que ao longo do trâmite processual comprovou-se que: (I) a cônjuge sobrevivente recebe pensão vitalícia em montante elevado, possuindo recursos financeiros suficientes para assegurar sua subsistência e moradia dignas; e (II) os herdeiros são os nu-proprietários do imóvel, sendo que não recebem quaisquer outros valores a título de pensão e alugam outros bens para residirem com os seus descendentes (netos do falecido), os quais também poderiam ser abrigados no imóvel inventariando. Logo, na excepcional situação examinada, deve-se relativizar o direito real de habitação em favor dos herdeiros. 8. Recurso especial conhecido e provido para excepcionalmente afastar o direito real de habitação do cônjuge supérstite. (STJ, REsp n. 2.151.939, rel. Min. Nancy Andrighi, j. 24.09.2024)

Inventário. Decisão que ressaltou que, apesar de a viúva não ter direito à partilha do imóvel, a ela é garantido o direito real de habitação, porquanto se trate do único bem imóvel partilhado, onde o casal mantinha residência (CC, art. 1.831). Não há direito real de habitação sobre imóvel em que a companheira ou cônjuge sobrevivente residia com o falecido quando os filhos do primeiro casamento do *de cujus* já eram proprietários de metade do imóvel por força de herança deixada pela genitora (CC, arts. 1.784 e 1.788). Inteligência do princípio da *saisine*. Precedentes. Agravo de instrumento para deferir às recorrentes as benesses da Lei n. 1.060/50, bem como para revogar o direito real de habitação conferido à agravada. (TJSP, AI n. 22056836320248260000, rel. Theodureto Camargo, 8ª Câm. de Dir. Priv., j. 30.08.2024)

Recurso especial. Direito civil. Direito real de habitação. Cônjuge supérstite. Novo casamento. Possibilidade. Aplicação da regra do art. 1.831 do CC/2002. Caráter vitalício e personalíssimo do direito real. Prescindibilidade da manutenção do estado vidual do cônjuge sobrevivente. Não incidência do art. 7º, parágrafo único, da Lei n. 9.278/96 ao caso concreto. Princípio da especialidade. Impossibilidade de equiparação do casamento à união estável. Diferença legal existente. Recurso especial provido. 1. Tendo sido o direito real de habitação constituído na vigência do CC/2002, a situação concreta deve ser regulada pelo seu art. 1.831, afastada a incidência da regra prevista no art. 1.611, parágrafo único, do CC/1916. 2. O direito real de habitação tem natureza de direito real, vitalício e personalíssimo, devendo respeitar o princípio da tipicidade, só podendo ser extinto, em termos naturais, com a morte da pessoa viúva e, em termos legais, pelas hipóteses de extinção do usufruto naquilo que não for contrário à sua natureza (art. 1.416 do CC/2002). 3. O art. 1.831 do CC/2002 confere ao cônjuge supérstite a utilização do bem para que nele mantenha sua residência, independentemente do regime de bens do casamento e da titularidade do imóvel, afastado, inclusive, o caráter vidual estabelecido na legislação precedente. 4. O estado vidual, embora seja pressuposto para a aquisição do direito real de habitação previsto no art. 1.831 do CC/2002, deixou de ser requisito para a manutenção e exercício desse direito, que passou a ter como exigência apenas o requisito objetivo atrelado à figura do imóvel, que, nos termos da lei, precisa ser o único daquela natureza – residência familiar – a inventariar. 5. Em decorrência do princípio da especialidade, não incide o disposto no art. 7º, parágrafo único, da Lei n. 9.278/96, restrita às hipóteses de união estável, nos casos em que o cônjuge supérstite tenha sido casado com o *de cujus*. 6. Ressalvadas as hipóteses de equiparação quanto ao regime sucessório decididas em repercussão geral pelo STF, permanecem as diferenças legais entre os institutos do casamento e da união estável. 7. O direito real de habitação previsto no art. 1.831 do CC/2002 é destinado às pessoas formalmente casadas, não podendo seu exercício ser limitado por proibições previstas na legislação especial e restritas aos companheiros que convivam em união estável. 8. Recurso especial provido (STJ, REsp n. 2.035.547/SP, 4ª T., rel. Min. João Otávio de Noronha, j. 12.09.2023, *DJe* 27.09.2023)

1. Discute-se a oponibilidade do direito real de habitação da cônjuge supérstite à coproprietária do imóvel em que ela residia com o falecido. 2. Consoante decidido pela 2ª Seção desta Corte, "a copropriedade anterior à abertura da sucessão impede o reconhecimento do direito real de habitação, visto que de titularidade comum a terceiros estranhos à relação sucessória que ampararia o pretendido direito" (EREsp n. 1.520.294/SP, rel. Min. Maria Isabel Gallotti, 2ª S., j. 26.08.2020, *DJe* 02.09.2020). 3. Aplicabilidade das razões de decidir do precedente da 2ª Seção do STJ ao caso concreto, tendo em vista que o *de cujus* já não era mais proprietário exclusivo do imóvel residencial, em razão da anterior partilha do bem decorrente da sucessão da genitora da autora. 4. Ausência de solidariedade familiar e de vínculo de parentalidade da autora em relação à cônjuge supérstite [...]. (STJ, REsp n. 1.830.080/SP, 3ª T., rel. Min. Paulo de Tarso Sanseverino, j. 26.04.2022, *DJe* 29.04.2022)

Apelação. Ação promovida por nu-proprietário visando retomada da posse de imóvel em razão da extinção do usufruto pela morte do usufrutuário. Bem na posse da viúva do usufrutuário. Ação rejeitada por força do reconhecimento de direito real de habitação da viúva. Inadmissibilidade. Falecido que não era proprietário do bem, requisito essencial para reconhecimento do direito do art. 1.831 do CC. *De cujus* que havia doado o imóvel aos filhos, sendo usufrutuário. Usufruto extinto de pleno direito com a morte do usufrutuário (art. 1.410, I, do CC). Direito à retomada do bem reconhecido. Invocação do direito constitucional de moradia que não basta para autorizar a permanência da viúva em imóvel que pertence a terceiro. Recurso provido. (TJSP, Ap. n. 1004405-16.2018.8.26.0072, rel. Enéas Costa Garcia, j. 19.04.2022)

Processo civil. Agravo de instrumento. Direito real de habitação. Existência de mais de um imóvel residencial a inventariar. Mitigação do rigor da norma do art. 1.831, CC que, na hipótese não se justifica. 1. A exceção à regra do art. 1.831, do CC, é pontual, sendo reservada para hipóteses de casamentos longevos, em que se busca preservar um mínimo existencial ao cônjuge supérstite que, muitas vezes em idade avançada, encontra no imóvel onde reside uma referência sentimental, posto se tratar do núcleo onde se desenvolveu a família ao longo de toda a sua vida. 2. Na hipótese em apreço, possível constatar que a cônjuge supérstite é jovem, contando com pouco mais de trinta anos, tem registro profissional que demonstra a existência de experiência para fins de recolocação profissional. Além disso permaneceu casada com o *de cujus* por menos de dois anos, não tendo com ele filhos. 3. A razão humanitária que levou o Eg. STJ a excepcionar o rigor da norma do art. 1.831 do CC não se aplica à hipótese vertente, de modo que, havendo mais de um imóvel residencial a ser inventariado, não se cogita do direito real de habitação. 2. [*sic*] Recurso improvido. (TJSP, Proc. n. 2037359-81.2022.8.26.0000, rel. Ademir Modesto de Souza, j. 30.03.2022)

Embargos de divergência. Recurso especial. Direito real de habitação. Copropriedade de terceiro anterior à abertura da sucessão. Título aquisitivo estranho à relação hereditária. 1. O direito real de habitação possui como finalidade precípua garantir o direito à moradia ao cônjuge/companheiro supérstite, preservando o imóvel que era destinado à residência do casal, restringindo temporariamente os direitos de propriedade originados da transmissão da herança em prol da solidariedade familiar. 2. A copropriedade anterior à abertura da sucessão impede o reconhecimento do direito real de habitação, visto que de titularidade comum a terceiros estranhos à relação sucessória que ampararia o pretendido direito. 3. Embargos de divergência não providos. (STJ, EREsp n. 1.520.294/SP, 2ª S., rel. Min. Maria Isabel Gallotti, j. 26.08.2020, *DJe* 02.09.2020)

Posse. Ação de reintegração. Sentença de procedência, com consequente apelo do réu. Alegação de direito real de habitação. Imóvel que não pertencia com exclusividade à companheira do réu. Condomínio entre a *de cujus* e o autor apelado preexistente à abertura da sucessão, a afastar o reconhecimento do direito real de habitação. Posse anterior do apelado e esbulho demonstrados, ante comodato e não atendimento da notificação para desocupação. Sentença mantida. Recurso não provido, alterados, de ofício, os honorários advocatícios de sucumbência. (TJSP, Proc. n. 1047384-20.2016.8.26.0506, rel. Jairo Oliveira Júnior, j. 07.01.2019)

Extinção de condomínio. Procedência. Contestação tempestiva. Revelia afastada. Direito real de habitação. Não reconhecimento. O falecido marido da apelante era proprietário de 14,2856% da integralidade do imóvel, o restante pertence aos seus irmãos que detém cada um 14,2856% da propriedade. Não cabimento do disposto no art. 1.831, CC. Sentença com parcial reforma. Recurso parcialmente provido, para afastar a revelia da parte ré. (TJSP, Proc. n. 1003674-30.2015.8.26.0038, rel. Beretta da Silveira, j. 07.01.2019)

Extinção de condomínio. Imóvel em condomínio entre viúva e filhos do *de cujus* após partilha. Sentença de procedência que determinou a alienação do imóvel e a indenização pelo uso exclusivo. Insurgência do cônjuge supérstite. Acolhimento. Reconhecimento do direito real de habitação da viúva. Irrelevância de o casamento ter ocorrido pelo regime de separação de bens. Interpretação sistemática da norma constitucional (art. 226, § 5º) em conjunto com o art. 7º, parágrafo único, da Lei n. 9.278,96. Precedentes. Extinção do condomínio afastada. Recurso provido. (TJSP, Ap. n. 1007182-52.2017.8.26.0510, rel. Carlos Alberto de Salles, j. 04.12.2018)

Apelação. Condomínio. Extinção. Bem indivisível. Alienação em hasta pública. Existência de direito real de habitação que não obsta o exercício do direito potestativo de requerer extinção do condomínio. Direito real sobre coisa alheia que não impede alienação da propriedade, apenas tem efeito *erga omnes* e continua a ser exercido perante eventuais adquirentes do bem. Necessidade de que o edital de hasta pública contenha indicação da existência deste direito e de sua subsistência perante os interessados na aquisição. Sentença que determinou avaliação do bem na fase de liquidação e assegurou que a alienação não poderá ocorrer por valor inferior ao da avaliação, atendendo ao interesse do recorrente de que fosse preservado o valor de mercado do bem. Verba de sucumbência devida pelo réu, que contestou o pedido, opondo-lhe resistência. Recurso parcialmente provido. (TJSP, Proc. n. 1006077-56.2015.8.26.0010, rel. Enéas Costa Garcia, j. 30.11.2018)

[...] 2 – Cinge-se a controvérsia a definir se o reconhecimento do direito real de habitação, a que se refere o art. 1.831 do CC, pressupõe a inexistência de outros bens no patrimônio do cônjuge/companheiro sobrevivente. 3 – Os dispositivos legais relacionados com a matéria não impõem como requisito para o reconhecimento do direito real de habitação a inexistência de outros bens, seja de que natureza for, no patrimônio próprio do cônjuge/companheiro sobrevivente. 4 – O objetivo da lei é permitir que o cônjuge/companheiro sobrevivente permaneça no mesmo imóvel familiar que residia ao tempo da abertura da sucessão como forma, não apenas de concretizar o direito constitucional à moradia, mas também por razões de ordem humanitária e social, já que não se pode negar a existência de vínculo afetivo e psicológico estabelecido pelos cônjuges/companheiros com o imóvel em que, no transcurso de sua convivência, constituíram não somente residência, mas um lar. 5 – Recurso especial não provido. (STJ, REsp n. 1.582.178/RJ, rel. Min. Ricardo Villas Bôas Cueva, j. 11.09.2018)

Reintegração de posse. Imóvel possuído por viúva de coproprietário. Exceção de usucapião. Impossibilidade. Coisa julgada. Usucapião já rejeitada em ação conexa. Direito real de habitação. Inexistência. Imóvel sujeito a copropriedade dos irmãos do falecido, antes da abertura da sucessão. Direito de habitação configura-se apenas se o imóvel do casal não era objeto de condomínio com terceiros. Jurisprudência do STJ a respeito. Recurso improvido. (TJSP, Ap. n. 0001292-93.2008.8.26.0372, rel. Francisco Loureiro, j. 07.02.2017)

Apelação cível. Ação de extinção de condomínio. Imóvel havido em copropriedade entre a autora e seu padrasto em decorrência de partilha realizada no arrolamento dos bens deixados por sua genitora. Sentença que julgou improcedente a ação, ante o reconhecimento de direito real de habitação sobre a integralidade do imóvel em favor do requerido. Recurso de apelação interposto pela autora. Réu que contraiu novas núpcias, fazendo desaparecer o direito real de habitação. Interpretação funcional e sistemática do art. 1.831 do CC. Hipótese, ademais, em que o direito real de habitação, caso ainda persistisse, de maneira alguma obstaria a extinção do condomínio sobre o bem comum. Precedentes. Recurso provido para julgar procedente a ação. Dá-se provimento ao recurso de apelação. (TJSP, Ap. n. 0003805-45.2015.8.26.0483, rel. Christine Santini, j. 14.06.2016)

O direito real de habitação deve ter interpretação funcional e sistemática, jamais literal (ou gramatical), pois constitui direito fundamental de moradia do cônjuge sobrevivente. A partir do momento que o beneficiário contrai novas núpcias, a proteção se desfaz, perdendo sua função protetiva. Não faz o menor sentido o viúvo, ao casar novamente e inaugurar uma nova entidade familiar, distinta e desligada da que mantinha com o autor da herança, preserve o direito real de habitação, em detrimento dos descendentes, herdeiros de primeira classe... Uma interpretação literal e exegética do art. 1.831 do CC, tão ao gosto oitocentista, levaria à apressada conclusão de que o legislador excluiu a natureza vidual do direito real de habitação. Segundo essa vertente, se encara o silêncio da lei, quanto à extinção do direito real em razão de novo casamento, como a persistência da habitação em caráter vitalício. Essa conclusão, porém, não pode prevalecer, porque criaria situação de profunda injustiça. O viúvo constituiria nova família na casa do autor da herança, com a possibilidade de criar um direito real de habitação de segundo grau. Basta imaginar a hipótese de o cônjuge supérstite vir a falecer. O seu segundo casal, em tese, também teria direito real de habitação, já totalmente desligado e sem qualquer vínculo com os herdeiros do proprietário original do imóvel. Essa a razão pela qual não comporta a norma do art. 1.831 interpretação literal, mas sim funcional. Na lição de Karl Larenz, a norma realiza os "fins objetivos do Direito, como a manutenção da paz e a justa resolução dos litígios, o equilíbrio de uma regulação que seja materialmente adequada" (*Metodologia da Ciência do Direito*, 1997, 3. ed., Fundação Kalouste Gulbenkian, Lisboa, p. 479). Também no dizer de Karl Engish, na base de todas as regras hermenêuticas para harmonizar normas aparentemente conflitantes, figura como verdadeiro postulado o princípio da coerência da ordem jurídica (*Metodologia da Ciência do Direito*, 1997, 3. ed., Fundação Kalouste Gulbenkian, Lisboa, p. 479). Correta, assim, a extinção do direito real de habitação da beneficiária que se casou novamente e foi residir em outra comarca por alongado período. (TJSP, Emb. Infring. n. 0000038-40.2012.8.26.0471, rel. Francisco Loureiro, j. 14.08.2014)

1 – É entendimento pacífico no âmbito do STJ que a companheira supérstite tem direito real de habitação sobre o imóvel de propriedade do falecido onde residia o casal, mesmo na vigência do atual CC. Precedentes. 2 – É possível a arguição do direito real de habitação para fins exclusivamente possessórios, independentemente

de seu reconhecimento anterior em ação própria declaratória de união estável. 3 – No caso, a sentença apenas veio a declarar a união estável na motivação do decisório, de forma incidental, sem repercussão na parte dispositiva e, por conseguinte, sem alcançar a coisa julgada (CPC, art. 469) [art. 504 do CPC/2015], mantendo aberta eventual discussão no tocante ao reconhecimento da união estável e seus efeitos decorrentes. 4 – Ademais, levando-se em conta a posse, considerada por si mesma, enquanto mero exercício fático dos poderes inerentes ao domínio, há de ser mantida a recorrida no imóvel, até porque é ela quem vem conferindo à posse a sua função social. 5 – Recurso especial desprovido. (STJ, REsp n. 1.203.144, rel. Min. Luis Felipe Salomão, j. 27.05.2014)

[...] 2 – Discute-se a oponibilidade do direito real de habitação da viúva aos coproprietários do imóvel em que ela residia com o falecido. 3 – A intromissão do Estado-legislador na liberdade das pessoas disporem dos respectivos bens só se justifica pela igualmente relevante proteção constitucional outorgada à família (art. 203, I, da CF/88), que permite, em exercício de ponderação de valores, a mitigação dos poderes inerentes à propriedade do patrimônio herdado, para assegurar a máxima efetividade do interesse prevalente, a saber, o direito à moradia do cônjuge supérstite. 4 – No particular, toda a matriz sociológica e constitucional que justifica a concessão do direito real de habitação ao cônjuge supérstite deixa de ter razoabilidade, em especial porque o condomínio formado pelos irmãos do falecido preexiste à abertura da sucessão, pois a copropriedade foi adquirida muito antes do óbito do marido da recorrida, e não em decorrência deste evento. 5 – Recurso especial conhecido e provido. (STJ, REsp n. 1.184.492, rel. Min. Nancy Andrighi, j. 01.04.2014)

1 – O CC/2002 regulou inteiramente a sucessão do companheiro, ab-rogando, assim, as leis da união estável, nos termos do art. 2º, § 1º, da LINDB. Portanto, é descabido considerar que houve exceção apenas quanto a um parágrafo. 2 – É bem verdade que o art. 1.790 do CC/2002, norma que inovou o regime sucessório dos conviventes em união estável, não previu o direito real de habitação aos companheiros. Tampouco a redação do art. 1.831 do CC traz previsão expressa de direito real de habitação à companheira. Ocorre que a interpretação literal das normas conduziria à conclusão de que o cônjuge estaria em situação privilegiada em relação ao companheiro, o que não parece verdadeiro pela regra da CF. 3 – A parte final do § 3º do art. 226 da CF consiste, em verdade, tão somente em uma fórmula de facilitação da conversão da união estável em casamento. Aquela não rende ensejo a um estado civil de passagem, como um degrau inferior que, em menos ou mais tempo, cederá vez a este. 4 – No caso concreto, o fato de a companheira ter adquirido outro imóvel residencial com o dinheiro recebido pelo seguro de vida do falecido não resulta exclusão de seu direito real de habitação referente ao imóvel em que residia com o companheiro, ao tempo da abertura da sucessão. 5 – Ademais, o imóvel em questão adquirido pela ora recorrente não faz parte dos bens a inventariar. 6 – Recurso especial provido. (STJ, REsp n. 1.249.227, rel. Min. Luis Felipe Salomão, j. 17.12.2013)

[...] 2 – Não há direito real de habitação se o imóvel no qual os companheiros residiam era propriedade conjunta do falecido e de mais doze irmãos. 3 – O direito real à habitação limita os direitos de propriedade, porém, quem deve suportar tal limitação são os herdeiros do *de cujus*, e não quem já era proprietário do imóvel antes do óbito e havia permitido sua utilização a título de comodato. 4 – Recurso especial não provido. (STJ, REsp n. 1.212.121, rel. Min. Luis Felipe Salomão, j. 03.12.2013)

[...] 3 – A constituição do direito real de habitação do cônjuge supérstite emana exclusivamente da lei, sendo certo que seu reconhecimento de forma alguma repercute na definição de propriedade dos bens partilhados. Em se tratando de direito *ex vi lege*, seu reconhecimento não precisa necessariamente dar-se por ocasião da partilha dos bens deixados pelo *de cujus*, inocorrendo, por conseguinte, ofensa à coisa julgada. Nesse quadro, a superveniente declaração do direito real de habitação dispensa prévia rescisão ou anulação da partilha, pois com ela não encerra qualquer oposição. 4 – De acordo com os contornos fixados pelo CC/2002, o direito real de habitação confere ao cônjuge supérstite a utilização do bem, com o fim de que nele seja mantida sua residência, independente do regime de bens do casamento e da titularidade do imóvel, afastado, inclusive, o caráter vidual estabelecido na legislação precedente. Substancia-se, assim, o direito à moradia previsto no art. 6º da CF, assegurado ao cônjuge supérstite. 5 – Recurso especial improvido. (STJ, REsp n. 1.125.901, rel. Min. Marco Buzzi, j. 20.06.2013)

[...] 3 – Conforme a jurisprudência desta Corte, o cônjuge sobrevivente tem direito real de habitação sobre o imóvel em que residia o casal, desde que seja o único dessa natureza e que integre o patrimônio comum ou particular do cônjuge falecido no momento da abertura da sucessão. 4 – Peculiaridade do caso, pois o cônjuge falecido já não era mais proprietário do imóvel residencial, mas mero usufrutuário, tendo sido extinto o usufruto pela sua morte. 5 – Figurando a viúva sobrevivente como mera comodatária, correta a decisão concessiva da reintegração de posse em favor dos herdeiros do falecido [...]. (STJ, REsp n. 1.273.222, rel. Min. Paulo de Tarso Sanseverino, j. 18.06.2013)

1 – O direito real de habitação sobre o imóvel que servia de residência do casal deve ser conferido ao cônjuge/companheiro sobrevivente não apenas quando houver descendentes comuns, mas também quando concorrerem filhos exclusivos do *de cujos*. 2 – Recurso especial improvido. (STJ, REsp n. 1134387, rel. p/ ac. Min. Sidnei Beneti, j. 16.04.2013)

Do voto vencido da Min. Nancy Andrighi: Não é aplicável a regra do art. 1.611, § 2°, do CC/1916, que garante ao cônjuge supérstite o direito real de habitação no imóvel residencial antes ocupado pelo casal, na hipótese em que os filhos do primeiro casamento do *de cujus*, em razão da herança, também detenham frações ideais desse imóvel juntamente com os filhos da segunda união, pois a *mens legislatoris* desse direito é impor aos descendentes do casal a observância ao princípio da solidariedade familiar, limitando-lhes a propriedade do patrimônio herdado em prol do bem-estar do ascendente, o que não ocorre no caso, já que os filhos exclusivos do falecido não guardam nenhum tipo de solidariedade em relação ao cônjuge supérstite. Não é aplicável a regra do art. 1.611, § 2°, do CC/1916, que garante ao cônjuge supérstite o direito real de habitação no imóvel residencial antes ocupado pelo casal, na hipótese em que os filhos do primeiro casamento do *de cujus*, em razão da herança, também detenham frações ideais desse imóvel juntamente com os filhos da segunda união, pois a *mens legislatoris* desse direito é impor aos descendentes do casal a observância ao princípio da solidariedade familiar, limitando-lhes a propriedade do patrimônio herdado em prol do bem-estar do ascendente, o que circunscreve esse direito real aos lindes da família tradicional, ou seja, aquela em que a prole tenha ancestralidade comum. É possível aos filhos do primeiro casamento do *de cujus*, em especial se entre eles houver incapazes, exigir a venda do imóvel que herdaram em conjunto com o cônjuge supérstite e os filhos da segunda união, ainda que o imóvel objeto de debate seja o que serviu de residência para o casal, pois, no caso, não haveria razoabilidade em garantir o direito real de habitação ao cônjuge supérstite, previsto no art. 1.611, § 2°, do CC/1916, em detrimento do direito de propriedade dos filhos exclusivos do falecido, que não compõem o grupo familiar, de sorte que aplicável a regra do art. 629 do CC/1916, pela qual um dos condôminos pode exigir, a qualquer tempo, a divisão da coisa comum.

Possessória. Reintegração. Bem imóvel. Deferimento da liminar. Posse do autor derivada de sucessão *causa mortis*. Indícios de união estável da ré mantida com o *de cujus*. Posse da ré advinda dessa união estável e, após o óbito, decorrente do direito real de habitação. Inteligência dos arts. 7°, parágrafo único, da Lei n. 9.278/96 e 1.831 do CC/2002. Composse, em tese, admitida. Exegese do art. 1.199 do estatuto civil. Prevalência do direito real de habitação da companheira sobrevivente sobre o direito dos demais herdeiros compossuidores. Liminar revogada. Recurso provido. (TJSP, AI n. 0016999-77.2013.8.26.0000, rel. Des. Correia Lima, j. 22.04.2013)

Inventário. Desocupação do imóvel pela viúva. Inadmissibilidade. Direito real de habitação previsto no art. 1.831 do CC. Existência de imóvel próprio não afasta a norma. Recurso improvido. (TJSP, AI n. 0029149-90.2013.8.26.0000, rel. Des. Eduardo Sá Pinto Sandeville, j. 14.03.2013)

Sucessão hereditária. Herança composta de único imóvel residencial. Direito real de habitação em favor da viúva. Ação ajuizada pela filha de relacionamento extraconjugal, objetivando a cobrança de alugueres relativos à sua quota-parte, desde o falecimento do genitor. Direito real de habitação deferido por lei ao cônjuge supérstite que elide o dever de indenizar os demais herdeiros. Descendente que herda o imóvel gravado pelo direito real de habitação. Impossibilidade de se converter, em sede de recurso, pedido indenizatório em possessório. Inadequação de duas famílias, que litigam entre si, ocuparem o mesmo imóvel. Recurso improvido. (TJSP, Ap. n. 0110222-27.2008.8.26.0011, rel. Des. Francisco Loureiro, j. 09.02.2012)

Inventário. Despesas com conservação, manutenção e impostos do imóvel que devem ser suportadas por todos os herdeiros, na proporção de sua cota parte, ainda que à cônjuge sobrevivente seja conferido o direito real de habitação (art. 1.831 do CC). Ausência de prova do caráter voluptuoso das reformas. Decisão mantida. Recurso improvido. (TJSP, AI n. 0206561-13.2010.8.26.0000, rel. Des. Salles Rossi, j. 25.08.2010)

Inventário. Decisão que indeferiu pedido de retificação parcial da partilha para o reconhecimento do direito real de habitação do cônjuge sobrevivente sobre o imóvel em que sempre residiu. Inexistência, entretanto, da concordância de todos os herdeiros, o que, em princípio, afastaria a possibilidade de aplicação do art. 1.028 do CPC [art. 656 do CPC/2015]. Presença, também, de impedimento estabelecido no direito material (art. 1.831 do CC), certo que a herança inclui mais de um imóvel residencial. Recurso desprovido. (TJSP, AI n. 0038042-75.2010.8.26.0000, rel. Des. Morato de Andrade, j. 29.06.2010)

Embargos de terceiro. Inventário. Reconhecido o direito real de habitação ao cônjuge sobrevivente casado sob o regime de separação obrigatória de bens sobre metade ideal de imóvel. Bem destinado ao lar conjugal. Inteligência do art. 1.831 do CC. Recurso provido. (TJSP, Ap. Cível n. 6.498.174.600, rel. Des. Luiz Antônio de Godoy, j. 01.09.2009)

É certo ter a Lei n. 9.278/96, em seu art. 7°, instituído o direito real de habitação para aqueles que vivem em união estável, um dispositivo importante para proteção da dignidade humana do companheiro sobrevivente. Ocorre que esse direito não é preponderante sobre o direito da ex-esposa do finado que, como consta do título de domínio, adquiriu a metade antes do relacionamento. O direito real de habitação é uma consequência legítima para as uniões estáveis, que são relações vivenciadas por pessoas que podem constituir famílias. No caso, embora o finado fosse legalmente separado, o fato de não ter resolvido a partilha com a ex-esposa criou um abismo para o reconhecimento do direito real de habitação. (TJSP, Ap. n. 284.012-4/2-00, rel. Des. Ênio Zuliani, j. 01.02.2007, trecho do acórdão)

No mesmo sentido, em litígio entre a companheira e a filha do extinto casamento do autor da herança, condômina por herança de sua falecida mãe: TJSP, AI n. 481.502-4/5-00, rel. Des. Luiz Antônio de Godoy, j. 23.01.2007.

Segundo o art. 1.831 do CC/2002, o cônjuge sobrevivente tem direito real de habitação sobre o imóvel em que residia o casal, desde que seja o único dessa natureza que integre o patrimônio comum ou particular do cônjuge falecido. (STJ, REsp n. 826.838, rel. Min. Castro Filho, j. 25.09.2006)

Ao tempo da abertura da sucessão, que se deu na vigência do atual CC, a apelante estava casada com o falecido pelo regime da separação obrigatória de bens. O art. 1.831 do CCB assegura o direito real de habitação ao cônjuge sobrevivente, qualquer que seja o regime de bens. (TJRS, Ap. n. 70.013.072.137, rel. Des. Luiz Felipe Brasil Santos, j. 21.12.2005)

**Art. 1.832. Em concorrência com os descendentes (art. 1.829, I) caberá ao cônjuge quinhão igual ao dos que sucederem por cabeça, não podendo a sua quota ser inferior à quarta parte da herança, se for ascendente dos herdeiros com que concorrer.**

O artigo disciplina a proporção da concorrência, prevista no inciso I do art. 1.829, entre cônjuge e descendentes. Para compreender o alcance dessa disciplina, é fundamental recordar que, em regra, o cônjuge concorre com os descendentes somente nos bens particulares, não nos comuns, pois, em relação a estes, já está protegido pela meação. Para o cálculo previsto no art. 1.832, portanto, é preciso separar bens particulares e comuns. A referência à herança, no artigo, deve ser compreendida, por conseguinte, como os bens particulares, objeto da concorrência, excluídos os comuns.

O cônjuge recebe uma cota igual à dos descendentes que sucederem por cabeça. Assim, se são três os filhos, a parte da herança objeto da concorrência é dividida em quatro partes iguais, atribuindo-se uma cota a cada um dos filhos e uma ao cônjuge. Se os filhos são comuns do autor da herança e do cônjuge sobrevivente, este tem assegurado um quarto da parte da herança em relação à qual há concorrência. Se forem cinco filhos comuns, por exemplo, o cônjuge terá direito a 25% dessa parte da herança e os 75% restantes serão divididos entre os cinco filhos, resultando em 15% a cada um. *A contrario sensu*, se os descendentes são exclusivos do *de cujus*, o cônjuge não tem direito a essa quarta parte. No mesmo exemplo de cinco filhos, todos exclusivos, a divisão será em seis partes, uma delas correspondente ao cônjuge.

O artigo vem acarretando grande polêmica, pois se esqueceu de disciplinar a possibilidade da concomitância de descendentes comuns e exclusivos, o que demanda atividade criadora do intérprete. A doutrina tem vislumbrado três soluções que seriam aparentemente as mais plausíveis: considerar todos os descendentes comuns e manter a quarta parte do cônjuge; considerar todos os descendentes exclusivos, afastando a garantia da quarta parte; e considerar todos os descendentes exclusivos, calculando-se a cota dos exclusivos para depois retirar do que sobrar os 25% do cônjuge e, por fim, dividir o resto entre os descendentes comuns.

Considere-se, como exemplo desta última hipótese, o viúvo com três filhos do casamento anterior, que casa novamente, tem mais um filho com sua nova esposa e morre. Uma herança de 100, nesse exemplo, seria dividida, no primeiro momento, em cinco partes (as quatro dos filhos e uma do cônjuge). Os três filhos exclusivos receberiam essa cota de 20, como se todos os filhos fossem exclusivos. Ao cônjuge seria assegurada a quarta parte da herança (25). Somando-se esses 25 aos 60 dos filhos exclusivos, sobram 15 para o filho comum. Qual seria a melhor das soluções?

A primeira solução é defendida por Francisco José Cahali (*Curso avançado de direito civil*. São Paulo, RT, 2003, v. VI, p. 216), sob o fundamento de que, pela redação literal do artigo, não se exige que todos os descendentes sejam comuns para que haja o resguardo da quarta parte da herança ao cônjuge. Bastaria um comum em face de um ou mais exclusivos. Respeitada a posição do ilustre jurista, não parece se justificar a adoção dessa tese por dois motivos. Em primeiro lugar, e principalmente, porque os descendentes comuns perdem uma parte da herança em favor de seu ascendente comum; os exclusivos perderiam para terceiro em face de quem não têm potencialidade sucessória. A diferença perdida pelos descendentes comuns, em tese, na situação mais comum, natural da vida, dos pais morrerem antes dos filhos, poderá ser por eles recuperada quando o cônjuge sobrevivente morrer. A mesma possibilidade não existe para os exclusivos. Por conseguinte, não se justifica, em termos lógicos, de isonomia ou equidade, que os filhos exclusivos do *de cujus* tenham suas cotas reduzidas para favorecer o cônjuge sobrevivente. Em segundo lugar, porque não parece unívoca a interpretação literal que o conceituado doutrinador procura emprestar ao art. 1.832, pois, se bastasse o cônjuge ser ascendente de pelo menos um dos herdeiros com que concorrer, deveria constar do artigo "se for ascendente de algum dos herdeiros com que concorrer". A redação adotada, ao contrário, resulta na referida ambiguidade.

A terceira solução é criticável por desigualar as cotas dos descendentes, discriminando-os por serem exclusivos ou comuns. Seria de se indagar se tal diferenciação seria atentatória da norma da Constituição que veda discriminação entre filhos (art. 227, § 6º); se também significaria violação do art. 1.834 do atual CC, que estabelece os descendentes da mesma classe (e grau) terem os mesmos direitos à sucessão de seus ascendentes. Não parece que assim seja, pois a parte que os descendentes comuns recebem a menor reverte em favor de ascendente deles. No referido exemplo, os 5% que o filho comum recebe a menos revertem em favor de sua mãe. Parece, assim, não haver violação ao princípio da isonomia entre os filhos, uma vez que o aspecto que diferencia o tratamento deles não é injusto nem arbitrário.

Não obstante, a solução mais adequada é a segunda, considerar todos os filhos como exclusivos, pois a terceira, de cálculo diferenciado entre os filhos, tem limitação de ordem matemática. Dependendo do número de filhos exclusivos, não sobra, na parte dos comuns, um quarto da herança para compor a quarta parte do cônjuge. Basta que sejam seis os filhos exclusivos. A herança de 100, sendo um filho comum, seria dividida em oito (seis filhos exclusivos, um comum, mais o cônjuge). Cada filho exclusivo teria 12,5, totalizando 75. O remanescente, 25, seria a quarta parte do cônjuge e, nesse caso, nada sobra ao filho comum. Diante dessa inviabilidade matemática, a melhor solução é considerar todos os filhos como exclusivos, estabelecendo-se, assim, critério de simples aplicação, que permite maior segurança jurídica e resguarda a igualdade dos quinhões entre filhos comuns e exclusivos. Do ponto de vista do cônjuge, o prejuízo é mínimo, porque permanece concorrendo com os descendentes; seus descendentes recebem cota igual à dos filhos exclusivos do *de cujus*, o que, em princípio, é aspecto que o favorece indiretamente; e o cônjuge, além disso, permanece com o direito real de habitação, pode postular alimentos dos filhos etc. Em suma, pela posição ora defendida, não sofre prejuízo tão considerável. Essa posição doutrinária, da segunda corrente, foi a adotada pelo STJ em precedente sobre o tema, com ementa abaixo transcrita, isto é, o cônjuge ou companheiro só tem direito à garantia mínima de quarta parte, no acervo dos bens particulares, quando concorrer somente com filhos comuns. Se houver filiação híbrida, composta por filhos comuns e exclusivos, perde essa garantia e recebe cota igual à dos filhos, sobre o acervo dos bens particulares.

O PL n. 508/2007 propõe incluir o companheiro neste art. 1.832 e excluir a garantia de quarta parte se todos os filhos forem comuns.

**Jurisprudência:** 1 – Controvérsia em torno da fixação do quinhão hereditário a que faz jus a companheira, quando concorre com um filho comum e, ainda, outros seis filhos exclusivos do autor da herança. 2 – O STF, sob a relatoria do e. Min. Luís Roberto Barroso, quando do julgamento do RE n. 878.694/MG, reconheceu a inconstitucionalidade do art. 1.790 do CCB tendo em vista a marcante e inconstitucional diferenciação entre os regimes sucessórios do casamento e da união estável. 3 – Insubsistência da discussão do quanto disposto nos incisos I e II do art. 1.790, do CCB, acerca do quinhão da convivente – se o mesmo que o dos filhos (desimportando se comuns ou exclusivos do falecido) –, pois declarado inconstitucional, reconhecendo-se a incidência do art. 1.829 do CCB. 4 – "Nos termos do art. 1.829, I, do CC/2002, o cônjuge sobrevivente, casado no regime de comunhão parcial de bens, concorrerá com os descendentes do cônjuge falecido somente quando este tiver deixado bens particulares. A referida concorrência dar-se-á exclusivamente quanto aos bens particulares constantes do acervo hereditário do *de cujus*" (REsp n. 1.368.123, rel. Min. Sidnei Beneti, rel. p/ ac. Min. Raul Araújo, 2ª S., j. 22.04.2015, *DJe* 08.06.2015).

5 – Necessária aplicação do direito à espécie, pois, reconhecida a incidência do art. 1.829, I, do CCB e em face da aplicação das normas sucessórias relativas ao casamento, aplicável o art. 1.832 do CCB, cuja análise deve ser, de pronto, realizada por esta Corte Superior, notadamente em face da quota mínima estabelecida ao final do referido dispositivo em favor do cônjuge (e agora companheiro), de 1/4 da herança, quando concorre com seus descendentes. 6 – A interpretação mais razoável do enunciado normativo do art. 1.832 do CC é a de que a reserva de 1/4 da herança restringe-se à hipótese em que o cônjuge ou companheiro concorrem com os descendentes comuns. En. 527 da Jornada de Direito Civil. 7 – A interpretação restritiva dessa disposição legal assegura a igualdade entre os filhos, que dimana do CC (art. 1.834) e da própria CF (art. 227, § 6º), bem como o direito de os descendentes exclusivos não verem seu patrimônio injustificadamente reduzido mediante interpretação extensiva de norma. 8 – Não haverá falar em reserva quando a concorrência se estabelece entre o cônjuge/companheiro e os descendentes apenas do autor da herança ou, ainda, na hipótese de concorrência híbrida, ou seja, quando concorrem descendentes comuns e exclusivos do falecido. 9 – Especificamente na hipótese de concorrência híbrida o quinhão hereditário do consorte há de ser igual ao dos descendentes. 10 – Recurso especial parcialmente provido. (STJ, REsp n. 1.617.650, 3ª T., rel. Min. Paulo de Tarso Sanseverino, j. 11.06.2019)

Inventário. Sucessão legítima. Cônjuge supérstite casada com o *de cujus* no regime da comunhão parcial de bens. Falecido que deixou apenas um bem imóvel, adquirido antes do casamento. Direito da mulher de concorrer com os descendentes na proporção determinada pelo art. 1.832 do CC, assegurado ainda o direito real de habitação. Aplicação dos arts. 1.829, I, e 1.831 do CC. Recurso provido. (TJSP, AI n. 0371315-06.2009.8.26.0000, rel. Des. Morato de Andrade, j. 01.06.2010)

**Art. 1.833. Entre os descendentes, os em grau mais próximo excluem os mais remotos, salvo o direito de representação.**

Embora o CC/1916 não contivesse disposição similar expressa, a mesma disciplina era inferida de outras normas. A ordem de vocação hereditária se dá não somente pela preferência entre classes de herdeiros (descendentes, ascendentes, cônjuge, companheiro e colaterais), mas também, dentro de cada classe, pela preferência entre graus de parentesco. Assim como ocorre com ascendentes (art. 1.836, § 1º) e com os colaterais até o quarto grau (art. 1.840), os descendentes de grau mais próximo excluem os mais remotos. Por conseguinte, se o autor da herança deixou filhos e netos, os filhos, de grau mais próximo, excluem os netos da sucessão.

Ressalve-se, somente, no caso dos descendentes, a possibilidade do direito de representação, tratado nos arts. 1.851 e seguintes, em que descendentes de graus diversos poderão concorrer à herança. É o caso, por exemplo, do autor da herança que tinha três filhos, um que morreu antes dele. Os filhos desse herdeiro premorto, netos do *de cujus*, herdam a parte que caberia na herança ao pai deles, como se vivo fosse (art. 1.851). A herança, nesse exemplo, é dividida em três partes, duas cabendo aos filhos que sobreviveram e a terceira aos netos, filhos do herdeiro premorto.

**Art. 1.834. Os descendentes da mesma classe têm os mesmos direitos à sucessão de seus ascendentes.**

O artigo reforça a disposição constitucional (art. 227, § 6º) que veda discriminação entre filhos por sua origem, evitando a distinção de tratamento jurídico havida no direito anterior entre filhos legítimos e ilegítimos, adotivos etc. A redação do artigo é deficiente, pois não são os descendentes de mesma classe que têm os mesmos direitos, mas os de mesmo grau, uma vez que os graus mais próximos excluem os mais remotos. Todos os descendentes compõem uma única classe. Não há mais de uma classe de descendentes. Sobre filhos adotivos, confiram-se os comentários ao art. 1.798.

**Art. 1.835. Na linha descendente, os filhos sucedem por cabeça, e os outros descendentes, por cabeça ou por estirpe, conforme se achem ou não no mesmo grau.**

O artigo, de redação idêntica ao do art. 1.604 do CC/1916, trata da distinção entre sucessão por cabeça e por estirpe. Na sucessão por cabeça, a partilha é feita mediante atribuição de cotas iguais a cada um dos herdeiros da mesma classe e grau. A sucessão por estirpe se dá nos casos em que há concorrência de herdeiros de graus diferentes dentro da mesma classe, os de grau mais remoto chamados por direito de representação. Se o autor da herança deixa três filhos vivos, a herança será partilhada em três, atribuindo-se a cada um deles uma terça parte, por cabeça. Se um dos filhos, porém, é premorto e tinha dois filhos, netos do *de cujus*, a herança continuará sendo dividida em três partes, duas delas cabendo aos dois filhos sobreviventes, que herdam por cabeça, e a terceira parte a ser entregue aos dois netos, filhos do herdeiro premorto, que herdam por estirpe. O artigo seguinte trata de outra modalidade de partilha, em linha.

**Jurisprudência:** Arrolamento. Exigência do recolhimento do imposto de transmissão *inter vivos*. Desacerto. Renúncia dos filhos herdeiros em favor do monte, e não em benefício de qualquer herdeiro. Atribuição aos netos, por cabeça. Recurso provido. (TJSP, AI n. 0364396-98.2009.8.26.0000, rel. Des. Fábio Quadros, j. 28.10.2010)

Agravo de instrumento. Arrolamento. Óbito ocorrido quando os dois únicos filhos já eram falecidos. CC, 1.835. Inteligência. Partilha por cabeça. Divisão da herança em quatro partes iguais atribuídas aos quatro netos. Recurso improvido. "A partilha é por cabeça quando a herança é dividida em tantas partes iguais quantos são os herdeiros que concorrem a ela, em igualdade de grau de parentesco, desde o momento da abertura da sucessão. Assim, a sucessão tem lugar por direito próprio e a herança é partilhada por cabeça. O que ocorre na representação é exatamente o oposto. É a desigualdade de grau de parentesco que a desencadeia". (TJSP, AI n. 6.157.504.600, rel. Des. Jesus Lofrano, j. 27.01.2009)

**Art. 1.836. Na falta de descendentes, são chamados à sucessão os ascendentes, em concorrência com o cônjuge sobrevivente.**

**§ 1º Na classe dos ascendentes, o grau mais próximo exclui o mais remoto, sem distinção de linhas.**

**§ 2º Havendo igualdade em grau e diversidade em linha, os ascendentes da linha paterna herdam a metade, cabendo a outra aos da linha materna.**

O artigo disciplina a sucessão dos ascendentes, que compõem a segunda classe preferencial da ordem de vocação hereditária. É complementado pelo artigo seguinte, que trata da forma como se dá a concorrência entre ascendentes e cônjuge, prevista no art. 1.829, II. Os ascendentes herdam na falta de descendentes. Como ocorre com os descendentes, os ascendentes de grau mais próximo excluem os de grau mais remoto. Essa exclusão ocorre sem distinção de linhas. As linhas a que se refere o dispositivo são as linhas de ascendência paterna e materna. Se o autor da herança, por exemplo, deixa mãe viva e se o pai era premorto, a mãe herda toda a herança; os avós paternos nada recebem. O § 2º trata da possibilidade de haver igualdade em grau e diversidade em linhas, estabelecendo caber a cada linha metade da herança. Suponha-se que os pais morreram antes do autor da herança e este deixou avó paterna e os avós maternos vivos. A herança será dividida em duas linhas, paterna e materna, atribuindo-se a cada uma metade da herança, de modo que a avó paterna receberá 50% e os avós maternos os outros 50%.

**Art. 1.837. Concorrendo com ascendente em primeiro grau, ao cônjuge tocará um terço da herança; caber-lhe-á a metade desta se houver um só ascendente, ou se maior for aquele grau.**

O artigo regula a proporção da concorrência do cônjuge com os ascendentes, prevista no art. 1.829, II. O cônjuge terá direito a um terço da herança se concorrer com pai e mãe do autor da herança. Se um dos pais tiver morrido antes do *de cujus*, o cônjuge terá direito a metade da herança na concorrência só com o pai ou só com a mãe do autor da herança. Também terá direito a metade se concorrer com ascendentes do segundo grau em diante (avós, bisavós etc.).

É importante relembrar que, em relação aos ascendentes, o cônjuge sobrevivente concorre sempre, independentemente do regime de bens. Poderá, portanto, ter direito à meação dos bens do espólio (recordando que não se confunde meação, direito preexistente à sucessão, que decorre do regime de bens, com herança) e a uma cota hereditária, de um terço ou metade, na herança. Havendo, por exemplo, cônjuge sobrevivente, casado pelo regime de comunhão universal, sem bens particulares, tendo o autor da herança deixado mãe viva, com pai já falecido ao tempo da abertura da herança, o cônjuge ficará com a meação (50% do patrimônio) e mais metade da herança (mais 25% do todo), cabendo 25% do total à mãe do *de cujus*.

**Jurisprudência:** Arrolamento de bens. Sentença homologatória de partilha. Apela a genitora do *de cujus*, sucedida pelo espólio, para insurgir-se contra a concorrência da viúva em parte da herança deixada pelo filho. Descabimento. O *de cujus* não deixou descendentes. Viúva e ascendente concorrem na herança dos bens deixados, independentemente do regime de casamento adotado. Inteligência do art. 1.837 do CC. Partilha de acordo com o dispositivo legal. Precedentes. Recurso improvido. (TJSP, Ap. n. 10459149820228260002/SP, rel. James Siano, 5ª Câm. de Dir. Priv., j. 25.06.2024)

Agravo de instrumento. Inventário. Decisão recorrida que, dentre outras medidas, cabe ao inventariante 50% das despesas, correspondente à sua meação, mais 1/3 de 50%, correspondente a sua herança, enquanto aos herdeiros ascendentes compete 1/3 de 50% para cada. Insurgência. Não acolhimento. O STF firmou o entendimento que tanto a sucessão *causa mortis* do cônjuge quanto a do companheiro devem levar em consideração as regras dispostas no art. 1.829 do CC – em se tratando de sucessão legítima envolvendo genitores ascendentes, não há que se falar no regime de bens aplicável ou na existência bens particulares do *de cujus*, de modo que ao cônjuge ou companheiro "tocará um terço da herança", *ex vi* do art. 1.837 do CC. Companheiro do falecido tem direito à meação, bem como concorre como herdeiro juntamente com os ascendentes em relação ao restante do monte partível, na forma do art. 1.829, II, do CC. As despesas havidas com a conservação do espólio devem seguir tal proporção. Decisão mantida. Recurso não provido. (TJSP, AI n. 2093317-81.2024.8.26.0000, rel. Moreira Viegas, j. 17.05.2024)

Inventário. Decisão que excluiu os ascendentes da ordem de vocação hereditária, reconhecendo o ex-companheiro como o único herdeiro dos bens particulares (adquiridos antes da união do casal), por força do disposto no art. 1.829, I, do CC. Inconformismo da representante dos ascendentes (pai e mãe) falecidos no curso do presente inventário. Acolhimento parcial. Sucessão que é regulada pela lei vigente à época do falecimento, no caso o CC/2002. Inteligência dos arts. 1.787 e 2.041 do referido diploma civil. Ascendentes que concorrem com o companheiro (em razão da reconhecida inconstitucionalidade do art. 1.790 do CC) tanto em relação aos bens comuns quanto em relação aos bens particulares. Agravado que reconhece o seu direito a 1/3 dos bens. Aplicação dos arts. 1.829, II, 1.836 e 1.837 todos do diploma civil. Decisão reformada para limitar o quinhão do ex-companheiro a 1/3 dos bens particulares deixados à época do falecimento. Recurso provido em parte. (TSP, AI n. 2217712-53.2021.8.26.0000, rel. J. L. Mônaco da Silva, j. 07.01.2022)

Inventário. Autora da herança que não deixa descendentes e sim apenas cônjuge e dois ascendentes (genitores), ambos vivos no momento de abertura da sucessão. Incidência da regra do art. 1.829, II, do CC. Concorrência que não possui restrição em relação ao regime de bens do relacionamento, tornando irrelevante existir ou não bem particular da *de cujus*, não se confundindo com a hipótese do inciso I do art. 1.829 do CC, que versa sobre cônjuge/companheiro e descendentes. Cônjuge supérstite que faz jus à meação e à parte do acervo hereditário. Recurso provido (TJSP, AI n. 2157918-04.2021.8.26.0000, rel. Alvaro Passos, j. 27.09.2021)

Ação de anulação de partilha. Inventário. Erro substancial de direito. Viúva que não foi informada, pela advogada comum, de que concorrendo à sucessão com os ascendentes do marido, teria direito sobre 1/3 do imóvel adquirido pelo falecido, antes do casamento. Desnecessidade que o erro fosse do conhecimento da parte beneficiada. Inteligência dos arts. 1.829, II, e 1.837, do CC. O erro quanto ao seu direito foi decisivo para consentir com a partilha homologada, e que deve ser anulada na sua plenitude. Recurso provido. (TJSP, Ap. n. 0044555-30.2008.8.26.0000, rel. Des. Alcides Leopoldo e Silva Júnior, j. 13.11.2012)

Sucessão. Herança. Concorrência entre ascendente e o cônjuge supérstite da autora da herança. Sucessão regulada pelo CC/2002. Ordem de vocação hereditária determinada pelos incisos do art. 1.829. À falta de descendentes, a sucessão defere-se aos ascendentes, em concorrência com o viúvo. Em franca modificação da ordem de vocação hereditária que vigorava sob o CC/1916, passou o cônjuge sobrevivente, como regra, a herdar em concorrência com os integrantes das duas primeiras classes de herdeiros legítimos. Por se tratarem de exceções à regra, as hipóteses do art. 1.829, I, *in fine*, aplicáveis ao concurso entre viúvo e descendentes, não comportam interpretação extensiva ou aplicação analógica para o caso de concurso entre viúvo e ascendentes. Cônjuge sobrevivente que deverá ser chamado a herdar juntamente com a herdeira-mãe, nos termos do art. 1.837 do CC/2002. Agravo de instrumento provido. (TJSP, AI n. 0002582-27.2010.8.26.0000, rel. Des. Paulo Eduardo Razuk, j. 18.05.2010)

**Art. 1.838. Em falta de descendentes e ascendentes, será deferida a sucessão por inteiro ao cônjuge sobrevivente.**

O cônjuge sobrevivente, figurando em terceiro lugar na ordem preferencial da vocação hereditária, recebe a integralidade da herança se não houver descendentes e ascendentes. Não importa qual seja o regime de bens. Ainda que casado, por exemplo, pela separação total de bens, convencional ou legal, recebe toda a herança. Sobre a perda do direito sucessório pelo cônjuge, por separação judicial, divórcio ou mesmo separação de fato, confira-se o art. 1.830.

Recorde-se que, conforme decidido pelo STF (Tema n. 809), cônjuges e companheiros têm tratamento jurídico equiparado para fins sucessórios, motivo pelo qual o companheiro sobrevivente figura ao lado do cônjuge na terceira posição da ordem da vocação hereditária, aplicando-se a ele, assim, essa regra do art. 1.838, ou seja, não havendo descendentes ou ascendentes, e ressalvada a eventual existência de testamento que lhe pode retirar a metade disponível, recebe a integralidade da herança, não importando o regime de bens da união estável.

**Jurisprudência:** Agravo de instrumento. Sucessões. Ação de inventário. Regime sucessório entre companheiros. Tema n. 809 do Eg. STF. Aplicação do art. 1.829 do CC. Ex-companheira do *de cujus* que figura como única herdeira dos bens em questão. Devem ser excluídos os herdeiros colaterais do falecido do processo de inventário. Cabível a aplicação da tese fixada no julgamento do RE n. 878.694/MG (Tema n. 809 do Eg. STF), que declarou a inconstitucionalidade da distinção entre os regimes sucessórios dos cônjuges e dos companheiros (art. 1.790 do CC). Aplica-se no regime sucessório entre companheiros o estabelecido no art. 1.829 do CC. Neste sentido, inexistindo descendentes e ascendentes do falecido, deve ser deferida sucessão à cônjuge/companheira sobrevivente, excluindo os herdeiros colaterais (irmãos do *de cujus*). Jurisprudência do Eg. STF e deste TJRS. Agravo de instrumento provido (TJRS, AI n. 52932180320238217OO, rel. João Ricardo dos Santos Costa, 8ª Câm. Cível, j. 23.11.2023)

Agravo de instrumento. Inventário. Despacho que nomeia a companheira sobrevivente como inventariante, contudo, assinala que a nomeação não se confunde com seu direito hereditário, tampouco a vincula como meeira, considerando a pactuação do regime de separação total de bens. Inconformismo. Hipótese em que o falecido não deixou descendentes, nem ascendentes. Regime da separação obrigatória que não altera a ordem legal de sucessão. Companheira sobrevivente que antecede os colaterais e não concorre com estes, independentemente do regime adotado. Exclusão do colateral da herança. Incidência dos arts. 1.829, III, e 1.838 do CC. Provimento. (TJSP, AI n. 2112188-33.2022.8.26.0000, rel. Enio Zuliani, j. 14.06.2022)

Apelação. Ação promovida por nu-proprietário visando retomada da posse de imóvel em razão da extinção do usufruto pela morte do usufrutuário. Bem na posse da viúva do usufrutuário. Ação rejeitada por força do reconhecimento de direito real de habitação da viúva. Inadmissibilidade. Falecido que não era proprietário do bem, requisito essencial para reconhecimento do direito do art. 1.831 do CC. *De cujus* que havia doado o imóvel aos filhos, sendo usufrutuário. Usufruto extinto de pleno direito com a morte do usufrutuário (art. 1.410, I do CC). Direito à retomada do bem reconhecido. Invocação do direito constitucional de moradia que não basta para autorizar a permanência da viúva em imóvel que pertence a terceiro. Recurso provido. (TJSP, Ap. n. 1004405-16.2018.8.26.0072, rel. Enéas Costa Garcia, j. 19.04.2022)

Apelação. Sucessão. Anulatória de inventário. Viúva casada em regime de separação de bens que finalizou o inventário herdando a totalidade dos bens. Sentença de improcedência. Inconformismo dos irmãos do *de cujus*. Vocação hereditária do cônjuge virago que precede a dos parentes colaterais. Inexistência de ascendentes ou descendentes que garante à mulher a sucessão por inteiro, conforme art. 1.838 do CC. Irrelevância de no casamento ser observado o regime da separação de bens. Sentença ratificada. Negaram provimento ao recurso. (TJSP, Ap. n. 1019688-52.2019.8.26.0005, rel. Alexandre Coelho, j. 15.03.2022)

1. A Suprema Corte, no julgamento do RE n. 878.694 (Tema n. 809), fixou que, "no sistema constitucional vigente, é inconstitucional a distinção de regimes sucessórios entre cônjuges e companheiros, devendo ser aplicado, em ambos os casos, o regime estabelecido no art. 1.829 do CC/2002". 2. Nesse viés, sendo o companheiro o único herdeiro da falecida, não detém a autora (irmã) legitimidade ativa *ad causam*, com o que deve ser mantida a sentença fustigada, que acolhendo o pedido do herdeiro, julgou extinto o inventário, na forma do art. 485, VI, do CPC [...]. (TJRS, Ap. Cível n. 70.085.212.967, 8ª Câm. Cível, rel. Ricardo Moreira Lins Pastl, j. 11.03.2022)

[...] 2. Conforme entendimento firmado pelo STF no julgamento do RE n. 878.694/MG (Tema n. 809 de Repercussão Geral), é inconstitucional a distinção de regimes sucessórios entre cônjuges e companheiros, devendo ser aplicado em ambos os casos o regime do art. 1.829 do CC/2002. 2.1. Na hipótese, inexistindo descendentes e ascendentes, a sucessão se dará por inteiro ao cônjuge ou companheiro sobrevivente, afastando-se, assim, a participação de colaterais do *de cujus* no inventário. 3. Modificar o entendimento do Tribunal local acerca do fato de que, no testamento, o falecido não manifestou a vontade de deixar quaisquer bens para os ora agravantes, somente seria possível com o reexame de matéria fático-probatória, o que é inviável devido ao óbice da Súmula n. 7/STJ [...]. (STJ, Ag. Int. no AREsp n. 1.813.380/RJ, 3ª T., rel. Min. Marco Aurélio Bellizze, j. 16.08.2021, *DJe* 19.08.2021)

Sucessão hereditária. Inventário. Pretensão de herdeiros colaterais de excluir a viúva-meeira da herança, apenas por ter casado em separação obrigatória de bens, contar mais de 60 anos à data do enlace matrimonial. Indeferimento pelo Juízo, agravo interposto a que se nega provimento. Regime de bens nada tem a ver com direito de herança, consoante entendimento doutrinário e jurisprudencial trazido à colação. Recurso improvido. (TJSP, AI n. 545.388-4/9-00, rel. Des. Luiz Ambra, j. 31.01.2008)

Se o *de cujus* não deixou nem descendentes, nem ascendentes, o cônjuge é chamado a suceder, pois ocupa o terceiro lugar na ordem de vocação hereditária, sendo absolutamente irrelevante o regime de bens do casamento. Inteligência do art. 1.829, III, e art. 1.838 do CCB. (TJRS, Ap. n. 70.016.532.376, rel. Des. Sérgio Fernando de Vasconcellos Chaves, j. 08.11.2006)

**Art. 1.839. Se não houver cônjuge sobrevivente, nas condições estabelecidas no art. 1.830, serão chamados a suceder os colaterais até o quarto grau.**

O artigo complementa o art. 1.829, IV, aclarando que os colaterais chamados à sucessão são os até o 4º grau (sobre a contagem de graus de parentesco, confiram-se os arts. 1.592 e 1.594). Não havendo herdeiros das três classes precedentes, os colaterais herdam a totalidade da herança.

Recorde-se que, como assentado pelo STF no Tema n. 809, os direitos sucessórios de cônjuge e companheiro sobreviventes são equiparados, de modo que a referência à inexistência de cônjuge neste art. 1.839 se estende à inexistência de companheiro, ou seja, havendo cônjuge ou companheiro, não importando o regime de bens, os colaterais são excluídos da sucessão.

Não havendo colaterais até o 4º grau, a herança será devolvida ao Poder Público (art. 1.844). Os colaterais não são herdeiros necessários, de modo que, não tendo herdeiros de outras classes, o autor da herança pode dispor de todo o patrimônio por testamento, excluindo os colaterais da sucessão. Sobre outros aspectos da sucessão dos colaterais, confiram-se os arts. 1.840 a 1.843.

**Jurisprudência:** Agravo de instrumento. Inventário. Insurgência com a decisão que excluiu os irmãos colaterais. Descabimento. Manutenção do *decisum*. Com efeito, o art. 1.790 do CC foi julgado inconstitucional pelo STF, RE n. 878.694/MG – Tema n. 809, ocasião em que ficou estabelecido que "é inconstitucional a distinção de regimes sucessórios entre cônjuges e companheiros prevista no art. 1.790 do CC/2002, devendo ser aplicado, tanto nas hipóteses de casamento quanto nas de união estável, o regime do art. 1.829 do CC/2002" o extinto não deixou ascendentes, ou descendentes, sendo de rigor a exclusão dos irmãos colaterais, porquanto se trata de herdeiros facultativos, não concorrendo com a herança quando existente cônjuge sobrevivente como no caso em apreço. Inteligência do art. 1.839, do CC. Recurso desprovido. (TJRS, AI n. 52138103120218217000, rel. José Antônio Daltoe Cezar, j. 06.10.2022)

Inventário. Decisão que, no bojo do inventário dos bens deixados pelo falecimento de N. M. S., ocorrido em 17 de abril de 2021, e A. M. C. S., havido em 27 de abril do mesmo ano, indeferiu fossem os irmãos de N. M. S. Habilitados como seus herdeiros – pela ordem de vocação hereditária, o chamamento do cônjuge (independentemente do regime de bens adotado no casamento) antecede o chamamento do parente colateral (irmãos). Inteligência dos arts. 1.829 e 1.839, ambos do CC. O acervo hereditário será integralmente destinado a M. J. C., inventariante e irmã de A. M. C. S. Precedentes. Decisão mantida. Agravo de instrumento parcialmente provido para deferir as benesses da Lei n. 1.060/50, no âmbito deste recurso. (TJSP, AI n. 2291550-29.2021.8.26.0000, rel. Theodureto Camargo, j. 23.02.2022)

**Art. 1.840. Na classe dos colaterais, os mais próximos excluem os mais remotos, salvo o direito de representação concedido aos filhos de irmãos.**

Com redação idêntica à do art. 1.613 do CC/1916, o dispositivo estabelece a preferência, dentro da classe dos colaterais, dos graus mais próximos em face dos mais remotos. Assim, o colateral de 2º grau (não há colateral de 1º) exclui o de 3º e assim sucessivamente. Como será visto no art. 1.843, tios e sobrinhos são colaterais de 3º grau e o legislador optou por dar preferência aos sobrinhos, de modo que, concorrentes uns e outros, os sobrinhos excluem os tios.

Na sucessão dos colaterais, em regra, não há direito de representação, salvo na única hipótese, contemplada no art. 1.840, em favor dos sobrinhos. Por conseguinte, se o autor da herança tinha três irmãos, um deles premorto, que por sua vez tinha dois filhos, sobrinhos do *de cujus*, a herança será dividida em três partes iguais, duas delas que ficarão para os irmãos sobreviventes, que herdam por cabeça, e a terceira a ser repartida entre os sobrinhos, que herdam por estirpe, por direito de representação, recebendo a parte que caberia ao pai deles se vivo estivesse.

**Jurisprudência:** Inventário. Ordem da vocação hereditária. Habilitação requerida por descendentes de irmã pré-morta do autor da herança, invocando-se direito de representação. Herança já transmitida pelo inventariado ao único filho e herdeiro, que faleceu no curso do inventário. Ausência de legitimidade também na sucessão do herdeiro universal, que tinha irmãos unilaterais, os quais excluem os primos na classe dos colaterais. Art. 1840 do CC. Indeferimento da habilitação mantido. Recurso improvido. (TJSP, AI n. 20094113320238260000/São Sebastião da Grama, 1ª Câm. de Dir. Priv., rel. Augusto Rezende, j. 24.07.2023, publ. 24.07.2023)

Agravo de instrumento. Inventário. Decisão que, em atenção a manifestação da Partidoria, determinou a realização das retificações necessárias do plano de partilha, limitando a repartição da herança entre irmãos e sobrinhos da falecida. Inconformismo das recorrentes, sobrinhas-netas da *de cujus* (filhas de filho premorto de irmão premorta da autora da herança). Não acolhimento. *De cujus* faleceu *ab intestato* e não deixou cônjuge/companheiro, ascendentes vivos, nem teve filhos. Inexistência de testamento. Necessária a observância da ordem legal de vocação hereditária. Limitando-se a partilha a herdeiros colaterais, há de se observar a regra do art. 1.840 do CC. Direito de representação na linha colateral que se limita aos sobrinhos, não alcançando parentes de grau mais distante, como os sobrinhos-netos. Ademais, entre os colaterais, os mais próximos excluem os mais remotos. Inexistente deixa testamentária, sucessão dar-se-á entre irmão e sobrinhos da falecida (filhos de irmãos premortos). Decisão mantida. Recurso não provido. (TJSP, AI n.2025953-63.2022.8.26.0000, rel. Maria de Lourdes Lopez Gil, j. 20.04.2022)

Inventário. Indeferimento do pedido de habilitação do recorrente como herdeiro. Recurso desprovido. Inventário. Insurgência contra decisão que indeferiu o pedido de habilitação do agravante como herdeiro da *de cujus*. Efeito suspensivo indeferido. Inteligência dos arts. 1.840 e 1.853 do CC. Na classe dos colaterais, apenas os filhos de irmãos do falecido herdam por representação. Parentes colaterais de 4° que herdam apenas por direito próprio, caso inexistam parentes de grau mais próximo. Na hipótese, o primo não é herdeiro, diante da existência de sete tios da falecida. Doutrina e jurisprudência. Decisão mantida. Recurso desprovido. (TJSP, Proc. n. 2253502-98.2021.8.26.0000, rel. J.B. Paula Lima, j. 15.12.2021)

Hodiernamente deve-se buscar um conceito plural de paternidade, no qual a vontade, o consentimento, a afetividade e a responsabilidade jurídicas devem ser consideradas, não sendo o vínculo consanguíneo o único apto a comprovar a paternidade. Nos termos do art. 1.840 do CC, "na classe dos colaterais, os mais próximos excluem os mais remotos, salvo o direito de representação concedido aos filhos de irmãos". O reconhecimento da paternidade socioafetiva enseja a inclusão do herdeiro colateral nos autos do inventário, com a consequente exclusão dos mais remotos. (TJMG, AI n. 1.0395.04.005675-0/002, rel. Maurício Soares, j. 20.10.2015)

Inventário. Direito de representação na linha colateral que se dá apenas aos filhos de irmãos da falecida. Habilitação do agravante. Inadmissibilidade, tendo em vista que ele é sobrinho-neto da *de cujus*. Parentes mais próximos excluem os mais remotos. Exegese dos arts. 1.840 e 1.853, ambos do CC. Decisão mantida. Recurso não provido. (TJSP, AI n. 0173899-25.2012.8.26.0000, rel. Des. Erickson Gavazza Marques, j. 16.01.2013)

1 – Na classe colateral, apenas os sobrinhos herdam por representação, sendo que, nas demais situações, aqueles que se encontrarem em grau de parentesco mais próximo herdarão, excluindo o direito de representação dos mais distantes. 2 – Os parentes colaterais de 4° grau só são chamados a suceder por direito próprio, mas não por representação, ou seja, só herdam se o falecido não tiver deixado nenhum colateral de 3° grau. 3 – Agravo regimental provido para dar parcial provimento ao recurso especial. (STJ, Ag. Reg. no REsp n. 950.301, rel. Min. João Otávio de Noronha, j. 22.06.2010)

Civil. Direito sucessório. O CC brasileiro dispõe expressamente que o direito de representação entre colaterais se limita aos filhos de irmãos, ou seja, aos sobrinhos diretos, conforme disposição do art. 1.840 do referido diploma legal. Trata-se aqui de direito de sucessão na linha colateral, onde os mais próximos excluem os mais remotos, salvo o direito de representação concedido aos filhos de irmãos. É ainda de se repisar que, na hipótese de representação na linha colateral ou transversal, esse direito não vai ao infinito, como ocorre na representação em linha reta descendente, não abrangendo subestirpes e principalmente não beneficiando os parentes de 4° grau do falecido. Decisão monocrática, com fulcro no art. 557, *caput*, do CPC [arts. 932, IV, *a* e *b*, e 1.011, I, do CPC/2015], negando seguimento ao recurso, ante sua manifesta improcedência. (TJRJ, AI n. 0013600-40.2010.8.19.0000, rel. Des. Celso Ferreira Filho, j. 07.04.2010)

**Art. 1.841. Concorrendo à herança do falecido irmãos bilaterais com irmãos unilaterais, cada um destes herdará metade do que cada um daqueles herdar.**

Adotou-se o mesmo sistema do Código anterior de discriminar irmãos bilaterais e unilaterais. Bilaterais são os que provêm do mesmo pai e da mesma mãe. Unilaterais são os irmãos só pelo lado do pai ou da mãe. Aos unilaterais se assegura metade do que couber aos bilaterais. Por conseguinte, se o *de cujus* deixou dois irmãos, um bilateral e o outro unilateral, a parte deste na herança corresponderá à metade daquele.

**Jurisprudência:** Arrolamento. Sucessão de colaterais. Irmã unilateral que se insurge quanto ao seu quinhão. Cota inferior a que tem direito os irmãos germanos ou bilaterais (de mesmo pai e mesma mãe). Inteligência do art. 1.841 do CC. Ausência de inconstitucionalidade. A regra esculpida no § 6º do art. 227 da CF/88 se refere à igualdade entre os filhos, nas relações de filiação, não aos irmãos. (TJSP, Ap. n. 9248081-62.2008.8.26.0000, rel. Des. Neves Amorim, j. 24.04.2012)

**Art. 1.842. Não concorrendo à herança irmão bilateral, herdarão, em partes iguais, os unilaterais.**

Conforme o artigo anterior, 1.841, concorrendo à herança irmãos bilaterais e unilaterais, estes recebem a metade daqueles. O presente art. 1.842 esclarece que se todos os irmãos são unilaterais, herdarão quinhões iguais, por cabeça, pois não há razão para discriminação.

**Art. 1.843. Na falta de irmãos, herdarão os filhos destes e, não os havendo, os tios.**

**§ 1º Se concorrerem à herança somente filhos de irmãos falecidos, herdarão por cabeça.**

**§ 2º Se concorrem filhos de irmãos bilaterais com filhos de irmãos unilaterais, cada um destes herdará a metade do que herdar cada um daqueles.**

**§ 3º Se todos forem filhos de irmãos bilaterais, ou todos de irmãos unilaterais, herdarão por igual.**

O artigo põe fim à dúvida que o art. 1.617 do CC/1916 suscitava a respeito da preferência entre tios e sobrinhos. Ambos são colaterais de 3º grau, e o Código anterior não explicitava se havia uma relação de preferência entre eles. Essa preferência havia sido assentada pela doutrina. O atual Código resolveu a questão, ao estabelecer que, na falta de irmãos, herdam os filhos destes, ou seja, os sobrinhos, e somente não os havendo é que são chamados os tios.

O § 1º estabelece que, sendo todos os irmãos premortos, os sobrinhos herdam por cabeça, não por estirpe. Por conseguinte, se o *de cujus* tinha dois irmãos, mortos antes dele, um deles com um filho e o outro com dois, a herança será dividida em partes iguais entre os três sobrinhos.

O § 2º preserva coerência com o art. 1.841. Segundo ele, concorrendo irmãos bilaterais com unilaterais, estes herdam a metade daqueles. Se todos os irmãos são premortos, uns bilaterais e outros unilaterais, os filhos dos unilaterais herdam metade do que herdarem os filhos dos irmãos bilaterais.

Por fim, o § 3º é decorrência da regra do art. 1.842, ou seja, se todos os sobrinhos são filhos de irmãos bilaterais ou unilaterais, herdarão quinhões iguais, pois não há razão para discriminação.

**Art. 1.844. Não sobrevivendo cônjuge, ou companheiro, nem parente algum sucessível, ou tendo eles renunciado a herança, esta se devolve ao Município ou ao Distrito Federal, se localizada nas respectivas circunscrições, ou à União, quando situada em território federal.**

Não havendo herdeiros sucessíveis, ou tendo todos eles renunciado, e não havendo testamento, a herança é declarada vacante e passa ao domínio do município no qual está situada, ou ao Distrito Federal (no exercício de competência cumulativa municipal) ou à União em relação a municípios situados em território federal. Sobre herança jacente e vacante, confiram-se os arts. 1.819 a 1.823.

**Jurisprudência:** Sucessão. Decisão atacada que, diante do reconhecimento, por sentença, da agravada como companheira do extinto, converteu a arrecadação de bens de herança jacente em inventário, nomeou-a inventariante e excluiu o Município ora agravante do feito. Admissibilidade. Ausência de controvérsia, de um lado, quanto à condição de ex-convivente do falecido ostentada pela recorrida, e, de outro, em relação à inexistência de parentes sucessíveis. Hipótese em que a herança deve ser deferida à agravada em sua totalidade, seja se considerada a inconstitucionalidade do art. 1.790 do CC, seja se tomada a interpretação dada ao mesmo artigo pela doutrina. Conceito de herança jacente que não se coaduna com eventual fracionamento do monte partilhável. Inteligência do art. 1.844 do CC. Decisão mantida. Agravo improvido. (TJSP, AI n. 2067667-81.2014.8.26.0000, rel. Vito Guglielmi, j. 26.06.2014)

Assistência judiciária. Ação de reintegração de posse. Qualificação do requerente como herança jacente. Possibilidade de concessão do benefício. Exigência de comprovação da insuficiência de recursos. Verificação feita a partir do patrimônio deixado pelo *de cujus*. Monte-mor constituído por um único imóvel. Ausência de informações a respeito de eventuais ações, aplicações financeiras ou qualquer outro ativo em nome do falecido. Falta de liquidez do único bem arrecadado. Impossibilidade de atribuição do encargo ao Município pelo simples fato de ser o requerente da arrecadação. Atuação da municipalidade com intuito exclusivo de proteção dos bens. Transferência da herança para o Poder Público apenas se não forem encontrados herdeiros. Estado de vacância. Permanência dos bens sob a administração de um curador. Não inclusão do custeio das despesas processuais do procedimento de arrecadação dentre as atribuições do administrador. Art. 1.144 do CPC [art. 739, §§ 1º e 2º, do CPC/2015]. Benefício concedido. Recurso provido. (TJSP, AI n. 0081069-79.2008.8.26.0000, rel. Des. Manoel Mattos, j. 16.11.2010)

Apelação cível. Arrecadação de herança jacente. Na ausência de herdeiros o município sucederá o *de cujus*, conforme preceito do art. 1.844 do CC. É dever da municipalidade investigar sobre a existência de bens a arrecadar, porque se trata de patrimônio público em potencial. Deve, portanto, ser autorizada a expedição de ofícios à Secretaria da Receita Federal para informações de eventuais bens deixados pelo falecido, porque tais informações só podem ser obtidas com autorização judicial. Ademais, o art. 1.142 do CPC [art. 738 do CPC/2015] não exige que a descrição dos bens venha com a inicial. Recurso conhecido e provido para determinar o prosseguimento do feito com a expedição de ofícios à Secretaria da Receita Federal. Sentença reformada. (TJRJ, Ap. n. 2006.001.14301, rel. Des. Mário Guimarães Neto, j. 15.08.2006)

## CAPÍTULO II
## DOS HERDEIROS NECESSÁRIOS

**Art. 1.845. São herdeiros necessários os descendentes, os ascendentes e o cônjuge.**

No CC/1916, herdeiros necessários eram somente os descendentes e os ascendentes. O CC/2002 promoveu importante inovação, acrescentando ao rol o cônjuge sobrevivente.

Aos herdeiros necessários resguarda-se metade da herança, a chamada legítima, que não pode ser objeto de disposição nem por testamento nem por doações. Essa limitação à liberdade de testar e de doar tem clara função social, protetiva de familiares mais próximos do autor da herança. Se o testador exceder a metade, reduzem-se as disposições testamentárias até o limite da legítima (arts. 1.966 a 1.968). Tendo potenciais herdeiros necessários, se doar mais do que poderia dispor por testamento, o excedente à porção disponível é considerado doação inoficiosa, nula na parte excedente (art. 549), podendo o prejudicado ajuizar ação de redução da doação inoficiosa (cf. o comentário ao art. 2.007). A tutela sucessória aos herdeiros necessários é inafastável por vontade do autor da herança. Até a abertura da sucessão, os potenciais sucessores necessários não podem renunciar à proteção legal imperativa que lhes favorece, mas, aberta a sucessão, podem renunciar à herança ou, ainda, podem se manter inertes, deixando de requerer a redução da disposição testamentária excessiva. Antes mesmo da abertura da sucessão, podem deixar de postular a redução de doações inoficiosas. Assim, embora o art. 549 afirme que a doação inoficiosa é nula na parte excedente, não se trata de nulidade típica, que pode ser reconhecida de ofício, imprescritível etc., mas nulidade com característica particular, que parte da doutrina chama de dependente de alegação, outra parte denomina de nulidade relativa. O que importa é que a redução do excesso, no testamento ou na doação, depende de iniciativa do prejudicado. Se vários são prejudicados e somente um deles reclama, a redução será proporcional à cota deste, mantendo-se o excesso na parte relativa aos que permanecem inertes. Só se excluem sucessores necessários da sucessão nos casos excepcionais e tipificados de indignidade (arts. 1.814 a 1.818) e deserdação (arts. 1.961 a 1.965).

**Companheiro sobrevivente:** havia na doutrina importante divergência interpretativa sobre a condição do companheiro sobrevivente como herdeiro necessário.

Uma corrente sustentava que o companheiro não figura no rol de herdeiros necessários deste art. 1.845 e, além disso, a Constituição, ao determinar que a lei deve facilitar a conversão da união estável em casamento, teria dado preferência ao casamento, permitindo tratamento legal menos favorável à união estável. Em suma, segundo essa corrente doutrinária, o companheiro não era herdeiro necessário por falta de previsão legal e essa discriminação em comparação com o cônjuge teria pleno amparo constitucional.

A corrente oposta defendia que a Constituição permite diferenciação entre casamento e união estável naquilo em que são diferentes, que é o modo de constituição e dissolução, mais vantajoso o casamento em termos de segurança jurídica, daí a recomendação para a lei facilitar a conversão da união estável em casamento. Mas a Constituição não criou hierarquia entre formas familiares, não criou famílias de primeira e de segunda classe, de modo que não poderia dar proteção jurídica menos qualificada a determinado tipo familiar. Como união estável e casamento são iguais em todos os demais aspectos, de solidariedade, afeto etc., a lei não poderia estabelecer regimes sucessórios diferenciados entre cônjuge e companheiros. Em consequência, por esse viés constitucional, seria caso de reconhecer o companheiro como herdeiro necessário por equiparação ao cônjuge.

Essa segunda corrente ainda se apoiava no argumento de que, na verdade, houve omissão pelo legislador na adaptação do capítulo sobre os herdeiros necessários. O projeto original do CC/2002, apresentado em 1975, não contemplava normas sobre união estável e, especialmente após a CF/88, foi preciso fazer adaptações no projeto. Mas esqueceram de promover adaptação que era indispensável no tema dos herdeiros necessários. Pois o art. 1.845 contém o rol dos herdeiros necessários e é complementado pelo art. 1.850, que contém o rol dos herdeiros facultativos, não necessários. O companheiro não se encontra em nenhum desses artigos. Deveria ter sido inserido no art. 1.845 ou no 1.850. A omissão do art. 1.845, portanto, não representou intenção consciente de excluir o companheiro do rol de herdeiros necessários. Além disso, como defendido por Carlos Roberto Barbosa Moreira, atualizador da obra de Caio Mário da Silva Pereira (*Instituições de direito civil*, 15. ed. Rio de Janeiro, Forense, 2004, v. VI, p. 162-8), em hipóteses nas quais o companheiro concorre com descendentes e ascendentes, ele não pode ser alijado da sucessão por testamento. Herda, nessas hipóteses, necessariamente. O que revela que o sistema não aceita que possa ficar desprotegido na viuvez. Se é assim nas hipóteses de concorrência com descendentes e ascendentes, seria incongruente o sistema permitir que, sendo o herdeiro único, pudesse ficar totalmente desprotegido.

Consideramos correta essa segunda corrente doutrinária, seja pelo viés constitucional que veda hierarquização entre casamento e união estável, seja por esse outro argumento infraconstitucional.

Aparentemente essa polêmica teria se encerrado com o julgamento pelo STF dos RE n. 646.721 e RE n. 878.692 (rel. em ambos o Min. Roberto Barroso, j. 10.05.2017), declarando inconstitucional o art. 1.790 do CC, o qual instituía regime sucessório diferenciado entre união estável e casamento. Nesse julgado, de caráter vinculante, constituindo precedente obrigatório, o STF determinou que seja aplicado ao companheiro sobrevivente a mesma tutela sucessória prevista para o cônjuge. Em consequência, o companheiro deve ser considerado herdeiro necessário por equiparação ao cônjuge. Estaria, assim, encerrada a polêmica. Nesse julgamento, no entanto, em seu voto, o Min. Edson Fachin mencionou de passagem que a maior liberdade que os conviventes podem pretender ao optar pela união estável é resguardada pelo fato de que o companheiro, na visão do Ministro, não seria herdeiro necessário, ao contrário do cônjuge. Como salientamos no comentário ao art. 1.790, aos quais remetemos o leitor, tratou-se de menção feita pelo Ministro de passagem, como reforço, sem constituir o que se denomina, na teoria dos precedentes obrigatórios, de razão de decidir (*ratio decidendi*) e, sim, de *obiter dictum*, ou seja, dito de passagem, não integrando as razões que compõem o precedente obrigatório. Ainda no comentário ao art. 1.790, com o devido respeito, reputamos equivocada essa ressalva feita pelo Ministro, pois significaria manter, quanto a esse aspecto em particular, a discriminação entre casamento e união estável repelida pelos demais votos vencedores sem ressalvas. Em consequência, e a despeito dessa passagem isolada do voto do Min. Fachin, parece-nos que a interpretação desse julgado do STF representa importante reforço à conclusão de que o companheiro sobrevivente é herdeiro necessário.

Ressalve-se nosso entendimento no sentido de que, no regime de separação total de bens, derivado de convenção das partes, no casamento e na união estável, deve ser admitido que os nubentes ou companheiros possam ter a liberdade de renunciar antecipadamente à proteção sucessória (cf. os comentários a respeito, com aprofundamento dessa posição, no comentário aos arts. 1.790 e 1.829). Ressalve-se, ainda, que o STJ, nos julgados citados no comentário ao art. 1.829, por ora assentou que a concorrência do cônjuge, casado por separação total de bens, com descendentes e ascendentes se dá necessariamente, ou seja, ao contrário do que defendemos, seria inafastável por consenso de nubentes e conviventes, ou por testamento.

**Legados *ex lege* e legatários necessários:** como tivemos a oportunidade de sustentar em dissertação de mestrado, defendida na Universidade de São Paulo em 2013, sob orientação do professor Claudio Luiz Bueno de Godoy, com o título "Sucessão necessária", para aproveitar o manancial de doutrina e jurisprudência produzido durante o CC/1916, a Comissão elaboradora do projeto que resultou no CC/2002 procurou manter sempre que possível a estrutura do Código anterior e, por isso, promoveu poucas modificações na sistematização do Livro "Do Direito das Sucessões". A estrutura atual, no entanto, em nosso entender não dá destaque suficiente à chamada sucessão necessária, à tutela sucessória imperativa que se atribui a pessoas próximas do autor da herança. O CC/2002 não confere nome próprio à sucessão necessária e trata dos temas a ela relacionados de forma dispersa (por exemplo, o presente capítulo, sobre os herdeiros necessários, está situado no título da sucessão legítima, ao passo que um dos meios de proteção da legítima, que é a redução das disposições testamentárias, encontra-se em capítulo no título da sucessão testamentária; e o outro meio fundamental de proteção, que é a redução das doações inoficiosas, no art. 2.007, em meio ao capítulo sobre colações, no título do inventário e da partilha). Essa dispersão dificulta visão de conjunto e acaba por obscurecer importante evolução verificada ao longo da vigência do CC/1916, consolidada e ampliada no CC/2002. Foi preservada a técnica da concepção original do CC/1916, de atribuir cotas iguais na herança a herdeiros da mesma classe e grau, como no caso dos filhos, não importando se um deles, por exemplo, é próspero empresário, autossuficiente, e outro inválido, totalmente dependente do *de cujus*. Essa técnica, no entanto, passou a coexistir com outra, que foi sendo paulatinamente introduzida, visando à proteção mais individualizada dos sucessores, por meio de legados assistenciais necessários *ex lege*.

Os casos mais significativos são:

a) o direito real de habitação, visando a assegurar moradia no imóvel residencial ao cônjuge sobrevivente casado por comunhão universal de bens, introduzido pelo Estatuto da Mulher Casada (Lei n. 4.121/62) e ampliado no CC/2002, estendido ao cônjuge casado por qualquer regime de bens (art. 1.831). Trata-se de legado, porque recai sobre bem determinado. Deriva diretamente da lei e, por seu caráter assistencial, não teria sentido que pudesse ser afastado por testamento ou doação;

b) o legado de créditos da Lei n. 6.858/80 (de saldos de salários, FGTS, PIS-Pasep, restituição de imposto de renda, saldos bancários até determinado valor), em favor dos dependentes previdenciários do *de cujus*. É legado porque recai sobre créditos específicos. Tem natureza evidentemente assistencial e não pode ser afastado por testamento. É possível que um filho seja dependente e outro não, de modo que só o primeiro recebe o legado. Há inclusive a possibilidade de que o legatário, nesse caso, seja pessoa que nem sequer figura na ordem da vocação hereditária, visto que podem ser dependentes previdenciários, por exemplo, o enteado, o menor tutelado e o ex-cônjuge (Lei n. 8.213/91, arts. 16, § 2º, e 76, § 2º);

c) e, por último, em nossa opinião, o legado legal ou legado *ex lege* de alimentos, do art. 1.700 do CC. Embora essa norma esteja situada no Livro "Do Direito de Família", cuida de hipótese de transmissão de obrigação de alimentos por sucessão hereditária, situação similar à do legado testamentário de alimentos do art. 1.920 do CC. A norma do art. 1.700 é objeto de acirrada polêmica interpretativa, na doutrina e jurisprudência (cf. os respectivos comentários, nesta obra). Em nossa opinião, esmiuçada na referida dissertação, a obrigação de prestar alimentos, desse art. 1.700, entre outros aspectos: (I) transmite-se nos limites das forças da herança; (II) aplica-se somente a alimentos contemporâneos à abertura da sucessão, devidos a cônjuge, companheiros e parentes; (III) não se confunde com o pagamento das dívidas do espólio; (IV) os alimentos incidem sobre todo o acervo hereditário, não somente sobre os frutos dos bens transmitidos; (V) são arbitrados de acordo com as possibilidades do acervo hereditário e as necessidades do legatário alimentando; (VI) podem ser negados se o alimentando também é herdeiro e recebe quinhão hereditário suficiente para atender suas necessidades alimentares; (VII) têm aplicação subsidiária, para os casos nos quais não haja outro parente de grau igual ao *de cujus* que possa arcar com alimentos; (VIII) oneram herdeiros, necessários, legítimos facultativos, testamentários e legatários, mas deve ser observado o grau de hierarquia dos títulos sucessórios, de modo que, havendo, por exemplo, herdeiros necessários e testamentários, os alimentos oneram a estes preferencialmente, e aqueles somente em caráter subsidiário; (IX) o arbitramento impõe juízo de ponderação entre os interesses em conflito, como no caso de alimentos em favor de irmão do *de cujus*, mas cujo pagamento pode comprometer a subsistência de filhos menores, que eram dependentes do autor da herança, hipótese na qual o legado legal de alimentos pode vir a ser negado.

A partir dessa nova técnica de tutela sucessória, ao lado dos herdeiros necessários, o sistema passou a contar com hipóteses de legados necessários *ex lege*, cujos beneficiários podem ser chamados de legatários necessários. Em nossa opinião, tal qual ocorre no Código Civil português, seria adequada a modificação do CC/2002, destinando-se um título próprio ou seção do título "Da Sucessão Legítima", para tratar em separado da sucessão necessária, permitindo-se visão de conjunto que possa revelar, claramente, o perfil atual desse fundamental fenômeno sucessório.

**Jurisprudência:** Agravo de instrumento. Inventário. Insurgência em face da r. decisão que indeferiu o pagamento dos alimentos devidos pelo *de cujus*, bem como conferiu à ex-companheira deste a condição de coerderia. Irresignação pertinente, em parte. Encargo hígido, livremente acordado – e homologado em ambiente judicial. Adimplemento nada menos que imprescindível e passível de ser adimplido, à míngua da notícia de dívidas. Acervo patrimonial de mais de R$ 2.440.000,00. No mais, técnico *decisum*, que merece ser prestigiado. Regime da separação total de bens adotado pelo finado e a aqui recorrente que exclui a participação dela como meeira; mas não como herdeira. Matéria de ordem pública e bem encaminhada junto à origem. Precisa determinação alinhada a não poucos precedentes do Col. STJ. Ausência de espécie de qualquer feição. Recurso provido, em parte. (TJSP, AI n. 20477087520248260000, rel. Wilson Lisboa Ribeiro, 9ª Câm. de Dir. Priv., j. 11.10.2024)

Inventário. Companheira sobrevivente. Direito sucessório. Regime de separação total de bens (convencional) que deve prevalecer. Descaracterização do regime obrigatório previsto no art. 1.641, I, c/c 1.523, III, do CC, diante da inexistência de prejuízo à ex-cônjuge e filhas herdeiras, por força de acordo extrajudicial de partilha de bens certos e determinados. Ausência de homologação judicial. Validade e eficácia do ato preservada. Agravante que é herdeira necessária, independentemente do regime de bens eleito na união estável. Exegese dos arts. 1.845 e 1.829, II, do CC. Jurisprudência do STJ. Recurso provido. (TJSP, AI n. 2299638-85.2023.8.26.0000, rel. Augusto Rezende, 1ª Câm. de Dir. Priv., j. 19.04.2024)

Agravo de instrumento. Autos de inventário. Demanda proposta por companheira sobrevivente. Decisão reconheceu a convivente como herdeira necessária. Insurgência da filha unilateral do *de cujus*. Alegação de que é a única herdeira necessária dos bens deixados pelo falecido genitor, de acordo com a regra do art. 1.845 do CC. Distinção entre casamento e união estável afastada pela inconstitucionalidade do art. 1.790, do CC, declarada pelo STF. Companheira participa da sucessão do falecido como herdeira necessária. Decisão mantida. Quinhões hereditários que não são objeto da decisão impugnada. Impossibilidade de apreciação nesta sede, sob pena de supressão de instância. Agravo não provido. (TJSP, AI n. 2243207-02.2021.8.26.0000, rel. Edson Luiz de Queiróz, j. 29.03.2022)

Inventário. Decisão que reconheceu que a companheira supérstite é herdeira necessária do *de cujus*. O fato de os bens a serem partilhados terem sido adquiridos em momento anterior à união estável não afasta a qualidade de herdeira necessária da companheira supérstite. Inteligência do art. 1.845 do CC. Decisão mantida. Agravo desprovido. (TJSP, Proc. n. 2302351-04.2021.8.26.0000, rel. Theodureto Camargo, j. 15.02.2022)

[...] 2. É inviável a pretensão de estender o regime de bens do casamento, de separação total, para alcançar os direitos sucessórios dos cônjuges, obstando a comunicação dos bens do falecido com os do cônjuge supérstite. As regras sucessórias são de ordem pública, não admitindo, por isso, disposição em contrário pelas partes. Nos termos do art. 1.655 do CC/2002, "é nula a convenção ou cláusula dela que contravenha disposição absoluta de lei". 3. "O cônjuge, qualquer que seja o regime de bens adotado pelo casal, é herdeiro necessário (art. 1.845 do CC)" (REsp 1.382.170/SP, rel. p/ ac. Min. João Otávio de Noronha, 2ª Seção, j. 22.04.2015, *DJe* 26.05.2015). 4. Conforme já decidido por esta Corte, "o pacto antenupcial que estabelece o regime de separação total de bens somente dispõe acerca da incomunicabilidade de bens e o seu modo de administração no curso do casamento, não produzindo efeitos após a morte por inexistir no ordenamento pátrio previsão de ultratividade do regime patrimonial apta a emprestar eficácia póstuma ao regime matrimonial" (REsp n. 1.294.404/RS, rel. Min. Ricardo Villas Bôas Cueva, 3ª T., j. 20.10.2015, *DJe* 29.10.2015). 5. Agravo interno a que se nega provimento. (STJ, AI no REsp n. 1.622.459, rel. Min. Raul Araújo, 4ª T., j. 03.12.2019)

[...] 4. A lei substantiva civil expressamente estipula que o cônjuge sobrevivente é herdeiro necessário, definindo no inc. I do art. 1.829 do CC as situações em que o herdeiro necessário cônjuge concorre com o herdeiro necessário descendente, pois prevê que, a depender do regime de bens adotado, tais herdeiros necessários concorrem ou não entre si aos bens da herança. 5. O aresto embargado, na esteira de precedentes desta Corte, acertadamente preconiza que ao cônjuge viúvo, inexistindo descendentes e ascendentes do falecido, cabe a totalidade da herança, independentemente do regime de bens adotado no casamento (CC, art. 1.829, III). Incidência da Súmula n. 168/STJ. 6. Ademais, a própria tese adotada no aresto paradigma encontra-se superada pelo entendimento consolidado da eg. 2ª Seção, preconizando que o cônjuge sobrevivente, qualquer que seja o regime de bens adotado pelo casal, é herdeiro necessário, alertando, outrossim, que o CC veda sua concorrência com descendentes, entre outras hipóteses, nos casos de casamento contraído sob o regime de separação legal de bens, permitindo, ao revés, a concorrência nos casos de separação convencional de bens (REsp n. 1.382.170/SP, rel. p/ ac. Min. João Otávio de Noronha, *DJe* 26.05.2015). 7. Agravo interno não provido. (STJ, AI nos EAREsp n. 1.248.601/MG, 2ª S., rel. Min. Raul Araújo, j. 27.02.2019)

Recursos especiais. Direito das sucessões. Alegação de omissões e falta de fundamentação. Afastamento. Cônjuge. Herdeiro necessário. Exegese dos arts. 1.845 e 1.829, III, do CC/2002. Regime de separação total convencional de bens. Regramento voltado para as situações de partilha em vida. Não ultratividade. 1 – Afasta-se de alegação de omissão e falta de fundamentação do acórdão recorrido quando o Tribunal de origem tiver adotado fundamentos adequados e suficientes para amparar sua conclusão, sobretudo quando os dispositivos invocados não guardarem relação com o objeto da controvérsia. 2 – A definição da ordem de vocação hereditária é competência atribuída ao legislador, que, no novo CC, erigiu o cônjuge sobrevivente à condição de herdeiro necessário, independentemente do regime de bens adotado no casamento. 3 – O regime de bens entre os cônjuges, contratado por meio do pacto antenupcial, extingue-se com a morte de um dos contratantes, não podendo produzir efeitos depois de extinto. 4 – Recursos especiais conhecidos e desprovidos. (STJ, REsp n. 1.501.332, rel. João Otávio de Noronha, j. 23.08.2016)

Sucessão. Legítima. Casamento sob o regime da separação convencional. Inteligência do art. 1.829, I, do

CC. Cônjuge supérstite. Herdeira necessária. Precedente desta Câmara. Decisão mantida. Recurso desprovido. (TJSP, AI n. 0265463-22.2011.8.26.0000, rel. Des. Milton Carvalho, j. 15.03.2012)

**Art. 1.846. Pertence aos herdeiros necessários, de pleno direito, a metade dos bens da herança, constituindo a legítima.**

A limitação à liberdade de testar, pela existência de herdeiros necessários, restringe-se à metade dos bens da herança. Essa metade que lhes é assegurada é denominada legítima e corresponde sempre à metade da herança, independentemente do número de herdeiros necessários. Basta que haja um. A outra metade pode ser objeto de livre disposição testamentária, como estabelece o art. 1.789, a cujos comentários remetemos o leitor. Confira-se, também, o art. 549, segundo o qual é nula a doação quanto à parte que exceder à de que o doador, no momento da liberalidade, poderia dispor em testamento; disposição visando a evitar que, por meio da doação, o autor da herança burle a garantia conferida aos herdeiros necessários. Só as doações que excedam a legítima são nulas; portanto, nada impede ao autor da herança dissipar seu patrimônio mediante negócios onerosos.

**Jurisprudência:** [...] Ainda que o usufruto não esteja expressamente incluído na lista de vedações do art. 1.848 do CC, é certo que não se pode admitir que seja instituído sobre os bens da legítima dos herdeiros. Isso porque o usufruto é um ato de disposição, ainda que não plena, de poderes inerentes à propriedade (uso e fruição), e o testador não pode dispor livremente sobre os bens que a lei reserva aos herdeiros necessários (art. 1.789 do CC). (TJSC, AI n. 40215475820188240000, rel. Marcus Tulio Sartorato, j. 09.04.2019)

Cláusula testamentária. Legítima. Usufruto a favor de terceiro. Nulidade. 1 – A interpretação da cláusula testamentária deve estar em consonância com os limites e restrições legais, sob pena de ser declarada sua nulidade. 2 – Nesse contexto, nula é a cláusula que institui, sobre bens dos herdeiros necessários, usufruto vitalício a favor de terceiro. (TJRJ, Ap. n. 032906-31.2006.8.19.0001, rel. Des. Milton Fernandes de Souza, j. 26.03.2010)

Testamento. Anulação. Requerimento formulado pelos descendentes de pessoa adotada pela testadora. Reconhecimento da validade da adoção. Preterição de herdeiros necessários. Violação ao disposto no art. 1.721 do CC/1916. Admissibilidade da redução das disposições testamentárias que excederam a metade disponível, aos limites desta. Procedência parcial da ação decretada. (TJSP, Ap. n. 153.947-4/8-00, rel. Des. Silvério Ribeiro, j. 27.02.2008)

**Art. 1.847. Calcula-se a legítima sobre o valor dos bens existentes na abertura da sucessão, abatidas as dívidas e as despesas do funeral, adicionando-se, em seguida, o valor dos bens sujeitos a colação.**

No cálculo da legítima, a primeira providência, não mencionada no artigo, é separar a meação de eventual cônjuge ou companheiro sobrevivente. A meação não se confunde com a herança. A meação é direito do cônjuge ou companheiro pela comunhão que pode existir por força do regime de bens do casamento ou da união estável, direito preexistente à abertura da sucessão. Separada a meação, o restante é a herança. Do total dos ativos, abatem-se as dívidas e despesas de funeral. Haverá insolvência do espólio se os ativos não forem suficientes para cobrir as dívidas e despesas de funeral. Se as suplantarem, o saldo positivo constituirá a herança líquida. Dividida ao meio, teremos, de um lado, a legítima e, de outro, a porção ou cota disponível. O acréscimo dos bens sujeitos à colação (cf. os arts. 2.002 e segs.), ao contrário do que dá a entender a redação literal do art. 1.847, não ocorre em seguida ao abatimento das dívidas e despesas de funeral, mas em seguida à divisão da herança ao meio, em legítima e porção disponível, pois a disciplina do cálculo da legítima é complementada pelo parágrafo único do art. 2.002, segundo o qual o valor dos bens conferidos em colação é computado na parte indisponível, na legítima, sem aumentar a porção disponível. Por conseguinte, uma vez que o valor dos bens sujeitos à colação aumenta somente a legítima, com tal acréscimo esta se torna de valor maior do que o da porção disponível. Observe-se, também, que os credores não poderão reclamar seus créditos do valor dos bens sujeitos à colação, pois tal valor só é adicionado à legítima após o pagamento das dívidas.

**Jurisprudência:** [...] 2. A questão em discussão consiste em verificar se as disposições testamentárias excedem a metade disponível da herança, comprometendo a legítima dos herdeiros necessários, e se há necessidade de redução proporcional das disposições para respeitar a legítima. III. Razões de decidir. 3. É imprescindível realizar o cálculo da legítima, conforme o art. 1.847 do CC, considerando o valor dos bens na abertura da sucessão, abatendo dívidas e despesas, e dividindo a herança em partes legítima e disponível. 4. Deve-se seguir o art. 2.002 do CC, computando o valor do bem sujeito à colação na parte indisponível, sem incremento da disponível, para determinar a necessidade de redução das disposições testamentárias. IV. Dispositivo e tese. 5. Anulação da sentença para que sejam realizadas as apurações necessárias, permitindo o adequado julgamento da causa. Tese de julgamento: 1. A necessidade de cálculo da legítima e da parte disponível é essencial para determinar a redução das disposições testamentárias, respeitando a legítima dos herdeiros necessários. Legislação citada: CC, arts. 1.789, 1.846, 1.847, 1.849, 1.967, 2.002. (TJSP, Ap. n. 1001676-58.2019.8.26.0629, rel. João Batista Vilhena, j. 11.01.2024)

Embargos de declaração. Omissão, contradição e obscuridade. Não ocorrência. Matéria analisada com fundamentos acerca das insurgências recursais. Reconhecimento de doação indireta à descendente. Cálculo correto da legítima que foi acrescido do valor colacionado. Rejeição. O acórdão não exibe qualquer vício, pois deixou claro que as despesas não exorbitaram pormenores aceitos nos relacionamentos familiares corriqueiros, sendo a relação de confiança demonstrada por provas idôneas. O que se reconheceu é que não se tratou de doação direta aos netos e sim doação indireta à filha, descendente, exigindo colação, nos moldes do art. 2002, parágrafo único, do CC. O cálculo está correto, pois após encontrar o valor da legítima, que representa o total da herança dividida por dois, acrescenta-se o valor colacionado, em atenção à parte final do art. 1.847, CC, que traz a expressão "em seguida", que está em conformidade com o parágrafo único do art. 2.002 do CC. (TJSP, Emb. Decl. n. 1037491-60.2019.8.26.0001, rel. Kioitsi Chicuta, j. 27.01.2022)

1 – Tendo o pai dos menores falecido e havendo valores em depósito provenientes da rescisão trabalhista e de auxílio-funeral, tais quantias deverão atender prioritariamente as despesas decorrentes dos funerais, devendo o saldo remanescente ser depositado em nome dos herdeiros. 2 – O quinhão legitimário dos herdeiros é composto pelo valor dos bens existentes, deduzidas as dívidas e as despesas com os funerais, sendo que o crédito pelo pagamento dessas despesas é privilegiado. Inteligência do art. 1.847 e art. 965, I, do CC. Recurso desprovido. (TJRS, AI n. 70.029.301.637, rel. Des. Sérgio Fernando de Vasconcellos Chaves, j. 11.11.2009)

É nula a disposição de última vontade que ultrapassa a parte disponível do testador. Pertencendo ao falecido apenas a meação do bem testado, a parte disponível dele sobre tal bem corresponde a apenas 25%, não 50% como quer a apelante. Negaram provimento. (TJRS, Ap. Cível n. 70.029.954.633, rel. Des. Rui Portanova, j. 09.07.2009)

**Art. 1.848. Salvo se houver justa causa, declarada no testamento, não pode o testador estabelecer cláusula de inalienabilidade, impenhorabilidade, e de incomunicabilidade, sobre os bens da legítima.**

**§ 1º Não é permitido ao testador estabelecer a conversão dos bens da legítima em outros de espécie diversa.**

**§ 2º Mediante autorização judicial e havendo justa causa, podem ser alienados os bens gravados, convertendo-se o produto em outros bens, que ficarão sub-rogados nos ônus dos primeiros.**

**Justa causa:** o testador pode gravar todos ou alguns bens da herança com as cláusulas restritivas de inalienabilidade, impenhorabilidade e incomunicabilidade.

A grande novidade do atual CC em relação ao tema é a exigência de declaração de justa causa para a imposição dessas cláusulas à legítima. Quanto à metade disponível, não há necessidade de indicação da causa. Também não será necessária quando não houver herdeiros necessários.

O legislador optou pela solução intermediária entre a do CC/1916, que permitia a livre imposição das cláusulas à legítima, e a propugnada por grande parte da doutrina de abolir essas cláusulas, por retirarem bens do comércio, impedindo a circulação de riquezas, e também por serem resquício de mentalidade patriarcal.

Para alcançar essa solução intermediária, o atual Código assegura o direito ao testador, mas lhe impõe considerável constrangimento para exercê-lo, pois terá de declarar, por exemplo, ser a justa causa para a incomunicabilidade o fato de o genro ser um aproveitador, indicando fatos concretos que justifiquem a pecha. Se optar por testamento público, o genro terá acesso às imputações, o que certamente será fonte de desarmonia familiar (o PL n. 699/2011 – reapresentação do PL n. 6.960/2002 e do PL n. 276/2007 – propõe interessante alteração ao art. 1.864, para que, antes da abertura da sucessão, o testamento público tenha publicidade restrita, exclusiva ao testador ou por ordem judicial). Por causa desse inconveniente, o PL n. 699/2011 também propõe excluir a exigência da justa causa para a incomunicabilidade, quando ocorrem os maiores constrangimentos, mantendo-a na inalienabilidade e na impenhorabilidade.

A causa deverá ser enunciada no testamento em termos que permitam a análise da justeza de sua imposição. Não serão válidas, por conseguinte, indicações genéricas, sem singularidade em face do herdeiro que sofrerá a restrição; nem puramente subjetivas, que impeçam a referida apreciação posterior. O que significa, por exemplo, que não atenderá ao requisito de explicitação da justa causa a imposição de inalienabilidade mediante simples afirmação de que visa a proteção do herdeiro, pois essa é a finalidade genérica da cláusula, sem nenhuma especificidade em face de um determinado testamento. Ainda exemplificando, também será insuficiente a alegação de que o cônjuge do herdeiro, na cláusula de incomunicabilidade, não é pessoa confiável, sem indicação de algum aspecto passível de apreciação objetiva. Nesse sentido, o entendimento de Sílvio de Salvo Venosa (*Direito civil*, 3. ed. São Paulo, Atlas, 2003, v. VII, p. 220).

Conforme observação de Francisco Eduardo Loureiro, coautor desta obra, em palestra proferida sobre o tema, é possível, ainda, que, passados vários anos do testamento, a causa, que à época era justa, não seja mais, o que também poderá autorizar o afastamento de sua incidência. Também parece possível solicitar o levantamento da cláusula, sem sub-rogação do vínculo, quando a causa, que era justa ao tempo da abertura da sucessão, deixe de existir posteriormente.

É inerente à exigência de indicação da justa causa a possibilidade da discussão judicial sobre a justiça da causa indicada, pois, do contrário, a exigência legal seria inócua. Tal discussão só poderá ocorrer após a abertura da sucessão, porque só a partir dela o testamento adquire eficácia (cf. art. 1.858). A controvérsia será dirimida, em regra, em ação própria, não no inventário; pois, a princípio, envolverá questões de alta indagação, mas nada impede que, não demandando produção de provas em audiência, seja resolvida no próprio inventário (art. 612 do CPC). Tome-se o exemplo mencionado, no qual a cláusula é absolutamente genérica, a impedir controle judicial, quando é possível decisão em incidente no próprio inventário.

De quem será a *legitimidade ativa* para essa ação, ou para suscitar o incidente no inventário? Sílvio de Salvo Venosa (op. cit., p. 220) faz referência exclusivamente ao herdeiro prejudicado. Giselda Maria Fernandes Novaes Hironaka afirma que têm legitimidade para questionar a cláusula o herdeiro prejudicado, seu cônjuge, credores etc. (*Comentários ao Código Civil*. São Paulo, Saraiva, 2003, v. XX, p. 264). Parece mais adequada a segunda solução, de legitimidade mais ampla, por guardar coerência com o que ocorre na redução das disposições testamentárias.

Conforme anotado nos comentários ao art. 1.967, caso haja excesso nas disposições testamentárias, o herdeiro necessário pode reclamar a recomposição da legítima, mas também é possível que permaneça inerte, renunciando à parte da legítima alcançada pelo testamento. Nesse segundo caso, porém, sua inércia corresponde à renúncia parcial da legítima, o que autoriza, por aplicação do art. 1.813, aos credores reclamarem a recomposição da legítima, até o necessário para a satisfação de seus créditos.

A clausulação representa, também, uma limitação da legítima. Se a causa alegada pelo testador não for justa e o herdeiro necessário nada reclamar, é de se admitir solução idêntica à do art. 1.967 combinado com o art. 1.813, ou seja, o credor prejudicado denunciar a inexistência ou a falsidade da justa causa, para afastar a cláusula restritiva. A mesma solução deve ser adotada em relação ao cônjuge do herdeiro necessário, frente à cláusula de incomunicabilidade. Casado pelo regime da comunhão universal de bens, tem a justa expectativa de comunhão dos bens recebidos por seu cônjuge por herança. Seria iníquo permitir que, com base em causa não justa, o testador, amparado pela inércia do herdeiro, pudesse frustrar a comunhão na herança assegurada pela lei.

**Justa causa na doação:** na doação, o doador pode impor as cláusulas restritivas de inalienabilidade, impenhorabilidade e incomunicabilidade, mas o art. 1.848 não faz menção à necessidade de indicação de justa causa na doação. A despeito da falta de previsão legal expressa, a solução mais acertada parece ser considerar necessária a declaração de justa causa também na doação, quando represente adiantamento de legítima. A não se adotar tal entendimento, o doador, por meio de doação, conseguiria burlar a restrição do art. 1.848. Sendo a doação de ascendentes a descendentes, ou de um cônjuge a outro, adiantamento de legítima, por expressa previsão do art. 544, não há sentido em dar tratamento legal diferenciado à limitação da clausulação da legítima por testamento ou por doação. A coerência do sistema exige solução uniforme.

**Direito intertemporal:** no Livro "Das Disposições Finais e Transitórias", o art. 2.042 prevê que a necessidade de justa causa só vale para as sucessões abertas depois de um ano de vigência do atual Código. Concedeu, ainda, esse mesmo prazo para aditamento dos testamentos anteriores, a fim de que os testadores possam incluir a indicação da justa causa. Esse aditamento é necessário, por expressa previsão do art. 2.042, inclusive para os testamentos efetuados na vigência do CC/1916. Como noticia Sílvio de Salvo Venosa (op. cit., p. 221), a validade do art. 2.042, ao impor aditamento a testamento efetuado na vigência do CC/1916, poderá ser questionada, pois, a princípio, o testamento então realizado é ato jurídico perfeito, imune à retroatividade da lei posterior (art. 5º, XXXVI, da CF).

**Constitucionalidade da clausulação da legítima:** Cristiano Chaves de Farias ("Disposições testamentárias e clausulação da legítima". In: *Direito das sucessões e o novo Código Civil*, coords. Giselda Maria Fernandes Novaes Hironaka e Rodrigo da Cunha Pereira. Belo Horizonte, Del Rey, 2004, p. 247) defende a tese de que a clausulação seria inconstitucional, por afronta ao direito à herança e à propriedade privada. Não parece, no entanto, que haja essa antinomia, pois tais direitos não são absolutos e podem sofrer limitações pela legislação infraconstitucional, como ocorre, por exemplo, pela previsão da legítima, metade indisponível por testamento, que limita o direito de propriedade.

**Características da inalienabilidade:** a inalienabilidade pode se referir a qualquer tipo de alienação ou somente a alguma modalidade (doação, por exemplo). Pode ser utilizada para impedir a alienação para determinada pessoa, ou determinadas pessoas, ou a qualquer uma, indistintamente. Pode ser temporária ou vitalícia.

**Limitação a uma geração:** o atual Código não reproduziu o art. 1.723 do CC/1916, que limitava a inalienabilidade a uma geração. Não obstante, é de se concluir, mesmo à falta de previsão expressa, que o atual Código, ao ser mais refratário à clausulação da herança, não teve intenção de tornar ilimitada a duração dessas restrições ao direito de propriedade. Houve mero cochilo do legislador, não intenção de permitir a perpetuidade das cláusulas restritivas. Mantém-se, pois, a limitação a uma geração.

**Não extensão aos frutos do bem inalienável:** há divergência sobre a extensão da inalienabilidade aos frutos do bem inalienável. A resposta mais adequada é a negativa, pois o art. 834 do CPC dispõe que podem ser penhorados, à falta de outros bens, "os frutos e rendimentos dos bens inalienáveis, salvo se destinados à satisfação de prestação alimentícia". Sendo norma de ordem pública, seria nula disposição testamentária em contrário, afirmando a extensão da inalienabilidade e, portanto, impenhorabilidade (cf. art. 1.911) aos frutos dos bens inalienáveis.

**Impenhorabilidade:** a impossibilidade de o bem servir à penhora refere-se aos credores do herdeiro beneficiado, não aos credores do *de cujus*. A proteção da cláusula pressupõe partilha e atribuição do bem ao herdeiro-devedor. Os credores do espólio são pagos antes da partilha e só haverá herança a ser partilhada se o ativo deixado pelo *de cujus* for maior que o passivo.

**Incomunicabilidade:** a comunhão dos bens recebidos por herança só ocorre no regime da comunhão universal de bens. A incomunicabilidade evita que haja essa comunhão. Resolvendo problema que havia na vigência do Código anterior, e que redundou na Súmula n. 49 do STF ("A cláusula de inalienabilidade inclui a incomunicabilidade dos bens"), o atual Código, no art. 1.911, dispõe expressamente que a inalienabilidade implica impenhorabilidade e incomunicabilidade.

**Vedação à conversão de bens:** o atual Código excluiu a possibilidade, prevista no CC/1916, de o testador determinar a conversão dos bens da legítima em outros de espécie diversa. O Código anterior ainda possibilitava ao testador confiar os bens da legítima à livre administração da mulher herdeira, resquício da concepção original do CC/1916, pela qual os bens da mulher casada, considerada então relativamente incapaz, eram administrados pelo marido. Tal disposição, incompatível com a igualdade entre os cônjuges assegurada na CF/88, não foi reproduzida no atual Código.

**Sub-rogação do vínculo:** por fim, no § 2º há previsão da sub-rogação do vínculo, que consiste na possibilidade de converter os bens gravados com essas cláusulas em outros, nos quais as cláusulas se sub-rogam. Exige o dispositivo que, para tanto, haja justa causa, o que significa, na verdade, mera conveniência da sub-rogação; e, além disso, obtenção de autorização judicial em procedimento de jurisdição voluntária. Cristiano Chaves de Farias (op. cit., p. 249) observa, com razão, que será possível solicitar a extinção do vínculo, sem sub-rogação, em situações nas quais tal extinção se revelar conveniente a bem do que recebeu a herança clausulada. É o que ocorre, por exemplo, quando necessita de caro tratamento médico, não tendo como custeá-lo a não ser com o produto da venda do bem clausulado.

**Jurisprudência:** Penhora. Decisão que deferiu pedido de penhora no rosto dos autos de bens cabíveis ao executado gravados com cláusula de impenhorabilidade. Válida a cláusula de inalienabilidade, impenhorabilidade e incomunicabilidade de bem que integre a parte disponível da herança deixada pelo *de cujus*, ainda que não declinada a justa causa para a instituição de tal gravame em testamento, tendo em vista que a exigência contida no art. 1.848, CC somente é aplicada à parte da legítima da herança [...]. (TJSP, Proc. n. 2030461-52.2022.8.26.0000, rel. Rebello Pinho, j. 16.05.2022)

Penhora. Execução por quantia certa de título extrajudicial. Penhora sobre a nua-propriedade de imóvel. Arguição de impenhorabilidade sob a égide do art. 833, I, do novo CPC. Doação do imóvel feita pela genitora do executado, com a instituição de cláusulas restritivas, de incomunicabilidade e impenhorabilidade, e reserva de usufruto vitalício. Penhora requerida pelo exequente, a pretexto de serem nulas as cláusulas restritivas desmotivadas. Deferimento pelo juízo de primeiro grau, fundamentando que as cláusulas em questão padecem da falta de justo motivo, conforme o art. 1.848 do CC. Irresignação da terceira-usufrutuária e do executado. Doação, *in casu*, da genitora ao filho executado, que equivale ao adiantamento da legítima (art. 544 do CC). Cláusulas restritivas, de incomunicabilidade e impenhorabilidade, sujeitas aos preceitos do art. 1.848 do CC, que trata das restrições impostas em testamento que alcance bens da legítima. Precedente do Col. STJ. Cláusulas restritivas ineficazes, por força do art. 166, VII, do CC, preservada a doação e o usufruto vitalício não ameaçado. Impenhorabilidade afastada da nua-propriedade. Recurso desprovido. (TJSP, Proc. n. 2076055-26.2021.8.26.0000, rel. Cerqueira Leite, j. 15.12.2021)

Apelação cível. Ação de nulidade de partilha. A cláusula de incomunicabilidade que grava o bem deixado por testamento tem efeito durante a vida do beneficiário, com o óbito do favorecido, extingue-se o ônus. A cláusula de incomunicabilidade imposta a um bem não se relaciona com a vocação hereditária. Assim, se o indivíduo recebeu por doação ou testamento bem imóvel com a referida cláusula, sua morte não impede que seu herdeiro receba o mesmo bem. Direito do cônjuge sobrevivente sobre referido bem, na ausência dos herdeiros necessários. Sentença mantida. Apelo desprovido. (TJSP, Ap. n. 1002489-37.2020.8.26.0084, rel. Silvério da Silva, j. 24.11.2020)

Recurso especial. Direito civil. Doação. Herdeiros necessários. Antecipação de legítima. Cláusula de inalienabilidade e usufruto. Morte dos doadores. 1. Controvérsia acerca da possibilidade de cancelamento de cláusula de inalienabilidade instituída pelos pais em relação ao imóvel doado aos filhos. 2. A doação do genitor para os filhos e a instituição de cláusula de inalienabilidade, por representar adiantamento de legítima, deve ser interpretada na linha do que prescreve o art. 1.848 do CCB, exigindo-se justa causa notadamente para a instituição da restrição ao direito de propriedade. 3. Possibilidade de cancelamento da cláusula de inalienabilidade após a morte dos doadores, passadas quase duas décadas do ato de liberalidade, em face da ausência de justa causa para a sua manutenção. 4. Interpretação do art. 1.848 do CC à luz do princípio da função social da propriedade. 5. Recurso especial provido. (STJ, REsp n. 1.631.278/PR, rel. Min. Paulo de Tarso Sanseverino, j. 19.03.2019)

Em relação aos bens da legítima, a estipulação de cláusulas restritivas não é livre e exige justo motivo que a respalde, sob pena de cancelamento dessa cláusula, nos termos do art. 1.848 do CC. A motivação genérica e não fundamentada não é capaz de preencher a justa motivação exigida pelo referido dispositivo. (TJMG, Proc. n. 0002445-21.2014.8.13.0694, rel. Armando Freire, j. 15.12.2015)

Agravo de instrumento. Inventário e partilha. Juízo de origem que remeteu para as vias próprias a discussão a respeito da cláusula de inalienabilidade constante do testamento deixado pelo *de cujus*, bem como afirmou que os valores atribuídos aos bens podem ser comprovados por meio de avaliação de imobiliárias idôneas. Suplicantes que pretendem a solução da controvérsia do gravame no próprio inventário, bem como a avaliação judicial dos bens. Possibilidade. Disposição de última vontade que não prevalece dada a ausência de justa causa para sua manutenção. Inteligência do art. 1.848 do CC. Divergência entre os herdeiros quanto ao valor atribuído aos bens. Possibilidade de realização de perícia judicial para avaliação. Decisão reformada. Recurso provido. (TJSP, AI n. 2050572-38.2014.8.26.0000, rel. Helio Faria, j. 28.05.2014)

No caso, como a testadora não aditou o testamento para declarar a justa causa das cláusulas restritivas apostas à legítima no prazo a que alude o art. 2.042, parte final, do CC/2002 (um ano após a entrada em vigor do aludido diploma legal), incide, na espécie, a regra geral descrita no art. 1.848 do CC/2002, segundo a qual, "não pode o testador estabelecer cláusula de inalienabilidade, impenhorabilidade, e de incomunicabilidade, sobre os bens da legítima". Disposição legal que não abrange a parte disponível, a qual permanece com os gravames vitalícios instituídos. Apelação desprovida. (TJRS, Ap. n. 70.051.938.678, rel. Des. Ricardo Moreira Lins Pastl, j. 28.02.2013)

Arrolamento de bens. Pedido de retificação de partilha. Ciência da existência de testamento somente após a homologação da partilha. Cláusulas restritivas que são ineficazes somente no que tange aos bens da legitima, em razão da ausência de aditamento do testamento. Hipótese em que, com relação aos bens disponíveis, as cláusulas restritivas devem permanecer. Inteligência dos arts. 1.848 e 2.042 do CC. Bens disponíveis gravados com as cláusulas de inalienabilidade, impenhorabilidade e incomunicabilidade, com relação à agravante, e de incomunicabilidade com relação aos agravados. Retificação da partilha a fim de que sejam incluídas as determinações do testamento no tocante às cláusulas restritivas sobre os bens disponíveis. Recurso provido. (TJSP, AI n. 0081963-16.2012.8.26.0000, rel. Des. Rui Cascaldi, j. 18.12.2012)

Agravo regimental no agravo em recurso especial. Embargos à execução. Testamento. Cláusula de inalienabilidade e impenhorabilidade. Dívida do *de cujus*. Penhora dos bens deixados aos herdeiros. Possibilidade. Precedente. Agravo improvido. (STJ, Ag. Reg. no AREsp n. 29.802, rel. Min. Massami Uyeda, j. 15.11.2011)

1 – Se a alienação do imóvel gravado permite uma melhor adequação do patrimônio à sua função social e possibilita ao herdeiro sua sobrevivência e bem-estar, a comercialização do bem vai ao encontro do propósito do testador, que era, em princípio, o de amparar adequadamente o beneficiário das cláusulas de inalienabilidade, impenhorabilidade e incomunicabilidade. 2 – A vedação contida no art. 1.676 do CC/1916 poderá ser amenizada sempre que for verificada a presença de situação excepcional de necessidade financeira, apta a recomendar a liberação das restrições instituídas pelo testador. 3 – Recurso especial a que se nega provimento. (STJ, REsp n. 1.158.679, rel. Min. Nancy Andrighi, j. 07.04.2011)

Inventário. Indeferimento do pedido de levantamento de juros sobre depósito decorrente da venda de bem gravado com cláusulas restritivas. Disposição testamentária que gravou os frutos e rendimentos apenas com as cláusulas de impenhorabilidade e incomunicabilidade. Inexistência de óbice, portanto, ao levantamento dos juros, já que preservado o capital, com a incidência de correção monetária. Ademais, ausência de justa causa declarada no testamento a justificar a manutenção do gravame em tamanha extensão. Inteligência do art. 1.848 do CC. Decisão reformada. Recurso provido. (TJSP, AI n. 9037163-46.2009.8.26.0000, rel. Des. Salles Rossi, j. 12.05.2010)

Execução de título judicial. Impugnação. Presença de cláusula de inalienabilidade, impenhorabilidade e incomunicabilidade do imóvel, na escritura pública de doação, que se extinguem com a morte do donatário. Falecimento. Penhora. Possibilidade. Com a morte do donatário os bens passam aos herdeiros livres e desonerados, permitindo, por consequência, a penhora. Decisão mantida. Recurso não provido. (TJSP, AI n. 994.092.358.973, rel. Des. Urbano Ruiz, j. 21.12.2009)

É perfeitamente possível a retirada dos gravames de inalienabilidade, incomunicabilidade e impenhorabilidade em favor do princípio social da propriedade, no caso, presente, não se justificando que se perpetue os gravames quando desapareceram as razões que nortearam a testadora. Gravame que onera o beneficiário demasiadamente. Cancelamento em atenção ao princípio da razoabilidade. Recurso provido para, afastada a extinção da ação, julgá-la procedente na forma do art. 515, § 3°, do CPC [art. 1.013, § 3°, I, do CPC/2015], para decretar o cancelamento dos vínculos que recaem sobre o imóvel objeto da ação, sem qualquer outra imposição à recorrente o que, vale dizer, sem necessidade de sub-rogação das restrições. (TJSP, Ap. Cível n. 6.462.454.300, rel. Des. Octavio Helene, j. 27.10.2009)

Ação de cobrança. Cumprimento de sentença. Indeferimento de pedido de penhora sobre bem gravado com cláusula de impenhorabilidade. Executado com grande patrimônio econômico todo ele protegido pela impenhorabilidade. Imóveis recebidos por doação gravados com cláusulas de usufruto e de impenhorabilidade, inalienabilidade e incomunicabilidade anteriormente à contratação da dívida. Recurso improvido. (TJSP, AI n. 991.090.014.244, rel. Des. Miguel Petroni Neto, j. 28.09.2009)

Cláusulas restritivas apostas à legítima. Inalienabilidade, impenhorabilidade e incomunicabilidade. Prazo de um ano após a entrada em vigor do CC/2002 para declarar a justa causa da restrição imposta. Abertura da sucessão antes de findo o prazo. Subsistência do gravame. (STJ, REsp n. 1.049.354, rel. Min. Nancy Andrighi, j. 18.08.2009)

O art. 1.911 do CC, que veio disciplinar a matéria, previu apenas a possibilidade de sub-rogação em outros bens, com prévia autorização judicial. A maioridade dos donatários, por si só, não constitui justificativa ou fundamento capaz de autorizar o cancelamento das cláusulas de inalienabilidade, incomunicabilidade e impenhorabilidade impostas sobre o bem no ato da doação, quando um dos doadores já faleceu. Recurso não provido. (TJMG, Ap. Cível n. 1.0701.08.239709-5/001(1), rel. Des. Alberto Aluízio Pacheco de Andrade, j. 09.06.2009)

Cobrança de despesas condominiais. Execução. Constrição que recaiu sobre a unidade geradora do débito, gravada com cláusula de impenhorabilidade e inalienabilidade. Natureza *propter rem* da obrigação. Possibilidade. Recurso desprovido. (TJSP, AI n. 1.245.712.007, rel. Des. Cesar Lacerda, j. 03.02.2009)

Testamento. Declaratória de ineficácia e nulidade de testamento. Não havendo justa causa determinante da restrição à legítima, a disposição de última vontade não mais prevalecerá, de acordo com o art. 1.848 do CC. Testador não efetivou o devido aditamento no prazo estabelecido no art. 2.042, do referido Código, tornando insubsistentes as cláusulas restritivas. Sentença reformada. Recurso provido. (TJSP, Ap. n. 565.224-4/8-00, rel. Des. Adilson de Andrade, j. 11.11.2008)

Testamento. Pedido de cancelamento de cláusulas restritivas. Necessidade de abrandamento do disposto no art. 1.676 do CC/1916, aplicável à espécie. Precedentes do STJ. Cláusula lesiva aos interesses dos apelantes, já que impedidos do melhor aproveitamento do patrimônio recebido. Cancelamento determinado. Apelo provido. (TJSP, Ap. n. 504.225-4/6-00, rel. Des. Donegá Morandini, j. 24.06.2008)

Testamento. Ação anulatória. Cláusula de inalienabilidade, impenhorabilidade e incomunicabilidade. Ausência de fixação de prazo da restrição. Irrelevância. Presunção de que a cláusula deve perdurar até a morte do beneficiário pela liberalidade. (TJSP, Ap. n. 398.562-4/8-00, rel. Des. Elliot Akel, j. 01.04.2008)

Sub-rogação de vínculo. Alienação de imóvel gravado com cláusula de inalienabilidade e impenhorabilidade mediante autorização judicial. Transferência da restrição para imóvel de menor valor, com depósito da diferença, gravado pelas mesmas cláusulas. Pleito de levantamento do valor cabente ao agravante. Admissibilidade tendo em vista as peculiaridades do caso. Restrições à propriedade que devem ser interpretadas com temperamento. Decisão reformada. Recurso provido. (TJSP, AI n. 505.747.4/5, rel. Des. Salles Rossi, j. 10.05.2007)

Observação: as peculiaridades do caso, que justificaram a sub-rogação do vínculo, foram as de ser o requerente pessoa de idade avançada, sem potenciais herdeiros legítimos, tendo argumentado não ter sentido deixar o valor depositado para o Poder Público.

Agravo de Instrumento. Inventário. Testamento. A simples juntada de relatórios, atestados e prescrições médicas, no curso do abreviado procedimento, não pode afastar a regra insculpida nos arts. 2.042 e 1.848, ambos do CC, exigindo a ratificação por parte do testador ante o testamento lavrado com cláusulas restritivas, porque a posterior declaração de justa causa é da substância do ato. Negaram provimento ao agravo. (TJSP, AI n. 499.753-4/6-00, rel. Des. Gilberto de Souza Moreira, j. 25.04.2007)

Embora as regras de proibição do estatuto civil mereçam temperamento, devendo ser lidas na ótica de princípios constitucionais fundamentais, a relativização somente encontra abono em casos de exceção, em que os gravames representem palpável prejuízo para o proprietário, inserindo-se o cancelamento como única saída para o obstáculo posto. Inteligência do art. 1.848 do CC/2002. Apelação desprovida. (TJRS, Ap. n. 70.005.810.338, rel. Des. José Carlos Teixeira Giorgis, j. 18.06.2003)

Alvará. Alienação de parte ideal de imóvel. Cláusula de inalienabilidade. Incomunicabilidade e impenhorabilidade. Possibilidade de depósito da respectiva importância em conta judicial para posterior *sub-rogação do vínculo*. Art. 1.911 do CC/2002. Sucessão que, embora anterior à vigência do atual CC, já se subsumia a entendimento jurisprudencial. Procedimento de jurisdição voluntária que dispensa a observância do critério da estrita legalidade. Recurso provido para afastar a extinção do feito a fim de que seja processado (TJSP, Ap. n. 270.633-4/9-00, rel. Des. Elliot Akel, j. 13.05.2003, v.u.). (*JTJ* 269/20)

Na linha da orientação do tribunal, não é nulo o contrato preliminar de compra e venda que tem por objeto bem gravado com cláusula de inalienabilidade, por se tratar de compromisso próprio, a prever desfazimento do negócio em caso de impossibilidade de sub-rogação do ônus. (STJ, REsp n. 205.835, rel. Min. Sálvio de Figueiredo Teixeira, j. 10.12.2002)

---

**Art. 1.849. O herdeiro necessário, a quem o testador deixar a sua parte disponível, ou algum legado, não perderá o direito à legítima.**

---

O herdeiro necessário, além da legítima, poderá ser contemplado em testamento com parte da herança ou legado, incidentes sobre a metade disponível. A deixa testamentária não se sobrepõe à legítima. Caso a disposição do testamento suplante a metade disponível, a parte que invadir a metade indisponível será computada na legítima do herdeiro necessário beneficiado. Se a invasão suplantar inclusive a legítima desse herdeiro, será possível reclamar a redução da disposição testamentária (cf. arts. 1.966 a 1.968).

**Jurisprudência:** 1 – Consoante o art. 1.724 do CC/16, vigente à época da abertura da sucessão do autor da herança – dispositivo que encontra correspondência no atual art. 1.849 do CC/2002 –, a disposição testamentária que recair sobre a parte disponível da herança, em favor de herdeiro necessário, não afasta o direito à legítima deste herdeiro beneficiário. Portanto, correto o plano de partilha que contempla o herdeiro necessário tanto com o quinhão que lhe cabe em razão da sucessão legítima quanto com o quinhão que lhe toca em razão da sucessão testamentária [...]. (TJRS, AI n. 70.062.011.135, rel. Luiz Felipe Brasil Santos, j. 23.04.2015)

Sucessão testamentária e legítima. Casamento pelo regime da separação convencional de bens. Cônjuge supérstite é herdeiro necessário do *de cujus* e concorre com os descendentes na legítima, ainda que beneficiado em testamento com 50% dos bens do espólio. Inteligência dos arts. 1.829, I, e 1.845 do CC. Recurso provido. (TJSP, AI n. 0080738-58.2012.8.26.0000, rel. Des. Milton Carvalho, j. 30.08.2012)

**Art. 1.850. Para excluir da sucessão os herdeiros colaterais, basta que o testador disponha de seu patrimônio sem os contemplar.**

No atual Código, os colaterais compõem a única classe de herdeiros não necessários. São alijados da sucessão se o autor da herança dispuser de todo o seu patrimônio por testamento. O cônjuge sobrevivente, que no CC/1916 podia ser excluído por testamento, foi promovido a herdeiro necessário no atual Código. Segundo uma corrente doutrinária, o companheiro sobrevivente também deve ser considerado herdeiro necessário (cf. comentário ao art. 1.845).

**Jurisprudência:** Exigir contas. Primeira fase. Extinção do processo, sem resolução do mérito, em razão de ilegitimidade ativa. Inconformismo das autoras. Desacolhimento. Aplicação do disposto no art. 252 do RITJSP. Falecida que deixou testamento, reconhecidamente válido pela via judicial, dispondo sobre a integralidade de seus bens em favor de outras pessoas sem contemplar os autores. Autores que, de forma inconteste, não são herdeiros necessários. Ilegitimidade ativa manifesta. Inteligência do art. 18 do CPC. Sentença mantida. Recurso desprovido. (TJSP, AI n. 10008806720228260498/Ribeirão Bonito, rel. J.L. Mônaco da Silva, 5ª Câm. de Dir. Priv., j. 21.08.2024)

Apelação cível. Abertura, registro e cumprimento de testamento público. Sentença que reconheceu a validade do testamento. Insurgência da sobrinha da falecida. Não acolhimento. Observância das formalidades previstas no art. 1.864, do CC. Descabida a alegação de desrespeito à legítima. Inconteste que a *de cujus* não deixou herdeiros necessários, mas tão somente herdeiros colaterais. Para exclusão dos herdeiros colaterais da sucessão, basta que o testador não os contemple, como ocorreu na espécie. Inteligência do art. 1.850, do CC. Sentença mantida. Recurso desprovido. (TJSP, Ap. Cível n. 1002702-57.2020.8.26.0338, rel. Rodolfo Pellizari, j. 19.01.2022)

Sucessão. Arrolamento. Validade do testamento. Falecido que poderia dispor de todo o seu patrimônio. Sobrinhas que não são consideradas herdeiras necessárias. Recurso improvido. (TJSP, Ap. n. 517.167-4/0-00, rel. Des. José Luiz Gavião de Almeida, j. 19.02.2008)

## CAPÍTULO III
## DO DIREITO DE REPRESENTAÇÃO

**Art. 1.851. Dá-se o direito de representação, quando a lei chama certos parentes do falecido a suceder em todos os direitos, em que ele sucederia, se vivo fosse.**

Em relação ao CC/1916, o atual CC não modificou a disciplina do direito de representação, definido neste artigo. Trata-se de exceção ao princípio de que os herdeiros de graus mais próximos excluem os de grau mais remoto. Nas taxativas hipóteses legais, são chamados a suceder os parentes de um herdeiro que morreu antes do *de cujus*. Esses parentes herdam tudo o que o herdeiro premorto herdaria se estivesse vivo, em concorrência com os herdeiros sobreviventes do mesmo grau. É o caso, por exemplo, do autor da herança com três filhos, um deles premorto, que por sua vez deixou dois filhos, netos do *de cujus*. Nesse caso, há sucessão na linha reta descendente, hipótese para a qual a lei prevê direito de representação (art. 1.852). Por conseguinte, a herança é dividida em três partes. Os dois filhos sobreviventes herdam uma terça parte da herança, por cabeça. Os dois netos, filhos do herdeiro premorto, recebem a parte que este receberia se vivo estivesse. Os netos herdam por estirpe. Os artigos seguintes esmiúçam as hipóteses de cabimento (arts. 1.852 e 1.853), a forma como se dá o direito de representação (arts. 1.854 e 1.855) e a exceção a esse direito (art. 1.856). Observe-se, como realçado no acórdão a seguir mencionado, que o direito de representação é instituto da sucessão legítima. Não se estende à testamentária, na qual, havendo herdeiro ou legatário premorto, aplicam-se as regras do direito de acrescer (arts. 1.941 a 1.946) ou das substituições (arts. 1.947 a 1.960).

**Jurisprudência:** Agravo de instrumento. Inventário. Registro de quinhões hereditários para transmissão de herança. Nota devolutiva do Cartório de Registro de Imóveis para que o agravante-herdeiro retifique os planos de partilha para constar os pagamentos à sua genitora, pós-morta à abertura da sucessão parental, inviabilizando-se o quanto disposto no art. 1.851 do CC. Inconformismo. Agravante que formulou acordo de partilha com a tia materna nos autos do inventário dos avós, transmitindo-lhe diretamente os quinhões da genitora falecida. Partilha per *saltum* homologada sem observância do art. 1.851 do CC. Ilegitimidade. Violação do princípio da continuidade registraria e eventual implicação na falta de recolhimento do ITCMD. Sucessão por representação não configurada. Inexistência de fundamento jurídico e legal para impor ordem judicial ao Cartório de Registro de Imóveis para que efetue o registro. Alegação do autor de que não há caminho jurídico a seguir para realizar a transmissão de seu acervo hereditário, pois inaplicáveis os arts. 656, 657, parágrafo único, e 966, todos do CPC. Paradigma colacionado à essa decisão colegiada que ilustra legítimo trâmite a seguir em ação própria. Decisão mantida. Agravo desprovido. (TJSP, AI n. 21133639120248260000/Itanhaém, rel. Hertha Helena de Oliveira, 2ª Câm. de Dir. Priv., j. 20.08.2024)

Apelação cível. Previdência privada. Seguro. Ação de cobrança de diferença de cota-parte de indenização securitária. Autores netos da segurada falecida. Sentença de parcial procedência. Recurso da ré. Pretensão ao decreto de improcedência da ação. Não cabimento. Participante/segurada que possuindo 6 filhos, sendo um deles premorto, pai dos autores, não declarou beneficiários no contrato de seguro. Aplicabilidade do disposto no art. 792 do CC. A ordem de vocação hereditária contempla os descendentes (autores) do herdeiro premorto, por representação. Dicção dos arts. 1.833, 1.835, 1.851 a 1.856, todos do CC. Sentença mantida. Aplicabilidade do art. 252, RITJSP. Recurso desprovido. Majorados honorários advocatícios sucumbenciais (art. 85, § 11, do CPC). (TJSP, Ap. n. 10.2022.8.26.0292, rel. Sergio Alfieri, 27ª Câm. de Dir. Priv., j. 28.10.2023)

O direito de representação é instituto próprio da sucessão legítima. Está inserido no Título II do Livro V do CC, ou seja, do Direito das Sucessões. O direito de representação não foi repetido na sucessão testamentária, onde existe o direito de substituição e o direito de acrescer. De forma erudita e inteligente o Advogado das agravantes tenta mostrar que o direito de representação não está vedado na sucessão testamentária. Com todo respeito a esse entendimento, como se disse, o direito de representação é próprio da sucessão legítima. A disposição testamentária é de caráter pessoal. (TJSP, AI n. 0567741-54.2010.8.26.0000, rel. Des. José Luiz Gavião de Almeida, j. 12.07.2011)

**Art. 1.852. O direito de representação dá-se na linha reta descendente, mas nunca na ascendente.**

Na linha reta, há direito de representação em favor dos descendentes, não dos ascendentes. Na linha reta descendente, exemplo de direito de representação foi apresentado no comentário ao artigo anterior. Na linha ascendente não há direito de representação, o que significa, por exemplo, que, se o pai do *de cujus* é premorto, sua mãe receberá toda a herança. Os avós paternos não herdarão por direito de representação.

**Jurisprudência:** Agravo de instrumento. Direito das sucessões. Ação de inventário. Pedido de habilitação da companheira supérstite de herdeiro premorto. Descabimento. 1. A companheira supérstite de filho premorto, independente do regime de bens da união estável, não é herdeira do genitor do falecido companheiro, motivo pelo qual não pode se habilitar nos autos do inventário, tampouco figurar como interessada. 2. O direito de representação somente se dá na linha reta descendente e na linha transversal. Arts. 1.852 e 1.853 do CCB. 3. Decisão agravada confirmada. Agravo de instrumento desprovido por decisão monocrática. (TJRS, AI n. 5187166-80.2023.8.21.7000, rel. Sandra Brisolara Medeiros, 7ª Câm. Cível, j. 30.10.2023)

Inventário. Decisão que afastou pretensão da agravante de sucessão na integralidade do único imóvel deixado pelo inventariado. Agravo de instrumento. Pugna pela sucessão na integralidade do imóvel, em sucessão a sua filha, ex-companheira do *de cujus* e posteriormente falecida. Não acolhimento. Imóvel adquirido na constância da união. Regime de comunhão parcial de bens. Falecida que herdaria em concorrência com os ascendentes. Óbito da cônjuge supérstite. Inexistência do direito de representação na linha ascendente. Inteligência do art. 1.852 do CC. Participação limitada ao direito de meação. Decisão mantida. Recurso desprovido. (TJSP, AI n. 2258966-06.2021.8.26.0000, rel. Maria Salete Corrêa Dias, j. 24.09.2022)

Petição de herança c/c pedido de nulidade de inventário extrajudicial. Ação proposta pela irmã da falecida contra os herdeiros do viúvo, também já falecido. Sentença de improcedência. Inconformismo da autora. Alegação de que é a verdadeira herdeira da irmã. *De cujus* que era casada quando faleceu, não tendo deixado filhos, nem pais vivos. Art. 1.829 do CC que dispõe sobre a ordem sucessória a ser seguida. Existência de cônjuge vivo que exclui a classe de colaterais. Ausência de previsão legal no que tange a hipótese de a autora representar os pais premortos. Art. 1.852 do CC. Impossibilidade de fazer diferenciação entre bens particulares e comuns do casal quando o herdeiro é, somente, o cônjuge sobrevivente. Inventário extrajudicial que respeitou a ordem hereditária legal, não havendo que se falar em nulidade do instrumento. Sentença que deve ser mantida. Recurso não provido. (TJSP, Proc. n. 1002749-16.2019.8.26.0322, rel. Ana Maria Baldy, j. 27.01.2022)

Apelação cível. Abertura de inventário. Nora. Ilegitimidade ativa. Filho premorto. Direito de representação. Descendentes. Não se enquadrando nas hipóteses previstas nos arts. 615 e 616 do CPC/2015, que determinam os legitimados para requerer o inventário, deve ser reconhecida a ilegitimidade para a propositura da ação. Conforme determina o art. 1.852 do CC, o direito de representação se dá na linha reta descendente, portanto somente os filhos do premorto podem representá-lo na sucessão, recebendo a cota que lhe caberia. Recurso conhecido, mas não provido. (TJMG, 1.0431.17.000453-2/001, rel. Albergaria Costa, j. 09.11.2017)

Alvará. Autora da herança deixou dois filhos vivos, ora agravantes. Filho solteiro premorto não deixou descendentes. Genitor na condição de ascendente não tem direito à herança. Aplicação do art. 1.852 do CC ora vigente. Agravo provido. (TJSP, AI n. 504.844-4/0-00, rel. Des. Natan Zelinschi de Arruda, j. 24.05.2007)

---

**Art. 1.853. Na linha transversal, somente se dá o direito de representação em favor dos filhos de irmãos do falecido, quando com irmãos deste concorrerem.**

---

Na linha transversal, em regra, não há direito de representação. A única exceção é a dos sobrinhos do falecido, quando concorrerem com irmãos deste. Se o *falecido* tinha, por exemplo, três irmãos, um deles premorto, este com dois filhos, sobrinhos do *de cujus*, a herança será dividida em três partes, duas delas em favor dos irmãos sobreviventes, a terceira em favor dos sobrinhos, que herdam por estirpe a parte que caberia ao pai deles se vivo estivesse.

**Jurisprudência:** [...] Direito de representação que se dá, apenas, na linha reta descendente e na linha transversal em favor dos filhos de irmãos do falecido, quando com irmãos deste concorrerem. Arts. 1.851 e 1.852 do CC. Viúva do irmão premorto da *de cujus* que não é herdeira, quer por direito próprio, quer por direito de representação. (TJSP, AI n. 2174942-21.2016.8.26.0000, rel. Angela Lopes, j. 08.11.2016)

Inventário. Direito de representação. Pretensão do agravante, casado pelo regime da comunhão universal de bens, suceder os direitos da esposa, filha premorta do *de cujus*. Inviabilidade. Aplicação conjunta dos arts. 1.829, I, e 1.852 do CC. Recurso desprovido. (TJSP, AI n. 2116965-71.2016.8.26.0000, rel. Araldo Telles, j. 05.10.2016)

[...] Sucessão. No presente caso, a sucessão se resolve na classe dos colaterais. Direito hereditário por representação na linha transversal cabível *in casu*. Determinação de exclusão da viúva de irmão premorto da sucessão. Insurgência. Descabimento. Direito de representação que cabe aos filhos do irmão premorto, mas não à viúva deste, cunhada do *de cujus*. Art. 1.853 do CC. (TJSP, AI n. 2047917-93.2014.8.26.0000, rel. Walter Barone, j. 06.05.2014)

Na classe dos colaterais o direito de representação é restrito aos filhos de irmãos, ou seja, sobrinhos do autor da herança, não havendo idêntica previsão legal para netos de irmãos, o que impõe o afastamento destes do rol de herdeiros. Não bastasse o fato de não ocorrer no caso o invocado direito de representação, a pretensão recursal encontra ainda, como óbice intransponível, a decadência do direito. (TJRS, Ap. n. 70.040.093.528, rel. Luiz Felipe Brasil Santos, j. 24.02.2011)

Agravo de instrumento. Sucessão. Direito de representação. Linha colateral ou transversal. Inexistência de herdeiros em linha reta. Agravantes que são netos da irmã pré-morta do *de cujus*. Direito à sucessão inexistente. Inteligência do disposto no art. 1.853, do CC. Decisão mantida. Agravo improvido. (TJSP, AI n. 0463709-95.2010.8.26.0000, rel. Des. Donegá Morandini, j. 16.11.2010)

Direito de representação que se dá apenas excepcionalmente na linha colateral para os filhos dos irmãos do *de cujus* (arts. 1.840 e 1.853 do CC de 2002). Agravantes que são sobrinha neta e sobrinho bisneto da falecida e não possuem direito de representação da mãe e avó sobrinha desta. Não provimento. (TJSP, AI n. 6.258.404.500, rel. Des. Ênio Zuliani, j. 05.03.2009)

Quando a sucessão se resolve na classe dos irmãos, o filho de irmão premorto tem direito de representar o pai na sucessão da tia. Inteligência do art. 1.853 do CCB. Em atenção ao princípio da *saisine* (art. 1.784 do CCB), a herança se transmite aos herdeiros imediatamente após a abertura da sucessão. Assim, o sobrinho da falecida, vivo ao tempo da abertura da sucessão, recebe sua herança já desde a abertura da sucessão. E quando o sobrinho falece no curso do inventário, a herança que ele já recebeu, e que, por conseguinte, já havia ingressado na sua esfera patrimonial antes da morte, passa a compor a herança dele, a ser repassada aos seus herdeiros. Nesses casos, os herdeiros do sobrinho falecido no curso do inventário recebem a herança deixada pelo falecido por direito próprio, e não por direito de representação. Deram provimento. (TJRS, AI n. 70.026.964.981, rel. Des. Rui Portanova, j. 04.12.2008)

Inventário. Ordem de inclusão dos sucessores dos irmãos premortos da falecida no rol dos herdeiros. Cabimento. Ausência de ascendentes e descendentes. Concorrendo à herança somente irmãos vivos e sobrinhos de irmãos premortos, estes últimos herdarão por direito de representação do pai. Inteligência dos arts. 1.840 c/c 1.853 do CC. Recurso desprovido. (TJSP, AI n. 572.584-4/6-00, rel. Des. Galdino Toledo Júnior, j. 17.06.2008)

**Art. 1.854. Os representantes só podem herdar, como tais, o que herdaria o representado, se vivo fosse.**

O artigo enfatiza a disposição do art. 1.851, reafirmando que os representantes, aqueles em favor de quem se dá o direito de representação, só herdam o que herdaria o representado, o herdeiro premorto, se vivo estivesse. Em suma, não herdam nem mais nem menos do que o representado herdaria por direito próprio.

**Jurisprudência:** Sucessão legítima. Direito de representação. Determinado pagamento das dívidas de herdeira premorta antes daquelas dos herdeiros por representação. Admissibilidade. Hipótese em que os representantes só podem herdar o que o representado receberia se vivo fosse. Observância do art. 1.851 do CC. Decisão mantida. Recurso improvido. (TJSP, AI n. 0039400-41.2011.8.26.0000, rel. Des. Vito Guglielmi, j. 28.04.2011)

**Art. 1.855. O quinhão do representado partir-se-á por igual entre os representantes.**

O artigo prevê que os que herdam por direito de representação partilham igualmente entre si o quinhão que caberia ao representado. A norma é de certo modo supérflua, pois não haveria sentido tratar desigualmente pessoas que estão na mesma situação jurídica.

**Art. 1.856. O renunciante à herança de uma pessoa poderá representá-la na sucessão de outra.**

O dispositivo acentua o caráter restritivo da renúncia. Ao renunciar à herança de uma pessoa, o renunciante não está impedido de exercer direito de representação em face dessa pessoa, na sucessão de outro. Tome-se, por exemplo, a situação do filho que renuncia à herança do pai. Se o avô vem a morrer, o neto poderá herdar por direito de representação o que o pai herdaria se vivo estivesse, apesar da renúncia precedente.

# TÍTULO III
# DA SUCESSÃO TESTAMENTÁRIA

## CAPÍTULO I
## DO TESTAMENTO EM GERAL

**Art. 1.857. Toda pessoa capaz pode dispor, por testamento, da totalidade dos seus bens, ou de parte deles, para depois de sua morte.**

**§ 1º A legítima dos herdeiros necessários não poderá ser incluída no testamento.**

**§ 2º São válidas as disposições testamentárias de caráter não patrimonial, ainda que o testador somente a elas se tenha limitado.**

A sucessão pode ser *legítima* ou *testamentária*, como enuncia o art. 1.786. Na legítima, os herdeiros são os designados na lei, pela ordem de vocação hereditária, sem concurso de manifestação de vontade do *de cujus*. Na testamentária, prevalece a manifestação de vontade do autor da herança, veiculada por testamento ou codicilo. A sucessão pode ser exclusivamente legítima ou testamentária, ou ambas podem coexistir (cf. hipóteses enumeradas no comentário ao art. 1.786).

Toda pessoa capaz (sobre capacidade para testar, confiram-se os arts. 1.860 e 1.861) tem *liberdade* de testar, ou seja, de dispor sobre a totalidade ou parte de seu patrimônio, para depois de sua morte. Essa liberdade, no entanto, não é absoluta. Por interesse social, de preservação da família, limita-se a liberdade de testar, e por extensão o direito de propriedade, caso o testador tenha herdeiros necessários (descendentes, ascendentes e cônjuge – art. 1.845; e, segundo alguns, o companheiro – cf. comentário ao art. 1.845). Se os tiver, só poderá dispor, por testamento, de metade de seu patrimônio. A outra metade é resguardada aos herdeiros necessários. O direito dos herdeiros necessários, que limita a liberdade do testador, é afirmado nos arts. 1.789 e 1.846.

O art. 1.857, em seu § 1º, é redundante ao reafirmar o direito dos herdeiros necessários à metade da herança. Só não terão assegurado esse direito nos casos de indignidade (arts. 1.814 a 1.818) e deserdação (arts. 1.961 a 1.965). Se houver violação a esse § 1º, ou seja, se as disposições testamentárias invadirem a legítima, o testamento não se torna inválido, simplesmente se faz a redução das disposições testamentárias à metade disponível, segundo os critérios dos arts. 1.966 a 1.968.

O § 2º, ao prever que o testamento pode conter, também, ou exclusivamente, disposições *não patrimoniais*, complementa o conceito de testamento que se extrai do *caput*; pois o testamento não é somente o negócio jurídico unilateral pelo qual se dispõe acerca do patrimônio, podendo servir para outros fins, por exemplo, o reconhecimento de filhos não advindos do casamento, para deserdação de herdeiros necessários, para revogar testamento anterior etc.

**Jurisprudência:** [...] 4. Embora a interpretação, isolada e literal, do art. 1.857, § 1º, do CC/2002, sugira que a legítima dos herdeiros necessários não pode ser passível de disposição no testamento, esse dispositivo deve ser considerado em conjunto com os demais que regulam a matéria e que demonstram não ser essa a melhor interpretação da regra. 5. Não há óbice para que a parte indisponível destinada aos herdeiros necessários conste e seja referida na escritura pública de testamento pelo autor da herança, desde que isso, evidentemente, não implique em privação ou em redução dessa parcela que a própria lei destina a essa classe de herdeiros. 6. A legítima dos herdeiros necessários poderá ser referida no testamento porque é lícito ao autor da herança, em vida e desde logo, organizar e estruturar a sucessão, desde que seja mencionada justamente para destinar a metade indisponível, ou mais, aos referidos herdeiros, sem que haja privação ou redução da parcela a que fazem jus por força de lei. 7. Hipótese em que, examinando-se a disposição testamentária transcrita no acórdão recorrido, conclui-se que o testador pretendeu dispor de todo o seu patrimônio e não apenas da parcela disponível. Isso porque o testador se referiu, no ato de disposição, reiteradamente, à totalidade de seu patrimônio, inclusive quando promoveu a divisão dos percentuais entre os filhos, herdeiros necessários que tiveram a legítima respeitada, e os sobrinhos, herdeiros testamentários. 8. Recurso especial parcialmente conhecido e, nessa extensão, provido. (STJ, REsp n. 2.039.541/SP, 3ª T., rel. Min. Nancy Andrighi, j. 20.06.2023, *DJe* 23.06.2023).

[...] Testamento que beneficiou terceiros com a integralidade dos bens do testador, em detrimento da companheira sobrevivente, sua única herdeira legítima (art. 1.829, III, do CC). Testamento que não poderia invadir a legítima. Inteligência do art. 1.857, § 1º, do CC. Testamento que adentra a legítima não é nulo, mas passível de redução, nos termos do art. 1.967 do CC. Pedido que deve ser efetuado no Juízo do inventário [...]. (TJSP, AC n. 1000530-49.2021.8.26.0584/SP, 1ª Câm. de Dir. Priv., rel. Alexandre Marcondes, j. 23.01.2023, publ. 23.01.2023)

---

**Art. 1.858. O testamento é ato personalíssimo, podendo ser mudado a qualquer tempo.**

---

O artigo enuncia duas características essenciais do testamento. É negócio jurídico *personalíssimo*. Só pode ser praticado pelo próprio testador, pessoalmente, sem possibilidade de representação. Não pode ser efetuado, por exemplo, por mandatário. Ainda como decorrência dessa característica, não se admite que alguém interfira na manifestação de vontade do testador. Essa proibição de interferência não significa, porém, proibição de que o testador receba orientação sobre a melhor redação a adotar, sobre os requisitos formais para efetuar testamento válido etc. A interferência será ilícita se tiver por objeto o mérito das disposições de última vontade contidas no testamento. Proíbe-se a interferência interessada e desonesta na vontade do testador.

O art. 1.783-A do CC, introduzido pela Lei 13.146/2015, criou a chamada tomada de decisão apoiada, processo pelo qual a pessoa com deficiência elege pelo menos duas pessoas idôneas para prestar-lhe apoio na tomada de decisão sobre os atos da vida civil, fornecendo-lhe os elementos e as informações necessários para que possa exercer sua capacidade. A pessoa com deficiência, nessa hipótese, mantém a plena capacidade (cf. os comentários ao art. 1.783-A). Em relação ao testamento, parece que poderá obter com os apoiadores informações para a tomada de decisão, mas desde que não haja interferência no mérito das disposições testamentárias, sob pena de violação do caráter personalíssimo do testamento.

A segunda característica afirmada no artigo é se tratar de ato *revogável a qualquer tempo*. O testador tem ampla liberdade de revogar o testamento. Pode efetuar outro em substituição ou pode simplesmente revogá-lo, de modo a fazer incidir as regras da sucessão legítima. A possibilidade de revogação a qualquer tempo é considerada norma de ordem pública, razão pela qual se considera inválida disposição testamentária pela qual o testador declare o testamento irrevogável.

Há, no entanto, *exceção* à possibilidade de revogação a qualquer tempo. A revogabilidade vale para disposições patrimoniais, mas não se aplica à declaração de fatos, que também podem ser objeto do testamento (art. 1.857, § 2º). Se o testador afirma a ocorrência de determinado fato, um novo testamento, negando tal fato, não tem o condão de revogar a declaração anterior: simplesmente significará que o testador se desdisse (cf. VELOSO, Zeno. *Comentários ao Código Civil*. São Paulo, Saraiva, 2003, v. XXI, p. 8). Em relação ao reconhecimento de filhos havidos fora do casamento, há expressa previsão legal de ser irrevogável, mesmo se feito por testamento (art. 1.610).

Outras características do testamento, não enunciadas neste artigo, mas apontadas pela doutrina, são as seguintes: é negócio jurídico *unilateral*, *gratuito*, *"mortis causa"*, *solene* e *imprescritível*.

É *unilateral* por se aperfeiçoar com a exclusiva manifestação de vontade do testador. Não demanda nem comporta concordância ou aceitação dos beneficiários. É *gratuito* por não haver contrapartida exigível dos beneficiários.

É *"mortis causa"* porque, embora válido desde sua confecção, só se tornar eficaz, produz efeitos, após a morte do testador.

É *imprescritível*, por não perder sua eficácia com o passar do tempo, por mais distante que seja o que medeia a data de sua elaboração e a morte do testador (princípio não absoluto, pois, em regra, os testamentos especiais caducam após determinado prazo: cf. arts. 1.891 e 1.895).

É *solene* por só ser válido se observar um dos modelos legais, atendidos todos os requisitos do modelo escolhido, embora haja tendência na jurisprudência do STJ de temperamento do rigor formal em determinadas circunstâncias (cf. o comentário ao art. 1.864).

Segundo Zeno Veloso (op. cit., p. 17-20), a doutrina dominante assenta que, se a lei nova, vigente na abertura da sucessão, contém requisitos mais brandos, valem os da lei anterior, do tempo da elaboração do testamento, mais rigorosos, embora haja entendimento oposto, fundado no princípio da conservação dos negócios jurídicos. A questão tem relevância prática, pois o atual CC, seguindo uma tendência universal, simplificou os requisitos formais dos testamentos. Assim, a prevalecer a corrente dominante, um testamento público, efetuado na vigência do CC/1916, que exigia cinco testemunhas, será inválido se dele participaram somente quatro testemunhas, mesmo se a abertura da sucessão ocorrer na vigência do atual Código, que exige apenas duas testemunhas para essa modalidade de testamento. Respeitada a posição dominante, parece mais justa a solução que preserva o testamento nesse exemplo, de modo que a lei nova, menos rigorosa, deve prevalecer a fim de fazer subsistir a disposição de última vontade.

**Jurisprudência:** [...] Enquanto viva a testadora, o testamento não produz qualquer efeito. O testamento pode ser revogado a qualquer momento pelo mesmo modo e forma como pode ser feito (art. 1.969 do CC). As agravantes têm apenas mera esperança de que a testadora mantenha até o final de sua vida a vontade de lhes transmitir os bens por legado, mas não se pode dizer que o testamento hoje existente traduza, efetivamente, a sua última vontade. 4 – Por ora, as agravantes não têm, efetivamente, qualquer direito ao pretendido legado e, por consequência, não têm qualquer interesse jurídico em assistir a testadora no inventário em que ela é herdeira. Recurso não provido. (TJSP, AI n. 0095190-39.2013.8.26.0000, rel. Des. Carlos Alberto Garbi, j. 24.09.2013)

Testamento particular. Documento elaborado no ano de 1990. Requisitos de validade devem ser apreciados de acordo com os ditames do CC/1916. Requisitos essenciais do testamento particular não foram observados, nos termos do art. 1.645 do CC. Formalidade que não pode ser mitigada. Manutenção da r. sentença. (TJSP, Ap. n. 0122400-46.2005.8.26.0000, rel. Des. Christine Santini Anafe, j. 20.10.2010)

---

**Art. 1.859. Extingue-se em cinco anos o direito de impugnar a validade do testamento, contado o prazo da data do seu registro.**

---

O artigo fixa em cinco anos o prazo para impugnação da validade do testamento. O prazo é de ***decadência***, não de prescrição, distinção fundamental ante a disciplina diferenciada de cada um dos institutos (cf. arts. 189 a 196, sobre prescrição; e 207 a 211, sobre decadência).

Ao se referir à arguição de invalidade do testamento, sem fazer diferenciação, o artigo contempla as hipóteses de ***nulidade*** e ***anulação***. Se pretendesse referir-se exclusivamente às hipóteses de anulabilidade, não teria sido empregada a expressão genérica *impugnação da validade*. No plano da ***invalidade*** estão os negócios jurídicos nulos e os anuláveis. Nesse sentido, as lições de Zeno Veloso (*Comentários ao Código Civil*. São Paulo, Saraiva, 2003, v. XXI, p. 21); e Ana Cristina de Barros Monteiro França Pinto, atualizadora da obra de Washington de Barros Monteiro (*Curso de direito civil*, 35. ed. São Paulo, Saraiva, 2003, v. VI, p. 127).

Fixando prazo decadencial para arguição de nulidade absoluta, o artigo estabelece exceção à regra geral de o ato nulo não convalescer pelo decurso do tempo (art. 169). O testamento nulo, portanto, pode ser sanado se a nulidade não for arguida em cinco anos.

Zeno Veloso (op. cit., p. 27) observa com acuidade a importância da distinção entre testamento nulo (o que tem defeito em sua formação) e ***inexistente*** (que, apesar da aparência de testamento, não chegou a se formar), pois a inexistência não se convalida com o decurso do tempo, dando o ilustre jurista, como exemplo de inexistência, entre outros, o caso de testamento em que a assinatura do testador é falsa.

O *termo inicial* do prazo de cinco anos é a data do registro do testamento. Aberta a sucessão, os testamentos devem ser registrados por ordem judicial, em procedimento de jurisdição voluntária, disciplinado nos arts. 735 a 737 do CPC.

Cuidando parcialmente do mesmo tema do art. 1.859, o art. 1.909 e seu parágrafo único dispõem que a ação anulatória de disposições testamentárias inquinadas de erro, dolo ou coação tem prazo decadencial de quatro anos, contados da data na qual o interessado tiver conhecimento do vício. Trata-se de contradição aberrante, pois o termo inicial do prazo pode ser bem posterior à data do registro do testamento, de modo que o prazo para anulação, nessas hipóteses de erro, dolo ou coação, pode suplantar os cinco anos do prazo para arguição de nulidade absoluta. O PL n. 699/2011 (reapresentação do PL n. 6.960/2002 e do PL n. 276/2007) visa a sanar esse equívoco, estabelecendo prazo para impugnação do testamento por nulidade de cinco anos e para anulação quatro, ambos os prazos contados do registro do testamento.

**Jurisprudência:** Apelação cível. Direito das sucessões. Ação de declaratória de nulidade de testamento. Insurgência manejada contra sentença de improcedência. Decadência. Manutenção. 1. Caduca em 5 anos o direito de impugnar a validade do testamento, contado o prazo da data do respectivo registro (art. 1.859 do CC). 1.1. Hipótese dos autos em que a demanda foi ajuizada vários anos após o escoamento integral do prazo quinquenal. 2. Eventual excesso do testador, que adentre na meação do cônjuge ou na legítima dos herdeiros, não enseja o ajuizamento de ação anulatória ou de nulidade de testamento, devendo ser corrigido mediante redução da deixa testamentária, na forma do art. 1.967 do CC, o que pode ser feito nos próprios autos do inventário ou, se a matéria foi de alta indagação, em ação própria, com exposição da causa de pedir e formulação de pedido específico. Recurso desprovido. (TJRS, Ap. n. 50233036420228210021, rel. Vera Lucia Deboni, 7ª Câm. Cível, j. 26.06.2024)

Apelação cível. Ação anulatória de testamento, c/c indenização por danos morais. Alegação de que o testamento foi celebrado mediante vício de consentimento (coação) e sem a observância das formalidades prescritas para o ato. Sentença que extinguiu o processo, com resolução do mérito, nos termos do art. 478, II, do CPC, uma vez que operada a decadência. Insurgência do autor. Descabimento. Art. 1.859 do CC que prevê prazo de cinco anos para a impugnação de testamento, contados da data de seu registro. Testamento registrado em 21.10.2013. Ação anulatória ajuizada em 17.02.2021, mais de sete anos após o registro do testamento. Decadência configurada. Inaplicabilidade de causa impeditiva ou suspensiva da decadência (CC, arts. 198, I, e 208). Ação ajuizada pelo autor em nome próprio, e não em nome de sua filha. Incapacidade dessa, ademais, que somente foi declarada em 19.05.2021, quando já decorrido o prazo quinquenal previsto no art. 1.859 do CC. Sentença mantida. Recurso não provido. (TJSP, Proc. n. 1000303-05.2021.8.26.0020, rel. Márcio Boscaro, j. 23.04.2022)

Apelação cível. Sucessões. Ação de nulidade de testamento. óbito do testador e registro de testamento efetivados na vigência do CC/1916, que previa prazo decadencial vintenário à hipótese dos autos. Advento do CC/2002, reduzindo o prazo para 5 anos. Regra específica do art. 1.859, aplicável a todas as hipóteses de invalidade de testamento, englobando nulidades e anulabilidades. Regra de transição do art. 2.028 do CCB/2002. Implemento do prazo decadencial de 5 anos, contado da data da entrada em vigor do atual CC. 1. Consoante a decisão proferida no ARESP n. 158.894/RJ, de relatoria do Em. Min. Luis Felipe Salomão, na vigência do CC/1916, seria aplicável à hipótese dos autos, em que se pretende invalidar um testamento, o maior prazo possível, que era o de 20 anos, previsto no art. 177 – cuja natureza seria de prazo decadencial, consoante o teor da decisão emanada do STJ. Por sua vez, com o advento do CCB/2002, o prazo incidente ao caso dos autos seria o de 5 anos, nos termos do art. 1.859. 2. Embora o art. 169 do CCB/2002 estipule uma regra geral, de que o negócio jurídico nulo não é suscetível de confirmação, nem convalesce pelo decurso do tempo, não se pode olvidar que, tratando-se da validade de testamento, há uma regra própria, que é justamente a do art. 1.859 (extingue-se em cinco anos o direito de impugnar a validade do testamento, contado o prazo da data do seu registro). Apesar da aparente antinomia entre os citados dispositivos, a doutrina, de forma amplamente majoritária, se orienta no sentido de que o art. 1.859 é uma regra específica que não faz diferenciação entre nulidade ou anulabilidade, devendo prevalecer em detrimento da regra geral do art. 169. 3. Quando da entrada em vigor do atual CCB/2002, ocorrido em 11.01.2003, havia transcorrido pouco mais de 2 anos desde a abertura da sucessão do testador e do registro do testamento por ele feito – isto é, menos da metade do prazo vintenário previsto no art. 177 do CCB/1916. Desse modo, em observância à regra do art. 2.028 do atual CCB, passa a ser aplicável, na espécie, o prazo que foi reduzido pela nova codificação para 5 anos, o qual deve ser computado a partir da entrada em vigor do CCB/2002. Disso resulta que a sentença deve ser mantida em razão do transcurso integral do prazo decadencial de 5 anos a que alude o art. 1.859, porquanto a ação originária foi proposta mais de 7 anos depois de já extinto o direito de impugnar a validade do testamento. Negaram provimento. Unânime. (TJRS, Ap. Cível n. 50128744520158210001, rel. Luiz Felipe Brasil Santos, j. 07.04.2022)

Ação declaratória de nulidade de testamento. Sentença que extinguiu a ação com resolução de mérito, em razão da decadência, nos termos do art. 487, II, do CPC. Insurgência dos autores. Alegação de que se trata de falsidade ideológica em documento público, insistindo na nulidade do testamento. Descabimento. Prazo decadencial que é quinquenal, nos termos do art. 1.859 do CC. Testamento registrado em 1991. Ação ajuizada em 2020. Decadência invencível. Sentença mantida. Recurso desprovido. (TJSP, Proc. n. 1047058-75.2020.8.26.0100, rel. Miguel Brandi, j. 23.03.2022)

[...] 2 – Decorrido prazo superior a cinco anos entre a data do registro do testamento e o ajuizamento da presente ação, imperioso o reconhecimento da decadência (arts. 1.859 do CCB). (TJRS, Ap. Cível n. 70.059.398.206, rel. Ricardo Moreira Lins Pastl, j. 26.06.2014)

## CAPÍTULO II
## DA CAPACIDADE DE TESTAR

**Art. 1.860. Além dos incapazes, não podem testar os que, no ato de fazê-lo, não tiverem pleno discernimento.**

**Parágrafo único. Podem testar os maiores de dezesseis anos.**

O artigo trata da *capacidade testamentária ativa*. A regra é a capacidade para testar, a incapacidade é a exceção, nas hipóteses enunciadas no artigo. Não têm capacidade testamentária ativa: os incapazes (todos eles, visto que a lei não distingue entre incapacidade absoluta e relativa), com exceção dos menores púberes, entre 16 e 18 anos, que têm plena capacidade testamentária pela ressalva expressa do parágrafo único; e os que, por causa transitória e eventual (embriaguez, uso de tóxicos etc.), não estão, ao testar, em seu pleno discernimento.

Zeno Veloso tacha de equívoco gravíssimo a inclusão dos *relativamente incapazes* dentre os que não podem testar, entendendo não haver razão para lhes vedar a capacidade testamentária ativa (*Comentários ao Código Civil*. São Paulo, Saraiva, 2003, v. XXI, p. 29-30). No mesmo sentido, Célia Barbosa Abreu considera descabida a vedação à capacidade testamentária ativa aos relativamente incapazes, tratados de forma diversa dos menores púberes, aos quais o parágrafo único reconhece essa capacidade (*Curatela e interdição civil*. Rio de Janeiro, Lumen Juris, 2009, p. 171-2). Respeitadas essas abalizadas opiniões, parece que a crítica não procede, pois não têm pleno discernimento os ébrios habituais, os viciados em tóxicos e os que, por causa transitória ou permanente, não puderem exprimir sua vontade (hipóteses dos incisos II e III do art. 4º). Zeno Veloso pondera que o ébrio habitual e o toxicômano podem não estar sob efeito, respectivamente, do álcool ou de tóxicos, ao fazer o testamento, mas a hipótese do inciso II do art. 4º é dos alcoólatras e toxicômanos que, por força da dependência dessas substâncias, não têm mais o pleno discernimento, mesmo quando não estão sob o efeito delas.

De se observar a profunda alteração que o Estatuto da Pessoa com Deficiência (Lei n. 13.146/2015) introduziu ao tema das incapacidades. Pela nova redação dos arts. 3º e 4º do CC, dada por essa lei, o absolutamente incapaz é somente o menor de 16 anos; e relativamente incapazes são os maiores de 16 e menores de 18, os ébrios habituais e os viciados em tóxico, e aqueles que, por causa transitória ou permanente, não puderem exprimir sua vontade. Os portadores de deficiência ficam submetidos ao regime de curatela (arts. 1.767 e segs.) e a capacidade testamentária ativa será definida pelas restrições que lhes forem impostas na decisão judicial da curatela.

Quanto aos *pródigos* (hipótese do inciso IV do art. 4º), a questão parece ser mais delicada, pois, pela interpretação literal e isolada do art. 1.860, estariam incluídos entre os incapazes de testar, uma vez que, dentre os relativamente incapazes, a lei só confere capacidade testamentária ativa, por exceção, ao menor púbere. Ocorre que, segundo a doutrina corrente, os pródigos só demandam assistência para os atos taxativamente enumerados na lei, no art. 459 do CC/1916, idêntico em substância ao art. 1.782 do atual Código. Ao analisar esse art. 459, a doutrina entendia que, nas hipóteses nele enumeradas de necessidade de assistência, não se incluía o ato de testar. Argumentava-se, e já se argumenta na vigência do atual Código, que a incapacidade relativa atribuída ao pródigo é medida para protegê-lo de seus gastos desmedidos e incontroláveis, evitando-se que caia em ruína; preocupação que cessa após sua morte, não se justificando, assim, impedimento à eficácia de disposições testamentárias.

Não obstante esse entendimento respeitável, parece possível questioná-lo na vigência do atual Código. Em primeiro lugar, porque este art. 1.860 expressamente prevê que todos os incapazes (e o pródigo é incapaz) não têm capacidade testamentária ativa. Em segundo lugar, o art. 1.782, ao enumerar os negócios jurídicos que o pródigo não pode praticar, termina com disposição aberta, estendendo a incapacidade a todos os atos que não sejam de mera administração. Isso significa, a contrário senso, o pródigo não poder praticar nenhum ato de disposição patrimonial (e o testamento é ato de disposição *causa mortis*). Essa circunstância, do efeito *causa mortis* do testamento, não parece ser justificativa suficiente para autorizar o pródigo a testar, pois sua incapacidade relativa visa não só à proteção de sua pessoa, mas também de sua família. Seus familiares podem ser prejudicados com disposição patrimonial testamentária irrefletida e merecem ser protegidos dos atos do pródigo, mesmo após sua morte. A proteção que os familiares mais próximos (descendentes, ascendentes e cônjuge) têm pela legítima não autoriza, segundo entendo, a dilapidação irrefletida da metade disponível por testamento, empobrecendo a família.

Também não têm capacidade testamentária ativa os que, no ato de fazer o testamento, *não tiverem pleno discernimento*. É o que estabelece a segunda parte do *caput* do art. 1.860. Não se trata das hipóteses de incapacidade absoluta ou relativa da primeira parte do dispositivo, mas daquelas nas quais a pessoa, por uma causa transitória, encontra-se privada de seu pleno discernimento, como na embriaguez eventual, no uso de tóxico por não dependente, dentre outras.

O parágrafo único, como visto, faz ressalva ao conferir capacidade testamentária plena ao menor púbere, entre 16 e 18 anos de idade. Ao testar, não é e nem pode ser assistido por seus representantes legais, pois o testamento é ato personalíssimo (cf. art. 1.858), que não admite interferência de ninguém na vontade do testador, nem mesmo a título de assistência ao menor púbere.

O testamento elaborado por quem não tem capacidade testamentária ativa é *nulo* e não se convalida pela capacidade superveniente, como expressamente prevê o art. 1.861.

Se houver curatela, basta, para reconhecimento da nulidade, a prova de que já havia sido determinada, observando-se os limites nela estabelecidos, verificando-se se estabelecida restrição para testar. Se não estava à época submetido à curatela, deverá ser feita prova cabal de prejuízo ao pleno discernimento, por doença mental, por exemplo. Não se admite, em relação aos submetidos a curatela por enfermidade ou deficiência mental, a alegação de validade de atos praticados em ***intervalos lúcidos***, por ser discutível a plena sanidade nesses intervalos, nos quais os sintomas da doença mental não se manifestam, e, também, pela insegurança jurídica que tal alegação gera.

Sílvio de Salvo Venosa (*Direito civil*, 3. ed. São Paulo, Atlas, 2003, v. VII, p. 142-3) defende, com razão, a validade do testamento feito por interditado que se curou da enfermidade mental, antes do levantamento da interdição, provada cabalmente a plena capacidade ao tempo do testamento. Sendo válido o testamento, também, antes do levantamento da interdição, daquele que está interditado por não poder exprimir sua vontade, por exemplo, da pessoa que sai do estado de coma. O atual Código criou a figura da curatela a pedido do curatelado (art. 1.780), a fim de facilitar a vida do enfermo ou portador de deficiência física, que, nesses casos, preserva o pleno discernimento e, portanto, a capacidade de testar.

**Jurisprudência:** Apelação. Testamento. Ação anulatória de testamento particular. Sentença de improcedência. Recurso do autor. Testamento particular. Nulidade. Reconhecimento. Acolhimento do parecer da Douta PJC. Conjunto probatório comprova que a testadora se encontrava em estado avançado de mal de Alzheimer, comprometendo seu discernimento, não se recordando dos parentes e tendo sido induzida, pela herdeira testamentária que era sua sobrinha. É nulo o testamento feito por pessoa sem capacidade plena, com vontade e discernimento afetados pela deficiência. Inteligência do art. 1.860 do CC. Precedentes. Sentença reformada. Recurso provido. (TJSP, Ap. n. 0032496-25.2013.8.26.0100, rel. Jane Franco Martins, j. 07.11.2024)

Testamento. Ação de nulidade. Cerceamento inocorrido, estando suficientemente demonstrado que, no ato de testar, a testadora estava privada de seu discernimento. Art. 1.860 do CC. Perícia psiquiátrica elaborada em ação de interdição, além de relatórios fornecidos por médico que acompanhava a falecida, e perícia indireta realizada neste próprio feito, que confirmaram que a testadora padecia de grave moléstia, que limitava, ao tempo da assinatura do testamento, a livre manifestação de sua vontade. Demais documentos indicados pelo réu, inclusive com arquivamento de procedimentos investigativos movidos pela autoridade policial e pelo Ministério Público, que não infirmam o deslinde presente. Sentença mantida. Recurso desprovido (TJSP Ap. n. 1105460-96.2013.8.26.0100/SP, rel. Claudio Godoy, 1ª Câm. de Dir. Priv., j. 08.04.2024)

Apelação cível. Sucessões. Ação de anulação de testamento. Vício de vontade não verificado. Incapacidade da testadora não comprovada. Disposições em estreita observação dos requisitos legais. Sentença de improcedência mantida. 1 – O art. 1.860 do CC estabelece que a capacidade testamentária é a regra, devendo ficar comprovada a incapacidade no momento em que lavrado do testamento. 2 – Incabível a pretensão anulatória de testamento se a prova produzida não é bastante para amparar, de forma cabal, a aventada incapacidade da testadora ao tempo do ato. 3 – Caso concreto em que o conjunto probatório indica que a *de cujus* demonstrava discernimento suficiente e manifestava motivação razoável para a realização do testamento. Apelação desprovida. (TJRS, Ap, n. 70.074.671.033, rel. Sandra Brisolara Medeiros, j. 27.09.2017)

Testamento. Ação julgada improcedente. A regra geral é a capacidade de testar. Nulidade fundada em incapacidade da testadora que exige prova cabal e irretorquível do alegado, e não admite meros indícios. Proximidade do beneficiário com a testadora que não macula o ato. Inexistência de prova da incapacidade de testar. Perfeito juízo atestado pelo Tabelião. Reconhecimento da nulidade fundada na incapacidade do testador. Exigível prova cabal e irretorquível do quanto alegado. Inocorrência. Laudo pericial inconclusivo. Sentença mantida. Recurso desprovido. (TJSP, Emb. de Decl. n. 0010353-85.2005.8.26.0047, rel. Percival Nogueira, j. 28.04.2016)

Anulatória de testamento público. Prova testemunhal. Inquirição de testemunhas arroladas pelos réus. Ausência de pedido de intimação. Circunstância que não acarreta a preclusão. Réus beneficiários da assistência judiciária. Matéria, ademais, de ordem pública (além da ausência de prejuízo à autora). Agravo retido desprovido. Procedência. Comprovado (através de provas pericial e documental) que a falecida, à época da lavratura do testamento, não possuía capacidade para testar, já que portadora de transtornos psicóticos, além da fragilidade de seu estado físico. Prova testemunhal também indicativa desta incapacidade. Circunstância que se amolda à regra do art. 1.627, II, do CC/1916 (vigente à data dos fatos). Inexistência de processo de interdição. Circunstância que não impede o reconhecimento da incapacidade da autora e, por conseguinte, a nulidade do ato praticado ao tempo em que, comprovadamente, já subsistia tal condição. Correto o decreto de nulidade do testamento. Sentença mantida. Recurso improvido. (TJSP, Ap. n. 0044643-97.2010.8.26.0000, rel. Des. Salles Rossi, j. 12.05.2010)

Compete ao legatário interessado a comprovação do vício na declaração da real intenção do testador, não bastando para a procedência de seu pedido a mera alegação de tratar-se de pessoa humilde e portadora de doença de Alzheimer que o impedia de expressar de forma juridicamente correta a sua vontade. (TJMG, Ap. Cível n. 1.0607.04.019962-4/001(1), rel. Des. Elias Camilo, j. 21.05.2009)

Ainda que o testamento realizado por instrumento público goze de presunção de validade, uma vez demonstrada a ausência de pleno discernimento do testador quando da disposição de última vontade, impõe-se a invalidação do ato. (TJRS, Emb. Infring. n. 70.023.480.858, rel. Des. Claudir Fidelis Faccenda, j. 08.08.2008)

Anulação de testamento. Reconhecimento da debilidade do testador portador de mal de Alzheimer e arteriosclerose por ocasião da lavratura do testamento, o eloquente laudo de exame médico mostra o avançado grau da doença degenerativa atingida depois de inexorável e triste evolução, observada a participação de outros médicos na construção do diagnóstico. Recurso não provido. (TJSP, Ap. n. 511.172-4/0-00, rel. Des. Gilberto de Souza Moreira, j. 12.09.2007)

Testamento. Nulidade. Incapacidade absoluta. Inadmissibilidade. Perícia indireta e alguns documentos que, em princípio, autorizariam se reconhecesse incapacidade para testar. Relevância, no entanto, de depoimentos do tabelião e médicos que afirmaram acerca da capacidade de discernimento do testador. Facultativos que se avistaram com o respectivo paciente em datas próximas, antes e depois do testamento. Hipótese na qual, ademais, se deve presumir a capacidade testamentária para efeito de se cumprir a respectiva disposição de última vontade. Presunção, por sinal, deslustrada tão somente se a incapacidade ficar veementemente provada, quadro distinto do depreensível no caso ora sob exame. Recurso provido. (TJSP, Ap. n. 484.109-4/3-00, rel. Des. Encinas Manfré, j. 02.08.2007)

Anulação de testamento. Ação intentada por curadora do testador (interditado supervenientemente). Sentença que indeferiu a inicial, por entender que o interesse de agir só surge com a morte do testador. Interesse de agir presente. Sentença reformada para determinar o processamento do feito. Recurso provido. (TJSP, Ap. n. 292.393-4/3-00, rel. Des. José Carlos Ferreira Alves, j. 12.09.2007)

Em sentido contrário: Ação declaratória de nulidade de testamento. Impugnação da validade do testamento, com pedido de declaração de nulidade, ou requerimento de anulação do testamento que só pode ser apresentada após a morte do testador. Petição inicial indeferida. Processo extinto sem resolução do mérito. Recurso não provido. (TJSP, Ap. n. 440.220-4/8-00, rel. Des. Ary José Bauer Júnior, j. 06.03.2007)

---

**Art. 1.861. A incapacidade superveniente do testador não invalida o testamento, nem o testamen-**

**to do incapaz se valida com a superveniência da capacidade.**

O artigo assenta o princípio, evidente, de que a capacidade testamentária deve existir na elaboração do testamento. Realizado por quem tem capacidade testamentária ativa, a incapacidade superveniente não invalida o testamento, mas impede a revogação do anterior, pois a capacidade para revogá-lo é a mesma para efetuá-lo. Como aspecto complementar, o artigo explicita que o testamento do incapaz não se convalida pela superveniência da capacidade. Não se presume, portanto, uma vez readquirida a capacidade testamentária ativa, que a falta de revogação do testamento feito quando era incapaz implica ratificação tácita do testamento nulo.

## CAPÍTULO III
## DAS FORMAS ORDINÁRIAS DO TESTAMENTO

### *Seção I*
### *Disposições Gerais*

**Art. 1.862. São testamentos ordinários:**
**I – o público;**
**II – o cerrado;**
**III – o particular.**

O testamento, como visto no comentário ao art. 1.858, tem como uma de suas características essenciais ser negócio jurídico solene, cuja validade demanda a observância de uma das formas prescritas em lei. O legislador oferta alguns modelos de testamento, dividindo-os em ordinários e especiais – especiais por alguma circunstância excepcional por ocasião de sua elaboração –, impedindo o testador de se valer das formas ordinárias. Só será válido o testamento que obedecer a uma dessas formas legais, com todos os requisitos exigidos para cada uma delas. Ressalve-se que a jurisprudência do STJ tem abrandado o rigor formal dos testamentos em certas situações (cf. o comentário ao art. 1.864). O art. 1.862, ora comentado, dispõe serem testamentos ordinários o público, o cerrado e o particular, o que significa não haver outras modalidades. Afora esses modelos legais, há somente os testamentos especiais (marítimo, militar e aeronáutico, este último novidade do atual CC).

**Art. 1.863. É proibido o testamento conjuntivo, seja simultâneo, recíproco ou correspectivo.**

O *testamento conjuntivo*, também chamado de mão comum, é o efetuado, em único instrumento, por mais de uma pessoa. A proibição do art. 1.630 do CC/1916 foi reproduzida em preceito idêntico no art. 1.863. A razão da proibição decorre, em primeiro lugar, do entendimento de que, ao testar conjuntamente, no mesmo testamento, os testadores estariam violando o preceito que veda contrato sobre herança de pessoa viva (art. 426), pois a reciprocidade dele resultante, o objetivo pretendido pela disposição comum, poderia acarretar interesse, que repugna à moral e ao direito, na morte do cotestador. Em segundo lugar, o testamento conjuntivo tornaria iníqua a revogabilidade que é característica essencial do testamento (art. 1.858), pois, tendo duas pessoas testado conjuntamente, por algum tipo de vínculo, a revogação das disposições testamentárias por uma delas acarretaria frustração desse liame que é vedado nas disposições de última vontade.

Além da proibição, o artigo enumera as modalidades de testamento conjuntivo. No *simultâneo*, duas pessoas fazem disposição idêntica em face de terceiro ou terceiros (ambos declaram, por exemplo, que deixarão todos os seus bens para determinada pessoa). Pelo ***recíproco***, um testador institui o outro seu herdeiro ou legatário. No ***correspectivo***, evidencia-se mais claramente a interdependência entre as disposições testamentárias de cada um dos testadores, pois guardam a mesma proporção, constando expressamente que a disposição testamentária de um tem por razão de ser a do outro.

Apesar de algumas opiniões divergentes, como a de Orlando Gomes (*Sucessões*, 12. ed. Rio de Janeiro, Forense, 2004, p. 102), o entendimento dominante é o testamento conjuntivo só se caracterizar se efetuado no ***mesmo instrumento***, não havendo a mesma vedação para disposições simultâneas, recíprocas ou correspectivas em cédulas separadas, pois, nesse caso, é preservada a característica essencial da revogabilidade do testamento.

**Jurisprudência:** Testamentos que marido e mulher celebram, no mesmo dia, em cartório e com as mesmas testemunhas, destinado, cada um, a parte disponível para a filha do casal, e por que o faziam. Ação dos dois outros filhos visando a nulidade por vício de vontade e pela proibição de testamento conjuntivo (art. 1.863 do CC). Atos de última vontade celebrados com serenidade pelos testadores, que demonstraram compreensão absoluta do conteúdo e consequência, segundo as testemunhas ouvidas. Não é proibido que marido e mulher subscrevam testamentos distintos no mesmo dia e hora, diante do mesmo tabelião e testemunhas, desde que não incorram em conteúdos vedados pelo ordenamento (simultaneidade, reciprocidade e correspectividade). Validade confirmada. Não provimento. (TJSP, Ap. n. 1000097-43.2023.8.26.0368/Monte Alto, rel. Enio Zuliani, 4ª Câm. de Dir. Priv., j. 25.04.2024)

Apelação cível. Pretensão de registro e cumprimento de testamento público. Reconhecimento da nulidade do ato de disposição de vontade. Afronta ao art. 1.863 do CC. Testamento realizado pelo pai da autora juntamente com a sua esposa, em proveito de terceiros. Hipótese de testamento conjuntivo simultâneo. Prática expressamente vedada pela lei substantiva. Proteção ao caráter personalíssimo e unilateral da manifestação de última vontade. Situação que não conserva a liberdade de dispor do patrimônio individual e de redigir, modificar ou revogar as disposições testamentárias. Nulidade bem reconhecida pelo juízo singular. (TJSC, Ap. n. 2014.090457-4, rel. Jorge Luis Costa Beber, j. 18.06.2015)

Inventário. Testamento particular firmado com afronta à norma do art. 1.863 do CC (testamento conjuntivo). Pretensão no sentido de que a partilha de bens seja realizada nos termos do referido instrumento particular considerado não como testamento e sim "declaração de última vontade". Inadmissibilidade. Nulidade absoluta e incontornável do ato. Sucessão que, na ausência de testamento válido, deve ser regida pelas normas dos arts. 1.829 e segs. do CC, que tratam da sucessão legítima. Recurso desprovido. (TJSP, AI n. 565.649-4/7-00, rel. Des. Morato de Andrade, j. 29.07.2008)

Trata-se de dois testamentos, um do falecido para a ex-sócia e concubina, deixando cotas de duas empresas de comércio de joias, e outro, dela para ele, nas mesmas condições. Como são atos distintos, em que cada qual espontaneamente deixou expressa sua vontade, não se aplica a proibição do art. 1.630 do CC. Outrossim, o fato de a ré, após um ano, ter revogado o testamento anteriormente feito, ao argumento de que decidira vender suas cotas, não invalida o testamento remanescente que restou inalterado. (STJ, REsp n. 88.388/SP, 4ª T., rel. Min. Aldir Passarinho Júnior, j. 05.10.2000)

O fato de marido e mulher fazerem, cada qual, o seu testamento, na mesma data, local e perante as mesmas testemunhas e tabelião, legando um ao outro a respectiva parte disponível, não importa em se tolherem, mutuamente, a liberdade, desde que o façam em testamentos distintos. Cada um conserva a liberdade de revogar ou modificar o seu testamento. (STF, RE n. 93.603, rel. Min. Néri da Silveira, j. 31.05.1994, *DJU* 04.08.1995)

## *Seção II*
## *Do Testamento Público*

**Art. 1.864. São requisitos essenciais do testamento público:**

**I – ser escrito por tabelião ou por seu substituto legal em seu livro de notas, de acordo com as declarações do testador, podendo este servir-se de minuta, notas ou apontamentos;**

**II – lavrado o instrumento, ser lido em voz alta pelo tabelião ao testador e a duas testemunhas, a um só tempo; ou pelo testador, se o quiser, na presença destas e do oficial;**

**III – ser o instrumento, em seguida à leitura, assinado pelo testador, pelas testemunhas e pelo tabelião.**

**Parágrafo único. O testamento público pode ser escrito manualmente ou mecanicamente, bem como ser feito pela inserção da declaração de vontade em partes impressas de livro de notas, desde que rubricadas todas as páginas pelo testador, se mais de uma.**

**Negócio jurídico solene e relativização do rigor formal pela jurisprudência:** sendo negócio jurídico solene, o testamento deve seguir uma das formas prescritas em lei, não se admitindo outras. Cada um dos modelos legais tem diversos requisitos legais, cujo descumprimento acarreta, a princípio, a nulidade do ato, embora admita-se algum temperamento no rigor legal, como examinado a seguir. Os requisitos, expressamente previstos como essenciais, visam a dar segurança ao ato, assegurar que foi respeitada e reproduzida fielmente a vontade do testador.

Verifica-se na jurisprudência do STJ, no entanto, importante tendência de relativizar o caráter solene das formas testamentárias, admitindo-se, em certas situações, preterição de formalidades legais se evidenciado ter havido livre manifestação de vontade pelo testador. Adota-se, nesses julgados, a orientação de que a forma solene visa a assegurar o respeito à vontade do testador, mas, se há certeza de que essa vontade foi respeitada e manifestada com clareza e segurança suficientes, é possível preservar o testamento no qual preterida alguma solenidade legal. Confira-se, a seguir, ementa de julgado do STJ (REsp n. 1.677.931, rel. Min. Nancy Andrighi, j. 15.08.2017), no qual foi mantida a validade do testamento público elaborado por cego, apesar do não atendimento de todos os requisitos do art. 1.867, pois não houve a dupla leitura prevista nessa norma, nem constou expressamente que o testador era cego, mas prevaleceu o entendimento de que o testador estava no pleno gozo de sua capacidade cognitiva e que houve leitura única pelo tabelião, que assegurou a preservação da vontade do testador, atingindo-se a finalidade última da norma.

**Simplificação das solenidades no CC/2002:** o atual CC procurou simplificar as solenidades do testamento. No testamento público, as ***principais inovações*** foram a redução do número de testemunhas, de cinco para duas; o fim da exigência de que assistam a todo o ato, bastando estarem presentes durante a leitura; e a supressão do formalismo exacerbado do art. 1.634 do CC/1916, segundo o qual, além de respeitar todas as formalidades, o tabelião deveria, também sob pena de nulidade do ato, portar por fé que todas tinham sido observadas.

**Requisitos do testamento público:** o testamento público é o escrito por tabelião ou seu substituto em livro de notas, por escritura pública, portanto. Essa é justamente uma das vantagens do testamento público sobre os demais, pois lavrado por pessoa experiente, com conhecimento de causa, reduzindo o risco de nulidade por falha em requisitos formais. Além disso, é praticamente indestrutível, pois consta de livro de notas, podendo-se extrair quantas certidões se quiser, é digitalizado etc. A única desvantagem era sua publicidade, o livre acesso de qualquer um a seu teor, o que poderia gerar desconforto entre o testador e os parentes preteridos, mas esse inconveniente deixou de existir. Pois algumas das Corregedorias Gerais de Justiça estabeleceram em suas Normas de Serviço que, antes da abertura da sucessão, certidões do testamento só podem ser solicitadas pelo próprio testador ou por determinação judicial (é o caso do item 152 do Cap. XIV das Normas da Corregedoria do TJSP e do item 369-A das Normas da Corregedoria do TJRJ). Ou seja, terceiros não têm acesso ao teor do testamento público contra a vontade do testador. Além disso, pelo Provimento CNJ n. 56/2016, para processar inventários judiciais e extrajudiciais o CNJ tornou obrigatória consulta ao Registro Central de Testamentos *On-Line*, de âmbito nacional, constando da regulamentação deste que a publicidade a terceiros é restrita, só admissível mediante apresentação da certidão de óbito do testador, o que assegura que o acesso ao testamento ocorra somente após a abertura da sucessão. Essas disposições administrativas introduziram, efetivamente, sistema de publicidade restrita ao testamento público. A partir dessas inovações, tornou-se a única forma testamentária que não apresenta nenhuma desvantagem. Em acréscimo, o PL n. 699/2011 pretende alterar o CC, para incluir expressa previsão de publicidade restrita ao testamento público antes da abertura da sucessão.

O atual Código exige o testamento ser escrito segundo as ***declarações*** do testador, suprimindo a previsão do Código anterior, de ser escrito de acordo com o ditado ou com as declarações do testador; o que significa, simplesmente, não se exigir que o tabelião transcreva literalmente o dito pelo testador, podendo adotar redação mais precisa e técnica, mas sempre fiel à vontade e à ideia geral declarada pelo testador.

O atual Código tornou expresso o que já se admitia na vigência do CC/1916, que é a possibilidade de o testador valer-se de minuta, notas ou apontamentos. Isso não o exime de declarar, oralmente, sua vontade, não podendo suprimir essa exigência pela entrega da minuta ao tabelião, para que este a copie. Mas, como salienta Luiz Paulo Vieira de Carvalho, tal exigência legal não deve ser interpretada com extremado rigor, bastando que o testador declare ao tabelião que a minuta apresentada retrata sua vontade e corresponde ao que pretende ver inserido no testamento (*Direito das sucessões*, São Paulo, Atlas, 2014, p. 553-5).

Após essa primeira etapa, na qual o testamento é redigido segundo as declarações do testador, passa-se à seguinte, a de leitura. A leitura deverá ser feita pelo tabelião ou pelo testador, a um só tempo, na presença do testador, duas testemunhas e tabelião. Em princípio, não devem ocorrer interrupções durante a leitura, mas se permitem pequenas pausas, para atendimento de alguma necessidade inadiável. Sobre as testemunhas testamentárias, confira-se a seguir, ainda nos comentários a este art. 1.864, tópico específico sobre o tema.

Segue-se, por último, a etapa das ***assinaturas***, pelo testador, testemunhas e tabelião. Se o testador morrer antes de assinar, o testamento não se consumou e, portanto, é inexistente; se ele morre depois de assinar, antes das demais assinaturas, estas assinaturas podem ser apostas no instrumento, mencionando-se a circunstância, sendo válido o testamento (cf. VELOSO, Zeno. *Comentários ao Código Civil*. São Paulo, Saraiva, 2003, v. XXI, p. 66).

No parágrafo único, permite-se que o testamento público seja feito por escrito mecânico, ou por inserção de declaração de vontade em partes impressas de livros de notas, desde que o testador rubrique todas as páginas.

**Testemunhas testamentárias:** o CC/1916 continha uma seção específica, com artigo único, tratando das testemunhas testamentárias (art. 1.650, Seção V – Das Testemunhas Testamentárias, Capítulo III – Das Formas Ordinárias do Testamento, Título III – Da Sucessão Testamentária). Esse art. 1.650 do CC/1916 dispunha que não podiam ser testemunhas em testamentos: I – os menores de dezesseis anos; II – os loucos de todo gênero; III – os surdos-mudos e os cegos; IV – o herdeiro instituído, seus ascendentes e descendentes, irmãos e cônjuge; V – os legatários. O CC/2002 não tem norma similar. A não reprodução dos impedimentos dos incisos IV e V é suprida pelo art. 1.801, pois contém a mesma disciplina, de forma inversa, ao dispor em seu inciso II que não podem ser nomeados herdeiros ou legatários as testemunhas do testamento.

Além disso, o art. 1.802 e seu parágrafo único preveem que são nulas disposições testamentárias em favor de não legitimados a suceder previstos no art. 1.801, incluindo, portanto, as testemunhas do testamento (inciso II do art. 1.801), acrescentando que essa nulidade incide inclusive quando a disposição favoreça interposta pessoa, exemplificando a norma com os ascendentes, os descendentes, os irmãos e o cônjuge ou companheiro do não legitimado a suceder. Depreende-se da conjugação dessas normas que o beneficiário da disposição testamentária não pode ser um desses parentes da testemunha do testamento, sob pena de nulidade. Em consequência, o resultado é o mesmo da previsão do inciso IV do art. 1.650 do CC/1916, pois não podem ser testemunhas do testamento nem o próprio beneficiário, herdeiro ou legatário, nem seus ascendentes, descendentes, cônjuge, companheiro e colateral de segundo grau.

Quanto aos demais impedimentos e causas de suspeição de testemunhas, do art. 1.650 do CC/1916, à falta de previsão legal específica no CC/2002, há entendimento doutrinário de ser aplicável a regra geral do art. 228 da Parte Geral (RIZZARDO, Arnaldo. *Direito das sucessões*, 2. ed., Rio de Janeiro, Forense, 2005, p. 289). Nessa linha, julgado do STJ (REsp n. 1.155.641, rel. Min. Raul Araújo, j. 13.12.2011, ementa a seguir) considerou um dos argumentos para invalidar testamento público o fato de que uma das testemunhas era nora da única beneficiária do testamento e a outra testemunha, amigo próximo dela. Diante disso, o julgado considerou as testemunhas inidôneas por violação do art. 228, IV, do CC, segundo o qual não podem ser admitidos como testemunhas: "IV – o interessado no litígio, o amigo íntimo ou o inimigo capital das partes". Parece, porém, que essa interpretação doutrinária e jurisprudencial comporta um adendo, uma explicação adicional. O art. 228, ao prever rol de pessoas que não podem ser admitidas como testemunhas, deve ser aplicado às testemunhas testamentárias no que couber.

Os menores de 16 anos, relacionados no inciso I do art. 228, não podem ser testemunhas testamentárias, porque são absolutamente incapazes e essa restrição se aplica às testemunhas testamentárias.

Quanto ao inciso IV, transcrito anteriormente, refere-se à testemunha que depõe em juízo, tanto que não pode se interessada no "litígio", nem amigo íntimo ou inimigo capital "das partes". Ainda, o § 1º do art. 228 prevê que o juiz pode admitir o depoimento das pessoas referidas no artigo caso se trate de prova que só elas conheçam, a confirmar que a hipótese do inciso IV se refere especificamente a testemunho em juízo, não se estendendo, assim, às testemunhas testamentárias. Nesse sentido, considerando que não se aplica o inciso IV do art. 228 às testemunhas testamentárias, porque instrumentárias e não judiciais, as observações de Cristiano Chaves de Farias e Nelson Rosenvald (*Curso de direito civil*, v. 7, 2. ed., Salvador, JusPodivm, p. 399-401). Não há impedimento, portanto, para que amigo íntimo ou parente do testador figure como testemunha do testamento. O que pode ocorrer é que, como se viu no caso acima apreciado pelo STJ, tendo surgido dúvida sobre a higidez mental do testador, em ação de nulidade do testamento, as testemunhas testamentárias foram ouvidas em juízo para confirmar as circunstâncias da elaboração do testamento e, nessa ocasião, em juízo, pela proximidade com a beneficiária das disposições testamentárias, seus testemunhos não foram considerados idôneos o suficiente para confirmar a plena capacidade do testador. Em juízo, as testemunhas são submetidas às causas de impedimento e suspeição do CPC (art. 447), podendo o juiz deixar de ouvi-las ou colher os testemunhos sem submetê-las ao compromisso de dizer a verdade, atribuindo aos depoimentos o valor que possam merecer, em confronto com as demais provas produzidas no processo.

Por fim, o inciso V do art. 228 dispõe que não podem ser admitidas como testemunhas: "V – os cônjuges, os ascendentes, os descendentes e os colaterais, até o terceiro grau de alguma das partes, por consanguinidade, ou afinidade". Essa norma, segundo nos parece, não pode ser aplicada às testemunhas testamentárias, pois, ao se referir a "partes", torna explícito que se refere a litígio e, portanto, a testemunhas judiciais, não instrumentárias. Parentes do testador, assim, podem servir de testemunhas instrumentárias, desde que não incidam em alguma das hipóteses específicas de vedação dos arts. 1.801 e 1.802. Quanto ao beneficiário de disposição testamentária, aplicam-se as regras específicas que se extraem dos arts. 1.801 e 1.802, como salientado, a impedir que sirvam como testemunhas os descendentes, os ascendentes, os irmãos, o cônjuge ou o companheiro de pessoas não legitimadas suceder. Outros parentes do beneficiário, de terceiro grau, podem ser testemunhas testamentárias. Apesar disso, caso essas testemunhas tenham de ser ouvidas em juízo posteriormente, em litígio sobre a validade do testamento, estarão sujeitas às causas de impedimento e suspeição previstas no CPC, art. 447, inclusive a que considera suspeita testemunha colateral até o terceiro grau, inclusive por afinidade, o que pode determinar que não sejam ouvidas ou que sejam ouvidas sem compromisso de dizer a verdade. Em suma, entendemos que o colateral até o segundo grau do favorecido pelo testamento não pode, em hipótese alguma, figurar como testemunha testamentária. O colateral de terceiro grau, inclusive por afinidade, pode ser testemunha testamentária, mas, em futuro litígio que possa surgir sobre a validade do testamento, caso seja preciso ouvi-lo, não presta compromisso de dizer a verdade e a credibilidade de sua palavra deve ser confrontada com os demais elementos de prova.

**Jurisprudência:** Testamento público. Ação de nulidade de testamento. Alegação das autoras, sobrinhas da falecida, de nulidade do testamento por não ter sido cumprido requisito formal essencial a sua validade. Sentença de procedência reconhecendo a nulidade do testamento público. Inconformismo do réu, principal beneficiário do testamento. Testadora que não possuía herdeiros necessários, podendo livremente dispor de seus bens. Hipótese, contudo, em que as únicas testemunhas instrumentárias do testamento são filhos do réu, principal beneficiário, a quem foi conferido 80% do patrimônio. Vedação legal. Nulidade absoluta por vício formal reconhecida. Violação ao disposto no art. 228, V, do CC. Precedente do Col. STJ. Decisão mantida. Recurso desprovido. (TJSP, Ap. Cível n. 10057800620238260451, rel. Galdino Toledo Júnior, 9ª Câm. de Dir. Priv., j. 17.07.2024)

Testamento público. Registro, arquivamento e cumprimento. Insurgência dos filhos contra sentença de procedência. Rejeição. Cumprimento dos requisitos, nos termos do art. 1.864 do CC. Testamento redigido e lido por autoridade com fé pública, na presença do testador e de 2 testemunhas. Discussão acerca da suposta inexistência de lucidez deve ser manejada por via cabível. Princípio da preservação da vontade soberana do testador. Registro mantido. Recurso não provido. (TJSP, Ap. n. 1022174-40.2023.8.26.0564/São Bernardo do Campo, rel. Carlos Alberto de Salles, 3ª Câm. de Dir. Priv., j. 29.05.2024)

Apelação cível. Ação anulatória de testamento. Alegação de que o testamento foi celebrado mediante vícios de consentimento (erro, dolo e coação) e sem a observância das formalidades prescritas para o ato. Sentença de improcedência. Irresignação da autora. Elementos de prova constantes dos autos, em especial, documental e testemunhal, que demonstram a plena capacidade cognitiva da testadora à época da declaração de última vontade. Testamento, ademais, que preenche os requisitos do art. 1.864 do CC. Alegação de "suspeição" das testemunhas testamentárias. Descabimento. Lei civil que não impõe às testemunhas testamentárias as mesmas exigências impostas às testemunhas que depõem em juízo. Precedentes desta Corte de Justiça. Alegação de suspeição das testemunhas arroladas pela ré que também não pode ser acolhida. Contradita não realizada na oportunidade. Desnecessidade de expedição de ofício ao Ministério Público. Ausência de indícios da prática de crime de falso testemunho. Sentença mantida. Recurso desprovido. (TJSP, Ap. n. 1018056-26.2020.8.26.0564, rel. Márcio Boscaro, j. 21.11.2023)

Ação de abertura e registro de testamento. Sentença de homologação. Procedimento limitado à análise dos requisitos extrínsecos da escritura pública e observância das formalidades do testamento. Inobservância do requisito do art. 1.867 do CC. Tabeliã substituta que, seis anos após o ocorrido e de ofício, tenta sanar o vício formal. Impossibilidade, visto não se tratar de nenhuma das hipóteses previstas no item 53 e seguintes das Normas da Corregedoria. Recurso provido, com determinação de remessa de cópias à Corregedoria. (TJSP, Proc. n. 1111014-02.2019.8.26.0100, rel. Maria de Lourdes Lopez Gil, j. 01.06.2022)

Abertura e registro e cumprimento de testamento público. Deferimento do pedido. Recurso interposto pelos colaterais da testadora. Afastamento. Medida limitada à verificação dos requisitos extrínsecos (art. 1.864, do CC), aqui atendidos. Eventual impedimento de testemunhas, contestação da capacidade da testadora e demais questões postas no apelo que devem ser dirimidas nos autos de inventário ou na ação anulatória específica já ajuizada. Prejudicialidade afastada. Precedentes, inclusive desta Câmara. Sentença mantida. Recurso desprovido. (TJSP, Proc. n. 1069599-68.2021.8.26.0100, rel. Salles Rossi, j. 09.03.2022)

Apelação cível. Abertura de testamento. Alegada nulidade do testamento. Incidente que visa, exclusivamente, aferir a regularidade formal do testamento e os requisitos do art. 1.865 do CC. Eventual nulidade do conteúdo do testamento que deve ser buscada em via própria. Recurso não provido. (TJSP, Ap. Cível n. 1090833-09.2021.8.26.0100, rel. José Carlos Ferreira Alves, j. 12.05.2022)

[...] Testamento público. Ausência de assinatura do tabelião ou do substituto legal. Higidez e segurança da cédula testamentária comprometidos. Causa de nulidade do instrumento público. (STJ, REsp n. 1.703.376, rel. Min. Moura Ribeiro, 3ª T., j. 06.10.2020)

Civil. Processual civil. Recurso especial. Testamento. Formalidades legais não observadas. Nulidade. 1 – Atendido os pressupostos básicos da sucessão testamentária – i) capacidade do testador; ii) atendimento aos limites do que pode dispor; e iii) lídima declaração de vontade – a ausência de umas das formalidades exigidas por lei, pode e deve ser colmatada para a preservação da vontade do testador, pois as regulações atinentes ao testamento têm por escopo único, a preservação da vontade do testador. 2 – Evidenciada, tanto a capacidade cognitiva do testador quanto o fato de que testamento, lido pelo tabelião, correspondia, exatamente à manifestação de vontade do *de cujus*, não cabe então, reputar como nulo o testamento, por ter sido preterida solenidades fixadas em lei, porquanto o fim dessas – assegurar a higidez da manifestação do *de cujus* –, foi completamente satisfeita com os procedimentos adotados. 3 – Recurso não provido. (STJ, REsp n. 1.677.931, rel. Min. Nancy Andrighi, j. 15.08.2017)

Anulatória de testamento. Autores que questionam a legitimidade das testemunhas de testamento público. Improcedência do pedido. Inconformismo. Desacolhimento. Aplicação do disposto no art. 252 do RITJSP. Requisitos essenciais do art. 1.864 do CC que foram observados. Inexistência de impedimento das testemunhas que assinaram o ato. Incidência da regra geral do art. 228 do referido diploma legal. Discussão acerca da existência ou não de união estável entre o testador e a legatária que é irrelevante. Vício de consentimento, ademais, nem sequer suscitado na inicial. Sentença mantida. Recurso desprovido. (TJSP, Ap. n. 1010529-62.2016.8.26.0564, rel. J.L. Mônaco da Silva, j. 05.04.2017)

[...] 2 – Especificamente em relação aos testamentos, as formalidades dispostas em lei possuem por finalidade precípua assegurar a higidez da manifestação de última vontade do testador e prevenir o testamento de posterior infirmação por terceiros. Assim, os requisitos formais, no caso dos testamentos, destinam-se a assegurar a veracidade e a espontaneidade das declarações de última vontade. 2.1 – Todavia, se, por outro modo, for possível constatar, suficientemente, que a manifestação externada pelo testador deu-se de forma livre e consciente, correspondendo ao seu verdadeiro propósito, válido o testamento, encontrando-se, nessa hipótese, atendida a função dos requisitos formais, eventualmente inobservados. 2.2 – A jurisprudência desta Corte de Justiça (a partir do julgamento do REsp n. 302.767/PR), em adoção a essa linha de exegese, tem contemporizado o rigor formal do testamento, reputando-o válido sempre que encerrar a real vontade do testador, manifestada de modo livre e consciente. 3 – Na hipótese dos autos, sem proceder a qualquer consideração de ordem moral, especialmente porque a lei a admite, é certo que a vontade manifestada pelo autor do testamento de dispor sobre os bens disponíveis da herança, em detrimento da filha reconhecida *a posteriori* – intuito sobre o qual, como visto, nem mesmo a recorrente controverte –, restou substancialmente demonstrada, cuja verificação deu-se, de modo uníssono, pelas instâncias ordinárias com esteio nos elementos de prova reunidos nos autos. 3.1 – Segundo apurado, o testador, contando com 88 anos à época da efetuação do testamento, justamente para prevenir posterior e infundada alegação de incapacidade, apresentou laudos médicos que atestavam sua plena sanidade mental. É dizer, o testador, por sua própria iniciativa, deixou comprovado, por ocasião da confecção do documento, que a manifestação acerca da destinação de seus bens, na parte disponível da herança, expressada no testamento público por ele subscrito, representava, de modo livre e consciente, verdadeiramente a sua última vontade. 3.2 – O proceder adotado pelo testador revelou inequívoca preocupação em assegurar que as disposições de última vontade insertas em seu testamento fossem efetivamente observadas. Não há na lei de regência qualquer limitação (máxima) de idade para testar, tampouco exigência de que o autor do testamento comprove sua capacidade para o ato. Não obstante, o testador assim acautelou-se. Há que se pontuar, ainda, não remanescer qualquer dúvida, a considerar o laudo pericial conclusivo, acolhido pelas instâncias precedentes, de que o autor do testamento efetivamente após sua assinatura no documento, por ocasião de sua lavratura. Aliás, a própria adoção da forma pública do testamento revela a intenção do testador de valer-se da segurança e seriedade a ela inerente. Todas essas circunstâncias, de fato, deixaram evidenciado a congruência entre o disposto no testamento e o real propósito de seu autor. 4 – Em que pese a existência de vício de forma (testemunhas instrumentárias, funcionários do cartório, que não presenciaram a lavratura do testamento, apondo as respectivas assinaturas posteriormente), a confirmar a reiterada atuação antijurídica da Tabeliã, a quem incumbia, imediatamente, zelar pela observância dos requisitos formais, inviável, na hipótese dos autos, frustrar a manifestação de última vontade encerrada no testamento público, quando esta, a partir dos elementos de prova reunidos nos autos, refletiu, indene de dúvidas, a real intenção de seu autor. 5 – Recurso especial improvido. (STJ, REsp n. 1.419.726, rel. Min. Marco Aurélio Bellizze, j. 09.12.2014)

1 – Testamento público. Documento apócrifo. Falecimento da testadora antes da aposição da assinatura. In-

validade reconhecida. 2 – Aplicação do disposto no art. 1.864, III, do CC. Sentença mantida. Apelo improvido. (TJSP, Ap. n. 0018578-12.2012.8.26.0577, rel. Des. Donegá Morandini, j. 05.02.2013)

Recurso especial. Ação declaratória de nulidade de testamento. Procedência do pedido. Vícios do ato reconhecidos nas instâncias ordinárias. Capacidade para testar. Ausência de pleno discernimento (CC/2002, art. 1.860; CC/1916, art. 1.627). Testemunhas testamentárias. Inidoneidade (CC/2002, art. 228; CC/1916, art. 1.650). Cerceamento de defesa. Não ocorrência. Princípio do livre convencimento motivado. Julgamento *extra petita*. Deferimento da antecipação dos efeitos da tutela. Insucesso do apelo especial. Questão prejudicada. 1 – O testamento público exige, para sua validade, que sua lavratura seja realizada por tabelião ou seu substituto legal, na presença do testador e de duas testemunhas que, após leitura em voz alta, deverão assinar o instrumento. 2 – É inválido o testamento celebrado por testador que, no momento da lavratura do instrumento, não tenha pleno discernimento para praticar o ato, uma vez que se exige a manifestação perfeita de sua vontade e a exata compreensão de suas disposições. 3 – Nos termos do art. 228, IV e V, do CC vigente (CC/1916, art. 1.650), não podem ser admitidos como testemunhas o interessado no litígio, o amigo íntimo ou o inimigo capital das partes, bem como os cônjuges, os ascendentes, os descendentes e os colaterais, até o terceiro grau de alguma das partes, por consanguinidade, ou afinidade. *In casu*, houve violação dos referidos dispositivos legais, na medida em que o testamento público teve como testemunhas um amigo íntimo e a nora da única beneficiária da disposição de última vontade. 4 – O acórdão recorrido, com base no exame dos elementos fático-probatórios dos autos, consignou a ausência do pleno discernimento do testador para a prática do ato, bem como reconheceu a interferência da beneficiária na celebração do testamento e o reflexo de sua vontade na do testador, de modo que é inviável, em sede de recurso especial, a revisão de tais questões, haja vista o óbice da Súmula n. 7 desta Corte Superior. 5 – Consoante jurisprudência desta Corte, compete ao magistrado, à luz do princípio do livre convencimento motivado, previsto no art. 131 do CPC, decidir quais as provas necessárias para formar sua convicção, razão pela qual não se pode exigir que seja levado em consideração determinado depoimento, mormente quando se tratar daquele prestado pelas testemunhas consideradas inidôneas. A convicção do julgador deve resultar do conjunto das provas produzidas na demanda. 6 – Fica prejudicada a análise da questão relativa ao julgamento *extra petita* pela antecipação dos efeitos da tutela, tendo em vista o insucesso do recurso quanto às demais questões. 7 – Recurso especial a que se nega provimento. (STJ, REsp n. 1.155.641, rel. Min. Raul Araújo, j. 13.12.2011)

Civil. Testamento público. Vícios formais que não comprometem a higidez do ato ou põem em dúvida a vontade da testadora. Nulidade afastada. Súmula n. 7-STJ. I – Inclina-se a jurisprudência do STJ pelo aproveitamento do testamento quando, não obstante a existência de certos vícios formais, a essência do ato se mantém íntegra, reconhecida pelo Tribunal estadual, soberano no exame da prova, a fidelidade da manifestação de vontade da testadora, sua capacidade mental e livre expressão. II – "A pretensão de simples reexame de prova não enseja recurso especial" (Súmula n. 7/STJ). III – Recurso especial não conhecido. (STJ, REsp n. 600.746, rel. Min. Aldir Passarinho Junior, j. 20.05.2010)

Anulatória de testamento público. Improcedência. Testamento público que atendeu aos requisitos legais previstos no art. 1.864 do CC. Desnecessidade da rubrica do testador em todas as suas folhas. Exigência apenas se o ato de disposição de última vontade for escrito mecanicamente ou manualmente. Hipótese diversa dos autos, já que lavrado perante o tabelião, na presença de testemunhas e do próprio testador, bastando apenas a assinatura dos presentes. (TJSP, Ap. Cível n. 6.074.784.000, rel. Des. Salles Rossi, j. 29.04.2009)

Anulação judicial de testamento provocada por tabelião, em função de inobservância de prescrições legais atinentes às testemunhas instrumentárias. Infringência do art. 1.632, II, do CC/1916. Prescrição quinquenal. Inocorrência. Termo final. Distribuição efetiva da ação, ainda que posteriormente tenha sido redistribuída. Termo inicial que se conta a partir do momento em que a parte não conseguiu reverter decisão definitiva que lhe foi desfavorável em anterior ação judicial ajuizada para anular o testamento. Ilegitimidade da Fazenda Pública do Estado para figurar no polo passivo do processo. Efeito translativo dos recursos. Serviços notariais exercidos em caráter privado. Inteligência do art. 236, *caput*, da CF. Responsabilidade civil dos notários e registradores definida em lei especial (arts. 22 e 23 da Lei n. 8.935/94). Fazenda Pública que não pode responder por atos de tabeliães ou notários. Responsabilidade pessoal do tabelião, que não mantém nenhum vínculo funcional com o Estado. Fazenda Pública que não pode ser acionada judicialmente por atos privativos de serviços delegados exercidos em caráter privado. Precedente desta Col. Corte. Afastamento do decreto de extinção pela prescrição e reconhecimento da ilegitimidade passiva da Fazenda Pública. (TJSP, Ap. n. 644.553-5/8-00, rel. Des. Prado Pereira, j. 19.11.2008)

Hipótese em que o testamento foi anulado judicialmente por inobservância de formalidade legal inerente ao ato típico do tabelião, causando prejuízos patrimoniais ao autor. Responsabilidade civil pessoal e objetiva do tabelião, ainda que à época dos fatos fosse tabelião designado, exercendo o cargo a título precário. Arts. 37, § 6°, e 236 da CF. Precedentes jurisprudenciais. Ressarcimento dos prejuízos causados ao autor apurados mediante contraposição do patrimônio que lhe tocaria caso válido o testamento com o que efetivamente lhe coube com a partilha. (TJRS, Ap. n. 70.019.691.674, rel. Des. Tasso Caubi Soares Delabary, j. 18.06.2008)

Ação visando o reconhecimento da condição de sucessor testamentário. Pleito lastreado em escritura pública de declaração firmada por pessoas que confirmam a vontade do falecido de nomear o autor seu único herdeiro. Descabimento. Legislação brasileira que desconhece e repudia qualquer espécie de testamento que não seja feito por escrito e de acordo com as formalidades legais. Demandante que, ademais não se encontra incluído na ordem de vocação hereditária. Pretensão que, além de tudo, já havia sido formulado em outras duas ações propostas, extintas sem conhecimento de mérito ante a impossibilidade jurídica do pedido. Repropositura da ação que configura litigância de má-fé. Imposição de sanção ao apelante. Apelo desprovido. (TJSP, Ap. n. 255.070-4/9-00, rel. Des. Galdino Toledo Júnior, j. 17.06.2008)

Testamento. Anulação. Alegada não observância das formalidades legais. Testemunhas presenciais do ato da leitura do instrumento, ainda que separadamente. Admissibilidade. Recurso denegado. (TJSP, Ap. n. 464.430-4/1-00, rel. Des. Reis Kuntz, j. 15.02.2007)

Testamento particular. Requisito do art. 1.645, II, do CC. Não havendo dúvida quanto à autenticidade do documento de última vontade e conhecida, induvidosamente, no próprio, a vontade do testador, deve prevalecer o testamento particular, que as testemunhas ouviram ler e assinaram uma a uma, na presença do testador, mesmo sem que tivessem elas reunidas, todas, simultaneamente, para aquele fim. Não se deve alimentar a superstição do formalismo obsoleto, que prejudica mais do que ajuda. Embora as formas testamentárias operem como *jus cogens*, entretanto a lei da forma está sujeita a interpretação e construção apropriadas às circunstâncias. Recurso conhecido, mas desprovido. (STJ, REsp n. 1.422, rel. Min. Gueiros Leite, j. 02.10.1990)

**Art. 1.865. Se o testador não souber, ou não puder assinar, o tabelião ou seu substituto legal assim o declarará, assinando, neste caso, pelo testador, e, a seu rogo, uma das testemunhas instrumentárias.**

O ***analfabeto*** e aquele que, mesmo momentaneamente, ***não puder assinar***, podem efetuar testamento público, bastando, em primeiro lugar, o tabelião declarar uma dessas circunstâncias presente e, em segundo, uma das testemunhas instrumentárias assinar a rogo, a pedido do testador. Não é indispensável o tabelião apontar a causa que impede o testador de assinar, embora seja conveniente. É suficiente o tabelião fazer menção ao fato de uma testemunha assinar a rogo do testador, sem que seja essencial, ao lado da assinatura da testemunha, constar a expressão *a rogo de*. Também não há necessidade de a testemunha assinar duas vezes, uma pelo testador e outra por si própria. Não há exigência legal à aposição da impressão digital do testador no instrumento, sendo essa providência praxe não prevista em lei, que, embora inexigível, é de boa cautela.

No testamento público assim formalizado, o que assegura o testador realmente tê-lo efetuado é a fé pública, boa-fé subjacente aos atos do tabelião, e a presença das testemunhas. Se ficar provado que o testador não era analfabeto, que sabia escrever perfeitamente, aferindo-se, por exemplo, por escritos anteriores, o testamento será nulo, presumindo-se que não quis assinar e o testamento foi formalizado sem sua firma por conluio dos demais presentes. Igualmente, se for demonstrado que ele não estava impossibilitado de escrever, a mesma suspeita justifica o decreto de nulidade do testamento.

Não é qualquer escrito anterior, porém, que autoriza a nulidade do testamento do que consta não saber assinar, pois deve ser preservado o testamento ao se tratar, por exemplo, de alguém semianalfabeto, que não sabe escrever e só desenha o próprio nome, e, por essa circunstância, por vergonha ou outro motivo, preferiu não assinar o testamento. Como noticia Zeno Veloso, em muitos países foi abolida a exigência de assinatura a rogo, realmente dispensável, substituível pela simples afirmação do tabelião (*Comentários ao Código Civil*. São Paulo, Saraiva, 2003, v. XXI, p. 78-81).

**Jurisprudência:** Anulação de testamento. Ato jurídico perfeito. Testamento público assinado a rogo, o que é permitido pelo art. 1.633 do CC/1916 (art. 1.865, CC/2002), preenchidos todos os requisitos exigidos no art. 1.632 do CC/1916 (art. 1.864, CC/2002). Sentença de improcedência, mantida. (TJSP, Ap. n. 314.933-4/7-00, rel. Des. Teixeira Leite, j. 15.05.2008)

Testamento. Pedido de confirmação. Testadora analfabeta e com mal de Parkinson. Dúvidas quanto à elaboração do documento e imprecisão das testemunhas. Necessidade de testamento público. Inobservância, ademais, dos § 1º e § 2º do art. 1.876 do CC. Sentença de improcedência mantida. Recurso improvido. (TJSP, Ap. n. 512.319.4/9-00, rel. Des. Caetano Lagrasta, j. 05.09.2007)

**Art. 1.866. O indivíduo inteiramente surdo, sabendo ler, lerá o seu testamento, e, se não o souber, designará quem o leia em seu lugar, presentes as testemunhas.**

O surdo pode se valer do testamento público, com a peculiaridade de que a leitura será feita por ele próprio, não pelo tabelião; e, se não souber ler, deve indicar pessoa para leitura, pessoa esta que, como se depreende do dispositivo, não pode ser nenhuma das duas testemunhas instrumentárias.

Segundo a opinião de Zeno Veloso (*Comentários ao Código Civil*. São Paulo, Saraiva, 2003, v. XXI, p. 82-4), o artigo, ao exigir a leitura pelo testador, exclui a possibilidade do mudo e do surdo-mudo se valerem de testamento público, restando, ao surdo-mudo, o testamento cerrado, pela expressa previsão do art. 1.873, única norma que lhe faz referência. Parece mais adequada, no entanto, a posição contrária defendida por Carlos Roberto Barbosa Moreira, atualizador da obra de Caio Mário da Silva Pereira (*Instituições de direito civil*, 15. ed. Rio de Janeiro, Forense, 2004, v. VI, p. 206), segundo a qual o CC/2002 suprimiu as disposições dos arts. 1.632, I, e 1.635 do CC/1916, que exigiam manifestação verbal do testador; e acrescentou a possibilidade dele servir-se de minuta, notas e apontamentos (art. 1.864, I). Ademais, há incongruência em facultar o testamento cerrado, reconhecendo-se a capacidade de expressão da vontade pelo surdo-mudo, e negar-lhe o testamento público. Diante disso, apesar da referência expressa, neste art. 1.866, à necessidade de leitura pelo testador, é razoável interpretação menos rígida, aceitando o testamento público pelo surdo-mudo que saiba ler e escrever.

**Art. 1.867. Ao cego só se permite o testamento público, que lhe será lido, em voz alta, duas vezes, uma pelo tabelião ou por seu substituto legal, e a outra por uma das testemunhas, designada pelo testador, fazendo-se de tudo circunstanciada menção no testamento.**

A única diferença em relação ao CC/1916, no presente artigo, é a menção ao substituto legal do tabelião, com poderes iguais aos dele para lavrar testamento público. O cego só pode se valer do testamento público, única modalidade que lhe proporciona segurança ao testar. Nos demais casos, poderia ser ludibriado pelas testemunhas. O tabelião goza de fé pública, tornando remota tal possibilidade. O artigo exige que, após a confecção do testamento do cego, seja lido uma vez pelo tabelião ou seu substituto e outra por uma das testemunhas. A dupla leitura deverá ser mencionada expressamente no testamento, sob pena de nulidade. Diverge-se sobre a necessidade de o cego assinar o testamento, parecendo melhor a posição de ser dispensável a assinatura, pois ele não saberá o que está assinando. A assinatura é suprível pela declaração do tabelião que, como se disse, goza de fé pública, faz presumir sua veracidade salvo prova em contrário.

Recorde-se a orientação da jurisprudência do STJ, citada no comentário ao art. 1.864, no sentido de que eventual falta de alguma das formalidades legais previstas para os testamentos pode ser relevada se evidenciado que houve livre e clara manifestação de vontade pelo testador. Nesse rumo, com especial interesse para aplicação deste art. 1.867, confira-se a seguir, no tópico jurisprudência, transcrição de parte da fundamentação de voto da Min. Nancy Andrighi, em julgado no qual o STJ relevou o fato de ter constado única leitura em voz alta e não duas como exige este art. 1.867. Esse julgado considerou que o requisito formal da dupla leitura poderia ser dispensado em razão das circunstâncias do caso concreto, que permitiam segura convicção de que havia sido respeitada a vontade livre e consciente do testador. Menciona passagem do acórdão do tribunal de origem, segundo o qual as testemunhas do testamento foram ouvidas em juízo e confirmaram que houve a leitura em voz alta pelo tabelião, tendo o testador feito uma única pergunta para esclarecimento e em seguida assinou o testamento, o que foi considerado evidência segura de que a vontade dele havia sido respeitada, atingindo-se a finalidade da norma (REsp n. 1.677.931, j. 15.08.2017).

**Jurisprudência:** O propósito recursal volta-se para a análise da validade de testamento público, cujo testador era cego e que não teria cumprido todas as formalidades exigidas para a sua validade. O Tribunal de origem, assim expôs suas razões para dar provimento à apelação do recorrido, e validar o testamento: Todavia, embora não se tenha observado todas as exigências do art. 1.867 do CC, o que vejo pelo contexto dos autos é que o testador no ato de testar se encontrava com plena capacidade mental para dispor de seus bens em favor do apelante, questão esta afirmada pela própria apelada quando do seu depoimento pessoal, oportunidade em que afirmou "[...] que a incapacidade do falecido era apenas de visão; [...] Que com a declarante o falecido conversava "direitinho"; Que o falecido não tinha problema de cabeça [...]' (fls. 121). É que o único vício formal declinado não seria capaz de tornar inválido o ato de última vontade do testador, quando não se evidencie ter havido condições outras que deixassem em dúvida o ato de disposição patrimonial por sucessão, mormente quando fique patente o fato de que à época do testamento, tinha o testador completa compreensão e plena capacidade mental para produzir o ato de última vontade. Daí porque não havendo dúvida de que as testemunhas são categóricas ao afirmar que o tabelião leu o teor do testamento em voz alta e que o testador fez uma única pergunta acerca da vontade regularmente manifestada para, em seguida apor sua assinatura no documento, o fato é que mesmo com sua visão comprometida, teria aquiescido em beneficiar pessoa diversa da autora, com quem se casou alguns dias depois do testamento (e-STJ, fls. 329/331). [...] II – Da validade do testamento [...] 3 – Na hipótese, o testamento público, apesar de produzido em cartório, lido em voz alta pelo tabelião na presença do testador e de duas testemunhas, supriu a exigência legal de uma segunda leitura e da expressa menção no corpo do documento, da condição de cego do testador. 4 – Não é desconhecida a jurisprudência do STJ que, recorrentemente, diante dos contornos fáticos definidos pelos Tribunais de origem, que dizem que o testamento confeccionado, não obstante a ausência de algum elemento tido como indispensável, reproduz a manifestação de vontade do testador. 5 – Esses julgados, não obstante a reiterada insurgência calcada no art. 166, V, do CC (for preterida alguma solenidade que a lei considere essencial para a sua validade), traduzem a ideia da primazia da manifestação da vontade, quando essa não colide com preceitos de ordem pública. 6 – Decorre essa ideia do entendimento de que, atendido os pressupostos básicos da sucessão testamentária – i) capacidade do testador; ii) atendimento aos limites do que pode dispor; e iii) lídima declaração de vontade – a ausência de umas das formalidades exigidas por lei, pode e deve ser colmatada para a preservação da vontade do testador. 7 – E diz-se assim, pois as regulações atinentes ao testamento têm por escopo único a preservação da vontade do testador, ou nas palavras de Orlando Gomes, "para garantir a vontade do testador, exige a lei que a expresse em determinadas formas, sob pena de nulidade do ato". 8 – Nessa senda, a essencialidade de um ato ou solenidade pode, e deve ser superada, se há inequívoca univocidade no conjunto procedimental, isso porque, o fim teleológico único da solenidade tida como essencial é garantir a vontade do testador. 9 – E se essa vontade fica evidenciada por uma sucessão de atos e solenidades que coesamente a professam, inclusive, e principalmente, quando já falecido o autor do testamento, não há razão para, em preciosismo desprovido de propósito, exigir o cumprimento de norma que já teve seu fim atendido. 10 – Daí o entendimento predominante no STJ, de preservação da declaração de vontade, não obstante a ausência de algum requisito formal, do que são exemplos o REsp n. 600.746/PR, rel. Min. Aldir Passarinho Júnior, *DJe* 15.06.2010 e o REsp n. 1.422/RS, rel. Min. Gueiros Leite, *DJ* 04.03.1991, p. 1.983, este último proferido ainda nos primórdios dessa Turma e que foi assim ementado: [...] 11 – Nessa linha, subsumindo a hipótese sob exame, ao quanto exposto, vê-se que foram preteridas duas formalidades específicas ao testamento feito por pessoa cega: a dupla leitura do teor do testamento (pelo tabelião e por uma das testemunhas), e também a confirmação, no próprio instrumento, da condição de cegueira do testador. 12 – É certo que ambas exigências têm por objetivo assegurar que o testador tinha certeza, no momento de apor sua assinatura ao testamento, de que ele espelhava o quanto pretendia declarar em relação aos seus bens. 13 – Mas quanto à garantia de que o testamento representa a efetiva declaração de vontade do testador, e que esse tinha plena ciência do que fazia e do seu alcance, do quanto anteriormente transcrito do acórdão recorrido, fica evidenciada, tanto a capacidade cognitiva do testador quanto o fato de que o testamento, lido pelo tabelião, correspondia exatamente à manifestação de vontade do *de cujus*. 14 – Não cabe, então, reputar como nulo o testamento, por ter sido preterida solenidades fixadas em lei, porquanto o fim dessas – assegurar a higidez da manifestação do *de cujus* –, foi completamente satisfeita com os procedimentos adotados. (STJ, REsp n. 1.677.931, rel. Min. Nancy Andrighi, j. 15.08.2017)

O art. 1.867, do CC, dispõe que "ao cego só se permite o testamento público, que lhe será lido, em voz alta, duas vezes, uma pelo tabelião ou por seu substituto legal, e a outra por uma das testemunhas, designada pelo testador, fazendo-se de tudo circunstanciada menção no testamento". No entanto, no caso, embora não se tenha observado todas as exigências legais, pelo contexto dos autos, o testador no ato da disposição de última vontade se encontrava com plena capacidade mental para dispor de seus bens em favor do apelante, questão esta afirmada pela própria apelada quando do seu depoimento pessoal, de modo que o fato do testamento produzido não ter obedecido ao requisito da leitura também por uma das testemunhas, bem como não ter constatado a condição especial do testador, não invalidam o testamento público por ter este traduzido a vontade real do testador. Recurso provido. (TJMG, Ap. Cível n. 1.0687.11.001205-5/001, rel. Judimar Biber, j. 31.03.2016)

Testamento particular eivado de vícios. Provas dos autos que demonstram com absoluta segurança que a falecida tinha sérios problemas de visão, o que a impediu de ler o próprio testamento, e provavelmente de elaborá-lo. O deficiente visual só pode se valer do testamento público, nos termos do art. 1.867 do CC. Testamento nulo, uma vez que não reveste a forma prescrita em lei. Art. 166, IV, do CC. Testamento elaborado por meio de processo mecânico. Ausência de leitura pela testadora. Infringência ao disposto no art. 1.867, § 2º, do CC. Nulidade por ausência de solenidade que a lei considera essencial. Art. 166, V, do CC. Sentença mantida. Recurso desprovido [...]. (TJSP, Ap. n. 0003761-11.2012.8.26.0619, rel. Des. Francisco Loureiro, j. 15.08.2013)

Apelação cível. Anulação de testamento. Testadora com limitação na livre expressão da vontade. Comprometimento visual. Desatenção aos exatos preceitos do art. 1.637 do CCB (1.867 no CCB/2002). 1 – A causa de pedir da ação anulatória de testamentos (três testamentos por escritura pública) traz como fundamentos a falta de discernimento pleno da testadora no momento da instituição dos legados e a alegação de descumprimento de formalidades legais, que macula a eficácia dos atos de disposição de última vontade. 2 – A precisa e minudente análise que o sentenciante faz do processo, que o conduziu a julgamento de procedência do pedido, não merece qualquer reparo, porquanto há nos autos suficientes elementos para comprovar que a testadora já não detinha plenas condições de manifestar vontade livre e escorreita. 3 – Além disso, acerca dos arts. 1.632 c/c 1.637 do CC/1916 (arts. 1.864 e 1.867 do atual CCB), não se deu cumprimento efetivo ao que determina o art. 1.637 quanto ao testador com grave deficiência visual. Negaram provimento aos agravos retidos e à apelação. Unânime. (TJRS, Ap. n. 70.050.000.728, rel. Des. Luiz Felipe Brasil Santos, j. 29.11.2012)

Apelação cível. Testamento público. Violação dos requisitos previstos nos arts. 1.865 e 1.867 ambos do CC/2002. Ocorrência. Testador portador de deficiência visual. Requisitos específicos não observados. Reforma da decisão. Possibilidade. 1 – De acordo com os dispositivos legais expressos para a feitura do testamento público de pessoa portadora de deficiência visual, é essencial o preenchimento de todos os requisitos exigidos, de modo que, a supressão de qualquer um deles poderá tornar nulo o testamento firmado pela parte. (TJMG, Ap. n. 1.0439.11.010905-5/001, rel. Des. Vieira de Brito, j. 05.07.2012)

Anulatória de testamento público. Improcedência. Ausência de qualquer irregularidade no testamento. Inexistência de prova do alegado de vício de consentimento. Provas documental e testemunhal que atestam a lucidez da testadora por ocasião da lavratura da escritura de testamento, conferindo-lhe pleno conhecimento de seus atos. Cegueira da testadora. Circunstância que não enseja a invalidade do testamento. Atendidos os requisitos do art. 1.637 do CC/1916 (vigente à data da lavratura da escritura). Testamento válido. Sentença mantida. Recurso improvido. (TJSP, Ap. n. 9158542-51.2009.8.26.0000, rel. Des. Salles Rossi, j. 12.05.2010)

## *Seção III*
## *Do Testamento Cerrado*

---

**Art. 1.868. O testamento escrito pelo testador, ou por outra pessoa, a seu rogo, e por aquele assinado, será válido se aprovado pelo tabelião ou seu substituto legal, observadas as seguintes formalidades:**

**I – que o testador o entregue ao tabelião em presença de duas testemunhas;**

**II – que o testador declare que aquele é o seu testamento e quer que seja aprovado;**

**III – que o tabelião lavre, desde logo, o auto de aprovação, na presença de duas testemunhas, e o leia, em seguida, ao testador e testemunhas;**

**IV – que o auto de aprovação seja assinado pelo tabelião, pelas testemunhas e pelo testador.**

**Parágrafo único. O testamento cerrado pode ser escrito mecanicamente, desde que seu subscritor numere e autentique, com a sua assinatura, todas as páginas.**

---

As ***três inovações*** do atual CC em relação ao testamento cerrado são a redução do número mínimo de testemunhas, de cinco para duas; a exclusão da possibilidade de ser efetuado por quem não sabe ou não pode assinar; e a possibilidade de ser escrito mecanicamente, desde que o testador numere e autentique, com sua assinatura, todas as páginas (essa possibilidade era admitida pela jurisprudência na vigência do Código anterior, mas não havia expressa previsão legal).

O testamento cerrado, modalidade de testamento ordinário, é escrito pelo próprio testador ou alguém a seu rogo. Após ter sido redigido, o testador o apresenta ao tabelião na presença de duas testemunhas, declarando ser seu testamento. O tabelião, na presença do testador e testemunhas, lavra, no próprio instrumento do testamento, em seguida à última palavra, auto de aprovação (art. 1.869). O auto é, então, lido e assinado pelo tabelião, pelas testemunhas e pelo testador. Só com a aprovação o testamento cerrado é considerado consumado. O tabelião lançará em livro do tabelionato anotação da data e do lugar em que o testamento foi entregue e aprovado (art. 1.874). O testamento é então cerrado, lacrado e devolvido ao testador.

A *vantagem* do testamento cerrado é se manter secreto enquanto vivo o testador, evitando constrangimentos de herdeiros preteridos. Mesmo o tabelião e as testemunhas do ato de aprovação podem ficar sem conhecer seu conteúdo. As *desvantagens* são poder se extraviar facilmente e o risco de rompimento de lacre, que poderá ser considerado revogação do testamento pelo testador (art. 1.972).

Relembre que não podem ser nomeados herdeiros ou legatários a pessoa que escreveu o testamento a rogo do testador, as testemunhas instrumentárias, e o tabelião que aprovar o testamento (art. 1.801, I e IV). Sobre testemunhas testamentárias, confira-se o tópico específico nos comentários ao art. 1.864.

**Jurisprudência:** Apelação. Ação de abertura, registro e cumprimento de testamento cerrado. Sentença de Extinção do feito sem apreciação do mérito. Procedimento de abertura, registro e cumprimento do testamento que observa disposições legais, a fim de cumprir a última vontade do testador. Certidão pública indicativa de que o testamento permaneceu sob a posse da testadora. Testamento não encontrado. Inviabilidade do conhecimento da última vontade da testadora. Ineficácia do testamento reconhecida. Decisão reformada. Recurso provido. (TJSP, Ap. n. 1067122-38.2022.8.26.0100. rel. Luiz Antonio Costa, j. 01.12.2023)

Inexistindo qualquer impugnação à manifestação da vontade, com a efetiva entrega do documento ao oficial, tudo confirmado na presença das testemunhas numerárias, a falta de assinatura do testador no auto de aprovação é irregularidade insuficiente para, na espécie, causar a invalidade do ato (STJ, REsp n. 223.799/SP, rel. Min. Ruy Rosado de Aguiar, j. 18.11.1999). (*Lex* 129/158)

Por mais elástica que possa ser a interpretação em matéria testamentária, de modo a fazer prevalecer a vontade do testador, não é possível admitir o testamento cerrado, datilografado por outra pessoa, no caso uma sobrinha, ausente a assinatura do testador, que é requisito essencial nos termos da lei (art. 1.638, II, do CC) (STJ, REsp n. 163.617/RS, rel. Min. Carlos Alberto Menezes Direito, j. 07.10.1999). (*RT* 780/204)

---

**Art. 1.869. O tabelião deve começar o auto de aprovação imediatamente depois da última palavra do testador, declarando, sob sua fé, que o testador lhe entregou para ser aprovado na presença das testemunhas; passando a cerrar e coser o instrumento aprovado.**

**Parágrafo único. Se não houver espaço na última folha do testamento, para início da aprovação, o tabelião aporá nele o seu sinal público, mencionando a circunstância no auto.**

---

O artigo esmiúça a forma e o teor do auto de aprovação, tratado no artigo anterior. O auto é lavrado no próprio instrumento do testamento, em seguida à última palavra. Não é causa de nulidade a existência de pequeno espaço em branco entre a última palavra do testador e o início do auto de aprovação. Pelo auto, o tabelião ou seu substituto declara, sob sua fé, que o testador lhe entregou aquele testamento para ser aprovado na presença das testemunhas. O parágrafo único possibilita a aprovação em instrumento separado, mas somente se não houver espaço, na última folha do testamento, para início do auto de aprovação. Se for possível iniciá-lo nessa última folha, não poderá ser iniciado em instrumento separado. Caso seja feito em instrumento separado, o tabelião deverá apor no testamento seu sinal público e mencionar isso no auto de aprovação. Uma vez elaborado o auto, o escrivão passará a cerrar e coser o testamento, para ser devolvido ao testador.

---

**Art. 1.870. Se o tabelião tiver escrito o testamento a rogo do testador, poderá, não obstante, aprová-lo.**

---

O artigo torna expresso que, tendo o tabelião escrito o testamento cerrado a rogo do testador, não estará, por isso, impedido de aprová-lo. Não há impedimento, portanto, de o tabelião conhecer o teor do testamento que está aprovando, nem de assessorar o testador nesse ato, sem, é claro, influenciar o conteúdo das disposições testamentárias.

---

**Art. 1.871. O testamento pode ser escrito em língua nacional ou estrangeira, pelo próprio testador, ou por outrem, a seu rogo.**

---

O artigo permite que o testamento cerrado seja escrito pelo testador ou por outrem a seu rogo, em português ou outra língua. No entanto, é indispensável o testador compreender a língua na qual é redigido.

---

**Art. 1.872. Não pode dispor de seus bens em testamento cerrado quem não saiba ou não possa ler.**

---

O testamento cerrado é vedado aos que não sabem ou não podem ler. O analfabeto e o cego só podem se valer do testamento público (arts. 1.865 e

1.867, respectivamente). A superação de uma cegueira momentânea ou a alfabetização do testador, posteriormente à elaboração, servirão para a convalidação do testamento se ocorrerem antes da aprovação. Parece justificável tal solução, pois, como visto no comentário ao art. 1.868, o testamento cerrado só se consuma em sua aprovação pelo tabelião, na presença de duas testemunhas.

**Jurisprudência:** 1 – Tanto o CC/1916, quanto o atual de 2002, proíbem o testamento conjuntivo, ou seja, com mais de um autor e vedam a possibilidade de realizar testamento cerrado, aquele que não sabe ler. 2 – Deverá ser anulado o testamento que tiver dois autores. 3 – Também deverá ser anulado o testamento cerrado realizado por quem não sabe ler. 4 – Apelação não provida. (TJMG, Ap. Cível n. 1.0440.05.002241-5/001(1), rel. Des. Nilson Reis, j. 16.12.2008)

**Art. 1.873. Pode fazer testamento cerrado o surdo-mudo, contanto que o escreva todo, e o assine de sua mão, e que, ao entregá-lo ao oficial público, ante as duas testemunhas, escreva, na face externa do papel ou do envoltório, que aquele é o seu testamento, cuja aprovação lhe pede.**

Como mencionado nos comentários ao art. 1.866, há divergência doutrinária sobre a possibilidade de o surdo-mudo se valer do testamento público. Este art. 1.873 lhe permite o testamento cerrado com adaptações. Deverá escrevê-lo todo e o assinar, o que lhe retira a faculdade de ser escrito por outrem a seu rogo. Ao estabelecer que deve ser todo escrito pelo surdo-mudo, o artigo aparentemente o impede que se valha de escrita mecânica, autorizada pelo parágrafo único do art. 1.868, pois, se for mecânica, não haverá como saber quem o escreveu. Como é mudo, a declaração oral de ser aquele seu testamento e o pedido de aprovação (art. 1.868, II) são substituídos por declaração escrita, que deve ser feita na presença do tabelião e das testemunhas, na face externa do papel no qual redigido o testamento ou em seu envoltório.

**Art. 1.874. Depois de aprovado e cerrado, será o testamento entregue ao testador, e o tabelião lançará, no seu livro, nota do lugar, dia, mês e ano em que o testamento foi aprovado e entregue.**

Como mencionado nos comentários ao art. 1.868, aprovado o testamento cerrado, é devolvido ao testador, que poderá guardá-lo onde e como quiser. O tabelião lançará, então, nota do lugar e data em que houve a aprovação e a entrega do testamento. Não constará do registro público, porém, o teor do testamento. Caso se extravie, as disposições testamentárias não poderão ser cumpridas e incidirão as regras da sucessão legítima. Se ficar comprovado cabalmente que algum dos herdeiros destruiu o testamento cerrado, terá praticado indignidade e poderá ser afastado da sucessão, por ação própria (cf. comentários aos arts. 1.814 e 1.815).

**Art. 1.875. Falecido o testador, o testamento será apresentado ao juiz, que o abrirá e o fará registrar, ordenando seja cumprido, se não achar vício externo que o torne eivado de nulidade ou suspeito de falsidade.**

O artigo trata do registro do testamento cerrado, após a abertura da sucessão. A disposição é complementada pelo art. 735 do CPC, que rege o procedimento de jurisdição voluntária da abertura, registro e cumprimento do testamento cerrado. Ao receber o testamento cerrado, o juiz verifica se está intacto e, se estiver, abre-o e manda que o escrivão o leia em presença de quem o entregou. Em seguida, é lavrado auto de abertura do testamento, rubricado pelo juiz e apresentante, mencionando a data e o lugar da abertura, o nome do apresentante e como houve ele o testamento, a data e o lugar da morte do *de cujus*, e qualquer outra circunstância digna de nota. Ouvido o representante do Ministério Público, o juiz manda registrar, arquivar e cumprir o testamento.

Se há nulidade evidente, que não demande produção de provas, o juiz recusa a ordem de cumprimento do testamento. Do contrário, a declaração de nulidade será obtida em ação própria, ajuizada pelos interessados. Recorde-se a corrente jurisprudencial do STJ que, em determinadas situações, admite abrandamento de solenidades formais dos testamentos (cf. o comentário ao art. 1.864).

**Jurisprudência:** Apelação. Ação de abertura, registro e cumprimento de testamento cerrado. Sentença de extinção do feito sem apreciação do mérito. Procedimento de abertura, registro e cumprimento do testamento que observa disposições legais, a fim de cumprir a última vontade do testador. Certidão pública indicativa de que o testamento permaneceu sob a posse da testadora. Testamento não encontrado. Inviabilidade do conhecimento da última vontade da testadora. Ineficácia do testamento reconhecida. Decisão reformada. Recurso provido. (TJSP, Ap. n. 1067122-38.2022.8.26.0100, rel. Luiz Antonio Costa, j. 01.12.2023)

## *Seção IV*
## *Do Testamento Particular*

**Art. 1.876. O testamento particular pode ser escrito de próprio punho ou mediante processo mecânico.**

**§ 1º Se escrito de próprio punho, são requisitos essenciais à sua validade seja lido e assinado por quem o escreveu, na presença de pelo menos três testemunhas, que o devem subscrever.**

**§ 2º Se elaborado por processo mecânico, não pode conter rasuras ou espaços em branco, devendo ser assinado pelo testador, depois de o ter lido na presença de pelo menos três testemunhas, que o subscreverão.**

Três são as ***inovações principais*** do atual CC em relação ao testamento particular: as testemunhas foram reduzidas de cinco para três; o testamento pode ser escrito mediante processo mecânico e não somente de próprio punho pelo testador; e basta uma testemunha que o confirme após a abertura da sucessão (art. 1.878, parágrafo único) e não três como ocorria na vigência do CC/1916.

O testamento particular é escrito de próprio punho pelo testador ou por processo mecânico, lido pelo testador a três testemunhas e, em seguida, assinado pelo testador e pelas testemunhas. Na vigência do CC/1916, que também continha a exigência de ser escrito pelo testador, julgados abrandavam o rigor legal, preservando testamento particular ditado pelo testador (cf. acórdão a seguir indicado). A elaboração do testamento não é feita na presença das testemunhas, necessariamente. Pode ser efetuado em etapas. Exige-se, porém, que a leitura seja feita às três testemunhas na mesma ocasião, estando todas presentes, simultaneamente, quando também devem ser colhidas as assinaturas (essa exigência legal também já foi abrandada pela jurisprudência, no exemplo a seguir apontado). Após a abertura da sucessão, pelo menos uma das testemunhas deverá estar viva e capaz, para confirmar, perante o juiz, que efetivamente presenciou a leitura e assinou o testamento, sob pena de ineficácia deste (cf. art. 1.878 e seu comentário, com interpretação que procura suplantar esse óbice).

Essa exigência de confirmação testemunhal é uma das grandes ***desvantagens*** do testamento particular. Outras desvantagens são o grande risco de extravio do testamento e a inexistência de registro de sua existência (registro existente no testamento cerrado, como dispõe o art. 1.874). De todos os testamentos ordinários, o particular é, sem dúvida, o que apresenta maiores desvantagens. A única ***vantagem***, em relação ao testamento público, é o testador poder manter suas disposições de última vontade em segredo até sua morte.

Zeno Veloso (*Comentários ao Código Civil.* São Paulo, Saraiva, 2003, v. XXI, p. 128-33) faz duas observações importantes. A primeira é que a expressão *assinado por quem o escreveu*, do § 1º, é estranha, pois quem escreveu o testamento só pode ser o testador, de modo que deveria ter constado *assinado pelo testador*. A explicação para isso é que, no anteprojeto, havia previsão de que o testamento particular podia ser escrito por outrem, a rogo do testador. Essa possibilidade foi suprimida na tramitação do projeto, mas não foi corrigida a referida expressão.

A segunda observação é não se exigir, como requisito essencial, que o testamento contenha a data de sua elaboração. Será válido, portanto, sem data, embora a data possa ser crucial para a verificação da capacidade do testador ao tempo em que o elaborou, a antecedência do testamento em relação a outro etc. Essa possibilidade, de omissão da data no testamento particular, admitida pelo referido jurista, parece incongruente com a exigência de o codicilo, de objeto mais restrito do que o testamento, ser datado (art. 1.881). Apesar dessa incongruência, porém, é de ser preservado o testamento particular sem data, pois o testador não pode ser prejudicado em sua disposição de última vontade pela omissão legal.

A exigência de que o testamento seja lido pelo testador impede que o mudo se valha dessa modalidade de testamento.

Para maiores detalhes sobre testemunhas testamentárias, confira-se o comentário ao art. 1.864.

**Jurisprudência:** [...] 2. "A jurisprudência desta Eg. Corte Superior entende que, na elaboração de testamento particular, é possível sejam flexibilizadas as formalidades prescritas em lei na hipótese em que o documento foi assinado por testador e por testemunhas idôneas" (REsp n. 1.639.021/SP, rel. Min. Ricardo Villas Bôas Cueva, 3ª T., j. 24.10.2017, *DJe* 30.10.2017). 3. No caso, além da ausência de oitiva de uma das três testemunhas, sem que tenha sido declarada qualquer circunstância excepcional justificadora, as instâncias ordinárias entenderam não ser possível constatar, com segurança, se o documento corresponde à real vontade do testador, pois ele não assinou a página do testamento que contém o ato de disposição da totalidade de seus bens em favor da recorrente. 4. Agravo interno provido para conhecer do agravo e negar provimento ao recurso especial. (STJ, Ag. Int. no AREsp n. 2.601.243, rel. Min. Raul Araújo, j. 25.11.2024)

[...] 1. O propósito recursal consiste em decidir sobre a validade o testamento particular assinado pela testadora e pelas testemunhas em momentos e locais distintos. 2. Por ser um negócio jurídico (e não um ato jurídico), a validade do testamento, à luz do art. 104 do CC, exige agente capaz; objeto lícito, possível, determinado ou determinável; e forma prescrita ou não defesa em lei. 3. Sendo o testamento particular, também conhecido como hológrafo, a forma de sua celebração encontra-se descrita nos arts. 1.786 e segs. do CC, estando caracterizada essa espécie de disposição de última vontade quando escrito e assinado pelo próprio testador e lido perante 3 testemunhas. 4. Por se tratar de uma forma mais simplificada de testamento, a lei pretende assegurar medidas necessárias para se evitar fraudes ou até mesmo a possibilidade de pressão, substituição ou alteração das disposições de última vontade, dando maior segurança jurídica ao testamento particular. Contudo, as formalidades dispostas na lei não podem ser levadas a extremos tais que, em oposição à vontade do testador, acabe por prejudicar o cumprimento de sua última vontade. 5. Primando pela busca do equilíbrio entre as formalidades essenciais inerentes ao testamento particular e a necessidade de flexibilização de requisitos formais para se observar as manifestações de última vontade, o STJ tem superado os vícios puramente formais e que se relacionam essencialmente com aspectos externos do testamento particular, vedando-se apenas os vícios de maior gravidade, que transcendem a forma do ato e contaminam o seu próprio conteúdo. 6. No caso dos autos, o documento foi firmado pela própria testadora, de forma consciente, não pairando dúvida quanto a sua capacidade mental e quanto a espontaneidade do seu ato, bem como quanto à certeza do seu conteúdo, alegando-se como vício apenas o fato de que as assinaturas da testadora e das testemunhas foram realizadas em momentos diversos, o que, por si só, não tem o condão de invalidar a disposição de última vontade. 7. Recurso especial conhecido e provido. (STJ, REsp n. 2.033.581, rel. Min. Marco Aurélio Bellizze, j. 03.09.2024)

Civil e processual civil. Recurso especial. Abertura, registro e cumprimento de testamento particular escrito de próprio punho. Descumprimento de formalidades legais. Dúvidas quanto à real vontade do testador. Impossibilidade de confirmação judicial. Recurso especial não provido. 1. As formalidades do testamento estabelecidas na lei têm por finalidade garantir a preservação da primazia da vontade do testador, não constituindo um fim em si mesmas. 2. Admite-se, por exemplo, que o testamento particular escrito de próprio punho pelo *de cujus*, mas sem testemunhas, seja confirmado judicialmente quando houver indicação, na própria cédula, de circunstâncias excepcionais capazes de dispensar essa formalidade legal (art. 1.876 do CC/2002). 3. No caso, porém, faltaram testemunhas presenciais do ato e não foi declarada nenhuma circunstância excepcional justificadora. 4. Além disso, não é possível visualizar com segurança se o conteúdo do documento apresentado corresponde de fato à vontade do testador, pois ele não assinou todas as folhas do respectivo instrumento e porque o confeccionou em mais de uma assentada. 5. Incabível, dessa forma, conferir validade a essa manifestação de última vontade. 6. Recurso especial não provido. (STJ, REsp n. 2.000.938/SP, rel. 3ª T., Min. Nancy Andrighi, j. 08.08.2023, *DJe* 25.08.2023)

Apelação cível. Pedido de abertura e confirmação de testamento particular. Art. 1.876 do CC. Inexiste lugar no presente procedimento especial de jurisdição voluntária para a discussão sobre os requisitos intrínsecos do testamento. As três testemunhas ouvidas informaram que o testador estava lúcido e em sã consciência no momento da assinatura do instrumento. Outrossim, também reconheceram suas respectivas assinaturas no documento e reforçaram que houve a leitura do seu conteúdo. Preenchidos os requisitos extrínsecos do art. 1.876 do CC, de rigor a devida homologação. Apelo desprovido. (TJSP, Ap. n. 1002827-58.2022.8.26.0272, rel. Silvério da Silva, j. 29.11.2023)

Apelação. Ação de abertura, registro e cumprimento de testamento particular. Sentença de improcedência. Testamento elaborado de forma particular por pessoa analfabeta. Assinatura por meio de aposição de impressão digital. Inobservância dos arts. 1.865 e 1.876, ambos do CC. Há previsão de exceções no testamento particular quando sem testemunhas, mas não sem que o testador soubesse escrever ou assinar o documento. Vale destacar que sequer o testamento cerrado seria permitido ao analfabeto, a teor do art. 1.872 do CPC [*sic*, CC] ("Não pode dispor de seus bens em testamento cerrado quem não saiba ou não possa ler."). Recurso a que se nega provimento. (TJSP, AC n. 1031604-14.2022.8.26.0576/SP, 7ª Câm. de Dir. Priv., rel. José Rubens Queiroz Gomes, j. 08.03.2023, publ. 08.03.2023)

O testamento particular, na forma do art. 1.876 do CC, exige a presença das três testemunhas simultaneamente, de modo que se as testemunhas apenas assinaram, o testamento é nulo, tendo comprometida a sua validade em razão da ausência da solenidade indispensável: a leitura do testamento realizada pelo próprio testador na presença das três testemunhas simultaneamente. Hipótese em que, embora o documento esteja assinado, foi reconhecidamente assinado em momentos e locais divergentes pelas testemunhas e pela testadora, nas cidades de Estrela e de Porto Alegre, desatendendo assim o requisito essencial para a validade e confirmação do instrumento. Ademais, além de não evidenciado o atendimento dos requisitos de forma em lei previstos de assinatura por todos no mesmo ato, igualmente não houve a leitura do testamento realizada pela própria testadora na presença das três testemunhas simultaneamente, o que inviabiliza o registro do documento. Precedentes do TJRS. Apelação desprovida. (TJRS, Ap. n. 50013208220208216001, rel. Carlos Eduardo Zietlow Duro, j. 25.04.2022)

Direito das sucessões. Testamento particular. Assinatura a rogo. Impossibilidade. Recurso desprovido. A assinatura do testamento particular pelo próprio testador é requisito para sua validade, e consequente eficácia do ato, nos termos do art. 1.876 do CC. (TJMG, Proc. n. 1.0232.15.000295-3/001, rel. Moreira Diniz, j. 08.03.2018)

Recurso especial. Testamento particular. Pedido de confirmação, registro e cumprimento. Assinatura do testador. Requisito essencial de validade. Abrandamento. Impossibilidade. Assinatura a rogo. Inadmissibilidade. 1 – Cuida-se de procedimento especial de jurisdição voluntária consubstanciado em pedido de confirmação, registro e cumprimento de testamento particular. 2 – Cinge-se a controvérsia a determinar se pode subsistir o testamento particular formalizado sem todos os requisitos exigidos pela legislação de regência, no caso, a assinatura do testador. 3 – A jurisprudência desta Corte tem flexibilizado as formalidades prescritas em lei no tocante às testemunhas do testamento particular quando o documento tiver sido escrito e assinado pelo testador e as demais circunstâncias dos autos indicarem que o ato reflete a vontade do testador. 4 – No caso dos autos, além de o testamento não ter sido assinado pelo próprio testador, há fundada dúvida acerca da higidez da manifestação de vontade ali expressa. 5 – Segundo a doutrina especializada, na confecção do testamento particular não se admite a assinatura a rogo. 6 – Recurso especial não provido. (STJ, REsp n. 1.618.754, rel. Min. Ricardo Villas Bôas Cueva, j. 26.09.2017)

[...] 2 – A jurisprudência desta Eg. Corte Superior entende que, na elaboração de testamento particular, é possível sejam flexibilizadas as formalidades prescritas em lei na hipótese em que o documento foi assinado por testador e por testemunhas idôneas. Incidência da Súmula n. 83/STJ. Precedentes: Ag. Reg. nos EAREsp n. 365.011/SP, rel. Min. Marco Aurélio Belizze, *DJe* 20.11,2015; REsp n. 302.767/PR, rel. Min. Cesar Asfor Rocha, *DJe* 24.09.2001; REsp n. 753.261/SP, rel. Min. Paulo de Tarso Sanseverino, *DJE* 05.04.2011. 3 – Agravo interno desprovido. (STJ, Ag. Int. no REsp n. 1.521.371, rel. Min. Marco Buzzi, j. 28.03.2017)

O testamento particular para que tenha sua validade formal admitida deve conter a assinatura do testador, além dos demais requisitos legalmente admitidos, no entanto, o instrumento particular de testamento não admite assinatura a rogo, na medida em que o art. 1.865 do CC impõe, como condição de validade do próprio ato de testar, o instrumento público, sem o qual ineficaz o documento particular pretendido à homologação. Não provido. (TJMG, 1.0518.12.005392-2/001, rel. Judimar Biber)

1 – Cuida-se de procedimento especial de jurisdição voluntária consubstanciado em pedido de abertura e registro de testamento particular. 2 – Cinge-se a controvérsia a determinar se pode subsistir o testamento particular formalizado sem todos os requisitos exigidos pela legislação de regência, no caso, a assinatura do testador e a leitura perante as testemunhas. 3 – A jurisprudência desta Corte tem flexibilizado as formalidades prescritas em lei no tocante às testemunhas do testamento particular quando o documento tiver sido escrito e assinado pelo testador e as demais circunstâncias dos autos indicarem que o ato reflete a vontade do testador. 4 – No caso dos autos, o testamento é apócrifo, não sendo, portanto, possível concluir, de modo seguro, que o testamento redigido de próprio punho exprime a real vontade do testador. 5 – Recurso especial provido. (STJ, REsp n. 1.444.867, rel. Min. Ricardo Villas Bôas Cueva, j. 23.09.2014)

De acordo o art. 1.876, do CC, o testamento particular é aquele escrito pelo testador de próprio punho ou por meio de processo mecânico, onde se retrata a vontade do testador com relação à divisão de seus bens, sendo requisitos para sua validade a leitura e assinatura na presença de pelo menos três testemunhas que também deverão assiná-lo. Também nos termos do art. 1.879 do CC, em circunstâncias excepcionais declaradas na cédula, o testamento particular de próprio punho e assinado pelo testador, sem testemunhas, poderá ser confirmado, a critério do juiz. No caso dos autos, o documento apresentado como testamento particular não apresenta o nome do testador, há apenas uma assinatura. Também não há testemunhas ou suas assinaturas. E, por fim, o documento não conta com a indicação de qualquer excepcionalidade que justifique a dispensa de testemunhas. Logo, não estão presentes os requisitos mínimos de validade a garantir a sua confirmação e registro. (TJRS, Ap. Cível n. 70.059.384.073, rel. Rui Portanova, j. 05.06.2014)

Apelação. Cumprimento de testamento particular. Ausência de assinaturas das testemunhas. Requisito essencial ao ato e pressuposto para o reconhecimento da autenticidade do testamento e a capacidade do testador. Inteligência do art. 1.876, § 2°, do CC. Indeferimento do requerimento de registro e cumprimento do testamento. Decisão mantida. Recurso improvido. (TJSP, Ap. n. 0609853-34.2007.8.26.0100, rel. Egidio Giacoia, j. 29.04.2014)

Testamento particular assinado por apenas duas testemunhas. Improcedência do pedido. Inconformismo. Desacolhimento. Ausência de formalidade que torna nulo o negócio. Aplicação dos arts. 104, III, e 166, IV, do CC. Precedente desta Col. Câmara. Firma das testemunhas que foi reconhecida apenas 9 meses depois da lavratura do ato e 2 dias após a morte da testadora. Sentença mantida. Recurso desprovido. (TJSP, Ap. n. 0001096-51.2011.8.26.0653, rel. Des. J.L. Mônaco da Silva, j. 09.10.2013)

Embargos de declaração. Testamento. Rejeição da preliminar de cerceamento de defesa, em razão da desnecessidade de prova oral. Inobservância da forma do testamento, que é negócio jurídico solene. Anotações feitas de próprio punho pela autora da herança que não preenchem os requisitos de forma do art. 1.876, § 1°, do CC. Assim, ainda que corroboradas por testemunhas, as anotações não chegam a tomar forma de testamento. Prequestionamento. Embargos rejeitados. (TJSP, Emb. Decl. n. 0000714-58.2009.8.26.0417, rel. Des. Paulo Eduardo Razuk, j. 30.07.2013)

Testamento particular. Pedido de confirmação. Testador que não assinou o testamento. Só teve sua digital colhida no leito hospitalar. Tão pouco procedeu à leitura do documento perante as testemunhas. Prova dos autos que corrobora a não observância dos requisitos previstos no art. 1.876, § 2°, do CC. Sentença, que nega confirmação ao testamento, mantida. Apelação não provida. (TJSP, Ap. n. 0000283-48.2008.8.26.0582, rel. Des. Roberto Maia, j. 30.07.2013)

Testamento particular. Pedido de confirmação. Testadora analfabeta. Possibilidade de disposição somente na forma pública. Não observância dos arts. 1.865 e 1.876, § 2°, do CC. Invalidade do ato. Sentença confirmada. Aplicação do disposto no art. 252 do Regimento Interno do Tribunal de Justiça. Recurso não provido. (TJSP, Ap. n. 0001447-57.2010.8.26.0136, rel. Des. Elcio Trujillo, j. 23.04.2013)

Direito das sucessões. Apelação. Cerceamento do direito de defesa. Inocorrência. Testamento particular. Assinatura a rogo. Impossibilidade. Preliminar rejeitada. Recurso desprovido. A assinatura do testamento particular pelo próprio testador é requisito para sua validade, e consequente eficácia do ato, nos termos do art. 1.876 do CC. (TJMG, Ap. n. 1.0327.11.002206-5/001, rel. Des. Moreira Diniz, j. 28.06.2012)

Ação de confirmação, registro e cumprimento de testamento particular. Documento não confirmado por ausência de requisito formal, qual seja, falta da assinatura da terceira testemunha. Declaração de vontade que se deu na presença de três pessoas, sendo uma delas o testamenteiro equiparado a testemunha instrumental. Possibilidade. Ausência de vedação legal. A vontade deve prevalecer à forma. Inteligência do art. 1.899 do CC. Sentença de improcedência. Recurso provido. (TJSP, Ap. n. 0346713-14.2010.8.26.0000, rel. James Siano, j. 20.04.2011)

Ação declaratória para confirmar testamento particular. Ausência de subscrição de testemunhas na cédula testamentária. Invocação do art. 1.879 do CC. Improcedência da ação. Inconformismo. Recurso de apelação. Negado provimento ao recurso. (TJSP, Ap. n. 0023352-92.2003.8.26.0224, rel. Piva Rodrigues, j. 01.02.2011)

Apelação cível. Anulação de testamento particular. É nulo o testamento particular subscrito por menos de três testemunhas (art. 1.876, §§ 1° e 2°, do CCB). Negaram provimento. (TJRS, Ap. Cível n. 70.030.042.915, rel. Des. Rui Portanova, j. 09.07.2009)

Testamento particular. Procedimento visando a confirmação (arts. 1.130 e segs. do CPC) [art. 737 do CPC/2015; diversos artigos da seção sem correspondentes no CPC/2015]. Documento subscrito por apenas duas testemunhas. Pretensão à oitiva de terceira testemunha, não subscritora do ato, mas dita presencial dele. Impossibilidade. Formalidade essencial não suprível com a oitiva de terceira pessoa. (TJSP, Ap. Cível n. 4.177.774.500, rel. Des. João Carlos Saletti, j. 24.03.2009)

Muito embora não haja dúvidas que na declaração firmada pela falecida, cerca de um ano antes de seu óbito, há a expressa e incontestável intenção no sentido de deixar ao apelante a metade do apartamento de sua propriedade, a não observância aos requisitos dispostos no art. 1.645 do anterior CC, essenciais à validade do ato, implica na imprestabilidade do documento para os fins que se pretende. A assinatura de uma ou mais testemunhas era imprescindível ao ato, pois seriam elas que atestariam, entre outras coisas, as condições psíquicas da testadora. Apelo desprovido. (TJRS, Ap. n. 70.026.375.568, rel. Des. José Ataídes Siqueira Trindade, j. 11.12.2008)

Habilitação de herdeiro. Testamento particular sem data e testemunhas. Indeferimento da inicial mantido. Provimento negado, com observação [...]. A exigência de testemunhas presentes no testamento não pode ser suprida com depoimento posterior, como pretende o apelante, eis que contrário ao espírito do artigo. (TJSP, Ap. n. 230.130-4/0-00, rel. Des. Caetano Lagrasta, j. 30.05.2007)

**Art. 1.877. Morto o testador, publicar-se-á em juízo o testamento, com citação dos herdeiros legítimos.**

Aberta a sucessão, o testamento particular só adquire eficácia após passar por procedimento de sua confirmação pelas testemunhas. O procedimento de *jurisdição voluntária* de confirmação do testamento particular é disciplinado pelo art. 737, e seus parágrafos, do CPC. A publicação do testamento particular em juízo, sua apresentação, é feita, nos termos do art. 737 do CPC, pelo herdeiro, legatário ou testamenteiro, bem como pelo terceiro detentor do testamento, se impossibilitado de entregá-lo a algum dos outros legitimados para requerê-la. A enumeração é considerada exemplificativa. Não há impedimento, por exemplo, à apresentação pelo cônjuge sobrevivente que não seja herdeiro. Qualquer dos legitimados deverá instruir a petição inicial com a cédula do testamento particular e com o atestado de óbito.

Este art. 1.877 dispõe que são citados os herdeiros legítimos. O CPC, no § 1º do art. 737, refere-se a intimação e não a citação, mas parece que o CC, nesse aspecto, é mais técnico, pois indispensável a participação no procedimento, como partes interessadas, de todos aqueles que podem ser juridicamente afetados pela confirmação do testamento. E a integração de alguém como parte na relação jurídica processual se faz por meio de citação e não intimação.

Este art. 1.877 se refere aos herdeiros legítimos, ou seja, àqueles que podem se beneficiar de eventual sentença que venha a considerar não confirmado o testamento particular, o que acarreta a incidência das regras da sucessão legítima, intestada. Não há dúvida de que têm interesse jurídico no procedimento de confirmação do testamento particular.

Mas não só eles. Aqueles que figuram no testamento como beneficiários, como herdeiros testamentários ou legatários, também devem ser citados, caso não sejam os próprios requerentes do pedido de confirmação do testamento, pois evidente o interesse jurídico deles na defesa da confirmação do testamento particular. Era a regra do inciso II do art. 1.131 do CPC/73 e que, embora não tenha sido reproduzida no CPC/2015, fica preservada, pois, independentemente de regra expressa, tais citações se impõem porque os interessados na confirmação do testamento, tendo interesse jurídico na questão, são litisconsortes passivos necessários.

Deve ser citado, ainda, o testamenteiro nomeado pelo testador, caso não seja o requerente do pedido de confirmação, uma vez que tem o dever de defender a validade do testamento e, por extensão, a confirmação do testamento particular. Se não houver testamenteiro nomeado pelo testador, o juiz deve designar alguém para exercer o encargo, nos termos do art. 1.984, determinando sua citação para o procedimento.

Caso evidenciado interesse jurídico de terceiros, também devem ser citados. Orosimbo Nonato exemplifica com os casos dos sucessores de testamento anterior ou cônjuge do testador (*Estudos sobre sucessão testamentária*, v. I, Rio de Janeiro, Forense, 1957, p. 311). De fato, suponha-se que, pelo testamento particular a ser confirmado, além da designação de herdeiros e legatários, haja revogação de testamento anterior, situação que torna interessados juridicamente no procedimento de confirmação inclusive os sucessores designados no testamento anterior. Quanto ao cônjuge e ao companheiro, há interesse jurídico para a defesa de interesses relacionados à meação, ou concorrência sucessória com herdeiros legítimos, descendentes ou ascendentes, de modo que também devem ser citados.

Todos esses juridicamente interessados são citados para audiência na qual são *inquiridas as testemunhas* do testamento particular. Há participação obrigatória do Ministério Público. O CPC/2015, no art. 737, não reproduziu a regra do art. 1.132 do CPC/73, segundo a qual, ouvidas as testemunhas, os interessados teriam cinco dias para manifestação. Apesar da omissão do CPC/2015, parece indubitável ser indispensável a concessão de prazo para manifestação dos interessados, como decorrência elementar do princípio do contraditório. Como no CPC/2015 as manifestações das partes se dão, em regra, no prazo de quinze dias úteis, como no caso de manifestação sobre documentos novos (art. 437, § 1º), parece adequada a concessão de quinze dias úteis para manifestação de todos os interessados, colhendo-se em seguida o parecer do Ministério Público. Naturalmente, se todos estiverem de acordo, pode haver manifestação na própria audiência, dispensando-se a abertura de prazo. O juiz profere, então, sentença, confirmando ou não o testamento, observando o estabelecido no artigo seguinte, art. 1.878.

**Jurisprudência:** Testamento particular. Anulação. Cônjuge supérstite não intimado a comparecer a audiência de confirmação. Formalidade indispensável que macula o reconhecimento do ato de última vontade. Inteligência dos arts. 1.877 do CC e 1.131 do CPC [art. 737, § 1º, do CPC/2015]. Negaram provimento ao recurso. (TJSP, Ap. n. 0298591-04.2009.8.26.0000, rel. Des. Gilberto de Souza Moreira, j. 30.01.2013). Observação: o julgado anulou o ato processual de confirmação do testamento, não o testamento, de modo que, em princípio, seria possível sanar a nulidade, realizando-se nova audiência de confirmação com a presença do cônjuge sobrevivente.

---

**Art. 1.878. Se as testemunhas forem contestes sobre o fato da disposição, ou, ao menos, sobre a sua leitura perante elas, e se reconhecerem as próprias assinaturas, assim como a do testador, o testamento será confirmado.**

**Parágrafo único. Se faltarem testemunhas, por morte ou ausência, e se pelo menos uma delas o reconhecer, o testamento poderá ser confirmado, se, a critério do juiz, houver prova suficiente de sua veracidade.**

---

Convocadas as três testemunhas que presenciaram a leitura e a assinatura do testamento, elas serão ouvidas para que confirmem os termos das disposições testamentárias. Ainda que não consigam se lembrar do conteúdo do testamento (por exemplo, por ter sido efetuado muitos anos antes), bastará confirmarem ter ouvido sua leitura e reconhecer as próprias assinaturas e a do testador. Se uma das testemunhas negar ter presenciado a leitura ou negar ser sua a assinatura aposta no testamento, este, a princípio, não poderá ser confirmado. Diz-se a princípio, por ser possível apurar que a testemunha mentiu. Suponha-se que ela afirme não ser sua a assinatura, mas exame grafotécnico prove o contrário, a autenticidade da assinatura. O juiz não estará impedido de repelir o testemunho mendaz e confirmar o testamento.

Pela regra do parágrafo único, se faltarem testemunhas, por morte ou por se encontrarem em local incerto e não sabido (é a isso que o legislador quis se referir ao mencionar ausência), ou, ainda, acresça-se, se estiverem acometidas de incapacidade mental ou outras hipóteses similares, que as impeçam de depor, bastará uma das três comparecer e confirmar o testamento particular.

O CC/1916 exigia que três das cinco testemunhas confirmassem o testamento. Qual a lei aplicável, em relação ao testamento elaborado na vigência do CC/1916, se a abertura da sucessão ocorre sob a égide do atual Código? Parece dever-se observar a exigência menos rigorosa do atual Código, aceitando a confirmação por uma testemunha, em atenção ao princípio da conservação dos negócios jurídicos e de preservação da disposição de última vontade, na esteira da posição adotada no comentário ao art. 1.858.

**Confirmação do testamento particular ainda que todas as testemunhas tenham morrido ou estejam ausentes:** extrai-se do parágrafo único, em interpretação a contrário senso, que, se não houver testemunha que possa confirmar o testamento particular, este não adquire eficácia e a sucessão será legítima. Assim, se as três testemunhas morrem em um acidente, ou se vão morrendo com o passar dos anos, será suficiente para impedir a eficácia do testamento particular. Essa conclusão está de acordo com a regra expressa nesse parágrafo único e é a consagrada pela doutrina.

É possível, porém, interpretação diversa, mais favorável ao testador, na vigência do atual CC, partindo-se de dois argumentos. O primeiro é o atual Código ter inovado o direito anterior ao criar o testamento particular, no art. 1.879, em circunstâncias excepcionais: desde que em circunstâncias excepcionais, declaradas na cédula, pelas quais não é possível conseguir testemunhas, é cabível o testamento particular sem testemunhas, a ser confirmado a critério do juiz. Se é possível confirmar testamento nessas circunstâncias, sem testemunhas, há incongruência insanável entre o art. 1.879 e o parágrafo único do art. 1.878. Configura situação absurda permitir a confirmação de testamento particular no qual não houve participação de testemunhas e vedá-la quando foi presenciado por três testemunhas que não podem confirmá-lo após a abertura da sucessão.

O segundo argumento é que, na vigência do CC/1916, como visto, pelo menos três testemunhas deveriam confirmá-lo. Se uma delas mentisse, negando ter presenciado a leitura do testamento, a mentira seria desmascarada pelas outras duas. No regime do atual Código, como salientado, basta uma testemunha confirmar o testamento, confirmação que poderá ocorrer ainda que ela minta, por exemplo, negando a autenticidade de sua assinatura, mas se apure, mediante exame grafotécnico, ser autêntica. Se o juiz pode confirmar o testamento, ainda que a única testemunha seja mendaz, torna-se absurda a conclusão de não poder confirmar o testamento mesmo sem a presença de testemunhas, havendo prova suficiente da veracidade do testamento.

Portanto, se todas as testemunhas estiverem mortas ou ausentes, a fim de preservar a coerência entre o parágrafo único do art. 1.878 com o novo instituto do art. 1.879, o juiz poderá confirmar o testamento particular, se reputar haver prova suficiente de sua veracidade. Só assim se dará valia à regra de hermenêutica segundo a qual deve prevalecer a interpretação que seja equitativa e lógica, em vez da que conduza a resultado absurdo, conforme lição de Carlos Maximiliano (*Hermenêutica e aplicação do direito*, 10. ed. Rio de Janeiro, Forense, 1988, p. 166-7).

**Jurisprudência:** Agravo de instrumento. Abertura, registro e cumprimento de testamento particular. Decisão que determinou o registro do testamento. Inconformismo que comporta acolhimento em parte. A juntada aos autos do testamento particular devidamente digitalizado permite concluir pela existência do documento original. Procuração outorgada pela herdeira Regina Celia que faz expressa referência ao procedimento de abertura, registro e cumprimento do testamento. Regularidade que se verifica. Juízo de origem que não determinou a oitiva das testemunhas que subscreveram o testamento, providência que, em se tratando de testamento particular, revela-se necessária e, portanto, deve ser adotada. Art. 1.878, *caput*, do CC. Perícia grafotécnica que, ante a adoção da providência acima determinada, não se mostra necessária. Decisão que não observou expressa determinação contida em texto legal e, portanto, deve ser reformada. Recurso provido em parte. (TJSP, AI n. 2006568-61.2024.8.26.0000, rel. Clara Maria Araújo Xavier, j. 29.05.2024)

Registro de testamento particular. Falta de número mínimo de testemunhas instrumentárias. Relativização de formalidades em prestígio à garantia da vontade da falecida. Requerente que busca o registro de testamento particular manuscrito por sua tia materna. Sentença de improcedência. Recurso da requerente. Rejeição da preliminar de cerceamento de defesa. Pesquisa de bens do *de cujus* que não guarda pertinência com o procedimento especial de registro de testamento, que visa a apurar a validade do negócio jurídico. Mérito. Documento escrito pela testadora e assinado com reconhecimento de firma em tabelionato por uma testemunha instrumentária, em desacordo com a exigência legal de três subscritores. Possibilidade de relativização da formalidade, em caso de verossimilhança do teor do testamento e confirmação por ao menos uma testemunha que leu e apôs firma ao instrumento. Orientação jurisprudencial consolidada por este Eg. TJSP. Hipótese dos autos em que havia vínculo afetivo entre a requerente e a falecida e os bens deixados são de pouca monta. Veracidade da disposição corroborada por previsões específicas acerca do velório e sepultamento desejado, em consonância com o pertencimento da falecida a instituição religiosa. Testemunha instrumentária ouvida em audiência que confirmou a leitura do testamento, a confecção pelo *de cujus* e sua assinatura. Fidelidade do testamento com a vontade da falecida demonstrada pelo conjunto probatório. Sentença reformada. Recurso provido. (TJSP, Ap. n. 1000439-11.2022.8.26.0038, rel. Angela Moreno Pacheco de Rezende Lopes, j. 17.04.2024)

Anulação de testamento particular. Insurgência do réu contra sentença de procedência. 1. Cerceamento de defesa. Inocorrência. Ainda que fosse útil a prova grafotécnica, os elementos trazidos aos autos foram suficientes para o deslinde da questão. Oitiva de testemunhas imprescindível para a validação do testamento que foi devidamente realizada. Não acolhimento. 2. Imparcialidade do juiz e da igualdade processual. Violação aos princípios da não verificada. Julgador que, consoante as provas dos autos, atuou com a diligência e veemência necessárias para o esclarecimento dos fatos. Nulidade não ocorrente. 3. Coisa julgada. Inovação recursal. Alegação que, de todo modo se afasta, em razão de não estar caracterizado esse pressuposto processual negativo. Decisão proferida de jurisdição voluntária que tem outro objeto e diversa eficácia. 4. Validade do testamento. Testamento particular que, por sua própria facilidade na realização, depende de confirmação da autenticidade por testemunhas. Depoimentos, por sua vez, contraditórios e escassos em informações. Dúvidas que maculam a validade do testamento. Nulidade mantida. Recurso não provido. (TJSP, Ap. n. 1050871-81.2018.8.26.0100, rel. Carlos Alberto de Salles, j. 12.12.2023)

Abertura e registro de testamento particular. Indeferimento do pedido. Inconformismo dos requerentes. Afastamento. Medida limitada à verificação dos requisitos extrínsecos (art. 1.878 do CC), aqui desatendidos. Testemunhas instrumentais que, ouvidas pelo Juízo, não lograram confirmar em que circunstâncias o testamento fora lavrado, tampouco souberam esclarecer qual a vontade da testadora (duas delas sequer lembraram o ano em que subscreveram suas assinaturas junto ao instrumento). Circunstância que torna inviável a confirmação do ato. Sentença mantida. Recurso desprovido. (TJSP, Proc. n. 1080865-86.2020.8.26.0100, rel. Salles Rossi, j. 29.06.2022)

Apelação. Testamento particular. Recusa de confirmação. Manutenção. Assinaturas lançadas em folha isolada do testamento, inexistindo qualquer vinculação com o conteúdo do ato de disposição de última vontade. Testemunhas que não confirmaram a leitura pelo testador e assinatura na presença das testemunhas. Dúvidas sobre a leitura e depoimento de testemunha que não presenciou leitura assinando o testamento em momento diverso. Recurso improvido. (TJSP, Ap. n. 1009174-35.2017.8.26.0482, rel. Enéas Costa Garcia, j. 24.11.2020)

Registro e cumprimento de testamento particular. Deferimento do pedido de registro e cumprimento. Eventual impedimento de testemunhas, contestação da capacidade da testadora e demais questões postas no apelo pelos herdeiros colaterais que devem ser dirimidas nos autos de inventário ou na ação anulatória específica já ajuizada. Medida limitada à verificação dos requisitos extrínsecos (art. 1.876 do CC), aqui atendidos. Sentença mantida. Recurso desprovido. (TJSP, AC n. 1011164-40.2017.8.26.0004, rel. Salles Rossi, j. 29.05.2019)

Recurso especial. Testamento particular. Confirmação. Requisitos essenciais. Assinatura de três testemunhas idôneas. Leitura e assinatura na presença das testemunhas. Inobservância. Abrandamento. Impossibilidade. Vontade do testador. Controvérsia. Reexame de provas. Inviabilidade. Súmula n. 7/STJ. [...] 2 – Cuida-se de procedimento especial de jurisdição voluntária consubstanciado em pedido de confirmação de testamento particular. 3 – Cinge-se a controvérsia a determinar se pode subsistir o testamento particular de próprio punho formalizado sem todos os requisitos exigidos pela legislação de regência, no caso, a assinatura de pelo menos três testemunhas idôneas, a leitura e a assinatura do documento pelo testador perante as testemunhas e o registro do ato em cartório conforme expressamente constante do ato. 4 – A jurisprudência desta Eg. Corte Superior entende que, na elaboração de testamento particular, é possível sejam flexibilizadas as formalidades prescritas em lei na hipótese em que o documento foi assinado por testador e por testemunhas idôneas. 5 – Inexistência de circunstância emergencial que nos termos do art. 1.879 do CC/2002 autoriza seja confirmado pelo juiz o testamento particular realizado de próprio punho pelo testador sem a presença de testemunhas. 6 – No caso em apreço, o Tribunal de origem, à luz da prova dos autos, concluiu que a verdadeira intenção do testador revela-se passível de questionamentos, não sendo possível, portanto, concluir, de modo seguro, que o testamento exprime a real vontade do testador. 7 – Recurso especial não provido. (STJ, REsp n. 1.639.021, rel. Min. Ricardo Villas Bôas Cueva, j. 24.10.2017)

[...] Testamento particular. Pretensão de reforma da decisão que designou audiência para oitiva das testemunhas que presenciaram a feitura do testamento. Descabimento. Hipótese em que, se tratando de testamento particular, é indispensável que se realize a inquirição das testemunhas testamentárias para que confirmem os termos das disposições testamentárias, confirmando em juízo que ouviram a leitura do testamento e presenciaram a sua assinatura. Aplicação do disposto no art. 1.878 do CC. (TJSP, AI n. 9044100-72.2009.8.26.0000, rel. Des. Ana de Lourdes Coutinho Silva, j. 29.07.2010)

O acórdão deu regular aplicação ao art. 1.648 do CC/1916, que prevê a exigência de que pelo menos três testemunhas que assinaram o testamento particular o confirmem. Na hipótese, apenas duas o fizeram, motivo pelo qual, de acordo com a determinação do referido dispositivo, foi indeferido o pedido de formalização do testamento. (STJ, Ag. Reg. no Ag. n. 621.663/MG, rel. Min. Carlos Alberto Menezes Direito, j. 21.06.2007)

Testamento particular. Confirmação de sua autenticidade por duas testemunhas contestes. Ordem para seu registro e cumprimento. Decisão mantida perante a inexistência de vícios extrínsecos, e também, aparentemente, intrínsecos, sem prejuízo de a questão vir a ser analisada nas vias ordinárias. Recurso desprovido. (TJSP, Ap. n. 356.727-4/4-00, rel. Des. Morato de Andrade, j. 20.03.2007)

Não há falar em nulidade do ato de disposição de última vontade (testamento particular), apontando-se preterição de formalidade essencial (leitura do testamento perante as três testemunhas), quando as provas dos autos confirmam, de forma inequívoca, que o documento foi firmado pelo próprio testador, por livre e espontânea vontade, e por três testemunhas idôneas, não pairando qualquer dúvida quanto à capacidade mental do *de cujus*, no momento do ato. O rigor formal deve ceder ante a necessidade de se atender à finalidade do ato, regularmente praticado pelo testador. (STJ, REsp n. 828.616, rel. Min. Castro Filho, j. 05.09.2006)

**Art. 1.879. Em circunstâncias excepcionais declaradas na cédula, o testamento particular de próprio punho e assinado pelo testador, sem testemunhas, poderá ser confirmado, a critério do juiz.**

Inovação do atual CC, o artigo trata do testamento particular elaborado em circunstâncias excepcionais, por força das quais o legislador dispensa o acompanhamento de sua leitura e a assinatura por testemunhas. Exige-se somente ao testador apontar na cédula a circunstância excepcional que impede o concurso de testemunhas. É a hipótese, por exemplo, do náufrago em ilha deserta, ou de outras menos improváveis, como a do sujeito preso em prédio em chamas etc. Desde que haja circunstância que impeça a presença de testemunhas, constando a indicação dessa circunstância na cédula, o juiz poderá confirmar o testamento.

Como observa Zeno Veloso, cessada a circunstância excepcional, deveria o legislador ter estabelecido um prazo de caducidade do testamento, no qual o testador poderia realizar outro, por uma das formas ordinárias (*Comentários ao Código Civil*. São Paulo,

Saraiva, 2003, v. XXI, p. 146). Diante da falta de previsão legal, em tese não será possível estabelecer prazo de validade. Não é possível invocar, por analogia, disposições dos testamentos especiais.

**Jurisprudência:** Apelação cível. Testamento particular. Ação de abertura, registro e cumprimento de testamento particular. Sentença que julgou improcedente o feito ante as inconsistências observadas. Insurgência recursal dos autores. Preliminarmente, alegam cerceamento de defesa ante a não apreciação de todas as provas produzidas e, inclusive, má valoração daquelas efetivamente relevadas. Descabimento. Preliminar afastada ante a suficiência do lastro acostado aos autos, conjugado ao fato de o magistrado ser o destinatário da prova, tendo o poder-dever de indeferir diligências inúteis, desnecessárias ou protelatórias. No mérito, sustentam que os vícios discutidos são de aspecto meramente formal, sendo aplicável oportuna flexibilidade a fim de ser preservada a última vontade da testadora. Não convencimento. Inteligência do art. 1.876 e art. 1.879, ambos do CC. Ausência de requisitos legais. Documento que não contou com a assinatura de três testemunhas, tampouco declarou a presença de qualquer excepcionalidade a justificar tal circunstância. Testemunhas arroladas que não presenciaram a confecção e assinatura pela *de cujus*, inviáveis de amparar a higidez do suposto testamento. Identificação de incorreções com relação à data de assinatura e características atribuídas aos herdeiros. Vídeo da testadora que faz coro às anormalidades, porquanto menciona pessoa diferente daquelas aduzidas no indigitado documento. Vícios formais-materiais que redundam em dúvida sobre a substância do ato e afastam a possibilidade de flexibilização. Precedentes do Col. STJ e deste Eg. Tribunal Bandeirante. Sentença mantida. Recurso desprovido. (TJSP, Ap. n. 1010279-98.2021.8.26.0161, rel. Wilson Lisboa Ribeiro, j. 13.06.2024)

Testamento particular. Inobservância dos requisitos legais. Sentença de improcedência. Irresignação da autora. Pretensão de abertura e cumprimento de testamento particular. Não preenchimento dos critérios do art. 1.876 do CC. Falta de assinatura de três testemunhas. Situação que justificou a assinatura do documento que não pode ser considerada excepcional, para a incidência do art. 1.879 do CC. Falta de declaração expressa das condições excepcionais no documento, para admitir o testamento particular apenas com assinatura do testador. Sentença mantida. Recurso desprovido. (TJSP, Ap. Cível n. 1014837-17.2022.8.26.0020, rel. Carlos Alberto de Salles, j. 14.11.2023)

Apelação tirada de sentença que recusa registro de testamento particular sem testemunhas. Legatária que defende a validade do ato de última vontade. Declaração apresentada que não descreve a situação excepcional de dispensa de testemunhas. Ausência de requisito essencial previsto no art. 1.879 do CC. Morte do testador, ademais, ocorrida quase dois anos depois de subscrita a declaração. Documento que destina a totalidade dos bens do testador à autora e ao outro legatário (hospital), em prejuízo dos herdeiros necessários, ausente indicação clara dos motivos da suposta deserdação. Confirmação da sentença, com a majoração dos honorários (art. 85, § 11, do CPC, respeitada a gratuidade). Não provimento. (TJSP, AC n. 10066502720198260084/Campinas, rel. Enio Zuliani, 4ª Câm. de Dir. Priv., j. 12.09.2023, publ. 12.09.2023)

Ação declaratória. Testamento particular. Pretensão à atribuição de validade de áudio encaminhado via "WhatsApp" como disposição de última vontade. Impossibilidade. Inobservância dos requisitos legais. Testamento é negócio jurídico solene e formal, não contemplando o ordenamento jurídico a hipótese de testamento via dispositivo eletrônico de áudio. Inaplicabilidade do art. 1.879, do CC, tampouco do Provimento n. 100/2020 do CNJ à espécie. Precedentes jurisprudenciais. Sentença mantida. Recurso desprovido. (TJSP, Proc. n. 1032734-04.2021.8.26.0114, rel. Moreira Viegas, j. 20.05.2022)

Apelação cível. Abertura de testamento. Documento particular sem a assinatura de testemunhas. Ausente requisito de validade. Art. 1.879 do CC. Recurso desprovido. O reconhecimento da validade de um testamento particular, sem testemunhas, não depende de mera discricionariedade do julgador. Somente é cabível a validação quando ausentes testemunhas, por morte ou ausência, ou se existirem circunstâncias excepcionais declaradas na cédula. Inexistindo testemunhas que tenham presenciado a assinatura do testamento e a ausência qualquer outra situação excepcional, tal como exigido pelo art. 1.879 do CC, torna-se inviável flexibilizar os requisitos formais de validade do testamento. (TJMG, 10024143331023001, rel. Luís Carlos Gambogi, j. 10.09.2019)

Nos termos do art. 1.879 do CC, permite-se seja confirmado, a critério do juiz, o testamento particular realizado do próprio punho pelo testador, sem a presença de testemunhas, quando há circunstância excepcional declarada na cédula. Trata-se do chamado testamento de emergência, que constitui uma forma simplificada do testamento particular, o qual, conforme aponta Maria Helena Diniz, pode ocorrer nas seguintes situações:

a) situação anormal: incêndio, sequestro, desastre, internação em UTI, revolução, calamidade pública; b) situação em que é impossível a intervenção de testemunhas para o ato (*Código Civil anotado*, 15. ed. São Paulo, Saraiva, 2010, p. 1.324). *In casu*, verificou-se que a testadora somente veio a falecer dois meses após a elaboração do testamento, decidindo a Corte estadual que os agravantes não demonstraram a existência de nenhuma circunstância excepcional, nos termos do art. 1.879 do CC, que a pudesse impedir de realizar outro testamento dentro dos ditames legais. Por conta disso, concluiu que o aludido testamento particular não pode ser confirmado, porquanto a disposição da última vontade não se deu de forma extraordinária, nos termos dos arts. 1.879 do CC, dispensando os requisitos dos arts. 1.876, § 1º, e 1.878 do CC. Desse modo, afastar as conclusões do Tribunal de origem acerca da excepcionalidade das circunstâncias em que foi elaborado o testamento particular do art. 1.879 do CC demandaria o reexame do conjunto fático-probatório dos autos, o que é vedado em recurso especial. Ademais, ainda que se acolha o atual entendimento do STJ, que flexibiliza os requisitos formais dos arts. 1.876, § 1º, e 1.878 do CC, o acórdão recorrido não traz informações acerca da eventual presença ou subscrição do documento por pelo menos uma testemunha, o que impede a sua confirmação. (STJ, Ag. Reg. no AREsp n. 773.835, rel. Min. João Otávio de Noronha, j. 23.02.2016)

Testamento emergencial e providências do art. 1.879 do CC. Para que o juiz confirme documento subscrito de próprio punho, sem testemunhas, como sendo testamento particular celebrado em condições excepcionais e que dispensariam as formalidades legais, será preciso provas cabais de que existiam motivos para esse procedimento, o que não foi produzido pelos interessados. Cerceamento de defesa não configurado, mantida a r. sentença de extinção [art. 267, I, do CPC/73; art. 485, I, do CPC/2015]. Cédula (folha de agenda) que não descreve a excepcionalidade da medida, não se comprovando que o *de cujus* estava à beira de morte ou em situação de perigo. Não provimento. (TJSP, Ap. n. 0342607-43.2009.8.26.0000, rel. Des. Enio Zuliani, j. 08.04.2010)

Testamento. Particular. Excepcional. Documento lavrado de próprio punho, quando da iminência de o disponente, temeroso de vir a falecer, ser submetido a cirurgia. Validade. Excepcionalidade devidamente declarada, consistente no temor da morte quando do procedimento cirúrgico. Ausência de identificação das testemunhas. Irrelevância. Dispensa das mesmas pelo art. 1.879 do CC. Recurso provido. (TJSP, Ap. n. 434.146-4/0-00, rel. Des. Álvaro Passos, j. 21.05.2008)

Apelação. Registro de testamento. Ausência dos requisitos previstos no art. 1.879 do CC, que impedem o reconhecimento de situação excepcional, sequer mencionada no documento. Existência de anterior testamento público. 1 – Ausentes no documento os requisitos previstos no art. 1.879 do CC, impossível o reconhecimento da situação excepcional que autoriza a confirmação do testamento pelo magistrado, eis que sequer mencionada no documento. 2 – Não se pode alegar desconhecimento da lei para pretender sejam mitigadas as formalidades exigidas em lei para confecção do testamento particular, mormente quando evidenciado que a falecida, em oportunidade anterior, buscou a formalidade do testamento público para manifestar sua última vontade. (TJRS, Ap. n. 70.015.032.816, rel. Des. Luiz Felipe Brasil Santos, j. 02.08.2006)

Caso em que se reconhece a declaração de vontade do testador estrangeiro residente no Brasil, traduzida por tradutora pública, como documento hábil a conferir direitos sucessórios. A insignificância do patrimônio legado – 50% de uma velha casa de madeira – e a condição da legatária – enteada do testador, estrangeira e de avançada idade – autorizam a incidência da exceção prevista no art. 1.879 do novo CC, abrandando o rigor formal do testamento particular. Ademais, bem de ver e reconhecer a possibilidade de paternidade socioafetiva, que autoriza a doação, ainda que sem as formalidades devidas. Deram provimento, por maioria. (TJRS, Ap. n. 70.010.214.476, rel. Des. Rui Portanova, j. 23.12.2004)

**Art. 1.880. O testamento particular pode ser escrito em língua estrangeira, contanto que as testemunhas a compreendam.**

De redação idêntica ao art. 1.649 do CC/1916, o artigo em questão permite que o testamento particular possa ser redigido em língua estrangeira, mas é preciso que as testemunhas a compreendam. Uma das formalidades essenciais do testamento particular é sua leitura pelo testador às testemunhas (art. 1.876), motivo pelo qual elas devem compreender o que lhes é lido.

## CAPÍTULO IV
## DOS CODICILOS

**Art. 1.881. Toda pessoa capaz de testar poderá, mediante escrito particular seu, datado e assinado, fazer disposições especiais sobre o seu enterro, sobre esmolas de pouca monta a certas e determinadas pessoas, ou, indeterminadamente, aos pobres**

**de certo lugar, assim como legar móveis, roupas ou joias, de pouco valor, de seu uso pessoal.**

O codicilo é ato de disposição de última vontade de objeto mais restrito do que o do testamento. Não houve alteração em sua disciplina no atual CC. Presta-se a disposições especiais sobre o enterro do testador, sobre esmolas de pouca monta a certas e determinadas pessoas, ou, indeterminadamente, aos pobres de certo lugar, e para legado de móveis, roupas ou joias, de pouco valor, de seu uso pessoal. Pode ser utilizado, também, para nomeação ou substituição de testamenteiros (art. 1.883).

Sendo escrito particular, pode servir, ainda, para reconhecimento de filhos havidos fora do casamento (art. 1.609, II), reconhecimento irrevogável (art. 1.610). Não é meio hábil, porém, também serve para disposições não patrimoniais que a lei prevê só poderem ser feitas por testamento, como é o caso da deserdação (art. 1.694) e da revogação dos testamentos (art. 1.969).

O codicilo deve ser escrito, datado e assinado pelo testador. A jurisprudência tem abrandado a exigência legal, permitindo que seja elaborado por processo mecânico. Reputa-se requisito essencial a indicação da data. Não se exige ter sido presenciado, lido ou assinado por testemunhas.

Para saber se as esmolas e os bens móveis são de pouco valor, faz-se o confronto com o patrimônio do testador. Representando percentual mínimo de seu patrimônio, terá sido respeitado o parâmetro legal. Como ressalta a doutrina, determinada joia pode ser o único bem de valor de uma pessoa e, para outra, de vasto patrimônio, uma entre várias, insignificante se confrontada com o todo.

Qual a solução se a disposição feita em codicilo suplantar os limites do art. 1.881? Zeno Veloso, com razão, sustenta a possibilidade de se aplicar, por analogia, as regras sobre reduções das disposições testamentárias, preservando-se a disposição de última vontade do *de cujus*, após a adequação aos limites legais; embora noticie orientação oposta, de Orosimbo Nonato e Caio Mário da Silva Pereira, de que, havendo excesso, o codicilo é nulo (*Comentários ao Código Civil*. São Paulo, Saraiva, 2003, v. XXI, p. 152-3).

**Jurisprudência:** Alvará judicial. Codicilo. Insurgência contra sentença de improcedência. Declaração de última vontade da *de cujus*, autorizando o levantamento de valores em conta bancária pela autora. *De cujus* era solteira e não deixou dependentes ou herdeiros. Valores próximos a R$ 11.000,00. Caso em que se trata de valores de pequena monta (art. 1.881 do CC). Sentença reformada. Alvará judicial autorizado. Recurso provido (TJSP, AC n. 0000730-74.2015.8.26.0102, rel. Carlos Alberto de Salles, j. 23.05.2017)

Embargos infringentes. Ação indenizatória. Suposto ato ilícito caracterizado na omissão dos herdeiros em levar ao conhecimento do juízo orfanológico documento manuscrito pelo *de cujus* no qual deixava para as embargantes quantia certa. Sentença de procedência reformada por acórdão não unânime. Voto vencido que condenava os réus a pagar indenização no valor equivalente à quantia deixada pelo falecido. Voto vencedor que prevalece. 1 – O negócio jurídico pelo qual alguém atribui a outrem, por oportunidade de sua morte, R$ 150.000,00, não pode ser admitido como codicilo, reservado aos bens de pouco valor, na dicção do art. 1.881 do CC. 2 – Tampouco pode ser o negócio – se a tanto chega um manuscrito – interpretado como doação a termo aceita tacitamente pelas donatárias. Porque admitir que a disposição do próprio patrimônio, para além da morte, possa se dar informalmente, sob o título de doação, sem que a observância das formalidades do testamento, de modo a equiparar-lhes os efeitos, significa subtrair do ato a segurança que dele se espera, em particular quanto à manifestação da vontade e sua liberdade. 4 [*sic*] – Se o legislador concebeu ato específico, solene e revogável, para a disposição do patrimônio com efeitos *post-mortem*, não é lícito alcançar rigorosamente os mesmos efeitos de outro modo, pena de inequívoca fraude à lei. 5 – Ato desprovido de validade do qual não se pode extrair, contra os herdeiros, qualquer dever de indenizar. 6 – Recurso conhecido e desprovido. (TJRJ, Emb. Infring. n. 0065706-15.2006.8.19.0001, rel. Des. Eduardo Gusmão Alves de Brito, j. 16.04.2013)

Arrolamento. Homologação da partilha com adjudicação da herança exclusivamente à filha do falecido. Cônjuge sobrevivente casada com o falecido pelo regime da separação obrigatória de bens. Incidência da exceção do art. 1.829, I, do CC, que afasta a condição de herdeira da cônjuge supérstite. Escritos particulares do falecido, sem subscrição de testemunhas, que não podem dispor sobre bem imóvel (art. 1.881 do CC). Codicilos restritos a bens móveis e de pequeno valor. Sentença mantida. Recurso desprovido. (TJSP, Ap. n. 0321892-77.2009.8.26.0000, rel. Des. Salles Rossi, j. 26.09.2012)

Ação declaratória de existência de codicilo. Caso em que os escritos deixados pelo autor da herança não contêm características de um codicilo, senão de um rascunho de testamento. Bens de valor elevado que não podem ser objeto de codicilo. Negaram provimento. (TJRS, Ap. n. 70.040.971.335, rel. Rui Portanova, j. 16.06.2011)

Ação anulatória de codicilo. Meio hábil para legar bens móveis de reduzido valor. Redução das disposições. Excluem-se do codicilo joias e relógios, bens de alto valor, por serem incompatíveis com a natureza da disposição de vontade, restrita a bens móveis de reduzido valor. (TJRS, Ap. n. 70.015.923.808, rel. Des. Luiz Felipe Brasil Santos, j. 29.11.2006)

Sucessões. Ação de cobrança. Validade e eficácia de disposições de última vontade. Codicilo. Ainda que admitido na forma datilografada, o codicilo em que há substanciais disposições sobre cerca de metade dos bens deixados é imprestável para fins de equiparação a testamento particular. Ausência de requisitos legais e inaplicabilidade do art. 85 do CCB/1916. Zelo na observância das formas para não se deturpar a verdadeira vontade do disponente. Impossibilidade legal e tópica de equiparação a uma cessão de direitos. Informalidade admitida que impede disposições de maior expressão financeira, ainda que se discuta o valor pecuniário atribuído. Embargos infringentes desacolhidos, por maioria. (TJRS, Emb. Infring. n. 70.014.509.715, rel. Des. Maria Berenice Dias, j. 14.07.2006)

Codicilo. Desrespeito à forma holográfica. Feitura por instrumento particular, datilografado em cartório com firma do autor reconhecida. Pretendida nulidade por vício formal. Inocorrência. Recurso provido. (TJSP, Ap. Cível n. 151.838, rel. Des. Silvério Ribeiro, j. 08.10.1991)

**Art. 1.882. Os atos a que se refere o artigo antecedente, salvo direito de terceiro, valerão como codicilos, deixe ou não testamento o autor.**

É possível deixar como disposição de última vontade somente codicilo, aplicando-se as regras da sucessão legítima quanto ao resto do patrimônio. É possível, também, a concomitância de testamento e codicilo, uma vez que, a princípio, têm objetos distintos. A única ressalva é a do art. 1.884, segundo o qual, elaborando testamento após ter feito codicilo, este só subsistirá se for confirmado no testamento. À falta de confirmação, considera-se revogado o codicilo. A ressalva *salvo direito de terceiro*, segundo a doutrina de Pontes de Miranda, transcrita por Zeno Veloso (*Comentários ao Código Civil*. São Paulo, Saraiva, 2003, v. XXI, p. 154), é inútil e incompreensível.

**Art. 1.883. Pelo modo estabelecido no art. 1.881, poder-se-ão nomear ou substituir testamenteiros.**

O artigo permite que, por codicilo, seja complementado testamento, com a nomeação de testamenteiro; ou retificá-lo, substituindo o testamenteiro anteriormente nomeado. É exceção à regra de que disposições testamentárias não podem ser complementadas ou alteradas por codicilo. Ressalve-se que, havendo codicilo posterior ao testamento, fazendo disposição sobre os mesmos bens móveis do testamento, móveis esses de pequeno valor, amoldados ao critério valorativo do art. 1.881, a disposição do codicilo prevalece sobre a testamentária. Em relação ao que pode ser objeto de codicilo, não há hierarquia entre codicilo e testamento.

**Art. 1.884. Os atos previstos nos artigos antecedentes revogam-se por atos iguais, e consideram-se revogados, se, havendo testamento posterior, de qualquer natureza, este os não confirmar ou modificar.**

O codicilo pode ser revogado por outro. O novo codicilo pode revogar o anterior expressamente. A revogação pode ser tácita, desde que contenha disposições incompatíveis com o anterior. Não havendo revogação expressa, os dois podem subsistir, desde que não contenham disposições incompatíveis. Uma pessoa, portanto, pode deixar vários codicilos válidos. Se, após o codicilo, a pessoa vier a fazer testamento, deverá, para manter o codicilo, confirmá-lo expressamente. Do contrário, o codicilo será considerado revogado, ante a expressa previsão do art. 1.884.

**Art. 1.885. Se estiver fechado o codicilo, abrir-se-á do mesmo modo que o testamento cerrado.**

O autor do codicilo poderá optar por cerrá-lo, tal como se faz com o testamento cerrado. Caso o faça, o codicilo será aberto da mesma forma como o testamento cerrado, ou seja, em audiência de apresentação ao juiz, que verificará se houve rompimento do invólucro, ou outro vício externo, lavrando-se auto de abertura, seguindo-se as demais disposições pertinentes a abertura e registro do testamento cerrado.

A previsão do art. 1.885 se limita a equiparar o codicilo cerrado ao testamento cerrado quanto ao procedimento de sua abertura. Significa que, se houve rompimento voluntário do codicilo cerrado por seu autor, será considerado revogado, aplicando-se, por identidade de razões, a regra do art. 1.972. Em contrapartida, ainda que cerrado, não se exigirão, para validade do codicilo, testemunhas, auto de aprovação ou outras formalidades essenciais que não digam respeito a sua abertura.

## CAPÍTULO V
## DOS TESTAMENTOS ESPECIAIS

### *Seção I*
### *Disposições Gerais*

**Art. 1.886. São testamentos especiais:**
**I – o marítimo;**
**II – o aeronáutico;**
**III – o militar.**

Como mencionado no comentário ao art. 1.858, o testamento é negócio jurídico solene e, portanto, só válido se revestir uma das formas previstas em lei.

Os testamentos, quanto à forma, dividem-se em ordinários e especiais. Os ordinários são o público, o cerrado e o particular (art. 1.862). São ordinários por ser deles que o testador se valerá em condições normais. Há, no entanto, algumas circunstâncias especiais, transitórias, nas quais o testador está impossibilitado de usar uma das formas ordinárias. Nessas circunstâncias, e somente por ocasião delas, é permitido ao testador recorrer aos testamentos especiais, com menos formalidades. São especiais o marítimo, o militar e o aeronáutico, este último novidade do atual CC. A enumeração é taxativa. Não há outras formas, como expressamente prevê o art. 1.887 (embora se possa sustentar que o testamento particular em circunstâncias excepcionais, inovação do art. 1.879, mais se aproxima dos testamentos especiais do que do particular).

Em regra, os testamentos especiais estão sujeitos a prazo de caducidade após a cessação da circunstância especial, emergencial, que o autorizou, pois, no prazo legal, o testador tem tempo para realizar o testamento por uma das formas ordinárias. A única exceção, na qual não há prazo de caducidade, é o testamento militar, previsto no art. 1.894, com o preenchimento da formalidade de seu parágrafo único, exceção prevista no art. 1.895.

**Art. 1.887. Não se admitem outros testamentos especiais além dos contemplados neste Código.**

O artigo reproduz preceito considerado implícito no sistema, de não haver testamentos, especiais ou ordinários, que não sejam aqueles cujos modelos estão expressamente previstos em lei. Os testamentos especiais são, portanto, somente o marítimo, o militar e o aeronáutico.

Apesar da expressa previsão legal, é importante lembrar que o art. 1.879 inovou ao criar o testamento particular em circunstâncias excepcionais, redigido e assinado pelo testador, sem testemunhas, no qual deverá declarar a circunstância excepcional que impede a presença de testemunhas.

Essa nova modalidade de testamento particular, pela excepcionalidade em que pode ser usado, mais se assemelha a testamento especial do que a ordinário.

### *Seção II*
### *Do Testamento Marítimo e do Testamento Aeronáutico*

**Art. 1.888. Quem estiver em viagem, a bordo de navio nacional, de guerra ou mercante, pode testar perante o comandante, em presença de duas testemunhas, por forma que corresponda ao testamento público ou ao cerrado.**

**Parágrafo único. O registro do testamento será feito no diário de bordo.**

O testamento marítimo é testamento especial que pode ser efetuado por quem está em viagem, a bordo de navio nacional, de guerra ou mercante. Supre a impossibilidade de realização dos testamentos público e cerrado, nos quais há intervenção obrigatória de tabelião.

No testamento marítimo, o comandante do navio, ou quem o substitui, atua como o tabelião, redigindo o testamento em seu diário de bordo, como se fosse o livro de notas do tabelião, caso o testador opte pelo testamento marítimo similar ao público; ou, então, o testador poderá optar por realizar o testamento marítimo por forma correspondente ao testamento cerrado, no qual o comandante lavrará o auto de aprovação, registrando-o no diário de bordo.

Caso o testador prefira se valer do testamento particular, poderá realizá-lo normalmente, pois não exige intervenção de tabelião. O testamento marítimo, portanto, supre a impossibilidade de se realizar testamento público ou cerrado, não particular.

**Art. 1.889. Quem estiver em viagem, a bordo de aeronave militar ou comercial, pode testar perante pessoa designada pelo comandante, observado o disposto no artigo antecedente.**

O atual CC criou essa figura de testamento especial: o aeronáutico. É similar ao marítimo, podendo ser utilizado por quem estiver a bordo de aeronave militar ou comercial. A única diferença em relação ao marítimo é a pessoa que atuará como tabelião não ser o comandante, mas alguém por ele designado.

**Art. 1.890. O testamento marítimo ou aeronáutico ficará sob a guarda do comandante, que o en-**

**tregará às autoridades administrativas do primeiro porto ou aeroporto nacional, contra recibo averbado no diário de bordo.**

Assim como no CC/1916, o testamento marítimo, ou aeronáutico, ficará sob a guarda do comandante, ainda que corresponda ao testamento cerrado. O atual CC estabelece novidade em relação ao sistema anterior, ao dispor que o comandante entregará o testamento no primeiro porto ou aeroporto, com recibo no diário de bordo. Simplificando as formalidades, o atual Código não exige, como fazia o de 1916 no dispositivo similar, que a entrega do testamento ao comandante se faça na presença de duas testemunhas, ou que o testador declare ser seu testamento o escrito apresentado.

**Art. 1.891. Caducará o testamento marítimo, ou aeronáutico, se o testador não morrer na viagem, nem nos noventa dias subsequentes ao seu desembarque em terra, onde possa fazer, na forma ordinária, outro testamento.**

O artigo é praticamente idêntico ao similar do Código anterior. Houve acréscimo da menção ao testamento aeronáutico, e o prazo foi alterado de três meses, como constava do art. 1.658 do CC/1916, para noventa dias.

Como salientado no comentário ao art. 1.886, os testamentos especiais são formas mais simplificadas de testamentos, passíveis de serem utilizados somente em determinadas circunstâncias especiais, nas quais não é possível recorrer aos testamentos ordinários. Por serem admitidos em caráter excepcional, em regra, têm também duração transitória, caso o testador sobreviva às circunstâncias especiais que autorizaram sua realização. Por esse motivo a norma estabelece que, sobrevivendo o testador à viagem, o testamento marítimo ou aeronáutico permanecerá com validade durante os noventa dias seguintes ao desembarque. O legislador considera esse prazo suficiente para que o testador, em terra, faça outro testamento pela forma ordinária. Fazendo ou não o novo testamento, o testamento anterior, marítimo ou aeronáutico, perde a validade, caduca. Se, ao desembarcar, o testador não puder fazer testamento ordinário (acometido, por exemplo, de grave doença que o impede de se exprimir), não ocorrerá a caducidade prevista no artigo.

**Art. 1.892. Não valerá o testamento marítimo, ainda que feito no curso de uma viagem, se, ao tempo em que se fez, o navio estava em porto onde o testador pudesse desembarcar e testar na forma ordinária.**

Idêntico ao art. 1.659 do CC/1916, este artigo evidencia o caráter excepcional do testamento marítimo, ou seja, só será válido se o testador não podia, ao tempo em que elaborado, utilizar-se dos testamentos público e cerrado (o testamento particular pode ser feito durante a viagem, como visto no comentário ao art. 1.888). Por essa razão, não valerá o testamento marítimo se efetuado quando o navio estava em porto onde o testador podia desembarcar e recorrer ao tabelião para realizar o testamento público, ou para aprovar o cerrado.

## *Seção III*
## *Do Testamento Militar*

**Art. 1.893. O testamento dos militares e demais pessoas a serviço das Forças Armadas em campanha, dentro do País ou fora dele, assim como em praça sitiada, ou que esteja de comunicações interrompidas, poderá fazer-se, não havendo tabelião ou seu substituto legal, ante duas, ou três testemunhas, se o testador não puder, ou não souber assinar, caso em que assinará por ele uma delas.**

**§ 1º Se o testador pertencer a corpo ou seção de corpo destacado, o testamento será escrito pelo respectivo comandante, ainda que de graduação ou posto inferior.**

**§ 2º Se o testador estiver em tratamento em hospital, o testamento será escrito pelo respectivo oficial de saúde, ou pelo diretor do estabelecimento.**

**§ 3º Se o testador for o oficial mais graduado, o testamento será escrito por aquele que o substituir.**

O testamento militar, modalidade de testamento especial, não sofreu nenhuma modificação substancial no atual CC. Só é admissível nas circunstâncias referidas no art. 1.893, ou seja, durante campanha militar dentro ou fora do país, e em praça sitiada, ou de comunicações interrompidas. A essas circunstâncias se soma a de não haver tabelião ou substituto legal, perante o qual seja possível efetuar testamento público ou aprovar o cerrado.

Podem valer-se do testamento militar os militares e demais pessoas a serviço das forças armadas, devendo ser incluídas, também, outras pessoas que, nas circunstâncias referidas, não puderem recorrer a tabelião.

No art. 1.893, há previsão do testamento militar similar ao testamento público, mas com formalidades mais simples. No art. 1.894, há previsão de outra modalidade de testamento militar, assemelhado ao cerrado. E no art. 1.896, possibilita o legislador o testamento militar nuncupativo, oral. O testamento deste art. 1.893 é lavrado pelo oficial mais graduado do testador, ou, sendo o testador esse oficial, por seu substituto. Será efetuado perante duas testemunhas, elevando-se para três se o testador não puder ou não souber assinar. Se o testador estiver em tratamento em hospital, o testamento será lavrado pelo oficial de saúde ou diretor do estabelecimento.

---

**Art. 1.894. Se o testador souber escrever, poderá fazer o testamento de seu punho, contanto que o date e assine por extenso, e o apresente aberto ou cerrado, na presença de duas testemunhas ao auditor, ou ao oficial de patente, que lhe faça as vezes neste mister.**

**Parágrafo único. O auditor, ou o oficial a quem o testamento se apresente notará, em qualquer parte dele, lugar, dia, mês e ano, em que lhe for apresentado, nota esta que será assinada por ele e pelas testemunhas.**

---

O artigo faculta a utilização de testamento militar assemelhado ao testamento cerrado. O testador deverá escrevê-lo de próprio punho, datando-o e assinando-o por extenso. Em seguida, apresenta-o, aberto ou cerrado, na presença de duas testemunhas, ao auditor, ou ao oficial de patente que o substituir. O auditor ou oficial anotará no testamento o lugar e data em que lhe foi apresentado, nota subscrita por ele e pelas testemunhas, servindo como o auto de aprovação do testamento cerrado. Não há previsão, tal como ocorre no testamento marítimo ou aeronáutico, de que o testamento fique sob a guarda de autoridade administrativa (art. 1.890).

---

**Art. 1.895. Caduca o testamento militar, desde que, depois dele, o testador esteja, noventa dias seguidos, em lugar onde possa testar na forma ordinária, salvo se esse testamento apresentar as solenidades prescritas no parágrafo único do artigo antecedente.**

---

Os testamentos especiais são autorizados em circunstâncias excepcionais, quando o testador não pode recorrer ao tabelião para realizar testamento público ou aprovar o cerrado. Por essa razão, em regra, cessadas essas circunstâncias, a validade do testamento excepcional perdura por prazo fixado em lei, no qual o testador poderá substituí-lo por testamento ordinário. O art. 1.895 estabelece que os testamentos militares caducam em noventa dias seguidos (o art. 1.662 do CC/1916 previa prazo de três meses), contados do momento em que o testador se encontre em lugar onde possa testar na forma ordinária.

Quebrando a regra da transitoriedade dos testamentos especiais, a parte final do artigo prevê exceção, de testamento militar não sujeito a prazo de caducidade. É a hipótese do testamento do art. 1.894 e seu parágrafo único, similar ao cerrado, no qual aposta nota pelo auditor ou oficial militar, subscrita por duas testemunhas. A doutrina, de modo geral, critica essa exceção à transitoriedade dos testamentos especiais, reputando-a sem razão de ser.

---

**Art. 1.896. As pessoas designadas no art. 1.893, estando empenhadas em combate, ou feridas, podem testar oralmente, confiando a sua última vontade a duas testemunhas.**

**Parágrafo único. Não terá efeito o testamento se o testador não morrer na guerra ou convalescer do ferimento.**

---

O artigo prevê o testamento ***nuncupativo***, oral, não reduzido a escrito, permitido na excepcional circunstância de ser efetuado por quem está empenhado em combate ou ferido, durante campanha militar, e, por essas peculiaridades, não tem como se valer da forma escrita. Presentes esses requisitos, poderá testar oralmente, perante duas testemunhas.

A ***eficácia*** desse testamento está sujeita a um requisito posterior a sua feitura: o testador morrer na guerra ou não sobreviver ao ferimento. Sobrevivendo, o testamento oral perde a eficácia. Por questão de ***equidade***, deve ser preservada a eficácia, se, embora sobrevivendo, o testador, por causa de ferimentos, por exemplo, perder totalmente a capacidade de se exprimir.

O conhecimento das disposições testamentárias, nesse caso, depende do relato das testemunhas, em procedimento de ***confirmação judicial***, idêntico ao do testamento particular (art. 737, § 2º, do CPC). Sobre esse procedimento, confiram-se os comentários ao art. 1.877. Pela natureza do testamento nuncupativo, as duas testemunhas deverão estar presentes para confirmá-lo, não bastando somente uma o fazer. As testemunhas deverão estar de acordo quanto às disposições testamentárias, sem contradições.

O testamento nuncupativo é criticado com veemência, por não atender a mínimos requisitos de segurança jurídica, pois, morto o testador, e não havendo nenhum registro escrito de sua manifestação de vontade, nenhuma assinatura dele, há grande risco de fraude pelo conluio de duas testemunhas.

**Jurisprudência:** Sucessões. Testamento nuncupativo. Inexistência dos pressupostos legais. Suposto autor da herança não estava a serviço das Forças Armadas em campanha, dentro do País ou fora dele, em praça sitiada, ou que estava com comunicações interrompidas, tampouco estava empenhado em combate ou ferido. Sentença de extinção, com fulcro no art. 295, I, e parágrafo único, III, do CPC [respectivamente, art. 330, I, e sem correspondente no CPC/2015]. Recurso da autora improvido. (TJSP, Ap. n. 9175314-89.2009.8.26.0000, rel. Des. Flavio Abramovici, j. 03.09.2013)

## CAPÍTULO VI
## DAS DISPOSIÇÕES TESTAMENTÁRIAS

**Art. 1.897. A nomeação de herdeiro, ou legatário, pode fazer-se pura e simplesmente, sob condição, para certo fim ou modo, ou por certo motivo.**

**Disposições testamentárias:** neste capítulo, o legislador passa a disciplinar o conteúdo dos testamentos, não mais a forma, mesclando regras ***permissivas***, ***proibitivas*** e ***interpretativas***.

**Herdeiro e legatário:** o art. 1.897 contém regra permissiva e trata da instituição de herdeiro ou legatário. Herdeiro é aquele que herda a título universal, isto é, toda ou parte ideal da herança. O legatário, em contrapartida, herda a título singular, um ou mais bens determinados.

**Instituição pura e simples:** o artigo permite que a instituição, além de pura e simples, possa também ser feita sob condição, para certo fim ou modo, ou por certo motivo. A instituição ***pura e simples*** não exige o preenchimento de nenhum requisito, não impõe nenhuma obrigação ou encargo, nem é feita em razão de certo motivo.

**Sob condição:** a instituição sob ***condição*** torna a disposição testamentária subordinada a evento futuro e incerto (art. 121). A condição pode ser ***suspensiva*** ou ***resolutiva*** (arts. 125 a 130). Sendo ***suspensiva***, a disposição testamentária não produz efeito enquanto não ocorrer a condição. Enquanto não implementada, o herdeiro ou legatário tem mero direito eventual não deferido, direito não adquirido (art. 125). Pode, como titular desse direito eventual, praticar tão somente atos destinados a conservá-lo (art. 130). É possível, assim, por exemplo, subordinar o legado de um imóvel à condição do legatário se formar em determinado curso universitário. Enquanto não ocorrer esse evento futuro e incerto, o legatário terá mero direito eventual, podendo praticar somente atos conservativos. No momento em que concluir o curso universitário, adquire o bem objeto do legado e cessa o direito daquele que, até então, era seu titular.

Se o beneficiário morre antes do implemento da condição, a disposição testamentária ***caduca***, pois o direito hereditário não tinha sido adquirido (art. 125), e, por isso, não se transmite com a morte do herdeiro ou legatário aos herdeiros deles. No exemplo, se o legatário morre antes de concluir o curso universitário, a disposição testamentária caduca; seus sucessores não recebem o direito eventual.

É importante salientar ser essa solução, na sucessão *causa mortis*, distinta do que ocorre nos negócios *inter vivos*, pois, nestes, a morte do titular de direito condicional acarreta a transmissão do direito a seus herdeiros, de modo que, ocorrendo a condição após a morte do beneficiário, os herdeiros deste poderão reclamar o bem.

Se a condição for ***resolutiva***, o beneficiário recebe o bem, mas a disposição testamentária se extingue sobrevindo a condição.

Diverge a doutrina se consumada a condição, suspensiva ou resolutiva, ela retroage (confira-se o panorama apresentado por AMARAL, Francisco. *Direito civil* – introdução, 5. ed. Rio de Janeiro, Renovar, 2003, p. 488-9). Apesar da controvérsia, em termos práticos, há concordância quanto ao fato de, enquanto pendente a condição, os atos de disposição do bem serem ineficazes, nos termos dos arts. 126 e 1.359, mas aquele que teve o direito resolvido não está obrigado a restituir os frutos e rendimentos recebidos até a ocorrência da condição (cf. VELOSO, Zeno. *Comentários ao Código Civil*. São Paulo, Saraiva, 2003, v. XXI, p. 196). Para garantia de que receberão os bens quando se operar a condição resolutiva, os herdeiros legítimos podem exigir do herdeiro testamentário ou legatário a *caução muciana*.

Parte da doutrina afirma que a invalidade estabelecida no art. 123 (do negócio jurídico sujeito a condições física ou juridicamente impossíveis quando suspensivas, ilícitas ou contraditórias) se aplica à sucessão testamentária, pois, segundo se argumenta, não há norma expressa autorizando tratamento diferenciado na sucessão *causa mortis*. Adotado esse entendimento, a condição assim viciada torna a disposição testamentária totalmente inválida: o herdeiro ou legatário nada recebem.

Em contraposição, baseados em distinção que se fazia no Direito romano, Caio Mário da Silva Pereira (*Instituições de direito civil*, 15. ed. Rio de Janeiro, Forense, 2004, v. VI, p. 262) e Orlando Gomes (*Sucessões*, 12. ed. Rio de Janeiro, Forense, 2004, p. 154) sustentam que, nesse caso, considera-se inválida a condição, não a disposição testamentária à qual foi aposta, de modo que a deixa vale como se fosse pura e simples. Essa orientação parece ser a mais acertada: no caso de testamento, há o princípio peculiar de, quando possível, preservá-lo, pois, aberta a sucessão, não há mais como emendá-lo. Por conta disso, segundo essa orientação doutrinária, deve-se, ao contrário do que ocorre nos negócios *inter vivos*, manter a disposição testamentária, descartando-se a condição, no pressuposto de que, apesar da condição, o intuito maior do testador era contemplar o herdeiro designado ou o legatário.

Quanto à disposição testamentária subordinada a *termo*, vedada, é tratada no artigo seguinte, o art. 1.898.

**Para certo fim ou modo:** a disposição testamentária pode também ser feita sob encargo, obrigação acessória imposta ao herdeiro ou legatário. No caso de encargo, o herdeiro ou legatário adquire o bem desde a abertura da sucessão, salvo se o encargo for imposto sob condição suspensiva, tal como dispõe o art. 136. Essa aquisição desde a abertura da sucessão é o que difere o encargo da condição suspensiva. Se o encargo for ilícito ou impossível, considera-se não escrito, e a disposição vale como pura e simples.

Segundo parte da doutrina, a disposição testamentária pode ser revogada se não cumprido o encargo, invocando-se por similitude a norma do art. 562, segundo a qual a doação onerosa pode ser revogada se não cumprido o encargo. Outra corrente doutrinária, à qual se filiam Orlando Gomes (op. cit., p. 158) e Caio Mário da Silva Pereira (op. cit., p. 263), defende o não cabimento da revogação pelo descumprimento do encargo, possível somente a exigência do cumprimento da obrigação e, não havendo êxito, o reclamo de perdas e danos. A revogação só é possível, segundo essa corrente, excepcionalmente, se o testador a tiver previsto de maneira expressa no testamento como sanção pelo descumprimento do encargo. Argumenta-se que, no caso do art. 562, segundo sua expressa previsão, a revogação da doação onerosa por descumprimento do encargo só pode ser postulada pelo próprio doador. No caso do testamento, só seria possível por determinação do testador e, portanto, se prevista por ele no testamento. Essa segunda solução parece ser mais coerente, pois, descumprido o encargo, a se permitir a revogação a pedido de qualquer interessado, surgirão dois interesses em conflito, inconciliáveis: o do interessado na revogação, provavelmente quem se beneficiará com a revogação da disposição testamentária, e a do credor do encargo, interessado em manter a disposição testamentária e exigir o cumprimento da obrigação pelo herdeiro ou legatário.

**Por certo motivo:** por fim, o testador, caso queira, poderá indicar o motivo da disposição testamentária. Se o fizer e o motivo tiver sido expresso como a razão determinante da disposição testamentária, há a possibilidade da anulação desta se for provada a falsidade do motivo, como estabelece o art. 140. Exemplo muitas vezes citado é o da disposição em favor de alguém que teria salvado a vida do testador, declarada essa motivação no testamento, apurando-se, após a abertura da sucessão, que o favorecido, na verdade, assim não agiu, ou seja, não salvou a vida do *de cujus*. Nesse caso, evidenciado que, se o testador soubesse da verdade, não teria feito a disposição, esta pode ser anulada por erro. Se o erro se der em relação à identidade da pessoa (no exemplo, o testador beneficia uma pessoa, supondo ser quem o salvou, quando na verdade é outra), a disposição é válida, mas deve favorecer aquele de que se cogitou (o verdadeiro salvador), sendo possível identificá-lo, como estabelecem os arts. 142 e 1.903.

**Jurisprudência:** Apelação cível. Sucessões. Ação anulatória de testamento. Revogação de testamento. Descumprimento de encargo pelo legatário. Inocorrência. Sentença de improcedência mantida. É lícita a sucessão testamentária sujeita a encargo onerando o beneficiário da disposição, cujo descumprimento acarretará a revogação do benefício e, por consequência, a devolução do quinhão ou coisa para o espólio, nos termos dos arts. 136, 137, 553, 555, 562, 1.897 e 1.938 do CC. O ônus de demonstrar o descumprimento do encargo pelo legatário é de quem alega o descumprimento. Hipótese em que o beneficiário procurou dar atendimento às expectativas do testador com a instituição da cláusula modal, só não conseguindo se desincumbir a contento do cumprimento do encargo de prestar assistência vitalícia à autora/recorrente pela resistência pessoal da própria autora/recorrente, impondo-se a manutenção da sentença de improcedência da ação anulatória de testamento público. Precedentes do TJRS. Apelação desprovida. (TJRS, AC n. 50005500620168210060/Panambi, rel. Carlos Eduardo Zietlow Duro, 7ª Câm. Cível, j. 13.06.2023, publ. 13.06.2023)

---

**Art. 1.898. A designação do tempo em que deva começar ou cessar o direito do herdeiro, salvo nas disposições fideicomissárias, ter-se-á por não escrita.**

---

De redação idêntica a seu similar do CC/1916, o artigo veda a instituição de herdeiro a termo, seja o termo inicial ou final. O testador não pode estabelecer, portanto, que a disposição em favor do herdeiro só será implementada a partir de determinada data, posterior à abertura da sucessão, ou que cessará sobrevindo certa data. A disposição é criticada pela doutrina, por ser incoerente vedar a instituição de herdeiro a termo, quando o artigo anterior permite que o testador possa subordiná-la a condição suspensiva ou resolutiva. Em caso de violação ao artigo sob comentário, considera-se não escrito o termo ao qual está subordinada a disposição, valendo esta, portanto, como pura e simples. O artigo trata exclusivamente do herdeiro, não do legatário; em relação a este, há norma expressa (art. 1.924) permitindo instituição a termo.

**Art. 1.899. Quando a cláusula testamentária for suscetível de interpretações diferentes, prevalecerá a que melhor assegure a observância da vontade do testador.**

O art. 1.899, idêntico ao correspondente do CC/1916, contém a mais abrangente das regras ***interpretativas*** sobre os testamentos. Seu enunciado representa a particularização, no âmbito da sucessão testamentária, da disposição geral do art. 112, segundo a qual: "Nas declarações de vontade se atenderá mais à intenção nelas consubstanciada do que ao sentido literal da linguagem".

Se a cláusula testamentária se revela de clareza evidente, sem dubiedades e em conformidade com o contexto do testamento, será aplicada segundo sua redação literal. A redação, no entanto, pode não ser precisa, a demandar atividade de apuração da efetiva vontade do testador. Nessa análise, incumbe ao intérprete apurar a presumida vontade do testador, extraída de elementos do próprio testamento, pois é por meio do testamento que deve ser expressa a manifestação de última vontade.

Excepcionalmente, se o testamento for insuficiente para dirimir a dúvida, faculta-se a consulta a ***elementos exteriores***, como outros documentos ou fatos inequívocos. Essa possibilidade excepcional, de análise de informações extrínsecas, é admitida expressamente pelo legislador, no art. 1.903, quando há erro na designação da pessoa do herdeiro, legatário ou coisa legada, para superação desse erro.

Zeno Veloso considera, ainda que em caráter excepcional, a cautelosa consulta a elementos extrínsecos admissível em qualquer hipótese, de modo que a exceção do art. 1.903 não seria taxativa (*Comentários ao Código Civil*. São Paulo, Saraiva, 2003, v. XXI, p. 214).

Todos concordam não se poder, com base em elementos extrínsecos, construir a vontade do testador. Ela deve emanar do testamento. A atividade interpretativa é meramente complementar da apuração da efetiva vontade expressada no testamento. Se, realizada essa atividade interpretativa, permanecer a dubiedade, a disposição testamentária será ineficaz.

Ainda quanto ao tema da apuração da vontade do testador, a doutrina, de modo geral, observa que a ***linguagem*** do testamento deve ser analisada em seu sentido usual e não técnico-jurídico; e que, ao buscar sua compreensão, devem ser analisadas as condições pessoais do testador, seu nível cultural e social, sua idade quando testou, a época e o lugar do testamento, o modo como se expressava etc.

Como mencionado no comentário ao art. 1.897, o presente capítulo "Das Disposições Testamentárias" mescla regras ***permissivas***, ***proibitivas*** e ***interpretativas***. O art. 1.899 é o primeiro e mais abrangente a tratar de regras ***interpretativas***. Os demais da mesma natureza, a cuidar de situações especiais, são os seguintes: 1.902 e 1.904 a 1.908. Há, ainda, outras normas esparsas fora desse capítulo, a especificar como se deve interpretar o alcance de legados e outras disposições testamentárias.

Além dessas regras legais expressas, a doutrina costuma enumerar inúmeras situações especiais de perplexidade, apontando soluções que servem de auxílio ao intérprete (relação sempre mencionada é a de OLIVEIRA, Itabaiana de. *Tratado de direito das sucessões*. Rio de Janeiro, Freitas Bastos, 1957; confira-se, também, a compilação de: SANTOS, J. M. de Carvalho. *Código Civil brasileiro interpretado*, 7. ed. Rio de Janeiro, Freitas Bastos, 1962, v. XXIII).

**Jurisprudência:** [...] Testamento público que previa ao legatário um veículo, três apartamentos e "90% dos valores que possuir por ocasião de seu falecimento". Cláusula que exemplificava os valores com diversas espécies de aplicações financeiras, como depósito em conta bancária, caderneta de poupança e fundos de investimento. Menção a "etc." na cláusula que não justifica a extensão do âmbito do legado a créditos judiciais, à luz da interpretação sistemática. Ademais, testamento minucioso e tecnicamente preciso e existência das ações à época de sua confecção que indicam que, caso fosse a vontade da testadora, tais créditos seriam expressamente atribuídos ao legatário. Declaração assinada da testamenteira que não implica por si só a real vontade subjetiva da falecida, desprovida de outros elementos de corroboração. Decisão mantida. Recurso desprovido. (TJSP, AI n. 2274965-91.2024.8.26.0000, rel. Angela Moreno Pacheco de Rezende Lopes, j. 08.10.2024)

Agravo de instrumento. Testamento. Falecida que legou todas as quantias existentes em contas bancárias a diversas instituições filantrópicas. Valores investidos em previdência privada que também devem ser partilhados proporcionalmente pelas legatárias. Interpretação que assegura a real vontade da testadora. Inteligência do art. 1.899 do CC. Precedentes do Col. STJ. Decisão reformada. Agravo provido. (TJSP, AI n. 2074340-41.2024.8.26.0000, rel. Carlos Castilho Aguiar França, j. 03.06.2024)

Agravo de instrumento. Inventário. Decisão que consignou a partilha de todos os bens titularizados pelo *de cujus* no momento da abertura da sucessão da forma prevista na disposição testamentária, mesmo aqueles não expressamente listados nela. Inconformismo. Descabimento. Testamento deixado pelo *de cujus* com manifestação de vontade expressa pela disposição de toda parte disponível em favor da companheira, com intenção de ampará-la após seu falecimento. Bens não incluídos no testamento. Partilha de tais bens na forma prevista na disposição testamentária. Forma que melhor assegura a observância da vontade do testador (art. 1.899, CC). Decisão mantida. Recurso não provido. (TJSP, AI n. 2215271-31.2023.8.26.0000, rel. Pedro de Alcântara da Silva Leme Filho, j. 08.11.2023)

Agravo de instrumento. Inventário. Decisão que indefere a colação de crédito previdenciário de titularidade do *de cujus*, oriundo de ação judicial, bem como a pesquisa de bens em seu nome. Inconformismo. Acolhimento. Valores não recebidos em vida que devem ser pagos prioritariamente aos dependentes habilitados à pensão por morte (art. 112 da Lei n. 8.213/91). Hipótese, contudo, em que o falecido estabeleceu, livremente, em testamento, que a parte disponível de todos os seus bens, inclusive créditos, deveria ser partilhada entre os herdeiros necessários, em frações iguais. Princípio da vontade soberana do testador que deve prevalecer (art. 1.899 do CC). Pesquisa via Sisbajud que não fere o direito material da viúva e dos demais herdeiros. Admissibilidade, notadamente porque pode trazer resultado positivo à realidade bancária-financeira-econômica à ocasião do óbito. Decisão reformada. Agravo provido. (TJSP, AI n. 2136896-84.2021.8.26.0000, rel. Rômolo Russo, j. 27.01.2022)

Nos termos do art. 1.899 do CC, "quando a cláusula testamentária for suscetível de interpretações diferentes, prevalecerá a que melhor assegure a observância da vontade do testador". Hipótese na qual o *de cujus* afirmou, por meio de testamento, que tinha a intenção de assegurar ao filho e esposa a sobrevivência por meio dos frutos produzidos pelo bem. Dessa forma, a inclusão dos frutos do imóvel rural, do maquinário e dos animais que geram renda no monte a ser partilhado, a princípio, aparenta ser contrária a intenção do testador e ao fim por ele almejado. (TJMG, AI n. 1.0696.04.007725-2/001, rel. Alberto Vilas Boas, j. 16.04.2019)

Agravo de instrumento. Inventário com testamento. Deferida habilitação de herdeiros colaterais para sucessão legítima de bens adquiridos posteriormente ao testamento. Inconformismo. Alegação de que o testamento instituiu sobrinhos como herdeiros universais. Aplicação do art. 1.899 do CC. Princípio da *voluntas spectanda*. É preciso atingir a *mens testantes*. Deve prevalecer a vontade real e não a vontade declarada. Em que pese o testador ter arrolado os sobrinhos e instituí-los como herdeiros universais, nos dizeres do testamento, o fez para os bens que também, e inclusive, arrolou no testamento. Tendo herdado bens posteriores, e não dispondo nada sobre eles, acabaram por entrar, então, na ordem de sucessão prevista no art. 1.829, IV, do CC. Aplicação do art. 1.906 do CC, que é uma reprodução do art. 1.788 do CC. Os bens não absorvidos na sucessão testamentária pertencerão aos herdeiros legítimos, segundo ordem de vocação hereditária. Há elementos que estão a indicar que na realidade as pessoas beneficiadas no testamento não o foram na qualidade de herdeiros universais. A instituição de herdeiros universais ocorreria se pura e simplesmente o testador estabelecesse que estava nomeando aquelas pessoas como herdeiros ou herdeiros universais, mesmo sem fazer referência a bens, o que não ocorreu. Decisão mantida. Recurso desprovido. (TJSP, AI n. 0143075-20.2011.8.26.0000, rel. Des. Ribeiro da Silva, j. 07.12.2011)

Sucessão hereditária. Testamento. Imposição de cláusulas restritivas de inalienabilidade e impenhorabilidade sobre a legítima dos herdeiros necessários, na vigência do CC/1916. Óbito ocorrido na vigência da lei anterior. Interpretação do alcance da cláusula e da vontade do testador. Termo "legítima" com significado técnico-jurídico. Testamento público lavrado por tabelião que certamente conhecia a distinção entre legítimas e quinhões cabentes aos herdeiros necessários. Cláusulas restritivas que não devem receber interpretação extensiva. Recurso provido, para limitar as cláusulas restritivas à metade dos quinhões, que compõem as legítimas, liberando a parte disponível. (TJSP, Ap. n. 372.941.4/8-00, rel. Des. Francisco Loureiro, j. 29.03.2007)

Inventário. Testamento, interpretação de cláusula. Vontade do testador. 1 – Se o autor da herança era viúvo, não tinha herdeiros necessários e dispôs da totalidade dos seus bens em testamento, ressalvando inclusive a hipótese de estar viúvo na data da abertura da sucessão, não havia razão para que fosse reduzida a participação patrimonial dos legatários pela metade, devendo ser cumprida a vontade do testador. 2 – Parece claro que o testador, ao dispor sobre a metade dos seus bens em favor dos legatários, estava se referindo à totalidade do que lhe pertencia, já que meeiro do patrimônio comum do casal, tendo o cuidado de enfatizar que não tinha herdeiros necessários. Assim, ele deixava a sua parte para os legatários e, se sua esposa morresse antes, ele, por igual, mantinha a disposição testamentária. 3 – Não fosse essa a vontade do falecido a ressalva seria vazia, devendo ser interpretada a cláusula testamentária de forma a buscar aquela que melhor assegure a observância da vontade do testador. Interpretação do art. 1.899 do CC. Recurso provido. (TJRS, Ap. n. 70.015.026.446, rel. Des. Sérgio Fernando de Vasconcellos Chaves, j. 16.08.2006)

**Art. 1.900. É nula a disposição:**

**I – que institua herdeiro ou legatário sob a condição captatória de que este disponha, também por testamento, em benefício do testador, ou de terceiro;**

**II – que se refira a pessoa incerta, cuja identidade não se possa averiguar;**

**III – que favoreça a pessoa incerta, cometendo a determinação de sua identidade a terceiro;**

**IV – que deixe a arbítrio do herdeiro, ou de outrem, fixar o valor do legado;**

**V – que favoreça as pessoas a que se referem os arts. 1.801 e 1.802.**

Ao relacionar hipóteses de nulidade de disposições testamentárias, o art. 1.900 reproduz o art. 1.667 do CC/1916, acrescentando-lhe o inciso V.

Pela hipótese do inciso I, o testador não pode condicionar disposição testamentária ao fato de herdeiro ou legatário vir a beneficiá-lo, ou a terceiro, em seus próprios testamentos. A razão da proibição é evitar que disposição dessa natureza tolha a liberdade do herdeiro ou legatário ao efetuarem seus testamentos.

A nulidade na hipótese do inciso II é intuitiva e nem precisaria constar de norma expressa, pois, se o beneficiário é incerto e não há como apurar sua identidade, a disposição não tem como ser cumprida.

No caso do inciso III, proíbe-se que terceiro determine a identidade do herdeiro ou legatário, pois isso violaria o princípio essencial do testamento de ser ato personalíssimo (cf. art. 1.858). Essa mesma razão explica a vedação do inciso IV, a proibição do testador delegar a terceiro a fixação da extensão do valor do legado.

Por fim, o inciso V, introduzido no atual CC, tem mero caráter remissivo, pois a nulidade emana diretamente do que dispõem os referidos arts. 1.801 e 1.802.

**Jurisprudência:** [...] Nulidade da cláusula testamentária que se refira a pessoa incerta, cuja identidade não se possa averiguar. Caso em que o testador, já falecido, estabeleceu em seu testamento, cerrado, que "todos os bens serão administrados por todos os funcionários, da empresa, com contrato de trabalho". Não individualizados os efetivos beneficiários do testamento, ficando a critério de grupo diretivo da empresa do falecido, a escolha das pessoas que poderiam fazer jus ao gozo do patrimônio em questão, seriam somente para aqueles que continuassem na empresa, isto é, que não se desligassem voluntariamente da empresa ou não fossem demitidos pelo conselho diretivo criado, o que revela a incerteza dos legatários, consoante bem definido na sentença ao declarar válido o testamento cerrado, mas inexequíveis as cláusulas testamentárias relativas à propriedade dos bens. Diante da observância da disposição do art. 1.900, II, do CCB ("É nula a disposição: [...] II – que se refira a pessoa incerta, cuja identidade não se possa averiguar"), com efeito, há que se concluir pela inexequibilidade da cláusula testamentária, como bem procedido na sentença atacada. Apelos desprovidos. (TJRS, Ap. n. 50010758320088210022/Pelotas, 7ª Câm. Cível, rel. Carlos Eduardo Zietlow Duro, j. 21.03.2023, publ. 21.03.2023)

Testamento. Nulidade. Disposição testamentária que se refere a pessoa incerta, cuja identidade não se pode averiguar (art. 1.900, II, do CC). Tratando-se de nulidade de negócio jurídico, pode ser pronunciada de ofício pelo juiz (art. 168, parágrafo único, do CC). Decisão que deve ser mantida. Agravo de instrumento improvido. (TJSP, AI n. 6.017.174.900, rel. Des. Paulo Eduardo Razuk, j. 17.02.2009)

**Art. 1.901. Valerá a disposição:**

**I – em favor de pessoa incerta que deva ser determinada por terceiro, dentre duas ou mais pessoas mencionadas pelo testador, ou pertencentes a uma família, ou a um corpo coletivo, ou a um estabelecimento por ele designado;**

**II – em remuneração de serviços prestados ao testador, por ocasião da moléstia de que faleceu, ainda que fique ao arbítrio do herdeiro ou de outrem determinar o valor do legado.**

O inciso I estabelece exceção à regra do art. 1.900, III, segundo a qual é nula a disposição em favor de pessoa incerta, incumbindo-se a terceiro a determinação de sua identidade. Há nulidade, nessa hipótese, porque a determinação do beneficiário fica inteiramente ao arbítrio do terceiro, violando-se o princípio de ser o testamento ato personalíssimo. No inciso I do art. 1.901, reconhece-se a validade da cláusula, pois, nesse caso, o testador define um universo restrito de pessoas, sobre o qual recairá a escolha do terceiro. A escolha será feita pelo terceiro dentre duas ou mais pessoas expressamente indicadas pelo testador, ou dentre as pessoas da mesma família, ou sobre alguém pertencente a um corpo coletivo ou estabelecimento designado pelo testador. Trata-se, ainda assim, de exceção ao princípio de o testamento ser ato personalíssimo.

Zeno Veloso observa ser possível o terceiro recusar-se a escolher, ou morrer antes do testador, ou se tornar incapaz, sugerindo, como solução, à falta de norma expressa, que a escolha seja feita pelo juiz, aplicando por analogia o disposto no art. 1.930 (*Comentários ao Código Civil*. São Paulo, Saraiva, 2003, v. XXI, p. 227). Respeitado esse entendimento, parece melhor adotar, por equidade, a solução do CC alemão, mencionada pelo mesmo jurista: considerar os beneficiários indicados como credores solidários, pois, na hipótese do art. 1.930, o juiz deverá observar, no legado de gênero, o meio-termo entre os congêneres de melhor e pior qualidade, o que não é possível fazer quando se trata da escolha entre pessoas designadas.

O inciso II, por sua vez, é exceção ao disposto no inciso IV do art. 1.900. Segundo este último, não pode o testador delegar a terceiro a fixação da extensão do valor do legado. Nesse caso, o terceiro, por delegação, estabeleceria arbitrariamente o montante do legado e, por extensão, o alcance do prejuízo de herdeiros legítimos e testamentários, praticando, assim, ato de atribuição exclusiva do testador. No inciso II do art. 1.901, a situação é diversa. No caso de remuneração de serviços prestados por ocasião da moléstia de que faleceu, o testador pode não ter como aquilatar precisamente a remuneração adequada, por não saber exatamente qual sua sobrevida e quais os serviços que ainda lhe serão prestados. Por essa razão se autoriza a terceiro, indicado pelo testador, arbitrar o valor necessário a adequada remuneração daquele que prestou esses serviços. O terceiro não poderá escolher qualquer valor, mas um que seja compatível, razoável, com os serviços prestados. Caso haja imoderação ou excessiva modéstia, o arbitramento fica sujeito ao crivo judicial.

---

**Art. 1.902. A disposição geral em favor dos pobres, dos estabelecimentos particulares de caridade, ou dos de assistência pública, entender-se-á relativa aos pobres do lugar do domicílio do testador ao tempo de sua morte, ou dos estabelecimentos aí sitos, salvo se manifestamente constar que tinha em mente beneficiar os de outra localidade.**

**Parágrafo único. Nos casos deste artigo, as instituições particulares preferirão sempre às públicas.**

---

Trata-se de regra ***interpretativa***, pela qual, havendo disposição genérica em favor dos pobres, ou de estabelecimentos de caridade, particulares ou públicos, sem outras especificações, a disposição beneficiará os pobres ou estabelecimentos do lugar do domicílio do testador ao tempo de sua morte. Há possibilidade de, pelo contexto do testamento – ou, não sendo possível, utilizando-se de provas extrínsecas ao testamento (cf. comentário ao art. 1.899) –, apurar que o testador pretendia beneficiar os pobres ou estabelecimentos de outra localidade, hipótese na qual essa vontade, obviamente, prevalecerá. Por fim, não explicitando se deverão ser beneficiadas instituições particulares ou públicas, a deixa caberá às primeiras, presumidas pelo legislador como mais necessitadas.

---

**Art. 1.903. O erro na designação da pessoa do herdeiro, do legatário, ou da coisa legada anula a disposição, salvo se, pelo contexto do testamento, por outros documentos, ou por fatos inequívocos, se puder identificar a pessoa ou coisa a que o testador queria referir-se.**

---

Demonstrado que o testador incidiu em ***erro*** ao designar herdeiro ou legatário, ou ao indicar a coisa legada, a disposição é anulável. No exemplo apresentado no comentário ao art. 1.897, o testador designa determinado herdeiro, salientando o fazer por ser a pessoa que, em certa ocasião, salvou-lhe a vida. Provado não ser o salvador, na verdade, a pessoa indicada, há erro que autoriza a anulação da deixa. Se for possível identificar a pessoa que efetivamente salvou a vida do testador, esta será a beneficiada. Essa identificação deve ocorrer pela análise do contexto do testamento, de outros documentos ou por fatos inequívocos. Ocorrendo a identificação, a disposição sobrevive, em consonância com a disposição genérica a respeito, do art. 142.

**Jurisprudência:** Testamento particular. Codicilo. Fita de VHS descrevendo os bens. Documento tido como imprestável pelo juízo. Descabimento, uma vez que, sem substituir os atos de última vontade, pode funcionar como documento de interpretação complementar a eles. Agravo retido provido. (TJSP, Ap. Cível n. 3.759.254.700, rel. Des. Joaquim Garcia, j. 11.02.2009)

---

**Art. 1.904. Se o testamento nomear dois ou mais herdeiros, sem discriminar a parte de cada um, partilhar-se-á por igual, entre todos, a porção disponível do testador.**

---

Cuida-se de mais uma norma *interpretativa* dos testamentos. Ela trata da designação de herdeiros, não legatários. Relembre-se que os herdeiros herdam a título universal toda ou fração ideal da herança; os legatários herdam a título singular um ou mais bens determinados. Segundo o artigo, havendo designação de dois ou mais herdeiros, a herança será partilhada entre eles em frações iguais. Se houver herdeiros necessários, a partilha, entre os herdeiros testamentários, será restrita a porção disponível. Se não houver, a partilha abrange toda a herança.

**Art. 1.905. Se o testador nomear certos herdeiros individualmente e outros coletivamente, a herança será dividida em tantas quotas quantos forem os indivíduos e os grupos designados.**

Trata-se de mais uma regra *interpretativa*, para a hipótese de o testador designar alguns herdeiros individualmente e outros coletivamente, sem discriminar a fração de cada indivíduo e grupos. A herança, nesse caso, será dividida em cotas iguais, considerado cada grupo designado como se fosse um herdeiro. Assim, por exemplo, se o testador determina, sem especificar frações, que serão seus herdeiros João, José e o grupo de seus sobrinhos, a herança será dividida em três partes iguais, uma delas cabendo aos sobrinhos do testador, não importando quantos sejam. Os sobrinhos, neste exemplo, herdam por estirpe.

**Art. 1.906. Se forem determinadas as quotas de cada herdeiro, e não absorverem toda a herança, o remanescente pertencerá aos herdeiros legítimos, segundo a ordem da vocação hereditária.**

Essa disposição *interpretativa* é supérflua, pois, havendo cotas determinadas a cada herdeiro testamentário, que não absorvem a totalidade da herança, o remanescente, que não foi objeto de disposição de última vontade, rege-se pela sucessão legítima, como já assentado no art. 1.788. Assim, por exemplo, se o testador, com herdeiros necessários, dispõe que 20% de seu patrimônio ficarão para determinado sobrinho e outros 20% para um outro, os 10% remanescentes, que faltam para completar sua porção disponível, serão objeto de sucessão legítima.

**Art. 1.907. Se forem determinados os quinhões de uns e não os de outros herdeiros, distribuir-se-á por igual a estes últimos o que restar, depois de completas as porções hereditárias dos primeiros.**

Nesta disposição *interpretativa*, supletiva da vontade do testador, assenta-se que, se ele deixar sua herança, por exemplo, para quatro sobrinhos, estabelecendo que um deles ficará com 40% da totalidade de sua herança, sem discriminar o percentual dos outros três, a estes caberá o remanescente em partes iguais.

**Art. 1.908. Dispondo o testador que não caiba ao herdeiro instituído certo e determinado objeto, dentre os da herança, tocará ele aos herdeiros legítimos.**

O artigo faculta ao testador estabelecer que determinado bem não caberá ao herdeiro por ele instituído. Se não der outra destinação ao bem, passará a integrar, como é evidente, a parte que tocará aos herdeiros legítimos.

**Art. 1.909. São anuláveis as disposições testamentárias inquinadas de erro, dolo ou coação.**

**Parágrafo único. Extingue-se em quatro anos o direito de anular a disposição, contados de quando o interessado tiver conhecimento do vício.**

Como os negócios jurídicos em geral, os testamentos também podem ser anulados por um dos defeitos referidos no artigo. Sobre esses defeitos, confiram-se os artigos respectivos da parte geral: erro (arts. 138 a 144), dolo (arts. 145 a 150) e coação (arts. 151 a 155). O parágrafo único prevê prazo decadencial de quatro anos para ajuizamento da ação anulatória, contado da data em que o interessado na anulação tomar conhecimento do vício.

Como observado no comentário ao art. 1.859, há grave incoerência entre este parágrafo único e o prazo de cinco anos do art. 1.859, para ajuizamento da ação de nulidade de testamento, contado do registro deste. É possível o conhecimento do vício só ocorrer muitos anos após o registro do testamento, de modo que o prazo para a anulação, sanção mais branda, pode, na prática, ser mais dilatado do que o prazo para a declaração de nulidade. Por causa dessa incoerência o PL n. 699/2011 (reapresentação do PL n. 6.960/2002 e do PL n. 276/2007) propõe alteração desse parágrafo único, para que o prazo de quatro anos também inicie do registro do testamento.

**Art. 1.910. A ineficácia de uma disposição testamentária importa a das outras que, sem aquela, não teriam sido determinadas pelo testador.**

O artigo, novidade do atual Código, particulariza para o direito das sucessões o princípio geral do art. 184 (art. 153 do CC/1916), segundo o qual a invalidade parcial de um negócio jurídico não o prejudicará na parte válida, se esta for separável. Na sucessão testamentária, a ineficácia de uma disposição acarreta a invalidade das demais dela não separáveis e, também, de todas as que, sem aquela inválida, não teriam sido determinadas pelo testador. Isso significa que a interdependência entre as disposições, a ser analisada, não é simplesmente lógica, ou seja, se as demais disposições são separáveis, se podem produzir efeitos independentemente da outra inválida. Será preciso, indo além, verificar se, ainda que objetivamente separáveis, essas disposições válidas, sob a ótica subjetiva do testador, teriam sido determinadas sem a outra inválida.

**Art. 1.911. A cláusula de inalienabilidade, imposta aos bens por ato de liberalidade, implica impenhorabilidade e incomunicabilidade.**

**Parágrafo único. No caso de desapropriação de bens clausulados, ou de sua alienação, por conveniência econômica do donatário ou do herdeiro, mediante autorização judicial, o produto da venda converter-se-á em outros bens, sobre os quais incidirão as restrições apostas aos primeiros.**

Sobre as cláusulas de inalienabilidade, impenhorabilidade e incomunicabilidade, confiram-se os comentários ao art. 1.848. Como neles mencionado, na vigência do CC/1916, houve grande controvérsia sobre a inalienabilidade acarretar impenhorabilidade e incomunicabilidade. Prevaleceu a resposta positiva, assentada na Súmula n. 49 do STF. Essa orientação sumulada foi adotada no art. 1.911. Os artigos correspondentes do Código anterior não davam expressa solução ao problema. O parágrafo único do art. 1.911, por sua vez, cuida da sub-rogação do vínculo, nos casos de desapropriação ou alienação dos bens clausulados, transferindo-se as restrições das cláusulas aos bens sub-rogados. A alienação de bens gravados, para sub-rogação do vínculo, demanda autorização judicial, em procedimento de jurisdição voluntária, matéria também tratada na análise do § 2º do art. 1.848.

**Jurisprudência:** Agravo de instrumento. Cumprimento de sentença arbitral. Penhora efetuada sobre lucros e dividendos oriundos de ações de sociedade que foram gravadas com cláusula inalienabilidade em disposição testamentária. Impugnação apresentada pelo testamenteiro. Legitimidade reconhecida em decorrência da atribuição da administração durante o tempo da indisponibilidade. Possibilidade, porém, da constrição de frutos de bem inalienável e, por consequência, impenhorável (art. 1.911 do CC), à falta da indicação de outros bens para a satisfação do crédito. Inteligência do art. 834 do CPC. Transmissão imediata da posse a herdeiros necessários (*saisine*). Recurso improvido. (TJSP, AI n. 2076661-54.2021.8.26.0000, rel. Walter Exner, j. 15.03.2022)

A cláusula de inalienabilidade, imposta aos bens por ato de liberalidade, implica impenhorabilidade e incomunicabilidade. A vedação à alteração ou invalidade de cláusulas restritivas (inalienabilidade, impenhorabilidade e incomunicabilidade) e sua flexibilização surgem da necessidade de proteção patrimonial e hipóteses fáticas. Podem ser flexibilizadas as hipóteses constantes do art. 1.911 do CC, quando as cláusulas restritivas se demonstrem óbice à função social da propriedade, sendo permitido o levantamento das cláusulas de inalienabilidade, impenhorabilidade e incomunicabilidade apenas em situações excepcionais, mediante justa causa. Diante da ausência de justa causa, de situação excepcional, a afastar as cláusulas restritivas, a medida que se impõe é manter a sentença. (TJMG, Ap. n. 1.0002.18.000431-5/001, rel. Marcos Henrique Caldeira Brant, j. 03.04.2019)

[...] 1 – A exegese do *caput* do art. 1.911 do CC/2002 conduz ao entendimento de que: a) há possibilidade de imposição autônoma das cláusulas de inalienabilidade, impenhorabilidade e incomunicabilidade, a critério do doador/instituidor; b) uma vez aposto o gravame da inalienabilidade, pressupõe-se, *ex vi lege*, automaticamente, a impenhorabilidade e a incomunicabilidade; c) a inserção exclusiva da proibição de não penhorar e/ou não comunicar não gera a presunção do ônus da inalienabilidade; e d) a instituição autônoma da impenhorabilidade, por si só, não pressupõe a incomunicabilidade e vice-versa. 2 – Caso concreto: deve ser acolhida a pretensão recursal veiculada no apelo extremo para, julgando procedente o pedido inicial, autorizar o cancelamento dos gravames, considerando que não há que se falar em inalienabilidade do imóvel gravado exclusivamente com as cláusulas de impenhorabilidade e incomunicabilidade. 3 – Recurso especial provido. (STJ, REsp n. 1.155.547, rel. Min. Marco Buzzi, j. 06.11.2018)

Usucapião. Bem com cláusula de inalienabilidade. Testamento. Art. 1.676 do CC. O bem objeto de legado com cláusula de inalienabilidade pode ser usucapido. Peculiaridade do caso. Recurso não conhecido. (STJ, REsp n. 418.945, rel. Min. Ruy Rosado de Aguiar, j. 15.08.2002)

## CAPÍTULO VII
## DOS LEGADOS

### *Seção I*
### *Disposições Gerais*

**Art. 1.912. É ineficaz o legado de coisa certa que não pertença ao testador no momento da abertura da sucessão.**

A coisa certa objeto de legado passa a pertencer ao legatário no momento da abertura da sucessão, mas a posse direta só lhe será deferida após a constatação da solvência do espólio (cf. art. 1.923 e seu § 1º). Como decorrência lógica, para que possa ocorrer a transmissão da propriedade da coisa certa na abertura da sucessão, é preciso que, nessa ocasião, a coisa ainda pertença ao testador. Se este, por exemplo, após o testamento, aliena a coisa, o legado caduca (art. 1.939, II), pois, não compondo mais o patrimônio do *de cujus*, não tem como ser transmitido ao legatário.

A norma em questão, afirmando a ineficácia do legado de coisa alheia, tem relevância, segundo noticia Sílvio Rodrigues, para evitar a solução do direito romano, segundo a qual, nesse caso, o herdeiro ficava obrigado a adquirir a coisa para cumprir o legado (*Direito civil, direito das sucessões*, 25. ed. São Paulo, Saraiva, 2002, p. 199). O art. 1.678 do CC/1916 era explícito no sentido da validade de legado de coisa que, ao tempo do testamento, não pertencia ao testador, adquirida depois e ainda lhe pertencente ao tempo de sua morte. Embora o atual Código não tenha reproduzido essa norma, a solução continua válida, por ser a que mantém coerência com o sistema, pois o testamento só produz efeitos *causa mortis*, de modo que o patrimônio objeto da sucessão é o existente ao tempo de sua abertura.

**Jurisprudência:** Ação declaratória de nulidade de instrumento particular de cessão com encargos de área rural, cumulado com o cumprimento de testamento e indenização por danos morais. Improcedência em primeiro grau. Validade do ato translatício celebrado em vida pela testadora, representada por procurador legitimamente constituído, munido de poderes expressos, especiais e específicos para a alienação do imóvel. Caducidade do legado, ineficácia da disposição. Incidência dos arts. 462, 657, 661, § 1º, 1.912 e 1.939, II, do CC. Imputação de sonegação ao inventariante do espólio da cedente rejeitada em demanda anterior. Hipótese de doação universal ou inoficiosa não caracterizada. Negócio jurídico *inter vivos* de natureza distinta. Incorrência de revelia ou cerceamento de defesa. Contestação apresentada pelo litisconsorte e inutilidade do exame pericial para a avaliação do preço atual do bem sobre a autenticidade de peça não impugnada. Sentença mantida. Recurso não provido. (TJSP, AC n. 11112456320188260100/São Paulo, 9ª Câm. de Dir. Priv., rel. César Peixoto, j. 21.09.2023, publ. 21.09.2023)

Anulação de escritura de doação de bem imóvel, anteriormente objeto de legado. Ausência de prova da incapacidade da doadora, que pode dispor livremente de seus bens em vida. Não verificada violação ao art. 1.969 do CC. Doação que não revogou o testamento que continua válido, mas ineficaz. Sentença de improcedência mantida. Recurso não provido. (TJSP, Ap. n. 9175335-65.2009.8.26.0000, rel. Des. João Pazine Neto, j. 19.02.2013)

**Art. 1.913. Se o testador ordenar que o herdeiro ou legatário entregue coisa de sua propriedade a outrem, não o cumprindo ele, entender-se-á que renunciou à herança ou ao legado.**

O testador pode instituir herdeiro ou legatário sob encargo (art. 1.897). O encargo, como estabelece o art. 1.913, pode consistir na entrega de coisa, móvel ou imóvel, de propriedade do herdeiro ou legatário, a outrem. Se o herdeiro ou legatário não aceitar cumpri-lo, considera-se que renunciou à herança ou ao legado. Cumprindo-o, poderá obter ressarcimento parcial em face dos demais coerdeiros, exigindo uma cota proporcional de cada um deles, sobre o valor da coisa entregue ao beneficiário (também chamado de sublegatário), salvo se o testador expressamente vedar esse direito regressivo (art. 1.935). Se a coisa, ao tempo da abertura da sucessão, não pertence mais ao herdeiro ou legatário, o sublegado caduca, prevalecendo a herança ou o legado sem o encargo, salvo se a alienação da coisa tiver sido feita de má-fé para frustrar o intuito do testador (cf. MAXIMILIANO, Carlos. *Direito das sucessões*, 5. ed. Rio de Janeiro, Freitas Bastos, 1964, v. II, p. 307).

É importante observar que o art. 1.913 e o art. 1.935 não têm aplicação à legítima dos herdeiros necessários, pois a eles pertence de pleno direito metade dos bens da herança (art. 1.846), vedada de redução por disposição testamentária.

**Art. 1.914. Se tão somente em parte a coisa legada pertencer ao testador, ou, no caso do artigo antecedente, ao herdeiro ou ao legatário, só quanto a essa parte valerá o legado.**

A disposição é decorrência da regra do art. 1.912, que proclama a ineficácia do legado de coisa alheia. Se a coisa legada pertence só em parte ao testador na abertura da sucessão, só essa parte será transmitida ao legatário. Em relação ao remanescente, o legado é ineficaz por ser de coisa alheia. Caso se trate de encargo imposto a herdeiro ou legatário, previsto no art. 1.913, de que entreguem coisa de propriedade deles a terceiros, e a coisa só em parte lhes pertencer na abertura da sucessão, o encargo ficará restrito a essa parte.

**Art. 1.915. Se o legado for de coisa que se determine pelo gênero, será o mesmo cumprido, ainda que tal coisa não exista entre os bens deixados pelo testador.**

O artigo permite o legado de ***obrigação de dar coisa incerta***, determinável pelo gênero (art. 243). No CC/1916, o art. 1.681 limitava tal possibilidade a bens móveis. Ao suprimir essa menção, conclui-se possível legado dessa natureza tendo por objeto *imóveis*. Pode o testador, assim, estabelecer, por exemplo, que o legado consistirá em um veículo de até R$ 25 mil; ou de uma casa em determinado bairro. Sobre a forma do cumprimento dessa obrigação, confiram-se os arts. 1.929 e 1.930.

**Art. 1.916. Se o testador legar coisa sua, singularizando-a, só terá eficácia o legado se, ao tempo do seu falecimento, ela se achava entre os bens da herança; se a coisa legada existir entre os bens do testador, mas em quantidade inferior à do legado, este será eficaz apenas quanto à existente.**

O artigo é redundante, ao simplesmente repisar o que já dispõem os arts. 1.912 e 1.914, a cujos comentários remetemos o leitor.

**Art. 1.917. O legado de coisa que deva encontrar-se em determinado lugar só terá eficácia se nele for achada, salvo se removida a título transitório.**

É possível que o testador, por exemplo, institua legado do mobiliário e livros de seu escritório de advocacia. Os móveis e livros que lá não se encontrarem na abertura da sucessão não integrarão o legado. Excetua-se a remoção a título transitório, quando, seguindo-se no exemplo mencionado, há livros que foram emprestados pelo testador, para serem restituídos no mesmo lugar.

**Art. 1.918. O legado de crédito, ou de quitação de dívida, terá eficácia somente até a importância desta, ou daquele, ao tempo da morte do testador.**

**§ 1º Cumpre-se o legado, entregando o herdeiro ao legatário o título respectivo.**

**§ 2º Este legado não compreende as dívidas posteriores à data do testamento.**

O artigo trata de duas outras modalidades de legado, o de ***crédito*** e o de ***quitação de dívida***. No primeiro caso, há sub-rogação de crédito do testador, em face de alguém, ao legatário. Este recebe o crédito pelo montante pendente ao tempo da abertura da sucessão. Se tiver ocorrido quitação anterior à morte do testador, o legado se frustra pela perda do objeto, salvo se o testador deixar o valor respectivo reservado, indicando que manteve o intuito de aquinhoar com ele o legatário.

No segundo caso, o testador concede remissão de uma dívida do legatário. A remissão também se opera em face da dívida pelo valor pendente ao tempo da morte do testador. Se tiver sido quitada antes da abertura da sucessão, também fica frustrado o legado.

Nos dois casos, o cumprimento é feito mediante a entrega do título, no primeiro caso ao legatário que se sub-roga no crédito e, no segundo, ao legatário devedor.

Nos termos do § 2º, o legado de quitação de dívida não abrange as posteriores ao testamento. Presume-se, assim, que o perdão se limita às dívidas anteriores, mas não há impedimento à quitação de todas as dívidas, inclusive posteriores ao testamento, se assim o testador dispuser expressamente.

**Art. 1.919. Não o declarando expressamente o testador, não se reputará compensação da sua dívida o legado que ele faça ao credor.**

**Parágrafo único. Subsistirá integralmente o legado, se a dívida lhe foi posterior, e o testador a solveu antes de morrer.**

Segundo essa norma, se o testador contemplar com legado um credor dele, o legado não servirá para compensação da dívida do *de cujus*, a não ser que ele tenha previsto expressamente a compensação no testamento.

A regra do parágrafo único é criticada pela doutrina, por ser inútil, visto ser evidente a quitação de uma dívida pelo testador em vida não ter nenhuma relação com legado que ele manteve até sua morte. A crítica da doutrina vai além, pois o parágrafo único, em interpretação *a contrario sensu*, dá a entender que, se a dívida subsistiu até a morte do testador, deverá haver compensação entre ela e o legado. Segundo se argumenta, porém, não foi essa a intenção do legislador, pois se o testador contrai uma dívida com aquele que instituíra como seu legatário e, apesar disso, mantém o legado, presume-se não haver intenção de deixar de beneficiar o sujeito. Conforme lição de João Luiz Alves, citada por Eduardo Oliveira Leite (*Comentários ao novo Código Civil*, 3. ed. Rio de Janeiro, Forense, 2003, p. 520), o parágrafo único significa que a dívida posterior não altera o legado, nem que ela tenha sido quitada.

**Art. 1.920. O legado de alimentos abrange o sustento, a cura, o vestuário e a casa, enquanto o legatário viver, além da educação, se ele for menor.**

O legado pode consistir em ***alimentos*** em favor do legatário. Em face da norma idêntica do CC/1916, Carlos Maximiliano observava que cabe ao testador estipular o montante dos alimentos, prevalecendo sua vontade ainda que o valor seja excessivo ou deficiente, e desde que não prejudique herdeiros necessários. Não o fazendo, caberá ao juiz fixar a quantia, observando os elementos apontados no artigo, bem como o costume do testador, em vida, ao prestar alimentos ao legatário e, ainda, será preciso considerar quais são as forças da herança, pois o sucessor onerado com o pagamento desses alimentos não responde além dos limites das forças da herança. Se o testador não estabeleceu limitação temporal ou à permanência das necessidades do beneficiário, o legado será vitalício. O legado se extingue com a morte do beneficiário, devidas a seus sucessores eventuais prestações pretéritas não pagas. Se a morte é do sucessor onerado com o cumprimento desse legado, seus sucessores devem continuar a pagar os alimentos testamentários. Pela natureza alimentar, não cabe renúncia do legado de alimentos (*Direito das sucessões*, v. II, 5. ed., p. 351-6). Em dissertação de mestrado, referida no comentário ao art. 1.845, com o título "Sucessão necessária", observamos que, na doutrina e jurisprudência italianas, prevalece entendimento de que, caracterizado o intento do testador de legar alimentos, sua subsistência fica subordinada à permanência do estado de necessidade, ao contrário do que se dá quando o legado é de renda vitalícia, o qual independe da situação financeira do legatário (cf. CAPPOZZI, Guido. *Successioni e donazioni*, t. II, 3. ed., Giuffrè, p. 1.198; e BIANCA, Massimo. *Diritto civile*, v. 2, *La famiglia e le successioni*, 4. ed. Giuffrè, p. 793). Como então defendemos na análise desse tema, se o legado de alimentos, nos termos do art. 1.920, tem por finalidade suprir as referidas necessidades do alimentando, parece possível sustentar que também entre nós fica condicionado à permanência do efetivo estado de necessidade do credor, desde que evidenciada a intenção do testador de efetivamente legar alimentos e não renda vitalícia, como possibilita o art. 1.926.

**Art. 1.921. O legado de usufruto, sem fixação de tempo, entende-se deixado ao legatário por toda a sua vida.**

Outra modalidade de legado é a de ***usufruto***. Se o testador não lhe fixar limite temporal, será vitalício. Tratando-se de usufruto em favor de pessoa jurídica, extingue-se com a extinção desta, não podendo, no entanto, suplantar trinta anos (art. 1.410, III).

**Art. 1.922. Se aquele que legar um imóvel lhe ajuntar depois novas aquisições, estas, ainda que contíguas, não se compreendem no legado, salvo expressa declaração em contrário do testador.**

**Parágrafo único. Não se aplica o disposto neste artigo às benfeitorias necessárias, úteis ou voluptuárias feitas no prédio legado.**

Com mero aprimoramento na redação, foi mantida a disposição do art. 1.689 do CC/1916. O artigo trata de particularidade no ***legado de imóvel***. Se o testador adquire outros imóveis após o testamento, ainda que contíguos àquele objeto do legado, não se compreendem no legado. Essa norma, no entanto, não é aplicável ao pé da letra. Há situações nas quais o novo imóvel adquirido, contíguo ao legado, incorpora-se a este e, por consequência, é abrangido pelo legado. É o caso, por exemplo, da aquisição do terreno vizinho à casa legada, no qual se faz uma área de lazer desta, com unificação de matrícula, tornando-se um único imóvel. Nesse exemplo, o terreno, embora não previsto no testamento, será compreendido pelo legado.

O parágrafo único assegura a extensão do legado às ***benfeitorias*** que venham a ser incluídas no imóvel após o testamento, seja de que natureza forem.

O Código não trata das ***acessões*** no imóvel legado, só das benfeitorias. A doutrina tradicional aplica o princípio de a construção pertencer ao dono do terreno, sustentando, em consequência, que se, após o testamento, for edificada uma casa no terreno, a construção passa a integrar o legado. Zeno Veloso defende interessante posição, segundo a qual, se a construção for de valor consideravelmente superior ao do terreno, terá ocorrido tamanha transformação que justifica a caducidade do legado, por aplicação do art. 1.939, I, visto que o terreno teria perdido essa denominação. O ilustre jurista apresenta o exemplo da construção de um *shopping center* no terreno legado e recorda que, no Código atual, há a disposição do parágrafo único do art. 1.255, inovação em relação ao CC/1916: o construtor de boa-fé que edifica construção de valor consideravelmente superior ao do terreno, em propriedade alheia, adquire a propriedade, com obrigação de indenizar o dono, o que revela o princípio de que a acessão que se incorpora ao solo não tem mais o caráter quase que absoluto do regime do CC/1916 (*Comentários ao Código Civil*. São Paulo, Saraiva, 2003, v. XXI, p. 244-7).

## *Seção II*
## *Dos Efeitos do Legado e do seu Pagamento*

**Art. 1.923. Desde a abertura da sucessão, pertence ao legatário a coisa certa, existente no acervo, salvo se o legado estiver sob condição suspensiva.**

**§ 1º Não se defere de imediato a posse da coisa, nem nela pode o legatário entrar por autoridade própria.**

**§ 2º O legado de coisa certa existente na herança transfere também ao legatário os frutos que produzir, desde a morte do testador, exceto se dependente de condição suspensiva, ou de termo inicial.**

Segundo o art. 1.784, que consagra o *droit de saisine*, na abertura da sucessão, no momento da morte, a herança se transmite aos herdeiros, legítimos ou testamentários, que, desde esse instante, adquirem o domínio e a posse dos bens da herança. O mesmo não ocorre em relação aos legatários. Estes adquirem, na abertura da sucessão, o domínio da coisa certa existente no patrimônio do *de cujus*. A posse só lhes será transmitida após a verificação da solvência do espólio. Se for insolvente, a coisa certa objeto de legado será utilizada para pagamento dos credores do espólio.

Como observamos nos comentários ao art. 1.784, a interpretação que parece mais adequada a respeito do § 1º deste art. 1.923 é a de que não se defere de imediato ao legatário a posse direta, o direito de ter a coisa sob seu poder direto, mas, já na abertura da sucessão, recebe a posse indireta, que não pressupõe apreensão física da coisa, para que lhe seja facultada, enquanto possuidor indireto, a defesa da posse, por exemplo, por meio de ações possessórias, contra terceiro que cometa esbulho ou turbação. Esse parecer a melhor interpretação, porque, enquanto titular do domínio desde a abertura da sucessão, o legatário é o maior interessado na defesa da posse da coisa certa objeto do legado (cf. MIRANDA, Pontes de. *Tratado de direito privado, Parte Especial, Direito das Sucessões*: Sucessão testamentária. Disposições testamentárias. Herança e legados, t. LVII, 2. ed. Rio de Janeiro: Borsoi, 1969, p. 230-3).

Atente-se para o fato de que o legatário, na abertura da sucessão, adquire o domínio de coisa certa existente no acervo. Podem ocorrer situações diversas, de legado sobre coisa que não exista nos bens deixados pelo testador, como é o caso, por exemplo, do legado de coisa que se determine pelo gênero (art. 1.915) ou do legado de alimentos (art. 1.920). Nessas hipóteses, não terá aplicação a disposição do *caput* do art. 1.923. O legatário também não adquirirá o domínio na abertura da sucessão se for legado sob condição suspensiva, pois, nesse caso, só adquire o domínio com a superveniência de fato futuro e incerto. Se o legado de coisa certa estiver subordinado a termo inicial, ou seja, a evento futuro e certo, o domínio é adquirido na abertura da sucessão, mas seu exercício fica em suspenso, como expressamente estabelece o art. 131.

O § 2º do art. 1.923 estabelece que, embora ao legatário não seja transmitida a posse sobre a coisa certa desde logo, faz jus aos frutos produzidos pelo objeto do legado desde a abertura da sucessão. Isso não ocorrerá, no entanto, tratando-se de legado subordinado a condição suspensiva ou termo inicial. Também não terá direito aos frutos se isso for expressamente estabelecido pelo testador. A norma do § 2º, portanto, não é cogente, mas supletiva, de aplicação no silêncio do testador.

**Jurisprudência:** Frutos civis de imóvel urbano objeto de legado. Testamento por escritura pública cuja validade não sofreu intervenção. Não existe condição imposta para a legatária que, na forma do art. 1.923, § 2º, do CC, incorpora o bem ao seu patrimônio, com direito aos frutos. Inviabilidade de os valores permanecerem retidos. Provimento. Prejudicado o agravo interno. (TJSP, AI n. 2346521-90.2023.8.26.0000, rel. Enio Zuliani, j. 18.03.2024)

Inventário. Decisão que deferiu o pedido do inventariante para levantamento de quantia destinada a quitar dívidas e impostos. Manutenção. Processo distribuído em 2016 e que não logra encontrar seu fim simplesmente porque as obrigações do espólio não são satisfeitas. Indeferimento do redirecionamento da administração do bem legado para a legatária agravante. Posse que só deve ser transmitida após a verificação da solvência do espólio. Ausência de documentos que indicam precisamente o valor do patrimônio deixado e o total das dívidas pendentes de quitação. Recurso não provido. (TJSP, AI n. 2276573-61.2023.8.26.0000, rel. Galdino Toledo Júnior, j. 23.02.2024)

[...] Frutos produzidos pelo imóvel legado que pertencem às legatárias desde a abertura da sucessão. Inteligência do art. 1.923, § 2º, do CC. Recurso não provido. (TJSP, AI n. 0218071-52.2012.8.26.0000, rel. Walter Barone, j. 21.08.2013)

Testamento. Legado. Frutos produzidos pelo objeto do legado. Pretensão do legatário ao ressarcimento dos frutos produzidos pelo legado durante o período no qual não teve a posse dos bens. 1 – Legitimidade. Espólio. Qualquer herdeiro poderia ter tomado as providências necessárias no sentido de cumprir o legado estabelecido no testamento, o que, entretanto, não ocorreu (art. 1.934 do CC). O inventariante somente cumpriu o legado após pedido expresso do legatário nos autos do inventário. Além destes fatos, ao que tudo indica, não foi feita a partilha dos bens. Assim, com maior razão, tem o espólio legitimidade para responder à pretensão do legatário ao recebimento dos frutos do objeto do legado. 2 – Desde a abertura da sucessão, o legatário tem o domínio do objeto do legado. Entretanto, por não ter sido concedida a posse efetiva do bem logo após o falecimento do testador, tem direito ao pagamento dos frutos percebidos pelo espólio. Princípio da *saisine*. 3 – O disposto no art. 1.924, do CC, deve ser interpretado de acordo com as circunstâncias dos autos e sua aplicação não impede, no caso em exame, o recebimento dos frutos. Como dito, o objeto de legado já foi entregue ao autor. Assim, não se justifica aguardar o fim da demanda relacionada à anulação do testamento, sob pena de impedir, sem justificativa, o direito de ressarcimento do autor, direito igualmente garantido pelo art. 1.923, § 2°, do CC. Recurso do legatário provido para anular a sentença a fim de que sejam produzidas as provas a respeito dos frutos produzidos pelo legado durante o período de posse dos bens pelo espólio. Recurso adesivo do réu não provido. (TJSP, Ap. n. 0006184-32.2010.8.26.0483, rel. Des. Carlos Alberto Garbi, j. 18.08.2012)

Agravo de instrumento. Inventário. Decisão que determinou que as despesas para registro dos legados deverão ser suportadas pelos favorecidos, por serem estranhas à questão sucessória, que se encerra com a expedição do formal de partilha. Decisão mantida. Interpretação de cláusula testamentária, no sentido de que as despesas de custas e impostos devam ser suportados pelo espólio, no entanto, as despesas com transferência de domínio devem ser suportadas pelos favorecidos. Recurso improvido. (TJSP, AI n. 0453882-60.2010.8.26.0000, rel. Des. Octavio Helene, j. 15.03.2011)

Inventário. Plano de partilha. Insurgência dos legatários e da testamenteira contra sua homologação. Os legatários entendem não ser de sua responsabilidade o pagamento quer das dívidas condominiais do imóvel legado, quer do imposto de transmissão *causa mortis*. A testamenteira reclama da falta de fixação da vintena. Princípio da *saisine* aplicável apenas quanto ao domínio nos legados. Com a morte do *de cujus*, transfere-se somente a propriedade do bem aos legatários, enquanto a posse é diferida para o momento da entrega da posse direta. No caso, a transmissão da posse do imóvel aos legatários ocorreu 8 anos após a morte do *de cujus*. Legatários não são responsáveis pelo pagamento das despesas do condomínio anteriores à transmissão da posse do imóvel, pois não tinham o seu uso. Dever dos legatários de arcar com o imposto de transmissão *causa mortis*. Inteligência do art. 1.936 do CC/2002. Devida a atribuição da vintena postulada pela testamenteira, nos termos dos art. 1.987 do CC/2002 e art. 1.138 do CPC [sem correspondente no CPC/2015]. Recurso parcialmente provido. (TJSP, Ap. n. 0058229-07.2010.8.26.0000, rel. Des. Francisco Loureiro, j. 08.07.2010)

É cabível o levantamento de valores depositados em juízo, atinente a aluguéis oriundos de imóvel legado à recorrente pela falecida, conforme o disposto no art. 1.923, § 2°, do CC/02, se não há mais discussão a respeito da validade do testamento. Agravo de instrumento provido. (TJRS, AI n. 70.031.854.169, rel. Des. José Ataídes Siqueira Trindade, j. 29.09.2009)

Agravo de instrumento. Ação de inventário. Insurgência contra decisão que indeferiu pleito de levantamento de valores depositados em juízo, oriundos de legado de usufruto deixado por testamento público. Sonegação de rendas demonstradas. Frutos da coisa legada que pertencem ao legatário desde a morte do testador. Herdeiros que não podem apropriar-se dos frutos e rendimentos percebidos e cobrados. Decisão reformada. Recurso provido. (TJSP, AI n. 5.889.524.800, rel. Des. Luiz Antônio Costa, j. 22.07.2009)

Inventário. Decisão pela qual se indeferiu pedido da legatária, ora agravante, para expedição de alvará a fim de que ela celebrasse contrato de locação ou a respectiva renovação, bem como, por outro lado, se determinou houvesse depósito em Juízo pela locatária em relação a aluguéis. Inadmissibilidade. Hipótese na qual o legatário, como titular do domínio, tem direito a receber os frutos da coisa, em conformidade ao art. 1.923, § 2°, do CC. Inventariante que concorda com o recebimento direto pela agravante em relação aos aluguéis pagos pela locatária, a cujo respeito prestará contas. Recurso provido. (TJSP, AI n. 561.274-4/6-00, rel. Des. Encinas Manfré, j. 29.05.2008)

Cobrança. Despesas de condomínio. Imóveis deixados por testamento para o réu, na condição de legatário. Ausência de posse direta transmitida pelo inventariante ao legatário. Impossibilidade de ser responsabilizado, isoladamente, pelo pagamento das despesas de condomínio. Art. 1.960 do CC/1916, que é o que regula a sucessão, que estabelece que o legado puro e simples confere, desde a morte do testador, ao legatário, o direito, transmissível aos seus sucessores, de pedir aos herdeiros instituídos a coisa legada. Parágrafo único do citado artigo que indica que não pode o legatário entrar, por autoridade própria, na posse da coisa legada. Aplicação do art. 1.796 do CC/1916. Responsabilidade do espólio reconhecida. Ilegitimidade de parte do legatário [...]. (TJSP, Ap. n. 103.8388-0/4, rel. Des. Ruy Coppola, j. 26.07.2007)

**Art. 1.924. O direito de pedir o legado não se exercerá, enquanto se litigue sobre a validade do testamento, e, nos legados condicionais, ou a prazo, enquanto esteja pendente a condição ou o prazo não se vença.**

O artigo veda o exercício do direito de pedir o legado durante demanda na qual seja postulada a declaração de nulidade ou a anulação do testamento. O legatário, na pendência da ação, fica sem o objeto do legado, mas pode tomar medidas para preservá-lo. Não parece, no entanto, que essa norma possa ser aplicada de forma inflexível. Suponha-se que um dos herdeiros ajuíze ação temerária impugnando a validade do testamento somente para tentar postergar a entrega da coisa legada. Nesse caso, será possível ao legatário (litisconsorte passivo necessário) reclamar em reconvenção, ou mesmo na contestação de antecipação de tutela, do efeito da sentença de improcedência, que é a entrega do legado (sobre a possibilidade de concessão de antecipação de tutela em favor do réu, em pedido deduzido na contestação, confira-se a lição de BEDAQUE, José Roberto dos Santos. *Tutela cautelar e tutela antecipada: tutelas sumárias e de urgência*, 2. ed. São Paulo, Malheiros, p. 354).

Também não será possível pedir o legado enquanto estiver pendente condição suspensiva ou termo inicial. No primeiro caso, porque, na pendência da condição suspensiva, o legatário ainda não tem o domínio da coisa legada. No caso do termo inicial, embora a propriedade lhe seja transferida desde a abertura da sucessão, o exercício dos direitos inerentes ao domínio fica em suspenso até o evento futuro e certo (art. 131).

**Jurisprudência:** Inventário. Testamento. Legado. Determinação de pagamento direto dos aluguéis do imóvel legado à legatária. Ação de nulidade do testamento ainda pendente de recurso. Possibilidade da legatária de percebimento dos aluguéis, a teor do art. 1.692 do CC/1916, não se tratando de entrega de bem legado, que está obstada pela ação de nulidade em curso, apenas de entrega dos frutos da coisa. Legatária, ademais, de idade avançada, que tem nos aluguéis seu único rendimento, tendo, portanto caráter alimentar. Agravo não provido. (TJSP, AI n. 438.639-4/0-00, rel. Des. Testa Marchi, j. 26.09.2006)

**Art. 1.925. O legado em dinheiro só vence juros desde o dia em que se constituir em mora a pessoa obrigada a prestá-lo.**

O testador pode contemplar o legatário com determinada quantia em dinheiro. O legatário só poderá exigir *juros* daquele que estiver obrigado a cumprir o legado a partir do momento no qual o notificar a efetuar o pagamento. Isso não ocorre com a *correção monetária*, pois constitui mera recomposição da moeda, podendo ser exigida desde a data do testamento, salvo se o testador previu expressamente coisa diversa, como a não incidência de correção ou sua aplicação a partir de data certa posterior.

**Jurisprudência:** Testamento. Legado. Valor em dinheiro estabelecido em equivalência a ORTNs. Atualização monetária integral, inclusive com consideração dos índices expurgados. Expediente justo e que atende à real intenção e vontade da testadora. Recurso provido para esse fim. (TJSP, *JTJ* 166/210)

Testamento. Legado em dinheiro. Conversão em OTN no valor da época da disposição testamentária. Admissibilidade. Transformação econômica do País que torna o critério da "quantia fixa" sem expressão do valor nominal da ocasião da liberalidade. Correção do montante que, ademais, não atingirá a herança, de forma a tornar impossível o cumprimento dos legados ou ultrapassar o disponível deferido por lei. (TJSP, *RT* 621/85)

**Art. 1.926. Se o legado consistir em renda vitalícia ou pensão periódica, esta ou aquela correrá da morte do testador.**

Trata-se de mais uma norma supletiva para *interpretação* do testamento. O legado pode ter por objeto renda vitalícia ou pensão periódica. O testador poderá estipular desde quando serão devidas. Caso não o faça, o artigo estatui que serão pagas desde a morte do testador.

**Jurisprudência:** Analisando a linha de pensamento da testadora não há dúvida de que a intenção da testadora era de que as tarefas de auxiliar sua amiga cuidadora e seu afilhado deveriam recair nas duas primas mais velhas, herdeiras testamentárias universais dos seus bens. E como uma das primas faleceu antes da testadora, recai somente sobre a apelante a incumbência de prestar auxílio financeiro, em favor do afilhado, ora autor da presente ação. Afastada a preliminar de legitimidade passiva das demais sucessoras. Natureza da disposição testamentária. Provado que a testadora falecida ajudava regularmente no sustento do seu afilhado, de rigor reconhecer que a disposição testamentária tem natureza de legado de alimentos. O entendimento de que o autor/afilhado deve ser ajudado pela herdeira testamentária/apelante somente "quando necessário", traz em si uma incerteza em relação à execução da deixa testamentária (legado de alimentos), pois deixa ao "puro arbítrio" da apelante a execução do legado, provocando a ineficácia da disposição de última vontade. Caso em que é correta a sentença que interpretou a disposição testamentária em favor do autor como um legado de alimentos a ser cumprido pela herdeira apelante. Termo inicial para o pagamento do legado. Tratando-se de pagamento de legado de alimentos, caso fosse aplicada – rigorosamente – a forma de pagamento, a obrigação deveria retroagir à data da morte da testadora, nos termos do art. 1.926 do CC. Contudo, como a cláusula testamentária é de difícil interpretação, não é adequado exigir que a herdeira/apelante pagasse os alimentos antes de uma declaração judicial. Por isso, adequada a sentença que determinou o pagamento dos alimentos desde a citação. Apelação autor. Valor dos alimentos. Os alimentos fixados pela sentença no valor de um salário mínimo apresentam valor proporcional à ajuda que a testadora prestava ao autor, bem como é compatível à forma em que redigido o legado. Mantido o valor dos alimentos. Retroação da obrigação à data da abertura da sucessão. Tema analisado no apelo da ré. Majoração dos honorários advocatícios. Considerando-se o grau de zelo do profissional, a natureza e importância da causa e o tempo exigido para a execução do serviço, adequada a majoração dos honorários advocatícios do autor. Por maioria, negaram provimento à apelação da ré e deram parcial provimento à apelação do autor. Vencido o relator. (TJRS, Ap. n. 70.049.726.185, rel. Des. Rui Portanova, j. 18.04.2013)

Legado de alimentos. Disposição testamentária que beneficia herdeira. Valores provenientes de renda de imóvel locado, pertencente ao espólio. Decisão agravada que, em inventário, determina o levantamento das quantias depositadas em juízo em favor da legatária, bem como ordena à inquilina que faça o pagamento da quantia correspondente ao legado de alimentos diretamente à beneficiária da quantia. Correção. Disposição testamentária plena e eficaz. Legado de alimentos devidos desde a morte da testadora (art. 1.926, CC/2002). Decisão mantida. Recurso desprovido, na parte conhecida. (TJSP, AI n. 9032578-48.2009.8.26.0000, rel. Des. De Santi Ribeiro, j. 16.03.2010)

---

**Art. 1.927. Se o legado for de quantidades certas, em prestações periódicas, datará da morte do testador o primeiro período, e o legatário terá direito a cada prestação, uma vez encetado cada um dos períodos sucessivos, ainda que venha a falecer antes do termo dele.**

---

Este artigo e o seguinte, 1.928, tratam do legado de quantidades certas em prestações periódicas. Se o testador não dispuser diversamente, o primeiro período começa com a morte. Iniciado o período, o legatário passa a ter direito à prestação por inteiro. É o que estabelece o art. 1.927. No entanto, só poderá exigir o respectivo valor quando ocorrer o vencimento do período, como prevê o art. 1.928. No caso de prestações mensais, o legatário passa a ter direito no início de cada período mensal, mas a prestação respectiva só lhe será devida no final do período. A consequência prática é que, se ele morrer em meio ao período, antes de completá-lo, seus sucessores terão direito ao total da prestação, não à fração correspondente aos dias decorridos.

---

**Art. 1.928. Sendo periódicas as prestações, só no termo de cada período se poderão exigir.**

**Parágrafo único. Se as prestações forem deixadas a título de alimentos, pagar-se-ão no começo de cada período, sempre que outra coisa não tenha disposto o testador.**

---

No legado de prestações periódicas, só são exigíveis pelo legatário ao término de cada período, embora o direito à totalidade da prestação seja adquirido no início do período, como visto nos comentários ao art. 1.927. O parágrafo único estabelece exceção à regra, no legado de alimentos. Pela natureza dos alimentos, que não podem aguardar o decurso do período para serem exigidos, são devidos no início de cada período. Essas normas, do art. 1.928 e do anterior, são, como outras desta seção, supletivas da vontade do testador, isto é, só se aplicam na falta de previsão expressa do testador.

---

**Art. 1.929. Se o legado consiste em coisa determinada pelo gênero, ao herdeiro tocará escolhê-la, guardando o meio-termo entre as congêneres da melhor e pior qualidade.**

---

O objeto do legado pode ser coisa determinável pelo gênero. O testador pode dispor, por exemplo, que o legatário receberá, entre suas centenas de cabeças de gado, cinquenta delas, sem precisá-las. Poderá nem ser proprietário de cabeças de gado. Aberta a sucessão, para cumprimento do legado será preciso individualizar as cabeças de gado. Se o testador não tiver estipulado quem fará a escolha, a opção caberá àquele que foi onerado com o pagamento do legado. O onerado não é, necessariamente, herdeiro. Pode ser até mesmo um legatário. Adota-se, nesse art. 1.929, específico para o legado de coisa determinável pelo gênero, o mesmo princípio geral do direito das obrigações para o cumprimento da obrigação de dar coisa incerta, isto é, cabe ao devedor, àquele obrigado a dar a coisa incerta, a individualização da coisa, se o contrário não foi estabelecido no negócio jurídico (art. 244).

Assim como estabelece o art. 244, no legado de coisa determinável pelo gênero, o onerado deverá, na escolha, adotar um critério de equidade, não sendo obrigado a escolher, dentre as congêneres, a de melhor, mas também não pode optar pela de pior qualidade. Deverá guardar o meio-termo entre esses dois extremos. Se não o fizer, o credor, o legatário, poderá exigir judicialmente a observância do critério fixado pelo legislador. No exemplo mencionado, o onerado deverá escolher um tipo de gado que fique no meio-termo entre o de melhor e de pior qualidade. O art. 1.929 é complementado pelos dois seguintes.

---

**Art. 1.930. O estabelecido no artigo antecedente será observado, quando a escolha for deixada a arbítrio de terceiro; e, se este não a quiser ou não a puder exercer, ao juiz competirá fazê-la, guardado o disposto na última parte do artigo antecedente.**

---

O mesmo critério do art. 1.929 deverá ser observado se a escolha da coisa determinável pelo gênero couber a terceiro, não ao onerado com o pagamento do legado. E se o terceiro não quiser ou não puder fazer a escolha, o juiz decidirá, com o mesmo critério de equidade do art. 1.929, ou seja, observando o meio-termo entre os congêneres de melhor e pior qualidade.

---

**Art. 1.931. Se a opção foi deixada ao legatário, este poderá escolher, do gênero determinado, a melhor coisa que houver na herança; e, se nesta não existir coisa de tal gênero, dar-lhe-á de outra congênere o herdeiro, observada a disposição na última parte do art. 1.929.**

---

Complementando os arts. 1.929 e 1.930, o art. 1.931 prevê a possibilidade, no legado de coisa determinada pelo gênero, do testador dispor que a escolha, a individualização da coisa, será feita pelo legatário. Como visto, se nada dispuser a respeito, o art. 1.929 estabelece que a escolha será feita pelo onerado com o pagamento do legado. Na hipótese da escolha ser atribuída ao legatário, e se houver coisas do gênero determinado dentre os bens da herança, ele poderá optar pela de melhor qualidade. Se não houver coisa do gênero na herança, o herdeiro fará a escolha, observado o critério de equidade do art. 1.929.

---

**Art. 1.932. No legado alternativo, presume-se deixada ao herdeiro a opção.**

---

Há legado alternativo quando o testador dispõe que recairá sobre um ou outro objeto a ser escolhido após a abertura da sucessão. Poderá estabelecer, por exemplo, que o legatário receberá sua casa de campo ou seu apartamento, um excluindo o outro. No silêncio do testador, a escolha será feita pelo onerado com o pagamento do legado. Geralmente, o onerado será um herdeiro, como está expresso no artigo, mas nada impede que seja um legatário. Aplica-se na sucessão testamentária a mesma solução das obrigações alternativas (art. 252): a escolha cabe ao devedor, salvo estipulação em contrário. O art. 1.932 só tem aplicação se houver omissão do testador sobre a pessoa a quem incumbirá a escolha.

---

**Art. 1.933. Se o herdeiro ou legatário a quem couber a opção falecer antes de exercê-la, passará este poder aos seus herdeiros.**

---

Este artigo complementa o anterior, 1.932, na disciplina do legado alternativo. Estabelece que o direito de opção transmite-se aos herdeiros do optante. Assim, se o testador dispuser que o legatário receberá sua casa de campo ou seu apartamento, e a escolha for atribuída a determinado herdeiro, caso este faleça antes de escolher, o direito passará aos herdeiros desse herdeiro optante.

---

**Art. 1.934. No silêncio do testamento, o cumprimento dos legados incumbe aos herdeiros e, não os havendo, aos legatários, na proporção do que herdaram.**

**Parágrafo único. O encargo estabelecido neste artigo, não havendo disposição testamentária em contrário, caberá ao herdeiro ou legatário incumbido pelo testador da execução do legado; quando indicados mais de um, os onerados dividirão entre si o ônus, na proporção do que recebam da herança.**

---

O artigo cuida de várias hipóteses para definição daquele que deverá cumprir o legado, chamado onerado. A primeira hipótese é a do testador não ter indicado no testamento quem será onerado. Nesse caso, o cumprimento incumbe aos herdeiros, na proporção do que herdaram. Caso se trate, por exemplo, de legado em dinheiro, de pagamento de quantia certa, cada herdeiro pagará uma parte, proporcionalmente às suas cotas hereditárias.

É importante observar que, havendo herdeiros necessários, a quem toca necessariamente metade da herança (art. 1.846), não poderão ser onerados com pagamento de legado que suplante a metade disponível. Caso o testador não observe esse limite, os herdeiros necessários poderão exigir a redução das disposições testamentárias, nos termos dos arts. 1.966 a 1.968. Se não houver herdeiros, isto é, se toda a herança estiver dividida em legados, o cumprimento dos legados será feito pelos próprios legatários, na proporção de seus legados.

A segunda hipótese, prevista no parágrafo único, é a do testador estabelecer expressamente o herdeiro ou legatário que deverá executar o legado. Somente o herdeiro ou legatário onerado arcará com o pagamento do legado.

Na terceira hipótese, da parte final do parágrafo único, o testador institui mais de um herdeiro ou legatário para cumprir o legado. Cada um deles responde pelo legado na proporção do que herdaram.

---

**Art. 1.935. Se algum legado consistir em coisa pertencente a herdeiro ou legatário (art. 1.913), só a ele incumbirá cumpri-lo, com regresso contra os coerdeiros, pela quota de cada um, salvo se o contrário expressamente dispôs o testador.**

---

Como visto nos comentários ao art. 1.913, o encargo atribuído a herdeiro ou legatário pode consistir na entrega de bem do próprio herdeiro ou legatário a um terceiro, chamado sublegatário. Ao cumprir esse encargo, dispõe o art. 1.935 que o herdeiro ou legatário terá direito regressivo em face dos demais coerdeiros, para exigir reembolso proporcional ao herdado por cada um. O testador, porém, poderá no testamento afastar esse direito regressivo, estabelecendo que o herdeiro ou legatário onerado suportará sozinho o encargo, sem direito ao reembolso proporcional previsto neste artigo.

---

**Art. 1.936. As despesas e os riscos da entrega do legado correm à conta do legatário, se não dispuser diversamente o testador.**

---

Trata-se de mais uma disposição supletiva da vontade do testador, que se aplica somente se não houver previsão expressa no testamento. O legatário suporta as despesas da entrega do legado, compreendendo-se dentre as despesas o pagamento do imposto de transmissão *causa mortis* proporcional ao objeto do legado. Também arca com os riscos da entrega do legado, isto é, se a coisa perecer em decorrência de caso fortuito ou força maior, antes da entrega do legado, o legatário suporta o prejuízo. Essa disposição sobre os riscos da entrega tem sua lógica no fato de, no instante da abertura da sucessão, o legatário se tornar proprietário da coisa certa existente na herança, embora a posse direta não lhe seja transmitida desde logo (cf. art. 1.923). Se o domínio lhe é transferido na abertura da sucessão, aplica-se o princípio geral de que os riscos pelo perecimento da coisa são atribuíveis ao proprietário. No entanto, os riscos serão imputáveis ao onerado se os prejuízos ocorreram por sua culpa. O onerado também responderá se a impossibilidade do cumprimento se der por caso fortuito ou força maior verificados no período em que ele já estava em mora na entrega do legado, aplicando-se a norma do art. 399.

**Jurisprudência:** Agravo de instrumento. Inventário. Testamento. Disposição de última vontade. Cláusula prevendo que as despesas com o inventário e pagamento de imposto de transmissão dos imóveis recebidos por sucessão legítima e testamentária deverão ser providos por saldo existente em cadernetas de poupança. Inaplicabilidade do art. 1.905 do CC/1916. Regra supletiva. O art. 1.705 do CC/ 1916, reproduzido no art. 1.936 do novo CC, dispõe que "as despesas e os riscos da entrega do legado correm à conta do legatário, se não dispuser diversamente o testador", constituindo, por certo, uma disposição supletiva da vontade do testador, que se aplica somente se não houver previsão expressa no testamento. Provimento do recurso. (TJRJ, AI n. 0007856-64.2010.8.19.0000, rel. Des. Maldonado de Carvalho, j. 21.09.2010)

*V.* acórdão do art. 1.923: TJSP, Ap. n. 0058229-07.2010.8.26.0000, rel. Des. Francisco Loureiro, j. 08.07.2010.

O legado sem condição suspensiva pertence aos legatários desde a abertura da sucessão (art. 1.923 do CC). E as despesas e os riscos de entrega do legado correm à conta do legatário, se não dispuser diversamente o testador (art. 1.936 do CC). Logo, considerando que a legatária já pagou a sua parte nos tributos incidentes sobre o seu legado, não há razão para impedir o levantamento do seu legado em razão do inadimplemento dos tributos relativos aos legados dos outros herdeiros. A responsabilidade pela satisfação dos encargos incidentes sobre os legados é de cada um dos respectivos legatários. Agravo provido em monocrática. (TJRS, AI n. 70.032.004.939, rel. Des. Rui Portanova, j. 18.12.2009)

---

**Art. 1.937. A coisa legada entregar-se-á, com seus acessórios, no lugar e estado em que se achava ao**

**falecer o testador, passando ao legatário com todos os encargos que a onerarem.**

O art. 92 define o bem acessório como aquele cuja existência supõe a de um bem principal. É o caso, por exemplo, das plantações em relação ao terreno. O art. 1.937 se refere a esses bens acessórios, dispondo que se incluem no legado os existentes ao tempo da abertura da sucessão. O direito do legatário aos frutos da coisa legada, desde a morte do testador, é assegurado no art. 1.923, § 2º. O direito às benfeitorias, no parágrafo único do art. 1.922. Ao dispor que o legatário recebe a coisa no lugar e estado nos quais se achava ao falecer o testador, a parte final do artigo sob comentário explicita que o legatário recebe inclusive os encargos que a onerarem. Como observa a doutrina, porém, não são encargos que oneram a coisa legada eventuais dívidas deixadas pelo testador, pois, pelas dívidas, quem responde é a herança (art. 1.997) e não, portanto, o legatário. Os encargos que o legatário deverá suportar são os inerentes à coisa legada, como, por exemplo, o usufruto em favor de terceiro, uma servidão etc.

**Jurisprudência:** A caução em dinheiro, dada pelo locatário a locador posteriormente falecido, com a extinção da locação passa a ser dívida da herança, incumbindo a esta o ônus de sua devolução, e não ao legatário, que adquiriu a propriedade do imóvel locado sem o encargo expresso da restituição. (*RSTJ* 47/337)

**Art. 1.938. Nos legados com encargo, aplica-se ao legatário o disposto neste Código quanto às doações de igual natureza.**

O artigo estabelece que as normas referentes às doações com encargo se aplicam aos legados instituídos sob encargo. Dentre essas normas, destaca-se a do art. 553 e seu parágrafo único, segundo o qual o donatário é obrigado a cumprir os encargos da doação, se forem a benefício do doador, de terceiro ou do interesse geral. No último caso, o Ministério Público terá legitimidade para exigir o cumprimento, após a morte do doador, se este não o tiver feito.

Quanto ao art. 562, que permite a revogação da doação onerosa por descumprimento do encargo, há duas correntes doutrinárias: uma sustenta ser aplicável aos legados e outra, defendida por Caio Mário da Silva Pereira e Orlando Gomes, segundo a qual, a não ser que o testador preveja expressamente a revogação como consequência do descumprimento do encargo, não será possível a revogação. Sobre os fundamentos dessa segunda corrente, confira-se o comentário do art. 1.897.

## *Seção III*
## *Da Caducidade dos Legados*

**Art. 1.939. Caducará o legado:**

**I – se, depois do testamento, o testador modificar a coisa legada, ao ponto de já não ter a forma nem lhe caber a denominação que possuía;**

**II – se o testador, por qualquer título, alienar no todo ou em parte a coisa legada; nesse caso, caducará até onde ela deixou de pertencer ao testador;**

**III – se a coisa perecer ou for evicta, vivo ou morto o testador, sem culpa do herdeiro ou legatário incumbido do seu cumprimento;**

**IV – se o legatário for excluído da sucessão, nos termos do art. 1.815;**

**V – se o legatário falecer antes do testador.**

**Definição e consequências da caducidade:** o art. 1.939 e o seguinte, 1.940, tratam da caducidade do legado, que é a perda de sua eficácia por ato posterior ao testamento. O art. 1.939 arrola situações pelas quais o legado caduca. A doutrina observa que o rol não é taxativo. Uma hipótese não enunciada neste artigo, por exemplo, é a renúncia do legado pelo legatário, na qual também perde a eficácia por ato superveniente ao testamento.

Observe-se que, nos casos de caducidade, a disposição testamentária é válida e permanece válida, mas perde a eficácia por fato posterior. Ao caducar o legado, a coisa sobre a qual recai deixa de ser abrangida pelo testamento e, em consequência, será objeto de sucessão legítima (art. 1.788), a não ser que ocorra alguma das hipóteses em que há direito de acrescer (arts. 1.941 e segs.) ou se houver previsão no testamento de substituição do legatário (arts. 1.947 e segs.).

**Inciso I:** pelo inciso I do art. 1.939, há caducidade se o testador, após o testamento, modificar a coisa certa objeto do legado a tal ponto que deixa de ter a forma e a denominação possuídas ao tempo da disposição testamentária. Presume a lei que, ao realizar transformação tão profunda, o testador evidencia sua intenção de revogar o legado. A modificação deve ser promovida por ato de vontade, consciente, do testador. Se ele o faz quando se tornou incapaz, por deficiência mental, como exemplo, ou se a transformação foi feita por terceiro desautorizado, ou, ainda, se aconteceu por causa de força maior ou caso fortuito, o legado subsiste na coisa resultante da modificação, pois, nessas hipóteses, não há intenção do testador a autorizar a conclusão de ter pretendido revogar o legado. Se o testador, por exemplo, legou joias de ouro e, após o testamento, derrete-as, elas deixam de ter a forma e a denominação anterior, e o legado caduca. No entanto, se são derretidas por quem as roubou do testador, o legado subsiste no ouro resultante do derretimento.

Por outro lado, não basta a modificação da forma: é preciso, além disso, que a coisa perca a denominação do tempo da disposição testamentária. Sílvio Rodrigues exemplifica essa possibilidade com a transformação de fazenda de cultivo em fazenda de criação e com a alteração de ações ao portador para nominativas, ensinando que, nas duas situações, a fazenda e as ações permanecem com as denominações que possuíam e, por isso, o legado subsiste (*Direito civil, direito das sucessões*, 25. ed. São Paulo, Saraiva, 2002, p. 216).

**Inciso II:** na hipótese do inciso II, ocorre a caducidade com a alienação da coisa legada pelo testador. Alienação a qualquer título, onerosa ou gratuita (compra e venda, doação, promessa irretratável de venda e compra etc.). A disposição parece, à primeira vista, inócua, pois, transferida a coisa a outrem, passa a ser legado de coisa alheia, cuja ineficácia já está proclamada no art. 1.912. A norma não é inútil, porém, pois serve para orientar a solução de alguns problemas. Ao estabelecer que a alienação faz caducar o legado, a lei presume que, com esse ato, o intuito do testador foi revogar o legado. Por conseguinte, se readquirir a coisa, o legado não se restaura. Para restabelecer o legado será preciso, a princípio, novo testamento.

No entanto, essa solução não tem caráter absoluto. É possível, por exemplo, ficar evidente ter ocorrido a alienação por extrema necessidade financeira do testador e que, pretendendo manter o legado, readquiriu o bem. Nessa hipótese, desde que perfeitamente caracterizada essa intenção, o legado subsistirá.

Outra observação da doutrina: se o testador reservar o produto da alienação e houver elementos que permitam concluir seguramente tê-lo reservado para cumprir o legado, este se sub-roga nesse produto. A alienação forçada do bem, por desapropriação, por exemplo, também acarreta caducidade do legado, exceto se, como na última hipótese referida, o testador deixar claro que reservou a indenização respectiva, ou parte dela, para cumprimento do legado. Sendo parcial a alienação, o legado subsiste na parte da coisa que permaneceu sob o domínio do testador.

Há importante controvérsia sobre a eficácia da alienação nula ou anulada, para fins de caducidade. Segundo noticia Zeno Veloso (*Comentários ao Código Civil*. São Paulo, Saraiva, 2003, v. XXI, p. 271), Pontes de Miranda sustenta que, nesse caso, a alienação não tem nenhum efeito e, portanto, o legado deve subsistir. No entanto, a opinião mais adequada parece ser a de Orosimbo Nonato e Carlos Maximiliano, aplaudida por Zeno Veloso: ainda que nula ou anulável, a alienação permanece com o efeito residual de demonstrar, inequivocamente, o intuito do testador de revogar o legado. Ressalvam-se as hipóteses de nulidade ou anulação nas quais há vício da vontade, não se podendo inferir claramente o intuito revocatório. Também não se consuma a caducidade se a alienação, mais do que inválida, é inexistente.

**Inciso III:** de acordo com o inciso III, o legado caduca se a coisa perecer (for destruída, perder-se etc.). Se o perecimento ocorre enquanto vivo o testador, o legado realmente se torna ineficaz e não poderá ser cumprido. Se acontece após a morte do *de cujus*, a propriedade da coisa certa legada já havia se transferido ao legatário (art. 1.923, *caput*), mesmo que ainda não tivesse havido a posse direta (cf. art. 1.923, § 1º). No último caso, ao contrário do que afirma esse inciso III, não ocorre propriamente caducidade do legado, pois foi eficaz, com a transmissão do domínio ao legatário e este perdeu a coisa já como proprietário.

O dispositivo ressalva que o perecimento a acarretar caducidade é o sem culpa do herdeiro ou legatário incumbido do cumprimento do legado. Como visto (arts. 1.934 e segs.), o testador pode incumbir do cumprimento do legado um herdeiro ou até mesmo um outro legatário; e, caso não o faça, aplica-se a regra do art. 1.934, pela qual, no silêncio do testamento, o cumprimento dos legados incumbe aos herdeiros e, não os havendo, aos legatários, na proporção do que herdaram. Se a coisa legada perece por culpa daquele obrigado a cumpri-lo, ou mesmo de terceiro, incidem as regras da responsabilidade civil, pois o legatário já é proprietário, e o autor do ato ilícito deve indenizá-lo.

Em consequência, não parece correto o entendimento de Washington de Barros Monteiro, de não ser cabível ação indenizatória do legatário contra o terceiro (*Curso de direito civil*, 35. ed. São Paulo, Saraiva, 2003, v. VI, p. 211).

Se o perecimento por culpa de terceiro ocorre antes da morte do *de cujus*, Zeno Veloso sustenta que o legado caduca e o legatário não tem ação contra o causador do dano (op. cit., p. 280). Efetivamente não terá ação contra o causador do dano, pois, se a coisa perece antes da abertura da sucessão, não se pode presumir que seria vontade do testador manter o legado, sub-rogado no direito de indenização. O direito à indenização, assim, transmissível com a herança (cf. art. 943), passará aos herdeiros legítimos. Ressalve-se que será possível solução diversa se o testador tiver previsto expressamente a hipótese, estabelecendo que o legado se estende ao direito à indenização pelo perecimento da coisa legada.

Outra questão suscitada pela doutrina diz respeito ao destino da indenização no perecimento da coisa legada. Se a destruição ocorreu em vida do testador, ele recebe a indenização, na qual, em princípio, não se sub-roga o legado. No entanto, é possível, assim como no caso da alienação da coisa legada, que ele reserve a indenização, deixando claro por determinadas circunstâncias fazê-lo em favor do legatário, hipótese na qual o legado deve ser preservado, sub-rogando-se na indenização. Se a destruição ocorreu após a morte, o legatário faz jus à indenização do seguro, pois se torna proprietário da coisa no instante da morte do testador (art. 1.923).

Quanto à evicção, se ocorreu antes da morte do testador, o legado caduca, pois, reconhecendo-se judicialmente a coisa não pertencer ao *de cujus*, o legado será ineficaz, uma vez que recai em coisa alheia (art. 1.912). Se a evicção ocorrer após a morte, o legatário a perderá como proprietário.

**Incisos IV e V:** caduca o legado se o legatário for excluído da sucessão por indignidade, nas hipóteses do art. 1.814, e não o do 1.815 como erroneamente constou na remissão feita nesse inciso IV. Também há caducidade se o legatário morre antes do testador (inciso V), pois a disposição testamentária é, em regra, feita em favor de determinada pessoa. Não há direito de representação na sucessão testamentária. É possível, no entanto, que o testador nomeie substituto ao legatário ou estabeleça que, em caso de pré-morte do legatário, seus sucessores receberão o legado.

**Jurisprudência:** [...] II. Questão em Discussão 2. A questão em discussão consiste em determinar se a modificação do imóvel legado, com a construção de uma segunda edificação, implica a caducidade do testamento nos termos do art. 1.939, I, do CC. III. Razões de decidir 3. A cláusula testamentária deve ser interpretada de modo a assegurar a vontade do testador, abrangendo a totalidade do imóvel às legatárias, conforme o art. 1.899 do CC. 4. A construção adicional no imóvel não altera a essência do legado, não havendo prova suficiente de que a nova edificação modifica substancialmente o bem legado. IV. Dispositivo e tese 5. Recurso desprovido. Tese de julgamento: 1. A interpretação do testamento deve priorizar a vontade do testador. 2. Modificações no imóvel que não alterem sua essência não implicam em caducidade do legado. (TJSP, Ap. n. 1000136-48.2023.8.26.0042, rel. Débora Brandão, j. 11.12.2024)

Apelação. Ação de abertura, registro e cumprimento de testamento. Insurgência da autora contra sentença que julgou extinto o feito com resolução de mérito, com fundamento no art. 487, I, do CPC, reconhecendo a caducidade do testamento lavrado por sua genitora. Requerimento para que seja aberto, cumprido e registrado o testamento, por inexistirem vícios que possam torná-lo suspeito de nulidade ou falsidade. Rejeição. Falecida que legou à apelante, imóvel que não lhe pertencia. Aplicação da regra expressa no art. 1.939, II, do CC. Caducidade bem reconhecida. Sentença mantida. Recurso não provido. (TJSP, Ap. n. 10136876820218260009, rel. Corrêa Patiño, j. 23.08.2024)

Agravo de instrumento. Inventário. Decisão agravada que declarou a caducidade de cláusula testamentária. Inconformismo do legatário. Descabimento. Empresa objeto de legado que foi encerrada pelo falecido ainda em vida. Agravante que não tem direito a valores decorrentes da venda de direitos da empresa realizada pelo *de cujus*. Caducidade do legado. Inteligência do art. 1.939 do CC. Precedentes. Decisão mantida. Recurso desprovido. (TJSP, AI n. 2021645-81.2022.8.26.0000, rel. Hertha Helena de Oliveira, j. 21.06.2022)

Agravo de instrumento. Inventário. Decisão que determinou a retificação do plano de partilha, tendo em vista as disposições testamentárias deixadas pela falecida. Morte do legatário antes da testadora. Caducidade do legado. Ausência de direito de representação na sucessão testamentária. Exegese do art. 1.939, V, do CC. Decisão reformada. Recurso provido. (TJSP, AI n. 2228512-43.2021.8.26.0000, rel. Márcio Boscaro, j. 23.04.2022)

Agravo de instrumento. Inventário. Insurgência contra decisão que impôs a apresentação de certidão testamentária dispensável. Configurada a caducidade do testamento diante da premoriência do legatário, não se admite direito de representação em sucessão testamentária, aplicação do disposto no art. 1.939, V, do CC. Recurso provido. (TJSP, AI n. 2003209-55.2014.8.26.0000, rel. Moreira Viegas, j. 12.03.2014)

Havendo o autor da herança em 1998 doado a seus filhos o imóvel que lhe pertencia, reservando-se o usufruto vitalício, correta a conclusão sentencial de que caducou o legado de usufruto testado em 1994 à autora (alienação da coisa legada, art. 1.939, II, CCB). (TJRS, Ap. n. 70.044.654.671, rel. Des. Ricardo Moreira Lins Pastl, j. 20.10.2011)

Doação do bem que se deu posteriormente a lavratura de testamento. Caducidade do legado. Inteligência do art. 1.939 do CC (art. 1.708 do CC/1916). Nulidade inexistente também sob este fundamento. Decisão mantida. Recurso improvido. "A caducidade do legado é a sua ineficácia em razão de causa superveniente à sua instituição. Havendo caducidade, o legado, embora feito validamente, perderá a razão de existir, por circunstância posterior à facção testamentária". (TJSP, Ap. Cível n. 2.891.724.800, rel. Des. Egidio Giacoia, j. 24.11.2009)

Tendo em vista que a legatária veio a falecer antes da morte da testadora, operou-se a caducidade do legado, podendo os herdeiros da premorta habilitarem-se no feito pelo permissivo das disposições testamentárias que assim dispôs e agraciaria a pré-falecida. Agravo de instrumento provido. (TJRS, AI n. 70.028.748.341, rel. José Conrado de Souza Júnior, j. 13.05.2009)

Na conformidade do art. 1.708, II, do CC/1916, aplicável ao caso, o ato do testador de alienar bens que compunham o legado, resulta na caducidade deste. (TJRS, Ap. n. 70.024.227.381, rel. Des. Claudir Fidelis Faccenda, j. 04.09.2008)

Arrolamento. Sentença que homologou a partilha de 50% do imóvel. Pretensão no sentido de realizar-se ela sobre o total do imóvel, em razão de testamento. Impossibilidade. Beneficiária que faleceu antes do testador. Caducidade. Recurso improvido. (TJSP, Ap. n. 161.725-4/9-00, rel. Des. A. C. Mathias Coltro, j. 22.11.2006)

**Art. 1.940. Se o legado for de duas ou mais coisas alternativamente, e algumas delas perecerem, subsistirá quanto às restantes; perecendo parte de uma, valerá, quanto ao seu remanescente, o legado.**

Complementando o art. 1.939 no tema da caducidade do legado, o art. 1.940 dispõe, na primeira parte, sobre o legado alternativo (art. 1.932), no qual o testador dispõe que o legado recairá sobre uma ou outra coisa, uma excluindo a outra. Se uma delas perecer, o legado subsiste na outra, deixando de ser alternativo. Confira-se o comentário ao art. 1.939, sobre o direito indenizatório no caso de perecimento culposo da coisa legada. A segunda parte do art. 1.940 estabelece que, se o perecimento da coisa for parcial, o legado subsiste no remanescente. Também poderá haver responsabilidade civil no caso de perecimento culposo.

## CAPÍTULO VIII
## DO DIREITO DE ACRESCER ENTRE HERDEIROS E LEGATÁRIOS

**Art. 1.941. Quando vários herdeiros, pela mesma disposição testamentária, forem conjuntamente chamados à herança em quinhões não determinados, e qualquer deles não puder ou não quiser aceitá-la, a sua parte acrescerá à dos coerdeiros, salvo o direito do substituto.**

Este capítulo (arts. 1.941 a 1.946) disciplina o direito de acrescer, direito de herdeiros testamentários ou legatários de, preenchidos determinados requisitos legais, terem seus quinhões acrescidos com o quinhão, respectivamente, do coerdeiro testamentário ou do colegatário excluído da sucessão (por indignidade, por exemplo), ou no caso de caducidade da herança ou legado (pela pré-morte, renúncia etc.).

O primeiro requisito indispensável para que se configure esse direito é haver a instituição conjunta de herdeiros ou legatários, sem especificação do quinhão de cada um deles. Estabelece-se, por exemplo, que a parte disponível passará a pertencer a determinados herdeiros testamentários, sem indicação da fração ideal de cada um; ou, então, são nomeados vários legatários em face da mesma coisa, também sem se discriminar a porção de cada um.

Se houver prévia discriminação da parte de cada herdeiro ou legatário, não ocorrerá o direito de acrescer. Nesse caso, a parte do herdeiro testamentário que faltar será objeto de sucessão legítima; a parte do legatário será incorporada ao quinhão do herdeiro testamentário, ou legatário, incumbido de seu cumprimento ou, não havendo, também será dividida entre os herdeiros legítimos.

Para que haja direito de acrescer é preciso, ainda, que o testador não tenha indicado substituto para o herdeiro ou legatário que faltar (sobre as substituições, conferir o capítulo seguinte, arts. 1.947 e segs.).

Reminiscência do Direito romano, criticado pela doutrina por ser instituto que confere importância extremada à interpretação da vontade do testador, prestigiando aquele que não soube se expressar adequadamente, o direito de acrescer demanda, segundo as tradições romanas, mais alguns requisitos. Um deles é o constante deste artigo, específico para o caso de haver vários herdeiros testamentários (excluídos, portanto, os colegatários, tratados no artigo seguinte), exigindo, para haver direito de acrescer, que sejam os herdeiros chamados à herança em quinhões não determinados "pela mesma disposição testamentária". Não basta, portanto, a indicação de vários herdeiros em quinhões não determinados no mesmo testamento. Deverão ser indicados na mesma disposição testamentária. Haverá direito de acrescer, assim, se o testador dispuser que deixa um terço de sua porção disponível para dois herdeiros, sem discriminar o que caberá a cada um, e um deles não puder ou não quiser aceitar sua parte. Esse direito não se verificará, no entanto, se o testador dispuser, em uma disposição que deixará sua parte disponível para determinado herdeiro e, em outra passagem do testamento, em outra disposição, que faz a mesma deixa para outro herdeiro.

**Jurisprudência:** [...] 2 – O direito de acrescer previsto no art. 1.941 do CC/2002 representa uma forma de vocação sucessória indireta e pressupõe (i) a nomeação dos herdeiros na mesma cláusula testamentária; (ii) que o patrimônio compreenda os mesmos bens ou a mesma porção de bens e (iii) a inexistência de quotas hereditárias predeterminadas. 3 – Na hipótese de quinhões determinados, não há falar no direito de acrescer. Se o herdeiro testamentário pleiteado com quota fixa falecer antes da abertura da sucessão, sem previsão de substituto, aquela parcela deve retornar ao monte e ser objeto de partilha com todos os herdeiros legítimos. 4 – No caso, o valor da quota-parte remanescente deve ser redistribuído consoante a ordem legal de preferência estabelecida na sucessão hereditária entre os colaterais (art. 1.829 do CC/2002), não havendo impedimento legal para que herdeiros testamentários participem também como legítimos na mesma sucessão hereditária (art. 1.808, § 2º, do CC/2002). 5 – Na hipótese, os sobrinhos da falecida herdam por estirpe, a título de representação, concorrendo no percentual destinado ao herdeiro premorto ao lado dos colaterais, na espécie, o único irmão sobrevivente da autora, que herda por direito próprio. 6 – Recurso especial parcialmente conhecido e, nessa parte, não provido. (STJ, REsp n. 1.674.162, rel. Min. Ricardo Villas Bôas Cueva, j. 16.10.2018)

Quando o testador fixa a cota ou o objeto de cada sucessor, não há direito de acrescer. Ocorre a conjunção *verbis tantum* quando são utilizadas as expressões "partes iguais", "partes equivalentes" ou outras que denotem o mesmo significado, o que exclui o direito de acrescer. (STJ, REsp n. 566.608, rel. Min. Castro Filho, j. 28.10.2004)

A ora falecida era solteira e sem descendentes ou ascendentes. Havia resolvido, mediante testamento cerrado, deixar seus bens para duas primas mais velhas, aduzindo também que a sucessão de seu legado deveria seguir a linha de herdeiros de sua mãe. Sucede que, por ocasião de seu óbito, uma das beneficiárias já havia falecido. Diante disso, a beneficiária sobrevivente intitulou-se herdeira universal pelo direito de acrescer, fato contestado por um dos primos da testadora falecida. Isso posto, a Turma, prosseguindo o julgamento, entendeu que não há direito de acrescer, pois a falecida fez por bem colocar no testamento que os bens fossem deixados "em partes iguais", o que denota que, mesmo tendo-os nomeado conjuntamente, determinou o quinhão cabível a cada uma das beneficiárias (*verbis tantum*). (STJ, REsp n. 565.097/RS, rel. Min. Castro Filho, j. 09.03.2004)

Direito de acrescer. Arts. 1.710, 1.712 e 1.725 do CC/1916. 1 – Se os quinhões são determinados não há falar no direito de acrescer [...]. (STJ, REsp n. 489.072, rel. Min. Carlos Alberto Menezes Direito, j. 02.12.2003)

---

**Art. 1.942. O direito de acrescer competirá aos colegatários, quando nomeados conjuntamente a respeito de uma só coisa, determinada e certa, ou quando o objeto do legado não puder ser dividido sem risco de desvalorização.**

---

Como visto nos comentários ao artigo anterior, há disciplina diferenciada em relação ao direito de acrescer em face de coerdeiros, de um lado, e de colegatários, de outro. Para os coerdeiros, é preciso que sejam indicados em quinhões não determinados na mesma disposição testamentária. Se forem contemplados em disposições diversas do mesmo testamento, não haverá direito de acrescer. Quanto aos colegatários, não há a mesma exigência. Basta que sejam contemplados conjuntamente com uma só coisa, determinada e certa, ainda que em disposições testamentárias diversas. A parte final do artigo dispõe que haverá direito de acrescer quando o objeto do legado não puder ser dividido sem risco de desvalorização. Houve avanço nessa parte final, porque a norma correspondente do CC/1916 dispunha que haveria direito de acrescer se a coisa não fosse passível de divisão sem risco de se deteriorar. Pelo Código atual, portanto, basta o risco de desvalorização que torne a divisão economicamente inconveniente. Embora o objeto seja divisível, o valor das partes resultantes da divisão é menor do que o das frações ideais de cada legatário, a tornar a divisão prejudicial.

**Jurisprudência:** Inventário. Testamento. Instituição de diversos herdeiros e legatários. Pré-morte de um destes. Direito de acrescer dos demais. Inexistência. Destinação de quinhão certo a cada um, evidenciando a intenção da testadora de nada mais deixar além do estabelecido no legado. Aplicação do art. 1.942 do CC. Recurso desprovido. (TJSP, AI n. 994.09.349908-7, rel. Des. Galdino Toledo Júnior, j. 09.03.2010)

---

**Art. 1.943. Se um dos coerdeiros ou colegatários, nas condições do artigo antecedente, morrer antes do testador; se renunciar a herança ou legado, ou destes for excluído, e, se a condição sob a qual foi**

**instituído não se verificar, acrescerá o seu quinhão, salvo o direito do substituto, à parte dos coerdeiros ou colegatários conjuntos.**

**Parágrafo único. Os coerdeiros ou colegatários, aos quais acresceu o quinhão daquele que não quis ou não pôde suceder, ficam sujeitos às obrigações ou encargos que o oneravam.**

---

O artigo enuncia hipóteses nas quais pode ocorrer o direito de acrescer e suas consequências. Aponta a possibilidade de se verificar esse direito nos casos de pré-morte do coerdeiro ou colegatário, na renúncia à herança ou ao legado, na exclusão por indignidade, e caso não se verifique a condição suspensiva. Ressalva-se mais uma vez, como já consta da parte final do art. 1.941, que não haverá direito de acrescer caso o testador tenha indicado substituto.

A consequência do direito de acrescer é a parte do coerdeiro testamentário que não recebe seu quinhão, em umas das situações enunciadas, acrescer proporcionalmente aos quinhões dos demais coerdeiros, nomeados em quinhões indeterminados na mesma disposição testamentária (cf. comentário ao art. 1.941). No caso dos colegatários, a parte daquele que não puder ou quiser aceitar o legado acrescerá à dos demais colegatários indicados em face da mesma coisa certa e determinada, ainda que em disposições testamentárias distintas. O coerdeiro ou colegatário recebe o acréscimo inclusive com as obrigações ou encargos que o oneravam.

---

**Art. 1.944. Quando não se efetua o direito de acrescer, transmite-se aos herdeiros legítimos a quota vaga do nomeado.**

**Parágrafo único. Não existindo o direito de acrescer entre os colegatários, a quota do que faltar acresce ao herdeiro ou ao legatário incumbido de satisfazer esse legado, ou a todos os herdeiros, na proporção dos seus quinhões, se o legado se deduziu da herança.**

---

Como visto no comentário ao art. 1.941, só há direito de acrescer se preenchidos determinados requisitos legais, previstos no art. 1.941 para os herdeiros testamentários e no art. 1.942 para os colegatários. Se esses requisitos não estiverem preenchidos e não houver nomeação de substituto para o herdeiro testamentário que não pôde ou não quis aceitar a herança, a consequência é seu quinhão passar a ser objeto de sucessão legítima. É o que dispõe o *caput* do art. 1.944. No caso de colegatários, não se verificando a hipótese do art. 1.942 e não havendo indicação de substituto, o quinhão daquele que não recebe o legado é incorporado ao quinhão do herdeiro testamentário incumbido de cumprir o testamento (cf. arts. 1.934 e 1.935).

Pode ocorrer, ainda, do cumprimento do legado ser atribuído pelo testador a um outro legatário que, nesse caso, ficará com a cota do que não pôde ou não quis o legado. Caso o legado seja para ser deduzido da herança, a cota do colegatário é transmitida aos herdeiros, na proporção de seus quinhões. Herdeiros que poderão ser legítimos ou testamentários, se o legado era para ser deduzido da parte que caberia àqueles ou a esses.

**Jurisprudência:** Ação de inventário. Testamento. Existência de legatários premortos à testadora. Inexistência do direito de acrescer dos demais. Destinação de bens certos e determinados a legatários igualmente certos e determinados. Vontade da testadora de recebimento, pelos legatários, de bens individualizados a cada um deles. Na hipótese, o quinhão dos legatários premortos deverá integrar a legítima dos demais herdeiros. Exegese do art. 1.944 do CC. Recurso provido. (TJSP, Proc. n. 2207343-97.2021.8.26.0000, rel. Marcia Dalla Déa Barone, j. 04.03.2022)

---

**Art. 1.945. Não pode o beneficiário do acréscimo repudiá-lo separadamente da herança ou legado que lhe caiba, salvo se o acréscimo comportar encargos especiais impostos pelo testador; nesse caso, uma vez repudiado, reverte o acréscimo para a pessoa a favor de quem os encargos foram instituídos.**

---

O art. 1.945 proíbe ao herdeiro ou ao legatário repudiar o acréscimo se quiser permanecer com a herança ou legado que lhe caberia sem o direito de acrescer. Só poderá renunciar à herança como um todo (sua parte mais o acréscimo) ou terá de aceitar tudo, inclusive o acréscimo. A única exceção se dá quando o acréscimo vier onerado com encargos especiais (que só oneram o acréscimo, não a parte que cabia ao herdeiro ou legatário sem o direito de acrescer). Nessa situação, o acréscimo pode ser repudiado isoladamente. Como consequência, o acréscimo reverterá em favor de quem o encargo foi instituído. Sobre disposições testamentárias sob encargo, confira-se o art. 1.897.

---

**Art. 1.946. Legado um só usufruto conjuntamente a duas ou mais pessoas, a parte da que faltar acresce aos colegatários.**

**Parágrafo único. Se não houver conjunção entre os colegatários, ou se, apesar de conjuntos, só lhes foi legada certa parte do usufruto, consolidar-se-ão na propriedade as quotas dos que faltarem, à medida que eles forem faltando.**

---

Se houver mais de um beneficiário no legado de um só usufruto, haverá entre eles direito de acrescer. De modo que, se um deles não puder ou não quiser receber sua parte, ela acrescerá às dos demais.

O parágrafo único contém ressalvas a essa regra. A primeira é não haver conjunção entre os colegatários, isto é, não lhes é legado um único usufruto. A segunda é que, embora lhes seja legado o usufruto de uma só coisa, o testador discriminou os quinhões de cada um. Isso ocorre, por exemplo, se o testador deixa o usufruto de um imóvel para quatro legatários, discriminando que a cada um deles tocará um quarto do usufruto. À medida que forem faltando, a parte do legatário irá se consolidando na propriedade plena do nu-proprietário. Ao contrário, se houver conjunção, ou seja, falta de discriminação das frações ideais de cada um, haverá direito de acrescer. Suponha-se que o testador deixou o legado do usufruto de um imóvel para três legatários, sem discriminar o que tocará a cada um. Faltando um deles, sua parte no usufruto acrescerá ao usufruto dos outros dois, sem se consolidar na propriedade plena do nu-proprietário.

Ressalve-se que, segundo o julgado do STJ a seguir mencionado, essas regras se aplicam na instituição de usufruto por testamento, por sucessão *causa mortis*, e não se tal instituição se dá por ato *inter vivos*, neste último caso não havendo direito de acrescer, salvo se o instituidor expressamente estabelecer tal direito.

**Jurisprudência:** [...] 1. Em se tratando de usufruto estabelecido em favor do recorrente e de sua esposa, por ato *inter vivos*, os dispositivos que regem o instituto são aqueles previstos nos arts. 1.390 a 1.411 do CC, não se aplicando ao caso o art. 1.946 do mesmo Código. 2. Não tendo sido estipulada cláusula prevendo o direito de se acrescer o quinhão do usufrutuário falecido ao quinhão do usufrutuário sobrevivente, a partir da sua morte, aquele quinhão volta ao nu-proprietário [...]. (STJ, REsp n. 1.942.097, rel. Min. Maria Isabel Gallotti, j. 07.11.2023)

## CAPÍTULO IX
## DAS SUBSTITUIÇÕES

### *Seção I*
### *Da Substituição Vulgar e da Recíproca*

**Art. 1.947. O testador pode substituir outra pessoa ao herdeiro ou ao legatário nomeado, para o caso de um ou outro não querer ou não poder aceitar a herança ou o legado, presumindo-se que a substituição foi determinada para as duas alternativas, ainda que o testador só a uma se refira.**

A substituição testamentária pode ser vulgar ou fideicomissária. A primeira é tratada nesta Seção I do Capítulo IX. A fideicomissária na Seção II. ***Substituição vulgar*** é a disposição testamentária pela qual o testador estabelece que, se a pessoa nomeada em primeiro lugar como herdeiro ou legatário não puder ou não quiser aceitar a herança ou o legado, será substituída por outra por ele indicada no testamento. Nas hipóteses de renúncia à herança ou legado, nos casos de exclusão por indignidade, pré-morte do beneficiário, ou qualquer outra em que não possa aceitar a herança, o testador pode se acautelar e indicar um substituto, que receberá a herança ou legado na falta do beneficiário original. Pode, inclusive, prever substitutos sucessivos, uns sucedendo na falta dos anteriores.

A parte final do art. 1.947 contém regra ***interpretativa***, supletiva, caso o testador não deixe clara sua vontade. Se ele dispuser, por exemplo, que, em caso de renúncia de determinado herdeiro, será substituído pela pessoa que indicar, a substituição valerá para outras hipóteses, tais como a exclusão por indignidade ou a pré-morte do herdeiro que havia sido instituído em primeiro lugar. O mesmo não ocorrerá, no entanto, se o testador tiver sido claro, afirmando que a substituição só valerá para o caso de renúncia, excluindo expressamente outras possibilidades como as aventadas.

**Jurisprudência:** [...] 1. Conforme o art. 1.784 do CC, "aberta a sucessão, a herança transmite-se, desde logo, aos herdeiros legítimos e testamentários". 2. Nos termos do art. 1.947 do CC/2002, ocorre a substituição vulgar ou ordinária quando o testador nomeia um herdeiro ou legatário e prevê, no mesmo ato, um substituto para o caso de premoriência ou, estando vivo, não quiser aceitar ou não puder receber o que lhe foi legado. 3. Caduca a substituição vulgar se o herdeiro ou legatário instituído aceitar a herança ou o legado, hipótese na qual desaparece a figura do substituto e, em caso de falecimento do herdeiro ou legatário após a aceitação do legado, este caberá aos sucessores do legatário. 4. Na hipótese, não houve a efetivação da substituição vulgar, uma vez que a legatária nomeada em primeiro lugar faleceu cerca de 10 anos após o falecimento da testadora e enquanto tramitava a ação do inventário proposta por ela em litisconsórcio com os demais legatários, o que implica aceitação do legado e a caducidade da substituição. 5. Recurso especial a que se nega provimento (STJ, REsp n. 2.018.054/RS, rel. Min. Raul Araújo, j. 17.09.2024)

O testamento deixado pela autora da herança favoreceu determinado legatário e, apenas na falta deste, é que favoreceu outro legatário. Nesse passo, falecendo o primeiro legatário após a abertura da sucessão da testadora, o bem legado transmite-se aos herdeiros do primeiro legatário, não ao segundo. Possível, contudo, a partilha o imóvel legado no mesmo inventário em que se dá cumprimento ao testamento, porquanto a primeira legatária deixou apenas um herdeiro, que também é legatário dos bens deixados pela testadora (art. 1.044 do CPC) [sem correspondente no CPC/2015]. Deram parcial provimento. (TJRS, AI n. 70.039.737.556, rel. Des. Rui Portanova, j. 07.04.2011)

Direito civil. Sucessão testamentária. Divergência na interpretação de cláusula de testamento público. Distinção entre substituição vulgar, recíproca e fideicomissária. Cláusula testamentária que nomeia duas herdeiras, em igualdade de condições, e estabelece que no caso de falecer uma delas sua parte será da outra. Caso que se qualifica como de substituição recíproca. Hipótese em que o testador faleceu antes do substituído, o que retira a eficácia da substituição. Decisão de primeiro grau que considerou que a parte recebida por uma das herdeiras, após o seu falecimento, não se transmitiria para a herdeira remanescente, mas para os sucessores da herdeira falecida. Pronunciamento do juízo *a quo* que deu solução adequada à questão debatida. Recurso a que se nega provimento. (TJRJ, AI n. 0001847-52.2011.8.19.0000, rel. Des. Alexandre Câmara, j. 23.02.2011)

**Art. 1.948. Também é lícito ao testador substituir muitas pessoas por uma só, ou vice-versa, e ainda substituir com reciprocidade ou sem ela.**

Complementando a disciplina da substituição vulgar, o art. 1.948 esclarece que o testador pode dispor que várias pessoas serão substitutas de um herdeiro ou legatário; ou vários herdeiros ou legatários serão substituídos por uma só pessoa. Não há, em suma, obrigatória correspondência entre o número de substituídos e substitutos. A parte final do artigo prevê a substituição recíproca, espécie de substituição vulgar. Haverá reciprocidade, por exemplo, se o testador institui dois herdeiros e dispõe que, se um deles não puder ou não quiser aceitar a herança, sua parte ficará para o outro.

**Art. 1.949. O substituto fica sujeito à condição ou encargo imposto ao substituído, quando não for diversa a intenção manifestada pelo testador, ou não resultar outra coisa da natureza da condição ou do encargo.**

O substituto recebe a herança, ou legado, com a condição ou encargo que a onerava, regra que comporta duas exceções. A primeira é a da expressa previsão do testador, dispensando o substituto da condição ou encargo. A segunda é a incompatibilidade entre a natureza da condição ou do encargo com a substituição: pode ocorrer, por exemplo, no caso de encargo personalíssimo, que só pelo substituído poderia ser realizado. Suponha-se que se tenha imposto a herdeiro médico o encargo de prestar atendimento médico gratuito a entidade de caridade e o substituto não exerça essa profissão. Não será possível, nesse caso, pela natureza do encargo, sua transmissão ao substituto.

**Art. 1.950. Se, entre muitos coerdeiros ou legatários de partes desiguais, for estabelecida substituição recíproca, a proporção dos quinhões fixada na primeira disposição entender-se-á mantida na segunda; se, com as outras anteriormente nomeadas, for incluída mais alguma pessoa na substituição, o quinhão vago pertencerá em partes iguais aos substitutos.**

O artigo cogita da possibilidade de haver muitos herdeiros ou legatários, aos quais o testador atribuiu partes desiguais na herança ou legado; e, além disso, estabeleceu substituição recíproca entre eles, ou seja, na falta de um ou de alguns, os outros receberão os quinhões dos faltantes. Ocorrendo essa hipótese, o quinhão do substituído será repartido entre os demais herdeiros ou legatários na mesma proporção fixada na primeira disposição. Tome-se como exemplo a disposição testamentária pela qual o testador institui três herdeiros, um deles com quinhão que representa o dobro dos outros dois. Se um destes últimos não recebe a herança, seu quinhão será repartido entre os dois remanescentes na mesma proporção, ou seja, o dobro para o herdeiro que originalmente era o mais bem favorecido.

Na parte final, o artigo cogita de outra possibilidade: o testador combinar, entre herdeiros ou legatários com quinhões desiguais, substituição recíproca e vulgar estabelecendo que o quinhão do faltante será atribuído aos demais herdeiros ou legatários e acrescentando a repartição com um substituto não herdeiro ou não legatário originalmente. Inclui, portanto, outra pessoa. Nesse caso, como não é possível manter a mesma proporção fixada na primeira disposição, determina o legislador que o quinhão vago será repartido entre os substitutos em partes iguais. Isso, é claro, se não houver disposição expressa sobre como será feita a divisão, pois se trata de norma supletiva da vontade do testador.

## *Seção II*
## *Da Substituição Fideicomissária*

**Art. 1.951. Pode o testador instituir herdeiros ou legatários, estabelecendo que, por ocasião de sua morte, a herança ou o legado se transmita ao fiduciário, resolvendo-se o direito deste, por sua morte, a certo tempo ou sob certa condição, em favor de outrem, que se qualifica de fideicomissário.**

Na substituição vulgar (arts. 1.947 e segs.), o testador simplesmente indica substituto para herdeiro ou legatário que não possa ou não queira receber a herança ou legado. Aquele recebe o que este não pôde ou não quis receber. Apenas um deles, o herdeiro ou legatário original, ou o substituto, receberá a herança ou o legado. No fideicomisso, a substituição é ***sucessiva***. Há uma dupla vocação hereditária em face da herança, ou da mesma cota-parte dela, ou, ainda, da mesma coisa objeto do legado. Há um primeiro beneficiário, herdeiro ou legatário, que recebe a propriedade resolúvel da herança ou legado (sobre propriedade resolúvel, confiram-se os arts. 1.359 e 1.360). Sobrevindo evento previsto pelo testador - pode ser a morte desse beneficiário, ou outro termo, ou, ainda, condição –, a propriedade do fiduciário se extingue, passando a outrem, o herdeiro ou legatário sucessivo, que herda em segundo grau. Exemplo de fideicomisso ocorre na instituição de legado de determinado imóvel em favor de José, estabelecendo o testador que, por ocasião da morte desse legatário, passará à propriedade de Francisco. Nesse exemplo, o testador é denominado fideicomitente; o primeiro beneficiado, fiduciário; e o segundo, fideicomissário.

O atual CC inovou sensivelmente o fideicomisso, ao estabelecer, no art. 1.952, só poder ser fideicomissário a ***prole eventual*** de alguém. Observe-se desde logo, pela importância da disposição sobre o alcance do instituto, que é nulo o fideicomisso além do segundo grau (art. 1.959), inválida, portanto, a indicação de segundo fideicomissário, para receber a propriedade do primeiro. Não é possível, também, fideicomisso sobre a legítima, pois a metade indisponível da herança pertence aos herdeiros necessários de pleno direito e dela não podem ser privados por força de termo ou condição.

**Jurisprudência:** Inventário. Bem imóvel deixado como legado, em fideicomisso. Morte do fiduciário. Levantamento dos valores depositados em Juízo a título de aluguel pelo fideicomissário. Possibilidade. Com o advento da morte do fiduciário, cessa o seu direito sobre a coisa, transmitindo-se-o automaticamente ao fideicomissário, constituindo uma verdadeira modalidade de *saisine* de bens hereditários. (TJSP, AI n. 521.781-4/7-00, rel. Des. Elcio Trujillo, j. 13.02.2008)

1 – Não é devido o imposto de doação sobre extinção de fideicomisso, sob pena de ocorrência de bitributação. 2 – Ao extinguir-se o fideicomisso não há transmissão de propriedade. 3 – Ausência de previsão legal para a imposição do tributo. Princípio da legalidade. 4 – Recurso improvido. (STJ, REsp n. 606.133, rel. Min. José Delgado, j. 08.03.2005)

A estipulação de cláusulas de inalienabilidade e impenhorabilidade não importa na presunção de estipulação de fideicomisso. O testador não precisa usar expressões formais para instituir fideicomisso, nem empregar as palavras "fiduciário" e "fideicomissário", mas precisa ser claro e inequívoco em sua intenção de estabelecer a substituição fideicomissária. Apelo desprovido. (TJRS, Ap. n. 70.004.233.847, rel. Des. Antônio Carlos Stangler Pereira, j. 18.12.2003)

Fideicomisso. Instituto que não pode servir para deserdação ou mera atribuição de usufruto ao herdeiro necessário para que a herança seja transmitida a terceiro. Legítima do herdeiro necessário que não é alcançada por ato de vontade do autor da herança. Interpretação do art. 1.733 do CC. (TJSP, *RT* 789/222)

Fideicomisso. Cláusula testamentária. Extensão. Incidência sobre a legítima de herdeiro necessário. Gravame de que deve se restringir à quota disponível. Art. 1.733 do CC. Nulidade. Recurso provido. (TJSP, *JTJ* 244/70)

**Art. 1.952. A substituição fideicomissária somente se permite em favor dos não concebidos ao tempo da morte do testador.**

**Parágrafo único. Se, ao tempo da morte do testador, já houver nascido o fideicomissário, adquirirá este a propriedade dos bens fideicometidos, convertendo-se em usufruto o direito do fiduciário.**

Trata-se da ***mais relevante inovação*** do atual CC em relação ao fideicomisso. Somente a ***prole eventual*** de alguém poderá ser instituída como fideicomissário. É preciso, além disso, o fideicomissário não ter sido concebido ao tempo da morte do testador. Se já tiver nascido, não se cuidará mais de substituição fideicomissária. A disposição será preservada não como originalmente idealizada pelo testador, mas como usufruto. Nascido o fideicomissário na abertura da sucessão, recebe a nua-propriedade do objeto do fideicomisso. O fiduciário se torna usufrutuário. Usufruto que subsistirá até que ocorra o evento indicado pelo testador (morte do fiduciário, termo ou condição).

Apesar da semelhança, são *inconfundíveis o fideicomisso e o usufruto*. Dentre outras, a diferença mais significativa é a possibilidade de alienação, pelo fiduciário, do bem fideicometido, transmitindo ao adquirente a propriedade resolúvel, ao passo que o usufruto não é passível de alienação pelo usufrutuário (art. 1.393). Essa diferença, no entanto, tem mínima repercussão prática, ante o evidente desinteresse econômico pela aquisição de propriedade resolúvel pelo advento de termo ou condição. Por causa dessa diferença prática quase irrelevante, parcela da doutrina considerava desnecessária a existência do fideicomisso, bastando o usufruto, preservada a utilidade daquele somente para contemplar a prole eventual de alguém, o que não é possível pelo usufruto. Por essa razão, o atual Código limitou a instituição de fideicomissário à prole eventual de alguém.

Diferenciam-se fideicomisso e usufruto, também, por haver no fideicomisso, como visto nos comentários ao art. 1.951, aquisições sucessivas do domínio da herança ou legado, primeiro pelo fiduciário, depois pelo fideicomissário; ao passo que, no usufruto, as aquisições de direito pelo usufrutuário e pelo nu-proprietário são simultâneas.

Outro aspecto relevante é a morte do fiduciário, anterior à condição ou ao termo, acarretar a transmissão do bem fideicometido a seus herdeiros, não ao fideicomissário, salvo se a morte dele for o evento previsto pelo testador para desencadear a substituição fideicomissária. A morte do usufrutuário, por sua vez, extingue o usufruto. Na morte do fideicomissário antes da substituição, consolida-se a propriedade plena em mãos do fiduciário ou seus sucessores. Morrendo o nu-proprietário, a nua propriedade se transmite a seus sucessores.

Observam os doutrinadores, de modo geral, que nem sempre o testador deixa claro se a disposição por ele prevista constitui usufruto ou fideicomisso, a impor difícil interpretação de sua efetiva vontade, ante as significativas diferenças entre os dois institutos, como visto. Caso o testador use a expressão *fideicomisso* para contemplar, como fideicomissário, pessoa existente ao tempo da disposição testamentária, violando, assim, a limitação do art. 1.952, caberá ao intérprete verificar se ele, ao empregar a expressão, não quis, na verdade, estabelecer usufruto; nesse caso, confirmando-se seu intuito de constituir usufruto, a disposição será preservada (art. 1.899).

Na hipótese contrária, se patente que a intenção dele era efetivamente de instituir fideicomisso, assegurando ao fiduciário, por exemplo, direito de alienação do bem fideicometido, qual a solução? Uma interpretação possível parece ser a de que, violado o art. 1.952, a substituição fideicomissária estaria comprometida e o fiduciário receberia a propriedade plena e não resolúvel. Parece mais razoável, no entanto, preservar a disposição testamentária como usufruto, ante a similaridade entre os dois institutos e considerando as razões referidas, que levaram o atual Código a limitar o fideicomisso à prole eventual, justamente porque, em relação às pessoas já existentes, o usufruto produz praticamente os mesmos efeitos do fideicomisso.

**Jurisprudência:** 1. A disposição testamentária feita pela falecida genitora do inventariado, no sentido de que, por ocasião de sua morte, a herança dela caberia ao seu único filho e, na falta deste, à agravante, não significa a instituição de uma substituição fideicomissária em favor da recorrente, mas de uma mera substituição vulgar, que é prevista no art. 1.947 do CC. No caso, considerando que o filho da testadora, ora inventariado, era vivo quando do passamento de sua genitora, ele herdou a totalidade da herança, que passou a integrar o seu patrimônio. Portanto, quando do falecimento dele, não se cogita de transmitir a herança à recorrente, porque ela não é fideicomissária – e nem mesmo poderia, porque, no ordenamento jurídico brasileiro, a substituição fideicomissária somente se permite em favor dos não concebidos ao tempo da morte do testador (arts. 1.951 e 1.952 do CC) – e tampouco é herdeira necessária ou testamentária do autor da herança. 2. Se a recorrente não é herdeira e tampouco se enquadra nas hipóteses do art. 617 do CPC, não está legitimada para exercer a inventariança e igualmente... não tem legitimidade para questionar a nomeação de uma prima do falecido como inventariante, sob o argumento de que supostamente haveria um tio vivo, fazendo incidir o disposto no art. 1.843 do CC. Negaram provimento. Unânime. (TJRS, AI n. 70080514706, rel. Luiz Felipe Brasil Santos, j. 30.05.2019)

1 – A substituição fideicomissária verifica-se quando o testador nomeia pessoa favorecida e também designa um substituto, a quem cabe recolher a herança ou legado, quando da morte do favorecido. 2 – Existe fideicomisso quando os avós-fideicomitentes nominam como fideicomissárias três filhas do filho-fiduciário, através de testamentos válidos. 3 – Se a morte do autor da herança ocorreu quando vigia o CC/1916, esta é a lei que rege a sucessão, não tendo aplicação a regra do art. 1.952 do novo CC, que restringe a cláusula de fideicomisso àqueles não concebidos ao tempo da morte do testador. (TJRS, AI n. 70.015.005.341, rel. Des. Sérgio Fernando de Vasconcellos Chaves, j. 02.08.2006)

**Art. 1.953. O fiduciário tem a propriedade da herança ou legado, mas restrita e resolúvel.**

**Parágrafo único. O fiduciário é obrigado a proceder ao inventário dos bens gravados, e a prestar caução de restituí-los se o exigir o fideicomissário.**

Característica essencial do fideicomisso é o fiduciário receber a ***propriedade resolúvel*** da herança ou legado (sobre propriedade resolúvel, confiram-se os arts. 1.359 e 1.360). Permanece proprietário até que sobrevenha o termo ou condição previsto pelo testador. O termo pode ser a morte do fiduciário. Ocorrendo o evento futuro previsto pelo testador, a propriedade do fiduciário se resolve, transmitindo-se ao fideicomissário. Sendo resolúvel a propriedade do fiduciário, ele pode alienar a coisa recebida por herança ou legado, mas, ao fazê-lo, transmite a propriedade resolúvel, de modo que, sobrevindo o termo ou condição, o adquirente deverá entregar a coisa adquirida ao fideicomissário. Se não o fizer, o fideicomissário poderá reivindicá-la de quem a possua ou detenha, tal como estabelece o art. 1.359. Se o fideicomissário exigir, o fiduciário deverá realizar o inventário dos bens fideicometidos e prestar caução de restituí-los. Perecendo a coisa antes da ocorrência do termo ou condição, por culpa do fiduciário, este, sobrevindo a condição ou o termo, deverá indenizar o fideicomissário. O direito deste caduca se a coisa perecer por caso fortuito ou força maior.

**Jurisprudência:** Decisão que considerou indevida alienação de imóvel sem alvará, e determinou que o bem passe a integrar o plano de partilha. Adequação. Existência de testamento em que se estabeleceu fideicomisso. Realização de cessão de direitos, contudo, pela fiduciária e pela única herdeira necessária, no curso do inventário e sem alvará judicial, de imóvel sobre o qual as fideicomissárias possuem parte ideal. Alienação ineficaz contra as fideicomissárias, a teor do disposto no art. 1.793, § 3°, do CC. Falecimento da fiduciária que fez consolidar a propriedade do bem, na parte que lhes cabe, em favor das fideicomissárias, considerando deter a primeira apenas a propriedade resolúvel, na forma do *caput*, do art. 1.953, do CC. Bem que deve ser objeto da partilha a ser apresentada no inventário, consoante art. 1.025, I e II, do CPC [art. 653, I e II, do CPC/2015]. Fideicomissárias que não podem ser excluídas do inventário do fideicomitente testador, em razão do manifesto interesse na defesa de seus direitos. Agravo desprovido. (TJSP, AI n. 2059403-12.2013.8.26.0000, rel. João Batista Vilhena, j. 17.12.2013)

Fideicomisso. Alienação por fiduciário do bem fideicometido. Admissibilidade. Desnecessidade da participação do fideicomissário no negócio jurídico. Existência para este de mera expectativa de direito, não podendo reivindicar enquanto não aberta a substituição. Ausência, ademais, de demonstração de fraude ou simulação na conduta do fiduciário. Recurso não provido. (TJSP, *JTJ* 116/1)

Fideicomisso. Pretensão de cunho indenizatório deduzida por fideicomissário tendo em vista a caducidade por perecimento do objeto por culpa do fiduciário. Admissibilidade. Devedor que responde por perdas e danos e pelo equivalente ao valor da coisa, que é certa. Caducidade do fideicomisso e culpa do fiduciário, entretanto, que devem ser apuradas no curso do processo. Possibilidade jurídica do pedido. Embargos rejeitados. (TJSP, Emb. Infring. n. 113.466-1, rel. Cezar Peluso, j. 23.04.1991)

**Art. 1.954. Salvo disposição em contrário do testador, se o fiduciário renunciar a herança ou o legado, defere-se ao fideicomissário o poder de aceitar.**

Caso o fiduciário renuncie à herança ou ao legado, não prejudicará o fideicomissário; favorecendo-o, ao contrário, pois a ele se transfere o poder de aceitar e recebe a propriedade desde logo, sem se submeter ao termo ou à condição impostos pelo testador. A substituição nessa hipótese é a vulgar, disciplinada nos arts. 1.947 a 1.950. Ressalva-se a possibilidade do testador ter previsto expressamente a possibilidade da renúncia do fiduciário e de ter estabelecido outra solução, diversa da legal. A regra do art. 1.954 é, portanto, supletiva da vontade do testador. Embora sem correspondência no CC/1916, a solução do art. 1.954 era a considerada lógica pela doutrina na vigência do sistema anterior (cf., por exemplo, NONATO, Orosimbo. *Estudos sobre sucessão testamentária*. Rio de Janeiro, Forense, 1957, v. III, p. 206).

**Art. 1.955. O fideicomissário pode renunciar a herança ou o legado, e, neste caso, o fideicomisso caduca, deixando de ser resolúvel a propriedade do fiduciário, se não houver disposição contrária do testador.**

No caso de renúncia à herança ou ao legado por parte do fideicomissário, o fideicomisso caduca e a propriedade do fiduciário, até então resolúvel, torna-se plena. Ressalva-se a possibilidade de o testador ter previsto expressamente a possibilidade de renúncia do fideicomissário e de ter disciplinado a consequência, diversa do que estabelece a lei. Poderá, por exemplo, indicar substituto (substituição vulgar) para o fideicomissário.

**Jurisprudência:** [...] 4 – De acordo com o art. 1.959 do CC, "são nulos os fideicomissos além do segundo grau". A lei veda a substituição fiduciária além do segundo grau. O fideicomissário, porém, pode ter substituto, que terá posição idêntica a do substituído, pois o que se proíbe é a sequência de fiduciários, não a substituição vulgar do fiduciário ou do fideicomissário. 5 – A substituição fideicomissária é compatível com a substituição vulgar e ambas podem ser estipuladas na mesma cláusula testamentária. Dá-se o que a doutrina denomina substituição compendiosa. Assim, é válida a cláusula testamentária pela qual o testador pode dar substituto ao fideicomissário para o caso deste vir a falecer antes do fiduciário ou de se realizar a condição resolutiva, com o que se impede a caducidade do fideicomisso. É o que se depreende do art. 1.958 c/c 1.955, parte final, do CC. (STJ, REsp n. 1.221.817, rel. Min. Maria Isabel Gallotti, j. 10.12.2013)

**Art. 1.956. Se o fideicomissário aceitar a herança ou o legado, terá direito à parte que, ao fiduciário, em qualquer tempo acrescer.**

Mantida a substituição fideicomissária, o fideicomissário terá direito ao acrescido à parte que tocar ao fiduciário. Sobre as hipóteses nas quais há direito de acrescer e seus requisitos legais, confiram-se os arts. 1.941 a 1.946.

**Art. 1.957. Ao sobrevir a sucessão, o fideicomissário responde pelos encargos da herança que ainda restarem.**

Sobrevindo a morte do fiduciário, ou outro termo, ou a condição, em suma, o marco estabelecido pelo testador para a transmissão da propriedade do fiduciário ao fideicomissário, este recebe a herança ou o legado com os encargos que ainda a onerarem. Assim, se o fiduciário havia cumprido o encargo parcialmente, ao fideicomissário caberá completá-lo. Sobre disposição testamentária sob encargo, confiram-se os comentários ao art. 1.897.

**Art. 1.958. Caduca o fideicomisso se o fideicomissário morrer antes do fiduciário, ou antes de realizar-se a condição resolutória do direito deste último; nesse caso, a propriedade consolida-se no fiduciário, nos termos do art. 1.955.**

O testador pode subordinar a substituição fideicomissária a uma das três possibilidades previstas no art. 1.951: para o caso da morte do fiduciário, a certo tempo ou sob certa condição. Ocorrendo o evento previsto no testamento, a herança ou o legado se transmitem ao fideicomissário. Se este morre antes do evento, não haverá a quem ser feita a transmissão e o fideicomisso caduca. Excetua-se a possibilidade de o testador ter indicado substituto para o fideicomissário. Caducando o fideicomisso, a propriedade do fiduciário, que era resolúvel, torna-se plena.

**Jurisprudência:** A substituição fideicomissária caduca se o fideicomissário morrer antes dos fiduciários, caso em que a propriedade destes consolida-se, deixando, assim, de ser restrita e resolúvel (arts. 1.955 e 1.958 do CC/2002). Afastada a hipótese de sucessão por disposição de última vontade, oriunda do extinto fideicomisso, e, por consequência, consolidando-se a propriedade nas mãos dos fiduciários, o falecimento de um destes sem deixar testamento impõe estrita obediência aos critérios da sucessão legal, transmitindo-se a herança, desde logo, aos herdeiros legítimos, inexistindo herdeiros necessários. (STJ, REsp n. 820.814/SP, rel. Min. Nancy Andrighi, j. 09.10.2007)

Caducidade. Morte do fideicomissário anterior à do fiduciário. Propriedade consolidada na pessoa do fiduciário. Direito eventual que não se transmite aos herdeiros do fideicomissário premorto. Extinção do fideicomisso. Recurso não provido. (TJSP, *JTJ* 159/75)

**Art. 1.959. São nulos os fideicomissos além do segundo grau.**

O artigo trata de importante limitação ao fideicomisso, estabelecendo só admitir substituição fideicomissária uma única vez. Por conseguinte, não é permitido ao testador fixar que José receberá a herança como fiduciário, transmitindo-a por sua morte a Francisco e este, ao morrer, a Antônio. Nesse exemplo, a previsão da substituição entre Francisco e Antônio é nula. A primeira fica preservada, pois não é afetada pela nulidade da segunda, como expressamente prevê o artigo seguinte. Não se permite, pois, a perpetuidade de substituições fideicomissárias, evitando-se que os bens da herança ou de legado permaneçam praticamente fora do comércio, ante o inevitável desinteresse econômico na aquisição de propriedade resolúvel (cf. comentário ao art. 1.952).

**Jurisprudência:** Direito civil e processual civil. Sucessão testamentária. Fideicomisso. Fideicomissário premoriente. Cláusula do testamento acerca da substituição do fideicomissário. Validade. Compatibilidade entre a instituição fiduciária e a substituição vulgar. Condenação de terceiro afastada. Efeitos naturais da sentença. 1. Se as questões trazidas à discussão foram dirimidas pelo tribunal de origem de forma suficientemente ampla, fundamentada e sem omissões, deve ser rejeitada a alegação de contrariedade do art. 535 do CPC. 2. A sentença não prejudica direitos de pessoa jurídica que não foi citada para integrar a relação processual (CPC, art. 472). Como ato estatal imperativo produz, todavia, efeitos naturais que não podem ser ignorados por terceiros. 3. O recurso de apelação e a ação cautelar são instrumentos processuais distintos e visam a diferentes objetivos. O ajuizamento de ambos para questionar diferentes aspectos do mesmo ato judicial não configura preclusão consumativa a obstar o conhecimento da apelação. 4. De acordo com o art. 1.959 do CC, "são nulos os fideicomissos além do segundo grau". A lei veda a substituição fiduciária além do segundo grau. O fideicomissário, porém, pode ter substituto, que terá posição idêntica à do substituído, pois o que se proíbe é a sequência de fiduciários, não a substituição vulgar do fiduciário ou do fideicomissário. 5. A substituição fideicomissária é compatível com a substituição vulgar e ambas podem ser estipuladas na mesma cláusula testamentária. Dá-se o que a doutrina denomina substituição compendiosa. Assim, é válida a cláusula testamentária pela qual o testador pode dar substituto ao fideicomissário para o caso deste vir a falecer antes do fiduciário ou de se realizar a condição resolutiva, com o que se impede a caducidade do fideicomisso. É o que se depreende do art. 1.958 c/c 1.955, parte final, do CC. 6. Recurso especial de N. P. Administração S. A. N. a que se dá parcial provimento. 7. Recurso especial de A. L. R. H. a que se dá parcial provimento. (STJ, REsp n. 1.221.817/PE, 4ª T., rel. Min. Maria Isabel Gallotti, j. 10.12.2013)

---

**Art. 1.960. A nulidade da substituição ilegal não prejudica a instituição, que valerá sem o encargo resolutório.**

---

O art. 1.959 comina de nulidade os fideicomissos além do segundo grau. Complementando essa norma, o art. 1.960 dispõe que, se houver previsão de fideicomisso de segundo grau em diante, a nulidade não contamina o de primeiro grau, que fica preservado. O fideicomissário recebe a herança ou legado, desconsiderando-se a determinação do testador para que, por sua morte, a certo tempo ou condição, ocorra a transmissão a um segundo e sucessivo fideicomissário.

## CAPÍTULO X
## DA DESERDAÇÃO

---

**Art. 1.961. Os herdeiros necessários podem ser privados de sua legítima, ou deserdados, em todos os casos em que podem ser excluídos da sucessão.**

---

**Conceito:** a deserdação é disposição testamentária pela qual o testador, invocando causa expressamente prevista em lei, exclui da sucessão herdeiro necessário. Os herdeiros necessários são os descendentes, ascendentes e, novidade do atual CC, o cônjuge sobrevivente (art. 1.845), aos quais se assegura de pleno direito a metade dos bens da herança, a legítima (art. 1.846), que o testador não pode dispor por testamento (art. 1.789). Constitui a deserdação, portanto, exceção ao princípio da intangibilidade da legítima.

A matéria é tratada no título da sucessão testamentária, pois a deserdação deve constar, necessariamente, de testamento, em qualquer de suas modalidades, sendo inválida se observada forma diversa. No entanto, na essência, diz respeito à sucessão legítima, aos herdeiros necessários. Embora a deserdação constitua exceção ao direito à legítima pelos herdeiros necessários, acarreta a exclusão do herdeiro necessário inclusive em relação à metade disponível.

Quanto aos herdeiros facultativos (no atual Código são somente os *colaterais*), não há que se falar em deserdação, pois basta ao testador dispor de todo o seu patrimônio a outrem, sem precisar declarar a causa, para alijá-los da sucessão (art. 1.850). Relembre-se da polêmica, na vigência do atual Código, sobre a inclusão do ***companheiro sobrevivente*** como herdeiro necessário, questão apreciada no comentário ao art. 1.845. Caso se entenda que o companheiro é herdeiro necessário, também está sujeito à deserdação.

Admite-se a deserdação parcial, como sanção mais branda do testador, por não ser vedada por lei e ser mais favorável ao deserdado. É importante adiantar que a exclusão por deserdação não se aperfeiçoa somente com a vontade do testador manifestada em testamento. Há necessidade, também, após a abertura da sucessão, de ação em que essa causa seja comprovada (cf. o art. 1.965).

**Analogia limitada:** a doutrina, de modo geral, ressalta as hipóteses de deserdação serem taxativas. Em relação às de indignidade, que também autorizam deserdação, há entendimento de admitirem analogia limitada (cf. comentário ao art. 1.814).

**Deserdação e indignidade:** os herdeiros necessários também são excluídos da sucessão nos casos de indignidade. Apesar do mesmo efeito, há diferenças importantes entre deserdação e indignidade. A deserdação decorre de disposição testamentária; a indignidade, da lei. A deserdação só priva da sucessão herdeiros necessários; a indignidade, todo tipo de sucessor (herdeiros necessários, facultativos, testamentários e legatários). A causa da deserdação, devendo ser declarada por testamento, necessariamente antecede a abertura da sucessão; a da indignidade pode-lhe ser posterior. Todas as causas de indignidade justificam deserdação, como prevê expressamente o art. 1.961, mas, além delas, há outras causas de deserdação, arroladas nos arts. 1.962 e 1.963, que não configuram indignidade.

**Efeitos da exclusão:** assim como ocorria no CC/1916, o atual CC também não contém disposição expressa que limite a pena da deserdação à pessoa do deserdado. Não há, no tema da deserdação, norma similar à do art. 1.816, segundo a qual são pessoais os efeitos da exclusão por indignidade. Por causa dessa omissão, Washington de Barros Monteiro sustenta que os herdeiros do deserdado, nos casos nos quais se admite direito de representação (arts. 1.851 a 1.856), não poderiam recolher a herança ou legado (*Curso de direito civil*, 35. ed. São Paulo, Saraiva, 2003, v. VI, p. 246), mas sua posição é isolada. A maioria da doutrina entende que, sendo pena de igual natureza à da exclusão por indignidade, os efeitos da deserdação também são pessoais, considerando-se como se o deserdado tivesse morrido antes do *de cujus*. Por conseguinte, se houver direito de representação, os herdeiros do deserdado herdam o que a ele caberia (art. 1.851).

Em contrapartida, no entanto, por coerência, o deserdado também está sujeito à disposição do parágrafo único do art. 1.816, ou seja, não terá direito ao usufruto ou à administração dos bens que a seus sucessores couberem na herança, nem à sucessão eventual desses bens. Acolhendo essas ponderações da doutrina dominante, o PL n. 699/2011 (reapresentação do PL n. 6.960/2002 e do PL n. 276/2007) propõe a criação de um § 2º no art. 1.965, prevendo expressamente que os efeitos da deserdação são pessoais, estendendo ao deserdado a norma do parágrafo único do art. 1.816.

**Falta de menção ao cônjuge nas hipóteses dos arts. 1.962 e 1.963:** o legislador, ao prever nesses dois artigos causas de deserdação dos descendentes por seus ascendentes e vice-versa, esqueceu-se de prever hipótese de deserdação do cônjuge, elevado a herdeiro necessário no atual CC. Por essa razão, o referido PL n. 699/2011 (reapresentação do PL n. 6.960/2002 e do PL n. 276/2007) prevê a criação do art. 1.963-A, incluindo hipóteses de deserdação do cônjuge. Até que seja feita alteração nesse sentido, as causas de deserdação do cônjuge são exclusivamente as de indignidade. Caso se entenda que o companheiro também é herdeiro necessário (cf. comentário ao art. 1.845), as mesmas causas de deserdação do cônjuge valem para ele.

**Direito real de habitação:** como observa Sílvio de Salvo Venosa (*Direito civil*, 3. ed. São Paulo, Atlas, 2003, v. VII, p. 291), a deserdação abrange o direito real de habitação, assegurado no atual CC ao cônjuge sobrevivente, qualquer que seja o regime de bens do casamento, independentemente de sua participação na herança (art. 1.831). A razão é, como visto, o excluído da sucessão, por indignidade ou deserdação, ser considerado morto antes do autor da herança, sem nenhum direito sucessório. Ressalve-se a possibilidade de deserdação parcial, na qual o testador expressamente mantenha esse direito real.

**Perdão do deserdado:** o perdão do testador ao deserdado é possível, assim como a reabilitação do indigno (art. 1.818). Parte da doutrina entende que o perdão só pode ser formalizado por testamento, pois a revogação de uma disposição testamentária só por outra pode ser efetuada (art. 1.969). Nesse sentido, por exemplo, a opinião de Zeno Veloso (*Comentários ao Código Civil*. São Paulo, Saraiva, 2003, v. XXI, p. 326). Parece mais acertada, porém, a corrente contrária, admitindo o perdão por qualquer ato autêntico, aplicando por analogia o art. 1.818, que prevê a forma da reabilitação do indigno. Sendo os efeitos da indignidade e da deserdação os mesmos, e sendo hipóteses excepcionais de exclusão de herdeiros, parece mais razoável adotar o entendimento mais benevolente, favorável ao herdeiro prejudicado, dando valia ao louvável ato de perdão constante de ato de autenticidade induvidosa. Além disso, como as causas de indignidade também autorizam deserdação, seria incoerente autorizar o perdão do indigno por ato autêntico e não admitir essa possibilidade se a mesma causa de indignidade foi invocada pelo testador para deserdar o herdeiro necessário. Nesse sentido, permitindo o perdão da deserdação por ato autêntico, a opinião de Pontes de Miranda, citada por Orosimbo Nonato (*Estudos sobre sucessão testamentária*. Rio de Janeiro, Forense, 1957, v. II, p. 147).

**Jurisprudência:** Decisão que determinou à inventariante apresentação de plano de partilha, levando em conta que somente a parte disponível dos bens da falecida pode ser objeto do testamento e os efeitos da deserdação não afetam o filho do herdeiro excluído. Cabimento. Os descendentes do herdeiro excluído sucedem, como se ele morto fosse antes da abertura da sucessão. São pessoais os efeitos da pena de deserdação. Inteligência do art. 1.816 do CC. Adequada a inclusão do descendente do herdeiro deserdado na herança, que sucederá por representação seu genitor. Decisão mantida. Recurso desprovido. (TJSP, AI n. 0086580-82.2013.8.26.0000, rel. Des. Salles Rossi, j. 07.08.2013)

**Art. 1.962. Além das causas mencionadas no art. 1.814, autorizam a deserdação dos descendentes por seus ascendentes:**
**I - ofensa física;**
**II - injúria grave;**
**III - relações ilícitas com a madrasta ou com o padrasto;**
**IV - desamparo do ascendente em alienação mental ou grave enfermidade.**

Como visto nos comentários ao art. 1.961, todas as causas de indignidade autorizam deserdação. No art. 1.962, outras são acrescentadas, exclusivas de deserdação dos descendentes por seus ascendentes.

A primeira delas é a de *ofensas físicas* praticadas por descendente contra o ascendente autor da herança. Basta, segundo a doutrina, uma única agressão, ainda que sem lesões corporais ou condenação criminal. Exclui-se, por evidente, a agressão praticada em legítima defesa ou cometida por inimputável.

Também autoriza deserdação a ***injúria grave*** contra o ascendente, compreendida como injúria a ofensa verbal, escrita, por gestos etc., aviltante da honra do autor da herança; e que tenham gravidade considerados o contexto social e a época em que se deram.

As *relações ilícitas com a madrasta ou o padrasto* são compreendidas, segundo uma corrente doutrinária, unicamente como situação na qual tenha havido ato sexual. Parece mais razoável, porém, o entendimento defendido por Zeno Veloso (*Comentários ao Código Civil*. São Paulo, Saraiva, 2003, v. XXI, p. 332), incluindo o namoro e outras relações que revelam concupiscência, pois, se quisesse o legislador se limitar ao ato sexual, teria sido explícito nesse sentido.

Também parece de inegável acerto a posição desse mesmo jurista (op. cit., p. 334), que entende compreendidas na hipótese do inciso III as relações ilícitas do descendente com o companheiro ou companheiro do ascendente, uma vez que o companheiro mantém vínculo de afinidade com os descendentes do outro (art. 1.595, § 1º).

O inciso IV, por fim, prevê como causa de deserdação o ***desamparo*** do ascendente em alienação mental ou grave enfermidade. O desamparo que autoriza deserdação somente se verifica nessas duas situações. Se o descendente nega alimentos ao ascendente sadio, não estará presente essa hipótese legal. O ascendente alienado mental só poderá deserdar se recuperar a sanidade.

A ***novidade*** do atual CC em relação a essas causas de deserdação específicas dos descendentes por seus ascendentes é a exclusão da hipótese do inciso III do art. 1.744 do CC/1916, que previa deserdação para o caso de desonestidade da filha que vivia na casa paterna, resquício inaceitável de cultura patriarcal e patrimonialista.

**Jurisprudência:** 1 – Se a sucessão consiste na transmissão das relações jurídicas economicamente apreciáveis do falecido para o seu sucessor e tem em seu âmago além da solidariedade, o laço sanguíneo ou, por vezes, meramente afetuoso estabelecido entre ambos, não se pode admitir, por absoluta incompatibilidade com o primado da justiça, que o ofensor do autor da herança venha dela se beneficiar posteriormente. 2 – Para fins de fixação de tese jurídica, deve-se compreender que o mero exercício do direito de ação mediante o ajuizamento de ação de interdição do testador, bem como a instauração do incidente tendente a removê-lo (testador sucedido) do cargo de inventariante, não é, por si, fato hábil a induzir a pena deserdação do herdeiro nos moldes do art. 1.744, II, do CC/1916 ("injúria grave"), o que poderia, ocorrer, ao menos em tese, se restasse devidamente caracterizado o abuso de tal direito, circunstância não verificada na espécie. 3 – Realçando-se o viés punitivo da deserdação, entende-se que a melhor interpretação jurídica acerca da questão consiste em compreender que o art. 1.595, II, do CC/1916 não se contenta com a acusação caluniosa em juízo qualquer, senão em juízo criminal. 4 – Ausente a comprovação de que as manifestações do herdeiro recorrido tenham ensejado "investigação policial, processo judicial, instauração de investigação administrativa, inquérito civil ou ação de improbidade administrativa" (art. 339 do CP) em desfavor do testador, a improcedência da ação de deserdação é medida que se impõe. 5 – Recurso especial improvido. (STJ, REsp n. 1.185.122/RJ, rel. Min. Massami Uyeda, j. 17.02.2011)

**Art. 1.963. Além das causas enumeradas no art. 1.814, autorizam a deserdação dos ascendentes pelos descendentes:**
**I - ofensa física;**
**II - injúria grave;**
**III - relações ilícitas com a mulher ou companheira do filho ou a do neto, ou com o marido ou companheiro da filha ou o da neta;**
**IV - desamparo do filho ou neto com deficiência mental ou grave enfermidade.**

No art. 1.963 são enumeradas causas específicas de deserdação dos ascendentes pelos descendentes. Em relação a todas essas causas, valem as observações feitas a respeito no art. 1.962. Ressalve-se, sobre as ofensas físicas, que os pais, em relação aos filhos menores, no exercício do poder familiar, podem castigá-los com moderação, o que não configura ofensa física para fins de deserdação do pai pelo filho.

**Jurisprudência:** Deserdação. Injúria grave. Art. 1.963, II, CC/2002 (art. 1.745 – CC/1916). Inexistência. Ação visando confirmação dos fatos que dão ensejo à deserdação. Não caracterização de injúria grave. Ausência de provas. Art. 1.965 – CC/2002 (art. 1.743 – CC/1916). O herdeiro instituído ou aquele a quem aproveita a deserdação de outrem, deve promover ação própria e nela provar a veracidade dos fatos alegados pelo testador para o fim de confirmar a deserdação. Não presentes elementos indispensáveis que formem a adequada convicção, de maneira objetiva, que a honra, reputação e dignidade do testador foram atingidas. Ausência, *in casu*, do denominado *animus injuriandi*, pois não restou provada a intenção da prática de ato injurioso. Inexistência de provas de que os fatos narrados na inicial efetivamente ocorreram. Injúria grave não caracterizada. Recurso não provido. (TJSP, Ap. Cível n. 4.949.904.000, rel. Des. Roberto Mac Cracken, j. 01.07.2009)

**Art. 1.964. Somente com expressa declaração de causa pode a deserdação ser ordenada em testamento.**

Como visto no comentário ao art. 1.961, pressuposto da deserdação é que o autor da herança, ao deserdar, aponte no testamento uma das causas legais que autorizam essa pena aplicável aos herdeiros necessários. Basta apontar a hipótese legal, sem necessidade de narrar o fato que lhe deu causa, com suas circunstâncias. É possível, portanto, ao testador deserdar herdeiro necessário simplesmente dizendo, por exemplo, que sofreu ofensa física dele. O fato deverá ser comprovado, no entanto, com suas circunstâncias, na ação que se segue à abertura da sucessão, indispensável para o aperfeiçoamento da deserdação. Somente a causa apontada pelo testador autoriza a deserdação, ainda que existam outras que também poderiam, em tese, se tivessem sido declinadas no testamento, justificar a mesma pena. A ofensa física, no exemplo apontado, deverá ser anterior ao testamento, pois a deserdação somente pode se referir a fatos ocorridos antes do testamento.

**Jurisprudência:** [...] Sucessão. Ação proposta pelo genitor em face da filha. Exclusão de herdeira. Indignidade. Conduta da ré não se enquadra nas circunstâncias previstas no inciso II, do art. 1.814, do CC. Por outro lado, não é possível que o próprio titular dos bens promova ação objetivando a deserdação de sua herdeira. Manifestação de vontade do titular da herança se dá por meio de testamento, nos termos do art. 1.964 do CC. Sentença de improcedência mantida. Aplicação do disposto no art. 252 do Regimento Interno deste Tribunal. Recurso não provido. (TJSP, Ap. n. 1001814-92.2021.8.26.0584, rel. Elcio Trujillo, j. 17.05.2023)

Ação de deserdação. Ausência de testamento. Condição inafastável. Como ato personalíssimo que é a deserdação, não se pode dispensar a declaração da causa em testamento. E, inexistente este, não prospera o pedido de deserdação, ajuizado por quem seria beneficiária com tal declaração. Art. 1.963, IV, do CCB. Deram provimento. unânime. (TJRS, Proc n. 50059729120208210004, rel. Luiz Felipe Brasil Santos, j. 06.10.2022)

Apelação cível. Ação de deserdação. Pretensão em face de filho maior. Indeferimento da petição inicial, nos termos do art. 330, III, do NCPC. Sentença de extinção, sem julgamento do mérito, com fundamento no art. 485, VI, do NCPC. Irresignação do autor. Gratuidade processual ao autor. Deferimento do benefício. Documentos juntados autorizam o deferimento da pretensão. Mérito. Ato de deserdação que se dá exclusivamente por meio de testamento. Inviabilidade de forma diversa. Inteligência do art. 1.961, do CC. Decisão mantida. Aplicação do art. 252 do Regimento Interno do TJSP. Honorários recursais. Ausente impugnação técnica aos pedidos formulados na petição inicial. Resultado. Recurso parcialmente provido, tão somente para concessão da gratuidade da justiça em favor do autor. (TJSP, Ap. Cível n. 1009930-77.2021.8.26.0361, rel. Edson Luiz de Queiróz, j. 30.03.2022)

Deserdação. Forma. Testamento. Embora se refira ao afastamento do direito do herdeiro necessário à legítima, a deserdação deve ser feita por testamento, sob pena de invalidade. Arts. 1.961 a 1.965 do CC. Falta de interesse jurídico para que a mãe, ainda viva, obtenha a declaração judicial de deserdação do filho. Improcedência mantida. Recurso não provido. (TJSP, Ap. n. 1000725-30.2018.8.26.0587, rel. Mônica de Carvalho, j. 04.08.2020)

Ação de deserdação. Ajuizamento pelo pai, que pretende excluir o filho da herança. Indeferimento da inicial. Ausência de manifestação testamentária. Deserdação só pode ser declarada em testamento, com expressa referência à causa. Sentença mantida. Recurso desprovido. (TJSP, Proc. n. 1002060-47.2015.8.26.0019, rel. Moreira Viegas, j. 22.02.2017)

Deserdação. Pretensão de reconhecimento judicial. Impossibilidade. Questão possível de ser apreciada após aberta a sucessão. Exigência, portanto, de disposição de última vontade. Inclusão de cláusula em testamento como pressuposto indispensável. Impossibilidade jurídica do pedido judicial manifesta. Sentença confirmada. Recurso não provido. (TJSP, Ap. Cível n. 5.448.164.600, rel. Des. Elcio Trujillo, j. 17.06.2009)

Testamento. Particular. Deserdação. Filhos havidos fora do casamento. Expressa declaração da causa. Falta. Nulidade. Tipicidade fechada. Aplicação do art. 1.742 c/c os arts. 1.595, 1.744 e 1.745, todos do CC. Recurso não provido. (TJSP, *JTJ* 213/188)

---

**Art. 1.965. Ao herdeiro instituído, ou àquele a quem aproveite a deserdação, incumbe provar a veracidade da causa alegada pelo testador.**

**Parágrafo único. O direito de provar a causa da deserdação extingue-se no prazo de quatro anos, a contar da data da abertura do testamento.**

---

Não basta ao autor da herança deserdar herdeiro necessário em testamento válido. É preciso que, aberta a sucessão, a causa por ele indicada (uma das previstas em lei) seja provada por aquele a quem aproveite a deserdação, em ***ação de deserdação***. Somente se reconhecida por sentença como verdadeira a causa declarada pelo testador, o deserdado será excluído da sucessão. Na ação de deserdação, a ***revelia*** do réu não dispensa o autor da prova da causa (cf. ementa a seguir transcrita).

A ***legitimidade ativa*** é daquele a quem aproveite a deserdação, portanto, o autor da ação deverá ter interesse econômico na deserdação. Deverá ser um coerdeiro, um colegatário, ou o seguinte na ordem de vocação hereditária, que passará a herdar se o deserdado for excluído. Se for o município o beneficiado com a deserdação, terá legitimidade ativa para a ação respectiva.

Discute-se na doutrina se o ***testamenteiro*** tem legitimidade ativa. Observando que Washington de Barros Monteiro afirma a legitimidade e Pontes de Miranda a nega, Sílvio de Salvo Venosa defende, com acerto, a resposta negativa, pois o artigo limita a legitimidade àquele a quem a deserdação aproveita, ou seja, que tem interesse econômico, ressalvando-se a hipótese de o testamenteiro ter interesse econômico por ser também herdeiro ou legatário (*Direito civil*, 3. ed. São Paulo, Atlas, 2003, v. VII, p. 290).

Importante questão surgida com o atual CC é a do cabimento de ***ação declaratória da inexistência da causa***, ajuizada pelo deserdado. No CC/1916, o inciso IV do § 9º do art. 178, ao estabelecer prazo de prescrição, previa a existência de ação do deserdado para impugnar a deserdação. O atual CC não repetiu a norma, o que faz Zeno Veloso concluir não ser mais possível a ação, salvo emenda legislativa (*Comentários ao Código Civil*. São Paulo, Saraiva, 2003, v. XXI, p. 337-8).

Parece defensável, no entanto, o cabimento da ação do deserdado, impugnando a deserdação, mesmo sem norma expressa. O interesse de agir pode se limitar à declaração da existência ou inexistência de relação jurídica, como estatui o art. 19, I, do CPC. O deserdado, aberta a sucessão, tem interesse legítimo na breve solução da questão da deserdação, para não ficar com o direito ameaçado durante o prazo de decadência, de quatro anos, da ação de deserdação. Ajuizada por ele a ação de impugnação da deserdação, caberá aos legitimados passivos, ou seja, àqueles a quem a deserdação aproveita, o ônus da prova da causa imputada pelo testador. Se não fizerem tal prova, o pedido do deserdado será acolhido e a sentença declaratória encerrará a questão, afastando, definitivamente, a deserdação. Caso aqueles a quem aproveita a deserdação, demandados pelo deserdado, queiram não só o decreto de improcedência do pedido, mas fazer valer a deserdação, devem ajuizar reconvenção ou, então, propor ação conexa de deserdação. Do contrário, só obtendo a improcedência na ação de impugnação ajuizada pelo deserdado, corre o risco de que se venha a entender que a deserdação ainda ficará dependente de ação própria, submetida ao prazo decadencial de quatro anos. Parece possível, no entanto, sustentar ser suficiente o mero decreto de improcedência, desde que os réus tenham deixado claro na contestação que pretendiam a efetiva deserdação do autor da demanda, pois, a partir da Lei n. 11.232/2005, que incluiu o art. 475-N ao CPC/73 (art. 515 do CPC/2015), reforçou-se o entendimento de que à sentença de improcedência pode corresponder o reconhecimento de direito ao réu, passível de efetivação desde logo (o exemplo mais significativo talvez seja o da ação declaratória de inexistência de débito, com pedido julgado improcedente, a significar o reconhecimento da dívida, com possibilidade de uso da sentença de improcedência para sua execução, sem necessidade de reconvenção ou ação própria). No caso da impugnação de deserdação, se os réus manifestam interesse na deserdação e fazem prova convincente da causa, a improcedência é suficiente para preencher o requisito deste art. 1.965. Seria exagero lhes exigir o ajuizamento de nova ação para o mesmo fim, ação essa que, em tese, não poderia contrariar a coisa julgada material da ação anterior.

Zeno Veloso e Sílvio de Salvo Venosa defendem, com acerto, ser possível ao testador em vida ajuizar ação cautelar de ***produção antecipada de provas***, para que fiquem registradas as provas da causa por ele alegada para a deserdação, medida preparatória da futura ação de deserdação, esta só passível de propositura após a morte dele (op. cit., respectivamente, p. 319 e 292). Confira-se no tópico jurisprudência, haver divergência sobre o cabimento dessa medida, com julgado do STJ favorável e do TJSP desfavorável.

O *prazo* de quatro anos, nos expressos termos do parágrafo único, tem como termo inicial a data da abertura do testamento, não da abertura da sucessão. Tecnicamente, salvo no caso de testamento cerrado, não há abertura do testamento. O que há é o seu registro e determinação de cumprimento, data a ser considerada. Observe-se que o PL n. 699/2011 (reapresentação do PL n. 6.960/2002 e do PL n. 276/2007) propõe alteração no parágrafo único, transformando-o em § 1º, reduzindo o prazo decadencial para dois anos e alterando o termo inicial, que passaria a ser a abertura da sucessão.

**Jurisprudência:** [...] 2 – Os propósitos recursais consistem em definir: (i) se o acórdão recorrido possui omissão relevante; (ii) se é admissível a ação de produção antecipada de prova para documentar fatos alegadamente relacionados à injúria e acusações caluniosas praticadas pelo filho contra o pai e que serviriam, em tese, para justificar eventual a sua exclusão da sucessão. 3 – Não há omissão quando o acórdão recorrido externa os motivos pelos quais entendeu ser incabível a ação probatória autônoma na hipótese, de modo que dizer se esses fundamentos são adequados, ou não, é matéria que diz respeito ao mérito. 4 – Na atual configuração legislativa, a ação de produção antecipada de provas pode assumir duas diferentes naturezas: cautelar, na hipótese do art. 381, I, do CPC, diante da necessidade de preservação da prova; ou satisfativa, nas hipóteses do art. 381, II e III, quando a prova puder viabilizar a autocomposição ou meio adequado de resolução do conflito ou, ainda, evitar ou justificar o ajuizamento de ação. 5 – As hipóteses de produção antecipada de prova de natureza satisfativa estão assentadas na existência de um direito autônomo à prova que permite às partes apenas pesquisar a existência e o modo de ocorrência de determinados fatos, independentemente da existência de um litígio potencial, além de ser também um instrumento útil para que as partes mensurem, previamente, a viabilidade e os riscos envolvidos em um eventual e futuro litígio, podendo, inclusive, adotar meios de autocomposição. 6 – O CPC/2015 também introduziu, como uma subespécie de ação probatória autônoma, a antiga medida cautelar de justificação prevista no art. 861 do CPC/73, que, em verdade, sempre possuiu natureza satisfativa, eis que destinada apenas a documentar a existência de algum fato ou relação jurídica, sem caráter contencioso e sem o intuito de assegurar a prova diante de eventual risco. 7 – Na ação probatória autônoma de justificação prevista no art. 381, § 5º, do CPC, assim como na antiga medida cautelar de justificação que lhe serviu de inspiração, descabe a declaração ou reconhecimento de qualquer direito material ou fato que possa suportá-lo, eis que é vedado ao juiz se pronunciar sobre o fato ou sobre as suas repercussões jurídicas e caberá a valoração da prova produzida, oportunamente e se necessário, na ação futura que porventura vier a ser proposta. 8 – Se a cognição exercida na ação probatória autônoma de justificação não versa sobre o mérito que não existe e que pode sequer existir, descabe indeferi-la por fundamentos que digam respeito, justamente, ao mérito. 9 – Na hipótese em exame, pretende-se apenas documentar as supostas ofensas que teriam sido desferidas pelo filho em desfavor do pai, tendo sido a medida indeferida por fundamentos ligados à admissibilidade e ao mérito de uma eventual e futura ação declaratória de indignidade. 10 – Descabe inadmitir a medida requerida porque se pretenderia discutir herança de pessoa viva, porque a parte não possuiria legitimidade para a propor uma eventual e futura ação declaratória de indignidade, porque não haveria urgência, porque não haveria risco de perecimento da prova ou porque não haveria litígio concreto ou potencial, sob pena de violação ao art. 381, § 5º, do CPC. 11 – Recurso especial conhecido e parcialmente provido, a fim de anular a sentença para que seja dado regular prosseguimento à ação de produção antecipada de prova. (STJ, REsp n. 2.103.428, rel. Min. Nancy Andrighi, j. 19.03.2024)

Ação de deserdação. Autora, companheira do falecido e inventariante do seu espólio, que postula o reconhecimento da validade de deserdação feito pelo *de cujus* em testamento, nos termos do art. 1.965 do CC. Deserdação que teria por fundamento injúria grave e desamparo moral e material. Sentença de procedência. Irresignação da ré. Acolhimento. Comprovação de que havia desavenças e discussões entre o falecido e a ré, sobretudo após o estabelecimento de união estável dele com a autora. Insuficiência de provas, porém, quanto à existência de injúria grave. Boletins de ocorrência unilaterais. Testemunha que não presenciou os fatos, tendo se limitado a mencionar o que ouviu de terceiros. Ausência de comprovação de desamparo material do falecido, e de que a ré tivesse condições de prestar qualquer assistência a ele. Caráter excepcional da deserdação. Recurso provido. (TJSP, AC n. 1091600-47.2021.8.26.0100/SP, 6ª Câm. de Dir. Priv., rel. Marcus Vinicius Rios Gonçalves, j. 14.02.2023, publ. 14.02.2023)

Ação de produção antecipada de provas. Supostas acusações e ofensas que configurariam ato de indignidade do filho do autor e que refletiriam na sucessão futura deste último. Sentença que julgou a ação extinta sem resolução do mérito por ausência de interesse processual, nos termos do art. 485, VI, do CPC. Insurgência do autor. Alegação de que esta seria a única maneira de registrar como provas os atos praticados pelo requerido para futura "deserdação". Descabimento. Atos que visam tratar de prova para, hoje, herança de pessoa viva, ou de repercussão futura sobre ela. Impossibilidade. Se a pretensão visa perpetuar prova que pudesse ser causa de deserdação, via testamento ( CC, art. 1.964), é preciso ter presente que ao testador basta declarar a causa, incumbido ao herdeiro instituído, ou àquele a quem aproveite a deserdação, provar a veracidade da causa alegada pelo testador (CC, art. 1965). Ratificação dos fundamentos da sentença. Recurso desprovido. (TJSP, Proc. n. 1009579-24.2020.8.26.0011, rel. Miguel Brandi, j. 01.12.2021)

1 – Nos termos do art. 1.965 do CCB, a eficácia da disposição testamentária de deserdação exige a comprovação da veracidade da causa arguida pelo testador. 2 – Caso concreto em que o autor não se desincumbiu do ônus de demonstrar a veracidade das imputações apostas no testamento e atribuídas à demandada, tornando ineficaz, por falta de operosidade, a referida disposição testamentária. Recurso provido. (TJRS, AC n. 70.081.282.667, rel. Liselena Schifino Robles Ribeiro, j. 29.05.2019).

Apelação cível. Ação de deserdação. Mostra-se possível o testador deserdar herdeiro necessário, pelo desamparo do ascendente por mais de 12 anos, que estava com enfermidade que lhe impossibilitava a locomoção. Ao herdeiro instituído, ou àquele a quem aproveite a deserdação, incumbe provar a veracidade da causa alegada pelo testador. Inteligência do art. 1.965 do CC. Ausente prova de que o filho tenha realizado injúria grave contra o genitor, nem que houve abandono na ocasião de doença grave a amparar a pretensão de reconhecimento da deserdação. Apelação desprovida. (TJRS, AC n. 70.071.078.927, rel. Jorge Luís Dall'Agnol, j. 09.11.2016)

Deserdação. Causa fundada em desamparo imputado pelo testador gravemente enfermo a seus filhos e herdeiros necessários. Eficácia da disposição subordinada à efetiva prova de ocorrência da causa expressa no testamento. Desamparo não comprovado. Testador que não necessitava de auxílio econômico, pois provido de recursos. Insuficiência de prova quanto à ausência de amparo emocional dos filhos ao pai, enquanto se encontrava gravemente enfermo. Ônus da prova do alegado desamparo a cargo dos herdeiros instituídos ou legatários a quem aproveite a deserdação. Parte disponível da herança não atingida pela ausência de prova da causa da deserdação, como, de resto, já previsto e disposto no testamento. Sentença correta, que analisou com serenidade a prova dos autos. Recurso improvido. (TJSP, Ap. n. 0605333-94.2008.8.26.0100, rel. Francisco Loureiro, j. 21.06.2016)

Inventário. Pedido de suspensão fundado na prejudicialidade externa, decorrente da pendência de ação de deserdação. Descabimento. A pendência de ação em que se questiona a condição de outrem como herdeiro não inviabiliza o regular processamento do inventário. Decisão mantida. Recurso desprovido. (TJSP, 2160776-81.2016.8.26.0000, rel. Theodureto Camargo, j. 19.09.2016).

Em sentido contrário: Inventário. Suspensão do feito até julgamento da ação de deserdação. Necessidade. Questão prejudicial. Imprescindibilidade de sabença do desfecho tanto da ação criminal quanto do procedimento intentado. Agravo parcialmente provido. (TJSP, AI n. 2206266-63.2015.8.26.0000, rel. Giffoni Ferreira, j. 24.11.2015)

Inventário. Deserdação. Efeitos somente produzidos após confirmação por sentença. Art. 1.965 do CC. Pendência de ação de deserdação. Questão prejudicial. Suspensão do inventário facultada. Decisão agravada parcialmente alterada. Confirmação do efeito ativo concedido no sentido de suspender o feito. Agravo provido para acolher o pedido sucessivo. (TJSP, AI n. 0289087-71.2009.8.26.0000, rel. Des. Claudio Godoy, j. 31.08.2010)

Testamento cerrado. Pretensão de herdeira instituída de provar a causa da deserdação da filha da testadora, na forma do art. 1.965 do CC. Caso nítido de prova póstuma, não sendo permitido antecipar isso enquanto viva a testadora, inclusive para não romper o segredo que caracteriza essa modalidade de ato. Testamento e a deserdação serão atos válidos somente quando do falecimento, sob pena de adiantar discussão sobre herança de pessoa viva, embora ressalvadas situações especiais em que se permite a discussão prévia. Provimento, em parte, apenas para excluir a condenação em honorários (por não ter ocorrido a citação). (TJSP, Ap. n. 0022658-19.2009.8.26.0320, rel. Des. Enio Zuliani, j. 25.08.2010)

Deserdação e exclusão de herança. Veracidade dos motivos apontados na escritura de testamento que foram comprovados pelas provas produzidas. Sentença de procedência mantida. Arts. 1.742 a 1.744, ns. I e II, do CC/1916. Recurso do réu não acolhido. (TJSP, Ap. n.

502.480-4/4-00, rel. Des. J. G. Jacobina Rabello, j. 29.05.2008)

Apelação cível. Ação de deserdação. Causa legal. Prova ausente. Recurso não provido. 1 – Conforme dispõe o art. 1.965 do CC/2002, o herdeiro instituído, ou qualquer outra pessoa a quem a deserdação aproveite, tem o ônus de provar a veracidade da causa invocada. 2 – Ausente prova da causa autorizadora da deserdação, revela-se correta a sentença que rejeitou a pretensão no sentido de ser confirmada a deserdação. 3 – Apelação cível conhecida e não provida. (TJMG, Ap. n. 1.0338.03.014052-3/001, rel. Des. Caetano Levi Lopes, j. 13.03.2007)

A deserdação só pode realizar-se através de testamento, mas não basta a exclusão expressa prevista na disposição de última vontade, é necessário que o herdeiro instituído no lugar do deserdado, ou o beneficiário da deserdação, promova ação judicial e prove a existência das causas autorizadoras da deserdação, nos termos do art. 1.965 do CC. Sem a comprovação dos motivos alegados pelo testador para deserdação, esta é ineficaz, não ficando prejudicada a legítima do deserdado. (TJMG, Ap. n. 1.0713.04.037977-6/001, rel. Des. Vanessa Verdolim Hudson Andrade, j. 21.03.2006)

Em sentido contrário: Ação de deserdação. Quedando-se revel o herdeiro na ação de deserdação, presumem-se verdadeiras, para efeito do art. 1.743 do CC/1916, as causas alegadas pelo testador para deserdá-lo. Apelo provido. (TJRS, Ap. n. 70.007.827.397, rel. Des. Maria Berenice Dias, j. 05.05.2004)

Inventário. Testamento. Deserdação. Causa. Prova--ônus da herdeira a quem a deserdação aproveita. Necessidade de recurso a ação própria. Improvimento ao agravo. Aplicação dos arts. 1.743 e 178, § 9°, IV, do CC. A causa da deserdação, que o testador invocou, tem de ser provada, em ação própria, pelo herdeiro instituído, ou por aquele a quem a deserdação aproveite, sob pena de nulidade da instituição e da cláusula que prejudique a legítima do deserdado. (TJSP, AI n. 205.486-4/6, rel. Des. Cezar Peluso, j. 19.02.2002)

Testamento. Deserdação. Prova da veracidade da causa. Ônus que cabe ao herdeiro que se beneficiou com a deserdação. Impossibilidade, no entanto, no âmbito do inventário. Comprovação a ser feita em ação própria. Inteligência dos arts. 1.743 e 178, § 9°, IV, do CC. Recurso não provido. (TJSP, *JTJ* 252/369)

Testamento. Herança. Deserdação. Deserdados revéis. Irrelevância. Hipótese que não implica em presunção de veracidade dos fatos. Prova do alegado pelo testador que cabe ao herdeiro instituído demonstrar. Art. 1.743, *caput*, do CC. Deserdação afastada. Recurso não provido. (TJSP, *JTJ* 162/164)

Competência. Conexão. Ação destinada a provar a veracidade das causas de deserdação alegadas em testamento. Relação de prejudicialidade com o inventário em andamento. Circunstância que recomenda reunião das ações com a faculdade de suspensão de uma delas até solução da lide prejudicial. Conflito procedente e competente o Juiz suscitante. (TJSP, *JTJ* 130/40)

## CAPÍTULO XI
## DA REDUÇÃO DAS DISPOSIÇÕES TESTAMENTÁRIAS

**Art. 1.966. O remanescente pertencerá aos herdeiros legítimos, quando o testador só em parte dispuser da quota hereditária disponível.**

Se o testador, que tem herdeiros necessários, não dispõe de toda a metade disponível, o resto dessa metade disponível, não compreendido no testamento, será objeto de sucessão legítima, acrescendo à quota indisponível. É regra que complementa a disposição do art. 1.788, segundo a qual, se o testamento não compreende todos os bens, os demais são objeto de sucessão legítima. A redação do art. 1.966 contém a mesma imprecisão técnica do art. 1.726 do CC/1916. Refere-se a herdeiros legítimos quando o correto seria mencionar herdeiros necessários, pois aos herdeiros necessários é que se assegura a legítima, a metade indisponível, e, portanto, em face deles é que há pertinência em tratar da sobra de parte disponível. Este artigo não trata da redução das disposições testamentárias e estaria mais bem situado no Capítulo I do Título I do Livro das Sucessões, que trata das Disposições Gerais da Sucessão em Geral. A redução das disposições testamentárias é tratada nos dois artigos subsequentes.

**Art. 1.967. As disposições que excederem a parte disponível reduzir-se-ão aos limites dela, de conformidade com o disposto nos parágrafos seguintes.**

**§ 1º Em se verificando excederem as disposições testamentárias a porção disponível, serão proporcionalmente reduzidas as quotas do herdeiro ou herdeiros instituídos, até onde baste, e, não bastando, também os legados, na proporção do seu valor.**

**§ 2º Se o testador, prevenindo o caso, dispuser que se inteirem, de preferência, certos herdeiros e legatários, a redução far-se-á nos outros quinhões**

**ou legados, observando-se a seu respeito a ordem estabelecida no parágrafo antecedente.**

Se o testador tem herdeiros necessários, só pode dispor por testamento de metade de seus bens. A metade indisponível, assegurada aos herdeiros necessários, é chamada legítima (art. 1.846). São herdeiros necessários os descendentes, os ascendentes e, pelo atual CC, o cônjuge sobrevivente (art. 1.845). Excluem-se os colaterais (art. 1.850). Discute-se se o companheiro sobrevivente, no atual CC, é ou não herdeiro necessário (cf. comentário ao art. 1.845).

Se o testador invade a legítima, ela é resguardada pela ***redução das disposições testamentárias*** disciplinada neste artigo. As disposições testamentárias são reduzidas até que seja recomposta a metade indisponível.

É importante observar que o excedido da metade disponível só será objeto de redução se houver ***pedido*** nesse sentido, apresentado no inventário pelos herdeiros necessários prejudicados. Caso se omitam, prevalecerá a disposição testamentária prejudicial à legítima. Podem, portanto, renunciar à proteção legal que lhes assegura metade da herança. Não se trata da renúncia parcial da herança, vedada pelo art. 1.808, mas de renúncia à garantia de metade da herança. Se o fizerem em prejuízo de credores, porém, estes poderão solicitar a redução das disposições testamentárias, a fim de preservar seus créditos, aplicando-se a regra que, tratando da renúncia, protege os credores do herdeiro renunciante (art. 1.813).

De acordo com o § 1º do art. 1.967, a redução é feita, em primeiro lugar, proporcionalmente, nas quotas dos herdeiros testamentários. Se bastar essa redução, os legados ficam intactos. Não bastando, passa-se a reduzir os legados também, na proporção de seu valor. Suponha-se que o *de cujus* deixou dois filhos e herança de R$ 100 mil, tendo beneficiado dois herdeiros por testamento, cada um deles com R$ 30 mil, e ainda deixou um legado que tem valor de R$ 10 mil. A soma dos quinhões dos herdeiros testamentários com o legado totaliza R$ 70 mil. Restam R$ 30 mil aos filhos, herdeiros necessários. Se estes exigirem a redução do excesso, será preciso complementar a legítima em mais R$ 20 mil, para que passe a corresponder a R$ 50 mil, metade da herança. A redução será feita, nesse exemplo, retirando-se R$ 10 mil do quinhão de cada herdeiro testamentário, sem necessidade de reduzir o legado. Se, nesse exemplo, cada herdeiro testamentário tivesse quinhão de R$ 5 mil e o legado fosse de R$ 60 mil, os quinhões dos herdeiros instituídos seriam totalmente absorvidos pela redução e ainda seria preciso reduzir o legado em R$ 10 mil, para completa preservação da legítima.

O § 2º trata da possibilidade do testador, percebendo ter feito disposições que invadem a legítima, estabelecer critério diverso do previsto no § 1º para a redução. Poderá o testador, assim, prever que, ocorrendo redução, deverão ser preservados os quinhões de determinados herdeiros testamentários, ou certo legado, com preferência sobre outros herdeiros testamentários ou legatários. Se, nessa hipótese, feita a redução nos quinhões de herdeiros ou legatários não preferenciais, não for suficiente para preservar a legítima, a redução prosseguirá nos quinhões ou legados a que o testador deu preferência, para preservar a intangibilidade da legítima.

Observe-se que, na interpretação deste artigo, o Enunciado n. 118 da Jornada de Direito Civil promovida pelo CEJ do CJF, em setembro de 2002, assentou que: "o testamento anterior à vigência do novo CC se submeterá à redução prevista no § 1º do art. 1.967 naquilo que atingir a porção reservada ao cônjuge sobrevivente, elevado que foi à condição de herdeiro necessário". A proposição se justifica pois, ainda que o testamento seja anterior ao atual CC, se a abertura da sucessão ocorre na vigência dele, herdeiros necessários são os nele estabelecidos.

**Jurisprudência:** Ação declaratória de anulação e redução de testamento c/c pedido de tutela de urgência de natureza cautelar. Sentença de procedência. Insurgência dos herdeiros testamentários. Testadora que tem como único herdeiro necessário o companheiro (óbito fl. 23). Disposição de última vontade que não observou a legítima, disponibilizando todos os bens aos legatários. Descabimento. Não há distinção entre cônjuge e companheiro para efeitos sucessórios, por afronta ao texto do art. 226, § 3º, da CF. Inconstitucionalidade do art. 1.790 do CC (repercussão geral Temas ns. 498 e 809 do STF). Redução testamentária necessária proporcional às disposições que excederem a parte disponível (art. 1.967 do CC). Recurso desprovido. (TJSP, Ap. n. 1027457-08.2023.8.26.0576, rel. Ramon Mateo Júnior, j. 28.11.2024)

Inventário. Pedido de redução das disposições testamentárias. Não apreciação pelo Juízo. Alegação de que as ações de registro e cumprimento do testamento, bem como nulidade desta, já foram julgadas. Descabimento. Demandas apontadas que não julgaram a questão posta. Desnecessidade de ajuizamento de ação própria. Cabimento da apreciação desta questão nos autos do inventário. Ato que ensejará mera redução das disposições, se o caso. Recurso provido. (TJSP, AI n. 2189055-

96.2024.8.26.0000, rel. Galdino Toledo Júnior, j. 26.11.2024)

[...] 2 – A liberdade de testar somente é total quando inexistirem herdeiros necessários (ascendentes, descendentes e cônjuges), pois, havendo herdeiros dessa classe, a liberdade restringe-se à metade dos bens, nos termos do art. 1.846 do CC. O fato de o testador ter extrapolado os limites da legítima não enseja a nulidade do testamento, impondo-se somente a redução das disposições testamentárias. Aplicação do art. 1.967 do CC. Recurso desprovido. (TJRS, AC n. 70.080.746.027, rel. Liselena Schifino Robles Ribeiro, j. 27.03.2019).

Anulatória de testamento. Usufruto vitalício de imóveis deixado como legado a viúva. Violação da legítima. Circunstância que não conduz à nulidade ou anulação da cláusula ou do testamento. Possibilidade de redução da disposição, de modo a respeitar a legítima e privilegiar a vontade do testador. Providência a ser tomada no inventário, após definição da legítima e avaliação do usufruto, desconsiderada a nua-propriedade. Sentença de improcedência mantida. Recurso desprovido, com observação. (TJSP, Ap. n. 0325812-50.2009.8.26.0100, rel. Moreira Viegas, j. 15.06.2016)

[...] A indistinta instituição testamentária de usufruto sobre o acervo partilhável, incidindo inclusive sobre a fração correspondente à legítima, deve ser objeto de proporcional redução, nos moldes do art. 1.967, do CC, a fim de que seja o direito real limitado à parte disponível da herança [...]. (TJMG, Ap. n. 1.0024.11.205521-5/002, rel. Des. Corrêa Júnior, j. 14.05.2013)

A remessa à via ordinária do art. 984 do CPC [art. 612 do CPC/2015] ocorre de forma excepcional. A regra é que as questões trazidas pelas partes sejam decididas dentro do inventário. No caso, as alegações de ineficácia dos legados e excesso da parte disponível no testamento, não apresentam alta indagação ou necessidade de prova complexa que autorize a remessa da discussão para ação autônoma. Caso em que as alegações de irregularidades no testamento devem ser decididas no âmbito do inventário. Deram provimento. (TJRS, AI n. 70.044.400.687, rel. Des. Rui Portanova, j. 24.11.2011)

Conforme inteligência do art. 1.846 do CC, pertence aos herdeiros necessários, de pleno direito, a metade dos bens da herança, constituindo a legítima. A existência de liberalidades *ultra vires* não contamina de nulidade o testamento, impondo-se tão somente a redução das disposições testamentárias, a fim de que não excedam a porção disponível, a teor do art. 1.967 do CC. (TJMG, Ap. Cível n. 1.0024.06.201047-5/001(1), rel. Des. Armando Freire, j. 29.09.2009)

Anulatória de testamento público. Improcedência. Testamento público que atendeu aos requisitos legais previstos no art. 1.864 do CC. Desnecessidade da rubrica do testador em todas as suas folhas. Exigência apenas se o ato de disposição de última vontade for escrito mecanicamente ou manualmente. Hipótese diversa dos autos, já que lavrado perante o tabelião, na presença de testemunhas e do próprio testador, bastando apenas a assinatura dos presentes. Reconhecimento da autora, cônjuge do falecido, como herdeira necessária, consoante inovação trazida pelo atual diploma civil em seu art. 1.845, na ausência de descendentes e ascendentes. Sucessão que se rege pela legislação à época do falecimento do autor da herança. Inteligência dos arts. 1.787 e 2.041 do atual CC. Cabível a redução das disposições testamentárias, e não a nulidade do testamento, para que se preserve a legítima da herdeira necessária (art. 1.857, § 1º, do CC), o que deve ser feito nos autos do inventário, aonde medidas pertinentes devem ser adotadas para se apurar a real extensão do patrimônio do testador e se houve ou não infringência ao comando legal. Sentença mantida. Recurso improvido, com observação. (TJSP, Ap. Cível n. 6.074.784.000, rel. Des. Salles Rossi, j. 29.04.2009)

O fato de o testador ter extrapolado os limites da legítima não enseja a nulidade do testamento, impondo-se tão somente a redução das disposições testamentárias. Aplicação do art. 1.967 do CC. Recurso parcialmente provido. (TJRS, Ap. Cível n. 70.026.646.075, rel. Des. Claudir Fidelis Faccenda, j. 19.03.2009)

**Art. 1.968. Quando consistir em prédio divisível o legado sujeito a redução, far-se-á esta dividindo-o proporcionalmente.**

**§ 1º Se não for possível a divisão, e o excesso do legado montar a mais de um quarto do valor do prédio, o legatário deixará inteiro na herança o imóvel legado, ficando com o direito de pedir aos herdeiros o valor que couber na parte disponível; se o excesso não for de mais de um quarto, aos herdeiros fará tornar em dinheiro o legatário, que ficará com o prédio.**

**§ 2º Se o legatário for ao mesmo tempo herdeiro necessário, poderá inteirar sua legítima no mesmo imóvel, de preferência aos outros, sempre que ela e a parte subsistente do legado lhe absorverem o valor.**

Com mínima alteração na redação, a norma mantém na substância a mesma disposição do CC/1916.

Como visto no artigo precedente, a não ser que haja disposição testamentária expressa em sentido contrário, a redução das disposições testamentárias, para ser recomposta a legítima, faz-se primeiro nos quinhões dos herdeiros testamentários. Só se não forem suficientes, ou se toda a disposição testamentária estiver dividida em legados, é que se cogita, então, de redução também dos legados.

Tratando da redução que incide sobre os legados, este artigo prevê a hipótese da necessidade da redução de legado de imóvel. Se for imóvel divisível, será dividido proporcionalmente. Parte será usada para complementação da legítima e o remanescente será preservado em favor do legatário ou legatários. Caso não seja possível a divisão, será preciso verificar, nos termos do § 1º, se a redução do legado deverá ser superior ou inferior a um quarto do valor do prédio. Sendo superior, o imóvel indivisível passará a compor a legítima, mas os herdeiros necessários deverão pagar ao legatário o valor remanescente do prédio. Se a redução necessária for de um quarto ou menos, o prédio ficará para o legatário e este é que deverá pagar aos herdeiros necessários o valor correspondente à invasão da legítima.

No § 2º, cogita-se da possibilidade do legatário, que recebe imóvel indivisível, a ser objeto de redução, ser, também, herdeiro necessário. Nesse caso, o legatário terá preferência em relação aos demais herdeiros necessários se a soma de sua parte na legítima, mais o que subsistir do legado, após a redução, for de valor igual ou superior ao do imóvel. Assim, se o imóvel vale R$ 200 mil, sua legítima for de R$ 50 mil e a redução for de R$ 50 mil, subsistindo o legado em R$ 150 mil, a soma da legítima com o remanescente do legado totaliza os R$ 200 mil, valor do imóvel. Nessa situação, poderá, se quiser, exercer a preferência, optando por inteirar sua legítima no imóvel em questão.

## CAPÍTULO XII
## DA REVOGAÇÃO DO TESTAMENTO

**Art. 1.969. O testamento pode ser revogado pelo mesmo modo e forma como pode ser feito.**

Uma das características essenciais do testamento é o de ser ato revogável (art. 1.858). É inválida disposição testamentária pela qual o testador declare seu testamento irrevogável. Como exceção, não se admite a revogação do reconhecimento de filho manifestado em testamento (art. 1.610), nem é possível a revogação de mera declaração de fato (cf. comentário ao art. 1.858).

A revogação é ato solene: só é válida se efetuada por meio de outro testamento. O testamento revocatório pode ter por único objeto a revogação do anterior, para que a sucessão do testador passe a ser regida pelas regras da sucessão legítima. Não importa qual o tipo de testamento utilizado para a revogação. Não precisa ser idêntico ao do testamento revogado. É possível, assim, por exemplo, a revogação de testamento público por um cerrado, ou particular.

A única exceção à disposição do art. 1.969, de um testamento se revogar por outro, ocorre no caso do testamento cerrado, que, segundo o art. 1.972, será considerado revogado se for aberto ou dilacerado conscientemente pelo testador ou por alguém sob seu consentimento.

Conforme a opinião de Pontes de Miranda, endossada por Zeno Veloso (*Comentários ao Código Civil*. São Paulo, Saraiva, 2003, v. XXI, p. 347), o codicilo não é meio hábil para revogação do testamento, exceto no que se refere ao objeto restrito do codicilo, previsto no art. 1.881. De modo que, se o testador, por codicilo, faz deixa, por exemplo, de móveis de pequeno valor, essa disposição prevalece sobre o que havia sido estabelecido a respeito em testamento anterior.

**Jurisprudência:** Testamento. Autora que alega que o testamento público lavrado por seu filho, falecido em acidente de trânsito, padeceria de vício de nulidade ou anulabilidade. Alegação de que a beneficiário do testamento teria renunciado aos direitos sucessórios, por contrato firmado com o *de cujus*. Sentença de improcedência. Insurgência da autora. Não acolhimento. Testamento que foi lavrado observando as formalidades legalmente previstas e sem qualquer vício de consentimento, sendo, portanto, válido. Acordo celebrado entre a apelada e o *de cujus* que não versa sobre direitos sucessórios e nem poderia, ante a vedação legal de se pactuar sobre herança de pessoa viva. Testamento que poderia ser revogado apenas por outro testamento. Recurso desprovido. (TJSP, Ap. n. 1007173-97.2022.8.26.0451, rel. Marcus Vinicius Rios Gonçalves, j. 11.12.2023)

Inventário. Testamento público elaborado pelo *de cujus* está apto a ser observado. Declaração de vontade formalizada pelo testador *a posteriori*, mediante simples escritura pública, não tem o condão de revogar o conteúdo do testamento, ainda que parcialmente. Disposição de última vontade que apenas poderia ter sido revogada pelo mesmo modo e forma como pode ser feita. Inteligência do art. 1.969 do CC. Agravo desprovido. (TJSP, AI n. 0278978-95.2009.8.26.0000, rel. Des. Natan Zelinschi de Arruda, j. 08.04.2010)

Anulação. Ato jurídico. Pretensão à anulação de doação de bens que anteriormente foram objeto de legado. Violação ao art. 1.969 do CC não caracterizada. Hipótese em que o testamento continua válido, mas ineficaz. Livre e voluntária disposição dos bens da pessoa em vida. Interesse de agir. Sentença de extinção anulada. Aplicação do art. 515, § 3°, do CPC [art. 1.013, § 3°, I, do CPC/2015]. Mérito improcedente. Recurso parcialmente provido. (TJSP, Ap. Cível n. 6.415.054.400, rel. Des. Caetano Lagrasta, j. 02.09.2009)

A testadora, sem herdeiros necessários, deixou todos os seus bens para uma amiga. Porém a amiga faleceu antes da testadora, que, em seguida, outorgou poderes a advogado para proceder a transferência dos direitos previstos no testamento para as filhas da falecida. Sucede que a testadora faleceu logo em seguida e, aberto o inventário, o juiz converteu-o em herança jacente, nomeando Procurador do Município como curador dos bens. Continuando o julgamento, a Turma, por maioria, não conheceu do especial, ao fundamento de que não existia herdeira nomeada à época da abertura da sucessão (art. 1.717 do CC), o que torna ineficaz o testamento: as filhas da herdeira falecida só poderiam ser incluídas com a revogação parcial do testamento, feita obrigatoriamente por outro testamento e não por meio de procuração (art. 1.746, do CC). (STJ, REsp n. 147.959, rel. Min. Sálvio de Figueiredo, j. 14.12.2000)

Manuscrito desprovido da necessária formalidade, não possui o condão de revogar testamento anterior, lavrado com observância das solenidades legais. (*RSTJ* 81/274)

**Art. 1.970. A revogação do testamento pode ser total ou parcial.**

**Parágrafo único. Se parcial, ou se o testamento posterior não contiver cláusula revogatória expressa, o anterior subsiste em tudo que não for contrário ao posterior.**

Por meio de testamento, o testador pode revogar testamento anterior, total ou parcialmente. Na revogação parcial, o testamento anterior subsiste na parte não revogada.

A revogação pode, ainda, ser expressa ou tácita. No primeiro caso, o testador declara expressamente revogar o testamento anterior. No segundo, sem fazer tal afirmação, efetua novas disposições incompatíveis com as do testamento anterior.

Se não há revogação total expressa, o testamento anterior subsiste em tudo que não for incompatível com o posterior. Suponha-se, por exemplo, que o testador institua um legado, tendo por objeto uma casa. Posteriormente, faz outro testamento, sem declarar revogado o anterior, instituindo novos legados, mas nenhum deles tendo por objeto a mesma casa. Não haverá incompatibilidade entre os dois testamentos. Ambos serão cumpridos.

**Jurisprudência:** [...] 2 – O propósito recursal consiste em definir se testamento posterior que não disciplinou especificamente a questão relativa à vintena do testamenteiro revoga, ou não, o testamento anterior em que a testamenteira havia renunciado ao prêmio. 3 – Na hipótese de testamentos sucessivos, deve ser examinado se o novo testamento exclui o anterior ou se a relação estabelecida entre eles é de complementariedade, à luz do art. 1.970, *caput* e parágrafo único, do CC. 4 – A revogação parcial, que não pode ser presumida, depende da existência de cláusula revogatória expressa, de declaração expressa de que o testamento é parcial ou, ainda, de revogação tácita quando evidente a inconsistência entre o testamento anterior e o novo, sob pena de manutenção do anterior naquilo que for compatível com o posterior. 5 – Na hipótese em exame, não há cláusula revogatória expressa e havia, no primeiro testamento, uma cláusula específica e expressa segundo a qual testamenteira renunciava à vintena, ao passo que o testamento superveniente é silente em relação ao tema. 6 – O silêncio é a não disposição, é um ato omissivo de quem não quis disciplinar determinada situação, ao passo que a disposição contrária é ato comissivo de quem quer disciplinar determinada situação de maneira diversa daquela anteriormente manifestada. 7 – Apenas a segunda situação, a da disposição contrária expressa ou tácita em determinado e distinto sentido, é capaz de revogar o testamento anterior que lhe seja incompatível. O silêncio e a omissão do testador não produzem esse mesmo efeito, razão pela qual as suas manifestações de vontade anteriores subsistem. 8 – Recurso especial conhecido e provido, a fim de reformar o acórdão recorrido para excluir a remuneração da testamenteira. (STJ, REsp n. 2.093.534, rel. Min. Nancy Andrighi, 3ª T., j. 19.03.2024)

Testamento. Ação declaratória de validade. Revogação de testamento. Testamento anterior não revogado pelo posterior, mediante cláusula expressa. Revogação tácita inocorrente, beneficiários e bens legados distintos. Incompatibilidade inexistente entre as disposições testamentárias, devendo prevalecer a vontade do testador. Subsistência do anterior testamento, não revogado, por qualquer forma e sem incompatibilidade com o segundo. Ação procedente. Apelação desprovida. (TJRS, Ap. n. 70.014.619.456, rel. Des. Luiz Ari Azambuja Ramos, j. 01.06.2006)

**Art. 1.971. A revogação produzirá seus efeitos, ainda quando o testamento, que a encerra, vier a**

**caducar por exclusão, incapacidade ou renúncia do herdeiro nele nomeado; não valerá, se o testamento revogatório for anulado por omissão ou infração de solenidades essenciais ou por vícios intrínsecos.**

Uma vez revogado o testamento por outro válido, a revogação produz seus efeitos, ainda que os herdeiros ou legatários contemplados no testamento posterior venham a ser excluídos da sucessão, não tenham capacidade sucessória passiva ou venham a renunciar à herança ou ao legado. A razão de ser da disposição é que a exclusão, incapacidade ou renúncia dos sucessores, preservada a validade do testamento posterior, não infirmam o intuito do testador, expresso ou tácito, de revogar o testamento anterior. Tais circunstâncias, portanto, de exclusão, incapacidade e renúncia, não produzem efeito de repristinar o testamento anterior. É possível ao testador, prevendo uma das referidas hipóteses (exclusão, incapacidade ou renúncia), expressamente dispor que, caso venham a ocorrer, deverão ser observadas as disposições do testamento anterior.

A revogação não subsistirá, porém, se o testamento revocatório for considerado inválido, por falta ou infração de solenidades essenciais ou por vícios intrínsecos. Como visto no comentário ao art. 1.969, salvo no caso de rompimento voluntário do testamento cerrado, um testamento só se revoga por outro válido. É preciso que o testamento posterior, revocatório, observe uma das formas solenes previstas em lei. Se não houver observância de formalidades essenciais, esse novo ato não será considerado, tecnicamente, testamento e, portanto, não terá sido observada a forma prescrita em lei para a revogação. É possível, ainda, que o testador revogue, em um terceiro testamento, o testamento revocatório.

Há divergência na doutrina sobre as consequências da revogação do testamento revocatório. Pontes de Miranda sustenta que o testamento primitivo revive ao ser revogada sua revogação, mas Zeno Veloso, com apoio da maioria da doutrina, invocando por analogia o que ocorre com a lei (art. 2º da Lindb), defende que não há repristinação automática, ou seja, que o primeiro testamento só recobra sua eficácia se o testador, ao revogar o testamento revocatório, assim dispuser expressamente (*Comentários ao Código Civil*. São Paulo, Saraiva, 2003, v. XXI, p. 356-7).

**Jurisprudência:** Testamento. Revogação do revogador. Restabelecimento do primeiro testamento. Inadmissibilidade. Inexistência no terceiro de declaração explícita do testador nesse sentido. Recurso não provido. (TJSP, *JTJ* 150/151)

**Art. 1.972. O testamento cerrado que o testador abrir ou dilacerar, ou for aberto ou dilacerado com seu consentimento, haver-se-á como revogado.**

Em regra, o testamento só pode ser revogado por outro testamento válido (art. 1.969). A única exceção é a do art. 1.972. O testamento cerrado será considerado revogado se o testador o abrir ou dilacerar, ou se isso for feito por outrem com consentimento dele. Tal meio de revogação pressupõe ato consciente do testador. Se, ao abrir o testamento, estava incapacitado por doença mental, fica preservada a validade do testamento. O testamento também fica mantido se sua abertura ocorreu de forma involuntária, acidentalmente, ou se feita por outrem sem consentimento do testador.

Como observa Zeno Veloso (*Comentários ao Código Civil*. São Paulo, Saraiva, 2003, v. XXI, p. 360), embora a lei não se refira expressamente a respeito, o testamento particular também será considerado revogado se o testador, ou alguém com anuência dele, dilacerar o instrumento. Se o testador rasgar o testamento particular, estará evidenciando intuito revocatório, de destruir o instrumento, suficiente para impedir que sua disposição de última vontade seja cumprida. Sendo reconstituída a cédula, parece razoável aplicar a mesma solução do testamento cerrado, de que a dilaceração precedente revogou o testamento.

**Jurisprudência:** Regra que dita que testamento cerrado que somente pode ser revogado por outro testamento. Inteligência do art. 1.969 do CC. Exceção, aplicável ao caso concreto, feita pelo art. 1.972, que reza que o testamento cerrado, aberto ou dilacerado, com consentimento do testador, é considerado revogado. Testamento da falecida que se tem como revogado ante o teor do art. 1.874 do CC. Competência do juízo agravado para processamento do inventário. Recurso provido. (TJSP, AI n. 0152110-33.2013.8.26.0000, rel. Des. João Batista Vilhena, j. 03.09.2013)

## CAPÍTULO XIII
## DO ROMPIMENTO DO TESTAMENTO

**Art. 1.973. Sobrevindo descendente sucessível ao testador, que não o tinha ou não o conhecia quando testou, rompe-se o testamento em todas as suas disposições, se esse descendente sobreviver ao testador.**

O atual CC, revelando maior apuro técnico, trata da revogação e do rompimento do testamento em capítulos separados. O CC/1916 os disciplinava de forma englobada no capítulo da revogação dos testamentos. Embora afins, são institutos distintos. A revogação se dá por ato voluntário do testador. O rompimento, pela ocorrência de fato previsto em lei, que retira a eficácia do testamento. Diz-se que o rompimento é uma revogação que decorre da lei. Segundo a presunção legal, se o fato superveniente fosse de conhecimento do testador ao tempo em que testou, não teria testado ou o teria feito de forma diversa.

É o que se verifica na primeira hipótese de rompimento prevista no art. 1.973: sobrevém descendente sucessível ao testador que, ao tempo do testamento, não tinha nenhum. Pressupõe o legislador que, se o testador soubesse que teria um filho, por exemplo, não teria testado ou o teria feito de forma diversa. Ainda que o testador haja disposto somente de metade de seu patrimônio, da parte disponível, a superveniência do descendente acarreta a completa ineficácia do testamento. Ressalve-se a possibilidade, válida, de ter previsto expressamente que, sobrevindo ou aparecendo descendente sucessível, o testamento seria preservado. Se não houver essa ressalva expressa e quiser manter as disposições testamentárias, ele deverá efetuar outro testamento.

Com exceção da isolada opinião de Orlando Gomes (*Sucessões*, 12. ed. Rio de Janeiro, Forense, 2004, p. 243), a doutrina entende não haver rompimento se o testador tinha descendente ao tempo do testamento e lhe sobrevém outro, pois, segundo a opinião majoritária, se tinha um ou mais descendentes quando testou, a existência de descendente não o inibiu de testar, presumindo-se, nesse caso, que testaria mesmo sobrevindo outro.

A filiação superveniente, que acarreta ruptura do testamento, pode advir de adoção, visto não ser possível discriminar filhos naturais e adotivos (art. 227, § 6º, da CF). Se o testador, sem descendente sucessível, faz o testamento ciente da gravidez da esposa, a superveniência desse filho não lhe era desconhecida e, portanto, não rompe o testamento.

É importante observar que, de acordo com a parte final do artigo, a superveniência do descendente não acarreta imediata ineficácia. A ruptura do testamento só se concretizará caso esse descendente sobreviva ao testador. Se morrer antes deste, preserva-se o testamento.

Outra hipótese, também contemplada neste artigo, é a do testador que, embora tivesse descendente sucessível ao tempo em que testou, não o conhecia. Equipara-se a essa hipótese a do descendente dado pelo testador como morto e se apura que está vivo.

Diverge-se na doutrina e na jurisprudência sobre os efeitos de reconhecimento de paternidade, voluntário ou judicial, posterior ao testamento. Caio Mário da Silva Pereira, por exemplo, sustenta que o reconhecimento voluntário ou judicial rompe o testamento (*Instituições de direito civil*, 15. ed. Rio de Janeiro, Forense, 2004, v. VI, p. 346). A solução mais adequada parece ser a defendida por Zeno Veloso (*Comentários ao Código Civil*. São Paulo, Saraiva, 2003, v. XXI, p. 369-71): o importante é a ignorância da filiação ao tempo do testamento. Por conseguinte, se for comprovado que o testador sabia da existência do filho quando testou e só depois reconhece a paternidade, o testamento não se rompe, pois o fundamento da ruptura do testamento é a ciência posterior da existência do filho, não o posterior reconhecimento de paternidade. A paternidade é preexistente a seu reconhecimento. Do contrário, o filho não reconhecido receberia tratamento melhor do que o reconhecido, pois, no caso deste, o testamento superveniente não se rompe e no caso daquele sempre ocorreria a ruptura, mesmo quando o testador soubesse da paternidade antes de testar. Da mesma forma, se o testador é demandado em ação de investigação de paternidade, em relação à filiação por ele ignorada, a procedência do pedido acarretará o rompimento do testamento. No entanto, se ficar comprovado que sabia da filiação, ou se tinha dúvidas a seu respeito, e mesmo assim testou, não há rompimento. O filho que venceu a demanda só poderá se valer, caso invadida a legítima, da redução das disposições testamentárias (arts. 1.967 e 1.968).

Quanto ao rompimento do testamento, Zeno Veloso ainda apresenta interessante observação de que não prevê a lei a separação judicial ou o divórcio posterior acarretar a ruptura de testamento no qual o testador beneficiou seu cônjuge. Embora haja decisões reconhecendo ruptura do testamento nessas hipóteses, não parece ser a melhor orientação, pois só há rompimento nos casos expressamente previstos em lei e, ocorrendo o divórcio ou a separação, o testador pode revogar as disposições que havia feito ao cônjuge, não havendo necessidade da ruptura por presunção legal. No entanto, esse jurista sustenta, com razão, que, no caso de separação-remédio (art. 1.572, § 2º), postulada pelo cônjuge sadio em face do que foi acometido de doença mental grave, de cura improvável, se o testador for o cônjuge que ficou doente não poderá revogar o testamento. Seria de absurda incoerência do sistema punir o cônjuge sadio com a cláusula de dureza do § 3º do art. 1.572, perdendo o eventual direito à meação sobre os bens que o outro trouxe para o casamento, e, ao mesmo tempo, mantê-lo como beneficiário do testamento do cônjuge doente (op. cit., p. 374-8). Parece defensável, portanto, mesmo sem previsão legal expressa, sustentar que, no caso de separação-remédio, há ruptura do testamento em desfavor do cônjuge sadio.

Por fim, o reconhecimento do rompimento do testamento, desde que não constitua questão de alta indagação, pode se dar no próprio inventário.

**Jurisprudência:** Agravo de instrumento. Inventário. Insurgência do herdeiro testamentário contra decisão que, nos termos do art. 313, V, *a*, do CPC, suspendeu o trâmite do inventário, por considerar como questão prejudicial, o resultado da ação de investigação de paternidade que interferirá diretamente na partilha dos autos. Requerimento para que seja garantida a continuidade do processo de inventário, sem prejuízo aos direitos das partes, considerando-se os princípios da celeridade processual, autonomia das ações, respeito à última vontade do testador e a possibilidade de ajustes futuros na partilha. Rejeição. Existência de ação de investigação de paternidade *post mortem* cuja eventual procedência poderá resultar, em tese, no rompimento do testamento, fato esse que justifica a suspensão do processo. Inteligência dos arts. 1.973 a 1.975, todos do CC. Decisão mantida. Recurso não provido. (TJSP, AI n. 22412834820248260000, rel. Corrêa Patiño, j. 29.08.2024)

Ação declaratória de nulidade de testamento. Sentença de improcedência. Insurgência da autora. Alegação de erro. Herdeira necessária que deixou de ser contemplada pelo testamento. Inteligência dos arts. 1.973 a 1.975 do CC. Rompimento do testamento se configura como medida extrema, a ser admitida apenas quando se verificar que o testador não possuía ciência a respeito da existência de herdeiros necessários. Preservação de sua última vontade. Testador que foi o declarante do nascimento da filha. Comprovação de que sabia da existência da descendente sucessível. Inexistência de vício de consentimento do testamento público e tampouco a sua nulidade. Silêncio do testamento a respeito da existência de herdeira necessária que não induz à nulidade do ato. Preservação da legítima da requerente no inventário. Improcedência bem decretada. Sentença mantida. Recurso não provido. Nega-se provimento ao recurso. (TJSP, Ap. n. 1005956-45.2020.8.26.0562, rel. Marcia Dalla Déa Barone, j. 31.10.2023)

Apelação cível. Sucessões. Ação de anulação de testamento. Existência de herdeira necessária que não foi contemplada nas disposições testamentárias. Pedido de reconhecimento da incapacidade mental do testador. Acordo firmado entre as partes na origem. Pedido de anulação e rompimento do testamento. Incabível. Não preenchimento dos requisitos para anular ou romper o testamento. Caso de aplicação da redução das disposições testamentárias. Sentença mantida. I. Hipótese em que o testamento público cumpriu todos os requisitos essenciais previstos no art. 1.864 do CC, conforme se depreende do próprio instrumento, bem como não restou comprovado que o testador não estava sem sua plena capacidade de testar, inclusive tendo sido reconhecido o seu perfeito juízo, livre de qualquer constrangimento ou coação, pelo tabelião dotado de fé pública. II. Não é caso de rompimento do testamento, pois a filha já existia e era de conhecimento do *de cujus*, nos termos dos arts. 1.973 e 1.974 do CC. III. O reconhecimento do acordo firmado entre as partes, sem a presença de irregularidades capazes de tornar completamente ineficaz as disposições testamentárias, implicaria na violação do direito de manifestação de última vontade pelo testador. IV. A filha é herdeira necessária, razão pela qual deve ser resguardada a sua parte legítima referente aos bens deixados pelo genitor, cabendo, no caso concreto, a redução das disposições testamentárias, nos termos do art. 1.967 do CC, para recompor a metade indisponível que lhe é de direito. Apelo improvido. (TJRS, AC n. 50733370620228210001/Porto Alegre, 1ª Câm. Especial Cível, rel. Luiz Antônio Alves Capra, j. 21.08.2023, publ. 28.08.2023)

Inventário. Insurgência contra decisão que declarou o rompimento do testamento. Descabimento. Questão que deve ser analisada e decidida no bojo dos próprios autos do inventário, não sendo caso de sua remessa às vias ordinárias. Hipótese em que, ademais, era de rigor o rompimento do testamento em questão, a teor do disposto no art. 1.973, do CC. Instrumento lavrado antes do superveniente reconhecimento *post mortem* da paternidade do testador em relação à filha, ora agravada. Redução das disposições testamentárias, como pretendem os agravantes, de que tampouco se cogita, não sendo caso de aplicação do art. 1.975, do referido códex. Inexistência de qualquer indicação de que, à época da concepção do testamento, soubesse o testador ter outra herdeira além de sua então esposa. Decisão mantida. Art. 252, do RITJSP. Agravo desprovido. (TJSP, Proc. n. 2250627-58.2021.8.26.0000, rel. Luiz Antonio de Godoy, j. 08.02.2022)

Civil. Processual civil. Recurso especial. Testamento. Rompimento. Possibilidade. Nulidade. Existência. Na busca da preservação da vontade do testador, o rompimento de um testamento, com a sua consequente invalidade geral, é medida extrema que somente é admitida diante da singular revelação de que o testador não tinha conhecimento da existência de descendente sucessível. A prova em sentido contrário – de que o testador sabia da existência do descendente sucessível – mesmo existindo declaração do testador de que não tinha herdeiros necessários, impede a incidência do quanto disposto no art. 1.973 do CC. A nulidade das disposições testamentárias que excedem a parte disponível do patrimônio do testador se circunscreve ao excesso, reduzindo-se as disposições testamentárias ao quanto disponível, nos termos dos arts. 1.967 e 1.968. A avaliação do conteúdo da deixa e seu cotejo com as disposições de última vontade do *de cujus*, para fins de verificação de possível invasão da legítima, são matérias adstritas ao curso do inventário. Inviável a aplicação da multa a embargos de declaração com o fito de prequestionamento (Súmula n. 98/STJ). Recurso especial parcialmente provido, apenas para afastar a incidência da multa do art. 538 do CPC/73, fixada na origem. (STJ, REsp n. 1.615.054, rel. Min. Nancy Andrighi, j. 03.08.2017)

Ação de inventário. Decisão que deferiu o pedido de rompimento do testamento do *de cujus*. Irresignação da beneficiária do testamento, que foi a primeira esposa do falecido. Testamento registrado quatro anos antes do *de cujus* contrair novas núpcias da qual nasceram três filhos. Aplicação do disposto no art. 1.973 do CC para tornar ineficazes as disposições testamentárias. Decisão mantida. Recurso não provido. (TJSP, AI n. 2044928-46.2016.8.26.0000, rel. Marcia Dalla Déa Barone, j. 16.06.2016)

Registro e cumprimento de testamento. 1 – Sentença que declarou a ruptura do testamento e julgou improcedente o pedido. 2 – Não se vê, nas razões recursais, motivo para suspender o processo até o trânsito em julgado da sentença de improcedência proferida na ação negatória de paternidade por ele interposta. 3 – A requerida é filha e herdeira necessária do autor da herança e seu respectivo cônjuge, conforme consta de sua certidão de nascimento. Vale registrar que o exame de DNA, realizado em vida pelo autor da herança, atestou, em mais de 99,99%, a probabilidade da paternidade (fls. 86/93). 4 – No mérito, ante a superveniência de herdeiro necessário, o testamento anteriormente lavrado em benefício dos sobrinhos perdeu integralmente a validade, devendo ser declarada a sua ruptura, consoante art. 1.973 do CC. 5 – A ruptura do testamento é uma espécie de "revogação presumida" nas hipóteses previstas em lei, e implica a restauração integral da sucessão legítima. 6. – Recurso não provido. (TJSP, Ap. n. 1002738-23.2013.8.26.0281, rel. Carlos Alberto Garbi, j. 10.11.2015)

1 – O art. 1.973 do CC/2002 trata do rompimento do testamento por disposição legal, espécie de revogação tácita pela superveniência de fato que retira a eficácia da disposição patrimonial. Encampa a lei uma presunção de que se o fato fosse de conhecimento do testador – ao tempo em que testou –, não teria ele testado ou o agiria de forma diversa. 2 – Nesse passo, o mencionado artigo somente tem incidência se, à época da disposição testamentária, o falecido não tivesse prole ou não a conhecesse, mostrando-se inaplicável na hipótese de o falecido já possuir descendente e sobrevier outro(s) depois da lavratura do testamento. Precedentes desta Corte Superior. (STJ, Ag. Reg. no AREsp n. 229.064, rel. Min. Luis Felipe Salomão, j. 03.10.2013)

Pedido de abertura e cumprimento de testamento. Sentença de procedência, em virtude da inexistência de vício. Apelante que alega ser causa de rompimento das disposições testamentárias o nascimento de filho em momento posterior ao da lavratura do testamento. Impossibilidade de se romper testamento quando já existem descendentes. Sentença mantida. Recurso não provido. (TJSP, Ap. n. 9176426-93.2009.8.26.0000, rel. Des. José Carlos Ferreira Alves, j. 24.09.2013)

[...] 3 – Nesse passo, o art. 1.973 somente tem incidência se, à época da disposição testamentária, o falecido não tivesse prole ou não a conhecesse, mostrando-se inaplicável na hipótese de o falecido já possuir descendente e sobrevier outro(s) depois da lavratura do testamento. Precedentes desta Corte Superior [...]. (STJ, REsp n. 1.169.639, rel. Min. Luis Felipe Salomão, j. 11.12.2012)

O reconhecimento de outro herdeiro depois da realização do ato de disposição patrimonial não prova o seu rompimento, não sendo aplicável o art. 1.973 do CC, se ausente a presunção de que o testador disporia de modo diverso do que foi consignado [...]. (STJ, Ag. Reg. no REsp n. 1.273.684, rel. Min. Sidnei Beneti, j. 17.04.2012)

1 – Trata-se de agravo de instrumento visando à nulidade da decisão que rompeu o testamento do falecido D.F.A. diante da adoção formalizada após a sua feitura. 2 – Testamento lavrado em 11.05.1988, época em que o testador não possuía filhos. Adoção superveniente, em 21.10.1991, sem alteração testamentária, vindo o testador a falecer em 03.08.1992. 3 – "Se após o ato de última vontade, o testador adotar alguém, romper-se-á o testamento, pois sobreveio descendente que não tinha ao testar" (REsp n. 985.093/RJ, rel. Min. Humberto Gomes de Barros, rel. p/ ac. Min. Sidnei Beneti, 3ª T., j. 05.08.2010, *DJe* 24.09.2010). 4 – Inteligência do art. 1.750 do CC/1916. 5 – A adoção posterior ao testamento revoga a liberalidade, uma vez que existe a presunção de que o *de cujos* não disporia de seus bens se soubesse que iria adotar alguém. 6 – Em que pese a nova herdeira, que sobreveio por adoção, já ser conhecida do

testador por ser filha de uma sobrinha sua, tal fato não altera a necessidade de rompimento do testamento. Isso porque não há sequer indícios de que o testador, ao tempo do ato de disposição, já tivesse a intenção de adotar a criança, tanto que não a contemplou expressamente no documento. 7 – Tendo o *de cujus* falecido em menos de 1 ano após a adoção, não pode prevalecer o argumento de que não houve alteração do documento por vontade do testador, ante a exiguidade do tempo, devendo ser preservados os direitos patrimoniais da herdeira necessária. 8 – Recurso ao qual se nega provimento. (TJRJ, AI n. 0041791-61.2011.8.19.0000, rel. Des. Monica Costa Di Piero, j. 14.02.2012)

Apelação cível. Testamento público. Ação anulatória. Notícia de ação de investigação de paternidade posterior à morte do testador. Sentença que reconheceu a nulidade do mesmo, determinando que a sucessão obedeça a lei ordinária. Irresignação do herdeiro necessário, beneficiário do testamento. Provas nos autos de que o finado sabia da existência da apelada, apenas não a tendo reconhecido, formalmente. Testamento que não se rompe, considerando que a disposição testamentária se deu apenas sobre a parte disponível. Dá-se provimento ao recurso para determinar o registro e cumprimento do testamento. (TJRJ, Ap. n. 0002644-60.2005.8.19.0025, rel. Des. Benedicto Abicair, j. 15.06.2011)

Rompimento de testamento. Testador que testa em favor de descendente já existente. Posterior nascimento de nova filha que não provoca a ruptura do testamento, mas tão somente a sua redução, para preservação da legítima. Não incidência de revogação presumida do art. 1.973 do CC, que pressupõe a não existência de descendentes, ou o desconhecimento de sua existência. Correta a decisão que determinou o cumprimento do testamento, apenas promovendo a sua redução. Recurso não provido. (TJSP, AI n. 0056289-70.2011.8.26.0000, rel. Des. Francisco Loureiro, j. 09.06.2011)

Testamento cerrado. Rompimento. Testador que afirmou não ter tido filhos de seu casamento, e não ter herdeiros necessários, ascendentes ou descendentes. Reconhecimento da existência de herdeiros necessários, após a abertura da herança. Rompimento consequente (art. 1.973 do CC). Cerceamento de defesa e prescrição, inocorrentes. Acordo de vontade das partes anterior à declaração de rompimento, mas não homologado judicialmente. Irrelevância. Consequências do ajuste a serem consideradas alhures, se for o caso e do interesse das partes. Prescrição do direito do herdeiro necessário requerer o rompimento. Inocorrência. Desnecessidade, ademais, de remessa das partes às vias ordinárias. Agravo não provido. (TJSP, AI n. 0316319-58.2009.8.26.0000, rel. Des. João Carlos Saletti, j. 31.05.2011)

I – Nos termos do art. 1.750 do CC/1916 (a que corresponde o art. 1.793 do CC/2002) "Sobrevindo descendente sucessível ao testador, que não o tinha, ou não o conhecia, quando testou, rompe-se o testamento em todas as suas disposições, se esse descendente sobreviver ao testador". II – No caso concreto, o novo herdeiro, que sobreveio, por adoção *post mortem,* já era conhecido do testador que expressamente o contemplou no testamento e ali consignou, também, a sua intenção de adotá-lo. A pretendida incidência absoluta do art. 1.750 do CC/1916, em vez de preservar a vontade esclarecida do testador, implicaria a sua frustração. III – A aplicação do texto da lei não deve violar a razão de ser da norma jurídica que encerra, mas é de se recusar, no caso concreto, a incidência absoluta do dispositivo legal, a fim de se preservar a *mens legis* que justamente inspirou a sua criação. IV – Recurso especial não conhecido. (STJ, REsp n. 985.093/RJ, rel. p/ ac. Min. Sidnei Beneti, j. 05.08.2010)

Ação de rompimento de testamento cumulada com anulação de ato jurídico e ressarcimento. Discussão limitada ao rompimento integral do testamento. Possibilidade do rompimento em face do surgimento de herdeiro necessário, reconhecido em ação de investigação de paternidade, após a elaboração do testamento. Inteligência do art. 1.973 do CC. Manutenção da r. sentença. (TJSP, Ap. Cível n. 6.421.154.100, rel. Des. Christine Santini, j. 25.11.2009)

Rompimento de testamento. Parte disponível deixada à viúva. Testador que já tinha outros descendentes. Posterior sentença proferida em ação de investigação de paternidade que não provoca a revogação presumida do testamento. Testador que tinha conhecimento prévio da existência do filho, pois contestou a ação antes da lavratura do testamento. Não incidência de revogação presumida do art. 1.973 do CC. Decisão que determinou o registro e o cumprimento do testamento que se mantém. Recurso não provido. (TJSP, Ap. n. 449.894-4/8-00, rel. Des. Francisco Loureiro, j. 09.10.2008)

Testamento. Rompimento. Inconformismo. Acolhimento. Vontade do testador que caminha com a confirmação do testamento. Gravidez da esposa que constitui seguro indicativo de conhecimento da prole por vir. Ausência de qualquer ato voltado a desfazer a disposição de vontade. Constituição de herdeiro apenas sobre a parte disponível da herança. Inteligência dos arts. 1.750 e 1.752, do CC/1916. Decisão reformada. Recurso provido. (TJSP, AI n. 551.510-4/6-00, rel. Des. Grava Brazil, j. 29.07.2008)

Civil. Sucessões. Testamento. Rompimento do testamento. Posterior reconhecimento voluntário de herdeira-filha. Indeferimento. Circunstâncias que evidenciam que o testador tinha conhecimento da existência da herdeira quando da elaboração do ato. Testamento elaborado 3 dias antes do reconhecimento voluntário feito em ação de investigação de paternidade ajuizada anos antes. Recurso desprovido. (TJSP, AI n. 540.453-4/0-00, rel. Des. Boris Kauffmann, j. 20.05.2008)

Não se rompe o testamento se, do contexto, se conclui que o inventariante tinha conhecimento da existência de outras filhas e claramente pretendeu beneficiar aquela havida no casamento, limitando-se a contemplá-la com sua parte disponível. Deram provimento, por maioria. (TJRS, AI n. 70.015.732.878, rel. Des. Luiz Felipe Brasil Santos, j. 06.09.2006)

Constitui condição estabelecida no art. 1.750 do CC, para se romper o testamento, não possuir ou não conhecer o testador, ao tempo do ato de disposição, qualquer descendente sucessível, de sorte que se ele já tinha outros, como no caso dos autos, o surgimento de um novo herdeiro não torna inválido o testamento de bens integrantes da parte disponível para beneficiar o cônjuge. (STJ, REsp n. 539.605, rel. Min. Castro Filho, j. 27.04.2004)

A procedência da ação de investigação de paternidade não importa no rompimento do testamento deixado pelo investigado, se este não ignorava que o investigante era seu filho: tese razoável, a vista do art. 1.750 do CC [...]. Recurso extraordinário não conhecido. (STF, RE n. 105.538, rel. Min. Francisco Rezek, j. 03.09.1985)

**Art. 1.974. Rompe-se também o testamento feito na ignorância de existirem outros herdeiros necessários.**

O art. 1.974 complementa o anterior. Como estabelece o art. 1.973, se o testador, sem descendentes sucessíveis ou ignorando a existência deles, elabora testamento, a superveniência desses descendentes ou o conhecimento posterior da existência deles acarreta o rompimento do testamento, sua total ineficácia. Caso não tenha descendentes e elabore o testamento acreditando não ter outros herdeiros necessários, ou seja, ascendentes ou cônjuge (ou companheiro, caso se entenda que é herdeiro necessário – cf. comentário ao art. 1.845), o aparecimento de um ascendente ou do cônjuge também acarreta a ruptura do testamento. Suponha-se que o testador dê como mortos seus ascendentes e depois se apura que um avô está vivo. Ou que acredite ter seu cônjuge morrido em determinado evento e se constata depois que sobreviveu. Nessas hipóteses, o testamento se rompe, perde a eficácia. Caso tenha um herdeiro necessário ao tempo do testamento, a ignorância da existência de outro não acarreta rompimento. Assim, se tem um ascendente e depois aparece outro, que julgava morto, não há ruptura.

**Art. 1.975. Não se rompe o testamento, se o testador dispuser da sua metade, não contemplando os herdeiros necessários de cuja existência saiba, ou quando os exclua dessa parte.**

Com pequena melhoria de redação, o art. 1.975 mantém a mesma disposição do art. 1.752 do CC/1916, muito criticada pela doutrina, pois ociosa, visto repetir a regra várias vezes enunciada em artigos anteriores, de os herdeiros necessários terem direito à legítima, a metade da herança, podendo o testador dispor livremente da outra metade por testamento. Se pode dispor dessa metade, é evidente tal fato não acarretar o rompimento do testamento.

**Jurisprudência:** Testamento. Rompimento. Inocorrência. Desconsideração de herdeiro necessário, cuja existência era do conhecimento do testador. Existência, ademais, de disposição quanto à parte disponível. Incidência do art. 1.752 e não dos arts. 1.750 e 1.751, todos do CC. Recurso não provido. (TJSP, *JTJ* 142/119)

## CAPÍTULO XIV
## DO TESTAMENTEIRO

**Art. 1.976. O testador pode nomear um ou mais testamenteiros, conjuntos ou separados, para lhe darem cumprimento às disposições de última vontade.**

O testamenteiro é pessoa designada pelo testador para defender a validade, fazer cumprir e fiscalizar o cumprimento do testamento. A designação não pode recair em pessoa jurídica. O nomeado pode ser herdeiro legítimo ou testamentário, ou legatário, ou, ainda, pessoa estranha. No Direito brasileiro, o testamenteiro é indispensável, pois, se não for indicado pelo testador, o juiz nomeará um dativo (art. 1.984). O nomeado pelo testador é chamado instituído. A nomeação de testamenteiro pode recair em uma ou mais pessoas, conjunta ou separadamente. A nomeação será conjunta se forem nomeadas duas ou mais pessoas para atuação simultânea, podendo o testador atribuir a todas elas as funções referidas ou dividir funções, como quiser. Serão nomeados testamenteiros separados quando um for indicado para a falta ou escusa de outro. O testamenteiro não é obrigado a aceitar a nomeação, mas o testador pode prever que, nesse caso, perderá o legado ou parte da herança que lhe caberia como remuneração pelo exercício dessa atribuição. A nomeação do testamenteiro pode ser feita em testamento ou codicilo (art. 1.883). Deverá haver testamenteiro para cumprimento de codicilo. Adiante-se que a testamentaria é normalmente remunerada, excepcionalmente gratuita (art. 1.987).

**Jurisprudência:** Apelação cível. Direito das sucessões. Registro de testamento público. Nomeação de testamenteiro. Descabimento, na hipótese. 1. O registro de testamento é procedimento formal, de jurisdição voluntária, que tem por objeto a aferição dos caracteres extrínsecos de validade do ato de disposição de última vontade. 2. Uma vez determinado o registro, o arquivamento e o cumprimento do testamento, será intimado o testamenteiro para firmar compromisso (art. 735, § 3º, do CPC). 3. Somente se não houver testamenteiro nomeado pelo testador ou se ele estiver ausente ou não aceitar o encargo é que caberá ao juiz nomear testamenteiro legal, observando a ordem de preferência (art. 735, § 4º, do CPC). 4. É lícito ao testador nomear um ou mais testamenteiros, conjuntos ou separados, para dar cumprimento às disposições de última vontade (art. 1.976 do CC). 5. Caso concreto em que a testadora nomeou, em testamento público, dois testamenteiros de sua escolha, inexistindo razões para nomeação de pessoa diversa antes que os nomeados sejam intimados para dizer sobre a aceitação do encargo. Apelação provida. (TJRS, Ap. Cível n. 50002444920218210064, rel. Vera Lucia Deboni, j. 25.03.2022)

---

**Art. 1.977. O testador pode conceder ao testamenteiro a posse e a administração da herança, ou de parte dela, não havendo cônjuge ou herdeiros necessários.**

**Parágrafo único. Qualquer herdeiro pode requerer partilha imediata, ou devolução da herança, habilitando o testamenteiro com os meios necessários para o cumprimento dos legados, ou dando caução de prestá-los.**

---

O cônjuge sobrevivente (no atual Código, herdeiro necessário) e os demais herdeiros necessários (descendentes e ascendentes) têm preferência para exercer a administração da herança, permanecendo com a posse dos bens do espólio, como estatui o art. 1.797. Embora o art. 1.977 não diga, o companheiro sobrevivente também tem a mesma preferência, por expressa previsão do art. 1.797. Se não houver cônjuge e outros herdeiros necessários, o testador pode atribuir a posse e a administração da herança ao testamenteiro. A razão é facilitar ao testamenteiro o cumprimento do testamento. O testamenteiro que assume a administração e posse da herança é chamado universal. No entanto, se os herdeiros ou algum deles fornecer ao testamenteiro os meios para o cumprimento dos legados, ou derem caução para assegurar esses meios, o testamenteiro deixa de ter necessidade da administração e posse dos bens da herança, que passa a um dos herdeiros, observadas as regras do referido art. 1.797, II.

**Jurisprudência:** O testamenteiro tem o poder/dever de administrar os bens deixados do espólio, sendo esta função exercida de acordo com as restrições legais. Assim, conclui-se que não tem o testamenteiro poder amplo para gerência sem concordância dos herdeiros. Podendo a assinatura do referido contrato de corretagem trazer prejuízos aos herdeiros e não estando estes em acordo, prudente a decisão que não autorizou a assinatura pela testamenteira/inventariante. (TJMG, AI n. 1.0701.05.118761-8/014, rel. Des. Mauro Soares de Freitas, j. 21.06.2012)

---

**Art. 1.978. Tendo o testamenteiro a posse e a administração dos bens, incumbe-lhe requerer inventário e cumprir o testamento.**

---

Na hipótese do artigo antecedente, em que o testamenteiro administra e tem a posse da herança, compete-lhe requerer a abertura do inventário e a cumprir o testamento.

---

**Art. 1.979. O testamenteiro nomeado, ou qualquer parte interessada, pode requerer, assim como o juiz pode ordenar, de ofício, ao detentor do testamento, que o leve a registro.**

---

O testamento e o codicilo devem ser registrados, em conformidade com as normas dos arts. 735 a 737 do CPC. O testamenteiro ou qualquer interessado podem requerer, e ainda o juiz de ofício pode determinar, que o detentor do testamento o leve a registro. Essa disposição se refere, naturalmente, aos testamentos cerrado e particular, os que podem estar sob a detenção de alguém. Se for testamento público, o próprio testamenteiro ou qualquer interessado, mediante traslado ou certidão do testamento, poderá requerer diretamente o registro (art. 736 do CPC).

**Art. 1.980. O testamenteiro é obrigado a cumprir as disposições testamentárias, no prazo marcado pelo testador, e a dar contas do que recebeu e despendeu, subsistindo sua responsabilidade enquanto durar a execução do testamento.**

Embora não seja obrigado a aceitar a nomeação, o testamenteiro que a aceita torna-se obrigado a cumprir as disposições testamentárias no prazo assinado pelo testador e a prestar contas do que recebeu e gastou, enquanto perdurar a execução do testamento. Se não houver prazo assinado, será de 180 dias, prorrogável se houver motivo para tanto (art. 1.983). O § 5º do art. 735 do CPC reafirma o dever do testamenteiro de prestar contas.

**Jurisprudência:** Apelação. Ação de exigir contas. Extinção do processo por ilegitimidade de parte passiva. Reforma do julgado. Ação dirigida contra a requerida não por ser apenas testamenteira, mas por exercer a curatela da herdeira, a qual atualmente é incapaz em razão da avançada idade. Arts. 1.755 e 1.774 do CC. Requerida que tem o dever de prestar contas como curadora, no período em que exerceu o encargo, sobre os bens próprios da curatelada, assim como sobre os bens a que ela tinha direito como herdeira da *de cujus*. De qualquer forma, consta que a requerida atuava como administradora provisória dos bens da falecida (art. 613 do CPC) ou como testamenteira, a quem cabe cumprir as disposições de última vontade (art. 1.980 do CC) e, nos dois casos, também deveria prestar contas. Sentença anulada. Determinação de prosseguimento do feito. Recurso provido. (TJSP, Ap. n. 1029356-48.2022.8.26.0100, rel. Mônica Rodrigues Dias de Carvalho, j. 19.06.2024)

**Art. 1.981. Compete ao testamenteiro, com ou sem o concurso do inventariante e dos herdeiros instituídos, defender a validade do testamento.**

O principal dever do testamenteiro é defender a validade do testamento. Em consequência, o testamenteiro deve figurar, necessariamente, no polo passivo de ações em que seja postulada a declaração de nulidade ou a anulação do testamento. Ainda que se cuide de nulidade evidente, o testamenteiro deverá defender a validade do testamento.

**Jurisprudência:** Em se tratando de ação anulatória de testamento, é necessária a citação do testamenteiro, que tem o dever de defender a validade do testamento. Inteligência do art. 1.981 do CC. Sentença desconstituída. (TJRS, Ap. n. 70.041.233.537, rel. Des. Jorge Luís Dall'Agnol, j. 27.04.2011)

Inventário. Falta de citação do testamenteiro. Ausência de nulidade. Finalidade atingida. Tendo o falecido deixado testamento, é necessária a citação do testamenteiro no processo de inventário para que fiscalize o efetivo cumprimento das disposições testamentárias. Entretanto, tendo o testamenteiro tomado ciência da tramitação do inventário, prescindível sua citação, não havendo nulidade, pois a finalidade da norma já teria sido atingida. A falta de impugnação às primeiras declarações pelo testamenteiro implica sua concordância tácita. (STJ, REsp n. 277.932, rel. Min. Nancy Andrighi, j. 07.12.2004)

**Art. 1.982. Além das atribuições exaradas nos artigos antecedentes, terá o testamenteiro as que lhe conferir o testador, nos limites da lei.**

O testador poderá conferir ao testamenteiro outras atribuições, além das previstas expressamente em lei, desde que em conformidade com a natureza da função do testamenteiro.

**Art. 1.983. Não concedendo o testador prazo maior, cumprirá o testamenteiro o testamento e prestará contas em cento e oitenta dias, contados da aceitação da testamentaria.**

**Parágrafo único. Pode esse prazo ser prorrogado se houver motivo suficiente.**

O testamenteiro, desde que receba a posse e administração da herança, fica incumbido de cumprir o testamento (art. 1.978). Só poderá receber a posse e administrar a herança se não houver herdeiros necessários (art. 1.977). Com a incumbência de cumprir o testamento, o testamenteiro terá o prazo de 180 dias, contados da aceitação da testamentaria, para fazê-lo e, também, prestar contas. O prazo foi reduzido no atual CC. O art. 1.762 do CC/1916 o fixava em um ano. O prazo legal pode ser prorrogado se houver motivo suficiente, justificado pelo testamenteiro.

**Jurisprudência:** Prescrição. Não cumprimento de obrigação pelo testamenteiro no prazo previsto no art. 1.762 do CC/1916. Inocorrência. Prazo referente à execução da disposição de última vontade que não se confunde com prescrição ou lapso temporal relativo à eficácia da cártula, cuja invalidade somente poderá se verificar nas hipóteses previstas em lei [...]. (TJSP, Ap. n. 498.837-4/2-00, rel. Des. Encinas Manfré, j. 21.02.2008)

**Art. 1.984. Na falta de testamenteiro nomeado pelo testador, a execução testamentária compete a**

**um dos cônjuges, e, em falta destes, ao herdeiro nomeado pelo juiz.**

Como visto nos comentários ao art. 1.976, no Direito brasileiro, o testamenteiro é figura obrigatória. Se não for indicado pelo testador, o encargo competirá ao cônjuge sobrevivente (ou, por extensão, ao companheiro) e, em falta destes, caso não aceitem ou não possam aceitar a imposição legal, o juiz nomeará um herdeiro como testamenteiro dativo.

**Jurisprudência:** Apelação cível. Direito de família. Sucessões. Registro de testamento cerrado. Nomeação de testamenteiro pelo juízo. Possibilidade. Na falta de testamenteiro nomeado pelo testador, compete ao cônjuge ou, na falta deste, a um dos herdeiros o encargo de testamenteiro, que será nomeado pelo juiz, consoante preceitua o art. 1.984 do CC. No caso, a autora figurou como guardiã do testamento cerrado, o que não lhe garante o direito de ser nomeada testamenteira. Apelação desprovida. (TJRS, Ap. n. 51437187320218210001, rel. Luis Gustavo Pedroso Lacerda, j. 24.06.2024)

Apelação cível. Sucessões. Registro de testamento. Ausência de indicação de testamenteiro. Previsão legal acerca da ordem preferencial de nomeação de testamento. Testador que deixou companheira. Sentença mantida na hipótese em que o testador não indica testamenteiro, a lei processual civil, em seu art. 735, § 4º, determina que o juiz o nomeie com observância da preferência legal, que é prevista no art. 1.984 do CC. A companheira sobrevivente tem prioridade em detrimento de outros herdeiros, devendo ser mantida a sentença que a nomeou. Embora se trate de ordem preferencial, e não absoluta, não se visualiza qualquer razão para subvertê-la, mesmo que a iniciativa para registro e cumprimento do testamento tenha sido dos legatários ora apelantes. Negaram provimento. Unânime. (TJRS, AC n. 50012850520218210047/Estrela, 8ª Câm. Cível, rel. Luiz Felipe Brasil Santos, j. 20.07.2023, publ. 20.07.2023)

Agravo de instrumento. Ação declaratória de nulidade de testamento. Pedido de reforma da decisão que nomeou testamenteiro dativo. Impossibilidade. Manutenção do *decisum*. Caso em que o testamenteiro nomeado pelo testador expressamente renunciou ao encargo, sendo inaplicável ao caso o disposto no art. 1.984 do CC, pois os herdeiros são os agravantes, os quais pretendem a declaração de nulidade do testamento. Necessidade de nomeação de testamenteiro dativo, como realizado na decisão vergastada, para defender os interesses do testador. Agravo desprovido. (TJRS, AI n. 51762684220228217000/Passo Fundo, 8ª Câm. Cível, rel. José Antônio Daltoe Cezar, j. 16.03.2023, publ. 17.03.2023)

**Art. 1.985. O encargo da testamentaria não se transmite aos herdeiros do testamenteiro, nem é delegável; mas o testamenteiro pode fazer-se representar em juízo e fora dele, mediante mandatário com poderes especiais.**

O testamenteiro é pessoa de confiança do testador. Sendo nomeação feita com base na fidúcia, de caráter *intuitu personae*, não teria sentido a transmissão do encargo de testamenteiro a seus herdeiros. Nem seria possível a delegação da função a outrem, de confiança do testamenteiro e não do testador. Por esses motivos, o legislador explicita, neste artigo, que o encargo é intransmissível por sucessão *causa mortis* e é indelegável. Não obstante, o testamenteiro terá de ser representado em juízo por advogado, o que o autoriza, de acordo com a parte final do artigo, a constituir mandatário para essa finalidade. Poderá, ainda, constituir mandatário com poderes especiais, para representá-lo nos negócios jurídicos em geral, necessários ao exercício da testamentaria. A necessidade de poderes especiais impede que o testamenteiro conceda a mandatário poderes gerais de administração (cf. arts. 660 e 661). Se pudesse conferir poderes gerais ao mandatário, ocorreria a delegação do encargo vedada pela primeira parte do artigo. A concessão de poderes especiais não acarreta essa consequência, pois o mandatário estará adstrito a determinado ato, previamente delimitado pelo testamenteiro.

**Art. 1.986. Havendo simultaneamente mais de um testamenteiro, que tenha aceitado o cargo, poderá cada qual exercê-lo, em falta dos outros; mas todos ficam solidariamente obrigados a dar conta dos bens que lhes forem confiados, salvo se cada um tiver, pelo testamento, funções distintas, e a elas se limitar.**

De acordo com o art. 1.976, o testador pode nomear um ou mais testamenteiros, conjuntos ou separados. Sendo mais de um testamenteiro, simultâneo, ou seja, todos eles incumbidos das mesmas obrigações, cada um deles poderá exercer a função na falta dos outros. Em contrapartida, há solidariedade no dever de prestar contas dos bens que lhes forem confiados, isto é, os juridicamente interessados poderão exigir de qualquer deles as contas pelo exercício da testamentaria conjunta. Não haverá essa solidariedade, porém, se o testador os houver nomeado para funções distintas, inconfundíveis.

**Art. 1.987. Salvo disposição testamentária em contrário, o testamenteiro, que não seja herdeiro ou legatário, terá direito a um prêmio, que, se o testador não o houver fixado, será de um a cinco por cento, arbitrado pelo juiz, sobre a herança líquida, conforme a importância dela e maior ou menor dificuldade na execução do testamento.**

**Parágrafo único. O prêmio arbitrado será pago à conta da parte disponível, quando houver herdeiro necessário.**

O atual CC acrescentou neste artigo, em comparação ao art. 1.766 do CC/1916, a expressão *salvo disposição testamentária em contrário*. Tal expressão torna manifesto entendimento defendido pela doutrina na vigência do Código anterior: embora, em regra, o testamenteiro tenha direito a uma remuneração pelo exercício da função, o testador pode estabelecer no testamento que deverá atuar gratuitamente. É a posição sustentada, por exemplo, na vigência do CC/1916, por Carlos Maximiliano (*Direito das sucessões*, 5. ed. Rio de Janeiro, Freitas Bastos, 1964, v. III, p. 232). Com o acréscimo da referida expressão no atual Código, parece que o legislador encampou esse entendimento, prevendo a possibilidade de o testador instituir testamentaria gratuita.

Não havendo essa ressalva, o testamenteiro terá direito a um prêmio, denominado ***vintena***, fixado no testamento, pelo montante ou percentual escolhido pelo testador. Ele pode estabelecer o prêmio acima de 5% ou abaixo de 1%. Não está limitado aos parâmetros do art. 1.987.

Silenciando o testador a respeito, o arbitramento será feito pelo juiz, este sim bitolado a percentual entre 1 e 5% da herança líquida, utilizando como critérios para fixar o percentual a importância da herança e a maior ou menor dificuldade na execução do testamento.

Diverge a doutrina sobre a base de incidência do percentual. Consoante o quadro relatado pelo Ministro Eduardo Ribeiro no acórdão do STJ a seguir citado, Clóvis Bevilaqua e Caio Mário da Silva Pereira, dentre outros, sustentam que, embora o artigo disponha ser a vintena calculada sobre a herança líquida, deve-se compreender como tal somente a parte da herança contemplada no testamento. Outros doutrinadores, como Carlos Maximiliano e Pontes de Miranda, defendem, ainda que haja herdeiros necessários, a vintena ser calculada sobre toda a herança líquida, incluindo, portanto, a parte indisponível, com a ressalva do parágrafo único do art. 1.766 do CC/1916 (idêntico no conteúdo ao parágrafo único do art. 1.987) de que, havendo herdeiros necessários, a vintena, calculada sobre toda a herança líquida, será paga somente com a parte disponível. O Ministro Eduardo Ribeiro relembra que Clóvis Bevilaqua defendia sua posição com o argumento de o trabalho do testamenteiro se limitar à parte disponível, contemplada no testamento. A esse argumento se contrapõe o de Pontes de Miranda, acolhido pelo Ministro, de as disposições testamentárias, a serem defendidas pelo testamenteiro, poderem ter por objeto inclusive a parte indisponível, pois é possível ao testador, por exemplo, clausular a legítima.

O art. 1.987, assim como o art. 1.766 do Código anterior, prevê que o testamenteiro não tem direito à vintena se for herdeiro ou legatário. Segundo o entendimento prevalecente, o art. 1.766, e também o art. 1.987 do atual Código, referem-se ao herdeiro testamentário ou ao legatário, no pressuposto de que, recebendo por liberalidade parte da herança ou um legado, essas benesses já constituem a remuneração pelo exercício da testamentaria. O CPC/73 previa, no § 2º de seu art. 1.138, que o cônjuge-meeiro do herdeiro testamentário ou do legatário, quando nomeado testamenteiro, também não tinha direito à vintena, quando casado pela comunhão de bens. O objetivo era evitar que, pela comunhão, o herdeiro e o legatário testamentários fossem favorecidos pela vintena, contrariando-se a previsão desse art. 1.987. O CPC/2015 não reproduziu essa norma, revogando a disposição anterior, fazendo cair, em tese, essa limitação legal do CPC anterior. Em contraposição, tratando-se de herdeiro necessário, ao qual se assegura a intangibilidade da legítima, tem direito ao prêmio, para administrar e fiscalizar o cumprimento do testamento, o qual, nesse caso, no qual há herdeiro necessário, só poderá contemplar a metade disponível.

A herança líquida é o que restar após o pagamento do passivo e das despesas com a sucessão.

**Jurisprudência:** Veja no art. 1.970 a seguinte decisão: STF, REsp n. 2.093.534, rel. Min. Nancy Andrighi, j. 19.03.2024.

Agravo de instrumento. Inventário. Testamento. Vintena. Fixação de percentual de a herança líquida em favor da testamenteira. Readequação. Conforme o disposto no art. 1.987 do CCB, a vintena do testamenteiro será de 1 a 5%, arbitrado pelo juiz, sobre a herança líquida, considerando a importância dela e maior ou menor dificuldade na execução do testamento. No presente caso, o trabalho desenvolvido pela testamenteira mostrou-se bastante singelo e não houve oposição alguma quanto ao cumprimento das disposições testamentárias. Readequada, portanto, a fixação da vintena para o percentual de 1% sobre a herança líquida. Agravo de instrumento provido, por maioria. (TJRS, AI n.

52332001620238217000, rel. Luis Gustavo Pedroso Lacerda, j. 16.10.2023)

O testamenteiro faz jus ao prêmio previsto em lei. Sua atuação como advogado nomeado pela viúva e herdeira não tem o condão de afastar seu direito à vintena, porquanto a natureza jurídica de tal parcela é distinta da dos honorários. Cumprimento das disposições de última vontade do finado a contento. Ausência de hipótese a justificar sua remoção. Agravo de instrumento provido. (TJRS, AI n. 70.048.470.850, rel. Des. Ricardo Moreira Lins Pastl, j. 31.05.2012)

Agravo interno. Sucessões. Inventário. Vintena do testamenteiro. Remuneração que deve ser calculada com base na parte que foi disponibilizada em testamento. (TJRS, Ag. Int. n. 70.023.513.724, rel. Des. Claudir Fidelis Faccenda, j. 10.04.2008)

Se é lícito ao juiz remover o testamenteiro ou determinar a perda do prêmio por não cumprir as disposições testamentárias (CPC, art. 1.140) [sem correspondente no CPC/2015], é-lhe possível arbitrar um valor compatível para remunerar o trabalho irregular e negligente na execução do testamento. (STJ, REsp n. 418.931, rel. Min. Humberto Gomes de Barros, j. 25.04.2006)

Testamenteiro. Prêmio tem como base de cálculo o total da herança líquida, ainda que haja herdeiros necessários, e não apenas a metade disponível, ou os bens de que dispôs em testamento o *de cujus*. Pelo pagamento, entretanto, não responderão as legítimas dos herdeiros necessários, deduzindo-se o prêmio da metade disponível (STJ, REsp n. 39.891, rel. Min. Eduardo Ribeiro, j. 04.10.1994). (*RSTJ* 66/395 e *Lex* 69/254)

**Art. 1.988. O herdeiro ou o legatário nomeado testamenteiro poderá preferir o prêmio à herança ou ao legado.**

Como visto nos comentários ao artigo anterior, se a nomeação de testamenteiro recai sobre herdeiro testamentário ou legatário, presume-se que a remuneração a eles cabível é a herança ou legado com os quais foram beneficiados. Não têm direito à vintena, sob pena de *bis in idem*. O art. 1.988 lhes permite, porém, abrir mão da herança ou legado, preferindo o prêmio, a vintena. Se a vintena não tiver sido fixada pelo testador, ensina Sílvio Rodrigues que o testamenteiro pode solicitar ao juiz que arbitre o percentual, entre 1 e 5%, para então avaliar o mais vantajoso, a herança, ou legado, ou a vintena (*Direito civil*, 25. ed. São Paulo, Saraiva, 2002, p. 282).

**Art. 1.989. Reverterá à herança o prêmio que o testamenteiro perder, por ser removido ou por não ter cumprido o testamento.**

O testamenteiro pode ser removido caso não cumpra suas atribuições, de fazer cumprir ou fiscalizar o cumprimento do testamento, de prestar contas, de defender a validade do testamento. O art. 1.140 do CPC/73 dispunha caber a remoção se lhe fossem glosadas as despesas por ilegais ou em discordância com o testamento, ou se não cumprisse as disposições testamentárias. O CPC/2015 não reproduziu a norma, pois era desnecessária. Caso seja removido e mesmo que não o seja, mas não tenha cumprido o testamento, perde o direito ao prêmio, que reverterá à herança. Ressalve-se poder ocorrer da nomeação de outro testamenteiro em seu lugar, ou o testador pode ter instituído um substituto (art. 1.976), hipótese na qual o prêmio, em vez de reverter à herança, será pago ao novo testamenteiro.

**Jurisprudência:** Agravo de instrumento. Inventário. Pleito de reforma da decisão que determinou a perda do prêmio de testamenteiro da recorrente. Descabimento. Caso dos autos em que não merece reformas a decisão que indeferiu a fixação de prêmio em favor do testamenteiro, considerando a ausência da prática de atos que lhe incumbiam, sendo que o presente feito tramita desde 2009, já tendo sido arquivado diversas vezes, ressaltando que a parte falecida deixou apenas um imóvel. Agravo desprovido. (TJRS, AI n. 51871728720238217000, rel. José Antônio Daltoé Cezar, j. 19.10.2023)

Agravo de instrumento. Ação de cumprimento de testamento. Atuação do testamenteiro. Fixação de vintena. Agravante que se insurge contra a fixação de vintena do testamenteiro pelo juízo *a quo* equivalente a 2,5% do monte. Testamenteiro que recebe um voto de confiança de que irá fielmente cumprir as disposições de última vontade do testador após a sua morte. Prova dos autos que demonstra ter sido o testamenteiro condenado em ação de prestação de contas e por desídia no cumprimento do testamento que lhe foi confiado. Aplicação do art. 1.140, I e II, do CPC [sem correspondente no CPC/2015]. Perda do direito ao prêmio. Provimento do recurso. (TJRJ, AI n. 0061922-57.2011.8.19.0000, rel. Des. Cristina Tereza Gaulia, j. 06.03.2012)

**Art. 1.990. Se o testador tiver distribuído toda a herança em legados, exercerá o testamenteiro as funções de inventariante.**

Distribuída toda a herança em legados, o testamenteiro exercerá as funções de inventariante, pois, embora recebam o domínio do legado no momento da abertura da sucessão, não se defere aos legatários de imediato a posse direta da coisa (cf. § 1º do art. 1.923), sendo necessário, antes, apurar a solvência da herança. Como os legatários não recebem a posse dos legados de plano, optou o legislador, quando só há legatários, atribuir a função de inventariante ao testamenteiro, que ficará com a posse dos legados, até o momento da entrega aos legatários.

# TÍTULO IV
# DO INVENTÁRIO E DA PARTILHA

## CAPÍTULO I
## DO INVENTÁRIO

**Art. 1.991. Desde a assinatura do compromisso até a homologação da partilha, a administração da herança será exercida pelo inventariante.**

O inventário e a partilha são disciplinados tanto no CC como no CPC, em normas que se complementam. A disciplina em dois códigos diversos se justifica por ser matéria que mescla normas de direito material e processual. Algumas questões são tratadas tanto no CC como no CPC. O art. 1.991, por exemplo, que não tem similar no CC/1916, parece supérfluo, pois repete o art. 991, II, do CPC/73 (art. 618, II, do CPC/2015), segundo o qual compete ao inventariante a administração do espólio.

Sua disposição, por outro lado, complementa a disciplina do tema "Da Herança e de sua Administração" (arts. 1.791 a 1.797), objeto do Capítulo II do Título "Da Sucessão em Geral", o primeiro do Livro do "Direito das Sucessões". Conforme o art. 1.791, a herança, no momento da abertura da sucessão, transmite-se como um todo unitário, o que significa não haver individualização das cotas de cada herdeiro sobre determinados bens, aplicando-se, em relação aos bens do espólio, as regras do condomínio. A individualização ocorre com a partilha, efetuada ao término do processo de inventário, por meio do qual, em linhas gerais, é relacionado o patrimônio deixado pelo *de cujus*, cobram-se os créditos do espólio, pagam-se as dívidas, avaliam-se os bens, pagam-se os legados, paga-se o imposto *causa mortis* e, por fim, faz-se a partilha ou a adjudicação (esta se houver herdeiro único).

De acordo com o art. 1.991, a administração da herança será exercida pelo inventariante desde o momento em que ele assinar o compromisso até a partilha. Antes do compromisso, a administração do espólio cabe ao administrador provisório, uma das pessoas relacionadas na ordem preferencial do art. 1.797 (sobre o administrador provisório confiram-se, também, os arts. 613 e 614 do CPC). Quanto ao inventariante, a nomeação recairá sobre uma das pessoas relacionadas no art. 617 do CPC, em ordem preferencial que será desconsiderada pelo juiz se houver fundadas razões, a bem do andamento do inventário e para assegurar os bens do espólio.

Ao inventariante, de acordo com o art. 618, I, do CPC, incumbe representar o espólio ativa e passivamente. No CPC/73, art. 12, § 1º, havia exceção a essa regra quando se tratava de inventariante dativo, isto é, pessoa estranha idônea, pois, nesse caso, a ação envolvendo interesses do espólio devia ser ajuizada por todos os sucessores, na literalidade legal – mas, na verdade, ante a aplicação das regras do condomínio, bastaria a um deles mover a ação –, ou, se fosse ação contra interesses do espólio, todos os sucessores deveriam figurar no polo passivo, em litisconsórcio obrigatório. Essa regra de exceção foi alterada pelo CPC/2015, no § 1º do art. 75, ao prever que, mesmo sendo inventariante dativo, ele é que representa ativa e passivamente o espólio, com a ressalva de que, por ser dativo, os sucessores, incluindo cônjuge e companheiro meeiros, devem ser intimados da ação, naturalmente para que, querendo, possam intervir como assistentes.

Incumbem ao inventariante, ainda, as demais providências relacionadas nos arts. 618 e 619 do CPC.

De se observar, por fim, que o inventário pode ser extrajudicial, realizado por escritura pública, como permite o § 1º do art. 610 do CPC, desde que os sucessores sejam todos capazes e concordes. Se houver testamento, o STJ assentou ser possível o uso do testamento extrajudicial, com a ressalva de que, previamente, devem ser observados os procedimentos judiciais de registro do testamento público ou cerrado, ou de confirmação do testamento particular.

**Jurisprudência:** Inventário. Inventariante dativo. Honorários. Decisão agravada que fixou a remuneração em 6% do valor real bruto do acervo. Descabimento. Ausência, a rigor, de critério legal objetivo para o estabelecimento de honorários devidos ao inventariante dativo. Cabimento, todavia, da utilização, por analogia, dos parâmetros estabelecidos pelo art. 1.987 do CC, que disciplina o arbitramento dos honorários de testamenteiro não herdeiro. Fixação cabível, pois, no intervalo de 1 a 5% do valor líquido da herança. Hipótese concreta em que nenhum dos herdeiros se voluntariou ao exercício da inventariança, e em que o patrimônio líquido presumivelmente se revelará reduzido, em face da pendência de dívidas do espólio. Cabimento, assim, da fixação dos honorários do inventariante dativo em 5%

do valor líquido apurado. Decisão reformada. Recurso provido. (TJSP, Proc. n. 2056365-74.2022.8.26.0000, rel. Vito Guglielmi, j. 26.04.2022)

1. Segundo o art. 610 do CPC/2015 (art. 982 do CPC/73), em havendo testamento ou interessado incapaz, proceder-se-á ao inventário judicial. Em exceção ao *caput*, o § 1° estabelece, sem restrição, que, se todos os interessados forem capazes e concordes, o inventário e a partilha poderão ser feitos por escritura pública, a qual constituirá documento hábil para qualquer ato de registro, bem como para levantamento de importância depositada em instituições financeiras. 2. O CC, por sua vez, autoriza expressamente, independentemente da existência de testamento, que, "se os herdeiros forem capazes, poderão fazer partilha amigável, por escritura pública, termo nos autos do inventário, ou escrito particular, homologado pelo juiz" (art. 2.015). Por outro lado, determina que "será sempre judicial a partilha, se os herdeiros divergirem, assim como se algum deles for incapaz" (art. 2.016) – bastará, nesses casos, a homologação judicial posterior do acordado, nos termos do art. 659 do CPC. 3. Assim, de uma leitura sistemática do *caput* e do § 1° do art. 610 do CPC/2015, c/c os arts. 2.015 e 2.016 do CC/2002, mostra-se possível o inventário extrajudicial, ainda que exista testamento, se os interessados forem capazes e concordes e estiverem assistidos por advogado, desde que o testamento tenha sido previamente registrado judicialmente ou haja a expressa autorização do juízo competente. 4. A *mens legis* que autorizou o inventário extrajudicial foi justamente a de desafogar o Judiciário, afastando a via judicial de processos nos quais não se necessita da chancela judicial, assegurando solução mais célere e efetiva em relação ao interesse das partes. Deveras, o processo deve ser um meio, e não um entrave, para a realização do direito. Se a via judicial é prescindível, não há razoabilidade em proibir, na ausência de conflito de interesses, que herdeiros, maiores e capazes, socorram-se da via administrativa para dar efetividade a um testamento já tido como válido pela Justiça. 5. Na hipótese, quanto à parte disponível da herança, verifica-se que todos os herdeiros são maiores, com interesses harmoniosos e concordes, devidamente representados por advogado. Ademais, não há maiores complexidades decorrentes do testamento. Tanto a Fazenda estadual como o Ministério Público atuante junto ao Tribunal local concordaram com a medida. Somado a isso, o testamento público, outorgado em 02.03.2010 e lavrado no 18° Ofício de Notas da Comarca da Capital, foi devidamente aberto, processado e concluído perante a 2ª Vara de Órfãos e Sucessões. 6. Recurso especial provido. (STJ, REsp n. 1.808.767, rel. Min. Luis Felipe Salomão, 4ª T., j. 15.10.2019)

Agravo de instrumento. Direito das sucessões. Decisão que, dentre outras providências, defere a remuneração da inventariante no percentual de 2,5% dos rendimentos das empresas administradas, uma vez que a mesma não é herdeira e exerce um *munus* que deve ser recompensado, nos termos da Constituição da República Federativa do Brasil. Inconformismo manifestado por parte dos herdeiros. Conquanto a doutrina e a jurisprudência dominantes entendam pela necessidade de se remunerar o inventariante dativo, em analogia ao tratamento conferido ao testamenteiro, na forma dos arts. 1.987 do CC/2002 e 1.138, do CPC, há de se reconhecer a peculiaridade do caso, em que a inventariante nomeada é ex-companheira do autor da herança e genitora de sua herdeira, não se reconhecendo assim a condição de terceira desinteressada e equidistante das partes, principal fundamento a ensejar o direito ao recebimento do prêmio, registrando-se ainda ser a companheira, em regra, legitimada à inventariança, desde que convivendo com o *de cujus* no tempo da morte, conforme dispõe o art. 990, I, do CPC. Assim, merece reforma a decisão agravada para o fim de afastar a remuneração deferida à inventariante. Ademais questões apresentadas cuja apreciação se afigura vedada, sob pena de haver supressão de instância. Decisão parcialmente reformada. Recurso parcialmente provido. (TJRJ, AI n. 0020827-08.2015.8.19.0000, rel. Marco Aurélio Bezerra de Melo, j. 23.02.2016)

Agravo de instrumento. Inventário. Designação de inventariante em testamento. Correta a decisão que nomeou para o cargo a pessoa indicada no testamento público. O inventariante só poderá ser removido se declarado nulo o testamento por meio de ação própria ou se sobrevier alguma das causas do art. 995 do CPC [art. 622 do CPC/2015]. Recurso improvido. (TJSP, AI n. 0056835-28.2011.8.26.0000, rel. Gilberto de Souza Moreira, j. 18.05.2011)

Para efeitos de nomeação de inventariante, os herdeiros testamentários são equiparados aos herdeiros necessários e legítimos. Herdeiro menor ou incapaz não pode ser nomeado inventariante, pois é impossibilitado de praticar ou receber diretamente atos processuais; sendo que para os quais não é possível o suprimento da incapacidade, uma vez que a função de inventariante é personalíssima. Os herdeiros testamentários, maiores e capazes, preferem ao testamenteiro na ordem para nomeação de inventariante. Existindo herdeiros maiores e capazes, viola o inciso III do art. 990 do CPC [art. 617, III, do CPC/2015], a nomeação de testamenteiro como inventariante. Recurso especial conhecido e provido. (STJ, REsp n. 658.831, rel. Min. Nancy Andrighi, j. 15.12.2005)

## CAPÍTULO II
## DOS SONEGADOS

**Art. 1.992. O herdeiro que sonegar bens da herança, não os descrevendo no inventário quando estejam em seu poder, ou, com o seu conhecimento, no de outrem, ou que os omitir na colação, a que os deva levar, ou que deixar de restituí-los, perderá o direito que sobre eles lhe cabia.**

**Sonegados:** o herdeiro que sonega bens no inventário está sujeito à pena civil de perda do direito hereditário sobre os bens desviados. A expressão *sonegados* designa os bens desviados, a pena civil aplicada ao herdeiro e, também, a ação respectiva, para aplicação da pena. A sonegação pode se dar: pela omissão do herdeiro no cumprimento do dever de relacionar no inventário bens do espólio que estejam em seu poder ou em poder de terceiros com conhecimento dele; pelo descumprimento da obrigação de conferir bens à colação (cf. arts. 2.002 e segs.); e pela não restituição dos bens em seu poder. Aplicada a pena de sonegados, o sonegador é considerado inexistente em relação aos bens sonegados. A parte que lhe tocaria será partilhada entre os demais herdeiros. Se a partilha já se efetuou, os bens sonegados são objeto de sobrepartilha (art. 669 do CPC).

**Dolo:** pressuposto para aplicação da pena de sonegados é a existência de dolo. Se o herdeiro deixa de descrever o bem no inventário por ignorância ou mesmo por culpa em sentido estrito, não se aplica a pena.

**Momento da sonegação:** se o herdeiro acumula a função de inventariante, a sonegação ficará caracterizada, em regra, ao apresentar as últimas declarações, momento no qual pode sanar omissões das primeiras declarações (arts. 621 e 1.011 do CPC). Não basta, porém, a omissão em relação ao bem, sendo indispensável o dolo. Cuidando-se de herdeiro não inventariante, a sonegação ficará caracterizada a qualquer momento, desde que evidenciado por algum ato o intuito fraudulento de desvio de bens. Não é indispensável ser previamente interpelado sobre a existência do bem, mas a interpelação será útil para evidenciar o dolo.

**Ônus da prova do dolo:** diverge a doutrina sobre o ônus da prova na ação de sonegados. Segundo Sílvio Rodrigues, por exemplo, ocorrendo omissão na descrição de bens da herança, há presunção relativa sobre a existência de dolo, a ser ilidida pelo réu, a quem imputada a sonegação (*Direito civil*, 25. ed. São Paulo, Saraiva, 2002, v. VII, p. 325). Em sentido oposto, há os que, como Orlando Gomes, sustentam que o ônus da prova do dolo compete ao acusador (*Sucessões*, 12. ed. Rio de Janeiro, Forense, 2004, p. 303-4). Parece razoável o entendimento de, tendo o herdeiro sido questionado expressamente sobre o bem, e ainda assim negar sua posse ou sua existência, passa a haver presunção relativa de sonegação dolosa. Do contrário, se não foi interpelado expressamente a respeito, o ônus da prova competirá ao autor da demanda.

**Pena personalíssima e sentença constitutiva:** segundo as lições de Carlos Maximiliano (*Direito das* sucessões, 5. ed., Rio de Janeiro, Freitas Bastos, 1964, v. III, p. 390) e Orlando Gomes (op. cit., p. 305), a pena de sonegados é personalíssima e fica prejudicada caso o sonegador morra no curso da ação de sonegados. Os herdeiros dele, nesse caso, receberão por herança a parte que lhe tocaria nos bens sonegados. A sentença da ação de sonegados, portanto, é constitutiva.

**Cônjuge-meeiro:** há divergência doutrinária sobre a extensão da pena de sonegados ao cônjuge-meeiro que não é herdeiro, mas exerce a função de inventariante. Alguns doutrinadores sustentam que o art. 1.992 só faz menção a herdeiro, e o cônjuge-meeiro inventariante, não sendo herdeiro, estaria isento da pena (essa é a posição, por exemplo, de RODRIGUES, Sílvio. Op. cit., p. 327-8). Segundo outros, embora o art. 1.780 do CC/1916 (idêntico ao art. 1.992 do atual CC em relação a esse aspecto) só fizesse menção a herdeiro, o artigo seguinte (art. 1.781 do CC/1916, igual ao art. 1.993 do CC) prevê que a mesma pena deve ser aplicada ao inventariante, sem distinguir entre inventariante só meeiro e o também herdeiro (nesse sentido, por exemplo, MAXIMILIANO, Carlos. Op. cit., p. 388; e GOMES, Orlando. Op. cit., p. 303).

Embora haja julgados acolhendo essa segunda corrente, parece mais correta a primeira, pois, como argumenta Sílvio Rodrigues, apesar da previsão de o inventariante também estar sujeito à pena do art. 1.992, tal pena consiste na perda do direito sobre os bens da herança, e o meeiro que não é herdeiro tem direito à meação, não à herança. Acrescente-se, em reforço, a aplicação da pena de sonegados ao cônjuge-meeiro acarretar grave incoerência no sistema, pois, se ele não perde o direito à meação nos casos de indignidade (cf. comentário ao art. 1.814), nos quais pode haver ofensa a valor jurídico muito mais elevado, parece absurdo perder parte de sua meação em caso de sonegação, quando pode não haver a mesma relevância. Suponha-se que tenha cometido homicídio doloso consumado contra o *de cujus*. Estará presente causa de indignidade, mas a meação não é afetada. Seria estranho que, pela apropriação indébita de bens da herança, na qual é tutelado interesse jurídico de menor relevância, possa perder essa meação.

**Testamenteiro e legatário:** o testamenteiro que sonegar bens da herança está sujeito à perda da vintena, do prêmio a que pode ter direito pelo exercício da testamentaria, que reverte, nesse caso, à herança (art. 1.989). Se também for herdeiro, perderá o direito aos bens sonegados.

**Jurisprudência:** Apelação cível. Sucessões. Ação de sonegados com pedido de sobrepartilha. Valores sonegados. Ocorrência. Quantia em dinheiro levantada em outro processo que não foi informado pelo herdeiro quando da partilha de bens dos inventariados. Sentença mantida. Estão sujeitos à sobrepartilha, visando à complementação da partilha e destinada a suprir omissões desta, os bens que, por alguma razão, não tenham sido arrolados ou partilhados, na forma do art. 669 do CPC. Restou comprovado nos autos que o apelante levantou valores provenientes de ação previdenciária em nome do falecido pai dos litigantes, quantia que foi sonegada quando da partilha dos bens no inventário. Destarte, evidenciada a sonegação de valores por parte do herdeiro/apelante, aplica-se a pena prevista no art. 1.992 do CC. Apelação desprovida. (TJRS, Ap. n. 50002542420188210121, rel. João Ricardo dos Santos Costa, j. 23.11.2023)

Apelação cível. Sucessões. Ação de sobrepartilha. Cabimento. Bens sonegados. Ocorrência. Doação de quantia em dinheiro que não foi informada pela herdeira quando da partilha dos bens da inventariada. Estão sujeitos à sobrepartilha, visando à complementação da partilha e destinada a suprir omissões desta, os bens que, por alguma razão, não tenham sido arrolados ou partilhados, na forma do art. 669 do CPC. Os autores/apelados comprovaram a doação feita pela mãe à irmã/apelante, nos termos do art. 373, I, do CPC, quantia essa sonegada pela apelante quando da partilha dos bens, conforme se extrai da Escritura Pública de Partilha *Causa Mortis*. E não prospera o afirmado pela recorrente de que a doação na verdade se destinava à neta, isso porque nenhuma prova veio aos autos a corroborar o alegado, ônus que lhe incumbia, consoante disposição do art. 373, II, do CPC. Destarte, evidenciada a sonegação da quantia de R$ 45.000,00 pela herdeira/apelante, aplica-se a pena prevista no art. 1.992 do CC. Apelação cível desprovida. (TJRS, AC n. 50036577920198210019/Novo Hamburgo, 8ª Câm. Cível, rel. João Ricardo dos Santos Costa, j. 17.08.2023, publ. 18.08.2023)

Sonegados. Ocultação dolosa de bens. Perda do direito sobre eles. Art. 1.992 do CC. Legitimidade passiva. Herdeiro. Dolo. Requisito legal. Inteligência do art. 1.992 do CC. Prova do dolo do autor, salvo se interpelado, o omitente ainda assim nega a posse ou a existência do bem. Perda do direito sobre o bem ocultado. Penalidade exclusiva para o herdeiro sonegador. Se estiver exercendo o encargo de inventariante a penalidade será dupla: perda do direito do bem sonegado e remoção da inventariança. Inteligência do art. 1.993 do CC. Pena personalíssima aplicada ao herdeiro sonegador. Cônjuge-meeiro não é herdeiro e é isento de pena. Não demonstrado o dolo ou a fraude do cônjuge-meeiro em especial quando renuncia sua meação sobre os bens imóveis em favor dos filhos descendentes. Recurso improvido. (TJSP, Proc. n. 1012171-80.2018.8.26.0344, rel. Fernando Marcondes, j. 13.05.2022)

1. Para a aplicação da pena de sonegados, necessária se faz a comprovação de dolo na ocultação de bens. 2. A reapreciação do suporte fático-probatório dos autos é vedada nesta Corte, pelo óbice da Súmula 7/STJ: "A pretensão de simples reexame de prova não enseja recurso especial". 3. Agravo interno não provido. (STJ, AI no REsp n. 1.835.340, rel. Min. Luis Felipe Salomão, 4ª T., j. 04.05.2020)

1 – A aplicação da pena de sonegados exige prova de má-fé ou dolo na ocultação de bens que deveriam ser trazidos à colação, o que, via de regra, ocorre somente após a interpelação do herdeiro sobre a existência de bens sonegados. 2 – No caso em análise, a interpelação promovida pela parte autora foi dirigida somente à viúva inventariante, não havendo sequer menção aos nomes dos herdeiros do segundo casamento, um deles menor à época. 3 – A colação possui como finalidade equalizar as legítimas dos herdeiros necessários, de modo que a pena de sonegados é inaplicável à meação pertencente à viúva não herdeira. 4 – Recurso das autoras parcialmente conhecido e, na extensão, não provido. 5 – Recurso da parte ré conhecido e parcialmente provido para afastar a aplicação da pena de sonegados à viúva meeira e da multa cominada a título de embargos protelatórios. (STJ, REsp n. 1.567.276, rel. p/ ac. Min. Maria Isabel Gallotti, j. 11.06.2019)

Ação de sonegados. Partes que são herdeiros necessários do autor da herança. Doação em espécie sonegada pelo inventariante. Procedência do pedido. Inconformismo do réu. Desacolhimento. Aplicação do disposto no art. 252 do RITJSP. Doação constante da declaração de imposto de renda do autor da herança. Ausência de comprovação da natureza onerosa do crédito nos autos do incidente de remoção de inventariante. Perda dos direitos sobre o bem. Aplicação do art. 1.992 do CC. Sentença mantida. Preliminar rejeitada e recurso desprovido. (TJSP, Ap. n. 1031702-16.2015.8.26.0100, rel. J. L. Mônaco da Silva, j. 23.11.2016)

1 – A renitência do meeiro em apresentar os bens no inventário não configura dolo, sendo necessário, para tanto, demonstração inequívoca de que seu comportamento foi inspirado pela fraude. Não caracterizado o dolo de sonegar, afasta-se a pena da perda dos bens (CC, art. 1.992). 2 – No regime da comunhão universal de bens, cada cônjuge tem a posse e propriedade em comum, indivisa de todos os bens, cabendo a cada um a metade ideal. Portanto, o ato de transferência de quotas de sociedades limitadas entre cônjuges é providência inócua diante do inventário, já que os bens devem ser apresentados em sua totalidade e, a partir daí, respeitada a meação, ser divididos entre os herdeiros. Portanto, a aplicação da pena de sonegados prevista no art. 1.992 do CC é medida desproporcional ao ato de transferência de quotas sociais realizada entre cônjuges casados em comunhão universal, pois tais bens não podem ser escondidos. 3 – Recurso especial conhecido e desprovido. (STJ, REsp n. 1.267.264, 3ª T., rel. Min. João Otávio de Noronha, j. 19.05.2015)

Descabe aplicar a penalidade de perda de direito sobre bem sonegado, prevista no art. 1.992 do CC, quando a suposta sonegação foi alegada pelos demais herdeiros em sede de incidente de remoção de inventariante, logo depois de apresentadas as primeiras declarações pelo anterior inventariante - ainda que tal alegação de sonegação tenha sido acolhida pelo Juízo de origem, inclusive ensejando a remoção do inventariante. Nos termos do art. 1.996 do CC, "só se pode arguir de sonegação o inventariante depois de encerrada a descrição dos bens, com a declaração, por ele feita, de não existirem outros por inventariar e partir", sendo que, na espécie, a sonegação foi suscitada de pronto, antes mesmo de o anterior inventariante ter declarado não haver outros bens a inventariar, o que veda a aplicação da pena de sonegados a ele, independentemente do resultado do incidente de remoção de inventariante. Deram provimento. Unânime. (TJRS, Ap. n. 70.062.540.331, rel. Luiz Felipe Brasil Santos, j. 12.02.2015)

Remoção de inventariante. Acolhimento do pedido sob fundamento de ter ocorrido sonegação de bens pertinentes ao espólio, e desídia da inventariante em providenciar o necessário ao bom andamento do feito. Sonegação, entretanto, que não restou caracterizada, por ausência de demonstração de dolo, e porque ainda não chegada a fase das últimas declarações. Inventariante, outrossim, que, na qualidade específica de cônjuge, não pode ser considerada sonegadora de bens, para os fins propostos no art. 1.992, do CC. Constatação, contudo, de efetiva morosidade na condução das providências relativas ao inventário, motivo pelo qual sua destituição deve subsistir. Agravo desprovido. (TJSP, AI n. 0164539-32.2013.8.26.0000, rel. João Batista Vilhena, j. 22.10.2013)

[...] Sonegados. Devolução do imposto de renda. Quantia pertencente exclusivamente à companheira do falecido, sua única dependente para fins previdenciários. Inteligência dos arts. 1º e 2º da Lei n. 6.858/80 e do art. 16, I, da Lei n. 8.213/91. Desnecessidade de informação do montante já levantado para efeito de consideração no inventário. Inocorrência de sonegação. Sentença que a reconheceu, sem recurso idôneo por parte da companheira, mantida nessa parte, ante a impossibilidade de *reformatio in pejus*. Recurso da genitora do falecido, visando à imposição além disso da pena de perdimento do art. 1.992 do CC, que não se sustenta. Apelação da autora desprovida. (TJSP, Ap. n. 0119865-21.2008.8.26.0007, rel. Des. Fábio Tabosa, j. 26.03.2013)

Ação de sonegados. Ré que deixou de declarar, nos autos do inventário, créditos oriundos de ações judiciais cujas sentenças teriam sido favoráveis ao espólio. Requerida que admite a existência de tais créditos, mas alega que houve por bem esperar as decisões acerca dos recursos interpostos pelas partes vencidas nas referidas ações. Ausência de dolo e não apresentação de declarações finais da inventariante que geram ausência de interesse processual dos autores apelantes. Ainda que o inventário tenha sido processado sob a forma de arrolamento, a partilha judicial litigiosa pressupõe retificações que só cessarão com as declarações finais, especialmente se existem eventuais créditos pendentes de confirmação judicial. Pedido improcedente. Recurso parcialmente provido, apenas para afastar a condenação por litigância de má-fé. (TJSP, Ap. n. 0019193-86.2008.8.26.0562, rel. Des. Francisco Loureiro, j. 19.04.2012)

Ação de sonegação. Decisão julgou extinta a ação de sonegados, sem resolução de mérito, em virtude da ausência de declaração de inexistência de outros bens a inventariar. Apela o autor sustentando, em suma, que a sentença deve ser reformada para que o magistrado *a quo* analise o mérito da ação. Apela a ré alegando, em resumo, que o processo não poderia ter sido extinto sem resolução de mérito conforme o art. 267, VI, do CPC [art. 485, VI, do CPC/2015], mas por outro fundamento. A declaração de não haver outros bens a inventariar, no inventário, é condição da ação de sonegados. Como os autores não tomaram providências neste sentido, atendo-se apenas a trazer à tona justificativas, não há como a ação prosperar, pois falta-lhe uma de suas condições, qual seja, o interesse de agir. Ademais, interessante lembrar que a sonegação só se aplica quando os bens já existem e são sonegados dos demais herdeiros. No caso concreto, não havia o bem, que veio depois da partilha. Logo, ainda que tenha sido omitido dos demais herdeiros, *data venia*, não se caracteriza sonegação. Outrossim, o ônus da prova incumbe a quem alega e os autores não lograram provar ação dolosa por parte da ré. Com relação ao argumento da ré de que o processo não poderia ter sido extinto sem resolução pelo art. 267, VI, do CPC [art. 485, VI, do CPC/2015], melhor sorte não lhe assiste. Isto porque, nos termos do dispositivo processual acima citado, há a extinção do processo sem resolução de mérito quando da ausência de uma das condições da ação, como ocorre no caso em tela, pois ausente o interesse de agir em decorrência de os autores não terem trazido aos autos a declaração de não haver outros bens a inventariar. Nega-se provimento aos recursos dos autores e da ré. (TJSP, Ap. n. 0004184-86.2009.8.26.0356, rel. Des. James Siano, j. 11.08.2010)

Sonegados. Ação ajuizada por herdeiro contra a inventariante sua mãe. Bem recebido pelo *de cujus* por doação feita só a ele, e não a ele e à inventariante sua mulher, o que afasta a pretensão desta à aplicação da regra do art. 1.178, parágrafo único, do CC. Inexistência, entretanto, de dolo na conduta da inventariante a afastar a grave sanção de perda do bem, prevista nos arts. 1.780 e 1.781 do mesmo estatuto. Condenação tão somente à promoção da sobrepartilha do bem, ou, se já alienado, ao pagamento do valor da fração ideal a que faz jus o autor. Sentença mantida. Recurso da ré desprovido. (TJSP, Ap. n. 232.878-4/8-00, rel. Des. Morato de Andrade, j. 11.11.2008)

Ação de sonegados. Sobrinha e irmão da *de cujus*. Ação improcedente. Ocultação dolosa de contas. Poupança no arrolamento de bens. Ocultação dolosa caracterizada. Preenchimento dos requisitos objetivo e subjetivo da sonegação. Imposição da pena de sonegados. Devolução dos valores ao espólio. Ressarcimento das despesas com a *de cujus* que serão apreciadas na sobrepartilha. Eventuais despesas com a *de cujus* que não excluem a obrigação do inventariante de declarar todos os bens do espólio. Sentença reformada. Ônus da sucumbência. Recurso provido. (TJSP, Ap. n. 564.366-4/8-00, rel. Des. A. Santini Teodoro, j. 06.05.2008)

I – A ação de sonegados deve ser intentada após as últimas declarações prestadas no inventário, no sentido de não haver mais bens a inventariar. II – Sem haver a declaração, no inventário, de não haver outros bens a inventariar, falta à ação de sonegados uma das condições, o interesse processual, em face da desnecessidade de utilização do procedimento. (STJ, REsp n. 265.859, rel. Min. Sálvio de Figueiredo Teixeira, j. 20.03.2003). (*RT* 816/180)

Sonegados. Omissão dos bens móveis na inventariança. Viúvo meeiro que figurou como inventariante e que se encontrava na posse e administração dos bens. Alegação de partilha extrajudicial amigável. Admissibilidade de aplicação da penalidade prevista no art. 1.780 do CC. Recurso não provido. Tem-se pretendido que os arts. 1.780 a 1.784 só se referem ao herdeiro e que o próprio art. 1.784 apenas cogita ao herdeiro inventariante, que pré-excluem a ação de sonegados se trata de inventariante não herdeiro, inclusive o cônjuge. Não é isso o que se lê no art. 1.784 do CC e no art. 994 do CPC [art. 621 do CPC/2015], ou no art. 474 do Código de 1939. (TJSP, Ap. Cível n. 88.081-4, rel. Des. Franciulli Netto, j. 05.10.1999)

A ação de sonegados não tem como pressuposto a prévia interpelação do herdeiro, nos autos do inventário. Se houver a arguição, a omissão ou a negativa do herdeiro caracterizará o dolo, admitida prova em contrário. Inexistindo arguição nos autos do inventário, a prova do dolo deverá ser apurada durante a instrução. Admitido o desvio de bens, mas negado o dolo, não é aplicável a pena de sonegados, mas os bens devem ser sobrepartilhados. Ação parcialmente procedente. Recurso conhecido e provido em parte. (STJ, REsp n. 163.195, rel. Min. Ruy Rosado de Aguiar, j. 12.05.1998)

**Art. 1.993. Além da pena cominada no artigo antecedente, se o sonegador for o próprio inventariante, remover-se-á, em se provando a sonegação, ou negando ele a existência dos bens, quando indicados.**

O inventariante que sonegar bens da herança perde a inventariança. Tal disposição é repetida no art. 622, VI, do CPC. A sonegação é incompatível com o dever do inventariante, de administrar a herança e velar pelos bens do espólio como se seus fossem (art. 618, II, do CPC). A redação do art. 1.993, igual à do art. 1.781 do CC/1916, dispondo que o inventariante está sujeito à dupla sanção (perda dos direitos sobre os bens da herança, prevista no artigo anterior, e remoção da inventariança), dá margem para o dissenso doutrinário mencionado nos comentários ao artigo antecedente (parte da doutrina entende que a pena de perda dos direitos sobre os bens sonegados se estende ao cônjuge sobrevivente, ainda que não seja herdeiro e só tenha direito a meação; e há corrente em sentido oposto, que parece mais razoável). Quanto à remoção da inventariança, não demanda, necessariamente, a ação de sonegados prevista no art. 1.994, pois pode ser promovida pelo procedimento de remoção do inventariante (arts. 623 e 625 do CPC), incidente do processo de inventário. Também é possível a remoção pelo juiz, de ofício, caso repute provado o desvio de bens da herança, facultando ao inventariante, nesse caso, a apresentação de defesa antes da decidir (cf., nesse sentido, julgado do STJ, com ementa abaixo transcrita, citado por NEGRÃO, Theotonio; GOUVÊA, José Roberto; BONDIOLI, Luís Guilherme A.; FONSECA, João Francisco N. da. *Código de Processo Civil e legislação processual em vigor*, 49. ed. São Paulo, Saraiva, 2018, nota 1 ao art. 623 do CPC).

**Jurisprudência:** Agravo de instrumento. Inventário. Irresignação em face de decisão que removeu o agravante de ofício do cargo de inventariante. Descabimento. Decisão impugnada encontra lastro no critério objetivo do decurso de prazo para a oferta das primeiras declarações e também na conduta renitente do agravante de não trazer à colação bens que recebeu por doação da ascendente, autora da herança, a fim de equalizar a legítima em relação à agravada, também filha da falecida. Desnecessária a instauração do incidente de remoção se o agravante se mantém firme na posição de contrariar o que restou decidido pelo Juízo de origem e por esta Câmara em dois agravos de instrumento anteriores, já transitados em julgado. Descabe postergar o inevitável. Recurso improvido. (TJSP, AI n. 2228462-51.2020.8.26.0000, rel. James Siano, j. 27.11.2020)

1 – A remoção do inventariante pressupõe a sua intimação, no prazo de 5 dias, para se defender e produzir provas, conforme dispõe o art. 996 do CPC. 2 – Agravo regimental não provido. (Ag. Reg. no REsp n. 1.461.526/RS, rel. Min. Mauro Campbell Marques, 2ª T., j. 16.10.2014)

Agravo de instrumento. Inventário. Agravo atende aos requisitos previstos ao disposto no art. 524 do CPC [art. 1.016 do CPC/2015]. Remoção de inventariante. Admissibilidade. Inventariante deixou de mencionar nas primeiras declarações bens que lhe foram doados pela falecida. Dispensa de colação não permite esta omissão, pois necessário considerar os referidos bens inclusive para verificar se não ocorreu doação inoficiosa. Animosidade existente entre as partes viabiliza a nomeação de inventariante dativo. Preliminar rejeitada. Recurso provido. (TJSP, AI n. 601.585-4/5-00, rel. Des. Oldemar Azevedo, j. 03.12.2008)

---

**Art. 1.994. A pena de sonegados só se pode requerer e impor em ação movida pelos herdeiros ou pelos credores da herança.**

**Parágrafo único. A sentença que se proferir na ação de sonegados, movida por qualquer dos herdeiros ou credores, aproveita aos demais interessados.**

---

A pena de sonegados, de perda do direito hereditário sobre o bem sonegado (art. 1.992), só se aplica em ação própria, denominada ***ação de sonegados***.

A ***legitimidade ativa*** é dos ***coerdeiros*** ou credores da herança. Os ***credores*** têm interesse na recomposição dos bens desviados ao espólio, para que sirvam à satisfação de seus créditos. Eles não têm, no entanto, interesse em reclamar a aplicação da pena de sonegados, pois recebem seus créditos antes da partilha, quando a herança ainda constitui um todo unitário. Inclui-se dentre os legitimados ativos, naturalmente, o ***cessionário*** de direitos hereditários. O cedente, em contrapartida, não tem legitimidade ativa.

Como observa Sílvio de Salvo Venosa, há de se reconhecer legitimidade para tal ação ao ***legatário*** (*Direito civil*, 3. ed. São Paulo, Atlas, 2003, v. VII, p. 358). Com efeito, é possível que o herdeiro, incumbido de pagar o legado, desvie o bem objeto do legado, sonegando-o do inventário. O legatário, nesse caso, poderá ajuizar a ação de sonegados, para reavê-lo. Não se aplicará, contudo, a pena respectiva, de perda de direito sobre o bem sonegado, pois o sonegador não tem direito hereditário sobre ele.

Pode-se vislumbrar outra possibilidade, do legado de coisa certa e determinada, efetuada a dois colegatários nomeados conjuntamente, ou do legado de objeto que não puder ser dividido sem risco de desvalorização, hipóteses nas quais o art. 1.942 prevê direito de acrescer entre colegatários. Suponha-se que um desses colegatários se apodere do objeto do legado, sonegando-o no inventário. Será possível, nesse caso, ao colegatário prejudicado mover a ação de sonegados, requerendo que o sonegador perca seu direito sobre a coisa legada, para se consumar o direito de acrescer. Tal afirmação, à primeira vista, parece conflitar com o art. 1.992, segundo o qual ao herdeiro é que se aplica a pena de sonegados, não se confundindo herdeiro com legatário; e também com o art. 1.994, no qual não há previsão de legitimidade ativa ao legatário. O conflito é apenas aparente, pois, em outras passagens do atual CC, o legislador não foi absolutamente técnico, compreendendo-se o legatário na expressão *herdeiro* (cf., por exemplo, comentários ao art. 1.813). Seria contrassenso não aplicar ao colegatário, em legado de coisa certa indivisível, a mesma pena prevista para o herdeiro sonegador.

Afirma a doutrina, de modo geral, que o ***Fisco*** não tem interesse na ação de sonegados, por não lhe importar a aplicação da pena de sonegados e a cobrança do imposto *causa mortis*, inclusive sobre os bens sonegados, efetua-se por outros meios.

Relembre-se, mais uma vez, da polêmica, relatada nos comentários ao art. 1.992, sobre o cabimento ou não da aplicação da pena de sonegados ao ***viúvo-***

-*meeiro*. Como parece mais razoável a resposta negativa, em face dele, caso adotada essa orientação, a ação de sonegados só tem cabimento para exigir a restituição de bens desviados.

Como já referido também no comentário ao art. 1.992, a pena de sonegados é ***personalíssima*** e a sentença da ação de sonegados é constitutiva. Só após há perda do direito do sonegador sobre os bens hereditários. Por consequência, se o herdeiro acusado de sonegação morre no curso da ação, antes da decretação da perda do direito hereditário sobre o bem sonegado, a pena não se aplica e os direitos dele sobre os bens sonegados são transmitidos a seus próprios herdeiros.

Por último, a sentença de sonegados, aplicando a pena respectiva ao sonegador, aproveita a todos os demais coerdeiros, ainda que somente um ou alguns deles tenham ajuizado a ação. Os demais coerdeiros poderão se habilitar como assistentes do autor da ação (arts. 119 e segs. do CPC). Também poderão ser assistentes os credores, na ação ajuizada pelo herdeiro, ou vice-versa.

A ação de sonegados está sujeita ao prazo máximo de prescrição, de dez anos (art. 205), contado da data na qual praticado o ato que evidencia a sonegação, embora haja pronunciamento de julgado do STJ, com ementa abaixo transcrita, de que o termo inicial da prescrição seria a data do encerramento do inventário. Julgado mais recente do STJ, com ementa abaixo transcrita, afirma que o prazo prescricional tem início quando a sonegação passa a ser de conhecimento dos lesados por ela, mesmo que após o encerramento do inventário. O procedimento será o comum (arts. 318 e segs. do CPC).

**Jurisprudência:** Agravo de instrumento. Ação de inventário. Decisão que indeferiu o pedido de aplicação do art. 1.992 do CC. Inconformismo do inventariante. Alegação de sonegação de frutos do imóvel objeto de partilha. Bem que consta do plano de partilha. Herdeira que, após citação, apresentou valores recebidos a título de aluguel e despesas realizadas no imóvel. Discussão acerca de valores a serem devolvidos que não enseja a aplicação do art. 1.992 do CC. Mesmo porque, o pedido deve ser objeto de ação própria, nos termos do art. 1.994 do CC. Decisão mantida. Negado provimento ao recurso. (TJSP, AI n. 21255053020248260000, rel. Silvério da Silva, j. 05.07.2024)

[...] 4. A teoria da *actio nata* pode ser examinada sob duas diferentes e, por vezes, complementares óticas: em sua vertente objetiva, que se relaciona com o momento em que ocorre a violação do direito subjetivo e que se torna exigível a prestação, e em sua vertente subjetiva, que se relaciona com o momento em que aquela violação de direito subjetivo passa a ser de conhecimento inequívoco da parte que poderá exigir a prestação. 5. Na hipótese de ocultação de bem imóvel ocorrida mediante artifício que não permitiu que os demais herdeiros sequer identificassem a existência do bem durante a tramitação do inventário do *de cujus*, o termo inicial da prescrição da pretensão de sonegados não deve ser contado da data das primeiras declarações ou da data do encerramento do inventário, devendo ser aplicada a teoria da *actio nata* em sua vertente subjetiva. 6. A mera citação dos demais herdeiros em anterior ação de bens reservados ajuizada pelos supostos sonegadores, fundada em dúvida suscitada pelo registrador do bem imóvel por ocasião de sua venda a terceiro, conquanto dê à parte ciência da existência do bem imóvel, é insuficiente, em regra, para a configuração da ciência inequívoca da lesão indispensável para que se inicie o prazo prescricional da pretensão de sonegados, tendo em vista o cenário de incerteza e controvérsia acerca da existência e extensão da lesão e do dano. 7. A descoberta, em audiência de instrução e julgamento realizada em ação de bens reservados, de que a proprietária do imóvel alegadamente sonegado não exercia atividade remunerada que justificaria a aquisição exclusiva do imóvel apenas configura prova indiciária da sonegação, mas não resulta, por si só, em ciência inequívoca da lesão e do dano que justifica o início do prazo prescricional da pretensão de sonegados. 8. Se o fato determinante para a configuração da ciência inequívoca da lesão e do dano deve ser examinado a partir de outro processo em que essa questão também está em debate, o único marco razoavelmente seguro e objetivo para que se inicie o cômputo do prazo prescricional da pretensão de sonegados será, em regra, o trânsito em julgado da sentença que, promovendo o acerto definitivo da relação jurídica de direito material, declarar que o bem sonegado não é de propriedade exclusiva de quem o registrou, ressalvadas as hipóteses de confissão ou de incontrovérsia fática. 9. Acolhida a pretensão recursal por um dos fundamentos, é despiciendo o exame dos demais que se relacionem ao mesmo capítulo decisório. 10. Recurso especial conhecido e parcialmente provido, para afastar a ocorrência da prescrição e determinar que seja dado prosseguimento à ação de sonegados. (STJ, REsp n. 1.698.732, rel. Min. Nancy Andrighi, 3ª T., j. 12.05.2020)

[...] 2 – A prescrição da ação de sonegados, conta-se a partir do encerramento do inventário, o que não ocorreu no presente caso. 3 – Em virtude do não provimento do presente recurso, e da anterior advertência em relação à aplicabilidade do nCPC, incide ao caso a multa prevista no art. 1.021, § 4º, do nCPC, no percentual de

3% sobre o valor atualizado da causa, ficando a interposição de qualquer outro recurso condicionada ao depósito da respectiva quantia, nos termos do § 5º daquele artigo de lei. 4 – Agravo interno não provido, com imposição de multa. (STJ, Ag. Int. nos Emb. Decl. no REsp n. 1.723.801, rel. Min. Moura Ribeiro, j. 18.02.2019)

Ação de sonegados. Extinção sem resolução de mérito, por ilegitimidade ativa. Legitimidade ativa do herdeiro de herdeira do autor da herança. Interpretação do art. 1.994 do CC. Ausência, no entanto, de declaração do inventariante de não haver outros bens a inventariar. Condição da ação. Interesse processual. Falta de necessidade. Exegese dos arts. 1.996, CC e 994, CPC/73 (art. 621, CPC/2015). Recurso desprovido, com observação. (TJSP, AC n. 0005588-69.2013.8.26.0248, rel. Moreira Viegas, j. 06.09.2017)

Sucessões. Ação de sonegados. Colação. Prescrição parcial. Sentença de parcial procedência, afastando a pena de sonegados ao réu, mas determinando a sobrepartilha do imóvel que ele recebeu em doação dos genitores. Irresignação exclusiva do réu. 1 – Prescrição. Alegação de prescrição da pretensão de sonegados. Prazo decenal (art. 205, CC). Imóvel doado por ambos os genitores. Sonegação que teria ocorrido, pela metade, no inventário respectivo de cada genitor. Metade da pretensão de sonegação que deve ser reconhecida como prescrita. Inventário do pai das partes com partilha homologada há mais de 10 anos. Ausência de provas de que o imóvel não fora colacionado naquele momento. Ônus probatório das autoras (art. 333, I, CPC/73, art. 373, I, CPC/2015). Prescrição não consumada, porém, quanto à metade do imóvel doado pela mãe das partes. Partilha homologada em setembro de 2014, menos de um ano antes do ajuizamento da ação de sonegados. Prescrição declarada quanto à metade do imóvel sonegado. 2 – Sonegados, colação e julgamento *extra petita*. Eficácia dúplice da ação de sonegados, condenatória, para a sobrepartilha do imóvel, e constitutiva, de perda do direito pelo sonegador. Sentença que afastou a pena de sonegados ao apelante, determinando, porém, a sobrepartilha. Recurso exclusivo do réu, de forma que não se pode reconhecer a sonegação, sob pena de *reformatio in pejus*. Pretensão do apelante em afastar a sobrepartilha do imóvel. Reconhecimento da necessidade de colação do bem, na sucessão aberta. Inteligência dos arts. 2.002, 2.003 e 2.004 do CC. Simples colação que não significa perda da propriedade pelo apelante, mas apenas igualação das legítimas. Colação que deve ser realizada em sobrepartilha (art. 2.022, CC, c/c art. 669, CPC/2015). Alegação do apelante de que ainda existem outros três imóveis não partilhados. Colação que pode ser realizada em conjunto com a sobrepartilha desses outros imóveis. Colação que poderá não importar em qualquer perda patrimonial do apelante do imóvel por ele recebido em doação. Manutenção da sentença, com observação. Sentença reformada em parte, para (i) reconhecer a prescrição da alegação de sonegados quanto a metade do imóvel doado ao apelante, nos termos do art. 205 do CC; e (ii) manter a determinação de sobrepartilha dos bens, com a observação acerca de ser o bem doado ao apelante, na metade não prescrita, sobrepartilhado como colação (arts. 2.002, 2.003 e 2.004, CC). Sucumbência mantida. Recurso provido em parte. (TJSP, Ap. n. 1006042-26.2015.8.26.0001, rel. Carlos Alberto de Salles, j. 07.02.2017)

[...] 2 – É cabível o ajuizamento da ação de sonegados quando não trazidos à colação os numerários doados pelo pai a alguns dos herdeiros para a aquisição de bens imóveis. 3 – A prescrição da ação de sonegados, de dez anos, conta-se a partir do encerramento do inventário, pois, até essa data, podem ocorrer novas declarações, trazendo-se bens a inventariar. 4 – No caso de entrega de dinheiro pelo *de cujus* para a aquisição de bens imóveis, a sonegação é dos valores entregues, e não dos próprios imóveis, o que afasta o acionamento dos cônjuges em litisconsórcio necessário (CPC, arts. 10, § 1º, I, e 47). 5 – A simples renitência do herdeiro, mesmo após interpelação, não configura dolo, sendo necessário, para tanto, demonstração inequívoca de que seu comportamento foi inspirado pela fraude. Não caracterizado o dolo de sonegar, afasta-se a pena da perda dos bens (CC, art. 1.992). 6 – No regime da comunhão universal de bens, cada cônjuge tem a posse e propriedade em comum, indivisa de todos os bens, cabendo a cada um a metade ideal. Assim, entende-se que cada cônjuge contribui com metade das doações feitas, razão pela qual não se pode apontar como sonegada, no inventário do marido, a metade doada pela esposa. 7 – Como a colação tem por escopo equalizar as legítimas dos herdeiros necessários, falece interesse jurídico à viúva meeira para o ajuizamento das ações de sonegados, visto que estes não serão acrescidos à sua meação. 8 – Recursos especiais providos em parte. (STJ, REsp n. 1.287.490, rel. Min. João Otávio de Noronha, j. 19.08.2014)

Conflito negativo de competência. Ação de sonegados. Declínio de competência pelo juízo suscitado, em favor do juízo no qual tramitou inventário, já findo. Ações distintas e autônomas. Desnecessidade de reunião. Ausência de conexão ou continência. Princípio do juiz natural. Conflito conhecido e provido para declarar competente o juízo suscitado. 1 – Os dispositivos legais que embasaram o declínio de competência da ação de sonegados para o Juízo suscitante do conflito negativo de competência não preveem a necessidade de juntada dos autos de ação de sonegados com os autos de inventário. 2 – Trata-se de ações autônomas que podem perfeitamente correr perante Juízos distintos, respeitada apenas a competência relativa à matéria, sendo esta, todavia, irrelevante no caso em tela, visto que ambos os Juízos detêm competência idêntica. 3 – De fato, não há sequer identidade de pedidos ou causa de pedir entre as referidas demandas, o que afasta a necessidade de reunião dos processos por força de conexão ou continência, não havendo que se falar em prevenção a determinar distribuição por dependência, prevista no art. 253 do CPC [art. 286 do CPC/2015]. 4 – Destaque-se que o inventário já findou com sentença resolutiva de mérito, portanto, ainda que houvesse algum tipo de conexão entre as ações, é forçoso reconhecer a impossibilidade de reunião dos feitos, em consonância com o disposto na Súmula n. 235 do STJ. 5 – Ante a desnecessidade de reunião da ação de sonegados com o inventário que correu perante o Juízo suscitante do conflito negativo de competência, deve ser privilegiado o princípio do juiz natural, devendo ser o processo remetido para o Juízo suscitado, ao qual foi distribuído inicialmente. (TJRJ, CC n. 0019484-16.2011.8.19.0000, rel. Des. Carlos Santos de Oliveira, j. 10.05.2011)

O prazo para ajuizamento da ação de sonegados, no caso de sonegação do herdeiro, é de dez anos contados a partir da declaração, no inventário, da inexistência dos bens sonegados. Demonstrado que o imóvel, mesmo registrado em nome da requerida, foi adquirido pelo seu genitor, com o objetivo de adiantar-lhe a sua cota hereditária, tal bem deve ser trazido à colação no inventário. Comprovado o dolo em não apresentar o bem à partilha, correta a manutenção da pena prevista no art. 1.992 do CC. Recurso improvido. (TJRS, Ap. n. 70.025.199.068, rel. Des. Claudir Fidelis Faccenda, j. 04.12.2008) Ação de sonegados. Ilegitimidade ativa. Qualquer aspirante, credor ou herdeiro, possui legitimidade para propor a ação de sonegados, a fim de resguardar sua pretensão de direito. Nulidade da sentença. A ausência de decisão no processo de inventário não impede a sentença de sonegados. Isto porque basta a apresentação do rol de bens a inventariar para gerar pretensa sonegação. Mérito. Comprovado o dolo da inventariante em não apresentar o bem à partilha, correta a manutenção das penas previstas no arts. 1.992 e 1.993 do CC. (TJRS, Ap. n. 70.022.430.524, rel. Des. Alzir Felippe Schmitz, j. 09.10.2008)

Sonegados. Legitimidade ativa. Prazo prescricional. Doações travestidas de compras e vendas. Doações remuneratórias. Inexistência. 1 – Não é requisito para o ingresso da ação de sonegados o processamento de prévia ação declaratória de nulidade da compra e venda realizada pelos herdeiros, uma vez que era mera liberalidade dos autores ver reconhecida a nulidade das vendas dos imóveis aos sucessores em demanda específica. 2 – Todo o beneficiário dos bens nos autos do inventário é parte legítima a postular em ação de sonegados, estando equiparado ao credor do espólio (art. 1.994 do CC/2002) [...]. (TJRS, Ap. n. 70.023.886.849, rel. Des. José Ataídes Siqueira Trindade, j. 10.07.2008)

Agravo de instrumento. Ação de sonegados. Arresto de valores a serem recebidos pelo réu. Possibilidade. Mesmo sem prova literal de dívida líquida e certa, é juridicamente viável a concessão de arresto, com base no poder geral de cautela. Precedentes jurisprudenciais. Documentação que, em juízo de cognição sumária, dá verossimilhança à versão de que se deu sonegação de bens no inventário, e permite projetar perigo de dano irreparável, porquanto inexistentes outros bens do agravado para responder por eventual condenação dele. Hipótese na qual, presentes o *fumus boni iuris* e o *periculum in mora*, se mostra viável a concessão do arresto postulado pelos agravantes. Deram provimento. (TJRS, AI n. 70.020.131.850, rel. Des. Rui Portanova, j. 13.12.2007)

Inventário. Pleito de suspensão calcado em ingresso de ação de sonegados. Inadmissibilidade. Eventual procedência que implicará, tão só, a sobrepartilha dos bens sonegados, nos termos dos arts. 994 e 1.040, I, do CPC [arts. 621 e 669 do CPC/2015]. Recurso improvido. (TJSP, AI n. 474.077-4/8, rel. Des. Waldemar Nogueira Filho, j. 23.11.2006)

**Art. 1.995. Se não se restituírem os bens sonegados, por já não os ter o sonegador em seu poder, pagará ele a importância dos valores que ocultou, mais as perdas e danos.**

Se não houver a restituição dos bens sonegados, por não mais estarem em poder do sonegador, ele arcará com o valor respectivo, mais perdas e danos. Se os bens estiverem em seu poder, a medida adequada será a busca e apreensão. Os bens sonegados poderão não estar mais em poder do sonegador por deterioração, consumo, perda etc. Em qualquer das hipóteses, o sonegador responde por perdas e danos. Se comprovado ter ocultado dolosamente a coisa, sua perda, ainda que decorra de caso fortuito ou força maior, não o isenta de indenizar os coerdeiros ou credores, salvo se provar que o fato ocorreria ainda que tivesse sido apresentada e restituída. Aplica-se, portanto, a mesma regra válida para o possuidor de má-fé, do art. 1.218. Caso o sonegador tenha alienado a coisa, preserva-se o adquirente de boa-fé, impondo-se ao alienante sonegador a obrigação de indenizar os coerdeiros ou credores da herança, repondo ao espólio o valor da alienação, mais perdas e danos.

**Jurisprudência:** A venda de bens sonegados a terceiros e o direito às perdas e danos dos lesados em relação ao inventariante, prevista no art. 1.783 do CC anterior, não exclui a pretensão de nulificação da venda a terceiros e a recomposição do patrimônio do espólio, se esta foi a via legal escolhida pelos herdeiros. (STJ, REsp n. 54.519/SP, rel. Min. Aldir Passarinho Júnior, j. 14.06.2005)

**Art. 1.996. Só se pode arguir de sonegação o inventariante depois de encerrada a descrição dos bens, com a declaração, por ele feita, de não existirem outros por inventariar e partir, assim como arguir o herdeiro, depois de declarar-se no inventário que não os possui.**

Quanto ao momento do qual se torna possível arguir sonegação, confira-se o comentário ao art. 1.992, no qual está tratada a matéria.

**Jurisprudência:** Agravo de instrumento. Ação de inventário. Decisão que determinou aos herdeiros que tragam eventuais bens à colação, sob pena de ingresso de ação de sonegados e consequente perda de herança sobre mencionados bens. Inconformismo de um dos herdeiros. Não acolhimento. 1. Alegada prescrição em relação ao pedido voltado à colação dos bens recebidos por doação. Não ocorrência. Até o encerramento do inventário podem ser trazidos bens a inventariar. Sonegação que se consuma com as últimas declarações. Inteligência dos arts. 1.996 do CC e 621 do CPC. 2. Ilegitimidade das inventariantes dativas. Afastamento. Legitimidade das inventariantes que decorre do art. 1.996 do CC ao estabelecer que compete ao inventariante o dever de arguir o herdeiro, depois de declarar-se no inventário que não os possui. Decisão mantida. Recurso desprovido. (TJSP, AI n. 21065005620238260000/São Paulo, rel. Silvério da Silva, j. 04.09.2023, 8ª Câm. de Dir. Priv., publ. 04.09.2023)

Somente há sonegação quando o inventariante ou o herdeiro omite a existência de bens objeto de doação, que recebeu do autor da herança, deixando de trazer tais dados ao processo de inventário, sendo que descabe aplicar as penalidades por sonegados enquanto não estiver encerrada a descrição dos bens e prestadas as últimas declarações, e enquanto o herdeiro acusado de sonegação não afirmar que não possui os bens pretendidos. Inteligência do art. 1.996 do CCB. Recurso conhecido e desprovido. (TJRS, AI n. 70.028.798.015, rel. Des. Sérgio Fernando de Vasconcellos Chaves, j. 16.09.2009)

Bens. Doação que teria sido feita pelo pai, mediante simulação, aos irmãos consanguíneos. Pretendido reconhecimento dos direitos do autor, cuja paternidade foi reconhecida em ação específica, sobre tais bens. Inadmissibilidade. Herança de pessoa viva. Falecimento do pai, após a edição do julgado, que não viabiliza juridicamente o pedido. Bens cuja colação deve ser reclamada no inventário. Sonegação cuja arguição reclama observância do disposto no art. 1.996 do CC/2002. Recurso improvido. (TJSP, Ap. n. 338.933-4/2, rel. Des. Waldemar Nogueira Filho, j. 31.05.2007)

## CAPÍTULO III
## DO PAGAMENTO DAS DÍVIDAS

**Art. 1.997. A herança responde pelo pagamento das dívidas do falecido; mas, feita a partilha, só respondem os herdeiros, cada qual em proporção da parte que na herança lhe coube.**

**§ 1º Quando, antes da partilha, for requerido no inventário o pagamento de dívidas constantes de documentos, revestidos de formalidades legais, constituindo prova bastante da obrigação, e houver impugnação, que não se funde na alegação de pagamento, acompanhada de prova valiosa, o juiz mandará reservar, em poder do inventariante, bens suficientes para solução do débito, sobre os quais venha a recair oportunamente a execução.**

**§ 2º No caso previsto no parágrafo antecedente, o credor será obrigado a iniciar a ação de cobrança no prazo de trinta dias, sob pena de se tornar de nenhum efeito a providência indicada.**

O atual CC não tem novidades no tratamento do tema deste Capítulo em relação ao CC/1916. A matéria também é tratada nos arts. 642 a 646 do CPC. Principia o art. 1.997 dispondo que a herança responde pelas dívidas do falecido. Confirma-se, assim, que na sucessão *causa mortis* se transmitem aos herdeiros o ativo e também o passivo deixados pelo *de cujus*. Relembre-se que os herdeiros respondem pelas dívidas nos limites das forças da herança, não com seus próprios patrimônios (art. 1.792).

Antes da partilha, os credores do espólio habilitam seus créditos perante o juízo do inventário. A petição é distribuída por dependência ao inventário, autuada em apenso e deve estar acompanhada de prova literal da dívida (art. 642, § 1º, do CPC). Se houver concordância de todos os interessados, o juiz declara habilitado o crédito e manda separar dinheiro para o pagamento. Se não houver dinheiro, separam-se bens suficientes para o pagamento, que são alienados judicialmente ou, se preferir o credor e os interessados concordarem, pode-se adjudicar os bens reservados, quitando-se a dívida (art. 642, §§ 2º a 4º, do CPC). Os bens a serem reservados são escolhidos pelos herdeiros, pois a eles cabe definir de quais bens preferem se desfazer. Caso não haja concordância em relação à habilitação do crédito, bastando a discordância de um único interessado (que não precisa ser fundamentada), o juiz remete as partes para as vias ordinárias (art. 643 do CPC). Como vias ordinárias, compreendem-se a ação de cobrança, a execução etc. Ao determinar que a cobrança deverá ser feita judicialmente, em ação própria, por não haver possibilidade de pagamento amigável, o juiz do inventário, a pedido ou de ofício, determina a reserva de bens para pagamento do crédito. Salvo se a impugnação de algum interessado estiver fundamentada em prova de pagamento, demonstrando ser temerária a habilitação efetuada pelo credor.

A ação respectiva, de cobrança, execução etc., deve ser ajuizada em trinta dias contados dessa reserva de bens. Complementando essa matéria, o CPC ainda dispõe, no art. 644, que inclusive o credor de dívida líquida e certa, mas não vencida, pode habilitar seu crédito e, se houver concordância geral, serão reservados bens para o pagamento futuro.

No art. 645, o CPC estatui que o legatário será ouvido na habilitação, se seu direito ao legado puder ser afetado pelo pagamento das dívidas, seja porque a herança está toda dividida em legados ou pelo risco de que o pagamento acarrete redução do legado.

Por fim, a parte final do *caput* do art. 1.997 prevê a hipótese do pagamento da dívida ser reclamado após a partilha, sem que tenha havido prévia reserva de bens para seu pagamento. Nesse caso, cada herdeiro responde na proporção do quinhão recebido da herança (o art. 796 do CPC contém idêntica disposição). Não há, portanto, solidariedade entre os herdeiros. O credor deverá acionar todos eles, reclamando de cada um uma proporção do crédito, correspondente à proporção do quinhão recebido na partilha. Ressalve-se a possibilidade de dívida indivisível, tratada nos comentários ao art. 1.999.

**Jurisprudência:** Agravo de instrumento. Execução de título extrajudicial. Ilegitimidade da herdeira para responder pelas dívidas da herança. Reconhecimento. Diante da abertura de inventário há a legitimidade do espólio para responder pelos débitos do falecido. Incidência dos arts. 110, 313 e 796 do CPC e 1.791, 1.792 e 1.997 do CC. Recurso da coexecutada provido. (TJSP, AI n. 2283274-09.2021.8.26.0000, rel. Berenice Marcondes Cesar, j. 24.05.2022)

Cobrança. Prestação de serviços médico-hospitalares. Sentença de improcedência. Descabimento. Documentos apresentados na inicial comprovam a efetiva prestação dos serviços. Internação da paciente (falecida) nas dependências do hospital autor, em regime particular, no período de 16.09.2015 a 01.10.2015, para tratamento de neoplasia maligna no estômago. Ausência de assinatura no contrato de prestação de serviços médico-hospitalares não exclui a obrigação pelo pagamento, diante da incontroversa prestação dos serviços – Dívida que após o falecimento da paciente não se extingue, devendo ser quitada pelo espólio ou se já efetivada a partilha, por seus herdeiros, no limite das forças da herança e de acordo com a sua cota-parte (art. 796 do CPC c/c arts. 1.792 e 1.997 do CC). Ausência de comprovação documental do pagamento da dívida, ônus da prova dos embargantes (art. 373 do CPC). Ação monitória julgada procedente. Recurso do Banco corréu provido. (TJSP, Proc. n. 1008455-30.2020.8.26.0003/SP, rel. Francisco Giaquinto, j. 12.05.2022)

Cumprimento de sentença. Bloqueio de ativos financeiros via Sisbajud dos herdeiros do devedor. Possibilidade. A herança responde pelo pagamento das dívidas do *de cujus*; ocorrendo a partilha, cada herdeiro responderá na proporção da parte que lhe couber (CC, art. 1.997; CPC, art. 796). Bloqueios que incidiram sobre saldos mantidos em conta-corrente e em poupança de livre movimentação. Viabilidade. Vedação à expropriação direta de salário e/ou aposentadoria, o que não retrata o caso dos autos. Decisão mantida. Recurso não provido. (TJSP, Proc. n. 2229532-69.2021.8.26.0000, rel. Maia da Rocha, j. 19.01.2022)

Processual civil. Agravo interno no recurso especial. Responsabilidade civil. Ação indenizatória. Inventário encerrado. Ilegitimidade ativa do espólio. Decisão mantida. 1 – "Em observância aos princípios da economia, celeridade e da instrumentalidade, o Tribunal de origem não poderia extinguir o processo de imediato, sem a oportunidade para que o autor da ação regularizasse o feito, mas somente lhe caberia tal providência se, devidamente intimada, a parte não suprisse a falha" (Ag. Int. no REsp n. 1.338.735, rel. Min. Raul Araújo, 4ª T., j. 01.12.2016, *DJe* 14.12.2016). 2 – Agravo interno a que se nega provimento. (STJ, Ag. Int. no REsp n. 1.534.149, rel. Min. Antonio Carlos Ferreira, j. 16.09.2019)

1 – A sentença que denega a habilitação de crédito na sucessão, por mera discordância de qualquer inte-

ressado, não enseja a condenação em honorários advocatícios, pois não torna litigiosa a demanda, não havendo falar em condenação, nem de se cogitar em qualquer proveito econômico, já que o direito ao crédito e à sua cobrança são remetidos às vias ordinárias. 2 – Deveras, "nessa situação não haverá o processamento incidental deste pedido, mas a necessidade de propositura de uma ação própria na qual será discutida a dívida em pauta e a obrigação do espólio arcar, ou não, com ela, daí a remissão às "vias ordinárias" (WAMBIER, Teresa Arruda Alvim. *Primeiros comentários ao novo Código de Processo Civil: artigo por artigo*. São Paulo: RT, 2016, p. 1.095). 3 – Agravo interno não provido. (STJ, Ag. Int. no REsp n. 1.792.709, rel. Min. Luis Felipe Salomão, j. 06.08.2019)

[...] 3 – A habilitação de crédito no inventário, a ser realizada antes da partilha, é medida de natureza facultativa, disponibilizada ao credor para facilitar a satisfação da dívida, o que não impede, contudo, o ajuizamento de ações autônomas para a mesma finalidade, especialmente nas hipóteses em que a dívida não está vencida ou não é exigível. Precedentes. 4 – Ajuizada ação autônoma de cobrança e deferido o arresto cautelar de valores vinculados à conta judicial da ação de inventário, é irrelevante o fato de já ter sido homologada judicialmente a sentença de partilha, na medida em que o arresto, nessas circunstâncias, assemelha-se à penhora no rosto do inventário dos direitos sucessórios dos herdeiros, e também porque, após o trânsito em julgado, haverá a prática de atos típicos de cumprimento e de execução inerentes à atividade judicante, não havendo que se falar em esgotamento da jurisdição do juízo do inventário que o impeça de implementar a ordem judicial emanada do juízo em que tramita a ação de cobrança. 5 – Recurso ordinário em mandado de segurança conhecido e provido. (STJ, RMS n. 58.653, rel. Min. Nancy Andrighi, j. 02.04.2019)

1 – Enquanto não aberto o inventário e realizada a partilha de bens, o espólio responde pelas dívidas do falecido, nos termos dos arts. 1.997, *caput*, do CC/2002 e 597 do CPC/73 (art. 796 do CPC/2015). Nesse contexto, os herdeiros não têm legitimidade para figurar no polo passivo da ação de cobrança de cotas condominiais relativas a imóvel pertencente aos falecidos. Precedentes. 2 – A fixação dos honorários advocatícios com base no art. 338, parágrafo único, do CPC/2015 somente se justifica quando, alegada a ilegitimidade passiva, o autor promove a substituição da parte, o que não ocorreu no caso. 3 – Agravo interno não provido. (STJ, Ag. Int. nos Emb. Decl. no AREsp n. 698.185, rel. Min. Raul Araújo, j. 20.08.2019)

Inventário. Decisão agravada que determinou que o bem inventariado responderá pelo passivo trabalhista deixado pela autora da herança, bem como repeliu a alegação de bem de família. Agravante que é herdeiro, reside no imóvel e não possui outros bens. Herdeiro tem legitimidade para invocar a impenhorabilidade da Lei n. 8.009/90. Crédito do agravado que não se encaixa nas exceções à impenhorabilidade (art. 3º da Lei 8.009/90). Impenhorabilidade reconhecida. Recurso provido. (TJSP, AI n. 0008643-64.2011.8.26.0000, rel. Des. De Santi Ribeiro, j. 12.07.2011)

Direito civil e tributário. Inventário. Taxa judiciária. Base de cálculo. Herança. Exclusão da meação do cônjuge supérstite. 1 – Taxa judiciária e custas judiciais são, na jurisprudência sólida do STF, espécies tributárias resultantes "da prestação de serviço público específico e divisível e que têm como base de cálculo o valor da atividade estatal referida diretamente ao contribuinte" (ADI n. 1.772-MC, Relator(a): Min. Carlos Velloso, Tribunal Pleno, j. 15.04.1998, *DJ* 08.09.2000, p. 4, *Ement.* v. 2003-1, p. 166). 2 – Em processo de inventário, a toda evidência, a meação do cônjuge supérstite não é abarcada pelo serviço público prestado, destinado essencialmente a partilhar a herança deixada pelo *de cujus*. Tampouco pode ser considerada proveito econômico, porquanto pertencente, por direito próprio e não sucessório, ao cônjuge viúvo. Precedentes. 3 – Assim, deve ser afastada da base de cálculo da taxa judiciária a meação do cônjuge supérstite. 4 – Recurso especial provido. (STJ, REsp n. 898.294, rel. Min. Luis Felipe Salomão, j. 02.06.2011)

Agravo de instrumento. Arrolamento. Recolhimento do ITCMD, depois de descontadas as dívidas do espólio e as despesas com funeral. Admissibilidade. O imposto de transmissão *causa mortis* não incide sobre o monte-mor total, mas sim sobre o monte partível, deduzidas todas as dívidas e encargos. Aplicação dos arts. 1.792 e 1.997 do novo CC. Interlocutória mantida. Agravo desprovido. (TJSP, AI n. 0338131-25.2010.8.26.0000, rel. Des. Natan Zelinschi de Arruda, j. 25.11.2010)

Penhora. Bloqueio *on-line* de conta-corrente da inventariante. Inadmissibilidade. Antes da partilha o executado é o espólio e não sua inventariante. Somente após a partilha é que a inventariante passa a responder pela dívida deixada pelo falecido, na proporção da parte que na herança lhe couber, nos termos dos arts. 1.792 e 1.997 do CC. Inventariante é representante do espólio e não parte no processo, motivo pelo qual seus bens não podem ser penhorados. Recurso não provido. (TJSP, AI n. 0362469-97.2009.8.26.0000, rel. Des. Tersio Negrato, j. 30.03.2010)

1 – Mantém-se a decisão monocrática que deu parcial provimento ao agravo de instrumento, pois em consonância com a orientação jurisprudencial deste Tribunal. 2 – Se a inventariante se acha credora do falecido, então que habilite seu crédito no inventário ou ingresse com uma ação competente para ver-se ressarcida dos valores despendidos com os cuidados médicos do *de cujus* antes de seu passamento. Não está ela autorizada a compensar – sem a devida autorização judicial – este numerário com o valor recebido com a venda de um bem que pertencia ao espólio. 3 – As despesas do funeral, assim como os valores despendidos nas ações em que o espólio figura como parte – por restarem devidamente comprovadas – devem ser abatidas do valor relativo à prestação de contas, na esteira do que determina o art. 1.847 do CC/2002. Recurso desprovido. (TJRS, AI n. 70.028.578.599, rel. Des, José Ataídes Siqueira Trindade, j. 12.03.2009)

1 – Mesmo que o inventário seja um juízo universal, basta que não se verifique a concordância de apenas um dos herdeiros, quanto ao crédito a ser habilitado, para que as partes sejam remetidas às vias ordinárias, mesmo se tratando de confissão de dívida firmada pelo *de cujus*. 2 – A impugnação não necessita de maior fundamentação, pois a discussão acerca do crédito deve ter lugar nas vias ordinárias, constituindo questão de alta indagação a ser solvida. Inteligência dos arts. 1.997, § 1º, do CC, e 1.018 do CPC [art. 643 do CPC/2015]. Recurso desprovido. (TJRS, AI n. 70.019.218.726, rel. Des. Sérgio Fernando de Vasconcellos Chaves, j. 27.06.2007)

1 – Na qualidade de legatários, possuem os autores legitimidade ativa para ingressarem com embargos de terceiro com o fito de impedir eventual constrição sobre os bens que lhes foram deixados em testamento, porquanto, consoante art. 1.692 do CC/1916 (art. 1.923 do CC/2002), vigente à época do passamento, desde a abertura da sucessão, pertencem aos legatários a coisa certa existente no acervo hereditário. No entanto, inobstante possuírem o domínio da coisa legada, não detêm a posse direta do bem, que somente se consolida mediante a entrega do objeto do legado. 2 – Enquanto não solvidas as dívidas do falecido, descontadas do acervo hereditário, composto por todos os bens do *de cujus* ao tempo da morte, não há falar em constrição indevida dos bens legados. Cabível a penhora sobre os bens legados a fim de garantir a satisfação das obrigações assumidas pelo falecido. 3 – Antes da entrega do legado e posterior partilha entre os herdeiros, nos autos do inventário, apura-se o ativo e efetua-se o pagamento das dívidas. Na hipótese de absorção da totalidade da herança pelo passivo, os bens legados serão utilizados, total ou parcialmente, para a quitação dos débitos. Transmissível aos herdeiros e legatários tão só o saldo entre o ativo e o passivo do patrimônio do *de cujus*, tendo em vista que, nos termos do art. 1.796 do CC/1916 (art. 1.997 do CC/2002), os bens do falecido respondem por suas dívidas e os sucessores respondem por elas até as forças da herança. (TJRS, Ap. n. 70.019.295.534, rel. Des. Odone Sanguiné, j. 20.06.2007)

**Art. 1.998. As despesas funerárias, haja ou não herdeiros legítimos, sairão do monte da herança; mas as de sufrágios por alma do falecido só obrigarão a herança quando ordenadas em testamento ou codicilo.**

As despesas com o funeral do *de cujus* são dívidas da herança. O que exceder as despesas com funeral, tais como os sufrágios pela alma do falecido, será pago por quem quiser lhe prestar homenagem. O excedente será suportado pela herança só se houver expressa previsão, em testamento ou codicilo.

**Jurisprudência:** Apelação cível. Sucessões. Ação de alvará judicial. Pedido de autorização de levantamento de valores deixados pelo *de cujus* para ressarcimento do pagamento de despesas de funeral. Possibilidade. Sentença reformada. Afigura-se viável o deferimento do alvará de autorização para levantamento de valores deixados pelo *de cujus* e servirá para satisfazer as despesas com funeral, o qual, na esteira dos arts. 1.998 e 965, I, do CC, deve sair do monte da herança e goza de privilégio geral sobre os bens do espólio. Precedentes específicos. Apelo provido. (TJRS, Ap. n. 5001005-82.2021.8.21.0031, rel. Mauro Caum Gonçalves, j. 29.11.2023)

Agravo de instrumento. Sucessões. Ação de inventário. Expedição de alvará para quitação de despesas funerárias. Possibilidade. Considerando que nosso ordenamento jurídico privilegia a satisfação do crédito referente as despesas funerárias, nos arts. 965, 1.997 e 1.998, ambos do CC, bem como, o agravante estar devidamente habilitado como credor do espólio, não encontro óbice quanto a expedição de alvará no presente caso. Deram provimento ao agravo de instrumento. (TJRS, AI n. 70.085.300.424/RS, rel. Mauro Caum Gonçalves, j. 08.04.2022)

Alvará Judicial. Decisão agravada que indeferiu o pedido de levantamento dos valores havidos na conta da *de cujus*. Insurgência do herdeiro. Acolhimento. Despesas funerárias que sairão do monte mor da herança e que podem ser levantadas independentemente da anuência dos demais herdeiros. Exegese do art. 1.998 do CC.

Decisão reformada. Recurso provido. (TJSP, Proc. n. 2270529-94.2021.8.26.0000, rel. Marcia Dalla Déa Barone, j. 04.03.2022)

Agravo de instrumento. Ação de reconhecimento e dissolução de união estável *post mortem*. Decisão de primeira instância que indeferiu "liminar" que tinha por intuito ver reconhecida a união estável *post mortem* entre a ora agravante e o *de cujus*; que fosse realizada pesquisa via SisbaJud para localização de qualquer montante constante em contas bancárias deixadas pelo falecido; que fosse expedido alvará judicial para levantamento de possíveis valores em conta bancária pertencente ao *de cujus*, para compensar os gastos obtidos com seu passamento e arcados pela convivente. Pleito de reforma. Possibilidade em parte. Presença dos requisitos autorizadores da medida, nos termos do art. 300 do CPC, nos limites delineados. Existência de farta prova documental acerca da união estável. Gastos com funeral que podem ser levantados por alvará judicial. Inteligência do art. 1.998 do CC. Impossibilidade de reconhecer, liminarmente, a união estável *post mortem*, sob pena de se tornar satisfativa, adiantando, equivocadamente, o objeto da lide sem a necessária instrução pormenorizada. Precedentes. Decisão reformada em parte. Recurso provido em parte. (TJSP, AI n. 2006972-83.2022.8.26.0000, rel. Schmitt Corrêa, j. 02.03.2022)

1 – Na dicção do art. 1.998 do CC, "as despesas funerárias, haja ou não herdeiros legítimos, sairão do monte da herança" e, conforme dispõe o art. 965, I, do mesmo diploma legal, o crédito por despesas decorrentes do funeral, feito segundo a condição do morto e o costume do lugar, goza de privilégio geral sobre os bens do espólio. 2 – Comprovadas as despesas realizadas com o funeral da autora da herança na ordem de R$ 2.350,00, bem como patente a necessidade de reembolso da quantia despendida por herdeira para fazer frente a tal gasto, é de ser mantida a decisão que incluiu as despesas funerárias nas dívidas a serem pagas quando da partilha dos bens deixados pelo *de cujus*, a fim de ressarcir a herdeira que arcou com tais valores [...]. (TJRS, AI n. 70.057.474.926, rel. Luiz Felipe Brasil Santos, j. 20.03.2014)

Inexistindo testamento ou codicilo, as despesas de sufrágio pela alma do falecido não podem ser exigidas (art. 1.998, CC/2002; art. 1.797, CC/1916). (TJRS, Ap. n. 70.012.140.158, rel. Des. Maria Berenice Dias, j. 17.08.2005)

**Art. 1.999. Sempre que houver ação regressiva de uns contra outros herdeiros, a parte do coerdeiro insolvente dividir-se-á em proporção entre os demais.**

É possível que um herdeiro pague sozinho dívida pela qual os demais deveriam também responder. Exemplo que se encontra na doutrina é o pagamento de dívida material ou juridicamente indivisível (MAXIMILIANO, Carlos. *Direito das sucessões*, 5. ed. Rio de Janeiro, Freitas Bastos, 1964, v. III, p. 367). Efetuado o pagamento, o herdeiro poderá se voltar contra os coerdeiros, em direito regressivo, exigindo a cota de cada um na dívida. Se um dos coerdeiros for insolvente, o prejuízo será rateado entre os demais; ou seja, cada herdeiro, inclusive o que pagou a dívida sozinho, suportará proporcionalmente a parte que seria devida pelo herdeiro insolvente.

O jurista mencionado faz duas observações importantes: se a insolvência do coerdeiro ocorreu após o pagamento da dívida e o herdeiro sub-rogado no crédito demorou a ajuizar a ação de regresso, esse herdeiro credor arca com sua negligência, com a demora na cobrança, e não pode exigir dos demais a parte do coerdeiro insolvente; e, se um herdeiro paga dívida que não podia lhe ser exigida por inteiro, não tendo sido compelido a fazê-lo, assumindo o risco do pagamento integral, não poderá reaver dos demais herdeiros a parte do que se tornou insolvente.

**Art. 2.000. Os legatários e credores da herança podem exigir que do patrimônio do falecido se discrimine o do herdeiro, e, em concurso com os credores deste, ser-lhes-ão preferidos no pagamento.**

O artigo trata do direito dos legatários e credores da herança de, em primeiro lugar, exigir que se discrimine o quinhão do herdeiro na herança do restante de seu patrimônio. Evita-se, assim, confusão entre o quinhão hereditário e o restante dos bens do herdeiro. A utilidade da discriminação é facilitar aos credores da herança, que não receberam seus créditos antes da partilha, a cobrança da dívida em face dos herdeiros, na proporção do que coube a cada um deles (art. 1.997 *caput*, parte final). É preciso que haja a discriminação, porque, pelas dívidas da herança, só responde o quinhão hereditário recebido pelo herdeiro, não o restante de seu patrimônio, como estatui o art. 1.792. Esse direito é útil também aos legatários, pois, em regra, os legados são pagos pelos herdeiros (art. 1.934), ressalvando-se que a discriminação não terá cabimento caso se cuide de legado de coisa certa, pois a providência cabível será a exigência de entrega desse bem.

O artigo contempla, em segundo lugar, o direito de preferência dos legatários e credores da herança, sobre o quinhão hereditário recebido pelo herdeiro, em detrimento dos credores do herdeiro, que só receberão a sobra, se houver.

**Art. 2.001. Se o herdeiro for devedor ao espólio, sua dívida será partilhada igualmente entre todos, salvo se a maioria consentir que o débito seja imputado inteiramente no quinhão do devedor.**

O crédito do espólio em relação a um dos herdeiros é partilhado igualmente entre todos. Suponha-se empréstimo de R$ 100 mil do *de cujus* a um de quatro herdeiros. Esse crédito será partilhado igualmente entre todos, de modo que cada um terá direito a R$ 25 mil, inclusive o mutuário, que assim obterá esse abatimento em sua dívida. É possível, porém, que o débito seja imputado inteiramente no quinhão do devedor, mas se ele solicitar que assim seja e se houver consentimento da maioria dos herdeiros.

Essa solução legal, idêntica à do CC/1916, é criticada pela doutrina, por ser possível que o herdeiro devedor seja insolvente. Nesse caso, sendo o crédito partilhado igualmente entre todos, os demais herdeiros nada recebem, ao passo que o herdeiro devedor, insolvente, além de obter a quitação de parte da dívida, recebe seu quinhão hereditário nos demais bens deixados pelo *de cujus*. É certo que, se isso ocorrer, os demais herdeiros, em seguida à partilha, podem tentar receber o crédito herdado, fazendo recair a penhora sobre os bens recebidos pelo herdeiro até então insolvente. Nesse caso, porém, os herdeiros ficam em pé de igualdade com os demais credores do devedor insolvente. Observe-se, por fim, que a ressalva da parte final, de imputação da dívida inteiramente no quinhão do herdeiro devedor, só ocorrerá se ele solicitar e a maioria consentir; e é evidente que, sendo insolvente, não fará tal solicitação.

Essa interpretação literal, resultando em conclusão que favorece o insolvente e prejudica os demais herdeiros, pode ser superada pela compreensão de o artigo ter visado a conceder ao herdeiro devedor do espólio a faculdade de imputar sua dívida inteiramente em seu quinhão ou pagá-la proporcionalmente aos demais herdeiros. Ele pode preferir esta última solução, para poder receber alguns bens da herança que sejam de sua preferência. Essa faculdade que a lei lhe confere, no entanto, não é compatível com a situação de insolvência, na qual faz a opção não pela conveniência mencionada, mas para prejudicar os coerdeiros. A norma deve ser aplicada, portanto, ao herdeiro solvente, não ao insolvente.

**Jurisprudência:** Agravo de instrumento. Insurgência contra decisão que determinou o depósito judicial de valores. Falecida que emprestou valores a uma das herdeiras. Dívida incluída nas últimas declarações. Preclusão. Controvérsia acerca dos juros de mora e correção monetária que também foi decidida definitivamente. Pedido de compensação de dívidas. Inadmissibilidade. Crédito do espólio. Dívida que pode ser deduzida do próprio quinhão. Inteligência do art. 2.001 do CC. Desnecessidade de depósito judicial. Decisão modificada. Recurso parcialmente provido. (TJSP, AI n. 2298575-59.2022.8.26.0000/SP, 7ª Câm. de Dir. Priv., rel. Pastorelo Kfouri, j. 26.01.2023, publ. 26.01.2023)

Diante do pedido do herdeiro devedor e da manifesta concordância da maioria dos herdeiros e interessados, deve ser deferida a imputação do crédito do espólio no quinhão do herdeiro devedor, nos termos do art. 2.001 do CC. O que se partilha entre os herdeiros é o crédito que o espólio tem a receber, assim como é o crédito do espólio que se imputa no quinhão do devedor. O dispositivo não induz interpretação errônea, mas dessa forma seria melhor entendido: "se o herdeiro for devedor ao espólio, o crédito (do espólio) será partilhado igualmente entre todos (os herdeiros), salvo se a maioria consentir que o crédito seja imputado inteiramente no quinhão do devedor". E assim é para que o herdeiro devedor não seja obrigado a ter a dívida imputada no seu quinhão quando, eventualmente, tiver interesse em outro bem do espólio, ou para que a maioria dos herdeiros não seja obrigada a ficar com outros bens dos quais não tenham interesse, e não com o crédito que o espólio tem a receber. É por esse motivo que a lei determina duas condições para que o crédito do espólio seja imputado inteiramente no quinhão do devedor: o pedido do herdeiro devedor e o consentimento da maioria dos herdeiros. Recurso não provido. (TJSP, AI n. 0121486-98.2013.8.26.0000, rel. Carlos Alberto Garbi, j. 08.10.2013)

## CAPÍTULO IV
## DA COLAÇÃO

**Art. 2.002. Os descendentes que concorrerem à sucessão do ascendente comum são obrigados, para igualar as legítimas, a conferir o valor das doações que dele em vida receberam, sob pena de sonegação.**

**Parágrafo único. Para cálculo da legítima, o valor dos bens conferidos será computado na parte indisponível, sem aumentar a disponível.**

**Colação:** é o ato pelo qual o descendente, concorrendo com outros descendentes à sucessão do ascendente comum, confere, relaciona, por imposição legal, o valor das doações que recebeu dele em vida, para igualar as legítimas, sob pena de sonegados, ou seja, de perda do direito sobre os bens não colacionados (cf. arts. 1.992 a 1.996).

Essa obrigação imposta pela lei é consequência da previsão do art. 544, segundo a qual a doação de ascendente a descendentes é considerada adiantamento do que lhes cabe por herança. Não importa se a doação se circunscreveu à metade do patrimônio do doador, à parte que ele poderia dispor por testamento. Mesmo nesse caso, o descendente tem a obrigação legal de conferir por inteiro o valor do bem recebido em doação.

Ressalva-se a hipótese do descendente de segundo grau em diante, um neto, por exemplo, que tenha recebido doação em nome próprio e participe da sucessão por direito de representação (arts. 1.851 e segs.), situação na qual não estará obrigado à colação (cf. comentário ao art. 2.009).

Quanto ao herdeiro descendente ou cônjuge que renuncia ou é excluído da sucessão, confira-se o comentário ao art. 2.008.

A obrigação de conferir os bens recebidos por doação não é absoluta, pois, no ato da liberalidade ou após, por testamento (art. 2.006), o doador pode dispensar o donatário da colação, dispondo que a doação saia da parte disponível (art. 2.005).

Recorde-se que o art. 1.847, ao tratar do cálculo da legítima, estabelece que o pagamento das dívidas e despesas de funeral se faz antes da adição do valor dos bens sujeitos à colação, motivo pelo qual a cobrança dos créditos em face do *de cujus* não recai sobre o valor dos bens colacionados.

Washington de Barros Monteiro faz duas observações relevantes: a colação é obrigatória mesmo que, ao tempo da sucessão, o *de cujus* não tenha mais bens; e não incide imposto *causa mortis* sobre o valor dos bens sujeitos à colação, pois a transmissão do domínio ocorreu por ato *inter vivos* (*Curso de direito civil*, 35. ed. São Paulo, Saraiva, 2003, v. VI, p. 317-8).

**Cônjuge:** o art. 544 também dispõe que se considera adiantamento de herança a doação de um cônjuge ao outro. O art. 2.002 só faz referência, porém, ao descendente, ao tratar dos obrigados à colação. Apesar da omissão do legislador, o cônjuge também está obrigado à colação, pois, do contrário, a disposição do art. 544 seria inócua. Em reforço, o art. 2.003, tratando da finalidade da colação, estabelece que visa a igualar as legítimas dos descendentes e do cônjuge sobrevivente. A menção ao cônjuge nessa norma demonstra que ele também está obrigado à colação.

Para espancar toda dúvida que a omissão do art. 2.002 possa gerar, Zeno Veloso observa que o mesmo problema aconteceu no CC português, quando, por alteração legislativa, o cônjuge passou a concorrer com descendentes na ordem de vocação hereditária, sem que tenham sido alterados os artigos referentes à colação; e a doutrina portuguesa se manifestou em peso no sentido de se tratar de lacuna, a ser suprida com interpretação que, para manter a coerência do sistema, impõe também ao cônjuge a obrigação de colacionar quando concorre à herança com descendentes (*Comentários ao Código Civil*. São Paulo, Saraiva, 2003, v. XXI, p. 410-2).

Para sanar a omissão do cônjuge no art. 2.002, o PL n. 699/2011 (reapresentação do PL n. 6.960/2002 e do PL n. 276/2007) propõe alteração, para que sua redação passe a ser: "Art. 2.002. Os descendentes que concorrerem à sucessão do ascendente comum, e o cônjuge sobrevivente, quando concorrer com os descendentes, são obrigados, para igualar as legítimas, a conferir o valor das doações que em vida receberam do falecido, sob pena de sonegação".

**Companheiro sobrevivente:** embora não mencionado no art. 544, o companheiro sobrevivente também está obrigado à colação do que recebeu em adiantamento de herança, pois, do contrário, caso fosse desonerado, ficaria em posição mais vantajosa do que a do cônjuge, o que é absurdo. Em reforço, ao declarar inconstitucional o art. 1.790 (RE n. 646.721 e RE n. 878.694, j. 10.05.2017), o STF determinou que ao companheiro se aplica o mesmo regime sucessório do cônjuge, promovendo equiparação entre eles, o que impõe a conclusão de que ambos estão obrigados à colação na concorrência com descendentes.

**Objeto da colação pelo cônjuge ou companheiro:** na colação pelo cônjuge ou companheiro é importante observar estar limitada aos bens em que concorrem com os descendentes. Parece, realmente, só ter sentido impor colação em face dos bens em que há concorrência, pois a finalidade da colação é assegurar a igualdade das legítimas. Sobre os bens nos quais há ou não concorrência sucessória, confira-se o comentário ao art. 1.829, observando-se que, diante da inconstitucionalidade do art. 1.790, declarada pelo STF, ao companheiro se aplicam as mesmas regras da sucessão do cônjuge, previstas no art. 1.829.

**Ascendentes:** os ascendentes, por sua vez, consoante entendimento tranquilo, estão dispensados propositalmente da colação, visto que, em relação a eles, não há norma similar à do art. 544.

**Doações indiretas:** os doutrinadores, de modo geral, salientam que as doações indiretas, ou dissimuladas, também devem ser objeto de colação. São exemplos de doações indiretas, que se encontram na doutrina, o perdão do pai a uma dívida do filho; a construção feita pelo ascendente em terreno do descendente, perdendo para este a construção; a doação simulada como compra e venda.

**Seguro de vida:** no seguro de vida contratado pelo autor da herança em favor de um de seus descendentes, Carlos Maximiliano sustenta que as prestações do seguro devem ser objeto de colação, não a indenização, pois oriunda do patrimônio da seguradora, não do *de cujus* (*Direito das Sucessões*, v. III, 5. ed. São Paulo, Freitas Bastos, 1964, p. 420). Nelson Pinto Ferreira defende solução oposta, sob o fundamento de se tratar de situação similar à das doações indiretas (*Da colação no direito civil brasileiro e no direito civil comparado*. São Paulo, Juarez de Oliveira, 2002, p. 163-74). A questão parece resolvida pelo atual CC, pois seu art. 794, sem similar no CC/1916, dispõe que o capital segurado, no seguro de vida, não se considera herança para todos os fins de direito, motivo pelo qual parece correto o entendimento de desobrigar o beneficiário de trazer a indenização à colação (cf., nesse sentido, o comentário nesta obra ao art. 794, de Claudio Luiz Bueno de Godoy).

**Previdência privada:** em julgado de uma das Turmas do STJ, não constituindo precedente obrigatório, foi decidido que o saldo de previdência privada tem natureza similar à de seguro de vida, motivo pelo qual não está sujeito à colação. Mas há julgados do Tribunal de Justiça, em sentido contrário, como se vê no tópico abaixo, de jurisprudência.

**Colação pelo valor ou em substância:** na vigência do CC/1916, ante as disposições conflitantes de seus arts. 1.792 e 1.787, havia intenso debate na doutrina sobre como se deveria realizar a colação, pelo valor da doação ou, ao contrário, pela conferência do próprio bem doado, em espécie, resolvendo-se a doação. A questão foi pacificada com o CPC/73, cujo art. 1.014 (art. 639 do CPC/2015), tratando de questão de direito material, assentou que a colação se faz em substância, pela conferência dos bens recebidos em doação, admissível a do valor respectivo somente se o donatário já não mais os possuir na abertura da sucessão.

O atual CC, no art. 2.002, revogando o art. 1.014 do CPC/73 (art. 639 do CPC/2015), fez opção pela colação pelo valor, não pela substância, apesar da opinião divergente de Eduardo de Oliveira Leite (*Comentários ao novo Código Civil*, 3. ed. Rio de Janeiro, Forense, 2003, p. 761). Enquanto o art. 1.786 do CC/1916 dispunha que a colação consistia em "conferir as doações", o art. 2.002, na principal novidade sobre as colações, estatui que o conferido é "o valor das doações". Chega-se à mesma conclusão pela análise do parágrafo único do art. 2.003 e do art. 2.004 (cf. respectivos comentários). O CPC/2015 reproduziu em seu art. 639 a disposição do art. 1.014 do CPC/73, o que, em tese, teria acarretado revogação parcial do CC/2002, voltando-se ao sistema de colação em substância preferencialmente, em valor somente em caráter subsidiário. Mas entendemos que a inovação do CPC/2015 decorreu de claro equívoco, acarretando grave inconsistência no sistema, permitindo, por isso, a manutenção da regra do CC, de colação em valor, sem desfazimento da doação, desfazendo-se a doação excepcionalmente, quando o acervo hereditário não permitir a reposição necessária para igualar as legítimas (para aprofundamento, cf. o comentário ao art. 2.004).

É certo que o art. 2.007, gerando alguma confusão, faz menção à conferência em substância, mas a contradição é só aparente. O art. 2.007 não trata de colação, mas de redução das doações inoficiosas, ou seja, redução das doações que, violando o art. 549, excederam a metade da qual o doador, ao tempo da liberalidade, podia dispor por testamento. No que exceder a metade disponível, a doação é nula, conforme expressa previsão do art. 549. Sendo caso de nulidade, não produz efeitos, autorizando o tratamento diferenciado da doação inoficiosa em face da colação, pois a nulidade do excesso na doação inoficiosa justifica a restituição em espécie. Na colação, ao contrário, a doação é válida, não se justificando sua resolução. Basta que o donatário confira seu valor. Só ocorrerá conferência pela substância, na colação, na hipótese excepcional do parágrafo único do art. 2.003. Nesse sentido, em linhas gerais, a opinião de Euclides de Oliveira (*Código Civil comentado*. São Paulo, Atlas, 2004, v. XX, p. 118).

**Aumento da parte indisponível, sem aumento da disponível:** o parágrafo único do art. 2.002 dispõe que o valor da colação é agregado na parte indisponível, sem aumentar a parte disponível, isto é, o valor da parte disponível, que pode ser objeto de deixa testamentária, é calculado segundo o patrimônio do *de cujus* ao tempo da abertura da sucessão, desconsideradas, portanto, as doações feitas em vida a descendentes ou cônjuge. Somente em seguida, destacada a porção disponível, o valor das colações é acrescido à parte indisponível.

**Disposições processuais sobre colação:** o CPC/2015 trata das colações em seus arts. 639 a 641, dispondo que o herdeiro obrigado à colação deve realizar a conferência no prazo do art. 627 desse código, ou seja, nos quinze dias úteis seguintes à conclusão das citações no inventário. Se o obrigado à colação for o próprio solicitante da abertura do inventário e inventariante, deverá trazer o valor à colação nas primeiras declarações. Caso não cumpra a obrigação de conferir o valor dos bens doados, os demais herdeiros concorrentes (descendentes do mesmo grau, ou de grau diverso em caso de direito de representação, ou, ainda, o cônjuge ou companheiro sobrevivente se concorrer à herança com os descendentes) poderão exigir que efetue a colação. Conforme observação de Carlos Maximiliano (*Direito das sucessões*, 5.

ed. Rio de Janeiro, Freitas Bastos, 1964, v. III, p. 400), inclusive o credor do herdeiro concorrente que se beneficiará com a colação, e o síndico de sua falência, podem reclamar a conferência, solução que parece correta, pela similaridade com a hipótese do art. 1.813 (cf., em sentido contrário, o acórdão transcrito a seguir).

O herdeiro ao qual se dirigir a solicitação poderá atendê-la ou negar que tenha recebido os bens ou a obrigação de conferi-los. Na hipótese de negativa, as partes serão ouvidas em quinze dias úteis e o juiz decidirá em seguida. Caso confirme a obrigação do herdeiro colacionar, o juiz, segundo o § 1º do art. 641 do CPC/2015, mandará sequestrar os bens doados ou imputar ao seu quinhão hereditário o valor deles, se já os não possuir. Essa disposição do CPC precisa ser compatibilizada com o CC, pois, como visto, deve prevalecer a regra do CC, de preferência à colação pelo valor e não pela substância. Por conseguinte, o juiz mandará imputar o valor dos bens doados no quinhão hereditário do herdeiro e só excepcionalmente, na hipótese do parágrafo único do art. 2.003, sequestrar o bem doado. Caso a questão seja de alta indagação (dependente de provas que não sejam exclusivamente documentais), o juiz remeterá as partes às vias ordinárias, não podendo o herdeiro demandado receber seu quinhão enquanto pendente a demanda, sem prestar caução.

**Jurisprudência:** Agravo de instrumento. Inventário. Decisão recorrida que reconheceu a prescrição do direito à colação dos bens doados. Insurgência do herdeiro prejudicado. Cabimento. Doação de ascendente é adiantamento de herança. Obrigação de igualar as legítimas imposta por lei. Art. 2.002 do CC. Possibilidade de trazer bens a inventariar até o encerramento do inventário, quando inicia a prescrição de sonegados. Hipótese de inventário em andamento, não se iniciando o prazo para colação dos bens. Ausência de discussão sobre a validade das doações. Bens doados por ambos os genitores. Inventário da genitora. Devida a colação de metade dos bens doados. Recurso provido. (TJSP, AI n. 21530308420248260000, rel. Hertha Helena de Oliveira, j. 19.07.2024)

Agravo de instrumento. Inventário. Decisão que determinou, dentre outras deliberações, fossem trazidos à colação os bens imóveis que os coerdeiros agravantes receberam em vida. Insurgência que busca ver reconhecida a decadência e o meio impróprio ou, subsidiariamente, que seja respeitada a liberdade de testar do *de cujus*. Não acolhimento. Preliminares que se confundem com o mérito e com ele serão analisadas. Independentemente do tempo em que a doação de ascendente a descendente tenha sido feita, por importar adiantamento de herança, devem os bens serem trazidos à colação para igualar as legítimas. Discussão sobre a colação de bens para partilha igualitária do patrimônio entre os herdeiros que é própria do processo de inventário (art. 639 e segs. do CPC), desnecessário o ajuizamento de ação própria. Questão em debate que não se refere à anulação da doação, irrelevante a alegação de decadência do direito. Obrigatoriedade da colação (art. 2.002 do CC), ainda que os donatários que ao tempo do falecimento do doador, já não possuírem os bens doados (art. 2.003 do CC). Doação que constitui adiantamento de herança, não dispensados os herdeiros beneficiados da colação pelo falecido (arts. 2.005 e 2.006 do CC). Precedentes. Decisão mantida. Recurso não provido. (TJSP, AI n. 2040492-97.2023.8.26.0000, rel. Schmitt Corrêa, j. 28.02.2024)

Recursos especiais. Previdência privada complementar. VGBL. Entidade aberta. Natureza jurídica multifacetada. Seguro previdenciário. Regra. Investimento ou aplicação financeira. Situação excepcional. Colação de valor ao inventário. Herança. 1. Os planos de previdência privada complementar aberta, operados por seguradoras autorizadas pela Susep, dos quais o VGBL é um exemplo, têm natureza jurídica multifacetada porque, tratando-se de regime de capitalização no qual cabe ao investidor, com ampla liberdade e flexibilidade, deliberar sobre os valores de contribuição, depósitos adicionais, resgates antecipados ou parceladamente até o fim da vida, ora se assemelham a seguro previdenciário adicional, ora se assemelham a investimento ou aplicação financeira (3ª T., REsp n. 1.726.577/SP). 2. A natureza securitária e previdenciária complementar desses contratos é a regra e se evidencia no momento em que o investidor passa a receber, a partir de determinada data futura e em prestações periódicas, os valores que acumulou ao longo da vida, como forma de complementação do valor recebido da previdência pública e com o propósito de manter determinado padrão de vida (3ª T., REsp n. 1.726.577/SP). 3. No período que antecede a percepção dos valores, ou seja, durante as contribuições e formação do patrimônio, com múltiplas possibilidades de depósitos, de aportes diferenciados e de retiradas, inclusive antecipadas, em casos excepcionais, pode ficar caracterizada situação de investimento, equiparando-se o VGBL a aplicações financeiras (3ª T., REsp n. 1.726.577/SP). 4. Na hipótese excepcional em que ficar evidenciada a condição de investimento, os bens integram o patrimônio do *de cujus* e devem ser trazidos à colação no inventário, como herança, devendo ainda ser objeto da partilha, desde que antes da conversão em renda e pensionamento do titular. 5. Circunstâncias como idade e condição de saúde do titular de VGBL e uso de valores decorrentes de venda do único imóvel do casal evidenciam a excepcionalidade da situação e indicam a condição de investimento. 6. Recursos especiais conhecidos e desprovidos. (STJ, REsp n. 2.004.210, rel. Min. João Otávio de Noronha, j. 07.03.2023)

Apelação. Ação declaratória de nulidade de ato jurídico. Sentença recorrida que julgou procedentes os pedidos iniciais para (i) declarar a nulidade da cessão de quotas da sociedade Preservam Preservação de Madeiras Ltda.; e, (ii) condenar os réus ao pagamento das custas, despesas processuais e honorários advocatícios fixados em 10% sobre o valor atualizado da causa. Inconformismo dos réus no tocante ao reconhecimento da nulidade absoluta. Simulação devidamente demonstrada, já que ausente comprovação do pagamento do preço. Pretensão de reconhecimento de subsistência do negócio dissimulado. Possibilidade. Não há dúvida de que os réus, pai e filha, revestiram a cessão das quotas sociais com uma onerosidade inexistente, a revelar que o propósito deles sempre fora o de celebrar uma doação certamente com o propósito fraudulento de evitar a colação delas no âmbito sucessório. A doação de ascendente para descendente é possível e gera efeitos próprios (CC, art. 544) a serem observados no momento da abertura da sucessão do doador (CC, art. 2.007 c/c CPC, arts. 639 a 641), daí por que, tendo sido o negócio jurídico dissimulado é o que subsistirá. Sentença de procedência mantida com a ressalva da subsistência do negócio jurídico dissimulado. Sucumbência mantida. Recurso parcialmente provido. (TJSP, Ap. n. 1000433-40.2022.8.26.0123, rel. Maurício Pessoa, j. 31.01.2023)

Inventário. Decisão que entendeu indevida a colação de valor correspondente à ocupação a título gratuito por alguns herdeiros, do imóvel de que era usufrutuário o autor da herança. Própria lei trata de delimitar que somente o negócio jurídico de doação gera o direito de colação aos demais herdeiros, com o propósito de igualar as legítimas. Inteligência dos arts. 544 e 2.002 do CC. Comodato celebrado entre pais e filhos, porém, não se encontra contemplado em lei como gerador do dever de colacionar. Após a extinção do contrato, eventualmente, poderá caber ação de indenização pelo uso exclusivo de coisa comum, mas a questão não afeta as legítimas dos herdeiros necessários e nem se confunde com a colação, que tem a natureza de mera antecipação de quinhão hereditário para fins de igualar as legítimas. Recurso não provido. (TJSP, Proc. n. 2022233-88.2022.8.26.0000, rel. Francisco Loureiro, j. 05.04.2022)

Inventário. Decisão que determina que os valores de previdência privada devem ser trazidos à colação, ante a natureza de aplicação financeira. Previdência privada que, em princípio, tem natureza securitária, não se enquadrando como herança. Precedente do STJ. Não indicação, no entanto, de beneficiário específico. Valores que devem ser destinados aos herdeiros, respeitada a ordem de vocação hereditária. Arts. 792 e 794 do CC. Decisão mantida. Recurso não provido. (TJSP, AI n. 2229126-82.2020.8.26.0000, rel. Fernanda Gomes Camacho, j. 24.11.2020)

Agravo de instrumento. Inventário. I. Decisão que afastou o saldo de fundo de previdência privada ostentado pelo *de cujus* da partilha. Irresignação dos herdeiros. Acolhimento parcial. II. Fundos de previdência privada. Ausência de feição securitária a franquear a aplicação do disposto no art. 794 do CC. Inexistência de risco que empresta lastro aos contratos de seguro. Doutrina. III. Valores depositados em Fundos de Previdência Privada que exibem feição de aplicação financeira. Inteligência do art. 202 da CF, de acordo com a EC n. 20/98. Sujeição desses valores à colação no inventário e partilha nos termos da lei civil. Precedentes desta Câmara e do Eg. Tribunal. IV. Ativos depositados em conta poupança conjunta e solidária. Inexistência de qualquer evidência de que o numerário bloqueado pertencia exclusivamente ao *de cujus*. Prevalência da presunção de que, em se tratando de conta conjunta, a cada titular da aplicação financeira corresponde a metade ideal do importe depositado. Compreensão que decorre de direito próprio do cônjuge supérstite sobre os depósitos, independentemente do regime de bens aplicável. Incidência da regra do art. 1.315, parágrafo único, do CC. Precedentes do Col. Superior Tribunal e desta Corte. Recurso parcialmente provido. (TJSP, AI n. 2220541-41.2020.8.26.0000, rel. Donegá Morandini, j. 03.11.2020)

Agravo de instrumento. Ação de inventário. Decisão que reconsiderou parte de decisão anterior para retirar da partilha valores referentes a previdência privada, competindo ao seu beneficiário o saque. Inconformismo, sob alegação que o *de cujus* deixou outros herdeiros, devendo o numerário ser objeto da colação no inventário, acrescentando que o juízo não poderia reconsiderar decisão de ofício, havendo a ocorrência da preclusão. Descabimento. O instituto da previdência privada possui natureza securitária, não podendo ser equiparado a mera poupança para fins de herança, sob pena de fugir ao próprio escopo da previdência privada. Agravo de instrumento dos agravados anteriormente interposto que foi provido para excluir da partilha valores referentes a previdência privada. Recurso desprovido. (TJSP, AI n. 2149342-90.2019.8.26.0000, rel. José Aparício Coelho Prado Neto, j. 16.09.2020)

Inventário. Determinação de que bem imóvel seja trazido à colação e indeferimento de pedido de autorização para o distrato. Insurgência. Colação que serve para que equalize as legítimas dos herdeiros necessários. Ausência de dispensa expressa de colação em testamento ou no próprio título. Irrelevância de que a doação tenha sido operada antes do nascimento de novo filho. Pretensão de rescisão que não é pacífica entre os herdeiros. Questão que não deve ser tratada nos autos do inventário. Recurso não provido. (TJSP, AI n. 2054955-49.2020.8.26.0000, rel. Fábio Quadros, j. 14.09.2020)

1 – Pedido formulado pelos herdeiros recorrentes de colação pela herdeira recorrida dos valores correspondentes à ocupação e ao uso de unidade imóvel, com a respectiva garagem. 2 – Com relação ao termo inicial dos juros de mora e da necessidade de exclusão da multa do art. 475-J do CPC/73, a apresentação de razões dissociadas dos fundamentos do acórdão recorrido impõe a aplicação, por analogia, do óbice da Súmula n. 284 do STF. 3 – Segundo o art. 2.002 do CC, a colação é o ato pelo qual o descendente, que concorre com outros descendentes à sucessão de ascendente comum ou com o cônjuge do falecido, confere o valor das doações que do autor da herança recebeu em vida. 4 – No caso concreto, o acórdão recorrido esclareceu que a pretensão dos recorrentes está voltada a trazer à colação "a ocupação e o uso de um imóvel e a respectiva garagem" utilizados por uma das herdeiras necessárias a título gratuito. 5 – Distinção entre o contrato de comodato, empréstimo gratuito de coisas não fungíveis, com a doação, mediante a qual uma pessoa, por liberalidade, transfere do seu patrimônio bens ou vantagens para o de outra. 6 – Somente na doação há transferência da propriedade, tendo o condão de provocar desequilíbrio entre as quotas-partes dos herdeiros necessários, importando, por isso, em regra, no adiantamento da legítima. 7 – A ocupação e o uso do imóvel também não pode ser considerado "gasto não ordinário", nos termos do art. 2.010 do CC, pois a autora da herança nada despendeu em favor de uma das herdeiras a fim de justificar a necessidade de colação. 8 – Os arts. 1.647, II, e 1.725 do CC não contêm comandos capazes de sustentar a tese recursal acerca da necessidade de citação da companheira da herdeira necessária, atraindo o óbice da Súmula n. 284/STF. 9 – Recurso especial desprovido. (STJ, REsp n. 1.722.691, rel. Min. Paulo de Tarso Sanseverino, j. 12.03.2019)

1. O Tribunal de origem, ao concluir que o Plano de Previdência Privada (VGBL), mantido pela falecida, tem natureza jurídica de contrato de seguro de vida e não pode ser enquadrado como herança, inexistindo motivo para determinar a colação dos valores recebidos, decidiu em conformidade com o entendimento do STJ. 2. Nesse sentido: REsp n. 1.132.925/SP, rel. Min. Luis Felipe Salomão, 4ª T., *DJe* 06.11.2013; REsp n. 803.299/PR, rel. Min. Antonio Carlos Ferreira, rel. p/ ac. Min. Luis Felipe Salomão, 4ª T., *DJe* 03.04.2014; Emb. Decl. no REsp n. 1.618.680/MG, rel. Min. Maria Isabel Gallotti, *DJe* 1º.08.2017. 3. Inexistindo no acórdão recorrido qualquer descrição fática indicativa de fraude ou nulidade do negócio jurídico por má-fé dos sujeitos envolvidos, conclusão diversa demandaria, necessariamente, incursão na seara fático-probatória dos autos, providência vedada no recurso especial, a teor do disposto na Súmula n. 7/STJ. 4. Agravo interno não provido. (AI nos Emb. Decl. no AREsp n. 947.006, rel. Min. Lázaro Guimarães, j. 15.05.2018)

Agravo de instrumento. Interlocutório que determinou a suspensão da ação de inventário diante de eventual nulidade de doações realizadas pelo *de cujus* a uma das filhas, sem o consentimento dos demais herdeiros necessários. Impertinência. Bens doados como adiantamento de legítima. Desnecessidade de consentimento dos herdeiros. Agravada que tem a obrigação de trazer os bens recebidos à colação para possibilitar a divisão igualitária entre os herdeiros. Exegese dos arts. 544 e 2.002 do CC. Recurso conhecido e provido. (TJSC, AI n. 2014.036220-2, rel. Saul Steil, j. 17.11.2015)

1 – Embora rejeitados os embargos de declaração, tem-se que a matéria controvertida foi devidamente enfrentada pelo Colegiado de origem, que sobre ela emitiu pronunciamento de forma fundamentada, ainda que sucinta, com enfoque suficiente a autorizar o conhecimento do recurso especial, não havendo que se falar, portanto, em ofensa ao art. 535, II, do CPC. 2 – Para efeito de cumprimento do dever de colação, é irrelevante o fato de o herdeiro ter nascido antes ou após a doação, de todos os bens imóveis, feita pelo autor da herança e sua esposa aos filhos e respectivos cônjuges. O que deve prevalecer é a ideia de que a doação feita de ascendente para descendente, por si só, não é considerada inválida ou ineficaz pelo ordenamento jurídico, mas impõe ao donatário obrigação protraída no tempo de, à época do óbito do doador, trazer o patrimônio recebido à colação, a fim de igualar as legítimas, caso não seja aquele o único herdeiro necessário (arts. 2.002, parágrafo único, e 2.003 do CC/2002). 3 – No caso, todavia, a colação deve ser admitida apenas sobre 25% dos referidos bens, por ter sido esse o percentual doado aos herdeiros necessários, já que a outra metade foi destinada, expressamente, aos seus respectivos cônjuges. Tampouco, há de se cogitar da possível existência de fraude, uma vez que na data da celebração do contrato de doação, o herdeiro preterido, ora recorrido, nem

sequer havia sido concebido. 4 – Recurso especial parcialmente provido. (STJ, REsp n. 1.298.864, 3ª T., rel. Min. Marco Aurélio Bellizze, j. 19.05.2015)

1 – Mesmo havendo o reconhecimento na sentença de que houve simulação na compra e venda de bem imóvel, tendo sido J. P., genitor, o verdadeiro adquirente do referido imóvel, e não os seus dois descendentes que passaram a figurar como compradores na escritura definitiva lavrada no registro imobiliário, o negócio dissimulado a doação de ascendente para descendentes é preservado, porque válido em substância e forma, além de se revestir de natureza de adiantamento de herança, não tendo os descendentes beneficiários sido dispensados do dever de colação desse bem por ocasião de futuro inventário. Aplicação da disciplina prevista nos arts. 167 e 2.002 e seguintes do CC/2002. 2. Recurso do autor Carlos Eduardo não provido. (TJSP, Ap. n. 0003796-94.2008.8.26.0300, rel. Piva Rodrigues, j. 14.10.2014)

Inventário. Sucessão. Interpretação dos arts. 1.829, I, e 1.832 do CC. Viúva que era casada com o falecido pelo regime de separação de bens convencional que é herdeira em igualdade de condições com as filhas. As doações anteriores às filhas, e também à viúva, significam antecipação de herança e devem ser trazidas à colação para a verificação do monte partilhável. Decisão acertada. Não há nas doações menção a terem saído das legítimas ou para dispensa de colação. Recurso improvido. (TJSP, AI n. 6.358.284.900, rel. Des. Maia da Cunha, j. 25.06.2009)

Fraude à execução. Anuência do executado manifestada à doação, com reserva de usufruto, feita por sua mae a descendente de ambos, não caracteriza ato de oneração ou alienação de bens ou direitos pelo devedor, previsto no art. 593, do CPC [art. 901 do CPC/2015], para caracterização de fraude à execução. Doadora não é devedora do débito, objeto da execução. Anuência do executado manifestada à doação não caracteriza renúncia à herança, visto que a doadora estava viva à época da doação. Ilegitimidade do credor de descendente do doador para impugnar a eficácia da doação inoficiosa, pelos fundamentos invocados no presente recurso, visto que não tem legitimidade para pedir a colação. Recurso desprovido. (TJSP, AI n. 722.251-5/1-00, rel. Des. Manoel Ricardo Rebello Pinho, j. 30.07.2008)

Efeitos da sentença que declara a paternidade. Retroação para atingir a cessão e transferência de quotas de sociedade que o pai fez para outros filhos, em ato simulado, como se de cessão onerosa se cuidasse, embora com preço vil. Reconhecimento da doação e consequente dever de colacionar a parte que seria transmitida aos filhos, no inventário. Provimento, em parte, para essa finalidade. (TJSP, Ap. n. 459.146.4/3-00, rel. Des. Enio Santarelli Zuliani, j. 13.09.2007)

Inventário. Colação. Imóvel adquirido com dinheiro doado pelos pais (o *de cujus* e a cônjuge supérstite). Adiantamento de legítima, visto não ter havido dispensa da colação no ato de liberalidade. Hipótese, contudo, em que, se a doação foi feita por ambos os cônjuges, entende-se que cada qual dispôs a respeito de sua meação. Colação que deve ser limitada a 50% do bem. Recurso parcialmente provido. (TJSP, AI n. 463.671-4/3-00, rel. Des. Ary José Bauer Júnior, j. 19.12.2006)

[...] Todo ato de liberalidade, inclusive doação, feito a descendente e/ou herdeiro necessário nada mais é que adiantamento de legítima, impondo, portanto, o dever de trazer à colação, sendo irrelevante a condição dos demais herdeiros: se supervenientes ao ato de liberalidade, se irmãos germanos ou unilaterais. (STJ, REsp n. 730.483, rel. Min. Nancy Andrighi, j. 03.05.2005)

Eventual prejuízo da legítima em face de doação feita pelo pai aos filhos, ainda em vida (art. 1.776, do CC/1916), sem haver fatos a provar, prescinde dos "meios ordinários", podendo ser discutido no próprio inventário. (STJ, REsp n. 114.524, rel. Min. Sálvio de Figueiredo Teixeira, j. 27.05.2003)

*De cujus* viúvo que deixa três filhos e havia doado único bem ao único filho vivo ao tempo da doação. Segundo filho, de nova união, nascido dois meses após a doação cujo direito é protegido pelo art. 4º do CC. Doação sem expressa dispensa da colação. Princípio da igualdade de direitos entre todos os herdeiros. Colação obrigatória da totalidade e não apenas da metade da parte disponível. Entendimento dos arts. 1.176, 1.576, 1.721, 1.785, 1.788 e 1.789 do CC. Agravo de instrumento provido para esse fim. (TJSP, AI n. 190.395.4/9, rel. Des. Sílvio Marques, j. 09.11.2001, v.m.)

O direito de exigir colação é privativo dos herdeiros necessários, a teor do art. 1.785 do CCB. Ilegitimidade de o testamenteiro exigir a colação, a fim de possibilitar imputação legitimária. Recurso provido. (STJ, REsp n. 170.037, rel. Min. Waldemar Zveiter, j. 13.04.1999)

---

**Art. 2.003. A colação tem por fim igualar, na proporção estabelecida neste Código, as legítimas dos descendentes e do cônjuge sobrevivente, obrigando também os donatários que, ao tempo do falecimento do doador, já não possuírem os bens doados.**

**Parágrafo único. Se, computados os valores das doações feitas em adiantamento de legítima, não houver no acervo bens suficientes para igualar as legítimas dos descendentes e do cônjuge, os bens assim doados serão conferidos em espécie, ou, quando deles já não disponha o donatário, pelo seu valor ao tempo da liberalidade.**

---

**Cônjuge:** o *caput* deste artigo reproduz o art. 2.002, ao mencionar que a finalidade da colação é igualar as legítimas dos descendentes que concorrem à sucessão do ascendente comum. No entanto, acrescenta também ter por objetivo igualar a legítima do cônjuge sobrevivente. Esse acréscimo facilita a atividade do intérprete, reforçando o entendimento de que o cônjuge também está obrigado à colação, apesar de o legislador ter se esquecido de incluí-lo no art. 2.002 (confira-se o respectivo comentário).

**Bem não mais pertencente ao donatário na abertura da sucessão:** segundo as opiniões de Clóvis Bevilaqua (*Código Civil dos Estados Unidos do Brasil comentado*, 9. ed. Rio de Janeiro, Francisco Alves, 1955, v. VI, p. 221) e Carlos Maximiliano (*Direito das sucessões*, 5. ed. Rio de Janeiro, Freitas Bastos, 1964, v. III, p. 426), ainda que o donatário tenha se desfeito do bem, ou o tenha perdido, por ter se deteriorado, por força maior etc., permanece obrigado à colação, pois, não obstante esses eventos posteriores à doação, importa ter sido transmitida ao donatário a propriedade do bem ao tempo da doação, operando-se, assim, o adiantamento da herança previsto no art. 544, após o qual a coisa perece para o dono *(res perit domino)*.

Em sentido oposto, Caio Mário da Silva Pereira (*Instituições de direito civil*, 15. ed. Rio de Janeiro, Forense, 2004, v. VI, p. 411) e Orlando Gomes (*Sucessões*. 12. ed. Rio de Janeiro, Forense, 2004, p. 291) sustentam que, se a perda do bem se deu sem culpa do donatário, ele é dispensado da colação, presumindo-se que o perecimento da coisa teria ocorrido mesmo sem a doação.

Parece que a primeira posição é a mais acertada, pois a parte final do *caput* do art. 2.003 não contém ressalva quanto à perda por culpa ou sem culpa do donatário: impõe a ele, em qualquer hipótese, a obrigação de colação. Em reforço a esse argumento, Zeno Veloso observa haver, nos Códigos Civis francês, italiano e português, expressa dispensa da colação na perda por caso fortuito, levando a concluir que, no direito brasileiro, não havendo essa ressalva, houve opção pela solução oposta, de obrigar a colação em qualquer situação (*Comentários ao Código Civil*. São Paulo, Saraiva, 2003, v. XXI, p. 421-2).

**Colação em regra pelo valor, excepcionalmente em espécie:** o parágrafo único do art. 2.003 é novidade do atual Código, sem similar no CC/1916, e representa inovação relevante, na medida em que permite dirimir a controvérsia, apontada nos comentários ao art. 2.002, sobre como é feita a colação: isto é, em espécie, com a resolução da doação, conferindo-se o próprio bem doado; ou, então, por seu valor, preservando-se a doação.

A primeira parte do parágrafo único esclarece que a colação se faz pelo valor, igualando-se as legítimas dos descendentes e do cônjuge mediante reposição com bens do acervo hereditário, ou seja, com bens deixados pelo *de cujus*, não com a conferência do próprio bem doado.

Tome-se o seguinte exemplo: a herança corresponde a R$ 150 mil, tendo o *de cujus* deixado três filhos, não havendo concorrência de cônjuge nem testamento. A parte de cada filho será de R$ 50 mil. Suponha-se que um dos filhos tenha recebido doação em vida do *de cujus* no valor de R$ 30 mil. Colacionado esse montante, teremos como total a ser partilhado R$ 180 mil, cabendo R$ 60 mil a cada filho. A colação se fará, nesse exemplo, com a atribuição, na partilha, aos dois filhos não donatários, de bens que correspondam a R$ 60 mil e, ao filho donatário, de R$ 30 mil, por já haver recebido igual montante como antecipação de herança. Perceba-se que o bem doado não será integrado ao monte partível, a doação será preservada, a colação é feita pelo valor e não em substância.

No mesmo exemplo, considere-se que a doação tenha sido de R$ 90 mil. Somada essa quantia aos R$ 150 mil, teremos R$ 240 mil e um quinhão de R$ 80 mil para cada filho. A soma dos quinhões dos dois filhos não donatários totaliza R$ 160 mil, mais do que o total do valor da herança. Como não há, nesse caso, bens suficientes no acervo para igualar as legítimas, o donatário será obrigado, então, a conferir em espécie o bem doado, resolvendo-se a doação, pelo menos quanto aos R$ 10 mil faltantes (embora seja evidente que, caso prefira, poderá optar por reter o bem e pagar a diferença em dinheiro).

Caso o bem não mais lhe pertença ou tenha perecido, não sendo possível incorporá-lo ao acervo, o donatário ficará obrigado a conferi-lo por seu valor ao tempo da liberalidade (sobre o valor pelo qual se faz a colação, confira-se comentário ao art. 2.004).

Em resumo, a colação se faz, em regra, pelo valor; excepcionalmente em substância, quando o acervo é insuficiente para igualar as legítimas; e, por fim, nessa segunda hipótese, se o bem não mais pertencer ao donatário ou caso não exista mais, pelo valor ao tempo da liberalidade.

**Jurisprudência:** Agravo de instrumento. Inventário. Decisão que deferiu a inclusão de bem doado no monte partível. Inconformismo. Acolhimento. Conferência em espécie dos bens doados que somente ocorrerá se "não houver no acervo bens suficientes para igualar as legítimas" (art. 2.003, parágrafo único, do CC). Bens do espólio que ainda não foram relacionados em sua totalidade. Valor da legítima ainda não aquilatado. Ordem de conferência que se afigura prematura. Decisão reformada. Agravo provido. (TJSP, AI n. 2259244-17.2015.8.26.0000, j. 22.06.2016)

Inventário. Doações de imóveis, que beneficiaram apenas dois, dos três herdeiros existentes. Doações que abrangem a quase totalidade dos bens do autor da herança e são notoriamente inoficiosas. Inexistência de dispensa, no contrato ou em testamento posterior, dos donatários trazerem os bens à colação. Colação que, em princípio, se faz pelo valor dos bens doados. Elementos dos autos que demonstram a insuficiência de outros bens do espólio para igualarem as legítimas. Enquadramento da hipótese no parágrafo único do art. 2.003 do CC. Colação a ser conferida em espécie, com retorno dos bens ao acervo hereditário. Recurso provido. (TJSP, Ap. n. 530.150.4/9-00, rel. Des. Francisco Loureiro, j. 08.11.2007)

---

**Art. 2.004. O valor de colação dos bens doados será aquele, certo ou estimativo, que lhes atribuir o ato de liberalidade.**

**§ 1º Se do ato de doação não constar valor certo, nem houver estimação feita naquela época, os bens serão conferidos na partilha pelo que então se calcular valessem ao tempo da liberalidade.**

**§ 2º Só o valor dos bens doados entrará em colação; não assim o das benfeitorias acrescidas, as quais pertencerão ao herdeiro donatário, correndo também à conta deste os rendimentos ou lucros, assim como os danos e perdas que eles sofrerem.**

---

O art. 1.792 do CC/1916 dispunha que a colação se fazia pelo valor dos bens ao tempo da doação. Tal disposição foi alterada pelo parágrafo único do art. 1.014 do CPC/1973 (art. 639, parágrafo único, do CPC/2015), segundo o qual a colação se faz pelo valor dos bens ao tempo da abertura da sucessão. O atual CC retorna ao sistema original, do CC/1916, ao estabelecer que o valor de colação dos bens doados será o do tempo da liberalidade. Evidentemente, esse valor será corrigido monetariamente até a data da partilha.

Na Jornada de Direito Civil, promovida pelo Conselho da Justiça Federal em setembro de 2002, foi aprovado o Enunciado n. 119, segundo o qual o art. 2.004 se aplica quando o bem não mais pertencer ao donatário, pois, se ainda estiver compondo seu patrimônio, a colação deve ser feita pelo valor do bem na abertura da sucessão. Essa conclusão, segundo o enunciado, resulta da interpretação sistemática deste dispositivo com a proibição do enriquecimento sem causa. Respeitado o entendimento, parece não ser o mais adequado, pois o § 2º do art. 2.004 dispõe não estarem sujeitas à colação valorizações ou desvalorizações do bem após a doação. Assim, se o imóvel doado, por causa de abertura de uma via pública próxima, em data posterior à doação, sofre considerável valorização, a colação será feita pelo valor do bem ao tempo da doação, desconsiderado o acréscimo posterior. Em contrapartida, se por algum fator qualquer houve desvalorização do bem, o prejuízo é suportado pelo donatário. Houve clara opção do legislador de imputar ao donatário, após a doação, as vicissitudes pelas quais passar o bem. Não há enriquecimento ilícito, ao contrário do que dispõe o enunciado, pois se trata de lícita opção legislativa, pela qual o donatário se locupleta com os lucros e rendimentos auferidos após a doação, mas suporta, em contrapartida, os prejuízos supervenientes.

No parágrafo único do art. 639, o CPC/2015 reproduz o parágrafo único do art. 1.014 do CPC/73, estabelecendo que os bens a serem objeto de colação, assim como as acessões e as benfeitorias que o donatário fez, calcular-se-ão pelo valor que tiverem ao tempo da abertura da sucessão. Sendo norma posterior, é de se indagar se revogou ao menos em parte o presente art. 2.004 do CC. Parece que a solução mais adequada é a de considerar que a norma do CPC/2015 contém claro equívoco, causando séria distorção no sistema e, por isso, deve ser mantida a disposição do art. 2.004. Pois a colação tem por razão de ser a conferência do que o donatário recebeu como antecipação de legítima. Caso tenha de incluir na colação acessões e benfeitorias que ele introduziu ao bem, com recursos próprios, irá colacionar mais do que recebeu por doação, o que representará causa de inadmissível enriquecimento ilícito dos demais herdeiros. Se o bem, após a doação, sofreu considerável valorização ou desvalorização, essas variações patrimoniais não correspondem ao valor com o qual o doador pretendeu contemplar o donatário, como adiantamento de legítima. Além disso, a norma do CPC/2015 tem a desvantagem de não dar solução para o caso de o bem vir a perecer após a doação, antes da abertura da sucessão, ou, nesse intervalo, ter sido alienado pelo donatário. Recorde-se a lição de Carlos Maximiliano citada nos comentários ao art. 1.878, no sentido de que, na interpretação da lei, cabe optar pela solução equitativa e lógica, em vez da que conduza a resultado absurdo (*Hermenêutica e aplicação do direito*, 10. ed. Rio de Janeiro, Forense, 1988, p. 166-7). A interpretação literal do parágrafo único do art. 639 do CPC/2015 parece afetar a coerência do sistema e, por isso, reputa-se que deve ser mantido o regramento deste art. 2.004 do CC.

Confira-se abaixo, no entanto, no tópico jurisprudência, julgado do STJ no qual aplicado o critério do CPC/2015, do valor ao tempo da abertura da sucessão, considerando dever prevalecer a disposição da lei mais recente, bem como diversos outros julgados aplicando essa mesma orientação.

Conforme o *caput* do art. 2.004, a colação será feita segundo o valor certo ou estimado pelo ato da liberalidade. Pode ocorrer de a estimativa feita à época não corresponder à realidade, como no exemplo de ter constado da escritura pública valor do imóvel menor do que o real. Nesse caso, os herdeiros prejudicados, que podem exigir a colação, têm a faculdade de reclamar avaliação do verdadeiro valor do bem ao tempo da doação. A avaliação ocorrerá, também, quando não houver valor certo ou estimado do bem no ato de liberalidade. Será uma avaliação retrospectiva, para apurar o valor do bem na época e nas condições em que se encontrava ao tempo da doação, pois, conforme o § 2º do art. 2.004, não se computam no valor dos bens doados as benfeitorias acrescidas após a doação, nem os rendimentos e lucros percebidos pelo donatário, mas este, em contrapartida, suporta os danos e perdas que os bens sofrerem. Como visto nos comentários ao art. 2.003, o donatário responde pela colação mesmo que o bem tenha perecido por caso fortuito ou força maior.

Por outro lado, embora só haja menção a benfeitorias, também não estão sujeitas à colação as acessões incorporadas ao imóvel (cf. OLIVEIRA, Euclides de. *Código Civil comentado*. São Paulo, Atlas, 2004, v. XX, p. 135). Em consequência, se o descendente recebe terreno em doação, nele vindo a construir uma casa, a colação se fará pelo valor do terreno ao tempo da doação.

**Jurisprudência:** Agravo de instrumento. Inventário. Primeiras declarações. 1. Irresignação do coerdeiro em face da decisão que acolheu parcialmente a impugnação às primeiras declarações. 2. Valores dos imóveis colacionados que devem ser conferidos na partilha pelo valor que apresentarem ao tempo da abertura da sucessão. Inteligência do parágrafo único do art. 639 do CPC e dos Enunciados n. 119 da I Jornada de Direito Civil e n. 644 da VIII Jornada de Direito Civil. Precedentes deste Eg. Tribunal de Justiça. 3. Herdeiros que pretendem renunciar aos seus direitos sobre crédito do espólio. Descabimento. Impossibilidade de renúncia parcial da herança. Inteligência do art. 1.808 do CC. Espólio, enquanto universalidade indivisível de bens, que é o credor da dívida contraída pelos sucessores do falecido. Eventual remissão da dívida que é facultada aos agravados somente após a efetivação da partilha, na proporção de seus respectivos quinhões hereditários. Ordem judicial de depósito nos autos do numerário devido pelo herdeiro devedor que se mostra inadequada. Dívida do coerdeiro em relação ao espólio que representa um crédito da herança, a ser partilhado igualmente entre todos os herdeiros, com a ressalva prevista no art. 2.001 do CC. 4. Valor do empréstimo contraído pelo agravante que deve ser considerado com base na declaração inserida no imposto de renda do exercício de 2021, ano-calendário 2020. 5. Prescindibilidade da avaliação judicial dos bens imóveis que compõem o espólio ante a impossibilidade de divisão cômoda. Inteligência do art. 2.019 do CC. Ausência de prejuízo aos herdeiros. 6. Recurso parcialmente provido. (TJSP, AI n. 22958653220238260000, rel. Daniela Cilento Morsello, j. 05.07.2024)

Agravo de instrumento. Inventário conjunto. Decisão admitindo o valor indicado pelo inventariante quanto ao bem trazido à colação (correspondente à data da abertura da sucessão). Pretensão ao cálculo do valor de acordo com o tempo em que foi realizada a doação. Casamento dos falecidos celebrado sob o regime da comunhão universal de bens. Sucessão regida pela lei vigente ao tempo da sua abertura, art. 1.787 do CC. Primeiro falecimento ocorrido em 2013, sob a vigência do CC/2002 e antes da entrada do CPC/2015. Adoção do critério intertemporal para definição da regra jurídica aplicável à colação de bens. Orientação da instância superior. Incidência da regra prevista no art. 2.004 do CC. Valor de colação do bem doado de acordo com a atribuição feita no ato de liberalidade. Correção monetária até a abertura da sucessão. Existência de valor certo na escritura de doação. Desnecessidade da realização de perícia. Recurso provido, em parte. (TJSP, AI n. 2331231-35.2023.8.26.0000, rel. César Peixoto, j. 12.03.2024)

[...] 2. Abertura da sucessão antes da vigência do CC/2002: aplica-se a regra do art. 1.014 do CPC/73. Ou seja: o valor do bem levado à colação deve ser o da época do óbito. 3. Abertura da sucessão durante a vigência do CC/2002, mas antes da vigência do CPC/2015: aplica-se exclusivamente a regra do art. 2.004 do CC/2002. Ou seja: o valor do bem levado à colação deve ser aquele atribuído ao tempo da liberalidade, corrigido monetariamente até a data da abertura da sucessão. 4. Abertura da sucessão após a vigência do CPC/2015: aplica-se o art. 639, parágrafo único, do CPC: "Os bens a serem conferidos na partilha, assim como as acessões e as benfeitorias que o donatário fez, calcular-se-ão pelo valor que tiverem ao tempo da abertura da sucessão". 5. Ou seja: quando o bem ainda integrar o patrimônio do donatário e a abertura da sucessão for após vigência do CPC/2015, a colação considerará o valor do bem ao tempo da abertura da sucessão. 6. Por outro lado, mesmo para casos posteriores ao CPC/2015, quando o bem não mais integrar o patrimônio do donatário, a colação considerará o valor do bem à época da alienação, acrescido de correção monetária até a data da abertura da sucessão. 7. Posição amplamente majoritária na doutrina especializada. Enunciado n. 644 da VIII Jornada de Direito Civil do CJF: "Os arts. 2.003 e 2.004 do CC e o art. 639 do CPC devem ser interpretados de modo a garantir a igualdade das legítimas e a coerência do ordenamento. O bem doado, em adiantamento de legítima, será colacionado de acordo com seu valor atual na data da abertura da sucessão, se ainda integrar o patrimônio do donatário. Se o donatário já não possuir o bem doado, este será colacionado pelo valor do tempo de sua alienação, atualizado monetariamente". 8. Será a incidência de correção monetária que compatibilizará a regra legal de que a colação se destina a igualar as legítimas (CC, arts. 2.003 e 2.017) com o art. 2.004 do mesmo Código, segundo o qual a data da liberalidade é a base para avaliação do bem conferido. 9. Caso posterior ao CPC/2015: considerando que a abertura da sucessão, no caso concreto, se deu na vigência do CC/2002 e na do CPC/2015, mas que o bem doado foi entregue diretamente, na época da liberalidade, a instituição financeira para pagamento de dívida, jamais tendo estado sob a posse do recorrente, deve ser considerado o valor do bem trazido à colação ao tempo da liberalidade, mesma época em que dado em pagamento, corrigido monetariamente até a abertura da sucessão. 10. Recurso especial provido. (STJ, REsp n. 2.057.707/RS, rel. Min. Maria Isabel Gallotti, j. 20.02.2024)

Agravo de instrumento. Inventário. Decisão recorrida que computou como corretos os valores dados aos imóveis doados aos herdeiros, de acordo com o disposto no art. 2.004 do CC. Insurgência de uma das herdeiras. Não acolhimento. Bens imóveis doados em vida pelo de cujos devem ser objeto de colação no inventário, a fim de igualar as legítimas, sendo que, quanto aos respectivos valores, há que se observar a expressa disposição do art. 2.004 do CC, devendo-se considerar aquele "lhes atribuir o ato de liberalidade". Precedentes deste Eg. Tribunal. Autorizada apenas a correção monetária dos valores até a data da abertura da sucessão. Decisão mantida, com observação. Recurso parcialmente provido. (TJSP, AI n. 2279454-11.2023.8.26.0000, rel. Moreira Viegas, j. 30.11.2023)

Agravo de instrumento. Inventário. Colação de bens. Valor do bem ao tempo da liberalidade ou ao tempo da abertura da sucessão. Antinomia entre o CC e o CPC. Solução. Critério da temporalidade. Adoção do entendimento do STJ. Recurso interposto contra decisão interlocutória que determinou a colação e avaliação de bens. Adoção do valor de mercado do momento de abertura da sucessão, em 20.10.2016. Inconformismo. Não acolhimento. Definição de critério para cálculo do valor da colação. Antinomia entre as disposições do CC e do CPC. É a data do falecimento do autor da herança que determina a regra incidente em relação ao momento de apuração do valor dos bens doados. REsp n. 2.078.991/RJ, rel. Min. Nancy Andrighi, 28.09.2023. Falecimento ocorrido após a vigência no novo CPC. Decisão mantida. Negado provimento ao recurso. (TJSP, AI n. 2135139-84.2023.8.26.0000, rel. Viviani Nicolau, j. 16.10.2023)

[...] 4. É indiscutível a existência de antinomia entre as disposições do CC (arts. 1.792, *caput*, do CC/1916 e 2.004, *caput*, do CC/2002), que determinam que a colação se dê pelo valor do bem ao tempo da liberalidade, e as disposições do CPC (arts. 1.014, parágrafo único, do CPC/73 e 639, parágrafo único, do CPC/2015), que determinam que a colação se dê pelo valor do bem ao tempo da abertura da sucessão, de modo que, em se tratando de questão que se relaciona, com igual intensidade, com o direito material e com o direito processual, essa contradição normativa somente é resolúvel pelo critério da temporalidade e não pelo critério de especialidade. Precedentes. (STJ, REsp n. 2.078.991, rel. Min. Nancy Andrighi, j. 28.09.2023)

[...] Critério do valor da colação. Bens existentes na posse das donatárias devem ser avaliados ao tempo da abertura da sucessão definitiva. Alienados anteriormente ao passamento definem-se pelo montante à época das liberalidades [...]. (TJSP, AI n. 2284308-19.2021.8.26.0000. rel. Salles Rossi, j. 25.09.2023)

Agravo de instrumento. Inventário. Colação. Doação. Necessidade de avaliação de todos os bens pertencentes ao *de cujus*. Cônjuge casado pelo regime da comunhão parcial. Herdeiro necessário. Consoante o art. 544 do CC, a doação de um cônjuge a outro, importa em adiantamento do que lhe cabe por herança, e não tendo havido na escritura dispensa da colação do bem doado (arts. 2.005 e 2.006, CC), sendo a agravante herdeira nos bens particulares do falecido, está obrigada a trazer à colação. Para o fim de se apurar se a doação excedeu a parte disponível do doador, deve ser considerada a totalidade de seu patrimônio à época da liberalidade, incluindo-se os bens em que tinha meação com a agravante, mas considerando-se somente sua parte ideal, mesmo que destes a cônjuge não seja herdeira, porque o que se tem em conta unicamente é a sua capacidade de doar, que sempre deve respeitar a legítima. Ainda que se considere o patrimônio do doador à época da liberalidade, o valor dos bens, por aplicação do parágrafo único do art. 639 do CPC/2015, deve ser o vigente à data da abertura da sucessão, mas nada impede que de comum acordo os interessados concordem que se observem os valores atuais, de forma a tornar mais segura a avaliação, diante do tempo decorrido. Recurso provido. (TJSP, AI n. 2274199-09.2022.8.26.0000, rel. Alcides Leopoldo, j. 24.03.2023)

Agravo de instrumento. Cumprimento provisório de sentença. Ação de investigação de paternidade anulatória de partilha e petição de herança. Filiação reconhecida. Pleito de revogação da justiça gratuita. Irresignação não manifestada oportunamente. Ausência de documentos capazes de eliminar a presunção de hipossuficiência. Valor da causa. Proveito econômico pretendido. Possibilidade de aferição por estimativa. Montante que se confunde com o mérito da demanda. Critério adotado para cálculo dos imóveis rurais sujeitos à colação. Antinomia entre o art. 1.791, *caput*, do CC/1916 e art. 1.014, parágrafo único, CPC/73. Solução pelo critério temporal. Avaliação dos imóveis que deve ocorrer segundo o valor à época da abertura da sucessão, nos termos do CPC da época. Forma de cálculo do quinhão hereditário. Verificação de individualização dos valores recebidos pelos herdeiros na r. decisão recorrida. Inexistência de prejuízo aos agravantes. Observância do acordo firmado com metade dos demais herdeiros. Metodologia que dividiu o valor da indenização. Impossibilidade de exclusão dos imóveis pertencentes aos herdeiros acordantes. Risco de dupla onerosidade ao agravado. Avaliação de imóveis urbanos. Carência de impugnação específica no MM. Juízo *a quo*. Inovação recursal. Pena de supressão de instância. Condenação em honorários. Observância da sucumbência recíproca. Devida determinação dos valores devidos. Recurso parcialmente provido somente para determinar que sejam avaliados os imóveis rurais relativos à colação segundo os valores à época da abertura da sucessão (TJSP, AI n. 2100747-55.2022.8.26.0000, rel. Gilberto Cruz, j. 13.12.2022)

Agravo de instrumento. Inventário. Decisão agravada que, entre outras determinações, acolheu a impugnação ofertada por herdeiro, para determinar que o valor a ser considerado no monte-mor, referente ao imóvel objeto de colação, seja o da data da abertura da sucessão, nos termos do art. 639, parágrafo único, do CPC, pois se tratava de bem particular que foi doado integralmente a dois dos três herdeiros necessários. Insurgência. Não acolhimento. Conflito aparente entre o art. 2.004, do CC/2002, que determina seja considerado o valor do bem ao tempo da liberalidade, e art. 639, parágrafo único, do CPC/2015, que ordena que o cálculo seja pelo valor que o bem possua ao tempo da abertura da sucessão. Imóvel que integra o patrimônio dos donatários (dois herdeiros necessários) e que foi doado em antecipação de legítima. Valor da colação que deverá corresponder ao da época da abertura da sucessão, conforme disposto no art. 639, parágrafo único, do CPC/15, que inclusive possui idêntica redação ao seu correspondente no CPC/73 (art. 1.014, parágrafo único). Regra que visa proporcionar a divisão mais igualitária da partilha entre os herdeiros necessários. Precedente desse Tribunal. Decisão mantida. Recurso não provido. (TJSP, AI n. 2278648-10.2022.8.26.0000, rel. João Pazine Neto, j. 07.12.2022)

[...] Não obstante o Enunciado n. 644 do CJF seja no sentido de que, na hipótese de o donatário não possuir mais o bem doado na data da abertura da sucessão, este será colacionado pelo valor do tempo da alienação, essa col. Câmara manteve o entendimento de que o valor é o da data da liberalidade. 4. Não conferido na doação valor específico ao imóvel, é necessário apurar quanto ele valia no momento da liberalidade. (TJSP, AI n. 2158189-76.2022.8.26.0000, rel. Maria do Carmo Honorio, j. 17.11.2022)

Inventário. Decisão que reconheceu a preclusão da questão do valor do bem colacionado e determinou a retificação do plano de partilha. Inconformismo da inventariante. Não acolhimento. Matéria objeto de decisão anterior da qual não foi interposto recurso. Preclusão. Princípio de direito intertemporal *tempus regit actum*. Falecimento que se deu antes do CPC/2015. Aplicação do art. 2.004 do CC quanto ao valor da colação de bens doados. Decisão mantida. Recurso desprovido. (TJSP, Proc. n. 2181024-92.2021.8.26.0000, rel. Rui Cascaldi, j. 25.03.2022)

Agravo de instrumento. Inventário. Insurgência contra decisão que determinou que os bens da colação devem ser considerados pelo valor da data da liberalidade, corrigidos monetariamente até a data da abertura da sucessão, e os bens a partilhar devem ser calculados por valor de mercado. Bens a serem trazidos à colação. Pretensão de que a colação se dê nos termos do art. 639, parágrafo único, do CPC, considerando-se o valor dos bens na data da abertura da sucessão. Descabimento. Prevalência do quanto preconizado pelo art. 2.004, do CC, devendo-se considerar o valor dos bens ao tempo do ato de liberalidade, com a devida atualização monetária até a abertura da sucessão. Precedentes deste

Eg. TJSP. Bens a inventariar. Pleito de que se considere a valor venal de referência dos imóveis. Não acolhimento. Valor venal que não reflete o efetivo valor de mercado do bem. Entendimentos deste Col. 5ª Câmara de Direito Privado. Recurso desprovido. (TJSP, AI n. 2261135-63.2021.8.26.0000, rel. Rodolfo Pellizari, j. 20.01.2022)

Inventário. Colação. Decisão determinou que imóveis inoficiosamente doados em desfavor de herdeiro deverão ser trazidos à colação pelo valor atribuído no ato da liberalidade. Agravo de instrumento. Pugna pela observância do valor na data da abertura da sucessão. Possibilidade. Conflito entre os arts. 2.004, do CC/2002, e 639, do CPC/2015, que deve ser solucionado pelo critério da temporalidade, conforme já atuou o Col. STJ. Ademais, imóveis que integravam o patrimônio dos donatários quando da abertura da sucessão. Enunciado n. 119, da I Jornada de Direito Civil, a recomendar aplicação, *in casu*, do art. 639, do CPC/2015, também para preservar a quantia que efetivamente integrou a legítima quando essa se constituiu. Jurisprudência desta Col. Câmara. Decisão reformada. Recurso provido. (TJSP, Proc. n. 2058413-40.2021.8.26.0000, rel. Maria Salete Corrêa Dias, j. 16.12.2021)

Processual civil. Agravo interno no agravo em recurso especial. Ação de inventário. Colação de bens. Valor dos bens ao tempo da liberalidade ou ao tempo da abertura da sucessão. Antinomia. Critério da temporalidade. Aplicação do CC/2002. 1. A jurisprudência do STJ é no sentido de que a colação de bens, a despeito de se relacionar intimamente com a igualdade da legítima dos herdeiros (questão de direito material), apenas se materializa e desenvolve na ação de inventário (questao de direito processual). Desse modo, é o critério de direito intertemporal que deve definir qual a regra jurídica aplicável. Precedentes. 2. Na hipótese, tendo o autor da herança falecido em fevereiro de 2014, aplica-se a regra do art. 2.004 do CC/2002. 3. Agravo interno não provido. (STJ, Ag. Int. no AREsp n. 1.794.363/SP, rel. Min. Nancy Andrighi, j. 29.11.2021)

[...] 2 – O propósito recursal é definir se, para fins de colação e de partilha de bens, deve ser considerado o valor estimado do crédito resultante da venda do terreno pelo falecido à construtora e posteriormente cedido a parte dos herdeiros ou o valor dos imóveis erguidos sobre o terreno e que foram posteriormente dados em pagamento pela construtora a parte dos herdeiros. 3 – O legislador civil estabeleceu critério específico e objetivo para a quantificação do valor do bem para fins de colação, a saber, o valor certo ou estimado do bem, a fim de que a doação não sofra influências de elementos externos de natureza econômica, temporal ou mercadológica, que, se porventura existentes, deverão ser experimentados exclusivamente pelo donatário, não impactando o acertamento igualitário da legítima, de modo que não é possível substituir o critério legal pelo proveito ou benefício econômico representado por imóveis obtidos a partir do crédito cedido. 4 – Na hipótese, o valor do crédito recebido pelo autor da herança em decorrência da venda de terreno à construtora, posteriormente cedido a parte dos herdeiros, deve ser levado à colação pelo seu valor estimado e não pelo proveito ou pelo benefício econômico representado pelos bens imóveis posteriormente escriturados em nome dos cessionários do referido crédito. 5 – Recurso especial conhecido e provido. (STJ, REsp n. 1.713.098, rel. Min. Nancy Andrighi, j. 14.05.2019)

[...] 2 – Os propósitos recursais consistem em definir se há coincidência entre as questões decididas em dois diferentes acórdãos apta a gerar preclusão sobre a matéria e se, para fins de partilha, a colação do bem deve se dar pelo valor da doação ao tempo da liberalidade ou pelo valor ao tempo da abertura da sucessão. 3 – Inexiste questão decidida e, consequentemente, preclusão, quando o acórdão antecedente somente tangencia a matéria objeto de efetivo enfrentamento no acórdão posterior, referindo-se ao tema de *obiter dictum* e nos limites da matéria devolvida pela parte que é distinta da anteriormente examinada. 4 – É indiscutível a existência de antinomia entre as disposições do CC (arts. 1.792, *caput*, do CC/16 e 2.004, *caput*, do CC/2002), que determinam que a colação se dê pelo valor do bem ao tempo da liberalidade, e as disposições do CPC (arts. 1.014, parágrafo único, do CPC/73 e 639, parágrafo único, do CPC/2015), que determinam que a colação se dê pelo valor do bem ao tempo da abertura da sucessão, de modo que, em se tratando de questão que se relaciona, com igual intensidade, com o direito material e com o direito processual, essa contradição normativa somente é resolúvel pelo critério da temporalidade e não pelo critério de especialidade. Precedentes. 5 – Na hipótese, tendo o autor da herança falecido antes da entrada em vigor do CC/2002, aplica-se a regra do art. 1.014, parágrafo único, do CPC/73, devendo a colação se dar pelo valor do bem ao tempo da abertura da sucessão. 6 – Recurso especial conhecido e desprovido. (STJ, REsp n. 1.698.638, rel. Min. Nancy Andrighi, j. 14.05.2019)

Agravo de instrumento. Inventário. Colação. Regra do art. 639, parágrafo único, do CPC, que reproduziu a regra do art. 1.014 do CPC anterior, não há de prevalecer sobre a previsão do art. 2.004 do CC. Questão de direito material disciplinada pela lei própria. § 2º do art. 2.004 do CC que, porém, expressamente afasta da colação o montante relativo às benfeitorias posteriormente. Conferência do valor corrigido do bem, a ele atribuído no momento da liberalidade. Hipótese concreta, todavia, em que há grande divergência entre o valor atribuído ao imóvel no momento da doação e o que se lhe atribuiu no momento da abertura da sucessão. Necessidade, assim, de verificação do valor real que o bem possuía no momento da doação. Decisão reformada para realização de perícia técnica e apuração do valor do bem no momento da liberalidade. Recurso parcialmente provido. (TJSP, Proc. n. 2186091-43.2018.8.26.0000, rel. Claudio Godoy, j. 19.12.2018)

Inventário e partilha. Levantamento de valores. Insurgência dos herdeiros agravantes contra decisão que determinou o cálculo conforme o tempo de abertura da sucessão. Decisão mantida. Aplicação do art. 693 do CPC, que prevê que o valor dos bens trazidos à colação deve ser calculado com base na data da abertura da sucessão. Solução, ainda que considerada a aplicação das disposições do CC, que não seria diversa. Enunciado n. 119 do CJF. Aplicação do art. 2.004 do CC somente às hipóteses em que o bem doado não mais integre o patrimônio do donatário. Imóveis, no caso em tela, que ainda pertencem aos herdeiros agravantes. Entendimento que privilegia a igualização das legítimas, evitando o enriquecimento sem causa dos donatários. Agravo desprovido. (TJSP, Proc. n. 2128467-36.2018.8.26.0000, rel. Carlos Alberto de Salles, j. 16.08.2018)

Inventário. Doação de numerário pelo *de cujus* para aquisição de imóvel por herdeiro necessário. Sistemática do atual CC. Colação pelo valor doado, segundo o importe representado no ato da liberalidade, acrescido de correção monetária. Incidência dos arts. 2.002 e 2.004 do CC. Decisão mantida. Agravo de instrumento improvido. (TJSP, AI n. 571.901-4/7-00, rel. Des. Oscarlino Moeller, j. 20.08.2008).

Colação. Controvérsia no que se refere aos frutos dos imóveis trazidos à colação. Doações que, mediante simples cálculo aritmético, estouram a parte disponível do doador. Incidência do disposto no art. 2.007 do CC, que determina a restituição *in natura* dos bens objeto de doação inoficiosa. Renda que não será levada à partilha, mas constitui patrimônio dos herdeiros, porque são frutos colhidos após a morte do autor da herança. Inteligência dos arts. 2.004 e 2.007 do CC. Recurso parcialmente provido. (TJSP, AI n. 512.509.4/6-00, rel. Des. Francisco Loureiro, j. 27.09.2007)

Inventário. Colação. Valor das benfeitorias acrescidas sobre o bem pertencente ao herdeiro donatário; frutos e rendimentos dos bens doados que não podem ser trazidos à colação. Inteligência do § 3° do art. 2.004 do CC. Decisão mantida. Recurso improvido. (TJSP, AI n. 496.348.4/6-00, rel. Des. Octavio Helene, j. 25.09.2007)

[...] IV – Excluem-se da colação as benfeitorias agregadas aos imóveis realizadas pelos herdeiros que os detinham (art. 1.792, § 2°). (STJ, REsp n. 259.406, rel. Min. Aldir Passarinho Júnior, j. 17.02.2005)

Os bens trazidos à colação, para efeito de acertamento das legítimas, devem ser avaliados com base no valor que possuírem à época da abertura da sucessão, conforme o disposto no art. 1.014, parágrafo único, do CPC [art. 639, parágrafo único, do CPC/2015], dispositivo esse que corresponde à norma vigente à época da abertura das sucessões examinadas nos presentes autos. (STJ, REsp n. 595.742, rel. Min. Nancy Andrighi, j. 06.11.2003)

**Art. 2.005. São dispensadas da colação as doações que o doador determinar saiam da parte disponível, contanto que não a excedam, computado o seu valor ao tempo da doação.**

**Parágrafo único. Presume-se imputada na parte disponível a liberalidade feita a descendente que, ao tempo do ato, não seria chamado à sucessão na qualidade de herdeiro necessário.**

O doador pode dispensar o donatário da colação. Para tanto, deve determinar que a doação saia da metade disponível. Conforme o art. 2.006, a dispensa da colação só pode ser outorgada no próprio título da liberalidade ou por testamento. Para cálculo da metade disponível, será considerado o patrimônio do doador ao tempo da doação. Se a doação não exceder a parte disponível, o donatário estará livre da colação. Se a exceder, o excesso deverá ser objeto de colação. O excesso também será calculado pelo patrimônio do doador ao tempo da doação, não na abertura da sucessão. Conforme o julgado a seguir mencionado, a avaliação do patrimônio do doador ao tempo da doação, normalmente, acarretará questões de alta indagação, a serem resolvidas nas vias ordinárias, não no inventário.

O parágrafo único, novidade do atual CC, prevê a hipótese da doação ter sido feita a quem, ao tempo do ato, não seria sucessor do doador. É o que ocorre, por exemplo, na doação feita a neto, por quem tem filhos vivos. Ao tempo da doação, o neto não seria chamado à sucessão do avô. No entanto, se os filhos morrem antes do doador, o neto, na sucessão do avô, sucedendo-o por direito próprio, não terá de trazer o bem à colação, pois se presume imputado na parte disponível do doador, considerado o patrimônio deste ao tempo da doação. A hipótese ora tratada é do donatário que não seria chamado à sucessão ao tempo da doação, mas depois se torna herdeiro por direito próprio. No caso do direito de representação, a solução é diversa, prevista no art. 2.009. Confira-se a seguir interessante julgado do TJSP, relator o Des. Elliot Akel, considerando presumida a dispensa da colação em favor do cônjuge sobrevivente, em caso de doação consumada na vigência do CC/1916, quando não era considerado herdeiro necessário, nem havia disposição legal prevendo tal doação corresponder a adiantamento de herança.

**Jurisprudência:** Agravo de instrumento. Inventário. Irresignação contra decisão que determinou que 50% do imóvel objeto da matrícula n. 15.091 fosse trazido à colação para que não houvesse prejuízo aos demais herdeiros. Não acolhimento. Escritura pública de doação que não contém declaração de que o bem doado saiu da parte disponível da herança, nos termos do art. 2.005 do CC. Inexistência, ademais, de cláusula de dispensa de colação no título de liberalidade. Precedentes. Decisão mantida. Agravo desprovido. (TJSP, AI n. 2027909-46.2024.8.26.0000, rel. Donegá Morandini, j. 17.06.2024)

Doação. Deferimento da gratuidade apenas para o recurso. Transferência de imóvel por genitora a um dos filhos, com reserva de usufruto. Ação de declaração de nulidade de negócio jurídico. Ausência de incapacidade no momento de celebração do negócio. Ausência, também, de doação universal, nos termos do art. 548 do CC, pois reservado o usufruto do bem à genitora. Doação que, todavia, é de fato inoficiosa, pois abarca toda a nua-propriedade e, com a morte da doadora e extinção do usufruto, toda a propriedade do bem. Ressalva de que a doação se referiria à parte disponível que não visou limitar o negócio a 50% do imóvel, mas sim a dispensar a colação, nos termos do art. 2.005 do CC, conforme inclusive constou expressamente da escritura subsequente de retificação. Doação que não se deveria ter declarado totalmente nula, cabendo apenas redução à metade disponível, somada ao quinhão hereditário do donatário. Sentença parcialmente revista. Recurso provido em parte. (TJSP, AC n. 1006598-35.2022.8.26.0566/SP, 1ª Câm. de Dir. Priv., rel. Claudio Godoy, j. 28.02.2023, publ. 28.02.2023)

Em regra, a doação de ascendente a descendente importa adiantamento do que lhe cabe por herança, como estabelece o art. 544 do CC. Por essa razão, os descendentes que concorrerem à sucessão do ascendente comum são obrigados, para igualar as legítimas, a conferir o valor das doações que dele em vida receberam, sob pena de sonegação (art. 2.002, *caput*, do CCB). A par disso, os arts. 2.005, *caput*, e 2.006 do CCB ressalvam expressamente que são dispensadas da colação as doações que o doador determinar saiam da parte disponível, contanto que não a excedam, computado o seu valor ao tempo da doação e que a dispensa da colação pode ser outorgada pelo doador em testamento, ou no próprio título de liberalidade. Portanto, mesmo que a doação não exceda o que o doador, no momento da liberalidade, poderia dispor em testamento, se não houver expressa referência de que a doação saiu da parte disponível e tampouco houver expressa dispensa da colação, impõe-se ao descendente donatário conferir o valor, já que, nessas condições, prevalece a regra de que tal doação importa adiantamento de legítima. O fato de não exceder a parte disponível não [...] significa que a doação saiu desta porção. Frise-se que o art. 2.005, parágrafo único, do CCB, somente preconiza a presunção de que a doação saiu da parte disponível quando a doação for feita a descendente que, ao tempo do ato, não seria chamado à sucessão na qualidade de herdeiro necessário – o que não é o caso dos autos, pois a donatária é filha da autora da herança. Deram provimento. Unânime. (TJRS, AI n. 70.080.632.870, rel. Luiz Felipe Brasil Santos, j. 30.05.2019)

A doação feita por ascendentes a descendentes caracteriza adiantamento de legítima devendo os bens recebidos ser colacionados quando da abertura do inventário do doador, igualando o monte partível, sob pena de sonegação. Porém, não haverá colação quando a doação for feita a um ou vários netos se os filhos do doador estiverem vivos ao tempo da liberalidade. (TJMG, Proc. n. 1.0441.11.002402-9/001 0439369-40.2016.8.13.0000 (1), rel. Aparecida Grossi, j. 20.09.2017)

Agravo de instrumento. Decisão agravada que determinou o bloqueio de numerário supostamente doado ao réu por seu falecido genitor. Tese de dispensa da colação por ser a quantia transferida inferior ao valor dos bens disponíveis. Ainda que a suposta doação seja inferior ao valor disponível da herança, tal aspecto não resulta, por si só, em dispensa da colação. Cuidando-se de doação feita à herdeiro necessário, não se presume que esta seja imputada à parte disponível da herança. Somente haverá dispensa da colação se "o doador determinar saiam da parte disponível" ou na hipótese de "A dispensa da colação [...] ser outorgada pelo doador em testamento, ou no próprio título de liberalidade", consoante exegese dos arts. 2.005 e 2.006 do CC. Medida acautelatória necessária para assegurar o resultado útil do processo (art. 300 do CPC). Agravo desprovido. (TJSP, AI n. 2091323-96.2016.8.26.0000, rel. Rômolo Russo, j. 12.12.2016)

[...] Colação de bens doados a netos Desnecessidade Agravados que, ao tempo do ato de liberalidade do avô não seriam chamados à sucessão na qualidade de herdeiros necessários, o que afasta o dever de trazer à colação os bens doados, nos termos do art. 2.005, parágrafo único, do CC [...]. (TJSP, AI n. 2035841-37.2014.8.26.0000, rel. Helio Faria, j. 13.06.2014)

Apelação cível. Ação de sonegados. Pretensão do autor, neto do falecido, de que se traga à colação imóvel doado à ré, filha do mesmo. Objeto da doação que adveio da parte disponível do patrimônio do doador. Dispensa de colação consignada na escritura pública de doação. Anuência expressa do outro herdeiro necessário, irmão da ré, que é o pai falecido do autor. Ausente prova de que o valor do imóvel doado ultrapasse a metade do patrimônio do falecido e sua esposa. Nega-se provimento ao recurso. (TJSP, Ap. n. 0003831-54.2008.8.26.0300, rel. Des. Christine Santini, j. 08.10.2013)

Agravo de instrumento. Inventário. Colação de bem doado pela falecida à inventariante. Desnecessidade. Doadora que dispensou a donatária da colação e esclareceu tratar-se de bem integrante da parte disponível de seu patrimônio. Inexistência de elementos indicativos de que a doação tenha excedido a quota-parte da inventariante e o patrimônio disponível. Recurso provido. (TJSP, AI n. 0282724-34.2010.8.26.0000, rel. Des. Jesus Lofrano, j. 19.10.2010)

Prestação de contas. Apelante pretende que inventariante apelado preste contas acerca de imóvel doado pelo inventariado aos netos. Netos não são sucessores do avô inventariado. Bem doado não representa adiantamento da legítima. Desnecessidade de colação do bem. Vencido o apelante, devida sua condenação na sucumbência. Recurso não provido. (TJSP, Ap. n. 0207935-74.2009.8.26.0008, rel. Des. Luiz Antonio Costa, j. 06.10.2010)

Inventário. Colação. Determinação de colação de bem imóvel doado pela autora da herança a sua filha. Correção. Escritura de doação na qual apenas constou que a fração ideal doada cabia na parte disponível do doador. Menção que somente se presta a afirmar que a doação não é nula, por inoficiosa, não podendo ser confundida com a dispensa de colação. Dispensa que não se presume, devendo ser expressa e inequívoca. Decisão mantida. Recurso desprovido. (TJSP, AI n. 6.506.964.500, rel. Des. De Santi Ribeiro, j. 29.09.2009)

Inventário. Incidente de remoção de inventariante. Alegação de sonegação de bem objeto de adiantamento de legítima. Doação de imóvel à inventariante pela inventariada. Menção expressa no título (escritura pública de doação) sobre a retirada do bem doado da parte disponível, dispensada sua colação (art. 2.005, CC). Inocorrência de prática ilegal da inventariante que justifique sua remoção. Agravo desprovido. (TJSP, AI n. 6.440.254.500, rel. Des. João Carlos Garcia, j. 11.08.2009)

Inventário. Colação. Dispensa. Bens recebidos por doação entre cônjuges. Ato da liberalidade feito ao tempo do CC/1916, pelo marido à mulher. Colação dos bens dispensada pelo parágrafo único do art. 2.005 do novo CC. Agravo desprovido. (TJSP, AI n. 487.834-4/3-00, rel. Des. Elliot Akel, j. 29.01.2008)

Inventário. Ausência de dispensa de colação de bens imóveis doados pelo autor da herança a dois de seus filhos. Escrituras de doação nas quais constaram apenas que os imóveis doados naqueles atos notariais cabiam na parte disponível do doador. Menção que apenas afirma que a doação não é nula, por inoficiosa, uma vez que cabe, em tese, na parte disponível dos doados. Doação com dispensa de colação e doação inoficiosa que não se confundem. Decisão mantida. Recurso não provido. (TJSP, AI n. 535.635-4/9-00, rel. Des. Francisco Loureiro, j. 13.12.2007)

**Art. 2.006. A dispensa da colação pode ser outorgada pelo doador em testamento, ou no próprio título de liberalidade.**

A dispensa de colação, prevista no art. 2.005, deve obedecer, necessariamente, a uma das duas formas previstas no art. 2.006. Deve constar do próprio título da liberalidade ou em testamento. Segundo a doutrina, será inválida se concedida por qualquer outro meio, como, por exemplo, se outorgada mediante escritura pública, após a doação, mas sem observância dos requisitos do testamento público; ou se concedida em escrito particular, após a doação, sem observância dos requisitos dos testamentos particular ou cerrado; e, com mais razão, se declarada oralmente. Não obstante esse entendimento da doutrina, confira-se o acórdão, a seguir mencionado, do STJ, no qual se aceitou a dispensa de colação manifestada em escritura pública de ratificação da doação.

Ao se referir a testamento, o artigo exclui a possibilidade da dispensa ser concedida por codicilo. Anota a doutrina, ainda, que a dispensa deve ser inequívoca. Não são aceitas a tácita ou a presumida. Se concedida no próprio título da liberalidade, a dispensa, assim como a doação, é irrevogável. Outorgada, porém, por testamento, revoga-se a dispensa mediante outro testamento. Se considerado inválido o testamento no qual concedida a dispensa, esta também não terá validade.

Observe-se que, embora a dispensa de colação seja ato privativo do doador, é possível, aberta a sucessão, os herdeiros prejudicados não reclamarem ou transigirem com o obrigado à colação, dispensando-o de promovê-la. Isso é perfeitamente lícito, visto que, assim como ocorre na redução das disposições testamentárias (cf. comentário ao art. 1.967), o herdeiro necessário pode abrir mão da proteção legal, aceitando a desigualdade das legítimas.

Como se formaliza a dispensa da colação no caso das doações verbais admitidas pelo parágrafo único do art. 541? A doutrina salienta que não se presume a dispensa, que não há dispensa virtual, no caso dessas doações, chamadas manuais. No entanto, em contrapartida, ressalva que, no caso de doações verbais de pequeno valor, por ocasião de aniversário, natal, casamento, formatura etc., estão dispensadas da colação (MAXIMILIANO, Carlos. *Direito das sucessões*, 5. ed. São Paulo, Freitas Bastos, 1964, v. I, p. 419). Parece que as duas proposições são inconciliáveis, pois o parágrafo único do art. 541 só admite doação verbal de móveis de pequeno valor, o que ordinariamente ocorre nas ocasiões nas quais a doutrina reputa dispensável a colação, por considerar presumida a dispensa. Parece mais adequado, pela natureza e circunstâncias dessas doações manuais, presumir a dispensa da colação.

**Jurisprudência:** Agravo de instrumento. Inventário. Decisão agravada que, por não verificar que nas escrituras públicas de doação teria constado expressamente as dispensas de colação, determinou que seja realizada a colação dos referidos imóveis doados ao herdeiro, bem como deferiu o requerimento do *Parquet* para que sejam apresentadas três avaliações dos imóveis rurais, para possibilitar a análise dos interesses da viúva-meeira (incapaz), acerca de serem as alienações mais benéficas do que os arrendamentos. Insurgência do herdeiro, ora Agravante. Não acolhimento. Ausência de cláusula expressa na escritura pública de doação acerca da dispensa da colação, o que se fazia de rigor, considerado que a liberalidade afeta direitos de terceiros, no caso, dos demais herdeiros do *de cujus*. Inteligência do art. 2.006 do CC. Colação do imóvel doado a um dos herdeiros que se faz de rigor. Insurgência acerca da determinação de apresentação de avaliações dos imóveis rurais. Não acolhimento. Providência que apenas tem o condão de buscar subsídios para possibilitar a análise do melhor interesse da incapaz, sem que tenha ocorrido qualquer deliberação judicial para autorizar a venda dos imóveis rurais. Decisão mantida. Recurso não provido. (TJSP, AI n. 22619522520248260000, rel. João Pazine Neto, j. 10.10.2024)

Ação de sonegados. Cerceamento de defesa. Nulidade na realização de audiência. Preliminares afastadas. Doação de imóvel de descendente para ascendente constitui antecipação de herança (CC, art. 544). Haverá dispensa da obrigação de trazer o bem à colação se o doador assim o declarar no título da liberalidade ou no testamento (CC, art. 2.006). Inexistência de ressalva na escritura de doação. Imóvel sujeito à sobrepartilha. Recurso não provido. (TJSP, Ap. n. 0004079-16.2010.8.26.0602, rel. Des. Milton Carvalho, j. 21.09.2011)

Agravo de instrumento. Direito das sucessões. Inventário. Colação. "Os descendentes que concorrerem à sucessão do ascendente comum são obrigados, para igualar as legítimas, a conferir o valor das doações que dele em vida receberam, sob pena de sonegação." (art. 2002, *caput*, novo CC). Decisão que determina a indisponibilidade de bens imóveis adjudicados ao sucessor do donatário e sua colação ao inventário da doadora, que possuía outros dois filhos e fez a doação de bens a um dos herdeiros, em vida. Adiantamento da legítima. I – Tanto pelo art. 1.789 do CC de 1916 quanto pelo art. 2.006 do CC em vigor, para que produza efeito jurídico, a dispensa da colação deve ser declarada pelo doador, em cláusula expressa, ou no próprio título de liberalidade ou no testamento. Não havendo essa dispensa, obriga-se o donatário, ou, quando falecido antes do doador, seus sucessores, a trazer os bens à colação. Necessidade de apuração se o montante doado excedeu a parte disponível do patrimônio do falecido. II – Indisponibilidade dos bens doados. Medida necessária, para impedir a transferência a terceiros, protegendo o patrimônio dos demais herdeiros, até o deslinde da lide. Recurso desprovido. (TJRJ, AI n. 0020943-87.2010.8.19.0000, rel. Des. Luisa Bottrel Souza, j. 25.08.2010)

Inventário. Colação. Doação, em vida, de fração ideal de bem imóvel pelo ascendente (*de cujus*) à herdeira necessária. Inexistência de dispensa da colação. Impossibilidade de presunção. Determinada a colação da metade do imóvel doado, ainda que cabível na parte disponível da herança. Decisão mantida. Recurso desprovido. (TJSP, AI n. 576.167-4/2-00, rel. Des. A. Santini Teodoro, j. 19.08.2008)

[...] A dispensa do dever de colação só se opera por expressa e formal manifestação do doador, determinando que a doação ou ato de liberalidade recaia sobre a parcela disponível de seu patrimônio. (STJ, REsp n. 730.483, rel. Min. Nancy Andrighi, j. 03.05.2005)

1 – Realizada a escritura de ratificação das doações, que não ultrapassaram o limite da parte disponível, dispensando a colação, tudo compatível com a realidade vivida entre doador e donatário, pai e filho, não deve ser maculada a vontade do autor da herança. 2 – A ratificação retroage à data das doações, preenchido, assim, o requisito do art. 1.789 do CC. (STJ, REsp n. 440.128, rel. Min. Carlos Alberto Menezes Direito, j. 03.06.2003, m.v., vencida a Min. Nancy Andrighi)

---

**Art. 2.007. São sujeitas à redução as doações em que se apurar excesso quanto ao que o doador poderia dispor, no momento da liberalidade.**

**§ 1º O excesso será apurado com base no valor que os bens doados tinham, no momento da liberalidade.**

**§ 2º A redução da liberalidade far-se-á pela restituição ao monte do excesso assim apurado; a restituição será em espécie, ou, se não mais existir o bem em poder do donatário, em dinheiro, segundo o seu valor ao tempo da abertura da sucessão, observadas, no que forem aplicáveis, as regras deste Código sobre a redução das disposições testamentárias.**

**§ 3º Sujeita-se a redução, nos termos do parágrafo antecedente, a parte da doação feita a herdeiros necessários que exceder a legítima e mais a quota disponível.**

**§ 4º Sendo várias as doações a herdeiros necessários, feitas em diferentes datas, serão elas reduzidas a partir da última, até a eliminação do excesso.**

---

**Redução das doações inoficiosas:** com exceção do § 3º, que reproduz em linhas gerais o parágrafo único do art. 1.790 do CC/1916, o restante do art. 2.007 é novidade do atual CC, disciplinando em detalhes como se procede a redução das doações inoficiosas. As doações inoficiosas são as realizadas com violação ao art. 549: "Nula é também a doação quanto à parte que exceder à de que o doador, no momento da liberalidade, poderia dispor em testamento". Trata-se de regra visando a complementar a proteção de herdeiros necessários, impedindo que, por meio de doação, se obtenha o desfalque da legítima vedado por testamento. A doação é nula na parte em que exceder a metade disponível. Para tanto, considera-se o patrimônio do doador ao tempo da doação. Se seu patrimônio era de 100 e doou 50, não há excesso, ainda que, ao tempo de sua morte, seus bens correspondam a 80. O excesso é restituído ao monte pelo valor que os bens tinham ao tempo da doação, como estatui o § 1º, valor que será corrigido monetariamente até a partilha, desconsiderando-se, como ocorre no art. 2.004, valorizações ou desvalorizações posteriores, rendimentos ou lucros, assim como danos e perdas (§ 2º do art. 2.004).

**Ação de redução:** divergem a doutrina e a jurisprudência sobre o momento no qual a ação de redução pode ser ajuizada. Há entendimento de só poder ser intentada após a abertura da sucessão, argumentando-se que, antes desse momento, seria litígio envolvendo herança de pessoa viva. Argumenta-se, em contrapartida, que a ação é admissível desde o momento da doação, pois, na parte excedente à metade disponível, há nulidade. Essa segunda corrente parece ser a mais adequada e vem prevalecendo na jurisprudência do STJ. Pondera-se que, ao se aguardar a morte do doador, o que pode levar vários anos, o bem doado poderá se dissipar, ou passar a terceiros de boa-fé, dificultando a recomposição da legítima.

A legitimidade ativa para a ação de redução é daqueles que, considerado o momento da doação, seriam os sucessores, herdeiros necessários, do doador. A legitimidade passiva é do donatário e, se vivo, do doador. Essa ação está sujeita ao prazo prescricional máximo, de dez anos do atual CC (art. 205). Era de vinte anos no CC/1916.

Assim como ocorre na redução das disposições testamentárias (cf. art. 1.967), se apenas um dentre vários sucessores pede a redução da doação inoficiosa, permanecendo os demais inertes, parece ser mais adequado limitar a redução ao necessário para recompor o quinhão desse herdeiro na legítima, mantendo-se a inoficiosidade em relação aos quinhões dos que não demandaram a redução.

**Redução, em regra, em substância, não em valor:** a principal disposição do art. 2.007 é a de seu § 2º, prevendo que a redução se faz prioritariamente em espécie, em substância; isto é, o bem doado é devolvido ao acervo hereditário para ser partilhado, resolvendo-se a doação. Só se não mais existir o bem em poder do donatário a restituição será feita em dinheiro, pelo valor do bem ao tempo da abertura da sucessão.

Zeno Veloso (*Comentários ao Código Civil*. São Paulo, Saraiva, 2003, v. XXI, p. 425) critica o § 2º ao impor restituição preferencial em espécie, pois seria contraditório com a disciplina da colação, pela qual a conferência se faz pelo valor, não em substância, só sendo admissível esta última quando não há no acervo bens suficientes para a reposição (parágrafo único do art. 2.003).

Respeitada essa opinião, não parece que haja incoerência, por haver um aspecto diferenciando as duas hipóteses, a justificar o tratamento legal distinto. Na colação, a doação é válida; os ascendentes não estão proibidos de efetuar liberalidades a seus descendentes, o mesmo ocorrendo entre os cônjuges.

Essas doações não são nulas, mas mero adiantamento de herança, como estatui o art. 544. Por essa razão, quando se trata de colação, a doação deve ser, a princípio, preservada, fazendo-se a restituição em valor, mantendo o bem doado como propriedade do donatário (cf. comentário ao art. 2.002). Na doação inoficiosa, ao contrário, há nulidade da liberalidade na parte excedente à metade disponível, cominação expressamente prevista no art. 549. Cuidando-se de nulidade, justifica-se a restituição em espécie, não em valor.

**Redução em valor como exceção:** a crítica acertada que se faz ao § 2º (cf. OLIVEIRA, Euclides de. *Código Civil Comentado*. São Paulo, Atlas, 2004, v. XX, p. 151) diz respeito à disciplina da restituição em dinheiro, quando o bem não mais existir em poder do donatário, dispondo-se que será observado o valor do bem ao tempo da abertura da sucessão. A previsão não parece adequada, pois o excesso na doação inoficiosa é apurado com base no valor dos bens doados no momento da liberalidade, como prevê expressamente o § 1º, não na abertura da sucessão. Além disso, na colação, a opção do legislador também foi adotar como critério o valor do bem ao tempo da doação, não da abertura da sucessão. Aqui, sim, foram adotados critérios distintos, sem que, aparentemente, haja razão jurídica para tratamento legal diferenciado.

**Redução da doação feita a herdeiro necessário:** o § 3º dispõe que, se a doação inoficiosa tiver sido feita a herdeiro necessário, que herde parte da legítima, esse seu quinhão hereditário será somado à metade disponível, para a verificação de eventual excesso. Considere-se o exemplo do sujeito com patrimônio de R$ 150 mil, que tem três filhos e doa R$ 100 mil a um deles. A metade disponível corresponde a R$ 75 mil e o quinhão de cada filho, na metade indisponível, a R$ 25 mil. A soma dos dois valores perfaz os R$ 100 mil doados, de modo que não há excesso na doação. Ressalve-se que, embora não haja, nesse caso, doação inoficiosa, o filho donatário deverá trazer o bem à colação, a não ser que tenha sido disso dispensado pelo doador (cf. arts. 2.002 e 2.005). Confiram-se, também, os comentários ao art. 2.008 sobre a situação do herdeiro renunciante e do que foi excluído da sucessão.

**Redução quando são várias doações:** o § 4º, por sua vez, dirime questão que era controvertida na doutrina, à falta de solução legal no CC/1916, sobre como proceder à redução para a hipótese de serem várias as doações, realizadas em épocas distintas. No § 4º, houve opção por se estabelecer uma ordem cronológica para as reduções. Faz-se a redução partindo da última, até a eliminação do excesso. Se a redução feita na última doação for suficiente, não serão necessárias nas anteriores.

É o que se verifica no seguinte exemplo: o sujeito tem patrimônio de R$ 50 mil e efetua três doações de R$ 10 mil cada, em datas distintas. As doações, somadas, totalizam R$ 30 mil, invadindo R$ 5 mil a metade indisponível. Nesse caso, será feita redução de R$ 5 mil na doação mais recente. As duas anteriores ficam preservadas. Observe-se que a aferição da inoficiosidade da doação se faz em face de cada uma delas, confrontada com o patrimônio do doador ao tempo da liberalidade. No caso de várias doações, porém, é preciso confrontá-las todas, para verificar se, por meio de doações realizadas em datas diversas, a legítima não foi atingida, considerada a soma das várias doações.

Outro aspecto a ser considerado é a existência de variações patrimoniais do doador ao longo do tempo. No exemplo mencionado, suponha-se que, tendo feito as duas primeiras doações, de R$ 10 mil cada, com redução de seu patrimônio a R$ 30 mil, este venha a se elevar a R$ 40 mil e, então, efetua-se a terceira doação, de R$ 10 mil. Nessa hipótese, a doação não será considerada inoficiosa, pois o patrimônio remanescente será de R$ 30 mil, superior à metade indisponível de R$ 25 mil ao tempo da primeira liberalidade.

Por fim, embora não haja expressa previsão legal, se forem várias as doações feitas na mesma data, a redução será feita proporcionalmente em cada uma delas.

**Distinção entre colação e doações inoficiosas:** observe-se que, embora o art. 2.007 esteja inserido no capítulo que trata da colação, não se confundem colação e redução das doações inoficiosas, destacando-se três diferenças: a colação, como visto no comentário ao art. 2.002, é a obrigação imposta a descendentes e ao cônjuge, este quando concorre com descendentes, ao passo que a redução das doações inoficiosas se aplica a qualquer donatário, mesmo não herdeiro; a colação, salvo no caso da dispensa do art. 2.005, obriga à conferência do bem doado em sua integralidade, enquanto na redução das doações inoficiosas só há redução até o limite da metade indisponível; a colação pode ser dispensada pelo doador, imputando-a na metade disponível, mas não se pode dispensar a redução das doações inoficiosas, pois acarretam desfalque da legítima intangível (embora os herdeiros necessários prejudicados possam abrir mão da proteção, após a abertura da sucessão, deixando de reclamar a redução das disposições testamentárias – cf. arts. 1.967 e 1.968).

**Normas processuais sobre redução das doações inoficiosas:** o CPC, no art. 640, §§ 1º e 2º, dispõe que, sendo vários os bens doados, bastando alguns deles para a redução da inoficiosidade, caberá ao donatário escolher com quais deles permanecerá e quais entrarão na partilha (§ 1º). E que, recaindo a doação inoficiosa sobre imóvel indivisível, haverá licitação entre os herdeiros, assegurando-se ao donatário o direito de preferência.

**Jurisprudência:** [...] 3. Esta Corte já se manifestou, em caso de ação de nulidade de doação inoficiosa, que o prazo prescricional deve ser contado a partir do registro do ato jurídico que se pretende anular, salvo se houver anterior ciência inequívoca do suposto prejudicado, hipótese em que essa será a data de deflagração do prazo prescricional. (REsp n. 1.933.685/SP, rel. Min. Nancy Andrighi, 3ª T., j. 15.03.2022, *DJe* 31.03.2022 – destaquei) [...]. (STJ, Ag. Int. no REsp n. 1.847.736, rel. Min. Humberto Martins, j. 18.11.2024)

[...] 5 – A jurisprudência desta Corte, em especial desta 3ª Turma, foi consolidada e reafirmada, recentemente, no sentido de que a ação de nulidade de doação inoficiosa se submete a prazo vintenário, se regida pelo CC/1916, ou decenal, se regida pelo CC/2002, razão pela qual descabe a tese de ausência de prazo, prescricional ou decadencial, para que se questione judicialmente a doação inoficiosa. Precedentes. 6 – Em regra, o prazo para nulificar a doação inoficiosa deve ser contado a partir do registro do ato jurídico que se pretende anular, entendimento que está assentado em um dos principais pilares norteadores do sistema registral, qual seja, o princípio da publicidade, segundo o qual o registro por si só é capaz de gerar presunção de conhecimento por todos os interessados. Precedentes. 7 – Esse entendimento, que tem como base o exame do ato registral anterior em confronto com atos ou fatos jurídicos subsequentes alegadamente deflagradores do prazo prescricional, deve ser excepcionado quando exista ato jurídico anterior ao registro, ao qual tenha sido dada ciência inequívoca ao prejudicado, como, na hipótese, a participação do herdeiro alegadamente prejudicado no ato de doação, celebrado por escritura pública na qual figurou como interveniente-anuente. 8 – Desse modo, em se tratando de ação de nulidade de doação inoficiosa, o prazo prescricional é contado a partir do registro do ato jurídico que se pretende anular, salvo se houver anterior ciência inequívoca do suposto prejudicado, hipótese em que essa será a data de deflagração do prazo prescricional [...]. (STJ, REsp n. 1.933.685, rel. Min. Nancy Andrighi, j. 15.03.2022)

Declaratória de nulidade de doação. Procedência decretada. Inconformismo das rés. Não acolhimento. Ofensa à legítima. Doação inoficiosa. Configuração. Alegação de ausência de prova da inexistência de bens que cede ao quanto alegado pela própria herdeira, por ocasião da declaração do falecimento da doadora (inexistência de bens a inventariar) – Circunstância que levou ao correto entendimento de que as doações abrangeram a totalidade do patrimônio da falecida. Sentença que corretamente reconheceu a nulidade das doações, na parte excedente à porção disponível (50%). Inteligência dos arts. 549 e 2.007, ambos do CC. Sentença mantida. Recursos desprovidos. (TJSP, Ap. n. 1005695-79.2021.8.26.0066, rel. Salles Rossi, j. 28.11.2023)

Nulidade de doação inoficiosa. Ônus da prova da existência de demais bens à época da liberalidade. Autor que pretende a anulação da doação de imóvel por incapacidade ou, subsidiariamente, nulidade parcial por violação à legítima. Sentença de parcial procedência para reduzir a doação a metade do valor do bem. Recurso da ré. Preliminar de não conhecimento do recurso por ausência de interesse recursal. Rejeição. Pretensão recursal voltada à decretação de total improcedência dos pedidos que traz vantagem à parte apelante. Mérito. Alegação de falta de prova da inexistência de outros bens à época da liberalidade. *De cujus* que faleceu apenas três anos após o ato impugnado, não tendo constado outros bens na certidão de óbito. Doador que, ademais, padecia de grave enfermidade mental desde antes da doação, a corroborar a alegação de que não percebia rendimentos para constituir outro patrimônio. Dificuldades probatórias relativas à prova negativa quanto à falta de bens do *de cujus*. Encargo de demonstrar a suficiência do patrimônio quando da doação que, diante das circunstâncias do caso concreto, incumbia à ré. Sentença mantida. Honorários recursais devidos. Recurso desprovido. (TJSP, Ap. n. 1001204-15.2020.8.26.0470, rel. Angela Moreno Pacheco de Rezende Lopes, j. 23.11.2023)

Apelação. Ação anulatória de doação de imóvel. Improcedência. Ausência de comprovação de negócio simulado. Imóvel adquirido diretamente pela herdeira. Tese da doação inoficiosa que não prosperaria ainda que tivesse sido reconhecida a simulação, pois com base no patrimônio declarado pelo espólio, o valor da avaliação do imóvel não teria ultrapassado a metade de seu patrimônio. Preservação da legítima. Arts. 549 e 1.846, do CC. Validade do negócio jurídico celebrado. Recurso improvido (TJSP, Ap. n. 1015145-03.2022.8.26.0554, rel. Luiz Antonio Costa, j. 01.11.2023)

Anulatória de ato jurídico. Doação inoficiosa. Prescrição que tem seu marco inicial a partir do registro do ato impugnado. Precedentes do STJ e desse Tribunal de Justiça. Prescrição não caracterizada, uma vez que não registrado o ato na matrícula do imóvel. Ausente prova acerca do patrimônio do doador à época da liberalidade. Inicial que não indica qual era o valor e de quais bens era composto o patrimônio integral do doador. Ônus da prova que pertencia à Autora, mas do qual não desincumbiu. Sentença de improcedência mantida. Verba honorária majorada, observada a Justiça gratuita. Recurso não provido. (TJSP, Ap. n. 1001384-57.2022.8.26.0083. rel. João Pazine Neto, j. 09.10.2023)

Apelação. Ação de nulidade de doação inoficiosa. Imóveis doados pela genitora à irmã do autor em 2002. Sentença de improcedência. Inconformismo do autor, arguindo preliminar de cerceamento do direito de defesa, diante do julgamento antecipado da lide, no mérito alega a inocorrência da prescrição, por se tratar de nulidade absoluta, tendo tomado conhecimento da doação somente em 2021, alternativamente pugna pela aplicação do prazo vintenário previsto no Código de 1916. Preliminar rejeitada. Prazo prescricional decenal. Aplicação do art. 205 do CC. Inocorrência do prazo prescricional previsto no art. 2.028 do CC. Data inicial a contar do registro do ato que se pretende anular. Precedentes do STJ e deste Col. Tribunal. Prescrição reconhecida. Recurso desprovido. (TJSP, Ap. n. 1002420-28.2021.8.26.0356, rel. José Aparício Coelho Prado Neto, j. 09.10.2023)

Ação declaratória de nulidade parcial de doação inoficiosa. Simulação. Autores que propuseram ação alegando que a mãe deles vendeu imóvel a terceiros, e entregou o produto da venda à irmã, que com ele adquiriu imóvel em nome próprio. Alegação de que o produto da primeira venda teria sido doado pela mãe à ré, que com ela adquiriu imóvel em nome próprio. Pretensão a que seja reconhecido que o imóvel adquirido pela autora é produto de doação da mãe, estabelecendo-se sobre ele um condomínio de todos os herdeiros necessários, além da condenação da autora ao pagamento de indenização por dano moral. Sentença de improcedência. Irresignação dos autores. Não acolhimento. Não comprovação da simulação. Autores que instados a especificar provas, nada requereram. Demais herdeiros que confirmaram a alegação da ré, de que parte do dinheiro obtido pela mãe com a venda do imóvel foi entregue à ré, como pagamento pelas benfeitorias e acessões que ela havia feito no imóvel. Ônus da prova de simulação que era dos autores. Inteligência do art. 373, I, CPC. Sentença mantida. Recurso desprovido. (TJSP, Ap. n. 1003350-29.2021.8.26.0006, rel. Marcus Vinicius Rios Gonçalves, j. 19.09.2023)

[...] 2. O propósito recursal consiste em definir se é a data da liberalidade ou a data do falecimento do doador que determina se a doação por ele realizada avançou sobre a legítima dos herdeiros necessários e se, na hipótese, a doação realizada é nula. 3. Na esteira da sólida jurisprudência desta Corte, firmada tanto sob a ótica do art. 1.176 do CC/1916, quanto também sob a égide do art. 549 do CC/2002, o excesso caracterizador da doação inoficiosa deve ser considerado no momento da liberalidade e não no momento do falecimento do doador e da abertura da sucessão. Precedentes. 4. No contexto do exame da doação inoficiosa, é irrelevante saber se os demais bens existentes ao tempo do ato de liberalidade foram, ou não, efetivamente revertidos em favor dos herdeiros necessários após o falecimento do doador ou se os referidos bens compuseram, ou não, o acervo hereditário. 5. Hipótese em que são absolutamente incontroversos os fatos: (i) de que a doação do imóvel ocorreu no ano de 2004; (ii) de que, entre os anos de 2003 e 2005, o doador possuía ativos financeiros no exterior em quantia superior a dois milhões de dólares; (iii) de que o doador veio a falecer apenas no ano de 2007; (iv) de que o imóvel doado à parte não possuía valor superior a 50% dos ativos financeiros existentes ao tempo da doação. 6. Recurso especial conhecido e provido, para julgar improcedente o pedido de nulidade da doação, invertendo-se a sucumbência fixada na sentença. (STJ, REsp n. 2.026.288/SP, rel. Min. Nancy Andrighi, 3ª T., j. 18.04.2023, *DJe* 20.04.2023)

Doação inoficiosa. Imóveis residenciais e glebas rurais vendidos e doados pelos genitores para duas filhas e genro do casal, em detrimento da autora, irmã unilateral cujo reconhecimento se deu por força de sentença judicial em ação de investigação de paternidade. Vendas simuladas, pois encobrem doações por ausência de prova do pagamento do preço e pelas circunstâncias suspeitas dos negócios. Incidência de nulidade parcial dos contratos, por violação do disposto nos arts. 549 e 2.007, e não de anulabilidade do art. 496, todos do CC. Liberalidades que abrangem todo o patrimônio do doador. Pedidos de nulidade parcial acolhidos pela sentença, por se tratar de negócios jurídicos de doação, embora alguns tenham sido dissimulados como compra e venda. Simulação relativa que, nos termos do art. 167 do CC, conduz à qualificação de todos os negócios encobertos como doações inoficiosas. Violação da legítima da autora. Incidência no disposto no art. 2.007, § 3º, do CC, razão pela qual a redução deve ser feita pelo que exceder as legítimas dos donatários, somada à parte disponível. Sentença reformada em parte somente para modular a redução das doações inoficiosas, de modo a computar no cálculo do excedente as legítimas das herdeiras necessárias donatárias. Recurso provido em parte. (TJSP, Proc. n. 1000542-92.2019.8.26.0597, rel. Francisco Loureiro, j. 09.05.2022)

Negócio jurídico. Ação anulatória. Insurgência contra sentença de improcedência. Doação. Suposta natureza inoficiosa. Inteligência dos arts. 549 e 1.846 do CC. Necessidade de comprovação de que o valor do imóvel doado ultrapassava metade do patrimônio do *de cujus* quando praticado o ato de liberalidade. Autor que não se desincumbiu de seu ônus probatório (art. 373, I, CPC). Ausência de qualquer indício de que o bem doado era o único das partes, visto que elas estavam casadas sob o regime da comunhão parcial de bens e seria perfeitamente possível que mantivessem bens particulares não comunicáveis. Violação da legítima não comprovada. Ponto controvertido fixado no despacho saneador. Desinteresse pela dilação probatória. Fundamentação não contestada em sede de apelação. Sentença mantida. Honorários advocatícios sucumbenciais majorados para 11% do valor atribuído à causa (art. 85, § 11, CPC), observada a gratuidade concedida à parte vencida. Recurso desprovido. (TJSP, Proc. n. 1000151-07.2018.8.26.0102, rel. Alexandre Marcondes, j. 23.05.2022)

Negócio jurídico. Doação. Imóveis. Caso de adiantamento de legítima. Situação que não se confunde com doação inoficiosa. Necessidade de colação em inventário. Ação de nulidade improcedente. Falta de interesse recursal de um dos réus. Recurso da autora não provido. Apelação da corré não conhecida. (TJSP, Ap. n. 0021121-12.2011.8.26.0451, rel. Guilherme Santini Teodoro, j. 29.11.2016)

Nulidade de doação. Doação inoficiosa. Cerceamento de defesa. Não verificado. Ilegitimidade ativa não vislumbrada. O autor é herdeiro prejudicado e não necessita que seja realizada a abertura da sucessão. Doação pela mãe das partes apenas à filha ré. Reconhecida a imprescritibilidade do ato nulo, que não pode ser convalidado pelo decurso do tempo, consoante o art. 169 do CC. Incontroverso nos autos ter havido doação (com usufruto vitalício) da integralidade do patrimônio da mãe das partes sem que se contemplasse o autor, herdeiro necessário. Prescrição. Doação ocorrida na vigência do CC/1916. Doação inoficiosa, que afeta a validade do negócio jurídico, inconfundível com doação com ou sem dispensa de colação, que afeta tão somente a sua eficácia. Prescrição que alcança tão somente os efeitos restituitórios patrimoniais da nulidade. Termo inicial do prazo vintenário (CC/1916) que flui a contar do ato de registro da doação, e não da morte da doadora. Observância da regra de transição do art. 2.028 do novo CC. Recurso provido para julgar extinto o processo nos termos do art. 269, IV, do CPC. (TJSP, Ap. n. 4001145-57.2013.8.26.0005, rel. Ana Lucia Romanhole Martucci, j. 10.12.2015)

Ação ordinária de colação e redução da parte inoficiosa com pena de sonegados. Pleito ajuizado por herdeiros necessários em face de beneficiário de doação efetuada por autor da herança. Sentença de improcedência. Inconformismo dos autores. Ação que deveria ter sido cumulada ou precedida de desconstituição da sentença homologatória da partilha, a qual já transitou em julgado. Configuração da falta de interesse processual e da ausência de pressupostos de constituição e de desenvolvimento válido e regular do processo. Necessário ajuizamento, ademais, da nulidade da partilha no prazo de um ano, nos termos do art. 178, § 6º, V, do CC/1916 (vigente à época dos fatos). Imprescindível ação da nulidade de partilha que, já prescrita, enseja a falta de interesse processual da ação de colação e redução da parte inoficiosa. Mérito que delineia, efetivamente, a improcedência. Provas coligidas nos autos que não são suficientes para indicar que a liberalidade extravasou a parte disponível do doador. Autores herdeiros, outrossim, que anuíram tanto com a doação efetuada em prol do réu, como com a partilha amigável. Perícia que não considerou que o valor dos bens doados deveria corresponder àquele da data da liberalidade. Apelo improvido. (TJSP, Ap. n. 0147050-26.2006.8.26.0000, rel. Des. Sebastião Carlos Garcia, j. 02.12.2010)

Anulatória de ato jurídico. Extinção. Inadequação. Pedido de reconhecimento de doação inoficiosa. Ajuizamento da ação em vida do doador. Possibilidade. Recurso provido para anular a sentença, a fim de que o processo retome seu curso. A ação de redução das doações inoficiosas poderá ser ajuizada em vida, tratando-se de contrato de doação, negócio jurídico *inter vivos,* cuja nulidade surge ao tempo da liberalidade. O pedido de nulificação pode ser feito ainda com o doador em vida, já que não se postula a herança para si próprio, mas que os bens excedentes da parte disponível retornem ao patrimônio do futuro autor da herança, preservando-se a legítima e recolocando os herdeiros necessários em igualdade de condições. (TJSP, Ap. n. 0026962-97.2005.8.26.0224, rel. Des. Jesus Lofrano, j. 29.06.2010)

Anulação de doação. Demanda proposta com o doador ainda em vida, pela filha havida fora do casamento, sob o argumento de que as doações aos outros filhos do matrimônio não a teriam contemplado, atingindo a totalidade dos bens, em preterição aos seus direitos de herdeira necessária, extrapolando a parte disponível do doador. Carência da ação decretada sob a consideração que a ação somente poderia ser ajuizada após a morte do doador, com a colação dos bens doados no inventário. Descabimento. Possibilidade do ingresso imediato da ação. Precedentes doutrinários e jurisprudenciais acerca da matéria. Sentença anulada. Recurso provido, determinado o prosseguimento do feito. (TJSP, Ap. Cível n. 994.030.305.728, rel. Des. Salles Rossi, j. 16.12.2009)

De acordo com o art. 549 do CC, nula é a doação quanto à parte que exceder à de que o doador, no momento da liberalidade, poderia dispor em testamento. Ocorre doação inoficiosa quando atingido o patrimônio em quantidade superior à disponível, ainda que realizadas as doações em momentos distintos. (TJRS, Ap. n. 70.024.073.801, rel. Des. Claudir Fidelis Faccenda, j. 29.05.2008)

Prescrição vintenária. Venda fraudulenta. Doação inoficiosa. Anulação. A turma não conheceu do recurso ao entendimento de que incide a prescrição vintenária (CC/1916, art. 177) para a desconstituição de negócio realizado com fraude à lei, via ação de anulação de doação inoficiosa – venda e compra de imóvel feito por *de cujus* e terceiro em prejuízo de herdeiros (CC/1916, art. 1.176). A contagem do prazo inicia-se na data do registro da respectiva escritura no cartório competente. Precedente citado do STF: RE n. 88.442/RJ, *DJ* 11.04.1978; do STJ: REsp n. 63.511, *DJ* 18.12.1995, e Ag. n. 18.296/RJ, *DJ* 20.04.1992. (STJ, REsp n. 115.768/SP, rel. Min. Humberto Gomes de Barros, j. 19.02.2004). Observação: o prazo prescricional no atual CC foi reduzido para dez anos – art. 205.

Doação inoficiosa. Ação de anulação. Art. 1.176 do CC. Momento de aferição. A validade da liberalidade, nos termos do art. 1.176 do CC, é verificada no momento em que feita a doação e, não, quando da transcrição do título no registro de imóveis (STJ, REsp n. 111.426, rel. Min. Eduardo Ribeiro, j. 19.11.1998). (*RT* 767/200)

A prescrição da ação de anulação de doação inoficiosa é de vinte anos, correndo o prazo da data da prática do ato de alienação (STJ, REsp n. 151.935, rel. Min. Ruy Rosado de Aguiar, j. 25.06.1998). (*RT* 763/178)

Prescrição. Ação rotulada, erroneamente, de anulação de ato jurídico. Feito em que se pretende, na verdade, a declaração de nulidade de doação inoficiosa. Hipótese em que o lapso prescricional não é o de quatro anos, previsto no art. 178, § 9º, IV, *b*, do CC, mas o de vinte anos, previsto no art. 177 do mesmo estatuto. Agravo de instrumento não provido. (TJSP, AI n. 13.353-4, rel. Des. Guimarães e Souza, j. 06.08.1996, v.u.)

Observação: o prazo prescricional no atual CC foi reduzido para dez anos – art. 205.

Prescrição. Doação inoficiosa. Ação anulatória. Lapso que começa a fluir somente após a abertura da sucessão. (TJSP, *RT* 734/312)

A anulação da doação no tocante à parcela do patrimônio que ultrapassa a cota disponível em testamento, a teor do art. 1.176 do CC, exige que o interessado prove a existência do excesso no momento da liberalidade (STJ, REsp n. 160.969, rel. Min. Carlos Alberto Menezes Direito, j. 23.11.1998). (*RSTJ* 117/373)

Doação. Inoficiosa. Ocorrência. Disponibilidade integral dos bens. Existência de herdeiro necessário. Reconhecimento, após a doação, por sentença em ação de investigação de paternidade. Irrelevância. Natureza declaratória desta. Efeito *ex tunc*. Redução da liberalidade a 25% do patrimônio do doador. Recurso não provido. (*JTJ* 211/22)

Litisconsórcio. Necessário. Ação anulatória de escritura de doação inoficiosa, intentada com fundamento no art. 1.132 do CC. Obrigatoriedade da citação de todos os partícipes de ato jurídico. Arts. 47, 213 e 301, I, do CPC [arts. 114, 116, 238 e 337, I, do CPC/2015]. Recurso provido. (*JTJ* 124/338)

---

**Art. 2.008. Aquele que renunciou a herança ou dela foi excluído, deve, não obstante, conferir as doações recebidas, para o fim de repor o que exceder o disponível.**

---

**Dispensa da colação ao renunciante e ao excluído:** aquele que renunciou a herança (arts. 1.804 a 1.813) ou dela foi excluído, por indignidade (arts. 1.814 a 1.818) ou deserdação (arts. 1.961 a 1.965), apesar da renúncia ou exclusão, não se livra do dever de repor o excesso nas doações inoficiosas.

A primeira observação importantíssima sobre o artigo é que, ao estabelecer que a conferência do renunciante ou do excluído se circunscreve à reposição do que invadir a metade indisponível, leva a concluir, em contrapartida, que ele tem direito de reter a metade disponível. Isso significa que o renunciante e o excluído não estariam, em tese, sujeitos à colação, só à redução das disposições inoficiosas, pois a colação, salvo dispensa pelo doador, pressupõe a conferência do valor do bem doado em sua integralidade, não só da parte correspondente à metade indisponível (sobre a diferença entre colação e redução das doações inoficiosas, cf. comentário ao art. 2.007).

A interpretação, de que o renunciante e o excluído retêm a doação até o limite da parte disponível do momento da liberalidade, é afirmada pela doutrina (cf. BEVILAQUA, Clóvis. *Direito das sucessões*, 5. ed. Rio de Janeiro, Francisco Alves, 1955, p. 315; MAXIMILIANO, Carlos. *Direito das sucessões*, 5. ed. Rio de Janeiro, Freitas Bastos, 1964, v. III, p. 401-2; OLIVEIRA, Itabaiana de. *Tratado de direito das sucessões*, 4. ed. São Paulo, Max Limonad, 1952, v. III, p. 828-31; PEREIRA, Caio Mário da Silva. *Instituições de direito civil*, 15. ed. Rio de Janeiro, Forense, 2004, v. VI, p.408).

**Interpretação divergente:** embora tal solução esteja aparentemente em conformidade com o texto expresso da lei, pode acarretar situações absurdas frente ao sistema. Por exemplo, como visto no comentário ao art. 2.002, se o *de cujus* morre sem bens, ainda assim os descendentes, ou o cônjuge que concorre com eles, permanecem obrigados a conferir, por inteiro, inclusive na parte disponível, as doações que receberam dele em vida. Bastaria ao herdeiro donatário, nessa situação, renunciar para ser dispensado da colação. Se a doação, na época da liberalidade, circunscreveu-se à metade disponível, não havendo, portanto, parte inoficiosa, os demais descendentes, nesse exemplo, nada receberiam. Tanto é assim que Carlos Maximiliano observa que, sempre que a situação patrimonial do *de cujus* não tenha melhorado após a doação, o donatário terá "enorme vantagem em repudiar a sucessão" (op. cit., p. 401).

Essa solução legal não se afina com o sistema. Se a doação de ascendentes a descendentes, ou de um cônjuge a outro, constitui adiantamento de herança (art. 544), e se a colação visa a igualar as legítimas (art. 2.002), não é possível aceitar, por meio da renúncia ou por causa da exclusão, o renunciante e o excluído obterem vantagem sobre as legítimas dos coerdeiros. O absurdo se acentua no caso do excluído.

Segundo Orlando Gomes (*Sucessões*, 12. ed. Rio de Janeiro, Forense, 2004, p. 286-7), a teoria que melhor justifica a exigência legal da colação é a da igualdade entre os descendentes, isto é, a razão da colação é assegurar igualdade nas legítimas. Ao se permitir que, por meio da renúncia ou exclusão, a legítima dos demais coerdeiros seja desfalcada, ou, até mesmo, totalmente esvaziada se o *de cujus* morre sem bens, ocorrerá desvirtuamento dessa igualdade. Por meio da renúncia, nessa hipótese, o donatário não estaria verdadeiramente renunciando à herança, mas, ao contrário, retendo a legítima recebida antecipadamente, para não a repartir com os coerdeiros. No caso da exclusão, ao ser apenado, obteria vantagem patrimonial. Conforme lição de Carlos Maximiliano, já citada nos comentários ao art. 1.878, na interpretação da lei deve se optar pela solução equitativa e lógica, em vez da que conduza a resultado absurdo (*Hermenêutica e aplicação do direito*, 10. ed. Rio de Janeiro, Forense, 1988, p. 166-7). A interpretação literal, como visto, parece levar a resultado absurdo, a solução iníqua não desejada pelo legislador.

Argumenta-se, para justificar o entendimento de o renunciante e o excluído estarem dispensados da colação, que o herdeiro renuncia à herança, ou dela é excluído, e que tal ato não significa renúncia ou exclusão da doação, pois a doação não faz parte da herança (cf. OLIVEIRA, Itabaiana de. Op. cit., p. 829). Essa afirmação não parece, no entanto, absolutamente correta. A doação de ascendentes a descendentes, ou de um cônjuge a outro, constitui adiantamento de herança. O bem doado não faz, em regra, realmente, parte da herança, pois a colação é feita pelo valor, não em substância (cf. arts. 2.002 e 2.003). Ocorre que a colação será feita pela conferência do valor se, para igualar as legítimas, os bens do acervo hereditário (excluído o que foi objeto da colação) forem suficientes para tanto. Caso não sejam suficientes, a colação se faz, subsidiariamente, em substância, com a conferência do próprio bem doado, resolvendo-se a doação (cf. parágrafo único do art. 2.003, novidade do atual CC, e o respectivo comentário). Portanto, o bem doado não fará parte da herança se o acervo hereditário, considerado o valor que deveria ser colacionado, for suficiente para assegurar a igualdade das legítimas dos coerdeiros.

Suponha-se o seguinte exemplo: o sujeito com patrimônio de 100 faz doação de 33,33 a um de três filhos. Ao morrer, seu patrimônio é de 66,66 e o filho donatário renuncia à herança. Cada irmão do renunciante receberá 33,33. A igualdade das legítimas estará assegurada. Se a doação, porém, for de 50 e ao morrer o *de cujus* deixa os outros 50 de herança, o donatário recebeu 50 de adiantamento da herança e seus irmãos receberão, cada um, 25. Haverá desigualdade das legítimas. Se o donatário aceitar a herança, terá de conferir o bem à colação, pois o acervo hereditário não é suficiente para atingir os 16,66 necessários para completar as legítimas de seus irmãos. Terá de fazer a conferência em substância, resolvendo-se a doação ao menos no correspondente a esses 16,66. Renunciando à herança, caso prevaleça a referida orientação doutrinária, estaria dispensado da colação, e também não seria caso de redução de doação inoficiosa; porém, isso acarreta a desigualdade das legítimas, violando o princípio maior que rege a colação.

Parece, portanto, uma interpretação mais razoável do art. 2.008 é a de que ele estará sempre subordinado ao princípio maior, fundamento da colação, de assegurar a igualdade das legítimas. Sempre que a renúncia ou exclusão de herdeiro acarrete desigualdade, valerá o princípio geral dos arts. 2.002 e 2.003, obrigando-o à colação para igualar as legítimas. A disposição do art. 2.008 fica restrita à hipótese na qual a manutenção da doação não afeta essa igualdade, aplicando-se, ainda, à redução das doações inoficiosas.

**Revogação da doação por ingratidão:** no caso da exclusão da herança, por indignidade ou deserdação, o donatário poderá reter sua parte na doação, caso não afete a igualdade das legítimas, como foi sustentado no item precedente, ou, ainda, se não for caso de redução das doações inoficiosas. Há, no entanto, a possibilidade da doação ser revogada por ingratidão, conforme previsão dos arts. 555 a 564.

**Inclusão, na doação inoficiosa, do quinhão na legítima:** caso se adote a posição doutrinária dominante referida, dispensando-se o renunciante e o excluído da colação, há uma questão remanescente a ser enfrentada. O art. 2.008 é idêntico em substância ao art. 1.790 do CC/1916. Disposição similar, com mínima alteração na redação, é reproduzida no art. 640, parágrafo único, do CPC. Na vigência do art. 1.790 do Código anterior, havia polêmica doutrinária sobre a extensão do que o renunciante e o excluído poderiam reter. Clóvis Bevilaqua (*Código Civil dos Estados Unidos do Brasil comentado*, 9. ed. Rio de Janeiro, Francisco Alves, 1955, v. VI, p. 224) sustentava, segundo o parágrafo único do art. 1.790, ser considerada inoficiosa a doação que suplantasse a metade disponível mais o quinhão do donatário sobre a legítima; e, diante de interpretação literal, defendia a possibilidade do herdeiro renunciante ou excluído reter exatamente isso, ou seja, a metade disponível e também a porção que teria sobre a legítima se não tivesse renunciado ou sido excluído.

O próprio Clóvis noticiava, na obra citada, a posição oposta defendida por João Luís Alves, segundo a qual, apesar da literalidade da lei, no caso de renúncia ou exclusão, há perda do direito à legítima e, portanto, tudo o que exceder a metade disponível, inclusive o quinhão virtual na legítima, deve ser objeto da redução. A última posição parece ser a mais adequada, pois, sendo a doação a descendentes ou ao cônjuge adiantamento de herança, a renúncia ou a exclusão da herança lhes retiram o direito à legítima. Parece incoerente com a lógica do sistema interpretar a norma como assecuratória da legítima ao renunciante ou ao excluído.

Essa posição doutrinária, ora defendida, é reforçada no atual Código. No de 1916, a disposição similar à do art. 2.008, o art. 1.790, continha o parágrafo único definindo como inoficiosa a doação que excedesse a legítima mais a metade disponível. Tal disposição topológica é um dos argumentos de Clóvis para defender que a reposição determinada pelo *caput* do art. 1.790 encontrava seus limites no parágrafo único do mesmo artigo, incluindo a legítima mais a metade disponível. No atual Código, a doação inoficiosa é prevista não em parágrafo do art. 2.008, mas no *caput* e no § 3º do art. 2.007. O § 3º é o similar do parágrafo único do art. 1.790 do Código anterior, mas apresenta, como diferença, o acréscimo da expressão doação feita a *herdeiros necessários*, para estabelecer ser o excesso o que suplantar a legítima mais a metade disponível.

Como o renunciante e o excluído deixam de ser herdeiros necessários após a renúncia ou exclusão, é possível utilizar a inovação do § 3º do art. 2.007 para defender, em face deles, estarem sujeitos à redução de tudo o que exceder a metade disponível, inclusive a participação que teriam na legítima, caso não houvesse a renúncia ou a exclusão.

---

**Art. 2.009. Quando os netos, representando os seus pais, sucederem aos avós, serão obrigados a trazer à colação, ainda que não o hajam herdado, o que os pais teriam de conferir.**

---

De idêntica redação ao art. 1.791 do CC/1916, o art. 2.009 faz menção a netos, representando seus pais, mas se aplica, conforme tranquilo entendimento doutrinário, a todos os graus de descendência (netos, bisnetos etc.).

Os que herdam por direito de representação são obrigados a trazer à colação o que o representado teria de conferir, ainda que não tenham herdado o bem doado. Suponha-se o *de cujus*, com três filhos, que havia doado um automóvel a um deles. O donatário, que tem um filho, aliena o automóvel e morre antes do doador. Na morte do doador, o donatário, herdeiro premorto, será representado na sucessão por seu filho. Este, neto do *de cujus*, embora não tenha herdado o automóvel de seu pai, por haver sido alienado, terá de conferir o valor dele à colação. Mesmo que o veículo tenha perecido em mãos do donatário, seu filho tem o dever de colacionar o respectivo valor na sucessão do doador (cf. comentário ao art. 2.003 sobre interpretação divergente, de que não teria obrigação de colacionar nesse caso).

Para se compreender até onde vai a responsabilidade do neto, nesse exemplo, relembre-se que a colação pelo valor é feita na forma do parágrafo único do art. 2.003 (cf. respectivo comentário), ou seja, mediante reposição do valor do bem doado com bens do acervo hereditário, sem resolução da doação e sem necessidade do herdeiro desembolsar recursos próprios. No caso dos bens do acervo hereditário não serem suficientes para a reposição da legítima, a solução, subsidiária, é a conferência em espécie, com resolução da doação, com a restituição do bem doado ao espólio. Quando nem essa segunda solução for possível, no caso do donatário não dispor mais do bem, seja por alienação ou perecimento, faz-se a colação pelo valor do bem ao tempo da liberalidade. Só neste último caso o herdeiro donatário terá de desembolsar valores próprios para reposição da legítima. Autoriza-se essa solução porque ele se locupletou com a doação, considerada antecipação de legítima.

Feito esse retrospecto da forma como se opera a colação, indaga-se a possibilidade de ser aplicada nesses exatos termos aos que herdam por direito de representação. Quanto à reposição mediante bens do acervo hereditário ou pela conferência do próprio bem doado, a disciplina é idêntica. O neto também estará obrigado à colação, em valor, caso o bem não mais exista, se seu quinhão na herança de seu pai for suficiente para tanto. No entanto, não é possível impor ao neto, nesse exemplo, a reposição em valor, se o bem não mais existia no patrimônio de seu pai quando este morreu e se não herdou deste valor suficiente para a colação. Nessa hipótese, o neto não se locupletou de nenhuma forma com a doação e, portanto, não pode ser compelido a responder com bens particulares, sob pena de violação do princípio de os herdeiros responderem por obrigações que advêm da sucessão até os limites das forças da herança (art. 1.792). Nesse sentido, a lição de Nelson Pinto Ferreira (*Da colação no direito civil brasileiro e no direito civil comparado*. São Paulo, Juarez de Oliveira, 2002, p. 127). Adotando-se essa solução interpretativa para o art. 2.009, é suplantada, ao menos em parte, a injustiça da disposição, apontada por Caio Mário da Silva Pereira, de impor ao neto o dever de colação de bem por ele não recebido (*Instituições de direito civil*, 15. ed. Rio de Janeiro, Forense, 2004, v. VI, p. 407).

**Jurisprudência:** [...] Colação. Doação recebida pelo herdeiro-neto [...]. Apelante que sucede por direito de representação. Conferência das doações que deve ocorrer somente em relação às doações percebidas pelo representado, não se presumindo como adiantamento de legítima as liberalidades realizadas aos netos que herdam por representação. Inteligência do art. 2.009 do CC. Obrigatoriedade de colação afastada. Sentença reformada para esse fim, mantida, no mais, tal qual lançada. Recurso parcialmente provido. (TJSP, Ap. n. 1002506-88.2019.8.26.0058, rel Márcio Boscaro, j. 16.12.2024)

[...] Agravantes que contestam a inclusão de crédito cobrado em juízo nas primeiras declarações, buscam afastar a colação de doações realizadas à neta Ana Laura e pretendem retificação na proporção do ITCMD. Parcial acolhimento. Cabimento do inventário de crédito do *de cujus*, ainda que haja litígio sobre sua existência. Inteligência do art. 620, IV, *g*, do CPC. Eventual sobrepartilha que não prejudica a menção nas primeiras declarações e depende de concordância da maioria das herdeiras. Colação. Agravantes que são netas da falecida e herdam por representação em concorrência com outras duas filhas da autora da herança. Herança por representação na qual se avalia o quinhão que seria recebido pelo parente premorto. Conferência das doações que deve ocorrer somente em relação às doações percebidas pelo genitor premorto (representado), não a eventuais liberalidades recebidas diretamente pela neta. Inteligência do art. 2.009 do CC. Pagamento de ITCMD. Responsabilidade de cada herdeiro que guarda relação com a parcela de seu quinhão sobre a herança como um todo, após o cômputo dos bens trazidos à colação. Divisão equitativa dos passivos tributários do espólio, independentemente de a qual bem individualizado o imposto se refere. Decisão reformada para excluir a ordem de colação para a herdeira Ana Laura. Recurso parcialmente provido. (TJSP, AI n. 22332307820248260000, rel. Angela Moreno Pacheco de Rezende Lopes, j. 17.09.2024)

---

**Art. 2.010. Não virão à colação os gastos ordinários do ascendente com o descendente, enquanto menor, na sua educação, estudos, sustento, vestuário, tratamento nas enfermidades, enxoval, assim como as despesas de casamento, ou as feitas no interesse de sua defesa em processo-crime.**

---

Não estão sujeitos à colação os gastos ordinários que o ascendente tiver com o descendente, enquanto este for menor (até completar 18 anos – art. 5º), em sua educação, estudos, sustento e saúde. Embora o artigo faça referência somente ao descendente menor, a doutrina sustenta que, para assegurar ao filho o término dos estudos, especialmente universitários, a obrigação alimentar pode se prorrogar até os 24 anos. Não se justifica realmente, nessa hipótese, exigir colação desses gastos feitos além dos 18 anos. Outra possibilidade é a dos gastos com filho maior inválido e incapaz, cuja colação não pode ser exigida, por questão de equidade, uma vez que a incapacidade desiguala os filhos, autorizando gastos maiores com o incapaz.

Em relação aos gastos na defesa do menor em processo-crime, o atual Código não exige, como fazia o art. 1.793 do CC/1916, que seja absolvido. Em relação a esse aspecto, Euclides de Oliveira (*Código Civil comentado*. São Paulo, Atlas, 2004, v. XX, p. 169) aponta cochilo do legislador, pois, na vigência do Código anterior, a menoridade civil terminava aos 21 anos e a penal aos 18, de modo que era possível o menor para a lei civil responder a processo-crime. Como a menoridade civil foi reduzida para 18 anos, não existe mais a possibilidade do pai arcar com gastos do filho menor na defesa em processo-crime. Não obstante, o referido doutrinador bem observa que o dispositivo deve ser aproveitado para isentar da colação as despesas com a defesa do menor em procedimento no qual é acusado de ato infracional, perante juízo da infância e juventude.

Há entendimento de o dever de colação incluir indenizações pagas pelo pai ao filho, como responsável por atos deste, pois o art. 934 do CC impede o exercício de direito regressivo contra o filho, de modo que tal pagamento representaria situação similar à de liberalidade (cf. MAXIMILIANO, Carlos. *Direito das sucessões*, v. III, 5. ed. São Paulo, Freitas Bastos, 1964, p. 418; e FERREIRA, Nélson Pinto. *Da colação no direito civil brasileiro e no direito civil comparado*. São Paulo, Juarez de Oliveira, 2002, p. 213-4). Parece, porém, mais acertada a opinião contrária, de não ser exigível colação nessa hipótese, pois, como salienta Carlos Roberto Gonçalves, o pai que indeniza dano causado por seu filho incapaz paga dívida própria, responsabilidade advinda do poder familiar (*Responsabilidade civil*, 7. ed. São Paulo, Saraiva, 2002, p. 226). Se pagar indenização a filho maior, no entanto, pelo qual pode exercer direito regressivo e não o faz, exigível a colação.

---

**Art. 2.011. As doações remuneratórias de serviços feitos ao ascendente também não estão sujeitas a colação.**

---

O artigo faz referência às doações puramente remuneratórias, ou seja, as que constituem exata contrapartida por serviço ou favor prestado pelo donatário ao doador. Tendo esse caráter remuneratório, não demandam colação. Se essas doações, no entanto, excederem à remuneração que seria a razoável contrapartida dos serviços ou favores prestados, na parte em que houver o excesso haverá doação pura e simples, sujeita, portanto, quanto a esse excesso, à colação. Zeno Veloso (*Comentários ao Código Civil*. São Paulo, Saraiva, 2003, v. XXI, p. 431) observa que, embora as doações manuais, de bens móveis de pequeno valor (parágrafo único do art. 541), não tenham sido expressamente dispensadas da colação, é razoável defender não estarem sujeitas a tanto, pois são de valores insignificantes e seria absurdo pressupor que o doador estaria, por meio delas, pretendendo fazer adiantamento de legítima.

**Jurisprudência:** Inventário. Civil. Ação anulatória de escritura pública de doação. Incapacidade da doadora. Inocorrência. Doação remuneratória. Ausência de prova do excesso remuneratório. Desnecessária anuência dos demais herdeiros. Bem não sujeito à colação. Possibilidade. Inteligência do art. 2.011 do CC vigente. (TJSE, Ap. Cível n. 00001638919988250062, 2ª Câm. Cível, rel. Marilza Maynard Salgado de Carvalho, j. 24.02.2014)

Apelação. Ação de sonegados. Doação remuneratória. Colação. Desnecessidade. Ocultação dolosa de bens. Inocorrência. A doação feita pelo pai a um dos filhos, que com ele trabalhou a vida toda, ajudando a manter e aumentar o patrimônio, não é adiantamento de legítima, mas sim remuneratória. E como tal, está liberada de colação. Inteligência do art. 2.011 do CCB. Caso em que inexiste qualquer intenção dolosa de ocultar bens. Aliás, o próprio apelante participou de pedido de avaliação dos bens alegadamente sonegados, o que demonstra sequer ter havido alguma ocultação. Negaram provimento. (TJRS, Ap. Cível n. 70.026.006.635, rel. Des. Rui Portanova, j. 18.06.2009)

Inventário. Doação. Recebimento de quantias em dinheiro. Retribuição não comprovada. Sucessão *causa mortis*. Colação obrigatória. Voto vencido. (*RT* 563/79)

---

**Art. 2.012. Sendo feita a doação por ambos os cônjuges, no inventário de cada um se conferirá por metade.**

---

O art. 2.012 contempla a presunção de que, sendo a doação feita por ambos os cônjuges, cada um doou metade do bem, razão pela qual, no inventário de cada um, a colação se fará pela metade. Assim, se doaram um imóvel a um filho, este, na sucessão de seu pai, deverá, concorrendo com seus irmãos, trazer metade do imóvel à colação. A mesma presunção se aplica às doações feitas por companheiros, em relação a seus bens comuns. Caso se trate de bem particular do cônjuge, ainda que tenha havido anuência do outro à doação, a colação será feita por inteiro na sucessão do doador.

Se a doação foi feita por ambos os cônjuges, mas a filho exclusivo de um deles, este só estará obrigado à colação de metade na sucessão do doador ascendente. Na do outro, não sendo descendente, não haverá colação (cf. OLIVEIRA, Euclides de. *Código Civil comentado*. São Paulo, Atlas, 2004, v. XX, p. 173).

Se a doação é feita a um casal, há divergência na doutrina sobre a extensão do dever de colação. Washington de Barros Monteiro (*Curso de direito civil*, 35. ed. São Paulo, Saraiva, 2003, v. VI, p. 317) afirma que, nesse caso, a integralidade do bem doado deve ser objeto da colação. Parece, no entanto, estar com razão Sílvio Rodrigues (*Direito civil*, 25. ed. São Paulo, Saraiva, 2002, p. 321), ao sustentar que, sendo feita a doação, por exemplo, a um filho e sua esposa, nora do doador, o filho, ao suceder o doador, terá de trazer à colação somente metade do bem, pois a outra pertence a sua esposa (art. 551), e ela, não sendo descendente do *de cujus*, não tem o dever de colacionar sua parte.

**Jurisprudência:** Inventário. Colação. Bens doados pelo *de cujus* ao seu genro. Desnecessidade. Não caracterização de herdeiro legítimo necessário descendente. Eventual vício da doação que deve ser discutido nas vias adequadas. Recurso provido. (TJSP, AI n. 87.130-4, rel. Des. Theodoro Guimarães, j. 22.12.1998, v.u.)

## CAPÍTULO V
## DA PARTILHA

**Art. 2.013. O herdeiro pode sempre requerer a partilha, ainda que o testador o proíba, cabendo igual faculdade aos seus cessionários e credores.**

O artigo assegura ao herdeiro, que concorre com outros, o direito de exigir a partilha, a fim de cessar a comunhão nos bens hereditários. Na abertura da sucessão, os bens se transmitem desde logo aos herdeiros (art. 1.784) e até a partilha permanecem em comunhão entre todos eles. Enquanto não se realiza a partilha, cada um deles tem uma fração ideal nos bens da herança. A disposição é similar à do art. 1.772, *caput*, do CC/1916. A razão da norma é que, no direito anterior ao CC/1916, o testador podia impor a indivisão dos bens da herança por tempo determinado. Podem os herdeiros optar, na partilha, por manter a indivisão, instituindo-se, entre eles, por ato *inter vivos*, um condomínio, que poderá ser extinto segundo as normas próprias da copropriedade (cf. art. 1.320).

O § 2º do art. 1.320, tratando dos direitos e deveres dos condôminos, dispõe que o testador pode impor indivisão por prazo não excedente a cinco anos. Essa norma deve ser interpretada não como proibitiva da partilha por esse prazo, mas como faculdade do testador de estabelecer que, efetuada a partilha, os quinhões dos herdeiros sejam compostos de frações ideais sobre todos ou determinados bens da herança. Pelo prazo de até cinco anos, estabelecido no testamento, os herdeiros não poderão exigir a divisão da coisa comum, nem requerer a extinção do condomínio. No entanto, seus credores, desde a partilha, poderão cobrar seus créditos sobre as respectivas frações ideais nos bens comuns. Para essa finalidade, os credores e cessionários dos herdeiros podem também requerer a partilha.

Por fim, o atual CC não reproduziu a disposição do § 2º do art. 1.772 do CC/1916, segundo a qual não impedia a partilha o fato de um ou mais herdeiros estarem na posse dos bens da herança, salvo se decorridos vinte anos da abertura da sucessão. Este § 2º reconhecia, como se percebe, o direito do herdeiro, possuidor exclusivo de bem comum por mais de vinte anos, ao usucapião extraordinário. Embora a norma não tenha sido reproduzida no atual CC, não há dúvida de que, exercida posse exclusiva pelos prazos menores do atual Código, é possível ao herdeiro postular a declaração de usucapião em face dos demais herdeiros.

**Art. 2.014. Pode o testador indicar os bens e valores que devem compor os quinhões hereditários, deliberando ele próprio a partilha, que prevalecerá, salvo se o valor dos bens não corresponder às quotas estabelecidas.**

O art. 2.014 reforça a disposição do art. 2.018, este similar ao art. 1.776 do Código anterior. O art. 2.018 faculta ao ascendente efetuar partilha em vida, por testamento, em relação a seus descendentes. O art. 2.014 assegura ao testador, em todas as situações e não somente quando se trata de ascendente em face de descendentes, o direito de, no testamento, deliberar sobre a partilha, indicando quais bens e valores irão compor o quinhão de cada herdeiro. Essa disposição testamentária será válida se a divisão respeitar as quotas intangíveis dos herdeiros necessários. Se houver violação dessas quotas, aplicam-se as regras de redução das disposições testamentárias (arts. 1.967 e 1.968).

Embora deva respeitar a legítima, o testador, ao deliberar sobre a partilha, poderá escolher quais os bens irão compor os quinhões dos herdeiros necessários. A deliberação do testador sobre a partilha fica limitada, também, pela meação do cônjuge sobrevivente. Relembre-se de que meação não é herança. Uma vez separada a meação do cônjuge, o restante será a herança, cuja partilha poderá ser deliberada pelo testador.

**Jurisprudência:** Registro de imóveis. Dúvida julgada procedente. Escritura de inventário com testamento e partilha. Escritura lavrada com base no item 130 do capítulo XVI das NSCG. Inobservância da vontade da testadora. Herdeiros testamentários que recebem parcela do patrimônio bem inferior ao que pretendia a testadora. Oficial que, juntamente com o tabelião que lavrou a escritura, deve zelar pelo correto cumprimento da declaração de última vontade. Desqualificação que se justifica. Recurso não provido. (TJSP, Ap. n. 1016124-

17.2023.8.26.0590, Conselho Superior da Magistratura, rel. Francisco Loureiro (Corregedor Geral), j. 13.06.2024)

Direito das sucessões. Condomínio testamentário formado a partir de bens que compõem a legítima. Possibilidade de propositura de ação declaratória de extinção do condomínio antes da partilha dos bens. Vontade do testador sobre prazo de vigência do condomínio respeitada. Prazo máximo previsto em lei para a indivisibilidade de bens. Recurso provido. 1. Por força do princípio da *saisine*, estabelecido no art. 1.572 do CC/1916, correspondente ao 1.784 do Código vigente, aberta a sucessão, os bens que compõem a herança são imediatamente transferidos ao patrimônio dos herdeiros. 2. Constando do testamento cláusula estabelecendo condomínio sobre parte dos bens da herança, os herdeiros têm interesse e legitimidade para ajuizar ação declaratória de extinção do condomínio testamentário antes da partilha. 3. Embora, por um lado, seja preciso respeitar a vontade do testador (art. 1.666 do CC/1916), por outro, o testamento deve estar em conformidade com a lei (art. 1.626 do CC/1916). 4. Neste caso, apesar de o testamento ter previsto que o condomínio de ações e cotas deveria ser mantido pelo prazo de cinco anos, "prorrogável, sempre, por igual período", o Judiciário deve aplicar essa cláusula considerando o prazo máximo de cinco anos, visando a adequar a vontade do testador ao art. 630 do CC/1916. 5. Não é jurídico obrigar os herdeiros a manter condomínio involuntário por prazo superior àquele previsto em lei, com base na indivisibilidade legal dos bens da herança, especialmente se, como no caso, (i) o período referente à cláusula de inalienabilidade prevista pelo testador foi respeitado (cf. cláusula XI do testamento) e (ii) a lei não impõe nenhum óbice à divisão, adjudicação e eventual venda de bens, com a autorização do juiz, antes da partilha. 6. Recurso especial provido. (STJ, REsp n. 1.467.500, rel. Min. Maria Isabel Gallotti, j. 12.12.2023)

Sucessão. Sucessão testamentária. Partilha amigável que não se ajusta aos termos do testamento. Ausência de imposição de cláusula de inalienabilidade que permite aos herdeiros e legatários, todos maiores e capazes, concessões mútuas. Concessões que evitam a permanência de bens em condomínio e preserva a intenção da testadora. Recusa na homologação. Inadmissibilidade. Recurso provido para homologar a partilha. (TJSP, AI n. 6.169.324.400, rel. Des. Boris Kauffmann, j. 28.04.2009)

Testamento. Declaração destinando o testador um imóvel para cada um dos dois filhos. Testamento, partilha e não legados. Alienação de um dos imóveis pelo testador. Pedido de anulação, sob o fundamento de caducidade do testamento. Descabimento. Testamento válido. Rompimento do testamento, outrossim, sem amparo na lei. Afirmação de prejuízo da legítima do herdeiro "cujo apartamento" foi alienado. Questão a ser dirimida no processo de inventário, após a avaliação dos bens. Disposição testamentária que permite alcançar a vontade do testador nesse sentido. Acórdão que, por maioria de votos, dá provimento à apelação e julga improcedente a ação anulatória, mantido. Embargos infringentes rejeitados. (TJSP, Emb. Infring. n. 142.131.4/0-01, rel. Des. João Carlos Saletti, j. 12.12.2006)

---

**Art. 2.015. Se os herdeiros forem capazes, poderão fazer partilha amigável, por escritura pública, termo nos autos do inventário, ou escrito particular, homologado pelo juiz.**

---

Sendo todos os herdeiros capazes, sejam legítimos ou testamentários, e mesmo havendo legatários, a partilha pode ser amigável, realizada extrajudicialmente, por escritura pública ou escrito particular, ou, ainda, no curso de inventário, pode ser efetuada por termo nos autos. A homologação judicial tornou-se dispensável no caso de inventário e partilha extrajudiciais, previstos na Lei n. 11.441/2007, que alterou a redação do art. 982 do CPC/73 (art. 610 do CPC/2015), possíveis desde que todos os herdeiros sejam capazes, concordes, não havendo testamento e observando-se a forma pública. Nos demais casos, como estatui este art. 2.015, necessária a homologação judicial. Nas hipóteses de partilha amigável em que é necessária a homologação judicial, o procedimento será o do arrolamento sumário, previsto no art. 659 do CPC.

A partilha amigável, como salienta Euclides de Oliveira (*Código Civil comentado*. São Paulo, Atlas, 2004, v. XX, p. 191) não exige exata proporcionalidade dos quinhões: na parte em que não for observada perfeita igualdade, o ato será de transmissão *inter vivos*; sendo possível, ainda, a previsão de partilha na qual se atribui usufruto a um herdeiro e a nua-propriedade a outro. A partilha amigável pressupõe participação de todos os herdeiros e legatários, e também do cônjuge meeiro, sob pena de ineficácia. A partilha amigável pode ser anulada por dolo, coação, erro essencial ou intervenção de incapaz, como estatui o art. 657 do CPC, ou, segundo o art. 2.027 deste Código, pelos vícios e defeitos que invalidam, em geral, os negócios jurídicos.

**Jurisprudência:** Agravo de instrumento. Arrolamento sumário. Insurgência contra decisão do juízo *a quo* que indeferiu a renúncia nos próprios autos da meação em favor da única herdeira, com instituição de usufruto vitalício. Partilha amigável. Desnecessidade de lavratura de escritura pública. Inteligência dos arts. 1.806 e 2.015 do CC. Precedentes do Eg. Tribunal de Justiça. Renúncia translativa, que impõe o recolhimento do imposto incidente sobre a cessão de direitos com instituição de usufruto, e transmissão de herança no momento do registro imobiliário. Decisão modificada. Recurso parcialmente provido. (TJSP, AI n. 2115068-95.2022.8.26.0000, rel. Erickson Gavazza Marques, j. 20.06.2022)

Apelação. Ação de reintegração de posse. Autora que pleiteia a reintegração de um veículo, sob as alegações de que se tornou possuidora indireta com a morte de seu irmão, o antigo proprietário do bem. Apresentação de escritura pública de inventário dando notícia da doação das quotas dos outros herdeiros para a autora. Entretanto, diante da notícia da existência de filha menor do *de cujus*, de rigor o reconhecimento de nulidade da escritura, por afronta aos arts. 2.015 e 2.016 do CC. A existência de herdeira incapaz impõe a realização de inventário judicial, de modo que a inobservância da forma prevista em lei culmina na sanção de nulidade. Recurso provido. (TJSP, Ap. n. 0082508-35.2008.8.26.0224, rel. Des. Hugo Crepaldi, j. 27.06.2013)

Havendo herdeiro incapaz figurando no inventário, imprescindível a participação do Ministério Público, nos termos do art. 82, do CPC (art. 178 do CPC/2015), bem como tal situação obsta a realização de partilha amigável, diante do contido nos arts. 2.015 e 2.016 do CC. Figurando no inventário herdeiro incapaz, é imprescindível a realização de avaliação judicial dos bens, *a contrario sensu* do que prescreve o art. 1.007 do CPC [art. 633 do CPC/2015]. (TJSC, Ap. n. 2013.007406-7, rel. Des. Saul Steil, j. 16.04.2013)

Inventário judicial. Interpretação do art. 982 do CPC [art. 610 do CPC/2015], com a nova redação outorgada pela Lei n. 11.441/2007. É de se concluir que o termo "poderá" empregado no texto consubstancia faculdade ao herdeiro, que, no âmbito do poder discricionário, é soberano para decidir se prefere inventariar os bens em juízo, como lhe permite o art. 5º, XXXV, da CF, ou mediante partilha por escritura pública, como agora foi instituído. Inadmissibilidade de negar acesso à ordem jurídica. Provimento para que o inventário prossiga em juízo, como desejado pelos interessados. (TJSP, Ap. n. 502.941-4/9, rel. Des. Enio Santarelli Zuliani, j. 12.04.2007)

Arrolamento. Partilha amigável. Renúncia à meação com reserva de usufruto. Possibilidade. Agravo provido. (TJSP, AI n. 294.981-4/1-00, rel. Des. Luiz Antônio de Godoy, j. 03.06.2003, v.u.)

---

**Art. 2.016. Será sempre judicial a partilha, se os herdeiros divergirem, assim como se algum deles for incapaz.**

---

Em contraposição ao artigo anterior, que cuida da partilha amigável, deliberada pelos interessados extrajudicialmente, por consenso, o art. 2.016 trata da partilha judicial, isto é, cuja deliberação passa pelo crivo judicial. Nas hipóteses de partilha amigável em que é necessária homologação judicial (cf. comentário ao artigo antecedente), o juiz cumprirá atividade meramente homologatória. No caso da partilha judicial, o papel do juiz é diferente, pois ele delibera sobre a partilha que as partes não conseguiram resolver por consenso. Pressuposto da partilha judicial, portanto, é a falta de consenso entre os herdeiros e o cônjuge-meeiro. Ou, ainda, que um dos herdeiros, ou o cônjuge sobrevivente, padeça de incapacidade (arts. 3º e 4º), pois, nesse caso, não tem capacidade para anuir em partilha amigável. O procedimento da partilha judicial é disciplinado nos arts. 647 a 656 do CPC. Quanto à rescisão da partilha judicial, tratada no art. 658 do CPC, confira-se o comentário ao art. 2.027.

**Jurisprudência:** Agravo de instrumento. Inventário e partilha. Decisão que determinou aos herdeiros que estão de acordo que realizem a divisão dos quinhões para partilha, cabendo a todos indicar suas preferências, inclusive ao único herdeiro discordante. Inconformismo. Parcial cabimento. Pretensões para suspensão do trâmite processual e para inclusão de bens no exterior. Pedido de reconsideração não suspende o prazo recursal. Manifesta intempestividade. Recurso não conhecido nesses pontos. Pretensão para partilha do monte mor em frações ideais, mantendo-se condomínio entre todos os herdeiros. Parcial cabimento. Dissenso instaurado entre os herdeiros. Impossibilidade de imposição ao herdeiro discordante, ainda que isolado, para que acate o plano de partilha dos demais. Ante o dissenso, determinação legal para partilha judicial (art. 2.016, CC). Partilha judicial que não se confunde com mera atribuição de quotas-partes para condomínio sobre todo o monte mor, tendo em vista a necessidade de se evitar futuros litígios (art. 648, II, CPC). Partilha judicial que deve ser balizada pelo Juízo. Decisão reformada. Recurso não conhecido na maior parte e, na parte conhecida, parcialmente provido. (TJSP, AI n. 2285253-06.2021.8.26.0000, rel. Pedro de Alcântara da Silva Leme Filho, j. 08.06.2022)

Agravo de instrumento. Arrolamento. Descabimento do inconformismo. Será sempre judicial a partilha, se os herdeiros divergirem, assim como se algum deles for incapaz. Art. 2.016 do CC. O Agravado expôs seus motivos de discordância e em razão disso não pode haver a partilha consensual. Decisão mantida. Recurso improvido. (TJSP, AI n. 2252060-97.2021.8.26.0000, rel. Luiz Antonio Costa, j. 16.12.2021)

Inventário. Decisão que determinou a realização de perícia para avaliação dos bens do espólio. Inconformismo da inventariante. Persistente dissenso entre os dois herdeiros que impossibilita a partilha universal, na qual se atribuem partes ideais dos bens integrantes do acervo a cada um dos sucessores. Necessário, assim, que se proceda à partilha judicial (art. 2.016 do CC), com realização da perícia para garantia da igualdade dos quinhões. Art. 630 do CPC. Perícia de avaliação corretamente determinada. Movimentação das contas bancárias. Possibilitado pagamento de despesas do espólio "na boca do caixa". Decisão interlocutória mantida. Recurso não provido. (TJSP, AC n. 2078823-61.2017.8.26.0000, rel. Rui Cascaldi, j. 31.07.2017)

É nula a homologação de partilha amigável quando há herdeiro incapaz e quando a partilha gera prejuízo ao herdeiro menor. Inteligência do art. 2.016 do CCB (correspondente ao art. 1.774 do CC/1916). Os apelados agiram na direção de uma solução afrontosa ao direito, que acabou por causar dano material e moral a autora. E tais danos, a serem apurados em liquidação de sentença, devem ser indenizados. (TJRS, Ap. n. 70.013.587.209, rel. Des. Rui Portanova, j. 27.04.2006)

**Art. 2.017. No partilhar os bens, observar-se-á, quanto ao seu valor, natureza e qualidade, a maior igualdade possível.**

Na partilha entre herdeiros legítimos ou testamentários, será observada a maior igualdade possível, tanto no valor do quinhão a ser atribuído a cada um, como na natureza e qualidade dos bens que irão compor cada quinhão. Assim, se a herança é composta de vários imóveis e móveis, cada quinhão deverá ser composto, se for viável, pela mesma quantidade e qualidade de imóveis e móveis, de modo a estabelecer igualdade no valor de cada quinhão e na natureza e qualidade dos bens que compõem cada um. Ao preconizar essa solução, o legislador ressalva que a igualdade a ser alcançada é a maior possível, pois o mais comum é não haver bens suficientes para estabelecer a igualdade quase absoluta. O CPC dispõe, no art. 648, I a III, que na partilha serão observadas como regras: I) a máxima igualdade possível quanto ao valor, à natureza e à qualidade dos bens; II) a prevenção de litígios futuros; III) a máxima comodidade dos coerdeiros e do cônjuge ou do companheiro, se for o caso. Essa norma do CPC enfatiza o que já dispõe o art. 2.017 do CC, ao destacar que deve ser procurada a "máxima" e não somente "maior" igualdade possível. Além disso, procura harmonizar esse comando com o atendimento de interesses particulares de coerdeiros, cônjuge ou companheiro, para que, por exemplo, se determinado bem já era usufruído por um dos coerdeiros, em seu trabalho, ou se é imóvel no qual mantém estabelecimento empresarial, em princípio deve ser incluído, se possível, no seu quinhão hereditário.

Por outro lado, como salienta a doutrina, a partilha deve, a princípio, ser realizada com a atribuição de bens diversos a cada herdeiro, evitando-se a perpetuidade de condomínio em frações ideais, em tese indesejável, por ser fonte de discórdia. Em algumas situações, porém, a permanência da indivisão não pode ser evitada, como, por exemplo, se há um único imóvel, indivisível, e não se revela conveniente a venda judicial, nem há herdeiro interessado na adjudicação (cf. art. 2.019).

A igualdade na partilha, prevista no art. 2.017, poderá não ser observada se o testador deliberou a forma de composição dos quinhões de cada herdeiro, como lhe facultam os arts. 2.014 e 2.018, prevendo no testamento desigualdade na qualidade dos bens (a igualdade no valor deverá ser observada quando se trata de herdeiros necessários, sob pena de violação da intangibilidade da legítima).

Como observa Euclides de Oliveira (*Código Civil comentado*. São Paulo, Atlas, 2004, v. XX, p. 206), é possível que, separados quinhões com bens de natureza, qualidade e valores iguais, a melhor solução judicial seja o sorteio do quinhão que caberá a cada herdeiro, aplicando-se, por identidade de razões, o princípio do art. 817. Esse mesmo jurista, porém, cita orientação diversa, de acórdão do TJSP, no qual o sorteio foi considerado incabível.

**Jurisprudência:** Recurso especial. Separação judicial. Partilha de bens. Princípio da igualdade. Negativa de prestação jurisdicional. Ocorrência de violação ao art. 535 do CPC [art. 1.022 do CPC/2015]. 1 – Na partilha, consoante a regra do art. 1.775 do CC/1916, reproduzida no art. 2.017 do vigente CC, observar-se-á a maior igualdade possível na distribuição dos quinhões, não apenas quanto ao valor dos bens do acervo, mas também quanto à sua natureza e qualidade. 2 – Caso dos autos em que, não obstante a interposição de embargos de declaração, o tribunal de origem limitou-se a examinar a igualdade da partilha sob o critério do valor global dos bens e a desnecessidade de instituição de condomínio, olvidando de se manifestar acerca da qualidade e da natureza dos bens destinados a cada separando. 3 – Concreção ampla do princípio da igualdade na partilha de bens, consoante lições doutrinárias acerca do tema. 4 – Recurso especial provido. (STJ, REsp n. 605.217, rel. Min. Paulo de Tarso Sanseverino, j. 18.11.2010)

Inventário. Avaliação de bens. Providência que se mostra necessária, ante a discordância de parte dos herdeiros e para que alcance a maior igualdade possível quanto ao valor, natureza e qualidade dos bens. Preclusão relacionada à matéria não ocorrente, no caso. Agravo não provido. (TJSP, AI n. 454.997-4/0-00, rel. Des. José Geraldo Jacobina Rabello, j. 01.02.2007)

---

**Art. 2.018. É válida a partilha feita por ascendente, por ato entre vivos ou de última vontade, contanto que não prejudique a legítima dos herdeiros necessários.**

---

**Modalidades:** a partilha em vida pode ser feita por meio de doação, antecipando-se a transmissão da herança aos herdeiros; ou por testamento, com indicação dos bens que irão compor o quinhão de cada herdeiro após a abertura da sucessão.

**Por meio de doação:** o doador pode partilhar seus bens entre seus herdeiros, dispensando-os de promover o inventário. O inventário será necessário, porém, em relação ao patrimônio excedente, se a partilha em vida não englobou todos os bens, ou se o doador, após a doação, adquiriu outros. A partilha em vida se faz pela mesma forma reclamada para a doação (cf. arts. 541 e 107 a 109, observando-se acórdão a seguir mencionado, em que se admitiu a partilha em vida por instrumento particular, quando era exigida escritura, porque ratificada a partilha em testamento público). Com exceção dos absolutamente incapazes, cuja aceitação é dispensada porque presumida (art. 543), os demais herdeiros devem participar da doação, aceitando-a. A doutrina observa que, embora a doação seja utilizada como meio, a partilha em vida tem natureza de negócio jurídico *sui generis*, por não ser doação, mas partilha antecipada, a dispensar inventário.

**Titulares do direito:** o art. 2.018 confere o direito de efetuar a partilha em vida aos ascendentes, ao passo que, na redação literal do art. 1.776 do CC/1916, era conferido exclusivamente ao pai em relação a seus filhos. Segundo Euclides de Oliveira (*Código Civil comentado*. São Paulo, Atlas, 2004, v. XX, p. 207), apesar da redação literal do art. 2.018, não há razão jurídica a impedir a partilha em vida por doação feita pelos descendentes, cônjuge ou outros parentes. Recorde-se que, no caso da partilha em vida feita por testamento, o art. 2.014, novidade do atual CC, expressamente estende o direito de efetuá-la a qualquer pessoa, não somente a ascendentes em face de seus descendentes.

**Nulidade da doação na hipótese do art. 548:** como é nula a doação de todos os bens sem reserva de parte, ou renda suficiente, para a subsistência do doador (art. 548), é comum que, na partilha em vida, seja reservado ao doador o usufruto vitalício dos bens. Do contrário, o doador que ficar sem bens e sem renda para sua sobrevivência poderá postular a declaração da nulidade da doação excessiva por ele efetuada.

**Respeito à legítima. Colação ou redução?** A partilha em vida poderá ser questionada judicialmente se não houver observado a metade indisponível e a igualdade das legítimas. Deverá ser respeitada, inclusive, a legítima do cônjuge e do companheiro sobrevivente, quando concorrerem com descendentes ou ascendentes (cf. art. 1.829).

Como anota Euclides de Oliveira (op. cit., p. 210), há divergência na doutrina sobre a consequência da invasão da legítima ou desigualdade dos quinhões dos herdeiros necessários na partilha em vida. Alguns autores sustentam ser caso de colação, outros, que só é cabível a redução do excesso, tal como ocorre na redução das disposições testamentárias (cf. arts. 1.967 e 1.968). Essa última solução parece ser a mais aceita e realmente a mais adequada, pois, sendo partilha em vida, a dispensar inventário, eventual invasão da legítima se resolve com a redução dos excessos, não com a colação. A colação é necessária, no inventário, em relação a doações feitas em vida, como antecipação de legítima. Não é disso que se trata na partilha em vida, pois, como visto, não há doação propriamente, mas antecipação da partilha, a dispensar inventário.

**Omissão de herdeiro:** e se tiver ocorrido omissão de algum herdeiro necessário? Zeno Veloso (*Comentários ao Código Civil*. São Paulo, Saraiva, 2003, v. XXI, p. 437) afirma que, nesse caso, a partilha em vida é nula. Não se cuida, efetivamente, de partilha em vida, pois ela pressupõe a presença de todos os herdeiros necessários. No entanto, parece não ser caso de nulidade. Essa doação, omitindo algum herdeiro, feita por ascendente a descendente, ou de um cônjuge a outro, será mero adiantamento de legítima (art. 544). Os donatários, por conseguinte, estarão sujeitos à colação. Relembre-se que a colação, no regime do atual CC, é feita, prioritariamente, em valor, não em substância, pela integralidade do valor do bem recebido em doação, não somente pelo valor da metade indisponível (cf. art. 2.002), para igualar as legítimas, salvo se dispensada a colação (art. 2.005). Só será necessária a colação em substância, com resolução da doação, quando os bens do acervo hereditário não forem suficientes para igualar as legítimas (cf. art. 2.003 e seu parágrafo único). Caso a doação tenha sido feita a ascendente, sem inclusão de todos os ascendentes com direito à legítima, a hipótese não será de colação, pois os ascendentes não estão obrigados à colação (cf. art. 2.002), mas de mera redução das disposições testamentárias, caso tenha ocorrido invasão da legítima.

**Superveniência de herdeiro:** se sobrevém herdeiro necessário após a partilha em vida, feita por doação, Zeno Veloso entende que a partilha será ineficaz (op. cit., p. 437). Sílvio de Salvo Venosa (*Direito civil*, 3. ed. São Paulo, Atlas, 2003, v. VII, p. 391) sustenta que devem ser aplicadas as regras de rompimento do testamento, dos arts. 1.973 a 1.975.

Não parece ser possível, porém, simplesmente aplicar as regras do rompimento de testamento à partilha em vida, pois o testamento é ato que produz efeitos *causa mortis*, ao passo que a partilha em vida produz efeitos desde logo, *inter vivos*. No caso do rompimento do testamento, como visto nos comentários ao art. 1.973, a doutrina dominante sustenta que, sobrevindo descendente sucessível a quem já tinha algum, o testamento não se rompe. Nesse caso de testamento, o descendente superveniente não será prejudicado, porque, sobrevivendo ao testador, terá assegurada sua parte na legítima. No caso da partilha em vida, porém, não é possível aplicar a mesma solução, pois, antecipada a partilha, nada restará a ser partilhado ao herdeiro necessário superveniente.

Por causa dessa diferença, a solução mais adequada parece ser considerar que, sobrevindo herdeiro necessário, a partilha em vida não contemplou todos os que teriam direito à partilha e, por conseguinte, o negócio praticado não poderá ser considerado como partilha em vida, mas adiantamento de legítima, nos termos do art. 544, a impor a colação aos donatários. A partilha em vida, nesse caso, como sustenta Zeno Veloso, será realmente ineficaz em face do herdeiro superveniente com direito à legítima.

**Partilha em vida por testamento:** quanto à partilha em vida, realizada por testamento, com indicação dos bens que irão compor os quinhões de cada herdeiro, confiram-se os comentários ao art. 2.014.

**Jurisprudência:** Direito civil. Inventário. Doação em vida. Art. 1.776, CC/1916. Possibilidade de prejuízo da legítima. Arguição por um dos herdeiros. Questão de alta indagação. Inexistência. Discussão na sede do inventário. Recurso desacolhido. I – Na linha da doutrina e da jurisprudência desta Corte, questões de direito, mesmo intrincadas, e questões de fato documentadas resolvem-se no juízo do inventário e não na via ordinária. II – Eventual prejuízo da legítima em face de doação feita pelo pai aos filhos, ainda em vida (art. 1.776 do CC/1916), sem haver fatos a provar, prescinde dos "meios ordinários", podendo ser discutido no próprio inventário. (STJ, REsp n. 114.524, rel. Min. Sálvio de Figueiredo Teixeira, j. 27.05.2003, v.u.)

Inventário. Bens transferidos aos filhos. Alegação de doação com reserva de usufruto, havendo necessidade de colação. Escrituras que, embora tenham sido tituladas como doação, caracterizam partilha em vida. Contratos onde todos os herdeiros manifestaram-se expressa e simultaneamente com as cláusulas postas. Interpretação do negócio que deve ser feito conforme o disposto no art. 85 do CC, ou seja, onde deve prevalecer a intenção e não o nome e ao conteúdo e não à sua forma. Recurso não provido. (TJSP, AI n. 90.794-4, rel. Des. Barbosa Pereira, j. 04.02.1999)

Inventário. Partilha em vida/doação. Pretensão de colação. Assentado tratar-se, no caso, de partilha em vida (partilhados todos os bens dos ascendentes, em um mesmo dia, no mesmo cartório e mesmo livro, com o expresso consentimento dos descendentes), não ofendeu os arts. 1.171, 1.785, 1.786 e 1.776 do CC, acórdão que confirmou sentença indeferitória da pretensão de colação. Não se cuidando, portanto, de doação, não se tem como aplicar princípio que lhe é próprio. Inocorrentes ofensa a lei federal ou dissídio, a Turma não conheceu do recurso especial. III – Recurso conhecido a que se nega provimento (STJ, REsp n. 6.528, rel. Min. Nilson Naves, j. 11.06.1991, v.u.). (*RSTJ* 27/342 e *Lex* 31/168)

Inventário. Bens. Partilha em vida com a participação de todos os interessados. Instrumento particular. Ininvocabilidade do art. 134, II, do CC. Validade decorrente da ratificação através de testamento público. Cumprimento da vontade do *de cujus* determinado. Recurso não provido. (*JTJ* 176/185)

Inventário. Colação. Dispensa. Partilha em vida e distribuição equânime dos bens, com a concordância dos herdeiros. Irrelevância da falta de expressa dispensa por parte do doador. Art. 1.776 do CC. Recurso provido. (*JTJ* 129/311)

Inventário. Colação de bens. Recusa de herdeiro sob alegação de ter havido partilha em vida pelo *de cujus*. Inadmissibilidade. Doação com cláusula de usufruto e sem estabelecimento de cotas concretas. Superveniência, ademais, de filho procedente de segundas núpcias não contemplado. Direito sucessório reconhecido em paridade com os irmãos. Aplicação do art. 1.603, I, do CC. (TJSP, *RT* 620/44)

**Art. 2.019. Os bens insuscetíveis de divisão cômoda, que não couberem na meação do cônjuge sobrevivente ou no quinhão de um só herdeiro, serão vendidos judicialmente, partilhando-se o valor apurado, a não ser que haja acordo para serem adjudicados a todos.**

**§ 1º Não se fará a venda judicial se o cônjuge sobrevivente ou um ou mais herdeiros requererem lhes seja adjudicado o bem, repondo aos outros, em dinheiro, a diferença, após avaliação atualizada.**

**§ 2º Se a adjudicação for requerida por mais de um herdeiro, observar-se-á o processo da licitação.**

O artigo cuida da hipótese na qual, na herança, há bem indivisível (sobre bens indivisíveis, confiram-se os arts. 87 e 88) ou, sendo divisível, não comporte divisão cômoda. Suponha-se a herança composta de uma única casa, que não pode ser dividida. Sendo esse o único bem, não poderá compor a meação do cônjuge ou do companheiro sobrevivente (esqueceu-se de incluir o companheiro no artigo, mas evidentemente deve ser considerado), nem caberá no quinhão de um só herdeiro, havendo mais de um. A solução para essa hipótese, conforme o art. 2.019, de redação mais ampla e minuciosa que o art. 1.777 do CC/1916, é a de se realizar a venda judicial do bem, partilhando-se o produto da venda. O art. 2.019 faz menção à venda judicial, ao passo que o art. 1.777 do CC/1916 se referia a hasta pública. Como observa Euclides de Oliveira (*Código Civil comentado*. São Paulo, Atlas, 2004, v. XX, p. 218), a diferença é significativa, pois, sendo venda judicial e não hasta pública, é possível que, avaliado o bem, o juiz conceda alvará para o inventariante efetuar a venda por preço não inferior à avaliação, evitando-se a hasta pública, com publicação de editais e risco de venda por valor menor do que o avaliado. Confira-se, no entanto, o julgado a seguir transcrito, em que não se concedeu tal autorização. Na venda judicial, o herdeiro tem direito de preferência em face de outros interessados.

A venda judicial será evitada se um ou mais herdeiros solicitarem a adjudicação pelo valor da avaliação, repondo aos demais a diferença em dinheiro. Se mais de um herdeiro pretender a adjudicação, será feita licitação entre eles.

Também é possível que os herdeiros e o meeiro prefiram a adjudicação do bem a todos, cada um deles permanecendo com fração ideal, em condomínio comum. Será preciso todos estarem de acordo. Havendo herdeiros menores ou incapazes, em regra, a solução de manutenção do condomínio não será possível, ressalvadas situações nas quais se revele conveniente a eles, por exemplo, herança composta pelo imóvel residencial da viúva e dos filhos menores.

O art. 649 do CPC reproduz, em linhas gerais, este art. 2.019 do CC, acrescentando como novidade a possibilidade, ao lado da venda judicial, de que o bem seja licitado entre os interessados, ou seja, entre coerdeiros, cônjuge ou companheiro. A opção por uma ou outra hipótese fica a critério dos interessados e, em caso de divergência, caberá ao juiz decidir.

**Jurisprudência:** Agravo de instrumento. Inventário. Bem imóvel. Insuscetibilidade de divisão cômoda. Alienação por hasta pública. Art. 2.019, § 1º, do CCB. Cabimento. Irretocável a decisão acoimada, que ordenou a alienação por hasta pública de bem inventariado, pois, além de se tratar de imóvel insuscetível de divisão cômoda, os herdeiros não manifestaram interesse na adjudicação e há dívidas do espólio a serem saldadas. Inteligência do art. 2.019 do CCB. Agravo de instrumento desprovido. (TJRS, AI n. 5312199-80.2023.8.21.7000, rel. Ricardo Moreira Lins Pastl, j. 14.12.2023)

Inventário. Diversos herdeiros que não convergem quanto à partilha. Inventário que já dura seis anos sem regular solução. Imóvel único e indivisível. Alienação do bem em hasta pública. Admissibilidade. Bem insuscetível de divisão cômoda. Medida proporciona o imediato pagamento de passivos e repartição do saldo entre os herdeiros. Previsão de alienação de bem no art. 649 do CPC. Regime de comunhão entre os herdeiros, por força da *saisine*, sobre o único imóvel indivisível, que de qualquer modo seria convertido em condomínio do art. 1.314 do CC por força de futura partilha. Ressalva do direito de preferência dos herdeiros no momento da venda, na forma do art. 2.019, § 1º, do CC. Recurso provido. (TJSP, AI n. 21483257720238260000/Ourinhos, 1ª Câm. de Dir. Priv., rel. Francisco Loureiro, j. 02.08.2023)

Coisa comum. Bem imóvel. Alienação judicial. Adjudicação por um dos condôminos. Pedido efetuado depois de realizada a frustrada tentativa de alienação do bem a terceiros. Possibilidade. Direito que deve ser exercido nos termos do art. 2.019 do CC. Necessidade de concordância dos demais condôminos e reposição a estes da diferença em dinheiro. Hipótese em que intimadas as demais condôminas, uma delas não se manifestou e a outra apenas requereu nova avaliação, concordando com o pedido de adjudicação na condição ofertada. Oferta de pagamento de 70% do valor da avaliação. Condição anteriormente deferida para a hasta pública. Pedido deferido. Necessidade, no entanto, de nova avaliação. Decurso do período de aproximadamente 3 anos desde a realização da primeira. Recurso provido em parte. (TJSP, Proc n. 2189193-68.2021.8.26.0000, rel. Rui Cascaldi, j. 21.02.2022)

Tendo o cessionário do herdeiro, portanto condômino no bem indiviso objeto de partilha, demonstrado interesse de adjudicar o bem, respeitado o disposto do art. 2.019 do CC, há de lhe garantir o efetivo exercício do direito de preferência, mostrando-se equivocada a venda judicial em hasta pública. (TJRS, AI n. 70.030.316.541, rel. Des. José Conrado de Souza Júnior, j. 30.09.2009)

Inventário. Único bem. Partilha litigiosa. Venda judicial que se impõe. Inteligência do art. 2.019 do CC. Recurso provido. (TJSP, AI n. 533.594-4/6-00, rel. Des. Joaquim Garcia, j. 18.06.2008)

Cabível expedição de alvará para venda de imóvel, pois ele não comporta divisão cômoda, e já há manifestação dos herdeiros de que não desejam o condomínio. Inteligência do art. 2.019, cabeça, do CCB. (TJRS, AI n. 70.020.859.864, rel. Des. Rui Portanova, j. 07.08.2007)

Agravo de instrumento. Sucessões. Arrolamento. Inexistência de cessão de direitos hereditários a título oneroso. Hipótese de adjudicação do bem a um dos herdeiros com reposição da diferença em dinheiro ao outro. Art. 2.019, § 1º, do CC. Existindo bem insuscetível de ser acomodado no quinhão de um só herdeiro e havendo interesse de coerdeiro em ficar com aquele, possível requerer lhe seja adjudicado, repondo aos demais, em dinheiro, a diferença, após avaliação atualizada. Tal negócio jurídico não se trata de cessão de direitos hereditários a título oneroso. Recurso provido. (TJRS, AI n. 70.017.552.001, rel. Des. José Ataídes Siqueira Trindade, j. 21.12.2006)

1 – A venda em hasta pública dos bens do espólio é medida excepcional, mas admitida legalmente quando não há acordo ente os herdeiros (art. 2.019 do CC/2002; art. 1.777 do CC/1916). 2 – A única restrição à venda judicial se dá quando um ou mais herdeiros requererem lhes seja adjudicado, repondo aos outros, em dinheiro, a diferença (art. 2.019, § 1º, CC/2002). 3 – Argumentos trazidos não são suficientes para impedir que a medida adotada se realize, porquanto está a buscar a ultimação do inventário, que atende ao interesse público. 4 – Venda do imóvel deve ser realizada conforme dispõe o art. 1.117, I, CPC [sem correspondente no CPC/2015]. (TJRS, AI n. 70.012.240.826, rel. Des. Maria Berenice Dias, j. 17.08.2005)

Inventário. Autorização de venda de imóveis. Indeferimento. Discordância de uma das herdeiras. Hipótese em que a venda só pode ser realizada na forma do art. 2.019 do CC. Possibilidade, ainda, de, após ser encerrado o inventário, ser postulada a dissolução do condomínio. Agravo improvido. (TJSP, AI n. 297.671-4/9-00, rel. Des. Luiz Antônio de Godoy, j. 14.10.2003)

---

**Art. 2.020. Os herdeiros em posse dos bens da herança, o cônjuge sobrevivente e o inventariante são obrigados a trazer ao acervo os frutos que perceberam, desde a abertura da sucessão; têm direito ao reembolso das despesas necessárias e úteis que fizeram, e respondem pelo dano a que, por dolo ou culpa, deram causa.**

---

No instante em que se abre a sucessão, a propriedade dos bens da herança se transmite aos herdeiros, legítimos ou testamentários (art. 1.784), e aos legatários no caso de legado de coisa certa (cf. art. 1.923). Aos herdeiros, legítimos ou testamentários, há também a transmissão da posse. Os legatários só recebem a posse direta posteriormente, após verificação da solvência do espólio (cf. art. 1.923, § 1º). Aquele que, da abertura da sucessão até a partilha, exercer a posse direta sobre os bens da herança, fica obrigado a trazer ao acervo hereditário os frutos (cf. art. 95) produzidos e percebidos desses bens, pois, desde a abertura da sucessão, os frutos pertencem a todos os herdeiros, assim como ao legatário pertencem os frutos da coisa certa que lhe é legada, salvo se o testador dispôs diversamente sobre isso (cf. comentário ao art. 1.923, § 2º).

A posse direta poderá ser exercida por um herdeiro, cônjuge ou companheiro sobrevivente (o companheiro está evidentemente incluído na disposição deste artigo, embora não tenha sido mencionado por esquecimento), ou, ainda, pelo inventariante e, até a nomeação deste, pelo administrador provisório (art. 614 do CPC). Outras pessoas poderão estar na posse direta dos bens da herança e também estão obrigadas a trazer os frutos percebidos ao acervo.

Se os frutos foram consumidos, o possuidor direto deverá fazer a reposição em dinheiro. Em contrapartida, se teve despesas para a conservação da coisa (despesas necessárias) ou para melhorar a utilização da coisa (despesas úteis), pagas com recursos próprios dele, tem direito ao reembolso.

Dispõe o artigo, ainda, que o possuidor direto responde pelos danos aos quais, por dolo ou culpa, der causa em bens sob sua posse, o que é mera decorrência do princípio geral da responsabilidade civil (art. 186), afastando-se a responsabilidade em casos nos quais os danos advêm de caso fortuito ou força maior.

**Jurisprudência:** Agravo de instrumento. Ação de inventário. Insurgência da inventariante à r. decisão que indeferiu o levantamento de valores para ressarcimento das despesas por ela realizadas em favor do espólio. Ação de prestação de contas na qual as contas apresentadas pela inventariante foram julgadas boas e reconheceu-se o crédito da inventariante para ressarcimento relativo ao adiantamento de recursos próprios para pagamentos de despesas do espólio, formando-se título executivo judicial. Previsão de ressarcimento no art. 2.020 do CC e art. 942 do CPC. Ressarcimento imediato, a fim de evitar eventual prejuízo à inventariante. Recurso a que se dá provimento. (TJSP, AI n. 22076239720238260000/São Paulo, 7ª Câm. de Dir. Priv., rel. José Rubens Queiroz Gomes, j. 13.09.2023, publ. 13.09.2023)

Agravo de instrumento. Sucessões. Inventário. Pedido de desocupação de imóvel por herdeiro. Indeferimento. É incontroverso que o recorrente está na posse do imóvel rural e o explora economicamente desde antes do falecimento dos pais/inventariados, como mostra o contrato particular de arrendamento firmado com o genitor no ano de 1993. Ou seja, a ocupação do bem pelo herdeiro/irmão da inventariante não é fato novo, de modo a justificar sua imediata retirada. Além do mais, os frutos advindos do imóvel rural, após o falecimento dos genitores, devem ser trazidos para o inventário, já que compõem o monte mor, como estabelece o art. 2.020 do CC. Outrossim, as questões que extrapolam a finalidade do inventário e que exigem ampla análise fática e instrução probatória própria, sob o crivo do contraditório e da ampla defesa, não comportam resolução neste feito, impondo sua remessa às vias ordinárias, aliás, como expressamente prevê o art. 612 do CPC. Diante desse cenário, não se justifica a imediata desocupação do imóvel pelo agravante, até porque dele retira o seu sustento e de sua família. Recurso provido, em decisão monocrática (TJRS, AI n. 52374681620238217000/Giruá, 8ª Câm. Cível, rel. Luiz Felipe Brasil Santos, j. 06.09.2023, publ. 06.09.2023)

Agravo de instrumento. Sucessões. Ação de inventário. Contrato de honorários. Pedido de expedição de alvará judicial para ressarcimento do inventariante que arcou com os honorários advocatícios devidos ao patrono de um dos herdeiros. *In casu*, considerando que o ressarcimento solicitado não se refere a despesa necessária do espólio, consoante dispõe o art. 2.020 do CC, porque se trata de advogado constituído por um dos herdeiros, inviável a expedição de alvará judicial para este fim. Ademais, o plano de partilha apresentado e homologado judicialmente não faz menção acerca de eventual reserva de valores de honorários advocatícios. Negaram provimento ao recurso. (TJRS, AI n. 00073531820228217000, rel. Mauro Caum Gonçalves, j. 10.06.2022)

Agravo de instrumento. Inventário. Decisão que impôs depósito em conta judicial de valores percebidos pelos agravantes a título de locação do imóvel deixado pelo autor da herança. Decisão acertada e que merece ser mantida Inteligência do art. 2.020 do CC, segundo o qual: "Os herdeiros em posse dos bens da herança, o cônjuge sobrevivente e o inventariante são obrigados a trazer ao acervo os frutos que perceberam, desde a abertura da sucessão". Precedentes. Recurso não provido. (TJSP, AI n. 2031326-75.2022.8.26.0000, rel. José Carlos Ferreira Alves, j. 25.02.2022)

Agravo de instrumento. Inventário. Decisão indeferindo o depósito judicial dos alugueres. Decisão parcialmente reformada. Inventariante que tem o dever de administrar os bens do espólio, incluindo o pagamento de dívidas e o depósito integral, como sinalizado pelo juízo, poderia sobrecarregar o Judiciário, com expedição de mandados de levantamento. Possibilidade de depósito dos alugueres na conta bancária da inventariante, viabilizando o pronto pagamento das despesas corriqueiras, como já efetivado pelas administradoras, com depósito, todavia, dos eventuais remanescentes, sem prejuízo da prestação de contas oportuna, compatibilizando o quanto disposto nos arts. 619 do CPC e 2020 do CC. Patrimônio estimado em dois a cinco milhões, contando inúmeros imóveis, além de dívidas. Beligerância entre os dois herdeiros (filhos do finado) que se alastra desde a interdição. Recurso parcialmente provido. (TJSP, AI n. 2155588-34.2021.8.26.0000, rel. José Joaquim dos Santos, j. 27.01.2022)

Inventário. Insurgência da inventariante contra decisão que determinou o depósito de valores nos autos. Frutos percebidos que devem ser trazidos ao acervo. Art. 2.020, do CC. Imóveis que não são de propriedade exclusiva da inventariante, de modo que não poderia ter despendido integralmente os valores recebidos a título de aluguéis. Possibilidade de desconto, por outro lado, de valores gastos com seguro de automóvel, por se tratar de despesa útil à conservação do bem. Decisão reformada apenas neste ponto. Recurso provido em parte. (TJSP, Proc. n. 2241486-15.2021.8.26.0000, rel. Carlos Alberto de Salles, j. 14.12.2021)

Inventário. Pretensão de coerdeiro à prestação de contas, por parte do inventariante, de valores relativos a locação de imóveis que integram o monte. Insurgência contra decisão o remeteu à via própria. Admissibilidade do pedido, com base no art. 991, VII, do CPC [art. 618, VII, do CPC/2015]. Processamento pela via administrativa, como incidente do inventário. Recurso provido. (TJSP, AI n. 410.103-4/0-00, rel. Des. Erbetta Filho, j. 11.04.2006)

---

**Art. 2.021. Quando parte da herança consistir em bens remotos do lugar do inventário, litigiosos, ou de liquidação morosa ou difícil, poderá proceder-se, no prazo legal, à partilha dos outros, reservando-se aqueles para uma ou mais sobrepartilhas, sob a guarda e a administração do mesmo ou diverso inventariante, e consentimento da maioria dos herdeiros.**

---

Em todas as hipóteses nas quais parte da herança for composta de bens de liquidação (avaliação, cálculo do imposto etc.) morosa ou difícil, permite o art. 2.021 que a partilha desses bens seja realizada em momento posterior, efetuando-se primeiro a dos bens de liquidação mais célere. Os bens não abrangidos na partilha ficam relegados para sobrepartilha, que é uma nova partilha, realizada nos mesmos autos, pelo mesmo procedimento, de inventário ou arrolamento (art. 670 do CPC). Enquanto não se faz a sobrepartilha, os bens ficam sob a guarda e administração do mesmo ou de diverso inventariante, caso seja substituído.

O artigo apresenta dois exemplos de bens de liquidação morosa ou difícil. O primeiro é de bens remotos em face do lugar do inventário. Relembre-se que são bens situados no território nacional, pois a Justiça brasileira não tem competência em relação a bens situados no exterior (cf. jurisprudência citada no comentário ao art. 1.785). O segundo exemplo é de bens litigiosos. Nesses casos, os bens de liquidação mais morosa ou difícil serão relegados para sobrepartilha havendo consentimento da maioria – e não da totalidade – dos herdeiros. Não havendo, será aguardada a liquidação do bem em lugar remoto, para ser partilhado conjuntamente com os demais; e será partilhado o bem litigioso antes mesmo do término do litígio, desde que isso seja possível nas circunstâncias concretas, observando-se, neste último caso, a disposição do art. 2.024, sobre a evicção dos bens aquinhoados.

Como bem observa Euclides de Oliveira (*Código Civil comentado*. São Paulo, Atlas, 2004, v. XX, p. 227), o artigo não explicita como se alcança a maioria quando há diversidades nos quinhões, como no caso de direito de representação, ou de quinhões desproporcionais na sucessão testamentária, sugerindo que o critério, nesse caso, deva ser o do valor dos quinhões e não o do número de herdeiros. Acerca da sobrepartilha, confira-se também o artigo seguinte, 2.022.

**Jurisprudência:** Agravo de instrumento. Inventário. Insurgência contra a decisão que indeferiu a exclusão de direitos sobre bem imóvel das primeiras declarações. Acolhimento. Agravante que conta com 19 anos de idade, é o único herdeiro e ainda dependia economicamente do falecido genitor. Compromisso de compra e venda que foi firmado apenas 12 dias antes do falecimento do inventariado. Aparente litigiosidade e difícil liquidação autoriza a postergação da partilha do bem. Diligências em busca de informações e provável ingresso de ação judicial, para discussão do negócio jurídico que prolongarão o inventário desnecessariamente. Aplicabilidade dos arts. 2.021 do CC e 669, II, do CPC. Precedentes jurisprudenciais. Decisão reformada para determinar o prosseguimento do inventário de acordo com as primeiras declarações apresentadas pelo inventariante. Indeferimento do pedido de adjudicação que deve ser processado na origem. Recurso parcialmente provido. (TJSP, AI n. 2314702-38.2023.8.26.0000, rel. José Joaquim dos Santos, j. 24.01.2024)

Agravo de instrumento. Inventário. Decisão que excluiu da partilha bem objeto de litígio. Decisão acertada. Inteligência do art. 2.021 do CC. Decisão mantida. Recurso provido. (TJSP, AI n. 2041958-63.2022.8.26.0000, rel. João Baptista Galhardo Júnior, j. 10.05.2022)

Agravo de instrumento. Inventário. Decisão que, em inventário, indeferiu apresentação de declarações de forma parcial. Decisão não fundamentada. Aplicação da teoria da causa madura, cabível no âmbito de agravo de instrumento (STJ, Corte Especial, REsp n. 1.215.368/ES, rel. Min. Herman Benjamin, j. 01.06.2016). Pretensão recursal que merece acolhimento, com base nos arts. 669 do CPC/15 e 2.021 do CC, sendo possível a reserva de questões atinentes a outro feito para sobrepartilha, autorizado, por ora, as declarações na forma pretendida. Decisão reformada. Agravo provido. (TJSP, AI n. 2261337-40.2021.8.26.0000, rel. José Carlos Ferreira Alves, j. 25.02.2022)

Agravo de instrumento. Inventário. Pedido de sobrepartilha futura de alguns bens do acervo hereditário. Alegação de que são bens remotos. Caso em que o processo de inventário tramita na Comarca de São Paulo, onde estão alguns imóveis deixados pela autora da herança, mas existem alguns lotes de terreno em Mogi das Cruzes e Ilha Bela. Bens a respeito dos quais não há litígio. Proximidade e facilidade de locomoção de São Paulo até Mogi das Cruzes e Ilha Bela que não autorizam a aplicação de regra legal cabível apenas para os denominados bens remotos. Inteligência do art. 2.021, do CC. Decisão mantida. Negaram provimento ao recurso. (TJSP, AI n. 2255960-88.2021.8.26.0000, rel. Alexandre Coelho, j. 09.02.2022)

1 – A alegada realização de doação não trazida por sucessor à colação não dá ensejo à invalidação da partilha judicialmente homologada, na medida em que o acervo tido como omitido, longe de macular o primeiro partilhamento, deve ser submetido à sobrepartilha – art. 2.022, do CC. Ações anulatória e de sonegados que ostentam causas de pedir e pedidos distintos. 2 – Nos termos dos arts. 1.793, § 3º, e 2.021, do CC, bem como do art. 1.029, do CPC [art. 657 do CPC/2015], não se afigura ilegal a realização de partilha parcial amigável, mediante a lavratura de escritos particulares de cessão de quotas sociais firmados por todos os sucessores, maiores e capazes, devidamente submetidos ao processo de inventário. 3 – Atenta contra os princípios da razoabilidade, da boa-fé e da confiança o agir contraditório daquele que anui expressamente com o negócio jurídico, mediante a respectiva contraprestação, e posteriormente busca a sua invalidação por alegadas nulidades e causas de anulação [...]. (TJMG, Ap. n. 1.0024.11.205521-5/002, rel. Des. Corrêa Júnior, j. 14.05.2013)

Na hipótese de existirem bens sujeitos à sobrepartilha por serem litigiosos ou por estarem situados em lugar remoto da sede do juízo onde se processa o inventário, o espólio permanece existindo, ainda que transitada em julgado a sentença que homologou a partilha dos demais bens do espólio. (STJ, REsp n. 284.669, rel. Min. Nancy Andrighi, j. 10.04.2001, v.u.)

**Art. 2.022. Ficam sujeitos a sobrepartilha os bens sonegados e quaisquer outros bens da herança de que se tiver ciência após a partilha.**

Além das hipóteses do artigo anterior, 2.021, também são objeto de sobrepartilha os bens sonegados (arts. 1.992 a 1.996) e quaisquer outros descobertos após a partilha. Não importa o motivo da ignorância desses outros bens. Em qualquer hipótese, preserva-se a partilha anterior e é feita a sobrepartilha nos mesmos autos, observando-se o procedimento de inventário ou arrolamento, com partilha judicial ou amigável (art. 670 do CPC). A omissão de um ou mais bens na partilha, portanto, não acarreta sua nulidade, impondo, tão somente, a sobrepartilha.

**Jurisprudência:** Apelação cível e remessa necessária. Mandado de segurança. ITCMD. Inventário. Sobrepartilha. Recolhimento do imposto tendo por base o valor total dos bens transmitidos, com incidência de multa e encargos moratórios. Inadmissibilidade. Ausência de comprovação de má-fé da impetrante. Sobrepartilha que constitui procedimento admitido na legislação civil (CC, art. 2.022), não se revelando hipótese de atraso na abertura do inventário. Sentença mantida. Remessa necessária e apelo não providos. (TJSP, Ap. n. 10044527120238260053/ São Paulo, 10ª Câm. de Dir. Públ., rel. Jose Eduardo Marcondes Machado, j. 09.10.2023, publ. 09.10.2023)

Agravo de instrumento. Interposição contra decisão que entendeu ser necessária a apresentação de formal de partilha para o caso de levantamento dos valores depositados nos autos do cumprimento de sentença. Tratando-se de herdeiros do falecido poupador, necessário, antes de tudo, a realização de sobrepartilha, uma vez que hjá existe inventário encerrado. Inteligência do art. 2.022, do CC e art. 669, do CPC. Agravo de instrumento. Pleito para nomeação de perito judicial para elaboração dos cálculos do valor devido. Autos que já se encontram atualmente na contadoria judicial para tal fim. Possibilidade de nomeação de profissional desde que as agravantes arquem com o pagamento integral dos honorários periciais. Recurso parcialmente provido, com observação. (TJSP, AI n. 2006826-42.2022.8.26.0000, rel. João Batista Vilhena, j. 29.06.2022)

## CAPÍTULO VI
## DA GARANTIA DOS QUINHÕES HEREDITÁRIOS

**Art. 2.023. Julgada a partilha, fica o direito de cada um dos herdeiros circunscrito aos bens do seu quinhão.**

No momento da abertura da sucessão, transmitem-se aos herdeiros a posse e a propriedade da herança (art. 1.784). A herança, sendo uma universalidade, é deferida como um todo unitário e, até a partilha, o direito dos herdeiros, quanto à posse e propriedade, é indivisível e regulado pelas normas do condomínio (art. 1.791 e seu parágrafo único); da abertura da sucessão até a partilha, os herdeiros têm direito a uma fração ideal sobre o todo unitário representado pela herança. A partilha define quais bens da herança ficarão pertencendo, com exclusividade, a cada herdeiro. A partilha tem caráter meramente declaratório, não constitutivo de propriedade, pois, como visto, a propriedade é transferida aos herdeiros no momento da abertura da sucessão. Por uma ficção jurídica, considera-se, ainda, que o herdeiro, desde a abertura da sucessão, foi proprietário exclusivo dos bens que lhe couberam na partilha. É possível, porém, por conveniência dos herdeiros, a partilha ser efetuada com a atribuição de frações ideais sobre bens da herança, estabelecendo-se um condomínio comum, o que pode ocorrer, por exemplo, quando a herança é composta de único imóvel, que serve de residência ao cônjuge sobrevivente e filhos menores, não lhes sendo conveniente a venda judicial (cf. art. 2.019). Com a partilha, ainda que seja para estabelecer condomínio comum sobre bens da herança, deixa de existir o espólio, ressalvada a existência de bens a serem objeto de sobrepartilha.

**Art. 2.024. Os coerdeiros são reciprocamente obrigados a indenizar-se no caso de evicção dos bens aquinhoados.**

O art. 2.024 e os dois seguintes tratam das consequências da ***evicção*** dos bens aquinhoados na partilha. Se um herdeiro, por força de evicção, perde bem que lhe foi atribuído na partilha, o prejuízo por ele sofrido será rateado entre os demais herdeiros. Estes deverão indenizar o evicto, para manter a igualdade da partilha.

Se, na ***sucessão testamentária***, tiverem sido previstas cotas desiguais aos herdeiros testamentários, a indenização corresponderá ao valor necessário a restabelecer essa proporcionalidade.

Embora o artigo só faça referência a herdeiros, inclui-se na mesma disposição o ***cônjuge e o companheiro sobrevivente*** com direito a meação, pois, se perderam o bem que lhes foi atribuído por sua meação, têm o mesmo direito de indenização. Em contrapartida, também arcam proporcionalmente com a indenização se, recebendo sua meação, um dos herdeiros for evicto.

Quanto ao ***legatário***, se houve a evicção do bem objeto do legado, o legatário o perde como proprietário (cf. comentário ao art. 1.939), sem direito a reclamar indenização dos herdeiros.

A responsabilidade dos coerdeiros por indenização só se dá no caso de evicção, de perda total ou parcial do bem em face de terceiro, não, portanto, por vício redibitório.

O direito resultante da evicção é à ***indenização***, em pecúnia, não à anulação da partilha. A indenização será calculada pelo valor do bem ao tempo da partilha, pois visa a assegurar a igualdade que deveria existir na época na qual foi efetuada (cf. BEVILAQUA, Clóvis. *Código Civil dos Estados Unidos do Brasil comentado*, 9. ed. Rio de Janeiro, Francisco Alves, 1955, v. VI, p. 243; e MAXIMILIANO, Carlos. *Direito das sucessões*, 5. ed. Rio de Janeiro, Freitas Bastos, 1964, v. I, p. 443).

Por causa dessa particularidade da evicção de bem aquinhoado na partilha, ou seja, pelo fato de visar a assegurar a igualdade na partilha, não se aplica a regra geral, do parágrafo único do art. 450, que estabelece a indenização da evicção corresponder ao valor do bem ao tempo em que se evenceu (cf. OLIVEIRA, Euclides de. *Código Civil comentado*. São Paulo, Atlas, 2004, v. XX, p. 249).

Também por força desse mesmo princípio, de assegurar a igualdade na partilha, os coerdeiros não respondem por ***benfeitorias*** que o evicto, agindo com boa-fé, tiver introduzido no imóvel; ele só poderá cobrá-las do reivindicante.

A denunciação da lide pelo evicto em face dos coerdeiros era objeto de controvérsia no CPC/73, se seria obrigatória ou não, isto é, se o evicto poderia optar por exercer o direito regressivo em ação própria ou obrigatoriamente por meio de denunciação da lide, sob pena de perda do direito regressivo. Sílvio de Salvo Venosa (*Direito civil*, 3. ed. São Paulo, Atlas, 2003, v. VII, p. 397) sustentava que era facultativa. A questão está superada pelo CPC/2015, ao estabelecer que a denunciação da lide é sempre facultativa (art. 125, § 1º), de modo que, não exercida, não impede o ajuizamento de ação própria para postular o direito regressivo contra coerdeiros.

O prazo de ***prescrição*** para reclamar a indenização é o máximo de dez anos do art. 205, contado da data em que se consumou a evicção.

**Art. 2.025. Cessa a obrigação mútua estabelecida no artigo antecedente, havendo convenção em contrário, e bem assim dando-se a evicção por culpa do evicto, ou por fato posterior à partilha.**

O art. 2.025, complementando o disposto no artigo anterior sobre a evicção dos bens aquinhoados na partilha, dispõe que o herdeiro não terá direito a ser indenizado pelos coerdeiros se tiverem avençado exclusão da responsabilidade por evicção, convenção lícita, pela expressa previsão do art. 448. Essa avença deverá ser feita, necessariamente, por escrito. A exclusão da responsabilidade não valerá se o evicto não soube do risco da evicção, ou, dele informado, não o assumiu, tal como estabelece o art. 449. Deve ser admitido, ainda, ante o que dispõe o art. 448, reforço ou diminuição da responsabilidade pela evicção. Além disso, se o evicto sabia, ao aceitar receber o bem em seu quinhão, que era alheio ou litigioso, perde o direito à indenização, por aplicação do art. 457 (cf. OLIVEIRA, Euclides de. *Código Civil comentado*. São Paulo, Atlas, 2003, v. XX, p. 245-6).

Também não terá direito à indenização se a evicção se deu por sua culpa, ou por fato posterior à partilha. No caso de culpa, a evicção pode ter por causa mediata um fato anterior à partilha, mas a conduta culposa do evicto (por exemplo, deixando de apresentar defesa na demanda reivindicatória, na qual, não fosse à revelia, teria êxito em manter a propriedade do bem) constitui causa imediata e determinante para a perda do bem, retirando-lhe o direito à indenização.

Quanto ao fato posterior à partilha, um exemplo que se encontra na doutrina é o de usucapião, cujo prazo se iniciou antes, mas se consumou depois da partilha, mantendo-se inerte o herdeiro aquinhoado, tendo tempo hábil, após a partilha, para interromper o prazo que corria em favor do terceiro.

**Art. 2.026. O evicto será indenizado pelos coerdeiros na proporção de suas quotas hereditárias, mas, se algum deles se achar insolvente, responderão os demais na mesma proporção, pela parte desse, menos a quota que corresponderia ao indenizado.**

Finalizando a disciplina da evicção dos bens aquinhoados, este artigo prevê a hipótese da insolvência de algum dos coerdeiros, obrigado a indenizar o herdeiro evicto por força do disposto no art. 2.024. Os demais coerdeiros deverão ratear entre si o valor da indenização que seria devido pelo insolvente, menos a cota correspondente ao evicto.

Tome-se o exemplo de herança no valor de 90, dividida entre três herdeiros, cada um aquinhoado com um bem no valor de 30. Se um deles perder seu bem por evicção, ficará sem nada. A herança terá sido reduzida a 60. Sendo de 60, cada herdeiro tinha direito na verdade, quando efetuada a partilha, a 20. Os dois coerdeiros devem, nesse exemplo, indenizar o evicto, cada um lhe pagando 10. Assim, cada um terá obtido, com a herança, uma cota de 20.

No entanto, se um dos dois coerdeiros for insolvente, não tendo como arcar com a indenização de 10, o outro coerdeiro solvente deverá pagar sua indenização de 10, mais a parte do insolvente, exceto a cota do prejuízo que também deverá ser suportada proporcionalmente pelo evicto. Diante disso, o coerdeiro deverá pagar 10 de sua parte na indenização, respondendo com mais 5 da parte do insolvente, arcando o evicto com o prejuízo dos outros 5 não pagos pelo insolvente.

## CAPÍTULO VII
## DA ANULAÇÃO DA PARTILHA

**Art. 2.027. A partilha é anulável pelos vícios e defeitos que invalidam, em geral, os negócios jurídicos.**

*Caput* com redação dada pela Lei n. 13.105, de 16.03.2015.

**Parágrafo único. Extingue-se em um ano o direito de anular a partilha.**

Este único artigo, no Capítulo "Da Anulação da Partilha", cuida exclusivamente da hipótese da anulação da partilha amigável. O preceito é complementado com normas da Parte Geral deste Código, bem como pelas disposições dos arts. 657 e 658 do CPC.

**Nulidade da partilha:** Em resumo, a partilha pode ser nula ou anulável. A nulidade se verifica nas hipóteses dos arts. 166 e 167, podendo ser alegada por qualquer interessado, pelo MP, ou mesmo ser reconhecida de ofício (art. 168). A nulidade é insuscetível de confirmação. Sua arguição, em ação declaratória, é imprescritível (art. 169).

**Anulação da partilha amigável:** A partilha será anulável nas hipóteses do art. 171, ou seja, por incapacidade relativa de um dos que nela intervieram, ou pela ocorrência de um dos defeitos dos negócios jurídicos: erro, dolo, coação, estado de perigo, lesão ou fraude contra credores (quanto à fraude contra credores, *v.* comentário ao art. 1.813).

A anulação tratada no art. 2.027 é a mesma de que cuida o art. 657 do CPC. Este, mais explícito, deixa claro tratar-se da ação anulatória da partilha amigável, celebrada por instrumento público ou particular, ou por termo nos autos. Embora o art. 657 do CPC faça menção à intervenção de incapaz, sem diferenciar, refere-se na verdade ao relativamente incapaz, pois a intervenção de alguém que padece de incapacidade absoluta é causa de nulidade, cuja arguição, como visto, é imprescritível.

Sendo partilha amigável, em que a atividade judicial é meramente homologatória, a ação cabível será de anulação da partilha, a ser proposta perante o mesmo juízo de primeiro grau pelo qual tramitou o inventário ou arrolamento. Trata-se da ação anulatória de atos judiciais que não dependem de sentença ou nas quais esta é meramente homologatória, prevista no art. 966, § 4º, do CPC, a dispensar ação rescisória.

**Termo inicial do prazo decadencial:** Na vigência do CC/1916, seu art. 178, § 6º, V, dispunha que o prazo de prescrição da ação de "nulidade" (na verdade, anulação) da partilha era de um ano. O prazo no atual Código, previsto no parágrafo único do art. 2.027, é decadencial. Esse prazo de um ano é inferior ao decadencial de quatro anos para anulação dos negócios jurídicos em geral (art. 178 do CC). O termo inicial desse prazo varia conforme a hipótese, nos termos do parágrafo único do art. 657 do CPC, em similitude com o que dispõem os incisos do art. 178 deste Código, ou seja: no caso de coação, o termo inicial é o dia em que ela cessar; no de erro, dolo, fraude contra credores, estado de perigo ou lesão, no dia em que se realizou o negócio jurídico; nos de atos de (relativamente) incapazes, no dia em que cessar a incapacidade.

Apesar da literalidade dessas disposições legais, há divergência na jurisprudência sobre esse termo inicial, com julgados apontando a data do acordo, ou da homologação da partilha e, ainda, do trânsito em julgado da homologação (o art. 178, § 6º, V, fazia expressa menção ao trânsito em julgado da sentença da partilha, o que não foi reproduzido no CPC ou no atual CC).

**Ação rescisória da partilha judicial:** Afora a ação de anulação da partilha amigável, é cabível a ação rescisória da partilha judicial, ou litigiosa, aquela em que a atividade do juiz não foi meramente homologatória, mas com efetivo conteúdo decisório. Euclides de Oliveira (*Código Civil comentado*. São Paulo, Atlas, 2004, v. XX, p. 254) dá como exemplo o da sentença que, não havendo consenso quanto à partilha, direciona quinhões, ou que exclui herdeiros habilitados, ou inclui herdeiros indevidos.

É dessa ação rescisória que trata o art. 658 do CPC, observando-se que a preterição de herdeiro mencionada no art. 658 do CPC é a exclusão de herdeiro que interveio no inventário ou arrolamento, pois, se não participou do processo, não tem legitimidade ativa para propor ação rescisória, devendo se valer de ação de petição de herança. A ação rescisória deve ser ajuizada perante o Tribunal, no prazo decadencial de dois anos, contados do trânsito em julgado da decisão (art. 975 do CPC).

**Petição de herança:** Em relação a quem não foi parte no processo de inventário ou arrolamento, a coisa julgada não o alcança. Em razão disso, não tem legitimidade para propor ação anulatória ou rescisória. O caminho adequado é a ação de petição de herança (*v.* arts. 1.824 a 1.828). A invalidade da partilha é inerente ao provimento que acolhe o pedido de petição de herança. A petição de herança está sujeita ao prazo prescricional máximo, como reconhecido na Súmula n. 149 do STF, que é de dez anos no atual CC (art. 205). Sobre o termo inicial da ação de petição de herança, em casos de investigação de paternidade *post mortem*, confira-se o comentário ao art. 1.824.

**Retorno ao estado anterior:** Acolhida qualquer dessas ações, em que se invalida a partilha, por nulidade ou anulabilidade, ou pelo acolhimento de petição de herança, em tese, os bens partilhados devem ser objeto de nova partilha. Ressalvam-se os bens que já haviam sido alienados a terceiros de boa-fé, preservando-se as alienações, para segurança das relações jurídicas. Os negócios jurídicos não são desfeitos, mas o herdeiro alienante responde pelo valor respectivo.

**Jurisprudência:** Agravo interno em agravo de instrumento. Direito das sucessões. Ação anulatória de partilha operada por meio de escritura pública de inventário. Extinção parcial do feito, em razão da decadência. Cabimento, na hipótese. 1. A partilha amigável é anulável pelos vícios e defeitos que invalidam, em geral, os negócios jurídicos (art. 2.027, *caput*, do CC). 2. Cuidando-se, inequivocamente, de hipótese de anulação (nulidade relativa) – por se tratar de manifestação de vontade que, alegadamente, estaria inquinada por erro ou ignorância – de negócio jurídico de partilha de herança, sujeita-se ao prazo decadencial ânuo estabelecido no parágrafo único do art. 2.027 do CC, e não ao prazo quadrienal previsto para os atos e negócios jurídicos em geral. O prazo especial, que rege as partilhas amigáveis fundadas em direito sucessório, sobrepõe-se ao regramento dos atos jurídicos de natureza diversa. Precedentes. Agravo interno desprovido. (TJRS, AI n. 52931808820238217000, rel. Vera Lucia Deboni, j. 27.03.2024)

Ação declaratória de nulidade. Pretensão de anulação de sobrepartilha. Sentença de improcedência. Apela o autor sustentando a nulidade do ato de homologação de sobrepartilha que ignorou o regime de comunhão de bens adotado pelos genitores, o que deveria ter impedido que sua genitora recebesse a quota-parte da herança do genitor. Descabimento. A sobrepartilha foi homologada em 2004, de forma amigável, quando o autor já era maior e capaz, não tendo ocorrido qualquer impugnação. Também não houve qualquer vício de vontade ou consentimento que tornasse a sobrepartilha nula ou anulável. Superação do prazo de um ano para ingressar com ação anulatória. Inteligência do art. 657, parágrafo único, I, do CPC e art. 2.027, parágrafo único, do CC. Decadência bem aplicada. Recurso improvido. (TJSP, Proc. n. 1007525-02.2021.8.26.0577, rel. James Siano, j. 20.05.2022)

Agravo de instrumento. Ação anulatória de doação cumulada com declaração de bens sonegados em inventário extrajudicial. Decisão interlocutória que saneou o feito e afastou a decadência do direito da autora. Decadência operada. Pretensão da parte autora na anulação de doação de herança prevista em partilha extrajudicial, por vício de consentimento (coação). Prazo de um ano. Incidência do art. 657, parágrafo único, I, do CPC e art. 2.027, parágrafo único, do CC. Escritura pública de inventário e partilha extrajudicial formalizada aos 14.11.2017, com ajuizamento da ação somente aos 31.07.2020. Perda do direito pela inércia. Prazo fatal, imunizado às causas interruptivas, suspensivas ou impeditivas. Precedentes deste Tribunal de Justiça. Subsistência dos demais pedidos formulados pela parte autora, sujeitos à apreciação do juízo singular. Decisão reformada. Recurso provido, em parte. (TJSP, AI n. 2273696-22.2021.8.26.0000, rel. César Peixoto, j. 26.04.2022)

Decadência. Ação de anulação de sentença homologatória de partilha. Ocorrência. Decurso de prazo superior a um ano entre o trânsito em julgado da sentença homologatória do ato impugnado e o ajuizamento da demanda anulatória. Inteligência do parágrafo único do art. 657 do CPC e do parágrafo único do art. 2.027 do CC. Inaplicabilidade, pelo princípio da especialidade, do art. 178, II, do CC. Prazo quadrienal aí previsto que orienta a decadência do direito de anular negócios jurídicos em geral. Previsão que cede ante a prevalência do prazo ânuo da regra específica. Decisão de extinção mantida. Recurso improvido. (TJSP, Proc. n. 1009408-73.2020.8.26.0009, rel. Vito Guglielmi, j. 24.03.2022)

A pretensão de invalidade de partilha de bens extingue-se em um ano, consoante art. 2.027 do CC. Marco inicial do prazo é a data do trânsito em julgado da sentença homologatória da partilha. Apelação cível desprovida. (TJRS, Ap. Cível n. 70.080.747.066, rel. Jorge Luís Dall'Agnol, j. 24.04.2019).

1 – É decadencial o prazo previsto no art. 2.027, parágrafo único, do CC/2002, para a propositura de ação anulatória de homologação de partilha. 2 – Conta-se o prazo de decadência para anulação de homologação de partilha amigável da data do trânsito em julgado da sentença homologatória. (TJMG, Ap. Cível n. 1.0521.11.023273-8/001, rel. Marcelo Rodrigues, *DJe* 26.06.2014)

Conforme art. 2.027, do CC, "A partilha, uma vez feita e julgada, só é anulável pelos vícios e defeitos que invalidam, em geral, os negócios jurídicos", quais sejam, erro, dolo, fraude ou coação, não sendo possível verificar a ocorrência de quaisquer deles no caso em comento. Ficou claro que se trata de mero arrependimento da separanda e que o acordo de partilha reproduziu a vontade das partes. Para que a partilha venha a ser anulada é imprescindível a cabal demonstração de vício de consentimento, como erro, dolo ou coação, e, também do efetivo prejuízo sofrido. Apelo desprovido. (TJRS, Ap. n. 70.048.138.697, rel. Des. Munira Hanna, j. 22.05.2013)

Inventário. Partilha. Sentença. Anulação. Admissibilidade. Hipótese em que não citado um dos herdeiros. Citação que é pressuposto de constituição e desenvolvimento válido do processo. Sentença, ademais, que é meramente homologatória. Decisão mantida. Recurso improvido. (TJSP, AI n. 0373002-81.2010.8.26.0000, rel. Des. Vito Guglielmi, j. 02.09.2010)

Apelação cível. Ação de nulidade de retificação de partilha c/c sobrepartilha. 1 – Prescrição. Não se tratando de ação anulatória de partilha por vício de consentimento, não tem aplicação o art. 2.027, parágrafo único, do CC/2002. A não participação da autora/herdeira e de seus advogados no plano de retificação de partilha, e a não observância do art. 1.028 do CPC [art. 656 do CPC/2015], são causas de nulidade, e não anulabilidade, as quais não se convalidam com o tempo. Precedente. Prescrição afastada. 2 – Nulidade. A ausência de participação de uma das herdeiras e de seus advogados na retificação do plano de partilha, o qual já estava homologado judicialmente, e a infringência ao art. 1.028 do CPC [art. 656 do CPC/2015], acarretam a nulidade da sentença que homologou a retificação do plano de partilha. 3 – Sobrepartilha. Descabe o pedido de sobrepartilha de bens que não pertenciam mais ao falecido quando da abertura da sucessão. Apelação parcialmente provida. (TJRS, Ap. Cível n. 70.031.222.441, rel. Des. José Ataídes Siqueira Trindade, j. 19.11.2009)

Partilha amigável. Pleito que almeja a declaração de nulidade da partilha amigável realizada entre os herdeiros. Alegação de coação. Prescrição. Ocorrência na hipótese. Inteligência do parágrafo único do art. 2.027 do CC/2002 c/c art. 1.029, parágrafo único, do CPC [art. 657, parágrafo único, do CPC/2015]. Ação que prescreve em um ano contado do término da coação. Inafastável a prescrição. Sentença mantida. Recurso improvido (TJSP, Ap. n. 551.181-4/3-00, rel. Des. De Santi Ribeiro, j. 16.09.2008)

Impossibilidade jurídica do pedido. Inocorrência. Partilha amigável homologada por sentença. Ação de anulação proposta por herdeiras necessárias reconhecidas em ação de investigação de paternidade e excluídas da demanda sucessória. Adequação do procedimento. Desnecessidade da rescisória. Recurso improvido. Prescrição. Ação de anulação de partilha. Inocorrência. Autoras menores impúberes à época da propositura da ação. Impedimento do curso do prazo prescricional por força do art. 169 do CC/1916. Recurso improvido. Partilha. Ação de anulação. Propositura por herdeiras necessárias reconhecidas em ação de investigação de paternidade e excluídas da sucessão. Declaração de nulidade. Cabimento. Sentença mantida. Recurso improvido. (TJSP, Ap. n. 565.913-4/2-00, rel. Des. Vito Guglielmi, j. 05.06.2008)

Partilha. Nulidade de partilha cumulada com petição de herança. Legatários que não foram parte no inventário e nem receberam pagamentos de seus legados. Não incidência do prazo decadencial (ou prescricional no CC/1916) de um ano para ajuizamento da ação de anulação. Recurso provido, para afastar a extinção do processo. (TJSP, Ap. n. 324.577.4/0-00, rel. Des. Francisco Loureiro, j. 24.05.2007)

Tratando-se de partilha judicial, face à existência no inventário de interesse de menor, o meio impugnativo cabível da sentença proferida é o da ação rescisória e não o da ação de anulação. (STJ, REsp n. 586.312, rel. Min. Castro Filho, j. 18.05.2004, v.u.)

A meeira não detém legitimidade para integrar o polo passivo de ação de petição de herança c/c anulação de partilha, haja vista que a execução do direito reconhecido em investigatória de paternidade poderá alcançar tão somente o quinhão destinado à herdeira, tendo a viúva apenas recolhido a meação a que tinha direito *jure proprio*. (STJ, REsp n. 331.781, rel. Min. Castro Filho, j. 16.12.2003, v.u.)

I – A usufrutuária não é considerada herdeira, contudo, assiste-lhe o direito de promover a anulação de partilha amigável que lhe traga prejuízos. [...] IV – A partilha amigável pode ser anulada. A partilha judicial é que é rescindível. Assim, é perfeitamente cabível o pedido de anulação de partilha amigável que traga prejuízos à usufrutuária (STJ, REsp n. 59.594, rel. Min. Antônio de Pádua Ribeiro, j. 08.05.2003, v.u.). (*RSTJ* 170/234)

Inventário. Partilha homologada, com decisão transitada em julgado. Ação anulatória. Legitimidade ativa restrita aos herdeiros e cônjuge sobrevivente. Ausência de tal condição por parte do credor de um dos herdeiros, que não requereu, oportunamente, a penhora dos direitos hereditários no rosto dos autos do inventário. Inocorrência, outrossim, de qualquer dos vícios do consentimento mencionados no art. 1.029 do CPC [art. 657 do CPC/2015]. Preliminares rejeitadas no saneador. Provimento, porém, do recurso, para extinguir o processo sem exame do mérito (TJSP, Ap. n. 202.981-4, rel. Des. Carlos Roberto Gonçalves, j. 21.06.2001). (*JTJ* 249/277)

Ainda que decorrente de acordo, como ele somente produz efeitos jurídicos quando da sua homologação pelo Juízo, é dessa data que deve ser contado o prazo prescricional de um ano, previsto no art. 1.029, II, do CPC [art. 657, II, do CPC/2015]. (STJ, REsp n. 165.399, rel. Min. Aldir Passarinho Júnior, j. 03.05.2001)

Partilha amigável. Alegação de vício. Decadência. Termo inicial. O prazo de decadência para ajuizamento da ação, tendente a anular partilha amigável, constante de escrito homologado pelo juiz, tem como termo inicial o trânsito em julgado da sentença homologatória (STJ, REsp n. 68.198, rel. Min. Eduardo Ribeiro, j. 15.04.1997, v.u.). (*Lex* 99/134 e *RSTJ* 96/253; observando-se que esse acórdão foi proferido na vigência do art. 178, § 6º, V, do CC/1916, que expressamente se referia ao trânsito em julgado, menção que não existe no atual CC)

Investigação de paternidade. Petição de herança. Nulidade de partilha. Reivindicação de bens. A procedência da ação de investigação de paternidade, cumulada com petição de herança, dispensa a propositura de nova ação para a decretação da nulidade da partilha e reivindicação dos bens. Recurso conhecido, pela divergência, e provido (STJ, REsp n. 74.478, rel. Min. Ruy Rosado de Aguiar, j. 23.09.1996, v.u.). (*Lex* 93/136, *RT* 738/250)

Em sentido contrário, em termos: A invalidação da partilha não opera necessariamente apenas sobre a metade atribuída aos herdeiros, mas pode atingir a própria meação da viúva, dês que questionada a justeza e igualdade na divisão entre o cônjuge supérstite e os herdeiros (STJ, REsp n. 12.824, rel. Min. Athos Carneiro, j. 07.04.1992, v.u.). (*RSTJ* 32/381)

# LIVRO COMPLEMENTAR DAS DISPOSIÇÕES FINAIS E TRANSITÓRIAS

**Art. 2.028. Serão os da lei anterior os prazos, quando reduzidos por este Código, e se, na data de sua entrada em vigor, já houver transcorrido mais da metade do tempo estabelecido na lei revogada.**

O CC disciplinou a questão do direito intertemporal, pois, inevitavelmente, diversos prazos que já foram inaugurados na vigência do CC/1916 terminaram sob a influência do novo regime.

Quando da leitura das atuais normas em sede de prazos prescricionais, já foi possível observar que o legislador se preocupou com a pacificação das relações sociais e a célere definição das relações pendentes, mediante a adoção de prazo máximo de dez anos para o exercício de pretensões, sem diferenciar entre ações pessoais e reais, ao contrário da linha adotada pelo art. 177 do CC/1916.

A norma em comento produz alguns questionamentos, havendo necessidade de fixação de critérios, pois a única assertiva em que não há controvérsias concerne aos prazos já iniciados e consumados na vigência do CC/1916: quanto a eles prevalece o ato jurídico perfeito, sem qualquer influência do CC/2002, posto imunizados com relação à eficácia do novo regramento.

Todavia, não há de se recorrer ao princípio do direito adquirido no que tange ao conflito intertemporal decorrente de prazos não consumados na égide da lei anterior, quando a norma atual tenha acarretado a redução do lapso prescricional. A parte que eventualmente se beneficiará da prescrição conta apenas com um direito expectativo tratado pela lei vigente ao tempo do termo prescricional. A prescrição é regida por regime análogo ao dos fatos jurídicos complexos, de formação progressiva, no qual apenas vencida a última parcela se cogitará de direito adquirido. Porém, a norma revogada ditará as consequências do que se sucedeu em sua vigência, como o início do prazo e as causas impeditivas e suspensivas de sua fluência, até o ingresso do novo regulamento.

Com influência da Lei de Introdução ao CC da Alemanha, sendo o prazo fixado na lei nova inferior que o da lei pregressa, ele será contado a partir da vigência da nova lei. Isso apenas se o prazo terminar mais cedo que o lapso maior fixado na norma anterior. Caso contrário, a prescrição será aquela ditada pelo transcurso do prazo mais longo, ou seja, somando-se o prazo transcorrido pela lei anterior com o prazo reduzido da lei nova, contado de sua vigência, caso esse ultrapasse o da lei anterior, será interrompido o prazo novo no exato momento em que for alcançado o tempo previsto na lei revogada.

Em qualquer dos casos aventados no tópico pregresso, a lei nova não poderá provocar a consumação do prazo em instante anterior ao início de sua vigência, sob pena de ser retroativa. Essa solução é lógica, afinal impede que aquele que confiou na amplitude do prazo anterior seja surpreendido pela lei nova de prazo diminuto.

Transpondo tais regras para o CC/2002, o art. 2.028 determina que seja preservado o regramento do CC/1916 sempre que mais da metade do prazo indicado na lei revogada tenha sido ultrapassado antes da vigência do novo Código. Caso contrário, o prazo reduzido será apanhado pelo CC/2002, a contar de sua vigência.

A título ilustrativo, cogitaremos de um ato ilícito derivado de um atropelamento. No CC/1916 a pretensão de ressarcimento de dano patrimonial e reparação de dano extrapatrimonial prescrevia em vinte anos, já no CC/2002 o prazo foi sensivelmente reduzido: é de três anos em ambas as situações, de acordo com o art. 206, § 3º, V. Dessa alteração podemos traçar duas hipóteses:

a) se o evento ocorreu em janeiro de 1992, na data da vigência do CC/2002, onze anos haviam transcorrido. Portanto, mais da metade do previsto no CC/1916. Nesse caso, incidirá a lei anterior, pois deveremos contar mais nove anos a partir de 11.01.2003;

b) se o evento ocorreu em janeiro de 1996, na data da vigência do CC/2002, sete anos haviam transcorrido. Vale dizer, menos da metade do prazo previsto no CC/1916. Aplicaremos a lei nova a contar de sua vigência. Ou seja, o prazo terá início em 11.01.2003 e será de três anos.

Na hipótese "a" não há transição, eis que o regime será de unicidade, aplicando-se o CC/1916 do início ao fim. Na hipótese "b" teremos uma transição entre as leis revogada e revogadora, sempre que quantia igual ou inferior à metade do prazo houver exaurido ao tempo da vigência da nova lei.

Poder-se-ia questionar se há isonomia ou justiça em se admitir que o titular de um direito subjetivo inerte e relapso por onze anos, ainda tenha mais nove anos para exercitar a pretensão a partir da vigência do CC/2002, enquanto aquele que contava com sete anos passados para o exercício da mesma, apenas contará com três anos adicionais. Com efeito, percebe-se o descompasso da regra transitória, porém ainda é mais sensato premiar a segurança jurídica, mesmo que isso implique alguma contradição, que impor qualquer outra solução que acarrete sacrifícios abruptos de prazos. Não há "lei de passagem" perfeita, basta que seja razoável.

Apenas incidirá uma nova adaptação para as hipóteses em que a soma do prazo transcorrido na lei velha e na nova culmine por ultrapassar o prazo fixado na lei revogada. No exemplo do ato ilícito isso jamais ocorreria, pois a soma das duas situações alcançaria o máximo de treze anos – bem inferior aos vinte anos preconizados na lei revogada. Contudo, nos três primeiros incisos do art. 206, § 3º, do CC/2002, existem interessantes situações em que prazos prescricionais de cinco anos foram reduzidos para três anos.

Assim, diante do inadimplemento de prestação oriunda de aluguel de imóvel, afere-se três situações de passagem da norma antiga para o CC/2002:

a) caso o inadimplemento tenha ocorrido em janeiro de 2002, na data de vigência do novo Código, um ano já passou. Portanto, aplica-se três anos a contar de 11.01.2003. De fato, a soma de um ano (lei anterior) mais três anos (lei atual) ainda é menor que os cinco anos da lei revogada;

b) tendo se verificado o inadimplemento em janeiro de 2000, mantém-se a lei antiga, à medida que em 11.01.2003 já se alcança três anos de prazo decorrido (mais da metade do tempo da lei revogada). A prescrição será alcançada em janeiro de 2005;

c) mas se o descumprimento da obrigação de dar tenha ocorrido em outubro de 2000, na data da vigência do novo Código, dois anos e três meses já se passaram. Caso se aplique textualmente o mandamento do art. 2.028, ou seja, a nova regra por não ter transcorrido mais da metade do tempo na égide da lei revogada, a soma total será de cinco anos e três meses – tempo superior ao disposto no CC/1916. Nesse caso, a solução abraçada será a interrupção do prazo quando esse alcançar os cinco anos.

Cumpre enfatizar que os novos prazos prescricionais não afetam os processos em curso, nos quais já ocorrera a interrupção da prescrição pelo ajuizamento da demanda antes da vigência do CC. De fato, o ato interruptivo é ato jurídico perfeito, imune ao alcance da lei nova.

**Jurisprudência:** Agravo interno. Ação de indenização por danos materiais e morais. Responsabilidade civil. Divórcio. Partilha de bens. Descumprimento de acordo. Prescrição. Ocorrência. Súmulas ns. 7 e 83 do STJ. 1. Esta Corte Superior perfilha o entendimento de que "o curso do prazo prescricional do direito de reclamar inicia-se somente quando o titular do direito subjetivo violado passa a conhecer o fato e a extensão de suas consequências, conforme o princípio da *actio nata*" (REsp n. 1257387/RS, rel. Min. Eliana Calmon, 2ª T., j. 05.09.2013, *DJe* 17.09.2013). 2 – Verificar o efetivo momento em que a autora tomou conhecimento dos danos alegadamente sofridos para, desse modo, alterar o entendimento fixado pela corte de origem, no sentido de que a recorrente teria tomado conhecimento dos supostos prejuízos desde o ajuizamento da ação cautelar inominada que se deu em 16.03.1995, fixando nesta data o termo *a quo* do prazo prescricional, demandaria revolvimento do arcabouço fático-probatório acosto aos autos, o que é vedado pelo enunciado da Súmula n. 7 do STJ. 3 – Desse modo, iniciando-se o prazo prescricional vintenário em 16.03.1995, momento em que a titular teve conhecimento inequívoco da ocorrência dos danos, observa-se que, quando da entrada em vigor do CC/2002, não havia transcorrido mais da metade do referido prazo prescricional, de modo que deve incidir, na hipótese, conforme assentado pelo tribunal local e de acordo com a regra de transição do art. 2.028 do CC/2002, o prazo trienal previsto no art. 206, § 3º, V, do CC/2002, contado a partir da entrada em vigor da Lei n. 10.406/2002, ou seja, 11.01.2003. 4 – Caso concreto em que, tendo a recorrente ajuizado a ação indenizatória somente em 28.01.2009, sua pretensão já se encontrava encoberta pela prescrição, não merecendo reparo, portanto, o acórdão ora objurgado. 5. Agravo interno não provido. (STJ, Ag. Int. no AREsp n. 1216132/RS, 4ª T., rel. Min. Luis Felipe Salomão, j. 26.06.2018)

Agravo regimental no agravo em recurso especial. Ação de cobrança. Contrato de abertura de crédito fixo com garantia real. Cessão de crédito entre o banco do Estado de Minas Gerais S/A (BEMGE) e o Estado de Minas Gerais como sucessor. Inaplicabilidade do Decreto n. 20.910/32. Norma específica restrita às hipóteses elencadas. Regime jurídico do cedente. Aplicação dos prazos de prescrição do CC de 1916 e de 2002. Incidência da norma de transição do art. 2.028 do CC. Prescrição não implementada. Manutenção da decisão agravada. Agravo regimental desprovido. (STJ, Ag. Reg. no AREsp n. 502.366/MG, 3ª T., rel. Min. Paulo de Tarso Sanseveriano, j. 12.04.2016)

Compra e venda de imóvel. Adjudicação compulsória. Sentença de procedência, adjudicado o imóvel em favor do autor. Irresignação da ré. Ratificação dos termos da sentença recorrida (art. 252, RITJSP). 1 – Prescrição. Demanda não sujeita a prazo prescricional. Natureza potestativa do direito de exigir a outorga da escritura. Precedentes desta Corte e do STJ. 2 – Adjudicação compulsória. Cabimento. Comprovação, pelo comprador, de pagamento integral do preço da venda. Não comprovação, ônus da apelante (art. 333, II, CPC/73, e art. 373, II, CPC/2015), de que ainda remanesceriam parcelas do preço não pagas. Notificação extrajudicial enviada pela apelante que não informa as parcelas vencidas, a data em que vencidas e o preço de cada uma delas, mas apenas preço global da dívida. Parcelas que seriam referentes a melhoramentos de infraestrutura do loteamento. Cláusula contratual que previa que essa dívida seria cobrada dos compradores em no máximo 48 parcelas. Cobrança que já estaria prescrita, tendo em vista a data do contrato. Prescrição vintenária, na forma do art. 177 do CC/1916 (art. 2.028, CC/2002). Notificação extrajudicial de cobrança realizada depois de prescrito o débito. Prescrição também das exceções que poderia o vendedor opor à pretensão da compradora (art. 190, CC). Adjudicação compulsória cabível (arts. 15 e 16, DL n. 58/1937). Sentença mantida. Recurso desprovido. (TJSP, Ap. Cível n. 0015244-55.2013.8.26.0602, 3ª Câm. de Dir. Priv., rel. Carlos Alberto Salles, j. 29.06.2016)

Prestação de serviços de telefonia. Subscrição de ações. Indenização. 1 – Se os contratos de participação financeira previam o reembolso pecuniário ou por ações, o prazo prescricional a ser adotado é o decenal, conforme previsto no art. 205 do CC. 2 – O prazo prescricional deve ser tomado a partir do momento em que houve violação do direito, é dizer, a data da subscrição das ações e aos casos em que não transcorrido mais da metade do prazo previsto no CC/1916, aplica-se a disposição da lei nova a partir de sua entrada em vigor. Inteligência dos arts. 205 e 2.028 do CC/2002. Sentença mantida. Recurso desprovido. (TJSP, Ap. Cível n. 0007920-23.2013.8.26.0114, 26ª Câm. de Dir. Priv., rel. Felipe Ferreira, j. 18.02.2016)

Sucessões e processual civil. Ação de sonegados. Prescrição. Extinção na origem. Prejudicial de mérito. Prescrição. Pretensão anulatória. Ação de sonegados. Regramento. Prazo e termo inicial. Patrimônio supostamente sonegado oriundo de processo judicial. Publicidade *erga omnes*. Consumação. Extinção adequada. O prazo prescricional aplicável à pretensão anulatória versada na ação de sonegados é, se consumado seu termo inicial na vigência do CC/1916, de 20 (vinte) anos e, se em vigor o CC/2002, de 10 (dez) anos, respeitadas as regras de direito intertemporal, tendo por termo inicial a data em que se toma conhecimento da existência do patrimônio sonegado, momento de convergência existencial fática e jurídica apta a permitir o exercício da pretensão anulatória, à luz da teoria da *actio nata*. Inteligência dos arts. 177 do CC/1916; 189, 205 e 2.028 do CC/2002; e 2º e 3º, I, da CRFB. O princípio da publicidade processual confere aos processos judiciais, de regra, uma publicidade de caráter *erga omnes*. Inteligência da Lei n. 11.419/2006 e dos arts. 155 do CPC; 5º, XIV e LX, 37, *caput*, e 93, IX, da CRFB. *In casu*, transcorrido o lapso prescricional (10 anos) entre o encerramento do inventário (por força do caráter *erga omnes* de seu conteúdo) e o ajuizamento desta demanda, consumou-se a prescrição, pelo que acertada a extinção do feito. Sentença mantida. Recurso desprovido. (TJSC, Ap. Cível n. 2013.071991-0, 5ª Câm. de Dir. Civil, rel. Henry Petry Junior, j. 21.01.2016)

Prestação de serviços de telefonia. 1 – Não há cerceamento de defesa no julgamento antecipado da lide se as questões versadas nos autos não exigem dilação probatória (CPC, art. 330, I). 2 – O prazo prescricional deve ser tomado a partir do momento em que houve violação do direito, é dizer, a data da subscrição das ações e aos casos em que não transcorrido mais da metade do prazo previsto no CC/1916, aplica-se a disposição da lei nova a partir de sua entrada em vigor. Inteligência dos arts. 205 e 2028 do CC/2002. 3 – Decorridos mais de vinte anos antes mesmo da entrada em vigência do CC/2002, de rigor o reconhecimento da prescrição em relação aos contratos em que as ações foram subscritas em 1978, 1987 e 1988. 4 – Não tendo os autores Mauro José Francisquetti, Naylor Vieira Tupy e Vera Lúcia Martins Mori demonstrado, através de indícios mínimos, a contratação de ajuste relativo a plano de expansão, mister o decreto de improcedência de seus pedidos. Inteligência do art. 333, I, do CPC. 5 – O assinante tem direito ao recebimento da quantidade de ações que correspondem ao valor patrimonial na data da integralização. Inteligência da Súmula n. 371, do Col. STJ. 6 – No caso em que não for possível o cumprimento da obrigação consistente na entrega das ações, deverá a requerida efetuar o pagamento em dinheiro, devendo a indenização ser calculada pelo produto da quantidade de ações multiplicada pelo valor da sua cotação na bolsa de valores vigente no dia do trânsito em julgado da presente ação, com juros de mora desde a citação, conforme julgamento de recurso especial em sede de recurso repetitivo. Sentença mantida. Recursos desprovidos. (TJSP, Ap. Cível n. 0000346-89.2013.8.26.0132, 26ª Câm. de Dir. Priv., rel. Felipe Ferreira, j. 26.11.2015)

**Art. 2.029. Até dois anos após a entrada em vigor deste Código, os prazos estabelecidos no parágrafo único do art. 1.238 e no parágrafo único do art. 1.242 serão acrescidos de dois anos, qualquer que seja o tempo transcorrido na vigência do anterior, Lei n. 3.071, de 1º de janeiro de 1916.**

O tempo é fator fundamental para a conversão da posse em propriedade. Atento à diretriz da operabilidade, o legislador reduziu os prazos de usucapião extraordinária de vinte para quinze ou dez anos, de acordo com a espécie de posse praticada. O paradigma da socialidade concebe dois modos de possuir capazes de alcançar a usucapião: a posse simples e a qualificada.

Posse simples é aquela que se satisfaz com o exercício de fato de algum dos poderes inerentes à propriedade (art. 1.196 do CC), conduzindo-se o possuidor como faria o dono, ao exteriorizar o poder sobre o bem. Todavia, sendo a posse qualificada pela concessão de função social, por intermédio da efetiva moradia do possuidor no local ou da realização de obras e serviços de caráter produtivo (art. 1.238, parágrafo único), o possuidor será agraciado pela redução do prazo de usucapião para dez anos.

Distinção análoga é promovida pelo *caput* do art. 1.242 do CC quando cuida da usucapião ordinária, o prazo de dez anos requer, para além dos requisitos da usucapião extraordinária, a incidência simultânea de justo título e boa-fé. Porém, sendo o justo título oneroso e sobre ele efetuado o registro – posteriormente cancelado –, o prazo de usucapião será reduzido para cinco anos, caso seja prestigiada a função social da posse, nos moldes descritos para a usucapião extraordinária.

Em suma, o CC/2002, tanto na usucapião extraordinária como na ordinária, efetiva o princípio constitucional da proporcionalidade, ao adequar a ponderação entre a situação do proprietário e a do possuidor ao reduzir prazos na medida em que a posse deixe de ser mero poder fático sobre a coisa e converta-se em real instrumento de concretização de direito social de moradia (art. 6º da CF).

Como forma de solucionar o conflito intertemporal pertinente às situações possessórias iniciadas na vigência do CC/1916 e completadas na vigência do atual sistema, o art. 2.029 estabelece um acréscimo de dois anos na contagem dos novos prazos, até dois anos a contar de 11.01.2003. Ilustraremos o comentário por meio de quatro exemplos em que alguém inicia atos possessórios – ao exercitar moradia e função social –, antes do advento do CC/2002. Em comum, haverá redução do antigo prazo de vinte anos de posse para dez anos até a consumação da usucapião extraordinária, à luz do parágrafo único do art. 1.238.

a) Se A iniciou a posse em fevereiro de 1993, alcançaria a usucapião em fevereiro de 2013 (curso de vinte anos). Se não houvesse dispositivo intertemporal, com as novas regras, atingiria o prazo em fevereiro de 2003. Porém, determina a norma o acréscimo de mais dois anos ao prazo, evitando o efeito surpresa contra o proprietário desidioso. Assim, haverá usucapião em fevereiro de 2005.

b) Se A iniciou a posse em fevereiro de 1994, alcançaria a usucapião em fevereiro de 2014. Pelas normas do CC/2002, o prazo seria adiantado para fevereiro de 2004. Contudo, ao se aplicar o art. 2.029, soma-se mais um ano ao prazo – pois já conta com nove anos de posse e necessitará de dez anos –, além de adicionar-se ao resultado parcial mais dois anos, conforme determinado pela norma transitória. Assim, a usucapião ocorrerá em fevereiro de 2006.

c) Se A iniciou a posse em fevereiro de 2000, alcançaria a usucapião em fevereiro de 2020. Com a redução do prazo para dez anos, poderia pleitear o direito de propriedade a partir de fevereiro de 2010. Nessa hipótese não se aplica o prazo de pedágio ressalvado pelo art. 2.029, cuja incidência é restrita aos prazos de usucapião que se completem "até dois anos após a entrada em vigor deste Código". Com efeito, após dois anos de vigência do CC – a partir de janeiro de 2005 – o legislador prescindirá do aludido biênio, já que o efeito surpresa desaparece na medida em que a nova ordem civil passa a ser de conhecimento geral.

d) Se A inicia a posse em fevereiro de 1984, a usucapião se concretizaria em fevereiro de 2004, pelas regras do CC/1916. Com a redução do prazo para dez anos, poderíamos supor que o possuidor seria retroativamente considerado proprietário a partir de fevereiro de 1994. Mas essa conclusão seria absurda por malferir a garantia constitucional do direito adquirido do proprietário. Outros poderiam entender que com a vigência do CC/2002 o possuidor seria automaticamente alçado à condição de proprietário em 11.01.2003. Mas essa resposta também não satisfaz, eis que a parte final do art. 2.029 requer um acréscimo de dois anos, "qualquer que seja o tempo transcorrido na vigência do anterior", evitando qualquer lesão ou confisco em face do proprietário. Nada obstante, caso se acrescente os dois anos, a usucapião ocorreria em fevereiro de 2005 e o possuidor se colocaria em situação paradoxalmente mais gravosa que a concedida pelo CC/1916. Destarte, uma regra de ponderação aconselha-nos a acrescentar apenas um ano ao prazo já percorrido (19 + 1), dando-se a consumação da usucapião em fevereiro de 2004.

Porém, o artigo em comento só incide para a adequação de prazos nas modalidades de usucapião com função social, pois o texto do dispositivo é claro ao aludir os "prazos estabelecidos no parágrafo único do art. 1.238 e no parágrafo único do art. 1.242". Assim, as modalidades de usucapião despidas de função social serão remetidas às regras do art. 2.028.

Destarte, se alguém inicia o período possessório sem exercitar moradia ou investimentos produtivos, o prazo de vinte anos foi reduzido para quinze anos. Então, imagine uma posse iniciada em tais moldes em janeiro de 1987. Teremos dezesseis anos de transcurso possessório quando do início da vigência do CC/2002. Esse prazo é superior à metade do tempo estabelecido na lei revogada. Assim, faltarão quatro anos para a consumação da usucapião. Aproveitando o raciocínio, se a posse começou em janeiro de 1994, passaram nove anos até 11.01.2003. Vale dizer, menos da metade do prazo anterior de vinte anos. Em tese, aplicaria-se o prazo restante previsto na lei nova – quinze anos –, a contar de sua vigência. Todavia, o resultado seria superior ao obtido na norma revogada, pois 9 anos + 15 anos = 24 anos. Assim, o certo será interromper o novo prazo em janeiro de 2014, onze anos após o início da vigência do CC/2002, a fim de estabelecer a contagem de 9 anos + 11 anos = 20 anos.

**Jurisprudência:** Imissão na posse. Usucapião verificada. Utilização da área para guarda de caminhões. Posterior estabelecimento de oficina mecânica no local. Clandestinidade cessada em 1993, transmudando-se a mera detenção em verdadeira posse. Inteligência do art. 1.208 do CC. Posse pacífica e ininterrupta com *animus domini* por mais de doze anos. Prescrição aquisitiva caracterizada, nos termos do parágrafo único do art. 1.238 c/c art. 2.029 do CC. Ação improcedente. Recurso desprovido. (TJSP, Ap. Cível n. 0124212-21.2008.8.26.0000, rel. Des. Luiz Antônio de Godoy, j. 23.10.2012)

Ação de usucapião. Extinção de ação, art. 267, I, III e VI [art. 485, I, III e VI, do CPC/2015], inconformismo. Ação ajuizada após os dois anos da entrada em vigor do CC/2002 não é contemplada com o acréscimo de dois anos previsto no art. 2.029. Recurso improvido (voto 22.929). (TJSP, Ap. Cível n. 9219453-97.2007.8.26.0000, rel. Des. Ribeiro da Silva, j. 18.04.2012)

Usucapião. Cessão e transferência de compromisso de venda e compra. Alegação de moradia habitual. Extinção do processo sem resolução do mérito com fundamento no art. 267, VI, do CPC [art. 485, VI, do CPC/2015]. Não cabimento. Aplicação, em tese, do prazo especial de dez anos, acrescidos de dois anos, nos termos do art. 2.029 do CC. Recurso provido para se determinar o prosseguimento da ação. (TJSP, Ap. Cível n. 0007048-67.2011.8.26.0602, rel. Des. João Pazine Neto, j. 22.11.2011)

Usucapião. Requisitos. *Animus domini* não configurado. Mera permissão. Lapso temporal não preenchido. Para a aquisição do domínio por usucapião é necessária a prova da posse mansa e pacífica, com ânimo de dono, pelo tempo previsto em lei. A ausência do *animus domini* afasta a usucapião. Ação ajuizada em julho/2003 amparada no art. 1.238, parágrafo único, do CC. Incidência da regra de transição do art. 2.029 do mesmo diploma legal, devendo ser acrescido em dois anos o tempo necessário de posse. Apelação improvida. (TJRS, Ap. Cível n. 70.032.076.937, rel. Mylene Maria Michel, j. 01.12.2009)

Usucapião. Inteligência dos arts. 1.238, parágrafo único, e 2.029 do novo CC. O prazo prescricional da usucapião extraordinária, de quinze anos, é reduzido para dez anos, se o possuidor houver estabelecido no imóvel a sua moradia habitual ou nele realizado obras ou serviços de caráter produtivo. Tal prazo, porém, é acrescido de dois anos (qualquer que fosse o tempo transcorrido na vigência do CC/16), até 10 de janeiro de 2005, data em que o novo Código completou dois anos de vigência. (TJMG, Ap. Cível n. 2.0000.00.487494-2/000(1), rel. Fábio Maia Viani, j. 27.10.2005)

---

**Art. 2.030. O acréscimo de que trata o artigo antecedente, será feito nos casos a que se refere o § 4º do art. 1.228.**

---

Notável exemplo de norma imediatamente conexa com a função social da posse é o art. 1.228, § 4º, do CC: "O proprietário também pode ser privado da coisa se o imóvel reivindicado consistir em extensa área, na posse ininterrupta e de boa-fé, por mais de cinco anos, de considerável número de pessoas, e estas nela houverem realizado, em conjunto ou separadamente, obras e serviços considerados pelo juiz de interesse social e econômico relevante".

Trata-se de nova modalidade de desapropriação judicial indireta e de aquisição da propriedade imobiliária, sem qualquer traço de inconstitucionalidade. A norma será aplicada nas hipóteses de prolongado abandono do imóvel pelo titular, com o consequente ingresso na área de uma relevante comunidade de pessoas, que praticam posse qualificada pela função social por período mínimo de cinco anos. O magistrado preencherá na concretude do caso os conceitos jurídicos indeterminados, "extensa área", "considerável número de pessoas" e "obras e serviços de interesse social e econômico relevante". Aqui surgirá uma máxima tensão entre os direitos fundamentais da tutela da propriedade e a sua função social (art. 5º, XXII e XXIII, da CF). Na colisão entre princípios, adota-se o método da ponderação para avaliar qual dentre eles terá maior peso e dimensão, afastando-se o princípio de menor repercussão após sopesadas as circunstâncias do art. 1.228, § 4º, do CC.

O dispositivo que ora examinamos prevê a dilação do prazo quinquenal da desapropriação indireta judicial em mais dois anos, até o transcurso de dois anos contados do início da vigência do CC. Portanto, mesmo que já existam os requisitos para a aplicação desse modelo jurídico, os prazos ficarão congelados até janeiro de 2005, a fim de que os proprietários dormidores não sejam surpreendidos pela perda do imóvel, fato que inequivocamente importaria em confisco.

A nosso viso, o legislador equivocou-se ao regular a matéria. Tratando-se a desapropriação judicial indireta de modelo jurídico inovador e sem precedentes na legislação pretérita, qualquer tipo de contagem de prazo possessório necessário a sua efetivação deverá apenas se iniciar a contar de 11.01.2003, mesmo que a coletividade de possuidores tenha se instalado no imóvel há mais tempo. Essa interpretação coaduna-se com a posição do STF no que concerne a norma do art. 183 da CF, que inaugurou a aquisição de propriedade por usucapião urbana no prazo de cinco anos. Segundo o excelso pretório, a aplicação da norma que inaugurou o lustro constitucional para a aquisição de imóveis urbanos, restringe-se aos atos possessórios posteriores a 05.10.1988.

Certamente, o tempo resultante da prática de atos possessórios anteriores a 11.01.2003 pode ser utilizado para a consumação das demais hipóteses de usucapião do CC, bem como da usucapião coletiva alinhavada no art. 10 do Estatuto da Cidade (Lei n. 10.257/2001).

---

**Art. 2.031. As associações, sociedades e fundações, constituídas na forma das leis anteriores, bem como os empresários, deverão se adaptar às disposições deste Código até 11 de janeiro de 2007.**

*Caput* com redação dada pela Lei n. 11.127, de 28.06.2005.

**Parágrafo único. O disposto neste artigo não se aplica às organizações religiosas nem aos partidos políticos.**

Parágrafo acrescentado pela Lei n. 10.825, de 22.12.2003.

---

No tocante a sua estrutura, as pessoas jurídicas de direito privado se dividem em corporações ou fundações. A corporação é um conjunto de pessoas reunidas para a consecução de uma finalidade comum, já na fundação prevalece o aspecto material e objetivo do patrimônio personalizado a uma certa finalidade, sem que exista uma união de esforços. Basta a afetação patrimonial. Enquanto a corporação possui fins internos, voltados ao bem-estar de seus membros, as fundações existem e vivem para a consecução de fins externos, estabelecidos pelo instituidor.

As corporações dividem-se em associações e sociedades (art. 44 do CC). As sociedades são contratos plurilaterais com direitos e obrigações recíprocas e finalidade lucrativa e dividem-se em simples e empresárias. As sociedades simples visam a partilha de resultados entre os sócios em certas profissões ou pela prestação de serviços técnicos. As sociedades empresárias, tendo por objeto o exercício próprio da atividade de empresário, assume as formas de: sociedade em nome coletivo, comandita simples, comandita por ações, sociedade limitada e sociedade anônima. Aliás, as antigas sociedades civis de fins lucrativos terão que optar entre a adoção da forma de sociedade simples ou de sociedade empresária, conforme a atividade que exercite.

Já a associação é um ato de união de pessoas que não possuem relação jurídica entre si, mas apenas direitos e deveres perante a associação (art. 53, parágrafo único, do CC), sem finalidade lucrativa. Observamos, contudo, que nada impede que a associação desempenhe atividades econômicas e realize negócios, desde que não se proporcionem ganhos ou partilhem lucros entre os associados, direcionando-se as receitas à própria entidade, seja pela continuidade das atividades altruísticas ou pela ampliação do patrimônio da associação.

Apesar da inequívoca natureza associativa de partidos políticos e organizações religiosas, a Lei n. 10.825/2003 acrescentou-os expressamente ao rol do art. 44, do CC, através dos incisos IV e V. A referida norma dispensou as organizações religiosas e partidos políticos da adequação exposta no *caput* do art. 2.031, sem se olvidar que o mesmo raciocínio se aplica às entidades desportivas, de acordo com a MP n. 79, de 27.11.2002.

O art. 2.031 aplica-se indistintamente às espécies de pessoas jurídicas de direito privado que já se constituíram na vigência da legislação revogada e também ao empresário individual (antigo titular de firma individual) que é pessoa natural, ao contrário da pessoa jurídica, qualificada como sociedade empresária. Em princípio todos teriam o prazo restrito de um ano, a contar de 11.01.2003, para a adaptação de seus contratos sociais e estatutos às normas do CC/2002. Todavia, a Lei n. 10.838, de 30.01.2004, ampliou tal prazo para dois anos a partir da vigência do Código, em razão da necessidade de prazo maior de acomodação das pessoas jurídicas ao grande número de alterações que o novo diploma promoveu, sobremaneira no direito empresarial, com a inserção do Livro II da Parte Especial concernente ao chamado direito de empresa, até mesmo com reflexo no direito de família (arts. 977 a 980).

O legislador descurou em sancionar as pessoas jurídicas que não cumprirem as imprescindíveis alterações até 11.01.2004. Parece-nos que eventual violação ao disposto na norma em comento por parte de sociedade civil (figura societária extinta no CC/2002), equiparará a mesma a uma sociedade irregular. Com relação às demais pessoas jurídicas, qualquer omissão poderá implicar ineficácia de atos jurídicos praticados pela entidade perante os demais sócios e terceiros.

Por último, questão tortuosa diz respeito à imunização de cláusulas de contrato social anterior ao advento do CC/2002 com base na tese do ato jurídico perfeito. Caso assim se entenda, contratos que contenham cláusulas contrárias ao que determina a nova ordem civil não se submeteriam aos rigores do art. 2.031. Basta pensar em empresa formada por cônjuges casados pelo regime da comunhão universal ou da separação obrigatória. A teor do art. 977 do CC essa empresa não poderá mais subsistir, tendo os cônjuges a necessidade de alterar o regime de bens, substituir-se por outros sócios ou alterar a sua configuração para empresa individual.

Sendo o ato jurídico perfeito aquele já consumado na vigência da lei revogada, tendo em sua égide produzido todos os efeitos, podemos dizer que nessa definição se encaixa o regime de bens com relação à constituição da sociedade entre os cônjuges. O ato jurídico perfeito gera o direito adquirido do casal à preservação da empresa nos moldes da formação originária, sem sofrer influência da restrição inaugurada pelo CC/2002. Caso assim não entenda a doutrina e os tribunais, deverá o casal pleitear a alteração incidental do regime de bens (art. 1.639, § 2º, do CC).

**Jurisprudência:** Sociedade limitada. Adaptação ao novo CC. Necessidade. Irregular. Sociedade em comum. Responsabilidade dos sócios. 1 – A empresa que deixa de consolidar seu contrato não pode realizar qualquer alteração contratual, nem que seja mudança de endereço, abertura de filial, alteração de sócio, etc. Ou seja, qualquer ato que quiser realizar perante a Junta Comercial pressupõe que o contrato esteja previamente adaptado. Se a natureza do art. 2.031 do novo CC é formal, é óbvio que a empresa que deixa de adaptar seu contrato está irregular. 2 – Uma vez reconhecida a necessidade da adaptação, aos sócios poderá ser imputada responsabilidade pessoal e ilimitada pelas atividades da sociedade durante esse período, eis que a mesma será considerada uma sociedade em comum. 3 – Agravo de instrumento provido. (TRF, 4ª R., AI n. 2009.04.000.024.123, rel. Carlos Eduardo Thompson Flores Lenz, j. 31.03.2009)

---

**Art. 2.032. As fundações, instituídas segundo a legislação anterior, inclusive as de fins diversos dos previstos no parágrafo único do art. 62, subordinam-se, quanto ao seu funcionamento, ao disposto neste Código.**

---

A fundação é um complexo de bens livres, destinado a uma finalidade social e especial por uma ou mais pessoas naturais ou jurídicas. De acordo com o art. 62, parágrafo único, a sua constituição deverá atender a fins religiosos, morais, culturais ou de assistência. Vale dizer, qualquer fundação é norteada por finalidades filantrópicas. Diferenciam-se das corporações justamente pelo fato de essas serem agrupamentos de pessoas que agem em benefício próprio – mesmo quando não pretendam lucros –, enquanto as fundações são patrimônios personificados cuja estrutura serve ao fim benemérito para o qual foram criadas, não sendo um fim em si. Por isso, não admitem sócios e seus órgãos só existem para cumprir as normas estatutárias.

Toda e qualquer fundação existente, mesmo desprovida da finalidade orientada pelo art. 62, parágrafo único, será subordinada ao exposto nos arts. 62 a 69 do CC. Isso significa que se a disciplina anterior ao CC permitia a constituição de fundações outras, mesmo que sem fins religiosos, morais, culturais ou de assistência, doravante elas se adaptarão às normas do Código. As medidas de adaptação serão realizadas no prazo assinalado pelo art. 2.031 do CC.

---

**Art. 2.033. Salvo o disposto em lei especial, as modificações dos atos constitutivos das pessoas jurídicas referidas no art. 44, bem como a sua transformação, incorporação, cisão ou fusão, regem-se desde logo por este Código.**

---

Qualquer alteração no contrato social ou no estatuto das pessoas jurídicas de direito privado (art. 44 do CC) – associações, sociedades e fundações –, será regida pelo CC/2002. O mesmo se diga dos atos de transformação, incorporação, cisão ou fusão (arts. 1.113 a 1.122 do CC).

A aplicação do CC em vigor para todos os atos citados no art. 2.033 não desafia o princípio do direito adquirido. Nas situações nele versadas não estamos diante de fatos pretéritos ou pendentes, mas de eficácia imediata da nova lei, ainda que incompatível com a permanência de certas cláusulas contratuais.

Se uma sociedade limitada adota determinado *quorum* para alteração de regras (*v. g.*, maioria absoluta), em consonância, a lei então vigente culmina, todavia, por ofender norma que agora dispõe ser suficiente *quorum* de três quartos para a provocação de mudanças (art. 1.076, I, do CC). A nova regra alcança o contrato social, tratando-se de efeitos futuros de fatos pretéritos, que são imediatamente abraçados pela nova norma (art. 2.035 do CC).

O que acontece nos contratos sociais é algo semelhante ao que ocorre no condomínio. Os sócios submetem-se a um estatuto legal que seria uma espécie de situação jurídica primária, enquanto o contrato social consiste em situação jurídica secundária. Enquanto determinado fato não produziu os seus efeitos, qualquer modificação na situação primária atuará sobre a situação secundária não sendo possível cogitar-se aqui da figura do ato jurídico perfeito. Exemplificando, o estatuto legal das sociedades limitadas era o Decreto n. 3.708/19, agora é o regramento dos arts. 1.052 a 1.087 do CC/2002.

Se por um lado a norma estatutária é obrigatória tanto para a sociedade como para os sócios, a adaptação dos atos constitutivos às situações futuras será apanhada pela nova legislação, relativamente aos atos de alteração contratual, bem como as demais operações societárias geradoras de efeitos modificativos ou extintivos da pessoa jurídica. Outrossim, decorre do princípio da publicidade que as alterações societárias demandam o registro para produzir oponibilidade *erga omnes*. Pelo fato do registro ser regido pelo CC/2002, qualquer modificação na pessoa jurídica demandará observância das disposições vigentes a partir de 11.01.2003.

**Jurisprudência:** Apelação cível. Ação anulatória cumulada com obrigação de fazer. Sentença de procedência parcial. Preliminares afastadas. Incidência da regra do art. 2.033 do novo CC deixa claro que as suas disposições devem ser aplicadas de imediato para as modificações dos atos constitutivos de associações civis, isto é, deve ser adotada a forma nele estabelecida para reforma dos estatutos. Inobservância do *quorum* previsto no novo CC. Aplicação do *quorum* antigo somente ocorreria se apenas houvesse a adaptação do estatuto social ao novo CC sem qualquer modificação. Ato convocatório não permitiu concluir que haverá discussão sobre outras matérias além da atinente à adaptação à nova legislação civil. Imprescindibilidade da correta convocação da assembleia geral com a indicação expressa dos dispositivos a serem alterados ou suprimidos. Formalidade não observada. Preliminares rejeitadas. Recurso improvido. (TJSP, Ap. Cível c/ Rev. n. 5.281.004.100, rel. Oldemar Azevedo, j. 30.04.2008)

---

**Art. 2.034. A dissolução e a liquidação das pessoas jurídicas referidas no artigo antecedente, quando iniciadas antes da vigência deste Código, obedecerão ao disposto nas leis anteriores.**

---

A extinção das pessoas jurídicas de direito privado pode se verificar de diversas formas: pelo decurso do prazo de sua duração; por deliberação dos sócios; por determinação legal; pela falta de pluralidade de sócios; por morte, incapacidade superveniente ou expulsão de sócio, ou por variadas causas distribuídas pelo sistema jurídico.

A dissolução pode ser unanimemente deliberada entre os membros da sociedade, mediante distrato (art. 1.033 do CC) ou deliberação judicial, a requerimento de qualquer dos sócios, por ação direta, ou do Ministério Público (art. 1.037 do CC).

Constatamos que a extinção da pessoa jurídica não se concretiza de forma imediata. Subsistindo acervo patrimonial e dívidas, a pessoa jurídica entrará em fase de liquidação (arts. 1.036 a 1.038 do CC) para que se apure o ativo e sejam pagos os débitos. Enfim, o procedimento de dissolução para a extinção da pessoa jurídica equivale ao evento biológico da morte da pessoa natural e procede-se de forma trifásica: abrange o ato judicial ou extrajudicial de dissolução, seguido da liquidação como forma de solução de pendências obrigacionais, só desaparecendo a sociedade com a terceira fase: a partilha dos bens sociais. Então, promove-se o cancelamento da inscrição da pessoa jurídica (art. 51, § 3º, do CC).

O legislador entendeu que iniciado o procedimento de dissolução na vigência da lei revogada há um ato complexo e incindível que requer aperfeiçoamento e conclusão de forma harmônica e coerente. Assim, mesmo que o CC/2002 apanhe o processo de dissolução em andamento, esse continuará regrado pelo CC/1916 e pelo CCom de 1850.

Enfim, cuida-se de hipótese de ultratividade ou pós-atividade da lei, haja vista permitir que situações iniciadas sob a égide da lei anterior se perpetuem em sua existência jurídica sob o período de vigência temporal da lei nova.

**Jurisprudência:** Ação de dissolução parcial de sociedade. Ação distribuída após a vigência do novo CC, com fundamento em dispositivos do CCom, expressamente revogados. Data da constituição da sociedade ou do início dos fatos que ensejaram a dissolução não constituem marco inicial para impedir a aplicação da lei nova. Inaplicabilidade do art. 2.034 do novo CC. Ato jurídico perfeito e direito adquirido não afrontados. Impossibilidade jurídica do pedido reconhecida. Preliminar acolhida. Inversão dos ônus sucumbenciais. Recurso provido. (TJSP, Ap. Cível n. 322.194-4/7, rel. Carlos Stroppa, j. 11.12.2003)

---

**Art. 2.035. A validade dos negócios e demais atos jurídicos, constituídos antes da entrada em vigor deste Código, obedece ao disposto nas leis anteriores, referidas no art. 2.045, mas os seus efeitos, produzidos após a vigência deste Código, aos pre-**

**ceitos dele se subordinam, salvo se houver sido prevista pelas partes determinada forma de execução.**

**Parágrafo único. Nenhuma convenção prevalecerá se contrariar preceitos de ordem pública, tais como os estabelecidos por este Código para assegurar a função social da propriedade e dos contratos.**

---

Elogiamos o legislador por fazer do Livro Complementar uma verdadeira *lei de conflito*, cuidando de normas temporárias e excepcionais, que regulam os efeitos futuros de situações jurídicas pretéritas. Indubitavelmente, as Disposições Finais e Transitórias auxiliam o operador do direito a desvendar labirintos que em princípio só poderiam ser enfrentados pelo auxílio ao art. 5º, XXXVI, da CF e art. 6º da Lindb.

Certamente comentaremos o dispositivo mais polêmico entre as normas de direito intertemporal. O art. 2.035 faz uma simples indagação: quais são os efeitos futuros dos contratos pretéritos?

Aqui reina a controvérsia, pois quanto aos contratos firmados antes do advento do CC/2002, cujos efeitos já foram produzidos até 11 de janeiro de 2003, ninguém duvida que apenas incidirá o CC/1916, pois são *fatos pretéritos*. Outrossim, não há controvérsia quando afirmamos que os contratos subscritos a partir de 11.01.2003 serão inteiramente regidos pelo CC/2002, tratando-se de *fatos futuros*. Mas a celeuma instala-se na investigação dos chamados *fatos pendentes*, perquirição fundamental para diferenciarmos o efeito imediato do efeito retroativo da lei nova a situações jurídicas passadas.

Os fatos pendentes – ou em via de realização –, separam-se em partes anteriores ou posteriores à data da vigência da lei nova. A parte pretérita do fato pendente concerne à alteração de consequências jurídicas que haviam sido determinadas pelas partes de acordo com a lei revogada. Se a nova lei dispõe sobre esses aspectos ela será taxada de retroativa. Já as partes posteriores dos fatos pendentes ao tempo da vigência da nova lei serão por ela capturadas. Já não se trata de retroatividade, mas de hipótese de aplicação imediata da lei.

A retroatividade da norma pode ser dividida em máxima, média e mínima. Ela é máxima (ou agravada) quando a lei nova desfaz a coisa julgada ou os efeitos já consumados da relação jurídica sob a égide da lei anterior (*v. g.*, lei que determine teto de juros com restituição dos valores já recebidos anteriormente, mas que ultrapassem tal patamar). A retroatividade é média (ou ordinária) quando a lei nova incide sobre as partes anteriores (pretéritas) dos fatos pendentes. Ilustrativamente, seria o caso do ocorrido com a vigência do art. 3º do Decreto n. 22.626/33, ao impor teto de juros às prestações futuras de contratos já existentes, com percentual expressamente definidos pelas partes. Por fim, a retroatividade é mínima (ou mitigada) quando a lei nova determina a sua aplicação apenas aos efeitos futuros dos atos jurídicos pretéritos.

Aqui não há de se falar propriamente em retroatividade mínima, mas em aplicação imediata da lei, pois ao contrário das duas primeiras espécies de retroatividade (máxima e média), a lei não dá um salto para trás, nem tampouco interfere em consequências que já haviam sido definidas pelos contratantes. Por isso também é conhecida como retroatividade *aparente* ou *inautêntica*, eis que age sobre relações jurídicas passadas tão somente no sentido de disciplinar efeitos futuros.

Com base nas distinções efetuadas nos tópicos pregressos, constatamos que a norma descrita no *caput* do art. 2.035 refere-se exatamente à retroatividade mínima, eis que o CC atuará de forma imediata para os negócios jurídicos passados apenas no que concerne ao que está por vir, sem tocar nos efeitos já consumados. Há uma correta separação entre os planos de validade e eficácia do negócio jurídico. A validade do ato será disciplinada pela lei vigente ao tempo de sua conclusão, independente de qualquer alteração posterior. Exemplificando, não se pode questionar a anulabilidade de um contrato efetivado até 10.01.2003 em razão de estado de perigo, pois o referido vício de consentimento só ingressou no CC/2002 e aquele contrato é um ato jurídico perfeito.

Porém, quanto à eficácia do negócio jurídico, aos contratos de execução sucessiva no tempo, cujos efeitos não foram previstos pelas partes (partes posteriores dos fatos pendentes), aplicaremos o CC/2002 mesmo para os contratos efetivados antes de sua vigência. A título ilustrativo, mesmo que o CC/1916 não discipline a onerosidade excessiva, é possível aplicar a resolução contratual sugerida no art. 478 do CC/2002, tratando-se de ineficácia superveniente do negócio jurídico posterior a 11.01.2003, portanto, alcançada pelo CC/2002.

Nada obstante, a ressalva da parte final do *caput*, "salvo se houver sido prevista pelas partes determinada forma de execução", significa que, quanto aos efeitos futuros previstos pelas partes no passado (partes pretéritas dos fatos pendentes), não poderá a nova norma se imiscuir, prevalecendo a lei antiga, ao impedir-se a chamada *retroatividade média*. Assim, se as partes subscrevem contrato de prestação de serviços com expressa referência a um percentual de correção, mesmo que posteriormente venha um plano econômico impondo novo índice, as partes poderão preservar o pactuado, sem possibilidade de interferência da nova norma àquela relação jurídica.

Em conexão direta com a aludida ressalva, encontra-se o parágrafo único do art. 2.035. Ele seria uma espécie de "exceção da exceção", à medida que impede que uma convenção elaborada entre particulares na vigência do CC/1916 possa produzir efeitos já na vigência do CC/2002, se violarem preceitos de ordem pública, como os garantidores da função social da propriedade e dos contratos. O parágrafo único representa fielmente o que se deseja de um direito civil-constitucional, cuja filtragem é conferida por direitos fundamentais que potencializam o primado da pessoa sobre as atividades econômicas. O princípio da dignidade da pessoa humana é um limite à autonomia privada, legitimando o exercício da liberdade contratual, com respeito aos princípios da boa-fé objetiva e da função social dos contratos. Justifica-se aqui a aplicação da retroatividade média quando a lei nova é benéfica para a coletividade no sentido de maior proximidade aos ideais de justiça.

Nessa linha de raciocínio, por mais que determinada convenção condominial tenha expressamente referido a multa de 20% sobre o valor do débito – nos termos da Lei n. 4.591/64 –, não poderá ultrapassar o patamar de 2% fixado atualmente, cuidando-se de norma de ordem pública que objetiva evitar o abuso do direito subjetivo nas relações privadas (art. 187 do CC).

Ao contrário do que muitos possam imaginar, o art. 5º, XXXVI, não postula o princípio da irretroatividade da nova lei, mas o da retroatividade, eis que a lei terá efeito imediato, apenas limitada pelo ato jurídico perfeito, direito adquirido e coisa julgada. A retroatividade é a regra e será apenas qualificada como injusta se alcança as três barreiras intransponíveis.

A Lindb define em seu art. 6º os limites da retroatividade. Segundo Gabba o direito adquirido é aquele já incorporado ao patrimônio de uma pessoa e que pode ser exercido a qualquer tempo, pois já se constituiu em direito subjetivo de seu titular. O ato jurídico perfeito, por sua vez, é o negócio jurídico fundado em lei e consumado no passado, pois todos os seus elementos constitutivos foram verificados. Ambos expressam valores derivados do ideal de segurança jurídica, mas não podem ser superdimensionados, sob pena de engessamento do sistema jurídico e impossibilidade de atualização de modelos jurídicos. Ao defendermos a coerência do parágrafo único, também nos filiamos à visão de Miguel Reale do direito como experiência, pois sempre devemos presumir que a lei nova é melhor que a anterior, posto sintonizada à cultura e à linguagem atual de determinada sociedade.

Acirradas discussões surgirão, tendo em vista que desde a ADI n. 493/DF o STF defende a tese da absoluta irretroatividade da lei nova para os contratos em curso ao tempo do início de sua vigência. A lei do dia em que é feito o contrato comandaria toda a sua existência. Nessa linha seria afirmada a inconstitucionalidade do art. 2.035, por violar o *pacta sunt servanda*, eis que mesmo norma de ordem pública não poderia ofender direitos adquiridos ao alcançar a causa do negócio jurídico, sob pena de injustificada restrição ao princípio da autonomia privada e da segurança jurídica dos contratantes que depositaram a sua confiança na subsistência da norma vigente ao tempo da contratação.

Aliás, o STJ editou a Súmula n. 285 no sentido da inaplicabilidade do CDC aos contratos anteriores a sua vigência, sob pena de afronta ao ato jurídico perfeito.

Finalizando, todo o esforço por conferir merecimento à norma em comento resulta de uma necessária ponderação por ela executada entre os valores de segurança e justiça, que se encontram em constante tensão. Ao contrário do CC/1916, que exalava os ares liberais do século XIX e da "era da certeza", mesmo que às custas do sacrifício de justiça, a tentativa do CC/2002 foi a de buscar conciliação entre um ideal de justiça – em uma era marcada por "incertezas" do pós-moderno – com um mínimo de segurança jurídica.

**Jurisprudência:** Apelação cível. Ação anulatória de escritura pública de compra e venda e petição de herança. Compra e venda ocorrida em 1994. Vigência do CC/1916. Simulação. Ato anulável (nos termos do CC/16). O prazo prescricional era de quatro anos. Prescrição começa a fluir após a autora completar 16 anos, em 2008. Inaplicabilidade do CC/2002 quando à natureza do negócio jurídico, que continua a ser anulável e não nulo. Observância do art. 2.035 do CC/2002. Possibilidade de aplicação do prazo prescricional do CC/2002, nos termos do art. 2.028. Prescrição não configurada. A autora pretende anular negócio jurídico de compra e venda, supostamente simulado, que ocorreu em 23.12.1994 e foi registrado em 28.12.1994. Em se tratando de negócio jurídico ocorrido em 1994, certo é que é aplicável ao caso dos autos o CC/1916. A apelante nasceu em 09.11.1992, logo, o prazo prescricional de quatro anos, previsto no art. 178, § 9º, V, do CC/1916 não começou a fluir da realização do negócio. A autora completou 16 anos de idade apenas no dia 09.11.2008, ou seja, na vigência do CC/2002. O CC/1916 estabelecia que a simulação era ato anulável. Destarte, sendo o ato realizado na vigência daquela lei, que o definia como anulável, não se pode aplicar a lei nova, para tornar o ato nulo e, assim, adota-se a tese de que há imprescritibilidade, tendo em vista as disposições do art. 169. O art. 2.035 do CC/2002 é expresso ao dispor que a validade dos negócios e demais atos jurídicos, constituídos antes da entrada em vigor do Código, obedece ao disposto nas leis anteriores. Logo, o negócio jurídico realizado em 1994 permanece sendo anulável, nos termos do CC/1916. Quanto ao prazo prescricional se mostra perfeitamente possível a aplicação do lapso temporal previsto no CC/2002, por interpretação extraída do art. 2.028. Considerando-se que a Lei n. 10.406/2002 não prevê prazo para anular negócio jurídico simulado, por óbvio será aplicada a regra geral prevista no art. 205, que dispõe que a prescrição ocorre em dez anos, quando a lei não lhe haja fixado prazo menor. Destarte, a autora dispunha de 10 anos após o dia 09.11.2008 para requerer a anulação do negócio jurídico supostamente simulado. Não identificada a prescrição, a sentença deve ser cassada, devendo o processo retornar ao juízo de origem para a produção das provas requeridas pelas partes. Não é possível a aplicação do art. 1.013 do CPC/2015, pois o processo ainda não está pronto para julgamento. (TJMG, Ap. Cível n. 1.0414.16.003031-1/002, rel. Des. Dárcio Lopardi Mendes, j. 09.08.2018)

Direito de família. Adoção simulada levada a cabo na égide do CC/1916. Possibilidade de revogação. Mútuo acordo entre adotante e adotadas. Vício de simulação que não se convalida no tempo. Inexistência de ruptura do vínculo de filiação entre filhas e mãe biológica. Negócio jurídico desconstituído. Revela-se possível desconstituir a adoção comprovadamente simulada, levada a cabo pelas partes por razões meramente financeiras, sobretudo quando comprovado que adotante e adotadas estão de acordo com a revogação, que jamais viveram sob o mesmo teto e, por fim, que o vínculo biológico jamais restou destituído com a adoção. O vício da simulação não se convalida no tempo, de modo que se revela lícita a revogação do ato simulado independentemente de prazo decadencial, por mais que encetado sob a égide do CC/1916, conforme preceitua o art. 2.035 do CC/2002. (TJMG, Ap. Cível n. 1.0024.06.282181-4/001, rel. Des. Dídimo Inocêncio de Paula, j. 28.01.2010)

**Art. 2.036. A locação de prédio urbano, que esteja sujeita à lei especial, por esta continua a ser regida.**

Aqui o legislador não tergiversou: a Lei do Inquilinato continua em vigor e, na qualidade de norma especial, mantém a regência sobre matéria de locação de imóveis urbanos, sobre a qual o CC corretamente não se debruçou. Com efeito, todo contrato em que se verifique assimetria entre as partes deve ser enfrentado pela legislação especial, cuja função será a de acautelar a parte vulnerável, ao estabelecer prévia igualdade material entre os contratantes (*v. g.*, as relações de trabalho e de consumo). O CC apenas regulamenta os contratos em que existe um certo nível de correspondência entre os entabulantes, relações jurídicas em que possa preponderar a autonomia privada com menor influxo das normas de ordem pública.

A forçosa convivência do CC com a Lei do Inquilinato demanda delimitação de fronteiras. É cediço que a antinomia normativa é solucionada mediante o recurso aos critérios cronológico, hierárquico e da especialidade. Se, quanto ao segundo critério, temos leis de igual calibre (Leis ns. 8.245/91 e 10.406/2002) entre os padrões relacionados à cronologia e especialidade, este art. 2.036 fez explícita opção pelo segundo, preservando coerentemente todo um microssistema devotado às locações de imóveis urbanos, até mesmo pela evidente diversidade principiológica conferida aos bens jurídicos situados em uma e outra legislação. Em caráter residual o CC disciplinará as locações não alcançadas por leis especiais.

Ressalte-se que continuam regidos pela Lei especial n. 8.245/91 os procedimentos da ação de despejo (arts. 59 a 66), de consignação de aluguel (art. 67), revisional de aluguel (arts. 68 a 70) e renovatória (arts. 71 a 75).

O fato da locação urbana ser governada por legislação especial não torna a matéria infensa às diretrizes de socialidade, eticidade e operabilidade. Devemos lembrar que o CC é a norma central da ordem civil (art. 1º do CC), sendo que haverá nítida convergência entre a CF, o CC e os microssistemas – no caso, a Lei do Inquilinato –, com constante influxo dos princípios daquelas esferas para essa e, imediatamente, do exposto no parágrafo único do art. 2.035.

Interessante indagação diz respeito à inovação do art. 835 do CC ao permitir ao fiador exonerar-se da fiança sem limitação de tempo, por mera notificação extrajudicial. Ora, se não é mais necessário o ajuizamento de ação exonerativa, poderíamos afirmar que a inovação alcança os contratos de locação urbana anteriores à vigência do CC?

A princípio poderíamos crer que os contratos anteriores a 11.01.2003 estão imunes à alteração pelo fato do contrato de fiança ser regido pela lei em vigor ao tempo de sua celebração. Seria essa norma que regeria as hipóteses de exoneração do fiador, mesmo que a resilição unilateral acontecesse sob o império da lei revogadora.

Todavia, consideramos que a prorrogação do contrato de locação e, consequentemente, a obrigação acessória do fiador induzem a fato gerador de nova situação jurídica, pois nasce um segundo contrato completamente desvinculado da avença originária. Exemplificando, se um contrato de locação de trinta meses encerra-se já na vigência do CC/2002, a prorrogação do contrato de locação – agora sem prazo – permite a exoneração do fiador por mera denúncia.

A modificação adapta-se ao art. 39 da Lei do Inquilinato (Lei n. 8.245/91), "salvo disposição contratual em contrário, qualquer das garantias da locação se estende até a efetiva devolução do imóvel". Como relação jurídica de trato sucessivo, os efeitos futuros da locação de imóvel e da fiança a ela vinculada recebem as necessárias correções da lei vigente.

Em matéria de colisão normativa, diante do tratamento pormenorizado que a Lei n. 8.245/91 defere à locação, nada impede que em face de uma omissão do CC, seja viável a utilização de alguma das regras da Lei do Inquilinato nos litígios envolvendo contratos de locação de coisas. Ilustrativamente, um contrato de locação de vaga autônoma de garagem será regido pelo CC, mas o magistrado poderá se servir da lei especial se as partes não previram certa eficácia negocial desprezada pela norma geral.

**Jurisprudência:** Execução. Aluguéis e encargos. Fiança. Embargos. Responsabilização até a entrega das chaves. Subsistência da garantia mesmo depois do prazo avençado. Recurso provido. 1 – Não pagos os aluguéis e encargos, responde o fiador, como garante, pelo débito afiançado. 2 – Obrigando-se contratualmente até a entrega das chaves, também responde pelos aluguéis vencidos após o prazo avençado até a restituição do prédio alugado, por força do art. 39 da Lei n. 8.245, de 18.10.91, mantida pelo art. 2.036 do CC/2002. (TJSP, Ap. Cível c/ Rev. n. 1.00.4371.007, rel. Norival Oliva, j. 07.07.2009)

Agravo inominado em agravo de instrumento. Locação de imóvel urbano. Resistência do locatário em restituir o bem locado. Fixação de aluguel pena. Impossibilidade. Relação jurídica regida pela Lei federal n. 8.245/91. Tendo em vista que a locação de imóveis urbanos é regida por lei especial (Lei federal n. 8.245/91), a esta espécie de locação não se aplicam as disposições contidas no CC relativas à locação de coisas. Inteligência dos arts. 1º, parágrafo único, da Lei do Inquilinato e 2.036 do novo CC. (TJMG, AI n. 2.0000.00.458463-2/001, rel. Des. Viçoso Rodrigues, j. 01.07.2004)

**Art. 2.037. Salvo disposição em contrário, aplicam-se aos empresários e sociedades empresárias as disposições de lei não revogadas por este Código, referentes a comerciantes, ou a sociedades comerciais, bem como a atividades mercantis.**

Com nítida inspiração no CC italiano, o CC/2002 descreveu o empresário como aquele que "exerce profissionalmente atividade econômica organizada para a produção ou a circulação de bens ou de serviços" (art. 966). Ao falar em empresário a lei está se reportando ao empresário individual e à sociedade empresária, na medida em que a atividade empresarial pode ser exercida individual ou coletivamente.

A nota distintiva entre o direito civil e o direito empresarial traduz-se na ideia de que os particulares entabulam negócios jurídicos isoladamente considerados; já o empresário exercita uma atividade, vale dizer, uma série de atos tendentes à consecução de um determinado fim. Há um nítido avanço ao abdicarmos da teoria subjetiva dos atos de comércio (centrada no comerciante) para uma concepção objetiva, posto centrada na atividade desenvolvida pelo empresário e direcionada ao mercado. Mesmo que aparentemente o CC tenha definido o espectro da matéria pelo conceito de empresário, a disciplina é centrada na objetiva consideração da empresa.

Para o CC/2002 não há mais importância em se operar a distinção entre empresário civil e comercial. Abandona-se a expressão "empresário comercial", pois a comercialidade como objeto da atividade tornou-se algo secundário dentro de uma concepção em que o fundamental é a caracterização da empresa com finalidade lucrativa (seja a civil ou a comercial).

O art. 2.037 do CC busca exatamente adequar as antigas normas, referentes aos comerciantes e às sociedades, às novas disposições acerca do direito empresarial. Basta observar que propositadamente associa às antigas denominações do direito comercial, os seus substitutivos, "empresários" e "sociedades empresárias".

Os empresários e as sociedades empresariais terão a sua norma de regência nos arts. 966 a 1.195 do CC, mas será possível então lhes estender, por evidente compatibilidade, a legislação esparsa: exemplificadamente, a lei falimentar, a Lei de Luvas e o regime de propriedade industrial. Basta observar que a Lei n. 11.101/2005, que regula a recuperação judicial, a extrajudicial e a falência do empresário e da sociedade empresária, é plenamente compatível com a terminologia adotada pelo CC.

Em suma, apesar do CC ter promovido parcial reunificação das normas de direito obrigacional e societário, mantém o direito comercial a sua autonomia científica, mesmo com a evidente inserção do seu objeto principal – a empresa – no bojo do CC. Apesar da revogação de boa parte do CCom, o direito comercial mantém-se autônomo, regulando a atividade da empresa com base na normativa do CC e da legislação comercial específica.

**Jurisprudência:** Execução. Título judicial. Sociedade limitada. Notícia de dissolução irregular. Responsabilidade dos sócios. Inteligência do art. 2° do Decreto n. 3.708/1919 c/c art. 2.037 do CC e art. 596 do CPC [art. 795 do CPC/2015]. Agravo provido. A constatação de que a sociedade executada foi dissolvida irregularmente autoriza o reconhecimento da responsabilidade ilimitada dos seus sócios, a permitir a incidência da penhora sobre seus bens pessoais. É o que determina o art. 2° do Decreto n. 3.708/1919, que se conjuga aos arts. 2.037 do CC e 596 do CPC [art. 795 do CPC/2015]. (TJSP, AI n. 1.259.639.009, rel. Antônio Rigolin, j. 28.04.2009)

**Art. 2.038. Fica proibida a constituição de enfiteuses e subenfiteuses, subordinando-se as existentes, até sua extinção, às disposições do Código Civil anterior, Lei n. 3.071, de 1º de janeiro de 1916, e leis posteriores.**

**§ 1º Nos aforamentos a que se refere este artigo é defeso:**

**I – cobrar laudêmio ou prestação análoga nas transmissões de bem aforado, sobre o valor das construções ou plantações;**

**II – constituir subenfiteuse.**

**§ 2º A enfiteuse dos terrenos de marinha e acrescidos regula-se por lei especial.**

O dispositivo veda a constituição de enfiteuses e subenfiteuses particulares a partir de 11.01.2003. Todavia, em respeito às situações jurídicas consolidadas na vigência do CC/1916, preserva as enfiteuses já registradas na conformidade de suas normas.

A enfiteuse não foi incluída no rol taxativo de direitos reais do art. 1.225, do CC, em razão de sua incompatibilidade com a cláusula geral da função social da propriedade. Com efeito, a sua natureza perpétua não se concilia com a necessária circulação econômica dos bens de produção. A transmissão da titularidade do domínio útil pelo foreiro aos herdeiros em decorrência do *droit de saisine* estimula a ociosidade e coloca em segundo plano a prospecção de riquezas em favor da coletividade.

Daí o ingresso do direito de superfície (art. 1.369 do CC), como mecanismo hábil a estimular a função social da propriedade, pela faculdade outorgada pelo CC/2002 ao proprietário para conceder a um terceiro – superficiário – a propriedade resolúvel, por prazo determinado, das construções e plantações que esse efetue sobre ou sob o imóvel alheio (solo, subsolo ou espaço aéreo). De um lado, uma pessoa poderá construir ou plantar em solo alheio sem a necessidade de adquirir o terreno, mas explorando todas as possibilidades econômicas que o imóvel lhe concede, com aquisição das acessões. Por outro lado, o proprietário receberá uma renda pela concessão da superfície, evitando ainda que o imóvel seja atingido por sanções decorrentes da subutilização da propriedade.

O § 1º do art. 2.038 possui o nítido objetivo de compatibilizar a preservação do direito adquirido de proprietários e enfiteutas (*caput*), com regras de indução cuja finalidade é desestimular paulatinamente a manutenção das enfiteuses constituídas sob o manto da lei civil de 1916, pela restrição das vantagens que conduziram os contratantes a esse modelo jurídico. Em verdade, trata-se de um sistema de direito intertemporal voltado à própria aniquilação da enfiteuse.

O inciso I do § 1º veda a cobrança de laudêmio nas transmissões de bem aforado após 11.01.2003. A regra é incisiva, pois o laudêmio era uma das características distintivas da enfiteuse, ao possibilitar que o proprietário do imóvel recebesse 2,5% do valor dos negócios jurídicos dispositivos praticados pelo foreiro. Sem essa vantagem, na verdade uma "renda parasitária", para muitos proprietários a manutenção do contrato perde o sentido econômico.

A seu turno, o inciso II proíbe a constituição de subenfiteuse. Cuidava-se de enfiteuse de 2º grau, permitindo ao enfiteuta se tornar senhorio de um terceiro, sem com isso se desligar do proprietário que permanecia estranho a esse contrato derivado – nos moldes da sublocação. Aqui, a desvantagem é toda do foreiro, que poderia transmitir a fruição direta do terreno (*v. g.*, loteando o imóvel), ao manter apenas a obrigação de pagar o foro ao senhorio.

Por último, o § 2º do art. 2.038 relembra ao operador do direito que as enfiteuses de terrenos de marinha não foram abolidas pela nova ordem civil. Sendo bens públicos dominicais de titularidade da União Federal, constituídos pela faixa de terra que vai até certa distância, a partir da preamar máxima, sujeita-se o aforamento às regras especiais de direito administrativo (DL n. 9.760/46). Essas enfiteuses mantêm seus traços peculiares, como a inexistência do direito potestativo de resgate pelo enfiteuta, ao contrário do que se observa nas relações particulares (art. 49 do ADCT).

Diga-se de passagem que a Lei n. 9.636/98 exige de todos os foreiros um pagamento atualizado pela ocupação de seus imóveis, ou seja, um novo adimplemento pela posse direta de seus imóveis, até para os enfiteutas que estejam quites com as suas obrigações. É evidente o intuito meramente arrecadatório da preservação da enfiteuse de terrenos de marinha.

No particular, entendemos que o legislador perdeu excelente oportunidade de extinguir a enfiteuse de terrenos de marinha, consolidando a propriedade aos particulares que adimplissem as suas obrigações anteriores perante a União. Não é razoável e fere o princípio da proporcionalidade a manutenção da propriedade de terrenos litorâneos em nome da União com a finalidade de resguardar a defesa marítima da nação em caso de guerra. Existem meios menos restritivos dentro do direito administrativo para fazer frente às situações emergenciais.

**Jurisprudência:** Ação de consignação em pagamento. Enfiteuse. Depósito de 2,5% sobre o valor do terreno. Declaração de extinção da obrigação. Alienação do domínio útil que se deu quando já em vigor o novo Código Civil. Aplicabilidade do disposto no art. 2.038, § 1º, I, do CC/2002. Ausência de violação do ato jurídico perfeito, pois o fato gerador da obrigação se deu após a vigência do novo CC. Sentença mantida. Recurso desprovido. (TJSP, Ap. Cível n. 0007845-91.2005.8.26.0072, rel. Des. Theodureto Camargo, j. 26.09.2012)

Enfiteuse. Repetição de indébito. Laudêmio calculado inclusive sobre a edificação existente no terreno. Extinção do instituto na nova lei civil. Exegese ao art. 2.038 do CC vigente. Contrato celebrado na vigência da lei revogada. Preservação do ato jurídico perfeito. Cálculo sobre a propriedade plena. Art. 693 do CC de então. Improcedência mantida. Apelo desprovido. (TJSP, Ap. Cível c/ Rev. n. 6.512.784.500, rel. Dimas Carneiro, j. 22.07.2009)

Repetição de Indébito. Enfiteuse. Pagamento de laudêmio sobre o valor da alienação. Incidência do art. 2.038, § 1º, I, do CC/2002, que veda a cobrança de laudêmio sobre o valor das construções e plantações. Objetivo de reduzir as vantagens do instituto para desestimular sua manutenção. Restrições que devem ser respeitadas por se tratar de direito intertemporal. Necessidade de devolução da quantia indevidamente paga. Recurso provido para tanto. (TJSP, Ap. Cível n. 6.774.484.100, rel. Maia da Cunha, j. 29.10.2009)

Administrativo e constitucional. Ação civil pública. Terrenos de marinha. 1 – A CR de 1988 dispõe expressamente, no art. 20, VII, que são bens da União os terrenos de marinha e seus acrescidos, recepcionando o DL n. 9.760/46, e estabelecendo, no art. 49, § 3º, do Ato das Disposições Constitucionais Transitórias (ADCT), que sobre tais terrenos fica mantido o instituto da enfiteuse. 2 – Embora o instituto da enfiteuse tenha sido excluído pelo novo CC, foi feita a ressalva do instituto em relação aos terrenos de marinha (art. 2.038, § 2º), que hoje assumem, inclusive, especial relevância, tendo em vista que, em sua maior parte, constituem áreas de preservação ambiental permanente [...]. (TRF, 2ª R., Ap. Cível n. 434.376, rel. Des. Salete Maccaloz, j. 30.09.2009)

---

**Art. 2.039. O regime de bens nos casamentos celebrados na vigência do Código Civil anterior, Lei n. 3.071, de 1º de janeiro de 1916, é o por ele estabelecido.**

---

O núcleo dessa regra é a firme constatação da incidência das novas regras quanto aos regimes de bens apenas para aqueles que contraírem matrimônio a partir de 11.01.2003. Em outras palavras, cuida o dispositivo de determinar a impossibilidade de extensão das alterações nos aspectos patrimoniais a todos aqueles que casaram na égide do CC/1916. A título ilustrativo, os cônjuges no regime legal da comunhão parcial comunicam mutuamente os proventos do trabalho pessoal. E assim continuará, sem mudanças. Mas, para os que se casarem a partir da vigência do CC/2002, os referidos bens serão excluídos da comunhão (art. 1.659, VI, do CC).

O artigo em comento cuidou, portanto, do direito adquirido do casal às regras específicas da estruturação do regime de bens por eles adotado. A nova norma não pode violentar o ato jurídico perfeito resultante da autonomia privada que teve como causa as normas então vigentes. Ao tempo da separação ou do divórcio, mesmo na vigência do CC/2002, o magistrado deverá prestigiar as normas do Código Bevilaqua para fins de partilha do patrimônio do casal. Assim, se o casal optou pelo regime dotal na vigência do CC/1916, mesmo tendo sido ele extinto pelo CC/2002, continuará a reger a vida do casal, em técnica de ultratividade.

Todavia, o art. 2.039 só se ocupou em resguardar os aspectos específicos de cada regime matrimonial. Ou seja, as inovações nas disposições gerais comuns a todos os regimes de bens (arts. 1.639 a 1.652 do CC) se estendem aos que casaram antes de 11.01.2003. Fundamental é diferenciar o regime matrimonial primário – estatuto genérico sobre a disciplina econômica do casal em qualquer regime de bens – do regime matrimonial secundário, alusivo às especificidades de cada regime de bens (arts. 1.658 a 1.688 do CC).

Assim, a dispensa da outorga do cônjuge para a disposição de bens no regime da separação por pacto antenupcial (art. 1.647, I, do CC) também se aplicará para a prática de atos transmissivos de propriedade por parte de qualquer dos cônjuges nos casamentos anteriores à vigência do CC.

Daí temos fortíssimo argumento no sentido da viabilidade de alteração incidental do regime de bens pelos casais cujo matrimônio seja anterior ao advento do CC (art. 1.639, § 2º). Ao comentarmos o *caput* do art. 2.035, tocamos exatamente na distinção do momento da validade e da eficácia das relações jurídicas continuativas. Por isso, na relação de trato sucessivo do matrimônio, devemos apartar o instante da extinção da sociedade conjugal e da partilha – no qual aproveitaremos a validade do ato jurídico perfeito consoante o regramento do CC/1916 – da possibilidade da alteração voluntária de bens que concerne ao plano da eficácia do negócio jurídico, sendo então tratado pelo CC/2002.

Outrossim, ofenderia o princípio da igualdade proibir a modificação do regime de bens com justificativa para o *discrimen* o fato do casal ter contraído núpcias antes de 11.01.2003. Esse entendimento, além de nada isonômico, vulnera a autonomia privada do casal que dentro do caráter negocial do casamento pretende invocar ao magistrado em sede de procedimento de jurisdição voluntária as razões pelas quais há desejo de alteração no regime de bens. A discriminação se faz até mesmo com a entidade familiar da união estável, na qual não há vedação para os companheiros, a qualquer tempo, celebrarem novo acerto patrimonial.

É o casal que livremente deliberará pela manutenção do ato jurídico perfeito – com o resguardo de suas regras específicas –, ou pela alteração que lhes propicie real utilidade e efetividade, de acordo com a evolução da relação afetiva, desde que não exista prejuízo para terceiros.

O regime de bens faz parte do direito de família aplicado. Ao contrário das normas do direito de família puro (casamento, separação), não se cogita de normas de ordem pública, havendo um largo espaço concedido pelo sistema em prol da liberdade do casal definir as suas questões patrimoniais.

Demandando sentença judicial, temos que a regra de alteração do regime é lei processual e possui eficácia imediata ao abranger as situações jurídicas de direito material anteriores ao CC/2002. A referida lei, portanto, supre a condição da ação anteriormente inexistente, qual seja, a possibilidade jurídica do pedido. Havendo modificação no regime de bens os efeitos do novo modelo patrimonial terão efeitos *ex nunc*, preservando-se assim as situações anteriores e os negócios jurídicos praticados com terceiros que confiaram no regime de bens do casal.

Suprimir a possibilidade da modificação incidental de bens geraria ainda outra consequência ofensiva ao sistema. O apelo do casal ao divórcio, como forma de dissimulação (simulação relativa) em que se pratica a dissolução do vínculo para camuflar o real desejo de investimento em novo matrimônio, com diferenciado regime de bens.

Só não se cogite da possibilidade de alteração incidental no regime da separação obrigatória em razão do exposto no art. 1.641, II, do CC, bem como do requerimento de alteração que implique manutenção do regime de bens originário, mas apenas com pedido de conversão para as novas regras que dele defluem no CC/2002 (*v. g.*, conversão da comunhão parcial do CC/1916 para a comunhão parcial do CC/2002). O art. 1.639, § 2º, admite a alteração "do regime de bens", sendo vedado inferir daí o interesse de agir para mera modificação de regras internas do mesmo regime de bens.

**Jurisprudência:** Família. Alteração de regime de bens. Casamento celebrado na vigência do CC/1916. Regime de separação de bens obrigatório imposto em razão da idade do cônjuge virago. Imutabilidade. Celebrado o casamento sob o regime obrigatório da separação total de bens, imposto por força do art. 258, parágrafo único, II, do CC/1916, então vigente, é impossível a alteração do regime de bens, conforme dispõe o art. 2.039 do CC/2002. (TJMG, Ap. Cível n. 1.0024.08.270239-0/001, rel. Des. Maurício Barros, j. 01.09.2009)

Direito civil. Família. Casamento celebrado sob a égide do CC/16. Alteração do regime de bens. Possibilidade. A interpretação conjugada dos arts. 1.639, § 2º, 2.035 e 2.039 do CC/2002, admite a alteração do regime de bens adotado por ocasião do matrimônio, desde que ressalvados os direitos de terceiros e apuradas as razões invocadas pelos cônjuges para tal pedido. Assim, se o Tribunal estadual analisou os requisitos autorizadores da alteração do regime de bens e concluiu pela sua viabilidade, tendo os cônjuges invocado como razões da mudança a cessação da incapacidade civil interligada à causa suspensiva da celebração do casamento a exigir a adoção do regime de separação obrigatória, além da necessária ressalva quanto a direitos de terceiros, a alteração para o regime de comunhão parcial é permitida. Por elementar questão de razoabilidade e justiça, o desaparecimento da causa suspensiva durante o casamento e a ausência de qualquer prejuízo ao cônjuge ou a terceiro, permite a alteração do regime de bens, antes obrigatório, para o eleito pelo casal, notadamente porque cessada a causa que exigia regime específico. Os fatos anteriores e os efeitos pretéritos do regime anterior permanecem sob a regência da lei antiga. Os fatos posteriores, todavia, serão regulados pelo CC/2002, isto é, a partir da alteração do regime de bens, passa o CC/2002 a reger a nova relação do casal. Por isso, não há se falar em retroatividade da lei, vedada pelo art. 5º, XXXVI, da CF/88, e sim em aplicação de norma geral com efeitos imediatos. Recurso especial não conhecido. (STJ, REsp n. 821.807, 3ª T., rel. Min. Nancy Andrighi, j. 19.10.2006, *DJ* 13.11.2006)

**Art. 2.040. A hipoteca legal dos bens do tutor ou curador, inscrita em conformidade com o inciso IV do art. 827 do Código Civil anterior, Lei n. 3.071, de 1º de janeiro de 1916, poderá ser cancelada, obedecido o disposto no parágrafo único do art. 1.745 deste Código.**

O art. 1.489 do CC/2002 não reproduziu o inciso IV do art. 827 do CC/1916, que instituía hipoteca legal sobre os bens do curador do interdito. A regra também se aplica à hipoteca legal dos bens do tutor, igualmente extinta pelo fato do CC ignorar a norma do art. 418 do Código revogado.

Com isso, também fenecem as normas do CPC que cuidavam do procedimento de especialização da hipoteca legal dos bens do curador (art. 759, §§ 1º e 2º, do CPC/2015). Destarte, as normas processuais perdem a sua sustentação de direito material.

Nesse sentido, o art. 2.040 é coerente com a nova normatividade, pois faculta àquele tutor ou curador que sofreu o gravame, o cancelamento das hipotecas prestadas na vigência do CC/1916, mediante averbação do ato no registro imobiliário. Antes da averbação do cancelamento, a sentença por si só não tem o condão de eliminar a eficácia da hipoteca legal.

O dispositivo também remete ao parágrafo único do art. 1.745. Trata-se de norma sem precedentes na legislação anterior, permitindo ao juiz, no caso concreto, avaliar se o patrimônio do menor tutelado é de "valor considerável". Preenchido o referido conceito jurídico indeterminado pela avaliação do magistrado, determinará ele ao tutor a prestação de caução suficiente, caso tenha dúvidas sobre a sua idoneidade.

Percebemos uma proposital ligação entre a supressão do art. 827, IV, do CC/1916 e a inserção do art. 1.745, parágrafo único, no CC/2002. Por um ângulo, é extremamente gravoso ao curador ou tutor ter de assumir um múnus, submetendo-se ainda a hipoteca de seus bens até que cesse a menoridade do tutelado ou a causa que gerou a interdição do curatelado.

Todavia, a simples extinção da hipoteca legal sem a concepção de qualquer mecanismo alternativo de garantia em prol do incapaz poderia colocar em risco o seu patrimônio, caso o representante legal praticasse atos negligentes de administração.

Assim, parece-nos que toda vez que o magistrado determine o cancelamento da hipoteca legal – por perda de sustentação legal – deverá investigar o montante dos bens do menor, bem como a idoneidade do representante, podendo chegar a duas conclusões: simplesmente cancela a hipoteca legal ou sucessivamente determina a prestação de uma caução pessoal (aval, fiança) ou real (hipoteca, penhor) capaz de acautelar o incapaz dentro de suas circunstâncias. Em virtude do exposto no art. 1.781, aplica-se à curatela idêntico mecanismo de controle ao preconizado no art. 1.745.

O CC aplicou um mecanismo de proporcionalidade estrita, eis que a norma do art. 1.745, parágrafo único, concretiza excelente ponderação entre as condições econômicas do incapaz e de seu representante, bem como a avaliação da confiabilidade do tutor ou curador. O resultado determinará a norma do caso, mais uma vez prestando o CC uma justa homenagem à diretriz da concretude.

**Jurisprudência:** Interdição. Curador. Hipoteca legal. Desnecessidade. Idoneidade reconhecida da curadora. Arts. 1.781, 1.745, parágrafo único, e 2.040 do CC e arts. 1.188 e 1.190 do CPC [art. 759, §§ 1º e 2º, do CPC/2015]. Curatela exercida pelo cônjuge casado sob o regime da comunhão universal de bens. Arts. 1.783 e 1.757 do CC. Prestação de contas dispensável, mas observado o disposto no art. 1.756 do diploma civil. Recurso provido. (TJSP, Ap. Cível n. 453.711-4/9, rel. Des. Francisco Casconi, j. 25.10.2006)

**Art. 2.041. As disposições deste Código relativas à ordem da vocação hereditária (arts. 1.829 a 1.844) não se aplicam à sucessão aberta antes de sua vigência, prevalecendo o disposto na lei anterior (Lei n. 3.071, de 1º de janeiro de 1916).**

A norma em tela é consequência da aplicação do princípio da *saisine*, vislumbrado no art. 1.784 do CC. Com o óbito automaticamente há a transmissão do patrimônio do *de cujus* aos seus herdeiros, sem solução de continuidade. A finalidade dessa ficção do direito das sucessões é impedir que o acervo hereditário seja usurpado por terceiros, no período em que os herdeiros desconhecem o óbito ou ainda não se manifestaram pela aceitação da herança.

A lei de toda e qualquer sucessão é a lei da data do óbito. Assim, todos os óbitos verificados antes de 11.01.2003 seguem as regras sucessórias do CC/1916, mesmo que a partilha seja ultimada tempos depois da vigência da nova lei civil. O registro da sentença que ultima o inventário é ato meramente declaratório de uma aquisição que já se deu de *pleno jure* com o óbito. A lei nova não pode retroagir para capturar as sucessões anteriores ao CC/2002 – mesmo no período da *vacatio legis* – sob pena de malferir a garantia fundamental dos sucessores ao direito adquirido e incorporado ao seu patrimônio ao tempo da legislação revogada.

Enfim, o aspecto temporal é fundamental na sucessão, sobremaneira diante das severas modificações da ordem de vocação hereditária no CC/2002 em favor do cônjuge (art. 1.829 c/c o art. 1.845 do CC).

No mesmo sentido, o art. 1.787 indica a lei vigente ao tempo da morte como apta a regular a sucessão e a legitimação para suceder.

Não se pode olvidar que, além da morte real, temos a morte presumida, que pode ocorrer com ou sem a declaração de ausência. Portanto, se as últimas notícias do desaparecido indicam que ele estava em situação de perigo de vida, o juiz dispensará o longo processo de conversão da ausência em sucessão (art. 6º do CC), para imediatamente estabelecer a morte presumida em processo de jurisdição voluntária (art. 7º do CC). Fundamental para governar a sucessão será a lei vigente na data que o magistrado salientar como provável para o falecimento, mesmo que a sentença seja prolatada tempos depois da vigência do CC/2002.

**Jurisprudência:** Agravo de instrumento. Sucessão. Direito intertemporal. A sucessão e a legitimação para suceder devem ser reguladas pela lei vigente à época da abertura da sucessão, na forma do art. 1.577 do CC/1916 e dos arts. 1.787 e 2.041 do novo CC. Abertura da sucessão em 12.09.2002, quando ainda em vigor o antigo Código. Pretensão deduzida pela companheira do falecido de reconhecimento de seu direito ao usufruto da quarta parte dos bens do falecido. Benefício previsto no art. 1.611, § 1º, do CC/1916, e na Lei n. 8.971/94. Decisão reformada. Dá-se provimento ao recurso. (TJSP, AI n. 6.031.574.700, rel. Christine Santini, j. 04.03.2009)

---

**Art. 2.042. Aplica-se o disposto no caput do art. 1.848, quando aberta a sucessão no prazo de um ano após a entrada em vigor deste Código, ainda que o testamento tenha sido feito na vigência do anterior, Lei n. 3.071, de 1º de janeiro de 1916; se, no prazo, o testador não aditar o testamento para declarar a justa causa de cláusula aposta à legítima, não subsistirá a restrição.**

---

Em inovação ao regime anterior, o art. 1.848 do CC estabelece que "salvo se houver justa causa, declarada no testamento, não pode o testador estabelecer cláusula de inalienabilidade, impenhorabilidade, e de incomunicabilidade, sobre os bens da legítima".

As cláusulas de inalienabilidade, impenhorabilidade e incomunicabilidade são elementos acidentais do negócio jurídico *causa mortis*, pois, mesmo não suspendendo ou condicionando a aquisição do patrimônio pelos herdeiros necessários, restringem a eficácia da liberalidade, já que subtraem parcela dos poderes do herdeiro sobre o patrimônio a ser transmitido.

Há controvérsias no tocante à pertinência da norma do art. 1.848. A nosso viso, cuida-se de clara concretização do princípio da função social da propriedade, pois as cláusulas de inalienabilidade e impenhorabilidade impedem a circulação do patrimônio, mantendo-o ocioso e alheio ao tráfego jurídico.

O mesmo não se diga da cláusula de incomunicabilidade. A sua inserção em testamento não ofende a ordem pública, pois o seu único objetivo é impedir que no casamento pelo regime da comunhão universal de bens a eventual dissolução da sociedade conjugal acarrete a divisão da herança com ingresso de bens na meação do outro cônjuge.

Para evitar o constrangimento de uma discussão acerca do caráter dos herdeiros no período posterior ao óbito, em vez da justificação, melhor seria proibir a inserção de tais cláusulas, pois muitas vezes elas podem gerar ofensa a direitos fundamentais. A título ilustrativo, imagine uma cláusula de incomunicabilidade cujo fundamento seja o fato da esposa do herdeiro ser uma "mulher da vida". Igualmente comprometida resta a questão probatória, pois sem a presença física do testador será árdua a comprovação dos fatos justificadores da restrição. Frise-se ainda que a simples menção à cláusula de inalienabilidade já conduz à impenhorabilidade e à incomunicabilidade, a teor do art. 1.911 do CC.

A norma de direito intertemporal em destaque aduz que mesmo os testamentos efetivados na vigência do CC/1916 serão fiscalizados judicialmente, a fim de se averiguar o fundamento e a legitimidade da cláusula restritiva sobre a legítima dos herdeiros necessários. Em qualquer óbito posterior a 11.01.2003, o magistrado observará se a cláusula é razoável e a sua motivação evidencia a necessidade de proteção à metade indisponível do herdeiro.

Porém, como regra de transição, a norma foi cautelosa ao conceder o prazo de um ano a contar da vigência do CC/2002, para que o testador possa aditar o testamento realizado antes do ingresso da nova legislação. É um período razoável de adaptação da disposição de última vontade à inovação legislativa. Ou seja, se o aditamento ao testamento não se verificou, e o óbito ocorreu até 11.01.2004, as restrições serão consideradas válidas, apesar da omissão do testador.

Mas, a partir de tal data as cláusulas não justificadas serão consideradas insubsistentes, sendo o herdeiro titular da legítima sem qualquer espécie de restrição.

Ademais, na sucessão testamentária é necessário dividir os aspectos relativos ao tempo da elaboração dos requisitos indispensáveis ao tempo do óbito: quanto à capacidade do testador e validade das formalidades testamentárias, aplica-se a lei vigente ao tempo da lavratura do testamento – *tempus regis actum*; no tocante à legitimação dos sucessores testamentários e ao conteúdo das disposições testamentárias (arts. 1.897 a 1.911 do CC) prevalece a lei da data do óbito, na linha do exposto no art. 1.787 do CC.

Inegavelmente, a necessidade de aposição de justa causa às cláusulas limitativas da legítima é matéria de fundo e não de forma. Portanto, não há reparos a essa norma de direito intertemporal.

Não se olvide ainda que, enquanto o testador está vivo, sempre poderá revogar o negócio jurídico unilateral, tratando-se de disposições de última vontade. Assim, não há de se falar de um direito adquirido ou ato jurídico perfeito, mas de uma situação jurídica em curso que apenas será definida com o evento morte. Enquanto isso não ocorre, qualquer alteração legislativa deverá ser levada em consideração pelo testador, para que este possa adequar a sua vontade às exigências legais.

**Jurisprudência:** Testamento. Declaratória de ineficácia e nulidade de testamento. Não havendo justa causa determinante da restrição à legítima, a disposição de última vontade não mais prevalecerá, de acordo com o art. 1.848 do CC. Testador não efetivou o devido aditamento no prazo estabelecido no art. 2.042 do referido Código, tornando insubsistentes as cláusulas restritivas. Sentença reformada. Recurso provido. (TJSP, Ap. Cível c/ Rev. n. 5.652.244.800, rel. Adilson Andrade, j. 11.11.2008)

**Art. 2.043. Até que por outra forma se disciplinem, continuam em vigor as disposições de natureza processual, administrativa ou penal, constantes de leis cujos preceitos de natureza civil hajam sido incorporados a este Código.**

Aqui o legislador não poderia se pronunciar de maneira diversa. Regras de natureza processual, administrativa ou penal continuam em vigor, mesmo que estejam consubstanciadas em normas cujo conteúdo de direito material restou revogado pelo CC. Como normas de ordem pública a sua incidência não é afetada pelo advento do CC.

No processo civil, basta ilustrativamente citar as leis de alimentos (Lei n. 5.478/68), divórcio (Lei n. 6.515/77) e alienação fiduciária (DL n. 911/69). No processo penal, entre outras, inevitavelmente repercutirá a redução da maioridade para fins de proteção por via de curador.

Em sede de direito administrativo há impacto no Estatuto da Cidade (Lei n. 10.257/2001) e desapropriações (DL n. 3.365/41).

No direito penal poderíamos lembrar as repercussões da alteração da maioridade em sede de ECA.

Vale lembrar, por último, que a par do respeito à legislação processual, o CC culminou por acarretar vários embates com a ordem processual, em alguns casos evoluindo e em outros gerando certa perplexidade, pois a despeito do texto expresso algumas modificações não se concretizarão, enquanto outras renovarão o enfoque do processualista. Questões como a desconsideração da personalidade (art. 50), o despacho que determina a citação (art. 202), o reconhecimento judicial da prescrição e da decadência (arts. 210 e 211), o regramento da prova e a confissão (art. 213), são apenas pequenas lembranças de extratos da parte geral do CC em que será determinante a intervenção dos operadores do direito para aclarar zonas conflituosas em que o CC manifestou a sua predileção pelo direito como ética e não como mera técnica.

**Jurisprudência:** Responsabilidade. Município. Prescrição. 1 – Nos termos do art. 2.043 do CC/2002, continua vigente a legislação especial que disciplina a prescrição das dívidas da Fazenda Pública (Decreto n. 20.910/32; Lei n. 4.597/42). 2 – No campo da prescrição das ações contra a Fazenda Pública ou desta contra terceiros, obedeceu-se uma sistematização inicial: a primeira seria quinquenal, excluída a relativa a direitos reais; a segunda haveria de obedecer as regras do CC. 3 – Sendo inegável que as características da demanda exigem dilação probatória, deve o processo ser anulado para que sejam produzidas provas dentro do princípio do contraditório. Recurso provido. (TJSP, Ap. Cível c/ Rev. n. 7.884.125.600, rel. Laerte Sampaio, j. 08.07.2008)

**Art. 2.044. Este Código entrará em vigor um ano após a sua publicação.**

Quando entrou em vigor o CC? Essa indagação merece resposta para aferirmos o momento em que as novas normas produzam eficácia.

Sancionado e promulgado em 10 de janeiro de 2002, o CC foi publicado em 11 de janeiro, com fixação de *vacatio legis* de um ano para início de sua vigência, após a sua publicação. Aliás, a LC n. 95/98 recomenda o período de vacância para o ingresso no mundo jurídico de toda norma de grande repercussão. Um ano é prazo suficiente para que a sociedade tenha razoável percepção de um monumento jurídico da envergadura do CC.

Antes do decurso da *vacatio* a lei nova não possui força obrigatória ou autoridade imperativa, mesmo que promulgada e publicada, estando ainda em vigor a lei antiga. A norma já é válida desde a sua publicação, mas a sua vigência é postergada para o término da *vacatio*.

Para compreendermos a data de início de vigência do CC/2002 e consequente aptidão para produção de efeitos, convém compreender o § 1º do art. 8º da LC n. 95/98, acrescentado pela LC n. 107/2001: "a contagem do prazo para entrada em vigor das leis que estabeleçam período de vacância far-se-á com a inclusão da data da publicação e do último dia do prazo, entrando em vigor no dia subsequente à sua consumação integral".

Porém o art. 2.044 fugiu do critério estabelecido pela lei complementar, pois em vez de fixar a vacância pela contagem de dias, deliberou pelo critério anual.

Se seguirmos o critério do art. 8º da LC n. 95/98, incluiremos o dia da publicação (11.01.2002) e do último dia do prazo que se deu 365 dias após (10.01.2003). Portanto, o Código entrou em vigor no ordenamento no dia subsequente ao término da contagem, vale dizer, 11.01.2003.

Todavia, se aplicarmos isoladamente o critério anual do art. 2.044, teremos o ano civil de 11 de janeiro de 2002 a 11 de janeiro de 2003, finalmente acrescido do primeiro dia subsequente, conforme determina a LC n. 95/98. Assim, a vigência do CC se daria em 12.01.2003.

Quando há antinomia entre regras procuramos resolver a controvérsia por critérios hierárquicos, cronológicos ou de especialidade. Na espécie, a lei complementar não só prevalece no aspecto hierárquico como em sua especialidade de norma destinada exclusivamente a regular a forma de elaboração e redação de leis. Nesse sentido a norma ordinária do art. 2.044 deve ser entendida como se o prazo de *vacatio* fosse de 365 dias e não um ano.

Via do exposto, o ano iniciado em 11.01.2002 se consumou em 10.01.2003, e no dia subsequente (11.01.2003) se deu o início de vigência e ingresso no mundo jurídico do CC.

**Jurisprudência:** Ação de cobrança. Seguro. DPVAT. Legitimidade. Prescrição. De acordo com o art. 333, II, do CPC [art. 373 do CPC/2015], compete ao réu provar a existência de fato impeditivo, modificativo ou extintivo do direito do autor. O CC/2002 teve vigência a partir de 11.01.2003, tendo em vista a data de sua publicação (11.01.2002) e a disposição de seu art. 2.044 ("Este Código entrará em vigor 1 (um) ano após a sua publicação"). Observada a data do início da vigência do novo CC, o prazo prescricional de 3 anos terminou em 11.01.2006. (TJMG, Ap. Cível n. 1.0024.06.225881-9/001(1), rel. Nilo Lacerda, j. 05.09.2007)

**Art. 2.045. Revogam-se a Lei n. 3.071, de 1º de janeiro de 1916 – Código Civil e a Parte Primeira do Código Comercial, Lei n. 556, de 25 de junho de 1850.**

Assim se expressa o § 1º do art. 2º da Lindb: "a lei posterior revoga a anterior quando expressamente o declare, quando seja com ela incompatível ou quando regule inteiramente a matéria de que tratava a lei anterior".

Revogar significa tornar sem efeito uma norma, retirando a sua obrigatoriedade. No momento da vigência da lei nova a lei revogada perde a sua obrigatoriedade, sendo suprimida do ordenamento.

A revogação é um termo genérico que pode ser utilizado tanto para exprimir a ideia de ab-rogação como de derrogação da norma anterior.

Na espécie, houve a ab-rogação da Lei n. 3.071/16, pela total supressão do ordenamento jurídico. No tocante ao CCom, deu-se a sua derrogação, tornando-se sem efeito uma parte da norma, justamente os arts. 1º a 456 da Lei n. 556/1850.

O art. 2.045 faz referência à revogação expressa do CC/1916 e da Parte Primeira do CCom de 1850. Seguindo o preconizado pelo art. 9º da LC n. 95/98, a cláusula revogatória enumerou expressamente as leis revogadas. Porém, da aludida lei complementar se apartou na maior parte do tempo, ao não mencionar enfaticamente todas as demais normas que se tornaram incompatíveis com a lei revogadora.

Censura-se o legislador pelo fato de olvidar uma pormenorizada menção às normas que colidam com o CC/2002. Deveria ter indicado todas as leis ab-rogadas ou derrogadas. Diante desta omissão, resta apenas ao intérprete retornar ao § 1º, do art. 2º da Lindb para afirmar a revogação tácita das normas incompatíveis com o CC/2002, ou cuja matéria foi regulada inteiramente por ele. Para tanto, impõe-se acurado exame das normas de legislação geral e especial que conflitem com o Código ou que viram o seu raio de ação ser penetrado pela atuação da nova lei civil.

Não podemos afirmar com segurança que a disposição geral não revoga a especial. A revogação ocorrerá de forma implícita toda vez que for absoluta a incompatibilidade entre a velha norma especial e a nova norma geral. Fundamental é observar os princípios que inspiram a criação da nova lei em relação àqueles que cuidavam da mesma matéria anteriormente, a ponto de ser gerado um sistema distinto daquele que vigorava no passado.

Diversamente ao CC/1916 que pretendia legislar à exaustão, monopolizando o direito privado, o CC/2002 não busca a exclusividade, mas a centralidade da ordem civil (art. 1º do CC), formando um polissistema em que convivem a CF como vertente axiológica e principiológica e as leis especiais (microssistemas) que versam acerca de direito privado. O constante diálogo entre as fontes propiciará ao operador do direito o instrumental necessário à aplicação adequada das normas. Em vez da antinomia, os caminhos atuais apontam para uma linha de convergência e coordenação intersistemática, tendo como centro a pessoa humana e sua especial dignidade.

**Jurisprudência:** Cessão de quotas societárias. Responsabilidade subsidiária do cedente apenas pelas obrigações sociais existentes à época de sua saída. Cheques que foram emitidos após a formalização de sua saída da sociedade. Embargos procedentes. Inteligência do disposto no art. 1.003, parágrafo único, do atual CC. Arts. 338 e 339 do CCom revogados pelo atual CC (art. 2.045). Verba honorária bem fixada e que não se mostra excessiva. Apelação não provida. (TJSP, Ap. Cível c/ Rev. n. 1.030.656.009, rel. Romeu Ricupero, j. 08.05.2008)

**Art. 2.046. Todas as remissões, em diplomas legislativos, aos Códigos referidos no artigo antecedente, consideram-se feitas às disposições correspondentes deste Código.**

Talvez seja esta a norma mais singela do derradeiro livro do CC. Qualquer remissão feita ao CC/1916 e à Parte Primeira do CCom de 1850 considera-se doravante feita às disposições correspondentes do CC/2002, pelo fato da lei nova haver expressamente revogado os aludidos diplomas.

Com isso, dispensa-se a necessidade de suprimir a vigência de normas dispersas pelo sistema, apenas pelo fato de fazerem alusão a regras revogadas.

Brasília, 10 de janeiro de 2002;
181º da Independência e 114º da República.

FERNANDO HENRIQUE CARDOSO
*Aloysio Nunes Ferreira Filho*

# ÍNDICE ALFABÉTICO-REMISSIVO DO CÓDIGO CIVIL